beck-online
DIE DATENBANK

Handbuch Erbschaftsteuer und Bewertung 2025
Freischaltung des Online-Moduls

Sehr geehrte Leserin, sehr geehrter Leser,

mit dem Kauf dieses Buches können Sie auch auf das Online-Modul zum Handbuch zugreifen. Ausgehend vom Inhaltsverzeichnis erhalten Sie damit Zugriff auf die zitierten Gesetzestexte, Urteile und Erlasse.

Nutzen Sie das Online-Modul und profitieren Sie von den dort enthaltenen zusätzlichen Materialien und den komfortablen Recherchemöglichkeiten in beck-online.DIE DATENBANK. Gehen Sie am besten sofort online!

Und so geht's:

1. Rufen Sie die Internetadresse www.freischaltung.beck.de auf.
2. Geben Sie Ihren persönlichen Freischaltcode (s. unten) ein und folgen Sie den Anweisungen auf dem Bildschirm.
3. **Wichtig:** Wenn Sie bereits beck-online-Kunde sind, benutzen Sie zum Login bitte **unbedingt** Ihre bekannten Zugangsdaten. Das Handbuch wird Ihrem Konto dann zugeschaltet.
4. Sollten Sie noch kein beck-online-Kunde sein, klicken Sie auf „Registrieren“. Sie erhalten dann eine E-Mail mit Ihrem Benutzernamen und einem Aktivierungslink.
5. Bestätigen Sie den Aktivierungslink innerhalb von **28 Tagen** und wählen Sie ein Passwort.
6. Sie können nun mit Ihrem **Benutzernamen** und Ihrem **Passwort** von jedem beliebigen PC, Tablet oder Smartphone auf die Online-Version zugreifen.

Ihr Freischaltcode: UZEBE-XHXUK-CSGEK-CXMJI

Das Angebot gilt für **einen** Nutzer. Ihren Online-Zugang können Sie bis zum Erscheinen des Handbuchs Erbschaftsteuer und Bewertung 2026 uneingeschränkt nutzen.

Handbuch

Erbschaftsteuer und Bewertung 2025

SCHRIFTEN DES
DEUTSCHEN WISSENSCHAFTLICHEN INSTITUTS
DER STEUERBERATER E. V.

Handbuch Erbschaftsteuer und Bewertung

Bewertungsgesetz,
Erbschaft- und Schenkungsteuergesetz,
Grunderwerbsteuergesetz,
Grundsteuergesetz

2025

DWS Steuerberater Medien GmbH Berlin
Verlag C. H. Beck München

beck.de

ISSN 1611 0889
ISBN 978 3 406 83191 1

Wilhelmstraße 9, 80801 München
info@beck.de

Satz, Druck und Bindung: Druckerei C.H.Beck Nördlingen
(Adresse wie Verlag)

chbeck.de/nachhaltig
produktsicherheit.beck.de

Gedruckt auf säurefreiem, alterungsbeständigem Papier
(hergestellt aus chlorfrei gebleichtem Zellstoff)

Vorwort

Das Deutsche wissenschaftliche Institut der Steuerberater e. V. legt hiermit im sechsundzwanzigsten Jahrgang (2025) das „Handbuch Erbschaftsteuer und Bewertung" vor. Das Handbuch soll seinen Benutzern die Arbeit bei der Abgabe der Steuererklärungen erleichtern; es entspricht in seiner Gestaltung dem bewährten Konzept der Reihe der Veranlagungshandbücher.

Ein dem Werk vorangestelltes, nach den Paragraphen von BewG, ErbStG, GrEStG und GrSt geordnetes *Anlagenverzeichnis* gibt eine Übersicht über die Anlagen und erleichtert deren Auffinden. Ein *eigenes Gesetzesverzeichnis* stellt zudem die zusätzlich abgedruckten Gesetze und Verordnungen zusammen. Einzelnen Paragraphen mit umfangreichem Anhang wurden gesonderte Inhaltsübersichten vorangestellt.

Zur Gesamtorientierung sind am Anfang des Handbuchs das Bewertungsgesetz, das Erbschaftsteuergesetz, das Grunderwerbsteuergesetz und das Grundsteuergesetz jeweils in geschlossener Form abgedruckt, so dass die Vorschriften im Zusammenhang gelesen werden können. Diesen *geschlossenen Wiedergaben* vorangestellt sind tabellarische Übersichten der seit der letzten Neubekanntmachung der Gesetze ergangenen Änderungen, zuletzt durch das Jahressteuergesetz 2024, BGBl. I Nr. 387.

Im *Hauptteil* folgen dann einzeln in systematischer Zuordnung die Vorschriften des Bewertungsgesetzes mit den ErbStR 2019 und ErbStH 2019, den aktuellen Anwendungserlassen zur Bewertung des Grundbesitzes und weiteren Verwaltungsanweisungen, danach die Vorschriften des Erbschaftsteuergesetzes mit der ErbStDV, den ErbStR 2019 und ErbStH 2019 und mit weiteren Verwaltungsanweisungen. Weiter sind enthalten und systematisch erschlossen die Bestimmungen des Grunderwerbsteuergesetzes mit umfangreichen Verwaltungsanweisungen und ausführlichen Rechtsprechungsübersichten sowie die Bestimmungen des Grundsteuergesetzes mit den zugehörigen aktuellen Anwendungserlassen und Anlagen.

In den *Anhängen* ist zusätzliches übergreifendes Material zusammengestellt; *Anhang I* enthält u. a. den Abgrenzungserlass, ein für mehrere Steuerarten wichtiges „ABC der Abgrenzung der Betriebsvorrichtungen" sowie Auszüge aus dem Baugesetzbuch und aus dem Bundeskleingartengesetz und die Immobilienwertermittlungsverordnung; in *Anhang II* sind Anlagen zur Erbschaftsteuer (§ 25 ErbStG 1974, Vordruck-Muster, die allgemeine Verwaltungsanweisung für die Erbschaftsteuer, Verbraucherpreisindizes nach verschiedenen Basisjahren und je ein Verzeichnis der Erbschaftsteuer-Finanzämter und der Feststellungsfinanzämter) abgedruckt. In *Anhang III* ist der Anwendungserlass zur Bewertung des Grundvermögens nach den Änderungen durch das JStG 2022 (AEBew JStG 2022) abgedruckt. *Anhang IV* enthält die Grundsteuergesetze der Länder.

Die Texte von Gesetz, Durchführungsverordnungen, Richtlinien sowie der ergänzenden Vorschriften sind typographisch besonders voneinander abgehoben, so dass auf den ersten Blick erkennbar ist, um welche Art von Vorschrift es sich handelt. Balken am Rand kennzeichnen die gegenüber der letzten Auflage ergangenen bzw. aktuell anwendbaren Änderungen. Zur Erleichterung der Arbeit mit dem Handbuch sind paragraphenweise durchgezählte Randziffern eingefügt worden, auf die auch das Sachregister abgestellt ist.

Verwaltungsanordnungen, die aus Platzgründen nicht in vollem Wortlaut in das Handbuch aufgenommen werden konnten, sind in den Fußnoten des Werkes in Leitsätzen wiedergegeben.

Die Auswahl und Bearbeitung des Materials für die neue Auflage ist wieder in Zusammenarbeit mit Frau Anke Borrmann und Frau Sabine Thalmair vom Bayerischen Staatsministerium der Finanzen und für Heimat, München, sowie Herrn Sören Weiß von der Oberfinanzdirektion Nordrhein-Westfalen, Münster, erfolgt; ihnen sind wir für ihre wertvolle Mitarbeit sehr zu Dank verpflichtet.

Anregungen zur Ausgestaltung, Ergänzung und Verbesserung des Handbuchs sind uns stets willkommen.

Berlin, im Juli 2025

Deutsches wissenschaftliches Institut
der Steuerberater e. V.

Vorwort

Inhaltsverzeichnis

Anlagenverzeichnis
Übersicht über die als „Anlagen“ abgedruckten Gesetze, Verordnungen und Verwaltungsanweisungen (in Paragraphenfolge) IX
Verzeichnis der zusätzlich abgedruckten Gesetze und Verordnungen (alphabetisch) XIX

Abkürzungsverzeichnis XXI

Geschlossene Wiedergaben (jeweils mit Änderungs- und Inhaltsübersicht)
Bewertungsgesetz 1
Erbschaftsteuer- und Schenkungsteuergesetz 51
Grunderwerbsteuergesetz 87
Grundsteuergesetz 105

Hauptteil
Bewertungsgesetz, Erbschaftsteuer-Richtlinien und -Hinweise, Anwendungserlasse und Anlagen 117
Erbschaftsteuer- und Schenkungsteuergesetz, Durchführungsverordnung, Erbschaftsteuer-Richtlinien und -Hinweise und Anlagen 509
Grunderwerbsteuergesetz und Anlagen 829
Grundsteuergesetz, Grundsteuer-Anwendungserlass und Anlagen 1081

Anhang I
1. Erlass vom 5. 6. 2013 betr. Abgrenzung des Grundvermögens von den Betriebsvorrichtungen (BeckVerw 272720) 1147
2. ABC der Abgrenzung zwischen Betriebsvorrichtungen und Betriebsgrundstücken ... 1161
3. Übersicht über die wichtigsten Mietpreisregelungen für Wohnraum 1169
4., 5. (nicht belegt) 1173
6. Baugesetzbuch i.d.F. vom 3. 11. 2017 (Auszug) 1174
7. Immobilienwertermittlungsverordnung vom 14. 7. 2021 1185
8. Bundeskleingartengesetz vom 28. 2. 1983 (Auszug) 1232

Anhang II
1. § 25 a. F. Erbschaftsteuergesetz 1974 1234
2. Muster zur Erbschaftsteuer 1235
3. Allgemeine Verwaltungsanweisung für die Erbschaftsteuer und Schenkungsteuer (ErbStVA) vom 7. 12. 2017 1242
4. Schreiben vom 21. 1. 2025 betr. Wertsteigerungen infolge des Kaufkraftschwundes bei der Berechnung der Zugewinnausgleichsforderung nach § 5 Abs. 1 ErbStG (BeckVerw 648348) 1250
5. Verzeichnis der für die Verwaltung der Erbschaft- und Schenkungsteuer zuständigen Finanzämter 1252
6. Verzeichnis der für die Feststellungen gem. § 151 BewG zuständigen Finanzämter 1257

Anhang III
Erlass vom 20. 3. 2023 betr. Anwendung der Vorschriften für die Bewertung des Grundvermögens im Sechsten Abschnitt des Zweiten Teils des Bewertungsgesetzes in der Fassung des Jahressteuergesetzes 2022 vom 16. 12. 2022 (AEBew JStG 2022) (BeckVerw 621000) 1260

Anhang IV. Grundsteuergesetze der Länder
1. Baden-Württemberg 1289
2. Bayern 1311
3. Berlin 1315
4. Bremen 1316
5. Hamburg 1316
6. Hessen 1321
7. Niedersachsen 1327
8. Nordrhein-Westfalen 1332
9. Rheinland-Pfalz 1333
10. Saarland 1333
11. Sachsen 1334

12. Sachsen-Anhalt 1334
13. Schleswig-Holstein 1335

Sachregister 1337

Anlagenverzeichnis

Übersicht über die als „Anlagen" im Hauptteil abgedruckten Gesetze, Verordnungen und Verwaltungsanweisungen

Bewertungsgesetz

Zu § 11 BewG:

Erlass vom 9. 10. 2013 betr. Besteuerung von Anteilen an einer **gemeinnützigen Kapitalgesellschaft** (BeckVerw 277624) 129

Zu § 12 BewG:

Erlass vom 9. 9. 2022 betr. Bewertung von **Kapitalforderungen/-schulden** sowie von Ansprüchen/Lasten bei wiederkehrenden Nutzungen und Leistungen nach dem 31. 12. 2009 für Zwecke der Erbschaft- und Schenkungsteuer mit Tabellen 1–6 (BeckVerw 575605) 133

Erlass vom 4. 1. 2023 betr. **Berücksichtigung von aufschiebend bedingten Lasten** für Zwecke der Erbschaft- bzw. Schenkungsteuer; Konsequenzen aus dem BFH-Urteil v. 15. 7. 2021 II R 26/19 (BeckVerw 618251) 157

Zu § 14 BewG:

Schreiben vom 9. 12. 2024 betr. **Berechnung einer lebenslänglichen Nutzung oder Leistung;** Vervielfältiger für Bewertungsstichtage ab 1. 1. 2025 (BeckVerw 646505) 161

Zu § 97 BewG:

Erlass vom 5. 10. 2022 betr. **Anwendungsfragen zum KöMoG** – Auswirkungen für die Erbschaft- und Schenkungsteuer sowie Bewertung von Betriebsvermögen und Anteilsbewertung (BeckVerw 576788) 176

Zu § 151 BewG:

Erlass vom 26. 9. 2022 betr. Feststellungen nach § 151 Abs. 1 Satz 1 BewG und Feststellungen nach § 13a Abs. 4, Abs. 9a und 3 13b Abs. 10 ErbStG in **Vermächtnisfällen;** Folgen der BFH-Urteile v. 16. 3. 2021 II R 3/19 und v. 6. 5. 2021 II R 34/18 (BeckVerw 575805) 190

Zu § 158 BewG:

Erlass vom 15. 12. 2011 zur **Abgrenzung** des land- und forstwirtschaftlichen Vermögens vom Betriebsvermögen (BeckVerw 256453) 208

Erlass vom 15. 7. 2022 betr. Zurechnung und Bewertung von **Agri-Fotovoltaik-Anlagen** (BeckVerw 573606) 212

Zu § 160 BewG:

Anbauflächen bzw. **Tierarten** und **Produktionszweige** (Anl. 1 zu R B 160.2 u. 163 ErbStR) 218

Standarddeckungsbeiträge nach der EU-Typologie (Anl. 2 zu R B 163 ErbStR) 219

Zu § 162 BewG:

Erlass vom 4. 12. 2014 betr. Bewertung des land- und forstwirtschaftlichen Vermögens für Erbschaft-/Schenkungsteuer bei **Nutzungsüberlassung** (BeckVerw 292888) 234

Zu § 163 BewG:

Landwirtschaftliche Nutzung (**Anl. 14** zu § 163 Abs. 3, § 164 Abs. 2 u. 4) 244

Forstwirtschaftliche Nutzung (**Anl. 15** zu § 163 Abs. 4, § 164 Abs. 2) 256

Weinbauliche Nutzung (**Anl. 16** zu § 163 Abs. 5, § 164 Abs. 2 u. 4) 257

Gärtnerische Nutzung (**Anl. 17** zu § 163 Abs. 6, § 164 Abs. 2 u. 4) 257

Sondernutzungen (**Anl. 18** zu § 163 Abs. 7, § 164 Abs. 2 u. 4) 257

Zu § 164 BewG:

Forstwirtschaftliche Nutzung (**Anl. 15 a** zu § 164 Abs. 4) 264

Zu § 165 BewG:

Erlass vom 19. 2. 2024 betr. **Bewertung eines Betriebes der Land- und Forstwirtschaft** für Zwecke der Erbschaft- und Schenkungsteuer; Anwendung des BFH-Urteils v. 16. 11. 2022 II R 39/20 – Auszug – (BeckVerw 634702) 266

Zu § 169 BewG:

Umrechnungsschlüssel für Tierbestände in Vieheinheiten nach dem Futterbedarf (**Anl. 19** zu § 169) 277

Gruppen der Zweige des Tierbestands nach der Flächenabhängigkeit (**Anl. 20** zu § 169 Abs. 5) 279

Zu § 176 BewG:

A 1 BewRGr 282

Zu § 179 BewG:

Erlass vom 6. 3. 2024 betr. **Bewertung von Grundstücken mit Windkraftanlagen oder Freiflächen-Fotovoltaikanlagen;** Bestimmung des Bodenwerts gem. § 179 BewG (BeckVerw 634708) 290

§ 20 BauNVO 291

Zu § 181 BewG:

§§ 1–5 WoFlV 295

§§ 27, 42–44 II. BV 297

Erlass vom 14. 4. 2004 betr. **Berechnung der Wohn-/Nutzfläche** und **Abzug der Betriebskosten** bei im Ertragswertverfahren bewerteten Grundstücken ab 1. 1. 2004 (§§ 79, 146 BewG) – Auszug – (BeckVerw 053032) 298

Zu § 185 BewG:

Vervielfältiger (**Anl. 21** zu § 185 Abs. 3 Satz 1, § 193 Abs. 4 Satz 1, § 194 Abs. 5 Satz 1, § 195 Abs. 3 Satz 1 u. Abs. 7 Satz 1) 310

Gesamtnutzungsdauer (**Anl. 22** zu § 185 Abs. 3 Satz 3, § 190 Abs. 6 Satz 1 u. 2) 314

Zu § 186 BewG:

§§ 1, 2 BetrKV 320

Anlage 3 zu § 27 Abs. 1 II. BV 322

Zu § 187 BewG:

Bewirtschaftungskosten (**Anl. 23** zu § 187 Abs. 2 u. 3) 325

Schreiben vom 20. 1. 2025 betr. Ermittlung der Bewirtschaftungskosten nach § 187 BewG; **Verbraucherpreisindizes zur Anpassung der Basiswerte für Verwaltungskosten und Instandhaltungskosten für Wohnnutzung** für Bewertungsstichtage im Kalenderjahr 2025 (BeckVerw 648180) 326

Zu § 190 BewG:

Regelherstellungskosten (**Anl. 24** zu § 190 Abs. 1 Satz 3 u. Abs. 2, Anl. 23) 342

Schreiben vom 20. 1. 2025 betr. Ermittlung des Gebäudesachwerts nach § 190 BewG; **Baupreisindizes zur Anpassung der Regelherstellungskosten** aus der Anlage 24 BewG für Bewertungsstichtage im Kalenderjahr 2025 (BeckVerw 648318) 358

Zu § 191 BewG:

Wertzahlen für Ein- und Zweifamilienhäuser nach § 181 Abs. 1 Nr. 1 und Wohnungseigentum nach § 181 Abs. 1 Nr. 3 (**Anl. 25** zu § 191 Satz 2) 359

Zu § 194 BewG:

Abzinsungsfaktoren (**Anl. 26** zu § 193 Abs. 5 Satz 3, § 194 Abs. 4 Satz 1, § 195 Abs. 4 Satz 3 u. Abs. 6 Satz 1) 370

Zu § 197 BewG:

§§ 1, 7–9 Zivilschutz- und Katastrophenhilfegesetz 382

Zu § 198 BewG:

Erlass vom 7. 12. 2022 betr. **Nachweis** des niedrigen gemeinen Werts (BeckVerw 578968) 385

Zu § 228 BewG:

Zusammenstellung der Vordrucke für die Grundsteuererklärungen 411

Zu § 237 BewG:

Landwirtschaftliche Nutzung (**Anl. 27** zu § 237 Abs. 2) 424
Forstwirtschaftliche Nutzung (**Anl. 28** zu § 237 Abs. 3) 425
Weinbauliche Nutzung (**Anl. 29** zu § 237 Abs. 4) 427
Gärtnerische Nutzung (**Anl. 30** zu § 237 Abs. 5) 430
Übrige land- und forstwirtschaftliche Nutzungen sowie Abbauland, Geringstland und Unland (**Anl. 31** zu § 237 Abs. 6 und 7) 434
Nutzungsart Hofstelle (**Anl. 32** zu § 237 Abs. 8) 439

Zu § 238 BewG:

Weitere den Ertragswert erhöhende Umstände (**Anl. 33** zu § 238 Abs. 2) 440

Zu § 241 BewG:

Umrechnungsschlüssel für Tierbestände in Vieheinheiten (VE) nach dem Futterbedarf (**Anl. 34** zu § 241 Abs. 5) 445
Gruppen der Zweige des Tierbestands nach der Flächenabhängigkeit (**Anl. 35** zu § 241 Abs. 5) 446

Zu § 243 BewG:

§§ 93–98 BGB 451

Zu § 251 BewG:

Umrechnungskoeffizienten zur Berücksichtigung abweichender Grundstücksgrößen beim Bodenwert von Ein- und Zweifamilienhäusern (**Anl. 36** zu §§ 251 u. 257 Abs. 1) 466

Zu § 253 BewG:

Vervielfältiger (**Anl. 37** zu § 253 Abs. 2) 471
Wirtschaftliche Gesamtnutzungsdauer (**Anl. 38** zu § 253 Abs. 2, § 259 Abs. 4) 475

Zu § 254 BewG:

Ermittlung des Rohertrags (**Anl. 39** zu § 254) 477

Zu § 255 BewG:

Bewirtschaftungskosten (**Anl. 40** zu § 255) 481

Zu § 257 BewG:

Abzinsungsfaktoren (**Anl. 41** zu § 257 Abs. 2) 486

Zu § 259 BewG:

Normalherstellungskosten (**Anl. 42** zu § 259 Abs. 1) 499
Schreiben vom 11. 2. 2022 betr. Ermittlung des Gebäudesachwerts nach § 259 BewG; **Baupreisindex** zur Anpassung der Normalherstellungskosten aus der Anlage 42 zum BewG auf den Hauptfeststellungszeitpunkt 1. 1. 2022 (BeckVerw 567265) 500

Zu § 260 BewG:

Wertzahlen (**Anl. 43** zu § 260) 501

Erbschaftsteuergesetz

Zu § 2 ErbStG:

Verfügung vom 4. 8. 1997 betr. **Anteile an inländischen Kapitalgesellschaften** als Inlandsvermögen gemäß § 2 Abs. 1 Nr. 3 ErbStG i. V. m. § 121 Nr. 4 BewG (BeckVerw 032774) 516

Zu § 2 a ErbStG:

§ 14 a AO 517

Zu § 3 ErbStG:

Verfügung vom 21. 6. 2019 betr. steuerliche Behandlung eines mit dem **Todesfall des Trusterrichters** unwiderruflich werdenden Trusts als Vermögensmasse ausländischen Rechts i. S. d. § 3 Abs. 2 Nr. 1 und 2 und § 7 Abs. 1 Nr. 8 Satz 2 ErbStG (BeckVerw 452137) 528

Zu § 5 ErbStG:

Erlass vom 13. 9. 2021 betr. Anwendung der geänderten Vorschriften des Erbschaftsteuer- und Schenkungsteuergesetzes für Erwerbe mit einer **Steuerentstehung nach dem 28. 12. 2020** (BeckVerw 561339) ... 535

Zu § 7 ErbStG:

Verfügung vom 5. 12. 2014 betr. Behandlung eines **vorzeitigen unentgeltlichen Verzichts** auf vorbehaltenes Nießbrauchsrecht (BeckVerw 292595) ... 546
Erlass vom 13. 10. 2022 betr. Berücksichtigung von **Abfindungszahlungen im Scheidungsfall;** Konsequenzen aus dem BFH-Urteil v. 1. 9. 2021 II R 40/19 (BeckVerw 618694) ... 547
Erlass vom 23. 10. 2023 betr. Änderung des H E 7.4 ErbStH 2019; **Übernommene Pflegeleistungen als Gegenleistung** (BeckVerw 629699) ... 554
Erlass vom 17. 10. 2023 betr. gesonderte Feststellung gem. § 151 Abs. 1 Satz 1 Nr. 3 BewG bei **Bewertungen für Zwecke des § 7 Abs. 8 ErbStG** (BeckVerw 629698) ... 563
Erlass vom 12. 6. 2003 betr. Beurteilung der **Gesamtgläubigerschaft** i. S. d. § 428 BGB (BeckVerw 052394) ... 565
Erlass vom 16. 9. 2010 betr. Übertragung **treuhänderisch gehaltener Vermögensgegenstände** (BeckVerw 242128) ... 566
Erlass vom 24. 4. 2014 betr. **Schenkung** nach **§ 7 Abs. 1 Nr. 8 ErbStG** (BeckVerw 285631) ... 566
Verfügung vom 10. 4. 2019 betr. steuerliche Behandlung des **Vermögensrückflusses von Trustvermögen** an den Errichter (§ 7 Abs. 1 Nr. 9 Satz 2 ErbStG) (BeckVerw 449988) ... 566

Zu § 9 ErbStG:

Verfügung vom 27. 1. 1994 betr. **Grundstücksschenkungen mit Widerrufsklausel** (BeckVerw 032736) ... 571
Schreiben vom 14. 11. 1995 betr. Zeitpunkt der **Ausführung einer Grundstücksschenkung;** hier: Schuldrechtliche Sondervereinbarungen (BeckVerw 032777) ... 571

Zu § 10 ErbStG:

Erlass vom 9. 2. 2022 betr. Berücksichtigung von **Steuerberatungskosten** für die Steuerangelegenheiten des Erblassers und von Kosten für Haushaltsauflösung sowie für Räumung einer Wohnung als Nachlassregelungskosten i. S. d. § 10 Abs. 5 Nr. 3 Satz 1 ErbStG; Folgen des BFH-Urteils v. 14. 10. 2020 II R 30/19 (BeckVerw 567808) ... 589
Erlass vom 9. 1. 2023 betr. Abzugsfähigkeit von **Nachlassverbindlichkeiten** bei beschränkter Steuerpflicht; Konsequenzen aus dem EuGH-Urteil v. 21. 12. 2021 C-394/20 (BeckVerw 618725) ... 593
Verfügung vom 3. 6. 1997 betr. Behandlung von **Gemeinschaftskonten** und -depots (§ 10 ErbStG) (BeckVerw 032767) ... 595
Erlass vom 13. 9. 2021 betr. Anwendung der geänderten Vorschriften des Erbschaftsteuer- und Schenkungsteuergesetzes für Erwerbe mit einer **Steuerentstehung nach dem 28. 12. 2020** (BeckVerw 561339) ... 595

Zu § 12 ErbStG:

§§ 99–101 BGB ... 606
Erlass vom 19. 3. 2018 betr. Bewertung des **Nutzungsvorteils bei unverzinslichen und niedrig verzinslichen Darlehen** (BeckVerw 354456) ... 607

Zu § 13 ErbStG:

Erlass vom 19. 8. 2020 betr. vollständige Steuerbefreiung für den **Erwerb von Kulturgütern** nach § 13 Abs. 1 Nr. 2 Buchst. b ErbStG – BFH-Urteil v. 12. 5. 2016 II R 56/14 (BeckVerw 482965) ... 614
Erlass vom 13. 12. 2021 betr. Anwendung von Vorschriften des ErbStG nach dem **Austritt des Vereinigten Königreichs Großbritannien und Nordirland** aus der Europäischen Union (BeckVerw 565802) ... 615
Erlass vom 9. 2. 2022 betr. Steuerbefreiung für ein **Familienheim** nach § 13 Abs. 1 Nr. 4 b und Nr. 4 c ErbStG; Zwingende, an einer Selbstnutzung zu eigenen Wohnzwecken hindernde Gründe (BeckVerw 567740) ... 621
Erlass vom 12. 11. 2003 betr. steuerliche Konsequenzen der Einsetzung einer **gemeinnützigen Stiftung als Vorerbin** (BeckVerw 046874) ... 624

Zu § 13 a ErbStG:

VO (EG) Nr. 1503/2006 [**„Löhne und Gehälter“**] ... 636
Erlass vom 14. 10. 2020 betr. Behandlung des **Kurzarbeitergeldes bei der Lohnsumme** i. S. d. § 13 a Abs. 3 ErbStG (BeckVerw 494610) ... 637

Erlass vom 30. 12. 2021 betr. Billigkeitsmaßnahmen i. Z. m. der Summe der **maßgebenden jährlichen Lohnsummen** nach § 13 a Abs. 3 Satz 5 ErbStG (BeckVerw 566550) 654
Erlass vom 20. 7. 2012 betr. erbschaftsteuerrechtliche Behandlung einer **„anderen Gegenleistung“** i. S. d. § 20 UmwStG im Rahmen des § 13 a Abs. 5 Satz 1 Nr. 1 ErbStG 658
Erlass vom 22. 12. 2023 betr. die **Optionsverschonung** betreffenden Vorschriften des ErbStG aufgrund des BFH-Urteils II R 25/20 v. 26. 7. 2022 (BStBl. 2024 II S. 21) (BeckVerw 632810) 673
Erlass vom 13. 9. 2021 betr. Anwendung der geänderten Vorschriften des ErbStG für Erwerbe mit einer **Steuerentstehung nach dem 28. 12. 2020** (BeckVerw 561339) 680

Zu § 13 b ErbStG:

Erlass vom 22. 12. 2023 betr. Begünstigungsfähigkeit **treuhänderisch gehaltener Anteile an einer Kapitalgesellschaft** (BeckVerw 632061) 694
Erlass vom 19. 6. 2024 betr. **Verwaltungsvermögensquote** nach § 13 b Abs. 2 Satz 2 ErbStG (90-%-Test); Konsequenzen aus dem BFH-Urteil vom 13. 9. 2023 II R 49/21 (BeckVerw 638785) 700
Erlass vom 11. 2. 2021 betr. **Aufteilung des Verwaltungsvermögens,** des jungen Verwaltungsvermögens, der Finanzmittel, der jungen Finanzmittel und der Schulden aus dem Gesamthandsvermögen einer Personengesellschaft auf die Gesellschafter bei Feststellungen nach § 13 b Abs. 10 ErbStG (BeckVerw 513316) 703
Erlass vom 19. 11. 2024 betr. Zuordnung von **Dritten zur Nutzung überlassenen Grundstücken** oder Grundstücksteilen zum Verwaltungsvermögen nach § 13 b Abs. 4 Nr. 1 ErbStG; Anwendung des BFH-Urteils vom 28. 2. 2024 II R 27/21 (BeckVerw 646168) 705
Erlass vom 23. 4. 2018 betr. erbschaftsteuerlich begünstigtes Vermögen bei einer **Wohnungsvermietungsgesellschaft** (§ 13 b Abs. 2 Satz 2 Nr. 1 Satz 2 Buchst. d ErbStG a. F.); Konsequenzen aus dem BFH-Urteil v. 24. 10. 2017 II R 44/15 (BeckVerw 434850) 708
Erlass vom 6. 3. 2024 betr. geleistete **Anzahlungen** als Verwaltungsvermögen im Sinne des § 13 b Absatz 4 ErbStG; Auswirkungen des BFH-Urteils vom 1. Februar 2023, II R 36/20 (BeckVerw 634707) 715
Erlass vom 13. 10. 2022 betr. Behandlung von (jungem) Verwaltungsvermögen und (jungen) Finanzmitteln bei Umwandlungsvorgängen sowie Folgen von Umwandlungsvorgängen für die Anwendung des **vereinfachten Ertragswertverfahrens** (BeckVerw 576790) 718

Zu § 14 ErbStG:

Erlass vom 13. 9. 2021 betr. Anwendung der geänderten Vorschriften des Erbschaftsteuer- und Schenkungsteuergesetzes für Erwerbe mit einer **Steuerentstehung nach dem 28. 12. 2020** (BeckVerw 561339) 752

Zu § 19 a ErbStG:

Verfügung vom 22. 1. 2003 betr. **Überwachung der Behaltenszeit** gem. §§ 13 a Abs. 5 und 19 a Abs. 5 ErbStG (BeckVerw 052399) 767

Zu § 20 ErbStG:

§ 224 a AO 769
Verfügung vom 7. 1. 2015 betr. **Haftung der Banken nach § 20 Abs. 6 ErbStG** (BeckVerw 294009) 770

Zu § 21 ErbStG:

Erlass vom 22. 12. 2011 betr. **Anrechnung ausländischer Steuer** auf die deutsche Steuer (§ 21 ErbStG) (BeckVerw 256897) 775

Zu § 22 ErbStG:

§ 1 KBV 776

Zu § 24 ErbStG:

Erlaß vom 14. 3. 1984 betr. **Verrentung** der Ersatzerbschaftsteuer nach § 24 ErbStG (BeckVerw 032706) 781

Zu § 28 ErbStG:

§§ 222, 234, 238 AO 792

Zu § 29 ErbStG:

Erlaß vom 28. 1. 1991 betr. Änderung des ErbStG durch das **Kultur- und Stiftungsförderungsgesetz** (BeckVerw 032730) 800
Verfügung vom 18. 9. 2019 betr. Erlöschen der Erbschaft- und Schenkungsteuer bei **Übertragung von Vermögen auf eine nichtrechtsfähige Stiftung** nach § 29 Abs. 1 Nr. 4 ErbStG (BeckVerw 457929) 800

Zu § 31 ErbStG:

§§ 169, 170 AO 805

Zu § 33 ErbStG:

Erlass vom 9. 3. 2000 betr. Angabe der bis zum Todestag errechneten **Zinsen und Stückzinsen** (BeckVerw 032756) 809
Erlaß vom 12. 3. 2015 betr. **Kontrollmitteilungen** für die Steuerakten des Erblassers und des Erwerbers (BeckVerw 296650) 811
Verfügung vom 3. 6. 1997 betr. **Anzeigepflicht der Banken** nach § 33 ErbStG bei Überlassung eines Wertfachs an Mitarbeiter (BeckVerw 032741) 812
Erlaß vom 28. 10. 1998 betr. Anzeigepflicht der Versicherungsunternehmen **bei Übertragung von Direktversicherungen** (BeckVerw 032713) 812
Erlaß vom 6. 11. 1998 betr. Anzeigepflicht nach § 33 ErbStG der **Treuhänder-Kommanditisten von Grundstücksgesellschaften** (BeckVerw 032758) 812
Schreiben vom 18. 8. 1999 betr. Anzeigen nach § 33 ErbStG i. V. m. § 1 ErbStDV bei **Wertpapierdepots** (BeckVerw 032757) 812
Erlass vom 10. 1. 2000 betr. Anzeigepflicht der **Vermögensverwahrer und -verwalter** nach § 33 ErbStG (BeckVerw 026996) 813
Schreiben vom 13. 6. 2000 betr. Anzeigepflicht der **Vermögensverwahrer und -verwalter** nach § 33 ErbStG (BeckVerw 049955) 813
Erlass vom 22. 12. 2009 betr. Anzeigepflicht der Versicherungsunternehmen nach § 33 Abs. 3 ErbStG bei **Termfix-Versicherungen** (BeckVerw 234012) 814

Zu § 34 ErbStG:

Merkblatt vom 13. 9. 2022 über die steuerlichen **Beistandspflichten der Notare** auf den Gebieten der Grunderwerbsteuer, der Erbschaftsteuer (Schenkungsteuer) und der Ertragsteuern (Auszug) (BeckVerw 574428) 818

Grunderwerbsteuergesetz

Zu § 1 GrEStG:

Schreiben vom 11. 2. 1983 betr. Erwerb einer **Anwartschaft auf Nacherbfolge** (§§ 2100 ff. BGB) (BeckVerw 027320) 832
Erlass vom 12. 10. 2007 zu grundstücksbezogenen **Treuhandgeschäften** sowie zu Grundstückserwerben durch **Auftragnehmer** bzw. **Geschäftsbesorger** (BeckVerw 103630) .. 832
Erlass vom 3. 6. 2021 betr. Verfahren der **Baulandumlegung** (BeckVerw 531525) 835
Schreiben vom 12. 12. 1997 betr. Übergang von Grundstücken bei **Umwandlungen, Einbringungen und anderen Erwerbsvorgängen auf gesellschaftsvertraglicher Grundlage** (BeckVerw 027323) 837
Schreiben vom 7. 10. 2003 betr. **Umfang der Steuerpflicht** nach § 1 Abs. 1 Nr. 3 GrEStG (BeckVerw 052401) 839
Erlass vom 10. 5. 2022 betr. **Anwendung des § 1 Abs. 2 a GrEStG** (BeckVerw 444358) 840
Erlass vom 29. 6. 2021 betr. **Übergangsregelungen** aufgrund des Gesetzes zur Änderung des Grunderwerbsteuergesetzes (BeckVerw 559145) 856
Erlass vom 16. 10. 2023 betr. **Zurechnung von Grundstücken** für die Ergänzungstatbestände in § 1 Abs. 2 a bis 3 a GrEStG (BeckVerw 629512) 863
Erlass vom 10. 5. 2022 betr. **Anwendung des § 1 Abs. 2 b GrEStG** ab dem 1. Juli 2021 (BeckVerw 571184) 868
Erlass vom 4. 10. 2022 betr. **Anwendung des § 1 Abs. 2 c GrEStG** (BeckVerw 576316) ... 882
Erlass vom 19. 9. 2018 betr. Erwerbsvorgänge i. S. d. § 1 Abs. 3 GrEStG i. Z. m. **Treuhandgeschäften** und **Auftragserwerben** bzw. **Geschäftsbesorgungen** (BeckVerw 4441289) 884
Erlass vom 5. 3. 2024 betr. **Anwendung des § 1 Abs. 3 GrEStG** (BeckVerw 634705) ... 887
Erlass vom 5. 3. 2024 betr. **Anwendung des § 1 Abs. 3 i. V. m. Abs. 4 GrEStG auf Organschaftsfälle** (BeckVerw 634706) 894
Erlass vom 19. 9. 2018 betr. **Anwendung des § 1 Abs. 3 a GrEStG** (BeckVerw 441286) .. 909

Zu § 2 GrEStG:

Erlass vom 16. 9. 2015 betr. Beurteilung von **Erbbaurechtsvorgängen** (BeckVerw 320230) ... 935
Schreiben vom 14. 6. 1985 betr. **Sicherungsübereignung** von Gebäuden auf fremdem Boden (BeckVerw 027334) ... 938
Erlass vom 17. 11. 2003 betr. **Sicherungsübereignung** von Gebäuden auf fremdem Boden (BeckVerw 052402) ... 939
Erlass vom 3. 4. 2013 betr. Behandlung von **Gebäuden auf dem Wasser** (BeckVerw 269949) ... 939

Zu § 3 GrEStG:

Erlass vom 15. 5. 2008 betr. Anwendung der **Freigrenze** des § 3 Nr. 1 GrEStG **bei mehreren Veräußerern und Erwerbern** ... 943
Schreiben vom 27. 1. 2005 betr. Übertragung von Grundstücken auf **Stiftungen** (BeckVerw 063310) ... 944
Schreiben vom 13. 12. 1984 betr. Übertragung eines Anteils an einem **Nachlaß,** zu dem ein Grundstück gehört, auf **Miterben** (BeckVerw 027339) ... 944
Schreiben vom 20. 10. 1989 betr. 1. Befreiung beim Erwerb durch **Stiefkinder** (§ 3 Nr. 6 Satz 2 GrEStG), 2. Grundstückserwerbe durch **Schwiegerkinder** (§ 3 Nr. 6 Satz 3 GrEStG) (BeckVerw 027344) ... 944
Erlass vom 17. 4. 2009 betr. Befreiung von **gemischten Schenkungen** und **Schenkungen unter** einer **Auflage** nach § 3 Nr. 2 GrEStG **nach Wegfall des § 25 ErbStG** ... 945
Erlass vom 10. 7. 2017 betr. **Befreiung bei Übertragung eines zum Nachlass gehörenden Grundstücks** auf den Abkömmling eines Miterben im Rahmen einer Erbauseinandersetzung (BeckVerw 344213) ... 945
Schreiben vom 26. 10. 2020 betr. Anwendung des **§ 3 Nr. 2 GrEStG bei Grundstückskaufrechtsvermächtnissen** (BeckVerw 494168) ... 945

Zu § 4 GrEStG:

Erlass vom 10. 12. 1997 betr. Gegenseitigkeit bei Grundstückserwerben für **diplomatische** und für **kulturelle Zwecke** (§ 4 Nr. 2 und 3 GrEStG) (BeckVerw 106295) ... 951
Erlass vom 27. 4. 2006 betr. Grunderwerbsteuerbefreiung bei Grundstücksübertragungen im Rahmen einer **Öffentlich Privaten Partnerschaft** (BeckVerw 075499) ... 952
2 Erlasse vom 12. 11. 2008/25. 9. 2009 betr. **Befreiung nach Art. 1 § 14 FMStG** v. 17. 10. 2008 (BeckVerw 229207) ... 953
Übersicht: Steuerbefreiungen außerhalb des GrEStG ... 953

Zu § 5 GrEStG:

Erlass vom 5. 3. 2024 betr. **Anwendung der §§ 5 und 6 GrEStG** (BeckVerw 634710) ... 956

Zu § 6 a GrEStG:

Erlass vom 25. 5. 2023 betr. **Anwendung des § 6 a GrEStG** (BeckVerw 623748) ... 982

Zu § 7 GrEStG:

Schreiben vom 17. 9. 1996 betr. Steuerbefreiung nach § 7 GrEStG bei der **Bestellung eines Erbbaurechts** (BeckVerw 027354) ... 992
Erlass vom 19. 9. 2005 betr. Aufhebung von **Sondereigentum** (BeckVerw 073854) ... 993

Zu § 8 GrEStG:

Erlass vom 16. 4. 2010 betr. Bemessungsgrundlage bei Erwerb **kontaminierter Grundstücke** und bei Übernahme von Investitions- und Beschäftigungsgarantien (BeckVerw 237659) ... 994
Schreiben vom 12. 4. 1999 betr. Grundstücksübertragungen im Zusammenhang mit Maßnahmen nach dem **Eisenbahnkreuzungsgesetz** (BeckVerw 027359) ... 995
Verfügung vom 18. 11. 2005 betr. Behandlung von Zahlungsansprüchen aufgrund des **Betriebsprämiendurchführungsgesetzes** bei der Veräußerung landwirtschaftlicher Flächen (BeckVerw 098366) ... 996
Schreiben vom 6. 3. 2006 betr. Erfassung des Werts für **grundeigene Bodenschätze** (BeckVerw 098368) ... 996

Zu § 9 GrEStG:

Schreiben vom 13. 12. 1984 betr. Gegenleistung bei Grundstückserwerben für **Straßenbauzwecke,** Grundstücksenteignungen und Grundstücksveräußerungen zur **Vermeidung der Enteignung,** Landbeschaffung für Zwecke der **Verteidigung** (BeckVerw 027361) ... 1001

Erlass vom 16. 9. 2015 betr. Behandlung von **Erschließungs- und Folgekostenbeiträgen** (BeckVerw 320229) ... 1003
Verfügung vom 29. 6. 2017 betr. **Erschließungsbeiträge** als Teil der Gegenleistung (BeckVerw 621089) ... 1006
Erlass vom 19. 3. 2021 betr. Berücksichtigung der **Erhaltungsrücklage** (vormals Instandhaltungsrückstellung) bei der Grunderwerbsteuer; BFH-Urteil v. 16. 9. 2020 II R 49/17 (BStBl. II 2021 S. 339) ... 1009
Schreiben vom 13. 6. 1984 betr. Umfang der Gegenleistung beim Miterwerb von **Einbaumöbeln** (BeckVerw 027365) ... 1009
Erlaß vom 14. 12. 2007 betr. **Bemessungsgrundlage** bei umsatzsteuerpflichtigen Grundstücksumsätzen (BeckVerw 107428) ... 1009
Schreiben vom 7. 10. 2003 betr. Berücksichtigung des Kapitalnutzungsvorteils des Veräußerers bei **Vorleistungspflicht** des Erwerbers als sonstige Leistung (BeckVerw 052411)... 1009
Schreiben vom 13. 12. 1984 betr. **Verwaltungsvereinfachung** bei der Ermittlung der Gegenleistung (BeckVerw 027370) ... 1010
Erlass vom 3. 4. 2008 betr. **Umfang der Gegenleistung** bei Grundstücksveräußerungen mit **Solaranlagen** (BeckVerw 121217) ... 1011
Erlass vom 27. 3. 2013 betr. Grunderwerbsteuer in der **Flurbereinigung** (BeckVerw 270673) ... 1012
Erlass vom 20. 9. 2017 zum Gegenstand des **Erwerbsvorgangs** (BeckVerw 348244)... 1013
Schreiben vom 24. 6. 1987 betr. Bemessungsgrundlage für Grundstückserwerbe in der **Zwangsversteigerung** unter Berücksichtigung der Befriedigungsfiktion des § 114 a ZVG (BeckVerw 027377) ... 1019

Zu § 11 GrEStG:

Übersicht über die geltenden **Grunderwerbsteuersätze** in den Ländern ... 1031
Verfügung vom 1. 2. 2012 betr. **Höhe des Grunderwerbsteuersatzes** nach Erhöhung des Steuersatzes in Rheinland-Pfalz für Rechtsgeschäfte im **Übergangszeitraum zwischen bisherigem und zukünftigem Steuersatz** (BeckVerw 261415) ... 1031

Zu § 13 GrEStG:

Erlass vom 18. 12. 2012 betr. **Anzahl der Steuerschuldner** (BeckVerw 264741) ... 1034
Verfügung vom 2./23. 8. 1993 betr. Inanspruchnahme von **Gesamtschuldnern** (BeckVerw 032745) ... 1035
Erlass vom 3. 9. 2002 betr. Inanspruchnahme des **Veräußerers als Gesamtschuldner** (BeckVerw 052412) ... 1036

Zu § 14 GrEStG:

Verfügung vom 5. 7. 2005 betr. Behandlung von Erwerbsvorgängen, deren Wirksamkeit vom Eintritt einer **Bedingung oder von einer Genehmigung** abhängt (BeckVerw 066175) ... 1038

Zu § 15 GrEStG:

Verfügung vom 7. 10. 2016 betr. **Fälligkeit der Steuer** (BeckVerw 333399) ... 1040

Zu § 16 GrEStG:

Schreiben vom 10. 8. 1995 betr. grunderwerbsteuerliche Behandlung der **Vertragsübernahme** bzw. des **Vertragsbeitrittes** (BeckVerw 105909) ... 1042
Erlass vom 7. 8. 2002 betr. Formerfordernis bei **Rückgängigmachung** eines Erwerbsvorgangs nach § 16 GrEStG (BeckVerw 052414) ... 1043
Erlass vom 30. 1. 2017 betr. **Erlass von Säumniszuschlägen** bei späterer Aufhebung der Grunderwerbsteuerfestsetzung nach § 16 Abs. 1 GrEStG (BeckVerw 339416) ... 1045

Zu § 17 GrEStG:

Erlass vom 1. 3. 2016 betr. **Durchführung der gesonderten Feststellung** nach § 17 GrEStG (BeckVerw 325404) ... 1053

Zu § 18 GrEStG:

Merkblatt vom 13. 9. 2022 über die steuerlichen **Beistandspflichten der Notare** auf den Gebieten der Grunderwerbsteuer, der Erbschaftsteuer (Schenkungsteuer) und der Ertragsteuern (Auszug) (BeckVerw 514047) ... 1059

Zu § 19 GrEStG:

§ 87 a AO ... 1065

Zu § 22 GrEStG:

Verfügung vom 7. 8. 2006 betr. Erteilung der Unbedenklichkeitsbescheinigung im Falle einer **Wiederversteigerung** eines Grundstücks (BeckVerw 096224) 1070
Schreiben vom 11. 3. 1993 betr. Erteilung der Unbedenklichkeitsbescheinigung bei **Aussetzung der Vollziehung** (BeckVerw 027436) 1071
Verfügung vom 23. 3. 1993 betr. **Unbedenklichkeitsbescheinigung** (UB) (BeckVerw 032781) 1071
Erlaß vom 9. 6. 1998 betr. Erteilung der **Unbedenklichkeitsbescheinigung bei Nichtentrichtung von Säumniszuschlägen** (BeckVerw 027437) 1072
Erlaß vom 2. 5. 2011 betr. **Verzicht** auf die Erteilung von Unbedenklichkeitsbescheinigungen (BeckVerw 253403) 1073
Erlass vom 12. 5. 2022 betr. **Richtlinien** für die Erteilung der **Unbedenklichkeitsbescheinigung** (BeckVerw 576877) 1073

Grundsteuergesetz

Zu § 1 GrStG:

§§ 1, 3, 17, 18, 22, 31, 111, 184, 361 AO 1083

Zu § 3 GrStG:

§§ 14, 39, 51–68 AO 1096

Zu § 12 GrStG:

§§ 44, 77 AO 1123
§ 10 ZVG 1123

Zu §§ 22–24 GrStG:

§§ 185–190 AO 1133

Verzeichnis der zusätzlich abgedruckten Gesetze und Verordnungen

Seite

Abgabenordnung

§ 1, 3 AO ... 1083
§ 14 AO ... 1096
§ 14 a AO ... 517
§§ 17, 18 AO ... 1084
§§ 22, 31 AO ... 1085
§ 39 AO ... 1096
§ 44 AO ... 1123
§ 51 AO ... 1096
§ 52 AO ... 1097
§§ 53–55 AO ... 1098
§§ 56–58 AO ... 1099
§§ 58a–60 a AO ... 1100
§§ 60 b–62 AO ... 1101
§§ 63, 64 AO ... 1102
§§ 65–68 AO ... 1103
§ 77 AO ... 1123
§ 87 a AO ... 1065
§ 111 AO ... 1085
§§ 169, 170 AO ... 805
§ 184 AO ... 1085
§§ 185–189 AO ... 1133
§ 190 AO ... 1134
§ 222 AO ... 792
§ 224 a AO ... 769
§§ 234, 238 AO ... 792
§ 361 AO ... 1086

Baugesetzbuch

§§ 8, 9 BauGB ... 1174
§§ 9a, 10 BauGB ... 1177
§§ 10 a, 11, 123 BauGB ... 1178
§§ 124–128 BauGB ... 1179
§§ 129–132 BauGB ... 1180
§§ 133–135 BauGB ... 1181
§§ 192–195 BauGB ... 1182
§§ 196–198 BauGB ... 1183
§ 199 BauGB ... 1184

Baunutzungsverordnung

§ 20 BauNVO ... 291

Zweite Berechnungsverordnung

§§ 27, 42–44 II. BV ... 297
Anl. 3 zu § 27 Abs. 3 II. BV ... 322

Betriebskostenverordnung

§§ 1, 2 BetrKV ... 320

Bundeskleingartengesetz

§§ 1, 2, 3, 20 a BKleingG ... 1232

Seite

Bürgerliches Gesetzbuch

§§ 93–97 BGB ... 451
§ 98 ... 452
§§ 99–101 BGB ... 606

Erbschaftsteuergesetz

§ 25 ErbStG a. F. ... 1234

Grundsteuergesetze der Länder

Baden-Württemberg (BW-LGrStG) ... 1289
Bayern (BayGrStG) ... 1311
Berlin (BlnGrStMG) ... 1315
Bremen (BremGrStMG) ... 1316
Hamburg (HmbGrStG) ... 1316
Hessen (HGrStG) ... 1321
Niedersachsen (NGrStG) ... 1327
Nordrhein-Westfalen (NWGrStHsG) ... 1332
Rheinland-Pfalz (GrStHsGRP) ... 1333
Saarland (GrStG-Saar) ... 1333
Sachsen (SächsGrStMG) ... 1334
Sachsen-Anhalt ... 1334
Schleswig-Holstein ... 1335

Immobilienwertermittlungsverordnung

§§ 1, 2 ImmoWertV ... 1186
§§ 3, 4 ImmoWertV ... 1187
§§ 5–8 ImmoWertV ... 1188
§§ 9–11 ImmoWertV ... 1189
§§ 12, 13 ImmoWertV ... 1190
§§ 14–16 ImmoWertV ... 1191
§§ 17–21 ImmoWertV ... 1192
§§ 22–25 ImmoWertV ... 1193
§§ 26–30 ImmoWertV ... 1194
§§ 31–34 ImmoWertV ... 1195
§§ 35–37 ImmoWertV ... 1196
§§ 38–43 ImmoWertV ... 1197
§§ 44–47 ImmoWertV ... 1198
§§ 48–50 ImmoWertV ... 1199
§§ 51–54 ImmoWertV ... 1200
Anl. 1 ... 1201
Anl. 2 ... 1201
Anl. 3 ... 1203
Anl. 4 ... 1204
Anl. 5 ... 1229

Kleinbetragsverordnung

§ 1 KBV ... 776

Verordnung (EG) Nr. 1503/2006 („Löhne und Gehälter")

Anh. I, Variable 230 ... 636

Wohnflächenverordnung

§§ 1, 2 WoFlV ... 295
§§ 3–5 WoFlV ... 296

Verzeichnis der Gesetze und Verordnungen

Seite

Zivilschutz- und Katastrophenhilfegesetz

§§ 1, 7 ZSKG 382
§§ 8, 9 ZSKG 383

Seite

Zwangsversteigerungsgesetz

§ 10 1123

Abkürzungsverzeichnis

A	Abschnitt
a. a. O.	am angegebenen Ort
AbgrenzE	Erlass betr. Abgrenzung des Grundvermögens von den Betriebsvorrichtungen v. 5. 6. 2013 (BStBl. I S. 734)
ABl.	Amtsblatt
Abs.	Absatz
Abschn.	Abschnitt
a. E.	am Ende
AE	Anwendungserlass
AEAO	Anwendungserlass zur Abgabenordnung i. d. F. v. 31. 1. 2014 (BStBl. I S. 290) mit nachfolgenden Änderungen
AEBewGrSt 2025	Anwendungserlass zur Bewertung des Grundbesitzes (allgemeiner Teil und Grundvermögen) für die Grundsteuer zum 1. 1. 2022
AEBewGrSt LuF 2025	Anwendungserlass zur Bewertung des Grundbesitzes (land- und forstwirtschaftliches Vermögen) für die Grundsteuer zum 1. 1. 2022
AEBew JStG 2022	Erlass zur Anwendung der Vorschriften für die Bewertung des Grundvermögens im Sechsten Abschnitt des Zweiten Teils des Bewertungsgesetzes i. d. F. des JStG 2022
AEG	Allgemeines Eisenbahngesetz
AEGrStG 2025	Erlass zur Anwendung des Grundsteuergesetzes ab 1. 1. 2025
a. F.	alte Fassung
AfA	Absetzung für Abnutzung
AG	Aktiengesellschaft
AIFM-StAnpG	AIFM-Steueranpassungsgesetz
ALKIS®	Amtliches Liegenschaftskatasterinformationssystem
amtl.	amtlich
AmtshilfeRLUmsG	Amtshilferichtlinie-Umsetzungsgesetz
AMVO	Altbaumietenverordnung
Anh.	Anhang
Anl.	Anlage
Anm.	Anmerkung
AO	Abgabenordnung
ASR	Airport Surveillance Radar (Flughafen-Rundsicht-Radar)
AStG	Außensteuergesetz
AuslInvestmG	Auslandinvestmentgesetz
BAnz.	Bundesanzeiger
BauGB	Baugesetzbuch
BayLfSt	Bayerisches Landesamt für Steuern
BB	Zeitschrift „Betriebs-Berater"
BBauG	Bundesbaugesetz
BeckRS	Rechtsprechung in beck-online
BeitrRLUmsG	Beitreibungsrichtlinie-Umsetzungsgesetz
BerlinFG	Berlinförderungsgesetz
BetrAVG	Gesetz zur Verbesserung der betrieblichen Altersversorgung
BetrKV	Betriebskostenverordnung
Bew.	Bewertung
BewÄndG	Änderungsgesetz zum Bewertungsgesetz
BewDV	Durchführungsverordnung zum Bewertungsgesetz
BewEÖVU	Erlass zur Bewertung der Betriebsgrundstücke der öffentlichen Verkehrsunternehmen nach dem Siebenten Abschnitt des Zweiten Teils des Bewertungsgesetzes für Zwecke der Grundsteuer
BewG	Bewertungsgesetz
BewRGr	Richtlinien für die Bewertung des Grundvermögens
BewRL	Richtlinien für die Bewertung des land- und forstwirtschaftlichen Vermögens
BfF	Bundesamt für Finanzen, siehe jetzt BZSt
BFH	Bundesfinanzhof
BFHE	Sammlung der Entscheidungen des Bundesfinanzhofs
BFH/NV	Zeitschrift „Sammlung amtlich nicht veröffentlichter Entscheidungen des BFH"

BgA	Betrieb gewerblicher Art
BGB	Bürgerliches Gesetzbuch
BGBl. I/II	Bundesgesetzblatt Teil I/Teil II
BGBl. III	Bereinigte Sammlung des Bundesrechts, abgeschlossen am 28. 12. 1968 (in Nachweisform fortgeführt durch FNA)
BMF	Bundesminister(ium) der Finanzen
BMG	Bundesmietengesetz
BodSchätzG	Bodenschätzungsgesetz
BOS	Behörden und Organisationen mit Sicherheitsaufgaben
BRW-RL	Richtlinie zur Ermittlung von Bodenrichtwerten (Bodenrichtwertrichtlinie) v. 11. 1. 2011 (BAnz. Nr. 24 S. 597)
BStBl. I/II/III	Bundessteuerblatt Teil I/Teil II/(Teil III – bis 1967)
BV(BVO)	(Zweite) Berechnungsverordnung
BVerfG	Bundesverfassungsgericht
BVerfGE	Sammlung der Entscheidungen des Bundesverfassungsgerichts
BVerwG	Bundesverwaltungsgericht
BVerwGE	Sammlung der Entscheidungen des Bundesverwaltungsgerichts
BZSt	Bundeszentralamt für Steuern
DB	Zeitschrift „Der Betrieb“
DBA	Doppelbesteuerungsabkommen
DFS	Deutsche Flugsicherung GmbH
DMBilG	D-Markbilanzgesetz
DÖV	Zeitschrift „Die Öffentliche Verwaltung“
DStR	Zeitschrift „Deutsches Steuerrecht“
DStRE	Zeitschrift „DStR-Entscheidungsdienst“
DV (DVO)	Durchführungsverordnung
EE	Einführungserlass
EFG	Zeitschrift „Entscheidungen der Finanzgerichte“
EFH	Einfamilienhaus
EGBGB	Einführungsgesetz zum Bürgerlichen Gesetzbuche
EGE	Europäische Größeneinheit
EMZ	Ertragsmesszahl
EnWG	Energiewirtschaftsgesetz
ErbbauRG	Erbbaurechtsgesetz
ErbStDV	Erbschaftsteuer-Durchführungsverordnung
ErbStG	Erbschaftsteuer- und Schenkungsteuergesetz
ErbStH	Erbschaftsteuer-Hinweise
ErbStR	Erbschaftsteuer-Richtlinien
ErbStRG	Erbschaftsteuerreformgesetz
ErbStVA	Allgemeine Verwaltungsanweisung für die Erbschaft- und Schenkungsteuer
EStDV	Einkommensteuer-Durchführungsverordnung
EStG	Einkommensteuergesetz
EStH	Einkommensteuer-Hinweise
EStR	Einkommensteuer-Richtlinien
EU	Europäische Union
EuGH	Europäischer Gerichtshof
EUR	Euro
EURLUmsG	EU-Richtlinien-Umsetzungsgesetz
FA	Finanzamt
FFH-Gebiet	Fauna-Flora-Habitat-Gebiet
FG	Finanzgericht
FKPG	Gesetz zur Umsetzung des Föderalen Konsolidierungsprogramms
FlurbG	Flurbereinigungsgesetz
FM	Finanzminister(ium)
FMBl.	Amtsblatt des Bayerischen Staatsministeriums der Finanzen und für Heimat
FNA	Bundesgesetzblatt Teil I, Fundstellennachweis A (Bundesrecht ohne völkerrechtliche Vereinbarungen)
FSen	Senator für Finanzen
Fußn.	Fußnote
Gbl.	Gesetzblatt
GbR	Gesellschaft des bürgerlichen Rechts
GewStDV	Gewerbesteuer-Durchführungsverordnung

GewStG	Gewerbesteuergesetz
GewStH	Gewerbesteuer-Hinweise
GewStR	Gewerbesteuer-Richtlinien
GG	Grundgesetz
GmbH	Gesellschaft mit beschränkter Haftung
GrEStG	Grunderwerbsteuergesetz
GrStDV(O)	Grundsteuer-Durchführungsverordnung
GrStG	Grundsteuergesetz
GrStR	Grundsteuer-Richtlinien
GVBl./GVOBl.	Gesetz- und Verordnungsblatt
H	Einzelhinweis (der amtlichen Hinweise zu den EStR, ErbStR, GewStR, KStR, LStR)
HFR	Zeitschrift „Höchstrichterliche Finanzrechtsprechung“
HGB	Handelsgesetzbuch
i. d. F.	in der Fassung
i. d. R.	in der Regel
ImmoWertA	Muster-Anwendungshinweise zur Immobilienwertermittlungsverordnung (ImmoWertV-Anwendungshinweise)
ImmoWertV	Verordnung über die Grundsätze für die Ermittlung der Verkehrswerte von Immobilien und der für die Wertermittlung erforderlichen Daten (Immobilienwertermittlungsverordnung)
InvG	Investmentgesetz
InVorG	Investitionsvorranggesetz
InvZulG	Investitionszulagengesetz
i. S. d.	im Sinne des
i. V. m.	in Verbindung mit
JStErgG	Jahressteuer-Ergänzungsgesetz
JStG	Jahressteuergesetz
KAG	Kommunalabgabengesetz
KAGG	Gesetz über Kapitalanlagegesellschaften
KBV	Kleinbetragsverordnung
KG	Kommanditgesellschaft
KGaA	Kommanditgesellschaft auf Aktien
KRABl.	Amtsblatt des Kontrollrats in Deutschland
KRG	Kontrollratsgesetz
KStDV	Körperschaftsteuer-Durchführungsverordnung
KStG	Körperschaftsteuergesetz
KStH	Körperschaftsteuer-Hinweise
KStR	Körperschaftsteuer-Richtlinien
KStZ	Kommunale Steuerzeitschrift
LAG	Lastenausgleichsgesetz
LandwBuchfVO	Verordnung über landwirtschaftliche Buchführung
LPG	Landwirtschaftliche Produktionsgenossenschaft
LStDV	Lohnsteuer-Durchführungsverordnung
LStH	Lohnsteuer-Hinweise
LStR	Lohnsteuer-Richtlinien
LuF	Land- und Forstwirtschaft
LwAnpG	Landwirtschafts-Anpassungsgesetz
MietNEinV	Verordnung zur Einstufung der Gemeinden in eine Mietniveaustufe i. S. d. § 254 BewG (Mitniveau-Einstufungsverordnung)
MinBlFin.	Ministerialblatt des Bundesministers der Finanzen
m. w. N.	mit weiteren Nachweisen
n. F.	neue Fassung
NHK	Normalherstellungskosten
NJW	Neue Juristische Wochenschrift
NMVO	Neubaumietenverordnung
nrkr.	nicht rechtskräftig
NRW (NW)	Nordrhein-Westfalen
nv.	nicht veröffentlicht
NVwZ	Neue Zeitschrift für Verwaltungsrecht

NWB	Zeitschrift „NWB Steuer- und Wirtschaftsrecht", früher „Neue Wirtschaftsbriefe"
NZB	Nichtzulassungsbeschwerde
OFD	Oberfinanzdirektion
OFH	Oberster Finanzgerichtshof
OGAW-IV-UmsG	OGAW-IV-Umsetzungsgesetz (Gesetz zur Umsetzung der Richtlinie 2009/65/EG zur Koordinierung der Rechts- und Verwaltungsvorschriften betreffend bestimmte Organismen für gemeinsame Anlagen in Wertpapieren)
OHG	Offene Handelsgesellschaft
ÖPP	Öffentlich Private Partnerschaft
OVG	Oberverwaltungsgericht
PPP	Public Private Partnership
R	Einzelrichtlinie (der EStR, ErbStR, GewStR, KStR, LStR)
RBewDV	Durchführungsverordnung zum Reichsbewertungsgesetz
RBewG	Reichsbewertungsgesetz
RdF	Reichsminister der Finanzen
Rev.	Revision
RFH	Reichsfinanzhof
RFHE	Sammlung der Entscheidungen des Reichsfinanzhofs
RG	Reichsgericht
RGBl.	Reichsgesetzblatt
RHK	Regelherstellungskosten
rkr.	rechtskräftig
RL	Richtlinie(n)
RStBl.	Reichssteuerblatt
RVR	Runway Visual Range (Start-/Landebahnsichtweite)
Rz.	Randziffer
SEStEG	Gesetz über steuerliche Begleitmaßnahmen zur Einführung der Europäischen Gesellschaft und zur Änderung weiterer steuerrechtlicher Vorschriften
SGB	Sozialgesetzbuch
StÄndG	Steueränderungsgesetz
StandOG	Standortsicherungsgesetz
StAnpG	Steueranpassungsgesetz
StBereinG	Steuerbereinigungsgesetz
StEd	Zeitschrift „Steuereildienst"
StEK	Steuererlasse in Karteiform (Steuererlass-Kartei)
StEntlG	Steuerentlastungsgesetz
StEuglG	Steuer-Euroglättungsgesetz
StMBG	Mißbrauchsbekämpfungs- und Steuerbereinigungsgesetz
StRefG	Steuerreformgesetz
StSenkG	Steuersenkungsgesetz
StUmgBG	Steuerumgehungsbekämpfungsgesetz
StVergAbG	Steuervergünstigungsabbaugesetz
StZBl.	Steuer- und Zollblatt
TLG	Treuhand-Liegenschaftsgesellschaft
Tz.	Textziffer
UmwG	Umwandlungsgesetz
UmwStG	Umwandlungssteuergesetz
UntStFG	Unternehmenssteuerfortentwicklungsgesetz
UStAE	Umsatzsteuer-Anwendungserlass
UStAusfVermG	Umsatzsteuerausfallvermeidungsgesetz (Gesetz zur Vermeidung von Umsatzsteuerausfällen beim Handel mit Waren im Internet)
UStDV	Umsatzsteuer-Durchführungsverordnung
UStG	Umsatzsteuergesetz
UStR	Umsatzsteuer-Richtlinien, jetzt UStAE
VA	Verwaltungsakt
VE	Vieheinheiten
VermG	Vermögensgesetz
VerwAnw.	Verwaltungsanweisung

Vfg.	Verfügung
VGH	Verwaltungsgerichtshof
VO	Verordnung
VSt	Vermögensteuer
VStG	Vermögensteuergesetz
VStR	Vermögensteuer-Richtlinien
VStRG	Vermögensteuerreformgesetz
VZ	Veranlagungszeitraum
WEG	Wohnungseigentumsgesetz
WertR	Wertermittlungs-Richtlinien v. 1. 3. 2006 (BAnz. Nr. 108 a, ber. Nr. 121)
WertV	Wertermittlungs-Verordnung
WiGBl.	Gesetzblatt der Verwaltung des Vereinigten Wirtschaftsgebiets
WoBauG	Wohnungsbaugesetz
WoFlV	Wohnflächenverordnung
ZFH	Zweifamilienhaus
ZKF	Zeitschrift für Kommunalfinanzen
ZSG	Zivilschutzgesetz, siehe jetzt ZSKG
ZSKG	Zivilschutz- und Katastrophenschutzgesetz
ZVG	Gesetz über die Zwangsversteigerung und Zwangsverwaltung (Zwangsversteigerungsgesetz)

Geschlossene Wiedergabe

Bewertungsgesetz (BewG)[1]

In der Fassung der Bekanntmachung vom 1. Februar 1991
(BGBl. I S. 230, BStBl. I S. 168)

BGBl. III/FNA 610-7

Änderungen des Gesetzes

Lfd. Nr.	Änderndes Gesetz	Datum	BGBl. I (BStBl. I) Seite	Geänderte Paragraphen	Art der Änderung
1.	Steueränderungsgesetz 1991 [Art. 8]	24. 6. 1991	1322 (665)	§ 124 §§ 135, 136 § 134	geändert angefügt aufgehoben
2.	Steueränderungsgesetz 1992 [Art. 13]	25. 2. 1992	297 (146)	§ 10 Satz 1, § 11 Abs. 2 Sätze 1 und 3, § 19 Abs. 1 Nr. 2, Abs. 3 Nr. 1 Buchst. b, § 20 Satz 2, § 22 Abs. 1 Nr. 2, § 26, § 30 Nr. 2, § 95, § 96, § 97 Abs. 1 bis 3, § 98 a, § 99 Abs. 1 und 2, § 102, § 103, § 104 Abs. 4, 5, 8, 10, 12, 13 und 14, § 107, § 109 Abs. 1, § 110 Abs. 1 Nr. 6 Buchst. b, Nr. 8, § 111 Nr. 3 Satz 1, § 116, § 117 a, § 118 Abs. 1 Nrn. 1 und 2, § 121 Abs. 2 Nrn. 4 und 6, Abs. 3 Satz 1, § 124, § 136 Überschrift und Nr. 3 Buchst. a § 11 Satz 4, § 104 Abs. 1, § 109 Abs. 2, Abs. 4 Satz 2, § 109 a, § 111 Nr. 5 Buchst. d, § 137 § 101 Nr. 4, § 103 a, § 104 Abs. 12, § 105, § 109 Abs. 4	geändert eingefügt aufgehoben
3.	Zinsabschlaggesetz [Art. 3]	9. 11. 1992	1853 (682)	§ 13 Abs. 1, 2, § 14 Abs. 4 Satz 2, § 16, § 19 Abs. 3 Nr. 1, § 21 Abs. 1 Satz 1 Nr. 1, Satz 2, § 22 Abs. 1 Nr. 2, § 26, § 27, § 28 Abs. 3 Satz 1, § 29 Abs. 1 Satz 1, Abs. 2 Satz 1, Abs. 3 Satz 1, § 30 Nr. 2, § 68 Abs. 2 Nr. 1, § 95 Abs. 3, § 106 Abs. 5 Nr. 1, § 107, § 110 Abs. 1 Nr. 8, § 111 Nr. 9 § 11 Abs. 2 Satz 4, § 12 Abs. 1 Satz 2, § 13 Abs. 3 Satz 2, § 124 Abs. 6 § 19 Abs. 1 Nr. 3, § 100	geändert eingefügt aufgehoben
4.	Gesetz zur Umsetzung des Föderalen Konsolidierungsprogramms [Art. 24]	23. 6. 1993	944 (510)	§ 22 Abs. 1 Nr. 2, § 110 Abs. 2, § 124 Abs. 1, Anlage 9	geändert
5.	Standortsicherungsgesetz [Art. 9]	13. 9. 1993	1569 (791)	§ 95 Abs. 1, § 97 Abs. 1 Nr. 5, § 98a Satz 1, § 103 Überschrift und Abs. 1, § 109 Abs. 1, § 109 a, § 111 Nr. 5 Buchst. d, § 118 Abs. 1 Nr. 1, § 124 Abs. 4, § 136 Anlage 9 a § 121 b, § 124 Abs. 7, § 125 Abs. 2 Satz 4 § 101 Nr. 2 Satz 2	geändert eingefügt aufgehoben
6.	Mißbrauchsbekämpfungs- und Steuerbereinigungsgesetz [Art. 14]	21. 12. 1993	2310 (1994, 74)	§ 11 Abs. 1 Satz 3, § 28 Abs. 2 Satz 1, § 32 Satz 1, § 63 Abs. 2 Satz 2, § 64 Abs. 1, Abs. 3 Satz 1, § 65 Nr. 3, § 66 Abs. 1 Satz 2, § 91 Abs. 2 Satz 1, § 97 Abs. 1 Nr. 5, § 98,	

[1] Neubekanntmachung des BewG i. d. F. der Bek. vom 30. 5. 1985 (BGBl. I S. 845) auf Grund des § 123 Abs. 2 BewG (1985) in der ab 1. 1. 1991 geltenden Fassung.

Lfd. Nr.	Änderndes Gesetz	Datum	BGBl. I (BStBl. I) Seite	Geänderte Paragraphen	Art der Änderung
				§ 113, § 113 a Satz 1, § 122 Abs. 4, § 123 Abs. 2, § 124 Abs. 7	geändert
				§ 122 Abs. 3 Satz 2, Abs. 5, § 124 Abs. 8	eingefügt
7.	Pflege-Versicherungsgesetz [Art. 28]	26. 5. 1994	1014 (531)	§ 111 Nr. 2	geändert
8.	Agrarsozialreformgesetz 1995 [Art. 26]	29. 7. 1994	1890 (543)	§ 51a Abs. 1 Nr. 1 Buchst. c	geändert
9.	Postneuordnungsgesetz [Art. 12 Abs. 38]	14. 9. 1994	2325 (1995, 256)	§ 110 Abs. 1 Nr. 2, § 111 Nr. 5 Buchst. b	geändert
10.	Entschädigungs- und Ausgleichsleistungsgesetz [Art. 6]	27. 9. 1994	2624 (–)	§ 124 Abs. 4, Abs. 7, Abs. 8, § 129 Abs. 2	geändert
				§ 111 Nr. 5 Buchst. e und f, § 129a	eingefügt
11.	Jahressteuergesetz 1996 [Art. 22]	11. 10. 1995	1250 (438)	§ 17 Abs. 2, § 56, § 64 Abs. 3 Satz 1 u. 2, § 110 Abs. 1 Nr. 6, § 111 Nr. 5 Buchst. c, § 124 Abs. 7, § 136, Anl. 9	geändert
				§ 29 Abs. 4 u. 5, § 111 Nr. 5 Buchst. g	eingefügt
				§ 29 Abs. 3 Satz 3	aufgehoben
12.	Gesetz zur Neuregelung der steuerrechtlichen Wohneigentumsförderung [Art. 6]	15. 12. 1995	1783 (775)	§ 111 Nr. 9 a	eingefügt
13.	Jahressteuergesetz 1997 [Art. 1]	20. 12. 1996	2049 (1523)	§ 17, § 23 Abs. 2 Satz 2, § 24 Abs. 2, § 26, § 28 Abs. 1 Satz 2, § 44 Abs. 1, § 101, § 104 Abs. 4, § 121, § 121 a, § 122, § 123, § 133	geändert
				§ 11 Abs. 2 a, § 97 Abs. 1 a, 4. Abschnitt (§§ 138–150), 3. Teil (§§ 151, 152)	eingefügt
				§ 3 a, § 11 Abs. 2 Sätze 3–5, § 18 Nr. 4, § 23 Abs. 1 Nr. 3, § 24 Abs. 1 Nr. 3, § 91 Abs. 2, § 110, § 111, § 114, §§ 117–120, § 121 b, § 124, § 135, § 136	aufgehoben
14.	Gesetz zur Fortsetzung der Unternehmenssteuerreform [Art. 6]	29. 10. 1997	2590 (928)	§ 17 Abs. 2, § 19 Abs. 1 und Abs. 3 Nr. 1, § 21, § 22 Abs. 1 und Abs. 4 Satz 4, § 23 Abs. 1 und Abs. 2, § 24 Abs. 1 und Abs. 2, § 26, § 28 Abs. 3 Satz 1, § 30, § 97 Abs. 1 a, § 98 a Satz 1, § 109 Abs. 1 und Abs. 2, § 152 (§ 23 Abs. 2, § 91, § 112, § 121 a)	geändert
				§ 25, § 136	eingefügt
				§ 11 Abs. 2 a, § 22 Abs. 4 Satz 3 Nr. 1 Satz 2, § 28 Abs. 1 Satz 2, § 101, § 102, § 106, § 107, § 109 Abs. 3 und Abs. 4, § 109 a, § 112, § 113, § 113 a, § 115	aufgehoben
15.	Gesetz zur Anpassung steuerlicher Vorschriften der Land- und Forstwirtschaft [Art. 2]	29. 6. 1998	1692 (930)	§ 51 Abs. 2, § 51 a	geändert
				§ 51 Abs. 1 a	eingefügt
16.	Steuer-Euroglättungsgesetz [Art. 17]	19. 12. 2000	1790 (2001, 3)	§ 12 Abs. 4 Satz 1, § 22 Abs. 1, § 30, § 152	geändert
17.	Gesetz zur Reform des Wohnungsbaurechts [Art. 20]	13. 9. 2001	2376 (631)	§ 29 Abs. 3 Satz 2	geändert
18.	7. Zuständigkeitsanpassungs-Verordnung [Art. 105]	29. 10. 2001	2785	§ 64 Abs. 1 Nr. 1 Buchst. b, Abs. 3 Satz 1	geändert
19.	Gesetz zur Änderung des Bewertungsgesetzes	10. 12. 2001	3435 (2002, 75)	§ 138 Abs. 4	geändert
20.	Steueränderungsgesetz 2001 [Art. 14]	20. 12. 2001	3794 (2002, 4)	§ 19 Abs. 4, § 29 Abs. 3, § 32 Satz 1, § 41 Abs. 2 a, § 51 Abs. 2 Satz 1 und Abs. 5, § 51 a Abs. 1 Nr. 1 Buchst. d, Nr. 2 Buchst. b und Abs. 4, § 71 Überschrift, § 81 Satz 1, § 92 Abs. 5 und Abs. 7 Satz 1 und 2, § 95 Abs. 1 Satz 1, § 97 Abs. 1 Nr. 1 und 5, Abs. 1 a Nr. 1–4 und Abs. 3,	

Lfd. Nr.	Änderndes Gesetz	Datum	BGBl. I (BStBl. I) Seite	Geänderte Paragraphen	Art der Änderung
				§ 103 Abs. 3, § 104 Abs. 2 Nr. 2 und Abs. 4, § 121 Nr. 4, § 123, § 125 Abs. 2 Satz 1, § 126 Abs. 1 Satz 2, § 128, § 139, § 142, § 152 § 19 Abs. 2, § 49, § 51 Abs. 1, § 79 Abs. 3 und 4, § 95 Abs. 3, § 98, § 125 Abs. 4 Satz 3, § 136	geändert aufgehoben
21.	9. Zuständigkeitsanpassungsverordnung [Art. 115]	31. 10. 2006	2407/2420	§ 64 Abs. 1 Nr. 1 Buchst. b, Abs. 3 Satz 1	geändert
22.	SEStEG [Art. 8]	7. 12. 2006	2782 (2007, 4)	§ 97 Abs. 1 Satz 1 Nr. 1 § 11 Abs. 2 Satz 3, § 152 Abs. 3	geändert eingefügt
23.	Jahressteuergesetz 2007 [Art. 18]	13. 12. 2006	2878 (2007, 28)	§ 12 Abs. 3 Satz 2, § 13 Abs. 3 Satz 2, § 14 Abs. 4 Satz 2, § 15 Abs. 1, § 40 Abs. 5, § 41 Abs. 1 Nr. 1 u. Abs. 2 a, § 47 Satz 3, § 55 Abs. 4 u. 9, § 75 Abs. 2 u. 3, § 79 Abs. 2 Nr. 2, § 81, § 86 Abs. 1 Satz 2, Abs. 3 Satz 1 u. Abs. 4, § 90 Abs. 2 Satz 1, § 92 Abs. 3 Satz 1 Nr. 1, § 93 Abs. 2, § 104 Abs. 7 u. 12, § 121 a, § 125 Abs. 7 Nr. 2 Buchst. f u. i, § 129 a Abs. 1 u. 2 Satz 1, § 131 Abs. 2, § 133 Satz 1, § 138, § 143 Abs. 3, § 145 Abs. 1, Abs. 2 Satz 1 u. Abs. 3, § 146 Abs. 2, 3, 4 Satz 1, Abs. 5 u. 8, § 147 Abs. 2 Satz 1, § 148, § 149, § 151, § 152 Abs. 1 § 148 a, 5. Abschnitt (§§ 151–156) § 146 Abs. 7 § 146 Abs. 8 wird 7	geändert eingefügt aufgehoben
24.	Finanzmarktrichtlinie – Umsetzungsgesetz [Art. 13 a Nr. 1]	16. 7. 2007	1330 (1380)	§ 11 Abs. 1	geändert
25.	Jahressteuergesetz 2008 [Art. 21]	20. 12. 2007	3150 (2008, 218)	§ 63 Abs. 3	aufgehoben
26.	Erbschaftsteuerreformgesetz 2009 [Art. 2]	24. 12. 2008	3018 (2009, 140)	§ 11 Abs. 2, § 12 Abs. 4, § 14 Abs. 1, § 95 Abs. 1, § 97 Abs. 1 a, § 109, § 151 Abs. 1 Satz 1 Nr. 1 und 2 und Abs. 2 und 3, § 153 Abs. 2 Satz 2, § 155 Satz 2 § 97 Abs. 1 b, § 154 Abs. 3, 6. Abschnitt (§§ 157–203), §§ 204 u. 205, Anlagen 14–26 § 97 Abs. 3, § 98 a, § 99 Abs. 2, § 104, Anlage 9	geändert eingefügt aufgehoben
27.	Jahressteuergesetz 2010 [Art. 13]	8. 12. 2010	1768 (1394)	Inhaltsübersicht, § 19 Abs. 3 Nr. 1, § 151 Abs. 1 Satz 1 Nr. 4, § 205 Abs. 1, Anlagen 15 und 26 Anlagen 10–13	geändert aufgehoben
28.	Steuervereinfachungsgesetz 2011 [Art. 7]	1. 11. 2011	2131 (986)	§ 151 Abs. 3 Satz 1, § 205 Abs. 1 § 153 Abs. 2 Sätze 3 und 4, § 154 Abs. 1 Nr. 3	geändert eingefügt
29.	Beitreibungsrichtlinie-Umsetzungsgesetz [Art. 10]	7. 12. 2011	2592 (1171)	§ 145 Abs. 3 Sätze 1 und 4, § 179 Satz 4, Anlagen 1, 19 und 24 Teil II § 166 Abs. 2 Nr. 1 Satz 2, § 192 Satz 2, § 205 Abs. 3 und 4 § 166 Abs. 2 Nr. 1 bish. Satz 2 wird 3	geändert eingefügt
30.	LSV-Neuordnungsgesetz [Art. 13 Abs. 3]	12. 4. 2012	579	§ 51 a Abs. 1 Satz 1 Nr. 1 Buchst. c	geändert
31.	Amtshilferichtlinie-Umsetzungsgesetz [Art. 20]	26. 6. 2013	1809 (802)	§ 48 a Satz 3, § 205 Abs. 6	eingefügt
32.	AIFM-Steuer-Anpassungsgesetz [Art. 3]	18. 12. 2013	4318 (2014, 2)	§ 11 Abs. 4, § 205 Abs. 5	geändert
33.	Gesetz zur Anpassung steuerlicher Regelungen an die Rspr. des BVerfG [Art. 6]	18. 7. 2014	1042 (1062)	§ 26 § 205 Abs. 7	geändert eingefügt
34.	Zehnte Zuständigkeitsanpassungsverordnung [Art. 231]	31. 8. 2015	1474	§ 64	geändert

Lfd. Nr.	Änderndes Gesetz	Datum	BGBl. I (BStBl. I) Seite	Geänderte Paragraphen	Art der Änderung
35.	Steueränderungsgesetz 2015 [Art. 9]	2. 11. 2015	1834 (846)	§ 154 Abs. 1 Nr. 3 u. Satz 2, § 190, § 195 Abs. 2 Satz 4 u. 5, Anlage 22, 24 u. 25 § 97 Abs. 1b Satz 4, § 205 Abs. 8 bis 10	geändert eingefügt
36.	Gesetz zur Anpassung des ErbStG an die Rspr. des BVerfG [Art. 2]	4. 11. 2016	2464	§ 203 § 205 Abs. 11	geändert eingefügt
37.	Grundsteuer-Reformgesetz (GrStRefG) [Art. 1, 2]	26. 11. 2019	1794 (1319)	[Art. 1:] 7. Abschnitt: §§ 218–263, § 266, Anlagen 27–43 § 204 wird § 264, § 205 wird § 265 [Art. 2:] § 17 Abs. 2, § 18 Nr. 1–3, § 20, § 123, § 151, § 157 Abs. 1 Satz 1 und 2, Abs. 3 Satz 3 § 17 Abs. 2, § 19, §§ 21–29, §§ 32–69, §§ 71–94, § 97 Abs. 1 Satz 2, §§ 121 a, 122 §§ 125–150, Anlagen 1–8 § 17 bish. Abs. 3 wird Abs. 2	 eingefügt geändert aufgehoben
38.	„JStG 2019" [Art. 25]	12. 12. 2019	2451 (2020, 17)	§ 29 Abs. 4 Satz 1 und 4, Abs. 5 Satz 1, § 97 Abs. 1 Satz 1 Nr. 5, Anlage 24, III. § 29 Abs. 6	geändert eingefügt
39.	Jahressteuergesetz 2020 [Art. 30]	21. 12. 2020	3096 (2021, 6)	§ 244 Abs. 3 Nr. 4, Anlage 40 § 261 Satz 3	geändert eingefügt
40.	Fondsstandortgesetz (FoStoG) [Art. 7, 8]	3. 6. 2021	1498 (803)	[Art. 7:] § 253 Abs. 2, § 259 Abs. 4, Anlage 31 [Art. 7:] § 247 Abs. 1 Satz 2, § 266 Abs. 4 Satz 2 u. Abs. 5 [Art. 8:] § 266 Abs. 5	 geändert eingefügt aufgehoben
41.	Gesetz zur Modernisierung des Körperschaftsteuerrechts [Art. 7]	25. 6. 2021	2050 (889)	§ 97 Abs. 1 Satz 1 Nr. 5 Satz 1	geändert
42.	Gesetz zur Abwehr von Steuervermeidung und unfairem Steuerwettbewerb und zur Änderung weiterer Gesetze [Art. 9]	25. 6. 2021	2056 (895)	§ 95 Abs. 1 Satz 1; § 97 Abs. 1 Satz 1 Nr. 5 Satz 1 § 95 Abs. 1 Satz 2	geändert eingefügt
43.	Verordnung zur Neufassung der Anlagen 27 bis 33 des Bewertungsgesetzes	29. 6. 2021	2290	Anlagen 27–33	neugefasst
44.	Grundsteuerreform-Umsetzungsgesetz (GrStRefUG) [Art. 1, 2]	16. 7. 2021	2931 (1451)	[Art. 1:] § 179 Satz 3, § 187 Abs. 2 Satz 3, § 188 Abs. 2 Satz 1, § 193 Abs. 4 Satz 1, § 263 Abs. 2, Anlage 39 Teil I u. II [Art. 1:] § 177 Abs. 2, § 183 Abs. 2 Satz 3, § 187 Abs. 2 Satz 2, § 191 Abs. 1 Satz 2, § 198 Abs. 2 u. 3, § 265 Abs. 12, § 266 Abs. 4 Satz 2 [Art. 2:] § 266 Abs. 5	 geändert eingefügt aufgehoben
45.	Jahressteuergesetz 2022 [Art. 19, 20]	16. 12. 2022	2294 (2023, 7)	[Art. 19:] § 177 Abs. 2, § 181 Abs. 9, § 183 Abs. 2 Satz 3, § 187 Abs. 2, § 188 Abs. 1 und 2, § 190 Abs. 1 Satz 2, Abs. 2, Abs. 4 Satz 1, § 191, § 193, § 194, § 195 Abs. 1–3, § 235, § 266 Abs. 4 Satz 1 und 2, Anlage 15, 21–24, 25, 39, 43 [Art. 19:] § 177 Abs. 3 und 4, § 184 Abs. 4, § 185 Abs. 3 Satz 4 und 7, § 187 Abs. 3, § 189 Abs. 4, § 190 Abs. 3, 5 und 6, § 195 Abs. 1 Satz 2, Abs. 4–7, § 265 Abs. 13 und 14 [Art. 19:] § 184 Abs. 3 Satz 3, § 189 Abs. 1 Satz 2, § 190 Abs. 1 Satz 3, Abs. 4	 geändert eingefügt aufgehoben

Lfd. Nr.	Änderndes Gesetz	Datum	BGBl. I (BStBl. I) Seite/Nr.	Geänderte Paragraphen	Art der Änderung
				[Art. 20:] § 256 Abs. 3 Satz 1	geändert
46.	Kreditzweitmarktförderungsgesetz [Art. 31]	22. 12. 2023	Nr. 411 (2024, 144)	§ 97 Abs. 2, § 154 Abs. 3 § 153 Abs. 2 Satz 2	geändert eingefügt
47.	Viertes Bürokratieentlastungsgesetz [Art. 31]	23. 10. 2024	Nr. 323 (1421)	§ 228 Abs. 2 Sätze 1 u. 3	geändert
48.	Jahressteuergesetz 2024 [Art. 35, 36]	2. 12. 2024	Nr. 387 (1484)	§ 29 Abs. 6 Satz 1, § 97 Abs. 1 Satz 2, § 153 Abs. 4 Satz 1, § 228 Abs. 6 Sätze 1 u. 2, § 247 Abs. 2 Anlage 21, 23 u. 26 § 258 Abs. 2 Sätze 3 u. 4, § 160 Abs. 10, § 220 Abs. 2, § 265 Abs. 15 u. 16 § 183 Abs. 3	geändert eingefügt aufgehoben

Inhaltsübersicht

Erster Teil.
Allgemeine Bewertungsvorschriften

§ 1 Geltungsbereich
§ 2 Wirtschaftliche Einheit
§ 3 Wertermittlung bei mehreren Beteiligten
§ 3 a *(aufgehoben)*
§ 4 Aufschiebend bedingter Erwerb
§ 5 Auflösend bedingter Erwerb
§ 6 Aufschiebend bedingte Lasten
§ 7 Auflösend bedingte Lasten
§ 8 Befristung auf einen unbestimmten Zeitpunkt
§ 9 Bewertungsgrundsatz, gemeiner Wert
§ 10 Begriff des Teilwerts
§ 11 Wertpapiere und Anteile
§ 12 Kapitalforderungen und Schulden
§ 13 Kapitalwert von wiederkehrenden Nutzungen und Leistungen
§ 14 Lebenslängliche Nutzungen und Leistungen
§ 15 Jahreswert von Nutzungen und Leistungen
§ 16 Begrenzung des Jahreswerts von Nutzungen

Zweiter Teil.
Besondere Bewertungsvorschriften

§ 17 Geltungsbereich
§ 18 Vermögensarten

Erster Abschnitt. Einheitsbewertung

A. Allgemeines

§ 19 *(weggefallen)*
§ 20 Abweichende Feststellung von Besteuerungsgrundlagen aus Billigkeitsgründen
§§ 21–29 *(weggefallen)*
§ 30 Abrundung
§ 31 Bewertung von ausländischem Sachvermögen
§ 32 *(weggefallen)*

B. Land- und forstwirtschaftliches Vermögen

I. Allgemeines

§§ 33–49 *(weggefallen)*

II. Besondere Vorschriften

a) Landwirtschaftliche Nutzung

§§ 50–52 *(weggefallen)*

b) Forstwirtschaftliche Nutzung

§§ 53–55 *(weggefallen)*

c) Weinbauliche Nutzung

§§ 56–58 *(weggefallen)*

d) Gärtnerische Nutzung

§§ 59–61 *(weggefallen)*

e) Sonstige land- und forstwirtschaftliche Nutzung

§ 62 *(weggefallen)*

III. Bewertungsbeirat, Gutachterausschuß

§§ 63–67 *(weggefallen)*

C. Grundvermögen

I. Allgemeines

§§ 68, 69 *(weggefallen)*
§ 70 Grundstück
§ 71 *(weggefallen)*

II. Unbebaute Grundstücke

§§ 72, 73 *(weggefallen)*

III. Bebaute Grundstücke

a) Begriff und Bewertung

§§ 74–77 *(weggefallen)*

b) Verfahren

1. Ertragswertverfahren

§§ 78–82 *(weggefallen)*

2. Sachwertverfahren

§§ 83–90 *(weggefallen)*

IV. Sondervorschriften

§§ 91–94 *(weggefallen)*

D. Betriebsvermögen

§ 95 Begriff des Betriebsvermögens
§ 96 Freie Berufe
§ 97 Betriebsvermögen von Körperschaften, Personenvereinigungen und Vermögensmassen
§§ 98–98 a *(aufgehoben)*
§ 99 Betriebsgrundstücke
§§ 100–102 *(aufgehoben)*
§ 103 Schulden und sonstige Abzüge
§§ 103 a–107 *(aufgehoben)*
§ 108 *(weggefallen)*
§ 109 Bewertung
§ 109 a *(aufgehoben)*

Zweiter Abschnitt.
Sondervorschriften und Ermächtigungen

§§ 110–120 *(aufgehoben)*
§ 121 Inlandsvermögen
§§ 121 a–122 *(weggefallen)*
§ 123 Ermächtigungen
§ 124 *(aufgehoben)*

Dritter Abschnitt.
Vorschriften für die Bewertung von Vermögen in dem in Artikel 3 des Einigungsvertrages genannten Gebiet

A. Land- und forstwirtschaftliches Vermögen

§§ 125–128 *(weggefallen)*

B. Grundvermögen

§§ 129–133 *(weggefallen)*

C. Betriebsvermögen

§§ 134–137 *(weggefallen)*

Vierter Abschnitt.
Vorschriften für die Bewertung von Grundbesitz für die Grunderwerbsteuer ab 1. Januar 1997

A. Allgemeines

§§ 138, 139 *(weggefallen)*

B. Land- und forstwirtschaftliches Vermögen

§§ 140–144 *(weggefallen)*

C. Grundvermögen

I. Unbebaute Grundstücke

§ 145 *(weggefallen)*

II. Bebaute Grundstücke

§§ 146–150 *(weggefallen)*

Fünfter Abschnitt.
Gesonderte Feststellungen

§ 151 Gesonderte Feststellungen
§ 152 Örtliche Zuständigkeit
§ 153 Erklärungspflicht, Verfahrensvorschriften für die gesonderte Feststellung, Feststellungsfrist
§ 154 Beteiligte am Feststellungsverfahren
§ 155 Rechtsbehelfsbefugnis
§ 156 Außenprüfung

Sechster Abschnitt.
Vorschriften für die Bewertung von Grundbesitz, von nicht notierten Anteilen an Kapitalgesellschaften und von Betriebsvermögen für die Erbschaftsteuer ab 1. Januar 2009

A. Allgemeines

§ 157 Feststellung von Grundbesitzwerten, von Anteilswerten und von Betriebsvermögenswerten

B. Land- und Forstwirtschaftliches Vermögen

I. Allgemeines

§ 158 Begriff des land- und forstwirtschaftlichen Vermögens
§ 159 Abgrenzung land- und forstwirtschaftlich genutzter Flächen zum Grundvermögen
§ 160 Betrieb der Land- und Forstwirtschaft
§ 161 Bewertungsstichtag
§ 162 Bewertung des Wirtschaftsteils
§ 163 Ermittlung der Wirtschaftswerte
§ 164 Mindestwert
§ 165 Bewertung des Wirtschaftsteils mit dem Fortführungswert
§ 166 Bewertung des Wirtschaftsteils mit dem Liquidationswert
§ 167 Bewertung der Betriebswohnungen und des Wohnteils
§ 168 Grundbesitzwert des Betriebs der Land- und Forstwirtschaft

II. Besonderer Teil

a) Landwirtschaftliche Nutzung

§ 169 Tierbestände
§ 170 Umlaufende Betriebsmittel

b) Forstwirtschaftliche Nutzung

§ 171 Umlaufende Betriebsmittel
§ 172 Abweichender Bewertungsstichtag

c) Weinbauliche Nutzung

§ 173 Umlaufende Betriebsmittel

d) Gärtnerische Nutzung

§ 174 Abweichende Bewertungsverhältnisse

e) Übrige land- und forstwirtschaftliche Nutzungen

§ 175 Übrige land- und forstwirtschaftliche Nutzungen

C. Grundvermögen

I. Allgemeines

§ 176 Grundvermögen
§ 177 Bewertung

II. Unbebaute Grundstücke

§ 178 Begriff der unbebauten Grundstücke
§ 179 Bewertung der unbebauten Grundstücke

III. Bebaute Grundstücke

§ 180 Begriff der bebauten Grundstücke
§ 181 Grundstücksarten
§ 182 Bewertung der bebauten Grundstücke
§ 183 Bewertung im Vergleichswertverfahren
§ 184 Bewertung im Ertragswertverfahren
§ 185 Ermittlung des Gebäudeertragswerts
§ 186 Rohertrag des Grundstücks
§ 187 Bewirtschaftungskosten
§ 188 Liegenschaftszinssatz
§ 189 Bewertung im Sachwertverfahren
§ 190 Ermittlung des Gebäudesachwerts
§ 191 Wertzahlen

IV. Sonderfälle

§ 192 Bewertung in Erbbaurechtsfällen
§ 193 Bewertung des Erbbaurechts
§ 194 Bewertung des Erbbaugrundstücks
§ 195 Gebäude auf fremdem Grund und Boden
§ 196 Grundstücke im Zustand der Bebauung
§ 197 Gebäude und Gebäudeteile für den Zivilschutz

V. Nachweis des niedrigeren gemeinen Werts

§ 198 Nachweis des niedrigeren gemeinen Werts

D. Nicht notierte Anteile an Kapitalgesellschaften und Betriebsvermögen

§ 199 Anwendung des vereinfachten Ertragswertverfahrens
§ 200 Vereinfachtes Ertragswertverfahren
§ 201 Ermittlung des Jahresertrags
§ 202 Betriebsergebnis
§ 203 Kapitalisierungsfaktor
§§ 204–217 *(unbesetzt)*

**Siebenter Abschnitt.
Bewertung des Grundbesitzes für die Grundsteuer ab 1. Januar 2022**

A. Allgemeines

§ 218 Vermögensarten
§ 219 Feststellung von Grundsteuerwerten
§ 220 Ermittlung der Grundsteuerwerte
§ 221 Hauptfeststellung
§ 222 Fortschreibungen
§ 223 Nachfeststellung
§ 224 Aufhebung des Grundsteuerwerts
§ 225 Änderung von Feststellungsbescheiden
§ 226 Nachholung einer Feststellung
§ 227 Wertverhältnisse bei Fortschreibungen und Nachfeststellungen
§ 228 Erklärungs- und Anzeigepflicht
§ 229 Auskünfte, Erhebungen und Mitteilungen
§ 230 Abrundung
§ 231 Abgrenzung von in- und ausländischem Vermögen

B. Land- und forstwirtschaftliches Vermögen
I. Allgemeines
§ 232 Begriff des land- und forstwirtschaftlichen Vermögens
§ 233 Abgrenzung des land- und forstwirtschaftlichen Vermögens vom Grundvermögen in Sonderfällen
§ 234 Betrieb der Land- und Forstwirtschaft
§ 235 Feststellungszeitpunkt
§ 236 Bewertungsgrundsätze
§ 237 Bewertung des Betriebs der Land- und Forstwirtschaft
§ 238 Zuschläge zum Reinertrag
§ 239 Grundsteuerwert des Betriebs der Land- und Forstwirtschaft
§ 240 Kleingartenland und Dauerkleingartenland

II. Besondere Vorschriften
a) Landwirtschaftliche Nutzung
§ 241 Tierbestände
b) Übrige land- und forstwirtschaftliche Nutzungen
§ 242 Übrige land- und forstwirtschaftliche Nutzungen

C. Grundvermögen
I. Allgemeines
§ 243 Begriff des Grundvermögens
§ 244 Grundstück
§ 245 Gebäude, Gebäudeteile und Anlagen für den Zivilschutz

II. Unbebaute Grundstücke
§ 246 Begriff der unbebauten Grundstücke
§ 247 Bewertung der unbebauten Grundstücke

III. Bebaute Grundstücke
§ 248 Begriff der bebauten Grundstücke
§ 249 Grundstücksarten
§ 250 Bewertung der bebauten Grundstücke
§ 251 Mindestwert
§ 252 Bewertung im Ertragswertverfahren
§ 253 Ermittlung des kapitalisierten Reinertrags
§ 254 Rohertrag des Grundstücks
§ 255 Bewirtschaftungskosten
§ 256 Liegenschaftszinssätze
§ 257 Ermittlung des abgezinsten Bodenwerts
§ 258 Bewertung im Sachwertverfahren
§ 259 Ermittlung des Gebäudesachwerts
§ 260 Wertzahlen

IV. Sonderfälle
§ 261 Erbbaurecht
§ 262 Gebäude auf fremdem Grund und Boden

V. Ermächtigungen
§ 263 Ermächtigungen

**Dritter Teil.
Schlussbestimmungen**
§ 264 Bekanntmachung
§ 265 Anwendungsvorschriften
§ 266 Erstmalige Anwendung des Siebenten Abschnitts des Zweiten Teils

Anlagen

Die Anlagen sind im Hauptteil bei den §§ des BewG abgedruckt, zu denen sie sachlich gehören.
1.–9. *(weggefallen)*
9 a. Kapitalwert einer wiederkehrenden, zeitlich beschränkten Nutzung oder Leistung im Jahresbetrag von 1,– € *(§ 13)* – entspricht Tabelle 6 zum GLE v. 9. 9. 2022 *(abgedruckt zu § 12)*
10.–13. *(weggefallen)*
14. Landwirtschaftliche Nutzung *(§ 163)*
15. Forstwirtschaftliche Nutzung *(§ 163)*
15 a. Forstwirtschaftliche Nutzung *(§ 164)*
16. Weinbauliche Nutzung *(§ 163)*
17. Gärtnerische Nutzung *(§ 163)*
18. Sondernutzungen *(§ 163)*
19. Umrechnungsschlüssel für Tierbestände in Vieheinheiten nach dem Futterbedarf *(§ 169)*
20. Gruppen der Zweige des Tierbestands nach der Flächenabhängigkeit *(§ 169)*
21. Vervielfältiger *(§ 185 Abs. 3 Satz 1, § 193 Abs. 4 Satz 1, § 194 Abs. 5 Satz 1, § 195 Abs. 3 Satz 1, Abs. 7 Satz 1)*
22. Gesamtnutzungsdauer *(§ 185 Abs. 3 Satz 3, § 190 Abs. 6 Satz 1 und 2)*
23. Bewirtschaftungskosten *(§ 187 Abs. 2 und 3)*
24. Regelherstellungskosten *(§ 190 Abs. 1 Satz 3, Abs. 2, Anl. 23)*
25. Wertzahlen für Ein- und Zweifamilienhäuser nach § 181 Absatz 1 Nummer 1 und Wohnungseigentum nach § 181 Absatz 1 Nummer 3 sowie Wertzahlen für Teileigentum, Geschäftsgrundstücke, gemischt genutzte Grundstücke und sonstige bebaute Grundstücke nach § 181 Absatz 1 Nummer 3 bis 6 *(§ 191 Satz 2)*
26. Abzinsungsfaktoren *(§ 193 Abs. 5 Satz 3, § 194 Abs. 4 Satz 1, § 195 Abs. 4 Satz 3, Abs. 6 Satz 1)*
27. Landwirtschaftliche Nutzung *(§ 237 Abs. 2)*
28. Forstwirtschaftliche Nutzung *(§ 237 Abs. 3)*
29. Weinbauliche Nutzung *(§ 237 Abs. 4)*
30. Gärtnerische Nutzung *(§ 237 Abs. 5)*
31. Übrige land- und forstwirtschaftliche Nutzungen sowie Abbauland, Geringstland und Unland *(§ 237 Abs. 6, 7)*
32. Hofstelle *(§ 237 Abs. 8)*
33. Weitere den Ertragswert erhöhende Umstände *(§ 238 Abs. 2)*
34. Umrechnungsschlüssel für Tierbestände in Vieheinheiten (VE) nach dem Futterbedarf *(§ 241 Abs. 5)*
35. Gruppen der Zweige des Tierbestands nach der Flächenabhängigkeit *(§ 241 Abs. 5)*
36. Umrechnungskoeffizienten zur Berücksichtigung abweichender Grundstücksgrößen beim Bodenwert von Ein- und Zweifamilienhäusern *(§§ 251, 257 Abs. 1)*

37. Vervielfältiger *(§ 253 Abs. 2)*
38. Wirtschaftliche Gesamtnutzungsdauer *(§ 253 Abs. 2, § 259 Abs. 4)*
39. Ermittlung des Rohertrags *(§ 254)*
40. Bewirtschaftungskosten *(§ 255)*
41. Abzinsungsfaktoren *(§ 257 Abs. 2)*
42. Normalherstellungskosten *(§ 259 Abs. 1)*
43. Wertzahlen für Teileigentum, Geschäftsgrundstücke, gemischt genutzte Grundstücke und sonstige bebaute Grundstücke nach § 249 Absatz 1 Nummer 5 bis 8 *(§ 260)*

Erster Teil. Allgemeine Bewertungsvorschriften

§ 1 Geltungsbereich

(1) Die allgemeinen Bewertungsvorschriften (§§ 2 bis 16) gelten für alle öffentlich-rechtlichen Abgaben, die durch Bundesrecht geregelt sind, soweit sie durch Bundesfinanzbehörden oder durch Landesfinanzbehörden verwaltet werden.

(2) Die allgemeinen Bewertungsvorschriften gelten nicht, soweit im Zweiten Teil dieses Gesetzes oder in anderen Steuergesetzen besondere Bewertungsvorschriften enthalten sind.

§ 2 Wirtschaftliche Einheit

(1) ① Jede wirtschaftliche Einheit ist für sich zu bewerten. ② Ihr Wert ist im ganzen festzustellen. ③ Was als wirtschaftliche Einheit zu gelten hat, ist nach den Anschauungen des Verkehrs zu entscheiden. ④ Die örtliche Gewohnheit, die tatsächliche Übung, die Zweckbestimmung und die wirtschaftliche Zusammengehörigkeit der einzelnen Wirtschaftsgüter sind zu berücksichtigen.

(2) Mehrere Wirtschaftsgüter kommen als wirtschaftliche Einheit nur insoweit in Betracht, als sie demselben Eigentümer gehören.

(3) Die Vorschriften der Absätze 1 und 2 gelten nicht, soweit eine Bewertung der einzelnen Wirtschaftsgüter vorgeschrieben ist.

§ 3 Wertermittlung bei mehreren Beteiligten

① Steht ein Wirtschaftsgut mehreren Personen zu, so ist sein Wert im ganzen zu ermitteln. ② Der Wert ist auf die Beteiligten nach dem Verhältnis ihrer Anteile zu verteilen, soweit nicht nach dem maßgebenden Steuergesetz die Gemeinschaft selbständig steuerpflichtig ist.

§ 3 a[1] *(aufgehoben)*

§ 4 Aufschiebend bedingter Erwerb

Wirtschaftsgüter, deren Erwerb vom Eintritt einer aufschiebenden Bedingung abhängt, werden erst berücksichtigt, wenn die Bedingung eingetreten ist.

§ 5 Auflösend bedingter Erwerb

(1) ① Wirtschaftsgüter, die unter einer auflösenden Bedingung erworben sind, werden wie unbedingt erworbene behandelt. ② Die Vorschriften über die Berechnung des Kapitalwerts der Nutzungen von unbestimmter Dauer (§ 13 Abs. 2 und 3, § 14, § 15 Abs. 3) bleiben unberührt.

(2) ① Tritt die Bedingung ein, so ist die Festsetzung der nicht laufend veranlagten Steuern auf Antrag nach dem tatsächlichen Wert des Erwerbs zu berichtigen. ② Der Antrag ist bis zum Ablauf des Jahres zu stellen, das auf den Eintritt der Bedingung folgt.

§ 6 Aufschiebend bedingte Lasten

(1) Lasten, deren Entstehung vom Eintritt einer aufschiebenden Bedingung abhängt, werden nicht berücksichtigt.

(2) Für den Fall des Eintritts der Bedingung gilt § 5 Abs. 2 entsprechend.

§ 7 Auflösend bedingte Lasten

(1) Lasten, deren Fortdauer auflösend bedingt ist, werden, soweit nicht ihr Kapitalwert nach § 13 Abs. 2 und 3, § 14, § 15 Abs. 3 zu berechnen ist, wie unbedingte abgezogen.

(2) Tritt die Bedingung ein, so ist die Festsetzung der nicht laufend veranlagten Steuern entsprechend zu berichtigen.

§ 8 Befristung auf einen unbestimmten Zeitpunkt

Die §§ 4 bis 7 gelten auch, wenn der Erwerb des Wirtschaftsguts oder die Entstehung oder der Wegfall der Last von einem Ereignis abhängt, bei dem nur der Zeitpunkt ungewiß ist.

[1] § 3 a aufgehoben durch Jahressteuergesetz 1997.

§ 9 Bewertungsgrundsatz, gemeiner Wert

(1) Bei Bewertungen ist, soweit nichts anderes vorgeschrieben ist, der gemeine Wert zugrunde zu legen.

(2) ① Der gemeine Wert wird durch den Preis bestimmt, der im gewöhnlichen Geschäftsverkehr nach der Beschaffenheit des Wirtschaftsgutes bei einer Veräußerung zu erzielen wäre. ② Dabei sind alle Umstände, die den Preis beeinflussen, zu berücksichtigen. ③ Ungewöhnliche oder persönliche Verhältnisse sind nicht zu berücksichtigen.

(3) ① Als persönliche Verhältnisse sind auch Verfügungsbeschränkungen anzusehen, die in der Person des Steuerpflichtigen oder eines Rechtsvorgängers begründet sind. ② Das gilt insbesondere für Verfügungsbeschränkungen, die auf letztwilligen Anordnungen beruhen.

§ 10[1] Begriff des Teilwerts

① Wirtschaftsgüter, die einem Unternehmen dienen, sind, soweit nichts anderes vorgeschrieben ist, mit dem Teilwert anzusetzen. ② Teilwert ist der Betrag, den ein Erwerber des ganzen Unternehmens im Rahmen des Gesamtkaufpreises für das einzelne Wirtschaftsgut ansetzen würde. ③ Dabei ist davon auszugehen, daß der Erwerber das Unternehmen fortführt.

§ 11 Wertpapiere und Anteile

(1)[2] ① Wertpapiere und Schuldbuchforderungen, die am Stichtag an einer deutschen Börse zum Handel im regulierten Markt zugelassen sind, werden mit dem niedrigsten am Stichtag für sie im regulierten Markt notierten Kurs angesetzt. ② Liegt am Stichtag eine Notierung nicht vor, so ist der letzte innerhalb von 30 Tagen vor dem Stichtag im regulierten Markt notierte Kurs maßgebend. ③ Entsprechend sind die Wertpapiere zu bewerten, die in den Freiverkehr einbezogen sind.

(2)[3] ① Anteile an Kapitalgesellschaften, die nicht unter Absatz 1 fallen, sind mit dem gemeinen Wert anzusetzen. ② Lässt sich der gemeine Wert nicht aus Verkäufen unter fremden Dritten ableiten, die weniger als ein Jahr zurückliegen, so ist er unter Berücksichtigung der Ertragsaussichten der Kapitalgesellschaft oder einer anderen anerkannten, auch im gewöhnlichen Geschäftsverkehr für nichtsteuerliche Zwecke üblichen Methode zu ermitteln; dabei ist die Methode anzuwenden, die ein Erwerber der Bemessung des Kaufpreises zu Grunde legen würde. ③ Die Summe der gemeinen Werte der zum Betriebsvermögen gehörenden Wirtschaftsgüter und sonstigen aktiven Ansätze abzüglich der zum Betriebsvermögen gehörenden Schulden und sonstigen Abzüge (Substanzwert) der Gesellschaft darf nicht unterschritten werden; die §§ 99 und 103 sind anzuwenden. ④ Die §§ 199 bis 203 sind zu berücksichtigen.

(2 a)[4] *(aufgehoben)*

(3) Ist der gemeine Wert einer Anzahl von Anteilen an einer Kapitalgesellschaft, die einer Person gehören, infolge besonderer Umstände (z. B. weil die Höhe der Beteiligung die Beherrschung der Kapitalgesellschaft ermöglicht) höher als der Wert, der sich auf Grund der Kurswerte (Absatz 1) oder der gemeinen Werte (Absatz 2) für die einzelnen Anteile insgesamt ergibt, so ist der gemeine Wert der Beteiligung maßgebend.

(4)[5] Anteile oder Aktien, die Rechte an einem Investmentvermögen im Sinne des Kapitalanlagegesetzbuchs verbriefen, sind mit dem Rücknahmepreis anzusetzen.

§ 12 Kapitalforderungen und Schulden

(1)[6] ① Kapitalforderungen, die nicht in § 11 bezeichnet sind, und Schulden sind mit dem Nennwert anzusetzen, wenn nicht besondere Umstände einen höheren oder geringeren Wert begründen. ② Liegen die besonderen Umstände in einer hohen, niedrigen oder fehlenden Verzinsung, ist bei der Bewertung vom Mittelwert einer jährlich vorschüssigen und jährlich nachschüssigen Zahlungsweise auszugehen.

(2) Forderungen, die uneinbringlich sind, bleiben außer Ansatz.

(3) ① Der Wert unverzinslicher Forderungen oder Schulden, deren Laufzeit mehr als ein Jahr beträgt und die zu einem bestimmten Zeitpunkt fällig sind, ist der Betrag, der vom Nennwert nach Abzug von Zwischenzinsen unter Berücksichtigung von Zinseszinsen verbleibt. ② Dabei ist von einem Zinssatz von 5,5 Prozent auszugehen.

(4)[7] ① Noch nicht fällige Ansprüche aus Lebens-, Kapital- oder Rentenversicherungen werden mit dem Rückkaufswert bewertet. ② Rückkaufswert ist der Betrag, den das Versicherungsunternehmen dem Versicherungsnehmer im Falle der vorzeitigen Aufhebung des Vertragsverhältnisses

---

[1] § 10 Satz 1 geändert durch Gesetz vom 25. 2. 1992 (BGBl. I S. 297).
[2] § 11 Abs. 1 neugefasst durch Gesetz vom 16. 7. 2007 (BGBl. I S. 1330) mWv 1. 11. 2007.
[3] § 11 Abs. 2 neugefasst durch ErbStRG 2009 mWv 1. 1. 2009.
[4] § 11 Abs. 2 a aufgehoben durch Gesetz vom 29. 10. 1997 (BGBl. I S. 2590) mWv 1. 1. 1998.
[5] § 11 Abs. 4 neugefasst durch AIFM-StAnpG v. 18. 12. 2013 (BGBl. I S. 4318) mWv 22. 7. 2013 (§ 265 Abs. 5 BewG).
[6] § 12 Abs. 1 Satz 2 angefügt durch Gesetz vom 9. 11. 1992 (BGBl. I S. 1853) mWv 1. 1. 1993.
[7] § 12 Abs. 4 neugefasst durch ErbStRG 2009 mWv 1. 1. 2009.

zu erstatten hat. ③ Die Berechnung des Werts, insbesondere die Berücksichtigung von ausgeschütteten und gutgeschriebenen Gewinnanteilen kann durch Rechtsverordnung geregelt werden.

§ 13[1] Kapitalwert von wiederkehrenden Nutzungen und Leistungen

(1) ① Der Kapitalwert von Nutzungen oder Leistungen, die auf bestimmte Zeit beschränkt sind, ist mit dem aus Anlage 9a[2] zu entnehmenden Vielfachen des Jahreswerts anzusetzen. ② Ist die Dauer des Rechts außerdem durch das Leben einer oder mehrerer Personen bedingt, darf der nach § 14 zu berechnende Kapitalwert nicht überschritten werden.

(2) Immerwährende Nutzungen oder Leistungen sind mit dem 18,6fachen des Jahreswerts, Nutzungen oder Leistungen von unbestimmter Dauer vorbehaltlich des § 14 mit dem 9,3fachen des Jahreswerts zu bewerten.

(3) ① Ist der gemeine Wert der gesamten Nutzungen oder Leistungen nachweislich geringer oder höher, so ist der nachgewiesene gemeine Wert zugrunde zu legen. ② Der Ansatz eines geringeren oder höheren Werts kann jedoch nicht darauf gestützt werden, daß mit einem anderen Zinssatz als 5,5 Prozent oder mit einer anderen als mittelschüssigen Zahlungsweise zu rechnen ist.

§ 14 Lebenslängliche Nutzungen und Leistungen

(1)[3] ① Der Kapitalwert von lebenslänglichen Nutzungen und Leistungen ist mit dem Vielfachen des Jahreswerts nach Maßgabe der Sätze 2 bis 4 anzusetzen. ② Die Vervielfältiger sind nach der Sterbetafel des Statistischen Bundesamtes zu ermitteln und ab dem 1. Januar des auf die Veröffentlichung der Sterbetafel durch das Statistische Bundesamt folgenden Kalenderjahres anzuwenden. ③ Der Kapitalwert ist unter Berücksichtigung von Zwischenzinsen und Zinseszinsen mit einem Zinssatz von 5,5 Prozent als Mittelwert zwischen dem Kapitalwert für jährlich vorschüssige und jährlich nachschüssige Zahlungsweise zu berechnen. ④ Das Bundesministerium der Finanzen stellt die Vervielfältiger für den Kapitalwert einer lebenslänglichen Nutzung oder Leistung im Jahresbetrag von einem Euro nach Lebensalter und Geschlecht der Berechtigten in einer Tabelle zusammen und veröffentlicht diese zusammen mit dem Datum der Veröffentlichung der Sterbetafel im Bundessteuerblatt.

(2) ① Hat eine nach Absatz 1 bewertete Nutzung oder Leistung bei einem Alter

1. bis zu 30 Jahren	nicht mehr als 10 Jahre,
2. von mehr als 30 Jahren bis zu 50 Jahren	nicht mehr als 9 Jahre,
3. von mehr als 50 Jahren bis zu 60 Jahren	nicht mehr als 8 Jahre,
4. von mehr als 60 Jahren bis zu 65 Jahren	nicht mehr als 7 Jahre,
5. von mehr als 65 Jahren bis zu 70 Jahren	nicht mehr als 6 Jahre,
6. von mehr als 70 Jahren bis zu 75 Jahren	nicht mehr als 5 Jahre,
7. von mehr als 75 Jahren bis zu 80 Jahren	nicht mehr als 4 Jahre,
8. von mehr als 80 Jahren bis zu 85 Jahren	nicht mehr als 3 Jahre,
9. von mehr als 85 Jahren bis zu 90 Jahren	nicht mehr als 2 Jahre,
10. von mehr als 90 Jahren	nicht mehr als 1 Jahr

bestanden und beruht der Wegfall auf dem Tod des Berechtigten oder Verpflichteten, so ist die Festsetzung der nicht laufend veranlagten Steuern auf Antrag nach der wirklichen Dauer der Nutzung oder Leistung zu berichtigen. ② § 5 Abs. 2 Satz 2 gilt entsprechend. ③ Ist eine Last weggefallen, so bedarf die Berichtigung keines Antrags.

(3) Hängt die Dauer der Nutzung oder Leistung von der Lebenszeit mehrerer Personen ab und erlischt das Recht mit dem Tod des zuletzt Sterbenden, so ist das Lebensalter und das Geschlecht derjenigen Person maßgebend, für die sich der höchste Vervielfältiger ergibt; erlischt das Recht mit dem Tod des zuerst Sterbenden, so ist das Lebensalter und Geschlecht derjenigen Person maßgebend, für die sich der niedrigste Vervielfältiger ergibt.

(4)[4] ① Ist der gemeine Wert der gesamten Nutzungen oder Leistungen nachweislich geringer oder höher als der Wert, der sich nach Absatz 1 ergibt, so ist der nachgewiesene gemeine Wert zugrunde zu legen. ② Der Ansatz eines geringeren oder höheren Werts kann jedoch nicht darauf gestützt werden, daß mit einer kürzeren oder längeren Lebensdauer, mit einem anderen Zinssatz als 5,5 Prozent oder mit einer anderen als mittelschüssigen Zahlungsweise zu rechnen ist.

§ 15 Jahreswert von Nutzungen und Leistungen

(1) Der einjährige Betrag der Nutzung einer Geldsumme ist, wenn kein anderer Wert feststeht, zu 5,5 Prozent anzunehmen.

---

[1] § 13 Abs. 1 neugefasst, Abs. 2 geändert, Abs. 3 Satz 2 angefügt durch Gesetz vom 9. 11. 1992 (BGBl. I S. 1853) mWv 1. 1. 1993.
[2] Entspricht Tabelle 6 zum Erlass vom 8. 10. 2010, abgedruckt im Hauptteil als Anlage zu § 12 BewG.
[3] § 14 Abs. 1 neugefasst durch ErbStRG 2009 mWv 1. 1. 2009.
[4] § 14 Abs. 4 Satz 2 neugefasst durch Gesetz vom 9. 11. 1992 (BGBl. I S. 1853) mWv 1. 1. 1993.

(2) Nutzungen oder Leistungen, die nicht in Geld bestehen (Wohnung, Kost, Waren und sonstige Sachbezüge), sind mit den üblichen Mittelpreisen des Verbrauchsorts anzusetzen.

(3) Bei Nutzungen oder Leistungen, die in ihrem Betrag ungewiß sind oder schwanken, ist als Jahreswert der Betrag zugrunde zu legen, der in Zukunft im Durchschnitt der Jahre voraussichtlich erzielt werden wird.

§ 16[1] Begrenzung des Jahreswerts von Nutzungen

Bei der Ermittlung des Kapitalwerts der Nutzungen eines Wirtschaftsguts kann der Jahreswert dieser Nutzungen höchstens den Wert betragen, der sich ergibt, wenn der für das genutzte Wirtschaftsgut nach den Vorschriften des Bewertungsgesetzes anzusetzende Wert durch 18,6 geteilt wird.

Zweiter Teil. Besondere Bewertungsvorschriften

§ 17[2] Geltungsbereich

(1) Die besonderen Bewertungsvorschriften sind nach Maßgabe der jeweiligen Einzelsteuergesetze anzuwenden.

(2)[3] ① Soweit sich nicht aus den §§ 20 bis 266 etwas anderes ergibt, finden neben diesen auch die Vorschriften des Ersten Teils des Gesetzes (§§ 1 bis 16) Anwendung. ② § 16 findet auf die Grunderwerbsteuer keine Anwendung.

§ 18[4] Vermögensarten

Das Vermögen, das nach den Vorschriften des Zweiten Teils dieses Gesetzes zu bewerten ist, umfaßt die folgenden Vermögensarten:

1. Land- und forstwirtschaftliches Vermögen,
2. Grundvermögen,
3. Betriebsvermögen.
4. *(aufgehoben)*

Erster Abschnitt. Einheitsbewertung

A. Allgemeines

§ 19[5] *(weggefallen)*

§ 20[6] Abweichende Feststellung von Besteuerungsgrundlagen aus Billigkeitsgründen

Bei der Bewertung ist § 163 der Abgabenordnung nicht anzuwenden; dies gilt nicht für Übergangsregelungen, die die oberste Finanzbehörde eines Landes im Einvernehmen mit den obersten Finanzbehörden der übrigen Länder trifft.

§§ 21 bis 29[7] *(weggefallen)*

§ 30[8] Abrundung

① Die in Deutscher Mark ermittelten Einheitswerte werden auf volle hundert Deutsche Mark nach unten abgerundet und danach in Euro umgerechnet. ② Der umgerechnete Betrag wird auf volle Euro abgerundet.

§ 31 Bewertung von ausländischem Sachvermögen

(1) ① Für die Bewertung des ausländischen land- und forstwirtschaftlichen Vermögens, Grundvermögens und Betriebsvermögens gelten die Vorschriften des Ersten Teils dieses Gesetzes, insbesondere § 9 (gemeiner Wert). ② Nach diesen Vorschriften sind auch die ausländischen Teile einer wirtschaftlichen Einheit zu bewerten, die sich sowohl auf das Inland als auch auf das Ausland erstreckt.

---

[1] § 16 neugefasst durch Gesetz vom 9. 11. 1992 (BGBl. I S. 1853) mWv 1. 1. 1993.

[2] § 17 neugefasst durch Jahressteuergesetz 1997.

[3] § 17 Abs. 2 neugefasst durch Gesetz vom 29. 10. 1997 (BGBl. I S. 2590) mWv 1. 1. 1998; bish. Abs. 2 aufgehoben, Abs. 3 wird Abs. 2 und geändert durch Art. 2 GrStRefG mWv 1. 1. 2025.

[4] § 18 Nr. 4 aufgehoben durch Jahressteuergesetz 1997 mWv 1. 1. 1997; Nrn. 1, 2 und 3 jeweils Klammerzusätze aufgehoben durch Art. 2 GrStRefG mWv 1. 1. 2025.

[5] § 19 aufgehoben durch Art. 2 GrStRefG mWv 1. 1. 2025.

[6] § 20 neugefasst durch Art. 2 GrStRefG mWv 1. 1. 2025.

[7] §§ 21 bis 29 aufgehoben durch Art. 2 GrStRefG mWv 1. 1. 2025.

[8] § 30 neugefasst durch StEuglG vom 19. 12. 2000 (BGBl. I S. 1790) mWv 1. 1. 2002.

(2) ① Bei der Bewertung von ausländischem Grundbesitz sind Bestandteile und Zubehör zu berücksichtigen. ② Zahlungsmittel, Geldforderungen, Wertpapiere und Geldschulden sind nicht einzubeziehen.

§ 32[1] *(weggefallen)*

B. Land- und forstwirtschaftliches Vermögen

I. Allgemeines

§§ 33 bis 49[2] *(weggefallen)*

II. Besondere Vorschriften

a) Landwirtschaftliche Nutzung

§§ 50 bis 52[3] *(weggefallen)*

b) Forstwirtschaftliche Nutzung

§§ 53 bis 55[4] *(weggefallen)*

c) Weinbauliche Nutzung

§§ 56 bis 58[5] *(weggefallen)*

d) Gärtnerische Nutzung

§§ 59 bis 61[6] *(weggefallen)*

e) Sonstige land- und forstwirtschaftliche Nutzung

§ 62[7] *(weggefallen)*

III. Bewertungsbeirat, Gutachterausschuß

§§ 63 bis 67[8] *(weggefallen)*

C. Grundvermögen

I. Allgemeines

§§ 68, 69[9] *(weggefallen)*

§ 70 Grundstück

(1) Jede wirtschaftliche Einheit des Grundvermögens bildet ein Grundstück im Sinne dieses Gesetzes.

(2) ① Ein Anteil des Eigentümers eines Grundstücks an anderem Grundvermögen (z. B. an gemeinschaftlichen Hofflächen oder Garagen) ist in das Grundstück einzubeziehen, wenn alle Anteile an dem gemeinschaftlichen Grundvermögen Eigentümern von Grundstücken gehören, die ihren Anteil jeweils zusammen mit ihrem Grundstück nutzen. ② Das gilt nicht, wenn das gemeinschaftliche Grundvermögen nach den Anschauungen des Verkehrs als selbständige wirtschaftliche Einheit anzusehen ist (§ 2 Abs. 1 Satz 3 und 4).

(3) Als Grundstück im Sinne dieses Gesetzes gilt auch ein Gebäude, das auf fremdem Grund und Boden errichtet oder in sonstigen Fällen einem anderen als dem Eigentümer des Grund und Bodens zuzurechnen ist, selbst wenn es wesentlicher Bestandteil des Grund und Bodens geworden ist.

§ 71[10] *(weggefallen)*

II. Unbebaute Grundstücke

§§ 72, 73[11] *(weggefallen)*

---

[1] § 32 aufgehoben durch Art. 2 GrStRefG mWv 1. 1. 2025.
[2] §§ 33 bis 49 aufgehoben durch Art. 2 GrStRefG mWv 1. 1. 2025.
[3] §§ 50 bis 52 aufgehoben durch Art. 2 GrStRefG mWv 1. 1. 2025.
[4] §§ 53 bis 55 aufgehoben durch Art. 2 GrStRefG mWv 1. 1. 2025.
[5] §§ 56 bis 58 aufgehoben durch Art. 2 GrStRefG mWv 1. 1. 2025.
[6] §§ 59 bis 61 aufgehoben durch Art. 2 GrStRefG mWv 1. 1. 2025.
[7] § 62 aufgehoben durch Art. 2 GrStRefG mWv 1. 1. 2025.
[8] §§ 63 bis 67 aufgehoben durch Art. 2 GrStRefG mWv 1. 1. 2025.
[9] §§ 68, 69 aufgehoben durch Art. 2 GrStRefG mWv 1. 1. 2025.
[10] § 71 aufgehoben durch Art. 2 GrStRefG mWv 1. 1. 2025.
[11] §§ 72, 73 aufgehoben durch Art. 2 GrStRefG mWv 1. 1. 2025.

III. Bebaute Grundstücke

a) Begriff und Bewertung

§§ 74 bis 77[1] *(weggefallen)*

b) Verfahren

1. Ertragswertverfahren

§§ 78 bis 82[2] *(weggefallen)*

2. Sachwertverfahren

§§ 83 bis 90[3] *(weggefallen)*

IV. Sondervorschriften

§§ 91 bis 94[4] *(weggefallen)*

D. Betriebsvermögen

§ 95[5] Begriff des Betriebsvermögens

(1)[6] ① Das Betriebsvermögen umfasst alle Teile eines Gewerbebetriebs im Sinne des § 15 Absatz 1 und 2 des Einkommensteuergesetzes, die bei der steuerlichen Gewinnermittlung zum Betriebsvermögen gehören. ② Als Gewerbebetrieb im Sinne des Satzes 1 gilt auch der Betrieb von Gesellschaften im Sinne des § 1 Absatz 1 des Körperschaftsteuergesetzes mit Sitz im Ausland, deren Ort der Geschäftsleitung im Inland belegen ist, und die nach inländischem Gesellschaftsrecht nicht als juristische Person zu behandeln sind, wenn dem Grunde nach eine Tätigkeit im Sinne des § 15 Absatz 1 und Absatz 2 des Einkommensteuergesetzes vorliegt.

(2) Als Gewerbebetrieb gilt unbeschadet des § 97 nicht die Land- und Forstwirtschaft, wenn sie den Hauptzweck des Unternehmens bildet.

(3)[7] *(aufgehoben)*

§ 96[8] Freie Berufe

Dem Gewerbebetrieb steht die Ausübung eines freien Berufs im Sinne des § 18 Abs. 1 Nr. 1 des Einkommensteuergesetzes gleich; dies gilt auch für die Tätigkeit als Einnehmer einer staatlichen Lotterie, soweit die Tätigkeit nicht schon im Rahmen eines Gewerbebetriebs ausgeübt wird.

§ 97[9] Betriebsvermögen von Körperschaften, Personenvereinigungen und Vermögensmassen

(1) ① Einen Gewerbebetrieb bilden insbesondere alle Wirtschaftsgüter, die den folgenden Körperschaften, Personenvereinigungen und Vermögensmassen gehören, wenn diese ihre Geschäftsleitung oder ihren Sitz im Inland haben:

1.[10] Kapitalgesellschaften (Aktiengesellschaften, Kommanditgesellschaften auf Aktien, Gesellschaften mit beschränkter Haftung, Europäische Gesellschaften);
2. Erwerbs- und Wirtschaftsgenossenschaften;
3. Versicherungsvereinen auf Gegenseitigkeit;
4. Kreditanstalten des öffentlichen Rechts;
5.[11] Gesellschaften im Sinne des § 15 Absatz 1 Satz 1 Nummer 2, des § 15 Absatz 3, des § 18 Absatz 4 Satz 2 des Einkommensteuergesetzes und, wenn sie ihrer Tätigkeit nach einer Gesellschaft im Sinne des § 15 Absatz 1 Satz 1 Nummer 2, des § 15 Absatz 3 oder des § 18 Absatz 4 Satz 2 des Einkommensteuergesetzes entsprechen, Gesellschaften im Sinne des § 1 a Absatz 1 des Körperschaftsteuergesetzes und Gesellschaften im Sinne des § 1 Absatz 1 des Körperschaftsteuergesetzes mit Sitz im Ausland, deren Ort der Geschäftsleitung im Inland belegen ist, und die nach inländischem Gesellschaftsrecht als Personengesellschaft zu behandeln sind. ② Zum Gewerbe-

---

[1] §§ 74 bis 77 aufgehoben durch Art. 2 GrStRefG mWv 1. 1. 2025.
[2] §§ 78 bis 82 aufgehoben durch Art. 2 GrStRefG mWv 1. 1. 2025.
[3] §§ 83 bis 90 aufgehoben durch Art. 2 GrStRefG mWv 1. 1. 2025.
[4] §§ 91 bis 94 aufgehoben durch Art. 2 GrStRefG mWv 1. 1. 2025.
[5] § 95 neugefasst durch Gesetz vom 25. 2. 1992 (BGBl. I S. 297).
[6] § 95 Abs. 1 neugefasst durch ErbStRG 2009 mWv 1. 1. 2009; Abs. 1 geändert und Satz 2 angefügt durch Gesetz vom 25. 6. 2021 (BGBl. I S. 2056) mWv 1. 7. 2021.
[7] § 95 Abs. 3 aufgehoben durch Steueränderungsgesetz 2001 mWv 1. 1. 2002.
[8] § 96 neugefasst durch Gesetz vom 25. 2. 1992 (BGBl. I S. 297) mWv 1. 1. 1993.
[9] § 97 geändert durch Gesetz vom 25. 2. 1992 (BGBl. I S. 297) mWv 1. 1. 1993.
[10] § 97 Abs. 1 Satz 1 Nr. 1 geändert durch Steueränderungsgesetz 2001 und durch SEStEG vom 7. 12. 2006 (BGBl. I S. 2782) mWv 1. 1. 2006.
[11] § 97 Abs. 1 Satz 1 Nr. 5 neugefasst durch Steueränderungsgesetz 2001 mWv 1. 1. 2002; Angabe geändert durch Art. 25 „JStG 2019" mWv 18. 12. 2019; Nr. 5 Satz 1 geändert durch Gesetz vom 25. 6. 2021 (BGBl. I S. 2050) mWv 1. 7. 2021; Nr. 5 Satz 1 geändert durch G vom 25. 6. 2021 (BGBl. I S. 2056) mWv 1. 7. 2021.

betrieb einer solchen Gesellschaft gehören auch die Wirtschaftsgüter, die im Eigentum eines Gesellschafters, mehrerer oder aller Gesellschafter stehen, und Schulden eines Gesellschafters, mehrerer oder aller Gesellschafter, soweit die Wirtschaftsgüter und Schulden bei der steuerlichen Gewinnermittlung zum Betriebsvermögen der Gesellschaft gehören (§ 95); diese Zurechnung geht anderen Zurechnungen vor.

| ② § 160 Absatz 10 bleibt unberührt.[1]

(1 a)[2] Der gemeine Wert eines Anteils am Betriebsvermögen einer in § 97 Abs. 1 Satz 1 Nr. 5 genannten Personengesellschaft ist wie folgt zu ermitteln und aufzuteilen:

1. Der nach § 109 Abs. 2 ermittelte gemeine Wert des der Personengesellschaft gehörenden Betriebsvermögens (Gesamthandsvermögen) ist wie folgt aufzuteilen:
   a) die Kapitalkonten aus der Gesamthandsbilanz sind dem jeweiligen Gesellschafter vorweg zuzurechnen;
   b) der verbleibende Wert ist nach dem für die Gesellschaft maßgebenden Gewinnverteilungsschlüssel auf die Gesellschafter aufzuteilen; Vorabgewinnanteile sind nicht zu berücksichtigen.
2. ① Für die Wirtschaftsgüter und Schulden des Sonderbetriebsvermögens eines Gesellschafters ist der gemeine Wert zu ermitteln. ② Er ist dem jeweiligen Gesellschafter zuzurechnen.
3. Der Wert des Anteils eines Gesellschafters ergibt sich als Summe aus dem Anteil am Gesamthandsvermögen nach Nummer 1 und dem Wert des Sonderbetriebsvermögens nach Nummer 2.

(1 b)[2] ① Der gemeine Wert eines Anteils an einer in § 97 Abs. 1 Satz 1 Nr. 1 genannten Kapitalgesellschaft bestimmt sich nach dem Verhältnis des Anteils am Nennkapital (Grund- oder Stammkapital) der Gesellschaft zum gemeinen Wert des Betriebsvermögens der Kapitalgesellschaft im Bewertungsstichtag. ② Dies gilt auch, wenn das Nennkapital noch nicht vollständig eingezahlt ist. ③ Richtet sich die Beteiligung am Vermögen und am Gewinn der Gesellschaft auf Grund einer ausdrücklichen Vereinbarung der Gesellschafter nach der jeweiligen Höhe des eingezahlten Nennkapitals, bezieht sich der gemeine Wert nur auf das tatsächlich eingezahlte Nennkapital. ④ Abweichend von Satz 1 sind bei der Wertermittlung des Anteils vorbehaltlich des § 9 Absatz 2 und 3 Regelungen zu berücksichtigen, die sich auf den Wert des Anteils auswirken, wie insbesondere eine vom Verhältnis des Anteils am Nennkapital (Grund- oder Stammkapital) abweichende Gewinnverteilung.

(2)[3] Einen Gewerbebetrieb bilden auch die Wirtschaftsgüter, die den sonstigen juristischen Personen des privaten Rechts, den Vereinen ohne Rechtspersönlichkeit, den nicht rechtsfähigen Anstalten, Stiftungen und anderen Zweckvermögen gehören, soweit sie einem wirtschaftlichen Geschäftsbetrieb (ausgenommen Land- und Forstwirtschaft) dienen.

(3)[4] *(aufgehoben)*

§§ 98, 98 a[5] *(aufgehoben)*

§ 99[6] Betriebsgrundstücke

(1) Betriebsgrundstück im Sinne dieses Gesetzes ist der zu einem Gewerbebetrieb gehörige Grundbesitz, soweit er, losgelöst von seiner Zugehörigkeit zu dem Gewerbebetrieb,

1. zum Grundvermögen gehören würde oder
2. einen Betrieb der Land- und Forstwirtschaft bilden würde.

(2) *(aufgehoben)*

(3) Betriebsgrundstücke im Sinne des Absatzes 1 Nr. 1 sind wie Grundvermögen, Betriebsgrundstücke im Sinne des Absatzes 1 Nr. 2 wie land- und forstwirtschaftliches Vermögen zu bewerten.

§§ 100 bis 102[7] *(aufgehoben)*

---

[1] § 97 Abs. 1 Satz 2 neugefasst durch JStG 2024 mWv 1. 1. 2025.

[2] § 97 Abs. 1 a neugefasst, Abs. 1 b eingefügt und Abs. 3 aufgehoben durch ErbStRG 2009 mWv 1. 1. 2009; Abs. 1 b Satz 4 angefügt durch Gesetz vom 2. 11. 2015 (BGBl. I S. 1834) mWv 1. 1. 2016 (§ 265 Abs. 8).

[3] § 97 Abs. 2 geändert durch Gesetz vom 22. 12. 2023 (BGBl. I Nr. 411) mWv 1. 1. 2024.

[4] § 97 Abs. 1 a neugefasst, Abs. 1 b eingefügt und Abs. 3 aufgehoben durch ErbStRG 2009 mWv 1. 1. 2009; Abs. 1 b Satz 4 angefügt durch Gesetz vom 2. 11. 2015 (BGBl. I S. 1834) mWv 1. 1. 2016 (§ 265 Abs. 8).

[5] § 98 aufgehoben durch Steueränderungsgesetz 2001 mWv 1. 1. 2002; § 98 a aufgehoben durch ErbStRG 2009 mWv 1. 1. 2009.

[6] § 99 geändert durch Gesetz vom 25. 2. 1992 (BGBl. I S. 297) mWv 1. 1. 1993; Abs. 2 aufgehoben durch ErbStRG 2009 mWv 1. 1. 2009.

[7] § 100 aufgehoben durch Gesetz vom 9. 11. 1992 (BGBl. I S. 1853) mWv 1. 1. 1993; §§ 101 und 102 aufgehoben durch Gesetz vom 29. 10. 1997 (BGBl. I S. 2590) mWv 1. 1. 1998.

§ 103[1] Schulden und sonstige Abzüge

(1)[1] Schulden und sonstige Abzüge, die nach § 95 Abs. 1 zum Betriebsvermögen gehören, werden vorbehaltlich des Absatzes 3 berücksichtigt, soweit sie mit der Gesamtheit oder einzelnen Teilen des Betriebsvermögens im Sinne dieses Gesetzes in wirtschaftlichem Zusammenhang stehen.

(2) Weist ein Gesellschafter in der Steuerbilanz Gewinnansprüche gegen eine von ihm beherrschte Gesellschaft aus, ist bei dieser ein Schuldposten in entsprechender Höhe abzuziehen.

(3)[1] Rücklagen sind nur insoweit abzugsfähig, als ihr Abzug bei der Bewertung des Betriebsvermögens für Zwecke der Erbschaftsteuer durch Gesetz ausdrücklich zugelassen ist.

§§ 103 a bis 107[2] *(aufgehoben)*

§ 108 *(weggefallen)*

§ 109[3] Bewertung

(1) ① Das Betriebsvermögen von Gewerbebetrieben im Sinne des § 95 und das Betriebsvermögen von freiberuflich Tätigen im Sinne des § 96 ist jeweils mit dem gemeinen Wert anzusetzen. ② Für die Ermittlung des gemeinen Werts gilt § 11 Abs. 2 entsprechend.

(2) ① Der Wert eines Anteils am Betriebsvermögen einer in § 97 genannten Körperschaft, Personenvereinigung oder Vermögensmasse ist mit dem gemeinen Wert anzusetzen. ② Für die Ermittlung des gemeinen Werts gilt § 11 Abs. 2 entsprechend.

(3), (4) *(aufgehoben)*

§ 109 a[4] *(aufgehoben)*

Zweiter Abschnitt. Sondervorschriften und Ermächtigungen[5]

§§ 110 bis 120[5] *(aufgehoben)*

§ 121[6] Inlandsvermögen

Zum Inlandsvermögen gehören:

1. das inländische land- und forstwirtschaftliche Vermögen;
2. das inländische Grundvermögen;
3. das inländische Betriebsvermögen. ② Als solches gilt das Vermögen, das einem im Inland betriebenen Gewerbe dient, wenn hierfür im Inland eine Betriebsstätte unterhalten wird oder ein ständiger Vertreter bestellt ist;
4. Anteile an einer Kapitalgesellschaft, wenn die Gesellschaft Sitz oder Geschäftsleitung im Inland hat und der Gesellschafter entweder allein oder zusammen mit anderen ihm nahestehenden Personen im Sinne des § 1 Abs. 2 des Außensteuergesetzes in der jeweils geltenden Fassung am Grund- oder Stammkapital der Gesellschaft mindestens zu einem Zehntel unmittelbar oder mittelbar beteiligt ist;
5. nicht unter Nummer 3 fallende Erfindungen, Gebrauchsmuster und Topographien, die in ein inländisches Buch oder Register eingetragen sind;
6. Wirtschaftsgüter, die nicht unter die Nummern 1, 2 und 5 fallen und einem inländischen Gewerbebetrieb überlassen, insbesondere an diesen vermietet oder verpachtet sind;
7. Hypotheken, Grundschulden, Rentenschulden und andere Forderungen oder Rechte, wenn sie durch inländischen Grundbesitz, durch inländische grundstücksgleiche Rechte oder durch Schiffe, die in ein inländisches Schiffsregister eingetragen sind, unmittelbar oder mittelbar gesichert sind. ② Ausgenommen sind Anleihen und Forderungen, über die Teilschuldverschreibungen ausgegeben sind;

---

[1] § 103 neugefasst durch Gesetz vom 25. 2. 1992 (BGBl. I S. 297) mWv 1. 1. 1993; Überschrift und Abs. 1 neugefasst durch Gesetz vom 13. 9. 1993 (BGBl. I S. 1569) mWv 1. 1. 1993; Abs. 3 geändert durch Steueränderungsgesetz 2001.

[2] § 103 a aufgehoben durch Gesetz vom 25. 2. 1992 (BGBl. I S. 297) mWv 1. 1. 1993; § 104 aufgehoben durch ErbStRG 2009 mWv 1. 1. 2009 (§ 265 Abs. 1); § 105 aufgehoben durch Gesetz vom 25. 2. 1992 (BGBl. I S. 297) mWv 1. 1. 1993; §§ 106 und 107 aufgehoben durch Gesetz vom 29. 10. 1997 (BGBl. I S. 2590) mWv 1. 1. 1998.

[3] § 109 Abs. 2 eingefügt, bish. Abs. 2 und 3 werden Abs. 3 und 4, neuer Abs. 4 Satz 2 angefügt, bish. Abs. 4 aufgehoben durch Gesetz vom 25. 2. 1992 (BGBl. I S. 297) mWv 1. 1. 1993, Abs. 1 neugefasst durch Gesetz vom 13. 9. 1993 (BGBl. I S. 1569); Abs. 1 und 2 geändert, Abs. 3 und 4 aufgehoben durch Gesetz vom 29. 10. 1997 (BGBl. I S. 2590) mWv 1. 1. 1998; § 109 neugefasst durch ErbStRG 2009 mWv 1. 1. 2009.

[4] § 109 a aufgehoben durch Gesetz vom 29. 10. 1997 (BGBl. I S. 2590) mWv 1. 1. 1998.

[5] Abschnittsüberschrift neugefasst, bish. Unterabschnittsüberschriften sowie §§ 110, 111, 114 und §§ 116 bis 120 aufgehoben durch Jahressteuergesetz 1997 mWv 1. 1. 1997; §§ 112 bis 113 a und § 115 aufgehoben durch Gesetz vom 29. 10. 1997 (BGBl. I S. 2590) mWv 1. 1. 1998.

[6] § 121 neugefasst durch Jahressteuergesetz 1997 mWv 1. 1. 1997; Nr. 4 geändert durch Steueränderungsgesetz 2001.

8. Forderungen aus der Beteiligung an einem Handelsgewerbe als stiller Gesellschafter und aus partiarischen Darlehen, wenn der Schuldner Wohnsitz oder gewöhnlichen Aufenthalt, Sitz oder Geschäftsleitung im Inland hat;
9. Nutzungsrechte an einem der in den Nummern 1 bis 8 genannten Vermögensgegenstände.

§ 121 a[1] *(weggefallen)*

§ 121 b[2] *(aufgehoben)*

§ 122[3] *(weggefallen)*

§ 123[4] **Ermächtigungen**

Die Bundesregierung wird ermächtigt, mit Zustimmung des Bundesrates die in § 12 Absatz 4 Satz 3 vorgesehene Rechtsverordnung zu erlassen.

§ 124[5] *(aufgehoben)*

Dritter Abschnitt.[6] Vorschriften für die Bewertung von Vermögen in dem in Artikel 3 des Einigungsvertrages genannten Gebiet[7]

A. Land- und forstwirtschaftliches Vermögen[8]

§§ 125 bis 128[9] *(weggefallen)*

B. Grundvermögen[10]

§§ 129 bis 133[11] *(weggefallen)*

C. Betriebsvermögen

§§ 134 bis 137[12] *(aufgehoben)*

Vierter Abschnitt.[13] Vorschriften für die Bewertung von Grundbesitz für die Grunderwerbsteuer ab 1. Januar 1997

A. Allgemeines

§§ 138, 139[14] *(weggefallen)*

B. Land- und forstwirtschaftliches Vermögen

§§ 140 bis 144[15] *(weggefallen)*

---

[1] § 121 a aufgehoben durch Art. 2 GrStRefG mWv 1. 1. 2025.
[2] § 121 b aufgehoben durch Jahressteuergesetz 1997 mWv 1. 1. 1997.
[3] § 122 aufgehoben durch Art. 2 GrStRefG mWv 1. 1. 2025.
[4] § 123 neugefasst durch Jahressteuergesetz 1997 mWv 1. 1. 1997; geändert durch Art. 2 GrStRefG mWv 1. 1. 2025.
[5] § 124 aufgehoben durch Jahressteuergesetz 1997 mWv 1. 1. 1997.
[6] Überschrift des bish. 4. Teiles in Abschnittsüberschrift umbenannt durch Jahressteuergesetz 1997 mWv 1. 1. 1997.
[7] Das sind die Länder Brandenburg, Mecklenburg-Vorpommern, Sachsen, Sachsen-Anhalt und Thüringen sowie der Ostteil Berlins.
[8] Unterabschnittsüberschrift eingefügt durch Gesetz vom 29. 10. 1997 (BGBl. I S. 2590).
[9] §§ 125 bis 128 aufgehoben durch Art. 2 GrStRefG mWv 1. 1. 2025.
[10] Unterabschnittsüberschrift eingefügt durch Gesetz vom 29. 10. 1997 (BGBl. I S. 2590).
[11] §§ 129 bis 133 aufgehoben durch Art. 2 GrStRefG mWv 1. 1. 2025.
[12] § 134 aufgehoben durch Gesetz vom 24. 6. 1991 (BGBl. I S. 1322), § 135 aufgehoben durch Jahressteuergesetz 1997 mWv 1. 1. 1997, § 136 aufgehoben durch Steueränderungsgesetz 2001, § 137 aufgehoben durch Art. 2 GrStRefG mWv 1. 1. 2025.
[13] 4. Abschnitt (§§ 138–150) angefügt durch Jahressteuergesetz 1997; Abschnittsüberschrift neugefasst durch ErbStRG 2009 mWv 1. 1. 2009. – *Anm. d. Red.:* Nach § 8 Abs. 2 und § 17 Abs. 3 a GrEStG i. d. F. des Steueränderungsgesetzes 2015 ist rückwirkend zum 1. 1. 2009 die Ersatzbemessungsgrundlage für die Grunderwerbsteuer nach §§ 157 ff. BewG zu ermitteln.
[14] §§ 138, 139 aufgehoben durch Art. 2 GrStRefG mWv 1. 1. 2025.
[15] §§ 140 bis 144 aufgehoben durch Art. 2 GrStRefG mWv 1. 1. 2025.

C. Grundvermögen

I. Unbebaute Grundstücke

§ 145[1] *(weggefallen)*

II. Bebaute Grundstücke

§§ 146 bis 150[2] *(weggefallen)*

Fünfter Abschnitt.[3] Gesonderte Feststellungen

§ 151[3] Gesonderte Feststellungen

(1)[4] ① Gesondert festzustellen (§ 179 der Abgabenordnung) sind

1. Grundbesitzwerte (*§§ 138*, 157),
2. der Wert des Betriebsvermögens oder des Anteils am Betriebsvermögen (§§ 95, 96, 97),
3. der Wert von Anteilen an Kapitalgesellschaften im Sinne des § 11 Abs. 2,
4.[4] der Anteil am Wert von anderen als in den Nummern 1 bis 3 genannten Vermögensgegenständen und von Schulden, die mehreren Personen zustehen,

wenn die Werte für die Erbschaftsteuer oder eine andere Feststellung im Sinne dieser Vorschrift von Bedeutung sind. ② Die Entscheidung über eine Bedeutung für die Besteuerung trifft das für die Festsetzung der Erbschaftsteuer oder die Feststellung nach Satz 1 Nr. 2 bis 4 zuständige Finanzamt.

(2)[5] In dem Feststellungsbescheid für Grundbesitzwerte sind auch Feststellungen zu treffen

1. über die Art der wirtschaftlichen Einheit;
2. über die Zurechnung der wirtschaftlichen Einheit und bei mehreren Beteiligten über die Höhe des Anteils, der für die Besteuerung oder eine andere Feststellung von Bedeutung ist; beim Erwerb durch eine Erbengemeinschaft erfolgt die Zurechnung in Vertretung der Miterben auf die Erbengemeinschaft. ② Entsprechendes gilt für die Feststellungen nach Absatz 1 Satz 1 Nr. 2 bis 4.

(3)[5] ① Gesondert festgestellte Werte im Sinne des Absatzes 1 Satz 1 Nummer 1 bis 4 sind einer innerhalb einer Jahresfrist folgenden Feststellung für dieselbe wirtschaftliche Einheit unverändert zu Grunde zu legen, wenn sich die für die erste Bewertung maßgeblichen Stichtagsverhältnisse nicht wesentlich geändert haben. ② Der Erklärungspflichtige kann eine von diesem Wert abweichende Feststellung nach den Verhältnissen am Bewertungsstichtag durch Abgabe einer Feststellungserklärung beantragen.

(4) Ausländisches Vermögen unterliegt nicht der gesonderten Feststellung.

(5) ① Grundbesitzwerte (Absatz 1 Satz 1 Nr. 1) sind auch festzustellen, wenn sie für die Grunderwerbsteuer von Bedeutung sind. ② Absatz 1 Satz 2 gilt entsprechend. ③ Absatz 2 ist nicht anzuwenden.

§ 152[3] Örtliche Zuständigkeit

Für die gesonderten Feststellungen ist örtlich zuständig:

1. in den Fällen des § 151 Abs. 1 Satz 1 Nr. 1 das Finanzamt, in dessen Bezirk das Grundstück, das Betriebsgrundstück oder der Betrieb der Land- und Forstwirtschaft oder, wenn sich das Grundstück, das Betriebsgrundstück oder der Betrieb der Land- und Forstwirtschaft auf die Bezirke mehrerer Finanzämter erstreckt, der wertvollste Teil liegt;
2. in den Fällen des § 151 Abs. 1 Satz 1 Nr. 2 das Finanzamt, in dessen Bezirk sich die Geschäftsleitung des Gewerbebetriebs, bei Gewerbebetrieben ohne Geschäftsleitung im Inland das Finanzamt, in dessen Bezirk eine Betriebsstätte – bei mehreren Betriebsstätten die wirtschaftlich bedeutendste – unterhalten wird, und bei freiberuflicher Tätigkeit das Finanzamt, von dessen Bezirk aus die Berufstätigkeit vorwiegend ausgeübt wird;
3. in den Fällen des § 151 Abs. 1 Satz 1 Nr. 3 das Finanzamt, in dessen Bezirk sich die Geschäftsleitung der Kapitalgesellschaft befindet, bei Kapitalgesellschaften ohne Geschäftsleitung im Inland oder, wenn sich der Ort der Geschäftsleitung nicht feststellen lässt, das Finanzamt, in dessen Bezirk die Kapitalgesellschaft ihren Sitz hat;

---

[1] § 145 aufgehoben durch Art. 2 GrStRefG mWv 1. 1. 2025.
[2] §§ 146 bis 150 aufgehoben durch Art. 2 GrStRefG mWv 1. 1. 2025.
[3] 5. Abschnitt (§§ 151–156) eingefügt durch Jahressteuergesetz 2007 mWv 1. 1. 2007.
[4] § 151 Abs. 1 Satz 1 Nr. 1 u. 2 neugefasst durch ErbStRG 2009 mWv 1. 1. 2009; Abs. 1 Satz 1 Nr. 4 neugefasst durch Jahressteuergesetz 2010 mWv 1. 1. 2009; Abs. 1 Satz 1 Nr. 1 Angabe geändert durch Art. 2 GrStRefG mWv 1. 1. 2025.
[5] § 151 Abs. 2 und Abs. 3 neugefasst durch ErbStRG 2009 mWv 1. 1. 2009; Abs. 3 Satz 1 geändert durch Steuervereinfachungsgesetz 2011 mWv 1. 7. 2011.

4. in den Fällen des § 151 Abs. 1 Satz 1 Nr. 4 das Finanzamt, von dessen Bezirk die Verwaltung des Vermögens ausgeht, oder, wenn diese im Inland nicht feststellbar ist, das Finanzamt, in dessen Bezirk sich der wertvollste Teil des Vermögens befindet.

§ 153[1] Erklärungspflicht, Verfahrensvorschriften für die gesonderte Feststellung, Feststellungsfrist

(1) ① Das Finanzamt kann von jedem, für dessen Besteuerung eine gesonderte Feststellung von Bedeutung ist, die Abgabe einer Feststellungserklärung verlangen. ② Die Frist zur Abgabe der Feststellungserklärung muss mindestens einen Monat betragen.

(2)[2] ① Ist der Gegenstand der Feststellung mehreren Personen zuzurechnen oder ist eine Personengesellschaft oder Kapitalgesellschaft dessen Eigentümer, kann das Finanzamt auch von der Gemeinschaft oder Gesellschaft die Abgabe einer Feststellungserklärung verlangen. ② In den Fällen, in denen der Gegenstand der Feststellung einer Personengesellschaft im Sinne des § 97 Absatz 1 Satz 1 Nummer 5 zuzurechnen ist, ist die Feststellungserklärung vorrangig von der Gesellschaft anzufordern. ③ Dies gilt auch, wenn Gegenstand der Feststellung ein Anteil am Betriebsvermögen ist. ④ Das Finanzamt kann in Erbbaurechtsfällen die Abgabe einer Feststellungserklärung vom Erbbauberechtigten und vom Erbbauverpflichteten verlangen. ⑤ Absatz 4 *Satz 2* [***n. F.:*** Satz 5] ist nicht anzuwenden.

(3) In den Fällen des § 151 Abs. 1 Satz 1 Nr. 3 kann das Finanzamt nur von der Kapitalgesellschaft die Abgabe einer Feststellungserklärung verlangen.

[Alte Fassung:]

(4) ① Der Erklärungspflichtige hat die Erklärung eigenhändig zu unterschreiben. ② Hat ein Erklärungspflichtiger eine Erklärung zur gesonderten Feststellung abgegeben, sind andere Beteiligte insoweit von der Erklärungspflicht befreit.

[Neue Fassung:]

(4)[2] ① Der Erklärungspflichtige hat die Erklärung nach amtlich vorgeschriebenem Datensatz über die amtlich bestimmte Schnittstelle elektronisch zu übermitteln. ② Auf Antrag kann das Finanzamt zur Vermeidung unbilliger Härten auf eine elektronische Übermittlung verzichten; in diesem Fall ist die Erklärung nach amtlich vorgeschriebenem Vordruck abzugeben und vom Erklärungspflichtigen eigenhändig zu unterschreiben. ③ Das Bundesministerium der Finanzen legt im Einvernehmen mit den obersten Finanzbehörden der Länder die Einzelheiten der elektronischen Übermittlung der Erklärungen für die Feststellungen nach § 151 Absatz 1 Satz 1 Nummer 1 bis 4 und jeweils deren Beginn in einem Schreiben fest. ④ Dieses Schreiben ist im Bundesteuerblatt zu veröffentlichen. ⑤ Hat ein Erklärungspflichtiger eine Erklärung zur gesonderten Feststellung abgegeben, sind andere Beteiligte insoweit von der Erklärungspflicht befreit.

(5) § 181 Abs. 1 und 5 der Abgabenordnung ist entsprechend anzuwenden.

§ 154[1] Beteiligte am Feststellungsverfahren

(1)[3] ① Am Feststellungsverfahren sind beteiligt

1. diejenigen, denen der Gegenstand der Feststellung zuzurechnen ist,
2. diejenigen, die das Finanzamt zur Abgabe einer Feststellungserklärung aufgefordert hat,
3.[4] diejenigen, die eine Steuer als Schuldner oder Gesamtschuldner schulden und für deren Festsetzung die Feststellung von Bedeutung ist.

② Gegenüber mehreren Beteiligten nach Satz 1 erfolgt eine gesonderte und einheitliche Feststellung (§ 179 Absatz 2 Satz 2 der Abgabenordnung).

(2) In den Fällen des § 151 Abs. 1 Satz 1 Nr. 3 ist der Feststellungsbescheid auch der Kapitalgesellschaft bekannt zu geben.

(3)[5] ① Soweit der Gegenstand der Feststellung einer Erbengemeinschaft in Vertretung der Miterben zuzurechnen ist, ist § 183 a der Abgabenordnung entsprechend anzuwenden. ② Bei der Bekanntgabe des Feststellungsbescheids ist darauf hinzuweisen, dass die Bekanntgabe mit Wirkung für und gegen alle Miterben erfolgt.

---

[1] 5. Abschnitt (§§ 151–156) eingefügt durch Jahressteuergesetz 2007 mWv 1. 1. 2007.

[2] § 153 Abs. 2 Satz 2 geändert durch ErbStRG 2009 mWv 1. 1. 2009; Abs. 2 Sätze 3 und 4 angefügt durch Steuervereinfachungsgesetz 2011 mWv 1. 7. 2011; Abs. 2 Satz 4 geändert, Abs. 4 neugefasst durch JStG 2022, zur **erstmaligen Anwendung siehe § 265 Abs. 13 BewG;** Abs. 2 neuer Satz 2 eingefügt, bish. Sätze 2 bis 4 werden Sätze 3 bis 5 durch Gesetz vom 22. 12. 2023 (BGBl. I Nr. 411) mWv 1. 1. 2024; Abs. 4 Satz 1 geändert durch JStG 2024 mWv 6. 12. 2024.

[3] § 154 Abs. 1 Satz 2 angefügt durch Gesetz vom 2. 11. 2015 (BGBl. I S. 1834) mWv 1. 1. 2016 (§ 265 Abs. 9 BewG).

[4] § 154 Abs. 1 Nr. 3 angefügt durch Steuervereinfachungsgesetz 2011 mWv 1. 7. 2011; Abs. 1 Nr. 3 neugefasst durch Gesetz vom 2. 11. 2015 (BGBl. I S. 1834) mWv 1. 1. 2016 (§ 265 Abs. 9 BewG).

[5] § 154 Abs. 3 angefügt durch ErbStRG 2009 mWv 1. 1. 2009 und geändert durch Gesetz vom 22. 12. 2023 (BGBl. I Nr. 411) mWv 1. 1. 2024.

§ 155[1, 2] Rechtsbehelfsbefugnis

① Zur Einlegung von Rechtsbehelfen gegen den Feststellungsbescheid sind die Beteiligten im Sinne des § 154 Abs. 1 sowie diejenigen befugt, für deren Besteuerung nach dem Grunderwerbsteuergesetz der Feststellungsbescheid von Bedeutung ist. ② Soweit der Gegenstand der Feststellung einer Erbengemeinschaft in Vertretung der Miterben zuzurechnen ist, sind § 352 der Abgabenordnung und § 48 der Finanzgerichtsordnung entsprechend anzuwenden.

§ 156[1] Außenprüfung

Eine Außenprüfung zur Ermittlung der Besteuerungsgrundlagen ist bei jedem Beteiligten (§ 154 Abs. 1) zulässig.

Sechster Abschnitt.[3] Vorschriften für die Bewertung von Grundbesitz, von nicht notierten Anteilen an Kapitalgesellschaften und von Betriebsvermögen für die Erbschaftsteuer ab 1. Januar 2009

A. Allgemeines

§ 157[3] Feststellung von Grundbesitzwerten, von Anteilswerten und von Betriebsvermögenswerten

(1)[4] ① Grundbesitzwerte werden unter Berücksichtigung der tatsächlichen Verhältnisse und der Wertverhältnisse zum Bewertungsstichtag für inländischen Grundbesitz, und zwar für Betriebe der Land- und Forstwirtschaft, für Grundstücke und für Betriebsgrundstücke, festgestellt. ② § 229 gilt für die Grundbesitzbewertung sinngemäß.

(2) Für die wirtschaftlichen Einheiten des land- und forstwirtschaftlichen Vermögens und für Betriebsgrundstücke im Sinne des § 99 Abs. 1 Nr. 2 sind die Grundbesitzwerte unter Anwendung der §§ 158 bis 175 zu ermitteln.

(3)[4] ① Für die wirtschaftlichen Einheiten des Grundvermögens und für Betriebsgrundstücke im Sinne des § 99 Abs. 1 Nr. 1 sind die Grundbesitzwerte unter Anwendung der §§ 159 und 176 bis 198 zu ermitteln. ② § 70 gilt mit der Maßgabe, dass der Anteil des Eigentümers eines Grundstücks an anderem Grundvermögen (zum Beispiel an gemeinschaftlichen Hofflächen oder Garagen) abweichend von Absatz 2 Satz 1 dieser Vorschrift in das Grundstück einzubeziehen ist, wenn der Anteil zusammen mit dem Grundstück genutzt wird. ③ § 20 ist entsprechend anzuwenden.

(4) ① Der Wert von Anteilen an Kapitalgesellschaften im Sinne des § 11 Abs. 2 Satz 2 (Anteilswert) wird unter Berücksichtigung der tatsächlichen Verhältnisse und der Wertverhältnisse zum Bewertungsstichtag festgestellt. ② Der Anteilswert ist unter Anwendung des § 11 Abs. 2 zu ermitteln.

(5) ① Der Wert von Betriebsvermögen oder des Anteils am Betriebsvermögen im Sinne der §§ 95, 96 und 97 (Betriebsvermögenswert) wird unter Berücksichtigung der tatsächlichen Verhältnisse und der Wertverhältnisse zum Bewertungsstichtag festgestellt. ② Der Betriebsvermögenswert ist unter Anwendung des § 109 Abs. 1 und 2 in Verbindung mit § 11 Abs. 2 zu ermitteln.

B. Land- und forstwirtschaftliches Vermögen

I. Allgemeines

§ 158[3] Begriff des land- und forstwirtschaftlichen Vermögens

(1) ① Land- und Forstwirtschaft ist die planmäßige Nutzung der natürlichen Kräfte des Bodens zur Erzeugung von Pflanzen und Tieren sowie die Verwertung der dadurch selbst gewonnenen Erzeugnisse. ② Zum land- und forstwirtschaftlichen Vermögen gehören alle Wirtschaftsgüter, die einem Betrieb der Land- und Forstwirtschaft zu diesem Zweck auf Dauer zu dienen bestimmt sind.

(2)[5] ① Die wirtschaftliche Einheit des land- und forstwirtschaftlichen Vermögens ist der Betrieb der Land- und Forstwirtschaft. ② Wird ein Betrieb der Land- und Forstwirtschaft in Form einer Personengesellschaft oder Gemeinschaft geführt, sind in die wirtschaftliche Einheit auch die Wirtschaftsgüter einzubeziehen, die einem oder mehreren Beteiligten gehören, wenn sie dem Betrieb der Land- und Forstwirtschaft auf Dauer zu dienen bestimmt sind. ③ Wird der Betrieb der Land- und Forstwirtschaft oder werden Teile davon einem anderen Berechtigten zur Erzeugung von Pflanzen und Tieren sowie zur Verwertung der dadurch selbst gewonnenen Erzeugnisse überlassen, so gilt dies als Fortsetzung der land- und forstwirtschaftlichen Tätigkeit des Überlassenden. ④ Der Einordnung als Betrieb der Land- und Forstwirtschaft steht nicht entgegen, dass er aus einer oder

[1] 5. Abschnitt (§§ 151–156) eingefügt durch Jahressteuergesetz 2007 mWv 1. 1. 2007.
[2] § 155 Satz 2 neugefasst durch ErbStRG 2009 mWv 1. 1. 2009.
[3] 6. Abschnitt (§§ 157–203) eingefügt durch ErbStRG 2009 mWv 1. 1. 2009.
[4] § 157 Abs. 1 Satz 1 und Abs. 3 Satz 3 geändert, Abs. 1 Satz 2 neugefasst durch Art. 2 GrStRefG mWv 1. 1. 2025.
[5] § 158 Abs. 2 Sätze 3 und 4 angefügt durch JStG 2024 mWv 6. 12. 2024.

einzelnen land- und forstwirtschaftlich genutzten Flächen gebildet wird, bei denen die Wirtschaftsgebäude oder die Betriebsmittel oder beide Arten von Wirtschaftsgütern nicht dem Eigentümer des Grund und Bodens gehören und diese anderen Betrieben der Land- und Forstwirtschaft auf Dauer zu dienen bestimmt sind.

(3) ① Zu den Wirtschaftsgütern, die der wirtschaftlichen Einheit Betrieb der Land- und Forstwirtschaft zu dienen bestimmt sind, gehören insbesondere

1. der Grund und Boden,
2. die Wirtschaftsgebäude,
3. die stehenden Betriebsmittel,
4. der normale Bestand an umlaufenden Betriebsmitteln,
5. die immateriellen Wirtschaftsgüter,
6. die Wohngebäude und der dazu gehörende Grund und Boden.

② Als normaler Bestand an umlaufenden Betriebsmitteln gilt ein solcher, der zur gesicherten Fortführung des Betriebs erforderlich ist.

(4) Zum land- und forstwirtschaftlichen Vermögen gehören nicht

1. Grund und Boden sowie Gebäude und Gebäudeteile, die nicht land- und forstwirtschaftlichen Zwecken dienen,
2. Kleingartenland und Dauerkleingartenland,
3. Geschäftsguthaben, Wertpapiere und Beteiligungen,
4. über den normalen Bestand hinausgehende Bestände an umlaufenden Betriebsmitteln,
5. Tierbestände oder Zweige des Tierbestands und die hiermit zusammenhängenden Wirtschaftsgüter (zum Beispiel Gebäude und abgrenzbare Gebäudeteile mit den dazugehörenden Flächen, Betriebsmittel), wenn die Tiere weder zur landwirtschaftlichen Nutzung noch nach § 175 zu den übrigen land- und forstwirtschaftlichen Nutzungen gehören. ② Die Zugehörigkeit der landwirtschaftlich genutzten Flächen zum land- und forstwirtschaftlichen Vermögen wird hierdurch nicht berührt,
6. Geldforderungen und Zahlungsmittel,
7. Pensionsverpflichtungen.

(5) Verbindlichkeiten gehören zum land- und forstwirtschaftlichen Vermögen, soweit sie nicht im unmittelbaren wirtschaftlichen Zusammenhang mit den in Absatz 4 genannten Wirtschaftsgütern stehen.

§ 159[1] Abgrenzung land- und forstwirtschaftlich genutzter Flächen zum Grundvermögen

(1) Land- und forstwirtschaftlich genutzte Flächen sind dem Grundvermögen zuzurechnen, wenn nach ihrer Lage, den am Bewertungsstichtag bestehenden Verwertungsmöglichkeiten oder den sonstigen Umständen anzunehmen ist, dass sie in absehbarer Zeit anderen als land- und forstwirtschaftlichen Zwecken, insbesondere als Bauland, Industrieland oder Land für Verkehrszwecke, dienen werden.

(2) Bildet ein Betrieb der Land- und Forstwirtschaft die Existenzgrundlage des Betriebsinhabers, so sind dem Betriebsinhaber gehörende Flächen, die von einer Stelle aus ordnungsgemäß nachhaltig bewirtschaftet werden, dem Grundvermögen nur dann zuzurechnen, wenn mit großer Wahrscheinlichkeit anzunehmen ist, dass sie spätestens nach zwei Jahren anderen als land- und forstwirtschaftlichen Zwecken dienen werden.

(3) ① Flächen sind stets dem Grundvermögen zuzurechnen, wenn sie in einem Bebauungsplan als Bauland festgesetzt sind, ihre sofortige Bebauung möglich ist und die Bebauung innerhalb des Plangebiets in benachbarten Bereichen begonnen hat oder schon durchgeführt ist. ② Satz 1 gilt nicht für die Hofstelle und für andere Flächen in unmittelbarem räumlichen Zusammenhang mit der Hofstelle bis zu einer Größe von insgesamt 1 Hektar.

§ 160[1] Betrieb der Land- und Forstwirtschaft

(1) Ein Betrieb der Land- und Forstwirtschaft umfasst

1. den Wirtschaftsteil,
2. die Betriebswohnungen und
3. den Wohnteil.

(2) ① Der Wirtschaftsteil eines Betriebs der Land- und Forstwirtschaft umfasst

1. die land- und forstwirtschaftlichen Nutzungen:
   a) die landwirtschaftliche Nutzung,
   b) die forstwirtschaftliche Nutzung,

[1] 6. Abschnitt (§§ 157–203) eingefügt durch ErbStRG 2009 mWv 1. 1. 2009.

c) die weinbauliche Nutzung,
d) die gärtnerische Nutzung,
e) die übrigen land- und forstwirtschaftlichen Nutzungen,

2. die Nebenbetriebe,
3. die folgenden nicht zu einer Nutzung nach den Nummern 1 und 2 gehörenden Wirtschaftsgüter:
a) Abbauland,
b) Geringstland,
c) Unland.

② Der Anbau von Hopfen, Tabak und Spargel gehört nur zu den Sondernutzungen, wenn keine landwirtschaftliche Nutzung im Sinne des Satzes 1 Nr. 1 Buchstabe a vorliegt.

(3) Nebenbetriebe sind Betriebe, die dem Hauptbetrieb zu dienen bestimmt sind und nicht einen selbständigen gewerblichen Betrieb darstellen.

(4) Zum Abbauland gehören die Betriebsflächen, die durch Abbau der Bodensubstanz überwiegend für den Betrieb der Land- und Forstwirtschaft nutzbar gemacht werden (Sand-, Kies-, Lehmgruben, Steinbrüche, Torfstiche und dergleichen).

(5) Zum Geringstland gehören die Betriebsflächen geringster Ertragsfähigkeit, für die nach dem Bodenschätzungsgesetz vom 20. Dezember 2007 (BGBl. I S. 3150, 3176) keine Wertzahlen festzustellen sind.

(6) Zum Unland gehören die Betriebsflächen, die auch bei geordneter Wirtschaftsweise keinen Ertrag abwerfen können.

(7) ① Einen Betrieb der Land- und Forstwirtschaft bilden auch Stückländereien, die als gesonderte wirtschaftliche Einheit zu bewerten sind. ② Stückländereien sind einzelne land- und forstwirtschaftlich genutzte Flächen, bei denen die Wirtschaftsgebäude oder die Betriebsmittel oder beide Arten von Wirtschaftsgütern nicht dem Eigentümer des Grund und Bodens gehören, sondern am Bewertungsstichtag für mindestens 15 Jahre einem anderen Betrieb der Land- und Forstwirtschaft zu dienen bestimmt sind.

(8) Betriebswohnungen sind Wohnungen, die einem Betrieb der Land- und Forstwirtschaft zu dienen bestimmt, aber nicht dem Wohnteil zuzurechnen sind.

(9) Der Wohnteil eines Betriebs der Land- und Forstwirtschaft umfasst die Gebäude und Gebäudeteile, die dem Inhaber des Betriebs, den zu seinem Haushalt gehörenden Familienangehörigen und den Altenteilern zu Wohnzwecken dienen.

(10)[1] Einen Betrieb der Land- und Forstwirtschaft bildet auch die gemeinschaftliche Tierhaltung (§ 13b des Einkommensteuergesetzes) einschließlich der hiermit zusammenhängenden Wirtschaftsgüter.

§ 161[2] Bewertungsstichtag

(1) Für die Größe des Betriebs, für den Umfang und den Zustand der Gebäude sowie für die stehenden Betriebsmittel sind die Verhältnisse am Bewertungsstichtag maßgebend.

(2) Für die umlaufenden Betriebsmittel ist der Stand am Ende des Wirtschaftsjahres maßgebend, das dem Bewertungsstichtag vorangegangen ist.

§ 162[2] Bewertung des Wirtschaftsteils

(1) ① Bei der Bewertung des Wirtschaftsteils ist der gemeine Wert zu Grunde zu legen. ② Dabei ist davon auszugehen, dass der Erwerber den Betrieb der Land- und Forstwirtschaft fortführt. ③ Bei der Ermittlung des gemeinen Werts für den Wirtschaftsteil sind die land- und forstwirtschaftlichen Nutzungen, die Nebenbetriebe, das Abbau-, Geringst- und Unland jeweils gesondert mit ihrem Wirtschaftswert (§ 163) zu bewerten. ④ Dabei darf ein Mindestwert nicht unterschritten werden (§ 164).

(2) Der Wert des Wirtschaftsteils für einen Betrieb der Land- und Forstwirtschaft im Sinne des § 160 Abs. 7 wird nach § 164 ermittelt.

(3) ① Wird ein Betrieb der Land- und Forstwirtschaft oder ein Anteil im Sinne des § 158 Abs. 2 Satz 2 innerhalb eines Zeitraums von 15 Jahren nach dem Bewertungsstichtag veräußert, erfolgt die Bewertung der wirtschaftlichen Einheit abweichend von den §§ 163 und 164 mit dem Liquidationswert nach § 166. ② Dies gilt nicht, wenn der Veräußerungserlös innerhalb von sechs Monaten ausschließlich zum Erwerb eines anderen Betriebs der Land- und Forstwirtschaft oder eines Anteils im Sinne des § 158 Abs. 2 Satz 2 verwendet wird.

(4) ① Sind wesentliche Wirtschaftsgüter (§ 158 Abs. 3 Satz 1 Nr. 1 bis 3 und 5) dem Betrieb der Land- und Forstwirtschaft innerhalb eines Zeitraumes von 15 Jahren nicht mehr auf Dauer zu dienen bestimmt, erfolgt die Bewertung der Wirtschaftsgüter abweichend von den §§ 163 und 164

[1] § 160 Abs. 10 angefügt durch JStG 2024 mWv 1. 1. 2025.
[2] 6. Abschnitt (§§ 157–203) eingefügt durch ErbStRG 2009 mWv 1. 1. 2009.

mit dem jeweiligen Liquidationswert nach § 166. ② Dies gilt nicht, wenn der Veräußerungserlös innerhalb von sechs Monaten ausschließlich im betrieblichen Interesse verwendet wird.

§ 163[1] Ermittlung der Wirtschaftswerte

(1) ① Bei der Ermittlung der jeweiligen Wirtschaftswerte ist von der nachhaltigen Ertragsfähigkeit land- und forstwirtschaftlicher Betriebe auszugehen. ② Ertragsfähigkeit ist der bei ordnungsmäßiger Bewirtschaftung gemeinhin und nachhaltig erzielbare Reingewinn. ③ Dabei sind alle Umstände zu berücksichtigen, die bei einer Selbstbewirtschaftung den Wirtschaftserfolg beeinflussen.

(2) ① Der Reingewinn umfasst das ordentliche Ergebnis abzüglich eines angemessenen Lohnansatzes für die Arbeitsleistung des Betriebsinhabers und der nicht entlohnten Arbeitskräfte. ② Die im unmittelbaren wirtschaftlichen Zusammenhang mit einem Betrieb der Land- und Forstwirtschaft stehenden Verbindlichkeiten sind durch den Ansatz der Zinsaufwendungen abgegolten. ③ Zur Berücksichtigung der nachhaltigen Ertragsfähigkeit ist der Durchschnitt der letzten fünf abgelaufenen Wirtschaftsjahre vor dem Bewertungsstichtag zu Grunde zu legen.

(3) ① Der Reingewinn für die landwirtschaftliche Nutzung bestimmt sich nach der Region, der maßgeblichen Nutzungsart (Betriebsform) und der Betriebsgröße nach der Europäischen Größeneinheit (EGE). ② Zur Ermittlung der maßgeblichen Betriebsform ist das Klassifizierungssystem nach der Entscheidung 85/377/EWG der Kommission vom 7. Juni 1985 zur Errichtung eines gemeinschaftlichen Klassifizierungssystems der landwirtschaftlichen Betriebe (ABl. EG Nr. L 220 S. 1), zuletzt geändert durch Entscheidung der Kommission vom 16. Mai 2003 (ABl. EU Nr. L 127 S. 48), in der jeweils geltenden Fassung heranzuziehen. ③ Hierzu sind die Standarddeckungsbeiträge der selbst bewirtschafteten Flächen und der Tiereinheiten der landwirtschaftlichen Nutzung zu ermitteln und daraus die Betriebsform zu bestimmen. ④ Die Summe der Standarddeckungsbeiträge ist durch 1 200 Euro zu dividieren, so dass sich die Betriebsgröße in EGE ergibt, die einer der folgenden Betriebsgrößenklassen zuzuordnen ist:

1. Kleinbetriebe von	0 bis unter 40 EGE,
2. Mittelbetriebe von	40 bis 100 EGE,
3. Großbetriebe über	100 EGE.

⑤ Das Bundesministerium der Finanzen veröffentlicht die maßgeblichen Standarddeckungsbeiträge im Bundessteuerblatt. ⑥ Der entsprechende Reingewinn ergibt sich aus der Spalte 4 der Anlage 14 in Euro pro Hektar landwirtschaftlich genutzter Fläche (EUR/ha LF).

(4) ① Der Reingewinn für die forstwirtschaftliche Nutzung bestimmt sich nach den Flächen der jeweiligen Nutzungsart (Baumartengruppe) und den Ertragsklassen. ② Die jeweilige Nutzungsart umfasst:

1. Die Baumartengruppe Buche, zu der auch sonstiges Laubholz einschließlich der Roteiche gehört,
2. die Baumartengruppe Eiche, zu der auch alle übrigen Eichenarten gehören,
3. die Baumartengruppe Fichte, zu der auch alle übrigen Nadelholzarten mit Ausnahme der Kiefer und der Lärche gehören,
4. die Baumartengruppe Kiefer und Lärchen mit Ausnahme der Weymouthskiefer,
5. die übrige Fläche der forstwirtschaftlichen Nutzung.

③ Die Ertragsklassen bestimmen sich für

1. die Baumartengruppe Buche nach der von Schober für mäßige Durchforstung veröffentlichten Ertragstafel,
2. die Baumartengruppe Eiche nach der von Jüttner für mäßige Durchforstung veröffentlichten Ertragstafel,
3. die Baumartengruppe Fichte nach der von Wiedemann für mäßige Durchforstung veröffentlichten Ertragstafel,
4. die Baumartengruppe Kiefer nach der von Wiedemann für mäßige Durchforstung veröffentlichten Ertragstafel.

④ Der nach den Sätzen 2 und 3 maßgebliche Reingewinn ergibt sich aus der Spalte 4 der Anlage 15 in Euro pro Hektar (EUR/ha).

(5) ① Der Reingewinn für die weinbauliche Nutzung bestimmt sich nach den Flächen der jeweiligen Nutzungsart (Verwertungsform). ② Er ergibt sich aus der Spalte 3 der Anlage 16.

(6) ① Der Reingewinn für die gärtnerische Nutzung bestimmt sich nach dem maßgeblichen Nutzungsteil, der Nutzungsart und den Flächen. ② Er ergibt sich aus der Spalte 4 der Anlage 17.

(7) Der Reingewinn für die Sondernutzungen Hopfen, Spargel, Tabak ergibt sich aus der Spalte 3 der Anlage 18.

---

[1] 6. Abschnitt (§§ 157–203) eingefügt durch ErbStRG 2009 mWv 1. 1. 2009.

(8) ① Der Reingewinn für die sonstigen land- und forstwirtschaftlichen Nutzungen, für Nebenbetriebe sowie für Abbauland ist im Einzelertragswertverfahren zu ermitteln, soweit für die jeweilige Region nicht auf einen durch statistische Erhebungen ermittelten pauschalierten Reingewinn zurückgegriffen werden kann. ② Der Einzelertragswert ermittelt sich aus dem betriebsindividuellen Ergebnis und dem Kapitalisierungszinssatz nach Absatz 11.

(9) Der Reingewinn für das Geringstland wird pauschal mit 5,40 Euro pro Hektar festgelegt.

(10) Der Reingewinn für das Unland beträgt 0 Euro.

(11) ① Der jeweilige Reingewinn ist zu kapitalisieren. ② Der Kapitalisierungszinssatz beträgt 5,5 Prozent und der Kapitalisierungsfaktor beträgt 18,6.

(12) Der kapitalisierte Reingewinn für die landwirtschaftliche, die forstwirtschaftliche, die weinbauliche, die gärtnerische Nutzung oder für deren Nutzungsteile, die Sondernutzungen und das Geringstland ist mit der jeweiligen Eigentumsfläche des Betriebs zum Bewertungsstichtag zu vervielfältigen, der dieser Nutzung zuzurechnen ist.

(13) ① Die Hofflächen und die Flächen der Wirtschaftsgebäude sind dabei anteilig in die einzelnen Nutzungen einzubeziehen. ② Wirtschaftswege, Hecken, Gräben, Grenzraine und dergleichen sind in die Nutzung einzubeziehen, zu der sie gehören; dies gilt auch für Wasserflächen, soweit sie nicht Unland sind oder zu den übrigen land- und forstwirtschaftlichen Nutzungen gehören.

(14) Das Bundesministerium der Finanzen wird ermächtigt, durch Rechtsverordnung mit Zustimmung des Bundesrates die Anlagen 14 bis 18 zu diesem Gesetz dadurch zu ändern, dass es die darin aufgeführten Reingewinne turnusmäßig an die Ergebnisse der Erhebungen nach § 2 des Landwirtschaftsgesetzes anpasst.

§ 164[1] Mindestwert

(1) Der Mindestwert des Wirtschaftsteils setzt sich aus dem Wert für den Grund und Boden sowie dem Wert der übrigen Wirtschaftsgüter zusammen und wird nach den Absätzen 2 bis 4 ermittelt.

(2) ① Der für den Wert des Grund und Bodens im Sinne des § 158 Abs. 3 Satz 1 Nr. 1 zu ermittelnde Pachtpreis pro Hektar (ha) bestimmt sich nach der Nutzung, dem Nutzungsteil und der Nutzungsart des Grund und Bodens. ② Bei der landwirtschaftlichen Nutzung ist dabei die Betriebsgröße in EGE nach § 163 Abs. 3 Satz 4 Nr. 1 bis 3 zu berücksichtigen. ③ Der danach maßgebliche Pachtpreis ergibt sich jeweils aus der Spalte 5 der Anlagen 14, 15 und 17 sowie aus der Spalte 4 der Anlagen 16, 18 und ist mit den Eigentumsflächen zu vervielfältigen.

(3) Der Kapitalisierungszinssatz des regionalen Pachtpreises beträgt 5,5 Prozent und der Kapitalisierungsfaktor beträgt 18,6.

(4) ① Der Wert für die übrigen Wirtschaftsgüter im Sinne des § 158 Abs. 3 Satz 1 Nr. 2 bis 5 (Besatzkapital) bestimmt sich nach der Nutzung, dem Nutzungsteil und der Nutzungsart des Grund und Bodens. ② Bei der landwirtschaftlichen Nutzung ist dabei die Betriebsgröße in EGE nach § 163 Abs. 3 Satz 4 Nr. 1 bis 3 zu berücksichtigen. ③ Der danach maßgebliche Wert für das Besatzkapital ergibt sich jeweils aus der Spalte 6 der Anlagen 14, 15 a und 17 sowie aus der Spalte 5 der Anlagen 16 und 18 und ist mit den selbst bewirtschafteten Flächen zu vervielfältigen.

(5) Der Kapitalisierungszinssatz für die übrigen Wirtschaftsgüter (§ 158 Abs. 3 Satz 1 Nr. 2 bis 5) beträgt 5,5 Prozent und der Kapitalisierungsfaktor beträgt 18,6.

(6) ① Der kapitalisierte Wert für den Grund und Boden und der kapitalisierte Wert für die übrigen Wirtschaftsgüter sind um die damit in wirtschaftlichem Zusammenhang stehenden Verbindlichkeiten zu mindern. ② Der Mindestwert, der sich hiernach ergibt, darf nicht weniger als 0 Euro betragen.

(7) Das Bundesministerium der Finanzen wird ermächtigt, durch Rechtsverordnung mit Zustimmung des Bundesrates die Anlagen 14 bis 18 zu diesem Gesetz dadurch zu ändern, dass es die darin aufgeführten Pachtpreise und Werte für das Besatzkapital turnusmäßig an die Ergebnisse der Erhebungen nach § 2 des Landwirtschaftsgesetzes anpasst.

§ 165[1] Bewertung des Wirtschaftsteils mit dem Fortführungswert

(1) Der Wert des Wirtschaftsteils wird aus der Summe der nach § 163 zu ermittelnden Wirtschaftswerte gebildet.

(2) Der für einen Betrieb der Land- und Forstwirtschaft anzusetzende Wert des Wirtschaftsteils darf nicht geringer sein als der nach § 164 ermittelte Mindestwert.

(3) Weist der Steuerpflichtige nach, dass der gemeine Wert des Wirtschaftsteils niedriger ist als der nach den Absätzen 1 und 2 ermittelte Wert, ist dieser Wert anzusetzen; § 166 ist zu beachten.

---

[1] 6. Abschnitt (§§ 157–203) eingefügt durch ErbStRG 2009 mWv 1. 1. 2009.

§ 166[1] Bewertung des Wirtschaftsteils mit dem Liquidationswert

(1) Im Falle des § 162 Abs. 3 oder Abs. 4 ist der Liquidationswert nach Absatz 2 zu ermitteln und tritt mit Wirkung für die Vergangenheit an die Stelle des bisherigen Wertansatzes.

(2) Bei der Ermittlung des jeweiligen Liquidationswerts nach Absatz 1

1.[2] ist der Grund und Boden im Sinne des § 158 Abs. 3 Satz 1 Nr. 1 mit den zuletzt vor dem Bewertungsstichtag ermittelten Bodenrichtwerten zu bewerten. ② § 179 Satz 2 bis 4 gilt entsprechend. ③ Zur Berücksichtigung der Liquidationskosten ist der ermittelte Bodenwert um 10 Prozent zu mindern;
2. sind die übrigen Wirtschaftsgüter im Sinne des § 158 Abs. 3 Satz 1 Nr. 2 bis 5 mit ihrem gemeinen Wert zu bewerten. ② Zur Berücksichtigung der Liquidationskosten sind die ermittelten Werte um 10 Prozent zu mindern.

§ 167[1] Bewertung der Betriebswohnungen und des Wohnteils

(1) Die Bewertung der Betriebswohnungen und des Wohnteils erfolgt nach den Vorschriften, die für die Bewertung von Wohngrundstücken im Grundvermögen (§§ 182 bis 196) gelten.

(2) Für die Abgrenzung der Betriebswohnungen und des Wohnteils vom Wirtschaftsteil ist höchstens das Fünffache der jeweils bebauten Fläche zu Grunde zu legen.

(3) Zur Berücksichtigung von Besonderheiten, die sich im Falle einer engen räumlichen Verbindung von Wohnraum mit dem Betrieb ergeben, ist der Wert des Wohnteils und der Wert der Betriebswohnungen nach den Absätzen 1 und 2 um 15 Prozent zu ermäßigen.

(4) ① Weist der Steuerpflichtige nach, dass der gemeine Wert des Wohnteils oder der Betriebswohnungen niedriger ist als der sich nach den Absätzen 1 bis 3 ergebende Wert, ist der gemeine Wert anzusetzen. ② Für den Nachweis des niedrigeren gemeinen Werts gelten grundsätzlich die auf Grund des § 199 Abs. 1 des Baugesetzbuchs erlassenen Vorschriften.

§ 168[1] Grundbesitzwert des Betriebs der Land- und Forstwirtschaft

(1) Der Grundbesitzwert eines Betriebs der Land- und Forstwirtschaft besteht aus

1. dem Wert des Wirtschaftsteils (§ 160 Abs. 2),
2. dem Wert der Betriebswohnungen (§ 160 Abs. 8) abzüglich der damit im unmittelbaren wirtschaftlichen Zusammenhang stehenden Verbindlichkeiten,
3. dem Wert des Wohnteils (§ 160 Abs. 9) abzüglich der damit im unmittelbaren wirtschaftlichen Zusammenhang stehenden Verbindlichkeiten.

(2) Der Grundbesitzwert für Stückländereien als Betrieb der Land- und Forstwirtschaft (§ 160 Abs. 7) besteht nur aus dem Wert des Wirtschaftsteils.

(3) Der Grundbesitzwert für einen Anteil an einem Betrieb der Land- und Forstwirtschaft im Sinne des § 158 Abs. 2 Satz 2 ist nach Absatz 4 aufzuteilen.

(4) ① Der Wert des Wirtschafteils ist nach den beim Mindestwert (§ 164) zu Grunde gelegten Verhältnissen aufzuteilen. ② Dabei ist

1. der Wert des Grund und Bodens und der Wirtschaftsgebäude oder ein Anteil daran (§ 158 Abs. 3 Satz 1 Nr. 1 und 2) dem jeweiligen Eigentümer zuzurechnen. ② Im Falle des Gesamthandseigentums ist der Wert des Grund und Bodens nach der Höhe der gesellschaftsrechtlichen Beteiligung aufzuteilen;
2. der Wert der übrigen Wirtschaftsgüter (§ 158 Abs. 3 Satz 1 Nr. 3 bis 5) nach dem Wertverhältnis der dem Betrieb zur Verfügung gestellten Wirtschaftsgüter aufzuteilen. ② Im Falle des Gesamthandseigentums ist der Wert der übrigen Wirtschaftsgüter nach der Höhe der gesellschaftsrechtlichen Beteiligung aufzuteilen;
3. der Wert der zu berücksichtigenden Verbindlichkeiten (§ 164 Abs. 4) dem jeweiligen Schuldner zuzurechnen. ② Im Falle des Gesamthandseigentums ist der Wert der zu berücksichtigenden Verbindlichkeiten nach der Höhe der gesellschaftsrechtlichen Beteiligung aufzuteilen.

(5) ① Der Wert für die Betriebswohnungen ist dem jeweiligen Eigentümer zuzurechnen. ② Im Falle des Gesamthandseigentums ist der Wert nach der Höhe der gesellschaftsrechtlichen Beteiligung aufzuteilen.

(6) ① Der Wert für den Wohnteil ist dem jeweiligen Eigentümer zuzurechnen. ② Im Falle des Gesamthandseigentums ist der Wert nach der Höhe der gesellschaftsrechtlichen Beteiligung aufzuteilen.

---

[1] 6. Abschnitt (§§ 157–203) eingefügt durch ErbStRG 2009 mWv 1. 1. 2009.

[2] § 166 Abs. 2 Nr. 1 neuer Satz 2 eingefügt, bish. Satz 2 wird 3 durch Beitreibungsrichtlinie-Umsetzungsgesetz mWv 14. 12. 2011 (§ 265 Abs. 3 BewG).

II. Besonderer Teil

a) Landwirtschaftliche Nutzung

§ 169[1] Tierbestände

(1) ① Tierbestände gehören in vollem Umfang zur landwirtschaftlichen Nutzung, wenn im Wirtschaftsjahr

für die ersten 20 Hektar	nicht mehr als	10 Vieheinheiten
für die nächsten 10 Hektar	nicht mehr als	7 Vieheinheiten
für die nächsten 20 Hektar	nicht mehr als	6 Vieheinheiten
für die nächsten 50 Hektar	nicht mehr als	3 Vieheinheiten
und für die weitere Fläche	nicht mehr als	1,5 Vieheinheiten

je Hektar der vom Inhaber des Betriebs regelmäßig landwirtschaftlich genutzten Flächen erzeugt oder gehalten werden. ② Die Tierbestände sind nach dem Futterbedarf in Vieheinheiten umzurechnen.

(2) ① Übersteigt die Anzahl der Vieheinheiten nachhaltig die in Absatz 1 bezeichnete Grenze, so gehören nur die Zweige des Tierbestands zur landwirtschaftlichen Nutzung, deren Vieheinheiten zusammen diese Grenze nicht überschreiten. ② Zunächst sind mehr flächenabhängige Zweige des Tierbestands und danach weniger flächenabhängige Zweige des Tierbestands zur landwirtschaftlichen Nutzung zu rechnen. ③ Innerhalb jeder dieser Gruppen sind zuerst Zweige des Tierbestands mit der geringeren Anzahl von Vieheinheiten und dann Zweige mit der größeren Anzahl von Vieheinheiten zur landwirtschaftlichen Nutzung zu rechnen. ④ Der Tierbestand des einzelnen Zweiges wird nicht aufgeteilt.

(3) ① Als Zweig des Tierbestands gilt bei jeder Tierart für sich

1. das Zugvieh,
2. das Zuchtvieh,
3. das Mastvieh und
4. das übrige Nutzvieh.

② Das Zuchtvieh einer Tierart gilt nur dann als besonderer Zweig des Tierbestands, wenn die erzeugten Jungtiere überwiegend zum Verkauf bestimmt sind. ③ Ist das nicht der Fall, so ist das Zuchtvieh dem Zweig des Tierbestands zuzurechnen, dem es überwiegend dient.

(4) ① Die Absätze 1 bis 3 gelten nicht für Pelztiere. ② Pelztiere gehören nur dann zur landwirtschaftlichen Nutzung, wenn die erforderlichen Futtermittel überwiegend von den vom Inhaber des Betriebs landwirtschaftlich genutzten Flächen gewonnen werden.

(5) ① Für die Umrechnung der Tierbestände in Vieheinheiten sowie für die Gruppen der mehr flächenabhängigen oder weniger flächenabhängigen Zweige des Tierbestands sind die in Anlage 19 und 20 aufgeführten Werte maßgebend. ② Das Bundesministerium der Finanzen wird ermächtigt, durch Rechtsverordnung mit Zustimmung des Bundesrates die Anlagen 19 und 20 zu diesem Gesetz dadurch zu ändern, dass der darin aufgeführte Umrechnungsschlüssel und die Gruppen der Zweige eines Tierbestands an geänderte wirtschaftliche oder technische Entwicklungen angepasst werden können.

§ 170[1] Umlaufende Betriebsmittel

Bei landwirtschaftlichen Betrieben zählen die umlaufenden Betriebsmittel nur soweit zum normalen Bestand als der Durchschnitt der letzten fünf Jahre nicht überschritten wird.

b) Forstwirtschaftliche Nutzung

§ 171[1] Umlaufende Betriebsmittel

① Eingeschlagenes Holz gehört zum normalen Bestand an umlaufenden Betriebsmitteln, soweit es den jährlichen Nutzungssatz nicht übersteigt. ② Bei Betrieben, die nicht jährlich einschlagen (aussetzende Betriebe), tritt an die Stelle des jährlichen Nutzungssatzes ein den Betriebsverhältnissen entsprechender mehrjähriger Nutzungssatz.

§ 172[1] Abweichender Bewertungsstichtag

Bei der forstwirtschaftlichen Nutzung sind abweichend von § 161 Abs. 1 für den Umfang und den Zustand des Bestands an nicht eingeschlagenem Holz die Verhältnisse am Ende des Wirtschaftsjahres zu Grunde zu legen, das dem Bewertungsstichtag vorangegangen ist.

c) Weinbauliche Nutzung

§ 173[1] Umlaufende Betriebsmittel

(1) Bei ausbauenden Betrieben zählen die Vorräte an Weinen aus den Ernten der letzten fünf Jahre vor dem Bewertungsstichtag zum normalen Bestand an umlaufenden Betriebsmitteln.

(2) Abschläge für Unterbestand an Weinvorräten sind nicht zu machen.

---

[1] 6. Abschnitt (§§ 157–203) eingefügt durch ErbStRG 2009 mWv 1. 1. 2009.

d) Gärtnerische Nutzung

§ 174[1] Abweichende Bewertungsverhältnisse

(1) ① Die durch Anbau von Baumschulgewächsen genutzte Betriebsfläche wird nach § 161 Abs. 1 bestimmt. ② Dabei sind die zum 15. September feststellbaren Bewirtschaftungsverhältnisse zu Grunde zu legen, die dem Bewertungsstichtag vorangegangen sind.

(2) ① Die durch Anbau von Gemüse, Blumen und Zierpflanzen genutzte Betriebsfläche wird nach § 161 Abs. 1 bestimmt. ② Dabei sind die zum 30. Juni feststellbaren Bewirtschaftungsverhältnisse zu Grunde zu legen, die dem Bewertungsstichtag vorangegangen sind.

(3) Sind die Bewirtschaftungsverhältnisse nicht feststellbar, richtet sich die Einordnung der Flächen nach der vorgesehenen Nutzung.

e) Übrige land- und forstwirtschaftliche Nutzungen

§ 175[1] Übrige land- und forstwirtschaftliche Nutzungen

(1) Zu den übrigen land- und forstwirtschaftlichen Nutzungen gehören
1. die Sondernutzungen Hopfen, Spargel, Tabak und andere Sonderkulturen,
2. die sonstigen land- und forstwirtschaftlichen Nutzungen.

(2) Zu den sonstigen land- und forstwirtschaftlichen Nutzungen gehören insbesondere
1. die Binnenfischerei,
2. die Teichwirtschaft,
3. die Fischzucht für Binnenfischerei und Teichwirtschaft,
4. die Imkerei,
5. die Wanderschäferei,
6. die Saatzucht,
7. der Pilzanbau,
8. die Produktion von Nützlingen,
9. die Weihnachtsbaumkulturen.

C. Grundvermögen

I. Allgemeines

§ 176[1] Grundvermögen

(1) Zum Grundvermögen gehören
1. der Grund und Boden, die Gebäude, die sonstigen Bestandteile und das Zubehör,
2. das Erbbaurecht,
3. das Wohnungseigentum, Teileigentum, Wohnungserbbaurecht und Teilerbbaurecht nach dem Wohnungseigentumsgesetz,

soweit es sich nicht um land- und forstwirtschaftliches Vermögen (§§ 158 und 159) oder um Betriebsgrundstücke (§ 99) handelt.

(2) In das Grundvermögen sind nicht einzubeziehen
1. Bodenschätze,
2. die Maschinen und sonstigen Vorrichtungen aller Art, die zu einer Betriebsanlage gehören (Betriebsvorrichtungen), auch wenn sie wesentliche Bestandteile sind. ② Einzubeziehen sind jedoch die Verstärkungen von Decken und die nicht ausschließlich zu einer Betriebsanlage gehörenden Stützen und sonstigen Bauteile wie Mauervorlagen und Verstrebungen.

§ 177[1] Bewertung

(1) Den Bewertungen nach den §§ 179 und 182 bis 196 ist der gemeine Wert (§ 9) zu Grunde zu legen.

(2)[2] ① Bei den Bewertungen nach den §§ 182 bis 196 sind die von den Gutachterausschüssen im Sinne der §§ 192 ff. des Baugesetzbuchs ermittelten sonstigen für die Wertermittlung erforderlichen Daten im Sinne des § 193 Absatz 5 Satz 2 des Baugesetzbuchs anzuwenden, wenn diese Daten im Sinne des Absatzes 3 als geeignet anzusehen sind. ② Hat der Gutachterausschuss diese Daten auf einen Stichtag bezogen, ist der letzte Stichtag vor dem Bewertungsstichtag maßgeblich, sofern dieser nicht mehr als drei Jahre vor dem Bewertungsstichtag liegt. ③ Liegt der Bezugsstichtag mehr als drei Jahre zurück oder ist kein Bezugsstichtag bestimmt, sind die sonstigen für die Wertermittlung erforderlichen Daten anzuwenden, die von den Gutachterausschüssen für den letzten Auswertungszeitraum abgeleitet werden, der vor dem Kalenderjahr endet, in dem der Bewertungs-

[1] 6. Abschnitt (§§ 157–203) eingefügt durch ErbStRG 2009 mWv 1. 1. 2009.
[2] § 177 Abs. 2 neugefasst, Abs. 3 und 4 angefügt durch JStG 2022 mWv 1. 1. 2023 (§ 265 Abs. 14 BewG).

stichtag liegt. ④ Diese Daten sind für längstens drei Jahre ab dem Ende des Kalenderjahres maßgeblich, in dem der vom Gutachterausschuss zugrunde gelegte Auswertungszeitraum endet. ⑤ Soweit sich die maßgeblichen Wertverhältnisse nicht wesentlich geändert haben, können die Daten auch über einen längeren Zeitraum als drei Jahre hinaus angewendet werden.

(3)[1] Die sonstigen für die Wertermittlung erforderlichen Daten nach Absatz 2 sind als geeignet anzusehen, wenn deren Ableitung weitgehend in demselben Modell erfolgt ist wie die Bewertung.

(4)[1] ① Soweit in den §§ 179 und 182 bis 196 nichts anderes bestimmt ist, werden Besonderheiten, insbesondere die den Wert beeinflussenden Belastungen privatrechtlicher und öffentlich-rechtlicher Art, nicht berücksichtigt. ② § 198 bleibt hiervon unberührt.

II. Unbebaute Grundstücke

§ 178[2] Begriff der unbebauten Grundstücke

(1) ① Unbebaute Grundstücke sind Grundstücke, auf denen sich keine benutzbaren Gebäude befinden. ② Die Benutzbarkeit beginnt im Zeitpunkt der Bezugsfertigkeit. ③ Gebäude sind als bezugsfertig anzusehen, wenn den zukünftigen Bewohnern oder sonstigen Benutzern zugemutet werden kann, sie zu benutzen; die Abnahme durch die Bauaufsichtsbehörde ist nicht entscheidend.

(2) ① Befinden sich auf dem Grundstück Gebäude, die auf Dauer keiner Nutzung zugeführt werden können, gilt das Grundstück als unbebaut. ② Als unbebaut gilt auch ein Grundstück, auf dem infolge von Zerstörung oder Verfall der Gebäude auf Dauer kein benutzbarer Raum mehr vorhanden ist.

§ 179[2, 3] Bewertung der unbebauten Grundstücke

① Der Wert unbebauter Grundstücke bestimmt sich regelmäßig nach ihrer Fläche und den Bodenrichtwerten (§ 196 des Baugesetzbuchs). ② Die Bodenrichtwerte sind von den Gutachterausschüssen nach dem Baugesetzbuch zu ermitteln und den Finanzämtern mitzuteilen. ③ Bei der Wertermittlung ist stets der Bodenrichtwert anzusetzen, der vom Gutachterausschuss zuletzt vor dem Bewertungsstichtag zu ermitteln war. ④ Wird von den Gutachterausschüssen kein Bodenrichtwert ermittelt, ist der Bodenwert aus den Werten vergleichbarer Flächen abzuleiten.

III. Bebaute Grundstücke

§ 180[2] Begriff der bebauten Grundstücke

(1) ① Bebaute Grundstücke sind Grundstücke, auf denen sich benutzbare Gebäude befinden. ② Wird ein Gebäude in Bauabschnitten errichtet, ist der fertig gestellte Teil als benutzbares Gebäude anzusehen.

(2) Als Grundstück im Sinne des Absatzes 1 gilt auch ein Gebäude, das auf fremdem Grund und Boden errichtet oder in sonstigen Fällen einem anderen als dem Eigentümer des Grund und Bodens zuzurechnen ist, selbst wenn es wesentlicher Bestandteil des Grund und Bodens geworden ist.

§ 181[2] Grundstücksarten

(1) Bei der Bewertung bebauter Grundstücke sind die folgenden Grundstücksarten zu unterscheiden:

1. Ein- und Zweifamilienhäuser,
2. Mietwohngrundstücke,
3. Wohnungs- und Teileigentum,
4. Geschäftsgrundstücke,
5. gemischt genutzte Grundstücke und
6. sonstige bebaute Grundstücke.

(2) ① Ein- und Zweifamilienhäuser sind Wohngrundstücke, die bis zu zwei Wohnungen enthalten und kein Wohnungseigentum sind. ② Ein Grundstück gilt auch dann als Ein- oder Zweifamilienhaus, wenn es zu weniger als 50 Prozent, berechnet nach der Wohn- oder Nutzfläche, zu anderen als Wohnzwecken mitbenutzt und dadurch die Eigenart als Ein- oder Zweifamilienhaus nicht wesentlich beeinträchtigt wird.

(3) Mietwohngrundstücke sind Grundstücke, die zu mehr als 80 Prozent, berechnet nach der Wohn- oder Nutzfläche, Wohnzwecken dienen, und nicht Ein- und Zweifamilienhäuser oder Wohnungseigentum sind.

(4) Wohnungseigentum ist das Sondereigentum an einer Wohnung in Verbindung mit dem Miteigentumsanteil an dem gemeinschaftlichen Eigentum, zu dem es gehört.

---

[1] § 177 Abs. 2 neugefasst, Abs. 3 und 4 angefügt durch JStG 2022 mWv 1. 1. 2023 (§ 265 Abs. 14 BewG).

[2] 6. Abschnitt (§§ 157–203) eingefügt durch ErbStRG 2009 mWv 1. 1. 2009.

[3] § 179 Satz 4 neugefasst durch Beitreibungsrichtlinie-Umsetzungsgesetz mWv 14. 12. 2011 (§ 265 Abs. 3 BewG); Satz 3 geändert durch GrStRefUG vom 16. 7. 2021 (BGBl. I S. 2931) mWv 23. 7. 2021 (§ 265 Abs. 12 BewG).

(5) Teileigentum ist das Sondereigentum an nicht zu Wohnzwecken dienenden Räumen eines Gebäudes in Verbindung mit dem Miteigentum an dem gemeinschaftlichen Eigentum, zu dem es gehört.

(6) Geschäftsgrundstücke sind Grundstücke, die zu mehr als 80 Prozent, berechnet nach der Wohn- und Nutzfläche, eigenen oder fremden betrieblichen oder öffentlichen Zwecken dienen und nicht Teileigentum sind.

(7) Gemischt genutzte Grundstücke sind Grundstücke, die teils Wohnzwecken, teils eigenen oder fremden betrieblichen oder öffentlichen Zwecken dienen und nicht Ein- und Zweifamilienhäuser, Mietwohngrundstücke, Wohnungseigentum, Teileigentum oder Geschäftsgrundstücke sind.

(8) Sonstige bebaute Grundstücke sind solche Grundstücke, die nicht unter die Absätze 2 bis 7 fallen.

(9)[1] ① Eine Wohnung ist in der Regel die Zusammenfassung mehrerer Räume, die in ihrer Gesamtheit so beschaffen sein müssen, dass die Führung eines selbständigen Haushalts möglich ist. ② Die Zusammenfassung der Räume muss eine von anderen Wohnungen oder Räumen, insbesondere Wohnräumen, baulich getrennte, in sich abgeschlossene Wohneinheit bilden und einen selbständigen Zugang haben. ③ Daneben ist es erforderlich, dass die für die Führung eines selbständigen Haushalts notwendigen Nebenräume (Küche, Bad oder Dusche, Toilette) vorhanden sind. ④ Die Wohnfläche soll mindestens 20 Quadratmeter betragen.

§ 182[2] Bewertung der bebauten Grundstücke

(1) Der Wert der bebauten Grundstücke ist nach dem Vergleichswertverfahren (Absatz 2 und § 183), dem Ertragswertverfahren (Absatz 3 und §§ 184 bis 188) oder dem Sachwertverfahren (Absatz 4 und §§ 189 bis 191) zu ermitteln.

(2) Im Vergleichswertverfahren sind grundsätzlich zu bewerten

1. Wohnungseigentum,
2. Teileigentum,
3. Ein- und Zweifamilienhäuser.

(3) Im Ertragswertverfahren sind zu bewerten

1. Mietwohngrundstücke,
2. Geschäftsgrundstücke und gemischt genutzte Grundstücke, für die sich auf dem örtlichen Grundstücksmarkt eine übliche Miete ermitteln lässt.

(4) Im Sachwertverfahren sind zu bewerten

1. Grundstücke im Sinne des Absatzes 2, wenn kein Vergleichswert vorliegt,
2. Geschäftsgrundstücke und gemischt genutzte Grundstücke mit Ausnahme der in Absatz 3 Nr. 2 genannten Grundstücke,
3. sonstige bebaute Grundstücke.

§ 183[2] Bewertung im Vergleichswertverfahren

(1) ① Bei Anwendung des Vergleichswertverfahrens sind Kaufpreise von Grundstücken heranzuziehen, die hinsichtlich der ihren Wert beeinflussenden Merkmale mit dem zu bewertenden Grundstück hinreichend übereinstimmen (Vergleichsgrundstücke). ② Grundlage sind vorrangig die von den Gutachterausschüssen im Sinne der §§ 192 ff. des Baugesetzbuchs mitgeteilten Vergleichspreise.

(2)[3] ① Anstelle von Preisen für Vergleichsgrundstücke können von den Gutachterausschüssen für geeignete Bezugseinheiten, insbesondere Flächeneinheiten des Gebäudes, ermittelte und mitgeteilte Vergleichsfaktoren herangezogen werden. ② Bei Verwendung von Vergleichsfaktoren, die sich nur auf das Gebäude beziehen, ist der Bodenwert nach § 179 gesondert zu berücksichtigen. ③ Anzuwenden sind die von den Gutachterausschüssen ermittelten Vergleichsfaktoren nach Maßgabe des § 177 Absatz 2 und 3.

(3)[4] *(aufgehoben)*

§ 184[2] Bewertung im Ertragswertverfahren

(1) Bei Anwendung des Ertragswertverfahrens ist der Wert der Gebäude (Gebäudeertragswert) getrennt von dem Bodenwert auf der Grundlage des Ertrags nach § 185 zu ermitteln.

(2) Der Bodenwert ist der Wert des unbebauten Grundstücks nach § 179.

---

[1] § 181 Abs. 9 neugefasst durch JStG 2022 mWv 1. 1. 2023 (§ 265 Abs. 14 BewG).
[2] 6. Abschnitt (§§ 157–203) eingefügt durch ErbStRG 2009 mWv 1. 1. 2009.
[3] § 183 Abs. 2 Satz 3 neugefasst durch JStG 2022 mWv 1. 1. 2023 (§ 265 Abs. 14 BewG).
[4] § 183 Abs. 3 aufgehoben durch JStG 2024 mWv 6. 12. 2024.

(3)[1] ① Der Bodenwert und der Gebäudeertragswert (§ 185) ergeben den Ertragswert des Grundstücks. ② Es ist mindestens der Bodenwert anzusetzen.

(4)[1] Der Wert der baulichen Außenanlagen und sonstigen Anlagen ist mit dem nach den Absätzen 1 bis 3 ermittelten Ertragswert abgegolten.

§ 185[2] Ermittlung des Gebäudeertragswerts

(1) ① Bei der Ermittlung des Gebäudeertragswerts ist von dem Reinertrag des Grundstücks auszugehen. ② Dieser ergibt sich aus dem Rohertrag des Grundstücks (§ 186) abzüglich der Bewirtschaftungskosten (§ 187).

(2) ① Der Reinertrag des Grundstücks ist um den Betrag zu vermindern, der sich durch eine angemessene Verzinsung des Bodenwerts ergibt; dies ergibt den Gebäudereinertrag. ② Der Verzinsung des Bodenwerts ist der Liegenschaftszinssatz (§ 188) zu Grunde zu legen. ③ Ist das Grundstück wesentlich größer, als es einer den Gebäuden angemessenen Nutzung entspricht, und ist eine zusätzliche Nutzung oder Verwertung einer Teilfläche zulässig und möglich, ist bei der Berechnung des Verzinsungsbetrags der Bodenwert dieser Teilfläche nicht zu berücksichtigen.

(3)[3] ① Der Gebäudereinertrag ist mit dem sich aus der Anlage 21 ergebenden Vervielfältiger zu kapitalisieren. ② Maßgebend für den Vervielfältiger sind der Liegenschaftszinssatz und die Restnutzungsdauer des Gebäudes. ③ Die Restnutzungsdauer wird grundsätzlich aus dem Unterschiedsbetrag zwischen der wirtschaftlichen Gesamtnutzungsdauer, die sich aus der Anlage 22 ergibt, und dem Alter des Gebäudes am Bewertungsstichtag ermittelt. ④ Das Alter des Gebäudes ist durch Abzug des Jahres der Bezugsfertigkeit des Gebäudes vom Jahr des Bewertungsstichtags zu bestimmen. ⑤ Sind nach Bezugsfertigkeit des Gebäudes Veränderungen eingetreten, die die Restnutzungsdauer des Gebäudes wesentlich verlängert haben, ist von der entsprechend verlängerten Restnutzungsdauer auszugehen. ⑥ Die Restnutzungsdauer eines noch nutzbaren Gebäudes beträgt vorbehaltlich des Satzes 7 mindestens 30 Prozent der Gesamtnutzungsdauer. ⑦ Bei einer bestehenden Abbruchverpflichtung für das Gebäude ist die nach den Sätzen 3 bis 6 ermittelte Restnutzungsdauer auf den Unterschiedsbetrag zwischen der tatsächlichen Gesamtnutzungsdauer und dem Alter des Gebäudes am Bewertungsstichtag begrenzt.

§ 186[2] Rohertrag des Grundstücks

(1) ① Rohertrag ist das Entgelt, das für die Benutzung des bebauten Grundstücks nach den am Bewertungsstichtag geltenden vertraglichen Vereinbarungen für den Zeitraum von zwölf Monaten zu zahlen ist. ② Umlagen, die zur Deckung der Betriebskosten gezahlt werden, sind nicht anzusetzen.

(2) ① Für Grundstücke oder Grundstücksteile,

1. die eigengenutzt, ungenutzt, zu vorübergehendem Gebrauch oder unentgeltlich überlassen sind,
2. die der Eigentümer dem Mieter zu einer um mehr als 20 Prozent von der üblichen Miete abweichenden tatsächlichen Miete überlassen hat,

ist die übliche Miete anzusetzen. ② Die übliche Miete ist in Anlehnung an die Miete zu schätzen, die für Räume gleicher oder ähnlicher Art, Lage und Ausstattung regelmäßig gezahlt wird. ③ Betriebskosten sind nicht einzubeziehen.

§ 187[2] Bewirtschaftungskosten

(1) Bewirtschaftungskosten sind die bei gewöhnlicher Bewirtschaftung nachhaltig entstehenden Verwaltungskosten, Betriebskosten, Instandhaltungskosten und das Mietausfallwagnis; durch Umlagen gedeckte Betriebskosten bleiben unberücksichtigt.

(2)[4] Anzusetzen sind die nach Absatz 3 an den Bewertungsstichtag angepassten Bewirtschaftungskosten aus Anlage 23.

(3)[4] ① Die Verwaltungskosten und Instandhaltungskosten für Wohnnutzung in Anlage 23 sind jährlich an den vom Statistischen Bundesamt festgestellten Verbraucherpreisindex für Deutschland anzupassen. ② Die Anpassung erfolgt mit dem Prozentsatz, um den sich der Verbraucherpreisindex für den Monat Oktober 2001 gegenüber demjenigen für den Monat Oktober des Jahres, das dem Bewertungsstichtag vorausgeht, erhöht oder verringert hat. ③ Die indizierten Bewirtschaftungskosten sind für alle Bewertungsstichtage des Kalenderjahres anzuwenden. ④ Das Bundesministerium der Finanzen veröffentlicht den maßgebenden Verbraucherpreisindex im Bundessteuerblatt.

---

[1] § 184 Abs. 3 Satz 3 aufgehoben, Abs. 4 angefügt durch JStG 2022 mWv 1. 1. 2023 (§ 265 Abs. 14 BewG).
[2] 6. Abschnitt (§§ 157–203) eingefügt durch ErbStRG 2009 mWv 1. 1. 2009.
[3] § 185 Abs. 3 neuer Satz 4 eingefügt, bish. Sätze 4 und 5 werden neue Sätze 5 und 6 und neugefasst, Satz 7 angefügt durch JStG 2022 mWv 1. 1. 2023 (§ 265 Abs. 14 BewG).
[4] § 187 Abs. 2 neugefasst, Abs. 3 angefügt durch JStG 2022 mWv 1. 1. 2023 (§ 265 Abs. 14 BewG).

§ 188[1] Liegenschaftszinssatz

(1)[2] Liegenschaftszinssätze sind Kapitalisierungszinssätze, mit denen Verkehrswerte von Grundstücken je nach Grundstücksart im Durchschnitt marktüblich verzinst werden.

(2)[2] ① Anzuwenden sind die von den Gutachterausschüssen im Sinne der §§ 192 ff. des Baugesetzbuchs ermittelten Liegenschaftszinssätze nach Maßgabe des § 177 Absatz 2 und 3. ② Soweit derartige Liegenschaftszinssätze nicht zur Verfügung stehen, gelten die folgenden Zinssätze:

1. 3,5 Prozent für Mietwohngrundstücke,
2. 4,5 Prozent für gemischt genutzte Grundstücke mit einem gewerblichen Anteil von bis zu 50 Prozent, berechnet nach der Wohn- und Nutzfläche,
3. 5,0 Prozent für gemischt genutzte Grundstücke mit einem gewerblichen Anteil von mehr als 50 Prozent, berechnet nach der Wohn- und Nutzfläche, und
4. 6,0 Prozent für Geschäftsgrundstücke.

§ 189[1] Bewertung im Sachwertverfahren

(1)[3] Bei Anwendung des Sachwertverfahrens ist der Wert der Gebäude (Gebäudesachwert) getrennt vom Bodenwert nach § 190 zu ermitteln.

(2) Der Bodenwert ist der Wert des unbebauten Grundstücks nach § 179.

(3) ① Der Bodenwert und der Gebäudesachwert (§ 190) ergeben den vorläufigen Sachwert des Grundstücks. ② Dieser ist zur Anpassung an den gemeinen Wert mit einer Wertzahl nach § 191 zu multiplizieren.

(4)[3] ① Der Wert der baulichen Außenanlagen und sonstigen Anlagen ist grundsätzlich mit dem nach den Absätzen 1 bis 3 ermittelten Sachwert abgegolten. ② Dies gilt nicht bei besonders werthaltigen baulichen Außenanlagen und sonstigen Anlagen.

§ 190[1, 4] Ermittlung des Gebäudesachwerts

(1)[4] ① Bei der Ermittlung des Gebäudesachwerts ist von den Regelherstellungskosten des Gebäudes auszugehen. ② Regelherstellungskosten sind die durchschnittlichen Herstellungskosten je Flächeneinheit. ③ Die Regelherstellungskosten sind in der Anlage 24 enthalten.

(2)[4] Das Bundesministerium der Finanzen wird ermächtigt, durch Rechtsverordnung mit Zustimmung des Bundesrates die Anlage 24 zu diesem Gesetz dadurch zu ändern, dass es die darin aufgeführten Regelherstellungskosten nach Maßgabe marktüblicher durchschnittlicher Herstellungskosten aktualisiert, soweit dies zur Ermittlung des gemeinen Werts erforderlich ist.

(3)[4] ① Zur Ermittlung des Gebäudesachwerts sind die durchschnittlichen Herstellungskosten des Gebäudes mit dem Regionalfaktor nach Absatz 5 sowie dem Alterswertminderungsfaktor nach Absatz 6 zu multiplizieren. ② Die durchschnittlichen Herstellungskosten des Gebäudes ergeben sich durch Multiplikation der Regelherstellungskosten nach den Absätzen 1 und 2 mit der jeweiligen Brutto-Grundfläche des Gebäudes und dem Baupreisindex nach Absatz 4.

(4)[4] ① Die Anpassung der Regelherstellungskosten an den Bewertungsstichtag erfolgt anhand der vom Statistischen Bundesamt veröffentlichten Baupreisindizes. ② Dabei ist auf die Preisindizes für die Bauwirtschaft abzustellen, die das Statistische Bundesamt für den Neubau in konventioneller Bauart von Wohn- und Nichtwohngebäuden jeweils als Jahresdurchschnitt ermittelt. ③ Diese Preisindizes sind für alle Bewertungsstichtage des folgenden Kalenderjahres anzuwenden. ④ Das Bundesministerium der Finanzen veröffentlicht die maßgebenden Baupreisindizes im Bundessteuerblatt.

(5)[5] ① Durch Regionalfaktoren wird der Unterschied zwischen dem bundesdurchschnittlichen und dem regionalen Baukostenniveau berücksichtigt. ② Anzuwenden sind die Regionalfaktoren, die von den Gutachterausschüssen bei der Ableitung der Sachwertfaktoren nach § 191 Satz 1 zugrunde gelegt worden sind. ③ Soweit von den Gutachterausschüssen keine geeigneten Regionalfaktoren zur Verfügung stehen, gilt der Regionalfaktor 1,0.

(6)[5] ① Der Alterswertminderungsfaktor entspricht dem Verhältnis der Restnutzungsdauer des Gebäudes am Bewertungsstichtag zur Gesamtnutzungsdauer nach Anlage 22. ② Die Restnutzungsdauer wird grundsätzlich aus dem Unterschiedsbetrag zwischen der Gesamtnutzungsdauer, die sich aus der Anlage 22 ergibt, und dem Alter des Gebäudes am Bewertungsstichtag ermittelt. ③ Das Alter des Gebäudes ist durch Abzug des Jahres der Bezugsfertigkeit des Gebäudes vom Jahr des Bewertungsstichtags zu bestimmen. ④ Sind nach Bezugsfertgigkeit des Gebäudes Veränderungen eingetreten, die die Restnutzungsdauer des Gebäudes wesentlich verlängert haben, ist von der

[1] 6. Abschnitt (§§ 157–203) eingefügt durch ErbStRG 2009 mWv 1. 1. 2009.
[2] § 188 Abs. 1 und 2 neugefasst durch JStG 2022 mWv 1. 1. 2023 (§ 265 Abs. 14 BewG).
[3] § 189 Abs. 1 Satz 2 aufgehoben, Abs. 4 angefügt durch JStG 2022 mWv 1. 1. 2023 (§ 265 Abs. 14 BewG).
[4] § 190 neugefasst durch Gesetz vom 2. 11. 2015 (BGBl. I S. 1834) mWv 1. 1. 2016 (§ 265 Abs. 10 BewG); Abs. 1 Satz 2 geänd., Satz 3 aufgehoben, bish. Satz 4 wird Satz 3, Abs. 2 wird Abs. 4 und geändert, bish. Abs. 4 aufgehoben, Abs. 3 wird Abs. 2 und geändert, neuer Abs. 3 eingefügt durch JStG 2022 mWv 1. 1. 2023 (§ 265 Abs. 14 BewG).
[5] § 190 Abs. 5 und 6 angefügt durch JStG 2022 mWv 1. 1. 2023 (§ 265 Abs. 14 BewG).

entsprechend verlängerten Restnutzungsdauer auszugehen. ⑤ Die Restnutzungsdauer eines noch nutzbaren Gebäudes beträgt vorbehaltlich des Satzes 6 mindestens 30 Prozent der Gesamtnutzungsdauer. ⑥ Bei einer bestehenden Abbruchverpflichtung für das Gebäude ist die nach den Sätzen 2 bis 5 ermittelte Restnutzungsdauer auf den Unterschiedsbetrag zwischen der tatsächlichen Gesamtnutzungsdauer und dem Alter des Gebäudes am Bewertungsstichtag begrenzt.

§ 191[1, 2] Wertzahlen

① Als Wertzahlen im Sinne des § 189 Absatz 3 sind die von den Gutachterausschüssen im Sinne der §§ 192 ff. des Baugesetzbuchs ermittelten Sachwertfaktoren nach Maßgabe des § 177 Absatz 2 und 3 anzuwenden. ② Soweit derartige Sachwertfaktoren nicht zur Verfügung stehen, sind die in Anlage 25 bestimmten Wertzahlen zu verwenden.

IV. Sonderfälle

§ 192[1, 3] Bewertung in Erbbaurechtsfällen

① Ist das Grundstück mit einem Erbbaurecht belastet, sind die Werte für die wirtschaftliche Einheit Erbbaurecht (§ 193) und für die wirtschaftliche Einheit des belasteten Grundstücks (§ 194) gesondert zu ermitteln. ② Mit der Bewertung des Erbbaurechts (§ 193) ist die Verpflichtung zur Zahlung des Erbbauzinses und mit der Bewertung des Erbbaurechtsgrundstücks (§ 194) ist das Recht auf den Erbbauzins abgegolten; die hiernach ermittelten Grundbesitzwerte dürfen nicht weniger als 0 Euro betragen.

§ 193[1, 4] Bewertung des Erbbaurechts

(1) ① Der Wert des Erbbaurechts ist durch Multiplikation des Werts des unbelasteten Grundstücks mit einem Erbbaurechtskoeffizienten zu ermitteln. ② Anzuwenden sind die von den Gutachterausschüssen im Sinne der §§ 192 ff. des Baugesetzbuchs ermittelten Erbbaurechtskoeffizienten nach Maßgabe des § 177 Absatz 2 und 3. ③ Der Wert des unbelasteten Grundstücks ist der Wert des Grundstücks, der nach den §§ 179, 182 bis 196 festzustellen wäre, wenn die Belastung mit dem Erbbaurecht nicht bestünde.

(2) ① Der Wert des Erbbaurechts ist durch Multiplikation des nach den Absätzen 3 bis 5 ermittelten Werts mit einem Erbbaurechtsfaktor zu ermitteln, wenn für das zu bewertende Erbbaurecht kein Erbbaurechtskoeffizient nach Absatz 1 vorliegt. ② Anzuwenden sind die von den Gutachterausschüssen im Sinne der §§ 192 ff. des Baugesetzbuchs ermittelten Erbbaurechtsfaktoren nach Maßgabe des § 177 Absatz 2 und 3. ③ Soweit derartige Erbbaurechtsfaktoren nicht zur Verfügung stehen, gilt der Erbbaurechtsfaktor 1,0.

(3) ① Zur Ermittlung des Werts des Erbbaurechts wird zunächst die Summe aus

1. dem Wert des unbelasteten Grundstücks im Sinne des Absatzes 1 Satz 3 abzüglich des Bodenwerts des unbelasteten Grundstücks nach § 179 und
2. der nach Absatz 4 über die Restlaufzeit des Erbbaurechts kapitalisierten Differenz aus dem angemessenen Verzinsungsbetrag des Bodenwerts des unbelasteten Grundstücks und dem vertraglich vereinbarten jährlichen Erbbauzins

gebildet. ② Ein bei Ablauf des Erbbaurechts nicht zu entschädigender Wertanteil der Gebäude oder des Gebäudes nach Absatz 5 ist abzuziehen.

(4) ① Der Unterschiedsbetrag aus dem angemessenen Verzinsungsbetrag des Bodenwerts des unbelasteten Grundstücks und dem vertraglich vereinbarten jährlichen Erbbauzins ist über die Restlaufzeit des Erbbaurechts mit dem sich aus Anlage 21 ergebenden Vervielfältiger zu kapitalisieren. ② Für die Kapitalisierung sind die Zinssätze zu verwenden, die der Ermittlung des Erbbaurechtsfaktors im Sinne des Absatzes 2 Satz 2 zugrunde gelegt wurden. ③ Soweit derartige Zinssätze nicht zur Verfügung stehen, gelten folgende Zinssätze:

1. 2,5 Prozent für Ein- und Zweifamilienhäuser und Wohnungseigentum, das wie Ein- und Zweifamilienhäuser gestaltet ist,
2. 3,5 Prozent für Mietwohngrundstücke und Wohnungseigentum, das nicht unter Nummer 1 fällt,
3. 4,5 Prozent für gemischt genutzte Grundstücke mit einem gewerblichen Anteil von bis zu 50 Prozent, berechnet nach der Wohn- und Nutzfläche, sowie sonstige bebaute Grundstücke,
4. 5,0 Prozent für gemischt genutzte Grundstücke mit einem gewerblichen Anteil von mehr als 50 Prozent, berechnet nach der Wohn- und Nutzfläche, und
5. 6,0 Prozent für Geschäftsgrundstücke und Teileigentum.

④ Der angemessene Verzinsungsbetrag des Bodenwerts des unbelasteten Grundstücks ergibt sich durch Anwendung des Zinssatzes nach Satz 2 oder 3 auf den Bodenwert nach § 179. ⑤ Liegt ein

---

[1] 6. Abschnitt (§§ 157–203) eingefügt durch ErbStRG 2009 mWv 1. 1. 2009.
[2] § 191 neugefasst durch JStG 2022 mWv 1. 1. 2023 (§ 265 Abs. 14 BewG).
[3] § 192 Satz 2 angefügt durch Beitreibungsrichtlinie-Umsetzungsgesetz mWv 14. 12. 2011 (§ 265 Abs. 3 BewG).
[4] § 193 neugefasst durch JStG 2022 mWv 1. 1. 2023 (§ 265 Abs. 14 BewG).

immerwährendes Erbbaurecht vor, entspricht der Vervielfältiger dem Kehrwert des nach Satz 2 oder 3 anzuwendenden Zinssatzes.

(5) ① Zur Ermittlung des bei Ablauf des Erbbaurechts nicht zu entschädigenden Wertanteils der Gebäude oder des Gebäudes im Sinne des Absatzes 3 Satz 2 ist auf den Zeitpunkt des Ablaufs des Erbbaurechts die Differenz aus dem Wert des Grundstücks nach den §§ 179, 182 bis 196 und dem Bodenwert nach § 179 zu ermitteln. ② Hierbei ist die Restnutzungsdauer des Gebäudes bei Ablauf des Erbbaurechts zugrunde zu legen. ③ Der so ermittelte Unterschiedsbetrag ist über die Restlaufzeit des Erbbaurechts nach Maßgabe der Anlage 26 auf den Bewertungsstichtag abzuzinsen. ④ Für die Abzinsung sind die Zinssätze im Sinne des Absatzes 4 Satz 2 oder 3 anzuwenden. ⑤ Liegt ein immerwährendes Erbbaurecht vor, ist der Abzinsungsfaktor 0. ⑥ Der auf den Bewertungsstichtag abgezinste Unterschiedsbetrag ist mit dem nicht zu entschädigenden Wertanteil der jeweiligen Gebäude zu multiplizieren.

§ 194[1, 2] Bewertung des Erbbaugrundstücks

(1) ① Der Wert des Erbbaugrundstücks ist durch Multiplikation des Bodenwerts des unbelasteten Grundstücks mit einem Erbbaugrundstückskoeffizienten zu ermitteln. ② Anzuwenden sind die von den Gutachterausschüssen im Sinne der §§ 192 ff. des Baugesetzbuchs ermittelten Erbbaugrundstückskoeffizienten nach Maßgabe des § 177 Absatz 2 und 3. ③ Der Bodenwert des unbelasteten Grundstücks ist der Wert des Grundstücks, der nach § 179 festzustellen wäre, wenn die Belastung mit dem Erbbaurecht nicht bestünde.

(2) ① Der Wert des Erbbaugrundstücks ist durch Multiplikation des Werts des Erbbaugrundstücks nach den Absätzen 3 bis 5 mit einem Erbbaugrundstücksfaktor zu ermitteln, wenn für das zu bewertende Erbbaugrundstück kein Erbbaugrundstückskoeffizient nach Absatz 1 vorliegt. ② Anzuwenden sind die von den Gutachterausschüssen ermittelten Erbbaugrundstücksfaktoren nach Maßgabe des § 177 Absatz 2 und 3. ③ Soweit derartige Erbbaugrundstücksfaktoren nicht zur Verfügung stehen, gilt der Erbbaugrundstücksfaktor 1,0.

(3) ① Zur Ermittlung des Werts des Erbbaugrundstücks wird zunächst die Summe aus

1. dem nach Absatz 4 über die Restlaufzeit des Erbbaurechts abgezinsten Bodenwert des unbelasteten Grundstücks im Sinne des Absatzes 1 Satz 3 und
2. dem nach Absatz 5 über die Restlaufzeit des Erbbaurechts kapitalisierten vertraglich vereinbarten jährlichen Erbbauzins

gebildet. ② Ein bei Ablauf des Erbbaurechts nicht zu entschädigender Wertanteil der Gebäude oder des Gebäudes nach § 193 Absatz 5 ist hinzuzurechnen.

(4) ① Der Bodenwert des unbelasteten Grundstücks im Sinne des Absatzes 1 Satz 3 ist über die Restlaufzeit des Erbbaurechts mit dem sich aus der Anlage 26 ergebenden Abzinsungsfaktor abzuzinsen. ② Für die Abzinsung sind die Zinssätze zu verwenden, die der Ermittlung des Erbbaugrundstücksfaktors im Sinne des Absatzes 2 Satz 2 zugrunde gelegt wurden. ③ Soweit von den Gutachterausschüssen keine derartigen Zinssätze zur Verfügung stehen, gelten die Zinssätze nach § 193 Absatz 4 Satz 3. ④ Liegt ein immerwährendes Erbbaurecht vor, ist der Abzinsungsfaktor 0.

(5) ① Der vertraglich vereinbarte jährliche Erbbauzins ist über die Restlaufzeit des Erbbaurechts mit dem sich aus Anlage 21 ergebenden Vervielfältiger zu kapitalisieren. ② Für die Kapitalisierung sind die Zinssätze zu verwenden, die der Ermittlung des Erbbaugrundstücksfaktors im Sinne des Absatzes 2 Satz 2 zugrunde gelegt wurden. ③ Soweit von den Gutachterausschüssen keine derartigen Zinssätze zur Verfügung stehen, gelten die Zinssätze nach § 193 Absatz 4 Satz 3. ④ Liegt ein immerwährendes Erbbaurecht vor, entspricht der Vervielfältiger dem Kehrwert des nach Satz 2 oder 3 anzuwendenden Zinssatzes.

§ 195[1] Gebäude auf fremdem Grund und Boden

(1)[3] ① In Fällen von Gebäuden auf fremdem Grund und Boden sind die Werte für die wirtschaftliche Einheit des Gebäudes auf fremdem Grund und Boden (Absätze 2 bis 4) und die wirtschaftliche Einheit des belasteten Grundstücks (Absätze 5 bis 7) gesondert zu ermitteln. ② Die ermittelten Grundbesitzwerte dürfen nicht weniger als 0 Euro betragen.

(2)[3] ① Der Wert des Gebäudes auf fremdem Grund und Boden wird ermittelt durch Bildung der Summe aus

1. dem Wert des Grundstücks, der nach den §§ 179, 182 bis 196 festzustellen wäre, wenn die Belastung mit dem Nutzungsrecht nicht bestünde, abzüglich des Bodenwerts des unbelasteten Grundstücks nach § 179 und
2. der nach Absatz 3 über die Restlaufzeit des Nutzungsrechts kapitalisierten Differenz aus dem angemessenen Verzinsungsbetrag des Bodenwerts des unbelasteten Grundstücks und dem vertraglich vereinbarten jährlichen Nutzungsentgelt.

---

[1] 6. Abschnitt (§§ 157–203) eingefügt durch ErbStRG 2009 mWv 1. 1. 2009.
[2] § 194 neugefasst durch JStG 2022 mWv 1. 1.2023 (§ 265 Abs. 14 BewG).
[3] § 195 Abs. 1 Satz 1 geändert, Satz 2 angefügt, Abs. 2 und 3 neugefasst, Abs. 4 bis 7 angefügt durch JStG 2022 mWv 1. 1. 2023 (§ 265 Abs. 14 BewG).

② Ein bei Ablauf des Nutzungsrechts nicht zu entschädigender Wertanteil der Gebäude oder des Gebäudes nach Absatz 4 ist abzuziehen.

(3)[1] ① Der Unterschiedsbetrag aus dem angemessenen Verzinsungsbetrag des Bodenwerts des unbelasteten Grundstücks und dem vertraglich vereinbarten jährlichen Nutzungsentgelt ist über die Restlaufzeit des Nutzungsrechts mit dem sich aus der Anlage 21 ergebenden Vervielfältiger zu kapitalisieren. ② Für die Kapitalisierung sind die von den Gutachterausschüssen ermittelten Liegenschaftszinssätze nach Maßgabe des § 177 Absatz 2 und 3 zugrunde zu legen. ③ Soweit von den Gutachterausschüssen keine derartigen Liegenschaftszinssätze zur Verfügung stehen, gelten die Zinssätze nach § 193 Absatz 4 Satz 3 entsprechend. ④ Der angemessene Verzinsungsbetrag des Bodenwerts des fiktiv unbelasteten Grundstücks ergibt sich durch Anwendung des Zinssatzes nach Satz 2 oder 3 auf den Bodenwert nach § 179. ⑤ Liegt ein immerwährendes Nutzungsrecht vor, entspricht der Vervielfältiger dem Kehrwert des nach Satz 2 oder 3 anzuwendenden Zinssatzes.

(4)[1] ① Zur Ermittlung des bei Ablauf des Nutzungsrechts nicht zu entschädigenden Wertanteils der Gebäude oder des Gebäudes im Sinne des Absatzes 2 Satz 2 ist auf den Zeitpunkt des Ablaufs des Nutzungsrechts die Differenz aus dem Wert des unbelasteten Grundstücks nach den §§ 179, 182 bis 196 und dem Bodenwert nach § 179 zu ermitteln. ② Hierbei ist die Restnutzungsdauer des Gebäudes bei Ablauf des Nutzungsrechts zugrunde zu legen. ③ Die so ermittelte Differenz ist über die Restlaufzeit des Nutzungsrechts nach Maßgabe der Anlage 26 auf den Bewertungsstichtag abzuzinsen. ④ Für die Abzinsung sind die Liegenschaftszinssätze im Sinne des Absatzes 3 Satz 2 oder 3 anzuwenden. ⑤ Liegt ein immerwährendes Nutzungsrecht vor, ist der Abzinsungsfaktor 0. ⑥ Die auf den Bewertungsstichtag abgezinste Differenz ist mit dem nicht zu entschädigenden Wertanteil der jeweiligen Gebäude zu multiplizieren. ⑦ Ist der Nutzer verpflichtet, das Gebäude bei Ablauf des Nutzungsrechts zu beseitigen, ergibt sich kein Wertanteil des Gebäudes.

(5)[1] ① Der Wert des mit dem Nutzungsrecht belasteten Grundstücks wird ermittelt durch Bildung der Summe aus

1. dem nach Absatz 6 über die Restlaufzeit des Nutzungsrechts abgezinsten Wert des Grundstücks, der nach § 179 festzustellen wäre, wenn die Belastung mit dem Nutzungsrecht nicht bestünde, und
2. dem nach Absatz 7 über die Restlaufzeit des Nutzungsrechts kapitalisierten vertraglich vereinbarten jährlichen Nutzungsentgelt.

② Ein bei Ablauf des Nutzungsrechts nicht zu entschädigender Wertanteil der Gebäude oder des Gebäudes im Sinne des Absatzes 4 ist hinzuzurechnen.

(6)[1] ① Der Wert des unbelasteten Grundstücks nach § 179 ist über die Restlaufzeit des Nutzungsrechts mit dem sich aus der Anlage 26 ergebenden Abzinsungsfaktor abzuzinsen. ② Für die Abzinsung sind die Zinssätze nach Absatz 3 Satz 2 oder 3 zugrunde zu legen. ③ Liegt ein immerwährendes Nutzungsrecht vor, ist der Abzinsungsfaktor 0.

(7)[1] ① Das vertraglich vereinbarte jährliche Nutzungsentgelt ist über die Restlaufzeit des Nutzungsrechts mit dem sich aus der Anlage 21 ergebenden Vervielfältiger zu kapitalisieren. ② Für die Kapitalisierung sind die Zinssätze nach Absatz 3 Satz 2 oder 3 zugrunde zu legen. ③ Liegt ein immerwährendes Nutzungsrecht vor, entspricht der Vervielfältiger dem Kehrwert des nach Absatz 3 Satz 2 oder 3 anzuwendenden Zinssatzes.

§ 196[2] Grundstücke im Zustand der Bebauung

(1) ① Ein Grundstück im Zustand der Bebauung liegt vor, wenn mit den Bauarbeiten begonnen wurde und Gebäude und Gebäudeteile noch nicht bezugsfertig sind. ② Der Zustand der Bebauung beginnt mit den Abgrabungen oder der Einbringung von Baustoffen, die zur planmäßigen Errichtung des Gebäudes führen.

(2) Die Gebäude oder Gebäudeteile im Zustand der Bebauung sind mit den bereits am Bewertungsstichtag entstandenen Herstellungskosten dem Wert des bislang unbebauten oder bereits bebauten Grundstücks hinzuzurechnen.

§ 197[2] Gebäude und Gebäudeteile für den Zivilschutz

Gebäude, Teile von Gebäuden und Anlagen, die wegen der in § 1 des Zivilschutzgesetzes vom 25. März 1997 (BGBl. I S. 726), das zuletzt durch Artikel 2 des Gesetzes vom 27. April 2004 (BGBl. I S. 630) geändert worden ist, in der jeweils geltenden Fassung bezeichneten Zwecke geschaffen worden sind und im Frieden nicht oder nur gelegentlich oder geringfügig für andere Zwecke benutzt werden, bleiben bei der Ermittlung des Grundbesitzwerts außer Betracht.

---

[1] § 195 Abs. 1 Satz 1 geändert, Satz 2 angefügt, Abs. 2 und 3 neugefasst, Abs. 4 bis 7 angefügt durch JStG 2022 mWv 1. 1. 2023 (§ 265 Abs. 14 BewG).

[2] 6. Abschnitt (§§ 157–203) eingefügt durch ErbStRG 2009 mWv 1. 1. 2009.

V. Nachweis des niedrigeren gemeinen Werts

§ 198[1] Nachweis des niedrigeren gemeinen Werts

(1) ① Weist der Steuerpflichtige nach, dass der gemeine Wert der wirtschaftlichen Einheit am Bewertungsstichtag niedriger ist als der nach den §§ 179, 182 bis 196 ermittelte Wert, so ist dieser Wert anzusetzen. ② Für den Nachweis des niedrigeren gemeinen Werts gelten grundsätzlich die auf Grund des § 199 Abs. 1 des Baugesetzbuchs erlassenen Vorschriften.

(2)[2] Als Nachweis des niedrigeren gemeinen Werts kann regelmäßig ein Gutachten des zuständigen Gutachterausschusses im Sinne der §§ 192 ff. des Baugesetzbuchs oder von Personen, die von einer staatlichen, staatlich anerkannten oder nach DIN EN ISO/IEC 17 024 akkreditierten Stelle als Sachverständige oder Gutachter für die Wertermittlung von Grundstücken bestellt oder zertifiziert worden sind, dienen.

(3)[2] Als Nachweis des niedrigeren gemeinen Werts kann ein im gewöhnlichen Geschäftsverkehr innerhalb eines Jahres vor oder nach dem Bewertungsstichtag zustande gekommener Kaufpreis über das zu bewertende Grundstück dienen, wenn die maßgeblichen Verhältnisse hierfür gegenüber den Verhältnissen am Bewertungsstichtag unverändert sind.

D. Nicht notierte Anteile an Kapitalgesellschaften und Betriebsvermögen

§ 199[1] Anwendung des vereinfachten Ertragswertverfahrens

(1) Ist der gemeine Wert von Anteilen an einer Kapitalgesellschaft nach § 11 Abs. 2 Satz 2 unter Berücksichtigung der Ertragsaussichten der Kapitalgesellschaft zu ermitteln, kann das vereinfachte Ertragswertverfahren (§ 200) angewendet werden, wenn dieses nicht zu offensichtlich unzutreffenden Ergebnissen führt.

(2) Ist der gemeine Wert des Betriebsvermögens oder eines Anteils am Betriebsvermögen nach § 109 Abs. 1 und 2 in Verbindung mit § 11 Abs. 2 Satz 2 unter Berücksichtigung der Ertragsaussichten des Gewerbebetriebs oder der Gesellschaft zu ermitteln, kann das vereinfachte Ertragswertverfahren (§ 200) angewendet werden, wenn dieses nicht zu offensichtlich unzutreffenden Ergebnissen führt.

§ 200[1] Vereinfachtes Ertragswertverfahren

(1) Zur Ermittlung des Ertragswerts ist vorbehaltlich der Absätze 2 bis 4 der zukünftig nachhaltig erzielbare Jahresertrag (§§ 201 und 202) mit dem Kapitalisierungsfaktor (§ 203) zu multiplizieren.

(2) Können Wirtschaftsgüter und mit diesen in wirtschaftlichem Zusammenhang stehende Schulden aus dem zu bewertenden Unternehmen im Sinne des § 199 Abs. 1 oder 2 herausgelöst werden, ohne die eigentliche Unternehmenstätigkeit zu beeinträchtigen (nicht betriebsnotwendiges Vermögen), so werden diese Wirtschaftsgüter und Schulden neben dem Ertragswert mit dem eigenständig zu ermittelnden gemeinen Wert oder Anteil am gemeinen Wert angesetzt.

(3) Hält ein zu bewertendes Unternehmen im Sinne des § 199 Abs. 1 oder 2 Beteiligungen an anderen Gesellschaften, die nicht unter Absatz 2 fallen, so werden diese Beteiligungen neben dem Ertragswert mit dem eigenständig zu ermittelnden gemeinen Wert angesetzt.

(4) Innerhalb von zwei Jahren vor dem Bewertungsstichtag eingelegte Wirtschaftsgüter, die nicht unter die Absätze 2 und 3 fallen, und mit diesen im wirtschaftlichen Zusammenhang stehende Schulden werden neben dem Ertragswert mit dem eigenständig zu ermittelnden gemeinen Wert angesetzt.

§ 201[1] Ermittlung des Jahresertrags

(1) ① Die Grundlage für die Bewertung bildet der zukünftig nachhaltig zu erzielende Jahresertrag. ② Für die Ermittlung dieses Jahresertrags bietet der in der Vergangenheit tatsächlich erzielte Durchschnittsertrag eine Beurteilungsgrundlage.

(2) ① Der Durchschnittsertrag ist regelmäßig aus den Betriebsergebnissen (§ 202) der letzten drei vor dem Bewertungsstichtag abgelaufenen Wirtschaftsjahre herzuleiten. ② Das gesamte Betriebsergebnis eines am Bewertungsstichtag noch nicht abgelaufenen Wirtschaftsjahres ist anstelle des drittletzten abgelaufenen Wirtschaftsjahres einzubeziehen, wenn es für die Herleitung des künftig zu erzielenden Jahresertrags von Bedeutung ist. ③ Die Summe der Betriebsergebnisse ist durch drei zu dividieren und ergibt den Durchschnittsertrag. ④ Das Ergebnis stellt den Jahresertrag dar.

(3) ① Hat sich im Dreijahreszeitraum der Charakter des Unternehmens nach dem Gesamtbild der Verhältnisse nachhaltig verändert oder ist das Unternehmen neu entstanden, ist von einem entsprechend verkürzten Ermittlungszeitraum auszugehen. ② Bei Unternehmen, die durch Um-

[1] 6. Abschnitt (§§ 157–203) eingefügt durch ErbStRG 2009 mWv 1. 1. 2009.

[2] § 198 Abs. 2 und 3 angefügt durch GrStRefUG vom 16. 7. 2021 (BGBl. I S. 2931) mWv 23. 7. 2021 (§ 265 Abs. 12 BewG).

wandlung, durch Einbringung von Betrieben oder Teilbetrieben oder durch Umstrukturierungen entstanden sind, ist bei der Ermittlung des Durchschnittsertrags von den früheren Betriebsergebnissen des Gewerbebetriebs oder der Gesellschaft auszugehen. ③ Soweit sich die Änderung der Rechtsform auf den Jahresertrag auswirkt, sind die früheren Betriebsergebnisse entsprechend zu korrigieren.

§ 202[1] Betriebsergebnis

(1) ① Zur Ermittlung des Betriebsergebnisses ist von dem Gewinn im Sinne des § 4 Abs. 1 Satz 1 des Einkommensteuergesetzes auszugehen (Ausgangswert); dabei bleiben bei einem Anteil am Betriebsvermögen Ergebnisse aus den Sonderbilanzen und Ergänzungsbilanzen unberücksichtigt. ② Der Ausgangswert ist noch wie folgt zu korrigieren:

1. Hinzuzurechnen sind
   a) Investitionsabzugsbeträge, Sonderabschreibungen oder erhöhte Absetzungen, Bewertungsabschläge, Zuführungen zu steuerfreien Rücklagen sowie Teilwertabschreibungen. ② Es sind nur die normalen Absetzungen für Abnutzung zu berücksichtigen. ③ Diese sind nach den Anschaffungs- oder Herstellungskosten bei gleichmäßiger Verteilung über die gesamte betriebsgewöhnliche Nutzungsdauer zu bemessen. ④ Die normalen Absetzungen für Abnutzung sind auch dann anzusetzen, wenn für die Absetzungen in der Steuerbilanz vom Restwert auszugehen ist, der nach Inanspruchnahme der Sonderabschreibungen oder erhöhten Absetzungen verblieben ist;
   b) Absetzungen auf den Geschäfts- oder Firmenwert oder auf firmenwertähnliche Wirtschaftsgüter;
   c) einmalige Veräußerungsverluste sowie außerordentliche Aufwendungen;
   d) im Gewinn nicht enthaltene Investitionszulagen, soweit in Zukunft mit weiteren zulagebegünstigten Investitionen in gleichem Umfang gerechnet werden kann;
   e) der Ertragsteueraufwand (Körperschaftsteuer, Zuschlagsteuern und Gewerbesteuer);
   f) Aufwendungen, die im Zusammenhang stehen mit Vermögen im Sinne des § 200 Abs. 2 und 4, und übernommene Verluste aus Beteiligungen im Sinne des § 200 Abs. 2 bis 4;
2. abzuziehen sind
   a) gewinnerhöhende Auflösungsbeträge steuerfreier Rücklagen sowie Gewinne aus der Anwendung des § 6 Abs. 1 Nr. 1 Satz 4 und Nr. 2 Satz 3 des Einkommensteuergesetzes;
   b) einmalige Veräußerungsgewinne sowie außerordentliche Erträge;
   c) im Gewinn enthaltene Investitionszulagen, soweit in Zukunft nicht mit weiteren zulagebegünstigten Investitionen in gleichem Umfang gerechnet werden kann;
   d) ein angemessener Unternehmerlohn, soweit in der bisherigen Ergebnisrechnung kein solcher berücksichtigt worden ist. ② Die Höhe des Unternehmerlohns wird nach der Vergütung bestimmt, die eine nicht beteiligte Geschäftsführung erhalten würde. ③ Neben dem Unternehmerlohn kann auch fiktiver Lohnaufwand für bislang unentgeltlich tätige Familienangehörige des Eigentümers berücksichtigt werden;
   e) Erträge aus der Erstattung von Ertragsteuern (Körperschaftsteuer, Zuschlagsteuern und Gewerbesteuer);
   f) Erträge, die im Zusammenhang stehen mit Vermögen im Sinne des § 200 Abs. 2 bis 4;
3. hinzuzurechnen oder abzuziehen sind auch sonstige wirtschaftlich nicht begründete Vermögensminderungen oder -erhöhungen mit Einfluss auf den zukünftig nachhaltig zu erzielenden Jahresertrag und mit gesellschaftsrechtlichem Bezug, soweit sie nicht nach den Nummern 1 und 2 berücksichtigt wurden.

(2) ① In den Fällen des § 4 Abs. 3 des Einkommensteuergesetzes ist vom Überschuss der Betriebseinnahmen über die Betriebsausgaben auszugehen. ② Absatz 1 Satz 2 Nr. 1 bis 3 gilt entsprechend.

(3) Zur Abgeltung des Ertragsteueraufwands ist ein positives Betriebsergebnis nach Absatz 1 oder Absatz 2 um 30 Prozent zu mindern.

§ 203[1, 2] Kapitalisierungsfaktor

(1) Der in diesem Verfahren anzuwendende Kapitalisierungsfaktor beträgt 13,75.

(2) Das Bundesministerium der Finanzen wird ermächtigt, durch Rechtsverordnung mit Zustimmung des Bundesrates den Kapitalisierungsfaktor an die Entwicklung der Zinsstrukturdaten anzupassen.

§§ 204 bis 217 *(unbesetzt)*

---

[1] 6. Abschnitt (§§ 157–203) eingefügt durch ErbStRG 2009 mWv 1. 1. 2009.
[2] § 203 neugefasst durch Gesetz vom 4. 11. 2016 (BGBl. I S. 2464) mWv 1. 1. 2016 (§ 265 Abs. 11 BewG).

Siebenter Abschnitt.[1] Bewertung des Grundbesitzes für die Grundsteuer ab 1. Januar 2022

A. Allgemeines

§ 218[1] Vermögensarten

① Für Vermögen, das nach diesem Abschnitt zu bewerten ist, erfolgt abweichend von § 18 eine Unterscheidung in folgende Vermögensarten:

1. Land- und forstwirtschaftliches Vermögen (§ 232),
2. Grundvermögen (§ 243).

② Betriebsgrundstücke im Sinne des § 99 Absatz 1 Nummer 2 werden dem land- und forstwirtschaftlichen Vermögen zugeordnet und sind wie land- und forstwirtschaftliches Vermögen zu bewerten. ③ Betriebsgrundstücke im Sinne des § 99 Absatz 1 Nummer 1 werden dem Grundvermögen zugeordnet und sind wie Grundvermögen zu bewerten.

§ 219[1] Feststellung von Grundsteuerwerten

(1) Grundsteuerwerte werden für inländischen Grundbesitz, und zwar für Betriebe der Land- und Forstwirtschaft (§§ 232 bis 234, 240) und für Grundstücke (§§ 243 und 244) gesondert festgestellt (§ 180 Absatz 1 Satz 1 Nummer 1 der Abgabenordnung).

(2) In dem Feststellungsbescheid (§ 179 der Abgabenordnung) sind auch Feststellungen zu treffen über:

1. die Vermögensart und beim Grundvermögen auch über die Grundstücksart (§ 249) sowie
2. die Zurechnung der wirtschaftlichen Einheit und bei mehreren Beteiligten über die Höhe ihrer Anteile.

(3) Die Feststellungen nach den Absätzen 1 und 2 erfolgen nur, soweit sie für die Besteuerung von Bedeutung sind.

§ 220[1] Ermittlung der Grundsteuerwerte

(1)[2] ① Die Grundsteuerwerte werden nach den Vorschriften dieses Abschnitts ermittelt. ② Bei der Ermittlung der Grundsteuerwerte ist § 163 der Abgabenordnung nicht anzuwenden; hiervon unberührt bleiben Übergangsregelungen, die die oberste Finanzbehörde eines Landes im Einvernehmen mit den obersten Finanzbehörden der übrigen Länder trifft.

(2)[2] ① Der niedrigere gemeine Wert ist als Grundsteuerwert anzusetzen, wenn der Steuerpflichtige nachweist, dass der nach den Vorschriften dieses Abschnitts ermittelte Grundsteuerwert erheblich von dem gemeinen Wert der wirtschaftlichen Einheit im Feststellungszeitpunkt abweicht. ② Davon ist auszugehen, wenn der Grundsteuerwert den nachgewiesenen gemeinen Wert um mindestens 40 Prozent übersteigt. ③ § 198 Absatz 1 Satz 2 und Absatz 2 gilt entsprechend. ④ Als Nachweis des niedrigeren gemeinen Werts kann auch ein im gewöhnlichen Geschäftsverkehr innerhalb eines Jahres vor oder nach dem Hauptfeststellungszeitpunkt zustande gekommener Kaufpreis über die zu bewertende wirtschaftliche Einheit dienen, wenn die maßgeblichen Verhältnisse hierfür gegenüber den Verhältnissen am Hauptfeststellungszeitpunkt unverändert sind. ⑤ Nutzungsrechte und weitere grundstücksbezogene Rechte und Belastungen sind bei der Ermittlung des niedrigeren gemeinen Werts nur zu berücksichtigen, soweit sie nach Inhalt und Entstehung mit der Beschaffenheit der wirtschaftlichen Einheit zusammenhängen. ⑥ Die §§ 227, 261 und 262 bleiben unberührt.

§ 221[1] Hauptfeststellung

(1) Die Grundsteuerwerte werden in Zeitabständen von je sieben Jahren allgemein festgestellt (Hauptfeststellung).

(2) Der Hauptfeststellung werden die Verhältnisse zu Beginn des Kalenderjahres (Hauptfeststellungszeitpunkt) zugrunde gelegt.

§ 222[1] Fortschreibungen

(1) Der Grundsteuerwert wird neu festgestellt (Wertfortschreibung), wenn der in Euro ermittelte und auf volle 100 Euro abgerundete Wert, der sich für den Beginn eines Kalenderjahres ergibt, von dem entsprechenden Wert des letzten Feststellungszeitpunkts nach oben oder unten um mehr als 15 000 Euro abweicht.

(2) Über die Art oder Zurechnung der wirtschaftlichen Einheit (§ 219 Absatz 2) wird eine neue Feststellung getroffen (Artfortschreibung oder Zurechnungsfortschreibung), wenn sie von der zuletzt getroffenen Feststellung abweicht und es für die Besteuerung von Bedeutung ist.

---

[1] 7. Abschnitt (§§ 218 bis 263) eingefügt durch Art. 1 GrStRefG; zur Anwendung siehe § 266 BewG.
[2] § 220 bish. Wortlaut wird Abs. 1, Abs. 2 angefügt durch JStG 2024 mWv 6. 12. 2024.

(3) ① Eine Fortschreibung nach Absatz 1 oder 2 findet auch zur Beseitigung eines Fehlers der letzten Feststellung statt. ② § 176 der Abgabenordnung über den Vertrauensschutz bei der Aufhebung und Änderung von Steuerbescheiden ist hierbei entsprechend anzuwenden. ③ Satz 2 gilt nur für die Feststellungszeitpunkte, die vor der Verkündung der maßgeblichen Entscheidung eines der in § 176 der Abgabenordnung genannten Gerichte liegen.

(4) ① Eine Fortschreibung ist vorzunehmen, wenn dem Finanzamt bekannt wird, dass die Voraussetzungen für sie vorliegen. ② Der Fortschreibung werden vorbehaltlich des § 227 die Verhältnisse im Fortschreibungszeitpunkt zugrunde gelegt. ③ Fortschreibungszeitpunkt ist:

1. bei einer Änderung der tatsächlichen Verhältnisse der Beginn des Kalenderjahres, das auf die Änderung folgt, und
2. in den Fällen des Absatzes 3 der Beginn des Kalenderjahres, in dem der Fehler dem Finanzamt bekannt wird, bei einer Erhöhung des Grundsteuerwerts jedoch frühestens der Beginn des Kalenderjahres, in dem der Feststellungsbescheid erteilt wird.

§ 223[1] Nachfeststellung

(1) Für wirtschaftliche Einheiten, für die ein Grundsteuerwert festzustellen ist, wird der Grundsteuerwert nachträglich festgestellt (Nachfeststellung), wenn nach dem Hauptfeststellungszeitpunkt:

1. die wirtschaftliche Einheit neu entsteht oder
2. eine bereits bestehende wirtschaftliche Einheit erstmals zur Grundsteuer herangezogen werden soll.

(2) ① Der Nachfeststellung werden vorbehaltlich des § 227 die Verhältnisse im Nachfeststellungszeitpunkt zugrunde gelegt. ② Nachfeststellungszeitpunkt ist:

1. in den Fällen des Absatzes 1 Nummer 1 der Beginn des Kalenderjahres, das auf die Entstehung der wirtschaftlichen Einheit folgt, und
2. in den Fällen des Absatzes 1 Nummer 2 der Beginn des Kalenderjahres, in dem der Grundsteuerwert erstmals der Besteuerung zugrunde gelegt wird.

§ 224[1] Aufhebung des Grundsteuerwerts

(1) Der Grundsteuerwert wird aufgehoben, wenn dem Finanzamt bekannt wird, dass:

1. die wirtschaftliche Einheit wegfällt oder
2. der Grundsteuerwert der wirtschaftlichen Einheit infolge von Befreiungsgründen der Besteuerung nicht mehr zugrunde gelegt wird.

(2) Aufhebungszeitpunkt ist:

1. in den Fällen des Absatzes 1 Nummer 1 der Beginn des Kalenderjahres, das auf den Wegfall der wirtschaftlichen Einheit folgt, und
2. in den Fällen des Absatzes 1 Nummer 2 der Beginn des Kalenderjahres, in dem der Grundsteuerwert erstmals der Besteuerung nicht mehr zugrunde gelegt wird.

§ 225[1] Änderung von Feststellungsbescheiden

① Bescheide über Fortschreibungen oder über Nachfeststellungen von Grundsteuerwerten können schon vor dem maßgeblichen Feststellungszeitpunkt erteilt werden. ② Sie sind zu ändern oder aufzuheben, wenn sich bis zu diesem Zeitpunkt Änderungen ergeben, die zu einer abweichenden Feststellung führen.

§ 226[1] Nachholung einer Feststellung

(1) ① Ist die Feststellungsfrist (§ 181 der Abgabenordnung) abgelaufen, kann eine Fortschreibung (§ 222) oder Nachfeststellung (§ 223) unter Zugrundelegung der Verhältnisse vom Fortschreibungs- oder Nachfeststellungszeitpunkt mit Wirkung für einen späteren Feststellungszeitpunkt vorgenommen werden, für den diese Frist noch nicht abgelaufen ist. ② § 181 Absatz 5 der Abgabenordnung bleibt hiervon unberührt.

(2) Absatz 1 ist bei der Aufhebung des Grundsteuerwerts (§ 224) entsprechend anzuwenden.

§ 227[1] Wertverhältnisse bei Fortschreibungen und Nachfeststellungen

Bei Fortschreibungen und bei Nachfeststellungen der Grundsteuerwerte sind die Wertverhältnisse im Hauptfeststellungszeitpunkt zugrunde zu legen.

§ 228[1] Erklärungs- und Anzeigepflicht

(1) ① Die Steuerpflichtigen haben Erklärungen zur Feststellung der Grundsteuerwerte für den Hauptfeststellungszeitpunkt oder einen anderen Feststellungszeitpunkt abzugeben, wenn sie hierzu

[1] 7. Abschnitt (§§ 218 bis 263) eingefügt durch Art. 1 GrStRefG; zur Anwendung siehe § 266 BewG.

durch die Finanzbehörde aufgefordert werden (§ 149 Absatz 1 Satz 2 der Abgabenordnung). ② Fordert die Finanzbehörde zur Abgabe einer Erklärung auf, hat sie eine Frist zur Abgabe der Erklärung zu bestimmen, die mindestens einen Monat betragen soll. ③ Die Aufforderung zur Abgabe einer Erklärung kann vom Bundesministerium der Finanzen im Einvernehmen mit den obersten Finanzbehörden der Länder durch öffentliche Bekanntmachung erfolgen.

(2)[1] ① Änderungen der tatsächlichen Verhältnisse, die sich auf die Höhe des Grundsteuerwerts, die Vermögensart oder die Grundstücksart auswirken oder zu einer erstmaligen Feststellung führen können, sind auf den Beginn des folgenden Kalenderjahres zusammengefasst anzuzeigen. ② Gleiches gilt, wenn das Eigentum oder das wirtschaftliche Eigentum an einem auf fremdem Grund und Boden errichteten Gebäude übergegangen ist. ③ Die Frist für die Abgabe dieser Anzeige beträgt drei Monate und beginnt mit Ablauf des Kalenderjahres, in dem sich die tatsächlichen Verhältnisse geändert haben oder das Eigentum oder das wirtschaftliche Eigentum an einem auf fremdem Grund und Boden errichteten Gebäude übergegangen ist.

(3) Die Erklärung nach Absatz 1 und die Anzeige nach Absatz 2 sind abzugeben

1. von dem Steuerpflichtigen, dem die wirtschaftliche Einheit zuzurechnen ist,
2. bei einem Grundstück, das mit einem Erbbaurecht belastet ist, vom Erbbauberechtigten unter Mitwirkung des Erbbauverpflichteten oder
3. bei einem Gebäude auf fremdem Grund und Boden vom Eigentümer des Grund und Bodens unter Mitwirkung des Eigentümers oder des wirtschaftlichen Eigentümers des Gebäudes.

(4) Die Erklärungen nach Absatz 1 und die Anzeigen nach Absatz 2 sind bei dem für die gesonderte Feststellung zuständigen Finanzamt abzugeben.

(5) Die Erklärungen nach Absatz 1 und die Anzeigen nach Absatz 2 sind Steuererklärungen im Sinne der Abgabenordnung, die eigenhändig zu unterschreiben sind.

(6)[2] ① Die Erklärungen nach Absatz 1 und die Anzeigen nach Absatz 2 sind nach amtlich vorgeschriebenem Datensatz über die amtlich bestimmte Schnittstelle elektronisch zu übermitteln. ② Auf Antrag kann die Finanzbehörde zur Vermeidung unbilliger Härten auf eine elektronische Übermittlung über die amtlich bestimmte Schnittstelle verzichten. ③ Für die Entscheidung über den Antrag gilt § 150 Absatz 8 der Abgabenordnung.

§ 229[3] Auskünfte, Erhebungen und Mitteilungen

(1) ① Die Eigentümer von Grundbesitz haben der Finanzbehörde auf Anforderung alle Angaben zu machen, die sie für die Sammlung der Kauf-, Miet- und Pachtpreise braucht. ② Dabei haben sie zu versichern, dass sie die Angaben nach bestem Wissen und Gewissen gemacht haben.

(2) ① Die Finanzbehörden können zur Vorbereitung einer Hauptfeststellung und zur Durchführung von Feststellungen der Grundsteuerwerte örtliche Erhebungen über die Bewertungsgrundlagen anstellen. ② Das Grundrecht der Unverletzlichkeit der Wohnung (Artikel 13 des Grundgesetzes) wird insoweit eingeschränkt.

(3) Die nach Bundes- oder Landesrecht zuständigen Behörden haben den Finanzbehörden die rechtlichen und tatsächlichen Umstände mitzuteilen, die ihnen im Rahmen ihrer Aufgabenerfüllung bekannt geworden sind und die für die Feststellung von Grundsteuerwerten oder für die Grundsteuer von Bedeutung sein können.

(4) ① Die Grundbuchämter haben den für die Feststellung des Grundsteuerwerts zuständigen Finanzbehörden mitzuteilen:

1. die Eintragung eines neuen Eigentümers oder Erbbauberechtigten sowie bei einem anderen als einem rechtsgeschäftlichen Erwerb zusätzlich die Anschrift des neuen Eigentümers oder Erbbauberechtigten; dies gilt nicht für die Fälle des Erwerbs nach den Vorschriften des Zuordnungsrechts,
2. die Eintragung der Begründung von Wohnungseigentum oder Teileigentum,
3. die Eintragung der Begründung eines Erbbaurechts, Wohnungserbbaurechts oder Teilerbbaurechts.

② In den Fällen des Satzes 1 Nummer 2 und 3 ist gleichzeitig der Tag des Eingangs des Eintragungsantrags beim Grundbuchamt mitzuteilen. ③ Bei einer Eintragung aufgrund Erbfolge ist das Jahr anzugeben, in dem der Erblasser verstorben ist. ④ Die Mitteilungen sollen der Finanzbehörde über die für die Führung des Liegenschaftskatasters zuständige Behörde oder über eine sonstige Behörde, die das amtliche Verzeichnis der Grundstücke (§ 2 Absatz 2 der Grundbuchordnung) führt, zugeleitet werden.

(5) ① Die nach den Absätzen 3 oder 4 mitteilungspflichtige Stelle hat die betroffenen Personen vom Inhalt der Mitteilung zu unterrichten. ② Eine Unterrichtung kann unterbleiben, soweit den Finanzbehörden Umstände aus dem Grundbuch, den Grundakten oder aus dem Liegenschaftskataster mitgeteilt werden.

---

[1] § 228 Abs. 2 Satz 1 neugefasst und Satz 3 geändert durch Gesetz vom 23. 10. 2024 (BGBl. I Nr. 323) mWv 1. 1. 2025.
[2] § 228 Abs. 6 Sätze 1 u. 2 geändert durch JStG 2024 mWv 6. 12. 2024.
[3] 7. Abschnitt (§§ 218 bis 263) eingefügt durch Art. 1 GrStRefG; zur Anwendung siehe § 266 BewG.

(6) ① Die nach den Absätzen 3 oder 4 mitteilungspflichtigen Stellen übermitteln die Mitteilungen den Finanzbehörden nach amtlich vorgeschriebenem Datensatz über die amtlich bestimmte Schnittstelle. ② Die Grundbuchämter und die für die Führung des Liegenschaftskatasters zuständigen Behörden übermitteln die bei ihnen geführten Daten laufend, mindestens alle drei Monate. ③ Das Bundesministerium der Finanzen legt im Einvernehmen mit den obersten Finanzbehörden der Länder und den obersten Vermessungs- und Katasterbehörden der Länder die Einzelheiten der elektronischen Übermittlung und deren Beginn in einem Schreiben fest. ④ Dieses Schreiben ist im Bundesanzeiger und im Bundessteuerblatt zu veröffentlichen.

§ 230[1] Abrundung

Die ermittelten Grundsteuerwerte werden auf volle 100 Euro nach unten abgerundet.

§ 231[1] Abgrenzung von in- und ausländischem Vermögen

(1) ① Für die Bewertung des inländischen nach diesem Abschnitt zu bewertenden Vermögens gelten die §§ 232 bis 262. ② Nach diesen Vorschriften sind auch die inländischen Teile einer wirtschaftlichen Einheit zu bewerten, die sich sowohl auf das Inland als auch auf das Ausland erstrecken.

(2) Die ausländischen Teile einer wirtschaftlichen Einheit unterliegen nicht der gesonderten Feststellung nach § 219.

B. Land- und forstwirtschaftliches Vermögen

I. Allgemeines

§ 232[1] Begriff des land- und forstwirtschaftlichen Vermögens

(1) ① Land- und Forstwirtschaft ist die planmäßige Nutzung der natürlichen Kräfte des Bodens zur Erzeugung von Pflanzen und Tieren sowie die Verwertung der dadurch selbst gewonnenen Erzeugnisse. ② Zum land- und forstwirtschaftlichen Vermögen gehören alle Wirtschaftsgüter, die einem Betrieb der Land- und Forstwirtschaft dauernd zu dienen bestimmt sind.

(2) ① Die wirtschaftliche Einheit des land- und forstwirtschaftlichen Vermögens ist der Betrieb der Land- und Forstwirtschaft. ② Wird der Betrieb der Land- und Forstwirtschaft oder werden Teile davon einem anderen Berechtigten zur Erzeugung von Pflanzen und Tieren sowie zur Verwertung der dadurch selbst gewonnenen Erzeugnisse überlassen, so gilt dies als Fortsetzung der land- und forstwirtschaftlichen Tätigkeit des Überlassenden.

(3) ① Zu den Wirtschaftsgütern, die dem Betrieb der Land- und Forstwirtschaft dauernd zu dienen bestimmt sind, gehören insbesondere:

1. der Grund und Boden,
2. die Wirtschaftsgebäude,
3. die stehenden Betriebsmittel,
4. der normale Bestand an umlaufenden Betriebsmitteln,
5. die immateriellen Wirtschaftsgüter.

② Als normaler Bestand an umlaufenden Betriebsmitteln gilt ein Bestand, der zur gesicherten Fortführung des Betriebs erforderlich ist.

(4) Nicht zum land- und forstwirtschaftlichen Vermögen gehören:

1. Grund und Boden sowie Gebäude und Gebäudeteile, die Wohnzwecken oder anderen nicht land- und forstwirtschaftlichen Zwecken dienen,
2. Tierbestände oder Zweige des Tierbestands und die hiermit zusammenhängenden Wirtschaftsgüter (zum Beispiel Gebäude und abgrenzbare Gebäudeteile mit den dazugehörenden Flächen, stehende und umlaufende Betriebsmittel), wenn die Tiere weder nach § 241 zur landwirtschaftlichen Nutzung noch nach § 242 Absatz 2 zu den sonstigen land- und forstwirtschaftlichen Nutzungen gehören; die Zugehörigkeit der landwirtschaftlich genutzten Flächen zum land- und forstwirtschaftlichen Vermögen wird hierdurch nicht berührt,
3. Zahlungsmittel, Geldforderungen, Geschäftsguthaben, Wertpapiere und Beteiligungen sowie
4. Geldschulden und Pensionsverpflichtungen.

§ 233[1] Abgrenzung des land- und forstwirtschaftlichen Vermögens vom Grundvermögen in Sonderfällen

(1) Dienen im Umgriff einer Windenergieanlage Flächen einem Betrieb der Land- und Forstwirtschaft, sind abweichend von § 232 Absatz 4 Nummer 1 die Standortflächen der Windenergieanlage und der dazugehörenden Betriebsvorrichtungen (abgegrenzte Standortfläche der Windenergieanlage) dem land- und forstwirtschaftlichen Vermögen zuzurechnen.

---

[1] 7. Abschnitt (§§ 218 bis 263) eingefügt durch Art. 1 GrStRefG; zur Anwendung siehe § 266 BewG.

(2) Land- und forstwirtschaftlich genutzte Flächen sind dem Grundvermögen zuzurechnen, wenn nach ihrer Lage, den am Feststellungszeitpunkt bestehenden Verwertungsmöglichkeiten oder den sonstigen Umständen anzunehmen ist, dass sie innerhalb eines Zeitraums von sieben Jahren anderen als land- und forstwirtschaftlichen Zwecken, insbesondere als Bau-, Gewerbe- oder Industrieland oder als Land für Verkehrszwecke, dienen werden.

(3) ① Flächen sind stets dem Grundvermögen zuzurechnen, wenn sie in einem Bebauungsplan als Bauland festgesetzt sind, ihre sofortige Bebauung möglich ist und die Bebauung innerhalb des Plangebiets in benachbarten Bereichen begonnen hat oder schon durchgeführt ist. ② Satz 1 gilt nicht für die Hofstelle.

§ 234[1] Betrieb der Land- und Forstwirtschaft

(1) Ein Betrieb der Land- und Forstwirtschaft umfasst:

1. die land- und forstwirtschaftlichen Nutzungen:
   a) die landwirtschaftliche Nutzung,
   b) die forstwirtschaftliche Nutzung,
   c) die weinbauliche Nutzung,
   d) die gärtnerische Nutzung,
      aa) Nutzungsteil Gemüsebau,
      bb) Nutzungsteil Blumen- und Zierpflanzenbau,
      cc) Nutzungsteil Obstbau,
      dd) Nutzungsteil Baumschulen,
   e) die übrigen land- und forstwirtschaftlichen Nutzungen,
2. die Nutzungsarten:
   a) Abbauland,
   b) Geringstland,
   c) Unland,
   d) Hofstelle,
3. die Nebenbetriebe.

(2) Die land- und forstwirtschaftlichen Betriebsflächen sind einer Nutzung, innerhalb der gärtnerischen Nutzung einem Nutzungsteil, oder einer Nutzungsart zuzuordnen (gesetzliche Klassifizierung).

(3) Zum Abbauland gehören die Betriebsflächen, die durch Abbau der Bodensubstanz überwiegend für den Betrieb der Land- und Forstwirtschaft nutzbar gemacht werden, zum Beispiel Steinbrüche, Torfstiche, Sand-, Kies- und Lehmgruben.

(4) Zum Geringstland gehören die Betriebsflächen geringster Ertragsfähigkeit, für die nach dem Bodenschätzungsgesetz keine Wertzahlen festzustellen sind.

(5) Zum Unland gehören die Betriebsflächen, die auch bei geordneter Wirtschaftsweise keinen Ertrag abwerfen können.

(6) Zur Hofstelle gehören alle Hof- und Wirtschaftsgebäudeflächen einschließlich der Nebenflächen, wenn von dort land- und forstwirtschaftliche Flächen nachhaltig bewirtschaftet werden.

(7) Als Nebenbetrieb gilt ein Betrieb, der dem Hauptbetrieb zu dienen bestimmt ist und nicht einen selbständigen gewerblichen Betrieb darstellt.

§ 235[1, 2] Feststellungszeitpunkt

(1) Für die Größe des Betriebs sowie für den Umfang und den Zustand der Gebäude sind die Verhältnisse im Feststellungszeitpunkt maßgebend.

(2) Für die stehenden und umlaufenden Betriebsmittel ist der Stand am Ende des Wirtschaftsjahres maßgebend, das dem Feststellungszeitpunkt vorangegangen ist.

§ 236[1] Bewertungsgrundsätze

(1) Der Bewertung eines Betriebs der Land- und Forstwirtschaft ist der Ertragswert zugrunde zu legen.

(2) ① Bei der Ermittlung des Ertragswerts ist von der Ertragsfähigkeit auszugehen. ② Ertragsfähigkeit ist der bei ordnungsmäßiger Bewirtschaftung gemeinhin und nachhaltig erzielbare Reinertrag eines pacht- und schuldenfreien Betriebs mit entlohnten fremden Arbeitskräften (Reinertrag). ③ Er ermittelt sich aus dem Betriebseinkommen abzüglich des Lohnaufwands für die entlohnten Arbeitskräfte und des angemessenen Anteils für die Arbeitsleistung des Betriebsleiters sowie der nicht entlohnten Arbeitskräfte. ④ Hierbei sind alle Umstände zu berücksichtigen, die bei einer Selbstbewirtschaftung des Betriebs den Wirtschaftserfolg beeinflussen.

(3) ① Der Reinertrag wird aus den Erhebungen nach § 2 des Landwirtschaftsgesetzes oder aus Erhebungen der Finanzverwaltung für jede gesetzliche Klassifizierung gesondert ermittelt. ② Bei

[1] 7. Abschnitt (§§ 218 bis 263) eingefügt durch Art. 1 GrStRefG; zur Anwendung siehe § 266 BewG.
[2] § 235 Überschrift neugefasst durch JStG 2022 mWv 21. 12. 2022.

der Ermittlung des jeweiligen Reinertrags ist zur Berücksichtigung der nachhaltigen Ertragsfähigkeit ein Durchschnitt aus den letzten zehn vorliegenden Wirtschaftsjahren zu bilden, die vor dem Hauptfeststellungszeitpunkt geendet haben.

(4) Der Ertragswert ist das 18,6fache der Summe der Reinerträge des Betriebs.

§ 237[1] Bewertung des Betriebs der Land- und Forstwirtschaft

(1) ① Bei der Ermittlung des Ertragswerts für einen Betrieb der Land- und Forstwirtschaft sind die land- und forstwirtschaftlichen Nutzungen, Nutzungsarten und die Nebenbetriebe (§ 234 Absatz 1) mit ihrem jeweiligen Reinertrag nach den Absätzen 2 bis 8 zu bewerten. ② Mit dem Ansatz des jeweiligen Reinertrags sind auch dem Eigentümer des Grund und Bodens nicht gehörende stehende und umlaufende Betriebsmittel, die der Bewirtschaftung des Betriebs dienen, abgegolten.

(2) ① Der Reinertrag der landwirtschaftlichen Nutzung ermittelt sich aus der Summe der Flächenwerte. ② Der jeweilige Flächenwert ist das Produkt aus der Größe der gesetzlich klassifizierten Eigentumsfläche des Betriebs und den Bewertungsfaktoren der Anlage 27. ③ Die Bewertungsfaktoren Grundbetrag und Ertragsmesszahl nach § 9 des Bodenschätzungsgesetzes sind für jede Eigentumsfläche gesondert zu ermitteln.

(3) ① Der Reinertrag der forstwirtschaftlichen Nutzung ermittelt sich aus der Summe der Flächenwerte. ② Der jeweilige Flächenwert ist das Produkt aus der Größe der gesetzlich klassifizierten Eigentumsfläche des Betriebs und dem jeweiligen gegendüblichen Bewertungsfaktor gemäß Anlage 28. ③ Die gegendüblichen Bewertungsfaktoren bestimmen sich nach den forstwirtschaftlichen Wuchsgebieten und deren Baumartenanteilen nach der zuletzt vor dem Hauptfeststellungszeitpunkt durchgeführten Bundeswaldinventur (§ 41a des Bundeswaldgesetzes). ④ Abweichend hiervon werden klassifizierte Eigentumsflächen mit katastermäßig nachgewiesenen Bewirtschaftungsbeschränkungen als Geringstland bewertet, wenn infolge der Bewirtschaftungsbeschränkungen eine nachhaltige forstwirtschaftliche Nutzung unterbleibt.

(4) ① Der Reinertrag der weinbaulichen Nutzung ermittelt sich aus der Summe der Flächenwerte. ② Der jeweilige Flächenwert ist das Produkt aus der Größe der gesetzlich klassifizierten Eigentumsfläche des Betriebs und dem Bewertungsfaktor für die Verwertungsform Traubenerzeugung gemäß Anlage 29.

(5) ① Der Reinertrag der gärtnerischen Nutzung ist gegliedert nach den Nutzungsteilen zu ermitteln. ② Der Reinertrag eines Nutzungsteils ermittelt sich aus der Summe der Flächenwerte. ③ Der jeweilige Flächenwert ist das Produkt aus der gesetzlich klassifizierten Eigentumsfläche des Betriebs und dem jeweiligen Bewertungsfaktor gemäß Anlage 30. ④ Abweichend hiervon wird der Nutzungsteil Gemüsebau wie eine landwirtschaftliche Nutzung bewertet, wenn im Wechsel landwirtschaftliche und gärtnerische Erzeugnisse gewonnen werden und keine Bewässerungsmöglichkeiten bestehen.

(6) ① Der Reinertrag für die übrigen land- und forstwirtschaftlichen Nutzungen ist für jede Nutzung nach § 242 gesondert zu ermitteln. ② Der Reinertrag einer übrigen land- und forstwirtschaftlichen Nutzung ermittelt sich aus der Summe der Flächenwerte. ③ Der jeweilige Flächenwert ist das Produkt aus der Größe der gesetzlich klassifizierten Eigentumsfläche des Betriebs und dem jeweiligen Bewertungsfaktor einschließlich des Zuschlags gemäß Anlage 31. ④ Für die sonstigen land- und forstwirtschaftlichen Nutzungen, für die kein Bewertungsfaktor festgelegt wurde, ist der Reinertrag der jeweiligen Nutzung durch Multiplikation der Bruttogrundflächen der nachhaltig genutzten Wirtschaftsgebäude mit dem Zwölffachen des Werts gemäß Anlage 31 und für den dazu gehörenden Grund und Boden nach Absatz 8 zu ermitteln; dies gilt unabhängig von einer gesetzlichen Klassifizierung als Hofstelle.

(7) ① Der Reinertrag für die Nutzungsarten Abbauland, Geringstland und Unland ermittelt sich aus der Summe der Flächenwerte der jeweiligen Nutzungsart. ② Der jeweilige Flächenwert ist das Produkt aus der Größe der gesetzlich klassifizierten Eigentumsfläche des Betriebs und dem jeweiligen Bewertungsfaktor gemäß Anlage 31.

(8) ① Der Reinertrag für die Hofflächen und die Nebenbetriebe ermittelt sich aus der Summe der Flächenwerte. ② Der Flächenwert ist das Produkt aus der jeweils als Hofstelle gesetzlich klassifizierten Eigentumsfläche des Betriebs und dem dreifachen Bewertungsfaktor gemäß Anlage 32.

§ 238[1] Zuschläge zum Reinertrag

(1) Ein Zuschlag zum Reinertrag einer Nutzung oder Nutzungsart ist vorzunehmen,

1. bei der landwirtschaftlichen Nutzung gemäß Anlage 27, wenn der tatsächliche Tierbestand am maßgeblichen Bewertungsstichtag (§ 235) die in Anlage 27 genannte Grenze nachhaltig überschreitet,
2. bei der gärtnerischen Nutzung gemäß Anlage 30, wenn in einem Nutzungsteil Flächen unter Glas und Kunststoffen dem Betrieb zu dienen bestimmt sind. ② Zu den Flächen unter Glas und Kunststoffen gehören insbesondere mit Gewächshäusern, begehbaren Folientunneln, Folienge-

[1] 7. Abschnitt (§§ 218 bis 263) eingefügt durch Art. 1 GrStRefG; zur Anwendung siehe § 266 BewG.

wächshäusern und anderen Kulturräumen überbaute Bruttogrundflächen. ③ Unerheblich ist, ob die Flächen unter Glas und Kunststoffen neben der Erzeugung auch zur Lagerung oder zum Vertrieb der Erzeugnisse zu dienen bestimmt sind,

3. bei der Nutzungsart Hofstelle gemäß Anlage 32 für die weinbauliche Nutzung und für Nebenbetriebe. ② Der Zuschlag ermittelt sich durch Multiplikation der Bruttogrundflächen der nachhaltig genutzten Wirtschaftsgebäude mit dem Zwölffachen des jeweiligen Bewertungsfaktors. ③ Unerheblich ist, ob die Wirtschaftsgebäude neben der Erzeugung auch zur Lagerung oder zum Vertrieb der Erzeugnisse zu dienen bestimmt sind.

(2) ① Der Reinertrag einer Nutzung oder Nutzungsart ist um einen Zuschlag zu erhöhen, wenn die Eigentumsflächen des Betriebs zugleich der Stromerzeugung aus Windenergie dienen. ② Der Zuschlag ermittelt sich aus dem Produkt der abgegrenzten Standortfläche der Windenergieanlage und dem Bewertungsfaktor gemäß Anlage 33.

§ 239[1] Grundsteuerwert des Betriebs der Land- und Forstwirtschaft

(1) Die Summe der Reinerträge des Betriebs einschließlich der Zuschläge (§§ 237, 238) ist zur Ermittlung des Ertragswerts mit dem Faktor 18,6 zu kapitalisieren und ergibt den Grundsteuerwert des Betriebs der Land- und Forstwirtschaft.

(2) ① Die Summe der Reinerträge einschließlich der Zuschläge (§§ 237, 238) eines Betriebs der Land- und Forstwirtschaft ist für jede Gemeinde gesondert zu ermitteln, wenn sich die wirtschaftliche Einheit über mehrere Gemeinden erstreckt. ② Der auf eine Gemeinde entfallende Anteil am Grundsteuerwert berechnet sich aus der jeweils für eine Gemeinde gesondert ermittelten Summe der Reinerträge im Verhältnis zur Gesamtsumme der Reinerträge des Betriebs der Land- und Forstwirtschaft.

§ 240[1] Kleingartenland und Dauerkleingartenland

(1) Als Betrieb der Land- und Forstwirtschaft gelten auch Kleingartenland und Dauerkleingartenland im Sinne des Bundeskleingartengesetzes.

(2) ① Bei der Ermittlung des Ertragswerts für Kleingartenland und Dauerkleingartenland ist abweichend von § 237 der Reinertrag für den Nutzungsteil Gemüsebau anzusetzen. ② Der Reinertrag ergibt sich aus der Summe der Produkte der jeweils gesetzlich klassifizierten Eigentumsfläche und dem Reinertrag für das Freiland gemäß Anlage 30.

(3) ① Gartenlauben von mehr als 30 Quadratmetern Brutto-Grundfläche gelten als Wirtschaftsgebäude. ② § 237 Absatz 8 findet entsprechende Anwendung.

(4) Die Summe der Reinerträge nach den Absätzen 2 und 3 ist zur Ermittlung des Ertragswerts mit dem Faktor 18,6 zu kapitalisieren und ergibt den Grundsteuerwert des Betriebs der Land- und Forstwirtschaft.

II. Besondere Vorschriften

a) Landwirtschaftliche Nutzung

§ 241[1] Tierbestände

(1) ① Tierbestände gehören in vollem Umfang zur landwirtschaftlichen Nutzung, wenn im Wirtschaftsjahr

Für die ersten 20 Hektar	nicht mehr als	10 Vieheinheiten,
für die nächsten 10 Hektar	nicht mehr als	7 Vieheinheiten,
für die nächsten 20 Hektar	nicht mehr als	6 Vieheinheiten,
für die nächsten 50 Hektar	nicht mehr als	3 Vieheinheiten,
und für die weitere Fläche	nicht mehr als	1,5 Vieheinheiten

je Hektar der vom Inhaber des Betriebs selbst bewirtschafteten Flächen der landwirtschaftlichen Nutzung erzeugt oder gehalten werden. ② Zu den selbst bewirtschafteten Flächen gehören die Eigentumsflächen und die zur Nutzung überlassenen Flächen. ③ Die Tierbestände sind nach dem Futterbedarf in Vieheinheiten umzurechnen.

(2) ① Übersteigt die Anzahl der Vieheinheiten nachhaltig die in Absatz 1 bezeichnete Grenze, so gehören nur die Zweige des Tierbestands zur landwirtschaftlichen Nutzung, deren Vieheinheiten zusammen diese Grenze nicht überschreiten. ② Zunächst sind mehr flächenabhängige Zweige des Tierbestands und danach weniger flächenabhängige Zweige des Tierbestands zur landwirtschaftlichen Nutzung zu rechnen. ③ Innerhalb jeder dieser Gruppen sind zuerst Zweige des Tierbestands mit der geringeren Anzahl von Vieheinheiten und dann Zweige mit der größeren Anzahl von Vieheinheiten zur landwirtschaftlichen Nutzung zu rechnen. ④ Der Tierbestand des einzelnen Zweiges wird nicht aufgeteilt.

(3) ① Als Zweig des Tierbestands gilt bei jeder Tierart für sich:

1. das Zugvieh,

---

[1] 7. Abschnitt (§§ 218 bis 263) eingefügt durch Art. 1 GrStRefG; zur Anwendung siehe § 266 BewG.

2. das Zuchtvieh,
3. das Mastvieh,
4. das übrige Nutzvieh.

② Das Zuchtvieh einer Tierart gilt nur dann als besonderer Zweig des Tierbestands, wenn die erzeugten Jungtiere überwiegend zum Verkauf bestimmt sind. ③ Ist das nicht der Fall, so ist das Zuchtvieh dem Zweig des Tierbestands zuzurechnen, dem es überwiegend dient.

(4) ① Die Absätze 1 bis 3 gelten nicht für Pelztiere. ② Pelztiere gehören nur dann zur landwirtschaftlichen Nutzung, wenn die erforderlichen Futtermittel überwiegend von den vom Inhaber des Betriebs landwirtschaftlich genutzten Flächen gewonnen werden.

(5) Der Umrechnungsschlüssel für Tierbestände in Vieheinheiten sowie die Gruppen der mehr oder weniger flächenabhängigen Zweige des Tierbestands sind den Anlagen 34 und 35 zu entnehmen.

b) Übrige land- und forstwirtschaftliche Nutzungen

§ 242[1] Übrige land- und forstwirtschaftliche Nutzungen

(1) Zu den übrigen land- und forstwirtschaftlichen Nutzungen gehören:
1. Hopfen, Spargel und andere Sonderkulturen,
2. die sonstigen land- und forstwirtschaftlichen Nutzungen.

(2) Zu den sonstigen land- und forstwirtschaftlichen Nutzungen gehören insbesondere:
1. die Binnenfischerei,
2. die Teichwirtschaft,
3. die Fischzucht für Binnenfischerei und Teichwirtschaft,
4. die Imkerei,
5. die Wanderschäferei,
6. die Saatzucht,
7. der Pilzanbau,
8. die Produktion von Nützlingen,
9. die Weihnachtsbaumkulturen,
10. die Kurzumtriebsplantagen.

C. Grundvermögen

I. Allgemeines

§ 243[1] Begriff des Grundvermögens

(1) Zum Grundvermögen gehören, soweit es sich nicht um land- und forstwirtschaftliches Vermögen (§§ 232 bis 242) handelt:
1. der Grund und Boden, die Gebäude, die sonstigen Bestandteile und das Zubehör,
2. das Erbbaurecht,
3. das Wohnungseigentum und das Teileigentum,
4. das Wohnungserbbaurecht und das Teilerbbaurecht nach § 30 Absatz 1 des Wohnungseigentumsgesetzes.

(2) In das Grundvermögen sind nicht einzubeziehen:
1. Bodenschätze,
2. die Maschinen und sonstigen Vorrichtungen aller Art, die zu einer Betriebsanlage gehören (Betriebsvorrichtungen), auch wenn sie wesentliche Bestandteile sind.

(3) Einzubeziehen sind jedoch die Verstärkungen von Decken und die nicht ausschließlich zu einer Betriebsanlage gehörenden Stützen und sonstigen Bauteile wie Mauervorlagen und Verstrebungen.

§ 244[1] Grundstück

(1) Jede wirtschaftliche Einheit des Grundvermögens bildet ein Grundstück im Sinne dieses Abschnitts.

(2) ① Ein Anteil des Eigentümers eines Grundstücks an anderem Grundvermögen (zum Beispiel an gemeinschaftlichen Hofflächen oder Garagen) ist in die wirtschaftliche Einheit Grundstück einzubeziehen, wenn der Anteil zusammen mit dem Grundstück genutzt wird. ② Das gilt nicht, wenn das gemeinschaftliche Grundvermögen nach den Anschauungen des Verkehrs als selbständige wirtschaftliche Einheit anzusehen ist (§ 2 Absatz 1 Satz 3 und 4).

---

[1] 7. Abschnitt (§§ 218 bis 263) eingefügt durch Art. 1 GrStRefG; zur Anwendung siehe § 266 BewG.

(3) Als Grundstück gelten auch:
1. das Erbbaurecht zusammen mit dem Erbbaurechtsgrundstück,
2. ein Gebäude auf fremdem Grund und Boden zusammen mit dem dazugehörenden Grund und Boden,
3. jedes Wohnungseigentum und Teileigentum nach dem Wohnungseigentumsgesetz sowie
4.[1] jedes Wohnungserbbaurecht und Teilerbbaurecht zusammen mit dem anteiligen belasteten Grund und Boden.

§ 245[2] Gebäude, Gebäudeteile und Anlagen für den Zivilschutz

Gebäude, Gebäudeteile und Anlagen, die wegen der in § 1 des Zivilschutz- und Katastrophenhilfegesetzes bezeichneten Zwecke geschaffen worden sind und im Frieden nicht oder nur gelegentlich oder geringfügig für andere Zwecke benutzt werden, bleiben bei der Ermittlung des Grundsteuerwerts außer Betracht.

II. Unbebaute Grundstücke

§ 246[2] Begriff der unbebauten Grundstücke

(1) ① Unbebaute Grundstücke sind Grundstücke, auf denen sich keine benutzbaren Gebäude befinden. ② Die Benutzbarkeit beginnt zum Zeitpunkt der Bezugsfertigkeit. ③ Gebäude sind als bezugsfertig anzusehen, wenn den zukünftigen Bewohnern oder sonstigen vorgesehenen Benutzern die bestimmungsgemäße Gebäudenutzung zugemutet werden kann. ④ Nicht entscheidend für den Zeitpunkt der Bezugsfertigkeit ist die Abnahme durch die Bauaufsichtsbehörde.

(2) ① Befinden sich auf dem Grundstück Gebäude, die auf Dauer keiner Nutzung zugeführt werden können, so gilt das Grundstück als unbebaut. ② Als unbebaut gilt auch ein Grundstück, auf dem infolge von Zerstörung oder Verfall der Gebäude auf Dauer kein benutzbarer Raum mehr vorhanden ist.

§ 247[2] Bewertung der unbebauten Grundstücke

(1)[3] ① Der Grundsteuerwert unbebauter Grundstücke ermittelt sich regelmäßig durch Multiplikation ihrer Fläche mit dem jeweiligen Bodenrichtwert (§ 196 des Baugesetzbuchs). ② Soweit in den §§ 243 bis 262 sowie in den Anlagen 36 bis 43 nichts anderes bestimmt ist, werden Abweichungen zwischen den Grundstücksmerkmalen des Bodenrichtwertgrundstücks und des zu bewertenden Grundstücks mit Ausnahme unterschiedlicher
1. Entwicklungszustände und
2. Arten der Nutzung bei überlagernden Bodenrichtwertzonen

nicht berücksichtigt.

(2)[4] Die Bodenrichtwerte sind von den Gutachterausschüssen im Sinne der §§ 192 ff. des Baugesetzbuchs auf den Hauptfeststellungzeitpunkt zu ermitteln, zu veröffentlichen und nach amtlich vorgeschriebenem Datensatz über die amtlich bestimmte Schnittstelle elektronisch an die zuständigen Finanzbehörden zu übermitteln.

(3) Wird von den Gutachterausschüssen im Sinne der §§ 192 ff. des Baugesetzbuchs kein Bodenrichtwert ermittelt, ist der Wert des unbebauten Grundstücks aus den Werten vergleichbarer Flächen abzuleiten.

III. Bebaute Grundstücke

§ 248[2] Begriff der bebauten Grundstücke

① Bebaute Grundstücke sind Grundstücke, auf denen sich benutzbare Gebäude befinden. ② Wird ein Gebäude in Bauabschnitten errichtet, ist der bezugsfertige Teil als benutzbares Gebäude anzusehen.

§ 249[2] Grundstücksarten

(1) Bei der Bewertung bebauter Grundstücke sind die folgenden Grundstücksarten zu unterscheiden:
1. Einfamilienhäuser,
2. Zweifamilienhäuser,
3. Mietwohngrundstücke,
4. Wohnungseigentum,

[1] § 244 Abs. 3 Nr. 4 neugefasst durch JStG 2020 mWv 29. 12. 2020.
[2] 7. Abschnitt (§§ 218 bis 263) eingefügt durch Art. 1 GrStRefG; zur Anwendung siehe § 266 BewG.
[3] § 247 Abs. 1 Satz 2 angefügt durch Art. 7 FoStoG vom 3. 6. 2021 (BGBl. I S. 1498) mWv 1. 7. 2021.
[4] § 247 Abs. 2 geändert durch JStG 2024 mWv 6. 12. 2024.

5. Teileigentum,
6. Geschäftsgrundstücke,
7. gemischt genutzte Grundstücke und
8. sonstige bebaute Grundstücke.

(2) ① Einfamilienhäuser sind Wohngrundstücke, die eine Wohnung enthalten und kein Wohnungseigentum sind. ② Ein Grundstück gilt auch dann als Einfamilienhaus, wenn es zu weniger als 50 Prozent der Wohn- und Nutzfläche zu anderen als Wohnzwecken mitbenutzt und dadurch die Eigenart als Einfamilienhaus nicht wesentlich beeinträchtigt wird.

(3) ① Zweifamilienhäuser sind Wohngrundstücke, die zwei Wohnungen enthalten und kein Wohnungseigentum sind. ② Ein Grundstück gilt auch dann als Zweifamilienhaus, wenn es zu weniger als 50 Prozent der Wohn- und Nutzfläche zu anderen als Wohnzwecken mitbenutzt und dadurch die Eigenart als Zweifamilienhaus nicht wesentlich beeinträchtigt wird.

(4) Mietwohngrundstücke sind Grundstücke, die zu mehr als 80 Prozent der Wohn- und Nutzfläche Wohnzwecken dienen und nicht Ein- und Zweifamilienhäuser oder Wohnungseigentum sind.

(5) Wohnungseigentum ist das Sondereigentum an einer Wohnung in Verbindung mit dem Miteigentumsanteil an dem gemeinschaftlichen Eigentum, zu dem es gehört.

(6) Teileigentum ist das Sondereigentum an nicht zu Wohnzwecken dienenden Räumen eines Gebäudes in Verbindung mit dem Miteigentum an dem gemeinschaftlichen Eigentum, zu dem es gehört.

(7) Geschäftsgrundstücke sind Grundstücke, die zu mehr als 80 Prozent der Wohn- und Nutzfläche eigenen oder fremden betrieblichen oder öffentlichen Zwecken dienen und nicht Teileigentum sind.

(8) Gemischt genutzte Grundstücke sind Grundstücke, die teils Wohnzwecken, teils eigenen oder fremden betrieblichen oder öffentlichen Zwecken dienen und nicht Ein- und Zweifamilienhäuser, Mietwohngrundstücke, Wohnungseigentum, Teileigentum oder Geschäftsgrundstücke sind.

(9) Sonstige bebaute Grundstücke sind solche Grundstücke, die nicht unter die Absätze 2 bis 8 fallen.

(10) ① Eine Wohnung ist in der Regel die Zusammenfassung mehrerer Räume, die in ihrer Gesamtheit so beschaffen sein müssen, dass die Führung eines selbständigen Haushalts möglich ist. ② Die Zusammenfassung der Räume muss eine von anderen Wohnungen oder Räumen, insbesondere Wohnräumen, baulich getrennte, in sich abgeschlossene Wohneinheit bilden und einen selbständigen Zugang haben. ③ Daneben ist erforderlich, dass die für die Führung eines selbständigen Haushalts notwendigen Nebenräume (Küche, Bad oder Dusche, Toilette) vorhanden sind. ④ Die Wohnfläche soll mindestens 20 Quadratmeter betragen.

§ 250[1] Bewertung der bebauten Grundstücke

(1) Der Grundsteuerwert bebauter Grundstücke ist nach dem Ertragswertverfahren (Absatz 2) oder dem Sachwertverfahren (Absatz 3) zu ermitteln.

(2) Im Ertragswertverfahren nach den §§ 252 bis 257 sind zu bewerten:
1. Einfamilienhäuser,
2. Zweifamilienhäuser,
3. Mietwohngrundstücke,
4. Wohnungseigentum.

(3) Im Sachwertverfahren nach den §§ 258 bis 260 sind zu bewerten:
1. Geschäftsgrundstücke,
2. gemischt genutzte Grundstücke,
3. Teileigentum,
4. sonstige bebaute Grundstücke.

§ 251[1] Mindestwert

① Der für ein bebautes Grundstück anzusetzende Wert darf nicht geringer sein als 75 Prozent des Werts, mit dem der Grund und Boden allein als unbebautes Grundstück zu bewerten wäre (§ 247). ② Bei der Bewertung von Ein- und Zweifamilienhäusern im Sinne des § 249 Absatz 2 und 3 ist bei der Ermittlung des Mindestwerts § 257 Absatz 1 Satz 2 anzuwenden.

§ 252[1] Bewertung im Ertragswertverfahren

① Im Ertragswertverfahren ermittelt sich der Grundsteuerwert aus der Summe des kapitalisierten Reinertrags nach § 253 (Barwert des Reinertrags) und des abgezinsten Bodenwerts nach

---

[1] 7. Abschnitt (§§ 218 bis 263) eingefügt durch Art. 1 GrStRefG; zur Anwendung siehe § 266 BewG.

§ 257. ② Mit dem Grundsteuerwert sind die Werte für den Grund und Boden, die Gebäude, die baulichen Anlagen, insbesondere Außenanlagen, und die sonstigen Anlagen abgegolten.

§ 253[1] Ermittlung des kapitalisierten Reinertrags

(1) ① Zur Ermittlung des kapitalisierten Reinertrags ist vom Reinertrag des Grundstücks auszugehen. ② Dieser ergibt sich aus dem Rohertrag des Grundstücks (§ 254) abzüglich der Bewirtschaftungskosten (§ 255).

(2)[2] ① Der Reinertrag des Grundstücks ist mit dem sich aus Anlage 37 ergebenden Vervielfältiger zu kapitalisieren. ② Maßgebend für den Vervielfältiger sind der Liegenschaftszinssatz nach § 256 und die Restnutzungsdauer des Gebäudes. ③ Die Restnutzungsdauer ist grundsätzlich der Unterschiedsbetrag zwischen der wirtschaftlichen Gesamtnutzungsdauer, die sich aus Anlage 38 ergibt, und dem Alter des Gebäudes im Hauptfeststellungszeitpunkt. ④ Sind nach der Bezugsfertigkeit des Gebäudes Veränderungen eingetreten, die die wirtschaftliche Gesamtnutzungsdauer des Gebäudes wesentlich verlängert haben, ist von einer der Verlängerung entsprechenden Restnutzungsdauer auszugehen. ⑤ Die Restnutzungsdauer eines noch nutzbaren Gebäudes beträgt mindestens 30 Prozent der wirtschaftlichen Gesamtnutzungsdauer. ⑥ Bei einer bestehenden Abbruchverpflichtung für das Gebäude ist die Restnutzungsdauer abweichend von den Sätzen 3 bis 5 auf den Unterschiedsbetrag zwischen der tatsächlichen Gesamtnutzungsdauer und dem Alter des Gebäudes im Hauptfeststellungszeitpunkt begrenzt.

§ 254[1] Rohertrag des Grundstücks

Der jährliche Rohertrag des Grundstücks ergibt sich aus den in Anlage 39 nach Land, Gebäudeart, Wohnfläche und Baujahr des Gebäudes angegebenen monatlichen Nettokaltmieten je Quadratmeter Wohnfläche einschließlich der in Abhängigkeit der Mietniveaustufen festgelegten Zu- und Abschläge.

§ 255[1] Bewirtschaftungskosten

① Als Bewirtschaftungskosten werden die bei ordnungsgemäßer Bewirtschaftung und zulässiger Nutzung marktüblich entstehenden jährlichen Verwaltungskosten, Betriebskosten, Instandhaltungskosten und das Mietausfallwagnis berücksichtigt, die nicht durch Umlagen oder sonstige Kostenübernahmen gedeckt sind. ② Sie ergeben sich aus den pauschalierten Erfahrungssätzen nach Anlage 40.

§ 256[1] Liegenschaftszinssätze

(1) ① Liegenschaftszinssätze sind die Zinssätze, mit denen der Wert von Grundstücken abhängig von der Grundstücksart durchschnittlich und marktüblich verzinst wird. ② Bei der Bewertung bebauter Grundstücke gelten die folgenden Zinssätze:

1. 2,5 Prozent für Ein- und Zweifamilienhäuser,
2. 3,0 Prozent für Wohnungseigentum,
3. 4,0 Prozent für Mietwohngrundstücke mit bis zu sechs Wohnungen,
4. 4,5 Prozent für Mietwohngrundstücke mit mehr als sechs Wohnungen.

(2) ① Bei der Bewertung von Ein- und Zweifamilienhäusern im Sinne des § 249 Absatz 2 und 3 verringert sich der Zinssatz nach Absatz 1 Satz 2 Nummer 1 um jeweils 0,1 Prozentpunkte für jede vollen 100 Euro, die der Bodenrichtwert oder der Bodenwert nach § 247 Absatz 3 je Quadratmeter den Betrag von 500 Euro je Quadratmeter übersteigt. ② Ab einem Bodenrichtwert oder Bodenwert nach § 247 Absatz 3 je Quadratmeter in Höhe von 1500 Euro je Quadratmeter beträgt der Zinssatz für Ein- und Zweifamilienhäuser einheitlich 1,5 Prozent.

(3)[3] ① Bei der Bewertung von Wohnungseigentum im Sinne des § 249 Absatz 5 verringert sich der Zinssatz nach Absatz 1 Satz 2 Nummer 2 um jeweils 0,1 Prozentpunkte für jede vollen 100 Euro, die der Bodenrichtwert oder der Bodenwert nach § 247 Absatz 3 je Quadratmeter den Betrag von 2000 Euro je Quadratmeter übersteigt. ② Ab einem Bodenrichtwert oder Bodenwert nach § 247 Absatz 3 je Quadratmeter in Höhe von 3000 Euro je Quadratmeter beträgt der Zinssatz für Wohnungseigentum einheitlich 2 Prozent.

§ 257[1] Ermittlung des abgezinsten Bodenwerts

(1) ① Zur Ermittlung des abgezinsten Bodenwerts ist vom Bodenwert nach § 247 auszugehen. ② Bei der Bewertung von Ein- und Zweifamilienhäusern im Sinne des § 249 Absatz 2 und 3 sind zur Berücksichtigung abweichender Grundstücksgrößen beim Bodenwert die Umrechnungskoeffizienten nach Anlage 36 anzuwenden.

(2) ① Der Bodenwert nach Absatz 1 ist mit Ausnahme des Werts von selbständig nutzbaren Teilflächen nach Absatz 3 mit dem sich aus Anlage 41 ergebenden Abzinsungsfaktor abzuzin-

[1] 7. Abschnitt (§§ 218 bis 263) eingefügt durch Art. 1 GrStRefG; zur Anwendung siehe § 266 BewG.
[2] § 253 Abs. 2 Sätze 3 und 6 geändert durch Art. 7 FoStoG vom 3. 6. 2021 (BGBl. I S. 1498) mWv 1. 7. 2021.
[3] § 256 Abs. 3 Satz 1 geändert durch JStG 2022 mWv 1. 1. 2022.

sen. ② Der jeweilige Abzinsungsfaktor bestimmt sich nach dem Liegenschaftszinssatz nach § 256 und der Restnutzungsdauer des Gebäudes nach § 253 Absatz 2 Satz 3 bis 6.

(3) Eine selbständig nutzbare Teilfläche ist ein Teil eines Grundstücks, der für die angemessene Nutzung der Gebäude nicht benötigt wird und selbständig genutzt oder verwertet werden kann.

§ 258[1] Bewertung im Sachwertverfahren

(1) Bei Anwendung des Sachwertverfahrens ist der Wert der Gebäude (Gebäudesachwert) getrennt vom Bodenwert zu ermitteln.

(2) Der Bodenwert ist der Wert des unbebauten Grundstücks nach § 247.

(3) ① Die Summe aus Bodenwert (§ 247) und Gebäudesachwert (§ 259) ergibt den vorläufigen Sachwert des Grundstücks. ② Dieser ist zur Ermittlung des Grundsteuerwerts im Sachwertverfahren mit der Wertzahl nach § 260 zu multiplizieren. ③ Mit dem Grundsteuerwert sind die Werte für den Grund und Boden, die Gebäude, die baulichen Anlagen, insbesondere Außenanlagen, und die sonstigen Anlagen abgegolten.

§ 259[1] Ermittlung des Gebäudesachwerts

(1) Bei der Ermittlung des Gebäudesachwerts ist von den Normalherstellungskosten des Gebäudes in Anlage 42 auszugehen.

(2) Der Gebäudenormalherstellungswert ergibt sich durch Multiplikation der jeweiligen nach Absatz 3 an den Hauptfeststellungszeitpunkt angepassten Normalherstellungskosten mit der Brutto-Grundfläche des Gebäudes.

(3) ① Die Anpassung der Normalherstellungskosten erfolgt anhand der vom Statistischen Bundesamt veröffentlichten Baupreisindizes. ② Dabei ist auf die Preisindizes für die Bauwirtschaft abzustellen, die das Statistische Bundesamt für den Neubau in konventioneller Bauart von Wohn- und Nichtwohngebäuden jeweils für das Vierteljahr vor dem Hauptfeststellungzeitpunkt ermittelt hat. ③ Diese Preisindizes sind für alle Bewertungsstichtage des folgenden Hauptfeststellungszeitraums anzuwenden. ④ Das Bundesministerium der Finanzen veröffentlicht die maßgebenden Baupreisindizes im Bundessteuerblatt.

(4)[2] ① Vom Gebäudenormalherstellungswert ist eine Alterswertminderung abzuziehen. ② Die Alterswertminderung ergibt sich durch Multiplikation des Gebäudenormalherstellungswerts mit dem Verhältnis des Alters des Gebäudes im Hauptfeststellungszeitpunkt zur wirtschaftlichen Gesamtnutzungsdauer nach Anlage 38. ③ Sind nach Bezugsfertigkeit des Gebäudes Veränderungen eingetreten, die die wirtschaftliche Gesamtnutzungsdauer des Gebäudes wesentlich verlängert haben, ist von einem der Verlängerung entsprechenden späteren Baujahr auszugehen. ④ Der nach Abzug der Alterswertminderung verbleibende Gebäudewert ist mit mindestens 30 Prozent des Gebäudenormalherstellungswerts anzusetzen. ⑤ Bei bestehender Abbruchverpflichtung für das Gebäude ist die Alterswertminderung abweichend von den Sätzen 2 bis 4 auf das Verhältnis des Alters des Gebäudes im Hauptfeststellungszeitpunkt zur tatsächlichen Gesamtnutzungsdauer begrenzt.

§ 260[1] Wertzahlen

Zur Ermittlung des Grundsteuerwerts ist der vorläufige Sachwert des Grundstücks im Sinne des § 258 Absatz 3 mit der sich aus Anlage 43 ergebenden Wertzahl zu multiplizieren.

IV. Sonderfälle

§ 261[1] Erbbaurecht

① Bei Erbbaurechten ist für das Erbbaurecht und das Erbbaurechtsgrundstück ein Gesamtwert nach den §§ 243 bis 260 zu ermitteln, der festzustellen wäre, wenn die Belastung mit dem Erbbaurecht nicht bestünde. ② Der ermittelte Wert ist dem Erbbauberechtigten zuzurechnen. ③ Für Wohnungserbbaurechte und Teilerbbaurechte gelten die Sätze 1 und 2 entsprechend.

§ 262[1] Gebäude auf fremdem Grund und Boden

① Bei einem Gebäude auf fremdem Grund und Boden ist für den Grund und Boden sowie für das Gebäude auf fremdem Grund und Boden ein Gesamtwert nach den §§ 243 bis 260 zu ermitteln. ② Der ermittelte Wert ist dem Eigentümer des Grund und Bodens zuzurechnen.

V. Ermächtigungen

§ 263[1] Ermächtigungen

(1) ① Das Bundesministerium der Finanzen wird ermächtigt, durch Rechtsverordnung mit Zustimmung des Bundesrates die folgenden Anlagen zu ändern:

---

[1] 7. Abschnitt (§§ 218 bis 263) eingefügt durch Art. 1 GrStRefG; zur Anwendung siehe § 266 BewG.
[2] § 259 Abs. 4 Sätze 2 und 5 geändert durch Art. 7 FoStoG vom 3. 6. 2021 (BGBl. I S. 1498) mWv 1. 7. 2021.

1. die Anlagen 27 bis 33 durch Anpassung der darin aufgeführten Bewertungsfaktoren und Zuschläge zum Reinertrag an die Ergebnisse der Erhebungen nach § 2 des Landwirtschaftsgesetzes oder an die Erhebungen der Finanzverwaltung zum nächsten Feststellungszeitpunkt,
2. im Einvernehmen mit dem Bundesministerium für Ernährung und Landwirtschaft die Anlagen 34 und 35 durch Anpassung des darin aufgeführten Umrechnungsschlüssels und der Gruppen der Zweige eines Tierbestands an geänderte wirtschaftliche oder technische Entwicklungen und
3. die Anlagen 36 bis 43 durch Anpassung der darin aufgeführten Bewertungsfaktoren des Ertrags- und Sachwertverfahrens an geänderte wirtschaftliche oder technische Verhältnisse.

② In der jeweiligen Rechtsverordnung kann das Bundesministerium der Finanzen zur Sicherstellung der Gleichmäßigkeit der Besteuerung, insbesondere zur Sicherstellung einer relations- und realitätsgerechten Abbildung der Grundsteuerwerte, anordnen, dass ab dem nächsten Feststellungszeitpunkt Grundsteuerwerte unter Berücksichtigung der tatsächlichen Verhältnisse und der geänderten Wertverhältnisse durch Anwendung der jeweils angepassten Anlagen 27 bis 43 festgestellt werden.

(2)[1] Das Bundesministerium der Finanzen wird ermächtigt, durch Rechtsverordnung mit Zustimmung des Bundesrates die gemeindebezogene Einordnung in die jeweilige Mietniveaustufe zur Ermittlung der Zu- und Abschläge nach § 254 in Verbindung mit Anlage 39 Teil II auf der Grundlage der Einordnung nach § 12 des Wohngeldgesetzes in Verbindung mit § 1 Absatz 3 und der Anlage der Wohngeldverordnung für steuerliche Zwecke herzuleiten und den dafür maßgeblichen Gebietsstand festzulegen.

Dritter Teil. Schlussbestimmungen

§ 264[2·3] Bekanntmachung

Das Bundesministerium der Finanzen wird ermächtigt, den Wortlaut dieses Gesetzes und der zu diesem Gesetz erlassenen Rechtsverordnungen in der jeweils geltenden Fassung satzweise nummeriert bekannt zu machen.

§ 265[2·3] Anwendungsvorschriften

(1)[4] Dieses Gesetz in der Fassung des Artikels 7 des Gesetzes vom 1. November 2011 (BGBl. I S. 2131) ist auf Bewertungsstichtage nach dem 30. Juni 2011 anzuwenden.

(2) Soweit die §§ 40, 41, 44, 55 und 125 Beträge in Deutscher Mark enthalten, gelten diese nach dem 31. Dezember 2001 als Berechnungsgrößen fort.

(3)[5] § 145 Absatz 3 Satz 1 und 4, § 166 Absatz 2 Nummer 1, § 179 Satz 4 und § 192 Satz 2 in der Fassung des Artikels 10 des Gesetzes vom 7. Dezember 2011 (BGBl. I S. 2592) sind auf Bewertungsstichtage nach dem 13. Dezember 2011 anzuwenden.

(4)[5] Anlage 1, Anlage 19 und Teil II der Anlage 24 in der Fassung des Artikels 10 des Gesetzes vom 7. Dezember 2011 (BGBl. I S. 2592) sind auf Bewertungsstichtage nach dem 31. Dezember 2011 anzuwenden.

(5)[6] § 11 Absatz 4 in der Fassung des Artikels 3 des Gesetzes vom 18. Dezember 2013 (BGBl. I S. 4318) ist auf Bewertungsstichtage ab dem 22. Juli 2013 anzuwenden.

(6)[7] § 48 a in der Fassung des Artikels 20 des Gesetzes vom 26. Juni 2013 (BGBl. I S. 1809) ist auf Bewertungsstichtage ab dem 1. Januar 2014 anzuwenden.

(7)[8] § 26 in der Fassung des Artikels 6 des Gesetzes vom 18. Juli 2014 (BGBl. I S. 1042) ist auf Bewertungsstichtage ab dem 1. August 2001 anzuwenden, soweit Feststellungsbescheide noch nicht bestandskräftig sind.

(8)[9] § 97 Absatz 1 b Satz 4 in der am 6. November 2015 geltenden Fassung ist auf Bewertungsstichtage nach dem 31. Dezember 2015 anzuwenden.

(9)[9] § 154 Absatz 1 Satz 1 Nummer 3 und Satz 2 in der am 6. November 2015 geltenden Fassung ist auf Bewertungsstichtage nach dem 31. Dezember 2015 anzuwenden.

(10)[9] Die §§ 190, 195 Absatz 2 Satz 4 und 5 sowie die Anlagen 22, 24 und 25 in der am 6. November 2015 geltenden Fassung sind auf Bewertungsstichtage nach dem 31. Dezember 2015 anzuwenden.

---

[1] § 263 Abs. 2 geändert durch GrStRefUG vom 16. 7. 2021 (BGBl. I S. 2931) mWv 23. 7. 2021.
[2] §§ 204, 205 werden §§ 264, 265 durch Art. 1 GrStRefG.
[3] Frühere §§ 204, 205 (zuvor §§ 157, 158) neugefasst durch ErbStRG 2009 mWv 1. 1. 2009.
[4] Früherer § 205 Abs. 1 neugefasst durch Steuervereinfachungsgesetz 2011.
[5] Früherer § 205 Abs. 3 und 4 angefügt durch Beitreibungsrichtlinie-Umsetzungsgesetz.
[6] Früherer § 205 Abs. 5 angefügt durch AIFM-StAnpG v. 18. 12. 2013 (BGBl. I S. 4318).
[7] Früherer § 205 Abs. 6 angefügt durch Amtshilferichtlinie-Umsetzungsgesetz.
[8] Früherer § 205 Abs. 7 angefügt durch Gesetz vom 18. 7. 2014 (BGBl. I S. 1042).
[9] Früherer § 205 Abs. 8 bis 10 angefügt durch Gesetz vom 2. 11. 2015 (BGBl. I S. 1834).

(11)[1] § 203 in der Fassung des Artikels 2 des Gesetzes vom 4. November 2016 (BGBl. I S. 2464) ist auf Bewertungsstichtage nach dem 31. Dezember 2015 anzuwenden.

(12)[2] § 177 Absatz 1 und 2, § 179 Satz 3, § 183 Absatz 2 Satz 3, § 187 Absatz 2 Satz 2 und 3, § 188 Absatz 2 Satz 1, § 191 Absatz 1 Satz 2, § 193 Absatz 4 Satz 1 und § 198 Absatz 1 bis 3 in der Fassung des Artikels 1 des Gesetzes vom 16. Juli 2021 (BGBl. I S. 2931) sind auf Bewertungsstichtage nach dem 22. Juli 2021 anzuwenden.

(13)[3] Bis zu dem nach § 153 Absatz 4 Satz 3 jeweils festgelegten Beginn der elektronischen Übermittlung ist § 153 Absatz 2 und 4 in der bis zum 20. Dezember 2022 gültigen Fassung weiter anzuwenden.

(14)[3] § 177 Absatz 2, 3 und 4, § 181 Absatz 9, § 183 Absatz 2 Satz 3, § 184 Absatz 3 und 4, § 185 Absatz 3 Satz 4 bis 7, § 187 Absatz 2 und 3, § 188 Absatz 1 und 2, § 189 Absatz 1 und 4, die §§ 190, 191, 193, 194 und 195 sowie die Anlagen 21, 22, 23, 24 und 25 in der Fassung des Artikels 19 des Gesetzes vom 16. Dezember 2022 (BGBl. I S. 2294) sind auf Bewertungsstichtage nach dem 31. Dezember 2022 anzuwenden.

(15)[4] § 158 Absatz 2 Satz 3 und 4 in der Fassung des Artikels 35 des Gesetzes vom 2. Dezember 2024 (BGBl. 2024 I Nr. 387) sind auf Bewertungsstichtage nach dem 6. Dezember 2024 anzuwenden.

(16)[4] Die Anlagen 21, 23 und 26 in der Fassung des Artikels 35 des Gesetzes vom 2. Dezember 2024 (BGBl. 2024 I Nr. 387) sind auf Bewertungsstichtage nach dem 31. Dezember 2024 anzuwenden.

§ 266[5] Erstmalige Anwendung des Siebenten Abschnitts des Zweiten Teils

(1) Die erste Hauptfeststellung für die Grundsteuerwerte nach § 221 wird auf den 1. Januar 2022 für die Hauptveranlagung auf den 1. Januar 2025 durchgeführt.

(2) ① Für die Anwendung des § 219 Absatz 3 bei der Hauptfeststellung nach Absatz 1 ist zu unterstellen, dass anstelle von Einheitswerten Grundsteuerwerte für die Besteuerung nach dem Grundsteuergesetz in der am 1. Januar 2022 geltenden Fassung von Bedeutung sind. ② Die Steuerbefreiungen des Grundsteuergesetzes in der am 1. Januar 2022 gültigen Fassung sind bei der Hauptfeststellung nach Absatz 1 zu beachten. ③ Bei Artfortschreibungen und Zurechnungsfortschreibungen nach § 222 Absatz 2 ist von der Hauptfeststellung auf den 1. Januar 2022 bis zum 1. Januar 2025 zu unterstellen, dass anstelle von Einheitswerten Grundsteuerwerte nach dem Grundsteuergesetz in der jeweils geltenden Fassung von Bedeutung sind.

(3) Werden der Finanzbehörde durch eine Erklärung im Sinne des § 228 auf den 1. Januar 2022 für die Bewertung eines Betriebs der Land- und Forstwirtschaft oder eines Grundstücks vor dem 1. Januar 2022 eingetretene Änderungen der tatsächlichen Verhältnisse erstmals bekannt, sind diese bei Fortschreibungen nach § 22 und Nachfeststellungen nach § 23 auf Feststellungszeitpunkte vor dem 1. Januar 2022 nicht zu berücksichtigen.

(4)[6] Einheitswertbescheide, Grundsteuermessbescheide, Bescheide über die Zerlegung des Grundsteuermessbetrags und Grundsteuerbescheide, die vor dem 1. Januar 2025 erlassen wurden, werden kraft Gesetzes zum 31. Dezember 2024 mit Wirkung für die Zukunft aufgehoben, soweit sie auf den §§ 19 bis 23, 27, 76, 79 Absatz 5, § 93 Absatz 1 Satz 2 des Bewertungsgesetzes in Verbindung mit Artikel 2 Absatz 1 Satz 1 und 3 des Gesetzes zur Änderung des Bewertungsgesetzes in der Fassung des Artikels 2 des Gesetzes vom 22. Juli 1970 (BGBl. I S. 1118) beruhen. ② Gleiches gilt für Einheitswertbescheide, Grundsteuermessbescheide, Bescheide über die Zerlegung des Grundsteuermessbetrags und Grundsteuerbescheide, die vor dem 1. Januar 2025 erlassen wurden, soweit sie auf den §§ 33, 34, 125, 129 des Bewertungsgesetzes in der Fassung vom 1. Februar 1991 (BGBl. I S. 230), das zuletzt durch Artikel 2 des Gesetzes vom 4. November 2016 (BGBl. I S. 2464) und § 42 des Grundsteuergesetzes vom 7. August 1973 (BGBl. I S. 965), das zuletzt durch Artikel 38 des Gesetzes vom 19. Dezember 2008 (BGBl. I S. 2794) geändert worden ist, beruhen. ③ Für die Bewertung des inländischen Grundbesitzes (§ 19 Absatz 1 in der Fassung vom 31. Dezember 2024) für Zwecke der Grundsteuer bis einschließlich zum Kalenderjahr 2024 ist das Bewertungsgesetz in der Fassung vom 1. Februar 1991 (BGBl. I S. 230), das zuletzt durch Artikel 2 des Gesetzes vom 4. November 2016 (BGBl. I S. 2464) geändert worden ist, weiter anzuwenden.

(5)[6, 7] Bestehende wirtschaftliche Einheiten, die für Zwecke der Einheitsbewertung unter Anwendung der §§ 26 oder 34 Absatz 4 bis 6 in der bis zum 31. Dezember 2024 gültigen Fassung gebildet wurden, können

[1] Früherer § 205 Abs. 11 angefügt durch Gesetz vom 4. 11. 2016 (BGBl. I S. 2464).
[2] § 265 Abs. 12 angefügt durch GrStRefUG vom 16. 7. 2021 (BGBl. I S. 2931) mWv 23. 7. 2021.
[3] § 265 Abs. 13 und 14 angefügt durch JStG 2022 mWv 21. 12. 2022.
[4] § 265 Abs. 15 u. 16 angefügt durch JStG 2024 mWv 6. 12. 2024.
[5] § 266 angefügt durch Art. 1 GrStRefG.
[6] § 266 Abs. 4 Satz 2 und Abs. 5 angefügt durch Art. 7 FoStoG vom 3. 6. 2021 (BGBl. I S. 1498) mWv 1. 7. 2021; Abs. 4 Satz 2 eingefügt, bish. Satz 2 wird Satz 3 durch GrStRefUG vom 16. 7. 2021 (BGBl. I S. 2931) mWv 23. 7. 2021; Abs. 4 Sätze 1 und 2 geändert durch JStG 2022 mWv 21. 12. 2022.
[7] § 266 Abs. 5 **aufgehoben** durch Art. 8 FoStoG vom 3. 6. 2021 (BGBl. I S. 1498) **mWv 31. 12. 2028.**

weiterhin für Zwecke der Feststellung von Grundsteuerwerten nach den Regelungen des Siebenten Abschnitts zugrunde gelegt werden.

Geschlossene Wiedergabe

Erbschaftsteuer- und Schenkungsteuergesetz (ErbStG)[1]

In der Fassung der Bekanntmachung vom 27. Februar 1997
(BGBl. I S. 378, BStBl. I S. 298)

BGBl. III/FNA 611-8-2-2

Änderungen des Gesetzes

Lfd. Nr.	Änderndes Gesetz	Datum	BGBl. I (BStBl. I) Seite	Geänderte Paragraphen	Art der Änderung
1.	Steuerentlastungsgesetz 1999/2000/2002 [Art. 10]	24. 3. 1999	402 (304)	§ 3 Abs. 1 Nr. 2 und Abs. 2 Nr. 1, § 7 Abs. 1 Nr. 8 und 9 und Abs. 7, § 9 Abs. 1 Nr. 1 Buchst. c, § 13 a Abs. 4 Nr. 2, § 15 Abs. 2 Satz 2, § 19 a Abs. 2 Nr. 2, § 20 Abs. 1, § 37 Abs. 1 und Abs. 3	geändert
2.	Gesetz zur weiteren steuerlichen Förderung von Stiftungen [Art. 6]	14. 7. 2000	1034 (1192)	§ 29 Abs. 1 Nr. 4 Satz 1 § 37 Abs. 4	geändert eingefügt
3.	Steuer-Euroglättungsgesetz (StEuglG) [Art. 19]	19. 12. 2000	1790 (2001, 3)	§ 10 Abs. 1 Satz 5 und Abs. 5 Nr. 3 Satz 2, § 13 Abs. 1 Nrn. 1, 6 und 9, § 13 a Abs. 1 Satz 1 und Abs. 5 Nr. 3, § 16, § 17 Abs. 1 Satz 1 und Abs. 2 Satz 1, § 18, § 19 Abs. 1, § 19 a Abs. 5 Nr. 3 Satz 1, § 20 Abs. 7, § 22, § 37 Abs. 1	geändert
4.	Steueränderungsgesetz 2001 (Art. 16)	20. 12. 2001	3794 (2001, 4)	§ 13 a Abs. 1 Satz 1 Nr. 2, § 37 Abs. 1 und Abs. 3 § 37 Abs. 4	geändert aufgehoben
5.	Gesetz zur Modernisierung des Stiftungsrechts [Art. 2]	15. 7. 2002	2634 (706)	§ 9 Abs. 1 Nr. 1 Buchst. c	geändert
6.	3. Gesetz zur Änderung verwaltungsverfahrensrechtlicher Vorschriften [Art. 27]	21. 8. 2002	3322 (820)	§ 30 Abs. 1, § 33 Abs. 1 Satz 1, Abs. 2 und 3, § 34 Abs. 1, § 37 Abs. 1	geändert
7.	Haushaltsbegleitgesetz 2004 [Art. 13]	29. 12. 2003	3076 (2004, 120)	§ 13 a Abs. 1 Satz 1 und Abs. 2, § 19 a Abs. 4 Satz 3, § 37 Abs. 1 § 37 Abs. 3	geändert aufgehoben
8.	Gesetz zur weiteren Stärkung des bürgerschaftlichen Engagements [Art. 8 a]	10. 10. 2007	2332 (815)	§ 29 Abs. 1 Nr. 4	geändert
9.	Erbschaftsteuerreformgesetz 2009 [Art. 1]	24. 12. 2008	3018 (2009, 140)	§ 3 Abs. 1 Nr. 1, Abs. 2 Nr. 4 und 7, § 4 Abs. 1, § 5 Abs. 1 Satz 1, 4, 5 und Abs. 2, § 6 Abs. 4, § 7 Abs. 1 Nr. 4, § 9 Abs. 1 Nr. 1 Buchst. b, § 10 Abs. 1 Satz 1, 2 und 4, Abs. 5 Nr. 1, Abs. 6 Satz 4 und 5, § 12, § 13 Abs. 1 Nr. 1 Buchst. b und c, Nr. 2 Buchst. a und b, Nr. 4 a, 7, 8, 9 und 18, § 13 a, § 14 Abs. 2, § 15 Abs. 2 Satz 3 und Abs. 3, § 16, § 17 Abs. 1, § 19 Abs. 1, Abs. 3 Buchst. a und b, § 19 a, § 20 Abs. 2, § 24 Satz 2, § 26 Buchst. a und b, § 27 Abs. 1 und 3, § 29 Abs. 1 Nr. 4 Satz 2, § 30 Abs. 3, § 31 Abs. 3, § 35 Abs. 3, § 37 Abs. 1	geändert
				§ 7 Abs. 1 Nr. 9 Satz 3, Abs. 7 Satz 3, § 10 Abs. 1 Satz 3, Abs. 6 Satz 6, Abs. 10, § 13 Abs. 1 Nr. 1 Satz 2, Nr. 4 b und 4 c, § 13 b, § 13 c, § 14 Abs. 1 Satz 4, Abs. 2, § 28 Abs. 3, § 29 Abs. 1 Nr. 3 Satz 2, § 37 Abs. 2 Satz 2, Abs. 3	eingefügt
				§ 7 Abs. 1 Nr. 6, § 25	aufgehoben

[1] Neubekanntmachung des ErbStG i. d. F. der Bek. vom 19. 2. 1991 (BGBl. I S. 468) auf Grund des § 36 Abs. 2 ErbStG (1991) in der ab 28. 12. 1996 geltenden Fassung.

Lfd. Nr.	Änderndes Gesetz	Datum	BGBl. I (BStBl. I) Seite	Geänderte Paragraphen	Art der Änderung
10.	Wachstumsbeschleunigungsgesetz [Art. 6]	22. 12. 2009	3950 (2010, 2)	§ 13 a Abs. 1 Satz 2 und 4, Abs. 5 Satz 1 und Nr. 3, Abs. 8 Nr. 1 und 2, § 19 Abs. 1, § 19 a Abs. 3, Abs. 5 Satz 1 und 2, § 37 Abs. 1 und 3	geändert
11.	Jahressteuergesetz 2010 [Art. 14]	8. 12. 2010	1768 (1394)	§ 15 Abs. 1 Stkl. I Nr. 1 und Stkl. II Nr. 7, § 16 Abs. 1 Nr. 1, § 17 Abs. 1 Satz 1 § 13 b Abs. 2 Sätze 6 und 7, § 37 Abs. 4 und 5 § 13 Abs. 1 Nr. 1 Satz 2, § 13 b Abs. 3 Satz 2, § 16 Abs. 1 Nr. 6	geändert eingefügt aufgehoben
12.	Steuervereinfachungsgesetz 2011 [Art. 8]	1. 11. 2011	2131 (986)	§ 13 b Abs. 2 Satz 3 § 13 a Abs. 1 a, § 13 b Abs. 2 a, § 37 Abs. 6	geändert eingefügt
13.	Beitreibungsrichtlinie-Umsetzungsgesetz [Art. 11]	7. 12. 2011	2592 (1171)	§ 2 Abs. 1 Nr. 1 Satz 1, Nr. 3 Satz 1, § 16 Abs. 1 Einleitungssatz, Abs. 2, § 19 Abs. 2, § 21 Abs. 1 Satz 1, § 35 Abs. 4 § 2 Abs. 3, § 7 Abs. 8, § 15 Abs. 4, § 37 Abs. 7	geändert eingefügt
14.	Gesetz zum Abkommen zwischen Deutschland und Frankreich über den Güterstand der Zugewinngemeinschaft [Art. 5]	15. 3. 2012	BGBl. II S. 178, 2013 II S. 431 (Inkrafttreten)	§ 5 Abs. 3	eingefügt
15.	Amtshilferichtlinie-Umsetzungsgesetz [Art. 30]	26. 6. 2013	1809 (802)	§ 13 a Abs. 1 Satz 4, Abs. 4 Satz 5, § 13 b Abs. 2 Satz 3 und Satz 7 § 13 b Abs. 2 Satz 2 Nr. 4 a, § 37 Abs. 8	geändert eingefügt
16.	Gesetz zum Internationalen Erbrecht [Art. 17]	29. 6. 2015	1042	§ 34 Abs. 2 Nr. 2 § 37 Abs. 9	geändert eingefügt
17.	Steueränderungsgesetz 2015 [Art. 10]	2. 11. 2015	1834 (846)	§ 13 Abs. 1 Nr. 16 Buchst. b Satz 1, Buchst. c, § 30 Abs. 4 Nr. 1 § 37 Abs. 10	geändert eingefügt
18.	Gesetz zur Neuregelung des Kulturgutschutzrechts [Art. 8]	31. 7. 2016	1914	§ 13 Abs. 1 Nr. 2 Buchst. b Doppelbuchst. bb § 37 Abs. 11	geändert eingefügt
19.	Gesetz zur Anpassung des ErbStG an die Rspr. des BVerfG [Art. 1]	4. 11. 2016	2464	§ 10 Abs. 1 Satz 1, Abs. 6 Sätze 4 und 5, § 13 a, § 13 b, § 19 a Abs. 2 Satz 1, Abs. 3, Abs. 5 Sätze 2 und 4, § 28 Abs. 1 und 3 § 13 c, § 28 a, § 37 Abs. 12 § 13 c wird 13 d	geändert eingefügt
20.	Steuerumgehungsbekämpfungsgesetz (StUmgBG) [Art. 4]	23. 6. 2017	1682 (865)	§ 2 Abs. 1 Nr. 3, § 3 Abs. 2 Nr. 4, § 9 Abs. 1 Nr. 1 Buchst. f, § 13 Abs. 1 Nr. 16 Buchst. c Satz 2, § 16 Abs. 1 und 2, § 17 Abs. 1 Satz 1, Abs. 2 Satz 1, § 19 Abs. 2, § 21 Abs. 1 Satz 1, § 35 Abs. 4 § 17 Abs. 3, § 37 Abs. 13 und 14 § 2 Abs. 3	geändert eingefügt aufgehoben
21.	Gesetz zum Ausschluss verfassungsfeindlicher Parteien von der Parteienfinanzierung	18. 7. 2017	2730 (1218)	§ 13 Abs. 1 Nr. 18 Buchst. a § 37 Abs. 15	geändert eingefügt
22.	Gesetz zur Vermeidung von Umsatzsteuerausfällen beim Handel mit Waren im Internet und zur Änderung weiterer steuerlicher Vorschriften (UStAusfVermG) [Art. 18]	11. 12. 2018	2338 (1377)	§ 19 a Abs. 5 Satz 2, 28 Abs. 1 Satz 6, Abs. 3 Satz 5, § 28 a Abs. 6 Satz 1 § 28 Abs. 3 Satz 6, § 28 a Abs. 4 Nrn. 4, 5 und 6, Abs. 6 Satz 2, § 37 Abs. 16	geändert eingefügt
23.	Brexit-Steuerbegleitgesetz (Brexit-StBG) [Art. 5]	25. 3. 2019	357 (223)	§ 37 Abs. 17	eingefügt
24.	Grundsteuer-Reformgesetz (GrSt-RefG) [Art. 12]	26. 11. 2019	1794 (1319)	§ 12 Abs. 3	geändert
25.	Jahressteuergesetz 2020 [Art. 34]	21. 12. 2020	3096 (2021, 6)	§ 3 Abs. 2 Nr. 5, § 10 Abs. 1 Satz 3, Abs. 6 Satz 3 und 5, § 13 Abs. 1 Nr. 9 a, § 13 b Abs. 10 Satz 1, § 14 Abs. 2, § 29 Abs. 1	

Lfd. Nr.	Änderndes Gesetz	Datum	BGBl. I (BStBl. I) Seite/Nr.	Geänderte Paragraphen	Art der Änderung
				Nr. 4 Satz 2, § 35 Abs. 1 Satz 1 und 2 § 5 Abs. 1 Satz 6, § 10 Abs. 6 Sätze 6 bis 10, Abs. 8 Satz 2, § 13 a Abs. 9 a, § 30 Abs. 5, § 31 Abs. 1 Sätze 3 und 4, § 35 Abs. 4, § 37 Abs. 18 § 10 Abs. 6 Satz 6 wird Satz 10, § 35 Abs. 4 wird Abs. 5	geändert eingefügt
26.	Gesetz zur Umsetzung der Richtlinie (EU) 2019/2034 über die Beaufsichtigung von Wertpapierinstituten [Art. 7 Abs. 24]	12. 5. 2021	990 (935)	§ 13 b Abs. 4 Nr. 2 Satz 1, Nrn. 4 u. 5 Satz 3	geändert
27.	Gesetz zur Modernisierung des Körperschaftsteuerrechts [Art. 8]	25. 6. 2021	2050 (889)	§ 13 a Abs. 6 Satz 1 Nr. 1 Sätze 1 u. 2 u. Nr. 3 Satz 1, § 13 b Abs. 1 Nr. 2 u. Abs. 4 Nr. 5 Satz 5	geändert
28.	Gesetz zur Abwehr von Steuervermeidung und unfairem Steuerwettbewerb und zur Änderung weiterer Gesetze [Art. 10]	25. 6. 2021	2056 (895)	§ 13 b Abs. 4 Nr. 5 Satz 5	geändert
29.	Grundsteuerreform-Umsetzungsgesetz (GrStRefUG) [Art. 6]	16. 7. 2021	2931 (1451)	§ 13 Abs. 1 Nr. 19, § 37 Abs. 19	eingefügt
30.	Gesetz zur Vereinheitlichung des Stiftungsrechts und zur Änderung des Infektionsschutzgesetzes [Art. 8]	16. 7. 2021	2947	§ 7 Abs. 1 Nr. 9	geändert
31.	Kreditzweitmarktförderungsgesetz [Art. 28]	22. 12. 2023	Nr. 411 (2024, 144)	§ 10 Abs. 1 Satz 4, § 13 b Abs. 4 Nr. 1 Satz 2 Buchst. d, § 18 Satz 1 § 2 a	geändert eingefügt
32.	Wachstumschancengesetz [Art. 28]	27. 3. 2024	Nr. 108 (666)	§ 2 Abs. 1 Nr. 3 Satz 1, § 20 Abs. 7 § 7 Abs. 9, § 37 Abs. 20	geändert eingefügt
33.	Jahressteuergesetz 2024 [Art. 34]	2. 12. 2024	Nr. 387 (1484)	§ 10 Abs. 5 Nr. 3 Satz 2, Abs. 6, § 13 Abs. 1 Nr. 16 Buchst. c Sätze 1 u. 2, § 13 d Abs. 3, § 17 Abs. 3, § 19 a Abs. 3, § 28 Abs. 3 § 10 Abs. 6 a u. 6 b, § 13 a Abs. 6 Satz 1 Nr. 4 Satz 3, § 37 Abs. 21 u. 22 § 13 Abs. 1 Nr. 16 Buchst. c Satz 3	geändert eingefügt aufgehoben

Inhaltsübersicht

Abschnitt 1. Steuerpflicht

§ 1 Steuerpflichtige Vorgänge
§ 2 Persönliche Steuerpflicht
§ 2 a Rechtsfähige Personengesellschaft
§ 3 Erwerb von Todes wegen
§ 4 Fortgesetzte Gütergemeinschaft
§ 5 Zugewinngemeinschaft
§ 6 Vor- und Nacherbschaft
§ 7 Schenkungen unter Lebenden
§ 8 Zweckzuwendungen
§ 9 Entstehung der Steuer

Abschnitt 2. Wertermittlung

§ 10 Steuerpflichtiger Erwerb
§ 11 Bewertungsstichtag
§ 12 Bewertung
§ 13 Steuerbefreiungen
§ 13 a Steuerbefreiung für Betriebsvermögen, Betriebe der Land- und Forstwirtschaft und Anteile an Kapitalgesellschaften
§ 13 b Begünstigtes Vermögen
§ 13 c Verschonungsabschlag bei Großerwerben von begünstigtem Vermögen
§ 13 d Steuerbefreiung für zu Wohnzwecken vermietete Grundstücke

Abschnitt 3. Berechnung der Steuer

§ 14 Berücksichtigung früherer Erwerbe
§ 15 Steuerklassen
§ 16 Freibeträge
§ 17 Besonderer Versorgungsfreibetrag
§ 18 Mitgliederbeiträge
§ 19 Steuersätze
§ 19 a Tarifbegrenzung beim Erwerb von Betriebsvermögen, von Betrieben der Land- und Forstwirtschaft und von Anteilen an Kapitalgesellschaften

Abschnitt 4. Steuerfestsetzung und Erhebung

§ 20 Steuerschuldner
§ 21 Anrechnung ausländischer Erbschaftsteuer
§ 22 Kleinbetragsgrenze
§ 23 Besteuerung von Renten, Nutzungen und Leistungen
§ 24 Verrentung der Steuerschuld in den Fällen des § 1 Abs. 1 Nr. 4
§ 25 Besteuerung bei Nutzungs- und Rentenlast
§ 26 Ermäßigung der Steuer bei Aufhebung einer Familienstiftung oder Auflösung eines Vereins
§ 27 Mehrfacher Erwerb desselben Vermögens
§ 28 Stundung
§ 28 a Verschonungsbedarfsprüfung
§ 29 Erlöschen der Steuer in besonderen Fällen
§ 30 Anzeige des Erwerbs
§ 31 Steuererklärung
§ 32 Bekanntgabe des Steuerbescheids an Vertreter

§ 33 Anzeigepflicht der Vermögensverwahrer, Vermögensverwalter und Versicherungsunternehmen
§ 34 Anzeigepflicht der Gerichte, Behörden, Beamten und Notare
§ 35 Örtliche Zuständigkeit

Abschnitt 5. Ermächtigungs- und Schlußvorschriften
§ 36 Ermächtigungen
§ 37 Anwendung des Gesetzes
§ 37a Sondervorschriften aus Anlaß der Herstellung der Einheit Deutschlands
§§ 38, 39 *(weggefallen)*

Abschnitt 1. Steuerpflicht

§ 1 Steuerpflichtige Vorgänge

(1) Der Erbschaftsteuer (Schenkungsteuer) unterliegen
1. der Erwerb von Todes wegen;
2. die Schenkungen unter Lebenden;
3. die Zweckzuwendungen;
4. das Vermögen einer Stiftung, sofern sie wesentlich im Interesse einer Familie oder bestimmter Familien errichtet ist, und eines Vereins, dessen Zweck wesentlich im Interesse einer Familie oder bestimmter Familien auf die Bindung von Vermögen gerichtet ist, in Zeitabständen von je 30 Jahren seit dem in § 9 Abs. 1 Nr. 4 bestimmten Zeitpunkt.

(2) Soweit nichts anderes bestimmt ist, gelten die Vorschriften dieses Gesetzes über die Erwerbe von Todes wegen auch für Schenkungen und Zweckzuwendungen, die Vorschriften über Schenkungen auch für Zweckzuwendungen unter Lebenden.

§ 2 Persönliche Steuerpflicht

(1) Die Steuerpflicht tritt ein

1.[1] in den Fällen des § 1 Abs. 1 Nr. 1 bis 3, wenn der Erblasser zur Zeit seines Todes, der Schenker zur Zeit der Ausführung der Schenkung oder der Erwerber zur Zeit der Entstehung der Steuer (§ 9) ein Inländer ist, für den gesamten Vermögensanfall (unbeschränkte Steuerpflicht). ② Als Inländer gelten
   a) natürliche Personen, die im Inland einen Wohnsitz oder ihren gewöhnlichen Aufenthalt haben,
   b)[2] deutsche Staatsangehörige, die sich nicht länger als fünf Jahre dauernd im Ausland aufgehalten haben, ohne im Inland einen Wohnsitz zu haben,
   c) unabhängig von der Fünfjahresfrist nach Buchstabe b deutsche Staatsangehörige, die
      aa) im Inland weder einen Wohnsitz noch ihren gewöhnlichen Aufenthalt haben und
      bb) zu einer inländischen juristischen Person des öffentlichen Rechts in einem Dienstverhältnis stehen und dafür Arbeitslohn aus einer inländischen öffentlichen Kasse beziehen,

   sowie zu ihrem Haushalt gehörende Angehörige, die die deutsche Staatsangehörigkeit besitzen. ② Dies gilt nur für Personen, deren Nachlaß oder Erwerb in dem Staat, in dem sie ihren Wohnsitz oder ihren gewöhnlichen Aufenthalt haben, lediglich in einem der Steuerpflicht nach Nummer 3 ähnlichen Umfang zu einer Nachlaß- oder Erbanfallsteuer herangezogen wird,
   d) Körperschaften, Personenvereinigungen und Vermögensmassen, die ihre Geschäftsleitung oder ihren Sitz im Inland haben;
2. in den Fällen des § 1 Abs. 1 Nr. 4, wenn die Stiftung oder der Verein die Geschäftsleitung oder den Sitz im Inland hat;

3.[3] in allen anderen Fällen für den Vermögensanfall, der in Inlandsvermögen im Sinne des § 121 des Bewertungsgesetzes besteht oder einen Anspruch auf Übertragung von Inlandsvermögen im Sinne des § 121 des Bewertungsgesetzes umfasst (beschränkte Steuerpflicht). ② Bei Inlandsvermögen im Sinne des § 121 Nr. 4 des Bewertungsgesetzes ist es ausreichend, wenn der Erblasser zur Zeit seines Todes oder der Schenker zur Zeit der Ausführung der Schenkung entsprechend der Vorschrift am Grund- oder Stammkapital der inländischen Kapitalgesellschaft beteiligt ist. ③ Wird nur ein Teil einer solchen Beteiligung durch Schenkung zugewendet, gelten die weiteren Erwerbe aus der Beteiligung, soweit die Voraussetzungen des § 14 erfüllt sind, auch dann als Erwerb von Inlandsvermögen, wenn im Zeitpunkt ihres Erwerbs die Beteiligung des

[1] § 2 Abs. 1 Nr. 1 Satz 1 geändert durch BeitrRLUmsG mWv 14. 12. 2011, in offenen Fällen auf Antrag auch auf Erwerbe, für die die Steuer früher entstanden ist (§ 37 Abs. 7 ErbStG).

[2] Abweichend 10 Jahre bei Wegzug in die USA, vgl. Art. 3 des Zustimmungsgesetzes v. 15. 9. 2000 (BGBl. II 2000, 1170) zum Ergänzungsprotokoll ErbSt-DBA mit den USA.

[3] § 2 Abs. 1 Nr. 3 Satz 1 neugefasst durch BeitrRLUmsG mWv 14. 12. 2011, in offenen Fällen auf Antrag auch auf Erwerbe, für die die Steuer früher entstanden ist (§ 37 Abs. 7 ErbStG); Nr. 3 Satz 1 geändert durch StUmgBG mWv 25. 6. 2017 (§ 37 Abs. 14 ErbStG); Nr. 3 Satz 1 geändert durch Gesetz vom 27. 3. 2024 (BGBl. I Nr. 108) mWv 28. 3. 2024 (§ 37 Abs. 20 ErbStG).

Erblassers oder Schenkers weniger als ein Zehntel des Grund- oder Stammkapitals der Gesellschaft beträgt.

(2) Zum Inland im Sinne dieses Gesetzes gehört auch der der Bundesrepublik Deutschland zustehende Anteil am Festlandsockel, soweit dort Naturschätze des Meeresgrundes und des Meeresuntergrundes erforscht oder ausgebeutet werden.

(3)[1] *(aufgehoben)*

§ 2a[2] Rechtsfähige Personengesellschaft

① Rechtsfähige Personengesellschaften (§ 14a Absatz 2 Nummer 2 der Abgabenordnung) gelten für Zwecke der Erbschaft- und Schenkungsteuer als Gesamthand und deren Vermögen als Gesamthandsvermögen. ② Bei einem Erwerb nach § 1 Absatz 1 Nummer 1 bis 3 durch eine rechtsfähige Personengesellschaft gelten deren Gesellschafter als Erwerber. ③ Bei einer Zuwendung durch eine rechtsfähige Personengesellschaft gelten deren Gesellschafter als Zuwendende.

§ 3 Erwerb von Todes wegen

(1) Als Erwerb von Todes wegen gilt

1.[3] der Erwerb durch Erbanfall (§ 1922 des Bürgerlichen Gesetzbuchs), durch Vermächtnis (§§ 2147 ff. des Bürgerlichen Gesetzbuchs) oder auf Grund eines geltend gemachten Pflichtteilsanspruchs (§§ 2303 ff. des Bürgerlichen Gesetzbuchs);
2.[4] der Erwerb durch Schenkung auf den Todesfall (§ 2301 des Bürgerlichen Gesetzbuchs). ② Als Schenkung auf den Todesfall gilt auch der auf dem Ausscheiden eines Gesellschafters beruhende Übergang des Anteils oder des Teils eines Anteils eines Gesellschafters einer Personengesellschaft oder Kapitalgesellschaft bei dessen Tod auf die anderen Gesellschafter oder die Gesellschaft, soweit der Wert, der sich für seinen Anteil zur Zeit seines Todes nach § 12 ergibt, Abfindungsansprüche Dritter übersteigt. ③ Wird auf Grund einer Regelung im Gesellschaftsvertrag einer Gesellschaft mit beschränkter Haftung der Geschäftsanteil eines Gesellschafters bei dessen Tod eingezogen und übersteigt der sich nach § 12 ergebende Wert seines Anteils zur Zeit seines Todes Abfindungsansprüche Dritter, gilt die insoweit bewirkte Werterhöhung der Geschäftsanteile der verbleibenden Gesellschafter als Schenkung auf den Todesfall;
3. die sonstigen Erwerbe, auf die die für Vermächtnisse geltenden Vorschriften des bürgerlichen Rechts Anwendung finden;
4. jeder Vermögensvorteil, der auf Grund eines vom Erblasser geschlossenen Vertrags bei dessen Tode von einem Dritten unmittelbar erworben wird.

(2) Als vom Erblasser zugewendet gilt auch

1.[5] der Übergang von Vermögen auf eine vom Erblasser angeordnete Stiftung. ② Dem steht gleich die vom Erblasser angeordnete Bildung oder Ausstattung einer Vermögensmasse ausländischen Rechts, deren Zweck auf die Bindung von Vermögen gerichtet ist;
2. was jemand infolge Vollziehung einer vom Erblasser angeordneten Auflage oder infolge Erfüllung einer vom Erblasser gesetzten Bedingung erwirbt, es sei denn, daß eine einheitliche Zweckzuwendung vorliegt;
3. was jemand dadurch erlangt, daß bei Genehmigung einer Zuwendung des Erblassers Leistungen an andere Personen angeordnet oder zur Erlangung der Genehmigung freiwillig übernommen werden;
4.[6] was als Abfindung für einen Verzicht auf den entstandenen Pflichtteilsanspruch oder für die Ausschlagung einer Erbschaft, eines Erbersatzanspruchs oder eines Vermächtnisses oder für die Zurückweisung eines Rechts aus einem Vertrag des Erblassers zugunsten Dritter auf den Todesfall oder anstelle eines anderen in Absatz 1 genannten Erwerbs oder dafür gewährt wird, dass eine Rechtsstellung, insbesondere eine Erbenstellung, oder ein Recht oder ein Anspruch, die zu einem Erwerb nach Absatz 1 führen würden, nicht mehr oder nur noch teilweise geltend gemacht werden;
5.[7] was als Abfindung für ein aufschiebend bedingtes, betagtes oder befristetes Vermächtnis, das der Vermächtnisnehmer angenommen hat, vor dem Zeitpunkt des Eintritts der Bedingung oder des Ereignisses gewährt wird;
6. was als Entgelt für die Übertragung der Anwartschaft eines Nacherben gewährt wird;
7.[6] was der Vertragserbe oder der Schlusserbe eines gemeinschaftlichen Testaments oder der Vermächtnisnehmer wegen beeinträchtigender Schenkungen des Erblassers (§§ 2287, 2288

[1] § 2 Abs. 3 angefügt durch BeitrRLUmsG mWv 14. 12. 2011, in offenen Fällen auf Antrag auch auf Erwerbe, für die die Steuer früher entstanden ist (§ 37 Abs. 7 ErbStG); Abs. 3 aufgehoben durch StUmgBG mWv 25. 6. 2017 (§ 37 Abs. 14 ErbStG).

[2] § 2a eingefügt durch Gesetz vom 22. 12. 2023 (BGBl. I Nr. 411) mWv 1. 1. 2024.

[3] § 3 Abs. 1 Nr. 1 neugefasst durch ErbStRG 2009 mWv 1. 1. 2009.

[4] § 3 Abs. 1 Nr. 2 neugefasst durch StEntlG 1999/2000/2002 mWv 5. 3. 1999.

[5] § 3 Abs. 2 Nr. 1 neugefasst durch StEntlG 1999/2000/2002 mWv 5. 3. 1999.

[6] § 3 Abs. 2 Nr. 4 und 7 neugefasst durch ErbStRG 2009 mWv 1. 1. 2009; Abs. 2 Nr. 4 geändert durch StUmgBG mWv 25. 6. 2017 (§ 37 Abs. 14 ErbStG).

[7] § 3 Abs. 2 Nr. 5 geändert durch JStG 2020 mWv 29. 12. 2020 (§ 37 Abs. 18 ErbStG).

Abs. 2 des Bürgerlichen Gesetzbuchs) von dem Beschenkten nach den Vorschriften über die ungerechtfertigte Bereicherung erlangt.

§ 4 Fortgesetzte Gütergemeinschaft

(1)[1] Wird die Gütergemeinschaft beim Tod eines Ehegatten oder beim Tod eines Lebenspartners fortgesetzt (§§ 1483 ff. des Bürgerlichen Gesetzbuchs), wird dessen Anteil am Gesamtgut so behandelt, als wäre er ausschließlich den anteilsberechtigten Abkömmlingen angefallen.

(2) ① Beim Tode eines anteilsberechtigten Abkömmlings gehört dessen Anteil am Gesamtgut zu seinem Nachlaß. ② Als Erwerber des Anteils gelten diejenigen, denen der Anteil nach § 1490 Satz 2 und 3 des Bürgerlichen Gesetzbuchs zufällt.

§ 5 Zugewinngemeinschaft

(1)[2] ① Wird der Güterstand der Zugewinngemeinschaft (§ 1363 des Bürgerlichen Gesetzbuchs, § 6 des Lebenspartnerschaftsgesetzes) durch den Tod eines Ehegatten oder den Tod eines Lebenspartners beendet und der Zugewinn nicht nach § 1371 Abs. 2 des Bürgerlichen Gesetzbuchs ausgeglichen, gilt beim überlebenden Ehegatten oder beim überlebenden Lebenspartner der Betrag, den er nach Maßgabe des § 1371 Abs. 2 des Bürgerlichen Gesetzbuchs als Ausgleichsforderung geltend machen könnte, nicht als Erwerb im Sinne des § 3. ② Bei der Berechnung dieses Betrages bleiben von den Vorschriften der §§ 1373 bis 1383 und 1390 des Bürgerlichen Gesetzbuchs abweichende güterrechtliche Vereinbarungen unberücksichtigt. ③ Die Vermutung des § 1377 Abs. 3 des Bürgerlichen Gesetzbuchs findet keine Anwendung. ④ Wird der Güterstand der Zugewinngemeinschaft durch Ehevertrag oder Lebenspartnerschaftsvertrag vereinbart, gilt als Zeitpunkt des Eintritts des Güterstandes (§ 1374 Abs. 1 des Bürgerlichen Gesetzbuchs) der Tag des Vertragsabschlusses. ⑤ Soweit das Endvermögen des Erblassers bei der Ermittlung des als Ausgleichsforderung steuerfreien Betrags mit einem höheren Wert als dem nach den steuerlichen Bewertungsgrundsätzen maßgebenden Wert angesetzt worden ist, gilt höchstens der dem Steuerwert des Endvermögens entsprechende Betrag nicht als Erwerb im Sinne des § 3. ⑥ Sind bei der Ermittlung der Bereicherung des überlebenden Ehegatten oder des überlebenden Lebenspartners Steuerbefreiungen berücksichtigt worden, gilt die Ausgleichsforderung im Verhältnis des um den Wert des steuerbefreiten Vermögens geminderten Werts des Endvermögens zum ungeminderten Wert des Endvermögens des Erblassers nicht als Erwerb im Sinne des § 3.

(2)[3] Wird der Güterstand der Zugewinngemeinschaft in anderer Weise als durch den Tod eines Ehegatten oder eines Lebenspartners beendet oder wird der Zugewinn nach § 1371 Abs. 2 des Bürgerlichen Gesetzbuchs ausgeglichen, gehört die Ausgleichsforderung (§ 1378 des Bürgerlichen Gesetzbuchs) nicht zum Erwerb im Sinne der §§ 3 und 7.

(3)[4] Wird der Güterstand der Wahl-Zugewinngemeinschaft (§ 1519 des Bürgerlichen Gesetzbuchs) beendet und der Zugewinn ausgeglichen, so gehört die Ausgleichsforderung (Artikel 12 Absatz 1 des Abkommens vom 4. Februar 2010 zwischen der Bundesrepublik Deutschland und der Französischen Republik über den Güterstand der Wahl-Zugewinngemeinschaft) nicht zum Erwerb im Sinne der §§ 3 und 7.

§ 6 Vor- und Nacherbschaft

(1) Der Vorerbe gilt als Erbe.

(2) ① Bei Eintritt der Nacherbfolge haben diejenigen, auf die das Vermögen übergeht, den Erwerb als vom Vorerben stammend zu versteuern. ② Auf Antrag ist der Versteuerung das Verhältnis des Nacherben zum Erblasser zugrunde zu legen. ③ Geht in diesem Fall auch eigenes Vermögen des Vorerben auf den Nacherben über, sind beide Vermögensanfälle hinsichtlich der Steuerklasse getrennt zu behandeln. ④ Für das eigene Vermögen des Vorerben kann ein Freibetrag jedoch nur gewährt werden, soweit der Freibetrag für das der Nacherbfolge unterliegende Vermögen nicht verbraucht ist. ⑤ Die Steuer ist für jeden Erwerb jeweils nach dem Steuersatz zu erheben, der für den gesamten Erwerb gelten würde.

(3) ① Tritt die Nacherbfolge nicht durch den Tod des Vorerben ein, gilt die Vorerbfolge als auflösend bedingter, die Nacherbfolge als aufschiebend bedingter Anfall. ② In diesem Fall ist dem Nacherben die vom Vorerben entrichtete Steuer abzüglich desjenigen Steuerbetrags anzurechnen, welcher der tatsächlichen Bereicherung des Vorerben entspricht.

(4)[5] Nachvermächtnisse und beim Tod des Beschwerten fällige Vermächtnisse oder Auflagen stehen den Nacherbschaften gleich.

---

[1] § 4 Abs. 1 neugefasst durch ErbStRG 2009 mWv 1. 1. 2009.

[2] § 5 Abs. 1 Satz 1 neugefasst, Sätze 4 und 5 geändert durch ErbStRG 2009 mWv 1. 1. 2009; Abs. 1 Satz 6 angefügt durch JStG 2020 mWv 29. 12. 2020 (§ 37 Abs. 18 ErbStG).

[3] § 5 Abs. 2 geändert durch ErbStRG 2009 mWv 1. 1. 2009.

[4] § 5 Abs. 3 angefügt durch Gesetz vom 15. 3. 2012 (BGBl. II S. 178); in Kraft getreten am 1. 5. 2013 (Bek. vom 22. 4. 2013, BGBl. II S. 431).

[5] § 6 Abs. 4 neugefasst durch ErbStRG 2009 mWv 1. 1. 2009.

§ 7 Schenkungen unter Lebenden

(1) Als Schenkungen unter Lebenden gelten

1. jede freigebige Zuwendung unter Lebenden, soweit der Bedachte durch sie auf Kosten des Zuwendenden bereichert wird;
2. was infolge Vollziehung einer von dem Schenker angeordneten Auflage oder infolge Erfüllung einer einem Rechtsgeschäft unter Lebenden beigefügten Bedingung ohne entsprechende Gegenleistung erlangt wird, es sei denn, daß eine einheitliche Zweckzuwendung vorliegt;
3. was jemand dadurch erlangt, daß bei Genehmigung einer Schenkung Leistungen an andere Personen angeordnet oder zur Erlangung der Genehmigung freiwillig übernommen werden;
4.[1] die Bereicherung, die ein Ehegatte oder ein Lebenspartner bei Vereinbarung der Gütergemeinschaft (§ 1415 des Bürgerlichen Gesetzbuchs) erfährt;
5. was als Abfindung für einen Erbverzicht (§§ 2346 und 2352 des Bürgerlichen Gesetzbuchs) gewährt wird;
6.[1] *(aufgehoben)*
7. was ein Vorerbe dem Nacherben mit Rücksicht auf die angeordnete Nacherbschaft vor ihrem Eintritt herausgibt;
8.[1] der Übergang von Vermögen auf Grund eines Stiftungsgeschäfts unter Lebenden. ② Dem steht gleich die Bildung oder Ausstattung einer Vermögensmasse ausländischen Rechts, deren Zweck auf die Bindung von Vermögen gerichtet ist;
9.[2] was bei Auflösung, Aufhebung, Zulegung oder Zusammenlegung von Stiftungen oder bei Auflösung eines Vereins, dessen Zweck auf die Bindung von Vermögen gerichtet ist, erworben wird. ② Dem steht gleich der Erwerb bei Auflösung einer Vermögensmasse ausländischen Rechts, deren Zweck auf die Bindung von Vermögen gerichtet ist, sowie der Erwerb durch Zwischenberechtigte während des Bestehens der Vermögensmasse. ③ Wie eine Auflösung wird auch der Formwechsel eines rechtsfähigen Vereins, dessen Zweck wesentlich im Interesse einer Familie oder bestimmter Familien auf die Bindung von Vermögen gerichtet ist, in eine Kapitalgesellschaft behandelt;
10. was als Abfindung für aufschiebend bedingt, betagt oder befristet erworbene Ansprüche, soweit es sich nicht um einen Fall des § 3 Abs. 2 Nr. 5 handelt, vor dem Zeitpunkt des Eintritts der Bedingung oder des Ereignisses gewährt wird.

(2) ① Im Fall des Absatzes 1 Nr. 7 ist der Versteuerung auf Antrag das Verhältnis des Nacherben zum Erblasser zugrunde zu legen. ② § 6 Abs. 2 Satz 3 bis 5 gilt entsprechend.

(3) Gegenleistungen, die nicht in Geld veranschlagt werden können, werden bei der Feststellung, ob eine Bereicherung vorliegt, nicht berücksichtigt.

(4) Die Steuerpflicht einer Schenkung wird nicht dadurch ausgeschlossen, daß sie zur Belohnung oder unter einer Auflage gemacht oder in die Form eines lästigen Vertrags gekleidet wird.

(5) ① Ist Gegenstand der Schenkung eine Beteiligung an einer Personengesellschaft, in deren Gesellschaftsvertrag bestimmt ist, daß der neue Gesellschafter bei Auflösung der Gesellschaft oder im Fall eines vorherigen Ausscheidens nur den Buchwert seines Kapitalanteils erhält, werden diese Bestimmungen bei der Feststellung der Bereicherung nicht berücksichtigt. ② Soweit die Bereicherung den Buchwert des Kapitalanteils übersteigt, gilt sie als auflösend bedingt erworben.

(6) Wird eine Beteiligung an einer Personengesellschaft mit einer Gewinnbeteiligung ausgestattet, die insbesondere der Kapitaleinlage, der Arbeits- oder der sonstigen Leistung des Gesellschafters für die Gesellschaft nicht entspricht oder die einem fremden Dritten üblicherweise nicht eingeräumt würde, gilt das Übermaß an Gewinnbeteiligung als selbständige Schenkung, die mit dem Kapitalwert anzusetzen ist.

(7)[3] ① Als Schenkung gilt auch der auf dem Ausscheiden eines Gesellschafters beruhende Übergang des Anteils oder des Teils eines Anteils eines Gesellschafters einer Personengesellschaft oder Kapitalgesellschaft auf die anderen Gesellschafter oder die Gesellschaft, soweit der Wert, der sich für seinen Anteil zur Zeit seines Ausscheidens nach § 12 ergibt, den Abfindungsanspruch übersteigt. ② Wird auf Grund einer Regelung im Gesellschaftsvertrag einer Gesellschaft mit beschränkter Haftung der Geschäftsanteil eines Gesellschafters bei dessen Ausscheiden eingezogen und übersteigt der sich nach § 12 ergebende Wert seines Anteils zur Zeit seines Ausscheidens den Abfindungsanspruch, gilt die insoweit bewirkte Werterhöhung der Anteile der verbleibenden Gesellschafter als Schenkung des ausgeschiedenen Gesellschafters. ③ Bei Übertragungen im Sinne des § 10 Abs. 10 gelten die Sätze 1 und 2 sinngemäß.

(8)[3] ① Als Schenkung gilt auch die Werterhöhung von Anteilen an einer Kapitalgesellschaft, die eine an der Gesellschaft unmittelbar oder mittelbar beteiligte natürliche Person oder Stiftung (Be-

[1] § 7 Abs. 1 Nr. 4 geändert, Nr. 6 aufgehoben durch ErbStRG 2009 mWv 1. 1. 2009; Abs. 1 Nr. 8 neugefasst durch StEntlG 1999/2000/2002 mWv 5. 3. 1999.

[2] § 7 Abs. 1 Nr. 9 neugefasst durch StEntlG 1999/2000/2002 mWv 5. 3. 1999; Abs. 1 Nr. 9 Satz 3 angefügt durch ErbStRG 2009 mWv 1. 1. 2009; Satzteil vor Satz 2 geändert durch Gesetz vom 16. 7. 2021 (BGBl. I S. 2947) mWv 1. 7. 2023.

[3] § 7 Abs. 7 neugefasst durch StEntlG 1999/2000/2002 mWv 5. 3. 1999; Abs. 7 Satz 3 angefügt durch ErbStRG 2009 mWv 1. 1. 2009; Abs. 8 angefügt durch BeitrRLUmsG mWv 14. 12. 2011 (§ 37 Abs. 7 Satz 1 ErbStG).

dachte) durch die Leistung einer anderen Person (Zuwendender) an die Gesellschaft erlangt. ② Freigebig sind auch Zuwendungen zwischen Kapitalgesellschaften, soweit sie in der Absicht getätigt werden, Gesellschafter zu bereichern und soweit an diesen Gesellschaften nicht unmittelbar oder mittelbar dieselben Gesellschafter zu gleichen Anteilen beteiligt sind. ③ Die Sätze 1 und 2 gelten außer für Kapitalgesellschaften auch für Genossenschaften.

(9)[1] ① Als Schenkung gilt auch die Werterhöhung einer Beteiligung eines persönlich haftenden Gesellschafters einer Kommanditgesellschaft auf Aktien, die eine an der Gesellschaft unmittelbar oder mittelbar beteiligte natürliche Person oder Stiftung (Bedachte) durch die Leistung einer anderen Person (Zuwendender) an die Gesellschaft erlangt. ② Absatz 8 Satz 2 ist entsprechend anzuwenden.

§ 8 Zweckzuwendungen

Zweckzuwendungen sind Zuwendungen von Todes wegen oder freigebige Zuwendungen unter Lebenden, die mit der Auflage verbunden sind, zugunsten eines bestimmten Zwecks verwendet zu werden, oder die von der Verwendung zugunsten eines bestimmten Zwecks abhängig sind, soweit hierdurch die Bereicherung des Erwerbers gemindert wird.

§ 9 Entstehung der Steuer

(1) Die Steuer entsteht

1.[2] bei Erwerben von Todes wegen mit dem Tode des Erblassers, jedoch
   a) für den Erwerb des unter einer aufschiebenden Bedingung, unter einer Betagung oder Befristung Bedachten sowie für zu einem Erwerb gehörende aufschiebend bedingte, betagte oder befristete Ansprüche mit dem Zeitpunkt des Eintritts der Bedingung oder des Ereignisses,
   b)[3] für den Erwerb eines geltend gemachten Pflichtteilsanspruchs mit dem Zeitpunkt der Geltendmachung,
   c)[3] im Fall des § 3 Abs. 2 Nr. 1 Satz 1 mit dem Zeitpunkt der Anerkennung der Stiftung als rechtsfähig und im Fall des § 3 Abs. 2 Nr. 1 Satz 2 mit dem Zeitpunkt der Bildung oder Ausstattung der Vermögensmasse,
   d) in den Fällen des § 3 Abs. 2 Nr. 2 mit dem Zeitpunkt der Vollziehung der Auflage oder der Erfüllung der Bedingung,
   e) in den Fällen des § 3 Abs. 2 Nr. 3 mit dem Zeitpunkt der Genehmigung,
   f)[3] in den Fällen des § 3 Absatz 2 Nummer 4 mit dem Zeitpunkt des Verzichts, der Ausschlagung, der Zurückweisung oder der Erklärung über das Nichtgeltendmachen,
   g) im Fall des § 3 Abs. 2 Nr. 5 mit dem Zeitpunkt der Vereinbarung über die Abfindung,
   h) für den Erwerb des Nacherben mit dem Zeitpunkt des Eintritts der Nacherbfolge,
   i) im Fall des § 3 Abs. 2 Nr. 6 mit dem Zeitpunkt der Übertragung der Anwartschaft,
   j) im Fall des § 3 Abs. 2 Nr. 7 mit dem Zeitpunkt der Geltendmachung des Anspruchs;
2. bei Schenkungen unter Lebenden mit dem Zeitpunkt der Ausführung der Zuwendung;
3. bei Zweckzuwendungen mit dem Zeitpunkt des Eintritts der Verpflichtung des Beschwerten;
4. in den Fällen des § 1 Abs. 1 Nr. 4 in Zeitabständen von je 30 Jahren seit dem Zeitpunkt des ersten Übergangs von Vermögen auf die Stiftung oder auf den Verein. ② Fällt bei Stiftungen oder Vereinen der Zeitpunkt des ersten Übergangs von Vermögen auf den 1. Januar 1954 oder auf einen früheren Zeitpunkt, entsteht die Steuer erstmals am 1. Januar 1984. ③ Bei Stiftungen und Vereinen, bei denen die Steuer erstmals am 1. Januar 1984 entsteht, richtet sich der Zeitraum von 30 Jahren nach diesem Zeitpunkt.

(2)[2] In den Fällen der Aussetzung der Versteuerung nach § 25 Abs. 1 Buchstabe a[4] gilt die Steuer für den Erwerb des belastenden Vermögens als mit dem Zeitpunkt des Erlöschens der Belastung entstanden.

Abschnitt 2. Wertermittlung

§ 10 Steuerpflichtiger Erwerb

(1)[5] ① Als steuerpflichtiger Erwerb gilt die Bereicherung des Erwerbers, soweit sie nicht steuerfrei ist (§§ 5, 13, 13a, 13c, 13d, 16, 17 und 18). ② In den Fällen des § 3 gilt unbeschadet

[1] § 7 Abs. 9 angefügt durch Gesetz vom 27. 3. 2024 (BGBl. I Nr. 108) mWv 28. 3. 2024.

[2] Zur Anwendung im Beitrittsgebiet siehe § 37 a Abs. 2 Satz 1 ErbStG.

[3] § 9 Abs. 1 Nr. 1 Buchst. b neugefasst durch ErbStRG 2009 mWv 1. 1. 2009; Abs. 1 Nr. 1 Buchst. c neugefasst durch StEntlG 1999/2000/2002 mWv 5. 3. 1999 und geändert durch Gesetz vom 15. 7. 2002 (BGBl. I S. 2634) mWv 1. 9. 2002; Abs. 1 Nr. 1 Buchst. f neugefasst durch StUmgBG mWv 25. 6. 2017 (§ 37 Abs. 14 ErbStG).

[4] § 25 Abs. 1 Buchst. a ErbStG **1974,** vgl. § 37 Abs. 2 ErbStG und Anhang **II** Nr. **1.**

[5] § 10 Abs. 1 Satz 1 und 2 neugefasst, neuer Satz 3 eingefügt, Sätze 3 bis 6 werden 4 bis 7, Satz 4 neugefasst durch ErbStRG 2009 mWv 1. 1. 2009; Abs. 1 Satz 1 Angabe geändert durch Gesetz vom 4. 11. 2016 (BGBl. I S. 2464) mWv 1. 7. 2016 (§ 37 Abs. 12 Satz 1 ErbStG); Abs. 1 Satz 3 neugefasst durch JStG 2020 mWv 29. 12. 2020 (§ 37 Abs. 18 ErbStG); Abs. 1 Satz 4 geändert durch Gesetz vom 22. 12. 2023 (BGBl. I Nr. 411) mWv 1. 1. 2024.

Absatz 10 als Bereicherung der Betrag, der sich ergibt, wenn von dem nach § 12 zu ermittelnden Wert des gesamten Vermögensanfalls, soweit er der Besteuerung nach diesem Gesetz unterliegt, die nach den Absätzen 3 bis 9 abzugsfähigen Nachlaßverbindlichkeiten mit ihrem nach § 12 zu ermittelnden Wert abgezogen werden. ③ Die vom Erblasser herrührenden Steuererstattungsansprüche sind bei der Ermittlung der Bereicherung zu berücksichtigen, auch wenn sie rechtlich erst nach dem Tod des Erblassers entstanden sind. ④ Der unmittelbare oder mittelbare Erwerb einer Beteiligung an einer Personenvereinigung, die nicht unter § 97 Abs. 1 Satz 1 Nr. 5 des Bewertungsgesetzes fällt, gilt als Erwerb der anteiligen Wirtschaftsgüter; die dabei übergehenden Schulden und Lasten der Gesellschaft sind bei der Ermittlung der Bereicherung des Erwerbers wie eine Gegenleistung zu behandeln. ⑤ Bei der Zweckzuwendung tritt an die Stelle des Vermögensanfalls die Verpflichtung des Beschwerten. ⑥ Der steuerpflichtige Erwerb wird auf volle 100 Euro[1] nach unten abgerundet. ⑦ In den Fällen des § 1 Abs. 1 Nr. 4 tritt an die Stelle des Vermögensanfalls das Vermögen der Stiftung oder des Vereins.

(2) Hat der Erblasser die Entrichtung der von dem Erwerber geschuldeten Steuer einem anderen auferlegt oder hat der Schenker die Entrichtung der vom Beschenkten geschuldeten Steuer selbst übernommen oder einem anderen auferlegt, gilt als Erwerb der Betrag, der sich bei einer Zusammenrechnung des Erwerbs nach Absatz 1 mit der aus ihm errechneten Steuer ergibt.

(3) Die infolge des Anfalls durch Vereinigung von Recht und Verbindlichkeit oder von Recht und Belastung erloschenen Rechtsverhältnisse gelten als nicht erloschen.

(4) Die Anwartschaft eines Nacherben gehört nicht zu seinem Nachlaß.

(5) Von dem Erwerb sind, soweit sich nicht aus den Absätzen 6 bis 9 etwas anderes ergibt, als Nachlaßverbindlichkeiten abzugsfähig

1.[2] die vom Erblasser herrührenden Schulden, soweit sie nicht mit einem zum Erwerb gehörenden Gewerbebetrieb, Anteil an einem Gewerbebetrieb, Betrieb der Land- und Forstwirtschaft oder Anteil an einem Betrieb der Land- und Forstwirtschaft in wirtschaftlichem Zusammenhang stehen und bereits bei der Bewertung der wirtschaftlichen Einheit berücksichtigt worden sind;
2. Verbindlichkeiten aus Vermächtnissen, Auflagen und geltend gemachten Pflichtteilen und Erbersatzansprüchen;
3. die Kosten der Bestattung des Erblassers, die Kosten für ein angemessenes Grabdenkmal, die Kosten für die übliche Grabpflege mit ihrem Kapitalwert für eine unbestimmte Dauer sowie die Kosten, die dem Erwerber unmittelbar im Zusammenhang mit der Abwicklung, Regelung oder Verteilung des Nachlasses oder mit der Erlangung des Erwerbs entstehen. ② Für diese Kosten wird insgesamt ein Betrag von 15 000 Euro[3] ohne Nachweis abgezogen. ③ Kosten für die Verwaltung des Nachlasses sind nicht abzugsfähig.

(6)[4] ① Nicht abzugsfähig sind Schulden und Lasten, soweit sie in wirtschaftlichem Zusammenhang mit Vermögensgegenständen stehen, die nicht der Besteuerung nach diesem Gesetz unterliegen. ② Beschränkt sich die Besteuerung auf einzelne Vermögensgegenstände (§ 2 Absatz 1 Nummer 3, § 19 Absatz 2), so sind die damit in wirtschaftlichem Zusammenhang stehenden Schulden und Lasten abzugsfähig. ③ Schulden und Lasten, die nicht in wirtschaftlichem Zusammenhang mit einzelnen Vermögensgegenständen des Erwerbs stehen, sind in Fällen der beschränkten Steuerpflicht anteilig abzugsfähig. ④ Der abzugsfähige Anteil bemisst sich nach dem Verhältnis des Werts des der Besteuerung nach diesem Gesetz unterliegenden Vermögens nach Abzug der mit diesem Vermögen in wirtschaftlichem Zusammenhang stehenden Schulden und Lasten zum Gesamtwert des erworbenen Vermögens nach Abzug aller mit diesem Vermögen in wirtschaftlichem Zusammenhang stehenden Schulden und Lasten. ⑤ Dies gilt auch für Kosten im Sinne des Absatzes 5 Nummer 3 Satz 1. ⑥ Absatz 5 Nummer 3 Satz 2 bleibt unberührt.

(6 a)[4] ① Schulden und Lasten sind nicht abzugsfähig, soweit die Vermögensgegenstände, mit denen sie in wirtschaftlichem Zusammenhang stehen, steuerbefreit sind. ② Schulden und Lasten, die mit nach den §§ 13 a und 13 c befreitem Vermögen in wirtschaftlichem Zusammenhang stehen, sind nur mit dem Betrag abzugsfähig, der dem Verhältnis des nach Anwendung der §§ 13 a und 13 c anzusetzenden Werts dieses Vermögens zu dem Wert vor Anwendung der §§ 13 a und 13 c entspricht. ③ Schulden und Lasten, die nicht in wirtschaftlichem Zusammenhang mit einzelnen Vermögensgegenständen des Erwerbs stehen, sind anteilig allen Vermögensgegenständen des Erwerbs zuzurechnen. ④ Dies gilt nicht für Kosten im Sinne des Absatzes 5 Nummer 3. ⑤ Der jeweilige Anteil bemisst sich nach dem Verhältnis des Werts des Vermögensgegenstands nach Abzug der mit diesem Vermögensgegenstand in wirtschaftlichem Zusammenhang stehenden Schulden und Lasten zum Gesamtwert der Vermögensgegenstände nach Abzug aller mit diesen Vermögensgegenständen in wirtschaftlichem Zusammenhang stehenden Schulden und Lasten. ⑥ In den Fällen einer Steuerbefreiung nach den §§ 13 a und 13 c ist bei Anwendung der Sätze 3 bis 5 nicht auf den einzelnen Vermögensgegenstand, sondern auf die Summe der begünstigten Vermögen im Sinne des § 13 b Absatz 2 abzustellen. ⑦ Der auf den einzelnen Vermögensgegenstand entfallende

---

[1] § 10 Abs. 1 Satz 6 Betrag geändert durch StEuglG vom 19. 12. 2000 (BGBl. I S. 1790) mWv 1. 1. 2002.
[2] § 10 Abs. 5 Nr. 1 angefügt durch ErbStRG 2009 mWv 1. 1. 2009.
[3] § 10 Abs. 5 Nr. 3 Satz 2 Betrag geändert durch JStG 2024 mWv 1. 1. 2025 (§ 37 Abs. 21 ErbStG).
[4] § 10 Abs. 6 neugefasst und Abs. 6 a u. 6 b angefügt durch JStG 2024 mWv 1. 1. 2025 (§ 37 Abs. 21 ErbStG).

Anteil an den Schulden und Lasten im Sinne des Satzes 3 ist nicht abzugsfähig, soweit dieser Vermögensgegenstand steuerbefreit ist. ⑧ Die auf das nach den §§ 13 a und 13 c befreite Vermögen entfallenden Schulden und Lasten im Sinne der Sätze 3 bis 6 sind nur mit dem Betrag abzugsfähig, der dem Verhältnis des nach Anwendung der §§ 13 a und 13 c anzusetzenden Werts dieses Vermögens zu dem Wert vor Anwendung der §§ 13 a und 13 c entspricht.

(6 b)[1] Haben sich grundstücksbezogene Belastungen bei der Ermittlung des gemeinen Werts einer wirtschaftlichen Einheit des Grundbesitzes ausgewirkt, ist deren Abzug bei der Erbschaftsteuer ausgeschlossen.

(7) In den Fällen des § 1 Abs. 1 Nr. 4 sind Leistungen an die nach der Stiftungsurkunde oder nach der Vereinssatzung Berechtigten nicht abzugsfähig.

(8)[2] ① Die von dem Erwerber zu entrichtende eigene Erbschaftsteuer ist nicht abzugsfähig. ② Satz 1 gilt in den Fällen des § 1 Absatz 1 Nummer 4 entsprechend.

(9) Auflagen, die den Beschwerten selbst zugute kommen, sind nicht abzugsfähig.

(10)[3] ① Überträgt ein Erbe ein auf ihn von Todes wegen übergangenes Mitgliedschaftsrecht an einer Personengesellschaft unverzüglich nach dessen Erwerb auf Grund einer im Zeitpunkt des Todes des Erblassers bestehenden Regelung im Gesellschaftsvertrag an die Mitgesellschafter und ist der Wert, der sich für seinen Anteil zur Zeit des Todes des Erblassers nach § 12 ergibt, höher als der gesellschaftsvertraglich festgelegte Abfindungsanspruch, so gehört nur der Abfindungsanspruch zum Vermögensanfall im Sinne des Absatzes 1 Satz 2. ② Überträgt ein Erbe einen auf ihn von Todes wegen übergegangenen Geschäftsanteil an einer Gesellschaft mit beschränkter Haftung unverzüglich nach dessen Erwerb auf Grund einer im Zeitpunkt des Todes des Erblassers bestehenden Regelung im Gesellschaftsvertrag an die Mitgesellschafter oder wird der Geschäftsanteil auf Grund einer im Zeitpunkt des Todes des Erblassers bestehenden Regelung im Gesellschaftsvertrag von der Gesellschaft eingezogen und ist der Wert, der sich für seinen Anteil zur Zeit des Todes des Erblassers nach § 12 ergibt, höher als der gesellschaftsvertraglich festgelegte Abfindungsanspruch, so gehört nur der Abfindungsanspruch zum Vermögensanfall im Sinne des Absatzes 1 Satz 2.

§ 11 Bewertungsstichtag

Für die Wertermittlung ist, soweit in diesem Gesetz nichts anderes bestimmt ist, der Zeitpunkt der Entstehung der Steuer maßgebend.

§ 12[4] Bewertung

(1) Die Bewertung richtet sich, soweit nicht in den Absätzen 2 bis 7 etwas anderes bestimmt ist, nach den Vorschriften des Ersten Teils des Bewertungsgesetzes (Allgemeine Bewertungsvorschriften) in der Fassung der Bekanntmachung vom 1. Februar 1991 (BGBl. I S. 230), zuletzt geändert durch Artikel 2 des Gesetzes vom 24. Dezember 2008 (BGBl. I S. 3018), in der jeweils geltenden Fassung.

(2) Anteile an Kapitalgesellschaften, für die ein Wert nach § 151 Abs. 1 Satz 1 Nr. 3 des Bewertungsgesetzes festzustellen ist, sind mit dem auf den Bewertungsstichtag (§ 11) festgestellten Wert anzusetzen.

(3)[5] Grundbesitz (§ 157 Absatz 1 Satz 1 des Bewertungsgesetzes) ist mit dem nach § 151 Abs. 1 Satz 1 Nr. 1 des Bewertungsgesetzes auf den Bewertungsstichtag (§ 11) festgestellten Wert anzusetzen.

(4) Bodenschätze, die nicht zum Betriebsvermögen gehören, werden angesetzt, wenn für sie Absetzungen für Substanzverringerung bei der Einkunftsermittlung vorzunehmen sind; sie werden mit ihren ertragsteuerlichen Werten angesetzt.

(5) Inländisches Betriebsvermögen, für das ein Wert nach § 151 Abs. 1 Satz 1 Nr. 2 des Bewertungsgesetzes festzustellen ist, ist mit dem auf den Bewertungsstichtag (§ 11) festgestellten Wert anzusetzen.

(6) Gehört zum Erwerb ein Anteil an Wirtschaftsgütern und Schulden, für die ein Wert nach § 151 Abs. 1 Satz 1 Nr. 4 des Bewertungsgesetzes festzustellen ist, ist der darauf entfallende Teilbetrag des auf den Bewertungsstichtag (§ 11) festgestellten Werts anzusetzen.

(7) Ausländischer Grundbesitz und ausländisches Betriebsvermögen werden nach § 31 des Bewertungsgesetzes bewertet.

§ 13 Steuerbefreiungen

(1) Steuerfrei bleiben

[1] § 10 Abs. 6 neugefasst und Abs. 6 a u. 6 b angefügt durch JStG 2024 mWv 1. 1. 2025 (§ 37 Abs. 21 ErbStG).
[2] § 10 Abs. 8 Satz 2 angefügt durch JStG 2020 mWv 29. 12. 2020 (§ 37 Abs. 18 ErbStG).
[3] § 10 Abs. 10 angefügt durch ErbStRG 2009 mWv 1. 1. 2009.
[4] § 12 neugefasst durch ErbStRG 2009 mWv 1. 1. 2009.
[5] § 12 Abs. 3 geändert durch Art. 12 GrStRefG mWv 1. 1. 2025.

1. a) Hausrat einschließlich Wäsche und Kleidungsstücke beim Erwerb durch Personen der Steuerklasse I, soweit der Wert insgesamt 41 000 Euro[1] nicht übersteigt,
   b) andere bewegliche körperliche Gegenstände, die nicht nach Nummer 2 befreit sind, beim Erwerb durch Personen der Steuerklasse I, soweit der Wert insgesamt 12 000 Euro[1] nicht übersteigt,
   c) Hausrat einschließlich Wäsche und Kleidungsstücke und andere bewegliche körperliche Gegenstände, die nicht nach Nummer 2 befreit sind, beim Erwerb durch Personen der Steuerklassen II und III, soweit der Wert insgesamt 12 000 Euro[1] nicht übersteigt.

   ② Die Befreiung gilt nicht für Gegenstände, die zum land- und forstwirtschaftlichen Vermögen, zum Grundvermögen oder zum Betriebsvermögen gehören, für Zahlungsmittel, Wertpapiere, Münzen, Edelmetalle, Edelsteine und Perlen;[2]
2. Grundbesitz oder Teile von Grundbesitz, Kunstgegenstände, Kunstsammlungen, wissenschaftliche Sammlungen, Bibliotheken und Archive
   a)[3] mit 60 Prozent ihres Werts, jedoch Grundbesitz und Teile von Grundbesitz mit 85 Prozent ihres Werts, wenn die Erhaltung dieser Gegenstände wegen ihrer Bedeutung für Kunst, Geschichte oder Wissenschaft im öffentlichen Interesse liegt, die jährlichen Kosten in der Regel die erzielten Einnahmen übersteigen und die Gegenstände in einem den Verhältnissen entsprechenden Umfang den Zwecken der Forschung oder der Volksbildung nutzbar gemacht sind oder werden,
   b) in vollem Umfang, wenn die Voraussetzungen des Buchstabens a erfüllt sind und ferner
      aa) der Steuerpflichtige bereit ist, die Gegenstände den geltenden Bestimmungen der Denkmalspflege zu unterstellen,
      bb)[3, 4] die Gegenstände sich seit mindestens 20 Jahren im Besitz der Familie befinden oder in ein Verzeichnis national wertvollen Kulturgutes nach § 7 Absatz 1 des Kulturgutschutzgesetzes vom 31. Juli 2016 (BGBl. I S. 1914) in der jeweils geltenden Fassung eingetragen sind.

   ② Die Steuerbefreiung fällt mit Wirkung für die Vergangenheit weg, wenn die Gegenstände innerhalb von zehn Jahren nach dem Erwerb veräußert werden oder die Voraussetzungen für die Steuerbefreiung innerhalb dieses Zeitraums entfallen;
3. Grundbesitz oder Teile von Grundbesitz, der für Zwecke der Volkswohlfahrt der Allgemeinheit ohne gesetzliche Verpflichtung zur Benutzung zugänglich gemacht ist und dessen Erhaltung im öffentlichen Interesse liegt, wenn die jährlichen Kosten in der Regel die erzielten Einnahmen übersteigen. ② Die Steuerbefreiung fällt mit Wirkung für die Vergangenheit weg, wenn der Grundbesitz oder Teile des Grundbesitzes innerhalb von zehn Jahren nach dem Erwerb veräußert werden oder die Voraussetzungen für die Steuerbefreiung innerhalb dieses Zeitraums entfallen;
4. ein Erwerb nach § 1969 des Bürgerlichen Gesetzbuchs;

4 a.[5] Zuwendungen unter Lebenden, mit denen ein Ehegatte dem anderen Ehegatten Eigentum oder Miteigentum an einem im Inland oder in einem Mitgliedstaat der Europäischen Union oder einem Staat des Europäischen Wirtschaftsraums belegenen bebauten Grundstück im Sinne des § 181 Abs. 1 Nr. 1 bis 5 des Bewertungsgesetzes verschafft, soweit darin eine Wohnung zu eigenen Wohnzwecken genutzt wird (Familienheim), oder den anderen Ehegatten von eingegangenen Verpflichtungen im Zusammenhang mit der Anschaffung oder der Herstellung des Familienheims freistellt. ② Entsprechendes gilt, wenn ein Ehegatte nachträglichen Herstellungs- oder Erhaltungsaufwand für ein Familienheim trägt, das im gemeinsamen Eigentum der Ehegatten oder im Eigentum des anderen Ehegatten steht. ③ Die Sätze 1 und 2 gelten für Zuwendungen zwischen Lebenspartnern entsprechend;

4 b.[5] der Erwerb von Todes wegen des Eigentums oder Miteigentums an einem im Inland oder in einem Mitgliedstaat der Europäischen Union oder einem Staat des Europäischen Wirtschaftsraums belegenen bebauten Grundstück im Sinne des § 181 Abs. 1 Nr. 1 bis 5 des Bewertungsgesetzes durch den überlebenden Ehegatten oder den überlebenden Lebenspartner, soweit der Erblasser darin bis zum Erbfall eine Wohnung zu eigenen Wohnzwecken genutzt hat oder bei der er aus zwingenden Gründen an einer Selbstnutzung zu eigenen Wohnzwecken gehindert war und die beim Erwerber unverzüglich zur Selbstnutzung zu eigenen Wohnzwecken bestimmt ist (Familienheim). ② Ein Erwerber kann die Steuerbefreiung nicht in Anspruch nehmen, soweit er das begünstigte Vermögen auf Grund einer letztwilligen Verfügung des Erblassers oder einer rechtsgeschäftlichen Verfügung des Erblassers auf einen Dritten übertragen muss. ③ Gleiches gilt, wenn ein Erbe im Rahmen der Teilung des Nachlasses begünstigtes Vermögen auf einen Miterben überträgt. ④ Überträgt ein Erbe erworbenes begünstigtes

---

[1] § 13 Abs. 1 Nr. 1 Beträge geändert durch StEuglG vom 19. 12. 2000 (BGBl. I S. 1790) mWv 1. 1. 2002 und in Buchst. b und c durch ErbStRG 2009 mWv 1. 1. 2009.

[2] § 13 Abs. 1 Nr. 1 neuer Satz 2 eingefügt, bish. Satz 2 wird 3 durch ErbStRG 2009 mWv 1. 1. 2009; Satz 2 wieder aufgehoben durch Jahressteuergesetz 2010 mWv 14. 12. 2010 (§ 37 Abs. 4 ErbStG).

[3] § 13 Abs. 1 Nr. 2 Buchst. a, Buchst. b Doppelbuchst. bb neugefasst durch ErbStRG 2009 mWv 1. 1. 2009.

[4] § 13 Abs. 1 Nr. 2 Buchst. b Doppelbuchst. bb neugefasst durch Gesetz vom 31. 7. 2016 (BGBl. I S. 1914) mWv 6. 8. 2016 (§ 37 Abs. 11 ErbStG).

[5] § 13 Abs. 1 Nr. 4 a neugefasst, Nr. 4 b und Nr. 4 c eingefügt durch ErbStRG 2009 mWv 1. 1. 2009.

Vermögen im Rahmen der Teilung des Nachlasses auf einen Dritten und gibt der Dritte dabei diesem Erwerber nicht begünstigtes Vermögen hin, das er vom Erblasser erworben hat, erhöht sich insoweit der Wert des begünstigten Vermögens des Dritten um den Wert des hingegebenen Vermögens, höchstens jedoch um den Wert des übertragenen Vermögens. ⑤ Die Steuerbefreiung fällt mit Wirkung für die Vergangenheit weg, wenn der Erwerber das Familienheim innerhalb von zehn Jahren nach dem Erwerb nicht mehr zu Wohnzwecken selbst nutzt, es sei denn, er ist aus zwingenden Gründen an einer Selbstnutzung zu eigenen Wohnzwecken gehindert;

4 c.[1] der Erwerb von Todes wegen des Eigentums oder Miteigentums an einem im Inland oder in einem Mitgliedstaat der Europäischen Union oder einem Staat des Europäischen Wirtschaftsraums belegenen bebauten Grundstück im Sinne des § 181 Abs. 1 Nr. 1 bis 5 des Bewertungsgesetzes durch Kinder im Sinne der Steuerklasse I Nr. 2 und der Kinder verstorbener Kinder im Sinne der Steuerklasse I Nr. 2, soweit der Erblasser darin bis zum Erbfall eine Wohnung zu eigenen Wohnzwecken genutzt hat oder bei der er aus zwingenden Gründen an einer Selbstnutzung zu eigenen Wohnzwecken gehindert war, die beim Erwerber unverzüglich zur Selbstnutzung zu eigenen Wohnzwecken bestimmt ist (Familienheim) und soweit die Wohnfläche der Wohnung 200 Quadratmeter nicht übersteigt. ② Ein Erwerber kann die Steuerbefreiung nicht in Anspruch nehmen, soweit er das begünstigte Vermögen auf Grund einer letztwilligen Verfügung des Erblassers oder einer rechtsgeschäftlichen Verfügung des Erblassers auf einen Dritten übertragen muss. ③ Gleiches gilt, wenn ein Erbe im Rahmen der Teilung des Nachlasses begünstigtes Vermögen auf einen Miterben überträgt. ④ Überträgt ein Erbe erworbenes begünstigtes Vermögen im Rahmen der Teilung des Nachlasses auf einen Dritten und gibt der Dritte dabei diesem Erwerber nicht begünstigtes Vermögen hin, das er vom Erblasser erworben hat, erhöht sich insoweit der Wert des begünstigten Vermögens des Dritten um den Wert des hingegebenen Vermögens, höchstens jedoch um den Wert des übertragenen Vermögens. ⑤ Die Steuerbefreiung fällt mit Wirkung für die Vergangenheit weg, wenn der Erwerber das Familienheim innerhalb von zehn Jahren nach dem Erwerb nicht mehr zu Wohnzwecken selbst nutzt, es sei denn, er ist aus zwingenden Gründen an einer Selbstnutzung zu eigenen Wohnzwecken gehindert;

5. die Befreiung von einer Schuld gegenüber dem Erblasser, sofern die Schuld durch Gewährung von Mitteln zum Zweck des angemessenen Unterhalts oder zur Ausbildung des Bedachten begründet worden ist oder der Erblasser die Befreiung mit Rücksicht auf die Notlage des Schuldners angeordnet hat und diese auch durch die Zuwendung nicht beseitigt wird. ② Die Steuerbefreiung entfällt, soweit die Steuer aus der Hälfte einer neben der erlassenen Schuld dem Bedachten anfallenden Zuwendung gedeckt werden kann;
6. ein Erwerb, der Eltern, Adoptiveltern, Stiefeltern oder Großeltern des Erblassers anfällt, sofern der Erwerb zusammen mit dem übrigen Vermögen des Erwerbers 41 000 Euro[2] nicht übersteigt und der Erwerber infolge körperlicher oder geistiger Gebrechen und unter Berücksichtigung seiner bisherigen Lebensstellung als erwerbsunfähig anzusehen ist oder durch die Führung eines gemeinsamen Hausstands mit erwerbsunfähigen oder in der Ausbildung befindlichen Abkömmlingen an der Ausübung einer Erwerbstätigkeit gehindert ist. ② Übersteigt der Wert des Erwerbs zusammen mit dem übrigen Vermögen des Erwerbers den Betrag von 41 000 Euro,[2] wird die Steuer nur insoweit erhoben, als sie aus der Hälfte des die Wertgrenze übersteigenden Betrags gedeckt werden kann;
7.[3] Ansprüche nach den folgenden Gesetzen in der jeweils geltenden Fassung:
   a) Lastenausgleichsgesetz,
   b) Flüchtlingshilfegesetz in der Fassung der Bekanntmachung vom 15. Mai 1971 (BGBl. I S. 681), zuletzt geändert durch Artikel 6 a des Gesetzes vom 21. Juli 2004 (BGBl. I S. 1742),
   c) Allgemeines Kriegsfolgengesetz in der im Bundesgesetzblatt Teil III, Gliederungsnummer 653–1, veröffentlichten bereinigten Fassung, zuletzt geändert durch Artikel 127 der Verordnung vom 31. Oktober 2006 (BGBl. I S. 2407),
   d) Gesetz zur Regelung der Verbindlichkeiten nationalsozialistischer Einrichtungen und der Rechtsverhältnisse an deren Vermögen vom 17. März 1965 (BGBl. I S. 79), zuletzt geändert durch Artikel 2 Abs. 17 des Gesetzes vom 12. August 2005 (BGBl. I S. 2354),
   e) Häftlingshilfegesetz, Strafrechtliches Rehabilitierungsgesetz sowie Bundesvertriebenengesetz,
   f) Vertriebenenzuwendungsgesetz vom 27. September 1994 (BGBl. I S. 2624, 2635), zuletzt geändert durch Artikel 4 Abs. 43 des Gesetzes vom 22. September 2005 (BGBl. I S. 2809),
   g) Verwaltungsrechtliches Rehabilitierungsgesetz in der Fassung der Bekanntmachung vom 1. Juli 1997 (BGBl. I S. 1620), zuletzt geändert durch Artikel 2 des Gesetzes vom 21. August 2007 (BGBl. I S. 2118), und
   h) Berufliches Rehabilitierungsgesetz in der Fassung der Bekanntmachung vom 1. Juli 1997 (BGBl. I S. 1625), zuletzt geändert durch Artikel 3 des Gesetzes vom 21. August 2007 (BGBl. I S. 2118);

---

[1] § 13 Abs. 1 Nr. 4 a neugefasst, Nr. 4 b und Nr. 4 c eingefügt durch ErbStRG 2009 mWv 1. 1. 2009.
[2] § 13 Abs. 1 Nr. 6 Betrag geändert durch StEuglG vom 19. 12. 2000 (BGBl. I S. 1790) mWv 1. 1. 2002.
[3] § 13 Abs. 1 Nr. 7 und Nr. 8 neugefasst, Nr. 9 Betrag geändert durch ErbStRG 2009 mWv 1. 1. 2009.

8.[1] Ansprüche auf Entschädigungsleistungen nach den folgenden Gesetzen in der jeweils geltenden Fassung:
   a) Bundesentschädigungsgesetz in der im Bundesgesetzblatt Teil III, Gliederungsnummer 251–1, veröffentlichten bereinigten Fassung, zuletzt geändert durch Artikel 7 Abs. 4 des Gesetzes vom 26. März 2007 (BGBl. I S. 358), sowie
   b) Gesetz über Entschädigungen für Opfer des Nationalsozialismus im Beitrittsgebiet vom 22. April 1992 (BGBl. I S. 906);
9. ein steuerpflichtiger Erwerb bis zu 20 000 Euro,[1] der Personen anfällt, die dem Erblasser unentgeltlich oder gegen unzureichendes Entgelt Pflege oder Unterhalt gewährt haben, soweit das Zugewendete als angemessenes Entgelt anzusehen ist;
9 a.[2] Geldzuwendungen unter Lebenden, die eine Pflegeperson für Leistungen für körperbezogene Pflegemaßnahmen und pflegerische Betreuungsmaßnahmen sowie Hilfen bei der Haushaltsführung vom Pflegebedürftigen erhält, bis zur Höhe des nach § 37 des Elften Buches Sozialgesetzbuch gewährten Pflegegeldes oder eines entsprechenden Pflegegeldes aus privaten Versicherungsverträgen nach den Vorgaben des Elften Buches Sozialgesetzbuch (private Pflegepflichtversicherung) oder einer Pauschalbeihilfe nach den Beihilfevorschriften für häusliche Pflege;
10. Vermögensgegenstände, die Eltern oder Voreltern ihren Abkömmlingen durch Schenkung oder Übergabevertrag zugewandt hatten und die an diese Personen von Todes wegen zurückfallen;
11. der Verzicht auf die Geltendmachung des Pflichtteilsanspruchs oder des Erbersatzanspruchs;
12. Zuwendungen unter Lebenden zum Zwecke des angemessenen Unterhalts oder zur Ausbildung des Bedachten;
13. Zuwendungen an Pensions- und Unterstützungskassen im Sinne des § 5 Abs. 1 Nr. 3 des Körperschaftsteuergesetzes, wenn sie die für eine Befreiung von der Körperschaftsteuer erforderlichen Voraussetzungen erfüllen. ② Ist eine Kasse nach § 6 des Körperschaftsteuergesetzes teilweise steuerpflichtig, ist auch die Zuwendung im gleichen Verhältnis steuerpflichtig. ③ Die Befreiung fällt mit Wirkung für die Vergangenheit weg, wenn die Voraussetzungen des § 5 Abs. 1 Nr. 3 des Körperschaftsteuergesetzes innerhalb von zehn Jahren nach der Zuwendung entfallen;
14. die üblichen Gelegenheitsgeschenke;
15. Anfälle an den Bund, ein Land oder eine inländische Gemeinde (Gemeindeverband) sowie solche Anfälle, die ausschließlich Zwecken des Bundes, eines Landes oder einer inländischen Gemeinde (Gemeindeverband) dienen;
16.[3] Zuwendungen
   a) an inländische Religionsgesellschaften des öffentlichen Rechts oder an inländische jüdische Kultusgemeinden,
   b) an inländische Körperschaften, Personenvereinigungen und Vermögensmassen, die nach der Satzung, dem Stiftungsgeschäft oder der sonstigen Verfassung und nach ihrer tatsächlichen Geschäftsführung ausschließlich und unmittelbar kirchlichen, gemeinnützigen oder mildtätigen Zwecken im Sinne der §§ 52 bis 54 der Abgabenordnung dienen. ② Die Befreiung fällt mit Wirkung für die Vergangenheit weg, wenn die Voraussetzungen für die Anerkennung der Körperschaft, Personenvereinigung oder Vermögensmasse als kirchliche, gemeinnützige oder mildtätige Institution innerhalb von zehn Jahren nach der Zuwendung entfallen und das Vermögen nicht begünstigten Zwecken zugeführt wird,
   c) an ausländische Religionsgesellschaften, Körperschaften, Personenvereinigungen und Vermögensmassen der in den Buchstaben a und b bezeichneten Art, die nach § 5 Absatz 1 Nummer 9 in Verbindung mit Absatz 2 Nummer 2 zweiter Halbsatz des Körperschaftsteuergesetzes steuerbefreit wären, wenn sie inländische Einkünfte erzielen würden, und wenn die Staaten, in *den*[4] die Zuwendungsempfänger belegen sind, auf Grund völkervertraglicher Abkommen oder Übereinkommen verpflichtet sind, der Bundesrepublik Deutschland
      aa) entsprechend dem OECD-Standard für Transparenz und effektiven Informationsaustausch auf Ersuchen im Sinne des § 4 Absatz 2 Nummer 2 in Verbindung mit Absatz 4 Satz 1 des Steueroasen-Abwehrgesetzes in Bezug auf die Erbschaftsteuer Amtshilfe zu leisten sowie
      bb) Amtshilfe bei der Beitreibung gemäß einem dem Artikel 27 des OECD-Musterabkommens 2017 zur Vermeidung der Doppelbesteuerung auf dem Gebiet der Steuern vom Einkommen und vom Vermögen[5] entsprechenden Artikel in einem Ab-

[1] § 13 Abs. 1 Nr. 7 und Nr. 8 neugefasst, Nr. 9 Betrag geändert durch ErbStRG 2009 mWv 1. 1. 2009.
[2] § 13 Abs. 1 Nr. 9 a geändert durch JStG 2020 mWv 29. 12. 2020 (§ 37 Abs. 18 ErbStG).
[3] § 13 Abs. 1 Nr. 16 Buchst. b Satz 1 geändert, Buchst. c neugefasst durch Gesetz vom 2. 11. 2015 (BGBl. I S. 1834) grds. mWv 6. 11. 2015 und in allen offenen Fällen (§ 37 Abs. 10 ErbStG); Abs. 1 Nr. 16 Buchst. c Satz 2 neugefasst durch StUmgBG mWv 25. 6. 2017 (§ 37 Abs. 14 ErbStG); Buchst. c Sätze 1 u. 2 neugefasst, Satz 3 aufgehoben, bish. Sätze 4 u. 5 werden Sätze 3 u. 4 durch JStG 2024 mWv 1. 1. 2025 (§ 37 Abs. 22 ErbStG).
[4] *Redaktionsversehen,* richtig: „denen".
[5] **[Amtl. Anm.:]** Dieses Dokument ist im Internet abrufbar unter www.bzst.de/DE/Behoerden/InternationaleAmtshilfe/AmtshilfeBeitreibungZustellung/amtshilfe_beitreibung_zustellung_node.html.

kommen zur Vermeidung der Doppelbesteuerung in Bezug auf die Erbschaftsteuer zu leisten.
② Das Bundesministerium der Finanzen veröffentlicht im Bundessteuerblatt Teil I eine Liste der Drittstaaten, die die Voraussetzungen nach Satz 1 zweiter Halbsatz erfüllen. ③ Werden die steuerbegünstigten Zwecke des Zuwendungsempfängers im Sinne des Satzes 1 nur im Ausland verwirklicht, ist für die Steuerbefreiung Voraussetzung, dass natürliche Personen, die ihren Wohnsitz oder ihren gewöhnlichen Aufenthalt im Geltungsbereich dieses Gesetzes haben, gefördert werden oder dass die Tätigkeit dieses Zuwendungsempfängers neben der Verwirklichung der steuerbegünstigten Zwecke auch zum Ansehen der Bundesrepublik Deutschland beitragen kann. ④ Buchstabe b Satz 2 gilt entsprechend;

17. Zuwendungen, die ausschließlich kirchlichen, gemeinnützigen oder mildtätigen Zwecken gewidmet sind, sofern die Verwendung zu dem bestimmten Zweck gesichert ist;

18.[1] Zuwendungen an
a)[2] politische Parteien im Sinne des § 2 des Parteiengesetzes, sofern die jeweilige Partei nicht gemäß § 18 Absatz 7 des Parteiengesetzes von der staatlichen Teilfinanzierung ausgeschlossen ist,
b) Vereine ohne Parteicharakter, wenn
aa) der Zweck des Vereins ausschließlich darauf gerichtet ist, durch Teilnahme mit eigenen Wahlvorschlägen an Wahlen auf Bundes-, Landes- oder Kommunalebene bei der politischen Willensbildung mitzuwirken, und
bb) der Verein auf Bundes-, Landes- oder Kommunalebene bei der jeweils letzten Wahl wenigstens ein Mandat errungen oder der zuständigen Wahlbehörde oder dem zuständigen Wahlorgan angezeigt hat, dass er mit eigenen Wahlvorschlägen auf Bundes-, Landes- oder Kommunalebene an der jeweils nächsten Wahl teilnehmen will.

② Die Steuerbefreiung fällt mit Wirkung für die Vergangenheit weg, wenn der Verein an der jeweils nächsten Wahl nach der Zuwendung nicht teilnimmt, es sei denn, dass der Verein sich ernsthaft um eine Teilnahme bemüht hat;

19.[3] Leistungen von Religionsgemeinschaften, juristischen Personen des öffentlichen Rechts, Körperschaften, Personenvereinigungen oder Vermögensmassen an Personen in Ansehung der Beeinträchtigung ihrer körperlichen oder seelischen Unversehrtheit, insbesondere aufgrund sexuellen Missbrauchs, durch Handlungen von Personen, die für die Religionsgemeinschaft, juristische Person des öffentlichen Rechts, Körperschaft, Personenvereinigung oder Vermögensmasse oder für eine ihr über-, neben- oder nachgeordnete Einrichtung tätig sind oder waren, wenn die Leistungen in einem geordneten Verfahren gewährt werden, das allen betroffenen Personen offensteht. ② § 30 Absatz 1 und 2 sind mit der Maßgabe anzuwenden, dass eine Anzeigepflicht ausschließlich für den Leistenden besteht. ③ Die Anzeige ist mit einer Bestätigung des Leistenden über das Vorliegen der Voraussetzungen nach Satz 1 zu verbinden.

(2) ① Angemessen im Sinne des Absatzes 1 Nr. 5 und 12 ist eine Zuwendung, die den Vermögensverhältnissen und der Lebensstellung des Bedachten entspricht. ② Eine dieses Maß übersteigende Zuwendung ist in vollem Umfang steuerpflichtig.

(3) ① Jede Befreiungsvorschrift ist für sich anzuwenden. ② In den Fällen des Absatzes 1 Nr. 2 und 3 kann der Erwerber der Finanzbehörde bis zur Unanfechtbarkeit der Steuerfestsetzung erklären, daß er auf die Steuerbefreiung verzichtet.

§ 13a[4] Steuerbefreiung für Betriebsvermögen, Betriebe der Land- und Forstwirtschaft und Anteile an Kapitalgesellschaften

(1) ① Begünstigtes Vermögen im Sinne des § 13b Absatz 2 bleibt vorbehaltlich der folgenden Absätze zu 85 Prozent steuerfrei (Verschonungsabschlag), wenn der Erwerb begünstigten Vermögens im Sinne des § 13b Absatz 2 zuzüglich der Erwerbe im Sinne des Satzes 2 insgesamt 26 Millionen Euro nicht übersteigt. ② Bei mehreren Erwerben begünstigten Vermögens im Sinne des § 13b Absatz 2 von derselben Person innerhalb von zehn Jahren werden bei der Anwendung des Satzes 1 die früheren Erwerbe nach ihrem früheren Wert dem letzten Erwerb hinzugerechnet. ③ Wird die Grenze von 26 Millionen Euro durch mehrere innerhalb von zehn Jahren von derselben Person anfallende Erwerbe überschritten, entfällt die Steuerbefreiung für die bis dahin nach Satz 1 oder Absatz 10 als steuerfrei behandelten früheren Erwerbe mit Wirkung für die Vergangenheit. ④ Die Festsetzungsfrist für die Steuer der früheren Erwerbe endet nicht vor dem Ablauf des vierten Jahres, nachdem das für die Erbschaftsteuer zuständige Finanzamt von dem letzten Erwerb Kenntnis erlangt.

[1] § 13 Abs. 1 Nr. 18 neugefasst durch ErbStRG 2009 mWv 1. 1. 2009.

[2] § 13 Abs. 1 Nr. 18 Buchst. a geändert durch Gesetz vom 18. 7. 2017 (BGBl. I S. 2730) mWv 30. 7. 2017 (§ 37 Abs. 15 ErbStG).

[3] § 13 Abs. 1 Nr. 19 angefügt durch GrStRefUG vom 16. 7. 2021 (BGBl. I S. 2931) mWv 23. 7. 2021, anzuwenden in allen offenen Fällen (§ 37 Abs. 19 ErbStG).

[4] § 13 a neugefasst durch Gesetz vom 4. 11. 2016 (BGBl. I S. 2464) grds. mWv 1. 7. 2016 (§ 37 Abs. 12 Satz 1 ErbStG); Abs. 1 Satz 3 und 4 findet auf frühere Erwerbe Anwendung, für die Steuer nach dem 30. 6. 2016 entsteht (§ 37 Abs. 12 Satz 2 ErbStG).

(2) ① Der nach Anwendung des Absatzes 1 verbleibende Teil des begünstigten Vermögens bleibt außer Ansatz, soweit der Wert dieses Vermögens insgesamt 150 000 Euro nicht übersteigt (Abzugsbetrag). ② Der Abzugsbetrag von 150 000 Euro verringert sich, soweit der Wert dieses Vermögens insgesamt die Wertgrenze von 150 000 Euro übersteigt, um 50 Prozent des diese Wertgrenze übersteigenden Betrags. ③ Der Abzugsbetrag kann innerhalb von zehn Jahren für von derselben Person anfallende Erwerbe begünstigten Vermögens nur einmal berücksichtigt werden.

(3) ① Voraussetzung für die Gewährung des Verschonungsabschlags nach Absatz 1 ist, dass die Summe der maßgebenden jährlichen Lohnsummen (Sätze 6 bis 13) des Betriebs, bei Beteiligungen an einer Personengesellschaft oder Anteilen an einer Kapitalgesellschaft des Betriebs der jeweiligen Gesellschaft innerhalb von fünf Jahren nach dem Erwerb (Lohnsummenfrist) insgesamt 400 Prozent der Ausgangslohnsumme nicht unterschreitet (Mindestlohnsumme). ② Ausgangslohnsumme ist die durchschnittliche Lohnsumme der letzten fünf vor dem Zeitpunkt der Entstehung der Steuer (§ 9) endenden Wirtschaftsjahre. ③ Satz 1 ist nicht anzuwenden, wenn

1. die Ausgangslohnsumme 0 Euro beträgt oder
2. der Betrieb unter Einbeziehung der in den Sätzen 11 bis 13 genannten Beteiligungen und Gesellschaften sowie der nach Maßgabe dieser Bestimmung anteilig einzubeziehenden Beschäftigten nicht mehr als fünf Beschäftigte hat.

④ An die Stelle der Mindestlohnsumme von 400 Prozent tritt bei

1. mehr als fünf, aber nicht mehr als zehn Beschäftigten eine Mindestlohnsumme von 250 Prozent,
2. mehr als zehn, aber nicht mehr als 15 Beschäftigten eine Mindestlohnsumme von 300 Prozent.

⑤ Unterschreitet die Summe der maßgebenden jährlichen Lohnsummen die Mindestlohnsumme, vermindert sich der nach Absatz 1 zu gewährende Verschonungsabschlag mit Wirkung für die Vergangenheit in demselben prozentualen Umfang, wie die Mindestlohnsumme unterschritten wird. ⑥ Die Lohnsumme umfasst alle Vergütungen (Löhne und Gehälter und andere Bezüge und Vorteile), die im maßgebenden Wirtschaftsjahr an die auf den Lohn- und Gehaltslisten erfassten Beschäftigten gezahlt werden. ⑦ Außer Ansatz bleiben Vergütungen an solche Beschäftigte,

1. die sich im Mutterschutz im Sinne des Mutterschutzgesetzes in der Fassung der Bekanntmachung vom 20. Juni 2002 (BGBl. I S. 2318), das zuletzt durch Artikel 6 des Gesetzes vom 23. Oktober 2012 (BGBl. I S. 2246) geändert worden ist, befinden oder
2. die sich in einem Ausbildungsverhältnis befinden oder
3. die Krankengeld im Sinne des § 44 des Fünften Buches Sozialgesetzbuch – Gesetzliche Krankenversicherung – (Artikel 1 des Gesetzes vom 20. Dezember 1988, BGBl. I S. 2477, 2482), das durch Artikel 3 des Gesetzes vom 30. Mai 2016 (BGBl. I S. 1254) geändert worden ist, beziehen oder
4. die Elterngeld im Sinne des Bundeselterngeld- und Elternzeitgesetzes in der Fassung der Bekanntmachung vom 27. Januar 2015 (BGBl. I S. 33) beziehen oder
5. die nicht ausschließlich oder überwiegend in dem Betrieb tätig sind (Saisonarbeiter);

diese im Zeitpunkt der Entstehung der Steuer (§ 9) einem Betrieb zuzurechnenden Beschäftigten bleiben bei der Anzahl der Beschäftigten des Betriebs im Sinne der Sätze 3 und 4 unberücksichtigt. ⑧ Zu den Vergütungen zählen alle Geld- oder Sachleistungen für die von den Beschäftigten erbrachte Arbeit, unabhängig davon, wie diese Leistungen bezeichnet werden und ob es sich um regelmäßige oder unregelmäßige Zahlungen handelt. ⑨ Zu den Löhnen und Gehältern gehören alle von den Beschäftigten zu entrichtenden Sozialbeiträge, Einkommensteuern und Zuschlagsteuern auch dann, wenn sie vom Arbeitgeber einbehalten und von ihm im Namen des Beschäftigten direkt an den Sozialversicherungsträger und die Steuerbehörde abgeführt werden. ⑩ Zu den Löhnen und Gehältern zählen alle von den Beschäftigten empfangenen Sondervergütungen, Prämien, Gratifikationen, Abfindungen, Zuschüsse zu Lebenshaltungskosten, Familienzulagen, Provisionen, Teilnehmergebühren und vergleichbare Vergütungen. ⑪ Gehören zum Betriebsvermögen des Betriebs, bei Beteiligungen an einer Personengesellschaft und Anteilen an einer Kapitalgesellschaft des Betriebs der jeweiligen Gesellschaft, unmittelbar oder mittelbar Beteiligungen an Personengesellschaften, die ihren Sitz oder ihre Geschäftsleitung im Inland, in einem Mitgliedstaat der Europäischen Union oder in einem Staat des Europäischen Wirtschaftsraums haben, sind die Lohnsummen und die Anzahl der Beschäftigten dieser Gesellschaften einzubeziehen zu dem Anteil, zu dem die unmittelbare oder mittelbare Beteiligung besteht. ⑫ Satz 11 gilt für Anteile an Kapitalgesellschaften entsprechend, wenn die unmittelbare oder mittelbare Beteiligung mehr als 25 Prozent beträgt. ⑬ Im Fall einer Betriebsaufspaltung sind die Lohnsummen und die Anzahl der Beschäftigten der Besitzgesellschaft und der Betriebsgesellschaft zusammenzuzählen.

(4) ① Das für die Bewertung der wirtschaftlichen Einheit örtlich zuständige Finanzamt im Sinne des § 152 Nummer 1 bis 3 des Bewertungsgesetzes stellt die Ausgangslohnsumme, die Anzahl der Beschäftigten und die Summe der maßgebenden jährlichen Lohnsummen gesondert fest, wenn diese Angaben für die Erbschaftsteuer oder eine andere Feststellung im Sinne dieser Vorschrift von Bedeutung sind. ② Bei Anteilen an Kapitalgesellschaften, die nach § 11 Absatz 1 des Bewertungsgesetzes zu bewerten sind, trifft die Feststellungen des Satzes 1 das örtlich zuständige Finanzamt entsprechend § 152 Nummer 3 des Bewertungsgesetzes. ③ Die Entscheidung über die Bedeutung

trifft das Finanzamt, das für die Festsetzung der Erbschaftsteuer oder die Feststellung nach § 151 Absatz 1 Satz 1 Nummer 1 bis 3 des Bewertungsgesetzes zuständig ist. § 151 Absatz 3 und die §§ 152 bis 156 des Bewertungsgesetzes sind auf die Sätze 1 bis 3 entsprechend anzuwenden.

(5) ① Ein Erwerber kann den Verschonungsabschlag (Absatz 1) und den Abzugsbetrag (Absatz 2) nicht in Anspruch nehmen, soweit er begünstigtes Vermögen im Sinne des § 13b Absatz 2 auf Grund einer letztwilligen Verfügung des Erblassers oder einer rechtsgeschäftlichen Verfügung des Erblassers oder Schenkers auf einen Dritten übertragen muss. ② Gleiches gilt, wenn ein Erbe im Rahmen der Teilung des Nachlasses begünstigtes Vermögen im Sinne des § 13b Absatz 2 auf einen Miterben überträgt. ③ Überträgt ein Erbe erworbenes begünstigtes Vermögen im Sinne des § 13b Absatz 2 im Rahmen der Teilung des Nachlasses auf einen Dritten und gibt der Dritte dabei diesem Erwerber nicht begünstigtes Vermögen hin, das er vom Erblasser erworben hat, erhöht sich insoweit der Wert des begünstigten Vermögens des Dritten um den Wert des hingegebenen Vermögens, höchstens jedoch um den Wert des übertragenen Vermögens.

(6)[1] ① Der Verschonungsabschlag (Absatz 1) und der Abzugsbetrag (Absatz 2) fallen nach Maßgabe des Satzes 2 mit Wirkung für die Vergangenheit weg, soweit der Erwerber innerhalb von fünf Jahren (Behaltensfrist)

1. einen Gewerbebetrieb oder einen Teilbetrieb, eine Beteiligung an einer Gesellschaft im Sinne des § 97 Absatz 1 Satz 1 Nummer 5 Satz 1 des Bewertungsgesetzes, einen Anteil eines persönlich haftenden Gesellschafters einer Kommanditgesellschaft auf Aktien oder einen Anteil daran veräußert; als Veräußerung gilt auch die Aufgabe des Gewerbebetriebs. ② Gleiches gilt, wenn wesentliche Betriebsgrundlagen eines Gewerbebetriebs veräußert oder in das Privatvermögen überführt oder anderen betriebsfremden Zwecken zugeführt werden oder wenn Anteile an einer Kapitalgesellschaft veräußert werden, die der Veräußerer durch eine Sacheinlage (§ 20 Absatz 1 des Umwandlungssteuergesetzes vom 7. Dezember 2006 (BGBl. I S. 2782, 2791), zuletzt geändert durch Artikel 6 des Gesetzes vom 2. November 2015 (BGBl. I S. 1834), in der jeweils geltenden Fassung) aus dem Betriebsvermögen im Sinne des § 13b erworben hat oder wenn eine Beteiligung an einer Gesellschaft im Sinne des § 97 Absatz 1 Satz 1 Nummer 5 Satz 1 des Bewertungsgesetzes oder ein Anteil daran veräußert wird, den der Veräußerer durch eine Einbringung des Betriebsvermögens im Sinne des § 13b in eine Personengesellschaft (§ 24 Absatz 1 des Umwandlungssteuergesetzes) erworben hat;
2. das land- und forstwirtschaftliche Vermögen im Sinne des § 168 Absatz 1 Nummer 1 des Bewertungsgesetzes und selbst bewirtschaftete Grundstücke im Sinne des § 159 des Bewertungsgesetzes veräußert. ② Gleiches gilt, wenn das land- und forstwirtschaftliche Vermögen einem Betrieb der Land- und Forstwirtschaft nicht mehr dauernd zu dienen bestimmt ist oder wenn der bisherige Betrieb innerhalb der Behaltensfrist als Stückländerei zu qualifizieren wäre oder Grundstücke im Sinne des § 159 des Bewertungsgesetzes nicht mehr selbst bewirtschaftet werden;
3. als Inhaber eines Gewerbebetriebs, als Gesellschafter einer Gesellschaft im Sinne des § 97 Absatz 1 Satz 1 Nummer 5 Satz 1 des Bewertungsgesetzes oder als persönlich haftender Gesellschafter einer Kommanditgesellschaft auf Aktien bis zum Ende des letzten in die Fünfjahresfrist fallenden Wirtschaftsjahres Entnahmen tätigt, die die Summe seiner Einlagen und der ihm zuzurechnenden Gewinne oder Gewinnanteile seit dem Erwerb um mehr als 150 000 Euro übersteigen; Verluste bleiben unberücksichtigt. ① Gleiches gilt für Inhaber eines begünstigten Betriebs der Land- und Forstwirtschaft oder eines Teilbetriebs oder eines Anteils an einem Betrieb der Land- und Forstwirtschaft. ③ Bei Ausschüttungen an Gesellschafter einer Kapitalgesellschaft ist sinngemäß zu verfahren;
4. Anteile an Kapitalgesellschaften im Sinne des § 13b Absatz 1 Nummer 3 ganz oder teilweise veräußert; eine verdeckte Einlage der Anteile in eine Kapitalgesellschaft steht der Veräußerung der Anteile gleich. ② Gleiches gilt, wenn die Kapitalgesellschaft innerhalb der Frist aufgelöst oder ihr Nennkapital herabgesetzt wird, wenn diese wesentliche Betriebsgrundlagen veräußert und das Vermögen an die Gesellschafter verteilt wird; Satz 1 Nummer 1 Satz 2 gilt entsprechend. ③ In den Fällen einer insolvenzbedingten Auflösung gilt Satz 2 erste Alternative erst mit der Aufgabe des Betriebs oder soweit wesentliche Betriebsgrundlagen veräußert werden;
5. im Fall des § 13b Absatz 1 Nummer 3 Satz 2 die Verfügungsbeschränkung oder die Stimmrechtsbündelung aufgehoben wird.

② Der rückwirkende Wegfall des Verschonungsabschlags beschränkt sich in den Fällen des Satzes 1 Nummer 1, 2, 4 und 5 auf den Teil, der dem Verhältnis der im Zeitpunkt der schädlichen Verfügung verbleibenden Behaltensfrist einschließlich des Jahres, in dem die Verfügung erfolgt, zur gesamten Behaltensfrist entspricht. ③ In den Fällen des Satzes 1 Nummer 1, 2 und 4 ist von einer rückwirkenden Besteuerung abzusehen, wenn der Veräußerungserlös innerhalb der jeweils nach § 13b Absatz 1 begünstigungsfähigen Vermögensart verbleibt. ④ Hiervon ist auszugehen, wenn der Veräußerungserlös innerhalb von sechs Monaten in entsprechendes Vermögen investiert wird, das zum begünstigten Vermögen im Sinne des § 13b Absatz 2 gehört.

[1] § 13a Abs. 6 Satz 1 Nr. 1 Sätze 1 u. 2 und Nr. 3 Satz 1 geändert durch Gesetz vom 25. 6. 2021 (BGBl. I S. 2050) mWv 1. 7. 2021; Abs. 6 Satz 1 Nr. 4 Satz 3 angefügt durch JStG 2024 mWv 1. 1. 2025 (§ 37 Abs. 21 ErbStG).

(7) ① Der Erwerber ist verpflichtet, dem für die Erbschaftsteuer zuständigen Finanzamt innerhalb einer Frist von sechs Monaten nach Ablauf der Lohnsummenfrist das Unterschreiten der Mindestlohnsumme (Absatz 3 Satz 1) anzuzeigen. ② In den Fällen des Absatzes 6 ist der Erwerber verpflichtet, dem für die Erbschaftsteuer zuständigen Finanzamt den entsprechenden Sachverhalt innerhalb einer Frist von einem Monat, nachdem der jeweilige Tatbestand verwirklicht wurde, anzuzeigen. ③ Die Festsetzungsfrist für die Steuer endet nicht vor dem Ablauf des vierten Jahres, nachdem das für die Erbschaftsteuer zuständige Finanzamt von dem Unterschreiten der Mindestlohnsumme (Absatz 3 Satz 1) oder dem Verstoß gegen die Behaltensregelungen (Absatz 6) Kenntnis erlangt. ④ Die Anzeige ist eine Steuererklärung im Sinne der Abgabenordnung. ⑤ Sie ist schriftlich abzugeben. ⑥ Die Anzeige hat auch dann zu erfolgen, wenn der Vorgang zu keiner Besteuerung führt.

(8) Soweit nicht inländisches Vermögen zum begünstigten Vermögen im Sinne des § 13b Absatz 2 gehört, hat der Steuerpflichtige nachzuweisen, dass die Voraussetzungen für eine Steuerbefreiung im Zeitpunkt der Entstehung der Steuer (§ 9) und während der gesamten in den Absätzen 3 und 6 genannten Zeiträume bestehen.

(9) ① Für begünstigtes Vermögen im Sinne des § 13b Absatz 2 wird vor Anwendung des Absatzes 1 ein Abschlag gewährt, wenn der Gesellschaftsvertrag oder die Satzung Bestimmungen enthält, die

1. die Entnahme oder Ausschüttung auf höchstens 37,5 Prozent des um die auf den Gewinnanteil oder die Ausschüttungen aus der Gesellschaft entfallenden Steuern vom Einkommen gekürzten Betrages des steuerrechtlichen Gewinns beschränken; Entnahmen zur Begleichung der auf den Gewinnanteil oder die Ausschüttungen aus der Gesellschaft entfallenden Steuern vom Einkommen bleiben von der Beschränkung der Entnahme oder Ausschüttung unberücksichtigt und
2. die Verfügung über die Beteiligung an der Personengesellschaft oder den Anteil an der Kapitalgesellschaft auf Mitgesellschafter, auf Angehörige im Sinne des § 15 der Abgabenordnung oder auf eine Familienstiftung (§ 1 Absatz 1 Nummer 4) beschränken und
3. für den Fall des Ausscheidens aus der Gesellschaft eine Abfindung vorsehen, die unter dem gemeinen Wert der Beteiligung an der Personengesellschaft oder des Anteils an der Kapitalgesellschaft liegt,

und die Bestimmungen den tatsächlichen Verhältnissen entsprechen. ② Gelten die in Satz 1 genannten Bestimmungen nur für einen Teil des begünstigten Vermögens im Sinne des § 13b Absatz 2, ist der Abschlag nur für diesen Teil des begünstigten Vermögens zu gewähren. ③ Die Höhe des Abschlags entspricht der im Gesellschaftsvertrag oder in der Satzung vorgesehenen prozentualen Minderung der Abfindung gegenüber dem gemeinen Wert (Satz 1 Nummer 3) und darf 30 Prozent nicht übersteigen. ④ Die Voraussetzungen des Satzes 1 müssen zwei Jahre vor dem Zeitpunkt der Entstehung der Steuer (§ 9) vorliegen. ⑤ Die Steuerbefreiung entfällt mit Wirkung für die Vergangenheit, wenn die Voraussetzungen des Satzes 1 nicht über einen Zeitraum von 20 Jahren nach dem Zeitpunkt der Entstehung der Steuer (§ 9) eingehalten werden; die §§ 13c und 28a bleiben unberührt. ⑥ In den Fällen des Satzes 1

1. ist der Erwerber verpflichtet, dem für die Erbschaftsteuer zuständigen Finanzamt die Änderungen der genannten Bestimmungen oder der tatsächlichen Verhältnisse innerhalb einer Frist von einem Monat anzuzeigen,
2. endet die Festsetzungsfrist für die Steuer nicht vor dem Ablauf des vierten Jahres, nachdem das für die Erbschaftsteuer zuständige Finanzamt von der Änderung einer der in Satz 1 genannten Bestimmungen oder der tatsächlichen Verhältnisse Kenntnis erlangt.

(9a)[1] ① Das für die Bewertung der wirtschaftlichen Einheit örtlich zuständige Finanzamt im Sinne des § 152 Nummer 2 und 3 des Bewertungsgesetzes stellt das Vorliegen der Voraussetzungen für den Abschlag nach Absatz 9 und dessen Höhe auf den Zeitpunkt der Entstehung der Steuer (§ 9) gesondert fest, wenn diese Angaben für die Erbschaftsteuer von Bedeutung sind. ② Die Entscheidung über die Bedeutung trifft das Finanzamt, das für die Festsetzung der Erbschaftsteuer zuständig ist. ③ § 151 Absatz 3 und die §§ 152 bis 156 des Bewertungsgesetzes sind auf die Sätze 1 und 2 entsprechend anzuwenden.

(10) ① Der Erwerber kann unwiderruflich erklären, dass die Steuerbefreiung nach den Absätzen 1 bis 9 in Verbindung mit § 13b nach folgender Maßgabe gewährt wird:

1. In Absatz 1 Satz 1 tritt an die Stelle des Verschonungsabschlags von 85 Prozent ein Verschonungsabschlag von 100 Prozent;
2. in Absatz 3 Satz 1 tritt an die Stelle der Lohnsummenfrist von fünf Jahren eine Lohnsummenfrist von sieben Jahren;
3. in Absatz 3 Satz 1 und 4 tritt an die Stelle der Mindestlohnsumme von 400 Prozent eine Mindestlohnsumme von 700 Prozent;
4. in Absatz 3 Satz 4 Nummer 1 tritt an die Stelle der Mindestlohnsumme von 250 Prozent eine Mindestlohnsumme von 500 Prozent;

---

[1] § 13a Abs. 9a eingefügt durch JStG 2020 mWv 29. 12. 2020 (§ 37 Abs. 18 ErbStG).

5. in Absatz 3 Satz 4 Nummer 2 tritt an die Stelle der Mindestlohnsumme von 300 Prozent eine Mindestlohnsumme von 565 Prozent;
6. in Absatz 6 tritt an die Stelle der Behaltensfrist von fünf Jahren eine Behaltensfrist von sieben Jahren.

② Voraussetzung für die Gewährung der Steuerbefreiung nach Satz 1 ist, dass das begünstigungsfähige Vermögen nach § 13b Absatz 1 nicht zu mehr als 20 Prozent aus Verwaltungsvermögen nach § 13b Absatz 3 und 4 besteht. ③ Der Anteil des Verwaltungsvermögens am gemeinen Wert des Betriebs bestimmt sich nach dem Verhältnis der Summe der gemeinen Werte der Einzelwirtschaftsgüter des Verwaltungsvermögens nach § 13b Absatz 3 und 4 zum gemeinen Wert des Betriebs.

(11) Die Absätze 1 bis 10 gelten in den Fällen des § 1 Absatz 1 Nummer 4 entsprechend.

§ 13b[1] Begünstigtes Vermögen

(1)[2] Zum begünstigungsfähigen Vermögen gehören

1. der inländische Wirtschaftsteil des land- und forstwirtschaftlichen Vermögens (§ 168 Absatz 1 Nummer 1 des Bewertungsgesetzes) mit Ausnahme der Stückländereien (§ 160 Absatz 7 des Bewertungsgesetzes) und selbst bewirtschaftete Grundstücke im Sinne des § 159 des Bewertungsgesetzes sowie entsprechendes land- und forstwirtschaftliches Vermögen, das einer Betriebsstätte in einem Mitgliedstaat der Europäischen Union oder in einem Staat des Europäischen Wirtschaftsraums dient;
2. inländisches Betriebsvermögen (§§ 95 bis 97 Absatz 1 Satz 1 des Bewertungsgesetzes) beim Erwerb eines ganzen Gewerbebetriebs oder Teilbetriebs, einer Beteiligung an einer Gesellschaft im Sinne des § 97 Absatz 1 Satz 1 Nummer 5 Satz 1 des Bewertungsgesetzes, eines Anteils eines persönlich haftenden Gesellschafters einer Kommanditgesellschaft auf Aktien oder Anteils daran und entsprechendes Betriebsvermögen, das einer Betriebsstätte in einem Mitgliedstaat der Europäischen Union oder in einem Staat des Europäischen Wirtschaftsraums dient;
3. Anteile an einer Kapitalgesellschaft, wenn die Kapitalgesellschaft im Zeitpunkt der Entstehung der Steuer (§ 9) Sitz oder Geschäftsleitung im Inland oder in einem Mitgliedstaat der Europäischen Union oder in einem Staat des Europäischen Wirtschaftsraums hat und der Erblasser oder Schenker am Nennkapital dieser Gesellschaft unmittelbar zu mehr als 25 Prozent beteiligt war (Mindestbeteiligung). ② Ob der Erblasser oder Schenker die Mindestbeteiligung erfüllt, ist nach der Summe der dem Erblasser oder Schenker unmittelbar zuzurechnenden Anteile und der Anteile weiterer Gesellschafter zu bestimmen, wenn der Erblasser oder Schenker und die weiteren Gesellschafter untereinander verpflichtet sind, über die Anteile nur einheitlich zu verfügen oder ausschließlich auf andere derselben Verpflichtung unterliegende Anteilseigner zu übertragen und das Stimmrecht gegenüber nichtgebundenen Gesellschaftern einheitlich auszuüben.

(2) ① Das begünstigungsfähige Vermögen ist begünstigt, soweit sein gemeiner Wert den um das unschädliche Verwaltungsvermögen im Sinne des Absatzes 7 gekürzten Nettowert des Verwaltungsvermögens im Sinne des Absatzes 6 übersteigt (begünstigtes Vermögen). ② Abweichend von Satz 1 ist der Wert des begünstigungsfähigen Vermögens vollständig nicht begünstigt, wenn das Verwaltungsvermögen nach Absatz 4 vor der Anwendung des Absatzes 3 Satz 1, soweit das Verwaltungsvermögen nicht ausschließlich und dauerhaft der Erfüllung von Schulden aus durch Treuhandverhältnisse abgesicherten Altersversorgungsverpflichtungen dient und dem Zugriff aller übrigen nicht aus diesen Altersversorgungsverpflichtungen unmittelbar berechtigten Gläubiger entzogen ist, sowie der Schuldenverrechnung und des Freibetrags nach Absatz 4 Nummer 5 sowie der Absätze 6 und 7 mindestens 90 Prozent des gemeinen Werts des begünstigungsfähigen Vermögens beträgt.

(3) ① Teile des begünstigungsfähigen Vermögens, die ausschließlich und dauerhaft der Erfüllung von Schulden aus Altersversorgungsverpflichtungen dienen und dem Zugriff aller übrigen nicht aus den Altersversorgungsverpflichtungen unmittelbar berechtigten Gläubiger entzogen sind, gehören bis zur Höhe des gemeinen Werts der Schulden aus Altersversorgungsverpflichtungen nicht zum Verwaltungsvermögen im Sinne des Absatzes 4 Nummer 1 bis 5. ② Soweit Finanzmittel und Schulden bei der Anwendung von Satz 1 berücksichtigt wurden, bleiben sie bei der Anwendung des Absatzes 4 Nummer 5 und des Absatzes 6 außer Betracht.

(4)[3] ① Zum Verwaltungsvermögen gehören

1. Dritten zur Nutzung überlassene Grundstücke, Grundstücksteile, grundstücksgleiche Rechte und Bauten. ② Eine Nutzungsüberlassung an Dritte ist nicht anzunehmen, wenn
   a) der Erblasser oder Schenker sowohl im überlassenden Betrieb als auch im nutzenden Betrieb allein oder zusammen mit anderen Gesellschaftern einen einheitlichen geschäftlichen Betä-

---

[1] § 13b neugefasst durch Gesetz vom 4. 11. 2016 (BGBl. I S. 2464) mWv 1. 7. 2016 (§ 37 Abs. 12 Satz 1 ErbStG).

[2] § 13b Abs. 1 Nr. 2 geändert durch Gesetz vom 25. 6. 2021 (BGBl. I S. 2050) mWv 1. 7. 2021.

[3] § 13b Abs. 4 Nr. 2 Satz 1, Nrn. 4 u. 5 Satz 3 geändert durch Gesetz vom 12. 5. 2021 (BGBl. I S. 990) mWv 26. 6. 2021; Abs. 4 Nr. 5 Satz 5 geändert durch Gesetz vom 25. 6. 2021 (BGBl. I S. 2050) mWv 1. 7. 2021; Abs. 4 Nr. 5 Satz 5 geändert durch Gesetz vom 25. 6. 2021 (BGBl. I S. 2056) mWv 1. 7. 2021; Abs. 4 Nr. 1 Satz 2 Buchst. d geändert durch Gesetz vom 22. 12. 2023 (BGBl. I Nr. 411) mWv 1. 1. 2024.

tigungswillen durchsetzen konnte oder als Gesellschafter einer Gesellschaft im Sinne des § 15 Absatz 1 Satz 1 Nummer 2 und Absatz 3 oder § 18 Absatz 4 des Einkommensteuergesetzes den Vermögensgegenstand der Gesellschaft zur Nutzung überlassen hatte, und diese Rechtsstellung auf den Erwerber übergegangen ist, soweit keine Nutzungsüberlassung an einen weiteren Dritten erfolgt;

b) die Nutzungsüberlassung im Rahmen der Verpachtung eines ganzen Betriebs erfolgt, welche beim Verpächter zu Einkünften nach § 2 Absatz 1 Satz 1 Nummer 2 und 3 des Einkommensteuergesetzes führt und
   aa) der Verpächter des Betriebs im Zusammenhang mit einer unbefristeten Verpachtung den Pächter durch eine letztwillige Verfügung oder eine rechtsgeschäftliche Verfügung als Erben eingesetzt hat oder
   bb) die Verpachtung an einen Dritten erfolgt, weil der Beschenkte im Zeitpunkt der Entstehung der Steuer (§ 9) den Betrieb noch nicht führen kann, und die Verpachtung auf höchstens zehn Jahre befristet ist; hat der Beschenkte das 18. Lebensjahr noch nicht vollendet, beginnt die Frist mit der Vollendung des 18. Lebensjahres.

   ② Dies gilt nicht für verpachtete Betriebe, soweit sie vor ihrer Verpachtung die Voraussetzungen als begünstigtes Vermögen nach Absatz 2 nicht erfüllt haben und für verpachtete Betriebe, deren Hauptzweck in der Überlassung von Grundstücken, Grundstücksteilen, grundstücksgleichen Rechten und Bauten an Dritte zur Nutzung besteht, die nicht unter Buchstabe d fallen;

c) sowohl der überlassende Betrieb als auch der nutzende Betrieb zu einem Konzern im Sinne des § 4 h des Einkommensteuergesetzes gehören, soweit keine Nutzungsüberlassung an einen weiteren Dritten erfolgt;

d) die überlassenen Grundstücke, Grundstücksteile, grundstücksgleichen Rechte und Bauten zum Betriebsvermögen, zum Betriebsvermögen im Sinne des § 97 Absatz 1 a Nummer 1 des Bewertungsgesetzes einer Personengesellschaft oder zum Vermögen einer Kapitalgesellschaft gehören und der Hauptzweck des Betriebs in der Vermietung von Wohnungen im Sinne des § 181 Absatz 9 des Bewertungsgesetzes besteht, dessen Erfüllung einen wirtschaftlichen Geschäftsbetrieb (§ 14 der Abgabenordnung) erfordert;

e) die Grundstücke, Grundstücksteile, grundstücksgleichen Rechte und Bauten vorrangig überlassen werden, um im Rahmen von Lieferungsverträgen dem Absatz von eigenen Erzeugnissen und Produkten zu dienen;

f) die Grundstücke, Grundstücksteile, grundstücksgleichen Rechte und Bauten an Dritte zur land- und forstwirtschaftlichen Nutzung überlassen werden;

2. Anteile an Kapitalgesellschaften, wenn die unmittelbare Beteiligung am Nennkapital dieser Gesellschaften 25 Prozent oder weniger beträgt und sie nicht dem Hauptzweck des Gewerbebetriebs eines Kreditinstitutes oder eines Finanzdienstleistungsinstitutes im Sinne des § 1 Absatz 1 und 1 a des Kreditwesengesetzes in der Fassung der Bekanntmachung vom 9. September 1998 (BGBl. I S. 2776), das zuletzt durch Artikel 14 des Gesetzes vom 10. Mai 2016 (BGBl. I S. 1142) geändert worden ist, eines Wertpapierinstituts im Sinne des § 2 Absatz 1 des Wertpapierinstitutsgesetzes oder eines Versicherungsunternehmens, das der Aufsicht nach § 1 Absatz 1 Nummer 1 des Versicherungsaufsichtsgesetzes in der Fassung der Bekanntmachung vom 1. April 2015 (BGBl. I S. 434), das zuletzt durch Artikel 13 des Gesetzes vom 10. Mai 2016 (BGBl. I S. 1142) geändert worden ist, unterliegt, zuzurechnen sind. ② Ob diese Grenze unterschritten wird, ist nach der Summe der dem Betrieb unmittelbar zuzurechnenden Anteile und der Anteile weiterer Gesellschafter zu bestimmen, wenn die Gesellschafter untereinander verpflichtet sind, über die Anteile nur einheitlich zu verfügen oder sie ausschließlich auf andere derselben Verpflichtung unterliegende Anteilseigner zu übertragen und das Stimmrecht gegenüber nichtgebundenen Gesellschaftern nur einheitlich auszuüben;
3. Kunstgegenstände, Kunstsammlungen, wissenschaftliche Sammlungen, Bibliotheken und Archive, Münzen, Edelmetalle und Edelsteine, Briefmarkensammlungen, Oldtimer, Yachten, Segelflugzeuge sowie sonstige typischerweise der privaten Lebensführung dienende Gegenstände, wenn der Handel mit diesen Gegenständen, deren Herstellung oder Verarbeitung oder die entgeltliche Nutzungsüberlassung an Dritte nicht der Hauptzweck des Betriebs ist;
4. Wertpapiere sowie vergleichbare Forderungen, wenn sie nicht dem Hauptzweck des Gewerbebetriebs eines Kreditinstitutes oder eines Finanzdienstleistungsinstitutes im Sinne des § 1 Absatz 1 und 1 a des Kreditwesengesetzes in der Fassung der Bekanntmachung vom 9. September 1998 (BGBl. I S. 2776), das zuletzt durch Artikel 14 des Gesetzes vom 10. Mai 2016 (BGBl. I S. 1142) geändert worden ist, eines Wertpapierinstituts im Sinne des § 2 Absatz 1 des Wertpapierinstitutsgesetzes oder eines Versicherungsunternehmens, das der Aufsicht nach § 1 Absatz 1 Nummer 1 des Versicherungsaufsichtsgesetzes in der Fassung der Bekanntmachung vom 1. April 2015 (BGBl. I S. 434), das zuletzt durch Artikel 13 des Gesetzes vom 10. Mai 2016 (BGBl. I S. 1142) geändert worden ist, unterliegt, zuzurechnen sind;
5. der gemeine Wert des nach Abzug des gemeinen Werts der Schulden verbleibenden Bestands an Zahlungsmitteln, Geschäftsguthaben, Geldforderungen und anderen Forderungen (Finanzmittel), soweit er 15 Prozent des anzusetzenden Werts des Betriebsvermögens des Betriebs oder der Gesellschaft übersteigt. ② Der gemeine Wert der Finanzmittel ist um den positiven Saldo

der eingelegten und der entnommenen Finanzmittel zu verringern, welche dem Betrieb im Zeitpunkt der Entstehung der Steuer (§ 9) weniger als zwei Jahre zuzurechnen waren (junge Finanzmittel); junge Finanzmittel sind Verwaltungsvermögen. ③ Satz 1 gilt nicht, wenn die genannten Wirtschaftsgüter dem Hauptzweck des Gewerbebetriebs eines Kreditinstitutes oder eines Finanzdienstleistungsinstitutes im Sinne des § 1 Absatz 1 und 1 a des Kreditwesengesetzes in der Fassung der Bekanntmachung vom 9. September 1998 (BGBl. I S. 2776), das zuletzt durch Artikel 14 des Gesetzes vom 10. Mai 2016 (BGBl. I S. 1142) geändert worden ist, eines Wertpapierinstituts im Sinne des § 2 Absatz 1 des Wertpapierinstitutsgesetzes oder eines Versicherungsunternehmens, das der Aufsicht nach § 1 Absatz 1 Nummer 1 des Versicherungsaufsichtsgesetzes in der Fassung der Bekanntmachung vom 1. April 2015 (BGBl. I S. 434), das zuletzt durch Artikel 13 des Gesetzes vom 10. Mai 2016 (BGBl. I S. 1142) geändert worden ist, unterliegt, zuzurechnen sind. ④ Voraussetzung für die Anwendung des Prozentsatzes von 15 Prozent des Satzes 1 ist, dass das nach Absatz 1 begünstigungsfähige Vermögen des Betriebs oder der nachgeordneten Gesellschaften nach seinem Hauptzweck einer Tätigkeit im Sinne des § 13 Absatz 1, des § 15 Absatz 1 Satz 1 Nummer 1, des § 18 Absatz 1 Nummer 1 und 2 des Einkommensteuergesetzes dient. ⑤ Die Voraussetzungen des Satzes 4 sind auch erfüllt, wenn die Tätigkeit durch Gesellschaften im Sinne des § 13 Absatz 7, des § 15 Absatz 1 Satz 1 Nummer 2 oder des § 18 Absatz 4 Satz 2 des Einkommensteuergesetzes ausgeübt wird; dies gilt auch, wenn sie ihrer Tätigkeit nach einer Gesellschaft im Sinne des § 15 Absatz 1 Satz 1 Nummer 2 oder des § 18 Absatz 4 Satz 2 des Einkommensteuergesetzes entsprechen, für Gesellschaften im Sinne des § 1 a Absatz 1 des Körperschaftsteuergesetzes und für Gesellschaften im Sinne des § 1 Absatz 1 des Körperschaftsteuergesetzes mit Sitz im Ausland, deren Ort der Geschäftsleitung im Inland belegen ist, und die nach inländischem Gesellschaftsrecht als Personengesellschaft zu behandeln sind.

(5) ① Beim Erwerb von Todes wegen entfällt die Zurechnung von Vermögensgegenständen zum Verwaltungsvermögen im Sinne des Absatzes 4 Nummer 1 bis 5 rückwirkend zum Zeitpunkt der Entstehung der Steuer (§ 9), wenn der Erwerber innerhalb von zwei Jahren ab dem Zeitpunkt der Entstehung der Steuer (§ 9) diese Vermögensgegenstände in Vermögensgegenstände innerhalb des vom Erblasser erworbenen, begünstigungsfähigen Vermögens im Sinne des Absatzes 1 investiert hat, die unmittelbar einer Tätigkeit im Sinne von § 13 Absatz 1, § 15 Absatz 1 Satz 1 Nummer 1 oder § 18 Absatz 1 Nummer 1 und 2 des Einkommensteuergesetzes dienen und kein Verwaltungsvermögen sind. ② Voraussetzung hierfür ist, dass die Investition auf Grund eines im Zeitpunkt der Entstehung der Steuer (§ 9) vorgefassten Plans des Erblassers erfolgt und keine anderweitige Ersatzbeschaffung von Verwaltungsvermögen vorgenommen wird oder wurde. ③ Beim Erwerb von Todes wegen entfällt die Zurechnung von Finanzmitteln zum Verwaltungsvermögen im Sinne des Absatzes 4 Nummer 5 Satz 1 rückwirkend zum Zeitpunkt der Entstehung der Steuer (§ 9), soweit der Erwerber diese Finanzmittel innerhalb von zwei Jahren ab dem Zeitpunkt der Entstehung der Steuer (§ 9) verwendet, um bei auf Grund wiederkehrender saisonaler Schwankungen fehlenden Einnahmen die Vergütungen im Sinne des § 13 a Absatz 3 Satz 6 bis 10 zu zahlen. ④ Satz 2 gilt entsprechend. ⑤ Der Erwerber hat das Vorliegen der Voraussetzungen der Sätze 1 bis 4 nachzuweisen.

(6) ① Der Nettowert des Verwaltungsvermögens ergibt sich durch Kürzung des gemeinen Werts des Verwaltungsvermögens um den nach Anwendung der Absätze 3 und 4 verbleibenden anteiligen gemeinen Wert der Schulden. ② Die anteiligen Schulden nach Satz 1 bestimmen sich nach dem Verhältnis des gemeinen Werts des Verwaltungsvermögens zum gemeinen Wert des Betriebsvermögens des Betriebs oder der Gesellschaft zuzüglich der nach Anwendung der Absätze 3 und 4 verbleibenden Schulden.

(7) ① Der Nettowert des Verwaltungsvermögens wird vorbehaltlich des Satzes 2 wie begünstigtes Vermögen behandelt, soweit er 10 Prozent des um den Nettowert des Verwaltungsvermögens gekürzten gemeinen Werts des Betriebsvermögens nicht übersteigt (unschädliches Verwaltungsvermögen). ② Verwaltungsvermögen, das dem Betrieb im Zeitpunkt der Entstehung der Steuer (§ 9) weniger als zwei Jahre zuzurechnen war (junges Verwaltungsvermögen), und junge Finanzmittel im Sinne des Absatzes 4 Nummer 5 Satz 2 sind kein unschädliches Verwaltungsvermögen.

(8) ① Eine Saldierung mit Schulden nach Absatz 6 findet für junge Finanzmittel im Sinne des Absatzes 4 Nummer 5 Satz 2 und junges Verwaltungsvermögen im Sinne des Absatzes 7 Satz 2 nicht statt. ② Eine Verrechnung von Schulden mit Verwaltungsvermögen ist bei wirtschaftlich nicht belastenden Schulden und darüber hinaus ausgeschlossen, soweit die Summe der Schulden den durchschnittlichen Schuldenstand der letzten drei Jahre vor dem Zeitpunkt der Entstehung der Steuer (§ 9) übersteigt; dies gilt nicht, soweit die Erhöhung des Schuldenstands durch die Betriebstätigkeit veranlasst ist. ③ Als Nettowert des Verwaltungsvermögens ist mindestens der gemeine Wert des jungen Verwaltungsvermögens und der jungen Finanzmittel anzusetzen.

(9) ① Gehören zum begünstigungsfähigen Vermögen im Sinne des Absatzes 1 Nummer 2 und 3 unmittelbar oder mittelbar Beteiligungen an Personengesellschaften oder Beteiligungen an entsprechenden Gesellschaften mit Sitz oder Geschäftsleitung im Ausland oder unmittelbar oder mittelbar Anteile an Kapitalgesellschaften oder Anteile an entsprechenden Kapitalgesellschaften mit Sitz oder Geschäftsleitung im Ausland, sind bei der Anwendung der Absätze 2 bis 8 anstelle der Beteiligungen oder Anteile die gemeinen Werte der diesen Gesellschaften zuzurechnenden Ver-

mögensgegenstände nach Maßgabe der Sätze 2 bis 5 mit dem Anteil einzubeziehen, zu dem die unmittelbare oder mittelbare Beteiligung besteht. ② Die unmittelbar oder mittelbar gehaltenen Finanzmittel, die Vermögensgegenstände des Verwaltungsvermögens im Sinne des Absatzes 4 Nummer 1 bis 4 sowie die Schulden sind jeweils zusammenzufassen (Verbundvermögensaufstellung); junge Finanzmittel und junges Verwaltungsvermögen sind gesondert aufzuführen. ③ Soweit sich in der Verbundvermögensaufstellung Forderungen und Verbindlichkeiten zwischen den Gesellschaften untereinander oder im Verhältnis zu dem übertragenen Betrieb oder der übertragenen Gesellschaft gegenüberstehen, sind diese nicht anzusetzen. ④ Absatz 4 Nummer 5 und die Absätze 6 bis 8 sind auf die Werte in der Verbundvermögensaufstellung anzuwenden. ⑤ Die Sätze 1 bis 4 sind auf Anteile im Sinne von Absatz 4 Nummer 2 sowie auf wirtschaftlich nicht belastende Schulden nicht anzuwenden; diese Anteile sind als Verwaltungsvermögen anzusetzen.

(10)[1] ① Das für die Bewertung der wirtschaftlichen Einheit örtlich zuständige Finanzamt im Sinne des § 152 Nummer 1 bis 3 des Bewertungsgesetzes stellt die Summen der gemeinen Werte der Finanzmittel im Sinne des Absatzes 4 Nummer 5 Satz 1, der jungen Finanzmittel im Sinne des Absatzes 4 Nummer 5 Satz 2, der Vermögensgegenstände des Verwaltungsvermögens im Sinne des Absatzes 4 Nummer 1 bis 4, der Schulden, des jungen Verwaltungsvermögens im Sinne des Absatzes 7 Satz 2, des Betriebsvermögens, das einer weder in einem Mitgliedstaat der Europäischen Union noch in einem Staat des Europäischen Wirtschaftsraums belegenen Betriebsstätte dient, und das Vorliegen der Voraussetzungen des Absatzes 4 Nummer 5 Satz 4 und 5 gesondert fest, wenn und soweit diese Werte für die Erbschaftsteuer oder eine andere Feststellung im Sinne dieser Vorschrift von Bedeutung sind. ② Dies gilt entsprechend, wenn nur ein Anteil am Betriebsvermögen im Sinne des Absatzes 1 Nummer 2 übertragen wird. ③ Die Entscheidung, ob die Werte von Bedeutung sind, trifft das für die Festsetzung der Erbschaftsteuer oder für die Feststellung nach § 151 Absatz 1 Satz 1 Nummer 1 bis 3 des Bewertungsgesetzes zuständige Finanzamt. ④ Bei Anteilen an Kapitalgesellschaften, die nach § 11 Absatz 1 des Bewertungsgesetzes zu bewerten sind, trifft die Feststellungen des Satzes 1 das örtlich zuständige Finanzamt entsprechend § 152 Nummer 3 des Bewertungsgesetzes. ⑤ § 151 Absatz 3 und die §§ 152 bis 156 des Bewertungsgesetzes sind auf die Sätze 1 bis 4 entsprechend anzuwenden.

§ 13c[2] Verschonungsabschlag bei Großerwerben von begünstigtem Vermögen

(1) ① Überschreitet der Erwerb von begünstigtem Vermögen im Sinne des § 13 b Absatz 2 die Grenze des § 13 a Absatz 1 Satz 1 von 26 Millionen Euro, verringert sich auf Antrag des Erwerbers der Verschonungsabschlag nach § 13 a Absatz 1 oder Absatz 10 um jeweils einen Prozentpunkt für jede vollen 750 000 Euro, die der Wert des begünstigten Vermögens im Sinne des § 13 b Absatz 2 den Betrag von 26 Millionen Euro übersteigt. ② Im Fall des § 13 a Absatz 10 wird ab einem Erwerb von begünstigtem Vermögen im Sinne des § 13 b Absatz 2 in Höhe von 90 Millionen Euro ein Verschonungsabschlag nicht mehr gewährt.

(2) ① § 13 a Absatz 3 bis 9 findet auf Absatz 1 entsprechende Anwendung. ② Bei mehreren Erwerben begünstigten Vermögens im Sinne des § 13 b Absatz 2 von derselben Person innerhalb von zehn Jahren werden für die Bestimmung des Verschonungsabschlags für den letzten Erwerb nach Absatz 1 die früheren Erwerbe nach ihrem früheren Wert dem letzten Erwerb hinzugerechnet. ③ Der nach Satz 2 ermittelte Verschonungsabschlag für den letzten Erwerb findet auf die früheren Erwerbe Anwendung, wenn die Steuerbefreiung für den früheren Erwerb nach § 13 a Absatz 1 Satz 3 wegfällt oder dies bei dem jeweiligen Erwerb zu einem geringeren Verschonungsabschlag führt, es sei denn, für den früheren Erwerb wurde ein Antrag nach § 28 a Absatz 1 gestellt. ④ Die bis dahin für frühere Erwerbe gewährte Steuerbefreiung entfällt insoweit mit Wirkung für die Vergangenheit. ⑤ § 13 a Absatz 1 Satz 4 findet Anwendung. ⑥ Der Antrag nach Absatz 1 ist unwiderruflich und schließt einen Antrag nach § 28 a Absatz 1 für denselben Erwerb aus.

(3) Die Absätze 1 und 2 gelten in den Fällen des § 1 Absatz 1 Nummer 4 entsprechend.

§ 13d[3] Steuerbefreiung für zu Wohnzwecken vermietete Grundstücke

(1) Grundstücke im Sinne des Absatzes 3 sind mit 90 Prozent ihres Werts anzusetzen.

(2) ① Ein Erwerber kann den verminderten Wertansatz nicht in Anspruch nehmen, soweit er erworbene Grundstücke auf Grund einer letztwilligen Verfügung des Erblassers oder einer rechtsgeschäftlichen Verfügung des Erblassers oder Schenkers auf einen Dritten übertragen muss. ② Gleiches gilt, wenn ein Erbe im Rahmen der Teilung des Nachlasses Vermögen im Sinne des Absatzes 3 auf einen Miterben überträgt. ③ Überträgt ein Erbe erworbenes begünstigtes Vermögen im Rahmen der Teilung des Nachlasses auf einen Dritten und gibt der Dritte dabei diesem Erwerber nicht begünstigtes Vermögen hin, das er vom Erblasser erworben hat, erhöht sich insoweit

[1] § 13 b Abs. 10 Satz 1 geändert durch JStG 2020 mWv 29. 12. 2020 (§ 37 Abs. 18 ErbStG).

[2] § 13 c eingefügt durch Gesetz vom 4. 11. 2016 (BGBl. I S. 2464) mWv 1. 7. 2016 (§ 37 Abs. 12 Satz 1 ErbStG); Abs. 2 Satz 3 bis 5 findet auf frühere Erwerbe Anwendung, für die die Steuer nach dem 30. 6. 2016 entsteht (§ 37 Abs. 12 Satz 3 ErbStG).

[3] Früherer § 13 c eingefügt durch ErbStRG 2009 mWv 1. 1. 2009; § 13 c wird § 13 d durch Gesetz vom 4. 11. 2016 (BGBl. I S. 2464) mWv 1. 7. 2016 (§ 37 Abs. 12 Satz 1 ErbStG).

der Wert des begünstigten Vermögens des Dritten um den Wert des hingegebenen Vermögens, höchstens jedoch um den Wert des übertragenen Vermögens.

(3)[1] Der verminderte Wertansatz gilt für bebaute Grundstücke oder Grundstücksteile,

1. die zu Wohnzwecken vermietet werden,
2. bei Belegenheit in einem Drittstaat nur, wenn dieser Drittstaat auf Grund völkervertraglicher Abkommen oder Übereinkommen verpflichtet ist, der Bundesrepublik Deutschland entsprechend dem OECD-Standard für Transparenz und effektiven Informationsaustausch auf Ersuchen im Sinne des § 4 Absatz 2 Nummer 2 in Verbindung mit Absatz 4 Satz 1 des Steueroasen-Abwehrgesetzes in Bezug auf die Erbschaftsteuer Amtshilfe zu leisten; das Bundesministerium der Finanzen veröffentlicht im Bundessteuerblatt Teil I eine Liste der Drittstaaten, die diese Voraussetzungen erfüllen,
3. die nicht zum begünstigten Betriebsvermögen oder begünstigten Vermögen eines Betriebs der Land- und Forstwirtschaft im Sinne des § 13a gehören.

(4) Die Absätze 1 bis 3 gelten in den Fällen des § 1 Abs. 1 Nr. 4 entsprechend.

Abschnitt 3. Berechnung der Steuer

§ 14[2] Berücksichtigung früherer Erwerbe

(1)[3] ① Mehrere innerhalb von zehn Jahren von derselben Person anfallende Vermögensvorteile werden in der Weise zusammengerechnet, daß dem letzten Erwerb die früheren Erwerbe nach ihrem früheren Wert zugerechnet werden. ② Von der Steuer für den Gesamtbetrag wird die Steuer abgezogen, die für die früheren Erwerbe nach den persönlichen Verhältnissen des Erwerbers und auf der Grundlage der geltenden Vorschriften zur Zeit des letzten Erwerbs zu erheben gewesen wäre. ③ Anstelle der Steuer nach Satz 2 ist die tatsächlich für die in die Zusammenrechnung einbezogenen früheren Erwerbe zu entrichtende Steuer abzuziehen, wenn diese höher ist. ④ Die Steuer, die sich für den letzten Erwerb ohne Zusammenrechnung mit früheren Erwerben ergibt, darf durch den Abzug der Steuer nach Satz 2 oder Satz 3 nicht unterschritten werden. ⑤ Erwerbe, für die sich nach den steuerlichen Bewertungsgrundsätzen kein positiver Wert ergeben hat, bleiben unberücksichtigt.

(2)[4] ① Führt der Eintritt eines Ereignisses mit Wirkung für die Vergangenheit zu einer Veränderung des Werts eines früheren, in die Zusammenrechnung nach Absatz 1 einzubeziehenden Erwerbs, gilt dies auch für den späteren Erwerb als Ereignis mit Wirkung für die Vergangenheit nach § 175 Absatz 1 Satz 1 Nummer 2 der Abgabenordnung (rückwirkendes Ereignis). ② Für den späteren Erwerb gelten auch der erstmalige Erlass, die Änderung und die Aufhebung eines Steuerbescheids für einen früheren, in die Zusammenrechnung einzubeziehenden Erwerb als rückwirkendes Ereignis. ③ Dasselbe gilt auch, soweit eine Änderung der Steuerfestsetzung für den früheren Erwerb lediglich zu einer geänderten anrechenbaren Steuer führt.

(3)[4] Die durch jeden weiteren Erwerb veranlaßte Steuer darf nicht mehr betragen als 50 Prozent dieses Erwerbs.

§ 15 Steuerklassen

(1) Nach dem persönlichen Verhältnis des Erwerbers zum Erblasser oder Schenker werden die folgenden drei Steuerklassen unterschieden:

Steuerklasse I:

1.[5] der Ehegatte und der Lebenspartner,
2. die Kinder und Stiefkinder,
3. die Abkömmlinge der in Nummer 2 genannten Kinder und Stiefkinder,
4. die Eltern und Voreltern bei Erwerben von Todes wegen;

Steuerklasse II:

1. die Eltern und Voreltern, soweit sie nicht zur Steuerklasse I gehören,
2. die Geschwister,
3. die Abkömmlinge ersten Grades von Geschwistern,
4. die Stiefeltern,
5. die Schwiegerkinder,

---

[1] § 13d Abs. 3 Satzteil vor Nr. 1, Nrn. 1 u. 3 geändert, Nr. 2 neugefasst durch JStG 2024 mWv 1. 1. 2025 (§ 37 Abs. 21 ErbStG).

[2] Zur Anwendung im Beitrittsgebiet siehe § 37a Abs. 4 ErbStG.

[3] § 14 Abs. 1 neuer Satz 4 eingefügt, bish. Satz 4 wird 5 durch ErbStRG 2009 mWv 1. 1. 2009.

[4] § 14 neuer Abs. 2 eingefügt, bish. Abs. 2 wird 3 durch ErbStRG 2009 mWv 1. 1. 2009; Abs. 2 neugefasst durch JStG 2020 mWv 29. 12. 2020 (§ 37 Abs. 18 ErbStG).

[5] § 15 Abs. 1 Stkl. I Nr. 1 und Nr. 7 neugefasst durch Jahressteuergesetz 2010 mWv 14. 12. 2010 (§ 37 Abs. 4 ErbStG); zur rückwirkenden Anwendung ab 1. 8. 2001 siehe § 37 Abs. 5 Nr. 1 ErbStG.

6. die Schwiegereltern,
7.[1] der geschiedene Ehegatte und der Lebenspartner einer aufgehobenen Lebenspartnerschaft;

Steuerklasse III:
alle übrigen Erwerber und die Zweckzuwendungen.

(1 a) Die Steuerklassen I und II Nr. 1 bis 3 gelten auch dann, wenn die Verwandtschaft durch Annahme als Kind bürgerlich-rechtlich erloschen ist.

(2)[2] ① In den Fällen des § 3 Abs. 2 Nr. 1 und des § 7 Abs. 1 Nr. 8 ist der Besteuerung das Verwandtschaftsverhältnis des nach der Stiftungsurkunde entferntest Berechtigten zu dem Erblasser oder Schenker zugrunde zu legen, sofern die Stiftung wesentlich im Interesse einer Familie oder bestimmter Familien im Inland errichtet ist. ② In den Fällen des § 7 Abs. 1 Nr. 9 Satz 1 gilt als Schenker der Stifter oder derjenige, der das Vermögen auf den Verein übertragen hat, und in den Fällen des § 7 Abs. 1 Nr. 9 Satz 2 derjenige, der die Vermögensmasse im Sinne des § 3 Abs. 2 Nr. 1 Satz 2 oder § 7 Abs. 1 Nr. 8 Satz 2 gebildet oder ausgestattet hat. ③ In den Fällen des § 1 Abs. 1 Nr. 4 wird der doppelte Freibetrag nach § 16 Abs. 1 Nr. 2 gewährt; die Steuer ist nach dem Prozentsatz der Steuerklasse I zu berechnen, der für die Hälfte des steuerpflichtigen Vermögens gelten würde.

(3)[3] ① Im Falle des § 2269 des Bürgerlichen Gesetzbuchs und soweit der überlebende Ehegatte oder der überlebende Lebenspartner an die Verfügung gebunden ist, ist auf Antrag der Versteuerung das Verhältnis des Schlusserben oder Vermächtnisnehmers zum zuerst verstorbenen Ehegatten oder dem zuerst verstorbenen Lebenspartner zugrunde zu legen, soweit sein Vermögen beim Tod des überlebenden Ehegatten oder des überlebenden Lebenspartners noch vorhanden ist. ② § 6 Abs. 2 Satz 3 bis 5 gilt entsprechend.

(4)[3] ① Bei einer Schenkung durch eine Kapitalgesellschaft oder Genossenschaft ist der Besteuerung das persönliche Verhältnis des Erwerbers zu derjenigen unmittelbar oder mittelbar beteiligten natürlichen Person oder Stiftung zugrunde zu legen, durch die sie veranlasst ist. ② In diesem Fall gilt die Schenkung bei der Zusammenrechnung früherer Erwerbe (§ 14) als Vermögensvorteil, der dem Bedachten von dieser Person anfällt.

§ 16[4] Freibeträge

(1)[5] Steuerfrei bleibt in den Fällen der unbeschränkten Steuerpflicht (§ 2 Absatz 1 Nummer 1) der Erwerb
1. des Ehegatten und des Lebenspartners in Höhe von 500 000 Euro;
2. der Kinder im Sinne der Steuerklasse I Nr. 2 und der Kinder verstorbener Kinder im Sinne der Steuerklasse I Nr. 2 in Höhe von 400 000 Euro;
3. der Kinder der Kinder im Sinne der Steuerklasse I Nr. 2 in Höhe von 200 000 Euro;
4. der übrigen Personen der Steuerklasse I in Höhe von 100 000 Euro;
5. der Personen der Steuerklasse II in Höhe von 20 000 Euro;
6. *(aufgehoben)*
7. der übrigen Personen der Steuerklasse III in Höhe von 20 000 Euro.

(2)[6] ① In den Fällen der beschränkten Steuerpflicht (§ 2 Absatz 1 Nummer 3) wird der Freibetrag nach Absatz 1 um einen Teilbetrag gemindert. ② Dieser Teilbetrag entspricht dem Verhältnis der Summe der Werte des in demselben Zeitpunkt erworbenen, nicht der beschränkten Steuerpflicht unterliegenden Vermögens und derjenigen, nicht der beschränkten Steuerpflicht unterliegenden Vermögensvorteile, die innerhalb von zehn Jahren von derselben Person angefallen sind, zum Wert des Vermögens, das insgesamt innerhalb von zehn Jahren von derselben Person angefallen ist. ③ Die früheren Erwerbe sind mit ihrem früheren Wert anzusetzen.

§ 17 Besonderer Versorgungsfreibetrag

(1)[7] ① Neben dem Freibetrag nach § 16 *Abs. 1 Nr. 1* wird dem überlebenden Ehegatten und dem überlebenden Lebenspartner ein besonderer Versorgungsfreibetrag von 256 000 Euro ge-

---

[1] § 15 Abs. 1 Stkl. I Nr. 1 und Nr. 7 neugefasst durch Jahressteuergesetz 2010 mWv 14. 12. 2010 (§ 37 Abs. 4 ErbStG); zur rückwirkenden Anwendung ab 1. 8. 2001 siehe § 37 Abs. 5 Nr. 1 ErbStG.

[2] § 15 Abs. 2 Satz 2 neugefasst durch StEntlG 1999/2000/2002 mWv 5. 3. 1999.

[3] § 15 Abs. 3 neugefasst durch ErbStRG 2009 mWv 1. 1. 2009; Abs. 4 neugefasst durch BeitrRLUmsG mWv 14. 12. 2011 (§ 37 Abs. 7 Satz 1 ErbStG).

[4] § 16 neugefasst durch StEuglG vom 19. 12. 2000 (BGBl. I S. 1790) mWv 1. 1. 2002.

[5] § 16 Abs. 1 neugefasst durch ErbStRG 2009 mWv 1. 1. 2009; Abs. 1 Nr. 1 neugefasst, Nr. 6 aufgehoben durch Jahressteuergesetz 2010 mWv 14. 12. 2010 (§ 37 Abs. 4 ErbStG); zur rückwirkenden Anwendung ab 1. 1. 2002 bzw. ab 1. 8. 2001 siehe § 37 Abs. 5 Nr. 2 bzw. Nr. 3; Abs. 1 Einleitungssatz neugefasst durch BeitrRLUmsG mWv 14. 12. 2011, in offenen Fällen auf Antrag auch auf Erwerbe, für die die Steuer früher entstanden ist (§ 37 Abs. 7 ErbStG); Abs. 1 Einleitungssatz geändert durch StUmgBG mWv 25. 6. 2017 (§ 37 Abs. 14 ErbStG).

[6] § 16 Abs. 2 neugefasst durch StUmgBG mWv 25. 6. 2017 (§ 37 Abs. 14 ErbStG).

[7] § 17 Abs. 1 neugefasst durch ErbStRG 2009 mWv 1. 1. 2009; Abs. 1 geändert durch Jahressteuergesetz 2010 mWv 14. 12. 2010 (§ 37 Abs. 4 ErbStG); zur rückwirkenden Anwendung ab 1. 1. 2002 bzw. ab 1. 8. 2001 siehe § 37 Abs. 5 Nr. 2 bzw. Nr. 3 ErbStG; Abs. 1 Satz 1 und Abs. 2 Satz 1 geändert durch StUmgBG mWv 25. 6. 2017, in offenen Fällen anzuwenden auch für Erwerbe, für die die Steuer vor dem 25. 6. 2017 entstanden ist (§ 37 Abs. 13 ErbStG).

währt. ② Der Freibetrag wird bei Ehegatten oder bei Lebenspartnern, denen aus Anlass des Todes des Erblassers nicht der Erbschaftsteuer unterliegende Versorgungsbezüge zustehen, um den nach § 14 des Bewertungsgesetzes zu ermittelnden Kapitalwert dieser Versorgungsbezüge gekürzt.

(2)[1] ① Neben dem Freibetrag nach § 16 *Abs. 1 Nr. 2* wird Kindern im Sinne der Steuerklasse I Nr. 2 (§ 15 Abs. 1) für Erwerbe von Todes wegen ein besonderer Versorgungsfreibetrag in folgender Höhe gewährt:

1. bei einem Alter bis zu 5 Jahren in Höhe von 52 000 Euro;
2. bei einem Alter von mehr als 5 bis zu 10 Jahren in Höhe von 41 000 Euro;
3. bei einem Alter von mehr als 10 bis zu 15 Jahren in Höhe von 30 700 Euro;
4. bei einem Alter von mehr als 15 bis zu 20 Jahren in Höhe von 20 500 Euro;
5. bei einem Alter von mehr als 20 Jahren bis zur Vollendung des 27. Lebensjahres in Höhe von 10 300 Euro.

② Stehen dem Kind aus Anlaß des Todes des Erblassers nicht der Erbschaftsteuer unterliegende Versorgungsbezüge zu, wird der Freibetrag um den nach § 13 Abs. 1 des Bewertungsgesetzes zu ermittelnden Kapitalwert dieser Versorgungsbezüge gekürzt. ③ Bei der Berechnung des Kapitalwerts ist von der nach den Verhältnissen am Stichtag (§ 11) voraussichtlichen Dauer der Bezüge auszugehen.

(3)[2] ① In den Fällen der beschränkten Steuerpflicht (§ 2 Absatz 1 Nummer 3) wird der besondere Versorgungsfreibetrag nach Absatz 1 oder 2 gewährt, wenn die Staaten, in denen der Erblasser ansässig war oder der Erwerber ansässig ist, auf Grund völkervertraglicher Abkommen oder Übereinkommen verpflichtet sind, der Bundesrepublik Deutschland entsprechend dem OECD-Standard für Transparenz und effektiven Informationsaustausch auf Ersuchen im Sinne des § 4 Absatz 2 Nummer 2 in Verbindung mit Absatz 4 Satz 1 des Steueroasen-Abwehrgesetzes in Bezug auf die Erbschaftsteuer Amtshilfe zu leisten. ② Das Bundesministerium der Finanzen veröffentlicht im Bundessteuerblatt Teil I eine Liste der Drittstaaten, die die Voraussetzungen nach Satz 1 erfüllen.

§ 18[3] Mitgliederbeiträge

① Beiträge an Personenvereinigungen und rechtsfähige Vereine, die nicht lediglich die Förderung ihrer Mitglieder zum Zweck haben, sind steuerfrei, soweit die von einem Mitglied im Kalenderjahr der Vereinigung geleisteten Beiträge 300 Euro[4] nicht übersteigen. ② § 13 Abs. 1 Nr. 16 und 18 bleibt unberührt.

§ 19 Steuersätze

(1)[5] Die Erbschaftsteuer wird nach folgenden Prozentsätzen erhoben:

Wert des steuerpflichtigen Erwerbs (§ 10) bis einschließlich … Euro	Prozentsatz in der Steuerklasse I	II	III
75 000	17	15	30
300 000	11	20	30
600 000	15	25	30
6 000 000	19	30	30
13 000 000	23	35	50
26 000 000	27	40	50
über 26 000 000	30	43	50

[1] § 17 Abs. 1 neugefasst durch ErbStRG 2009 mWv 1. 1. 2009; Abs. 1 geändert durch Jahressteuergesetz 2010 mWv 14. 12. 2010 (§ 37 Abs. 4 ErbStG); zur rückwirkenden Anwendung ab 1. 1. 2002 bzw. ab 1. 8. 2001 siehe § 37 Abs. 5 Nr. 2 bzw. Nr. 3 ErbStG; Abs. 1 Satz 1 und Abs. 2 Satz 1 geändert durch StUmgBG mWv 25. 6. 2017, in offenen Fällen anzuwenden auch für Erwerbe, für die die Steuer vor dem 25. 6. 2017 entstanden ist (§ 37 Abs. 13 ErbStG).

[2] § 17 Abs. 3 neugefasst durch JStG 2024 mWv 1. 1. 2025 (§ 37 Abs. 22 ErbStG).

[3] § 18 Satz 1 geändert durch Gesetz vom 22. 12. 2023 (BGBl. I Nr. 411) mWv 1. 1. 2024.

[4] § 18 Satz 1 Betrag geändert durch StEuglG vom 19. 12. 2000 (BGBl. I S. 1790) mWv 1. 1. 2002.

[5] § 19 Abs. 1 neugefasst durch ErbStRG 2009 mWv 1. 1. 2009; Steuerklasse II neugefasst durch Gesetz vom 22. 12. 2009 (BGBl. I S. 3950) mWv 1. 1. 2010 (§ 37 Abs. 1 ErbStG).

(2)[1] Ist im Falle des § 2 Absatz 1 Nummer 1 ein Teil des Vermögens der inländischen Besteuerung auf Grund eines Abkommens zur Vermeidung der Doppelbesteuerung entzogen, ist die Steuer nach dem Steuersatz zu erheben, der für den ganzen Erwerb gelten würde.

(3) Der Unterschied zwischen der Steuer, die sich bei Anwendung des Absatzes 1 ergibt, und der Steuer, die sich berechnen würde, wenn der Erwerb die letztvorhergehende Wertgrenze nicht überstiegen hätte, wird nur insoweit erhoben, als er
a) bei einem Steuersatz bis zu 30 Prozent aus der Hälfte,
b) bei einem Steuersatz über 30 Prozent aus drei Vierteln
des die Wertgrenze übersteigenden Betrags gedeckt werden kann.

§ 19a[2] Tarifbegrenzung beim Erwerb von Betriebsvermögen, von Betrieben der Land- und Forstwirtschaft und von Anteilen an Kapitalgesellschaften

(1) Sind in dem steuerpflichtigen Erwerb einer natürlichen Person der Steuerklasse II oder III Betriebsvermögen, land- und forstwirtschaftliches Vermögen oder Anteile an Kapitalgesellschaften im Sinne des Absatzes 2 enthalten, ist von der tariflichen Erbschaftsteuer ein Entlastungsbetrag nach Absatz 4 abzuziehen.

(2)[3] ① Der Entlastungsbetrag gilt für den nicht unter § 13a Absatz 1 oder § 13c fallenden Teil des Vermögens im Sinne des § 13b Absatz 2. ② Ein Erwerber kann den Entlastungsbetrag nicht in Anspruch nehmen, soweit er Vermögen im Sinne des Satzes 1 auf Grund einer letztwilligen Verfügung des Erblassers oder einer rechtsgeschäftlichen Verfügung des Erblassers oder Schenkers auf einen Dritten übertragen muss. ③ Gleiches gilt, wenn ein Erbe im Rahmen der Teilung des Nachlasses Vermögen im Sinne des Satzes 1 auf einen Miterben überträgt.

(3)[4] Der auf das Vermögen im Sinne des Absatzes 2 entfallende Anteil an der tariflichen Erbschaftsteuer bemisst sich nach dem Verhältnis des Werts dieses Vermögens nach Anwendung des § 13a oder § 13c und nach Abzug der mit diesem Vermögen in wirtschaftlichem Zusammenhang stehenden abzugsfähigen Schulden und Lasten (§ 10 Absatz 5, 6, 6a und 6b) zum Wert des gesamten Vermögensanfalls im Sinne des § 10 Absatz 1 Satz 1 und 2 nach Abzug der mit diesem Vermögen in wirtschaftlichem Zusammenhang stehenden abzugsfähigen Schulden und Lasten (§ 10 Absatz 5, 6, 6a und 6b).

(4) ① Zur Ermittlung des Entlastungsbetrags ist für den steuerpflichtigen Erwerb zunächst die Steuer nach der tatsächlichen Steuerklasse des Erwerbers zu berechnen und nach Maßgabe des Absatzes 3 aufzuteilen. ② Für den steuerpflichtigen Erwerb ist dann die Steuer nach Steuerklasse I zu berechnen und nach Maßgabe des Absatzes 3 aufzuteilen. ③ Der Entlastungsbetrag ergibt sich als Unterschiedsbetrag zwischen der auf Vermögen im Sinne des Absatzes 2 entfallenden Steuer nach den Sätzen 1 und 2.

(5)[5] ① Der Entlastungsbetrag fällt mit Wirkung für die Vergangenheit weg, soweit der Erwerber innerhalb von fünf Jahren gegen die Behaltensregelungen des § 13a verstößt. ② In den Fällen des § 13a Absatz 10 und des § 28a Absatz 1 tritt an die Stelle der Frist nach Satz 1 eine Frist von sieben Jahren. ③ Die Festsetzungsfrist für die Steuer endet nicht vor dem Ablauf des vierten Jahres, nachdem die Finanzbehörde von dem Verstoß gegen die Behaltensregelungen Kenntnis erlangt. ④ § 13a Absatz 7 Satz 4 bis 6 gilt entsprechend.

Abschnitt 4. Steuerfestsetzung und Erhebung

§ 20 Steuerschuldner

(1)[6] ① Steuerschuldner ist der Erwerber, bei einer Schenkung auch der Schenker, bei einer Zweckzuwendung der mit der Ausführung der Zuwendung Beschwerte und in den Fällen des § 1 Abs. 1 Nr. 4 die Stiftung oder der Verein. ② In den Fällen des § 3 Abs. 2 Nr. 1 Satz 2 und § 7 Abs. 1 Nr. 8 Satz 2 ist die Vermögensmasse Erwerber und Steuerschuldner, in den Fällen des § 7 Abs. 1 Nr. 8 Satz 2 ist Steuerschuldner auch derjenige, der die Vermögensmasse gebildet oder ausgestattet hat.

---

[1] § 19 Abs. 2 Angabe geändert durch BeitrRLUmsG mWv 14. 12. 2011, in offenen Fällen anzuwenden auf Antrag auch für Erwerbe, für die die Steuer früher entstanden ist (§ 37 Abs. 7 ErbStG); Abs. 2 geändert durch StUmgBG mWv 25. 6. 2017.

[2] § 19a neugefasst durch ErbStRG 2009 mWv 1. 1. 2009.

[3] § 19a Abs. 2 Satz 1 Angaben geändert durch Gesetz vom 4. 11. 2016 (BGBl. I S. 2464) mWv 1. 7. 2016 (§ 37 Abs. 12 Satz 1 ErbStG).

[4] § 19a Abs. 3 neugefasst durch Gesetz vom 22. 12. 2009 (BGBl. I S. 3950) mWv 1. 1. 2010 (§ 37 Abs. 1 ErbStG); siehe Fußn. zu § 13a Abs. 1; § 19a Abs. 3 Angaben geändert durch Gesetz vom 4. 11. 2016 (BGBl. I S. 2464) mWv 1. 7. 2016 (§ 37 Abs. 12 Satz 1 ErbStG); Abs. 3 geändert durch JStG 2024 mWv 1. 1. 2025 (§ 37 Abs. 21 ErbStG).

[5] § 19a Abs. 5 Satz 1 und 2 neugefasst durch Gesetz vom 22. 12. 2009 (BGBl. I S. 3950) mWv 1. 1. 2009 (§ 37 Abs. 3 ErbStG), siehe Fußn. zu § 13a Abs. 1; Abs. 5 Satz 2 und Satz 4 Angaben geändert durch Gesetz vom 4. 11. 2016 (BGBl. I S. 2464) mWv 1. 7. 2016 (§ 37 Abs. 12 Satz 1 ErbStG); Abs. 5 Satz 2 Angabe geändert durch UStAusfVermG vom 11. 12. 2018 (BGBl. I S. 2338), anzuwenden auf Erwerbe, für die die Steuer nach dem 14. 12. 2018 entsteht (§ 37 Abs. 16 Satz 1 ErbStG).

[6] § 20 Abs. 1 neugefasst durch StEntlG 1999/2000/2002 mWv 5. 3. 1999.

(2)[1] Im Fall des § 4 sind die Abkömmlinge im Verhältnis der auf sie entfallenden Anteile, der überlebende Ehegatte oder der überlebende Lebenspartner für den gesamten Steuerbetrag Steuerschuldner.

(3) Der Nachlaß haftet bis zur Auseinandersetzung (§ 2042 des Bürgerlichen Gesetzbuchs) für die Steuer der am Erbfall Beteiligten.

(4) Der Vorerbe hat die durch die Vorerbschaft veranlaßte Steuer aus den Mitteln der Vorerbschaft zu entrichten.

(5) Hat der Steuerschuldner den Erwerb oder Teile desselben vor Entrichtung der Erbschaftsteuer einem anderen unentgeltlich zugewendet, haftet der andere in Höhe des Wertes der Zuwendung persönlich für die Steuer.

(6) ① Versicherungsunternehmen, die vor Entrichtung oder Sicherstellung der Steuer die von ihnen zu zahlende Versicherungssumme oder Leibrente in ein Gebiet außerhalb des Geltungsbereichs dieses Gesetzes zahlen oder außerhalb des Geltungsbereichs dieses Gesetzes wohnhaften Berechtigten zur Verfügung stellen, haften in Höhe des ausgezahlten Betrags für die Steuer. ② Das gleiche gilt für Personen, in deren Gewahrsam sich Vermögen des Erblassers befindet, soweit sie das Vermögen vorsätzlich oder fahrlässig vor Entrichtung oder Sicherstellung der Steuer in ein Gebiet außerhalb des Geltungsbereichs dieses Gesetzes bringen oder außerhalb des Geltungsbereichs dieses Gesetzes wohnhaften Berechtigten zur Verfügung stellen.

(7) Die Haftung nach Absatz 6 ist nicht geltend zu machen, wenn der in einem Steuerfall in ein Gebiet außerhalb des Geltungsbereichs dieses Gesetzes gezahlte oder außerhalb des Geltungsbereichs dieses Gesetzes wohnhaften Berechtigten zur Verfügung gestellte Betrag 5000 Euro[2] nicht übersteigt.

§ 21 Anrechnung ausländischer Erbschaftsteuer

(1)[3] ① Bei Erwerbern, die in einem ausländischen Staat mit ihrem Auslandsvermögen zu einer der deutschen Erbschaftsteuer entsprechenden Steuer – ausländische Steuer – herangezogen werden, ist in den Fällen des § 2 Absatz 1 Nummer 1, sofern nicht die Vorschriften eines Abkommens zur Vermeidung der Doppelbesteuerung anzuwenden sind, auf Antrag die festgesetzte, auf den Erwerber entfallende, gezahlte und keinem Ermäßigungsanspruch unterliegende ausländische Steuer insoweit auf die deutsche Erbschaftsteuer anzurechnen, als das Auslandsvermögen auch der deutschen Erbschaftsteuer unterliegt. ② Besteht der Erwerb nur zum Teil aus Auslandsvermögen, ist der darauf entfallende Teilbetrag der deutschen Erbschaftsteuer in der Weise zu ermitteln, daß die für das steuerpflichtige Gesamtvermögen einschließlich des steuerpflichtigen Auslandsvermögens sich ergebende Erbschaftsteuer im Verhältnis des steuerpflichtigen Auslandsvermögens zum steuerpflichtigen Gesamtvermögen aufgeteilt wird. ③ Ist das Auslandsvermögen in verschiedenen ausländischen Staaten belegen, ist dieser Teil für jeden einzelnen ausländischen Staat gesondert zu berechnen. ④ Die ausländische Steuer ist nur anrechenbar, wenn die deutsche Erbschaftsteuer für das Auslandsvermögen innerhalb von fünf Jahren seit dem Zeitpunkt der Entstehung der ausländischen Erbschaftsteuer entstanden ist.

(2) Als Auslandsvermögen im Sinne des Absatzes 1 gelten,

1. wenn der Erblasser zur Zeit seines Todes Inländer war: alle Vermögensgegenstände der in § 121 des Bewertungsgesetzes genannten Art, die auf einen ausländischen Staat entfallen, sowie alle Nutzungsrechte an diesen Vermögensgegenständen;
2. wenn der Erblasser zur Zeit seines Todes kein Inländer war: alle Vermögensgegenstände mit Ausnahme des Inlandsvermögens im Sinne des § 121 des Bewertungsgesetzes sowie alle Nutzungsrechte an diesen Vermögensgegenständen.

(3) ① Der Erwerber hat den Nachweis über die Höhe des Auslandsvermögens und über die Festsetzung und Zahlung der ausländischen Steuer durch Vorlage entsprechender Urkunden zu führen. ② Sind diese Urkunden in einer fremden Sprache abgefaßt, kann eine beglaubigte Übersetzung in die deutsche Sprache verlangt werden.

(4) Ist nach einem Abkommen zur Vermeidung der Doppelbesteuerung die in einem ausländischen Staat erhobene Steuer auf die Erbschaftsteuer anzurechnen, sind die Absätze 1 bis 3 entsprechend anzuwenden.

§ 22 Kleinbetragsgrenze

Von der Festsetzung der Erbschaftsteuer ist abzusehen, wenn die Steuer, die für den einzelnen Steuerfall festzusetzen ist, den Betrag von 50 Euro[4] nicht übersteigt.

---

[1] § 20 Abs. 2 neugefasst durch ErbStRG 2009 mWv 1. 1. 2009.

[2] § 20 Abs. 7 Betrag geändert durch StEuglG vom 19. 12. 2000 (BGBl. I S. 1790) mWv 1. 1. 2002 und durch Gesetz vom 27. 3. 2024 (BGBl. I Nr. 108) mWv 28. 3. 2024.

[3] § 21 Abs. 1 Satz 1 Angabe geändert durch BeitrRLUmsG mWv 14. 12. 2011, in offenen Fällen anzuwenden auf Antrag auch für Erwerbe, für die die Steuer früher entstanden ist (§ 37 Abs. 7 ErbStG); Abs. 1 Satz 1 geändert durch StUmgBG mWv 25. 6. 2017.

[4] § 22 Betrag geändert durch StEuglG vom 19. 12. 2000 (BGBl. I S. 1790) mWv 1. 1. 2002.

§ 23 Besteuerung von Renten, Nutzungen und Leistungen

(1) ① Steuern, die von dem Kapitalwert von Renten oder anderen wiederkehrenden Nutzungen oder Leistungen zu entrichten sind, können nach Wahl des Erwerbers statt vom Kapitalwert jährlich im voraus von dem Jahreswert entrichtet werden. ② Die Steuer wird in diesem Fall nach dem Steuersatz erhoben, der sich nach § 19 für den gesamten Erwerb einschließlich des Kapitalwerts der Renten oder anderen wiederkehrenden Nutzungen oder Leistungen ergibt.

(2) ① Der Erwerber hat das Recht, die Jahressteuer zum jeweils nächsten Fälligkeitstermin mit ihrem Kapitalwert abzulösen. ② Für die Ermittlung des Kapitalwerts im Ablösungszeitpunkt sind die Vorschriften der §§ 13 und 14 des Bewertungsgesetzes anzuwenden. ③ Der Antrag auf Ablösung der Jahressteuer ist spätestens bis zum Beginn des Monats zu stellen, der dem Monat vorausgeht, in dem die nächste Jahressteuer fällig wird.

§ 24 Verrentung der Steuerschuld in den Fällen des § 1 Abs. 1 Nr. 4

① In den Fällen des § 1 Abs. 1 Nr. 4 kann der Steuerpflichtige verlangen, daß die Steuer in 30 gleichen jährlichen Teilbeträgen (Jahresbeträgen) zu entrichten ist. ② Die Summe der Jahresbeträge umfaßt die Tilgung und die Verzinsung der Steuer; dabei ist von einem Zinssatz von 5,5 Prozent auszugehen.

§ 25[1] Besteuerung bei Nutzungs- und Rentenlast

(1) ① Der Erwerb von Vermögen, dessen Nutzungen dem Schenker oder dem Ehegatten des Erblassers (Schenkers) zustehen oder das mit einer Rentenverpflichtung oder mit der Verpflichtung zu sonstigen wiederkehrenden Leistungen zugunsten dieser Personen belastet ist, wird ohne Berücksichtigung dieser Belastungen besteuert. ② Die Steuer, die auf den Kapitalwert dieser Belastungen entfällt, ist jedoch bis zu deren Erlöschen zinslos zu stunden. ③ Die gestundete Steuer kann auf Antrag des Erwerbers jederzeit mit ihrem Barwert nach § 12 Abs. 3 des Bewertungsgesetzes abgelöst werden.

(2) Veräußert der Erwerber das belastete Vermögen vor dem Erlöschen der Belastung ganz oder teilweise, endet insoweit die Stundung mit dem Zeitpunkt der Veräußerung.

§ 26 Ermäßigung der Steuer bei Aufhebung einer Familienstiftung oder Auflösung eines Vereins

In den Fällen des § 7 Abs. 1 Nr. 9 ist auf die nach § 15 Abs. 2 Satz 2 zu ermittelnde Steuer die nach § 15 Abs. 2 Satz 3 festgesetzte Steuer anteilsmäßig anzurechnen

a) mit 50 Prozent, wenn seit der Entstehung der anrechenbaren Steuer nicht mehr als zwei Jahre,
b) mit 25 Prozent, wenn seit der Entstehung der anrechenbaren Steuer mehr als zwei Jahre, aber nicht mehr als vier Jahre vergangen sind.

§ 27[2] Mehrfacher Erwerb desselben Vermögens

(1) Fällt Personen der Steuerklasse I von Todes wegen Vermögen an, das in den letzten zehn Jahren vor dem Erwerb bereits von Personen dieser Steuerklasse erworben worden ist und für das nach diesem Gesetz eine Steuer zu erheben war, ermäßigt sich der auf dieses Vermögen entfallende Steuerbetrag vorbehaltlich des Absatzes 3 wie folgt:

um … Prozent	wenn zwischen den beiden Zeitpunkten der Entstehung der Steuer liegen
50	nicht mehr als 1 Jahr
45	mehr als 1 Jahr, aber nicht mehr als 2 Jahre
40	mehr als 2 Jahre, aber nicht mehr als 3 Jahre
35	mehr als 3 Jahre, aber nicht mehr als 4 Jahre
30	mehr als 4 Jahre, aber nicht mehr als 5 Jahre
25	mehr als 5 Jahre, aber nicht mehr als 6 Jahre
20	mehr als 6 Jahre, aber nicht mehr als 8 Jahre
10	mehr als 8 Jahre, aber nicht mehr als 10 Jahre

(2) Zur Ermittlung des Steuerbetrags, der auf das begünstigte Vermögen entfällt, ist die Steuer für den Gesamterwerb in dem Verhältnis aufzuteilen, in dem der Wert des begünstigten Vermögens zu dem Wert des steuerpflichtigen Gesamterwerbs ohne Abzug des dem Erwerber zustehenden Freibetrags steht.

(3) Die Ermäßigung nach Absatz 1 darf den Betrag nicht überschreiten, der sich bei Anwendung der in Absatz 1 genannten Prozentsätze auf die Steuer ergibt, die der Vorerwerber für den Erwerb desselben Vermögens entrichtet hat.

[1] § 25 aufgehoben durch ErbStRG 2009 mWv 1. 1. 2009; zur Weiteranwendung siehe § 37 Abs. 2 Satz 2 ErbStG.
[2] Zur Anwendung im Beitrittsgebiet siehe § 37 a Abs. 5 bzw. Abs. 6 ErbStG.

§ 28[1] Stundung

(1)[2] ① Gehört zum Erwerb von Todes wegen begünstigtes Vermögen im Sinne des § 13b Absatz 2, ist dem Erwerber die darauf entfallende Erbschaftsteuer auf Antrag bis zu sieben Jahre zu stunden. ② Der erste Jahresbetrag ist ein Jahr nach der Festsetzung der Steuer fällig und bis dahin zinslos zu stunden. ③ Für die weiteren zu entrichtenden Jahresbeträge sind die §§ 234 und 238 der Abgabenordnung ab dem zweiten Jahr nach der Festsetzung der Steuer anzuwenden. ④ § 222 der Abgabenordnung bleibt unberührt. ⑤ Die Stundung endet, sobald der Erwerber, ausgehend vom Zeitpunkt der Entstehung der Steuer (§ 9), den Tatbestand nach § 13a Absatz 3 nicht einhält oder einen der Tatbestände nach § 13a Absatz 6 erfüllt. ⑥ Wurde ein Antrag nach § 13a Absatz 10 oder nach § 28a Absatz 1 gestellt, ist bei der Anwendung des Satzes 5 § 13a Absatz 10 entsprechend anzuwenden. ⑦ Satz 1 ist nicht auf die Erbschaftsteuer anzuwenden, die der Erwerber zu entrichten hat, weil er den Tatbestand nach § 13a Absatz 3 nicht eingehalten oder einen der Tatbestände nach § 13a Absatz 6 erfüllt hat. ⑧ Die Stundung endet, sobald der Erwerber den Betrieb oder den Anteil daran überträgt oder aufgibt.

(2) Absatz 1 findet in den Fällen des § 1 Abs. 1 Nr. 4 entsprechende Anwendung.

(3)[3] ① Gehört zum Erwerb Grundbesitz, der zu Wohnzwecken genutzt wird, ist dem Erwerber die darauf entfallende Erbschaftsteuer auf Antrag bis zu zehn Jahre zu stunden, soweit der Erwerber die Steuer nur durch Veräußerung dieses Vermögens aufbringen kann. ② Die Stundung endet, soweit der Grundbesitz auf Dritte übergeht oder dauerhaft keinen Wohnzwecken mehr dienen soll. ③ Die §§ 234 und 238 der Abgabenordnung sind mit der Maßgabe anzuwenden, dass bei Erwerben von Todes wegen keine Zinsen erhoben werden. ④ § 222 der Abgabenordnung bleibt unberührt. ⑤ Ist der Grundbesitz in einem Drittstaat belegen, wird die Stundung nur gewährt, wenn und solange dieser Staat auf Grund völkervertraglicher Abkommen oder Übereinkommen verpflichtet ist, der Bundesrepublik Deutschland

1. entsprechend dem OECD-Standard für Transparenz und effektiven Informationsaustausch auf Ersuchen im Sinne des § 4 Absatz 2 Nummer 2 in Verbindung mit Absatz 4 Satz 1 des Steueroasen-Abwehrgesetzes in Bezug auf die Erbschaftsteuer Amtshilfe zu leisten,
2. Amtshilfe bei der Beitreibung gemäß einem dem Artikel 27 des OECD-Musterabkommens 2017 zur Vermeidung der Doppelbesteuerung auf dem Gebiet der Steuern vom Einkommen und vom Vermögen[4] entsprechenden Artikel in einem Abkommen zur Vermeidung der Doppelbesteuerung in Bezug auf die Erbschaftsteuer zu leisten.

⑥ Das Bundesministerium der Finanzen veröffentlicht im Bundessteuerblatt Teil I eine Liste der Drittstaaten, die die Voraussetzungen nach Satz 5 erfüllen.

§ 28a[5] Verschonungsbedarfsprüfung

(1) ① Überschreitet der Erwerb von begünstigtem Vermögen im Sinne des § 13b Absatz 2 die Grenze des § 13a Absatz 1 Satz 1 von 26 Millionen Euro, ist die auf das begünstigte Vermögen entfallende Steuer auf Antrag des Erwerbers zu erlassen, soweit er nachweist, dass er persönlich nicht in der Lage ist, die Steuer aus seinem verfügbaren Vermögen im Sinne des Absatzes 2 zu begleichen. ② Ein Erwerber kann den Erlass nicht in Anspruch nehmen, soweit er begünstigtes Vermögen im Sinne des § 13b Absatz 2 auf Grund einer letztwilligen Verfügung des Erblassers oder einer rechtsgeschäftlichen Verfügung des Erblassers oder Schenkers auf einen Dritten übertragen muss. ③ Satz 2 gilt entsprechend, wenn ein Erbe im Rahmen der Teilung des Nachlasses begünstigtes Vermögen auf einen Miterben überträgt. ④ Überträgt ein Erbe erworbenes begünstigtes Vermögen im Sinne des § 13b Absatz 2 im Rahmen der Teilung des Nachlasses auf einen Dritten und gibt der Dritte dabei diesem Erwerber nicht begünstigtes Vermögen hin, das er vom Erblasser erworben hat, erhöht sich insoweit der Wert des begünstigten Vermögens des Dritten um den Wert des hingegebenen Vermögens, höchstens jedoch um den Wert des übertragenen Vermögens.

(2) Zu dem verfügbaren Vermögen gehören 50 Prozent der Summe der gemeinen Werte des

1. mit der Erbschaft oder Schenkung zugleich übergegangenen Vermögens, das nicht zum begünstigten Vermögen im Sinne des § 13b Absatz 2 gehört, und
2. dem Erwerber im Zeitpunkt der Entstehung der Steuer (§ 9) gehörenden Vermögens, das nicht zum begünstigten Vermögen im Sinne des § 13b Absatz 2 gehören würde.

(3) ① Die nach Anwendung des Absatzes 1 Satz 1 verbleibende Steuer kann ganz oder teilweise bis zu sechs Monate gestundet werden, wenn die Einziehung bei Fälligkeit eine erhebliche Härte

[1] Zur Anwendung im Beitrittsgebiet siehe § 37a Abs. 5 bzw. Abs. 6 ErbStG.

[2] § 28 Abs. 1 neugefasst, Abs. 3 Satz 1 Angabe geändert durch Gesetz vom 4. 11. 2016 (BGBl. I S. 2464) mWv 1. 7. 2016 (§ 37 Abs. 12 Satz 1 ErbStG); Abs. 1 Satz 6 geändert, Abs. 3 Satz 5 neugefasst, Satz 6 angefügt durch UStAusfVermG vom 11. 12. 2018 (BGBl. I S. 2338), anzuwenden auf Erwerbe, für die die Steuer nach dem 14. 12. 2018 entsteht (§ 37 Abs. 16 Satz 1 ErbStG).

[3] § 28 Abs. 3 neugefasst durch JStG 2024 mWv 1. 1. 2025 (§ 37 Abs. 21 ErbStG).

[4] **[Amtl. Anm.:]** Dieses Dokument ist im Internet abrufbar unter www.bzst.de/DE/Behoerden/InternationaleAmtshilfe/AmtshilfeBeitreibungZustellung/amtshilfe_beitreibung_zustellung_node.html.

[5] § 28a eingefügt durch Gesetz vom 4. 11. 2016 (BGBl. I S. 2464) mWv 1. 7. 2016 (§ 37 Abs. 12 Satz 1 ErbStG).

für den Erwerber bedeuten würde und der Anspruch nicht gefährdet erscheint. ② Eine erhebliche Härte liegt insbesondere vor, wenn der Erwerber einen Kredit aufnehmen oder verfügbares Vermögen im Sinne des Absatzes 2 veräußern muss, um die Steuer entrichten zu können. ③ Die §§ 234 und 238 der Abgabenordnung sind anzuwenden. ④ § 222 der Abgabenordnung und § 28 bleiben unberührt.

(4)[1] ① Der Erlass der Steuer nach Absatz 1 Satz 1 steht unter der auflösenden Bedingung, dass

1. die Summe der maßgebenden jährlichen Lohnsummen des Betriebs, bei Beteiligungen an einer Personengesellschaft oder Anteilen an einer Kapitalgesellschaft des Betriebs der jeweiligen Gesellschaft, innerhalb von sieben Jahren nach dem Erwerb (Lohnsummenfrist) insgesamt die Mindestlohnsumme nach § 13 a Absatz 10 Nummer 3 bis 5 unterschreitet. ② § 13 a Absatz 3 Satz 2 und 6 bis 13 gilt entsprechend. ③ Unterschreitet die Summe der maßgebenden jährlichen Lohnsummen die Mindestlohnsumme, vermindert sich der nach Absatz 1 Satz 1 zu gewährende Erlass der Steuer mit Wirkung für die Vergangenheit in demselben prozentualen Umfang, wie die Mindestlohnsumme unterschritten wird;
2. der Erwerber innerhalb von sieben Jahren (Behaltensfrist) gegen die Behaltensbedingungen entsprechend § 13 a Absatz 6 Satz 1 verstößt. ② § 13 a Absatz 6 Satz 2 bis 4 gilt entsprechend;
3. der Erwerber innerhalb von zehn Jahren nach dem Zeitpunkt der Entstehung der Steuer (§ 9) weiteres Vermögen durch Schenkung oder von Todes wegen erhält, das verfügbares Vermögen im Sinne des Absatzes 2 darstellt. ② Der Erwerber kann erneut einen Antrag nach Absatz 1 stellen. ③ Das verfügbare Vermögen nach Absatz 2 ist um 50 Prozent des gemeinen Werts des weiteren erworbenen Vermögens zu erhöhen;
4. die den Erwerb oder Teile des Erwerbs oder das in Nummer 3 oder Absatz 2 Nummer 2 bezeichnete Vermögen oder Teile dieses Vermögens betreffenden Feststellungsbescheide im Sinne des § 151 Absatz 1 Satz 1 des Bewertungsgesetzes oder des § 13 b Absatz 10 Satz 1 geändert werden oder erstmals ergehen und die festgestellten Werte von den dem Erlass zugrunde gelegten Werten abweichen. ② Gleiches gilt im Fall der Aufhebung eines Feststellungsbescheids. ③ Der Erwerber kann erneut einen Antrag nach Absatz 1 stellen;
5. die dem Erlass zugrunde liegende Steuerfestsetzung geändert wird und dabei von den dem Erlass zugrunde gelegten Werten abgewichen wird. ② Der Erwerber kann erneut einen Antrag nach Absatz 1 stellen;
6. der Erlass gemäß Absatz 1 Satz 2 oder 3 ganz oder teilweise nicht mehr in Anspruch genommen werden kann. ② Der Erwerber kann erneut einen Antrag nach Absatz 1 stellen.

② Der Verwaltungsakt nach Absatz 1 Satz 1 steht unter dem Vorbehalt des Widerrufs (§ 120 Absatz 2 Nummer 3 der Abgabenordnung). ③ Der Verwaltungsakt über den Erlass nach Absatz 1 Satz 1 ist bei Eintritt der auflösenden Bedingung nach Satz 1 mit Wirkung für die Vergangenheit ganz oder teilweise zu widerrufen; § 131 Absatz 4 der Abgabenordnung gilt entsprechend.

(5) ① Der Erwerber ist verpflichtet, dem für die Erbschaftsteuer zuständigen Finanzamt innerhalb einer Frist von sechs Monaten nach Ablauf der Lohnsummenfrist das Unterschreiten der Mindestlohnsumme (Absatz 4 Satz 1 Nummer 1) anzuzeigen. ② In den Fällen des Absatzes 4 Satz 1 Nummer 2 und 3 ist der Erwerber verpflichtet, dem für die Erbschaftsteuer zuständigen Finanzamt den entsprechenden Sachverhalt innerhalb einer Frist von einem Monat, nachdem der jeweilige Tatbestand verwirklicht wurde, anzuzeigen. ③ Die Anzeige ist eine Steuererklärung im Sinne der Abgabenordnung. ④ Sie ist schriftlich abzugeben. ⑤ Die Anzeige hat auch dann zu erfolgen, wenn der Vorgang nur teilweise zum Widerruf des Verwaltungsaktes nach Absatz 4 führt.

(6)[2] ① Die Zahlungsverjährungsfrist für die nach Anwendung des Absatzes 1 Satz 1 verbleibende Steuer endet nicht vor dem Ablauf des fünften Jahres, nachdem das für die Erbschaftsteuer zuständige Finanzamt von dem Unterschreiten der Mindestlohnsumme (Absatz 4 Satz 1 Nummer 1) oder dem Verwirklichen eines Tatbestands nach Absatz 4 Satz 1 Nummer 2, 3 und 6 Kenntnis erlangt. ② In den Fällen des Absatzes 4 Satz 1 Nummer 4 und 5 endet die Zahlungsverjährungsfrist nicht vor dem Ablauf des zweiten Jahres nach Bekanntgabe des Feststellungsbescheids oder des Steuerbescheids.

(7) Die Absätze 1 bis 6 gelten in den Fällen des § 1 Absatz 1 Nummer 4 entsprechend.

(8) Die Absätze 1 bis 7 gelten nicht, wenn ein Antrag nach § 13 c gestellt wurde.

§ 29 Erlöschen der Steuer in besonderen Fällen

(1) Die Steuer erlischt mit Wirkung für die Vergangenheit,

1. soweit ein Geschenk wegen eines Rückforderungsrechts herausgegeben werden mußte;
2. soweit die Herausgabe gemäß § 528 Abs. 1 Satz 2 des Bürgerlichen Gesetzbuchs abgewendet worden ist;

---

[1] § 28 a Abs. 4 Satz 1 Nrn. 4–6 angefügt durch UStAusfVermG v. 11. 12. 2018 (BGBl. I S. 2338), anzuwenden auf Erwerbe, für die ein Erlass erstmals nach dem 14. 12. 2018 ausgesprochen wurde (§ 37 Abs. 16 Satz 2 ErbStG).

[2] § 28 a Abs. 6 Satz 1 geändert, Satz 2 angefügt durch UStAusfVermG v. 11. 12. 2018 (BGBl. I S. 2338), anzuwenden auf Erwerbe, für die ein Erlass erstmals nach dem 14. 12. 2018 ausgesprochen wurde (§ 37 Abs. 16 Satz 2 ErbStG).

3.[1] soweit in den Fällen des § 5 Abs. 2 unentgeltliche Zuwendungen auf die Ausgleichsforderung angerechnet worden sind (§ 1380 Abs. 1 des Bürgerlichen Gesetzbuchs). ② Entsprechendes gilt, wenn unentgeltliche Zuwendungen bei der Berechnung des nach § 5 Abs. 1 steuerfreien Betrags berücksichtigt werden;

4.[1] soweit Vermögensgegenstände, die von Todes wegen (§ 3) oder durch Schenkung unter Lebenden (§ 7) erworben worden sind, innerhalb von 24 Monaten nach dem Zeitpunkt der Entstehung der Steuer (§ 9) dem Bund, einem Land, einer inländischen Gemeinde (Gemeindeverband) oder einer inländischen Stiftung zugewendet werden, die nach der Satzung, dem Stiftungsgeschäft oder der sonstigen Verfassung und nach ihrer tatsächlichen Geschäftsführung ausschließlich und unmittelbar als gemeinnützig anzuerkennenden steuerbegünstigten Zwecken im Sinne der §§ 52 bis 54 der Abgabenordnung mit Ausnahme der Zwecke, die nach § 52 Abs. 2 Nr. 23 der Abgabenordnung gemeinnützig sind, dient. ② Dies gilt nicht, wenn die Stiftung Leistungen im Sinne des § 58 Nummer 6 der Abgabenordnung an den Erwerber oder seine nächsten Angehörigen zu erbringen hat oder soweit für die Zuwendung die Vergünstigung nach § 10b des Einkommensteuergesetzes, § 9 Abs. 1 Nr. 2 des Körperschaftsteuergesetzes oder § 9 Nr. 5 des Gewerbesteuergesetzes in Anspruch genommen wird. ③ Für das Jahr der Zuwendung ist bei der Einkommensteuer oder Körperschaftsteuer und bei der Gewerbesteuer unwiderruflich zu erklären, in welcher Höhe die Zuwendung als Spende zu berücksichtigen ist. ④ Die Erklärung ist für die Festsetzung der Erbschaftsteuer oder Schenkungsteuer bindend.

(2) Der Erwerber ist für den Zeitraum, für den ihm die Nutzungen des zugewendeten Vermögens zugestanden haben, wie ein Nießbraucher zu behandeln.

§ 30 Anzeige des Erwerbs

(1)[2] Jeder der Erbschaftsteuer unterliegende Erwerb (§ 1) ist vom Erwerber, bei einer Zweckzuwendung vom Beschwerten binnen einer Frist von drei Monaten nach erlangter Kenntnis von dem Anfall oder von dem Eintritt der Verpflichtung dem für die Verwaltung der Erbschaftsteuer zuständigen Finanzamt schriftlich anzuzeigen.

(2) Erfolgt der steuerpflichtige Erwerb durch ein Rechtsgeschäft unter Lebenden, ist zur Anzeige auch derjenige verpflichtet, aus dessen Vermögen der Erwerb stammt.

(3)[2] ① Einer Anzeige bedarf es nicht, wenn der Erwerb auf einer von einem deutschen Gericht, einem deutschen Notar oder einem deutschen Konsul eröffneten Verfügung von Todes wegen beruht und sich aus der Verfügung das Verhältnis des Erwerbers zum Erblasser unzweifelhaft ergibt; das gilt nicht, wenn zum Erwerb Grundbesitz, Betriebsvermögen, Anteile an Kapitalgesellschaften, die nicht der Anzeigepflicht nach § 33 unterliegen, oder Auslandsvermögen gehört. ② Einer Anzeige bedarf es auch nicht, wenn eine Schenkung unter Lebenden oder eine Zweckzuwendung gerichtlich oder notariell beurkundet ist.

(4)[3] Die Anzeige soll folgende Angaben enthalten:

1. Vorname und Familienname, Identifikationsnummer (§ 139b der Abgabenordnung), Beruf, Wohnung des Erblassers oder Schenkers und des Erwerbers;
2. Todestag und Sterbeort des Erblassers oder Zeitpunkt der Ausführung der Schenkung;
3. Gegenstand und Wert des Erwerbs;
4. Rechtsgrund des Erwerbs wie gesetzliche Erbfolge, Vermächtnis, Ausstattung;
5. persönliches Verhältnis des Erwerbers zum Erblasser oder zum Schenker wie Verwandtschaft, Schwägerschaft, Dienstverhältnis;
6. frühere Zuwendungen des Erblassers oder Schenkers an den Erwerber nach Art, Wert und Zeitpunkt der einzelnen Zuwendung.

(5)[4] ① In den Fällen des § 1 Absatz 1 Nummer 4 ist von der Stiftung oder dem Verein binnen einer Frist von drei Monaten nach dem Zeitpunkt des ersten Übergangs von Vermögen auf die Stiftung oder auf den Verein der Vermögensübergang dem nach § 35 Absatz 4 zuständigen Finanzamt schriftlich anzuzeigen. ② Die Anzeige soll folgende Angaben enthalten:

1. Name, Ort der Geschäftsleitung und des Sitzes der Stiftung oder des Vereins,
2. Name und Anschrift des gesetzlichen Vertreters der Stiftung oder des Vereins,
3. Zweck der Stiftung oder des Vereins,
4. Zeitpunkt des ersten Vermögensübergangs auf die Stiftung oder den Verein,
5. Wert und Zusammensetzung des Vermögens.

---

[1] § 29 Abs. 1 Nr. 3 Satz 2 angefügt durch ErbStRG 2009 mWv 1. 1. 2009; Abs. 1 Nr. 4 Satz 1 geändert durch Gesetz vom 14. 7. 2000 (BGBl. I S. 1034) mWv 1. 1. 2000 und durch Gesetz vom 10. 10. 2007 (BGBl. I S. 2332); Nr. 4 Satz 2 redaktionell geändert durch ErbStRG 2009 und durch JStG 2020.

[2] § 30 Abs. 1 geändert durch Gesetz vom 21. 8. 2002 (BGBl. I S. 3322) mWv 28. 8. 2002; Abs. 3 neugefasst durch ErbStRG 2009 mWv 1. 1. 2009.

[3] § 30 Abs. 4 Nr. 1 geändert durch Gesetz vom 2. 11. 2015 (BGBl. I S. 1834) mWv 6. 11. 2015 (§ 37 Abs. 10 Satz 1 ErbStG).

[4] § 30 Abs. 5 angefügt durch JStG 2020 mWv 29. 12. 2020 (§ 37 Abs. 18 ErbStG).

§ 31 Steuererklärung

(1)[1] ① Das Finanzamt kann von jedem an einem Erbfall, an einer Schenkung oder an einer Zweckzuwendung Beteiligten ohne Rücksicht darauf, ob er selbst steuerpflichtig ist, die Abgabe einer Erklärung innerhalb einer von ihm zu bestimmenden Frist verlangen. ② Die Frist muß mindestens einen Monat betragen. ③ In den Fällen des § 1 Absatz 1 Nummer 4 kann das Finanzamt von der Stiftung oder dem Verein sowie von jedem Familienmitglied im Sinne des § 1 Absatz 1 Nummer 4 und jedem Mitglied des Vereins die Abgabe einer Erklärung innerhalb einer von ihm zu bestimmenden Frist verlangen. ④ Satz 2 gilt entsprechend.

(2) Die Erklärung hat ein Verzeichnis der zum Nachlaß gehörenden Gegenstände und die sonstigen für die Feststellung des Gegenstands und des Werts des Erwerbs erforderlichen Angaben zu enthalten.

(3)[2] In den Fällen der fortgesetzten Gütergemeinschaft kann das Finanzamt die Steuererklärung allein von dem überlebenden Ehegatten oder dem überlebenden Lebenspartner verlangen.

(4) ① Sind mehrere Erben vorhanden, sind sie berechtigt, die Steuererklärung gemeinsam abzugeben. ② In diesem Fall ist die Steuererklärung von allen Beteiligten zu unterschreiben. ③ Sind an dem Erbfall außer den Erben noch weitere Personen beteiligt, können diese im Einverständnis mit den Erben in die gemeinsame Steuererklärung einbezogen werden.

(5) ① Ist ein Testamentsvollstrecker oder Nachlaßverwalter vorhanden, ist die Steuererklärung von diesem abzugeben. ② Das Finanzamt kann verlangen, daß die Steuererklärung auch von einem oder mehreren Erben mitunterschrieben wird.

(6) Ist ein Nachlaßpfleger bestellt, ist dieser zur Abgabe der Steuererklärung verpflichtet.

(7) ① Das Finanzamt kann verlangen, daß eine Steuererklärung auf einem Vordruck nach amtlich bestimmtem Muster abzugeben ist, in der der Steuerschuldner die Steuer selbst zu berechnen hat. ② Der Steuerschuldner hat die selbstberechnete Steuer innerhalb eines Monats nach Abgabe der Steuererklärung zu entrichten.

§ 32 Bekanntgabe des Steuerbescheids an Vertreter

(1) ① In den Fällen des § 31 Abs. 5 ist der Steuerbescheid abweichend von § 122 Abs. 1 Satz 1 der Abgabenordnung dem Testamentsvollstrecker oder Nachlaßverwalter bekanntzugeben. ② Diese Personen haben für die Bezahlung der Erbschaftsteuer zu sorgen. ③ Auf Verlangen des Finanzamts ist aus dem Nachlaß Sicherheit zu leisten.

(2) ① In den Fällen des § 31 Abs. 6 ist der Steuerbescheid dem Nachlaßpfleger bekanntzugeben. ② Absatz 1 Satz 2 und 3 ist entsprechend anzuwenden.

§ 33 Anzeigepflicht der Vermögensverwahrer, Vermögensverwalter und Versicherungsunternehmen

(1)[3] ① Wer sich geschäftsmäßig mit der Verwahrung oder Verwaltung fremden Vermögens befaßt, hat diejenigen in seinem Gewahrsam befindlichen Vermögensgegenstände und diejenigen gegen ihn gerichteten Forderungen, die beim Tod eines Erblassers zu dessen Vermögen gehörten oder über die dem Erblasser zur Zeit seines Todes die Verfügungsmacht zustand, dem für die Verwaltung der Erbschaftsteuer zuständigen Finanzamt schriftlich anzuzeigen. ② Die Anzeige ist zu erstatten:

1. in der Regel: innerhalb eines Monats, seitdem der Todesfall dem Verwahrer oder Verwalter bekanntgeworden ist;
2. wenn der Erblasser zur Zeit seines Todes Angehöriger eines ausländischen Staats war und nach einer Vereinbarung mit diesem Staat der Nachlaß einem konsularischen Vertreter auszuhändigen ist: spätestens bei der Aushändigung des Nachlasses.

(2)[4] Wer auf den Namen lautende Aktien oder Schuldverschreibungen ausgegeben hat, hat dem Finanzamt schriftlich von dem Antrag, solche Wertpapiere eines Verstorbenen auf den Namen anderer umzuschreiben, vor der Umschreibung Anzeige zu erstatten.

(3)[4] Versicherungsunternehmen haben, bevor sie Versicherungssummen oder Leibrenten einem anderen als dem Versicherungsnehmer auszahlen oder zur Verfügung stellen, hiervon dem Finanzamt schriftlich Anzeige zu erstatten.

(4) Zuwiderhandlungen gegen diese Pflichten werden als Steuerordnungswidrigkeit mit Geldbuße geahndet.

§ 34 Anzeigepflicht der Gerichte, Behörden, Beamten und Notare

(1)[5] Die Gerichte, Behörden, Beamten und Notare haben dem für die Verwaltung der Erbschaftsteuer zuständigen Finanzamt schriftlich Anzeige zu erstatten über diejenigen Beurkundun-

---

[1] § 31 Abs. 1 Sätze 3 u. 4 angefügt durch JStG 2020 mWv 29. 12. 2020 (§ 37 Abs. 18 ErbStG).
[2] § 31 Abs. 3 neugefasst durch ErbStRG 2009 mWv 1. 1. 2009.
[3] § 33 Abs. 1 Satz 1 geändert durch Gesetz vom 21. 8. 2002 (BGBl. I S. 3322) mWv 28. 8. 2002.
[4] § 33 Abs. 2 und 3 geändert durch Gesetz vom 21. 8. 2002 (BGBl. I S. 3322) mWv 28. 8. 2002.
[5] § 34 Abs. 1 geändert durch Gesetz vom 21. 8. 2002 (BGBl. I S. 3322) mWv 28. 8. 2002.

gen, Zeugnisse und Anordnungen, die für die Festsetzung einer Erbschaftsteuer von Bedeutung sein können.

(2)[1] Insbesondere haben anzuzeigen:

1. die Standesämter:
   die Sterbefälle;
2. die Gerichte und die Notare:
   die Erteilung von Erbscheinen, Europäischen Nachlasszeugnissen, Testamentsvollstreckerzeugnissen und Zeugnissen über die Fortsetzung der Gütergemeinschaft, die Beschlüsse über Todeserklärungen sowie die Anordnung von Nachlaßpflegschaften und Nachlaßverwaltungen;
3. die Gerichte, die Notare und die deutschen Konsuln:
   die eröffneten Verfügungen von Todes wegen, die abgewickelten Erbauseinandersetzungen, die beurkundeten Vereinbarungen der Gütergemeinschaft und die beurkundeten Schenkungen und Zweckzuwendungen.

§ 35 Örtliche Zuständigkeit

(1)[2] ① Örtlich zuständig für die Steuerfestsetzung ist in den Fällen, in denen der Erblasser zur Zeit seines Todes oder der Schenker zur Zeit der Ausführung der Zuwendung ein Inländer war, das Finanzamt, das sich bei sinngemäßer Anwendung des § 19 Absatz 1 und des § 20 der Abgabenordnung ergibt. ② Im Fall der Steuerpflicht nach § 2 Absatz 1 Nummer 1 Buchstabe b richtet sich die Zuständigkeit nach dem letzten inländischen Wohnsitz oder gewöhnlichen Aufenthalt des Erblassers oder Schenkers.

(2) Die örtliche Zuständigkeit bestimmt sich nach den Verhältnissen des Erwerbers, bei Zweckzuwendungen nach den Verhältnissen des Beschwerten, zur Zeit des Erwerbs, wenn

1. bei einer Schenkung unter Lebenden der Erwerber, bei einer Zweckzuwendung unter Lebenden der Beschwerte, eine Körperschaft, Personenvereinigung oder Vermögensmasse ist oder
2. der Erblasser zur Zeit seines Todes oder der Schenker zur Zeit der Ausführung der Zuwendung kein Inländer war. ② Sind an einem Erbfall mehrere inländische Erwerber mit Wohnsitz oder gewöhnlichem Aufenthalt in verschiedenen Finanzamtsbezirken beteiligt, ist das Finanzamt örtlich zuständig, das zuerst mit der Sache befaßt wird.

(3)[3] ① Bei Schenkungen und Zweckzuwendungen unter Lebenden von einer Erbengemeinschaft ist das Finanzamt zuständig, das für die Bearbeitung des Erbfalls zuständig ist. ② Satz 1 gilt auch, wenn eine Erbengemeinschaft aus zwei Erben besteht und der eine Miterbe bei der Auseinandersetzung eine Schenkung an den anderen Miterben ausführt.

(4)[4] In den Fällen der Steuerpflicht nach § 2 Absatz 1 Nummer 2 ist das Finanzamt zuständig, das sich bei sinngemäßer Anwendung des § 20 Absatz 1 und 2 der Abgabenordnung ergibt.

(5)[4] In den Fällen des § 2 Absatz 1 Nummer 3 ist das Finanzamt örtlich zuständig, das sich bei sinngemäßer Anwendung des § 19 Absatz 2 der Abgabenordnung ergibt.

Abschnitt 5. Ermächtigungs- und Schlußvorschriften

§ 36 Ermächtigungen

(1) Die Bundesregierung wird ermächtigt, mit Zustimmung des Bundesrates

1. zur Durchführung dieses Gesetzes Rechtsverordnungen zu erlassen, soweit dies zur Wahrung der Gleichmäßigkeit bei der Besteuerung, zur Beseitigung von Unbilligkeiten in Härtefällen oder zur Vereinfachung des Besteuerungsverfahrens erforderlich ist, und zwar über
   a) die Abgrenzung der Steuerpflicht,
   b) die Feststellung und die Bewertung des Erwerbs von Todes wegen, der Schenkungen unter Lebenden und der Zweckzuwendungen, auch soweit es sich um den Inhalt von Schließfächern handelt,
   c) die Steuerfestsetzung, die Anwendung der Tarifvorschriften und die Steuerentrichtung,
   d) die Anzeige- und Erklärungspflicht der Steuerpflichtigen,
   e) die Anzeige-, Mitteilungs- und Übersendungspflichten der Gerichte, Behörden, Beamten und Notare, der Versicherungsunternehmen, der Vereine und Berufsverbände, die mit einem Versicherungsunternehmen die Zahlung einer Versicherungssumme für den Fall des Todes ihrer Mitglieder vereinbart haben, der geschäftsmäßigen Verwahrer und Verwalter fremden

---

[1] § 34 Abs. 2 Nr. 2 geändert durch Gesetz vom 29. 6. 2015 (BGBl. I S. 1042) mWv 17. 8. 2015 (§ 37 Abs. 9 ErbStG).

[2] § 35 Abs. 1 Sätze 1 und 2 geändert durch Gesetz vom 21. 12. 2020 (BGBl. I S. 3096) mWv 29. 12. 2020 (§ 37 Abs. 18 ErbStG).

[3] § 35 Abs. 3 neugefasst durch ErbStRG 2009 mWv 1. 1. 2009.

[4] § 35 früherer Abs. 4 neugefasst durch BeitrRLUmsG mWv 14. 12. 2011, in offenen Fällen anzuwenden auf Antrag auch auf Erwerbe, für die die Steuer früher entstanden ist (§ 37 Abs. 7 ErbStG); früherer Abs. 4 geändert durch StUmgBG mWv 25. 6. 2017; neuer Abs. 4 eingefügt, bish. Abs. 4 wird Abs. 5 durch JStG 2020 mWv 29. 12. 2020 (§ 37 Abs. 18 ErbStG).

Vermögens, auch soweit es sich um in ihrem Gewahrsam befindliche Vermögensgegenstände des Erblassers handelt, sowie derjenigen, die auf den Namen lautende Aktien oder Schuldverschreibungen ausgegeben haben;

2. Vorschriften durch Rechtsverordnung zu erlassen über die sich aus der Aufhebung oder Änderung von Vorschriften dieses Gesetzes ergebenden Rechtsfolgen, soweit dies zur Wahrung der Gleichmäßigkeit der Besteuerung oder zur Beseitigung von Unbilligkeiten in Härtefällen erforderlich ist.

(2) Das Bundesministerium der Finanzen wird ermächtigt, den Wortlaut dieses Gesetzes und der zu diesem Gesetz erlassenen Durchführungsverordnung in der jeweils geltenden Fassung satzweise numeriert mit neuem Datum und neuer Paragraphenfolge bekanntzumachen und dabei Unstimmigkeiten des Wortlauts zu beseitigen.

§ 37 Anwendung des Gesetzes

(1)[1] Dieses Gesetz in der Fassung des Artikels 6 des Gesetzes vom 22. Dezember 2009 (BGBl. I S. 3950) findet auf Erwerbe Anwendung, für die die Steuer nach dem 31. Dezember 2009 entsteht.

(2)[1] ① In Erbfällen, die vor dem 31. August 1980 eingetreten sind, und für Schenkungen, die vor diesem Zeitpunkt ausgeführt worden sind, ist weiterhin § 25 in der Fassung des Gesetzes vom 17. April 1974[2] (BGBl. I S. 933) anzuwenden, auch wenn die Steuer infolge Aussetzung der Versteuerung nach § 25 Abs. 1 Buchstabe a erst nach dem 30. August 1980 entstanden ist oder entsteht. ② In Erbfällen, die vor dem 1. Januar 2009 eingetreten sind, und für Schenkungen, die vor diesem Zeitpunkt ausgeführt worden sind, ist weiterhin § 25 Abs. 1 Satz 3 und Absatz 2 in der Fassung der Bekanntmachung vom 27. Februar 1997 (BGBl. I S. 378) anzuwenden.

(3)[1] ① Die §§ 13 a und 19 a Absatz 5 in der Fassung des Artikels 6 des Gesetzes vom 22. Dezember 2009 (BGBl. I S. 3950) finden auf Erwerbe Anwendung, für die die Steuer nach dem 31. Dezember 2008 entsteht. ② § 13 a in der Fassung des Artikels 6 des Gesetzes vom 22. Dezember 2009 (BGBl. I S. 3950) ist nicht anzuwenden, wenn das begünstigte Vermögen vor dem 1. Januar 2011 von Todes wegen oder durch Schenkung unter Lebenden erworben wird, bereits Gegenstand einer vor dem 1. Januar 2007 ausgeführten Schenkung desselben Schenkers an dieselbe Person war und wegen eines vertraglichen Rückforderungsrechts nach dem 11. November 2005 herausgegeben werden musste.

(4)[3] § 13 Absatz 1 Nummer 1, § 13 b Absatz 2 Satz 6 und 7 und Absatz 3, § 15 Absatz 1, § 16 Absatz 1 und § 17 Absatz 1 Satz 1 in der Fassung des Artikels 14 des Gesetzes vom 8. Dezember 2010 (BGBl. I S. 1768) sind auf Erwerbe anzuwenden, für die die Steuer nach dem 13. Dezember 2010 entsteht.

(5)[4] Soweit Steuerbescheide für Erwerbe von Lebenspartnern noch nicht bestandskräftig sind, ist

1. § 15 Absatz 1 in der Fassung des Artikels 13 des Gesetzes vom 8. Dezember 2010 (BGBl. I S. 1768) auf Erwerbe, für die die Steuer nach dem 31. Juli 2001 entstanden ist, anzuwenden;
2. § 16 Absatz 1 Nummer 1 in der Fassung des Artikels 14 des Gesetzes vom 8. Dezember 2010 (BGBl. I S. 1768) auf Erwerbe, für die die Steuer nach dem 31. Dezember 2001 und vor dem 1. Januar 2009 entstanden ist, mit der Maßgabe anzuwenden, dass an die Stelle des Betrages von 500 000 Euro ein Betrag von 307 000 Euro tritt;
3. § 16 Absatz 1 Nummer 1 in der Fassung des Artikels 14 des Gesetzes vom 8. Dezember 2010 (BGBl. I S. 1768) auf Erwerbe, für die die Steuer nach dem 31. Juli 2001 und vor dem 1. Januar 2002 entstanden ist, mit der Maßgabe anzuwenden, dass an die Stelle des Betrages von 500 000 Euro ein Betrag von 600 000 Deutsche Mark tritt;
4. § 17 Absatz 1 in der Fassung des Artikels 14 des Gesetzes vom 8. Dezember 2010 (BGBl. I S. 1768) auf Erwerbe, für die die Steuer nach dem 31. Dezember 2001 und vor dem 1. Januar 2009 entstanden ist, anzuwenden;
5. § 17 Absatz 1 in der Fassung des Artikels 14 des Gesetzes vom 8. Dezember 2010 (BGBl. I S. 1768) auf Erwerbe, für die die Steuer nach dem 31. Juli 2001 und vor dem 1. Januar 2002 entstanden ist, mit der Maßgabe anzuwenden, dass an die Stelle des Betrages von 256 000 Euro ein Betrag von 500 000 Deutsche Mark tritt.

(6)[5] § 13 a Absatz 1 a und § 13 b Absatz 2 und 2 a in der Fassung des Artikels 8 des Gesetzes vom 1. November 2011 (BGBl. I S. 2131) sind auf Erwerbe anzuwenden, für die die Steuer nach dem 30. Juni 2011 entsteht.

(7)[6] ① § 2 Absatz 1 Nummer 1 und 3 und Absatz 3, § 7 Absatz 8, § 15 Absatz 4, § 16 Absatz 1 und 2, § 19 Absatz 2, § 21 Absatz 1 und § 35 Absatz 4 in der Fassung des Artikels 11 des Gesetzes

---

[1] § 37 Abs. 1 und 3 neugefasst durch Gesetz vom 22. 12. 2009 (BGBl. I S. 3950), Abs. 2 Satz 2 angefügt durch ErbStRG 2009 mWv 1. 1. 2009.

[2] § 25 ErbStG 1974 abgedruckt im Anhang **II** Nr. **1**.

[3] § 37 Abs. 4 angefügt durch Jahressteuergesetz 2010.

[4] § 37 Abs. 5 angefügt durch Jahressteuergesetz 2010.

[5] § 37 Abs. 6 angefügt durch Steuervereinfachungsgesetz 2011.

[6] § 37 Abs. 7 angefügt durch BeitrRLUmsG.

vom 7. Dezember 2011 (BGBl. I S. 2592) finden auf Erwerbe Anwendung, für die die Steuer nach dem 13. Dezember 2011 entsteht. ② § 2 Absatz 1 Nummer 1 und 3 und Absatz 3, § 16 Absatz 1 und 2, § 19 Absatz 2, § 21 Absatz 1 und § 35 Absatz 4 in der Fassung des Artikels 11 des Gesetzes vom 7. Dezember 2011 (BGBl. I S. 2592) finden auf Antrag auch auf Erwerbe Anwendung, für die die Steuer vor dem 14. Dezember 2011 entsteht, soweit Steuerbescheide noch nicht bestandskräftig sind.

(8)[1] § 13a Absatz 1 Satz 4, Absatz 4 Satz 5 und § 13b Absatz 2 in der Fassung des Artikels 30 des Gesetzes vom 26. Juni 2013 (BGBl. I S. 1809) sind auf Erwerbe anzuwenden, für die die Steuer nach dem 6. Juni 2013 entsteht.

(9)[2] § 34 Absatz 2 Nummer 2 in der Fassung des Artikels 17 des Gesetzes vom 29. Juni 2015 (BGBl. I S. 1042) ist auf Erwerbe anzuwenden, für die die Steuer nach dem 16. August 2015 entsteht.

(10)[3] ① § 13 Absatz 1 Nummer 16 Buchstabe b und c und § 30 Absatz 4 Nummer 1 in der am 6. November 2015 geltenden Fassung sind auf Erwerbe anzuwenden, für die die Steuer nach dem 5. November 2015 entstanden ist. ② § 13 Absatz 1 Nummer 16 Buchstabe b und c in der am 6. November 2015 geltenden Fassung ist auch auf Erwerbe anzuwenden, für die die Steuer vor dem 6. November 2015 entsteht, soweit Steuerbescheide noch nicht bestandskräftig sind.

(11)[4] § 13 Absatz 1 Nummer 2 Buchstabe b Doppelbuchstabe bb in der am 6. August 2016 geltenden Fassung ist auf Erwerbe anzuwenden, für die die Steuer nach dem 5. August 2016 entstanden ist.

(12)[5] ① Die §§ 10, 13a bis 13d, 19a und 28a in der Fassung des Artikels 1 des Gesetzes vom 4. 11. 2016 (BGBl. I S. 2464) finden auf Erwerbe Anwendung, für die die Steuer nach dem 30. Juni 2016 entsteht. ② § 13a Absatz 1 Satz 3 und 4 in der Fassung des Artikels 1 des Gesetzes vom 4. 11. 2016 (BGBl. I S. 2464) findet auf frühere Erwerbe Anwendung, für die die Steuer nach dem 30. Juni 2016 entsteht. ③ § 13c Absatz 2 Satz 3 bis 5 in der Fassung des Artikels 1 des Gesetzes vom 4. 11. 2016 (BGBl. I S. 2464) findet auf frühere Erwerbe Anwendung, für die die Steuer nach dem 30. Juni 2016 entsteht.

(13)[6] ① § 17 in der am 25. Juni 2017 geltenden Fassung ist auf Erwerbe anzuwenden, für die die Steuer nach dem 24. Juni 2017 entsteht. ② § 17 in der am 25. Juni 2017 geltenden Fassung ist auch auf Erwerbe anzuwenden, für die die Steuer vor dem 25. Juni 2017 entstanden ist, soweit Steuerbescheide noch nicht bestandskräftig sind.

(14)[6] § 2 Absatz 1 Nummer 3, § 3 Absatz 2 Nummer 4, § 9 Absatz 1 Nummer 1 Buchstabe f, § 13 Absatz 1 Nummer 16 Buchstabe c Satz 2 und § 16 Absatz 1 und 2 in der am 25. Juni 2017 geltenden Fassung sind auf Erwerbe anzuwenden, für die die Steuer nach dem 24. Juni 2017 entsteht.

(15)[7] § 13 Absatz 1 Nummer 18 Buchstabe a in der Fassung des Artikels 6 des Gesetzes vom 18. Juli 2017 (BGBl. I S. 2730) ist auf Erwerbe anzuwenden, für die die Steuer nach dem 29. Juli 2017 entsteht.

(16)[8] ① Die §§ 19a und 28 in der Fassung des Artikels 18 des Gesetzes vom 11. Dezember 2018 (BGBl. I S. 2338) finden auf Erwerbe Anwendung, für die die Steuer nach dem 14. Dezember 2018 entsteht. ② § 28a in der Fassung des Artikels 18 des Gesetzes vom 11. Dezember 2018 (BGBl. I S. 2338) findet auf Erwerbe Anwendung, für die ein Erlass erstmals nach dem 14. Dezember 2018 ausgesprochen wurde.

(17)[9] Auf Erwerbe, für die die Steuer vor dem Zeitpunkt entstanden ist, ab dem das Vereinigte Königreich Großbritannien und Nordirland nicht mehr Mitgliedstaat der Europäischen Union ist und auch nicht wie ein solcher zu behandeln ist, ist dieses Gesetz mit der Maßgabe anzuwenden, dass das Vereinigte Königreich Großbritannien und Nordirland weiterhin als Mitgliedstaat der Europäischen Union gilt.

(18)[10] § 3 Absatz 2 Nummer 5, § 5 Absatz 1 Satz 6, § 10 Absatz 1 Satz 3 sowie Absatz 6 und 8, § 13 Absatz 1 Nummer 9a, § 13a Absatz 9a, § 13b Absatz 10 Satz 1, § 14 Absatz 2, § 29 Absatz 1 Nummer 4 Satz 2, § 30 Absatz 5, § 31 Absatz 1 sowie § 35 Absatz 1, 4 und 5 in der am 29. Dezember 2020 geltenden Fassung sind auf Erwerbe anzuwenden, für die die Steuer nach dem 28. Dezember 2020 entsteht.

---

[1] § 37 Abs. 8 angefügt durch Amtshilferichtlinie-Umsetzungsgesetz.
[2] § 37 Abs. 9 angefügt durch Gesetz vom 29. 6. 2015 (BGBl. I S. 1042).
[3] § 37 Abs. 10 angefügt durch Gesetz vom 2. 11. 2015 (BGBl. I S. 1834).
[4] § 37 Abs. 11 angefügt durch Gesetz vom 31. 7. 2016 (BGBl. I S. 1914).
[5] § 37 Abs. 12 angefügt durch Gesetz vom 4. 11. 2016 (BGBl. I S. 2464).
[6] § 37 Abs. 13 und 14 angefügt durch StUmgBG vom 23. 6. 2017 (BGBl. I S. 1682).
[7] § 37 Abs. 15 angefügt durch Gesetz vom 18. 7. 2017 (BGBl. I S. 2730).
[8] § 37 Abs. 16 angefügt durch UStAusfVermG vom 11. 12. 2018 (BGBl. I S. 2338).
[9] § 37 Abs. 17 angefügt durch Brexit-StBG vom 25. 3. 2019 (BGBl. I S. 357).
[10] § 37 Abs. 18 angefügt durch JStG 2020.

(19)[1] § 13 Absatz 1 Nummer 19 in der Fassung des Artikels 6 des Gesetzes vom 16. Juli 2021 (BGBl. I S. 2931) ist in allen Fällen anzuwenden, soweit die Steuerbescheide noch nicht bestandskräftig sind.

(20)[2] § 2 Absatz 1 Nummer 3 Satz 1 in der am 28. März 2024 geltenden Fassung ist auf Erwerbe anzuwenden, für die die Steuer nach dem 27. März 2024 entsteht.

(21)[3] § 10 Absatz 5 Nummer 3 Satz 2, Absatz 6, 6a und 6b, § 13a Absatz 6 Satz 1 Nummer 4, § 13d Absatz 3, § 19a Absatz 3 und § 28 Absatz 3 in der Fassung des Artikels 34 des Gesetzes vom 2. Dezember 2024 (BGBl. 2024 I Nr. 387) ist auf Erwerbe anzuwenden, für die die Steuer nach dem 31. Dezember 2024 entsteht.

(22)[3] § 13 Absatz 1 Nummer 16 Buchstabe c und § 17 Absatz 3 in der am 6. Dezember 2024 geltenden Fassung ist auf Erwerbe anzuwenden, für die die Steuer nach dem 31. Dezember 2024 entsteht.

§ 37a Sondervorschriften aus Anlaß der Herstellung der Einheit Deutschlands

(1) *(weggefallen)*

(2) ① Für den Zeitpunkt der Entstehung der Steuerschuld ist § 9 Abs. 1 Nr. 1 auch dann maßgebend, wenn der Erblasser in dem in Artikel 3 des Einigungsvertrages genannten Gebiet[4] vor dem 1. Januar 1991 verstorben ist, es sei denn, daß die Steuer nach dem Erbschaftsteuergesetz der Deutschen Demokratischen Republik vor dem 1. Januar 1991 entstanden ist. ② § 9 Abs. 2 gilt entsprechend, wenn die Versteuerung nach § 34 des Erbschaftsteuergesetzes (ErbStG) der Deutschen Demokratischen Republik in der Fassung vom 18. September 1970 (Sonderdruck Nr. 678 des Gesetzblattes) ausgesetzt wurde.

(3) *(weggefallen)*

(4) Als frühere Erwerbe im Sinne des § 14 gelten auch solche, die vor dem 1. Januar 1991 dem Erbschaftsteuerrecht der Deutschen Demokratischen Republik unterlegen haben.

(5) Als frühere Erwerbe desselben Vermögens im Sinne des § 27 gelten auch solche, für die eine Steuer nach dem Erbschaftsteuerrecht der Deutschen Demokratischen Republik erhoben wurde, wenn der Erwerb durch Personen im Sinne des § 15 Abs. 1 Steuerklasse I erfolgte.

(6) § 28 ist auch anzuwenden, wenn eine Steuer nach dem Erbschaftsteuerrecht der Deutschen Demokratischen Republik erhoben wird.

(7) ① Ist in dem in Artikel 3 des Einigungsvertrages genannten Gebiet[4] eine Steuerfestsetzung nach § 33 des Erbschaftsteuergesetzes der Deutschen Demokratischen Republik in der Weise erfolgt, daß die Steuer jährlich im voraus von dem Jahreswert von Renten, Nutzungen oder Leistungen zu entrichten ist, kann nach Wahl des Erwerbers die Jahressteuer zum jeweils nächsten Fälligkeitstermin mit ihrem Kapitalwert abgelöst werden. ② § 23 Abs. 2 ist entsprechend anzuwenden.

(8) Wurde in Erbfällen, die vor dem 1. Januar 1991 eingetreten sind, oder für Schenkungen, die vor diesem Zeitpunkt ausgeführt worden sind, die Versteuerung nach § 34 des Erbschaftsteuergesetzes der Deutschen Demokratischen Republik ausgesetzt, ist diese Vorschrift weiterhin anzuwenden, auch wenn die Steuer infolge der Aussetzung der Versteuerung erst nach dem 31. Dezember 1990 entsteht.

§§ 38, 39 *(weggefallen)*

---

[1] § 37 Abs. 19 angefügt durch GrStRefUG vom 16. 7. 2021 (BGBl. I S. 2931) mWv 23. 7. 2021.
[2] § 37 Abs. 20 angefügt durch Gesetz vom 27. 3. 2024 (BGBl. I Nr. 108).
[3] § 37 Abs. 21 u. 22 angefügt durch JStG 2024.
[4] Das sind die Länder Brandenburg, Mecklenburg-Vorpommern, Sachsen, Sachsen-Anhalt und Thüringen sowie der Ostteil Berlins.

Geschlossene Wiedergabe

Grunderwerbsteuergesetz (GrEStG)[1]

In der Fassung der Bekanntmachung vom 26. Februar 1997
(BGBl. I S. 418, ber. S. 1804; BStBl. I S. 313, ber. S. 754)

BGBl. III/FNA 610-6-10

Änderungen des Gesetzes

Lfd. Nr.	Änderndes Gesetz	Datum	BGBl. I (BStBl. I) Seite	Geänderte Paragraphen	Art der Änderung
1.	Steuerentlastungsgesetz 1999/2000/2002 [Art. 15]	24. 3. 1999	402 (304)	§ 1 Abs. 2 a Satz 1, Abs. 3, Abs. 6 Satz 1, § 4 Nr. 1, § 8 Abs. 2, § 13 Nr. 5 und 6, § 16 Abs. 4, § 17 Abs. 3 Satz 1 Nr. 1, § 19 Abs. 1 Satz 1 Nr. 3 a–7, § 23 Abs. 3, Abs. 4 Satz 1	geändert
				§ 5 Abs. 3, § 19 Abs. 2 Nr. 4, § 22 Abs. 1 Satz 2, § 23 Abs. 5 und 6	eingefügt
				§ 9 Abs. 1 Nr. 8	aufgehoben
2.	Steuer-Euroglättungsgesetz (StEuglG) [Art. 13]	19. 12. 2000	1790 (2001, 3)	§ 3 Nr. 1, § 11 Abs. 2, § 17 Abs. 4 Satz 1 Nr. 2	geändert
3.	Steueränderungsgesetz 2001 [Art. 13]	20. 12. 2001	3794 (2002, 4)	§ 1 Abs. 2 a Satz 1 und 3, § 16 Abs. 4, § 19 Abs. 1 Satz 1 Nr. 3 a und Satz 2, Abs. 2 Nr. 4	geändert
				§ 2 Abs. 1 Satz 2 Nr. 3, § 6 Abs. 3 Satz 2, § 17 Abs. 3 a, § 19 Abs. 1 Satz 1 Nr. 8, § 23 Abs. 7	eingefügt
				§ 1 Abs. 7	aufgehoben
4.	5. Gesetz zur Änderung des Steuerbeamten-Ausbildungsgesetzes und zur Änderung von Steuergesetzen [Art. 9]	23. 7. 2002	2715 (714)	§ 16 Abs. 3 Nr. 2	geändert
5.	3. Gesetz zur Änderung verwaltungsverfahrensrechtlicher Vorschriften [Art. 26]	21. 8. 2002	3322 (820)	§ 18 Abs. 1 Satz 1, § 19 Abs. 5	geändert
				§ 18 Abs. 1 Satz 3, § 22 Abs. 2 Sätze 3 und 4	eingefügt
6.	EU-Richtlinien-Umsetzungsgesetz [Art. 18 a]	9. 12. 2004	3310 (1158)	§ 4 Nr. 8	eingefügt
7.	ÖPP-Beschleunigungsgesetz	1. 9. 2005	2676 (870)	§ 4 Nr. 9, § 19 Abs. 2 Nr. 5	eingefügt
8.	Jahressteuergesetz 2008 [Art. 10]	20. 12. 2007	3150 (2008, 218)	§ 8 Abs. 2 Satz 1 und 2	geändert
9.	Jahressteuergesetz 2009 [Art. 13]	19. 12. 2008	2794 (2009, 74)	§ 17 Abs. 3 a	geändert
10.	Wachstumsbeschleunigungsgesetz [Art. 7]	22. 12. 2009	3950 (2010, 2)	§ 6 a, § 19 Abs. 2 Nr. 4 a, § 23 Abs. 8	eingefügt
11.	Jahressteuergesetz 2010 [Art. 29]	8. 12. 2010	1768 (1394)	§ 3 Nr. 3 Satz 2 und 3, Nr. 4, Nr. 6 und Nr. 7 Satz 2, § 20 Abs. 1 Nr. 1 und Abs. 2 Nr. 1	geändert
				§ 3 Nr. 5 a, § 23 Abs. 9	eingefügt
12.	OGAW-IV-Umsetzungsgesetz [Art. 12]	22. 6. 2011	1126	§ 6 a Satz 4	geändert
				§ 23 Abs. 10	eingefügt
13.	Steuervereinfachungsgesetz 2011 [Art. 9]	1. 11. 2011	2131 (986)	8. Abschnitt § 22 a	eingefügt
				§ 18 Abs. 1 Satz 3	aufgehoben
				bish. 8. Abschnitt wird 9. Abschnitt	
14.	Amtshilferichtlinie-Umsetzungsgesetz [Art. 26]	26. 6. 2013	1809 (802)	§ 1 Abs. 6 Satz 1, § 4 Nr. 4, § 6 a Satz 1, § 8 Abs. 2 Satz 1 Nr. 3, § 16 Abs. 5, § 17 Abs. 3 Satz 1 Nr. 2, § 19 Abs. 2 Nr. 5, § 23 Abs. 9	geändert

[1] Neubekanntmachung des GrEStG vom 17. 12. 1982 (BGBl. I S. 1777) auf Grund des Art. 31 Abs. 1 des Jahressteuergesetzes 1997 vom 20. 12. 1996 (BGBl. I S. 2049) in der ab 1. 1. 1997 geltenden Fassung.

Lfd. Nr.	Änderndes Gesetz	Datum	BGBl. I (BStBl. I) Seite/Nr.	Geänderte Paragraphen	Art der Änderung
				§ 1 Abs. 3 a, § 13 Nr. 7, § 19 Abs. 1 Satz 1 Nr. 7 a, § 20 Abs. 2 Nr. 3, § 23 Abs. 11 § 4 Nrn. 5–8 bish. Nr. 9 wird Nr. 5	eingefügt aufgehoben
15.	Kroatien-Steuerrechtsanpassungsgesetz [Art. 14]	25. 7. 2014	1266 (1126)	§ 6 a Sätze 1–3, § 16 Abs. 5 § 23 Abs. 12	neugefasst eingefügt
16.	Steueränderungsgesetz 2015 [Art. 8]	2. 11. 2015	1834 (846)	§ 8 Abs. 2 Satz 1 u. 2, § 17 Abs. 3 a, § 21 § 1 Abs. 2 a Sätze 2 bis 5, § 23 Abs. 13 u. 14 § 1 Abs. 2 a Sätze 2 u. 3 werden Sätze 6 u. 7	geändert eingefügt
17.	Gesetz zur Modernisierung des Besteuerungsverfahrens [Art. 18]	18. 7. 2016	1679	§ 19 Abs. 3 Satz 2, § 23 Abs. 15	eingefügt
18.	Gesetz zur Vermeidung von Umsatzsteuerausfällen beim Handel mit Waren im Internet und zur Änderung weiterer steuerlicher Vorschriften (UStAusfVermG) [Art. 14]	11. 12. 2018	2338 (1377)	§ 1 Abs. 4, § 18 Abs. 2 Satz 2 § 20 § 23 Abs. 16	geändert neugefasst eingefügt
19.	Brexit-Steuerbegleitgesetz (Brexit-StBG) [Art. 6]	25. 3. 2019	357 (223)	§ 4 Nr. 6, § 6 a Satz 5	eingefügt
20.	Elfte Zuständigkeitsanpassungsverordnung [Art. 196]	19. 6. 2020	1328 (553)	§ 22 a Satz 1	geändert
21.	Wohnungseigentumsmodernisierungsgesetz [Art. 13]	16. 10. 2020	2187	§ 2 Abs. 2 Nr. 3	geändert
22.	Jahressteuergesetz 2020 [Art. 32, 33]	21. 12. 2020	3096 (2021, 6)	§ 1 Abs. 1 Nr. 3 Satz 2 Buchst. a und b § 5 Abs. 3 Satz 2, § 6 Abs. 3 Satz 3, § 19 Abs. 6, § 23 Abs. 7 Satz 3, Abs. 17	geändert eingefügt
23.	Gesetz zur Änderung des Grunderwerbsteuergesetzes [Art. 1]	12. 5. 2021	986	§ 1 Abs. 2 a, 3 u. 3 a, § 5 Abs. 3, § 6 Abs. 3, § 6 a Satz 1, § 7 Abs. 3, § 8 Abs. 2 Sätze 1 u. 2, § 13 Nr. 5, neue Nr. 8, § 17 Abs. 3 Satz 1 Nr. 2, Abs. 3 a, § 19 Abs. 1 Satz 1 Nrn. 3 a, 4 bis 7a § 6 Abs. 4 § 1 Abs. 2 b u. 2 c, § 13 Nr. 7, § 19 Abs. 1 Nrn. 3 b u. 9, § 23 Abs. 18 bis 24	geändert neugefasst eingefügt
24.	Fondsstandortgesetz (FoStoG) [Art. 6]	3. 6. 2021	1498 (803)	§ 1 Abs. 1 Nr. 3 Satz 2 Buchst. a u. b	geändert
25.	Gesetz zur Modernisierung des Körperschaftsteuerrechts [Art. 9]	25. 6. 2021	2050 (889)	§ 5 Abs. 1 Satz 2, Abs. 2 Satz 2, Abs. 3 Satz 3, § 6 Abs. 3 Satz 4	eingefügt
26.	Gesetz zur Abwehr von Steuervermeidung und unfairem Steuerwettbewerb und zur Änderung weiterer Gesetze [Art. 11]	25. 6. 2021	2056 (895)	§ 5 Abs. 1 Satz 3, Abs. 2 Satz 3, § 6 Abs. 3 Satz 5	eingefügt
27.	Jahressteuergesetz 2022 [Art. 22, 23]	16. 12. 2022	2294 (7)	[Art. 22:] § 6 Abs. 3 Satz 4 [Art. 22:] § 6 Abs. 3 Satz 5, § 16 Abs. 4 a, Abs. 5 Satz 2, § 19 Abs. 7 [Art. 23:] § 5 Abs. 3 Satz 1, § 23 Abs. 18 und 24	geändert eingefügt geändert
28.	Kreditzweitmarktförderungsgesetz [Art. 29, 30]	22. 12. 2023	Nr. 411 (2024, 144)	[Art. 29:] § 24 [Art. 30:] § 24	eingefügt aufgehoben
29.	Jahressteuergesetz 2024 [Art. 33]	2. 12. 2024	Nr. 387 (1484)	§ 1 Abs. 4 a, § 4 Nr. 7, § 18 Abs. 1 Satz 2, § 23 Abs. 25–27 § 22 a Satz 3	eingefügt aufgehoben

Nichtamtliche Inhaltsübersicht

Erster Abschnitt. Gegenstand der Steuer

§ 1 Erwerbsvorgänge
§ 2 Grundstücke

Zweiter Abschnitt. Steuervergünstigungen

§ 3 Allgemeine Ausnahmen von der Besteuerung
§ 4 Besondere Ausnahmen von der Besteuerung
§ 5 Übergang auf eine Gesamthand
§ 6 Übergang von einer Gesamthand
§ 6a Steuerbegünstigung bei Umstrukturierungen im Konzern
§ 7 Umwandlung von gemeinschaftlichem Eigentum in Flächeneigentum

Dritter Abschnitt. Bemessungsgrundlage

§ 8 Grundsatz
§ 9 Gegenleistung
§ 10 *(weggefallen)*

Vierter Abschnitt. Steuerberechnung

§ 11 Steuersatz, Abrundung
§ 12 Pauschbesteuerung

Fünfter Abschnitt. Steuerschuld

§ 13 Steuerschuldner
§ 14 Entstehung der Steuer in besonderen Fällen
§ 15 Fälligkeit der Steuer

Sechster Abschnitt. Nichtfestsetzung der Steuer, Aufhebung oder Änderung der Steuerfestsetzung

§ 16 Nichtfestsetzung der Steuer, Aufhebung oder Änderung der Steuerfestsetzung

Siebenter Abschnitt. Örtliche Zuständigkeit, Feststellung von Besteuerungsgrundlagen, Anzeigepflichten und Erteilung der Unbedenklichkeitsbescheinigung

§ 17 Örtliche Zuständigkeit, Feststellung von Besteuerungsgrundlagen
§ 18 Anzeigepflicht der Gerichte, Behörden und Notare
§ 19 Anzeigepflicht der Beteiligten
§ 20 Inhalt der Anzeigen
§ 21 Urkundenaushändigung
§ 22 Unbedenklichkeitsbescheinigung

Achter Abschnitt. Durchführung

§ 22a Ermächtigung

Neunter Abschnitt. Übergangs- und Schlußvorschriften

§ 23 Anwendungsbereich
§ 24 Rechtsfähige Personengesellschaften
§§ 25–27 *(weggefallen)*
§ 28 *(Inkrafttreten)*

Erster Abschnitt. Gegenstand der Steuer

§ 1 Erwerbsvorgänge

(1) Der Grunderwerbsteuer unterliegen die folgenden Rechtsvorgänge, soweit sie sich auf inländische Grundstücke beziehen:

1. ein Kaufvertrag oder ein anderes Rechtsgeschäft, das den Anspruch auf Übereignung begründet;
2. die Auflassung, wenn kein Rechtsgeschäft vorausgegangen ist, das den Anspruch auf Übereignung begründet;
3. der Übergang des Eigentums, wenn kein den Anspruch auf Übereignung begründendes Rechtsgeschäft vorausgegangen ist und es auch keiner Auflassung bedarf. ② Ausgenommen sind
   a)[1] der Übergang des Eigentums durch die Abfindung in Land und die unentgeltliche Zuteilung von Land für gemeinschaftliche Anlagen im Flurbereinigungsverfahren sowie durch die entsprechenden Rechtsvorgänge im beschleunigten Zusammenlegungsverfahren und im Landtauschverfahren nach dem Flurbereinigungsgesetz in seiner jeweils geltenden Fassung bis zur Höhe des Sollanspruchs, wenn der neue Eigentümer in diesem Verfahren als Eigentümer eines im Flurbereinigungsgebiet gelegenen Grundstücks Beteiligter ist; in diesen Fällen ist auch der den Sollanspruch auf Zuteilung übersteigende Teil der Zuteilung (Mehrzuteilung) ausgenommen, wenn der Wert des dem neuen Eigentümer zugeteilten Grundstücks seinen sich aus dem Wert des eingebrachten Grundstücks ergebenden Sollanspruch auf Zuteilung nicht um mehr als 20 vom Hundert übersteigt,
   b)[1] der Übergang des Eigentums im Umlegungsverfahren nach dem Bundesbaugesetzbuch in seiner jeweils geltenden Fassung bis zur Höhe des Sollanspruchs, wenn der neue Eigentümer in diesem Verfahren als Eigentümer eines im Umlegungsgebiet gelegenen Grundstücks Beteiligter ist; in diesen Fällen ist auch der den Sollanspruch auf Zuteilung übersteigende Teil der Zuteilung (Mehrzuteilung) ausgenommen, wenn der Wert des dem neuen Eigentümer zugeteilten Grundstücks seinen sich aus dem Wert des eingebrachten Grundstücks ergebenden Sollanspruch auf Zuteilung nicht um mehr als 20 vom Hundert übersteigt,
   c) der Übergang des Eigentums im Zwangsversteigerungsverfahren;
4. das Meistgebot im Zwangsversteigerungsverfahren;
5. ein Rechtsgeschäft, das den Anspruch auf Abtretung eines Übereignungsanspruchs oder der Rechte aus einem Meistgebot begründet;

---

[1] § 1 Abs. 1 Nr. 3 Satz 2 Buchst. a und b jeweils neue Halbsätze angefügt durch JStG 2020 mWv 29. 12. 2020 (§ 23 Abs. 17 GrEStG); Nr. 3 Satz 2 Buchst. a und b geändert durch FoStoG vom 3. 6. 2021 (BGBl. I S. 1498) mWv 2. 8. 2021.

6. ein Rechtsgeschäft, das den Anspruch auf Abtretung der Rechte aus einem Kaufangebot begründet. ② Dem Kaufangebot steht ein Angebot zum Abschluß eines anderen Vertrags gleich, kraft dessen die Übereignung verlangt werden kann;
7. die Abtretung eines der in den Nummern 5 und 6 bezeichneten Rechte, wenn kein Rechtsgeschäft vorausgegangen ist, das den Anspruch auf Abtretung der Rechte begründet.

(2) Der Grunderwerbsteuer unterliegen auch Rechtsvorgänge, die es ohne Begründung eines Anspruchs auf Übereignung einem anderen rechtlich oder wirtschaftlich ermöglichen, ein inländisches Grundstück auf eigene Rechnung zu verwerten.

(2 a)[1·2] ① Gehört zum Vermögen einer Personengesellschaft ein inländisches Grundstück und ändert sich innerhalb von zehn Jahren der Gesellschafterbestand unmittelbar oder mittelbar dergestalt, daß mindestens 90 vom Hundert der Anteile am Gesellschaftsvermögen auf neue Gesellschafter übergehen, gilt dies als ein auf die Übereignung eines Grundstücks auf eine neue Personengesellschaft gerichtetes Rechtsgeschäft. ② Mittelbare Änderungen im Gesellschafterbestand von den an einer Personengesellschaft beteiligten Personengesellschaften werden durch Multiplikation der Vomhundertsätze der Anteile am Gesellschaftsvermögen anteilig berücksichtigt. ③ Ist eine Kapitalgesellschaft an einer Personengesellschaft unmittelbar oder mittelbar beteiligt, gelten die Sätze 4 und 5. ④ Eine unmittelbar beteiligte Kapitalgesellschaft gilt in vollem Umfang als neue Gesellschafterin, wenn an ihr mindestens 90 vom Hundert der Anteile auf neue Gesellschafter übergehen. ⑤ Bei mehrstufigen Beteiligungen gilt Satz 4 auf der Ebene jeder mittelbar beteiligten Kapitalgesellschaft entsprechend. ⑥ Bei der Ermittlung des Vomhundertsatzes bleibt der Erwerb von Anteilen von Todes wegen außer Betracht. ⑦ Hat die Personengesellschaft vor dem Wechsel des Gesellschafterbestandes ein Grundstück von einem Gesellschafter oder einer anderen Gesamthand erworben, ist auf die nach § 8 Abs. 2 Satz 1 Nr. 3 ermittelte Bemessungsgrundlage die Bemessungsgrundlage für den Erwerbsvorgang, für den auf Grund des § 5 Abs. 3 oder des § 6 Abs. 3 Satz 2 die Steuervergünstigung zu versagen ist, mit dem entsprechenden Betrag anzurechnen.

(2 b)[3] ① Gehört zum Vermögen einer Kapitalgesellschaft ein inländisches Grundstück und ändert sich innerhalb von zehn Jahren der Gesellschafterbestand unmittelbar oder mittelbar dergestalt, dass mindestens 90 vom Hundert der Anteile der Gesellschaft auf neue Gesellschafter übergehen, gilt dies als ein auf die Übereignung eines Grundstücks auf eine neue Kapitalgesellschaft gerichtetes Rechtsgeschäft. ② Mittelbare Änderungen im Gesellschafterbestand von den an einer Kapitalgesellschaft beteiligten Personengesellschaften werden durch Multiplikation der Vomhundertsätze der Anteile der Gesellschaft anteilig berücksichtigt. ③ Ist eine Kapitalgesellschaft an einer Kapitalgesellschaft unmittelbar oder mittelbar beteiligt, gelten die Sätze 4 und 5. ④ Eine unmittelbar beteiligte Kapitalgesellschaft gilt in vollem Umfang als neue Gesellschafterin, wenn an ihr mindestens 90 vom Hundert der Anteile auf neue Gesellschafter übergehen. ⑤ Bei mehrstufigen Beteiligungen gilt Satz 4 auf der Ebene jeder mittelbar beteiligten Kapitalgesellschaft entsprechend. ⑥ Bei der Ermittlung des Vomhundertsatzes bleibt der Erwerb von Anteilen von Todes wegen außer Betracht.

(2 c)[3] Bei der Ermittlung des Vomhundertsatzes im Sinne von Absatz 2 a Satz 1 und Absatz 2 b Satz 1 bleiben Übergänge von Anteilen an Kapitalgesellschaften außer Betracht, die zum Handel an einem im Inland, in einem anderen Mitgliedstaat der Europäischen Union oder einem anderen Vertragsstaat des Abkommens über den Europäischen Wirtschaftsraum betriebenen organisierten Markt nach § 2 Absatz 11 des Wertpapierhandelsgesetzes oder einem Drittlandhandelsplatz, der gemäß Artikel 25 Absatz 4 Buchstabe a der Richtlinie 2014/65/EU von der Europäischen Kommission als gleichwertig erklärt wurde, zugelassen sind, soweit der Anteilsübergang auf Grund eines Geschäfts an diesem Markt oder Drittlandhandelsplatz oder einem multilateralen Handelssystem im Sinne des Artikels 2 Absatz 1 Nummer 14 der Verordnung (EU) Nr. 600/2014 erfolgt.

(3)[4] Gehört zum Vermögen einer Gesellschaft ein inländisches Grundstück, so unterliegen der Steuer, soweit eine Besteuerung nach Absätzen 2 a und 2 b nicht in Betracht kommt, außerdem:
1. ein Rechtsgeschäft, das den Anspruch auf Übertragung eines oder mehrerer Anteile der Gesellschaft begründet, wenn durch die Übertragung unmittelbar oder mittelbar mindestens 90 vom Hundert der Anteile der Gesellschaft in der Hand des Erwerbers oder in der Hand von herrschenden und abhängigen Unternehmen oder abhängigen Personen oder in der Hand von abhängigen Unternehmen oder abhängigen Personen allein vereinigt werden würden;
2. die Vereinigung unmittelbar oder mittelbar von mindestens 90 vom Hundert der Anteile der Gesellschaft, wenn kein schuldrechtliches Geschäft im Sinne der Nummer 1 vorausgegangen ist;
3. ein Rechtsgeschäft, das den Anspruch auf Übertragung unmittelbar oder mittelbar von mindestens 90 vom Hundert der Anteile der Gesellschaft begründet;

---

[1] § 1 Abs. 2 a neugefasst durch StEntlG 1999/2000/2002 mWv 1. 1. 2000 (§ 23 Abs. 6 Satz 2 GrEStG).

[2] § 1 Abs. 2 a Satz 1 geändert, bish. Satz 3 neugefasst durch Steueränderungsgesetz 2001 mWv 1. 1. 2002 (§ 23 Abs. 7 Satz 1 GrEStG); Abs. 2 a neue Sätze 2 bis 5 eingefügt, bish. Sätze 2 und 3 werden 6 und 7 durch Gesetz vom 2. 11. 2015 (BGBl. I S. 1834) mWv 6. 11. 2015 (§ 23 Abs. 13 GrEStG); Abs. 2 a Sätze 1 und 4 geändert durch Gesetz vom 12. 5. 2021 (BGBl. I S. 986) mWv 1. 7. 2021 (§ 23 Abs. 18 GrEStG).

[3] § 1 Abs. 2 b und 2 c eingefügt durch Gesetz vom 12. 5. 2021 (BGBl. I S. 986) mWv 1. 7. 2021 (§ 23 Abs. 18 u. 23 GrEStG).

[4] § 1 Abs. 3 geändert durch StEntlG 1999/2000/2002 mWv 1. 1. 2000 (§ 23 Abs. 6 Satz 2 GrEStG); Abs. 3 geändert durch Gesetz vom 12. 5. 2021 (BGBl. I S. 986) mWv 1. 7. 2021 (§ 23 Abs. 18 u. 21 GrEStG).

4. der Übergang unmittelbar oder mittelbar von mindestens 90 vom Hundert der Anteile der Gesellschaft auf einen anderen, wenn kein schuldrechtliches Geschäft im Sinne der Nummer 3 vorausgegangen ist.

(3 a)[1] ① Soweit eine Besteuerung nach den Absätzen 2 a, 2 b und 3 nicht in Betracht kommt, gilt als Rechtsvorgang im Sinne des Absatzes 3 auch ein solcher, aufgrund dessen ein Rechtsträger unmittelbar oder mittelbar oder teils unmittelbar, teils mittelbar eine wirtschaftliche Beteiligung in Höhe von mindestens 90 vom Hundert an einer Gesellschaft, zu deren Vermögen ein inländisches Grundstück gehört, innehat. ② Die wirtschaftliche Beteiligung ergibt sich aus der Summe der unmittelbaren und mittelbaren Beteiligungen am Kapital oder am Vermögen der Gesellschaft. ③ Für die Ermittlung der mittelbaren Beteiligungen sind die Vomhundertsätze am Kapital oder am Vermögen der Gesellschaften zu multiplizieren.

(4)[2] Im Sinne des Absatzes 3 gelten als abhängig

1. natürliche Personen, soweit sie einzeln oder zusammengeschlossen einem Unternehmen so eingegliedert sind, dass sie den Weisungen des Unternehmers in Bezug auf die Anteile zu folgen verpflichtet sind;
2. juristische Personen, die nach dem Gesamtbild der tatsächlichen Verhältnisse finanziell, wirtschaftlich und organisatorisch in ein Unternehmen eingegliedert sind.

(4 a)[3] ① Ein Grundstück gehört zum Vermögen einer Gesellschaft im Sinne des § 1 Absatz 2 a bis 3 a, wenn sie es aufgrund eines Rechtsvorgangs nach § 1 Absatz 1 erworben hat. ② Die Zugehörigkeit nach Satz 1 endet, wenn ein anderer Rechtsträger das Grundstück auf Grund eines Rechtsvorgangs nach § 1 Absatz 1 erworben hat oder wenn die Voraussetzungen nicht mehr vorliegen, die zur Zugehörigkeit nach Satz 1 geführt haben. ③ Die Sätze 1 und 2 finden keine Anwendung auf Rechtsvorgänge, die nach § 16 Absatz 1 rückgängig gemacht wurden, und auf Grundstücke, die nach § 16 Absatz 2 zurückerworben wurden, soweit dies dazu führt, dass ein Erwerbsvorgang nach § 1 Absatz 2 a bis 3 a vermieden wird; die Rückgängigmachung und der Rückerwerb gelten für die Zugehörigkeit eines Grundstücks nach den Sätzen 1 und 2 als rückwirkendes Ereignis im Sinne des § 175 Absatz 1 Satz 1 Nummer 2 der Abgabenordnung. ④ Ein Grundstück gehört auch zum Vermögen einer Gesellschaft, wenn diese an dem Grundstück die Verwertungsbefugnis nach § 1 Absatz 2 innehat. ⑤ Die Zugehörigkeit nach Satz 4 endet, wenn die Voraussetzungen nicht mehr vorliegen, die zur Zugehörigkeit nach Satz 4 geführt haben.

(5) Bei einem Tauschvertrag, der für beide Vertragsteile den Anspruch auf Übereignung eines Grundstücks begründet, unterliegt der Steuer sowohl die Vereinbarung über die Leistung des einen als auch die Vereinbarung über die Leistung des anderen Vertragsteils.

(6)[4] ① Ein in Absatz 1, 2, 3 oder Absatz 3 a bezeichneter Rechtsvorgang unterliegt der Steuer auch dann, wenn ihm ein in einem anderen dieser Absätze bezeichneter Rechtsvorgang vorausgegangen ist. ② Die Steuer wird jedoch nur insoweit erhoben, als die Bemessungsgrundlage für den späteren Rechtsvorgang den Betrag übersteigt, von dem beim vorausgegangenen Rechtsvorgang die Steuer berechnet worden ist.

(7)[5] *(aufgehoben)*

§ 2 Grundstücke

(1) ① Unter Grundstücken im Sinne dieses Gesetzes sind Grundstücke im Sinne des bürgerlichen Rechts zu verstehen. ② Jedoch werden nicht zu den Grundstücken gerechnet:

1. Maschinen und sonstige Vorrichtungen aller Art, die zu einer Betriebsanlage gehören,
2. Mineralgewinnungsrechte und sonstige Gewerbeberechtigungen,
3.[6] das Recht des Grundstückseigentümers auf den Erbbauzins.

(2) Den Grundstücken stehen gleich

1. Erbbaurechte,
2. Gebäude auf fremdem Boden,
3.[7] dinglich gesicherte Sondernutzungsrechte nach den Vorschriften des Wohnungseigentumsgesetzes und des § 1010 des Bürgerlichen Gesetzbuchs.

(3) ① Bezieht sich ein Rechtsvorgang auf mehrere Grundstücke, die zu einer wirtschaftlichen Einheit gehören, so werden diese Grundstücke als ein Grundstück behandelt. ② Bezieht sich ein Rechtsvorgang auf einen oder mehrere Teile eines Grundstücks, so werden diese Teile als ein Grundstück behandelt.

---

[1] § 1 Abs. 3 a eingefügt durch Amtshilferichtlinie-Umsetzungsgesetz mWv 7. 6. 2013 (§ 23 Abs. 11 GrEStG); Abs. 3 a geändert durch Gesetz vom 12. 5. 2021 (BGBl. I S. 986) mWv 1. 7. 2021 (§ 23 Abs. 18 u. 22 GrEStG).

[2] § 1 Abs. 4 geändert durch UStAusfVermG vom 11. 12. 2018 (BGBl. I S. 2338), anzuwenden auf nach dem 14. 12. 2018 verwirklichte Erwerbsvorgänge (§ 23 Abs. 16 Satz 1 GrEStG).

[3] § 1 Abs. 4 a eingefügt durch JStG 2024 mWv 6. 12. 2024, zur Anwendung im Einzelnen siehe § 23 Abs. 25 GrEStG.

[4] § 1 Abs. 6 Satz 1 geändert durch StEntlG 1999/2000/2002 mWv 1. 4. 1999 (§ 23 Abs. 6 Satz 1) und durch Amtshilferichtlinie-Umsetzungsgesetz mWv 7. 6. 2013 (§ 23 Abs. 11 GrEStG).

[5] § 1 Abs. 7 aufgehoben durch Steueränderungsgesetz 2001 mWv 1. 1. 2002 (§ 23 Abs. 7 Satz 2 GrEStG).

[6] § 2 Abs. 1 Satz 2 Nr. 3 angefügt durch Steueränderungsgesetz 2001 mWv 1. 1. 2002 (§ 25 Abs. 7 Satz 1 GrEStG).

[7] § 2 Abs. 2 Nr. 3 geändert durch Gesetz vom 16. 10. 2020 (BGBl. I S. 2187) mWv 1. 12. 2020.

Zweiter Abschnitt. Steuervergünstigungen

§ 3 Allgemeine Ausnahmen von der Besteuerung

Von der Besteuerung sind ausgenommen:

1. der Erwerb eines Grundstücks, wenn der für die Berechnung der Steuer maßgebende Wert (§ 8) 2500 Euro[1] nicht übersteigt;
2. der Grundstückserwerb von Todes wegen und Grundstücksschenkungen unter Lebenden im Sinne des Erbschaftsteuer- und Schenkungsteuergesetzes. ② Schenkungen unter einer Auflage unterliegen der Besteuerung jedoch hinsichtlich des Werts solcher Auflagen, die bei der Schenkungsteuer abziehbar sind;
3.[2] der Erwerb eines zum Nachlaß gehörigen Grundstücks durch Miterben zur Teilung des Nachlasses. ② Den Miterben steht der überlebende Ehegatte oder Lebenspartner gleich, wenn er mit den Erben des verstorbenen Ehegatten oder Lebenspartners gütergemeinschaftliches Vermögen zu teilen hat oder wenn ihm in Anrechnung auf eine Ausgleichsforderung am Zugewinn des verstorbenen Ehegatten oder Lebenspartners ein zum Nachlass gehöriges Grundstück übertragen wird. ③ Den Miterben stehen außerdem ihre Ehegatten oder ihre Lebenspartner gleich;
4.[2] der Grundstückserwerb durch den Ehegatten oder den Lebenspartner des Veräußerers;
5. der Grundstückserwerb durch den früheren Ehegatten des Veräußerers im Rahmen der Vermögensauseinandersetzung nach der Scheidung;

5 a.[3] der Grundstückserwerb durch den früheren Lebenspartner des Veräußerers im Rahmen der Vermögensauseinandersetzung nach der Aufhebung der Lebenspartnerschaft;

6.[3] der Erwerb eines Grundstücks durch Personen, die mit dem Veräußerer in gerader Linie verwandt sind oder deren Verwandtschaft durch die Annahme als Kind bürgerlich-rechtlich erloschen ist. ② Den Abkömmlingen stehen die Stiefkinder gleich. ③ Den in den Sätzen 1 und 2 genannten Personen stehen deren Ehegatten oder deren Lebenspartner gleich;

7.[3] der Erwerb eines zum Gesamtgut gehörigen Grundstücks durch Teilnehmer an einer fortgesetzten Gütergemeinschaft zur Teilung des Gesamtguts. ② Den Teilnehmern an der fortgesetzten Gütergemeinschaft stehen ihre Ehegatten oder ihre Lebenspartner gleich;

8. der Rückerwerb eines Grundstücks durch den Treugeber bei Auflösung des Treuhandverhältnisses. ② Voraussetzung ist, daß für den Rechtsvorgang, durch den der Treuhänder den Anspruch auf Übereignung des Grundstücks oder das Eigentum an dem Grundstück erlangt hatte, die Steuer entrichtet worden ist. ③ Die Anwendung der Vorschrift des § 16 Abs. 2 bleibt unberührt.

§ 4 Besondere Ausnahmen von der Besteuerung

Von der Besteuerung sind ausgenommen:

1.[4] der Erwerb eines Grundstücks durch eine juristische Person des öffentlichen Rechts, wenn das Grundstück aus Anlaß des Übergangs von öffentlich-rechtlichen Aufgaben oder aus Anlaß von Grenzänderungen von der einen auf die andere juristische Person übergeht und nicht überwiegend einem Betrieb gewerblicher Art dient;

2. der Erwerb eines Grundstücks durch einen ausländischen Staat, wenn das Grundstück für die Zwecke von Botschaften, Gesandtschaften oder Konsulaten dieses Staates bestimmt ist und Gegenseitigkeit gewährt wird;

3. der Erwerb eines Grundstücks durch einen ausländischen Staat oder eine ausländische kulturelle Einrichtung, wenn das Grundstück für kulturelle Zwecke bestimmt ist und Gegenseitigkeit gewährt wird;

4.[5] der Übergang von Grundstücken gemäß § 1 Absatz 1 Nummer 3 und von Gesellschaftsanteilen gemäß § 1 Absatz 3 Nummer 2 und 4 als unmittelbare Rechtsfolge eines Zusammenschlusses kommunaler Gebietskörperschaften, der durch Vereinbarung der beteiligten Gebietskörperschaften mit Zustimmung der nach Landesrecht zuständigen Stelle oder durch Gesetz zustande kommt, sowie Rechtsgeschäfte über Grundstücke gemäß § 1 Absatz 1 Nummer 1 und über Gesellschaftsanteile gemäß § 1 Absatz 3 Nummer 1 und 3 aus Anlass der Aufhebung der Kreisfreiheit einer Gemeinde;

---

[1] § 3 Nr. 1 Betrag geändert durch StEuglG vom 19. 12. 2000 (BGBl. I S. 1790) mWv 1. 1. 2002.

[2] § 3 Nr. 3 Satz 2 und 3, Nr. 4 neugefasst durch Jahressteuergesetz 2010 mWv 14. 12. 2010; zur Anwendung der Nrn. 3–7 auf Erwerbsvorgänge von Lebenspartnern vgl. § 23 Abs. 9 GrEStG.

[3] § 3 Nr. 5 a eingefügt, Nr. 6 und Nr. 7 Satz 2 neugefasst durch Jahressteuergesetz 2010 mWv 14. 12. 2010; zur Anwendung der Nrn. 3–7 auf Erwerbsvorgänge von Lebenspartnern vgl. § 23 Abs. 9 GrEStG.

[4] § 4 Nr. 1 neugefasst durch StEntlG 1999/2000/2002 mWv 1. 1. 1998 (§ 23 Abs. 5 GrEStG).

[5] § 4 Nr. 4 neugefasst, Nrn. 5 bis 8 aufgehoben, Nr. 9 wird Nr. 5 durch Amtshilferichtlinie-Umsetzungsgesetz mWv 7. 6. 2013 (§ 23 Abs. 11 GrEStG).

5.[1, 2] der Erwerb eines Grundstücks von einer juristischen Person des öffentlichen Rechts sowie der Rückerwerb des Grundstücks durch die juristische Person des öffentlichen Rechts, wenn das Grundstück im Rahmen einer Öffentlich Privaten Partnerschaft für einen öffentlichen Dienst oder Gebrauch im Sinne des § 3 Abs. 2 des Grundsteuergesetzes benutzt wird und zwischen dem Erwerber und der juristischen Person des öffentlichen Rechts die Rückübertragung des Grundstücks am Ende des Vertragszeitraums vereinbart worden ist. ② Die Ausnahme von der Besteuerung entfällt mit Wirkung für die Vergangenheit, wenn die juristische Person des öffentlichen Rechts auf die Rückübertragung des Grundstücks verzichtet oder das Grundstück nicht mehr für einen öffentlichen Dienst oder Gebrauch genutzt wird;

6.[3] Erwerbe, die allein auf dem Austritt des Vereinigten Königreichs Großbritannien und Nordirland aus der Europäischen Union beruhen;

7.[4] die Übertragung oder der Übergang von Anteilen am Gesellschaftsvermögen gemäß § 1 Absatz 2a, von Gesellschaftsanteilen gemäß § 1 Absatz 2b und 3 oder von Anteilen am Gesellschaftsvermögen oder Gesellschaftskapital gemäß § 1 Absatz 3a, soweit diese Übertragung oder dieser Übergang durch demokratische Wahlen des Vorstands einer politischen Partei im Sinne des Artikels 21 des Grundgesetzes oder einer Gewerkschaft im Sinne des Artikels 9 Absatz 3 des Grundgesetzes oder eines Zusammenschlusses solcher Gewerkschaften in Form eines nicht rechtsfähigen Vereins bedingt ist.

§ 5 Übergang auf eine Gesamthand

(1)[5] ① Geht ein Grundstück von mehreren Miteigentümern auf eine Gesamthand (Gemeinschaft zur gesamten Hand) über, so wird die Steuer nicht erhoben, soweit der Anteil des einzelnen am Vermögen der Gesamthand Beteiligten seinem Bruchteil am Grundstück entspricht. ② Satz 1 gilt nicht für eine Gesamthand, die nach § 1a des Körperschaftsteuergesetzes optiert hat, es sei denn, die Ausübung und Wirksamkeit der Option liegt länger als die in Absatz 3 Satz 1 genannte Frist zurück und die jeweilige Beteiligung am Vermögen der Gesamthand besteht länger als die in Absatz 3 Satz 1 genannte Frist. ③ Satz 1 gilt nicht für eine Gesellschaft im Sinne des § 1 Absatz 1 des Körperschaftsteuergesetzes mit Sitz im Ausland, deren Ort der Geschäftsleitung im Inland belegen ist, und die nach inländischem Gesellschaftsrecht als Personengesellschaft behandelt wird.

(2)[6] ① Geht ein Grundstück von einem Alleineigentümer auf eine Gesamthand über, so wird die Steuer in Höhe des Anteils nicht erhoben, zu dem der Veräußerer am Vermögen der Gesamthand beteiligt ist. ② Absatz 1 Satz 2 gilt entsprechend. ③ Absatz 1 Satz 3 gilt entsprechend.

(3)[7] ① Die Absätze 1 und 2 sind insoweit nicht anzuwenden, als sich der Anteil des Veräußerers am Vermögen der Gesamthand innerhalb von zehn Jahren nach dem Übergang des Grundstücks auf die Gesamthand vermindert. ② Satz 1 gilt nicht, soweit allein durch den Austritt des Vereinigten Königreichs Großbritannien und Nordirland aus der Europäischen Union sich der Anteil des Veräußerers am Vermögen der Gesamthand innerhalb von zehn Jahren nach dem Übergang des Grundstücks auf die Gesamthand vermindert. ③ Bei der Anwendung des Satzes 1 gilt die Ausübung der Option nach § 1a des Körperschaftsteuergesetzes als Verminderung des Anteils des Veräußerers am Vermögen der Gesamthand, wenn die Option innerhalb der jeweils für Satz 1 geltenden Frist ausgeübt und wirksam wird.

§ 6 Übergang von einer Gesamthand

(1) ① Geht ein Grundstück von einer Gesamthand in das Miteigentum mehrerer an der Gesamthand beteiligter Personen über, so wird die Steuer nicht erhoben, soweit der Bruchteil, den der einzelne Erwerber erhält, dem Anteil entspricht, zu dem er am Vermögen der Gesamthand beteiligt ist. ② Wird ein Grundstück bei der Auflösung der Gesamthand übertragen, so ist die Auseinandersetzungsquote maßgebend, wenn die Beteiligten für den Fall der Auflösung der Gesamthand eine vom Beteiligungsverhältnis abweichende Auseinandersetzungsquote vereinbart haben.

(2) ① Geht ein Grundstück von einer Gesamthand in das Alleineigentum einer an der Gesamthand beteiligten Person über, so wird die Steuer in Höhe des Anteils nicht erhoben, zu dem der Erwerber am Vermögen der Gesamthand beteiligt ist. ② Geht ein Grundstück bei der Auflösung der Gesamthand in das Alleineigentum eines Gesamthänders über, so gilt Absatz 1 Satz 2 entsprechend.

---

[1] § 4 Nr. 4 neugefasst, Nrn. 5 bis 8 aufgehoben, Nr. 9 wird Nr. 5 durch Amtshilferichtlinie-Umsetzungsgesetz mWv 7. 6. 2013 (§ 23 Abs. 11 GrEStG).

[2] § 4 damalige Nr. 9 angefügt durch Gesetz vom 1. 9. 2005 (BGBl. I S. 2676), in Kraft getreten am 8. 9. 2005.

[3] § 4 Nr. 6 angefügt durch Brexit-StBG vom 25. 3. 2019 (BGBl. I S. 357) mWv 29. 3. 2019.

[4] § 4 Nr. 7 angefügt durch JStG 2024, anzuwenden auf nach dem 30. 6. 2021 verwirklichte Erwerbsvorgänge (§ 23 Abs. 26 GrEStG).

[5] § 5 Abs. 1 Satz 2, Abs. 2 Satz 2 angefügt durch Gesetz vom 25. 6. 2021 (BGBl. I S. 2050) mWv 1. 7. 2021; Abs. 1 Satz 3, Abs. 2 Satz 3 angefügt durch Gesetz vom 25. 6. 2021 (BGBl. I S. 2050) mWv 1. 7. 2021.

[6] § 5 Abs. 1 Satz 2, Abs. 2 Satz 2 angefügt durch Gesetz vom 25. 6. 2021 (BGBl. I S. 2050) mWv 1. 7. 2021; Abs. 1 Satz 3, Abs. 2 Satz 3 angefügt durch Gesetz vom 25. 6. 2021 (BGBl. I S. 2050) mWv 1. 7. 2021.

[7] § 5 Abs. 3 angefügt durch StEntlG 1999/2000/2002 mWv 1. 1. 2000 (§ 23 Abs. 6 Satz 2 GrEStG); Abs. 3 Satz 2 angefügt durch JStG 2020 mWv 1. 2. 2020 (§ 23 Abs. 7 Satz 3 GrEStG); Abs. 3 geändert durch Gesetz vom 12. 5. 2021 (BGBl. I S. 986) mWv 1. 7. 2021 (§ 23 Abs. 18 u. 24 GrEStG); Abs. 3 Satz 3 angefügt durch Gesetz vom 25. 6. 2021 (BGBl. I S. 2050) mWv 1. 7. 2021; Abs. 3 Satz 1 geändert durch JStG 2022 mWv 1. 7. 2021 (§ 23 Abs. 18 u. 24 GrEStG); zur Anwendung siehe auch § 23 Abs. 27 GrEStG.

(3)[1] ① Die Vorschriften des Absatzes 1 gelten entsprechend beim Übergang eines Grundstücks von einer Gesamthand auf eine andere Gesamthand. ② Absatz 1 ist insoweit nicht entsprechend anzuwenden, als sich der Anteil des Gesamthänders am Vermögen der erwerbenden Gesamthand innerhalb von zehn Jahren nach dem Übergang des Grundstücks von der einen auf die andere Gesamthand vermindert. ③ Satz 2 gilt nicht, soweit allein durch den Austritt des Vereinigten Königreichs Großbritannien und Nordirland aus der Europäischen Union sich der Anteil des Gesamthänders am Vermögen der erwerbenden Gesamthand innerhalb von fünf Jahren nach dem Übergang des Grundstücks auf die Gesamthand vermindert. ④ Absatz 1 ist nicht entsprechend anzuwenden, wenn die erwerbende Gesamthand nach § 1 a des Körperschaftsteuergesetzes optiert hat und das Grundstück von einer Gesamthand übergeht, die nicht nach § 1 a des Körperschaftsteuergesetzes optiert hat; es sei denn die Ausübung und Wirksamkeit der Option liegt länger als die in Satz 2 genannte Frist zurück und die jeweilige Beteiligung am Vermögen der Gesamthand besteht länger als die in Satz 2 genannte Frist. ⑤ Bei der Anwendung des Satzes 2 gilt die Ausübung der Option nach § 1 a des Körperschaftsteuergesetzes als Verminderung des Anteils des Gesamthänders am Vermögen der erwerbenden Gesamthand, wenn die Option innerhalb der jeweils für Satz 2 geltenden Frist ausgeübt und wirksam wird. ⑥ Absatz 1 ist nicht entsprechend anzuwenden, wenn die erwerbende Gesamthand eine Gesellschaft im Sinne des § 1 Absatz 1 des Körperschaftsteuergesetzes mit Sitz im Ausland ist, deren Ort der Geschäftsleitung im Inland belegen ist, und die nach inländischem Gesellschaftsrecht als Personengesellschaft behandelt wird.

(4)[2] Die Vorschriften der Absätze 1 bis 3 gelten insoweit nicht, als

1. ein Gesamthänder – im Fall der Erbfolge sein Rechtsvorgänger – innerhalb von zehn Jahren vor dem Erwerbsvorgang seinen Anteil an der Gesamthand durch Rechtsgeschäft unter Lebenden erworben hat oder
2. die vom Beteiligungsverhältnis abweichende Auseinandersetzungsquote innerhalb der letzten zehn Jahre vor der Auflösung der Gesamthand vereinbart worden ist oder
3. bei einem Erwerbsvorgang im Sinne des § 1 Absatz 3 Nummer 1 oder Nummer 2 oder Absatz 3 a der Erwerber – im Fall der Erbfolge sein Rechtsvorgänger – innerhalb von 15 Jahren vor dem Erwerbsvorgang seinen Anteil am Vermögen der Personengesellschaft erstmals durch Rechtsgeschäft unter Lebenden erworben hat, es sei denn, einer der Erwerbe der Anteile am Gesellschaftsvermögen durch diesen Erwerber – im Fall der Erbfolge durch seinen Rechtsvorgänger – hat zu einem steuerpflichtigen Erwerbsvorgang im Sinne des § 1 Absatz 2 a geführt.

§ 6 a[3] Steuervergünstigung bei Umstrukturierungen im Konzern

① Für einen nach § 1 Absatz 1 Nummer 3 Satz 1, Absatz 2 bis 3 oder Absatz 3 a steuerbaren Rechtsvorgang auf Grund einer Umwandlung im Sinne des § 1 Absatz 1 Nummer 1 bis 3 des Umwandlungsgesetzes, einer Einbringung oder eines anderen Erwerbsvorgangs auf gesellschaftsvertraglicher Grundlage wird die Steuer nicht erhoben. ② Satz 1 gilt auch für entsprechende Umwandlungen, Einbringungen sowie andere Erwerbsvorgänge auf gesellschaftsvertraglicher Grundlage auf Grund des Rechts eines Mitgliedstaates der Europäischen Union oder eines Staats, auf den das Abkommen über den Europäischen Wirtschaftsraum Anwendung findet. ③ Satz 1 gilt nur, wenn an dem dort genannten Rechtsvorgang ausschließlich ein herrschendes Unternehmen und ein oder mehrere von diesem herrschenden Unternehmen abhängige Gesellschaften oder mehrere von einem herrschenden Unternehmen abhängige Gesellschaften beteiligt sind. ④ Im Sinne von Satz 3 abhängig ist eine Gesellschaft, an deren Kapital oder Gesellschaftsvermögen das herrschende Unternehmen innerhalb von fünf Jahren vor dem Rechtsvorgang und fünf Jahren nach dem Rechtsvorgang unmittelbar oder mittelbar oder teils unmittelbar, teils mittelbar zu mindestens 95 vom Hundert ununterbrochen beteiligt ist. ⑤ Satz 3 gilt nicht, soweit allein durch den Austritt des Vereinigten Königreichs Großbritannien und Nordirland aus der Europäischen Union das herrschende Unternehmen nicht im Sinne von Satz 4 innerhalb von fünf Jahren nach dem Rechtsvorgang unmittelbar oder mittelbar oder teils unmittelbar, teils mittelbar zu mindestens 95 vom Hundert ununterbrochen beteiligt ist.

§ 7 Umwandlung von gemeinschaftlichem Eigentum in Flächeneigentum

(1) Wird ein Grundstück, das mehreren Miteigentümern gehört, von den Miteigentümern flächenweise geteilt, so wird die Steuer nicht erhoben, soweit der Wert des Teilgrundstücks, das der

[1] § 6 Abs. 3 Satz 2 angefügt durch Steueränderungsgesetz 2001 mWv 1. 1. 2002 (§ 23 Abs. 7 Satz 1 GrEStG); Abs. 3 Satz 3 angefügt durch JStG 2020 mWv 1. 2. 2020 (§ 23 Abs. 7 Satz 3 GrEStG); Abs. 3 Satz 2 geändert durch Gesetz vom 12. 5. 2021 (BGBl. I S. 986) mWv 1. 7. 2021 (§ 23 Abs. 18 u. 24 GrEStG); Abs. 3 Satz 3 angefügt durch Gesetz vom 25. 6. 2021 (BGBl. I S. 2050) mWv 1. 7. 2021; Abs. 3 Satz 4 angefügt durch Gesetz vom 25. 6. 2021 (BGBl. I S. 2056) mWv 1. 7. 2021; Abs. 3 Satz 4 geändert, Satz 5 eingefügt, bish. Satz 5 wird Satz 6 durch JStG 2022 mWv 21. 12. 2022; zur Anwendung siehe auch § 23 Abs. 27 GrEStG.

[2] § 6 Abs. 4 neugefasst durch Gesetz vom 12. 5. 2021 (BGBl. I S. 986) mWv 1. 7. 2021 (§ 23 Abs. 18 u. 24 GrEStG).

[3] § 6 a eingefügt durch Gesetz vom 22. 12. 2009 (BGBl. I S. 3950) mWv 1. 1. 2010 (§ 23 Abs. 8 GrEStG); Satz 4 neugefasst durch OGAW-IV-Gesetz mWv 1. 1. 2010 (§ 23 Abs. 10 GrEStG); Satz 1 neugefasst durch Amtshilferichtlinie-Umsetzungsgesetz mWv 7. 6. 2013 (§ 23 Abs. 11 GrEStG); Sätze 1 bis 3 neugefasst durch Gesetz vom 25. 7. 2014 (BGBl. I S. 1266) mWv 7. 6. 2013 (§ 23 Abs. 12 GrEStG); Satz 5 angefügt durch Brexit-StBG vom 25. 3. 2019 (BGBl. I S. 357) mWv 29. 3. 2019; Satz 1 geändert durch Gesetz vom 12. 5. 2021 (BGBl. I S. 986) mWv 1. 7. 2021 (§ 23 Abs. 18 GrEStG).

einzelne Erwerber erhält, dem Bruchteil entspricht, zu dem er am gesamten zu verteilenden Grundstück beteiligt ist.

(2) ① Wird ein Grundstück, das einer Gesamthand gehört, von den an der Gesamthand beteiligten Personen flächenweise geteilt, so wird die Steuer nicht erhoben, soweit der Wert des Teilgrundstücks, das der einzelne Erwerber erhält, dem Anteil entspricht, zu dem er am Vermögen der Gesamthand beteiligt ist. ② Wird ein Grundstück bei der Auflösung der Gesamthand flächenweise geteilt, so ist die Auseinandersetzungsquote maßgebend, wenn die Beteiligten für den Fall der Auflösung der Gesamthand eine vom Beteiligungsverhältnis abweichende Auseinandersetzungsquote vereinbart haben.

(3)[1] ① Die Vorschriften des Absatzes 2 gelten insoweit nicht, als ein Gesamthänder – im Fall der Erbfolge sein Rechtsvorgänger – seinen Anteil an der Gesamthand innerhalb von zehn Jahren vor der Umwandlung durch Rechtsgeschäft unter Lebenden erworben hat. ② Die Vorschrift des Absatzes 2 Satz 2 gilt außerdem insoweit nicht, als die vom Beteiligungsverhältnis abweichende Auseinandersetzungsquote innerhalb der letzten zehn Jahre vor der Auflösung der Gesamthand vereinbart worden ist.

Dritter Abschnitt. Bemessungsgrundlage

§ 8 Grundsatz

(1) Die Steuer bemißt sich nach dem Wert der Gegenleistung.

(2)[2] ① Die Steuer wird nach den Grundbesitzwerten im Sinne des § 151 Absatz 1 Satz 1 Nummer 1 in Verbindung mit § 157 Absatz 1 bis 3 des Bewertungsgesetzes bemessen:

1. wenn eine Gegenleistung nicht vorhanden oder nicht zu ermitteln ist;
2. bei Umwandlungen auf Grund eines Bundes- oder Landesgesetzes, bei Einbringungen sowie bei anderen Erwerbsvorgängen auf gesellschaftsvertraglicher Grundlage;
3. in den Fällen des § 1 Absatz 2a bis 3a;
4. wenn zwischen den an einer Umwandlung beteiligten Rechtsträgern innerhalb des Rückwirkungszeitraums im Sinne der §§ 2, 20 Absatz 6 oder § 24 Absatz 4 des Umwandlungssteuergesetzes ein Erwerbsvorgang nach § 1 Absatz 1 Nummer 1 verwirklicht wird, der Wert der Gegenleistung geringer ist als der Grundbesitzwert nach § 151 Absatz 1 Satz 1 Nummer 1 in Verbindung mit § 157 Absatz 1 bis 3 des Bewertungsgesetzes und die Umwandlung ohne diesen Erwerbsvorgang eine Besteuerung nach § 1 Absatz 1 Nummer 3, Absatz 3 oder Absatz 3a ausgelöst hätte.

② Erstreckt sich der Erwerbsvorgang auf ein noch zu errichtendes Gebäude oder beruht die Änderung des Gesellschafterbestandes im Sinne des § 1 Absatz 2a oder 2b auf einem vorgefaßten Plan zur Bebauung eines Grundstücks, ist der Wert des Grundstücks abweichend von § 157 Absatz 1 Satz 1 des Bewertungsgesetzes nach den tatsächlichen Verhältnissen im Zeitpunkt der Fertigstellung des Gebäudes maßgebend.

§ 9 Gegenleistung

(1) Als Gegenleistung gelten

1. bei einem Kauf:
   der Kaufpreis einschließlich der vom Käufer übernommenen sonstigen Leistungen und der dem Verkäufer vorbehaltenen Nutzungen;
2. bei einem Tausch:
   die Tauschleistung des anderen Vertragsteils einschließlich einer vereinbarten zusätzlichen Leistung;
3. bei einer Leistung an Erfüllungs Statt:
   der Wert, zu dem die Leistung an Erfüllungs Statt angenommen wird;
4. beim Meistgebot im Zwangsversteigerungsverfahren:
   das Meistgebot einschließlich der Rechte, die nach den Versteigerungsbedingungen bestehen bleiben;
5. bei Abtretung der Rechte aus dem Meistgebot:
   die Übernahme der Verpflichtung aus dem Meistgebot. ② Zusätzliche Leistungen, zu denen sich der Erwerber gegenüber dem Meistbietenden verpflichtet, sind dem Meistgebot hinzuzurechnen. ③ Leistungen, die der Meistbietende dem Erwerber gegenüber übernimmt, sind abzusetzen;

---

[1] § 7 Abs. 3 geändert durch Gesetz vom 12. 5. 2021 (BGBl. I S. 986) mWv 1. 7. 2021 (§ 23 Abs. 18 u. 24 GrEStG).

[2] § 8 Abs. 2 neugefasst durch StEntlG 1999/2000/2002 mWv 1. 4. 1999 (§ 23 Abs. 6 Satz 1 GrEStG); Satz 1 und 2 Zitate geändert durch JStG 2008 vom 20. 12. 2007 (BGBl. I S. 3150) mWv 1. 1. 2007; Abs. 2 Satz 1 Nr. 3 neugefasst durch Amtshilferichtlinie-Umsetzungsgesetz mWv 7. 6. 2013 (§ 23 Abs. 11 GrEStG); Abs. 2 Sätze 1 und 2 geändert durch Gesetz vom 2. 11. 2015 (BGBl. I S. 1834) grds. mWv 1. 1. 2009; siehe im Einzelnen § 23 Abs. 14 GrEStG; Abs. 2 Satz 1 Nr. 3 neugefasst, Nr. 4 angefügt, Satz 2 geändert durch Gesetz vom 12. 5. 2021 (BGBl. I S. 986) mWv 1. 7. 2021 (§ 23 Abs. 18 GrEStG).

6. bei der Abtretung des Übereignungsanspruchs:
   die Übernahme der Verpflichtung aus dem Rechtsgeschäft, das den Übereignungsanspruch begründet hat, einschließlich der besonderen Leistungen, zu denen sich der Übernehmer dem Abtretenden gegenüber verpflichtet. ② Leistungen, die der Abtretende dem Übernehmer gegenüber übernimmt, sind abzusetzen;
7. bei der Enteignung:
   die Entschädigung. ② Wird ein Grundstück enteignet, das zusammen mit anderen Grundstücken eine wirtschaftliche Einheit bildet, so gehört die besondere Entschädigung für eine Wertminderung der nicht enteigneten Grundstücke nicht zur Gegenleistung; dies gilt auch dann, wenn ein Grundstück zur Vermeidung der Enteignung freiwillig veräußert wird;
8.[1] *(aufgehoben)*

(2) Zur Gegenleistung gehören auch

1. Leistungen, die der Erwerber des Grundstücks dem Veräußerer neben der beim Erwerbsvorgang vereinbarten Gegenleistung zusätzlich gewährt;
2. die Belastungen, die auf dem Grundstück ruhen, soweit sie auf den Erwerber kraft Gesetzes übergehen. ② Zur Gegenleistung gehören jedoch nicht die auf dem Grundstück ruhenden dauernden Lasten. ③ Der Erbbauzins gilt nicht als dauernde Last;
3. Leistungen, die der Erwerber des Grundstücks anderen Personen als dem Veräußerer als Gegenleistung dafür gewährt, daß sie auf den Erwerb des Grundstücks verzichten;
4. Leistungen, die ein anderer als der Erwerber des Grundstücks dem Veräußerer als Gegenleistung dafür gewährt, daß der Veräußerer dem Erwerber das Grundstück überläßt.

(3) Die Grunderwerbsteuer, die für den zu besteuernden Erwerbsvorgang zu entrichten ist, wird der Gegenleistung weder hinzugerechnet noch von ihr abgezogen.

§ 10 *(weggefallen)*

Vierter Abschnitt. Steuerberechnung

§ 11 Steuersatz, Abrundung

(1)[2] Die Steuer beträgt 3,5 vom Hundert.

(2) Die Steuer ist auf volle Euro[3] nach unten abzurunden.

§ 12 Pauschbesteuerung

Das Finanzamt kann im Einvernehmen mit dem Steuerpflichtigen von der genauen Ermittlung des Steuerbetrags absehen und die Steuer in einem Pauschbetrag festsetzen, wenn dadurch die Besteuerung vereinfacht und das steuerliche Ergebnis nicht wesentlich geändert wird.

Fünfter Abschnitt. Steuerschuld

§ 13 Steuerschuldner

Steuerschuldner sind

1. regelmäßig:
   die an einem Erwerbsvorgang als Vertragsteile beteiligten Personen;
2. beim Erwerb kraft Gesetzes:
   der bisherige Eigentümer und der Erwerber;
3. beim Erwerb im Enteignungsverfahren:
   der Erwerber;
4. beim Meistgebot im Zwangsversteigerungsverfahren:
   der Meistbietende;
5.[4] bei der Vereinigung von mindestens 90 vom Hundert der Anteile an einer Gesellschaft in der Hand
   a) des Erwerbers:
      der Erwerber;
   b) mehrerer Unternehmen oder Personen:
      diese Beteiligten;

---

[1] § 9 Abs. 1 Nr. 8 aufgehoben durch StEntlG 1999/2000/2002 mWv 1. 4. 1999 (§ 23 Abs. 6 Satz 1 GrEStG).
[2] Zur erstmaligen Anwendung von § 11 Abs. 1 vgl. § 23 Abs. 4 Satz 1 GrEStG.
[3] § 11 Abs. 2 geändert durch StEuglG vom 19. 12. 2000 (BGBl. I S. 1790) mWv 1. 1. 2002.
[4] § 13 Nr. 5 neugefasst durch StEntlG 1999/2000/2002 mWv 1. 1. 2000 (§ 23 Abs. 6 Satz 2 GrEStG); geändert durch Gesetz vom 12. 5. 2021 (BGBl. I S. 986) mWv 1. 7. 2021 (§ 23 Abs. 18 GrEStG).

6.[1] bei Änderung des Gesellschafterbestandes einer Personengesellschaft: die Personengesellschaft;

7.[2] bei Änderung des Gesellschafterbestandes einer Kapitalgesellschaft: die Kapitalgesellschaft;

8.[2·3] bei der wirtschaftlichen Beteiligung von mindestens 90 vom Hundert an einer Gesellschaft: der Rechtsträger, der die wirtschaftliche Beteiligung innehat.

§ 14 Entstehung der Steuer in besonderen Fällen

Die Steuer entsteht,

1. wenn die Wirksamkeit eines Erwerbsvorgangs von dem Eintritt einer Bedingung abhängig ist, mit dem Eintritt der Bedingung;
2. wenn ein Erwerbsvorgang einer Genehmigung bedarf, mit der Genehmigung.

§ 15 Fälligkeit der Steuer

① Die Steuer wird einen Monat nach der Bekanntgabe des Steuerbescheids fällig. ② Das Finanzamt darf eine längere Zahlungsfrist setzen.

Sechster Abschnitt. Nichtfestsetzung der Steuer, Aufhebung oder Änderung der Steuerfestsetzung

§ 16 Nichtfestsetzung der Steuer, Aufhebung oder Änderung der Steuerfestsetzung

(1) Wird ein Erwerbsvorgang rückgängig gemacht bevor das Eigentum am Grundstück auf den Erwerber übergegangen ist, so wird auf Antrag die Steuer nicht festgesetzt oder die Steuerfestsetzung aufgehoben,

1. wenn die Rückgängigmachung durch Vereinbarung, durch Ausübung eines vorbehaltenen Rücktrittsrechts oder eines Wiederkaufsrechts innerhalb von zwei Jahren seit der Entstehung der Steuer stattfindet;
2. wenn die Vertragsbedingungen nicht erfüllt werden und der Erwerbsvorgang deshalb auf Grund eines Rechtsanspruchs rückgängig gemacht wird.

(2) Erwirbt der Veräußerer das Eigentum an dem veräußerten Grundstück zurück, so wird auf Antrag sowohl für den Rückerwerb als auch für den vorausgegangenen Erwerbsvorgang die Steuer nicht festgesetzt oder die Steuerfestsetzung aufgehoben,

1. wenn der Rückerwerb innerhalb von zwei Jahren seit der Entstehung der Steuer für den vorausgegangenen Erwerbsvorgang stattfindet. ② Ist für den Rückerwerb eine Eintragung in das Grundbuch erforderlich, so muß innerhalb der Frist die Auflassung erklärt und die Eintragung im Grundbuch beantragt werden;
2. wenn das dem Erwerbsvorgang zugrundeliegende Rechtsgeschäft nichtig oder infolge einer Anfechtung als von Anfang an nichtig anzusehen ist;
3. wenn die Vertragsbedingungen des Rechtsgeschäfts, das den Anspruch auf Übereignung begründet hat, nicht erfüllt werden und das Rechtsgeschäft deshalb auf Grund eines Rechtsanspruchs rückgängig gemacht wird.

(3) Wird die Gegenleistung für das Grundstück herabgesetzt, so wird auf Antrag die Steuer entsprechend niedriger festgesetzt oder die Steuerfestsetzung geändert,

1. wenn die Herabsetzung innerhalb von zwei Jahren seit der Entstehung der Steuer stattfindet;
2. wenn die Herabsetzung (Minderung) auf Grund des § 437[4] des Bürgerlichen Gesetzbuchs vollzogen wird.

(4)[5] Tritt ein Ereignis ein, das nach den Absätzen 1 bis 3 die Aufhebung oder Änderung einer Steuerfestsetzung begründet, endet die Festsetzungsfrist (§§ 169 bis 171 der Abgabenordnung) insoweit nicht vor Ablauf eines Jahres nach dem Eintritt des Ereignisses.

(4 a)[6] ① Wenn die Anteile in Erfüllung eines Rechtsgeschäfts im Sinne des § 1 Absatz 3 Nummer 1 oder Nummer 3 oder des § 1 Absatz 3 a nach Abschluss dieses Rechtsgeschäfts übergehen und dadurch der Tatbestand des § 1 Absatz 2 a oder Absatz 2 b verwirklicht wird, so wird auf Antrag die Festsetzung nach § 1 Absatz 3 Nummer 1 oder Nummer 3 oder § 1 Absatz 3 a aufgehoben oder geändert. ② In den Fällen des Satzes 1 endet die Festsetzungsfrist für den aufgrund des Übergangs der Anteile erfüllten Tatbestand nach § 1 Absatz 2 a oder Absatz 2 b nicht vor Ablauf

[1] § 13 Nr. 6 neugefasst durch StEntlG 1999/2000/2002 mWv 1. 1. 2000 (§ 23 Abs. 6 Satz 2 GrEStG).

[2] § 13 Nr. 7 eingefügt, bish. Nr. 7 wird Nr. 8 und geändert durch Gesetz vom 12. 5. 2021 (BGBl. I S. 986) mWv 1. 7. 2021 (§ 23 Abs. 18 GrEStG).

[3] § 13 Nr. 7 angefügt durch Amtshilferichtlinie-Umsetzungsgesetz mWv 7. 6. 2013 (§ 23 Abs. 11 GrEStG).

[4] § 16 Abs. 3 Nr. 2 Zitat geändert durch Gesetz vom 23. 7. 2002 (BGBl. I S. 2715).

[5] § 16 Abs. 4 neugefasst durch StEntlG 1999/2000/2002 mWv 1. 1. 2000 (§ 23 Abs. 6 Satz 2 GrEStG) und geändert durch Steueränderungsgesetz 2001 mWv 1. 1. 2002 (§ 23 Abs. 7 Satz 1 GrEStG).

[6] § 16 Abs. 4 a eingefügt durch JStG 2022 mWv 21. 12. 2022.

der Festsetzungsfrist der aufzuhebenden oder zu ändernden Festsetzung nach § 1 Absatz 3 Nummer 1 oder Nummer 3 oder nach § 1 Absatz 3a.

(5)[1] ① Die Vorschriften der Absätze 1 bis 4 gelten nicht, wenn einer der in § 1 Absatz 2 bis 3a bezeichneten Erwerbsvorgänge rückgängig gemacht wird, der nicht fristgerecht und in allen Teilen vollständig angezeigt (§§ 18 bis 20) war. ② Die Vorschrift des Absatzes 4a gilt nicht, wenn einer der in § 1 Absatz 3 Nummer 1 oder Nummer 3 oder in § 1 Absatz 3a oder in § 1 Absatz 2a oder Absatz 2b bezeichneten Erwerbsvorgänge nicht fristgerecht und in allen Teilen vollständig angezeigt (§§ 18 bis 20) war.

Siebenter Abschnitt. Örtliche Zuständigkeit, Feststellung von Besteuerungsgrundlagen, Anzeigepflichten und Erteilung der Unbedenklichkeitsbescheinigung

§ 17 Örtliche Zuständigkeit, Feststellung von Besteuerungsgrundlagen

(1) ① Für die Besteuerung ist vorbehaltlich des Satzes 2 das Finanzamt örtlich zuständig, in dessen Bezirk das Grundstück oder der wertvollste Teil des Grundstücks liegt. ② Liegt das Grundstück in den Bezirken von Finanzämtern verschiedener Länder, so ist jedes dieser Finanzämter für die Besteuerung des Erwerbs insoweit zuständig, als der Grundstücksteil in seinem Bezirk liegt.

(2) In den Fällen des Absatzes 1 Satz 2 sowie in Fällen, in denen sich ein Rechtsvorgang auf mehrere Grundstücke bezieht, die in den Bezirken verschiedener Finanzämter liegen, stellt das Finanzamt, in dessen Bezirk der wertvollste Grundstücksteil oder das wertvollste Grundstück oder der wertvollste Bestand an Grundstücksteilen oder Grundstücken liegt, die Besteuerungsgrundlagen gesondert fest.

(3) ① Die Besteuerungsgrundlagen werden

1.[2] bei Grundstückserwerben durch Umwandlungen auf Grund eines Bundes- oder Landesgesetzes durch das Finanzamt, in dessen Bezirk sich die Geschäftsleitung des Erwerbers befindet, und

2.[3] in den Fällen des § 1 Absatz 2a bis 3a durch das Finanzamt, in dessen Bezirk sich die Geschäftsleitung der Gesellschaft befindet,

gesondert festgestellt, wenn ein außerhalb des Bezirks dieser Finanzämter liegendes Grundstück oder ein auf das Gebiet eines anderen Landes sich erstreckender Teil eines im Bezirk dieser Finanzämter liegenden Grundstücks betroffen wird. ② Befindet sich die Geschäftsleitung nicht im Geltungsbereich des Gesetzes und werden in verschiedenen Finanzamtsbezirken liegende Grundstücke oder in verschiedenen Ländern liegende Grundstücksteile betroffen, so stellt das nach Absatz 2 zuständige Finanzamt die Besteuerungsgrundlagen gesondert fest.

(3a)[4] In die gesonderte Feststellung nach Absatz 2 und 3 sind nicht die Grundbesitzwerte im Sinne des § 151 Absatz 1 Satz 1 Nummer 1 in Verbindung mit § 157 Absatz 1 bis 3 des Bewertungsgesetzes aufzunehmen, wenn die Steuer nach § 8 Absatz 2 zu bemessen ist.

(4) ① Von der gesonderten Feststellung kann abgesehen werden, wenn

1. der Erwerb steuerfrei ist oder
2. die anteilige Besteuerungsgrundlage für den Erwerb des in einem anderen Land liegenden Grundstücksteils 2500 Euro[5] nicht übersteigt.

② Wird von der gesonderten Feststellung abgesehen, so ist in den Fällen der Nummer 2 die anteilige Besteuerungsgrundlage denen der anderen für die Besteuerung zuständigen Finanzämter nach dem Verhältnis ihrer Anteile hinzuzurechnen.

§ 18 Anzeigepflicht der Gerichte, Behörden und Notare

(1)[6] ① Gerichte, Behörden und Notare haben dem zuständigen Finanzamt schriftlich[7] Anzeige nach amtlich vorgeschriebenem Vordruck zu erstatten über

1. Rechtsvorgänge, die sie beurkundet oder über die sie eine Urkunde entworfen und darauf eine Unterschrift beglaubigt haben, wenn die Rechtsvorgänge ein Grundstück im Geltungsbereich dieses Gesetzes betreffen;

---

[1] Zur erstmaligen Anwendung von § 16 Abs. 5 a. F. vgl. § 23 Abs. 3 GrEStG; Abs. 5 geändert durch Amtshilferichtlinie-Umsetzungsgesetz mWv 7. 6. 2013 (§ 23 Abs. 11 GrEStG) und neugefasst durch Gesetz vom 25. 7. 2014 (BGBl. I S. 1266) mWv 7. 6. 2013 (§ 23 Abs. 12 GrEStG); Abs. 5 Satz 2 angefügt durch JStG mWv 21. 12. 2022.

[2] § 17 Abs. 3 Satz 1 Nr. 1 neugefasst durch StEntlG 1999/2000/2002 mWv 1. 4. 1999 (§ 23 Abs. 6 Satz 1 GrEStG).

[3] Zur erstmaligen Anwendung von § 17 Abs. 3 Satz 1 Nr. 2 vgl. § 23 Abs. 3 GrEStG; Satz 1 Nr. 2 geändert durch Amtshilferichtlinie-Umsetzungsgesetz mWv 7. 6. 2013 (§ 23 Abs. 11 GrEStG); Satz 1 Nr. 2 geändert durch Gesetz vom 12. 5. 2021 (BGBl. I S. 986) mWv 1. 7. 2021 (§ 23 Abs. 18 GrEStG).

[4] § 17 Abs. 3a eingefügt durch Steueränderungsgesetz 2001; Gesetzesangabe geändert durch JStG 2009; geändert durch Gesetz vom 2. 11. 2015 (BGBl. I S. 1834) grds. mWv 1. 1. 2009; siehe im Einzelnen § 23 Abs. 14 GrEStG; Abs. 3a geändert durch Gesetz vom 12. 5. 2021 (BGBl. I S. 986) mWv 1. 7. 2021.

[5] § 17 Abs. 4 Satz 1 Nr. 2 Betrag geändert durch StEuglG vom 19. 12. 2000 (BGBl. I S. 1790) mWv 1. 1. 2002.

[6] § 18 Abs. 1 Satz 2 eingefügt, bish. Satz 2 wird Satz 3 durch JStG 2024 mWv 6. 12. 2024.

[7] § 18 Abs. 1 Satz 1 geändert durch Gesetz vom 21. 8. 2002 (BGBl. I S. 3322) mWv 28. 8. 2002.

2. Anträge auf Berichtigung des Grundbuchs, die sie beurkundet oder über die sie eine Urkunde entworfen und darauf eine Unterschrift beglaubigt haben, wenn der Antrag darauf gestützt wird, daß der Grundstückseigentümer gewechselt hat;
3. Zuschlagsbeschlüsse im Zwangsversteigerungsverfahren, Enteignungsbeschlüsse und andere Entscheidungen, durch die ein Wechsel im Grundstückseigentum bewirkt wird. ② Die Anzeigepflicht der Gerichte besteht auch beim Wechsel im Grundstückseigentum auf Grund einer Eintragung im Handels-, Genossenschafts- oder Vereinsregister;
4. nachträgliche Änderungen oder Berichtigungen eines der unter den Nummern 1 bis 3 aufgeführten Vorgänge.

② Notare können die Anzeige nach Satz 1 auch elektronisch nach amtlich vorgeschriebenem Datensatz über die amtlich bestimmte Schnittstelle nach Maßgabe des § 93c der Abgabenordnung erstatten. ③ Der Anzeige ist eine Abschrift der Urkunde über den Rechtsvorgang, den Antrag, den Beschluß oder die Entscheidung beizufügen.[1]

(2)[2] ① Die Anzeigepflicht bezieht sich auch auf Vorgänge, die ein Erbbaurecht oder ein Gebäude auf fremdem Boden betreffen. ② Sie gilt außerdem für Vorgänge, die die Übertragung von Anteilen an einer Kapitalgesellschaft, einer Personenhandelsgesellschaft oder einer Gesellschaft des bürgerlichen Rechts betreffen, wenn zum Vermögen der Gesellschaft ein im Geltungsbereich dieses Gesetzes liegendes Grundstück gehört.

(3) ① Die Anzeigen sind innerhalb von zwei Wochen nach der Beurkundung oder der Unterschriftsbeglaubigung oder der Bekanntgabe der Entscheidung zu erstatten, und zwar auch dann, wenn die Wirksamkeit des Rechtsvorgangs vom Eintritt einer Bedingung, vom Ablauf einer Frist oder von einer Genehmigung abhängig ist. ② Sie sind auch dann zu erstatten, wenn der Rechtsvorgang von der Besteuerung ausgenommen ist.

(4) Die Absendung der Anzeige ist auf der Urschrift der Urkunde, in den Fällen, in denen eine Urkunde entworfen und darauf eine Unterschrift beglaubigt worden ist, auf der zurückbehaltenen beglaubigten Abschrift zu vermerken.

(5) Die Anzeigen sind an das für die Besteuerung, in den Fällen des § 17 Abs. 2 und 3 an das für die gesonderte Feststellung zuständige Finanzamt zu richten.

§ 19 Anzeigepflicht der Beteiligten

(1) ① Steuerschuldner müssen Anzeige erstatten über

1. Rechtsvorgänge, die es ohne Begründung eines Anspruchs auf Übereignung einem anderen rechtlich oder wirtschaftlich ermöglichen, ein Grundstück auf eigene Rechnung zu verwerten;
2. formungültige Verträge über die Übereignung eines Grundstücks, die die Beteiligten unter sich gelten lassen und wirtschaftlich erfüllen;
3. den Erwerb von Gebäuden auf fremdem Boden;

3 a.[3] unmittelbare und mittelbare Änderungen des Gesellschafterbestandes einer Personengesellschaft, die innerhalb von zehn Jahren zum Übergang von 90 vom Hundert der Anteile am Gesellschaftsvermögen auf neue Gesellschafter geführt haben, wenn zum Vermögen der Personengesellschaft ein inländisches Grundstück gehört (§ 1 Abs. 2a);

3 b.[4] unmittelbare und mittelbare Änderungen des Gesellschafterbestandes einer Kapitalgesellschaft, die innerhalb von zehn Jahren zum Übergang von 90 vom Hundert der Anteile der Gesellschaft auf neue Gesellschafter geführt haben, wenn zum Vermögen der Kapitalgesellschaft ein inländisches Grundstück gehört (§ 1 Absatz 2b);

4.[5] schuldrechtliche Geschäfte, die auf die Vereinigung von mindestens 90 vom Hundert der Anteile einer Gesellschaft gerichtet sind, wenn zum Vermögen der Gesellschaft ein Grundstück gehört (§ 1 Abs. 3 Nr. 1);

5.[5] die Vereinigung von mindestens 90 vom Hundert der Anteile einer Gesellschaft, zu deren Vermögen ein Grundstück gehört (§ 1 Abs. 3 Nr. 2);

6.[5] Rechtsgeschäfte, die den Anspruch auf Übertragung von mindestens 90 vom Hundert der Anteile einer Gesellschaft begründen, wenn zum Vermögen der Gesellschaft ein Grundstück gehört (§ 1 Abs. 3 Nr. 3);

7.[5] die Übertragung von mindestens 90 vom Hundert der Anteile einer Gesellschaft auf einen anderen, wenn zum Vermögen der Gesellschaft ein Grundstück gehört (§ 1 Abs. 3 Nr. 4);

---

[1] § 18 Abs. 1 Satz 3 angefügt durch Gesetz vom 21. 8. 2002 (BGBl. I S. 3322) mWv 28. 8. 2002 und aufgehoben durch Steuervereinfachungsgesetz 2011; vgl. auch § 22a Satz 3 GrEStG.

[2] § 18 Abs. 2 Satz 2 geändert durch UStAusfVermG vom 11. 12. 2018 (BGBl. I S. 2338), anzuwenden auf nach dem 14. 12. 2018 verwirklichte Erwerbsvorgänge (§ 23 Abs. 16 Satz 1 GrEStG).

[3] § 19 Abs. 1 Satz 1 Nr. 3a neugefasst durch Steueränderungsgesetz 2001 und durch StEntlG 1999/2000/2002 mWv 1. 1. 2000 (§ 23 Abs. 6 Satz 2 GrEStG); Nr. 3a geändert durch Gesetz vom 12. 5. 2021 (BGBl. I S. 986) mWv 1. 7. 2021 (§ 23 Abs. 18 u. 20 GrEStG).

[4] § 19 Abs. 1 Satz 1 Nr. 3b eingefügt durch Gesetz vom 12. 5. 2021 (BGBl. I S. 986) mWv 1. 7. 2021 (§ 23 Abs. 18 GrEStG).

[5] § 19 Abs. 1 Satz 1 Nrn. 4–7 geändert durch StEntlG 1999/2000/2002 mWv 1. 1. 2000 (§ 23 Abs. 6 Satz 2 GrEStG); Nrn. 4–7 geändert durch Gesetz vom 12. 5. 2021 (BGBl. I S. 986) mWv 1. 7. 2021 (§ 23 Abs. 18 u. 21 GrEStG); zur Anwendung siehe auch § 23 Abs. 27 GrEStG.

7 a.[1] Rechtsvorgänge, aufgrund derer ein Rechtsträger unmittelbar oder mittelbar oder teils unmittelbar, teils mittelbar eine wirtschaftliche Beteiligung in Höhe von mindestens 90 vom Hundert an einer Gesellschaft, zu deren Vermögen ein inländisches Grundstück gehört, innehat (§ 1 Abs. 3 a);

8.[2] Entscheidungen im Sinne von § 18 Abs. 1 Satz 1 Nr. 3. ② Die Anzeigepflicht besteht auch beim Wechsel im Grundstückseigentum auf Grund einer Eintragung im Handels-, Genossenschafts- oder Vereinsregister;

9.[3] Umwandlungen, wenn innerhalb des Rückwirkungszeitraums im Sinne der §§ 2, 20 Absatz 6 oder § 24 Absatz 4 des Umwandlungssteuergesetzes ein Erwerbsvorgang nach § 1 Absatz 1 Nummer 1 verwirklicht wird und die Umwandlung ohne diesen Erwerbsvorgang eine Besteuerung nach § 1 Absatz 1 Nummer 3, Absatz 3 oder 3 a ausgelöst hätte.

② Sie haben auch alle Erwerbsvorgänge anzuzeigen, über die ein Gericht, eine Behörde oder ein Notar eine Anzeige nach § 18 nicht zu erstatten hat.[2]

(2) Die in Absatz 1 bezeichneten Personen haben außerdem in allen Fällen Anzeige zu erstatten über

1. jede Erhöhung der Gegenleistung des Erwerbers durch Gewährung von zusätzlichen Leistungen neben der beim Erwerbsvorgang vereinbarten Gegenleistung;
2. Leistungen, die der Erwerber des Grundstücks anderen Personen als dem Veräußerer als Gegenleistung dafür gewährt, daß sie auf den Erwerb des Grundstücks verzichten;
3. Leistungen, die ein anderer als der Erwerber des Grundstücks dem Veräußerer als Gegenleistung dafür gewährt, daß der Veräußerer dem Erwerber das Grundstück überläßt;
4.[4] Änderungen im Gesellschafterbestand einer Gesamthand bei Gewährung der Steuervergünstigung nach § 5 Abs. 1 und 2 oder § 6 Abs. 3 in Verbindung mit § 6 Abs. 1;

4 a.[5] Änderungen von Beherrschungsverhältnissen im Sinne des § 6 a Satz 4;

5.[6] Änderungen in der Nutzung oder den Verzicht auf Rückübertragung, wenn der Grundstückserwerb nach § 4 Nummer 5 von der Besteuerung ausgenommen war.

(3)[7] ① Die Anzeigepflichtigen haben innerhalb von zwei Wochen, nachdem sie von dem anzeigepflichtigen Vorgang Kenntnis erhalten haben, den Vorgang anzuzeigen, und zwar auch dann, wenn der Vorgang von der Besteuerung ausgenommen ist. ② Die Frist nach Satz 1 verlängert sich auf einen Monat für den Steuerschuldner, der eine natürliche Person ohne Wohnsitz oder gewöhnlichen Aufenthalt im Inland, eine Kapitalgesellschaft ohne Geschäftsleitung oder Sitz im Inland oder eine Personengesellschaft ohne Ort der Geschäftsführung im Inland ist.

(4) ① Die Anzeigen sind an das für die Besteuerung, in den Fällen des § 17 Abs. 2 und 3 an das für die gesonderte Feststellung zuständige Finanzamt zu richten. ② Ist über den anzeigepflichtigen Vorgang eine privatschriftliche Urkunde aufgenommen worden, so ist der Anzeige eine Abschrift der Urkunde beizufügen.

(5)[8] ① Die Anzeigen sind Steuererklärungen im Sinne der Abgabenordnung. ② Sie sind schriftlich abzugeben. ③ Sie können gemäß § 87 a der Abgabenordnung in elektronischer Form übermittelt werden.

(6)[9] ① Die Höhe des Verspätungszuschlags bestimmt sich nach § 152 Absatz 5 Satz 2 der Abgabenordnung; § 152 Absatz 6 der Abgabenordnung ist nicht anzuwenden. ② Die Begrenzung der Höhe des Verspätungszuschlags nach § 152 Absatz 10 der Abgabenordnung findet keine Anwendung.

(7)[10] In den Fällen des Absatzes 2 Nummer 4 beginnt die Festsetzungsfrist mit Ablauf des Kalenderjahres, in dem das in Absatz 4 Satz 1 genannte Finanzamt von der anzeigepflichtigen Änderung Kenntnis erlangt hat, spätestens jedoch zehn Jahre nach Ablauf des Kalenderjahres, in dem die anzeigepflichtige Änderung eingetreten ist.

---

[1] § 19 Abs. 1 Satz 1 Nr. 7 a eingefügt durch Amtshilferichtlinie-Umsetzungsgesetz mWv 7. 6. 2013 (§ 23 Abs. 11 GrEStG); Nr. 7 a geändert durch Gesetz vom 12. 5. 2021 (BGBl. I S. 986) mWv 1. 7. 2021 (§ 23 Abs. 18 u. 22 GrEStG).

[2] § 19 Abs. 1 Satz 1 Nr. 8 angefügt, Satz 2 geändert durch Steueränderungsgesetz 2001, hinsichtlich Abs. 1 Nr. 8 mWv 1. 1. 2002 (§ 23 Abs. 7 Satz 1 GrEStG).

[3] § 19 Abs. 1 Satz 1 Nr. 9 angefügt durch Gesetz vom 12. 5. 2021 (BGBl. I S. 986) mWv 1. 7. 2021 (§ 23 Abs. 18 GrEStG).

[4] § 19 Abs. 2 Nr. 4 angefügt durch StEntlG 1999/2000/2002 mWv 1. 1. 2000 (§ 23 Abs. 6 Satz 2 GrEStG) und neugefasst durch Steueränderungsgesetz 2001, hinsichtlich Abs. 2 Nr. 4 mWv 1. 1. 2002 (§ 23 Abs. 7 Satz 1 GrEStG).

[5] § 19 Abs. 2 Nr. 4 a eingefügt durch Gesetz vom 22. 12. 2009 (BGBl. I S. 3950) mWv 1. 1. 2010 (§ 23 Abs. 8 GrEStG).

[6] § 19 Abs. 2 Nr. 5 angefügt durch Gesetz vom 1. 9. 2005 (BGBl. I S. 2676), in Kraft getreten am 8. 9. 2005; Nr. 5 geändert durch Amtshilferichtlinie-Umsetzungsgesetz mWv 7. 6. 2013 (§ 23 Abs. 11 GrEStG).

[7] § 19 Abs. 3 Satz 2 angefügt durch Gesetz vom 18. 7. 2016 (BGBl. I S. 1679) mWv 23. 7. 2016 (§ 23 Abs. 15 GrEStG).

[8] § 19 Abs. 5 neugefasst durch Gesetz vom 21. 8. 2002 (BGBl. I S. 3322) mWv 28. 8. 2002.

[9] § 19 Abs. 6 angefügt durch JStG 2020 mWv 29. 12. 2020 (§ 23 Abs. 17 GrEStG).

[10] § 19 Abs. 7 angefügt durch JStG 2022 mWv 21. 12. 2022.

§ 20 Inhalt der Anzeigen

[Alte Fassung]

(1) Die Anzeigen müssen enthalten:

1.[1] Vorname, Zuname, Anschrift sowie die steuerliche Identifikationsnummer gemäß § 139b der Abgabenordnung oder die Wirtschafts-Identifikationsnummer gemäß § 139c der Abgabenordnung des Veräußerers und des Erwerbers, gegebenenfalls auch, ob und um welche begünstigte Person im Sinne des § 3 Nummer 3 bis 7 es sich bei dem Erwerber handelt;
2. die Bezeichnung des Grundstücks nach Grundbuch, Kataster, Straße und Hausnummer;
3. die Größe des Grundstücks und bei bebauten Grundstücken die Art der Bebauung;
4. die Bezeichnung des anzeigepflichtigen Vorgangs und den Tag der Beurkundung, bei einem Vorgang, der einer Genehmigung bedarf, auch die Bezeichnung desjenigen, dessen Genehmigung erforderlich ist;
5. den Kaufpreis oder die sonstige Gegenleistung (§ 9);
6. den Namen der Urkundsperson.

(2) Die Anzeigen, die sich auf Anteile an einer Gesellschaft beziehen, müssen außerdem enthalten:

1.[1] die Firma, den Ort der Geschäftsführung sowie die Wirtschafts-Identifikationsnummer der Gesellschaft gemäß § 139c der Abgabenordnung,
2. die Bezeichnung des oder der Gesellschaftsanteile;
3.[3] bei mehreren beteiligten Rechtsträgern eine Beteiligungsübersicht.

[Neue Fassung][2]

(1) Die Anzeigen müssen enthalten:

1. Name, Vorname, Anschrift, Geburtsdatum sowie die Identifikationsnummer gemäß § 139b der Abgabenordnung oder die Wirtschafts-Identifikationsnummer gemäß § 139c der Abgabenordnung des Veräußerers und des Erwerbers, den Namen desjenigen, der nach der vertraglichen Vereinbarung die Grunderwerbsteuer trägt, sowie Name und Anschrift dessen gesetzlichen Vertreters und gegebenenfalls die Angabe, ob und um welche begünstigte Person im Sinne des § 3 Nummer 3 bis 7 es sich bei dem Erwerber handelt; bei nicht natürlichen Personen sind bis zur Einführung der Wirtschafts-Identifikationsnummer gemäß § 139c der Abgabenordnung die Register- und die für die Besteuerung nach dem Einkommen vergebene Steuernummer des Veräußerers und des Erwerbers anzugeben;
2. die Bezeichnung des Grundstücks nach Grundbuch, Kataster, Straße und Hausnummer, den Anteil des Veräußerers und des Erwerbers am Grundstück und bei Wohnungs- und Teileigentum die genaue Bezeichnung des Wohnungs- und Teileigentums sowie den Miteigentumsanteil;
3. die Größe des Grundstücks und bei bebauten Grundstücken die Art der Bebauung;
4. die Bezeichnung des anzeigepflichtigen Vorgangs, den Tag der Beurkundung und die Urkundennummer, bei einem Vorgang, der einer Genehmigung bedarf, auch die Bezeichnung desjenigen, dessen Genehmigung erforderlich ist, bei einem Vorgang unter einer Bedingung auch die Bezeichnung der Bedingung;
5. den Kaufpreis oder die sonstige Gegenleistung (§ 9);
6. den Namen und die Anschrift der Urkundsperson.

(2) Die Anzeigen, die sich auf Anteile an einer Gesellschaft beziehen, müssen außerdem enthalten:

1. die Firma, den Ort der Geschäftsführung sowie die Wirtschafts-Identifikationsnummer der Gesellschaft gemäß § 139c der Abgabenordnung; bis zur Einführung der Wirtschafts-Identifikationsnummer gemäß § 139c der Abgabenordnung ist die Register- und die für die Besteuerung nach dem Einkommen vergebene Steuernummer der Gesellschaft anzugeben;
2. die Bezeichnung des oder der Gesellschaftsanteile;
3. bei mehreren beteiligten Rechtsträgern eine Beteiligungsübersicht.

---

[1] § 20 Abs. 1 Nr. 1, Abs. 2 Nr. 1 neugefasst durch Jahressteuergesetz 2010, in Kraft getreten am 14. 12. 2010.
[2] § 20 neugefasst durch UStAusfVermG vom 11. 12. 2018 (BGBl. I S. 2338); zur Anwendung siehe § 23 Abs. 16 Satz 2 GrEStG.
[3] § 20 Abs. 2 Nr. 3 angefügt durch Amtshilferichtlinie-Umsetzungsgesetz mWv 7. 6. 2013 (§ 23 Abs. 11 GrEStG).

§ 21[1] Urkundenaushändigung

Die Gerichte, Behörden und Notare dürfen Urkunden, die einen anzeigepflichtigen Vorgang betreffen, den Beteiligten erst aushändigen und Ausfertigungen oder beglaubigte Abschriften den Beteiligten erst erteilen, wenn sie die Anzeigen in allen Teilen vollständig (§§ 18 und 20) an das Finanzamt abgesandt haben.

§ 22 Unbedenklichkeitsbescheinigung

(1)[2] ① Der Erwerber eines Grundstücks darf in das Grundbuch erst dann eingetragen werden, wenn eine Bescheinigung des für die Besteuerung zuständigen Finanzamts vorgelegt wird (§ 17 Abs. 1 Satz 1) oder Bescheinigungen der für die Besteuerung zuständigen Finanzämter (§ 17 Abs. 1 Satz 2) vorgelegt werden, daß der Eintragung steuerliche Bedenken nicht entgegenstehen. ② Die obersten Finanzbehörden der Länder können im Einvernehmen mit den Landesjustizverwaltungen Ausnahmen hiervon vorsehen.

(2)[3] ① Das Finanzamt hat die Bescheinigung zu erteilen, wenn die Grunderwerbsteuer entrichtet, sichergestellt oder gestundet worden ist oder wenn Steuerfreiheit gegeben ist. ② Es darf die Bescheinigung auch in anderen Fällen erteilen, wenn nach seinem Ermessen die Steuerforderung nicht gefährdet ist. ③ Das Finanzamt hat die Bescheinigung schriftlich zu erteilen. ④ Eine elektronische Übermittlung der Bescheinigung ist ausgeschlossen.

Achter Abschnitt.[4] Durchführung

§ 22 a[5] Ermächtigung

① Zur Vereinfachung des Besteuerungsverfahrens wird das Bundesministerium der Finanzen ermächtigt, im Benehmen mit dem Bundesministerium des Innern, für Bau und Heimat und mit Zustimmung des Bundesrates durch Rechtsverordnung ein Verfahren zur elektronischen Übermittlung der Anzeige und der Abschrift der Urkunde im Sinne des § 18 näher zu bestimmen. ② Die Authentifizierung des Datenübermittlers sowie die Vertraulichkeit und Integrität des übermittelten elektronischen Dokuments sind sicherzustellen.

Neunter Abschnitt.[4] Übergangs- und Schlußvorschriften

§ 23 Anwendungsbereich

(1) ① Dieses Gesetz ist auf Erwerbsvorgänge anzuwenden, die nach dem 31. Dezember 1982 verwirklicht werden. ② Es ist auf Antrag auch auf Erwerbsvorgänge anzuwenden, die vor dem 1. Januar 1983, jedoch nach dem Tag der Verkündung des Gesetzes, 22. Dezember 1982, verwirklicht werden.

(2) ① Auf vor dem 1. Januar 1983 verwirklichte Erwerbsvorgänge sind vorbehaltlich des Absatzes 1 Satz 2 die bis zum Inkrafttreten dieses Gesetzes geltenden Vorschriften anzuwenden. ② Dies gilt insbesondere, wenn für einen vor dem 1. Januar 1983 verwirklichten Erwerbsvorgang Steuerbefreiung in Anspruch genommen und nach dem 31. Dezember 1982 ein Nacherhebungstatbestand verwirklicht wurde.

(3)[6] § 1 Abs. 2 a, § 9 Abs. 1 Nr. 8, § 13 Nr. 6, § 16 Abs. 5, § 17 Abs. 3 Nr. 2 und § 19 Abs. 1 Nr. 3 a in der Fassung des Gesetzes vom 20. Dezember 1996 (BGBl. I S. 2049) sind erstmals auf Rechtsgeschäfte anzuwenden, die die Voraussetzungen des § 1 Abs. 2 a in der Fassung des Gesetzes vom 20. Dezember 1996 (BGBl. I S. 2049) nach dem 31. Dezember 1996 erfüllen.

(4)[6] ① § 8 Abs. 2 und § 11 Abs. 1 in der Fassung des Gesetzes vom 20. Dezember 1996 (BGBl. I S. 2049) sind erstmals auf Erwerbsvorgänge anzuwenden, die nach dem 31. Dezember 1996 verwirklicht werden. ② § 10 ist letztmals auf Erwerbsvorgänge anzuwenden, die vor dem 1. Januar 1997 verwirklicht werden.

(5)[7] § 4 Nr. 1 in der Fassung des Gesetzes vom 24. März 1999 (BGBl. I S. 402) ist erstmals auf Erwerbsvorgänge anzuwenden, die nach dem 31. Dezember 1997 verwirklicht werden.

(6)[7] ① § 1 Abs. 6, § 8 Abs. 2, § 9 Abs. 1 und § 17 Abs. 3 Satz 1 Nr. 1 in der Fassung des Gesetzes vom 24. März 1999 (BGBl. I S. 402) sind erstmals auf Erwerbsvorgänge anzuwenden, die nach dem Tage der Verkündung des Gesetzes verwirklicht werden. ② § 1 Abs. 2 a und 3, § 5 Abs. 3, § 13

[1] § 21 geändert durch Gesetz vom 2. 11. 2015 (BGBl. I S. 1834) mWv 6. 11. 2015 (§ 23 Abs. 13 GrEStG).

[2] § 22 Abs. 1 Satz 2 angefügt durch StEntlG 1999/2000/2002.

[3] § 22 Abs. 2 Sätze 3 und 4 angefügt durch Gesetz vom 21. 8. 2002 (BGBl. I S. 3322) mWv 28. 8. 2002.

[4] Neuer Achter Abschnitt eingefügt, bish. Achter Abschnitt wird Neunter Abschnitt durch Steuervereinfachungsgesetz 2011, in Kraft getreten am 5. 11. 2011.

[5] § 22 a Satz 1 geändert durch VO v. 19. 6. 2020 (BGBl. I S. 1328) mWv 27. 6. 2020; Satz 3 aufgehoben durch JStG 2024 mWv 6. 12. 2024.

[6] § 23 Abs. 3 und Abs. 4 Satz 1 neugefasst durch StEntlG 1999/2000/2002.

[7] § 23 Abs. 5 und 6 angefügt durch StEntlG 1999/2000/2002.

Nr. 5 und 6, § 16 Abs. 4 und § 19 Abs. 1 Satz 1 Nr. 3a bis 7 und Abs. 2 Nr. 4 in der Fassung des Gesetzes vom 24. März 1999 (BGBl. I S. 402) sind erstmals auf Erwerbsvorgänge anzuwenden, die nach dem 31. Dezember 1999 verwirklicht werden.

(7)[1] ① § 1 Abs. 2a Satz 3, § 2 Abs. 1 Satz 2 Nr. 3, § 6 Abs. 3 Satz 2, § 16 Abs. 4, § 19 Abs. 1 Satz 1 Nr. 8 und § 19 Abs. 2 Nr. 4 in der Fassung des Gesetzes vom 20. Dezember 2001 (BGBl. I S. 3794) sind erstmals auf Erwerbsvorgänge anzuwenden, die nach dem 31. Dezember 2001 verwirklicht werden. ② § 1 Abs. 7 ist letztmals auf Erwerbsvorgänge anzuwenden, die bis zum 31. Dezember 2001 verwirklicht werden. ③ § 5 Absatz 3 Satz 2 und § 6 Absatz 3 Satz 3 in der Fassung des Artikels 33 des Gesetzes vom 21. Dezember 2020 (BGBl. I S. 3096) sind erstmals auf Erwerbsvorgänge anzuwenden, die nach dem 31. Januar 2020 verwirklicht werden.

(8)[2] ① Die §§ 6a und 19 Absatz 2 Nummer 4a in der Fassung des Artikels 7 des Gesetzes vom 22. Dezember 2009 (BGBl. I S. 3950) sind erstmals auf Erwerbsvorgänge anzuwenden, die nach dem 31. Dezember 2009 verwirklicht werden. ② § 6a ist nicht anzuwenden, wenn ein im Zeitraum vom 1. Januar 2008 bis 31. Dezember 2009 verwirklichter Erwerbsvorgang rückgängig gemacht wird und deshalb nach § 16 Absatz 1 oder 2 die Steuer nicht zu erheben oder eine Steuerfestsetzung aufzuheben oder zu ändern ist.

(9)[3] Soweit Steuerbescheide für Erwerbsvorgänge von Lebenspartnern noch nicht bestandskräftig sind, ist § 3 Nummer 3 bis 7 in der Fassung des Artikels 29 des Gesetzes vom 8. Dezember 2010 (BGBl. I S. 1768) erstmals auf Erwerbsvorgänge anzuwenden, die nach dem 31. Juli 2001 verwirklicht werden.

(10)[4] § 6a Satz 4 in der Fassung des Artikels 12 des Gesetzes vom 22. Juni 2011 (BGBl. I S. 1126) ist erstmals auf Erwerbsvorgänge anzuwenden, die nach dem 31. Dezember 2009 verwirklicht werden.

(11)[3] § 1 Absatz 3a und Absatz 6 Satz 1, § 4 Nummer 4 und 5, § 6a Satz 1, § 8 Absatz 2 Satz 1 Nummer 3, § 13 Nummer 7, § 16 Absatz 5, § 17 Absatz 3 Satz 1 Nummer 2, § 19 Absatz 1 Satz 1 Nummer 7a und Absatz 2 Nummer 5, § 20 Absatz 2 Nummer 3 in der Fassung des Artikels 20 des Gesetzes vom 26. Juni 2013 (BGBl. I S. 1809) sind erstmals auf Erwerbsvorgänge anzuwenden, die nach dem 6. Juni 2013 verwirklicht werden.

(12)[5] § 6a Satz 1 bis 3 sowie § 16 Absatz 5 in der am 31. Juli 2014 geltenden Fassung sind auf Erwerbsvorgänge anzuwenden, die nach dem 6. Juni 2013 verwirklicht werden.

(13)[6] § 1 Absatz 2a und § 21 in der am 6. November 2015 geltenden Fassung sind auf Erwerbsvorgänge anzuwenden, die nach dem 5. November 2015 verwirklicht werden.

(14)[6] ① § 8 Absatz 2 und § 17 Absatz 3a in der am 6. November 2015 geltenden Fassung sind auf Erwerbsvorgänge anzuwenden, die nach dem 31. Dezember 2008 verwirklicht werden. ② Soweit Steuer- und Feststellungsbescheide, die vor dem 6. November 2015 für Erwerbsvorgänge nach dem 31. Dezember 2008 ergangen sind, wegen § 176 Absatz 1 Satz 1 Nummer 1 der Abgabenordnung nicht geändert werden können, ist die festgesetzte Steuer vollstreckbar.

(15)[7] § 19 Absatz 3 Satz 2 in der am 23. Juli 2016 geltenden Fassung ist auf Erwerbsvorgänge anzuwenden, die nach dem 22. Juli 2016 verwirklicht werden.

(16)[8] § 1 Absatz 4 und § 18 Absatz 2 Satz 2 in der am 15. Dezember 2018 geltenden Fassung sind auf Erwerbsvorgänge anzuwenden, die nach dem 14. Dezember 2018 verwirklicht werden. ② Der Zeitpunkt der erstmaligen Anwendung des § 20 in der am 15. Dezember 2018 geltenden Fassung wird durch die Rechtsverordnung im Sinne des § 22a Satz 1 bestimmt.

(17)[9] § 1 Absatz 1 Nummer 3 Satz 2 Buchstabe a und b und § 19 Absatz 6 in der Fassung des Artikels 32 des Gesetzes vom 21. Dezember 2020 (BGBl. I S. 3096) sind erstmals auf Erwerbsvorgänge anzuwenden, die nach dem 28. Dezember 2020 verwirklicht werden.

(18)[10, 11] § 1 Absatz 2a Satz 1 und 4, Absatz 2b, 3 und 3a Satz 1, § 5 Absatz 3 Satz 1, § 6 Absatz 3 Satz 2 und Absatz 4, § 6a Satz 1, § 7 Absatz 3, § 8 Absatz 2 Satz 1 Nummer 3 und 4 und Satz 2, § 13 Nummer 5 bis 8, § 17 Absatz 3 Satz 1 Nummer 2 und § 19 Absatz 1 Satz 1 Nummer 3a bis 9 und Absatz 6 in der am 1. Juli 2021 geltenden Fassung sind erstmals auf Erwerbsvorgänge anzuwenden, die nach dem 30. Juni 2021 verwirklicht werden.

(19)[10] ① Bei Anwendung des § 1 Absatz 2a in der am 1. Juli 2021 geltenden Fassung bleiben Übergänge von Anteilen am Gesellschaftsvermögen auf Gesellschafter unberücksichtigt, die mit Ablauf des 30. Juni 2021 keine neuen Gesellschafter im Sinne des § 1 Absatz 2a in der am 30. Juni 2021 geltenden Fassung mehr sind. ② Bei der Anwendung des § 1 Absatz 2a in der am 1. Juli 2021

---

[1] § 23 Abs. 7 angefügt durch Steueränderungsgesetz 2001; Satz 3 angefügt durch JStG 2020.
[2] § 23 Abs. 8 angefügt durch Gesetz vom 22. 12. 2009 (BGBl. I S. 3950).
[3] § 23 Abs. 9 neugefasst und Abs. 11 angefügt durch Amtshilferichtlinie-Umsetzungsgesetz.
[4] § 23 Abs. 10 angefügt durch OGAW-IV-UmsG.
[5] § 23 Abs. 12 angefügt durch Gesetz vom 25. 7. 2014 (BGBl. I S. 1266).
[6] § 23 Abs. 13 und 14 angefügt durch Gesetz vom 2. 11. 2015 (BGBl. I S. 1834).
[7] § 23 Abs. 15 angefügt durch Gesetz vom 18. 7. 2016 (BGBl. I S. 1679).
[8] § 23 Abs. 16 angefügt durch UStAusfVermG vom 11. 12. 2018 (BGBl. I S. 2338).
[9] § 23 Abs. 17 angefügt durch JStG 2020.
[10] § 23 Abs. 18 bis 24 angefügt durch Gesetz vom 12. 5. 2021 (BGBl. I S. 986).
[11] § 23 Abs. 18 geändert durch JStG 2022 mWv 1. 7. 2021.

geltenden Fassung ist für die Ermittlung, inwieweit sich der Gesellschafterbestand geändert hat, § 1 Absatz 2a Satz 3 bis 5 in der am 1. Juli 2021 geltenden Fassung auch auf vor dem 1. Juli 2021 erfolgte Anteilsübergänge anzuwenden.

(20)[1] ① § 1 Absatz 2a und § 19 Absatz 1 Satz 1 Nummer 3a in der am 30. Juni 2021 geltenden Fassung sind auf Änderungen des Gesellschafterbestandes bis zum 30. Juni 2026 weiter anzuwenden. ② Dies gilt nicht, wenn der Rechtsvorgang nach § 1 Absatz 1, 2, 2a, 3 oder Absatz 3a in der am 1. Juli 2021 geltenden Fassung steuerbar ist oder ein vorausgegangener Rechtsvorgang nach § 1 Absatz 2a in der am 1. Juli 2021 geltenden Fassung steuerbar war.

(21)[1] ① § 1 Absatz 3 Nummer 1 und 2 und § 19 Absatz 1 Satz 1 Nummer 4 und 5 in der am 30. Juni 2021 geltenden Fassung sind auf Erwerbsvorgänge, die nach dem 30. Juni 2021 verwirklicht werden, weiter anzuwenden, wenn am 30. Juni 2021 unmittelbar oder mittelbar weniger als 95 vom Hundert und mindestens 90 vom Hundert der Anteile der Gesellschaft in der Hand des Erwerbers oder in der Hand von herrschenden und abhängigen Unternehmen oder abhängigen Personen oder in der Hand von abhängigen Unternehmen oder abhängigen Personen allein vereinigt waren. ② Bei der Ermittlung der allein in einer Hand vereinigten Anteile der Gesellschaft im Sinne des Satzes 1 sind auch solche Anteile zu berücksichtigen, über die der Erwerber oder die herrschenden und abhängigen Unternehmen oder abhängigen Personen oder die abhängigen Unternehmen oder abhängigen Personen vor dem 1. Juli 2021 ein Rechtsgeschäft abgeschlossen haben, das den Anspruch auf Übertragung eines oder mehrerer dieser Anteile begründet. ③ Die Sätze 1 und 2 gelten nicht, wenn der Rechtsvorgang nach § 1 Absatz 1, 2, 2a, 2b, 3 oder Absatz 3a in der am 1. Juli 2021 geltenden Fassung steuerbar ist. ④ Sinken die Anteile nach dem 30. Juni 2021 unter 90 vom Hundert, finden die Sätze 1 und 2 auf spätere Erwerbsvorgänge keine Anwendung.

(22)[1] ① § 1 Absatz 3a und § 19 Absatz 1 Satz 1 Nummer 7a in der am 30. Juni 2021 geltenden Fassung sind auf Erwerbsvorgänge nach dem 30. Juni 2021 weiter anzuwenden, wenn der Rechtsträger am 30. Juni 2021 unmittelbar oder mittelbar oder teils unmittelbar, teils mittelbar eine wirtschaftliche Beteiligung von weniger als 95 vom Hundert und mindestens 90 vom Hundert an einer Gesellschaft, zu deren Vermögen ein inländisches Grundstück gehört, innehatte. ② Dies gilt nicht, wenn der Rechtsvorgang nach § 1 Absatz 1, 2, 2a, 2b, 3 oder Absatz 3a in der am 1. Juli 2021 geltenden Fassung steuerbar ist. ③ Sinkt nach dem 30. Juni 2021 die wirtschaftliche Beteiligung im Sinne des § 1 Absatz 3a unter 90 vom Hundert, findet Satz 1 auf spätere Erwerbsvorgänge keine Anwendung.

(23)[1] Bei der Anwendung des § 1 Absatz 2b bleiben Übergänge von Anteilen der Gesellschaft, die vor dem 1. Juli 2021 erfolgen, unberücksichtigt.

(24)[1,2] § 5 Absatz 3 Satz 1, § 6 Absatz 3 Satz 2 und Absatz 4 und § 7 Absatz 3 in der am 1. Juli 2021 geltenden Fassung sind nicht anzuwenden, wenn die in § 5 Absatz 3, § 6 Absatz 3 Satz 2 oder Absatz 4 oder § 7 Absatz 3 in der am 30. Juni 2021 geltenden Fassung geregelte Frist vor dem 1. Juli 2021 abgelaufen war.

(25)[3] ① § 1 Absatz 4a ist erstmals auf Erwerbsvorgänge nach § 1 Absatz 2a bis 3a anzuwenden, die nach dem 5. Dezember 2024 verwirklicht werden. ② Bei der Anwendung des § 1 Absatz 4a sind auch Erwerbsvorgänge nach § 1 Absatz 1 und 2 zu berücksichtigen, die vor dem 6. Dezember 2024 verwirklicht wurden.

(26)[3] § 4 Nummer 7 in der Fassung des Artikels 33 des Gesetzes vom 2. Dezember 2024 (BGBl. 2024 I Nr. 387) ist auf Erwerbsvorgänge anzuwenden, die nach dem 30. Juni 2021 verwirklicht werden.

(27)[3] § 5 Absatz 3 Satz 1, § 6 Absatz 3 Satz 2 und § 19 Absatz 2 Nummer 4 in der bis zum 31. Dezember 2026 geltenden Fassung sind bis zum Ablauf der in § 5 Absatz 3 Satz 1 und § 6 Absatz 3 Satz 2 genannten Fristen für verwirklichte Übergänge nach § 5 Absatz 1 und 2 und § 6 Absatz 3 Satz 1 in der bis zum 31. Dezember 2026 geltenden Fassung mit der Maßgabe weiter anzuwenden, dass anstelle des Vermögens der Gesamthand das Gesellschaftsvermögen tritt.

§ 24[4] Rechtsfähige Personengesellschaften

Rechtsfähige Personengesellschaften (§ 14a Absatz 2 Nummer 2 der Abgabenordnung)[5] gelten für Zwecke der Grunderwerbsteuer als Gesamthand und deren Vermögen als Gesamthandsvermögen.

§§ 25 bis 27 *(weggefallen)*

§ 28 (Inkrafttreten)

---

[1] § 23 Abs. 18 bis 24 angefügt durch Gesetz vom 12. 5. 2021 (BGBl. I S. 986).
[2] § 23 Abs. 24 geändert durch JStG 2022 mWv 1. 7. 2021.
[3] § 23 Abs. 25 bis 27 angefügt durch JStG 2024.
[4] § 24 eingefügt **mWv 1. 1. 2024** durch Art. 29 Gesetz vom 22. 12. 2023 (BGBl. I Nr. 411) und wieder aufgehoben **mWv 1. 1. 2027** durch Art. 30 desselben Gesetzes.
[5] Abgedruckt bei § 2a ErbStG.

Geschlossene Wiedergabe

Grundsteuergesetz (GrStG)[1]

Vom 7. August 1973 (BGBl. I S. 965)

BGBl. III/FNA 611-7

Änderungen des Gesetzes

Lfd. Nr.	Änderndes Gesetz	Datum	BGBl. I (BStBl. I) Seite	Geänderte Paragraphen	Art der Änderung
1.	Einführungsgesetz zur Abgabenordnung	14. 12. 1976	3341 (694)	§ 4 Nr. 6, § 16 Abs. 3, § 17 Abs. 2, § 20 Abs. 1 Nr. 2	geändert
2.	Einigungsvertrag	31. 8. 1990	BGBl. II S. 889, 986 (654, 677)	§ 3 Abs. 1 Nr. 2, § 13 Abs. 2, § 38 §§ 40–46	geändert eingefügt
3.	Standortsicherungsgesetz [Art. 12]	13. 9. 1993	1569 (749)	§ 3 Abs. 1 Nr. 5, Satz 2 § 3 Abs. 1 Nr. 6, § 38 Satz 2	geändert eingefügt
4.	Eisenbahnneuordnungsgesetz [Art. 6 Abs. 56]	27. 12. 1993	2378 (1994, 138)	§ 3 Abs. 1 Nr. 2, § 38 § 13 Abs. 2	geändert aufgehoben
5.	Postneuordnungsgesetz [Art. 12 Abs. 43]	14. 9. 1994	2325 (1995, 256)	§ 3 Abs. 1 Nr. 1 a, § 38 Satz 3	eingefügt
6.	Gesetz zur Fortsetzung der Unternehmenssteuerreform	29. 10. 1997	2590 (928)	§ 26	geändert
7.	Gesetz zur Änderung des Einführungsgesetzes zur Insolvenzordnung und anderer Gesetze [Art. 9 Nr. 5]	19. 12. 1998	3836 (1999, 118)	§ 11 Abs. 2	geändert
8.	Steuerbereinigungsgesetz 1999 [Art. 11]	22. 12. 1999	2601 (2000, 13)	§ 3 Abs. 3, § 4 Nr. 3 Buchst. b, § 36 Abs. 1 Satz 1, § 38 § 3 Abs. 1 Satz 1 Nr. 1 a, § 35, § 37 Abs. 1 Satz 2 und Abs. 4, § 39	geändert aufgehoben
9.	Steuer-Euroglättungsgesetz (StEuglG) [Art. 21]	19. 12. 2000	1790 (2001, 3)	§ 15 Abs. 2 Nr. 1, § 22 Abs. 2, § 23 Abs. 2, § 28 Abs. 2, § 38, § 42 Abs. 2 und Abs. 3 Satz 2	geändert
10.	Gesetz zur Umbenennung des Bundesgrenzschutzes in Bundespolizei	21. 6. 2005	1818	§ 5 Abs. 1 Nr. 1	geändert
11.	ÖPP-Beschleunigungsgesetz [Art. 10]	1. 9. 2005	2676 (870)	§ 3 Abs. 1 Satz 3	eingefügt
12.	Jahressteuergesetz 2009 [Art. 38]	19. 12. 2008	2794 (2009, 74)	§ 33 Abs. 1, § 38	geändert
13.	Grundsteuer-Reformgesetz (GrStRefG) [Art. 3]	26. 11. 2019	1794 (1319)	§ 2, § 10 Abs. 1, § 13, § 14, § 15, § 16 Abs. 1 Satz 1, § 17 Abs. 1, § 18 Abs. 1, § 20 Abs. 1 Nr. 1, Abs. 2 Nr. 1, § 22, § 23, § 33, § 36, § 37 Abs. 1 § 19 Abs. 2, § 34, neuer § 37 Abs. 2, § 38 § 10 Abs. 2, § 37, Abschnitt VI (§§ 40–46) § 10 Abs. 3 wird Abs. 2, § 34 wird § 35, § 38 wird § 37	geändert eingefügt aufgehoben
14.	G zur Änderung des GrStG zur Mobilisierung von baureifen Grundstücken zur Bebauung [Art. 1]	30. 11. 2019	1875 (1368)	§ 25 Abs. 4 § 25 Abs. 5, § 37 Abs. 3	geändert eingefügt
15.	Jahressteuergesetz 2020 [Art. 31]	21. 12. 2020	3096 (6)	§ 2 Nr. 1, § 17 Abs. 2 Nr. 1, § 18 Abs. 2 und Abs. 3 Satz 2 Nr. 1 § 36 Abs. 3	geändert eingefügt
16.	Grundsteuerreform-Umsetzungsgesetz (GrStRefUG) [Art. 3]	16. 7. 2021	2931 (1451)	§ 15 Abs. 1 Nr. 2 Buchst. a, Abs. 2 Nrn. 1 u. 2, § 19 Abs. 2 § 15 Abs. 3 § 15 Abs. 2 Satz 2	geändert neugefasst eingefügt

[1] Das GrStG ist als Art. 1 des Gesetzes zur Reform des Grundsteuerrechts verkündet worden.

Lfd. Nr.	Änderndes Gesetz	Datum	BGBl. I (BStBl. I) Seite	Geänderte Paragraphen	Art der Änderung
17.	Jahressteuergesetz 2022 [Art. 21]	16. 12. 2022	2294 (2023, 7)	§ 4 Nr. 6, § 15 Abs. 2 Satz 1 Nr. 2, Abs. 4 Satz 1 Nr. 3, § 19 Abs. 1 Satz 1, § 33 Abs. 1 Satz 3 § 15 Abs. 6, § 19 Abs. 3 § 15 Abs. 4 Sätze 2 und 3	geändert eingefügt aufgehoben
18.	Viertes Bürokratieentlastungsgesetz [Art. 34]	23. 10. 2024	Nr. 323 (1421)	§ 19 Abs. 3 § 19 Abs. 1 Satz 2, Abs. 2 Satz 2	geändert aufgehoben
19.	Jahressteuergesetz 2024 [Art. 32]	2. 12. 2024	Nr. 387 (1484)	§ 36 Abs. 3 Satz 3	eingefügt

Inhaltsübersicht

Abschnitt I. Steuerpflicht

§ 1 Heberecht
§ 2 Steuergegenstand
§ 3 Steuerbefreiung für Grundbesitz bestimmter Rechtsträger
§ 4 Sonstige Steuerbefreiungen
§ 5 Zu Wohnzwecken benutzter Grundbesitz
§ 6 Land- und forstwirtschaftlich genutzter Grundbesitz
§ 7 Unmittelbare Benutzung für einen steuerbegünstigten Zweck
§ 8 Teilweise Benutzung für einen steuerbegünstigten Zweck
§ 9 Stichtag für die Festsetzung der Grundsteuer; Entstehung der Steuer
§ 10 Steuerschuldner
§ 11 Persönliche Haftung
§ 12 Dingliche Haftung

Abschnitt II. Bemessung der Grundsteuer

§ 13 Steuermeßzahl und Steuermeßbetrag
§ 14 Steuermeßzahl für Betriebe der Land- und Forstwirtschaft
§ 15 Steuermeßzahl für Grundstücke
§ 16 Hauptveranlagung
§ 17 Neuveranlagung
§ 18 Nachveranlagung
§ 19 Anzeigepflicht
§ 20 Aufhebung des Steuermeßbetrags
§ 21 Änderung von Steuermeßbescheiden
§ 22 Zerlegung des Steuermeßbetrags
§ 23 Zerlegungsstichtag
§ 24 Ersatz der Zerlegung durch Steuerausgleich

Abschnitt III. Festsetzung und Entrichtung der Grundsteuer

§ 25 Festsetzung des Hebesatzes
§ 26 Koppelungsvorschriften und Höchsthebesätze
§ 27 Festsetzung der Grundsteuer
§ 28 Fälligkeit
§ 29 Vorauszahlungen
§ 30 Abrechnung über die Vorauszahlungen
§ 31 Nachentrichtung der Steuer

Abschnitt IV. Erlaß der Grundsteuer

§ 32 Erlaß für Kulturgut und Grünanlagen
§ 33 Erlass wegen wesentlicher Reinertragsminderung bei Betrieben der Land- und Forstwirtschaft
§ 34 Erlass wegen wesentlicher Ertragsminderung bei bebauten Grundstücken
§ 35 Verfahren

Abschnitt V. Übergangs- und Schlussvorschriften

§ 36 Sondervorschriften für die Hauptveranlagung 2025
§ 37 Anwendung des Gesetzes
§ 38 Bekanntmachung

Abschnitt I. Steuerpflicht

§ 1 Heberecht

(1) Die Gemeinde bestimmt, ob von dem in ihrem Gebiet liegenden Grundbesitz Grundsteuer zu erheben ist.

(2) Bestehen in einem Land keine Gemeinden, so stehen das Recht des Absatzes 1 und die in diesem Gesetz bestimmten weiteren Rechte dem Land zu.

(3) Für den in gemeindefreien Gebieten liegenden Grundbesitz bestimmt die Landesregierung durch Rechtsverordnung, wer die nach diesem Gesetz den Gemeinden zustehenden Befugnisse ausübt.

§ 2[1] Steuergegenstand

Steuergegenstand ist der inländische Grundbesitz im Sinne des Bewertungsgesetzes:

1. die Betriebe der Land- und Forstwirtschaft (§§ 232 bis 234, 240 des Bewertungsgesetzes); diesen stehen die in § 218 Satz 2 des Bewertungsgesetzes bezeichneten Betriebsgrundstücke gleich;
2. die Grundstücke (§§ 243, 244 des Bewertungsgesetzes); diesen stehen die in § 218 Satz 3 des Bewertungsgesetzes bezeichneten Betriebsgrundstücke gleich.

[1] § 2 neugefasst durch Art. 3 GrStRefG mWv Kj. 2025; Nr. 1 Paragraphenangabe geändert durch JStG 2020.

§ 3 Steuerbefreiung für Grundbesitz bestimmter Rechtsträger

(1) ① Von der Grundsteuer sind befreit

1. Grundbesitz, der von einer inländischen juristischen Person des öffentlichen Rechts für einen öffentlichen Dienst oder Gebrauch benutzt wird. ② Ausgenommen ist der Grundbesitz, der von Berufsvertretungen und Berufsverbänden sowie von Kassenärztlichen Vereinigungen und Kassenärztlichen Bundesvereinigungen benutzt wird;

1 a.[1] *(aufgehoben)*

2.[2] Grundbesitz, der vom Bundeseisenbahnvermögen für Verwaltungszwecke benutzt wird;

3. Grundbesitz, der von
   a) einer inländischen juristischen Person des öffentlichen Rechts,
   b) einer inländischen Körperschaft, Personenvereinigung oder Vermögensmasse, die nach der Satzung, dem Stiftungsgeschäft oder der sonstigen Verfassung und nach ihrer tatsächlichen Geschäftsführung ausschließlich und unmittelbar gemeinnützigen oder mildtätigen Zwecken dient,

   für gemeinnützige oder mildtätige Zwecke benutzt wird;

4. Grundbesitz, der von einer Religionsgesellschaft, die Körperschaft des öffentlichen Rechts ist, einem ihrer Orden, einer ihrer religiösen Genossenschaften oder einem ihrer Verbände für Zwecke der religiösen Unterweisung, der Wissenschaft, des Unterrichts, der Erziehung oder für Zwecke der eigenen Verwaltung benutzt wird. ② Den Religionsgesellschaften stehen die jüdischen Kultusgemeinden gleich, die nicht Körperschaften des öffentlichen Rechts sind;

5.[3] Dienstwohnungen der Geistlichen und Kirchendiener der Religionsgesellschaften, die Körperschaften des öffentlichen Rechts sind, und der jüdischen Kultusgemeinden. ② § 5 ist insoweit nicht anzuwenden;

6.[3] Grundbesitz der Religionsgesellschaften, die Körperschaften des öffentlichen Rechts sind, und der jüdischen Kultusgemeinden, der am 1. Januar 1987 und im Veranlagungszeitpunkt zu einem nach Kirchenrecht gesonderten Vermögen, insbesondere einem Stellenfonds gehört, dessen Erträge ausschließlich für die Besoldung und Versorgung der Geistlichen und Kirchendiener sowie ihrer Hinterbliebenen bestimmt sind. ② Ist in dem in Artikel 3 des Einigungsvertrages genannten Gebiet die Zugehörigkeit des Grundbesitzes zu einem gesonderten Vermögen im Sinne des Satzes 1 am 1. Januar 1987 nicht gegeben, reicht es insoweit aus, daß der Grundbesitz zu einem Zeitpunkt vor dem 1. Januar 1987 zu einem gesonderten Vermögen im Sinne des Satzes 1 gehörte. ③ Die §§ 5 und 6 sind insoweit nicht anzuwenden.

② Der Grundbesitz muß ausschließlich demjenigen, der ihn für die begünstigten Zwecke benutzt, oder einem anderen nach den Nummern 1 bis 6[3] begünstigten Rechtsträger zuzurechnen sein. ③ Satz 2 gilt nicht, wenn der Grundbesitz von einem nicht begünstigten Rechtsträger im Rahmen einer Öffentlich Privaten Partnerschaft einer juristischen Person des öffentlichen Rechts für einen öffentlichen Dienst oder Gebrauch überlassen wird und die Übertragung auf den Nutzer am Ende des Vertragszeitraums vereinbart ist.[4]

(2) ① Öffentlicher Dienst oder Gebrauch im Sinne dieses Gesetzes ist die hoheitliche Tätigkeit oder der bestimmungsgemäße Gebrauch durch die Allgemeinheit. ② Ein Entgelt für den Gebrauch durch die Allgemeinheit darf nicht in der Absicht, Gewinn zu erzielen, gefordert werden.

(3)[5] Öffentlicher Dienst oder Gebrauch im Sinne dieses Gesetzes ist nicht anzunehmen bei Betrieben gewerblicher Art von juristischen Personen des öffentlichen Rechts im Sinne des Körperschaftsteuergesetzes.

§ 4 Sonstige Steuerbefreiungen

Soweit sich nicht bereits eine Befreiung nach § 3 ergibt, sind von der Grundsteuer befreit

1. Grundbesitz, der dem Gottesdienst einer Religionsgesellschaft, die Körperschaft des öffentlichen Rechts ist, oder einer jüdischen Kultusgemeinde gewidmet ist;

2. Bestattungsplätze;

3. a) die dem öffentlichen Verkehr dienenden Straßen, Wege, Plätze, Wasserstraßen, Häfen und Schienenwege sowie die Grundflächen mit den diesem Verkehr unmittelbar dienenden Bauwerken und Einrichtungen, zum Beispiel Brücken, Schleuseneinrichtungen, Signalstationen, Stellwerke, Blockstellen;
   b)[6] auf Verkehrsflughäfen und Verkehrslandeplätzen alle Flächen, die unmittelbar zur Gewährleistung eines ordnungsgemäßen Flugbetriebes notwendig sind und von Hochbauten und

---

[1] § 3 Abs. 1 Nr. 1 a aufgehoben durch Steuerbereinigungsgesetz 1999.

[2] § 3 Abs. 1 Nr. 2 geändert durch Einigungsvertrag vom 31. 8. 1990 (BGBl. II S. 889, 986) mWv Kj. 1991 und durch Gesetz vom 27. 12. 1993 (BGBl. I S. 2378) mWv Kj. 1994.

[3] § 3 Abs. 1 Nr. 5 neugefasst, Nr. 6 angefügt, Satz 2 geändert durch Gesetz vom 13. 9. 1993 (BGBl. I S. 1569) mWv Kj. 1993.

[4] § 3 Abs. 1 Satz 3 angefügt durch Gesetz vom 1. 9. 2005 (BGBl. I S. 2676), in Kraft getreten am 8. 9. 2005.

[5] § 3 Abs. 3 geändert durch Steuerbereinigungsgesetz 1999 mWv Kj. 2000.

[6] § 4 Nr. 3 Buchst. b neugefasst durch Steuerbereinigungsgesetz 1999 mWv Kj. 2000.

sonstigen Luftfahrthindernissen freigehalten werden müssen, die Grundflächen mit den Bauwerken und Einrichtungen, die unmittelbar diesem Betrieb dienen, sowie die Grundflächen ortsfester Flugsicherungsanlagen einschließlich der Flächen, die für einen einwandfreien Betrieb dieser Anlagen erforderlich sind;

c) die fließenden Gewässer und die ihren Abfluß regelnden Sammelbecken, soweit sie nicht unter Buchstabe a fallen;

4. die Grundflächen mit den im Interesse der Ordnung und Verbesserung der Wasser- und Bodenverhältnisse unterhaltenen Einrichtungen der öffentlich-rechtlichen Wasser- und Bodenverbände und die im öffentlichen Interesse staatlich unter Schau gestellten Privatdeiche;
5. Grundbesitz, der für Zwecke der Wissenschaft, des Unterrichts oder der Erziehung benutzt wird, wenn durch die Landesregierung oder die von ihr beauftragte Stelle anerkannt ist, daß der Benutzungszweck im Rahmen der öffentlichen Aufgaben liegt. ② Der Grundbesitz muß ausschließlich demjenigen, der ihn benutzt, oder einer juristischen Person des öffentlichen Rechts zuzurechnen sein;
6.[1] Grundbesitz, der für die Zwecke eines Krankenhauses benutzt wird, wenn das Krankenhaus in dem Kalenderjahr, das dem Veranlagungszeitpunkt (§ 16 Absatz 1, § 17 Absatz 3, § 18 Absatz 3) vorangeht, die Voraussetzungen des § 67 Abs. 1 oder 2 der Abgabenordnung erfüllt hat. ② Der Grundbesitz muß ausschließlich demjenigen, der ihn benutzt, oder einer juristischen Person des öffentlichen Rechts zuzurechnen sein.

§ 5 Zu Wohnzwecken benutzter Grundbesitz

(1) Dient Grundbesitz, der für steuerbegünstigte Zwecke (§§ 3 und 4) benutzt wird, zugleich Wohnzwecken, gilt die Befreiung nur für

1. Gemeinschaftsunterkünfte der Bundeswehr, der ausländischen Streitkräfte, der internationalen militärischen Hauptquartiere, der Bundespolizei,[2] der Polizei und des sonstigen Schutzdienstes des Bundes und der Gebietskörperschaften sowie ihrer Zusammenschlüsse;
2. Wohnräume in Schülerheimen, Ausbildungs- und Erziehungsheimen sowie Prediger- und Priesterseminaren, wenn die Unterbringung in ihnen für die Zwecke des Unterrichts, der Ausbildung oder der Erziehung erforderlich ist. ② Wird das Heim oder Seminar nicht von einem der nach § 3 Abs. 1 Nr. 1, 3 oder 4 begünstigten Rechtsträger unterhalten, so bedarf es einer Anerkennung der Landesregierung oder der von ihr beauftragten Stelle, daß die Unterhaltung des Heims oder Seminars im Rahmen der öffentlichen Aufgaben liegt;
3. Wohnräume, wenn der steuerbegünstigte Zweck im Sinne des § 3 Abs. 1 Nr. 1, 3 oder 4 nur durch ihre Überlassung erreicht werden kann;
4. Räume, in denen sich Personen für die Erfüllung der steuerbegünstigten Zwecke ständig bereithalten müssen (Bereitschaftsräume), wenn sie nicht zugleich die Wohnung des Inhabers darstellen.

(2) Wohnungen sind stets steuerpflichtig, auch wenn die Voraussetzungen des Absatzes 1 vorliegen.

§ 6 Land- und forstwirtschaftlich genutzter Grundbesitz

Wird Grundbesitz, der für steuerbegünstigte Zwecke (§§ 3 und 4) benutzt wird, zugleich land- und forstwirtschaftlich genutzt, so gilt die Befreiung nur für

1. Grundbesitz, der Lehr- oder Versuchszwecken dient;
2. Grundbesitz, der von der Bundeswehr, den ausländischen Streitkräften, den internationalen militärischen Hauptquartieren oder den in § 5 Abs. 1 Nr. 1 bezeichneten Schutzdiensten als Übungsplatz oder Flugplatz benutzt wird;
3. Grundbesitz, der unter § 4 Nr. 1 bis 4 fällt.

§ 7 Unmittelbare Benutzung für einen steuerbegünstigten Zweck

① Die Befreiung nach den §§ 3 und 4 tritt nur ein, wenn der Steuergegenstand für den steuerbegünstigten Zweck unmittelbar benutzt wird. ② Unmittelbare Benutzung liegt vor, sobald der Steuergegenstand für den steuerbegünstigten Zweck hergerichtet wird.

§ 8 Teilweise Benutzung für einen steuerbegünstigten Zweck

(1) Wird ein räumlich abgegrenzter Teil des Steuergegenstandes für steuerbegünstigte Zwecke (§§ 3 und 4) benutzt, so ist nur dieser Teil des Steuergegenstandes steuerfrei.

(2) Dient der Steuergegenstand oder ein Teil des Steuergegenstandes (Absatz 1) sowohl steuerbegünstigten Zwecken (§§ 3 und 4) als auch anderen Zwecken, ohne daß eine räumliche Abgren-

---

[1] § 4 Nr. 6 neugefasst durch Gesetz vom 14. 12. 1976 (BGBl. I S. 3341); Nr. 6 Satz 1 geändert (eigentlich berichtigt) durch JStG 2022.

[2] § 5 Abs. 1 Nr. 1 geändert durch Gesetz vom 21. 6. 2005 (BGBl. I S. 1818).

zung für die verschiedenen Zwecke möglich ist, so ist der Steuergegenstand oder der Teil des Steuergegenstandes nur befreit, wenn die steuerbegünstigten Zwecke überwiegen.

§ 9 Stichtag für die Festsetzung der Grundsteuer; Entstehung der Steuer

(1) Die Grundsteuer wird nach den Verhältnissen zu Beginn des Kalenderjahres festgesetzt.

(2) Die Steuer entsteht mit dem Beginn des Kalenderjahres, für das die Steuer festzusetzen ist.

§ 10[1] Steuerschuldner

(1) Schuldner der Grundsteuer ist derjenige, dem der Steuergegenstand bei der Feststellung des Grundsteuerwerts zugerechnet ist.

(2) Ist der Steuergegenstand mehreren Personen zugerechnet, so sind sie Gesamtschuldner.

§ 11 Persönliche Haftung

(1) Neben dem Steuerschuldner haften die Nießbraucher des Steuergegenstandes und derjenige, dem ein dem Nießbrauch ähnliches Recht zusteht.

(2)[2] ① Wird ein Steuergegenstand ganz oder zu einem Teil einer anderen Person übereignet, so haftet der Erwerber neben dem früheren Eigentümer für die auf den Steuergegenstand oder Teil des Steuergegenstandes entfallende Grundsteuer, die für die Zeit seit dem Beginn des letzten vor der Übereignung liegenden Kalenderjahres zu entrichten ist. ② Das gilt nicht für Erwerbe aus einer Insolvenzmasse und für Erwerbe im Vollstreckungsverfahren.

§ 12 Dingliche Haftung

Die Grundsteuer ruht auf dem Steuergegenstand als öffentliche Last.

Abschnitt II. Bemessung der Grundsteuer

§ 13[3] Steuermesszahl und Steuermessbetrag

① Bei der Berechnung der Grundsteuer ist von einem Steuermessbetrag auszugehen. ② Dieser ist durch Anwendung eines Promillesatzes (Steuermesszahl) auf den Grundsteuerwert oder seinen steuerpflichtigen Teil zu ermitteln, der nach dem Bewertungsgesetz im Veranlagungszeitpunkt (§ 16 Absatz 1, § 17 Absatz 3, § 18 Absatz 3) für den Steuergegenstand maßgebend ist.

§ 14[4] Steuermeßzahl für Betriebe der Land- und Forstwirtschaft

Für Betriebe der Land- und Forstwirtschaft beträgt die Steuermeßzahl 0,55 Promille.

§ 15[5] Steuermesszahl für Grundstücke

(1)[6] Die Steuermesszahl beträgt

1. für unbebaute Grundstücke im Sinne des § 246 des Bewertungsgesetzes 0,34 Promille,
2. für bebaute Grundstücke
   a) im Sinne des § 249 Absatz 1 Nummer 1 bis 4 des Bewertungsgesetzes 0,31 Promille,
   b) im Sinne des § 249 Absatz 1 Nummer 5 bis 8 des Bewertungsgesetzes 0,34 Promille.

(2)[6] ① Die Steuermesszahl nach Absatz 1 Nummer 2 Buchstabe a wird um 25 Prozent ermäßigt, wenn

1. für das Grundstück nach § 13 Absatz 3 des Wohnraumförderungsgesetzes vom 13. September 2001 (BGBl. I S. 2376), das zuletzt durch Artikel 3 des Gesetzes vom 2. Oktober 2015 (BGBl. I S. 1610) geändert worden ist, eine Förderzusage erteilt wurde und
2. die sich aus der Förderzusage im Sinne des § 13 Absatz 2 des Wohnraumförderungsgesetzes ergebenden Bindungen im Hauptveranlagungszeitraum innerhalb des Hauptveranlagungszeitraums bestehen.

② Liegen die Voraussetzungen des Satzes 1 für einen Teil der Gebäude oder für Teile eines Gebäudes vor, so ist die Ermäßigung der Steuermesszahl entsprechend anteilig zu gewähren.

(3)[6] Absatz 2 gilt entsprechend für Grundstücke, für die nach dem Ersten Wohnungsbaugesetz vom 24. April 1950 (BGBl. S. 83) in der bis zum 31. Dezember 1987 geltenden Fassung, nach dem Zweiten Wohnungsbaugesetz vom 27. Juni 1956 (BGBl. I S. 523) in der bis zum 31. Dezember

---

[1] § 10 Abs. 1 geändert, Abs. 2 aufgehoben, bish. Abs. 3 wird Abs. 2 durch Art. 3 GrStRefG mWv Kj. 2025.
[2] § 11 Abs. 2 Satz 2 neugefasst durch Gesetz vom 19. 12. 1998 (BGBl. I S. 3836).
[3] § 13 neugefasst durch Art. 3 GrStRefG mWv Kj. 2025.
[4] § 14 Steuermesszahl geändert durch Art. 3 GrStRefG mWv Kj. 2025.
[5] § 15 neugefasst durch Art. 3 GrStRefG mWv Kj. 2025.
[6] § 15 Abs. 1 Nr. 2 Buchst. a, Abs. 2 Nrn. 1 u. 2 geändert, Nr. 2 Satz 2 angefügt und Abs. 3 neugefasst durch GrStRefUG vom 16. 7. 2021 (BGBl. I S. 2931) mWv 23. 7. 2021; Abs. 2 Satz 1 Nr. 2 geändert durch JStG 2022 mWv 21. 12. 2022.

2001 geltenden Fassung oder nach den Wohnraumförderungsgesetzen der Länder eine Förderzusage erteilt wurde.

(4)[1] Liegen für ein Grundstück weder die Voraussetzungen des Absatzes 2 noch des Absatzes 3 vor, wird die Steuermesszahl nach Absatz 1 Nummer 2 Buchstabe a um 25 Prozent ermäßigt, wenn das jeweilige Grundstück

1. einer Wohnungsbaugesellschaft zugerechnet wird, deren Anteile mehrheitlich von einer oder mehreren Gebietskörperschaften gehalten werden und zwischen der Wohnungsbaugesellschaft und der Gebietskörperschaft oder den Gebietskörperschaften ein Gewinnabführungsvertrag besteht,
2. einer Wohnungsbaugesellschaft zugerechnet wird, die als gemeinnützig im Sinne des § 52 der Abgabenordnung anerkannt ist, oder
3. einer Genossenschaft oder einem Verein zugerechnet wird, für deren oder dessen Tätigkeit eine Steuerbefreiung nach § 5 Absatz 1 Nummer 10 des Körperschaftsteuergesetzes besteht und soweit der Grundbesitz der begünstigten Tätigkeit zuzuordnen ist.

(5) ① Die Steuermesszahl nach Absatz 1 Nummer 2 wird für bebaute Grundstücke um 10 Prozent ermäßigt, wenn sich auf dem Grundstück Gebäude befinden, die Baudenkmäler im Sinne des jeweiligen Landesdenkmalschutzgesetzes sind. ② Stehen auf einem Grundstück nur ein Teil der Gebäude oder nur Teile eines Gebäudes im Sinne des jeweiligen Landesdenkmalschutzgesetzes unter Denkmalschutz, so ist die Ermäßigung der Steuermesszahl entsprechend anteilig zu gewähren.

(6)[2] ① Der Abschlag auf die Steuermesszahl nach den Absätzen 2 bis 5 wird auf Antrag zunächst für jeden Erhebungszeitraum innerhalb des Hauptveranlagungszeitraums gewährt, wenn nachgewiesen wird, dass die jeweiligen Voraussetzungen zum Hauptveranlagungszeitpunkt vorliegen. ② Treten die Voraussetzungen der Absätze 2 bis 5 erst im Laufe des Hauptveranlagungszeitraums ein und liegen sie zu Beginn des Erhebungszeitraums vor, wird der Steuermessbetrag auf Antrag nach § 17 Absatz 2 Nummer 1 neu veranlagt. ③ Entfallen die Voraussetzungen der Absätze 2 bis 5, ist dies nach § 19 Absatz 2 anzuzeigen und ist der Steuermessbetrag nach § 17 Absatz 2 Nummer 1 neu zu veranlagen oder nach § 21 zu ändern. ④ Der Antrag auf eine Ermäßigung der Steuermesszahl nach den Absätzen 2 bis 5 kann durch eine entsprechende Angabe in einer Erklärung nach § 228 Absatz 1 des Bewertungsgesetzes erfolgen.

§ 16 Hauptveranlagung

(1)[3] ① Die Steuermeßbeträge werden auf den Hauptfeststellungszeitpunkt (§ 221 Absatz 2 des Bewertungsgesetzes) allgemein festgesetzt (Hauptveranlagung). ② Dieser Zeitpunkt ist der Hauptveranlagungszeitpunkt.

(2) ① Der bei der Hauptveranlagung festgesetzte Steuermeßbetrag gilt vorbehaltlich der §§ 17 und 20 von dem Kalenderjahr an, das zwei Jahre nach dem Hauptveranlagungszeitpunkt beginnt. ② Dieser Steuermeßbetrag bleibt unbeschadet der §§ 17 und 20 bis zu dem Zeitpunkt maßgebend, von dem an die Steuermeßbeträge der nächsten Hauptveranlagung wirksam werden. ③ Der sich nach den Sätzen 1 und 2 ergebende Zeitraum ist der Hauptveranlagungszeitraum.

(3)[4] Ist die Festsetzungsfrist (§ 169 der Abgabenordnung) bereits abgelaufen, so kann die Hauptveranlagung unter Zugrundelegung der Verhältnisse vom Hauptveranlagungszeitpunkt mit Wirkung für einen späteren Veranlagungszeitpunkt vorgenommen werden, für den diese Frist noch nicht abgelaufen ist.

§ 17 Neuveranlagung

(1)[5] Wird eine Wertfortschreibung (§ 222 Absatz 1 des Bewertungsgesetzes) oder eine Artfortschreibung oder Zurechnungsfortschreibung (§ 222 Absatz 2 des Bewertungsgesetzes) durchgeführt, so wird der Steuermeßbetrag auf den Fortschreibungszeitpunkt neu festgesetzt (Neuveranlagung).

(2)[6] Der Steuermeßbetrag wird auch dann neu festgesetzt, wenn dem Finanzamt bekannt wird, daß

1. Gründe, die im Feststellungsverfahren über den Grundsteuerwert nicht zu berücksichtigen sind, zu einem anderen als dem für den letzten Veranlagungszeitpunkt festgesetzten Steuermeßbetrag führen oder
2. die letzte Veranlagung fehlerhaft ist; § 176 der Abgabenordnung ist hierbei entsprechend anzuwenden; das gilt jedoch nur für Veranlagungszeitpunkte, die vor der Verkündung der maßgeblichen Entscheidung eines obersten Gerichts des Bundes liegen.

[1] § 15 Abs. 4 Satz 1 Nr. 3 neugefasst, Sätze 2 und 3 aufgehoben durch JStG 2022 mWv 21. 12. 2022.
[2] § 15 Abs. 6 angefügt durch JStG 2022 mWv 21. 12. 2022.
[3] § 16 Abs. 1 geändert durch Art. 3 GrStRefG mWv Kj. 2025.
[4] § 16 Abs. 3 neugefasst durch Gesetz vom 14. 12. 1976 (BGBl. I S. 3341).
[5] § 17 Abs. 1 geändert durch Art. 3 GrStRefG mWv Kj. 2025.
[6] § 17 Abs. 2 Nr. 2 neugefasst, Satz 2 aufgehoben durch Gesetz vom 14. 12. 1976 (BGBl. I S. 3341); Nr. 1 geändert durch JStG 2020 mWv Kj. 2025.

(3) ① Der Neuveranlagung werden die Verhältnisse im Neuveranlagungszeitpunkt zugrunde gelegt. ② Neuveranlagungszeitpunkt ist

1. in den Fällen des Absatzes 1 der Beginn des Kalenderjahres, auf den die Fortschreibung durchgeführt wird;
2. in den Fällen des Absatzes 2 Nr. 1 der Beginn des Kalenderjahres, auf den sich erstmals ein abweichender Steuermeßbetrag ergibt. ② § 16 Abs. 3 ist entsprechend anzuwenden;
3. in den Fällen des Absatzes 2 Nr. 2 der Beginn des Kalenderjahres, in dem der Fehler dem Finanzamt bekannt wird, bei einer Erhöhung des Steuermeßbetrags jedoch frühestens der Beginn des Kalenderjahres, in dem der Steuermeßbescheid erteilt wird.

(4) Treten die Voraussetzungen für eine Neuveranlagung während des Zeitraums zwischen dem Hauptveranlagungszeitpunkt und dem Zeitpunkt des Wirksamwerdens der Steuermeßbeträge (§ 16 Abs. 2) ein, so wird die Neuveranlagung auf den Zeitpunkt des Wirksamwerdens der Steuermeßbeträge vorgenommen.

§ 18 Nachveranlagung

(1)[1] Wird eine Nachfeststellung (§ 223 Absatz 1 des Bewertungsgesetzes) durchgeführt, so wird der Steuermeßbetrag auf den Nachfeststellungszeitpunkt nachträglich festgesetzt (Nachveranlagung).

(2)[2] Der Steuermeßbetrag wird auch dann nachträglich festgesetzt, wenn der Grund für die Befreiung des Steuergegenstandes von der Grundsteuer wegfällt, der für die Berechnung der Grundsteuer maßgebende Grundsteuerwert (§ 13 Abs. 1) aber bereits festgestellt ist.

(3)[2] ① Der Nachveranlagung werden die Verhältnisse im Nachveranlagungszeitpunkt zugrunde gelegt. ② Nachveranlagungszeitpunkt ist

1. in den Fällen des Absatzes 1 der Beginn des Kalenderjahres, auf den der Grundsteuerwert nachträglich festgestellt wird;
2. in den Fällen des Absatzes 2 der Beginn des Kalenderjahres, der auf den Wegfall des Befreiungsgrundes folgt. ② § 16 Abs. 3 ist entsprechend anzuwenden.

(4) Treten die Voraussetzungen für eine Nachveranlagung während des Zeitraums zwischen dem Hauptveranlagungszeitpunkt und dem Zeitpunkt des Wirksamwerdens der Steuermeßbeträge (§ 16 Abs. 2) ein, so wird die Nachveranlagung auf den Zeitpunkt des Wirksamwerdens der Steuermeßbeträge vorgenommen.

§ 19 Anzeigepflicht

(1)[3] Jede Änderung in der Nutzung oder in den Eigentumsverhältnissen eines ganz oder teilweise von der Grundsteuer befreiten Steuergegenstandes, die zu einer Änderung oder zum Wegfall der Steuerbefreiung führen kann, hat derjenige anzuzeigen, der nach § 10 als Steuerschuldner in Betracht kommt.

(2)[4, 5] Den Wegfall der Voraussetzungen für die ermäßigte Steuermesszahl nach § 15 Absatz 2 bis 5 hat derjenige anzuzeigen, der nach § 10 als Steuerschuldner in Betracht kommt.

(3)[6] ① Die Anzeigen nach den Absätzen 1 und 2 sind Steuererklärungen im Sinne der Abgabenordnung, die den Finanzbehörden nach amtlich vorgeschriebenem Datensatz über die amtlich bestimmte Schnittstelle elektronisch zu übermitteln sind. ② Die Anzeigen sind bei dem für die Festsetzung des Steuermessbetrags zuständigen Finanzamt bis zum 31. März des Jahres zu erstatten, das auf das Kalenderjahr der Änderung nach Absatz 1 oder das Kalenderjahr des Wegfalls der Voraussetzungen nach Absatz 2 folgt. ③ Auf Antrag kann die zuständige Finanzbehörde zur Vermeidung unbilliger Härten auf eine elektronische Übermittlung verzichten; in diesem Fall ist die Anzeige nach amtlich vorgeschriebenem Vordruck abzugeben und eigenhändig zu unterschreiben. ④ Für die Entscheidung über den Antrag gilt § 150 Absatz 8 der Abgabenordnung.

§ 20 Aufhebung des Steuermeßbetrags

(1) Der Steuermeßbetrag wird aufgehoben,

1.[7] wenn der Grundsteuerwert aufgehoben wird oder

2.[8] wenn dem Finanzamt bekannt wird, daß
   a) für den ganzen Steuergegenstand ein Befreiungsgrund eingetreten ist

---

[1] § 18 Abs. 1 geändert durch Art. 3 GrStRefG mWv Kj. 2025.

[2] § 18 Abs. 2 und Abs. 3 Satz 2 Nr. 1 geändert durch JStG 2020 mWv Kj. 2025.

[3] § 19 Abs. 1 Satz 1 geändert durch JStG 2022; Abs. 1 Satz 2 aufgehoben durch Gesetz vom 23. 10. 2024 (BGBl. I Nr. 323) mWv 1. 1. 2025.

[4] § 19 Abs. 2 angefügt, bish. Wortlaut wird Abs. 1 durch Art. 3 GrStRefG mWv Kj. 2025.

[5] § 19 Abs. 2 Satz 1 geändert durch GrStRefUG vom 16. 7. 2021 (BGBl. I S. 2931) mWv 23. 7. 2021; Abs. 2 Satz 2 aufgehoben durch Gesetz vom 23. 10. 2024 (BGBl. I Nr. 323) mWv 1. 1. 2025.

[6] § 19 Abs. 3 neugefasst durch Gesetz vom 23. 10. 2024 (BGBl. I Nr. 323) mWv 1. 1. 2025.

[7] § 20 Abs. 1 Nr. 1 und Abs. 2 Nr. 1 geändert durch Art. 3 GrStRefG mWv Kj. 2025.

[8] § 20 Abs. 1 Nr. 2 geändert durch Gesetz vom 14. 12. 1976 (BGBl. I S. 3341).

oder
b) der Steuermeßbetrag fehlerhaft festgesetzt worden ist.

(2) Der Steuermeßbetrag wird aufgehoben

1.[1] in den Fällen des Absatzes 1 Nr. 1 mit Wirkung vom Aufhebungszeitpunkt (§ 224 Absatz 2 des Bewertungsgesetzes) an;
2. in den Fällen des Absatzes 1 Nr. 2 Buchstabe a mit Wirkung vom Beginn des Kalenderjahres an, der auf den Eintritt des Befreiungsgrundes folgt. ② § 16 Abs. 3 ist entsprechend anzuwenden;
3. in den Fällen des Absatzes 1 Nr. 2 Buchstabe b mit Wirkung vom Beginn des Kalenderjahres an, in dem der Fehler dem Finanzamt bekannt wird.

(3) Treten die Voraussetzungen für eine Aufhebung während des Zeitraums zwischen dem Hauptveranlagungszeitpunkt und dem Zeitpunkt des Wirksamwerdens der Steuermeßbeträge (§ 16 Abs. 2) ein, so wird die Aufhebung auf den Zeitpunkt des Wirksamwerdens der Steuermeßbeträge vorgenommen.

§ 21 Änderung von Steuermeßbescheiden

① Bescheide über die Neuveranlagung oder die Nachveranlagung von Steuermeßbeträgen können schon vor dem maßgebenden Veranlagungszeitpunkt erteilt werden. ② Sie sind zu ändern oder aufzuheben, wenn sich bis zu diesem Zeitpunkt Änderungen ergeben, die zu einer abweichenden Festsetzung führen.

§ 22[2] Zerlegung des Steuermessbetrags

(1) Erstreckt sich der Steuergegenstand über mehrere Gemeinden, so ist der Steuermessbetrag vorbehaltlich des § 24 anteilig in die auf die einzelnen Gemeinden entfallenden Anteile zu zerlegen (Zerlegungsanteile).

(2) Zerlegungsmaßstab ist bei Betrieben der Land- und Forstwirtschaft der nach § 239 Absatz 2 des Bewertungsgesetzes ermittelte Gemeindeanteil am Grundsteuerwert des Betriebs der Land- und Forstwirtschaft.

(3) ① Zerlegungsmaßstab ist bei Grundstücken das Verhältnis, in dem die auf die einzelnen Gemeinden entfallenden Flächengrößen zueinander stehen. ② Führt die Zerlegung nach Flächengrößen zu einem offenbar unbilligen Ergebnis, sind die Zerlegungsanteile maßgebend, auf die sich die Gemeinden mit dem Steuerschuldner einigen.

(4) Entfällt auf eine Gemeinde ein Zerlegungsanteil von weniger als 25 Euro, so ist dieser Anteil der Gemeinde zuzuweisen, der nach Absatz 2 oder 3 der größte Zerlegungsanteil zusteht.

§ 23 Zerlegungsstichtag

(1)[3] Der Zerlegung des Steuermeßbetrags werden die Verhältnisse in dem Feststellungszeitpunkt zugrunde gelegt, auf den der für die Festsetzung des Steuermeßbetrags maßgebende Grundsteuerwert festgestellt worden ist.

(2)[3] Ändern sich die Grundlagen für die Zerlegung, ohne daß der Grundsteuerwert fortgeschrieben oder nachträglich festgestellt wird, so sind die Zerlegungsanteile nach dem Stand vom 1. Januar des folgenden Jahres neu zu ermitteln, wenn wenigstens bei einer Gemeinde der neue Anteil um mehr als ein Zehntel, mindestens aber um zehn Euro von ihrem bisherigen Anteil abweicht.

§ 24 Ersatz der Zerlegung durch Steuerausgleich

① Die Landesregierung kann durch Rechtsverordnung bestimmen, daß bei Betrieben der Land- und Forstwirtschaft, die sich über mehrere Gemeinden erstrecken, aus Vereinfachungsgründen an Stelle der Zerlegung ein Steuerausgleich stattfindet. ② Beim Steuerausgleich wird der gesamte Steuermeßbetrag der Gemeinde zugeteilt, in der der wertvollste Teil des Steuergegenstandes liegt (Sitzgemeinde); an dem Steueraufkommen der Sitzgemeinde werden die übrigen Gemeinden beteiligt. ③ Die Beteiligung soll annähernd zu dem Ergebnis führen, das bei einer Zerlegung einträte.

Abschnitt III. Festsetzung und Entrichtung der Grundsteuer

§ 25 Festsetzung des Hebesatzes

(1) Die Gemeinde bestimmt, mit welchem Hundertsatz des Steuermeßbetrags oder des Zerlegungsanteils die Grundsteuer zu erheben ist (Hebesatz).

(2) Der Hebesatz ist für ein oder mehrere Kalenderjahre, höchstens jedoch für den Hauptveranlagungszeitraum der Steuermeßbeträge festzusetzen.

[1] § 20 Abs. 1 Nr. 1 und Abs. 2 Nr. 1 geändert durch Art. 3 GrStRefG mWv Kj. 2025.
[2] § 22 neugefasst durch Art. 3 GrStRefG mWv Kj. 2025.
[3] § 23 Abs. 1 und 2 geändert durch Art. 3 GrStRefG mWv Kj. 2025.

(3) ① Der Beschluß über die Festsetzung oder Änderung des Hebesatzes ist bis zum 30. Juni eines Kalenderjahres mit Wirkung vom Beginn dieses Kalenderjahres zu fassen. ② Nach diesem Zeitpunkt kann der Beschluß über die Festsetzung des Hebesatzes gefaßt werden, wenn der Hebesatz die Höhe der letzten Festsetzung nicht überschreitet.

(4)[1] ① Der Hebesatz muss vorbehaltlich des Absatzes 5 jeweils einheitlich sein

1. für die in einer Gemeinde liegenden Betriebe der Land- und Forstwirtschaft und
2. für die in einer Gemeinde liegenden Grundstücke.

② Werden Gemeindegebiete geändert, so kann die Landesregierung oder die von ihr bestimmte Stelle für die von der Änderung betroffenen Gebietsteile für eine bestimmte Zeit verschiedene Hebesätze zulassen.

(5)[1] ① Die Gemeinde kann aus städtebaulichen Gründen baureife Grundstücke als besondere Grundstücksgruppe innerhalb der unbebauten Grundstücke im Sinne des § 246 des Bewertungsgesetzes bestimmen und abweichend von Absatz 4 Satz 1 Nummer 2 für die Grundstücksgruppe der baureifen Grundstücke einen gesonderten Hebesatz festsetzen. ② Baureife Grundstücke sind unbebaute Grundstücke im Sinne des § 246 des Bewertungsgesetzes, die nach Lage, Form und Größe und ihrem sonstigen tatsächlichen Zustand sowie nach öffentlich-rechtlichen Vorschriften sofort bebaut werden könnten. ③ Eine erforderliche, aber noch nicht erteilte Baugenehmigung sowie zivilrechtliche Gründe, die einer sofortigen Bebauung entgegenstehen, sind unbeachtlich. ④ Als städtebauliche Gründe kommen insbesondere die Deckung eines erhöhten Bedarfs an Wohn- und Arbeitsstätten sowie Gemeinbedarfs- und Folgeeinrichtungen, die Nachverdichtung bestehender Siedlungsstrukturen oder die Stärkung der Innenentwicklung in Betracht. ⑤ Die Gemeinde hat den gesonderten Hebesatz auf einen bestimmten Gemeindeteil zu beschränken, wenn nur für diesen Gemeindeteil die städtebaulichen Gründe vorliegen. ⑥ Der Gemeindeteil muss mindestens 10 Prozent des gesamten Gemeindegebiets umfassen und in dem Gemeindeteil müssen mehrere baureife Grundstücke belegen sein. ⑦ Die genaue Bezeichnung der baureifen Grundstücke, deren Lage sowie das Gemeindegebiet, auf das sich der gesonderte Hebesatz bezieht, sind jeweils nach den Verhältnissen zu Beginn eines Kalenderjahres von der Gemeinde zu bestimmen, in einer Karte nachzuweisen und im Wege einer Allgemeinverfügung öffentlich bekannt zu geben. ⑧ In der Allgemeinverfügung sind die städtebaulichen Erwägungen nachvollziehbar darzulegen und die Wahl des Gemeindegebiets, auf das sich der gesonderte Hebesatz beziehen soll, zu begründen. ⑨ Hat eine Gemeinde die Grundstücksgruppe baureifer Grundstücke bestimmt und für die Grundstücksgruppe der baureifen Grundstücke einen gesonderten Hebesatz festgesetzt, muss dieser Hebesatz für alle in der Gemeinde oder dem Gemeindeteil liegenden baureifen Grundstücke einheitlich und höher als der einheitliche Hebesatz für die übrigen in der Gemeinde liegenden Grundstücke sein.

§ 26[2] Koppelungsvorschriften und Höchsthebesätze

In welchem Verhältnis die Hebesätze für die Grundsteuer der Betriebe der Land- und Forstwirtschaft, für die Grundsteuer der Grundstücke und für die Gewerbesteuer zueinander stehen müssen, welche Höchstsätze nicht überschritten werden dürfen und inwieweit mit Genehmigung der Gemeindeaufsichtsbehörde Ausnahmen zugelassen werden können, bleibt einer landesrechtlichen Regelung vorbehalten.

§ 27 Festsetzung der Grundsteuer

(1) ① Die Grundsteuer wird für das Kalenderjahr festgesetzt. ② Ist der Hebesatz für mehr als ein Kalenderjahr festgesetzt, kann auch die jährlich zu erhebende Grundsteuer für die einzelnen Kalenderjahre dieses Zeitraums festgesetzt werden.

(2) Wird der Hebesatz geändert (§ 25 Abs. 3), so ist die Festsetzung nach Absatz 1 zu ändern.

(3) ① Für diejenigen Steuerschuldner, die für das Kalenderjahr die gleiche Grundsteuer wie im Vorjahr zu entrichten haben, kann die Grundsteuer durch öffentliche Bekanntmachung festgesetzt werden. ② Für die Steuerschuldner treten mit dem Tage der öffentlichen Bekanntmachung die gleichen Rechtswirkungen ein, wie wenn ihnen an diesem Tage ein schriftlicher Steuerbescheid zugegangen wäre.

§ 28 Fälligkeit

(1) Die Grundsteuer wird zu je einem Viertel ihres Jahresbetrags am 15. Februar, 15. Mai, 15. August und 15. November fällig.

(2) Die Gemeinden können bestimmen, daß Kleinbeträge wie folgt fällig werden:

1. am 15. August mit ihrem Jahresbetrag, wenn dieser fünfzehn Euro[3] nicht übersteigt;
2. am 15. Februar und 15. August zu je einer Hälfte ihres Jahresbetrags, wenn dieser dreißig Euro[3] nicht übersteigt.

---

[1] § 25 Abs. 4 neugefasst, Abs. 5 angefügt durch G vom 30. 11. 2019 (BGBl. I S. 1875) mWv 1. 1. 2025 (§ 37 Abs. 3 GrStG).
[2] § 26 neugefasst durch Gesetz vom 29. 10. 1997 (BGBl. I S. 2590).
[3] § 28 Abs. 2 Nr. 1 und 2 jeweils Betrag geändert durch StEuglG vom 19. 12. 2000 (BGBl. I S. 1719) mWv Kj. 2002.

(3) ① Auf Antrag des Steuerschuldners kann die Grundsteuer abweichend vom Absatz 1 oder Absatz 2 Nr. 2 am 1. Juli in einem Jahresbetrag entrichtet werden. ② Der Antrag muß spätestens bis zum 30. September des vorangehenden Kalenderjahres gestellt werden. ③ Die beantragte Zahlungsweise bleibt so lange maßgebend, bis ihre Änderung beantragt wird; die Änderung muß spätestens bis zum 30. September des vorangehenden Jahres beantragt werden.

§ 29 Vorauszahlungen

Der Steuerschuldner hat bis zur Bekanntgabe eines neuen Steuerbescheids zu den bisherigen Fälligkeitstagen Vorauszahlungen unter Zugrundelegung der zuletzt festgesetzten Jahressteuer zu entrichten.

§ 30 Abrechnung über die Vorauszahlungen

(1) ① Ist die Summe der Vorauszahlungen, die bis zur Bekanntgabe des neuen Steuerbescheids zu entrichten waren (§ 29), kleiner als die Steuer, die sich nach dem bekanntgegebenen Steuerbescheid für die vorausgegangenen Fälligkeitstage ergibt (§ 28), so ist der Unterschiedsbetrag innerhalb eines Monats nach Bekanntgabe des Steuerbescheids zu entrichten. ② Die Verpflichtung, rückständige Vorauszahlungen schon früher zu entrichten, bleibt unberührt.

(2) Ist die Summe der Vorauszahlungen, die bis zur Bekanntgabe des neuen Steuerbescheids entrichtet worden sind, größer als die Steuer, die sich nach dem bekanntgegebenen Steuerbescheid für die vorangegangenen Fälligkeitstage ergibt, so wird der Unterschiedsbetrag nach Bekanntgabe des Steuerbescheids durch Aufrechnung oder Zurückzahlung ausgeglichen.

(3) Die Absätze 1 und 2 gelten entsprechend, wenn der Steuerbescheid aufgehoben oder geändert wird.

§ 31 Nachentrichtung der Steuer

Hatte der Steuerschuldner bis zur Bekanntgabe der Jahressteuer keine Vorauszahlungen nach § 29 zu entrichten, so hat er die Steuer, die sich nach dem bekanntgegebenen Steuerbescheid für die vorangegangenen Fälligkeitstage ergibt (§ 28), innerhalb eines Monats nach Bekanntgabe des Steuerbescheids zu entrichten.

Abschnitt IV. Erlaß der Grundsteuer

§ 32 Erlaß für Kulturgut und Grünanlagen

(1) Die Grundsteuer ist zu erlassen

1. für Grundbesitz oder Teile von Grundbesitz, dessen Erhaltung wegen seiner Bedeutung für Kunst, Geschichte, Wissenschaft oder Naturschutz im öffentlichen Interesse liegt, wenn die erzielten Einnahmen und die sonstigen Vorteile (Rohertrag) in der Regel unter den jährlichen Kosten liegen. ② Bei Park- und Gartenanlagen von geschichtlichem Wert ist der Erlaß von der weiteren Voraussetzung abhängig, daß sie in dem billigerweise zu fordernden Umfang der Öffentlichkeit zugänglich gemacht sind;
2. für öffentliche Grünanlagen, Spiel- und Sportplätze, wenn die jährlichen Kosten in der Regel den Rohertrag übersteigen.

(2) ① Ist der Rohertrag für Grundbesitz, in dessen Gebäuden Gegenstände von wissenschaftlicher, künstlerischer oder geschichtlicher Bedeutung, insbesondere Sammlungen oder Bibliotheken, dem Zweck der Forschung oder Volksbildung nutzbar gemacht sind, durch die Benutzung zu den genannten Zwecken nachhaltig gemindert, so ist von der Grundsteuer der Hundertsatz zu erlassen, um den der Rohertrag gemindert ist. ② Das gilt nur, wenn die wissenschaftliche, künstlerische oder geschichtliche Bedeutung der untergebrachten Gegenstände durch die Landesregierung oder die von ihr beauftragte Stelle anerkannt ist.

§ 33[1] Erlass wegen wesentlicher Reinertragsminderung bei Betrieben der Land- und Forstwirtschaft

(1)[2] ① Die Grundsteuer wird in Höhe von 25 Prozent erlassen, wenn bei Betrieben der Land- und Forstwirtschaft der tatsächliche Reinertrag des Steuergegenstandes um mehr als 50 Prozent gemindert ist und der Steuerschuldner die Minderung des tatsächlichen Reinertrags nicht zu vertreten hat. ② Beträgt die vom Steuerschuldner nicht zu vertretende Minderung des tatsächlichen Reinertrags 100 Prozent, ist die Grundsteuer abweichend von Satz 1 in Höhe von 50 Prozent zu erlassen. ③ Der tatsächliche Reinertrag eines Betriebs der Land- und Forstwirtschaft ermittelt sich nach den Grundsätzen des § 236 Absatz 2 Satz 1 und 2 des Bewertungsgesetzes für ein Wirtschaftsjahr. ④ Er gilt als in dem Erlasszeitraum bezogen, in dem das für den Betrieb der Land- und Forstwirtschaft maßgebliche Wirtschaftsjahr endet.

---

[1] § 33 neugefasst durch Art. 3 GrStRefG mWv Kj. 2025.
[2] § 33 Abs. 1 Satz 3 geändert durch JStG 2022.

(2) ① Der Erlass nach Absatz 1 wird nur gewährt, wenn die Einziehung der Grundsteuer nach den wirtschaftlichen Verhältnissen des Betriebs unbillig wäre. ② Ein Erlass nach Absatz 1 ist insbesondere ausgeschlossen, wenn für den Betrieb der Land- und Forstwirtschaft nach § 4 Absatz 1, § 4 Absatz 3 oder § 13a des Einkommensteuergesetzes für dasjenige Wirtschaftsjahr ein Gewinn ermittelt wurde, das im Erlasszeitraum bei der Ermittlung des tatsächlichen Reinertrags nach Absatz 1 zugrunde zu legen ist.

(3) Eine Ertragsminderung ist kein Erlassgrund, wenn sie für den Erlasszeitraum durch Fortschreibung des Grundsteuerwerts berücksichtigt werden kann oder bei rechtzeitiger Stellung des Antrags auf Fortschreibung hätte berücksichtigt werden können.

§ 34[1] Erlass wegen wesentlicher Ertragsminderung bei bebauten Grundstücken

(1) ① Die Grundsteuer wird in Höhe von 25 Prozent erlassen, wenn bei bebauten Grundstücken der normale Rohertrag des Steuergegenstandes um mehr als 50 Prozent gemindert ist und der Steuerschuldner die Minderung des normalen Rohertrags nicht zu vertreten hat. ② Beträgt die vom Steuerschuldner nicht zu vertretende Minderung des normalen Rohertrags 100 Prozent, ist die Grundsteuer abweichend von Satz 1 in Höhe von 50 Prozent zu erlassen. ③ Normaler Rohertrag ist bei bebauten Grundstücken die nach den Verhältnissen zu Beginn des Erlasszeitraums geschätzte übliche Jahresmiete. ④ Die übliche Jahresmiete ist in Anlehnung an die Miete zu ermitteln, die für Räume gleicher oder ähnlicher Art, Lage und Ausstattung regelmäßig gezahlt wird. ⑤ Betriebskosten sind nicht einzubeziehen.

(2) ① Bei eigengewerblich genutzten bebauten Grundstücken gilt als Minderung des normalen Rohertrags die Minderung der Ausnutzung des Grundstücks. ② In diesen Fällen wird der Erlass nach Absatz 1 nur gewährt, wenn die Einziehung der Grundsteuer nach den wirtschaftlichen Verhältnissen des Betriebs unbillig wäre.

(3) ① Wird nur ein Teil des Grundstücks eigengewerblich genutzt, so ist die Ertragsminderung für diesen Teil nach Absatz 2, für den übrigen Teil nach Absatz 1 zu bestimmen. ② In diesen Fällen ist für den ganzen Steuergegenstand ein einheitlicher Prozentsatz der Ertragsminderung nach dem Anteil der einzelnen Teile am Grundsteuerwert des Grundstücks zu ermitteln.

(4) Eine Ertragsminderung ist kein Erlassgrund, wenn sie für den Erlasszeitraum durch Fortschreibung des Grundsteuerwerts berücksichtigt werden kann oder bei rechtzeitiger Stellung des Antrags auf Fortschreibung hätte berücksichtigt werden können.

§ 35[1] Verfahren

(1) ① Der Erlaß wird jeweils nach Ablauf eines Kalenderjahres für die Grundsteuer ausgesprochen, die für das Kalenderjahr festgesetzt worden ist (Erlaßzeitraum). ② Maßgebend für die Entscheidung über den Erlaß sind die Verhältnisse des Erlaßzeitraums.

(2) ① Der Erlaß wird nur auf Antrag gewährt. ② Der Antrag ist bis zu dem auf den Erlaßzeitraum folgenden 31. März zu stellen.

(3) ① In den Fällen des § 32 bedarf es keiner jährlichen Wiederholung des Antrags. ② Der Steuerschuldner ist verpflichtet, eine Änderung der maßgeblichen Verhältnisse der Gemeinde binnen drei Monaten nach Eintritt der Änderung anzuzeigen.

Abschnitt V.[2] Übergangs- und Schlussvorschriften

§ 36 Sondervorschriften für die Hauptveranlagung 2025

(1) Auf den 1. Januar 2025 findet eine Hauptveranlagung der Grundsteuermessbeträge statt (Hauptveranlagung 2025).

(2) ① Die in der Hauptveranlagung 2025 festgesetzten Steuermessbeträge gelten abweichend von § 16 Absatz 2 vorbehaltlich der §§ 17 bis 20 mit Wirkung von dem am 1. Januar 2025 beginnenden Kalenderjahr an. ② Der Beginn dieses Kalenderjahres ist der Hauptveranlagungszeitpunkt.

(3)[3] ① Bescheide über die Hauptveranlagung können schon vor dem Hauptveranlagungszeitpunkt erteilt werden. ② § 21 Satz 2 ist entsprechend anzuwenden. ③ Eine Aufhebung oder Änderung des Bescheids über die Hauptveranlagung findet auch zur Beseitigung eines Fehlers statt, wenn der Fehler der Finanzbehörde bis zum Ablauf des Kalenderjahres der Hauptveranlagung bekannt wird.

§ 37 Anwendung des Gesetzes

(1) Diese Fassung des Gesetzes gilt erstmals für die Grundsteuer des Kalenderjahres 2025.

---

[1] Neuer § 34 eingefügt, bish. § 34 wird § 35 durch Art. 3 GrStRefG mWv Kj. 2025.
[2] Abschnitt V (§§ 36 bis 38) neugefasst durch Art. 3 GrStRefG mWv Kj. 2025.
[3] § 36 Abs. 3 angefügt durch JStG 2020; Abs. 3 Satz 3 angefügt durch JStG 2024 mWv 6. 12. 2024.

(2) Für die Grundsteuer bis einschließlich zum Kalenderjahr 2024 findet das Grundsteuergesetz in der Fassung vom 7. August 1973 (BGBl. I S. 965), das zuletzt durch Artikel 38 des Gesetzes vom 19. Dezember 2008 (BGBl. I S. 2794) geändert worden ist, weiter Anwendung.

(3)[1] § 25 Absatz 4 und 5 in der am 1. Januar 2025 geltenden Fassung ist erstmals bei der Hauptveranlagung auf den 1. Januar 2025 anzuwenden.

§ 38 Bekanntmachung

Das Bundesministerium der Finanzen wird ermächtigt, den Wortlaut dieses Gesetzes in der jeweils geltenden Fassung bekannt zu machen.

---

[1] § 37 Abs. 3 angefügt durch G v. 30. 11. 2019 (BGBl. I S. 1875) mWv 1. 1. 2025.

Hauptteil

Bewertungsgesetz,[1] Richtlinien,[2] Anwendungserlasse[3]

Erster Teil. Allgemeine Bewertungsvorschriften

BewG

§ 1 Geltungsbereich

(1) **Die allgemeinen Bewertungsvorschriften (§§ 2 bis 16) gelten für alle öffentlich-rechtlichen Abgaben, die durch Bundesrecht geregelt sind, soweit sie durch Bundesfinanzbehörden oder durch Landesfinanzbehörden verwaltet werden.** 1

(2) **Die allgemeinen Bewertungsvorschriften gelten nicht, soweit im Zweiten Teil dieses Gesetzes oder in anderen Steuergesetzen besondere Bewertungsvorschriften enthalten sind.** 2

§ 2 Wirtschaftliche Einheit

(1)[4, 5] ① **Jede wirtschaftliche Einheit ist für sich zu bewerten.** ② **Ihr Wert ist im ganzen festzustellen.** ③ **Was als wirtschaftliche Einheit zu gelten hat, ist nach den Anschauungen des Verkehrs zu entscheiden.** ④ **Die örtliche Gewohnheit, die tatsächliche Übung, die Zweckbestimmung und die wirtschaftliche Zusammengehörigkeit der einzelnen Wirtschaftsgüter sind zu berücksichtigen.** 1

(2) **Mehrere Wirtschaftsgüter kommen als wirtschaftliche Einheit nur insoweit in Betracht, als sie demselben Eigentümer gehören.** 2

(3) **Die Vorschriften der Absätze 1 und 2 gelten nicht, soweit eine Bewertung der einzelnen Wirtschaftsgüter vorgeschrieben ist.** 3

§ 3 Wertermittlung bei mehreren Beteiligten

① **Steht ein Wirtschaftsgut mehreren Personen zu, so ist sein Wert im ganzen zu ermitteln.** ② **Der Wert ist auf die Beteiligten nach dem Verhältnis ihrer Anteile zu verteilen, soweit nicht nach dem maßgebenden Steuergesetz die Gemeinschaft selbständig steuerpflichtig ist.**

§ 3 a *(aufgehoben)*

§ 4 Aufschiebend bedingter Erwerb

Wirtschaftsgüter, deren Erwerb vom Eintritt einer aufschiebenden Bedingung abhängt, werden erst berücksichtigt, wenn die Bedingung eingetreten ist.

---

[1] **BewG** i. d. F. der Bek. vom 1. 2. 1991 (BGBl. I S. 230), zuletzt geändert durch Art. 35 und 36 Jahressteuergesetz 2024 (BGBl. I Nr. 387) – s. im Einzelnen die zu Beginn abgedruckte Änderungsübersicht.

[2] **Erbschaftsteuer-Richtlinien 2019** vom 16. 12. 2019 (BStBl. I Sondernummer 1 S. 2) mit amtlichen **Erbschaftsteuer-Hinweisen 2019** (gleich lautender Ländererlass) vom 16. 12. 2019 (BStBl. I Sondernummer 1 S. 151) – ***Anwendungsregelungen abgedruckt zu Beginn des Teils Erbschaftsteuer.*** – Zur **Anwendung des 6. Abschnitts des 2. Teils des BewG (§§ 177 ff.)** siehe gleich lautenden Ländererlass vom 20. 3. 2023 (BStBl. I S. 738), abgedruckt als **Anhang III.**

[3] **Koord. Ländererlasse zur Anwendung des 7. Abschnitts des 2. Teils des BewG** zur Bewertung des Grundbesitzes für die **Grundsteuer ab 1. 1. 2022 (AEBewGrSt)** vom 9. 11. 2021 (BStBl. I S. 2334 u. 2369).

a) Allgemeiner Teil und Grundvermögen (§§ 218–231, 243–266 BewG), BStBl. I S. 2334; b) Land- und forstwirtschaftliches Vermögen (§§ 232–242 BewG), BStBl. I S. 2369, mit folgender amtlicher **Einführung:**

Mit dem Gesetz zur Reform des Grundsteuer- und Bewertungsrechts (Grundsteuer-Reformgesetz – GrStRefG) vom 26. November 2019 (BGBl. I 2019, Seite 1794) wurde für die Bewertung des Grundbesitzes für Zwecke der Grundsteuer ab 1. Januar 2022 ein neuer Siebenter Abschnitt im Zweiten Teil des Bewertungsgesetzes mit Wirkung für die Grundsteuer ab dem Kalenderjahr 2025 eingefügt.

Unter Bezugnahme auf das Ergebnis der Erörterungen mit den obersten Finanzbehörden der Länder gelten für die Anwendung des Siebenten Abschnitts des Zweiten Teils des Bewertungsgesetzes für Feststellungen von Grundsteuerwerten ab dem 1. Januar 2022 für die ab dem 1. Januar 2025 zu erhebende Grundsteuer die nachstehenden Regelungen.

Zur besseren Lesbarkeit wird auf die geschlechtsspezifische Formulierung (z. B. „Steuerpflichtige*r") verzichtet. Bei Verwendung z. B. des Wortes „Steuerpflichtiger" im Text sind alle Geschlechter gemeint.

[4] Vgl. *Ls. 1 BFH-Urteil vom 1. 2. 2007 II R 52/05,* abgedruckt zu § 24 Abs. 1 Nr. 1 BewG.

[5] *BFH-Urteil vom 25. 1. 2012 II R 25/10 (BStBl. II S. 403):* Mehrere mit Windkraftanlagen bebaute Grundstücksflächen bilden regelmäßig keine wirtschaftliche Einheit i. S. des § 2 Abs. 1 BewG, wenn sie durch Grundstücke, die zum land- und forstwirtschaftlichen Vermögen gehören, voneinander getrennt sind. – Siehe hierzu *Erlass Schleswig-Holstein vom 7. 3. 2013 VI 353 – S 3131 – 1001 (StEd S. 238).*

BewG

§ 5 Auflösend bedingter Erwerb

1 **(1) ① Wirtschaftsgüter, die unter einer auflösenden Bedingung erworben sind, werden wie unbedingt erworbene behandelt. ② Die Vorschriften über die Berechnung des Kapitalwerts der Nutzungen von unbestimmter Dauer (§ 13 Abs. 2 und 3, § 14, § 15 Abs. 3) bleiben unberührt.**

2 **(2) ① Tritt die Bedingung ein, so ist die Festsetzung der nicht laufend veranlagten Steuern auf Antrag nach dem tatsächlichen Wert des Erwerbs zu berichtigen. ② Der Antrag ist bis zum Ablauf des Jahres zu stellen, das auf den Eintritt der Bedingung folgt.**

§ 6 Aufschiebend bedingte Lasten[1]

1 **(1) Lasten, deren Entstehung vom Eintritt einer aufschiebenden Bedingung abhängt, werden nicht berücksichtigt.**

2 **(2) Für den Fall des Eintritts der Bedingung gilt § 5 Abs. 2 entsprechend.**

§ 7 Auflösend bedingte Lasten

1 **(1) Lasten, deren Fortdauer auflösend bedingt ist, werden, soweit nicht ihr Kapitalwert nach § 13 Abs. 2 und 3, § 14, § 15 Abs. 3 zu berechnen ist, wie unbedingte abgezogen.**

2 **(2) Tritt die Bedingung ein, so ist die Festsetzung der nicht laufend veranlagten Steuern entsprechend zu berichtigen.**

§ 8 Befristung auf einen unbestimmten Zeitpunkt

1 **Die §§ 4 bis 7 gelten auch, wenn der Erwerb des Wirtschaftsguts oder die Entstehung oder der Wegfall der Last von einem Ereignis abhängt, bei dem nur der Zeitpunkt ungewiß ist.**

Zu §§ 4 bis 8 BewG

ErbStR R B 4

R B 4. Bedingung und Befristung

2 (1) ① Bei einer aufschiebenden Bedingung (§§ 158 ff. BGB) tritt die Wirkung eines Rechtsgeschäfts erst mit dem Eintritt der Bedingung ein; solange die Bedingung noch nicht eingetreten ist, besteht hinsichtlich des beabsichtigten Rechtserfolgs ein Schwebezustand. ② Bei einer auflösenden Bedingung tritt umgekehrt die Wirkung des Rechtsgeschäfts sofort ein, endigt jedoch mit dem Eintritt der Bedingung für die Zukunft. ③ Die einem Rechtsgeschäft beigefügte Zeitbestimmung ist nach § 163 BGB der Bedingung – der aufschiebenden wie der auflösenden – unter der Voraussetzung gleichgestellt, dass durch sie ebenfalls die Wirkung des Rechtsgeschäfts beeinflusst, also auch bei ihr der Beginn oder die Beendigung der Wirkung vom Eintritt eines Zeitpunkts abhängig gemacht wird. ④ Die Vorschriften der §§ 158 ff. BGB über die Bedingungen finden auf die Zeitbestimmungen entsprechend Anwendung. ⑤ Ein vertraglich vereinbartes Rücktrittsrecht wirkt bewertungsrechtlich wie eine auflösende Bedingung, ein vertraglich vereinbartes Erwerbsrecht oder eine vertraglich eingeräumte Erwerbspflicht wie eine aufschiebende Bedingung.

3 (2) ① Nach den §§ 4 bis 8 BewG, die sich an die bürgerlich-rechtliche Regelung anschließen, werden Wirtschaftsgüter, deren Erwerb vom Eintritt einer aufschiebenden Bedingung abhängt, steuerlich erst berücksichtigt, wenn die Bedingung eingetreten ist (§ 4 BewG). ② Umgekehrt kann auch derjenige, der aufschiebend bedingt belastet ist, die Last nicht abziehen, mit der Maßgabe, dass bei Eintritt der Bedingung die Festsetzung der nicht laufend veranlagten Steuern, z. B. der Erbschaftsteuer oder Schenkungsteuer, auf Antrag zu berichtigen ist (§ 6 Absatz 2 BewG). ③ Diese Grundsätze sind auch anzuwenden, wenn die Entstehung oder der Wegfall einer Last von einem Ereignis abhängt, bei dem nur der Zeitpunkt ungewiss ist (§ 8 BewG). ④ Ob die Entstehung als aufschiebend oder auflösend bedingt anzusehen ist, hängt nicht davon ab, ob der Eintritt des maßgebenden Ereignisses wahrscheinlich oder unwahrscheinlich ist. ⑤ Auf das Maß der Aussichten für den Eintritt oder Nichteintritt einer Bedingung kommt es nicht an. ⑥ Insoweit wird durch § 6 BewG die wirtschaftliche Betrachtungsweise ausdrücklich ausgeschaltet.

H B 4

H B 4

4 **Keine wirtschaftliche Betrachtungsweise.** Eine Last, deren Entstehung vom Eintritt einer aufschiebenden Bedingung abhängt, wird nicht dadurch zu einer auflösend bedingten Last, dass der Eintritt der Bedingung wahrscheinlich ist und der Verkehr mit der Schuld als ihrem Grunde nach gegenwärtig schon bestehend rechnet → BFH vom 30. 4. 1959 III 121/58 S, BStBl. III S. 315, und vom 14. 7. 1967 III R 74/66, BStBl. III S. 770.

Optionsrecht. → BFH vom 5. 3. 1971 III R 130/68, BStBl. II S. 481.

Rücktrittsrecht. → BFH vom 27. 10. 1967 III R 43/67, BStBl. 1968 II S. 116.

---

[1] Vgl. *BFH-Urteil vom 15. 7. 2021 II R 26/19,* abgedruckt zu § 12 Abs. 3 BewG, und *gleich lautenden Ländererlass vom 4. 1. 2023,* abgedruckt als Anlage b zu § 12 BewG.

BewG

§ 9 Bewertungsgrundsatz, gemeiner Wert

(1) **Bei Bewertungen ist, soweit nichts anderes vorgeschrieben ist, der gemeine Wert zugrunde zu legen.** 1

(2) ① **Der gemeine Wert wird durch den Preis bestimmt, der im gewöhnlichen Geschäftsverkehr nach der Beschaffenheit des Wirtschaftsgutes bei einer Veräußerung zu erzielen wäre.** ② **Dabei sind alle Umstände, die den Preis beeinflussen, zu berücksichtigen.** ③ **Ungewöhnliche oder persönliche Verhältnisse sind nicht zu berücksichtigen.**[1] 2

(3)[2] ① **Als persönliche Verhältnisse sind auch Verfügungsbeschränkungen anzusehen, die in der Person des Steuerpflichtigen oder eines Rechtsvorgängers begründet sind.**[1] ② **Das gilt insbesondere für Verfügungsbeschränkungen, die auf letztwilligen Anordnungen beruhen.** 3

Zu § 9 BewG

ErbStR R B 9.1

R B 9.1[3] Gemeiner Wert

① Der gemeine Wert wird durch den Preis bestimmt, der im gewöhnlichen Geschäftsverkehr nach der Beschaffenheit des Wirtschaftsguts bei einer Veräußerung zu erzielen wäre. ② Unter gewöhnlichem Geschäftsverkehr ist nach der Rechtsprechung der Handel zu verstehen, der sich nach den marktwirtschaftlichen Grundsätzen von Angebot und Nachfrage vollzieht und bei dem jeder Vertragspartner ohne Zwang und nicht aus Not oder besonderen Rücksichten, sondern freiwillig in Wahrung seiner eigenen Interessen zu handeln in der Lage ist. 4

H B 9.1

H B 9.1

Gewöhnlicher Geschäftsverkehr. → BFH vom 14. 10. 1966 III 281/63, BStBl. 1967 III S. 82, vom 14. 2. 1969 III 88/65, BStBl. II S. 395, vom 6. 5. 1977 III R 17/75, BStBl. II S. 626, und vom 28. 11. 1980 III R 86/78, BStBl. II S. 353. 5

ErbStR R B 9.2

R B 9.2 Ungewöhnliche oder persönliche Verhältnisse

(1) ① Zu den ungewöhnlichen Verhältnissen, die bei der Ermittlung des gemeinen Werts unberücksichtigt bleiben, zählen insbesondere Umstände, mit denen im Geschäftsverkehr bei der Schätzung des Werts eines Wirtschaftsguts üblicherweise nicht gerechnet werden muss. ② Für die Ermittlung des gemeinen Werts können nur solche Verkaufspreise berücksichtigt werden, die unter üblichen Bedingungen im gewöhnlichen Geschäftsverkehr zustande gekommen sind. ③ Vertragliche Preisvorgaben für die Übertragung von Beteiligungen an Personengesellschaften oder Anteilen an Kapitalgesellschaften unterhalb des gemeinen Werts zählen zu den ungewöhnlichen Verhältnissen. 6

(2) ① Zu den persönlichen Verhältnissen, die bei der Ermittlung des gemeinen Werts unberücksichtigt bleiben, zählen insbesondere Verfügungsbeschränkungen. ② Verfügung in diesem Sinne ist die Übertragung des Eigentums an einem Vermögensgegenstand. ③ Zu den Verfügungsbeschränkungen zählen z. B. eine angeordnete Testamentsvollstreckung, die Anordnung einer Vor- oder Nacherbschaft oder einer Nachlassverwaltung. ④ Vertraglich vereinbarte Verfügungsbeschränkungen für Übertragungen von Beteiligungen an Personengesellschaften oder Anteilen an Kapitalgesellschaften durch Geschäfte unter Lebenden und im Todesfall gehören zu den persönlichen Verhältnissen, die bei der Wertermittlung nicht zu berücksichtigen sind. ⑤ Hierzu zählen insbesondere Regelungen, die eine Verfügung nur auf 7

- Mitgesellschafter,
- Angehörige,
- bestimmte Personengruppen, wie z. B. Familienstämme, oder
- eine inländische Familienstiftung oder eine entsprechende ausländische Familienstiftung

zulassen.

(3) Der Steuerpflichtige kann nachweisen, dass die ungewöhnlichen oder persönlichen Verhältnisse tatsächlich nicht zu einem unter dem gemeinen Wert liegenden Wert geführt haben. 8

H B 9.2

H B 9.2

Verfügungsbeschränkungen. → BFH vom 12. 7. 2005 II R 8/04, BStBl. II S. 845. 9

Verfügungsbeschränkungen bei Anteilen an Kapitalgesellschaften. → R B 11.3.

Vorwegabschlag bei Familienunternehmen. → R E 13a.20.

---

[1] Zur Nichtberücksichtigung persönlicher Umstände vgl. die in den Fußnoten zu R B 11.1 ff. ErbStR nachgewiesene Rechtsprechung.

[2] *BFH-Urteil vom 22. 1. 2009 II R 9/07 (BFH/NV S. 1096), Ls. 4:* **4.** Das Bestehen von vertraglichen Verfügungsbeschränkungen über das Erbbaurecht mindert den gemeinen Wert des Erbbaurechts nicht.

[3] Zur Übertragung treuhänderisch gehaltener Vermögensgegenstände vgl. *Erlass Bayern vom 16. 9. 2010 (DStR S. 2084),* abgedruckt als Anlage zu § 7 ErbStG.

ErbStR R B 9.3

R B 9.3 Sachleistungsansprüche

10 (1) ① Sachleistungsansprüche sind bei gegenseitigen Verträgen mit dem gemeinen Wert des Gegenstandes zu bewerten, auf dessen Leistung sie gerichtet sind. ② Bei Ansprüchen auf Übertragung von Grundbesitz kommt deshalb eine Bewertung mit dem Grundbesitzwert nach §§ 158 ff. BewG nicht in Betracht. ③ Ein Sachleistungsanspruch ist wie die Verpflichtung zur Gegenleistung gesondert anzusetzen und zu bewerten, auch wenn im Besteuerungszeitpunkt noch keine Vertragspartei mit der Erfüllung des Vertrags begonnen hat. ④ Sachleistungsanspruch und Sachleistungsverpflichtung sind bereits ab dem Zeitpunkt des Vertragsabschlusses anzusetzen.

11 (2) ① Sachvermächtnisse sind mit dem Steuerwert des Vermächtnisgegenstands anzusetzen. ② Für andere auf einer einseitigen Sachleistungsverpflichtung beruhende Erwerbe, z. B. ein Erwerb auf Grund eines vom Erblasser geschlossenen Vertrags durch einen Dritten (→ § 3 Absatz 1 Nummer 4 ErbStG), gilt dies sinngemäß.

H B 9.3

H B 9.3

12 **Anspruch auf Übertragung von Grundbesitz aus gegenseitigen Verträgen.** → BFH vom 10. 4. 1991 II R 118/86, BStBl. II S. 620, vom 26. 6. 1991 II R 117/87, BStBl. II S. 749, und vom 15. 10. 1997 II R 68/95, BStBl. II S. 820.

ErbStR R B 9.4

R B 9.4 Erfindungen und Urheberrechte

13 ① Der gemeine Wert von Erfindungen oder Urheberrechten, die in Lizenz vergeben oder in sonstiger Weise gegen Entgelt einem Dritten zur Ausnutzung überlassen sind, wird in der Weise ermittelt, dass der Anspruch auf die in wiederkehrenden Zahlungen bestehende Gegenleistung kapitalisiert wird, soweit keine anderen geeigneten Bewertungsgrundlagen vorhanden sind. ② Hierfür sind die vertraglichen Vereinbarungen mit dem Lizenznehmer maßgeblich. ③ Ist keine feste Lizenzgebühr vereinbart und die Vertragsdauer unbestimmt, kann auf die letzte vor dem Besteuerungszeitpunkt gezahlte Lizenzgebühr und eine Laufzeit von acht Jahren abgestellt werden. ④ Der Kapitalisierung ist der marktübliche Zinssatz zugrunde zu legen. ⑤ Es ist nicht zu beanstanden, wenn auf den Zinssatz abgestellt wird, den die Deutsche Bundesbank anhand der Zinsstrukturdaten aus der langfristig erzielbaren Rendite öffentlicher Anleihen jeweils auf den ersten Börsentag des Jahres errechnet (Basiszins). ⑥ Der Basiszins ist um einen Zuschlag von 4,5 Prozent zu erhöhen. ⑦ Die Summe aus Basiszins und Zuschlag ergibt den Kapitalisierungszinssatz. ⑧ Dieser Zinssatz ist für alle Wertermittlungen auf Bewertungsstichtage in diesem Jahr anzuwenden.

H B 9.4

H B 9.4

14 **Ermittlung des Kapitalisierungszinssatzes.**[1] Für 2017 beträgt der Basiszins 0,59%; daraus ergibt sich ein Kapitalisierungszinssatz von 5,09%. Für Bewertungsstichtage ab 1. Januar 2018 kann auf den Basiszins abgestellt werden, den das Bundesministerium der Finanzen nach § 18 Absatz 4 InvStG 2018 jährlich im Bundessteuerblatt Teil I veröffentlicht.

ErbStR R B 9.5

R B 9.5 Übrige körperliche Vermögensgegenstände

15 ① Übrige körperliche Gegenstände werden mit dem gemeinen Wert bewertet. ② Der gemeine Wert von Kunstgegenständen und Sammlungen ist unter Berücksichtigung der schwierigen Verwertungsaussichten vorsichtig zu ermitteln.

H B 9.5

H B 9.5

16 **Auslandsvermögen.** Befinden sich die übrigen körperlichen Gegenstände an einem Ort im Ausland, wird der gemeine Wert grundsätzlich durch den Preis bestimmt, der im gewöhnlichen Geschäftsverkehr an diesem Ort zu erzielen wäre.

---

[1] Für Erwerbe in 2018 beträgt der Kapitalisierungszinssatz 5,37%, in 2019 5,02%, in 2020 4,57%, in 2021 4,05%, in 2022 4,45%, in 2023 7,05%, in 2024 6,79%, in 2025 7,03%.

BewG

§ 10 Begriff des Teilwerts

① Wirtschaftsgüter, die einem Unternehmen dienen, sind, soweit nichts anderes vorgeschrieben ist, mit dem Teilwert anzusetzen. ② Teilwert ist der Betrag, den ein Erwerber des ganzen Unternehmens im Rahmen des Gesamtkaufpreises für das einzelne Wirtschaftsgut ansetzen würde. ③ Dabei ist davon auszugehen, daß der Erwerber das Unternehmen fortführt.

BewG

§ 11 Wertpapiere und Anteile

1 (1) ① **Wertpapiere und Schuldbuchforderungen, die am Stichtag an einer deutschen Börse zum Handel im regulierten Markt zugelassen sind, werden mit dem niedrigsten am Stichtag für sie im regulierten Markt notierten Kurs angesetzt.** ② **Liegt am Stichtag eine Notierung nicht vor, so ist der letzte innerhalb von 30 Tagen vor dem Stichtag im regulierten Markt notierte Kurs maßgebend.** ③ **Entsprechend sind die Wertpapiere zu bewerten, die in den Freiverkehr einbezogen sind.**

2 (2)[1] ① **Anteile an Kapitalgesellschaften, die nicht unter Absatz 1 fallen, sind mit dem gemeinen Wert anzusetzen.** ② **Lässt sich der gemeine Wert nicht aus Verkäufen unter fremden Dritten ableiten, die weniger als ein Jahr zurückliegen, so ist er unter Berücksichtigung der Ertragsaussichten der Kapitalgesellschaft oder einer anderen anerkannten, auch im gewöhnlichen Geschäftsverkehr für nichtsteuerliche Zwecke üblichen Methode zu ermitteln; dabei ist die Methode anzuwenden, die ein Erwerber der Bemessung des Kaufpreises zu Grunde legen würde.** ③ **Die Summe der gemeinen Werte der zum Betriebsvermögen gehörenden Wirtschaftsgüter und sonstigen aktiven Ansätze abzüglich der zum Betriebsvermögen gehörenden Schulden und sonstigen Abzüge (Substanzwert) der Gesellschaft darf nicht unterschritten werden; die §§ 99 und 103 sind anzuwenden.** ④ **Die §§ 199 bis 203 sind zu berücksichtigen.**

(2 a) *(aufgehoben)*

3 (3) **Ist der gemeine Wert einer Anzahl von Anteilen an einer Kapitalgesellschaft, die einer Person gehören, infolge besonderer Umstände (z. B. weil die Höhe der Beteiligung die Beherrschung der Kapitalgesellschaft ermöglicht) höher als der Wert, der sich auf Grund der Kurswerte (Absatz 1) oder der gemeinen Werte (Absatz 2) für die einzelnen Anteile insgesamt ergibt, so ist der gemeine Wert der Beteiligung maßgebend.**

4 (4)[2] **Anteile oder Aktien, die Rechte an einem Investmentvermögen im Sinne des Kapitalanlagegesetzbuchs verbriefen, sind mit dem Rücknahmepreis anzusetzen.**

Übersicht

		Rz.
R B 11.1	Notierte Wertpapiere, Aktien und Anteile sowie Investmentzertifikate; H B 11.1	5–10
R B 11.2	Nicht notierte Anteile an Kapitalgesellschaften; H B 11.2	11–13
R B 11.3	Verfügungsbeschränkungen; H B 11.3	14–16
R B 11.4	Bewertung der Anteile an einer Kapitalgesellschaft in Sonderfällen; H B 11.4	17–27
R B 11.5	Substanzwert; H B 11.5	28–37
R B 11.6	Ermittlung des Substanzwerts; H B 11.6	38–42
R B 11.7	Gemeiner Wert nicht notierter Anteile an Kapitalgesellschaften	43
R B 11.8	Paketzuschlag	44–52
Anlage:		
	Erlass betr. Besteuerung von Anteilen an einer gemeinnützigen Kapitalgesellschaft	60–68

Zu § 11 BewG

ErbStR R B 11.1

R B 11.1 Notierte Wertpapiere, Aktien und Anteile sowie Investmentzertifikate

5 (1) Für Wertpapiere und Schuldbuchforderungen, die am Bewertungsstichtag an einer deutschen Börse zum Handel im regulierten Markt oder in den Freiverkehr einbezogen sind, gelten die nach § 11 Absatz 1 BewG maßgebenden Kurse vom Bewertungsstichtag.[3]

6 (2) Wertpapiere, für die ein Kurs nach § 11 Absatz 1 BewG nicht besteht, sind anzusetzen,

1. soweit sie Anteile an Kapitalgesellschaften verbriefen, mit dem gemeinen Wert nach § 11 Absatz 2 BewG, und
2. soweit sie Forderungsrechte verbriefen, mit dem sich nach § 12 Absatz 1 BewG ergebenden Wert.[4] ② Dabei sind vom Nennwert abweichende Kursnotierungen für vergleichbare oder ähnlich ausgestattete festverzinsliche Wertpapiere als besonderer Umstand im Sinne des § 12 Absatz 1 BewG anzusehen, der auch hier einen vom Nennwert abweichenden Wertansatz recht-

[1] *BFH-Urteil vom 2. 12. 2020 II R 5/19 (BStBl. 2022 II S. 15):* **1.** Für die Ermittlung des gemeinen Werts von Anteilen an einer nicht börsennotierten Kapitalgesellschaft hat allein der Steuerpflichtige die Wahl zwischen einem individuellen Ertragswertverfahren nach § 11 Abs. 2 Satz 2 BewG und der Anwendung des vereinfachten Ertragswertverfahrens nach §§ 199 ff. BewG. **2.** Kann sich das FG auf Grundlage der Wertermittlung des Steuerpflichtigen nach § 11 Abs. 2 Satz 2 BewG keine ausreichende Überzeugung von dem gemeinen Wert des Anteils bilden, hat es von Amts wegen geeignete Maßnahmen zur Sachaufklärung zu ergreifen, um den gemeinen Wert zu ermitteln. Die Wertermittlung nach dem vereinfachten Ertragswertverfahren stellt keine Auffangmethode dar.

[2] § 11 Abs. 4 anzuwenden ab 22. 7. 2013 (§ 265 Abs. 5 BewG).

[3] *BFH-Urteil vom 3. 10. 1984 II R 194/82 (BStBl. 1985 II S. 73):* Werden festverzinsliche Wertpapiere schenkungsweise übertragen, so sind neben den Wertpapieren mit dem niedrigsten Kurswert auch die bis zum Zeitpunkt der Ausführung der Schenkung beim Schenker angefallenen, aber noch nicht fälligen Zinsen (sog. Stückzinsen) mit dem Nennwert als schenkungsteuerbarer Erwerb anzusetzen.

[4] Wertpapiere mit persönlicher Sonderausstattung, für die Kursnotierungen nicht vorliegen, sind gem. § 12 BewG zu bewerten. *Erlaß Nordrhein-Westfalen vom 10. 12. 1985 – S 3102 – 6 – VA 4 (BeckVerw 157674).*

fertigt. ③ Pfandbriefe mit persönlicher Sonderausstattung ohne Kurswert sind in Anlehnung an die Kurse vergleichbarer Pfandbriefe zu bewerten.

(3) ① Bei ausländischen Wertpapieren ist, wenn ein Telefonkurs im inländischen Bankverkehr 7
vorliegt, dieser maßgebend. ② Lässt sich der gemeine Wert nicht auf dieser Grundlage ermitteln, ist er möglichst aus den Kursen des Emissionslandes abzuleiten.

(4) ① Bei jungen Aktien und Vorzugsaktien, die nicht an der Börse eingeführt sind, ist der 8
gemeine Wert aus dem Börsenkurs der Stammaktien abzuleiten. ② Entsprechend ist der gemeine Wert nicht notierter Stammaktien aus dem Börsenkurs der jungen Aktien oder Vorzugsaktien abzuleiten. ③ Dabei ist die unterschiedliche Ausstattung durch Zu- oder Abschläge zu berücksichtigen.[1]

(5) Anteilsscheine, die von Kapitalanlagegesellschaften und anderen Investmentgesellschaften 9
ausgegeben worden sind, sind wie folgt anzusetzen:
- An der Börse gehandelte Anteile mit dem Kurswert nach § 11 Absatz 1 BewG. ② Der Kurswertansatz ist gegenüber dem Ansatz mit dem Rücknahmepreis (§ 11 Absatz 4 BewG) vorrangig.
- Nicht an der Börse notierte Anteile mit dem Rücknahmepreis nach § 11 Absatz 4 BewG. ② Der Rücknahmepreis ist der Preis, für den ein Anteil von der Investmentgesellschaft bindend zurückgenommen wird. ③ Er ergibt sich aus dem Inventarwert pro Anteil (Gesamtwert der im Vermögen eines Investmentfonds befindlichen Wertpapiere und Barmittel einschließlich eventueller Kassenbestände und sonstiger Vermögensgegenstände abzüglich Verkaufsspesen und Rücknahmekosten).

H B 11.1

H B 11.1

Maßgebende Kurse. → BFH vom 21. 2. 1990 II R 78/86, BStBl. II S. 490. 10

Wertpapiere im Freiverkehr. → BFH vom 6. 5. 1977 III R 17/75, BStBl. II S. 626.

Unterschiedliche Ausstattung. → BFH vom 9. 3. 1994 II R 39/90, BStBl. II S. 394.

R B 11.2 Nicht notierte Anteile an Kapitalgesellschaften

ErbStR R B 11.2

(1)[2] ① Der gemeine Wert nicht notierter Anteile an einer Kapitalgesellschaft ist in erster Linie aus Verkäufen unter fremden Dritten abzuleiten. ② Dabei sind jedoch nur Verkäufe zu berücksich- 11
tigen, die zum Bewertungsstichtag weniger als 1 Jahr zurückliegen. ③ Der gemeine Wert nicht notierter Anteile an einer Kapitalgesellschaft kann auch aus einem einzigen Verkauf abgeleitet werden, wenn Gegenstand des Verkaufs nicht nur ein Zwerganteil ist oder der zu bewertende Anteil ebenfalls ein Zwerganteil ist. ④ Die Ausgabe neuer Geschäftsanteile an einer GmbH im Rahmen einer Kapitalerhöhung zur Aufnahme eines neuen Gesellschafters kann als Verkauf im Sinne des § 11 Absatz 2 Satz 2 BewG zur Ableitung des gemeinen Werts der GmbH-Anteile herangezogen werden. ⑤ Telefonkurse im Bankverkehr, denen nicht lediglich geringfügige Verkäufe ohne echten Aussagewert zugrunde liegen, sind grundsätzlich für die Wertableitung geeignet. ⑥ Es können jedoch nur Kurse und Verkaufserlöse berücksichtigt werden, die im gewöhnlichen Geschäftsverkehr erzielt worden sind. ⑦ Bei Ableitung aus Verkäufen ist ein in dem Kaufpreis enthaltener Zuschlag für den Beteiligungscharakter herauszurechnen, wenn ein solcher Zuschlag für den zu bewertenden Anteil nicht anzusetzen ist. ⑧ Hinsichtlich der Auswirkungen von Verfügungsbeschränkungen → R B 11.3.

(2) ① Kann der gemeine Wert nicht aus Verkäufen abgeleitet werden, ist er unter Berücksichti- 12
gung der Ertragsaussichten der Kapitalgesellschaft oder einer anderen anerkannten, auch im gewöhnlichen Geschäftsverkehr für nichtsteuerliche Zwecke üblichen Methode zu ermitteln. ② Der Steuerpflichtige kann den gemeinen Wert durch Vorlage eines methodisch nicht zu beanstandenden Gutachtens erklären, das auf den für die Verwendung in einem solchen Verfahren üblichen Daten der betreffenden Kapitalgesellschaft aufbaut. ③ Anhaltspunkte dafür, dass ein Erwerber neben den ertragswert- oder zahlungsstromorientierten Verfahren bei der Bemessung des Kaufpreises eine andere übliche Methode zugrunde legen würde, können sich insbesondere auch aus branchenspezifischen Verlautbarungen ergeben, z. B. bei Kammerberufen aus Veröffentlichungen der

---

[1] *BFH-Urteil vom 21. 4. 1999 II R 87/97 (BStBl. II S. 810):* Die Ableitung des gemeinen Werts nichtnotierter Stammaktien aus dem Börsenkurs von notierten Vorzugsaktien muss die konkreten Verhältnisse der Gesellschaft berücksichtigen.

[2] Zur Ableitung des Werts eines GmbH-Anteils aus einem Verkauf nach § 11 Abs. 2 Satz 2 BewG 2002 siehe *BFH-Urteil vom 16. 5. 2013 II R 4/11 (BFH/NV S. 1223). – BFH-Beschluss vom 12. 3. 2015 II B 85/14 (BFH/NV S. 959):* Gibt es beim Kauf einer Mehrheitsbeteiligung von mehreren Gesellschaftern keinerlei konkrete Anhaltspunkte dafür, dass die Höhe einzelner erworbener Anteile zu einem höheren Kaufpreis oder die Höhe der insgesamt erworbenen Beteiligung zu einem höheren Gesamtkaufpreis geführt hat, ist es gerechtfertigt, den gemeinen Wert einer Minderheitsbeteiligung aus dem durchschnittlichen Kaufpreis für den Erwerb der Mehrheitsbeteiligung abzuleiten, ohne einen Abschlag zu berücksichtigen.

BFH-Urteil vom 25. 9. 2024 II R 49/22 (DStR 2025 S. 268): **1.** Der gemeine Wert eines nicht börsennotierten Anteils an einer Kapitalgesellschaft lässt sich nur dann nach § 11 Abs. 2 Satz 2 des Bewertungsgesetzes aus Verkäufen unter fremden Dritten, die weniger als ein Jahr zurückliegen, ableiten, wenn die Veräußerung im gewöhnlichen Geschäftsverkehr erfolgt, der die marktwirtschaftlichen Grundsätze von Angebot und Nachfrage vollzieht. Ob dies der Fall ist, richtet sich nach den Umständen des Einzelfalls. **2.** Ein über die Jahre gleichbleibender pauschaler Holdingabschlag ist bei der Ableitung des gemeinen Werts eines Anteils an einer Kapitalgesellschaft nicht zu berücksichtigen, wenn er nicht auf der konkreten Beschaffenheit des Wirtschaftsguts beruht und nicht auszuschließen ist, dass mit diesem auch persönliche Verfügungsbeschränkungen des Anteilsinhabers abgegolten werden sollen.

Kammern. ④ Der Steuerpflichtige kann den gemeinen Wert auch im vereinfachten Ertragswertverfahren (→ R B 199.1 ff.) ermitteln. ⑤ Sofern zum Bewertungsstichtag feststeht, dass die Berechnungsgrößen des Verfahrens durch bekannte objektive Umstände, z. B. wegen des Todes des Unternehmers, sich nachhaltig verändern, muss dies bei der Ermittlung entsprechend berücksichtigt werden.

H B 11.2

H B 11.2

13 **Ausgabe neuer Geschäftsanteile.** → BFH vom 5. 2. 1992 II R 185/87, BStBl. 1993 II S. 266.

Verkäufe nach dem Bewertungsstichtag. → BFH vom 2. 11. 1988 II R 52/85, BStBl. 1989 II S. 80.

Zwerganteile. → BFH vom 7. 12. 1979 III R 45/77, BStBl. 1980 II S. 234, und vom 5. 3. 1986 II R 232/82, BStBl. II S. 591.

ErbStR R B 11.3

R B 11.3 Verfügungsbeschränkungen

14 (1) ① Als gemeiner Wert ist der Preis maßgebend, der im gewöhnlichen Geschäftsverkehr nach der Beschaffenheit des Wirtschaftsguts bei einer Veräußerung zu erzielen wäre (→ R B 9.1 und 9.2). ② Der bei Veräußerung eines Anteils an einer Kapitalgesellschaft tatsächlich erzielte Preis ist im gewöhnlichen Geschäftsverkehr zustande gekommen, wenn er sich durch den Ausgleich widerstreitender Interessen von Verkäufer und Käufer gebildet hat. ③ Dürfen Anteile nach den vertraglichen Regelungen ausschließlich an bestimmte Personen (z. B. Mitglieder eines Familienstamms) veräußert werden, können hierin Verfügungsbeschränkungen bestehen, die nach §§ 9 Absatz 2 Satz 3, 9 Absatz 3 BewG nicht berücksichtigt werden.

15 (2) ① Der Steuerpflichtige kann im Fall der Wertableitung aus Verkäufen nachweisen, dass die ungewöhnlichen oder persönlichen Verhältnisse tatsächlich nicht zu einem unter dem gemeinen Wert liegenden Wert geführt haben. ② Dieser Nachweis muss entsprechend § 11 Absatz 2 Satz 2 und 3 BewG durch Vorlage eines Gutachtens unter Angabe des Substanzwerts geführt werden. ③ Bei der Ableitung des Werts aus Verkäufen unter fremden Dritten (§ 11 Absatz 2 Satz 2 1. Halbsatz BewG) ist der Substanzwert nicht als Untergrenze anzusetzen.

H B 11.3

H B 11.3

16 **Verfügungsbeschränkungen im Gesellschaftsvertrag.** → BFH vom 12. 7. 2005 II R 8/04, BStBl. II S. 845.

ErbStR R B 11.4

R B 11.4 Bewertung der Anteile an einer Kapitalgesellschaft in Sonderfällen

17 (1) ① Besondere Umstände, die bei der Ermittlung des gemeinen Werts im vereinfachten Ertragswertverfahren und beim Ansatz mit dem Substanzwert nicht hinreichend zum Ausdruck gekommen sind, können nicht durch Zu- und Abschläge berücksichtigt werden. ② Dazu zählen insbesondere

- die nachhaltig unverhältnismäßig geringen Erträge bei einem großen Vermögen des Unternehmens,
- die schwere Verkäuflichkeit der Anteile,
- eine Zusammenfassung aller oder mehrerer Anteile in einer Hand,
- die bei einem Verkauf der Anteile bzw. einer Liquidation der Gesellschaft anfallenden Ertragsteuern,
- eine Unterkapitalisierung,
- das Fehlen eigener Betriebsgrundstücke und -gebäude und
- die Vorteile, die eine Kapitalgesellschaft aus der Verbindung zu anderen Unternehmen der Anteilseigner zieht.

③ Als besondere Umstände, die bei der Ermittlung des gemeinen Werts nach allen Bewertungsverfahren nicht zu berücksichtigen sind, sind auch ungewöhnliche oder persönliche Verhältnisse anzusehen (→ R B 9.2).

18 (2) ① Liegt der besondere Umstand darin, dass die Anteile an der Gesellschaft keinen Einfluss auf die Geschäftsführung gewähren, kommt bei der Ermittlung des Werts im vereinfachten Ertragswertverfahren und beim Ansatz des Substanzwerts kein Abschlag in Betracht. ② Entsprechendes gilt für den Paketzuschlag (→ R B 11.8 Absatz 2).

19 (3) ① Wegen der Bewertung von Anteilen an Kapitalgesellschaften im vereinfachten Ertragswertverfahren bei Neugründungen (→ R B 199.1 Absatz 4 und 6 Satz 1 Nummer 2 und Satz 2). ② Beim Ansatz des Substanzwerts bleibt der Umstand, dass es sich um eine Neugründung handelt, unberücksichtigt.

20 (4) ① Das vereinfachte Ertragswertverfahren ist grundsätzlich auch bei der Ermittlung des gemeinen Werts von Anteilen an Gesellschaften anwendbar, zu deren Vermögen Anteile oder Beteiligungen an nachgeordneten Gesellschaften gehören. ② Allerdings ist bei komplexen Strukturen von verbundenen Unternehmen dessen Anwendung grundsätzlich ausgeschlossen (→ R B 199.1 Absatz 4 und 6 Satz 1 Nummer 1). ③ Sofern das vereinfachte Ertragswertverfahren angewendet wird, sind Anteile und Beteiligungen an nachgeordneten Gesellschaften mit ihrem eigenständig ermittelten gemeinen Wert anzusetzen (§ 200 Absatz 2 und 3 BewG). ④ Entsprechendes gilt bei

der Ermittlung des Substanzwerts, der jedoch nur anzusetzen ist, wenn die Prüfung ergibt, dass er höher ist als der im vereinfachten Ertragswertverfahren oder unter Berücksichtigung der Ertragsaussichten des Unternehmens oder einer anderen anerkannten, auch im gewöhnlichen Geschäftsverkehr für nichtsteuerliche Zwecke üblichen Methode ermittelte Wert (§ 11 Absatz 2 Satz 2 und 3 BewG).

(5) ① Das vereinfachte Ertragswertverfahren ist grundsätzlich auch bei der Ermittlung des gemeinen Werts von Anteilen an Organgesellschaften oder Organträgergesellschaften anwendbar. ② Allerdings ist bei komplexen Strukturen von verbundenen Unternehmen dessen Anwendung grundsätzlich ausgeschlossen (→ R B 199.1 Absatz 4 und 6 Satz 1 Nummer 1). ③ Sofern das vereinfachte Ertragswertverfahren bei der Organgesellschaft angewendet wird, sind dabei deren Betriebsergebnisse anzusetzen. ④ Bei der Ermittlung der Betriebsergebnisse sind der Aufwand aus Gewinnabführungen an den Organträger und der Ertrag aus Verlustübernahmen des Organträgers nicht zu berücksichtigen (§ 202 Absatz 1 Satz 2 Nummer 3 BewG). ⑤ Die Betriebsergebnisse sind um den darauf entfallenden pauschalen Ertragsteueraufwand zu kürzen (§ 202 Absatz 3 BewG). ⑥ Sofern das vereinfachte Ertragswertverfahren bei der Organträgergesellschaft angewendet wird, ist dabei die Beteiligung an der Organgesellschaft mit ihrem eigenständig ermittelten gemeinen Wert anzusetzen (§ 200 Absatz 2 und 3 BewG). ⑦ Die Betriebsergebnisse der Organträgergesellschaft sind um den Aufwand aus der Übernahme von Verlusten der Organgesellschaft zu erhöhen (§ 202 Absatz 1 Satz 2 Nummer 1 Buchstabe f BewG) und den Ertrag aus Gewinnabführungen der Organgesellschaft zu kürzen (§ 202 Absatz 1 Satz 2 Nummer 2 Buchstabe f BewG). ⑧ Die verbleibenden Betriebsergebnisse sind um den pauschalen Ertragsteueraufwand zu kürzen (§ 202 Absatz 3 BewG). ⑨ Ein zusätzlicher Abzug von Ertragsteueraufwand auf die Erträge der Organgesellschaft ist bei der Organträgergesellschaft ausgeschlossen. ⑩ Absatz 4 Sätze 3 und 4 gelten entsprechend. **21**

(6) ① Das vereinfachte Ertragswertverfahren ist auch bei der Ermittlung des gemeinen Werts von Anteilen an einer GmbH, die Komplementärin einer GmbH & Co. KG ist, anwendbar. ② Bei Anteilen an einer Komplementär-GmbH liegt jedoch regelmäßig ein Fall von geringer Bedeutung vor, wenn sie zusammen mit der (anteiligen) Beteiligung an der GmbH & Co. KG übertragen werden und die Komplementär-GmbH neben der Kostenerstattung für die Geschäftsführung der KG nur ein Entgelt für die Übernahme des Haftungsrisikos erhält, aber keine Geschäfte im eigenen Namen betreibt. ③ Ist in der Feststellungserklärung der KG der Substanzwert der Anteile an der Komplementär-GmbH angegeben, kann dieser grundsätzlich übernommen werden. **22**

(7) ① Bei Anteilen an einer Gesellschaft in Liquidation ist als gemeiner Wert in der Regel der Substanzwert anzusetzen. ② Es bestehen keine Bedenken, den Liquidationswert anzusetzen (→ R B 11.5 Absatz 9). **23**

(8) ① Sind Anteile an einer Gesellschaft mit ungleichen Rechten ausgestattet, ist deren Berücksichtigung weder im Rahmen des vereinfachten Ertragswertverfahrens noch beim Substanzwert möglich. ② Bei der Aufteilung des Gesamtwerts der Gesellschaft auf die Anteile können diese jedoch berücksichtigt werden (→ R B 97.6). **24**

(9) ① Hält die Kapitalgesellschaft, deren Anteile zu bewerten sind, eigene Anteile, wirkt sich dies nicht auf die Bewertung der Gesellschaft aus. ② Die eigenen Anteile sind erst im Rahmen der Aufteilung des Werts der Kapitalgesellschaft zu berücksichtigen. ③ Sie mindern den Wert des gesamten Nennkapitals um ihren Nennwert (→ R B 97.6 Absatz 1). **25**

(10) ① Der gemeine Wert nicht notierter Anteile an einer Kapitalgesellschaft kann aufgrund der Haftungsbeschränkung des Gesellschafters nicht negativ sein, auch wenn der Wert des Betriebsvermögens der Gesellschaft, der sich aus einem Gutachten, nach dem vereinfachten Ertragswertverfahren oder als Substanzwert ergibt, negativ ist. ② Der Wert nicht notierter Anteile an Kapitalgesellschaften ist in diesem Fall mit 0 EUR festzustellen. ③ Soweit die Einlage des Gesellschafters noch nicht oder noch nicht vollständig erbracht wurde, hat dies keine Auswirkung auf den gemeinen Wert der Anteile. ④ In Erbfällen liegt bei unmittelbarer Beteiligung hinsichtlich der ausstehenden Einlage eine Nachlassverbindlichkeit im Sinne des § 10 Absatz 5 Nummer 1 ErbStG vor und bei Schenkungen eine Gegenleistung, unabhängig davon, ob diese bereits eingefordert wurde. ⑤ Bei mittelbaren Beteiligungen ist im mehrstufigen Feststellungsverfahren die ausstehende Einlage im Rahmen der Bewertung der übergeordneten Gesellschaft zu berücksichtigen. **26**

H B 11.4

H B 11.4

Anteile an einer gemeinnützigen Kapitalgesellschaft. → Gleich lautende Ländererlasse vom 9. 10. 2013, BStBl. I S. 1362.[1] **27**

R B 11.5 Substanzwert

ErbStR
R B 11.5

(1) ① Der Substanzwert ist als Mindestwert nur anzusetzen, wenn der gemeine Wert nach dem vereinfachten Ertragswertverfahren (→ R B 199.1 ff.) oder mit einem Gutachtenwert (Ertragswertverfahren oder andere im gewöhnlichen Geschäftsverkehr für nichtsteuerliche Zwecke übliche Methode) ermittelt wird. ② Wird der gemeine Wert aus tatsächlichen Verkäufen unter fremden **28**

[1] Nachfolgend abgedruckt als Anlage zu § 11 Abs. 2 BewG.

Dritten im gewöhnlichen Geschäftsverkehr abgeleitet, ist der Ansatz des Substanzwerts als Mindestwert ausgeschlossen.[1]

29 (2) Dem Grunde nach sind in die Ermittlung des Substanzwerts alle Wirtschaftsgüter einzubeziehen, die nach §§ 95 bis 97 BewG zum Betriebsvermögen gehören.

30 (3) ① Bei Einzelunternehmen, Personengesellschaften und Kapitalgesellschaften im Sinne der §§ 95 bis 97 BewG richtet sich der Umfang des Betriebsvermögens somit nach der Zugehörigkeit der Wirtschaftsgüter zum ertragsteuerlichen Betriebsvermögen am Bewertungsstichtag (→ R B 95, 97.1 bis 97.3, 99, 103.1 bis 103.3). ② Aktive und passive Wirtschaftsgüter gehören auch dann dem Grunde nach zum ertragsteuerlichen Betriebsvermögen, wenn für sie ein steuerliches Aktivierungs- oder Passivierungsverbot besteht. ③ Eine handelsrechtlich gebotene Rückstellung (z. B. Drohverlustrückstellung), die steuerlich nicht passiviert werden darf (§ 5 Absatz 4a Satz 1 EStG), ist bei der Ermittlung des Substanzwerts gleichwohl anzusetzen. ④ Zum Betriebsvermögen gehören auch selbst geschaffene oder entgeltlich erworbene immaterielle Wirtschaftsgüter (z. B. Patente, Lizenzen, Warenzeichen, Markenrechte, Konzessionen, Bierlieferrechte). ⑤ Geschäftswert-, firmenwert- oder praxiswertbildende Faktoren, denen ein eigenständiger Wert zugewiesen werden kann (z. B. Kundenstamm, Know-how), sind mit einzubeziehen, unabhängig davon, ob sie selbst geschaffen oder entgeltlich erworben wurden. ⑥ Zum Betriebsvermögen gehörende Genossenschaftsanteile sind grundsätzlich im Rahmen der Ermittlung des Substanzwerts als Kapitalforderungen nach § 12 BewG mit dem Nennwert zu bewerten. ⑦ Eine zukünftige Ertragsteuerbelastung (latente Ertragsteuern) ist nicht wertmindernd zu berücksichtigen.

31 (4) Rücklagen und Ausgleichsposten mit Rücklagencharakter sind im Allgemeinen nicht abzugsfähig, weil sie Eigenkapitalcharakter haben (→ R B 103.1 Absatz 2).

32 (5) ① Die zum Betriebsvermögen gehörenden Wirtschaftsgüter und sonstigen aktiven Ansätze sowie die zum Betriebsvermögen gehörenden Schulden und sonstigen Abzüge sind bei der Ermittlung des Substanzwerts mit dem gemeinen Wert anzusetzen (§ 11 Absatz 2 Satz 3 BewG). ② Ist für Grundbesitz, Betriebsvermögen und Anteile an Kapitalgesellschaften ein Wert nach § 151 Absatz 1 Satz 1 Nummer 1 bis 3 BewG festzustellen, sind die auf den Bewertungsstichtag festgestellten Werte anzusetzen. ③ Die Basiswertregelung in § 151 Absatz 3 BewG ist hierbei zu beachten.

33 (6)[2] ① Der gemeine Wert von Erfindungen oder Urheberrechten, die in Lizenz vergeben oder in sonstiger Weise gegen Entgelt einem Dritten zur Ausnutzung überlassen sind, wird in der Weise ermittelt, dass der Anspruch auf die in wiederkehrenden Zahlungen bestehende Gegenleistung kapitalisiert wird, soweit keine anderen geeigneten Bewertungsgrundlagen vorhanden sind. ② Hierfür sind die vertraglichen Vereinbarungen mit dem Lizenznehmer maßgeblich. ③ Ist keine feste Lizenzgebühr vereinbart und die Vertragsdauer unbestimmt, kann auf die letzte vor dem Besteuerungszeitpunkt gezahlte Lizenzgebühr und eine Laufzeit von acht Jahren abgestellt werden. ④ Der Kapitalisierung ist der marktübliche Zinssatz zugrunde zu legen. ⑤ Es ist nicht zu beanstanden, wenn auf den Zinssatz abgestellt wird, den die Deutsche Bundesbank anhand der Zinsstrukturdaten aus der langfristig erzielbaren Rendite öffentlicher Anleihen jeweils auf den ersten Börsentag des Jahres errechnet (Basiszins). ⑥ Der Basiszins ist um einen Zuschlag von 4,5 Prozent zu erhöhen. ⑦ Die Summe aus Basiszins und Zuschlag ergibt den Kapitalisierungszinssatz. ⑧ Dieser Zinssatz ist für alle Wertermittlungen auf Bewertungsstichtage in diesem Jahr anzuwenden.

34 (7) ① Wirtschaftsgüter des beweglichen abnutzbaren Anlagevermögens sind mit dem gemeinen Wert anzusetzen. ② Als gemeiner Wert kann aus Vereinfachungsgründen ein angemessener Restwert in Höhe von mindestens 30 Prozent der Anschaffungs- oder Herstellungskosten berücksichtigt werden, wenn dies nicht zu unzutreffenden Ergebnissen führt.

35 (8) ① Wirtschaftsgüter des Umlaufvermögens sind mit ihren Wiederbeschaffungs- oder Wiederherstellungskosten zum Bewertungsstichtag anzusetzen. ② Ihr Wert kann auch nach der retrograden Methode ermittelt werden. ③ Auf Grund der Verbrauchsfolgefiktion des Lifo-Verfahrens gebildete stille Reserven sind bei der Ermittlung des Substanzwertes anzusetzen.

36 (9) Bei Einzelunternehmen, Personengesellschaften oder Kapitalgesellschaften, die sich in Liquidation befinden, bestehen keine Bedenken, den Liquidationswert (einschließlich der Liquidationskosten, die beispielsweise für einen Sozialplan anfallen) anzusetzen.

H B 11.5

H B 11.5

37 **Berücksichtigung einer zukünftigen Steuerbelastung.** → BFH vom 27. 9. 2017 II R 15/15, BStBl. 2018 II S. 281.

Ermittlung des Kapitalisierungszinssatzes. → Für 2017 beträgt der Basiszins 0,59%; daraus ergibt sich ein Kapitalisierungszinssatz von 5,09%. Für Bewertungsstichtage ab 1. Januar 2018

[1] *BFH-Urteil vom 25. 9. 2024 II R 15/21 (DStRE 2025 S. 270):* **1.** Der Wert von Anteilen an einer nicht börsennotierten Kapitalgesellschaft ist nicht nach § 11 Abs. 2 Satz 3 des Bewertungsgesetzes (BewG) auf den Substanzwert begrenzt, wenn eine Ableitung des (niedrigeren) gemeinen Werts aus Verkäufen unter fremden Dritten, die weniger als ein Jahr zurückliegen, nach § 11 Abs. 2 Satz 2 BewG möglich ist. **2.** Zur Ableitung des gemeinen Werts aus Verkäufen zwischen fremden Dritten nach § 11 Abs. 2 Satz 2 BewG können solche Verkäufe nicht herangezogen werden, bei denen über Jahre hinweg regelmäßig derselbe Preis zugrunde gelegt wird.

[2] Kapitalisierungszinssätze abgedruckt zu H B 9.4.

kann auf den Basiszins abgestellt werden, den das Bundesministerium der Finanzen nach § 18 Absatz 4 InvStG 2018 jährlich im Bundessteuerblatt Teil I veröffentlicht.

R B 11.6 Ermittlung des Substanzwerts

ErbStR R B 11.6

(1) Bei der Ermittlung des Substanzwerts ist das Vermögen der Kapitalgesellschaft mit dem gemeinen Wert zum Bewertungsstichtag zugrunde zu legen. 38

(2) ① Stimmt der Bewertungsstichtag nicht mit dem Schluss des Wirtschaftsjahrs überein, auf 39 den die Kapitalgesellschaft einen regelmäßigen jährlichen Abschluss macht, und erstellt die Kapitalgesellschaft keinen Zwischenabschluss, der den Grundsätzen der Bilanzkontinuität entspricht, kann aus Vereinfachungsgründen der Wert des Vermögens der Kapitalgesellschaft zum Bewertungsstichtag aus der auf den Schluss des letzten vor dem Bewertungsstichtag endenden Wirtschaftsjahrs erstellten Vermögensaufstellung abgeleitet werden (Absatz 3), sofern dies im Einzelfall nicht zu unangemessenen Ergebnissen führt und deshalb eine besondere Ermittlung des Substanzwerts auf den Bewertungsstichtag vorzunehmen ist. ② Dabei ist zunächst der Saldo der gemeinen Werte für die Wirtschaftsgüter, sonstigen aktiven Ansätze, Schulden und sonstigen Abzüge zum Abschlusszeitpunkt zu bilden, die bei der Ermittlung des Substanzwerts der Kapitalgesellschaft anzusetzen sind (Ausgangswert).

(3) ① Aus dem Ausgangswert (Absatz 2) ist der Wert des Vermögens der Kapitalgesellschaft auf 40 den Bewertungsstichtag unter vereinfachter Berücksichtigung der im Vermögen der Kapitalgesellschaft bis zum Bewertungsstichtag eingetretenen Veränderungen abzuleiten. ② Als Korrekturen kommen insbesondere in Betracht:

1. Hinzurechnung des Gewinns bzw. Abrechnung des Verlustes, der auf den Zeitraum vom letzten Bilanzstichtag vor dem Bewertungsstichtag bis zum Bewertungsstichtag entfällt. ② Auszugehen ist dabei vom Gewinn laut Steuerbilanz. ③ Der Gewinn oder Verlust ist zu korrigieren, soweit darin Abschreibungen (Normal-AfA, erhöhte AfA, Sonderabschreibungen, Teilwertabschreibungen) oder Aufwendungen auf betrieblichen Grundbesitz (Grund und Boden, Betriebsgebäude, Außenanlagen, sonstige wesentliche Bestandteile und Zubehör) enthalten sind, die das Ergebnis gemindert haben, mit dem Wertansatz der Betriebsgrundstücke aber abgegolten sind. ④ Dazu gehören auch Erhaltungsaufwendungen für betrieblichen Grundbesitz, die den Grundbesitzwert zwar wegen der für den Grundbesitz geltenden Bewertungsmethoden nicht erhöhen, aber mit dem Ansatz des Grundbesitzwerts abgegolten sind. ⑤ Gewinn oder Verlust und Abschreibungen oder andere Aufwendungen bis zum Bewertungsstichtag sind, soweit dies nicht im Einzelfall zu unangemessenen Ergebnissen führt, zeitanteilig aus den entsprechenden Jahresbeträgen zu berechnen;
2. Berücksichtigung von Vermögensänderungen infolge Veräußerung oder Erwerb von Anlagevermögen, insbesondere von Betriebsgrundstücken, Wertpapieren, Anteilen und Genussscheinen von Kapitalgesellschaften und Beteiligungen an Personengesellschaften, soweit sie sich nicht bereits nach Nummer 1 ausgewirkt haben;
3. Vermögensabfluss durch Gewinnausschüttungen;
4. Vermögenszuführungen oder -abflüsse infolge von Kapitalerhöhungen oder Kapitalherabsetzungen;
5. Vermögenszuführungen durch verdeckte Einlagen.

(4) Die Kapitalgesellschaft hat nach amtlichem Vordruck eine Vermögensaufstellung auf den 41 Bewertungsstichtag als Anlage zur Feststellungserklärung abzugeben, aus der sich die für die Ermittlung des Substanzwerts erforderlichen Angaben ergeben (§ 153 Absatz 3 BewG).

H B 11.6

H B 11.6

Aufwendungen auf betrieblichen Grundbesitz. 42

Beispiel 1:

In der Gewinnermittlung des zu bewertenden Betriebs sind Aufwendungen enthalten, die auf eine Erneuerung des Asphaltbelags des betrieblichen Kundenparkplatzes entfallen.

Die Aufwendungen sind dem Gewinn hinzuzurechnen, weil sie bereits mit dem Wertansatz des Parkplatzes abgegolten sind. Dies gilt auch dann, wenn sich, wie im vorliegenden Fall, die Aufwendungen im Rahmen der geltenden Bewertungsverfahren der Höhe nach nicht auf den Grundbesitzwert auswirken.

Beispiel 2:

Ein Unternehmen wendet Kosten für die erstmalige Herstellung eines Parkplatzes auf, die ertragsteuerrechtlich als Herstellungskosten zu qualifizieren sind und sich über die Absetzungen für Abnutzung in der Gewinnermittlung auswirken.

Obwohl die Herstellungskosten für den Parkplatz regelmäßig nicht den Grundbesitzwert erhöhen, ist der Wert des Parkplatzes mit dem Ansatz des Grundbesitzwertes abgegolten. Der Grundbesitzwert umfasst dem Grund nach auch die wesentlichen Bestandteile (Außenanlagen), obwohl bei der Grundbesitzbewertung der Höhe nach (regelmäßig) kein gesonderter Wertansatz für Außenanlagen vorgesehen ist.

Für die Ableitung des Werts des Vermögens der Kapitalgesellschaft vom Ausgangswert ist der Gewinn um diese Aufwendungen (Absetzungen für Abnutzung) zu korrigieren.

Beispiel 3:

Für ein Gebäude sind Erhaltungsaufwendungen angefallen, z. B. für den Anstrich von Fenstern oder Kosten für die Erneuerung von Türen oder einer Heizungsanlage.

Im Rahmen der geltenden Bewertungsverfahren führen solche Aufwendungen regelmäßig nicht zu einer Erhöhung des Grundbesitzwerts, es sei denn, es läge eine überwiegende oder umfassende Modernisierung vor, so dass ein fiktives Baujahr zu ermitteln wäre. Dennoch sind die Erhaltungsaufwendungen mit dem Ansatz des Grundbesitzwerts abgegolten.

Für die Ableitung des Werts des Vermögens der Kapitalgesellschaft vom Ausgangswert ist der Gewinn um diese Aufwendungen zu korrigieren.

ErbStR R B 11.7

R B 11.7 Gemeiner Wert nicht notierter Anteile an Kapitalgesellschaften

43 Der gemeine Wert eines nicht notierten Anteils an einer Kapitalgesellschaft bestimmt sich grundsätzlich nach dem Verhältnis des Anteils am Nennkapital (Grund- oder Stammkapital) der Gesellschaft zum gemeinen Wert des Betriebsvermögens der Kapitalgesellschaft zum Bewertungsstichtag (→ R B 97.6).

ErbStR R B 11.8

R B 11.8 Paketzuschlag

44 (1) Ein Paketzuschlag ist vorzunehmen, wenn der gemeine Wert der zu bewertenden Anteile höher ist als der Wert, der den Beteiligungscharakter der zu bewertenden Anteile nicht berücksichtigt.

45 (2) ① Der Paketzuschlag kommt sowohl beim Ansatz von Kurswerten als auch bei der Ermittlung des gemeinen Werts durch Ableitung aus Verkäufen in Betracht. ② Wird der gemeine Wert in einem Ertragswertverfahren oder nach einer anderen anerkannten, auch im gewöhnlichen Geschäftsverkehr für nichtsteuerliche Zwecke üblichen Methode ermittelt, ist – unter den Voraussetzungen des § 11 Absatz 3 BewG – der Paketzuschlag erforderlich, wenn die in § 11 Absatz 3 BewG genannten Umstände bei der Wertermittlung nicht berücksichtigt werden. ③ Im vereinfachten Ertragswertverfahren (→ R B 199.1) ist in der Regel kein Paketzuschlag vorzunehmen. ④ Ein Abschlag wegen fehlenden Einflusses auf die Geschäftsführung kommt in diesen Fällen nicht in Betracht. ⑤ Ein Paketzuschlag ist in den Fällen der Bewertung mit dem Substanzwert nicht vorzunehmen.

46 (3) Ein Paketzuschlag ist vorzunehmen, wenn ein Gesellschafter mehr als 25 Prozent der Anteile an einer Kapitalgesellschaft auf einen oder mehrere Erwerber überträgt (Absatz 4 bis 8).

47 (4) ① Gehen Anteile an einer Kapitalgesellschaft von mehr als 25 Prozent von einem Erblasser auf mehrere Erben über, ist ein Paketzuschlag auch dann vorzunehmen, wenn die anschließende (quotale) Aufteilung unter den Erben dazu führt, dass jeder der Erben nur eine Beteiligung von weniger als 25 Prozent erhält. ② Das Ergebnis einer frei unter den Miterben vereinbarten Auseinandersetzung oder die Auseinandersetzung nach Maßgabe einer Teilungsanordnung des Erblassers sind für die Bewertung der Beteiligung unbeachtlich.

48 (5) ① Wenn neben den Erben ein Vermächtnisnehmer einen schuldrechtlichen Anspruch auf Anteile erlangt, bei dessen Erfüllung die den Erben verbleibende Beteiligung weniger als 25 Prozent beträgt, kann der Verlust dieses Einflusses – bezogen auf den Bewertungsstichtag – eine wirtschaftliche Änderung sein, die einen Paketzuschlag für die von den Erben erworbene Beteiligung nicht mehr rechtfertigt. ② Der Anspruch des Vermächtnisnehmers ist danach zu bewerten, ob die ihm vermachten Anteile mehr als 25 Prozent betragen. ③ Ein Vorausvermächtnis zugunsten eines Miterben ist dagegen nicht als wirtschaftliche Änderung anzusehen, die die Erbengemeinschaft in der Ausübung ihrer Mitgliedschaftsrechte – bezogen auf den Bewertungsstichtag – beschränkt, und berührt damit den Paketzuschlag für die von den Erben erworbene Beteiligung nicht.

49 (6) ① Bei Schenkungen unter Lebenden sind die auf den Erwerber übergehenden Anteile Besteuerungsgrundlage. ② Die Bewertung der zugewendeten Anteile richtet sich, vorbehaltlich Absatz 8, danach, ob diese mehr als 25 Prozent betragen.

50 (7) ① Führt die Vereinigung von zugewendeten Anteilen mit bereits vorhandenen eigenen Anteilen des Erwerbers dazu, dass er mehr als 25 Prozent hält, ist dies, vorbehaltlich Absatz 8, für die Bewertung der zugewendeten Anteile grundsätzlich unbeachtlich. ② Entsprechendes gilt auch, wenn einem Erwerber gleichzeitig von mehreren Personen Anteile zugewendet werden.

51 (8) Werden nacheinander von derselben Person mehrere Anteile zugewendet, die unter den Voraussetzungen des § 14 ErbStG zusammengerechnet dem Erwerber eine Beteiligung von mehr als 25 Prozent verschaffen, ist bei den zugewendeten Anteilen, die dem Erwerber erstmals eine Beteiligung von mehr als 25 Prozent verschaffen, und allen weiteren zugewendeten Anteilen ein Paketzuschlag vorzunehmen.

52 (9) ① Als Paketzuschlag kann, je nach Umfang der zu bewertenden Beteiligung, im Allgemeinen ein Zuschlag bis zu 25 Prozent in Betracht kommen. ② Höhere Zuschläge sind im Einzelfall möglich.

Anl zu § 11 Abs. 2

Erlass betr. Besteuerung von Anteilen an einer gemeinnützigen Kapitalgesellschaft

Vom 9. Oktober 2013 (BStBl. I S. 1362)

(Gleich lautender Ländererlass)

1. Nach § 11 Abs. 2 BewG sind Anteile an einer Kapitalgesellschaft mit dem gemeinen Wert anzusetzen. Wenn sich der gemeine Wert nicht aus Verkäufen unter fremden Dritten ableiten lässt, die weniger als ein Jahr zurückliegen, ist er unter Berücksichtigung der Ertragsaussichten der Kapitalgesellschaft, einer anderen anerkannten, auch im gewöhnlichen Geschäftsverkehr für nichtsteuerliche Zwecke üblichen Methode oder im vereinfachten Ertragswertverfahren (§§ 199 ff. BewG) zu ermitteln. Dabei darf der Substanzwert der Gesellschaft nicht unterschritten werden. **60**

2. Nach § 55 Abs. 1 Nr. 1 Satz 2 und Nr. 2 AO dürfen die Gesellschafter einer steuerbegünstigten, gemeinnützige Zwecke verfolgenden Körperschaft keine Gewinnanteile oder sonstigen Zuwendungen aus Mitteln der Körperschaft erhalten und bei ihrem Ausscheiden oder bei Auflösung oder Aufhebung der Körperschaft nicht mehr als ihre eingezahlten Kapitalanteile und den gemeinen Wert ihrer geleisteten Sacheinlagen zurückerhalten. **61**

3. Die sich aus den gemeinnützigkeitsrechtlichen Bindungen für die Gesellschafter ergebenden Beschränkungen werden im Rahmen der Bewertung der Anteile nicht gesondert berücksichtigt. Das vereinfachte Ertragswertverfahrens nach §§ 199 ff. BewG kann nur angewendet werden, wenn es nicht zu einem offensichtlich unzutreffenden Ergebnis führt. Da die steuerliche Gewinnermittlung einer steuerbegünstigten Körperschaft nicht den ideellen Bereich, die Vermögensverwaltung und den Zweckbetrieb umfasst, dürften regelmäßig begründete Zweifel an der Anwendbarkeit des vereinfachten Ertragswertverfahrens bestehen (R B 199.1 Abs. 6 ErbStR). Unter Berufung auf die gemeinnützigkeitsrechtlichen Bindungen darf der Substanzwert (§ 11 Abs. 2 Satz 3 BewG) nicht unterschritten werden. **62**

4. Werden Anteile an einer steuerbegünstigten Körperschaft von Todes wegen oder durch Schenkung unter Lebenden übertragen, ist bei der Besteuerung der nach § 151 Abs. 1 Satz 1 Nr. 3 BewG festgestellte Wert anzusetzen (§ 12 Abs. 2 ErbStG). **63**

5. Die sich aus den gemeinnützigkeitsrechtlichen Bindungen für den Erwerber der Anteile ergebenden Beschränkungen sind für den Erwerb von Todes wegen oder durch Schenkung unter Lebenden im Rahmen der Ermittlung der Bemessungsgrundlage nach § 10 Abs. 1 Satz 1 ErbStG als auflösend bedingte Last zu berücksichtigen, d. h. zunächst wie eine unbedingte Last abzuziehen (§ 7 Abs. 1 BewG). **64**

6. Die Höhe der auflösend bedingten Last entspricht grundsätzlich der Differenz zwischen dem gemeinen Wert der erworbenen Anteile an der Kapitalgesellschaft (vgl. Tz. 1 und 3) und dem Betrag, den der Erwerber der Anteile nach § 55 Abs. 1 Nr. 1 Satz 2 und Nr. 2 AO bei seinem Ausscheiden oder bei Auflösung oder Aufhebung der Körperschaft ohne Verstoß oder Beeinträchtigung der gemeinnützigkeitsrechtlichen Bindungen zurückerhalten kann (vgl. Tz. 2). Der Erwerber der Anteile darf dabei nicht mehr erhalten, als ein Rechtsvorgänger erhalten hätte. Wertsteigerungen sind Gewinn der Kapitalgesellschaft und dürfen somit gemäß § 55 Abs. 1 Nr. 1 AO nur für deren steuerbegünstigten Zweck verwendet werden. Für die Ermittlung des gemeinen Werts der Sacheinlagen kommt es auf die Verhältnisse zu dem Zeitpunkt an, an dem die Sacheinlagen geleistet worden sind (§ 55 Abs. 2 AO). **65**

7. Das für die Feststellung des gemeinen Werts der Anteile an der Kapitalgesellschaft nach § 152 Nr. 3 BewG zuständige Finanzamt (Betriebsfinanzamt) ermittelt im Rahmen des Feststellungsverfahrens den Wert der abzugsfähigen Last (vgl. Tz. 6) und teilt diesen nachrichtlich im Wege der Amtshilfe dem Erbschaftsteuerfinanzamt mit. **66**

8. Mit dem Eintritt der auflösenden Bedingung ist die Festsetzung der Erbschaft- oder Schenkungsteuer zu berichtigen (§ 7 Abs. 2 BewG) und die Steuer unter Berücksichtigung einer entsprechend verringerten Last zu berechnen. Dies ist insbesondere der Fall, soweit der Erwerber **67**
- bei seinem Ausscheiden oder bei Auflösung der Gesellschaft mehr erhält, als ihm nach § 55 Abs. 1 Nr. 1 Satz 2 und Nr. 2 AO zugestanden hat,
- ohne sein Ausscheiden oder ohne Auflösung der Gesellschaft Zuwendungen aus dem Vermögen der Gesellschaft erhält,
- Anteile veräußert und dabei als Gegenleistung mehr erhält, als ihm nach § 55 Abs. 1 Nr. 1 Satz 2 und Nr. 2 AO zugestanden hat,
- bei Wegfall der Gemeinnützigkeit der Gesellschaft das Vermögen nicht entsprechend § 55 Abs. 1 Nr. 4 Satz 1 AO verwendet,
- nicht nachweisen kann, dass die steuerbegünstigten Zwecke auf Dauer verfolgt werden. Bei Fällen mit Auslandsbezug besteht eine erhöhte Mitwirkungspflicht (§ 90 Abs. 2 AO) und die Beteiligten tragen die objektive Feststellungslast.

9. Das zuständige Erbschaftsteuerfinanzamt muss den Steuerfall bis zum Eintritt der auflösenden Bedingung oder dem Ausscheiden des Erwerbers aus der Gesellschaft in geeigneter Weise überwachen. Überträgt der Erwerber seine Anteile von Todes wegen oder durch Schenkung unter Lebenden, endet die Überwachung für seinen Erwerb. Eine Berichtigung der Steuerfestsetzung erfolgt nicht. **68**

Der Erwerber ist im Steuerbescheid darauf hinzuweisen, dass der Eintritt der Bedingung innerhalb einer Frist von einem Monat bei dem zuständigen Erbschaftsteuerfinanzamt anzuzeigen ist (§ 153 Abs. 2 AO).

Der Erlass ist auf alle Erwerbe anzuwenden, für die die Steuer nach dem 31. Dezember 2008 entstanden ist, soweit Steuerbescheide noch nicht bestandskräftig sind. Entsprechendes gilt für Erwerbe, für die die Steuer nach dem 31. Dezember 2006 und vor dem 1. Januar 2009 entstanden ist, wenn der Erwerber einen Antrag nach Artikel 3 des ErbStRG auf rückwirkende Anwendung des durch das ErbStRG geänderten, am 1. Januar 2009 in Kraft getretenen Erbschaftsteuer- und Bewertungsrechts gestellt hat.

BewG

§ 12 Kapitalforderungen und Schulden

1 **(1) ① Kapitalforderungen, die nicht im § 11 bezeichnet sind, und Schulden sind mit dem Nennwert anzusetzen, wenn nicht besondere Umstände einen höheren oder geringeren Wert begründen. ② Liegen die besonderen Umstände in einer hohen, niedrigen oder fehlenden Verzinsung, ist bei der Bewertung vom Mittelwert einer jährlich vorschüssigen und jährlich nachschüssigen Zahlungsweise auszugehen.**

2 **(2) Forderungen, die uneinbringlich sind, bleiben außer Ansatz.**

3 **(3)[1] ① Der Wert unverzinslicher Forderungen oder Schulden, deren Laufzeit mehr als ein Jahr beträgt und die zu einem bestimmten Zeitpunkt fällig sind, ist der Betrag, der vom Nennwert nach Abzug von Zwischenzinsen unter Berücksichtigung von Zinseszinsen verbleibt. ② Dabei ist von einem Zinssatz von 5,5 Prozent auszugehen.**

4 **(4) ① Noch nicht fällige Ansprüche aus Lebens-, Kapital- oder Rentenversicherungen werden mit dem Rückkaufswert bewertet. ② Rückkaufswert ist der Betrag, den das Versicherungsunternehmen dem Versicherungsnehmer im Falle der vorzeitigen Aufhebung des Vertragsverhältnisses zu erstatten hat. ③ Die Berechnung des Werts, insbesondere die Berücksichtigung von ausgeschütteten und gutgeschriebenen Gewinnanteilen kann durch Rechtsverordnung geregelt werden.**

Übersicht Rz.

R B 12.1 Kapitalforderungen und Schulden; H B 12.1 ... 6–11
R B 12.2 Bundesschatzbriefe, Finanzierungsschätze und Sparbriefe; H B 12.2 ... 12–15
R B 12.3 Zero-Bonds ... 16–18
R B 12.4 Einlage des typischen stillen Gesellschafters; H B 12.4 ... 19, 20

Anlagen:

a) Erlass betr. Bewertung von Kapitalforderungen/-schulden sowie von Ansprüchen/Lasten bei wiederkehrenden Nutzungen und Leistungen nach dem 31. 12. 2009 für Zwecke der Erbschaft- und Schenkungsteuer mit Tabellen 1–6 ... 21–67
Tabelle 1: Vervielfältiger für die Abzinsung einer unverzinslichen Forderung oder Schuld, die nach bestimmter Zeit in einem Betrag fällig ist, im Nennwert von 1,– € ... 62
Tabelle 2: Vervielfältiger für eine unverzinsliche Kapitalforderung/-schuld, die in gleichen Jahresraten getilgt wird ... 63
Tabelle 3: Tabelle zur Berechnung der Barwerte der Zinsdifferenzen für hoch- und niedrigverzinsliche Kapitalforderungen und Schulden mit Ratentilgung ... 64
Tabelle 4: Tabelle der Kapitalwerte der Zinsdifferenzen für niedrigverzinsliche Kapitalforderungen und Schulden mit Annuitätentilgung und einer Annuität im Jahresbetrag von 1,– €; Grenzzinsfuß: 3% ... 65
Tabelle 5: Tabelle der Kapitalwerte der Zinsdifferenzen für hochverzinsliche Kapitalforderungen und Schulden mit Annuitätentilgung und einer Annuität im Jahresbetrag von 1,– €; Grenzzinsfuß: 9% ... 66
Tabelle 6: Kapitalwert einer wiederkehrenden, zeitlich beschränkten Nutzung oder Leistung im Jahresbetrag von 1,– € ... 67
b) Erlass betr. Berücksichtigung von aufschiebend bedingten Lasten für Zwecke der Erbschaft- bzw. Schenkungsteuer; Konsequenzen aus dem BFH-Urteil v. 15.7. 2021 II R 26/19 ... 70–72

Zu § 12 BewG

ErbStR
R B 12.1

R B 12.1 Kapitalforderungen und Schulden

6 (1)[2] Besondere Umstände, die eine vom Nennwert abweichende Bewertung rechtfertigen, liegen vor,

1. wenn die Kapitalforderungen oder Schulden unverzinslich sind und ihre Laufzeit im Besteuerungszeitpunkt mehr als ein Jahr beträgt;
2. wenn die Kapitalforderungen oder Schulden niedrig verzinst oder hoch verzinst sind und die Kündbarkeit für längere Zeit ausgeschlossen ist;
3. wenn zweifelhaft ist, ob eine Kapitalforderung in vollem Umfang durchsetzbar ist.

7 (2) ① Eine niedrig verzinsliche Kapitalforderung oder Schuld, die unter dem Nennwert anzusetzen ist, kann angenommen werden, wenn die Verzinsung unter 3 Prozent liegt und die Kündbarkeit am Veranlagungsstichtag für längere Zeit, d. h. für mindestens vier Jahre, eingeschränkt oder ausgeschlossen ist. ② Stehen einer unverzinslichen oder niedrig verzinslichen Kapitalforderung an

---

[1] *BFH-Urteil vom 15. 7. 2021 II R 26/19 (BStBl. 2023 II S. 66):* **1.** Eine aufschiebend bedingte Last ist auf den Zeitpunkt des Bedingungseintritts zu bewerten. **2.** Der Kapitalwert von lebenslänglichen Leistungen wird mit dem bei Bedingungseintritt geltenden Vervielfältiger berechnet. **3.** Eine Abzinsung der aufschiebend bedingten Last für die Schwebezeit zwischen dem Rechtsgeschäft und dem Bedingungseintritt findet nicht statt.

[2] *BFH-Beschluss vom 22. 3. 2001 II B 77/00 (BFH/NV S. 1103):* Für die Frage der Bewertung einer Darlehensforderung über ihrem Nennwert ist maßgebend, welche Laufzeit des Darlehens am Bewertungsstichtag zu erwarten ist, nicht aber, welche formellen Kündigungsmöglichkeiten der Schuldner hat (vgl. BFH-Urteil vom 10. 2. 1982 II R 3/80, BFHE 135, 214, BStBl. II 1982, 351).

Stelle der Zinsen oder neben den Zinsen andere wirtschaftliche Vorteile gegenüber, kommt eine Bewertung unter dem Nennwert nicht in Betracht; dies gilt entsprechend, wenn einer unverzinslichen oder niedrig verzinslichen Kapitalschuld an Stelle der Zinsen oder neben den Zinsen andere wirtschaftliche Nachteile gegenüberstehen. ③ Eine hoch verzinsliche Kapitalforderung oder Schuld, die über dem Nennwert anzusetzen ist, kann im allgemeinen angenommen werden, wenn die Verzinsung über 9 Prozent liegt und die Rückzahlung am Besteuerungsstichtag noch für mindestens vier Jahre ausgeschlossen ist; Satz 2 gilt entsprechend.

(3) ① Ist zweifelhaft, ob oder inwieweit eine Kapitalforderung durchsetzbar ist, kann sie dem Grad der Zweifelhaftigkeit entsprechend mit einem niedrigeren Schätzwert anzusetzen sein. ② Das gilt insbesondere beim Ansatz verjährter Kapitalforderungen. ③ Schwierigkeiten in der Beurteilung der Rechtslage sind kein besonderer Umstand, der einen Abschlag rechtfertigt. **8**

(4) Nicht zum Betriebsvermögen gehörende Steuererstattungsansprüche und Steuervergütungsansprüche sowie entsprechende Schulden (z. B. Einkommensteuerschulden) sind als Kapitalforderungen oder Schulden zu bewerten. **9**

(5) Kapitalforderungen und Schulden, die auf ausländische Währungen lauten, sind mit dem am Besteuerungszeitpunkt maßgebenden Umrechnungskurs zu bewerten. **10**

H B 12.1

H B 12.1

Bewertung von Kapitalforderungen und -schulden. → Wegen der Berechnung des Gegenwartswerts von nach § 12 Absatz 1 und 3 BewG zu bewertenden Kapitalforderungen und Schulden mit fehlender, niedriger oder hoher Verzinsung → *gleich lautende Ländererlasse vom 10. 10. 2010, BStBl. I S. 810.*[1] **11**

Maßgebender Umrechnungskurs. Die auf ausländische Währungen lautenden Kapitalforderungen und Schulden sind nach dem Briefkurs für den Tag der Entstehung der deutschen Erbschaftsteuer in Euro umzurechnen (→ BFH vom 19. 3. 1991 II R 134/88, BStBl. II S. 521).

Verjährte Kapitalforderungen. → BFH vom 2. 3. 1971 II 64/65, BStBl. II S. 533.

Vermögenslosigkeit des Schuldners. → BFH vom 26. 2. 2003 II R 19/01, BStBl. II S. 561.

R B 12.2 Bundesschatzbriefe, Finanzierungsschätze und Sparbriefe

ErbStR R B 12.2

(1) ① Bundesschatzbriefe A sind mit ihrem Nennwert anzusetzen. ② Bundesschatzbriefe B sind mit ihrem Rückzahlungswert anzusetzen. **12**

(2) ① Finanzierungsschätze des Bundes werden in der Weise verzinst, dass der Erwerber beim Kauf einen geringeren Betrag einzahlt, als er später bei der Einlösung am festliegenden Fälligkeitstag zurückerhält. ② Die Zinsen für die Zeit vom Tag der Zahlung des Kaufpreises bis zum Fälligkeitstag (ausschließlich) werden im Voraus vom Nennwert abgezogen. ③ Finanzierungsschätze werden monatlich in neu aufgelegten Ausgaben mit einer Laufzeit von etwa einem Jahr oder etwa zwei Jahren verkauft. ④ Die Laufzeit beginnt mit dem Tag der Zahlung des Kaufpreises. ⑤ Die Laufzeit endet am 20. des Fälligkeitsmonats, falls der 20. kein Geschäftstag ist, am nächstfolgenden Geschäftstag. ⑥ Bei Fälligkeit wird der Einlösungsbetrag gutgeschrieben oder bargeldlos überwiesen. ⑦ Vor Fälligkeit nimmt der Emittent Finanzierungsschätze nicht zurück. ⑧ Bei Finanzierungsschätzen wie bei anderen Diskontpapieren ist der Wert bis zum Fälligkeitszeitpunkt aus dem Ausgabebetrag zuzüglich der aufgelaufenen fiktiven Zinsen zu berechnen. ⑨ Dabei kann auf eine taggenaue Wertermittlung zum Besteuerungszeitpunkt nicht verzichtet werden. ⑩ Um dabei auch die auf einen unterjährigen Zeitraum entfallenden fiktiven Zinsen zu erfassen, ist der Stichtagswert wie folgt zu ermitteln: **13**

$$\text{Stichtagswert} = \text{Ausgabewert} \times q^n \times \left(\frac{R \times T}{360 \times 100} + 1\right)$$

⑪ Dabei ist

$$q^n: \text{Aufzinsungsfaktor für volle n Jahre} = \left(1 + \frac{R}{100}\right)^n$$

R: Emissionsrendite
T: Jahresbruchteile in Tagen.

⑫ Diese Art der Wertermittlung ist in allen Besteuerungsfällen anzuwenden. ⑬ Da der Anspruch auf Verzinsung bis zum Besteuerungszeitpunkt bereits im Stichtagswert der Finanzierungsschätze und anderer Diskontpapiere berücksichtigt ist, ist ein besonderer Ansatz von Stückzinsen nicht mehr erforderlich.

(3) ① Abgezinste Sparbriefe sind mit dem Rückzahlungswert anzusetzen. ② Ist der Rückzahlungswert nicht bekannt, ist er entsprechend der Regelung in Absatz 2 zu ermitteln. **14**

[1] Jetzt *gleich lautende Erlasse vom 9. 9. 2022,* nachfolgend als Anlage a abgedruckt.

H B 12.2

15 **H B 12.2**

Bewertung von Diskontpapieren.

Beispiel:

A hatte am 2. 1. 00 Diskontpapiere zum Ausgabewert von 14 381 EUR gekauft. Er ist am 20. 10. 01 verstorben.

Ausgabewert	14 381 EUR
Emissionsrendite	4%
Laufzeit	1 Jahr 9 Monate 18 Tage (n = 1; T = 288)

$$14\,381 \times \left(1 + \frac{4}{100}\right)^{1} \times \left(\frac{4 \times 288}{100 \times 360} + 1\right)$$

$= 14\,381 \times 1{,}0400 \times 1{,}032$
$= 15\,434$ EUR.

ErbStR R B 12.3

R B 12.3 Zero-Bonds

16 (1) ① Börsennotierte Zero-Bonds sind mit dem niedrigsten im Besteuerungszeitpunkt für sie im amtlichen Handel notierten Kurs anzusetzen (§ 11 Absatz 1 Satz 1 BewG). ② Liegt am Besteuerungszeitpunkt keine Kursnotierung vor, ist der letzte innerhalb von 30 Tagen vor dem Besteuerungszeitpunkt im amtlichen Handel notierte Kurs maßgebend.

17 (2) ① Nichtnotierte Zero-Bonds sind in Anlehnung an die Kursnotierungen von in Ausstattung und Laufzeit vergleichbaren Anleihen zu bewerten. ② Können für nicht notierte Zero-Bonds keine Vergleichskurse festgestellt werden, berechnet sich ihr Wert aus dem Ausgabebetrag zuzüglich der bis zum Besteuerungszeitpunkt aufgelaufenen Zinsen (Rückzahlungswert). ③ Der Rückzahlungswert ist entsprechend der Berechnung in R B 12.2 für Finanzierungsschätze zu ermitteln.

18 (3) Beträgt die Emissionsrendite mehr als 9 Prozent und ist die Einlösung des Zero-Bonds im Besteuerungszeitpunkt für mindestens 4 Jahre ausgeschlossen, ist bei der Berechnung des Rückzahlungswerts ein Renditekurs zugrunde zu legen, der sich nach dem im Besteuerungszeitpunkt bestehenden Kapitalmarktzinssatz für vergleichbare Anleihen bestimmt.

ErbStR R B 12.4

R B 12.4 Einlage des typischen stillen Gesellschafters

19 ① Die Einlage eines typischen stillen Gesellschafters ist eine Kapitalforderung und grundsätzlich mit dem Nennwert anzusetzen. ② Ist die Kündbarkeit der Einlage am Besteuerungszeitpunkt für längere Zeit ausgeschlossen und liegt der Durchschnittsertrag über 9 Prozent, ist der Nennwert der Vermögenseinlage um den fünffachen Unterschiedsbetrag zwischen dem Durchschnittsertrag und der Verzinsung um 9 Prozent zu erhöhen. ③ Bei einem Durchschnittsertrag unter 3 Prozent der Vermögenseinlage ist, soweit die Kündbarkeit der Einlage am Bewertungsstichtag für längere Zeit ausgeschlossen ist, der Nennwert um den fünffachen Unterschiedsbetrag zwischen 3 Prozent und dem Durchschnittsertrag zu mindern. ④ Der Durchschnittsertrag ist möglichst aus den Gewinnanteilen der letzten drei vor dem Besteuerungszeitpunkt endenden Wirtschaftsjahre herzuleiten. ⑤ Ein Abschlag wegen Unwägbarkeiten kommt dabei nicht in Betracht. ⑥ Die Kündbarkeit ist für längere Zeit ausgeschlossen, wenn das Gesellschaftsverhältnis im Besteuerungszeitpunkt noch mehr als 5 Jahre währen wird.

H B 12.4

20 **H B 12.4**

Einlage des typischen stillen Gesellschafters.

Beispiel:

Nennwert der Einlage	40 000 EUR
Durchschnittsertrag	7 000 EUR

„Verzinsung der Einlage“ $\frac{7\,000 \text{ EUR}}{40\,000 \text{ EUR}} = 17{,}5\%$

Wert der stillen Beteiligung:

100% + 5 × (17,5% – 9%) =	142,5%
Bezogen auf den Nennwert der Einlage von 40 000 EUR =	57 000 EUR

Anl a zu § 12

a) Erlass betr. Bewertung von Kapitalforderungen und Kapitalschulden sowie von Ansprüchen/Lasten bei wiederkehrenden Nutzungen und Leistungen nach dem 31. Dezember 2009 für Zwecke der Erbschaft- und Schenkungsteuer

Vom 9. September 2022 (BStBl. I S. 1351)

(Gleich lautender Ländererlass)

I. Geltungsbereich

1 Dieser Erlass regelt die Wertermittlung
– von nach § 12 Abs. 1 bis 3 BewG zu bewertenden Kapitalforderungen und Kapitalschulden sowie
– von nach §§ 13 ff. BewG zu bewertenden wiederkehrenden Nutzungen und Leistungen
für Besteuerungszeitpunkte nach dem 31. Dezember 2009 für Zwecke der Erbschaft- und Schenkungsteuer. Er ersetzt den Erlass vom 10. Oktober 2010 (BStBl. I S. 810) und ist in allen noch offenen Fällen anzuwenden.

II. Kapitalforderungen und Kapitalschulden

1. Bewertungsgrundsätze

1.1. Ansatz mit dem Nennwert

2 Grundsätzlich sind Kapitalforderungen, die nicht in § 11 BewG genannt sind, und Kapitalschulden mit dem Nennwert anzusetzen. Kapitalforderungen und Kapitalschulden, die auf eine ausländische Währung lauten, sind nach dem Umrechnungskurs im Besteuerungszeitpunkt umzurechnen. Maßgebender Umrechnungskurs ist dabei der Briefkurs für den Tag der Steuerentstehung (BFH vom 19. 3. 1991 II R 134/88, BStBl. II S. 521). **21**

1.2. Vom Nennwert abweichender Ansatz

3 Abweichend vom Nennwert ist ein höherer oder niedrigerer Wert (Gegenwartswert) anzusetzen, wenn besondere Umstände vorliegen, die einen höheren oder niedrigeren Wert begründen. Besondere Umstände, die eine Bewertung abweichend vom Nennwert rechtfertigen, liegen vor, wenn **22**

1. die Kapitalforderungen oder Kapitalschulden unverzinslich sind und ihre Laufzeit im Besteuerungszeitpunkt mehr als ein Jahr beträgt;
2. die Kapitalforderungen oder Kapitalschulden
   – niedrig verzinst (unter 3 Prozent) oder
   – hoch verzinst (über 9 Prozent) sind,
   sowie die Kündbarkeit für längere Zeit (d. h. für mindestens 4 Jahre) ausgeschlossen ist;
3. zweifelhaft ist, ob eine Kapitalforderung in vollem Umfang durchsetzbar ist.

4 Stehen einer unverzinslichen oder niedrig verzinslichen Kapitalforderung (z. B. Guthaben aus Bausparverträgen) bzw. einer hoch verzinslichen Kapitalschuld wirtschaftliche Vorteile gegenüber oder stehen einer unverzinslichen oder niedrig verzinslichen Kapitalschuld bzw. einer hoch verzinslichen Kapitalforderung andere wirtschaftliche Nachteile gegenüber, kommt eine Bewertung abweichend vom Nennwert nicht in Betracht. Der Umstand, dass bei der Auszahlung von Tantiemeforderungen Lohnsteuer bzw. Kirchensteuer oder dass bei der Auszahlung von Dividendenforderungen Kapitalertragsteuer einzubehalten ist, ist kein besonderer Umstand, der eine Bewertung der Kapitalforderung unter dem Nennwert rechtfertigt (BFH vom 15. 12. 1967 III 225/64, BStBl. 1968 II S. 338, und vom 15. 12. 1967 III R 49/67, BStBl. 1968 II S. 340, sowie vom 16. 3. 1984 III R 140/83, BStBl. II S. 539). Das Gleiche gilt für die Einbehaltung des Solidaritätszuschlages. Kapitalschulden aus niedrig verzinslichen öffentlichen Wohnungsbaudarlehen sind regelmäßig mit dem Nennwert anzusetzen.

5 Uneinbringliche Kapitalforderungen bleiben außer Ansatz. Ist zweifelhaft, ob oder inwieweit eine Kapitalforderung durchsetzbar ist, kann sie dem Grad der Zweifelhaftigkeit entsprechend mit einem niedrigeren Schätzwert anzusetzen sein.[1, 2] **23**

1.2.1. Unverzinsliche Kapitalforderungen oder Kapitalschulden

6 Unverzinsliche Kapitalforderungen oder Kapitalschulden[3] von bestimmter Dauer, deren Laufzeit im Besteuerungszeitpunkt mehr als ein Jahr beträgt, sind unter Berücksichtigung von Zwischenzinsen und Zinseszinsen mit einem Zinssatz von 5,5 Prozent abzuzinsen. **24**

---

[1] *BFH-Urteil vom 11. 3. 1992 II R 149/87 (BFH/NV 1993 S. 354):* Eine Kapitalforderung kann gemäß § 12 Abs. 1 BewG wegen besonderer Umstände unter dem Nennwert angesetzt werden, wenn sie nach den Verhältnissen vom Bewertungsstichtag in ihrer Realisierbarkeit unsicher erscheint. Hierfür kommt es auf die gesamten Umstände des Einzelfalles an; die Höhe des (negativen) Eigenkapitals und fehlende stille Reserven des Schuldners reichen für sich allein nicht aus.

[2] *BFH-Urteil vom 12. 3. 1997 II R 52/94 (BFH/NV S. 550):* **1.** Ist zwischen Bewertungsstichtag und Vornahme der Bewertung oder Veranlagung das Bestehen einer ehedem bestrittenen Kapitalforderung rechtskräftig festgestellt worden, ist die Forderung grundsätzlich gemäß § 12 Abs. 1 Satz 1 BewG 1965 mit dem Nennwert anzusetzen. **2.** Eine der von der Rechtsprechung (BFH-Urteil vom 5. 4. 1968 III 235/64, BFHE 93, 316, BStBl. II 1968, 768) zugelassenen Ausnahmen liegt nicht vor, wenn die Rechtslage bereits $1^3/_4$ Jahre nach dem Stichtag geklärt war, eine erste gerichtliche Entscheidung schon sieben Wochen nach dem Stichtag erging und sämtliche Instanzen zu derselben Beurteilung kamen. **3.** Soweit der Reichsfinanzhof den Steuerbehörden allgemein die Befugnis eingeräumt hat, Kapitalforderungen auch dann noch mit einem niedrigeren Wert anzusetzen, wenn die Rechtslage bereits geklärt ist (so Urteil vom 26. 11. 1943 III 60/43, RStBl. 1944, 147), wird daran nicht festgehalten.

[3] *BFH-Urteil vom 31. 3. 1976 II R 72/72 (BStBl. II S. 545):* Ist eine unverzinslich gestundete Kaufpreisforderung in monatlichen Raten zu entrichten, so ist sie jedenfalls dann mit ihrem abgezinsten Wert anzusetzen, wenn ihre Laufzeit unter Berücksichtigung der gesamten Tilgungszeit nicht nur von kürzerer Dauer ist. Zur Frage der „kürzeren Laufzeit".

Anl a zu § 12

7 Wird eine unverzinsliche Kapitalforderung oder Kapitalschuld in einem Betrag fällig, erfolgt die Bewertung mittels Tabelle 1.

8 Wird eine unverzinsliche Kapitalforderung oder Kapitalschuld in Raten getilgt, ist vom Mittelwert einer jährlich vorschüssigen und jährlich nachschüssigen Zahlungsweise auszugehen (§ 12 Abs. 1 Satz 2 BewG); d. h., die Jahresleistungen sind stets in der Jahresmitte anzusetzen und unterjährig ist eine lineare Abzinsung zu berücksichtigen (im Folgenden kurz „mittelschüssige Zahlungsweise" genannt). Hierdurch können bei der Bewertung die genauen Zahlungszeitpunkte innerhalb einer Ratenzahlungsperiode unberücksichtigt bleiben; auf die Zahlungshäufigkeit kommt es nicht an. Die Summe der Zahlungen innerhalb eines Jahres ist der Jahreswert. Die Bewertung erfolgt mittels Tabelle 2.

9 Der Gegenwartswert einer unverzinslichen Kapitalforderung oder Kapitalschuld, die bis zum Tod einer bestimmten Person befristet ist, wird nach der mittleren Lebenserwartung errechnet (BFH vom 8. 6. 1956 III 108/56 S, BStBl. III S. 208). Die jeweilige mittlere Lebenserwartung ergibt sich aus der maßgebenden Sterbetafel des Statistischen Bundesamtes. Die jeweilige Sterbetafel ist für Bewertungen ab dem 1. Januar des auf die Veröffentlichung der Sterbetafel durch das Statistische Bundesamt folgenden Kalenderjahres anzuwenden.

1.2.2. Niedrig oder hoch verzinsliche Kapitalforderungen oder Kapitalschulden

25 **10** Bei einer niedrig verzinslichen Kapitalforderung oder Kapitalschuld von bestimmter Dauer, die im Besteuerungszeitpunkt noch mindestens vier Jahre läuft, ist der Nennwert um den Kapitalwert des jährlichen Zinsverlustes zu kürzen (BFH vom 17. 10. 1980 III R 52/79, BStBl. 1981 II S. 247). Für die Berechnung des jährlichen Zinsverlustes ist die Zinsdifferenz zwischen dem Grenzzinssatz von 3 Prozent und dem tatsächlichen Zinssatz maßgebend.

11 Bei einer hoch verzinslichen Kapitalforderung oder Kapitalschuld von bestimmter Dauer, die im Besteuerungszeitpunkt noch mindestens vier Jahre läuft (BFH vom 3. 3. 1972 III R 30/71, BStBl. II S. 516, vom 22. 2. 1974 III R 5/73, BStBl. II S. 330, und vom 10. 2. 1982 II R 3/80, BStBl. II S. 351) ist der Nennwert um den Kapitalwert des jährlichen Zinsgewinnes zu erhöhen. Für die Berechnung des jährlichen Zinsgewinnes ist die Zinsdifferenz zwischen dem tatsächlichen Zinssatz und dem Grenzzinssatz von 9 Prozent maßgebend.

12 Bei der Berechnung des Kapitalwerts der jährlichen Zinsdifferenz ist ebenfalls von mittelschüssiger Zahlungsweise auszugehen (§ 12 Abs. 1 Satz 2 BewG).

13 Es sind unterschiedliche Vervielfältiger auf die jährliche Zinsdifferenz anzuwenden, je nachdem, ob die Kapitalforderung oder Kapitalschuld
- in einem Betrag,
- in Raten oder
- in Annuitäten

getilgt wird.

14 Bei niedrig oder hoch verzinslichen Kapitalforderungen oder Kapitalschulden, die in einem Betrag fällig werden, sind für die Berechnung des Kapitalwerts der Zinsdifferenzen die Vervielfältiger der Tabelle 2 auf die jährliche Zinsdifferenz anzuwenden.

15 Bei niedrig oder hoch verzinslichen Kapitalforderungen oder Kapitalschulden, die in gleichen Raten getilgt werden, sind für die Berechnung des Kapitalwerts der Zinsdifferenzen die Vervielfältiger der Tabelle 3 auf die Zinsdifferenz anzuwenden, die sich für ein Jahr nach dem Kapitalstand des Besteuerungszeitpunkts ergibt.

16 Bei niedrig oder hoch verzinslichen Kapitalforderungen oder Kapitalschulden mit Annuitätentilgung ist zur Berechnung des Kapitalwerts der Zinsdifferenz der Jahreswert der Annuität mit den Vervielfältigern
- der Tabelle 4 bei niedriger Verzinsung und
- der Tabelle 5 bei hoher Verzinsung

zu multiplizieren.

2. Lauf- und Aufschubzeiten

2.1. Laufzeiten

2.1.1. Laufzeiten von Kapitalforderungen oder Kapitalschulden, die in einem Betrag getilgt werden

26 **17** Die Laufzeit ist taggenau zu errechnen. Dies gilt sowohl für unverzinsliche, wie auch für niedrig oder hoch verzinsliche Kapitalforderungen oder Kapitalschulden. Dabei wird das Kalenderjahr mit 360 Tagen, jeder volle Monat mit 30 Tagen, der Monat, in dem der Fälligkeitstag liegt, mit der Anzahl der tatsächlichen Tage bis zur Fälligkeit, höchstens jedoch mit 30 Tagen gerechnet. Ermittelt werden zunächst die vollen Jahre, dann die vollen Monate und zuletzt die Tage des letzten, nicht mehr vollen Monats.

Beispiel 1:

Besteuerungszeitpunkt	4. 6. 01
Kapitalforderung oder Kapitalschuld, die in einem Betrag fällig wird	20 000 EUR
Fälligkeit	5. 9. 03
Laufzeit der Kapitalforderung/Kapitalschuld:	
4. 6. 01 bis 3. 6. 03 = 2 Jahre	
4. 6. 03 bis 3. 9. 03 = 3 Monate	
4. 9. 03 bis 5. 9. 03 = 2 Tage	
gesamt:	2 Jahre, 3 Monate, 2 Tage

Anl a zu § 12

Beispiel 2:

Besteuerungszeitpunkt	18. 6. 01
Kapitalforderung oder Kapitalschuld, die in einem Betrag fällig wird	20 000 EUR
Fälligkeit	5. 9. 03

Laufzeit der Kapitalforderung/Kapitalschuld:
- 18. 6. 01 bis 17. 6. 03 = 2 Jahre
- 18. 6. 03 bis 17. 8. 03 = 2 Monate
- 18. 8. 03 bis (fiktiv) 30. 8. 03 = 13 Tage
- 1. 9. 03 bis 5. 9. 03 = 5 Tage

gesamt: 2 Jahre, 2 Monate, 18 Tage

2.1.2. Laufzeiten von Kapitalforderungen oder Kapitalschulden, die in Raten oder Annuitäten getilgt werden

18 Bei der Bewertung von Kapitalforderungen oder Kapitalschulden, die nicht in einem Betrag getilgt werden, ist von einer mittelschüssigen Zahlungsweise auszugehen; auf die Zahlungszeitpunkte innerhalb einer Zahlungsperiode kommt es nicht an (vgl. Tz. II. 1.2.1 und II. 1.2.2). Daher sind die Laufzeiten über die Anteile der Jahresleistungen zu ermitteln. 27

Beispiel 1: Ratenkredit

Der Kredit wird in zeitlich genau festgelegten und betraglich gleichbleibend hohen Teilzahlungen zurückgezahlt. Die Tilgungsraten umfassen nicht die Zinsen, die zusätzlich anfallen. Somit variiert die monatliche Gesamtrate im Lauf der Rückzahlung.

Besteuerungszeitpunkt	14. 6. 01
Kapitalforderung	15 000 EUR
monatliche Tilgungsrate	500 EUR
Fälligkeit der 1. Rate	18. 6. 01
Fälligkeit der letzten Rate	18. 11. 03
Tilgungsdauer in Monaten: (15 000 EUR/500 EUR =)	30

Im Jahr 01 werden 7, im Jahr 02 werden 12 und im Jahr 03 werden 11 Monatsraten gezahlt.

Tilgungsdauer (Laufzeit) 2 Jahre, 6 Monate

Beispiel 2: Annuitätendarlehen

Ein Annuitätendarlehen ist ein Tilgungsdarlehen mit konstanten Rückzahlungsbeträgen (Raten). Im Gegensatz zum Ratenkredit bleibt die Höhe der zu zahlenden Rate über die gesamte Laufzeit gleich (sofern eine Zinsbindungsfrist über die gesamte Laufzeit vereinbart wurde). Die Annuitätenrate oder kurz Annuität setzt sich aus einem Zins- und einem Tilgungsanteil zusammen. Da mit jeder Rate ein Teil der Restschuld getilgt wird, verringert sich der Zinsanteil zugunsten des Tilgungsanteils.

Besteuerungszeitpunkt	18. 10. 01
Kapitalforderung	27 000 EUR
vereinbarter Zinssatz	2,5%
monatliche Annuitätenrate	500 EUR
Jahreswert der Annuität: (12 × 500 EUR =)	6000 EUR

Die Laufzeit kann mittels des folgenden Tilgungsplans ermittelt werden:

Es ist von mittelschüssiger Zahlung des Jahresbetrags auszugehen; daher sind zunächst die Zinsen für ein halbes Jahr hinzuzurechnen.

Kapitalschuld am 18. 10. 01	27 000,00 EUR
zuzüglich Zinsen für ein halbes Jahr (½ × 2,5% × 27 000 EUR =)	337,50 EUR
Summe	27 337,50 EUR
abzüglich Annuität	6 000,00 EUR
angenommener Schuldenstand am 18. 4. 02	21 337,50 EUR
zuzüglich Zinsen für ein Jahr (2,5% × 21 337,50 EUR =)	533,44 EUR
Summe	21 870,94 EUR
abzüglich Annuität	6 000,00 EUR
angenommener Schuldenstand am 18. 4. 03	15 870,94 EUR
zuzüglich Zinsen für ein Jahr (2,5% × 15 870,94 EUR =)	396,77 EUR
Summe	16 267,71 EUR
abzüglich Annuität	6 000,00 EUR
angenommener Schuldenstand am 18. 4. 04	10 267,71 EUR
zuzüglich Zinsen für ein Jahr (2,5% × 10 267,71 EUR =)	256,69 EUR
Summe	10 524,40 EUR
abzüglich Annuität	6 000,00 EUR
angenommener Schuldenstand am 18.4.05	4 524,40 EUR
zuzüglich Zinsen für ein Jahr (2,5% × 4524,40 EUR =)	113,11 EUR
Summe	4 637,51 EUR
Annuitäten-Teil am 18. 4. 05	4 637,51 EUR
Mithin wird im letzten Jahr nicht eine volle Annuität gezahlt, sondern nur ein Anteil in Höhe von (4637,51 EUR/6000,00 EUR =)	0,8

Somit beträgt die Tilgungsdauer (Laufzeit) 4,8 Jahre.

2.1.3. Vom Leben abhängige Laufzeiten

19 Ist die Laufzeit einer Kapitalforderung oder Kapitalschuld nicht datumsmäßig bestimmt, sondern durch das Leben einer oder mehrerer Personen bedingt, ist zur Berechnung der Laufzeit von der mittleren Lebenserwartung der betreffenden Person(en) nach der für die Bewertung maßgebenden Sterbetafel des Statistischen Bundesamtes (vgl. Rz. 9) auszugehen. 28

Anl a zu § 12

2.2. Aufschubzeiten

20 Eine ab dem Besteuerungszeitpunkt tilgungsfreie Zeit, die mehr als eine Ratenzahlungsdauer umfasst, bildet eine Aufschubzeit. Sie ist wie folgt zu behandeln:

2.2.1. Aufschubzeiten einer unverzinslichen Kapitalforderung oder Kapitalschuld

29 21 Der auf den Beginn der ersten Zahlungsperiode ermittelte Barwert der Kapitalforderung oder Kapitalschuld ist auf den Besteuerungszeitpunkt abzuzinsen (Tabelle 1).

2.2.2. Aufschubzeiten einer niedrig oder hoch verzinslichen Kapitalforderung oder Kapitalschuld

30 22 Bei einer niedrig oder hoch verzinslichen Kapitalforderung oder Kapitalschuld ist eine Aufschubzeit sowohl für die Tilgungsdauer als auch für die tilgungsfreie Zeit zu berücksichtigen:
- Zunächst ist der auf den Beginn der ersten Tilgungsperiode ermittelte Kapitalwert der Zinsdifferenz auf den Besteuerungszeitpunkt abzuzinsen (Tabelle 1).
- Anschließend ist der Kapitalwert der Zinsdifferenz für die tilgungsfreie Zeit zu berechnen, als läge eine niedrig oder hoch verzinsliche Kapitalforderung oder Kapitalschuld vor, die zu Beginn der ersten Tilgungszahlungsperiode in einem Betrag getilgt würde (Tabelle 2). (Dabei wird davon ausgegangen, dass während der tilgungsfreien Zeit die jeweils anfallenden Zinsen beglichen werden.)

Die Summe beider Werte ergibt den gesamten Kapitalwert der Zinsdifferenz, um den der Nennwert der Kapitalforderung oder Kapitalschuld zu korrigieren ist.

2.3. Nicht ganzjährige Lauf- und Aufschubzeiten

31 23 Bei Lauf- und Aufschubzeiten, die nicht ganze Jahre umfassen, ist stets zwischen den Vervielfältigern der nächstliegenden ganzzahligen Zeiten linear zu interpolieren.

3. Anwendung der Tabellen im Einzelnen

3.1. Unverzinsliche Kapitalforderungen oder Kapitalschulden mit bestimmter Laufzeit

3.1.1. Unverzinsliche Kapitalforderungen oder Kapitalschulden, die in einem Betrag fällig werden

32 24 **Beispiel 1:**

Besteuerungszeitpunkt	18. 10. 01
Nennwert	80 000 EUR
Fälligkeit	2. 3. 04
Laufzeit (18. 10. 01 bis 2. 3. 04):	2 Jahre, 4 Monate, 15 Tage
Berechnung:	
Abzinsungsfaktor für 3 Jahre (Tabelle 1)	0,852
Abzinsungsfaktor für 2 Jahre	0,898
Differenz	– 0,046
davon ($^{4}/_{12}$ + $^{15}/_{360}$)	– 0,017
interpoliert (0,898 – 0,017 =)	0,881
Gegenwartswert am 18. 10. 01 (0,881 × 80 000 EUR =)	70 480 EUR

Beispiel 2:

(in einem Betrag fällige Kapitalforderung oder Kapitalschuld, die zunächst normal verzinslich ist, und später unverzinslich wird)

Besteuerungszeitpunkt	14. 6. 01
Nennwert	1 000 000 EUR
Fälligkeit	13. 6. 16

14. 6. 01 bis 13. 6. 06: normal verzinslich (Laufzeit 5 Jahre)
14. 6. 06 bis 13. 6. 16: unverzinslich (Laufzeit 10 Jahre)

Berechnung:
Zunächst ist der Betrag, um den der Nennwert für die Zeit der Unverzinslichkeit der Kapitalforderung oder Kapitalschuld zu mindern ist, mittels einer Abzinsung auf den 14 .6. 06 zu berechnen (Abzinsungsbetrag). Anschließend ist er auf den 14. 6. 01 abzuzinsen. Der Nennwert ist um den so ermittelten Barwert des Abzinsungsbetrags zu vermindern.

1. Berechnung des Abzinsungsbetrags	
Abzinsungsfaktor für 10 Jahre (Tabelle 1)	0,585
Barwert der Kapitalforderung oder Kapitalschuld am 14. 6. 06 (0,585 × 1 000 000 EUR =)	585 000 EUR
Abzinsungsbetrag (bezogen auf den 14. 6. 06) (1 000 000 EUR – 585 000 EUR =)	415 000 EUR
2. Berechnung des Barwerts des Abzinsungsbetrags	
Abzinsungsfaktor für 5 Jahre (Tabelle 1)	0,765
Barwert des Abzinsungsbetrags (bezogen auf den 14. 6. 01) (0,765 × 415 000 EUR =)	317 475 EUR
3. Gegenwartswert am 14. 6. 01 (1 000 000 EUR – 317 475 EUR =)	682 525 EUR

3.1.2. Unverzinsliche Kapitalforderungen oder Kapitalschulden, die in gleichbleibenden Raten getilgt werden

33 25 **Beispiel 1:**

Besteuerungszeitpunkt	14. 9. 01
Halbjährliche Rate	6000 EUR
Fälligkeit der 1. Rate nach dem Besteuerungszeitpunkt	20. 9. 01

Fälligkeit der letzten Rate	20. 3. 11

Im Jahr 01 wird eine Rate, in den Jahren 02 bis 10 werden jeweils zwei Raten und im Jahr 11 eine Rate gezahlt; dies ergibt eine Anzahl von 20 zu leistenden Raten.

Laufzeit (20 Raten/2 Raten pro Jahr =)	10 Jahre
Berechnung:	
Vervielfältiger für 10 Jahre (Tabelle 2)	7,745
Jahreswert (2 × 6 000 EUR =)	12 000 EUR
Gegenwartswert am 14. 9 .01 (7,745 × 12 000 EUR =)	92 940 EUR

Beispiel 2:

Besteuerungszeitpunkt	14. 9. 01
Vierteljährliche Rate	3 000 EUR
Fälligkeit der 1. Rate nach dem Besteuerungszeitpunkt	20. 9. 01
Fälligkeit der letzten Rate	20. 3. 11

Im Jahr 01 werden zwei Raten, in den Jahren 02 bis 10 werden jeweils vier Raten und im Jahr 11 eine Rate gezahlt; dies ergibt eine Anzahl von 39 zu leistenden Raten.

Laufzeit (39 Raten/4 Raten pro Jahr =)	9 Jahre, 9 Monate

Die gegenüber Beispiel 1 geänderte Zahlungsweise führt zu einer anderen Laufzeit.

Berechnung:	
Vervielfältiger für 10 Jahre (Tabelle 2)	7,745
Vervielfältiger für 9 Jahre	7,143
Differenz	0,602
davon 9/12	0,452
interpoliert (7,143 + 0,452)	7,595
Jahreswert (4 × 3000 EUR =)	12 000 EUR
Gegenwartswert am 14. 9. 01 (7,595 × 12 000 EUR =)	91 140 EUR

Beispiel 3: (Aufschubzeit)

Besteuerungszeitpunkt	14. 6. 01
Vierteljährliche Rate	3 000 EUR
Fälligkeit der 1. Rate nach dem Besteuerungszeitpunkt	20. 9. 02
Fälligkeit der letzten Rate	20. 12. 10

Im Jahr 02 werden zwei Raten und in den Jahren 03 bis 10 werden jeweils vier Raten gezahlt; dies ergibt eine Anzahl von 34 zu leistenden Raten.

Laufzeit (34 Raten/4 Raten pro Jahr =)	8 Jahre, 6 Monate

In 01 wären grundsätzlich drei Raten zu zahlen gewesen und bis zur tatsächlichen Fälligkeit der ersten Rate in 02 zwei Raten; es liegt also ein tilgungsfreier Zeitraum über fünf Raten vor.

Aufschubzeit (5 Raten × 3 Monate = 15 Monate =)	1 Jahr, 3 Monate
Berechnung:	
Vervielfältiger für 9 Jahre (Tabelle 2)	7,143
Vervielfältiger für 8 Jahre	6,509
Differenz	0,634
davon $^{6}/_{12}$	0,317
interpoliert (6,509 + 0,317)	6,826
Jahreswert (4 × 3 000 EUR =)	12 000 EUR
Barwert am 14. 9. 02 (6,826 × 12 000 EUR =)	81 912 EUR
Abzinsungsfaktor für 2 Jahre (Tabelle 1)	0,898
Abzinsungsfaktor für 1 Jahr	0,948
Differenz	– 0,050
davon $^{3}/_{12}$	– 0,013
interpoliert (0,948 – 0,013 =)	0,935
Gegenwartswert am 14. 6. 01 (0,935 × 81 912 EUR =)	76 588 EUR

3.2. Niedrig oder hoch verzinsliche Kapitalforderungen oder Kapitalschulden

3.2.1. Niedrig oder hoch verzinsliche Kapitalforderungen oder Kapitalschulden, die in einem Betrag fällig werden

26 **Beispiel 1: (niedrige Verzinsung)** 34

Besteuerungszeitpunkt	18. 10. 01
Nennwert	125 000 EUR
Zinssatz	1,25%
Fälligkeit	2. 6. 37
Laufzeit (18. 10. 01 bis 2. 6. 37)	35 Jahre, 7 Monate, 15 Tage
Berechnung:	
Jährliche Zinsdifferenz (3% – 1,25% = 1,75%; 1,75% von 125 000 EUR =)	2 187,50 EUR
Vervielfältiger für 36 Jahre (Tabelle 2)	15,963
Vervielfältiger für 35 Jahre	15,814
Differenz	0,149
davon ($^{7}/_{12}$ + $^{15}/_{360}$ =)	0,093
interpoliert (15,814 + 0,093)	15,907
Kapitalwert (15,907 × 2 187,50 EUR =)	34 797 EUR
Gegenwartswert am 18. 10. 01 (125 000 EUR – 34 797 EUR =)	90 203 EUR

Beispiel 2: (hohe Verzinsung)

Besteuerungszeitpunkt	14. 6. 01
Nennwert	1 375 496 EUR
35 Zinssatz	13%
Fälligkeit	11. 8. 05
Laufzeit (14. 6. 01 bis 11. 8. 05)	4 Jahre, 1 Monat, 28 Tage
Berechnung:	
Jährliche Zinsdifferenz (13% – 9% = 4%; 4% von 1 375 496 EUR =)	55 019,84 EUR
Vervielfältiger für 5 Jahre (Tabelle 2)	4,388
Vervielfältiger für 4 Jahre	3,602
Differenz	0,786
davon ($^{1}/_{12}$ + 28/360 =)	0,127
interpoliert (3,602 + 0,127)	3,729
Kapitalwert (3,729 × 55 019,84 EUR =)	205 168,98 EUR
Gegenwartswert am 14 .6. 01 (1 375 496 EUR + 205 168,98 EUR =)	1 580 665 EUR

36 **Beispiel 3: (feststehende künftige Zinssatzänderung)**

Besteuerungszeitpunkt	5. 9. 01
Nennwert	500 000 EUR
Fälligkeit	4. 9. 26
Zinssatz (I), 5. 9. 01 bis 4. 1. 09	12%
Laufzeit	7 Jahre, 4 Monate
Zinssatz (II), 5. 1. 09 bis 4. 9. 26	11%
Laufzeit	17 Jahre, 8 Monate
Berechnung:	
1. Berechnung des Kapitalwerts der Zinsdifferenz bezüglich Zinssatz (I):	
Jährliche Zinsdifferenz (12% – 9% = 3%; 3% von 500 000 EUR =)	15 000 EUR
Vervielfältiger für 8 Jahre (Tabelle 2)	6,509
Vervielfältiger für 7 Jahre	5,839
Differenz	0,670
davon $^{4}/_{12}$	0,223
interpoliert (5,839 + 0,223)	6,062
Kapitalwert der Zinsdifferenz (6,062 × 15 000 EUR =)	90 930 EUR
2. Berechnung des Kapitalwerts der Zinsdifferenz bezüglich Zinssatz (II):	
Berechnung des Kapitalwerts der Zinsdifferenz, bezogen auf den 5. 1. 09:	
Jährliche Zinsdifferenz (11% – 9% = 2%; 2% von 500 000 EUR =)	10 000 EUR
Vervielfältiger für 18 Jahre (Tabelle 2)	11,555
Vervielfältiger für 17 Jahre	11,163
Differenz	0,392
davon $^{8}/_{12}$	0,261
interpoliert (11,163 + 0,261 =)	11,424
Kapitalwert der Zinsdifferenz, bezogen auf den 5. 1. 09 (11,424 × 10 000 EUR =)	114 240 EUR
Der so ermittelte Kapitalwert der Zinsdifferenz ist wie eine unverzinsliche Kapitalforderung auf den 5. 9. 01 abzuzinsen:	
Abzinsungsfaktor für 8 Jahre (Tabelle 1)	0,652
Abzinsungsfaktor für 7 Jahre	0,687
Differenz	– 0,035
davon $^{4}/_{12}$	– 0,012
interpoliert (0,687 – 0,012)	0,675
Kapitalwert der Zinsdifferenz (0,675 × 114 240 EUR =)	77 112 EUR
Gegenwartswert am 5. 9. 01 (500 000 EUR + 90 930 EUR + 77 112 EUR =)	668 042 EUR

3.2.2. Niedrig oder hoch verzinsliche Kapitalforderungen oder Kapitalschulden, die in gleichen Raten getilgt werden

37 27 **Beispiel 1: (niedrige Verzinsung)**

Besteuerungszeitpunkt	24. 7. 01
Nennwert	325 000 EUR
Tilgung in 65 Monatsraten zu jeweils	5 000 EUR
Zinssatz	0,5%
Fälligkeit der 1. Rate nach dem Besteuerungszeitpunkt	1. 8. 01
Fälligkeit der letzten Rate	1. 12. 06
Laufzeit (65 Raten/12 Raten pro Jahr =)	5 Jahre, 5 Monate
Berechnung:	
Jährliche Zinsdifferenz (3% – 0,5% = 2,5%; 2,5% von 325 000 EUR =)	8125 EUR
Vervielfältiger für 6 Jahre (Tabelle 3)	2,641
Vervielfältiger für 5 Jahre	2,240
Differenz	0,401
davon $^{5}/_{12}$	0,167
interpoliert (2,240 + 0,167)	2,407
Kapitalwert der Zinsdifferenz (2,407 × 8 125 EUR =)	19 557 EUR
Gegenwartswert am 24. 7. 01 (325 000 EUR – 19 557 EUR =)	305 443 EUR

Beispiel 2: (hohe Verzinsung)

Besteuerungszeitpunkt	8. 11. 01
Nennwert	64 500 EUR
Tilgung in 172 Monatsraten zu jeweils	375 EUR 38
Zinssatz	13,5%
Fälligkeit der 1. Rate nach dem Besteuerungszeitpunkt	1. 12. 01
Fälligkeit der letzten Rate	1. 3. 16
Laufzeit (172 Raten/12 Raten pro Jahr =)	14 Jahre, 4 Monate
Berechnung:	
Jährliche Zinsdifferenz (13,5% – 9% = 4,5%; 4,5% von 64 500 EUR =)	2902,50 EUR
Vervielfältiger für 15 Jahre (Tabelle 3)	5,694
Vervielfältiger für 14 Jahre	5,398
Differenz	0,296
davon $^{4}/_{12}$	0,099
interpoliert (5,398 + 0,099)	5,497
Kapitalwert (5,497 × 2902,50 EUR =)	15 955 EUR
Gegenwartswert am 8. 11. 01 (64 500 EUR + 15 955 EUR =)	80 455 EUR

Beispiel 3: (Aufschubzeit) 39

Besteuerungszeitpunkt	19. 7. 01
Nennwert	189 750 EUR
Tilgung in 115 vierteljährlichen Raten zu jeweils	1650 EUR
Zinssatz	0,53%
Fälligkeit der 1. Rate nach dem Besteuerungszeitpunkt	12. 2. 03
Fälligkeit der letzten Rate	12. 8. 31
Laufzeit (115 Raten/4 Raten pro Jahr =)	28 Jahre, 9 Monate

In 01 wären grundsätzlich zwei Raten zu zahlen gewesen und bis zur tatsächlichen Fälligkeit der ersten Rate in 03 vier weitere Raten; es liegt also ein tilgungsfreier Zeitraum über sechs Raten vor.

Aufschubzeit (6 Raten × 3 Monate = 18 Monate =)	1 Jahr, 6 Monate

Berechnung:

Der Kapitalwert der Zinsdifferenz setzt sich zusammen aus zwei Komponenten: dem Kapitalwert der Zinsdifferenz für die Ratenzahlungszeit und dem Kapitalwert der Zinsdifferenz für die Aufschubzeit.

1. Berechnung des Kapitalwerts der Zinsdifferenz für die Ratenlaufzeit

Zunächst ist der Kapitalwert der Zinsdifferenz für die Ratenlaufzeit – bezogen auf den Beginn der ersten Ratenzahlungsperiode – zu ermitteln (hier der 19. 1. 03). Anschließend ist der so ermittelte Kapitalwert der Zinsdifferenz zum 19. 1. 03 für die Aufschubzeit wie eine unverzinsliche Kapitalforderung auf den 19. 7. 01 abzuzinsen:

Zinsdifferenz (3% – 0,53% = 2,47%; 2,47% von 189 750 EUR =)	4686,83 EUR
Vervielfältiger für 29 Jahre (Tabelle 3)	8,961
Vervielfältiger für 28 Jahre	8,773
Differenz	0,188
davon $^{9}/_{12}$	0,141
interpoliert (8,773 + 0,141)	8,914
Kapitalwert der Zinsdifferenz für die Laufzeit der Ratenzahlung, bezogen auf den 19. 1. 03 (8,914 × 4686,83 EUR =)	41 778,40 EUR

Der so ermittelte Kapitalwert der Zinsdifferenz für die Ratenlaufzeit ist wie eine unverzinsliche Kapitalforderung auf den 19.7.01 abzuzinsen:

Abzinsungsfaktor für 2 Jahre (Tabelle 1)	0,898
Abzinsungsfaktor für 1 Jahr	0,948
Differenz	–0,050
davon 6/12	–0,025
interpoliert (0,948 – 0,025 =)	0,923
Kapitalwert der Zinsdifferenz für die Ratenlaufzeit, bezogen auf den 19. 7. 01 (0,923 × 41 778,40 EUR =)	38 561,46 EUR

2. Berechnung des Kapitalwerts der Zinsdifferenz für die Aufschubzeit

Die Bewertung erfolgt entsprechend einer niedrig verzinslichen Kapitalforderung, die am 18. 1. 03 in einem Betrag fällig wird.

Zinsdifferenz (3% – 0,53% = 2,47%; 2,47% von 189 750 EUR =)	4686,83 EUR
Vervielfältiger für 2 Jahre (Tabelle 2)	1,897
Vervielfältiger für 1 Jahr	0,974
Differenz	0,923
davon $^{6}/_{12}$	0,462
interpoliert (0,974 + 0,462 =)	1,436
Kapitalwert der Zinsdifferenz (1,436 × 4686,83 EUR =)	6730,29 EUR
3. Kapitalwert der Zinsdifferenz zum 19.7.01 insgesamt (38 561,46 EUR + 6730,29 EUR =)	45 292 EUR
4. Gegenwartswert am 19.7.01 (189 750 EUR – 45 292 EUR =)	144 458 EUR

Beispiel 4: (feststehende künftige Zinssatzänderung) 40

Besteuerungszeitpunkt	5. 6. 01
Nennwert	300 000 EUR
Tilgung in 600 monatlichen Raten zu jeweils	500 EUR
Zinssatz (I), 5. 6. 01 bis 4. 6. 31	0,5%
Laufzeit 30 Jahre, Tilgung 180 000 EUR	

Anl a zu § 12

Zinssatz (II), 5. 6. 31 bis 4. 6. 51	1,0%
Laufzeit 20 Jahre, Tilgung 120 000 EUR	

Berechnung:
Der Kapitalwert der Zinsdifferenz setzt sich zusammen aus folgenden Komponenten:
Dem Kapitalwert der Zinsdifferenz bezogen auf den Zeitraum 5. 6. 01 bis 4. 6. 31 (Zinssatz (I)) und den Zeitraum 5. 6. 31 bis 4. 6. 51 (Zinssatz (II)). Dabei ist der Kapitalwert bezogen auf den ersten Zeitraum (Zinssatz (I)) wiederum in zwei Schritten zu ermitteln:
Für den Teil der Kapitalforderung oder Kapitalschuld, der in diesem Zeitraum getilgt wird (180 000 EUR), und den Teil, der noch nicht getilgt wird (120 000 EUR).

1. Berechnung des Kapitalwerts der Zinsdifferenz, bezogen auf den Zeitraum 5. 6. 01 bis 4. 6. 31:

1.1 Berechnung des Kapitalwerts der Zinsdifferenz für den Teil der Kapitalforderung oder Kapitalschuld, der in diesem Zeitraum getilgt wird:

Zinsdifferenz (3% – 0,5% = 2,5%; 2,5% von 180 000 EUR =)	4 500 EUR
Vervielfältiger für 30 Jahre (Tabelle 3)	9,144
Kapitalwert der Zinsdifferenz (9,144 × 4500 EUR =)	41 148 EUR

1.2 Berechnung des Kapitalwerts der Zinsdifferenz für den Teil der Kapitalforderung oder Kapitalschuld, der in diesem Zeitraum noch nicht getilgt wird:

Jährliche Zinsdifferenz (3% – 0,5% = 2,5%; 2,5% von 120 000 EUR =)	3 000 EUR
Vervielfältiger für 30 Jahre (Tabelle 2)	14,933
Kapitalwert der Zinsdifferenz (14,933 × 3 000 EUR =)	44 799 EUR

2. Berechnung des Kapitalwerts der Zinsdifferenz, bezogen auf den Zeitraum 5. 6. 31 bis 4. 6. 51:

Berechnung des Kapitalwerts der Zinsdifferenz, bezogen auf den 5. 6. 31:

Zinsdifferenz (3% – 1% = 2%; 2% von 120 000 EUR =)	2 400 EUR
Vervielfältiger für 20 Jahre (Tabelle 3)	7,032
Kapitalwert der Zinsdifferenz, bezogen auf den 5. 6. 31 (7,032 × 2 400 EUR =)	16 876,80 EUR

Der so ermittelte Kapitalwert der Zinsdifferenz ist wie eine unverzinsliche Kapitalforderung auf den 5. 6. 01 abzuzinsen:

Abzinsungsfaktor für 30 Jahre (Tabelle 1)	0,201
Kapitalwert der Zinsdifferenz bezogen auf den 5. 6. 01 (0,201 × 16 876,80 EUR =)	3 392,24 EUR

3. Kapitalwert der Zinsdifferenz zum 5. 6. 01 insgesamt:

(41 148 EUR + 44 799 EUR + 3 392,24 EUR =)	89 339,24 EUR
Gegenwartswert am 5. 6. 01 (300 000 EUR – 89 339,24 EUR =)	210 661 EUR

41 **Beispiel 5: (feststehende künftige Ratenerhöhung)**

Besteuerungszeitpunkt	18. 6. 01
Nennwert	360 000 EUR
Zinssatz	12%
Tilgung in 120 monatlichen Raten zu jeweils	900 EUR
und in 240 monatlichen Raten zu jeweils	1 050 EUR
Laufzeit (I) (120 Raten/12 =) 10 Jahre, Tilgung 108 000 EUR	
Laufzeit (II) (240 Raten/12 =) 20 Jahre, Tilgung 252 000 EUR	

Berechnung:
Analog zu der Berechnung in dem vorherigen Beispiel 4 setzt sich der Kapitalwert der Zinsdifferenz aus drei Komponenten zusammen:

1. Berechnung des Kapitalwerts der Zinsdifferenz, bezogen auf die Laufzeit (I):

1.1 Berechnung des Kapitalwerts der Zinsdifferenz für den Teil der Kapitalforderung oder Kapitalschuld, der in diesem Zeitraum getilgt wird:

Zinsdifferenz (12% – 9% = 3%; 3% von 108 000 EUR =)	3 240 EUR
Vervielfältiger für 10 Jahre (Tabelle 3)	4,113
Kapitalwert der Zinsdifferenz (4,113 × 3 240 EUR =)	13 326,12 EUR

1.2 Berechnung des Kapitalwerts der Zinsdifferenz für den Teil der Kapitalforderung oder Kapitalschuld, der in diesem Zeitraum noch nicht getilgt wird:

Jährliche Zinsdifferenz (12% – 9% = 3%; 3% von 252 000 EUR =)	7 560 EUR
Vervielfältiger für 10 Jahre (Tabelle 2)	7,745
Kapitalwert der Zinsdifferenz (7,745 × 7 560 EUR =)	58 552,20 EUR

2. Berechnung des Kapitalwerts der Zinsdifferenz, bezogen auf die Laufzeit (II):

Berechnung des Kapitalwerts der Zinsdifferenz, bezogen auf den 18. 6. 11 (Beginn Laufzeit II):

Zinsdifferenz (12% – 9% = 3%; 3% von 252 000 EUR =)	7 560 EUR
Vervielfältiger für 20 Jahre (Tabelle 3)	7,032
Kapitalwert der Zinsdifferenz, bezogen auf den 18. 6. 11 (7,032 × 7 560 EUR =)	53 161,92 EUR

Der so ermittelte Kapitalwert der Zinsdifferenz ist wie eine unverzinsliche Kapitalforderung auf den 18. 6. 01 abzuzinsen:

Abzinsungsfaktor für 10 Jahre (Tabelle 1)	0,585
Kapitalwert der Zinsdifferenz bezogen auf den 18. 6. 01 (0,585 × 53 161,92 EUR =)	31 099,72 EUR

3. Kapitalwert der Zinsdifferenz zum 18. 6. 01 insgesamt:

(13 326,12 EUR + 58 552,20 EUR + 31 099,72 EUR =)	102 978,04 EUR
Gegenwartswert am 18. 6. 01 (360 000 EUR + 102 978,04 EUR =)	462 978 EUR

3.2.3. Niedrig oder hoch verzinsliche Kapitalforderungen oder Kapitalschulden, die in Annuitäten getilgt werden

42 **28** Der Kapitalwert der Zinsdifferenz, um den der Nennwert einer niedrig oder hoch verzinslichen Kapitalforderung oder Kapitalschuld zu korrigieren ist, errechnet sich durch Multiplikation des Jahreswerts der Annuität mit den Vervielfältigern

– der Tabelle 4 bei niedriger Verzinsung und
– der Tabelle 5 bei hoher Verzinsung.

29 Die Tilgungsdauer am Besteuerungszeitpunkt kann aufgrund der angenommenen mittelschüssigen Zahlungsweise nach der folgenden Formel ermittelt werden:

$$n = \frac{\log\left(1 - \frac{K \times (1 - v^2)}{2 \times R \times v}\right)}{\log v}$$

Dabei ist
K = Nennwert der Kapitalforderung oder Kapitalschuld am Besteuerungszeitpunkt
R = Jahreswert der Annuität
i = vereinbarter Jahreszinssatz

$$v = \frac{1}{1+i}$$

log = Logarithmusfunktion
n = Tilgungsdauer.

30 Die Tilgungsdauer am Besteuerungszeitpunkt kann auch durch Erstellung eines Tilgungsplans bei unterstellter mittelschüssiger Zahlungsweise wie folgt ermittelt werden (vgl. Tz. II. 2.1.2, Beispiel 2):

Nennwert am Besteuerungszeitpunkt 14. 6. 2010
zuzüglich Zinsen für ein halbes Jahr (linearer Zins)
Summe
abzüglich Jahreswert der Annuität
Differenz (angenommener Kapitalstand zum 14. 12. 2010)
zuzüglich Zinsen für ein Jahr (linearer Zins)
Summe
abzüglich Jahreswert der Annuität
Differenz (angenommener Kapitalstand zum 14. 12. 2011)
und so fort, bis die Kapitalforderung oder Kapitalschuld den Wert 0,– € erreicht.

Je nach Berechnung der Tilgungsdauer nach Formel oder nach Tilgungsplan können sich Rundungsdifferenzen ergeben.

Beispiel 1: (hohe Verzinsung) 43

Besteuerungszeitpunkt	14. 6. 01
Nennwert der Restforderung/-schuld K =	200 000 EUR
vierteljährliche Annuitätenrate	7 000 EUR
Fälligkeit der 1. Rate nach dem Besteuerungszeitpunkt	1. 7. 01
vertraglicher Zinssatz p. a. i =	12,0%
Berechnung:	
Berechnung der Tilgungsdauer	
Jahreswert der Annuität R = 4 × 7 000 EUR =	28 000 EUR
v = 1/(1 + i) = 1/1,120 =	0,893

Damit ergibt sich die Tilgungsdauer n nach obiger Formel:

$$n = \frac{\log\left(1 - \frac{200\,000 \times (1 - 0{,}893^2)}{2 \times 28\,000 \times 0{,}893}\right)}{\log 0{,}893} = 14{,}7$$

Tilgungsdauer in Jahren	14,7
Berechnung des Gegenwartswerts	
Vervielfältiger für 15 Jahre (Tabelle 5)	1,564
Vervielfältiger für 14 Jahre	1,425
Differenz	0,139
davon das 0,7-fache	0,097
interpoliert (1,425 + 0,097)	1,522
Jahreswert der Annuität (4 × 7 000 EUR =)	28 000 EUR
Kapitalwert (1,522 × 28 000 EUR =)	42 616 EUR
Gegenwartswert am 14. 6. 01 (200 000 EUR + 42 616 EUR =)	242 616 EUR

Beispiel 2: (niedrige Verzinsung) 44

Besteuerungszeitpunkt	18. 10. 01
Nennwert der Restforderung/-schuld K =	50 000 EUR
Annuität (jährliche Rate) R =	1650 EUR
Fälligkeit der 1. Rate nach dem Besteuerungszeitpunkt	15. 12. 01
vertraglicher Zinssatz p. a. i =	1,5%
Berechnung:	
Berechnung der Tilgungsdauer	
v = 1/(1 + i) = 1/1,015 =	0,985

Anl a zu § 12

Damit ergibt sich die Tilgungsdauer n nach obiger Formel:

$$n = \frac{\log\left(1 - \frac{50\,000 \times (1 - 0{,}985^2)}{2 \times 1650 \times 0{,}985}\right)}{\log 0{,}985} = 40{,}5$$

Tilgungsdauer in Jahren	40,5
Berechnung des Gegenwartswerts	
Vervielfältiger für 41 Jahre (Tabelle 4)	5,829
Vervielfältiger für 40 Jahre	5,644
Differenz	0,185
davon das 0,5-fache	0,093
interpoliert (5,644 + 0,093)	5,737
Jahreswert der Annuität	1 650 EUR
Kapitalwert (5,737 × 1 650 EUR =)	9 466,05 EUR
Gegenwartswert am 18. 10. 01 (50 000 EUR – 9 466,05 EUR =)	40 534 EUR

45 **Beispiel 3: (Aufschubzeit)**

(Wie Beispiel 2, jedoch mit Aufschubzeit 1 Jahr)

Besteuerungszeitpunkt	18. 10. 01
Nennwert der Restforderung/-schuld K =	50 000 EUR
Annuität (jährliche Rate) R =	1 650 EUR
Fälligkeit der 1. Rate nach dem Besteuerungszeitpunkt	15. 2. 02
vertraglicher Zinssatz p. a. i =	1,5%

Im Zeitraum bis zur tatsächlichen Fälligkeit der ersten Rate wäre eine Rate zu zahlen gewesen; es liegt ein tilgungsfreier Zeitraum von einem Jahr vor.

Berechnung:

1. Berechnung der Tilgungsdauer
   Da Beispiel 3 bis auf die Aufschubzeit identisch mit dem Beispiel 2 ist, ergibt sich die gleiche Tilgungsdauer n = 40,5 Jahre für die Annuität.
2. Berechnung des Kapitalwerts der Zinsdifferenz für die Tilgungszeit bezogen auf den Tilgungsbeginn

Kapitalwert der Zinsdifferenz für die Tilgungszeit, bezogen auf den Tilgungsbeginn	9 466,05 EUR
Abzinsung des Kapitalwerts der Zinsdifferenz für die Tilgungszeit auf den 18. 10. 01	
Abzinsungsfaktor für 1 Jahr (Tabelle 1)	0,948
Kapitalwert der Zinsdifferenz für die Tilgungsdauer, bezogen auf den 18. 10. 01 (0,948 × 9 466,05 EUR =)	8 973,82 EUR

3. Berechnung des Kapitalwerts der Zinsdifferenz während der Aufschubzeit

Nennwert am Besteuerungszeitpunkt 18. 10. 01	50 000 EUR
unterstellte Fälligkeit am	17. 10. 02
Laufzeit 1 Jahr	
Zinsdifferenz (3% – 1,5% = 1,5%; 1,5% von 50 000 EUR =)	750 EUR
Vervielfältiger für 1 Jahr (Tabelle 2)	0,974
Kapitalwert der Zinsdifferenz für die Aufschubzeit (0,974 × 750 EUR =)	730,50 EUR

4. Kapitalwert der Zinsdifferenz zum 18. 10. 01 insgesamt (8 973,82 EUR + 730,50 EUR =) 9 704,32 EUR
5. Gegenwartswert am 18. 10. 01 (50 000 EUR – 9 704,32 EUR =) 40 296 EUR

46 **Beispiel 4: (nicht-tabellierter Zinssatz)**

Wurde ein Zinssatz vereinbart, der zwischen den in Tabelle 4 bzw. Tabelle 5 aufgelisteten Zinssätzen liegt, ist zwischen den jeweiligen Vervielfältigern der nächstliegenden Zinssätze linear zu interpolieren.

Besteuerungszeitpunkt	9. 6. 01
Nennwert der Restforderung/-schuld K =	200 000 EUR
vierteljährliche Annuitätenrate	7 000 EUR
Fälligkeit der 1. Rate nach dem Besteuerungszeitpunkt	1. 7. 01
vertraglicher Zinssatz p. a. i =	12,8%
Berechnung:	
Berechnung der Tilgungsdauer	
Jahreswert der Annuität R = 4 × 7 000 EUR =	28 000 EUR
v = 1/(1 + i) = 1/1,128 =	0,887

Damit ergibt sich die Tilgungsdauer n nach obiger Formel:

$$n = \frac{\log\left(1 - \frac{200\,000 \times (1 - 0{,}887^2)}{2 \times 28\,000 \times 0{,}887}\right)}{\log 0{,}887} = 16{,}3$$

Tilgungsdauer in Jahren	16,3
Berechnung des Gegenwartswerts	
Vervielfältiger für 17 Jahre, Zins 13,0% (Tabelle 5)	2,339
Vervielfältiger für 17 Jahre, Zins 12,5%	2,094
Differenz	0,245
davon 0,3/0,5	0,147
interpoliert (2,094 + 0,147 =)	2,241
Vervielfältiger für 16 Jahre, Zins 13,0% (Tabelle 5)	2,171

Anl a zu § 12

Vervielfältiger für 16 Jahre, Zins 12,5%	1,942
Differenz	0,229
davon 0,3/0,5	0,137
interpoliert (1,942 + 0,137 =)	2,079
Berechnung des Vervielfältigers für Tilgungsdauer	16,3
auf Basis eines Zinssatzes von 12,8%	
Vervielfältiger für 17 Jahre, Zins 12,8%	2,241
Vervielfältiger für 16 Jahre, Zins 12,8%	2,079
Differenz	0,162
davon das 0,3-fache	0,049
interpoliert (2,079 + 0,049 =)	2,128
Jahreswert der Annuität (4 × 7 000 EUR =)	28 000 EUR
Kapitalwert der Zinsdifferenz (2,128 × 28 000 EUR =)	59 584 EUR
Gegenwartswert am 9. 6. 01 (200 000 EUR + 59 584 EUR =)	259 584 EUR

III. Wiederkehrende Nutzungen und Leistungen

31 Ein Recht auf wiederkehrende Nutzungen liegt beispielsweise bei Nießbrauchsrechten vor. Der Nießbrauch ist das Recht, die Nutzungen eines bestimmten Gegenstandes zu ziehen (§§ 1030 ff. BGB). 47

32 Ein Recht auf wiederkehrende Leistungen liegt beispielsweise bei Rentenbezugsrechten vor. Renten sind laufende Bezüge in Geld oder Geldeswert, auf die der Empfänger eine gewisse Zeitdauer einen Anspruch hat, so dass die periodisch wiederkehrenden Bezüge auf einem einheitlichen Stammrecht (Rentenrecht) beruhen und dessen Früchte darstellen. Ein bewertungsfähiges Rentenrecht ist auch vorhanden, wenn der Empfänger zwar keinen klagbaren bürgerlich-rechtlichen Anspruch auf die Leistungen hat, aber mit Sicherheit mit dem fortlaufenden Bezug der Leistungen rechnen kann.

33 Das Recht auf den Erbbauzins ist mit der Bewertung des Erbbaugrundstücks abgegolten und nicht als gesondertes Recht anzusetzen. Dementsprechend ist die Verpflichtung zur Zahlung des Erbbauzinses mit der Bewertung des Erbbaurechts abgegolten und nicht als gesonderte Verpflichtung abzuziehen (R B 192.2 Satz 2 ErbStR).

1. Bewertungsgrundsätze

34 Wiederkehrende Nutzungen und Leistungen sind grundsätzlich mit dem Kapitalwert (Jahreswert × Vervielfältiger) anzusetzen. 48

35 Ist der gemeine Wert eines Rechts auf Renten oder andere wiederkehrende Nutzungen und Leistungen nachweislich geringer oder höher als der Kapitalwert, ist der gemeine Wert zugrunde zu legen (§ 13 Abs. 3 und § 14 Abs. 4 BewG); die Abweichung vom Kapitalwert gilt nur dann als nachgewiesen, wenn sie bei dem im Einzelfall festgestellten Sachverhalt aufgrund von Erfahrungssätzen oder nach den Denkgesetzen zwingend ist (BFH vom 24. 4. 1970 III R 54/67, BStBl. II S. 715). Der Ansatz eines geringeren oder höheren Werts kann nicht darauf gestützt werden, dass mit einem anderen Zinssatz als 5,5 Prozent, mit einer anderen als der mittelschüssigen Zahlungsweise oder – bei lebenslänglichen Nutzungen und Leistungen – mit einer kürzeren oder längeren Lebensdauer zu rechnen ist.[1]

36 Der Kapitalwert von Renten und anderen wiederkehrenden Nutzungen und Leistungen richtet sich nach der am Besteuerungszeitpunkt noch laufenden Bezugsberechtigung (BFH vom 31. 10. 1969 III R 45/66, BStBl. 1970 II S. 196). Später eintretende Umstände können nur dann berücksichtigt werden, wenn sie im Besteuerungszeitpunkt bereits voraussehbar waren (BFH vom 9. 9. 1960 III 277/57 U, BStBl. 1961 III S. 18).

37 Die Bewertung von wiederkehrenden Nutzungen und Leistungen ist beim Verpflichteten entsprechend vorzunehmen.

38 Bei Nutzungsrechten an Grundstücken gelten folgende Besonderheiten:
Nach § 198 BewG kann für Grundstücke der niedrigere gemeine Wert nachgewiesen werden. Darin sind die Belastungen durch ein dinglich gesichertes Nutzungsrecht bereits wertmindernd zu berücksichtigen. Wird ein derart bewertetes Grundstück unter Vorbehalt des Nießbrauchs oder eines Wohnrechts bzw. mit der Auflage der Einräumung eines Nutzungsrechtes für einen Dritten unentgeltlich übertragen, ist die Verpflichtung aus dem Nutzungsrecht gemäß § 10 Abs. 6 Satz 11 ErbStG bei der Besteuerung des Erwerbs des Grundstücks nicht mehr abzugsfähig. Einer eigenständigen Bewertung des Nutzungsrechts im Rahmen des Erwerbs des Grundstücks bedarf es deshalb nicht.
Für die Besteuerung eines Zuwendungsnießbrauchs oder der Zuwendung eines Wohnrechts an einem Grundstück ist die Bewertung des Nutzungsrechts auch dann vorzunehmen, wenn für das Grundstück ein niedrigerer gemeiner Wert nach § 198 BewG nachgewiesen wird. Zur Begrenzung des Jahreswerts von Nutzungen nach § 16 BewG in diesem Fall vgl. Tz. III. 1.1.4.

1.1. Jahreswert von Nutzungen und Leistungen

1.1.1. Nutzungen einer Geldsumme

39 Der einjährige Betrag der Nutzung einer Geldsumme ist, wenn kein anderer Wert feststeht, zu 5,5 Prozent anzunehmen (§ 15 Abs. 1 BewG). 49

---

[1] *BFH-Urteil vom 27. 5. 1992 II R 33/89 (BStBl. II S. 990):* Der Kapitalwert wiederkehrender Leistungen von bestimmter Dauer *(hier: Erbbauzinsansprüche)* kann nicht unter Zugrundelegung eines anderen als des in § 13 Abs. 1 Satz 2 BewG vorgesehenen Zinssatzes von 5,5 v. H. ermittelt werden. – *Anm. d. Red.:* Es erfolgt kein gesonderter Ansatz der Erbbauzinsansprüche mehr. Die Grundsätze des Urteils gelten jedoch weiterhin.

Anl a zu § 12

1.1.2. Jahreswert von Sachbezügen

50 **40** Nutzungen und Leistungen, die nicht in Geld bestehen, z. B. Wohnung, Kost, Waren und sonstige Sachbezüge, sind nach § 15 Abs. 2 BewG mit den üblichen Mittelpreisen des Verbrauchsorts anzusetzen. Dabei kann z. B. von den Sätzen ausgegangen werden, die am Besteuerungszeitpunkt beim Steuerabzug vom Arbeitslohn und bei der Sozialversicherung für Deputate in der Land- und Forstwirtschaft gelten. Bei nichtbuchführenden Land- und Forstwirten können Pauschsätze für Altenteilsleistungen, die von den Finanzbehörden aufgestellt worden sind, übernommen werden. Vertraglich vereinbarte Barbezüge oder sonstige Sachleistungen sind nur zu berücksichtigen, wenn sie in den Pauschsätzen nicht mit abgegolten sind und wenn nachgewiesen wird, dass sie tatsächlich geleistet werden.

1.1.3. Schwankende Nutzungen und Leistungen

51 **41** Bei Nutzungen und Leistungen, deren Jahreswert ungewiss ist oder schwankt, ist nach § 15 Abs. 3 BewG als Jahreswert der Betrag anzusetzen, der im Durchschnitt der Jahre voraussichtlich erzielt wird. Bei der Schätzung des Durchschnittswerts können ausnahmsweise Ereignisse berücksichtigt werden, die in nicht allzu langer Zeit nach dem Besteuerungszeitpunkt eingetreten sind.

1.1.4. Begrenzung des Jahreswerts von Nutzungen

52 **42** Bei der Ermittlung des Kapitalwerts darf der Jahreswert der Nutzungen nach § 16 BewG höchstens mit dem Wert angesetzt werden, der sich ergibt, wenn der für das genutzte Wirtschaftsgut nach den Vorschriften des Bewertungsgesetzes anzusetzende Wert durch 18,6 geteilt wird. Bei Grundstücken und den wie Grundvermögen bewerteten Betriebsgrundstücken (§ 99 Abs. 1 Nr. 1 BewG) ist Ausgangswert der nach § 157 Abs. 3 i. V. m. §§ 176 bis 197 BewG festgestellte Grundbesitzwert, und zwar vor Abzug von Schulden und Lasten (BFH vom 23. 7. 1980 II R 62/77, BStBl. II S. 748). Im Falle eines Zuwendungsnießbrauchs oder der Zuwendung eines Wohnrechts kann für das Grundstück kein Nachweis des niedrigeren gemeinen Werts nach § 198 BewG erfolgen.

43 Beim Nießbrauch an einer Vermögensmasse ist der Ertrag des gesamten Vermögens maßgebend. Von den Einnahmen der ertragbringenden Wirtschaftsgüter sind die Aufwendungen für ertraglose Wirtschaftsgüter abzuziehen (BFH vom 21. 11. 1969 III R 14-15/66, BStBl. 1970 II S. 368). Ist die Nutzung auf einen Teil der Gesamtnutzung beschränkt, ist der Höchstbetrag des Jahreswerts nur zu einem entsprechenden Teil anzusetzen. Ist dagegen das Nutzungsrecht auf einen abgrenzbaren Teil des Wirtschaftsguts beschränkt, ist bei der Ermittlung des Höchstbetrags darauf abzustellen, welcher Anteil des Werts des ganzen Wirtschaftsguts auf den Teil entfällt, auf den sich das Nutzungsrecht bezieht. Für obligatorische Nutzungsrechte gilt das nur dann, wenn der Anspruch auf die Nutzung des Wirtschaftsguts beschränkt ist, wenn es sich also um eine sachbezogene Nutzung des Wirtschaftsguts selbst handelt und darüber hinausgehende Ansprüche gegen den Nutzungsverpflichteten ausgeschlossen sind (BFH vom 24. 4. 1970 III R 36/67, BStBl. II S. 591).

1.2. Maßgebende Vervielfältiger

1.2.1. Wiederkehrende Nutzungen und Leistungen von bestimmter Dauer

53 **44** Der Kapitalwert von wiederkehrenden Nutzungen und Leistungen, die auf bestimmte Zeit beschränkt sind (insbesondere Zeitrenten), wird nach Tabelle 6 als Mittelwert zwischen dem Kapitalwert für jährlich vorschüssige und jährlich nachschüssige Zahlungsweise errechnet. Der Vervielfältiger in Tabelle 6 ist deshalb unabhängig davon anzusetzen, ob die Zahlungen vorschüssig oder nachschüssig, jährlich oder unterjährig entrichtet werden.

45 Tabelle 6 stimmt bis auf die Beschränkung auf das 18,6-fache mit der Tabelle 2 überein. Bis auf diese Beschränkung entspricht die Bewertung von wiederkehrenden, zeitlich begrenzten Nutzungen und Leistungen sinngemäß der Bewertung von in Raten fälligen unverzinslichen Kapitalforderungen und Kapitalschulden.

1.2.2. Immerwährende Nutzungen und Leistungen

54 **46** Der Vervielfältiger für immerwährende Nutzungen und Leistung beträgt 18,6 (§ 13 Abs. 2 1. Halbsatz BewG). Als immerwährend gelten Nutzungen und Leistungen, wenn ihr Ende von Ereignissen abhängt, von denen ungewiss ist, ob und wann sie in absehbarer Zeit eintreten (BFH vom 11. 12. 1970 III R 1/69, BStBl. 1971 II S. 386).

1.2.3. Nutzungen und Leistungen von unbestimmter Dauer

55 **47** Bei Nutzungen und Leistungen von unbestimmter Dauer beträgt der Vervielfältiger 9,3 (§ 13 Abs. 2 2. Halbsatz BewG).

1.2.4. Lebenslängliche Nutzungen und Leistungen

56 **48** Die Vervielfältiger zur Berechnung der Kapitalwerte lebenslänglicher Nutzungen und Leistungen (insbesondere Leibrenten) sind nach der Sterbetafel des Statistischen Bundesamts zu ermitteln und ab dem 1. Januar des auf die Veröffentlichung der Sterbetafel durch das Statistische Bundesamt folgenden Kalenderjahres anzuwenden. Der Kapitalwert ist unter Berücksichtigung von Zwischenzinsen und Zinseszinsen mit einem Zinssatz von 5,5 Prozent als Mittelwert zwischen dem Kapitalwert für jährlich vorschüssige und jährlich nachschüssige Zahlungsweise zu berechnen. Das Bundesministerium der Finanzen stellt die Vervielfältiger für den Kapitalwert einer lebenslänglichen Nutzung oder Leistung im Jahresbetrag von einem Euro nach Lebensalter und Geschlecht der Berechtigten in einer Tabelle zusammen und veröffentlicht diese zusammen mit dem Datum der Veröffentlichung der Sterbetafel im Bundessteuerblatt. Für das Jahr 2021 ist die Vervielfältigertabelle des BMF-Schreibens vom 28. Oktober

Anl a zu § 12

2020 (BStBl. I S. 1048) und für das Jahr 2022 die Vervielfältigertabelle des BMF-Schreibens vom 4. Oktober 2021 (BStBl. I S. 1821) maßgebend.[1]

49 Dies gilt auch für eine Rente, die einer verwitweten Person auf Lebenszeit, längstens aber bis zur Wiederverheiratung zusteht. Ebenso ist bei Renten zu verfahren, die von unbestimmter Dauer, gleichzeitig aber auch von der Lebenszeit einer Person abhängig sind.

1.2.5. Abgekürzte und verlängerte Leibrenten

50 Bei abgekürzten Leibrenten (auch Höchstzeitrenten genannt), bei denen neben der zeitlichen Begrenzung eine zusätzliche Begrenzung durch das Leben einer oder mehrerer Personen besteht, ist der nach § 13 Abs. 1 BewG ermittelte Kapitalwert durch den Kapitalwert nach § 14 BewG begrenzt. 57

51 Bei verlängerten Leibrenten, d. h. bei einer auf die Lebenszeit des Berechtigten abgeschlossenen Rente mit garantierter Mindestlaufzeit, bei der die Rentenleistungen nicht durch den Tod des Berechtigten vorzeitig enden, ist der höhere Vervielfältiger anzuwenden, der sich bei einem Vergleich der Vervielfältiger für eine reine Zeitrente (Tabelle 6) bzw. für eine reine lebenslängliche Rente (Vervielfältigertabelle lt. Veröffentlichung des Bundesministeriums der Finanzen) ergibt.

1.2.6. Leibrenten und Nutzungsrechte auf Lebenszeit, die von der Lebenszeit mehrerer Personen abhängen

52 Stehen einem Ehepaar zu Lebzeiten beider Ehegatten Ansprüche auf Renten oder andere wiederkehrende Nutzungen und Leistungen zu und vermindern sich diese nach dem Tod des Erstversterbenden, sind die Ansprüche mit den Vervielfältigern nach der vom Bundesministerium der Finanzen für das Jahr, in das der Bewertungsstichtag fällt, veröffentlichten Vervielfältigertabelle zu bewerten. Solange beide Ehegatten leben, ist davon auszugehen, dass jedem Ehegatten die Hälfte der gemeinsamen Rente zusteht, es sei denn, aus der Entstehung des Rentenanspruchs ergibt sich ein anderer Aufteilungsmaßstab. Auf diese Jahreswerte ist der niedrigere der beiden Vervielfältiger für die Ehegatten anzuwenden. Die dem überlebenden Ehegatten allein zustehende geminderte Rente ist mit der Differenz der Vervielfältiger anzusetzen. 58

53 Bezieht eine Person eine Rente auf Lebenszeit und ist festgelegt, dass der Ehegatte nur im Fall des Längerlebens eine Rente erhält, ist diese weitere Rente aufschiebend bedingt und nach § 4 BewG nicht zu berücksichtigen (BFH vom 31. 1. 1964 III 199/61 U, BStBl. III S. 179). Dies gilt auch bei entsprechend ausgestalteten Nutzungsrechten auf Lebenszeit.[2]

54 Die vorstehenden Grundsätze gelten auch in Fällen, in denen es sich bei den Berechtigten nicht um Ehegatten handelt.

55 Besteht an einem Vermögensgegenstand ein Nießbrauchsrecht auf Lebenszeit und wird daran ein weiteres Nießbrauchsrecht auf Lebenszeit vereinbart, das einen Rang nach dem Nießbrauchsrecht des bisher Berechtigten erhält, handelt es sich bei dem nachrangigen Nießbrauchsrecht nicht um eine aufschiebend bedingte Last i. S. v. § 6 Abs. 1 BewG, da das Nießbrauchsrecht zivilrechtlich bereits entstanden ist (BFH vom 6. 5. 2020 II R 11/19, BStBl. II S. 746). Bei der Besteuerung der Übertragung des mit den Nießbrauchsrechten belasteten Vermögensgegenstandes erfolgt die Bewertung der Nießbrauchsrechte nach § 14 BewG anhand des höheren Vervielfältigers der Nießbrauchsberechtigten.

2. Anwendung der Tabellen

2.1. Wiederkehrende Nutzungen und Leistungen von bestimmter Dauer

56 Beispiel 1: 59

Besteuerungszeitpunkt	16. 6. 01
Halbjährliche Zeitrente	6 000 EUR
Fälligkeit der 1. Zahlung nach dem Besteuerungszeitpunkt	20. 8. 01
Fälligkeit der letzten Zahlung	20. 2. 11
Im Jahr 01 wird eine Rate, in den Jahren 02 bis 10 werden jeweils zwei Raten und im Jahr 11 eine Rate gezahlt; dies ergibt eine Anzahl von 20 zu leistenden Raten.	
Laufzeit (20 Raten/2 Raten pro Jahr =)	10 Jahre
Berechnung:	
Vervielfältiger für 10 Jahre (Tabelle 6)	7,745
Jahreswert (2 × 6 000 EUR =)	12 000 EUR
Gegenwartswert am 16. 6. 01 (7,745 × 12 000 EUR =)	92 940 EUR

Beispiel 2:

Besteuerungszeitpunkt	16. 6. 01
Vierteljährliche Zeitrente	3 000 EUR
Fälligkeit der 1. Zahlung nach dem Besteuerungszeitpunkt	20. 8. 01
Fälligkeit der letzten Zahlung	20. 2. 11
Im Jahr 01 werden zwei Raten, in den Jahren 02 bis 10 werden jeweils vier Raten und im Jahr 11 eine Rate gezahlt; dies ergibt eine Anzahl von 39 zu leistenden Raten.	
Laufzeit (39 Raten/4 Raten pro Jahr =)	9 Jahre, 9 Monate
Die gegenüber Beispiel 1 geänderte Zahlungsweise führt zu einer anderen Laufzeit.	
Berechnung:	
Vervielfältiger für 10 Jahre (Tabelle 6)	7,745
Vervielfältiger für 9 Jahre	7,143
Differenz	0,602

[1] Zur Vervielfältigertabelle für Bewertungsstichtage ab 1. 1. 2025 siehe *BMF-Schreiben vom 9. 12. 2024,* abgedruckt als Anlage zu § 14 Abs. 1 BewG.

[2] Zur Bewertung bei Eintritt der Bedingung siehe *gleich lautenden Ländererlass vom 4. 1. 2023,* abgedruckt als Anlage b zu § 12 BewG.

Anl a zu § 12

noch 59

davon 9/12	0,452
interpoliert (7,143 + 0,452)	7,595
Jahreswert (4 × 3 000 EUR =)	12 000 EUR
Kapitalwert am 16. 6. 01 (7,595 × 12 000 EUR =)	91 140 EUR

Beispiel 3:

Wie Beispiel 2, aber Fälligkeit der 1. Zahlung 20. 5. 02

Im Jahr 02 werden drei Raten, in den Jahren 03 bis 10 werden jeweils vier Raten und im Jahr 11 eine Rate gezahlt; dies ergibt eine Anzahl von 36 zu leistenden Raten.

Laufzeit (36 Raten/4 Raten pro Jahr =) 9 Jahre

Im Jahr 01 wären grundsätzlich zwei Raten zu zahlen gewesen und bis zur tatsächlichen Fälligkeit der ersten Rate in 02 eine Rate; es liegt also ein tilgungsfreier Zeitraum über drei Raten vor.

Aufschubzeit (3 Raten × 3 Monate =) 9 Monate

Berechnung:

Vervielfältiger für 9 Jahre (Tabelle 6)	7,143
Jahreswert (4 × 3 000 EUR =)	12 000 EUR
Kapitalwert zum 16. 3. 02 (7,143 × 12 000 EUR =)	85 716 EUR
Berücksichtigung der Aufschubzeit:	
Abzinsungsfaktor für 1 Jahr (Tabelle 1)	0,948
Abzinsungsfaktor für 0 Jahre	1,000
Differenz	– 0,052
davon 9/12	– 0,039
interpoliert (1,000 – 0,039)	0,961
Jahreswert (4 × 3 000 EUR =)	12 000 EUR
Kapitalwert am 16. 6. 01 (0,961 × 85 716 EUR =)	82 373 EUR

Beispiel 4: (feststehende künftige Rentenerhöhung)

Besteuerungszeitpunkt	13. 10. 01
Halbjährliche Zeitrente	
Zeitrente (I)	10 000 EUR
Fälligkeit der 1. Zahlung (I) nach Besteuerungszeitpunkt	20. 2. 02
Fälligkeit der letzten Zahlung (I)	20. 2. 09

In den Jahren 02 bis 08 werden jeweils 2 Raten und im Jahr 09 eine Rate gezahlt; dies ergibt eine Anzahl von 15 zu leistenden Raten.

Laufzeit (15 Raten/2 Raten pro Jahr =)	7 Jahre, 6 Monate
Zeitrente (II)	22 500 EUR
Fälligkeit der 1. Zahlung (II) nach Besteuerungszeitpunkt	20. 8. 09
Fälligkeit der letzten Zahlung (II)	20. 8. 21

Im Jahr 09 wird eine Rate und in den Jahren 10 bis 21 werden jeweils zwei Raten gezahlt; dies ergibt eine Anzahl von 25 zu leistenden Raten.

Laufzeit (25 Raten/2 Raten pro Jahr =) 12 Jahre, 6 Monate

Berechnung:

<u>1. Berechnung des Kapitalwerts der Zeitrente (I):</u>

Vervielfältiger für 8 Jahre (Tabelle 6)	6,509
Vervielfältiger für 7 Jahre	5,839
Differenz	0,670
davon 6/12	0,335
interpoliert (5,839 + 0,335)	6,174
Jahreswert (2 × 10 000 EUR =)	20 000 EUR
Kapitalwert der Zeitrente (I) (6,174 × 20 000 EUR =)	123 480 EUR

<u>2. Berechnung des Kapitalwerts der Zeitrente (II):</u>

Vervielfältiger für 13 Jahre (Tabelle 6)	9,368
Vervielfältiger für 12 Jahre	8,856
Differenz	0,512
davon 6/12	0,256
interpoliert (8,856 + 0,256 =)	9,112
Jahreswert (2 × 22 500 EUR =)	45 000 EUR
Kapitalwert der Zeitrente (II) (9,112 × 45 000 EUR =)	410 040 EUR

Der so ermittelte Kapitalwert der Zeitrente ist wie eine unverzinsliche Kapitalforderung auf den 13. 10. 01 abzuzinsen:

Abzinsungsfaktor für 8 Jahre (Tabelle 1)	0,652
Abzinsungsfaktor für 7 Jahre	0,687
Differenz	– 0,035
davon 6/12	– 0,018
interpoliert (0,687 – 0,018 =)	0,669
Kapitalwert der Zeitrente (II), bezogen auf den 13. 10. 01 (0,669 × 410 040 EUR =)	274 316 EUR
Kapitalwert am 13. 10. 01 (123 480 + 274 316 EUR =)	397 796 EUR

2.2. Lebenslängliche Nutzungen und Leistungen

57 **Beispiel:** 60

Besteuerungszeitpunkt	18. 10. 2022
Lebenslänglich laufende Rente in Höhe von monatlich	500 EUR
Geschlecht des Empfängers	männlich
Geburtsdatum des Empfängers	14. 12. 1948
Berechnung:	
Erreichtes Alter am 18. 10. 2022	73 Jahre
Vervielfältiger	9,059
Jahreswert der Rente (12 × 500 EUR =)	6 000 EUR
Gegenwartswert am 18. 10. 2022 (9,059 × 6 000 EUR =)	54 354 EUR

2.3. Leibrenten und Nutzungsrechte auf Lebenszeit, die von der Lebenszeit mehrerer Personen abhängen

58 **Beispiel 1:** 61

Besteuerungszeitpunkt	16. 8 .2022
Ein Ehepaar erhält eine Rente zu Lebzeiten beider Ehegatten in Höhe von jährlich	20 000 EUR
Nach dem Tod des Erstversterbenden vermindert sich der Jahreswert der Rente auf	15 000 EUR
Alter des Ehemannes im Besteuerungszeitpunkt (Vervielfältiger 13,339)	58 Jahre
Alter der Ehefrau im Besteuerungszeitpunkt (Vervielfältiger 15,739)	50 Jahre
Nach Tz. III. 1.2.6 ergibt sich der Kapitalwert wie folgt:	
1. Rentenanspruch des Ehemannes (13,339 × 10 000 EUR =)	133 390 EUR
2. Rentenanspruch der Ehefrau	
(13,339 × 10 000 EUR =)	133 390 EUR
([15,739 – 13,339] × 15 000 EUR =)	36 000 EUR
insgesamt	169 390 EUR
Kapitalwert im Besteuerungszeitpunkt (133 390 EUR + 169 390 EUR =)	302 780 EUR

Beispiel 2:[1]

Besteuerungszeitpunkt	20. 9. 2022
Ein Ehemann erhält eine lebenslängliche Rente in Höhe von jährlich	20 000 EUR
Eine Witwenrente ist vereinbart in Höhe von jährlich	15 000 EUR
Alter des Ehemannes im Besteuerungszeitpunkt (wie in Beispiel 1) (Vervielfältiger 13,339)	58 Jahre
Nach Tz. III. 1.2.6 ergibt sich der Kapitalwert im Besteuerungszeitpunkt wie folgt: (13,339 × 20 000 EUR =)	266 780 EUR

Die Rente der Ehefrau ist aufschiebend bedingt und bleibt daher außer Betracht.

Beispiel 3:

Frau M hat ein Wertpapierdepot an Herrn S unter Nießbrauchsvorbehalt auf Lebenszeit übertragen. S verschenkt das Depot am 17. 7. 2022 weiter an T. Er behält sich ebenfalls den Nießbrauch auf Lebenszeit vor, der aber einen Rang nach dem der M erhält.

Jahreswert des Nießbrauchs	4 000 EUR
Alter M im Besteuerungszeitpunkt des Erwerbs von T (Vervielfältiger 12,652)	65 Jahre
Alter S im Besteuerungszeitpunkt des Erwerbs von T (Vervielfältiger 16,449)	40 Jahre
Nach Tz. III. 1.2.6 ergibt sich der Kapitalwert im Besteuerungszeitpunkt wie folgt: (16,449 × 4 000 EUR =)	65 769 EUR

[1] Zur Bewertung beim Tod des Ehemanns siehe *gleich lautenden Ländererlass vom 4. 1. 2023,* abgedruckt als Anlage b zu § 12 BewG.

Anl a zu § 12 – Tab. 1

Tabelle 1

(zu § 12 Abs. 3 BewG)

62 **Vervielfältiger für die Abzinsung einer unverzinslichen Forderung oder Schuld, die nach bestimmter Zeit in einem Betrag fällig ist, im Nennwert von 1,– €**

Anzahl der Jahre	Vervielfältiger	Anzahl der Jahre	Vervielfältiger
1	0,948	51	0,065
2	0,898	52	0,062
3	0,852	53	0,059
4	0,807	54	0,056
5	0,765	55	0,053
6	0,725	56	0,050
7	0,687	57	0,047
8	0,652	58	0,045
9	0,618	59	0,042
10	0,585	60	0,040
11	0,555	61	0,038
12	0,526	62	0,036
13	0,499	63	0,034
14	0,473	64	0,032
15	0,448	65	0,031
16	0,425	66	0,029
17	0,402	67	0,028
18	0,381	68	0,026
19	0,362	69	0,025
20	0,343	70	0,024
21	0,325	71	0,022
22	0,308	72	0,021
23	0,292	73	0,020
24	0,277	74	0,019
25	0,262	75	0,018
26	0,249	76	0,017
27	0,236	77	0,016
28	0,223	78	0,015
29	0,212	79	0,015
30	0,201	80	0,014
31	0,190	81	0,013
32	0,180	82	0,012
33	0,171	83	0,012
34	0,162	84	0,011
35	0,154	85	0,011
36	0,146	86	0,010
37	0,138	87	0,009
38	0,131	88	0,009
39	0,124	89	0,009
40	0,117	90	0,008
41	0,111	91	0,008
42	0,106	92	0,007
43	0,100	93	0,007
44	0,095	94	0,007
45	0,090	95	0,006
46	0,085	96	0,006
47	0,081	97	0,006
48	0,077	98	0,005
49	0,073	99	0,005
50	0,069	100	0,005

Anl a zu § 12 – Tab. 2

Tabelle 2

(zu § 12 Abs. 1 BewG)

63 **Vervielfältiger für eine unverzinsliche Kapitalforderung/-schuld, die in gleichen Jahresraten getilgt wird. Der Jahresbetrag der Raten wurde mit 1,– € angesetzt.**

Laufzeit in Jahren	Kapital-wert	Laufzeit in Jahren	Kapital-wert
1	0,974	51	17,464
2	1,897	52	17,528
3	2,772	53	17,588
4	3,602	54	17,645
5	4,388	55	17,699
6	5,133	56	17,750
7	5,839	57	17,799
8	6,509	58	17,845
9	7,143	59	17,888
10	7,745	60	17,930
11	8,315	61	17,969
12	8,856	62	18,006
13	9,368	63	18,041
14	9,853	64	18,075
15	10,314	65	18,106
16	10,750	66	18,136
17	11,163	67	18,165
18	11,555	68	18,192
19	11,927	69	18,217
20	12,279	70	18,242
21	12,613	71	18,264
22	12,929	72	18,286
23	13,229	73	18,307
24	13,513	74	18,326
25	13,783	75	18,345
26	14,038	76	18,362
27	14,280	77	18,379
28	14,510	78	18,395
29	14,727	79	18,410
30	14,933	80	18,424
31	15,129	81	18,437
32	15,314	82	18,450
33	15,490	83	18,462
34	15,656	84	18,474
35	15,814	85	18,485
36	15,963	86	18,495
37	16,105	87	18,505
38	16,239	88	18,514
39	16,367	89	18,523
40	16,487	90	18,531
41	16,602	91	18,539
42	16,710	92	18,546
43	16,813	93	18,553
44	16,910	94	18,560
45	17,003	95	18,566
46	17,090	96	18,572
47	17,173	97	18,578
48	17,252	98	18,583
49	17,326	99	18,589
50	17,397	100	18,593

Anl a zu § 12 – Tab. 2

noch **63**

Laufzeit in Jahren	Kapital-wert	Laufzeit in Jahren	Kapital-wert
101	18,598	126	18,660
102	18,602	127	18,661
103	18,607	128	18,662
104	18,611	129	18,663
105	18,614	130	18,664
106	18,618	131	18,665
107	18,621	132	18,666
108	18,624	133	18,667
109	18,627	134	18,668
110	18,630	135	18,668
111	18,633	136	18,669
112	18,635	137	18,670
113	18,638	138	18,670
114	18,640	139	18,671
115	18,642	140	18,671
116	18,644	141	18,672
117	18,646	142	18,672
118	18,648	143	18,673
119	18,650	144	18,673
120	18,652	145	18,674
121	18,653	146	18,674
122	18,655	147	18,675
123	18,656	148	18,675
124	18,657	149	18,675
125	18,659	150	18,676

Anl a zu § 12 – Tab. 3

Tabelle 3

(zu § 12 Abs. 1 BewG)

64

Tabelle zur Berechnung der Barwerte der Zinsdifferenzen für hoch- und niedrigverzinsliche Kapitalforderungen und Schulden mit Ratentilgung

Anzahl der Jahre	Barwert	Anzahl der Jahre	Barwert
1	0,487	51	11,969
2	0,949	52	12,066
3	1,394	53	12,161
4	1,824	54	12,254
5	2,240	55	12,344
6	2,641	56	12,432
7	3,028	57	12,517
8	3,402	58	12,601
9	3,764	59	12,682
10	4,113	60	12,762
11	4,451	61	12,839
12	4,777	62	12,914
13	5,093	63	12,988
14	5,398	64	13,060
15	5,694	65	13,130
16	5,979	66	13,199
17	6,255	67	13,265
18	6,523	68	13,331
19	6,782	69	13,395
20	7,032	70	13,457
21	7,275	71	13,518
22	7,510	72	13,577
23	7,737	73	13,635
24	7,957	74	13,692
25	8,171	75	13,748
26	8,378	76	13,802
27	8,578	77	13,855
28	8,773	78	13,907
29	8,961	79	13,958
30	9,144	80	14,008
31	9,322	81	14,056
32	9,494	82	14,104
33	9,661	83	14,151
34	9,823	84	14,196
35	9,980	85	14,241
36	10,133	86	14,285
37	10,281	87	14,328
38	10,425	88	14,370
39	10,565	89	14,411
40	10,701	90	14,451
41	10,833	91	14,491
42	10,961	92	14,530
43	11,086	93	14,568
44	11,207	94	14,605
45	11,325	95	14,641
46	11,440	96	14,677
47	11,551	97	14,713
48	11,660	98	14,747
49	11,766	99	14,781
50	11,869	100	14,814

Anl a zu § 12 – Tab. 4

Tabelle 4

(§ 12 Abs. 1 BewG)

65 **Tabelle der Kapitalwerte der Zinsdifferenzen für niedrigverzinsliche Kapitalforderungen und Schulden mit Annuitätentilgung und einer Annuität im Jahresbetrag von 1,– €; Grenzzinsfuß: 3%**

Anzahl der Jahre	Vertraglicher Zinsfuß in Prozent 0,5%	1,0%	1,5%	2,0%	2,5%	Anzahl der Jahre
1	0,012	0,010	0,007	0,005	0,002	1
2	0,047	0,038	0,028	0,019	0,009	2
3	0,104	0,083	0,062	0,041	0,020	3
4	0,182	0,144	0,107	0,071	0,035	4
5	0,280	0,222	0,164	0,109	0,054	5
6	0,397	0,314	0,232	0,153	0,076	6
7	0,532	0,420	0,310	0,240	0,101	7
8	0,685	0,539	0,398	0,261	0,129	8
9	0,854	0,671	0,495	0,324	0,159	9
10	1,039	0,815	0,600	0,392	0,192	10
11	1,239	0,970	0,712	0,465	0,228	11
12	1,454	1,136	0,833	0,543	0,265	12
13	1,681	1,312	0,960	0,624	0,305	13
14	1,922	1,497	1,093	0,710	0,346	14
15	2,175	1,691	1,232	0,799	0,389	15
16	2,440	1,893	1,377	0,891	0,433	16
17	2,716	2,103	1,527	0,986	0,478	17
18	3,002	2,320	1,682	1,084	0,525	18
19	3,298	2,544	1,841	1,185	0,572	19
20	3,603	2,774	2,003	1,287	0,621	20
21	3,918	3,010	2,170	1,391	0,670	21
22	4,240	3,251	2,339	1,497	0,720	22
23	4,570	3,497	2,512	1,605	0,770	23
24	4,907	3,748	2,687	1,714	0,821	24
25	5,252	4,003	2,864	1,824	0,872	25
26	5,602	4,262	3,044	1,934	0,923	26
27	5,959	4,524	3,225	2,046	0,974	27
28	6,321	4,790	3,408	2,158	1,026	28
29	6,689	5,058	3,592	2,270	1,078	29
30	7,061	5,329	3,777	2,383	1,129	30
31	7,438	5,602	3,963	2,495	1,181	31
32	7,819	5,877	4,149	2,608	1,232	32
33	8,204	6,154	4,336	2,721	1,283	33
34	8,592	6,432	4,523	2,833	1,334	34
35	8,984	6,712	4,711	2,945	1,384	35
36	9,378	6,992	4,898	3,057	1,434	36
37	9,775	7,273	5,085	3,168	1,483	37
38	10,175	7,555	5,272	3,278	1,533	38
39	10,576	7,837	5,458	3,388	1,581	39
40	10,980	8,119	5,644	3,497	1,629	40
41	11,385	8,401	5,829	3,605	1,677	41
42	11,791	8,683	6,013	3,712	1,724	42
43	12,199	8,964	6,196	3,818	1,770	43
44	12,607	9,245	6,377	3,923	1,816	44
45	13,017	9,526	6,558	4,027	1,861	45

Anl a zu § 12 – Tab. 4

noch **65**

Anzahl der Jahre	Vertraglicher Zinsfuß in Prozent 0,5%	1,0%	1,5%	2,0%	2,5%	Anzahl der Jahre
46	13,427	9,805	6,738	4,130	1,905	46
47	13,837	10,084	6,916	4,232	1,949	47
48	14,248	10,362	7,093	4,332	1,992	48
49	14,659	10,638	7,268	4,431	2,034	49
50	15,070	10,914	7,442	4,529	2,076	50
51	15,481	11,188	7,614	4,626	2,117	51
52	15,891	11,460	7,784	4,721	2,157	52
53	16,301	11,731	7,953	4,815	2,196	53
54	16,710	12,001	8,120	4,908	2,235	54
55	17,119	12,268	8,285	4,999	2,273	55
56	17,527	12,534	8,449	5,088	2,310	56
57	17,934	12,798	8,610	5,177	2,346	57
58	18,340	13,061	8,770	5,264	2,382	58
59	18,744	13,321	8,928	5,349	2,417	59
60	19,148	13,579	9,084	5,433	2,451	60
61	19,550	13,835	9,238	5,516	2,485	61
62	19,951	14,090	9,390	5,597	2,517	62
63	20,351	14,342	9,539	5,677	2,549	63
64	20,749	14,591	9,687	5,755	2,581	64
65	21,145	14,839	9,833	5,832	2,611	65
66	21,540	15,084	9,977	5,908	2,641	66
67	21,933	15,328	10,119	5,982	2,671	67
68	22,325	15,568	10,259	6,054	2,699	68
69	22,714	15,807	10,397	6,126	2,727	69
70	23,102	16,043	10,532	6,195	2,754	70
71	23,488	16,277	10,666	6,264	2,780	71
72	23,872	16,509	10,798	6,331	2,806	72
73	24,254	16,738	10,928	6,397	2,831	73
74	24,633	16,964	11,055	6,461	2,856	74
75	25,011	17,189	11,181	6,524	2,880	75
76	25,387	17,411	11,305	6,586	2,903	76
77	25,761	17,630	11,427	6,646	2,926	77
78	26,132	17,848	11,546	6,706	2,948	78
79	26,502	18,062	11,664	6,763	2,969	79
80	26,869	18,275	11,780	6,820	2,990	80
81	27,334	18,458	11,894	6,875	3,011	81
82	27,597	18,693	12,006	6,930	3,031	82
83	27,958	18,898	12,117	6,983	3,050	83
84	28,316	19,101	12,225	7,034	3,069	84
85	28,673	19,301	12,331	7,085	3,087	85
86	29,027	19,500	12,436	7,135	3,104	86
87	29,378	19,695	12,539	7,183	3,122	87
88	29,728	19,889	12,640	7,230	3,138	88
89	30,075	20,080	12,740	7,276	3,154	89
90	30,420	20,269	12,837	7,321	3,170	90
91	30,763	20,456	12,933	7,366	3,185	91
92	31,103	20,640	13,027	7,409	3,200	92
93	31,441	20,822	13,120	7,450	3,215	93
94	31,777	21,002	13,210	7,491	3,229	94
95	32,111	21,180	13,300	7,531	3,242	95
96	32,442	21,356	13,387	7,570	3,255	96
97	32,772	21,529	13,473	7,609	3,268	97
98	33,099	21,700	13,558	7,646	3,280	98
99	33,423	21,869	13,640	7,682	3,292	99
100	33,746	22,036	13,722	7,717	3,304	100

Anl a zu § 12 – Tab. 5

Tabelle 5

(zu § 12 Abs. 1 BewG)

66 **Tabelle der Kapitalwerte der Zinsdifferenzen für hochverzinsliche Kapitalforderungen und Schulden mit Annuitätentilgung und einer Annuität im Jahresbetrag von 1,– €; Grenzzinsfuß: 9%**

Anzahl der Jahre	Vertraglicher Zinsfuß in Prozent									Anzahl der Jahre
	9,5%	10,0%	10,5%	11,0%	11,5%	12,0%	12,5%	13,0%	13,5%	
1	0,002	0,005	0,007	0,009	0,012	0,014	0,016	0,018	0,021	1
2	0,009	0,017	0,026	0,034	0,043	0,051	0,059	0,067	0,075	2
3	0,019	0,037	0,055	0,073	0,091	0,108	0,125	0,142	0,159	3
4	0,032	0,063	0,094	0,124	0,154	0,183	0,212	0,240	0,268	4
5	0,048	0,094	0,140	0,185	0,229	0,273	0,315	0,357	0,398	5
6	0,066	0,130	0,194	0,255	0,316	0,375	0,433	0,490	0,545	6
7	0,086	0,171	0,253	0,333	0,411	0,488	0,562	0,635	0,707	7
8	0,109	0,214	0,317	0,417	0,514	0,609	0,701	0,791	0,879	8
9	0,132	0,261	0,385	0,506	0,623	0,737	0,847	0,955	1,059	9
10	0,157	0,309	0,456	0,598	0,736	0,870	0,999	1,124	1,246	10
11	0,183	0,359	0,530	0,694	0,853	1,006	1,154	1,298	1,436	11
12	0,209	0,411	0,605	0,792	0,972	1,145	1,312	1,473	1,628	12
13	0,236	0,463	0,681	0,891	1,092	1,285	1,471	1,649	1,821	13
14	0,264	0,516	0,758	0,990	1,212	1,425	1,629	1,825	2,013	14
15	0,291	0,569	0,835	1,089	1,332	1,564	1,786	1,999	2,203	15
16	0,319	0,622	0,912	1,187	1,451	1,702	1,942	2,171	2,390	16
17	0,346	0,675	0,987	1,285	1,568	1,837	2,094	2,339	2,573	17
18	0,373	0,727	1,062	1,380	1,683	1,970	2,243	2,504	2,751	18
19	0,400	0,777	1,135	1,474	1,795	2,100	2,389	2,663	2,925	19
20	0,426	0,827	1,207	1,565	1,905	2,226	2,530	2,818	3,092	20
21	0,451	0,876	1,277	1,654	2,011	2,348	2,666	2,968	3,254	21
22	0,476	0,924	1,344	1,740	2,114	2,466	2,798	3,112	3,409	22
23	0,500	0,970	1,410	1,824	2,213	2,579	2,925	3,250	3,558	23
24	0,524	1,014	1,473	1,904	2,308	2,689	3,046	3,383	3,700	24
25	0,547	1,057	1,534	1,981	2,400	2,793	3,162	3,510	3,836	25
26	0,568	1,098	1,593	2,055	2,488	2,893	3,273	3,630	3,966	26
27	0,589	1,138	1,649	2,126	2,572	2,989	3,379	3,745	4,089	27
28	0,610	1,176	1,703	2,194	2,652	3,079	3,480	3,854	4,206	28
29	0,626	1,213	1,754	2,258	2,728	3,166	3,575	3,958	4,316	29
30	0,648	1,247	1,803	2,320	2,800	3,248	3,665	4,055	4,420	30
31	0,665	1,280	1,850	2,378	2,869	3,325	3,751	4,148	4,519	31
32	0,682	1,312	1,894	2,433	2,934	3,399	3,831	4,235	4,612	32
33	0,698	1,342	1,936	2,486	2,995	3,468	3,907	4,317	4,699	33
34	0,713	1,370	1,976	2,535	3,053	3,533	3,979	4,394	4,781	34
35	0,728	1,397	2,013	2,582	3,107	3,594	4,046	4,467	4,858	35
36	0,742	1,422	2,048	2,626	3,159	3,652	4,109	4,535	4,930	36
37	0,755	1,446	2,082	2,667	3,207	3,706	4,169	4,598	4,998	37
38	0,767	1,469	2,113	2,706	3,252	3,757	4,224	4,658	5,061	38
39	0,778	1,490	2,142	2,742	3,294	3,804	4,276	4,713	5,120	39
40	0,789	1,510	2,170	2,776	3,334	3,849	4,324	4,765	5,175	40
41	0,799	1,529	2,196	2,808	3,371	3,890	4,370	4,814	5,226	41
42	0,809	1,546	2,220	2,838	3,406	3,929	4,412	4,859	5,274	42
43	0,818	1,562	2,243	2,866	3,438	3,965	4,451	4,901	5,318	43
44	0,826	1,578	2,264	2,892	3,468	3,998	4,488	4,940	5,360	44
45	0,834	1,592	2,284	2,916	3,496	4,030	4,522	4,977	5,398	45
46	0,841	1,605	2,302	2,939	3,522	4,059	4,553	5,010	5,434	46
47	0,848	1,618	2,319	2,959	3,546	4,086	4,582	5,042	5,467	47
48	0,854	1,629	2,335	2,979	3,569	4,110	4,610	5,071	5,497	48
49	0,860	1,640	2,350	2,997	3,589	4,134	4,635	5,097	5,526	49
50	0,866	1,650	2,363	3,014	3,609	4,155	4,658	5,122	5,552	50

Anl a zu § 12 – Tab. 5

noch **66**

Anzahl der Jahre	Vertraglicher Zinsfuß in Prozent									Anzahl der Jahre
	9,5%	10,0%	10,5%	11,0%	11,5%	12,0%	12,5%	13,0%	13,5%	
51	0,871	1,659	2,376	3,029	3,627	4,175	4,679	5,145	5,576	51
52	0,876	1,668	2,388	3,043	3,643	4,193	4,699	5,166	5,599	52
53	0,880	1,676	2,398	3,057	3,658	4,210	4,718	5,186	5,619	53
54	0,884	1,683	2,408	3,069	3,672	4,226	4,734	5,204	5,638	54
55	0,888	1,690	2,418	3,080	3,685	4,240	4,750	5,221	5,656	55
56	0,891	1,696	2,426	3,090	3,697	4,253	4,764	5,236	5,672	56
57	0,895	1,702	2,434	3,100	3,708	4,265	4,778	5,250	5,687	57
58	0,897	1,707	2,441	3,109	3,718	4,276	4,790	5,263	5,701	58
59	0,900	1,712	2,448	3,117	3,727	4,287	4,801	5,275	5,714	59
60	0,903	1,717	2,454	3,124	3,736	4,296	4,811	5,286	5,725	60
61	0,905	1,721	2,459	3,131	3,743	4,305	4,820	5,296	5,736	61
62	0,907	1,724	2,464	3,137	3,750	4,313	4,829	5,305	5,746	62
63	0,909	1,728	2,469	3,142	3,757	4,320	4,837	5,314	5,755	63
64	0,911	1,731	2,473	3,148	3,763	4,326	4,844	5,322	5,763	64
65	0,912	1,734	2,477	3,152	3,768	4,332	4,851	5,329	5,771	65
66	0,914	1,736	2,480	3,156	3,773	4,338	4,857	5,335	5,778	66
67	0,915	1,739	2,484	3,160	3,778	4,343	4,862	5,341	5,784	67
68	0,916	1,741	2,486	3,164	3,782	4,347	4,867	5,347	5,790	68
69	0,917	1,743	2,489	3,167	3,785	4,352	4,872	5,352	5,795	69
70	0,918	1,744	2,491	3,170	3,789	4,355	4,876	5,356	5,800	70
71	0,919	1,746	2,493	3,172	3,792	4,359	4,880	5,360	5,805	71
72	0,920	1,747	2,495	3,175	3,794	4,362	4,883	5,364	5,809	72
73	0,921	1,749	2,497	3,177	3,797	4,365	4,886	5,367	5,812	73
74	0,921	1,750	2,499	3,179	3,799	4,367	4,889	5,371	5,816	74
75	0,922	1,751	2,500	3,181	3,801	4,369	4,892	5,373	5,819	75
76	0,922	1,752	2,501	3,182	3,803	4,371	4,894	5,376	5,822	76
77	0,923	1,752	2,502	3,183	3,805	4,373	4,896	5,378	5,824	77
78	0,923	1,753	2,503	3,185	3,806	4,375	4,898	5,380	5,827	78
79	0,923	1,754	2,504	3,186	3,807	4,376	4,900	5,382	5,829	79
80	0,924	1,754	2,505	3,187	3,808	4,378	4,901	5,384	5,831	80
81	0,924	1,755	2,506	3,187	3,809	4,379	4,903	5,386	5,832	81
82	0,924	1,755	2,506	3,188	3,810	4,380	4,904	5,387	5,834	82
83	0,924	1,755	2,507	3,189	3,811	4,381	4,905	5,388	5,836	83
84	0,924	1,756	2,507	3,189	3,812	4,382	4,906	5,389	5,837	84
85	0,925	1,756	2,507	3,190	3,812	4,383	4,907	5,390	5,838	85
86	0,925	1,756	2,508	3,190	3,813	4,383	4,908	5,391	5,839	86
87	0,925	1,756	2,508	3,191	3,813	4,384	4,908	5,392	5,840	87
88	0,925	1,756	2,508	3,191	3,814	4,384	4,909	5,393	5,841	88
89	0,925	1,757	2,508	3,191	3,814	4,385	4,909	5,394	5,842	89
90	0,925	1,757	2,508	3,191	3,814	4,385	4,910	5,394	5,842	90
91	0,925	1,757	2,508	3,191	3,814	4,385	4,910	5,395	5,843	91
92	0,925	1,757	2,508	3,191	3,815	4,386	4,911	5,395	5,844	92
93	0,925	1,757	2,508	3,192	3,815	4,386	4,911	5,396	5,844	93
94	0,925	1,757	2,508	3,192	3,815	4,386	4,911	5,396	5,845	94
95	0,925	1,757	2,508	3,192	3,815	4,386	4,911	5,396	5,845	95
96	0,925	1,757	2,508	3,192	3,815	4,386	4,912	5,396	5,845	96
97	0,925	1,756	2,508	3,192	3,815	4,386	4,912	5,397	5,846	97
98	0,925	1,756	2,508	3,192	3,815	4,386	4,912	5,397	5,846	98
99	0,925	1,756	2,508	3,192	3,815	4,386	4,912	5,397	5,846	99
100	0,925	1,756	2,508	3,192	3,815	4,386	4,912	5,397	5,846	100

Anl a zu § 12 – Tab. 6

Tabelle 6

(zu § 13 Abs. 1 BewG)
(entspricht Anlage 9 a zum BewG)

67 **Kapitalwert einer wiederkehrenden, zeitlich beschränkten Nutzung oder Leistung im Jahresbetrag von 1,– €**

Laufzeit in Jahren	Vervielfältiger	Laufzeit in Jahren	Vervielfältiger
1	0,974	46	17,090
2	1,897	47	17,173
3	2,772	48	17,252
4	3,602	49	17,326
5	4,388	50	17,397
6	5,133	51	17,464
7	5,839	52	17,528
8	6,509	53	17,588
9	7,143	54	17,645
10	7,745	55	17,699
11	8,315	56	17,750
12	8,856	57	17,799
13	9,368	58	17,845
14	9,853	59	17,888
15	10,314	60	17,930
16	10,750	61	17,969
17	11,163	62	18,006
18	11,555	63	18,041
19	11,927	64	18,075
20	12,279	65	18,106
21	12,613	66	18,136
22	12,929	67	18,165
23	13,229	68	18,192
24	13,513	69	18,217
25	13,783	70	18,242
26	14,038	71	18,264
27	14,280	72	18,286
28	14,510	73	18,307
29	14,727	74	18,326
30	14,933	75	18,345
31	15,129	76	18,362
32	15,314	77	18,379
33	15,490	78	18,395
34	15,656	79	18,410
35	15,814	80	18,424
36	15,963	81	18,437
37	16,105	82	18,450
38	16,239	83	18,462
39	16,367	84	18,474
40	16,487	85	18,485
41	16,602	86	18,495
42	16,710	87	18,505
43	16,813	88	18,514
44	16,910	89	18,523
45	17,003	90	18,531

Laufzeit in Jahren	Vervielfältiger	Laufzeit in Jahren	Vervielfältiger
91	18,539	99	18,589
92	18,546	100	18,593
93	18,553		
94	18,560	101	18,598
95	18,566		
96	18,572	mehr als	
97	18,578	101	18,600
98	18,583		

b) Erlass betr. Berücksichtigung von aufschiebend bedingten Lasten für Zwecke der Erbschaft- bzw. Schenkungsteuer; Konsequenzen aus dem BFH-Urteil vom 15. Juli 2021 II R 26/19[1]

Anl b zu § 12

Vom 4. Januar 2023 (BStBl. I S. 172)

(Gleich lautender Ländererlass)

1 Wenn ein Erwerb von Todes wegen oder eine freigebige Zuwendung mit einer aufschiebend bedingten Last belastet ist, dann wird diese Last bis zum Eintritt der Bedingung nicht bei der Besteuerung berücksichtigt (§ 6 Abs. 1 des Bewertungsgesetzes – BewG). Tritt die Bedingung ein, so ist die Festsetzung der Erbschaft- bzw. Schenkungsteuer auf Antrag nach dem tatsächlichen Wert der Last zu berichtigen (§ 6 Abs. 2 i. V. m. § 5 Abs. 2 BewG). In dem Sachverhalt, der dem Urteil des BFH vom 15. Juli 2021 II R 26/19, BStBl. 2023 II S. 66, zugrunde liegt, wurde Vermögen übertragen, welches mit einer aufschiebend bedingten Rentenverbindlichkeit belastet war. Streitig war, mit welchem Wert die Rentenlast nach dem Eintritt der Bedingung bei der Besteuerung des Beschenkten bereicherungsmindernd zu berücksichtigen war. **70**

2 Der BFH hat in dem Urteil entschieden, dass die Rentenlast auf den Zeitpunkt des Bedingungseintritts zu bewerten ist. Bei der Ermittlung des Kapitalwerts der Rentenlast ist der bei Bedingungseintritt geltende Vervielfältiger zugrunde zu legen. Eine Abzinsung der aufschiebend bedingten Last auf den Zeitpunkt der Steuerentstehung für den Erwerb des belasteten Beschenkten lehnte der BFH ab.

Nach Erörterung mit den obersten Finanzbehörden der Länder gilt bei der Anwendung des Urteils Folgendes:

1. Maßgebender Zeitpunkt für die Bewertung einer zuvor aufschiebend bedingten Last

3 Grundsätzlich kommen für die Bewertung einer zuvor aufschiebend bedingten Last zwei Zeitpunkte in Betracht: **71**
- der Zeitpunkt der Steuerentstehung und
- der Zeitpunkt des Eintritts der aufschiebenden Bedingung.

Wenn es sich bei der Last um ein Recht handelt (wie z. B. in dem vom BFH entschiedenen Sachverhalt um ein Rentenrecht), das erst durch den Eintritt einer Bedingung entsteht, dann ist dieses Recht mit seinem Wert im Zeitpunkt des Eintritts der Bedingung zu berücksichtigen. Bei Nutzungsrechten, deren Dauer vom Leben einer oder mehrerer Personen abhängt, ist bei der Ermittlung des Kapitalwerts der sich auf den Zeitpunkt des Eintritts der aufschiebenden Bedingung ergebende Vervielfältiger zugrunde zu legen.

4 Handelt es sich bei dem Vermögensgegenstand, auf den sich die Last bezieht, um einen Vermögensgegenstand, der nicht Teil des belasteten Erwerbs war, sondern dem Erwerber bereits zum Zeitpunkt der Steuerentstehung gehörte, so ist der Wert dieses Vermögensgegenstandes ebenfalls auf den Zeitpunkt des Eintritts der Bedingung zu ermitteln. Das Gleiche gilt in Fällen, in denen der Erwerber den Vermögensgegenstand, auf den sich die Last bezieht, erst nach dem Zeitpunkt der Steuerentstehung erwirbt.

5 Handelt es sich bei dem Vermögensgegenstand, auf den sich die Last bezieht, hingegen um einen Vermögensgegenstand, der Teil des belasteten Erwerbs war, so erfolgt die Bewertung dieses Vermögensgegenstandes auf den Zeitpunkt der Steuerentstehung für dessen Erwerb (vgl. BFH vom 6. 10. 1976 II R 107/71, BStBl. 1977 II S. 211). Die Korrespondenz zum Wertansatz des Vermögensgegenstands in demselben Erwerb ist insoweit vorrangig gegenüber der Korrespondenz der Last mit dem Wertansatz für den Erwerb des Begünstigten auf einen anderen Stichtag.

Beispiel 1:

A schenkt B am 23. 12. 2010 ihren Kommanditanteil an einer GmbH & Co. KG, behält sich aber ein lebenslanges Nießbrauchsrecht an dem Kommanditanteil vor. B ist verpflichtet, nach dem Tod der A zu Lasten des Kommanditanteils einen monatlichen, wertgesicherten Betrag i. H. v. 4000 EUR an den C (geboren am 10. 12. 1948) bis zu dessen Tod zu zahlen. Nach dem Tod der A am 22. 1. 2022 beantragt B die Korrektur der Schenkungsteuerfestsetzung. Die nunmehr unbedingt gewordene Rentenlast ist von dem Erwerb der B abzuziehen.

Da es sich bei der Last um ein Recht handelt, das erst durch den Eintritt der Bedingung entsteht, erfolgt die Bewertung der Rentenlast auf den Zeitpunkt des Eintritts der Bedingung (vgl. Rz. 3). Der Wert der Rentenlast wird wie folgt ermittelt:

[1] Hiervon abweichend *FG München, Urteil vom 2. 1. 2025 4 K 680/23 (EFG S. 384), Rev. BFH II R 9/25:* Keine Abzinsung einer aufschiebend bedingten Rentenlast.

Anl b zu § 12

Zeitpunkt des Bedingungseintritts (Tod der A)	22. 1. 2022
Lebenslänglich laufende monatliche Rente an C	4 000 EUR
Geschlecht des Rentenempfängers C	männlich
Geburtsdatum des Rentenempfängers C	10. 12. 1948
Berechnung:	
Alter des Rentenempfängers C am 22.1.2022	73 Jahre
Vervielfältiger	9,059
Jahreswert der Rente (12 × 4 000 EUR)	48 000 EUR
Gegenwartswert der Rente im Jahr 2022 (9,059 × 48 000 EUR)	434 832 EUR

Bei der Ermittlung des steuerpflichtigen Erwerbs der B ist – vorbehaltlich einer Abzinsung (vgl. Rz. 10) – ein Wert der Last i. H. v. 434 832 EUR zu berücksichtigen.

Beispiel 2:

A schenkt B am 1. 7. 01 Geschäftsanteile i. H. v. 100% an der Z-GmbH mit der Auflage, bei Eintritt einer aufschiebenden Bedingung die Hälfte der Geschäftsanteile an C herauszugeben, wobei zwischenzeitlich gezogene Nutzungen bei B verbleiben sollen. Der Wert der Z-GmbH beträgt am 1. 7. 01 2 000 000 EUR. Die aufschiebende Bedingung tritt am 30. 6. 05 ein, woraufhin B 50% der Geschäftsanteile an der Z-GmbH auf C überträgt. Der Wert der Z-GmbH beträgt zu diesem Zeitpunkt 5 000 000 EUR. Der Zeitraum zwischen der Schenkung und dem Bedingungseintritt beträgt vier Jahre.

Da die an C herauszugebenden Geschäftsanteile Teil des belasteten Erwerbs des B waren, ist der Bewertung der nunmehr unbedingt gewordenen Last des B der Wert der Z-GmbH zum Zeitpunkt der Schenkung im Jahr 01 zugrunde zu legen (vgl. Rz. 5). Es ergibt sich – vorbehaltlich einer Abzinsung (vgl. Rz. 10) – ein Wert der Last i. H. v. 1 000 000 EUR. Somit verbleibt bei B ein Erwerb i. H. v. 1 000 000 EUR. Dies entspricht dem Wert der im Jahr 01 bei B verbliebenen Geschäftsanteile.

Würde man die beim Erwerb des B zu berücksichtigende Last dagegen auf Basis des Werts der Z-GmbH im Zeitpunkt des Eintritts der aufschiebenden Bedingung bewerten (Jahr 05), so hätte die Last – vorbehaltlich einer Abzinsung – einen Wert von 2 500 000 EUR. Bei B verbliebe somit nach Abzug der Last kein positiver Erwerb mehr, obwohl B weiterhin die Hälfte der Geschäftsanteile verbleiben.

Auch in dem Fall, dass der Wert der Z-GmbH gesunken ist, wäre eine Bewertung auf Basis des Werts im Zeitpunkt des Eintritts der Bedingung zu verwerfen: Angenommen die Z-GmbH hätte im Jahr 05 nur noch einen Wert von 500 000 EUR, dann hätte die Last auf Basis des Werts der Z-GmbH im Zeitpunkt des Eintritts der Bedingung – vorbehaltlich einer Abzinsung – einen Wert von 250 000 EUR. B müsste dann einen Erwerb von 1 750 000 EUR versteuern, obwohl bei ihm auf Basis der Wertverhältnisse im Jahr 01 (100% Z-GmbH = 2 000 000 EUR) tatsächlich nur ein Erwerb von 1 000 000 EUR (= 50% Z-GmbH) verblieben ist.

2. Abzinsung einer aufschiebend bedingten Last für die Schwebezeit zwischen Rechtsgeschäft und Bedingungseintritt

72 **6** Der BFH hat in dem entschiedenen Sachverhalt die Abzinsung der zuvor aufschiebend bedingten Last abgelehnt. Danach habe es im Zeitpunkt der gemischten Schenkung für die Abzinsung der Last an einem bestimmten Fälligkeitszeitpunkt gefehlt und im Zeitpunkt des Bedingungseintritts hätten die Voraussetzungen des § 12 Abs. 3 BewG (mehr als einjährige Laufzeit einer zinslos gestundeten Forderung) nicht mehr vorgelegen.

7 In dem Urteilssachverhalt war die Last im Zeitpunkt der Schenkung auf Grund der aufschiebenden Bedingung steuerlich nicht zu berücksichtigen. Die Frage nach einer Abzinsung stellte sich daher zunächst nicht. Mit Eintritt der aufschiebenden Bedingung war die Festsetzung der Schenkungsteuer nach dem tatsächlichen Wert des Erwerbs zu berichtigen (§ 6 Abs. 2 i. V. m. § 5 Abs. 2 BewG). Bei der Berichtigung ist zu berücksichtigen, dass nunmehr bekannt ist, für welchen Zeitraum die Fälligkeit der Last unverzinslich hinausgeschoben wurde. Entgegen der Auffassung des BFH ist dieser Umstand nicht bereits durch die Kapitalisierung mit dem geringeren Vervielfältiger im Zeitpunkt des Bedingungseintritts gegenüber dem Vervielfältiger im Zeitpunkt der Steuerentstehung berücksichtigt.

8 Mit dem Kapitalwert der Rentenlast wird lediglich der Wert der Rentenverbindlichkeit ausgehend vom Zeitpunkt des Bedingungseintritts abgebildet. Der Zeitraum zwischen der Ausführung der Schenkung bis zum Eintritt der aufschiebenden Bedingung wurde damit noch nicht berücksichtigt.

9 Auch nach Eintritt der aufschiebenden Bedingung liegt eine hinausgeschobene Fälligkeit vor. Geht man vom Zeitpunkt des Eintritts der Bedingung aus, so ist die Last sofort fällig. Maßgebend ist aber der Besteuerungszeitpunkt des Erwerbs. Davon ausgehend ist die Fälligkeit zumindest bis zum Zeitpunkt des Bedingungseintritts hinausgeschoben.

10 Ist die Fälligkeit einer Last, sei es auf Grund einer festen zeitlichen Bestimmung oder auf Grund einer aufschiebenden Bedingung, unverzinslich hinausgeschoben, so ist der (Kapital-)Wert der Last für diesen Zeitraum im Wege der Abzinsung zu mindern, um die für den Erwerber geringere Belastung zu berücksichtigen. Hierdurch wird auch der Umstand berücksichtigt, dass der Erwerber die Möglichkeit hat, das Kapital bzw. die herauszugebende Sache in der Zwischenzeit zu nutzen. Bei Kapitalforderungen ergibt sich die Grundlage für die Abzinsung ausdrücklich aus § 12 Abs. 3 BewG. Der Rechtsgedanke der Vorschrift ist jedoch darüber hinaus auch bei der Bewertung von aufschiebend bedingten Lasten, die sich nicht auf Kapitalforderungen beziehen, zu berücksichtigen. Hierbei handelt es sich um einen Ausfluss aus dem Grundsatz der Bewertung mit dem gemeinen Wert (§ 6 Abs. 2 i. V. m. § 5 Abs. 2 und § 9 BewG).

11 Wenn die Bewertung der Last mit dem (Kapital-)Wert zum Zeitpunkt der Steuerentstehung für den Erwerb des Belasteten vorgenommen wird (vgl. Rz. 5), dann erfolgt ebenso eine Abzinsung, da die Fälligkeit der Last hinausgeschoben ist. In diesen Fällen wird durch die Abzinsung die geringere Belastung des Herausgebenden berücksichtigt, welche sich daraus ergibt, dass die Herausgabe erst geraume Zeit nach dem Erwerb erfolgt und die Nutzungen für die Zwischenzeit bei dem Herausgebenden verbleiben.

Anl b zu § 12

noch **72**

12 Muss der zur Herausgabe Verpflichtete neben dem Vermögensgegenstand auch die zwischenzeitlichen Nutzungen herausgeben, so scheidet eine Abzinsung aus, da die Fälligkeit dann nicht unverzinslich hinausgeschoben ist.

Fortsetzung des Beispiels 1:

Der Wert der Rentenlast ist auf den Stichtag der Steuerentstehung für den Erwerb der Beschenkten abzuzinsen.

Besteuerungszeitpunkt	23. 12. 2010
Gegenwartswert der Rentenlast	434 832 EUR
Zeitpunkt des Bedingungseintritts	22. 1. 2022
Laufzeit der aufgeschobenen Bedingung	
23. 12. 2010 bis 22. 1. 2022 = 11 Jahre, 1 Monat	
Berechnung:	
Abzinsungsfaktor für 12 Jahre	0,526
Abzinsungsfaktor für 11 Jahre	0,555
Differenz	– 0,029
Davon $1/_{12}$	– 0,002
interpoliert (0,555–0,002)	0,553
Abgezinster Wert (0,553 × 434 832 EUR)	240 462 EUR

Fortsetzung des Beispiels 2:

Der Wert der Last ist auf den Stichtag der Steuerentstehung für den Erwerb des Beschenkten abzuzinsen. Der abgezinste Wert (Abzinsungsfaktor für 4 Jahre 0,807 × 1 000 000 EUR) beträgt 807 000 EUR.

BewG

§ 13 Kapitalwert von wiederkehrenden Nutzungen und Leistungen

1 **(1) ① Der Kapitalwert von Nutzungen oder Leistungen, die auf bestimmte Zeit beschränkt sind, ist mit dem aus Anlage 9 a[1] zu entnehmenden Vielfachen des Jahreswerts anzusetzen. ② Ist die Dauer des Rechts außerdem durch das Leben einer oder mehrerer Personen bedingt, darf der nach § 14 zu berechnende Kapitalwert nicht überschritten werden.**

2 **(2) Immerwährende Nutzungen oder Leistungen sind mit dem 18,6fachen des Jahreswerts, Nutzungen oder Leistungen von unbestimmter Dauer vorbehaltlich des § 14 mit dem 9,3fachen des Jahreswerts zu bewerten.**

3 **(3) ① Ist der gemeine Wert der gesamten Nutzungen oder Leistungen nachweislich geringer oder höher, so ist der nachgewiesene gemeine Wert zugrunde zu legen. ② Der Ansatz eines geringeren oder höheren Werts kann jedoch nicht darauf gestützt werden, daß mit einem anderen Zinssatz als 5,5 Prozent oder mit einer anderen als mittelschüssigen Zahlungsweise zu rechnen ist.**

Zu §§ 13 bis 16 BewG

ErbStR R B 13

R B 13. Renten-, Nießbrauchs- und Nutzungsrechte

4 ① Der Kapitalwert von Renten oder anderen wiederkehrenden Nutzungen und Leistungen richtet sich nach der am Besteuerungsstichtag noch laufenden Bezugsberechtigung. ② Bei der Ermittlung des Kapitalwerts können später eintretende Umstände nur dann berücksichtigt werden, wenn sie am Besteuerungszeitpunkt bereits voraussehbar waren. ③ Bei Nutzungen oder Leistungen, deren Jahreswert ungewiss ist oder schwankt, ist nach § 15 Absatz 3 BewG als Jahreswert der Betrag anzusetzen, der im Durchschnitt der Jahre voraussichtlich erzielt wird. ④ Bei der Schätzung des Durchschnittswerts können ausnahmsweise Ereignisse berücksichtigt werden, die in nicht allzu langer Zeit nach dem Besteuerungszeitpunkt eingetreten sind. ⑤ Die Bewertung von wiederkehrenden Nutzungen und Leistungen ist beim Verpflichteten entsprechend vorzunehmen.

H B 13

H B 13

5 **Bewertung von wiederkehrenden Nutzungen und Leistungen.** Wegen der Berechnung des Kapitalwerts von wiederkehrenden Nutzungen und Leistungen → *gleich lautende Ländererlasse vom 10. 10. 2010, BStBl. I S. 810.*[2]

Laufende Bezugsberechtigung. → BFH vom 31. 10. 1969 III R 45/66, BStBl. 1970 II S. 196.

Lebenslängliche Rente als Gegenleistung bei einer Grundstücksveräußerung. Eine lebenslängliche Rente, die bei einer Grundstücksveräußerung als Gegenleistung ausbedungen wird, stellt kein Nutzungsrecht am Grundstück dar. Die Rente ist ohne Anwendung des § 16 BewG zu bewerten (→ BFH vom 2. 12. 1971 II 82/65, BStBl. 1972 II S. 473).

Nießbrauch an einer Beteiligung an einer Personengesellschaft. → R B 97.3.

Umstände nach dem Besteuerungszeitpunkt. → BFH vom 9. 9. 1960 III 277/57 U, BStBl. 1961 III S. 18.

Wertsicherungsklausel. → BFH vom 14. 11. 1967 II 166/63, BStBl. 1968 II S. 43.

BewG

§ 14[3] Lebenslängliche Nutzungen und Leistungen

1 **(1)[4, 5] ① Der Kapitalwert von lebenslänglichen Nutzungen und Leistungen ist mit dem Vielfachen des Jahreswerts nach Maßgabe der Sätze 2 bis 4 anzusetzen. ② Die Vervielfältiger sind nach der Sterbetafel des Statistischen Bundesamtes zu ermitteln und ab dem 1. Januar des auf die Veröffentlichung der Sterbetafel durch das Statistische Bundesamt folgenden Kalenderjahres anzuwenden. ③ Der Kapitalwert ist unter Berücksichtigung von Zwischenzinsen und Zinseszinsen mit einem Zinssatz von 5,5 Prozent als Mittelwert zwischen dem Kapitalwert für jährlich vorschüssige und jährlich nachschüssige Zahlungsweise zu berechnen. ④ Das Bundesministerium der Finanzen stellt die Vervielfältiger für den Kapitalwert einer lebenslänglichen Nutzung oder Leistung im Jahresbetrag von einem Euro nach Lebensalter und Geschlecht der Berechtigten in einer Tabelle zusammen und veröffentlicht diese zusammen mit dem Datum der Veröffentlichung der Sterbetafel im Bundessteuerblatt.**[6]

2 **(2)[7] ① Hat eine nach Absatz 1 bewertete Nutzung oder Leistung bei einem Alter**
1. bis zu 30 Jahren nicht mehr als 10 Jahre,

[1] Entspricht Tabelle 6 zum *gleich lautenden Ländererlass vom 9. 9. 2022,* abgedruckt als Anlage a zu § 12 BewG.
[2] Jetzt *gleich lautender Ländererlass vom 9. 9. 2022,* abgedruckt als Anlage a zu § 12 BewG.
[3] Siehe *gleich lautenden Ländererlass vom 9. 9. 2022,* abgedruckt als Anlage a zu § 12 BewG.
[4] Siehe *BFH-Urteil vom 15. 7. 2021 II R 26/19,* abgedruckt zu § 12 Abs. 3 BewG, und *gleich lautenden Ländererlass vom 4. 1. 2023,* abgedruckt als Anlage b zu § 12 BewG.
[5] *BFH-Urteil vom 20. 11. 2024 II R 38/22 (DStR 2025 S. 831):* Die Anwendung geschlechterdifferenzierender Sterbetafeln bei der Bewertung lebenslänglicher Nutzungen und Leistungen für Zwecke der Erbschaft- und Schenkungsteuer im Rahmen von § 14 Abs. 1 des Bewertungsgesetzes verstößt nicht gegen Art. 3 Abs. 3 Satz 1 des Grundgesetzes.
[6] Abgedruckt als Anlage zu § 14 BewG.
[7] Siehe auch *Ls. 2 BFH v. 22. 8. 2018 II R 51/15,* abgedruckt zu § 10 Abs. 3 ErbStG.

2. von mehr als 30 Jahren bis zu 50 Jahren nicht mehr als 9 Jahre,
3. von mehr als 50 Jahren bis zu 60 Jahren nicht mehr als 8 Jahre,
4. von mehr als 60 Jahren bis zu 65 Jahren nicht mehr als 7 Jahre,
5. von mehr als 65 Jahren bis zu 70 Jahren nicht mehr als 6 Jahre,
6. von mehr als 70 Jahren bis zu 75 Jahren nicht mehr als 5 Jahre,
7. von mehr als 75 Jahren bis zu 80 Jahren nicht mehr als 4 Jahre,
8. von mehr als 80 Jahren bis zu 85 Jahren nicht mehr als 3 Jahre,
9. von mehr als 85 Jahren bis zu 90 Jahren nicht mehr als 2 Jahre,
10. von mehr als 90 Jahren nicht mehr als 1 Jahr

bestanden und beruht der Wegfall auf dem Tod des Berechtigten oder Verpflichteten, so ist die Festsetzung der nicht laufend veranlagten Steuern auf Antrag nach der wirklichen Dauer der Nutzung oder Leistung zu berichtigen. ② § 5 Abs. 2 Satz 2 gilt entsprechend. ③ Ist eine Last weggefallen, so bedarf die Berichtigung keines Antrags.

(3) Hängt die Dauer der Nutzung oder Leistung von der Lebenszeit mehrerer Personen ab und erlischt das Recht mit dem Tod des zuletzt Sterbenden, so ist das Lebensalter und das Geschlecht derjenigen Person maßgebend, für die sich der höchste Vervielfältiger ergibt; erlischt das Recht mit dem Tod des zuerst Sterbenden, so ist das Lebensalter und Geschlecht derjenigen Person maßgebend, für die sich der niedrigste Vervielfältiger ergibt. 3

(4) ① Ist der gemeine Wert der gesamten Nutzungen oder Leistungen nachweislich geringer oder höher als der Wert, der sich nach Absatz 1 ergibt, so ist der nachgewiesene gemeine Wert zugrunde zu legen. ② Der Ansatz eines geringeren oder höheren Werts kann jedoch nicht darauf gestützt werden, daß mit einer kürzeren oder längeren Lebensdauer, mit einem anderen Zinssatz als 5,5 Prozent oder mit einer anderen als mittelschüssigen Zahlungsweise zu rechnen ist. 4

Anl zu § 14 Abs. 1

Schreiben betr. Berechnung einer lebenslänglichen Nutzung oder Leistung; Vervielfältiger für Bewertungsstichtage ab 1. Januar 2025

Vom 9. 12. 2024 (BStBl. I S. 1631)

(BMF IV D 4 – S 3104/19/10001 :010)

In der Anlage gebe ich gemäß § 14 Absatz 1 Satz 4 BewG die Vervielfältiger zur Berechnung des Kapitalwerts lebenslänglicher Nutzungen oder Leistungen bekannt, die nach der am 21. August 2024 veröffentlichten Sterbetafel 2021/2023 des Statistischen Bundesamtes ermittelt wurden und für Bewertungsstichtage ab dem 1. Januar 2025 anzuwenden sind. 5

Anlage

Kapitalwert einer lebenslänglichen Nutzung oder Leistung im Jahresbetrag von einem Euro für Bewertungsstichtage ab 1. Januar 2025

Die Vervielfältiger für den Kapitalwert sind nach der am 21. August 2024 veröffentlichten Allgemeinen Sterbetafel 2021/2023 des Statistischen Bundesamtes unter Berücksichtigung von Zwischenzinsen und Zinseszinsen mit 5,5 Prozent errechnet worden. Der Vervielfältiger der Tabelle ist der Mittelwert zwischen dem Vervielfältiger für jährlich vorschüssige und jährlich nachschüssige Zahlungsweise.

Vollendetes Lebensalter	Männer		Frauen	
	Durchschnittliche Lebenserwartung	Vervielfältiger für Kapitalwert	Durchschnittliche Lebenserwartung	Vervielfältiger für Kapitalwert
0	78,17	18,398	82,99	18,462
1	77,42	18,386	82,23	18,453
2	76,44	18,370	81,25	18,441
3	75,45	18,353	80,26	18,428
4	74,47	18,335	79,27	18,414
5	73,47	18,316	78,28	18,399
6	72,48	18,296	77,29	18,384
7	71,49	18,275	76,29	18,367
8	70,49	18,253	75,30	18,350
9	69,50	18,230	74,30	18,332
10	68,51	18,205	73,31	18,313
11	67,51	18,179	72,31	18,293
12	66,52	18,151	71,32	18,272
13	65,52	18,122	70,32	18,249
14	64,53	18,092	69,33	18,225
15	63,54	18,060	68,34	18,201

Anl zu § 14 Abs. 1

noch **5**

Vollendetes Lebensalter	Männer: Durchschnittliche Lebenserwartung	Männer: Vervielfältiger für Kapitalwert	Frauen: Durchschnittliche Lebenserwartung	Frauen: Vervielfältiger für Kapitalwert
16	62,55	18,026	67,35	18,174
17	61,56	17,990	66,36	18,147
18	60,58	17,953	65,37	18,118
19	59,60	17,913	64,38	18,087
20	58,63	17,872	63,40	18,055
21	57,65	17,829	62,41	18,021
22	56,68	17,783	61,42	17,985
23	55,71	17,736	60,43	17,947
24	54,73	17,685	59,44	17,907
25	53,76	17,631	58,45	17,865
26	52,78	17,575	57,46	17,820
27	51,81	17,516	56,48	17,774
28	50,83	17,453	55,49	17,724
29	49,85	17,387	54,50	17,672
30	48,88	17,318	53,51	17,617
31	47,91	17,245	52,53	17,560
32	46,93	17,168	51,54	17,499
33	45,96	17,087	50,56	17,435
34	44,99	17,002	49,58	17,368
35	44,03	16,913	48,60	17,297
36	43,06	16,819	47,62	17,223
37	42,10	16,721	46,64	17,144
38	41,15	16,618	45,67	17,062
39	40,19	16,510	44,70	16,976
40	39,24	16,396	43,73	16,885
41	38,29	16,277	42,76	16,789
42	37,34	16,152	41,79	16,688
43	36,40	16,021	40,82	16,582
44	35,46	15,884	39,86	16,471
45	34,53	15,741	38,90	16,354
46	33,60	15,591	37,95	16,233
47	32,67	15,433	36,99	16,104
48	31,75	15,269	36,04	15,969
49	30,84	15,098	35,10	15,829
50	29,93	14,919	34,15	15,680
51	29,03	14,734	33,22	15,527
52	28,14	14,541	32,28	15,364
53	27,25	14,339	31,35	15,195
54	26,37	14,129	30,43	15,019
55	25,51	13,915	29,51	14,834
56	24,65	13,690	28,60	14,642
57	23,80	13,458	27,70	14,442
58	22,97	13,220	26,80	14,233
59	22,14	12,972	25,91	14,016
60	21,34	12,722	25,03	13,791
61	20,54	12,461	24,15	13,555
62	19,76	12,196	23,29	13,313
63	18,99	11,923	22,44	13,063
64	18,24	11,646	21,59	12,802
65	17,50	11,362	20,76	12,534
66	16,78	11,074	19,93	12,255
67	16,07	10,780	19,12	11,970
68	15,37	10,478	18,31	11,673
69	14,68	10,169	17,51	11,366
70	14,01	9,858	16,72	11,050
71	13,34	9,536	15,94	10,724
72	12,69	9,212	15,17	10,389
73	12,05	8,882	14,41	10,045
74	11,41	8,540	13,66	9,691
75	10,79	8,198	12,93	9,333
76	10,19	7,856	12,21	8,965
77	9,59	7,502	11,50	8,589
78	9,01	7,150	10,80	8,203
79	8,43	6,786	10,12	7,815
80	7,88	6,430	9,46	7,424
81	7,33	6,064	8,81	7,025
82	6,81	5,708	8,18	6,626

Vollendetes Lebensalter	Männer		Frauen	
	Durchschnittliche Lebenserwartung	Vervielfältiger für Kapitalwert	Durchschnittliche Lebenserwartung	Vervielfältiger für Kapitalwert
83	6,30	5,349	7,57	6,225
84	5,82	5,002	6,98	5,825
85	5,36	4,661	6,42	5,434
86	4,93	4,334	5,90	5,060
87	4,52	4,016	5,41	4,698
88	4,15	3,722	4,95	4,349
89	3,81	3,447	4,54	4,031
90	3,50	3,192	4,15	3,722
91	3,22	2,958	3,81	3,447
92	2,97	2,747	3,49	3,184
93	2,74	2,549	3,21	2,950
94	2,54	2,375	2,96	2,738
95	2,35	2,209	2,73	2,540
96	2,19	2,067	2,53	2,367
97	2,05	1,942	2,34	2,200
98	1,92	1,825	2,18	2,058
99	1,81	1,725	2,03	1,924
100 und darüber	1,71	1,634	1,91	1,816

§ 15[1] Jahreswert von Nutzungen und Leistungen

BewG

(1)[2] Der einjährige Betrag der Nutzung einer Geldsumme ist, wenn kein anderer Wert feststeht, zu 5,5 Prozent anzunehmen. 1

(2)[3] Nutzungen oder Leistungen, die nicht in Geld bestehen (Wohnung, Kost, Waren und sonstige Sachbezüge), sind mit den üblichen Mittelpreisen des Verbrauchsorts anzusetzen. 2

(3)[4] Bei Nutzungen oder Leistungen, die in ihrem Betrag ungewiß sind oder schwanken, ist als Jahreswert der Betrag zugrunde zu legen, der in Zukunft im Durchschnitt der Jahre voraussichtlich erzielt werden wird. 3

§ 16[1·5·6] Begrenzung des Jahreswerts von Nutzungen

Bei der Ermittlung des Kapitalwerts der Nutzungen eines Wirtschaftsguts kann der Jahreswert dieser Nutzungen höchstens den Wert betragen, der sich ergibt, wenn der für das genutzte Wirtschaftsgut nach den Vorschriften des Bewertungsgesetzes anzusetzende Wert durch 18,6 geteilt wird. 1

Anl zu §§13–16

Erlass betr. Bewertung von Kapitalforderungen und Kapitalschulen sowie von Ansprüchen/Lasten bei wiederkehrenden Nutzungen und Leistungen nach dem 31. Dezember 2009 für Zwecke der Erbschaft- und Schenkungsteuer

Vom 10. Oktober 2010 (BStBl. I S. 810)

(Gleichlautender Ländererlass)

(abgedruckt als Anlage a zu § 12 BewG)

---

[1] Siehe *gleich lautenden Ländererlass vom 9. 9. 2022,* abgedruckt als Anlage zu § 12 BewG.

[2] Zur Bewertung des Nutzungsvorteils bei unverzinslichen/niedrig verzinslichen Darlehen siehe *Erlass FM Bayern vom 19. 3. 2018,* abgedruckt als Anlage zu § 12 ErbStG.

[3] *BFH-Urteil vom 28. 5. 2019 II R 4/16 (BStBl. 2020 II S. 326):* Wird ein Grundstück unter Vorbehalt des Nießbrauchs geschenkt, mindert der Wert des Nießbrauchsrechts die Bereicherung des Bedachten. Der Jahreswert des Nießbrauchsrechts ist unter Abzug der Schuldzinsen für die zum Zeitpunkt der Zuwendung bestehenden Darlehen zu ermitteln, wenn die Schuldzinsen vom Schenker als Nießbraucher während des Bestehens des Nießbrauchsrechts aufgrund einer gesetzlichen oder vertraglichen Verpflichtung getragen werden. – *Siehe aber FG Münster, Urteil vom 27. 8. 2020 3 K 722/16 Erb (ZEV 2021 S. 55), rkr.:* Übernimmt der Beschenkte bei einer schenkweisen Grundstücksübertragung unter Nießbrauchsvorbehalt zugunsten des Schenkers bzw. von dessen Ehegatten die auf dem Grundbesitz lastenden Verbindlichkeiten ausschließlich mit dinglicher Wirkung und hat der Schenker weiter die Zins- und Tilgungsleistungen zu tragen, sind diese zur Ermittlung des Jahreswerts des Nießbrauchs nicht abzuziehen (Abgrenzung zu BFH v. 28. 5. 2019 II R 4/16).

[4] *BFH-Beschluß vom 12. 12. 1996 II R 42/94 (BFH/NV 1997 S. 336), Ls. 1:* **1.** Die Vereinbarung einer Wertsicherungsklausel für (zukünftig zu erbringende) Nutzungen oder Leistungen *(hier: Erbbauzinsen)* führt nicht dazu, daß diese nach den maßgeblichen Verhältnissen am Stichtag als ungewiß oder schwankend i. S. von § 15 Abs. 3 BewG anzusehen sind. Es handelt sich vielmehr um am Stichtag nach Grund und Höhe fest vereinbarte Verpflichtungen, deren Höhe sich lediglich in Zukunft (= zu späteren Stichtagen) nach oben oder unten verändern kann, wenn bestimmte, aber ungewisse Ereignisse – wie etwa Veränderungen des Geldwerts – eintreten. Dies ist jedoch erst dann zu berücksichtigen, wenn ein derartiges Ereignis eingetreten ist.

[5] Zum Begriff der „Nutzungen" vgl. *BFH-Urteil vom 27. 7. 1983 II R 221/81 (BStBl. II S. 740).*

[6] *BFH-Urteil vom 9. 4. 2014 II R 48/12 (BStBl. II S. 554):* **1.** Die Begrenzung des Jahreswerts von Nutzungen nach § 16 BewG ist auch nach Inkrafttreten des ErbStRG anwendbar, wenn der Nutzungswert bei der Festsetzung der Erbschaft- oder Schenkungsteuer vom gesondert festgestellten Grundbesitzwert abgezogen wird. **2.** § 16 BewG ist nicht anzuwenden, wenn der Nutzungswert bei der Ermittlung des niedrigeren gemeinen Werts eines Grundstücks abgezogen wird.

BewG

Zweiter Teil. Besondere Bewertungsvorschriften

§ 17[1] Geltungsbereich Besondere Bewertungsvorschriften

1 (1) **Die besonderen Bewertungsvorschriften sind nach Maßgabe der jeweiligen Einzelsteuergesetze anzuwenden.**

2 (2) **Die §§ 18 bis 94, 122 und 125 bis 132 gelten für die Grundsteuer und die §§ 121 a und 133 zusätzlich für die Gewerbesteuer.**

3 (3) **① Soweit sich nicht aus den §§ 19 bis 150 etwas anderes ergibt, finden neben diesen auch die Vorschriften des Ersten Teils dieses Gesetzes (§§ 1 bis 16) Anwendung. ② § 16 findet auf die Grunderwerbsteuer keine Anwendung.**[2]

§ 18[1] Vermögensarten

Das Vermögen, das nach den Vorschriften des Zweiten Teils dieses Gesetzes zu bewerten ist, umfaßt die folgenden Vermögensarten:

1. **Land- und forstwirtschaftliches Vermögen (§§ 33 bis 67, § 31),**
2. **Grundvermögen (§§ 68 bis 94, § 31),**
3. **Betriebsvermögen (§§ 95 bis 109, § 31).**
4. *(aufgehoben)*

[1] **Zur Fassung von § 17 und § 18 ab 1. 1. 2025** siehe in der geschlossenen Wiedergabe des BewG.

[2] *BFH-Urteil vom 20. 11. 2013 II R 38/12 (BStBl. 2014 II S. 479):* Ist bei einer Grundstücksschenkung unter Auflage (hier Verpflichtung zur Einräumung eines Wohnrechts am Grundstück) die Auflage bei der Schenkungsteuer dem Grunde nach bereicherungsmindernd abziehbar, unterliegt sie mit ihrem nach den für die Grunderwerbsteuer geltenden Vorschriften zu ermittelnden Wert der Grunderwerbsteuer. § 3 Nr. 2 GrEStG gebietet es nicht, die Auflage bei der Schenkungsteuer und bei der Grunderwerbsteuer nach übereinstimmenden Maßstäben zu bewerten.

Erster Abschnitt. Einheitsbewertung[1]

A. Allgemeines

§ 19 *(weggefallen)*

§ 20 Abweichende Feststellung von Besteuerungsgrundlagen aus Billigkeitsgründen

Bei der Bewertung ist § 163 der Abgabenordnung nicht anzuwenden; dies gilt nicht für Übergangsregelungen, die die oberste Finanzbehörde eines Landes im Einvernehmen mit den obersten Finanzbehörden der übrigen Länder trifft.

§§ 21 bis 29 *(weggefallen)*

§ 30 Abrundung

① Die in Deutscher Mark ermittelten Einheitswerte werden auf volle hundert Deutsche Mark nach unten abgerundet und danach in Euro umgerechnet.[2] ② Der umgerechnete Betrag wird auf volle Euro abgerundet.

§ 31 Bewertung von ausländischem Sachvermögen

(1) ① Für die Bewertung des ausländischen land- und forstwirtschaftlichen Vermögens, Grundvermögens und Betriebsvermögens gelten die Vorschriften des Ersten Teils dieses Gesetzes, insbesondere § 9 (gemeiner Wert). ② Nach diesen Vorschriften sind auch die ausländischen Teile einer wirtschaftlichen Einheit zu bewerten, die sich sowohl auf das Inland als auch auf das Ausland erstreckt. 1

(2) ① Bei der Bewertung von ausländischem Grundbesitz sind Bestandteile und Zubehör zu berücksichtigen. ② Zahlungsmittel, Geldforderungen, Wertpapiere und Geldschulden sind nicht einzubeziehen. 2

§ 32 *(weggefallen)*

B. Land- und forstwirtschaftliches Vermögen

I. Allgemeines

§§ 33 bis 49 *(weggefallen)*

II. Besondere Vorschriften

a) Landwirtschaftliche Nutzung

§§ 50 bis 52 *(weggefallen)*

b) Forstwirtschaftliche Nutzung

§§ 53 bis 55 *(weggefallen)*

c) Weinbauliche Nutzung

§§ 56 bis 58 *(weggefallen)*

d) Gärtnerische Nutzung

§§ 59 bis 61 *(weggefallen)*

e) Sonstige land- und forstwirtschaftliche Nutzung

§ 62 *(weggefallen)*

III. Bewertungsbeirat, Gutachterausschuß

§§ 63 bis 67 *(weggefallen)*

C. Grundvermögen

I. Allgemeines

§§ 68 und 69 *(weggefallen)*

---

[1] Zur Fortgeltungsanordnung des *BVerfG im Urteil vom 10. 4. 2018 1 BvL 11/14 u. a. (DStR S. 791)* vgl. *Urteil des VG Gelsenkirchen vom 8. 9. 2022 5 K 1163/20 (ZKF 2023 S. 23); Urteil des FG Münster vom 12. 9. 2024 3 K 619/22 (EFG S. 2031).*

[2] Der amtlich festgelegte Umrechnungskurs €/DM ist: 1 € = 1,95583 DM.

BewG

§ 70 Grundstück

1 **(1) Jede wirtschaftliche Einheit des Grundvermögens bildet ein Grundstück im Sinne dieses Gesetzes.**

2 **(2) [1]Ein Anteil des Eigentümers eines Grundstücks an anderem Grundvermögen (z. B. an gemeinschaftlichen Hofflächen oder Garagen) ist in das Grundstück einzubeziehen, wenn alle Anteile an dem gemeinschaftlichen Grundvermögen Eigentümern von Grundstücken gehören, die ihren Anteil jeweils zusammen mit ihrem Grundstück nutzen. [2]Das gilt nicht, wenn das gemeinschaftliche Grundvermögen nach den Anschauungen des Verkehrs als selbständige wirtschaftliche Einheit anzusehen ist (§ 2 Abs. 1 Satz 3 und 4).**

3 **(3) Als Grundstück im Sinne dieses Gesetzes gilt auch ein Gebäude, das auf fremdem Grund und Boden errichtet oder in sonstigen Fällen einem anderen als dem Eigentümer des Grund und Bodens zuzurechnen ist, selbst wenn es wesentlicher Bestandteil des Grund und Bodens geworden ist.**

§ 71 *(weggefallen)*

II. Unbebaute Grundstücke

§§ 72 und 73 *(weggefallen)*

III. Bebaute Grundstücke

a) Begriff und Bewertung

§§ 74 bis 77 *(weggefallen)*

b) Verfahren

1. Ertragswertverfahren

§§ 78 bis 82 *(weggefallen)*

2. Sachwertverfahren

§§ 83 bis 90 *(weggefallen)*

IV. Sondervorschriften

§§ 91 bis 94 *(weggefallen)*

D. Betriebsvermögen

§ 95 Begriff des Betriebsvermögens

(1)[1] ① **Das Betriebsvermögen umfasst alle Teile eines Gewerbebetriebs im Sinne des § 15 Absatz 1 und 2 des Einkommensteuergesetzes, die bei der steuerlichen Gewinnermittlung zum Betriebsvermögen gehören.** ② **Als Gewerbebetrieb im Sinne des Satzes 1 gilt auch der Betrieb von Gesellschaften im Sinne des § 1 Absatz 1 des Körperschaftsteuergesetzes mit Sitz im Ausland, deren Ort der Geschäftsleitung im Inland belegen ist, und die nach inländischem Gesellschaftsrecht nicht als juristische Person zu behandeln sind, wenn dem Grunde nach eine Tätigkeit im Sinne des § 15 Absatz 1 und Absatz 2 des Einkommensteuergesetzes vorliegt.**[2] 1

(2) **Als Gewerbebetrieb gilt unbeschadet des § 97 nicht die Land- und Forstwirtschaft, wenn sie den Hauptzweck des Unternehmens bildet.** 2

(3) *(aufgehoben)*

§ 96 Freie Berufe

Dem Gewerbebetrieb steht die Ausübung eines freien Berufes im Sinne des § 18 Abs. 1 Nr. 1 des Einkommensteuergesetzes gleich; dies gilt auch für die Tätigkeit als Einnehmer einer staatlichen Lotterie, soweit die Tätigkeit nicht schon im Rahmen eines Gewerbebetriebs ausgeübt wird. 1

Zu §§ 95 und 96 BewG

R B 95. Begriff und Umfang des Betriebsvermögens

(1) ① Das Betriebsvermögen umfasst alle Teile eines Gewerbebetriebs im Sinne des § 15 Absatz 1 und 2 EStG, das sind grundsätzlich alle Wirtschaftsgüter und sonstigen aktiven Ansätze sowie Schulden und sonstigen Abzüge, die bei der steuerlichen Gewinnermittlung zum Betriebsvermögen gehören, soweit das Erbschaftsteuer- und Schenkungsteuergesetz in Verbindung mit dem Bewertungsgesetz nicht ausdrücklich etwas anderes vorschreibt oder zulässt. ② Dem Gewerbebetrieb steht die Ausübung eines freien Berufs im Sinne des § 18 Absatz 1 Nummer 1 EStG gleich (§ 96 BewG). 5

(2) ① Bei bilanzierenden Gewerbetreibenden und freiberuflich Tätigen (§ 4 Absatz 1 oder § 5 EStG) führt die Anknüpfung an die Grundsätze der steuerlichen Gewinnermittlung regelmäßig zu einer Identität zwischen der Steuerbilanz auf den Bewertungsstichtag oder den Schluss des letzten vor dem Bewertungsstichtag endenden Wirtschaftsjahrs und dem bewertungsrechtlichen Betriebsvermögen. ② Der Grundsatz der Identität wird insbesondere durchbrochen bei 6

1. Gewinnansprüchen gegen eine beherrschte Gesellschaft als sonstigem Abzug bei der beherrschten Gesellschaft (§ 103 Absatz 2 BewG),
2. Rücklagen (§ 103 Absatz 3 BewG),
3. Bilanzposten im Sinne des § 137 BewG,
4. selbst geschaffenen immateriellen Wirtschaftsgütern des Anlagevermögens sowie geschäftswert-, firmenwert- oder praxiswertbildenden Faktoren, denen ein eigenständiger Wert zugewiesen werden kann, z. B. Kundenstamm, Know-how (→ R B 11.5 Absatz 3 Satz 4 und 5),
5. Rückstellungen (→ R B 11.5 Absatz 3 Satz 3).

(3) ① Bei nicht bilanzierenden Gewerbetreibenden und freiberuflich Tätigen gehören alle Wirtschaftsgüter, die ausschließlich und unmittelbar für eigenbetriebliche Zwecke genutzt werden, zum Betriebsvermögen (notwendiges Betriebsvermögen). ② Bewegliche Wirtschaftsgüter, die zu mehr als 50 Prozent eigenbetrieblich genutzt werden, sind in vollem Umfang notwendiges Betriebsvermögen. ③ Grundstücke, die teilweise betrieblich und teilweise privat genutzt werden, sind nach ertragsteuerrechtlichen Grundsätzen aufzuteilen. ④ Gewillkürtes Betriebsvermögen ist zu berücksichtigen, wenn die Bildung ertragsteuerrechtlich zulässig und das Wirtschaftsgut tatsächlich dem gewillkürten Betriebsvermögen zugeordnet worden ist. ⑤ Forderungen und Verbindlichkeiten, die mit dem Betrieb in wirtschaftlichem Zusammenhang stehen, gehören zum Betriebsvermögen, ebenso Bargeld und Bankguthaben, die aus gewerblichen oder freiberuflichen Tätigkeiten herrühren. ⑥ Bei freiberuflich Tätigen sind Honoraransprüche, die bis zum Bewertungsstichtag entstanden sind, als Forderung zu erfassen. ⑦ Sie sind in dem Zeitpunkt entstanden, in dem die zu erbringenden Leistungen vollendet waren. ⑧ Honoraransprüche für Teilleistungen sind insoweit entstanden, als auf ihre Vergütung nach einer Gebührenordnung oder auf Grund von Sondervereinbarungen zwischen den Beteiligten ein Anspruch besteht. 7

---

[1] Zur Abgrenzung der Land- und Forstwirtschaft vom Gewerbe siehe *gleich lautenden Ländererlass vom 15. 12. 2011,* abgedruckt als Anlage zu H B 158.2 ErbStH.

[2] Zum Brexit siehe *Tz. 2 gleich lautender Ländererlass vom 13. 12. 2021,* abgedruckt als Anlage zu R E 13.2 ErbStR.

H B 95

H B 95

8 **Aufteilung von gemischten Kontokorrentkonten.** Für die Aufteilung von gemischten Kontokorrentkonten gelten die Grundsätze des BMF-Schreibens vom 10. 11. 1993 (BStBl. I S. 930) i. d. F. durch das BMF-Schreiben vom 7. 5. 2008 (BStBl. I S. 588).[1]

Forderungen an eine Kassenärztliche Vereinigung. → BFH vom 14. 5. 1965 III 197/60 U, BStBl. III S. 438.

Gewillkürtes Betriebsvermögen. → R 4.2 Absatz 1 EStR; H 4.2 (1) „Gewillkürtes Betriebsvermögen" EStH.

Steuererstattungsansprüche. → BFH vom 15. 3. 2000 II R 15/98, BStBl. II S. 588.

---

[1] Abgedruckt im **ESt-Veranlagungshandbuch** als Anlage zu § 4 EStG.

§ 97 Betriebsvermögen von Körperschaften, Personenvereinigungen und Vermögensmassen Betriebsvermögen von Körperschaften usw.

(1) ① Einen Gewerbebetrieb bilden insbesondere alle Wirtschaftsgüter, die den folgenden Körperschaften, Personenvereinigungen und Vermögensmassen gehören, wenn diese ihre Geschäftsleitung oder ihren Sitz im Inland haben:

1. Kapitalgesellschaften (Aktiengesellschaften, Kommanditgesellschaften auf Aktien, Gesellschaften mit beschränkter Haftung, Europäische Gesellschaften); 1

2. Erwerbs- und Wirtschaftsgenossenschaften; 2

3. Versicherungsvereinen auf Gegenseitigkeit; 3

4. Kreditanstalten des öffentlichen Rechts; 4

5.[1] **Gesellschaften im Sinne des § 15 Absatz 1 Satz 1 Nummer 2, des § 15 Absatz 3, des § 18 Absatz 4 Satz 2 des Einkommensteuergesetzes und, wenn sie ihrer Tätigkeit nach einer Gesellschaft im Sinne des § 15 Absatz 1 Satz 1 Nummer 2, des § 15 Absatz 3 oder des § 18 Absatz 4 Satz 2 des Einkommensteuergesetzes entsprechen, Gesellschaften im Sinne des § 1 a Absatz 1 des Körperschaftsteuergesetzes und Gesellschaften im Sinne des § 1 Absatz 1 des Körperschaftsteuergesetzes mit Sitz im Ausland, deren Ort der Geschäftsleitung im Inland belegen ist, und die nach inländischem Gesellschaftsrecht als Personengesellschaft zu behandeln sind.**[2] **② Zum Gewerbebetrieb einer solchen Gesellschaft gehören auch die Wirtschaftsgüter, die im Eigentum eines Gesellschafters, mehrerer oder aller Gesellschafter stehen, und Schulden eines Gesellschafters, mehrerer oder aller Gesellschafter, soweit die Wirtschaftsgüter und Schulden bei der steuerlichen Gewinnermittlung zum Betriebsvermögen der Gesellschaft gehören (§ 95); diese Zurechnung geht anderen Zurechnungen vor.** 5

② § 160 Absatz 10 bleibt unberührt.

(1 a)[1, 3] **Der gemeine Wert eines Anteils am Betriebsvermögen einer in § 97 Abs. 1 Satz 1 Nr. 5 genannten Personengesellschaft ist wie folgt zu ermitteln und aufzuteilen:** 6

1. Der nach § 109 Abs. 2 ermittelte gemeine Wert des der Personengesellschaft gehörenden Betriebsvermögens (Gesamthandsvermögen) ist wie folgt aufzuteilen:

a) die Kapitalkonten aus der Gesamthandsbilanz sind dem jeweiligen Gesellschafter vorweg zuzurechnen;

b) der verbleibende Wert ist nach dem für die Gesellschaft maßgebenden Gewinnverteilungsschlüssel auf die Gesellschafter aufzuteilen; Vorabgewinnanteile sind nicht zu berücksichtigen.

2. ① Für die Wirtschaftsgüter und Schulden des Sonderbetriebsvermögens eines Gesellschafters ist der gemeine Wert zu ermitteln. ② Er ist dem jeweiligen Gesellschafter zuzurechnen.

3. Der Wert des Anteils eines Gesellschafters ergibt sich als Summe aus dem Anteil am Gesamthandsvermögen nach Nummer 1 und dem Wert des Sonderbetriebsvermögens nach Nummer 2.

(1 b)[4] **① Der gemeine Wert eines Anteils an einer in § 97 Abs. 1 Satz 1 Nr. 1 genannten Kapitalgesellschaft bestimmt sich nach dem Verhältnis des Anteils am Nennkapital (Grund- oder Stammkapital) der Gesellschaft zum gemeinen Wert des Betriebsvermögens der Kapitalgesellschaft im Bewertungsstichtag. ② Dies gilt auch, wenn das Nennkapital noch nicht vollständig eingezahlt ist. ③ Richtet sich die Beteiligung am Vermögen und am Gewinn der Gesellschaft auf Grund einer ausdrücklichen Vereinbarung der Gesellschafter nach der jeweiligen Höhe des eingezahlten Nennkapitals, bezieht sich der gemeine Wert nur auf das tatsächlich eingezahlte Nennkapital. ④ Abweichend von Satz 1 sind bei der Wertermittlung des Anteils vorbehaltlich des § 9 Absatz 2 und 3 Regelungen zu berücksichtigen, die sich auf den Wert des Anteils auswirken, wie insbesondere eine vom Verhältnis des Anteils am Nennkapital (Grund- oder Stammkapital) abweichende Gewinnverteilung.** 7

(2) Einen Gewerbebetrieb bilden auch die Wirtschaftsgüter, die den sonstigen juristischen Personen des privaten Rechts, den Vereinen ohne Rechtspersönlichkeit, den nicht rechtsfähigen Anstalten, Stiftungen und anderen Zweckvermögen gehören, so- 8

---

[1] Zu Anwendungsfragen zum KöMoG *siehe gleich lautenden Ländererlass vom 5. 10. 2022,* nachstehend abgedruckt als Anlage zu § 97 BewG.

[2] Zum Brexit siehe *Tz. 2 gleich lautender Landererlass vom 13. 12. 2021,* abgedruckt als Anlage zu R E 13.2 ErbStR.

[3] *BFH-Urteil vom 17. 6. 2020 II R 43/17 (BStBl. 2022 II S. 13):* **1.** § 97 Abs. 1 a BewG enthält Vorgaben zur Ermittlung des gemeinen Werts eines Anteils am Betriebsvermögen einer Personengesellschaft durch Aufteilung des gemeinen Werts des der Personengesellschaft gehörenden Betriebsvermögens. **2.** Die Vorgaben des in § 97 Abs. 1 a BewG enthaltenen Aufteilungsschemas sind auch dann zu beachten, wenn im Einzelfall der danach ermittelte Wert des Anteils von dem gemeinen Wert abweicht. **3.** (abgedruckt zu § 109 Abs. 2 BewG).

[4] § 97 Abs. 1 b Satz 4 anzuwenden ab 1. 1. 2016 (§ 265 Abs. 8 BewG).

weit sie einem wirtschaftlichen Geschäftsbetrieb (ausgenommen Land- und Forstwirtschaft) dienen.

(3) *(aufgehoben)*

Übersicht Rz.

R B 97.1 Betriebsvermögen von Personengesellschaften; H B 97.1 10–15
R B 97.2 Sonderbetriebsvermögen 16
R B 97.3 Nießbrauch an einer Beteiligung an einer Personengesellschaft; H B 97.3 17–21
R B 97.4 Aufteilung des Werts des Betriebsvermögens von Personengesellschaften; H B 97.4 22–28
R B 97.5 Besonderheiten bei Kommanditgesellschaften 30–34
R B 97.6 Anteile an Kapitalgesellschaften; H B 97.6 35–38
Anlage:
Erlass betr. Anwendungsfragen zum KöMoG – Auswirkungen für die Erbschaft- und Schenkungsteuer sowie Bewertung von Betriebsvermögen und Anteilsbewertung 51–75

Zu § 97 BewG

ErbStR R B 97.1

R B 97.1 Betriebsvermögen von Personengesellschaften

10 (1) ①In den Gewerbebetrieb einer Personengesellschaft (§ 97 Absatz 1 Satz 1 Nummer 5 BewG) sind entsprechend der ertragsteuerlichen Regelung einzubeziehen:

1. die Wirtschaftsgüter und sonstigen aktiven Ansätze sowie die Schulden und sonstigen Abzüge, soweit sie zum Gesamthandsvermögen gehören,
2. die Wirtschaftsgüter aus den Sonderbilanzen (Sonderbetriebsvermögen I und II); § 103 BewG ist zu beachten.

②Die Zurechnung zum Sonderbetriebsvermögen der Personengesellschaft geht der Zurechnung zum Betriebsvermögen des Gesellschafters vor (§ 97 Absatz 1 Satz 1 Nummer 5 Satz 2 BewG). ③Das einem Gesellschafter oder mehreren Gesellschaftern gehörende Grundstück, das den betrieblichen Zwecken der Personengesellschaft dient, ist nicht Grundvermögen des Gesellschafters bzw. der Gesellschafter, sondern gehört als Betriebsgrundstück zum Sonderbetriebsvermögen der Personengesellschaft (§ 97 Absatz 1 Nummer 5 Satz 2 BewG). ④Ein einem Gesellschafter oder mehreren Gesellschaftern gehörendes Grundstück ist bei teilweiser Nutzung zu betrieblichen Zwecken der Personengesellschaft entsprechend der ertragsteuerlichen Grundsätze aufzuteilen. ⑤Ein zum Gesamthandsvermögen gehörendes Grundstück kann dann nicht Betriebsvermögen sein, wenn es ausschließlich oder fast ausschließlich der privaten Lebensführung eines, mehrerer oder aller Gesellschafter dient. ⑥Die vorstehenden Grundsätze gelten auch für die mehrstöckige Personengesellschaft (§ 95 Absatz 1 Satz 1 BewG in Verbindung mit § 15 Absatz 1 Satz 1 Nummer 2 Satz 2 EStG).

11 (2) ①Forderungen und Schulden der Gesellschafter gegenüber der Personengesellschaft sind einzubeziehen, soweit sie bei der steuerlichen Gewinnermittlung zum Betriebsvermögen der Gesellschaft gehören. ②Steht einer Forderung der Personengesellschaft an einen Gesellschafter, die in der Gesamthandsbilanz auszuweisen ist, kein entsprechender Schuldposten in einer Sonderbilanz dieses Gesellschafters gegenüber, kann bei der Ermittlung des Werts des Betriebsvermögens die entsprechende Schuld nicht berücksichtigt werden. ③Forderungen und Schulden zwischen Personengesellschaft und Gesellschafter sind, soweit sie bei der steuerlichen Gewinnermittlung nicht zum Betriebsvermögen der Gesellschaft gehören, als gesamthänderisch gehaltene Forderungen im Privatvermögen aller Gesellschafter bzw. private Schulden des jeweiligen Gesellschafters zu behandeln.

12 (3) ①Die Übernahme einer Bürgschaft durch einen Gesellschafter für Verbindlichkeiten der Personengesellschaft aus betrieblichen Gründen führt für sich allein weder zum Ansatz einer Forderung noch einer Schuld. ②Im Fall einer Inanspruchnahme des Gesellschafters aus der Bürgschaft gelten die ertragsteuerlichen Grundsätze.

H B 97.1

H B 97.1

15 **Ansatz von Forderungen und Schulden.** Eine Darlehensforderung der Personengesellschaft gegen einen Gesellschafter gehört steuerrechtlich zum Betriebsvermögen der Personengesellschaft, wenn das Darlehen zu fremdüblichen Konditionen (Zins, Laufzeit, Sicherheit) gewährt wird. Das gilt auch für ein Darlehen zu nicht fremdüblichen Konditionen, wenn ein betriebliches Interesse am Verwendungszweck des gewährten Darlehens besteht. Ein Darlehen zu nicht fremdüblichen Konditionen, an dessen Verwendungszweck kein betriebliches Interesse besteht, stellt ertragsteuerlich eine Entnahme der Darlehensvaluta aus dem Betriebsvermögen der Gesellschaft in ihr gesamthänderisch gebundenes Privatvermögen dar, die allen Gesellschaftern anteilig unter Minderung ihrer Kapitalkonten zuzurechnen ist (→ BFH vom 9. 5. 1996, BStBl. II S. 642). Die entsprechende Darlehensschuld des Gesellschafters ist je nach Verwendung des Darlehens (negatives) Sonderbetriebsvermögen oder eine private Schuld.

Geht der Anteil eines Gesellschafters an der Personengesellschaft von Todes wegen über oder überträgt dieser den Anteil durch Schenkung, ist ein anteilig ihm zuzurechnender Anspruch auf

Rückzahlung eines nicht im Betriebsvermögen der Personengesellschaft erfassten Darlehens als Kapitalforderung im übrigen Vermögen anzusetzen. Das gilt nicht nur für den Gesellschafter, der das Darlehen erhalten hat. Die Erben des Gesellschafters, der das Darlehen erhalten hat, können außerdem die Darlehensschuld als Nachlassverbindlichkeit abziehen. Im Fall der Schenkung sind insoweit die Grundsätze der gemischten Schenkung anzuwenden, wenn der Erwerber die Darlehensschuld übernimmt.

Beispiel:

Gemeiner Wert des Betriebsvermögens der Personengesellschaft zum Bewertungsstichtag	7 100 000 EUR
Kapitalkonten lt. Gesamthandsbilanz der Personengesellschaft	5 000 000 EUR

Davon entfallen auf A 1 500 000 EUR, auf B 2 500 000 EUR und auf C 1 000 000 EUR.

Gewinn- und Verlustverteilung A, B und C je $^1/_3$

Gesellschafter A hat von der Personengesellschaft ein nicht betrieblich veranlasstes Darlehen zu nicht fremdüblichen Konditionen in Höhe von 300 000 EUR erhalten, das in dieser Höhe noch valutiert. Die Kapitalkonten der Gesellschafter sind insoweit zu gleichen Teilen gemindert worden.

Gesellschafter			**A**		**B/C**
Gemeiner Wert des Betriebsvermögens	7 100 000 EUR				
abzgl. Kapitalkonten lt. Gesamthandsbilanz	5 000 000 EUR		1 500 000 EUR		3 500 000 EUR
Unterschiedsbetrag	2 100 000 EUR	+	700 000 EUR	+	1 400 000 EUR
Anteil am Wert des Betriebsvermögens			2 200 000 EUR		4 900 000 EUR

Im Erbfall ist im Nachlass des A neben dem Anteil am Wert des Betriebsvermögens die anteilige Darlehensforderung in Höhe von (300 000 EUR × $^1/_3$ =) 100 000 EUR und eine Nachlassverbindlichkeit in Höhe von 300 000 EUR zu berücksichtigen.

Im Schenkungsfall ist neben dem Anteil am Wert des Betriebsvermögens die anteilige Darlehensforderung in Höhe von (300 000 EUR × $^1/_3$ =) 100 000 EUR erworben. Muss der Erwerber die Darlehensverbindlichkeit in Höhe von 300 000 EUR übernehmen, ist sie im Rahmen einer gemischten Schenkung als Gegenleistung zu berücksichtigen.

Grundstück, das ausschließlich oder fast ausschließlich privater Lebensführung dient. → H 4.2 (11) EStH.

Hinterbliebenenbezüge bei Gesellschaftern einer Personengesellschaft. → H E 3.5 „Hinterbliebenenbezüge bei Gesellschaftern einer Personengesellschaft".

R B 97.2 Sonderbetriebsvermögen

ErbStR R B 97.2

16 ① Für die Wirtschaftsgüter und Schulden des Sonderbetriebsvermögens eines Gesellschafters ist der gemeine Wert im Rahmen einer Einzelbewertung zu ermitteln (§ 97 Absatz 1 a Nummer 2 BewG). ② Ist für Grundbesitz, Betriebsvermögen und Anteile an Kapitalgesellschaften ein Wert nach § 151 Absatz 1 Satz 1 Nummer 1 bis 3 BewG festzustellen, sind die auf den Bewertungsstichtag festgestellten Werte anzusetzen. ③ Die Basiswertregelung in § 151 Absatz 3 BewG ist hierbei zu beachten. ④ Das gilt unabhängig davon, wie der Wert des Gesamthandsvermögens ermittelt wird (marktübliches Verfahren, vereinfachtes Ertragswertverfahren oder Substanzwert). ⑤ Der Wert des Sonderbetriebsvermögens ist nur für den Gesellschafter zu ermitteln, dessen Anteil übertragen wird. ⑥ Wegen der Einzelbewertung des Sonderbetriebsvermögens erfolgt weder beim Erwerb von Gesellschaftsanteilen mit Sonderbetriebsvermögen noch beim Erwerb von Gesellschaftsanteilen ohne Sonderbetriebsvermögen eine Korrektur des Betriebsergebnisses um die mit diesem im Zusammenhang stehenden Erträge und Aufwendungen der Gesellschaft. ⑦ § 202 Absatz 1 Satz 2 Nummer 3 BewG bleibt hiervon unberührt.

R B 97.3 Nießbrauch an einer Beteiligung an einer Personengesellschaft

ErbStR R B 97.3

17 (1) ① Wird im Rahmen eines Erwerbs von Todes wegen oder einer Schenkung unter Lebenden ein Nießbrauchsrecht an einem Anteil an einer Personengesellschaft i. S. d. § 15 Absatz 1 Satz 1 Nummer 2 und Absatz 3 oder § 18 Absatz 4 Satz 2 EStG eingeräumt oder die Ausübung eines solchen Nießbrauchsrechts einem anderen überlassen, richtet sich die Beurteilung nach der Ausgestaltung des Nießbrauchsrechts. ② Der Zuwendungsgegenstand bestimmt sich grundsätzlich nach dem Zivilrecht. ③ Ob das zugewendete Vermögen zum Betriebsvermögen gehört, richtet sich jedoch nach den Grundsätzen des Ertragsteuerrechts, denn nach § 97 Absatz 1 Satz 1 Nummer 5 BewG bilden alle einer inländischen Personengesellschaft i. S. d. § 15 Absatz 1 Satz 1 Nummer 2 und Absatz 3 oder § 18 Absatz 4 Satz 2 EStG gehörenden Wirtschaftsgüter einen Gewerbebetrieb.

18 (2) ① Ist das Nießbrauchsrecht so ausgestaltet, dass der Nießbraucher ertragsteuerrechtlich als Mitunternehmer der Personengesellschaft anzusehen ist, gehört das Nießbrauchsrecht als immaterielles Wirtschaftsgut ertragsteuerrechtlich und damit auch bewertungsrechtlich zum Sonderbetriebsvermögen, da es unmittelbare und untrennbare Voraussetzung für die Erzielung der gewerblichen Einkünfte ist. ② Dies gilt unabhängig davon, ob der Nießbraucher zivilrechtlich Gesellschafter der Personengesellschaft ist. ③ Handelt es sich bei dem Nießbrauchsrecht ertragsteuerrechtlich um Sonderbetriebsvermögen bei der Personengesellschaft, sind die Wirtschaftsgüter des Sonderbetriebsvermögens bei der Bewertung des Betriebsvermögens mit ihrem gemeinen Wert anzusetzen (§ 97 Absatz 1a Nummer 2 BewG). ④ Für das Nießbrauchsrecht ist der Kapitalwert nach §§ 13 bis 16 BewG zu ermitteln.

19 (3) ① Wenn das Nießbrauchsrecht nicht zum Sonderbetriebsvermögen bei der Personengesellschaft gehört, weil der Nießbrauchsberechtigte ertragsteuerrechtlich nicht als Mitunternehmer anzusehen ist, liegt übriges Vermögen vor. ② Die Bewertung erfolgt nach §§ 13 bis 16 BewG.

20 (4) Absatz 1 bis 3 gelten auch, wenn ein Nießbraucher auf seinen Nießbrauch verzichtet und dadurch eine Mitunternehmerstellung des Nießbrauchers auf den Gesellschafter übergeht.

H B 97.3

H B 97.3

21 **Ermittlung des begünstigten Vermögens.** → R E 13b.9, R E 13b.30 Absatz 6.

ErbStR R B 97.4

R B 97.4 Aufteilung des Werts des Betriebsvermögens von Personengesellschaften

(1) ① Das einer Personengesellschaft gehörende Betriebsvermögen ist Gesamthandsvermögen.
22 ② Wirtschaftsgüter, die mehreren zur gesamten Hand zustehen, werden den Gesellschaftern anteilig zugerechnet (§ 39 Absatz 2 Nummer 2 AO, § 3 BewG). ③ Für Zwecke der Erbschaft- oder Schenkungsteuer muss nur der Gesellschaftsanteil bewertet werden, der Gegenstand des Erwerbs ist.

23 (2)[1] ① Der Wert des Gesamthandsvermögens (§ 109 Absatz 2 in Verbindung mit § 11 Absatz 2 BewG) ist wie folgt aufzuteilen:

1. ① Die Kapitalkonten aus der ertragsteuerlichen Gesamthandsbilanz sind dem jeweiligen Gesellschafter vorweg zuzurechnen. ② Zum Kapitalkonto rechnen unter anderem nebendem Festkapital auch der Anteil an einer gesamthänderischen Rücklage und die variablen Kapitalkonten, soweit es sich dabei ertragsteuerrechtlich um Eigenkapital der Gesellschaft handelt.

2. ① Der verbleibende Wert ist nach dem Gewinnverteilungsschlüssel auf die Gesellschafter aufzuteilen. ② Vorabgewinne sind nicht zu berücksichtigen.

② Wenn der Wert des Anteils eines Gesellschafters am Gesamthandsvermögen aus Verkäufen abgeleitet oder unter Berücksichtigung der Ertragsaussichten der Gesellschaft oder einer anderen anerkannten, auch im gewöhnlichen Geschäftsverkehr für nichtsteuerliche Zwecke üblichen Methode ermittelt wird (Gutachtenwert), ist Satz 1 nicht anzuwenden und eine Aufteilung nach § 97 Absatz 1a BewG ist nicht vorzunehmen.

24 (3) Die Wirtschaftsgüter und Schulden des Sonderbetriebsvermögens sind bei dem jeweiligen Gesellschafter mit dem gemeinen Wert anzusetzen.

25 (4) Der Wert des Anteils eines Gesellschafters ergibt sich vorbehaltlich der folgenden Absätze als Summe aus dem Anteil am Gesamthandsvermögen (Absatz 2) und dem Wert des Sonderbetriebsvermögens (Absatz 3).

26 (5) Wenn der Wert des Anteils eines Gesellschafters am Gesamthandsvermögen aus Verkäufen abgeleitet wird (Absatz 2 Satz 2), ergibt sich der Wert des Anteils eines Gesellschafters als Summe aus dem ermittelten Anteil am Gesamthandsvermögen und dem gemeinen Wert des Sonderbetriebsvermögens (Absatz 3).

27 (6) ① Wenn der Wert des Anteils eines Gesellschafters am Gesamthandsvermögen unter Berücksichtigung der Ertragsaussichten der Gesellschaft oder einer anderen anerkannten, auch im gewöhnlichen Geschäftsverkehr für nichtsteuerliche Zwecke üblichen Methode ermittelt wird (Absatz 2 Satz 2), ergibt sich der Wert des Anteils eines Gesellschafters als Summe aus dem ermittelten Anteil am Gesamthandsvermögen (Gutachtenwert) und dem gemeinen Wert des Sonderbetriebsvermögens (Absatz 3). ② Bei der Basiswertregelung nach § 151 Absatz 3 BewG ist auch der Ansatz des Sonderbetriebsvermögens mit dem gemeinen Wert (Absatz 3) möglich.

H B 97.4

H B 97.4

28 **Aufteilung des Werts des Betriebsvermögens.**

Beispiel 1:

Wert des Gesamthandsvermögens der A, B & C KG zum Bewertungsstichtag	12 000 000 EUR
Kapitalkonten lt. Gesamthandsbilanz der Personengesellschaft	9 000 000 EUR

Davon entfallen auf A 5 000 000 EUR, auf B 1 000 000 EUR und auf C 3 000 000 EUR.

Gewinn- und Verlustverteilung A, B und C je 1/3

Der Gesellschafter A verpachtet an die Personengesellschaft ein Grundstück mit einem gemeinen Wert von 1 500 000 EUR.

Zu bewerten ist der Anteil des Gesellschafters A, der von Todes wegen in vollem Umfang auf seinen Sohn S als Alleinerben übergegangen ist.

[1] Siehe *BFH-Urteil vom 17. 6. 2020 II R 43/17,* abgedruckt zu § 97 Abs. 1 a BewG bzw. zu § 109 Abs. 2 BewG.

Gesellschafter		A	B/C
Wert des Gesamthandsvermögens	12 000 000 EUR		
abzgl. Kapitalkonten lt. Gesamthandsbilanz	9 000 000 EUR	5 000 000 EUR	4 000 000 EUR
Unterschiedsbetrag	3 000 000 EUR	+ 1 000 000 EUR	+ 2 000 000 EUR
Anteil am Wert des Gesamthandsvermögens		6 000 000 EUR	6 000 000 EUR
Wert des Sonderbetriebsvermögens		+ 1 500 000 EUR	
Anteil am Wert des Betriebsvermögens		7 500 000 EUR	

Beispiel 2:

Wert des Gesamthandsvermögens der D & E KG zum Bewertungsstichtag 10 000 000 EUR
Kapitalkonten lt. Gesamthandsbilanz der KG 5 900 000 EUR
Davon entfallen auf D 3 100 000 EUR (Kapitalkonto I 100 000 EUR, Kapitalkonto II 3 000 000 EUR) und auf E 2 800 000 EUR.

Gewinn- und Verlustverteilung D und E je 1/2

Der Gesellschafter D verpachtet an die Personengesellschaft ein Grundstück mit einem gemeinen Wert von 1 000 000 EUR.

Zu bewerten ist der Anteil des Gesellschafters D, den dieser seiner Tochter T geschenkt hat, wobei er das Kapitalkonto II zurückbehielt. Das Sonderbetriebsvermögen hat er in vollem Umfang mit übertragen.

Gesellschafter		D	E
Wert des Gesamthandsvermögens	10 000 000 EUR		
abzgl. Kapitalkonten (ohne Kapitalkonto II des D) lt. Gesamthandsbilanz	2 900 000 EUR	100 000 EUR	2 800 000 EUR
Unterschiedsbetrag	7 100 000 EUR	+ 3 550 000 EUR	+ 3 550 000 EUR
Anteil am Wert des Gesamthandsvermögens		3 650 000 EUR	6 350 000 EUR
Wert des Sonderbetriebsvermögens		+ 1 000 000 EUR	
Anteil am Wert des Betriebsvermögens		4 650 000 EUR	

Erworbene Beteiligung der T	
Kapitalkonto I (100%)	100 000 EUR
Unterschiedsbetrag (100%)	+ 3 550 000 EUR
Sonderbetriebsvermögen	+ 1 000 000 EUR
Gemeiner Wert der Beteiligung	4 650 000 EUR

Beispiel 3:

Wert des Gesamthandsvermögens der F & G OHG zum Bewertungsstichtag 12 000 000 EUR
Kapitalkonten lt. Gesamthandsbilanz der OHG 4 000 000 EUR
Davon entfallen auf F 3 000 000 EUR (Kapitalkonto I 1 000 000 EUR, Kapitalkonto II 2 000 000 EUR) und auf G 1 000 000 EUR.

Gewinn- und Verlustverteilung F und G je 1/2

Der Gesellschafter F verpachtet an die Personengesellschaft ein Grundstück mit einem gemeinen Wert von 500 000 EUR.

Zu bewerten ist der Anteil des Gesellschafters F, den dieser seinem Sohn S zur Hälfte geschenkt hat, wobei er das Kapitalkonto II zurückbehielt. Das Sonderbetriebsvermögen hat er in vollem Umfang mit übertragen.

Gesellschafter		F	G
Wert des Gesamthandsvermögens	12 000 000 EUR		
abzgl. Kapitalkonten lt. Gesamthandsbilanz	4 000 000 EUR	3 000 000 EUR	1 000 000 EUR
Unterschiedsbetrag	8 000 000 EUR	+ 4 000 000 EUR	+ 4 000 000 EUR
Anteil am Wert des Gesamthandsvermögens		7 000 000 EUR	5 000 000 EUR
Wert des Sonderbetriebsvermögens		+ 500 000 EUR	
Anteil am Wert des Betriebsvermögens		7 500 000 EUR	

Erworbene Beteiligung des S	
Kapitalkonto I (50 % von 1 000 000 EUR)	500 000 EUR
Unterschiedsbetrag (50 % von 4 000 000 EUR)	+ 2 000 000 EUR
Sonderbetriebsvermögen (100 % von 500 000 EUR)	+ 500 000 EUR
Gemeiner Wert der Beteiligung	3 000 000 EUR

R B 97.5 Besonderheiten bei Kommanditgesellschaften

ErbStR R B 97.5

(1) ①Bei einer Kommanditgesellschaft haften die Kommanditisten im Außenverhältnis für Schulden der Gesellschaft grundsätzlich nur bis zur Höhe ihrer im Handelsregister eingetragenen Haftsumme (§ 161 Absatz 1 in Verbindung mit § 171 Absatz 1 1. Halbsatz und § 172 Absatz 2 HGB). ②Die Haftung ist ausgeschlossen, soweit der Kommanditist seine Einlage geleistet und nicht wieder zurückerhalten hat (§ 171 Absatz 1 2. Halbsatz in Verbindung mit § 172 Absatz 4 HGB). 30

(2) ①Dem Kommanditisten kann grundsätzlich kein negativer Wert des Gesamthandsvermögens der Gesellschaft zugerechnet werden, wenn er seine Kommanditeinlage vollständig erbracht 31

hat und soweit er nicht nachschusspflichtig ist. ② Der Wert des Anteils des Kommanditisten am Gesamthandsvermögen ist in diesem Fall mit 0 EUR anzusetzen. ③ Abweichend von diesem Grundsatz gilt Folgendes:

1. Hat der Kommanditist seine Kommanditeinlage noch nicht oder noch nicht vollständig erbracht (ausstehende Pflichteinlage), ist ihm im Rahmen der Bewertung der Beteiligung der nach § 97 Absatz 1a Nummer 1 BewG ermittelte Wert bis zur Höhe seiner ausstehenden Einlage als negativer Wert am Gesamthandsvermögen der Gesellschaft zuzurechnen.

2. ① In Fällen einer vertraglich vereinbarten Nachschusspflicht eines Kommanditisten kann diesem im Rahmen der Bewertung der Beteiligung der nach § 97 Absatz 1a Nummer 1 BewG ermittelte Wert als negativer Wert am Gesamthandsvermögen bis zur Höhe seiner noch ausstehenden Nachschussverpflichtung zugerechnet werden. ② Voraussetzung ist hierbei, dass der nachzuschießende Betrag zum Bewertungsstichtag bereits eingefordert war.

④ Diese Sachverhalte werden bereits im Rahmen der Bewertung der Beteiligung berücksichtigt. ⑤ Demzufolge ist bei unmittelbarer Beteiligung in Erbfällen keine Nachlassverbindlichkeit im Sinne des § 10 Absatz 5 Nummer 1 ErbStG abzugsfähig und bei Schenkungen handelt es sich nicht um eine Gegenleistung. ⑥ Entsprechend ist eine ausstehende Pflichteinlage und eine ausstehende vertraglich vereinbarte Nachschusspflicht von übergeordneten Unternehmen ausschließlich über den Wert der Beteiligung zu erfassen. ⑦ Die Berücksichtigung als Nachlassverbindlichkeit, Gegenleistung oder zusätzlich bei der Bewertung des übergeordneten Unternehmens scheidet auch dann aus, wenn die vertraglich vereinbarte Nachschusspflicht noch nicht eingefordert wurde. ⑧ Wie eine ausstehende Pflichteinlage sind die nachfolgenden Fälle zu behandeln:

– Der Kommanditist hat Entnahmen getätigt, die unter Berücksichtigung der von ihm erbrachten Einlagen und der ihm zuzurechnenden Gewinne und Verluste zu einem Wiederaufleben der Haftung geführt haben (§ 172 Absatz 4 Satz 2 HGB).
– Die im Handelsregister eingetragene Höhe der Hafteinlage des Kommanditisten übersteigt die Höhe seiner Pflichteinlage und insoweit ist tatsächlich eine Außenhaftung eingetreten (sog. „übersteigende Außenhaftung").

32 (3) ① Die Wirtschaftsgüter und Schulden des Sonderbetriebsvermögens stehen ausschließlich im Eigentum des Kommanditisten. ② Der Gesamtwert des übertragenen Sonderbetriebsvermögens ist dem Kommanditisten vollständig zuzurechnen, unabhängig davon, ob der Gesamtwert positiv oder negativ ist. ③ Auch wenn der Anteil am Gesamthandsvermögen negativ ist und eine Beschränkung auf 0 EUR erfolgt (Absatz 2), ist das Sonderbetriebsvermögen mit seinem vollständigen Wert anzusetzen.

33 (4) Dem Komplementär wird der nach § 97 Absatz 1a Nummer 1 BewG ermittelte Anteil am Wert des Gesamthandsvermögens der Gesellschaft zugerechnet, unabhängig davon, ob er positiv oder negativ ist.

34 (5) ① Für die Zurechnung eines negativen Werts am Gesamthandsvermögen der Gesellschaft ist bei übrigen Personengesellschaften zu prüfen, ob ein Gesellschafter einem Komplementär oder einem Kommanditisten vergleichbar ist. ② Hierauf sind Absatz 2 bis 4 entsprechend anzuwenden.

ErbStR R B 97.6

R B 97.6 Anteile an Kapitalgesellschaften

35 (1) ① Der gemeine Wert eines nicht notierten Anteils an einer Kapitalgesellschaft bestimmt sich grundsätzlich nach dem Verhältnis des Anteils am Nennkapital (Grund- oder Stammkapital) der Gesellschaft zum gemeinen Wert des Betriebsvermögens der Kapitalgesellschaft zum Bewertungsstichtag; soweit die Gesellschaft eigene Anteile hält, mindern sie das Nennkapital um deren Nennwert. ② Damit wird dem Umstand Rechnung getragen, dass sich die Beteiligung der Gesellschafter am Vermögen und Gewinn der Gesellschaft regelmäßig nach dem Verhältnis der Anteile am Nennkapital richtet (§ 11 und § 60 AktG sowie § 29 Absatz 2 und § 72 GmbHG). ③ Dies gilt auch, wenn das Nennkapital noch nicht vollständig eingezahlt ist. ④ Dabei ist es unerheblich, ob noch mit der Einzahlung des Restkapitals zu rechnen ist oder nicht. ⑤ Richtet sich jedoch die Beteiligung am Vermögen und am Gewinn der Gesellschaft auf Grund einer ausdrücklichen Vereinbarung der Gesellschafter nach der jeweiligen Höhe des eingezahlten Nennkapitals, bezieht sich der gemeine Wert nur auf das tatsächlich eingezahlte Nennkapital.

36 (2) ① Gesellschaftsrechtliche Vereinbarungen sind zu berücksichtigen, wenn eine Aufteilung nach dem Verhältnis des Anteils am Nennkapital zu einem unzutreffenden Ergebnis führt. ② In Betracht kommen insbesondere:

– eine vom Verhältnis des Anteils am Nennkapital abweichende Gewinnverteilung;
– eine vom Verhältnis des Anteils am Nennkapital abweichende Beteiligung am Liquidationserlös.

③ Ungewöhnliche oder persönliche Verhältnisse (→ R B 9.2) bleiben bei der Aufteilung des Werts der Kapitalgesellschaft unberücksichtigt.

H B 97.6

HB 97.6

Aufteilung des Werts des Betriebsvermögens der Kapitalgesellschaft. 37

Beispiel 1: (abweichender Gewinnverteilungsschlüssel):

Gesellschafter der X-GmbH sind A zu 40% und B zu 60%. Die Anteile am Nennkapital gelten auch für die Verteilung eines späteren Liquidationserlöses. Vertraglich wurde abweichend vom Anteil am Nennkapital eine Gewinnverteilung für A zu 75% und B zu 25% vereinbart.

Der Ertragswert des Betriebsvermögens der GmbH wurde i. H. v. 4 000 000 EUR und der Substanzwert i. H. v. 2 500 000 EUR ermittelt. Somit ist der Wert des Betriebsvermögens der GmbH mit 4 000 000 EUR anzusetzen.

a) A verstirbt im Jahr 01. Erbe ist K.
Grundsatz: Bei einer Aufteilung nach dem Anteil am Nennkapital ergibt sich ein Wert des Anteils des A von (40% von 4 000 000 EUR =) 1 600 000 EUR.

Bei Vorliegen eines abweichenden Gewinnverteilungsschlüssels ist dieser für die Aufteilung des Werts des Betriebsvermögens nicht allein maßgebend. Zunächst ist der Substanzwert nach dem Anteil am Nennkapital aufzuteilen. Übersteigt der im vereinfachten Ertragswertverfahren ermittelte gemeine Wert den Substanzwert, ist die Differenz nach dem Gewinnverteilungsschlüssel aufzuteilen.

Der ermittelte Substanzwert ist nach dem Anteil am Nennkapital aufzuteilen:

40% von 2 500 000 EUR	1 000 000 EUR
Der den Substanzwert übersteigende Betrag des ermittelten Ertragswerts i. H. v. (4 000 000 EUR – 2 500 000 EUR =) 1 500 000 EUR wird nach dem Gewinnverteilungsschlüssel aufgeteilt:	
75% von 1 500 000 EUR	+ 1 125 000 EUR
Wert des Anteils des A	2 125 000 EUR

Unter Berücksichtigung der vertraglichen Vereinbarungen ist nach § 97 Abs. 1 b BewG der gemeine Wert des Anteils des A mit 2 125 000 EUR festzustellen.

Hinweis: Die beschriebene Aufteilung entfällt, wenn der Substanzwert zum Ansatz kommt. Die Aufteilung erfolgt dann nach dem Anteil am Nennkapital.

b) B verstirbt im Jahr 02. Erbe ist K.
Grundsatz: Bei einer Aufteilung nach dem Anteil am Nennkapital ergibt sich ein Wert des Anteils des B von (60% von 4 000 000 EUR =) 2 400 000 EUR.

Bei Vorliegen eines abweichenden Gewinnverteilungsschlüssels ist dieser für die Aufteilung des Werts des Betriebsvermögens nicht allein maßgebend. Zunächst ist der Substanzwert nach dem Anteil am Nennkapital aufzuteilen. Übersteigt der im vereinfachten Ertragswertverfahren ermittelte gemeine Wert den Substanzwert, ist die Differenz nach dem Gewinnverteilungsschlüssel aufzuteilen.

Der ermittelte Substanzwert ist nach dem Anteil am Nennkapital aufzuteilen:

60% von 2 500 000 EUR	1 500 000 EUR
Der den Substanzwert übersteigende Betrag des ermittelten Ertragswerts i. H. v. (4 000 000 EUR – 2 500 000 EUR =) 1 500 000 EUR wird nach dem Gewinnverteilungsschlüssel aufgeteilt:	
25% von 1 500 000 EUR	+ 375 000 EUR
Wert des Anteils des B	1 875 000 EUR

Unter Berücksichtigung der vertraglichen Vereinbarungen ist nach § 97 Absatz 1 b BewG der gemeine Wert des Anteils des B mit 1 875 000 EUR festzustellen.

Hinweis: Die beschriebene Aufteilung entfällt, wenn der Substanzwert zum Ansatz kommt. Die Aufteilung erfolgt dann nach dem Anteil am Nennkapital.

Beispiel 2: (abweichende Beteiligung am Liquidationserlös):

Gesellschafter der X-GmbH sind A zu 30% und B zu 70%. Diese Verteilung gilt auch für auszuschüttende Gewinne. Vertraglich wurde abweichend zum Anteil am Nennkapital eine Beteiligung am Liquidationserlös für A zu 75% und B zu 25% vereinbart.

Der Ertragswert des Betriebsvermögens der GmbH wurde i. H. v. 4 000 000 EUR und der Substanzwert i. H. v. 2 500 000 EUR ermittelt. Somit ist der Wert des Betriebsvermögens der GmbH i. H. v. 4 000 000 EUR anzusetzen.

a) A verstirbt im Jahr 01. Erbe ist K.
Grundsatz: Bei einer Aufteilung nach dem Anteil am Nennkapital ergibt sich ein Wert des Anteils des A von (30 % von 4 000 000 EUR =) 1 200 000 EUR.

Bei Vorliegen einer abweichenden Beteiligung am Liquidationserlös ist diese für die Aufteilung des Werts des Betriebsvermögens nicht allein maßgebend. Zunächst ist der Substanzwert nach der Beteiligung am Liquidationserlös aufzuteilen. Übersteigt der im vereinfachten Ertragswertverfahren ermittelte gemeine Wert den Substanzwert, ist die Differenz nach dem Anteil am Nennkapital aufzuteilen.

Der ermittelte Substanzwert ist nach der Beteiligung am Liquidationserlös aufzuteilen:

75 % von 2 500 000 EUR	1 875 000 EUR
Der den Substanzwert übersteigende Betrag des ermittelten Ertragswerts i. H. v. (4 000 000 EUR – 2 500 000 EUR =) 1 500 000 EUR wird nach dem Anteil am Nennkapital aufgeteilt:	
30 % von 1 500 000 EUR	+ 450 000 EUR
Wert des Anteils des A	2 325 000 EUR

Unter Berücksichtigung der vertraglichen Vereinbarungen ist nach § 97 Abs. 1b BewG der gemeine Wert des Anteils des A mit 2 325 000 EUR festzustellen.

Hinweis: Die beschriebene Aufteilung entfällt, wenn der Substanzwert zum Ansatz kommt. Die Aufteilung erfolgt dann nach der Beteiligung am Liquidationserlös.

b) B verstirbt im Jahr 02. Erbe ist K.
Grundsatz: Bei einer Aufteilung des Werts des Betriebsvermögens nach dem Anteil am Nennkapital ergibt sich ein Wert des Anteils des B von (70% von 4 000 000 EUR =) 2 800 000 EUR.

Bei Vorliegen einer abweichenden Beteiligung am Liquidationserlös ist diese für die Aufteilung des Werts des Betriebsvermögens nicht allein maßgebend. Zunächst ist der Substanzwert nach der Beteiligung am Liquidationserlös aufzuteilen. Übersteigt der gemeine Wert den Substanzwert, ist die Differenz nach dem Anteil am Nennkapital aufzuteilen.

Der ermittelte Substanzwert ist nach der Beteiligung am Liquidationserlös aufzuteilen:

25% von 2 500 000 EUR	625 000 EUR
Der den Substanzwert übersteigende Betrag des ermittelten Ertragswerts i. H. v. (4 000 000 EUR – 2 500 000 EUR =) 1 500 000 EUR wird nach dem Anteil am Nennkapital aufgeteilt:	
70% von 1 500 000 EUR	+ 1 050 000 EUR
Wert des Anteils des B	1 675 000 EUR

Unter Berücksichtigung der vertraglichen Vereinbarungen ist nach § 97 Abs. 1 b BewG der gemeine Wert des Anteils des B mit 1 675 000 EUR festzustellen.

Hinweis: Die beschriebene Aufteilung entfällt, wenn der Substanzwert zum Ansatz kommt. Die Aufteilung erfolgt dann nach der Beteiligung am Liquidationserlös.

38 **Ermittlung des gemeinen Werts von Geschäftsanteilen an einer GmbH im Einziehungsfall bei ausstehender Angleichung der Summe der Geschäftsanteile an das Stammkapital.** Werden Geschäftsanteile an einer GmbH eingezogen (§ 34 GmbHG), erlöschen diese. Dies führt dazu, dass die Summe der Nennbeträge der Geschäftsanteile der GmbH nicht mehr dem Betrag des Stammkapitals der GmbH entspricht. Diese Divergenz kann durch eine Kapitalherabsetzung, einen Aufstockungsbeschluss oder durch Neubildung eines Geschäftsanteils beseitigt werden.

Der gemeine Wert eines Geschäftsanteils an einer GmbH bestimmt sich grundsätzlich nach dem Verhältnis des Anteils am Nennkapital (Stammkapital) der GmbH zum gemeinen Wert des Betriebsvermögens der GmbH zum Bewertungsstichtag. Steht zum Bewertungsstichtag bei einer GmbH, bei der Geschäftsanteile eingezogen wurden, die Angleichung der Summe der Geschäftsanteile an das Stammkapital noch aus, ist das Nennkapital der GmbH um den Nennbetrag der eingezogenen Anteile zu mindern.

Anl zu § 97

Erlass betr. Anwendungsfragen zum KöMoG – Auswirkungen für die Erbschaft- und Schenkungsteuer sowie Bewertung von Betriebsvermögen und Anteilsbewertung

Vom 5. Oktober 2022 (BStBl. I S. 1494)

(Gleich lautender Ländererlass)

51 **1** Durch das Gesetz zur Modernisierung des Körperschaftsteuerrechts vom 25. Juni 2021 (BGBl. I S. 2050, BStBl. I S. 889) wurde u. a. § 1 a KStG eingeführt, der Personenhandelsgesellschaften und Partnerschaftsgesellschaften die Möglichkeit einräumt, zur Körperschaftsbesteuerung zu optieren. Weiterhin wurden § 97 Absatz 1 Satz 1 Nummer 5 Satz 1 BewG (ergänzend durch das Steueroasen-Abwehrgesetz vom 25. Juni 2021, BGBl. I S. 2056, BStBl. I S. 895), § 13 a Absatz 6 Satz 1 Nummer 1 und Nummer 3 Satz 1 ErbStG, § 13 b Absatz 1 Nummer 2 und Absatz 4 Nummer 5 Satz 5 ErbStG geändert. Danach sind Gesellschaften, die nach § 1 a KStG zur Körperschaftsbesteuerung optiert haben und ihrer Tätigkeit nach weiterhin einer Gesellschaft im Sinne des § 15 Absatz 1 Satz 1 Nummer 2, des § 15 Absatz 3 oder des § 18 Absatz 4 Satz 2 EStG entsprechen, für Zwecke der Erbschaft- und Schenkungsteuer als Personengesellschaften zu behandeln.
Im Einzelnen gilt Folgendes:

52 **2** Der Wert eines Anteils am Betriebsvermögen von optierenden Gesellschaften ist aufgrund von § 97 Absatz 1 Satz 1 Nummer 5 Satz 1 BewG nach § 151 Absatz 1 Satz 1 Nummer 2 BewG festzustellen. Die Anteile an der optierenden Gesellschaft sind unter den Voraussetzungen des § 13 b Absatz 1 Nummer 2 ErbStG begünstigungsfähiges Vermögen. Eine Mindestbeteiligungsquote im Sinne von § 13 b Absatz 1 Nummer 3 ErbStG ist nicht erforderlich.

53 **3** Nach § 97 Absatz 1 Satz 1 Nummer 5 Satz 2 BewG gehören zum Betriebsvermögen einer Personengesellschaft auch Wirtschaftsgüter im Eigentum einzelner, mehrerer oder aller Gesellschafter, die bei der steuerlichen Gewinnermittlung zum Betriebsvermögen der Gesellschaft gehören (Sonderbetriebsvermögen). Maßgeblich hierfür ist allein die ertragsteuerliche Behandlung der optierenden Gesellschaft. Nach der Option wird die optierende Gesellschaft wie eine Kapitalgesellschaft besteuert und die Gesellschafter wie die nicht persönlich haftenden Gesellschafter einer Kapitalgesellschaft behandelt (§ 1 a Absatz 1 Satz 1 KStG, § 2 Absatz 8 GewStG). Ertragsteuerlich gibt es in der Folge nach der Option kein Sonderbetriebsvermögen der Gesellschafter mehr. Damit kann es auch bewertungsrechtlich bei der optierenden Gesellschaft kein Sonderbetriebsvermögen mehr geben.

54 **4** Folglich sind Wirtschaftsgüter im bisherigen Sonderbetriebsvermögen eines Gesellschafters, die nicht im Rahmen der Option auf die Gesamthand übertragen werden, bei der Wertfeststellung nach § 151 Absatz 1 Satz 1 Nummer 2 BewG und den Feststellungen nach § 13 b Absatz 10 ErbStG nicht mehr zu berücksichtigen. Soweit diese Wirtschaftsgüter gemeinsam mit dem Anteil am Betriebsvermögen der optierenden Gesellschaft übertragen werden, sind sie daher bei der Erbschaft- und Schenkungsteuerfestsetzung gesondert zu berücksichtigen. Eine Steuerbegünstigung nach §§ 13 a, 13 b, 13 c, 19 a und 28 a ErbStG ist für diese Wirtschaftsgüter nur dann möglich, wenn diese ihrerseits begünstigungsfähiges Vermögen im Sinne des § 13 b Absatz 1 ErbStG sind.

Anl zu § 97

5 Bei der Bewertung der Anteile der Gesellschaft bleiben - soweit der ertragsteuerliche Gewinn als maßgeblich angesehen wird, wie z. B. in § 202 Absatz 1 Satz 1 BewG - dieser und dessen Ermittlung maßgeblich. 55

6 Der gemeine Wert eines Anteils am Betriebsvermögen einer optierenden Gesellschaft ist gemäß § 97 Absatz 1 a BewG zu ermitteln und aufzuteilen. Dabei ist hinsichtlich der Gesamthandsbilanz im Sinne des § 97 Absatz 1 a Nummer 1 Buchstabe a BewG in Ermangelung steuerlicher Kapitalkonten ausnahmsweise auf die handelsrechtlichen Kapitalkonten der Gesamthandsbilanz abzustellen. Die ertragsteuerlichen Grundsätze zur Abgrenzung zwischen Eigen- und Fremdkapital sind anzuwenden. 56

7 Durch die Ausübung der Option findet bezogen auf das Gesamthandsvermögen kein Rechtsträgerwechsel statt. Folglich wird Verwaltungsvermögen im Sinne des § 13 b Absatz 4 Nummer 1 bis 4 ErbStG im Gesamthandsvermögen durch die Option nicht zu jungem Verwaltungsvermögen im Sinne des § 13 b Absatz 7 Satz 2 ErbStG. Für junges Verwaltungsvermögen im Gesamtshandsvermögen beginnt durch die Option der Zweijahreszeitraum nach § 13 b Absatz 7 Satz 2 ErbStG nicht erneut zu laufen. 57

8 Wird im Rahmen der Option Verwaltungsvermögen aus dem bisherigen Sonderbetriebsvermögen eines Gesellschafters ins Gesamthandsvermögen überführt, entsteht aufgrund des Rechtsträgerwechsels junges Verwaltungsvermögen im Sinne des § 13 b Absatz 7 Satz 2 ErbStG bei der optierenden Gesellschaft. 58

9 Werden im Rahmen der Option Finanzmittel aus dem bisherigen Sonderbetriebsvermögen eines Gesellschafters ins Gesamthandsvermögen überführt, sind diese aufgrund des Rechtsträgerwechsels als Einlagen im Sinne von § 13 b Absatz 4 Nummer 5 Satz 2 ErbStG bei der Ermittlung der jungen Finanzmittel zu berücksichtigen. Die korrespondierende Entnahme aus dem Sonderbetriebsvermögen des Gesellschafters ist nicht als Entnahme im Sinne des § 13 b Absatz 4 Nummer 5 Satz 2 ErbStG zu erfassen, da zum Bewertungsstichtag kein Sonderbetriebsvermögen des Gesellschafters mehr vorhanden ist, das mitübertragen werden könnte. 59

10 Besteht eine Betriebsaufspaltung, entsteht durch die Option keine kapitalistische Betriebsaufspaltung im Sinne des R E 13 b.14 Absatz 1 Satz 7 ErbStR. Dies gilt unabhängig davon, ob die Besitz- oder die Betriebsgesellschaft optiert oder ob es sich um eine klassische, eine mitunternehmerische oder eine umgekehrte Betriebsaufspaltung handelt. 60

11 Die Aufteilung und Zurechnung der nach § 13 b Absatz 10 ErbStG festzustellenden Werte erfolgt für eine optierende Gesellschaft nach den für Personengesellschaften maßgeblichen Grundsätzen. 61

12 An die Gesellschafter der optierenden Gesellschaft gezahlter Arbeitslohn ist bei der Ermittlung der Ausgangslohnsumme und der Summe der maßgebenden jährlichen Lohnsummen nicht zu berücksichtigen, da die optierende Gesellschaft zivilrechtlich weiterhin eine Personengesellschaft ist. Die Vereinfachungsregelung des R E 13a.5 Satz 2 ErbStR kann nur unter Berücksichtigung dieser Maßgabe angewendet werden. Aus dem zuvor genannten Grund sind die Gesellschafter bei der Ermittlung der Anzahl der Beschäftigten nicht einzubeziehen (H E 13a.4 „Gesellschafter-Geschäftsführer einer Personengesellschaft" ErbStH). 62

13 Beim Einbezug von Beteiligungen in die Lohnsummenregelung im Sinne des § 13 a Absatz 3 Satz 11 und 12 ErbStG ist hinsichtlich der Beteiligung an einer optierenden Gesellschaft weiterhin von einer Personengesellschaft auszugehen, da die optierende Gesellschaft zivilrechtlich weiterhin eine Personengesellschaft ist. 63

14 Die Behaltensregelungen einer optierenden Gesellschaft richten sich weiterhin nach den Regelungen des § 13 a Absatz 6 Satz 1 Nummer 1 ErbStG. Die Ausübung der Option während der Behaltensfrist führt grundsätzlich nicht zu einem Behaltensverstoß. In Fällen, in denen zum Zeitpunkt der Steuerentstehung neben dem Anteil am Gesamthandsvermögen auch funktional wesentliches Sonderbetriebsvermögen mitübertragen wurde, welches im Rahmen der Option nicht ins Gesamthandsvermögen übertragen wird, liegt eine Aufgabe des Mitunternehmeranteils vor (vgl. BMF-Schreiben vom 10. November 2021, BStBl. I S. 2212, Rz. 32), die zu einem Behaltensverstoß nach § 13 a Absatz 6 Satz 1 Nummer 1 Satz 1 ErbStG im Umfang der gesamten Gesellschaftsbeteiligung führt. 64

15 Werden im Rahmen der Option funktional wesentliche Betriebsgrundlagen aus dem bisherigen Sonderbetriebsvermögen in ein anderes Betriebsvermögen überführt und entsteht dadurch eine Betriebsaufspaltung, liegt dennoch eine Zuführung zu anderen betriebsfremden Zwecken vor. Dies stellt eine schädliche Verwendung im Sinne des § 13 a Absatz 6 Satz 1 Nummer 1 Satz 2 ErbStG dar. 65

16 Die Möglichkeit einer nach § 13 a Absatz 6 Satz 3 und 4 ErbStG steuerunschädlichen Reinvestition in nach § 13 b Absatz 1 Nummer 2 ErbStG begünstigungsfähiges Betriebsvermögen bleibt in den Fällen der Rz. 14 und 15 unberührt. 66

17 Im Rahmen der Option aus dem Sonderbetriebsvermögen nicht ins Gesamthandsvermögen mit eingebrachte Wirtschaftsgüter, bei denen es sich nicht um wesentliche Betriebsgrundlagen handelt, sind bei der Entnahmebegrenzung nach § 13 a Absatz 6 Satz 1 Nummer 3 ErbStG zu berücksichtigen. 67

18 Bei der Entnahmebegrenzung nach § 13 a Absatz 6 Satz 1 Nummer 3 ErbStG ist nach der Option auf Ausschüttungen der optierenden Gesellschaft abzustellen. Die Vorgehensweise erfolgt wie in H E 13a.15 „Umwandlungsfälle" ErbStH beschrieben. 68

19 Hinsichtlich der Investitionsklausel (§ 13 b Absatz 5 ErbStG) und des Vorwegabschlags (§ 13 a Absatz 9 ErbStG) ergeben sich durch die Option keine Besonderheiten. 69

20 Bei der Verbundvermögensaufstellung nach § 13 b Absatz 9 ErbStG ist hinsichtlich der Beteiligung an einer optierenden Gesellschaft weiterhin von einer Personengesellschaft auszugehen. Bei der Betei- 70 ligung handelt es sich auch bei einer Beteiligungsquote von nicht mehr als 25 Prozent nicht um dem Verwaltungsvermögen zuzurechnende Anteile an einer Kapitalgesellschaft nach § 13 b Absatz 4 Nummer 2 ErbStG, da die optierende Gesellschaft zivilrechtlich weiterhin eine Personengesellschaft ist. Damit ist § 13 b Absatz 9 Satz 5 ErbStG nicht anzuwenden.

71 **21** Hat der Schenker seine Gesellschaftsbeteiligung übertragen und sich ein Nießbrauchsrecht an der Beteiligung vorbehalten und bleibt der Schenker aufgrund der Ausgestaltung des Nießbrauchsrechts Mitunternehmer der Gesellschaft, stellt das Nießbrauchsrecht Sonderbetriebsvermögen des Schenkers bei der Gesellschaft dar. Durch die Option erfolgt eine Überführung des Nießbrauchsrechts ins Privatvermögen des Schenkers. Bei einem späteren Verzicht auf das Nießbrauchsrecht kann folglich kein begünstigungsfähiges Vermögen im Sinne des § 13 b Absatz 1 Nummer 2 ErbStG vorliegen.

72 **22** Wurde ein Nießbrauchsrecht an einer Gesellschaftsbeteiligung zugewendet, bei der der Nießbrauch eine Mitunternehmerstellung vermittelte, und wird innerhalb der für die Zuwendung des Nießbrauchsrechts maßgebenden Behaltensfrist die Option ausgeübt, führt dies zu einer schädlichen Verwendung im Sinne des § 13 a Absatz 6 Satz 1 Nummer 1 ErbStG. Denn zivilrechtlich ist der Nießbrauchsberechtigte kein Gesellschafter und durch die Option entfallen das Sonderbetriebsvermögen sowie die Mitunternehmerstellung des Nießbrauchsberechtigten.

73 **23** Wird ein Nießbrauchsrecht an einer Beteiligung an einer optierenden Gesellschaft zugewendet, handelt es sich dabei nicht um begünstigungsfähiges Vermögen im Sinne des § 13 b Absatz 1 Nummer 2 ErbStG, da keine Mitunternehmerstellung auf den Erwerber übertragen wird.

74 **24** Durch die Ausübung der Rückoption (§ 1 a Absatz 4 KStG) findet bezogen auf das Gesamthandsvermögen kein Rechtsträgerwechsel statt. Folglich wird Verwaltungsvermögen im Sinne des § 13 b Absatz 4 Nummer 1 bis 4 ErbStG im Gesamthandsvermögen durch die Rückoption nicht zu jungem Verwaltungsvermögen im Sinne des § 13 b Absatz 7 Satz 2 ErbStG. Für junges Verwaltungsvermögen im Gesamthandsvermögen beginnt durch die Rückoption der Zweijahreszeitraum nach § 13 b Absatz 7 Satz 2 ErbStG nicht erneut zu laufen.

75 **25** Die Ausübung der Rückoption während der Behaltensfrist führt grundsätzlich nicht zu einem Behaltensverstoß nach § 13 a Absatz 6 Satz 1 Nummer 1 ErbStG.

BewG

§§ 98, 98 a *(aufgehoben)*

§ 99 Betriebsgrundstücke

BewG

(1) Betriebsgrundstück im Sinne dieses Gesetzes ist der zu einem Gewerbebetrieb gehörige Grundbesitz, soweit er, losgelöst von seiner Zugehörigkeit zu dem Gewerbebetrieb,

1. zum Grundvermögen gehören würde oder 1

2.[1] **einen Betrieb der Land- und Forstwirtschaft bilden würde.** 2

(2) *(aufgehoben)*

(3) Betriebsgrundstücke im Sinne des Absatzes 1 Nr. 1 sind wie Grundvermögen, Betriebsgrundstücke im Sinne des Absatzes 1 Nr. 2 wie land- und forstwirtschaftliches Vermögen zu bewerten. 3

Zu § 99 BewG

R B 99. Betriebsgrundstücke

ErbStR R B 99

(1) Die Zugehörigkeit eines Grundstücks zum Betriebsvermögen richtet sich nach den ertragsteuerrechtlichen Regelungen. 6

(2) ① Ist bei der Ermittlung des gemeinen Werts des Betriebsvermögens der Grundbesitzwert berücksichtigt, erfolgt kein gesonderter Ansatz. ② Wenn das Grundstück oder der Grundstücksteil gesondert anzusetzen ist (Substanzwertverfahren, Ansatz als Sonderbetriebsvermögen oder junges Betriebsvermögen), ist der gemeine Wert zu berücksichtigen, soweit er auf den betrieblichen Teil entfällt. ③ Dies ist nach ertragsteuerrechtlichen Grundsätzen zu entscheiden. 7

H B 99

H B 99

Grundbesitzwert bei Betriebsgrundstücken. Gehört nur ein Teil des Grundstücks zum Betriebsvermögen und ist der Grundbesitzwert nach § 151 Absatz 1 Satz 1 Nummer 1 BewG festzustellen, ist er für das gesamte Grundstück festzustellen. Dieser ist nach ertragsteuerrechtlichen Grundsätzen vom Betriebsfinanzamt (§ 152 Nummer 2 BewG) aufzuteilen. Ein hiernach dem Grundvermögen zuzuordnender Anteil ist vom Betriebsfinanzamt dem zuständigen Erbschaft- und Schenkungsteuerfinanzamt nachrichtlich mitzuteilen. 8
→ R B 151.9.

[1] Zur Abgrenzung der Land- und Forstwirtschaft vom Gewerbe vgl. *gleich lautenden Ländererlass vom 15. 12. 2011,* abgedruckt als Anlage zu H B 158.2 ErbStH.

BewG

§§ 100 bis 102 *(aufgehoben)*

§ 103 Schulden und sonstige Abzüge

1 **(1) Schulden und sonstige Abzüge, die nach § 95 Abs. 1 zum Betriebsvermögen gehören, werden vorbehaltlich des Absatzes 3 berücksichtigt, soweit sie mit der Gesamtheit oder einzelnen Teilen des Betriebsvermögens im Sinne dieses Gesetzes in wirtschaftlichem Zusammenhang stehen.**

2 **(2) Weist Gesellschafter in der Steuerbilanz Gewinnansprüche gegen eine von ihm beherrschte Gesellschaft aus, ist bei dieser ein Schuldposten in entsprechender Höhe abzuziehen.**

3 **(3) Rücklagen sind nur insoweit abzugsfähig, als ihr Abzug bei der Bewertung des Betriebsvermögens für Zwecke der Erbschaftsteuer durch Gesetz ausdrücklich zugelassen ist.**

Übersicht

		Rz.
R B 103.1	Schulden und sonstige Abzüge bei bilanzierenden Gewerbetreibenden und freiberuflich Tätigen; H B 103.1	6–8
R B 103.2	Schulden und sonstige Abzüge bei nicht bilanzierenden Gewerbetreibenden und freiberuflich Tätigen; H B 103.2	9–15
R B 103.3	Schulden im Zusammenhang mit Grundstücken	16

Zu § 103 BewG

ErbStR R B 103.1

R B 103.1 Schulden und sonstige Abzüge bei bilanzierenden Gewerbetreibenden und freiberuflich Tätigen

6 (1) Bei bilanzierenden Gewerbetreibenden und freiberuflich Tätigen (§ 4 Absatz 1 oder § 5 EStG) sind die Schulden und sonstigen passiven Ansätze, vorbehaltlich Absatz 2, dem Grunde nach zu berücksichtigen (§ 103 Absatz 1 und § 109 BewG).

7 (2) ① Die Identität wird bei den Rücklagen durchbrochen (→ R B 95 Absatz 2). ② In der Steuerbilanz gewinnmindernd gebildete Rücklagen sind nicht abzugsfähig (§ 103 Absatz 3 BewG). ③ Das gilt unabhängig vom Rechtsgrund für ihre Bildung. ④ Darunter fallen z. B. Rücklagen nach § 6b EStG, R 6.5 EStR, R 6.6 EStR. ⑤ Entsprechendes gilt für Ausgleichsposten nach § 14 KStG, § 4g EStG sowie die Luftposten nach § 20 UmwStG. ⑥ Ausgleichsposten, die Rücklagencharakter haben, sind ebenfalls nicht abzugsfähig.

H B 103.1

H B 103.1

8 **Ansatz von Schulden.** Schulden können nur angesetzt werden, wenn der Aktivposten, mit dem sie zusammenhängen, als Wirtschaftsgut zu erfassen ist (→ BFH vom 15. 3. 2000 II R 15/98, BStBl. II S. 588).

ErbStR R B 103.2

R B 103.2 Schulden und sonstige Abzüge bei nicht bilanzierenden Gewerbetreibenden und freiberuflich Tätigen

9 (1) ① Bei nicht bilanzierenden Gewerbetreibenden und freiberuflich Tätigen sind Schulden und sonstige Abzüge nur zu berücksichtigen, wenn sie in wirtschaftlichem Zusammenhang mit der Gesamtheit oder mit einzelnen Teilen des Betriebsvermögens stehen. ② Ein wirtschaftlicher Zusammenhang ist gegeben, wenn die Entstehung der Schuld ursächlich und unmittelbar auf Vorgängen beruht, die das Betriebsvermögen betreffen. ③ Abzugsfähig sind neben den auflösend bedingten auch die aufschiebend bedingten Verbindlichkeiten. ④ Eine Schuld ist nur abzuziehen, wenn sie zum Bewertungsstichtag bereits entstanden und noch nicht erloschen ist. ⑤ Die Fälligkeit der Schuld ist nicht Voraussetzung für ihre Abzugsfähigkeit. ⑥ Die Schuld muss eine wirtschaftliche Belastung darstellen, das heißt, es darf nicht nur eine rechtliche Verpflichtung zu ihrer Erfüllung bestehen, sondern es muss auch ernstlich damit gerechnet werden, dass der Gläubiger Erfüllung verlangt. ⑦ Schulden, die zwar formell rechtsgültig bestehen, sind nicht abzugsfähig, wenn sie zum Bewertungsstichtag keine ernstzunehmende Belastung darstellen; dies ist besonders bei Darlehensschulden und anderen Verbindlichkeiten innerhalb des Kreises der Angehörigen zu prüfen.

10 (2) ① Eine Darlehensschuld, die zur Errichtung eines Gewerbebetriebs aufgenommen wurde und zu deren Sicherung auf einem Privatgrundstück eine Hypothek bestellt ist, wird wegen des wirtschaftlichen Zusammenhangs mit dem Betriebsvermögen als Schuld abgezogen. ② Durch die Verpfändung eines Wirtschaftsguts allein wird noch kein wirtschaftlicher Zusammenhang zwischen der Schuld und dem verpfändeten Wirtschaftsgut begründet. ③ Das gilt auch für die Belastung eines Grundstücks mit einem Grundpfandrecht. ④ An dem erforderlichen wirtschaftlichen Zusammenhang fehlt es ebenso bei außerbetrieblich begründeten Verpflichtungen.

(3) Ungewisse Verbindlichkeiten können abgezogen werden, soweit sie zum Bewertungsstichtag eine wirtschaftliche Belastung darstellen. 11

(4) ① Die Verpflichtung auf Grund einer typischen stillen Beteiligung an einem Gewerbebetrieb ist grundsätzlich mit dem Nennwert der Vermögenseinlage des stillen Gesellschafters anzusetzen (→ R B 12.4). ② Die Verpflichtung zur Zahlung des jährlichen Gewinnanteils, dessen Höhe von dem Ergebnis des Wirtschaftsjahrs des Gewerbebetriebs abhängt, kann regelmäßig abgezogen werden, wenn ernsthaft mit der Inanspruchnahme des Unternehmens zu rechnen ist. ③ Der Abzug ist auch dann zulässig, wenn die Höhe der Schuld am Stichtag noch nicht endgültig feststeht, z. B. weil der maßgebende Gewinn oder Umsatz des Geschäftsjahres erst noch ermittelt werden muss. 12

(5) ① Sachleistungsansprüche und Sachleistungsverpflichtungen sind bereits ab dem Zeitpunkt des Vertragsabschlusses anzusetzen. ② Ihr Wert entspricht dem Wert des Gegenstandes, auf den die Leistung gerichtet ist. ③ Bei Geschäften, die auf die Übertragung von Grundbesitz gerichtet sind, kommt eine Bewertung der Ansprüche und Verpflichtungen mit dem Grundbesitzwert (§§ 176 ff. BewG) nicht in Betracht. ④ Solange noch von keiner Vertragspartei mit der Erfüllung des Vertrags begonnen worden ist, brauchen aus Vereinfachungsgründen die gegenseitigen Rechte und Pflichten nicht berücksichtigt zu werden. 13

(6) ① Steuerschulden, die in wirtschaftlichem Zusammenhang mit dem Betrieb stehen, können abgezogen werden. ② Dies können vor allem Umsatzsteuer-, Gewerbesteuer- und Grundsteuerschulden sein. ③ Dagegen sind die außerbetrieblichen Steuerschulden (z. B. Einkommensteuerschulden) bei der Ermittlung des Betriebsvermögens nicht abzugsfähig. 14

H B 103.2

H B 103.2

Darlehen unter Angehörigen. → BMF-Schreiben vom 23. 12. 2010 (BStBl. I 2011 S. 37),[1] geändert durch BMF-Schreiben vom 29. 4. 2014 (BStBl. I S. 809). 15

Sachleistungsansprüche auf Grundbesitz. → BFH vom 10. 4. 1991 II R 118/86, BStBl. II S. 620, vom 26. 6. 1991 II R 117/87, BStBl. II S. 749, und vom 15. 10. 1997 II R 68/95, BStBl. II S. 820.
→ H E 12.2.

Wirtschaftlicher Zusammenhang mit Betriebsvermögen. → BFH vom 18. 12. 1990 VIII R 1/88, BStBl. 1991 II S. 911.

Zuordnung einer Verbindlichkeit zum Betriebsvermögen. → R 4.2 Absatz 15 EStR.

R B 103.3 Schulden im Zusammenhang mit Grundstücken

ErbStR R B 103.3

Schulden, die mit einem Betriebsgrundstück (→ R B 99) in wirtschaftlichem Zusammenhang stehen, sind abzuziehen, soweit sie bei der steuerlichen Gewinnermittlung zum Betriebsvermögen gehören. 16

§§ 103 a bis 108 *(aufgehoben bzw. weggefallen)*

BewG

[1] Abgedruckt im **ESt-Veranlagungshandbuch** als Anlage zu § 4 EStG (R 4.8 EStR).

BewG

§ 109 Bewertung

1 (1) ① **Das Betriebsvermögen von Gewerbebetrieben im Sinne des § 95 und das Betriebsvermögen von freiberuflich Tätigen im Sinne des § 96 ist jeweils mit dem gemeinen Wert anzusetzen. ② Für die Ermittlung des gemeinen Werts gilt § 11 Abs. 2 entsprechend.**

2 (2)[1] ① **Der Wert eines Anteils am Betriebsvermögen einer in § 97 genannten Körperschaft, Personenvereinigung oder Vermögensmasse ist mit dem gemeinen Wert anzusetzen. ② Für die Ermittlung des gemeinen Werts gilt § 11 Abs. 2 entsprechend.**

Zu § 109 BewG

ErbStR R B 109.1

R B 109.1 Bewertungsgrundsätze bei Betriebsvermögen

① Das Betriebsvermögen von Gewerbebetrieben und von freiberuflich Tätigen ist mit dem gemeinen Wert anzusetzen. ② Dasselbe gilt für den Wert eines Anteils am Betriebsvermögen einer
5 Körperschaft, Personenvereinigung oder Vermögensmasse. ③ Für die Ermittlung des gemeinen Werts gilt § 11 Absatz 2 BewG entsprechend (→ R B 11.2 bis 11.6).

ErbStR R B 109.2

R B 109.2 Bewertung von Beteiligungen an Personengesellschaften in Sonderfällen

(1) ① Besondere Umstände, die bei der Ermittlung des gemeinen Werts im vereinfachten Ertragswertverfahren und bei der Bewertung mit dem Substanzwert nicht hinreichend zum Aus-
6 druck gekommen sind, können nicht durch Zu- und Abschläge berücksichtigt werden. ② R B 11.4 Absatz 1 Satz 1 und 2 gilt entsprechend. ③ Als besondere Umstände, die bei der Ermittlung des gemeinen Werts nach allen Bewertungsverfahren nicht zu berücksichtigen sind, sind ungewöhnliche oder persönliche Verhältnisse, z. B. Verfügungsbeschränkungen, anzusehen (→ R B 9.2).

7 (2) ① Wegen der Bewertung von Gewerbebetrieben oder Beteiligungen an Gesellschaften im vereinfachten Ertragswertverfahren bei Neugründungen → R B 199.1 Absatz 4 und 6 Satz 1 Nummer 2 und Satz 2. ② Beim Ansatz des Substanzwerts bleibt der Umstand, dass es sich um eine Neugründung handelt, unberücksichtigt.

8 (3) ① Das vereinfachte Ertragswertverfahren ist grundsätzlich auch bei der Ermittlung des gemeinen Werts von Gewerbebetrieben oder Beteiligungen an Gesellschaften anwendbar, zu deren Vermögen Anteile oder Beteiligungen an nachgeordneten Gesellschaften gehören. ② R B 11.4 Absatz 4 gilt entsprechend.

9 (4) ① Das vereinfachte Ertragswertverfahren ist auch bei der Ermittlung des gemeinen Werts von Organträgern anwendbar. ② R B 11.4 Absatz 5 gilt entsprechend.

10 (5) ① Bei einem Gewerbebetrieb oder einer Beteiligung an einer Gesellschaft in Liquidation ist als gemeiner Wert in der Regel der Substanzwert anzusetzen. ② R B 11.4 Absatz 7 gilt entsprechend.

ErbStR R B 109.3

R B 109.3 Ermittlung des Substanzwerts

(1) Bei der Ermittlung des Substanzwerts ist das Betriebsvermögen mit dem Wert zum Bewertungsstichtag zugrunde zu legen.

11 (2) ① Stimmt der Bewertungsstichtag nicht mit dem Schluss des Wirtschaftsjahrs überein, auf
12 den der Betrieb einen regelmäßigen jährlichen Abschluss macht, und erstellt der Betrieb keinen Zwischenabschluss, der den Grundsätzen der Bilanzkontinuität entspricht, kann aus Vereinfachungsgründen der Wert des Betriebsvermögens zum Bewertungsstichtag aus der auf den Schluss des letzten vor dem Bewertungsstichtag endenden Wirtschaftsjahrs erstellten Vermögensaufstellung abgeleitet werden (Absatz 3), sofern dies im Einzelfall nicht zu unangemessenen Ergebnissen führt und deshalb eine besondere Ermittlung des Substanzwerts auf den Bewertungsstichtag vorzunehmen ist. ② Dabei ist zunächst der Saldo der gemeinen Werte derjenigen Wirtschaftsgüter, sonstigen aktiven Ansätze, Schulden und sonstigen Abzüge zum Abschlusszeitpunkt zu bilden, die bei der Ermittlung des Substanzwerts des Betriebs anzusetzen sind (Ausgangswert).

13 (3) ① Aus dem Ausgangswert (Absatz 2) ist der Wert des Betriebsvermögens auf den Bewertungsstichtag unter vereinfachter Berücksichtigung der Veränderungen bis zum Bewertungsstichtag abzuleiten. ② Als Korrekturen kommen insbesondere in Betracht:

1. ① Hinzurechnung des Gewinns und der Einlagen sowie Abrechnung des Verlustes und der Entnahmen, die auf den Zeitraum vom letzten Bilanzstichtag vor dem Bewertungsstichtag bis zum Bewertungsstichtag entfallen. ② Auszugehen ist dabei vom Gewinn laut Steuerbilanz. ③ Der Gewinn oder Verlust ist zu korrigieren, soweit darin Abschreibungen (Normal-AfA, erhöhte AfA, Sonderabschreibungen, Teilwertabschreibungen) oder Aufwendungen auf betrieblichen

[1] *BFH-Urteil vom 17. 6. 2020 II R 43/17 (BStBl. 2022 II S. 13):* **1., 2.** (abgedruckt zu § 97 Abs. 1 a BewG). **3.** Der Steuerpflichtige kann einen niedrigeren gemeinen Wert des Anteils durch einen zeitnahen Verkauf oder ein Gutachten eines öffentlich bestellten und vereidigten Sachverständigen nachweisen. In einem solchen Fall ist eine Aufteilung nach § 97 Abs. 1 a BewG nicht vorzunehmen.

Grundbesitz (Grund und Boden, Betriebsgebäude, Außenanlagen, sonstige wesentliche Bestandteile und Zubehör) enthalten sind, die das Ergebnis gemindert haben, mit dem Wertansatz der Betriebsgrundstücke aber abgegolten sind; für Teilwertzuschreibungen gilt dies entsprechend. ④ R B 11.6 Absatz 3 Nummer 1 Satz 4 gilt entsprechend. ⑤ Gewinn oder Verlust und Abschreibungen oder andere Aufwendungen bis zum Bewertungsstichtag sind, soweit dies nicht im Einzelfall zu unangemessenen Ergebnissen führt, zeitanteilig aus den entsprechenden Jahresbeträgen zu berechnen;

2. Berücksichtigung von Vermögensänderungen infolge Veräußerung oder Erwerb von Anlagevermögen, insbesondere von Betriebsgrundstücken, Wertpapieren, Anteilen und Genussscheinen von Kapitalgesellschaften und Beteiligungen an Personengesellschaften, soweit sie sich nicht bereits nach Nummer 1 ausgewirkt haben.

(4) ① Der Erwerber von Betriebsvermögen hat nach amtlichem Vordruck eine Vermögensaufstellung auf den Bewertungsstichtag als Anlage zur Feststellungserklärung abzugeben, aus der sich die für die Wertermittlung erforderlichen Angaben ergeben. ② Dies gilt unabhängig von der für ertragsteuerrechtliche Zwecke gewählten Gewinnermittlungsart. 14

§ 109a *(aufgehoben)*

BewG

BewG

Zweiter Abschnitt. Sondervorschriften und Ermächtigungen

§§ 110 bis 120 *(aufgehoben)*

§ 121 Inlandsvermögen[1]

Zum Inlandsvermögen gehören:

1 **1. das inländische land- und forstwirtschaftliche Vermögen;**

2 **2. das inländische Grundvermögen;**

3 **3. das inländische Betriebsvermögen. ② Als solches gilt das Vermögen, das einem im Inland betriebenen Gewerbe dient, wenn hierfür im Inland eine Betriebsstätte unterhalten wird oder ein ständiger Vertreter bestellt ist;**

4 **4. Anteile an einer Kapitalgesellschaft, wenn die Gesellschaft Sitz oder Geschäftsleitung im Inland hat und der Gesellschafter entweder allein oder zusammen mit anderen ihm nahestehenden Personen im Sinne des § 1 Abs. 2 des Außensteuergesetzes in der jeweils geltenden Fassung am Grund- oder Stammkapital der Gesellschaft mindestens zu einem Zehntel unmittelbar oder mittelbar beteiligt ist;**

5 **5. nicht unter Nummer 3 fallende Erfindungen, Gebrauchsmuster und Topographien, die in ein inländisches Buch oder Register eingetragen sind;**

6 **6. Wirtschaftsgüter, die nicht unter die Nummern 1, 2 und 5 fallen und einem inländischen Gewerbebetrieb überlassen, insbesondere an diesen vermietet oder verpachtet sind;**

7 **7. Hypotheken, Grundschulden, Rentenschulden und andere Forderungen oder Rechte, wenn sie durch inländischen Grundbesitz, durch inländische grundstücksgleiche Rechte oder durch Schiffe, die in ein inländisches Schiffsregister eingetragen sind, unmittelbar oder mittelbar gesichert sind. ② Ausgenommen sind Anleihen und Forderungen, über die Teilschuldverschreibungen ausgegeben sind;**

8 **8. Forderungen aus der Beteiligung an einem Handelsgewerbe als stiller Gesellschafter und aus partiarischen Darlehen, wenn der Schuldner Wohnsitz oder gewöhnlichen Aufenthalt, Sitz oder Geschäftsleitung im Inland hat;**

9 **9. Nutzungsrechte an einem der in den Nummern 1 bis 8 genannten Vermögensgegenstände.**

ErbStR
R E 2.2

R E 2.2 Inlandsvermögen

(abgedruckt zu § 2 ErbStG)

BewG

§ 121 a *(weggefallen)*

§ 121 b *(aufgehoben)*

§ 122 *(weggefallen)*

§ 123 Ermächtigungen

Die Bundesregierung wird ermächtigt, mit Zustimmung des Bundesrates die in § 12 Absatz 4 Satz 3 vorgesehene Rechtsverordnung zu erlassen.

§ 124 *(aufgehoben)*

---

[1] Zur Erbschaftsteuerpflicht bei Vermächtnissen an Inlandsvermögen siehe § 2 Abs. 1 Nr. 3 ErbStG.

Dritter Abschnitt. Vorschriften für die Bewertung von Vermögen in dem in Artikel 3 des Einigungsvertrages genannten Gebiet[1]

A. Land- und forstwirtschaftliches Vermögen

§§ 125 bis 128 *(weggefallen)*

B. Grundvermögen

§§ 129 bis 133 *(weggefallen)*

C. Betriebsvermögen

§§ 134 bis 137 *(weggefallen)*

Vierter Abschnitt. Vorschriften für die Bewertung von Grundbesitz für die Grunderwerbsteuer ab 1. Januar 1997[2]

§§ 138 bis 150 *(weggefallen)*

---

[1] Das sind die Länder Brandenburg, Mecklenburg-Vorpommern, Sachsen, Sachsen-Anhalt und Thüringen sowie der Ostteil Berlins.

[2] **Gegenstandslos, da nach § 8 Abs. 2 und § 17 Abs. 3 a GrEStG i. d. F. des Steueränderungsgesetzes 2015 rückwirkend zum 1. 1. 2009 die Ersatzbemessungsgrundlage für die Grunderwerbsteuer nach §§ 157 ff. BewG zu ermitteln ist.**

BewG

Fünfter Abschnitt. Gesonderte Feststellungen

§ 151 Gesonderte Feststellungen

(1)[1, 2] ① Gesondert festzustellen (§ 179 der Abgabenordnung) sind

1 **1.[3] Grundbesitzwerte (§ 157),**

2 **2. der Wert des Betriebsvermögens oder des Anteils am Betriebsvermögen (§§ 95, 96, 97),**

3 **3. der Wert von Anteilen an Kapitalgesellschaften im Sinne des § 11 Abs. 2,**

4 **4.[4] der Anteil am Wert von anderen als in den Nummern 1 bis 3 genannten Vermögensgegenständen und von Schulden, die mehreren Personen zustehen,**

wenn die Werte für die Erbschaftsteuer oder eine andere Feststellung im Sinne dieser Vorschrift von Bedeutung sind. ② Die Entscheidung über eine Bedeutung für die Besteuerung trifft das für die Festsetzung der Erbschaftsteuer oder die Feststellung nach Satz 1 Nr. 2 bis 4 zuständige Finanzamt.[4]

5 (2) **In dem Feststellungsbescheid für Grundbesitzwerte sind auch Feststellungen zu treffen**

1.[5] über die Art der wirtschaftlichen Einheit,

2.[6] über die Zurechnung der wirtschaftlichen Einheit und bei mehreren Beteiligten über die Höhe des Anteils, der für die Besteuerung oder eine andere Feststellung von Bedeutung ist; beim Erwerb durch eine Erbengemeinschaft erfolgt die Zurechnung in Vertretung der Miterben auf die Erbengemeinschaft. ② Entsprechendes gilt für die Feststellungen nach Absatz 1 Satz 1 Nr. 2 bis 4.

6 (3) **① Gesondert festgestellte Werte im Sinne des Absatzes 1 Satz 1 Nummer 1 bis 4 sind einer innerhalb einer Jahresfrist folgenden Feststellung für dieselbe wirtschaftliche Einheit unverändert zu Grunde zu legen, wenn sich die für die erste Bewertung maßgeblichen Stichtagsverhältnisse nicht wesentlich geändert haben. ② Der Erklärungspflichtige kann eine von diesem Wert abweichende Feststellung nach den Verhältnissen am Bewertungsstichtag durch Abgabe einer Feststellungserklärung beantragen.**

7 (4) **Ausländisches Vermögen unterliegt nicht der gesonderten Feststellung.**

---

[1] *BFH-Urteil vom 2. 7. 2004 II R 73/01 (BFH/NV 2005 S. 214), Ls. 3:* **3.** Ein Feststellungsbescheid über die einheitliche und gesonderte Feststellung des Grundstückswerts für eine nicht bestehende wirtschaftliche Einheit entfaltet keine Bindungswirkung für die Erbschaftsteuer. – Ebenso *Vfg. OFD Koblenz vom 21. 6. 2004 S 3014 A – St 356.*

BFH-Urteil vom 1. 9. 2021 II R 8/19 (BFH/NV 2022 S. 236): **1., 2.** (abgedruckt zu § 9 Abs. 1 Nr. 2 ErbStG). **3.** Eine gesonderte Wertfeststellung muss auf den Stichtag des Vollzugs der Schenkung erfolgen.

[2] Vgl. *Vfg. OFD Koblenz vom 25. 1. 2006 S 3014 A – St 356 (DB S. 477)* zur Feststellungserklärung und Bekanntgabe eines Feststellungsbescheids bei Testamentsvollstreckung, Nachlassverwaltung bzw. -pflegschaft.

[3] *BFH-Beschluss vom 26. 1. 2006 II B 61/05 (BFH/NV S. 921):* Der Rechtsfrage, ob dem Lagefinanzamt für die Erforderlichkeit der Feststellung eines Bedarfswerts eine Prüfungskompetenz und -pflicht zukommt, hat keine grundsätzliche Bedeutung. Soweit *§ 138 Abs. 5 BewG* [jetzt § 151 Abs. 1 Nr. 1 BewG] die Feststellung von Grundbesitzwerten vorsieht, wenn diese für die Erbschaftsteuer oder Grunderwerbsteuer erforderlich sind, ist dies nicht so zu verstehen, dass das Feststellungsfinanzamt vor der Werteermittlung materiell-rechtlich zu prüfen hätte, ob ein steuerbarer Vorgang vorliegt.

[4] *FG Münster, Urteil vom 16. 4. 2015 3 K 1402/12 F (EFG S. 1170), rkr.:* **1.** Nicht gewerblich tätige bzw. geprägte Fondsgesellschaften erzielen keine Einkünfte aus Gewerbebetrieb, sondern solche aus Vermietung und Verpachtung i. S. v. § 21 EStG. **2.** Die Wertfeststellung eines Anteils an einer vermögensverwaltenden Fondsgesellschaft erfolgt gemäß § 151 Abs. 1 Satz 1 Nr. 4 BewG. Dabei hat keine Anteilsbewertung mit dem Kurswert oder nach den Ertragsaussichten zu erfolgen, sondern eine Wertermittlung für die einzelnen Vermögensgegenstände und Schulden der Gesellschaft.

BFH-Urteil vom 27. 4. 2022 II R 9/20 (BStBl. II S. 541): **1.** Eine Stiftung & Co. KG ist keine gewerbliche geprägte Personengesellschaft. **2.** Für eine vermögensverwaltende Stiftung & Co. KG, bei der ausschließlich eine Stiftung persönlich haftende Gesellschafterin ist, ist ein Wert nach § 151 Abs. 1 Satz 1 Nr. 4 BewG festzustellen. **3.** Das Erbschaftsteuerfinanzamt entscheidet, ob eine Wertfeststellung dem Grunde nach erforderlich ist. Dem zur Wertfeststellung nach § 151 Abs. 1 Satz 1 BewG berufenen Finanzamt obliegt die Entscheidung über die Qualifikation des Feststellungsgegenstands nach den Kategorien des § 151 Abs. 1 Satz 1 Nr. 2 bis 4 BewG.

[5] *Nds. FG, Beschluss vom 27. 4. 2001 (EFG S. 1105), rkr.:* Der Bescheid über die Feststellung des Grundstückswertes nach *§ 138 BewG* [jetzt § 151 i. V. m. § 157 BewG] ist Grundlagenbescheid für die Festsetzung der ErbSt auch insoweit, als darin die Art der wirtschaftlichen Einheit festgestellt wird. Vorläufiger Rechtsschutz gegen die Feststellung der Grundstücksart wird durch AdV und nicht durch einstweilige Anordnung gewährt.

BFH-Urteil vom 14. 2. 2007 II R 69/05 (BStBl. II S. 443), Ls. 2: **2.** Für die gemäß *§ 138 Abs. 5 Satz 2 Nr. 1 BewG* [jetzt § 151 Abs. 2 Nr. 1 BewG] vorzunehmenden Feststellungen über die Art der wirtschaftlichen Einheit und – bei Betriebsgrundstücken, die zu einem Gewerbebetrieb gehören [*Anm. d. Red.:* Nicht mehr ab 1. 1. 2009] – über den Gewerbebetrieb sind die Verhältnisse beim Erblasser oder Schenker maßgebend. Ob die erworbene wirtschaftliche Einheit beim Erwerber Betriebsgrundstück geblieben ist, ist im Rahmen der Steuerfestsetzung zu prüfen.

[6] *BFH-Urteil vom 29. 11. 2006 II R 42/05 (BStBl. 2007 II S. 319):* **1.** Der Zurechnung der wirtschaftlichen Einheit nach *§ 138 Abs. 5 Satz 2 Nr. 2 BewG* [jetzt § 151 Abs. 2 Nr. 2 BewG] kommt keine Bindungswirkung für den (Erbschaftsteuer-)Folgebescheid zu. **2.** Die Rechtswirkung der gemäß § 138 Abs. 5 Satz 2 Nr. 2 BewG in dem Feststellungsbescheid über den Grundbesitzwert zu treffenden Feststellungen über die Zurechnung der wirtschaftlichen Einheit beschränkt sich auf die Bestimmung des Inhaltsadressaten des Feststellungsbescheids.

Zur gesonderten und einheitlichen Feststellung des Grundbesitzwertes gegenüber mehreren Miterben siehe *BFH-Urteil vom 30. 9. 2015 II R 31/13,* abgedruckt zu R B 154 Abs. 2 Satz 2 ErbStR.

(5) ① **Grundbesitzwerte (Absatz 1 Satz 1 Nr. 1) sind auch festzustellen, wenn sie für die Grunderwerbsteuer von Bedeutung sind.** ② **Absatz 1 Satz 2 gilt entsprechend.** ③ **Absatz 2 ist nicht anzuwenden.** 8

Übersicht

		Rz.
R B 151.1	Durchführung eines Feststellungsverfahrens	9–12
R B 151.2	Gesonderte Feststellung von Grundbesitzwerten nach § 151 BewG; H B 151.2	13–24
Anlage:	Erlass betr. Feststellungen nach § 151 Abs. 1 Satz 1 BewG und nach § 13 a Abs. 4, 9 a und § 13 b Abs. 10 ErbStG in Vermächtnisfällen	30–42
R B 151.3	Benennung des Erbschaftsteuerfinanzamts und des Erblassers/Schenkers	45
R B 151.4	Gesonderte Feststellung des Werts des Betriebsvermögens oder des Anteils am Betriebsvermögen; H B 151.4	46, 47
R B 151.5	Gesonderte Feststellung des Werts nicht notierter Anteile an Kapitalgesellschaften; H B 151.5	48, 49
R B 151.6	Gesonderte Feststellung des Werts von Genossenschaften	50
R B 151.7	Gesonderte Feststellung bei vermögensverwaltenden Gemeinschaften/Gesellschaften; H B 151.7	51–54
R B 151.8	Basiswert	55, 56
R B 151.9	Nachrichtliche Angaben zu den Feststellungen nach § 151 Absatz 1 Satz 1 Nummer 2 und 3 BewG *(unbesetzt);* H B 151.9	57
R B 151.10	Mitteilungen der Betriebsfinanzämter *(unbesetzt);* H B 151.10	58

Zu § 151 BewG

R B 151.1 Durchführung eines Feststellungsverfahrens

ErbStR R B 151.1

(1) ① Abweichend von dem Grundsatz, dass die Besteuerungsgrundlagen einen unselbstständigen Teil des Steuerbescheids bilden (§ 157 Absatz 2 AO), sehen die §§ 151 ff. BewG in bestimmten Fällen eine Feststellung der Besteuerungsgrundlagen vor. ② Die gesonderte Feststellung ist zugleich einheitlich vorzunehmen, wenn § 154 Absatz 1 Satz 2 BewG dies besonders vorschreibt. 9

(2) ① Nach § 151 Absatz 1 BewG sind im Bedarfsfall gesondert festzustellen 10

1. Grundbesitzwerte im Sinne des § 157 BewG,
2. der Wert des Betriebsvermögens bei Gewerbebetrieben (§ 95 BewG),
3. der Wert des Betriebsvermögens bei freiberuflich Tätigen (§ 96 BewG),
4. der Wert des Anteils am Betriebsvermögen von Personengesellschaften (§ 97 Absatz 1a BewG),
5. der Wert von Anteilen an Kapitalgesellschaften im Sinne des § 11 Absatz 2 BewG sowie
6. der Anteil am Wert von anderen (nicht in § 151 Absatz 1 Satz 1 Nummer 1 bis 3 BewG genannten) Vermögensgegenständen und von Schulden, die mehreren Personen zustehen.

② Voraussetzung hierfür ist, dass die Werte für die Erbschaftsteuer oder eine andere Feststellung im Sinne dieser Vorschrift von Bedeutung sind. ③ Die Entscheidung über eine Bedeutung für die Besteuerung trifft das für die Festsetzung der Erbschaftsteuer zuständige Finanzamt. ④ Die Entscheidung über eine Bedeutung für eine andere Feststellung im Sinne dieser Vorschrift trifft das die Feststellung anfordernde Finanzamt (im mehrstufigen Feststellungsverfahren).

(3) ① Ausländisches Vermögen, das nicht Teil einer inländischen wirtschaftlichen Einheit des Betriebsvermögens ist oder zum Vermögen einer Kapitalgesellschaft oder vermögensverwaltenden Gemeinschaft/Gesellschaft mit Sitz oder Geschäftsleitung im Inland gehört, unterliegt nicht der gesonderten Feststellung (§ 151 Absatz 4 BewG). ② Der gemeine Wert ausländischen Vermögens, das zu einem inländischen Betriebsvermögen oder zum Vermögen einer Kapitalgesellschaft oder vermögensverwaltenden Gemeinschaft/Gesellschaft mit Sitz oder Geschäftsleitung im Inland gehört, ist im Rahmen der gesonderten Feststellung des gemeinen Werts dieser wirtschaftlichen Einheit nach § 151 Absatz 1 Satz 1 Nummer 2 bis 4 BewG zu berücksichtigen (→ R B 152). ③ Ausländischer Grundbesitz wird nach § 31 BewG bewertet (§ 12 Absatz 7 ErbStG). 11

(4) ① Im Einvernehmen der Verfahrensbeteiligten kann darauf verzichtet werden, ein Feststellungsverfahren durchzuführen, wenn es sich um einen Fall von geringer Bedeutung handelt. ② Ein Fall von geringer Bedeutung liegt insbesondere vor, wenn der Verwaltungsaufwand der Beteiligten außer Verhältnis zur steuerlichen Auswirkung steht und der festzustellende Wert unbestritten ist. ③ Zur Prüfung, ob ein Fall nur von geringer Bedeutung ist, hat das Finanzamt, das eine Feststellung anfordert, dabei auch stets die jeweilige Beteiligungsstufe anzugeben, damit das Feststellungsfinanzamt Rückschlüsse auf die steuerliche Auswirkung ziehen kann. 12

R B 151.2 Gesonderte Feststellung von Grundbesitzwerten nach § 151 BewG

ErbStR R B 151.2

(1) ① Das Lagefinanzamt (§ 152 Nummer 1 BewG) hat nach § 151 Absatz 1 Satz 1 Nummer 1 BewG Grundbesitzwerte gesondert festzustellen. ② Die Zugehörigkeit von Wirtschaftsgütern zum Betriebsvermögen oder Grundvermögen richtet sich nach ertragsteuerlichen Grundsätzen (§§ 95 bis 97 BewG). 13

ErbStR R B 151.2

(2) Hinsichtlich der Zurechnung der wirtschaftlichen Einheit gilt Folgendes:

14 1. War der Erblasser Alleineigentümer einer wirtschaftlichen Einheit des Grundbesitzes und geht das Eigentum daran im Weg des Erwerbs durch Erbanfall nur auf einen Erben als Gesamtrechtsnachfolger über, ist der gesamte Wert der wirtschaftlichen Einheit dem Erwerber allein zuzurechnen.

2. ① War der Erblasser Alleineigentümer einer wirtschaftlichen Einheit des Grundbesitzes und geht das Eigentum daran im Weg des Erwerbs durch Erbanfall auf mehrere Erben als Gesamtrechtsnachfolger über, ist der Wert der wirtschaftlichen Einheit der Erbengemeinschaft in Vertretung der Miterben zuzurechnen (§ 151 Absatz 2 Nummer 2 Satz 1 Halbsatz 2 BewG). ② Die Feststellung ist erforderlich, wenn sich bei mindestens einem Miterben eine „materielle" Steuerpflicht ergibt. ③ Die Ermittlung der Erbquote obliegt dem Erbschaftsteuerfinanzamt.

3. ① War der Erblasser Miteigentümer einer wirtschaftlichen Einheit des Grundbesitzes und geht der Miteigentumsanteil daran im Weg des Erwerbs durch Erbanfall auf einen Erben oder auf mehrere Erben als Gesamtrechtsnachfolger über, ist der Wert des vererbten Miteigentumsanteils nach Nummer 1 oder 2 dem Erben oder der Erbengemeinschaft (in Vertretung der Miterben) zuzurechnen. ② Die übrigen Miteigentümer sind nicht am Verfahren zu beteiligen.

4.[1] *① Wird eine wirtschaftliche Einheit des Grundbesitzes oder ein Miteigentumsanteil daran durch Vermächtnis zugewandt, ist der Wert der wirtschaftlichen Einheit oder des Miteigentumsanteils dem Erben oder der Erbengemeinschaft (in Vertretung der Miterben) zuzurechnen und festzustellen. ② Da der Vermächtnisnehmer einen eigenen Erwerbstatbestand nach § 3 Absatz 1 Nummer 1 ErbStG erfüllt, ist der Wert der wirtschaftlichen Einheit zusätzlich dem Vermächtnisnehmer zuzurechnen. ③ Eine eigenständige gesonderte Feststellung erfolgt zusätzlich gegenüber dem Vermächtnisnehmer. ④ Das gilt auch im Fall eines Vorausvermächtnisses.*

5. ① Geht eine wirtschaftliche Einheit des Grundbesitzes oder ein Miteigentumsanteil daran im Wege der Schenkung unter Lebenden über, ist dem Erwerber der Wert des von ihm erworbenen (Mit-)Eigentumsanteils am Grundbesitz zuzurechnen. ② Wird die wirtschaftliche Einheit oder ein Miteigentumsanteil daran an mehrere Erwerber verschenkt, liegen mehrere Schenkungen vor. ③ Für jeden Schenkungsfall ist dem Erwerber der Anteil an der wirtschaftlichen Einheit zuzurechnen, der dem erworbenen Miteigentumsanteil entspricht. ④ Entsprechendes gilt, wenn mehrere Schenker jeweils einen Miteigentumsanteil an einer wirtschaftlichen Einheit einem Erwerber zuwenden.

15 (3) Bei der gesonderten Feststellung von Grundbesitzwerten für das land- und forstwirtschaftliche Vermögen gilt Folgendes:

1. ① Der nach den Vorschriften des § 168 BewG zu ermittelnde Grundbesitzwert für das land- und forstwirtschaftliche Vermögen ist nach § 151 Absatz 1 Satz 1 Nummer 1 BewG gesondert festzustellen. ② Dabei sind die Werte für den Wirtschaftsteil, für die Betriebswohnungen und für den Wohnteil jeweils als Besteuerungsmerkmale im Feststellungsbescheid auszuweisen. ③ Das gilt auch bei der Aufteilung nach § 168 Absatz 3 BewG.

2. ① Im Rahmen der gesonderten Feststellung werden keine Aussagen zum Liquidationswert im Sinne des § 166 BewG getroffen. ② Im Fall der Nachbewertung nach § 162 Absatz 3 und 4 BewG ist der erteilte Feststellungsbescheid nach § 175 Absatz 1 Satz 1 Nummer 2 AO zu ändern. ③ Der jeweilige Liquidationswert im Sinne des § 166 BewG wird dabei zum Gegenstand des Feststellungsverfahrens. ④ Die hierfür erforderlichen Daten werden im Rahmen der Feststellungserklärung zum Bewertungsstichtag erhoben.

3. Im Fall der Nachbewertung (§ 162 Absatz 3 und 4 BewG) fordert das Erbschaftsteuerfinanzamt vom Lagefinanzamt die Feststellung des Werts für den Wirtschaftsteil unter Berücksichtigung des Liquidationswerts an, wenn dies für die Besteuerung von Bedeutung ist.

16 (4) ① Ist bei einer Grundstücksschenkung absehbar, dass der Steuerwert der freigebigen Zuwendung unter dem persönlichen Freibetrag des Erwerbers liegt und führt auch eine Zusammenrechnung mit früheren Zuwendungen von derselben Person (§ 14 ErbStG) nicht zu einer Steuerfestsetzung, kann auf eine Feststellung des Grundbesitzwerts zunächst verzichtet werden. ② Diese ist auf den Zeitpunkt der Ausführung der Grundstücksschenkung nachzuholen, wenn im Verlauf der folgenden zehn Jahre die Grundstücksschenkung in die Zusammenrechnung mit einem weiteren Erwerb von derselben Person (§ 14 ErbStG) einzubeziehen ist und hierdurch der persönliche Freibetrag des Erwerbers überschritten wird. ③ Soweit die Besteuerungsgrundlagen, z. B. die tatsächlich erzielte oder die übliche Miete, für die nachträgliche Feststellung des Grundbesitzwerts zum Bewertungsstichtag nicht mehr ermittelt werden können, sind sie zu schätzen. ④ Nach § 181 Absatz 5 Satz 1 AO kann eine gesonderte Feststellung des Grundbesitzwerts auch nach Ablauf der für sie geltenden Feststellungsfrist insoweit erfolgen, als der Grundbesitzwert für eine Steuerfest-

[1] Siehe zu Feststellungen in Vermächtnisfällen (Folgen der BFH-Urteile vom 16. 3. 2021 II R 3/19, BStBl. 2022 II S. 706, und vom 6. 5. 2021 II R 34/18, BStBl. 2002 II S. 712) *gleich lautenden Ländererlass vom 26. 9. 2022,* abgedruckt als Anlage zu R B 151.2 ErbStR.

setzung von Bedeutung ist, für die die Festsetzungsfrist im Zeitpunkt der gesonderten Feststellung noch nicht abgelaufen ist; hierbei bleibt § 171 Absatz 10 AO außer Betracht. ⑤ In diesen Fällen ist im Feststellungsbescheid ein gesonderter Hinweis auf § 181 Absatz 5 Satz 1 AO aufzunehmen. ErbStR R B 151.2

(5) ① Ist ein Grundstückserwerb von Todes wegen nach den Regelungen des § 13 Absatz 1 Nummer 4 b oder 4 c ErbStG (Familienheim) vollständig steuerfrei, kann zunächst darauf verzichtet werden, die Feststellung des Grundbesitzwerts anzufordern. ② Auf die Anforderung der Feststellung eines Grundbesitzwertes, der nach § 13 Absatz 1 Nummer 4 c ErbStG wegen Überschreitens der Wohnungsgrößengrenze nur teilweise steuerfrei ist, kann zunächst dann verzichtet werden, wenn der steuerpflichtige Anteil zusammen mit etwaigen anderen Zuwendungen vom Erblasser – auch unter Berücksichtigung etwaiger Vorerwerbe (Absatz 4) – den persönlichen Freibetrag des Erben nicht überschreitet. ③ Die jeweiligen Feststellungen sind bei einem nachträglichen Wegfall der Steuerbefreiungen nachzuholen, wenn die (vollständige) Steuerpflicht des Grundstücks – ggf. unter Berücksichtigung von Vorerwerben – zu einem Überschreiten der persönlichen Freibeträge führt. ④ Absatz 4 Satz 3 bis 5 gilt entsprechend. 17

(6) ① Das Betriebsfinanzamt verzichtet zunächst auf die Anforderung eines Grundbesitzwertes gemäß § 151 Absatz 1 Satz 1 Nummer 1 BewG, wenn 18

1. der Substanzwert (§ 11 Absatz 2 BewG) offensichtlich nicht zum Ansatz kommt,
2. es sich bei dem Grundstück um betriebsnotwendiges Vermögen handelt (kein Vermögen im Sinne des § 200 Absatz 2 BewG),
3. es sich nicht um Verwaltungsvermögen handelt (§ 13 b Absatz 4 Nummer 1 ErbStG) und
4. kein junges Betriebsvermögen im Sinne des § 200 Absatz 4 BewG vorliegt.

② Soweit Steuerbegünstigungen nach § 13 a ErbStG mit Wirkung für die Vergangenheit nach § 13 a Absatz 6 ErbStG wegfallen, sind die jeweiligen Feststellungen nachzuholen, wenn sie für die Besteuerung von Bedeutung sind.

(7) ① In den Fällen der mittelbaren Grundstücksschenkung sind gesonderte Feststellungen des Grundbesitzwerts durchzuführen. ② Entsprechendes gilt, wenn der Jahreswert der Nutzungen eines Grundstücks nach § 16 BewG zu begrenzen ist.[1] ③ Dabei ist der Grundbesitzwert auch dann für das gesamte Grundstück festzustellen, wenn sich das Nutzungsrecht nur auf einen Teil des Grundstücks bezieht. 19

(8) ① Beim Erwerb von Betriebsvermögen (§§ 95, 96 BewG) ist für Betriebsgrundstücke der Grundbesitzwert gesondert festzustellen, wenn er für die Feststellung des Werts des Betriebsvermögens erforderlich ist. ② Das ist stets der Fall, wenn 20

1. der Substanzwert (§ 11 Absatz 2 BewG) zu ermitteln ist,
2. es sich bei dem Grundstück um nicht betriebsnotwendiges Vermögen handelt (§ 200 Absatz 2 BewG),
3. es sich um Verwaltungsvermögen handelt (§ 13 b Absatz 4 Nummer 1 ErbStG) oder
4. junges Betriebsvermögen im Sinne des § 200 Absatz 4 BewG vorliegt.

(9) ① Beim Erwerb eines Anteils am Betriebsvermögen im Sinne des § 97 Absatz 1a BewG ist für Grundbesitz, der zum Gesamthandsvermögen der Gesellschaft gehört, der Grundbesitzwert gesondert festzustellen, wenn er für die Feststellung des Werts des Anteils erforderlich ist. ② Für Grundbesitz, der zum Sonderbetriebsvermögen gehört und Gegenstand des Erwerbs ist, gilt dies entsprechend. ③ Im Feststellungsbescheid ist auch anzugeben, wem der Grundbesitz zuzurechnen ist. ④ Dabei ist Folgendes zu beachten: 21

1. Gehört der Grundbesitz in vollem Umfang der Gesellschaft, ist der Wert der wirtschaftlichen Einheit der Gesellschaft in voller Höhe zuzurechnen und festzustellen.
2. ① Gehört der Grundbesitz nur zum Teil der Gesellschaft, ist neben dem gesamten Grundbesitzwert auch der auf die Gesellschaft entfallende Wertanteil festzustellen und der Gesellschaft zuzurechnen. ② Die übrigen Miteigentümer sind nicht am Verfahren zu beteiligen.
3. Bei Grundstücken des Sonderbetriebsvermögens gilt dies entsprechend.

⑤ Der Anteil am Betriebsvermögen im Sinne des § 97 Absatz 1 a BewG, der übergeht, ist bei der Grundbesitzwertfeststellung nicht anzugeben. ⑥ Der nach diesen Grundsätzen gesondert festgestellte Grundbesitzwert bzw. anteilige Grundbesitzwert geht in die Ermittlung der erworbenen Beteiligung an der Personengesellschaft ein.

(10) ① Beim Erwerb eines Anteils an einer Kapitalgesellschaft ist für Grundbesitz, der zum Vermögen der Gesellschaft gehört, der Grundbesitzwert gesondert festzustellen, wenn er für die Feststellung des Werts des Anteils erforderlich ist. ② Absätze 6, 8 und 9 gelten entsprechend. 22

(11) Die Basiswertregelung in R B 151.8 ist anzuwenden. 23

---

[1] *BFH-Urteil vom 15. 12. 2010 II R 41/08 (BStBl. 2011 II S. 363), Ls. 2:* **2.** Eine gesonderte Feststellung des Grundbesitzwerts für Zwecke des § 16 BewG ist entbehrlich, wenn aufgrund eines bereits gesondert festgestellten Grundbesitzwerts eine weitere gesonderte Feststellung für den Stichtag denselben Grundbesitzwert ergäbe.

H B 151.2

H B 151.2

24 **Aufteilung des Grundbesitzwerts bei nicht ausschließlich betrieblicher Nutzung.** Wird ein Grundstück nicht nur zu betrieblichen Zwecken genutzt, kann das Erbschaftsteuerfinanzamt ebenso wie das Betriebsfinanzamt einen Grundbesitzwert anfordern. Das Lagefinanzamt übersendet eine Mitteilung über den insgesamt festgestellten Grundbesitzwert sowohl an das anfordernde Betriebsfinanzamt als auch an das Erbschaftsteuerfinanzamt. Das Betriebsfinanzamt teilt dem Erbschaftsteuerfinanzamt mit, in welchem Umfang das Grundstück zum Grundvermögen gehört. Zu diesem Zweck haben die Betriebsfinanzämter bei jeder Anforderung zur Feststellung eines Grundbesitzwerts das zuständige Erbschaftsteuerfinanzamt zu benennen (→ R B 151.3).

Nachrichtliche Angaben. In der Mitteilung des Lagefinanzamts an das für die Berücksichtigung in einem Folgebescheid zuständige Finanzamt sind nachrichtlich auch folgende Angaben aufzunehmen:

Gesamte Wohn- und Nutzfläche der Gebäude/des Gebäudes	Die Angabe wird als Ausgangsgröße zur Berechnung des Flächenverhältnisses benötigt.
Wohnfläche einer bisher vom Rechtsvorgänger selbst genutzten Wohnung	Die Angabe wird zur Anwendung des § 13 Absatz 1 Nummer 4a bis 4c ErbStG (Familienheim) benötigt (→ R E 13.3 Absatz 2).
Gesamte Wohnfläche der zu Wohnzwecken vermieteten Gebäude oder Gebäudeteile	Die Angabe wird zur Anwendung des § 13d ErbStG benötigt (→ R E 13 d Absatz 6).
Gesamte zum ertragsteuerlichen Betriebsvermögen des Rechtsvorgängers gehörende Wohn- und Nutzfläche der Gebäude/des Gebäudes	Die Angaben werden – zur Bestimmung des dem Betriebsvermögen zuzurechnenden Anteils des Grundbesitzwerts und – zur Bestimmung des Verwaltungsvermögens i. S. d. § 13 b Absatz 4 ErbStG benötigt.
Gesamte der vom Rechtsvorgänger zu eigenen betrieblichen Zwecken genutzten Wohn- und Nutzfläche der Gebäude/des Gebäudes	
Art und Höhe einer im Rahmen des nachgewiesenen gemeinen Werts des Grundstücks (§ 198 BewG) abgezogenen Belastung (Wohnrecht, Nießbrauchsrecht)	Die Angabe wird zur Vermeidung der Doppelberücksichtigung der Belastung benötigt (§ 10 Absatz 6 Satz 6 ErbStG).[1]
Verbindlichkeiten i. S. d. § 158 Absatz 5 BewG, die im Rahmen der Ermittlung des Werts des Betriebs der Land- und Forstwirtschaft (unter Zuordnung zum Wirtschaftsteil, zum Wohnteil oder zum Teil der Betriebswohnungen) berücksichtigt wurden	Die Angabe wird zur Vermeidung der Doppelberücksichtigung der Belastung benötigt (§ 10 Absatz 5 Nummer 1, Absatz 6 Satz 6 ErbStG).[1]
Nutzungsrechte, die im Rahmen der Öffnungsklausel nach § 165 Absatz 3, § 167 Absatz 4 BewG berücksichtigt wurden	Die Angabe wird zur Vermeidung der Doppelberücksichtigung der Belastung benötigt (§ 10 Absatz 6 Satz 6 ErbStG).[1]

Nachträgliche Feststellung zum Zweck der Zusammenrechnung. → BFH vom 25. 11. 2008 II R 11/07, BStBl. 2009 II S. 287.

Treuhandverhältnis. Im Fall eines Treuhandverhältnisses, bei dem der Herausgabeanspruch des Treugebers auf ein Grundstück gerichtet ist, ist eine gesonderte Feststellung des Grundbesitzwerts durchzuführen.

Anl zu R B 151.2

Erlass betr. Feststellungen nach § 151 Absatz 1 Satz 1 BewG und Feststellungen nach § 13 a Absatz 4, Absatz 9 a und § 13 b Absatz 10 ErbStG in Vermächtnisfällen; Folgen der BFH-Urteile vom 16. März 2021 – II R 3/19 – und vom 6. Mai 2021 – II R 34/18 –

Vom 26. September 2022 (BStBl. I S. 1486)

(Gleich lautender Ländererlass)

30 Nach der Entscheidung des BFH vom 6. Mai 2021 – II R 34/18 – (BStBl. 2022 II S. 712) ist in Vermächtnisfällen der Grundbesitzwert nach § 151 Absatz 1 Satz 1 Nummer 1 BewG gegenüber dem Erben und dem Vermächtnisnehmer einheitlich festzustellen. Eine eigenständige Feststellung gegenüber dem Vermächtnisnehmer, wie in R B 151.2 Absatz 2 Nummer 4 ErbStR vorgesehen, lehnt das Gericht ab. Ein nur gegenüber dem Vermächtnisnehmer ergangener Feststellungsbescheid ist nach Ansicht des BFH je-

[1] Siehe jetzt § 10 Abs. 6 b ErbStG.

Anl zu R B 151.2

doch nicht nichtig. Diese Urteilsgrundsätze lassen sich auch auf Feststellungen nach § 151 Absatz 1 Satz 1 Nummer 2 bis 4 BewG übertragen.

Nach der Entscheidung des BFH vom 16. März 2021 – II R 3/19 – (BStBl. 2022 II S. 706) ist der Erbe am Feststellungsverfahren im Bereich der Steuerentlastungen für Unternehmensvermögen nicht zu beteiligen, wenn er aufgrund einer letztwilligen oder rechtsgeschäftlichen Verfügung des Erblassers verpflichtet ist, das dem Grunde nach steuerbegünstigte Vermögen vollständig auf den Vermächtnisnehmer zu übertragen. Dem Erben steht in diesem Fall die Steuerentlastung für das Unternehmensvermögen nicht zu.

Aufgrund der beiden genannten BFH-Urteile sind die Regelungen des R B 151.2 Absatz 2 Nummer 4 ErbStR nicht mehr anzuwenden. In allen offenen Fällen gilt nunmehr Folgendes:

1. Die Wertfeststellung nach § 151 Absatz 1 Satz 1 Nummer 1 bis 4 BewG erfolgt gesondert und einheitlich gegenüber dem Erben/der Erbengemeinschaft und dem Vermächtnisnehmer. Gleiches gilt, wenn der Erblasser hinsichtlich des dem Feststellungsverfahren unterliegenden Vermögensgegenstands mehrere Vermächtnisse angeordnet hat. Der Feststellungsgegenstand ist dem Erben/der Erbengemeinschaft bzw. dem den Grundbesitz oder die Beteiligung haltenden Unternehmen zuzurechnen (Beteiligte nach § 154 Absatz 1 Satz 1 Nummer 1 BewG). Neben dem Erben/der Erbengemeinschaft ist jeder Vermächtnisnehmer Beteiligter am Feststellungsverfahren nach § 154 Absatz 1 Satz 1 Nummer 3 BewG. Nach § 154 Absatz 1 Satz 1 Nummer 2 BewG ist daneben auch der zur Abgabe der Feststellungserklärung Aufgeforderte (§ 153 BewG) Beteiligter am Feststellungsverfahren. Alle Beteiligten i. S. d. § 154 BewG sind im Feststellungsbescheid zu benennen. **31**

2. Die Feststellungen nach § 13a Absatz 4, Absatz 9a und § 13b Absatz 10 ErbStG sind gesondert gegenüber dem Vermächtnisnehmer oder gesondert und einheitlich gegenüber den Vermächtnisnehmern vorzunehmen, wenn das Vermächtnis den gesamten zum Nachlass gehörenden Vermögensgegenstand des nach § 13b Absatz 1 ErbStG begünstigungsfähigen Vermögens umfasst. Alle Beteiligten i. S. d. § 154 BewG sind im Feststellungsbescheid zu benennen. Der Erbe/die Erbengemeinschaft ist im Feststellungsverfahren nicht zu beteiligen. **32**

Es ist darauf zu achten, dass der Erbe/die Erbengemeinschaft nicht zur Abgabe der Feststellungserklärung nach §§ 13a, 13b ErbStG aufgefordert wird. Bei einem Einzelunternehmen ergeht die Aufforderung an den Vermächtnisnehmer.

3. Die Feststellung nach § 151 Absatz 1 Satz 1 Nummer 1 bis 3 BewG und/oder die Feststellungen nach § 13a Absatz 4, Absatz 9a und § 13b Absatz 10 ErbStG sind gesondert und einheitlich gegenüber dem Erben/der Erbengemeinschaft und dem Vermächtnisnehmer/den Vermächtnisnehmern durchzuführen, wenn der dem Feststellungsverfahren unterliegende Vermögensgegenstand nur teilweise zu übertragen ist (teilweiser Übergang auf Vermächtnisnehmer). Neben dem Erben/der Erbengemeinschaft ist jeder Vermächtnisnehmer Beteiligter am Feststellungsverfahren. Alle Beteiligten i. S. d. § 154 BewG sind im Feststellungsbescheid zu benennen. **33**

4. Die vorgenannten Grundsätze gelten auch im mehrstufigen Feststellungsverfahren. Sie sind nicht anzuwenden, wenn für den Erben/die Erbengemeinschaft und den Vermächtnisnehmer voneinander abweichende Bewertungsstichtage maßgeblich sind. **34**

5. Sind ausnahmsweise für die Besteuerung des Erben und des Vermächtnisnehmers nicht dieselben Werte maßgeblich, ist eine einheitliche Feststellung der Grundbesitzwerte nicht möglich. In diesen Fällen erfolgen die jeweiligen Feststellungen unabhängig voneinander in getrennten Verfahren. **35**

6. Die vorgenannten Grundsätze gelten auch, sofern Gegenstand des Vermächtnisses ein Nießbrauchsrecht an einem Vermögensgegenstand ist, dessen Wert für die Begrenzung des Jahreswerts nach § 16 BewG gegenüber dem Nießbrauchsberechtigten festzustellen ist. **36**

Beispiel 1: **37**

Der Erblasser vererbt einen Vermögensgegenstand, für den der Wert nach § 151 Absatz 1 BewG festzustellen ist, an einen Erben. Der Erbe muss aufgrund eines vom Erblasser angeordneten Vermächtnisses diesen Vermögensgegenstand in vollem Umfang an den Vermächtnisnehmer weitergeben.

Lösung:

Der Erbe und der Vermächtnisnehmer sind am Feststellungsverfahren beteiligt (§ 154 Absatz 1 BewG). Es erfolgt eine gesonderte und einheitliche Feststellung. Beide Beteiligten sind im Feststellungsbescheid aufzuführen. Der Feststellungsbescheid ist beiden Beteiligten bekanntzugeben.

Beispiel 2: **38**

Der Erblasser vererbt einen Vermögensgegenstand, für den der Wert nach § 151 Absatz 1 BewG festzustellen ist, an einen Erben. Der Erbe muss aufgrund eines vom Erblasser angeordneten Vermächtnisses diesen Vermögensgegenstand in vollem Umfang an mehrere Vermächtnisnehmer weitergeben.

Lösung:

Der Erbe und die Vermächtnisnehmer sind am Feststellungsverfahren beteiligt (§ 154 Absatz 1 BewG). Es erfolgt eine gesonderte und einheitliche Feststellung. Alle Beteiligten sind im Feststellungsbescheid aufzuführen. Der Feststellungsbescheid ist allen Beteiligten bekanntzugeben.

Beispiel 3: **39**

Der Erblasser war zu 100% an der A-GmbH beteiligt. Er vererbt seinen GmbH-Anteil an einen Erben. Der Erbe muss aufgrund eines vom Erblasser angeordneten Vermächtnisses den Anteil in vollem Umfang an einen Vermächtnisnehmer weitergeben. Zum Betriebsvermögen der GmbH gehört ein Grundstück, für welches eine Feststellung des Grundbesitzwerts für die Feststellung des Werts des Anteils an der Kapitalgesellschaft angefordert wird.

Anl zu R B 151.2

Lösung:

Die A-GmbH, der Erbe und der Vermächtnisnehmer sind am Feststellungsverfahren über den Grundbesitzwert beteiligt (§ 154 Absatz 1 BewG). Es erfolgt eine gesonderte und einheitliche Feststellung. Alle Beteiligten sind im Feststellungsbescheid aufzuführen. Der Feststellungsbescheid ist allen Beteiligten bekanntzugeben.

Die A-GmbH, der Erbe und der Vermächtnisnehmer sind am Feststellungsverfahren über den Wert des Anteils an der A-GmbH beteiligt (§ 154 Absatz 1 BewG). Es erfolgt eine gesonderte und einheitliche Feststellung. Alle Beteiligten sind im Feststellungsbescheid aufzuführen. Der Feststellungsbescheid ist allen Beteiligten bekanntzugeben.

40 **Beispiel 4:**

Der Erblasser war zu 50% an der A-OHG beteiligt. Er vererbt seine Beteiligung an einen Erben. Der Erbe muss aufgrund eines vom Erblasser angeordneten Vermächtnisses diese Beteiligung vollständig an einen Vermächtnisnehmer weitergeben. Wert der Beteiligung nach § 151 Absatz 1 Satz 1 Nummer 2 BewG: 1 000 000 EUR. Bei der Beteiligung handelt es sich um begünstigungsfähiges Vermögen nach § 13 b Absatz 1 Nummer 2 ErbStG.

Lösung:

- Im Verfahren über die Wertfeststellung der Beteiligung sind der Erbe und der Vermächtnisnehmer Beteiligte i. S. d. § 154 Absatz 1 BewG. Es erfolgt eine gesonderte und einheitliche Feststellung. Beide Beteiligten sind im Feststellungbescheid aufzuführen. Für beide Beteiligten ist der Wert der Beteiligung in voller Höhe auszuweisen.

Wert § 151 Absatz 1 Satz 1 Nummer 2 BewG:	1 000 000 EUR
für den Erben festzustellender Wert:	1 000 000 EUR

- Da nur der Vermächtnisnehmer die Steuerentlastung für die Beteiligung an der A-OHG erhält, erfolgen die Feststellungen nach § 13 a Absatz 4, Absatz 9 a und § 13 b Absatz 10 ErbStG nur ihm gegenüber. Der Vermächtnisnehmer ist Beteiligter i. S. d. § 154 Absatz 1 BewG. Der Erbe ist in diesem Verfahren nicht zu beteiligen. Die Feststellungen ergehen gesondert gegenüber dem Vermächtnisnehmer.

Da der Erbe nicht in allen Feststellungsverfahren Beteiligter ist, dürfen die Feststellung nach § 151 Absatz 1 Satz 1 Nummer 2 BewG und die Feststellungen nach § 13a Absatz 4, Absatz 9a und § 13b Absatz 10 ErbStG nicht in einem Bescheid zusammengefasst werden

41 **Beispiel 5:**

Der Erblasser war zu 50% an der A-OHG beteiligt. Er vererbt seine Beteiligung an einen Erben. Der Erbe muss aufgrund vom Erblasser angeordneter Vermächtnisse diese Beteiligung jeweils zur Hälfte an Vermächtnisnehmer B und C weitergeben. Bei der Beteiligung handelt es sich um begünstigungsfähiges Vermögen nach § 13 b Absatz 1 Nummer 2 ErbStG. Wert der Beteiligung nach § 151 Absatz 1 Satz 1 Nummer 2 BewG: 1 000 000 EUR. Wert des Verwaltungsvermögens für die Beteiligung: 500 000 EUR. Wert der Finanzmittel: 100 000 EUR.

Lösung:

- Im Verfahren über die Wertfeststellung der Beteiligung sind der Erbe und die Vermächtnisnehmer Beteiligte i. S. d. § 154 Absatz 1 BewG. Es erfolgt eine gesonderte und einheitliche Feststellung. Alle Beteiligten sind im Feststellungsbescheid aufzuführen. Der Wert der Beteiligung ist in voller Höhe auszuweisen.

Wert § 151 Absatz 1 Satz 1 Nummer 2 BewG:	1 000 000 EUR
für den Erben festzustellender Wert:	1 000 000 EUR
für den Vermächtnisnehmer B festzustellender Wert:	500 000 EUR
für den Vermächtnisnehmer C festzustellender Wert:	500 000 EUR

- Da nur die Vermächtnisnehmer die Steuerentlastung für die Beteiligung an der A-OHG erhalten, erfolgen die Feststellungen nach § 13 a Absatz 4, Absatz 9 a und § 13 b Absatz 10 ErbStG nur ihnen gegenüber. Die Vermächtnisnehmer sind Beteiligte i. S. d. § 154 Absatz 1 BewG. Der Erbe ist in diesem Verfahren nicht zu beteiligen. Die Feststellungen ergehen gesondert und einheitlich gegenüber den Vermächtnisnehmern.

Wert des Verwaltungsvermögens:	500 000 EUR
für den Vermächtnisnehmer B festzustellender Wert:	250 000 EUR
für den Vermächtnisnehmer C festzustellender Wert:	250 000 EUR
Wert der Finanzmittel:	100 000 EUR
für den Vermächtnisnehmer B festzustellender Wert:	50 000 EUR
für den Vermächtnisnehmer C festzustellender Wert:	50 000 EUR

Bei den Feststellungen nach § 13 a Absatz 4 ErbStG sind die sich für die A-OHG ergebenden Werte nicht auf die Vermächtnisnehmer B und C aufzuteilen, da keine anteilsbezogene Feststellung erfolgt.

Da der Erbe nicht in allen Feststellungsverfahren Beteiligter ist, dürfen die Feststellung nach § 151 Absatz 1 Satz 1 Nummer 2 BewG und die Feststellungen nach § 13 a Absatz 4, Absatz 9 a und § 13 b Absatz 10 ErbStG nicht in einem Bescheid zusammengefasst werden.

42 **Beispiel 6:**

Der Erblasser war zu 50% an der A-OHG beteiligt. Er vererbt seine Beteiligung an einen Erben. Der Erbe muss aufgrund vom Erblasser angeordneter Vermächtnisse die Hälfte seiner erworbenen Beteiligung jeweils zur Hälfte an Vermächtnisnehmer B und C weitergeben. Bei der Beteiligung handelt es sich um begünstigungsfähiges Vermögen nach § 13 b Absatz 1 Nummer 2 ErbStG. Wert der Beteiligung nach § 151 Absatz1 Satz 1 Nummer 2 BewG: 1 000 000 EUR. Wert des Verwaltungsvermögens für die Beteiligung: 500 000 EUR. Wert der Finanzmittel: 100 000 EUR.

Lösung:

- Im Verfahren über die Wertfeststellung der Beteiligung sind der Erbe und die Vermächtnisnehmer Beteiligte i. S. d. § 154 Absatz 1 BewG. Es erfolgt eine gesonderte und einheitliche Feststellung. Alle Beteiligten sind im Feststellungbescheid aufzuführen. Der Wert der Beteiligung ist in voller Höhe auszuweisen.

Wert § 151 Absatz 1 Satz 1 Nummer 2 BewG:	1 000 000 EUR
für den Erben festzustellender Wert:	1 000 000 EUR
für den Vermächtnisnehmer B festzustellender Wert:	250 000 EUR
für den Vermächtnisnehmer C festzustellender Wert:	250 000 EUR

- Da die Vermächtnisnehmer und der Erbe die Steuerentlastung für die Beteiligung an der A-OHG erhalten, sind sie alle an den Feststellungsverfahren nach § 13 a Absatz 4, Absatz 9 a und § 13 b Absatz 10 ErbStG zu beteiligen (§ 154

Absatz 1 BewG). Die Feststellungen ergehen gesondert und einheitlich gegenüber dem Erben und den Vermächtnisnehmern.

Wert des Verwaltungsvermögens:	500 000 EUR
für den Erben festzustellender Wert:	250 000 EUR
für den Vermächtnisnehmer B festzustellender Wert:	125 000 EUR
für den Vermächtnisnehmer C festzustellender Wert:	125 000 EUR
Wert der Finanzmittel:	100 000 EUR
für den Erben festzustellender Wert:	50 000 EUR
für den Vermächtnisnehmer B festzustellender Wert:	25 000 EUR
für den Vermächtnisnehmer C festzustellender Wert:	25 000 EUR

Bei den Feststellungen nach § 13 a Absatz 4 ErbStG sind die sich für die A-OHG ergebenden Werte nicht auf den Erben und die Vermächtnisnehmer B und C aufzuteilen, da keine anteilsbezogene Feststellung erfolgt.
Da der Erbe und die Vermächtnisnehmer in allen Feststellungsverfahren Beteiligte sind, werden die Feststellung nach § 151 Absatz 1 Satz 1 Nummer 2 BewG und die Feststellungen nach § 13 a Absatz 4, Absatz 9 a und § 13 b Absatz 10 ErbStG in einem Bescheid zusammengefasst.

R B 151.3 Benennung des Erbschaftsteuerfinanzamts und des Erblassers/Schenkers

ErbStR R B 151.3

① Das für die Feststellung zuständige Finanzamt hat in jeder Aufforderung zur Feststellung nach § 151 Absatz 1 Satz 1 Nummer 1 bis 4 BewG stets das Erbschaftsteuerfinanzamt und den Erblasser/Schenker zu benennen. 45 ② Das gilt auch in den Fällen, in denen das Betriebsfinanzamt von einem anderen Betriebsfinanzamt zur Feststellung eines gemeinen Werts des Betriebs aufgefordert worden ist (mehrstufiges Feststellungsverfahren). ③ Unter anderem wird auf diese Weise gewährleistet, dass das Lagefinanzamt (Bewertungsstelle) neben der Mitteilung für das Betriebsfinanzamt auch dem Erbschaftsteuerfinanzamt den Grundbesitzwert unmittelbar zuleiten kann.

R B 151.4 Gesonderte Feststellung des Werts des Betriebsvermögens oder des Anteils am Betriebsvermögen

ErbStR R B 151.4

(1) Hinsichtlich der Zurechnung der wirtschaftlichen Einheit gilt R B 151.2 Absatz 2 Nummer 1 bis 5 sinngemäß. 46

(2) ① In den Fällen einer mittelbaren Schenkung von Betriebsvermögen oder eines Anteils am Betriebsvermögen ist eine gesonderte Feststellung des Werts durchzuführen. ② Entsprechendes gilt, wenn der Jahreswert der Nutzungen eines Betriebsvermögens oder eines Anteils am Betriebsvermögen nach § 16 BewG zu begrenzen ist.

(3) Die Basiswertregelung in R B 151.8 ist anzuwenden.

H B 151.4

H B 151.4

Atypische stille Beteiligung oder Unterbeteiligung. Im Fall einer atypischen stillen Beteiligung oder Unterbeteiligung, bei der der stille Gesellschafter als Mitunternehmer anzusehen ist, 47 ist eine gesonderte Feststellung des Werts des Betriebsvermögens oder des Anteils am Betriebsvermögen durchzuführen.

Treuhandverhältnis. Im Fall eines Treuhandverhältnisses, bei dem der Herausgabeanspruch des Treugebers auf Betriebsvermögen gerichtet ist, ist eine gesonderte Feststellung des Werts des Betriebsvermögens oder des Anteils am Betriebsvermögen durchzuführen.

R B 151.5 Gesonderte Feststellung des Werts nicht notierter Anteile an Kapitalgesellschaften[1]

ErbStR R B 151.5

(1) Hinsichtlich der Zurechnung gilt R B 151.2 Absatz 2 Nummer 1 bis 5 sinngemäß. 48

(2) ① In den Fällen einer mittelbaren Schenkung von nicht notierten Anteilen an Kapitalgesellschaften ist eine gesonderte Feststellung des Werts durchzuführen. ② Entsprechendes gilt, wenn der Jahreswert der Nutzungen von nicht notierten Anteilen an Kapitalgesellschaften nach § 16 BewG zu begrenzen ist.

(3) Die Basiswertregelung in R B 151.8 ist anzuwenden.

H B 151.5

H B 151.5

Treuhandverhältnis.[2] Im Fall eines Treuhandverhältnisses, bei dem der Herausgabeanspruch des Treugebers auf nicht notierte Anteile an Kapitalgesellschaften gerichtet ist, ist eine gesonderte 49 Feststellung des Werts nicht notierter Anteile an Kapitalgesellschaften durchzuführen.

---

[1] Zur Feststellung in Fällen des § 7 Abs. 8 ErbStG siehe *gleich lautenden Ländererlass vom 17. 10. 2023,* abgedruckt als Anlage zu R E 7.5 ErbStG.

[2] Kein begünstigungsfähiges Vermögen nach § 13 b Abs. 1 Nr. 3 ErbStG; siehe *Erlass BayLfSt vom 22. 12. 2023,* abgedruckt als Anlage zu R E 13 b.6 ErbStR (§ 13 b ErbStG).

ErbStR R B 151.6

R B 151.6 Gesonderte Feststellung des Werts von Genossenschaften

①Bei zum Betriebsvermögen gehörenden Genossenschaftsanteilen gilt grundsätzlich das Folgende: ②Diese sind im Rahmen der Ermittlung des Substanzwerts als Kapitalforderungen nach
50 § 12 BewG mit dem Nennwert zu bewerten. ③Im vereinfachten Ertragswertverfahren sind die Erträge im Jahresertrag nach § 200 Absatz 1 BewG zu erfassen. ④Genossenschaftsanteile stellen keine Beteiligungen im Sinne des § 200 Absatz 3 BewG dar. ⑤Sie zählen als Forderungen zu den Finanzmitteln im Sinne des § 13b Absatz 4 Nummer 5 ErbStG. ⑥Das für die Genossenschaft zuständige Finanzamt hat keine Feststellungen durchzuführen.

ErbStR R B 151.7

R B 151.7 Gesonderte Feststellung bei vermögensverwaltenden Gemeinschaften/Gesellschaften

(1) ①Beim Erwerb eines Anteils an einer vermögensverwaltenden Gemeinschaft/Gesellschaft
51 sind die Vermögensgegenstände und Schulden der Gesellschaft entsprechend § 10 Absatz 1 Satz 4 ErbStG dem Erwerber zuzurechnen. ②Im Feststellungsbescheid für andere Vermögensgegenstände und Schulden ist der Wert des Anteils des Erblassers oder Schenkers an den Besitzposten und den Schuldposten (unsaldiert) festzustellen. ③Hinsichtlich der Zurechnung gilt R B 151.2 Absatz 2 Nummer 1 bis 5 sinngemäß.

52 (2) ①Grundbesitzwerte und Werte von nicht notierten Anteilen an Kapitalgesellschaften sind nicht in die Feststellung nach § 151 Absatz 1 Satz 1 Nummer 4 BewG für die vermögensverwaltende Gesellschaft/Gemeinschaft einzubeziehen. ②Sofern inländischer Grundbesitz oder nicht notierte Anteile an Kapitalgesellschaften mit Sitz oder Geschäftsleitung im Inland zum Vermögen der Gesellschaft/Gemeinschaft gehören, sind die erforderlichen Feststellungen durch das zuständige Lagefinanzamt gemäß § 151 Absatz 1 Satz 1 Nummer 1 BewG bzw. das zuständige Betriebsfinanzamt gemäß § 151 Absatz 1 Satz 1 Nummer 3 BewG durchzuführen.

(3) Die Basiswertregelung in R B 151.8 ist anzuwenden.

H B 151.7

H B 151.7

53 **Treuhandverhältnis.** Im Fall eines Treuhandverhältnisses, bei dem der Herausgabeanspruch des Treugebers auf einen Anteil an einer vermögensverwaltenden Gesellschaft gerichtet ist, ist eine gesonderte Feststellung des Anteils am Wert der Vermögensgegenstände und Schulden der Gesellschaft durchzuführen.

54 **Vermögensverwaltende Gemeinschaft/Gesellschaften.** Gehören zum Vermögen einer vermögensverwaltenden Gemeinschaft/Gesellschaft inländischer Grundbesitz, inländisches Betriebsvermögen oder Anteile an Kapitalgesellschaften mit Sitz oder Geschäftsleitung im Inland, teilt das Verwaltungsfinanzamt dies unter Bezeichnung der wirtschaftlichen Einheit und der Lage bzw. des Sitzes dem Erbschaftsteuerfinanzamt mit. Dieses fordert die erforderlichen gesonderten Feststellungen bei dem jeweiligen Lagefinanzamt (§ 152 Nummer 1 BewG) bzw. Betriebsfinanzamt (§ 152 Nummer 2 oder 3 BewG) an. Das Verwaltungsfinanzamt (§ 152 Nummer 4 BewG) fordert die erforderliche Erklärung zur Feststellung des übrigen Vermögens einschließlich des Auslandsvermögens und der Schulden (§ 152 Nummer 4 BewG) von der Gemeinschaft/Gesellschaft an.

Beispiel:

Der Erblasser A war zu 50% an der A GbR beteiligt. Das Vermögen der GbR umfasst ein vermietetes Grundstück in C, zwei vermietete Grundstücke in D, ein Bankkonto und ein vermietetes Grundstück in Italien. Zur Anschaffung des Grundstücks in Italien hat die GbR bei einer Bank in Deutschland einen Kredit aufgenommen, der am Todestag noch nicht vollständig getilgt war.

Bei der GbR handelt es sich um eine vermögensverwaltende Gesellschaft i. S. d. § 10 Absatz 1 Satz 4 ErbStG, so dass die Wirtschaftsgüter der GbR anteilig den Gesellschaftern zuzurechnen sind.

Das für das Grundstück in C zuständige Lagefinanzamt stellt dessen Wert auf Anforderung des Erbschaftsteuerfinanzamts gesondert fest (§ 151 Absatz 1 Satz 1 Nummer 1 i. V. m. § 152 Nummer 1 BewG). Das für die Grundstücke in D zuständige Lagefinanzamt stellt deren Wert auf Anforderung des Erbschaftsteuerfinanzamts gesondert fest (§ 151 Absatz 1 Satz 1 Nummer 1 i. V. m. § 152 Nummer 1 BewG). Das für die GbR zuständige Verwaltungsfinanzamt stellt den Wert des Anteils des A am Bankkonto und den Schulden der GbR auf Anforderung des Erbschaftsteuerfinanzamts gesondert fest (§ 151 Absatz 1 Satz 1 Nummer 4 i. V. m. § 152 Nummer 4 BewG). Der Wert des Grundstücks in Italien wird nicht gesondert festgestellt, weil es sich um Auslandsvermögen handelt (→ R B 151.1 Absatz 2). Das für die GbR zuständige Verwaltungsfinanzamt hat den Wert des Grundstücks in Italien zu ermitteln (→ R B 152) und in die Feststellung nach § 151 Absatz 1 Satz 1 Nummer 4 BewG zu übernehmen.

ErbStR R B 151.8

R B 151.8 Basiswert

(1) ①In den Fällen des § 151 Absatz 1 Satz 1 Nummer 1 BewG hat das jeweilige Lagefinanzamt bei mehrmaligem Erwerb einer wirtschaftlichen Einheit innerhalb eines Jahres der Wertermittlung
55 einen bereits festgestellten Grundbesitzwert (sog. Basiswert, § 151 Absatz 3 BewG) zu Grunde zu legen, wenn innerhalb dieses Jahres keine wesentlichen Änderungen eingetreten sind. ②Der Basiswert ist der für den ersten Erwerbsfall auf den jeweiligen Bewertungsstichtag ermittelte Grundbesitzwert. ③Die Basiswertregelung kann nur in den Fällen angewandt werden, in denen für beide Bewertungsstichtage ein Grundbesitzwert nach der gleichen Bewertungsmethode zu ermitteln ist.

④ Dieser Basiswert gilt ab diesem Zeitpunkt für einen Zeitraum von einem Jahr. ⑤ Nach Ablauf der Jahresfrist ist für den jeweils nächsten Erwerbsfall eine Bewertung nach den Verhältnissen vom Bewertungsstichtag durchzuführen und damit zugleich ein neuer Basiswert zu ermitteln. ⑥ Der Erklärungspflichtige kann eine von dem Basiswert abweichende Feststellung des Grundbesitzwerts nach den Verhältnissen zum Bewertungsstichtag durch Abgabe einer Feststellungserklärung mit den dafür erforderlichen stichtagsbezogenen Grundstücksdaten beantragen. ⑦ Sofern der festgestellte Grundbesitzwert innerhalb einer Jahresfrist als Basiswert einer weiteren Feststellung zu Grunde gelegt wird, verlängert sich hierdurch nicht die Jahresfrist des § 151 Absatz 3 BewG.

(2) ① Entsprechendes gilt für festgestellte Werte nach § 151 Absatz 1 Satz 1 Nummer 2, 3 und 4 BewG. ② Bei Personengesellschaften gilt der Basiswert nur hinsichtlich des Wertes des Gesamthandsvermögens. ③ Der Wert des Sonderbetriebsvermögens ist grundsätzlich gesondert zu ermitteln und anzusetzen. ④ Der Erklärungspflichtige kann eine von dem Basiswert abweichende Feststellung nach den Verhältnissen am Bewertungsstichtag durch Abgabe einer Feststellungserklärung beantragen. ⑤ Dies ist für jede der einzelnen Feststellungen nach § 151 BewG, § 13 a Absatz 4 oder § 13 b Absatz 10 ErbStG unabhängig voneinander möglich. **56**

R B 151.9 Nachrichtliche Angaben zu den Feststellungen nach § 151 Absatz 1 Satz 1 Nummer 2 und 3 BewG *(unbesetzt)*

ErbStR R B 151.9

H B 151.9

H B 151.9

Nachrichtliche Angaben. Zusätzlich zu den in § 151 Absatz 1 BewG genannten Feststellungen teilt das Betriebsfinanzamt dem Erbschaftsteuerfinanzamt folgende Angaben nachrichtlich mit: **57**

1. Bei Feststellungen für Einzelunternehmen
   a) Umfang der betrieblichen Nutzung bei gemischt genutzten Grundstücken
   Wird ein Grundstück nicht nur zu betrieblichen Zwecken genutzt, ist der nicht betriebliche Teil bei der Erbschaft- bzw. Schenkungsteuer als zusätzliches Vermögen anzusetzen. Das Feststellungsfinanzamt teilt dem Erbschaftsteuerfinanzamt mit, in welchem Umfang das Grundstück zum Grundvermögen gehört.
   b)[1] *Umfang und Wert von ausländischem Vermögen*
   Im Feststellungsbescheid sind der Umfang und der Wert des ausländischen Vermögens auszuweisen, das im festgestellten Wert des Betriebsvermögens des Einzelunternehmens enthalten ist, aber einer Betriebstätte in einem Drittland dient.
   c)[1] *Hauptzweck des Unternehmens i. S. d. § 13 b Absatz 4 Nummer 5 ErbStG*
   Im Feststellungsbescheid ist nachrichtlich mitzuteilen, ob das Unternehmen nach seinem Hauptzweck einer land- und forstwirtschaftlichen, gewerblichen oder freiberuflichen Tätigkeit dient (§ 13 Absatz 1, § 15 Absatz 1 Satz 1 Nummer 1, § 18 Absatz 1 Nummer 1 und 2 EStG).

2. Bei Feststellungen für Personengesellschaften
   a) Umfang der betrieblichen Nutzung bei gemischt genutzten Grundstücken
   Wird ein Grundstück nicht nur zu betrieblichen Zwecken genutzt, ist der nicht betriebliche Teil bei der Erbschaft- bzw. Schenkungsteuer als zusätzliches Vermögen anzusetzen. Das Feststellungsfinanzamt teilt dem Erbschaftsteuerfinanzamt mit, in welchem Umfang das Grundstück zum Grundvermögen gehört.
   b)[1] *Umfang und Wert von ausländischem Vermögen*
   Im Feststellungsbescheid sind der Umfang und der Wert des ausländischen Vermögens auszuweisen, das im festgestellten Wert des Betriebsvermögens der Personengesellschaft enthalten ist, aber einer Betriebstätte in einem Drittland dient.
   c)[1] *Hauptzweck des Unternehmens i. S. d. § 13b Absatz 4 Nummer 5 ErbStG*
   Im Feststellungsbescheid ist nachrichtlich mitzuteilen, ob das Unternehmen nach seinem Hauptzweck einer land- und forstwirtschaftlichen, gewerblichen oder freiberuflichen Tätigkeit dient (§ 13 Absatz 1, § 15 Absatz 1 Satz 1 Nummer 1, § 18 Absatz 1 Nummer 1 und 2 EStG).
   d)[2] *Vorwegabschlag i. S. d. § 13 a Absatz 9 ErbStG*
   Im Feststellungsbescheid ist nachrichtlich mitzuteilen, ob und in welcher Höhe ein Vorwegabschlag zu gewähren ist. Soweit erforderlich sind auch die Werte des Gesamthandsvermögens mitzuteilen. Satz 1 und 2 gelten bei mehrstufigen Feststellungsverfahren nur auf der ersten Stufe.

3. Bei Feststellungen für Anteile an Kapitalgesellschaften
   a)[1] *Hauptzweck des Unternehmens i. S. d. § 13 b Absatz 4 Nummer 5 ErbStG*
   Im Feststellungsbescheid ist nachrichtlich mitzuteilen, ob das Unternehmen nach seinem Hauptzweck einer land- und forstwirtschaftlichen, gewerblichen oder freiberuflichen Tätigkeit dient (§ 13 Absatz 1, § 15 Absatz 1 Satz 1 Nummer 1, § 18 Absatz 1 Nummer 1 und 2 EStG).

---

[1] Gesonderte Feststellung für Erwerbe ab 29. 12. 2020 siehe § 13 b Abs. 10 ErbStG und *Tz. 4 gleich lautende Erlasse vom 13. 9. 2021,* abgedruckt als Anlage zu § 5 ErbStG.

[2] Gesonderte Feststellung für Erwerbe ab 29. 12. 2020 siehe § 13 a Abs. 9 a ErbStG und *Tz. 4 gleich lautende Erlasse vom 13. 9. 2021,* abgedruckt als Anlage zu § 5 ErbStG.

b)[1] *Vorwegabschlag i. S. d. § 13 a Absatz 9 ErbStG*
Im Feststellungsbescheid ist nachrichtlich mitzuteilen, ob und in welcher Höhe ein Vorwegabschlag zu gewähren ist. Dies gilt bei mehrstufigen Feststellungsverfahren nur auf der ersten Stufe.

Das Feststellungsfinanzamt hat die nachrichtlichen Angaben auch dann mitzuteilen, wenn hierfür zusätzliche Ermittlungen durch das Feststellungsfinanzamt erforderlich sind.

ErbStR R B 151.10

R B 151.10 Mitteilungen der Betriebsfinanzämter *(unbesetzt)*

H B 151.10

H B 151.10

58 **Angaben im Zusammenhang mit der Überwachung der Voraussetzungen der Steuerbegünstigungen nach §§ 13 a, 13 c, 19 a und 28 a ErbStG.**

1. Das Betriebsfinanzamt teilt auf Anforderung dem Erbschaftsteuerfinanzamt nach Ablauf der Behaltensfrist den Umfang der Entnahmen mit (§ 13 a Absatz 6 Satz 1 Nummer 3 ErbStG).
2. Das Betriebsfinanzamt teilt dem Erbschaftsteuerfinanzamt mit, ob innerhalb der Behaltensfrist (§ 13 a Absatz 6 Satz 1 ErbStG bzw. § 13 a Absatz 10 Satz 1 Nummer 6 ErbStG)
   a) wesentliche Betriebsgrundlagen veräußert, ins Privatvermögen überführt oder anderen betriebsfremden Zwecken zugeführt wurden oder der Betrieb aufgegeben oder veräußert wurde (schädliche Verfügung nach § 13 a Absatz 6 Satz 1 Nummer 1 und 4 ErbStG).
   In diesem Zusammenhang ist auch mitzuteilen, ob
   – eine dieser wesentlichen Betriebsgrundlagen zum jungen Verwaltungsvermögen (§ 13 b Absatz 7 Satz 2 ErbStG) oder zum jungen Betriebsvermögen (§ 200 Absatz 4 BewG) gehörte,
   – in diesen Fällen eine Reinvestition vorgenommen wurde (§ 13 a Absatz 6 Satz 3 ErbStG).
   b) andere Verfügungen getätigt wurden, die nach § 13 a Absatz 6 ErbStG zu einem Wegfall der Verschonungen führen.
3. Das Betriebsfinanzamt teilt dem Erbschaftsteuerfinanzamt mit, ob innerhalb der zwanzigjährigen Frist des § 13 a Absatz 9 Satz 5 ErbStG die Voraussetzungen für den Vorwegabschlag nicht mehr vorliegen.

Die Mitteilungen nach Nummer 2 oder 3 sind zu fertigen, sobald das zuständige Betriebsfinanzamt von einer schädlichen Verfügung bzw. dem Verstoß Kenntnis erlangt. Dies gilt auch, wenn die Behaltensfrist oder die Frist von 20 Jahren noch nicht abgelaufen ist.

[1] Gesonderte Feststellung für Erwerbe ab 29. 12. 2020 siehe § 13 a Abs. 9 a ErbStG und *Tz. 4 gleich lautende Erlasse vom 13. 9. 2021,* abgedruckt als Anlage zu § 5 ErbStG.

BewG

§ 152 Örtliche Zuständigkeit

Für die gesonderten Feststellungen ist örtlich zuständig

1. in den Fällen des § 151 Abs. 1 Satz 1 Nr. 1 das Finanzamt, in dessen Bezirk das Grundstück, das Betriebsgrundstück oder der Betrieb der Land- und Forstwirtschaft oder, wenn sich das Grundstück, das Betriebsgrundstück oder der Betrieb der Land- und Forstwirtschaft auf die Bezirke mehrerer Finanzämter erstreckt, der wertvollste Teil liegt; 1

2.[1] in den Fällen des § 151 Abs. 1 Satz 1 Nr. 2 das Finanzamt, in dessen Bezirk sich die Geschäftsleitung des Gewerbebetriebs, bei Gewerbebetrieben ohne Geschäftsleitung im Inland das Finanzamt, in dessen Bezirk eine Betriebsstätte – bei mehreren Betriebsstätten die wirtschaftlich bedeutendste – unterhalten wird, und bei freiberuflicher Tätigkeit das Finanzamt, von dessen Bezirk aus die Berufstätigkeit vorwiegend ausgeübt wird; 2

3.[1] in den Fällen des § 151 Abs. 1 Satz 1 Nr. 3 das Finanzamt, in dessen Bezirk sich die Geschäftsleitung der Kapitalgesellschaft befindet, bei Kapitalgesellschaften ohne Geschäftsleitung im Inland oder, wenn sich der Ort der Geschäftsleitung nicht feststellen lässt, das Finanzamt, in dessen Bezirk die Kapitalgesellschaft ihren Sitz hat; 3

4.[1] in den Fällen des § 151 Abs. 1 Satz 1 Nr. 4 das Finanzamt, von dessen Bezirk die Verwaltung des Vermögens ausgeht, oder, wenn diese im Inland nicht feststellbar ist, das Finanzamt, in dessen Bezirk sich der wertvollste Teil des Vermögens befindet. 4

Zu § 152 BewG

R B 152. Örtliche Zuständigkeit

ErbStR R B 152

(1) ① Für die Wertermittlung ausländischen Vermögens, das nicht Teil eines inländischen Betriebsvermögens ist oder zum Vermögen einer Kapitalgesellschaft oder einer vermögensverwalten- 5
den Gemeinschaft/Gesellschaft mit Sitz oder Geschäftsleitung im Inland gehört und das somit nicht der gesonderten Feststellung unterliegt (§ 151 Absatz 4 BewG), bleibt das jeweilige Erbschaftsteuerfinanzamt zuständig. ② Gehört ausländisches Vermögen zu einem inländischen Betriebsvermögen oder zum Vermögen einer Kapitalgesellschaft mit Sitz oder Geschäftsleitung im Inland, ist das Betriebsfinanzamt unabhängig von der Art des Vermögens (Grundbesitz oder Beteiligungen) für die Wertermittlung zuständig (§ 152 Nummer 2 und 3 BewG). ③ Gehört ausländisches Vermögen zum Vermögen einer vermögensverwaltenden Gemeinschaft/Gesellschaft, gilt Satz 2 entsprechend für das Verwaltungsfinanzamt (§ 152 Nummer 4 BewG).

(2) Absatz 1 ist auch bei Feststellungen nach § 13a Absatz 4 ErbStG und nach § 13b Absatz 10 ErbStG anzuwenden. 6

H B 152

H B 152

Zeitpunkt der Festlegung der örtlichen Zuständigkeit für gesonderte Feststellungen i. S. d. § 151 Absatz 1 Satz 1 Nummer 2 bis 4 BewG. Örtlich zuständig für die gesonderten Feststellungen i. S. d. § 151 Absatz 1 Satz 1 Nummer 2 bis 4 BewG ist das Betriebs- oder Verwaltungsfinanzamt, in dessen Bezirk im Zeitpunkt der Durchführung der gesonderten Feststellungen die jeweiligen Voraussetzungen erfüllt sind. Nach dem Bewertungsstichtag erfolgte örtliche Änderungen des Sitzes der Geschäftsleitung des Gewerbebetriebs oder der Kapitalgesellschaft, der vorwiegenden Ausübung der freiberuflichen Tätigkeit bzw. der Verwaltung des Vermögens in den Bezirk eines anderen Finanzamts führen zu einem Wechsel der örtlichen Zuständigkeit für die gesonderten Feststellungen, wenn sie bis zu diesem Zeitpunkt noch nicht durchgeführt wurden. 7

---

[1] Siehe Verzeichnis der Feststellungs-Finanzämter, abgedruckt in Anhang **II** Nr. **6**.

BewG

§ 153 Erklärungspflicht, Verfahrensvorschriften für die gesonderte Feststellung, Feststellungsfrist

1 **(1) ① Das Finanzamt kann von jedem, für dessen Besteuerung eine gesonderte Feststellung von Bedeutung ist, die Abgabe einer Feststellungserklärung verlangen. ② Die Frist zur Abgabe der Feststellungserklärung muss mindestens einen Monat betragen.**

2 **(2)[1] ① Ist der Gegenstand der Feststellung mehreren Personen zuzurechnen oder ist eine Personengesellschaft oder Kapitalgesellschaft dessen Eigentümer, kann das Finanzamt auch von der Gemeinschaft oder Gesellschaft die Abgabe einer Feststellungserklärung verlangen. ② In den Fällen, in denen der Gegenstand der Feststellung einer Personengesellschaft im Sinne des § 97 Absatz 1 Satz 1 Nummer 5 zuzurechnen ist, ist die Feststellungserklärung vorrangig von der Gesellschaft anzufordern. ③ Dies gilt auch, wenn Gegenstand der Feststellung ein Anteil am Betriebsvermögen ist. ④ Das Finanzamt kann in Erbbaurechtsfällen die Abgabe einer Feststellungserklärung vom Erbbauberechtigten und vom Erbbauverpflichteten verlangen. ⑤ Absatz 4 *Satz 2* [*n. F.:* Satz 5] ist nicht anzuwenden.**

3 **(3) In den Fällen des § 151 Abs. 1 Satz 1 Nr. 3 kann das Finanzamt nur von der Kapitalgesellschaft die Abgabe einer Feststellungserklärung verlangen.**

[*Alte Fassung:*]

4 **(4) ① Der Erklärungspflichtige hat die Erklärung eigenhändig zu unterschreiben. ② Hat ein Erklärungspflichtiger eine Erklärung zur gesonderten Feststellung abgegeben, sind andere Beteiligte insoweit von der Erklärungspflicht befreit.**

[*Neue Fassung:*]

4a **(4)[1] ① Der Erklärungspflichtige hat die Erklärung nach amtlich vorgeschriebenem Datensatz über die amtlich bestimmte Schnittstelle elektronisch zu übermitteln. ② Auf Antrag kann das Finanzamt zur Vermeidung unbilliger Härten auf eine elektronische Übermittlung verzichten; in diesem Fall ist die Erklärung nach amtlich vorgeschriebenem Vordruck abzugeben und vom Erklärungspflichtigen eigenhändig zu unterschreiben. ③ Das Bundesministerium der Finanzen legt im Einvernehmen mit den obersten Finanzbehörden der Länder die Einzelheiten der elektronischen Übermittlung der Erklärungen für die Feststellungen nach § 151 Absatz 1 Satz 1 Nummer 1 bis 4 und jeweils deren Beginn in einem Schreiben fest. ④ Dieses Schreiben ist im Bundessteuerblatt zu veröffentlichen. ⑤ Hat eine Erklärungspflichtiger eine Erklärung zur gesonderten Feststellung abgegeben, sind andere Beteiligte insoweit von der Erklärungspflicht befreit.**

5 **(5) § 181 Abs. 1 und 5 der Abgabenordnung ist entsprechend anzuwenden.**

Zu § 153 BewG

ErbStR R B 153

R B 153. Erklärungspflicht

6 (1) Grundsätzlich kann das zuständige Finanzamt von jedem, für dessen Besteuerung eine gesonderte Feststellung von Bedeutung ist, die Abgabe einer Feststellungserklärung verlangen.

7 (2) Bei der Bewertung nicht notierter Anteile an Kapitalgesellschaften ist die Erklärung von der Kapitalgesellschaft anzufordern.

8 (3) ① In den Fällen, in denen der Gegenstand der Feststellung einer Personengesellschaft im Sinne des § 97 Absatz 1 Satz 1 Nummer 5 BewG zuzurechnen ist, ist die Feststellungserklärung vorrangig von der Gesellschaft anzufordern. ② In den Fällen, in denen der Gegenstand der Feststellung (insbesondere Grundbesitz) einer Kapitalgesellschaft zuzurechnen ist, ist die Feststellungserklärung nur von der Kapitalgesellschaft anzufordern.

9 (4) Absatz 3 gilt entsprechend bei vermögensverwaltenden Grundstücksgesellschaften bzw. -gemeinschaften und anderen vermögensverwaltenden Gesellschaften bzw. -gemeinschaften im Sinne des § 151 Absatz 1 Satz 1 Nummer 4 BewG.

10 (5) ① Durch die Aufforderung zur Abgabe der Erklärung wird die Kapitalgesellschaft oder die Personengesellschaft bzw. -gemeinschaft Beteiligte des Feststellungsverfahrens im Sinne des § 154 Absatz 1 Satz 1 Nummer 2 BewG. ② In einem solchen Fall kann der Basiswert (§ 151 Absatz 3 Satz 1 BewG) der Kapitalgesellschaft oder der Personengesellschaft bzw. -gemeinschaft mitgeteilt werden.

11 (6) ① In Erbbaurechtsfällen kann das Finanzamt die Abgabe einer Feststellungserklärung vom Erbbauberechtigten und vom Erbbauverpflichteten verlangen. ② Im Falle der Bewertung eines Erbbaurechts ist vorrangig der Erbbauberechtigte zur Abgabe der Feststellungserklärung aufzufordern. ③ Kann dieser die für die Bewertung erforderlichen Angaben nicht erbringen, ist der Erbbauverpflichtete zur Abgabe der Feststellungserklärung aufzufordern. ④ Der Erbbauberechtigte ist nach § 154 Absatz 1 Nummer 1 BewG Beteiligter am Feststellungsverfahren, da ihm das Erbbau-

[1] Zur Anwendung von § 153 Abs. 2 Satz 4 und Abs. 4 siehe § 265 Abs. 13 BewG.

ErbStR R B 153

recht zuzurechnen ist. ⑤ Wurde der Erbbauverpflichtete zur Erklärungsabgabe aufgefordert, ist er nach § 154 Absatz 1 Nummer 2 BewG Beteiligter am Feststellungsverfahren. ⑥ Für die Bewertung eines Erbbaugrundstücks gelten die Sätze 2 bis 5 entsprechend.

(7) In den Fällen der Begrenzung des Jahreswerts von Nutzungen nach § 16 BewG können sowohl der Erwerber als auch der Eigentümer zur Abgabe einer Feststellungserklärung aufgefordert werden (§ 180 AO). **12**

(8) Absatz 1 bis 5 sind auch bei Feststellungen nach § 13a Absatz 4 ErbStG und nach § 13b Absatz 10 ErbStG anzuwenden. **13**

BewG

§ 154 Beteiligte am Feststellungsverfahren

(1)[1] ① Am Feststellungsverfahren sind beteiligt

1 **1. diejenigen, denen der Gegenstand der Feststellung zuzurechnen ist,**

2. diejenigen, die das Finanzamt zur Abgabe einer Feststellungserklärung aufgefordert hat,

3. diejenigen, die eine Steuer als Schuldner oder Gesamtschuldner schulden und für deren Festsetzung die Feststellung von Bedeutung ist.

② Gegenüber mehreren Beteiligten nach Satz 1 erfolgt eine gesonderte und einheitliche Feststellung (§ 179 Absatz 2 Satz 2 der Abgabenordnung).

2 **(2) In den Fällen des § 151 Abs. 1 Satz 1 Nr. 3 ist der Feststellungsbescheid auch der Kapitalgesellschaft bekannt zu geben.**

3 **(3) ① Soweit der Gegenstand der Feststellung einer Erbengemeinschaft in Vertretung der Miterben zuzurechnen ist, ist § 183 a der Abgabenordnung entsprechend anzuwenden. ② Bei der Bekanntgabe des Feststellungsbescheids ist darauf hinzuweisen, dass die Bekanntgabe mit Wirkung für und gegen alle Miterben erfolgt.**

Zu § 154 BewG

ErbStR R B 154

R B 154. Beteiligte am Feststellungsverfahren und Bekanntgabe des Feststellungsbescheids

(1) ① Beteiligte am Feststellungsverfahren sind

5 1. diejenigen, denen der Gegenstand der Feststellung zuzurechnen ist (§ 154 Absatz 1 Satz 1 Nummer 1 BewG). ② Beteiligter in diesem Sinne ist auch derjenige, bei dem der Gegenstand einer Feststellung im Rahmen eines weiteren Feststellungsverfahrens von Bedeutung ist, weil dessen Wert in diese Wertfeststellung einfließt (bei einem mehrstufigen Feststellungsverfahren).

2. diejenigen, die das Finanzamt zur Abgabe der Feststellungserklärung aufgefordert hat (§ 154 Absatz 1 Satz 1 Nummer 2 BewG).

3. diejenigen, die eine Steuer als Schuldner oder Gesamtschuldner schulden und für deren Festsetzung die Feststellung von Bedeutung ist (§ 154 Absatz 1 Satz 1 Nummer 3 BewG). ② Bei der Schenkungsteuer sind somit der Schenker und der Beschenkte beteiligt.

② Zu den Beteiligten in Erbbaurechtsfällen → R B 153 Absatz 6 Satz 4 bis 6.

6 (2) ① Richtet sich ein Feststellungsbescheid gegen mehrere Beteiligte im Sinne des § 154 Absatz 1 Satz 1 BewG, erfolgt eine gesonderte und einheitliche Feststellung (§ 154 Absatz 1 Satz 2 BewG). ② Bei einer Erbengemeinschaft erfolgt eine gesonderte und einheitliche Feststellung.[2] ③ Inhaltsadressaten der Feststellung sind die Miterben. ④ Im Bescheid über die gesonderte und einheitliche Feststellung des Werts sind alle Miterben namentlich aufzuführen (→ R B 151.2 Absatz 2 Nummer 2 und 3). ⑤ Bei einer Schenkung erfolgt eine gesonderte und einheitliche Feststellung. ⑥ Inhaltsadressat sind sowohl der Schenker als auch der Beschenkte. ⑦ Im Bescheid über die gesonderte und einheitliche Feststellung des Werts sind der Schenker und der Beschenkte aufzuführen.

7 (3) ① Der Feststellungsbescheid ist grundsätzlich allen Beteiligten bekannt zu geben (§ 153 Absatz 5 in Verbindung mit § 154 BewG, § 181 Absatz 1 AO, § 122 Absatz 1 Satz 1 AO). ② Bei Schenkungsfällen wird der Feststellungsbescheid dem Beschenkten bekanntgegeben. ③ Wenn dieser die Schenkungsteuer nicht entrichtet und der Schenker als Gesamtschuldner dafür in Anspruch genommen wird, wird ein inhaltsgleicher Feststellungsbescheid an den Schenker nachträglich bekanntgegeben. ④ Im Falle einer Schenkung, bei der der Schenker die Schenkungsteuer übernommen hat, ist der Feststellungsbescheid an den Schenker und den Beschenkten bekanntzugeben. ⑤ Bei der Feststellung des Werts von nicht notierten Anteilen an Kapitalgesellschaften ist der Feststellungsbescheid auch der Kapitalgesellschaft bekanntzugeben (§ 154 Absatz 2 BewG). ⑥ Wenn der Feststellungsgegenstand einer Erbengemeinschaft in Vertretung der Miterben zuzurechnen ist, gelten für die Bekanntgabe des Feststellungsbescheides die Grundsätze des § 183 AO. ⑦ Der Bescheid ist dem von der Erbengemeinschaft benannten Vertreter bekanntzugeben (§ 183 Absatz 1 Satz 1 AO). ⑧ Hat die Erbengemeinschaft keinen Vertreter benannt, ist entsprechend § 183 Absatz 1 Satz 3 bis 4 AO zu verfahren.

8 (4) Absatz 1 bis 3 sind auch bei Feststellungen nach § 13a Absatz 4 ErbStG und nach § 13b Absatz 10 ErbStG anzuwenden.

---

[1] § 154 Abs. 1 Satz 1 Nr. 3 und Satz 2 anzuwenden auf Bewertungsstichtage ab dem 1. 1. 2016 (§ 265 Abs. 9 BewG).

[2] *BFH-Urteil vom 30. 9. 2015 II R 31/13 (BStBl. 2016 II S. 637):* **1.** Feststellungsbescheide müssen ebenso wie Steuerbescheide hinreichend deutlich erkennen lassen, für wen sie inhaltlich bestimmt sind. **2.** Die gesonderte und einheitliche Feststellung des Grundbesitzwertes erfolgt gegenüber der Erbengemeinschaft in Vertretung für die Miterben. Inhaltsadressaten der Feststellung sind die Miterben, für deren Besteuerung der Grundbesitzwert von Bedeutung ist. **3.** Dem Bescheid über die gesonderte und einheitliche Feststellung des Grundbesitzwertes bei mehreren Miterben muss klar und eindeutig entnommen werden können, gegen welche Beteiligten der Erbengemeinschaft sich die Feststellungen richten.

H B 154

Feststellungsbeteiligte und Bekanntgabe der Feststellungsbescheide. 9

1. Auf der ersten Stufe (Erbschaftsteuerfinanzamt – ErbStFA fordert Feststellung bei Feststellungsfinanzamt – FestFA 1 an)
   Zuwendungs-/Feststellungsgegenstand kann sein:
   1. Grundbesitz (§ 151 Abs. 1 Satz 1 Nr. 1 BewG),
   2. Einzelunternehmen (§ 151 Abs. 1 Satz 1 Nr. 2 BewG),
   3. Beteiligung an einer Personengesellschaft (§ 151 Abs. 1 Satz 1 Nr. 2 BewG),
   4. Anteil an einer Kapitalgesellschaft (§ 151 Abs. 1 Satz 1 Nr. 3 BewG) oder
   5. Anteil an einer vermögensverwaltenden Gesellschaft/Gemeinschaft (§ 151 Abs. 1 Satz 1 Nr. 4 BewG).

   – Der **Steuerschuldner** ist **Beteiligter** (§ 154 Abs. 1 Satz 1 Nr. 3 BewG):

   a) Erbfall

Alleinerbe	Beteiligter nach § 154 Abs. 1 Satz 1 Nr. 1 und 3 BewG
Erbengemeinschaft	Erbengemeinschaft Beteiligte nach § 154 Abs. 1 Satz 1 Nr. 1 i. V. m. § 151 Abs. 2 Nr. 2 BewG; Miterben sind Beteiligte nach § 154 Abs. 1 Satz 1 Nr. 3 BewG

   b) Schenkung

Beschenkter	Beteiligter nach § 154 Abs. 1 Satz 1 Nr. 1 und 3 BewG
Schenker	Beteiligter nach § 154 Abs. 1 Satz 1 Nr. 3 BewG

   – **Personengesellschaft:** Beteiligte nach § 154 Abs. 1 Satz 1 Nr. 2 BewG, wenn sie zur Abgabe der Feststellungserklärung aufgefordert wurde.
   – **Kapitalgesellschaft:** Beteiligte nach § 154 Abs. 1 Satz 1 Nr. 2 BewG, da diese zur Abgabe der Feststellungserklärung aufzufordern ist.
   – **Vermögensverwaltende Gesellschaft/Gemeinschaft:** Beteiligte nach § 154 Abs. 1 Satz 1 Nr. 2 BewG, wenn sie zur Abgabe der Feststellungserklärung aufgefordert wurde.

2. Auf der zweiten Stufe (FestFA 1 fordert Feststellung bei FestFA 2 an)
   Zuwendungs-/Feststellungsgegenstand kann sein:
   1. Grundbesitz/Betriebsgrundstück (§ 151 Abs. 1 Satz 1 Nr. 1 BewG),
   2. Beteiligung an einer Personengesellschaft (§ 151 Abs. 1 Satz 1 Nr. 2 BewG),
   3. Anteil an einer Kapitalgesellschaft (§ 151 Abs. 1 Satz 1 Nr. 3 BewG) oder
   4. Anteil an einer vermögensverwaltenden Gesellschaft/Gemeinschaft (§ 151 Abs. 1 Satz 1 Nr. 4 BewG).

   – Der **Steuerschuldner** ist **Beteiligter** (§ 154 Abs. 1 Satz 1 Nr. 3 BewG):

   a) Erbfall

Alleinerbe	Beteiligter nach § 154 Abs. 1 Satz 1 Nr. 3 BewG
Erbengemeinschaft	Erbengemeinschaft Beteiligte nach § 154 Abs. 1 Satz 1 Nr. 1 i. V. m. § 151 Abs. 2 Nr. 2 BewG; Miterben sind Beteiligte nach § 154 Abs. 1 Satz 1 Nr. 3 BewG

   b) Schenkung

Beschenkter	Beteiligter nach § 154 Abs. 1 Satz 1 Nr. 3 BewG
Schenker	Beteiligter nach § 154 Abs. 1 Satz 1 Nr. 3 BewG

   Grundbesitz/Betriebsgrundstück (§ 151 Abs. 1 Satz 1 Nr. 1 BewG)
   – **Personengesellschaft:** Beteiligte nach § 154 Abs. 1 Satz 1 Nr. 1 und 2 BewG.
   – **Kapitalgesellschaft:** Beteiligte nach § 154 Abs. 1 Satz 1 Nr. 1 und 2 BewG.

   Beteiligung an einer Personengesellschaft (§ 151 Abs. 1 Satz 1 Nr. 2 BewG)
   – **Personengesellschaft erste Stufe:** Beteiligte nach § 154 Abs. 1 Satz 1 Nr. 1 BewG. Hinweis: Auch wenn es sich hierbei um eine Kapitalgesellschaft handeln würde, wäre diese Beteiligte nach § 154 Abs. 1 Satz 1 Nr. 1 BewG.
   – **Personengesellschaft zweite Stufe:** Beteiligte nach § 154 Abs. 1 Satz 1 Nr. 2 BewG, wenn diese zur Abgabe der Feststellungserklärung aufgefordert wurde.

   Anteil an einer Kapitalgesellschaft (§ 151 Abs. 1 Satz 1 Nr. 3 BewG)
   – **Personengesellschaft erste Stufe:** Beteiligte nach § 154 Abs. 1 Satz 1 Nr. 1 BewG. Hinweis: Auch wenn es sich hierbei um eine Kapitalgesellschaft handeln würde, wäre diese Beteiligter nach § 154 Abs. 1 Satz 1 Nr. 1 BewG.

H B 154

- **Kapitalgesellschaft zweite Stufe:** Beteiligte nach § 154 Abs. 1 Satz 1 Nr. 2 BewG, da diese zur Abgabe der Feststellungserklärung aufzufordern ist.

Anteil an einer vermögensverwaltenden Gesellschaft/Gemeinschaft (§ 151 Abs. 1 Satz 1 Nr. 4 BewG)

- **Personengesellschaft erste Stufe:** Beteiligte nach § 154 Abs. 1 Satz 1 Nr. 1 BewG. Hinweis: Auch wenn es sich hierbei um eine Kapitalgesellschaft handeln würde, wäre diese Beteiligter nach § 154 Abs. 1 Satz 1 Nr. 1 BewG.
- **Vermögensverwaltende Gesellschaft/Gemeinschaft:** wie Personengesellschaft zweite Stufe Beteiligte nach § 154 Abs. 1 Satz 1 Nr. 2 BewG, wenn diese zur Abgabe der Feststellungserklärung aufgefordert wurde.

3. Dritte und weitere Stufen (FestFA 3)
Zuwendungs-/Feststellungsgegenstand kann sein:
1. Grundbesitz/Betriebsgrundstück (§ 151 Abs. 1 Satz 1 Nr. 1 BewG),
2. Beteiligung an einer Personengesellschaft (§ 151 Abs. 1 Satz 1 Nr. 2 BewG),
3. Anteil an einer Kapitalgesellschaft (§ 151 Abs. 1 Satz 1 Nr. 3 BewG) oder
4. Anteil an einer vermögensverwaltenden Gesellschaft/Gemeinschaft (§ 151 Abs. 1 Satz 1 Nr. 4 BewG).

- Der **Steuerschuldner** ist **Beteiligter** (§ 154 Abs. 1 Satz 1 Nr. 3 BewG):

a) Erbfall

Alleinerbe	Beteiligter nach § 154 Abs. 1 Satz 1 Nr. 3 BewG
Erbengemeinschaft	Erbengemeinschaft Beteiligte nach § 154 Abs. 1 Satz 1 Nr. 1 i. V. m. § 151 Abs. 2 Nr. 2 BewG; Miterben sind Beteiligte nach § 154 Abs. 1 Satz 1 Nr. 3 BewG

b) Schenkung

Beschenkter	Beteiligter nach § 154 Abs. 1 Satz 1 Nr. 3 BewG
Schenker	Beteiligter nach § 154 Abs. 1 Satz 1 Nr. 3 BewG

- Stufe 1 Personengesellschaft oder Kapitalgesellschaft ist keine Beteiligte i. S. d. § 154 BewG.
- Stufe 2 unabhängig von der Gesellschaftsform Beteiligte i. S. d. § 154 Abs. 1 Satz 1 Nr. 1 BewG.
- Stufe 3
  - **Grundbesitz/Betriebsgrundstück**
  - **Personengesellschaft (Stufe 2):** Beteiligte nach § 154 Abs. 1 Satz 1 Nr. 1 und 2 BewG.
  - **Kapitalgesellschaft (Stufe 2):** Beteiligte nach § 154 Abs. 1 Satz 1 Nr. 1 und 2 BewG.
  - **Beteiligung an einer Personengesellschaft**
    Personengesellschaft (Stufe 3) Beteiligte nach § 154 Abs. 1 Satz 1 Nr. 2 BewG, wenn sie zur Abgabe der Feststellungserklärung aufgefordert wurde.
  - **Anteil an einer Kapitalgesellschaft**
    Kapitalgesellschaft (Stufe 3) Beteiligte nach § 154 Abs. 1 Satz 1 Nr. 2 BewG, da diese zur Abgabe der Feststellungserklärung aufzufordern ist.
  - **Beteiligung an einer vermögensverwaltenden Gesellschaft/Gemeinschaft**
    Gesellschaft/Gemeinschaft (Stufe 3) Beteiligte nach § 154 Abs. 1 Satz 1 Nr. 2 BewG, wenn sie zur Abgabe der Feststellungserklärung aufgefordert wurde.

10 **Gesonderte oder gesonderte und einheitliche Feststellung.** Eine gesonderte Feststellung ist nur in den folgenden Fällen durchzuführen:
a) Alleinerbe mit Erwerb eines Betriebs der Land- und Forstwirtschaft
b) Alleinerbe mit Erwerb eines Grundstücks oder Erwerb eines Miteigentumsanteils an einem Grundstück
c) Alleinerbe mit Erwerb eines Einzelunternehmens.
Zum Erwerb durch einen Vermächtnisnehmer → R B 151.2 Absatz 2 Nummer 4.
In allen anderen Fällen erfolgt eine gesonderte und einheitliche Feststellung.

§ 155 Rechtsbehelfsbefugnis

BewG

① Zur Einlegung von Rechtsbehelfen gegen den Feststellungsbescheid sind die Beteiligten im Sinne des § 154 Abs. 1 sowie diejenigen befugt, für deren Besteuerung nach dem Grunderwerbsteuergesetz der Feststellungsbescheid von Bedeutung ist. ② Soweit der Gegenstand der Feststellung einer Erbengemeinschaft in Vertretung der Miterben zuzurechnen ist, sind § 352 der Abgabenordnung und § 48 der Finanzgerichtsordnung entsprechend anzuwenden. 1

Zu § 155 BewG

R B 155. Rechtsbehelfsbefugnis

ErbStR R B 155

① Zur Einlegung eines Rechtsbehelfs sind die Beteiligten im Sinne des § 154 BewG befugt. ② Soweit der Gegenstand der Feststellung einer Erbengemeinschaft in Vertretung der Miterben zuzurechnen ist (§ 151 Absatz 2 Nummer 2 BewG), sind § 352 AO und § 48 FGO entsprechend anzuwenden. 2

§ 156 Außenprüfung

BewG

Eine Außenprüfung zur Ermittlung der Besteuerungsgrundlagen ist bei jedem Beteiligten (§ 154 Abs. 1) zulässig. 1

Zu § 156 BewG

R B 156. Außenprüfung

ErbStR R B 156

Zur Ermittlung der Besteuerungsgrundlagen kann eine Außenprüfung nach §§ 193 ff. AO bei jedem Beteiligten (§ 154 Absatz 1 BewG) angeordnet werden. 2

BewG

Sechster Abschnitt. Vorschriften für die Bewertung von Grundbesitz, von nicht notierten Anteilen an Kapitalgesellschaften und von Betriebsvermögen für die Erbschaftsteuer ab 1. Januar 2009

A. Allgemeines

§ 157 Feststellung von Grundbesitzwerten, von Anteilswerten und von Betriebsvermögenswerten

1 (1) ① Grundbesitzwerte werden unter Berücksichtigung der tatsächlichen Verhältnisse und der Wertverhältnisse zum Bewertungsstichtag für inländischen Grundbesitz, und zwar für Betriebe der Land- und Forstwirtschaft, für Grundstücke und für Betriebsgrundstücke, festgestellt. ② § 229 gilt für die Grundbesitzbewertung sinngemäß.

2 (2) Für die wirtschaftlichen Einheiten des land- und forstwirtschaftlichen Vermögens und für Betriebsgrundstücke im Sinne des § 99 Abs. 1 Nr. 2 sind die Grundbesitzwerte unter Anwendung der §§ 158 bis 175 zu ermitteln.

3 (3) ① Für die wirtschaftlichen Einheiten des Grundvermögens und für Betriebsgrundstücke im Sinne des § 99 Abs. 1 Nr. 1 sind die Grundbesitzwerte unter Anwendung der §§ 159 und 176 bis 198 zu ermitteln. ② § 70 gilt mit der Maßgabe, dass der Anteil des Eigentümers eines Grundstücks an anderem Grundvermögen (zum Beispiel an gemeinschaftlichen Hofflächen oder Garagen) abweichend von Absatz 2 Satz 1 dieser Vorschrift in das Grundstück einzubeziehen ist, wenn der Anteil zusammen mit dem Grundstück genutzt wird. ③ § 20 ist entsprechend anzuwenden.

4 (4) ① Der Wert von Anteilen an Kapitalgesellschaften im Sinne des § 11 Abs. 2 Satz 2 (Anteilswert) wird unter Berücksichtigung der tatsächlichen Verhältnisse und der Wertverhältnisse zum Bewertungsstichtag festgestellt. ② Der Anteilswert ist unter Anwendung des § 11 Abs. 2 zu ermitteln.

5 (5) ① Der Wert von Betriebsvermögen oder des Anteils am Betriebsvermögen im Sinne der §§ 95, 96 und 97 (Betriebsvermögenswert) wird unter Berücksichtigung der tatsächlichen Verhältnisse und der Wertverhältnisse zum Bewertungsstichtag festgestellt. ② Der Betriebsvermögenswert ist unter Anwendung des § 109 Abs. 1 und 2 in Verbindung mit § 11 Abs. 2 zu ermitteln.

B. Land- und forstwirtschaftliches Vermögen

I. Allgemeines

§ 158 Begriff des land- und forstwirtschaftlichen Vermögens[1]

(1)[2] ① **Land- und Forstwirtschaft ist die planmäßige Nutzung der natürlichen Kräfte des Bodens zur Erzeugung von Pflanzen und Tieren sowie die Verwertung der dadurch selbst gewonnenen Erzeugnisse.** ② **Zum land- und forstwirtschaftlichen Vermögen gehören alle Wirtschaftgüter, die einem Betrieb der Land- und Forstwirtschaft zu diesem Zweck auf Dauer zu dienen bestimmt sind.**[3] 1

(2) ① **Die wirtschaftliche Einheit des land- und forstwirtschaftlichen Vermögens ist der Betrieb der Land- und Forstwirtschaft.** ② **Wird ein Betrieb der Land- und Forstwirtschaft in Form einer Personengesellschaft oder Gemeinschaft geführt, sind in die wirtschaftliche Einheit auch die Wirtschaftsgüter einzubeziehen, die einem oder mehreren Beteiligten gehören, wenn sie dem Betrieb der Land- und Forstwirtschaft auf Dauer zu dienen bestimmt sind.** ③ **Wird der Betrieb der Land- und Forstwirtschaft oder werden Teile davon einem anderen Berechtigten zur Erzeugung von Pflanzen und Tieren sowie zur Verwertung der dadurch selbst gewonnenen Erzeugnisse überlassen, so gilt dies als Fortsetzung der land- und forstwirtschaftlichen Tätigkeit des Überlassenden.** ④ **Der Einordnung als Betrieb der Land- und Forstwirtschaft steht nicht entgegen, dass er aus einer oder einzelnen land- und forstwirtschaftlich genutzten Flächen gebildet wird, bei denen die Wirtschaftsgebäude oder die Betriebsmittel oder beide Arten von Wirtschaftsgütern nicht dem Eigentümer des Grund und Bodens gehören und diese anderen Betrieben der Land- und Forstwirtschaft auf Dauer zu dienen bestimmt sind.** 2

(3) ① **Zu den Wirtschaftsgütern, die der wirtschaftlichen Einheit Betrieb der Land- und Forstwirtschaft zu dienen bestimmt sind, gehören insbesondere** 3

1. der Grund und Boden,

2. die Wirtschaftsgebäude,

3. die stehenden Betriebsmittel,

4. der normale Bestand an umlaufenden Betriebsmitteln,

5. die immateriellen Wirtschaftsgüter,

6. die Wohngebäude und der dazu gehörende Grund und Boden.

② **Als normaler Bestand an umlaufenden Betriebsmitteln gilt ein solcher, der zur gesicherten Fortführung des Betriebs erforderlich ist.**

---

[1] Siehe hierzu auch *Ls. 2 bis 4 BFH-Urteil vom 25. 11. 2020 II R 9/19,* abgedruckt zu § 13b Abs. 1 Nr. 1 ErbStG.

[2] Zur Zurechnung und Bewertung von Agri-Fotovoltaik-Anlagen siehe *gleich lautenden Erlass vom 15. 7. 2022,* abgedruckt als Anlage a zu § 158 BewG.

[3] *BFH-Urteil vom 28. 3. 1990 II R 125/87 (BStBl. II S. 727):* Bei einem viehlos wirtschaftenden Ackerbaubetrieb mit einer landwirtschaftlichen Nutzfläche von 7,75 ha ist das dem Betriebsinhaber und seiner Familie zu Wohnzwecken dienende Wohngebäude (Gebäudeteil) regelmäßig auch dann in die wirtschaftliche Einheit des land- und forstwirtschaftlichen Betriebs einzubeziehen, wenn es sich um einen Neubau handelt, der nach seiner baulichen Gestaltung die Zugehörigkeit zum landwirtschaftlichen Betrieb äußerlich nicht erkennen läßt. Dies gilt auch, wenn der Betriebsinhaber neben seiner Tätigkeit als Landwirt noch einen anderen Beruf ausübt.

BFH-Urteil vom 9. 5. 1990 II R 19/88 (BStBl. II S. 729): Das einem Land- und Forstwirt und seiner Familie zu Wohnzwecken dienende Wohngebäude ist regelmäßig auch dann in die wirtschaftliche Einheit des land- und forstwirtschaftlichen Betriebs einzubeziehen, wenn das Gebäude am Ortsrand in einem reinen Wohngebiet (Neubaugebiet) liegt und äußerlich weder nach seiner Gestaltung noch nach seiner Lage eine Zugehörigkeit zum land- und forstwirtschaftlichen Betrieb erkennen läßt.

BFH-Urteil vom 9. 11. 1994 II R 89/91 (BFH/NV 1995 S. 495): Führen Angehörige eines Landwirts in einem Anbau an dessen Wohngebäude einen eigenen Hausstand, kann der Anbau nur dann dem land- und forstwirtschaftlichen Vermögen zugerechnet werden, wenn die Angehörigen nicht nur gelegentlich im Betrieb tätig sind. Die Zusammenfassung von Wohngebäude und Anbau zu einer wirtschaftlichen Einheit setzt voraus, daß beide Gebäudeteile derselben Vermögensart angehören.

BFH-Urteil vom 14. 12. 1994 II R 121/91 (BFH/NV 1995 S. 583): **1.** Die Zuordnung einer Wohnung zum land- und forstwirtschaftlichen Vermögen ist nicht bereits deshalb ausgeschlossen, weil die Wohnung nicht im Eigentum des die Land- und Forstwirtschaft betreibenden Landwirts steht. Entscheidend ist vielmehr, ob die Wohnung einem Betrieb der Land- und Forstwirtschaft dauernd zu dienen bestimmt ist. **2.** Eine wirtschaftliche Einheit i. S. des § 2 BewG kann nur aus Wirtschaftsgütern gebildet werden, die derselben Vermögensart angehören.

BFH-Urteil vom 28. 3. 2012 II R 37/10 (BFH/NV S. 1416), Ls. 2: **2.** Eine ehemals zu landwirtschaftlichen Zwecken genutzte Hofstelle mit einem Eindachhof, der neben einer Wohnung bzw. zwei Wohnungen auch in nicht unbeachtlichem Umfang Stallungen enthält, fällt nicht in den Anwendungsbereich des § 146 Abs. 5 BewG, so dass der Wert des mit dem Wohnteil bebauten Grundstücks nicht um den pauschalen Zuschlag von 20% zu erhöhen ist.

BFH-Urteil vom 9. 4. 2008 II R 24/06 (BStBl. II S. 951): Überlässt der Inhaber eines Betriebes der Land- und Forstwirtschaft einem Bergbauunternehmer durch Einräumung eines Nutzungsrechts Teile des Grund und Bodens zum Abbau des darin befindlichen bergfreien Bodenschatzes und hat der Unternehmer das Grundstück nach erfolgtem Abbau in rekultiviertem Zustand zur Fortsetzung der land- und forstwirtschaftlichen Nutzung zurückzugeben, ist das Grundstück bei einem zwischenzeitlichen Übergang im Wege eines Erwerbs von Todes wegen oder einer Schenkung nicht als unbebautes Grundstück zu bewerten. Es ist vielmehr Teil des land- und forstwirtschaftlichen Vermögens geblieben.

4 (4)[1] **Zum land- und forstwirtschaftlichen Vermögen gehören nicht**

1. Grund und Boden sowie Gebäude und Gebäudeteile, die nicht land- und forstwirtschaftlichen Zwecken dienen,

2. Kleingartenland und Dauerkleingartenland,

3. Geschäftsguthaben, Wertpapiere und Beteiligungen,

4. über den normalen Bestand hinausgehende Bestände an umlaufenden Betriebsmitteln,

5. Tierbestände oder Zweige des Tierbestands und die hiermit zusammenhängenden Wirtschaftsgüter (zum Beispiel Gebäude und abgrenzbare Gebäudeteile mit den dazugehörenden Flächen, Betriebsmittel), wenn die Tiere weder zur landwirtschaftlichen Nutzung noch nach § 175 zu den übrigen land- und forstwirtschaftlichen Nutzungen gehören. ② Die Zugehörigkeit der landwirtschaftlich genutzten Flächen zum land- und forstwirtschaftlichen Vermögen wird hierdurch nicht berührt,

6. Geldforderungen und Zahlungsmittel,

7. Pensionsverpflichtungen.

5 (5) **Verbindlichkeiten gehören zum land- und forstwirtschaftlichen Vermögen, soweit sie nicht im unmittelbaren wirtschaftlichen Zusammenhang mit den in Absatz 4 genannten Wirtschaftsgütern stehen.**

Übersicht

		Rz.
R B 158.1	Begriff des land- und forstwirtschaftlichen Vermögens; H B 158.1	6–13
R B 158.2	Abgrenzung des land- und forstwirtschaftlichen Vermögens vom Betriebsvermögen; H B 158.2	14–19
Anlage:		
	Erlass zur Abgrenzung des land- und forstwirtschaftlichen Vermögens vom Betriebsvermögen	20–35
R B 158.3	Abgrenzung des land- und forstwirtschaftlichen Vermögens vom Grundvermögen	36, 37
R B 158.4	Abgrenzung des land- und forstwirtschaftlichen Vermögens vom übrigen Vermögen	38–42
Anlage:		
	Erlass betr. Zurechnung und Bewertung von Agri-Fotovoltaik-Anlagen	45

Zu § 158 BewG

ErbStR R B 158.1 (1)

R B 158.1[2] Begriff des land- und forstwirtschaftlichen Vermögens

6 (1) ① Die wirtschaftliche Einheit des land- und forstwirtschaftlichen Vermögens umfasst nach § 158 Absatz 1 BewG alle Wirtschaftsgüter, die objektiv einem Betrieb der Land- und Forstwirtschaft dauernd zu dienen bestimmt sind. ② Die Definition der wirtschaftlichen Einheit richtet sich tätigkeitsbezogen nach den Grundsätzen der R 15.5 EStR und im Übrigen nach § 2 BewG.[3] ③ Eine Betriebsverpachtung im Ganzen ist deshalb als Fortsetzung der bisherigen Tätigkeit auf andere Art und Weise anzusehen. ④ Voraussetzung ist, dass die Wirtschaftsgüter dem Betrieb auf Dauer zu dienen bestimmt sind. ⑤ Dies ist der Fall, wenn der bisherige Eigentümer am Bewertungsstichtag die wesentlichen Wirtschaftsgüter des Betriebs an Andere zur land- und forstwirtschaftlichen Nutzung überlassen hatte und die Voraussetzungen für eine Stückländerei nicht vorliegen.

H B 158.1 (1)

H B 158.1 (1)

Betriebsverpachtung im Ganzen.[4]

7 **Beispiel:**

V hat seinen Betrieb mit 100 Hektar landwirtschaftlicher und 50 Hektar forstwirtschaftlich genutzter Fläche nebst Besatzkapital seit zwei Jahren im Ganzen verpachtet. V möchte seinen Betrieb im Wege der vorweggenommenen Erbfolge auf sein Kind K übertragen, das sich noch für drei Jahre in Berufsausbildung befindet. K tritt in den bestehenden Pachtvertrag ein, der noch für drei Jahre abgeschlossen ist.

Zum land- und forstwirtschaftlichen Vermögen gehören alle Wirtschaftsgüter, die objektiv einem Betrieb der Land- und Forstwirtschaft dauernd zu dienen bestimmt sind. Da alle wesentlichen Wirtschaftsgüter im Rahmen der Betriebsverpachtung im Ganzen weiterhin land- und forstwirtschaftlichen Zwecken dienen, ist die Verpachtung als Fortsetzung der bisherigen Tätigkeit auf andere Art und Weise anzusehen. Auch die Voraussetzung, dass die Wirtschaftsgüter dem Betrieb dauernd zu dienen bestimmt sind, ist erfüllt, da die Überlassung aus betriebswirtschaftlichen oder betriebstechnischen Gründen am Bewertungsstichtag für weniger als 15 Jahre erfolgt.

---

[1] Vgl. auch *BFH-Urteil vom 23. 10. 1991 II R 77/87 (BStBl. 1992 II S. 248):* Der Anspruch eines Land- und Forstwirts auf Lieferung stehender oder umlaufender Betriebsmittel ist nicht im Einheitswert des land- und forstwirtschaftlichen Betriebs abgegolten, sondern gehört zum sonstigen Vermögen. Geht ein derartiger Anspruch auf den Erben über, ist er bei der Ermittlung der Bereicherung mit dem gemeinen Wert gesondert zu erfassen.

[2] Siehe *gleich lautenden Ländererlass vom 4. 12. 2014,* abgedruckt als Anlage zu H B 162 ErbStH.

[3] Siehe jetzt § 158 Abs. 2 BewG.

[4] Siehe *Tz. III Nr. 1 gleich lautender Ländererlass vom 4. 12. 2014,* abgedruckt als Anlage zu H B 162 ErbStH.

R B 158.1 (2)

R B 158.1 (2)

(2) ① Der Betrieb der Land- und Forstwirtschaft (§ 158 Absatz 2 BewG) setzt weder eine Mindestgröße noch einen vollen land- und forstwirtschaftlichen Besatz mit Wirtschaftsgebäuden, Betriebsmitteln usw. voraus. ② Auch ein einzelnes land- und forstwirtschaftlich genutztes Grundstück, das gemäß § 159 BewG nicht zum Grundvermögen zu rechnen ist, kann ein Betrieb der Land- und Forstwirtschaft sein. ③ Mehrere Flächen werden ohne Rücksicht auf ihre räumliche Lage unter der Voraussetzung zu einer wirtschaftlichen Einheit vereinigt, dass sie zusammen bewirtschaftet werden und zwischen ihnen ein wirtschaftlicher Zusammenhang besteht. ④ Das ist zu verneinen, wenn die Bewirtschaftung abgelegener Flächen von der Hofstelle oder einem sonstigen Sitz der Betriebsleitung aus nach der Verkehrsauffassung nicht möglich ist oder der Betriebsinhaber keine unmittelbare Einwirkungsmöglichkeit und eigene Aufsicht über die sachdienliche Nutzung dieser Flächen hat. ⑤ Besonderheiten der jeweiligen Nutzung sind zu berücksichtigen. 8

H B 158.1 (2)

H B 158.1 (2)

Abgrenzung Bewertungsrecht und Ertragsteuerrecht.

Beispiel: 9

Vater V schenkt ein land- und forstwirtschaftlich genutztes Grundstück seinem Kind K. Das Grundstück stellt ertragsteuerrechtlich Privatvermögen dar.

Das Grundstück ist ein Betrieb der Land- und Forstwirtschaft i. S. d. R B 158.1 Absatz 2. Zwar beurteilen das Bewertungsrecht und das Ertragsteuerrecht die Land- und Forstwirtschaft tätigkeitsbezogen nach gleichen Kriterien. Eine wirtschaftliche Einheit Betrieb der Land- und Forstwirtschaft setzt jedoch nicht die Zugehörigkeit des Grundbesitzes und des Besatzkapitals zum ertragsteuerrechtlichen Betriebsvermögen voraus.

R B 158.1 (3–6)

R B 158.1 (3–6)

(3) ① Wird ein Betrieb der Land- und Forstwirtschaft von einer (Personen-)Gesellschaft oder Gemeinschaft betrieben (§ 158 Absatz 2 Satz 2 BewG), ist der Wert des land- und forstwirtschaftlichen Vermögens einheitlich zu ermitteln (§ 3 BewG). ② Dabei sind außer den Wirtschaftsgütern, 10 die der Gesellschaft oder Gemeinschaft gehören, auch die im Eigentum eines oder mehrerer Gesellschafter oder Gemeinschafter stehenden und dem Betrieb auf Dauer zu dienen bestimmten Wirtschaftsgüter, z. B. Nutzflächen, Gebäude oder Betriebsmittel, in den Betrieb einzubeziehen. ③ Dagegen scheidet die Zurechnung von Wirtschaftsgütern aus, die zwar dem Betrieb dauernd zu dienen bestimmt sind, jedoch im Eigentum eines Nichtgesellschafters bzw. -gemeinschafters stehen. ④ Die Sätze 2 und 3 gelten auch bei Ehegatten.

(4) ① Zu den Wirtschaftsgütern, die einem Betrieb der Land- und Forstwirtschaft dauernd zu 11 dienen bestimmt sind, können auch Grunddienstbarkeiten und betrieblich veranlasste wiederkehrende Nutzungen und Leistungen gehören. ② Die Aufzählung der einzelnen Wirtschaftsgüter in § 158 Absatz 3 Satz 1 BewG ist nicht abschließend. ③ Entscheidend ist ihre Zweckbestimmung am Bewertungsstichtag (§ 12 Absatz 3 ErbStG in Verbindung mit §§ 151, 157 BewG).

(5) ① Grund und Boden sowie Gebäude, die einem Betrieb der Land- und Forstwirtschaft dau- 12 ernd zu dienen bestimmt sind, gehören auch dann zum land- und forstwirtschaftlichen Vermögen, wenn der Betrieb ganz oder in Teilen auf bestimmte oder unbestimmte Zeit nicht bewirtschaftet wird. ② Das ist der Fall, wenn sie keine Zweckbestimmung erhalten haben, die zu einer zwingenden Zuordnung zum Grund- oder Betriebsvermögen führen. ③ Als Beispiele hierfür kommen in Betracht:

1. Grund und Boden, der auf bestimmte oder unbestimmte Zeit nicht land- und forstwirtschaftlich genutzt wird, z. B. stillgelegte Flächen;
2. der Wohnteil, der wegen Änderung der Anzahl der zum Haushalt des Betriebsinhabers gehörenden Familienangehörigen oder der Altenteiler nicht oder nicht voll genutzt wird;
3. Wirtschaftsgebäude, die vorübergehend oder dauernd teilweise oder ganz leer stehen, z. B. gehört der leer stehende Rindviehstall eines Betriebs, dessen Inhaber wegen Wirtschaftsumstellung das Rindvieh abgeschafft hat, zum land- und forstwirtschaftlichen Vermögen.

(6) Zu den Betriebsmitteln eines Betriebs der Land- und Forstwirtschaft gehören außer den 13 Pflanzenbeständen und Vorräten, den Maschinen und Geräten auch die Tierbestände nach Maßgabe der §§ 169 und 175 BewG.

R B 158.2 Abgrenzung des land- und forstwirtschaftlichen Vermögens vom Betriebsvermögen

ErbStR R B 158.2

(1) ① Das land- und forstwirtschaftliche Vermögen ist vom Betriebsvermögen vorrangig nach R 15.5 EStR abzugrenzen. ② Wirtschaftsgüter, die außer im eigenen Betrieb der Land- und Forst- 14 wirtschaft auch in einem demselben Inhaber gehörenden Gewerbebetrieb verwendet werden, gehören grundsätzlich nur zum land- und forstwirtschaftlichen Vermögen, wenn sie nicht nach § 95 BewG dem Betriebsvermögen zuzuordnen sind.

(2) ① Land- und forstwirtschaftlich genutzte Flächen, die im Eigentum einer der in § 97 Ab- 15 satz 1 BewG bezeichneten Körperschaften, Personenvereinigungen und Vermögensmassen stehen,

sind wegen der Rechtsform des Eigentümers Betriebsvermögen. ② Die Flächen sind als Betriebsgrundstücke nach § 99 Absatz 1 Nummer 2 BewG wie land- und forstwirtschaftliches Vermögen zu bewerten.

16 (3) ① Wird für die Erbschaftsteuer der Wert des Betriebsvermögens bzw. ein Anteil daran oder der Wert nicht notierter Anteile an Kapitalgesellschaften benötigt, ist für die Betriebsgrundstücke im Sinne des § 99 Absatz 1 Nummer 2 BewG im Rahmen der Mindestbewertung nach § 11 Absatz 2 Satz 3 BewG ein Grundbesitzwert festzustellen. ② Das Betriebsgrundstück gehört in diesem Fall zum Betriebsvermögen. ③ Dies gilt auch für die in § 158 Absatz 4 BewG genannten Wirtschaftsgüter, die nicht dem land- und forstwirtschaftlichen Vermögen, sondern dem Betriebsvermögen zuzuordnen sind. ④ Gleiches gilt für die mit diesen Wirtschaftsgütern jeweils im unmittelbaren wirtschaftlichen Zusammenhang stehenden Verbindlichkeiten (§ 158 Absatz 5 BewG).

17 (4) ① Gehören Tierbestände oder Zweige des Tierbestands weder nach § 169 BewG noch nach § 175 BewG zum land- und forstwirtschaftlichen Vermögen, gehören auch die mit ihnen in wirtschaftlicher Verbindung stehenden Gebäude oder Gebäudeteile nicht zum land- und forstwirtschaftlichen Vermögen. ② Zu den Gebäuden und Gebäudeteilen sind auch die Grundflächen und die Beiflächen, wie Zuwege, Auslauf für Tiere usw., zu rechnen. ③ Mit den Tierbeständen gehören auch die übrigen mit ihnen wirtschaftlich zusammenhängenden Wirtschaftsgüter, wie Futtermittel und andere Betriebsmittel sowie die damit im unmittelbaren wirtschaftlichen Zusammenhang stehenden Verbindlichkeiten, nicht zum land- und forstwirtschaftlichen Vermögen.

18 (5) Wird ein Gewerbebetrieb in einem Gebäude unterhalten, das auch dem Betrieb der Land- und Forstwirtschaft dient, ist der entsprechende Gebäudeteil nur dem land- und forstwirtschaftlichen Vermögen zuzurechnen, wenn er nicht nach § 95 Absatz 1 BewG dem Betriebsvermögen zuzuordnen ist.

H B 158.2

H B 158.2[1]

Abgrenzung des Gewerbebetriebs von der Land- und Forstwirtschaft. → R 15.5 EStR;
19 → Gleich lautende Erlasse der obersten Finanzbehörden der Länder vom 15. 12. 2011 (BStBl. I S. 1213, 1217).[2]

Anl zu H B 158.2

Erlass zur Abgrenzung des land- und forstwirtschaftlichen Vermögens vom Betriebsvermögen

Vom 15. Dezember 2011 (BStBl. I S. 1213)

(Gleichlautender Erlass der alten Bundesländer)

Im Hinblick auf das Urteil des Bundesfinanzhofs vom 25. März 2009 (BStBl. 2010 II S. 113) gilt für Zwecke der Bewertung nach dem ersten, vierten und sechsten Abschnitt des zweiten Teils des Bewertungsgesetzes das Folgende:

I. Abgrenzung der wirtschaftlichen Einheiten

20 Für die bewertungsrechtliche Abgrenzung des land- und forstwirtschaftlichen Vermögens vom Betriebsvermögen sind für die wirtschaftliche Einheit Betrieb der Land- und Forstwirtschaft die Abgrenzungskriterien nach Tz. II. maßgeblich.

II. Abgrenzung der einzelnen Tätigkeiten

Allgemeine Grundsätze

21 (1) ① Land- und Forstwirtschaft ist die planmäßige Nutzung der natürlichen Kräfte des Bodens zur Erzeugung von Pflanzen und Tieren sowie die Verwertung der dadurch selbstgewonnenen Erzeugnisse. ② Als Boden i. S. d. Satzes 1 gelten auch Substrate und Wasser. ③ Ob eine land- und forstwirtschaftliche Tätigkeit vorliegt, ist jeweils nach dem Gesamtbild der Verhältnisse zu entscheiden. ④ Liegen teils gewerbliche und teils land- und forstwirtschaftliche Tätigkeiten vor, sind die Tätigkeiten zu trennen, wenn dies nach der Verkehrsauffassung möglich ist. ⑤ Dies gilt auch dann, wenn sachliche und wirtschaftliche Bezugspunkte zwischen den verschiedenen Tätigkeiten bestehen. ⑥ Sind die verschiedenen Tätigkeiten jedoch derart miteinander verflochten, dass sie sich unlösbar gegenseitig bedingen, liegt eine einheitliche Tätigkeit vor. ⑦ Eine solche einheitliche Tätigkeit ist danach zu qualifizieren, ob das land- und forstwirtschaftliche oder das gewerbliche Element überwiegt. ⑧ Bei in Mitunternehmerschaft (→ R 15.8 EStR) geführten Betrieben ist § 15 Absatz 3 Nummer 1 EStG anzuwenden; Tätigkeiten, die dem Grunde und der Höhe nach innerhalb der nachfolgenden Grenzen liegen, gelten dabei als land- und forstwirtschaftlich.

Strukturwandel

22 (2) ① Durch Strukturwandel einer bisher der Land- und Forstwirtschaft zugerechneten Tätigkeit kann neben der Land- und Forstwirtschaft ein Gewerbebetrieb entstehen. ② In diesen Fällen beginnt der Gewerbebetrieb zu dem Zeitpunkt, in dem diese Tätigkeit dauerhaft umstrukturiert wird. ③ Hiervon ist z. B. auszugehen, wenn dem bisherigen Charakter der Tätigkeit nicht mehr entsprechende Investitionen vorgenommen, vertragliche Verpflichtungen eingegangen oder Wirtschaftsgüter angeschafft werden und

---

[1] Siehe *gleich lautenden Ländererlass vom 4. 12. 2014,* abgedruckt als Anlage zu H B 162 ErbStH.
[2] Nachstehend abgedruckt als Anlage.

dies jeweils dauerhaft dazu führt, dass die in den folgenden Absätzen genannten Grenzen erheblich überschritten werden. ④ In allen übrigen Fällen liegen nach Ablauf eines Zeitraums von drei aufeinander folgenden Wirtschaftsjahren Einkünfte aus Gewerbebetrieb vor. ⑤ Der Dreijahreszeitraum bezieht sich auf die nachfolgenden Umsatzgrenzen und beginnt beim Wechsel des Betriebsinhabers nicht neu. ⑥ Die vorstehenden Grundsätze gelten für den Strukturwandel von einer gewerblichen Tätigkeit zu einer land- und forstwirtschaftlichen Tätigkeit entsprechend.

Nebenbetrieb

(3) ① Ein Nebenbetrieb muss den Hauptbetrieb fördern und ergänzen und durch den Hauptbetrieb geprägt werden. ② Der Nebenbetrieb muss in funktionaler Hinsicht vom Hauptbetrieb abhängig sein. ③ Die Verbindung darf nicht nur zufällig oder vorübergehend und nicht ohne Nachteil für diesen lösbar sein. ④ Ein Nebenbetrieb der Land- und Forstwirtschaft liegt daher vor, wenn

1. überwiegend im eigenen Hauptbetrieb erzeugte Rohstoffe be- oder verarbeitet werden und die dabei gewonnenen Erzeugnisse überwiegend für den Verkauf bestimmt sind oder
2. ein Land- und Forstwirt Umsätze aus der Übernahme von Rohstoffen (z. B. organische Abfälle) erzielt, diese be- oder verarbeitet und die dabei gewonnenen Erzeugnisse nahezu ausschließlich im Hauptbetrieb verwendet und

die Erzeugnisse im Rahmen einer ersten Stufe der Be- oder Verarbeitung, die noch dem land- und forstwirtschaftlichen Bereich zuzuordnen ist, hergestellt werden. ⑤ Die Be- oder Verarbeitung eigener Erzeugnisse im Rahmen einer zweiten Stufe der Be- oder Verarbeitung ist eine gewerbliche Tätigkeit. ⑥ Die Be- oder Verarbeitung fremder Erzeugnisse ist stets eine gewerbliche Tätigkeit. ⑦ Unter den Voraussetzungen des Absatzes 11 können die Erzeugnisse nach den Sätzen 5 und 6 noch der Land- und Forstwirtschaft zugerechnet werden, wenn sie im Rahmen der Direktvermarktung abgesetzt werden. ⑧ Ein Nebenbetrieb kann auch vorliegen, wenn er ausschließlich von Land- und Forstwirten gemeinschaftlich betrieben wird und nur in deren Hauptbetrieben erzeugte Rohstoffe im Rahmen einer ersten Stufe be- oder verarbeitet werden, oder nur Erzeugnisse gewonnen werden, die ausschließlich in diesen Betrieben verwendet werden. ⑨ Nebenbetriebe sind auch Substanzbetriebe (Abbauland – § 43 BewG), z. B. Sandgruben, Kiesgruben und Torfstiche, wenn die gewonnene Substanz überwiegend im eigenen Hauptbetrieb verwendet wird.

Unmittelbare Verwertung organischer Abfälle

(4) ① Die Entsorgung organischer Abfälle (z. B. Klärschlamm) in einem selbst bewirtschafteten land- und forstwirtschaftlichen Betrieb ist nur dann der Land- und Forstwirtschaft zuzurechnen, wenn sie im Rahmen einer Be- oder Verarbeitung i. S. d. Absatzes 3 geschieht oder die in Absatz 1 Satz 1 genannten Voraussetzungen im Vordergrund stehen. ② Das Einsammeln, Abfahren und Sortieren organischer Abfälle, das mit der Ausbringung auf Flächen oder der Verfütterung an Tiere des selbst bewirtschafteten land- und forstwirtschaftlichen Betriebs in unmittelbarem sachlichem Zusammenhang steht, ist eine land- und forstwirtschaftliche Tätigkeit. ③ Andernfalls gelten Absatz 9 und 10. **23**

Eigene und fremde Erzeugnisse

(5) ① Als eigene Erzeugnisse gelten alle land- und forstwirtschaftlichen Erzeugnisse, die im Rahmen des Erzeugungsprozesses im eigenen Betrieb gewonnen werden. ② Hierzu gehören auch Erzeugnisse der ersten Stufe der Be- oder Verarbeitung und zugekaufte Waren, die als Roh-, Hilfs- oder Betriebsstoffe im Erzeugungsprozess verwendet werden. ③ Rohstoffe sind Waren, die im Rahmen des Erzeugungsprozesses weiterkultiviert werden (z. B. Jungtiere, Saatgut oder Jungpflanzen). ④ Hilfsstoffe sind Waren, die als nicht überwiegender Bestandteil in eigene Erzeugnisse eingehen (z. B. Futtermittelzusätze, Siliermittel, Starterkulturen und Lab zur Milchverarbeitung, Trauben, Traubenmost und Verschnittwein zur Weinerzeugung, Verpackungsmaterial, Blumentöpfe für die eigene Produktion oder als handelsübliche Verpackung). ⑤ Betriebsstoffe sind Waren, die im Erzeugungsprozess verwendet werden (z. B. Düngemittel, Treibstoff, Heizöl). ⑥ Unerheblich ist, ob die zugekaufte Ware bereits ein land- und forstwirtschaftliches Urprodukt im engeren Sinne oder ein gewerbliches Produkt darstellt. ⑦ Als fremde Erzeugnisse gelten alle zur Weiterveräußerung zugekauften Erzeugnisse, Produkte oder Handelswaren, die nicht im land- und forstwirtschaftlichen Erzeugungsprozess des eigenen Betriebs verwendet werden. ⑧ Dies gilt unabhängig davon, ob es sich um betriebstypische bzw. -untypische Erzeugnisse, Handelsware zur Vervollständigung einer für die Art des Erzeugungsbetriebs üblichen Produktpalette oder andere Waren aller Art handelt. ⑨ Werden zugekaufte Roh-, Hilfs- oder Betriebsstoffe weiterveräußert, gelten diese im Zeitpunkt der Veräußerung als fremde Erzeugnisse. ⑩ Dies gilt unabhängig davon, ob die Veräußerung gelegentlich (z. B. Verkauf von Diesel im Rahmen der Nachbarschaftshilfe) oder laufend (z. B. Verkauf von Blumenerde) erfolgt. ⑪ Die hieraus erzielten Umsätze sind bei der Abgrenzung entsprechend zu berücksichtigen. **24**

Absatz eigener Erzeugnisse i. V. m. fremden und gewerblichen Erzeugnissen

(6) ① Werden ausschließlich eigene Erzeugnisse (Absatz 5 Satz 1) abgesetzt, stellt dies eine Vermarktung im Rahmen der Land- und Forstwirtschaft dar, selbst wenn sie über ein eigenständiges Handelsgeschäft oder eine Verkaufsstelle (z. B. Großhandelsbetrieb, Einzelhandelsbetrieb, Ladengeschäft, Marktstand oder Verkaufswagen) erfolgt. ② Unerheblich ist die Anzahl der Verkaufsstellen oder ob die Vermarktung in räumlicher Nähe zum Betrieb erfolgt. ③ Werden durch einen Land- und Forstwirt neben eigenen Erzeugnissen auch fremde (Absatz 5 Satz 7) oder gewerbliche Erzeugnisse (Absatz 3 Satz 5 und 6) abgesetzt, liegen eine land- und forstwirtschaftliche und eine gewerbliche Tätigkeit vor. ④ Diese gewerbliche Tätigkeit kann unter den Voraussetzungen des Absatzes 11 noch der Land- und Forstwirtschaft zugerechnet werden. ⑤ Dagegen ist der ausschließliche Absatz fremder oder gewerblicher Erzeugnisse von Beginn an stets eine gewerbliche Tätigkeit. ⑥ Auf die Art und den Umfang der Veräußerung kommt es dabei nicht an. **25**

Anl zu H B 158.2

Absatz eigener Erzeugnisse i. V. m. Dienstleistungen

26 (7) ① Die Dienstleistung eines Land- und Forstwirts im Zusammenhang mit dem Absatz eigener Erzeugnisse, die über den Transport und das Einbringen von Pflanzen hinausgeht (z. B. Grabpflege, Gartengestaltung), stellt grundsätzlich eine einheitlich zu beurteilende Tätigkeit mit Vereinbarungen über mehrere Leistungskomponenten dar (gemischter Vertrag). ② Dabei ist von einer einheitlich gewerblichen Tätigkeit auszugehen, wenn nach dem jeweiligen Vertragsinhalt der Umsatz aus den Dienstleistungen und den fremden Erzeugnissen überwiegt. ③ Die gewerbliche Tätigkeit kann unter den Voraussetzungen des Absatzes 11 noch der Land- und Forstwirtschaft zugerechnet werden.

Absatz eigen erzeugter Getränke i. V. m. besonderen Leistungen

27 (8) ① Der Ausschank von eigen erzeugten Getränken i. S. d. Absatzes 5, z. B. Wein, ist lediglich eine Form der Vermarktung und somit eine land- und forstwirtschaftliche Tätigkeit. ② Werden daneben durch einen Land- und Forstwirt Speisen und andere Getränke abgegeben, liegt insoweit eine gewerbliche Tätigkeit vor, die unter den Voraussetzungen des Absatzes 11 noch der Land- und Forstwirtschaft zugerechnet werden kann.

Verwendung von Wirtschaftsgütern

28 (9) ① Verwendet ein Land- und Forstwirt Wirtschaftsgüter seines land- und forstwirtschaftlichen Betriebsvermögens, indem er sie Dritten entgeltlich überlässt oder mit ihnen für Dritte Dienstleistungen verrichtet, stellt dies eine gewerbliche Tätigkeit dar. ② Dies gilt auch, wenn in diesem Zusammenhang fremde Erzeugnisse verwendet werden. ③ Unter den Voraussetzungen des Absatzes 11 kann die Tätigkeit noch der Land- und Forstwirtschaft zugerechnet werden, wenn der Einsatz für eigene land- und forstwirtschaftliche Zwecke einen Umfang von 10% nicht unterschreitet. ④ Dagegen liegt ohne weiteres von Beginn an stets eine gewerbliche Tätigkeit vor, wenn ein Land- und Forstwirt Wirtschaftsgüter für Dritte verwendet, die er eigens zu diesem Zweck angeschafft hat.

Land- und forstwirtschaftliche Dienstleistungen

29 (10) ① Sofern ein Land- und Forstwirt Dienstleistungen ohne Verwendung von eigenen Erzeugnissen oder eigenen Wirtschaftsgütern verrichtet, ist dies eine gewerbliche Tätigkeit. ② Unter den Voraussetzungen des Absatzes 11 kann die Tätigkeit noch der Land- und Forstwirtschaft zugerechnet werden, wenn ein funktionaler Zusammenhang mit typisch land- und forstwirtschaftlichen Tätigkeiten besteht.

Abgrenzungsregelungen

30 (11) ① Gewerbliche Tätigkeiten, die nach den Absätzen 3 bis 8 dem Grunde nach die Voraussetzungen für eine Zurechnung zur Land- und Forstwirtschaft erfüllen, sind nur dann typisierend der Land- und Forstwirtschaft zuzurechnen, wenn die Umsätze aus diesen Tätigkeiten dauerhaft (Absatz 2) insgesamt nicht mehr als ein Drittel des Gesamtumsatzes und nicht mehr als 51 500 Euro im Wirtschaftsjahr betragen. ② Diese Grenzen gelten für die Tätigkeiten nach den Absätzen 9 bis 10 entsprechend. ③ Voraussetzung hierfür ist, dass die Umsätze aus den Tätigkeiten i. S. v. Satz 1 und 2 dauerhaft (Absatz 2) insgesamt nicht mehr als 50 Prozent des Gesamtumsatzes betragen. ④ Anderenfalls liegen hinsichtlich dieser Tätigkeiten unter den Voraussetzungen des Strukturwandels Einkünfte aus Gewerbebetrieb vor. ⑤ Der daneben bestehende Betrieb der Land- und Forstwirtschaft bleibt hiervon unberührt. ⑥ Bei der Ermittlung der Umsätze ist von den Betriebseinnahmen (ohne Umsatzsteuer) auszugehen. ⑦ Soweit es auf den Gesamtumsatz ankommt, ist hierunter die Summe der Betriebseinnahmen (ohne Umsatzsteuer) zu verstehen.

Energieerzeugung

31 (12) ① Bei der Erzeugung von Energie, z. B. durch Wind-, Solar- oder Wasserkraft, handelt es sich nicht um die planmäßige Nutzung der natürlichen Kräfte des Bodens i. S. d. Absatzes 1 Satz 1. ② Der Absatz von Strom und Wärme führt zu Einkünften aus Gewerbebetrieb. ③ Die Erzeugung von Biogas kann eine Tätigkeit i. S. d. Absatzes 3 sein.

Beherbergung von Fremden

32 (13) ① Die Abgrenzung der Einkünfte aus Gewerbebetrieb gegenüber denen aus Land- und Forstwirtschaft richtet sich bei der Beherbergung von Fremden nach den Grundsätzen von R 15.7 EStR. ② Aus Vereinfachungsgründen ist keine gewerbliche Tätigkeit anzunehmen, wenn weniger als vier Zimmer und weniger als sechs Betten zur Beherbergung von Fremden bereitgehalten werden und keine Hauptmahlzeit gewährt wird.

III. Zuordnung von Grundstücken und Gebäuden

33 (1) ① Werden neben eigenen Erzeugnissen auch fremde oder gewerbliche Erzeugnisse abgesetzt, kann neben einem Betrieb der Land- und Forstwirtschaft auch ein selbständiger Gewerbebetrieb entstehen. ② Dienen dadurch Grundstücke oder Gebäude bzw. Teile davon sowohl einem Betrieb der Land- und Forstwirtschaft als auch einem Gewerbebetrieb, bleibt es bei der Zuordnung zum land- und forstwirtschaftlichen Vermögen, wenn der Einsatz der Fläche für eigene land- und forstwirtschaftliche Zwecke einen Umfang von 10% nicht unterschreitet. ③ Die Bewertung der Höhe nach erfolgt entsprechend der jeweiligen Regelungen des land- und forstwirtschaftlichen Vermögens.

(2) ① Dienen Grundstücke oder Gebäude bzw. Teile davon von Beginn an einer originär gewerblichen Tätigkeit und damit einem Gewerbebetrieb, gilt § 99 Absatz 1 Nummer 1 BewG. ② Die Bewertung der Höhe erfolgt entsprechend der jeweiligen Regelungen des Betriebsvermögens.

(3) Für die Bewertung von Betriebsvermögen im Sinne des § 97 BewG gelten die Absätze 1 und 2 entsprechend.

IV. Bildung von Absatzklassen beim Nutzungsteil Gemüse-, Blumen- und Zierpflanzenanbau im Rahmen der Einheitsbewertung

(1) ① Nach Abschnitt 6.18 der Richtlinien für die Bewertung des land- und forstwirtschaftlichen Vermögens (BewRL) wird den gegendüblichen Markt- und Preisverhältnissen durch die Bildung von Absatzklassen Rechnung getragen. ② Bei der Bewertung des Nutzungsteils Gemüse-, Blumen- und Zierpflanzenbau ist grundsätzlich vom „Absatz unmittelbar an den Verbraucher" (Absatzklasse G 1 der Tabelle G 16 bzw. B 1 der Tabelle G 17) auszugehen. ③ Hiervon abweichende Verhältnisse sind entsprechend der Angaben in der Erklärung zur Feststellung des Einheitswerts nach den Kriterien der Absatzklassen G 2 – G 4 und B 2 – B 4 der jeweiligen Tabelle zu beurteilen. **34**

(2) ① Werden neben eigenen Erzeugnissen auch fremde oder gewerbliche Erzeugnisse abgesetzt, kann neben einem Betrieb der Land- und Forstwirtschaft auch ein selbständiger Gewerbebetrieb entstehen. ② Erfolgt der Absatz der eigenen Erzeugnisse über einen eigenständigen Gewerbebetrieb, ist bei der Bewertung des Nutzungsteils Gemüse-, Blumen- und Zierpflanzenbau grundsätzlich vom „Absatz an Wiederverkäufer außerhalb von Großmärkten oder großmarktähnlichen Einrichtungen" (Absatzklasse G 3 der Tabelle G 16 bzw. B 3 der Tabelle G 17) auszugehen.

(3) Für Betriebsgrundstücke im Sinne des § 99 Absatz 1 Nummer 2 BewG gelten Absätze 1 und 2 entsprechend.

V. Schlussbestimmungen

(1) ① Die vorstehenden Regelungen gelten für Bewertungsstichtage ab dem 1. Januar 2012. ② Auf Antrag sind die Regelungen in allen noch offenen Fällen anzuwenden. **35**

(2) ① Die Weisungen in Abschnitt 1.03 der BewRL, die mit den vorstehenden Regelungen in Widerspruch stehen, sind nicht mehr anzuwenden. ② Gleiches gilt für einzelne Weisungen der obersten Finanzbehörden der Länder.

(3) Die gleich lautenden Erlasse der obersten Finanzbehörden der Länder vom 15. Dezember 1971 (BStBl. I S. 643), vom 30. Oktober 1974 (BStBl. I S. 977) und vom 30. Mai 1997 (BStBl. I S. 600) werden mit Wirkung vom 31. Dezember 2011 aufgehoben.

Der Erlass ergeht im Einvernehmen mit den obersten Finanzbehörden des Bundes und der übrigen Länder.

R B 158.3 Abgrenzung des land- und forstwirtschaftlichen Vermögens vom Grundvermögen

ErbStR R B 158.3

(1) ① Zu den Wirtschaftsgütern, die zwischen dem land- und forstwirtschaftlichen Vermögen und dem Grundvermögen abzugrenzen sind, gehören insbesondere der Grund und Boden sowie die Wohn- und Wirtschaftsgebäude (§ 158 Absatz 4 Nummer 1 BewG). ② Ob eine Fläche oder ein Gebäude zum Grundvermögen oder zum land- und forstwirtschaftlichen Vermögen gehört, ist bei der Feststellung des Grundbesitzwerts für den Betrieb der Land- und Forstwirtschaft zu entscheiden. **36**

(2) Bei der Beherbergung von Fremden richtet sich die Abgrenzung des land- und forstwirtschaftlichen Vermögens vom Grundvermögen nach den Grundsätzen der R 15.7 EStR. **37**

R B 158.4 Abgrenzung des land- und forstwirtschaftlichen Vermögens vom übrigen Vermögen

ErbStR R B 158.4

(1) ① Geschäftsguthaben, Wertpapiere und Beteiligungen (§ 158 Absatz 4 Nummer 3 BewG) gehören nicht zum land- und forstwirtschaftlichen Vermögen, sondern sind übriges Vermögen. **38** ② Zu den Beteiligungen gehören insbesondere die Anteile an anderen Personengesellschaften bzw. -gemeinschaften oder Anteile an Kapitalgesellschaften, für die jeweils ein eigenständiger Wert zu ermitteln ist. ③ Für Beteiligungen an Maschinengemeinschaften, die ausschließlich für ihre Gesellschafter bzw. Gemeinschafter tätig sind, ist ein eigenständiger Wert zu ermitteln und dem übrigen Vermögen zuzurechnen (§ 151 Absatz 1 Satz 1 Nummer 4 BewG). ④ Soweit eine Maschinengemeinschaft die Voraussetzungen eines Gewerbebetriebs erfüllt, sind die Wirtschaftsgüter als Betriebsvermögen zu erfassen (§ 151 Absatz 1 Satz 1 Nummer 2 BewG).

(2) Bewegliche Wirtschaftsgüter, die einem Betrieb der Land- und Forstwirtschaft zu dienen bestimmt sind, tatsächlich aber am Bewertungsstichtag (→ R B 161) einem derartigen Betrieb des Eigentümers nicht dienen, gehören nicht zum land- und forstwirtschaftlichen Vermögen, sondern zum übrigen Vermögen. **39**

(3) ① Der Überbestand an umlaufenden Betriebsmitteln eines Betriebs der Land- und Forstwirtschaft zählt nicht zum land- und forstwirtschaftlichen Vermögen (§ 158 Absatz 4 Nummer 4 BewG), sondern zum übrigen Vermögen. ② Der Überbestand wird in der Weise ermittelt, dass vom gesamten Wert aller umlaufenden Betriebsmittel der gesamte Wert des Normalbestandes an umlaufenden Betriebsmitteln abgezogen wird; dabei ist nach Nutzungen vorzugehen. **40**

(4) Nach § 158 Absatz 4 Nummer 7 BewG gehören die Pensionsverpflichtungen nicht zum land- und forstwirtschaftlichen Vermögen, sondern sind bei der Ermittlung des steuerpflichtigen Erwerbs im Erbfall als Nachlassverbindlichkeiten im Sinne des § 10 Absatz 5 ErbStG und im Schenkungsfall bei der Ermittlung des Steuerwerts der freigebigen Zuwendung (§ 7 Absatz 1 ErbStG) zu berücksichtigen. **41**

42 (5) Stehen die in § 158 Absatz 4 Nummer 3 bis 7 BewG genannten Wirtschaftsgüter und Pensionsverpflichtungen sowie die mit Grundvermögen im Sinne des § 158 Absatz 4 Nummer 1 und 2 und § 159 BewG in unmittelbarem wirtschaftlichen Zusammenhang stehenden Verbindlichkeiten mehreren Personen zu, ist der Anteil am Wert nach § 151 Absatz 1 Satz 1 Nummer 4 BewG gesondert festzustellen.

Anl zu § 158

Erlass betr. Zurechnung und Bewertung von Agri-Fotovoltaik-Anlagen

Vom 15. Juli 2022 (BStBl. I S. 1226)

(Gleich lautender Ländererlass)

45 Unter Bezugnahme auf das Ergebnis der Erörterungen mit den obersten Finanzbehörden der Länder gilt zur Zurechnung und Bewertung von Agri-Fotovoltaik-Anlagen für Zwecke der Grundsteuer, der Erbschaft- und Schenkungsteuer sowie der Grunderwerbsteuer das Folgende:

1 Flächen, auf denen Fotovoltaik-Anlagen stehen, die nach der DIN SPEC 91434 Agri-Fotovoltaik-Anlagen der Kategorie I oder II sind, sind dem land- und forstwirtschaftlichen Vermögen zuzurechnen. Die Bewertung dieser Flächen richtet sich nach der jeweils prägenden Nutzung der zu Grunde liegenden (Kategorie I) bzw. im Umgriff befindlichen (Kategorie II) land- und forstwirtschaftlichen Flächen.

2 Flächen, auf denen Fotovoltaik-Anlagen stehen, die nach der DIN SPEC 91434 keine Agri-Fotovoltaik-Anlagen der Kategorie I oder II sind (insbesondere Freiflächen-Fotovoltaik-Anlagen), sind dem Grundvermögen zuzurechnen. Für deren Umfang ist die gesamte Fläche maßgeblich, die dem Betrieb der Fotovoltaik-Anlage dient (insbesondere Aufstellfläche und überdeckte Fläche der Fotovoltaik-Anlage sowie Aufstellflächen der dazugehörenden Betriebsvorrichtungen wie Stromeinspeiseanlagen). Bei der Bewertung der Flächen sind, vorbehaltlich abweichenden Länderrechts bei der Grundsteuer, grundsätzlich die Bodenrichtwerte heranzuziehen, die von den Gutachterausschüssen ermittelt worden sind.

BewG

§ 159 Abgrenzung land- und forstwirtschaftlich genutzter Flächen zum Grundvermögen[1]

(1) **Land- und forstwirtschaftlich genutzte Flächen sind dem Grundvermögen zuzurechnen, wenn nach ihrer Lage, den am Bewertungsstichtag bestehenden Verwertungsmöglichkeiten oder den sonstigen Umständen anzunehmen ist, dass sie in absehbarer Zeit anderen als land- und forstwirtschaftlichen Zwecken, insbesondere als Bauland, Industrieland oder Land für Verkehrszwecke, dienen werden.** 1

(2) **Bildet ein Betrieb der Land- und Forstwirtschaft die Existenzgrundlage des Betriebsinhabers, so sind dem Betriebsinhaber gehörende Flächen, die von einer Stelle aus ordnungsgemäß nachhaltig bewirtschaftet werden, dem Grundvermögen nur dann zuzurechnen, wenn mit großer Wahrscheinlichkeit anzunehmen ist, dass sie spätestens nach zwei Jahren anderen als land- und forstwirtschaftlichen Zwecken dienen werden.** 2

(3) ① **Flächen sind stets dem Grundvermögen zuzurechnen, wenn sie in einem Bebauungsplan als Bauland festgesetzt sind, ihre sofortige Bebauung möglich ist und die Bebauung innerhalb des Plangebiets in benachbarten Bereichen begonnen hat oder schon durchgeführt ist.** ② **Satz 1 gilt nicht für die Hofstelle und für andere Flächen in unmittelbarem räumlichen Zusammenhang mit der Hofstelle bis zu einer Größe von insgesamt 1 Hektar.** 3

Zu § 159 BewG

ErbStR R B 159

R B 159. Abgrenzung land- und forstwirtschaftlich genutzter Flächen

(1) ① Nach § 159 BewG gehören am Bewertungsstichtag noch land- und forstwirtschaftlich genutzte Flächen unter bestimmten Voraussetzungen zum Grundvermögen. ② § 159 Absatz 1 und 2 BewG betrifft Flächen, bei denen zukünftig mit einer Verwendung für andere als land- und forstwirtschaftliche Zwecke zu rechnen ist. ③ § 159 Absatz 3 BewG regelt, unter welchen Voraussetzungen die in einem rechtsverbindlichen Bebauungsplan als Bauland ausgewiesenen Flächen stets als Grundvermögen zu bewerten sind. ④ Wird eine land- und forstwirtschaftlich genutzte Fläche am Bewertungsstichtag im Bebauungsplan als Bauland ausgewiesen, kann eine Zurechnung zum Grundvermögen nicht nur nach § 159 Absatz 3 BewG, sondern auch nach § 159 Absatz 1 oder 2 BewG in Betracht kommen. 5

(2) Land- und forstwirtschaftlich genutzte Flächen werden nach § 159 Absatz 3 BewG in jedem Fall zum Grundvermögen gerechnet, wenn alle folgenden Voraussetzungen erfüllt sind: 6

1. Die Flächen müssen in einem rechtsverbindlichen Bebauungsplan (§§ 8 ff. BauGB) als Bauland ausgewiesen sein.
2. ① Die sofortige Bebauung muss rechtlich und tatsächlich möglich sein. ② Die Möglichkeit einer sofortigen Bebauung kann insbesondere von der Größe und dem Zuschnitt der Fläche abhängen. ③ So kann eine Fläche für jede (nicht etwa nur für eine geplante) Bebauung zu klein oder zu ungünstig geschnitten sein. ④ Auch die Bodenverhältnisse (z. B. Sumpf) können eine sofortige Bebauung ausschließen. ⑤ In rechtlicher Hinsicht ist vor allem entscheidend, ob die sofortige Bebauung nach öffentlich-rechtlichen Vorschriften zulässig ist. ⑥ Als Hinderungsgründe öffentlich-rechtlicher Art kommen insbesondere Veränderungssperren (§ 14 BauGB), die Unzulässigkeit von Bauvorhaben (§ 30 BauGB) und nicht sofort erfüllbare Vorschriften über die Bebauung in Betracht. ⑦ Das gilt beispielsweise, wenn die Grundstücksfläche für die vorgeschriebene offene Bebauung zu klein ist.
3. ① Die Bebauung muss innerhalb des Plangebiets in einem benachbarten Bereich begonnen haben oder schon durchgeführt sein. ② Ob in benachbarten Bereichen die Bebauung schon begonnen hat oder durchgeführt ist, ist allein auf das jeweilige Plangebiet abzustellen. ③ Die Bebauung von Flächen außerhalb des Plangebiets kommt selbst dann, wenn diese Flächen unmittelbar an das Plangebiet anschließen, nicht als Bebauung in einem benachbarten Bereich in Betracht. ④ Andererseits ist hierfür nicht zu fordern, dass die Bebauung in der nächsten Nachbarschaft der zu bewertenden Fläche begonnen hat. ⑤ Was als benachbarter Bereich anzusehen ist, richtet sich nach den örtlichen Verhältnissen. ⑥ Bei Baulücken in geschlossener Ortslage ist die geforderte Voraussetzung stets erfüllt.
4. ① Die Flächen dürfen nicht zur Hofstelle gehören oder in räumlichem Zusammenhang mit der Hofstelle stehen und einen Hektar nicht übersteigen. ② Unter den im räumlichen Zusammenhang mit der Hofstelle stehenden Flächen, die ebenso wie die Hofflächen nicht nach § 159 Absatz 3 BewG zum Grundvermögen gerechnet werden dürfen, sind der Hausgarten und die sog. Hofweide zu verstehen. ③ Nicht darunter fallen die zur gärtnerischen Nutzung gehörenden Flächen sowie Wiesen und nicht mehr als Hofweide anzusehenden Weideflächen. ④ Der räum-

[1] Zur Zurechnung und Bewertung von Agri-Fotovoltaik-Anlagen siehe *gleich lautenden Ländererlass vom 15. 7. 2022,* abgedruckt als Anlage zu § 158 BewG.

liche Zusammenhang mit der Hofstelle kann auch dann anerkannt werden, wenn die Garten- oder Weideflächen durch kleinere Straßen, durch Wege oder durch kleinere Ackerflächen von der Hofstelle getrennt sind.

7 (3) ① Nach § 159 Absatz 1 oder 2 BewG sind alle Fälle abzugrenzen, bei denen eines der folgenden Merkmale zutrifft:

1. Fehlen eines Bebauungsplanes;
2. Einstufung im Bebauungsplan nicht als Bauland, aber z.B. als Grünfläche oder als Verkehrsfläche;
3. fehlende Möglichkeit der sofortigen Bebauung;
4. noch keine im benachbarten Bereich begonnene oder durchgeführte Bebauung;
5. Hoffläche.

② In diesen Fällen ist daher die innerhalb bestimmter Zeit zu erwartende Verwendung für andere als für land- und forstwirtschaftliche Zwecke zu prüfen. ③ Eine Abgrenzung nach § 159 Absatz 1 oder 2 BewG kann darüber hinaus in Betracht kommen, wenn dies zweckmäßiger ist als eine Abgrenzung nach § 159 Absatz 3 BewG. ④ Das trifft beispielsweise zu, wenn das in einem Bebauungsplan als Bauland ausgewiesene Gelände mit Sicherheit schon in Kürze in unbebautem Zustand für gewerbliche Zwecke genutzt werden wird, auf der anderen Seite aber die Möglichkeit einer sofortigen Bebauung zweifelhaft oder mindestens schwer festzustellen ist.

8 (4) ① Die Zurechnung der am Bewertungsstichtag land- und forstwirtschaftlich genutzten Flächen zum Grundvermögen nach § 159 Absatz 1 BewG setzt lediglich voraus, dass eine künftige Verwendung der Flächen für andere als land- und forstwirtschaftliche Zwecke anzunehmen ist und dass die Änderung der Nutzungsweise in absehbarer Zeit erwartet wird. ② Für die Zurechnung zum Grundvermögen nach § 159 Absatz 2 BewG gelten dagegen strengere Voraussetzungen. ③ Hiernach muss eine große Wahrscheinlichkeit bestehen, dass die Flächen spätestens nach zwei Jahren anderen als land- und forstwirtschaftlichen Zwecken dienen werden. ④ § 159 Absatz 2 BewG stellt als eine Spezialvorschrift gegenüber § 159 Absatz 1 BewG eine Anzahl zusätzlicher Tatbestandsmerkmale auf, die die am Bewertungsstichtag noch land- und forstwirtschaftlich genutzten Flächen aufweisen müssen:

1. ① Der Betrieb der Land- und Forstwirtschaft, zu dem die Flächen gehören, muss die Existenzgrundlage des Betriebsinhabers bilden. ② Der Betrieb bildet die Existenzgrundlage, wenn der Lebensbedarf des Betriebsinhabers dadurch überwiegend gedeckt werden kann. ③ Dies kann auch bei Nebenerwerbsstellen der Fall sein. ④ Keine Existenzgrundlage sind Flächen, die nur zur Deckung des Eigenbedarfs bewirtschaftet werden oder wenn ein Betrieb aus Liebhaberei, um der Jagd willen oder als Versuchsbetrieb für den eigenen Gewerbebetrieb unterhalten wird.
2. Es muss sich um Flächen im Eigentum des Betriebsinhabers handeln, die von ihm nicht nur vorübergehend mitbewirtschaftet werden.
3. ① Es muss eine ordnungsgemäße nachhaltige Bewirtschaftung von einer Stelle aus vorliegen. ② Davon ist auszugehen, wenn die Bewirtschaftung von einer Hofstelle oder einem Betriebszentrum erfolgen kann. ③ Eine in größerer Entfernung liegende Fläche, die für Rechnung des Betriebsinhabers durch eine dritte Person bewirtschaftet wird, fällt nicht unter § 159 Absatz 2 BewG.

⑤ Diese Merkmale liegen bei den land- und forstwirtschaftlich genutzten Flächen meistens vor. ⑥ Deswegen sollte vor Anwendung von § 159 Absatz 1 BewG zunächst § 159 Absatz 2 BewG geprüft werden.

9 (5) ① Die bei § 159 Absatz 2 BewG – ebenso wie bei § 159 Absatz 1 BewG – vorausgesetzte Erwartung einer künftigen Verwendung der Fläche für andere als land- und forstwirtschaftliche Zwecke kann sich auf viele Umstände gründen:

1. die Möglichkeit einer künftigen Verwendung als Bauland oder einen Erwerb zu Baulandpreisen, wenn die Fläche nicht als Ersatzland (z.B. bei Enteignungen) oder zur Abrundung eines Betriebs der Land- und Forstwirtschaft dienen soll;
2. den Erwerb durch einen Nichtlandwirt, z.B. durch eine Grundstücksgesellschaft, ein Wohnungsunternehmen oder auch ein Industrieunternehmen, das die Fläche vorläufig noch in der land- und forstwirtschaftlichen Nutzung des Veräußerers belässt;
3. Landverkäufe, die eine beginnende Parzellierung erkennen lassen; die Fläche wird für eine Brückenauffahrt benötigt; ein in Richtung auf die Fläche fortschreitender Straßenbau u.a.

② Der Wille des Eigentümers, die Fläche weiterhin land- und forstwirtschaftlich zu nutzen, ist nicht von Bedeutung, wenn nach der Lage, den Verwertungsmöglichkeiten oder den sonstigen Umständen anzunehmen ist, dass sie anderen als land- und forstwirtschaftlichen Zwecken dienen wird. ③ Bei § 159 Absatz 2 BewG genügt aber anders als bei § 159 Absatz 1 BewG nicht die Erwartung einer Nutzungsänderung in absehbarer Zeit. ④ Vielmehr wird hier eine große Wahrscheinlichkeit für eine solche Nutzungsänderung in spätestens zwei Jahren verlangt. ⑤ Diese strengeren Voraussetzungen sind beispielsweise erfüllt, wenn die Fläche schon vor dem Bewertungsstichtag für die Erweiterung eines Fabrikgrundstücks veräußert und dem Veräußerer nur noch eine Nutzung bis zur Einbringung der ersten Ernte nach dem Bewertungsstichtag zugestanden worden ist. ⑥ Die besonderen Voraussetzungen des § 159 Absatz 2 BewG sind aber z. B. nicht erfüllt, wenn es bei einem sich nähernden Straßenbau ungewiss ist, ob die Fläche schon innerhalb von zwei Jahren oder erst später in Anspruch genommen wird.

(6) Unter dem Begriff „absehbare Zeit" in § 159 Absatz 1 BewG ist in Übereinstimmung mit der bisherigen Rechtsprechung ein Zeitraum von sechs Jahren zu verstehen, der jeweils vom Bewertungsstichtag an beginnt. 10

H B 159

H B 159

Abgrenzung des land- und forstwirtschaftlichen Vermögens vom Grundvermögen. → BFH vom 13. 8. 2003 II R 48/01, BStBl. II S. 908. 11

Abgrenzung zwischen Hof- und Gebäudeflächen und anderen Flächen. → BFH vom 9. 10. 1985 II R 247/81, BStBl. 1986 II S. 13.

Andere als landwirtschaftliche Nutzung. → BFH vom 4. 8. 1972 III R 47/72, BStBl. II S. 849.

Aufstellen eines Flächennutzungsplans. → BFH vom 27. 1. 1978 III R 101/75, BStBl. II S. 292.

Entfernung zwischen Hofstelle und landwirtschaftlich genutzten Flächen. → BFH vom 2. 5. 1980 III R 15/78, BStBl. II S. 490.

Existenzgrundlage. → BFH vom 28. 6. 1974 III R 43/73, BStBl. II S. 702.

Wille des Eigentümers. → BFH vom 28. 7. 1961 III 219/60 U, BStBl. III S. 420.

BewG

§ 160 Betrieb der Land- und Forstwirtschaft

1 (1) **Ein Betrieb der Land- und Forstwirtschaft umfasst**
1. den Wirtschaftsteil,
2. die Betriebswohnungen und
3. den Wohnteil.

2 (2) ① **Der Wirtschaftsteil eines Betriebs der Land- und Forstwirtschaft umfasst**
1. die land- und forstwirtschaftlichen Nutzungen:
a) die landwirtschaftliche Nutzung,
b) die forstwirtschaftliche Nutzung,
c) die weinbauliche Nutzung,
d) die gärtnerische Nutzung,
e) die übrigen land- und forstwirtschaftlichen Nutzungen,
2. die Nebenbetriebe,
3. die folgenden nicht zu einer Nutzung nach den Nummern 1 und 2 gehörenden Wirtschaftsgüter:
a) Abbauland,
b) Geringstland,
c) Unland.

② **Der Anbau von Hopfen, Tabak und Spargel gehört nur zu den Sondernutzungen, wenn keine landwirtschaftliche Nutzung im Sinne des Satzes 1 Nr. 1 Buchstabe a vorliegt.**

3 (3) **Nebenbetriebe sind Betriebe, die dem Hauptbetrieb zu dienen bestimmt sind und nicht einen selbständigen gewerblichen Betrieb darstellen.**

4 (4) **Zum Abbauland gehören die Betriebsflächen, die durch Abbau der Bodensubstanz überwiegend für den Betrieb der Land- und Forstwirtschaft nutzbar gemacht werden (Sand-, Kies-, Lehmgruben, Steinbrüche, Torfstiche und dergleichen).**

5 (5) **Zum Geringstland gehören die Betriebsflächen geringster Ertragsfähigkeit, für die nach dem Bodenschätzungsgesetz vom 20. Dezember 2007 (BGBl. I S. 3150, 3176) keine Wertzahlen festzustellen sind.**

6 (6) **Zum Unland gehören die Betriebsflächen, die auch bei geordneter Wirtschaftsweise keinen Ertrag abwerfen können.**

7 (7)[1] ① **Einen Betrieb der Land- und Forstwirtschaft bilden auch Stückländereien, die als gesonderte wirtschaftliche Einheit zu bewerten sind.** ② **Stückländereien sind einzelne land- und forstwirtschaftlich genutzte Flächen, bei denen die Wirtschaftsgebäude oder die Betriebsmittel oder beide Arten von Wirtschaftsgütern nicht dem Eigentümer des Grund und Bodens gehören, sondern am Bewertungsstichtag für mindestens 15 Jahre einem anderen Betrieb der Land- und Forstwirtschaft zu dienen bestimmt sind.**

8 (8) **Betriebswohnungen sind Wohnungen, die einem Betrieb der Land- und Forstwirtschaft zu dienen bestimmt, aber nicht dem Wohnteil zuzurechnen sind.**

9 (9) **Der Wohnteil eines Betriebs der Land- und Forstwirtschaft umfasst die Gebäude und Gebäudeteile, die dem Inhaber des Betriebs, den zu seinem Haushalt gehörenden Familienangehörigen und den Altenteilern zu Wohnzwecken dienen.**

9a (10) **Einen Betrieb der Land- und Forstwirtschaft bildet auch die gemeinschaftliche Tierhaltung (§ 13 b des Einkommensteuergesetzes) einschließlich der hiermit zusammenhängenden Wirtschaftsgüter.**

Übersicht

		Rz.
R B 160.1	Wirtschaftsteil; H B 160.1	10–16
R B 160.2	Landwirtschaftliche Nutzung; H B 160.2	17–20
Anlagen:		
a) Anbauflächen bzw. Tierarten und Produktionszweige (Anlage 1 zu R B 160.2 und 163)		21
b) Standarddeckungsbeiträge nach der EU-Typologie (Anlage 2 zu R B 163)		22
R B 160.3	Forstwirtschaftliche Nutzung	23, 24
R B 160.4	Weinbauliche Nutzung	25, 26
R B 160.5	Gärtnerische Nutzung	27, 28
R B 160.6	Nutzungsteile Gemüsebau sowie Blumen- und Zierpflanzenbau	29–32
R B 160.7	Nutzungsteil Obstbau	33
R B 160.8	Nutzungsteil Baumschulen	34–37
R B 160.9	Übrige land- und forstwirtschaftliche Nutzungen	38–40
R B 160.10	Binnenfischerei, Teichwirtschaft und Fischzucht für Binnenfischerei und Teichwirtschaft	41–43
R B 160.11	Imkerei	44, 45

[1] Siehe *Tz. II Nr. 2a, IV Nr. 2 und VI gleich lautender Ländererlass vom 4. 12. 2014,* abgedruckt als Anlage H B 162 ErbStH.

		Rz.
R B 160.12	Wanderschäferei	46, 47
R B 160.13	Saatzucht	48, 49
R B 160.14	Pilzanbau	50
R B 160.15	Nützlinge	51
R B 160.16	Weihnachtsbaumkulturen	52, 53
R B 160.17	Besamungsstationen	54–56
R B 160.18	Nebenbetriebe	57
R B 160.19	Abbauland	58
R B 160.20	Geringstland; H B 160.20	59
R B 160.21	Betriebswohnungen	60, 61
R B 160.22	Wohnteil; H B 160.22	62–69

Zu § 160 BewG

R B 160.1 Wirtschaftsteil

ErbStR R B 160.1

(1) Der Wirtschaftsteil umfasst die in § 160 Absatz 2 BewG aufgeführten Nutzungen, Nebenbetriebe einschließlich der dazugehörigen Wirtschaftsgebäude, Betriebsmittel und immateriellen Wirtschaftsgüter sowie die Wirtschaftsgüter Abbauland, Geringstland und Unland. 10

(2) ① Die **Gesamtfläche** des Wirtschaftsteils gliedert sich in 11

1. die landwirtschaftlich genutzten Flächen,
2. die forstwirtschaftlich genutzten Flächen,
3. die weinbaulich genutzten Flächen,
4. die gärtnerisch genutzten Flächen,
5. die sonstigen Flächen (z. B. Geringstland, Unland, Abbauland, fischereiwirtschaftlich genutzte Wasserflächen),
6. die Hof- und Wirtschaftsgebäudeflächen, soweit sie nicht zu den Betriebswohnungen oder zum Wohnteil gehören.

② Zu den jeweiligen Flächen gehören auch Wege, Hecken, Gräben, Grenzraine und dergleichen.

(3) ① Die Hof- und Wirtschaftsgebäudeflächen umfassen die Gebäude- und Gebäudenebenflächen, soweit sie nicht den Wohngebäuden zuzuordnen sind. ② Nicht zu den Wohngebäuden gehörende Gartenflächen (→ R B 160.22 Absatz 6) sind der landwirtschaftlichen Nutzung zuzurechnen. ③ Wirtschaftswege, Hecken, Gräben, Grenzraine und dergleichen sind in die Hof- und Wirtschaftsgebäudefläche einzubeziehen; dies gilt auch für unproduktive Wasserflächen, Bewässerungsteiche, Dämme, Uferstreifen und dergleichen, die nicht als Unland klassifiziert sind. ④ Diese Flächen sind regelmäßig aus den Katasterunterlagen zu übernehmen. ⑤ Sind in einem forstwirtschaftlichen Betriebswerk oder Betriebsgutachten derartige Flächenanteile der forstwirtschaftlichen Nutzung zugerechnet, ist dem bei der Bewertung zu folgen. ⑥ Wegen der Behandlung der Wege und Holzlagerplätze bei der forstwirtschaftlichen Nutzung vgl. R B 160.3 Absatz 2. 12

(4) ① Als Wirtschaftsgebäude kommen insbesondere Gebäude zur Unterbringung von Vieh, Vorräten, Maschinen und anderen Betriebsmitteln sowie Verkaufs-, Arbeits- und Sozialräume in Betracht. ② Hierzu gehören auch Büros, in denen ausschließlich die mit der Betriebsorganisation und Betriebsführung zusammenhängenden Arbeiten vorgenommen werden. 13

(5) Werden Tierbestände, die nach § 169 BewG zu einem Betrieb der Land- und Forstwirtschaft gehören, vom Inhaber dieses Betriebs vorübergehend in einen anderen Betrieb als **Pensionsvieh** gegeben, sind diese Tierbestände auf Grund der Eigentümerstellung und der objektiven Zweckbestimmung nicht dem Pensionsbetrieb, sondern dem Betrieb des Inhabers zuzurechnen. 14

(6)[1] ① Stückländereien bilden eine wirtschaftliche Einheit für sich (§ 160 Absatz 7 BewG). ② Mehrere Stückländereien in der Hand eines Eigentümers können zu einer wirtschaftlichen Einheit zusammengefasst werden. ③ Bei Stückländereien handelt es sich regelmäßig um einzelne land- und forstwirtschaftlich genutzte Flächen, die einem anderen Betrieb der Land- und Forstwirtschaft auf Grund einer Nutzungsüberlassung dauernd zu dienen bestimmt sind. ④ Unter den Begriff der Stückländereien fallen auch die Flächen, die aus einem vollständigen Betrieb heraus, zu dem auch Gebäude und Betriebsmittel gehören, überlassen werden, da die Wirtschaftsgebäude oder die Betriebsmittel oder beide Arten von Wirtschaftsgütern, die der Bewirtschaftung dieser Fläche dienen, nicht dem Eigentümer des Grund und Bodens gehören. ⑤ Voraussetzung für eine Bewertung als Stückländerei ist, dass die Nutzungsüberlassung am Bewertungsstichtag noch mindestens 15 Jahre beträgt. ⑥ Dies gilt unabhängig von der Art der Nutzungsüberlassung und den damit verbundenen Möglichkeiten einer Vertragsverlängerung. ⑦ Ist das zeitliche Kriterium nicht erfüllt, erfolgt die Bewertung der einzelnen land- und forstwirtschaftlichen Flächen nach allgemeinen Grundsätzen des land- und forstwirtschaftlichen Vermögens. 15

(7) Wirtschaftsteil, Betriebswohnung und Wohnteil können jeweils für sich einen Betrieb der Land- und Forstwirtschaft bilden. 16

---

[1] Siehe jetzt § 158 Abs. 2 BewG.

H B 160.1

H B 160.1

Pensionsvieh. → BFH vom 20. 1. 1956 III 244/55, BStBl. III S. 202.

ErbStR R B 160.2

R B 160.2 Landwirtschaftliche Nutzung

17 (1) ① Zur landwirtschaftlichen Nutzung gehören alle Wirtschaftsgüter, die der Pflanzen- und Tierproduktion dienen. ② Hierzu gehören die Nutzungsarten (Betriebsformen) Ackerbau, Futterbau und Veredlung nach Maßgabe des § 169 BewG. ③ Als landwirtschaftliche Nutzung sind auch die Betriebsformen Pflanzenbau-Verbund, Vieh-Verbund sowie Pflanzen- und Viehverbund einzustufen (→ Anlage 1 und R B 163 Absatz 3).

18 (2) ① Nicht zur landwirtschaftlichen Nutzung gehören grundsätzlich der spezialisierte Anbau von Hopfen, Tabak und Spargel und anderen Sonderkulturen. ② Soweit eine landwirtschaftliche Nutzung vorliegt, ist jedoch der Anbau von Hopfen, Spargel und Tabak nach § 160 Absatz 2 Satz 2 BewG als landwirtschaftliche Nutzung zu erfassen. ③ Die Saatzucht, Besamungsstationen und Weihnachtsbaumkulturen gehören ebenfalls nicht zur landwirtschaftlichen Nutzung, sondern zu den sonstigen land- und forstwirtschaftlichen Nutzungen.

19 (3) ① Die Flächen der landwirtschaftlichen Nutzung bestimmen sich nach den Anbauverhältnissen am Bewertungsstichtag. ② Zur Ermittlung der Anbauverhältnisse sind die veröffentlichten Standarddeckungsbeiträge der selbst bewirtschafteten Flächen und die Anzahl der vorhandenen Tiere maßgeblich. ③ Bei der Abgrenzung der landwirtschaftlichen von der gewerblichen Tierhaltung ist § 169 BewG in Verbindung mit Anlage 19 und 20 zum BewG und § 175 Absatz 2 BewG zu beachten.

20 (4) ① Gemeinschaftliche Tierhaltungen sind nach § 51a BewG in Verbindung mit § 13 Absatz 1 Nummer 1 Satz 5 EStG der Land- und Forstwirtschaft zuzuordnen und damit land- und forstwirtschaftliches Vermögen im Sinne der §§ 158 ff. BewG. ② Die Tierzucht ist der landwirtschaftlichen Nutzung im Sinne des § 160 Absatz 2 Satz 1 Nummer 1 Buchstabe a BewG und der Nutzungsart Veredlung im Sinne der Anlage 14 zum BewG zuzuordnen.

H B 160.2

H B 160.2

Standarddeckungsbeiträge. → BMF-Schreiben vom 18. 3. 2009 (BStBl. I S. 479) und Anlage 2.

Anl a zu R B 160.2

Anlage 1: Anbauflächen bzw. Tierarten und Produktionszweige

21

Anbauflächen bzw. Tierarten	Produktionszweig
Weichweizen und Spelz, Hartweizen, Roggen, Gerste, Hafer, Körnermais, sonstiges Getreide zur Körnergewinnung, Eiweißpflanzen zur Körnergewinnung Kartoffeln (einschl. Früh- und Pflanzkartoffeln), Zuckerrüben (ohne Saatgut), Sämereien und Pflanzgut auf dem Ackerland, sonstige Ackerkulturen auf dem Ackerland Schwarzbrache (einschl. Grünbrache), für die keine Beihilfe gewährt wird, nicht wirtschaftlich genutzte Schwarzbrache (einschl. Grünbrache) mit Beihilfe Tabak, Hopfen, Raps und Rübsen, Sonnenblumen, Soja, Leinsamen (Öllein), andere Ölfrüchte, Flachs, Hanf, andere Textilpflanzen, andere Handelsgewächse, die noch nicht aufgeführt sind, Spargel Nur, wenn kein Weidevieh vorhanden ist:[1] Futterhackfrüchte (ohne Saatgut), Ackerwiesen und -weiden, Grünmais (Silagemais), sonstige Futterpflanzen	**Ackerbau**
Grünland: – nur, wenn kein Weidevieh vorhanden ist[2] – Grünland und Weiden ohne ertragsarme Weiden, ungepflegtes Weideland **Weidevieh:** Einhufer, Mastbullen bis 19,2 Monate, Aufzuchtfärsen bis 28,8 Monate, Rinder unter 1 Jahr, männliche Rinder 1–2 Jahre, weibliche Rinder 1–2 Jahre, männliche Rinder 2 Jahre und älter, Färsen 2 Jahre und älter, Milchkühe, sonstige Kühe, Mutterschafe, sonstige Schafe, Ziegen davon **Rinder für die Milcherzeugung:**[2] Rinder unter 1 Jahr, weibliche Rinder 1–2 Jahren, Färsen 2 Jahre und älter, Milchkühe	**Futterbau** (Grünland und Weidevieh)
Zuchtsauen (50 kg und mehr), sonstige Schweine Masthähnchen und -hühnchen, Legehennen, sonstiges Geflügel Mutterkaninchen	**Veredlung**

[1] **[Amtl. Anm.:] Hinweis zu den Futterflächen:**
Ist **Weidevieh** vorhanden, sind die Standarddeckungsbeiträge der Futterflächen mit dem Ansatz der Standarddeckungsbeiträge des Weideviehs abgegolten, da von einem ausgeglichenen Futtersaldo ausgegangen wird. Das bedeutet, dass in diesem Fall die Standarddeckungsbeiträge der Futterflächen nicht in den Standarddeckungsbeitrag des jeweiligen Produktionszweigs (Ackerbau bzw. Futterbau) einbezogen werden. **Futterflächen** sind Futterhackfrüchte (ohne Saatgut), Ackerwiesen und -weiden, Grünmais (Silagemais), sonstige Futterpflanzen, Grünland und Weiden ohne ertragsarme Weiden, ungepflegtes Weideland.

[2] **[Amtl. Anm.:] Hinweis zu den Rindern für die Milcherzeugung:**
Der Standarddeckungsbeitrag der Rinder für die Milcherzeugung ist ein Teilbetrag des Standarddeckungsbeitrags des Weideviehs; er ist zusätzlich zu ermitteln, da er für die Einordnung eines spezialisierten Futterbaubetriebs in die Betriebsform ‚Milchviehhaltung' bzw. ‚Sonstiger Futterbau' benötigt wird.

Anlage 2: Standarddeckungsbeiträge nach der EU-Typologie

Anl b zu R B 160.2

22

Standarddeckungsbeiträge nach der EU-Typologie		Schleswig-Holstein	Niedersachsen			
			Braunschweig	Hannover	Lüneburg	Weser-Ems
Code	**Merkmal (folgende Angaben in €/Tier und Jahr (bei Geflügel pro 100 Tiere))**					
J/01	Einhufer	186	186	186	186	186
Jm	Mastbullen –19.2 Monate	538	551	549	549	541
Ja	Aufzuchtfärsen –28.8 Monate	439	436	436	436	419
J/02	Rinder unter 1 Jahr	250	253	253	253	247
J/03	Männliche Rinder 1–2 Jahren	479	496	494	494	491
J/04	Weibliche Rinder 1–2 Jahren	135	131	131	131	123
J/05	Männliche Rinder 2 Jahre und älter	336	344	343	343	338
J/06	Färsen 2 Jahre und älter	135	131	131	131	123
J/07	Milchkühe	1317	1364	1362	1290	1328
J/08	Sonstige Kühe	266	266	266	266	266
J/09 a	Mutterschafe	44	44	44	44	44
J/09 b	Sonstige Schafe	22	22	22	22	22
J/10	Ziegen (jeden Alters)	39	39	39	39	39
J/11	Ferkel unter 20 kg LG	55	77	76	75	87
J/12	Zuchtsauen, 50 kg und mehr	400	307	307	307	310
J/13	Sonstige Schweine	55	77	76	75	87
J/14	Masthähnchen und -hühnchen	133	133	133	133	133
J/15	Legehennen	831	903	903	903	921
J/16	Sonstiges Geflügel	703	703	703	703	703
J/17	Mutterkaninchen	133	133	133	133	133
	Merkmal (folgende Angaben in €/ha)					
D/01	Weichweizen und Spelz	862	735	752	664	642
D/02	Hartweizen	665	656	600	624	613
D/03	Roggen	567	526	517	494	448
D/04	Gerste	717	629	598	563	544
D/05	Hafer	619	585	550	524	487
D/06	Körnermais	686	631	624	628	669
D/08	Sonstiges Getreide zur Körnergewinnung	681	600	584	556	573
D/09	Eiweißpflanzen zur Körnergewinnung	474	399	405	372	394
D/10	Kartoffeln (einschl. Früh- und Pflanzkartoffeln)	3291	2965	2808	2634	3137
D/11	Zuckerrüben (ohne Saatgut)	1945	1985	2089	1897	1880
D/12	Futterhackfrüchte (ohne Saatgut)	479	302	323	284	280
D/18 a	Ackerwiesen und -weiden	285	368	361	383	395
D/18bi	Grünmais (Silagemais)	573	821	756	759	724
D/18biii	Sonstige Futterpflanzen	327	427	423	424	381
D/19	Sämereien und Pflanzgut auf dem Ackerland	878	878	878	878	878
D/20	Sonstige Ackerkulturen auf dem Ackerland	500	500	500	500	500
D/21	Schwarzbrache (einschl. Grünbrache), für die keine Beihilfe gewährt wird	50	50	50	50	50
D/22	Schwarzbrache (einschl. Grünbrache), die einer Beihilferegelung unterliegt und nicht wirtschaftlich genutzt wird	240	190	190	190	190
D/23	Tabak	6448	6448	6448	6448	6448
D/24	Hopfen	4003	4003	4003	4003	4003
D/26	Raps und Rübsen	779	666	653	587	565
D/27	Sonnenblumen	428	346	346	346	368
D/28	Soja	503	384	382	384	416
D/29	Leinsamen (Öllein)	555	555	555	555	555
D/30	Andere Ölfrüchte	782	671	658	613	611
D/31	Flachs	628	628	628	628	628
D/32	Hanf	632	632	632	632	632
D/33	Andere Textilpflanzen	628	628	628	628	628
D/35	Andere Handelsgewächse, die noch nicht aufgeführt wurden	779	666	653	587	565
F/01	Grünland und Weiden ohne ertragsarme Weiden	374	422	436	448	475
F/02	Ungepflegtes Weideland	99	99	99	99	99
	Durchschnittlicher Standarddeckungsbeitrag nach R B 164 Abs. 9 ErbStR	691	653	644	618	632
	Merkmal für die Regelung nach § 160 Abs. 2 Satz 2 BewG (folgende Angaben in €/ha)					
D/14 a	Spargel	11 111	11 111	11 111	11 111	11 111
D/23	Tabak	6 448	6 448	6 448	6 448	6 448
D/24	Hopfen	4 003	4 003	4 003	4 003	4 003

Anl b zu R B 160.2

noch **22**

Standarddeckungsbeiträge nach der EU-Typologie		Nordrhein-Westfalen				
		Düssel-dorf	Köln	Münster	Detmold	Arnsberg
Code	Merkmal (folgende Angaben in €/Tier und Jahr (bei Geflügel pro 100 Tiere))					
J/01	Einhufer	186	186	186	186	186
Jm	Mastbullen – 19.2 Monate	640	639	640	639	640
Ja	Aufzuchtfärsen –28.8 Monate	410	410	422	422	421
J/02	Rinder unter 1 Jahr	272	271	275	274	274
J/03	Männliche Rinder 1–2 Jahren	614	612	609	608	609
J/04	Weibliche Rinder 1–2 Jahren	99	99	105	106	105
J/05	Männliche Rinder 2 Jahre und älter	400	399	400	399	400
J/06	Färsen 2 Jahre und älter	99	99	105	106	105
J/07	Milchkühe	1428	1315	1374	1384	1313
J/08	Sonstige Kühe	266	266	266	266	266
J/09 a	Mutterschafe	44	44	44	44	44
J/09 b	Sonstige Schafe	22	22	22	22	22
J/10	Ziegen (jeden Alters)	39	39	39	39	39
J/11	Ferkel unter 20 kg LG	71	71	74	74	74
J/12	Zuchtsauen, 50 kg und mehr	339	339	305	305	305
J/13	Sonstige Schweine	71	71	74	74	74
J/14	Masthähnchen und -hühnchen	133	133	133	133	133
J/15	Legehennen	903	903	903	903	876
J/16	Sonstiges Geflügel	703	703	703	703	703
J/17	Mutterkaninchen	133	133	133	133	133
	Merkmal (folgende Angaben in €/ha)					
D/01	Weichweizen und Spelz	725	769	701	713	737
D/02	Hartweizen	666	666	666	666	666
D/03	Roggen	544	594	516	546	580
D/04	Gerste	596	645	575	603	614
D/05	Hafer	550	550	538	559	560
D/06	Körnermais	755	695	761	709	779
D/08	Sonstiges Getreide zur Körnergewinnung	583	608	545	574	576
D/09	Eiweißpflanzen zur Körnergewinnung	363	448	429	418	422
D/10	Kartoffeln (einschl. Früh- und Pflanzkartoffeln)	3712	4024	2602	2902	3232
D/11	Zuckerrüben (ohne Saatgut)	2087	2132	1840	2090	2239
D/12	Futterhackfrüchte (ohne Saatgut)	438	396	402	435	414
D/18 a	Ackerwiesen und -weiden	341	312	312	297	303
D/18bi	Grünmais (Silagemais)	874	837	816	770	789
D/18biii	Sonstige Futterpflanzen	330	372	346	365	357
D/19	Sämereien und Pflanzgut auf dem Ackerland	878	878	878	878	878
D/20	Sonstige Ackerkulturen auf dem Ackerland	500	500	500	500	500
D/21	Schwarzbrache (einschl. Grünbrache), für die keine Beihilfe gewährt wird	50	50	50	50	50
D/22	Schwarzbrache (einschl. Grünbrache), die einer Beihilferegelung unterliegt und nicht wirtschaftlich genutzt wird	190	190	190	190	190
D/23	Tabak	6448	6448	6448	6448	6448
D/24	Hopfen	4003	4003	4003	4003	4003
D/26	Raps und Rübsen	638	662	650	665	651
D/27	Sonnenblumen	510	534	526	528	526
D/28	Soja	368	480	439	422	425
D/29	Leinsamen (Öllein)	555	555	555	555	555
D/30	Andere Ölfrüchte	647	672	660	668	654
D/31	Flachs	628	628	628	628	628
D/32	Hanf	632	632	632	632	632
D/33	Andere Textilpflanzen	628	628	628	628	628
D/35	Andere Handelsgewächse, die noch nicht aufgeführt wurden	638	662	650	665	651
F/01	Grünland und Weiden ohne ertragsarme Weiden	426	350	365	376	364
F/02	Ungepflegtes Weideland	99	99	99	99	99
	Durchschnittlicher Standarddeckungsbeitrag nach R B 164 Abs. 9 ErbStR	688	709	638	660	679
	Merkmal für die Regelung nach § 160 Abs. 2 Satz 2 BewG (folgende Angaben in €/ha)					
D/14 a	Spargel	11 111	11 111	11 111	11 111	11 111
D/23	Tabak	6 448	6 448	6 448	6 448	6 448
D/24	Hopfen	4 003	4 003	4 003	4 003	4 003

noch **22**

Code	Standarddeckungsbeiträge nach der EU-Typologie	Hessen			Rhein-land-Pfalz	Saarland
		Darmstadt	Gießen	Kassel		
Code	Merkmal (folgende Angaben in €/Tier und Jahr (bei Geflügel pro 100 Tiere))					
J/01	Einhufer	186	186	186	186	186
Jm	Mastbullen – 19.2 Monate	560	563	562	567	563
Ja	Aufzuchtfärsen – 28.8 Monate	374	379	378	376	373
J/02	Rinder unter 1 Jahr	241	243	243	244	242
J/03	Männliche Rinder 1–2 Jahren	531	532	532	539	535
J/04	Weibliche Rinder 1–2 Jahren	95	97	96	94	94
J/05	Männliche Rinder 2 Jahre und älter	350	352	351	355	352
J/06	Färsen 2 Jahre und älter	95	97	96	94	94
J/07	Milchkühe	1228	1305	1345	1326	1332
J/08	Sonstige Kühe	266	266	266	266	266
J/09 a	Mutterschafe	44	44	44	44	44
J/09 b	Sonstige Schafe	22	22	22	22	22
J/10	Ziegen (jeden Alters)	39	39	39	39	39
J/11	Ferkel unter 20 kg LG	66	66	66	52	67
J/12	Zuchtsauen, 50 kg und mehr	380	380	380	369	369
J/13	Sonstige Schweine	66	66	66	52	67
J/14	Masthähnchen und -hühnchen	133	133	133	133	133
J/15	Legehennen	866	802	802	704	768
J/16	Sonstiges Geflügel	703	703	703	703	703
J/17	Mutterkaninchen	133	133	133	133	133
	Merkmal (folgende Angaben in €/ha)					
D/01	Weichweizen und Spelz	635	594	626	538	500
D/02	Hartweizen	584	543	568	606	579
D/03	Roggen	419	483	462	404	409
D/04	Gerste	514	504	507	522	466
D/05	Hafer	457	493	490	423	386
D/06	Körnermais	624	606	634	513	411
D/08	Sonstiges Getreide zur Körnergewinnung	468	487	507	441	419
D/09	Eiweißpflanzen zur Körnergewinnung	323	355	351	292	263
D/10	Kartoffeln (einschl. Früh- und Pflanzkartoffeln)	3304	2310	2487	3074	1989
D/11	Zuckerrüben (ohne Saatgut)	1976	2034	1941	2040	2020
D/12	Futterhackfrüchte (ohne Saatgut)	494	419	441	450	371
D/18 a	Ackerwiesen und -weiden	209	224	215	211	204
D/18bi	Grünmais (Silagemais)	813	895	883	789	676
D/18biii	Sonstige Futterpflanzen	208	219	219	283	301
D/19	Sämereien und Pflanzgut auf dem Ackerland	878	878	878	878	878
D/20	Sonstige Ackerkulturen auf dem Ackerland	500	500	500	500	500
D/21	Schwarzbrache (einschl. Grünbrache), für die keine Beihilfe gewährt wird	50	50	50	50	50
D/22	Schwarzbrache (einschl. Grünbrache), die einer Beihilferegelung unterliegt und nicht wirtschaftlich genutzt wird	190	190	190	163	148
D/23	Tabak	6448	6448	6448	6448	6448
D/24	Hopfen	4003	4003	4003	4003	4003
D/26	Raps und Rübsen	635	594	594	587	518
D/27	Sonnenblumen	375	374	374	500	385
D/28	Soja	289	314	300	293	261
D/29	Leinsamen (Öllein)	555	555	555	555	555
D/30	Andere Ölfrüchte	643	600	599	603	537
D/31	Flachs	628	628	628	628	628
D/32	Hanf	632	632	632	632	632
D/33	Andere Textilpflanzen	628	628	628	628	628
D/35	Andere Handelsgewächse, die noch nicht aufgeführt wurden	635	594	594	587	518
F/01	Grünland und Weiden ohne ertragsarme Weiden	304	316	315	295	304
F/02	Ungepflegtes Weideland	99	99	99	99	99
	Durchschnittlicher Standarddeckungsbeitrag nach R B 164 Abs. 9 ErbStR	623	590	595	606	539
	Merkmal für die Regelung nach § 160 Abs. 2 Satz 2 BewG (folgende Angaben in €/ha)					
D/14 a	Spargel	11 111	11 111	11 111	11 111	11 111
D/23	Tabak	6 448	6 448	6 448	6 448	6 448
D/24	Hopfen	4 003	4 003	4 003	4 003	4 003

Anl b zu R B 160.2

noch **22**

Standarddeckungsbeiträge nach der EU-Typologie		Baden-Württemberg			
		Stuttgart	Karlsruhe	Freiburg	Tübingen
Code	Merkmal (folgende Angaben in €/Tier und Jahr (bei Geflügel pro 100 Tiere))				
J/01	Einhufer	186	186	186	186
Jm	Mastbullen – 19.2 Monate	623	622	624	625
Ja	Aufzuchtfärsen – 28.8 Monate	468	468	470	474
J/02	Rinder unter 1 Jahr	281	280	281	282
J/03	Männliche Rinder 1–2 Jahren	571	570	571	571
J/04	Weibliche Rinder 1–2 Jahren	134	134	135	137
J/05	Männliche Rinder 2 Jahre und älter	390	389	390	391
J/06	Färsen 2 Jahre und älter	134	134	135	137
J/07	Milchkühe	1236	1182	1126	1274
J/08	Sonstige Kühe	266	266	266	266
J/09 a	Mutterschafe	44	44	44	44
J/09 b	Sonstige Schafe	22	22	22	22
J/10	Ziegen (jeden Alters)	39	39	39	39
J/11	Ferkel unter 20 kg LG	67	67	67	67
J/12	Zuchtsauen, 50 kg und mehr	328	328	328	328
J/13	Sonstige Schweine	67	67	67	67
J/14	Masthähnchen und -hühnchen	133	133	133	133
J/15	Legehennen	690	690	690	691
J/16	Sonstiges Geflügel	703	703	703	703
J/17	Mutterkaninchen	133	133	133	133
	Merkmal (folgende Angaben in €/ha)				
D/01	Weichweizen und Spelz	587	547	538	578
D/02	Hartweizen	622	558	551	640
D/03	Roggen	466	407	416	437
D/04	Gerste	531	515	492	501
D/05	Hafer	495	486	487	521
D/06	Körnermais	669	644	662	674
D/08	Sonstiges Getreide zur Körnergewinnung	513	466	466	505
D/09	Eiweißpflanzen zur Körnergewinnung	327	330	320	327
D/10	Kartoffeln (einschl. Früh- und Pflanzkartoffeln)	2300	2057	2358	2123
D/11	Zuckerrüben (ohne Saatgut)	2207	2026	2029	2186
D/12	Futterhackfrüchte (ohne Saatgut)	635	626	685	722
D/18 a	Ackerwiesen und -weiden	211	199	207	246
D/18bi	Grünmais (Silagemais)	747	730	751	781
D/18biii	Sonstige Futterpflanzen	298	308	306	340
D/19	Sämereien und Pflanzgut auf dem Ackerland	878	878	878	878
D/20	Sonstige Ackerkulturen auf dem Ackerland	500	500	500	500
D/21	Schwarzbrache (einschl. Grünbrache), für die keine Beihilfe gewährt wird	50	50	50	50
D/22	Schwarzbrache (einschl. Grünbrache), die einer Beihilferegelung unterliegt und nicht wirtschaftlich genutzt wird	190	190	190	190
D/23	Tabak	6448	6448	6448	6448
D/24	Hopfen	4003	4003	4003	4003
D/26	Raps und Rübsen	563	572	552	545
D/27	Sonnenblumen	464	525	494	475
D/28	Soja	304	317	291	316
D/29	Leinsamen (Öllein)	555	555	555	555
D/30	Andere Ölfrüchte	572	582	571	560
D/31	Flachs	628	628	628	628
D/32	Hanf	632	632	632	632
D/33	Andere Textilpflanzen	628	628	628	628
D/35	Andere Handelsgewächse, die noch nicht aufgeführt wurden	563	572	552	545
F/01	Grünland und Weiden ohne ertragsarme Weiden	284	283	297	338
F/02	Ungepflegtes Weideland	99	99	99	99
	Durchschnittlicher Standarddeckungsbeitrag nach R B 164 Abs. 9 ErbStR	604	583	593	604
	Merkmal für die Regelung nach § 160 Abs. 2 Satz 2 BewG (folgende Angaben in €/ha)				
D/14 a	Spargel	11 111	11 111	11 111	11 111
D/23	Tabak	6448	6448	6448	6448
D/24	Hopfen	4003	4003	4003	4003

Anl b zu R B 160.2

noch **22**

	Standarddeckungsbeiträge nach der EU-Typologie	Bayern						
		Oberbayern	Niederbayern	Oberpfalz	Oberfranken	Mittelfranken	Unterfranken	Schwaben
Code	Merkmal (folgende Angaben in €/Tier und Jahr (bei Geflügel pro 100 Tiere))							
J/01	Einhufer	186	186	186	186	186	186	186
Jm	Mastbullen – 19.2 Monate	636	637	635	633	634	633	637
Ja	Aufzuchtfärsen – 28.8 Monate	479	480	479	478	477	478	480
J/02	Rinder unter 1 Jahr	287	287	286	286	286	286	287
J/03	Männliche Rinder 1–2 Jahren	582	583	581	579	580	579	583
J/04	Weibliche Rinder 1–2 Jahren	137	138	138	138	137	138	138
J/05	Männliche Rinder 2 Jahre und älter	397	398	397	396	396	396	398
J/06	Färsen 2 Jahre und älter	137	138	138	138	137	138	138
J/07	Milchkühe	1270	1217	1230	1281	1307	1318	1329
J/08	Sonstige Kühe	266	266	266	266	266	266	266
J/09 a	Mutterschafe	44	44	44	44	44	44	44
J/09 b	Sonstige Schafe	22	22	22	22	22	22	22
J/10	Ziegen (jeden Alters)	39	39	39	39	39	39	39
J/11	Ferkel unter 20 kg LG	67	67	67	67	67	67	67
J/12	Zuchtsauen, 50 kg und mehr	371	371	371	371	371	371	371
J/13	Sonstige Schweine	67	67	67	67	67	67	67
J/14	Masthähnchen und -hühnchen	133	133	133	133	133	133	133
J/15	Legehennen	754	754	754	754	754	754	754
J/16	Sonstiges Geflügel	703	703	703	703	703	703	703
J/17	Mutterkaninchen	133	133	133	133	133	133	133
	Merkmal (folgende Angaben in €/ha)							
D/01	Weichweizen und Spelz	598	620	586	526	553	588	621
D/02	Hartweizen	619	645	605	512	587	623	658
D/03	Roggen	402	424	399	380	376	436	414
D/04	Gerste	516	499	495	494	472	533	520
D/05	Hafer	491	484	449	425	420	454	503
D/06	Körnermais	703	725	653	617	618	649	714
D/08	Sonstiges Getreide zur Körnergewinnung	464	451	443	433	438	480	483
D/09	Eiweißpflanzen zur Körnergewinnung	326	321	314	307	311	312	330
D/10	Kartoffeln (einschl. Früh- und Pflanzkartoffeln)	2327	2618	2352	2036	1907	2074	2697
D/11	Zuckerrüben (ohne Saatgut)	2416	2489	2414	1827	2142	2109	2415
D/12	Futterhackfrüchte (ohne Saatgut)	660	668	613	561	518	548	664
D/18 a	Ackerwiesen und -weiden	296	285	290	285	270	280	300
D/18bi	Grünmais (Silagemais)	886	904	842	784	810	790	917
D/18biii	Sonstige Futterpflanzen	422	420	404	395	384	382	420
D/19	Sämereien und Pflanzgut auf dem Ackerland	878	878	878	878	878	878	878
D/20	Sonstige Ackerkulturen auf dem Ackerland	500	500	500	500	500	500	500
D/21	Schwarzbrache (einschl. Grünbrache), für die keine Beihilfe gewährt wird	50	50	50	50	50	50	50
D/22	Schwarzbrache (einschl. Grünbrache), die einer Beihilferegelung unterliegt und nicht wirtschaftlich genutzt wird	190	190	190	190	190	190	190
D/23	Tabak	6448	6448	6448	6448	6448	6448	6448
D/24	Hopfen	4003	4003	4003	4003	4003	4003	4003
D/26	Raps und Rübsen	584	630	573	526	517	572	608
D/27	Sonnenblumen	488	485	475	429	438	484	490
D/28	Soja	320	313	320	307	316	312	324
D/29	Leinsamen (Öllein)	555	555	555	555	555	555	555
D/30	Andere Ölfrüchte	587	633	575	532	518	575	612
D/31	Flachs	628	628	628	628	628	628	628
D/32	Hanf	632	632	632	632	632	632	632
D/33	Andere Textilpflanzen	628	628	628	628	628	628	628
D/35	Andere Handelsgewächse, die noch nicht aufgeführt wurden	584	630	573	526	517	572	608
F/01	Grünland und Weiden ohne ertragsarme Weiden	421	393	381	378	384	375	432
F/02	Ungepflegtes Weideland	99	99	99	99	99	99	99
	Durchschnittlicher Standarddeckungsbeitrag nach R B 164 Abs. 9 ErbStR	630	648	618	567	574	597	651
	Merkmal für die Regelung nach § 160 Abs. 2 Satz 2 BewG (folgende Angaben in €/ha)							
D/14 a	Spargel	11 111	11 111	11 111	11 111	11 111	11 111	11 111
D/23	Tabak	6448	6448	6448	6448	6448	6448	6448
D/24	Hopfen	4003	4003	4003	4003	4003	4003	4003

Anl b zu R B 160.2

noch **22**

Code	Standarddeckungsbeiträge nach der EU-Typologie	Brandenburg	Mecklenburg-Vorpommern	Sachsen Chemnitz	Sachsen Dresden	Sachsen Leipzig
Code	Merkmal (folgende Angaben in €/Tier und Jahr (bei Geflügel pro 100 Tiere))					
J/01	Einhufer	186	186	186	186	186
Jm	Mastbullen – 19.2 Monate	494	508	562	555	555
Ja	Aufzuchtfärsen – 28.8 Monate	279	298	296	290	291
J/02	Rinder unter 1 Jahr	201	209	224	220	221
J/03	Männliche Rinder 1–2 Jahren	488	498	564	558	558
J/04	Weibliche Rinder 1–2 Jahren	56	63	52	50	50
J/05	Männliche Rinder 2 Jahre und älter	309	318	351	347	347
J/06	Färsen 2 Jahre und älter	56	63	52	50	50
J/07	Milchkühe	1469	1437	1478	1505	1601
J/08	Sonstige Kühe	266	266	266	266	266
J/09 a	Mutterschafe	44	44	44	44	44
J/09 b	Sonstige Schafe	22	22	22	22	22
J/10	Ziegen (jeden Alters)	39	39	39	39	39
J/11	Ferkel unter 20 kg LG	49	57	63	63	63
J/12	Zuchtsauen, 50 kg und mehr	420	405	408	408	408
J/13	Sonstige Schweine	49	57	63	63	63
J/14	Masthähnchen und -hühnchen	133	133	133	133	133
J/15	Legehennen	920	837	987	987	987
J/16	Sonstiges Geflügel	703	703	703	703	703
J/17	Mutterkaninchen	133	133	133	133	133
	Merkmal (folgende Angaben in €/ha)					
D/01	Weichweizen und Spelz	492	640	621	600	606
D/02	Hartweizen	456	613	593	593	593
D/03	Roggen	316	408	499	378	444
D/04	Gerste	430	556	549	517	552
D/05	Hafer	372	472	536	488	496
D/06	Körnermais	471	499	593	581	566
D/08	Sonstiges Getreide zur Körnergewinnung	357	496	481	398	446
D/09	Eiweißpflanzen zur Körnergewinnung	260	313	372	358	342
D/10	Kartoffeln (einschl. Früh- und Pflanzkartoffeln)	1731	1994	2947	2541	2705
D/11	Zuckerrüben (ohne Saatgut)	1592	1707	1935	1958	1924
D/12	Futterhackfrüchte (ohne Saatgut)	317	149	277	258	294
D/18 a	Ackerwiesen und -weiden	94	224	358	288	294
D/18bi	Grünmais (Silagemais)	418	535	689	581	591
D/18biii	Sonstige Futterpflanzen	242	315	442	401	339
D/19	Sämereien und Pflanzgut auf dem Ackerland	878	878	878	878	878
D/20	Sonstige Ackerkulturen auf dem Ackerland	500	500	500	500	500
D/21	Schwarzbrache (einschl. Grünbrache), für die keine Beihilfe gewährt wird	50	50	50	50	50
D/22	Schwarzbrache (einschl. Grünbrache), die einer Beihilferegelung unterliegt und nicht wirtschaftlich genutzt wird	189	189	190	190	190
D/23	Tabak	6448	6448	6448	6448	6448
D/24	Hopfen	4003	4003	4003	4003	4003
D/26	Raps und Rübsen	551	642	639	609	635
D/27	Sonnenblumen	338	274	492	373	381
D/28	Soja	230	329	380	400	366
D/29	Leinsamen (Öllein)	555	555	555	555	555
D/30	Andere Ölfrüchte	564	657	641	612	636
D/31	Flachs	628	628	628	628	628
D/32	Hanf	632	632	632	632	632
D/33	Andere Textilpflanzen	628	628	628	628	628
D/35	Andere Handelsgewächse, die noch nicht aufgeführt wurden	551	642	639	609	635
F/01	Grünland und Weiden ohne ertragsarme Weiden	230	291	326	288	301
F/02	Ungepflegtes Weideland	99	99	99	99	99
	Durchschnittlicher Standarddeckungsbeitrag nach R B 164 Abs. 9 ErbStR	489	549	626	586	597
	Merkmal für die Regelung nach § 160 Abs. 2 Satz 2 BewG (folgende Angaben in €/ha)					
D/14 a	Spargel	11 111	11 111	11 111	11 111	11 111
D/23	Tabak	6448	6448	6448	6448	6448
D/24	Hopfen	4003	4003	4003	4003	4003

Anl b zu R B 160.2

noch **22**

Code	Standarddeckungsbeiträge nach der EU-Typologie	Sachsen-Anhalt Dessau	Halle	Magdeburg	Thüringen	Stadtstaaten
Code	Merkmal (folgende Angaben in €/Tier und Jahr (bei Geflügel pro 100 Tiere))					
J/01	Einhufer	186	186	186	186	186
Jm	Mastbullen –19.2 Monate	499	512	505	562	524
Ja	Aufzuchtfärsen –28.8 Monate	283	293	286	280	378
J/02	Rinder unter 1 Jahr	203	209	206	220	232
J/03	Männliche Rinder 1–2 Jahren	493	505	499	571	486
J/04	Weibliche Rinder 1–2 Jahren	57	60	57	43	104
J/05	Männliche Rinder 2 Jahre und älter	312	320	315	351	328
J/06	Färsen 2 Jahre und älter	57	60	57	43	104
J/07	Milchkühe	1502	1449	1405	1485	1324
J/08	Sonstige Kühe	266	266	266	266	266
J/09 a	Mutterschafe	44	44	44	44	44
J/09 b	Sonstige Schafe	22	22	22	22	22
J/10	Ziegen (jeden Alters)	39	39	39	39	39
J/11	Ferkel unter 20 kg LG	61	61	61	64	59
J/12	Zuchtsauen, 50 kg und mehr	425	425	425	443	368
J/13	Sonstige Schweine	61	61	61	64	59
J/14	Masthähnchen und -hühnchen	133	133	133	133	133
J/15	Legehennen	876	876	876	945	885
J/16	Sonstiges Geflügel	703	703	703	703	703
J/17	Mutterkaninchen	133	133	133	133	133
	Merkmal (folgende Angaben in €/ha)					
D/01	Weichweizen und Spelz	630	688	665	625	655
D/02	Hartweizen	597	593	577	661	578
D/03	Roggen	389	452	383	514	449
D/04	Gerste	560	617	561	580	553
D/05	Hafer	486	511	475	556	496
D/06	Körnermais	561	573	514	605	587
D/08	Sonstiges Getreide zur Körnergewinnung	444	501	431	497	511
D/09	Eiweißpflanzen zur Körnergewinnung	350	371	364	359	295
D/10	Kartoffeln (einschl. Früh- und Pflanzkartoffeln)	2336	2766	2564	2925	2900
D/11	Zuckerrüben (ohne Saatgut)	1488	1780	1682	1831	1845
D/12	Futterhackfrüchte (ohne Saatgut)	173	174	153	257	362
D/18 a	Ackerwiesen und -weiden	120	193	162	302	254
D/18bi	Grünmais (Silagemais)	420	603	482	703	578
D/18biii	Sonstige Futterpflanzen	211	274	234	378	319
D/19	Sämereien und Pflanzgut auf dem Ackerland	878	878	878	878	878
D/20	Sonstige Ackerkulturen auf dem Ackerland	500	500	500	5000	500
D/21	Schwarzbrache (einschl. Grünbrache), für die keine Beihilfe gewährt wird	50	50	50	50	50
D/22	Schwarzbrache (einschl. Grünbrache), die einer Beihilferegelung unterliegt und nicht wirtschaftlich genutzt wird	190	190	190	214	204
D/23	Tabak	6448	6448	6448	6448	6448
D/24	Hopfen	4003	4003	4003	4003	4003
D/26	Raps und Rübsen	613	676	643	629	610
D/27	Sonnenblumen	394	442	405	450	378
D/28	Soja	355	345	372	337	378
D/29	Leinsamen (Öllein)	555	555	555	555	555
D/30	Andere Ölfrüchte	614	678	647	639	652
D/31	Flachs	628	628	628	628	628
D/32	Hanf	632	632	632	632	632
D/33	Andere Textilpflanzen	628	628	628	628	628
D/35	Andere Handelsgewächse, die noch nicht aufgeführt wurden	613	676	643	629	610
F/01	Grünland und Weiden ohne ertragsarme Weiden	244	255	252	285	352
F/02	Ungepflegtes Weideland	99	99	99	99	99
	Durchschnittlicher Standarddeckungsbeitrag nach R B 164 Abs. 9 ErbStR	543	598	564	619	605
	Merkmal für die Regelung nach § 160 Abs. 2 Satz 2 BewG (folgende Angaben in €/ha)					
D/14 a	Spargel	11 111	11 111	11 111	11 111	11 111
D/23	Tabak	6448	6448	6448	6448	6448
D/24	Hopfen	4003	4003	4003	4003	4003

ErbStR R B 160.3

R B 160.3 Forstwirtschaftliche Nutzung

23 (1) ① Zur forstwirtschaftlichen Nutzung gehören alle Wirtschaftsgüter, die der Erzeugung und Gewinnung von Rohholz dienen. ② Wirtschaftsgüter der forstwirtschaftlichen Nutzung sind insbesondere die der Holzerzeugung dienenden Flächen, die Waldbestockung sowie die Wirtschaftsgebäude und die Betriebsmittel. ③ Zu dem normalen Bestand an umlaufenden Betriebsmitteln der forstwirtschaftlichen Nutzung gehört auch eingeschlagenes Holz, soweit es den jährlichen Nutzungssatz im Sinne des § 68 Absatz 1 EStDV nicht übersteigt. ④ Ein Überbestand an umlaufenden Betriebsmitteln zählt zum übrigen Vermögen. ⑤ Durch Windbruch und Windwurf angefallenes Holz gilt solange nicht als eingeschlagen, wie es mit der Wurzel verbunden ist.

24 (2) ① Die Fläche der forstwirtschaftlichen Nutzung umfasst alle Flächen, die dauernd der Erzeugung von Rohholz gewidmet sind (Holzboden- und Nichtholzbodenfläche). ② Zur Holzbodenfläche rechnen neben bestockten Flächen, die sich in Baumartengruppen gliedern, auch Waldwege, Waldeinteilungs- und Sicherungsstreifen, wenn ihre Breite einschließlich der Gräben 5 m nicht übersteigt und Flächen, die nur vorübergehend nicht bestockt sind (Blößen). ③ Die übrige Fläche der forstwirtschaftlichen Nutzung umfasst eventuell vorhandene Hof- und Wirtschaftsgebäudeflächen sowie die Nichtholzbodenfläche. ④ Zur Nichtholzbodenfläche rechnen die dem Transport und der Lagerung des Holzes dienenden Flächen (Waldwege, ständige Holzlagerplätze usw.), wenn sie nicht zur Holzbodenfläche gerechnet werden. ⑤ Dazu gehören auch die Flächen der Saat- und Pflanzkämpe und der Samenplantagen, wenn sie zu mehr als zwei Drittel der Erzeugung von Pflanzen für den eigenen Betrieb dienen (→ R B 160.8 Absatz 2). ⑥ Das gilt auch für Wildäcker und Wildwiesen, soweit sie nicht zur landwirtschaftlichen Nutzung oder zum Geringstland gehören. ⑦ In der Flur oder im bebauten Gebiet gelegene bodengeschätzte Flächen, die mit einzelnen Baumgruppen, Baumreihen oder mit Hecken bestockt sind oder Baumschulen bzw. Weihnachtsbaumkulturen dienen, gehören nicht zur forstwirtschaftlichen Nutzung.

ErbStR R B 160.4

R B 160.4 Weinbauliche Nutzung

25 (1) ① Zur weinbaulichen Nutzung gehören alle Wirtschaftsgüter, die der Erzeugung von Trauben sowie der Gewinnung von Maische, Most und Wein aus diesen dienen. ② Wirtschaftsgüter der weinbaulichen Nutzung sind insbesondere die Flächen zur Erzeugung von Trauben, die Wirtschaftsgebäude und Betriebsmittel, die der Traubenerzeugung, der Gewinnung von Maische und Most sowie dem Ausbau und der Lagerung des Weines dienen. ③ Bei Betrieben, die erzeugte Trauben zu Fass- und Flaschenwein ausbauen, gehören die gesamten Vorräte an Fass- und Flaschenwein aus den Ernten der letzten fünf Kalenderjahre vor dem Bewertungsstichtag zum normalen Bestand an umlaufenden Betriebsmitteln (§ 173 Absatz 1 BewG).

26 (2) ① Die Fläche der weinbaulichen Nutzung des Betriebs umfasst die im Ertrag stehenden Rebanlagen, die vorübergehend nicht bestockten Flächen sowie die noch nicht ertragsfähigen Jungfelder. ② Der Anbau von Reben zur Gewinnung von Unterlagsholz, so genannte Rebmuttergärten, und die Anzucht von Pflanzreben, so genannte Rebschulen, gehören zur weinbaulichen Nutzung, wenn sie zu mehr als zwei Drittel dem Eigenbedarf des Betriebs dienen. ③ Ist dies nicht der Fall, sind Rebmuttergärten und Rebschulen dem Nutzungsteil Baumschulen der gärtnerischen Nutzung zuzuordnen (→ R B 160.8 Absatz 3). ④ In die Weinbaulage eingesprengte Flächen anderer Nutzungen sind der weinbaulichen Nutzung zuzurechnen, wenn sie nur vorübergehend nicht weinbaulich genutzt werden. ⑤ Ehemalige Weinbauflächen, die brach liegen und bei denen zukünftig nicht mehr mit einer land- und forstwirtschaftlichen Nutzung zu rechnen ist, sind nach den jeweiligen Verhältnissen Geringstland oder Unland.

ErbStR R B 160.5

R B 160.5 Gärtnerische Nutzung

27 (1) ① Zur gärtnerischen Nutzung gehören alle Wirtschaftsgüter, die dem Anbau von Gemüse, Blumen- und Zierpflanzen, Obst sowie Baumschulerzeugnissen dienen. ② Die gärtnerische Nutzung gliedert sich in die Nutzungsteile:

1. Gemüsebau (→ R B 160.6),
2. Blumen- und Zierpflanzenbau (→ R B 160.6),
3. Obstbau (→ R B 160.7),
4. Baumschulen (→ R B 160.8).

28 (2) ① Die Zurechnung der Flächen zu den Nutzungsteilen bestimmt sich nach den Bewirtschaftungsverhältnissen (§§ 161, 174 BewG). ② Ist eine Zurechnung am Bewertungsstichtag nicht möglich, erfolgt die Einordnung der Flächen nach der vorgesehenen Nutzung (§ 174 Absatz 3 BewG).

ErbStR R B 160.6

R B 160.6 Nutzungsteile Gemüsebau sowie Blumen- und Zierpflanzenbau

(1) ① Die Fläche der Nutzungsteile Gemüsebau sowie Blumen- und Zierpflanzenbau ist für die Bewertung in folgende Nutzungsarten aufzugliedern:

29 1. durch Gemüsebau genutzte Flächen:

a) Freilandflächen,
b) Flächen unter Glas und Kunststoffen;

2. durch Blumen- und Zierpflanzenbau genutzte Flächen:
a) Freilandflächen,
b) Flächen unter Glas und Kunststoffen.

② Zur Fläche des Nutzungsteils gehören auch die Flächenanteile, die Pflanzenbeständen nicht unmittelbar als Standraum dienen, wie Zwischenflächen, Vorgewende und für die Bearbeitung notwendige Wege.

(2) ① Zu Flächen unter Glas und Kunststoffen gehören insbesondere mit Gewächshäusern (z. B. Breitschiff-, Venlo- und Folienhäuser), Folientunneln und anderen Kulturräumen (z. B. Treibräume) überbaute Flächen. ② Die Größe der Flächen unter Glas und Kunststoffen bemisst sich nach der Größe der überdachten Fläche einschließlich der Umfassungswände, d. h. von Außenkante zu Außenkante des aufsteigenden Mauerwerks bzw. der Stehwände gemessen. 30

(3) ① Zum Gemüsebau gehört auch der Anbau von Tee, Gewürz- und Heilkräutern. ② Flächen, die der Gemüsesamenvermehrung dienen, sind entsprechend den Anweisungen für die Bewertung des Gemüsebaus zu bewerten. ③ Flächen, die der Vermehrung von Blumensamen, Blumenzwiebeln und dergleichen dienen, sind nach den Anweisungen für die Bewertung des Blumen- und Zierpflanzenbaus zu bewerten. 31

(4) Flächen zur Gewinnung von Schmuckreisig und Bindegrün, die überwiegend zum Verkauf bestimmt sind, und Flächen zur Produktion von Rollrasen oder Vegetationsmatten sind dem Blumen- und Zierpflanzenbau zuzurechnen. 32

R B 160.7 Nutzungsteil Obstbau

ErbStR R B 160.7

Zum Nutzungsteil Obstbau gehören die obstbaulich genutzten Flächen, insbesondere des Baumobstes, des Strauchbeerenobstes und der Erdbeeren, einschließlich derjenigen Flächenanteile, die den Pflanzenbeständen nicht unmittelbar als Standraum dienen, wie Zwischenflächen und Vorgewende. 33

R B 160.8 Nutzungsteil Baumschulen

ErbStR R B 160.8

(1) ① Zum Nutzungsteil Baumschulen gehören die Flächen, die dem Anbau von Baumschulerzeugnissen dienen. ② Dazu rechnen insbesondere die Anzucht von Nadel- und Laubgehölzen, Rhododendren, Azaleen sowie Obstgehölzen einschließlich Beerenobststräuchern. ③ Die Anzucht von Rosen und Stauden rechnet nur dann zum Nutzungsteil Baumschulen, wenn ihre Nutzung als Dauerkultur nicht überwiegt. ④ Andernfalls sind sie dem Nutzungsteil Blumen- und Zierpflanzenbau zuzuordnen. 34

(2) ① Forstliche Saat- und Pflanzkämpe gehören zum Nutzungsteil Baumschulen, wenn sie nicht zu mehr als zwei Drittel der Erzeugung von Pflanzen für den Eigenbedarf der in demselben Betrieb der Land- und Forstwirtschaft vorhandenen forstwirtschaftlichen Nutzung dienen. ② Andernfalls rechnen forstliche Saat- und Pflanzkämpe zur forstwirtschaftlichen Nutzung (→ R B 160.3 Absatz 2). ③ Eine Erfassung als Nebenbetrieb scheidet aus. 35

(3) ① Rebschulen und Rebmuttergärten gehören zum Nutzungsteil Baumschulen, soweit sie nicht zu mehr als zwei Drittel der weinbaulichen Nutzung des eigenen Betriebs dienen. ② Andernfalls rechnen sie zur weinbaulichen Nutzung (→ R B 160.4 Absatz 2). 36

(4) Zur Fläche des Nutzungsteils gehören auch die Flächenanteile, die Pflanzenbeständen nicht unmittelbar als Standraum dienen, wie Zwischenflächen, Vorgewende und für die Bearbeitung notwendige Wege sowie die Einschlags-, Schau- und Ausstellungsflächen. 37

(5) Die Abgrenzung zu Weihnachtsbaumkulturen richtet sich nach R B 160.16.

R B 160.9 Übrige land- und forstwirtschaftliche Nutzungen

ErbStR R B 160.9

(1) ① Der Begriff der übrigen land- und forstwirtschaftlichen Nutzungen ist ein Sammelbegriff für alle land- und forstwirtschaftlichen Nutzungen, die nicht zu den in R B 160.2 bis 8 genannten Nutzungen oder Nutzungsteilen gehören. ② Es werden insbesondere die Sondernutzungen und die sonstigen land- und forstwirtschaftlichen Nutzungen unterschieden. 38

(2) Zu den Sondernutzungen gehören der Anbau von Hopfen, Tabak, Spargel und anderen Sonderkulturen, wenn keine landwirtschaftliche Nutzung im Sinne des § 160 Absatz 2 Satz 1 Nummer 1 Buchstabe a BewG vorliegt. 39

(3) Zu den sonstigen land- und forstwirtschaftlichen Nutzungen gehören 40

1. die Binnenfischerei (→ R B 160.10),
2. die Teichwirtschaft (→ R B 160.10),
3. die Fischzucht für Binnenfischerei und Teichwirtschaft (→ R B 160.10),
4. die Imkerei (→ R B 160.11),

5. die Wanderschäferei (→ R B 160.12),
6. die Saatzucht (→ R B 160.13),
7. der Pilzanbau (→ R B 160.14),
8. die Produktion von Nützlingen (→ R B 160.15),
9. die Weihnachtsbaumkulturen (→ R B 160.16) und
10. die Besamungsstationen (→ R B 160.17).

ErbStR R B 160.10

R B 160.10 Binnenfischerei, Teichwirtschaft und Fischzucht für Binnenfischerei und Teichwirtschaft

41 (1) ① Binnenfischerei ist die Ausübung der Fischerei in Binnengewässern auf Grund von Fischereiberechtigungen. ② Zur Binnenfischerei gehören
1. die Fischerei in stehenden Gewässern,
2. die Fischerei in fließenden Gewässern einschließlich der Kanäle.

42 (2) Für die Bewertung ist es unerheblich, ob die Fischereiberechtigung
1. dem Inhaber des Fischereibetriebs als Ausfluss seines Grundeigentums zusteht oder
2. als selbstständiges besonderes Recht ausgeübt wird oder
3. auf einer sonstigen Nutzungsüberlassung, z. B. Verleihung, beruht.

43 (3) Zum Nutzungsteil Teichwirtschaft und Fischzucht für Binnenfischerei und Teichwirtschaft gehören alle Wirtschaftsgüter, die der Erzeugung von Speisefischen (einschließlich deren Eier und Brut) unabhängig von der Haltungsform dienen, insbesondere die Erzeugung von Forellen, Karpfen und so genannten Beifischen, wie z. B. Schleien, Hechten, Zandern, Amurkarpfen.

ErbStR R B 160.11

R B 160.11 Imkerei

44 (1) ① Die Imkerei umfasst alle Formen der Bienenhaltung, die auf einen wirtschaftlichen Erfolg ausgerichtet sind. ② Dabei ist nicht zwischen der Bienenhaltung zur Gewinnung von Honig und Wachs und anderen Formen der Bienenhaltung, wie z. B. Königinnenzucht oder Bienenhaltung für pharmazeutische Zwecke zu unterscheiden.

45 (2) Zu den Wirtschaftsgütern, die einer Imkerei dauernd zu dienen bestimmt sind, gehören neben den Bienenvölkern die Bienenstände, die Bienenkästen und -körbe, die Imkereigeräte und die Vorräte sowie der Grund und Boden des Standorts der Bienenkästen und -körbe.

ErbStR R B 160.12

R B 160.12 Wanderschäferei

46 (1) ① Wanderschäferei ist eine extensive Form der Schafhaltung, die durch die Haltungsform der Großherde und ständigen Standortwechsel gekennzeichnet ist. ② Im Gegensatz zu intensiven Formen der Schafhaltung (wie z. B. Koppelschafhaltung, Gutsschäferei) werden von Wanderschäfereien überwiegend fremde Flächen durch vorübergehende Beweidung genutzt. ③ Wenn die Schafhaltung jedoch überwiegend auf Flächen stattfindet, die durch Nutzungsüberlassungsverträge dauernd (ganzjährig) zur Beweidung zur Verfügung stehen, handelt es sich nicht mehr um Wanderschäfereien, sondern um eine Schafhaltung, die im Rahmen der landwirtschaftlichen Nutzung zu bewerten ist.

47 (2) ① Da Wanderschäfereien landwirtschaftliche Flächen nicht regelmäßig nutzen, ist eine Beziehung zwischen Tierbestand, gemessen in Vieheinheiten, und Flächengrundlage zur Deckung des Futterbedarfs nicht herstellbar. ② Bei Wanderschäfereien ist deshalb § 169 BewG nicht anwendbar.

ErbStR R B 160.13

R B 160.13 Saatzucht

48 (1) ① Saatzucht ist die Erzeugung von Zuchtsaatgut. ② Zum Saatgut zählen Samen, Pflanzgut oder Pflanzenteile, die für die Erzeugung von Kulturpflanzen bestimmt sind. ③ Dabei ist nicht zu unterscheiden zwischen Nutzpflanzensaatgut und dem Saatgut anderer Kulturpflanzen. ④ Zur Saatzucht gehören alle Wirtschaftsgüter, die ihr zu dienen bestimmt sind, insbesondere:
1. Grund und Boden für die Zuchtgärten und Pflanzkämpe einschließlich der Hof- und Gebäudeflächen, Wirtschaftswege und Trennstreifen;
2. Wirtschaftsgebäude (z. B. Zuchtlaboratorien, Gewächshäuser, Lager- und Verwaltungsgebäude);
3. stehende Betriebsmittel (z. B. Pflanzenbestände, Maschinen);
4. umlaufende Betriebsmittel (z. B. die zum Verkauf bestimmten Erzeugnisse und Vorräte).

49 (2) Nicht zu den Wirtschaftsgütern einer Saatzucht, sondern zur landwirtschaftlichen oder gärtnerischen Nutzung zählen die der Saatgutvermehrung dienenden Flächen und Betriebsmittel; das gilt auch dann, wenn die Vermehrung im Rahmen der landwirtschaftlichen oder gärtnerischen

Nutzung eines Betriebs der Land- und Forstwirtschaft durchgeführt wird, zu dem die Saatzucht gehört.

R B 160.14 Pilzanbau

ErbStR R B 160.14

① Gegenstand der Bewertung ist der Anbau von Speisepilzen. ② Zum Pilzanbau gehören alle **Wirtschaftsgüter,** die der Erzeugung von Speisepilzen dienen, insbesondere die Wirtschaftsgebäude mit den Beetflächen, Pasteurisierungs-, Anwachs- und Anspinnräumen sowie Konservierungsanlagen und Lagerplätze. 50

R B 160.15 Nützlinge

ErbStR R B 160.15

① Zur Produktion von Nützlingen gehören alle Wirtschaftsgüter, die ihr zu dienen bestimmt sind. ② Unter die Produktion von Nützlingen fallen insbesondere Spinnentiere (z. B. Raubmilben) und Insekten (z. B. Schlupfwespen). 51

R B 160.16 Weihnachtsbaumkulturen

ErbStR R B 160.16

(1) Zur Nutzung der Weihnachtsbaumkulturen gehören alle **Wirtschaftsgüter,** die dem Anbau von Weihnachtsbäumen dienen.

(2) ① Die Fläche der Nutzung Weihnachtsbaumkulturen umfasst die dem Anbau von Weih- 52
nachtsbäumen dienenden Flächen einschließlich der zur Weihnachtsbaumkultur gehörenden La- 53
gerplätze und Fahrschneisen. ② Dienen Flächen der Jungpflanzenanzucht zu mehr als zwei Drittel der Erzeugung von Pflanzen für eigene Weihnachtsbaumkulturen, gehören diese Flächen zur Weihnachtsbaumkultur, andernfalls zum gärtnerischen Nutzungsteil Baumschulen (→ entsprechend R B 160.8 Absatz 2). ③ Zum Nutzungsteil Weihnachtsbaumkulturen gehören auch langfristig forstwirtschaftlich genutzte Flächen, aus denen mehr als zwei Drittel des Bestandes als Weihnachtsbäume geschlagen werden, da in diesen Fällen die Vorkultur Weihnachtsbaumkultur den maßgeblichen Ertragswert prägt. ④ Bei der Abgrenzung der Weihnachtsbaumkulturen von dem gärtnerischen Nutzungsteil Baumschulen sind die Kulturmaßnahmen als wesentliche Unterscheidungsmerkmale heranzuziehen. ⑤ Die Bäume von Weihnachtsbaumkulturen unterscheiden sich insbesondere dadurch von Baumschulkulturen, dass sie nach der Anpflanzung nicht umgeschult werden. ⑥ Der untergeordnete Verkauf von Ballenware führt nicht zu einer Bewertung der Fläche als Baumschule.

R B 160.17 Besamungsstationen

ErbStR R B 160.17

(1) ① Eine Besamungsstation dient der Vatertierhaltung zur Gewinnung von Sperma für die künstliche Besamung. ② Zur Besamungsstation gehört auch der Embryotransfer bei landwirtschaftlichen Nutztieren, soweit damit eine landwirtschaftliche Tierhaltung verbunden ist. 54

(2) Eine Besamungsstation bildet nur dann einen Betrieb der Land- und Forstwirtschaft, wenn der nach dem Futterbedarf in Vieheinheiten umgerechnete Bestand an Tieren die Grenzen des § 169 Absatz 1 BewG nicht nachhaltig übersteigt. 55

(3) Zu einer Besamungsstation gehören alle Wirtschaftsgüter, die ihr zu dienen bestimmt sind, insbesondere: 56

1. Flächen für die Tierhaltung einschließlich der Hof- und Gebäudeflächen sowie Wirtschaftswege;
2. Wirtschaftsgebäude (z. B. Ställe, Laboratorien, Lager- und Verwaltungsgebäude);
3. Tierbestände;
4. sonstige Betriebsmittel (z. B. Maschinen und Geräte für Besamung und Embryotransfer, Fahrzeuge, Vorräte).

R B 160.18 Nebenbetriebe

ErbStR R B 160.18

① Die Definition des Nebenbetriebs im Sinne des § 160 Absatz 3 BewG entspricht inhaltlich der des Einkommensteuerrechts. ② Das Vorliegen eines Nebenbetriebs bestimmt sich nach den Tatbestandsmerkmalen der R 15.5 Absatz 3 EStR.[1] 57

R B 160.19 Abbauland

ErbStR R B 160.19

① Zum Abbauland gehören Sandgruben, Kiesgruben, Steinbrüche und dergleichen, wenn sie durch Abbau der Bodensubstanz überwiegend für den Betrieb der Land- und Forstwirtschaft nutzbar gemacht werden. ② Stillgelegte Kiesgruben und Steinbrüche eines Betriebs der Land- und 58
Forstwirtschaft, die weder kulturfähig sind noch bei geordneter Wirtschaftsweise Ertrag abwerfen können, gehören zum Unland und nicht zum Abbauland.

---

[1] Vgl. *gleich lautenden Ländererlass vom 15. 12. 2011,* abgedruckt als Anlage zu H B 158.2 ErbStH.

ErbStR R B 160.20

R B 160.20 Geringstland

59 ① Betriebsflächen geringster Ertragsfähigkeit (Geringstland) sind unkultivierte, jedoch kulturfähige Flächen, deren Ertragsfähigkeit so gering ist, dass sie in ihrem derzeitigen Zustand nicht regelmäßig land- und forstwirtschaftlich genutzt werden können; dazu gehören insbesondere unkultivierte Moor- und Heideflächen sowie die ehemals bodengeschätzten Flächen und die ehemaligen Weinbauflächen, deren Nutzungsart sich durch Verlust des Kulturzustands verändert hat. ② Der Verlust des Kulturzustands ist dann als gegeben anzusehen, wenn der kalkulierte Aufwand zur Wiederherstellung des Kulturzustands in einem Missverhältnis zu der Ertragsfähigkeit steht, die nach der Rekultivierung zu erwarten ist. ③ Das ist regelmäßig dann der Fall, wenn der Aufwand den einer Neukultivierung übersteigen würde. ④ Bei bodengeschätzten Flächen kann der nachhaltige Verlust des Kulturzustands insbesondere erst nach folgenden Ereignissen eintreten:

1. Ansiedlung von Gehölzen infolge Nichtnutzung bei Hutungen und Hackrainen,
2. Versteinung und Vernässung infolge Nichtnutzung, z. B. bei Hochalmen,
3. Ansiedlung von Gehölzen und Verschlechterung der Wasserverhältnisse infolge Nichtnutzung, z. B. bei Streuwiesen,
4. nachhaltige Verschlechterung des Pflanzenbestandes und der Wasserverhältnisse infolge zunehmender Überflutungsdauer und steigender Wasserverschmutzung bei Überschwemmungsgrünland oder Staunässe in Bodensenkungsgebieten,
5. Vergiftung und Vernichtung des Pflanzenbestandes infolge schädlicher Industrieemissionen.

⑤ Bei Weinbauflächen, insbesondere in Steilhanglagen, kann der Verlust des Kulturzustands durch Ansiedlung von Gehölzen, Bodenabtrag sowie Einsturz von Mauern und Treppen infolge Nichtnutzung eintreten.

H B 160.20

H B 160.20

Bodenschätzung. → Gesetz zur Schätzung des landwirtschaftlichen Kulturbodens vom 20. 12. 2007 (BGBl. I S. 3150 ff.).[1]

ErbStR R B 160.21

R B 160.21 Betriebswohnungen

60 (1) ① Gebäude oder Gebäudeteile des Betriebs, die dessen Arbeitnehmern und deren Familienangehörigen zu Wohnzwecken zur Verfügung gestellt werden, sind Betriebswohnungen. ② Dabei ist es nicht erforderlich, dass der Wohnungsinhaber oder seine Familienangehörigen ganz in dem Betrieb tätig sind. ③ Es genügt, dass der jeweilige Arbeitnehmer vertraglich dazu verpflichtet ist, wenigstens 100 Arbeitstage oder 800 Arbeitsstunden im Jahr mitzuarbeiten. ④ Das Merkmal der Betriebswohnung bleibt bei fortdauernder Nutzung der Wohnung durch den Arbeitnehmer nach Eintritt in den Ruhestand erhalten.

61 (2) ① Zum Grund und Boden der Betriebswohnungen im Sinne des § 160 Absatz 8 BewG zählen neben der bebauten Fläche auch die vom Betrieb im Rahmen der Wohnungsüberlassung zur Verfügung gestellten übrigen Flächen, wie z. B. Stellplätze und Gärten. ② Bei der Abgrenzung der Gartenflächen gilt R B 160.22 Absatz 6 entsprechend.

ErbStR R B 160.22

R B 160.22 Wohnteil

62 (1) ① Gebäude oder Gebäudeteile, die dem Inhaber eines Betriebs der Land- und Forstwirtschaft und den zu seinem Haushalt gehörenden Familienangehörigen zu Wohnzwecken dienen, sind dem Wohnteil zuzurechnen, wenn der Betriebsinhaber oder mindestens einer der zu seinem Haushalt gehörenden Familienangehörigen durch eine mehr als nur gelegentliche Tätigkeit in dem Betrieb an ihn gebunden ist. ② Gebäude oder Gebäudeteile, die Altenteilern zu Wohnzwecken dienen, gehören zum Wohnteil, wenn die Nutzung der Wohnung in einem Altenteilsvertrag geregelt ist. ③ Werden dem Hauspersonal nur einzelne zu Wohnzwecken dienende Räume überlassen, rechnen diese zum Wohnteil des Betriebs der Land- und Forstwirtschaft. ④ Bei der Überlassung von Wohnungen an Arbeitnehmer des Betriebs ist R B 160.21 Absatz 1 anzuwenden.

63 (2) ① Die Wohnung des Inhabers eines größeren Betriebs der Land- und Forstwirtschaft ist dem Betrieb dauernd zu dienen bestimmt, wenn er oder mindestens einer der zu seinem Haushalt gehörenden Familienangehörigen den Betrieb selbstständig leitet und die Lage der Wohnung die hierfür erforderliche Anwesenheit im Betrieb ermöglicht. ② Wird er darin von anderen Personen, z. B. einem Angestellten unterstützt, ändert dies an der Zurechnung zum Wohnteil nichts. ③ Die Wohnung des Inhabers eines größeren Betriebs, der den Betrieb durch eine andere Person selbstständig verwalten lässt, gehört dagegen nicht zum Wohnteil, sondern zum Grundvermögen. ④ Herrenhäuser und Schlösser gehören insoweit zum Wohnteil, als sie bei Vorliegen der oben bezeichneten Voraussetzungen dem Inhaber des Betriebs, seinen Familienangehörigen oder den Altenteilern zu Wohnzwecken dienen.

---

[1] BodSchätzG zuletzt geändert durch Art. 32 und 33 G vom 22. 12. 2023 (BGBl. I Nr. 411).

(3) ① Die Wohnung des Inhabers eines Kleinbetriebs ist dem Betrieb dauernd zu dienen bestimmt, wenn er oder einer der zu seinem Haushalt gehörenden Familienangehörigen durch eine mehr als nur gelegentliche Tätigkeit an den Betrieb gebunden ist. ② Eine mehr als nur gelegentliche Tätigkeit kann schon bei einem jährlichen Arbeitsaufwand von insgesamt vier bis sechs Wochen gegeben sein. ③ Bei der Beurteilung, ob eine mehr als nur gelegentliche Tätigkeit ausgeübt wird, sind die Art der Nutzung und die Größe der Nutzflächen zu berücksichtigen. 64

H B 160.22 (3)

H B 160.22 (3)

Mehr als nur gelegentliche Tätigkeit. → BFH vom 28. 3. 1990 II R 125/87, BStBl. II S. 727.

R B 160.22 (4)

R B 160.22 (4)

(4) Die Wohngebäude von Inhabern so genannter landwirtschaftlicher Nebenerwerbsstellen, die im Allgemeinen eine Landzulage von nicht mehr als 3000 m^2 haben, sind – auch bei ausreichendem Viehbesatz – in der Regel als Grundvermögen zu bewerten, weil es Hauptzweck des 65 Wohngebäudes ist, dem Wohnbedürfnis des Eigentümers der Nebenerwerbsstelle und seiner Familie zu dienen.

H B 160.22 (4)

H B 160.22 (4)

Nebenerwerbsstellen. → BFH vom 26. 1. 1973 III R 122/71, BStBl. II S. 282.

R B 160.22 (5)

R B 160.22 (5)

(5) ① Die Wohnung des Betriebsinhabers muss sich nicht in unmittelbarer Nachbarschaft oder auf dem Hauptgrundstück eines mehrere Grundstücke umfassenden land- und forstwirtschaftlichen Betriebs befinden. ② Entscheidend ist, dass die Lage der Wohnung dem Betriebsinhaber er- 66 möglicht, soweit erforderlich im Betrieb anwesend zu sein und in den Betriebsablauf einzugreifen.

H B 160.22 (5)

H B 160.22 (5)

Lage der Wohnung. → BFH vom 9. 5. 1990 II R 19/88, BStBl. II S. 729.

R B 160.22 (6)

R B 160.22 (6)

(6) ① Zum Grund und Boden des Wohnteils im Sinne des § 160 Absatz 9 BewG zählen neben der bebauten Fläche auch die übrigen Flächen, wie z. B. Stellplätze und Gärten. ② Die Zuordnung des Grund und Bodens sowie der Gartenflächen richtet sich nach der Verkehrsauffassung. ③ Es bestehen keine Bedenken, die ertragsteuerrechtlich getroffene Entscheidung zu Grunde zu legen. 67 ④ Bei Betrieben, die vor dem 31. Dezember 1998 bereits bestanden, kann folglich nur der Teil des Grund und Bodens dem Wohnteil zugerechnet werden, der nach § 13 Absatz 4 und 5 EStG steuerfrei entnommen werden konnte. ⑤ Zu den Einzelheiten der Abgrenzung → R B 167.1.

H B 160.22 (6)

H B 160.22 (6)

Zur Wohnung gehörender Grund und Boden. → BMF-Schreiben vom 4. 6. 1997 (BStBl. I S. 630), vom 13. 1. 1998 (BStBl. I S. 129) und vom 2. 4. 2004 (BStBl. I S. 442).

R B 160.22 (7, 8)

R B 160.22 (7, 8)

(7) ① Bei verpachteten Betrieben scheidet der Eigentümer aus der Bewirtschaftung des Betriebes aus. ② Behält der Verpächter das Wohnhaus für sich zurück, so ist die Verbindung des Wohnhauses zur verpachteten Betriebsfläche gelöst. ③ Die Verpächterwohnung gehört damit grundsätz- 68 lich nicht mehr zum Wohnteil, sondern zum Grundvermögen. ④ Dies gilt nicht, sofern sich die Wohnungen von Pächter und Verpächter in einem Gebäude befinden.

(8) Für Altenteilerwohnungen gelten die Regelungen für Betriebsinhaberwohnungen entsprechend. 69

BewG

§ 161 Bewertungsstichtag

1 (1) **Für die Größe des Betriebs, für den Umfang und den Zustand der Gebäude sowie für die stehenden Betriebsmittel sind die Verhältnisse am Bewertungsstichtag maßgebend.**

2 (2) **Für die umlaufenden Betriebsmittel ist der Stand am Ende des Wirtschaftsjahres maßgebend, das dem Bewertungsstichtag vorangegangen ist.**

Zu § 161 BewG

ErbStR R B 161

R B 161. Bewertungsstichtag

① Der Bewertungsstichtag bestimmt sich für Zwecke der Erbschaftsteuer nach den §§ 9, 11, 12 Absatz 3 ErbStG in Verbindung mit §§ 151 Absatz 1 Satz 1 Nummer 1, 157 Absatz 1 BewG.
3 ② Zur Vereinfachung der Bewertung ist für die umlaufenden Betriebsmittel der Stand am Ende des dem Bewertungsstichtag vorangegangenen Wirtschaftsjahres maßgebend. ③ Dabei ist das nach § 4 a EStG in Verbindung mit § 8 c EStDV jeweils einschlägige Wirtschaftsjahr zu Grunde zu legen.

§ 162 Bewertung des Wirtschaftsteils

BewG

(1)[1] ① **Bei der Bewertung des Wirtschaftsteils ist der gemeine Wert zu Grunde zu legen. ② Dabei ist davon auszugehen, dass der Erwerber den Betrieb der Land- und Forstwirtschaft fortführt. ③ Bei der Ermittlung des gemeinen Werts für den Wirtschaftsteil sind die land- und forstwirtschaftlichen Nutzungen, die Nebenbetriebe, das Abbau-, Geringst- und Unland jeweils gesondert mit ihrem Wirtschaftswert (§ 163) zu bewerten. ④ Dabei darf ein Mindestwert nicht unterschritten werden (§ 164).** 1

(2)[2] **Der Wert des Wirtschaftsteils für einen Betrieb der Land- und Forstwirtschaft im Sinne des § 160 Abs. 7 wird nach § 164 ermittelt.** 2

(3) ① **Wird ein Betrieb der Land- und Forstwirtschaft oder ein Anteil im Sinne des § 158 Abs. 2 Satz 2 innerhalb eines Zeitraums von 15 Jahren nach dem Bewertungsstichtag veräußert, erfolgt die Bewertung der wirtschaftlichen Einheit abweichend von den §§ 163 und 164 mit dem Liquidationswert nach § 166. ② Dies gilt nicht, wenn der Veräußerungserlös innerhalb von sechs Monaten ausschließlich zum Erwerb eines anderen Betriebs der Land- und Forstwirtschaft oder eines Anteils im Sinne des § 158 Abs. 2 Satz 2 verwendet wird.** 3

(4) ① **Sind wesentliche Wirtschaftsgüter (§ 158 Abs. 3 Satz 1 Nr. 1 bis 3 und 5) dem Betrieb der Land- und Forstwirtschaft innerhalb eines Zeitraumes von 15 Jahren nicht mehr auf Dauer zu dienen bestimmt, erfolgt die Bewertung der Wirtschaftsgüter abweichend von den §§ 163 und 164 mit dem jeweiligen Liquidationswert nach § 166. ② Dies gilt nicht, wenn der Veräußerungserlös innerhalb von sechs Monaten ausschließlich im betrieblichen Interesse verwendet wird.** 4

Zu § 162 BewG

R B 162. Bewertung des Wirtschaftsteils

ErbStR R B 162

(1) ① Die Bewertung des Wirtschaftsteils erfolgt auf der Basis des sog. Fortführungswerts (§ 162 Absatz 1 BewG). ② Dies ist der Wert, der den einzelnen Nutzungen, Nebenbetrieben und übrigen Wirtschaftsgütern in einem Betrieb der Land- und Forstwirtschaft unter objektiven ökonomischen Bedingungen im Rahmen einer Betriebsfortführung beizumessen ist. ③ Im Falle der eisernen Verpachtung im Sinne der §§ 582a ff. BGB ist mit dem Ansatz des Fortführungswertes für das Besatzkapital der Substanzerhaltungsanspruch des eisernen Verpächters abgegolten. 5

(2)[2] Die Bewertung von Stückländereien und anderen für weniger als 15 Jahre verpachteten Flächen (unechte Stückländereien) erfolgt aus Vereinfachungsgründen und mangels Selbstbewirtschaftung unmittelbar mit dem Mindestwert nach § 164 BewG. 6

(3) ① Im Falle der Veräußerung eines ganzen Betriebs oder eines Anteils im Sinne des § 158 Absatz 2 Satz 2 BewG innerhalb einer Frist von 15 Jahren erfolgt der Ansatz des Liquidationswerts (Nachbewertungsvorbehalt). ② Zur Berechnung des Liquidationswerts → R B 166 Absatz 1 und Absatz 2. ③ Der Ansatz des Liquidationswerts entfällt, wenn der gesamte Veräußerungserlös ausschließlich zum Erwerb eines anderen Betriebs der Land- und Forstwirtschaft oder eines Anteils im Sinne des § 158 Absatz 2 Satz 2 BewG innerhalb von sechs Monaten verwendet wird – Reinvestition. ④ Die Frist von sechs Monaten beginnt mit Ablauf des Tages, an dem Nutzen, Lasten und Gefahren übergehen. ⑤ Für die Berechnung der Fristen gelten die Vorschriften der §§ 187, 188 und 193 BGB. 7

(4) ① Die dem Grunde nach für einen Betrieb der Land- und Forstwirtschaft wesentlichen Wirtschaftsgüter Grund und Boden, Wirtschaftsgebäude, stehende Betriebsmittel und immaterielle Wirtschaftsgüter unterliegen – unabhängig von der ertragsteuerrechtlichen Behandlung – nach § 162 Absatz 4 BewG ebenfalls dem Nachbewertungsvorbehalt nach Absatz 3. ② Werden wesentliche Wirtschaftsgüter innerhalb der Frist von 15 Jahren veräußert oder sind sie einem Betrieb der Land- und Forstwirtschaft nicht mehr dauernd zu dienen bestimmt (R B 158.1 Absatz 1), erfolgt ebenfalls der Ansatz des Liquidationswerts. ③ Wesentliche Wirtschaftsgüter sind bei stehenden Betriebsmitteln nur dann anzunehmen, wenn der gemeine Wert des einzelnen Wirtschaftsguts oder einer Sachgesamtheit von Wirtschaftsgütern (z. B. Tierbestände, Büroausstattung, Werkzeug) am Bewertungsstichtag mindestens 50 000 Euro beträgt. ④ Soweit stehende Betriebsmittel mit dem Grund und Boden verbunden sind, findet Satz 3 keine Anwendung. ⑤ Zur Berechnung des Liquidationswerts → R B 166 Absatz 1 und 3. 8

(5) ① Der Ansatz des Liquidationswerts kommt nicht in Betracht, wenn der Veräußerungserlös innerhalb von sechs Monaten im betrieblichen Interesse verwendet wird (Reinvestitionsklausel). ② Eine Verwendung im betrieblichen Interesse liegt vor, wenn anstelle des veräußerten (wesentlichen) Wirtschaftsguts eine Reinvestition in die Wirtschaftsgüter Grund und Boden, Wirtschaftsgebäude, stehende Betriebsmittel (Absatz 4 Satz 3 und 4) oder immaterielle Wirtschaftsgüter erfolgt. ③ Gleiches gilt für den Fall, dass ein wesentliches Wirtschaftsgut einem Betrieb der Land- 9

[1] Zur Bewertung von unechten Stückländereien siehe *Tz. IV Nr. 1 und VI gleich lautender Ländererlass vom 4. 12. 2014* (nachfolgend Anlage zu H B 162 ErbStH).

[2] Siehe *Tz. IV Nr. 2 und VI gleich lautender Ländererlass vom 4. 12. 2014* (nachfolgend Anlage zu H B 162 ErbStH).

und Forstwirtschaft nicht mehr dauernd zu dienen bestimmt ist. ④ An die Stelle des Veräußerungserlöses tritt der gemeine Wert des einzelnen Wirtschaftsguts. ⑤ Eine Verwendung im betrieblichen Interesse ist auch dann anzunehmen, wenn der Veräußerungserlös zur Tilgung betrieblicher Verbindlichkeiten im Sinne des § 158 Absatz 5 BewG eingesetzt wird.

10 (6) Bei der Bewertung des Wirtschaftsteils für Zwecke der Grunderwerbsteuer in den Fällen eines Nachbewertungsvorbehalts gemäß § 162 Absatz 3 oder 4 BewG ist R B 166 Absatz 6 zu beachten.

H B 162

H B 162

Bewertung in Fällen der Nutzungsüberlassung. → Gleich lautende Erlasse der obersten Finanzbehörden der Länder vom 4. 12. 2014 (BStBl. I S. 1577).

Anl zu H B 162

Erlass zur Bewertung des land- und forstwirtschaftlichen Vermögens für Zwecke der Erbschaft-/Schenkungsteuer in Fällen der Nutzungsüberlassung

Vom 4. Dezember 2014 (BStBl. I S. 1577)

(Gleich lautender Ländererlass)

Zur Bewertung des land- und forstwirtschaftlichen Vermögens für Zwecke der Erbschaft- und Schenkungsteuer gilt Folgendes:

I. Wirtschaftliche Einheit Betrieb der Land- und Forstwirtschaft

1. Land- und forstwirtschaftliche Tätigkeit

11 Land- und Forstwirtschaft ist gemäß § 158 Abs. 1 Satz 1 BewG die planmäßige Nutzung der natürlichen Kräfte des Grund und Bodens zur Erzeugung von Pflanzen und Tieren sowie die Verwertung der dadurch selbst gewonnenen Erzeugnisse. Zur wirtschaftlichen Einheit Betrieb der Land- und Forstwirtschaft können nur die Wirtschaftsgüter gerechnet werden, die unter objektiven Gesichtspunkten nach ihrer Zweckbestimmung einer gewissen planmäßigen und ständigen Bewirtschaftung dienen.

2. Nutzungsüberlassungen

12 Die Einstellung einer land- und forstwirtschaftlichen Tätigkeit würde grundsätzlich zum Wegfall der Voraussetzungen des § 158 Abs. 1 Satz 1 BewG führen. Für eine Bewertung als land- und forstwirtschaftlichen Vermögens kommt es nach § 158 Abs. 1 Satz 2 BewG auf die dauerhafte Zweckbestimmung der Wirtschaftsgüter an. In Folge dessen sind nicht genutzte Wirtschaftsgüter bis zu einer anderweitigen Zweckbestimmung sowie die unentgeltliche oder entgeltliche Nutzungsüberlassung der wirtschaftlichen Einheit Betrieb der Land- und Forstwirtschaft zuzurechnen.

II. Betrieb der Land- und Forstwirtschaft für Zwecke der Erbschaft- und Schenkungsteuer

13 Die wirtschaftliche Einheit des land- und forstwirtschaftlichen Vermögens ist der Betrieb der Land- und Forstwirtschaft (§ 158 Abs. 2 BewG). Dieser setzt weder eine Mindestgröße noch einen vollen land- und forstwirtschaftlichen Besatz mit Wirtschaftsgebäuden, Betriebsmitteln usw. voraus. Auch ein einzelnes land- und forstwirtschaftlich genutztes Grundstück kann einen Betrieb der Land- und Forstwirtschaft bilden, wenn es land- und forstwirtschaftlichen Zwecken dauernd zu dienen bestimmt ist (R B 158.1 Abs. 2 Satz 2 ErbStR 2011).

Für Zwecke der Erbschaft-/Schenkungsteuer sind deshalb bei der Übertragung eines Betriebs im Falle einer Nutzungsüberlassung folgende Fallgruppen zu unterscheiden:

1. Betriebe der Land- und Forstwirtschaft mit vollem Besatz

14 a) Betriebsverpachtung im Ganzen

b) Eiserne Verpachtung In diesen Fällen erfolgt eine Bewertung nach dem Regelertragswertverfahren und dem Mindestwertverfahren mit der Folge, dass insoweit das Besatzkapital beim Verpächter zu berücksichtigen ist. Soweit der Pächter über eigene Eigentumsflächen verfügt, sind diese bei der Bewertung des Verpächters nicht zu berücksichtigen.

2. Betriebe der Land- und Forstwirtschaft mit unvollständigem Besatz

15 Bei Betrieben der Land- und Forstwirtschaft mit unvollständigem Besatz können durch die zeitliche Komponente des § 160 Abs. 7 BewG zwei Unterfallgruppen entstehen:

a) Betriebe, bei denen die Wirtschaftsgebäude und/oder Betriebsmittel fehlen und am Bewertungsstichtag weniger als 15 Jahre einem anderen Betrieb zu dienen bestimmt sind (im Weiteren sog. unechte Stückländereien)

b) Betriebe, bei denen die Wirtschaftsgebäude und/oder Betriebsmittel fehlen und am Bewertungsstichtag für mindestens 15 Jahre einem anderen Betrieb zu dienen bestimmt sind (im Weiteren sog. echte Stückländereien).

In diesen Fällen erfolgt eine Bewertung ausschließlich im Mindestwertverfahren mit der Folge, dass kein Besatzkapital beim Verpächter zu berücksichtigen ist.

III. Abgrenzung und Bewertung von Betrieben mit vollem Besatz

1. Betriebsverpachtung im Ganzen

a) Grundsätze

Eine Betriebsverpachtung im Ganzen gilt nach R B 158.1 Abs. 1 Sätze 3 bis 4 ErbStR 2011 als Fortsetzung der betrieblichen Tätigkeit auf andere Art und Weise, wenn die Wirtschaftsgüter dem Betrieb der Land- und Forstwirtschaft auf Dauer zu dienen bestimmt sind. 16

Eine Betriebsverpachtung im Ganzen ist stets anzunehmen, wenn die am Bewertungsstichtag im Rahmen des Erbschaft- oder Schenkungsfalls übergegangenen wesentlichen Wirtschaftsgüter des Betriebs im Sinne des § 158 Abs. 3 Nr. 1 bis 3 und 5 BewG (Grund und Boden, Wirtschaftsgebäude, stehende Betriebsmittel und immaterielle Wirtschaftsgüter) an Andere zur land- und forstwirtschaftlichen Nutzung überlassen sind und keine Stückländerei vorliegt (vgl. R B 158 Abs. 1 Satz 5 ErbStR 2011). Auf die Dauer der Nutzungsüberlassung am Bewertungsstichtag kommt es in diesen Fällen nicht an.

Ohne rechtliche Relevanz ist, ob die stehenden Betriebsmittel die Voraussetzungen der R B 162 Abs. 4 Satz 3 ErbStR 2011 erfüllen oder die wesentliche Wirtschaftsgüter an einen bzw. mehrere Land- und Forstwirte zur Nutzung überlassen sind. Somit geht ein Betrieb der Land- und Forstwirtschaft über, der für sich betrachtet voll funktionsfähig ist.

Eine Betriebsverpachtung im Ganzen kann auch vorliegen, wenn der am Bewertungsstichtag im Rahmen des Erbschaft- oder Schenkungsfalls übergegangene Grund und Boden und ein weiteres übergegangenes Wirtschaftsgut im Sinne des § 158 Abs. 3 Nr. 2 bis 3 und 5 BewG (Wirtschaftsgebäude, stehende Betriebsmittel und immaterielle Wirtschaftsgüter) an Andere zur land- und forstwirtschaftlichen Nutzung überlassen sind und keine Stückländerei vorliegt. Zahlungsansprüche nach den jeweils gültigen EU-Verordnungen sind zwar grundsätzlich immaterielle Wirtschaftsgüter, jedoch bei der Prüfung einer Betriebsverpachtung im Ganzen nicht zu berücksichtigen, da sie unabhängig von der konkret verpachteten Fläche vom Pächter aktiviert werden können.

Werden einzelne Wirtschaftsgüter ohne anderweitige Zweckbestimmung zurückbehalten und liegen im Rahmen des Erbschaft- oder Schenkungsfalls dennoch die tatbestandsmäßigen Voraussetzungen einer Betriebsverpachtung im Ganzen vor, ist dies unschädlich.

b) Bewertung mit dem Fortführungswert

Nach § 162 Abs. 1 Satz 1 und 2 BewG ist bei der Bewertung mit dem gemeinen Wert davon auszugehen, dass der Erwerber den Betrieb fortführt. Für im Ganzen verpachtete Betriebe erfolgt die Bewertung der einzelnen Nutzungen nach dem Reingewinnverfahren des § 163 BewG und dem Mindestwertverfahren des § 164 BewG, da nach R B 158 Abs. 1 Satz 3 ErbStR 2011 eine Fortsetzung der bisherigen Tätigkeit auf andere Art und Weise fingiert wird. Aus diesem Grund gelten aus Sicht des Erblassers oder Schenkers folgerichtig für die Bestimmung der Standarddeckungsbeiträge, der Betriebsgröße und Betriebsform der landwirtschaftlichen Nutzung die verpachteten Eigentumsflächen als selbst bewirtschaftete Flächen. 17

Können vom Steuerpflichtigen die Daten über die Nutzungsverhältnisse am Bewertungsstichtag (beim Pächter) nicht ermittelt werden, kann das vereinfachte Bewertungsverfahren bei viehlosen Betrieben nach R B 164 Abs. 9 ErbStR 2011 angewendet werden.

2. Eiserne Verpachtung

a) Grundsätze

Bei der eisernen Verpachtung nach § 582 a BGB übernimmt der Pächter das Inventar des land- und forstwirtschaftlichen Betriebes zum Schätzwert und verpflichtet sich, nach Beendigung der Pacht, es zum aktuellen Schätzwert dem Verpächter zurückzugeben. Im Ergebnis soll der Verpächter nach Vertragsende einen voll funktionsfähigen Betrieb zurückerhalten. 18

b) Bewertung mit dem Fortführungswert

Nach § 162 Abs. 1 Satz 1 und 2 BewG ist bei der Bewertung mit dem gemeinen Wert davon auszugehen, dass der Erwerber den Betrieb fortführt. Für eisern verpachtete Betriebe erfolgt die Bewertung der einzelnen Nutzungen nach dem Reingewinnverfahren des § 163 BewG und dem Mindestwertverfahren des § 164 BewG. 19

Zur Vereinfachung des Verfahrens und zur Beibehaltung der Abgeltung des Substanzerhaltungsanspruchs gilt abweichend von R B 164 Abs. 6 Satz 6 ErbStR 2011 die eiserne Verpachtung als Fortsetzung der bisherigen Tätigkeit auf andere Art und Weise. Aus Sicht des Erblassers oder Schenkers ist für die Bestimmung der Standarddeckungsbeiträge, der Betriebsgröße und Betriebsform der landwirtschaftlichen Nutzung folgerichtig auf die verpachteten Eigentumsflächen als selbst bewirtschaftete Flächen abzustellen.

Bei einer eisernen Verpachtung wird das Inventar regelmäßig protokolliert, weshalb die Anwendung des vereinfachten Verfahrens grundsätzlich nicht zur Anwendung kommt. Können vom Steuerpflichtigen die Daten über die Nutzungsverhältnisse am Bewertungsstichtag (beim Pächter) ausnahmsweise nicht ermittelt werden, kann das vereinfachte Bewertungsverfahren bei viehlosen Betrieben nach R B 164 Abs. 9 ErbStR 2011 angewendet werden.

3. Bewertungsfaktoren im vereinfachten Verfahren

Nach R B 164 Abs. 9 Satz 7 ErbStR 2011 sind bei einer Betriebsverpachtung im Ganzen die Grundsätze des vereinfachten Verfahrens anwendbar, wenn die den Ertragswert bildenden Faktoren nicht ermittelt werden können. Bei der forstwirtschaftlichen Nutzung gilt dies nur, soweit die Bewertungsfaktoren nicht anhand einer Forsteinrichtung oder eines Anbauverzeichnisses im Sinne des § 142 Ab- 20

Anl zu H B 162

gabenordnung ermittelt werden können. Die Bewertungsfaktoren ergeben sich aus nachstehender Tabelle:

Flächengebundene Nutzungen	Reingewinn in Euro pro Hektar	Pachtpreis in Euro pro ha	Wert für das Besatzkapital in Euro pro ha
Landwirtschaftliche Nutzung – Grünland > 2/3 der Flächen	Sonstiger Futterbau Anlage 14	Sonstiger Futterbau Anlage 14	Sonstiger Futterbau Anlage 14
Landwirtschaftliche Nutzung – Ackerland > 2/3 der Flächen	Ackerbau Anlage 14	Ackerbau Anlage 14	Ackerbau Anlage 14
Landwirtschaftliche Nutzung – alle übrigen Fälle	Pflanzenbau-Verbund Anlage 14	Pflanzenbau-Verbund Anlage 14	Pflanzenbau-Verbund Anlage 14
Forstwirtschaftliche Nutzung	Anlage 15 oder Schätzungsverfahren	5,40	Anlage 15 a oder Schätzungsverfahren
Weinbauliche Nutzung	– 759,00	589,00	588,00
Gärtnerische Nutzung – Gartenland	– 1365,00	657,00	484,00
Gärtnerische Nutzung – Anbauflächen unter Glas	6098,00	2414,00	2750,00
Gärtnerische Nutzung – Baumschule	894,00	223,00	2359,00
Gärtnerische Nutzung – Obstplantage	– 379,00	325,00	426,00
Sondernutzung – Spargel	– 1365,00	657,00	612,00
Sondernutzung – Hopfen	414,00	492,00	348,00
Sondernutzung – Tabak	– 820,00	492,00	129,00

IV. Abgrenzung und Bewertung von Betrieben mit unvollständigem Besatz

1. Unechte Stückländereien

a) Grundsätze

21 Nach § 160 Abs. 7 BewG im Umkehrschluss liegt eine Stückländerei für Zwecke der Erbschaft-/Schenkungsteuer nicht vor, wenn einzelne land- und forstwirtschaftlich genutzte Flächen, bei denen die Wirtschaftsgebäude oder die Betriebsmittel oder beide Arten von Wirtschaftsgütern nicht dem Eigentümer des Grund und Bodens gehören, am Bewertungsstichtag für weniger als 15 Jahre einem anderen Betrieb der Land- und Forstwirtschaft zu dienen bestimmt sind.

b) Bewertung mit dem Fortführungswert

22 Nach § 162 Abs. 1 Satz 1 und 2 BewG ist bei der Bewertung mit dem gemeinen Wert davon auszugehen, dass der Erwerber den Betrieb fortführt. Folglich wären das Reingewinnverfahren nach § 163 BewG und das Mindestwertverfahren nach § 164 BewG anzuwenden.

Nach § 163 Abs. 3 Satz 3 BewG für die Bestimmung der Betriebsform bzw. Nutzungsart das Vorliegen selbst bewirtschafteter Flächen erforderlich. Da bei unechten Stückländereien selbst bewirtschaftete Flächen nicht vorliegen, kann ein Verhältnis der Standarddeckungsbeiträge und damit eine Zuordnung des Betriebs zu einer bestimmten Betriebsform bzw. Nutzungsart nach § 163 Abs. 3 BewG nicht erfolgen. Infolge dessen ist § 163 BewG nicht anwendbar.

Anl zu H B 162

Nach § 164 Abs. 2 Satz 1 BewG bestimmt sich der zu ermittelnde Pachtpreis nach der jeweiligen Nutzung, dem Nutzungsteil und der Nutzungsart. Zur Bestimmung des zutreffenden Pachtpreises der Eigentumsflächen der landwirtschaftlichen Nutzung ist nach § 164 Abs. 2 Satz 2 dabei die Betriebsgröße in EGE nach § 163 Abs. 3 Satz 4 Nr. 1 bis 3 BewG zu berücksichtigen. Hierzu ist R B 164 Abs. 9 Sätze 3 bis 6 i. V. m. Anlage 2 der ErbStR anzuwenden.

2. Echte Stückländereien

a) Grundsätze

23 Nach § 160 Abs. 7 BewG liegt eine Stückländerei für Zwecke der Erbschaft-/Schenkungsteuer nur dann vor, wenn einzelne land- und forstwirtschaftlich genutzte Flächen, bei denen die Wirtschaftsgebäude oder die Betriebsmittel oder beide Arten von Wirtschaftsgütern nicht dem Eigentümer des Grund und Bodens gehören, sondern am Bewertungsstichtag für mindestens 15 Jahre einem anderen Betrieb der Land- und Forstwirtschaft zu dienen bestimmt sind. Immaterielle Wirtschaftsgüter sind dabei ohne Bedeutung.

b) Bewertung mit dem Fortführungswert

24 Nach § 162 Abs. 1 Satz 1 und 2 BewG ist bei der Bewertung mit dem gemeinen Wert davon auszugehen, dass der Erwerber den Betrieb fortführt. Die Bewertung erfolgt nach § 162 Abs. 2 BewG nur mit dem Mindestwert nach § 164 BewG. Hierbei entfällt mangels Selbstbewirtschaftung der Ansatz des Besatzkapitals (R B 164 Abs. 6 Satz 3 ErbStR 2011).

Nach § 164 Abs. 2 Satz 1 BewG bestimmt sich der zu ermittelnde Pachtpreis nach der jeweiligen Nutzung, dem Nutzungsteil und der Nutzungsart. Zur Bestimmung des zutreffenden Pachtpreises der Eigentumsflächen der landwirtschaftlichen Nutzung ist nach § 164 Abs. 2 Satz 2 BewG dabei die Betriebsgröße in EGE nach § 163 Abs. 3 Satz 4 Nr. 1 bis 3 BewG zu berücksichtigen. Hierzu ist R B 164 Abs. 9 Sätze 3 bis 6 i. V. m. Anlage 2 der ErbStR anzuwenden.

V. Vereinfachungsregelung für Hof- und Wirtschaftsgebäudeflächen

25 Sofern Hof- und Wirtschaftsgebäudeflächen nicht den einzelnen Nutzungen zugeordnet werden, sind diese Flächen zunächst von der Gesamtfläche des Betriebs in Abzug zu bringen. Bei der Ermittlung der Summe der Wirtschaftswerte und bei der Ermittlung des Mindestwerts ist in diesen Fällen ein Zuschlag vorzunehmen, der sich nach dem Verhältnis der Hof- und Wirtschaftsgebäudeflächen zu den Eigentumsflächen unter Berücksichtigung der Wertigkeit der vorhandenen Nutzungen bestimmt.

VI. Bewertung mit dem Liquidationswert

26 Ist ein Betrieb der Land- und Forstwirtschaft im Sinne der Tz. II.–IV. am Bewertungsstichtag nach § 162 Abs. 3 oder 4 i. V. m. § 166 BewG mit dem Liquidationswert zu bewerten, gelten die Grundsätze der Liquidationsbewertung (vgl. R B 166 ErbStR 2011 sowie H B 166 ErbStH 2011). Bei der Ermittlung des Liquidationswerts ist den tatsächlichen Umständen am Bewertungsstichtag Rechnung zu tragen.

VII. Schlussbestimmungen

Der Erlass gilt für Bewertungsstichtage ab 1. Januar 2015. Er ergeht im Einvernehmen mit den obersten Finanzbehörden des Bundes und der übrigen Länder.

BewG

§ 163 Ermittlung der Wirtschaftswerte

1 (1) ① Bei der Ermittlung der jeweiligen Wirtschaftswerte ist von der nachhaltigen Ertragsfähigkeit land- und forstwirtschaftlicher Betriebe auszugehen. ② Ertragsfähigkeit ist der bei ordnungsmäßiger Bewirtschaftung gemeinhin und nachhaltig erzielbare Reingewinn. ③ Dabei sind alle Umstände zu berücksichtigen, die bei einer Selbstbewirtschaftung den Wirtschaftserfolg beeinflussen.

2 (2) ① Der Reingewinn umfasst das ordentliche Ergebnis abzüglich eines angemessenen Lohnansatzes für die Arbeitsleistung des Betriebsinhabers und der nicht entlohnten Arbeitskräfte. ② Die im unmittelbaren wirtschaftlichen Zusammenhang mit einem Betrieb der Land- und Forstwirtschaft stehenden Verbindlichkeiten sind durch den Ansatz der Zinsaufwendungen abgegolten. ③ Zur Berücksichtigung der nachhaltigen Ertragsfähigkeit ist der Durchschnitt der letzten fünf abgelaufenen Wirtschaftsjahre vor dem Bewertungsstichtag zu Grunde zu legen.

3 (3) ① Der Reingewinn für die landwirtschaftliche Nutzung bestimmt sich nach der Region, der maßgeblichen Nutzungsart (Betriebsform) und der Betriebsgröße nach der Europäischen Größeneinheit (EGE). ② Zur Ermittlung der maßgeblichen Betriebsform ist das Klassifizierungssystem nach der Entscheidung 85/377/EWG der Kommission vom 7. Juni 1985 zur Errichtung eines gemeinschaftlichen Klassifizierungssystems der landwirtschaftlichen Betriebe (ABl. EG Nr. L 220 S. 1), zuletzt geändert durch Entscheidung der Kommission vom 16. Mai 2003 (ABl. EU Nr. L 127 S. 48), in der jeweils geltenden Fassung heranzuziehen. ③ Hierzu sind die Standarddeckungsbeiträge der selbst bewirtschafteten Flächen und der Tiereinheiten der landwirtschaftlichen Nutzung zu ermitteln und daraus die Betriebsform zu bestimmen. ④ Die Summe der Standarddeckungsbeiträge ist durch 1 200 Euro zu dividieren, so dass sich die Betriebsgröße in EGE ergibt, die einer der folgenden Betriebsgrößenklassen zuzuordnen ist:

1. Kleinbetriebe von 0 bis unter 40 EGE,
2. Mittelbetriebe von 40 bis 100 EGE,
3. Großbetriebe über 100 EGE.

⑤ Das Bundesministerium der Finanzen veröffentlicht die maßgeblichen Standarddeckungsbeiträge im Bundessteuerblatt.[1] ⑥ Der entsprechende Reingewinn ergibt sich aus der Spalte 4 der Anlage 14 in Euro pro Hektar landwirtschaftlich genutzter Fläche (EUR/ha LF).[2]

4 (4) ① Der Reingewinn für die forstwirtschaftliche Nutzung bestimmt sich nach den Flächen der jeweiligen Nutzungsart (Baumartengruppe) und den Ertragsklassen. ② Die jeweilige Nutzungsart umfasst:

1. Die Baumartengruppe Buche, zu der auch sonstiges Laubholz einschließlich der Roteiche gehört,
2. die Baumartengruppe Eiche, zu der auch alle übrigen Eichenarten gehören,
3. die Baumartengruppe Fichte, zu der auch alle übrigen Nadelholzarten mit Ausnahme der Kiefer und der Lärche gehören,
4. die Baumartengruppe Kiefer und Lärchen mit Ausnahme der Weymouthskiefer,
5. die übrige Fläche der forstwirtschaftlichen Nutzung.

③ Die Ertragsklassen bestimmen sich für

1. die Baumartengruppe Buche nach der von Schober für mäßige Durchforstung veröffentlichten Ertragstafel,
2. die Baumartengruppe Eiche nach der von Jüttner für mäßige Durchforstung veröffentlichten Ertragstafel,
3. die Baumartengruppe Fichte nach der von Wiedemann für mäßige Durchforstung veröffentlichten Ertragstafel,
4. die Baumartengruppe Kiefer nach der von Wiedemann für mäßige Durchforstung veröffentlichten Ertragstafel.

④ Der nach Satz 2 und 3 maßgebliche Reingewinn ergibt sich aus der Spalte 4 der Anlage 15 in Euro pro Hektar (EUR/ha).[3]

5 (5) ① Der Reingewinn für die weinbauliche Nutzung bestimmt sich nach den Flächen der jeweiligen Nutzungsart (Verwertungsform). ② Er ergibt sich aus der Spalte 3 der Anlage 16.[4]

---

[1] Abgedruckt als Anlage b zu R B 160.2 ErbStR.
[2] Anlage 14 zum BewG nachfolgend abgedruckt als Anlage a zu § 163 BewG.
[3] Anlage 15 zum BewG nachfolgend abgedruckt als Anlage b zu § 163 BewG.
[4] Anlage 16 zum BewG nachfolgend abgedruckt als Anlage c zu § 163 BewG.

BewG

(6) ①Der Reingewinn für die gärtnerische Nutzung bestimmt sich nach dem maßgeblichen Nutzungsteil, der Nutzungsart und den Flächen. ②Er ergibt sich aus der Spalte 4 der Anlage 17.[1] 6

(7) Der Reingewinn für die Sondernutzungen Hopfen, Spargel, Tabak ergibt sich aus der Spalte 3 der Anlage 18.[2] 7

(8) ①Der Reingewinn für die sonstigen land- und forstwirtschaftlichen Nutzungen, für Nebenbetriebe sowie für Abbauland ist im Einzelertragswertverfahren zu ermitteln, soweit für die jeweilige Region nicht auf einen durch statistische Erhebungen ermittelten pauschalierten Reingewinn zurückgegriffen werden kann. ②Der Einzelertragswert ermittelt sich aus dem betriebsindividuellen Ergebnis und dem Kapitalisierungszinssatz nach Absatz 11. 8

(9) Der Reingewinn für das Geringstland wird pauschal mit 5,40 Euro pro Hektar festgelegt. 9

(10) Der Reingewinn für das Unland beträgt 0 Euro. 10

(11) ①Der jeweilige Reingewinn ist zu kapitalisieren. ②Der Kapitalisierungszinssatz beträgt 5,5 Prozent und der Kapitalisierungsfaktor beträgt 18,6. 11

(12) Der kapitalisierte Reingewinn für die landwirtschaftliche, die forstwirtschaftliche, die weinbauliche, die gärtnerische Nutzung oder für deren Nutzungsteile, die Sondernutzungen und das Geringstland ist mit der jeweiligen Eigentumsfläche des Betriebs zum Bewertungsstichtag zu vervielfältigen, der dieser Nutzung zuzurechnen ist. 12

(13)[3] ①Die Hofflächen und die Flächen der Wirtschaftsgebäude sind dabei anteilig in die einzelnen Nutzungen einzubeziehen. ②Wirtschaftswege, Hecken, Gräben, Grenzraine und dergleichen sind in die Nutzung einzubeziehen, zu der sie gehören; dies gilt auch für Wasserflächen, soweit sie nicht Unland sind oder zu den übrigen land- und forstwirtschaftlichen Nutzungen gehören. 13

(14) Das Bundesministerium der Finanzen wird ermächtigt, durch Rechtsverordnung mit Zustimmung des Bundesrates die Anlagen 14 bis 18 zu diesem Gesetz dadurch zu ändern, dass es die darin aufgeführten Reingewinne turnusmäßig an die Ergebnisse der Erhebungen nach § 2 des Landwirtschaftsgesetzes anpasst. 14

Übersicht

	Rz.
R B 163 Ermittlung der Wirtschaftswerte; H B 163	15–33
Anlagen:	
a) Landwirtschaftliche Nutzung (Anlage 14 zu § 163 Abs. 3, § 164 Abs. 2 und 4 BewG)	40
b) Forstwirtschaftliche Nutzung (Anlage 15 zu § 163 Abs. 4, § 164 Abs. 2 BewG)	41
c) Weinbauliche Nutzung (Anlage 16 zu § 163 Abs. 5, § 164 Abs. 2 und 4 BewG)	42
d) Gärtnerische Nutzung (Anlage 17 zu § 163 Abs. 6, § 164 Abs. 2 und 4 BewG)	43
e) Sondernutzungen (Anlage 18 zu § 163 Abs. 7, § 164 Abs. 2 und 4 BewG)	44

Zu § 163 BewG

R B 163. Ermittlung der Wirtschaftswerte

ErbStR R B 163

15 (1) ①Für die land- und forstwirtschaftlichen Nutzungen, Nebenbetriebe und Wirtschaftsgüter ist jeweils gesondert ein Reingewinn zu ermitteln, der die nachhaltige Ertragsfähigkeit bei ordnungsmäßiger Selbstbewirtschaftung gemeinhin zum Ausdruck bringt. ②Zur Berücksichtigung der nachhaltigen Ertragsfähigkeit ist der durchschnittliche Reingewinn der letzten fünf Wirtschaftsjahre heranzuziehen. ③Dabei ist nicht auf Muster- oder Spitzenbetriebe abzustellen, sondern auf Betriebsergebnisse objektiv vergleichbarer Betriebe. ④Eine ordnungsmäßige Selbstbewirtschaftung liegt vor, wenn bei der Bewirtschaftung nur der betriebsnotwendige Arbeitskräfte- und Inventarbesatz vorhanden ist. ⑤Mit dem jeweiligen Reingewinn sind alle Wirtschaftsgüter im Sinne des § 158 Absatz 3 und 5 BewG abgegolten.

H B 163 (1)

H B 163 (1)

Abrundung/Aufrundung. Ergeben sich bei der Ermittlung eines Wirtschaftswerts Euro-Beträge mit Nachkommastellen, sind diese kaufmännisch auf volle Euro-Beträge auf- bzw. abzurunden.

Flächenangaben. Die zur Berechnung eines Wirtschaftswerts erforderlichen Flächenangaben sind in Hektar, Ar und Quadratmeter anzugeben.

---

[1] Anlage 17 zum BewG nachfolgend abgedruckt als Anlage d zu § 163 BewG.
[2] Anlage 18 zum BewG nachfolgend abgedruckt als Anlage e zu § 163 BewG.
[3] Siehe *Tz. V gleich lautender Ländererlass vom 4. 12. 2014,* abgedruckt als Anlage zu H B 162 ErbStH.

R B 163 (2,3)

R B 163 (2, 3)

16 (2) ① Der Reingewinn berücksichtigt die betriebswirtschaftliche Ausrichtung einer Nutzung und ist mit 18,6 zu kapitalisieren. ② Liegen abweichende Ertragsverhältnisse vor, ist entsprechend den gesetzlichen Vorgaben in den Anlagen 14 bis 17[1] zum BewG der Reingewinn innerhalb einer Nutzung jeweils gesondert zu ermitteln und mit dem gesetzlichen Kapitalisierungsfaktor von 18,6 zu vervielfältigen. ③ Die kapitalisierten Reingewinne einer Nutzung bzw. bei abweichenden Ertragsverhältnissen die jeweils kapitalisierten Reingewinne sind mit den jeweiligen Eigentumsflächen bzw. Flächenanteilen zu multiplizieren.

17 (3) ① Zur Bestimmung des Reingewinns der landwirtschaftlichen Nutzung sind die Standarddeckungsbeiträge (→ Anlage 2)[2] der selbst bewirtschafteten Flächen und der Tiereinheiten zu ermitteln und

1. die Betriebsform zu bestimmen. ② Hierzu ist das Verhältnis der einzelnen Standarddeckungsbeiträge zur Summe der Standarddeckungsbeiträge des gesamten Betriebs maßgebend. ③ Aus dem Verhältnis der ermittelten Standarddeckungsbeiträge und deren Zuordnung zu den Nutzungsarten Futterbau, Ackerbau und Veredlung (→ Anlage 1)[3] ergibt sich die maßgebliche Nutzungsart der landwirtschaftlichen Nutzung:

Anteil des Standarddeckungsbeitrags des Produktionszweigs am Gesamtstandarddeckungsbeitrag des Betriebs	**Nutzungsart (Betriebsform)**
Ackerbau > $^2/_3$	Ackerbau
Futterbau > $^2/_3$ und Rinder für die Milcherzeugung > $^2/_3$	Milchviehhaltung
Futterbau > $^2/_3$ und Rinder für die Milcherzeugung ≤ $^2/_3$	Sonstiger Futterbau
Veredlung > $^2/_3$	Veredlung
Ackerbau > $^1/_3$ und Futterbau ≤ $^1/_3$ und Veredlung ≤ $^1/_3$	Pflanzenbau-Verbund
Futterbau > $^1/_3$ **und/oder** Veredlung > $^1/_3$ und Ackerbau ≤ $^1/_3$	Vieh-Verbund
alle übrigen Betriebe	Pflanzenbau- und Viehverbund

2. die Betriebsgröße nach der Europäischen Größeneinheit (EGE) zu bestimmen. ② Hierzu ist die Summe der Standarddeckungsbeiträge des Betriebs durch 1200 Euro zu dividieren. ③ Anschließend erfolgt die Zuordnung zu einer der folgenden Betriebsgrößenklassen:
   a) Kleinbetriebe 0 bis unter 40 EGE
   b) Mittelbetriebe 40 bis 100 EGE
   c) Großbetriebe über 100 EGE.

② Anhand der nach Nummer 1 und 2 ermittelten Bewertungsmerkmale ist der Reingewinn/ha nach Anlage 14[4] zum BewG herzuleiten. ③ Der so ermittelte Reingewinn/ha ist mit 18,6 zu kapitalisieren und auf alle Eigentumsflächen der landwirtschaftlichen Nutzung anzuwenden.

H B 163 (3)

H B 163 (3)

Wirtschaftswert der landwirtschaftlichen Nutzung.

18 **Beispiel:**

Ermittlung des Wirtschaftswerts für einen Landwirtschaftsbetrieb in Oberbayern mit folgenden Betriebsverhältnissen: Ackerbau 50 ha Eigentum und 55,0020 ha Zupachtflächen, betriebliche Verbindlichkeiten 57 000 EUR.

1. Ermittlung des Gesamtstandarddeckungsbeitrags für die landwirtschaftliche Nutzung

Standarddeckungsbeitrag/ha für		Anbauflächen ha	a	m²		Betrag in EUR
Weichweizen	598 EUR	30	00	00		17 940,00
Kartoffeln	2 327 EUR	40	00	00	+	93 080,00
Raps	584 EUR	30	00	00	+	17 520,00
Gerste	516 EUR	2	50	10	+	1 290,52
Roggen	402 EUR	2	50	10	+	1 005,40
Summe						130 835,92
Gesamtstandarddeckungsbeitrag des Betriebs (gerundet)						130 836

[1] Nachfolgend abgedruckt als Anlagen a–d zu § 163 BewG.
[2] Abgedruckt als Anlage b zu R B 160.2 ErbStR.
[3] Abgedruckt als Anlage a zu R B 160.2 ErbStR.
[4] Nachfolgend abgedruckt als Anlage a zu § 163 BewG.

2. Ermittlung der Nutzungsart bzw. Betriebsform für die landwirtschaftliche Nutzung
Da die Standarddeckungsbeiträge der pflanzlichen Nutzung entsprechend R B 163 Absatz 3 Satz 1 Nummer 1 Satz 3 i. V. m. Anlage 1 alle dem Ackerbau zuzuordnen sind, ist das Klassifizierungsmerkmal > $^2/_3$ erfüllt. Es liegt ein reiner Ackerbaubetrieb vor.

3. Ermittlung der Betriebsgröße für die landwirtschaftliche Nutzung
Gesamtstandarddeckungsbeitrag 130 836 EUR : 1200 = 109,03 EGE
Die Betriebsgröße liegt über 100 EGE = Großbetrieb.

4. Bewertungsparameter Anlage 14 zum BewG
Reingewinn/ha – Oberbayern, Großbetrieb, Ackerbau 109 EUR

5. Bewertung des Betriebs

Reingewinnverfahren

Nutzungsart	Wert EUR/ha	Kapitalisierungsfaktor	jeweilige Eigentumsfläche ha	a	m²	Wirtschaftswert in EUR
Ackerbau über 100 EGE	109	18,6	50	00	00	101 370,00
Wirtschaftswert der landwirtschaftlichen Nutzung						101 370

Die betrieblichen Verbindlichkeiten sind mit dem Ansatz des Reingewinns von 109 EUR/ha berücksichtigt.

Wirtschaftswert der landwirtschaftlichen Nutzung bei Betrieben mit Vieh. Ist Weidevieh vorhanden, sind die Standarddeckungsbeiträge der Futterflächen mit dem Ansatz der Standarddeckungsbeiträge des Weideviehs abgegolten, da von einem ausgeglichenen Futtersaldo ausgegangen wird. Das bedeutet, dass in diesem Fall die Standarddeckungsbeiträge der Futterflächen nicht in den Standarddeckungsbeitrag des jeweiligen Produktionszweigs (Ackerbau bzw. Futterbau) einbezogen werden. Futterflächen sind Futterhackfrüchte (ohne Saatgut), Ackerwiesen und -weiden, Grünmais (Silagemais), sonstige Futterpflanzen, Grünland und Weiden ohne ertragsarme Weiden, ungepflegtes Weideland.

R B 163 (4)

RB 163 (4) 19

(4) ① Der jeweilige Reingewinn der forstwirtschaftlichen Nutzung bestimmt sich nach den Flächen der jeweiligen Baumartengruppe oder der übrigen Fläche der forstwirtschaftlichen Nutzung laut Anlage 15[1] zum BewG und ist mit 18,6 zu kapitalisieren. ② Nichtwirtschaftswald mit einer Gesamtgröße bis zu 10 ha ist unabhängig von seiner Baumarten- und Altersklassenzusammensetzung mit dem Reingewinn für Kiefer – III. Ertragsklasse zu bewerten. ③ Die für die Errechnung des Wirtschaftswerts erforderlichen Grunddaten sind ggf. einem forstwirtschaftlichen Betriebsgutachten oder Betriebswerk zu entnehmen.

H B 163 (4)

HB 163 (4) 20

Wirtschaftswert der forstwirtschaftlichen Nutzung.

Beispiel:
Ermittlung des Wirtschaftswerts für einen Forstbetrieb mit folgendem Altersklassenwald:

Fichte – EKL I	3,51 ha
Kiefer – EKL I	3,12 ha
Eiche – EKL I	4,17 ha
Verbindlichkeiten Holzaufarbeitungskosten	3 500 EUR

Reingewinnverfahren

Nutzungsart	Wert EUR/ha	Kapitalisierungsfaktor	jeweilige Eigentumsfläche ha	a	m²	Wirtschaftswert in EUR
Fichte – I. Ertragsklasse	105	18,6	3	51	00	6 855,03
Kiefer – I. Ertragsklasse	26	18,6	3	12	00	+ 1 508,83
Eiche – I. Ertragsklasse	90	18,6	4	17	00	+ 6 980,58
Summe						15 344,44
Wirtschaftswert der forstwirtschaftlichen Nutzung (gerundet)						15 344

Die betrieblichen Verbindlichkeiten sind mit dem Ansatz des jeweiligen Reingewinns berücksichtigt.

R B 163 (5)

RB 163 (5) 21

(5) ① Der jeweilige Reingewinn der weinbaulichen Nutzung bestimmt sich nach den Flächen der jeweiligen Nutzungsart (Verwertungsform) Flaschenweinerzeuger, Fassweinerzeuger oder Traubenerzeuger laut Anlage 16[2] zum BewG und ist mit 18,6 zu kapitalisieren. ② Bei der Beurteilung der Ertragsfähigkeit der weinbaulichen Nutzung sind die Nutzungsarten (Verwertungsform) der geernteten Trauben zu berücksichtigen. ③ Es werden folgende Verwertungsformen unterschieden:

[1] Nachfolgend abgedruckt als Anlage b zu § 163 BewG.
[2] Nachfolgend abgedruckt als Anlage c zu § 163 BewG.

1. Die Traubenerzeugung umfasst die Erzeugung von Trauben, Maische oder Most und deren Veräußerung an Genossenschaften oder andere Betriebe (Nichtausbau).
2. Der Fassweinausbau umfasst die Erzeugung und die Verarbeitung der Trauben im eigenen Betrieb und den Ausbau sowie den Verkauf von Fasswein.
3. Der Flaschenweinausbau umfasst die Erzeugung und die Verarbeitung der Trauben im eigenen Betrieb und den Ausbau sowie die Bereitung und den Verkauf von Flaschenwein.

④ Kommen die Verwertungsformen in einem Betrieb nebeneinander vor, ist der Wirtschaftswert unter Berücksichtigung der auf die jeweilige Verwertungsform nachhaltig entfallenden Erntemenge am Bewertungsstichtag zu ermitteln.

H B 163 (5)

H B 163 (5)

Wirtschaftswert der weinbaulichen Nutzung.

22 **Beispiel:**

Ermittlung des Wirtschaftswerts für einen Weinbaubetrieb mit folgenden Betriebsverhältnissen: 9 ha Eigentum und 7 ha Zupachtflächen

Die nachhaltige Erntemenge der letzten fünf Jahre beträgt 168 000 Liter, davon wurden

an die Winzergenossenschaft als Trauben geliefert	21 000 l
als Fasswein verkauft	42 000 l
als Flaschenwein verkauft	105 000 l

Verwertungsform	Nachhaltige Erntemenge in Liter Wein	Ermittelte Anteile der Verwertungsformen	Entsprechende Flächenanteile in ha	a	m²
Traubenerzeugung	21 000	12,50%	1	12	50
Fassweinerzeugung	42 000	25,00%	2	25	00
Flaschenweinerzeugung	105 000	62,50%	5	62	50
Summe	168 000	100,00%	9	00	00

Reingewinnverfahren

Nutzungsart	Wert EUR/ha	Kapitalisierungsfaktor	jeweilige Eigentumsfläche ha	a	m²	Wirtschaftswert in EUR
Flaschenwein	– 193	18,6	5	62	50	– 20 192,63
Fasswein	– 759	18,6	2	25	00	– 31 764,15
Traubenerzeugung	– 1 252	18,6	1	12	50	– 26 198,10
Summe						– 78 154,88
Wirtschaftswert der weinbaulichen Nutzung (gerundet)						– 78 155

R B 163 (6)

R B 163 (6)

23 (6) ① Der jeweilige Reingewinn der gärtnerischen Nutzung bestimmt sich nach den Flächen des jeweiligen Nutzungsteils bzw. dessen Nutzungsart laut Anlage 17[1] zum BewG und ist mit 18,6 zu kapitalisieren. ② Die für die Errechnung des Wirtschaftswerts erforderlichen Grunddaten sind ggf. dem Anbauverzeichnis im Sinne des § 142 AO zu entnehmen.

H B 163 (6)

H B 163 (6)

Wirtschaftswert der gärtnerischen Nutzung.

24 **Beispiel:**

Ermittlung des Wirtschaftswerts für einen Gartenbaubetrieb mit folgenden Betriebsverhältnissen:

Nutzungsteil	ha	a	m²
Gemüsebau – Freiland	1	00	00
Gemüsebau – Flächen unter Glas und Kunststoffen	1	00	00
Blumen- und Zierpflanzenbau – Freiland	2	00	00
Blumen- und Zierpflanzenbau – Flächen unter Glas und Kunststoffen	0	50	00
Obstbau	1	00	00
Baumschulen	3	00	00

Verbindlichkeiten 301 000 EUR

Reingewinnverfahren

Nutzungsart	Wert EUR/ha	Kapitalisierungsfaktor	jeweilige Eigentumsfläche ha	a	m²	Wirtschaftswert in EUR
Gemüsebau – Freiland	– 1 365	18,6	1	00	00	– 25 389,00
Gemüsebau – Flächen unter Glas und Kunststoffen	6 098	18,6	1	00	00	113 422,80
Blumen- und Zierpflanzenbau – Freiland	– 108	18,6	2	00	00	– 4 017,60
Blumen- und Zierpflanzenbau – Flächen unter Glas und Kunststoffen	– 6 640	18,6	0	50	00	– 61 752,00

[1] Nachfolgend abgedruckt als Anlage d zu § 163 BewG.

Nutzungsart	Wert EUR/ha	Kapitalisierungsfaktor	jeweilige Eigentumsfläche ha	a	m²	Wirtschaftswert in EUR
Obstbau	– 379	18,6	1	00	00	– 7 049,40
Baumschulen	894	18,6	3	00	00	49 885,20
Summe						65 100,00
Wirtschaftswert der gärtnerischen Nutzung (gerundet)						65 100

Die betrieblichen Verbindlichkeiten sind mit dem Ansatz des jeweiligen Reingewinns berücksichtigt.

R B 163 (7)

R B 163 (7) 25

(7) ①Der jeweilige Reingewinn für die Sondernutzungen Hopfen, Tabak, Spargel bestimmt sich nach den Flächen der jeweiligen Nutzung laut Anlage 18[1] zum BewG und ist mit 18,6 zu kapitalisieren. ②Die für die Errechnung des Wirtschaftswerts erforderlichen Grunddaten sind ggf. dem Anbauverzeichnis im Sinne des § 142 AO zu entnehmen.

H B 163 (7)

H B 163 (7) 26

Wirtschaftswert der Sondernutzungen.

Beispiel:

Ermittlung des Wirtschaftswerts für die Sondernutzung Spargelbaubetrieb von 10,1050 ha.

Reingewinnverfahren

Nutzungsart	Wert EUR/ha	Kapitalisierungsfaktor	ha	a	m²	Wirtschaftswert in EUR
Spargel	– 1 365	18,6	10	10	50	– 256 555,85
Wirtschaftswert der Sondernutzung Spargel (gerundet)						– 256 556

R B 163 (8)

R B 163 (8) 27

(8) ①Der jeweilige Reingewinn für die sonstigen land- und forstwirtschaftlichen Nutzungen ist grundsätzlich nach den Grundzügen eines Einzelertragswertverfahrens zu ermitteln. ②In diesen Fällen ist das betriebsindividuelle Ergebnis nach den Grundsätzen des Absatzes 1 zu ermitteln. ③Das betriebsindividuelle Ergebnis ist möglichst aus den Ergebnissen der letzten fünf vor dem Bewertungsstichtag abgelaufenen Wirtschaftsjahre herzuleiten und als nachhaltig erzielbarer Reingewinn mit 18,6 zu kapitalisieren; das Ergebnis stellt den jeweiligen Wirtschaftswert dar. ④Zur Gleichmäßigkeit der Bewertung kann abweichend hiervon ein pauschaler Reingewinn ermittelt und bekannt gemacht werden, der mit 18,6 zu kapitalisieren ist und den Wirtschaftswert darstellt. ⑤Soweit ein pauschaler Reingewinn ermittelt wurde, sind individuelle Einzelertragswertermittlungen nur bei Vorliegen besonderer Verhältnisse vorzunehmen.

H B 163 (8)

H B 163 (8) 28

Nachhaltig erzielbarer Reingewinn im Einzelertragswertverfahren. Der Reingewinn ist möglichst aus den Ergebnissen der letzten fünf vor dem Bewertungsstichtag abgelaufenen Wirtschaftsjahre wie folgt herzuleiten:

	Erlöse
abzüglich	Aufwendungen
=	Gewinn/Verlust
abzüglich	Zeitraumfremde Erträge, Zulagen und außerordentliche Erträge
zuzüglich	Zeitraumfremde Aufwendungen und außerordentliche Aufwendungen
=	Ordentliches Ergebnis
abzüglich	Lohnansatz für nicht entlohnte Arbeitskräfte und den Betriebsinhaber
=	Reingewinn

R B 163 (9–13)

R B 163 (9–13) 29

(9) ①Dem jeweiligen Reingewinn für die Nebenbetriebe (→ R B 160.18) ist bei der Ermittlung eines Einzelertragswerts nur der Ertrag zu Grunde zu legen, der nicht bereits bei der Bewertung des Hauptbetriebs berücksichtigt worden ist. ②Das ist z. B. bei der Forellenräucherei der Mehrertrag, der sich durch die Bearbeitung der im Hauptbetrieb erzeugten Forellen ergibt. ③Im Übrigen gelten die Grundsätze des Absatzes 8.

(10) ①Der Reingewinn für das Abbauland kann zur Vereinfachung der Bewertung regelmäßig pauschal mit 2,70 Euro je Ar angesetzt werden. ②Im Übrigen gelten die Grundsätze des Absatzes 8. 30

[1] Nachfolgend abgedruckt als Anlage e zu § 163 BewG.

31 (11) ① Die Hof- und Wirtschaftsgebäudeflächen sind in die einzelne Nutzung einzubeziehen, soweit sie ihr dienen und nicht den Betriebswohnungen oder dem Wohnteil zuzurechnen sind. ② Wirtschaftsgüter, die verschiedenen Nutzungen zu dienen bestimmt sind, sind den Nutzungen zuzuordnen, denen sie am Bewertungsstichtag überwiegend dienen.

32 (12) ① Die Eigentumsfläche des Betriebs bestimmt sich nach den Verhältnissen am Bewertungsstichtag und umfasst die bei der Ermittlung des jeweiligen Reingewinns einer Nutzung zu Grunde gelegten Flächen bzw. Flächenanteile zuzüglich der Hof- und Wirtschaftsgebäudeflächen. ② Soweit Flächen am Bewertungsstichtag noch nicht im Eigentum des Steuerpflichtigen stehen, aber Nutzen, Lasten und Gefahren bereits auf den Steuerpflichtigen übergegangen sind, sind diese bei der jeweiligen Nutzung mit ihrer Nutzungsart zu berücksichtigen.

33 (13) Die bei der Ermittlung der Wirtschaftswerte zu Grunde gelegten Betriebs- und Eigentumsverhältnisse schließen eine Aufteilung einzelner Faktoren aus, die den Ertragswert beeinflussen.

Anl a zu § 163

Anlage 14
(zu § 163 Abs. 3,
§ 164 Abs. 2 und 4)

Landwirtschaftliche Nutzung

40

1	2	3	4	5	6
Region Land/Reg.bezirk	**Nutzungsart Betriebsform**	**Betriebsgröße**	**Reingewinn EUR/ha LF**	**Pachtpreis EUR/ha LF**	**Wert für das Besatzkapital EUR/ha LF**
Schleswig-Holstein	Ackerbau	Kleinbetriebe 0 bis unter 40 EGE	– 428	240	129
		Mittelbetriebe 40 bis 100 EGE	– 19	286	90
		Großbetriebe über 100 EGE	124	338	78
	Milchvieh	Kleinbetriebe 0 bis unter 40 EGE	– 572	161	241
		Mittelbetriebe 40 bis 100 EGE	– 98	201	238
		Großbetriebe über 100 EGE	143	235	203
	Sonstiger Futterbau	Kleinbetriebe 0 bis unter 40 EGE	– 535	122	160
		Mittelbetriebe 40 bis 100 EGE	– 143	162	142
		Großbetriebe über 100 EGE	73	250	152
	Veredlung	Kleinbetriebe 0 bis unter 40 EGE	– 917	338	343
		Mittelbetriebe 40 bis 100 EGE	– 124	388	358
		Großbetriebe über 100 EGE	224	389	313
	Pflanzenbau-Verbund	Kleinbetriebe 0 bis unter 40 EGE	– 586	201	161
		Mittelbetriebe 40 bis 100 EGE	– 169	245	150
		Großbetriebe über 100 EGE	77	301	148
	Vieh-Verbund	Kleinbetriebe 0 bis unter 40 EGE	– 833	214	188
		Mittelbetriebe 40 bis 100 EGE	– 253	263	222
		Großbetriebe über 100 EGE	66	348	238
	Pflanzen- und Viehverbund	Kleinbetriebe 0 bis unter 40 EGE	– 648	202	169
		Mittelbetriebe 40 bis 100 EGE	– 136	243	172
		Großbetriebe über 100 EGE	68	302	153
Braunschweig	Ackerbau	Kleinbetriebe 0 bis unter 40 EGE	– 456	226	121
		Mittelbetriebe 40 bis 100 EGE	– 20	270	84
		Großbetriebe über 100 EGE	116	318	72
	Milchvieh	Kleinbetriebe 0 bis unter 40 EGE	– 564	164	244
		Mittelbetriebe 40 bis 100 EGE	– 96	203	241
		Großbetriebe über 100 EGE	144	238	205
	Sonstiger Futterbau	Kleinbetriebe 0 bis unter 40 EGE	– 532	122	161
		Mittelbetriebe 40 bis 100 EGE	– 143	162	143
		Großbetriebe über 100 EGE	73	250	152
	Veredlung	Kleinbetriebe 0 bis unter 40 EGE	– 1 001	312	315
		Mittelbetriebe 40 bis 100 EGE	– 136	354	326
		Großbetriebe über 100 EGE	206	359	287
	Pflanzenbau-Verbund	Kleinbetriebe 0 bis unter 40 EGE	– 617	190	153
		Mittelbetriebe 40 bis 100 EGE	– 176	234	144
		Großbetriebe über 100 EGE	74	288	141
	Vieh-Verbund	Kleinbetriebe 0 bis unter 40 EGE	– 868	205	180
		Mittelbetriebe 40 bis 100 EGE	– 268	249	209
		Großbetriebe über 100 EGE	62	330	224
	Pflanzen- und Viehverbund	Kleinbetriebe 0 bis unter 40 EGE	– 687	190	160
		Mittelbetriebe 40 bis 100 EGE	– 146	227	160
		Großbetriebe über 100 EGE	64	281	142

Anl a zu § 163

noch **40**

1	2	3	4	5	6
Region Land/Reg.bezirk	**Nutzungsart Betriebsform**	**Betriebsgröße**	**Reingewinn EUR/ha LF**	**Pachtpreis EUR/ha LF**	**Wert für das Besatzkapital EUR/ha LF**
Hannover	Ackerbau	Kleinbetriebe 0 bis unter 40 EGE	– 461	224	119
		Mittelbetriebe 40 bis 100 EGE	– 21	268	83
		Großbetriebe über 100 EGE	114	315	71
	Milchvieh	Kleinbetriebe 0 bis unter 40 EGE	– 565	163	244
		Mittelbetriebe 40 bis 100 EGE	– 97	203	240
		Großbetriebe über 100 EGE	144	237	205
	Sonstiger Futterbau	Kleinbetriebe 0 bis unter 40 EGE	– 534	122	160
		Mittelbetriebe 40 bis 100 EGE	– 143	161	142
		Großbetriebe über 100 EGE	73	249	152
	Veredlung	Kleinbetriebe 0 bis unter 40 EGE	–1 006	310	313
		Mittelbetriebe 40 bis 100 EGE	– 137	352	325
		Großbetriebe über 100 EGE	205	357	286
	Pflanzenbau-Verbund	Kleinbetriebe 0 bis unter 40 EGE	– 622	189	152
		Mittelbetriebe 40 bis 100 EGE	– 178	234	143
		Großbetriebe über 100 EGE	73	286	140
	Vieh-Verbund	Kleinbetriebe 0 bis unter 40 EGE	– 872	204	179
		Mittelbetriebe 40 bis 100 EGE	– 269	248	208
		Großbetriebe über 100 EGE	62	328	223
	Pflanzen- und Viehverbund	Kleinbetriebe 0 bis unter 40 EGE	– 691	189	159
		Mittelbetriebe 40 bis 100 EGE	– 147	226	159
		Großbetriebe über 100 EGE	63	279	141
Lüneburg	Ackerbau	Kleinbetriebe 0 bis unter 40 EGE	– 478	216	115
		Mittelbetriebe 40 bis 100 EGE	– 21	258	80
		Großbetriebe über 100 EGE	110	304	69
	Milchvieh	Kleinbetriebe 0 bis unter 40 EGE	– 578	160	238
		Mittelbetriebe 40 bis 100 EGE	– 99	198	234
		Großbetriebe über 100 EGE	140	231	199
	Sonstiger Futterbau	Kleinbetriebe 0 bis unter 40 EGE	– 536	121	160
		Mittelbetriebe 40 bis 100 EGE	– 145	160	141
		Großbetriebe über 100 EGE	72	245	150
	Veredlung	Kleinbetriebe 0 bis unter 40 EGE	–1 011	309	311
		Mittelbetriebe 40 bis 100 EGE	– 138	350	323
		Großbetriebe über 100 EGE	204	355	284
	Pflanzenbau-Verbund	Kleinbetriebe 0 bis unter 40 EGE	– 632	186	149
		Mittelbetriebe 40 bis 100 EGE	– 181	230	140
		Großbetriebe über 100 EGE	72	281	138
	Vieh-Verbund	Kleinbetriebe 0 bis unter 40 EGE	– 880	202	178
		Mittelbetriebe 40 bis 100 EGE	– 272	246	206
		Großbetriebe über 100 EGE	61	325	221
	Pflanzen- und Viehverbund	Kleinbetriebe 0 bis unter 40 EGE	– 699	187	157
		Mittelbetriebe 40 bis 100 EGE	– 149	222	156
		Großbetriebe über 100 EGE	62	275	139
Weser-Ems	Ackerbau	Kleinbetriebe 0 bis unter 40 EGE	– 476	217	116
		Mittelbetriebe 40 bis 100 EGE	– 21	261	81
		Großbetriebe über 100 EGE	113	315	71
	Milchvieh	Kleinbetriebe 0 bis unter 40 EGE	– 577	160	239
		Mittelbetriebe 40 bis 100 EGE	– 99	198	235
		Großbetriebe über 100 EGE	140	232	200
	Sonstiger Futterbau	Kleinbetriebe 0 bis unter 40 EGE	– 540	120	158
		Mittelbetriebe 40 bis 100 EGE	– 145	159	140
		Großbetriebe über 100 EGE	72	245	149
	Veredlung	Kleinbetriebe 0 bis unter 40 EGE	– 966	323	326
		Mittelbetriebe 40 bis 100 EGE	– 131	367	339
		Großbetriebe über 100 EGE	213	372	298
	Pflanzenbau-Verbund	Kleinbetriebe 0 bis unter 40 EGE	– 622	190	152
		Mittelbetriebe 40 bis 100 EGE	– 178	233	143
		Großbetriebe über 100 EGE	74	288	142
	Vieh-Verbund	Kleinbetriebe 0 bis unter 40 EGE	– 862	207	181
		Mittelbetriebe 40 bis 100 EGE	– 264	253	213
		Großbetriebe über 100 EGE	63	335	228
	Pflanzen- und Viehverbund	Kleinbetriebe 0 bis unter 40 EGE	– 684	192	160
		Mittelbetriebe 40 bis 100 EGE	– 144	230	162
		Großbetriebe über 100 EGE	64	286	144

Anl a zu § 163

noch **40**

1	2	3	4	5	6
Region Land/Reg.bezirk	**Nutzungsart Betriebsform**	**Betriebsgröße**	**Reingewinn EUR/ha LF**	**Pachtpreis EUR/ha LF**	**Wert für das Besatzkapital EUR/ha LF**
Düsseldorf	Ackerbau	Kleinbetriebe 0 bis unter 40 EGE	– 443	233	124
		Mittelbetriebe 40 bis 100 EGE	– 20	281	87
		Großbetriebe über 100 EGE	123	338	77
	Milchvieh	Kleinbetriebe 0 bis unter 40 EGE	– 548	169	251
		Mittelbetriebe 40 bis 100 EGE	– 94	209	247
		Großbetriebe über 100 EGE	147	244	210
	Sonstiger Futterbau	Kleinbetriebe 0 bis unter 40 EGE	– 492	132	174
		Mittelbetriebe 40 bis 100 EGE	– 131	176	155
		Großbetriebe über 100 EGE	79	268	165
	Veredlung	Kleinbetriebe 0 bis unter 40 EGE	– 964	323	327
		Mittelbetriebe 40 bis 100 EGE	– 131	368	340
		Großbetriebe über 100 EGE	214	373	299
	Pflanzenbau-Verbund	Kleinbetriebe 0 bis unter 40 EGE	– 593	198	159
		Mittelbetriebe 40 bis 100 EGE	– 171	242	148
		Großbetriebe über 100 EGE	77	301	149
	Vieh-Verbund	Kleinbetriebe 0 bis unter 40 EGE	– 824	215	190
		Mittelbetriebe 40 bis 100 EGE	– 256	261	219
		Großbetriebe über 100 EGE	65	345	235
	Pflanzen- und Viehverbund	Kleinbetriebe 0 bis unter 40 EGE	– 658	199	167
		Mittelbetriebe 40 bis 100 EGE	– 140	237	167
		Großbetriebe über 100 EGE	66	294	149
Köln	Ackerbau	Kleinbetriebe 0 bis unter 40 EGE	– 432	239	127
		Mittelbetriebe 40 bis 100 EGE	– 19	288	90
		Großbetriebe über 100 EGE	127	348	80
	Milchvieh	Kleinbetriebe 0 bis unter 40 EGE	– 566	163	243
		Mittelbetriebe 40 bis 100 EGE	– 97	202	239
		Großbetriebe über 100 EGE	142	235	203
	Sonstiger Futterbau	Kleinbetriebe 0 bis unter 40 EGE	– 493	132	174
		Mittelbetriebe 40 bis 100 EGE	– 132	174	154
		Großbetriebe über 100 EGE	78	264	163
	Veredlung	Kleinbetriebe 0 bis unter 40 EGE	– 962	324	327
		Mittelbetriebe 40 bis 100 EGE	– 131	369	340
		Großbetriebe über 100 EGE	215	374	300
	Pflanzenbau-Verbund	Kleinbetriebe 0 bis unter 40 EGE	– 586	200	161
		Mittelbetriebe 40 bis 100 EGE	– 169	244	150
		Großbetriebe über 100 EGE	79	305	151
	Vieh-Verbund	Kleinbetriebe 0 bis unter 40 EGE	– 829	214	189
		Mittelbetriebe 40 bis 100 EGE	– 257	259	218
		Großbetriebe über 100 EGE	65	343	234
	Pflanzen- und Viehverbund	Kleinbetriebe 0 bis unter 40 EGE	– 655	200	167
		Mittelbetriebe 40 bis 100 EGE	– 139	238	168
		Großbetriebe über 100 EGE	67	296	149
Münster	Ackerbau	Kleinbetriebe 0 bis unter 40 EGE	– 460	223	120
		Mittelbetriebe 40 bis 100 EGE	– 21	264	83
		Großbetriebe über 100 EGE	113	309	70
	Milchvieh	Kleinbetriebe 0 bis unter 40 EGE	– 554	167	249
		Mittelbetriebe 40 bis 100 EGE	– 95	206	244
		Großbetriebe über 100 EGE	145	240	207
	Sonstiger Futterbau	Kleinbetriebe 0 bis unter 40 EGE	– 493	132	174
		Mittelbetriebe 40 bis 100 EGE	– 132	174	154
		Großbetriebe über 100 EGE	79	265	163
	Veredlung	Kleinbetriebe 0 bis unter 40 EGE	– 1 014	308	310
		Mittelbetriebe 40 bis 100 EGE	– 138	349	322
		Großbetriebe über 100 EGE	203	354	284
	Pflanzenbau-Verbund	Kleinbetriebe 0 bis unter 40 EGE	– 613	191	154
		Mittelbetriebe 40 bis 100 EGE	– 177	234	143
		Großbetriebe über 100 EGE	73	285	139
	Vieh-Verbund	Kleinbetriebe 0 bis unter 40 EGE	– 848	208	184
		Mittelbetriebe 40 bis 100 EGE	– 266	251	211
		Großbetriebe über 100 EGE	62	332	226
	Pflanzen- und Viehverbund	Kleinbetriebe 0 bis unter 40 EGE	– 680	192	161
		Mittelbetriebe 40 bis 100 EGE	– 147	225	159
		Großbetriebe über 100 EGE	63	278	141

noch **40**

1	2	3	4	5	6
Region Land/Reg.bezirk	**Nutzungsart Betriebsform**	**Betriebsgröße**	**Reingewinn EUR/ha LF**	**Pachtpreis EUR/ha LF**	**Wert für das Besatzkapital EUR/ha LF**
Detmold	Ackerbau	Kleinbetriebe 0 bis unter 40 EGE	– 450	229	122
		Mittelbetriebe 40 bis 100 EGE	– 20	274	85
		Großbetriebe über 100 EGE	117	321	73
	Milchvieh	Kleinbetriebe 0 bis unter 40 EGE	– 552	167	250
		Mittelbetriebe 40 bis 100 EGE	– 95	207	245
		Großbetriebe über 100 EGE	146	241	208
	Sonstiger Futterbau	Kleinbetriebe 0 bis unter 40 EGE	– 493	132	174
		Mittelbetriebe 40 bis 100 EGE	– 132	174	154
		Großbetriebe über 100 EGE	79	265	164
	Veredlung	Kleinbetriebe 0 bis unter 40 EGE	– 1 014	308	311
		Mittelbetriebe 40 bis 100 EGE	– 138	349	322
		Großbetriebe über 100 EGE	204	355	284
	Pflanzenbau-Verbund	Kleinbetriebe 0 bis unter 40 EGE	– 607	192	155
		Mittelbetriebe 40 bis 100 EGE	– 175	237	145
		Großbetriebe über 100 EGE	74	290	142
	Vieh-Verbund	Kleinbetriebe 0 bis unter 40 EGE	– 847	209	185
		Mittelbetriebe 40 bis 100 EGE	– 265	252	211
		Großbetriebe über 100 EGE	62	333	226
	Pflanzen- und Viehverbund	Kleinbetriebe 0 bis unter 40 EGE	– 677	193	162
		Mittelbetriebe 40 bis 100 EGE	– 146	227	160
		Großbetriebe über 100 EGE	64	281	143
Arnsberg	Ackerbau	Kleinbetriebe 0 bis unter 40 EGE	– 439	235	126
		Mittelbetriebe 40 bis 100 EGE	– 20	282	88
		Großbetriebe über 100 EGE	121	332	76
	Milchvieh	Kleinbetriebe 0 bis unter 40 EGE	– 564	164	244
		Mittelbetriebe 40 bis 100 EGE	– 97	202	240
		Großbetriebe über 100 EGE	143	235	204
	Sonstiger Futterbau	Kleinbetriebe 0 bis unter 40 EGE	– 493	132	174
		Mittelbetriebe 40 bis 100 EGE	– 132	174	154
		Großbetriebe über 100 EGE	78	263	163
	Veredlung	Kleinbetriebe 0 bis unter 40 EGE	– 1 013	308	311
		Mittelbetriebe 40 bis 100 EGE	– 138	349	322
		Großbetriebe über 100 EGE	204	355	284
	Pflanzenbau-Verbund	Kleinbetriebe 0 bis unter 40 EGE	– 601	194	157
		Mittelbetriebe 40 bis 100 EGE	– 173	239	147
		Großbetriebe über 100 EGE	75	294	144
	Vieh-Verbund	Kleinbetriebe 0 bis unter 40 EGE	– 850	208	184
		Mittelbetriebe 40 bis 100 EGE	– 266	251	210
		Großbetriebe über 100 EGE	62	331	226
	Pflanzen- und Viehverbund	Kleinbetriebe 0 bis unter 40 EGE	– 674	194	163
		Mittelbetriebe 40 bis 100 EGE	– 145	228	161
		Großbetriebe über 100 EGE	64	283	143
Darmstadt	Ackerbau	Kleinbetriebe 0 bis unter 40 EGE	– 485	215	114
		Mittelbetriebe 40 bis 100 EGE	– 21	261	80
		Großbetriebe über 100 EGE	113	318	71
	Milchvieh	Kleinbetriebe 0 bis unter 40 EGE	– 607	152	227
		Mittelbetriebe 40 bis 100 EGE	– 105	187	222
		Großbetriebe über 100 EGE	132	218	188
	Sonstiger Futterbau	Kleinbetriebe 0 bis unter 40 EGE	– 537	121	159
		Mittelbetriebe 40 bis 100 EGE	– 146	158	139
		Großbetriebe über 100 EGE	71	242	148
	Veredlung	Kleinbetriebe 0 bis unter 40 EGE	– 926	336	340
		Mittelbetriebe 40 bis 100 EGE	– 125	385	355
		Großbetriebe über 100 EGE	223	387	310
	Pflanzenbau-Verbund	Kleinbetriebe 0 bis unter 40 EGE	– 617	193	153
		Mittelbetriebe 40 bis 100 EGE	– 177	236	144
		Großbetriebe über 100 EGE	75	292	144
	Vieh-Verbund	Kleinbetriebe 0 bis unter 40 EGE	– 850	210	184
		Mittelbetriebe 40 bis 100 EGE	– 257	258	218
		Großbetriebe über 100 EGE	64	342	233
	Pflanzen- und Viehverbund	Kleinbetriebe 0 bis unter 40 EGE	– 672	196	163
		Mittelbetriebe 40 bis 100 EGE	– 141	236	166
		Großbetriebe über 100 EGE	65	293	146

Anl a zu § 163

noch **40**

1	2	3	4	5	6
Region Land/Reg.bezirk	**Nutzungsart Betriebsform**	**Betriebsgröße**	**Reingewinn EUR/ha LF**	**Pachtpreis EUR/ha LF**	**Wert für das Besatzkapital EUR/ha LF**
Gießen	Ackerbau	Kleinbetriebe 0 bis unter 40 EGE	– 492	212	112
		Mittelbetriebe 40 bis 100 EGE	– 22	256	78
		Großbetriebe über 100 EGE	106	301	66
	Milchvieh	Kleinbetriebe 0 bis unter 40 EGE	– 591	156	233
		Mittelbetriebe 40 bis 100 EGE	– 102	193	228
		Großbetriebe über 100 EGE	136	225	194
	Sonstiger Futterbau	Kleinbetriebe 0 bis unter 40 EGE	– 535	122	160
		Mittelbetriebe 40 bis 100 EGE	– 145	159	141
		Großbetriebe über 100 EGE	72	245	150
	Veredlung	Kleinbetriebe 0 bis unter 40 EGE	– 929	335	339
		Mittelbetriebe 40 bis 100 EGE	– 125	384	354
		Großbetriebe über 100 EGE	221	384	309
	Pflanzenbau-Verbund	Kleinbetriebe 0 bis unter 40 EGE	– 624	191	151
		Mittelbetriebe 40 bis 100 EGE	– 179	234	142
		Großbetriebe über 100 EGE	72	286	138
	Vieh-Verbund	Kleinbetriebe 0 bis unter 40 EGE	– 846	211	185
		Mittelbetriebe 40 bis 100 EGE	– 256	260	219
		Großbetriebe über 100 EGE	64	343	234
	Pflanzen- und Viehverbund	Kleinbetriebe 0 bis unter 40 EGE	– 673	196	163
		Mittelbetriebe 40 bis 100 EGE	– 142	235	165
		Großbetriebe über 100 EGE	65	290	145
Kassel	Ackerbau	Kleinbetriebe 0 bis unter 40 EGE	– 488	213	113
		Mittelbetriebe 40 bis 100 EGE	– 22	256	79
		Großbetriebe über 100 EGE	108	304	67
	Milchvieh	Kleinbetriebe 0 bis unter 40 EGE	– 584	158	236
		Mittelbetriebe 40 bis 100 EGE	– 100	195	231
		Großbetriebe über 100 EGE	138	228	197
	Sonstiger Futterbau	Kleinbetriebe 0 bis unter 40 EGE	– 534	122	160
		Mittelbetriebe 40 bis 100 EGE	– 144	160	141
		Großbetriebe über 100 EGE	72	247	151
	Veredlung	Kleinbetriebe 0 bis unter 40 EGE	– 928	335	339
		Mittelbetriebe 40 bis 100 EGE	– 125	385	355
		Großbetriebe über 100 EGE	222	385	309
	Pflanzenbau-Verbund	Kleinbetriebe 0 bis unter 40 EGE	– 621	192	152
		Mittelbetriebe 40 bis 100 EGE	– 178	235	142
		Großbetriebe über 100 EGE	73	287	139
	Vieh-Verbund	Kleinbetriebe 0 bis unter 40 EGE	– 843	212	185
		Mittelbetriebe 40 bis 100 EGE	– 255	260	219
		Großbetriebe über 100 EGE	65	344	235
	Pflanzen- und Viehverbund	Kleinbetriebe 0 bis unter 40 EGE	– 671	196	163
		Mittelbetriebe 40 bis 100 EGE	– 141	236	165
		Großbetriebe über 100 EGE	65	291	146
Rheinland-Pfalz	Ackerbau	Kleinbetriebe 0 bis unter 40 EGE	– 501	208	110
		Mittelbetriebe 40 bis 100 EGE	– 22	253	77
		Großbetriebe über 100 EGE	109	306	68
	Milchvieh	Kleinbetriebe 0 bis unter 40 EGE	– 588	157	234
		Mittelbetriebe 40 bis 100 EGE	– 101	194	229
		Großbetriebe über 100 EGE	136	226	195
	Sonstiger Futterbau	Kleinbetriebe 0 bis unter 40 EGE	– 535	122	160
		Mittelbetriebe 40 bis 100 EGE	– 145	159	141
		Großbetriebe über 100 EGE	72	244	149
	Veredlung	Kleinbetriebe 0 bis unter 40 EGE	– 1 003	311	314
		Mittelbetriebe 40 bis 100 EGE	– 136	356	328
		Großbetriebe über 100 EGE	206	357	287
	Pflanzenbau-Verbund	Kleinbetriebe 0 bis unter 40 EGE	– 641	185	147
		Mittelbetriebe 40 bis 100 EGE	– 182	229	139
		Großbetriebe über 100 EGE	72	282	138
	Vieh-Verbund	Kleinbetriebe 0 bis unter 40 EGE	– 879	203	178
		Mittelbetriebe 40 bis 100 EGE	– 269	247	208
		Großbetriebe über 100 EGE	61	326	222
	Pflanzen- und Viehverbund	Kleinbetriebe 0 bis unter 40 EGE	– 703	187	156
		Mittelbetriebe 40 bis 100 EGE	– 148	224	157
		Großbetriebe über 100 EGE	62	277	139

Anl a zu § 163

noch **40**

1	2	3	4	5	6
Region Land/Reg.bezirk	**Nutzungsart Betriebsform**	**Betriebsgröße**	**Reingewinn EUR/ha LF**	**Pachtpreis EUR/ha LF**	**Wert für das Besatzkapital EUR/ha LF**
Stuttgart	Ackerbau	Kleinbetriebe 0 bis unter 40 EGE	– 481	216	115
		Mittelbetriebe 40 bis 100 EGE	– 21	261	80
		Großbetriebe über 100 EGE	107	302	67
	Milchvieh	Kleinbetriebe 0 bis unter 40 EGE	– 567	163	243
		Mittelbetriebe 40 bis 100 EGE	– 98	201	238
		Großbetriebe über 100 EGE	141	233	202
	Sonstiger Futterbau	Kleinbetriebe 0 bis unter 40 EGE	– 501	130	171
		Mittelbetriebe 40 bis 100 EGE	– 135	171	151
		Großbetriebe über 100 EGE	77	259	160
	Veredlung	Kleinbetriebe 0 bis unter 40 EGE	– 1 017	306	309
		Mittelbetriebe 40 bis 100 EGE	– 138	350	323
		Großbetriebe über 100 EGE	203	352	282
	Pflanzenbau-Verbund	Kleinbetriebe 0 bis unter 40 EGE	– 628	187	150
		Mittelbetriebe 40 bis 100 EGE	– 180	232	141
		Großbetriebe über 100 EGE	71	282	136
	Vieh-Verbund	Kleinbetriebe 0 bis unter 40 EGE	– 858	206	182
		Mittelbetriebe 40 bis 100 EGE	– 267	250	210
		Großbetriebe über 100 EGE	62	329	224
	Pflanzen- und Viehverbund	Kleinbetriebe 0 bis unter 40 EGE	– 690	190	159
		Mittelbetriebe 40 bis 100 EGE	– 148	224	158
		Großbetriebe über 100 EGE	62	276	139
Karlsruhe	Ackerbau	Kleinbetriebe 0 bis unter 40 EGE	– 500	208	110
		Mittelbetriebe 40 bis 100 EGE	– 22	250	77
		Großbetriebe über 100 EGE	103	290	64
	Milchvieh	Kleinbetriebe 0 bis unter 40 EGE	– 577	160	239
		Mittelbetriebe 40 bis 100 EGE	– 100	197	233
		Großbetriebe über 100 EGE	138	229	197
	Sonstiger Futterbau	Kleinbetriebe 0 bis unter 40 EGE	– 503	129	170
		Mittelbetriebe 40 bis 100 EGE	– 136	169	150
		Großbetriebe über 100 EGE	76	256	158
	Veredlung	Kleinbetriebe 0 bis unter 40 EGE	– 1 020	306	309
		Mittelbetriebe 40 bis 100 EGE	– 138	349	322
		Großbetriebe über 100 EGE	202	351	282
	Pflanzenbau-Verbund	Kleinbetriebe 0 bis unter 40 EGE	– 638	185	148
		Mittelbetriebe 40 bis 100 EGE	– 183	228	138
		Großbetriebe über 100 EGE	69	276	133
	Vieh-Verbund	Kleinbetriebe 0 bis unter 40 EGE	– 864	205	181
		Mittelbetriebe 40 bis 100 EGE	– 268	248	209
		Großbetriebe über 100 EGE	61	326	222
	Pflanzen- und Viehverbund	Kleinbetriebe 0 bis unter 40 EGE	– 697	188	157
		Mittelbetriebe 40 bis 100 EGE	– 150	222	156
		Großbetriebe über 100 EGE	61	272	137
Freiburg	Ackerbau	Kleinbetriebe 0 bis unter 40 EGE	– 499	208	110
		Mittelbetriebe 40 bis 100 EGE	– 22	251	77
		Großbetriebe über 100 EGE	105	295	65
	Milchvieh	Kleinbetriebe 0 bis unter 40 EGE	– 586	157	235
		Mittelbetriebe 40 bis 100 EGE	– 101	193	229
		Großbetriebe über 100 EGE	136	224	193
	Sonstiger Futterbau	Kleinbetriebe 0 bis unter 40 EGE	– 503	129	170
		Mittelbetriebe 40 bis 100 EGE	– 136	168	149
		Großbetriebe über 100 EGE	76	255	157
	Veredlung	Kleinbetriebe 0 bis unter 40 EGE	– 1 020	306	309
		Mittelbetriebe 40 bis 100 EGE	– 138	349	322
		Großbetriebe über 100 EGE	202	351	282
	Pflanzenbau-Verbund	Kleinbetriebe 0 bis unter 40 EGE	– 637	185	148
		Mittelbetriebe 40 bis 100 EGE	– 183	229	138
		Großbetriebe über 100 EGE	70	278	135
	Vieh-Verbund	Kleinbetriebe 0 bis unter 40 EGE	– 867	204	180
		Mittelbetriebe 40 bis 100 EGE	– 269	247	208
		Großbetriebe über 100 EGE	61	325	222
	Pflanzen- und Viehverbund	Kleinbetriebe 0 bis unter 40 EGE	– 698	188	157
		Mittelbetriebe 40 bis 100 EGE	– 150	222	155
		Großbetriebe über 100 EGE	61	273	137

Anl a zu § 163

noch **40**

1 **Region Land/Reg.bezirk**	2 **Nutzungsart Betriebsform**	3 **Betriebsgröße**	4 **Reingewinn EUR/ha LF**	5 **Pachtpreis EUR/ha LF**	6 **Wert für das Besatzkapital EUR/ha LF**
Tübingen	Ackerbau	Kleinbetriebe 0 bis unter 40 EGE	– 484	215	114
		Mittelbetriebe 40 bis 100 EGE	– 22	258	79
		Großbetriebe über 100 EGE	106	298	66
	Milchvieh	Kleinbetriebe 0 bis unter 40 EGE	– 559	165	246
		Mittelbetriebe 40 bis 100 EGE	– 96	204	241
		Großbetriebe über 100 EGE	144	237	205
	Sonstiger Futterbau	Kleinbetriebe 0 bis unter 40 EGE	– 499	130	172
		Mittelbetriebe 40 bis 100 EGE	– 134	172	152
		Großbetriebe über 100 EGE	77	261	161
	Veredlung	Kleinbetriebe 0 bis unter 40 EGE	– 1 018	306	309
		Mittelbetriebe 40 bis 100 EGE	– 138	350	323
		Großbetriebe über 100 EGE	202	352	282
	Pflanzenbau-Verbund	Kleinbetriebe 0 bis unter 40 EGE	– 630	187	150
		Mittelbetriebe 40 bis 100 EGE	– 181	232	140
		Großbetriebe über 100 EGE	70	280	135
	Vieh-Verbund	Kleinbetriebe 0 bis unter 40 EGE	– 855	207	183
		Mittelbetriebe 40 bis 100 EGE	– 266	251	211
		Großbetriebe über 100 EGE	62	330	225
	Pflanzen- und Viehverbund	Kleinbetriebe 0 bis unter 40 EGE	– 690	190	159
		Mittelbetriebe 40 bis 100 EGE	– 148	224	157
		Großbetriebe über 100 EGE	62	276	139
Oberbayern	Ackerbau	Kleinbetriebe 0 bis unter 40 EGE	– 476	220	116
		Mittelbetriebe 40 bis 100 EGE	– 21	268	81
		Großbetriebe über 100 EGE	109	312	68
	Milchvieh	Kleinbetriebe 0 bis unter 40 EGE	– 556	166	248
		Mittelbetriebe 40 bis 100 EGE	– 96	205	243
		Großbetriebe über 100 EGE	144	239	206
	Sonstiger Futterbau	Kleinbetriebe 0 bis unter 40 EGE	– 493	132	174
		Mittelbetriebe 40 bis 100 EGE	– 132	174	154
		Großbetriebe über 100 EGE	79	266	164
	Veredlung	Kleinbetriebe 0 bis unter 40 EGE	– 942	330	334
		Mittelbetriebe 40 bis 100 EGE	– 127	379	350
		Großbetriebe über 100 EGE	219	380	305
	Pflanzenbau-Verbund	Kleinbetriebe 0 bis unter 40 EGE	– 610	194	155
		Mittelbetriebe 40 bis 100 EGE	– 176	240	144
		Großbetriebe über 100 EGE	73	292	140
	Vieh-Verbund	Kleinbetriebe 0 bis unter 40 EGE	– 819	217	191
		Mittelbetriebe 40 bis 100 EGE	– 251	265	223
		Großbetriebe über 100 EGE	66	349	238
	Pflanzen- und Viehverbund	Kleinbetriebe 0 bis unter 40 EGE	– 660	200	166
		Mittelbetriebe 40 bis 100 EGE	– 140	238	167
		Großbetriebe über 100 EGE	66	293	147
Niederbayern	Ackerbau	Kleinbetriebe 0 bis unter 40 EGE	– 468	224	118
		Mittelbetriebe 40 bis 100 EGE	– 21	273	83
		Großbetriebe über 100 EGE	112	320	70
	Milchvieh	Kleinbetriebe 0 bis unter 40 EGE	– 564	163	244
		Mittelbetriebe 40 bis 100 EGE	– 97	202	239
		Großbetriebe über 100 EGE	142	235	203
	Sonstiger Futterbau	Kleinbetriebe 0 bis unter 40 EGE	– 493	132	174
		Mittelbetriebe 40 bis 100 EGE	– 132	174	154
		Großbetriebe über 100 EGE	78	265	163
	Veredlung	Kleinbetriebe 0 bis unter 40 EGE	– 941	330	334
		Mittelbetriebe 40 bis 100 EGE	– 127	380	350
		Großbetriebe über 100 EGE	219	380	305
	Pflanzenbau-Verbund	Kleinbetriebe 0 bis unter 40 EGE	– 606	195	156
		Mittelbetriebe 40 bis 100 EGE	– 174	241	146
		Großbetriebe über 100 EGE	74	295	142
	Vieh-Verbund	Kleinbetriebe 0 bis unter 40 EGE	– 821	216	191
		Mittelbetriebe 40 bis 100 EGE	– 252	264	223
		Großbetriebe über 100 EGE	65	348	237
	Pflanzen- und Viehverbund	Kleinbetriebe 0 bis unter 40 EGE	– 658	200	167
		Mittelbetriebe 40 bis 100 EGE	– 139	239	168
		Großbetriebe über 100 EGE	66	295	148

Anl a zu § 163

noch **40**

1	2	3	4	5	6
Region Land/Reg.bezirk	**Nutzungsart Betriebsform**	**Betriebsgröße**	**Reingewinn EUR/ha LF**	**Pachtpreis EUR/ha LF**	**Wert für das Besatzkapital EUR/ha LF**
Oberpfalz	Ackerbau	Kleinbetriebe 0 bis unter 40 EGE	– 484	217	114
		Mittelbetriebe 40 bis 100 EGE	– 21	265	80
		Großbetriebe über 100 EGE	108	309	67
	Milchvieh	Kleinbetriebe 0 bis unter 40 EGE	– 563	164	245
		Mittelbetriebe 40 bis 100 EGE	– 97	202	239
		Großbetriebe über 100 EGE	142	235	203
	Sonstiger Futterbau	Kleinbetriebe 0 bis unter 40 EGE	– 495	131	173
		Mittelbetriebe 40 bis 100 EGE	– 133	173	153
		Großbetriebe über 100 EGE	78	264	163
	Veredlung	Kleinbetriebe 0 bis unter 40 EGE	– 944	330	334
		Mittelbetriebe 40 bis 100 EGE	– 127	379	349
		Großbetriebe über 100 EGE	218	379	304
	Pflanzenbau-Verbund	Kleinbetriebe 0 bis unter 40 EGE	– 615	193	153
		Mittelbetriebe 40 bis 100 EGE	– 177	238	143
		Großbetriebe über 100 EGE	73	291	140
	Vieh-Verbund	Kleinbetriebe 0 bis unter 40 EGE	– 823	216	190
		Mittelbetriebe 40 bis 100 EGE	– 252	264	222
		Großbetriebe über 100 EGE	65	347	237
	Pflanzen- und Viehverbund	Kleinbetriebe 0 bis unter 40 EGE	– 664	199	165
		Mittelbetriebe 40 bis 100 EGE	– 141	237	166
		Großbetriebe über 100 EGE	65	292	146
Oberfranken	Ackerbau	Kleinbetriebe 0 bis unter 40 EGE	– 519	201	106
		Mittelbetriebe 40 bis 100 EGE	– 23	242	74
		Großbetriebe über 100 EGE	100	286	63
	Milchvieh	Kleinbetriebe 0 bis unter 40 EGE	– 556	166	248
		Mittelbetriebe 40 bis 100 EGE	– 96	205	242
		Großbetriebe über 100 EGE	144	238	205
	Sonstiger Futterbau	Kleinbetriebe 0 bis unter 40 EGE	– 496	131	172
		Mittelbetriebe 40 bis 100 EGE	– 133	173	153
		Großbetriebe über 100 EGE	78	264	162
	Veredlung	Kleinbetriebe 0 bis unter 40 EGE	– 947	329	332
		Mittelbetriebe 40 bis 100 EGE	– 128	377	348
		Großbetriebe über 100 EGE	217	377	303
	Pflanzenbau-Verbund	Kleinbetriebe 0 bis unter 40 EGE	– 631	188	150
		Mittelbetriebe 40 bis 100 EGE	– 182	231	139
		Großbetriebe über 100 EGE	70	280	135
	Vieh-Verbund	Kleinbetriebe 0 bis unter 40 EGE	– 824	215	190
		Mittelbetriebe 40 bis 100 EGE	– 253	263	222
		Großbetriebe über 100 EGE	65	347	236
	Pflanzen- und Viehverbund	Kleinbetriebe 0 bis unter 40 EGE	– 674	196	163
		Mittelbetriebe 40 bis 100 EGE	– 143	233	163
		Großbetriebe über 100 EGE	64	286	144
Mittelfranken	Ackerbau	Kleinbetriebe 0 bis unter 40 EGE	– 507	207	109
		Mittelbetriebe 40 bis 100 EGE	– 23	251	76
		Großbetriebe über 100 EGE	101	292	63
	Milchvieh	Kleinbetriebe 0 bis unter 40 EGE	– 552	167	250
		Mittelbetriebe 40 bis 100 EGE	– 95	207	244
		Großbetriebe über 100 EGE	145	241	207
	Sonstiger Futterbau	Kleinbetriebe 0 bis unter 40 EGE	– 495	131	173
		Mittelbetriebe 40 bis 100 EGE	– 133	173	153
		Großbetriebe über 100 EGE	78	265	163
	Veredlung	Kleinbetriebe 0 bis unter 40 EGE	– 946	329	333
		Mittelbetriebe 40 bis 100 EGE	– 128	378	348
		Großbetriebe über 100 EGE	218	378	304
	Pflanzenbau-Verbund	Kleinbetriebe 0 bis unter 40 EGE	– 626	190	151
		Mittelbetriebe 40 bis 100 EGE	– 180	234	141
		Großbetriebe über 100 EGE	71	283	136
	Vieh-Verbund	Kleinbetriebe 0 bis unter 40 EGE	– 822	216	190
		Mittelbetriebe 40 bis 100 EGE	– 252	264	222
		Großbetriebe über 100 EGE	65	348	237
	Pflanzen- und Viehverbund	Kleinbetriebe 0 bis unter 40 EGE	– 671	197	163
		Mittelbetriebe 40 bis 100 EGE	– 142	235	164
		Großbetriebe über 100 EGE	65	288	145

Anl a zu § 163

noch **40**

1	2	3	4	5	6
Region Land/Reg.bezirk	**Nutzungsart Betriebsform**	**Betriebsgröße**	**Reingewinn EUR/ha LF**	**Pachtpreis EUR/ha LF**	**Wert für das Besatzkapital EUR/ha LF**
Unterfranken	Ackerbau	Kleinbetriebe 0 bis unter 40 EGE	– 488	214	113
		Mittelbetriebe 40 bis 100 EGE	– 22	258	79
		Großbetriebe über 100 EGE	105	300	66
	Milchvieh	Kleinbetriebe 0 bis unter 40 EGE	– 549	168	251
		Mittelbetriebe 40 bis 100 EGE	– 94	208	246
		Großbetriebe über 100 EGE	146	242	209
	Sonstiger Futterbau	Kleinbetriebe 0 bis unter 40 EGE	– 494	132	173
		Mittelbetriebe 40 bis 100 EGE	– 132	174	154
		Großbetriebe über 100 EGE	79	267	164
	Veredlung	Kleinbetriebe 0 bis unter 40 EGE	– 943	330	334
		Mittelbetriebe 40 bis 100 EGE	– 127	379	349
		Großbetriebe über 100 EGE	218	379	304
	Pflanzenbau-Verbund	Kleinbetriebe 0 bis unter 40 EGE	– 616	192	153
		Mittelbetriebe 40 bis 100 EGE	– 178	236	143
		Großbetriebe über 100 EGE	72	287	138
	Vieh-Verbund	Kleinbetriebe 0 bis unter 40 EGE	– 818	217	191
		Mittelbetriebe 40 bis 100 EGE	– 251	265	223
		Großbetriebe über 100 EGE	66	349	238
	Pflanzen- und Viehverbund	Kleinbetriebe 0 bis unter 40 EGE	– 664	198	165
		Mittelbetriebe 40 bis 100 EGE	– 141	237	166
		Großbetriebe über 100 EGE	65	291	146
Schwaben	Ackerbau	Kleinbetriebe 0 bis unter 40 EGE	– 466	224	118
		Mittelbetriebe 40 bis 100 EGE	– 21	273	83
		Großbetriebe über 100 EGE	113	320	71
	Milchvieh	Kleinbetriebe 0 bis unter 40 EGE	– 546	169	252
		Mittelbetriebe 40 bis 100 EGE	– 94	210	248
		Großbetriebe über 100 EGE	148	244	211
	Sonstiger Futterbau	Kleinbetriebe 0 bis unter 40 EGE	– 491	133	174
		Mittelbetriebe 40 bis 100 EGE	– 131	176	156
		Großbetriebe über 100 EGE	79	269	165
	Veredlung	Kleinbetriebe 0 bis unter 40 EGE	– 941	330	335
		Mittelbetriebe 40 bis 100 EGE	– 127	380	350
		Großbetriebe über 100 EGE	219	380	305
	Pflanzenbau-Verbund	Kleinbetriebe 0 bis unter 40 EGE	– 604	196	156
		Mittelbetriebe 40 bis 100 EGE	– 174	242	146
		Großbetriebe über 100 EGE	74	296	143
	Vieh-Verbund	Kleinbetriebe 0 bis unter 40 EGE	– 814	218	192
		Mittelbetriebe 40 bis 100 EGE	– 250	266	224
		Großbetriebe über 100 EGE	66	351	239
	Pflanzen- und Viehverbund	Kleinbetriebe 0 bis unter 40 EGE	– 656	201	167
		Mittelbetriebe 40 bis 100 EGE	– 139	240	168
		Großbetriebe über 100 EGE	67	296	149
Saarland	Ackerbau	Kleinbetriebe 0 bis unter 40 EGE	– 531	198	104
		Mittelbetriebe 40 bis 100 EGE	– 24	240	73
		Großbetriebe über 100 EGE	98	284	61
	Milchvieh	Kleinbetriebe 0 bis unter 40 EGE	– 589	157	234
		Mittelbetriebe 40 bis 100 EGE	– 101	193	229
		Großbetriebe über 100 EGE	136	225	194
	Sonstiger Futterbau	Kleinbetriebe 0 bis unter 40 EGE	– 538	121	159
		Mittelbetriebe 40 bis 100 EGE	– 146	158	139
		Großbetriebe über 100 EGE	71	243	149
	Veredlung	Kleinbetriebe 0 bis unter 40 EGE	– 953	327	330
		Mittelbetriebe 40 bis 100 EGE	– 129	375	345
		Großbetriebe über 100 EGE	216	375	301
	Pflanzenbau-Verbund	Kleinbetriebe 0 bis unter 40 EGE	– 648	185	146
		Mittelbetriebe 40 bis 100 EGE	– 185	228	137
		Großbetriebe über 100 EGE	69	277	133
	Vieh-Verbund	Kleinbetriebe 0 bis unter 40 EGE	– 860	208	182
		Mittelbetriebe 40 bis 100 EGE	– 261	255	215
		Großbetriebe über 100 EGE	63	337	229
	Pflanzen- und Viehverbund	Kleinbetriebe 0 bis unter 40 EGE	– 694	190	158
		Mittelbetriebe 40 bis 100 EGE	– 146	229	160
		Großbetriebe über 100 EGE	63	281	141

Anl a zu § 163

noch **40**

1	2	3	4	5	6
Region Land/Reg.bezirk	**Nutzungsart Betriebsform**	**Betriebsgröße**	**Reingewinn EUR/ha LF**	**Pachtpreis EUR/ha LF**	**Wert für das Besatzkapital EUR/ha LF**
Brandenburg	Ackerbau	Kleinbetriebe 0 bis unter 40 EGE Mittelbetriebe 40 bis 100 EGE Großbetriebe über 100 EGE	– 566 – 25 92	88 97 126	97 68 57
	Milchvieh	Kleinbetriebe 0 bis unter 40 EGE Mittelbetriebe 40 bis 100 EGE Großbetriebe über 100 EGE	– 605 – 104 133	63 74 97	228 223 190
	Sonstiger Futterbau	Kleinbetriebe 0 bis unter 40 EGE Mittelbetriebe 40 bis 100 EGE Großbetriebe über 100 EGE	– 584 – 160 66	54 44 51	147 127 137
	Veredlung	Kleinbetriebe 0 bis unter 40 EGE Mittelbetriebe 40 bis 100 EGE Großbetriebe über 100 EGE	– 926 – 125 222	92 92 92	340 355 310
	Pflanzenbau-Verbund	Kleinbetriebe 0 bis unter 40 EGE Mittelbetriebe 40 bis 100 EGE Großbetriebe über 100 EGE	– 666 – 189 68	97 81 104	142 134 131
	Vieh-Verbund	Kleinbetriebe 0 bis unter 40 EGE Mittelbetriebe 40 bis 100 EGE Großbetriebe über 100 EGE	– 875 – 261 63	90 34 86	179 214 230
	Pflanzen- und Viehverbund	Kleinbetriebe 0 bis unter 40 EGE Mittelbetriebe 40 bis 100 EGE Großbetriebe über 100 EGE	– 704 – 147 63	59 70 102	156 159 140
Mecklenburg-Vorpommern	Ackerbau	Kleinbetriebe 0 bis unter 40 EGE Mittelbetriebe 40 bis 100 EGE Großbetriebe über 100 EGE	– 506 – 23 102	99 111 146	109 76 64
	Milchvieh	Kleinbetriebe 0 bis unter 40 EGE Mittelbetriebe 40 bis 100 EGE Großbetriebe über 100 EGE	– 601 – 103 135	64 75 98	229 225 192
	Sonstiger Futterbau	Kleinbetriebe 0 bis unter 40 EGE Mittelbetriebe 40 bis 100 EGE Großbetriebe über 100 EGE	– 569 – 155 68	54 45 53	150 132 141
	Veredlung	Kleinbetriebe 0 bis unter 40 EGE Mittelbetriebe 40 bis 100 EGE Großbetriebe über 100 EGE	– 919 – 124 223	91 91 91	342 358 312
	Pflanzenbau-Verbund	Kleinbetriebe 0 bis unter 40 EGE Mittelbetriebe 40 bis 100 EGE Großbetriebe über 100 EGE	– 635 – 182 71	100 84 111	148 140 136
	Vieh-Verbund	Kleinbetriebe 0 bis unter 40 EGE Mittelbetriebe 40 bis 100 EGE Großbetriebe über 100 EGE	– 862 – 258 64	91 34 87	181 217 232
	Pflanzen- und Viehverbund	Kleinbetriebe 0 bis unter 40 EGE Mittelbetriebe 40 bis 100 EGE Großbetriebe über 100 EGE	– 682 – 143 65	62 74 108	161 164 144
Chemnitz	Ackerbau	Kleinbetriebe 0 bis unter 40 EGE Mittelbetriebe 40 bis 100 EGE Großbetriebe über 100 EGE	– 475 – 21 113	105 118 157	116 81 71
	Milchvieh	Kleinbetriebe 0 bis unter 40 EGE Mittelbetriebe 40 bis 100 EGE Großbetriebe über 100 EGE	– 584 – 100 138	65 76 100	236 232 197
	Sonstiger Futterbau	Kleinbetriebe 0 bis unter 40 EGE Mittelbetriebe 40 bis 100 EGE Großbetriebe über 100 EGE	– 538 – 145 72	56 47 56	159 141 150
	Veredlung	Kleinbetriebe 0 bis unter 40 EGE Mittelbetriebe 40 bis 100 EGE Großbetriebe über 100 EGE	– 887 – 120 232	96 96 96	355 370 324
	Pflanzenbau-Verbund	Kleinbetriebe 0 bis unter 40 EGE Mittelbetriebe 40 bis 100 EGE Großbetriebe über 100 EGE	– 605 – 174 76	103 86 116	156 146 145
	Vieh-Verbund	Kleinbetriebe 0 bis unter 40 EGE Mittelbetriebe 40 bis 100 EGE Großbetriebe über 100 EGE	– 825 – 249 67	98 35 90	189 225 242
	Pflanzen- und Viehverbund	Kleinbetriebe 0 bis unter 40 EGE Mittelbetriebe 40 bis 100 EGE Großbetriebe über 100 EGE	– 654 – 136 68	66 78 112	168 171 152

Anl a zu § 163

noch **40**

1	2	3	4	5	6
Region Land/Reg.bezirk	**Nutzungsart Betriebsform**	**Betriebsgröße**	**Reingewinn EUR/ha LF**	**Pachtpreis EUR/ha LF**	**Wert für das Besatzkapital EUR/ha LF**
Dresden	Ackerbau	Kleinbetriebe 0 bis unter 40 EGE	– 497	100	111
		Mittelbetriebe 40 bis 100 EGE	– 22	112	78
		Großbetriebe über 100 EGE	107	148	67
	Milchvieh	Kleinbetriebe 0 bis unter 40 EGE	– 583	65	236
		Mittelbetriebe 40 bis 100 EGE	– 100	77	232
		Großbetriebe über 100 EGE	139	101	198
	Sonstiger Futterbau	Kleinbetriebe 0 bis unter 40 EGE	– 543	56	158
		Mittelbetriebe 40 bis 100 EGE	– 146	47	139
		Großbetriebe über 100 EGE	71	55	149
	Veredlung	Kleinbetriebe 0 bis unter 40 EGE	– 890	95	354
		Mittelbetriebe 40 bis 100 EGE	– 121	95	369
		Großbetriebe über 100 EGE	231	95	323
	Pflanzenbau-Verbund	Kleinbetriebe 0 bis unter 40 EGE	– 618	101	153
		Mittelbetriebe 40 bis 100 EGE	– 177	85	143
		Großbetriebe über 100 EGE	74	113	142
	Vieh-Verbund	Kleinbetriebe 0 bis unter 40 EGE	– 830	96	188
		Mittelbetriebe 40 bis 100 EGE	– 250	35	225
		Großbetriebe über 100 EGE	66	89	241
	Pflanzen- und Viehverbund	Kleinbetriebe 0 bis unter 40 EGE	– 662	64	165
		Mittelbetriebe 40 bis 100 EGE	– 138	76	169
		Großbetriebe über 100 EGE	67	110	150
Leipzig	Ackerbau	Kleinbetriebe 0 bis unter 40 EGE	– 488	102	113
		Mittelbetriebe 40 bis 100 EGE	– 22	115	79
		Großbetriebe über 100 EGE	109	151	68
	Milchvieh	Kleinbetriebe 0 bis unter 40 EGE	– 566	68	243
		Mittelbetriebe 40 bis 100 EGE	– 97	80	240
		Großbetriebe über 100 EGE	144	104	205
	Sonstiger Futterbau	Kleinbetriebe 0 bis unter 40 EGE	– 540	56	158
		Mittelbetriebe 40 bis 100 EGE	– 145	47	140
		Großbetriebe über 100 EGE	73	56	151
	Veredlung	Kleinbetriebe 0 bis unter 40 EGE	– 889	95	354
		Mittelbetriebe 40 bis 100 EGE	– 120	95	369
		Großbetriebe über 100 EGE	232	95	323
	Pflanzenbau-Verbund	Kleinbetriebe 0 bis unter 40 EGE	– 613	102	154
		Mittelbetriebe 40 bis 100 EGE	– 176	86	144
		Großbetriebe über 100 EGE	74	114	143
	Vieh-Verbund	Kleinbetriebe 0 bis unter 40 EGE	– 823	97	190
		Mittelbetriebe 40 bis 100 EGE	– 248	36	226
		Großbetriebe über 100 EGE	67	91	243
	Pflanzen- und Viehverbund	Kleinbetriebe 0 bis unter 40 EGE	– 658	65	166
		Mittelbetriebe 40 bis 100 EGE	– 137	78	171
		Großbetriebe über 100 EGE	68	113	151
Dessau	Ackerbau	Kleinbetriebe 0 bis unter 40 EGE	– 506	99	109
		Mittelbetriebe 40 bis 100 EGE	– 23	111	76
		Großbetriebe über 100 EGE	104	146	65
	Milchvieh	Kleinbetriebe 0 bis unter 40 EGE	– 595	65	232
		Mittelbetriebe 40 bis 100 EGE	– 102	76	228
		Großbetriebe über 100 EGE	136	100	195
	Sonstiger Futterbau	Kleinbetriebe 0 bis unter 40 EGE	– 573	54	149
		Mittelbetriebe 40 bis 100 EGE	– 155	44	131
		Großbetriebe über 100 EGE	68	53	141
	Veredlung	Kleinbetriebe 0 bis unter 40 EGE	– 876	95	359
		Mittelbetriebe 40 bis 100 EGE	– 118	95	376
		Großbetriebe über 100 EGE	234	95	327
	Pflanzenbau-Verbund	Kleinbetriebe 0 bis unter 40 EGE	– 625	102	151
		Mittelbetriebe 40 bis 100 EGE	– 179	85	142
		Großbetriebe über 100 EGE	72	112	139
	Vieh-Verbund	Kleinbetriebe 0 bis unter 40 EGE	– 840	95	186
		Mittelbetriebe 40 bis 100 EGE	– 249	35	225
		Großbetriebe über 100 EGE	66	90	241
	Pflanzen- und Viehverbund	Kleinbetriebe 0 bis unter 40 EGE	– 665	63	165
		Mittelbetriebe 40 bis 100 EGE	– 138	75	170
		Großbetriebe über 100 EGE	67	109	150

Anl a zu § 163

noch **40**

1	2	3	4	5	6
Region Land/Reg.bezirk	**Nutzungsart Betriebsform**	**Betriebsgröße**	**Reingewinn EUR/ha LF**	**Pachtpreis EUR/ha LF**	**Wert für das Besatzkapital EUR/ha LF**
Halle	Ackerbau	Kleinbetriebe 0 bis unter 40 EGE	– 477	105	115
		Mittelbetriebe 40 bis 100 EGE	– 21	118	81
		Großbetriebe über 100 EGE	112	156	70
	Milchvieh	Kleinbetriebe 0 bis unter 40 EGE	– 598	64	230
		Mittelbetriebe 40 bis 100 EGE	– 102	75	226
		Großbetriebe über 100 EGE	136	99	193
	Sonstiger Futterbau	Kleinbetriebe 0 bis unter 40 EGE	– 564	55	152
		Mittelbetriebe 40 bis 100 EGE	– 152	45	134
		Großbetriebe über 100 EGE	69	54	143
	Veredlung	Kleinbetriebe 0 bis unter 40 EGE	– 873	95	360
		Mittelbetriebe 40 bis 100 EGE	– 118	95	377
		Großbetriebe über 100 EGE	235	95	328
	Pflanzenbau-Verbund	Kleinbetriebe 0 bis unter 40 EGE	– 609	103	155
		Mittelbetriebe 40 bis 100 EGE	– 175	86	145
		Großbetriebe über 100 EGE	75	116	144
	Vieh-Verbund	Kleinbetriebe 0 bis unter 40 EGE	– 835	97	187
		Mittelbetriebe 40 bis 100 EGE	– 248	35	226
		Großbetriebe über 100 EGE	67	90	242
	Pflanzen- und Viehverbund	Kleinbetriebe 0 bis unter 40 EGE	– 654	64	167
		Mittelbetriebe 40 bis 100 EGE	– 135	77	172
		Großbetriebe über 100 EGE	68	111	152
Magdeburg	Ackerbau	Kleinbetriebe 0 bis unter 40 EGE	– 500	100	110
		Mittelbetriebe 40 bis 100 EGE	– 22	112	77
		Großbetriebe über 100 EGE	107	147	67
	Milchvieh	Kleinbetriebe 0 bis unter 40 EGE	– 611	62	225
		Mittelbetriebe 40 bis 100 EGE	– 105	73	221
		Großbetriebe über 100 EGE	132	96	189
	Sonstiger Futterbau	Kleinbetriebe 0 bis unter 40 EGE	– 572	54	150
		Mittelbetriebe 40 bis 100 EGE	– 155	45	131
		Großbetriebe über 100 EGE	67	52	140
	Veredlung	Kleinbetriebe 0 bis unter 40 EGE	– 876	95	359
		Mittelbetriebe 40 bis 100 EGE	– 118	95	376
		Großbetriebe über 100 EGE	235	95	327
	Pflanzenbau-Verbund	Kleinbetriebe 0 bis unter 40 EGE	– 622	102	152
		Mittelbetriebe 40 bis 100 EGE	– 178	85	142
		Großbetriebe über 100 EGE	73	112	141
	Vieh-Verbund	Kleinbetriebe 0 bis unter 40 EGE	– 844	96	185
		Mittelbetriebe 40 bis 100 EGE	– 250	34	224
		Großbetriebe über 100 EGE	66	89	240
	Pflanzen- und Viehverbund	Kleinbetriebe 0 bis unter 40 EGE	– 664	63	165
		Mittelbetriebe 40 bis 100 EGE	– 137	74	170
		Großbetriebe über 100 EGE	67	107	150
Thüringen	Ackerbau	Kleinbetriebe 0 bis unter 40 EGE	– 469	106	117
		Mittelbetriebe 40 bis 100 EGE	– 21	119	82
		Großbetriebe über 100 EGE	114	158	72
	Milchvieh	Kleinbetriebe 0 bis unter 40 EGE	– 587	65	235
		Mittelbetriebe 40 bis 100 EGE	– 101	76	230
		Großbetriebe über 100 EGE	138	100	197
	Sonstiger Futterbau	Kleinbetriebe 0 bis unter 40 EGE	– 537	56	159
		Mittelbetriebe 40 bis 100 EGE	– 144	47	141
		Großbetriebe über 100 EGE	72	56	151
	Veredlung	Kleinbetriebe 0 bis unter 40 EGE	– 839	99	375
		Mittelbetriebe 40 bis 100 EGE	– 113	99	393
		Großbetriebe über 100 EGE	245	99	342
	Pflanzenbau-Verbund	Kleinbetriebe 0 bis unter 40 EGE	– 591	105	160
		Mittelbetriebe 40 bis 100 EGE	– 171	88	148
		Großbetriebe über 100 EGE	77	117	148
	Vieh-Verbund	Kleinbetriebe 0 bis unter 40 EGE	– 801	101	195
		Mittelbetriebe 40 bis 100 EGE	– 239	36	235
		Großbetriebe über 100 EGE	69	93	252
	Pflanzen- und Viehverbund	Kleinbetriebe 0 bis unter 40 EGE	– 632	66	173
		Mittelbetriebe 40 bis 100 EGE	– 131	79	179
		Großbetriebe über 100 EGE	70	112	157

1	2	3	4	5	6
Region Land/Reg.bezirk	**Nutzungsart Betriebsform**	**Betriebsgröße**	**Reingewinn EUR/ha LF**	**Pachtpreis EUR/ha LF**	**Wert für das Besatzkapital EUR/ha LF**
Stadtstaaten	Ackerbau	Kleinbetriebe 0 bis unter 40 EGE	– 487	213	113
		Mittelbetriebe 40 bis 100 EGE	– 22	256	79
		Großbetriebe über 100 EGE	110	307	69
	Milchvieh	Kleinbetriebe 0 bis unter 40 EGE	– 593	155	232
		Mittelbetriebe 40 bis 100 EGE	– 102	192	228
		Großbetriebe über 100 EGE	136	225	194
	Sonstiger Futterbau	Kleinbetriebe 0 bis unter 40 EGE	– 554	117	155
		Mittelbetriebe 40 bis 100 EGE	– 150	154	136
		Großbetriebe über 100 EGE	70	238	145
	Veredlung	Kleinbetriebe 0 bis unter 40 EGE	– 965	323	326
		Mittelbetriebe 40 bis 100 EGE	– 131	368	340
		Großbetriebe über 100 EGE	214	372	298
	Pflanzenbau-Verbund	Kleinbetriebe 0 bis unter 40 EGE	– 630	188	150
		Mittelbetriebe 40 bis 100 EGE	– 180	231	141
		Großbetriebe über 100 EGE	73	284	140
	Vieh-Verbund	Kleinbetriebe 0 bis unter 40 EGE	– 874	205	179
		Mittelbetriebe 40 bis 100 EGE	– 266	251	211
		Großbetriebe über 100 EGE	62	332	226
	Pflanzen- und Viehverbund	Kleinbetriebe 0 bis unter 40 EGE	– 691	190	159
		Mittelbetriebe 40 bis 100 EGE	– 145	228	161
		Großbetriebe über 100 EGE	64	283	142

Anl b zu § 163

Anlage 15[1]
(zu § 163 Abs. 4, § 164 Abs. 2)

Forstwirtschaftliche Nutzung

41

1	2	3	4	5	6
Land	**Nutzungsart Baumartengruppe**	**Ertragsklasse**	**Reingewinn EUR/ha**	**Pachtpreis EUR/ha**	**Wert für das Besatzkapital EUR/ha**
Deutschland	Baumartengruppe Buche	I. Ertragsklasse und besser	78	5,40	Anlage 15 a[2]
		II. Ertragsklasse	51		
		III. Ertragsklasse und schlechter	25		
	Baumartengruppe Eiche	I. Ertragsklasse und besser	90	5,40	Anlage 15 a[2]
		II. Ertragsklasse	58		
		III. Ertragsklasse und schlechter	17		
	Baumartengruppe Fichte	I. Ertragsklasse und besser	105	5,40	Anlage 15 a[2]
		II. Ertragsklasse	75		
		III. Ertragsklasse und schlechter	49		
	Baumartengruppe Kiefer	I. Ertragsklasse und besser	26	5,40	Anlage 15 a[2]
		II. Ertragsklasse	11		
		III. Ertragsklasse und schlechter	11		
	übrige Fläche der forstwirtschaftlichen Nutzung		11	5,40	

[1] Anlage 15 geändert durch JStG 2022 v. 16. 12. 2022 (BGBl. I S. 2294) mWv 21. 12. 2022.
[2] Anlage 15 a abgedruckt zu § 164 BewG.

Anlage 16
(zu § 163 Abs. 5 und
§ 164 Abs. 2 und 4)

Anl c zu
§ 163

Weinbauliche Nutzung

42

1	2	3	4	5
Land	**Nutzungsart Verwertungsform**	**Reingewinn EUR/ha LF**	**Pachtpreis EUR/ha LF**	**Wert für das Besatzkapital EUR/ha LF**
Deutschland	Flaschenweinerzeuger Fassweinerzeuger Traubenerzeuger	– 193 – 759 – 1 252	970 589 859	1 522 588 509

Anlage 17
(zu § 163 Abs. 6 und
§ 164 Abs. 2 und 4)

Anl d zu
§ 163

Gärtnerische Nutzung

43

1	2	3	4	5	6
Land	**Nutzungsteil**	**Nutzungsart**	**Rein-gewinn EUR/ha LF**	**Pacht-preis EUR/ha LF**	**Wert für das Besatzkapital EUR/ha LF**
Deutschland	Gemüsebau	Freilandflächen Flächen unter Glas und Kunststoffen	– 1 365 6 098	657 2 414	484 2 750
	Blumen- und Zierpflanzenbau	Freilandflächen Flächen unter Glas und Kunststoffen	– 108 – 6 640	1 044 5 516	1 393 6 895
	Baumschulen		894	223	2 359
	Obstbau		– 379	325	426

Anlage 18
(zu § 163 Abs. 7 und
§ 164 Abs. 2 und 4)

Anl e zu
§ 163

Sondernutzungen

44

1	2	3	4	5
Land	**Nutzungen**	**Reingewinn EUR/ha LF**	**Pachtpreis EUR/ha LF**	**Wert für das Besatzkapital Euro/ha LF**
Deutschland	Hopfen Spargel Tabak	– 414 – 1 365 – 820	492 657 492	348 612 129

BewG

§ 164 Mindestwert

1 **(1) Der Mindestwert des Wirtschaftsteils setzt sich aus dem Wert für den Grund und Boden sowie dem Wert der übrigen Wirtschaftsgüter zusammen und wird nach den Absätzen 2 bis 4 ermittelt.**

2 **(2) ① Der für den Wert des Grund und Bodens im Sinne des § 158 Abs. 3 Satz 1 Nr. 1 zu ermittelnde Pachtpreis pro Hektar (ha) bestimmt sich nach der Nutzung, dem Nutzungsteil und der Nutzungsart des Grund und Bodens. ② Bei der landwirtschaftlichen Nutzung ist dabei die Betriebsgröße in EGE nach § 163 Abs. 3 Satz 4 Nr. 1 bis 3 zu berücksichtigen. ③ Der danach maßgebliche Pachtpreis ergibt sich jeweils aus der Spalte 5 der Anlagen[1] 14, 15 und 17 sowie aus der Spalte 4 der Anlagen 16 und 18 und ist mit den Eigentumsflächen zu vervielfältigen.**

3 **(3) Der Kapitalisierungszinssatz des regionalen Pachtpreises beträgt 5,5 Prozent und der Kapitalisierungsfaktor beträgt 18,6.**

4 **(4) ① Der Wert für die übrigen Wirtschaftsgüter im Sinne des § 158 Abs. 3 Satz 1 Nr. 2 bis 5 (Besatzkapital) bestimmt sich nach der Nutzung, dem Nutzungsteil und der Nutzungsart des Grund und Bodens. ② Bei der landwirtschaftlichen Nutzung ist dabei die Betriebsgröße in EGE nach § 163 Abs. 3 Satz 4 Nr. 1 bis 3 zu berücksichtigen. ③ Der danach maßgebliche Wert für das Besatzkapital ergibt sich jeweils aus der Spalte 6 der Anlagen 14, 15 a und 17[1] sowie aus der Spalte 5 der Anlagen 16 und 18 und ist mit den selbst bewirtschafteten Flächen zu vervielfältigen.**

5 **(5) Der Kapitalisierungszinssatz für die übrigen Wirtschaftsgüter (§ 158 Abs. 3 Satz 1 Nr. 2 bis 5) beträgt 5,5 Prozent und der Kapitalisierungsfaktor beträgt 18,6.**

6 **(6) ① Der kapitalisierte Wert für den Grund und Boden und der kapitalisierte Wert für die übrigen Wirtschaftsgüter sind um die damit in wirtschaftlichem Zusammenhang stehenden Verbindlichkeiten zu mindern. ② Der Mindestwert, der sich hiernach ergibt, darf nicht weniger als 0 Euro betragen.**

7 **(7) Das Bundesministerium der Finanzen wird ermächtigt, durch Rechtsverordnung mit Zustimmung des Bundesrates die Anlagen 14 bis 18[1] zu diesem Gesetz dadurch zu ändern, dass es die darin aufgeführten Pachtpreise und Werte für das Besatzkapital turnusmäßig an die Ergebnisse der Erhebungen nach § 2 des Landwirtschaftsgesetzes anpasst.**

Zu § 164 BewG

ErbStR R B 164

R B 164. Ermittlung des Mindestwerts

10 (1) ① Der Mindestwert umfasst den Wert des Grund und Bodens sowie den Wert der sonstigen Wirtschaftsgüter (Besatzkapital). ② Der Wert des Grund und Bodens wird durch Kapitalisierung eines Pachtpreises unter Berücksichtigung der Eigentumsfläche des Betriebs ermittelt. ③ Das Besatzkapital wird durch Kapitalisierung des Werts der Wirtschaftsgüter unter Berücksichtigung der selbst bewirtschafteten Flächen ermittelt.

H B 164 (1)

H B 164 (1)

Mindestwert.

11 **1. Mindestwert der landwirtschaftlichen Nutzung**

Beispiel:

Landwirtschaftsbetrieb in Oberbayern mit folgenden Betriebsverhältnissen:

Ackerbau 50 ha Eigentum und 55,0020 ha Zupachtflächen, betriebliche Verbindlichkeiten 57 000 EUR.

a) Ermittlung des Gesamtstandarddeckungsbeitrags für die landwirtschaftliche Nutzung

Standarddeckungsbeitrag/ha für		Anbauflächen ha	a	m²		Betrag in EUR
Weichweizen	598 EUR	30	00	00		17 940,00
Kartoffeln	2 327 EUR	40	00	00	+	93 080,00
Raps	584 EUR	30	00	00	+	17 520,00
Gerste	516 EUR	2	50	10	+	1 290,52
Roggen	402 EUR	2	50	10	+	1 005,40
Summe						130 835,92
Gesamtstandarddeckungsbeitrag des Betriebs (gerundet)						130 836

[1] Anlagen 14, 15, 16, 17, 18 abgedruckt als Anlagen a–e zu § 163 BewG, Anlage 15 a nachfolgend abgedruckt als Anlage zu § 164 BewG.

b) Ermittlung der Nutzungsart bzw. Betriebsform für die landwirtschaftliche Nutzung

Da die Standarddeckungsbeiträge der pflanzlichen Nutzung alle dem Ackerbau zuzuordnen sind, ist das Klassifizierungsmerkmal > $^2/_3$ erfüllt. Es liegt ein reiner Ackerbaubetrieb vor.

c) Ermittlung der Betriebsgröße für die landwirtschaftliche Nutzung

Gesamtstandarddeckungsbeitrag 130 836 EUR : 1 200 = 109,03 EGE

Die Betriebsgröße liegt über 100 EGE = Großbetrieb.

d) Bewertungsparameter Anlage 14 zum BewG

Pachtpreis/ha – Oberbayern, Großbetrieb, Ackerbau	312 EUR
Besatzkapital/ha – Oberbayern, Großbetrieb, Ackerbau	68 EUR

e) Bewertung des Betriebs

Mindestwertverfahren

Nutzungsart	Wert EUR/ha	jeweilige Fläche ha	a	m²	Kapitalisierungsfaktor		Mindestwert in EUR
Grund und Boden Ackerbau > 100 EGE	312	50	00	00	18,6		290 160,00
Besatzkapital Ackerbau > 100 EGE	68	105	00	20	18,6	+	132 806,53
Verbindlichkeiten						./.	57 000,00
Summe							365 966,53
Mindestwert der landwirtschaftlichen Nutzung (gerundet)							365 967

2. Mindestwert der forstwirtschaftlichen Nutzung

Beispiel:

Ermittlung des Wirtschaftswerts für einen Forstbetrieb mit folgendem Altersklassenwald:

Fichte bis 60 Jahre – EKL I	3,51 ha
Kiefer bis 60 Jahre – EKL I	3,12 ha
Eiche bis 60 Jahre – EKL I	4,17 ha
Verbindlichkeiten Holzaufarbeitungskosten	3500 EUR

Mindestwertverfahren

Nutzungsart	Wert EUR/ha	jeweilige Fläche ha	a	m²	Kapitalisierungsfaktor		Mindestwert in EUR
Grund und Boden	5,40	10	80	00	18,6		1 084,75
Besatzkapital Fichte – I. EKL 41 bis 60 Jahre	112,50	3	51	00	18,6	+	7 344,68
Besatzkapital Kiefer – I. EKL 41 bis 60 Jahre	15,20	3	12	00	18,6	+	882,09
Besatzkapital Eiche – I. EKL 41 bis 60 Jahre	45,90	4	17	00	18,6	+	3 560,10
Verbindlichkeiten						./.	3 500,00
							9 371,62
Mindestwert der forstwirtschaftlichen Nutzung (gerundet)							9 372

3. Mindestwert der weinbaulichen Nutzung

Beispiel:

Ermittlung des Wirtschaftswerts für einen Weinbaubetrieb mit folgenden Betriebsverhältnissen: 9 ha Eigentum und 7 ha Zupachtflächen

Die nachhaltige Erntemenge der letzten fünf Jahre beträgt 168 000 Liter, davon wurden

an die Winzergenossenschaft als Trauben geliefert	21 000 l
als Fasswein verkauft	42 000 l
als Flaschenwein verkauft	105 000 l

Verwertungsform	Nachhaltige Erntemenge in Liter Wein	Ermittelte Anteile der Verwertungsformen	Entsprechende Flächenanteile der Eigentumsfläche in ha	a	m²	Entsprechende Flächenanteile selbst bewirtschaftete Fläche ha	a	m²
Traubenerzeugung	21 000	12,50%	1	12	50	2	00	00
Fassweinerzeugung	42 000	25,00%	2	25	00	4	00	00
Flaschenweinerzeugung	105 000	62,50%	5	62	50	10	00	00
Summe	168 000	100,00%	9	00	00	16	00	00

Mindestwertverfahren

Nutzungsart	Wert EUR/ha	jeweilige Fläche ha	a	m²	Kapitalisierungsfaktor		Mindestwert in EUR
Grund und Boden Flaschenwein	970	5	62	50	18,6		101 486,25
Besatzkapital Flaschenwein	1 522	10	00	00	18,6		283 092,00
Grund und Boden Fasswein	589	2	25	00	18,6		24 649,65
Besatzkapital Fasswein	588	4	00	00	18,6		43 747,20
Grund und Boden Traubenerzeugung	859	1	12	50	18,6		17 974,58
Besatzkapital Traubenerzeugung	509	2	00	00	18,6		18 934,80
Verbindlichkeiten						./.	0,00
							489 884,48
Mindestwert der weinbaulichen Nutzung (gerundet)							489 884

4. Mindestwert der gärtnerischen Nutzung

Beispiel:

Ermittlung des Mindestwerts für einen Gartenbaubetrieb mit folgenden Betriebsverhältnissen:

Nutzungsteil	ha	a	m²
Gemüsebau – Freiland	1	00	00
Gemüsebau – Flächen unter Glas und Kunststoffen	1	00	00
Blumen- und Zierpflanzenbau – Freiland	2	00	00
Blumen- und Zierpflanzenbau – Flächen unter Glas und Kunststoffen	0	50	00
Obstbau	1	00	00
Baumschulen	3	00	00

Mindestwertverfahren

Nutzungsart	Wert EUR/ha	jeweilige Fläche ha	a	m²	Kapitalisierungsfaktor		Mindestwert in EUR
Grund und Boden Gemüse Freiland	657	1	00	00	18,6		12 220,20
Besatzkapital Gemüse Freiland	484	1	00	00	18,6	+	9 002,40
Grund und Boden Gemüse unter Glas und Kunststoffen	2 414	1	00	00	18,6	+	44 900,40
Besatzkapital Gemüse unter Glas und Kunststoffen	2 750	1	00	00	18,6	+	51 150,00
Grund und Boden Blumen Freiland	1 044	2	00	00	18,6	+	38 836,80
Besatzkapital Blumen Freiland	1 393	2	00	00	18,6	+	51 819,60
Grund und Boden Blumen unter Glas und Kunststoffen	5 516	0	50	00	18,6	+	51 298,80
Besatzkapital Blumen unter Glas und Kunststoffen	6 895	0	50	00	18,6	+	64 123,50
Grund und Boden Obstbau	325	1	00	00	18,60	+	6 045,00
Besatzkapital Obstbau	426	1	00	00	18,6	+	7 923,60
Grund und Boden Baumschule	223	3	00	00	18,6	+	12 443,40
Besatzkapital Baumschule	2 359	3	00	00	18,6	+	131 632,20
Verbindlichkeiten						./.	301 000,00
							180 395,90
Mindestwert der gärtnerischen Nutzung (gerundet)							180 396

RB 164 (2, 3)

R B 164 (2, 3)

12 (2) ① Der Pachtpreis bestimmt sich nach der jeweiligen Nutzung, ggf. dem Nutzungsteil und der Nutzungsart des Grund und Bodens und ergibt sich aus den Anlagen 14 bis 18[1] zum BewG. ② Bei der landwirtschaftlichen Nutzung ist zur Bestimmung des maßgebenden Pachtpreises entsprechend den gesetzlichen Vorgaben zusätzlich die Betriebsgröße zu berücksichtigen. ③ Der jeweilige Pachtpreis ist mit den jeweiligen Eigentumsflächen bzw. Flächenanteilen des Betriebs am Bewertungsstichtag zu multiplizieren. ④ Der hieraus errechnete Wert ist mit 18,6 zu kapitalisieren.

13 (3) ① Für die sonstigen land- und forstwirtschaftlichen Nutzungen gelten die Grundsätze des Absatzes 1 Satz 1 entsprechend. ② Soweit Flächen einer sonstigen land- und forstwirtschaftlichen Nutzung zu dienen bestimmt sind, ist ein Pachtpreis von 171 Euro/ha anzusetzen.

[1] Anlagen 14, 15, 16, 17, 18 abgedruckt als Anlagen a–e zu § 163 BewG, Anlage 15 a nachfolgend abgedruckt als Anlage zu § 164 BewG.

H B 164 (3)

H B 164 (3)

Ermittlung des Besatzkapitals (selbst bewirtschaftete Fläche).

Beispiel Zupacht: 14

Landwirt (L) betreibt einen landwirtschaftlichen Betrieb mit 30 Hektar Eigentumsfläche und 200 Hektar Pachtfläche. Am 1. 3. 2018 verstirbt L. Alleinerbe ist Sohn S.

Der Erwerb des Betriebs am 1. 3. 2018 erfolgt von Todes wegen (§ 3 Absatz 1 Nummer 1 ErbStG). Der festzustellende Grundbesitzwert berechnet sich im Falle des Mindestwerts durch Kapitalisierung des regionalen Pachtpreises mit 18,6 für die 30 Hektar Grund und Boden (Eigentumsfläche) und durch Kapitalisierung des Besatzkapitals mit dem Faktor 18,6 für 230 Hektar (selbst bewirtschaftete Fläche).

Beispiel Pachtbetrieb:

Landwirt (L) betreibt mit eigenem Besatzkapital einen landwirtschaftlichen Betrieb ausschließlich auf Pachtflächen von 230 Hektar. Am 1. 3. 2018 verstirbt L. Alleinerbe ist Sohn S, der den Betrieb mit eigenen Flächen fortführt.

Der Erwerb des Betriebs am 1. 3. 2018 erfolgt von Todes wegen (§ 3 Absatz 1 Nummer 1 ErbStG). Der festzustellende Grundbesitzwert berechnet sich im Falle des Mindestwerts durch Kapitalisierung des Besatzkapitals mit dem Faktor 18,6 für 230 Hektar selbst bewirtschafteter Fläche.

Beispiel Schenkung von Besatzkapital:

Landwirt (L) betreibt einen landwirtschaftlichen Betrieb (30 Hektar) und überträgt am 1. 7. 2018 das gesamte Besatzkapital im Wege der gleitenden Hofnachfolge an seinen Sohn (S). Den Grund und Boden behält er zurück und verpachtet diese Flächen an S. Am 1. 3. 2019 verstirbt L. S erbt den Grund und Boden.

Der Erwerb des Besatzkapitals am 1. 7. 2018 ist eine freigebige Zuwendung (§ 7 Absatz 1 Nummer 1 ErbStG). Der festzustellende Grundbesitzwert berechnet sich im Falle des Mindestwerts durch Kapitalisierung des auf die 30 Hektar entfallenden Besatzkapitals mit dem Faktor 18,6 (→ R B 164 Absatz 6 Satz 4).

Der Erwerb des Grund und Bodens am 1. 3. 2019 erfolgt von Todes wegen (§ 3 Absatz 1 Nummer 1 ErbStG). Der festzustellende Grundbesitzwert berechnet sich durch Kapitalisierung des regionalen Pachtpreises mit dem Faktor 18,6. Da L die Flächen nicht mehr selbst bewirtschaftet hat, ist kein Besatzkapital zu berücksichtigen.

Beispiel Übertragung von Besatzkapital von Todes wegen:

Landwirt (L) betreibt einen landwirtschaftlichen Betrieb (30 Hektar) und überträgt am 1. 7. 2018 den gesamten Grund und Boden an seinen Sohn (S), der diesen an seinen Vater verpachtet. L behält das gesamte Besatzkapital zurück. Am 1. 3. 2019 verstirbt L. S erbt das gesamte Besatzkapital.

Der Erwerb des Grund und Bodens am 1. 7. 2018 ist eine freigebige Zuwendung (§ 7 Absatz 1 Nummer 1 ErbStG). Der festzustellende Grundbesitzwert berechnet sich im Falle des Mindestwerts durch Kapitalisierung des regionalen Pachtpreises mit dem Faktor 18,6. Da das Besatzkapital nicht übertragen wurde, erfolgt hierfür kein Wertansatz nach § 164 Absatz 4 BewG.

Der Erwerb des Besatzkapitals am 1. 3. 2019 erfolgt von Todes wegen (§ 3 Absatz 1 Nummer 1 ErbStG). Der festzustellende Grundbesitzwert berechnet sich im Falle des Mindestwerts durch Kapitalisierung des auf die 30 Hektar entfallenden Besatzkapitals mit dem Faktor 18,6, da die nach § 164 Absatz 4 Satz 3 BewG erforderliche Selbstbewirtschaftung der Flächen durch L vorlag.

Beispiel Bestimmung des Besatzkapitals:

Landwirt (L) betreibt einen gemischten Betrieb (12 Hektar Landwirtschaft und 8 Hektar Obstbau). Er spezialisiert sich auf den Obstbau und überträgt den landwirtschaftlich genutzten Grund und Boden von 12 Hektar am 1. 7. 2018 an seinen Sohn (S), der diesen im Rahmen seines eigenen Betriebs der Land- und Forstwirtschaft bewirtschaftet. L behält das gesamte Besatzkapital zurück, das er zur Bewirtschaftung der verbliebenen Flächen verwendet, und pachtet noch 15 Hektar Obstbauflächen zu. Am 1. 3. 2019 verstirbt L. S erbt die Fläche von 8 Hektar und das gesamte Besatzkapital.

Der Erwerb des Grund und Bodens von 12 Hektar am 1. 7. 2018 ist eine freigebige Zuwendung (§ 7 Absatz 1 Nummer 1 ErbStG). Der festzustellende Grundbesitzwert berechnet sich im Falle des Mindestwerts durch Kapitalisierung des regionalen Pachtpreises mit dem Faktor 18,6. Da das Besatzkapital nicht übertragen wurde, erfolgt hierfür kein Wertansatz nach § 164 Absatz 4 BewG.

Der Erwerb des Grund und Bodens von 8 Hektar sowie des gesamten Besatzkapitals am 1. 3. 2019 erfolgt von Todes wegen (§ 3 Absatz 1 Nummer 1 ErbStG). Der festzustellende Grundbesitzwert berechnet sich für den Grund und Boden durch Kapitalisierung des regionalen Pachtpreises für 8 Hektar. Der Wert des gesamten Besatzkapitals berechnet sich durch Kapitalisierung des auf die 23 Hektar entfallenden Werts mit dem Faktor 18,6, da die nach § 164 Absatz 4 Satz 3 BewG erforderliche Selbstbewirtschaftung der Flächen durch L am Bewertungsstichtag in diesem Umfang vorlag.

R B 164 (4–9)

R B 164 (4–9)

(4) Für das Abbauland ist ein pauschaler Pachtpreis von 136 Euro/ha anzusetzen.

(5) Für das Geringstland ist ein pauschaler Pachtpreis von 5,40 Euro/ha anzusetzen. 15

(6) ① Der Wert des Besatzkapitals bestimmt sich nach der jeweiligen Nutzung, ggf. dem Nutzungsteil und der Nutzungsart in Abhängigkeit des Grund und Bodens und ergibt sich aus den Anlagen 14 bis 18[1] zum BewG. ② Bei der landwirtschaftlichen Nutzung ist zur Bestimmung des maßgebenden Werts entsprechend den gesetzlichen Vorgaben zusätzlich die Betriebsgröße zu berücksichtigen. ③ Der jeweilige Wert des Besatzkapitals ist mit den jeweiligen selbst bewirtschafteten Flächen des Betriebs am Bewertungsstichtag zu multiplizieren. ④ Die Frage, ob Flächen selbst bewirtschaftet werden, ist aus der Sicht des Erblassers oder Schenkers zu beurteilen. ⑤ Der hieraus errechnete Wert ist mit 18,6 zu kapitalisieren. 16 17

(7) Das Besatzkapital für die sonstigen land- und forstwirtschaftlichen Nutzungen ist mit dem gemeinen Wert der einzelnen Wirtschaftsgüter zu bewerten. 18

[1] Anlagen 14, 15, 16, 17, 18 abgedruckt als Anlagen a–e zu § 163 BewG, Anlage 15 a nachfolgend abgedruckt als Anlage zu § 164 BewG.

R B 164 (4–9)

19 (8) ① Die Summe aus den kapitalisierten Werten für den Grund und Boden sowie das Besatzkapital ist um die damit im unmittelbaren wirtschaftlichen Zusammenhang stehenden Verbindlichkeiten zu mindern. ② Der sich hieraus ergebende Mindestwert darf nicht weniger als 0 Euro betragen. ③ Einer Überschuldung kann wegen der Begrenzung des Mindestwerts auf 0 Euro daher nur im Rahmen der Öffnungsklausel nach § 165 Absatz 3 BewG Rechnung getragen werden.

20 (9) ① Stückländereien (§ 160 Absatz 7 BewG) sind nach § 162 Absatz 2 BewG ausschließlich im Mindestwertverfahren zu bewerten. ② Zur Ermittlung des zutreffenden Pachtpreises sind die den Ertragswert bildenden Faktoren einer Nutzungsart, insbesondere die nach § 163 Absatz 3 Satz 3 BewG erforderlichen Daten, zu erklären. ③ Soweit es dem Steuerpflichtigen nicht möglich ist, die Daten zu beschaffen, sind zur Ermittlung des Werts für den Grund und Boden folgende Pachtpreise auf der Grundlage der Klassifizierung im Automatisierten Liegenschaftskataster heranzuziehen:

Flächengebundene Nutzungen	**Reingewinn in Euro pro Hektar**	**Pachtpreis in Euro pro ha**	**Wert für das Besatzkapital in Euro pro ha**
Landwirtschaftliche Nutzung – Grünland > 2/3 der Flächen	Sonstiger Futterbau Anlage 14[1]	Sonstiger Futterbau Anlage 14[1]	Sonstiger Futterbau Anlage 14[1]
Landwirtschaftliche Nutzung – Ackerland > 2/3 der Flächen	Ackerbau Anlage 14[1]	Ackerbau Anlage 14[1]	Ackerbau Anlage 14[1]
Landwirtschaftliche Nutzung – alle übrigen Fälle	Pflanzenbau-Verbund Anlage 14[1]	Pflanzenbau-Verbund Anlage 14[1]	Pflanzenbau-Verbund Anlage 14[1]
Forstwirtschaftliche Nutzung	Anlage 15[1]	5,40	Anlage 15a[1]
Weinbauliche Nutzung	– 759,00	589,00	588,00
Gärtnerische Nutzung – Gartenland	– 1365,00	657,00	484,00
Gärtnerische Nutzung – Anbauflächen unter Glas	6098,00	2414,00	2750,00
Gärtnerische Nutzung – Baumschule	894,00	223,00	2359,00
Gärtnerische Nutzung – Obstplantage	– 379,00	325,00	426,00
Sondernutzung – Spargel	– 1365,00	657,00	612,00
Sondernutzung – Hopfen	– 414,00	492,00	348,00
Sondernutzung – Tabak	– 820,00	492,00	129,00

④ Zur Einstufung der Pachtpreise für die landwirtschaftliche Nutzung ist der durchschnittliche Standarddeckungsbeitrag einer Region heranzuziehen und mit der Eigentumsfläche der landwirtschaftlichen Nutzung zu multiplizieren. ⑤ Der sich hiernach ergebende Wert ist zur Ermittlung der Betriebsgröße durch 1200 Euro zu dividieren. ⑥ Für die Einstufung der Betriebsgröße gilt § 163 Absatz 3 Satz 4 BewG. ⑦ Die vorstehenden Grundsätze sind auch für den Fall anzuwenden, dass bei einer Betriebsverpachtung im Ganzen oder bei einer Verpachtung von Flächen für weniger als 15 Jahre (unechte Stückländereien) die den Ertragswert bildenden Faktoren sowohl für den Grund und Boden als auch für das Besatzkapital nicht ermittelt werden können.[2]

[1] Anlagen 14 und 15 abgedruckt als Anlagen a und b zu § 163 BewG, Anlage 15 a abgedruckt als Anlage zu § 164 BewG.

[2] Siehe *Tz. III Nr. 3 und VI gleich lautender Ländererlass vom 4. 12. 2014,* abgedruckt als Anlage zu H B 162 ErbStH.

H B 164 (9)

HB 164 (9) 21

Stückländerei.

Beispiel:

Ein Landwirt in Rheinland-Pfalz gibt seinen Betrieb auf und verpachtet seine Eigentumsflächen für 20 Jahre wie folgt:

Pächter 1	5,0 ha	Klassifizierung Gartenland
Pächter 2	2,5 ha	Klassifizierung Grünland
Pächter 3	20,0 ha	Klassifizierung Ackerland
Pächter 4	3,0 ha	Klassifizierung Weinbau
Pächter 5	2,5 ha	Klassifizierung Obstplantage

Es liegt ein Betrieb der Land- und Forstwirtschaft – Stückländerei vor, da die Voraussetzungen des § 160 Absatz 7 BewG erfüllt sind. Soweit die den Ertragswert bildenden Faktoren nicht ermittelt werden können, ist der Betrieb in einem vereinfachten Verfahren wie folgt zu bewerten:

1. Ermittlung des Gesamtstandarddeckungsbeitrags für die landwirtschaftliche Nutzung

Durchschnittlicher Standarddeckungsbeitrag der landwirtschaftlichen Nutzung:
Rheinland-Pfalz 606 EUR

Flächen der landwirtschaftlichen Nutzung: 22,5000 ha × 606 EUR = 13 635 EUR

2. Ermittlung der Nutzungsart bzw. Betriebsform für die landwirtschaftliche Nutzung

Die Flächen der landwirtschaftlichen Nutzung (22,5000 ha) sind zu mehr als 2/3 Ackerland.

3. Ermittlung der Betriebsgröße für die landwirtschaftliche Nutzung

Gesamtstandarddeckungsbeitrag
13 635 EUR : 1200 = 11,36 EGE

Die Betriebsgröße liegt unter 40 EGE = Kleinbetrieb.

4. Bewertungsparameter Anlage 14 zum BewG

Pachtpreis/ha:
Rheinland-Pfalz, Kleinbetrieb, Ackerbau 208 EUR

5. Bewertung des Betriebs
Mindestwertverfahren

Nutzungsart	Wert EUR/ha	jeweilige Fläche			Kapitalisierungs-faktor		Mindestwert in EUR
		ha	a	m²			
Grund und Boden Ackerland 0 bis 40 EGE	208	22	50	00	18,6		87 048,00
Grund und Boden Weinbau	589	3	00	00	18,6	+	32 866,20
Grund und Boden Gartenland	657	5	00	00	18,6	+	61 101,00
Grund und Boden Obstplantage	325	2	50	00	18,6	+	15 112,50
Verbindlichkeiten						./.	0,00
Summe							196 127,70
Mindestwert							196 128

R B 164 (10)

RB 164 (10) 22

(10) ① Sind für Zwecke der Erbschaftsteuer Anteile an gemeinschaftlichen Tierhaltungen im Sinne des § 51a BewG zu ermitteln, ist zunächst der Gesamtwert für die Tierhaltungsgemeinschaft im Wege des Mindestwertverfahrens zu ermitteln und daraus der Wert des entsprechenden Anteils zu berechnen. ② Falls die Grenzen des § 51a Absatz 1 Satz 1 Nummer 2 BewG nicht überschritten werden, gehört der Tierbestand einer gemeinschaftlichen Tierhaltung auch dann zum land- und forstwirtschaftlichen Vermögen, wenn die Gesellschafter oder Mitglieder mehr Vieheinheiten auf die Gemeinschaft übertragen, als nach § 169 Absatz 1 und § 51a Absatz 1 Satz 1 Nummer 1 Buchstabe d BewG zulässig sind. ③ Bei den betreffenden Gesellschaftern oder Mitgliedern ist § 169 Absatz 2 bis 5 BewG anzuwenden.

Anl zu § 164

23

Anlage 15 a
(zu § 164 Abs. 4)

Forstwirtschaftliche Nutzung

6

Altersklasse		Werte für das Besatzkapital nach Altersklassen in €/ha									
		I.	II.	III.	IV.	V.	VI.	VII.	VIII.	IX.	X.
Jahre		1–20	21–40	41–60	61–80	81–100	101–120	121–140	141–160	161–180	> 180
Buche	I. EKL. und besser	32,30	32,30	39,70	61,90	99,70	147,60	179,00	167,30	167,30	167,30
Buche	II. EKL.	19,30	19,30	22,20	34,60	54,80	83,30	104,20	99,60	99,60	99,60
Buche	III.EKL. und schlechter	6,70	6,70	7,00	12,20	21,30	33,70	45,10	44,60	44,60	44,60
Eiche	I. EKL. und besser	38,30	38,50	45,90	60,90	80,20	102,50	129,30	155,40	177,70	200,40
Eiche	II. EKL.	22,80	22,80	25,60	33,80	45,50	58,90	76,30	93,80	107,30	120,90
Eiche	III. EKL. und schlechter	5,40	5,40	5,50	8,00	12,00	17,20	23,00	29,90	37,50	44,20
Fichte	I. EKL. und besser	45,20	61,50	112,50	158,60	186,20	186,20	186,20	186,20	186,20	186,20
Fichte	II. EKL.	30,70	35,90	68,30	102,60	123,80	133,60	133,60	133,60	133,60	133,60
Fichte	III. EKL. und schlechter	18,40	18,90	34,90	59,20	77,70	88,40	88,40	88,40	88,40	88,40
Kiefer	I. EKL. und besser	7,10	7,70	15,20	23,10	29,10	34,40	37,60	37,60	37,60	37,60
Kiefer	II. EKL.	0,00	0,10	2,40	6,10	9,00	11,30	12,70	12,70	12,70	12,70
Kiefer	III. EKL. und schlechter	0,00	0,00	1,10	5,20	8,80	11,20	12,70	12,70	12,70	12,70

§ 165 Bewertung des Wirtschaftsteils mit dem Fortführungswert

BewG

(1) **Der Wert des Wirtschaftsteils wird aus der Summe der nach § 163 zu ermittelnden Wirtschaftswerte gebildet.** 1

(2) **Der für einen Betrieb der Land- und Forstwirtschaft anzusetzende Wert des Wirtschaftsteils darf nicht geringer sein als der nach § 164 ermittelte Mindestwert.** 2

(3)[1] **Weist der Steuerpflichtige nach, dass der gemeine Wert des Wirtschaftsteils niedriger ist als der nach den Absätzen 1 und 2 ermittelte Wert, ist dieser Wert anzusetzen; § 166 ist zu beachten.** 3

Zu § 165 BewG

R B 165. Bewertung des Wirtschaftsteils mit dem Fortführungswert

ErbStR R B 165d1

(1) Die Summe der einzelnen Wirtschaftswerte gemäß R B 163 bildet den Wert des Wirtschaftsteils als Fortführungswert. 4

(2) Ist der nach R B 164 ermittelte Mindestwert höher als der nach Absatz 1 ermittelte Wert des Wirtschaftsteils, so ist der Mindestwert als Fortführungswert anzusetzen. 5

(3) ① Für den Wirtschaftsteil des Betriebs der Land- und Forstwirtschaft kann abweichend von der Wertermittlung nach den §§ 163, 164 BewG der niedrigere gemeine Wert (Verkehrswert) am Bewertungsstichtag angesetzt werden, wenn der Steuerpflichtige diesen nachweist (§ 165 Absatz 3 BewG). ② Der Nachweis eines niedrigeren gemeinen Werts kann nicht durch ein Einzelertragswertverfahren für den Wirtschaftsteil erbracht werden, da die Grundsätze zur Ermittlung eines Liquidationswerts zu beachten sind. 6

(4) ① Den Steuerpflichtigen trifft die Nachweislast für einen niedrigeren gemeinen Wert und nicht eine bloße Darlegungslast. ② Als Nachweis ist regelmäßig ein Gutachten eines Sachverständigen für Bewertungsfragen in der Landwirtschaft erforderlich. ③ Das Gutachten ist nicht bindend, sondern unterliegt der Beweiswürdigung durch das Finanzamt. ④ Enthält das Gutachten Mängel (z. B. methodische Mängel oder unzutreffende Wertansätze), ist es zurückzuweisen; ein Gegengutachten durch das Finanzamt ist nicht erforderlich. ⑤ Von dem ermittelten Verkehrswert sind die im unmittelbaren wirtschaftlichen Zusammenhang stehenden Verbindlichkeiten abzuziehen, so dass gegebenenfalls ein negativer Wert des Wirtschaftsteils in den Grundbesitzwert einfließt. 7

H B 165

H B 165

Wert des Wirtschaftsteils. 8

Beispiel:

Land- und forstwirtschaftlicher Betrieb mit folgenden Betriebsverhältnissen:

Wirtschaftswert der landwirtschaftlichen Nutzung	101 370 EUR
Wirtschaftswert der forstwirtschaftlichen Nutzung	15 344 EUR
Wert des Wirtschaftsteils = Summe der Wirtschaftswerte	116 714 EUR
Mindestwert der landwirtschaftlichen Nutzung	365 967 EUR
der forstwirtschaftlichen Nutzung	+ 9 372 EUR
Wert des Wirtschaftsteils	375 339 EUR

Der Wert des Wirtschaftsteils beträgt 375 339 EUR, da der Wert des Wirtschaftsteils nicht geringer sein darf als der ermittelte Mindestwert.

---

[1] *BFH-Urteil vom 30. 1. 2019 II R 9/16 (BStBl. II S. 599):* Weist der Steuerpflichtige nach, dass der gemeine Wert der kurze Zeit nach dem Erbanfall veräußerten land- und forstwirtschaftlich genutzten Flächen wesentlich niedriger ist als der nach § 166 BewG ermittelte Liquidationswert, kann der niedrigere gemeine Wert als Grundbesitzwert für Zwecke der Erbschaftsteuer festgestellt werden.

BFH-Urteil vom 16. 11. 2022 II R 39/20 (BStBl. 2024 II S. 246): **1.** *(überholt durch § 158 Abs. 2 BewG i. d. F. des JStG 2024)* **2.** Ist für die Bewertung des Wirtschaftsteils eines land- und forstwirtschaftlichen Betriebs der Liquidationswert maßgebend, kann ausnahmsweise der Nachweis eines niedrigeren gemeinen Werts geführt werden, wenn der festgestellte Wert das verfassungsrechtliche Übermaßverbot verletzt. Dies setzt aber regelmäßig voraus, dass der vom FA festgestellte Wert den nachgewiesenen niedrigeren gemeinen Wert um 40% oder mehr übersteigt. *Anm. d. Red.:* Siehe hierzu *Tz. II gleich lautender Ländererlass vom 19. 2. 2024,* nachfolgend abgedruckt.

Anl zu § 165

Erlass betr. Bewertung eines Betriebes der Land- und Forstwirtschaft für Zwecke der Erbschaft- und Schenkungsteuer; Anwendung des BFH-Urteils vom 16. November 2022 – II R 39/20 –

Vom 19. Februar 2024 (BStBl. I S. 380)

(Gleich lautender Ländererlass)

– Auszug –

I. Bewertungsrechtlicher Begriff „Betrieb der Land- und Forstwirtschaft“[1]

…

II. Verfassungsrechtliches Übermaßverbot

10 **8** Darüber hinaus hat der Bundesfinanzhof mit dem o. g. Urteil entschieden, dass im Fall der Maßgeblichkeit des Liquidationswerts (§ 166 Absatz 1 BewG) für die Bewertung des Wirtschaftsteils eines land- und forstwirtschaftlichen Betriebs ausnahmsweise der Nachweis eines niedrigeren gemeinen Werts entsprechend § 165 Absatz 3 Halbsatz 1 BewG geführt werden könne, wenn der festgestellte Wert das verfassungsrechtliche Übermaßverbot verletze. Dies setze aber regelmäßig voraus, dass der festgestellte Wert den nachgewiesenen niedrigeren gemeinen Wert um 40% oder mehr übersteige.

9 Extrem über das normale Maß hinaus gehe laut Bundesfinanzhof beispielsweise das Dreifache des gemeinen Werts bzw. das rund 1,4-fache eines sich aus dem Bodenrichtwert errechneten Verkehrswerts.

10 Diese Grundsätze des o. g. BFH-Urteils finden weiterhin allgemein Anwendung.

[1] Überholt durch § 158 Abs. 2 BewG i. d. F. des JStG 2024.

BewG

§ 166 Bewertung des Wirtschaftsteils mit dem Liquidationswert

(1)[1] **Im Falle des § 162 Abs. 3 oder Abs. 4 ist der Liquidationswert nach Absatz 2 zu ermitteln und tritt mit Wirkung für die Vergangenheit an die Stelle des bisherigen Wertansatzes.** 1

(2) **Bei der Ermittlung des jeweiligen Liquidationswerts nach Absatz 1** 2

1. **ist der Grund und Boden im Sinne des § 158 Abs. 3 Satz 1 Nr. 1 mit den zuletzt vor dem Bewertungsstichtag ermittelten Bodenrichtwerten zu bewerten. ② § 179 Satz 2 bis 4 gilt entsprechend. ③ Zur Berücksichtigung der Liquidationskosten ist der ermittelte Bodenwert um 10 Prozent zu mindern;**
2. **sind die übrigen Wirtschaftsgüter im Sinne des § 158 Abs. 3 Satz 1 Nr. 2 bis 5 mit ihrem gemeinen Wert zu bewerten. ② Zur Berücksichtigung der Liquidationskosten sind die ermittelten Werte um 10 Prozent zu mindern.**

Zu § 166 BewG

ErbStR R B 166

R B 166. Liquidationswert

(1) ① Der Wert des Grund und Bodens bestimmt sich nach den zuletzt vor dem Bewertungsstichtag ermittelten Bodenrichtwerten (ohne Aufwuchs) für die jeweilige Nutzung. ② Der gemeine Wert der übrigen Wirtschaftsgüter bestimmt sich nach dem jeweiligen Einzelveräußerungspreis des Wirtschaftsguts am Bewertungsstichtag. ③ Für die Ermittlung des Liquidationswerts der Wirtschaftsgebäude gelten grundsätzlich die auf Grund § 199 Absatz 1 des Baugesetzbuches (BauGB) erlassenen Vorschriften. 3

(2) ① Bei der Veräußerung eines ganzen Betriebs (→ R B 162 Absatz 3) ist der Wert des Grund und Bodens sowie des Besatzkapitals zu ermitteln und zur Berücksichtigung der Liquidationskosten ohne weiteren Nachweis um 10 Prozent zu mindern. ② Die Summe der hiernach ermittelten Werte ist um die damit im unmittelbaren wirtschaftlichen Zusammenhang stehenden Verbindlichkeiten zu mindern. ③ Der Wert des Wirtschaftsteils wird in diesem Fall vollständig durch den Liquidationswert ersetzt. 4

H B 166 (2)

H B 166 (2)

Ermittlung des Liquidationswerts für einen Betrieb.

Beispiel: 5

Ein im Wege der Schenkung am 1. 7. 2013 übertragener Betrieb der Land- und Forstwirtschaft (100 ha) wird im Jahr 2019 für 3 000 000 EUR im Ganzen veräußert. Im Jahr 2015 wurde der bisherige Betrieb komplett umstrukturiert und die Verbindlichkeiten für den Bau des Wirtschaftsgebäudes von 154 720 EUR abgelöst.

Der Betrieb der Land- und Forstwirtschaft ist rückwirkend nach den tatsächlichen Verhältnissen und den Wertverhältnissen am Bewertungsstichtag 1. 7. 2013 zu bewerten. Die nach dem Bewertungsstichtag eingetretene Umstrukturierung innerhalb des land- und forstwirtschaftlichen Vermögens und die Tilgung der Schuld im Jahr 2015 sind unerheblich.

1. Liquidationswerte des Grund und Bodens und der übrigen Wirtschaftsgüter am Bewertungsstichtag 1. 7. 2013

Bodenwert nach § 166 Absatz 2 Nummer 1 BewG	
Eigentumsfläche 100 ha	
Bodenrichtwert 12 000 EUR/ha × 100 ha	1 200 000 EUR
Abschlag für Liquidationskosten 10%	./. 120 000 EUR
Verbindlichkeiten	./. 0 EUR
Liquidationswert Grund und Boden	1 080 000 EUR
Wert der übrigen Wirtschaftsgüter nach § 166 Absatz 2 Nummer 2 BewG	
Wert der Wirtschaftsgebäude	200 000 EUR
Wert der Maschinen	+ 112 000 EUR
Wert der Betriebsvorrichtung	+ 28 000 EUR
Wert des Umlaufvermögens	+ 20 800 EUR
Summe der Werte für das Besatzkapital	360 800 EUR
Abschlag für Liquidationskosten 10%	./. 36 080 EUR
Verbindlichkeiten	./. 154 720 EUR
Liquidationswert Besatzkapital	170 000 EUR

2. Ermittlung des Werts des Wirtschaftsteils

Der Wert des Wirtschaftsteils setzt sich aus den beiden Liquidationswerten zusammen und beträgt demnach 1 250 000 EUR.

Verkehrswertnachweis bei Liquidationswert. → BFH vom 30. 1. 2019 II R 9/16, BStBl. II S. 599.[1]

R B 166 (3)

R B 166 (3)

(3) ① Bei der Veräußerung einzelner Wirtschaftsgüter oder wenn Wirtschaftsgüter einem Betrieb der Land- und Forstwirtschaft nicht mehr dauernd zu dienen bestimmt sind (→ R B 162 6

[1] Siehe *BFH-Urteile vom 16. 11. 2022 II R 39/20 und vom 30. 1. 2019 II R 9/16,* abgedruckt zu § 165 Abs. 3 BewG. Siehe hierzu *Tz. II gleich lautender Ländererlass vom 19. 2. 2024,* abgedruckt zu § 165 BewG.

Absatz 4), ist der gemeine Wert des jeweiligen Wirtschaftsguts zu ermitteln und zur Berücksichtigung der Liquidationskosten ohne weiteren Nachweis um 10 Prozent zu mindern. ② Der hiernach jeweils ermittelte Wert ist um die damit im unmittelbaren wirtschaftlichen Zusammenhang stehenden Verbindlichkeiten zu mindern. ③ Der Wert des Wirtschaftsteils ist in diesem Fall nach Absatz 4 und den Verhältnissen beim Mindestwert zu korrigieren.

HB 166 (3)

H B 166 (3)

Ermittlung des Liquidationswerts für einzelne Wirtschaftsgüter.

7 **Beispiel:**

Ein im Wege der Schenkung am 1. 7. 2018 übertragener Betrieb der Land- und Forstwirtschaft in Schleswig-Holstein wird zum 1. 7. 2021 verkleinert, da die Ehefrau nicht mehr im Betrieb mitarbeiten kann. Hierzu werden 10 Hektar Ackerland und der gesamte Milchviehbestand verkauft. 30 Hektar Grünland werden für 10 Jahre verpachtet.

Der Bodenrichtwert für Ackerland beträgt am Bewertungsstichtag 1. 7. 2018 1,20 EUR/m². Die Veräußerung des Milchviehbestandes am 1. 7. 2021 hat einen Erlös von 50 000 EUR erbracht. Der Buchwert des Milchviehbestandes beträgt 8000 EUR, der Buchwert aller übrigen Wirtschaftsgüter (ohne Grund und Boden) beträgt 127 500 EUR. Die Veräußerungskosten belaufen sich auf 2 500 EUR. Verbindlichkeiten sind mit den veräußerten Wirtschaftsgütern nicht verbunden.

Der Betrieb war bisher im Mindestwertverfahren wie folgt bewertet:

Grund und Boden 100 ha × 338 × 18,6 =	628 680 EUR
Besatzkapital 100 ha × 78 × 18,6 =	+ 145 080 EUR
Verbindlichkeiten	./. 53 760 EUR
Wert des Wirtschaftsteils	720 000 EUR

Die Veräußerung wesentlicher Wirtschaftsgüter ohne Reinvestition zum 1. 7. 2021 löst den Nachbewertungsvorbehalt nach § 162 Absatz 4 i. V. m. § 166 BewG aus. Der Milchviehbestand gehört zu den stehenden Betriebsmitteln und weist am Bewertungsstichtag einen Wert von mindestens 50 000 EUR auf (→R B 162 Absatz 5 Satz 2). Der Betrieb ist rückwirkend zum Bewertungsstichtag so zu bewerten, als seien die einzelnen Wirtschaftsgüter zu diesem Zeitpunkt veräußert worden:

1. Ermittlung des Liquidationswerts

Bodenwert nach § 166 Absatz 2 Nummer 1 BewG	
Liquidationswert 10 Hektar × (1,20 EUR/m² × 10 000 m²)	120 000 EUR
Abschlag für Liquidationskosten 10%	./. 12 000 EUR
Verbindlichkeiten	./. 0 EUR
Liquidationswert Grund und Boden	108 000 EUR
Wert der übrigen Wirtschaftsgüter nach § 166 Absatz 2 Nummer 2 BewG	
Wert der Betriebsmittel	50 000 EUR
Abschlag für Liquidationskosten 10%	./. 5 000 EUR
Verbindlichkeiten	./. 0 EUR
Liquidationswert Besatzkapital	45 000 EUR
Summe der Liquidationswerte (108 000 EUR + 45 000 EUR =)	153 000 EUR

2. Berechnung der Korrekturbeträge

Ausscheidender Grund und Boden 10 ha zu 100 ha Eigentumsfläche	10,00%
Ausscheidender Milchviehbestand Buchwert 8 000 EUR zur Summe der Buchwerte aller Wirtschaftsgüter 127 500 EUR	6,27%

3. Berechnung des Werts des Wirtschaftsteils

Wert des Wirtschaftsteils bisher:	720 000 EUR
Grund und Boden 100 ha × 338 EUR × 18,6 × 10,00%	./. 62 868 EUR
Besatzkapital 100 ha × 78 EUR × 18,6 × 6,27%	./. 9 097 EUR
Liquidationswert	+ 153 000 EUR
Neuer Wert des Wirtschaftsteils	801 035 EUR

Der neue Wert des Wirtschaftsteils beträgt 801 035 EUR.

RB 166 (4–6)

R B 166 (4–6)

8 (4) ① Der bisherige Wert des Wirtschaftsteils ist um den anteiligen Wert des ausscheidenden Wirtschaftsguts zu mindern. ② Hierzu ist

1. beim Grund und Boden die ausscheidende Fläche und der bei der Wertermittlung zu Grunde gelegte Pachtpreis sowie der Kapitalisierungsfaktor von 18,6 heranzuziehen;
2. bei den übrigen Wirtschaftsgütern die selbst bewirtschaftete Fläche, der bei der Wertermittlung zu Grunde gelegte Wert für das Besatzkapital, der Kapitalisierungsfaktor von 18,6 und der prozentuale Anteil des Wirtschaftsguts am Besatzkapital heranzuziehen. ② Zur Ermittlung des prozentualen Anteils des Wirtschaftsguts am Besatzkapital sind die Buchwerte der einzelnen Wirtschaftsgüter ohne Grund und Boden am Bewertungsstichtag zu ermitteln. ③ Aus dem Verhältnis der Buchwerte ergibt sich der prozentuale Anteil für die Minderung des Besatzkapitals.

9 (5) Der nach Absatz 4 korrigierte Wert des Wirtschaftsteils ist um den Liquidationswert des jeweils ausscheidenden Wirtschaftsguts zu erhöhen.

10 (6) Soweit für Zwecke der Grunderwerbsteuer eine Bewertung des Wirtschaftsteils mit dem Liquidationswert erfolgt, bleiben Wirtschaftsgüter, die nicht mit dem Grund und Boden verbunden sind (z. B. Maschinen, Tierbestände), außer Ansatz.

§ 167 Bewertung der Betriebswohnungen und des Wohnteils

BewG

(1) Die Bewertung der Betriebswohnungen und des Wohnteils erfolgt nach den Vorschriften, die für die Bewertung von Wohngrundstücken im Grundvermögen (§§ 182 bis 196) gelten. 1

(2) Für die Abgrenzung der Betriebswohnungen und des Wohnteils vom Wirtschaftsteil ist höchstens das Fünffache der jeweils bebauten Fläche zu Grunde zu legen. 2

(3)[1] **Zur Berücksichtigung von Besonderheiten, die sich im Falle einer engen räumlichen Verbindung von Wohnraum mit dem Betrieb ergeben, ist der Wert des Wohnteils und der Wert der Betriebswohnungen nach den Absätzen 1 und 2 um 15 Prozent zu ermäßigen.** 3

(4) **① Weist der Steuerpflichtige nach, dass der gemeine Wert des Wohnteils oder der Betriebswohnungen niedriger ist als der sich nach den Absätzen 1 bis 3 ergebende Wert, ist der gemeine Wert anzusetzen. ② Für den Nachweis des niedrigeren gemeinen Werts gelten grundsätzlich die auf Grund des § 199 Abs. 1 des Baugesetzbuchs erlassenen Vorschriften.** 4

Übersicht

		Rz.
R B 167.1	Bewertung der Betriebswohnungen und des Wohnteils; H B 167.1	5–10
R B 167.2	Ermäßigungen für Besonderheiten; H B 167.2	11–16
R B 167.3	Öffnungsklausel für die Betriebswohnungen und den Wohnteil; H B 167.3	17–20

Zu § 167 BewG

R B 167.1 Bewertung der Betriebswohnungen und des Wohnteils

ErbStR R B 167.1

(1) ① Die beim Grundvermögen für die Bewertung von Wohngrundstücken geltenden §§ 182 bis 196 BewG sowie die R B 176 bis R B 196 sind bei der Ermittlung des Werts der Betriebswohnungen und des Wohnteils anzuwenden. ② Wegen der Zugehörigkeit von Gebäuden und Gebäudeteilen eines Betriebs der Land- und Forstwirtschaft zu den Betriebswohnungen und zum Wohnteil → R B 160.21 und R B 160.22. 5

H B 167.1 (1)

H B 167.1 (1)

Häusliches Arbeitszimmer. Ein im Wohnbereich belegenes Arbeitszimmer stellt bewertungsrechtlich lediglich einen Raum dar, dem innerhalb der Nutzung zu Wohnzwecken eine dieser Nutzung nicht widersprechende Funktion zugewiesen ist (→ BFH vom 9. 11. 1988 II R 61/87, BStBl. 1989 II S. 135). 6

R B 167.1 (2)

R B 167.1 (2)

(2) ① Für Betriebswohnungen und den Wohnteil ist der zugehörige Grund und Boden (→ R B 160.21 Absatz 2 und R B 160.22 Absatz 6) jeweils gesondert zu ermitteln. ② Für die Betriebswohnungen und den Wohnteil richtet sich die Abgrenzung vom Wirtschaftsteil nach der Verkehrsauffassung. ③ Es bestehen keine Bedenken, die ertragsteuerrechtlich getroffene Entscheidung zu Grunde zu legen. ④ Der Grund und Boden wird auf das Fünffache der bebauten Fläche der jeweils zu bewertenden Wohngebäude begrenzt. 7

H B 167.1 (2)

H B 167.1 (2)

Abgrenzung des Grund und Bodens vom Wirtschaftsteil.

Beispiel: 8

Ein vom Betriebsleiter genutztes freistehendes Einfamilienhaus mittleren Ausstattungsstandards (Standardstufe 3) befindet sich auf einer 10 000 m^2 großen Hofstelle. Das Haus (Baujahr 2002) verfügt über einen Keller und ein ausgebautes Dachgeschoss. Die Brutto-Grundfläche beträgt 100 m^2 je Geschoss. Der zuletzt vor dem Bewertungsstichtag ermittelte Bodenrichtwert beträgt für das maßgebliche Grundstück 175 EUR/m^2. Zum 31. 12. 1998 wurden das Haus und der Hausgarten mit insgesamt 1140 m^2 steuerfrei aus dem ertragsteuerlichen Betriebsvermögen entnommen.
Für die Arbeitnehmer des Betriebs wurde ebenfalls im Jahre 2002 ein freistehendes Zweifamilienhaus mittleren Ausstattungsstandards (Standardstufe 3) errichtet. Das voll unterkellerte Haus verfügt über zwei übereinander liegende Wohnungen und ein nicht ausgebautes Dachgeschoss, das jedoch nutzbar ist. Die Brutto-Grundfläche beträgt für jedes Geschoss 100 m^2. Zum Zweifamilienhaus gehören eine Umgriffsfläche von 150 m^2 und zwei Parkplätze zu je 15 m^2.
Vom Gutachterausschuss stehen weder geeignete Vergleichswerte bzw. Vergleichsfaktoren noch örtliche Sachwertfaktoren zur Verfügung.

Der Besteuerungsfall tritt am 3. 1. 2018 ein.

---

[1] *BFH-Urteil vom 28. 3. 2012 II R 37/10 (BFH/NV S. 1416):* **1.** Werden der land- und forstwirtschaftliche Betrieb eingestellt und die Ländereien verpachtet, endet grundsätzlich die Zugehörigkeit der Wohnung des (früheren) Betriebsinhabers zum land- und forstwirtschaftlichen Vermögen. Das mit einem Eindachhof bebaute Grundstück ist dem Grundvermögen zuzuordnen, soweit es mit dem als Wohnung dienenden Gebäude bebaut ist und die unbebaute Fläche damit im Zusammenhang steht. **2.**, **3.** …

HB 167.1 (2)

noch 8

I. Wohnteil

Das Einfamilienhaus des Betriebsleiters gehört zum Wohnteil des Betriebs der Land- und Forstwirtschaft. Zur Abgrenzung des Wohnteils vom Wirtschaftsteil ist die Verkehrsanschauung heranzuziehen. Der Flächenansatz ist auf das Fünffache der bebauten Fläche zu begrenzen (§ 167 Absatz 2 BewG).

1. Berechnung der maßgeblichen Fläche des Wohnteils

Prüfung der Höchstgrenze

1. Bebaute Fläche des Grundstücks lt. Kataster		100 m²
2. Hausgarten		+ 1 040 m²
Summe		1 140 m²
Maximal das Fünffache der bebauten Fläche		500 m²

2. Berechnung des Sachwerts des Wohnteils

a) Bodenwert inkl. Außenanlagen (§§ 179, 189 Absatz 2 BewG)		
Bodenrichtwert	175 EUR/m²	
maßgebliche Grundstücksfläche	× 500 m²	
Bodenwert		87 500 EUR
b) Gebäudesachwert (§ 190 Absatz 1 und 2 BewG)		
Gebäuderegelherstellungswert lt. Anlage 24		
Gebäudeart 1.01 – Standardstufe 3	835 EUR/m²	
Baupreisindex 116,8/100	975 EUR/m²	
Brutto-Grundfläche: (KG, EG, DG je 100 m²)	× 300 m²	292 500 EUR
Davon		
Alterswertminderung (§ 190 Abs. 4 i. V. m. Anlage 22 BewG)		
Verhältnis des Gebäudealters am Bewertungsstichtag zur Gesamtnutzungsdauer = Jahre 16 : 70 Jahre	22,86%	./. 66 866 EUR
Gebäudesachwert		225 634 EUR
c) Vorläufiger Sachwert (§ 189 Absatz 3 BewG)		
Bodenwert		87 500 EUR
Gebäudesachwert		+ 225 634 EUR
Vorläufiger Sachwert		313 134 EUR
d) Sachwert		
Vorläufiger Sachwert		313 134 EUR
Wertzahl lt. Anlage 25 zum BewG		× 0,8
Sachwert		250 507 EUR

II. Betriebswohnungen

Das Zweifamilienhaus für die Arbeitnehmer des Betriebs gehört zu den Betriebswohnungen des Betriebs der Land- und Forstwirtschaft. Zur Abgrenzung der Betriebswohnungen vom Wirtschaftsteil ist ebenfalls die Verkehrsanschauung heranzuziehen (§ 167 Absatz 2 BewG).

1. Berechnung der maßgeblichen Fläche für die Betriebswohnungen

Prüfung der Höchstgrenze

1. Bebaute Fläche des Grundstücks lt. Kataster		100 m²
2. Umgriffsfläche		+ 150 m²
3. Nebenfläche (Parkplätze)		+ 30 m²
Summe		280 m²
Maximal das Fünffache der bebauten Fläche		500 m²

2. Berechnung des Sachwerts der Betriebswohnungen

a) Bodenwert inkl. Außenanlagen (§§ 179, 189 Absatz 2 BewG)		
Bodenrichtwert	175 EUR/m²	
maßgebliche Grundstücksfläche	× 280 m²	
Bodenwert		49 000 EUR
b) Gebäudesachwert (§ 190 Absatz 1 und 2 BewG)		
Gebäuderegelherstellungswert lt. Anlage 24		
– Gebäudeart 1.121 – Standardstufe 3	767 EUR/m²	
Baupreisindex 116,8/100	89 EUR/m²	
Brutto-Grundfläche: (KG, EG, OG, DG je 100 m²)	× 400 m²	358 000 EUR
Davon		
Alterswertminderung lt. Anlage 22)		
Verhältnis der tatsächlichen Nutzungsdauer zur Gesamtnutzungsdauer lt. Anlage 22 = Jahre 16 : 70 Jahre	22,86%	./. 81 839 EUR
Gebäudesachwert		276 161 EUR
c) Vorläufiger Sachwert (§ 189 Absatz 3 BewG)		
Bodenwert		49 000 EUR
Gebäudesachwert		+ 276 161 EUR
Vorläufiger Sachwert		325 161 EUR
d) Sachwert		
Vorläufiger Sachwert		325 470 EUR
Wertzahl lt. Anlage 25 zum BewG		× 0,8
Sachwert		260 128 EUR

III. Verbleibende Hofstelle

Die beim Wohnteil und den Betriebswohnungen nicht erfasste restliche Hoffläche wird beim Wirtschaftsteil erfasst.

R B 167.1 (3)

R B 167.1 (3)

(3) ① Bei der Bewertung der Betriebswohnungen und des Wohnteils ist jedes Gebäude bzw. jeder Gebäudeteil gesondert zu betrachten. ② Dabei ist die Abgrenzung nach Absatz 2 Satz 2 zu beachten. ③ Handelt es sich um ein freistehendes Bauwerk, erfolgt die Wertermittlung für das Wohnhaus bzw. die Wohnung des Altenteilers nach den Grundsätzen für Ein- und Zweifamilienhäuser. ④ Befindet sich die jeweils zu bewertende Wohnung innerhalb eines räumlichen Verbunds mit anderen Gebäuden oder Gebäudeteilen, sind die Grundsätze für die Bewertung von Wohnungseigentum (§ 182 Absatz 2 Nummer 1 in Verbindung mit Absatz 4 Nummer 1 BewG) maßgebend. 9

H B 167.1 (3)

H B 167.1 (3)

Bewertung von Gebäuden innerhalb eines Betriebs der Land- und Forstwirtschaft. 10

Beispiel:
Eine landwirtschaftliche Hofstelle besteht aus einer geschlossenen Hofanlage und weiteren Gebäuden, die wie folgt genutzt werden:

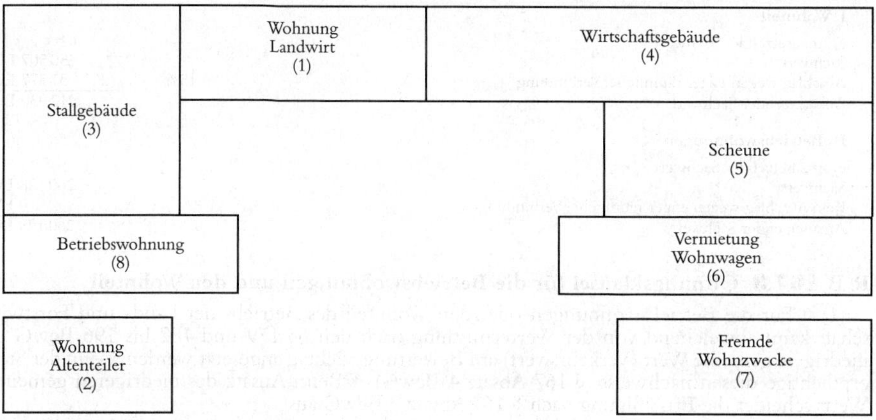

Zum Betrieb der Land- und Forstwirtschaft gehören:

a) Wirtschaftsteil
Die Gebäude/-teile (3), (4), (5)
b) Betriebswohnungen
Der Gebäudeteil (8)
c) Wohnteil
Die Gebäude/-teile (1), (2).

Die Bewertung der Gebäude bzw. Gebäudeteile erfolgt wie beim Grundvermögen. Beim Gebäudeteil (1) und (8) handelt es sich um eine Wohnung innerhalb eines räumlichen Verbunds mit anderen Gebäuden oder Gebäudeteilen. Hierfür sind die Grundsätze für die Bewertung von Wohnungseigentum (§ 182 Absatz 2 Nummer 1 i. V. m. Absatz 4 Nummer 1 BewG) maßgebend. Für Gebäude (2) als freistehendes Bauwerk erfolgt die Wertermittlung als Einfamilienhaus.

Dagegen gehören das Gebäude (7) und der Gebäudeteil (6) jeweils als eigenständige wirtschaftliche Einheit grundsätzlich zum Grundvermögen.

R B 167.2 Ermäßigungen für Besonderheiten

ErbStR R B 167.2

(1) ① Bei bebauten Grundstücksflächen, die Arbeitnehmern des Betriebs oder dem Betriebsleiter und seinen Familienangehörigen sowie Altenteilern für Wohnzwecke zur Verfügung stehen, ist für den Einzelfall zu prüfen, ob eine räumliche Verbindung mit der Hofstelle besteht. 11
② Nur wenn im Einzelfall die räumliche Verbindung vorliegt, ist der jeweilige nach den Vorschriften des Grundvermögens ermittelte Wert nach § 167 Absatz 3 BewG um 15 Prozent zu ermäßigen.

(2) ① Hofstelle ist diejenige Stelle, von der aus land- und forstwirtschaftliche Flächen ordnungsgemäß nachhaltig bewirtschaftet werden. ② Umfang und Ausstattung der Hofstelle richten sich grundsätzlich nach den Erfordernissen und der Größe der von dieser Stelle aus bewirtschafteten Flächen. ③ Eine Hofstelle umfasst die Wirtschaftsgebäude und die dazugehörigen Nebenflächen (→ R B 160.1 Absatz 3). ④ Hecken, Gräben, Grenzraine und dergleichen gehören nur dann zur Hofstelle, wenn sie in räumlicher Verbindung mit den Wirtschaftsgebäuden stehen. 12

(3) ① Befinden sich Betriebswohnungen und Wohnteil unmittelbar neben den Wirtschaftsgebäuden oder den dazugehörigen Nebenflächen, ist eine räumliche Verbindung im Sinne des § 167 Absatz 3 BewG stets anzunehmen. ② Diese Voraussetzung ist z. B. auch erfüllt, wenn Betriebswohnungen und Wohnteil durch eine öffentliche Straße mit geringer Verkehrsbelastung von der Hofstelle getrennt sind. 13

14 (4) ① Eine räumliche Verbindung mit der Hofstelle besteht nicht, wenn zwischen der Hofstelle und den Betriebswohnungen oder dem Wohnteil Industriegelände oder bebaute Grundstücke liegen. ② Ebenso geht die räumliche Verbindung verloren, wenn die Betriebswohnungen oder die zum Wohnteil gehörenden Wohngrundstücke durch Autobahnen oder Flüsse von der Hofstelle getrennt sind. ③ Das Gleiche gilt auch, wenn die Betriebswohnungen oder die zum Wohnteil gehörenden Wohngrundstücke zwar nur durch eine Straße oder einen Weg von der Hofstelle getrennt sind, aber in einem geschlossenen Wohnbaugebiet liegen.

15 (5) Die Ermäßigung von 15 Prozent im Sinne des § 167 Absatz 3 BewG ist stets von dem ermittelten Vergleichs-, Ertrags- oder Sachwert vorzunehmen.

H B 167.2

H B 167.2

Ermäßigungen für Besonderheiten (Ermäßigung von 15 Prozent).

16 **Beispiel:**

Fortsetzung des Beispiels zu H B 167.1 (2). Der Wohnteil liegt auf der Hofstelle und grenzt unmittelbar an die Wirtschaftsgebäude. Für die Betriebswohnungen soll keine enge räumliche Verbindung zur Hofstelle bestehen.

I. Wohnteil			
e) Anzusetzender Sachwert			
Sachwert			250 507 EUR
Abschlag wegen enger räumlicher Verbindung	15%	./.	37 577 EUR
Anzusetzender Sachwert			212 930 EUR
II. Betriebswohnungen			
e) Anzusetzender Sachwert			
Sachwert			260 128 EUR
Kein Abschlag wegen enger räumlicher Verbindung		./.	0 EUR
Anzusetzender Sachwert			260 128 EUR

ErbStR R B 167.3

R B 167.3 Öffnungsklausel für die Betriebswohnungen und den Wohnteil

17 (1) ① Für die Betriebswohnungen oder den Wohnteil des Betriebs der Land- und Forstwirtschaft kann abweichend von der Wertermittlung nach den §§ 179 und 182 bis 196 BewG der niedrigere gemeine Wert (Verkehrswert) am Bewertungsstichtag angesetzt werden, wenn der Steuerpflichtige diesen nachweist (§ 167 Absatz 4 BewG). ② Beim Ansatz des niedrigeren gemeinen Werts scheidet die Ermäßigung nach § 167 Absatz 3 BewG aus.

18 (2) ① Als Nachweis ist regelmäßig ein Gutachten des örtlich zuständigen Gutachterausschusses oder eines Sachverständigen für die Bewertung von Grundstücken erforderlich. ② Das Gutachten ist für die Feststellung des Grundbesitzwerts nicht bindend, sondern unterliegt der Beweiswürdigung durch das Finanzamt. ③ Enthält das Gutachten Mängel (z. B. methodische Mängel oder unzutreffende Wertansätze), ist es zurückzuweisen; ein Gegengutachten durch das Finanzamt ist nicht erforderlich. ④ Für den Nachweis des niedrigeren gemeinen Werts gelten grundsätzlich die auf Grund des § 199 Absatz 1 BauGB erlassenen Vorschriften. ⑤ Nach Maßgabe dieser Vorschriften besteht insoweit die Möglichkeit, sämtliche wertbeeinflussenden Umstände zur Ermittlung des gemeinen Werts (Verkehrswerts) von Grundstücken zu berücksichtigen. ⑥ Hierzu gehören auch die den Wert beeinflussenden Rechte und Belastungen privatrechtlicher und öffentlich-rechtlicher Art, wie z. B. Grunddienstbarkeiten und persönliche Nutzungsrechte. ⑦ Ein Einzelnachweis zu Bewertungsgrundlagen nach §§ 179 und 182 bis 196 BewG, z. B. hinsichtlich der Bewirtschaftungskosten, kommt nicht in Betracht. ⑧ Auszüge aus der Kaufpreissammlung können ein Gutachten nicht ersetzen.

19 (3) ① Ein im gewöhnlichen Geschäftsverkehr innerhalb eines Jahres vor oder nach dem Bewertungsstichtag zustande gekommener Kaufpreis über den entsprechenden Teil der wirtschaftlichen Einheit kann als Nachweis dienen. ② Ist ein Kaufpreis außerhalb dieses Zeitraums im gewöhnlichen Geschäftsverkehr zustande gekommen und sind die maßgeblichen Verhältnisse hierfür gegenüber den Verhältnissen zum Bewertungsstichtag unverändert geblieben, so kann auch dieser als Nachweis des niedrigeren gemeinen Werts dienen. ③ Es bestehen keine Bedenken, diesen Wert regelmäßig ohne Wertkorrekturen zu übernehmen.

H B 167.3

H B 167.3

20 **Nachweis des niedrigeren gemeinen Werts durch Sachverständigengutachten.** → BFH vom 10. 11. 2004 II R 69/01, BStBl. 2005 II S. 259 und vom 3. 12. 2008 II R 19/08, BStBl. 2009 II S. 403.[1]

H B 167.3

→ *Gleich lautende Erlasse der obersten Finanzbehörden der Länder vom 19. 2. 2014 (BStBl. I S. 808).*[2]

[1] Siehe auch *BFH-Urteil vom 25. 4. 2018 II R 47/15,* abgedruckt zu § 198 BewG.
[2] Überholt durch *gleich lautende Erlasse vom 7. 12. 2022,* abgedruckt zu H B 198 ErbStH.

H B 167.3

noch **20**

Nachweis des niedrigeren gemeinen Werts durch zeitnahen Kaufpreis. → BFH vom 2. 7. 2004 II R 55/01, BStBl. II S. 703.

Nießbrauchs- und andere Nutzungsrechte, die sich auf den Grundbesitzwert ausgewirkt haben. Ist nach § 167 Absatz 4 BewG ein nachgewiesener gemeiner Wert, der auf Grund von Grundstücksbelastungen durch Nutzungsrechte, wie z. B. Nießbrauch oder Wohnrecht, gemindert wurde, als Grundbesitzwert festgestellt worden, hat das Lagefinanzamt das für die Festsetzung der Erbschaftsteuer zuständige Finanzamt (ErbSt-FA) hierauf hinzuweisen (vgl. § 10 Absatz 6 Satz 6 ErbStG).[1]

Vorschriften auf der Grundlage des § 199 Absatz 1 BauGB. → Verordnung über Grundsätze für die Ermittlung der Verkehrswerte von Grundstücken (Immobilienwertermittlungsverordnung – ImmoWertV) vom 19. 5. 2010 (BGBl I S. 639).[2]

→ Richtlinie zur Ermittlung von Bodenrichtwerten (Bodenrichtwertrichtlinie – BRW-RL) vom 11. 1. 2011 (BAnz AT 11. 2. 2011 Nr. 24 S. 597).[3]

→ Richtlinie zur Ermittlung des Sachwerts (Sachwertrichtlinie – SW-RL) vom 5. 9. 2012 (BAnz AT 18. 10. 2012 B1).[3]

→ Richtlinie zur Ermittlung des Vergleichswerts und des Bodenwerts (Vergleichswertrichtlinie – VW-RL) vom 20. 3. 2014 (BAnz AT 11. 4. 2014 B3).[3]

→ Richtlinie zur Ermittlung des Ertragswerts (Ertragswertrichtlinie – EW-RL) vom 12. 11. 2015 (BAnz AT 4. 12. 2015 B4).[3]

Beispiel:

Fortsetzung des Beispiels zu H B 167.1 (2) und H B 167.2. Der Steuerpflichtige weist durch ein entsprechendes Wertgutachten eines Sachverständigen nach, dass der gemeine Wert für den Wohnteil 150 000 EUR beträgt.

Der Nachweis des niedrigeren gemeinen Werts wurde zulässigerweise nur für den Wohnteil geführt (§ 167 Absatz 4 BewG). Da der Nachweis durch ein Sachverständigengutachten nach den Grundsätzen der Verkehrswertermittlung erfolgt, sind die Gründe für die besondere Ermäßigung i. S. d. § 167 Absatz 3 BewG entfallen. Der Wohnteil ist auf Grund des Gutachtens mit 150 000 EUR anzusetzen.

---

[1] Siehe jetzt § 10 Abs. 6 b ErbStG.
[2] Siehe jetzt ImmoWertV 2022, abgedruckt im Anhang **I** Nr. 7.
[3] Aufgegangen in ImmoWertV 2022, abgedruckt im Anhang **I** Nr. 7.

BewG

§ 168 Grundbesitzwert des Betriebs der Land- und Forstwirtschaft

1 (1) **Der Grundbesitzwert eines Betriebs der Land- und Forstwirtschaft besteht aus**

1. dem Wert des Wirtschaftsteils (§ 160 Abs. 2),

2. dem Wert der Betriebswohnungen (§ 160 Abs. 8) abzüglich der damit im unmittelbaren wirtschaftlichen Zusammenhang stehenden Verbindlichkeiten,

3. dem Wert des Wohnteils (§ 160 Abs. 9) abzüglich der damit im unmittelbaren wirtschaftlichen Zusammenhang stehenden Verbindlichkeiten.

2 (2) **Der Grundbesitzwert für Stückländereien als Betrieb der Land- und Forstwirtschaft (§ 160 Abs. 7) besteht nur aus dem Wert des Wirtschaftsteils.**

3 (3) **Der Grundbesitzwert für einen Anteil an einem Betrieb der Land- und Forstwirtschaft im Sinne des § 158 Abs. 2 Satz 2 ist nach den Absätzen 4 bis 6 aufzuteilen.**

4 (4) ① **Der Wert des Wirtschafteils ist nach den beim Mindestwert (§ 164) zu Grunde gelegten Verhältnissen aufzuteilen.** ② **Dabei ist**

1. der Wert des Grund und Bodens und der Wirtschaftsgebäude oder ein Anteil daran (§ 158 Abs. 3 Satz 1 Nr. 1 und 2) dem jeweiligen Eigentümer zuzurechnen. ② **Im Falle des Gesamthandseigentums ist der Wert des Grund und Bodens nach der Höhe der gesellschaftsrechtlichen Beteiligung aufzuteilen;**

2. der Wert der übrigen Wirtschaftsgüter (§ 158 Abs. 3 Satz 1 Nr. 3 bis 5) nach dem Wertverhältnis der dem Betrieb zur Verfügung gestellten Wirtschaftsgüter aufzuteilen. ② **Im Falle des Gesamthandseigentums ist der Wert der übrigen Wirtschaftsgüter nach der Höhe der gesellschaftsrechtlichen Beteiligung aufzuteilen;**

3. der Wert der zu berücksichtigenden Verbindlichkeiten (§ 164 Abs. 4) dem jeweiligen Schuldner zuzurechnen. ② **Im Falle des Gesamthandseigentums ist der Wert der zu berücksichtigenden Verbindlichkeiten nach der Höhe der gesellschaftsrechtlichen Beteiligung aufzuteilen.**

5 (5) ① **Der Wert für die Betriebswohnungen ist dem jeweiligen Eigentümer zuzurechnen.** ② **Im Falle des Gesamthandseigentums ist der Wert nach der Höhe der gesellschaftsrechtlichen Beteiligung aufzuteilen.**

6 (6) ① **Der Wert für den Wohnteil ist dem jeweiligen Eigentümer zuzurechnen.** ② **Im Falle des Gesamthandseigentums ist der Wert nach der Höhe der gesellschaftsrechtlichen Beteiligung aufzuteilen.**

Zu § 168 BewG

ErbStR R B 168

R B 168. Grundbesitzwert des Betriebs der Land- und Forstwirtschaft

7 (1) ① Der Grundbesitzwert eines Betriebs der Land- und Forstwirtschaft setzt sich grundsätzlich aus dem Wert des Wirtschaftsteils, dem Wert der Betriebswohnungen und dem Wert des Wohnteils zusammen. ② Die Werte werden jeweils getrennt ermittelt und dann zu einer Summe zusammengefasst. ③ Der Wert der Betriebswohnungen und der Wert des Wohnteils sind unter Berücksichtigung der damit im unmittelbaren wirtschaftlichen Zusammenhang stehenden Verbindlichkeiten zu ermitteln. ④ Abweichend von Satz 1 besteht der Grundbesitzwert für Stückländereien nur aus dem Wert des Wirtschaftsteils. ⑤ Die gesonderte Feststellung des Grundbesitzwerts erfolgt unter Berücksichtigung der R B 151.2 Absatz 3.

8 (2) Auch wenn ein Betrieb der Land- und Forstwirtschaft anteilig übertragen wird, ist eine Wertermittlung für die gesamte wirtschaftliche Einheit erforderlich (§ 12 Absatz 3 ErbStG in Verbindung mit § 151 Absatz 1 Satz 1 Nummer 1, § 157 BewG).

9 (3) ① Soweit der Anteil an einer Personengesellschaft oder -gemeinschaft der Besteuerung unterliegt, ist der Grundbesitzwert für den ganzen Betrieb einheitlich zu ermitteln. ② Dabei sind alle Wirtschaftsgüter zu berücksichtigen, die dem Betrieb auf Dauer zu dienen bestimmt sind, auch wenn sie nur einem oder mehreren Beteiligten gemeinsam gehören. ③ Die Vorschrift des § 158 Absatz 4 BewG ist bei der Einbeziehung der Wirtschaftsgüter zu beachten. ④ Der hiernach ermittelte Grundbesitzwert ist grundsätzlich nach den Eigentumsverhältnissen aufzuteilen.

10 (4) ① Der Wert des Wirtschaftsteils ist nach den bei der Ermittlung des Mindestwerts zu Grunde gelegten Verhältnissen aufzuteilen. ② Dabei richtet sich die Zuordnung des Grund und Bodens, der Wirtschaftsgebäude und der Verbindlichkeiten nach den Eigentumsverhältnissen der Gesellschaft und der Gesellschafter. ③ Die Zuordnung der übrigen Wirtschaftsgüter erfolgt nach den Eigentumsverhältnissen der Gesellschaft und entsprechend dem vom Eigentümer zur Verfügung gestellten Umfang. ④ Hierfür sind die gesellschaftsvertraglichen Vereinbarungen maßgeblich, wobei es unerheblich ist, ob die Wirtschaftsgüter auf Grund gesellschaftsrechtlicher oder schuldrechtlicher Vereinbarungen überlassen werden.

(5) Aus Vereinfachungsgründen ist es abweichend von Absatz 4 nicht zu beanstanden, wenn der Wert des Besatzkapitals nach dem Verhältnis der Buchwerte der einzelnen Wirtschaftsgüter aufgeteilt wird, die dem Betrieb am Bewertungsstichtag zu dienen bestimmt sind. **11**

(6) Sind für eine Aufteilung der Wirtschaftsgüter keine geeigneten Unterlagen vorhanden (z. B. in Fällen der Gewinnermittlung nach § 13a EStG), folgt die Verteilung des Grundbesitzwerts nach Köpfen. **12**

(7) ①Der für die Betriebswohnungen und den Wohnteil jeweils gesondert ermittelte Wert ist nach den Eigentumsverhältnissen zu berücksichtigen. ②Befinden sich die Betriebswohnungen oder der Wohnteil im Eigentum der Gesellschaft, so ist der Wert den Gesellschaftern entsprechend ihrer Beteiligungshöhe anteilig zuzurechnen. **13**

(8) Absatz 7 gilt auch für Verbindlichkeiten. **14**

(9) Der Umfang des festzustellenden Grundbesitzwertes für den Anteil am land- und forstwirtschaftlichen Vermögen bestimmt sich nach R B 151.2 Absatz 2. **15**

H B 168

H B 168

Personengesellschaften/Gemeinschaften (Aufteilung des festzustellenden Grundbesitzwerts). **16**

Beispiel Übergang eines Anteils im Erbfall:

V und X gründen eine Gesellschaft, die land- und forstwirtschaftlich tätig wird. V stellt 10 ha Fläche und die Wirtschaftsgebäude, X die Maschinen. Die V+X GbR erwirbt noch 10 ha Fläche dazu und pachtet zusätzlich 10 ha Fläche an. Beide sind zu je $^1/_2$ am Gesamthandsvermögen beteiligt. Es tritt der Besteuerungsfall ein.
Die Flächen des V haben einen Buchwert von 280 000 EUR, das Wirtschaftsgebäude einen Buchwert von 20 000 EUR. Die Wirtschaftsgüter des X haben einen Buchwert von 180 000 EUR. Die Flächen der Gesellschaft haben einen Buchwert von 300 000 EUR. Die Verbindlichkeiten für den Kauf der Fläche betragen am Bewertungsstichtag noch 24 000 EUR und für die Anschaffung der Maschinen durch X noch 10 000 EUR.
Die wirtschaftliche Einheit Betrieb der Land- und Forstwirtschaft ist im Ganzen zu bewerten. Der für den Besteuerungsfall notwendige Anteil an der Gesellschaft ist nach § 168 Absatz 3 BewG durch Aufteilung zu ermitteln.

1. Ermittlung des Grundbesitzwerts

Bodenwert	20 ha × 250 EUR × 18,6	93 000 EUR
Besatzkapital	30 ha × 150 EUR × 18,6	+ 83 700 EUR
Verbindlichkeiten		./. 34 000 EUR
Wert des Wirtschaftsteils		142 700 EUR

2. Aufteilung des Grundbesitzwerts

	Gesamt	V	X
Grundstücke nach Eigentumsverhältnissen:	93 000 EUR		
davon $^{10}/_{20}$ auf V und X zu je $^1/_2$	46 500 EUR	23 250 EUR	23 250 EUR
davon $^{10}/_{20}$ auf V	46 500 EUR	46 500 EUR	
Besatzkapital nach den zur Verfügung gestellten Wirtschaftsgütern von 200 000 EUR:	83 700 EUR		
davon V Wirtschaftsgebäude 20 000 EUR = 10%	8 370 EUR	8 370 EUR	
davon X Maschinen 180 000 EUR = 90%	75 330 EUR		75 330 EUR
Verbindlichkeiten nach Eigentumsverhältnissen:	34 000 EUR		
davon 24 000 EUR auf V und X zu je $^1/_2$	24 000 EUR	./. 12 000 EUR	./. 12 000 EUR
davon 10 000 EUR auf X	10 000 EUR		./. 10 000 EUR
Summe		66 120 EUR	76 580 EUR

Soweit der Besteuerungsfall für V eintritt ist ein Anteil von 66 120 EUR, bei Eintritt für X ist ein Anteil von 76 580 EUR als Grundbesitzwert festzustellen.

Beispiel Übergang eines Anteils und von Sonderbetriebsvermögen im Wege der Schenkung:

A und B bewirtschaften einen Betrieb der Land- und Forstwirtschaft in der Rechtsform einer GbR, an der sie jeweils zu 50% beteiligt sind. Zum Sonderbetriebsvermögen des A gehört ein Mähdrescher und zum Sonderbetriebsvermögen des B ein Traktor.
B überträgt zum 1. 7. 2018 im Wege der Schenkung die Hälfte seines Anteils auf S. Den zu seinem Sonderbetriebsvermögen gehörenden Traktor überträgt er in vollem Umfang.

1. Ermittlung des Grundbesitzwerts

Wirtschaftsteil	1 000 000 EUR
davon Grund und Boden	750 000 EUR
davon Besatzkapital	250 000 EUR
Betriebswohnungen	600 000 EUR
Wohnteil	400 000 EUR

H B 168

noch **16**

2. Ermittlung des zur Verfügung gestellten Besatzkapitals

Sonderbetriebsvermögen A – Mähdrescher	Buchwert	300 000 EUR
Sonderbetriebsvermögen B – Traktor	Buchwert	+ 200 000 EUR
Gesamthandsvermögen – Maschinen und Gebäude GbR	Buchwert	+ 650 000 EUR
Buchwerte insgesamt		1 150 000 EUR

	in EUR	A 50% in EUR	B 50% in EUR	davon übertragener Anteil	Erwerber S in EUR
Wirtschaftsteil					
Grund und Boden	750 000	375 000	375 000	50%	187 500
Besatzkapital	250 000				
Aufteilungsverhältnis					
650 000 EUR : 1 150 000 EUR	141 304	70 652	70 652	50%	+ 35 326
Sonderbetriebsvermögen A					
300 000 EUR : 1 150 000 EUR	65 217	65 217			
Sonderbetriebsvermögen B					
200 000 EUR : 1 150 000 EUR	43 478		43 478	100%	+ 43 478
Betriebswohnungen	600 000	300 000	300 000	50%	+ 150 000
Wohnteil	400 000	200 000	200 000	50%	+ 100 000
Wert des übertragenen Anteils am Grundbesitzwert					516 304

Nach R B 151.2 Absatz 2 Nummer 5 ist der Grundbesitzwert des übertragenen Anteils des B mit einem Betrag von 516 304 EUR festzustellen.

BewG

II. Besonderer Teil

a) Landwirtschaftliche Nutzung

§ 169 Tierbestände

(1) ① Tierbestände gehören in vollem Umfang zur landwirtschaftlichen Nutzung, wenn im Wirtschaftsjahr 1

für die ersten 20 Hektar	**nicht mehr als**	**10 Vieheinheiten**
für die nächsten 10 Hektar	**nicht mehr als**	**7 Vieheinheiten**
für die nächsten 20 Hektar	**nicht mehr als**	**6 Vieheinheiten**
für die nächsten 50 Hektar	**nicht mehr als**	**3 Vieheinheiten**
und für die weitere Fläche	**nicht mehr als**	**1,5 Vieheinheiten**

je Hektar der vom Inhaber des Betriebs regelmäßig landwirtschaftlich genutzten Flächen erzeugt oder gehalten werden. ② Die Tierbestände sind nach dem Futterbedarf in Vieheinheiten umzurechnen.

(2) ① Übersteigt die Anzahl der Vieheinheiten nachhaltig die in Absatz 1 bezeichnete Grenze, so gehören nur die Zweige des Tierbestands zur landwirtschaftlichen Nutzung, deren Vieheinheiten zusammen diese Grenze nicht überschreiten. ② Zunächst sind mehr flächenabhängige Zweige des Tierbestands und danach weniger flächenabhängige Zweige des Tierbestands zur landwirtschaftlichen Nutzung zu rechnen. ③ Innerhalb jeder dieser Gruppen sind zuerst Zweige des Tierbestands mit der geringeren Anzahl von Vieheinheiten und dann Zweige mit der größeren Anzahl von Vieheinheiten zur landwirtschaftlichen Nutzung zu rechnen. ④ Der Tierbestand des einzelnen Zweiges wird nicht aufgeteilt. 2

(3) ① Als Zweig des Tierbestands gilt bei jeder Tierart für sich 3

1. das Zugvieh,

2. das Zuchtvieh,

3. das Mastvieh und

4. das übrige Nutzvieh.

② Das Zuchtvieh einer Tierart gilt nur dann als besonderer Zweig des Tierbestands, wenn die erzeugten Jungtiere überwiegend zum Verkauf bestimmt sind. ③ Ist das nicht der Fall, so ist das Zuchtvieh dem Zweig des Tierbestands zuzurechnen, dem es überwiegend dient.

(4) ① Die Absätze 1 bis 3 gelten nicht für Pelztiere. ② Pelztiere gehören nur dann zur landwirtschaftlichen Nutzung, wenn die erforderlichen Futtermittel überwiegend von den vom Inhaber des Betriebs landwirtschaftlich genutzter Flächen gewonnen werden. 4

(5) ① Für die Umrechnung der Tierbestände in Vieheinheiten sowie für die Gruppen der mehr flächenabhängigen oder weniger flächenabhängigen Zweige des Tierbestands sind die in den Anlagen 19 und 20[1] aufgeführten Werte maßgebend. ② Das Bundesministerium der Finanzen wird ermächtigt, durch Rechtsverordnung mit Zustimmung des Bundesrates die Anlagen 19 und 20 zu diesem Gesetz dadurch zu ändern, dass der darin aufgeführte Umrechnungsschlüssel und die Gruppen der Zweige eines Tierbestands an geänderte wirtschaftliche oder technische Entwicklungen angepasst werden können. 5

Anlage 19
(zu § 169)

Anl a zu § 169

Umrechnungsschlüssel für Tierbestände in Vieheinheiten nach dem Futterbedarf

Tierart	1 Tier	
Alpakas	0,08	VE
Damtiere		
Damtiere unter 1 Jahr	0,04	VE
Damtiere 1 Jahr und älter	0,08	VE

6

[1] Nachfolgend abgedruckt als Anlagen a und b zu § 169 BewG.

Anl a zu § 169
noch **6**

Tierart	1 Tier	
Geflügel		
Legehennen (einschließlich einer normalen Aufzucht zur Ergänzung des Bestandes)	0,02	VE
Legehennen aus zugekauften Junghennen	0,0183	VE
Zuchtputen, -enten, -gänse	0,04	VE
Kaninchen		
Zucht- und Angorakaninchen	0,025	VE
Lamas	0,1	VE
Pferde		
Pferde unter 3 Jahren und Kleinpferde	0,7	VE
Pferde 3 Jahre und älter	1,1	VE
Rindvieh		
Kälber und Jungvieh unter 1 Jahr (einschließlich Mastkälber, Starterkälber und Fresser)	0,3	VE
Jungvieh 1 bis 2 Jahre alt	0,7	VE
Färsen (älter als 2 Jahre)	1	VE
Masttiere (Mastdauer weniger als 1 Jahr)	1	VE
Kühe (einschließlich Mutter- und Ammenkühe mit den dazugehörigen Saugkälbern)	1	VE
Zuchtbullen, Zugochsen	1,2	VE
Schafe		
Schafe unter 1 Jahr einschließlich Mastlämmer	0,05	VE
Schafe 1 Jahr und älter	0,1	VE
Schweine		
Zuchtschweine (einschließlich Jungzuchtschweine über etwa 90 kg)	0,33	VE
Strauße		
Zuchttiere 14 Monate und älter	0,32	VE
Jungtiere/Masttiere unter 14 Monate	0,25	VE
Ziegen	0,08	VE
Geflügel		
Jungmasthühner		
(bis zu 6 Durchgänge je Jahr – schwere Tiere)	0,0017	VE
(mehr als 6 Durchgänge je Jahr – leichte Tiere)	0,0013	VE
Junghennen	0,0017	VE
Mastenten	0,0033	VE
Mastenten in der Aufzuchtphase	0,0011	VE
Mastenten in der Mastphase	0,0022	VE
Mastputen aus selbst erzeugten Jungputen	0,0067	VE
Mastputen aus zugekauften Jungputen	0,005	VE
Jungputen (bis etwa 8 Wochen)	0,0017	VE
Mastgänse	0,0067	VE
Kaninchen		
Mastkaninchen	0,0025	VE
Rindvieh		
Masttiere (Mastdauer 1 Jahr und mehr)	1	VE
Schweine		
Leichte Ferkel (bis etwa 12 kg)	0,01	VE
Ferkel (über etwa 12 bis etwa 20 kg)	0,02	VE
Schwere Ferkel und leichte Läufer (über etwa 20 bis etwa 30 kg)	0,04	VE
Läufer (über etwa 30 bis etwa 45 kg)	0,06	VE
Schwere Läufer (über etwa 45 bis etwa 60 kg)	0,08	VE
Mastschweine	0,16	VE
Jungzuchtschweine bis etwa 90 kg	0,12	VE

Anlage 20
(zu § 169 Abs. 5)

Anl b zu § 169

Gruppen der Zweige des Tierbestands nach der Flächenabhängigkeit

1. Mehr flächenabhängige Zweige des Tierbestands 7
   Pferdehaltung,
   Pferdezucht,
   Schafzucht,
   Schafhaltung,
   Rindviehzucht,
   Milchviehhaltung,
   Rindviehmast.
2. Weniger flächenabhängige Zweige des Tierbestands
   Schweinezucht,
   Schweinemast,
   Hühnerzucht,
   Entenzucht,
   Gänsezucht,
   Putenzucht,
   Legehennenhaltung,
   Junghühnermast,
   Entenmast,
   Gänsemast,
   Putenmast.

§ 170 Umlaufende Betriebsmittel

BewG

Bei landwirtschaftlichen Betrieben zählen die umlaufenden Betriebsmittel nur soweit zum normalen Bestand, als der Durchschnitt der letzten fünf Jahre nicht überschritten wird. 1

b) Forstwirtschaftliche Nutzung

§ 171 Umlaufende Betriebsmittel

1 ① Eingeschlagenes Holz gehört zum normalen Bestand an umlaufenden Betriebsmitteln, soweit es den jährlichen Nutzungssatz nicht übersteigt. ② Bei Betrieben, die nicht jährlich einschlagen (aussetzende Betriebe), tritt an die Stelle des jährlichen Nutzungssatzes ein den Betriebsverhältnissen entsprechender mehrjähriger Nutzungssatz.

§ 172 Abweichender Bewertungsstichtag

1 Bei der forstwirtschaftlichen Nutzung sind abweichend von § 161 Abs. 1 für den Umfang und den Zustand des Bestands an nicht eingeschlagenem Holz die Verhältnisse am Ende des Wirtschaftsjahres zu Grunde zu legen, das dem Bewertungsstichtag vorangegangen ist.

c) Weinbauliche Nutzung

§ 173 Umlaufende Betriebsmittel

1 (1) Bei ausbauenden Betrieben zählen die Vorräte an Weinen aus den Ernten der letzten fünf Jahre vor dem Bewertungsstichtag zum normalen Bestand an umlaufenden Betriebsmitteln.

2 (2) Abschläge für Unterbestand an Weinvorräten sind nicht zu machen.

d) Gärtnerische Nutzung

§ 174 Abweichende Bewertungsverhältnisse

1 (1) ① Die durch Anbau von Baumschulgewächsen genutzte Betriebsfläche wird nach § 161 Abs. 1 bestimmt. ② Dabei sind die zum 15. September feststellbaren Bewirtschaftungsverhältnisse zu Grunde zu legen, die dem Bewertungsstichtag vorangegangen sind.

2 (2) ① Die durch Anbau von Gemüse, Blumen und Zierpflanzen genutzte Betriebsfläche wird nach § 161 Abs. 1 bestimmt. ② Dabei sind die zum 30. Juni feststellbaren Bewirtschaftungsverhältnisse zu Grunde zu legen, die dem Bewertungsstichtag vorangegangen sind.

3 (3) Sind die Bewirtschaftungsverhältnisse nicht feststellbar, richtet sich die Einordnung der Flächen nach der vorgesehenen Nutzung.

e) Übrige land- und forstwirtschaftliche Nutzungen

§ 175 Übrige land- und forstwirtschaftliche Nutzungen

1 (1) Zu den übrigen land- und forstwirtschaftlichen Nutzungen gehören
1. die Sondernutzungen Hopfen, Spargel, Tabak und andere Sonderkulturen,
2. die sonstigen land- und forstwirtschaftlichen Nutzungen.

2 (2) Zu den sonstigen land- und forstwirtschaftlichen Nutzungen gehören insbesondere
1. die Binnenfischerei,
2. die Teichwirtschaft,
3. die Fischzucht für Binnenfischerei und Teichwirtschaft,
4. die Imkerei,
5. die Wanderschäferei,
6. die Saatzucht,
7. der Pilzanbau,
8. die Produktion von Nützlingen,
9. die Weihnachtsbaumkulturen.

BewG

C. Grundvermögen

I. Allgemeines

§ 176 Grundvermögen[1]

(1) **Zum Grundvermögen gehören** 1

1. der Grund und Boden, die Gebäude,[2] die sonstigen Bestandteile und das Zubehör,

2. das Erbbaurecht,

3. das Wohnungseigentum, Teileigentum, Wohnungserbbaurecht und Teilerbbaurecht nach dem Wohnungseigentumsgesetz,

soweit es sich nicht um land- und forstwirtschaftliches Vermögen (§§ 158 und 159) oder um Betriebsgrundstücke (§ 99) handelt.

(2) **In das Grundvermögen sind nicht einzubeziehen** 2

1. Bodenschätze,

2. die Maschinen und sonstigen Vorrichtungen aller Art, die zu einer Betriebsanlage gehören (Betriebsvorrichtungen), auch wenn sie wesentliche Bestandteile sind. ② Einzubeziehen sind jedoch die Verstärkungen von Decken und die nicht ausschließlich zu einer Betriebsanlage gehörenden Stützen und sonstigen Bauteile wie Mauervorlagen und Verstrebungen.

Zu § 176 BewG

ErbStR R B 176.1

R B 176.1 Begriff des Grundvermögens

(1) ① § 176 BewG bestimmt den Begriff des Grundvermögens. ② Dazu gehören der Grund und Boden, die Gebäude, die sonstigen Bestandteile und das Zubehör (→ Abschnitt 1 BewRGr).[3] ③ Zum Grundvermögen gehören ebenso das Erbbaurecht (→ R B 192.1) sowie das Wohnungs- und Teileigentum, Wohnungserbbaurecht und Teilerbbaurecht nach dem Wohnungseigentumsgesetz (→ R B 181.2). 3

(2) ① Das Grundvermögen ist vom land- und forstwirtschaftlichen Vermögen abzugrenzen. ② Zum land- und forstwirtschaftlichen Vermögen gehört, was einem Betrieb der Land- und Forstwirtschaft dauernd zu dienen bestimmt ist. ③ Nur wenn die in §§ 158 und 159 BewG genannten Voraussetzungen für die Zurechnung zum land- und forstwirtschaftlichen Vermögen nicht vorliegen, können die Wirtschaftsgüter, insbesondere Grund und Boden sowie Gebäude, zum Grundvermögen gehören. 4

(3) ① Die Abgrenzung zwischen Grundvermögen und dem zum Betriebsvermögen gehörenden Grundbesitz (Betriebsgrundstücke) ergibt sich aus § 176 Absatz 1 in Verbindung mit §§ 95 und 99 BewG. ② Nach § 95 Absatz 1 BewG umfasst das Betriebsvermögen alle Teile eines Gewerbebetriebs im Sinne des § 15 Absatz 1 und 2 EStG, die bei der steuerlichen Gewinnermittlung zum Betriebsvermögen gehören. ③ Grundbesitz der in § 97 Absatz 1 BewG bezeichneten inländischen Körperschaften, Personenvereinigungen und Vermögensmassen gehört grundsätzlich kraft Rechtsform zum Betriebsvermögen. ④ Ein zum Gesamthandsvermögen einer Personengesellschaft im Sinne von § 97 Absatz 1 Satz 1 Nummer 5 BewG gehörendes Grundstück kann nach § 99 BewG nicht Betriebsvermögen sein, wenn es ausschließlich oder fast ausschließlich der privaten Lebensführung eines, mehrerer oder aller Gesellschafter dient. 5

(4) Nicht in das Grundvermögen einzubeziehen sind nach § 176 Absatz 2 BewG Bodenschätze sowie Maschinen und sonstige Vorrichtungen aller Art einer Betriebsanlage (Betriebsvorrichtungen), auch wenn sie wesentliche Bestandteile eines Gebäudes oder, ohne Bestandteil eines Gebäudes zu sein, Bestandteile des Grundstücks sind. 6

H B 176.1

H B 176.1

Abgrenzung des Grundvermögens von den Betriebsvorrichtungen. → Gleich lautende Ländererlasse vom 5. 6. 2013 (BStBl. I S. 734).[4] 7

Aufteilung des Grundbesitzwerts bei nicht ausschließlich betrieblicher Nutzung. Gehört nur ein Teil des Grundstücks zum Betriebsvermögen, ist der Grundbesitzwert für das ge-

---

[1] Zur Zurechnung und Bewertung von Agri-Fotovoltaik-Anlagen siehe *gleich lautenden Erlass vom 15. 7. 2022,* abgedruckt als Anlage a § 158 BewG.

[2] *BFH-Urteil vom 26. 10. 2011 II R 27/10 (BStBl. 2012 II S. 274):* Eine auf dem Wasser schwimmende Anlage ist mangels fester Verbindung mit dem Grund und Boden und wegen fehlender Standfestigkeit bewertungsrechtlich kein Gebäude.

BFH-Urteil vom 22. 7. 2020 II R 37/17 (BStBl. 2021 II S. 662): Container, die nicht auf einem eigenen Fundament ruhen, sind bewertungsrechtlich kein Gebäude, wenn sie lediglich für eine vorübergehende Nutzung aufgestellt sind und nach Wegfall des nur zeitweise bestehenden Raumbedarfs wieder entfernt werden sollen.

[3] Abgedruckt nachstehend als Anlage.

[4] Abgedruckt als Anhang I Nr. 1; siehe auch das „Abgrenzungs-ABC", abgedruckt als Anhang I Nr. 2.

samte Grundstück nach § 151 Absatz 1 Satz 1 Nummer 1 BewG festzustellen. Dieser ist nach ertragsteuerrechtlichen Grundsätzen vom Betriebsfinanzamt (§ 152 Nummer 2 BewG) aufzuteilen (→ R B 151.2 Absatz 1).

Anl zu § 176

A 1 BewRGr Begriff des Grundvermögens (§ 68 BewG)

7 (1) ① § 68 BewG bestimmt den Begriff des Grundvermögens. ② Nach Absatz 1 Nr. 1 gehören dazu der Grund und Boden, die Gebäude, die sonstigen Bestandteile und das Zubehör. ③ Zum Grundvermögen gehören ebenso das Erbbaurecht (vgl. Abschnitt 48) sowie das Wohnungseigentum und verwandte Rechte nach dem Wohnungseigentumsgesetz (vgl. Abschnitt 49). ④ Die Begriffe „Bestandteile" und „Zubehör" sind dem bürgerlichen Recht entnommen und daher nach bürgerlichem Recht auszulegen.

8 (2) ① Ein Bauwerk ist als Gebäude anzusehen,wenn es Menschen oder Sachen durch räumliche Umschließung Schutz gegen äußere Einflüsse gewährt, den Aufenthalt von Menschen gestattet, fest mit dem Grund und Boden verbunden, von einiger Beständigkeit und ausreichend standfest ist (BFH-Urteil vom 24. 5. 1963, BStBl. III S. 376). ② Zu den wesentlichen Bestandteilen des Gebäudes gehören die zu seiner Herstellung eingefügten Sachen (§ 94 Abs. 2 BGB). ③ Das „Einfügen zur Herstellung" bedeutet, daß eine Sache zwischen Teile eines Gebäudes gebracht und durch Einpassen an eine für sie bestimmte Stelle mit den sie umschließenden Stücken vereinigt und damit ihrer Zweckbestimmung zugeführt wird (BFH-Urteil vom 4. 5. 1962, BStBl. III S. 333). ④ Das sind z. B. Türen, Treppen, Fenster, eingebaute Möbel[1] und Öfen, Badeeinrichtungen, Zentralheizungs-, Warmwasser- und Brennstoffversorgungsanlagen und Aufzüge, auch wenn sie nachträglich eingebaut worden sind. ⑤ In das Gebäude eingefügte Sachen, die Betriebsvorrichtungen sind, sind nach bürgerlichem Recht ebenfalls wesentliche Bestandteile des Gebäudes.[2] ⑥ Bei der Einheitsbewertung des Grundvermögens sind sie aber auszuscheiden (vgl. Absatz 6). ⑦ Sachen, die nur zu einem vorübergehenden Zweck in das Gebäude eingefügt sind, gehören nach § 95 BGB nicht zu den Bestandteilen des Gebäudes (BFH-Urteil vom 22. 10. 1965, BStBl. 1966 III S. 5).

9 (3) ① Außer den Gebäuden gehören zum Grundvermögen auch andere Bestandteile wie z. B. die Außenanlagen. ② Dazu gehören insbesondere Platz- und Wegebefestigungen, Terrassen, Gartenanlagen, Umzäunungen sowie Leitungen und sonstige Anlagen außerhalb der Gebäude, welche der Versorgung und der Kanalisation dienen. ③ Auch subjektiv dingliche Rechte – d. s. Rechte, die mit dem Eigentum an einem Grundstück verbunden sind und seinem jeweiligen Eigentümer zustehen – gehören als rechtliche Bestandteile (§ 96 BGB) zum Grundvermögen. ④ Das sind in der Regel die Überbaurechte (§ 912 BGB) und die Grunddienstbarkeiten (§ 1018 BGB), z. B. Wegerechte, Fensterrechte.

10 (4) ① Zubehör sind nach § 97 BGB bewegliche Sachen, die, ohne Bestandteile der Hauptsache zu sein, dem wirtschaftlichen Zweck der Hauptsache zu dienen bestimmt sind und zu ihr in einem Verhältnis wirtschaftlicher Unterordnung stehen. ② Zubehör sind danach z. B. die dem Grundstückseigentümer gehörenden Treppenläufer, Beleuchtungskörper, Mülltonnen. ③ Auch vom Grundstückseigentümer mitvermietete oder den Mietern zur Verfügung gestellte Waschmaschinen, Kühlschränke, Herde, Öfen u. ä. sind Zubehör. ④ Zu beachten ist jedoch, daß eine Sache nicht Zubehör ist,wenn sie imVerkehr nicht als Zubehör angesehen wird.

11 *(5)[3] ①Nicht in das Grundvermögen einzubeziehen sind nach § 68 Abs. 2 Nr. 1 BewG die Mineralgewinnungsrechte, auch wenn sie als subjektiv dingliche Rechte Bestandteile des Grundstücks sind (vgl. hierzu § 100 BewG und Abschnitt 23 VStR 1963). ②Damit scheiden für eine Bewertung als Grundvermögen auch die Vorkommen an Mineralien aus, die Gegenstand des Mineralgewinnungsrechts sind. ③Das gleiche gilt für das Vorkommen von Mineralien, die der Eigentümer des Grundstücks auf Grund seines Eigentums abbauen kann. ④Dieser Teil des Eigentumsrechts ist kraft ausdrücklicher Bestimmung des § 100 Abs. 2 BewG wie ein Mineralgewinnungsrecht selbständig zu bewerten.*

12 (6)[4] ① Nicht in das Grundvermögen einzubeziehen sind nach § 68 Abs. 2 Nr. 2 BewG Maschinen und sonstige Vorrichtungen aller Art, die zu einer Betriebsanlage gehören (Betriebsvorrichtungen), auch wenn sie wesentliche Bestandteile eines Gebäudes oder, ohne Bestandteil eines Gebäudes zu sein, Bestandteile des Grundstücks sind. ② Solche Vorrichtungen sind aber nur dann Betriebsvorrichtungen, wenn mit ihnen unmittelbar ein Gewerbe betrieben wird (BFH-Urteil vom 14. 8. 1958, BStBl. III S. 400). ③ Zu beachten ist jedoch § 68 Abs. 2 letzter Satz BewG. ④ Danach rechnen Verstärkungen von Decken, die durch eine Betriebsvorrichtung bedingt sind, sowie Stützen und andere Bauteile, z. B. Mauervorlagen und Verstrebungen, die sowohl einer Betriebsvorrichtung wie dem Gebäude dienen, immer zum Gebäude. ⑤ Es ist ohne Bedeutung, in welchem Umfang ein solcher Bauteil der Betriebsvorrichtung oder dem Gebäude dient.

ErbStR R B 176.2

R B 176.2 Grundstück

8 (1) ① Die wirtschaftliche Einheit des Grundvermögens ist das Grundstück. ② Der Begriff „Grundstück" ist dabei nicht gleichbedeutend mit dem Begriff des Grundstücks im Sinne des Bürgerlichen Rechts. ③ Maßgebend ist nach § 2 BewG allein, was als wirtschaftliche Einheit nach

[1] Eingepasste Einbauküchen, Einbauschränke und dergl. sind in den Einheitswert des Grundstücks einzubeziehen. Erlaß Schleswig-Holstein S 3190 – 56VI 330 a vom 9. 3. 1976;Verfügung OFD Kiel S 3190 A – St 211 vom 18. 3. 1976.

[2] Zur Abgrenzung des Grundvermögens von den Betriebsvorrichtungen siehe das ABC der Abgrenzung zwischen Betriebsvorrichtungen und Betriebsgrundstücken, abgedruckt im Anhang **I** Nr. **2**.

[3] Abschnitt 1 Abs. 5 BewR Gr ist überholt.

[4] Vgl. hierzu Erlass zur Abgrenzung des Grundvermögens von den Betriebsvorrichtungen sowie das ABC der Abgrenzung zwischen Betriebsvorrichtungen und Betriebsgrundstücken, abgedruckt im Anhang **I** Nr. **1** bzw. Nr. **2**.

den Anschauungen des Verkehrs anzusehen ist. ④ Nach § 2 Absatz 2 BewG kann zu einer wirtschaftlichen Einheit nur Grundbesitz zusammengefasst werden, der demselben Eigentümer gehört. ⑤ Flächen, die im Eigentum eines Eigentümers stehen, und Flächen, die ihm und anderen Personen gemeinsam – gesamthänderisch oder nach Bruchteilen – gehören, können daher keine wirtschaftliche Einheit bilden.

(2) ① Grenzt eine unbebaute Fläche an eine Grundstücksfläche, die z. B. mit einem Einfamilienhaus bebaut ist, können beide Flächen auch bei so genannter offener Bauweise selbstständige wirtschaftliche Einheiten bilden. ② Wird von einem größeren Grundstück eine Teilfläche verpachtet und errichtet der Pächter auf dieser Fläche ein Gebäude, ist die Teilfläche als besondere wirtschaftliche Einheit zu bewerten. 9

(3) Der Anteil des Eigentümers an gemeinschaftlichen Hofflächen oder Garagen ist nach § 157 Absatz 3 Satz 2 BewG in das Grundstück einzubeziehen, wenn der Anteil zusammen mit diesem genutzt wird. 10

H B 176.2

H B 176.2

Verpachtete Teilfläche. → BFH vom 6. 10. 1978 III R 23/75, BStBl. 1979 II S. 37.

Wirtschaftliche Einheit bei offener Bauweise. → BFH vom 16. 2. 1979 III R 67/76, BStBl. II S. 279. 11

§ 177[1] Bewertung

BewG

(1) **Den Bewertungen nach den §§ 179 und 182 bis 196 ist der gemeine Wert (§ 9) zu Grunde zu legen.** 1

(2)[1] **① Bei den Bewertungen nach den §§ 182 bis 196 sind die von den Gutachterausschüssen im Sinne der §§ 192 ff. des Baugesetzbuchs ermittelten sonstigen für die Wertermittlung erforderlichen Daten im Sinne des § 193 Absatz 5 Satz 2 des Baugesetzbuchs anzuwenden, wenn diese Daten im Sinne des Absatzes 3 als geeignet anzusehen sind. ② Hat der Gutachterausschuss diese Daten auf einen Stichtag bezogen, ist der letzte Stichtag vor dem Bewertungsstichtag maßgeblich, sofern dieser nicht mehr als drei Jahre vor dem Bewertungsstichtag liegt. ③ Liegt der Bezugstichtag mehr als drei Jahre zurück oder ist kein Bezugsstichtag bestimmt, sind die sonstigen für die Wertermittlung erforderlichen Daten anzuwenden, die von den Gutachterausschüssen für den letzten Auswertungszeitraum abgeleitet werden, der vor dem Kalenderjahr endet, in dem der Bewertungsstichtag liegt. ④ Diese Daten sind für längstens drei Jahre ab dem Ende des Kalenderjahres maßgeblich, in dem der vom Gutachterausschuss zugrunde gelegte Auswertungszeitraum endet. ⑤ Soweit sich die maßgeblichen Wertverhältnisse nicht wesentlich geändert haben, können die Daten auch über einen längeren Zeitraum als drei Jahre hinaus angewendet werden.** 2

(3)[1] **Die sonstigen für die Wertermittlung erforderlichen Daten nach Absatz 2 sind als geeignet anzusehen, wenn deren Ableitung weitgehend in demselben Modell erfolgt ist wie die Bewertung.** 3

(4)[1] **① Soweit in den §§ 179 und 182 bis 196 nichts anderes bestimmt ist, werden Besonderheiten, insbesondere die den Wert beeinflussenden Belastungen privatrechtlicher und öffentlich-rechtlicher Art, nicht berücksichtigt. ② § 198 bleibt hiervon unberührt.** 4

Zu § 177 BewG

R B 177.[2] Bewertungsmaßstab

ErbStR R B 177

① Bei der Bewertung des Grundvermögens ist der gemeine Wert nach § 9 BewG zu Grunde zu legen. ② Dieser entspricht inhaltlich dem Verkehrswert (Marktwert) nach § 194 BauGB. 5

H B 177

H B 177

Abrundung/Aufrundung. Ergeben sich bei der Ermittlung des Grundbesitzwerts Euro-Beträge mit Nachkommastellen, sind diese grundsätzlich jeweils in der für den Steuerpflichtigen günstigsten Weise auf volle Euro-Beträge auf- bzw. abzurunden. Hinsichtlich der Ermittlung und des Ansatzes des Bodenwerts → R B 179.3.

Gemeiner Wert = Verkehrswert. → BFH vom 2. 2. 1990 III R 173/86, BStBl. II S. 497.

---

[1] § 177 Abs. 2, 3 und 4 anzuwenden auf Bewertungsstichtage nach dem 31. 12. 2022 (§ 265 Abs. 14 BewG).
[2] **Ab 1. 1. 2023** siehe Rz. 2–7 *gleich lautender Ländererlass vom 20. 3. 2023* (Anhang **III**).

BewG

II. Unbebaute Grundstücke

§ 178 Begriff der unbebauten Grundstücke

1 **(1) ①Unbebaute Grundstücke sind Grundstücke, auf denen sich keine benutzbaren Gebäude befinden. ②Die Benutzbarkeit beginnt im Zeitpunkt der Bezugsfertigkeit. ③Gebäude sind als bezugsfertig anzusehen, wenn den zukünftigen Bewohnern oder sonstigen Benutzern zugemutet werden kann, sie zu benutzen; die Abnahme durch die Bauaufsichtsbehörde ist nicht entscheidend.**

2 **(2) ①Befinden sich auf dem Grundstück Gebäude, die auf Dauer keiner Nutzung zugeführt werden können, gilt das Grundstück als unbebaut. ②Als unbebaut gilt auch ein Grundstück, auf dem infolge von Zerstörung oder Verfall der Gebäude auf Dauer kein benutzbarer Raum mehr vorhanden ist.**

Zu § 178 BewG

ErbStR R B 178

R B 178. Begriff des unbebauten Grundstücks

3 (1) Unbebaute Grundstücke sind Grundstücke, auf denen sich keine benutzbaren Gebäude befinden.

H B 178 (1)

H B 178 (1)

Gebäudebegriff. → Gleich lautende Ländererlasse vom 5. 6. 2013 (BStBl. I S. 734).[1]

R B 178 (2, 3)

R B 178 (2, 3)

4 (2) ①Die Benutzbarkeit beginnt im Zeitpunkt der Bezugsfertigkeit des Gebäudes. ②Es muss den zukünftigen Bewohnern oder sonstigen Benutzern nach objektiven Merkmalen zugemutet werden können, die Wohnungen oder Räume des gesamten Gebäudes zu benutzen. ③Am Bewertungsstichtag müssen alle wesentlichen Bauarbeiten abgeschlossen sein. ④Geringfügige Restarbeiten, die üblicherweise vor dem tatsächlichen Bezug durchgeführt werden (z. B. Malerarbeiten, Verlegen des Bodenbelags), schließen die Bezugsfertigkeit nicht aus. ⑤Auf die Abnahme durch die Bauaufsichtsbehörde kommt es nicht an. ⑥Ist das Gebäude am Bewertungsstichtag bezogen, begründet dies die widerlegbare Vermutung der Bezugsfertigkeit.

5 (3) ①Bei der Entscheidung, ob ein Gebäude bezugsfertig ist, ist auf das ganze Gebäude und nicht auf einzelne Wohnungen oder Räume abzustellen. ②Sind z. B. Wohnungen im Erdgeschoss vor dem Bewertungsstichtag, die übrigen Wohnungen jedoch erst danach bezugsfertig geworden, ist das Gebäude als nicht bezugsfertig anzusehen. ③Die Bewertung eines Grundstücks im Zustand der Bebauung erfolgt nach § 196 BewG. ④Dies ist z. B. der Fall, wenn bei einem Bürogebäude mehrere Geschosse bereits bezugsfertig sind und bei anderen noch der vollständige Innenausbau fehlt. ⑤Wird ein Gebäude dagegen nur zum Teil fertig gestellt und der Innenausbau nach den Wünschen der künftigen Nutzer zurückgestellt, ist das Gebäude insgesamt als bezugsfertig anzusehen. ⑥Bei abschnittsweise errichtetem Gebäude ist die Entscheidung, ob ein bezugsfertiges Gebäude anzunehmen ist, nach der Verkehrsanschauung zu treffen. ⑦Eine Errichtung in Bauabschnitten ist gegeben, wenn ein Gebäude nicht in einem Zuge in planmäßig vorgesehenem Umfang bzw. im Rahmen der behördlichen Genehmigung bezugsfertig erstellt wird (z. B. wird anstelle des geplanten Mietwohngrundstücks zunächst nur eine Wohnung im Erdgeschoss fertig gestellt). ⑧Die Verzögerung/Unterbrechung darf jedoch nicht auf bautechnischen Gründen beruhen (z. B. Überwindung einer Frostperiode) und muss von gewisser Dauer – mindestens zwei Jahre – sein.

H B 178 (3)

H B 178 (3)

6 **Errichtung in Bauabschnitten (Unterbrechung).** → BFH vom 29. 4. 1987 II R 262/83, BStBl. II S. 594.

Bezugsfertigkeit eines zur Vermietung vorgesehenen Bürogebäudes. Ein neu errichtetes Bürogebäude, das nach seiner Funktion zur Vermietung einzelner, entsprechend den individuellen Bedürfnissen der Mieter gestalteter Räume dienen soll, ist bezugsfertig, wenn die für das Gebäude wesentlichen Bestandteile (z. B. Außenwände, Fenster, tragende Innenwände, Estrichböden, Dach, Treppenhaus) fertiggestellt sind und zumindest ein Teil nutzbar ist.

R B 178 (4)

R B 178 (4)

7 (4) ①Ein Gebäude ist nicht mehr benutzbar, wenn infolge des Verfalls des Gebäudes oder der Zerstörung keine auf Dauer benutzbaren Räume vorhanden sind (§ 178 Absatz 2 Satz 2 BewG). ②Ein Gebäude ist dem Verfall preisgegeben, wenn der Verfall so weit fortgeschritten ist, dass das Gebäude nach objektiven Verhältnissen auf Dauer nicht mehr benutzt werden kann. ③Die Ver-

[1] Abgedruckt als Anhang I Nr. 1.

fallsmerkmale müssen an der Bausubstanz erkennbar sein und das gesamte Gebäude betreffen. ④ Von einem Verfall ist auszugehen, wenn erhebliche Schäden an konstruktiven Teilen des Gebäudes eingetreten sind und ein Zustand gegeben ist, der aus bauordnungsrechtlicher Sicht die sofortige Räumung nach sich ziehen würde. ⑤ Das ist stets der Fall, wenn eine Anordnung der Bauaufsichtsbehörde zur sofortigen Räumung des Grundstücks vorliegt; dabei ist gesondert zu prüfen, ob der Zustand von Dauer ist. ⑥ Hingegen wirken sich behebbare Baumängel und Bauschäden sowie aufgestauter Reparaturbedarf infolge von unterlassenen Instandsetzungs- und Reparaturarbeiten regelmäßig nur vorübergehend auf Art und Umfang der Gebäudenutzung aus und betreffen nicht unmittelbar die Konstruktion des Gebäudes. ⑦ Sie führen deshalb nicht dazu, ein Gebäude als dem Verfall preisgegeben anzusehen. ⑧ Befinden sich auf dem Grundstück Gebäude, die auf Grund von Umbauarbeiten vorübergehend nicht benutzbar sind, gilt das Grundstück als bebautes Grundstück. ⑨ Sofern bereits vorhandene Gebäude am Bewertungsstichtag wegen baulicher Mängel oder fehlender Ausstattungsmerkmale (z. B. Heizung, Wohnungstüren) vorübergehend nicht benutzbar sind, liegt kein unbebautes Grundstück vor. ⑩ Nicht zu erfassen sind jedoch Gebäude, die infolge Entkernung keine bestimmungsgemäß benutzbaren Räume mehr enthalten, auch wenn dies nur vorübergehend der Fall ist. ⑪ Ein Gebäude ist zerstört, wenn keine auf Dauer benutzbaren Räume vorhanden sind.

H B 178 (4)

H B 178 (4)

Anordnung der Bauaufsichtsbehörde. → BFH vom 20. 6. 1975 III R 87/74, BStBl. II S. 803.

Entkernung. → BFH vom 24. 10. 1990 II R 9/88, BStBl. 1991 II S. 60.

BewG

§ 179 Bewertung der unbebauten Grundstücke

1 **① Der Wert unbebauter Grundstücke bestimmt sich regelmäßig nach ihrer Fläche und den Bodenrichtwerten (§ 196 des Baugesetzbuchs). ② Die Bodenrichtwerte sind von den Gutachterausschüssen nach dem Baugesetzbuch zu ermitteln und den Finanzämtern mitzuteilen. ③ Bei der Wertermittlung ist stets der Bodenrichtwert anzusetzen, der vom Gutachterausschuss zuletzt vor dem Bewertungsstichtag zu ermitteln war.[1] ④ Wird von den Gutachterausschüssen kein Bodenrichtwert ermittelt, ist der Bodenwert aus den Werten vergleichbarer Flächen abzuleiten.**

Übersicht

		Rz.
R B 179.1	Bewertung von unbebauten Grundstücken; H B 179.1	2–4
R B 179.2	Ansatz der Bodenrichtwerte; H B 179.2	5–16
Anlage:		
	Erlass betr. Bewertung von Grundstücken mit Windkraftanlagen oder Freiflächen-Fotovoltaikanlagen; Bestimmung des Bodenwerts gem. § 179 BewG	16a–16c
R B 179.3	Ansatz des Bodenwerts; H B 179.3	17–19
Anlage:		
	§ 20 BauNVO Vollgeschosse, Geschoßflächenzahl, Geschoßfläche	20–23

Zu § 179 BewG

ErbStR R B 179.1

R B 179.1 Bewertung von unbebauten Grundstücken

(1) ① Der Wert unbebauter Grundstücke umfasst den Wert des Grund und Bodens, mit dem die Außenanlagen abgegolten sind. ② Bei der Bestimmung des Werts eines unbebauten Grund-
2 stücks ist vom Bodenrichtwert auszugehen (§ 179 Satz 1 BewG). ③ Bei den Bodenrichtwerten handelt es sich um durchschnittliche Lagewerte, die von den Gutachterausschüssen nach § 196 BauGB auf Grund der Kaufpreissammlung flächendeckend unter Berücksichtigung des unterschiedlichen Entwicklungszustandes ermittelt und den Finanzämtern mitgeteilt werden.

3 (2) Als Entwicklungszustände kommen in Betracht (→ § 5 Immobilienwertermittlungsverordnung – ImmoWertV):[2]

1. Flächen der Land- oder Forstwirtschaft,
2. Bauerwartungsland,
3. Rohbauland und
4. baureifes Land.

4 (3) ① Bauerwartungsland sind Flächen, die nach ihren weiteren Grundstücksmerkmalen (→ § 6 ImmoWertV),[3] insbesondere dem Stand der Bauleitplanung und der sonstigen städtebaulichen Entwicklung des Gebiets, eine bauliche Nutzung auf Grund konkreter Tatsachen mit hinreichender Sicherheit erwarten lassen. ② Ist damit zu rechnen, dass die Flächen in absehbarer Zeit (→ Abschnitt 2 Absatz 7 BewRGr)[4] anderen als land- und forstwirtschaftlichen Zwecken dienen werden und daher gemäß § 159 BewG als Grundvermögen anzusehen sind, werden diese Flächen regelmäßig als Bauerwartungsland angesetzt. ③ Rohbauland sind Flächen, die nach den §§ 30, 33 und 34 BauGB für eine bauliche Nutzung bestimmt sind, deren Erschließung aber noch nicht gesichert ist oder die nach Lage, Form oder Größe für eine bauliche Nutzung unzureichend gestaltet sind. ④ Im Regelfall handelt es sich hierbei um größere, unerschlossene Grundstücksflächen, die die Eigenschaft als land- und forstwirtschaftliches Vermögen verloren haben, selbst wenn sie noch land- und forstwirtschaftlich genutzt werden (§ 159 BewG). ⑤ Bruttorohbauland schließt im Gegensatz zum Nettorohbauland die für öffentliche Zwecke benötigten Flächen des Planungsgebiets ein. ⑥ Baureifes Land sind Flächen, die nach öffentlich-rechtlichen Vorschriften und den tatsächlichen Gegebenheiten baulich nutzbar sind (→ § 5 Absatz 4 ImmoWertV).[5]

H B 179.1

H B 179.1

ImmoWertV. → Verordnung über die Grundsätze für die Ermittlung der Verkehrswerte von Grundstücken (Immobilienwertermittlungsverordnung – ImmoWertV) vom 19. 5. 2010 (BGBl. I S. 639).[6]

[1] § 179 Satz 3 anzuwenden auf Bewertungsstichtage nach dem 22. 7. 2021 (§ 265 Abs. 12 BewG).
[2] Jetzt § 3 ImmoWertV 2022, abgedruckt im Anhang **I** Nr. **7**.
[3] Jetzt § 5 ImmoWertV 2022, abgedruckt im Anhang **I** Nr. **7**.
[4] **A 2 Abs. 7 BewR Gr:**
(7) Unter dem Begriff „absehbare Zeit" in § 69 Abs. 1 BewG ist in Übereinstimmung mit der bisherigen Rechtsprechung ein Zeitraum von 6 Jahren (normale Dauer des Hauptfeststellungszeitraums) zu verstehen, der jeweils vom Feststellungszeitpunkt an gerechnet wird.
[5] Jetzt § 3 Abs. 4 ImmoWertV 2022, abgedruckt im Anhang **I** Nr. **7**.
[6] Jetzt ImmoWertV 2022, abgedruckt im Anhang **I** Nr. **7**.

R B 179.2[1] **Ansatz der Bodenrichtwerte**

ErbStR R B 179.2

(1) ① Bei der Wertermittlung ist der Bodenrichtwert anzusetzen, dessen turnusmäßige Ermittlung dem Bewertungsstichtag vorausging. ② Es kommt somit nicht darauf an, wann der Gutachterausschuss den Bodenrichtwert tatsächlich ermittelt und dem Finanzamt mitgeteilt hat. ③ Vom Gutachterausschuss veröffentlichte Bodenpreisindexreihen, die aus Kauffällen des Grundstücksmarktes abgeleitet wurden, sind als Bestandteil der Bodenrichtwerte zu berücksichtigen. ④ Nach § 196 BauGB sind Bodenrichtwerte vom Gutachterausschuss flächendeckend zu ermitteln. ⑤ Dabei bildet der Gutachterausschuss Richtwertzonen, die jeweils Gebiete umfassen, die nach Art und Maß der Nutzung weitgehend übereinstimmen. ⑥ Die wertbeeinflussenden Grundstücksmerkmale des Bodenrichtwertgrundstücks sind vom Gutachterausschuss darzustellen. ⑦ Wertbeeinflussende Grundstücksmerkmale sind insbesondere die Art und das Maß der baulichen Nutzung, das sich in der Geschossflächenzahl und in der Anzahl der möglichen Geschosse ausdrücken kann, die Grundstückstiefe und die Grundstücksgröße sowie die Unterteilung in erschließungsbeitragspflichtiges oder erschließungsbeitragsfreies Bauland. ⑧ Für Grundstücke, die mit den wertbeeinflussenden Grundstücksmerkmalen des Bodenrichtwertgrundstücks in der jeweiligen Bodenrichtwertzone übereinstimmen, ist der Bodenrichtwert anzusetzen. ⑨ Der Wert von Grundstücken, die von den wertbeeinflussenden Grundstücksmerkmalen des Bodenrichtwertgrundstücks abweichen, ist grundsätzlich nach den Vorgaben des Gutachterausschusses (→ Absätze 2 bis 6) aus dem Bodenrichtwert der jeweiligen Richtwertzone abzuleiten. 5

(2) ① Definiert der Gutachterausschuss den Bodenrichtwert in Abhängigkeit von einer Geschossflächenzahl, ist bei Grundstücken, deren planungsrechtlich zulässige Geschossflächenzahl von der des Bodenrichtwertgrundstücks abweicht, der Bodenwert nach folgender Formel abzuleiten: 6

$$\frac{\text{Umrechnungskoeffizient für die Geschossflächenzahl des zu bewertenden Grundstücks}}{\text{Umrechnungskoeffizient für die Geschossflächenzahl des Bodenrichtwertgrundstücks}} \times \text{Bodenrichtwert} = \text{Bodenwert/m}^2$$

② Die Umrechnungskoeffizienten sind den Bewertungsstellen der Finanzämter vom zuständigen Gutachterausschuss zusammen mit den Bodenrichtwerten mitzuteilen.

(3) Sofern die Gutachterausschüsse Umrechnungskoeffizienten in Abhängigkeit von der Grundstücksgröße vorgegeben haben, sind diese anzusetzen. 7

(4) ① Sind die Bodenrichtwerte in Abhängigkeit von der Grundstückstiefe ermittelt worden, ist die Grundstücksfläche aufzuteilen. ② Dabei ist die Grundstücksfläche nach ihrer Tiefe in Zonen zu gliedern, deren Abgrenzung sich nach den Vorgaben des Gutachterausschusses richtet. 8

(5) ① Für Frei- und Verkehrsflächen, die als solche ausgewiesen sind, ist vom Bodenrichtwert ein angemessener Abschlag zu machen, soweit er nicht bereits in die Ermittlung des Bodenrichtwerts eingeflossen ist. ② Die Höhe des Abschlags ist unter Berücksichtigung der Verhältnisse des Einzelfalls zu bemessen. 9

(6) ① Zu den wesentlichen wertbeeinflussenden Grundstücksmerkmalen des Bodenrichtwertgrundstücks gehört bei baureifem Land stets der erschließungsbeitragsrechtliche Zustand (→ § 10 Absatz 2 Satz 2 Nummer 2 ImmoWertV).[2] ② Bodenrichtwerte für baureifes Land werden in der Regel von den Gutachterausschüssen für erschließungsbeitragsfreie und kostenerstattungsbeitragsfreie Grundstücke ermittelt. ③ Hat der Gutachterausschuss einen Bodenrichtwert für erschließungsbeitragspflichtiges Bauland festgelegt, ist dieser Richtwert maßgebend, solange die Erschließungsbeitragspflicht besteht. ④ Die Beitragspflicht kann auch dann noch bestehen, wenn die Erschließungsmaßnahmen bereits abgeschlossen wurden. ⑤ Auf den tatsächlichen Erschließungszustand kommt es somit nicht an. ⑥ Bei unterschiedlichen erschließungsbeitragsrechtlichen Zuständen zwischen Bodenrichtwertgrundstück und zu bewertendem Grundstück kommt eine Anpassung (Zu- oder Abschlag) nach Maßgabe vom Gutachterausschuss dokumentierter Erschließungsbeiträge in Betracht. 10

(7) ① Wertkorrekturen des Bodenrichtwerts nach den Absätzen 2 bis 6 können nebeneinander in Betracht kommen. ② Sind die vom Gutachterausschuss mitgeteilten Umrechnungskoeffizienten für die Geschossflächenzahl, Grundstücksgröße oder Grundstückstiefe (→ Absatz 2 bis 4) aus erschließungsbeitragsfreien Grundstücken abgeleitet worden, sind die erschließungsbeitragspflichtigen Grundstücke vor Anwendung der Umrechnungskoeffizienten zunächst auf einen erschließungsbeitragsfreien Zustand umzurechnen. ③ Die Höhe der Erschließungsbeiträge, insbesondere für Kanalanlagen und Straßenausbau, sind nach den Vorgaben des Gutachterausschusses zu berücksichtigen. ④ Der Bodenwert ist zunächst aus den Absätzen 2 bis 4 abzuleiten. ⑤ Von dem abgeleiteten Bodenwert sind die Anpassungen nach den Absätzen 5 und 6 vorzunehmen. ⑥ Zwischenwerte sind auf volle Cent abzurunden. 11

(8) Weitere wertbeeinflussende Grundstücksmerkmale, wie z. B. Ecklage, Zuschnitt, Oberflächenbeschaffenheit und Beschaffenheit des Baugrundes, Lärm-, Staub- oder Geruchsbelästigungen, Altlasten sowie Außenanlagen bleiben außer Ansatz. 12

---

[1] Zur Bestimmung des Bodenwerts von Grundstücken mit Windkraftanlagen oder Freiflächen-Fotovoltaikanlagen siehe *gleich lautenden Ländererlass vom 6. 3. 2024,* abgedruckt als Anlage zu R B 179.2.

[2] Siehe jetzt § 16 Abs. 2 Satz 3 ImmoWertV 2022, abgedruckt im Anhang **I** Nr. **7**.

H B 179.2

H B 179.2

13 **Abweichende planungsrechtlich zulässige Geschossflächenzahl.** Definiert der Gutachterausschuss den Bodenrichtwert in Abhängigkeit von einer planungsrechtlich zulässigen Geschossflächenzahl (GFZ) und werden hierfür keine örtlichen Umrechnungskoeffizienten vorgegeben, gelten die Folgenden:

Geschossflächenzahl	Umrechnungskoeffizient	Geschossflächenzahl	Umrechnungskoeffizient
0,4	0,66	1,4	1,19
0,5	0,72	1,5	1,23
0,6	0,78	1,6	1,28
0,7	0,84	1,7	1,32
0,8	0,90	1,8	1,36
0,9	0,95	1,9	1,41
1,0	1,00	2,0	1,45
1,1	1,05	2,1	1,49
1,2	1,10	2,2	1,53
1,3	1,14	2,3	1,57
		2,4	1,61

Die in der Tabelle angegebenen Umrechnungskoeffizienten beziehen sich auf Wohnbauland im erschließungsbeitragsfreien Zustand.
Weichen die Geschossflächenzahlen des Bodenrichtwertgrundstücks oder des zu bewertenden Grundstücks von den in der Tabelle angegebenen Werten ab, sind die Umrechnungskoeffizienten nach folgender Formel zu berechnen (GFZ = Geschossflächenzahl):

$$\text{Umrechnungskoeffizient} = 0{,}6 \times \sqrt{\text{GFZ}} + 0{,}2 \times \text{GFZ} + 0{,}2$$

Beispiel 1:

Der zuletzt ermittelte Bodenrichtwert eines Grundstücks beträgt 150 EUR/m² bei einer Geschossflächenzahl von 0,8. Das zu bewertende Grundstück hat eine zulässige Geschossflächenzahl von 0,6. Der Bodenwert/m² beträgt:

$$\frac{0{,}78 \text{ (Umrechnungskoeffizient bei einer Geschossflächenzahl von 0,6)}}{0{,}90 \text{ (Umrechnungskoeffizient bei einer Geschossflächenzahl von 0,8)}} \times 150{,}00 \text{ EUR/m}^2 = 130{,}00 \text{ EUR/m}^2$$

Beispiel 2:

Der zuletzt ermittelte Bodenrichtwert eines Grundstücks beträgt 150,00 EUR/m² bei einer Geschossflächenzahl von 0,8. Das zu bewertende Grundstück hat eine zulässige Geschossflächenzahl von 1,2. Der Bodenwert/m² beträgt nach der oben angeführten Formel:

$$\frac{1{,}10 \text{ (Umrechnungskoeffizient bei einer Geschossflächenzahl von 1,2)}}{0{,}90 \text{ (Umrechnungskoeffizient bei einer Geschossflächenzahl von 0,8)}} \times 150{,}00 \text{ EUR/m}^2 = 183{,}33 \text{ EUR/m}^2$$

Beispiel 3:

Der zuletzt ermittelte Bodenrichtwert eines Grundstücks beträgt 215 EUR/m² (erschließungsbeitragspflichtig/noch zu leistende Erschließungsbeiträge: 40 EUR/m²; GFZ = 1,2). Das zu bewertende Grundstück ist 800 m² groß und erschließungsbeitragsfrei (GFZ 1,6).

Bodenrichtwert (erschließungsbeitragspflichtig)	215,00 EUR/m²
Erschließungsbeiträge	+ 40,00 EUR/m²
Bodenrichtwert (erschließungsbeitragsfrei)	255,00 EUR/m²

Anpassung wegen abweichender Geschossflächenzahl

Umrechnungsfaktor:

$$\frac{1{,}28 \text{ (Umrechnungskoeffizient bei einer Geschossflächenzahl von 1,6)}}{1{,}10 \text{ (Umrechnungskoeffizient bei einer Geschossflächenzahl von 1,2)}} \times 255{,}00 \text{ EUR/m}^2 = 296{,}72 \text{ EUR/m}^2$$

Wert des Grund und Bodens

800 m² × 296,72 EUR/m²	237 376,00 EUR

14 **Abweichende Grundstücksgröße.** Definiert der Gutachterausschuss den Bodenrichtwert in Abhängigkeit von der Grundstücksgröße, erfolgt innerhalb des typisierten Regelbewertungsverfahrens eine Umrechnung nach Maßgabe des Gutachterausschusses.
Stellt der Gutachterausschuss keine Umrechnungskoeffizienten zur Berücksichtigung abweichender Grundstücksgrößen beim Bodenwert von Ein- und Zweifamilienhausgrundstücken zur Verfügung, sind ersatzweise folgende Umrechnungskoeffizienten aus der Anlage 2 der Vergleichswertrichtlinie (VW-RL) vom 20. 3. 2014 (BAnz. AT 11. 4. 2014 B3) heranzuziehen:

	Grundstücksfläche in m²							
	500	600	700	800	900	1 000	1 100	1 200
Umrechnungskoeffizienten	1,03	1,02	1,00	0,99	0,98	0,97	0,96	0,96

Die Umrechnungskoeffizienten können nur innerhalb einer Bodenrichtwertspanne von 30 bis 300 EUR/m² verwendet werden. Für Grundstücksflächen zwischen den angegebenen Intervallen können die Umrechnungskoeffizienten durch lineare Interpolation ermittelt werden. Über den tabellarisch aufgeführten Gültigkeitsbereich hinaus ist eine Extrapolation der Umrechnungskoeffizienten nicht sachgerecht. HB 179.2
Hierzu folgendes Anwendungsbeispiel:

Gegeben	Bodenrichtwert: 150 EUR/m² bei einer Grundstücksgröße von 900 m² Grundstücksgröße des Bewertungsobjekts: 600 m²
Gesucht	an die Grundstücksgröße des Bewertungsobjekts angepasster Bodenwert
Lösung	UK für Grundstücksgröße 900 m² = 0,98 UK für Grundstücksgröße 600 m² = 1,02 150 EUR/m² × 1,02/0,98 = rd. 156 EUR/m²

Abweichende wertrelevante Geschossflächenzahl. Definiert der Gutachterausschuss den Bodenrichtwert in Abhängigkeit von einer wertrelevanten Geschossflächenzahl (WGFZ), erfolgt innerhalb des typisierten Regelbewertungsverfahrens eine Umrechnung nach Maßgabe des Gutachterausschusses. 15
Stellt der Gutachterausschuss keine Umrechnungskoeffizienten zur Berücksichtigung abweichender wertrelevanter Geschossflächenzahlen beim Bodenwert von Mehrfamilienhausgrundstücken (Mietwohngrundstücken) zur Verfügung, sind ersatzweise folgende Umrechnungskoeffizienten aus der Anlage 1 der Vergleichswertrichtlinie (VW-RL) vom 20. 3. 2014 (BAnz. AT 11. 4. 2014 B3) heranzuziehen:

Bodenrichtwert (EUR/m²)	wertrelevante Geschlossflächenzahl (WGFZ)													
	0,4	0,6	0,8	1,0	1,2	1,4	1,6	1,8	2,0	2,2	2,4	2,6	2,8	3,0
200	0,88	0,93	0,97	1,00	1,03	1,05	1,07	1,08	1,10	1,11				
250	0,79	0,88	0,94	1,00	1,05	1,09	1,13	1,17	1,20	1,23	1,26			
300	0,71	0,83	0,92	1,00	1,07	1,13	1,19	1,24	1,29	1,34	1,38	1,43		
350		0,80	0,91	1,00	1,08	1,16	1,23	1,30	1,36	1,42	1,47	1,52	1,58	
400		0,77	0,89	1,00	1,10	1,18	1,27	1,35	1,42	1,49	1,56	1,62	1,68	
450			0,88	1,00	1,11	1,21	1,31	1,40	1,48	1,57	1,64	1,72	1,79	1,86
500			0,87	1,00	1,12	1,24	1,34	1,45	1,55	1,64	1,73	1,82	1,90	1,98

Für Bodenrichtwerte zwischen den Bodenrichtwertintervallen können die Umrechnungskoeffizienten durch lineare Interpolation ermittelt werden. Über den tabellarisch aufgeführten Gültigkeitsbereich hinaus ist eine Extrapolation der Umrechnungskoeffizienten nicht sachgerecht.
Hierzu folgendes Anwendungsbeispiel:

Gegeben	Bodenrichtwert: 380 EUR/m² bei einer WGFZ von 1,2 WGFZ des Bewertungsobjekts: 1,6
Gesucht	an die WGFZ des Bewertungsobjekts angepasster Bodenwert
Lösung	UK für WGFZ 1,2 = 1,09 UK für WGFZ 1,6 = 1,25 380 EUR/m² × 1,25/1,09 = rd. 436 EUR/m²

Anzusetzender Bodenrichtwert. Zum 3. 1. 2018 wird ein unbebautes Grundstück verschenkt. Der Gutachterausschuss hat zuletzt zum 31. 12. 2015 einen Bodenrichtwert von 200 EUR/m² ermittelt. In seiner Sitzung im April 2018 ermittelt der Gutachterausschuss zum 31. 12. 2017 einen Bodenrichtwert von 230 EUR/m². Der Gutachterausschuss teilt den Bodenrichtwert dem Finanzamt erst im Mai 2018 mit. Bei der Bewertung des unbebauten Grundstücks muss das Finanzamt von einem Bodenrichtwert von 230 EUR/m² ausgehen. Dies ist der turnusmäßig zuletzt vor dem Bewertungsstichtag vom Gutachterausschuss zu ermittelnde Wert. 16

Bodenrichtwertrichtlinie – BRW-RL. → Richtlinie zur Ermittlung von Bodenrichtwerten (Bodenrichtwertrichtlinie – BRW-RL) vom 11. 1. 2011 (BAnz. Nummer 24 S. 597).[1]

Erschließungsbeitragsrechtlicher Zustand des Grundstücks. → BFH vom 18. 8. 2005 II R 62/03, BStBl. 2006 II S. 5.

Grundstücksmerkmale. → § 4 Absatz 2 ImmoWertV.[2]

[1] Aufgegangen in ImmoWertV 2022, abgedruckt im Anhang **I** Nr. 7.
[2] Jetzt § 2 Abs. 3 ImmoWertV 2022, abgedruckt im Anhang **I** Nr. 7.

Lagetypische Bodenrichtwerte. Lagetypische Bodenrichtwerte können zugrunde gelegt werden, wenn der Gutachterausschuss keine zonalen Bodenrichtwerte gebildet hat.

Umrechnungskoeffizienten für Geschossflächenzahl. → BFH vom 12. 7. 2006 II R 1/04, BStBl. II S. 742.

Umrechnungskoeffizienten für Grundstücksgröße. → BFH vom 11. 5. 2005 II R 21/02, BStBl. II S. 686.

Vergleichswertrichtlinie – VW-RL. → Richtlinie zur Ermittlung des Vergleichswerts und des Bodenwerts (Vergleichswertrichtlinie – VW-RL) vom 20. 3. 2014 (BAnz. AT 11. 4. 2014 B3).[1]

Wertrelevante Geschossflächenzahl. → Definition: Nummer 6 Absatz 6 Bodenrichtwertrichtlinie (BRW-RL) vom 11. 1. 2011 (BAnz. Nummer 24 S. 597).[1]
Innerhalb des typisierten Regelbewertungsverfahrens erfolgt die Ermittlung der wertrelevanten Geschossflächenzahl (WGFZ) für das zu bewertende Grundstück nach den Modellparametern des örtlich zuständigen Gutachterausschusses.

Anl zu R B 179.2

Erlass betr. Bewertung von Grundstücken mit Windkraftanlagen oder Freiflächen-Fotovoltaikanlagen; Bestimmung des Bodenwerts gem. § 179 BewG

Vom 6. März 2024 (BStBl. I S. 378)

(Gleich lautender Ländererlass)

16a **1** Flächen, auf denen eine Windkraftanlage oder eine Freiflächen-Fotovoltaikanlage betrieben wird, sind dem Grundvermögen zuzurechnen. Eine Windkraftanlage ist wie eine Freiflächen-Fotovoltaikanlage regelmäßig als Betriebsvorrichtung gem. § 176 Absatz 2 Satz 1 Nummer 2 BewG nicht in das Grundvermögen einzubeziehen (vgl. u. a. „Fotovoltaikanlage" und „Windkraftanlage" im Abgrenzungserlass vom 5. Juni 2013, Anlage 1, BStBl. I S. 734).

2 Bei der Wertermittlung ist gem. § 179 Satz 3 BewG der Bodenrichtwert anzusetzen, dessen turnusmäßige Ermittlung dem Bewertungsstichtag vorausging. Für Grundstücke, die mit den wertbeeinflussenden Grundstücksmerkmalen des Bodenrichtwertgrundstücks in der jeweiligen Bodenrichtwertzone übereinstimmen, ist der Bodenrichtwert anzusetzen (vgl. R B 179.2 Absatz 1 Satz 8 ErbStR 2019). Bei einem Grundstück, bei dem die Errichtung einer Windkraftanlage o.Ä. planungsrechtlich zulässig ist, kann der Bodenrichtwert nur angewandt werden, wenn sich dieser auch auf eine derartige Nutzung bezieht.

3 Wurde demnach für ein Grundstück, auf dem eine Windkraft- oder eine Freiflächen-Fotovoltaikanlage betrieben wird, durch den örtlichen Gutachterausschuss ein Bodenrichtwert für eine dementsprechende Nutzung, wie z. B. für Bauflächen für Energieerzeugung (EE), festgestellt, ist dieser anzusetzen.

4 Ist ein derartiger Bodenrichtwert nicht verfügbar, aber werden aus dem Bereich der Gutachterausschüsse der jeweiligen Länder anderweitige geeignete Daten, wie z. B. Faktoren zum Bodenrichtwert für Ackerlandflächen, zur Bodenwertermittlung von Grundstücken mit Windkraftanlagen oder Freiflächen-Fotovoltaikanlagen zur Verfügung gestellt, sind diese anzuwenden.

5 Werden durch den zuständigen Gutachterausschuss für das Grundstück mit Windkraftanlagen oder Freiflächen-Fotovoltaikanlagen keine nutzungsentsprechenden Bodenrichtwerte mitgeteilt und liegen keine anderweitigen geeigneten Daten vor, bestehen keine Bedenken, den Bodenwert im Sinne des § 179 Satz 4 BewG wie folgt zu ermitteln:

1. Anlagen im Außenbereich

16b **6** Für die Ableitung des Bodenwerts werden die **jährlichen Erträge zur Nutzung des Grund und Bodens** für den Betrieb der Anlage sachgerecht herangezogen. Durch Umrechnung eines laufenden Ertrags oder einer regelmäßigen Geldleistung auf den gegenwärtigen Kapitalwert, d. h. Kapitalisierung von in der Zukunft liegenden Erträgen auf den Bewertungsstichtag, wird die Ertragslage des Grund und Bodens abgebildet.

7 Der Wert des Grund und Bodens wird ermittelt durch die Bildung der Summe aus
– dem über die auf volle Jahre abgerundeten Restlaufzeit des Nutzungsrechts (Restnutzungsdauer der Anlage) kapitalisierten jährlichen Nutzungsentgelt und
– dem über die auf volle Jahre abgerundeten Restlaufzeit des Nutzungsrechts (Restnutzungsdauer der Anlage) abgezinsten Bodenwert für Ackerlandflächen, Forstflächen o. Ä.

8 Der Kapitalisierung des jährlichen Ertrags und der Abzinsung des Bodenwerts sind jeweils dieselbe Restlaufzeit und in Anlehnung an § 188 Absatz 2 Satz 2 Nummer 4 BewG typisierend derselbe Zinssatz in Höhe von 6% zugrunde zu legen. Die Kapitalisierungsfaktoren bzw. Abzinsungsfaktoren sind jeweils aus der Anlage 21 bzw. 26 BewG zu entnehmen.

9 Als Nutzungsentgelt ist grundsätzlich das tatsächlich vereinbarte jährliche Entgelt für die Verpachtung der Fläche (Pacht) anzusetzen. Lässt sich das tatsächlich vereinbarte jährliche Entgelt nicht aus den vertraglichen Vereinbarungen entnehmen (z.B am Ertrag der Anlage bemessene, variable Pachthöhe), bestehen keine Bedenken, z. B. den durchschnittlichen Pachtertrag der vorangegangenen drei abgeschlossenen Wirtschaftsjahre anzusetzen. Hat sich im Dreijahreszeitraum die Ertragslage nachhaltig verändert (z. B. Neuerrichtung der Anlage), ist von einem entsprechend verkürzten Zeitraum auszugehen.

[1] Aufgegangen in ImmoWertV 2022, abgedruckt im Anhang **I** Nr. **7**.

10 Beispiel:
Die Windkraftanlage des A ist auf einer bisher land- und forstwirtschaftlich genutzten Fläche von 1500 m² errichtet worden. Die Fläche wird von B an A verpachtet. Die vereinbarte jährliche Pacht des B für die Verpachtung der Fläche beträgt 6000 EUR. Der Pachtvertrag ist über einen Zeitraum von 30 Jahren geschlossen. Zum Bewertungsstichtag 15. Mai 2023 beträgt die Laufzeit des Pachtvertrags noch 20 Jahre. Für die Lage des Grundstücks im Außenbereich liegt ausschließlich ein Bodenrichtwert für Ackerlandflächen in Höhe von 5,00 EUR/m² vor.

Berechnung:

vereinbartes jährliches Nutzungsentgelt (Pacht):	6 000 EUR	
Kapitalisierungsfaktor aus Anlage 21 BewG (Restlaufzeit 20 Jahre und Zinssatz 6 %):	× 11,47	
kapitalisiertes Nutzungsentgelt		**68 820 EUR**
Bodenwert für Ackerlandfläche (1500 m² × 5,00 EUR/m²):	7 500 EUR	
Abzinsungsfaktor aus Anlage 26 BewG (Restlaufzeit 20 Jahre und Zinssatz 6 %):	× 0,3118	
abgezinster Bodenwert		**+ 2 338 EUR**
Grundbesitzwert des unbebauten Grundstücks		**= 71 158 EUR**

Für das unbebaute Grundstück ist ein Grundbesitzwert in Höhe von 71 158 EUR festzustellen.

11 Wurde die Anlage nicht auf einer verpachteten Fläche, sondern auf einer **Eigentumsfläche** des Betreibers errichtet, ist von einem **fiktiven Nutzungsentgelt** auszugehen, das sich an den regional marktüblichen Nutzungsentgelten bzw. Pachterträgen für derartige Nutzungen orientiert. Bei Windkraftanlagen bestehen hierbei keine Bedenken, hilfsweise 6% des jährlichen Ertrags (Nettoeinspeisungsvergütung und ggf. Eigenverbrauch) der Anlage der letzten drei Jahre vor dem Bewertungsstichtag anzusetzen.

2. Anlagen in Gewerbe- oder Industriegebieten

12 Bei Windkraftanlagen und Freiflächen-Fotovoltaikanlagen in Gewerbe- oder Industriegebieten ist der Bodenwert nach § 179 BewG auf der Grundlage des vorliegenden Bodenrichtwerts festzustellen. 16c

R B 179.3 Ansatz des Bodenwerts

ErbStR R B 179.3

(1) ①Der aus dem Bodenrichtwert nach R B 179.2 ermittelte Bodenwert pro m² ist auf volle Cent abzurunden und ergibt multipliziert mit der Grundstücksfläche den Wert des Grund und Bodens (Bodenwert). ②Der Bodenwert ist auf volle Euro abzurunden. 17

18 (2) ①Hat der Gutachterausschuss keinen Bodenrichtwert nach § 196 BauGB ermittelt, ist der Bodenwert pro m² aus den Bodenrichtwerten vergleichbarer Flächen abzuleiten. ②R B 179.2 ist hierbei entsprechend zu berücksichtigen; bei Bedarf ist der Gutachterausschuss um Auskunft zu ersuchen (→ § 193 Absatz 1 Satz 1 Nummer 2 bzw. Satz 2 BauGB). ③Durch Multiplikation von Grundstücksfläche und abgeleitetem Bodenwert pro m² sowie Abrundung des Produkts auf volle Euro ergibt sich der Bodenwert.

H B 179.3 (2)

H B 179.3 (2)

Keine Bodenrichtwerte. Hat der Gutachterausschuss – gleich aus welchen Gründen – keinen Bodenrichtwert ermittelt, ist der Bodenwert aus den Bodenrichtwerten vergleichbarer Flächen abzuleiten (→ § 179 Satz 4 BewG). Für Bauerwartungsland und Rohbauland gelten in diesen Fällen aus Vereinfachungsgründen regelmäßig folgende Wertansätze: 19

1. Bauerwartungsland 25%,
2. Bruttorohbauland 50% und
3. Nettorohbauland 75%

des Bodenrichtwerts für vergleichbares erschließungsbeitragsfreies Bauland, sofern hierzu keine Angaben der Gutachterausschüsse vorliegen.

Verordnung über die bauliche Nutzung der Grundstücke (Baunutzungsverordnung – BauNVO)

Anl zu § 179

I. d. F. der Bekanntmachung vom 21. November 2017 (BGBl. I S. 3786), zuletzt geändert durch Art. 2 Gesetz vom 3. 7. 2023 (BGBl. I Nr. 176)

– Auszug –

§ 20 Vollgeschosse, Geschoßflächenzahl, Geschoßfläche

(1) Als Vollgeschosse gelten Geschosse, die nach landesrechtlichen Vorschriften Vollgeschosse sind oder auf ihre Zahl angerechnet werden. 20

(2) Die Geschoßflächenzahl gibt an, wieviel Quadratmeter Geschoßfläche je Quadratmeter Grundstücksfläche im Sinne des § 19 Abs. 3 zulässig sind. 21

(3) Die Geschoßfläche ist nach den Außenmaßen der Gebäude in allen Vollgeschossen zu ermitteln. 22
Im Bebauungsplan kann festgesetzt werden, daß die Flächen von Aufenthaltsräumen in anderen Geschossen einschließlich der zu ihnen gehörenden Treppenräume und einschließlich ihrer Umfassungswände ganz oder teilweise mitzurechnen oder ausnahmsweise nicht mitzurechnen sind.

23 (4) Bei der Ermittlung der Geschoßfläche bleiben Nebenanlagen im Sinne des § 14, Balkone, Loggien, Terrassen sowie bauliche Anlagen, soweit sie nach Landesrecht in den Abstandsflächen (seitlicher Grenzabstand und sonstige Abstandsflächen) zulässig sind oder zugelassen werden können, unberücksichtigt.

BewG

III. Bebaute Grundstücke

§ 180 Begriff der bebauten Grundstücke

1 (1) ① **Bebaute Grundstücke sind Grundstücke, auf denen sich benutzbare Gebäude befinden.** ② **Wird ein Gebäude in Bauabschnitten errichtet, ist der fertiggestellte Teil als benutzbares Gebäude anzusehen.**

2 (2) **Als Grundstück im Sinne des Absatzes 1 gilt auch ein Gebäude, das auf fremdem Grund und Boden errichtet oder in sonstigen Fällen einem anderen als dem Eigentümer des Grund und Bodens zuzurechnen ist, selbst wenn es wesentlicher Bestandteil des Grund und Bodens geworden ist.**

Zu § 180 BewG

ErbStR R B 180

R B 180. Begriff des bebauten Grundstücks

3 (1) ① Bebaute Grundstücke sind Grundstücke, auf denen sich benutzbare Gebäude befinden. ② Wegen der Tatbestandsmerkmale Benutzbarkeit und Bezugsfertigkeit → R B 178.

4 (2) Wird ein Gebäude in Bauabschnitten errichtet, ist der fertig gestellte Teil als benutzbares Gebäude anzusehen (→ R B 178 Absatz 3).

5 (3) ① Zur wirtschaftlichen Einheit eines bebauten Grundstücks gehören der Grund und Boden, die Gebäude, die sonstigen Bestandteile und das Zubehör (→ R B 176.1 Absatz 1). ② Nicht einzubeziehen sind Maschinen und Betriebsvorrichtungen (→ R B 176.1 Absatz 4).

6 (4) ① Zum Grund und Boden gehören die bebaute Fläche und die mit dem Gebäude im Zusammenhang stehende unbebaute Fläche, insbesondere der Hofraum sowie Haus- und Vorgarten. ② Bei einer hieran anschließenden größeren unbebauten Fläche ist für die Beurteilung, was als wirtschaftliche Einheit gilt, die Verkehrsanschauung maßgebend (→ R B 176.2 Absatz 1).

7 (5) ① Wesentliche Bestandteile des Grundstücks sind auch die Gebäude und die mit Gebäuden verbundenen Anbauten (z. B. Wintergärten). ② Im Grundbesitzwert zu erfassen sind die Nebengebäude, wenn sie auf dem mit dem Hauptgebäude bebauten Grundstück stehen (z. B. Garagen).

H B 180

H B 180

Abgrenzung des Grundvermögens von den Betriebsvorrichtungen. → Gleich lautende Ländererlasse vom 5. 6. 2013 (BStBl. I S. 734).[1]

Gebäudebegriff. → Gleich lautende Ländererlasse vom 5. 6. 2013 (BStBl. I S. 734).[1]

[1] Abgedruckt als Anhang I Nr. 1.

BewG

§ 181 Grundstücksarten

(1) **Bei der Bewertung bebauter Grundstücke sind die folgenden Grundstücksarten zu unterscheiden:** 1
1. Ein- und Zweifamilienhäuser,
2. Mietwohngrundstücke,
3. Wohnungs- und Teileigentum,
4. Geschäftsgrundstücke,
5. gemischt genutzte Grundstücke und
6. sonstige bebaute Grundstücke.

(2) ① **Ein- und Zweifamilienhäuser sind Wohngrundstücke, die bis zu zwei Wohnungen enthalten und kein Wohnungseigentum sind.** ② **Ein Grundstück gilt auch dann als Ein- oder Zweifamilienhaus, wenn es zu weniger als 50 Prozent, berechnet nach der Wohn- oder Nutzfläche, zu anderen als Wohnzwecken mitbenutzt und dadurch die Eigenart als Ein- oder Zweifamilienhaus nicht wesentlich beeinträchtigt wird.** 2

(3) **Mietwohngrundstücke sind Grundstücke, die zu mehr als 80 Prozent, berechnet nach der Wohn- oder Nutzfläche, Wohnzwecken dienen, und nicht Ein- und Zweifamilienhäuser oder Wohnungseigentum sind.** 3

(4) **Wohnungseigentum ist das Sondereigentum an einer Wohnung in Verbindung mit dem Miteigentumsanteil an dem gemeinschaftlichen Eigentum, zu dem es gehört.** 4

(5) **Teileigentum ist das Sondereigentum an nicht zu Wohnzwecken dienenden Räumen eines Gebäudes in Verbindung mit dem Miteigentum an dem gemeinschaftlichen Eigentum, zu dem es gehört.** 5

(6) **Geschäftsgrundstücke sind Grundstücke, die zu mehr als 80 Prozent, berechnet nach der Wohn- und Nutzfläche, eigenen oder fremden betrieblichen oder öffentlichen Zwecken dienen und nicht Teileigentum sind.** 6

(7) **Gemischt genutzte Grundstücke sind Grundstücke, die teils Wohnzwecken, teils eigenen oder fremden betrieblichen oder öffentlichen Zwecken dienen und nicht Ein- und Zweifamilienhäuser, Mietwohngrundstücke, Wohnungseigentum, Teileigentum oder Geschäftsgrundstücke sind.** 7

(8) **Sonstige bebaute Grundstücke sind solche Grundstücke, die nicht unter die Absätze 2 bis 7 fallen.** 8

(9)[1] ① **Eine Wohnung ist in der Regel die Zusammenfassung mehrerer Räume, die in ihrer Gesamtheit so beschaffen sein müssen, dass die Führung eines selbständigen Haushalts möglich ist.** ② **Die Zusammenfassung der Räume muss eine von anderen Wohnungen oder Räumen, insbesondere Wohnräumen, baulich getrennte, in sich abgeschlossene Wohneinheit bilden und einen selbständigen Zugang haben.** ③ **Daneben ist es erforderlich, dass die für die Führung eines selbständigen Haushalts notwendigen Nebenräume (Küche, Bad oder Dusche, Toilette) vorhanden sind.** ④ **Die Wohnfläche soll mindestens 20 Quadratmeter betragen.** 9

Übersicht Rz.

R B 181.1 Grundstücksarten; H B 181.1 10–13
R B 181.2 Wohnungs- und Teileigentum; H B 181.2 14–18
Anlagen:
a) Wohnflächenverordnung 20–29
b) §§ 27, 42–44 Zweite Berechnungsverordnung 31–34
c) Erlass betr. Berechnung der Wohn-/Nutzfläche und Abzug der Betriebskosten ab 1. 1. 2004 .... 35, 36

Zu § 181 BewG

ErbStR R B 181.1

R B 181.1[2] Grundstücksarten

(1) ① Bei bebauten Grundstücken wird nach § 181 BewG zwischen folgenden Grundstücksarten unterschieden. 10

Grundstücksart	Voraussetzungen
1. Ein- und Zweifamilienhäuser	• Wohngrundstücke mit bis zu zwei Wohnungen; • Mitbenutzung für betriebliche oder öffentliche Zwecke zu weniger als 50 Prozent – berechnet nach der Wohn- oder Nutzfläche – ist unschädlich, soweit dadurch nicht die Eigenart als Ein- oder Zweifamilienhaus wesentlich beeinträchtigt wird; • kein Wohnungseigentum nach Nummer 3.

[1] § 181 Abs. 9 anzuwenden auf Bewertungsstichtage nach dem 31. 12. 2022 (§ 265 Abs. 14 BewG).
[2] **Ab 1. 1. 2023** *siehe Rz. 8–10 gleich lautender Ländererlass vom 20. 3. 2023* (Anhang **III**).

Grundstücksart	Voraussetzungen
2. Mietwohngrundstücke	• Grundstücke, die zu mehr als 80 Prozent – berechnet nach der Wohn- oder Nutzfläche – Wohnzwecken dienen und nicht Ein- und Zweifamilienhäuser im Sinne der Nummer 1 oder Wohnungseigentum nach Nummer 3 sind.
3. Wohnungs- und Teileigentum	• Wohnungseigentum ist das Sondereigentum an einer Wohnung in Verbindung mit dem Miteigentumsanteil an dem gemeinschaftlichen Eigentum, zu dem es gehört (§ 1 Absatz 2 WEG). • Teileigentum ist das Sondereigentum an nicht zu Wohnzwecken dienenden Räumen eines Gebäudes in Verbindung mit dem Miteigentum an dem gemeinschaftlichen Eigentum, zu dem es gehört (§ 1 Absatz 3 WEG).
4. Geschäftsgrundstücke	• Grundstücke, die zu mehr als 80 Prozent – berechnet nach der Wohn- oder Nutzfläche – eigenen oder fremden betrieblichen oder öffentlichen Zwecken dienen und nicht Teileigentum nach Nummer 3 sind.
5. gemischt genutzte Grundstücke	• Grundstücke, die teils Wohnzwecken, teils eigenen oder fremden betrieblichen oder öffentlichen Zwecken dienen und keine Grundstücke im Sinne der Nummer 1 bis 4 sind.
6. sonstige bebaute Grundstücke	• Grundstücke, die nicht unter die Nummer 1 bis 5 fallen.

② Die Grundstücksart ist für die Zuordnung des Bewertungsverfahrens von entscheidender Bedeutung (§ 182 BewG, → R B 182). ③ Die Abgrenzung der Grundstücksarten ist nach dem Verhältnis der Wohn- und Nutzfläche vorzunehmen. ④ Dabei sind Nutzflächen, die in einem Nutzungszusammenhang mit Wohnflächen stehen (z. B. Garagen, Kellerräume), nicht einzubeziehen. ⑤ Maßgeblich ist die Wohnfläche nach der Wohnflächenverordnung (WoFlV).[1] ⑥ Ist die Wohnfläche bis zum 31. Dezember 2003 nach der II. Berechnungsverordnung (II. BV)[2] berechnet worden, bleibt es bei dieser Berechnung (→ § 5 WoFlV), soweit nach dem 31. Dezember 2003 keine baulichen Änderungen an dem Wohnraum vorgenommen worden sind, die eine Neuberechnung erforderlich machen. ⑦ Abzustellen ist auf die tatsächliche Nutzung am Bewertungsstichtag.

11 (2) ① Bei der Festlegung der Grundstücksart ist stets die gesamte wirtschaftliche Einheit zu betrachten. ② Dies gilt auch, wenn sich auf einem Grundstück mehrere Gebäude oder Gebäudeteile unterschiedlicher Bauart oder Nutzung befinden.

12 (3) ① § 181 Absatz 9 BewG definiert die Wohnung im bewertungsrechtlichen Sinne. ② Eine Wohnung ist hiernach die Zusammenfassung einer Mehrheit von Räumen, die in ihrer Gesamtheit so beschaffen sein müssen, dass die Führung eines selbstständigen Haushalts möglich ist. ③ Die Zusammenfassung einer Mehrheit von Räumen muss eine von anderen Wohnungen oder Räumen, insbesondere Wohnräumen, baulich getrennte, in sich abgeschlossene Wohneinheit bilden, einen selbstständigen Zugang haben und mindestens eine Wohnfläche von 23 Quadratmeter[3] aufweisen. ④ Außerdem ist erforderlich, dass die für die Führung eines selbstständigen Haushalts notwendigen Nebenräume (Küche, Bad oder Dusche, Toilette) vorhanden sind.

H B 181.1

H B 181.1

Abgrenzung der Grundstücksart nach dem Verhältnis von Wohn- und Nutzfläche.

13 **Beispiel:**

Auf einem Grundstück befindet sich ein mehrgeschossiges Gebäude, in dem sich insgesamt 400 m^2 Wohnfläche und 200 m^2 Nutzfläche befinden. Die Nutzfläche entfällt zu jeweils 50% auf die Kellerräume der Wohnungsmieter des Gebäudes sowie auf betrieblich genutzte Flächen. Das Grundstück ist der Grundstücksart gemischt genutztes Grundstück zuzuordnen, da nur 80% von insgesamt 500 m^2 Wohn- und Nutzfläche der Wohnungsnutzung dienen. Die im Nutzungszusammenhang mit den Wohnflächen stehenden Kellerräume der Mieter (Nutzfläche 100 m^2) sind hierbei nicht zu berücksichtigen.

Wohn-/Nutzfläche nach WoFlV. → Verordnung zur Berechnung der Wohnfläche vom 25. 11. 2003 (BGBl. I S. 2346).[1]

ErbStR R B 181.2

R B 181.2 Wohnungs- und Teileigentum[4]

14 (1) ① Jedes Wohnungseigentum und jedes Teileigentum gilt als ein Grundstück im Sinne des Bewertungsgesetzes (§ 176 Absatz 1 Nummer 3 BewG). ② Wohnungseigentum und Teileigentum werden nach § 2 WEG entweder durch vertragliche Einräumung von Sondereigentum (§ 3 WEG) oder durch Teilung (§ 8 WEG) begründet. ③ Nach § 3 WEG kann Sondereigentum auch an Räu-

[1] Nachfolgend abgedruckt als Anlage a.
[2] Nachfolgend abgedruckt als Anlage b.
[3] Ab 1. 1. 2023: 20 m^2 (Änderung durch JStG 2022).
[4] Siehe jetzt WEG vom 12. 1. 2021 (BGBl. I S. 34).

men in einem erst zu errichtenden Gebäude eingeräumt werden. ④ Ebenso ist die Teilung durch den Eigentümer auch bei einem erst noch zu errichtenden Gebäude möglich (§ 8 Absatz 1 WEG). ⑤ Die rechtliche Zusammenführung von Sondereigentum und Miteigentumsanteil bildet von Beginn an Wohnungseigentum oder Teileigentum im Sinne des § 1 Absatz 2 und 3 WEG.

(2) ① Das Wohnungs-/Teileigentum entsteht zivilrechtlich mit der Anlegung des Wohnungs- **15**
oder Teileigentumsgrundbuchs. ② Schenkungsteuerrechtlich gilt das Wohnungs-/Teileigentum bereits dann als entstanden, wenn die Teilungserklärung beurkundet ist und die Anlegung des Grundbuchs beantragt werden kann (→ R E 9.1 Absatz 1). ③ Dies gilt sowohl für am Bewertungsstichtag noch nicht bezugsfertige Gebäude als auch für bereits bestehende Gebäude.

(3) ① Die wirtschaftliche Einheit des Wohnungs-/Teileigentums setzt sich aus dem Sonderei- **16**
gentum und dem Miteigentumsanteil an dem gemeinschaftlichen Eigentum zusammen, zu dem es gehört. ② Sind bei einem Wohnungseigentum mehrere Wohnungen mit nur einem Miteigentumsanteil verbunden, sind sie grundsätzlich zu einer wirtschaftlichen Einheit zusammenzufassen. ③ Eine Ausnahme besteht jedoch dann, wenn die tatsächlichen Gegebenheiten der Verkehrsanschauung entgegenstehen. ④ Liegen die Wohnungen in demselben Haus unmittelbar übereinander oder nebeneinander und sind sie so miteinander verbunden, dass sie sich als ein Raumkörper darstellen, bilden sie eine wirtschaftliche Einheit. ⑤ Besteht keine derartige Verbindung, weil sich die Wohnungen getrennt von anderen im Sondereigentum stehenden Wohnungen im Gebäude befinden, sind nach der Verkehrsanschauung mehrere wirtschaftliche Einheiten anzunehmen.

(4) ① Handelt es sich dagegen um mehrere Wohnungen, die jeweils mit einem Miteigentumsan- **17**
teil am Grundstück verbunden sind, und liegen mithin zivilrechtlich mehrere selbstständige Wohnungseigentumsrechte vor, ist trotz des tatsächlichen Aneinandergrenzens und der Eintragung auf ein gemeinsames Wohnungsgrundbuchblatt eine Zusammenfassung zu einer einheitlichen wirtschaftlichen Einheit nicht möglich. ② Werden mehrere Wohnungen durch größere bauliche Maßnahmen zu einer einzigen Wohnung umgestaltet und sind sie danach nicht mehr ohne größere bauliche Veränderungen getrennt veräußerbar, bilden sie nur eine wirtschaftliche Einheit. ③ Dies gilt entsprechend für die bauliche Zusammenfassung von Wohnung und Gewerberaum.

(5) ① Zubehörräume, insbesondere Kellerräume und sonstige Abstellräume, die der Grund- **18**
stückseigentümer gemeinsam mit seinem Miteigentumsanteil nutzt, sind ohne Rücksicht auf die zivilrechtliche Gestaltung in die wirtschaftliche Einheit einzubeziehen. ② Gehören zu der Wohnung auch Garagen, sind sie in die wirtschaftliche Einheit des Wohnungseigentums einzubeziehen (§ 157 Absatz 3 Satz 2 in Verbindung mit § 70 Absatz 1 und 2 BewG). ③ Es kommt nicht darauf an, ob sich die Garagen auf dem Grundstück der Eigentumswohnungsanlage oder auf einem Grundstück in der näheren Umgebung befinden. ④ An Abstellplätzen außerhalb von Sammelgaragen kann kein Sondereigentum begründet werden. ⑤ Derartige Abstellplätze sind Gemeinschaftseigentum, die jedoch mittels einer Nutzungsvereinbarung einem bestimmten Wohnungseigentums- oder Teileigentumsrecht zugeordnet werden können.

H B 181.2

H B 181.2

Wohnungen als wirtschaftliche Einheit. → BFH vom 1. 4. 1987 II R 79/86, BStBl. II S. 840 und vom 1. 8. 1990 II R 46/88, BStBl. II S. 1016.

Anl a zu § 181

a) Verordnung zur Berechnung der Wohnfläche (Wohnflächenverordnung – WoFlV)

Vom 25. November 2003 (BGBl. I S. 2346)

§ 1 Anwendungsbereich, Berechnung der Wohnfläche

(1) Wird nach dem Wohnraumförderungsgesetz die Wohnfläche berechnet, sind die Vorschriften dieser **20**
Verordnung anzuwenden.

(2) Zur Berechnung der Wohnfläche sind die nach § 2 zur Wohnfläche gehörenden Grundflächen nach § 3 zu ermitteln und nach § 4 auf die Wohnfläche anzurechnen.

§ 2 Zur Wohnfläche gehörende Grundflächen

(1) Die Wohnfläche einer Wohnung umfasst die Grundflächen der Räume, die ausschließlich zu dieser **21**
Wohnung gehören. Die Wohnfläche eines Wohnheims umfasst die Grundflächen der Räume, die zur alleinigen und gemeinschaftlichen Nutzung durch die Bewohner bestimmt sind.

(2) Zur Wohnfläche gehören auch die Grundflächen von **22**

1. Wintergärten, Schwimmbädern und ähnlichen nach allen Seiten geschlossenen Räumen sowie
2. Balkonen, Loggien, Dachgärten und Terrassen,

wenn sie ausschließlich zu der Wohnung oder dem Wohnheim gehören.

(3) Zur Wohnfläche gehören nicht die Grundflächen folgender Räume: **23**

1. Zubehörräume, insbesondere:
   a) Kellerräume,

Anl a zu § 181

b) Abstellräume und Kellerersatzräume außerhalb der Wohnung,
c) Waschküchen,
d) Bodenräume,
e) Trockenräume,
f) Heizungsräume und
g) Garagen,

2. Räume, die nicht den an ihre Nutzung zu stellenden Anforderungen des Bauordnungsrechts der Länder genügen, sowie
3. Geschäftsräume.

§ 3 Ermittlung der Grundfläche

24 (1) Die Grundfläche ist nach den lichten Maßen zwischen den Bauteilen zu ermitteln; dabei ist von der Vorderkante der Bekleidung der Bauteile auszugehen. Bei fehlenden begrenzenden Bauteilen ist der bauliche Abschluss zu Grunde zu legen.

25 (2) Bei der Ermittlung der Grundfläche sind namentlich einzubeziehen die Grundflächen von

1. Tür- und Fensterbekleidungen sowie Tür- und Fensterumrahmungen,
2. Fuß-, Sockel- und Schrammleisten,
3. fest eingebauten Gegenständen, wie z. B. Öfen, Heiz- und Klimageräten, Herden, Bade- oder Duschwannen,
4. freiliegenden Installationen,
5. Einbaumöbeln und
6. nicht ortsgebundenen, versetzbaren Raumteilern.

26 (3) Bei der Ermittlung der Grundflächen bleiben außer Betracht die Grundflächen von

1. Schornsteinen, Vormauerungen, Bekleidungen, freistehenden Pfeilern und Säulen, wenn sie eine Höhe von mehr als 1,50 Meter aufweisen und ihre Grundfläche mehr als 0,1 Quadratmeter beträgt,
2. Treppen mit über drei Steigungen und deren Treppenabsätze,
3. Türnischen und
4. Fenster- und offenen Wandnischen, die nicht bis zum Fußboden herunterreichen oder bis zum Fußboden herunterreichen und 0,13 Meter oder weniger tief sind.

27 (4) Die Grundfläche ist durch Ausmessung im fertig gestellten Wohnraum oder auf Grund einer Bauzeichnung zu ermitteln. Wird die Grundfläche auf Grund einer Bauzeichnung ermittelt, muss diese

1. für ein Genehmigungs-, Anzeige-, Genehmigungsfreistellungs- oder ähnliches Verfahren nach dem Bauordnungsrecht der Länder gefertigt oder, wenn ein bauordnungsrechtliches Verfahren nicht erforderlich ist, für ein solches geeignet sein und
2. die Ermittlung der lichten Maße zwischen den Bauteilen im Sinne des Absatzes 1 ermöglichen.

Ist die Grundfläche nach einer Bauzeichnung ermittelt worden und ist abweichend von dieser Bauzeichnung gebaut worden, ist die Grundfläche durch Ausmessung im fertig gestellten Wohnraum oder auf Grund einer berichtigten Bauzeichnung neu zu ermitteln.

§ 4 Anrechnung der Grundflächen

28 Die Grundflächen

1. von Räumen und Raumteilen mit einer lichten Höhe von mindestens zwei Metern sind vollständig,
2. von Räumen und Raumteilen mit einer lichten Höhe von mindestens einem Meter und weniger als zwei Metern sind zur Hälfte,
3. von unbeheizbaren Wintergärten, Schwimmbädern und ähnlichen nach allen Seiten geschlossenen Räumen sind zur Hälfte,
4. von Balkonen, Loggien, Dachgärten und Terrassen sind in der Regel zu einem Viertel, höchstens jedoch zur Hälfte

anzurechnen.

§ 5 Überleitungsvorschrift

29 Ist die Wohnfläche bis zum 31. Dezember 2003 nach der Zweiten Berechnungsverordnung in der Fassung der Bekanntmachung vom 12. Oktober 1990 (BGBl. I S. 2178), zuletzt geändert durch Artikel 3 der Verordnung vom 25. November 2003 (BGBl. I S. 2346), in der jeweils geltenden Fassung berechnet worden, bleibt es bei dieser Berechnung. Soweit in den in Satz 1 genannten Fällen nach dem 31. Dezember 2003 bauliche Änderungen an dem Wohnraum vorgenommen werden, die eine Neuberechnung der Wohnfläche erforderlich machen, sind die Vorschriften dieser Verordnung anzuwenden.

b) Zweite Berechnungsverordnung (II. BV)

Anl b zu § 181

I. d. F. der Bekanntmachung vom 12. Oktober 1990 (BGBl. I S. 2178), zuletzt geändert durch Art. 78 Abs. 2 Gesetz vom 23. 11. 2007 (BGBl. I S. 2614, 2628)

– Auszug –

§ 27 Betriebskosten

(1) ① Betriebskosten sind die Kosten, die dem Eigentümer (Erbbauberechtigten) durch das Eigentum am Grundstück (Erbbaurecht) oder durch den bestimmungsmäßigen Gebrauch des Gebäudes oder der Wirtschaftseinheit, der Nebengebäude, Anlagen, Einrichtungen und des Grundstücks laufend entstehen. ② Der Ermittlung der Betriebskosten ist die Betriebskostenverordnung vom 25. November 2003 (BGBl. I S. 2346, 2347) zugrunde zu legen.[1] 31

(2) ① Sach- und Arbeitsleistungen des Eigentümers (Erbbauberechtigten), durch die Betriebskosten erspart werden, dürfen mit dem Betrage angesetzt werden, der für eine gleichwertige Leistung eines Dritten, insbesondere eines Unternehmers, angesetzt werden könnte. ② Die Umsatzsteuer des Dritten darf nicht angesetzt werden.

...

§ 42 Wohnfläche

(1) ① Ist die Wohnfläche bis zum 31. Dezember 2003 nach dieser Verordnung berechnet worden, bleibt es bei dieser Berechnung. ② Soweit in den in Satz 1 genannten Fällen nach dem 31. Dezember 2003 bauliche Änderungen an dem Wohnraum vorgenommen werden, die eine Neuberechnung der Wohnfläche erforderlich machen, sind die Vorschriften der Wohnflächenverordnung vom 25. November 2003 (BGBl. I S. 2346)[2] anzuwenden. 32

§ 43[3] Berechnung der Grundfläche 33

(1) ① Die Grundfläche eines Raumes ist nach Wahl des Bauherrn aus den Fertigmaßen oder den Rohbaumaßen zu ermitteln. ② Die Wahl bleibt für alle späteren Berechnungen maßgebend.

(2) Fertigmaße sind die lichten Maße zwischen den Wänden ohne Berücksichtigung von Wandgliederungen, Wandbekleidungen, Scheuerleisten, Öfen, Heizkörpern, Herden und dergleichen.

(3) Werden die Rohbaumaße zugrunde gelegt, so sind die errechneten Grundflächen um 3 vom Hundert zu kürzen.

(4) Von den errechneten Grundflächen sind abzuziehen die Grundflächen von

1. Schornsteinen und anderen Mauervorlagen, freistehenden Pfeilern und Säulen, wenn sie in der ganzen Raumhöhe durchgehen und ihre Grundfläche mehr als 0,1 Quadratmeter beträgt,
2. Treppen mit über drei Steigungen und deren Treppenabsätze.

(5) ① Zu den errechenbaren Grundflächen sind hinzuzurechnen die Grundflächen von

1. Fenster- und offenen Wandnischen, die bis zum Fußboden herunterreichen und mehr als 0,13 Meter tief sind,
2. Erkern und Wandschränken, die eine Grundfläche von mindestens 0,5 Quadratmeter haben,
3. Raumteilen unter Treppen, soweit die lichte Höhe mindestens 2 Meter ist.

② Nicht hinzuzurechnen sind die Grundflächen der Türnischen.

(6) ① Wird die Grundfläche auf Grund der Bauzeichnung nach den Rohbaumaßen ermittelt, so bleibt die hiernach berechnete Wohnfläche maßgebend, außer wenn von der Bauzeichnung abweichend gebaut ist. ② Ist von der Bauzeichnung abweichend gebaut worden, so ist die Grundfläche auf Grund der berichtigten Bauzeichnung zu ermitteln.

§ 44[3] Anrechenbare Grundfläche 34

(1) Zur Ermittlung der Wohnfläche sind anzurechnen

1. voll
   die Grundflächen von Räumen und Raumteilen mit einer lichten Höhe von mindestens 2 Metern;
2. zur Hälfte
   die Grundflächen von Räumen und Raumteilen mit einer lichten Höhe von mindestens 1 Meter und weniger als 2 Metern und von Wintergärten, Schwimmbädern und ähnlichen, nach allen Seiten geschlossenen Räumen;
3. nicht
   die Grundflächen von Räumen oder Raumteilen mit einer lichten Höhe von weniger als 1 Meter.

(2) Gehören ausschließlich zu dem Wohnraum Balkone, Loggien, Dachgärten oder gedeckte Freisitze, so können deren Grundflächen zur Ermittlung der Wohnfläche bis zur Hälfte angerechnet werden.

(3) Zur Ermittlung der Wohnfläche können abgezogen werden

---

[1] Abgedruckt als Anlage zu § 186 BewG.

[2] Vorstehend Anlage a.

[3] §§ 43, 44 II. BV aufgehoben durch VO v. 25. 11. 2003 (BGBl. I S. 2346) mWv 1. 1. 2004; zur weiteren Anwendung siehe *koordinierten Ländererlass vom 14. 4. 2004* unter Nr. 1, nachstehend abgedruckt.

1. bei einem Wohngebäude mit einer Wohnung bis zu 10 vom Hundert der ermittelten Grundfläche der Wohnung,
2. bei einem Wohngebäude mit zwei nicht abgeschlossenen Wohnungen bis zu 10 vom Hundert der ermittelten Grundfläche beider Wohnungen,
3. bei einem Wohngebäude mit einer abgeschlossenen und einer nicht abgeschlossenen Wohnung bis zu 10 vom Hundert der ermittelten Grundfläche der nicht abgeschlossenen Wohnung.

(4) ① Die Bestimmung über die Anrechnung oder den Abzug nach Absatz 2 oder 3 kann nur für das Gebäude oder die Wirtschaftseinheit einheitlich getroffen werden. ② Die Bestimmung bleibt für alle späteren Berechnungen maßgebend.

Anl c zu § 181

c) Erlass betr. Berechnung der Wohn-/Nutzfläche und Abzug der Betriebskosten bei im Ertragswertverfahren bewerteten Grundstücken ab 1. 1. 2004 (§§ 79, 146 BewG)

Vom 14. April 2004

(FM Baden-Württemberg 3 – S 302.9/3; koord. Ländererlass)

– Auszug –

35 Ab dem 1. 1. 2004 gilt an Stelle der Vorschriften der §§ 43 und 44 der II. Berechnungsverordnung (II. BV) die Verordnung zur Berechnung der Wohnfläche vom 25. 11. 2003 (Wohnflächenverordnung – WoFlV).[1] Die Wohnflächenverordnung enthält gegenüber den Regelungen der II. BV einige gravierende Änderungen. So sind Wahlrechte bei der Ermittlung der Grundfläche (z. B. Berechnung nach Wahl des Bauherrn aus den Fertigmaßen – lichten Maßen – oder den Rohbaumaßen) und bei der Ermittlung der anrechenbaren Grundfläche (z. B. Anrechnung der Grundflächen von Balkonen, Loggien u. dergl.) oder die Abzugsmöglichkeit bei Ermittlung der anrechenbaren Grundfläche (z. B. Abzug von 10 v. H. bei Wohngebäuden mit einer Wohnung) weggefallen.

Geändert wurde auch die Regelung des § 27 II. BV; aufgehoben wurde die Anlage zur II. BV. Die Betriebskosten sind nunmehr in der Verordnung über die Aufstellung von Betriebskosten (Betriebskostenverordnung) zusammengefasst.

Hinsichtlich der Bewertung von Grundstücken im Ertragswertverfahren bitte ich, wie folgt zu verfahren:

1. Bedarfsbewertung:

36 Soweit bei der Ermittlung der üblichen Miete Mieten (Vergleichsmieten, Mieten aus Mietspiegeln) bezogen auf den m² Wohnfläche herangezogen werden, die auf den früheren Regelungen der Wohnflächenberechnung beruhen, sind die §§ 43 und 44 II. BV weiterhin anzuwenden.[2]

2. Einheitsbewertung: …

[1] Vorstehend Anlage a.
[2] Abgedruckt als Anlage zu Abschnitt 15 Abs. 3 BewR Gr (§ 75 BewG).

§ 182 Bewertung der bebauten Grundstücke BewG

(1) **Der Wert der bebauten Grundstücke ist nach dem Vergleichswertverfahren (Absatz 2 und § 183), dem Ertragswertverfahren (Absatz 3 und §§ 184 bis 188) oder dem Sachwertverfahren (Absatz 4 und §§ 189 bis 191) zu ermitteln.** 1

(2) **Im Vergleichswertverfahren sind grundsätzlich zu bewerten** 2
1. Wohnungseigentum,
2. Teileigentum,
3. Ein- und Zweifamilienhäuser.

(3) **Im Ertragswertverfahren sind zu bewerten** 3
1. Mietwohngrundstücke,
2. Geschäftsgrundstücke und gemischt genutzte Grundstücke, für die sich auf dem örtlichen Grundstücksmarkt eine übliche Miete ermitteln lässt.

(4) **Im Sachwertverfahren sind zu bewerten** 4
1. Grundstücke im Sinne des Absatzes 2, wenn kein Vergleichswert vorliegt,
2. Geschäftsgrundstücke und gemischt genutzte Grundstücke mit Ausnahme der in Absatz 3 Nr. 2 genannten Grundstücke,
3. sonstige bebaute Grundstücke.

Zu § 182 BewG

R B 182. Zuordnung zu den Bewertungsverfahren

ErbStR R B 182

(1) ① Der Wert eines Grundstücks ist entweder nach dem Vergleichswertverfahren, dem Ertragswertverfahren oder dem Sachwertverfahren zu bemessen. ② Welches Verfahren für die zu bewertende wirtschaftliche Einheit anzuwenden ist, richtet sich nach der Grundstücksart der wirtschaftlichen Einheit (§ 181 BewG, → R B 181.1). 5

(2) ① Das Vergleichswertverfahren (§ 183 BewG) ist für das Wohnungseigentum, das Teileigentum und für die Ein- und Zweifamilienhäuser anzuwenden, sofern der Gutachterausschuss entsprechende Vergleichspreise oder Vergleichsfaktoren ermittelt hat. ② Nachrangig kann auf die in der Finanzverwaltung vorliegenden Unterlagen zu Vergleichspreisen zurückgegriffen werden. 6

(3) ① Das Ertragswertverfahren (§§ 184 bis 188 BewG) ist für Geschäftsgrundstücke und gemischt genutzte Grundstücke anzuwenden, für die sich auf dem örtlichen Grundstücksmarkt eine übliche Miete ermitteln lässt. ② Die übliche Miete kann auch durch ein Mietgutachten nachgewiesen werden (→ R B 186.5 Absatz 5). ③ Das Verfahren ist nicht anzuwenden, wenn zwar eine tatsächliche Miete vereinbart ist, jedoch keine übliche Miete ermittelt werden kann, da in einem solchen Fall ein Vergleich nicht möglich ist. ④ Mietwohngrundstücke sind nach § 182 Absatz 3 Nummer 1 BewG stets im Ertragswertverfahren zu bewerten. ⑤ Ist in diesen Fällen weder eine tatsächliche Miete vorhanden noch eine ortsübliche Miete ermittelbar, ist die Miete marktbezogen, beispielsweise durch Abgleich mit den Mietverhältnissen in vergleichbaren überregionalen Lagen, zu schätzen. 7

(4) ① Das Sachwertverfahren (§§ 189 bis 191 BewG) ist für die Bewertung der sonstigen bebauten Grundstücke heranzuziehen. ② Darüber hinaus ist das Sachwertverfahren das Auffangverfahren für 8
- das Wohnungseigentum, das Teileigentum und für Ein- und Zweifamilienhäuser, wenn das Vergleichswertverfahren mangels Vergleichspreisen oder Vergleichsfaktoren nicht anwendbar ist;
- Geschäftsgrundstücke und gemischt genutzte Grundstücke, für die sich auf dem örtlichen Grundstücksmarkt keine übliche Miete ermitteln lässt.

H B 182 (4)

H B 182 (4)

Betriebsaufspaltung/Konzernverbund.

Beispiel: 9

Im Rahmen einer Betriebsaufspaltung überlässt das Besitzunternehmen einem Betriebsunternehmen ein Geschäftsgrundstück. Eine ortsübliche Miete ist nicht ermittelbar. Das Grundstück ist daher nicht im Ertragswertverfahren, sondern im Sachwertverfahren zu bewerten.

R B 182 (5)

R B 182 (5)

(5) Befinden sich auf einem Grundstück mehrere selbstständige Gebäude oder Gebäudeteile und lässt sich für mindestens eines dieser Gebäude oder Gebäudeteile keine übliche Miete ermitteln, erfolgt die Wertermittlung für die gesamte wirtschaftliche Einheit einheitlich nach dem Sachwertverfahren. 10

BewG

§ 183 Bewertung im Vergleichswertverfahren

1 **(1) ① Bei Anwendung des Vergleichswertverfahrens sind Kaufpreise von Grundstücken heranzuziehen, die hinsichtlich der ihren Wert beeinflussenden Merkmale mit dem zu bewertenden Grundstück hinreichend übereinstimmen (Vergleichsgrundstücke). ② Grundlage sind vorrangig die von den Gutachterausschüssen im Sinne der §§ 192 ff. des Baugesetzbuchs mitgeteilten Vergleichspreise.**

2 **(2)[1] ① Anstelle von Preisen für Vergleichsgrundstücke können von den Gutachterausschüssen für geeignete Bezugseinheiten, insbesondere Flächeneinheiten des Gebäudes, ermittelte und mitgeteilte Vergleichsfaktoren herangezogen werden. ② Bei Verwendung von Vergleichsfaktoren, die sich nur auf das Gebäude beziehen, ist der Bodenwert nach § 179 gesondert zu berücksichtigen. ③ Anzuwenden sind die von den Gutachterausschüssen ermittelten Vergleichsfaktoren nach Maßgabe des § 177 Absatz 2 und 3.**

3 | (3) *(aufgehoben)*

Zu § 183 BewG

ErbStR R B 183

R B 183.[2] Vergleichswertverfahren

4 (1) ① Bei der Anwendung des Vergleichswertverfahrens wird der Grundbesitzwert des zu bewertenden bebauten Grundstücks entweder aus Vergleichspreisen (Absatz 2) für vergleichbare Grundstücke oder aus Vergleichsfaktoren (Absatz 3) abgeleitet. ② Vergleichspreis- und Vergleichsfaktorverfahren stehen gesetzessystematisch gleichrangig nebeneinander; es besteht ein Auswahlermessen. ③ Der Vergleichswert bebauter Grundstücke umfasst den Boden- und Gebäudewert.

5 (2) ① Im Vergleichspreisverfahren wird der Vergleichswert aus einer ausreichenden Zahl von geeigneten Vergleichspreisen ermittelt. ② Für die Ableitung der Vergleichspreise sind die Kaufpreise solcher Grundstücke heranzuziehen, die mit dem zu bewertenden Grundstück hinreichend übereinstimmende Grundstücksmerkmale aufweisen (Vergleichsgrundstücke, § 183 Absatz 1 BewG). ③ Eine hinreichende Übereinstimmung der Grundstücksmerkmale der Vergleichsgrundstücke liegt vor, wenn sie insbesondere hinsichtlich ihrer Lage, Art und Maß der baulichen Nutzung, Größe, Erschließungszustand, Gebäudeart und Alter des Gebäudes mit dem zu bewertenden Grundstück weitgehend übereinstimmen bzw. die Abweichungen in sachgerechter Weise (→ Absatz 4) berücksichtigt werden können. ④ Vorrangig ist auf die von den Gutachterausschüssen für Grundstückswerte mitgeteilten Vergleichspreise zurückzugreifen. ⑤ Liegen mehrere Vergleichspreise vor, soll der Durchschnittswert angesetzt werden. ⑥ Sofern der Gutachterausschuss nur Durchschnittskaufpreise (Kaufpreismittel) aus einer Vielzahl von Kauffällen einer Grundstücksart ohne Berücksichtigung unterschiedlicher wertbeeinflussender Grundstücksmerkmale abgeleitet hat, sind diese als Vergleichspreise nicht geeignet. ⑦ Soweit von den Gutachterausschüssen keine Vergleichspreise vorliegen, kann das zuständige Finanzamt geeignete Vergleichspreise aus anderen Kaufpreissammlungen als nach § 195 BauGB berücksichtigen.

H B 183 (2)

H B 183 (2)

6 **Anzahl der Vergleichspreise.** Voraussetzung für die Anwendung des Vergleichswertverfahrens ist eine ausreichende Anzahl geeigneter Vergleichspreise; ausnahmsweise kann auch ein Vergleichspreis genügen.

Auszüge aus der Kaufpreissammlung. Bloße Auszüge aus der Kaufpreissammlung und deren schematische Mittelwertbildung stellen keine geeigneten Vergleichspreise dar.

Kaufpreis für das zu bewertende Grundstück als Vergleichspreis.[3] Als ein Vergleichspreis kann auch der für die zu bewertende wirtschaftliche Einheit tatsächlich innerhalb eines Jahres vor dem Bewertungsstichtag unter fremden Dritten erzielte Kaufpreis gelten, sofern zwischenzeitlich keine Änderungen der Wertverhältnisse eingetreten sind und dem Verkauf keine ungewöhnlichen oder persönlichen Verhältnisse zu Grunde gelegen haben.

R B 183 (3)

R B 183 (3)

7 (3) ① Anstelle von Vergleichspreisen können zur Ermittlung des Vergleichswerts auch Vergleichsfaktoren herangezogen werden, die vom Gutachterausschuss für Grundstückswerte für geeignete Bezugseinheiten, z. B. die Wohnfläche (Gebäudefaktor) oder den erzielbaren jährlichen Ertrag (Ertragsfaktor), ermittelt und mitgeteilt werden (§ 183 Absatz 2 BewG). ② Der Vergleichswert ergibt sich dann durch Vervielfachung der Bezugseinheit mit dem Vergleichsfaktor. ③ Vergleichsfaktoren sind geeignet, wenn die Grundstücksmerkmale der ihnen zugrunde liegenden Grundstücke hinreichend mit denen des zu bewertenden Grundstücks übereinstimmen bzw. die Abweichungen in

---

[1] § 183 Abs. 2 Satz 3 anzuwenden für Bewertungsstichtage nach dem 31. 12. 2022 (§ 265 Abs. 14 BewG).

[2] **Ab 1. 1. 2023** siehe *Rz. 11–14 gleich lautender Ländererlass vom 20. 3. 2023* (Anhang **III**).

[3] *BFH-Urteil vom 24. 8. 2022 II R 14/20 (BStBl. 2023 II S. 693):* **1.** Bei der Bewertung eines Grundstücks für Zwecke der Schenkungsteuer sind bei Anwendung des Vergleichswertverfahrens vorrangig die von den Gutachterausschüssen mitgeteilten Vergleichspreise heranzuziehen. **2.** Liegen keine vom Gutachterausschuss ermittelten Vergleichspreise vor, kann sich der Vergleichspreis nach § 183 Abs. 1 Satz 1 BewG auch aus einem zeitnah zum Bewertungsstichtag vereinbarten Kaufpreis für das zu bewertende Grundstück ergeben.

sachgerechter Weise (Absatz 4) berücksichtigt werden können.[1] ④ Beziehen sich die Vergleichsfaktoren nur auf den Gebäudewert, ist der Bodenwert zusätzlich nach Maßgabe des § 179 BewG zu ermitteln.

H B 183 (3)

HB 183 (3) 8

Vergleichsfaktoren.

Anwendungsvoraussetzungen bei Wohnungseigentum: Bei Vergleichsfaktoren für Wohnungseigentum sollten regelmäßig mindestens folgende Klassifizierungsmerkmale vorliegen: Baujahrsklasse, Wohnungsgröße der Vergleichswohnung oder eine Wohnungsgrößenspanne und die Wohnlage.

Beispiel (Einfamilienhäuser):

Hat der Gutachterausschuss nur einen Vergleichsfaktor für ein Reihenhaus ermittelt, kann dieser nur dann als Vergleichsfaktor für ein freistehendes Einfamilienhaus benutzt werden, wenn vom Gutachterausschuss zusätzlich entsprechende Korrekturfaktoren vorliegen.

Vergleichsfaktoren in Spannen: Hat der örtliche Gutachterausschuss Vergleichsfaktoren in Spannen veröffentlicht und dabei Differenzierungsmerkmale ausgewiesen, ist der entsprechend differenzierte Wert aus der Spanne zugrunde zu legen. Andernfalls ist regelmäßig nicht der Mittelwert, sondern der unterste Wert der Spanne anzusetzen.

Kein Vergleichsfaktor in Spannen liegt vor, wenn der Gutachterausschuss den Vergleichsfaktor als festen Wert vorgibt und zusätzlich nach oben und nach unten eine Standardabweichung benennt. In diesem Fall ist als Vergleichsfaktor der vorgegebene Wert anzusetzen.

R B 183 (4)

RB 183 (4)

(4) ① Weichen die Grundstücksmerkmale der Vergleichsgrundstücke bzw. der den Vergleichsfaktoren zugrunde liegenden Grundstücke von den Grundstücksmerkmalen des zu bewertenden Grundstücks ab, so sind diese Abweichungen durch Zu- oder Abschläge nach Vorgabe des Gutachterausschusses für Grundstückswerte zu berücksichtigen. ② Besonderheiten, insbesondere die den Wert beeinflussenden Rechte und Belastungen privatrechtlicher und öffentlich-rechtlicher Art, werden in dem typisierenden Vergleichswertverfahren nach § 183 Absatz 1 und 2 BewG nicht berücksichtigt (§ 183 Absatz 3 BewG). 9

H B 183 (4)

HB 183 (4)

Vergleichsfaktoren (Abweichungen). Stehen vom örtlichen Gutachterausschuss zur Berücksichtigung der Abweichungen zwischen den Grundstücksmerkmalen der Vergleichsgrundstücke bzw. der den Vergleichsfaktoren zugrunde liegenden Grundstücke und den Grundstücksmerkmalen des zu bewertenden Grundstücks keine Anpassungsfaktoren (z. B. Indexreihen oder Umrechnungskoeffizienten) zur Verfügung, kann eine hinreichende Übereinstimmung noch unterstellt werden, wenn die Grundstücksmerkmale des zu bewertenden Grundstücks, wie z. B. die Wohn-/Nutzfläche des Gebäudes, die Grundstücksgröße oder das Alter des Gebäudes, um höchstens jeweils 20% vom Vergleichsgrundstück abweichen. 10

Beispiel:

Der Grundstücksmarktbericht des örtlichen Gutachterausschusses für Grundstückswerte enthält im Zusammenhang mit der Darstellung von Vergleichsfaktoren für Wohnungseigentum u. a. folgende Angaben:

1. Definition der Musterwohnung:

- Größe (Wohnfläche): 80 m²
- Geschosslage: 1. OG
- Ausstattung: durchschnittlich (mittel)
- Unterhaltungszustand: baujahrtypisch
- Vermietung: unvermietet
- Garage/Stellplatz: nicht enthalten.

2. Vergleichsfaktoren je Quadratmeter Wohnfläche

Die Werte sind umgerechnet auf die definierte Musterwohnung.		Baujahrsklasse	
		1920 bis 1944	1945 bis 1960
Stadtbezirk	Wohnlage	EUR/m² Wohnfläche	
A	gut	1700	1800
	mittel	1500	1650
	einfach	1350	1500

[1] Siehe § 177 Abs. 2 und 3 BewG.

H B 183 (4)

Die Werte sind umgerechnet auf die definierte Musterwohnung.		Baujahrsklasse 1920 bis 1944	1945 bis 1960
Stadtbezirk	Wohnlage	EUR/m² Wohnfläche	
B	gut	1900	1850
	mittel	1700	1650
	einfach	1500	1550
Garagen und Stellplätze sind bei diesen Werten nicht berücksichtigt.			

3. Anwendung der Vergleichsfaktoren

Liegt z. B. eine im Jahr 1950 errichtete Eigentumswohnung (Wohnungseigentum) mit einer Wohnfläche von 70 m² im Stadtbezirk A in guter Wohnlage, weicht sie hinsichtlich der Wohnfläche im Vergleich zur Musterwohnung mit einer Differenz von 10 m² geringfügig ab (Abweichung nicht mehr als 20% von 80 m²). Deshalb kann der Vergleichswert (Grundbesitzwert) unmittelbar durch Anwendung des Vergleichsfaktors ermittelt werden:

70 m² Wohnfläche × 1800 EUR/m² = 126 000 EUR

Würde die Wohnfläche der zu bewertenden Eigentumswohnung (Wohnungseigentum) nur 60 m² betragen (Abweichung im Vergleich zur Musterwohnung über 20% von 80 m²), wäre eine Anwendung des Vergleichsfaktors nur möglich, wenn der Gutachterausschuss zusätzlich entsprechende Umrechnungskoeffizienten hinsichtlich unterschiedlicher Wohnflächen ermittelt und mitgeteilt hat.

BewG

§ 184 Bewertung im Ertragswertverfahren

(1) **Bei Anwendung des Ertragswertverfahrens ist der Wert der Gebäude (Gebäudeertragswert) getrennt von dem Bodenwert auf der Grundlage des Ertrags nach § 185 zu ermitteln.** 1

(2) **Der Bodenwert ist der Wert des unbebauten Grundstücks nach § 179.** 2

(3)[1] ①**Der Bodenwert und der Gebäudeertragswert (§ 185) ergeben den Ertragswert des Grundstücks.** ②**Es ist mindestens der Bodenwert anzusetzen.** 3

(4)[1] **Der Wert der baulichen Außenanlagen und sonstigen Anlagen ist mit dem nach den Absätzen 1 bis 3 ermittelten Ertragswert abgegolten.**

Zu § 184 BewG

ErbStR R B 184

R B 184.[2] **Allgemeine Grundsätze des Ertragswertverfahrens**

① Im Ertragswertverfahren nach den §§ 184 bis 188 BewG wird der Grundbesitzwert (Ertragswert) aus der Summe von Bodenwert (Bodenertragswert) und Gebäudewert (Gebäudeertragswert) gebildet. ② Der Bodenwert ist wie bei einem unbebauten Grundstück nach Maßgabe des § 179 BewG zu ermitteln. ③ Der Gebäudewert ist getrennt vom Bodenwert auf der Grundlage des Ertrags zu bestimmen. ④ Sonstige bauliche Anlagen, insbesondere Außenanlagen, sind regelmäßig mit dem Ertragswert abgegolten. ⑤ Als Ertragswert (Grundbesitzwert) ist mindestens der Bodenwert anzusetzen. 4

H B 184

H B 184

Überblick über das Verfahren (Schema). 5

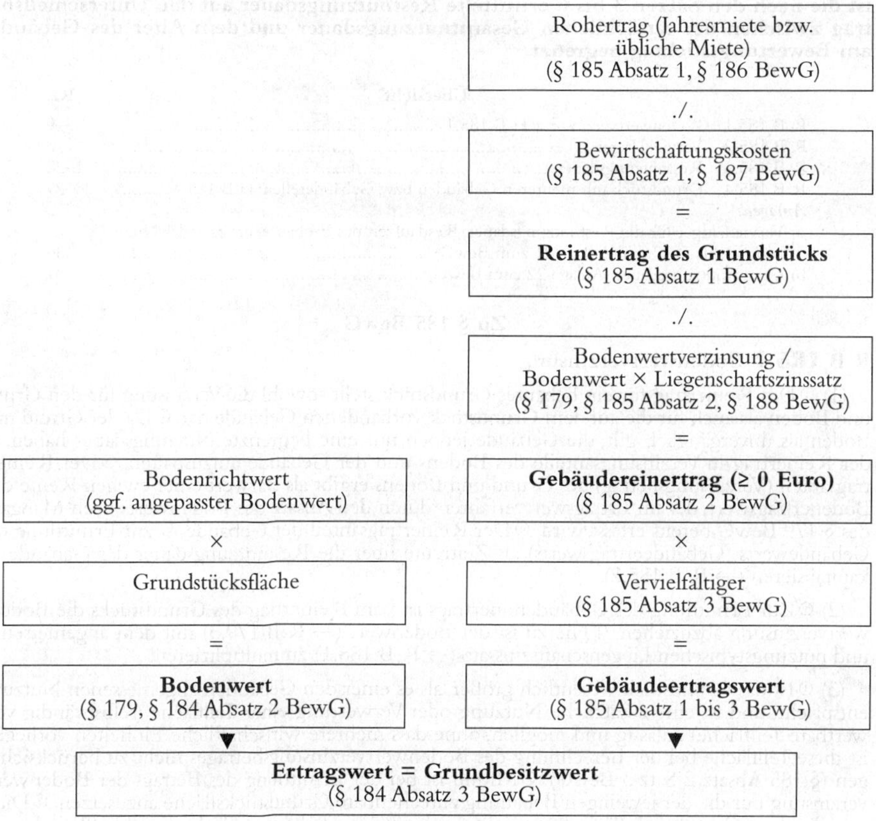

[1] § 184 Abs. 3 und 4 anzuwenden auf Bewertungsstichtage nach dem 31. 12. 2022 (§ 265 Abs. 14 BewG).
[2] **Ab 1. 1. 2023** *siehe Rz. 15–17 gleich lautender Ländererlass vom 20. 3. 2023* (Anhang **III**).

BewG

§ 185 Ermittlung des Gebäudeertragswerts

1 **(1) ① Bei der Ermittlung des Gebäudeertragswerts ist von dem Reinertrag des Grundstücks auszugehen. ② Dieser ergibt sich aus dem Rohertrag des Grundstücks (§ 186) abzüglich der Bewirtschaftungskosten (§ 187).**

2 **(2) ① Der Reinertrag des Grundstücks ist um den Betrag zu vermindern, der sich durch eine angemessene Verzinsung des Bodenwerts ergibt; dies ergibt den Gebäudereinertrag. ② Der Verzinsung des Bodenwerts ist der Liegenschaftszinssatz (§ 188) zu Grunde zu legen. ③ Ist das Grundstück wesentlich größer, als es einer den Gebäuden angemessenen Nutzung entspricht, und ist eine zusätzliche Nutzung oder Verwertung einer Teilfläche zulässig und möglich, ist bei der Berechnung des Verzinsungsbetrags der Bodenwert dieser Teilfläche nicht zu berücksichtigen.**

3 **(3)[1] ① Der Gebäudereinertrag ist mit dem sich aus der Anlage 21[2] ergebenden Vervielfältiger zu kapitalisieren. ② Maßgebend für den Vervielfältiger sind der Liegenschaftszinssatz und die Restnutzungsdauer des Gebäudes. ③ Die Restnutzungsdauer wird grundsätzlich aus dem Unterschiedsbetrag zwischen der wirtschaftlichen Gesamtnutzungsdauer, die sich aus der Anlage 22[3] ergibt, und dem Alter des Gebäudes am Bewertungsstichtag ermittelt. ④ Das Alter des Gebäudes ist durch Abzug des Jahres der Bezugsfertigkeit des Gebäudes vom Jahr des Bewertungsstichtags zu bestimmen. ⑤ Sind nach Bezugsfertigkeit des Gebäudes Veränderungen eingetreten, die die Restnutzungsdauer des Gebäudes wesentlich verlängert haben, ist von der entsprechend verlängerten Restnutzungsdauer auszugehen. ⑥ Die Restnutzungsdauer eines noch nutzbaren Gebäudes beträgt vorbehaltlich des Satzes 7 mindestens 30 Prozent der Gesamtnutzungsdauer. ⑦ Bei einer bestehenden Abbruchverpflichtung für das Gebäude ist die nach den Sätzen 3 bis 6 ermittelte Restnutzungsdauer auf den Unterschiedsbetrag zwischen der tatsächlichen Gesamtnutzungsdauer und dem Alter des Gebäudes am Bewertungsstichtag begrenzt.**

Übersicht

		Rz.
R B 185.1	Bodenwertverzinsung; H B 185.1	5–9
R B 185.2	Vervielfältiger	10
R B 185.3	Restnutzungsdauer	11–22
R B 185.4	Grundstück mit mehreren Gebäuden bzw. Gebäudeteilen; H B 185.4	23–29
Anlagen:		
	a) Vervielfältiger für die Restnutzungsdauer; Restlaufzeit des Erbbaurechts bzw. des Nutzungsrechts in Jahren (Anlage 21 zum BewG)	30
	b) Gesamtnutzungsdauer (Anlage 22 zum BewG)	31

Zu § 185 BewG

ErbStR R B 185.1

R B 185.1 Bodenwertverzinsung

5 (1) ① Der Reinertrag für ein bebautes Grundstück stellt sowohl die Verzinsung für den Grund und Boden als auch für die auf dem Grundstück vorhandenen Gebäude dar. ② Da der Grund und Boden als unvergänglich gilt, die Gebäude jedoch nur eine begrenzte Nutzungsdauer haben, ist der Reinertrag in Verzinsungsanteile des Bodens und der Gebäude aufzuspalten. ③ Der Reinertragsanteil (Verzinsungsbetrag) des Grund und Bodens ergibt als Barwert einer ewigen Rente den Bodenertragswert, der im Ertragswertverfahren durch den Ansatz des Bodenwerts nach Maßgabe des § 179 BewG bereits erfasst wird. ④ Der Reinertragsanteil der Gebäude ist zur Ermittlung des Gebäudewerts (Gebäudeertragswerts) als Zeitrente über die Restnutzungsdauer der Gebäude zu kapitalisieren (→ R B 185.2).

6 (2) ① Zur Ermittlung des Gebäudereinertrags ist vom Reinertrag des Grundstücks die Bodenwertverzinsung abzuziehen. ② Hierzu ist der Bodenwert (→ R B 179.3) mit dem angemessenen und nutzungstypischen Liegenschaftszinssatz (→ R B 188.1) zu multiplizieren.

7 (3) ① Ist das Grundstück wesentlich größer, als es einer den Gebäuden angemessenen Nutzung entspricht, und ist eine zusätzliche Nutzung oder Verwertung einer Teilfläche (selbstständig verwertbare Teilfläche) zulässig und möglich, ohne dass mehrere wirtschaftliche Einheiten vorliegen, ist diese Teilfläche bei der Berechnung des Bodenwertverzinsungsbetrages nicht zu berücksichtigen (§ 185 Absatz 2 Satz 3 BewG). ② Mithin ist bei der Ermittlung des Betrags der Bodenwertverzinsung nur die der jeweiligen Bebauung zurechenbare Grundstücksfläche anzusetzen. ③ Diese zurechenbare Grundstücksfläche entspricht regelmäßig der bebauten Fläche einschließlich der sog. Umgriffsfläche. ④ Dabei ist nicht entscheidend, ob die selbstständig nutzbaren Teilflächen baulich nutzbar sind. ⑤ Vielmehr wird unter einer selbstständig nutzbaren Teilfläche jede sinnvolle Nutzung verstanden (Lagerfläche, Abstellfläche, Gartenfläche, Schrebergarten usw.). ⑥ Die selbstständig

[1] § 185 Abs. 3 Sätze 4 bis 7 anzuwenden auf Bewertungsstichtage nach dem 31. 12. 2022 (§ 265 Abs. 14 BewG).
[2] Nachfolgend abgedruckt als Anlage a zu § 185 BewG.
[3] Nachfolgend abgedruckt als Anlage b zu § 185 BewG.

nutzbare Teilfläche muss hinreichend groß und so gestaltet sein, dass eine entsprechende Nutzung oder Verwertung möglich ist.

H B 185.1 (3) H B 185.1 (3)

Selbstständig verwertbare Teilfläche.

Beispiel: 8

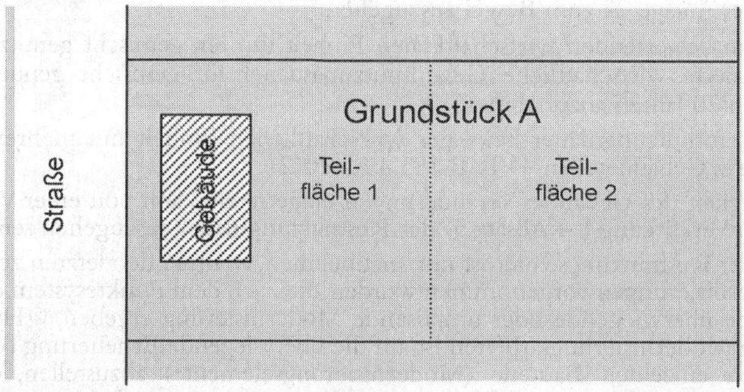

Für das Ertragswertobjekt auf dem Grundstück A ist lediglich die Teilfläche 1 für den zu erzielenden Ertrag notwendig. Die Teilfläche 2 ist selbstständig nutzbar. Eine sofortige Parzellierung der beiden Teilflächen ist nicht möglich, so dass das Grundstück A eine wirtschaftliche Einheit bildet. Bei der Berechnung des Betrags der Bodenwertverzinsung ist ausschließlich die Teilfläche 1 zu berücksichtigen. Bei der Bodenwertermittlung sind dagegen beide Teilflächen anzusetzen.

R B 185.1 (4) R B 185.1 (4)

(4) ① Verbleibt nach Abzug der Bodenwertverzinsung kein oder ein negativer Betrag ist nach § 184 Absatz 3 Satz 2 BewG der Bodenwert anzusetzen (Mindestwert). 9

R B 185.2 Vervielfältiger ErbStR R B 185.2

① Der Vervielfältiger, mit dem der Gebäudereinertrag kapitalisiert wird, bestimmt sich nach dem Liegenschaftszinssatz (§ 188 BewG, → R B 188.1) und der Restnutzungsdauer (→ R B 185.3). ② Mathematisch handelt es sich um einen Zeitrentenbarwertfaktor einer jährlich nachschüssig zahlbaren Rente, wobei als Rente die jährlich anfallenden Reinerträge der Gebäude mit Hilfe des Vervielfältigers kapitalisiert werden. ③ Die Vervielfältiger sind in der Anlage 21[1] zum BewG dargestellt. ④ Für Fälle, in denen von den Gutachterausschüssen Liegenschaftszinssätze ermittelt werden, die nicht direkt in der Anlage 21 zum BewG ausgewiesen sind, enthält diese eine Formel zur Berechnung des Vervielfältigers. 10

R B 185.3[2] Restnutzungsdauer ErbStR R B 185.3

(1) ① Die Restnutzungsdauer wird grundsätzlich aus dem Unterschied zwischen der typisierten wirtschaftlichen Gesamtnutzungsdauer und dem Alter des Gebäudes am Bewertungsstichtag ermittelt. ② Es bestehen aus Vereinfachungsgründen keine Bedenken, das Alter des Gebäudes durch Abzug des Jahres der Bezugsfertigkeit des Gebäudes (Baujahr) vom Jahr des Bewertungsstichtags zu bestimmen. 11

(2) ① Die typisierte wirtschaftliche Gesamtnutzungsdauer eines Gebäudes ist der Anlage 22 zum BewG zu entnehmen. ② Sie richtet sich nach der Grundstücksart im Sinne des § 181 BewG und den in der Anlage 22[3] zum BewG ausgewiesenen Gebäudearten. ③ Die Gesamtnutzungsdauer für nicht aufgeführte Gebäudearten ist aus der Gesamtnutzungsdauer vergleichbarer Gebäudearten abzuleiten. ④ Wird ein Gebäude mit nichtselbstständigen Gebäudeteilen unterschiedlich genutzt, ist die Wahl der maßgeblichen wirtschaftlichen Gesamtnutzungsdauer entsprechend der Grundstücksart des § 181 BewG wie folgt vorzunehmen: 12

1. ① Handelt es sich bei der zu bewertenden wirtschaftlichen Einheit um ein Mietwohngrundstück, ist die typisierte wirtschaftliche Gesamtnutzungsdauer für Mietwohngrundstücke in Höhe von 70 Jahren anzunehmen. ② Dies gilt unabhängig davon, ob im Gebäude enthaltene Räume (z. B. Verkaufsräume oder Büros) für Zwecke genutzt werden, für die eine abweichende wirtschaftliche Gesamtnutzungsdauer anzunehmen wäre.
2. ① Handelt es sich bei der zu bewertenden wirtschaftlichen Einheit um ein Geschäftsgrundstück, das aus einem Gebäude mit nicht selbstständigen Gebäudeteilen verschiedener Bauart oder Nutzung (z. B. geschossweise unterschiedliche Bauart, Tiefgarage unter Bankgebäude) besteht, ist zur Ermittlung einer einheitlichen Restnutzungsdauer die typisierte wirtschaftliche Gesamt-

---

[1] Nachstehend Anlage a.
[2] **Ab 1. 1. 2023** *siehe Rz. 18–23 gleich lautender Ländererlass vom 20. 3. 2023* (Anhang **III**).
[3] Nachstehend Anlage b.

ErbStR R B 185.3

nutzungsdauer für Geschäftsgrundstücke laut Anlage 22 zum BewG anzunehmen, die dem durch die Hauptnutzung des Gebäudes bestimmten Gesamtgepräge des Gebäudes entspricht. ② Dies gilt unabhängig davon, ob im Gebäude enthaltene Räume (z. B. Wohnungen) für Zwecke genutzt werden, für die eine abweichende wirtschaftliche Gesamtnutzungsdauer anzunehmen wäre. ③ Ist keine der Nutzungen des Gebäudes prägend, ist für dieses Gebäude bei der Ermittlung der Restnutzungsdauer von der durchschnittlichen Gesamtnutzungsdauer der jeweiligen Gebäudearten der Anlage 22 zum BewG auszugehen.

3. Handelt es sich bei der zu bewertenden wirtschaftlichen Einheit um ein gemischt genutztes Grundstück, ist die typisierte wirtschaftliche Gesamtnutzungsdauer für gemischt genutzte Grundstücke in Höhe von 70 Jahren anzunehmen.

⑤ Zur Bestimmung der Gesamtnutzungsdauer bei einer wirtschaftlichen Einheit mit mehreren selbstständigen Gebäuden bzw. Gebäudeteilen → R B 185.4 Absatz 2.

13 (3) Sind nach Bezugsfertigkeit des Gebäudes Veränderungen eingetreten, kann von einer Verlängerung (→ Absatz 4) oder Verkürzung (→ Absatz 5) der Restnutzungsdauer auszugehen sein.

14 (4) ① Eine Verlängerung der Restnutzungsdauer ist nur anzunehmen, wenn in den letzten zehn Jahren durchgreifende Modernisierungen vorgenommen wurden, die nach dem Punktesystem der nachfolgenden Tabelle 1 eine überwiegende oder umfassende Modernisierung ergeben. ② Hinsichtlich der durchgeführten Modernisierungsarbeiten ist auf die überwiegende Erneuerung bzw. Verbesserung der jeweiligen einzelnen Bauteile (Modernisierungselemente) abzustellen, die Punkte der Tabelle 1 sind für das jeweilige Bauteil folglich nur insgesamt oder gar nicht anzusetzen. ③ Die verlängerte Restnutzungsdauer ergibt sich aus den nachfolgenden Tabellen 2 bis 6. ④ Eine Interpolation ist nicht vorzunehmen. ⑤ Die nachfolgenden Tabellen sind für Wohngebäude und analog für Nichtwohngebäude anzuwenden.

Tabelle 1

15

Modernisierungselemente	**Punkte**
Dacherneuerung inkl. Verbesserung der Wärmedämmung	4
Modernisierung der Fenster und Außentüren	2
Modernisierung der Leitungssysteme (Strom, Gas, Wasser, Abwasser)	2
Modernisierung der Heizungsanlage	2
Wärmedämmung der Außenwände	4
Modernisierung von Bädern	2
Modernisierung des Innenausbaus, z. B. Decken, Fußböden, Treppen	2
Wesentliche Verbesserung der Grundrissgestaltung	2

14 bis 16 Punkte: überwiegend modernisiert
≥ 18 Punkte: umfassend modernisiert

Tabelle 2

16

Übliche Gesamtnutzungsdauer von 70 Jahren		
Gebäudealter (Jahre)	**Modernisierungsgrad**	
	14 bis 16 Punkte	**≥ 18 Punkte**
	neue Restnutzungsdauer (Jahre)	
≥ 10	60	62
≥ 15	57	60
≥ 20	54	58
≥ 25	51	57
≥ 30	49	55
≥ 35	47	54
≥ 40	45	53
≥ 45	43	52
≥ 50	42	51
≥ 55	41	50
≥ 60	40	50
≥ 65	39	49
≥ 70	38	49

ErbStR R B 185.3

Tabelle 3

17

Übliche Gesamtnutzungsdauer von 60 Jahren		
	Modernisierungsgrad	
	14 bis 16 Punkte	≥ 18 Punkte
Gebäudealter (Jahre)	neue Restnutzungsdauer (Jahre)	
≥ 10	50	52
≥ 15	47	51
≥ 20	45	49
≥ 25	42	48
≥ 30	40	46
≥ 35	38	45
≥ 40	37	44
≥ 45	35	43
≥ 50	34	43
≥ 55	33	42
≥ 60	33	42

Tabelle 4

18

Übliche Gesamtnutzungsdauer von 50 Jahren		
	Modernisierungsgrad	
	14 bis 16 Punkte	≥ 18 Punkte
Gebäudealter (Jahre)	neue Restnutzungsdauer (Jahre)	
≥ 10	41	43
≥ 15	38	41
≥ 20	36	40
≥ 25	33	39
≥ 30	32	38
≥ 35	30	37
≥ 40	29	36
≥ 45	28	35
≥ 50	27	35

Tabelle 5

19

Übliche Gesamtnutzungsdauer von 40 Jahren		
	Modernisierungsgrad	
	14 bis 16 Punkte	≥ 18 Punkte
Gebäudealter (Jahre)	neue Restnutzungsdauer (Jahre)	
≥ 5	35	36
≥ 10	32	34
≥ 15	29	32
≥ 20	27	31
≥ 25	25	30
≥ 30	23	29
≥ 35	22	28
≥ 40	22	28

Tabelle 6

20

Übliche Gesamtnutzungsdauer von 30 Jahren		
	Modernisierungsgrad	
	14 bis 16 Punkte	≥ 18 Punkte
Gebäudealter (Jahre)	neue Restnutzungsdauer (Jahre)	
≥ 5	25	26
≥ 10	22	25
≥ 15	20	23
≥ 20	18	22
≥ 25	17	21
≥ 30	16	21

21 (5) ① Eine Verkürzung der Restnutzungsdauer kommt nur bei bestehender Abbruchverpflichtung für das Gebäude in Betracht. ② Baumängel und Bauschäden oder wirtschaftliche Gegebenheiten können im typisierenden Bewertungsverfahren zu keiner Verkürzung der Restnutzungsdauer führen.

22 (6) ① Die Restnutzungsdauer eines noch nutzbaren Gebäudes beträgt nach § 185 Absatz 3 Satz 5 BewG regelmäßig noch mindestens 30 Prozent der wirtschaftlichen Gesamtnutzungsdauer. ② Die Regelung unterstellt einen durchschnittlichen Erhaltungszustand und macht insbesondere bei älteren Gebäuden in vielen Fällen die Prüfung entbehrlich, ob die restliche Lebensdauer infolge baulicher Maßnahmen verlängert wurde. ③ Bei bestehender Abbruchverpflichtung für das Gebäude kann die Mindest-Restnutzungsdauer jedoch unterschritten werden.

ErbStR R B 185.4

R B 185.4[1] Grundstück mit mehreren Gebäuden bzw. Gebäudeteilen

23 (1) Besteht eine wirtschaftliche Einheit aus mehreren Gebäuden oder Gebäudeteilen mit einer gewissen baulichen Selbstständigkeit, die eine verschiedene Bauart aufweisen, unterschiedlich genutzt werden oder die in verschiedenen Jahren bezugsfertig geworden sind, können sich unterschiedliche Restnutzungsdauern ergeben.

24 (2) Die typisierte wirtschaftliche Gesamtnutzungsdauer bestimmt sich bei einer wirtschaftlichen Einheit aus mehreren selbstständigen Gebäuden bzw. Gebäudeteilen unter Berücksichtigung der Grundstücksarten nach § 181 BewG wie folgt:

1. ① Bei Mietwohngrundstücken gilt für alle Gebäude bzw. Gebäudeteile – unabhängig von ihrer Nutzung – eine Gesamtnutzungsdauer von 70 Jahren. ② Dies gilt auch für Garagen und Nebengebäude. ③ Liegen keine anderweitigen Erkenntnisse vor, bestehen keine Bedenken, bei Garagen und Nebengebäuden die Bezugsfertigkeit im Zeitpunkt der Bezugsfertigkeit des Hauptgebäudes zu unterstellen.
2. Bei Geschäftsgrundstücken und gemischt genutzten Grundstücken mit mehreren selbstständigen Gebäuden bzw. Gebäudeteilen können sich – je nach Nutzung – unterschiedliche Gesamtnutzungsdauern ergeben.

25 (3) Ergeben sich bei einer wirtschaftlichen Einheit aus mehreren selbstständigen Gebäuden bzw. Gebäudeteilen unterschiedliche Restnutzungsdauern, ist eine gewogene Restnutzungsdauer unter Berücksichtigung der jeweiligen Roherträge zu ermitteln.

26 (4) Können die Roherträge nur mit einem unverhältnismäßig hohen Aufwand den einzelnen selbstständigen Gebäuden bzw. Gebäudeteilen zugeordnet werden (z. B. bei Vermietung sämtlicher Gebäude zu einem Gesamtentgelt), bestehen keine Bedenken, von einer nach Wohn- bzw. Nutzflächen gewichteten Restnutzungsdauer auszugehen.

27 (5) ① Anbauten teilen im Allgemeinen auf Grund ihrer Bauart oder Nutzung das Schicksal des Hauptgebäudes. ② Ist dagegen anzunehmen, dass ein Erweiterungsbau nach Größe, Bauart oder Nutzung eine andere Restnutzungsdauer als das Hauptgebäude haben wird, gelten die Absätze 1 bis 4 entsprechend. ③ Für Aufstockungen ist im Allgemeinen das Baujahr der unteren Geschosse zu Grunde zu legen. ④ Es ist jedoch zu prüfen, ob durch die baulichen Maßnahmen die Restnutzungsdauer des Gebäudes verlängert worden ist.

28 (6) ① Bei einer wirtschaftlichen Einheit mit mehreren nichtselbstständigen Gebäuden bzw. Gebäudeteilen ist von einer einheitlichen Restnutzungsdauer auszugehen. ② Zur Bestimmung der wirtschaftlichen Gesamtnutzungsdauer gelten R B 185.3 Absatz 2 Sätze 1 bis 4 entsprechend.

(7) Auf R B 182 Absatz 5 wird verwiesen.

[1] **Ab 1. 1. 2023** *siehe Rz. 24–30 gleich lautender Ländererlass vom 20. 3. 2023* (Anhang **III**).

H B 185.4

H B 185.4

Formel zur Ermittlung der gewogenen Restnutzungsdauer. 29

$$RND_{gewogen} = \frac{RoG_1 \times RND_1 + RoG_n \times RND_n}{RoG_1 + RoG_n}$$

RND = Restnutzungsdauer
RoG = Rohertrag des Gebäudes/Gebäudeteils

Formel zur Ermittlung der gewichteten Restnutzungsdauer.

$$RND_{gewichtet} = \frac{WF/NF_1 \times RND_1 + WF/NF_n \times RND_n}{WF/NF_1 + WF/NF_n}$$

RND = Restnutzungsdauer
WF/NF = Wohn- bzw. Nutzfläche des Gebäudes/Gebäudeteils

Gebäudemix.

Beispiel 1: (gewogene Restnutzungsdauer):

Der Grundbesitzwert (Ertragswert) für ein Geschäftsgrundstück (Bodenwert: 300 000 EUR), bebaut mit einem Verwaltungsgebäude (jährlicher Rohertrag: 100 000 EUR, Baujahr 1999) und einem Industriegebäude (jährlicher Rohertrag: 40 000 EUR, Baujahr 1999), ermittelt sich am Bewertungsstichtag (1. 2. 2018) wie folgt:

1. Ermittlung der gewogenen Restnutzungsdauer:

Verwaltungsgebäude:	wirtsch. Gesamtnutzungsdauer (Anlage 22 zum BewG)	60 Jahre
	abzüglich Alter am Bewertungsstichtag	./. 19 Jahre
	Restnutzungsdauer	41 Jahre
Industriegebäude:	wirtsch. Gesamtnutzungsdauer (Anlage 22 zum BewG)	40 Jahre
	abzüglich Alter am Bewertungsstichtag	./. 19 Jahre
	Restnutzungsdauer	21 Jahre

(Mindest-Restnutzungsdauer nach § 185 Abs. 3 Satz 5 BewG jeweils überschritten)

$$RND_{gewogen} = \frac{RoG_1\ (100\,000\ EUR) \times RND_1\ (41\ Jahre) + RoG_2\ (40\,000\ EUR) \times RND_2\ (21\ Jahre)}{RoG_1\ (100\,000\ EUR) + RoG_2\ (40\,000\ EUR)}$$

$RND_{gewogen}$ = 35,29 = rd. 35 Jahre

2. Grundbesitzwert:

Rohertrag (100 000 EUR + 40 000 EUR =)	140 000 EUR
abzüglich Bewirtschaftungskosten 22% (Anlage 23 zum BewG: Geschäftsgrundstück, 35 Jahre RND)	./. 30 800 EUR
Reinertrag des Grundstücks	109 200 EUR
abzüglich Bodenwertverzinsung (§ 188 Abs. 2 Satz 2 Nr. 4 BewG: Liegenschaftszinssatz 6,5% × 300 000 EUR Bodenwert)	./. 19 500 EUR
Gebäudereinertrag	89 700 EUR
Vervielfältiger 13,69 (Anlage 21 zum BewG: $RND_{gewogen}$ 35 Jahre, Liegenschaftszinssatz 6,5%)	× 13,69
Gebäudeertragswert	1 227 993 EUR
Bodenwert (300 000 EUR)	+ 300 000 EUR
Ertragswert/Grundbesitzwert	1 527 993 EUR

Beispiel 2 (gewichtete Restnutzungsdauer):

Das Geschäftsgrundstück nach Beispiel 1 wurde zu einem jährlichen Gesamtentgelt in Höhe von 140 000 EUR vermietet. Das Verwaltungsgebäude hat eine Nutzfläche von 1 000 m^2 und das Industriegebäude eine Nutzfläche von 800 m^2.

1. Ermittlung der gewichteten Restnutzungsdauer:

Verwaltungsgebäude:	wirtsch. Gesamtnutzungsdauer (Anlage 22 zum BewG)	60 Jahre
	abzüglich Alter am Bewertungsstichtag	./. 19 Jahre
	Restnutzungsdauer	41 Jahre
Industriegebäude:	wirtsch. Gesamtnutzungsdauer (Anlage 22 zum BewG)	40 Jahre
	abzüglich Alter am Bewertungsstichtag	./. 19 Jahre
	Restnutzungsdauer	21 Jahre

(Mindest-Restnutzungsdauer nach § 185 Abs. 3 Satz 5 BewG jeweils überschritten)

$$RND_{gewichtet} = \frac{NF_1\ (1000\ m^2) \times RND_1\ (41\ Jahre) + NF_2\ (800\ m^2) \times RND_2\ (21\ Jahre)}{NF_1\ (1000\ m^2) + NF_2\ (800\ m^2)}$$

$RND_{gewichtet}$ = 32,11 = rd. 32 Jahre

2. Grundbesitzwert:

Rohertrag (140 000 EUR) abzüglich Bewirtschaftungskosten 22% (Anlage 23 zum BewG: Geschäftsgrundstück, 38 Jahre RND)	140 000 EUR ./. 30 800 EUR
Reinertrag des Grundstücks abzüglich Bodenwertverzinsung (§ 188 Abs. 2 Satz 2 Nr. 4 BewG: Liegenschaftszinssatz 6,5% × 300 000 EUR Bodenwert)	109 200 EUR ./. 19 500 EUR
Gebäudereinertrag Vervielfältiger 13,33 (Anlage 21 zum BewG: $RND_{gewichtet}$ 32 Jahre, Liegenschaftszinssatz 6,5%)	89 700 EUR × 13,33
Gebäudeertragswert Bodenwert (300 000 EUR)	1 195 701 EUR + 300 000 EUR
Ertragswert/Grundbesitzwert	1 495 701 EUR

Anl a zu § 185

Anlage 21[1]
(zu § 185 Absatz 3 Satz 1, § 193 Absatz 4 Satz 1, § 194 Absatz 5 Satz 1 und § 195 Absatz 3 Satz 1 und Absatz 7 Satz 1)

Vervielfältiger

30

Restnutzungsdauer; Restlaufzeit des Erbbaurechts bzw. des Nutzungsrechts (in Jahren)	Zinssatz								
	1,0 %	1,5 %	2,0 %	2,5 %	3,0 %	3,5 %	4,0 %	4,5 %	5,0 %
1	0,9901	0,9852	0,9804	0,9756	0,9709	0,9662	0,9615	0,9569	0,9524
2	1,9704	1,9559	1,9416	1,9274	1,9135	1,8997	1,8861	1,8727	1,8594
3	2,9410	2,9122	2,8839	2,8560	2,8286	2,8016	2,7751	2,7490	2,7232
4	3,9020	3,8544	3,8077	3,7620	3,7171	3,6731	3,6299	3,5875	3,5460
5	4,8534	4,7826	4,7135	4,6458	4,5797	4,5151	4,4518	4,3900	4,3295
6	5,7955	5,6972	5,6014	5,5081	5,4172	5,3286	5,2421	5,1579	5,0757
7	6,7282	6,5982	6,4720	6,3494	6,2303	6,1145	6,0021	5,8927	5,7864
8	7,6517	7,4859	7,3255	7,1701	7,0197	6,8740	6,7327	6,5959	6,4632
9	8,5660	8,3605	8,1622	7,9709	7,7861	7,6077	7,4353	7,2688	7,1078
10	9,4713	9,2222	8,9826	8,7521	8,5302	8,3166	8,1109	7,9127	7,7217
11	10,3676	10,0711	9,7868	9,5142	9,2526	9,0016	8,7605	8,5289	8,3064
12	11,2551	10,9075	10,5753	10,2578	9,9540	9,6633	9,3851	9,1186	8,8633
13	12,1337	11,7315	11,3484	10,9832	10,6350	10,3027	9,9856	9,6829	9,3936
14	13,0037	12,5434	12,1062	11,6909	11,2961	10,9205	10,5631	10,2228	9,8986
15	13,8651	13,3432	12,8493	12,3814	11,9379	11,5174	11,1184	10,7395	10,3797
16	14,7179	14,1313	13,5777	13,0550	12,5611	12,0941	11,6523	11,2340	10,8378
17	15,5623	14,9076	14,2919	13,7122	13,1661	12,6513	12,1657	11,7072	11,2741
18	16,3983	15,6726	14,9920	14,3534	13,7535	13,1897	12,6593	12,1600	11,6896
19	17,2260	16,4262	15,6785	14,9789	14,3238	13,7098	13,1339	12,5933	12,0853
20	18,0456	17,1686	16,3514	15,5892	14,8775	14,2124	13,5903	13,0079	12,4622
21	18,8570	17,9001	17,0112	16,1845	15,4150	14,6980	14,0292	13,4047	12,8212
22	19,6604	18,6208	17,6580	16,7654	15,9369	15,1671	14,4511	13,7844	13,1630
23	20,4558	19,3309	18,2922	17,3321	16,4436	15,6204	14,8568	14,1478	13,4886
24	21,2434	20,0304	18,9139	17,8850	16,9355	16,0584	15,2470	14,4955	13,7986
25	22,0232	20,7196	19,5235	18,4244	17,4131	16,4815	15,6221	14,8282	14,0939
26	22,7952	21,3986	20,1210	18,9506	17,8768	16,8904	15,9828	15,1466	14,3752
27	23,5596	22,0676	20,7069	19,4640	18,3270	17,2854	16,3296	15,4513	14,6430
28	24,3164	22,7267	21,2813	19,9649	18,7641	17,6670	16,6631	15,7429	14,8981
29	25,0658	23,3761	21,8444	20,4535	19,1885	18,0358	16,9837	16,0219	15,1411
30	25,8077	24,0158	22,3965	20,9303	19,6004	18,3920	17,2920	16,2889	15,3725

[1] Anlage 21 neugefasst durch JStG 2024 v. 2. 12. 2024 (BGBl. I Nr. 387), anzuwenden auf Bewertungsstichtage nach dem 31. 12. 2024 (§ 265 Abs. 16 BewG).

Anl 1 zu § 185

noch **30**

Restnutzungsdauer; Restlaufzeit des Erbbaurechts bzw. des Nutzungsrechts (in Jahren)	**Zinssatz**								
	1,0 %	**1,5 %**	**2,0 %**	**2,5 %**	**3,0 %**	**3,5 %**	**4,0 %**	**4,5 %**	**5,0 %**
31	26,5423	24,6461	22,9377	21,3954	20,0004	18,7363	17,5885	16,5444	15,5928
32	27,2696	25,2671	23,4683	21,8492	20,3888	19,0689	17,8736	16,7889	15,8027
33	27,9897	25,8790	23,9886	22,2919	20,7658	19,3902	18,1476	17,0229	16,0025
34	28,7027	26,4817	24,4986	22,7238	21,1318	19,7007	18,4112	17,2468	16,1929
35	29,4086	27,0756	24,9986	23,1452	21,4872	20,0007	18,6646	17,4610	16,3742
36	30,1075	27,6607	25,4888	23,5563	21,8323	20,2905	18,9083	17,6660	16,5469
37	30,7995	28,2371	25,9695	23,9573	22,1672	20,5705	19,1426	17,8622	16,7113
38	31,4847	28,8051	26,4406	24,3486	22,4925	20,8411	19,3679	18,0500	16,8679
39	32,1630	29,3646	26,9026	24,7303	22,8082	21,1025	19,5845	18,2297	17,0170
40	32,8347	29,9158	27,3555	25,1028	23,1148	21,3551	19,7928	18,4016	17,1591
41	33,4997	30,4590	27,7995	25,4661	23,4124	21,5991	19,9931	18,5661	17,2944
42	34,1581	30,9941	28,2348	25,8206	23,7014	21,8349	20,1856	18,7235	17,4232
43	34,8100	31,5212	28,6616	26,1664	23,9819	22,0627	20,3708	18,8742	17,5459
44	35,4555	32,0406	29,0800	26,5038	24,2543	22,2828	20,5488	19,0184	17,6628
45	36,0945	32,5523	29,4902	26,8330	24,5187	22,4955	20,7200	19,1563	17,7741
46	36,7272	33,0565	29,8923	27,1542	24,7754	22,7009	20,8847	19,2884	17,8801
47	37,3537	33,5532	30,2866	27,4675	25,0247	22,8994	21,0429	19,4147	17,9810
48	37,9740	34,0426	30,6731	27,7732	25,2667	23,0912	21,1951	19,5356	18,0772
49	38,5881	34,5247	31,0521	28,0714	25,5017	23,2766	21,3415	19,6513	18,1687
50	39,1961	34,9997	31,4236	28,3623	25,7298	23,4556	21,4822	19,7620	18,2559
51	39,7981	35,4677	31,7878	28,6462	25,9512	23,6286	21,6175	19,8680	18,3390
52	40,3942	35,9287	32,1449	28,9231	26,1662	23,7958	21,7476	19,9693	18,4181
53	40,9844	36,3830	32,4950	29,1932	26,3750	23,9573	21,8727	20,0663	18,4934
54	41,5687	36,8305	32,8383	29,4568	26,5777	24,1133	21,9930	20,1592	18,5651
55	42,1472	37,2715	33,1748	29,7140	26,7744	24,2641	22,1086	20,2480	18,6335
56	42,7200	37,7059	33,5047	29,9649	26,9655	24,4097	22,2198	20,3330	18,6985
57	43,2871	38,1339	33,8281	30,2096	27,1509	24,5504	22,3267	20,4144	18,7605
58	43,8486	38,5555	34,1452	30,4484	27,3310	24,6864	22,4296	20,4922	18,8195
59	44,4046	38,9710	34,4561	30,6814	27,5058	24,8178	22,5284	20,5667	18,8758
60	44,9550	39,3803	34,7609	30,9087	27,6756	24,9447	22,6235	20,6380	18,9293
61	45,5000	39,7835	35,0597	31,1304	27,8404	25,0674	22,7149	20,7062	18,9803
62	46,0396	40,1808	35,3526	31,3467	28,0003	25,1859	22,8028	20,7715	19,0288
63	46,5739	40,5722	35,6398	31,5578	28,1557	25,3004	22,8873	20,8340	19,0751
64	47,1029	40,9579	35,9214	31,7637	28,3065	25,4110	22,9685	20,8938	19,1191
65	47,6266	41,3378	36,1975	31,9646	28,4529	25,5178	23,0467	20,9510	19,1611
66	48,1452	41,7121	36,4681	32,1606	28,5950	25,6211	23,1218	21,0057	19,2010
67	48,6586	42,0809	36,7334	32,3518	28,7330	25,7209	23,1940	21,0581	19,2391
68	49,1669	42,4442	36,9936	32,5383	28,8670	25,8173	23,2635	21,1082	19,2753
69	49,6702	42,8022	37,2486	32,7203	28,9971	25,9104	23,3303	21,1562	19,3098
70	50,1685	43,1549	37,4986	32,8979	29,1234	26,0004	23,3945	21,2021	19,3427
71	50,6619	43,5023	37,7437	33,0711	29,2460	26,0873	23,4563	21,2460	19,3740
72	51,1504	43,8447	37,9841	33,2401	29,3651	26,1713	23,5156	21,2881	19,4038
73	51,6341	44,1819	38,2197	33,4050	29,4807	26,2525	23,5727	21,3283	19,4322
74	52,1129	44,5142	38,4507	33,5658	29,5929	26,3309	23,6276	21,3668	19,4592
75	52,5871	44,8416	38,6771	33,7227	29,7018	26,4067	23,6804	21,4036	19,4850
76	53,0565	45,1641	38,8991	33,8758	29,8076	26,4799	23,7312	21,4389	19,5095

Anl a zu § 185

noch **30**

Restnutzungsdauer; Restlaufzeit des Erbbaurechts bzw. des Nutzungsrechts (in Jahren)	Zinssatz								
	1,0 %	**1,5 %**	**2,0 %**	**2,5 %**	**3,0 %**	**3,5 %**	**4,0 %**	**4,5 %**	**5,0 %**
77	53,5213	45,4819	39,1168	34,0252	29,9103	26,5506	23,7800	21,4726	19,5329
78	53,9815	45,7950	39,3302	34,1709	30,0100	26,6190	23,8269	21,5049	19,5551
79	54,4371	46,1034	39,5394	34,3131	30,1068	26,6850	23,8720	21,5358	19,5763
80	54,8882	46,4073	39,7445	34,4518	30,2008	26,7488	23,9154	21,5653	19,5965
81	55,3349	46,7067	39,9456	34,5871	30,2920	26,8104	23,9571	21,5936	19,6157
82	55,7771	47,0017	40,1427	34,7192	30,3806	26,8700	23,9972	21,6207	19,6340
83	56,2149	47,2923	40,3360	34,8480	30,4666	26,9275	24,0358	21,6466	19,6514
84	56,6485	47,5786	40,5255	34,9736	30,5501	26,9831	24,0729	21,6714	19,6680
85	57,0777	47,8607	40,7113	35,0962	30,6312	27,0368	24,1085	21,6951	19,6838
86	57,5026	48,1386	40,8934	35,2158	30,7099	27,0887	24,1428	21,7178	19,6989
87	57,9234	48,4125	41,0720	35,3325	30,7863	27,1388	24,1758	21,7395	19,7132
88	58,3400	48,6822	41,2470	35,4463	30,8605	27,1873	24,2075	21,7603	19,7269
89	58,7525	48,9480	41,4187	35,5574	30,9325	27,2341	24,2380	21,7802	19,7399
90	59,1609	49,2099	41,5869	35,6658	31,0024	27,2793	24,2673	21,7992	19,7523
91	59,5652	49,4678	41,7519	35,7715	31,0703	27,3230	24,2955	21,8175	19,7641
92	59,9656	49,7220	41,9136	35,8746	31,1362	27,3652	24,3226	21,8349	19,7753
93	60,3620	49,9724	42,0722	35,9752	31,2002	27,4060	24,3486	21,8516	19,7860
94	60,7544	50,2191	42,2276	36,0734	31,2623	27,4454	24,3737	21,8675	19,7962
95	61,1430	50,4622	42,3800	36,1692	31,3227	27,4835	24,3978	21,8828	19,8059
96	61,5277	50,7017	42,5294	36,2626	31,3812	27,5203	24,4209	21,8974	19,8151
97	61,9086	50,9376	42,6759	36,3538	31,4381	27,5558	24,4432	21,9114	19,8239
98	62,2858	51,1701	42,8195	36,4427	31,4933	27,5902	24,4646	21,9248	19,8323
99	62,6592	51,3991	42,9603	36,5295	31,5469	27,6234	24,4852	21,9376	19,8403
100	63,0289	51,6247	43,0984	36,6141	31,5989	27,6554	24,5050	21,9499	19,8479

Restnutzungsdauer; Restlaufzeit des Erbbaurechts bzw. des Nutzungsrechts (in Jahren)	Zinssatz									
	5,5 %	**6,0 %**	**6,5 %**	**7,0 %**	**7,5 %**	**8,0 %**	**8,5 %**	**9,0 %**	**9,5 %**	**10 %**
1	0,9479	0,9434	0,9390	0,9346	0,9302	0,9259	0,9217	0,9174	0,9132	0,9091
2	1,8463	1,8334	1,8206	1,8080	1,7956	1,7833	1,7711	1,7591	1,7473	1,7355
3	2,6979	2,6730	2,6485	2,6243	2,6005	2,5771	2,5540	2,5313	2,5089	2,4869
4	3,5052	3,4651	3,4258	3,3872	3,3493	3,3121	3,2756	3,2397	3,2045	3,1699
5	4,2703	4,2124	4,1557	4,1002	4,0459	3,9927	3,9406	3,8897	3,8397	3,7908
6	4,9955	4,9173	4,8410	4,7665	4,6938	4,6229	4,5536	4,4859	4,4198	4,3553
7	5,6830	5,5824	5,4845	5,3893	5,2966	5,2064	5,1185	5,0330	4,9496	4,8684
8	6,3346	6,2098	6,0888	5,9713	5,8573	5,7466	5,6392	5,5348	5,4334	5,3349
9	6,9522	6,8017	6,6561	6,5152	6,3789	6,2469	6,1191	5,9952	5,8753	5,7590
10	7,5376	7,3601	7,1888	7,0236	6,8641	6,7101	6,5613	6,4177	6,2788	6,1446
11	8,0925	7,8869	7,6890	7,4987	7,3154	7,1390	6,9690	6,8052	6,6473	6,4951
12	8,6185	8,3838	8,1587	7,9427	7,7353	7,5361	7,3447	7,1607	6,9838	6,8137
13	9,1171	8,8527	8,5997	8,3577	8,1258	7,9038	7,6910	7,4869	7,2912	7,1034
14	9,5896	9,2950	9,0138	8,7455	8,4892	8,2442	8,0101	7,7862	7,5719	7,3667
15	10,0376	9,7122	9,4027	9,1079	8,8271	8,5595	8,3042	8,0607	7,8282	7,6061
16	10,4622	10,1059	9,7678	9,4466	9,1415	8,8514	8,5753	8,3126	8,0623	7,8237
17	10,8646	10,4773	10,1106	9,7632	9,4340	9,1216	8,8252	8,5436	8,2760	8,0216
18	11,2461	10,8276	10,4325	10,0591	9,7060	9,3719	9,0555	8,7556	8,4713	8,2014
19	11,6077	11,1581	10,7347	10,3356	9,9591	9,6036	9,2677	8,9501	8,6496	8,3649
20	11,9504	11,4699	11,0185	10,5940	10,1945	9,8181	9,4633	9,1285	8,8124	8,5136

Anl a zu § 185

noch **30**

Restnutzungsdauer; Restlaufzeit des Erbbaurechts bzw. des Nutzungsrechts (in Jahren)	Zinssatz									
	5,5 %	6,0 %	6,5 %	7,0 %	7,5 %	8,0 %	8,5 %	9,0 %	9,5 %	10 %
21	12,2752	11,7641	11,2850	10,8355	10,4135	10,0168	9,6436	9,2922	8,9611	8,6487
22	12,5832	12,0416	11,5352	11,0612	10,6172	10,2007	9,8098	9,4424	9,0969	8,7715
23	12,8750	12,3034	11,7701	11,2722	10,8067	10,3711	9,9629	9,5802	9,2209	8,8832
24	13,1517	12,5504	11,9907	11,4693	10,9830	10,5288	10,1041	9,7066	9,3341	8,9847
25	13,4139	12,7834	12,1979	11,6536	11,1469	10,6748	10,2342	9,8226	9,4376	9,0770
26	13,6625	13,0032	12,3924	11,8258	11,2995	10,8100	10,3541	9,9290	9,5320	9,1609
27	13,8981	13,2105	12,5750	11,9867	11,4414	10,9352	10,4646	10,0266	9,6183	9,2372
28	14,1214	13,4062	12,7465	12,1371	11,5734	11,0511	10,5665	10,1161	9,6971	9,3066
29	14,3331	13,5907	12,9075	12,2777	11,6962	11,1584	10,6603	10,1983	9,7690	9,3696
30	14,5337	13,7648	13,0587	12,4090	11,8104	11,2578	10,7468	10,2737	9,8347	9,4269
31	14,7239	13,9291	13,2006	12,5318	11,9166	11,3498	10,8266	10,3428	9,8947	9,4790
32	14,9042	14,0840	13,3339	12,6466	12,0155	11,4350	10,9001	10,4062	9,9495	9,5264
33	15,0751	14,2302	13,4591	12,7538	12,1074	11,5139	10,9678	10,4644	9,9996	9,5694
34	15,2370	14,3681	13,5766	12,8540	12,1929	11,5869	11,0302	10,5178	10,0453	9,6086
35	15,3906	14,4982	13,6870	12,9477	12,2725	11,6546	11,0878	10,5668	10,0870	9,6442
36	15,5361	14,6210	13,7906	13,0352	12,3465	11,7172	11,1408	10,6118	10,1251	9,6765
37	15,6740	14,7368	13,8879	13,1170	12,4154	11,7752	11,1897	10,6530	10,1599	9,7059
38	15,8047	14,8460	13,9792	13,1935	12,4794	11,8289	11,2347	10,6908	10,1917	9,7327
39	15,9287	14,9491	14,0650	13,2649	12,5390	11,8786	11,2763	10,7255	10,2207	9,7570
40	16,0461	15,0463	14,1455	13,3317	12,5944	11,9246	11,3145	10,7574	10,2472	9,7791
41	16,1575	15,1380	14,2212	13,3941	12,6460	11,9672	11,3498	10,7866	10,2715	9,7991
42	16,2630	15,2245	14,2922	13,4524	12,6939	12,0067	11,3823	10,8134	10,2936	9,8174
43	16,3630	15,3062	14,3588	13,5070	12,7385	12,0432	11,4123	10,8380	10,3138	9,8340
44	16,4579	15,3832	14,4214	13,5579	12,7800	12,0771	11,4399	10,8605	10,3322	9,8491
45	16,5477	15,4558	14,4802	13,6055	12,8186	12,1084	11,4653	10,8812	10,3490	9,8628
46	16,6329	15,5244	14,5354	13,6500	12,8545	12,1374	11,4888	10,9002	10,3644	9,8753
47	16,7137	15,5890	14,5873	13,6916	12,8879	12,1643	11,5104	10,9176	10,3785	9,8866
48	16,7902	15,6500	14,6359	13,7305	12,9190	12,1891	11,5303	10,9336	10,3913	9,8969
49	16,8628	15,7076	14,6816	13,7668	12,9479	12,2122	11,5487	10,9482	10,4030	9,9063
50	16,9315	15,7619	14,7245	13,8007	12,9748	12,2335	11,5656	10,9617	10,4137	9,9148
51	16,9967	15,8131	14,7648	13,8325	12,9998	12,2532	11,5812	10,9740	10,4235	9,9226
52	17,0585	15,8614	14,8026	13,8621	13,0231	12,2715	11,5956	10,9853	10,4324	9,9296
53	17,1170	15,9070	14,8382	13,8898	13,0447	12,2884	11,6088	10,9957	10,4405	9,9360
54	17,1726	15,9500	14,8715	13,9157	13,0649	12,3041	11,6210	11,0053	10,4480	9,9418
55	17,2252	15,9905	14,9028	13,9399	13,0836	12,3186	11,6323	11,0140	10,4548	9,9471
56	17,2750	16,0288	14,9322	13,9626	13,1010	12,3321	11,6427	11,0220	10,4610	9,9519
57	17,3223	16,0649	14,9598	13,9837	13,1172	12,3445	11,6522	11,0294	10,4667	9,9563
58	17,3671	16,0990	14,9858	14,0035	13,1323	12,3560	11,6610	11,0361	10,4718	9,9603
59	17,4096	16,1311	15,0101	14,0219	13,1463	12,3667	11,6692	11,0423	10,4766	9,9639
60	17,4499	16,1614	15,0330	14,0392	13,1594	12,3766	11,6766	11,0480	10,4809	9,9672
61	17,4880	16,1900	15,0544	14,0553	13,1715	12,3857	11,6835	11,0532	10,4848	9,9701
62	17,5242	16,2170	15,0746	14,0704	13,1828	12,3942	11,6899	11,0580	10,4884	9,9729
63	17,5585	16,2425	15,0935	14,0845	13,1933	12,4020	11,6958	11,0624	10,4917	9,9753
64	17,5910	16,2665	15,1113	14,0976	13,2031	12,4093	11,7012	11,0664	10,4947	9,9776
65	17,6218	16,2891	15,1280	14,1099	13,2122	12,4160	11,7061	11,0701	10,4975	9,9796
66	17,6510	16,3105	15,1436	14,1214	13,2206	12,4222	11,7107	11,0735	10,5000	9,9815
67	17,6786	16,3307	15,1583	14,1322	13,2285	12,4280	11,7150	11,0766	10,5022	9,9831
68	17,7049	16,3497	15,1721	14,1422	13,2358	12,4333	11,7189	11,0794	10,5043	9,9847
69	17,7297	16,3676	15,1851	14,1516	13,2426	12,4382	11,7224	11,0820	10,5062	9,9861
70	17,7533	16,3845	15,1973	14,1604	13,2489	12,4428	11,7258	11,0844	10,5080	9,9873
71	17,7756	16,4005	15,2087	14,1686	13,2548	12,4471	11,7288	11,0867	10,5096	9,9885
72	17,7968	16,4156	15,2195	14,1763	13,2603	12,4510	11,7316	11,0887	10,5110	9,9895

Restnutzungsdauer; Restlaufzeit des Erbbaurechts bzw. des Nutzungsrechts (in Jahren)	Zinssatz									
	5,5 %	6,0 %	6,5 %	7,0 %	7,5 %	8,0 %	8,5 %	9,0 %	9,5 %	10 %
73	17,8169	16,4298	15,2295	14,1834	13,2654	12,4546	11,7342	11,0905	10,5124	9,9905
74	17,8359	16,4432	15,2390	14,1901	13,2701	12,4580	11,7366	11,0922	10,5136	9,9914
75	17,8539	16,4558	15,2479	14,1964	13,2745	12,4611	11,7388	11,0938	10,5147	9,9921
76	17,8710	16,4678	15,2562	14,2022	13,2786	12,4640	11,7408	11,0952	10,5157	9,9929
77	17,8872	16,4790	15,2641	14,2077	13,2825	12,4666	11,7427	11,0965	10,5166	9,9935
78	17,9026	16,4897	15,2714	14,2128	13,2860	12,4691	11,7444	11,0977	10,5174	9,9941
79	17,9172	16,4997	15,2783	14,2175	13,2893	12,4714	11,7460	11,0988	10,5182	9,9946
80	17,9310	16,5091	15,2848	14,2220	13,2924	12,4735	11,7475	11,0998	10,5189	9,9951
81	17,9440	16,5180	15,2909	14,2262	13,2952	12,4755	11,7488	11,1008	10,5196	9,9956
82	17,9564	16,5265	15,2966	14,2301	13,2979	12,4773	11,7501	11,1016	10,5201	9,9960
83	17,9682	16,5344	15,3020	14,2337	13,3004	12,4790	11,7512	11,1024	10,5207	9,9963
84	17,9793	16,5419	15,3070	14,2371	13,3027	12,4805	11,7523	11,1031	10,5212	9,9967
85	17,9899	16,5489	15,3118	14,2403	13,3048	12,4820	11,7532	11,1038	10,5216	9,9970
86	17,9999	16,5556	15,3162	14,2433	13,3068	12,4833	11,7541	11,1044	10,5220	9,9972
87	18,0094	16,5619	15,3204	14,2460	13,3087	12,4845	11,7550	11,1050	10,5224	9,9975
88	18,0184	16,5678	15,3243	14,2486	13,3104	12,4857	11,7557	11,1055	10,5227	9,9977
89	18,0269	16,5734	15,3280	14,2511	13,3120	12,4868	11,7564	11,1059	10,5230	9,9979
90	18,0350	16,5787	15,3315	14,2533	13,3135	12,4877	11,7571	11,1064	10,5233	9,9981
91	18,0426	16,5837	15,3347	14,2554	13,3149	12,4886	11,7577	11,1067	10,5236	9,9983
92	18,0499	16,5884	15,3377	14,2574	13,3161	12,4895	11,7582	11,1071	10,5238	9,9984
93	18,0567	16,5928	15,3406	14,2593	13,3173	12,4903	11,7587	11,1074	10,5240	9,9986
94	18,0633	16,5970	15,3433	14,2610	13,3185	12,4910	11,7592	11,1077	10,5242	9,9987
95	18,0694	16,6009	15,3458	14,2626	13,3195	12,4917	11,7596	11,1080	10,5244	9,9988
96	18,0753	16,6047	15,3482	14,2641	13,3205	12,4923	11,7600	11,1083	10,5246	9,9989
97	18,0809	16,6082	15,3504	14,2655	13,3214	12,4928	11,7604	11,1085	10,5247	9,9990
98	18,0861	16,6115	15,3525	14,2669	13,3222	12,4934	11,7607	11,1087	10,5249	9,9991
99	18,0911	16,6146	15,3545	14,2681	13,3230	12,4939	11,7610	11,1089	10,5250	9,9992
100	18,0958	16,6175	15,3563	14,2693	13,3237	12,4943	11,7613	11,1091	10,5251	9,9993

Berechnungsformel für die der Tabelle nicht zu entnehmenden Vervielfältiger (Barwertfaktoren für die Kapitalisierung):

$$\text{Vervielfältiger} = \frac{q^n - 1}{q^n \times (q-1)}$$

$$q = 1 + \text{Zinssatz, wobei Zinssatz} = \frac{p}{100}$$

P = Zinsfuß
N = Restnutzungsdauer/Restlaufzeit
Das jeweilige Berechnungsergebnis ist kaufmännisch auf vier Nachkommastellen zu runden.

Anl b zu § 185

Anlage 22[1] (zu § 185 Absatz 3 Satz 3, § 190 Absatz 6 Satz 1 und 2)

	Gesamtnutzungsdauer
31 **Ein- und Zweifamilienhäuser**	80 Jahre
Mietwohngrundstücke, Mehrfamilienhäuser	80 Jahre
Wohnungseigentum	80 Jahre
Geschäftsgrundstücke, gemischt genutzte Grundstücke und sonstige bebaute Grundstücke:	
Gemischt genutzte Grundstücke (Wohnhäuser mit Mischnutzung)	80 Jahre
Museen, Theater, Sakralbauten, Friedhofsgebäude	70 Jahre
Bürogebäude/Verwaltungsgebäude	60 Jahre
Banken und ähnliche Geschäftshäuser	60 Jahre

[1] Anlage 22 geändert durch JStG 2022 v. 16. 12. 2022 (BGBl. I S. 2294), anzuwenden auf Bewertungsstichtage nach dem 31. 12. 2022 (§ 265 Abs. 14 BewG).

Anl b zu § 185

noch **31**

Einzelgaragen/Mehrfachgaragen	60 Jahre
Kindergärten (Kindertagesstätten), Allgemeinbildende und Berufsbildende Schulen, Hochschulen, Sonderschulen	50 Jahre
Wohnheime/Internate, Alten-/Pflegeheime	50 Jahre
Kauf-/Warenhäuser	50 Jahre
Krankenhäuser, Kliniken, Tageskliniken, Ärztehäuser	40 Jahre
Gemeindezentren, Saalbauten, Veranstaltungsgebäude, Vereinsheime	40 Jahre
Beherbergungsstätten, Hotels, Verpflegungseinrichtungen	40 Jahre
Sport-/Tennishallen, Freizeitbäder/Kur- und Heilbäder	40 Jahre
Tief-, Hoch- und Nutzfahrzeuggaragen als Einzelbauwerke, Carports	40 Jahre
Betriebs-/Werkstätten, Industrie-/Produktionsgebäude	40 Jahre
Lager-/Versandgebäude	40 Jahre
Verbrauchermärkte, Autohäuser	30 Jahre
Reithallen, ehemalige landwirtschaftliche Mehrzweckhallen, Scheunen, u. Ä.	30 Jahre

Teileigentum ist in Abhängigkeit von der baulichen Gestaltung den vorstehenden Gebäudearten zuzuordnen.

BewG

§ 186 Rohertrag des Grundstücks

1 **(1) ① Rohertrag ist das Entgelt, das für die Benutzung des bebauten Grundstücks nach den am Bewertungsstichtag geltenden vertraglichen Vereinbarungen für den Zeitraum von zwölf Monaten zu zahlen ist. ② Umlagen, die zur Deckung der Betriebskosten gezahlt werden, sind nicht anzusetzen.**

2 **(2) ① Für Grundstücke oder Grundstücksteile,**

1. die eigengenutzt, ungenutzt, zu vorübergehendem Gebrauch oder unentgeltlich überlassen sind,

2. die der Eigentümer dem Mieter zu einer um mehr als 20 Prozent von der üblichen Miete abweichenden tatsächlichen Miete überlassen hat,

ist die übliche Miete anzusetzen. ② Die übliche Miete ist in Anlehnung an die Miete zu schätzen, die für Räume gleicher oder ähnlicher Art, Lage und Ausstattung regelmäßig gezahlt wird. ③ Betriebskosten sind nicht einzubeziehen.

Übersicht

		Rz.
R B 186.1	Rohertrag; H B 186.1	3–5
R B 186.2	Betriebskosten; H B 186.2	6, 7
R B 186.3	Vermietung zu gewerblichen, freiberuflichen oder öffentlichen Zwecken	8
R B 186.4	Ansatz der üblichen Miete	9–11
R B 186.5	Ermittlung der üblichen Miete; H B 186.5	12–19
Anlagen:		
a) Betriebskostenverordnung		24–42
b) Anlage 3 zu § 27 Abs. 1 II. BV		45–62

Zu § 186 BewG

ErbStR R B 186.1

R B 186.1 Rohertrag

(1) ① Rohertrag ist das Entgelt, das der Mieter oder Pächter für die Benutzung des bebauten Grundstücks nach den am Bewertungsstichtag geltenden vertraglichen Vereinbarungen, umgerechnet auf zwölf Monate, zu zahlen hat. ② Das gilt auch für öffentlich geförderte Wohnungen.
3 ③ Neben der vertraglich vereinbarten Miete rechnen zum Entgelt auch
- Mieteinnahmen für Stellplätze,
- Mieteinnahmen für Nebengebäude, z. B. für Garagen,
- Vergütungen für außergewöhnliche Nebenleistungen des Vermieters, die nicht die Raumnutzung betreffen, aber neben der Raumnutzung auf Grund des Mietvertrags gewährt werden (z. B. Reklamenutzung sowie für das Aufstellen von Automaten),
- Vergütungen für Nebenleistungen, die zwar die Raumnutzung betreffen, jedoch nur einzelnen Mietern zugutekommen (z. B. zusätzliche Mieteinnahmen für die Verkabelung des Gebäudes zwecks Datenfernübertragung, für den Einbau einer Klimaanlage oder für die Nutzung eines Schwimmbads),
- Untermietzuschläge,
- Baukostenzuschüsse und Mietvorauszahlungen, soweit sie auf die Miete anzurechnen sind,
- Zahlungen des Mieters an Dritte für den Eigentümer, soweit es sich nicht um Betriebskosten im Sinne des § 27 der II. BV[1] oder der Betriebskostenverordnung (BetrKV)[2] handelt (z. B. Erschließungskosten),
- Leistungen des Mieters, die nicht in Geld bestehen, soweit sie nicht gleichzeitig als Betriebskosten zu berücksichtigen wären (z. B. die Übernahme der Grundstücksverwaltung),
- um Neben- und Betriebskosten bereinigte Leasing-Raten, soweit sie auf die Überlassung des Grundstücks entfallen.

④ Nicht in das Entgelt einzubeziehen sind insbesondere
- Umlagen, die zur Deckung der Betriebskosten gezahlt werden (→ R B 186.2 und R B 187.1),
- Einnahmen für die Überlassung von Maschinen und Betriebsvorrichtungen,
- Einnahmen für die Überlassung von Einrichtungsgegenständen (z. B. bei möblierten Wohnungen, Ferienwohnungen, Studentenwohnheimen),
- Dienstleistungen, die nicht die Grundstücksnutzung betreffen (Reinigungsdienste),
- Zuzahlungen Dritter außerhalb des Mietverhältnisses (z. B. bei Bauherrengemeinschaften Zahlungen des Mietgarantiegebers),
- Aufwendungszuschüsse im öffentlich geförderten Wohnungsbau,
- die Umsatzsteuer.

⑤ Bei dem Entgelt handelt es sich um eine Sollmiete. ⑥ Auf die tatsächlich gezahlte Miete kommt es nicht an. ⑦ Bei Mietausfall ist somit trotz des geringeren Ertrags eine Bewertung auf der Grundlage der vereinbarten Miete vorzunehmen. ⑧ Bei mehrstöckigen Mietverhältnissen berechnet sich die Jahresmiete nach den Beträgen, die der oder die Mieter (Hauptmieter) an den Ver-

[1] Abgedruckt als Anlage b zu § 181 BewG.
[2] Abgedruckt als Anlage zu § 186 BewG.

mieter (Eigentümer) vereinbarungsgemäß zu zahlen haben. ⑨ Hierzu zählen auch Untermietzuschläge.

(2) ① In den Fällen der Betriebsaufspaltung ist vorbehaltlich des § 186 Absatz 2 Satz 1 Nummer 2 BewG von der zwischen dem Besitzunternehmen und dem Betriebsunternehmen vertraglich vereinbarten Miete auszugehen. ② Ist das Grundstück oder ein Teil davon am Bewertungsstichtag nicht vermietet (z. B. Leerstand bei Mieterwechsel oder wegen Modernisierung), ist die übliche Miete anzusetzen. 4

H B 186.1

H B 186.1

Betriebsaufspaltung. 5

Beispiel:

U vermietet als Eigentümer ein Geschäftsgrundstück an die U-GmbH zur Ausübung ihrer gewerblichen Tätigkeit (tatsächliche Miete 20 EUR/m^2 Nutzfläche). U ist Alleingesellschafter der U-GmbH. Auf Grund der personellen und sachlichen Verflechtung liegt eine Betriebsaufspaltung vor. Am 15. 1. 2018 stirbt U, Erbe ist S. Die übliche Miete beträgt 14 EUR/m^2.

Da die zwischen Besitz- und Betriebsunternehmen vereinbarte Miete um mehr als 20% von der üblichen Miete abweicht (Abweichung rd. 43%), ist die übliche Miete nach § 186 Absatz 2 Satz 1 Nummer 2 BewG zum Bewertungsstichtag anzusetzen.

Gestaffelte Mietänderung.

Beispiel:

V vermietete als Eigentümer ab dem 1. 6. 2016 langfristig ein Laborgebäude mit einer Nutzfläche von 120 m^2. Die vereinbarte monatliche Nettokaltmiete betrug 800 EUR. Zum jeweils 1. 6. eines Jahres sieht der Mietvertrag eine Steigerung der vereinbarten Nettokaltmiete in Höhe von 0,20 EUR je m^2 Wohnfläche vor. Am 31. 1. 2018 verstarb V.

Das vereinbarte Entgelt zum Bewertungsstichtag am 31. 1. 2018 ermittelt sich wie folgt:

Vereinbarte monatliche Miete (800 EUR × 12)	9 600 EUR
Mietsteigerung zum 1. 6. 2017 (0,20 EUR/m^2 × 120 m^2 × 12)	+ 288 EUR
Entgelt nach § 186 Absatz 1 BewG	9 888 EUR

Mehrstöckige Mietverhältnisse.

Beispiel:

A (Eigentümer) hat an B (Hauptmieter/Untervermieter) langfristig ein Gewerbegrundstück vermietet. B ging mit Zustimmung des A ein Untermietverhältnis mit C (Untermieter) ein. Die Miete aus dem Untermietvertrag ist höher als die zwischen Eigentümer und Hauptmieter vereinbarte. Sie betrug im Bewertungsstichtag monatlich 7200 EUR (zuzüglich der USt). Die Miete aus dem Hauptmietvertrag belief sich auf 3400 EUR monatlich. Ausweislich eines Nachtrags zum Hauptmietvertrag steht dem Eigentümer die Hälfte aus dem Untervermietungsgewinn zu. Der Rohertrag i. S. d. § 186 BewG ist wie folgt zu berechnen:

Mietzins des Untermieters	7 200 EUR
Mietzins des Hauptmieters	./. 3 400 EUR
Überschuss aus Weitervermietung	3 800 EUR
davon 50%	1 900 EUR
Miete aus dem Hauptmietvertrag	3 400 EUR
50% aus dem Überschuss der Weitervermietung	+ 1 900 EUR
Mietertrag des Eigentümers im Monat	5 300 EUR
Entgelt (5300 EUR × 12 =)	63 600 EUR

Mietvorauszahlungen.

Beispiel:

V vermietet als Eigentümer langfristig ein Geschäftsgrundstück.

Zwecks Finanzierung notwendiger Modernisierungsmaßnahmen vereinbaren die Vertragsparteien neben der Zahlung der monatlichen Miete in Höhe von 2000 EUR für den Zeitraum von 5 Jahren (60 Monaten) ab dem 1. 2. 2018 zusätzlich eine Vorauszahlung auf die erhöhte Miete. Diese beträgt nach Ablauf des Vorauszahlungszeitraums (1. 2. 2022) 2500 EUR. Am 1. 3. 2018 verschenkt V dieses Grundstück.

Das vereinbarte Entgelt zum Bewertungsstichtag am 1. 3. 2018 ermittelt sich wie folgt:

Vereinbarte monatliche Miete (2000 EUR × 12 =)	24 000 EUR
Vereinbarte Mietvorauszahlung (30 000 EUR : 60 × 12 =)	+ 6 000 EUR
Entgelt nach § 186 Absatz 1 BewG	30 000 EUR

R B 186.2 Betriebskosten

ErbStR R B 186.2

(1) ① Nicht zum Entgelt gehören die als Umlage gezahlten Betriebskosten im Sinne des § 27 II. BV[1] oder der BetrKV,[2] die neben der Miete mit dem Mieter abgerechnet werden können (umlagefähige Betriebskosten). ② Sind die Betriebskosten ganz oder teilweise in der vereinbarten Miete enthalten, sind sie herauszurechnen. ③ Werden Betriebskosten pauschal erhoben und nicht mit dem Mieter abgerechnet, sind sie im Entgelt zu erfassen; die tatsächlich angefallenen Betriebskosten sind davon abzuziehen. ④ Instandsetzungs- und Verwaltungskosten sowie das Mietausfall- 6

[1] Abgedruckt als Anlage b zu § 181 BewG.
[2] Abgedruckt als Anlage zu § 186 BewG.

wagnis (nicht umlagefähige Bewirtschaftungskosten) werden erst im Rahmen des § 187 BewG berücksichtigt.

7 (2) ① Werden Instandsetzungs- und Instandhaltungskosten jedoch vom Mieter getragen (Triple-Net-Vereinbarungen), sind diese Kosten – ggf. mit einem pauschalen Zuschlag – in die Jahresmiete einzurechnen. ② Dies gilt nicht für die üblichen Schönheitsreparaturen bei Wohnraum.

H B 186.2

H B 186.2

Betriebskosten. Aufstellung der Betriebskosten → Anlage 3 zu § 27 Absatz 1 II. BV und § 2 BetrKV.[1]

ErbStR R B 186.3

R B 186.3 Vermietung zu gewerblichen, freiberuflichen oder öffentlichen Zwecken

Die Grundsätze der R B 186.1 und R B 186.2 gelten entsprechend für gewerblich, freiberuflich oder öffentlich genutzte Grundstücke oder Grundstücksteile.

8

ErbStR R B 186.4

R B 186.4 Ansatz der üblichen Miete

(1) ① Die übliche Miete ist nach § 186 Absatz 2 BewG in den Fällen anzusetzen, in denen Grundstücke oder Grundstücksteile

9 – eigengenutzt,
– ungenutzt,
– zu vorübergehendem Gebrauch überlassen,
– unentgeltlich überlassen sind oder
– zu einer um mehr als 20 Prozent von der üblichen Miete abweichenden tatsächlichen Miete überlassen werden.

10 (2) ① Der Ansatz der üblichen Miete bei der Nutzung durch den Eigentümer gilt nicht nur für Wohnräume, sondern auch für gewerblich oder freiberuflich genutzte Räume. ② Deshalb ist z. B. das vom Grundstückseigentümer selbst genutzte Bürohaus und der selbst genutzte Laden unter Ansatz der üblichen Miete zu bewerten. ③ Die übliche Miete ist auch dann anzusetzen, wenn ein Grundstück oder ein Grundstücksteil an andere unentgeltlich zur Nutzung überlassen wird, unabhängig davon, ob es sich bei den anderen um Angehörige des Grundstückseigentümers oder um fremde Dritte handelt. ④ Auf die Art der Nutzung des Grundstücks oder des Grundstücksteils kommt es nicht an. ⑤ Ungenutzt ist ein Grundstück, wenn kein Mietvertragsverhältnis vorliegt und es leer steht. ⑥ Vorübergehender Gebrauch liegt vor, wenn die Vermietungen typischerweise unter zwölf Monaten erfolgen, wie z. B. bei Vermietungen von Ferienwohnungen. ⑦ Die Gründe, die zu der Abweichung der tatsächlichen Miete von der üblichen Miete um mehr als 20 Prozent nach unten oder oben geführt haben, sind unbeachtlich.

11 (3) ① Die übliche Miete ist in Anlehnung an die Miete zu schätzen, die für Räume gleicher oder ähnlicher Art, Lage und Ausstattung regelmäßig gezahlt wird (§ 186 Absatz 2 Satz 2 BewG). ② Der Begriff „Ausstattung" beinhaltet nicht den baulichen Zustand des Gebäudes bezogen auf Baumängel bzw. Bauschäden. ③ Bei der für die übliche Miete maßgebenden Ausstattung handelt es sich um die baualterstypischen, mietwertbestimmenden Merkmale eines Grundstücks wie z. B. Elektro-, Sanitär- und Heizungsinstallationen. ④ Betriebskosten sind hierbei nicht einzubeziehen (§ 186 Absatz 2 Satz 3 BewG). ⑤ Bei der Schätzung der üblichen Miete für frei finanzierte Wohnungen bleiben Mieten außer Betracht, die auf ungewöhnlichen oder persönlichen Verhältnissen beruhen, oder für Wohnungen gelten, die mit öffentlichen Mitteln gefördert worden sind. ⑥ Die übliche Miete für Wohnungen im öffentlich geförderten Wohnungsbau ist aus der Miete vergleichbarer preisgebundener Wohnungen abzuleiten.

ErbStR R B 186.5

R B 186.5 Ermittlung der üblichen Miete

(1) ① Die übliche Miete kann aus Vergleichsmieten oder Mietspiegeln abgeleitet, mit Hilfe einer Mietdatenbank (§ 558e BGB) geschätzt oder durch ein Mietgutachten ermittelt werden. ② Bei

12 Garagen ist als übliche Miete regelmäßig ein Festwert pro Stellplatz anzusetzen.

13 (2) ① Die Ableitung der üblichen Miete aus Vergleichsmieten kommt unter Berücksichtigung des § 186 Absatz 2 Satz 1 Nummer 2 BewG insbesondere in Betracht, wenn

1. sich unter § 186 Absatz 2 Satz 1 fallende und vermietete Räumlichkeiten in einem Objekt befinden. ② Die übliche Miete kann bei vergleichbarer Ausstattung aus der vereinbarten Jahresmiete abgeleitet werden. ③ Dies ist z. B. in einem Mietwohngrundstück möglich, in dem eine Wohnung selbstgenutzt und zumindest eine vermietete Wohnung in ihrer Ausstattung vergleichbar ist und die Miete für die vermietete Wohnung im gewöhnlichen Geschäftsverkehr zustande gekommen ist;
2. der Steuerpflichtige Eigentümer mehrerer Objekte ist, die in unmittelbarer Nachbarschaft zu dem eigengenutzten Objekt belegen sind. ② Auch hier kann die übliche Miete aus den Ver-

[1] Abgedruckt als Anlage zu § 186 BewG.

gleichsmieten der vermieteten Objekte abgeleitet werden. ③ Dazu muss der Steuerpflichtige die Vergleichsobjekte dem Finanzamt benennen;

3. dem Finanzamt Vergleichsmieten vorliegen, z. B. aus ertragsteuerlichen Unterlagen.

② § 30 AO ist zu beachten.

(3) ① Liegt ein nach § 558d BGB erstellter Mietspiegel vor, kann bei der Ableitung der üblichen Miete auf diesen zurückgegriffen werden, wenn dieser Mietspiegel für den Bewertungsstichtag gilt. ② Bei anderen Mietspiegeln (z. B. einfache Mietspiegel nach § 558c BGB) ist darauf zu achten, dass sie einen repräsentativen Querschnitt der ortsüblichen Entgelte vergleichbarer Wohnungen oder Räumlichkeiten enthalten. ③ Sofern der Mietspiegel Mietentgelte einschließlich der Betriebskosten ausweist, müssen die Betriebskosten mit den dort angegebenen Beträgen herausgerechnet werden. 14

(4) Nach § 558e BGB handelt es sich bei einer Mietdatenbank um eine zur Ermittlung der ortsüblichen Vergleichsmiete fortlaufend geführte Sammlung von Mieten, die von der Gemeinde oder von Interessenvertretern der Vermieter und Mieter gemeinsam geführt oder anerkannt wird und aus der Auskünfte gegeben werden, die für einzelne Wohnungen einen Schluss auf die ortsübliche Vergleichsmiete zulassen. 15

(5) ① Der Steuerpflichtige kann die übliche Miete durch ein Mietgutachten nachweisen. ② Das Mietgutachten ist von einem Sachverständigen oder dem zuständigen Gutachterausschuss zu erstellen. 16

(6) ① Befinden sich in einem Mietwohngrundstück Ferienwohnungen, ist die übliche Miete insoweit nach der saisonabhängigen Miete unter Berücksichtigung der üblichen Auslastung zu ermitteln. ② Zeiten der Selbstnutzung sind in die durchschnittliche Auslastung des Objekts einzubeziehen. ③ Leerstandszeiten sind im zeitlichen Verhältnis der tatsächlichen Selbstnutzung zur tatsächlichen Vermietung aufzuteilen. ④ Entgelte für die Überlassung von Einrichtungsgegenständen oder sonstige Dienst- und Sachleistungen (z. B. Gestellung von Frühstück und Bettwäsche/Handtüchern, Endreinigung und Umlage von Nebenkosten sowie Gepäcktransfer) sind bei der Ermittlung der üblichen Miete nicht zu berücksichtigen (→ R B 186.1 Absatz 1 Satz 4). 17

(7) Ist ein Grundstück oder ein Teil davon am Bewertungsstichtag wegen Modernisierungsarbeiten nicht vermietet, ist die übliche Miete ausgehend vom Zustand des Grundstücks oder Grundstücksteils vor der Modernisierung zu ermitteln. 18

H B 186.5

H B 186.5

Bekanntgabe der Vergleichsgrundstücke. → BFH vom 18. 11. 1998 II R 79/96, BStBl. 1999 II S. 10. 19

Ermittlung der üblichen Miete in einem Mietwohngrundstück.

Beispiel:

In einem Mietwohngrundstück befinden sich vier vergleichbare Wohnungen. Drei Wohnungen sind vermietet, zu 5, 7 und 10 EUR/m² Wohnfläche. Eine Wohnung ist selbstgenutzt. Die übliche Miete für vergleichbare Wohnungen beträgt nach dem Mietspiegel 11 EUR/m².

Wohnung	Vereinbarte Nettokaltmiete	Abweichung zur üblichen Miete von 11 EUR	Anzusetzende Miete
WE 1	5 EUR	54%	11 EUR
WE 2	7 EUR	36%	11 EUR
WE 3	10 EUR	9%	10 EUR
WE 4	– (eigengenutzt)		11 EUR

Mietermittlung in den Fällen der vorübergehenden Gebrauchsüberlassung.

Beispiel:

V besitzt eine Ferienwohnung, die zum vorübergehenden Gebrauch dauernd wechselnden Mietern überlassen wird.

Zeitraum	Miete pro Woche	Anzahl der Wochen der jeweiligen Saison	Durchschnittliche Auslastung des Objektes (einschließlich Zeiten der Selbstnutzung und des anteiligen Leerstandes)	Übliche Miete (Spalte 2 × Spalte 3 × Spalte 4)
1	2	3	4	5
Vor-/Nachsaison	230 EUR	12	40%	1104 EUR
Hauptsaison	300 EUR	12	80%	+ 2880 EUR
Nebensaison	200 EUR	28	20%	+ 1120 EUR
Summe		52		5104 EUR

Als übliche Miete im Bewertungsstichtag für den Zeitraum von 12 Monaten ist ein Betrag von 5 104 EUR anzusetzen.

Mietspiegel.[1] In Mietspiegeln wird häufig der um Ausreißer bereinigte Durchschnitt aller erhobenen Mietwerte in Form des Mittelwertes veröffentlicht. Zusätzlich werden Mietspannen angegeben, um den Besonderheiten des Einzelfalls besser Rechnung tragen zu können. Grundsätzlich ist der im Mietspiegel ausgewiesene gewichtete Mittelwert anzusetzen. Bei ausreichenden Anhaltspunkten für einen konkreten niedrigeren oder höheren Wert ist dieser Wert anzusetzen. Für die Überprüfung der Ortsüblichkeit von tatsächlich erzielten Mieten ist auf den jeweils unteren Wert oder den jeweils oberen Wert der Spanne abzustellen. D. h., eine Miete, die mehr als 20% niedriger ist als der untere Wert der Spanne bzw. die mehr als 20% höher ist als der obere Wert der Spanne, ist nicht mehr ortsüblich.

Zuordnung der Leerstandszeiten bei Ferienwohnungen. → BFH vom 6. 11. 2001 IX R 97/00, BStBl. 2002 II S. 726.

Anl a zu § 186

a) Betriebskostenverordnung (BetrKV)

Vom 25. November 2003 (BGBl. I S. 2346, 2347), zuletzt geändert durch Art. 4 Gesetz vom 16. 10. 2023 (BGBl. I Nr. 280)

§ 1 Betriebskosten

24 (1) Betriebskosten sind die Kosten, die dem Eigentümer oder Erbbauberechtigten durch das Eigentum oder Erbbaurecht am Grundstück oder durch den bestimmungsmäßigen Gebrauch des Gebäudes, der Nebengebäude, Anlagen, Einrichtungen und des Grundstücks laufend entstehen. Sach- und Arbeitsleistungen des Eigentümers oder Erbbauberechtigten dürfen mit dem Betrag angesetzt werden, der für eine gleichwertige Leistung eines Dritten, insbesondere eines Unternehmers, angesetzt werden könnte; die Umsatzsteuer des Dritten darf nicht angesetzt werden.

25 (2) Zu den Betriebskosten gehören nicht:

1. die Kosten der zur Verwaltung des Gebäudes erforderlichen Arbeitskräfte und Einrichtungen, die Kosten der Aufsicht, der Wert der vom Vermieter persönlich geleisteten Verwaltungsarbeit, die Kosten für die gesetzlichen oder freiwilligen Prüfungen des Jahresabschlusses und die Kosten für die Geschäftsführung (Verwaltungskosten),
2. die Kosten, die während der Nutzungsdauer zur Erhaltung des bestimmungsmäßigen Gebrauchs aufgewendet werden müssen, um die durch Abnutzung, Alterung und Witterungseinwirkung entstehenden baulichen oder sonstigen Mängel ordnungsgemäß zu beseitigen (Instandhaltungs- und Instandsetzungskosten).

§ 2 Aufstellung der Betriebskosten

① Betriebskosten im Sinne von § 1 sind:

26 1. die laufenden öffentlichen Lasten des Grundstücks,
hierzu gehört namentlich die Grundsteuer;

27 2. die Kosten der Wasserversorgung,
hierzu gehören die Kosten des Wasserverbrauchs, die Grundgebühren, die Kosten der Anmietung oder anderer Arten der Gebrauchsüberlassung von Wasserzählern sowie die Kosten ihrer Verwendung einschließlich der Kosten der Eichung sowie der Berechnung und Aufteilung, die Kosten der Wartung von Wassermengenreglern, die Kosten des Betriebs einer hauseigenen Wasserversorgungsanlage und einer Wasseraufbereitungsanlage einschließlich der Aufbereitungsstoffe;

28 3. die Kosten der Entwässerung,
hierzu gehören die Gebühren für die Haus- und Grundstücksentwässerung, die Kosten des Betriebs einer entsprechenden nicht öffentlichen Anlage und die Kosten des Betriebs einer Entwässerungspumpe;

29 4. die Kosten
a) des Betriebs der zentralen Heizungsanlage einschließlich der Abgasanlage,
hierzu gehören die Kosten der verbrauchten Brennstoffe und ihrer Lieferung, die Kosten des Betriebsstroms, die Kosten der Bedienung, Überwachung und Pflege der Anlage, der regelmäßigen Prüfung ihrer Betriebsbereitschaft und Betriebssicherheit einschließlich der Einstellung durch eine Fachkraft, der Reinigung der Anlage und des Betriebsraums, die Kosten der Messungen nach dem Bundes-Immissionsschutzgesetz, die Kosten der Anmietung oder anderer Arten der Gebrauchsüberlassung einer Ausstattung zur Verbrauchserfassung sowie die Kosten der Verwendung einer Ausstattung zur Verbrauchserfassung einschließlich der Kosten der Eichung sowie der Kosten der Berechnung und Aufteilung

[1] *BFH-Urteil vom 5. 12. 2019 II R 41/16 (BStBl. 2020 II S. 741):* **1.** Der für die Bewertung im Ertragswertverfahren maßgebliche Rohertrag eines bebauten Grundstücks ist grundsätzlich das Entgelt, das für die Benutzung nach den vertraglichen Vereinbarungen als Miete zu zahlen ist. **2.** Eine vertraglich vereinbarte Miete kann nicht mehr als üblich angesehen werden, wenn sie mehr als 20% niedriger ist als der unterste Wert der Spanne des verwendeten Mietspiegels oder wenn sie mehr als 20% höher ist als der oberste Wert der Spanne. Auf den Mittelwert kommt es insoweit nicht an.

oder

b) des Betriebs der zentralen Brennstoffversorgungsanlage,

hierzu gehören die Kosten der verbrauchten Brennstoffe und ihrer Lieferung, die Kosten des Betriebsstroms und die Kosten der Überwachung sowie die Kosten der Reinigung der Anlage und des Betriebsraums

oder

c) der eigenständig gewerblichen Lieferung von Wärme, auch aus Anlagen im Sinne des Buchstabens a,

hierzu gehören das Entgelt für die Wärmelieferung und die Kosten des Betriebs der zugehörigen Hausanlagen entsprechend Buchstabe a

oder

d) der Reinigung und Wartung von Etagenheizungen und Gaseinzelfeuerstätten,

hierzu gehören die Kosten der Beseitigung von Wasserablagerungen und Verbrennungsrückständen in der Anlage, die Kosten der regelmäßigen Prüfung der Betriebsbereitschaft und Betriebssicherheit und der damit zusammenhängenden Einstellung durch eine Fachkraft sowie die Kosten der Messungen nach dem Bundes-Immissionsschutzgesetz;

5. die Kosten **30**

a) des Betriebs der zentralen Warmwasserversorgungsanlage,

hierzu gehören die Kosten der Wasserversorgung entsprechend Nummer 2, soweit sie nicht dort bereits berücksichtigt sind, und die Kosten der Wassererwärmung entsprechend Nummer 4 Buchstabe a

oder

b) der eigenständig gewerblichen Lieferung von Warmwasser, auch aus Anlagen im Sinne des Buchstabens a,

hierzu gehören das Entgelt für die Lieferung des Warmwassers und die Kosten des Betriebs der zugehörigen Hausanlagen entsprechend Nummer 4 Buchstabe a

oder

c) der Reinigung und Wartung von Warmwassergeräten,

hierzu gehören die Kosten der Beseitigung von Wasserablagerungen und Verbrennungsrückständen im Innern der Geräte sowie die Kosten der regelmäßigen Prüfung der Betriebsbereitschaft und Betriebssicherheit und der damit zusammenhängenden Einstellung durch eine Fachkraft;

6. die Kosten verbundener Heizungs- und Warmwasserversorgungsanlagen **31**

a) bei zentralen Heizungsanlagen entsprechend Nummer 4 Buchstabe a und entsprechend Nummer 2, soweit sie nicht dort bereits berücksichtigt sind,

oder

b) bei der eigenständig gewerblichen Lieferung von Wärme entsprechend Nummer 4 Buchstabe c und entsprechend Nummer 2, soweit sie nicht dort bereits berücksichtigt sind,

oder

c) bei verbundenen Etagenheizungen und Warmwasserversorgungsanlagen entsprechend Nummer 4 Buchstabe d und entsprechend Nummer 2, soweit sie nicht dort bereits berücksichtigt sind;

7. die Kosten des Betriebs des Personen- oder Lastenaufzugs, **32**
hierzu gehören die Kosten des Betriebsstroms, die Kosten der Beaufsichtigung, der Bedienung, Überwachung und Pflege der Anlage, der regelmäßigen Prüfung ihrer Betriebsbereitschaft und Betriebssicherheit einschließlich der Einstellung durch eine Fachkraft sowie die Kosten der Reinigung der Anlage;

8. die Kosten der Straßenreinigung und Müllbeseitigung, **33**
zu den Kosten der Straßenreinigung gehören die für die öffentliche Straßenreinigung zu entrichtenden Gebühren und die Kosten entsprechender nicht öffentlicher Maßnahmen; zu den Kosten der Müllbeseitigung gehören namentlich die für die Müllabfuhr zu entrichtenden Gebühren, die Kosten entsprechender nicht öffentlicher Maßnahmen, die Kosten des Betriebs von Müllkompressoren, Müllschluckern, Müllabsauganlagen sowie des Betriebs von Müllmengenerfassungsanlagen einschließlich der Kosten der Berechnung und Aufteilung;

9. die Kosten der Gebäudereinigung und Ungezieferbekämpfung, **34**
zu den Kosten der Gebäudereinigung gehören die Kosten für die Säuberung der von den Bewohnern gemeinsam genutzten Gebäudeteile, wie Zugänge, Flure, Treppen, Keller, Bodenräume, Waschküchen, Fahrkorb des Aufzugs;

10. die Kosten der Gartenpflege, **35**
hierzu gehören die Kosten der Pflege gärtnerisch angelegter Flächen einschließlich der Erneuerung von Pflanzen und Gehölzen, der Pflege von Spielplätzen einschließlich der Erneuerung von Sand und der Pflege von Plätzen, Zugängen und Zufahrten, die dem nicht öffentlichen Verkehr dienen;

11. die Kosten der Beleuchtung, **36**
hierzu gehören die Kosten des Stroms für die Außenbeleuchtung und die Beleuchtung der von den Bewohnern gemeinsam genutzten Gebäudeteile, wie Zugänge, Flure, Treppen, Keller, Bodenräume, Waschküchen;

37 12. die Kosten der Schornsteinreinigung,
hierzu gehören die Kehrgebühren nach der maßgebenden Gebührenordnung, soweit sie nicht bereits als Kosten nach Nummer 4 Buchstabe a berücksichtigt sind;

38 13. die Kosten der Sach- und Haftpflichtversicherung,
hierzu gehören namentlich die Kosten der Versicherung des Gebäudes gegen Feuer-, Sturm-, Wasser- sowie sonstige Elementarschäden, der Glasversicherung, der Haftpflichtversicherung für das Gebäude, den Öltank und den Aufzug;

39 14. die Kosten für den Hauswart,
hierzu gehören die Vergütung, die Sozialbeiträge und alle geldwerten Leistungen, die der Eigentümer oder Erbbauberechtigte dem Hauswart für seine Arbeit gewährt, soweit diese nicht die Instandhaltung, Instandsetzung, Erneuerung, Schönheitsreparaturen oder die Hausverwaltung betrifft; soweit Arbeiten vom Hauswart ausgeführt werden, dürfen Kosten für Arbeitsleistungen nach den Nummern 2 bis 10 und 16 nicht angesetzt werden;

40 15. die Kosten
a) des Betriebs der Gemeinschafts-Antennenanlage,
hierzu gehören die Kosten des Betriebsstroms und die Kosten der regelmäßigen Prüfung ihrer Betriebsbereitschaft einschließlich ihrer Einstellung durch eine Fachkraft, bis zum 30. Juni 2024 außerdem das Nutzungsentgelt für eine nicht zu dem Gebäude gehörende Antennenanlage sowie die Gebühren, die nach dem Urheberrechtsgesetz für die Kabelweitersendung entstehen,
oder
b) des Betriebs der mit einem Breitbandnetz verbundenen privaten Verteilanlage,
hierzu gehören die Kosten des Betriebsstroms, bis zum 30. Juni 2024 außerdem die weiteren Kosten entsprechend Buchstabe a, sowie die laufenden monatlichen Grundgebühren für Breitbandanschlüsse,
oder
c) des Betriebs einer gebäudeinternen Verteilanlage, die vollständig mittels Glasfaser mit einem öffentlichen Netz mit sehr hoher Kapazität im Sinne des § 3 Nummer 33 des Telekommunikationsgesetzes verbunden ist, wenn der Mieter seinen Anbieter von öffentlich zugänglichen Telekommunikationsdiensten über seinen Anschluss frei wählen kann,
hierzu gehören die Kosten des Betriebsstroms sowie ein Bereitstellungsentgelt gemäß § 72 Absatz 1 des Telekommunikationsgesetzes;

41 16. die Kosten des Betriebs der Einrichtungen für Wäschepflege,
hierzu gehören die Kosten des Betriebsstroms, die Kosten der Überwachung, Pflege und Reinigung der Einrichtungen, der regelmäßigen Prüfung ihrer Betriebsbereitschaft und Betriebssicherheit sowie die Kosten der Wasserversorgung entsprechend Nummer 2, soweit sie nicht dort bereits berücksichtigt sind;

42 17. sonstige Betriebskosten,
hierzu gehören Betriebskosten im Sinne des § 1, die von den Nummern 1 bis 16 nicht erfasst sind.

② Für Anlagen, die ab dem 1. Dezember 2021 errichtet worden sind, ist Satz 1 Nummer 15 Buchstabe a und b nicht anzuwenden.

Anl b zu § 186

b) Anlage 3 zu § 27 Abs. 1 II. BV

Aufstellung der Betriebskosten

45 Betriebskosten sind nachstehende Kosten, die dem Eigentümer (Erbbauberechtigten) durch das Eigentum (Erbbaurecht) am Grundstück oder durch den bestimmungsmäßigen Gebrauch des Gebäudes oder der Wirtschaftseinheit, der Nebengebäude, Anlagen, Einrichtungen und des Grundstücks laufend entstehen, es sei denn, daß sie üblicherweise vom Mieter außerhalb der Miete unmittelbar getragen werden:

46 1. **Die laufenden öffentlichen Lasten des Grundstücks**
Hierzu gehört namentlich die Grundsteuer, jedoch nicht die Hypothekengewinnabgabe.

47 2. **Die Kosten der Wasserversorgung**
Hierzu gehören die Kosten des Wasserverbrauchs, die Grundgebühren, die Kosten der Anmietung oder anderer Arten der Gebrauchsüberlassung von Wasserzählern sowie die Kosten ihrer Verwendung einschließlich der Kosten der Berechnung und Aufteilung, die Kosten der Wartung von Wassermengenreglern, die Kosten des Betriebs einer hauseigenen Wasserversorgungsanlage und einer Wasseraufbereitungsanlage einschließlich der Aufbereitungsstoffe.

48 3. **Die Kosten der Entwässerung**
Hierzu gehören die Gebühren für die Haus- und Grundstücksentwässerung, die Kosten des Betriebs einer entsprechenden nicht öffentlichen Anlage und die Kosten des Betriebs einer Entwässerungspumpe.

49 4. **Die Kosten**
a) des Betriebs der zentralen Heizungsanlage einschließlich der Abgasanlage;
hierzu gehören die Kosten der verbrauchten Brennstoffe und ihrer Lieferung, die Kosten des Betriebsstroms, die Kosten der Bedienung, Überwachung und Pflege der Anlage, der regelmäßigen Prüfung ihrer Betriebsbereitschaft und Betriebssicherheit einschließlich der Einstellung durch einen Fachmann, der Reinigung der Anlage und des Betriebsraums, die Kosten der Messungen

nach dem Bundes-Immissionsschutzgesetz, die Kosten der Anmietung oder anderer Arten der Gebrauchsüberlassung einer Ausstattung zur Verbrauchserfassung sowie die Kosten der Verwendung einer Ausstattung zur Verbrauchserfassung einschließlich der Kosten der Berechnung und Aufteilung;

oder

b) des Betriebs der zentralen Brennstoffversorgungsanlage;

hierzu gehören die Kosten der verbrauchten Brennstoffe und ihrer Lieferung, die Kosten des Betriebsstroms und die Kosten der Überwachung sowie die Kosten der Reinigung der Anlage und des Betriebsraums;

oder

c) der eigenständig gewerblichen Lieferung von Wärme, auch aus Anlagen im Sinne des Buchstabens a;

hierzu gehören das Entgelt für die Wärmelieferung und die Kosten des Betriebs der zugehörigen Hausanlagen entsprechend Buchstabe a;

oder

d) der Reinigung und Wartung von Etagenheizungen;

hierzu gehören die Kosten der Beseitigung von Wasserablagerungen und Verbrennungsrückständen in der Anlage, die Kosten der regelmäßigen Prüfung der Betriebsbereitschaft und Betriebssicherheit und der damit zusammenhängenden Einstellung durch einen Fachmann sowie die Kosten der Messungen nach dem Bundes-Immissionsschutzgesetz.

5. **Die Kosten** 50

a) des Betriebs der zentralen Wasserversorgungsanlage;

hierzu gehören die Kosten der Wasserversorgung entsprechend Nummer 2, soweit sie nicht dort bereits berücksichtigt sind, und die Kosten der Wassererwärmung entsprechend Nummer 4 Buchstabe a;

oder

b) der eigenständig gewerblichen Lieferung von Warmwasser, auch aus Anlagen im Sinne des Buchstabens a;

hierzu gehören das Entgelt für die Lieferung des Warmwassers und die Kosten des Betriebs der zugehörigen Hausanlagen entsprechend Nummer 4 Buchstabe a;

oder

c) der Reinigung und Wartung von Warmwassergeräten;

hierzu gehören die Kosten der Beseitigung von Wasserablagerungen und Verbrennungsrückständen im Innern der Geräte sowie die Kosten der regelmäßigen Prüfung der Betriebsbereitschaft und Betriebssicherheit und der damit zusammenhängenden Einstellung durch einen Fachmann.

6. **Die Kosten verbundener Heizungs- und Warmwasserversorgungsanlagen** 51

a) bei zentralen Heizungsanlagen entsprechend Nummer 4 Buchstabe a und entsprechend Nummer 2, soweit sie nicht dort bereits berücksichtigt sind;

oder

b) bei der eigenständig gewerblichen Lieferung von Wärme entsprechend Nummer 4 Buchstabe c und entsprechend Nummer 2, soweit sie nicht dort bereits berücksichtigt sind;

oder

c) bei verbundenen Etagenheizungen und Warmwasserversorgungsanlagen entsprechend Nummer 4 Buchstabe d und entsprechend Nummer 2, soweit sie nicht dort bereits berücksichtigt sind.

7. **Die Kosten des Betriebs des maschinellen Personen- oder Lastenaufzuges** 52

Hierzu gehören die Kosten des Betriebsstroms, die Kosten der Beaufsichtigung, der Bedienung, Überwachung und Pflege der Anlage, der regelmäßigen Prüfung ihrer Betriebsbereitschaft und Betriebssicherheit einschließlich der Einstellung durch einen Fachmann sowie die Kosten der Reinigung der Anlage.

8. **Die Kosten der Straßenreinigung und Müllabfuhr** 53

Hierzu gehören die für die öffentliche Straßenreinigung und Müllabfuhr zu entrichtenden Gebühren oder die Kosten entsprechender nicht öffentlicher Maßnahmen.

9. **Die Kosten der Hausreinigung und Ungezieferbekämpfung** 54

Zu den Kosten der Hausreinigung gehören die Kosten für die Säuberung der von den Bewohnern gemeinsam benutzten Gebäudeteile, wie Zugänge, Flure, Treppen, Keller, Bodenräume, Waschküchen, Fahrkorb des Aufzuges.

10. **Die Kosten der Gartenpflege** 55

Hierzu gehören die Kosten der Pflege gärtnerisch angelegter Flächen einschließlich der Erneuerung von Pflanzen und Gehölzen, der Pflege von Spielplätzen einschließlich der Erneuerung von Sand und der Pflege von Plätzen, Zugängen und Zufahrten, die dem nicht öffentlichen Verkehr dienen.

11. **Die Kosten der Beleuchtung** 56

Hierzu gehören die Kosten des Stroms für die Außenbeleuchtung und die Beleuchtung der von den Bewohnern gemeinsam benutzten Gebäudeteile, wie Zugänge, Flure, Treppen, Keller, Bodenräume, Waschküchen.

Anl b zu § 186

57 12. **Die Kosten der Schornsteinreinigung**
Hierzu gehören die Kehrgebühren nach der maßgebenden Gebührenordnung, soweit sie nicht bereits als Kosten nach Nummer 4 Buchstabe a berücksichtigt sind.

58 13. **Die Kosten der Sach- und Haftpflichtversicherung**
Hierzu gehören namentlich die Kosten der Versicherung des Gebäudes gegen Feuer-, Sturm- und Wasserschäden, der Glasversicherung, der Haftpflichtversicherung für das Gebäude, den Öltank und den Aufzug.

59 14. **Die Kosten für den Hauswart**
Hierzu gehören die Vergütung, die Sozialbeiträge und alle geldwerten Leistungen, die der Eigentümer (Erbbauberechtigte) dem Hauswart für seine Arbeit gewährt, soweit diese nicht die Instandhaltung, Instandsetzung, Erneuerung, Schönheitsreparaturen oder die Hausverwaltung betrifft.
Soweit Arbeiten vom Hauswart ausgeführt werden, dürfen Kosten für Arbeitsleistungen nach den Nummern 2 bis 10 nicht angesetzt werden.

60 15. **Die Kosten**
a) des Betriebs der Gemeinschafts-Antennenanlage;
hierzu gehören die Kosten des Betriebsstroms und die Kosten der regelmäßigen Prüfung ihrer Betriebsbereitschaft einschließlich der Einstellung durch einen Fachmann oder das Nutzungsentgelt für eine nicht zur Wirtschaftseinheit gehörende Antennenanlage;
oder
b) des Betriebs der mit einem Breitbandkabelnetz verbundenen privaten Verteilanlage;
hierzu gehören die Kosten entsprechend Buchstabe a, ferner die laufenden monatlichen Grundgebühren für Breitbandanschlüsse.

61 16. **Die Kosten des Betriebs der maschinellen Wascheinrichtung**
Hierzu gehören die Kosten des Betriebsstroms, die Kosten der Überwachung, Pflege und Reinigung der maschinellen Einrichtung, der regelmäßigen Prüfung ihrer Betriebsbereitschaft und Betriebssicherheit sowie die Kosten der Wasserversorgung entsprechend Nummer 2, soweit sie nicht dort bereits berücksichtigt sind.

62 17. **Sonstige Betriebskosten**
Das sind die in den Nummern 1 bis 16 nicht genannten Betriebskosten, namentlich die Betriebskosten von Nebengebäuden, Anlagen und Einrichtungen.

BewG

§ 187 Bewirtschaftungskosten

(1) Bewirtschaftungskosten sind die bei gewöhnlicher Bewirtschaftung nachhaltig entstehenden Verwaltungskosten, Betriebskosten, Instandhaltungskosten und das Mietausfallwagnis; durch Umlagen gedeckte Betriebskosten bleiben unberücksichtigt. 1

(2)[1] **Anzusetzen sind die nach Absatz 3 an den Bewertungsstichtag angepassten Bewirtschaftungskosten aus Anlage 23.** 2

(3)[1] **① Die Verwaltungskosten und Instandhaltungskosten für Wohnnutzung in Anlage 23 sind jährlich an den vom Statistischen Bundesamt festgestellten Verbraucherpreisindex für Deutschland anzupassen. ② Die Anpassung erfolgt mit dem Prozentsatz, um den sich der Verbraucherpreisindex für den Monat Oktober 2001 gegenüber demjenigen für den Monat Oktober des Jahres, das dem Bewertungsstichtag vorausgeht, erhöht oder verringert hat. ③ Die indizierten Bewirtschaftungskosten sind für alle Bewertungsstichtage des Kalenderjahres anzuwenden. ④ Das Bundesministerium der Finanzen veröffentlicht den maßgebenden Verbraucherpreisindex im Bundessteuerblatt.**[2] 3

Zu § 187 BewG

ErbStR R B 187

R B 187.[3] Bewirtschaftungskosten

(1) ① Die im Rahmen des Ertragswertverfahrens anzusetzenden Bewirtschaftungskosten sind die bei gewöhnlicher Bewirtschaftung nachhaltig entstehenden Verwaltungskosten, Betriebskosten, 5 Instandhaltungskosten und das Mietausfallwagnis; durch Umlagen oder sonstige Kostenübernahmen gedeckte Kosten bleiben unberücksichtigt. ② Zinsen für Hypothekendarlehen und Grundschulden oder sonstige Zahlungen für auf dem Grundstück lastende privatrechtliche Verpflichtungen bleiben ebenfalls außer Ansatz.

(2) ① Die Bewirtschaftungskosten sind pauschal mit Erfahrungssätzen anzusetzen; die tatsächlich 6 entstandenen Kosten sind nicht zu berücksichtigen. ② Sofern vom Gutachterausschuss geeignete Erfahrungssätze vorliegen, sind diese zu Grunde zu legen. ③ Stehen diese nicht zur Verfügung, ist von den pauschalierten Bewirtschaftungskosten nach Anlage 23 zum BewG auszugehen. ④ Maßgebend für die Anwendung der Anlage 23 zum BewG sind die Grundstücksart und die Restnutzungsdauer des Gebäudes. ⑤ Die Mindest-Restnutzungsdauer nach § 185 Absatz 3 Satz 5 BewG ist hierbei zu berücksichtigen.

H B 187 (2)

H B 187 (2)

Bewirtschaftungskosten nach der II. BV.[4] Die Bewirtschaftungskosten nach der II. BV können als geeignete Erfahrungssätze angesehen werden, wenn deren Anwendung bei der Ablei- 7 tung der Liegenschaftszinssätze durch den Gutachterausschuss im Grundstücksmarktbericht mit dem örtlichen Marktgeschehen begründet wird. Ein alleiniger Hinweis auf die Ansätze der II. BV im Modell zur Ableitung des Liegenschaftszinssatzes genügt nicht. Die Spannenangaben der II. BV müssen darüber hinaus nachvollziehbar konkretisiert sein (z. B. Ansatz der Höchstwerte nach der II. BV, Verzicht auf die Zu- und Abschläge zu den Instandhaltungskosten, Festwerte bzw. andere nachvollziehbare feste Modellannahmen).

Anlage 23[5]
(zu § 187 Absatz 2 und 3)

Anl a zu § 187

a) Bewirtschaftungskosten

8

I. Bewirtschaftungskosten für Wohnnutzung	
1. Verwaltungskosten (Basiswerte)	
jährlich je Wohnung*	230 Euro
jährlich je Garage oder ähnlichen Einstellplatz	30 Euro
2. Instandhaltungskosten (Basiswerte)	
jährlich je Quadratmeter Wohnfläche	9 Euro
jährlich je Garage oder ähnlichen Einstellplatz	68 Euro
3. Mietausfallwagnis	
jährlicher Rohertrag	2 Prozent

[1] § 187 Abs. 2 und 3 anzuwenden auf Bewertungsstichtage nach dem 31. 12. 2022 (§ 265 Abs. 14 BewG).
[2] Siehe *BMF-Schreiben vom 20. 1. 2025,* abgedruckt als Anlage b zu § 187.
[3] **Ab 1. 1. 2023** *siehe Rz. 31–38 gleich lautender Ländererlass vom 20. 3. 2023* (Anhang **III**).
[4] Abgedruckt als Anlage b zu § 181 BewG.
[5] Anlage 23 neugefasst durch JStG 2022 v. 16. 12. 2022 (BGBl. I S. 2294), anzuwenden auf Bewertungsstichtage nach dem 31. 12. 2022 (§ 265 Abs. 14 BewG); geändert durch JStG 2024 v. 2. 12. 2024 (BGBl. I Nr. 387), anzuwenden auf Bewertungsstichtage nach dem 31. 12. 2024 (§ 265 Abs. 16 BewG).

II. Bewirtschaftungskosten für Nichtwohnnutzung	
1. Verwaltungskosten	
jährlicher Rohertrag	3 Prozent
2. Instandhaltungskosten	
jährlich je Quadratmeter Nutzfläche (alle Gebäudearten der Anlage 24, Teil II., mit Ausnahme der nachfolgend genannten Gebäudearten)	100 Prozent der Instandhaltungskosten je Quadratmeter Wohnfläche gemäß Nummer I.2
jährlich je Quadratmeter Nutzfläche (Gebäudeart 13 der Anlage 24, Teil II.)	50 Prozent der Instandhaltungskosten je Quadratmeter Wohnfläche gemäß Nummer I.2
jährlich je Quadratmeter Nutzfläche (Gebäudearten 15 bis 16 und 18 der Anlage 24, Teil II.)	30 Prozent der Instandhaltungskosten je Quadratmeter Wohnfläche gemäß Nummer I.2
jährlich je Garage oderähnlichem Einstellplatz	100 Prozent der Instandhaltungskosten je Garage oder ähnlichen Einstellplatz gemäß Nummer I.2
3. Mietausfallwagnis	
jährlicher Rohertrag	4 Prozent

* Für Wohnräume, die keine Wohnungen im Sinne des § 181 Absatz 9 darstellen, sind als Verwaltungskosten 3 Prozent des hierauf entfallenden jährlichen Rohertrages anzusetzen.

Die Anpassung der Basiswerte nach den Nummern I.1 und I.2 erfolgt jährlich mit dem Prozentsatz, um den sich der vom Statistischen Bundesamt festgestellte Verbraucherpreisindex für Deutschland für den Monat Oktober 2001 gegenüber demjenigen für den Monat Oktober des Jahres, das dem Bewertungsstichtag vorausgeht, erhöht oder verringert hat. Die Werte für die Instandhaltungskosten pro Quadratmeter sind auf eine Nachkommastelle und bei den Instandhaltungskosten pro Garage oder ähnlichem Einstellplatz sowie bei Verwaltungskosten kaufmännisch auf volle Euro zu runden.

Anl b zu § 187

b) Schreiben betr. Ermittlung der Bewirtschaftungskosten nach § 187 BewG; Verbraucherpreisindizes zur Anpassung der Basiswerte für Verwaltungskosten und Instandhaltungskosten für Wohnnutzung für Bewertungsstichtage im Kalenderjahr 2025

Vom 20. Januar 2025 (BStBl. I S. 289)

(BMF IV D 4 – S 3224/00006/003/002)

9 Gemäß § 187 Absatz 3 Satz 4 BewG gebe ich auf der Grundlage der vom Statistischen Bundesamt ermittelten Verbraucherpreisindizes für Deutschland die maßgebenden Verbraucherpreisindizes zur Anpassung der Basiswerte für Verwaltungskosten und Instandhaltungskosten für Wohnnutzung aus Anlage 23 BewG für Bewertungsstichtage im Kalenderjahr 2024 bekannt.

Verbraucherpreisindex für Deutschland für den Monat Oktober 2024 (2020 = 100)
120,2
Verbraucherpreisindex für Deutschland für den Monat Oktober 2001 (2020 = 100)
77,1

§ 188 Liegenschaftszinssatz

BewG

(1)[1] **Liegenschaftszinssätze sind Kapitalisierungszinssätze, mit denen Verkehrswerte von Grundstücken je nach Grundstücksart im Durchschnitt marktüblich verzinst werden.** 1

(2)[1] ① **Anzuwenden sind die von den Gutachterausschüssen im Sinne der §§ 192 ff. des Baugesetzbuchs ermittelten Liegenschaftszinssätze nach Maßgabe des § 177 Absatz 2 und 3.**[2] ② **Soweit derartige Liegenschaftszinssätze nicht zur Verfügung stehen, gelten die folgenden Zinssätze:** 2

1. 3,5 Prozent für Mietwohngrundstücke,

2. 4,5 Prozent für gemischt genutzte Grundstücke mit einem gewerblichen Anteil von bis zu 50 Prozent, berechnet nach der Wohn- und Nutzfläche,

3. 5,0 Prozent für gemischt genutzte Grundstücke mit einem gewerblichen Anteil von mehr als 50 Prozent, berechnet nach der Wohn- und Nutzfläche, und

4. 6,0 Prozent für Geschäftsgrundstücke.

Zu § 188 BewG

R B 188.[3] Liegenschaftszinssatz

ErbStR R B 188

(1) ① Die Liegenschaftszinssätze sind die Zinssätze, mit denen Verkehrswerte von Grundstücken je nach Grundstücksart im Durchschnitt marktüblich verzinst werden (→ § 14 Absatz 3 Satz 1 ImmoWertV). ② Mit den Liegenschaftszinssätzen werden die allgemein vom Grundstücksmarkt erwarteten künftigen Entwicklungen, insbesondere der Ertrags- und Wertverhältnisse sowie der üblichen steuerlichen Rahmenbedingungen, berücksichtigt. 3

(2) ① Der angemessene und nutzungstypische Liegenschaftszinssatz ist nach der Grundstücksart (§ 181 BewG, → R B 181.1) und der Lage auf dem Grundstücksmarkt zu bestimmen. ② Dabei ist vorrangig auf den für diese Grundstücksart vom Gutachterausschuss für Grundstückswerte ermittelten und veröffentlichten Liegenschaftszinssatz zurückzugreifen. ③ Werden durch den Gutachterausschuss keine geeigneten Liegenschaftszinssätze ermittelt, so sind die typisierten Liegenschaftszinssätze des § 188 Absatz 2 Satz 2 BewG anzuwenden. 4

H B 188 (2)

H B 188 (2)

Liegenschaftszinssatz in Spannen. Sind von den Gutachterausschüssen Liegenschaftszinssätze ausschließlich in Wertspannen veröffentlicht worden, bestehen keine Bedenken, folgende Vereinfachungsregeln anzuwenden: 6

1. Liegt der gesetzliche Liegenschaftszinssatz nach § 188 Absatz 2 Satz 2 Nummer 1 bis 4 BewG innerhalb der vom Gutachterausschuss angegebenen Spanne, ist der gesetzliche Liegenschaftszinssatz der Grundbesitzbewertung zu Grunde zu legen.
2. Liegt der gesetzliche Zinssatz außerhalb der Spanne, ist der Liegenschaftszinssatz innerhalb der Spanne zu wählen, der dem gesetzlichen Liegenschaftszinssatz am nächsten liegt. Dies ist der obere oder untere Grenzwert der Spanne.

Kein Liegenschaftszinssatz in Spannen liegt beispielsweise vor, wenn der Gutachterausschuss den Liegenschaftszinssatz als festen Wert vorgibt und zusätzlich nach oben und nach unten eine Standardabweichung benennt. In diesem Fall ist als Liegenschaftszinssatz der vorgegebene Wert anzusetzen. Entsprechendes gilt, wenn der Liegenschaftszinssatz aus grafischen Darstellungen oder Tabellen im Grundstücksmarktbericht spezifiziert werden kann.

Liegenschaftszinssatz (maßgebende Grundstücksart). Bei der Bestimmung des zutreffenden Liegenschaftszinssatzes ist zunächst von der Grundstücksart auszugehen, die nach dem Bewertungsgesetz maßgebend ist. Sofern der Gutachterausschuss bei der Veröffentlichung der Liegenschaftszinssätze eine von den Grundstücksarten des Bewertungsgesetzes abweichende Unterteilung der Grundstückstypen vornimmt, ist zu prüfen, ob diese Abweichung beim Ansatz des maßgebenden Liegenschaftszinssatzes berücksichtigt werden kann. Können die vom Gutachter- 7

---

[1] § 188 Abs. 1 und 2 anzuwenden auf Bewertungsstichtage nach dem 31. 12. 2022 (§ 265 Abs. 14 BewG).

[2] *BFH-Urteil vom 18. 9. 2019 II R 13/16 (BStBl. 2020 II S. 760):* Durch den Gutachterausschuss ermittelte örtliche Liegenschaftszinssätze sind für die Bewertung von Grundstücken für Zwecke der Erbschaftsteuer geeignet, wenn der Gutachterausschuss bei der Ermittlung die an ihn gerichteten Vorgaben des BauGB sowie der darauf beruhenden Verordnungen eingehalten und die Liegenschaftszinssätze für einen Zeitraum berechnet hat, der den Bewertungsstichtag umfasst. Auf den Zeitpunkt der Beschlussfassung oder der Veröffentlichung der Liegenschaftszinssätze durch den Gutachterausschuss kommt es für ihre zeitliche Anwendung nicht an.

BFH-Beschluss vom 30. 8. 2023 II B 35/22 (BFH/NV S. 1300): Die Untätigkeit des Gutachterausschusses bei der Ermittlung örtlicher Liegenschaftszinssätze führt nicht zu einem strukturellen Vollzugsdefizit, da in diesem Fall die Bewertung und Besteuerung nach dem vom Gesetzgeber in § 188 Abs. 2 Satz 2 des Bewertungsgesetzes (BewG) festgelegten Zinssatz erfolgt. Der Steuerpflichtige hat zudem gemäß § 198 BewG die Möglichkeit, einen niedrigeren gemeinen Wert nachzuweisen.

[3] **Ab 1. 1. 2023** *siehe Rz. 39–41 gleich lautender Ländererlass vom 20. 3. 2023* (Anhang **III**).

ausschuss ermittelten Liegenschaftszinssätze den bewertungsrechtlich maßgebenden Grundstücksarten nicht zugeordnet werden, sind die Liegenschaftszinssätze des § 188 Absatz 2 Satz 2 BewG maßgebend.

Beispiel:

Ein bebautes Grundstück in Geschäftslage verfügt im Erdgeschoss über einen Laden (80 m^2, 32 000 EUR Rohertrag) und in den darüber liegenden fünf Etagen über Wohnungen (insgesamt 500 m^2, 36 000 EUR Rohertrag). Bewertungsrechtlich ist das Grundstück ein Mietwohngrundstück, weil nach § 181 Absatz 3 BewG das Flächenverhältnis maßgebend ist. Der Gutachterausschuss hat für derartige Grundstücke jedoch lediglich den Liegenschaftszinssatz für ein „gemischt genutztes Grundstück" ausgewiesen, weil er bei der Ermittlung der Liegenschaftszinssätze das Verhältnis der Roherträge zugrunde gelegt hat. Bei der Bewertung des Mietwohngrundstücks hat das Finanzamt den Liegenschaftszinssatz anzusetzen, der vom Gutachterausschuss für gemischt genutzte Grundstücke ausgewiesen wurde.

R B 188 (3)

R B 188 (3)

8 (3) ① Liegenschaftszinssätze sind als geeignet anzusehen, wenn die Ableitung der Liegenschaftszinssätze weitgehend in demselben Modell erfolgt ist wie die Bewertung. ② Es sind jeweils die Liegenschaftszinssätze anzusetzen, die vom Gutachterausschuss zuletzt vor dem Bewertungsstichtag veröffentlicht wurden.

BewG

§ 189 Bewertung im Sachwertverfahren

(1)[1] **Bei Anwendung des Sachwertverfahrens ist der Wert der Gebäude (Gebäudesachwert) getrennt vom Bodenwert nach § 190 zu ermitteln.** 1

(2) **Der Bodenwert ist der Wert des unbebauten Grundstücks nach § 179.** 2

(3) **① Der Bodenwert und der Gebäudesachwert (§ 190) ergeben den vorläufigen Sachwert des Grundstücks. ② Dieser ist zur Anpassung an den gemeinen Wert mit einer Wertzahl nach § 191 zu multiplizieren.** 3

(4)[1] **① Der Wert der baulichen Außenanlagen und sonstigen Anlagen ist grundsätzlich mit dem nach den Absätzen 1 bis 3 ermittelten Sachwert abgegolten. ② Dies gilt nicht bei besonders werthaltigen baulichen Außenanlagen und sonstigen Anlagen.** 4

Zu § 189 BewG

ErbStR R B 189

R B 189.[2] Allgemeine Grundsätze des Sachwertverfahrens

① Bei Anwendung des Sachwertverfahrens (§§ 189 bis 191 BewG) ist der Gebäudesachwert getrennt vom Bodenwert auf der Grundlage von gewöhnlichen Herstellungskosten zu bemessen. 6
② Der Bodenwert ist wie bei einem unbebauten Grundstück nach Maßgabe des § 179 BewG zu ermitteln. ③ Die Summe aus Gebäudesachwert und Bodenwert ergibt den vorläufigen Sachwert, der zur Anpassung an den gemeinen Wert mit einer Wertzahl nach § 191 BewG zu multiplizieren ist. ④ Der Wert der sonstigen baulichen Anlagen, insbesondere der Außenanlagen, und der Wert der sonstigen Anlagen, wie z. B. gärtnerische Anpflanzungen, sind regelmäßig mit dem Gebäude- und dem Bodenwert abgegolten. ⑤ Nur in Ausnahmefällen mit besonders werthaltigen Außenanlagen, wie z. B. ein größerer Swimmingpool, und sonstigen Anlagen werden hierfür gesonderte Wertansätze nach gewöhnlichen Herstellungskosten berücksichtigt (→ R B 190.5).

H B 189

H B 189[2]

Ablauf des Verfahrens (im Regelfall: ohne Außenanlagen und sonstige Anlagen). 7

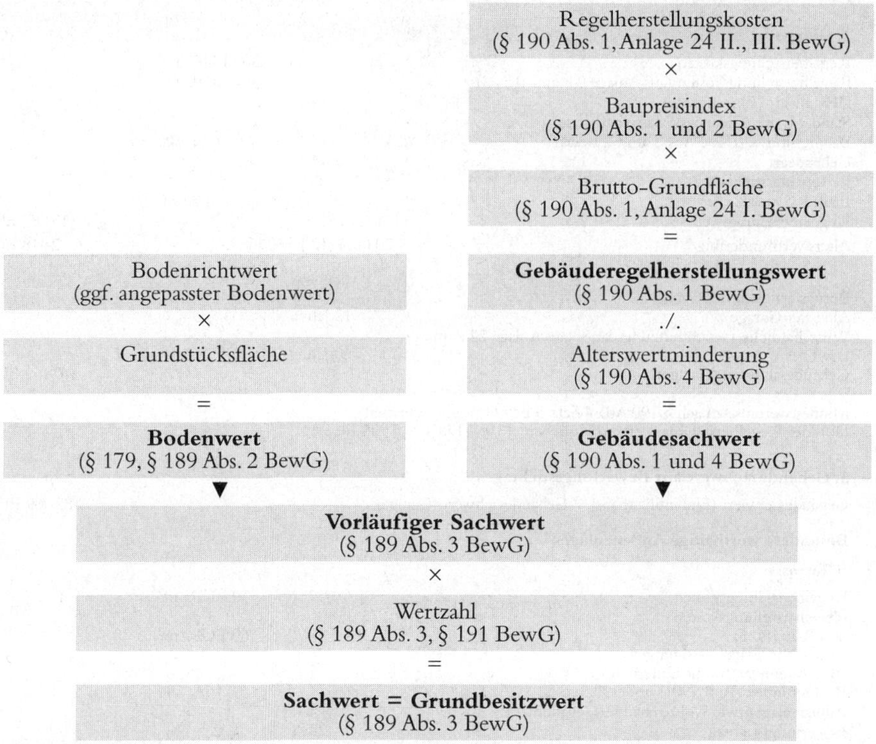

[1] § 189 Abs. 1 und 4 anzuwenden auf Bewertungsstichtage nach dem 31. 12. 2022 (§ 265 Abs. 14 BewG).
[2] **Ab 1. 1. 2023** *siehe Rz. 42–44 gleich lautender Ländererlass vom 20. 3. 2023* (Anhang **III**).

HB 189

Bewertung im Sachwertverfahren.

8 **Beispiel:**

Ein mit einem freistehenden Einfamilienhaus (Baujahr 2004, Keller- und Erdgeschoss, Dachgeschoss ausgebaut, Gebäudestandard – alle Bauteile Standardstufe 3) bebautes Grundstück ist zum 1. 2. 2018 (Bewertungsstichtag) zu bewerten. Die Brutto-Grundfläche des Gebäudes beträgt 220 m². An das Haus grenzt eine nicht überdachte Terrasse (Baujahr 2006, Bruchsteinplatten mit Unterbeton) mit einer Fläche von 30 m² an. Auf dem Grundstück befinden sich außerdem eine freistehende Garage in Massivbauweise mit einer Brutto-Grundfläche von 23 m² (Baujahr 2006) und ein AußenSchwimmbecken (Baujahr 2006, normale Ausführung) mit einer Fläche von 52 m². Das Grundstück hat eine Fläche von 700 m² und der Bodenrichtwert beträgt 200 EUR/m². Vom Gutachterausschuss stehen keine Vergleichspreise, Vergleichsfaktoren und örtlichen Sachwertfaktoren für das Grundstück zur Verfügung.

Bodenwert

Grundstücksfläche × Bodenrichtwert (700 m² × 200 EUR/m²)			140 000 EUR

Gebäudesachwert

1. freistehendes Einfamilienhaus (EFH)

Regelherstellungskosten		975 EUR/m²	
Regelherstellungskosten (aus Anlage 24 zum BewG)		835 EUR/m²	
Gebäudeart	1.01.		
Standardstufe (alle Bauteile)	3		
Baupreisindex (§ 190 Abs. 1 und 2 BewG)		× 116,8/100	
Gebäudeart	1.01.		
Bewertungsstichtag	2018		
Brutto-Grundfläche		× 220 m²	
Gebäuderegelherstellungswert			214 500 EUR
Alterswertminderung	20,00% (14 J. : 70 J.)		./. 42 900 EUR
Gebäudeart	1.01.		
Bezugsfertigkeit des Gebäudes	2004		
Alter des Gebäudes	14 Jahre		
Wirtschaftliche Gesamtnutzungsdauer (aus Anlage 22 zum BewG)	70 Jahre		
Gebäudesachwert (Einfamilienhaus)			171 600 EUR

Mindestwertansatz nach § 190 Abs. 4 Satz 5 BewG ist überschritten
(30% des Gebäuderegelherstellungswerts in Höhe von 214 500 EUR = 64 350 EUR)

2. Garage

Regelherstellungskosten		569 EUR/m²	
Regelherstellungskosten (aus Anlage 24 zum BewG)		485 EUR/m²	
Gebäudeart (Einzelgarage)	14.1.		
Standardstufe (Garage in Massivbauweise)	4		
Baupreisindex (§ 190 Abs. 1 und 2 BewG)		× 117,4/100	
Gebäudeart	14.1.		
Bewertungsstichtag	2018		
Brutto-Grundfläche		× 23 m²	
Regelherstellungswert			13 087 EUR
Alterswertminderung	20,00% (12 J. : 60 J.)		./. 2 618 EUR
	Garage		
Bezugsfertigkeit der Garage	2006		
Alter der Garage	12 Jahre		
Wirtschaftliche Gesamtnutzungsdauer (aus Anlage 22 zum BewG)	60 Jahre		
Gebäudesachwert (Garage)			10 469 EUR

Mindestwertansatz nach § 190 Abs. 4 Satz 5 BewG ist überschritten
(30% des Regelherstellungswerts in Höhe von 13 087 EUR = 3 926 EUR)

3. Gebäudesachwert am Bewertungsstichtag

Gebäudesachwert (Einfamilienhaus) + Gebäudesachwert (Garage)			182 069 EUR

Besonders werthaltige Außenanlagen

1. Terrasse

Regelherstellungskosten		70 EUR/m²	
Regelherstellungskosten (aus R B 190.5)		60 EUR/m²	
Wege- und Platzbefestigungen (Bruchsteinplatten mit Unterbeton)			
Baupreisindex (R B 190.4 und 190.5)		× 116,8/100	
Außenanlagen wie Wohngebäude/Gebäudeart	1.01.–5.1.		
Bewertungsstichtag	2018		
Fläche		× 30 m²	
Regelherstellungswert			2 100 EUR
Alterswertminderung	30,00% (12 J. : 40 J.)		./. 630 EUR

HB 189
noch **8**

	Terrasse	
Fertigstellung	2006	
Alter	12 Jahre	
Wirtschaftliche Gesamtnutzungsdauer (aus R B 190.5)	40 Jahre	
Sachwert (Terrasse)		1 470 EUR

2. Schwimmbecken

Regelherstellungskosten	613 EUR/m²	
Regelherstellungskosten (aus R B 190.5)	525 EUR/m²	
Schwimmbecken (normale Ausführung)		
Baupreisindex (R B 190.4 und 190.5)	× 116,8/100	
Außenanlagen wie Wohngebäude/Gebäudeart	1.01.–5.1.	
Bewertungsstichtag	2018	
Fläche	× 52 m²	
Regelherstellungswert		31 876 EUR
Alterswertminderung	40,00% (12 J. : 30 J.)	./. 12 751 EUR
	Schwimmbecken	
Fertigstellung	2006	
Alter	12 Jahre	
Wirtschaftliche Gesamtnutzungsdauer (aus R B 190.5)	30 Jahre	
Sachwert (Schwimmbecken)		19 125 EUR

Sachwert der besonders werthaltigen Außenanlagen
Sachwert (Terrasse) + Sachwert (Schwimmbecken) 20 595 EUR

Der Sachwert übersteigt 10% des Gebäudesachwerts.
(10% des Gebäudesachwerts in Höhe von 182 069 EUR = 18 206 EUR)

Vorläufiger Sachwert		342 664 EUR
Bodenwert	140 000 EUR	
Gebäudesachwert	+ 182 069 EUR	
Sachwert Außenanlagen	+ 20 595 EUR	
Summe	342 664 EUR	

Grundbesitzwert (Sachwert)

Vorläufiger Sachwert		342 664 EUR	
Wertzahl (aus Anlage 25 zum BewG)		× 0,80	
Einfamilienhaus			
Vorläufiger Sachwert	342 664 EUR		
Bodenrichtwert	200 EUR/m²		
Grundbesitzwert			**274 131 EUR**

BewG

§ 190[1] Ermittlung des Gebäudesachwerts

1 (1) ① **Bei der Ermittlung des Gebäudesachwerts ist von den Regelherstellungskosten des Gebäudes auszugehen.** ② **Regelherstellungskosten sind die durchschnittlichen Herstellungskosten je Flächeneinheit.** ③ **Die Regelherstellungskosten sind in der Anlage 24[2] enthalten.**

2 (2) **Das Bundesministerium der Finanzen wird ermächtigt, durch Rechtsverordnung mit Zustimmung des Bundesrates die Anlage 24[2] zu diesem Gesetz dadurch zu ändern, dass es die darin aufgeführten Regelherstellungskosten nach Maßgabe marktüblicher durchschnittlicher Herstellungskosten aktualisiert, soweit dies zur Ermittlung des gemeinen Werts erforderlich ist.**

3 (3) ① **Zur Ermittlung des Gebäudesachwerts sind die durchschnittlichen Herstellungskosten des Gebäudes mit dem Regionalfaktor nach Absatz 5 sowie dem Alterswertminderungsfaktor nach Absatz 6 zu multiplizieren.** ② **Die durchschnittlichen Herstellungskosten des Gebäudes ergeben sich durch Multiplikation der Regelherstellungskosten nach den Absätzen 1 und 2 mit der jeweiligen Brutto-Grundfläche des Gebäudes und dem Baupreisindex nach Absatz 4.**

4 (4) ① **Die Anpassung der Regelherstellungskosten an den Bewertungsstichtag erfolgt anhand der vom Statistischen Bundesamt veröffentlichten Baupreisindizes.** ② **Dabei ist auf die Preisindizes für die Bauwirtschaft abzustellen, die das Statistische Bundesamt für den Neubau in konventioneller Bauart von Wohn- und Nichtwohngebäuden jeweils als Jahresdurchschnitt ermittelt.** ③ **Diese Preisindizes sind für alle Bewertungsstichtage des folgenden Kalenderjahres anzuwenden.** ④ **Das Bundesministerium der Finanzen veröffentlicht die maßgebenden Baupreisindizes im Bundessteuerblatt.**[3]

4a (5) ① **Durch Regionalfaktoren wird der Unterschied zwischen dem bundesdurchschnittlichen und dem regionalen Baukostenniveau berücksichtigt.** ② **Anzuwenden sind die Regionalfaktoren, die von den Gutachterausschüssen bei der Ableitung der Sachwertfaktoren nach § 191 Satz 1 zugrunde gelegt worden sind.** ③ **Soweit von den Gutachterausschüssen keine geeigneten Regionalfaktoren zur Verfügung stehen, gilt der Regionalfaktor 1,0.**

4b (6) ① **Der Alterswertminderungsfaktor entspricht dem Verhältnis der Restnutzungsdauer des Gebäudes am Bewertungsstichtag zur Gesamtnutzungsdauer nach Anlage 22.**[4] ② **Die Restnutzungsdauer wird grundsätzlich aus dem Unterschiedsbetrag zwischen der Gesamtnutzungsdauer, die sich aus der Anlage 22 ergibt, und dem Alter des Gebäudes am Bewertungsstichtag ermittelt.** ③ **Das Alter des Gebäudes ist durch Abzug des Jahres der Bezugsfertigkeit des Gebäudes vom Jahr des Bewertungsstichtags zu bestimmen.** ④ **Sind nach Bezugsfertigkeit des Gebäudes Veränderungen eingetreten, die die Restnutzungsdauer des Gebäudes wesentlich verlängert haben, ist von der entsprechend verlängerten Restnutzungsdauer auszugehen.** ⑤ **Die Restnutzungsdauer eines noch nutzbaren Gebäudes beträgt vorbehaltlich des Satzes 6 mindestens 30 Prozent der Gesamtnutzungsdauer.** ⑥ **Bei einer bestehenden Abbruchverpflichtung für das Gebäude ist die nach den Sätzen 2 bis 5 ermittelte Restnutzungsdauer auf den Unterschiedsbetrag zwischen der tatsächlichen Gesamtnutzungsdauer und dem Alter des Gebäudes am Bewertungsstichtag begrenzt.**

Übersicht

		Rz.
R B 190.1	Regelherstellungskosten; H B 190.1	5–7
R B 190.2	Gebäudeart; H B 190.2	8–12
R B 190.3	Gebäudestandard; H B 190.3	13–15
R B 190.4	Baupreisindex; H B 190.4	16, 17
R B 190.5	Besonders werthaltige Außenanlagen; H B 190.5	18, 19
R B 190.6	Brutto-Grundfläche; H B 190.6	20–25
R B 190.7	Alterswertminderung; H B 190.7	26–37
R B 190.8	Grundstück mit mehreren Gebäuden bzw. Gebäudeteilen; H B 190.8	38–41
Anlagen:		
a)	Regelherstellungswert (Anlage 24 zu § 190 Abs. 1 Satz 4 und Abs. 3 BewG)	45–47
b)	Schreiben betr. Baupreisindizes für 2025	50

Zu § 190 BewG

ErbStR R B 190.1 (1)

R B 190.1[5] Regelherstellungskosten

5 (1) ① Die Regelherstellungskosten (RHK) im Sinne des § 190 Absatz 1 BewG sind nicht die tatsächlichen, sondern die gewöhnlichen Herstellungskosten je Quadratmeter Brutto-Grundfläche einschließlich Umsatzsteuer. ② Sie werden unterteilt nach Grundstücksarten, Gebäudearten und

[1] § 190 BewG anzuwenden auf Bewertungsstichtage nach dem 31. 12. 2022 (§ 265 Abs. 14 BewG).
[2] Nachfolgend abgedruckt als Anlage a zu § 190 BewG.
[3] Siehe *BMF-Schreiben vom 20. 1. 2025,* abgedruckt als Anlage b zu § 190 BewG.
[4] Abgedruckt als Anlage b zu § 185 BewG.
[5] **Ab 1. 1. 2023** *siehe Rz. 45–48 gleich lautender Ländererlass vom 20. 3. 2023* (Anhang **III**).

Gebäudestandards, wie sie in der Anlage 24, Teil II. und III., zum BewG dargestellt sind. ③ Sie wurden aus den Normalherstellungskosten 2010 (NHK 2010) abgeleitet.

H B 190.1 (1)

H B 190.1 (1)

Umsatzsteuer. Die Berechtigung zum Vorsteuerabzug zählt zu den ungewöhnlichen und persönlichen Verhältnissen i. S. d. § 9 Absatz 2 Satz 3 BewG (→ BFH vom 30. 6. 2010 II R 60/08, BStBl. II S. 897). 6

R B 190.1 (2)

R B 190.1 (2)

(2) ① Die NHK 2010 und infolgedessen die RHK stellen Bundesmittelwerte dar, d. h., es handelt sich um Durchschnittswerte für das gesamte Bundesgebiet. ② Eine Regionalisierung der Regelherstellungskosten mittels sog. Regionalisierungs- und Ortsgrößenfaktoren erfolgt nicht. ③ Die Berücksichtigung der örtlichen Marktverhältnisse erfolgt ausschließlich über die Anwendung der Wertzahl nach § 191 BewG. 7

R B 190.2 Gebäudeart

ErbStR R B 190.2

(1) ① Bei der Ermittlung der nach Anlage 24, Teil II., zum BewG[1] anzunehmenden Gebäudeart ist auf das gesamte Gebäude oder einen baulich selbstständig abgrenzbaren Teil eines Gebäudes (Gebäudeteil) abzustellen. ② Entscheidend für die Einstufung ist allein das durch die Hauptnutzung des Gebäudes/Gebäudeteils entstandene Gesamtgepräge. ③ Zur Hauptnutzung gehörende übliche Nebenräume (z. B. Lager- und Verwaltungsräume bei Warenhäusern) sind entsprechend dem Gesamtgepräge der Hauptnutzung zuzurechnen. 8

H B 190.2 (1)

H B 190.2 (1)

Tiefgaragenstellplatz bei Wohnungs- und Teileigentum. Bei Wohnungs- und Teileigentum mit Tiefgaragenstellplatz wird grundsätzlich von einer wirtschaftlichen Einheit ausgegangen. Der Tiefgaragenstellplatz ist hierbei als gesonderter Gebäudeteil unter Anwendung der Regelherstellungskosten der Gebäudeart 14.3. (Tiefgaragen) zu bewerten. 9

Teileigentum. Bei der Bewertung von Teileigentum ist zur Bestimmung der Gebäudeart grundsätzlich auf die Nutzung des Teileigentums abzustellen. Zur Bewertung eines Teileigentums als Rechtsanwalts-, Notar- oder Arztpraxis in einem mehrgeschossigen Wohnhaus, welches baulich wie ein vergleichbares Wohnungseigentum gestaltet ist, ist es sachgerecht, die Regelherstellungskosten der Gebäudearten 4.1. bis 4.3. heranzuziehen. Befindet sich ein solches Teileigentum z. B. in einem Büro- und Geschäftsgebäude, können die Regelherstellungskosten der Gebäudearten 5.2. bis 6.1. verwandt werden.

Wohnungseigentum. Für Wohnungseigentum in Gebäuden, die wie Ein- und Zweifamilienhäuser gestaltet sind, ist die Gebäudeart für Ein- und Zweifamilienhäuser anzusetzen.

R B 190.2 (2)

R B 190.2 (2)

(2) ① Regelherstellungskosten für in der Anlage 24 zum BewG[1] nicht aufgeführte Gebäudearten sind aus den Regelherstellungskosten vergleichbarer Gebäudearten abzuleiten. ② Zu diesem Zweck ist auf die Gebäudeart abzustellen, die mit der Hauptnutzung des Gebäudes die größten Übereinstimmungen aufweist. 10

H B 190.2 (2)

H B 190.2 (2)

Nicht aufgeführte Gebäudearten. Nach Tz. 20 der Anlage 24, Teil II., zum BewG[1] gilt die Auffangklausel, wonach für nicht aufgeführte Gebäudearten (GA) die Regelherstellungskosten sowie die wirtschaftliche Gesamtnutzungsdauer (GND) aus vergleichbaren Gebäudearten abzuleiten sind. Hierzu folgende Ableitungsbeispiele: 11

Nicht aufgeführte Gebäudeart	Vergleichbar mit Gebäudeart	GND	GA
Apotheke, Boutique, Laden	Kauf-/Warenhäuser	50 Jahre	13.2
Baumarkt, Discountermarkt, Gartenzentrum	Verbrauchermärkte	30 Jahre	13.1
Gewerblich genutzte freistehende Überdachung	Lagergebäude ohne Mischnutzung, Kaltlager	40 Jahre	16.1
Jugendheim, Tagesstätte, Bürgerhaus	Gemeindezentren, Vereinsheime	40 Jahre	7.1
Möbelhaus, eingeschossig	Verbrauchermärkte	30 Jahre	13.1
Möbelhaus, mehrgeschossig	Kauf-/Warenhäuser	50 Jahre	13.2
Pferdestall u. Ä.	Reithallen	30 Jahre	18.1
Restaurant	Beherbergungsstätten/Hotels/Verpflegungseinrichtungen	40 Jahre	11.1

[1] Nachfolgend abgedruckt als Anlage a zu § 190 BewG.

Nicht aufgeführte Gebäudeart	Vergleichbar mit Gebäudeart	GND	GA
Tankstelle/Waschstraße	Betriebs-/Werkstätten, eingeschossig	40 Jahre	15.1
Therme	Freizeitbäder/Kur- und Heilbäder	40 Jahre	12.4
Wochenendhaus	Ein- und Zweifamilienhäuser	70 Jahre	1.01–3.33

R B 190.2 (3)

12

R B 190.2 (3)

(3) ① Ist ein Gebäude zu mehr als 50 Prozent der bebauten Fläche unterkellert, ist von einem Gebäude mit Keller auszugehen. ② Entsprechend ist von einem Gebäude mit ausgebautem Dachgeschoss auszugehen, wenn dies zu mehr als 50 Prozent ausgebaut ist.

ErbStR R B 190.3

13

R B 190.3 Gebäudestandard

① Zur Feststellung des Gebäudestandards eines Gebäudes oder eines Gebäudeteils ist die Beschreibung der Gebäudestandards in Anlage 24, Teil III., zum BewG[1] zu verwenden. ② Die Beschreibung der Gebäudestandards ist beispielhaft und dient der Orientierung. ③ Sie kann nicht alle in der Praxis auftretenden Standardmerkmale aufführen. ④ Merkmale, die die Tabelle nicht beschreibt, sind sachgerecht zu berücksichtigen. ⑤ Es müssen nicht alle aufgeführten Merkmale zutreffen. ⑥ Der Gebäudestandard wird regelmäßig anhand von fünf Standardstufen bestimmt, die sich nach den Standardmerkmalen der Bauteile unterscheiden. ⑦ Liegen bei einem Bauteil verschiedene Standardmerkmale vor, ist für die Bestimmung der jeweiligen Standardstufe auf die überwiegenden Standardmerkmale abzustellen. ⑧ Für ein Bauteil ist somit eine Standardstufe zu bestimmen. ⑨ Bei den Wohngebäuden (Gebäudearten 1.01. bis 5.1. der Anlage 24 zum BewG) sind die Bauteile zusätzlich nach Wägungsanteilen zu gewichten. ⑩ Ist ein Bauteil nicht vorhanden, bleiben die Regelherstellungskosten dieses Bauteils unberücksichtigt. ⑪ In diesen Fällen wird bei den Wohngebäuden (Gebäudearten 1.01. bis 5.1. der Anlage 24 zum BewG) nur die Summe aus den gewichteten Regelherstellungskosten der vorhandenen Bauteile gebildet, bei den Nichtwohngebäuden (Gebäudearten 5.2. bis 13.3., 14.2. bis 14.4. und 15.1. bis 18.2. der Anlage 24 zum BewG) wird die Summe der Regelherstellungskosten der vorhandenen Bauteile durch die Anzahl der für die Gebäudeart nach Anlage 24, Teil III., zum BewG, typischerweise vorhandenen Bauteile dividiert (→ H B 190.4). ⑫ Für Einzel- und Mehrfachgaragen (Gebäudeart 14.1. der Anlage 24 zum BewG) werden die Standardstufen unmittelbar im Teil II. der Anlage 24 zum BewG beschrieben.

H B 109.3

14

H B 190.3

Bestimmung der Regelherstellungskosten (RHK) für ein freistehendes Einfamilienhaus (Gebäudeart 1.01) bei unterschiedlichen Standardstufen.

Beispiel:

Bauteil	Standardstufe					Wägungsanteil %
	1	2	3	4	5	
Außenwände				×		23
Dach					×	15
Fenster und Außentüren			×			11
Innenwände und -türen			×			11
Deckenkonstruktion und Treppen			×			11
Fußböden			×			5
Sanitäreinrichtungen		×				9
Heizung			×			9
Sonstige technische Ausstattung			×			6
RHK in EUR/m² für die Gebäudeart 1.01 nach Anlage 24, Teil II., zum BewG	655	725	835	1005	1260	

		EUR/m² BGF
Außenwände	1005 EUR/m² × 23%	231
Dach	1260 EUR/m² × 15%	189
Fenster und Außentüren	835 EUR/m² × 11%	92
Innenwände und -türen	835 EUR/m² × 11%	92
Deckenkonstruktion und Treppen	835 EUR/m² × 11%	92

[1] Nachfolgend abgedruckt als Anlage a zu § 190 BewG.

		EUR/m² BGF
Fußböden	835 EUR/m² × 5%	42
Sanitäreinrichtungen	725 EUR/m² × 9%	65
Heizung	835 EUR/m² × 9%	75
Sonstige technische Ausstattung	835 EUR/m² × 6%	50
RHK in EUR/m² BGF (gewichtet)		**928**

In den Fällen von Standardstufen mit Wägungsanteilen ist kaufmännisch auf volle Euro zu runden. H B 177 ErbStH 2011 findet insoweit keine Anwendung.

Bestimmung der Regelherstellungskosten (RHK) für ein neu errichtetes Bürogebäude (Gebäudeart 6.1), bei dem ein Teil des Gebäudes bereits nutzbar ist, für den überwiegenden Teil des Gebäudes jedoch der Innenausbau, insbesondere die sonstige technische Ausstattung, zur Berücksichtigung der Bedürfnisse potentieller Mieter zurückgestellt wurde. 15

Beispiel:

Bauteile (Anlage 24, Teil III., zum BewG)	**Standardstufe 1**	**2**	**3**	**4**	**5**
Außenwände				×	
Dach					×
Fenster und Außentüren			×		
Innenwände und -türen			×		
Deckenkonstruktion und Treppen			×		
Fußböden			×		
Sanitäreinrichtungen		×			
Heizung			×		
Sonstige technische Ausstattung					
RHK in EUR/m² für die Gebäudeart 6.1 nach Anlage 24, Teil II., zum BewG	735	815	1040	1685	1900

	1	**2**	**3**	**4**
	Anzahl der Bauteile	**Standardstufe**	**Regelherstellungskosten**	**Spalte 1 × Spalte 3**
	1	2	815 EUR/m²	815 EUR/m²
	5	3	1040 EUR/m²	5200 EUR/m²
	1	4	1685 EUR/m²	1685 EUR/m²
	1	5	1900 EUR/m²	1900 EUR/m²
Summe	8			9600 EUR/m²
RHK (Division durch die 9 Bauteile der Gebäudeart 6.1)				1066 EUR/m²

R B 190.4[1] Baupreisindex

ErbStR R B 190.4

16

(1) ① Die in der Anlage 24 zum BewG[2] enthaltenen Regelherstellungskosten mit Kostenstand 2010 sind auf den Bewertungsstichtag zu beziehen. ② Für diese Anpassung ist nach § 190 Absatz 2 BewG auf die Preisindizes für die Bauwirtschaft, die das Statistische Bundesamt für den Neubau in konventioneller Bauart von Wohn- und Nichtwohngebäuden jeweils als Jahresdurchschnitt ermittelt hat, abzustellen. ③ Diese Preisindizes sind für alle Bewertungsstichtage des folgenden Kalenderjahres anzuwenden. ④ Das Bundesministerium der Finanzen veröffentlicht die maßgebenden Baupreisindizes im Bundessteuerblatt.[3]

(2) ① Zu den Wohngebäuden gehören die Gebäudearten 1.01. bis 5.1. der Anlage 24, Teil II., zum BewG[2] (freistehende Ein- und Zweifamilienhäuser, Doppel- und Reihenhäuser, Mehrfamilienhäuser, gemischt genutzte Grundstücke bzw. Wohnhäuser mit Mischnutzung). ② Die übrigen Gebäudearten werden den Nichtwohngebäuden zugeordnet.

[1] **Ab 1. 1. 2023** *siehe Rz. 49–51 gleich lautender Ländererlass vom 20. 3. 2023* (Anhang **III**).
[2] Nachfolgend abgedruckt als Anlage a zu § 190 BewG.
[3] Nachfolgend abgedruckt als Anlage b zu § 190 BewG.

H B 190.4

H B 190.4

Indizierung der Regelherstellungskosten (RHK) am Bewertungsstichtag.

17 **Beispiel:**

Einfamilienhaus (Gebäudeart 1.01)	
Bewertungsstichtag	15. Januar 2018
RHK aus der Anlage 24, Teil II., zum BewG/Gebäudeart 1.01/alle 9 Bauteile Standardstufe 3/Basisjahr der RHK = 2010	835 EUR/m² BGF
Baupreisindex des Statistischen Bundesamtes für das Jahr 2010 für Wohngebäude; Basisjahr = 2010	100,0
Maßgeblicher Baupreisindex des Statistischen Bundesamtes am Bewertungsstichtag für Wohngebäude (Jahresdurchschnitt 2017)	**116,8**

$$\text{RHK} = \frac{116{,}8}{100{,}0} \times 835\ \text{EUR/m}^2 = 975{,}28\ \text{EUR/m}^2\ \text{BGF} \approx 975\ \text{EUR/m}^2$$

ErbStR R B 190.5

R B 190.5[1] Besonders werthaltige Außenanlagen

18 ① Übliche Außenanlagen und sonstige Anlagen sind regelmäßig mit dem Gebäudewert und dem Bodenwert abgegolten. ② Nur in Einzelfällen mit besonders werthaltigen Außenanlagen und sonstigen Anlagen ist ein gesonderter Wertansatz zu prüfen. ③ Außenanlagen sind besonders werthaltig, wenn sie das übliche Maß der für die Gebäudeart typischen Außenanlagen offensichtlich überschreiten. ④ Danach ist von einem gesonderten Wertansatz für Außenanlagen regelmäßig abzusehen, wenn ihre Sachwerte (RHK für Außenanlagen nach Alterswertminderung) bei einer überschlägigen Berechnung 10 Prozent des Gebäudesachwerts nicht übersteigen. ⑤ Sind besonders werthaltige Außenanlagen zu erfassen, gelten die in der nachfolgenden Tabelle ausgewiesenen durchschnittlichen Herstellungskosten. ⑥ Aus Vereinfachungsgründen bestehen keine Bedenken, die in der nachstehenden Tabelle dargestellten Werte analog den Wohngebäuden auf den Bewertungsstichtag zu indizieren (→ R B 190.4).

Tabelle: Regelherstellungskosten für Außenanlagen (beispielhafte Darstellung/Basisjahr 2010 = 100)

19

Regelherstellungskosten der Außenanlagen einschließlich Baunebenkosten und Umsatzsteuer			
Typisierte Gesamtnutzungsdauer = 40 Jahre			
Einfriedungen	**Euro je lfd. m**		
	bis 1 m hoch	**bis 2 m hoch**	**bis 3 m hoch**
Einfriedungsmauer aus Ziegelstein, 11,5 cm dick	70	110	135
Einfriedungsmauer aus Ziegelstein, 24 cm dick	105	150	180
Einfriedungsmauer aus Ziegelstein, 36,5 cm dick	135	215	295
Einfriedungsmauer aus Beton, Kunststein und dgl.	75	135	170
Einfriedungsmauer aus Naturstein mit Abdeckplatten	200	260	325
Wege- und Platzbefestigungen	**Euro je m²**		
Wassergebundene leichte Decke auf leichter Packlage	15		
Betonplattenbelag	45		
Sonstiger Plattenbelag	50		
Asphalt-, Teer-, Beton- oder ähnliche Decke auf Pack- oder Kieslage	40		
Kopfstein- oder Kleinpflaster	60		
Bruchsteinplatten mit Unterbeton	60		
Freitreppen	**Euro je lfd. m Stufen**		
	80		
Rampen	**Euro je m² Grundfläche**		
frei stehend ohne Verbindung mit einem Gebäude	105		
Stützmauern	**Euro je m² vordere Ansichtsfläche**		
Beton	105		
Bruchstein	135		
Werkstein	260		
Typisierte Gesamtnutzungsdauer = 30 Jahre			
Schwimmbecken je nach Ausführung	**Euro je m²**		
einfache Ausführung	200		
normale Ausführung	525		
gehobene Ausführung	850		

[1] **Ab 1. 1. 2023** *siehe Rz. 60 und 61 gleich lautender Ländererlass vom 20. 3. 2023* (Anhang **III**).

H B 190.5

H B 190.5

Bewertung von besonders werthaltigen Außenanlagen. → H 189 Bewertung im Sachwertverfahren (Beispiel).

R B 190.6 Brutto-Grundfläche

ErbStR R B 190.6

(1) Die Brutto-Grundfläche ist die Summe der Grundflächen aller Grundrissebenen eines Bauwerks mit Nutzungen nach DIN 277-2:2005-02 und deren konstruktive Umschließungen (→ Anlage 24, Teil I., zum BewG).[1] 20

(2) ①Bei der Ermittlung der Brutto-Grundfläche wird zwischen folgenden Bereichen unterschieden: 21
- Bereich a: überdeckt und allseitig in voller Höhe umschlossen
- Bereich b: überdeckt, jedoch nicht allseitig in voller Höhe umschlossen
- Bereich c: nicht überdeckt

②Die Regelherstellungskosten (RHK) berücksichtigen jedoch nur die Brutto-Grundfläche der Bereiche a und b. ③Der Bereich c wird nicht erfasst.

(3) ①Die Brutto-Grundflächen zur Berechnung der RHK sind getrennt nach Grundrissebenen zu ermitteln. ②Grundflächen von waagerechten Flächen sind aus ihren tatsächlichen Maßen, Grundflächen von schräg liegenden Flächen, z.B. Tribünen, Zuschauerräumen, Treppen und Rampen, aus ihrer vertikalen Projektion zu ermitteln. 22

(4) Die Grundflächen sind in Quadratmeter anzugeben. 23

(5) ①Für die Ermittlung der Brutto-Grundfläche sind die äußeren Maße der Bauteile einschließlich Bekleidung, z.B. Putz, Außenschalen mehrschaliger Wandkonstruktionen, in Höhe der Boden- bzw. Deckenbelagsoberkanten anzusetzen. ②Brutto-Grundflächen des Bereiches b sind an Stellen, an denen sie nicht umschlossen sind, bis zur vertikalen Projektion ihrer Überdeckung zu ermitteln. ③Brutto-Grundflächen von Bauteilen (Konstruktions-Grundflächen), die zwischen den Bereichen a und b liegen, sind dem Bereich a zuzuordnen. ④Nicht zur Brutto-Grundfläche gehören Flächen, die ausschließlich der Wartung, Inspektion und Instandsetzung von Baukonstruktionen und technischen Anlagen dienen, z.B. nicht nutzbare Dachflächen, fest installierte Dachleitern und -stege, Wartungsstege in abgehängten Decken. ⑤Nicht berücksichtigt bei der Ermittlung der Brutto-Grundfläche werden: 24
- Kriechkeller,
- Kellerschächte,
- Außentreppen,
- nicht nutzbare Dachflächen – auch Zwischendecken –,
- Balkone (auch wenn sie überdeckt sind) und
- Spitzböden (zusätzliche Ebene im Dachgeschoss, unabhängig vom Ausbauzustand).

⑥Auf die Brutto-Grundfläche anzurechnen sind nutzbare Dachgeschossflächen.

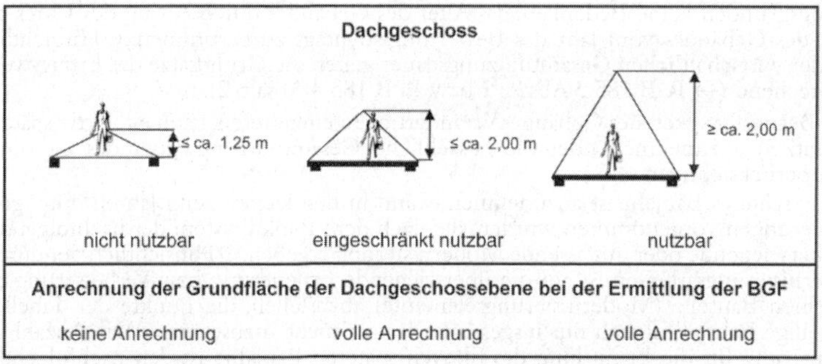

[1] Nachfolgend abgedruckt als Anlage a zu § 190 BewG.

Abbildung zur Zuordnung der Grundflächen zu den Bereichen a, b und c

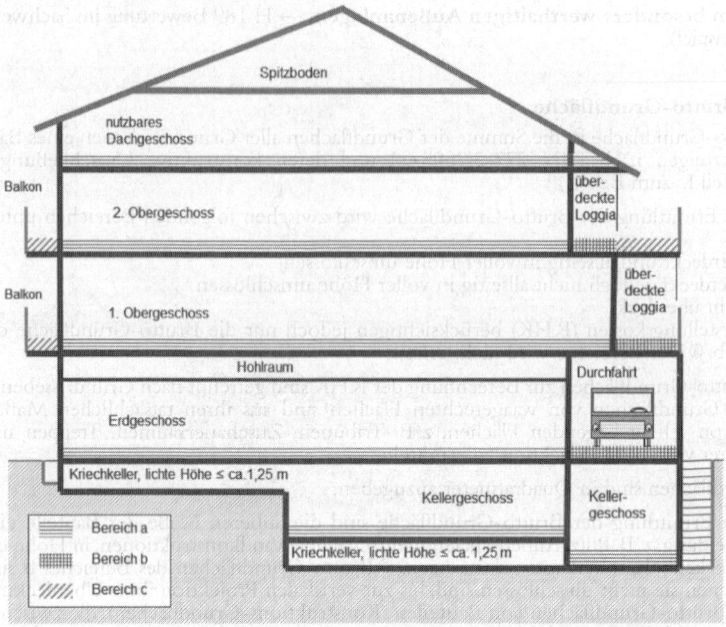

H B 190.6

H B 190.6

25 **Tiefgaragenstellplatz bei Wohnungs- und Teileigentum.** Bei Wohnungs- und Teileigentum mit Tiefgaragenstellplatz wird grundsätzlich von einer wirtschaftlichen Einheit ausgegangen. Der Tiefgaragenstellplatz ist hierbei als gesonderter Gebäudeteil zu bewerten. Es bestehen keine Bedenken, die Brutto-Grundfläche (BGF) des Tiefgaragenstellplatzes aus Vereinfachungsgründen wie folgt zu ermitteln:

BGF = tatsächliche Stellplatzfläche (Länge × Breite) × 1,55.

ErbStR R B 190.7 (1–3)

R B 190.7[1] Alterswertminderung

26 (1) ① Vom Gebäuderegelherstellungswert ist eine Alterswertminderung abzuziehen. ② Diese wird regelmäßig nach dem Verhältnis des Alters des Gebäudes am Bewertungsstichtag zur typisierten wirtschaftlichen Gesamtnutzungsdauer nach Anlage 22 zum BewG[2] bestimmt. ③ Es bestehen aus Vereinfachungsgründen keine Bedenken, das Alter des Gebäudes durch Abzug des Jahres der Bezugsfertigkeit des Gebäudes vom Jahr des Bewertungsstichtags zu bestimmen. ④ Hinsichtlich der Ermittlung der wirtschaftlichen Gesamtnutzungsdauer gelten die Grundsätze des Ertragswertverfahrens entsprechend (→ R B 185.3 Absatz 2 bzw. R B 185.4 Absatz 2).

27 (2) Sind nach Bezugsfertigkeit des Gebäudes Veränderungen eingetreten, kann ein fiktiv späteres Baujahr (→ Absatz 3) anzunehmen oder die tatsächliche Gesamtnutzungsdauer des Gebäudes (→ Absatz 4) zu berücksichtigen sein.

28 (3) ① Ein fiktiv späteres Baujahr ist anzunehmen, wenn in den letzten zehn Jahren durchgreifende Modernisierungen vorgenommen wurden, die nach dem Punktesystem der nachfolgenden Tabelle 1 eine überwiegende oder umfassende Modernisierung ergeben. ② Hinsichtlich der durchgeführten Modernisierungsarbeiten ist auf die überwiegende Erneuerung bzw. Verbesserung der jeweiligen einzelnen Bauteile (Modernisierungselemente) abzustellen, die Punkte der Tabelle 1 sind für das jeweilige Bauteil folglich nur insgesamt oder gar nicht anzusetzen. ③ Die Anzahl der Jahre der Verlängerung für die Ermittlung des fiktiven späteren Baujahrs ist den nachfolgenden Tabellen 2 bis 6 zu entnehmen. ④ Eine Interpolation ist nicht vorzunehmen. ⑤ Übersteigt das Gebäudealter am Bewertungsstichtag die übliche Gesamtnutzungsdauer, ermittelt sich das fiktiv spätere Baujahr aus folgender Formel [Beispiel → H B 190.7 (3)]:

fiktives Baujahr =	Jahr des Bewertungsstichtags + Verschiebung Baujahr ./. übliche Gesamtnutzungsdauer

⑥ Die nachfolgenden Tabellen sind für Wohngebäude und analog für Nichtwohngebäude anzuwenden.

[1] **Ab 1. 1. 2023** *siehe Rz. 52–56 gleich lautender Ländererlass vom 20. 3. 2023* (Anhang **III**).
[2] Vorstehend abgedruckt als Anlage b zu § 185 BewG.

Tabelle 1

RB 190.7 Tab. 1

29

Modernisierungselemente	**Punkte**
Dacherneuerung inklusive Verbesserung der Wärmedämmung	4
Modernisierung der Fenster und Außentüren	2
Modernisierung der Leitungssysteme (Strom, Gas, Wasser, Abwasser)	2
Modernisierung der Heizungsanlage	2
Wärmedämmung der Außenwände	4
Modernisierung von Bädern	2
Modernisierung des Innenausbaus, z. B. Decken, Fußböden, Treppen	2
Wesentliche Verbesserung der Grundrissgestaltung	2

14 bis 16 Punkte: überwiegend modernisiert
≥ 18 Punkte: umfassend modernisiert

Tabelle 2

RB 190.7 Tab. 2

30

Übliche Gesamtnutzungsdauer von 70 Jahren		
	Modernisierungsgrad	
	14 bis 16 Punkte	**≥ 18 Punkte**
Gebäudealter (Jahre)	**Verschiebung Baujahr (Jahre)**	
≥ 10	0	2
≥ 15	2	5
≥ 20	4	8
≥ 25	6	12
≥ 30	9	15
≥ 35	12	19
≥ 40	15	23
≥ 45	18	27
≥ 50	22	31
≥ 55	26	35
≥ 60	30	40
≥ 65	34	44
= 70	38	49
> 70	38 (→ Satz 5; Jahr des Bewertungsstichtags + 38 ./. 70)	49 (→ Satz 5; Jahr des Bewertungsstichtags + 49 ./. 70)

RB 190.7 Tab. 3

31 **Tabelle 3**

Übliche Gesamtnutzungsdauer von 60 Jahren		
	Modernisierungsgrad	
	14 bis 16 Punkte	**≥ 18 Punkte**
Gebäudealter (Jahre)	**Verschiebung Baujahr (Jahre)**	
≥ 10	0	2
≥ 15	2	6
≥ 20	5	9
≥ 25	7	13
≥ 30	10	16
≥ 35	13	20
≥ 40	17	24
≥ 45	20	28
≥ 50	24	33
≥ 55	28	37
= 60	33	42
> 60	33 (→ Satz 5; Jahr des Bewertungsstichtags + 33 ./. 60)	42 (→ Satz 5; Jahr des Bewertungsstichtags + 42 ./. 60)

RB 190.7 Tab. 4

32 **Tabelle 4**

Übliche Gesamtnutzungsdauer von 50 Jahren		
	Modernisierungsgrad	
	14 bis 16 Punkte	**≥ 18 Punkte**
Gebäudealter (Jahre)	**Verschiebung Baujahr (Jahre)**	
≥ 10	1	3
≥ 15	3	6
≥ 20	6	10
≥ 25	8	14
≥ 30	12	18
≥ 35	15	22
≥ 40	19	26
≥ 45	23	30
= 50	27	35
> 50	27 (→ Satz 5; Jahr des Bewertungsstichtags + 27 ./. 50)	35 (→ Satz 5; Jahr des Bewertungsstichtags + 35 ./. 50)

Tabelle 5

R B 190.7 Tab. 5

33

Übliche Gesamtnutzungsdauer von 40 Jahren		
	Modernisierungsgrad	
	14 bis 16 Punkte	≥ 18 Punkte
Gebäudealter (Jahre)	Verschiebung Baujahr (Jahre)	
≥ 5	0	1
≥ 10	2	4
≥ 15	4	7
≥ 20	7	11
≥ 25	10	15
≥ 30	13	19
≥ 35	17	23
= 40	22	28
> 40	22 (→ Satz 5; Jahr des Bewertungsstichtags + 22 ./. 40)	28 (→ Satz 5; Jahr des Bewertungsstichtags + 28 ./. 40)

Tabelle 6

R B 190.7 Tab. 6

34

Übliche Gesamtnutzungsdauer von 30 Jahren		
	Modernisierungsgrad	
	14 bis 16 Punkte	≥ 18 Punkte
Gebäudealter (Jahre)	Verschiebung Baujahr (Jahre)	
≥ 5	0	1
≥ 10	2	5
≥ 15	5	8
≥ 20	8	12
≥ 25	12	16
= 30	16	21
> 30	16 (→ Satz 5; Jahr des Bewertungsstichtags + 16 ./. 30)	21 (→ Satz 5; Jahr des Bewertungsstichtags + 21 ./. 30)

H B 190.7 (3)

H B 190.7 (3)

35

Ermittlung des fiktiv späteren Baujahrs, wenn das Gebäudealter am Bewertungsstichtag die übliche Gesamtnutzungsdauer übersteigt (→ R B 190.7 Abs. 3 Satz 5)

Beispiel:

Einfamilienhaus (Gebäudeart 1.01), Baujahr 1900, umfassend modernisiert (18 Punkte)	
Bewertungsstichtag	15. Januar 2018
Verschiebung Baujahr nach Tabelle 1 i. V. m. Tabelle 2 (Gebäudealter > 70 Jahre; Modernisierungsgrad: 18 Punkte)	49 Jahre
Übliche Gesamtnutzungsdauer nach Anlage 22 zum BewG	70 Jahre

2018 (Jahr des Bewertungsstichtags) + 49 Jahre (Verschiebung Baujahr) ./. 70 Jahre (übliche Gesamtnutzungsdauer) = 1997 (fiktiv späteres Baujahr)

R B 190.7[1] (4, 5)

R B 190.7 (4, 5)

36

(4) Bei bestehender Abbruchverpflichtung für das Gebäude ist bei der Ermittlung der Alterswertminderung von der tatsächlichen Gesamtnutzungsdauer des Gebäudes auszugehen (→ § 190 Absatz 4 Satz 4 BewG).

[1] **Ab 1. 1. 2023** *siehe Rz. 55 und 56 gleich lautender Ländererlass vom 20. 3. 2023* (Anhang **III**).

37 (5) ① Der nach Abzug der Alterswertminderung verbleibende Gebäudewert ist regelmäßig mit mindestens 30 Prozent des Gebäuderegelherstellungswerts anzusetzen. ② Diese Restwertregelung berücksichtigt, dass auch ein älteres Gebäude, das laufend instand gehalten wird, einen Wert hat. ③ Sie berücksichtigt einen durchschnittlichen Erhaltungszustand und macht in vielen Fällen die Prüfung entbehrlich, ob die restliche Lebensdauer des Gebäudes infolge baulicher Maßnahmen verlängert wurde. ④ Bei bestehender Abbruchverpflichtung für das Gebäude kann dieser Mindestansatz jedoch unterschritten werden (→ R B 190.7 Absatz 4).

ErbStR R B 190.8

R B 190.8[1] Grundstück mit mehreren Gebäuden bzw. Gebäudeteilen

38 (1) ① Besteht eine wirtschaftliche Einheit aus mehreren Gebäuden oder Gebäudeteilen von einer gewissen Selbstständigkeit, die eine verschiedene Bauart aufweisen, unterschiedlich genutzt werden oder die in verschiedenen Jahren bezugsfertig geworden sind, ist jedes Gebäude und jeder Gebäudeteil für sich zu bewerten. ② Ist z. B. ein Grundstück mit einem Einfamilienhaus und einer Garage bebaut, ergibt die Summe aus dem Gebäudesachwert des Einfamilienhauses und dem Gebäudesachwert der Garage den Gebäudewert. ③ Regelherstellungskosten, Brutto-Grundfläche und Alterswertminderung sind jeweils gesondert zu ermitteln. ④ Für selbstständige Gebäude bzw. Gebäudeteile, für das bzw. für die in den Anlagen zum BewG keine Gebäudeart ausgewiesen ist, sind die Gesamtnutzungsdauer aus der Gesamtnutzungsdauer vergleichbarer Gebäudearten und die Regelherstellungskosten aus den Regelherstellungskosten vergleichbarer Gebäudearten abzuleiten. ⑤ Zur Bestimmung der Gesamtnutzungsdauer gilt R B 185.4 Absatz 2 Nummer 2 entsprechend.

H B 190.8 (1)

H B 190.8 (1)

Geschäftsgrundstück (mehrere selbständige Gebäude/unterschiedliche Gebäudearten).

39 **Beispiel:**

Befindet sich auf einem Geschäftsgrundstück neben industriellen Gebäuden ein Mehrfamilienhaus, welches als Wohnunterkunft für die Arbeitnehmer des Betriebs genutzt wird, ist es sachgerecht, für dieses Gebäude die Gesamtnutzungsdauer für Mietwohngrundstücke (70 Jahre nach Anlage 22 zum BewG)[2] und die Regelherstellungskosten für die Gebäudearten 4.1. bis 4.3. (Mehrfamilienhäuser) heranzuziehen.

R B 190.8 (2, 3)

R B 190.8 (2, 3)

40 (2) ① Anbauten teilen im Allgemeinen auf Grund ihrer Bauart oder Nutzung das Schicksal des Hauptgebäudes. ② Ist dagegen anzunehmen, dass ein Erweiterungsbau nach Größe, Bauart oder Nutzung eine andere Alterswertminderung als das Hauptgebäude haben wird, gilt Absatz 1 entsprechend. ③ Für Aufstockungen ist im Allgemeinen das Baujahr der unteren Geschosse zu Grunde zu legen. ④ Es ist jedoch zu prüfen, ob durch die baulichen Maßnahmen für das Gebäude ein fiktiv späteres Baujahr anzunehmen ist.

41 (3) ① Bei einer wirtschaftlichen Einheit mit mehreren nichtselbstständigen Gebäuden bzw. Gebäudeteilen ist von einer einheitlichen Alterswertminderung auszugehen. ② Zur Bestimmung der wirtschaftlichen Gesamtnutzungsdauer gelten in diesen Fällen R B 185.3 Absatz 2 Sätze 1 bis 4 entsprechend.

Anl a zu § 190

Anlage 24[3]
(zu § 190 Absatz 1 Satz 3 und Absatz 2 und Anlage 23)

a) Regelherstellungskosten

I. Begriff der Brutto-Grundfläche (BGF)

45 1. Die BGF ist die Summe der bezogen auf die jeweilige Gebäudeart marktüblich nutzbaren Grundflächen aller Grundrissebenen eines Bauwerks. In Anlehnung an die DIN 277-1:2005-02 sind bei den Grundflächen folgende Bereiche zu unterscheiden:
Bereich a: überdeckt und allseitig in voller Höhe umschlossen,
Bereich b: überdeckt, jedoch nicht allseitig in voller Höhe umschlossen,
Bereich c: nicht überdeckt.
Für die Anwendung der Regelherstellungskosten (RHK) sind im Rahmen der Ermittlung der BGF nur die Grundflächen der Bereiche a und b zugrunde zu legen. Balkone, auch wenn sie überdeckt sind, sind dem Bereich c zuzuordnen.
Für die Ermittlung der BGF sind die äußeren Maße der Bauteile einschließlich Bekleidung, z. B. Putz und Außenschalen mehrschaliger Wandkonstruktionen, in Höhe der Bodenbelagsoberkanten anzusetzen.
2. Nicht zur BGF gehören z. B. Flächen von Spitzböden und Kriechkellern, Flächen, die ausschließlich der Wartung, Inspektion und Instandsetzung von Baukonstruktionen und technischen Anlagen dienen sowie Flächen unter konstruktiven Hohlräumen, z. B. über abgehängten Decken.

---

[1] **Ab 1. 1. 2023** *siehe Rz. 57–59 gleich lautenden Ländererlass vom 20. 3. 2023* (Anhang **III**).
[2] Abgedruckt als Anlage b zu § 185 BewG.
[3] Anlage 24 Überschrift geändert durch JStG 2022 v. 16. 12. 2022 (BGBl. I S. 2294), anzuwenden auf Bewertungsstichtage nach dem 31. 12. 2022 (§ 265 Abs. 14 BewG).

Anl a zu § 190

46

II. Regelherstellungskosten (RHK)

Regelherstellungskosten
auf Grundlage der Normalherstellungskosten 2010 (NHK 2010) in Euro/m² BGF einschließlich Baunebenkosten und Umsatzsteuer für die jeweilige Gebäudeart (Kostenstand 2010)

1–3	Ein- und Zweifamilienhäuser

Keller- und Erdgeschoss			Standardstufe 1	2	3	4	5
	Dachgeschoss ausgebaut						
	1.01	freistehende Einfamilienhäuser	655	725	835	1005	1260
	1.011	freistehende Zweifamilienhäuser[1]	688	761	877	1055	1323
	2.01	Doppel- und Reihenendhäuser	615	685	785	945	1180
	3.01	Reihenmittelhäuser	575	640	735	885	1105
	Dachgeschoss nicht ausgebaut						
	1.02	freistehende Einfamilienhäuser	545	605	695	840	1050
	1.021	freistehende Zweifamilienhäuser[1]	572	635	730	882	1103
	2.02	Doppel- und Reihenendhäuser	515	570	655	790	985
	3.02	Reihenmittelhäuser	480	535	615	740	925
	Flachdach oder flach geneigtes Dach						
	1.03	freistehende Einfamilienhäuser	705	785	900	1085	1360
	1.031	freistehende Zweifamilienhäuser[1]	740	824	945	1139	1428
	2.03	Doppel- und Reihenendhäuser	665	735	845	1020	1275
	3.03	Reihenmittelhäuser	620	690	795	955	1195

[1] **[Amtl. Anm.:]** ermittelt mit Korrekturfaktor 1,05 bezogen auf die Regelherstellungskosten für freistehende Einfamilienhäuser.

Anl a zu § 190

noch **46**

Keller-, Erd- und Obergeschoss			**Standardstufe 1**	**2**	**3**	**4**	**5**
	Dachgeschoss ausgebaut						
	1.11	freistehende Einfamilienhäuser	655	725	835	1005	1260
	1.111	freistehende Zweifamilienhäuser[1]	688	761	877	1055	1323
	2.11	Doppel- und Reihenendhäuser	615	685	785	945	1180
	3.11	Reihenmittelhäuser	575	640	735	885	1105
	Dachgeschoss nicht ausgebaut						
	1.12	freistehende Einfamilienhäuser	570	635	730	880	1100
	1.121	freistehende Zweifamilienhäuser[1]	599	667	767	924	1155
	2.12	Doppel- und Reihenendhäuser	535	595	685	825	1035
	3.12	Reihenmittelhäuser	505	560	640	775	965
	Flachdach oder flach geneigtes Dach						
	1.13	freistehende Einfamilienhäuser	665	740	850	1025	1285
	1.131	freistehende Zweifamilienhäuser[1]	698	777	893	1076	1349
	2.13	Doppel- und Reihenendhäuser	625	695	800	965	1205
	3.13	Reihenmittelhäuser	585	650	750	905	1130

Erdgeschoss, nicht unterkellert			**Standardstufe 1**	**2**	**3**	**4**	**5**
	Dachgeschoss ausgebaut						
	1.21	freistehende Einfamilienhäuser	790	875	1005	1215	1515
	1.211	freistehende Zweifamilienhäuser[1]	830	919	1055	1276	1591
	2.21	Doppel- und Reihenendhäuser	740	825	945	1140	1425
	3.21	Reihenmittelhäuser	695	770	885	1065	1335

[1] **[Amtl. Anm.:]** ermittelt mit Korrekturfaktor 1,05 bezogen auf die Regelherstellungskosten für freistehende Einfamilienhäuser.

Anl a zu § 190
noch **46**

Erdgeschoss, nicht unterkellert			**Standardstufe 1**	**2**	**3**	**4**	**5**
	Dachgeschoss nicht ausgebaut						
	1.22	freistehende Einfamilienhäuser	585	650	745	900	1125
	1.221	freistehende Zweifamilienhäuser[1]	614	683	782	945	1181
	2.22	Doppel- und Reihenendhäuser	550	610	700	845	1055
	3.22	Reihenmittelhäuser	515	570	655	790	990
	Flachdach oder flach geneigtes Dach						
	1.23	freistehende Einfamilienhäuser	920	1025	1180	1420	1775
	1.231	freistehende Zweifamilienhäuser[1]	966	1076	1239	1491	1864
	2.23	Doppel- und Reihenendhäuser	865	965	1105	1335	1670
	3.23	Reihenmittelhäuser	810	900	1035	1250	1560

Erd- und Obergeschoss, nicht unterkellert			**Standardstufe 1**	**2**	**3**	**4**	**5**
	Dachgeschoss ausgebaut						
	1.31	freistehende Einfamilienhäuser	720	800	920	1105	1385
	1.311	freistehende Zweifamilienhäuser[1]	756	840	966	1160	1454
	2.31	Doppel- und Reihenendhäuser	675	750	865	1040	1300
	3.31	Reihenmittelhäuser	635	705	810	975	1215
	Dachgeschoss nicht ausgebaut						
	1.32	freistehende Einfamilienhäuser	620	690	790	955	1190
	1.321	freistehende Zweifamilienhäuser[1]	651	725	830	1003	1250
	2.32	Doppel- und Reihenendhäuser	580	645	745	895	1120
	3.32	Reihenmittelhäuser	545	605	695	840	1050
	Flachdach oder flach geneigtes Dach						
	1.33	freistehende Einfamilienhäuser	785	870	1000	1205	1510
	1.331	freistehende Zweifamilienhäuser[1]	824	914	1050	1265	1586
	2.33	Doppel- und Reihenendhäuser	735	820	940	1135	1415
	3.33	Reihenmittelhäuser	690	765	880	1060	1325

[1] **[Amtl. Anm.:]** ermittelt mit Korrekturfaktor 1,05 bezogen auf die Regelherstellungskosten für freistehende Einfamilienhäuser.

Anl a zu § 190
noch **46**

4	**Wohnungseigentum und vergleichbares Teileigentum in Mehrfamilienhäusern (ohne Tiefgaragenplatz)/Mehrfamilienhäuser** Für Wohnungseigentum in Gebäuden, die wie Ein- und Zweifamilienhäuser im Sinne des § 181 Absatz 2 des Bewertungsgesetzes gestaltet sind, werden die Regelherstellungskosten der Ein- und Zweifamilienhäuser zugrunde gelegt. Umrechnungsfaktor hinsichtlich der Brutto-Grundfläche (BGF) für Wohnungseigentum in Mehrfamilienhäusern: BGF = 1,55 × Wohnfläche

		Standardstufe				
		1	**2**	**3**	**4**	**5**
4.1	Mehrfamilienhäuser mit bis zu 6 WE	650	720	825	985	1190
4.2	Mehrfamilienhäuser mit 7 bis 20 WE	600	665	765	915	1105
4.3	Mehrfamilienhäuser mit mehr als 20 WE	590	655	755	900	1090

5–18	**Gemischt genutzte Grundstücke, Geschäftsgrundstücke und sonstige bebaute Grundstücke**

		Standardstufe				
		1	**2**	**3**	**4**	**5**
5.1	Gemischt genutzte Grundstücke (Wohnhäuser mit Mischnutzung)	605	675	860	1085	1375
5.2	Banken und ähnliche Geschäftshäuser mit Wohnanteil[1]	625	695	890	1375	1720
5.3	Banken und ähnliche Geschäftshäuser ohne Wohnanteil	655	730	930	1520	1900

		Standardstufe				
		1	**2**	**3**	**4**	**5**
6.1	Bürogebäude/Verwaltungsgebäude	735	815	1040	1685	1900

		Standardstufe				
		1	**2**	**3**	**4**	**5**
7.1	Gemeindezentren/Vereinsheime	795	885	1130	1425	1905
7.2	Saalbauten/Veranstaltungsgebäude	955	1060	1355	1595	2085

		Standardstufe				
		1	**2**	**3**	**4**	**5**
8.1	Kindergärten	915	1020	1300	1495	1900
8.2	Allgemeinbildende Schulen, Berufsbildende Schulen, Hochschulen	1020	1135	1450	1670	2120
8.3	Sonderschulen	1115	1240	1585	1820	2315

[1] **[Amtl. Anm.:]** Anteil der Wohnfläche bis 20 Prozent.

Anl a zu § 190

noch **46**

		Standardstufe				
		1	**2**	**3**	**4**	**5**
9.1	Wohnheime/Internate	705	785	1000	1225	1425
9.2	Alten-/Pflegeheime	825	915	1170	1435	1665

		Standardstufe				
		1	**2**	**3**	**4**	**5**
10.1	Krankenhäuser/Kliniken	1210	1345	1720	2080	2765
10.2	Tageskliniken/Ärztehäuser	1115	1240	1585	1945	2255

		Standardstufe				
		1	**2**	**3**	**4**	**5**
11.1	Beherbergungsstätten/Hotels/Verpflegungseinrichtungen	975	1085	1385	1805	2595

		Standardstufe				
		1	**2**	**3**	**4**	**5**
12.1	Sporthallen (Einfeldhallen)	930	1035	1320	1670	1955
12.2	Sporthallen (Dreifeldhallen/Mehrzweckhallen)	1050	1165	1490	1775	2070
12.3	Tennishallen	710	790	1010	1190	1555
12.4	Freizeitbäder/Kur- und Heilbäder	1725	1920	2450	2985	3840

		Standardstufe				
		1	**2**	**3**	**4**	**5**
13.1	Verbrauchermärkte	510	565	720	870	1020
13.2	Kauf-/Warenhäuser	930	1035	1320	1585	1850
13.3	Autohäuser ohne Werkstatt	665	735	940	1240	1480

		Standardstufe				
		1	**2**	**3**	**4**	**5**
14.1	Einzelgaragen/Mehrfachgaragen[1]		245		485	780
14.2	Hochgaragen[2]		480		655	780
14.3	Tiefgaragen[2]		560		715	850
14.4	Nutzfahrzeuggaragen		530		680	810
14.5	Carports			190		

[1] **[Amtl. Anm.:]** Standardstufe 1–3: Fertiggaragen; Standardstufe 4: Garagen in Massivbauweise; Standardstufe 5: individuelle Garagen in Massivbauweise mit besonderen Ausführungen wie Ziegeldach, Gründach, Bodenbeläge, Fliesen o. ä., Wasser, Abwasser und Heizung.

[2] **[Amtl. Anm.:]** Umrechnungsfaktor hinsichtlich der Brutto-Grundfläche (BGF) für Tief- und Hochgaragen: BGF = tatsächliche Stellplatzfläche (Länge × Breite) × 1,55.

Anl a zu § 190

noch **46**

		Standardstufe				
		1	**2**	**3**	**4**	**5**
15.1	Betriebs-/Werkstätten, eingeschossig	685	760	970	1165	1430
15.2	Betriebs-/Werkstätten, mehrgeschossig ohne Hallenanteil	640	715	910	1090	1340
15.3	Betriebs-/Werkstätten, mehrgeschossig, hoher Hallenanteil	435	485	620	860	1070
15.4	Industrielle Produktionsgebäude, Massivbauweise	670	745	950	1155	1440
15.5	Industrielle Produktionsgebäude, überwiegend Skelettbauweise	495	550	700	965	1260

		Standardstufe				
		1	**2**	**3**	**4**	**5**
16.1	Lagergebäude ohne Mischnutzung, Kaltlager	245	275	350	490	640
16.2	Lagergebäude mit bis zu 25% Mischnutzung[1]	390	430	550	690	880
16.3	Lagergebäude mit mehr als 25% Mischnutzung[1]	625	695	890	1095	1340

		Standardstufe				
		1	**2**	**3**	**4**	**5**
17.1	Museen	1325	1475	1880	2295	2670
17.2	Theater	1460	1620	2070	2625	3680
17.3	Sakralbauten	1185	1315	1510	2060	2335
17.4	Friedhofsgebäude	1035	1150	1320	1490	1720

		Standardstufe				
		1	**2**	**3**	**4**	**5**
18.1	Reithallen		235		260	310
18.2	ehemalige landwirtschaftliche Mehrzweckhallen, Scheunen, u. Ä.		245		270	350

19	**Teileigentum** Teileigentum ist in Abhängigkeit von der baulichen Gestaltung den vorstehenden Gebäudearten zuzuordnen.

20	**Auffangklausel** Regelherstellungskosten für nicht aufgeführte Gebäudearten sind aus den Regelherstellungskosten vergleichbarer Gebäudearten abzuleiten.

[1] **[Amtl. Anm.:]** Lagergebäude mit Mischnutzung sind Gebäude mit einem überwiegenden Anteil an Lagernutzung und einem geringeren Anteil an anderen Nutzungen wie Büro, Sozialräume, Ausstellungs- oder Verkaufsflächen etc.

47

III. Beschreibung der Gebäudestandards

Die Beschreibung der Gebäudestandards ist beispielhaft und dient der Orientierung. Sie kann nicht alle in der Praxis auftretenden Standardmerkmale aufführen. Es müssen nicht alle aufgeführten Merkmale zutreffen. Die in der Tabelle angegebenen Jahreszahlen beziehen sich auf die im jeweiligen Zeitraum gültigen Wärmeschutzanforderungen; in Bezug auf das konkrete Bewertungsobjekt ist zu prüfen, ob von diesen Wärmeschutzanforderungen abgewichen wird. Die Beschreibung der Gebäudestandards basiert auf dem Bezugsjahr der Normalherstellungskosten (2010).

1–5.1	(1) **1.01–3.33**	**Ein- und Zweifamilienhäuser**
	(2) **4.1–5.1**	**Wohnungseigentum und vergleichbares Teileigentum in Mehrfamilienhäusern (ohne Tiefgaragenplatz)/Mehrfamilienhäuser sowie gemischt genutzte Grundstücke (Wohnhäuser mit Mischnutzung)**

	Standardstufe					**Wägungsanteil**
	1	**2**	**3**	**4**	**5**	
	nicht zeitgemäß		**zeitgemäß**			
	einfachst	**einfach**	**Basis**	**gehoben**	**aufwendig**	
Außenwände	Holzfachwerk, Ziegelmauerwerk; Fugenglattstrich, Putz, Verkleidung mit Faserzementplatten, Bitumenschindeln oder einfachen Kunststoffplatten; kein oder deutlich nicht zeitgemäßer Wärmeschutz (vor ca. 1980)	ein-/zweischaliges Mauerwerk, z. B. Gitterziegel oder Hohlblocksteine; verputzt und gestrichen oder Holzverkleidung; nicht zeitgemäßer Wärmeschutz (vor ca. 1995)	ein-/zweischaliges Mauerwerk, z. B. aus Leichtziegeln, Kalksandsteinen, Gasbetonsteinen; Edelputz; Wärmedämmverbundsystem oder Wärmedämmputz (nach ca. 1995)	Verblendmauerwerk, zweischalig, hinterlüftet, Vorhangfassade (z. B. Naturschiefer); Wärmedämmung (nach ca. 2005)	aufwendig gestaltete Fassaden mit konstruktiver Gliederung (Säulenstellungen, Erker etc.), Sichtbeton-Fertigteile, Natursteinfassade, Elemente aus Kupfer-/Eloxalblech, mehrgeschossige Glasfassaden; hochwertigste Dämmung (z. B. Passivhausstandard)	23
Dach	Dachpappe, Faserzementplatten/Wellplatten; keine bis geringe Dachdämmung	einfache Betondachsteine oder Tondachziegel, Bitumenschindeln; nicht zeitgemäße Dachdämmung (vor ca. 1995)	Faserzement-Schindeln, beschichtete Betondachsteine und Tondachziegel, Folienabdichtung; Dachdämmung (nach ca. 1995); Rinnen und Fallrohre aus Zinkblech;	glasierte Tondachziegel, Flachdachausbildung tlw. als Dachterrassen; Konstruktion in Brettschichtholz, schweres Massivflachdach; besondere Dachformen, z. B. Mansarden-, Walmdach; Aufsparrendämmung, überdurchschnittliche Dämmung (nach ca. 2005)	hochwertige Eindeckung, z. B. aus Schiefer oder Kupfer, Dachbegrünung, befahrbares Flachdach; hochwertigste Dämmung (z. B. Passivhausstandard); Rinnen und Fallrohre aus Kupfer (1) aufwendig gegliederte Dachlandschaft, sichtbare Bogendachkonstruktionen	15
Fenster und Außentüren	Einfachverglasung; einfache Holztüren	Zweifachverglasung (vor ca. 1995); Haustür mit nicht zeitgemäßem Wärmeschutz (vor ca. 1995)	Zweifachverglasung (nach ca. 1995), Rollläden (manuell); Haustür mit zeitgemäßem Wärmeschutz (nach ca. 1995)	Dreifachverglasung, Sonnenschutzglas, aufwendigere Rahmen, Rollläden (elektr.); höherwertige Türanlage z. B. mit Seitenteil, besonderer Einbruchschutz	große, feststehende Fensterflächen, Spezialverglasung (Schall- und Sonnenschutz); Außentüren in hochwertigen Materialien	11

Anl a zu § 190
noch **47**

	Standardstufe					Wägungsanteil
	1	2	3	4	5	
	nicht zeitgemäß		zeitgemäß			
	einfachst	**einfach**	**Basis**	**gehoben**	**aufwendig**	
Innenwände und -türen	Fachwerkwände, einfache Putze/Lehmputze, einfache Kalkanstriche; Füllungstüren, gestrichen, mit einfachen Beschlägen ohne Dichtungen	massive tragende Innenwände, nicht tragende Wände in Leichtbauweise (z. B. Holzständerwände mit Gipskarton), Gipsdielen; leichte Türen, Stahlzargen	nicht tragende Innenwände in massiver Ausführung bzw. mit Dämmmaterial gefüllte Ständerkonstruktionen; schwere Türen (1) Holzzargen	Sichtmauerwerk; Massivholztüren, Schiebetürelemente, Glastüren, strukurierte Türblätter (1) Wandvertäfelungen (Holzpaneele)	gestaltete Wandabläufe (z. B. Pfeilervorlagen, abgesetzte oder geschwungene Wandpartien); Brandschutzverkleidung; raumhohe aufwendige Türelemente (1) Vertäfelungen (Edelholz, Metall), Akkustikputz	11
Deckenkonstruktion und Treppen	Holzbalkendecken ohne Füllung, Spalierputz; Weichholztreppen in einfacher Art und Ausführung; kein Trittschallschutz (1) Weichholztreppen in einfacher Art und Ausführung; kein Trittsschallschutz	Holzbalkendecken mit Füllung, Kappendecken; Stahl- oder Hartholztreppen in einfacher Art und Ausführung (1) Stahl- oder Hartholztreppen in einfacher Art und Ausführung	(1) Beton- und Holzbalkendecken mit Tritt- und Luftschallschutz (z. B. schwimmender Estrich); geradläufige Treppen aus Stahlbeton oder Stahl, Harfentreppe, Trittschallschutz (2) Betondecken mit Tritt- und Luftschallschutz (z. B. schwimmender Estrich); einfacher Putz	(1) Decken mit größerer Spannweite, Deckenverkleidung (Holzpaneele/Kassetten); gewendelte Treppen aus Stahlbeton oder Stahl, Hartholztreppenanlage in besserer Art und Ausführung (2) zusätzlich Deckenverkleidung	Deckenvertäfelungen (Edelholz, Metall) (1) Decken mit großen Spannweiten, gegliedert; breite Stahlbeton-, Metall- oder Hartholztreppenanlage mit hochwertigem Geländer	11
Fußböden	ohne Belag	Linoleum-, Teppich-, Laminat- und PVC-Böden einfacher Art und Ausführung	Linoleum-, Teppich-, Laminat- und PVC-Böden besserer Art und Ausführung, Fliesen, Kunststeinplatten	Natursteinplatten, Fertigparkett, hochwertige Fliesen, Terrazzobelag, hochwertige Massivholzböden auf gedämmter Unterkonstruktion	hochwertiges Parkett, hochwertige Natursteinplatten, hochwertige Edelholzböden auf gedämmter Unterkonstruktion	5
Sanitäreinrichtungen	einfaches Bad mit Stand-WC; Installation auf Putz; Ölfarbenanstrich, einfache PVC-Bodenbeläge	1 Bad mit WC, Dusche oder Badewanne; einfache Wand- und Bodenfliesen, teilweise gefliest	Wand- und Bodenfliesen, raumhoch gefliest; Dusche und Badewanne (1) 1 Bad mit WC, Gäste-WC (2) 1 Bad mit WC je Wohneinheit	1–2 Bäder ((2) je Wohneinheit) mit tlw. zwei Waschbecken, tlw. Bidet/Urinal, Gäste-WC, bodengleiche Dusche; Wand- und Bodenfliesen; jeweils in gehobener Qualität	hochwertige Wand- und Bodenplatten (oberflächenstrukturiert, Einzel- und Flächendekors) (1) mehrere großzügige, hochwertige Bäder, Gäste-WC; (2) 2 und mehr Bäder je Wohneinheit	9

Anl a zu § 190
noch **47**

	Standardstufe					Wägungs-anteil
	1	2	3	4	5	
	nicht zeitgemäß		zeitgemäß			
	einfachst	**einfach**	**Basis**	**gehoben**	**aufwendig**	
Heizung	Einzelöfen, Schwerkraftheizung	Fern- oder Zentralheizung, einfache Warmluftheizung, einzelne Gasaußenwandthermen, Nachstromspeicher-, Fußbodenheizung (vor ca. 1995)	elektronisch gesteuerte Fern- oder Zentralheizung, Niedertemperatur- oder Brennwertkessel	Fußbodenheizung, Solarkollektoren für Warmwassererzeugung [1] zusätzlicher Kaminanschluss	Solarkollektoren für Warmwassererzeugung und Heizung, Blockheizkraftwerk, Wärmepumpe, Hybrid-Systeme [1] aufwendige zusätzliche Kaminanlage	9
Sonstige technische Ausstattung	sehr wenige Steckdosen, Schalter und Sicherungen, kein Fehlerstromschutzschalter (FI-Schalter), Leitungen teilweise auf Putz	wenige Steckdosen, Schalter und Sicherungen	zeitgemäße Anzahl an Steckdosen und Lichtauslässen, Zählerschrank (ab ca. 1985) mit Unterverteilung und Kippsicherungen	zahlreiche Steckdosen und Lichtauslässe, hochwertige Abdeckungen, dezentrale Lüftung mit Wärmetauscher, mehrere LAN- und Fernsehanschlüsse [2] Personenaufzugsanlagen	Video- und zentrale Alarmanlage, zentrale Lüftung mit Wärmetauscher, Klimaanlage, Bussystem [2] aufwendige Personenaufzugsanlagen	6

5.2–17.4	[3] **5.2–6.1**	**Banken und ähnliche Geschäftshäuser, Bürogebäude/Verwaltungsgebäude**
	[4] **7.1–8.3**	**Gemeindezentren/Vereinsheime, Saalbauten/Veranstaltungsgebäude, Kindergärten, Schulen**
	[5] **9.1–11.1**	**Wohnheime, Alten-/Pflegeheime, Krankenhäuser, Tageskliniken, Beherbergungsstätten, Hotels, Verpflegungseinrichtungen**
	[6] **12.1–12.4**	**Sporthallen, Tennishallen, Freizeitbäder/Kur- und Heilbäder**
	[7] **13.1–13.3**	**Verbrauchermärkte, Kauf-/Warenhäuser, Autohäuser**
	[8] **15.1–16.3**	**Betriebs-/Werkstätten, Produktionsgebäude, Lagergebäude**
	[9] **17.1–17.4**	**Museen, Theater, Sakralbauten, Friedhofsgebäude**

	Standardstufe				
	1	2	3	4	5
	zeitgemäß		zeitgemäß		
	einfachst	**einfach**	**Basis**	**gehoben**	**aufwendig**
Außenwände	Mauerwerk mit Putz oder mit Fugenglattstrich und Anstrich; einfache Wände, Holz-, Blech-, Faserzementbekleidung,	ein-/zweischaliges Mauerwerk, z. B. Gitterziegel oder Hohlblocksteine; verputzt und gestrichen oder Holzverkleidung; einfache Metall-Sandwichelemente; nicht	Wärmedämmverbundsystem oder Wärmedämmputz (nach ca. 1995); ein-/zweischalige Konstruktion, z. B. Mauerwerk aus Leichtziegeln, Kalksand-	Verblendmauerwerk, zweischalig, hinterlüftet, Vorhangfassade (z. B. Naturschiefer); Wärmedämmung (nach ca. 2005)	Sichtbeton-Fertigteile, Natursteinfassade, Elemente aus Kupfer-/Eloxalblech, mehrgeschossige Glasfassaden; stark überdurchschnittliche Dämmung

Anl a zu § 190
noch **47**

	Standardstufe				
	1	2	3	4	5
	zeitgemäß		zeitgemäß		
	einfachst	einfach	Basis	gehoben	aufwendig
	Bitumenschindeln oder einfache Kunststoffplatten; kein oder deutlich nicht zeitgemäßer Wärmeschutz (vor ca. 1980)	zeitgemäßer Wärmeschutz (vor ca. 1995)	steinen, Gasbetonsteinen; Edelputz; gedämmte Metall-Sandwichelemente		(3) (4) (5) (6) (7) aufwendig gestaltete Fassaden mit konstruktiver Gliederung (Säulenstellungen, Erker etc.) (3) Vorhangfassade aus Glas
Konstruktion(8)	Holzkonstruktion in nicht zeitgemäßer statischer Ausführung	Mauerwerk, Stahl- oder Stahlbetonkonstruktion in nicht zeitgemäßer statischer Ausführung	Stahl- und Betonfertigteile	überwiegend Betonfertigteile; große stützenfreie Spannweiten; hohe Deckenhöhen; hohe Belastbarkeit der Decken und Böden	größere stützenfreie Spannweiten; hohe Deckenhöhen; höhere Belastbarkeit der Decken und Böden
Dach	Dachpappe, Faserzementplatten/Wellplatten, Blecheindeckung; kein Unterdach; keine bis geringe Dachdämmung	einfache Betondachsteine oder Tondachziegel, Bitumenschindeln; nicht zeitgemäße Dachdämmung (vor ca. 1995)	Faserzement-Schindeln, beschichtete Betondachsteine und Tondachziegel, Folienabdichtung; Dachdämmung (nach ca. 1995); Rinnen und Fallrohre aus Zinkblech	besondere Dachformen; überdurchschnittliche Dämmung (nach ca. 2005) (3) (4) (5) (6) (7) glasierte Tondachziegel (3) (8) schweres Massivflachdach (9) Biberschwänze	hochwertige Eindeckung z. B. aus Schiefer oder Kupfer; Dachbegrünung; aufwendig gegliederte Dachlandschaft (3) (4) (5) befahrbares Flachdach (3) (4) stark überdurchschnittliche Dämmung (5) (6) (7) (8) hochwertigste Dämmung
Fenster- und Außentüren	Einfachverglasung; einfache Holztüren	Isolierverglasung, Zweifachverglasung (vor ca. 1995); Eingangstüren mit nicht zeitgemäßem Wärmeschutz (vor ca. 1995)	Zweifachverglasung (nach ca. 1995) (5) nur Wohnheime, Altenheime, Pflegeheime, Krankenhäuser und Tageskliniken: Automatik-Eingangstüren (9) kunstvoll gestaltetes farbiges Fensterglas, Ornamentglas	Dreifachverglasung, Sonnenschutzglas, aufwendigere Rahmen (3) (4) (6) (7) (8) höherwertige Türanlagen (5) nur Beherbergungsstätten und Verpflegungseinrichtungen: Automatik-Eingangstüren (9) besonders große kunstvoll gestaltete farbige Fensterflächen	große, feststehende Fensterflächen, Spezialverglasung (Schall- und Sonnenschutz) (3) (4) (7) (8) Außentüren in hochwertigen Materialien (3) Automatiktüren (6) Automatik-Eingangstüren (9) Bleiverglasung mit Schutzglas, farbige Maßfenster
Innenwände und -türen	Fachwerkwände, einfache Putze/Lehmputze, einfache Kalkanstriche; Füllungstüren, gestrichen, mit einfachen Beschlägen ohne Dichtungen	massive tragende Innenwände, nicht tragende Wände in Leichtbauweise (z. B. Holzständerwände mit Gipskarton), Gipsdielen; leichte Türen, Kunststoff-/Holztürblätter, Stahlzargen	(4) (5) (6) (7) nicht tragende Innenwände in massiver Ausführung bzw. mit Dämmmaterial gefüllte Ständerkonstruktionen (5) (6) (7) schwere Türen (3) nicht tragende Innenwände in massiver Ausführung; schwere Türen	(3) (4) (5) (6) (7) Sichtmauerwerk (3) (4) Massivholztüren, Schiebetürelemente, Glastüren (3) Innenwände für flexible Raumkonzepte (größere statische Spannweiten der Decken) (5) nur Beherbergungsstätten und Verpflegungseinrichtungen: Automatik-Flurzwischen-	(3) (4) (5) (6) (7) gestaltete Wandabläufe (z. B. Pfeilervorlagen, abgesetzte oder geschwungene Wandpartien) (4) Vertäfelungen (Edelholz, Metall), Akkustikputz (3) Wände aus großformatigen Glaselementen, Akustikputz, tlw. Automatiktü-

	Standardstufe				
	1	**2**	**3**	**4**	**5**
	zeitgemäß		**zeitgemäß**		
	einfachst	**einfach**	**Basis**	**gehoben**	**aufwendig**
			(4) schwere und große Türen (5) nur Wohnheime, Altenheime, Pflegeheime, Krankenhäuser und Tageskliniken: Automatik-Flurzwischentüren; rollstuhlgerechte Bedienung (8) Anstrich	türen; rollstuhlgerechte Bedienung (6) rollstuhlgerechte Bedienung (8) tlw. gefliest, Sichtmauerwerk; Schiebetürelemente, Glastüren (9) schmiedeeiserne Türen	ren, rollstuhlgerechte Bedienung (4) raumhohe aufwendige Türelemente; tlw. Automatiktüren, rollstuhlgerechte Bedienung (5) (6) (7) Akustikputz, raumhohe aufwendige Türelemente (7) rollstuhlgerechte Bedienung, Automatiktüren (8) überwiegend gefliest; Sichtmauerwerk; gestaltete Wandabläufe
Deckenkonstruktion und Treppen (nicht bei(8))[1]	Weichholztreppen in einfacher Art und Ausführung; kein Trittschallschutz (3) (4) (5) Holzbalkendecken ohne Füllung, Spalierputz	Stahl- oder Hartholztreppen in einfacher Art und Ausführung (3) (4) (5) (7) (9) Holzbalkendecken mit Füllung, Kappendecken[1]	(3) (4) (5) (7) Betondecken mit Tritt- und Luftschallschutz; einfacher Putz (3) (4) abgehängte Decken (5) (7) Deckenverkleidung (6) Betondecke	(3) höherwertige abgehängte Decken (4) (5) (6) (7) Decken mit großen Spannweiten (4) Deckenverkleidung	hochwertige breite Stahlbeton-/Metalltreppenanlage mit hochwertigem Geländer (3) (7) Deckenvertäfelungen (Edelholz, Metall) (4) (5) (6) (7) Decken mit größeren Spannweiten
Fußböden	ohne Belag	Linoleum-, Teppich-, Laminat- und PVC-Böden einfacher Art und Ausführung (9) Holzdielen	(3) (4) (5) (7) Fliesen, Kunststeinplatten (3) (4) Linoleum- oder Teppich-Böden besserer Art und Ausführung (5) (7) Linoleum- oder PVC-Böden besserer Art und Ausführung (6) nur Sporthallen: Beton, Asphaltbeton, Estrich oder Gussasphalt auf Beton; Teppichbelag, PVC; nur Freizeitbäder/Heilbäder: Fliesenbelag (8) Beton (9) Betonwerkstein, Sandstein	(3) (5) (7) Natursteinplatten, hochwertige Fliesen, Terrazzobelag, hochwertige Massivholzböden auf gedämmter Unterkonstruktion (3) (7) Fertigparkett (6) nur Sporthallen: hochwertigere flächenstatische Fußbodenkonstruktion, Spezialteppich mit Gummigranulatauflage; hochwertigerer Schwingboden (8) Estrich, Gussasphalt	(3) (4) (5) (7) hochwertiges Parkett, hochwertige Natursteinplatten, hochwertige Edelholzböden auf gedämmter Unterkonstruktion (6) nur Sporthallen: hochwertigste flächenstatische Fußbodenkonstruktion, Spezialteppich mit Gummigranulatauflage; hochwertigster Schwingboden; nur Freizeitbäder/Heilbäder: hochwertiger Fliesenbelag und Natursteinboden (8) beschichteter Beton oder Estrichboden; Betonwerkstein, Verbundpflaster (9) Marmor, Granit

[1] Geändert durch Art. 25 „JStG 2019" mWv 18. 12. 2019.

Anl a zu § 190

noch **47**

	Standardstufe				
	1	2	3	4	5
	zeitgemäß		zeitgemäß		
	einfachst	einfach	Basis	gehoben	aufwendig
Sanitäreinrichtungen	einfache Toilettenanlagen (Stand-WC); Installation auf Putz; Ölfarbenanstrich, einfache PVC-Bodenbeläge, WC und Bäderanlage geschossweise	Toilettenanlagen in einfacher Qualität; Installation unter Putz; WCs und Duschräume je Geschoss; einfache Wand- und Bodenfliesen, tlw. gefliest	Sanitäreinrichtung in Standard-Ausführung (3) (4) ausreichende Anzahl von Toilettenräumen (5) mehrere WCs und Duschbäder je Geschoss; Waschbecken im Raum (6) wenige Toilettenräume und Duschräume bzw. Waschräume (7) (8) wenige Toilettenräume	Sanitäreinrichtung in besserer Qualität (3) (4) höhere Anzahl Toilettenräume (5) je Raum ein Duschbad mit WC nur Wohnheime, Altenheime, Pflegeheime, Krankenhäuser und Tageskliniken: behindertengerecht (6) ausreichende Anzahl von Toilettenräumen und Duschräumen (7) (8) ausreichende Anzahl von Toilettenräumen	Sanitäreinrichtung in gehobener Qualität (3) (4) großzügige Toilettenanlagen jeweils mit Sanitäreinrichtung in gehobener Qualität (5) je Raum ein Duschbad mit WC in guter Ausstattung; nur Wohnheime, Altenheime, Pflegeheime, Krankenhäuser und Tageskliniken: behindertengerecht (6) großzügige Toilettenanlagen und Duschräume mit Sanitäreinrichtung in gehobener Qualität (7) großzügige Toilettenanlagen mit Sanitäreinrichtung in gehobener Qualität (8) großzügige Toilettenanlagen
Heizung	Einzelöfen, Schwerkraftheizung, dezentrale Warmwasserversorgung (9) Elektroheizung im Gestühl	Zentralheizung mit Radiatoren (Schwerkraftheizung); einfache Warmluftheizung, mehrere Ausblasöffnungen; Lufterhitzer mit Wärmetauscher mit zentraler Kesselanlage, Fußbodenheizung (vor ca. 1995) (9) einfache Warmluftheizung, eine Ausblasöffnung	elektronisch gesteuerte Fern- oder Zentralheizung, Niedertemperatur- oder Brennwertkessel	Solarkollektoren für Warmwassererzeugung (3) (4) (6) (7) (8) Fußbodenheizung (8) zusätzlicher Kaminanschluss	Solarkollektoren für Warmwassererzeugung und Heizung, Blockheizkraftwerk, Wärmepumpe, Hybrid-Systeme (3) (4) (5) (7) Klimaanlage (8) Kaminanlage
Sonstige technische Ausstattung	sehr wenige Steckdosen, Schalter und Sicherungen, kein Fehlerstromschutzschalter (FI-Schalter), Leitungen auf Putz, einfache Leuchten	wenige Steckdosen, Schalter und Sicherungen, Installation unter Putz	(3) (4) (7) zeitgemäße Anzahl an Steckdosen und Lichtauslässen, Zählerschrank (ab ca. 1985) mit Unterverteilung und Kippsicherungen; Kabelkanäle; Blitzschutz (5) (6) (8) zeitgemäße Anzahl an Steckdosen und Lichtauslässen; Blitzschutz (5) (7) Personenaufzugsanlagen	zahlreiche Steckdosen und Lichtauslässe, hochwertige Abdeckungen (3) (4) (5) (7) (8) dezentrale Lüftung mit Wärmetauscher (6) Lüftung mit Wärmetauscher (3) (5) mehrere LAN- und Fernsehanschlüsse (3) (4) (7) hochwertige Beleuchtung; Doppelboden mit Bodentanks zur Verkabelung; ausrei-	Video- und zentrale Alarmanlage, Klimaanlage, Bussystem (3) (4) (5) (7) (8) zentrale Lüftung mit Wärmetauscher (7) Doppelboden mit Bodentanks zur Verkabelung (3) aufwendige Personenaufzugsanlagen (5) (7) (8) aufwendige Aufzugsanlagen (8) Küchen, Kantinen

	Standardstufe				
	1	**2**	**3**	**4**	**5**
	zeitgemäß		**zeitgemäß**		
	einfachst	**einfach**	**Basis**	**gehoben**	**aufwendig**
			(8) Teeküchen	chende Anzahl von LAN-Anschlüssen (3) Messverfahren von Verbrauch, Regelung von Raumtemperatur und Raumfeuchte (3) (4) (7) Sonnenschutzsteuerung (3) (4) elektronische Zugangskontrolle; Personenaufzugsanlagen (4) (7) Messverfahren von Raumtemperatur, Raumfeuchte, Verbrauch, Einzelraumregelung (8) Kabelkanäle; kleinere Einbauküchen mit Kochgelegenheit, Aufenthaltsräume; Aufzugsanlagen	

14.2–14.4	**14.2–14.4 Hoch-, Tief- und Nutzfahrzeuggaragen**

	Standardstufe		
	1–3	**4**	**5**
	Basis	**gehoben**	**aufwendig**
Außenwände	offene Konstruktion	Einschalige Konstruktion	aufwendig gestaltete Fassaden mit konstruktiver Gliederung (Säulenstellungen, Erker etc.)
Konstruktion	Stahl- und Betonfertigteile	überwiegend Betonfertigteile; große stützenfreie Spannweiten	größere stützenfreie Spannweiten
Dach	Flachdach, Folienabdichtung	Flachdachausbildung; Wärmedämmung	befahrbares Flachdach (Parkdeck)
Fenster und Außentüren	einfache Metallgitter	begrünte Metallgitter, Glasbausteine	Außentüren in hochwertigen Materialien
Fußböden	Beton	Estrich, Gussasphalt	beschichteter Beton oder Estrichboden
Sonstige technische Ausstattung	Strom- und Wasseranschluss; Löschwasseranlage; Treppenhaus; Brandmelder	Sprinkleranlage; Rufanlagen; Rauch- und Wärmeabzugsanlagen; mechanische Be- und Entlüftungsanlagen; Parksysteme für zwei PKWs übereinander; Personenaufzugsanlagen	Video- und zentrale Alarmanlage; Beschallung; Parksysteme für drei oder mehr PKWs übereinander; aufwendigere Aufzugsanlagen

Anl a zu § 190
noch **47**

18.1–18.2	(10) **18.1**	**Reithallen**
	(11) **18.2**	**Ehemalige landwirtschaftliche Mehrzweckhallen, Scheunen u. Ä.**

	Standardstufe		
	1–3	**4**	**5**
	Basis	**gehoben**	**aufwendig**
Außenwände	Holzfachwerkwand; Holzstützen, Vollholz; Brettschalung oder Profilblech auf Holz-Unterkonstruktion	Kalksandstein- oder Ziegel-Mauerwerk; Metallstützen, Profil; Holz-Blockbohlen zwischen Stützen, Wärmedämmverbundsystem, Putz	Betonwand, Fertigteile, mehrschichtig; Stahlbetonstützen, Fertigteil; Kalksandstein-Vormauerung oder Klinkerverblendung mit Dämmung
Dach	Holzkonstruktionen, Nagelbrettbinder; Bitumenwellplatten, Profilblech	Stahlrahmen mit Holzpfetten; Faserzementwellplatten; Hartschaumplatten	Brettschichtholzbinder; Betondachsteine oder Dachziegel; Dämmung mit Profilholz oder Paneelen
Fenster und Außentüren bzw. -tore	Lichtplatten aus Kunststoff (10) Holz-Brettertüren (11) Holztore	Kunststofffenster (10) Windnetze aus Kunststoff, Jalousien mit Motorantrieb (11) Metall-Sektionaltore	Türen und Tore mehrschichtig mit Wärmedämmung, Holzfenster, hoher Fensteranteil
Innenwände	keine	tragende bzw. nicht tragende Innenwände aus Holz; Anstrich	tragende bzw. nicht tragende Innenwände als Mauerwerk; Sperrholz, Gipskarton, Fliesen
Deckenkonstruktionen	keine	Holzkonstruktionen über Nebenräumen; Hartschaumplatten	Stahlbetonplatte über Nebenräumen; Dämmung mit Profilholz oder Paneelen
Fußböden	(10) Tragschicht: Schotter, Trennschicht: Vlies, Tretschicht: Sand (11) Beton-Verbundsteinpflaster	(10) zusätzlich/alternativ: Tragschicht: Schotter, Trennschicht: Kunststoffgewebe, Tretschicht: Sand und Holzspäne (11) zusätzlich/alternativ: Stahlbetonplatte	(10) Estrich auf Dämmung, Fliesen oder Linoleum in Nebenräumen; zusätzlich/alternativ: Tragschicht: Schotter, Trennschicht: Kunststoffplatten, Tretschicht: Sand und Textilflocken, Betonplatte im Bereich der Nebenräume (11) zusätzlich/alternativ: Oberfläche maschinell geglättet, Anstrich
baukonstruktive Einbauten (10)	(10) Reithallenbande aus Nadelholz zur Abgrenzung der Reitfläche	(10) zusätzlich/alternativ: Vollholztafeln fest eingebaut	(10) zusätzlich/alternativ: Vollholztafeln, Fertigteile zum Versetzen
Abwasser-, Wasser-, Gasanlagen	Regenwasserableitung	zusätzlich/alternativ: Abwasserleitungen, Sanitärobjekte (einfache Qualität)	zusätzlich/alternativ: Sanitärobjekte (gehobene Qualität), Gasanschluss
Wärmeversorgungsanlagen	keine	Raumheizflächen in Nebenräumen, Anschluss an Heizsystem	zusätzlich/alternativ: Heizkessel
lufttechnische Anlagen	keine	Firstentlüftung	Be- und Entlüftungsanlage

	Standardstufe		
	1–3	**4**	**5**
	Basis	**gehoben**	**aufwendig**
Starkstrom-Anlage	Leitungen, Schalter, Dosen, Langfeldleuchten	zusätzlich/alternativ: Sicherungen und Verteilerschrank	zusätzlich/alternativ: Metall-Dampfleuchten
nutzungsspezifische Anlagen	keine	(10) Reitbodenbewässerung (einfache Ausführung) (11) Schüttwände aus Holz zwischen Stahlstützen, Trocknungsanlage für Getreide	(10) Reitbodenbewässerung (komfortable Ausführung) (11) Schüttwände aus Beton-Fertigteilen

Anl b zu § 190

b) Schreiben betr. Ermittlung des Gebäudesachwerts nach § 190 BewG; Baupreisindizes zur Anpassung der Regelherstellungskosten aus der Anlage 24 BewG für Bewertungsstichtage im Kalenderjahr 2025

Vom 20. Januar 2025 (BStBl. I S. 290)

(BMF IV D 7 – S 3225/20/10001 :005)

50 Gemäß § 190 Absatz 4 Satz 4 BewG gebe ich die maßgebenden Baupreisindizes zur Anpassung der Regelherstellungskosten aus der Anlage 24, Teil II., BewG bekannt, die ausgehend von dem vom Statistischen Bundesamt am 10. Januar 2025 veröffentlichten Preisindizes für die Bauwirtschaft (Preisindizes für den Neubau in konventioneller Bauart von Wohn- und Nichtwohngebäuden; Jahresdurchschnitt 2024; 2015 = 100) ermittelt wurden und für Bewertungsstichtage im Kalenderjahr 2025 anzuwenden sind.

Baupreisindizes (nach Umbasierung auf das Jahr 2010 =100)	
Gebäudearten[1] 1.01. bis 5.1. Anlage 24, Teil II., BewG	Gebäudearten[1] 5.2. bis 18.2. Anlage 24, Teil II., BewG
183,3	**186,7**

[1] **[Amtl. Anm.:]** Die Bestimmungen in der Anlage 24, Teil II., BewG zum Teileigentum und zur Auffangklausel gelten analog.

BewG

§ 191[1] Wertzahlen

① Als Wertzahlen im Sinne des § 189 Absatz 3 sind die von den Gutachterausschüssen im Sinne der §§ 192 ff. des Baugesetzbuchs ermittelten Sachwertfaktoren nach Maßgabe des § 177 Absatz 2 und 3 anzuwenden. ② Soweit derartige Sachwertfaktoren nicht zur Verfügung stehen, sind die in Anlage 25[2] bestimmten Wertzahlen zu verwenden. 1

Zu § 191 BewG

ErbStR R B 191

R B 191.[3] Wertzahlen

(1) ① Als Wertzahlen sind vorrangig die vom Gutachterausschuss ermittelten Sachwertfaktoren (Marktanpassungsfaktoren) zur Angleichung an den gemeinen Wert anzuwenden. ② Stehen keine geeigneten Sachwertfaktoren zur Verfügung, sind die in der Anlage 25 zum BewG dargestellten Wertzahlen zu verwenden. 3

(2) Sachwertfaktoren sind als geeignet anzusehen, wenn die Ableitung der Sachwertfaktoren weitgehend in demselben Modell erfolgt ist wie die Bewertung. 4

H B 191 (2)

H B 191 (2)

Sachwertfaktoren.

Angabe in Wertspannen: 5
Sind von den Gutachterausschüssen Sachwertfaktoren ausschließlich in Wertspannen veröffentlicht worden, ist der Faktor anzusetzen, der der typisierten Wertzahl nach Anlage 25 zum BewG weitgehend entspricht.

R B 191 (3)

R B 191 (3)

(3) ① Bei Anwendung der Wertzahlen nach Anlage 25 zum BewG ist auf den Bodenrichtwert ohne Wertkorrekturen (→ R B 179.2 Absatz 2 bis 6) abzustellen. ② In den Fällen des § 179 Satz 4 BewG ist auf den Bodenrichtwert der herangezogenen vergleichbaren Flächen abzustellen. 6

H B 191 (3)

H B 191 (3)

Wertzahl (Anwendung der Anlage 25 zum BewG).[2] Bei Anwendung der Wertzahlen nach Anlage 25 zum BewG ist auf den Bodenrichtwert ohne Wertkorrekturen (→ R B 179.2 Abs. 2 bis 6) abzustellen. So ist auch bei einer Differenzierung zwischen einem Vorder- und Hinterlandpreis ausschließlich der Bodenrichtwert für das Vorderland anzusetzen. 7

Anl zu § 191

Anlage 25[4]
(zu § 191 Satz 2)

Wertzahlen für Ein- und Zweifamilienhäuser nach § 181 Absatz 1 Nummer 1 und Wohnungseigentum nach § 181 Absatz 1 Nummer 3

8

Vorläufiger Sachwert § 189 Absatz 3	Bodenrichtwert oder abgeleiteter Bodenwert in EUR/m² nach § 179 Satz 4			
	30 EUR/m²	60 EUR/m²	120 EUR/m²	180 EUR/m²
50 000 EUR	1,4	1,5	1,6	1,7
100 000 EUR	1,2	1,3	1,4	1,4
150 000 EUR	1,0	1,1	1,3	1,3
200 000 EUR	0,9	1,0	1,2	1,2
300 000 EUR	0,9	1,0	1,1	1,1
400 000 EUR	0,8	0,9	1,0	1,1
500 000 EUR	0,8	0,9	1,0	1,0

[1] § 191 anzuwenden auf Bewertungsstichtage nach dem 31. 12. 2022 (§ 265 Abs. 14 BewG).
[2] Nachfolgend abgedruckt als Anlage zu § 191 BewG.
[3] **Ab 1. 1. 2023** *siehe Rz. 62–64 gleich lautender Ländererlass vom 20. 3. 2023* (Anhang **III**).
[4] Anlage 25 neugefasst durch JStG 2022 v. 16. 12. 2022 (BGBl. I S. 2294), anzuwenden auf Bewertungsstichtage nach dem 31. 12. 2022 (§ 265 Abs. 14 BewG).

Anl zu § 191

Vorläufiger Sachwert § 189 Absatz 3	Bodenrichtwert oder abgeleiteter Bodenwert in EUR/m² nach § 179 Satz 4			
	250 EUR/m²	350 EUR/m²	500 EUR/m²	1000 EUR/m²
50 000 EUR	1,7	1,7	1,8	1,8
100 000 EUR	1,5	1,5	1,6	1,7
150 000 EUR	1,3	1,4	1,5	1,6
200 000 EUR	1,3	1,4	1,5	1,6
300 000 EUR	1,2	1,3	1,4	1,5
400 000 EUR	1,2	1,3	1,4	1,5
500 000 EUR	1,1	1,2	1,3	1,4

Für vorläufige Sachwerte und Bodenrichtwerte oder abgeleitete Bodenwerte zwischen den angegebenen Intervallen sind die Wertzahlen durch lineare Interpolation zu bestimmen. Über den tabellarisch aufgeführten Bereich hinaus ist keine Extrapolation durchzuführen. Für Werte außerhalb des angegebenen Bereichs gilt der nächstgelegene vorläufige Sachwert oder Bodenrichtwert oder abgeleitete Bodenwert.

Wertzahlen für Teileigentum, Geschäftsgrundstücke, gemischt genutzte Grundstücke und sonstige bebaute Grundstücke nach § 181 Absatz 1 Nummer 3 bis 6

9

Vorläufiger Sachwert § 189 Absatz 3	Bodenrichtwert oder abgeleiteter Bodenwert in EUR/m² nach § 179 Satz 4		
	50 EUR/m²	150 EUR/m²	400 EUR/m²
500 000 EUR	0,8	0,9	1,0
750 000 EUR	0,8	0,9	1,0
1 000 000 EUR	0,7	0,8	0,9
1 500 000 EUR	0,7	0,8	0,9
2 000 000 EUR	0,7	0,8	0,8
3 000 000 EUR	0,9	0,7	0,7

Für vorläufige Sachwerte und Bodenrichtwerte oder abgeleitete Bodenwerte zwischen den angegebenen Intervallen sind die Wertzahlen durch lineare Interpolation zu bestimmen. Über den tabellarisch aufgeführten Bereich hinaus ist keine Extrapolation durchzuführen. Für Werte außerhalb des angegebenen Bereichs gilt der nächstgelegene vorläufige Sachwert oder Bodenrichtwert oder abgeleitete Bodenwert.

BewG

IV. Sonderfälle

§ 192 Bewertung in Erbbaurechtsfällen

① Ist das Grundstück mit einem Erbbaurecht belastet, sind die Werte für die wirtschaftliche Einheit Erbbaurecht (§ 193) und für die wirtschaftliche Einheit des belasteten Grundstücks (§ 194) gesondert zu ermitteln.[1] ② Mit der Bewertung des Erbbaurechts (§ 193) ist die Verpflichtung zur Zahlung des Erbbauzinses und mit der Bewertung des Erbbaurechtsgrundstücks (§ 194) ist das Recht auf den Erbbauzins abgegolten; die hiernach ermittelten Grundbesitzwerte dürfen nicht weniger als 0 Euro betragen. 1

Zu § 192 BewG

R B 192.1 Begriff des Erbbaurechts

ErbStR R B 192.1

(1) ① Das Erbbaurecht ist das veräußerliche und vererbliche Recht an einem Grundstück, auf oder unter der Oberfläche des Grundstücks ein Bauwerk zu haben. ② Bei Grundstücken, die mit einem Erbbaurecht belastet sind, bilden das Erbbaurecht und das belastete Grundstück je eine selbstständige wirtschaftliche Einheit (§ 176 Absatz 1 Nummer 2, § 192 BewG). 2 ③ Das belastete Grundstück ist das Grundstück, an dem das Erbbaurecht bestellt ist. ④ Übernimmt der Eigentümer des belasteten Grundstücks das Erbbaurecht oder erwirbt der Erbbauberechtigte das belastete Grundstück („Eigentümererbbaurecht"), bleiben Erbbaurecht und belastetes Grundstück als selbstständige wirtschaftliche Einheiten bestehen.

(2) ① Das Erbbaurecht entsteht zivilrechtlich mit der Eintragung in das Grundbuch (§ 11 ErbbauRG in Verbindung mit § 873 BGB). 3 ② Schenkungsteuerrechtlich gilt das Erbbaurecht bereits dann als entstanden, wenn die dingliche Einigung über die Bestellung eines Erbbaurechts erfolgt ist und die Vertragsparteien in der Lage sind, die Eintragung im Grundbuch zu bewirken (→ R E 9.1 Absatz 1).

(3) ① Das Erbbaurecht erstreckt sich im Allgemeinen auf das ganze Grundstück. ② Erstreckt es 4 sich jedoch nur auf einen Teil des Grundstücks im Sinne des Zivilrechts, ist dieser Teil als selbstständige wirtschaftliche Einheit im Sinne der §§ 192 ff. BewG zu bewerten. ③ Für den restlichen Teil des Grundstücks ist die Bewertung nach den allgemeinen Grundsätzen durchzuführen.

(4) ① Errichtet der Erbbauberechtigte ein einheitliches Gebäude auf einem erbbaurechtsbelas- 5 teten und einem ihm gehörenden angrenzenden Grundstück, sind der Gebäudeteil auf dem erbbaurechtsbelasteten Grundstück als Erbbaurecht und das eigene Grundstück mit dem dort errichteten Gebäudeteil als bebautes Grundstück getrennt zu bewerten. ② Entsprechend ist zu verfahren, wenn das angrenzende Grundstück auf Grund eines Pachtvertrags vom Erbbauberechtigten bebaut worden ist und für diesen Gebäudeteil eine Bewertung als Gebäude auf fremdem Grund und Boden nach § 195 BewG durchzuführen ist.

H B 192.1

H B 192.1

Gesetz über das Erbbaurecht (Erbbaurechtsgesetz – ErbbauRG). → Gesetz über das Erbbaurecht (Erbbaurechtsgesetz – ErbbauRG) vom 15. 1. 1919 (BGBl. III, Gliederungsnummer 403-6) in der jeweils geltenden Fassung.

R B 192.2 Bewertung in Erbbaurechtsfällen

ErbStR R B 192.2

① Die Werte für die wirtschaftliche Einheit des Erbbaurechts (§ 193 BewG) und für die wirtschaftliche Einheit des belasteten Grundstücks/Erbbaugrundstücks (§ 194 BewG) sind gesondert zu ermitteln. ② Mit der Bewertung des Erbbaurechts (§ 193 BewG) ist die Verpflichtung zur Zahlung des Erbbauzinses und mit der Bewertung des Erbbaugrundstücks (§ 194 BewG) ist das Recht 6 auf den Erbbauzins abgegolten. ③ Die Grundbesitzwerte für das Erbbaurecht und das Erbbaugrundstück dürfen jeweils nicht weniger als 0 Euro betragen.

[1] *BFH-Urteil vom 26. 8. 2020 II R 43/18 (BStBl. 2021 II S. 597):* **1.** Lasten auf einem Grundstück mehrere Wohnungs- oder Teilerbbaurechte, zerfällt die wirtschaftliche Einheit des Erbbaugrundstücks nach der Verkehrsauffassung in eine entsprechende Anzahl wirtschaftlicher Einheiten. **2.** Mit jedem Wohnungs- oder Teilerbbaurecht korrespondiert eine wirtschaftliche Einheit in Gestalt des anteiligen Erbbaugrundstücks.

BewG

§ 193[1] Bewertung des Erbbaurechts

1 (1) ① Der Wert des Erbbaurechts ist durch Multiplikation des Werts des unbelasteten Grundstücks mit einem Erbbaurechtskoeffizienten zu ermitteln. ② Anzuwenden sind die von den Gutachterausschüssen im Sinne der §§ 192 ff. des Baugesetzbuchs ermittelten Erbbaurechtskoeffizienten nach Maßgabe des § 177 Absatz 2 und 3. ③ Der Wert des unbelasteten Grundstücks ist der Wert des Grundstücks, der nach den §§ 179, 182 bis 196 festzustellen wäre, wenn die Belastung mit dem Erbbaurecht nicht bestünde.

2 (2) ① Der Wert des Erbbaurechts ist durch Multiplikation des nach den Absätzen 3 bis 5 ermittelten Werts mit einem Erbbaurechtsfaktor zu ermitteln, wenn für das zu bewertende Erbbaurecht kein Erbbaurechtskoeffizient nach Absatz 1 vorliegt. ② Anzuwenden sind die von den Gutachterausschüssen im Sinne der §§ 192 ff. des Baugesetzbuchs ermittelten Erbbaurechtsfaktoren nach Maßgabe des § 177 Absatz 2 und 3. ③ Soweit derartige Erbbaurechtsfaktoren nicht zur Verfügung stehen, gilt der Erbbaurechtsfaktor 1,0.

3 (3) ① Zur Ermittlung des Werts des Erbbaurechts wird zunächst die Summe aus

1. dem Wert des unbelasteten Grundstücks im Sinne des Absatzes 1 Satz 3 abzüglich des Bodenwerts des unbelasteten Grundstücks nach § 179 und
2. der nach Absatz 4 über die Restlaufzeit des Erbbaurechts kapitalisierten Differenz aus dem angemessenen Verzinsungsbetrag des Bodenwerts des unbelasteten Grundstücks und dem vertraglich vereinbarten jährlichen Erbbauzins

gebildet. ② Ein bei Ablauf des Erbbaurechts nicht zu entschädigender Wertanteil der Gebäude oder des Gebäudes nach Absatz 5 ist abzuziehen.

4 (4) ① Der Unterschiedsbetrag aus dem angemessenen Verzinsungsbetrag des Bodenwerts des unbelasteten Grundstücks und dem vertraglich vereinbarten jährlichen Erbbauzins ist über die Restlaufzeit des Erbbaurechts mit dem sich aus Anlage 21[2] ergebenden Vervielfältiger zu kapitalisieren. ② Für die Kapitalisierung sind die Zinssätze zu verwenden, die der Ermittlung des Erbbaurechtsfaktors im Sinne des Absatzes 2 Satz 2 zugrunde gelegt wurden. ③ Soweit derartige Zinssätze nicht zur Verfügung stehen, gelten folgende Zinssätze:

1. 2,5 Prozent für Ein- und Zweifamilienhäuser und Wohnungseigentum, das wie Ein- und Zweifamilienhäuser gestaltet ist,
2. 3,5 Prozent für Mietwohngrundstücke und Wohnungseigentum, das nicht unter Nummer 1 fällt,
3. 4,5 Prozent für gemischt genutzte Grundstücke mit einem gewerblichen Anteil von bis zu 50 Prozent, berechnet nach der Wohn- und Nutzfläche, sowie sonstige bebaute Grundstücke,
4. 5,0 Prozent für gemischt genutzte Grundstücke mit einem gewerblichen Anteil von mehr als 50 Prozent, berechnet nach der Wohn- und Nutzfläche, und
5. 6,0 Prozent für Geschäftsgrundstücke und Teileigentum.

④ Der angemessene Verzinsungsbetrag des Bodenwerts des unbelasteten Grundstücks ergibt sich durch Anwendung des Zinssatzes nach Satz 2 oder 3 auf den Bodenwert nach § 179. ⑤ Liegt ein immerwährendes Erbbaurecht vor, entspricht der Vervielfältiger dem Kehrwert des nach Satz 2 oder 3 anzuwendenden Zinssatzes.

5 (5) ① Zur Ermittlung des bei Ablauf des Erbbaurechts nicht zu entschädigenden Wertanteils der Gebäude oder des Gebäudes im Sinne des Absatzes 3 Satz 2 ist auf den Zeitpunkt des Ablaufs des Erbbaurechts die Differenz aus dem Wert des Grundstücks nach den §§ 179, 182 bis 196 und dem Bodenwert nach § 179 zu ermitteln. ② Hierbei ist die Restnutzungsdauer des Gebäudes bei Ablauf des Erbbaurechts zugrunde zu legen. ③ Der so ermittelte Unterschiedsbetrag ist über die Restlaufzeit des Erbbaurechts nach Maßgabe der Anlage 26 auf den Bewertungsstichtag abzuzinsen. ④ Für die Abzinsung sind die Zinssätze im Sinne des Absatzes 4 Satz 2 oder 3 anzuwenden. ⑤ Liegt ein immerwährendes Erbbaurecht vor, ist der Abzinsungsfaktor 0. ⑥ Der auf den Bewertungsstichtag abgezinste Unterschiedsbetrag ist mit dem nicht zu entschädigenden Wertanteil der jeweiligen Gebäude zu multiplizieren.

Zu § 193 BewG

ErbStR R B 193

R B 193.[3] Bewertung des Erbbaurechts

6 (1) ① Der Wert des Erbbaurechts ist vorrangig im Vergleichswertverfahren (→ R B 183) zu ermitteln, wenn für das zu bewertende Erbbaurecht Vergleichspreise oder aus Kaufpreisen abge-

---

[1] § 193 anzuwenden auf Bewertungsstichtage nach dem 31. 12. 2022 (§ 265 Abs. 14 BewG).
[2] Abgedruckt als Anlage a zu § 185 BewG.
[3] **Ab 1. 1. 2023** *siehe Rz. 65–75 gleich lautender Ländererlass vom 20. 3. 2023* (Anhang **III**).

leitete Vergleichsfaktoren für entsprechende Vergleichsgrundstücke vorliegen. ② Vergleichspreise oder aus Kaufpreisen abgeleitete Vergleichsfaktoren liegen vor, wenn sie aus bebauten Erbbaurechten abgeleitet wurden, die mit der zu bewertenden wirtschaftlichen Einheit hinreichend übereinstimmen. ③ Dies ist der Fall, wenn die Grundstücksart übereinstimmt und die Bebauung, der Erbbauzinssatz, der Bodenrichtwert sowie die Restlaufzeit des Erbbaurechts nicht erheblich abweichen.

(2) ① Kann das Vergleichswertverfahren nicht angewandt werden, setzt sich der Wert des Erbbaurechts aus dem Bodenwertanteil nach § 193 Absatz 3 BewG und dem Gebäudewertanteil nach § 193 Absatz 5 BewG zusammen (finanzmathematische Methode). ② Ist das mit dem Erbbaurecht belastete Grundstück unbebaut, besteht der Grundbesitzwert des Erbbaurechts allein im Bodenwertanteil nach Absatz 3. **7**

(3) Der Bodenwertanteil ergibt sich aus dem kapitalisierten Unterschiedsbetrag zwischen dem angemessenen Verzinsungsbetrag des Bodenwerts des unbelasteten Grundstücks und dem vertraglich vereinbarten jährlichen Erbbauzins am Bewertungsstichtag. **8**

(4) ① Der angemessene Verzinsungsbetrag ergibt sich aus der Multiplikation des Bodenwerts für das Grundstück nach § 179 BewG und des Liegenschaftszinssatzes. ② Stehen Liegenschaftszinssätze der Gutachterausschüsse nicht zur Verfügung, sind die Zinssätze nach § 193 Absatz 4 Satz 2 BewG anzuwenden. **9**

(5) ① Maßgebender Erbbauzins ist nach § 193 Absatz 3 Satz 1 Nummer 2 BewG der am Bewertungsstichtag zu zahlende Erbbauzins, umgerechnet auf einen Jahresbetrag. ② Dabei ist stets auf die vertraglichen Vereinbarungen abzustellen; auf den gezahlten Erbbauzins kommt es nicht an. ③ Sind Erbbauzinsen während der Laufzeit des Erbbaurechts in unterschiedlicher Höhe vereinbart (z. B. bei Sonderzahlungen oder gestaffeltem Erbbauzins), kann aus Vereinfachungsgründen ein durchschnittlicher Jahresbetrag aus den insgesamt nach dem Bewertungsstichtag zu leistenden Erbbauzinsen in Abhängigkeit von der Restlaufzeit gebildet werden. ④ Die künftigen Anpassungen auf Grund von Wertsicherungsklauseln (z. B. Anknüpfung der Erbbauzinsen an den Lebenshaltungskostenindex) sind nicht zu berücksichtigen. ⑤ Ist kein Erbbauzins zu zahlen, stellt der angemessene Verzinsungsbetrag des Bodenwerts gleichzeitig den Unterschiedsbetrag dar. **10**

H B 193 (5)[1]

H B 193 (5)

Erbbauzins in einer Summe bei Bestellung des Erbbaurechts (Einmalzahlung). **11**

Beispiel:

Am 1. 1. 1998 wurde an einem Mietwohngrundstück ein Erbbaurecht mit einer Laufzeit von 50 Jahren bestellt, dessen Grundbesitzwert auf den 2. 1. 2018 zu ermitteln ist. Der Erbbauberechtigte hat 1998 den gesamten Erbbauzins (jährlich 6% vom Bodenwert 200 000 EUR) für 50 Jahre im Voraus bezahlt. Der Bodenwert beträgt am Bewertungsstichtag 300 000 EUR. Es wird ein Jahresreinertrag von 100 000 EUR erzielt. Die Restnutzungsdauer des Gebäudes entspricht der Restlaufzeit des Erbbaurechts (30 Jahre). Bei Ablauf des Erbbaurechts ist eine Entschädigungszahlung für das Gebäude in Höhe des Gebäudewerts vorgesehen. Der Gutachterausschuss verfügt über keine Vergleichspreise oder Vergleichsfaktoren. Der Liegenschaftszinssatz beträgt laut Gutachterausschuss 6,0%.

Ermittlung Bodenwertanteil		
Verzinsungsbetrag des Bodenwerts (6,0% von 300 000 EUR =)		18 000 EUR
Liegenschaftszins (§ 193 Absatz 4 Satz 1 BewG)	6,0%	
vertraglich vereinbarter jährlicher Erbbauzins		
kein Ansatz, da Einmalzahlung vor Bewertungsstichtag		./. 0 EUR
Unterschiedsbetrag		18 000 EUR
Vervielfältiger (aus Anlage 21 BewG)		× 13,76
Liegenschaftszins (§ 193 Absatz 4 Satz 1 BewG)	6,0%	
Bewertungsstichtag	2. 1. 2018	
Restlaufzeit des Erbbaurechts	30 Jahre	
Bodenwertanteil (nach § 193 Absatz 3 i. V. m. Absatz 4 BewG)		247 680 EUR
Gebäudeertragswert am Bewertungsstichtag		
nach § 193 Absatz 5 i. V. m. § 185 BewG		
Grundstücksreinertrag		100 000 EUR
Verzinsungsbetrag des Bodenwerts (6,0% von 300 000 EUR =)		./. 18 000 EUR
Liegenschaftszins (§ 188 Absatz 2 Satz 1 BewG)	6,0%	
Gebäudereinertrag		82 000 EUR
Vervielfältiger (aus Anlage 21 BewG)		× 13,76
Restnutzungsdauer	30 Jahre	
Liegenschaftszins (§ 188 Absatz 2 Satz 1 BewG)	6,0%	
Gebäudeertragswert am Bewertungsstichtag		1 128 320 EUR
Grundbesitzwert des Erbbaurechts nach § 193 BewG		
Bodenwertanteil nach § 193 Absatz 3 BewG		247 680 EUR
Gebäudewertanteil nach § 193 Absatz 5 BewG		+ 1 128 320 EUR
Grundbesitzwert		1 376 000 EUR

[1] **Ab 1. 1. 2023** *siehe Rz. 65–76 gleich lautender Ländererlass vom 20. 3. 2023* (Anhang **III**).

Gestaffelter Erbbauzins.

Beispiel:

Zwecks Bebauung mit einem Einfamilienhaus wurde an einem bisher unbebauten Grundstück ein Erbbaurecht bestellt. Das Grundstück hat eine Fläche von 600 m² und der Bodenrichtwert beträgt 200 EUR/m². Die vertragliche Erbbauzinsvereinbarung sieht vor, dass der am Bewertungsstichtag zu zahlende Erbbauzins in Höhe von 2 400 EUR/Jahr in der verbleibenden Restlaufzeit des Erbbaurechts von 80 Jahren nach Ablauf von jeweils zehn Jahren um 120 EUR/Jahr steigt.

Ermittlung Bodenwertanteil		
Verzinsungsbetrag des Bodenwerts		
3,0% von 120 000 EUR (600 m² × 200 EUR/m²)		3 600 EUR
Liegenschaftszins		
(§ 193 Absatz 4 Satz 2 Nummer 1 BewG)	3,0%	
vertraglich vereinbarter jährlicher Erbbauzins		./. 2 820 EUR
am Bewertungsstichtag noch zu leistende Erbbauzinsen:		
80 Jahre × 2 400 EUR =	192 000 EUR	
70 Jahre × 120 EUR =	+ 8 400 EUR	
60 Jahre × 120 EUR =	+ 7 200 EUR	
50 Jahre × 120 EUR =	+ 6 000 EUR	
40 Jahre × 120 EUR =	+ 4 800 EUR	
30 Jahre × 120 EUR =	+ 3 600 EUR	
20 Jahre × 120 EUR =	+ 2 400 EUR	
10 Jahre × 120 EUR =	+ 1 200 EUR	
Summe	225 600 EUR	
Restlaufzeit am Bewertungsstichtag	80 Jahre	
Durchschnitt		
(225 600 EUR : 80 Jahre)	2 820 EUR/Jahr	
Unterschiedsbetrag		780 EUR
Vervielfältiger (aus Anlage 21 BewG)		× 30,20
Liegenschaftszins		
(§ 193 Absatz 4 Satz 2 Nummer 1 BewG)	3,0%	
Restlaufzeit des Erbbaurechts	80 Jahre	
Bodenwertanteil (nach § 193 Absatz 3 i. V. m. Absatz 4 BewG)		
= Grundbesitzwert		23 556 EUR

R B 193 (6, 7)

R B 193 (6, 7)[1]

12 (6) ①Der Unterschiedsbetrag ist über die Restlaufzeit des Erbbaurechts mit dem sich aus Anlage 21 zum BewG[2] ergebenden Vervielfältiger zu kapitalisieren. ②Der Vervielfältiger ergibt sich aus dem maßgebenden Liegenschaftszinssatz und der auf volle Jahre abgerundeten Restlaufzeit des Erbbaurechts. ③Beträgt die Restlaufzeit des Erbbaurechts weniger als ein Jahr, ist der Vervielfältiger und der Bodenwert mit Null anzusetzen. ④Gibt der Gutachterausschuss andere Liegenschaftszinssätze als die in der Anlage 21 zum BewG aufgeführten vor, ist der Vervielfältiger nach der dort angegebenen Formel zu berechnen. ⑤Ist das mit einem Erbbaurecht belastete Grundstück unbebaut und liegen keine Angaben zur Nachfolgenutzung vor, bestehen keine Bedenken, wie folgt zu verfahren:

1. Mangels tatsächlichen Vorhandenseins eines Gebäudes kann zunächst auf die geplante Nutzung seitens des Erbbauverpflichteten bzw. -berechtigten abgestellt werden (vgl. Erbbaurechtsvertrag).
2. Bestehen noch keine konkreten Nutzungspläne, kann von der vorgesehenen Bebauung und Nutzung laut Bauleitplan (Bebauungsplan/Flächennutzungsplan) auf die Grundstücksart geschlossen werden.

13 (7) Der Gebäudewertanteil des Erbbaurechts ist der Gebäudeertragswert nach § 185 BewG bei im Ertragswertverfahren (→ R B 184 bis 188) bzw. der Gebäudesachwert nach § 190 BewG bei im Sachwertverfahren (→ R B 189 bis 190.8) zu bewertenden Grundstücken. ②Verbleibt bei der Ermittlung des Gebäudeertragswerts nach Abzug der Bodenwertverzinsung vom Grundstücksreinertrag kein oder ein negativer Betrag, ist im Sinne des § 184 Absatz 3 Satz 2 BewG der Gebäudeertragswert mit 0 Euro anzusetzen. ③Ist bei Ablauf des Erbbaurechts der verbleibende Gebäudewert nicht oder nur teilweise zu entschädigen, ist der Gebäudewertanteil des Erbbaurechts um den Gebäudewertanteil des Erbbaugrundstücks gemäß § 194 Absatz 4 BewG zu mindern (→ R B 194 Absatz 5 und 6). ④Befindet sich das im Erbbaurecht entstehende Gebäude im Zustand der Bebauung, stellen die am Bewertungsstichtag entstandenen Herstellungskosten nach § 196 BewG für die sich im Bau befindlichen Gebäude bzw. Gebäudeteile, ggf. abzüglich des bei Ablauf des Erbbaurechts nicht entschädigten und auf den Bewertungsstichtag abgezinsten Anteils der Herstellungskosten, den Gebäudewertanteil des Erbbaurechts dar (→ R B 196.1 und R B 196.2).

---

[1] **Ab 1. 1. 2023** *siehe Rz. 65–76 gleich lautender Ländererlass vom 20. 3. 2023* (Anhang **III**).
[2] Abgedruckt als Anlage a zu § 185 BewG.

H B 193 (7)[1]

HB 193 (7)

Bewertung der wirtschaftlichen Einheit des Erbbaurechts.

Beispiel 1 (Ertragswertverfahren): 14

Ein Mietwohngrundstück mit einem Rohertrag nach § 186 BewG i. H. v. 45 000 EUR ist in Ausübung eines Erbbaurechts im Jahre 2008 errichtet worden. Das belastete Grundstück hat eine Fläche von 500 m² und der Bodenrichtwert beträgt 300 EUR/m². Der vertraglich vereinbarte jährliche Erbbauzins beträgt zum Bewertungsstichtag am 15. 3. 2018 3 000 EUR und ist bis zum Ablauf des Erbbaurechts am 1. 1. 2041 zu zahlen. Eine Entschädigungszahlung für das Gebäude ist nicht vorgesehen. Der Gutachterausschuss verfügt über keine Vergleichspreise oder Vergleichsfaktoren. Liegenschaftszinssätze und Erfahrungssätze für Bewirtschaftungskosten hat der Gutachterausschuss ebenfalls nicht ermittelt.

Ermittlung Bodenwertanteil

Verzinsungsbetrag des Bodenwerts		
5,0% von 150 000 EUR (500 m² × 300 EUR/m²)		7 500 EUR
Liegenschaftszins		
(§ 193 Absatz 4 Satz 2 Nummer 2 BewG)	5,0%	
vertraglich vereinbarter jährlicher Erbbauzins		./. 3 000 EUR
Unterschiedsbetrag		4 500 EUR
Vervielfältiger (aus Anlage 21 BewG)		× 13,16
Liegenschaftszins		
(§ 193 Absatz 4 Satz 2 Nummer 2 BewG)	5,0%	
Bewertungsstichtag	15. 3. 2018	
Ablauf des Erbbaurechts	1. 1. 2041	
Restlaufzeit des Erbbaurechts	22 Jahre	
Bodenwertanteil (nach § 193 Absatz 3 i. V. m. Absatz 4 BewG)		59 220 EUR

Gebäudeertragswert am Bewertungsstichtag nach § 193 Absatz 5 i. V. m. § 185 BewG

Jahresmiete (Rohertrag nach § 186 BewG)		45 000 EUR
Bewirtschaftungskosten (aus Anlage 23 BewG)		
21% von 45 000 EUR		./. 9 450 EUR
Grundstücksart	Mietwohngrundstück	
Bezugsfertigkeit des Gebäudes	2008	
Alter des Gebäudes	10 Jahre	
Wirtschaftliche Gesamtnutzungsdauer		
(aus Anlage 22 BewG)	70 Jahre	
Restnutzungsdauer	60 Jahre	
Grundstücksreinertrag		35 550 EUR
Verzinsungsbetrag des Bodenwerts		
5,0% von 150 000 EUR		./. 7 500 EUR
Liegenschaftszins		
(§ 188 Absatz 2 Satz 2 Nummer 1 BewG)	5,0%	
Grundstücksreinertrag		28 050 EUR
Vervielfältiger (aus Anlage 21 BewG)		× 18,93
Restnutzungsdauer	60 Jahre	
Liegenschaftszins		
(§ 188 Absatz 2 Satz 2 Nummer 1 BewG)	5,0%	
Gebäudeertragswert am Bewertungsstichtag		530 986 EUR

Gebäudeertragswert bei Ablauf des Erbbaurechts nach § 194 Absatz 4 BewG

Jahresmiete (Rohertrag nach § 186 BewG)		45 000 EUR
Bewirtschaftungskosten (aus Anlage 23 BewG)		
23% von 45 000 EUR		./. 12 150 EUR
Bezugsfertigkeit des Gebäudes	2008	
Ablauf des Erbbaurechts	1. 1. 2041	
Alter des Gebäudes bei Ablauf Erbbaurecht	33 Jahre	
Wirtschaftliche Gesamtnutzungsdauer		
(aus Anlage 22 BewG)	70 Jahre	
Restnutzungsdauer bei Ablauf Erbbaurecht	37 Jahre	
Grundstücksreinertrag		32 850 EUR
Verzinsungsbetrag des Bodenwerts 5,0% von 150 000 EUR		./. 7 500 EUR
Liegenschaftszins		
(§ 188 Absatz 2 Satz 2 Nummer 1 BewG)	5,0%	
Gebäudereinertrag		25 350 EUR
Vervielfältiger (aus Anlage 21 BewG)		× 16,71
Restnutzungsdauer bei Ablauf Erbbaurecht	37 Jahre	
Liegenschaftszins		
(§ 188 Absatz 2 Satz 2 Nummer 1 BewG)	5,0%	
Gebäudeertragswert bei Ablauf des Erbbaurechts		423 598 EUR

Gebäudewertanteil nach § 193 Absatz 5 i. V. m. § 194 Absatz 4 BewG

Gebäudeertragswert am Bewertungsstichtag			530 986 EUR
abgezinster Gebäudeertragswert bei Ablauf des Erbbaurechts			./. 144 786 EUR
entschädigungsloser Anteil des Gebäudeertragswerts			
bei Ablauf des Erbbaurechts			
(keine Entschädigung)		423 598 EUR	
Abzinsungsfaktor (aus Anlage 26 BewG)		× 0,3418	
Bewertungsstichtag	15. 3. 2018		

[1] **Ab 1. 1. 2023** *siehe Rz. 65–76 gleich lautender Ländererlass vom 20. 3. 2023* (Anhang **III**).

HB 193 (7)

noch 14

Ablauf des Erbbaurechts	1. 1. 2041		
Restlaufzeit des Erbbaurechts	22 Jahre		
Liegenschaftszins (§ 193 Absatz 4 Satz 2 Nummer 2 BewG)	5,0%		
Gebäudewertanteil			386 200 EUR

Grundbesitzwert des Erbbaurechts nach § 193 BewG

Bodenwertanteil nach § 193 Absatz 3 BewG	59 220 EUR
Gebäudewertanteil nach § 193 Absatz 5 i. V. m. § 194 Absatz 4 BewG	+ 386 200 EUR
Grundbesitzwert	445 420 EUR

Beispiel 2 (Sachwertverfahren):

Ein freistehendes Einfamilienhaus (mit Keller, Erdgeschoss und ausgebautem Dachgeschoss – alle Bauteile Standardstufe 3) ist in Ausübung eines Erbbaurechts im Jahre 1959 errichtet worden. Die Brutto-Grundfläche beträgt 230 m². Eine Garage ist nicht vorhanden. Das belastete Grundstück hat eine Fläche von 500 m² und der Bodenrichtwert beträgt 250 EUR/m². Der vertraglich vereinbarte jährliche Erbbauzins beträgt zum Bewertungsstichtag am 6. 4. 2018 2 800 EUR und ist bis zum Ablauf des Erbbaurechts am 1. 4. 2058 zu zahlen. Eine Entschädigungszahlung für das Gebäude ist in Höhe von 75% des Gebäudewerts vorgesehen. Der Gutachterausschuss verfügt über keine Vergleichspreise oder Vergleichsfaktoren. Liegenschaftszinssätze hat der Gutachterausschuss ebenfalls nicht ermittelt.

Ermittlung Bodenwertanteil

Verzinsungsbetrag des Bodenwerts 3,0% von 125 000 EUR (500 m² × 250 EUR/m²)			3 750 EUR
Liegenschaftszins (§ 193 Absatz 4 Satz 2 Nummer 1 BewG)	3,0%		
vertraglich vereinbarter jährlicher Erbbauzins			./. 2 800 EUR
Unterschiedsbetrag			950 EUR
Vervielfältiger (aus Anlage 21 zum BewG)			× 22,81
Liegenschaftszins (§ 193 Absatz 4 Satz 2 Nummer 1 BewG)	3,0%		
Ablauf des Erbbaurechts	1. 4. 2058		
Restlaufzeit des Erbbaurechts	39 Jahre		
Bodenwertanteil (nach § 193 Absatz 3 i. V. m. Absatz 4 BewG)			21 669 EUR

Gebäudesachwert am Bewertungsstichtag nach § 193 Absatz 5 i. V. m. § 190 BewG

Regelherstellungskosten		975 EUR/m²	
Regelherstellungskosten (aus Anlage 24 zum BewG)		835 EUR/m²	
Gebäudeart	1.01		
Standardstufe (alle Bauteile)	3		
Baupreisindex (§ 190 Abs. 1 und 2 BewG)		× 116,8/100	
Gebäudeart	1.01		
Bewertungsstichtag	2018		
Brutto-Grundfläche		× 230 m²	
Gebäuderegelherstellungswert			224 250 EUR
Alterswertminderung		84,29% (59 J. : 70 J.)	./. 189 021 EUR
Gebäudeart	1.01		
Bezugsfertigkeit des Gebäudes	1959		
Alter des Gebäudes	59 Jahre		
Wirtschaftliche Gesamtnutzungsdauer (aus Anlage 22 zum BewG)	70 Jahre		
Gebäudesachwert			35 229 EUR
Mindestwertansatz nach § 190 Absatz 4 Satz 5 BewG 30% des Gebäuderegelherstellungswerts in Höhe von 224 250 EUR		67 275 EUR	
Gebäudesachwert am Bewertungsstichtag			67 275 EUR

Gebäudesachwert bei Ablauf des Erbbaurechts nach § 193 Absatz 5 i. V. m. § 194 Absatz 4 BewG

Regelherstellungskosten		976 EUR/m²	
Regelherstellungskosten (aus Anlage 24 zum BewG)		835 EUR/m²	
Gebäudeart	1.01		
Standardstufe (alle Bauteile)	3		
Baupreisindex (§ 190 Abs. 1 und 2 BewG)		× 116,8/100	
Gebäudeart	1.01		
Bewertungsstichtag	2018		
Brutto-Grundfläche		× 230 m²	
Gebäuderegelherstellungswert			224 480 EUR
Alterswertminderung		100%	./. 224 480 EUR
Gebäudeart	1.01		
Bezugsfertigkeit des Gebäudes	1959		
Ablauf des Erbbaurechts	1. 4. 2058		
Alter des Gebäudes	99 Jahre		
Wirtschaftliche Gesamtnutzungsdauer (aus Anlage 22 zum BewG)	70 Jahre		
Gebäudesachwert			0 EUR

Mindestwertansatz nach § 190 Absatz 4 Satz 5 BewG		
30% des Gebäuderegelherstellungswerts in Höhe von 224 480 EUR		67 344 EUR
Gebäudesachwert bei Ablauf des Erbbaurechts		67 344 EUR

Gebäudewertanteil nach § 193 Absatz 5 i. V. m. § 194 Absatz 4 BewG

Gebäudesachwert am Bewertungsstichtag		67 275 EUR
abgezinster Gebäudesachwert bei Ablauf des Erbbaurechts		./. 5 317 EUR
entschädigungsloser Anteil des Gebäudesachwerts bei Ablauf des Erbbaurechts (25% von 67 344 EUR)	16 836 EUR	
Abzinsungsfaktor (aus Anlage 26 zum BewG)	× 0,3158	
Bewertungsstichtag	6. 4. 2018	
Ablauf des Erbbaurechts	1. 4. 2058	
Restlaufzeit des Erbbaurechts	39 Jahre	
Liegenschaftszins (§ 193 Absatz 4 Satz 2 Nummer 1 BewG)	3,0%	
Gebäudewertanteil		61 958 EUR

Grundbesitzwert des Erbbaurechts nach § 193 BewG

Bodenwertanteil nach § 193 Absatz 3 BewG	21 669 EUR
Gebäudewertanteil nach § 193 Absatz 5 i. V. m. § 194 Absatz 4 BewG	+ 61 958 EUR
Wert des Erbbaurechts	83 627 EUR
Grundbesitzwert	83 627 EUR

R B 193 (8)

R B 193 (8)

(8) Eine Berücksichtigung weiterer wertbeeinflussender Umstände – beispielsweise vom Üblichen abweichende Auswirkungen vertraglicher Vereinbarungen, insbesondere die Berücksichtigung von fehlenden Wertsicherungsklauseln oder der Ausschluss einer Anpassung des Erbbaurechtsvertrags – sowie die Anwendung von Marktanpassungsfaktoren kommt nicht in Betracht. 15

BewG

§ 194[1] Bewertung des Erbbaugrundstücks

1 **(1) ① Der Wert des Erbbaugrundstücks ist durch Multiplikation des Bodenwerts des unbelasteten Grundstücks mit einem Erbbaugrundstückskoeffizienten zu ermitteln. ② Anzuwenden sind die von den Gutachterausschüssen im Sinne der §§ 192 ff. des Baugesetzbuchs ermittelten Erbbaugrundstückskoeffizienten nach Maßgabe des § 177 Absatz 2 und 3. ③ Der Bodenwert des unbelasteten Grundstücks ist der Wert des Grundstücks, der nach § 179 festzustellen wäre, wenn die Belastung mit dem Erbbaurecht nicht bestünde.**

2 **(2) ① Der Wert des Erbbaugrundstücks ist durch Multiplikation des Werts des Erbbaugrundstücks nach den Absätzen 3 bis 5 mit einem Erbbaugrundstücksfaktor zu ermitteln, wenn für das zu bewertende Erbbaugrundstück kein Erbbaugrundstückskoeffizient nach Absatz 1 vorliegt. ② Anzuwenden sind die von den Gutachterausschüssen ermittelten Erbbaugrundstücksfaktoren nach Maßgabe des § 177 Absatz 2 und 3. ③ Soweit derartige Erbbaugrundstücksfaktoren nicht zur Verfügung stehen, gilt der Erbbaugrundstücksfaktor 1,0.**

3 **(3) ① Zur Ermittlung des Werts des Erbbaugrundstücks wird zunächst die Summe aus**

1. dem nach Absatz 4 über die Restlaufzeit des Erbbaurechts abgezinsten Bodenwert des unbelasteten Grundstücks im Sinne des Absatzes 1 Satz 3 und

2. dem nach Absatz 5 über die Restlaufzeit des Erbbaurechts kapitalisierten vertraglich vereinbarten jährlichen Erbbauzins

gebildet. ② Ein bei Ablauf des Erbbaurechts nicht zu entschädigender Wertanteil der Gebäude oder des Gebäudes nach § 193 Absatz 5 ist hinzuzurechnen.

4 **(4) ① Der Bodenwert des unbelasteten Grundstücks im Sinne des Absatzes 1 Satz 3 ist über die Restlaufzeit des Erbbaurechts mit dem sich aus der Anlage 26[2] ergebenden Abzinsungsfaktor abzuzinsen. ② Für die Abzinsung sind die Zinssätze zu verwenden, die der Ermittlung des Erbbaugrundstücksfaktors im Sinne des Absatzes 2 Satz 2 zugrunde gelegt wurden. ③ Soweit von den Gutachterausschüssen keine derartigen Zinssätze zur Verfügung stehen, gelten die Zinssätze nach § 193 Absatz 4 Satz 3. ④ Liegt ein immerwährendes Erbbaurecht vor, ist der Abzinsungsfaktor 0.**

5 **(5) ① Der vertraglich vereinbarte jährliche Erbbauzins ist über die Restlaufzeit des Erbbaurechts mit dem sich aus Anlage 21[3] ergebenden Vervielfältiger zu kapitalisieren. ② Für die Kapitalisierung sind die Zinssätze zu verwenden, die der Ermittlung des Erbbaugrundstücksfaktors im Sinne des Absatzes 2 Satz 2 zugrunde gelegt wurden. ③ Soweit von den Gutachterausschüssen keine derartigen Zinssätze zur Verfügung stehen, gelten die Zinssätze nach § 193 Absatz 4 Satz 3. ④ Liegt ein immerwährendes Erbbaurecht vor, entspricht der Vervielfältiger dem Kehrwert des nach Satz 2 oder 3 anzuwendenden Zinssatzes.**

Übersicht Rz.

R B 194 Bewertung des Erbbaugrundstücks (belastetes Grundstück); H B 194 10–17
Anlage:
Abzinsungsfaktoren (Anlage 26 zu § 193 Abs. 5 Satz 3, § 194 Abs. 4 Satz 1 sowie § 195 Abs. 4 Satz 3 und Abs. 6 Satz 1 BewG) 18

Zu § 194 BewG

ErbStR R B 194

R B 194.[4] Bewertung des Erbbaugrundstücks (belastetes Grundstück)

10 (1) ① Der Wert des Erbbaugrundstücks ist vorrangig im Vergleichswertverfahren (→ R B 183) zu ermitteln, wenn für das Erbbaugrundstück Vergleichspreise oder aus Kaufpreisen abgeleitete Vergleichsfaktoren für entsprechende Vergleichsgrundstücke vorliegen. ② Vergleichspreise oder aus Kaufpreisen abgeleitete Vergleichsfaktoren für ein Erbbaugrundstück liegen vor, wenn sie für Grundstücke ermittelt wurden, die nach der Grundstücksart übereinstimmen und hinsichtlich der Bebauung, der Erbbauzinssätze, der Bodenrichtwerte sowie der Restlaufzeit des Erbbaurechts nicht erheblich abweichen. ③ Der Wert für das Erbbaugrundstück kann auch durch Anwendung eines Vergleichsfaktors auf den Wert des unbelasteten Grundstücks ermittelt werden.

11 (2) ① Kann das Vergleichswertverfahren nicht angewandt werden, setzt sich der Wert des Erbbaugrundstücks aus dem Bodenwertanteil nach § 194 Absatz 3 BewG und ggf. dem Gebäudewertanteil nach § 194 Absatz 4 BewG zusammen (finanzmathematische Methode). ② Ist das mit dem Erbbaurecht belastete Grundstück unbebaut, besteht der Grundbesitzwert des Erbbaugrundstücks allein im Bodenwertanteil nach § 194 Absatz 3 BewG (vgl. aber R B 193 Absatz 7 Satz 4).

---

[1] § 194 anzuwenden auf Bewertungsstichtage nach dem 31. 12. 2022 (§ 265 Abs. 14 BewG).
[2] Nachfolgend abgedruckt als Anlage zu § 194 BewG.
[3] Abgedruckt als Anlage a zu § 185 BewG.
[4] **Ab 1. 1. 2023** *siehe Rz. 77–85 gleich lautender Ländererlass vom 20. 3. 2023* (Anhang **III**).

ErbStR
R B 194

(3) ① Der Bodenwertanteil ergibt sich aus dem abgezinsten Bodenwert und dem kapitalisierten vertraglich vereinbarten jährlichen Erbbauzins. ② Die Abzinsung des Bodenwerts (§ 194 Absatz 3 Satz 2, § 193 Absatz 4 BewG in Verbindung mit der Anlage 26 zum BewG)[1] und die Kapitalisierung des Erbbauzinses (§ 194 Absatz 3 Satz 3 BewG in Verbindung mit der Anlage 21 zum BewG)[2] erfolgen nach der Restlaufzeit des Erbbaurechts. ③ Der Abzinsungsfaktor nach Anlage 26 zum BewG ist abhängig vom maßgebenden Liegenschaftszinssatz und der auf volle Jahre abgerundeten Restlaufzeit des Erbbaurechts ④ Dabei ist auf die von den Gutachterausschüssen ermittelten Liegenschaftszinssätze abzustellen. ⑤ Wurden solche nicht ermittelt, sind die in § 193 Absatz 4 Satz 2 BewG genannten Zinssätze anzuwenden. ⑥ Beträgt die Restlaufzeit des Erbbaurechts weniger als ein Jahr, ist der Abzinsungsfaktor 1 anzuwenden. ⑦ R B 193 Absatz 6 Satz 5 gilt entsprechend. 12

(4) ① Dem abgezinsten Bodenwert ist der kapitalisierte Erbbauzins hinzuzurechnen. ② Maßgebender Erbbauzins ist nach § 194 Absatz 3 Satz 3 BewG der am Bewertungsstichtag zu zahlende Erbbauzins, umgerechnet auf einen Jahresbetrag. ③ Dabei ist stets auf die vertraglichen Vereinbarungen abzustellen; auf den gezahlten Erbbauzins kommt es nicht an. ④ Sind Erbbauzinsen während der Laufzeit des Erbbaurechts in unterschiedlicher Höhe vereinbart (z. B. bei Sonderzahlungen oder gestaffeltem Erbbauzins), kann aus Vereinfachungsgründen ein durchschnittlicher Jahresbetrag aus den insgesamt nach dem Bewertungsstichtag zu leistenden Erbbauzinsen in Abhängigkeit von der Restlaufzeit gebildet werden. ⑤ Die künftigen Anpassungen auf Grund von Wertsicherungsklauseln (z. B. Anknüpfung der Erbbauzinsen an den Lebenshaltungskostenindex) sind nicht zu berücksichtigen. ⑥ Ist kein Erbbauzins zu zahlen, stellt der abgezinste Bodenwert den Bodenwertanteil dar. ⑦ Zur Kapitalisierung des Erbbauzinses ist der Vervielfältiger für die auf volle Jahre abgerundete Restlaufzeit und des Liegenschaftszinssatzes der Anlage 21 zum BewG[2] zu entnehmen. ⑧ Beträgt die Restlaufzeit des Erbbaurechts weniger als ein Jahr, ist der Vervielfältiger mit einem Wert von Null zu berücksichtigen. ⑨ Gibt der Gutachterausschuss andere Liegenschaftszinssätze als die in der Anlage 21 zum BewG[2] aufgeführten vor, ist der Vervielfältiger nach der dort angegebenen Formel zu berechnen. ⑩ R B 193 Absatz 6 Satz 5 gilt entsprechend. 13

(5) ① Ein Gebäudewertanteil des Erbbaugrundstücks ergibt sich nur dann, wenn bei Beendigung des Erbbaurechts durch Zeitablauf der verbleibende Gebäudewert nicht oder nur teilweise zu entschädigen ist. ② Dieser entspricht dem nach Anlage 26 zum BewG[1] abgezinsten ggf. anteiligen Gebäudeertrags- bzw. Gebäudesachwert, der dem Eigentümer des Erbbaugrundstücks bei Beendigung des Erbbaurechts durch Zeitablauf entschädigungslos zufällt. ③ Es ist dementsprechend eine Berechnung des Gebäudeertrags- bzw. Gebäudesachwerts auf den Zeitpunkt des Ablaufs des Erbbaurechts durchzuführen. ④ Bei dieser Berechnung ist hinsichtlich des Rohertrags gemäß § 186 BewG vom gleichen Betrag wie am Bewertungsstichtag auszugehen. ⑤ Beim Ansatz der pauschalierten Bewirtschaftungskosten gemäß § 187 BewG (Anlage 23 zum BewG)[3] und dem Vervielfältiger nach Anlage 21 zum BewG[2] im Ertragswertverfahren sowie bei der Ermittlung der Alterswertminderung im Rahmen der Gebäudesachwertermittlung gemäß § 190 Absatz 4 BewG ist auf den Zeitpunkt des Ablaufs des Erbbaurechts abzustellen. ⑥ Bei der Ermittlung des Gebäudeertrags- bzw. Gebäudesachwerts gemäß § 194 Absatz 4 BewG ist der Mindestansatz gemäß § 185 Absatz 3 Satz 5 BewG bzw. § 190 Absatz 4 Satz 5 BewG zu beachten. ⑦ Verbleibt bei der Ermittlung des Gebäudeertragswerts nach Abzug der Bodenwertverzinsung vom Grundstücksreinertrag kein oder ein negativer Betrag, ist im Sinne des § 184 Absatz 3 Satz 2 BewG der Gebäudeertragswert mit 0 Euro anzusetzen. ⑧ Befindet sich das Erbbaurecht im Zustand der Bebauung, stellt der ggf. bei Ablauf des Erbbaurechts nicht entschädigte und auf den Bewertungsstichtag abgezinste Anteil der am Bewertungsstichtag für die sich im Bau befindlichen Gebäude bzw. Gebäudeteile entstandenen Herstellungskosten den Gebäudewertanteil des Erbbaugrundstücks dar (→ R B 193 Absatz 7 Satz 4, R B 196.1 und R B 196.2). 14

(6) ① Der gemäß § 194 Absatz 4 BewG anzuwendende Abzinsungsfaktor ergibt sich aus Anlage 26 zum BewG;[1] er ist abhängig vom angewandten Liegenschaftszinssatz gemäß § 193 Absatz 4 BewG und der auf volle Jahre abgerundeten Restlaufzeit des Erbbaurechts. ② Beträgt die Restlaufzeit des Erbbaurechts weniger als ein Jahr, ist der Abzinsungsfaktor 1 anzuwenden. ③ Gibt der Gutachterausschuss andere Zinssätze als die in der Anlage 26 zum BewG aufgeführten vor, ist der Abzinsungsfaktor nach der dort angegebenen Formel zu berechnen. 15

(7) Eine Berücksichtigung weiterer wertbeeinflussender Umstände – beispielsweise vom Üblichen abweichende Auswirkungen vertraglicher Vereinbarungen, insbesondere die Berücksichtigung von fehlenden Wertsicherungsklauseln oder der Ausschluss einer Anpassung des Erbbaurechtsvertrags – sowie die Anwendung von Marktanpassungsfaktoren kommt nicht in Betracht. 16

---

[1] Nachfolgend abgedruckt als Anlage zu § 194 BewG.
[2] Abgedruckt als Anlage a zu § 185 BewG.
[3] Abgedruckt als Anlage zu § 187 BewG.

H B 194

H B 194

17 **Bewertung der wirtschaftlichen Einheit des Erbbaugrundstücks.**[1]

Beispiel (Sachverhalt wie in HB 193.7 Beispiel 1):

Ermittlung Bodenwertanteil			
Bodenwert	(500 m² × 300 EUR/m²)	150 000 EUR	
Abzinsungsfaktor (aus Anlage 26 zum BewG)		× 0,3418	51 270 EUR
Bewertungsstichtag	15. 3. 2018		
Ablauf des Erbbaurechts	1. 1. 2041		
Restlaufzeit des Erbbaurechts	22 Jahre		
Liegenschaftszins (§ 193 Absatz 4 Satz 2 Nummer 2 BewG)	5,0%		
vertraglich vereinbarter jährlicher Erbbauzins		3 000 EUR	
Vervielfältiger (aus Anlage 21 zum BewG)		× 13,16	+ 39 480 EUR
Liegenschaftszins (§ 193 Absatz 4 Satz 2 Nummer 2 BewG)	5,0%		
Restlaufzeit des Erbbaurechts	22 Jahre		
Bodenwertanteil (nach § 194 Absatz 3 BewG)			90 750 EUR
Gebäudeertragswert bei Ablauf des Erbbaurechts nach § 194 Absatz 4 BewG			
Jahresmiete (Rohertrag nach § 186 BewG)		45 000 EUR	
Bewirtschaftungskosten (aus Anlage 23 zum BewG) 27% von 45 000 EUR			./. 12 150 EUR
Bezugsfertigkeit des Gebäudes	2008		
Ablauf des Erbbaurechts	1. 1. 2041		
Alter des Gebäudes bei Ablauf Erbbaurecht	33 Jahre		
Wirtschaftliche Gesamtnutzungsdauer (aus Anlage 22 zum BewG)	70 Jahre		
Restnutzungsdauer bei Ablauf Erbbaurecht	37 Jahre		
Grundstücksreinertrag			32 850 EUR
Verzinsungsbetrag des Bodenwerts 5,0% von 150 000 EUR			./. 7 500 EUR
Liegenschaftszins (§ 188 Absatz 2 Satz 2 Nummer 1 BewG)	5,0%		
Gebäudereinertrag (≥ 0)			25 350 EUR
Vervielfältiger (aus Anlage 21 zum BewG)		× 16,71	
Restnutzungsdauer bei Ablauf Erbbaurecht	37 Jahre		
Liegenschaftszins (§ 188 Absatz 2 Satz 2 Nummer 1 BewG)	5,0%		
Gebäudeertragswert bei Ablauf des Erbbaurechts			423 598 EUR
Gebäudeertragswert bei Ablauf des Erbbaurechts gemäß § 194 Absatz 4 BewG abgezinst auf den Bewertungsstichtag			144 785 EUR
entschädigungsloser Anteil des Gebäudeertragswerts bei Ablauf des Erbbaurechts (keine Entschädigung)		423 598 EUR	
Abzinsungsfaktor (aus Anlage 26 zum BewG)		× 0,3418	
Bewertungsstichtag	15. 3. 2018		
Ablauf des Erbbaurechts	1. 1. 2041		
Restlaufzeit des Erbbaurechts	22 Jahre		
Liegenschaftszins (§ 193 Absatz 4 Satz 2 Nummer 2 BewG)	5,0%		
Grundbesitzwert des Erbbaugrundstücks gemäß § 194 BewG			
Bodenwertanteil nach § 194 Absatz 3 BewG			90 750 EUR
Gebäudewertanteil nach § 194 Absatz 4 BewG			+ 144 785 EUR
Grundbesitzwert			235 535 EUR

Anl zu § 194

Anlage 26[2]
(zu § 193 Absatz 5 Satz 3, § 194 Absatz 4 Satz 1 sowie § 195 Absatz 4 Satz 3 und Absatz 6 Satz 1)

Abzinsungsfaktoren

18

Restnutzungsdauer; Restlaufzeit des Erbbaurechts bzw. des Nutzungsrechts (in Jahren)	Zinssatz								
	1,0 %	1,5 %	2,0 %	2,5 %	3,0 %	3,5 %	4,0 %	4,5 %	5,0 %
1	0,9901	0,9852	0,9804	0,9756	0,9709	0,9662	0,9615	0,9569	0,9524
2	0,9803	0,9707	0,9612	0,9518	0,9426	0,9335	0,9246	0,9157	0,9070
3	0,9706	0,9563	0,9423	0,9286	0,9151	0,9019	0,8890	0,8763	0,8638
4	0,9610	0,9422	0,9238	0,9060	0,8885	0,8714	0,8548	0,8386	0,8227
5	0,9515	0,9283	0,9057	0,8839	0,8626	0,8420	0,8219	0,8025	0,7835
6	0,9420	0,9145	0,8880	0,8623	0,8375	0,8135	0,7903	0,7679	0,7462

[1] **Ab 1. 1. 2023** *siehe Rz. 85 gleich lautender Ländererlass vom 20. 3. 2023* (Anhang **III**).

[2] Anlage 26 neugefasst durch JStG 2024 v. 2. 12. 2024 (BGBl. I Nr. 384), anzuwenden auf Bewertungsstichtage nach dem 31. 12. 2024 (§ 265 Abs. 16 BewG).

Anl zu § 194

noch **18**

Restnutzungsdauer; Restlaufzeit des Erbbaurechts bzw. des Nutzungsrechts (in Jahren)	Zinssatz								
	1,0 %	1,5 %	2,0 %	2,5 %	3,0 %	3,5 %	4,0 %	4,5 %	5,0 %
7	0,9327	0,9010	0,8706	0,8413	0,8131	0,7860	0,7599	0,7348	0,7107
8	0,9235	0,8877	0,8535	0,8207	0,7894	0,7594	0,7307	0,7032	0,6768
9	0,9143	0,8746	0,8368	0,8007	0,7664	0,7337	0,7026	0,6729	0,6446
10	0,9053	0,8617	0,8203	0,7812	0,7441	0,7089	0,6756	0,6439	0,6139
11	0,8963	0,8489	0,8043	0,7621	0,7224	0,6849	0,6496	0,6162	0,5847
12	0,8874	0,8364	0,7885	0,7436	0,7014	0,6618	0,6246	0,5897	0,5568
13	0,8787	0,8240	0,7730	0,7254	0,6810	0,6394	0,6006	0,5643	0,5303
14	0,8700	0,8118	0,7579	0,7077	0,6611	0,6178	0,5775	0,5400	0,5051
15	0,8613	0,7999	0,7430	0,6905	0,6419	0,5969	0,5553	0,5167	0,4810
16	0,8528	0,7880	0,7284	0,6736	0,6232	0,5767	0,5339	0,4945	0,4581
17	0,8444	0,7764	0,7142	0,6572	0,6050	0,5572	0,5134	0,4732	0,4363
18	0,8360	0,7649	0,7002	0,6412	0,5874	0,5384	0,4936	0,4528	0,4155
19	0,8277	0,7536	0,6864	0,6255	0,5703	0,5202	0,4746	0,4333	0,3957
20	0,8195	0,7425	0,6730	0,6103	0,5537	0,5026	0,4564	0,4146	0,3769
21	0,8114	0,7315	0,6598	0,5954	0,5375	0,4856	0,4388	0,3968	0,3589
22	0,8034	0,7207	0,6468	0,5809	0,5219	0,4692	0,4220	0,3797	0,3418
23	0,7954	0,7100	0,6342	0,5667	0,5067	0,4533	0,4057	0,3634	0,3256
24	0,7876	0,6995	0,6217	0,5529	0,4919	0,4380	0,3901	0,3477	0,3101
25	0,7798	0,6892	0,6095	0,5394	0,4776	0,4231	0,3751	0,3327	0,2953
26	0,7720	0,6790	0,5976	0,5262	0,4637	0,4088	0,3607	0,3184	0,2812
27	0,7644	0,6690	0,5859	0,5134	0,4502	0,3950	0,3468	0,3047	0,2678
28	0,7568	0,6591	0,5744	0,5009	0,4371	0,3817	0,3335	0,2916	0,2551
29	0,7493	0,6494	0,5631	0,4887	0,4243	0,3687	0,3207	0,2790	0,2429
30	0,7419	0,6398	0,5521	0,4767	0,4120	0,3563	0,3083	0,2670	0,2314
31	0,7346	0,6303	0,5412	0,4651	0,4000	0,3442	0,2965	0,2555	0,2204
32	0,7273	0,6210	0,5306	0,4538	0,3883	0,3326	0,2851	0,2445	0,2099
33	0,7201	0,6118	0,5202	0,4427	0,3770	0,3213	0,2741	0,2340	0,1999
34	0,7130	0,6028	0,5100	0,4319	0,3660	0,3105	0,2636	0,2239	0,1904
35	0,7059	0,5939	0,5000	0,4214	0,3554	0,3000	0,2534	0,2143	0,1813
36	0,6989	0,5851	0,4902	0,4111	0,3450	0,2898	0,2437	0,2050	0,1727
37	0,6920	0,5764	0,4806	0,4011	0,3350	0,2800	0,2343	0,1962	0,1644
38	0,6852	0,5679	0,4712	0,3913	0,3252	0,2706	0,2253	0,1878	0,1566
39	0,6784	0,5595	0,4619	0,3817	0,3158	0,2614	0,2166	0,1797	0,1491
40	0,6717	0,5513	0,4529	0,3724	0,3066	0,2526	0,2083	0,1719	0,1420
41	0,6650	0,5431	0,4440	0,3633	0,2976	0,2440	0,2003	0,1645	0,1353
42	0,6584	0,5351	0,4353	0,3545	0,2890	0,2358	0,1926	0,1574	0,1288
43	0,6519	0,5272	0,4268	0,3458	0,2805	0,2278	0,1852	0,1507	0,1227
44	0,6454	0,5194	0,4184	0,3374	0,2724	0,2201	0,1780	0,1442	0,1169
45	0,6391	0,5117	0,4102	0,3292	0,2644	0,2127	0,1712	0,1380	0,1113
46	0,6327	0,5042	0,4022	0,3211	0,2567	0,2055	0,1646	0,1320	0,1060
47	0,6265	0,4967	0,3943	0,3133	0,2493	0,1985	0,1583	0,1263	0,1009
48	0,6203	0,4894	0,3865	0,3057	0,2420	0,1918	0,1522	0,1209	0,0961
49	0,6141	0,4821	0,3790	0,2982	0,2350	0,1853	0,1463	0,1157	0,0916
50	0,6080	0,4750	0,3715	0,2909	0,2281	0,1791	0,1407	0,1107	0,0872
51	0,6020	0,4680	0,3642	0,2838	0,2215	0,1730	0,1353	0,1059	0,0831
52	0,5961	0,4611	0,3571	0,2769	0,2150	0,1671	0,1301	0,1014	0,0791
53	0,5902	0,4543	0,3501	0,2702	0,2088	0,1615	0,1251	0,0970	0,0753
54	0,5843	0,4475	0,3432	0,2636	0,2027	0,1560	0,1203	0,0928	0,0717
55	0,5785	0,4409	0,3365	0,2572	0,1968	0,1508	0,1157	0,0888	0,0683
56	0,5728	0,4344	0,3299	0,2509	0,1910	0,1457	0,1112	0,0850	0,0651

Anl zu § 194

noch **18**

Restnutzungsdauer; Restlaufzeit des Erbbaurechts bzw. des Nutzungsrechts (in Jahren)	Zinssatz								
	1,0 %	1,5 %	2,0 %	2,5 %	3,0 %	3,5 %	4,0 %	4,5 %	5,0 %
57	0,5671	0,4280	0,3234	0,2448	0,1855	0,1407	0,1069	0,0814	0,0620
58	0,5615	0,4217	0,3171	0,2388	0,1801	0,1360	0,1028	0,0778	0,0590
59	0,5560	0,4154	0,3109	0,2330	0,1748	0,1314	0,0989	0,0745	0,0562
60	0,5504	0,4093	0,3048	0,2273	0,1697	0,1269	0,0951	0,0713	0,0535
61	0,5450	0,4032	0,2988	0,2217	0,1648	0,1226	0,0914	0,0682	0,0510
62	0,5396	0,3973	0,2929	0,2163	0,1600	0,1185	0,0879	0,0653	0,0486
63	0,5343	0,3914	0,2872	0,2111	0,1553	0,1145	0,0845	0,0625	0,0462
64	0,5290	0,3856	0,2816	0,2059	0,1508	0,1106	0,0813	0,0598	0,0440
65	0,5237	0,3799	0,2761	0,2009	0,1464	0,1069	0,0781	0,0572	0,0419
66	0,5185	0,3743	0,2706	0,1960	0,1421	0,1033	0,0751	0,0547	0,0399
67	0,5134	0,3688	0,2653	0,1912	0,1380	0,0998	0,0722	0,0524	0,0380
68	0,5083	0,3633	0,2601	0,1865	0,1340	0,0964	0,0695	0,0501	0,0362
69	0,5033	0,3580	0,2550	0,1820	0,1301	0,0931	0,0668	0,0480	0,0345
70	0,4983	0,3527	0,2500	0,1776	0,1263	0,0900	0,0642	0,0459	0,0329
71	0,4934	0,3475	0,2451	0,1732	0,1226	0,0869	0,0617	0,0439	0,0313
72	0,4885	0,3423	0,2403	0,1690	0,1190	0,0840	0,0594	0,0420	0,0298
73	0,4837	0,3373	0,2356	0,1649	0,1156	0,0812	0,0571	0,0402	0,0284
74	0,4789	0,3323	0,2310	0,1609	0,1122	0,0784	0,0549	0,0385	0,0270
75	0,4741	0,3274	0,2265	0,1569	0,1089	0,0758	0,0528	0,0368	0,0258
76	0,4694	0,3225	0,2220	0,1531	0,1058	0,0732	0,0508	0,0353	0,0245
77	0,4648	0,3178	0,2177	0,1494	0,1027	0,0707	0,0488	0,0337	0,0234
78	0,4602	0,3131	0,2134	0,1457	0,0997	0,0683	0,0469	0,0323	0,0222
79	0,4556	0,3084	0,2092	0,1422	0,0968	0,0660	0,0451	0,0309	0,0212
80	0,4511	0,3039	0,2051	0,1387	0,0940	0,0638	0,0434	0,0296	0,0202
81	0,4467	0,2994	0,2011	0,1353	0,0912	0,0616	0,0417	0,0283	0,0192
82	0,4422	0,2950	0,1971	0,1320	0,0886	0,0596	0,0401	0,0271	0,0183
83	0,4379	0,2906	0,1933	0,1288	0,0860	0,0575	0,0386	0,0259	0,0174
84	0,4335	0,2863	0,1895	0,1257	0,0835	0,0556	0,0371	0,0248	0,0166
85	0,4292	0,2821	0,1858	0,1226	0,0811	0,0537	0,0357	0,0237	0,0158
86	0,4250	0,2779	0,1821	0,1196	0,0787	0,0519	0,0343	0,0227	0,0151
87	0,4208	0,2738	0,1786	0,1167	0,0764	0,0501	0,0330	0,0217	0,0143
88	0,4166	0,2698	0,1751	0,1138	0,0742	0,0484	0,0317	0,0208	0,0137
89	0,4125	0,2658	0,1716	0,1111	0,0720	0,0468	0,0305	0,0199	0,0130
90	0,4084	0,2619	0,1683	0,1084	0,0699	0,0452	0,0293	0,0190	0,0124
91	0,4043	0,2580	0,1650	0,1057	0,0679	0,0437	0,0282	0,0182	0,0118
92	0,4003	0,2542	0,1617	0,1031	0,0659	0,0422	0,0271	0,0174	0,0112
93	0,3964	0,2504	0,1586	0,1006	0,0640	0,0408	0,0261	0,0167	0,0107
94	0,3925	0,2467	0,1554	0,0982	0,0621	0,0394	0,0251	0,0160	0,0102
95	0,3886	0,2431	0,1524	0,0958	0,0603	0,0381	0,0241	0,0153	0,0097
96	0,3847	0,2395	0,1494	0,0934	0,0586	0,0368	0,0232	0,0146	0,0092
97	0,3809	0,2359	0,1465	0,0912	0,0569	0,0355	0,0223	0,0140	0,0088
98	0,3771	0,2324	0,1436	0,0889	0,0552	0,0343	0,0214	0,0134	0,0084
99	0,3734	0,2290	0,1408	0,0868	0,0536	0,0332	0,0206	0,0128	0,0080
100	0,3697	0,2256	0,1380	0,0846	0,0520	0,0321	0,0198	0,0123	0,0076

Restnutzungsdauer; Restlaufzeit des Erbbaurechts bzw. des Nutzungsrechts (in Jahren)	Zinssatz									
	5,5 %	6,0 %	6,5 %	7,0 %	7,5 %	8,0 %	8,5 %	9,0 %	9,5 %	10 %
1	0,9479	0,9434	0,9390	0,9346	0,9302	0,9259	0,9217	0,9174	0,9132	0,9091
2	0,8985	0,8900	0,8817	0,8734	0,8653	0,8573	0,8495	0,8417	0,8340	0,8264
3	0,8516	0,8396	0,8278	0,8163	0,8050	0,7938	0,7829	0,7722	0,7617	0,7513

Anl zu § 194

noch **18**

Restnutzungsdauer; Restlaufzeit des Erbbaurechts bzw. des Nutzungsrechts (in Jahren)	Zinssatz									
	5,5 %	6,0 %	6,5 %	7,0 %	7,5 %	8,0 %	8,5 %	9,0 %	9,5 %	10 %
4	0,8072	0,7921	0,7773	0,7629	0,7488	0,7350	0,7216	0,7084	0,6956	0,6830
5	0,7651	0,7473	0,7299	0,7130	0,6966	0,6806	0,6650	0,6499	0,6352	0,6209
6	0,7252	0,7050	0,6853	0,6663	0,6480	0,6302	0,6129	0,5963	0,5801	0,5645
7	0,6874	0,6651	0,6435	0,6227	0,6028	0,5835	0,5649	0,5470	0,5298	0,5132
8	0,6516	0,6274	0,6042	0,5820	0,5607	0,5403	0,5207	0,5019	0,4838	0,4665
9	0,6176	0,5919	0,5674	0,5439	0,5216	0,5002	0,4799	0,4604	0,4418	0,4241
10	0,5854	0,5584	0,5327	0,5083	0,4852	0,4632	0,4423	0,4224	0,4035	0,3855
11	0,5549	0,5268	0,5002	0,4751	0,4513	0,4289	0,4076	0,3875	0,3685	0,3505
12	0,5260	0,4970	0,4697	0,4440	0,4199	0,3971	0,3757	0,3555	0,3365	0,3186
13	0,4986	0,4688	0,4410	0,4150	0,3906	0,3677	0,3463	0,3262	0,3073	0,2897
14	0,4726	0,4423	0,4141	0,3878	0,3633	0,3405	0,3191	0,2992	0,2807	0,2633
15	0,4479	0,4173	0,3888	0,3624	0,3380	0,3152	0,2941	0,2745	0,2563	0,2394
16	0,4246	0,3936	0,3651	0,3387	0,3144	0,2919	0,2711	0,2519	0,2341	0,2176
17	0,4024	0,3714	0,3428	0,3166	0,2925	0,2703	0,2499	0,2311	0,2138	0,1978
18	0,3815	0,3503	0,3219	0,2959	0,2720	0,2502	0,2303	0,2120	0,1952	0,1799
19	0,3616	0,3305	0,3022	0,2765	0,2531	0,2317	0,2122	0,1945	0,1783	0,1635
20	0,3427	0,3118	0,2838	0,2584	0,2354	0,2145	0,1956	0,1784	0,1628	0,1486
21	0,3249	0,2942	0,2665	0,2415	0,2190	0,1987	0,1803	0,1637	0,1487	0,1351
22	0,3079	0,2775	0,2502	0,2257	0,2037	0,1839	0,1662	0,1502	0,1358	0,1228
23	0,2919	0,2618	0,2349	0,2109	0,1895	0,1703	0,1531	0,1378	0,1240	0,1117
24	0,2767	0,2470	0,2206	0,1971	0,1763	0,1577	0,1412	0,1264	0,1133	0,1015
25	0,2622	0,2330	0,2071	0,1842	0,1640	0,1460	0,1301	0,1160	0,1034	0,0923
26	0,2486	0,2198	0,1945	0,1722	0,1525	0,1352	0,1199	0,1064	0,0945	0,0839
27	0,2356	0,2074	0,1826	0,1609	0,1419	0,1252	0,1105	0,0976	0,0863	0,0763
28	0,2233	0,1956	0,1715	0,1504	0,1320	0,1159	0,1019	0,0895	0,0788	0,0693
29	0,2117	0,1846	0,1610	0,1406	0,1228	0,1073	0,0939	0,0822	0,0719	0,0630
30	0,2006	0,1741	0,1512	0,1314	0,1142	0,0994	0,0865	0,0754	0,0657	0,0573
31	0,1902	0,1643	0,1420	0,1228	0,1063	0,0920	0,0797	0,0691	0,0600	0,0521
32	0,1803	0,1550	0,1333	0,1147	0,0988	0,0852	0,0735	0,0634	0,0548	0,0474
33	0,1709	0,1462	0,1252	0,1072	0,0919	0,0789	0,0677	0,0582	0,0500	0,0431
34	0,1620	0,1379	0,1175	0,1002	0,0855	0,0730	0,0624	0,0534	0,0457	0,0391
35	0,1535	0,1301	0,1103	0,0937	0,0796	0,0676	0,0575	0,0490	0,0417	0,0356
36	0,1455	0,1227	0,1036	0,0875	0,0740	0,0626	0,0530	0,0449	0,0381	0,0323
37	0,1379	0,1158	0,0973	0,0818	0,0688	0,0580	0,0489	0,0412	0,0348	0,0294
38	0,1307	0,1092	0,0914	0,0765	0,0640	0,0537	0,0450	0,0378	0,0318	0,0267
39	0,1239	0,1031	0,0858	0,0715	0,0596	0,0497	0,0415	0,0347	0,0290	0,0243
40	0,1175	0,0972	0,0805	0,0668	0,0554	0,0460	0,0383	0,0318	0,0265	0,0221
41	0,1113	0,0917	0,0756	0,0624	0,0516	0,0426	0,0353	0,0292	0,0242	0,0201
42	0,1055	0,0865	0,0710	0,0583	0,0480	0,0395	0,0325	0,0268	0,0221	0,0183
43	0,1000	0,0816	0,0667	0,0545	0,0446	0,0365	0,0300	0,0246	0,0202	0,0166
44	0,0948	0,0770	0,0626	0,0509	0,0415	0,0338	0,0276	0,0226	0,0184	0,0151
45	0,0899	0,0727	0,0588	0,0476	0,0386	0,0313	0,0254	0,0207	0,0168	0,0137
46	0,0852	0,0685	0,0552	0,0445	0,0359	0,0290	0,0235	0,0190	0,0154	0,0125
47	0,0807	0,0647	0,0518	0,0416	0,0334	0,0269	0,0216	0,0174	0,0140	0,0113
48	0,0765	0,0610	0,0487	0,0389	0,0311	0,0249	0,0199	0,0160	0,0128	0,0103
49	0,0725	0,0575	0,0457	0,0363	0,0289	0,0230	0,0184	0,0147	0,0117	0,0094
50	0,0688	0,0543	0,0429	0,0339	0,0269	0,0213	0,0169	0,0134	0,0107	0,0085
51	0,0652	0,0512	0,0403	0,0317	0,0250	0,0197	0,0156	0,0123	0,0098	0,0077
52	0,0618	0,0483	0,0378	0,0297	0,0233	0,0183	0,0144	0,0113	0,0089	0,0070
53	0,0586	0,0456	0,0355	0,0277	0,0216	0,0169	0,0133	0,0104	0,0081	0,0064
54	0,0555	0,0430	0,0334	0,0259	0,0201	0,0157	0,0122	0,0095	0,0074	0,0058

Anl zu § 194

noch **18**

Restnutzungsdauer; Restlaufzeit des Erbbaurechts bzw. des Nutzungsrechts (in Jahren)	Zinssatz									
	5,5 %	6,0 %	6,5 %	7,0 %	7,5 %	8,0 %	8,5 %	9,0 %	9,5 %	10 %
55	0,0526	0,0406	0,0313	0,0242	0,0187	0,0145	0,0113	0,0087	0,0068	0,0053
56	0,0499	0,0383	0,0294	0,0226	0,0174	0,0134	0,0104	0,0080	0,0062	0,0048
57	0,0473	0,0361	0,0276	0,0211	0,0162	0,0124	0,0096	0,0074	0,0057	0,0044
58	0,0448	0,0341	0,0259	0,0198	0,0151	0,0115	0,0088	0,0067	0,0052	0,0040
59	0,0425	0,0321	0,0243	0,0185	0,0140	0,0107	0,0081	0,0062	0,0047	0,0036
60	0,0403	0,0303	0,0229	0,0173	0,0130	0,0099	0,0075	0,0057	0,0043	0,0033
61	0,0382	0,0286	0,0215	0,0161	0,0121	0,0091	0,0069	0,0052	0,0039	0,0030
62	0,0362	0,0270	0,0202	0,0151	0,0113	0,0085	0,0064	0,0048	0,0036	0,0027
63	0,0343	0,0255	0,0189	0,0141	0,0105	0,0078	0,0059	0,0044	0,0033	0,0025
64	0,0325	0,0240	0,0178	0,0132	0,0098	0,0073	0,0054	0,0040	0,0030	0,0022
65	0,0308	0,0227	0,0167	0,0123	0,0091	0,0067	0,0050	0,0037	0,0027	0,0020
66	0,0292	0,0214	0,0157	0,0115	0,0085	0,0062	0,0046	0,0034	0,0025	0,0019
67	0,0277	0,0202	0,0147	0,0107	0,0079	0,0058	0,0042	0,0031	0,0023	0,0017
68	0,0262	0,0190	0,0138	0,0100	0,0073	0,0053	0,0039	0,0029	0,0021	0,0015
69	0,0249	0,0179	0,0130	0,0094	0,0068	0,0049	0,0036	0,0026	0,0019	0,0014
70	0,0236	0,0169	0,0122	0,0088	0,0063	0,0046	0,0033	0,0024	0,0017	0,0013
71	0,0223	0,0160	0,0114	0,0082	0,0059	0,0042	0,0031	0,0022	0,0016	0,0012
72	0,0212	0,0151	0,0107	0,0077	0,0055	0,0039	0,0028	0,0020	0,0015	0,0010
73	0,0201	0,0142	0,0101	0,0072	0,0051	0,0036	0,0026	0,0019	0,0013	0,0010
74	0,0190	0,0134	0,0095	0,0067	0,0047	0,0034	0,0024	0,0017	0,0012	0,0009
75	0,0180	0,0126	0,0089	0,0063	0,0044	0,0031	0,0022	0,0016	0,0011	0,0008
76	0,0171	0,0119	0,0083	0,0058	0,0041	0,0029	0,0020	0,0014	0,0010	0,0007
77	0,0162	0,0113	0,0078	0,0055	0,0038	0,0027	0,0019	0,0013	0,0009	0,0006
78	0,0154	0,0106	0,0074	0,0051	0,0035	0,0025	0,0017	0,0012	0,0008	0,0006
79	0,0146	0,0100	0,0069	0,0048	0,0033	0,0023	0,0016	0,0011	0,0008	0,0005
80	0,0138	0,0095	0,0065	0,0045	0,0031	0,0021	0,0015	0,0010	0,0007	0,0005
81	0,0131	0,0089	0,0061	0,0042	0,0029	0,0020	0,0013	0,0009	0,0006	0,0004
82	0,0124	0,0084	0,0057	0,0039	0,0027	0,0018	0,0012	0,0009	0,0006	0,0004
83	0,0118	0,0079	0,0054	0,0036	0,0025	0,0017	0,0011	0,0008	0,0005	0,0004
84	0,0111	0,0075	0,0050	0,0034	0,0023	0,0016	0,0011	0,0007	0,0005	0,0003
85	0,0106	0,0071	0,0047	0,0032	0,0021	0,0014	0,0010	0,0007	0,0004	0,0003
86	0,0100	0,0067	0,0044	0,0030	0,0020	0,0013	0,0009	0,0006	0,0004	0,0003
87	0,0095	0,0063	0,0042	0,0028	0,0019	0,0012	0,0008	0,0006	0,0004	0,0003
88	0,0090	0,0059	0,0039	0,0026	0,0017	0,0011	0,0008	0,0005	0,0003	0,0002
89	0,0085	0,0056	0,0037	0,0024	0,0016	0,0011	0,0007	0,0005	0,0003	0,0002
90	0,0081	0,0053	0,0035	0,0023	0,0015	0,0010	0,0006	0,0004	0,0003	0,0002
91	0,0077	0,0050	0,0032	0,0021	0,0014	0,0009	0,0006	0,0004	0,0003	0,0002
92	0,0073	0,0047	0,0030	0,0020	0,0013	0,0008	0,0006	0,0004	0,0002	0,0002
93	0,0069	0,0044	0,0029	0,0019	0,0012	0,0008	0,0005	0,0003	0,0002	0,0001
94	0,0065	0,0042	0,0027	0,0017	0,0011	0,0007	0,0005	0,0003	0,0002	0,0001
95	0,0062	0,0039	0,0025	0,0016	0,0010	0,0007	0,0004	0,0003	0,0002	0,0001
96	0,0059	0,0037	0,0024	0,0015	0,0010	0,0006	0,0004	0,0003	0,0002	0,0001
97	0,0056	0,0035	0,0022	0,0014	0,0009	0,0006	0,0004	0,0002	0,0002	0,0001
98	0,0053	0,0033	0,0021	0,0013	0,0008	0,0005	0,0003	0,0002	0,0001	0,0001
99	0,0050	0,0031	0,0020	0,0012	0,0008	0,0005	0,0003	0,0002	0,0001	0,0001
100	0,0047	0,0029	0,0018	0,0012	0,0007	0,0005	0,0003	0,0002	0,0001	0,0001

Berechnungsformel für die der Tabelle nicht zu entnehmenden Abzinsungsfaktoren (Barwertfaktoren für die Abzinsung):

$$\text{Abzinsungsfaktor} = \frac{1}{q^n}$$

$$q = 1 + \text{Zinssatz, wobei Zinssatz} = \frac{p}{100}$$

P = Zinsfuß

n = Restnutzungsdauer/Restlaufzeit

Das jeweilige Berechnungsergebnis ist kaufmännisch auf vier Nachkommastellen zu runden.

§ 195[1] Gebäude auf fremdem Grund und Boden

(1) ① In Fällen von Gebäuden auf fremdem Grund und Boden sind die Werte für die wirtschaftliche Einheit des Gebäudes auf fremdem Grund und Boden (Absätze 2 bis 4) und die wirtschaftliche Einheit des belasteten Grundstücks (Absätze 5 bis 7) gesondert zu ermitteln. ② Die ermittelten Grundbesitzwerte dürfen nicht weniger als 0 Euro betragen. 1

(2) ① Der Wert des Gebäudes auf fremdem Grund und Boden wird ermittelt durch Bildung der Summe aus 2

1. dem Wert des Grundstücks, der nach den §§ 179, 182 bis 196 festzustellen wäre, wenn die Belastung mit dem Nutzungsrecht nicht bestünde, abzüglich des Bodenwerts des unbelasteten Grundstücks nach § 179 und

2. der nach Absatz 3 über die Restlaufzeit des Nutzungsrechts kapitalisierten Differenz aus dem angemessenen Verzinsungsbetrag des Bodenwerts des unbelasteten Grundstücks und dem vertraglich vereinbarten jährlichen Nutzungsentgelt.

② Ein bei Ablauf des Nutzungsrechts nicht zu entschädigender Wertanteil der Gebäude oder des Gebäudes nach Absatz 4 ist abzuziehen.

(3) ① Der Unterschiedsbetrag aus dem angemessenen Verzinsungsbetrag des Bodenwerts des unbelasteten Grundstücks und dem vertraglich vereinbarten jährlichen Nutzungsentgelt ist über die Restlaufzeit des Nutzungsrechts mit dem sich aus der Anlage 21[2] ergebenden Vervielfältiger zu kapitalisieren. ② Für die Kapitalisierung sind die von den Gutachterausschüssen ermittelten Liegenschaftszinssätze nach Maßgabe des § 177 Absatz 2 und 3 zugrunde zu legen. ③ Soweit von den Gutachterausschüssen keine derartigen Liegenschaftszinssätze zur Verfügung stehen, gelten die Zinssätze nach § 193 Absatz 4 Satz 3 entsprechend. ④ Der angemessene Verzinsungsbetrag des Bodenwerts des fiktiv unbelasteten Grundstücks ergibt sich durch Anwendung des Zinssatzes nach Satz 2 oder 3 auf den Bodenwert nach § 179. ⑤ Liegt ein immerwährendes Nutzungsrecht vor, entspricht der Vervielfältiger dem Kehrwert des nach Satz 2 oder 3 anzuwendenden Zinssatzes. 3

(4) ① Zur Ermittlung des bei Ablauf des Nutzungsrechts nicht zu entschädigenden Wertanteils der Gebäude oder des Gebäudes im Sinne des Absatzes 2 Satz 2 ist auf den Zeitpunkt des Ablaufs des Nutzungsrechts die Differenz aus dem Wert des unbelasteten Grundstücks nach den §§ 179, 182 bis 196 und dem Bodenwert nach § 179 zu ermitteln. ② Hierbei ist die Restnutzungsdauer des Gebäudes bei Ablauf des Nutzungsrechts zugrunde zu legen. ③ Die so ermittelte Differenz ist über die Restlaufzeit des Nutzungsrechts nach Maßgabe der Anlage 26[3] auf den Bewertungsstichtag abzuzinsen. ④ Für die Abzinsung sind die Liegenschaftszinssätze im Sinne des Absatzes 3 Satz 2 oder 3 anzuwenden. ⑤ Liegt ein immerwährendes Nutzungsrecht vor, ist der Abzinsungsfaktor 0. ⑥ Die auf den Bewertungsstichtag abgezinste Differenz ist mit dem nicht zu entschädigenden Wertanteil der jeweiligen Gebäude zu multiplizieren. ⑦ Ist der Nutzer verpflichtet, das Gebäude bei Ablauf des Nutzungsrechts zu beseitigen, ergibt sich kein Wertanteil des Gebäudes. 4

(5) ① Der Wert des mit dem Nutzungsrecht belasteten Grundstücks wird ermittelt durch Bildung der Summe aus 5

1. dem nach Absatz 6 über die Restlaufzeit des Nutzungsrechts abgezinsten Wert des Grundstücks, der nach § 179 festzustellen wäre, wenn die Belastung mit dem Nutzungsrecht nicht bestünde, und

2. dem nach Absatz 7 über die Restlaufzeit des Nutzungsrechts kapitalisierten vertraglich vereinbarten jährlichen Nutzungsentgelt.

② Ein bei Ablauf des Nutzungsrechts nicht zu entschädigender Wertanteil der Gebäude oder des Gebäudes im Sinne des Absatzes 4 ist hinzuzurechnen.

(6) ① Der Wert des unbelasteten Grundstücks nach § 179 ist über die Restlaufzeit des Nutzungsrechts mit dem sich aus der Anlage 26[3] ergebenden Abzinsungsfaktor abzuzinsen. ② Für die Abzinsung sind die Zinssätze nach Absatz 3 Satz 2 oder 3 zugrunde zu legen. ③ Liegt ein immerwährendes Nutzungsrecht vor, ist der Abzinsungsfaktor 0. 6

(7) ① Das vertraglich vereinbarte jährliche Nutzungsentgelt ist über die Restlaufzeit des Nutzungsrechts mit dem sich aus der Anlage 21[2] ergebenden Vervielfältiger zu kapitalisieren. ② Für die Kapitalisierung sind die Zinssätze nach Absatz 3 Satz 2 oder 3 zugrunde zu legen. ③ Liegt ein immerwährendes Nutzungsrecht vor, entspricht der Vervielfältiger dem Kehrwert des nach Absatz 3 Satz 2 oder 3 anzuwendenden Zinssatzes. 7

[1] § 195 anzuwenden auf Bewertungsstichtage nach dem 31. 12. 2022 (§ 265 Abs. 14 BewG).
[2] Abgedruckt als Anlage a zu § 185 BewG.
[3] Abgedruckt als Anlage zu § 194 BewG.

Zu § 195 BewG

ErbStR R B 195.1

R B 195.1[1] Gebäude auf fremdem Grund und Boden

(1) Zu bewerten sind als selbstständige wirtschaftliche Einheiten sowohl ein Gebäude auf fremdem Grund und Boden als auch das (mit dem Gebäude auf fremdem Grund und Boden) belastete Grundstück.

10

11 (2) ① Ein Gebäude auf fremdem Grund und Boden liegt vor, wenn ein anderer als der Eigentümer des Grund und Bodens darauf ein Gebäude errichtet hat und ihm das Gebäude zuzurechnen ist (§ 70 Absatz 3, § 151 Absatz 1 Satz 1 Nummer 1, § 157 Absatz 3 Satz 2, § 180 Absatz 2 BewG). ② Das ist insbesondere der Fall, wenn es Scheinbestandteil des Grund und Bodens ist (§ 95 BGB). ③ Sofern dem Nutzungsberechtigten für den Fall der Nutzungsbeendigung gegenüber dem Eigentümer des Grund und Bodens ein Anspruch auf Ersatz des Verkehrswerts des Gebäudes zusteht, ist bewertungsrechtlich von einem Gebäude auf fremdem Grund und Boden auszugehen. ③ Ein solcher Anspruch kann sich aus einer vertraglichen Vereinbarung oder aus dem Gesetz ergeben. ④ Als Gebäude auf fremdem Grund und Boden erfasst werden das Gebäude, die sonstigen Bestandteile, wie die vom Nutzungsberechtigten errichteten Außenanlagen und das Zubehör. ⑤ Werden auf einem Grundstück nur Betriebsvorrichtungen (§ 176 Absatz 2 Satz 1 Nummer 2 BewG) oder Außenanlagen errichtet, liegt kein Gebäude auf fremdem Grund und Boden vor.

12 (3) ① Die wirtschaftliche Einheit belastetes Grundstück umfasst die vertraglich überlassene Fläche des Grund und Bodens. ② Enthält der Vertrag hierzu keine Angaben, ist auf die tatsächlichen Verhältnisse des Einzelfalls abzustellen. ③ Dabei ist neben der Grundfläche des Gebäudes regelmäßig auch die Fläche im Umgriff des Gebäudes zu erfassen. ④ Ist eine eindeutige Abgrenzung nicht möglich, bestehen keine Bedenken, vom Fünffachen der bebauten Fläche auszugehen. ⑤ Ist ein einheitliches Gebäude auf mehreren unmittelbar nebeneinander liegenden Grundstücken errichtet worden, die unterschiedlichen Grundstückseigentümern gehören, gilt R B 192.1 Absatz 4 entsprechend.

H B 195.1

H B 195.1

Abgrenzung des Grundvermögens von den Betriebsvorrichtungen. → Gleich lautende Ländererlasse vom 5. 6. 2013 (BStBl. I S. 734).[2]

Fläche im Umgriff des Gebäudes. → BFH vom 2. 8. 1989 II R 219/85, BStBl. II S. 826.

Herausgabeanspruch des bürgerlich-rechtlichen Eigentümers. → BFH vom 21. 12. 1978 III R 20/77, BStBl. 1979 II S. 466.

ErbStR R B 195.2

R B 195.2 Wertermittlung bei Gebäuden auf fremdem Grund und Boden und belasteten Grundstücken

13 (1) ① Die Bewertung von Gebäuden auf fremdem Grund und Boden richtet sich nach § 195 Absatz 2 BewG. ② Der Grundbesitzwert ergibt sich bei der Bewertung im Ertragswertverfahren aus dem Gebäudeertragswert (→ R B 184 bis 188). ③ Ist der Nutzer verpflichtet, das Gebäude bei Ablauf des Nutzungsrechts zu beseitigen, ist der Vervielfältiger nach Anlage 21 zum BewG[3] anzuwenden, der sich für die am Bewertungsstichtag verbleibende Nutzungsdauer ergibt. ④ Die Regelung zur Mindestrestnutzungsdauer nach § 185 Absatz 3 Satz 5 BewG ist in diesen Fällen nicht anzuwenden (→ R B 184 bis 188; insbesondere R B 185.3 Absatz 6). ⑤ Bei der Bewertung des Gebäudes auf fremdem Grund und Boden im Sachwertverfahren ergibt sich der Grundbesitzwert aus dem Gebäudesachwert (→ R B 189 bis 191). ⑥ Ist der Nutzer verpflichtet, das Gebäude bei Ablauf des Nutzungsrechts zu beseitigen, bemisst sich die Alterswertminderung (§ 190 Absatz 4 Sätze 1 bis 3 BewG) nach dem Alter des Gebäudes am Bewertungsstichtag und der tatsächlichen Gesamtnutzungsdauer (§ 190 Absatz 4 Satz 4 BewG), maximal der wirtschaftlichen Gesamtnutzungsdauer. ⑦ Die Regelung zum Mindestrestwert nach § 190 Absatz 4 Satz 5 BewG ist in diesen Fällen nicht anzuwenden (→ R B 189 bis 191, insbesondere R B 190.7 Absatz 5). ⑧ Ein Bodenwertanteil ist bei Gebäuden auf fremdem Grund und Boden nicht zu berücksichtigen.

14 (2) ① Die Bewertung von mit fremden Gebäuden belasteten Grundstücken richtet sich nach § 195 Absatz 3 BewG. ② Die Abzinsung des Bodenwerts (§ 195 Absatz 3 Satz 2, § 193 Absatz 4 in Verbindung mit der Anlage 26 zum BewG)[4] und die Kapitalisierung des Nutzungsentgelts (§ 195 Absatz 3 Satz 3 BewG in Verbindung mit der Anlage 21 zum BewG)[3] erfolgt in Anhängigkeit von der Restlaufzeit des Nutzungsrechts. ③ Die Restlaufzeit ist auf volle Jahre abzurunden. ④ Ein Gebäudewertanteil ist nicht zu berücksichtigen.

---

[1] **Ab 1. 1. 2023** *siehe Rz. 86–103 gleich lautender Ländererlass vom 20. 3. 2023* (Anhang **III**).
[2] Abgedruckt als Anlage a zu Abschnitt 3 BewRGr (§ 68 BewG).
[3] Abgedruckt als Anlage a zu § 185 BewG.
[4] Abgedruckt als Anlage zu § 194 BewG.

H B 195.2

Gebäude auf fremdem Grund und Boden.[1]

Beispiel 1: 15

Ein Gebäude auf fremdem Grund und Boden (industrielles Produktionsgebäude in Massivbauweise; zu eigenen betrieblichen Zwecken genutzt; Baujahr 1997; alle Bauteile Standardstufe 3; keine übliche Miete ermittelbar) ist für Zwecke der Erbschaftsteuer auf den 15. 4. 2018 zu bewerten. Die Restlaufzeit des Nutzungsrechts beträgt am Bewertungsstichtag noch 4 Jahre (bis 2022). Das Gebäude ist bei Beendigung des Nutzungsrechts zu beseitigen. Die Brutto-Grundfläche des Gebäudes beträgt 3100 m².

Das industrielle Produktionsgebäude stellt ein Geschäftsgrundstück dar (Nutzung ausschließlich zu eigenen gewerblichen Zwecken). Für das Geschäftsgrundstück lässt sich auf Grund der Spezialnutzung keine übliche Miete ermitteln, so dass die Bewertung des Gebäudes auf fremdem Grund und Boden nach dem Sachwertverfahren erfolgt. Bedingt durch den bei Beendigung des Pachtverhältnisses notwendigen Abriss des Gebäudes ergibt sich eine verkürzte Nutzungsdauer für das in Massivbauweise errichtete industrielle Produktionsgebäude (Gebäudeart 15.4 der Anlage 24 II BewG). Die tatsächliche Nutzungsdauer des Gebäudes beträgt insgesamt 25 Jahre (1997 bis 2022), am Besteuerungsstichtag ist es 21 Jahre alt. Die längere wirtschaftliche Gesamtnutzungsdauer von 40 Jahren nach Anlage 22 BewG ist auf Grund der Abrissverpflichtung ebenso unbeachtlich wie der Mindestrestwert in Höhe von 30% der Regelherstellungskosten.

Gebäudesachwert				
Regelherstellungskosten			1 115 EUR/m²	
Regelherstellungskosten (aus Anlage 24 zum BewG)		950 EUR/m²		
Gebäudeart	15.4			
Standardstufe (alle Bauteile)	3			
Baupreisindex (§ 190 Abs. 1 und 2 BewG)		× 117,4/100		
Gebäudeart	15.4			
Bewertungsstichtag	2018			
Brutto-Grundfläche			× 3 100 m²	
Gebäuderegelherstellungswert				3 456 500 EUR
Alterswertminderung mit Abbruchverpflichtung				
Gebäuderegelherstellungswert				3 456 500 EUR
Alterswertminderung mit Abbruchverpflichtung		84,00% (21 J. : 25 J.)		./. 2 765 200 EUR
Gebäudeart	15.4			
Bezugsfertigkeit des Gebäudes	1997			
Alter des Gebäudes	21 Jahre			
tatsächliche Gesamtnutzungsdauer	25 Jahre			
Gebäudesachwert				691 300 EUR

Eine Anpassung an den gemeinen Wert durch Wertzahl erfolgt nicht.

Beispiel 2:

Ein Gebäude auf fremdem Grund und Boden (Verbrauchermarkt; zu eigenen betrieblichen Zwecken genutzt; Baujahr 2010; alle Bauteile Standardstufe 4; keine übliche Miete ermittelbar) ist für Zwecke der Erbschaftsteuer auf den 15. 3. 2018 zu bewerten. Die Restlaufzeit des Nutzungsrechts beträgt am Bewertungsstichtag noch 26 Jahre (bis 2044). Das Gebäude ist bei Beendigung des Nutzungsrechts zu beseitigen. Die Brutto-Grundfläche des Gebäudes beträgt 775 m².

Der Verbrauchermarkt stellt ein Geschäftsgrundstück dar (Nutzung ausschließlich zu eigenen gewerblichen Zwecken). Für das Geschäftsgrundstück lässt sich auf Grund einer Spezialnutzung keine übliche Miete ermitteln, so dass die Bewertung des Gebäudes auf fremdem Grund und Boden nach dem Sachwertverfahren erfolgt. Die wirtschaftliche Gesamtnutzungsdauer beträgt nach Anlage 22 BewG 30 Jahre. Die tatsächliche Nutzungsdauer des Gebäudes beträgt insgesamt 34 Jahre (2010 bis 2044); am Besteuerungsstichtag ist es 8 Jahre alt. Auf Grund der Abrissverpflichtung ist der Mindestrestwert in Höhe von 30% der Regelherstellungskosten unbeachtlich.

Gebäudesachwert				
Regelherstellungskosten			1 021 EUR/m²	
Regelherstellungskosten (aus Anlage 24 zum BewG)		870 EUR/m²		
Gebäudeart	13.1			
Standardstufe (alle Bauteile)	4			
Baupreisindex (§ 190 Abs. 1 und 2 BewG)		× 117,4/100		
Gebäudeart	13.1			
Bewertungsstichtag	2018			
Brutto-Grundfläche			× 775 m²	
Gebäuderegelherstellungswert				791 275 EUR
Alterswertminderung mit Abbruchverpflichtung				
Gebäuderegelherstellungswert				791 275 EUR
Alterswertminderung mit Abbruchverpflichtung	23,53% (8 J. : 34 J.)			./. 186 187 EUR
Gebäudeart	13.1			
Bezugsfertigkeit des Gebäudes	2010			
Alter des Gebäudes	8 Jahre			
tatsächliche Gesamtnutzungsdauer	34 Jahre			
Gebäudesachwert				605 088 EUR
Alterswertminderung ohne Abbruchverpflichtung				
Gebäuderegelherstellungswert				791 275 EUR
Alterswertminderung ohne Abbruchverpflichtung	26,67% (8 J. : 30 J.)			./. 211 034 EUR
Gebäudeart	13.1			
Bezugsfertigkeit des Gebäudes	2010			
Alter des Gebäudes	8 Jahre			
wirtschaftliche Gesamtnutzungsdauer	30 Jahre			
Gebäudesachwert				580 241 EUR

[1] **Ab 1. 1. 2023** *siehe Rz. 86–103 gleich lautender Ländererlass vom 20. 3. 2023* (Anhang **III**).

HB 195.2

Anzusetzen ist der niedrigere der beiden Gebäudesachwerte (580 241 EUR).
Eine Anpassung an den gemeinen Wert durch Wertzahl erfolgt nicht.

noch **15** **Belastetes Grundstück.**

Beispiel:

Ein mit einem fremden Gebäude bebautes Grundstück ist auf Grund einer Schenkung zum 20. 3. 2018 zu bewerten. Das Grundstück ist 1450 m² groß; der Bodenrichtwert (BRW) beträgt 130 EUR/m². Die Restlaufzeit des Nutzungsrechts beträgt am Bewertungsstichtag noch 22 Jahre. Der vereinbarte Pachtzins beträgt jährlich 12 000 EUR. Der Gutachterausschuss gibt einen Liegenschaftszinssatz von 5,5% vor.

Grundbesitzwert

abgezinster Bodenwert (1450 m² × BRW 130 EUR/m² × 0,3079) (§ 195 Absatz 3 Satz 2 i. V. m. § 193 Absatz 4 BewG und Anlage 26 zum BewG)	58 039 EUR
kapitalisierter Pachtzins (12 000 EUR × 12,58) (§ 195 Absatz 3 Satz 3 BewG i. V. m. Anlage 21 zum BewG)	+ 150 960 EUR
Grundbesitzwert	208 999 EUR

BewG

§ 196 Grundstücke im Zustand der Bebauung

(1) ① Ein Grundstück im Zustand der Bebauung liegt vor, wenn mit den Bauarbeiten begonnen wurde und Gebäude und Gebäudeteile noch nicht bezugsfertig sind. ② Der Zustand der Bebauung beginnt mit den Abgrabungen oder der Einbringung von Baustoffen, die zur planmäßigen Errichtung des Gebäudes führen. 1

(2) Die Gebäude oder Gebäudeteile im Zustand der Bebauung sind mit den bereits am Bewertungsstichtag entstandenen Herstellungskosten dem Wert des bislang unbebauten oder bereits bebauten Grundstücks hinzuzurechnen. 2

Zu § 196 BewG

ErbStR R B 196.1

R B 196.1 Grundstücke im Zustand der Bebauung

(1) ① Ein Grundstück im Zustand der Bebauung liegt vor, wenn mit den Abgrabungsarbeiten oder mit der Einbringung von Baustoffen zur planmäßigen Errichtung eines Gebäudes oder Gebäudeteils begonnen worden ist (§ 196 Absatz 1 BewG). ② Der vorherige Abbruch eines Gebäudes oder Gebäudeteils ist noch nicht als Beginn der Baumaßnahme zur Errichtung des neu geschaffenen Gebäudes oder Gebäudeteils anzusehen. ③ Der Zustand der Bebauung endet mit der Bezugsfertigkeit des ganzen Gebäudes, sofern es nicht in Bauabschnitten errichtet wird (→ R B 178 Absatz 3). ④ Gebäude im Zustand der Bebauung liegen auch dann vor, wenn durch An-, Aus- oder Umbauten an einem bereits vorhandenen Gebäude neuer Wohn- oder Gewerberaum geschaffen wird. ⑤ Modernisierungsmaßnahmen erfüllen diese Voraussetzung regelmäßig nicht. 3

(2) ① Zu der wirtschaftlichen Einheit gehören der Grund und Boden, die Gebäude bzw. Gebäudeteile, auch wenn sie am Bewertungsstichtag noch nicht bezugsfertig sind, die sonstigen Bestandteile und das Zubehör. ② Nicht einzubeziehen sind Betriebsvorrichtungen, auch wenn sie wesentliche Bestandteile sind. ③ Damit ist dem Umstand, ob die Betriebsvorrichtungen am Bewertungsstichtag fertig gestellt sind oder sich noch im Bau befinden, keine Bedeutung beizumessen. 4

(3) ① Als Beginn der Abgrabungsarbeiten auf dem Grundstück ist der Zeitpunkt anzusehen, in dem mit den Erdarbeiten, insbesondere mit dem Ausschachten der Baugrube oder mit dem Planieren als Vorarbeiten für eine Bodenplatte, begonnen wird. ② Bis zum Beginn der Erdarbeiten sind die für die Planung des Gebäudes aufgewandten Kosten als immaterielles Wirtschaftsgut zu erfassen. ③ Ab Beginn der Erdarbeiten sind die Planungskosten durch den Wert für das Grundstück im Zustand der Bebauung abgegolten. ④ Sind für die Durchführung der Baumaßnahme keine Abgrabungsarbeiten erforderlich oder ist mit der Einbringung von Baustoffen zur planmäßigen Errichtung eines Gebäudes oder Gebäudeteils vor Durchführung der Erdarbeiten begonnen worden, ist für den Beginn der Baumaßnahme auf den Zeitpunkt der erstmaligen Verarbeitung von Baustoffen abzustellen. 5

(4) ① Ein Grundstück im Zustand der Bebauung liegt bis zur Bezugsfertigkeit des Gebäudes oder Gebäudeteils vor. ② Bezugsfertig ist ein Gebäude, wenn es den künftigen Bewohnern oder sonstigen Benutzern zugemutet werden kann, es zu benutzen; auf die Abnahme durch die Bauaufsichtsbehörde kommt es nicht an (§ 178 Absatz 1 BewG). ③ Am Bewertungsstichtag müssen alle wesentlichen Bauarbeiten abgeschlossen sein. ④ Dies ist nicht der Fall, wenn noch Klempnerarbeiten ausstehen, an der zur Wohnung führenden Treppe das Geländer fehlt, Türen und Fenster noch einzubauen sind, Anschlüsse für Strom- und Wasserversorgung verlegt werden müssen, die Heizung zu installieren ist, sanitäre Einrichtungen noch einzubauen sind oder der Untergrund für den Fußbodenbelag noch aufgebracht werden muss. ⑤ Geringfügige Restarbeiten, die üblicherweise vor dem tatsächlichen Bezug durchgeführt werden (z. B. Malerarbeiten, Anbringen einer Antenne oder Satellitenanlage sowie Verlegen des Fußbodenbelags), schließen die Bezugsfertigkeit nicht aus. ⑥ Ist das Gebäude am Bewertungsstichtag bezogen, begründet dies die widerlegbare Vermutung der Bezugsfertigkeit. ⑦ Wird ein Gebäude in Bauabschnitten errichtet, ist die Entscheidung, ob sich ein Gebäude im Zustand der Bebauung befindet, unter Berücksichtigung der bis zum Bewertungsstichtag eingetretenen Verhältnisse nach der Verkehrsanschauung zu treffen. ⑧ Es kommt also darauf an, wie der Schenker oder Erblasser das Bauvorhaben durchführen wollte. ⑨ Nach dem Bewertungsstichtag durchgeführte Baumaßnahmen bleiben bei der Entscheidung, ob eine abschnittsweise Errichtung eines Gebäudes vorliegt, außer Betracht. ⑩ Kommt es durch den Eigentümerwechsel, z. B. im Erbfall, zu einer unvorhergesehenen Unterbrechung der Baumaßnahme, liegt keine Errichtung eines Gebäudes in Bauabschnitten vor. ⑪ Wird ein Gebäude in Bauabschnitten errichtet, liegt hinsichtlich des bezugsfertigen Teils ein bebautes Grundstück vor. ⑫ Ein Grundstück im Zustand der Bebauung kann in diesen Fällen nur angenommen werden, wenn mit dem nächsten Bauabschnitt bereits begonnen worden ist und hierfür Baumaterialien eingebracht worden sind (z. B. Ausbau eines zunächst als Abstellraum genutzten Gebäudeteils im Dach- oder Kellergeschoss, Aufstockung und Anbau). 6

ErbStR R B 196.2 (1–3)

R B 196.2 Wertermittlung bei Grundstücken im Zustand der Bebauung

7 (1) ①Der Grundbesitzwert für ein Grundstück mit einem Gebäude im Zustand der Bebauung umfasst neben dem Wert des unbebauten Grundstücks bzw. dem Wert der bezugsfertigen Gebäude oder Gebäudeteile auch die noch nicht bezugsfertigen Gebäude oder Gebäudeteile. ②Dabei ist dem bisherigen Wert des unbebauten bzw. des bebauten Grundstücks der Wert der bis zum Bewertungsstichtag entstandenen Herstellungskosten des im Bau befindlichen Gebäudes oder Gebäudeteils hinzuzurechnen.

8 (2) ①Grundstücke, die sich am Bewertungsstichtag im Zustand der Bebauung befinden, können sowohl unbebaute als auch bereits bebaute Grundstücke sein. ②Die Entscheidung, ob vor Beginn der am Bewertungsstichtag noch nicht abgeschlossenen Baumaßnahme ein unbebautes oder ein bebautes Grundstück vorgelegen hat, ist nach § 178 Absatz 1 BewG zu treffen (→ R B 178 Absatz 3). ③Befinden sich auf einem Grundstück außer dem im Bau befindlichen Gebäude zu Beginn der Baumaßnahme keine bezugsfertigen Gebäude, liegt ein unbebautes Grundstück vor. ④Hierfür ist der Wert nach § 179 BewG zu ermitteln. ⑤Sind auf einem Grundstück vor Beginn der noch nicht abgeschlossenen Baumaßnahme bereits bezugsfertige Gebäude oder Gebäudeteile nach § 180 BewG vorhanden, erfolgt dessen Bewertung nach §§ 182 bis 195 BewG.

9 (3) ①Dem nach Absatz 2 ermittelten Wert sind die bis zum Bewertungsstichtag entstandenen Herstellungskosten des im Bau befindlichen Gebäudes oder Gebäudeteils hinzuzurechnen. ②Maßgeblich sind die entstandenen Herstellungskosten; auf den tatsächlichen Zahlungsabfluss kommt es nicht an. ③Abbruchkosten für auf dem Grundstück vor Beginn der Baumaßnahme vorhandene Gebäude oder Gebäudeteile rechnen unabhängig von ihrer ertragsteuerlichen Beurteilung nicht zu den Herstellungskosten im Sinne des Satzes 1 (→ R B 196.1 Absatz 1 Satz 2). ④Können die bis zum Bewertungsstichtag entstandenen Herstellungskosten nicht eindeutig ermittelt werden, müssen sie anhand des Baufortschritts geschätzt werden, als Anhaltspunkt für diese Schätzung kann z. B. § 3 Absatz 2 Nummer 2 Makler- und Bauträgerverordnung (MaBV) dienen.

H B 196.2 (3)

H B 196.2 (3)

Errichtung eines Gebäudes auf einem bisher unbebauten Grundstück.

10 **Beispiel:**

Ein zuvor unbebautes Grundstück (Größe 611 m², Bodenrichtwert 100 EUR/m²) wird mit einem Einfamilienhaus bebaut und zum 1. 2. 2018 verschenkt. Bis zu diesem Zeitpunkt sind Herstellungskosten von 65 000 EUR entstanden, von denen 50 000 EUR bezahlt worden sind.

Wert für das zuvor unbebaute Grundstück (§ 196 Absatz 2 i. V. m. § 179 BewG) 611 m² × 100 EUR/m²	61 100 EUR
Entstandene Herstellungskosten (§ 196 Absatz 2 BewG; die tatsächliche Zahlung ist unbeachtlich)	+ 65 000 EUR
Grundbesitzwert	126 100 EUR

11 Errichtung eines Gebäudes auf einem bisher bebauten Grundstück.

Beispiel 1:

Ein Zweifamilienhaus (ZFH), das auf einem 900 m² großen Grundstück errichtet worden ist (Bodenrichtwert 200 EUR/m²), wird um zwei Stockwerke aufgestockt. Nach Abschluss der Baumaßnahme wird das Mehrfamilienhaus 4 Wohnungen beinhalten. Der Eigentümer verstirbt noch während der Bauphase am 1. 3. 2018. Bis zu diesem Zeitpunkt sind Herstellungskosten für die Aufstockung von 50 000 EUR entstanden (ohne Abbruchkosten für die Beseitigung des alten Dachaufbaus). Der Vergleichswert (inkl. Bodenwert) beträgt lt. Grundstücksmarktbericht des örtlichen Gutachterausschusses für ein vergleichbares Zweifamilienhaus 370 000 EUR.

Wert des bebauten Grundstücks vor Beginn der Baumaßnahme (§ 196 Absatz 2 i. V. m. § 183 Absatz 1 BewG) Vergleichswert ZFH lt. Grundstücksmarktbericht (maßgeblich ist die Grundstücksart und das Bewertungsverfahren vor Durchführung der Baumaßnahme)	370 000 EUR
Entstandene Herstellungskosten (§ 196 Absatz 2 BewG)	+ 50 000 EUR
Grundbesitzwert	420 000 EUR

Beispiel 2:

Ein mit einem Mehrfamilienhaus (Mietwohngrundstück) bebautes Grundstück, das 1100 m² groß ist und für das ein Bodenrichtwert von 150 EUR/m² anzusetzen ist, wird um einen Anbau erweitert. Der Eigentümer verschenkt das Grundstück (während der Bauphase) zum 2. 4. 2018. Herstellungskosten sind bis zu diesem Zeitpunkt in Höhe von 45 000 EUR entstanden. Das Jahresentgelt (Miete) vor Errichtung des Anbaus beträgt 23 600 EUR und entspricht der üblichen Miete. Das Gebäude ist im Bewertungsstichtag 20 Jahre alt. Der Gutachterausschuss hat keine Erfahrungssätze für Bewirtschaftungskosten und keinen Liegenschaftszinssatz zur Verfügung gestellt.

Die Gesamtnutzungsdauer des Mietwohngrundstücks beträgt nach Anlage 22 BewG 70 Jahre. Da der Gutachterausschuss keine Erfahrungssätze für Bewirtschaftungskosten und keinen Liegenschaftszinssatz zur Verfügung stellt, gelten die Werte nach Anlage 23 BewG (Bewirtschaftungskosten = 23%) und § 188 Absatz 2 Satz 2 Nummer 1 BewG (Liegenschaftszinssatz = 5%). Der Vervielfältiger beträgt nach Anlage 21 BewG bei einer Restnutzungsdauer von 50 Jahren 18,26.

Wert des bebauten Grundstücks vor Beginn der Baumaßnahme (§ 196 Absatz 2 i. V. m. §§ 184 ff. BewG)		
Bodenwert		
1 100 m² × 150 EUR/m²		165 000 EUR
Gebäudewert		
Grundstücksrohertrag (Jahresentgelt)	23 600 EUR	
Bewirtschaftungskosten (23% × 23 600 EUR)	./. 5 428 EUR	
Grundstücksreinertrag	18 172 EUR	
Bodenwertverzinsung (5% × 165 000 EUR)	./. 8 250 EUR	
Gebäudereinertrag	9 922 EUR	
Vervielfältiger	× 18,26	+ 181 175 EUR
Wert des bebauten Grundstücks vor Beginn der Baumaßnahme		346 175 EUR
Entstandene Herstellungskosten (§ 196 Absatz 2 BewG)		+ 45 000 EUR
Grundbesitzwert		391 175 EUR

R B 196.2 (4)

R B 196.2 (4)

(4) ① Befindet sich ein zuvor unbebautes Erbbaugrundstück (→ R B 193 Absatz 2) im Zustand der Bebauung, ermittelt sich der Grundbesitzwert aus dem Bodenwertanteil des Erbbaurechts und den bis zum Bewertungsstichtag entstandenen Herstellungskosten, ggf. abzüglich des bei Ablauf des Erbbaurechts nicht entschädigten und auf den Bewertungsstichtag abgezinsten Anteils der Herstellungskosten (→ R B 193 Absatz 7 Satz 4). ② Sind auf einem Erbbaurecht oder bei einem Gebäude auf fremdem Grund und Boden vor Beginn der am Bewertungsstichtag noch nicht abgeschlossenen Baumaßnahme bereits bezugsfertige Gebäude oder Gebäudeteile nach § 180 BewG vorhanden, erfolgt deren Bewertung entsprechend Absatz 2 Satz 5. 12

H B 196.2 (4)

H B 196.2 (4)

Errichtung eines Gebäudes auf einem bislang unbebauten Erbbaugrundstück.

Beispiel: 13

Auf einem bislang unbebauten Erbbaurecht wird ein Einfamilienhaus errichtet. Das Erbbaugrundstück hat eine Fläche von 600 m² und der Bodenrichtwert beträgt 200 EUR/m². Der vertraglich vereinbarte jährliche Erbbauzins beträgt zum Bewertungsstichtag am 15. 3. 2018 3000 EUR und ist bis zum Ablauf des Erbbaurechts am 1. 1. 2108 zu zahlen. Der Gutachterausschuss verfügt über keine Vergleichspreise oder Vergleichsfaktoren. Für den Bau des Einfamilienhauses sind bis zum Bewertungsstichtag Herstellungskosten in Höhe von 100 000 EUR entstanden. Eine Entschädigungszahlung für das Gebäude bei Ablauf des Erbbaurechts ist in Höhe von 50% vorgesehen.

Ermittlung Bodenwertanteil		
Verzinsungsbetrag des Bodenwerts 3,0% von 120 000 EUR (600 m² × 200 EUR/m²)		3 600 EUR
Liegenschaftszins (§ 193 Absatz 4 Satz 2 Nummer 1 BewG)	3,0%	
vertraglich vereinbarter jährlicher Erbbauzins		./. 3 000 EUR
Unterschiedsbetrag		600 EUR
Vervielfältiger (aus Anlage 21 zum BewG)		× 30,93
Liegenschaftszins (§ 193 Absatz 4 Satz 2 Nummer 1 BewG)	3,0%	
Bewertungsstichtag	15. 3. 2018	
Ablauf des Erbbaurechts	1. 1. 2108	
Restlaufzeit des Erbbaurechts	89 Jahre	
Bodenwertanteil (nach § 193 Absatz 3 i. V. m. Absatz 4 BewG)		18 558 EUR
Ermittlung Gebäudewertanteil		
Entstandene Herstellungskosten (§ 196 Absatz 2 BewG)		100 000 EUR
Anteil Erbbaugrundstück (→ R B 193 Absatz 7 Satz 4)		./. 3 600 EUR
bei Ablauf des Erbbaurechts nicht zu entschädigender Anteil an den Herstellungskosten (50% von 100 000 EUR)	50 000 EUR	
Abzinsungsfaktor nach Anlage 26 zum BewG	× 0,0720	
Bewertungsstichtag	15. 3. 2018	
Ablauf des Erbbaurechts	1. 1. 2108	
Restlaufzeit des Erbbaurechts	89 Jahre	
Liegenschaftszins (§ 193 Absatz 4 Satz 2 Nummer 1 BewG)	3,0%	
Gebäudewertanteil		96 400 EUR
Grundbesitzwert		
Bodenwertanteil		18 558 EUR
Gebäudewertanteil		+ 96 400 EUR
Grundbesitzwert		114 958 EUR

BewG

§ 197 Gebäude und Gebäudeteile für den Zivilschutz

1 **Gebäude, Teile von Gebäuden und Anlagen, die wegen der in § 1 des Zivilschutzgesetzes vom 25. März 1997 (BGBl. I S. 726),[1] das zuletzt durch *Artikel 2 des Gesetzes vom 27. April 2004 (BGBl. I S. 630)* geändert worden ist, in der jeweils geltenden Fassung bezeichneten Zwecke geschaffen worden sind und im Frieden nicht oder nur gelegentlich oder geringfügig für andere Zwecke benutzt werden, bleiben bei der Ermittlung des Grundbesitzwerts außer Betracht.**

Zu § 197 BewG

ErbStR R B 197

R B 197. Gebäude und Gebäudeteile für den Zivilschutz

2 (1) ① Gebäude, Gebäudeteile und Anlagen, die dem Zivilschutz dienen, bleiben bei der Ermittlung des Grundbesitzwerts außer Ansatz (§ 197 BewG). ② Eine nur gelegentliche oder geringfügige Mitbenutzung der Gebäude, Gebäudeteile und Anlagen für andere als dem Zivilschutz dienende Zwecke ist für die Gewährung der sachlichen Befreiung unschädlich. ③ Diese liegt z. B. vor, wenn in einem für die begünstigten Zwecke geschaffenen Raum von Zeit zu Zeit Veranstaltungen abgehalten werden, zu deren Durchführung der Raum nicht besonders hergerichtet werden muss. ④ Werden in dem Gebäudeteil lediglich Gartengeräte, Fahrräder oder dergleichen abgestellt, handelt es sich ebenfalls um eine geringfügige Mitbenutzung. ⑤ Dagegen ist die Steuerbefreiung zu versagen, wenn die Gebäude, Gebäudeteile und Anlagen ständig anderen Zwecken dienen, z. B. als Lager-, Lehr-, oder Ausbildungsräume.

3 (2) Der Wert des Grund und Bodens ist regelmäßig mit dem gesamten Wert des unbebauten Grundstücks nach § 179 BewG anzusetzen.

Anl zu § 197

Zivilschutz- und Katastrophenhilfegesetz (ZSKG)

Vom 25. März 1997 (BGBl. I S. 726)

Zuletzt geändert durch Verordnung vom 19. 6. 2020 (BGBl. I S. 1328)

– Auszug –

Erster Abschnitt. Allgemeine Bestimmungen

§ 1 Aufgaben des Zivilschutzes

6 (1) ① Aufgabe des Zivilschutzes ist es, durch nichtmilitärische Maßnahmen die Bevölkerung, ihre Wohnungen und Arbeitsstätten, lebens- oder verteidigungswichtige zivile Dienststellen, Betriebe, Einrichtungen und Anlagen sowie das Kulturgut vor Kriegseinwirkungen zu schützen und deren Folgen zu beseitigen oder zu mildern. ② Behördliche Maßnahmen ergänzen die Selbsthilfe der Bevölkerung.

7 (2) Zum Zivilschutz gehören insbesondere

1. der Selbstschutz,
2. die Warnung der Bevölkerung,
3. der Schutzbau,
4. die Aufenthaltsregelung,
5. der Katastrophenschutz nach Maßgabe des § 11,
6. Maßnahmen zum Schutz der Gesundheit,
7. Maßnahmen zum Schutz von Kulturgut.

Vierter Abschnitt. Schutzbau

§ 7 Öffentliche Schutzräume

8 (1) ① Öffentliche Schutzräume sind die mit Mitteln des Bundes wiederhergestellten Bunker und Stollen sowie die als Mehrzweckbauten in unterirdischen baulichen Anlagen errichteten Schutzräume zum Schutz der Bevölkerung. ② Sie werden von den Gemeinden verwaltet und unterhalten. ③ Einnahmen aus einer friedensmäßigen Nutzung der Schutzräume stehen den Gemeinden zu. ④ Bildet der öffentliche Schutzraum mit anderen Anlagen eine betriebliche Einheit, so kann dem Grundstückseigentümer die Verwaltung und Unterhaltung des Schutzraumes und seiner Ausstattung übertragen werden. ⑤ Die Kosten sind ihm von der Gemeinde zu erstatten.

(2) ① An dem Grundstück und den Baulichkeiten dürfen ohne Zustimmung der nach Landesrecht zuständigen Behörde keine Veränderungen vorgenommen werden, die die Benutzung des öffentlichen Schutzraums beeinträchtigen könnten. ② Bei Bauten im Eigentum des Bundes erteilt die Zustimmung das Bundesministerium des Innern, für Bau und Heimat.

(3) Die Absätze 1 und 2 gelten auch für Schutzräume in dem in Artikel 3 des Einigungsvertrages genannten Gebiet, die vom Bundesministerium des Innern, für Bau und Heimat als öffentliche Schutzräume anerkannt worden sind, sowie für die Bestandserhaltung der bisher zum Zwecke der gesundheitlichen Versorgung der Bevölkerung im Verteidigungsfall errichteten Schutzbauwerke.

---

[1] Nunmehr Zivilschutz- und Katastrophenhilfegesetz, zuletzt geändert durch VO vom 19. 6. 2020 (BGBl. I S. 1328), nachfolgend abgedruckt als Anlage zu § 197 BewG.

§ 8 Hausschutzräume

9 (1) ① Hausschutzräume, die mit Zuschüssen des Bundes oder steuerlich begünstigt gebaut wurden, sind vom Eigentümer oder Nutzungsberechtigten in einem ihrer Bestimmung entsprechenden Zustand zu erhalten. ② Veränderungen, die die Benutzung des Schutzraumes beeinträchtigen könnten, dürfen ohne Zustimmung der nach Landesrecht zuständigen Behörde nicht vorgenommen werden.

(2) Der Eigentümer oder Nutzungsberechtigte hat bei Gefahr den Personen, für die der Schutzraum bestimmt ist, die Mitbenutzung zu gestatten.

§ 9 Baulicher Betriebsschutz

10 Zum Schutz lebens- oder verteidigungswichtiger Anlagen und Einrichtungen können die obersten Bundesbehörden jeweils für ihren Geschäftsbereich Regelungen für bauliche Schutzmaßnahmen treffen.

BewG

V. Nachweis des niedrigeren gemeinen Werts

§ 198[1] Nachweis des niedrigeren gemeinen Werts[2]

1 (1) ① **Weist der Steuerpflichtige nach, dass der gemeine Wert der wirtschaftlichen Einheit am Bewertungsstichtag niedriger ist als der nach den §§ 179, 182 bis 196 ermittelte Wert, so ist dieser Wert anzusetzen.** ② **Für den Nachweis des niedrigeren gemeinen Werts gelten grundsätzlich die auf Grund des § 199 Absatz 1 des Baugesetzbuchs erlassenen Vorschriften.**[2, 3]

(2) **Als Nachweis des niedrigeren gemeinen Werts kann regelmäßig ein Gutachten des zuständigen Gutachterausschusses im Sinne der §§ 192 ff. des Baugesetzbuchs oder von Personen, die von einer staatlichen, staatlich anerkannten oder nach DIN EN ISO/IEC 17 024 akkreditierten Stelle als Sachverständige oder Gutachter für die Wertermittlung von Grundstücken bestellt oder zertifiziert worden sind, dienen.**

(3) **Als Nachweis des niedrigeren gemeinen Werts kann ein im gewöhnlichen Geschäftsverkehr innerhalb eines Jahres vor oder nach dem Bewertungsstichtag zustande gekommener Kaufpreis über das zu bewertende Grundstück dienen, wenn die maßgeblichen Verhältnisse hierfür gegenüber den Verhältnissen am Bewertungsstichtag unverändert sind.**

Zu § 198 BewG

ErbStR R B 198

R B 198. Nachweis des niedrigeren gemeinen Werts

2 (1) ① Abweichend von der Wertermittlung nach den § 179 und §§ 182 bis 196 BewG ist der niedrigere gemeine Wert (Verkehrswert/Marktwert) am Bewertungsstichtag festzustellen, wenn der Steuerpflichtige diesen nachweist (§ 198 BewG). ② Den Steuerpflichtigen trifft die Nachweislast für einen niedrigeren gemeinen Wert und nicht eine bloße Darlegungslast. ③ Die Vorlage von Auszügen aus der Kaufpreissammlung erfüllt diese Voraussetzungen nicht.

3 (2) ① Der Nachweis des niedrigeren gemeinen Werts kann für die nach § 179, §§ 182 bis 196 BewG bewerteten wirtschaftlichen Einheiten geführt werden, wobei der Nachweis die jeweils gesamte wirtschaftliche Einheit umfassen muss. ② Bei Grundstücken im Zustand der Bebauung ist der Verkehrswertnachweis für die gesamte wirtschaftliche Einheit unter Berücksichtigung der baulichen Gegebenheiten zulässig.

4 (3) ① Als Nachweis ist regelmäßig ein Gutachten des zuständigen Gutachterausschusses oder eines Sachverständigen für die Bewertung von Grundstücken erforderlich. ② Das Gutachten ist für die Feststellung des Grundbesitzwerts nicht bindend, sondern unterliegt der Beweiswürdigung durch das Finanzamt. ③ Enthält das Gutachten Mängel (z. B. methodische Mängel oder unzutreffende Wertansätze), ist es zurückzuweisen; ein Gegengutachten durch das Finanzamt ist nicht erforderlich. ④ Zur Ordnungsmäßigkeit eines Sachverständigengutachtens gehören methodische Qualität und eine zutreffende Erhebung und Dokumentation der Begutachtungsgrundlagen. ⑤ Für den Nachweis des niedrigeren gemeinen Werts gelten grundsätzlich die auf Grund des § 199 Absatz 1 BauGB erlassenen Vorschriften. ⑥ Nach Maßgabe dieser Vorschriften sind sämtliche wertbeeinflussenden Umstände zur Ermittlung des gemeinen Werts (Verkehrswerts) von Grundstücken zu berücksichtigen. ⑦ Hierzu gehören auch die den Wert beeinflussenden Rechte und Belastungen privatrechtlicher und öffentlich-rechtlicher Art, wie z. B. Grunddienstbarkeiten und persönliche Nutzungsrechte. ⑧ Mit Ausnahme des Nachweises der üblichen Miete (→ R B 186.5 Absatz 5) kommt ein Einzelnachweis zu Bewertungsgrundlagen nach § 179 und §§ 182 bis 196 BewG, z. B. hinsichtlich der Bewirtschaftungskosten, nicht in Betracht. ⑨ Auszüge aus der Kaufpreissammlung können ein Gutachten nicht ersetzen.

[1] § 198 anzuwenden auf Bewertungsstichtage nach dem 22. 7. 2021 (§ 265 Abs. 12 BewG).

[2] *BFH-Urteil vom 17. 11. 2021 II R 26/20 (BFH/NV 2022 S. 822):* **1.** Macht der Steuerpflichtige geltend, der gemeine Wert von Grundvermögen sei niedriger als der typisierte Wert, obliegt es ihm nach § 198 BewG, einen niedrigeren gemeinen Wert nachzuweisen. **2.** Das FG ist nicht verpflichtet, ein Sachverständigengutachten zur Bestimmung des Grundbesitzwerts einzuholen.

BFH-Urteil vom 16. 9. 2020 II R 1/18 (BStBl. 2021 II S. 594): **1.** Bodenrichtwerte sind für die Bestimmung des Bodenwerts geeignet, wenn sie für eine Bodenrichtwertzone ermittelt sind, in der das Grundstück liegt. Sind für ein Anliegergrundstück ein Straßen- und ein Platzwert anwendbar, ist im Rahmen einer Einzelbewertung zu entscheiden, in welchem Umfang das Grundstück jeweils dem Straßen- und dem Platzwert zuzuordnen ist. **2.** Die zeitliche Anwendbarkeit der WertV und der ImmoWertV richtet sich danach, ob sie am Bewertungsstichtag in Kraft waren. Für Bewertungsstichtage bis 30. 6. 2010 sind die Vorschriften der WertV anwendbar. Der Zeitpunkt der Gutachtenerstellung ist für die Anwendung der Verordnungen nicht von Bedeutung.

BFH-Urteil vom 14. 10. 2020 II R 7/18 (BStBl. 2021 II S. 665): Die ImmoWertV gestattet die Ermittlung des Bedarfswerts eines Erbbaugrundstücks nach der finanzmathematischen Methode.

BFH-Urteil vom 25. 4. 2018 II R 47/15 (BStBl. 2019 II S. 144): **1.** Für den Nachweis eines niedrigeren gemeinen Werts eines zum Vermögen einer Gesellschaft gehörenden Grundstücks reicht der Wertansatz des Grundstücks in der Bilanz der Gesellschaft nicht aus. **2.** Der Nachweis eines niedrigeren Grundstückswerts kann regelmäßig auch nicht durch Ableitung aus dem Kaufpreis für einen Gesellschaftsanteil geführt werden.

FG Nürnberg, Urteil vom 26. 6. 2012 4 K 1413/12 (ErbStB 2014 S. 299): Der gemeine Wert bzw. Verkehrswert von Grundstücken, welche durch Erbschaft auf einen nicht in der Verfügung befreiten Vorerben übergehen, ist in Sachverständigengutachten nicht regelmäßig mit 0 € zu beziffern.

[3] Baugesetzbuch abgedruckt im Anhang **I** Nr. **6**.

(4) ① Ein im gewöhnlichen Geschäftsverkehr innerhalb eines Jahres vor oder nach dem Bewertungsstichtag zustande gekommener Kaufpreis über das zu bewertende Grundstück kann als Nachweis dienen. ② Ist ein Kaufpreis außerhalb dieses Zeitraums im gewöhnlichen Geschäftsverkehr zustande gekommen und sind die maßgeblichen Verhältnisse hierfür gegenüber den Verhältnissen zum Bewertungsstichtag unverändert geblieben, so kann auch dieser als Nachweis des niedrigeren gemeinen Werts dienen. ③ Es bestehen keine Bedenken, diesen Wert regelmäßig ohne Wertkorrekturen als Grundbesitzwert festzustellen. 5

H B 198

H B 198

Vorschriften auf der Grundlage des § 199 Absatz 1 BauGB.[1] 6

→ Verordnung über die Grundsätze für die Ermittlung der Verkehrswerte von Grundstücken (Immobilienwertermittlungsverordnung – ImmoWertV) vom 19. 5. 2010 (BGBl. I S. 639).[2]

→ Richtlinie zur Ermittlung von Bodenrichtwerten (Bodenrichtwertrichtlinie – BRW-RL) vom 11. 1. 2011 (BAnz. AT 11. 2. 2011 Nr. 24 S. 597).[3]

→ Richtlinie zur Ermittlung des Sachwerts (Sachwertrichtlinie – SW-RL) vom 5. 9. 2012 (BAnz. AT 18. 10. 2012 B1).

→ Richtlinie zur Ermittlung des Vergleichswerts und des Bodenwerts (Vergleichswertrichtlinie – VW-RL) vom 20. 3. 2014 (BAnz. AT 11. 4. 2014 B3).[3]

→ Richtlinie zur Ermittlung des Ertragswerts (Ertragswertrichtlinie – EW-RL) vom 12. 11. 2015 (BAnz. AT 4. 12. 2015 B4).[3]

Fristsetzung zur Vorlage eines Sachverständigengutachtens. → § 364b AO (Fristsetzung).

Nachweis des niedrigeren gemeinen Werts durch Sachverständigengutachten. → BFH vom 10. 11. 2004 II R 69/01, BStBl. 2005 II S. 259, vom 3. 12. 2008 II R 19/08, BStBl. 2009 II S. 403 und vom 11. 9. 2013 II R 61/11, BStBl. 2014 II S. 363.[4]

→ *Gleich lautende Ländererlasse vom 19. 2. 2014 (BStBl. I S. 808).*[5]

Nachweis des niedrigeren gemeinen Werts durch zeitnahen Kaufpreis. → BFH vom 2. 7. 2004 II R 55/01, BStBl. II S. 703.

Liegen im Rahmen des Nachweises des niedrigeren gemeinen Werts gleichzeitig ein zeitnah zum Bewertungsstichtag im gewöhnlichen Geschäftsverkehr zustande gekommener Kaufpreis und ein Sachverständigengutachten vor, bestehen keine Bedenken, der Grundbesitzwertfeststellung den Kaufpreis zugrunde zu legen. Der im gewöhnlichen Geschäftsverkehr vereinbarte bzw. erzielte Kaufpreis liefert den sichersten Anhaltspunkt für den gemeinen Wert.

Nießbrauchs- und andere Nutzungsrechte, die sich auf den Grundbesitzwert ausgewirkt haben. Ist nach § 198 BewG ein nachgewiesener gemeiner Wert, der auf Grund von Grundstücksbelastungen durch Nutzungsrechte, wie z. B. Nießbrauch oder Wohnrecht, gemindert wurde, als Grundbesitzwert festgestellt worden, hat das Lagefinanzamt das für die Festsetzung der Erbschaft- und Schenkungsteuer zuständige Finanzamt hierauf hinzuweisen (vgl. § 10 Absatz 6 Satz 6 ErbStG).[6]

Erlass betr. Nachweis des niedrigeren gemeinen Werts; Anwendung des § 198 BewG in der Fassung des Grundsteuerreform-Umsetzungsgesetzes vom 16. Juli 2021 (BGBl. I S. 2931)

Anl zu H B 198

Vom 7. Dezember 2022 (BStBl. I S. 1671)

(Gleich lautender Ländererlass)

I. Allgemeine Grundsätze

1 Abweichend von der Wertermittlung nach den §§ 179 und 182 bis 196 BewG ist der niedrigere gemeine Wert (Verkehrswert/Marktwert) am Bewertungsstichtag festzustellen, wenn der Steuerpflichtige diesen nachweist (§ 198 BewG). Den Steuerpflichtigen trifft die Nachweislast für einen niedrigeren gemeinen Wert und nicht eine bloße Darlegungslast. Mit der bloßen Vorlage von Auszügen aus der Kaufpreissammlung kann ein niedrigerer gemeiner Wert nicht nachgewiesen werden. 7

2 Der Nachweis des niedrigeren gemeinen Werts kann für die nach §§ 179 und 182 bis 196 BewG bewerteten wirtschaftlichen Einheiten geführt werden, wobei der Nachweis die jeweils gesamte wirtschaftliche Einheit umfassen muss. Bei Grundstücken im Zustand der Bebauung ist der Verkehrswertnachweis für die gesamte wirtschaftliche Einheit unter Berücksichtigung der baulichen Gegebenheiten zulässig.

II. Sachverständigengutachten

3 Als Nachweis des niedrigeren gemeinen Werts kann ein Gutachten dienen. Das Gutachten ist
– vom zuständigen Gutachterausschuss i. S. d. §§ 192 ff. des Baugesetzbuchs,

---

[1] Baugesetzbuch abgedruckt im Anhang **I** Nr. **6**.
[2] Siehe jetzt ImmoWertV 2022, abgedruckt im Anhang **I** Nr. **7**.
[3] Richtlinien aufgegangen in ImmoWertV 2022, abgedruckt im Anhang **I** Nr. **7**.
[4] *BFH-Beschluss vom 25. 3. 2009 II B 62/08 (BFH/NV S. 1091), Ls. 1:* **1.** Der Nachweis eines niedrigeren gemeinen Grundstückswerts kann nicht dadurch geführt werden, dass der Steuerpflichtige beim FG die Einholung eines Sachverständigengutachtens beantragt. Das FG hat nicht selbst zu ermitteln, welcher Wert dem Grundstück zukommt.
[5] Überholt durch *gleich lautenden Ländererlass vom 7. 12. 2022,* abgedruckt als Anlage zu H B 198 ErbStH.
[6] Siehe jetzt § 10 Abs. 6 b ErbStG.

Anl zu H B 198

noch 7
– von öffentlich bestellten und vereidigten Sachverständigen für die Bewertung von bebauten und unbebauten Grundstücken oder
– von Personen, die von einer nach DIN EN ISO/IEC 17 024 akkreditierten Stelle als Sachverständige oder Gutachter für die Wertermittlung von Grundstücken nach entsprechender Norm zertifiziert worden sind,

zu erstellen.

4 Die nach DIN EN ISO/IEC 17 024 akkreditierten deutschen Zertifizierungsstellen für Sachverständige für die Wertermittlung von Grundstücken und deren Akkreditierungsumfang sind tagesaktuell auf der Internetseite der Deutschen Akkreditierungsstelle (DAkkS) dargestellt. Im europäischen Ausland akkreditierte Zertifizierungsstellen sind über die Internetseite der Europäischen Kooperation für Akkreditierung (EA) in Verbindung mit den Internetseiten der nationalen Akkreditierungsstellen abrufbar.

5 Die öffentliche Bestellung oder Zertifizierung muss im Zeitpunkt der Erstellung des Sachverständigengutachtens gegeben sein. Im Rechtsbehelfsverfahren kann ein erneutes Gutachten eingereicht werden, das die Anforderungen an die Qualifikation des Gutachters erfüllt.

6 Die Nachweislast des Steuerpflichtigen umfasst auch den Qualifikationsnachweis des Gutachters.

7 Das Gutachten ist für die Feststellung des Grundbesitzwerts nicht bindend, sondern unterliegt der Beweiswürdigung durch das Finanzamt. Enthält das Gutachten Mängel (z. B. methodische Mängel oder unzutreffende Wertansätze), ist es zurückzuweisen; ein Gegengutachten durch das Finanzamt ist nicht erforderlich. Zur Ordnungsmäßigkeit eines Sachverständigengutachtens gehören methodische Qualität und eine zutreffende Erhebung und Dokumentation der Begutachtungsgrundlagen. Für den Nachweis des niedrigeren gemeinen Werts durch ein Gutachten gelten die auf Grund des § 199 Abs. 1 BauGB erlassenen Vorschriften (Immobilienwertermittlungsverordnung – ImmoWertV). Nach Maßgabe dieser Vorschriften sind sämtliche wertbeeinflussenden Umstände zur Ermittlung des gemeinen Werts (Verkehrswerts) von Grundstücken zu berücksichtigen. Hierzu gehören auch die den Wert beeinflussenden Rechte und Belastungen privatrechtlicher und öffentlich-rechtlicher Art, wie z. B. Grunddienstbarkeiten und persönliche Nutzungsrechte. Mit Ausnahme des Nachweises der üblichen Miete (R B 186.5 Abs. 5 ErbStR 2019) kommt ein wertmindernder Nachweis zu einzelnen in den §§ 179 und 182 bis 196 BewG enthaltenen Bewertungsgrundlagen, z. B. hinsichtlich der Bewirtschaftungskosten, nicht in Betracht.

III. Stichtagsnaher Kaufpreis

8 Als Nachweis des niedrigeren gemeinen Werts kann gem. § 198 Abs. 3 BewG auch ein im gewöhnlichen Geschäftsverkehr innerhalb eines Jahres vor oder nach dem Bewertungsstichtag zustande gekommener Kaufpreis über das zu bewertende Grundstück dienen, wenn die maßgeblichen Verhältnisse hierfür gegenüber den Verhältnissen am Bewertungsstichtag unverändert sind. Maßgeblich für die jeweilige Jahresfrist ist das Datum des notariellen Kaufvertrages.

9 Eine Änderung eines bestandskräftigen Bescheids über die Feststellung des Grundbesitzwerts nach § 173 Abs. 1 Nr. 2 AO kommt nur in Betracht, wenn das Grundstück schon vor der abschließenden Entscheidung des Finanzamts über die Feststellung verkauft wurde, der Verkauf dem für die Feststellung zuständigen Bediensteten des Finanzamts beim Erlass des Feststellungsbescheides jedoch nicht bekannt war und den Steuerpflichtigen kein grobes Verschulden an dem nachträglichen Bekanntwerden dieser Tatsache trifft. Wird der Grundstückskaufvertrag hingegen erst nach der abschließenden Entscheidung des Finanzamts über die Feststellung abgeschlossen, liegt eine nachträglich entstandene Tatsache vor, die nicht zu einer Änderung nach § 173 Abs. 1 Nr. 2 AO führt.

10 Eine Änderung eines bestandskräftigen Bescheids über die Feststellung des Grundbesitzwerts nach § 175 Abs. 1 Satz 1 Nr. 2 AO kommt in Betracht, wenn für das zu bewertende Grundstück nach der abschließenden Entscheidung des Finanzamts über die Feststellung des Grundbesitzwerts und innerhalb eines Jahres nach dem Bewertungsstichtag im gewöhnlichen Geschäftsverkehr ein Kaufpreis zustande gekommen ist und sich die maßgeblichen Verhältnisse zum Zeitpunkt des notariellen Kaufvertrages gegenüber den Verhältnissen am Bewertungsstichtag nicht verändert haben. Ein derartiger Kaufpreis hat durch das Grundsteuerreform-Umsetzungsgesetz vom 16. Juli 2021, veröffentlicht am 22. Juli 2021 im BGBl. I S. 2931, Eingang in den Tatbestand des § 198 Abs. 3 BewG gefunden. Ein derartiger Verkauf stellt somit ein Ereignis dar, das steuerliche Wirkung für die Vergangenheit hat (rückwirkendes Ereignis).

IV. Konkurrenz zwischen Sachverständigengutachten und stichtagsnahem Kaufpreis

11 Liegen im Rahmen des Nachweises des niedrigeren gemeinen Werts gleichzeitig ein zeitnah zum Bewertungsstichtag im gewöhnlichen Geschäftsverkehr zustande gekommener Kaufpreis und ein Sachverständigengutachten vor, ist der Grundbesitzwertfeststellung der Kaufpreis zugrunde zu legen. Der im gewöhnlichen Geschäftsverkehr vereinbarte bzw. erzielte Kaufpreis liefert den sichersten Anhaltspunkt für den gemeinen Wert.

V. Anwendung

12 Der Erlass ist auf Bewertungsstichtage nach dem 22. Juli 2021 für alle offenen Fälle anzuwenden. Für Bewertungsstichtage vor dem 23. Juli 2021 sind weiterhin R B 198 ErbStR 2019 und die gleich lautenden Erlasse der obersten Finanzbehörden der Länder zur Berücksichtigung von Sachverständigengutachten zum Nachweis des niedrigeren gemeinen Grundbesitzwerts vom 2. Dezember 2020, BStBl. 2021 I S. 146, anzuwenden.

BewG

D. Nicht notierte Anteile an Kapitalgesellschaften und Betriebsvermögen

§ 199[1] Anwendung des vereinfachten Ertragswertverfahrens

(1) **Ist der gemeine Wert von Anteilen an einer Kapitalgesellschaft nach § 11 Absatz 2 Satz 2 unter Berücksichtigung der Ertragsaussichten der Kapitalgesellschaft zu ermitteln, kann das vereinfachte Ertragswertverfahren (§ 200) angewendet werden, wenn dieses nicht zu offensichtlich unzutreffenden Ergebnissen führt.** 1

(2) **Ist der gemeine Wert des Betriebsvermögens oder eines Anteils am Betriebsvermögen nach § 109 Absatz 1 und 2 in Verbindung mit § 11 Absatz 2 Satz 2 unter Berücksichtigung der Ertragsaussichten des Gewerbebetriebs oder der Gesellschaft zu ermitteln, kann das vereinfachte Ertragswertverfahren (§ 200) angewendet werden, wenn dieses nicht zu offensichtlich unzutreffenden Ergebnissen führt.** 2

Zu § 199 BewG

ErbStR R B 199.1

R B 199.1 Anwendung des vereinfachten Ertragswertverfahrens

(1) ① Die Bewertung von Anteilen an Kapitalgesellschaften, von Betriebsvermögen und von Anteilen am Betriebsvermögen unter Berücksichtigung der Ertragsaussichten (§ 11 Absatz 2 Satz 2, § 109 Absatz 1 und 2 BewG) kann nach dem vereinfachten Ertragswertverfahren erfolgen. 3
② Sind branchentypisch ertragswertorientierte Verfahren ausgeschlossen (weil z. B. Multiplikatorenverfahren oder Substanzwertverfahren zur Anwendung kommen), ist das vereinfachte Ertragswertverfahren nicht anzuwenden. ③ Sind branchentypisch auch ertragswertorientierte Verfahren anzuwenden, ist eine Bewertung nach dem vereinfachten Ertragswertverfahren möglich; die Prüfung eines offensichtlich unzutreffenden Ergebnisses bleibt vorbehalten.[2]

(2) Bei der Bewertung ausländischer Unternehmen sind die Regelungen des vereinfachten Ertragswertverfahrens entsprechend, insbesondere hinsichtlich der Ermittlung des nachhaltig erzielbaren Jahresertrags, anzuwenden, wenn dies nicht zu offensichtlich unzutreffenden Ergebnissen führt. 4

(3) ① Die im vereinfachten Ertragswertverfahren vorgesehenen Typisierungen können dazu führen, dass der in diesem Verfahren ermittelte Wert höher oder niedriger ist als der gemeine Wert. ② Das Finanzamt hat den im vereinfachten Ertragswertverfahren ermittelten Wert zugrunde zu legen, wenn das Ergebnis nicht offensichtlich unzutreffend ist. 5

(4) ① Nach § 199 Absatz 1 und 2 BewG hat der Steuerpflichtige ein Wahlrecht, das vereinfachte Ertragswertverfahren anzuwenden. ② Gesetzliche Tatbestandsvoraussetzung hierfür ist, dass dies nicht zu offensichtlich unzutreffenden Ergebnissen führt. ③ Hat das Finanzamt an der Anwendbarkeit des vereinfachten Ertragswertverfahrens Zweifel, sind diese vom Finanzamt substantiiert darzulegen und dem Steuerpflichtigen ist Gelegenheit zu geben, die Bedenken des Finanzamts auszuräumen. ④ Das vereinfachte Ertragswertverfahren kann vor allem dann zu unzutreffenden Ergebnissen führen, wenn die Voraussetzungen nach Absatz 6 vorliegen. ⑤ In einem solchen Fall hat der Steuerpflichtige substantiiert darzulegen, warum das vereinfachte Ertragswertverfahren nicht zu einem offensichtlich unzutreffenden Ergebnis führt. ⑥ Kommt der Steuerpflichtige dieser Mitwirkungspflicht nicht nach, kann davon ausgegangen werden, dass die gesetzlichen Voraussetzungen für die Ausübung des Wahlrechts nicht vorliegen. ⑦ Die Bewertung ist nach allgemeinen Grundsätzen vorzunehmen. 6

(5) Erkenntnisse über eine offensichtlich unzutreffende Wertermittlung zum gemeinen Wert können beispielsweise in den nachstehenden Fällen hergeleitet werden: 7

1. Vorliegen zeitnaher Verkäufe, wenn diese nach dem Bewertungsstichtag liegen;
2. Vorliegen von Verkäufen, die mehr als ein Jahr vor dem Bewertungsstichtag liegen;
3. Erbauseinandersetzungen, bei denen die Verteilung der Erbmasse Rückschlüsse auf den gemeinen Wert zulässt.

(6) ① Vom Vorliegen begründeter Zweifel an der Anwendbarkeit des vereinfachten Ertragswertverfahrens ist insbesondere auszugehen: 8

1. bei komplexen Strukturen von verbundenen Unternehmen;
2. bei neu gegründeten Unternehmen, bei denen der künftige Jahresertrag noch nicht aus den Vergangenheitserträgen abgeleitet werden kann, insbesondere bei Gründungen innerhalb eines Jahres vor dem Bewertungsstichtag, weil das vereinfachte Ertragswertverfahren hier regelmäßig, z. B. wegen hoher Gründungs- und Ingangsetzungsaufwendungen, zu offensichtlich unzutreffenden Ergebnissen führt;
3. beim Branchenwechsel eines Unternehmens, bei dem deshalb der künftige Jahresertrag noch nicht aus den Vergangenheitserträgen abgeleitet werden kann;

---

[1] Siehe *Tz. II gleich lautender Ländererlass vom 13. 10. 2022,* abgedruckt als Anlage zu R E 13b.27 ErbStR.
[2] Siehe *Ls. 1 BFH-Urteil vom 2. 12. 2019 II R 5/19,* abgedruckt zu § 11 Abs. 2 BewG.

4. in sonstigen Fällen, in denen auf Grund der besonderen Umstände der künftige Jahresertrag nicht aus den Vergangenheitserträgen abgeleitet werden kann. ② Hierzu gehören z. B. Wachstumsunternehmen, branchenbezogene oder allgemeine Krisensituationen oder absehbare Änderungen des künftigen wirtschaftlichen Umfeldes;
5. bei grenzüberschreitenden Sachverhalten, z. B. nach § 1 AStG, § 4 Absatz 1 Satz 3 EStG oder § 12 Absatz 1 KStG, sofern der jeweils andere Staat nicht die Ergebnisse des vereinfachten Ertragswertverfahrens seiner Besteuerung zugrunde legt.

② Es bestehen grundsätzlich keine Bedenken, in den Fällen des Satzes 1 Nummer 2 und 3 den Substanzwert als Mindestwert (§ 11 Absatz 2 Satz 3 BewG) anzusetzen, sofern dies nicht zu offensichtlich unzutreffenden Ergebnissen führt.

ErbStR R B 199.2

R B 199.2 Ausländische Kapitalgesellschaften und ausländisches Betriebsvermögen

① Auch bei der Bewertung von Anteilen an ausländischen Kapitalgesellschaften oder ausländischem Betriebsvermögen kann das vereinfachte Ertragswertverfahren angewendet werden. ② Die
9 Ermittlung der Bewertungsgrundlagen hat in der jeweiligen Landeswährung zu erfolgen, der in dieser Währung ermittelte Ertragswert ist mit dem für den Bewertungsstichtag festgestellten Devisenkurs in Euro umzurechnen. ③ Der Gewinnermittlung können die im jeweiligen Land geltenden Gewinnermittlungsvorschriften zugrunde gelegt werden, wenn sie eine dem § 202 Absatz 1 Satz 2 BewG entsprechende Korrektur zulassen. ④ Der nach § 203 BewG maßgebende Kapitalisierungsfaktor ist anzuwenden, wenn dies nicht zu offensichtlich unzutreffenden Ergebnissen führt.

BewG

§ 200 Vereinfachtes Ertragswertverfahren

(1) Zur Ermittlung des Ertragswerts ist vorbehaltlich der Absätze 2 bis 4 der zukünftig nachhaltig erzielbare Jahresertrag (§§ 201 und 202) mit dem Kapitalisierungsfaktor (§ 203) zu multiplizieren. 1

(2) Können Wirtschaftsgüter und mit diesen in wirtschaftlichem Zusammenhang stehende Schulden aus dem zu bewertenden Unternehmen im Sinne des § 199 Abs. 1 oder 2 herausgelöst werden, ohne die eigentliche Unternehmenstätigkeit zu beeinträchtigen (nicht betriebsnotwendiges Vermögen), so werden diese Wirtschaftsgüter und Schulden neben dem Ertragswert mit dem eigenständig zu ermittelnden gemeinen Wert oder Anteil am gemeinen Wert angesetzt. 2

(3) Hält ein zu bewertendes Unternehmen im Sinne des § 199 Abs. 1 oder 2 Beteiligungen an anderen Gesellschaften, die nicht unter Absatz 2 fallen, so werden diese Beteiligungen neben dem Ertragswert mit dem eigenständig zu ermittelnden gemeinen Wert angesetzt. 3

(4) Innerhalb von zwei Jahren vor dem Bewertungsstichtag eingelegte Wirtschaftsgüter, die nicht unter die Absätze 2 und 3 fallen, und mit diesen im wirtschaftlichen Zusammenhang stehende Schulden werden neben dem Ertragswert mit dem eigenständig zu ermittelnden gemeinen Wert angesetzt. 4

Zu § 200 BewG

R B 200. Wertermittlung im vereinfachten Ertragswertverfahren

ErbStR
R B 200

(1) Der Wert nach dem vereinfachten Ertragswertverfahren setzt sich zusammen aus:

	Ertragswert des betriebsnotwendigen Vermögens (§ 200 Absatz 1 BewG) (Jahresertrag §§ 201 bis 202 BewG × Kapitalisierungsfaktor § 203 BewG)
+	Nettowert des nicht betriebsnotwendigen Vermögens (§ 200 Absatz 2 BewG)
+	Wert der Beteiligungen an anderen Gesellschaften (§ 200 Absatz 3 BewG)
+	Nettowert des jungen Betriebsvermögens (§ 200 Absatz 4 BewG)
=	Wert nach dem vereinfachten Ertragswertverfahren

5

(2) ① Die Wirtschaftsgüter des nicht betriebsnotwendigen Vermögens und die mit diesen in wirtschaftlichem Zusammenhang stehenden Schulden sind neben dem Ertragswert mit ihrem gemeinen Wert anzusetzen (§ 200 Absatz 2 BewG). ② Zum nicht betriebsnotwendigen Vermögen gehören diejenigen Wirtschaftsgüter, die sich ohne Beeinträchtigung der eigentlichen Unternehmenstätigkeit aus dem Unternehmen herauslösen lassen, ohne dass die operative Geschäftstätigkeit eingeschränkt wird. ③ Dies können – je nach Unternehmenszweck – z. B. Grundstücke, Gebäude, Kunstgegenstände, Beteiligungen, Wertpapiere oder auch Geldbestände sein. ④ Auf Grund der Betriebsbezogenheit besteht keine zwingende Deckungsgleichheit mit dem ertragsteuerlich gewillkürten Betriebsvermögen bzw. mit Verwaltungsvermögen im Sinne des § 13b Absatz 4 ErbStG. ⑤ Für die Ermittlung des gemeinen Werts gilt R B 11.5 Absatz 5 bis 8 entsprechend. 6

(3) ① Sowohl Anteile an einer Kapitalgesellschaft als auch Beteiligungen an einer Personengesellschaft sind nach § 200 Absatz 3 BewG gesondert neben dem Ertragswert mit einem eigenständig zu ermittelnden gemeinen Wert anzusetzen. ② Auf eine Mindestbeteiligungsquote kommt es nicht an. ③ Ist für Beteiligungen an einer Personengesellschaft und für Anteile an Kapitalgesellschaften ein Wert nach § 151 Absatz 1 Satz 1 Nummer 2 oder 3 BewG festzustellen, sind die auf den Bewertungsstichtag festgestellten Werte anzusetzen. ④ Die Basiswertregelung in § 151 Absatz 3 BewG ist hierbei zu beachten. ⑤ Die Wertermittlung bei den einzelnen Feststellungen kann sowohl im vereinfachten Ertragswertverfahren als auch in einem allgemein anerkannten Ertragswertverfahren als auch nach einer anderen anerkannten Methode erfolgen. ⑥ Die Anwendung des vereinfachten Ertragswertverfahrens für die Bewertung einer Obergesellschaft bedeutet nicht, dass auch die Beteiligungen im vereinfachten Ertragswertverfahren bewertet werden müssen. ⑦ Ob die Bewertung der Obergesellschaft im vereinfachten Ertragswertverfahren unter Berücksichtigung der Beteiligungen an Untergesellschaften zu einem offensichtlich unzutreffenden Ergebnis führt (§ 199 Absatz 1 BewG), ist im Einzelfall zu entscheiden. ⑧ Die mit den Anteilen an einer Kapitalgesellschaft in wirtschaftlichem Zusammenhang stehenden Schulden werden nicht gesondert berücksichtigt, da die mit diesen im Zusammenhang stehenden Aufwendungen beim nachhaltigen Jahresertrag mindernd erfasst sind. ⑨ Es erfolgt keine Hinzurechnung der Aufwendungen nach § 202 Absatz 1 Satz 2 Nummer 1 Buchstabe f BewG. ⑩ Bei einer Beteiligung an einer Personengesellschaft sind die mit dieser in wirtschaftlichem Zusammenhang stehenden Schulden bereits über das Sonderbetriebsvermögen im Wert der Beteiligung enthalten (§ 97 Absatz 1a BewG), so dass insoweit keine Korrektur erfolgen muss. ⑪ Finanzierungsaufwendungen im Zusammenhang mit diesen Schulden sind zusammen mit anderen Aufwendungen und Erträgen im Zusammenhang mit dieser Beteiligung nach § 202 Absatz 1 Satz 2 BewG zu korrigieren (→ R B 202). ⑫ Bei Genossenschaftsanteilen handelt es sich grundsätzlich nicht um eine Beteiligung im Sinne 7

des § 200 Absatz 3 BewG. ⑬ Die bei der steuerlichen Gewinnermittlung erfassten Erträge daraus sind grundsätzlich im Jahresertrag nach § 200 Absatz 1 BewG enthalten.

8 (4) ① Im Einvernehmen mit den Verfahrensbeteiligten kann darauf verzichtet werden, eine gesonderte Ermittlung des gemeinen Werts von zum Vermögen gehörenden Anteilen an einer Kapitalgesellschaft und Beteiligungen an einer Personengesellschaft vorzunehmen, wenn es sich um einen Fall von geringer Bedeutung handelt. ② Ein Fall von geringer Bedeutung liegt insbesondere vor, wenn der Verwaltungsaufwand der Beteiligten außer Verhältnis zur steuerlichen Auswirkung steht und der festzustellende Wert unbestritten ist. ③ In diesen Fällen kann aus Vereinfachungsgründen die durchschnittliche Bruttoausschüttung der Untergesellschaft der letzten drei Jahre als durchschnittlicher Jahresertrag multipliziert mit dem Kapitalisierungsfaktor nach § 203 BewG angesetzt werden; mindestens ist der Steuerbilanzwert der Beteiligung anzusetzen.

9 (5) ① Innerhalb von zwei Jahren vor dem Bewertungsstichtag eingelegte Wirtschaftsgüter (sog. junges Betriebsvermögen), die nicht bereits nach § 200 Absatz 2 und 3 BewG neben dem Ertragswert mit ihrem gemeinen Wert anzusetzen sind, und mit diesen in wirtschaftlichem Zusammenhang stehende Schulden werden neben dem Ertragswert mit ihrem eigenständig zu ermittelnden gemeinen Wert angesetzt, wenn sie am Bewertungsstichtag ihrem Wert nach noch vorhanden sind und nicht wieder entnommen oder ausgeschüttet wurden (§ 200 Absatz 4 BewG). ② Ist für Grundbesitz ein Wert nach § 151 Absatz 1 Satz 1 Nummer 1 BewG festzustellen, ist der auf den Bewertungsstichtag festgestellte Wert anzusetzen. ③ Die Basiswertregelung in § 151 Absatz 3 BewG ist hierbei zu beachten. ④ Unmittelbar mit diesen Wirtschaftsgütern im Zusammenhang stehende Aufwendungen und Erträge sind bei der Ermittlung der jeweiligen Betriebsergebnisse nach § 202 BewG zu korrigieren (→ R B 202). ⑤ Bei einem bloßen Aktiv- oder Aktiv-Passiv-Tausch handelt es sich nicht um einen Fall im Sinne des § 200 Absatz 4 BewG, weil dem Vorgang keine Einlage zugrunde liegt. ⑥ Befindet sich ein eingelegtes Wirtschaftsgut im Sinne des § 200 Absatz 4 BewG am Bewertungsstichtag nicht mehr im Betriebsvermögen, sondern ein Wirtschaftsgut, das an dessen Stelle getreten ist (Surrogat), muss das Surrogat mit dem Wert am Bewertungsstichtag angesetzt werden (ggf. mit einem niedrigeren oder höheren Wert als dem Wert des Wirtschaftsguts im Zeitpunkt der Einlage). ⑦ Wurde das eingelegte Wirtschaftsgut nach der Einlage bis zum Besteuerungszeitpunkt wieder entnommen oder hat es sich verbraucht, ist das Wirtschaftsgut nicht anzusetzen.

H B 200

H B 200

10 **Junges Betriebsvermögen.**

Beispiel 1:

Bis zum Jahr 01 bestand eine Betriebsaufspaltung. Im Jahr 02 wird das Betriebsgrundstück der Besitzgesellschaft in die Betriebsgesellschaft eingelegt. Im Jahr 03 werden die Anteile an der ehemaligen Betriebsgesellschaft übertragen und die Anteile sind zu bewerten. Das Betriebsgrundstück ist als junges Betriebsvermögen zu behandeln.

Beispiel 2:

Im Jahr vor der Zuwendung des Betriebs wird ein Grundstück eingelegt, das als Parkplatz für den betrieblichen Fuhrpark genutzt wird. Das Betriebsgrundstück ist als junges Betriebsvermögen zu behandeln.

BewG

§ 201 Ermittlung des Jahresertrags

(1) ① Die Grundlage für die Bewertung bildet der zukünftig nachhaltig zu erzielende Jahresertrag. ② Für die Ermittlung dieses Jahresertrags bietet der in der Vergangenheit tatsächlich erzielte Durchschnittsertrag eine Beurteilungsgrundlage. 1

(2) ① Der Durchschnittsertrag ist regelmäßig aus den Betriebsergebnissen (§ 202) der letzten drei vor dem Bewertungsstichtag abgelaufenen Wirtschaftsjahre herzuleiten. ② Das gesamte Betriebsergebnis eines am Bewertungsstichtag noch nicht abgelaufenen Wirtschaftsjahres ist anstelle des drittletzten abgelaufenen Wirtschaftsjahres einzubeziehen, wenn es für die Herleitung des künftig zu erzielenden Jahresertrags von Bedeutung ist. ③ Die Summe der Betriebsergebnisse ist durch drei zu dividieren und ergibt den Durchschnittsertrag. ④ Das Ergebnis stellt den Jahresertrag dar. 2

(3) ① Hat sich im Dreijahreszeitraum der Charakter des Unternehmens nach dem Gesamtbild der Verhältnisse nachhaltig verändert oder ist das Unternehmen neu entstanden, ist von einem entsprechend verkürzten Ermittlungszeitraum auszugehen. ② Bei Unternehmen, die durch Umwandlung, durch Einbringung von Betrieben oder Teilbetrieben oder durch Umstrukturierungen entstanden sind, ist bei der Ermittlung des Durchschnittsertrags von den früheren Betriebsergebnissen des Gewerbebetriebs oder der Gesellschaft auszugehen. ③ Soweit sich die Änderung der Rechtsform auf den Jahresertrag auswirkt, sind die früheren Betriebsergebnisse entsprechend zu korrigieren. 3

Zu § 201 BewG

R B 201. Ermittlung des Jahresertrags

ErbStR
R B 201

(1) ① Die Grundlage für die Bewertung bildet der zukünftig nachhaltig zu erzielende Jahresertrag. ② Für die Ermittlung dieses Jahresertrags bietet der in der Vergangenheit tatsächlich erzielte Durchschnittsertrag eine Beurteilungsgrundlage. 4

(2) ① Der Durchschnittsertrag ist regelmäßig aus den Betriebsergebnissen der letzten drei vor dem Bewertungsstichtag abgelaufenen Wirtschaftsjahre herzuleiten. ② Wenn sich im Dreijahreszeitraum der Charakter des Unternehmens nach dem Gesamtbild der Verhältnisse nachhaltig geändert hat oder das Unternehmen neu entstanden ist, ist ein verkürzter Ermittlungszeitraum zugrunde zu legen (§ 201 Absatz 3 BewG). ③ Die Summe der Betriebsergebnisse ist in den Fällen eines verkürzten Ermittlungszeitraumes abweichend von § 201 Absatz 2 BewG durch zwei zu dividieren, weil der verkürzte Ermittlungszeitraum stets zwei volle Wirtschaftsjahre umfasst (→ Absatz 4 Satz 1). ④ R B 199.1 Absatz 6 Satz 1 Nummer 2 (kein vereinfachtes Ertragswertverfahren bei Neugründungen innerhalb eines Jahres vor dem Bewertungsstichtag) ist zu beachten. ⑤ Ist das Unternehmen durch Umwandlung, durch Einbringung von Betrieben oder Teilbetrieben oder durch Umstrukturierungen entstanden, ist bei der Ermittlung des Durchschnittsertrags von den früheren Betriebsergebnissen des Gewerbebetriebs oder der Gesellschaft auszugehen. ⑥ Soweit sich die Änderung der Rechtsform auf den Jahresertrag auswirkt, sind die früheren Betriebsergebnisse entsprechend zu korrigieren. 5

(3) ① Soweit bei der Ermittlung des Durchschnittsertrags anstelle des drittletzten abgelaufenen Wirtschaftsjahrs ein noch nicht abgelaufenes Wirtschaftsjahr wegen der Bedeutung für die Herleitung des künftig zu erzielenden Jahresertrags einzubeziehen ist, erfolgt die Berücksichtigung dieses Wirtschaftsjahrs mit dem vollen Betriebsergebnis und nicht nur zeitanteilig. ② Somit wird auch in diesen Fällen die Summe der Betriebsergebnisse durch drei dividiert (§ 201 Absatz 2 BewG). 6

(4) ① Umfasst der dreijährige Ermittlungszeitraum bei einer Neugründung zu Beginn ein Rumpfwirtschaftsjahr, ist regelmäßig nicht das Betriebsergebnis des Rumpfwirtschaftsjahrs, sondern das volle Betriebsergebnis des letzten, noch nicht abgelaufenen Wirtschaftsjahrs einzubeziehen. ② Ein Verstoß gegen das Stichtagsprinzip liegt insoweit nicht vor, weil das (noch nicht abgelaufene) Wirtschaftsjahr einerseits bereits vor dem Bewertungsstichtag begonnen hat und andererseits für die Prognose des zukünftig nachhaltig erzielbaren Jahresertrags von Bedeutung ist. ③ Liegt außer zu Beginn des dreijährigen Ermittlungszeitraums ein Rumpfwirtschaftsjahr im Ermittlungszeitraum vor, so ist das Betriebsergebnis des Rumpfwirtschaftsjahres in die Ermittlung des Durchschnittsertrags zu übernehmen. ④ Der Durchschnittsertrag ist aus dem verkürzten Zeitraum zu ermitteln und in einen entsprechenden Jahresbetrag umzurechnen. 7

(5) Sofern zum Bewertungsstichtag feststeht, dass der künftige Jahresertrag durch bekannte objektive Umstände, z. B. wegen des Todes des Unternehmers, sich nachhaltig verändert, muss dies bei der Ermittlung des Durchschnittsertrags entsprechend berücksichtigt werden. 8

H B 201

H B 201

9 **Jahresertrag bei Rumpfwirtschaftsjahr.**

Beispiel:

Bewertungsstichtag	16. 9. 03
Gründungsdatum	1. 5. 00
Wirtschaftsjahr = Kalenderjahr	

Der Ermittlungszeitraum umfasst die Wirtschaftsjahre 01, 02 und 03. Eine Berücksichtigung des Rumpfwirtschaftsjahrs (1. 5. 00 bis 31. 12. 00) erfolgt nicht.

BewG

§ 202 Betriebsergebnis

(1) ① Zur Ermittlung des Betriebsergebnisses ist von dem Gewinn im Sinne des § 4 Absatz 1 Satz 1 des Einkommensteuergesetzes auszugehen (Ausgangswert); dabei bleiben bei einem Anteil am Betriebsvermögen Ergebnisse aus den Sonderbilanzen und Ergänzungsbilanzen unberücksichtigt. ② Der Ausgangswert ist noch wie folgt zu korrigieren: 1

1. Hinzuzurechnen sind

a) Investitionsabzugsbeträge, Sonderabschreibungen oder erhöhte Absetzungen, Bewertungsabschläge, Zuführungen zu steuerfreien Rücklagen sowie Teilwertabschreibungen. ② Es sind nur die normalen Absetzungen für Abnutzung zu berücksichtigen. ③ Diese sind nach den Anschaffungs- oder Herstellungskosten bei gleichmäßiger Verteilung über die gesamte betriebsgewöhnliche Nutzungsdauer zu bemessen. ④ Die normalen Absetzungen für Abnutzung sind auch dann anzusetzen, wenn für die Absetzungen in der Steuerbilanz vom Restwert auszugehen ist, der nach Inanspruchnahme der Sonderabschreibungen oder erhöhten Absetzungen verblieben ist;

b) Absetzungen auf den Geschäfts- oder Firmenwert oder auf firmenwertähnliche Wirtschaftsgüter;

c) einmalige Veräußerungsverluste sowie außerordentliche Aufwendungen;

d) im Gewinn nicht enthaltene Investitionszulagen, soweit in Zukunft mit weiteren zulagebegünstigten Investitionen in gleichem Umfang gerechnet werden kann;

e) der Ertragsteueraufwand (Körperschaftsteuer, Zuschlagsteuern und Gewerbesteuer);

f) Aufwendungen, die im Zusammenhang stehen mit Vermögen im Sinne des § 200 Absatz 2 und 4, und übernommene Verluste aus Beteiligungen im Sinne des § 200 Absatz 2 bis 4;

2. abzuziehen sind

a) gewinnerhöhende Auflösungsbeträge steuerfreier Rücklagen sowie Gewinne aus der Anwendung des § 6 Absatz 1 Nummer 1 Satz 4 und Nummer 2 Satz 3 des Einkommensteuergesetzes;

b) einmalige Veräußerungsgewinne sowie außerordentliche Erträge;

c) im Gewinn enthaltene Investitionszulagen, soweit in Zukunft nicht mit weiteren zulagebegünstigten Investitionen in gleichem Umfang gerechnet werden kann;

d) ein angemessener Unternehmerlohn, soweit in der bisherigen Ergebnisrechnung kein solcher berücksichtigt worden ist. ② Die Höhe des Unternehmerlohns wird nach der Vergütung bestimmt, die eine nicht beteiligte Geschäftsführung erhalten würde. ③ Neben dem Unternehmerlohn kann auch fiktiver Lohnaufwand für bislang unentgeltlich tätige Familienangehörige des Eigentümers berücksichtigt werden;

e) Erträge aus der Erstattung von Ertragsteuern (Körperschaftsteuer, Zuschlagsteuern und Gewerbesteuer);

f) Erträge, die im Zusammenhang stehen mit Vermögen im Sinne des § 200 Absatz 2 bis 4;

3. hinzuzurechnen oder abzuziehen sind auch sonstige wirtschaftlich nicht begründete Vermögensminderungen oder -erhöhungen mit Einfluss auf den zukünftig nachhaltig zu erzielenden Jahresertrag und mit gesellschaftsrechtlichem Bezug, soweit sie nicht nach den Nummern 1 und 2 berücksichtigt wurden.

(2) ① In den Fällen des § 4 Absatz 3 des Einkommensteuergesetzes ist vom Überschuss der Betriebseinnahmen über die Betriebsausgaben auszugehen. ② Absatz 1 Satz 2 Nummer 1 bis 3 gilt entsprechend. 2

(3) Zur Abgeltung des Ertragsteueraufwands ist ein positives Betriebsergebnis nach Absatz 1 oder Absatz 2 um 30 Prozent zu mindern. 3

Zu § 202 BewG

ErbStR R B 202

R B 202. Betriebsergebnis

(1) ① Die einzelnen Betriebsergebnisse sind gesondert zu berechnen; Ausgangswert ist sowohl bei Personenunternehmen als auch bei Kapitalgesellschaften der Gewinn im Sinne des § 4 Absatz 1 Satz 1 EStG und nicht das zu versteuernde Einkommen. ② Dabei bleiben bei einem Anteil am Betriebsvermögen (§ 97 Absatz 1a BewG) Ergebnisse aus den Sonderbilanzen und Ergänzungsbilanzen unberücksichtigt. ③ Maßgebend ist die zutreffende, nicht die tatsächliche ertragsteuerrechtliche Behandlung. 4

(2) ① Da der Ermittlung des Betriebsergebnisses der Gewinn im Sinne des § 4 Absatz 1 Satz 1 EStG zu Grunde liegt, entfallen weitere Korrekturen bei nicht abziehbaren Betriebsausgaben. ② Der Ausgangswert hat sich bereits um die betriebsgewöhnlichen Aufwendungen dieser Art zu- 5

ErbStR R B 202

treffend gemindert. ③ Entsprechendes gilt auch für andere außerhalb der Bilanz vorzunehmende Korrekturen. ④ Bei der Bildung eines Investitionsabzugsbetrags bzw. durch die entsprechende Auflösung wird der Gewinn im Sinne des § 4 Absatz 1 Satz 1 EStG nicht beeinflusst, so dass insofern keine Korrektur vorzunehmen ist.

6 (3) ① Der Ausgangswert des einzelnen Betriebsergebnisses ist zu korrigieren hinsichtlich solcher Vermögensminderungen oder Vermögensmehrungen, die einmalig sind oder jedenfalls den künftig nachhaltig erzielbaren Jahresertrag nicht beeinflussen. ② Als Korrekturen kommen in Betracht:

1. Hinzuzurechnen sind
   a) ① Investitionsabzugsbeträge, soweit sie den Gewinn gemindert haben, Sonderabschreibungen oder erhöhte Absetzungen, Bewertungsabschläge, Zuführungen zu steuerfreien Rücklagen sowie Teilwertabschreibungen. ② Es sind nur die normalen Absetzungen für Abnutzung, zu denen auch die Absetzung für Abnutzung nach § 7 Absatz 5 EStG gehört, zu berücksichtigen. ③ Die normalen Absetzungen für Abnutzung mit Ausnahme derjenigen nach § 7 Absatz 5 EStG sind nach den Anschaffungs- oder Herstellungskosten bei gleichmäßiger Verteilung über die gesamte betriebsgewöhnliche Nutzungsdauer zu bemessen. ④ Die normalen Absetzungen für Abnutzung sind auch dann anzusetzen, wenn für die Absetzungen in der Steuerbilanz vom Restwert auszugehen ist, der nach Inanspruchnahme der Sonderabschreibungen oder erhöhten Absetzungen verblieben ist;
   b) Absetzungen auf den Geschäfts- oder Firmenwert oder auf firmenwertähnliche Wirtschaftsgüter;
   c) einmalige Veräußerungsverluste sowie außerordentliche Aufwendungen;
   d) im Gewinn nicht enthaltene Investitionszulagen, soweit in Zukunft mit weiteren zulagebegünstigten Investitionen in gleichem Umfang gerechnet werden kann;
   e) der Ertragsteueraufwand (Körperschaftsteuer, Zuschlagsteuern und Gewerbesteuer);
   f) ① Aufwendungen im Zusammenhang mit nicht betriebsnotwendigem Vermögen (§ 200 Absatz 2 BewG) sowie im Zusammenhang mit innerhalb von zwei Jahren vor dem Bewertungsstichtag eingelegten Wirtschaftsgütern (§ 200 Absatz 4 BewG), weil die entsprechenden Wirtschaftsgüter bereits mit dem gemeinen Wert angesetzt werden; es sind regelmäßig nur Hinzurechnungen erforderlich, die unmittelbar auf die entsprechenden Wirtschaftsgüter entfallen. ② Hierzu gehören nicht Finanzierungsaufwendungen im Zusammenhang mit Anteilen an Kapitalgesellschaften im Sinne des § 200 Absatz 3 BewG, die den Wert des die Beteiligung haltenden Unternehmens zutreffend mindern; eine Korrektur des Betriebsergebnisses scheidet insoweit aus. ③ Bei Beteiligungen an Personengesellschaften im Sinne des § 200 Absatz 3 BewG werden wegen der Qualifizierung der Schulden als Sonderbetriebsvermögen bei der Personengesellschaft damit im Zusammenhang stehende Aufwendungen im Ergebnis der Personengesellschaft berücksichtigt und sind deshalb bei der Korrektur des Betriebsergebnisses nicht hinzuzurechnen. ④ Sie werden durch die Hinzurechnung des übernommenen Verlustes aus der Beteiligung nach § 202 Absatz 1 Satz 2 Nummer 1 Buchstabe f 2. Halbsatz BewG oder die Kürzung der Erträge aus der Beteiligung nach § 202 Absatz 1 Satz 2 Nummer 2 Buchstabe f BewG berücksichtigt.

2. Abzuziehen sind
   a) gewinnerhöhende Auflösungsbeträge steuerfreier Rücklagen sowie Gewinne aus der Anwendung des § 6 Absatz 1 Nummer 1 Satz 4 und Nummer 2 Satz 3 EStG;
   b) einmalige Veräußerungsgewinne sowie außerordentliche Erträge;
   c) im Gewinn enthaltene Investitionszulagen, soweit in Zukunft nicht mit weiteren zulagebegünstigten Investitionen in gleichem Umfang gerechnet werden kann;
   d) ① ein angemessener Unternehmerlohn, soweit in der bisherigen Ergebnisrechnung kein solcher berücksichtigt worden ist. ② Die Höhe des Unternehmerlohns wird nach der Vergütung bestimmt, die eine nicht beteiligte Geschäftsführung erhalten würde. ③ Neben dem Unternehmerlohn kann auch fiktiver Lohnaufwand für bislang unentgeltlich tätige Familienangehörige des Eigentümers berücksichtigt werden. ④ Bei der Ermittlung eines angemessenen Unternehmerlohns sind die Grundsätze zu beachten, die bei der ertragsteuerlichen Behandlung der verdeckten Gewinnausschüttung angewandt werden. ⑤ Häufig wird der angemessene Unternehmerlohn aus an leitende Angestellte des Unternehmens gezahlten Bruttogehältern abgeleitet werden können. ⑥ Soweit branchenspezifische Datensammlungen zu Geschäftsführergehältern in einem Fremdvergleich vorliegen, können diese in geeigneter Weise berücksichtigt werden. ⑦ Erhalten geschäftsführende Gesellschafter von Personengesellschaften wirtschaftlich begründete Tätigkeitsvergütungen als Vorabanteile aus dem Gewinn, sind sie als Unternehmerlohn abzuziehen, soweit sie nach Art und Umfang angemessen sind.
   e) Erträge aus der Erstattung von Ertragsteuern (Körperschaftsteuer, Zuschlagsteuern und Gewerbesteuer);

f) ① Erträge, die im Zusammenhang stehen mit Vermögen im Sinne des § 200 Absatz 2 bis 4 BewG. ② Es sind regelmäßig nur unmittelbar auf die Wirtschaftsgüter entfallende Erträge zu korrigieren.

3. ① Hinzuzurechnen oder abzuziehen sind auch sonstige wirtschaftlich nicht begründete Vermögensminderungen oder -erhöhungen mit Einfluss auf den zukünftig nachhaltig zu erzielenden Jahresertrag und mit gesellschaftsrechtlichem Bezug (bei Kapitalgesellschaften insbesondere verdeckte Gewinnausschüttungen und verdeckte Einlagen), soweit sie nicht nach den Nummern 1 und 2 berücksichtigt wurden. ② Hierzu zählen auch solche Vermögensminderungen oder -erhöhungen, die mit Angehörigen des Unternehmers oder Gesellschafters oder sonstigen diesem nahe stehenden Personen im Zusammenhang stehen. ③ Die in § 202 Absatz 1 Satz 2 Nummer 3 BewG genannten Vermögensminderungen oder -erhöhungen müssen nicht notwendig in einem bilanzierungsfähigen Wirtschaftsgut bestehen.

(4) ① Ausgangswert ist bei nicht bilanzierenden Gewerbetreibenden und freiberuflich Tätigen der Überschuss der Betriebseinnahmen über die Betriebsausgaben. ② Auch hierbei sind die in § 202 Absatz 1 BewG genannten Hinzurechnungen und Kürzungen vorzunehmen, z. B. Abschreibungen auf einen entgeltlich erworbenen Praxiswert, einmalige Veräußerungsverluste bzw. Veräußerungsgewinne, der Betriebsausgabenabzug bzw. Betriebseinnahmen nach § 6c EStG oder nach R 6.6 EStR, Absetzungen für außergewöhnliche technische oder wirtschaftliche Abnutzungen gemäß § 7 Absatz 1 Satz 7 EStG oder Sonderabschreibungen. 7

(5) ① Zur Abgeltung des Ertragsteueraufwands ist ein positives Betriebsergebnis nach § 202 Absatz 1 oder 2 BewG um 30 Prozent zu mindern. ② Auf Grund der typisierenden Vorgehensweise ist es in der Regel nicht zu beanstanden, wenn die aus dem Bereich der gewerblichen Unternehmen vorliegende Steuerbelastung in Höhe von 30 Prozent auch bei einem im vereinfachten Ertragswertverfahren ermittelten Wert für ein der Ausübung eines freien Berufs dienendes Vermögen abgezogen werden. 8

H B 202

H B 202

Wirtschaftlich nicht begründete Vermögensminderung. 9

Beispiel 1:

Eine Gesellschaft zahlt an den Gesellschafter-Geschäftsführer einen überhöhten Unternehmerlohn.

Die wirtschaftlich nicht begründete Vermögensminderung der Gesellschaft ist in Höhe der Differenz zum angemessenen Unternehmerlohn zur Ermittlung des Betriebsergebnisses hinzuzurechnen (§ 202 Absatz 1 Satz 2 Nummer 3 BewG).

Beispiel 2:

Eine natürliche Person überlässt der Gesellschaft, an der sie oder eine ihr nahestehende Person beteiligt ist, ein Grundstück zu einer zu niedrigen Miete.

Die wirtschaftlich nicht begründete Vermögenserhöhung der Gesellschaft ist in Höhe der Differenz zur üblichen Miete zur Ermittlung des Betriebsergebnisses abzuziehen (§ 202 Absatz 1 Satz 2 Nummer 3 BewG).

BewG

§ 203[1] Kapitalisierungsfaktor

1 (1) **Der in diesem Verfahren anzuwendende Kapitalisierungsfaktor beträgt 13,75.**

2 (2) **Das Bundesministerium der Finanzen wird ermächtigt, durch Rechtsverordnung mit Zustimmung des Bundesrates den Kapitalisierungsfaktor an die Entwicklung der Zinsstrukturdaten anzupassen.**

Zu § 203 BewG

ErbStR R B 203

R B 203. Kapitalisierungsfaktor

3 ①Der nur für das vereinfachte Ertragswertverfahren geltende Kapitalisierungsfaktor beträgt 13,75 (§ 203 Absatz 1 BewG). ②Der Kapitalisierungsfaktor ist nur im vereinfachten Ertragswertverfahren anzuwenden. ③Er gilt nicht, wenn der gemeine Wert unter Berücksichtigung der Ertragsaussichten in einer anderen anerkannten, auch im gewöhnlichen Geschäftsverkehr für nichtsteuerliche Zwecke üblichen Methode ermittelt wird.

§§ 204 bis 217 *(unbesetzt)*

[1] § 203 BewG anzuwenden auf Bewertungsstichtage nach dem 31. 12. 2015 (§ 265 Abs. 11 BewG).

BewG

Siebenter Abschnitt.[1]
Bewertung des Grundbesitzes für die Grundsteuer ab 1. Januar 2022

A. Allgemeines

§ 218 Vermögensarten

① Für Vermögen, das nach diesem Abschnitt zu bewerten ist, erfolgt abweichend von § 18 eine Unterscheidung in folgende Vermögensarten: 1

1. Land- und forstwirtschaftliches Vermögen (§ 232),
2. Grundvermögen (§ 243).

② Betriebsgrundstücke im Sinne des § 99 Absatz 1 Nummer 2 werden dem land- und forstwirtschaftlichen Vermögen zugeordnet und sind wie land- und forstwirtschaftliches Vermögen zu bewerten. ③ Betriebsgrundstücke im Sinne des § 99 Absatz 1 Nummer 1 werden dem Grundvermögen zugeordnet und sind wie Grundvermögen zu bewerten.

Zu § 218 BewG

AEBew GrSt A 218

A 218 Vermögensarten

① Für die Bewertung nach dem Siebenten Abschnitt des Zweiten Teils des Bewertungsgesetzes erfolgt eine Einordnung in die Vermögensarten land- und forstwirtschaftliches Vermögen sowie Grundvermögen. ② Betriebsgrundstücke sind einer dieser beiden Vermögensarten zuzuordnen und entsprechend der zugeordneten Vermögensart zu bewerten. ③ Die Zuordnung erfolgt entsprechend der Regelung in § 99 BewG. ④ Danach ist ein Betriebsgrundstück im Sinne des Bewertungsrechts der zu einem Gewerbebetrieb gehörende Grundbesitz, soweit er, losgelöst von seiner Zugehörigkeit zu dem Gewerbebetrieb, entweder einen Betrieb der Land- und Forstwirtschaft bilden oder zum Grundvermögen gehören würde. 2

BewG

§ 219 Feststellung von Grundsteuerwerten

(1) **Grundsteuerwerte werden für inländischen Grundbesitz, und zwar für Betriebe der Land- und Forstwirtschaft (§§ 232 bis 234, 240) und für Grundstücke (§§ 243 und 244) gesondert festgestellt (§ 180 Absatz 1 Satz 1 Nummer 1 der Abgabenordnung).** 1

(2) **In dem Feststellungsbescheid (§ 179 der Abgabenordnung) sind auch Feststellungen zu treffen über:** 2

1. die Vermögensart und beim Grundvermögen auch über die Grundstücksart (§ 249) sowie
2. die Zurechnung der wirtschaftlichen Einheit und bei mehreren Beteiligten über die Höhe ihrer Anteile.

(3) **Die Feststellungen nach den Absätzen 1 und 2 erfolgen nur, soweit sie für die Besteuerung von Bedeutung sind.** 3

Zu § 219 BewG

AEBew GrSt A 219

A 219 Feststellung von Grundsteuerwerten

(1) ① Grundsteuerwerte sind für inländischen Grundbesitz, und zwar für Betriebe der Land- und Forstwirtschaft und für Grundstücke, gesondert festzustellen, soweit sie für die Besteuerung von Bedeutung sind. ② Grundsteuerwerte sind in der Regel für die Besteuerung von Bedeutung, soweit eine Steuerpflicht besteht. ③ Die Entscheidung über die persönliche oder sachliche Steuerpflicht kann sowohl im Rahmen der Feststellung des Grundsteuerwerts als auch bei der Festsetzung des Steuermessbetrags getroffen werden (§ 184 Absatz 1 Satz 2 AO). ④ Im Bescheid über die Feststellung des Grundsteuerwerts sind neben der Feststellung des Wertes Feststellungen über die Vermögensart, beim Grundvermögen auch über die Grundstücksart und die Zurechnung der wirtschaftlichen Einheit sowie der Höhe der Anteile bei mehreren Beteiligten zu treffen. 5

(2) ① In Fällen vollständig steuerbefreiten Grundbesitzes kann ein negativer Feststellungsbescheid des Grundsteuerwerts nach § 219 Absatz 3 BewG erlassen werden.[2] ② Nach §§ 181 Absatz 1 Satz 1, 184 Absatz 1 Satz 3, 155 Absatz 1 Satz 3 AO gilt auch der negative Feststellungsbescheid als Steuerbescheid. ③ Ist der negative Feststellungsbescheid vor Eintritt der Einzelrechtsnachfolge gegenüber dem Rechtsvorgänger wirksam geworden, entfaltet er nach § 182 Absatz 2 Satz 1 AO auch ding- 6

[1] Teilweise abweichende Regelungen in einzelnen Ländern: Gesetze abgedruckt in Anhang **IV**.
[2] *Vfg. OFD NRW vom 1. 6. 2023 G 1030-2020/0005 St 254* betr. Feststellung einer vollständigen Grundsteuerbefreiung (§ 219 Abs. 3 BewG).

liche Wirkung gegenüber dem Rechtsnachfolger. ④ Wenn bereits ein Grundsteuerwert festgestellt wurde und der Grundbesitz nunmehr vollständig steuerbefreit ist, ist der bisher festgestellte Grundsteuerwert nach § 224 Absatz 1 Nummer 2 BewG aufzuheben. ⑤ Der Erlass eines negativen Feststellungsbescheides ist in diesen Fällen nicht zulässig. ⑥ Für die Bekanntgabe von negativen Feststellungsbescheiden gelten grundsätzlich die gleichen Regelungen wie für die Feststellungsbescheiden. ⑦ Bei der Bekanntgabe des negativen Feststellungsbescheids an mehrere Beteiligte wird auf AEAO zu § 122 Nr. 2.5.5 Buchstabe f verwiesen.

7 (3) ① Sind Teile des Grund und Bodens einer im Übrigen steuerpflichtigen wirtschaftlichen Einheit von der Grundsteuer befreit (z. B. Wege- oder Verkehrsflächen), ist der steuerfreie Teil des Grund und Bodens von der Gesamtfläche des Grund und Bodens abzuziehen. ② In die Berechnung des Grundsteuerwerts fließt nur der steuerpflichtige Teil des Grund und Bodens ein. ③ Auswirkungen etwa auf die anzuwendenden Umrechnungskoeffizienten nach Anlage 36 zum BewG sind zu beachten.

8 (4) ① Eine gesonderte Artfeststellung für Betriebsgrundstücke ist nicht durchzuführen. ② Betriebsgrundstücke werden einer der zwei Vermögensarten des § 218 BewG zugeordnet (siehe A 218) und innerhalb dieser Vermögensart bewertet.

BewG

§ 220[1] Ermittlung der Grundsteuerwerte

1 (1) ① **Die Grundsteuerwerte werden nach den Vorschriften dieses Abschnitts ermittelt.** ② **Bei der Ermittlung der Grundsteuerwerte ist § 163 der Abgabenordnung nicht anzuwenden; hiervon unberührt bleiben Übergangsregelungen, die die oberste Finanzbehörde eines Landes im Einvernehmen mit den obersten Finanzbehörden der übrigen Länder trifft.**

2 (2) ① **Der niedrigere gemeine Wert ist als Grundsteuerwert anzusetzen, wenn der Steuerpflichtige nachweist, dass der nach den Vorschriften dieses Abschnitts ermittelte Grundsteuerwert erheblich von dem gemeinen Wert der wirtschaftlichen Einheit im Feststellungszeitpunkt abweicht.** ② **Davon ist auszugehen, wenn der Grundsteuerwert den nachgewiesenen gemeinen Wert um mindestens 40 Prozent übersteigt.** ③ **§ 198 Absatz 1 Satz 2 und Absatz 2 gilt entsprechend.** ④ **Als Nachweis des niedrigeren gemeinen Werts kann auch ein im gewöhnlichen Geschäftsverkehr innerhalb eines Jahres vor oder nach dem Hauptfeststellungszeitpunkt zustande gekommener Kaufpreis über die zu bewertende wirtschaftliche Einheit dienen, wenn die maßgeblichen Verhältnisse hierfür gegenüber den Verhältnissen am Hauptfeststellungszeitpunkt unverändert sind.** ⑤ **Nutzungsrechte und weitere grundstücksbezogene Rechte und Belastungen sind bei der Ermittlung des niedrigeren gemeinen Werts nur zu berücksichtigen, soweit sie nach Inhalt und Entstehung mit der Beschaffenheit der wirtschaftlichen Einheit zusammenhängen.** ⑥ **Die §§ 227, 261 und 262 bleiben unberührt.**

Zu § 220 BewG

AEBew GrSt A 220.1

A 220.1 Ermittlung der Grundsteuerwerte

(1) Grundsteuerwerte werden nach den Vorschriften des Siebenten Abschnitts des Zweiten Teils des Bewertungsgesetzes ermittelt.

3 (2) Bei der Ermittlung der Grundsteuerwerte kommt eine abweichende Feststellung aus Billigkeitsgründen nach § 163 AO nicht in Betracht.

AEBew GrSt A 220.2

A 220.2 Ansatz des niedrigeren gemeinen Werts: Allgemeines, Voraussetzungen

(1) ① Soweit sich im Einzelfall ein Unterschied zwischen dem gemäß §§ 218 ff. BewG ermittelten Grundsteuerwert für eine wirtschaftliche Einheit des land- und forstwirtschaftlichen Ver-
5 mögens oder des Grundvermögens und dem gemeinen Wert im Sinne des § 9 BewG ergibt, ist dies aufgrund der typisierenden und pauschalierenden Wertermittlung des Bewertungsgesetzes, die notwendigerweise mit Ungenauigkeiten verbunden ist, grundsätzlich hinzunehmen. ② Etwas anderes gilt nur dann, wenn die Bewertung zu einer übermäßigen Besteuerung führen würde (BFH-Beschlüsse vom 27. Mai 2024 II B 78/23 (AdV), BStBl. II S. 543 und II B 79/23 (AdV), BStBl. II S. 546).

6 (2) ① § 220 Absatz 2 BewG eröffnet die Möglichkeit, den Nachweis des niedrigeren gemeinen Werts zu erbringen, wenn der nach den §§ 218 ff. BewG ermittelte Grundsteuerwert erheblich von dem gemeinen Wert der wirtschaftlichen Einheit zum Feststellungszeitpunkt abweicht. ② Ein für die gesamte wirtschaftliche Einheit nachgewiesener niedrigerer gemeiner Wert ist danach anzusetzen, wenn der Grundsteuerwert den nachgewiesenen gemeinen Wert unter Berücksichtigung der Wertverhältnisse vom Hauptfeststellungszeitpunkt (§ 227 BewG) um mindestens 40 Prozent übersteigt.

[1] Siehe auch *koord. Ländererlass vom 24. 6. 2024 (BStBl. I S. 1073).*

AEBew GrSt A 220.2

Beispiel:

Der vom Finanzamt ermittelte Grundsteuerwert beträgt 140 000 €. Durch ein Gutachten wurde ein gemeiner Wert in Höhe von 100 000 € nachgewiesen.

Lösung:

Der ermittelte Grundsteuerwert übersteigt den nachgewiesenen gemeinen Wert um 40 % (140 000 € – 100 000 € = 40 000 €; 40 000 €/100 000 € × 100 = 40 %). Der niedrigere gemeine Wert ist als Grundsteuerwert anzusetzen.

(3) ① Den Steuerpflichtigen trifft sowohl dem Grunde nach als auch hinsichtlich der Höhe die Nachweislast für einen niedrigeren gemeinen Wert und nicht eine bloße Darlegungslast. ② Für den Nachweis des niedrigeren gemeinen Werts gelten in entsprechender Anwendung des § 198 Absatz 1 Satz 2 BewG grundsätzlich die auf Grund des § 199 Absatz 1 des Baugesetzbuchs (BauGB) erlassenen Vorschriften, insbesondere die Immobilienwertermittlungsverordnung (ImmoWertV) vom 14. Juli 2021 (BGBl. I S. 2805). ③ Voraussetzung für den Ansatz des niedrigeren gemeinen Werts ist, dass der Steuerpflichtige – vorbehaltlich des Absatzes 5 Sätze 4 und 5 – den tatsächlich niedrigeren gemeinen Wert der gesamten wirtschaftlichen Einheit nachweist; der Nachweis einzelner Bewertungsgrundlagen (z. B. einer geringeren Miethöhe mittels Mietwertgutachten oder eines niedrigeren Bodenwerts) ist nicht ausreichend. 7

(4) ① Soweit Nutzungsrechte und weitere grundstücksbezogene Rechte und Belastungen im Sinne des § 46 Absatz 2 ImmoWertV nach Inhalt und Entstehung nicht mit der Beschaffenheit der wirtschaftlichen Einheit des Grundvermögens zusammenhängen, betreffen sie nicht das Grundvermögen im Sinne des § 243 BewG und gehören damit nicht zum Bewertungs- bzw. Feststellungsgegenstand der Grundsteuerwertfeststellung (vgl. A 243.1 Absatz 5 Satz 10 und BFH-Urteil vom 11. Juni 2008 II R 71/05, BStBl. II 2009 S. 132). ② Derartige Nutzungsrechte und weitere grundstücksbezogene Rechte und Belastungen sind daher gemäß § 220 Absatz 2 Satz 5 BewG nicht bei der Ermittlung des niedrigeren gemeinen Werts zu berücksichtigen. ③ Nicht anzusetzen sind daher insbesondere Belastungen durch subjektiv-persönliche Nutzungsrechte, wie z. B. Wohnungsrechte (§ 1093 BGB), Wohn- und Mitbenutzungsrechte, Nießbrauch (§§ 1030 bis 1089 BGB) sowie Dauerwohn- und Dauernutzungsrechte (§ 31 des Wohnungseigentumsgesetzes – WEG), sowie Reallasten gemäß §§ 1105 ff. BGB, wie z. B. Leibrenten, Zeitrenten sowie Geld-, Sach- und Dienstleistungen. ④ Wege- und Leitungsrechte können sowohl als subjektiv-persönliches Nutzungsrecht einer bestimmten Person oder als Grunddienstbarkeit zugunsten des jeweiligen Eigentümers eines Grundstücks bestellt werden. ⑤ Lediglich Grunddienstbarkeiten (§§ 1018 bis 1029 BGB) betreffen im Gegensatz zu subjektiv-persönlichen Nutzungsrechten das Grundvermögen (vgl. A 243.1 Absatz 5 Sätze 7 bis 9) und sind daher bei der Ermittlung des gemeinen Werts zu berücksichtigen. ⑥ Gleiches gilt für miet-, pacht- und wohnungsrechtliche Bindungen, wie z. B. Mietverträge (§§ 535 ff. BGB), Pachtverträge (§§ 581 ff. BGB), Leihverträge (§§ 598 ff. BGB) und Miet- oder Belegungsbindungen im Rahmen der sozialen Wohnraumförderung. 8

(5) ① Auch bei teilweise steuerbefreiten wirtschaftlichen Einheiten ist grundsätzlich der niedrigere gemeine Wert für die gesamte wirtschaftliche Einheit nachzuweisen. ② In diesen Fällen ist zur Prüfung der 40-Prozent-Grenze der nachgewiesene Wert mit dem Grundsteuerwert vor Abzug des steuerfreien Anteils bzw. vor Aufteilung in einen steuerpflichtigen und einen steuerfreien Teil zu vergleichen. ③ Wird die 40-Prozent-Grenze erreicht, ist vom nachgewiesenen niedrigeren gemeinen Wert der steuerfreie Anteil abzuziehen bzw. der nachgewiesene niedrigere gemeine Wert entsprechend A 8 Absatz 2 Satz 2 bzw. 3 AEGrStG 2025 nach dem Verhältnis der steuerpflichtigen Fläche zur gesamten Fläche aufzuteilen, soweit sich aus dem Nachweis keine Informationen ergeben, die eine abweichende Aufteilung rechtfertigen. ④ Ist bei teilweise steuerbefreiten wirtschaftlichen Einheiten ein Nachweis des niedrigeren gemeinen Werts für die gesamte wirtschaftliche Einheit angesichts des Verhältnisses von steuerbefreiten zu steuerpflichtigen Flächen nur mit unverhältnismäßig hohem Aufwand möglich, ist es nicht zu beanstanden, wenn der Nachweis nur für den steuerpflichtigen Teil erbracht wird. ⑤ In diesen Fällen ist der nachgewiesene niedrigere gemeine Wert als Grundsteuerwert anzusetzen. 9

(6) ① Für den Nachweis des niedrigeren gemeinen Werts von erbbaurechtsbelasteten Grundstücken gelten die Absätze 1 bis 5 entsprechend. ② In diesen Fällen ist für das Erbbaurecht und das Erbbaugrundstück ein Gesamtwert zu ermitteln, der zu ermitteln wäre, wenn die Belastung mit dem Erbbaurecht nicht bestünde. ③ In Fällen mit Gebäuden auf fremdem Grund und Boden ist zum Nachweis eines niedrigeren gemeinen Werts für den Grund und Boden sowie für das Gebäude ein Gesamtwert zu ermitteln. 10

(7) ① In Fällen, in denen der Grundsteuerwert den nachgewiesenen gemeinen Wert um mindestens 40 Prozent übersteigt, der Grundsteuerwert bestandskräftig festgestellt wurde und die Feststellung nicht mehr nach den Korrekturvorschriften der Abgabenordnung änderbar ist, ist zu prüfen, ob die Voraussetzungen für eine fehlerbeseitigende Wertfortschreibung (§ 222 Absatz 3 BewG) vorliegen. ② Die Wertfortschreibungsgrenze (§ 222 Absatz 1 BewG) ist zu beachten. ③ Bei der Prüfung der Korrekturvorschriften der Abgabenordnung ist zu beachten, dass ein Sachverständigengutachten nur Beweismittel im Sinne des § 173 Absatz 1 AO ist, soweit es die Erkenntnis neuer Tatsachen vermittelt und nicht lediglich Schlussfolgerungen enthält (BFH-Urteil vom 27. Oktober 1992, VIII R 41/89, BStBl. 1993 II S. 569). 11

AEBew GrSt A 220.3

A 220.3 Nachweis des niedrigeren gemeinen Werts durch Verkehrswertgutachten

(1) ① Als Nachweis des niedrigeren gemeinen Werts kann ein Gutachten zur Ermittlung des gemeinen Werts zum Feststellungszeitpunkt dienen. ② Das Gutachten ist bei Grundstücken

12 1. vom zuständigen Gutachterausschuss im Sinne der §§ 192 ff. BauGB,
2. von öffentlich bestellten und vereidigten Sachverständigen für die Bewertung von bebauten und unbebauten Grundstücken oder
3. von Personen, die von einer nach DIN EN ISO/IEC 17024 akkreditierten Zertifizierungsstelle als Sachverständige oder Gutachter für die Wertermittlung von Grundstücken nach entsprechender Norm zertifiziert worden sind,

zu erstellen.

13 (2) ① Die nach DIN EN ISO/IEC 17024 akkreditierten deutschen Zertifizierungsstellen für Sachverständige für die Wertermittlung von Grundstücken und deren Akkreditierungsumfang sind tagesaktuell auf der Internetseite der Deutschen Akkreditierungsstelle (DAkkS) dargestellt. ② Im europäischen Ausland akkreditierte Zertifizierungsstellen sind über die Internetseite der Europäischen Kooperation für Akkreditierung in Verbindung mit den Internetseiten der nationalen Akkreditierungsstellen abrufbar.

14 (3) ① Die öffentliche Bestellung oder Zertifizierung muss im Zeitpunkt der Erstellung des Sachverständigengutachtens gegeben sein. ② Im Rechtsbehelfsverfahren kann ein erneutes Gutachten eingereicht werden, das die Anforderungen an die Qualifikation des Gutachters erfüllt.

15 (4) Die Nachweislast des Steuerpflichtigen umfasst auch den Qualifikationsnachweis des Gutachters.

16 (5) ① Das Gutachten ist für die Feststellung des Grundsteuerwerts nicht bindend, sondern unterliegt der Beweiswürdigung durch das Finanzamt. ② Enthält das Gutachten Mängel (z. B. methodische Mängel oder unzutreffende Wertansätze), ist es zurückzuweisen; ein Gegengutachten durch das Finanzamt ist nicht erforderlich. ③ Zur Ordnungsmäßigkeit eines Sachverständigengutachtens gehören methodische Qualität und eine zutreffende Erhebung und Dokumentation der Begutachtungsgrundlagen. ④ Für den Nachweis des niedrigeren gemeinen Werts durch ein Gutachten gelten die auf Grund des § 199 Absatz 1 BauGB erlassenen Vorschriften (ImmoWertV).

17 (6) ① § 227 BewG, wonach bei Fortschreibungen und Nachfeststellungen der Grundsteuerwerte die Wertverhältnisse im Hauptfeststellungszeitpunkt zugrunde zu legen sind, ist auch bei der Erstellung von Verkehrswertgutachten für Zwecke der Grundsteuer zu beachten (§ 220 Absatz 2 Satz 6 BewG). ② Bei Gutachten für Fortschreibungen und Nachfeststellungen sind daher die Wertverhältnisse des Hauptfeststellungszeitpunkts und die tatsächlichen Verhältnisse des Feststellungszeitpunkts zu berücksichtigen (siehe hierzu A 227.1). ③ Hinsichtich des Baujahres ist in diesen Fällen von dem Alter des Gebäudes und der Restnutzungsdauer der baulichen Anlagen zum Hauptfeststellungszeitpunkt auszugehen (§ 227 BewG, siehe auch A 227.1 Absatz 3 Satz 2).

Beispiel 1:

Aufgrund eines Erbfalles wurde im Jahr vor dem Hauptfeststellungszeitpunkt ein Verkehrswertgutachten für Zwecke der Erbschaftsteuer erstellt. Der Steuerpflichtige möchte mit diesem Gutachten den niedrigeren gemeinen Wert für Zwecke der Grundsteuer nachweisen.

Lösung:

Das Gutachten ist nicht zum Nachweis des niedrigeren gemeinen Werts für Zwecke der Grundsteuer geeignet, da dieses nicht auf den Hauptfeststellungszeitpunkt erstellt wurde und daher nicht die Wertverhältnisse zum Hauptfeststellungszeitpunkt widerspiegelt.

Beispiel 2:

Es wird ein Gutachten eingereicht, welches nicht auf der Grundlage der Wertverhältnisse am Hauptfeststellungszeitpunkt erstellt wurde.

Lösung:

Das Gutachten kann zwar nicht als Nachweis des niedrigeren gemeinen Werts anerkannt werden, sollten in dem Gutachten jedoch tatsächliche Verhältnisse beschrieben werden, welche ggf. zu einer abweichenden Feststellung führen könnten, wäre dies zu prüfen. Dies könnte bspw. bei einem bislang als bebaut bewerteten Grundstück der Fall sein, wenn aus dem Gutachten klar hervorgeht, dass kein benutzbares Gebäude vorliegt. Sollte sich bestätigen, dass dieser Sachverhalt bereits am Feststellungszeitpunkt gegeben war, wäre die Bewertung als unbebautes Grundstück vorzunehmen. Es handelt sich insoweit nicht um den Ansatz eines niedrigeren gemeinen Werts, sondern um die Berücksichtigung der tatsächlichen Verhältnisse.

18 (7) Als Nachweis des niedrigeren gemeinen Werts für einen Betrieb der Land- und Forstwirtschaft kann regelmäßig ein Gutachten eines öffentlich bestellten und vereidigten Sachverständigen für die Wertermittlung bei Betrieben der Land- und Forstwirtschaft dienen.

19 (8) ① Der durch ein Gutachten nachgewiesene niedrigere gemeine Wert kann berücksichtigt werden,

1. bis eine Änderung der tatsächlichen Verhältnisse mit Auswirkungen auf die Höhe des festgestellten Grundsteuerwerts (Überschreiten der Wertfortschreibungsgrenze) eintritt, längstens jedoch
2. bis zum Ablauf des jeweiligen Hauptveranlagungszeitraums gemäß § 16 Absatz 2 Satz 3 GrStG.

② Ein auf einen Feststellungszeitpunkt durch ein Gutachten nachgewiesener niedrigerer gemeiner Wert kann nicht weiteren Grundsteuerwertfeststellungen auf spätere Feststellungszeitpunkte zugrunde gelegt werden.

A 220.4 Nachweis des niedrigeren gemeinen Werts mittels zeitnahen Kaufpreises

AEBew GrSt A 220.4

(1) ① Als Nachweis des niedrigeren gemeinen Werts kann gemäß § 220 Absatz 2 Satz 3 BewG auch ein im gewöhnlichen Geschäftsverkehr innerhalb eines Jahres vor oder nach dem Hauptfeststellungszeitpunkt zustande gekommener Kaufpreis über die zu bewertende wirtschaftliche Einheit dienen, wenn die maßgeblichen Verhältnisse hierfür gegenüber den Verhältnissen am Hauptfeststellungszeitpunkt unverändert sind. ② Maßgeblich für die jeweilige Jahresfrist ist das Datum des notariellen Kaufvertrages. ③ Ist der Kaufpreis nicht innerhalb der Jahresfrist zustande gekommen, kann der Nachweis des niedrigeren gemeinen Werts mittels Kaufpreis auch dann nicht erbracht werden, wenn die Jahresfrist nur kurz überschritten wurde. 20

(2) ① Eine Änderung eines bestandskräftigen Bescheids über die Feststellung des Grundsteuerwerts nach § 173 Absatz 1 Nummer 2 AO kommt nur in Betracht, wenn das Grundstück schon vor der abschließenden Entscheidung des Finanzamts über die Feststellung verkauft wurde, der Verkauf dem für die Feststellung zuständigen Bediensteten des Finanzamtes beim Erlass des Feststellungsbescheides jedoch nicht bekannt war und den Steuerpflichtigen kein grobes Verschulden an dem nachträglichen Bekanntwerden dieser Tatsache trifft. ② Wird der Grundstückskaufvertrag hingegen erst nach der abschließenden Entscheidung des Finanzamts über die Feststellung abgeschlossen, liegt eine nachträglich entstandene Tatsache vor, die nicht zu einer Änderung nach § 173 Absatz 1 Nummer 2 AO führt. 21

(3) ① Eine Änderung eines bestandskräftigen Bescheids über die Feststellung des Grundsteuerwerts nach § 175 Absatz 1 Satz 1 Nummer 2 AO kommt in Betracht, wenn für das zu bewertende Grundstück nach der abschließenden Entscheidung des Finanzamts über die Feststellung des Grundsteuerwerts und innerhalb eines Jahres nach dem Hauptfeststellungszeitpunkt im gewöhnlichen Geschäftsverkehr ein Kaufpreis zustande gekommen ist und sich die maßgeblichen Verhältnisse zum Zeitpunkt des notariellen Kaufvertrages gegenüber den Verhältnissen am Hauptfeststellungszeitpunkt nicht verändert haben. ② Ein derartiger Kaufpreis erfüllt den Tatbestand des § 220 Absatz 2 Satz 4 BewG. ③ Dieser Verkauf stellt somit ein Ereignis dar, das steuerliche Wirkung für die Vergangenheit entfaltet (rückwirkendes Ereignis). 22

(4) ① Liegen im Rahmen des Nachweises des niedrigeren gemeinen Werts gleichzeitig ein zeitnah zum Hauptfeststellungszeitpunkt im gewöhnlichen Geschäftsverkehr zustande gekommener Kaufpreis und ein Sachverständigengutachten vor, ist der Grundsteuerwertfeststellung der Kaufpreis zugrunde zu legen. ② Der im gewöhnlichen Geschäftsverkehr vereinbarte bzw. erzielte Kaufpreis liefert den sichersten Anhaltspunkt für den gemeinen Wert. 23

Beispiel:

Im Hinblick auf einen anstehenden Grundstücksverkauf im Jahr 2022 wird ein Verkehrswertgutachten auf den Hauptfeststellungszeitpunkt 1. Januar 2022 erstellt. Ausweislich dieses Gutachtens übersteigt der Grundsteuerwert den gemeinen Wert um mindestens 40 %.

a) Das Grundstück wird im Jahr 2022 zu einem höheren Kaufpreis als dem Wert laut Gutachten verkauft. Der Grundsteuerwert übersteigt den Verkaufspreis um mindestens 40 %.

Lösung:

Der Kaufpreis ist als Grundsteuerwert festzustellen. Wurde bei der Hauptfeststellung des Grundsteuerwerts auf den 1. Januar 2022 bereits der Wert laut Gutachten als Grundsteuerwert festgestellt (etwa, um einem Einspruch abzuhelfen und weil der Verkauf erst später im Jahr 2022 erfolgte), ist dieser Bescheid nach § 175 Absatz 1 Satz 1 Nummer 2 AO zu ändern.

b) Das Grundstück wird im Jahr 2022 zu einem höheren Kaufpreis als dem Wert laut Gutachten verkauft. Der Grundsteuerwert übersteigt den Verkaufspreis um weniger als 40 %.

Lösung:

Es ist der nach den Vorschriften des Siebenten Abschnitts des Zweiten Teils des Bewertungsgesetzes ermittelte Grundsteuerwert festzustellen. Der Kaufpreis ist nicht als Grundsteuerwert festzustellen, da der Grundsteuerwert den Verkaufspreis um nicht mindestens 40 % übersteigt. Der Wert laut Gutachten ist nicht als Grundsteuerwert festzustellen, da im Verhältnis Kaufpreis und Wert lt. Gutachten der Kaufpreis vorrangig zu berücksichtigen ist. Wurde bei der Hauptfeststellung des Grundsteuerwerts auf den 1. Januar 2022 bereits der Wert laut Gutachten als Grundsteuerwert festgestellt (etwa, um einem Einspruch abzuhelfen und weil der Verkauf erst später im Jahr 2022 erfolgte), ist dieser Bescheid nach § 175 Absatz 1 Satz 1 Nummer 2 AO zu ändern.

c) Das Grundstück wird im Jahr 2022 zu einem geringeren Kaufpreis als dem Wert laut Gutachten verkauft; der Grundsteuerwert übersteigt den Verkaufspreis weiterhin um mindestens 40 %.

Lösung:

Der Kaufpreis ist als Grundsteuerwert festzustellen.

d) Das Grundstück wird im Jahr 2023 verkauft.

Lösung:

Der Wert laut Gutachten ist als Grundsteuerwert anzusetzen. Da der Kaufpreis nicht innerhalb der Jahresfrist des § 220 Absatz 2 Satz 4 BewG zustande gekommen ist und die Wertverhältnisse am Hauptfeststellungszeitpunkt nicht mehr zuverlässig widerspiegeln kann, kann dieser nicht als Grundsteuerwert angesetzt werden.

AEBew GrSt A 220.5

A 220.5 Aussetzung der Vollziehung (§ 361 AO) von Bescheiden über die Feststellung des Grundsteuerwerts

(1) Im Hinblick auf die Möglichkeit zur abweichenden Wertfeststellung nach § 220 Absatz 2
25 BewG ist Anträgen auf Aussetzung der Vollziehung von Bescheiden über die Feststellung des Grundsteuerwerts zu entsprechen, wenn und soweit schlüssig dargelegt wird, dass der Grundsteuerwert den Verkehrswert um mindestens 40 Prozent übersteigt.

26 (2) ① Für die Gewährung der Aussetzung der Vollziehung ist die Vorlage eines Nachweises, z. B. eines Verkehrswertgutachtens, noch nicht erforderlich. ② Substantiierten Angaben des Steuerpflichtigen zur Höhe des Verkehrswerts ist zu folgen. ③ Es bestehen keine Bedenken, als Ergebnis der summarischen Prüfung vorbehaltlich anderweitiger Erkenntnisse 50 Prozent des Grundsteuerwerts von der Vollziehung auszusetzen. ④ Die Aussetzung der Vollziehung soll angemessen befristet und der Steuerpflichtige zum Nachweis des niedrigeren gemeinen Werts (durch Vorlage eines Gutachtens oder durch Nachweis eines zeitnahen Kaufpreises) innerhalb dieser Frist aufgefordert werden.

27 (3) ① Infolge der Aussetzung der Vollziehung des Grundsteuerwertbescheides ist auch die Vollziehung des hierauf beruhenden Grundsteuermessbescheides (ggf. anteilig) auszusetzen (§ 361 Absatz 3 Satz 1 AO). ② Dies gilt unabhängig davon, ob auch gegen diesen Grundsteuermessbescheid ein Einspruch mit Antrag auf Aussetzung der Vollziehung anhängig ist. ③ Die betroffenen Kommunen sind auf geeignete Art und Weise über die Aussetzung zu unterrichten.

BewG

§ 221 Hauptfeststellung

1 (1) **Die Grundsteuerwerte werden in Zeitabständen von je sieben Jahren allgemein festgestellt (Hauptfeststellung).**

2 (2) **Der Hauptfeststellung werden die Verhältnisse zu Beginn des Kalenderjahres (Hauptfeststellungszeitpunkt) zugrunde gelegt.**

Zu § 221 BewG

AEBew GrSt A 221

A 221 Hauptfeststellung

① Grundsteuerwerte werden in Zeitabständen von je sieben Jahren allgemein festgestellt. ② Den Hauptfeststellungen sind die jeweiligen Verhältnisse im Hauptfeststellungzeitpunkt zugrunde zu
3 legen. ③ Maßgebend sind die Verhältnisse zu Beginn des jeweiligen Kalenderjahres. ④ § 235 Absatz 2 BewG bleibt unberührt.

BewG

§ 222 Fortschreibungen

1 (1) **Der Grundsteuerwert wird neu festgestellt (Wertfortschreibung), wenn der in Euro ermittelte und auf volle 100 Euro abgerundete Wert, der sich für den Beginn eines Kalenderjahres ergibt, von dem entsprechenden Wert des letzten Feststellungszeitpunkts nach oben oder unten um mehr als 15 000 Euro abweicht.**

2 (2) **Über die Art oder Zurechnung der wirtschaftlichen Einheit (§ 219 Absatz 2) wird eine neue Feststellung getroffen (Artfortschreibung oder Zurechnungsfortschreibung), wenn sie von der zuletzt getroffenen Feststellung abweicht und es für die Besteuerung von Bedeutung ist.**

3 (3) ① **Eine Fortschreibung nach Absatz 1 oder 2 findet auch zur Beseitigung eines Fehlers der letzten Feststellung statt.** ② **§ 176 der Abgabenordnung über den Vertrauensschutz bei der Aufhebung und Änderung von Steuerbescheiden ist hierbei entsprechend anzuwenden.** ③ **Satz 2 gilt nur für die Feststellungszeitpunkte, die vor der Verkündung der maßgeblichen Entscheidung eines der in § 176 der Abgabenordnung genannten Gerichte liegen.**

4 (4) ① **Eine Fortschreibung ist vorzunehmen, wenn dem Finanzamt bekannt wird, dass die Voraussetzungen für sie vorliegen.** ② **Der Fortschreibung werden vorbehaltlich des § 227 die Verhältnisse im Fortschreibungszeitpunkt zugrunde gelegt.** ③ **Fortschreibungszeitpunkt ist:**

1. **bei einer Änderung der tatsächlichen Verhältnisse der Beginn des Kalenderjahres, das auf die Änderung folgt, und**
2. **in den Fällen des Absatzes 3 der Beginn des Kalenderjahres, in dem der Fehler dem Finanzamt bekannt wird, bei einer Erhöhung des Grundsteuerwerts jedoch frühestens der Beginn des Kalenderjahres, in dem der Feststellungsbescheid erteilt wird.**

Zu § 222 BewG

AEBew GrSt A 222

A 222 Fortschreibungen

(1) ① Eine Wertfortschreibung der Grundsteuerwerte ist vorzunehmen, wenn der in Euro ermittelte und auf volle durch hundert Euro ohne Rest teilbare abgerundete Wert, der sich für den
7 Beginn eines Kalenderjahres ergibt, von dem entsprechenden Wert des letzten Feststellungszeit-

punkts nach oben oder nach unten um mehr als 15 000 Euro abweicht. ② Mehrere bis zu einem Fortschreibungszeitpunkt eingetretene Wertabweichungen sind zusammenzufassen. ③ Beträgt der nach § 230 BewG abgerundete neue Wert null Euro, so ist der Grundsteuerwert nur dann auf null Euro festzustellen, wenn die Wertgrenzen des § 222 Absatz 1 BewG überschritten sind. ④ Eine Wertfortschreibung erfolgt nicht allein deshalb, weil sich das Alter des Gebäudes im Hauptfeststellungszeitraum verändert und sich damit eine abweichende Alterswertminderung nach § 259 Absatz 4 BewG oder abweichende Kapitalisierungs- und Abzinsungsfaktoren nach § 253 Absatz 2 BewG bzw. nach § 257 Absatz 2 BewG ergäben (siehe auch A 227.1). ⑤ Maßgebend ist das Gebäudealter im Hauptfeststellungszeitpunkt.

(2) ① Wurde der niedrigere gemeine Wert auf einen Feststellungszeitpunkt berücksichtigt und ändern sich nach diesem Feststellungszeitpunkt die tatsächlichen Verhältnisse, ist bei der Prüfung einer Wertfortschreibung gemäß § 222 Absatz 1 BewG der sich zum Fortschreibungszeitpunkt unter Berücksichtigung der geänderten tatsächlichen Verhältnisse nach den Vorschriften des Siebenten Abschnitts des Zweiten Teils des Bewertungsgesetzes ergebende Grundsteuerwert mit dem Grundsteuerwert zum letzten Feststellungszeitpunkt zu vergleichen. ② Wird die Wertfortschreibungsgrenze überschritten, ist eine Wertfortschreibung durchzuführen. ③ Der Steuerpflichtige kann erneut einen Nachweis des niedrigeren gemeinen Werts für den Wertfortschreibungszeitpunkt erbringen. ④ Ein für die vorangegangene Feststellung erstelltes (und anerkanntes) Gutachten ist nicht als Nachweis für die nunmehr vorzunehmende Wertfortschreibung (Fortschreibungszeitpunkt vgl. § 222 Absatz 4 Satz 3 Nummer 1 BewG) anzuerkennen, da sich der Qualitätsstichtag geändert hat. ⑤ Der Nachweis mittels eines zeitnah zum Hauptfeststellungszeitpunkt zustande gekommenen Kaufpreises ist nicht möglich, wenn sich die tatsächlichen Verhältnisse nach diesem Stichtag geändert haben. 8

Beispiel 1:

Auf den 1. Januar 2022 wurde nach den Vorschriften des Siebenten Abschnitts des Zweiten Teils des Bewertungsgesetzes ein Grundsteuerwert in Höhe von 400 000 € ermittelt. Durch ein anzuerkennendes Verkehrswertgutachten wurde auf den Hauptfeststellungszeitpunkt ein gemeiner Wert in Höhe von 285 000 € nachgewiesen, der als Grundsteuerwert festgestellt wurde, da die 40 %-Grenze erreicht wurde (400 000 € – 285 000 € = 115 000 €; 115 000 €/285 000 € = 40,35 %). Im Jahr 2025 wird eines von mehreren Gebäuden abgerissen. Der nach dem Siebenten Abschnitt des Zweiten Teils des Bewertungsgesetzes ermittelte Grundsteuerwert beträgt nun 300 000 €.

Lösung:

Auf den 1. Januar 2026 ist keine Wertfortschreibung durchzuführen, da der ermittelte Grundsteuerwert (300 000 €) vom zuletzt festgestellten Grundsteuerwert (285 000 €) nicht um mehr als 15 000 € abweicht.

Abwandlung:

Das Gebäude wird nicht abgerissen. Stattdessen werden im Jahr 2025 umfangreiche Sanierungsmaßnahmen durchgeführt, eine Bodenverunreinigung beseitigt u. Ä. Der nach den Vorschriften des Siebenten Abschnitts des Zweiten Teils des Bewertungsgesetzes ermittelte Grundsteuerwert beträgt weiterhin 400 000 €. Der Steuerpflichtige weist durch ein weiteres Gutachten einen gemeinen Wert der wirtschaftlichen Einheit in Höhe von nunmehr 325 000 € nach.

Lösung:

Das seinerzeit eingereichte Gutachten bildet infolge der durchgeführten Maßnahmen die tatsächlichen Verhältnisse zum Fortschreibungszeitpunkt nicht mehr zutreffend ab und kann nicht mehr als Nachweis des niedrigeren gemeinen Werts dienen (vgl. A 220.3 Absatz 8 Nummer 1). Auf den 1. Januar 2026 ist eine Wertfortschreibung auf 400 000 € durchzuführen, da der nach den Vorschriften des Siebenten Abschnitts des Zweiten Teils des Bewertungsgesetzes ermittelte Grundsteuerwert vom zuletzt festgestellten Grundsteuerwert (285 000 €) um mehr als 15 000 € abweicht. Der nachgewiesene Verkehrswert in Höhe von 325 000 € kann nicht als Grundsteuerwert festgestellt werden, da die 40 %-Grenze nicht erreicht wird (400 000 € – 325 000 € = 75 000 €; 75 000 €/325 000 € = 23,08 %).

(3) ① Eine Art- und/oder Zurechnungsfortschreibung ist vorzunehmen, wenn sich zu den zuletzt getroffenen Feststellungen Abweichungen ergeben, die für die Besteuerung von Bedeutung sind (§ 219 Absatz 2 BewG). ② Wertgrenzen sind bei der Art- und Zurechnungsfortschreibung nicht zu beachten. ③ Eine Artfortschreibung setzt eine Änderung in der Art einer wirtschaftlichen Einheit voraus (§ 222 Absatz 2 BewG). ④ Die Art eines Grundstücks ändert sich z. B., wenn aus einem Einfamilienhaus ein Zweifamilienhaus wird. ⑤ Eine Zurechnungsfortschreibung (§ 222 Absatz 2 BewG) setzt voraus, dass sich die Eigentumsverhältnisse geändert haben. ⑥ Das ist insbesondere der Fall, wenn ein Grundstück verkauft, verschenkt oder vererbt, Alleineigentum an einem Grundstück in Miteigentum umgewandelt wird oder sich die Miteigentumsverhältnisse an einem Grundstück ändern. ⑦ Eine Zurechnungsfortschreibung ist hingegen nicht bei einer bloßen Umfirmierung einer Kapitalgesellschaft vorzunehmen. 9

(4) ① Die drei Arten der Fortschreibung (Absatz 1 und 3) stehen selbständig nebeneinander. ② Auf denselben Fortschreibungszeitpunkt sind deshalb Fortschreibungen der verschiedenen Art zulässig. ③ Sie können verbunden werden, soweit dies zweckmäßig ist. ④ Eine bereits auf einen bestimmten Fortschreibungszeitpunkt vorgenommene Fortschreibung der einen Art schließt eine nachfolgende Fortschreibung einer anderen Art auf denselben Zeitpunkt nicht aus (vgl. BFH-Urteil vom 9. Januar 1959 III 288/57 U, BStBl. III S. 110). ⑤ Nochmalige Fortschreibungen derselben Art auf denselben Feststellungzeitpunkt sind dagegen (vorbehaltlich der Korrekturnormen nach §§ 172 ff. AO) nicht zulässig. ⑥ Ändern sich die tatsächlichen Verhältnisse im Jahr vor einem Hauptfeststellungszeitpunkt, ist auf den Hauptfeststellungszeitpunkt nicht nur eine Hauptfeststellung, sondern zugleich und unabhängig davon auch eine Wertfortschreibung (unter Beachtung der Wertfortschreibungsgrenze 10

AEBew GrSt A 222

(§ 222 Absatz 1 BewG) und der Wertverhältnisse des vorangegangenen Hauptfeststellungszeitpunktes) vorzunehmen (siehe hierzu auch Beispiel 2).

Beispiel 1:

B erwirbt im Februar 2022 von A einen Bauplatz. Das Finanzamt führt auf den 1. Januar 2023 eine Zurechnungsfortschreibung auf B durch. Am 13. Januar 2023 geht beim Finanzamt die Anzeige gemäß § 228 Absatz 2 BewG des B ein, dass er auf diesem Grundstück im Oktober 2022 ein Fertighaus (Einfamilienhaus) bezugsfertig errichtet hat.

Lösung:

Die Bebauung des Grundstücks führt zu einer Art- und Wertfortschreibung. Da Zurechnungs-, Art- und Wertfortschreibungen eigenständige Verwaltungsakte sind, ist neben der bereits erfolgten Zurechnung noch eine Art- und Wertfortschreibung auf den 1. Januar 2023 nach § 222 Absatz 1 und 2 BewG (Zurechnung wie bisher B) vorzunehmen.

Beispiel 2:

Im Jahr 2028 wird auf einem bisher unbebauten Grundstück ein Gebäude bezugsfertig errichtet.

Lösung:

Die Bebauung des Grundstücks führt zu einer Art- und Wertfortschreibung auf den 1. Januar 2029 unter Zugrundelegung der Wertverhältnisse (z. B. der Bodenrichtwerte) vom 1. Januar 2022. Der auf Grundlage der Wertfortschreibung festgesetzte Grundsteuermessbetrag entfaltet Wirkung ab 1. Januar 2029 (Neuveranlagung nach § 17 Absatz 1 GrStG), längstens bis zum Ablauf des Hauptveranlagungszeitraums (31. Dezember 2030).

Auf den 1. Januar 2029 wird darüber hinaus eine Hauptfeststellung des Grundsteuerwerts unter Zugrundelegung der Wertverhältnisse (z. B. der Bodenrichtwerte) vom 1. Januar 2029 nach § 221 Absatz 1 BewG durchgeführt. Der auf Grundlage dieser Hauptfeststellung festgesetzte Grundsteuermessbetrag entfaltet Wirkung ab 1. Januar 2031 (Hauptveranlagung nach § 16 Absatz 2 Satz 1 GrStG).

11 (5) ① Grundsätzlich steht die Zurechnungsfortschreibung auf den späteren Stichtag einer Zurechnungsfortschreibung auf einen früheren Stichtag entgegen (vgl. BFH-Urteil vom 23. September 1955 III 1/55 U, BStBl. III 1955 S. 316). ② Wurde auf einen bestimmten Fortschreibungszeitpunkt eine Zurechnungsfortschreibung vorgenommen, ist damit zugleich festgestellt, dass eine Fortschreibung der gleichen Art auf einen vorangegangenen Stichtag nicht durchgeführt wird. ③ Bei der Zurechnungsfortschreibung ist die Wirkung aber begrenzt hinsichtlich der Personen, gegenüber denen die Feststellung getroffen wird. ④ Regelmäßig wird der Bescheid über die Zurechnungsfortschreibung nur dem neuen Zurechnungsträger bekannt gegeben. ⑤ Somit kann die Bestandskraft auch nur diesem gegenüber eintreten. ⑥ Deshalb kann eine bisher unterbliebene Zurechnungsfortschreibung auf den jeweils maßgebenden (früheren) Fortschreibungszeitpunkt nachgeholt werden. ⑦ Diese nachgeholte Fortschreibung ist in ihrer Auswirkung auf Feststellungszeitpunkte zu beschränken, für die die Feststellungsverjährung noch nicht eingetreten ist.

12 (6) ① Eine Fortschreibung erfolgt auch zur Beseitigung eines Fehlers (§ 222 Absatz 3 Satz 1 BewG). ② Ein Fehler im Sinne des § 222 Absatz 3 Satz 1 BewG ist jede objektive Unrichtigkeit. ③ Für die Zulässigkeit der fehlerberichtigenden Fortschreibung ist nicht Voraussetzung, dass ein klarliegender, einwandfrei feststellbarer Fehler vorliegt (vgl. BFH-Urteil vom 29. November 1989 II R 53/87, BStBl. II 1990 S. 149). ④ Soll eine fehlerhafte Feststellung durch Wertfortschreibung geändert werden, so muss außerdem die in Absatz 1 bezeichnete Wertgrenze des § 222 Absatz 1 BewG überschritten werden. ⑤ Eine auf eine Änderung der Rechtsprechung des Bundesfinanzhofs gegründete fehlerbeseitigende Fortschreibung ist für solche Feststellungszeitpunkte unzulässig, die vor dem Erlass der Entscheidung des Bundesfinanzhofs liegen (§ 222 Absatz 3 Sätze 2 und 3 BewG). ⑥ Wenn die Grundstücksart unzutreffend festgestellt wurde und deshalb eine Artfortschreibung zur Beseitigung des Fehlers durchzuführen ist, ist auch ein damit (ggf.) verbundener Wechsel des Bewertungsverfahrens (Ertrags-/Sachwertverfahren) vorzunehmen. ⑦ Eine sich ergebende Wertveränderung ist im Rahmen einer ggf. auf denselben Stichtag durchzuführenden Wertfortschreibung zur Beseitigung des Fehlers zu berücksichtigen. ⑧ Eine fehlerbeseitigende Art- und ggf. Wertfortschreibung kommt auch in Betracht, wenn die Vermögensart unzutreffend festgestellt wurde. ⑨ Das BFH-Urteil vom 5. Mai 1999 (II R 44/96, BFH/NV 2000 S. 8) und der BFH-Beschluss vom 4. Februar 1987 (II B 33/85, BStBl. II S. 326) stehen dem nicht entgegen.

13 (7) ① Bei einer Änderung der tatsächlichen Verhältnisse (siehe dazu A 227.1) ist eine Fortschreibung auf den Beginn des Kalenderjahres, das auf die Änderung folgt, vorzunehmen (§ 222 Absatz 4 Nummer 1 BewG). ② Eine Fortschreibung zur Beseitigung eines Fehlers ist auf den Beginn des Kalenderjahres, in dem der Fehler dem Finanzamt bekannt wird, vorzunehmen, bei einer Erhöhung des Grundsteuerwerts jedoch frühestens auf den Beginn des Kalenderjahres, in dem der Feststellungsbescheid erteilt wird (§ 222 Absatz 4 Nummer 2 BewG). ③ Für eine fehlerbeseitigende Artfortschreibung ist der Fortschreibungszeitpunkt der Beginn des Kalenderjahres, in dem der Fehler dem Finanzamt bekannt wird. ④ Dies gilt unabhängig davon, ob sich als Folge der Artfortschreibung der Grundsteuerwert erhöht (vgl. BFH-Urteil vom 13. November 1991 II R 15/89, BStBl. II 1994 S. 393). ⑤ Wird der Feststellungsbescheid bei einer Erhöhung des Grundsteuerwerts erst in einem darauffolgenden Jahr erlassen, ist der Fortschreibungszeitpunkt für die Wertfortschreibung der Beginn des Kalenderjahres, in dem der Feststellungsbescheid erteilt wird (§ 222 Absatz 4 Satz 3 Nummer 2, 2. Alternative BewG). ⑥ Zur fehlerbeseitigenden Aufhebung des Grundsteuerwerts siehe A 224 Absatz 3.

14 (8) Die Vorschrift des § 235 Absatz 2 BewG über die Zugrundelegung eines anderen Zeitpunkts sowie § 227 BewG, wonach die Wertverhältnisse im Hauptfeststellungszeitpunkt zugrunde zu legen sind, bleiben von § 222 Absatz 4 BewG unberührt.

BewG

§ 223 Nachfeststellung

(1) **Für wirtschaftliche Einheiten, für die ein Grundsteuerwert festzustellen ist, wird der Grundsteuerwert nachträglich festgestellt (Nachfeststellung), wenn nach dem Hauptfeststellungszeitpunkt:** 1

1. die wirtschaftliche Einheit neu entsteht oder

2. eine bereits bestehende wirtschaftliche Einheit erstmals zur Grundsteuer herangezogen werden soll.

(2) ① **Der Nachfeststellung werden vorbehaltlich des § 227 die Verhältnisse im Nachfeststellungszeitpunkt zugrunde gelegt.** ② **Nachfeststellungszeitpunkt ist:** 2

1. in den Fällen des Absatzes 1 Nummer 1 der Beginn des Kalenderjahres, das auf die Entstehung der wirtschaftlichen Einheit folgt, und

2. in den Fällen des Absatzes 1 Nummer 2 der Beginn des Kalenderjahres, in dem der Grundsteuerwert erstmals der Besteuerung zugrunde gelegt wird.

Zu § 223 BewG

A 223 Nachfeststellung

AEBew GrSt A 223

(1) Eine Nachfeststellung ist durchzuführen, wenn nach dem Hauptfeststellungszeitpunkt (§ 221 Absatz 2 BewG) eine wirtschaftliche Einheit neu entsteht (§ 223 Absatz 1 Nummer 1 BewG) oder eine bereits bestehende wirtschaftliche Einheit erstmals zur Grundsteuer herangezogen werden soll (§ 223 Absatz 1 Nummer 2 BewG). 5

(2) ① Eine neue wirtschaftliche Einheit entsteht z. B., wenn 6

1. Wohnungs- oder Teileigentum neu begründet wird,
2. von einem Grundstück eine Teilfläche veräußert oder abgetrennt und nicht mit einer bereits bestehenden wirtschaftlichen Einheit verbunden wird oder
3. eine land- und forstwirtschaftlich genutzte Fläche aus dem Betrieb der Land- und Forstwirtschaft ausscheidet und eine selbständige wirtschaftliche Einheit des Grundvermögens bildet.

② Dabei ist es ohne Bedeutung, ob der Grundsteuerwert für die wirtschaftliche Einheit, aus der die neue Einheit ausscheidet, fortgeschrieben werden kann. ③ Eine Nachfeststellung, die aufgrund einer anderen rechtlichen Beurteilung der Abgrenzung einer wirtschaftlichen Einheit erfolgen soll, ohne dass die neue wirtschaftliche Einheit veräußert worden ist, setzt jedoch eine gleichzeitige Wertfortschreibung voraus (vgl. BFH-Urteil vom 5. April 1957 III 333/56 U, BStBl. III S. 190). ④ Erhält ein Steuerpflichtiger aus Anlass der Umlegung von Grundstücken an Stelle seines für Umlegungszwecke in Anspruch genommenen Grundstücks ein anderes Grundstück, so ist ebenfalls eine Nachfeststellung durchzuführen (vgl. BFH-Urteil vom 24. Februar 1961 III 207/59 U, BStBl. III S. 205). ⑤ Nachfeststellungen sind auch vorzunehmen, wenn ein Baugelände parzelliert wird. ⑥ Die einzelnen Bauparzellen bilden grundsätzlich jeweils für sich eine neue wirtschaftliche Einheit, für die eine Nachfeststellung vorzunehmen ist. ⑦ Sind sie nicht veräußert, sind sie dem bisherigen Eigentümer zuzurechnen. ⑧ Der Grundsteuerwert für die bisherige wirtschaftliche Einheit ist aufzuheben, wenn sie wegfällt.

(3) ① Liegt insbesondere aufgrund einer Grundsteuerbefreiung kein festgestellter Grundsteuerwert für eine bestehende wirtschaftliche Einheit vor (§ 219 Absatz 3 BewG), ist bei Wegfall der Voraussetzungen für die Grundsteuerbefreiung eine Nachfeststellung nach § 223 Absatz 1 Nummer 2 BewG durchzuführen. ② Eine (fehlerbeseitigende) Nachfeststellung ist auch dann durchzuführen, wenn eine Steuerbefreiung zu Unrecht gewährt wurde. 7

(4) ① Nachfeststellungszeitpunkt ist bei der Neuentstehung einer wirtschaftlichen Einheit der Beginn des Kalenderjahres, das auf die Entstehung der wirtschaftlichen Einheit folgt, und in den Fällen des Wegfalls eines Befreiungsgrundes der Beginn des Kalenderjahres, in dem der Grundsteuerwert erstmals der Besteuerung unterliegt. 8

Beispiel 1:

Im Jahr 2023 wird ein bisher unbebautes Grundstück in Wohnungs- und Teileigentum aufgeteilt.

Lösung:

Der Grundsteuerwert für die bisherige wirtschaftliche Einheit ist aufzuheben. Für die neu entstandenen wirtschaftlichen Einheiten sind gemäß § 223 Absatz 1 Nummer 1 BewG Nachfeststellungen des Grundsteuerwerts auf den 1. Januar 2024 durchzuführen.

Beispiel 2:

Teilung eines Grundstücks im Jahr 2023 durch Herausmessung einer Teilfläche (neues Flurstück).

Lösung:

Für den verbleibenden Teil der bereits bestehenden wirtschaftlichen Einheit ist eine Wertfortschreibung (regelmäßig nach unten) auf den 1. Januar 2024 durchzuführen, wenn die Wertfortschreibungsgrenze (§ 222 Absatz 1 BewG) überschritten wird. Für die neu entstandene wirtschaftliche Einheit ist gemäß § 223 Absatz 1 Nummer 1 BewG eine Nachfeststellung des Grundsteuerwerts auf den 1. Januar 2024 durchzuführen.

② Die Vorschrift des § 235 Absatz 2 BewG über die Zugrundelegung eines anderen Zeitpunkts sowie § 227 BewG, wonach die Wertverhältnisse im Hauptfeststellungszeitpunkt zugrunde zu legen sind, bleiben von § 223 Absatz 2 BewG unberührt. ③ Bei einer Änderung der tatsächlichen Verhältnisse siehe A 227.1. ④ Im Falle einer fehlerbeseitigenden Nachfeststellung im Sinne von Absatz 3 Satz 2 ist Nachfeststellungszeitpunkt der Beginn des Kalenderjahres, in dem der Feststellungsbescheid erteilt wird; § 222 Absatz 4 Satz 3 Nummer 2 BewG ist insoweit analog anzuwenden.

BewG

§ 224 Aufhebung des Grundsteuerwerts

1 (1) **Der Grundsteuerwert wird aufgehoben, wenn dem Finanzamt bekannt wird, dass:**

1. die wirtschaftliche Einheit wegfällt oder

2. der Grundsteuerwert der wirtschaftlichen Einheit infolge von Befreiungsgründen der Besteuerung nicht mehr zugrunde gelegt wird.

2 (2) **Aufhebungszeitpunkt ist:**

1. in den Fällen des Absatzes 1 Nummer 1 der Beginn des Kalenderjahres, das auf den Wegfall der wirtschaftlichen Einheit folgt, und

2. in den Fällen des Absatzes 1 Nummer 2 der Beginn des Kalenderjahres, in dem der Grundsteuerwert erstmals der Besteuerung nicht mehr zugrunde gelegt wird.

Zu § 224 BewG

AEBew GrSt A 224

A 224 Aufhebung des Grundsteuerwerts

(1) ① Der Grundsteuerwert ist aufzuheben, wenn eine wirtschaftliche Einheit wegfällt (§ 224 Absatz 1 Nummer 1 BewG) oder der Grundsteuerwert der wirtschaftlichen Einheit infolge von
5 Befreiungsgründen der Besteuerung nicht mehr zugrunde gelegt wird (§ 224 Absatz 1 Nummer 2 BewG). ② Eine wirtschaftliche Einheit kann z. B. dann wegfallen, wenn zwei wirtschaftliche Einheiten im Sinne des § 2 BewG zu einer neuen wirtschaftlichen Einheit zusammenzufassen sind. ③ In diesen Fällen ist der Grundsteuerwert der einen wirtschaftlichen Einheit nach § 224 Absatz 1 Nummer 1 BewG aufzuheben und der Grundsteuerwert der anderen wirtschaftlichen Einheit in der Regel gemäß § 222 Absatz 1 BewG fortzuschreiben, wenn die Wertfortschreibungsgrenze überschritten wird. ④ Eine Wertfortschreibung des Grundsteuerwerts der neuen wirtschaftlichen Einheit ist keine Voraussetzung für die Aufhebung des Grundsteuerwerts der weggefallenen wirtschaftlichen Einheit. ⑤ Welche wirtschaftliche Einheit aufzuheben und welche fortzuschreiben ist, bestimmt sich nach Zweckmäßigkeitserwägungen und den Umständen des Einzelfalls. ⑥ Dabei ist zu berücksichtigen, welches Grundstück dem neuen Gesamtgrundstück das Gepräge gibt.

Beispiel:

Ein bebautes Wohngrundstück wird mit einem danebenliegenden Gartengrundstück (Eckgrundstücke) vereinigt und bildet nach der Verkehrsanschauung nun eine zusammengehörende wirtschaftliche Einheit.

Lösung:

Der Grundsteuerwert für das Gartengrundstück ist aufzuheben. Der Grundsteuerwert des Wohngrundstücks ist unter Berücksichtigung der Wertfortschreibungsgrenze fortzuschreiben.

⑦ Der Grundsteuerwert ist auch aufzuheben, wenn für eine wirtschaftliche Einheit die Voraussetzungen für eine Steuerbefreiung eintreten und er infolgedessen nicht mehr der Grundsteuer zugrunde gelegt wird (§ 224 Absatz 1 Nummer 2 BewG). ⑧ Werden neue Steuerbefreiungsvorschriften eingeführt, entfällt die Bedeutung der Grundsteuerwerte für die Besteuerung derjenigen wirtschaftlichen Einheiten, die unter die Steuerbefreiungsvorschrift fallen, und die Grundsteuerwerte sind folglich ebenfalls aufzuheben.

6 (2) ① Die Grundsteuerwerte sind im Fall des § 224 Absatzes 1 Nummer 1 BewG auf den Beginn des Kalenderjahres aufzuheben, das auf den Wegfall der wirtschaftlichen Einheit folgt. ② Im Fall des § 224 Absatz 1 Nummer 2 BewG sind die Grundsteuerwerte auf den Beginn des Kalenderjahres aufzuheben, das auf den Eintritt der Voraussetzungen für eine Grundsteuerbefreiung folgt.

Beispiel:

Im Oktober 2026 erwirbt eine Kirchengemeinde ein bisher brachliegendes unbebautes Grundstück und nutzt dieses künftig als Bestattungsplatz (gemäß § 4 Nummer 2 GrStG vollständig von der Grundsteuer befreit).

Lösung:

Der Grundsteuerwert ist auf den 1. Januar 2027 aufzuheben.

(3) ① Hätte die Feststellung eines Grundsteuerwerts unterbleiben müssen (z. B. weil die wirtschaftliche Einheit bereits als Teil einer anderen wirtschaftlichen Einheit erfasst ist oder von der Grundsteuer zu befreien gewesen wäre), ist eine fehlerbeseitigende Aufhebung des Grundsteuerwerts gemäß § 224 Absatz 1 Nummer 1 BewG durchzuführen. ② Aufhebungszeitpunkt ist in diesem Fall der Beginn des Kalenderjahres, in dem der Fehler dem Finanzamt bekannt wird (vgl. BFH-Urteil vom 16. Oktober 1991 II R 23/89, BStBl. II 1992 S. 454).

§ 225 Änderung von Feststellungsbescheiden

BewG

① Bescheide über Fortschreibungen oder über Nachfeststellungen von Grundsteuerwerten können schon vor dem maßgeblichen Feststellungszeitpunkt erteilt werden. ② Sie sind zu ändern oder aufzuheben, wenn sich bis zu diesem Zeitpunkt Änderungen ergeben, die zu einer abweichenden Feststellung führen. 1

Zu § 225 BewG

A 225 Änderung von Feststellungsbescheiden

AEBew GrSt A 225

① Bescheide über Fortschreibungen oder Nachfeststellungen von Grundsteuerwerten können bereits vor den maßgeblichen Feststellungszeitpunkten ergehen. ② Ergeben sich bis zu den Feststellungszeitpunkten Änderungen, die zu einer abweichenden Feststellung führen würden, sind die Bescheide durch Änderung oder Aufhebung an die geänderten Verhältnisse anzupassen. ③ Die Wertgrenze nach § 222 Absatz 1 BewG ist dabei nicht zu berücksichtigen. 2

Beispiel 1:

A erbt im Februar 2022 ein Grundstück von V. Das Finanzamt führt im Juni 2022 eine Zurechnungsfortschreibung von V auf A auf den 1. Januar 2023 durch (Bescheiddatum 24. Juni 2022). A verkauft im November 2022 (Übergang Nutzen und Lasten zum 1. Dezember 2022) dieses Grundstück an B. Der Grundstücksverkauf (Eigentümerwechsel) wird dem Finanzamt erst im Januar 2023 bekannt.

Lösung:

Die Zurechnungsfortschreibung auf den 1. Januar 2023 von V auf A ist nach § 225 BewG aufzuheben. B erhält einen neu zu erlassenden Zurechnungsbescheid von V auf B auf den 1. Januar 2023 (der Zeitpunkt des Bekanntwerdens des Eigentumswechsels beim Finanzamt ist unbeachtlich).

Beispiel 2:

A ist Eigentümer eines unbebauten Grundstücks. Im Februar 2022 wird auf dem Grundstück ein Einfamilienhaus mit 120 m^2 Wohnfläche bezugsfertig errichtet. Das Finanzamt führt im Mai 2022 eine Art- und Wertfortschreibung auf den 1. Januar 2023 als bebautes Grundstück – Einfamilienhaus – basierend auf 120 m^2 Wohnfläche durch (Bescheiddatum 24. Mai 2022). Im Oktober 2022 wird ein Anbau mit 30 m^2 Wohnfläche bezugsfertig errichtet. A reicht im Januar 2023 die Anzeige (Einfamilienhaus mit 150 m^2 inklusive Anbau) gemäß § 228 Absatz 2 BewG ein.

Lösung:

Die Änderungen der tatsächlichen Verhältnisse im Jahr 2022 führen insgesamt zu einer Art- und Wertfortschreibung vom unbebauten Grundstück zum bebauten Grundstück – Einfamilienhaus – basierend auf 150 m^2 Wohnfläche. Die Änderung der tatsächlichen Verhältnisse (Errichtung des Anbaus im Oktober 2022) trat erst nach der abschließenden Zeichnung (Mai 2022), aber vor dem maßgebenden Feststellungszeitpunkt (1. Januar 2023) ein. Mangels einschlägiger Änderungsvorschriften nach der Abgabenordnung ist eine Änderung der Art- und Wertfortschreibung vom 24. Mai 2022 auf den 1. Januar 2023 nach § 225 BewG durchzuführen und ein bebautes Grundstück – Einfamilienhaus – basierend auf 150 m^2 festzustellen.

§ 226 Nachholung einer Feststellung

BewG

(1) **① Ist die Feststellungsfrist (§ 181 der Abgabenordnung) abgelaufen, kann eine Fortschreibung (§ 222) oder Nachfeststellung (§ 223) unter Zugrundelegung der Verhältnisse vom Fortschreibungs- oder Nachfeststellungszeitpunkt mit Wirkung für einen späteren Feststellungszeitpunkt vorgenommen werden, für den diese Frist noch nicht abgelaufen ist. ② § 181 Absatz 5 der Abgabenordnung bleibt hiervon unberührt.** 1

(2) **Absatz 1 ist bei der Aufhebung des Grundsteuerwerts (§ 224) entsprechend anzuwenden.** 2

Zu § 226 BewG

A 226 Nachholung einer Feststellung

AEBew GrSt A 226

(1) Wurde eine Fortschreibung, Nachfeststellung oder Aufhebung auf den maßgebenden Feststellungszeitpunkt nicht durchgeführt und ist die Feststellungsfrist bereits abgelaufen, kann nach § 226 Absatz 1 Satz 1 und Absatz 2 BewG die Fortschreibung, Nachfeststellung oder Aufhebung des Grundsteuerwerts unter Zugrundelegung der Verhältnisse vom Fortschreibungs-, Nachfeststellungs- oder Aufhebungszeitpunkt mit Wirkung für einen späteren unverjährten Feststellungszeitpunkt nachgeholt werden. 5

Beispiel:

Im Jahr 2030 wird bemerkt, dass eine Nachfeststellung auf den 1. Januar 2023 trotz im Jahr 2023 ordnungsgemäß erfolgter Anzeige der Änderung der Verhältnisse durch den Steuerpflichtigen bisher nicht durchgeführt worden ist.

Lösung:

Für den Feststellungszeitpunkt 1. Januar 2023 ist wegen der erstmaligen Anwendung des Grundsteuerwerts zum 1. Januar 2025 mit Ablauf des 31. Dezember 2029 Feststellungsverjährung eingetreten (§ 181 Absatz 4 AO). Im Jahr 2030 wird die Nachfeststellung nach § 226 Absatz 1 Satz 1 BewG auf den 1. Januar 2023 mit Wirkung ab dem 1. Januar 2026 (erster nicht verjährter Stichtag) unter Zugrundelegung der Verhältnisse vom 1. Januar 2023 nachgeholt.

(2) ① Ist die Feststellungsfrist bereits abgelaufen, aber die Festsetzungsfrist für die Grundsteuer oder eine andere Folgesteuer noch nicht abgelaufen, kann die Feststellung oder Aufhebung des Grundsteuerwerts nach § 226 Absatz 1 Satz 2 BewG i. V. m. § 181 Absatz 5 Satz 1 AO auf einen 6

Stichtag nachgeholt werden, zu dem zwar die Feststellungsfrist bereits abgelaufen, die Festsetzungsfrist für die Grundsteuer oder eine andere Folgesteuer aber noch nicht abgelaufen ist. ② Im Feststellungsbescheid ist darauf hinzuweisen, dass der Feststellungsbescheid nach Ablauf der Feststellungsfrist ergangen und nur für die Grundsteuerfestsetzung oder eine andere Folgesteuerfestsetzung von Bedeutung ist, für die die Festsetzungsfrist noch nicht abgelaufen ist (§ 181 Absatz 5 Satz 2 AO).

7 (3) Absätze 1 und 2 gelten entsprechend für Berichtigungen, Änderungen und Aufhebungen nach den Vorschriften der Abgabenordnung (vgl. BFH-Urteil vom 11. November 2009 II R 14/08, BStBl. II 2010 S. 723).

BewG

§ 227 Wertverhältnisse bei Fortschreibungen und Nachfeststellungen

1 **Bei Fortschreibungen und bei Nachfeststellungen der Grundsteuerwerte sind die Wertverhältnisse im Hauptfeststellungszeitpunkt zugrunde zu legen.**

Zu § 227 BewG

AEBew GrSt A 227.1

A 227.1 Wertverhältnisse bei Fortschreibungen und Nachfeststellungen

(1) Bei Fortschreibungen und Nachfeststellungen der Grundsteuerwerte sind die Wertverhältnisse im Hauptfeststellungszeitpunkt und die tatsächlichen Verhältnisse im Fortschreibungs- bzw.
2 Nachfeststellungszeitpunkt zugrunde zu legen.

3 (2) ① Bei dem land- und forstwirtschaftlichen Vermögen sind die Wertverhältnisse Ausdruck des Ertragsgefüges des jeweiligen land- und forstwirtschaftlichen Betriebs, das dem Ertragswert auf den Hauptfeststellungszeitpunkt zugrunde gelegt wurde. ② Bei Fortschreibungen und Nachfeststellungen sind daher unverändert zu übernehmen:

1. die Reinerträge je Flächen- oder sonstigen Einheit der jeweiligen Nutzung, des jeweiligen Nutzungsteils und der jeweiligen Nutzungsart der Anlagen 27 bis 32 zum BewG[1] und
2. die Zuschläge des § 238 BewG ggf. i. V. m. der Anlage 33 zum BewG.[2]

③ Zu den tatsächlichen Verhältnissen, deren Änderung zu einer Wertfortschreibung führen können, gehören insbesondere

1. Flächenänderungen (Zu- oder Abnahme der Gesamtfläche des Betriebs der Land- und Forstwirtschaft),
2. Änderungen von Flächen innerhalb eines Betriebs der Land- und Forstwirtschaft zwischen den Nutzungen, Nutzungsteilen und Nutzungsarten,
3. Veränderungen bei den Bruttogrundflächen der in Anlage 31 und 32 zum BewG aufgeführten Wirtschaftsgebäude,
4. Änderungen des Tierbestandes und
5. Veränderungen bei den Ertrag steigernden Anlagen (z. B. Zunahme der Anbauflächen unter Glas und Kunststoffen sowie Änderung der Ausbauform im Weinbau, Bau einer Windenergieanlage).

4 (3) ① Beim Grundvermögen umfasst der Begriff der Wertverhältnisse vor allem die wirtschaftlichen Verhältnisse, die ihren Niederschlag in den Grundstücks- und Baupreisen sowie im allgemeinen Mietniveau gefunden haben. ② Zu den Wertverhältnissen im Hauptfeststellungszeitpunkt gehören insbesondere

1. der jeweilige Bodenrichtwert im Sinne des § 247 Absatz 1 und 2 BewG und die Werte vergleichbarer Flächen im Sinne des § 247 Absatz 3 BewG,
2. bei einer Bewertung im Ertragswertverfahren nach §§ 252 ff. BewG
   a) der Rohertrag des Grundstücks nach § 254 BewG i. V. m. Anlage 39 zum BewG,[3]
   b) der Kapitalisierungsfaktor nach § 253 Absatz 2 BewG i. V. m. Anlage 37 zum BewG[4] (siehe auch Absatz 4),
   c) die Bewirtschaftungskosten nach § 255 BewG i. V. m. Anlage 40 zum BewG,[5]
   d) der Liegenschaftszinssatz nach § 256 BewG und
   e) der Abzinsungsfaktor nach § 257 Absatz 2 BewG i. V. m. Anlage 41 zum BewG[6] (siehe auch Absatz 4),
3. bei einer Bewertung im Sachwertverfahren nach §§ 258 ff. BewG
   a) die Normalherstellungskosten nach § 259 Absatz 1 BewG, wie sie sich aus der Anlage 42 zum BewG[7] ergeben,

[1] Abgedruckt zu § 237 BewG.
[2] Abgedruckt zu § 238 BewG.
[3] Abgedruckt zu § 254 BewG.
[4] Abgedruckt zu § 253 BewG.
[5] Abgedruckt zu § 255 BewG.
[6] Abgedruckt zu § 257 BewG.
[7] Abgedruckt zu § 259 BewG.

b) der jeweilige Baupreisindex nach § 259 Absatz 3 BewG und
c) die Alterswertminderung nach § 259 Absatz 4 BewG (siehe auch Absatz 4).

③ Zu den tatsächlichen Verhältnissen, deren Änderung zu einer Wert- und ggf. Artfortschreibung führen können, gehören insbesondere

1. Flächenänderungen beim Grund und Boden sowie bei Gebäuden,
2. Änderungen des Entwicklungszustandes des Grundstücks,
3. Errichtung oder Fertigstellung eines Gebäudes auf dem Grundstück,
4. Änderung der Nutzungsart sowie
5. Abriss oder Zerstörung eines Gebäudes auf dem Grundstück.

④ Änderungen der Vermögensart, wie z. B. der Wechsel einer landwirtschaftlichen Fläche in das Grundvermögen nach § 233 Absatz 2 BewG, führen nicht zu einer Art- und ggf. einer Wertfortschreibung, sondern zu einer Nachfeststellung für die neu entstandene wirtschaftliche Einheit des Grundvermögens. ⑤ Sind alle Grundstücke eines Betriebs der Land- und Forstwirtschaft vom Wechsel der Vermögensart betroffen, ist zugleich eine Aufhebung des Grundsteuerwerts für die wirtschaftliche Einheit des land- und forstwirtschaftlichen Vermögens vorzunehmen. ⑥ Geht nur ein Teil eines Betriebs der Land- und Forstwirtschaft in das Grundvermögen über, ist wegen des Flächenabgangs bei der verbleibenden wirtschaftlichen Einheit des land- und forstwirtschaftlichen Vermögens eine Wertfortschreibung zu prüfen.

(4) ① Für die Berechnung der Alterswertminderung ist jeweils das Alter des Gebäudes im Hauptfeststellungszeitpunkt zugrunde zu legen. ② Dies gilt auch bei einer bestehenden Abbruchverpflichtung. ③ Entsprechendes gilt für die Bestimmung der Restnutzungsdauer eines Gebäudes bei der Bewertung eines Grundstücks im Ertragswertverfahren nach §§ 252 ff. BewG zur Ermittlung des Kapitalisierungsfaktors nach § 253 Absatz 2 BewG i. V. m. Anlage 37 zum BewG[1] und des Abzinsungsfaktors nach § 257 Absatz 1 BewG i. V. m. Anlage 41 zum BewG.[2] ④ Existierte das Gebäude bereits im Hauptfeststellungszeitpunkt und wird aufgrund des Entstehens einer neuen wirtschaftlichen Einheit (z. B. bei der Bildung von Wohnungs- oder Teileigentum) eine Nachfeststellung erforderlich, ist das Gebäudealter im Hauptfeststellungszeitpunkt maßgebend. ⑤ Existierte das Gebäude im Hauptfeststellungszeitpunkt noch nicht und wird eine Wertfortschreibung aufgrund der Errichtung des Gebäudes erforderlich, ist eine Alterswertminderung nicht zu berücksichtigen. ⑥ Maßgeblich ist in diesem Fall das Alter des Gebäudes im Feststellungszeitpunkt (0 Jahre). ⑦ Dies gilt auch für die Bestimmung der Restnutzungsdauer zur Ermittlung des Kapitalisierungsfaktors nach § 253 Absatz 2 BewG i. V. m. Anlage 37 zum BewG[1] und des Abzinsungsfaktors nach § 257 Absatz 1 BewG i. V. m. Anlage 41 zum BewG.[2] 5

A 227.2 Änderung der tatsächlichen Verhältnisse innerhalb eines Jahres vor oder nach dem nächsten Hauptfeststellungszeitpunkt

AEBew GrSt A 227.2

(1) Ändern sich die tatsächlichen Verhältnisse im Jahr vor dem nächsten Hauptfeststellungszeitpunkt, ist bei Überschreiten der Wertfortschreibungsgrenze (§ 222 Absatz 1 BewG) neben der Hauptfeststellung des Grundsteuerwerts auf den nächsten Hauptfeststellungszeitpunkt eine Wertfortschreibung des Grundsteuerwerts unter Berücksichtigung der Wertverhältnisse des der Änderung vorangehenden Hauptfeststellungszeitpunkts durchzuführen. 8

Beispiel:

Im Jahr 2028 wird auf einem bisher unbebauten Grundstück ein Einfamilienhaus bezugsfertig errichtet.

Lösung:

Auf den 1. Januar 2029 ist eine Artfortschreibung und – sofern die Wertfortschreibungsgrenze überschritten wird – eine Wertfortschreibung des Grundsteuerwerts unter Berücksichtigung der Wertverhältnisse vom 1. Januar 2022 durchzuführen. Dieser Grundsteuerwertbescheid ist Grundlagenbescheid für den ab 1. Januar 2029 wirksam werdenden Grundsteuermessbescheid (Neuveranlagung) auf den 1. Januar 2029.

Auf den 1. Januar 2029 ist außerdem die Hauptfeststellung des Grundsteuerwerts unter Berücksichtigung der Wertverhältnisse vom 1. Januar 2029 durchzuführen. Dieser Grundsteuerwertbescheid ist Grundlagenbescheid für den gemäß § 16 Absatz 2 Satz 1 GrStG ab 1. Januar 2031 wirksam werdenden Grundsteuermessbescheid (Hauptveranlagung) auf den 1. Januar 2029.

(2) Ändern sich die tatsächlichen Verhältnisse im Jahr des Hauptfeststellungszeitpunkts, ist eine Fortschreibung oder Nachfeststellung unter Berücksichtigung der Wertverhältnisse des der Änderung vorangehenden Hauptfeststellungszeitpunkts und eine Fortschreibung oder Nachfeststellung unter Berücksichtigung der Wertverhältnisse des diesem Hauptfeststellungszeitpunkt vorangegangenen Hauptfeststellungszeitpunkts durchzuführen. 9

Fortführung des Beispiels aus Absatz 1:

Im Jahr 2029 wird das Dachgeschoss ausgebaut, wodurch sich die der Grundsteuerbewertung zugrunde zu legende Wohnfläche erhöht.

Lösung:

Auf den 1. Januar 2030 ist eine Wertfortschreibung des Grundsteuerwerts unter Berücksichtigung der Wertverhältnisse vom 1. Januar 2022 zu prüfen und bei Überschreiten der Wertfortschreibungsgrenze durchzuführen. Bei Durchführung der Wertfortschreibung ist dieser Grundsteuerwertbescheid Grundlagenbescheid für den ab 1. Januar 2030 wirksam werdenden Grundsteuermessbescheid (Neuveranlagung) auf den 1. Januar 2030.

Wird die Wertfortschreibungsgrenze überschritten, ist der im Rahmen der Hauptfeststellung auf den 1. Januar 2029 festgestellte Grundsteuerwert auf den 1. Januar 2030 mittels Wertfortschreibung unter Berücksichtigung der Wertverhältnisse vom 1. Januar 2029 fortzuschreiben. Dieser Grundsteuerwertbescheid ist Grundlagenbescheid für den ab 1. Januar 2031 wirksam werdenden Grundsteuermessbescheid (Neuveranlagung) auf den 1. Januar 2031. Die Festsetzung des Grundsteuermessbetrags ist auf den 1. Januar 2031 vorzunehmen, da die die Voraussetzungen für eine Neuveranlagung während des Zeitraums zwischen dem Hauptveranlagungszeitpunkt (1. Januar 2029) und dem Zeitpunkt des Wirksamwerdens der Steuermessbeträge (1. Januar 2031, siehe Beispiel in Absatz 1) eintreten (§ 17 Absatz 4 GrStG). Der im Rahmen der Hauptveranlagung auf den 1. Januar 2029 festgesetzte Grundsteuermessbetrag entfaltet damit keine Wirkung mehr.

10 (3) Ändern sich die tatsächlichen Verhältnisse im Jahr nach dem Hauptfeststellungszeitpunkt, ist ggf. ein auf denselben Festsetzungszeitpunkt zuvor erlassener Bescheid über die Festsetzung des Grundsteuermessbetrags (Neuveranlagung) zu ändern.

Fortführung des Beispiels aus Absatz 2:

Im Jahr 2030 wird eine Doppelgarage angebaut.

Lösung:

Auf den 1. Januar 2031 ist eine Wertfortschreibung des Grundsteuerwerts unter Berücksichtigung der Wertverhältnisse vom 1. Januar 2029 zu prüfen und bei Überschreiten der Wertfortschreibungsgrenze durchzuführen. Bei Durchführung der Wertfortschreibung ist dieser Grundsteuerwertbescheid Grundlagenbescheid für den ab 1. Januar 2031 wirksam werdenden Grundsteuermessbescheid (Neuveranlagung) auf den 1. Januar 2031. Der bereits auf den 1. Januar 2031 erlassene Grundsteuermessbescheid (siehe Beispiel in Absatz 2) ist nach § 175 Absatz 1 Satz 1 Nummer 1 AO zu ändern. Insoweit ist eine Änderung nach § 21 Satz 2 GrStG ausgeschlossen (vgl. A 21 Sätze 7 und 8 AEGrStG 2025).

Variante: Fortführung des Beispiels aus Absatz 1:

Im Jahr 2029 haben sich keine Änderungen ergeben. Im Jahr 2030 wird eine Doppelgarage angebaut.

Lösung:

Auf den 1. Januar 2031 ist eine Wertfortschreibung des Grundsteuerwerts unter Berücksichtigung der Wertverhältnisse vom 1. Januar 2029 zu prüfen und bei Überschreiten der Wertfortschreibungsgrenze durchzuführen. Bei Durchführung der Wertfortschreibung ist dieser Grundsteuerwertbescheid Grundlagenbescheid für den ab 1. Januar 2031 wirksam werdenden Grundsteuermessbescheid (Neuveranlagung) auf den 1. Januar 2031. Der Bescheid über den im Rahmen der Hauptveranlagung auf den 1. Januar 2029 festgesetzten und grundsätzlich ab 1. Januar 2031 wirksam werdenden Grundsteuermessbetrag ist nicht aufzuheben. Er entfaltet jedoch keine Wirkung mehr.

BewG

§ 228 Erklärungs- und Anzeigepflicht

1 **(1) ①Die Steuerpflichtigen haben Erklärungen zur Feststellung der Grundsteuerwerte für den Hauptfeststellungszeitpunkt oder einen anderen Feststellungszeitpunkt abzugeben, wenn sie hierzu durch die Finanzbehörde aufgefordert werden (§ 149 Absatz 1 Satz 2 der Abgabenordnung). ②Fordert die Finanzbehörde zur Abgabe einer Erklärung auf, hat sie eine Frist zur Abgabe der Erklärung zu bestimmen, die mindestens einen Monat betragen soll. ③Die Aufforderung zur Abgabe einer Erklärung kann vom Bundesministerium der Finanzen im Einvernehmen mit den obersten Finanzbehörden der Länder durch öffentliche Bekanntmachung erfolgen.**

2 **(2)[1] ①Änderungen der tatsächlichen Verhältnisse, die sich auf die Höhe des Grundsteuerwerts, die Vermögensart oder die Grundstücksart auswirken oder zu einer erstmaligen Feststellung führen können, sind auf den Beginn des folgenden Kalenderjahres zusammengefasst anzuzeigen. ②Gleiches gilt, wenn das Eigentum oder das wirtschaftliche Eigentum an einem auf fremdem Grund und Boden errichteten Gebäude übergegangen ist. ③Die Frist für die Abgabe dieser Anzeige beträgt drei Monate und beginnt mit Ablauf des Kalenderjahres, in dem sich die tatsächlichen Verhältnisse geändert haben oder das Eigentum oder das wirtschaftliche Eigentum an einem auf fremdem Grund und Boden errichteten Gebäude übergegangen ist.**

3 **(3) Die Erklärung nach Absatz 1 und die Anzeige nach Absatz 2 sind abzugeben**

1. von dem Steuerpflichtigen, dem die wirtschaftliche Einheit zuzurechnen ist,

2. bei einem Grundstück, das mit einem Erbbaurecht belastet ist, vom Erbbauberechtigten unter Mitwirkung des Erbbauverpflichteten oder

3. bei einem Gebäude auf fremdem Grund und Boden vom Eigentümer des Grund und Bodens unter Mitwirkung des Eigentümers oder des wirtschaftlichen Eigentümers des Gebäudes.

4 **(4) Die Erklärungen nach Absatz 1 und die Anzeigen nach Absatz 2 sind bei dem für die gesonderte Feststellung zuständigen Finanzamt abzugeben.**

5 **(5) Die Erklärungen nach Absatz 1 und die Anzeigen nach Absatz 2 sind Steuererklärungen im Sinne der Abgabenordnung, die eigenhändig zu unterschreiben sind.**

6 **(6) ①Die Erklärungen nach Absatz 1 und die Anzeigen nach Absatz 2 sind nach amtlich vorgeschriebenem Datensatz über die amtlich bestimmte Schnittstelle elekt-**

[1] Vordruck und Ausfüllanleitung der Grundsteuer-Änderungsanzeige GW-5 (BGBl. 2023 I S. 1536), überarbeitete Fassung siehe BStBl. 2025 I S. 398. – Zur **allgemeinen Fristverlängerung bis zum 31. 12. 2024** für Anzeigen i. S. v. § 228 Abs. 2 BewG für die Stichtage 1. 1. 2023 bis 1. 1. 2024 vgl. *koordinierten Ländererlass zur Verlängerung der Frist zur Abgabe von Grundsteuer-Änderungsanzeigen nach § 228 Abs. 2 BewG vom 28. 2. 2024 (BStBl. I S. 236).*

Zur Anzeigepflicht bei Grundsteuerbefreiungen und Grundsteuervergünstigungen siehe § 19 GrStG.

ronisch zu übermitteln. ② Auf Antrag kann die Finanzbehörde zur Vermeidung unbilliger Härten auf eine elektronische Übermittlung über die amtlich bestimmte Schnittstelle verzichten. ③ Für die Entscheidung über den Antrag gilt § 150 Absatz 8 der Abgabenordnung.

Zu § 228 BewG

Anl zu § 228

Zusammenstellung der Vordrucke und öffentlichen Bekanntmachungen über die Aufforderung zur Abgabe der Grundsteuererklärungen

a) Vordrucke und Ausfüllanleitungen für die Erklärung zur Feststellung des Grundsteuerwerts auf den 1. Januar 2022 für die Länder Berlin, Brandenburg, Bremen, Mecklenburg-Vorpommern, Nordrhein-Westfalen, Rheinland-Pfalz, Saarland, Sachsen, Sachsen-Anhalt, Schleswig-Holstein, Thüringen: GW-1, GW-1A,[1] GW-2, GW-2A, GW-3, GW-3A, GW-4 (BStBl. 2021 I S. 2391).
– Für die Länder Baden-Württemberg, Bayern, Hamburg und Niedersachsen siehe Anhang I 9 a) bis c) und e).
– Vordrucke für die Erklärung zur Feststellung des Grundsteuerwerts auf den 1. Januar 2022; Korrektur der Anlage Feststellungsbeteiligte (Vordruck GW-1A) (BStBl. 2022 I S. 138).
– Vordrucke für die Erklärung zur Feststellung des Grundsteuerwerts auf den 1. Januar 2022; Korrektur des Einlageblatts zur Anlage Grundstück (Vordruck GW-2A) (BStBl. 2022 I S. 1443).

b) Öffentliche Bekanntmachung des BMF vom 30. 3. 2022 (BStBl. I S. 205) über die Aufforderung zur Abgabe der Erklärung zur Feststellung des Grundsteuerwerts für den Hauptfeststellungszeitpunkt 1. Januar 2022 für die Länder Berlin, Brandenburg, Bremen, Mecklenburg-Vorpommern, Nordrhein-Westfalen, Rheinland-Pfalz, Saarland, Sachsen, Sachsen-Anhalt, Schleswig-Holstein, Thüringen.
– Für die Länder Baden-Württemberg, Bayern, Hamburg, Hessen und Niedersachsen siehe Anhang I 9 a) bis e).

c) Geänderte öffentliche Bekanntmachung des BMF vom 4. 11. 2022 (BStBl. I S. 1448) über die Aufforderung zur Abgabe der Erklärung zur Feststellung des Grundsteuerwerts für den Hauptfeststellungszeitpunkt 1. Januar 2022, mit welcher die bis zum 31. Januar 2023 verlängerte Abgabefrist für die Länder Berlin, Brandenburg, Bremen, Mecklenburg-Vorpommern, Nordrhein-Westfalen, Rheinland-Pfalz, Saarland, Sachsen, Sachsen-Anhalt, Schleswig-Holstein, Thüringen bekannt gemacht wurde (BStBl. 2022 I S. 1448).
– Für die Länder Baden-Württemberg, Bayern, Hamburg, Hessen und Niedersachsen siehe Anhang I 9 a) bis e).

A **228** Erklärungs- und Anzeigepflicht

AEBew GrSt A 228

(1) ① Zur Durchführung der Feststellung von Grundsteuerwerten ist auf den jeweiligen Hauptfeststellungszeitpunkt grundsätzlich eine Erklärung des Steuerpflichtigen zur Feststellung des Grundsteuerwerts anzufordern. ② Zur Verwaltungsvereinfachung kann dies im Wege der öffentlichen Bekanntmachung erfolgen. ③ Andernfalls hat das zuständige Finanzamt den Steuerpflichtigen zur Erklärungsabgabe aufzufordern. ④ Die Verpflichtung zur Abgabe einer Erklärung zur Feststellung des Grundsteuerwerts trifft grundsätzlich auch Eigentümer von steuerbefreitem Grundbesitz. ⑤ Haben sich bei einer wirtschaftlichen Einheit die tatsächlichen Verhältnisse (siehe A 227.1) geändert, so kann das Finanzamt den Steuerpflichtigen zur Abgabe einer Feststellungserklärung auffordern. ⑥ Fordert die Finanzbehörde zur Abgabe einer Erklärung auf, hat sie eine Frist zur Abgabe zu bestimmen, die mindestens einen Monat betragen soll. ⑦ In besonders gelagerten Ausnahmefällen kann auch eine kürzere Frist gesetzt werden, insbesondere, wenn Verjährung droht und die Pflicht zur Abgabe der Erklärung in einer kürzeren Frist für den Steuerpflichtigen zumutbar ist. 10

(2) ① Bei einer Änderung der tatsächlichen Verhältnisse (siehe A 227.1), die den Wert oder die Art (Vermögens- oder Grundstücksart) beeinflussen oder zu einer erstmaligen Feststellung führen können, hat dies der Steuerpflichtige auf den Beginn des folgenden Kalenderjahres anzuzeigen. ② Mehrere in einem Jahr eingetretene Änderungen sind in einer Anzeige zusammenzufassen. ③ Änderungen, die ausschließlich eine Zurechnungsfortschreibung zur Folge haben, wie z. B. der Eigentumsübergang an einer gesamten wirtschaftlichen Einheit, bedürfen keiner Anzeige des Steuerpflichtigen. ④ Bei dem Übergang des zivilrechtlichen oder des wirtschaftlichen Eigentums an einem auf fremdem Grund und Boden errichteten Gebäude ist eine Anzeige abzugeben. ⑤ Die Abgabefrist für diese Anzeigen beträgt drei Monate und beginnt mit Ablauf des Kalenderjahres, in dem sich die tatsächlichen Verhältnisse geändert haben oder das (wirtschaftliche) Eigentum übergegangen ist. ⑥ Die Anzeigepflicht nach § 19 GrStG bleibt unberührt. 11

(3) ① Die Erklärung nach § 228 Absatz 1 BewG und die Anzeige nach § 228 Absatz 2 BewG sind im Regelfall von demjenigen abzugeben, dem das Grundstück zuzurechnen ist. ② Da bei Grundstücken des Grundvermögens in Erbbaurechtsfällen das Grundstück dem Erbbauberechtigten zugerechnet wird (vgl. § 261 BewG), ist der Erbbauberechtigte verpflichtet, die Feststellungserklärung oder Anzeige abzugeben. ③ Der Erbbauverpflichtete hat an der Erklärung oder 12

[1] Überarbeitete Fassungen des GW-1 und GW-1A siehe BStBl. 2025 I S. 376.

Anzeige mitzuwirken, da im Einzelfall nicht auszuschließen ist, dass bestimmte Informationen nur vom Erbbauverpflichteten erlangt werden können. ④ Bei einem Gebäude auf fremdem Grund und Boden ist der Grundstückseigentümer verpflichtet, die Steuererklärung oder Anzeige abzugeben. ⑤ Der Eigentümer oder der wirtschaftliche Eigentümer des Gebäudes hat mitzuwirken. ⑥ § 228 Absatz 3 Nummer 2 BewG und § 261 BewG gelten nicht für land- und forstwirtschaftliches Vermögen. ⑦ Werden aufgrund eines Erbbaurechts auf einem vom Erbbauberechtigten land- und forstwirtschaftlich genutzten Grund und Boden des Erbbauverpflichteten Gebäude errichtet, ist daher der erbbauverpflichtete Eigentümer des Grund und Bodens oder der wirtschaftliche Eigentümer (siehe A 232.2 Absatz 1 Satz 2 ff. der koordinierten Erlasse der obersten Finanzbehörden der Länder vom 30. April 2025 zur Anwendung des Siebenten Abschnitts des Zweiten Teils des Bewertungsgesetzes zur Bewertung des Grundbesitzes (land- und forstwirtschaftliches Vermögen) für die Grundsteuer ab 1. Januar 2022 – AEBewGrSt LuF 2025) zur Abgabe der Erklärung zur Feststellung des Grundsteuerwerts verpflichtet, da diesem die wirtschaftliche Einheit in der Regel zuzurechnen ist (§ 228 Absatz 3 Nummer 1 BewG). ⑧ Aus verwaltungsökonomischen Gründen wird es nicht beanstandet, wenn die Erklärung zur Feststellung des Grundsteuerwerts vom Erbbauberechtigten abgegeben wird, solange sichergestellt ist, dass die Bescheide dem Eigentümer des Grund und Bodens bekannt gegeben werden.

13 (4) ① Die Erklärung nach § 228 Absatz 1 BewG und die Anzeige nach § 228 Absatz 2 BewG sind bei dem für die gesonderte Feststellung zuständigen Finanzamt abzugeben und – sofern keine elektronische Übermittlung erfolgt (vgl. § 228 Absatz 6 BewG) – eigenhändig zu unterschreiben. ② Örtlich zuständig für die gesonderte Feststellung ist nach der allgemeinen abgabenrechtlichen Zuständigkeitsverteilung das Lagefinanzamt (§ 18 Absatz 1 Nummer 1 AO).

14 (5) ① Die Erklärungen nach § 228 Absatz 1 BewG und die Anzeigen nach § 228 Absatz 2 BewG sind Steuererklärungen im Sinne der Abgabenordnung. ② Die Erfüllung sowohl der Erklärungs- als auch der Anzeigepflicht ist erzwingbar (§§ 328 ff. AO). ③ Bei Nichterfüllung oder bei nicht fristgerechter Erfüllung der Erklärungs- oder Anzeigepflicht ist ein Verspätungszuschlag nach § 152 Absatz 1 oder 2 AO unter den dort genannten Voraussetzungen festzusetzen. ④ Auf die Erklärungen nach § 228 Absatz 1 BewG zur gesonderten Feststellung des Grundsteuerwerts auf den Hauptfeststellungszeitpunkt 1. Januar 2022 ist § 152 Absatz 2 AO nicht anzuwenden (Art. 97 § 8 EGAO). ⑤ Die Anzeigepflicht nach § 228 Absatz 2 BewG kann innerhalb der Anzeigefrist auch durch Abgabe einer Erklärung im Sinne des § 228 Absatz 1 BewG erfüllt werden. ⑥ Der Erklärungs- und Anzeigepflichtige sowie sein Gesamtrechtsnachfolger haben die Pflicht zur Berichtigung der Erklärung bzw. Anzeige des Erklärungs- und Anzeigepflichtigen aus § 153 Absatz 1 AO.

15 (6) ① Unabhängig von der Anzeigepflicht kann die Fortschreibung eines Grundsteuerwerts auch von Amts wegen erfolgen. ② Das kann insbesondere der Fall sein, wenn der Steuerpflichtige seiner Erklärungs- oder Anzeigepflicht nicht nachgekommen ist und dem Finanzamt alle steuererheblichen Tatsachen bereits bekannt sind. ③ Die Fortschreibung von Amts wegen unterliegt keiner zeitlichen Beschränkung. ④ Sie ist jedoch unzulässig, wenn die auf ihr beruhende Steuer verjährt und deshalb der Grundsteuerwert ohne steuerliche Bedeutung ist.

BewG

§ 229 Auskünfte, Erhebungen und Mitteilungen

1 **(1) ① Die Eigentümer von Grundbesitz haben der Finanzbehörde auf Anforderung alle Angaben zu machen, die sie für die Sammlung der Kauf-, Miet- und Pachtpreise braucht. ② Dabei haben sie zu versichern, dass sie die Angaben nach bestem Wissen und Gewissen gemacht haben.**

2 **(2) ① Die Finanzbehörden können zur Vorbereitung einer Hauptfeststellung und zur Durchführung von Feststellungen der Grundsteuerwerte örtliche Erhebungen über die Bewertungsgrundlagen anstellen. ② Das Grundrecht der Unverletzlichkeit der Wohnung (Artikel 13 des Grundgesetzes) wird insoweit eingeschränkt.**

3 **(3) Die nach Bundes- oder Landesrecht zuständigen Behörden haben den Finanzbehörden die rechtlichen und tatsächlichen Umstände mitzuteilen, die ihnen im Rahmen ihrer Aufgabenerfüllung bekannt geworden sind und die für die Feststellung von Grundsteuerwerten oder für die Grundsteuer von Bedeutung sein können.**

4 **(4) ① Die Grundbuchämter haben den für die Feststellung des Grundsteuerwerts zuständigen Finanzbehörden mitzuteilen:**

1. die Eintragung eines neuen Eigentümers oder Erbbauberechtigten sowie bei einem anderen als einem rechtsgeschäftlichen Erwerb zusätzlich die Anschrift des neuen Eigentümers oder Erbbauberechtigten; dies gilt nicht für die Fälle des Erwerbs nach den Vorschriften des Zuordnungsrechts,

2. die Eintragung der Begründung von Wohnungseigentum oder Teileigentum,

3. die Eintragung der Begründung eines Erbbaurechts, Wohnungserbbaurechts oder Teilerbbaurechts.

② In den Fällen des Satzes 1 Nummer 2 und 3 ist gleichzeitig der Tag des Eingangs des Eintragungsantrags beim Grundbuchamt mitzuteilen. ③ Bei einer Eintragung aufgrund Erbfolge ist das Jahr anzugeben, in dem der Erblasser verstorben ist. ④ Die Mit-

teilungen sollen der Finanzbehörde über die für die Führung des Liegenschaftskatasters zuständige Behörde oder über eine sonstige Behörde, die das amtliche Verzeichnis der Grundstücke (§ 2 Absatz 2 der Grundbuchordnung) führt, zugeleitet werden.

(5) ① **Die nach den Absätzen 3 oder 4 mitteilungspflichtige Stelle hat die betroffenen Personen vom Inhalt der Mitteilung zu unterrichten. ② Eine Unterrichtung kann unterbleiben, soweit den Finanzbehörden Umstände aus dem Grundbuch, den Grundakten oder aus dem Liegenschaftskataster mitgeteilt werden.** 5

(6) ① **Die nach den Absätzen 3 oder 4 mitteilungspflichtigen Stellen übermitteln die Mitteilungen den Finanzbehörden nach amtlich vorgeschriebenem Datensatz über die amtlich bestimmte Schnittstelle. ② Die Grundbuchämter und die für die Führung des Liegenschaftskatasters zuständigen Behörden übermitteln die bei ihnen geführten Daten laufend, mindestens alle drei Monate. ③ Das Bundesministerium der Finanzen legt im Einvernehmen mit den obersten Finanzbehörden der Länder und den obersten Vermessungs- und Katasterbehörden der Länder die Einzelheiten der elektronischen Übermittlung und deren Beginn in einem Schreiben fest. ④ Dieses Schreiben ist im Bundesanzeiger und im Bundessteuerblatt zu veröffentlichen.** 6

Zu § 229 BewG

A 229 Auskünfte, Erhebungen und Mitteilungen – *unbesetzt* –

AEBew GrSt A 229

§ 230 Abrundung

BewG

Die ermittelten Grundsteuerwerte werden auf volle 100 Euro nach unten abgerundet. 1

Zu § 230 BewG

A 230 Abrundung

AEBew GrSt A 230

Die sich im Rahmen der Ermittlung des Grundsteuerwerts ergebenden Zwischenwerte sind kaufmännisch auf zwei Nachkommastellen zu runden.

2

§ 231 Abgrenzung von in- und ausländischem Vermögen

BewG

(1) ① **Für die Bewertung des inländischen nach diesem Abschnitt zu bewertenden Vermögens gelten die §§ 232 bis 262. ② Nach diesen Vorschriften sind auch die inländischen Teile einer wirtschaftlichen Einheit zu bewerten, die sich sowohl auf das Inland als auch auf das Ausland erstrecken.** 1

(2) **Die ausländischen Teile einer wirtschaftlichen Einheit unterliegen nicht der gesonderten Feststellung nach § 219.** 2

Zu § 231 BewG

A 231 Abgrenzung von in- und ausländischem Vermögen

AEBew GrSt A 231

① Für das inländische nach dem Siebenten Abschnitt des Zweiten Teils des Bewertungsgesetzes zu bewertende Vermögen gelten die Vorschriften der §§ 232 bis 262 BewG. ② Nach diesen Vorschriften sind auch die inländischen Teile einer wirtschaftlichen Einheit zu bewerten, die sich sowohl auf das Inland als auch auf das Ausland erstrecken. ③ Dies gilt insbesondere für die Bewertung von Betrieben der Land- und Forstwirtschaft, wenn diese teilweise über Landesgrenzen hinweg betrieben werden. ④ Für Zwecke der Grundsteuer wird in diesen Fällen nur der inländische Teil der wirtschaftlichen Einheit bewertet. ⑤ Der ausländische Teil einer wirtschaftlichen Einheit unterliegt nicht der gesonderten Feststellung nach § 219 BewG. 3

BewG

B. Land- und forstwirtschaftliches Vermögen

I. Allgemeines

§ 232 Begriff des land- und forstwirtschaftlichen Vermögens[1]

1 **(1) ① Land- und Forstwirtschaft ist die planmäßige Nutzung der natürlichen Kräfte des Bodens zur Erzeugung von Pflanzen und Tieren sowie die Verwertung der dadurch selbst gewonnenen Erzeugnisse. ② Zum land- und forstwirtschaftlichen Vermögen gehören alle Wirtschaftsgüter, die einem Betrieb der Land- und Forstwirtschaft dauernd zu dienen bestimmt sind.**

2 **(2) ① Die wirtschaftliche Einheit des land- und forstwirtschaftlichen Vermögens ist der Betrieb der Land- und Forstwirtschaft. ② Wird der Betrieb der Land- und Forstwirtschaft oder werden Teile davon einem anderen Berechtigten zur Erzeugung von Pflanzen und Tieren sowie zur Verwertung der dadurch selbst gewonnenen Erzeugnisse überlassen, so gilt dies als Fortsetzung der land- und forstwirtschaftlichen Tätigkeit des Überlassenden.**

3 **(3) ① Zu den Wirtschaftsgütern, die dem Betrieb der Land- und Forstwirtschaft dauernd zu dienen bestimmt sind, gehören insbesondere:**

1. der Grund und Boden,

2. die Wirtschaftsgebäude,

3. die stehenden Betriebsmittel,

4. der normale Bestand an umlaufenden Betriebsmitteln,

5. die immateriellen Wirtschaftsgüter.

② Als normaler Bestand an umlaufenden Betriebsmitteln gilt ein Bestand, der zur gesicherten Fortführung des Betriebs erforderlich ist.

4 **(4) Nicht zum land- und forstwirtschaftlichen Vermögen gehören:**

1. Grund und Boden sowie Gebäude und Gebäudeteile, die Wohnzwecken oder anderen nicht land- und forstwirtschaftlichen Zwecken dienen,

2. Tierbestände oder Zweige des Tierbestands und die hiermit zusammenhängenden Wirtschaftsgüter (zum Beispiel Gebäude und abgrenzbare Gebäudeteile mit den dazugehörenden Flächen, stehende und umlaufende Betriebsmittel), wenn die Tiere weder nach § 241 zur landwirtschaftlichen Nutzung noch nach § 242 Absatz 2 zu den sonstigen land- und forstwirtschaftlichen Nutzungen gehören; die Zugehörigkeit der landwirtschaftlich genutzten Flächen zum land- und forstwirtschaftlichen Vermögen wird hierdurch nicht berührt,

3. Zahlungsmittel, Geldforderungen, Geschäftsguthaben, Wertpapiere und Beteiligungen sowie

4. Geldschulden und Pensionsverpflichtungen.

Zu § 232 BewG

AEBew GrSt A 232.1

A 232.1 Begriff des land- und forstwirtschaftlichen Vermögens

8 (1) ① Land- und Forstwirtschaft ist gemäß § 232 Absatz 1 Satz 1 BewG die planmäßige Nutzung der natürlichen Kräfte des Bodens zur Erzeugung von Pflanzen und Tieren sowie die Verwertung der dadurch selbst gewonnenen Erzeugnisse (land- und forstwirtschaftliche Urproduktion). ② Als Boden i. S. d. Satzes 1 gelten auch Substrate und Wasser. ③ Zum Umfang der wirtschaftlichen Einheit und zur Abgrenzung des land- und forstwirtschaftlichen Vermögens vom Grundvermögen (§ 218 BewG) siehe A 232.2, A 232.3 und A 233.

9 (2) ① Die wirtschaftliche Einheit des land- und forstwirtschaftlichen Vermögens ist der Betrieb der Land- und Forstwirtschaft (§ 232 Absatz 2 Satz 1 BewG). ② Dieser besteht aus der Gesamtheit der Wirtschaftsgüter, die ihm i. S. d. § 232 Absatz 1 Satz 1 BewG dauernd zu dienen bestimmt sind. ③ Entscheidend dafür, ob das Wirtschaftsgut dem Betrieb der Land- und Forstwirtschaft auf Dauer zu dienen bestimmt ist, ist der dem Wirtschaftsgut zukommende Zweck (Zweckbestimmung) zum Feststellungszeitpunkt (§ 235 BewG). ④ Infolgedessen sind nicht genutzte, vormals land- und forstwirtschaftlich genutzte Wirtschaftsgüter bis zu einer anderweitigen Zweckbestimmung dem land- und forstwirtschaftlichen Vermögen zuzurechnen. ⑤ Was als wirtschaftliche Einheit zu gelten hat, ist nach den Anschauungen des Verkehrs zu entscheiden. ⑥ Die örtliche Gewohnheit, die tatsächliche Übung, die Zweckbestimmung und die wirtschaftliche Zusammengehörigkeit der einzelnen Wirtschaftsgüter sind zu berücksichtigen (§ 2 BewG).

[1] Zur Zurechnung und Bewertung von Agri-Fotovoltaik-Anlagen siehe *gleich lautenden Ländererlass vom 15. 7. 2022,* abgedruckt als Anlage zu § 158 BewG.

(3) ① Zu den Wirtschaftsgütern, die einem Betrieb der Land- und Forstwirtschaft dauernd zu dienen bestimmt sind, gehören insbesondere der Grund und Boden, die Wirtschaftsgebäude, die stehenden Betriebsmittel, ein normaler Bestand an umlaufenden Betriebsmitteln und die immateriellen Wirtschaftsgüter (vgl. Absatz 7). ② Die Aufzählung der einzelnen Wirtschaftsgüter in § 232 Absatz 3 Satz 1 BewG ist nicht abschließend. ③ Zu den Wirtschaftsgütern, die einem Betrieb der Land- und Forstwirtschaft dauernd zu dienen bestimmt sind, können auch Grunddienstbarkeiten und betrieblich veranlasste wiederkehrende Nutzungen und Leistungen gehören (z. B. Weiderechte, Holznutzungsrechte, Wegerechte). ④ Zu den Wirtschaftsgütern, die einem Betrieb der Land- und Forstwirtschaft dauernd zu dienen bestimmt sind, gehören nicht Forstnutzungsrechte, Berechtigungen aus Reallasten und Anteile am Grundbesitz einer Haubergs-, Wald-, Forst- oder Laubgenossenschaft oder einer ähnlichen Realgemeinde mit eigener Rechtspersönlichkeit. 10

(4) ① Grund und Boden sowie Gebäude, die einem Betrieb der Land- und Forstwirtschaft dauernd zu dienen bestimmt sind, gehören auch dann zum land- und forstwirtschaftlichen Vermögen, wenn der Betrieb ganz oder in Teilen auf bestimmte oder unbestimmte Zeit nicht bewirtschaftet wird. ② Das ist der Fall, wenn der Grund und Boden sowie die Gebäude keine andere Zweckbestimmung erhalten haben, die zu einer zwingenden Zuordnung zum Grundvermögen führt. ③ Beispielsweise kommen in Betracht: 11

1. Grund und Boden, der auf bestimmte oder unbestimmte Zeit nicht land- und forstwirtschaftlich genutzt wird, z. B. stillgelegte Flächen;
2. Wirtschaftsgebäude, die vorübergehend oder dauernd teilweise oder ganz leer stehen, z. B. gehört der leerstehende Rindviehstall eines Betriebs, dessen Inhaber wegen Wirtschaftsumstellung das Rindvieh abgeschafft hat, zum land- und forstwirtschaftlichen Vermögen;
3. ein Betrieb oder ein Teil eines Betriebs der Land- und Forstwirtschaft, der auf bestimmte oder unbestimmte Zeit nicht bewirtschaftet wird.

(5) ① Als Wirtschaftsgebäude eines Betriebs der Land- und Forstwirtschaft, die diesem dauernd zu dienen bestimmt sind, kommen insbesondere Gebäude zur Unterbringung von Vieh, Vorräten, Maschinen und anderen Betriebsmitteln (z. B. Ställe, Scheunen, Schuppen, Hopfendarren, Kesselhäuser, Lagerräume, Kelleranlagen) sowie Verkaufs-, Arbeits- und Sozialräume in Betracht. ② Hierzu gehören auch Büros in Wirtschaftsgebäuden, in denen die mit der Betriebsorganisation und Betriebsführung zusammenhängenden Arbeiten vorgenommen werden. 12

(6) Zu den Betriebsmitteln eines Betriebs der Land- und Forstwirtschaft gehören die Pflanzenbestände, die Vorräte, die Maschinen und Geräte sowie die Tierbestände nach Maßgabe der §§ 241 und 242 Absatz 2 BewG. 13

(7) Zu den immateriellen Wirtschaftsgütern gehören insbesondere Brennrechte, Jagdrechte, Ökopunkte, Saatgutlizenzen, Wiederbepflanzungsrechte im Weinbau, Zuckerrübenlieferrechte und Zahlungsansprüche aus der Agrarförderung. 14

A 232.2 Umfang der wirtschaftlichen Einheit des Betriebs der Land- und Forstwirtschaft

AEBew GrSt A 232.2

(1) ① Der Umfang der wirtschaftlichen Einheit des land- und forstwirtschaftlichen Vermögens bestimmt sich nach den Eigentumsverhältnissen beim Grund und Boden des Betriebs der Land- und Forstwirtschaft zum Feststellungszeitpunkt. ② Befinden sich Flächen zum Feststellungszeitpunkt noch nicht im zivilrechtlichen Eigentum des Steuerpflichtigen, genügt für eine Zurechnung an den Steuerpflichtigen das wirtschaftliche Eigentum (§ 39 Absatz 2 Nummer 1 Satz 1 AO) an diesen Flächen. ③ Wirtschaftliches Eigentum liegt insbesondere vor, wenn Besitz, Nutzen, Lasten und Gefahren auf den Steuerpflichtigen übergegangen sind. ④ So ist z. B. bei Flächen in Flurbereinigungsverfahren nach dem Flurbereinigungsgesetz (FlurbG) grundsätzlich auf den Zeitpunkt des Übergangs des wirtschaftlichen Eigentums im Rahmen der vorläufigen Besitzeinweisung nach § 65 FlurbG abzustellen. ⑤ Der Übergang des wirtschaftlichen Eigentums kann ausnahmsweise in einem früheren Stadium vor einer Besitzeinweisung i. S. d. § 65 FlurbG in Betracht kommen, wenn der Fall der §§ 52, 53 FlurbG gegeben ist; hier ist der Zeitpunkt der Unwiderruflichkeit der Zustimmung zum Landabfindungsverzicht (Zugang der Erklärung bei der zuständigen Flurbereinigungsbehörde) maßgebend. 17

(2) ① Der Betrieb der Land- und Forstwirtschaft i. S. d. § 232 Absatz 2 Satz 1 BewG setzt weder eine Mindestgröße noch einen vollen land- und forstwirtschaftlichen Besatz mit Wirtschaftsgebäuden, Betriebsmitteln und immateriellen Wirtschaftsgütern voraus. ② Auch ein einzelnes land- und forstwirtschaftlich genutztes Grundstück, das gemäß § 233 BewG nicht zum Grundvermögen zu rechnen ist, kann ein Betrieb der Land- und Forstwirtschaft sein. ③ Nach § 232 Absatz 2 Satz 2 BewG gilt dies auch für die entgeltliche und unentgeltliche Nutzungsüberlassung einer ganzen wirtschaftlichen Einheit eines Betriebs der Land- und Forstwirtschaft (z. B. bei Betriebsverpachtung im Ganzen) oder Teilen davon (z. B. bei parzellenweiser Verpachtung von Flächen). ④ Zu einer wirtschaftlichen Einheit werden diejenigen Wirtschaftsgüter zusammengefasst, die dem Eigentümer gehören und deren Zweckbestimmung sowie deren wirtschaftliche Zusammengehörigkeit dies nach der Verkehrsanschauung gebieten. ⑤ Mehrere Flächen werden unabhängig von ihrer räumlichen Lage zu einer wirtschaftlichen Einheit vereinigt, wenn sie zusammen bewirt- 18

schaftet werden und zwischen ihnen ein wirtschaftlicher Zusammenhang besteht. ⑥ Es erfolgt keine Vereinigung zu einer wirtschaftlichen Einheit, wenn die Bewirtschaftung abgelegener Flächen von der Hofstelle oder einem sonstigen Sitz der Betriebsleitung aus nach der Verkehrsauffassung nicht möglich ist oder wenn der Betriebsinhaber keine unmittelbare Einwirkungsmöglichkeit und eigene Aufsicht über die sachdienliche Nutzung dieser Flächen hat. ⑦ In den vorgenannten Fällen kommt die Bildung von mehreren wirtschaftlichen Einheiten in Betracht. ⑧ Besonderheiten der jeweiligen Nutzungen sind bei der Abgrenzung der wirtschaftlichen Einheiten zu berücksichtigen. ⑨ Aus Vereinfachungsgründen kann die Finanzverwaltung verpachtete land- und forstwirtschaftliche Flächen in der Hand eines Eigentümers zu einer wirtschaftlichen Einheit innerhalb einer Gemeinde zusammenfassen.

19 (3) Bestehende wirtschaftliche Einheiten, bei denen für Zwecke der Einheitsbewertung die Wirtschaftsgüter von Eheleuten oder Lebenspartnern und Lebenspartnerinnen nach § 26 BewG zusammengefasst wurden, können im ersten Hauptfeststellungszeitraum weiterhin für Zwecke der Feststellung des jeweiligen Grundsteuerwerts zugrunde gelegt werden (§ 266 Absatz 5 BewG).

20 (4) ① Land- und forstwirtschaftliche Flächen, die im Eigentum einer der in § 97 Absatz 1 Satz 1 Nummer 1 bis 4 BewG bezeichneten Körperschaften, Personenvereinigungen oder Vermögensmassen stehen (Betriebsgrundstücke i. S. d. § 99 Absatz 1 Nummer 2 BewG), sind gemäß § 218 Satz 2 BewG wie land- und forstwirtschaftliches Vermögen zu bewerten. ② Dies gilt insbesondere für das Eigentum von Personengesellschaften oder Personengemeinschaften, wenn die Voraussetzung des § 232 Absatz 1 Satz 1 BewG (Nutzung der Flächen zur land- und forstwirtschaftlichen Urproduktion) erfüllt ist.

21 (5) ① Bestehende wirtschaftliche Einheiten, die für Zwecke der Einheitsbewertung unter Anwendung von § 34 Absatz 4 bis 6 BewG gebildet wurden, können weiterhin für Zwecke der Feststellung von Grundsteuerwerten zugrunde gelegt werden (§ 266 Absatz 5 BewG). ② Insoweit kann das land- und forstwirtschaftliche Vermögen bei Personengesellschaften und bei Personengemeinschaften im ersten Hauptfeststellungszeitraum wie bisher jeweils bei der Einheitsbewertung einheitlich ermittelt werden, auch wenn die Wirtschaftsgüter nur einem der Beteiligten gehören.

Beispiel (A):

Landwirt V gründete mit seinem Sohn S die VS-GbR. Der Vater brachte seinen gesamten Betrieb der Land- und Forstwirtschaft nebst Flächen ein, der Sohn bringt 10 000 € und seine Arbeitskraft in die GbR ein. Die GbR ist als eine wirtschaftliche Einheit im land- und forstwirtschaftlichen Vermögen einheitlich bei der Einheitsbewertung bewertet worden und ist daher auch bei der Feststellung des Grundsteuerwerts einheitlich zu bewerten; die Geldeinlage des S bleibt nach § 232 Absatz 4 Nummer 3 BewG außer Ansatz.

Beispiel (B):

Landwirt A und Landwirt B gründeten eine GbR mit dem Ziel, die landwirtschaftlich genutzten Flächen gemeinsam zu bewirtschaften und Tiere (Mastschweine) zu halten. A und B brachten jeweils 50 ha landwirtschaftliche Nutzfläche in den Betrieb ein; insgesamt wurden 4000 Mastschweine aus schweren Ferkeln (= 480 VE) erzeugt.

Die Bewertung der Flächen sowie der verstärkten Tierhaltung erfolgte bisher bei der Einheitsbewertung und erfolgt daher auch bei der Feststellung des Grundsteuerwerts als einheitlicher Betrieb unter Berücksichtigung der in den §§ 237 bis 239 BewG getroffenen Regelungen.

AEBew GrSt A 232.3

A 232.3 Abgrenzung des land- und forstwirtschaftlichen Vermögens vom Grundvermögen

24 (1) ① Für die Abgrenzung des land- und forstwirtschaftlichen Vermögens vom Grundvermögen i. S. d. § 218 Satz 1 BewG ist grundsätzlich die Zweckbestimmung der vorhandenen und eingesetzten Wirtschaftsgüter nach § 232 Absatz 1 BewG entscheidend. ② Die Zweckbestimmung richtet sich in der Regel nach den Tätigkeiten, die im Zusammenhang mit Wirtschaftsgütern, insbesondere Grund und Boden, Wirtschaftsgebäuden, Betriebsmitteln oder immateriellen Wirtschaftsgütern, ausgeübt werden. ③ Eine Abgrenzung ist vorrangig nach R 15.5 Absatz 1 bis 12 EStR sowie gemäß Abschnitt III der gleich lautenden Erlasse der obersten Finanzbehörden der Länder vom 15. Dezember 2011 (BStBl. I S. 1213, 1217)[1] hinsichtlich der Zuordnung von Grundstücken und Gebäuden vorzunehmen.

25 (2) ① Zu den Wirtschaftsgütern, die nicht zum land- und forstwirtschaftlichen Vermögen, sondern zum Grundvermögen zu rechnen sind, gehören der Grund und Boden, Gebäude und Gebäudeteile, die zum Feststellungszeitpunkt Wohnzwecken oder anderen nicht land- und forstwirtschaftlichen Zwecken dienen (§ 232 Absatz 4 Nummer 1 BewG). ② Zu diesen Zwecken zählen insbesondere

1. die Gewinnung von Bodenschätzen wie Bruchstein, Kies und Sand (soweit es sich nicht um Abbauland gemäß A 237.21 handelt);
2. die Nutzung des Grund und Bodens als Standfläche für Freiflächen-Photovoltaikanlagen (Solarparks);
3. die Verpachtung von Grund und Boden zur Gewinnung von Bodenschätzen oder zur Errichtung von Freiflächen-Photovoltaikanlagen mit oder ohne Rückbauverpflichtung;
4. Hausgärten und Parkanlagen.

[1] Abgedruckt als Anlage zu H B 158.2.

(3) ① Unter Hausgärten und Parkanlagen sind Flächen zu verstehen, die überwiegend Erholungszwecken dienen. ② Hausgärten sind in der Regel vom zugehörigen Gebäude oder Gebäudeteil aus frei zugänglich und vom Zutritt Dritter z. B. durch eine mögliche Einfriedung geschützt. ③ Eine Trennung zwischen Gebäuden oder Gebäudeteilen und Hausgärten sowie Parkanlagen, wie z. B. durch einen Hofraum oder einen Verkehrsweg, ist für die Zuordnung zum Grundvermögen unschädlich. ④ Ebenfalls unschädlich für die Zuordnung ist der Anbau landwirtschaftlicher Kulturen wie Obst und Gemüse zur Eigenversorgung oder Zierpflanzen als Beiwerk (Hobbygarten) sowie die Haltung von Kleintieren. ⑤ Das Vorhandensein beispielsweise eines Swimmingpools, Grill-, Spiel- oder Wäschetrockenplatzes stützt diese Zuordnung. 26

(4) Zur flächenmäßigen Abgrenzung des Grundvermögens vom land- und forstwirtschaftlichen Vermögen in Fällen enger räumlicher Verbindung siehe A 237.24 Absatz 5 und 6. 27

(5) Flächen, auf denen Photovoltaik-Anlagen stehen, die nach den Vorgaben der DIN SPEC 91 434 Agri-Photovoltaik-Anlagen der Kategorie I oder II sind, werden dem land- und forstwirtschaftlichen Vermögen zugeordnet. 28

§ 233 Abgrenzung des land- und forstwirtschaftlichen Vermögens vom Grundvermögen in Sonderfällen

BewG

(1) **Dienen im Umgriff einer Windenergieanlage Flächen einem Betrieb der Land- und Forstwirtschaft, sind abweichend von § 232 Absatz 4 Nummer 1 die Standortflächen der Windenergieanlage und der dazugehörenden Betriebsvorrichtungen (abgegrenzte Standortfläche der Windenergieanlage) dem land- und forstwirtschaftlichen Vermögen zuzurechnen.** 1

(2) **Land- und forstwirtschaftlich genutzte Flächen sind dem Grundvermögen zuzurechnen, wenn nach ihrer Lage, den am Feststellungszeitpunkt bestehenden Verwertungsmöglichkeiten oder den sonstigen Umständen anzunehmen ist, dass sie innerhalb eines Zeitraums von sieben Jahren anderen als land- und forstwirtschaftlichen Zwecken, insbesondere als Bau-, Gewerbe- oder Industrieland oder als Land für Verkehrszwecke, dienen werden.** 2

(3) **① Flächen sind stets dem Grundvermögen zuzurechnen, wenn sie in einem Bebauungsplan als Bauland festgesetzt sind, ihre sofortige Bebauung möglich ist und die Bebauung innerhalb des Plangebiets in benachbarten Bereichen begonnen hat oder schon durchgeführt ist. ② Satz 1 gilt nicht für die Hofstelle.** 3

Zu § 233 BewG

A 233 Abgrenzung des land- und forstwirtschaftlichen Vermögens vom Grundvermögen in Sonderfällen

AEBew GrSt A 233

(1) ① Standortflächen von Windenergieanlagen, in deren Umgriff land- und forstwirtschaftlich genutzte Flächen eines Betriebs der Land- und Forstwirtschaft liegen, gehören gemäß § 233 Absatz 1 BewG zum land- und forstwirtschaftlichen Vermögen. ② Dies gilt grundsätzlich dann, wenn wenigstens an einer Seite der Standortfläche Flächen angrenzen, die einer land- und forstwirtschaftlichen Nutzung oder Nutzungsart gemäß § 234 Absatz 1 BewG dienen. ③ Standortflächen von Windenergieanlagen in anderen Gebieten, insbesondere in Gewerbegebieten, gehören zum Grundvermögen. ④ Zur abzugrenzenden Standortfläche einer Windenergieanlage i. S. v. Satz 1 gehören gleichermaßen die in unmittelbarer Nähe liegenden zugehörigen Betriebsvorrichtungen der Windenergieanlage. 5

(2) ① Die abgegrenzte Standortfläche besteht aus der Standfläche des Turms einschließlich der Betriebsvorrichtungen (Transformatorhaus) mit Umgriff, soweit dort tatsächlich keine landwirtschaftliche Nutzung mehr erfolgt, sowie aus der befestigten Betriebsfläche einschließlich Umgriff wie Böschungen und der befestigten Zuwegung, soweit diese vorrangig dem Betrieb der Windenergieanlage dient. ② Zur Betriebsfläche gehören insbesondere die befestigten Flächen, die für Aufbau und Wartung der Anlagen durch den Betreiber vorzuhalten sind. ③ Flächen für die Zuwegung sind die Grundstücksteile, die ausschließlich der Erschließung der Windenergieanlage dienen und von denen aus keine land- und forstwirtschaftlichen Flächen bewirtschaftet werden. ④ Die Bewertung richtet sich nach den Regelungen in A 238. 6

(3) ① Nach § 232 Absatz 1 BewG gehören alle Wirtschaftsgüter zu einem Betrieb der Land- und Forstwirtschaft, die diesem für Zwecke der Urproduktion dauernd zu dienen bestimmt sind, es sei denn, sie dienen gemäß § 232 Absatz 4 Nummer 1 BewG zum Feststellungszeitpunkt tatsächlich anderen, nicht land- und forstwirtschaftlichen Zwecken. ② Abweichend von der tatsächlichen Nutzung und von der Zweckbestimmung des Grundbesitzes, der Einordnung durch die Verkehrsauffassung und der in § 232 BewG vorgenommenen Definition des land- und forstwirtschaftlichen Vermögens sind land- und forstwirtschaftliche Flächen unter den Voraussetzungen des § 233 Absatz 2 BewG oder des § 233 Absatz 3 BewG stets dem Grundvermögen zuzurechnen (siehe Absätze 4 bis 6). 7

AEBew GrSt A 233

8 (4) ① Die Zurechnung der zum Feststellungszeitpunkt land- und forstwirtschaftlich genutzten Flächen zum Grundvermögen nach § 233 Absatz 2 BewG setzt lediglich voraus, dass eine künftige Verwendung der Flächen für andere als land- und forstwirtschaftliche Zwecke anzunehmen ist und dass die Änderung der Nutzungsweise ab dem Feststellungszeitpunkt in den nächsten sieben Jahren erwartet wird. ② Bei einer zu erwartenden Verwendung für andere als für land- und forstwirtschaftliche Zwecke sind insbesondere Fallgestaltungen zu prüfen, bei denen mindestens eines der folgenden Merkmale zutrifft:

1. Fehlen eines Bebauungsplanes;
2. Einstufung im Bebauungsplan nicht als Bauland, aber z. B. als Grünfläche oder als Verkehrsfläche;
3. fehlende Möglichkeit der sofortigen Bebauung;
4. noch keine im benachbarten Bereich begonnene oder durchgeführte Bebauung;
5. noch nicht absehbarer Beginn einer beabsichtigten Abbautätigkeit, insbesondere bei noch nicht beantragten Vorhaben;
6. Hofstelle.

9 (5) ① Nach § 233 Absatz 2 BewG ist eine Zurechnung zum Grundvermögen bereits dann vorzunehmen, wenn zum Feststellungszeitpunkt anzunehmen ist, dass die land- und forstwirtschaftlichen Flächen aufgrund ihrer Lage, den zum maßgeblichen Feststellungszeitpunkt bestehenden Verwertungsmöglichkeiten oder den sonstigen Umständen innerhalb eines Zeitraums von sieben Jahren anderen als land- und forstwirtschaftlichen Zwecken dienen werden. ② Hierzu gehören insbesondere eine innerhalb von sieben Jahren absehbare Nutzung als Bauland, Industrieland, Land für Verkehrszwecke oder zum (gewerblichen) Abbau von Bodenschätzen. ③ Die Erwartung einer künftigen Verwendung der Flächen für andere als land- und forstwirtschaftliche Zwecke kann sich auf folgende Umstände gründen:

1. auf die Möglichkeit einer künftigen Verwendung als Bauland oder auf einen Erwerb zu Baulandpreisen, wenn die Fläche nicht als Ersatzland (z. B. bei Enteignungen) oder zur Abrundung eines Betriebs der Land- und Forstwirtschaft dienen soll;
2. auf den Erwerb durch einen Nichtlandwirt, z. B. durch eine Grundstücksgesellschaft, ein Wohnungsunternehmen, ein Abbau- oder auch ein Industrieunternehmen, das die Fläche vorläufig noch in der land- und forstwirtschaftlichen Nutzung des Veräußerers belässt;
3. auf die Bestellung von Grunddienstbarkeiten für Zwecke der Energieerzeugung;
4. auf Landverkäufe, die z. B. eine beginnende Parzellierung erkennen lassen; z. B. weil die Fläche für eine Brückenauffahrt benötigt wird oder für einen in Richtung auf die Fläche fortschreitenden Straßenbau;
5. auf den Abschluss von Pacht- und/oder Ausbeuteverträgen oder
6. auf eine Nutzungsüberlassung unter Einräumung des Rechts, Bodenschätze aufzusuchen und zu gewinnen.

④ Sind die Voraussetzungen der Sätze 1 bis 3 erfüllt, kommt es weder auf den Willen des Eigentümers, die Fläche weiter oder gleichzeitig land- und forstwirtschaftlich zu nutzen, noch auf eine spätere objektiv mögliche land- und forstwirtschaftliche Nutzung an. ⑤ Liegen die Voraussetzungen des § 233 Absatz 2 BewG zu einem späteren Feststellungszeitpunkt nicht mehr vor und ist der Grundbesitz wieder zur land- und forstwirtschaftlichen Nutzung dauernd zu dienen bestimmt, ist dieser wieder dem land- und forstwirtschaftlichen Vermögen zuzurechnen. ⑥ Das kann z. B. nach Beendigung des (gewerblichen) Abbaus von Bodenschätzen nach abgeschlossener planmäßiger Rekultivierung der Flächen gelten, wenn diese dadurch wieder land- und forstwirtschaftlich nutzbar gemacht werden.

10 (6) ① § 233 Absatz 3 BewG regelt, welche Flächen stets als Grundvermögen zu bewerten sind. ② Wird eine land- und forstwirtschaftlich genutzte Fläche zum Feststellungszeitpunkt im Bebauungsplan als Bauland ausgewiesen, kann eine Zurechnung zum Grundvermögen nicht nur nach § 233 Absatz 3 BewG, sondern auch nach § 233 Absatz 2 BewG in Betracht kommen (vgl. auch Absatz 4 Sätze 3 bis 5). ③ Land- und forstwirtschaftlich genutzte Flächen werden nach § 233 Absatz 3 BewG in jedem Fall zum Grundvermögen gerechnet, wenn alle folgenden Voraussetzungen erfüllt sind:

1. Die Flächen müssen in einem rechtsverbindlichen Bebauungsplan (§§ 8 ff. BauGB)[1] als Bauland ausgewiesen sein.
2. ① Die sofortige Bebauung muss rechtlich und tatsächlich möglich sein. ② Die Möglichkeit einer sofortigen Bebauung kann insbesondere von der Größe und dem Zuschnitt der Fläche abhängen. ③ So kann eine Fläche für jede (nicht etwa nur für eine geplante) Bebauung zu klein oder zu ungünstig geschnitten sein. ④ Auch die Bodenverhältnisse (z. B. Sumpf) können eine sofortige Bebauung ausschließen. ⑤ In rechtlicher Hinsicht ist vor allem entscheidend, ob die sofortige Bebauung nach öffentlich-rechtlichen Vorschriften zulässig ist. ⑥ Als Hinderungsgründe öffentlich-rechtlicher Art kommen insbesondere Veränderungssperren (§ 14 BauGB), die Unzulässigkeit von Bauvorhaben (§ 30 BauGB) und nicht sofort erfüllbare Vorschriften über die Bebauung in Betracht.

[1] Abgedruckt im Anhang **I** Nr. **6**.

BewG

3. ① Die Bebauung muss innerhalb des Plangebiets in einem benachbarten Bereich begonnen haben oder schon durchgeführt sein. ② Dabei ist allein auf das jeweilige Plangebiet abzustellen. ③ Die Bebauung von Flächen außerhalb des Plangebiets kommt selbst dann nicht als Bebauung in einem benachbarten Bereich in Betracht, wenn diese Flächen unmittelbar an das Plangebiet anschließen. ④ Andererseits ist für eine Bebauung im benachbarten Bereich nicht zu fordern, dass die Bebauung in der nächsten Nachbarschaft der zu bewertenden Fläche begonnen hat. ⑤ Was als benachbarter Bereich anzusehen ist, richtet sich nach den örtlichen Verhältnissen. ⑥ Bei Baulücken in geschlossener Ortslage ist die geforderte Voraussetzung stets erfüllt.
4. Die Flächen dürfen nicht zur Hofstelle i. S. d. § 234 Absatz 6 BewG gehören.

(7) ① Die Voraussetzungen zur Zuordnung zum Grundvermögen nach § 233 Absatz 2 BewG und nach § 233 Absatz 3 BewG können nebeneinander gegeben sein. ② Eine Zuordnung zu einer Vermögensart nach § 233 Absatz 2 BewG kann daher insbesondere in Betracht kommen, wenn diese zweckmäßiger festzustellen ist als eine Zuordnung nach § 233 Absatz 3 BewG. ③ Das trifft beispielsweise zu, wenn das in einem Bebauungsplan als Bauland ausgewiesene Gelände mit Sicherheit schon in Kürze in unbebautem Zustand für gewerbliche Zwecke genutzt werden wird, auf der anderen Seite aber die Möglichkeit einer sofortigen Bebauung zweifelhaft oder zumindest schwer festzustellen ist. 11

§ 234 Betrieb der Land- und Forstwirtschaft

(1) Ein Betrieb der Land- und Forstwirtschaft umfasst: 1

1. die land- und forstwirtschaftlichen Nutzungen:
   a) die landwirtschaftliche Nutzung,
   b) die forstwirtschaftliche Nutzung,
   c) die weinbauliche Nutzung,
   d) die gärtnerische Nutzung,
      aa) Nutzungsteil Gemüsebau,
      bb) Nutzungsteil Blumen- und Zierpflanzenbau,
      cc) Nutzungsteil Obstbau,
      dd) Nutzungsteil Baumschulen,
   e) die übrigen land- und forstwirtschaftlichen Nutzungen,

2. die Nutzungsarten:
   a) Abbauland,
   b) Geringstland,
   c) Unland,
   d) Hofstelle,

3. die Nebenbetriebe.

(2) **Die land- und forstwirtschaftlichen Betriebsflächen sind einer Nutzung, innerhalb der gärtnerischen Nutzung einem Nutzungsteil, oder einer Nutzungsart zuzuordnen (gesetzliche Klassifizierung).** 2

(3) **Zum Abbauland gehören die Betriebsflächen, die durch Abbau der Bodensubstanz überwiegend für den Betrieb der Land- und Forstwirtschaft nutzbar gemacht werden, zum Beispiel Steinbrüche, Torfstiche, Sand-, Kies- und Lehmgruben.** 3

(4) **Zum Geringstland gehören die Betriebsflächen geringster Ertragsfähigkeit, für die nach dem Bodenschätzungsgesetz keine Wertzahlen festzustellen sind.** 4

(5) **Zum Unland gehören die Betriebsflächen, die auch bei geordneter Wirtschaftsweise keinen Ertrag abwerfen können.** 5

(6) **Zur Hofstelle gehören alle Hof- und Wirtschaftsgebäudeflächen einschließlich der Nebenflächen, wenn von dort land- und forstwirtschaftliche Flächen nachhaltig bewirtschaftet werden.** 6

(7) **Als Nebenbetrieb gilt ein Betrieb, der dem Hauptbetrieb zu dienen bestimmt ist und nicht einen selbständigen gewerblichen Betrieb darstellt.** 7

Zu § 234 BewG

A 234 Betrieb der Land- und Forstwirtschaft

AEBew GrSt A 234

(1) Der Umfang und die Gliederung eines Betriebs der Land- und Forstwirtschaft bestimmt sich grundsätzlich nach den Eigentumsverhältnissen beim Grund und Boden zum Feststellungszeitpunkt (siehe A 235) und den damit regelmäßig in einem engen sachlichen Zusammenhang stehenden Wirtschaftsgütern (§ 232 Absatz 2 Satz 1 BewG i. V. m. § 234 Absatz 1 BewG). 10

(2) ① Der zum Grundvermögen abgegrenzte Grund und Boden und die Wirtschaftsgüter eines Betriebs der Land- und Forstwirtschaft sind aufzugliedern in 11
1. die landwirtschaftliche Nutzung (siehe A 237.2),
2. die forstwirtschaftliche Nutzung (siehe A 237.3),

3. die weinbauliche Nutzung (siehe A 237.4),
4. die gärtnerische Nutzung (siehe A 237.5 bis 237.9),
5. die übrigen land- und forstwirtschaftlichen Nutzungen (siehe A 237.10 bis 237.20),
6. die Nutzungsarten Abbauland (siehe A 237.21), Geringstland (siehe A 237.22), Unland (siehe A 237.23) und
7. die Nutzungsart Hofstelle einschließlich der Flächen für Nebenbetriebe (siehe A 237.24).

12 (3) ① Grundsätzlich sind die bei der Vermessungs- und Katasterverwaltung geführten amtlichen Flächengrößen der Flurstücke heranzuziehen. ② Die Zuordnung der Flächen zu den Nutzungen, Nutzungsteilen und Nutzungsarten bildet die gesetzliche Klassifizierung. ③ In der Feststellungserklärung sind die jeweiligen Flächengrößen und die gesetzliche Klassifizierung entsprechend der tatsächlichen Verhältnisse zum Feststellungszeitpunkt anzugeben. ④ Wird bei der Vermessungs- und Katasterverwaltung im Amtlichen Liegenschaftskatasterinformationssystem (ALKIS®) unter der Objektart AX_Bewertung eine gesetzliche Klassifizierung geführt, ist grundsätzlich diese Klassifizierung für die Bewertung maßgebend. ⑤ Bei zwischenzeitlich eingetretenen Veränderungen hinsichtlich der Nutzung sind die Angaben an die tatsächlichen Verhältnisse anzupassen. ⑥ Die im ALKIS® geführte tatsächliche Nutzung kann Hinweise auf die jeweilige Nutzung gemäß § 234 Absatz 1 BewG geben und ein Indiz für die gesetzliche Klassifizierung gemäß § 234 Absatz 2 BewG sein. ⑦ Maßgebend für die gesetzliche Klassifizierung sind die Regelungen in A 237.2 bis A 237.24. ⑧ Die für Zwecke der Bewertung jeweils maßgebende gesetzliche Klassifizierung zum Feststellungszeitpunkt ist der Vermessungs- und Katasterverwaltung zur Einhaltung ihrer gesetzlichen Mitteilungspflicht i. S. d. § 229 Absatz 3 BewG für den nächsten Feststellungszeitpunkt zu übermitteln.

BewG

§ 235 Feststellungszeitpunkt

1 (1) **Für die Größe des Betriebs sowie für den Umfang und den Zustand der Gebäude sind die Verhältnisse im Feststellungszeitpunkt maßgebend.**

2 (2) **Für die stehenden und umlaufenden Betriebsmittel ist der Stand am Ende des Wirtschaftsjahres maßgebend, das dem Feststellungszeitpunkt vorangegangen ist.**

Zu § 235 BewG

AEBew GrSt A 235

A 235 Feststellungszeitpunkt

① Für die Bewertung eines Betriebs der Land- und Forstwirtschaft sind unabhängig von einem abweichenden Wirtschaftsjahr allgemein die Eigentumsverhältnisse zum Feststellungszeitpunkt
3 maßgebend. ② Für die stehenden und umlaufenden Betriebsmittel ist nach § 235 Absatz 2 BewG der Stand am Ende des dem Feststellungszeitpunkt vorangegangenen Wirtschaftsjahres unter Berücksichtigung des § 4a Absatz 1 Satz 2 Nummer 1 EStG i. V. m. § 8c EStDV maßgebend. ③ Dies gilt insbesondere für die Abgrenzung der landwirtschaftlichen von der gewerblichen Tierhaltung nach § 241 BewG und für die Abgrenzung der Land- und Forstwirtschaft von der gewerblichen Tätigkeit nach R 15.5 Absatz 1 EStR.

BewG

§ 236 Bewertungsgrundsätze

1 (1) **Der Bewertung eines Betriebs der Land- und Forstwirtschaft ist der Ertragswert zugrunde zu legen.**

2 (2) ① **Bei der Ermittlung des Ertragswerts ist von der Ertragsfähigkeit auszugehen.** ② **Ertragsfähigkeit ist der bei ordnungsmäßiger Bewirtschaftung gemeinhin und nachhaltig erzielbare Reinertrag eines pacht- und schuldenfreien Betriebs mit entlohnten fremden Arbeitskräften (Reinertrag).** ③ **Er ermittelt sich aus dem Betriebseinkommen abzüglich des Lohnaufwands für die entlohnten Arbeitskräfte und des angemessenen Anteils für die Arbeitsleistung des Betriebsleiters sowie der nicht entlohnten Arbeitskräfte.** ④ **Hierbei sind alle Umstände zu berücksichtigen, die bei einer Selbstbewirtschaftung des Betriebs den Wirtschaftserfolg beeinflussen.**

3 (3) ① **Der Reinertrag wird aus den Erhebungen nach § 2 des Landwirtschaftsgesetzes oder aus Erhebungen der Finanzverwaltung für jede gesetzliche Klassifizierung gesondert ermittelt.** ② **Bei der Ermittlung des jeweiligen Reinertrags ist zur Berücksichtigung der nachhaltigen Ertragsfähigkeit ein Durchschnitt aus den letzten zehn vorliegenden Wirtschaftsjahren zu bilden, die vor dem Hauptfeststellungszeitpunkt geendet haben.**

4 (4) **Der Ertragswert ist das 18,6fache der Summe der Reinerträge des Betriebs.**

Zu § 236 BewG

A 236 Bewertungsgrundsätze

AEBew GrSt A 236

(1) ① Die Bewertung eines Betriebs der Land- und Forstwirtschaft erfolgt mit dem Ertragswert, der auf der Grundlage der Ertragsfähigkeit ermittelt wird (§ 236 Absatz 1 BewG). ② Die Ertragsfähigkeit stellt für die Bewertung nicht auf den tatsächlich erzielten Reinertrag des jeweiligen Betriebes ab. 7 ③ Die Ertragsfähigkeit bestimmt sich vielmehr nach dem bei ordnungsgemäßer Bewirtschaftung gemeinhin und nachhaltig erzielbaren Reinertrag eines pacht- und schuldenfreien Betriebs mit entlohnten fremden Arbeitskräften.

(2) ① § 236 Absatz 3 BewG regelt die Bewertungsgrundsätze zur Ermittlung der durchschnitt- 8 lichen Reinerträge, wie sie sich aus den Anlagen 27 bis 32 zum BewG ergeben. ② Für die land- und forstwirtschaftlichen Nutzungen, Nutzungsteile und Nutzungsarten (einschließlich der Nebenbetriebe) ist jeweils gesondert ein Reinertrag zu ermitteln, der die nachhaltige Ertragsfähigkeit bei ordnungsmäßiger Selbstbewirtschaftung gemeinhin zum Ausdruck bringt (§ 236 Absatz 3 Satz 1 BewG). ③ Zur Berücksichtigung der nachhaltigen Ertragsfähigkeit ist der durchschnittliche Reinertrag der letzten zehn vorliegenden Wirtschaftsjahre, die vor dem Hauptfeststellungzeitpunkt geendet haben, heranzuziehen (§ 236 Absatz 3 Satz 2 BewG). ④ Bei der Ermittlung des jeweiligen Reinertrags ist auf die beim zuständigen Bundesministerium geführten repräsentativen Buchführungsergebnisse (Testbetriebsnetz) abzustellen. ⑤ Die Datenerhebung erfolgt für jedes Wirtschaftsjahr der zehnjährigen Periode gesondert und wird anschließend zu einem Durchschnitt zusammengefasst.

(3) Die Summe der Reinerträge eines Betriebs wird nach § 236 Absatz 4 BewG mit dem Faktor 9 18,6 kapitalisiert und ergibt den Ertragswert des Betriebs, mit dem alle Wirtschaftsgüter der wirtschaftlichen Einheit i. S. d. § 232 Absatz 3 BewG abgegolten sind.

§ 237 Bewertung des Betriebs der Land- und Forstwirtschaft

BewG

(1) ① Bei der Ermittlung des Ertragswerts für einen Betrieb der Land- und Forst- 1 wirtschaft sind die land- und forstwirtschaftlichen Nutzungen, Nutzungsarten und die Nebenbetriebe (§ 234 Absatz 1) mit ihrem jeweiligen Reinertrag nach den Absätzen 2 bis 8 zu bewerten. ② Mit dem Ansatz des jeweiligen Reinertrags sind auch dem Eigentümer des Grund und Bodens nicht gehörende stehende und umlaufende Betriebsmittel, die der Bewirtschaftung des Betriebs dienen, abgegolten.

(2)[1] ① Der Reinertrag der landwirtschaftlichen Nutzung ermittelt sich aus der Summe 2 der Flächenwerte. ② Der jeweilige Flächenwert ist das Produkt aus der Größe der gesetzlich klassifizierten Eigentumsfläche des Betriebs und den Bewertungsfaktoren der Anlage 27. ③ Die Bewertungsfaktoren Grundbetrag und Ertragsmesszahl nach § 9 des Bodenschätzungsgesetzes sind für jede Eigentumsfläche gesondert zu ermitteln.

(3) ① Der Reinertrag der forstwirtschaftlichen Nutzung ermittelt sich aus der Sum- 3 me der Flächenwerte. ② Der jeweilige Flächenwert ist das Produkt aus der Größe der gesetzlich klassifizierten Eigentumsfläche des Betriebs und dem jeweiligen gegendüblichen Bewertungsfaktor gemäß Anlage 28. ③ Die gegendüblichen Bewertungsfaktoren bestimmen sich nach den forstwirtschaftlichen Wuchsgebieten und deren Baumartenanteilen nach der zuletzt vor dem Hauptfeststellungszeitpunkt durchgeführten Bundeswaldinventur (§ 41 a des Bundeswaldgesetzes). ④ Abweichend hiervon werden klassifizierte Eigentumsflächen mit katastermäßig nachgewiesenen Bewirtschaftungsbeschränkungen als Geringstland bewertet, wenn infolge der Bewirtschaftungsbeschränkungen eine nachhaltige forstwirtschaftliche Nutzung unterbleibt.

(4) ① Der Reinertrag der weinbaulichen Nutzung ermittelt sich aus der Summe der 4 Flächenwerte. ② Der jeweilige Flächenwert ist das Produkt aus der Größe der gesetzlich klassifizierten Eigentumsfläche des Betriebs und dem Bewertungsfaktor für die Verwertungsform Traubenerzeugung gemäß Anlage 29.

(5) ① Der Reinertrag der gärtnerischen Nutzung ist gegliedert nach den Nut- 5 zungsteilen zu ermitteln. ② Der Reinertrag eines Nutzungsteils ermittelt sich aus der Summe der Flächenwerte. ③ Der jeweilige Flächenwert ist das Produkt aus der gesetzlich klassifizierten Eigentumsfläche des Betriebs und dem jeweiligen Bewertungsfaktor gemäß Anlage 30. ④ Abweichend hiervon wird der Nutzungsteil Gemüsebau wie eine landwirtschaftliche Nutzung bewertet, wenn im Wechsel landwirtschaftliche und gärtnerische Erzeugnisse gewonnen werden und keine Bewässerungsmöglichkeiten bestehen.

(6) ① Der Reinertrag für die übrigen land- und forstwirtschaftlichen Nutzungen 6 ist für jede Nutzung nach § 242 gesondert zu ermitteln. ② Der Reinertrag einer

[1] Zu durchschnittlichen Ertragsmesszahlen der hessischen Gemarkungen zum Hauptveranlagungszeitpunkt am 1. Januar 2022 siehe Staatsanzeiger für das Land Hessen vom 13. 6. 2022 S. 652.

übrigen land- und forstwirtschaftlichen Nutzung ermittelt sich aus der Summe der Flächenwerte. ③ Der jeweilige Flächenwert ist das Produkt aus der Größe der gesetzlich klassifizierten Eigentumsfläche des Betriebs und dem jeweiligen Bewertungsfaktor einschließlich des Zuschlags gemäß Anlage 31. ④ Für die sonstigen land- und forstwirtschaftlichen Nutzungen, für die kein Bewertungsfaktor festgelegt wurde, ist der Reinertrag der jeweiligen Nutzung durch Multiplikation der Bruttogrundflächen der nachhaltig genutzten Wirtschaftsgebäude mit dem Zwölffachen des Werts gemäß Anlage 31 und für den dazu gehörenden Grund und Boden nach Absatz 8 zu ermitteln; dies gilt unabhängig von einer gesetzlichen Klassifizierung als Hofstelle.

7 (7) **① Der Reinertrag für die Nutzungsarten Abbauland, Geringstland und Unland ermittelt sich aus der Summe der Flächenwerte der jeweiligen Nutzungsart. ② Der jeweilige Flächenwert ist das Produkt aus der Größe der gesetzlich klassifizierten Eigentumsfläche des Betriebs und dem jeweiligen Bewertungsfaktor gemäß Anlage 31.**

8 (8) **① Der Reinertrag für die Hofflächen und die Nebenbetriebe ermittelt sich aus der Summe der Flächenwerte. ② Der Flächenwert ist das Produkt aus der jeweils als Hofstelle gesetzlich klassifizierten Eigentumsfläche des Betriebs und dem dreifachen Bewertungsfaktor gemäß Anlage 32.**

Übersicht

	Rz.
A 237.1 AEBewGrSt Bewertung des Betriebs	10, 11
A 237.2 AEBewGrSt Landwirtschaftliche Nutzung	14–17
Anlage:	
Landwirtschaftliche Nutzung (Anlage 27 zu § 237 Abs. 2 BewG)	18
A 237.3 AEBewGrSt Forstwirtschaftliche Nutzung	20–22
Anlage:	
Forstwirtschaftliche Nutzung (Anlage 28 zu § 237 Abs. 3 BewG)	24
A 237.4 AEBewGrSt Weinbauliche Nutzung	25–27
Anlage:	
Weinbauliche Nutzung (Anlage 29 zu § 237 Abs. 4 BewG)	28
A 237.5 AEBewGrSt Gärtnerische Nutzung	30–33
A 237.6 AEBewGrSt Nutzungsteil Gemüsebau	35, 36
A 237.7 AEBewGrSt Nutzungsteil Blumen- und Zierpflanzenbau	38–40
A 237.8 AEBewGrSt Nutzungsteil Obstbau	43, 44
A 237.9 AEBewGrSt Nutzungsteil Baumschulen	46–48
Anlage:	
Gärtnerische Nutzung (Anlage 30 zu § 237 Abs. 5 BewG)	50
A 237.10 AEBewGrSt Übrige land- und forstwirtschaftliche Nutzungen	51, 52
A 237.11 AEBewGrSt Sondernutzungen	53, 54
A 237.12 AEBewGrSt Sonstige land- und forstwirtschaftliche Nutzungen	55, 56
A 237.13 AEBewGrSt Binnenfischerei, Teichwirtschaft und Fischzucht für Binnenfischerei und Teichwirtschaft	60–63
A 237.14 AEBewGrSt Imkerei	65–67
A 237.15 AEBewGrSt Wanderschäferei	70–72
A 237.16 AEBewGrSt Saatzucht	75–77
A 237.17 AEBewGrSt Pilzanbau	80, 81
A 237.18 AEBewGrSt Nützlinge	85, 86
A 237.19 AEBewGrSt Weihnachtsbaumkulturen	88–90
A 237.20 AEBewGrSt Kurzumtriebsplantagen	93, 94
A 237.21 AEBewGrSt Nutzungsart Abbauland	95, 96
A 237.22 AEBewGrSt Nutzungsart Geringstland	97, 98
A 237.23 AEBewGrSt Nutzungsart Unland	99, 100
Anlage:	
Übrige land- und forstwirtschaftliche Nutzungen sowie Abbauland, Geringstland und Unland (Anlage 31 zu § 237 Abs. 6 und 7 BewG)	101
A 237.24 AEBewGrSt Nutzungsart Hofstelle und Nebenbetriebe	105–112
Anlage:	
Nutzungsart Hofstelle (Anlage 32 zu § 237 Abs. 8 BewG)	115

Zu § 237 BewG

AEBew GrSt A 237.1

A 237.1 Bewertung des Betriebs

10 (1) ① Der dem Eigentümer des Betriebs der Land- und Forstwirtschaft gehörende Grund und Boden und die zum Betrieb gehörenden Wirtschaftsgüter sind gemäß § 234 Absatz 1 und 2 BewG nach Nutzungen, Nutzungsteilen und Nutzungsarten gesetzlich zu klassifizieren. ② Die Flächengröße einer klassifizierten Eigentumsfläche ist mit dem jeweils nach § 236 Absatz 3 BewG i. V. m.

den Anlagen 27 bis 32 zum BewG[1] maßgeblichen Reinertrag zu multiplizieren. ③ Aus dem Produkt der beiden vorgenannten Größen resultiert der Flächenwert. ④ Die Summe aller Flächenwerte ergibt den Reinertrag einer Nutzung, eines Nutzungsteils und einer Nutzungsart sowie der Nebenbetriebe. ⑤ Für die sonstigen land- und forstwirtschaftlichen Nutzungen, für die kein Bewertungsfaktor festgelegt worden ist, ermittelt sich der Reinertrag über die Wirtschaftsgebäude durch Multiplikation der Bruttogrundfläche mit dem Zwölffachen des Wertes der Anlage 31 zum BewG und für den dazu gehörenden Grund und Boden nach § 237 Absatz 8 BewG.

AEBew GrSt A 237.1

(2) ① Bei der Bewertung des Betriebs der Land- und Forstwirtschaft ist nicht zwischen einer aktiven (Selbst-)Bewirtschaftung und einer Nutzungsüberlassung zu unterscheiden. ② Die im Bewertungsgesetz (Anlagen 27 bis 32 zum BewG)[1] normierten Reinerträge der gesondert zu bewertenden Nutzungen bilden das objektivierte Ertragswertpotential des Grund und Bodens und der jeweils zur ordnungsmäßigen Bewirtschaftung gemeinhin erforderlichen Betriebsmittel typisierend ab. ③ Durch die Eigentümerbesteuerung sind bei Nutzungsüberlassungen folgerichtig die Reinertragsanteile derjenigen Wirtschaftsgüter, die nicht dem Eigentümer des Grund und Bodens gehören, jedoch den Ertrag eines Betriebs beeinflussen, grundsätzlich mit den in den Anlagen 27 bis 32 zum BewG gesetzlich normierten Reinerträgen miterfasst (§ 237 Absatz 1 Satz 2 BewG). ④ Eine Ausnahme hiervon besteht in den Fällen verstärkter Tierhaltung i. S. d. § 238 Absatz 1 Nummer 1 BewG i. V. m. Anlage 27 zum BewG. ⑤ Satz 3 gilt auch für Fälle, in denen ein Nießbrauch an einem Betrieb der Land- und Forstwirtschaft besteht. ⑥ Zuschläge zum Reinertrag einer Nutzung, Nutzungsart oder bei Nebenbetrieben sind deshalb nur in den gesetzlich vorgesehenen Fällen des § 238 Absatz 1 und 2 BewG zulässig. 11

(3) ① Die Bewertung von Flächen, auf denen Agri-Photovoltaik-Anlagen (DIN SPEC 91434) stehen, richtet sich nach der jeweiligen prägenden Nutzung der zu Grunde liegenden (Kategorie I) bzw. im Umgriff befindlichen (Kategorie II) land- und forstwirtschaftlichen Flächen. ② Die aufstehenden Agri-Photovoltaik-Anlagen sind mit diesem Flächenwert abgegolten. 12

A 237.2 Landwirtschaftliche Nutzung

AEBew GrSt A 237.2

(1) ① Zur landwirtschaftlichen Nutzung gehören alle Wirtschaftsgüter, die der Pflanzen- und Tierproduktion zu dienen bestimmt sind. ② Hierzu gehören die Acker- oder Grünlandflächen, die in der Regel bodengeschätzt sind und dem Ackerbau, dem Futterbau und der Tierhaltung (Veredlung) nach Maßgabe des § 241 BewG zu dienen bestimmt sind. ③ Flächen, die dem Anbau von Tabak und als Produktionsgrundlage für die Saatzucht dienen, sind der landwirtschaftlichen Nutzung zuzurechnen. ④ Die Randstreifen eines Feldes, Grenzraine, Feldraine beziehungsweise Ackerraine sind in die landwirtschaftliche Nutzung einzubeziehen, soweit sie nicht zu einer anderen Nutzung gehören. 14

(2) ① Zur Abgrenzung der landwirtschaftlichen Nutzung von der gärtnerischen Nutzung gelten für den Nutzungsteil Gemüsebau die Regelungen in A 237.6 Absatz 2 Satz 3. ② Zur Abgrenzung für den Nutzungsteil Obstbau von der weinbaulichen Nutzung sind die Regelungen in A 237.8 Absatz 2 Satz 2 maßgebend. ③ Zur Abgrenzung gegenüber den übrigen land- und forstwirtschaftlichen Nutzungen gelten die Regelungen in A 237.10 bis A 237.12 i. V. m. A 237.19 und A 237.20. 15

(3) ① Die Bewertung der landwirtschaftlichen Nutzung erfolgt nach § 237 Absatz 2 BewG mit den Bewertungsfaktoren gemäß Anlage 27 zum BewG und ggf. mit den nach § 238 Absatz 1 Nummer 1 und Absatz 2 BewG maßgebenden Zuschlägen. ② Die Bewertung einer vorhandenen Nutzungsart Hofstelle (siehe A 237.24) und von Nebenbetrieben (siehe A 237.24) erfolgt gesondert nach § 237 Absatz 8 BewG und § 238 Absatz 1 Nummer 3 BewG. ③ In allen Fällen, in denen im Liegenschaftskataster keine Ertragsmesszahlen nachgewiesen werden, kann zur Vereinfachung die durchschnittliche Ertragsmesszahl der Gemarkung angesetzt werden. 16

Beispiel: Flächennachweis mit landwirtschaftlicher Nutzung 17

Landwirt L ist Eigentümer zweier Flurstücke, die der landwirtschaftlichen Nutzung zuzuordnen sind. Die Flurstücksinformationen Gemarkungs-Nr., Gemarkung, Flur und Flurstück, die „Tatsächliche Nutzung" der Flurstücke, die Größe sowie die gesetzliche Klassifizierung und die Merkmale der Bodenschätzung ergeben sich aus der nachfolgend dargestellten Abbildung 1 „Flächennachweis Bewertung":

Gemarkung 055xxx A-Dorf	**Flur 25**		**Flurstück 53**	
	Nutzungsart		Fläche in m²	
Amtliche Fläche (m²)				11 481
Tatsächliche Nutzung	Landwirtschaft/Grünland			11 481
Gesetzliche Klassifizierung	Landwirtschaftliche Nutzung			11 481
Bodenschätzung	Klasse	Wertzahl	Fläche [m²]	EMZ
Grünland	T II a 3	46/46	11 481	5 281

[1] Nachfolgend abgedruckt als Anlagen zu § 237 BewG.

Gemarkung 055xxx A-Dorf	**Flur 28**		**Flurstück 2**	
	Nutzungsart		Fläche in m²	
Amtliche Fläche (m²)				14 227
Tatsächliche Nutzung	Landwirtschaft/Ackerland Landwirtschaft/Grünland			13 265 962
Gesetzliche Klassifizierung	Landwirtschaftliche Nutzung			14 227
Bodenschätzung	Klasse	Wertzahl	Fläche [m²]	EMZ
Ackerland	T 5 DV	45/41	13 265	5 439
Grünland	T III a 3	41/41	962	394
			14 227	5 833

Abbildung 1: Darstellung Flächennachweis zum Beispiel „Flächennachweis mit landwirtschaftlicher Nutzung" (A 237.2)

Anl a zu § 237

Anlage 27[1]
(zu § 237 Absatz 2)

Landwirtschaftliche Nutzung

18

Bewertungsfaktoren	**Bezugseinheit**	**in EUR**
Grundbetrag	pro Ar	2,52
Ertragsmesszahl	pro Ertragsmesszahl (Produkt aus Acker-/Grünlandzahl und Ar)	0,041
Zuschläge für	**Bezugseinheit**	**in EUR**
Verstärkte Tierhaltung	je Vieheinheit über einem Besatz von 2,0 Vieheinheiten je Hektar selbst bewirtschafteter Fläche der landwirtschaftlichen Nutzung	79,00

AEBew GrSt A 237.3

A 237.3 Forstwirtschaftliche Nutzung

20 (1) ① Zur forstwirtschaftlichen Nutzung gehören alle Wirtschaftsgüter, die der Erzeugung und Gewinnung von Rohholz zu dienen bestimmt sind. ② Hierzu gehören auch die im Rahmen einer forstwirtschaftlichen Nutzung anfallenden Nebennutzungen. ③ Wirtschaftsgüter der forstwirtschaftlichen Nutzung sind insbesondere die der Holzerzeugung dienenden Flächen, die Waldbestockung sowie die Wirtschaftsgebäude und die Betriebsmittel. ④ Zur forstwirtschaftlichen Nutzung gehören auch Wildäcker und Wildwiesen, soweit sie nicht zur landwirtschaftlichen Nutzung oder zum Geringstland gehören. ⑤ In der Flur oder im bebauten Gebiet gelegene bodengeschätzte Flächen, die mit einzelnen Baumgruppen, Baumreihen oder mit Hecken bestockt sind oder Baumschulen oder Weihnachtsbaumkulturen dienen, gehören nicht zur forstwirtschaftlichen Nutzung.

21 (2) ① Der Grund und Boden der forstwirtschaftlichen Nutzung umfasst alle Flächen, die dauernd der Erzeugung von Rohholz gewidmet sind (Holzboden- und Nichtholzbodenfläche). ② Zur Holzbodenfläche rechnen neben bestockten Flächen auch Waldwege, Waldeinteilungs- und Sicherungsstreifen, wenn ihre Breite einschließlich der Gräben 5 m nicht übersteigt, und Flächen, die nur vorübergehend nicht bestockt sind (Blößen). ③ Zur Nichtholzbodenfläche rechnen die dem Transport und der Lagerung des Holzes dienenden Flächen (Waldwege, ständige Holzlagerplätze usw.), wenn sie nicht zur Holzbodenfläche gerechnet werden.

22 (3) ① Die Bewertung der forstwirtschaftlichen Nutzung erfolgt nach § 237 Absatz 3 Sätze 1 und 2 BewG mit den Bewertungsfaktoren gemäß Anlage 28 zum BewG,[2] die für die jeweiligen Gemarkungen aus den entsprechenden gegendüblichen Wuchsgebieten ermittelt werden, und ggf. mit den nach § 238 Absatz 2 BewG maßgebenden Zuschlägen. ② Abweichend hiervon werden gemäß § 237 Absatz 3 Satz 4 BewG Eigentumsflächen wie Geringstland bewertet, wenn infolge von Bewirtschaftungsbeschränkungen eine nachhaltige forstwirtschaftliche Nutzung ausgeschlossen ist. ③ Hierzu zählen die Flächen der forstwirtschaftlichen Nutzung, für die im Liegenschaftskataster die Information „Nationalpark Zone I" geführt wird. ④ Diese Voraussetzungen sind insbesondere dann erfüllt, wenn die dem Grunde nach der forstwirtschaftlichen Nutzung zugerechneten Flächen im Liegenschaftskataster unter der Objektart „Öffentlich-rechtliche und sonstige Festlegungen – AX_SchutzgebietNachNaturUmweltOderBodenschutzrecht" mit der Werteart 1670 („Nationalpark") gekennzeichnet sind. ⑤ Die Bewertung einer vorhandenen Nutzungsart Hofstelle (siehe A 237.24) und der Nebenbetriebe (siehe A 237.24) erfolgt gesondert nach § 237 Absatz 8 BewG und § 238 Absatz 1 Nummer 3 BewG. ⑥ Dabei sind die nach Absatz 1 zur forstwirtschaftlichen Nutzung gehörenden Wirtschaftsgebäude über die erforderliche Zuordnung der zugehörigen Grund- und Bodenfläche zur Fläche der Nutzungsart Hofstelle abgegolten.

[1] Anlage 27 neugef. durch VO vom 29. 6. 2021 (BGBl. I S. 2290) mWv 9. 7. 2021.
[2] Nachfolgend abgedruckt.

Beispiel: Forstwirtschaft

Forstwirt F ist Eigentümer von zwei Flurstücken, die der forstwirtschaftlichen Nutzung zuzuordnen sind. Flurstück 1 führt die Bezeichnung Flur 7, Flurstück 116, hat eine amtliche Größe von 600 000 m² und liegt im Wuchsgebiet 18 „Nordwestdeutsche Berglandschwelle". Flurstück 2, Flur 1, Flurstück 42 ist 33 700 m² groß und liegt im Wuchsgebiet 17 „Weserbergland". Die Bewertung der Flurstücke ist in Tabelle 1 dargestellt.

Tabelle 1: Bewertung zum Beispiel „Forstwirtschaft" (A 237.3)

Bewertungsfaktoren Flur 7, Flurstück 116		
Wuchsgebiet Nordwestdeutsche Berglandschwelle	60,00 ha × 73,10 €/ha	= 4 386,00 €
Flächenwert der forstwirtschaftlichen Nutzung		= 4 386,00 €
Bewertungsfaktoren Flur 1, Flurstück 42		
Wuchsgebiet Weserbergland	3,37 ha × 101,93 €/ha	= 343,50 €
Flächenwert der forstwirtschaftlichen Nutzung		= 343,50 €
Reinertrag des Betriebs		
Summe der Flächenwerte = Reinertrag der forstwirtschaftlichen Nutzung		= 4 729,50 €

Anlage 28[1]
(zu § 237 Absatz 3)

Anl b zu § 237

Forstwirtschaftliche Nutzung

24

Bewertungsfaktor für Wuchsgebiet		in EUR/ha
1	Schleswig-Holstein Nordwest	86,17
2	Jungmoränenlandschaft Schleswig-Holstein Ost/Nordwest-Mecklenburg	80,53
3	Schleswig-Holstein Südwest	90,24
4	Mecklenburg-Westvorpommersches Küstenland	64,57
5	Ostholsteinisch-Westmecklenburger Jungmoränenland	73,13
6	(Mittel-)Mecklenburger Jungmoränenland	62,38
7	Ostmecklenburg-Vorpommersches Jungmoränenland	78,03
8	Ostvorpommersches Küstenland	56,36
9	Nordostbrandenburger Jungmoränenland (Mittelbrandenburger Jungmoränenland)	53,83
10	Ostmecklenburg-Nordbrandenburger Jungmoränenland (Nordbrandenburger Jungmoränenland)	55,09
11	Ostniedersächsisch-Altmärkisches Altmoränenland (Westprignitz-Altmärkisches Altmoränenland)	46,03
12	Südost-Holsteinisch-Südwestmecklenburger Altmoränenland	57,31
13	Ostniedersächsisches Tiefland	66,34
14	Niedersächsischer Küstenraum	79,05
15	Mittelwestniedersächsisches Tiefland	67,41
16	Westfälische Bucht	70,03
17	Weserbergland	101,93
18	Nordwestdeutsche Berglandschwelle	73,10
19	Nordwestliches Harzvorland	65,70
20	Nordöstliche Harzvorländer	43,24
21	Sachsen-Anhaltinische Löss-Ebene	51,09
22	Mittleres nordostdeutsches Altmoränenland	38,39
23	Hoher Fläming	47,69
24	Mittelbrandenburger Talsand- und Moränenland	37,53
25	Düben-Niederlausitzer Altmoränenland	37,65
26	Lausitzer Löss-Hügelland	84,73
27	Zittauer Gebirge	163,92

[1] Anlage 28 neugef. durch VO vom 29. 6. 2021 (BGBl. I S. 2290) mWv 9. 7. 2021.

Anl b zu § 237

Bewertungsfaktor für Wuchsgebiet		in EUR/ha
28	Oberlausitzer Bergland	155,56
29	Elbsandsteingebirge	123,19
30	Westlausitzer Platte und Elbtalzone	68,56
31	Sächsisch-Thüringisches Löss-Hügelland	63,80
32	Leipziger Sandlöss-Ebene	50,58
33	Ostthüringisches Trias-Hügelland	72,24
34	Thüringer Becken	64,12
35	Nordthüringisches Trias-Hügelland	60,06
36	Harz	142,70
37	Mitteldeutsches Trias-Berg- und Hügelland	98,77
38	Nordwesthessisches Bergland	88,55
39	Nördliches hessisches Schiefergebirge	99,86
40	Sauerland	145,62
41	Bergisches Land	113,51
42	Niederrheinisches Tiefland	68,33
43	Niederrheinische Bucht	68,27
44	Nordwesteifel	135,51
45	Osteifel	99,15
46	Mittelrheintal	62,52
47	Westerwald	112,73
48	Taunus	94,94
49	Wetterau und Gießener Becken	73,66
50	Vogelsberg und östlich angrenzende Sandsteingebiete	102,75
51	Rhön	97,18
52	Südthüringisches-Oberfränkisches Trias-Hügelland	106,95
53	Thüringer Gebirge	162,51
54	Vogtland	140,47
55	Erzgebirgsvorland	93,22
56	Erzgebirge	171,75
57	Frankenwald, Fichtelgebirge und Steinwald	183,51
58	Oberpfälzer Wald	147,30
59	Oberpfälzer Becken- und Hügelland	78,21
60	Frankenalb und Oberpfälzer Jura	106,82
61	Fränkischer Keuper und Albvorland	73,44
62	Fränkische Platte	67,76
63	Spessart	105,47
64	Odenwald	124,93
65	Oberrheinisches Tiefland und Rhein-Main-Ebene	64,13
66	Hunsrück	116,75
67	Moseltal	87,42
68	Gutland	97,81
69	Saarländisch-Pfälzisches Muschelkalkgebiet	78,64
70	Saar-Nahe-Bergland	75,52
71	Westricher Moorniederung	79,49
72	Pfälzerwald	78,67
73	Schwarzwald	181,38
74	Baar-Wutach	172,51
75	Neckarland	117,23

Bewertungsfaktor für Wuchsgebiet		in EUR/ha
76	Schwäbische Alb	123,63
77	Südwestdeutsches Alpenvorland	177,56
78	Tertiäres Hügelland	166,59
79	Bayerischer Wald	160,79
80	Schwäbisch-Bayerische Schotterplatten- und Altmoränenlandschaft	165,45
81	Schwäbisch-Bayerische Jungmoräne und Molassevorberge	157,93
82	Bayerische Alpen	135,61

A 237.4 Weinbauliche Nutzung

AEBew GrSt A 237.4

(1) ① Zur weinbaulichen Nutzung gehören alle Wirtschaftsgüter, die der Erzeugung von Trauben sowie der Gewinnung von Maische, Most und Wein aus diesen Trauben zu dienen bestimmt sind. ② Wirtschaftsgüter der weinbaulichen Nutzung sind insbesondere die Flächen zur Erzeugung von Trauben, die Wirtschaftsgebäude und Betriebsmittel, die der Traubenerzeugung, der Gewinnung von Maische und Most sowie dem Ausbau, der Lagerung und der Vermarktung des Weines dienen. ③ Bei Betrieben, die die erzeugten Trauben zu Fass- und Flaschenwein ausbauen, gehören die gesamten Vorräte an Fass- und Flaschenwein zum normalen Bestand an umlaufenden Betriebsmitteln. 25

(2) ① Die Fläche der weinbaulichen Nutzung des Betriebs umfasst die im Ertrag stehenden Rebanlagen, die vorübergehend nicht bestockten Flächen sowie die noch nicht ertragsfähigen Jungfelder. ② Rebmuttergärten und Rebschulen sind dem Nutzungsteil Baumschulen der gärtnerischen Nutzung zuzuordnen (siehe A 237.9 Absatz 3). ③ In die Weinbaulage eingesprengte Flächen anderer Nutzungen sind der weinbaulichen Nutzung zuzurechnen, wenn sie nur vorübergehend nicht weinbaulich genutzt werden. ④ Ehemalige Weinbauflächen, die brachliegen und bei denen zukünftig nicht mehr mit einer land- und forstwirtschaftlichen Nutzung zu rechnen ist, sind nach den jeweiligen Verhältnissen als Geringstland zu klassifizieren. 26

(3) ① Die Bewertung der weinbaulichen Nutzung erfolgt nach § 237 Absatz 4 BewG mit den Bewertungsfaktoren gemäß Anlage 29 zum BewG und ggf. mit den nach § 238 Absatz 2 BewG maßgebenden Zuschlägen. ② Die Bewertung einer vorhandenen Nutzungsart Hofstelle (siehe A 237.24) und von Nebenbetrieben (siehe A 237.24) erfolgt gesondert nach § 237 Absatz 8 BewG und § 238 Absatz 1 Nummer 3 BewG. ③ Dabei sind die nach Absatz 1 zur weinbaulichen Nutzung gehörenden Wirtschaftsgebäude, mit Ausnahme der Wirtschaftsgebäude der Fass- und Flaschenweinerzeugung, über die erforderliche Zuordnung der zugehörigen Grund- und Bodenfläche zur Fläche der Nutzungsart Hofstelle abgegolten. 27

Anlage 29[1]
(zu § 237 Absatz 4)

Anl c zu § 237

Weinbauliche Nutzung

Bewertungsfaktor für	Flächeneinheit	in EUR
Traubenerzeugung	pro Ar	11,70

28

A 237.5 Gärtnerische Nutzung

AEBew GrSt A 237.5

(1) ① Zur gärtnerischen Nutzung gehören alle Wirtschaftsgüter, die dem Anbau von Gemüse, Blumen- und Zierpflanzen, Obst sowie Baumschulerzeugnissen zu dienen bestimmt sind. ② Die gärtnerische Nutzung gliedert sich in die folgenden Nutzungsteile 30
a) Gemüsebau (siehe A 237.6),
b) Blumen- und Zierpflanzenbau (siehe A 237.7),
c) Obstbau (siehe A 237.8),
d) Baumschulen (siehe A 237.9).

③ Zur Berücksichtigung der jeweiligen Anbau- und Ertragsverhältnisse wird jeder Nutzungsteil gesondert bewertet.

(2) ① Die Größe der Flächen bestimmt sich nach den Verhältnissen zum Feststellungszeitpunkt. ② Für die Zurechnung der Flächen zu den Nutzungsteilen in Absatz 1 Buchstabe a bis d ist die gesetzliche Klassifizierung maßgebend (§ 234 Absatz 2 BewG). ③ Die Flächen der Nutzungsteile sind für die Bewertung wie folgt aufzugliedern: 31

[1] Anlage 29 neugef. durch VO vom 29. 6. 2021 (BGBl. I S. 2290) mWv 9. 7. 2021.

1. durch Gemüsebau genutzte Flächen:
   a) Flächen im Freiland,
   b) Flächen unter Glas und Kunststoffen;
2. durch Blumen- und Zierpflanzenbau genutzte Flächen:
   a) Flächen im Freiland,
   b) Flächen unter Glas und Kunststoffen;
3. durch Obstbau genutzte Flächen:
   a) Flächen im Freiland,
   b) Flächen unter Glas und Kunststoffen;
4. durch Baumschulen genutzte Flächen:
   a) Flächen im Freiland,
   b) Flächen unter Glas und Kunststoffen.

④ Zur Fläche des Nutzungsteils gehören auch die Flächenanteile, die Pflanzenbeständen nicht unmittelbar als Standraum dienen, wie Zwischenflächen, Vorgewende und für die Bearbeitung notwendige Wege. ⑤ Für die Zurechnung der Flächen zur gärtnerischen Nutzung und zu den Nutzungsteilen in Absatz 1 Buchstabe a bis d im Rahmen der gesetzlichen Klassifizierung sind die Anbauverhältnisse in dem Zeitraum des Jahres vor dem Feststellungszeitpunkt maßgeblich, in dem die Flächen sichtbar als Standraum für Pflanzenbestände dienen. ⑥ In diesem Zeitraum ist der Besatz an Kulturpflanzen z. B. bei einer Begehung oder auf Luftbildern überprüfbar. ⑦ Dieses sind regelmäßig die folgenden Zeiträume:
1. in den Nutzungsteilen Gemüsebau sowie Blumen- und Zierpflanzenbau um den 30. Juni des Jahres vor dem Feststellungszeitpunkt,
2. im Nutzungsteil Baumschulen um den 30. September des Jahres vor dem Feststellungszeitpunkt nach den Anpflanzungen und vor den Rodungen.

32 (3) ① Zu den Flächen unter Glas und Kunststoffen gehören insbesondere folgende überbaute Flächen:
1. Gewächshäuser (z. B. Breitschiff-, Venlo- und Folienhäuser);
2. begehbare Folientunnel, wenn deren Bogenkonstruktion im Erdboden verankert ist;
3. andere Kulturräume (z. B. Treibräume);
4. Konstruktionen, die der Ertragssteigerung dienen (z. B. Kirsch- und Himbeerdächer).

② Nicht zu den Flächen unter Glas und Kunststoff gehören Konstruktionen, die nur der Ertragssicherung dienen, wie z. B. Hagelschutznetze, Beschattungsgestelle/-netze und Frostbedachungen. ③ Die Größe der Flächen unter Glas und Kunststoffen bemisst sich in der Regel nach der Größe der überdachten Fläche einschließlich ggf. vorhandener Umfassungswände, d. h. gemessen von Außenkante zu Außenkante. ④ Flächen unter Glas und Kunststoff können auch nach A 237.5 Absatz 2 Satz 4 abweichend zu einer Fläche zusammengefasst werden, sofern sie im Verbund stehen und nicht durch eine andere Nutzung getrennt sind.

33 (4) ① Die Bewertung der gärtnerischen Nutzung erfolgt gemäß § 237 Absatz 5 Sätze 1 und 2 BewG nach den in A 237.6 bis A 237.9 genannten Nutzungsteilen und mit den Bewertungsfaktoren gemäß Anlage 30 zum BewG sowie ggf. mit den nach § 238 Absatz 1 Nummer 2 und Absatz 2 BewG maßgebenden Zuschlägen. ② Die Bewertung einer vorhandenen Nutzungsart Hofstelle (siehe A 237.24) und von Nebenbetrieben (siehe A 237.24) erfolgt gesondert nach § 237 Absatz 8 BewG und § 238 Absatz 1 Nummer 3 BewG.

AEBew GrSt A 237.6

A 237.6 Nutzungsteil Gemüsebau

(1) ① Dem Nutzungsteil Gemüsebau sind der Anbau und die Erzeugung von Kulturpflanzen zuzurechnen, die ganz oder in Teilen der menschlichen Ernährung dienen, sofern es sich nicht um
35 den Anbau von Erzeugnissen der landwirtschaftlichen Nutzung, um Obstbau oder um Sondernutzungen handelt. ② Der Anbau und die Erzeugung können im Freiland oder unter Glas und Kunststoffen erfolgen.

36 (2) ① Zum Nutzungsteil Gemüsebau gehören alle Wirtschaftsgüter, die den in Absatz 1 genannten Zwecken zu dienen bestimmt sind. ② Flächen zum Anbau von Tee sowie von Gewürz- und Heilkräutern sind dem Nutzungsteil Gemüsebau zuzurechnen. ③ Abweichend hiervon wird nach § 237 Absatz 5 Satz 4 BewG der Nutzungsteil Gemüsebau als landwirtschaftliche Nutzung bewertet, wenn im jährlichen Wechsel landwirtschaftliche und gärtnerische Erzeugnisse im Freiland gewonnen werden und keine dauerhaft vorhandene oder fest installierte Bewässerungsanlage vorhanden ist.

37 (3) Werden Gemüsearten wie z. B. Kopfkohl (Weiß-, Rot- und Wirsingkohl), Pflückerbsen oder Pflückbohnen im Rahmen der landwirtschaftlichen Fruchtfolge als Hauptkultur angebaut, so gehören die Anbauflächen zur landwirtschaftlichen Nutzung.

A 237.7 Nutzungsteil Blumen- und Zierpflanzenbau

AEBew GrSt A 237.7

38 (1) ① Dem Nutzungsteil Blumen- und Zierpflanzenbau sind insbesondere der Anbau und die Erzeugung von Schnittblumen, Zimmerpflanzen, Beet- und Balkonpflanzen sowie Stauden zuzurechnen. ② Hierzu gehören auch die Gewinnung von Schmuckreisig und Bindegrün sowie die Produktion von Rollrasen oder Vegetationsmatten. ③ Flächen, die der Vermehrung von Blumensamen, Blumenzwiebeln und dergleichen dienen, sind ebenfalls dem Nutzungsteil Blumen- und Zierpflanzenbau zuzurechnen. ④ Die Anzucht von Rosen zählt nur dann zu der Nutzung Blumen- und Zierpflanzen, wenn ihre Nutzung als Dauerkultur überwiegt. ⑤ Andernfalls sind sie dem Nutzungsteil Baumschulen zuzuordnen. ⑥ Als Dauerkultur gelten in diesen Fällen Rosen, die nach Eintritt der Ertragsreife für die Dauer von mindestens sechs Jahren wiederkehrende Erträge durch ihre zum Verkauf bestimmten Blüten, Früchte oder anderen Pflanzenteile liefern. ⑦ Der Anbau und die Erzeugung können im Freiland oder unter Glas und Kunststoffen erfolgen.

39 (2) Zum Nutzungsteil Blumen- und Zierpflanzenbau gehören alle Wirtschaftsgüter, die den in Absatz 1 genannten Zwecken zu dienen bestimmt sind.

40 (3) ① Die summierten Ergebnisse aus der Vervielfältigung der jeweiligen Eigentumsflächen des Betriebs mit dem hierzu ermittelten Reinertrag eines Nutzungsteils einschließlich einer etwaigen Ertragssteigerung bei der Erzeugung unter Glas und Kunststoffen ergeben den zu kapitalisierenden Reinertrag des gärtnerischen Nutzungsteils. ② Wirtschaftsgebäude (z. B. Verkaufsräume) und weitere den Ertragswert steigernde Umstände werden nach § 237 Absatz 8 BewG und durch Zuschläge nach § 238 Absatz 1 Nummer 2 und Absatz 2 BewG erfasst.

Beispiel: Gärtnerische Nutzung und Landwirtschaft

Landwirt L ist Eigentümer folgender Flurstücke: Eine grundsätzlich der gärtnerischen Nutzung dienende Ackerfläche mit der Katasterbezeichnung Flur 8, Flurstück 15 ist 200 Ar groß und die Summe der Ertragsmesszahlen [EMZ] beträgt 10 000 EMZ. Auf der Fläche werden im Wechsel Kopfkohl und Getreide (Weizen, Gerste, Hafer, Triticale) angebaut; es besteht keine Bewässerungsmöglichkeit (sonst gärtnerische Nutzung). Auf der Flur 8, Flurstück 14 mit einer Größe von 100 Ar stehen Blumen zum Selbstpflücken. Die Fläche Flur 8, Flurstück 10 hat eine Größe von 300 Ar und dient dem Erdbeeranbau. Die Bewertung der Flurstücke ist in Tabelle 2 dargestellt.

Tabelle 2: Bewertung zum Beispiel „Gärtnerische Nutzung und Landwirtschaft" (A 237.7)

Bewertungsfaktoren Flur 8, Flurstück 15		
Grundbetrag	200,00 Ar × 2,52 €/Ar	= 504,00 €
Ertragsmesszahl [EMZ]	10 000 EMZ × 0,041 €/EMZ	= 410,00 €
Flächenwert des Nutzungsteils Gemüsebau		= 914,00 €
Bewertungsfaktoren Flur 8, Flurstück 14		
Nutzungsteil Blumen- und Zierpflanzenbau	100 Ar × 27,60 €/Ar	= 2 760,00 €
Flächenwert des Nutzungsteils Blumen- und Zierpflanzenbau		= 2 760,00 €
Bewertungsfaktoren Flur 8, Flurstück 10		
Nutzungsteil Obstbau	300 Ar × 9,53 €/Ar	= 2 859,00 €
Flächenwert des Nutzungsteils Obstbau		= 2 859,00 €
Ermittlung der Reinerträge des Betriebs		
Summe der Flächenwerte = Reinertrag der gärtnerischen Nutzung		**= 6 533,00 €**

A 237.8 Nutzungsteil Obstbau

AEBew GrSt A 237.8

43 (1) ① Dem Nutzungsteil Obstbau sind der Anbau und die Erzeugung von Baumobst, Strauchbeerenobst und Erdbeeren sowie sonstige Obstarten zuzurechnen, wenn weder eine regelmäßige Unternutzung als Ackerland oder Grünland noch eine anderweitige gärtnerische Nutzung erfolgt. ② Der Anbau und die Erzeugung können im Freiland oder unter Glas und Kunststoffen erfolgen. ③ Die extensive Form des Obstbaus in Form einer Streuobstwiese oder eines Streuobstackers, die durch eine Unternutzung der vorhandenen Hochstämme geprägt ist, wird der landwirtschaftlichen Nutzung zugerechnet.

44 (2) ① Zum Nutzungsteil Obstbau gehören alle Wirtschaftsgüter, die den in Absatz 1 genannten Zwecken zu dienen bestimmt sind. ② Flächen, die der Erzeugung von Tafeltrauben dienen und rechtlich nicht im Rahmen der weinbaulichen Nutzung erfasst werden können, sind dem Nutzungsteil Obstbau zuzurechnen.

A 237.9 Nutzungsteil Baumschulen

AEBew GrSt A 237.9

46 (1) ① Dem Nutzungsteil Baumschulen sind der Anbau und die Erzeugung von Baumschulkulturen in Form von Gehölzen und Forstpflanzen zuzurechnen. ② Dazu gehört insbesondere die Anzucht von Nadel- und Laubgehölzen, Rhododendren, Azaleen sowie von Obstgehölzen einschließlich Beerenobststräuchern. ③ Der Anbau und die Erzeugung können im Freiland oder unter Glas und Kunststoffen erfolgen.

47 (2) ① Zum Nutzungsteil Baumschulen gehören alle Wirtschaftsgüter, die den in Absatz 1 genannten Zwecken zu dienen bestimmt sind. ② Zur Fläche des Nutzungsteils gehören auch die Einschlags-, Schau- und Ausstellungsflächen des Betriebs. ③ Brach- und Gründüngungsflächen sind dagegen der landwirtschaftlichen Nutzung zuzurechnen.

48 (3) ① Dem Nutzungsteil Baumschulen sind auch forstliche Saat- und Pflanzkämpe sowie Rebschulen und Rebmuttergärten zuzurechnen. ② Eine Erfassung als Nebenbetrieb scheidet aus. ③ Die Anzucht von Rosen zählt nur dann zum Nutzungsteil Baumschulen, wenn es sich nicht um Dauerkulturen handelt, die innerhalb des Betriebs beim Nutzungsteil Blumen- und Zierpflanzenbau zu bewerten sind. ④ Die Abgrenzung zur Weihnachtsbaumkultur richtet sich nach A 237.19.

Anl d zu § 237

Anlage 30[1]
(zu § 237 Absatz 5)

Gärtnerische Nutzung

50

Nutzungsteil Gemüsebau		
Bewertungsfaktor für	**Flächeneinheit**	**in EUR**
Flächen im Freiland und für Kleingarten- und Dauerkleingartenland	pro Ar	12,35
Zuschläge für	**Flächeneinheit**	**in EUR**
Flächen unter Glas und Kunststoffen	pro Ar	45,00
Nutzungsteil Blumen-/Zierpflanzenbau		
Bewertungsfaktor für	**Flächeneinheit**	**in EUR**
Flächen im Freiland	pro Ar	27,60
Zuschläge für	**Flächeneinheit**	**in EUR**
Flächen unter Glas und Kunststoffen	pro Ar	65,15
Nutzungsteil Obstbau		
Bewertungsfaktor für	**Flächeneinheit**	**in EUR**
Flächen im Freiland	pro Ar	9,53
Zuschläge für	**Flächeneinheit**	**in EUR**
Flächen unter Glas und Kunststoffen	pro Ar	45,00
Nutzungsteil Baumschulen		
Bewertungsfaktor für	**Flächeneinheit**	**in EUR**
Flächen im Freiland	pro Ar	22,29
Zuschläge für	**Flächeneinheit**	**in EUR**
Flächen unter Glas und Kunststoffen	pro Ar	65,15

AEBew GrSt A 237.10

A 237.10 Übrige land- und forstwirtschaftliche Nutzungen

(1) ① Der Begriff der übrigen land- und forstwirtschaftlichen Nutzungen ist ein Sammelbegriff für alle land- und forstwirtschaftlichen Nutzungen, die nicht zu den in A 237.2 bis A 237.9 genannten Nutzungen oder Nutzungsteilen gehören. ② Es werden unterschieden

51

1. die Sondernutzungen Hopfen, Spargel und andere Sonderkulturen (siehe A 237.11) und
2. die sonstigen land- und forstwirtschaftlichen Nutzungen (siehe A 237.12 bis A 237.20).

52 (2) ① Für Hopfen, Spargel und andere Sonderkulturen sind die Reinerträge nach den Grundsätzen des § 236 Absatz 1 bis 3 BewG zu ermitteln. ② Für die sonstigen land- und forstwirtschaftlichen Nutzungen sind die Reinerträge grundsätzlich nach § 236 Absatz 1 i. V. m. Absatz 3 Satz 1

[1] Anlage 30 neugef. durch VO vom 29. 6. 2021 (BGBl. I S. 2290) mWv 9. 7. 2021.

BewG zu ermitteln. ③ Abweichend hiervon sind für die sonstigen land- und forstwirtschaftlichen Nutzungen, für die keine Bewertungsfaktoren festgelegt wurden, die Reinerträge nach § 237 Absatz 6 Satz 4 BewG i. V. m. § 237 Absatz 8 BewG i. V. m. Anlage 31 zum BewG typisierend abzuleiten.

A 237.11 Sondernutzungen

AEBew GrSt A 237.11

(1) ① Zu den Sondernutzungen gehört der Anbau von Hopfen, Spargel und anderen Sonderkulturen, die ein von der landwirtschaftlichen Nutzung abweichendes Ertrags- und Aufwandgefüge aufweisen. ② Zur Sondernutzung Hopfen und zur Sondernutzung Spargel gehören alle Wirtschaftsgüter, die der jeweiligen Sondernutzung zu dienen bestimmt sind. 53

(2) ① Die Bewertung der Sondernutzungen erfolgt nach § 237 Absatz 6 Satz 1 BewG jeweils gesondert mit den Bewertungsfaktoren gemäß Anlage 31 zum BewG. ② Die Bewertung einer vorhandenen Nutzungsart Hofstelle (siehe A 237.24) und von Nebenbetrieben (siehe A 237.24) erfolgt gesondert nach § 237 Absatz 8 BewG und § 238 Absatz 1 Nummer 3 BewG. 54

A 237.12 Sonstige land- und forstwirtschaftliche Nutzungen

AEBew GrSt A 237.12

(1) ① Zu den sonstigen land- und forstwirtschaftlichen Nutzungen gehören insbesondere

1. die Binnenfischerei (siehe A 237.13), 55
2. die Teichwirtschaft (siehe A 237.13),
3. die Fischzucht für Binnenfischerei und Teichwirtschaft (siehe A 237.13),
4. die Imkerei (siehe A 237.14),
5. die Wanderschäferei (siehe A 237.15),
6. die Saatzucht (siehe A 237.16),
7. der Pilzanbau (siehe A 237.17),
8. die Produktion von Nützlingen (siehe A 237.18),
9. die Weihnachtsbaumkulturen (siehe A 237.19) und
10. die Kurzumtriebsplantagen (siehe A 237.20).

② Besamungsstationen sind gemäß § 232 Absatz 1 BewG nicht dem land- und forstwirtschaftlichen Vermögen zuzurechnen, soweit keine ausreichende Flächengrundlage zur Verfügung steht.

(2) ① Die Bewertung der sonstigen land- und forstwirtschaftlichen Nutzungen erfolgt als Teil der übrigen land- und forstwirtschaftlichen Nutzungen gemäß § 237 Absatz 6 Satz 1 BewG jeweils eigenständig. ② Die Bewertung der einzelnen Nutzungen richtet sich nach § 237 Absatz 6 Sätze 2 bis 4 BewG sowie nach den Regelungen in A 237.13 bis A 237.20. ③ Die Bewertung einer vorhandenen Nutzungsart Hofstelle (siehe A 237.24) und vorhandener Nebenbetriebe (siehe A 237.24) erfolgt gesondert nach § 237 Absatz 8 BewG und § 238 Absatz 1 Nummer 3 BewG. 56

A 237.13 Binnenfischerei, Teichwirtschaft und Fischzucht für Binnenfischerei und Teichwirtschaft

AEBew GrSt A 237.13

(1) ① Binnenfischerei ist die Ausübung der Fischerei in Binnengewässern aufgrund von Fischereiberechtigungen. ② Zur Binnenfischerei gehören 60

1. die Fischerei in stehenden Gewässern und
2. die Fischerei in fließenden Gewässern einschließlich der Fischerei in Kanälen.

(2) Für die Bewertung ist es unerheblich, ob die Fischereiberechtigung 61

1. dem Inhaber des Fischereibetriebs als Ausfluss seines Grundeigentums zusteht,
2. als selbständiges besonderes Recht ausgeübt wird oder
3. auf einer sonstigen Nutzungsüberlassung, z. B. Verleihung, beruht.

(3) Zur Nutzung Teichwirtschaft und Fischzucht für Binnenfischerei und Teichwirtschaft gehören alle Wirtschaftsgüter, die der Erzeugung von Speisefischen (einschließlich deren Eier und Brut) unabhängig von der Haltungsform dienen, insbesondere der Erzeugung von Forellen, Karpfen und so genannter Beifische, wie z. B. Schleien, Hechte, Zander. 62

(4) ① Die in den Absätzen 1 bis 3 genannten Nutzungen werden anhand der Wasserflächen bewertet. ② Die Bewertung von Wasserflächen als Nutzung im Betrieb der Land- und Forstwirtschaft setzt voraus, dass diese zum land- und forstwirtschaftlichen Vermögen zu rechnen sind. ③ Wasserflächen, die nicht der Urproduktion (vgl. A 232.1) zu dienen bestimmt sind oder nicht in einem Nutzungs- und Funktionszusammenhang mit einem Betrieb der Land- und Forstwirtschaft stehen, gehören zum Grundvermögen. ④ Als Wasserflächen kommen regelmäßig die von oberirdischen Gewässern bedeckten Flächen, z. B. Seen, Teiche, freifließende sowie staugeregelte Flüsse und Bäche in Betracht, auch wenn sie vorübergehend nicht aktiv bewirtschaftet werden. ⑤ Die Bewertung dieser Wasserflächen erfolgt flächenabhängig nach § 237 Absatz 6 Sätze 1 bis 3 BewG mit dem Bewertungsfaktor gemäß Anlage 31 zum BewG und mit den maßgebenden Zuschlägen, soweit diese Flächen nicht einer anderen Nutzung nach § 234 Absatz 1 Nr. 1 BewG dienen. ⑥ Die Flächen einer 63

vorhandenen Hofstelle sind gemäß § 237 Absatz 8 BewG zusätzlich zu bewerten. ⑦ Entsprechendes gilt für Nebenbetriebe. ⑧ Zur Hofstelle gehören auch z. B. die Dämme, Betriebswege und sonstige Betriebsflächen von Teichanlagen, insbesondere bei intensiv geführten Fischzuchtanlagen. ⑨ Dahingegen sind dauerhaft zugewachsene oder verlandete Wasserflächen, z. B. ehemalige Teiche, die ihre ursprüngliche Funktion verloren haben, als Geringstland zu bewerten.

AEBew GrSt A 237.14

A 237.14 Imkerei

65 (1) ① Die Imkerei umfasst alle Formen der Bienenhaltung, die nachhaltig auf einen wirtschaftlichen Erfolg ausgerichtet sind. ② Dabei ist nicht zwischen der Bienenhaltung zur Gewinnung von Honig und Wachs und anderen Formen der Bienenhaltung, wie z. B. Königinnenzucht oder Bienenhaltung für pharmazeutische Zwecke, zu unterscheiden. ③ Eine nachhaltige Ertragsfähigkeit zur Begründung einer sonstigen land- und forstwirtschaftlichen Nutzung ist ab einer Nutzungsgröße von 30 Bienenvölkern gegeben.

66 (2) Zu den Wirtschaftsgütern, die einer Imkerei dauernd zu dienen bestimmt sind, gehören neben den Bienenvölkern die Bienenstände, die Bienenkästen und -körbe, die Imkereigeräte und die Vorräte.

67 (3) Die Bewertung der Imkerei erfolgt nach § 237 Absatz 6 Satz 4 BewG mit dem Bewertungsfaktor für Wirtschaftsgebäude gemäß Anlage 31 zum BewG und mit dem dreifachen Bewertungsfaktor für den dazugehörenden Grund und Boden i. S. d. § 237 Absatz 8 BewG.

AEBew GrSt A 237.15

A 237.15 Wanderschäferei

70 (1) ① Wanderschäferei ist eine extensive Form der Schafhaltung, die durch die Haltungsform der Großherde und ständigen Standortwechsel gekennzeichnet ist. ② Im Gegensatz zu intensiven Formen der Schafhaltung (wie z. B. Koppelschafhaltung, Gutsschäferei) werden von Wanderschäfereien überwiegend fremde Flächen durch vorübergehende Beweidung genutzt. ③ Wenn die Schafhaltung jedoch überwiegend auf Flächen stattfindet, die durch Nutzungsüberlassungsverträge dauernd (ganzjährig) zur Beweidung zur Verfügung stehen, handelt es sich nicht mehr um Wanderschäfereien, sondern um eine Schafhaltung, die im Rahmen der landwirtschaftlichen Nutzung zu bewerten ist.

71 (2) ① Da Wanderschäfereien regelmäßig keine eigenen oder zugepachteten landwirtschaftlichen Flächen nutzen, ist eine Beziehung zwischen Tierbestand, gemessen in Vieheinheiten, und Flächengrundlage zur Deckung des Futterbedarfs nicht herstellbar. ② Bei Wanderschäfereien ist deshalb § 241 BewG nicht anwendbar.

72 (3) Die Bewertung der Wanderschäferei erfolgt nach § 237 Absatz 6 Satz 4 BewG mit dem Bewertungsfaktor für Wirtschaftsgebäude gemäß Anlage 31 zum BewG und mit dem dreifachen Bewertungsfaktor für den dazugehörenden Grund und Boden i. S. d. § 237 Absatz 8 BewG.

Beispiel: Wanderschäferei

Wanderschäfer W ist Eigentümer eines Flurstücks mit der Katasterbezeichnung Flur 17, Flurstück 4, das der sonstigen land- und forstwirtschaftlichen Nutzung „Wanderschäferei" zuzuordnen ist. Das Flurstück ist 20 Ar groß. Auf der Fläche befindet sich eine massive Feldscheune mit einer Bruttogrundfläche von 500 m². Die Bewertung des Flurstücks mit dem Wirtschaftsgebäude ist in Tabelle 3 dargestellt.

Tabelle 3: Bewertung zum Beispiel „Wanderschäferei" (A 237.15)

Bewertungsfaktoren Flur 17, Flurstück 4		
Wirtschaftsgebäude	500 m² × 1,23 €/m² × 12 Monate	= 7 380,00 €
Wert der sonstigen land- und forstwirtschaftlichen Nutzung		= 7 380,00 €
Bewertungsfaktoren Flur 17, Flurstück 4 (Grund und Boden)		
Grund und Boden (Hofstelle)	20 Ar × 6,62 € × 3	= 397,20 €
Flächenwert für den Grund und Boden der sonstigen land- und forstwirtschaftlichen Nutzung		= 397,20 €
Ermittlung des Reinertrags für die sonstige land- und forstwirtschaftliche Nutzung „Wanderschäferei"		
Summe der Werte = Reinertrag der sonstigen land- und forstwirtschaftlichen Nutzung		= 7 380,00 €
Summe der Flächenwerte = Reinertrag für den Grund und Boden der sonstigen land- und forstwirtschaftlichen Nutzung		= 397,20 €
Summe der Reinerträge des Betriebs		**= 7 777,20 €**

AEBew GrSt A 237.16

A 237.16 Saatzucht

75 (1) ① Saatzucht ist die Erzeugung von Zuchtsaatgut. ② Zum Saatgut zählen Samen, Pflanzgut oder Pflanzenteile, die für die Erzeugung von Kulturpflanzen bestimmt sind. ③ Dabei ist nicht zwischen Nutzpflanzensaatgut und dem Saatgut anderer Kulturpflanzen zu unterscheiden. ④ Zur Saatzucht gehören alle Wirtschaftsgüter, die ihr zu dienen bestimmt sind, insbesondere:

1. Grund und Boden für die Zuchtgärten und Pflanzkämpe einschließlich der Hof- und Gebäudeflächen, Wirtschaftswege und Trennstreifen;
2. Wirtschaftsgebäude (z. B. Zuchtlaboratorien, Gewächshäuser, Lager- und Verwaltungsgebäude);
3. stehende Betriebsmittel (z. B. Pflanzenbestände, Maschinen);
4. umlaufende Betriebsmittel (z. B. die zum Verkauf bestimmten Erzeugnisse und Vorräte).

(2) Nicht zu den Wirtschaftsgütern einer Saatzucht, sondern zur landwirtschaftlichen oder gärtnerischen Nutzung zählen die der Saatgutvermehrung dienenden Flächen und Betriebsmittel; das gilt auch dann, wenn die Vermehrung im Rahmen der landwirtschaftlichen oder gärtnerischen Nutzung eines Betriebs der Land- und Forstwirtschaft durchgeführt wird, zu dem die Saatzucht gehört. 76

(3) ① Die Bewertung der Saatzucht erfolgt als flächengebundene Nutzung gemäß § 237 Absatz 6 Sätze 1 bis 3 BewG und Anlage 31 zum BewG wie bei der landwirtschaftlichen Nutzung nach § 237 Absatz 2 und 8 BewG. ② Die Bewertung einer vorhandenen Nutzungsart Hofstelle (siehe A 237.24) und von Nebenbetrieben (siehe A 237.24) erfolgt gesondert nach § 237 Absatz 8 BewG und § 238 Absatz 1 Nummer 3 BewG. ③ Dabei sind die nach Absatz 1 zur Nutzung Saatzucht gehörenden Wirtschaftsgebäude über die erforderliche Zuordnung der zugehörigen Grund- und Bodenfläche zur Fläche der Nutzungsart Hofstelle abgegolten. 77

A 237.17 Pilzanbau

AEBew GrSt A 237.17

(1) ① Gegenstand der Bewertung ist der Anbau von Speisepilzen. ② Zum Pilzanbau gehören alle Wirtschaftsgüter, die der Erzeugung von Speisepilzen dienen, insbesondere die Wirtschaftsgebäude mit den Beetflächen, Pasteurisierungs-, Anwachs- und Anspinnräumen sowie Konservierungsanlagen und Lagerplätze. 80

(2) Die Bewertung eines vorhandenen Standorts erfolgt nach § 237 Absatz 6 Satz 4 BewG mit dem Bewertungsfaktor für Wirtschaftsgebäude gemäß Anlage 31 zum BewG und mit dem dreifachen Bewertungsfaktor für den dazugehörenden Grund und Boden i. S. d. § 237 Absatz 8 BewG. 81

A 237.18 Nützlinge

AEBew GrSt A 237.18

(1) ① Zur Produktion von Nützlingen gehören alle Wirtschaftsgüter, die ihr zu dienen bestimmt sind. ② Unter die Produktion von Nützlingen fällt insbesondere die Produktion von Spinnentieren (z. B. Raubmilben), Insekten (z. B. Schlupfwespen), Fadenwürmern (Nematoden) und Bakterien (z. B. Bacillus thuringiensis). 85

(2) Die Bewertung eines vorhandenen Standorts erfolgt nach § 237 Absatz 6 Satz 4 BewG mit dem Bewertungsfaktor für Wirtschaftsgebäude gemäß Anlage 31 zum BewG und mit dem Bewertungsfaktor für den dazugehörenden Grund und Boden i. S. d. § 237 Absatz 8 BewG. 86

A 237.19 Weihnachtsbaumkulturen

AEBew GrSt A 237.19

(1) Zur Nutzung Weihnachtsbaumkulturen gehören alle Wirtschaftsgüter, die dem Anbau von Weihnachtsbäumen dienen.

(2) ① Der Nutzung Weihnachtsbaumkulturen sind die dem Anbau von Weihnachtsbäumen dienenden Flächen einschließlich der außerhalb der Hofstelle dazugehörenden Lagerplätze und Fahrschneisen zuzurechnen. ② Die Flächen der Jungpflanzenanzucht zählen zum gärtnerischen Nutzungsteil Baumschulen (siehe A 237.9 Absatz 2). ③ Die Bäume einer Weihnachtsbaumkultur unterscheiden sich insbesondere dadurch von Baumschulkulturen, dass sie nach der Anpflanzung nicht umgeschult werden. ④ Der untergeordnete Verkauf von Ballenware führt nicht zu einer Bewertung der Fläche als Baumschule. ⑤ Zur Nutzung Weihnachtsbaumkulturen gehören bis zur tatsächlichen forstwirtschaftlichen Nutzung auch langfristig zur forstwirtschaftlichen Nutzung vorgesehene Flächen mit der Vorkultur Weihnachtsbaum, da in diesen Fällen die Weihnachtsbaumproduktion maßgeblich den Reinertrag prägt. 88 89

(3) Die Bewertung erfolgt als flächengebundene Nutzung gemäß § 237 Absatz 6 Sätze 1 bis 3 BewG i. V. m. Anlage 31 zum BewG. 90

A 237.20 Kurzumtriebsplantagen

AEBew GrSt A 237.20

(1) ① Zur Nutzung der Kurzumtriebsplantagen gehören alle Wirtschaftsgüter, die dem Anbau von schnellwachsenden Bäumen zur Gewinnung von nachwachsenden Rohstoffen, insbesondere von Energieholz dienen oder zu dienen bestimmt sind. ② Hierbei handelt es sich um die Erzeugung von Schwachholz im zwei- bis zwanzigjährigen Umtrieb, welches vorrangig als Brennstoff oder Industrieholz verwendet wird. 93

94 (2) Die Bewertung erfolgt als flächengebundene Nutzung gemäß § 237 Absatz 6 Sätze 1 bis 3 BewG i. V. m. Anlage 31 zum BewG mangels gesicherter Reinerträge mit den Bewertungsfaktoren für die landwirtschaftliche Nutzung gemäß Anlage 27 zum BewG.

AEBew GrSt A 237.21

A 237.21 Nutzungsart Abbauland

(1) ① Zum Abbauland gehören Sandgruben, Kiesgruben, Steinbrüche und dergleichen, wenn sie durch Abbau der Bodensubstanz überwiegend für den Betrieb der Land- und Forstwirtschaft
95 genutzt werden. ② Stillgelegte Kiesgruben und Steinbrüche eines Betriebs der Land- und Forstwirtschaft, die weder kulturfähig sind noch bei geordneter Wirtschaftsweise Ertrag abwerfen können, gehören zum Unland und nicht zum Abbauland.

96 (2) Die Bewertung der Nutzungsart Abbauland erfolgt gemäß § 237 Absatz 7 BewG i. V. m. Anlage 31 zum BewG.

AEBew GrSt A 237.22

A 237.22 Nutzungsart Geringstland

(1) ① Betriebsflächen geringster Ertragsfähigkeit (Geringstland) sind unkultivierte, jedoch kulturfähige Flächen, deren Ertragsfähigkeit so gering ist, dass sie in ihrem derzeitigen Zustand nicht
97 regelmäßig land- und forstwirtschaftlich genutzt werden können. ② Dazu gehören insbesondere unkultivierte Moor- und Heideflächen sowie die ehemals bodengeschätzten Flächen und die ehemaligen Weinbauflächen, deren Nutzungsart sich durch Verlust des Kulturzustands verändert hat. ③ Ein Verlust des Kulturzustands ist gegeben, wenn der kalkulierte Aufwand zur Wiederherstellung des Kulturzustands in einem Missverhältnis zu der Ertragsfähigkeit steht, die nach der Rekultivierung zu erwarten ist. ④ Das ist regelmäßig dann der Fall, wenn der Aufwand den einer Neukultivierung übersteigen würde. ⑤ Bei bodengeschätzten Flächen kann der nachhaltige Verlust des Kulturzustands insbesondere erst nach den folgenden Ereignissen eintreten:

1. Ansiedlung von Gehölzen infolge von Nichtnutzung bei Hutungen und Hackrainen,
2. Versteinung und Vernässung infolge von Nichtnutzung, z. B. bei Hochalmen,
3. Ansiedlung von Gehölzen und Verschlechterung der Wasserverhältnisse infolge von Nichtnutzung, z. B. bei Streuwiesen,
4. nachhaltige Verschlechterung des Pflanzenbestandes und der Wasserverhältnisse infolge zunehmender Überflutungsdauer und steigender Wasserverschmutzung bei Überschwemmungsgrünland oder Staunässe in Bodensenkungsgebieten.

⑥ Bei Weinbauflächen, insbesondere in Steilhanglagen, kann der Verlust des Kulturzustands durch Ansiedlung von Gehölzen, Bodenabtrag sowie Einsturz von Mauern und Treppen infolge von Nichtnutzung eintreten. ⑦ Hecken, Gehölzinseln, einzelne Baumgruppen und dergleichen im Betrieb der Land- und Forstwirtschaft gehören zum Geringstland, wenn sie nicht vorrangig einer anderen Nutzung zuzuordnen sind.

98 (2) ① Die Bewertung der Nutzungsart Geringstland erfolgt gemäß § 237 Absatz 7 BewG i. V. m. Anlage 31 zum BewG. ② Die Regelung in A 237.3 Absatz 3 Satz 2 bleibt hiervon unberührt.

AEBew GrSt A 237.23

A 237.23 Nutzungsart Unland

(1) ① Zum Unland rechnen nicht kulturfähige Betriebsflächen, die aufgrund der natürlichen Gegebenheiten auch bei geordneter Wirtschaftsweise keinen Ertrag abwerfen können (z. B. Fels-
99 und Steinriegel). ② Wasserflächen innerhalb des land- und forstwirtschaftlichen Vermögens sind regelmäßig kein Unland, sondern nach A 237.13 zu bewerten.

100 (2) Die Bewertung der Nutzungsart Unland erfolgt gemäß § 237 Absatz 7 BewG i. V. m. Anlage 31 zum BewG.

Anl e zu § 237

Anlage 31[1]
(zu § 237 Absatz 6 und 7)

Übrige land- und forstwirtschaftliche Nutzungen sowie Abbauland, Geringstland und Unland

101

Sondernutzungen		
Bewertungsfaktor für	**Flächeneinheit**	**in EUR**
Hopfen	pro Ar	13,75
Spargel	pro Ar	12,69
Sonstige land- und forstwirtschaftliche Nutzungen		
Bewertungsfaktor für	**Bezugseinheit**	**in EUR**
Wasserflächen	pro Ar	1,00

[1] Anlage 31 neugef. durch VO vom 29. 6. 2021 (BGBl. I S. 2290) mWv 9. 7. 2021.

Zuschläge für stehende Gewässer		
Wasserflächen für Binnenfischerei, Teichwirtschaft und Fischzucht für Binnenfischerei und Teichwirtschaft	ab 1,00 kg bis 4,00 kg Fischertrag/Ar pro Ar	2,00
Wasserflächen für Binnenfischerei, Teichwirtschaft und Fischzucht für Binnenfischerei und Teichwirtschaft	über 4,00 kg Fischertrag/Ar pro Ar	2,50
Zuschläge für fließende Gewässer		
Teichwirtschaft und Fischzucht für Binnenfischerei und Teichwirtschaft	bis 500 Liter/Sekunde Durchfluss pro Liter/Sekunde	12,50
Teichwirtschaft und Fischzucht für Binnenfischerei und Teichwirtschaft	über 500 Liter/Sekunde Durchfluss pro Liter/Sekunde	15,00
Saatzucht	pro Ar	Anlage 27
Weihnachtsbaumkulturen	pro Ar	19,40
Kurzumtriebsplantagen	pro Ar	Anlage 27
Sonstige land- und forstwirtschaftliche Nutzungen, für die kein Bewertungsfaktor festgelegt wurde		
Wirtschaftsgebäude	pro Quadratmeter Bruttogrundfläche und Monat	1,23
Nutzungsarten Abbauland, Geringstland und Unland		
Bewertungsfaktor für	**Flächeneinheit**	**in EUR**
Abbauland	pro Ar	1,00
Geringstland	pro Ar	0,38
Unland	pro Ar	0,00

A 237.24 Nutzungsart Hofstelle und Nebenbetriebe

AEBew GrSt A 237.24

(1) ① Die Hof- und Wirtschaftsgebäudeflächen einer Hofstelle umfassen den Grund und Boden, die Gebäude- und Gebäudenebenflächen einschließlich der darin ausgeübten Nebenbetriebe, soweit sie nicht den Wohngebäuden zuzuordnen sind. ② Wirtschaftswege und Gräben sind in die Hof- und Wirtschaftsgebäudefläche einzubeziehen, wenn sie nicht vorrangig einer Nutzung zu- 105 zuordnen sind (z. B. als Fahrspuren, Fahrwege innerhalb der Nutzung, Be-/Entwässerungsgräben usw.) oder zum Grundvermögen gehören (siehe A 232.3). ③ Eine Hofstelle, von der aus nur entgeltlich oder unentgeltlich zur Nutzung überlassene land- und forstwirtschaftliche Flächen bewirtschaftet werden, ist einem Betrieb der Land- und Forstwirtschaft zu dienen bestimmt, wenn jedenfalls eine dauerhafte Bewirtschaftung der überlassenen Flächen vorliegt. ④ Das ist regelmäßig dann der Fall, wenn die Hofstelle land- und forstwirtschaftlich eingerichtet, d. h. mit Wirtschaftsgebäuden oder wenigstens mit Wirtschaftsräumlichkeiten zur Unterbringung des Inventars und der Wirtschaftsvorräte und dergleichen versehen ist. ⑤ Wird ein Betrieb der Land- und Forstwirtschaft entgeltlich oder unentgeltlich zur Nutzung überlassen, gilt dies nach § 232 Absatz 2 Satz 2 BewG als Fortsetzung der land- und forstwirtschaftlichen Tätigkeit des Überlassenden, so dass die Hofstelle mangels Änderung der Zweckbestimmung weiterhin dem land- und forstwirtschaftlichen Vermögen zu dienen bestimmt ist. ⑥ Ist eine Hofstelle überwiegend einem gewerblichen oder öffentlichen Zweck zu dienen bestimmt, ist sie insgesamt dem Grundvermögen zuzurechnen (§ 232 Absatz 4 Nummer 1 BewG).

(2) Ein land- und forstwirtschaftlicher Nebenbetrieb liegt vor, wenn die in R 15.5 Absatz 3 106 EStR genannten Voraussetzungen vorliegen und zusammen mit den übrigen noch der Land- und Forstwirtschaft zuzuordnenden Tätigkeiten die in R 15.5 Absatz 11 EStR genannten Grenzen nicht nachhaltig überschritten werden.

(3) ① Die Bewertung der Nutzungsart Hofstelle erfolgt gemäß § 237 Absatz 8 Satz 2 BewG 107 typisierend mit dem dreifachen Bewertungsfaktor gemäß Anlage 32 zum BewG. ② Die Bewertung der sonstigen land- und forstwirtschaftlichen Nutzungen gemäß § 237 Absatz 6 Satz 4 BewG bleibt hiervon unberührt. ③ Im Übrigen sind mit diesem Wertansatz sämtliche Wirtschaftsgebäude abgegolten, soweit keine Zuschläge gemäß § 238 Absatz 1 Nummer 2 und 3 oder Absatz 2 BewG vorzunehmen sind. ④ Dabei ist ein räumlicher Verbund der zur Nutzungsart Hofstelle zu rechnenden Flächen nicht notwendig, beispielsweise sind auch getrennt liegende Wirtschaftsgebäude wie Stallgebäude, Remisen und Feldscheunen über die Zuordnung des zugehörigen Grund und Bodens zur Nutzungsart Hofstelle abgegolten.

AEBew GrSt A 237.24

Beispiel: Landwirtschaftliche Nutzung, Tierhaltung, Hofstelle

Landwirt L ist Eigentümer von mehreren Flurstücken, die der landwirtschaftlichen Nutzung zuzuordnen sind. Folgende Flurstücksinformationen sind zu berücksichtigen:

Gemarkung A-Dorf, Flur 25,
Flurstück 57, Größe: 5 000 Ar, tats. Nutzung A (Ackerland), EMZ 175 000;
Flurstück 60, Größe: 2 500 Ar, tats. Nutzung Gr (Grünland), EMZ 100 000;
Flurstück 61, Größe: 125 Ar, tats. Nutzung Hofstelle.

Ferner werden Milchkühe mit Nachzucht gehalten, die umgerechnet 125 Vieheinheiten (VE) entsprechen. Die Bewertung der Flurstücke, der Tierhaltung und der Hofstelle ist in Tabelle 4 dargestellt. Im Ergebnis werden die jeweiligen Flächenwerte der landwirtschaftlichen Nutzung und der Flächenwert der Nutzungsart Hofstelle addiert und ergeben insgesamt den Reinertrag des Betriebs in der Gemeinde A-Dorf. Die Wirtschaftsgebäude für die Milchkühe und deren Nachzucht sind ebenfalls der landwirtschaftlichen Nutzung zuzurechnen. Die Grenze zwischen landwirtschaftlicher und gewerblicher Tätigkeit nach § 241 Absatz 1 BewG ist nicht überschritten, da hiernach auf 75 ha landwirtschaftliche Nutzfläche insgesamt 465,00 VE unschädlich gehalten werden können. Ein Zuschlag wegen verstärkter Tierhaltung ist nicht vorzunehmen, weil der tatsächliche Tierbestand (125 VE) die in Anlage 27 zum BewG genannte Grenze von 2 VE/ha (d. h. 75 ha × 2 VE/ha = insgesamt 150 VE) nicht überschreitet. Mit dem Reinertrag der Nutzungsart Hofstelle sind alle vorhandenen Wirtschaftsgebäude, soweit sie der landwirtschaftlichen Nutzung dienen, in Art und Umfang abgegolten.

Tabelle 4: Bewertung zum Beispiel „Landwirtschaftliche Nutzung, Tierhaltung, Hofstelle" (A 237.24)

Bewertungsfaktoren Flur 25, Flurstück 57		
Grundbetrag	5 000,00 Ar × 2,52 €/Ar	= 12 600,00 €
Ertragsmesszahl [EMZ]	175 000 × 0,041 €/EMZ	= 7 175,00 €
Flächenwert der landwirtschaftlichen Nutzung		= 19 775,00 €
Bewertungsfaktoren Flur 25, Flurstück 60		
Grundbetrag	2 500,00 Ar × 2,52 €/Ar	= 6 300,00 €
Ertragsmesszahl [EMZ]	100 000 × 0,041 €/EMZ	= 4 100,00 €
Flächenwert der landwirtschaftlichen Nutzung		= 10 400,00 €
Bewertungsfaktoren Flur 25, Flurstück 61		
Hofstelle	125 Ar × 6,62 €/Ar × 3	= 2 482,50 €
Flächenwert der Nutzungsart Hofstelle		= 2 482,50 €
Ermittlung der Reinerträge des Betriebs		
Summe der Flächenwerte = Reinertrag der landwirtschaftlichen Nutzung		= 30 175,00 €
Summe der Flächenwerte = Reinertrag der Nutzungsart Hofstelle		= 2 482,50 €
Summe der Reinerträge des Betriebs		**= 32 657,50 €**

108 (4) ① Die Bewertung der Nebenbetriebe erfolgt gemäß § 237 Absatz 8 Satz 2 BewG typisierend mit dem dreifachen Bewertungsfaktor gemäß Anlage 32 zum BewG und mit den Zuschlägen gemäß § 238 Absatz 1 Nummer 3 und Absatz 2 BewG. ② Aus Vereinfachungsgründen müssen die für einen Nebentrieb genutzten Hof- und Wirtschaftsgebäudeflächen nicht gesondert ausgewiesen werden, so dass in diesen Fällen nur ein Zuschlag nach § 238 Absatz 1 Nummer 3 BewG erfolgt.

109 (5) Gebäude oder Gebäudeteile, die Wohnzwecken oder anderen nicht land- und forstwirtschaftlichen Zwecken dienen, bilden jeweils mit dem anteiligen Grund und Boden eine eigene wirtschaftliche Einheit des Grundvermögens (§ 232 Absatz 4 Nummer 1 BewG).

110 (6) ① Für die anteilige Zuordnung des Grund und Bodens ist grundsätzlich die Verkehrsauffassung maßgeblich (§ 2 Absatz 2 BewG). ② Im Rahmen der Zuordnung des anteiligen Grund und Bodens zu den jeweiligen wirtschaftlichen Einheiten des Grundvermögens oder zu den Flächen der Hofstelle sind neben den bebauten Flächen auch die übrigen Flächen, wie Garten- und Stellplatzflächen, einzubeziehen.

111 (7) ① Eine verbleibende Fläche, die nach der Verkehrsauffassung nicht eindeutig zugeordnet werden kann, ist hilfsweise nach dem Verhältnis der jeweiligen bebauten Fläche des Gebäudes zur bebauten Fläche aller Gebäude zu ermitteln. ② Ist die bebaute Fläche eines zu bewertenden Gebäudes nur anteilig dem Grundvermögen zuzuordnen, ist der maßgebliche Anteil durch Aufteilung der bebauten Fläche nach dem Verhältnis der Wohn- und Nutzfläche festzulegen. ③ Es bestehen aus Vereinfachungsgründen keine Bedenken, die ertragssteuerrechtlich getroffene Entscheidung zugrunde zu legen. ④ In Fällen mit einer hohen Anzahl von zu berücksichtigenden Gebäuden und/oder Gebäudeteilen, bei Gebäuden mit mehreren Geschossen sowie bei fehlender Datengrundlage kann der dem Grundvermögen zugehörige Grund und Boden hilfsweise mit dem Dreifachen der Wohn- und Nutzfläche der jeweils zu bewertenden Gebäude und/oder Gebäudeteile angesetzt werden. ⑤ Damit werden alle dem Grundvermögen zuzuordnenden Flächen erfasst.

AEBew GrSt A 237.24

112

Beispiel 1: Abgrenzung der Hofstelle

Die Hofstelle (1 820 m²) eines Landwirts umfasst die Wohnung des Landwirts (1: bebaute Fläche 120 m²), einen Garten (300 m²) und zwei Stellplätze (40 m²), die jeweils der Wohnung zugeordnet werden können, sowie ein Bürogebäude (2: bebaute Fläche 60 m²), ein Wirtschaftsgebäude (3: bebaute Fläche 300 m²) und eine Restfläche von 1 000 m². Insgesamt ergibt sich daraus eine bebaute Fläche von 480 m² (siehe Abbildung 2).

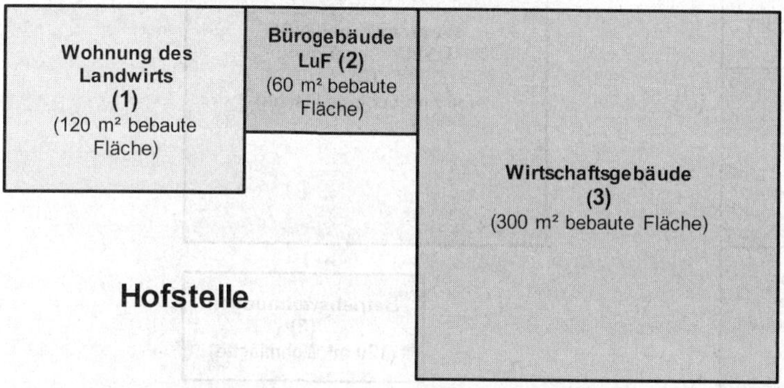

Abbildung 2: Bebaute Fläche der Hofstelle mit den verschiedenen Gebäuden und Gebäudeteilen des Landwirts zum Beispiel „Abgrenzung der Hofstelle" (A 237.24)

Die Gebäude (2) und (3) gehören als Wirtschaftsgebäude zum Betrieb der Land- und Forstwirtschaft. Der Wert der Gebäude ist über den Ansatz als Hofstelle sowie dem Zuschlag nach § 238 BewG ertragsmäßig abgegolten. Die Fläche der Hofstelle umfasst dabei nicht die dem Grundvermögen zuzurechnenden Flächenanteile. Das Gebäude (1) ist als eigenständige wirtschaftliche Einheit des Grundvermögens in Abhängigkeit von der Grundstücksart i. S. d. § 249 BewG zu bewerten.

Dem Gebäude (1) können darüber hinaus die zur Wohnung des Landwirts zugehörige bebaute Fläche (120 m²), ein Garten (300 m²) sowie zwei Stellplätze (40 m²) zugeordnet werden. Die restliche Fläche (1 000 m²) kann den einzelnen Gebäuden unter Berücksichtigung der Verkehrsauffassung nicht konkret zugeordnet werden. Da eine Abgrenzung nach ertragsteuerlichen Grundsätzen nicht erfolgt ist, kann der nicht den land- und forstwirtschaftlichen Zwecken zuzuordnende Grund und Boden (1 000 m²), wie in Tabelle 5 dargestellt, aufgeteilt werden:

Tabelle 5: Aufteilung des Grund und Bodens zum Beispiel „Abgrenzung der Hofstelle" (A 237.24)

Nr.	Gebäude/-teil	überbaute Fläche	gesamte bebaute Fläche	zugeordnete Fläche
1	Wohnung Landwirt	120 m²	480 m²	rd. 250 m²
2	Bürogebäude LuF	60 m²	480 m²	rd. 125 m²
3	Wirtschaftsgebäude	300 m²	480 m²	rd. 625 m²
Summe		**480 m²**		**1 000 m²**

Als anteilige Fläche des Grund und Bodens sind dem Grundvermögen die überbaute Fläche der Wohnung des Landwirts (1) mit 120 m², die zugeordnete unbebaute Fläche von 250 m², der private Garten mit 300 m² sowie die Stellplätze mit 40 m² zuzurechnen. Hieraus ergibt sich eine dem Grundvermögen zuzurechnende Gesamtfläche von 710 m².

Beispiel 2: Hofstelle eines Weinbaubetriebes

Die Hofstelle (2 020 m²) umfasst ein Gebäude (120 m² bebaute Fläche) mit mehreren Etagen (1 a: Wohnung des Landwirts mit 160 m² Nutzfläche; 1 b: Verkaufsräume mit 100 m² Nutzfläche; 1 c: Lagerraum mit 100 m² Nutzfläche), einen Garten (300 m²) und zwei Stellplätze (40 m²), die jeweils dem Gebäude zugeordnet werden können, sowie ein Bürogebäude LuF (2: bebaute Fläche 60 m²), ein Wirtschaftsgebäude Traubenerzeugung (3: bebaute Fläche 300 m²), eine Stellfläche für die gewerbliche Vermietung von Wohnwagen (4: bebaute Fläche 100 m²; Nutzfläche 80 m²), Betriebswohnungen (5: bebaute Fläche 100 m², Wohnfläche 120 m²) und eine Restfläche von 1 000 m². Insgesamt ergibt sich eine bebaute Fläche von 680 m² (siehe Abbildung 3).

AEBew GrSt A 237.24

noch **112**

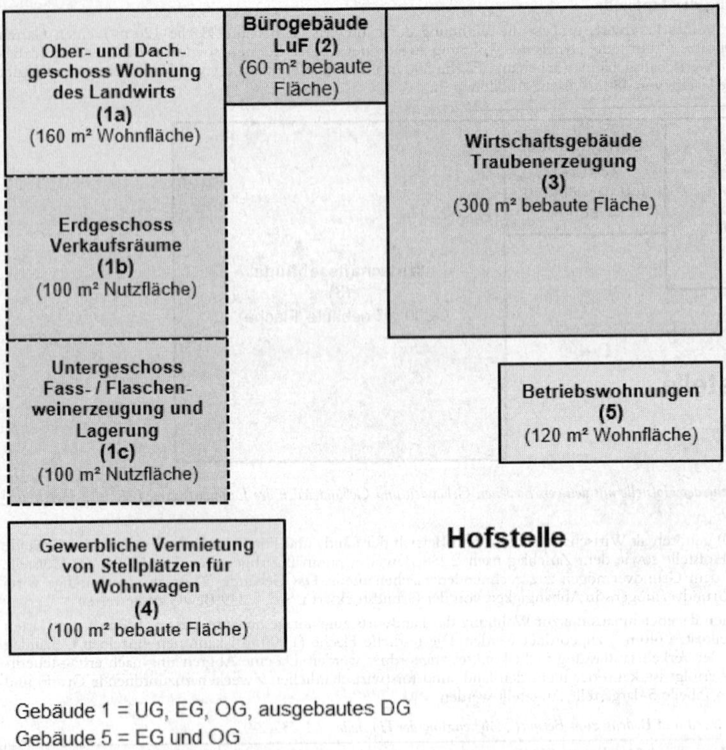

Abbildung 3: Bebaute Fläche der Hofstelle mit den verschiedenen Gebäuden und Gebäudeteilen des Landwirts zum Beispiel „Hofstelle eines Weinbaubetriebes" (A 237.24)

Die Gebäude und Gebäudeteile (1 b), (1 c), (2) und (3) gehören als Wirtschaftsgebäude zum Betrieb der Land- und Forstwirtschaft. Der Wert der Gebäude und Gebäudeteile ist über den Ansatz als Hofstelle sowie über den Zuschlag nach § 238 BewG ertragsmäßig abgegolten. Die Fläche der Hofstelle umfasst dabei nicht die dem Grundvermögen zuzurechnenden Flächenanteile.

Die Gebäude und Gebäudeteile (1 a) und (4) und (5) sind als eigenständige wirtschaftliche Einheiten des Grundvermögens, in Abhängigkeit von der Grundstücksart i. S. d. § 249 BewG zu bewerten. Eine Übersicht der Gebäude und Gebäudeteile zur bebauten Fläche und zur jeweiligen Wohn- oder Nutzfläche ist in Tabelle 6 dargestellt.

Tabelle 6: Aufteilung der bebauten Fläche und der Wohn- oder der Nutzfläche zum Beispiel „Hofstelle eines Weinbaubetriebes" (A 237.24)

Nr.	Gebäude/-teil	Bebaute Fläche	Wohn- oder Nutzfläche
1a	Wohnung Landwirt (OG, DG)		160 m²
1b	Verkaufsräume (EG)	120 m²	100 m²
1c	Lagerraum (Fass- und Flaschenwein)		100 m²
2	Bürogebäude	60 m²	–
3	Wirtschaftsgebäude	300 m²	–
4	Gewerbliche Vermietung von Stellplätzen für Wohnwagen	100 m²	80 m²
5	Betriebswohnungen (EG, OG)	100 m²	120 m²
Summe		**680 m²**	

Dem Gebäudeteil (1 a) können der zur Wohnung des Landwirts zugehörige Garten (300 m²) sowie zwei Stellplätze (40 m²) zugeordnet werden. Die restliche Fläche (1 000 m²) kann den einzelnen Gebäuden unter Berücksichtigung der Verkehrsauffassung nicht konkret zugeordnet werden. Da eine Abgrenzung nach ertragsteuerlichen Grundsätzen nicht erfolgt ist, kann der nicht land- und forstwirtschaftlichen Zwecken zuzuordnende Grund und Boden (1 000 m²), wie in Tabelle 7 dargestellt, wie folgt aufgeteilt werden.

Tabelle 7: Aufteilung des zuzuordnenden Grund und Bodens zum Beispiel „Hofstelle eines Weinbaubetriebes" (A 237.24)

Nr.	Gebäude(teil)	überbaute Fläche (Gebäude)		gesamte bebaute Fläche		anteilige überbaute Fläche (nach Wohn- u. Nutzfläche)				aufzuteilende Restfläche		zugeordnete Fläche
1a	Wohnung Landwirt 1. + 2. OG	120 m²	/	680 m²	x	160	/	360	x	1.000 m² =	rd.	**78 m²**
1b	Verkaufsräume	120 m²	/	680 m²	x	100	/	360	x	1.000 m² =	rd.	**49 m²**
1c	Fass- und Flaschenweinerzeugung sowie Lagerung	120 m²	/	680 m²	x	100	/	360	x	1.000 m² =	rd.	**49 m²**
2	Bürogebäude für LuF	60 m²	/	680 m²	x	1	/	1	x	1.000 m² =	rd.	**88 m²**
3	Wirtschaftsgebäude Traubenerzeugung	300 m²	/	680 m²	x	1	/	1	x	1.000 m² =	rd.	**441 m²**
4	gewerbliche Vermietung von Stellplätzen für Wohnwagen	100 m²	/	680 m²	x	1	/	1	x	1.000 m² =	rd.	**147 m²**
5	Betriebswohnungen	100 m²	/	680 m²	x	1	/	1	x	1.000 m² =	rd.	**147 m²**
Summe der überbauten Flächen		680 m²										**1.000 m²**

Die anteilig überbaute Fläche der Wohnung des Landwirts (1 a) berechnet sich wie folgt:
Wohnung Landwirt 1. + 2. OG (120 m² × 160 m²/360 m²) = 53 m². Auf die Gebäudeteile 1 b und 1 c würden jeweils 33 m² entfallen. Die daraus resultierende Summe für das Gebäude 1 von 120 m² entspricht der überbauten Fläche.
Als anteilige Fläche des Grund und Bodens sind dem Grundvermögen die anteilig überbaute Fläche von rd. 53 m², die der Wohnung zugeordnete Fläche von 78 m², der private Garten mit 300 m² sowie die Stellplätze mit 40 m² zuzurechnen. Hieraus ergibt sich eine dem Grundvermögen zuzurechnende Gesamtfläche von insgesamt 471 m².
Bei den Gebäuden Nr. 4 und 5 ergibt sich jeweils eine Fläche von insgesamt 247 m². Diese setzt sich aus der überbauten Fläche (100 m²) und der zugeordneten Restfläche (147 m²) zusammen.

Anlage 32[1]
(zu § 237 Absatz 8)

Anl f zu § 237

Nutzungsart Hofstelle

Bewertungsfaktor für	**Flächeneinheit**	**in EUR**
Hofflächen	pro Ar	6,62
Zuschläge für	**Flächeneinheit**	**in EUR**
Wirtschaftsgebäude der weinbaulichen Nutzung bei Fass- und Flaschenweinerzeugung	pro Quadratmeter Bruttogrundfläche und Monat	1,23
Wirtschaftsgebäude der Nebenbetriebe	pro Quadratmeter Bruttogrundfläche und Monat	1,23

115

§ 238 Zuschläge zum Reinertrag

BewG

(1) Ein Zuschlag zum Reinertrag einer Nutzung oder Nutzungsart ist vorzunehmen, 1

1. **bei der landwirtschaftlichen Nutzung gemäß Anlage 27, wenn der tatsächliche Tierbestand am maßgeblichen Bewertungsstichtag (§ 235) die in Anlage 27 genannte Grenze nachhaltig überschreitet,**
2. **bei der gärtnerischen Nutzung gemäß Anlage 30, wenn in einem Nutzungsteil Flächen unter Glas und Kunststoffen dem Betrieb zu dienen bestimmt sind. ② Zu den Flächen unter Glas und Kunststoffen gehören insbesondere mit Gewächshäusern, begehbaren Folientunneln, Foliengewächshäusern und anderen Kulturräumen überbaute Bruttogrundflächen. ③ Unerheblich ist, ob die Flächen unter Glas und Kunststoffen neben der Erzeugung auch zur Lagerung oder zum Vertrieb der Erzeugnisse zu dienen bestimmt sind,**
3. **bei der Nutzungsart Hofstelle gemäß Anlage 32 für die weinbauliche Nutzung und für Nebenbetriebe. ② Der Zuschlag ermittelt sich durch Multiplikation der Bruttogrundflächen der nachhaltig genutzten Wirtschaftsgebäude mit dem Zwölffachen des jeweiligen Bewertungsfaktors. ③ Unerheblich ist, ob die Wirtschaftsgebäude neben der Erzeugung auch zur Lagerung oder zum Vertrieb der Erzeugnisse zu dienen bestimmt sind.**

(2) **① Der Reinertrag einer Nutzung oder Nutzungsart ist um einen Zuschlag zu erhöhen, wenn die Eigentumsflächen des Betriebs zugleich der Stromerzeugung aus Windenergie dienen. ② Der Zuschlag ermittelt sich aus dem Produkt der abgegrenzten Standortfläche der Windenergieanlage und dem Bewertungsfaktor gemäß Anlage 33.** 2

[1] Anlage 32 neugef. durch VO vom 29. 6. 2021 (BGBl. I S. 2290) mWv 9. 7. 2021.

Zu § 238 BewG

AEBew GrSt A 238

A 238 Zuschläge zum Reinertrag

(1) ① Eine landwirtschaftliche Tierhaltung bis zu 2,0 Vieheinheiten je Hektar selbst bewirtschafteter Flächen ist gemäß § 237 Absatz 1 und 2 BewG i. V. m. Anlage 27 zum BewG mit dem
5 Reinertrag der landwirtschaftlichen Nutzung abgegolten. ② Abweichend hiervon ordnet § 238 Absatz 1 Nummer 1 BewG einen Zuschlag zum Reinertrag nach Anlage 27 zum BewG je überzähliger Vieheinheit an, wenn der Tierbestand nachhaltig 2,0 Vieheinheiten je Hektar der selbst bewirtschafteten Fläche (Eigentumsflächen abzgl. verpachtete Flächen zzgl. zugepachtete Flächen) übersteigt. ③ Siehe zu den zu berücksichtigenden Nutzungen bei den selbstbewirtschafteten Flächen A 241 Absatz 3. ④ Soweit in einem Betrieb der Land- und Forstwirtschaft mit landwirtschaftlicher Tierhaltung i. S. d. § 241 BewG keine Eigentumsflächen der landwirtschaftlichen Nutzung vorliegen, ergibt sich nach § 237 Absatz 2 BewG ein Reinertrag von 0 Euro, auf den der Zuschlag für verstärkte Tierhaltung vorzunehmen ist. ⑤ Mit dem Zuschlag sind alle mit der verstärkten Tierhaltung in Zusammenhang stehenden Wirtschaftsgebäude, Betriebsmittel und immateriellen Wirtschaftsgüter abgegolten.

6 (2) ① Bei der gärtnerischen Nutzung erfolgt nach § 238 Absatz 1 Nummer 2 Satz 1 BewG ein Zuschlag gemäß Anlage 30 zum BewG bei den jeweiligen Flächenwerten, wenn die Flächen der Erzeugung von Pflanzen unter Glas und Kunststoffen dienen oder zu dienen bestimmt sind (siehe A 237.5 Absatz 3). ② Die Flächen unter Glas und Kunststoffen werden gemäß § 238 Absatz 1 Nummer 2 Satz 3 BewG typisierend erfasst. ③ Eine Unterscheidung zwischen Betriebsvorrichtungen und Räumen, die der Erzeugung, Lagerung oder dem Vertrieb der land- und forstwirtschaftlichen Erzeugnisse dienen oder zu dienen bestimmt sind, sowie zwischen beheizbaren Flächen und nicht beheizbaren Flächen erfolgt nicht. ④ Mit dem Zuschlag sind die mit der Erzeugung von Pflanzen unter Glas und Kunststoffen im Zusammenhang stehenden Wirtschaftsgebäude, Betriebsmittel und immateriellen Wirtschaftsgüter abgegolten.

7 (3) ① Bei der Nutzungsart Hofstelle erfolgt nach § 238 Absatz 1 Nummer 3 Satz 1 BewG ein Zuschlag gemäß Anlage 32 zum BewG bei den jeweiligen Flächenwerten, wenn die Flächen der Hofstelle der weinbaulichen Nutzung als Wirtschaftsgebäude oder einem Nebenbetrieb als Wirtschaftsgebäude nachhaltig zu dienen bestimmt sind (siehe A 237.24 Absatz 3). ② Zu den Wirtschaftsgebäuden der weinbaulichen Nutzung, bei denen ein Zuschlag zum Reinertrag vorgesehen ist, gehören Flächen, die der Gewinnung von Maische und Most sowie dem Ausbau, der Lagerung und der Vermarktung des Weines dienen oder zu dienen bestimmt sind. ③ Zu den Wirtschaftsgebäuden der Nebenbetriebe gehören insbesondere Flächen, die der Be- und Verarbeitung i. S. d. A 232.3 Absatz 3 dienen oder zu dienen bestimmt sind. ④ Die Größe der Flächen bemisst sich nach der Bruttogrundfläche der Gebäude. ⑤ Die Flächen der Wirtschaftsgebäude werden gemäß § 238 Absatz 1 Nummer 3 Satz 3 BewG typisierend erfasst. ⑥ Eine Unterscheidung zwischen Räumen, die der Erzeugung, Lagerung oder dem Vertrieb der land- und forstwirtschaftlichen Erzeugnisse dienen oder zu dienen bestimmt sind, erfolgt nicht. ⑦ Mit dem Zuschlag sind alle mit der weinbaulichen Nutzung der Hofstelle und alle mit Nebenbetrieben im Zusammenhang stehenden Wirtschaftsgebäude, Betriebsmittel und immateriellen Wirtschaftsgüter abgegolten. ⑧ Soweit Nebenbetriebe über keine Wirtschaftsgebäude verfügen, entfällt ein Zuschlag.

8 (4) ① Dient die Eigentumsfläche dem Betrieb der Land- und Forstwirtschaft und zugleich der Stromerzeugung aus Windenergie (siehe Abgrenzung nach § 233 Absatz 1 BewG), ist der Reinertrag der abgegrenzten Standortfläche der Windenergieanlage mit dem Bewertungsfaktor der landwirtschaftlichen Nutzung (Grundbetrag) der Anlage 27 zum BewG sowie dem Zuschlag nach Anlage 33 zum BewG zu ermitteln. ② Zur Bestimmung der Standortfläche siehe A 233 Absatz 2.

Anl zu § 238

Anlage 33[1]
(zu § 238 Absatz 2)

Weitere den Ertragswert erhöhende Umstände

10

Bewertungsfaktor für	Flächeneinheit	in EUR
Abgegrenzte Standortfläche der Windenergieanlage	pro Ar	59,58

BewG

§ 239 Grundsteuerwert des Betriebs der Land- und Forstwirtschaft

1 **(1) Die Summe der Reinerträge des Betriebs einschließlich der Zuschläge (§§ 237, 238) ist zur Ermittlung des Ertragswerts mit dem Faktor 18,6 zu kapitalisieren und ergibt den Grundsteuerwert des Betriebs der Land- und Forstwirtschaft.**

[1] Anlage 33 neugef. durch VO vom 29. 6. 2021 (BGBl. I S. 2290) mWv 9. 7. 2021.

(2) ① **Die Summe der Reinerträge einschließlich der Zuschläge (§§ 237, 238) eines Betriebs der Land- und Forstwirtschaft ist für jede Gemeinde gesondert zu ermitteln, wenn sich die wirtschaftliche Einheit über mehrere Gemeinden erstreckt.** ② **Der auf eine Gemeinde entfallende Anteil am Grundsteuerwert berechnet sich aus der jeweils für eine Gemeinde gesondert ermittelten Summe der Reinerträge im Verhältnis zur Gesamtsumme der Reinerträge des Betriebs der Land- und Forstwirtschaft.** 2

Zu § 239 BewG

AEBew GrSt A 239

A 239 Grundsteuerwert des Betriebs der Land- und Forstwirtschaft

(1) ① Der Grundsteuerwert eines Betriebs der Land- und Forstwirtschaft setzt sich aus den ermittelten Reinerträgen der land- und forstwirtschaftlichen Nutzungen und Nutzungsarten gemäß § 237 Absatz 2 bis 8 BewG sowie den typisierenden Zuschlägen zu den Reinerträgen gemäß § 238 Absatz 1 und 2 BewG zusammen. ② Die Summe der Reinerträge und Zuschläge ist gemäß § 236 Absatz 4 BewG mit dem Faktor 18,6 zu kapitalisieren. ③ Nach Anwendung der Rundungsregelung des § 230 BewG ergibt sich der nach § 219 Absatz 1 BewG gesondert festzustellende Grundsteuerwert des Betriebs der Land- und Forstwirtschaft. ④ Dies gilt auch für Personengesellschaften und -gemeinschaften gemäß A 232.2 Absatz 3. 5

(2) ① Erstreckt sich eine wirtschaftliche Einheit Betrieb der Land- und Forstwirtschaft über mehrere Gemeinden, ist die Summe der Reinerträge der land- und forstwirtschaftlichen Nutzungen und Nutzungsarten nach § 239 Absatz 2 Satz 1 BewG für jede Gemeinde gesondert zu ermitteln. ② Dies gilt auch für die typisierten Zuschläge zum Reinertrag nach § 238 Absatz 1 und 2 BewG. ③ Der auf eine Gemeinde entfallende Anteil am Grundsteuerwert berechnet sich gemäß § 239 Absatz 2 Satz 2 BewG aus der jeweils für eine Gemeinde gesondert ermittelten Summe der Reinerträge im Verhältnis zur Gesamtsumme der Reinerträge des Betriebs der Land- und Forstwirtschaft. ④ Dabei handelt es sich mangels der Anordnung einer Feststellung nicht um einen Grundlagenbescheid i. S. d. § 171 Absatz 10 AO mit Bindungswirkung für den ggf. folgenden Zerlegungsbescheid, sondern um eine unselbständige Besteuerungsgrundlage für das Zerlegungsverfahren gemäß § 22 Absatz 2 GrStG. 6

Beispiel: Verstärkte Tierhaltung 7

Landwirt L ist Eigentümer von mehreren Flurstücken, die der landwirtschaftlichen Nutzung zuzuordnen sind. Folgende Flurstücksinformationen sind zu berücksichtigen:

Gemeinde A, Flur 25, Flurstück 57, Größe: 50 ha, tats. Nutzung A (Ackerland), EMZ 175 000;

Gemeinde B, Flur 1, Flurstück 60, Größe: 25 ha, tats. Nutzung Gr (Grünland), EMZ 100 000;

Gemeinde B, Flur 1, Flurstück 61, Größe: 1,25 ha, tats. Nutzung Hofstelle.

Ferner werden Milchkühe mit Nachzucht und Mastbullen, die umgerechnet in Vieheinheiten 250 VE ergeben, gehalten. In Tabelle 8 ist eine vollständige Berechnung zur Bewertung der landwirtschaftlichen Fläche sowie des Zuschlags für verstärkte Tierhaltung inklusive Zerlegung zum Beispiel dargestellt.

Tabelle 8: Bewertung und Zerlegung zum Beispiel „Verstärkte Tierhaltung“ (A 239)

Überprüfung, ob ein Zuschlag wegen verstärkter Tierhaltung anzusetzen ist:		
tatsächliche Vieheinheiten		250,00
Eigentumsfläche der landwirtschaftlichen Nutzung – verpachtete Fläche + zugepachtete Fläche = selbstbewirtschaftete Fläche	75,00 ha 0,00 ha 0,00 ha 75,00 ha	
× Faktor gem. Anlage 27 zum BewG	2,00 VE/ha	
= zulässige Vieheinheiten		150,00
Überbestand an Vieheinheiten		100,00

Gemeinde A: Bewertungsfaktoren Flur 25, Flurstück 57		
Grundbetrag	50 ha × 252 €/ha =	12 600,00 €
+ Ertragsmesszahl [EMZ]	175 000 EMZ × 0,041 €/EMZ =	+ 7 175,00 €
= Flächenwert landwirtschaftliche Nutzung		**= 19 775,00 €**

Berechnung eines anteiligen Zuschlags für verstärkte Tierhaltung Gemeinde A:		
Überbestand	100 VE	
× Faktor Anlage 27 zum BewG	× 79 €/VE	
= Zuschlag für den Betrieb der Land- und Forstwirtschaft	= 7 900 €	
× Eigentumsfläche in der Gemeinde A-Dorf	× 50 ha	
÷ gesamte landwirtschaftlich genutzte Eigentumsfläche	÷ 75 ha	
= Zuschlagsanteil für Gemeinde A		**5 266,67 €**

Ermittlung der Reinerträge des Betriebs in der Gemeinde A	
Summe der Flächenwerte = Reinertrag der landwirtschaftlichen Nutzung	19 775,00 €
+ Anteil Zuschlag verstärkte Tierhaltung	+ 5 266,67 €
= Summe der Reinerträge des Betriebs	**= 25 041,67 €**

Gemeinde B: Bewertungsfaktoren Flur 1, Flurstück 60		
Grundbetrag	25 ha × 252 €/ha =	6 300,00 €
+ Ertragsmesszahl [EMZ]	100 000 × 0,041 €/EMZ =	+ 4 100,00 €
= Flächenwert der landwirtschaftlichen Nutzung		**= 10 400,00 €**

Berechnung eines anteiligen Zuschlags für verstärkte Tierhaltung Gemeinde B:		
Überbestand	100 VE	
× Faktor Anlage 27	× 79 €/VE	
= Zuschlag für Betrieb Land- und Forstwirtschaft	= 7 900 €	
× Eigentumsfläche in Gemeinde B	× 25 ha	
÷ gesamte landwirtschaftlich genutzte Eigentumsfläche	÷ 75 ha	
= Zuschlagsanteil für Gemeinde B		**= 2 633,33 €**

Gemeinde B: Bewertungsfaktoren Flur 1, Flurstück 61		
Hofstelle	1,25 ha × 662 €/ha × 3 =	2 482,50 €
= Flächenwert der Nutzungsart Hofstelle		**= 2 482,50 €**

Ermittlung der Reinerträge des Betriebs für die Gemeinde B-Dorf	
Summe der Flächenwerte = Reinertrag der landwirtschaftlichen Nutzung	10 400,00 €
+ Summe der Flächenwerte = Reinertrag Nutzungsart Hofstelle	+ 2 482,50 €
+ Anteil Zuschläge verstärkte Tierhaltung	+ 2 633,33 €
= Summe der Reinerträge des Betriebs	**= 15 515,83 €**

Ermittlung des Grundsteuerwerts des Betriebs	
Summe der Reinerträge des Betriebs in der Gemeinde A	25 041,67 €
Summe der Reinerträge des Betriebs in der Gemeinde B	15 515,83 €
Summe der gesamten Reinerträge des Betriebs	40 557,50 €
Kapitalisierungsfaktor	× 18,6
= Grundsteuerwert des Betriebs (abgerundet)	**754 300,00 €**
Davon Anteil Gemeinde A	**465 732,15 €**
Davon Anteil Gemeinde B	**288 567,85 €**

Die Wirtschaftsgebäude für die Milchkühe, deren Nachzucht und die Mastbullen sind grundsätzlich der landwirtschaftlichen Nutzung zuzurechnen. Die Grenze zwischen landwirtschaftlicher und gewerblicher Tätigkeit nach § 241 Absatz 1 BewG ist nicht überschritten, da hiernach auf 75 ha landwirtschaftliche Nutzfläche insgesamt 465,00 VE unschädlich gehalten werden können. Ein Zuschlag wegen verstärkter Tierhaltung ist wie dargestellt zu berechnen, weil der tatsächliche Tierbestand (250 VE) die in Anlage 27 zum BewG genannte Grenze von 2 VE/ha (d. h. insgesamt 150 VE) mit 100 VE überschreitet. Alle vorhandenen Wirtschaftsgebäude, die der Tierhaltung dienen, sind mit dem Reinertrag der Nutzungsart Hofstelle in Art und Umfang abgegolten.

BewG

§ 240[1] Kleingartenland und Dauerkleingartenland

1 (1) **Als Betrieb der Land- und Forstwirtschaft gelten auch Kleingartenland und Dauerkleingartenland im Sinne des Bundeskleingartengesetzes.**

2 (2) ① **Bei der Ermittlung des Ertragswerts für Kleingartenland und Dauerkleingartenland ist abweichend von § 237 der Reinertrag für den Nutzungsteil Gemüsebau anzusetzen.** ② **Der Reinertrag ergibt sich aus der Summe der Produkte der jeweils gesetzlich klassifizierten Eigentumsfläche und dem Reinertrag für das Freiland gemäß Anlage 30.**

3 (3) ① **Gartenlauben von mehr als 30 Quadratmetern Brutto-Grundfläche gelten als Wirtschaftsgebäude.** ② **§ 237 Absatz 8 findet entsprechende Anwendung.**

4 (4) **Die Summe der Reinerträge nach den Absätzen 2 und 3 ist zur Ermittlung des Ertragswerts mit dem Faktor 18,6 zu kapitalisieren und ergibt den Grundsteuerwert des Betriebs der Land- und Forstwirtschaft.**

[1] Zur Behandlung von Gartenlauben und Wohngebäuden in Kleingartenanlagen vgl. *Vfg. BayLfSt vom 25. 7. 2022 S 3255.1.1-1/2 St 35.*

Zu § 240 BewG

AEBew GrSt A 240

A 240 Kleingartenland und Dauerkleingartenland

(1) ①Kleingärten i. S. d. § 1 Absatz 1 des Bundeskleingartengesetzes sind Gärten, die einer nichterwerbsmäßigen gärtnerischen Nutzung sowie zur Erholung dienen und in einer Anlage liegen, in der mehrere Einzelgärten mit gemeinschaftlichen Einrichtungen (z. B. Wege, Spielflächen) zusammengefasst sind. ②Dauerkleingärten i. S. d. § 1 Absatz 3 des Bundeskleingartengesetzes sind im Bebauungsplan für Kleingärten festgesetzte Flächen. ③Sie gelten nach § 240 Absatz 1 BewG als eigenständig zu bewertende Betriebe der Land- und Forstwirtschaft, sofern sie nicht durch eine Bebauung zweckentfremdet und damit als Grundvermögen zu erfassen sind. ④Kleingärten und Dauerkleingartenanlagen werden abweichend vom Regelbewertungsverfahren gemäß § 240 Absatz 2 BewG vereinfachend wie der Nutzungsteil Gemüsebau bewertet. ⑤Dabei ist stets der Bewertungsfaktor für Gemüsebau im Freiland gemäß Anlage 30 zum BewG anzusetzen. 8

(2) ①Soweit Gartenlauben von mehr als 30 m² Bruttogrundfläche vorhanden sind, gelten diese gemäß § 240 Absatz 3 BewG als Wirtschaftsgebäude und sind als Hofstelle gemäß § 237 Absatz 8 Sätze 1 und 2 BewG mit dem dreifachen Bewertungsfaktor gemäß Anlage 32 zum BewG zu bewerten. ②Zur Nutzung Gartenlaube über 30 m² zählen alle Stand- und Nebenflächen einschließlich des überdachten Freisitzes einer Gartenlaube. 9

(3) Die in einer Kleingartenanlage vorhandenen Flächen der Nutzungen sowie der Gartenlauben über 30 m² müssen für die Bewertung des jeweiligen Flurstücks summiert werden. 10

BewG

II. Besondere Vorschriften

a) Landwirtschaftliche Nutzung

§ 241 Tierbestände

1 **(1) ① Tierbestände gehören in vollem Umfang zur landwirtschaftlichen Nutzung, wenn im Wirtschaftsjahr**

für die ersten 20 Hektar	**nicht mehr als**	**10 Vieheinheiten,**
für die nächsten 10 Hektar	**nicht mehr als**	**7 Vieheinheiten,**
für die nächsten 20 Hektar	**nicht mehr als**	**6 Vieheinheiten,**
für die nächsten 50 Hektar	**nicht mehr als**	**3 Vieheinheiten,**
und für die weitere Fläche	**nicht mehr als**	**1,5 Vieheinheiten**

je Hektar der vom Inhaber des Betriebs selbst bewirtschafteten Flächen der landwirtschaftlichen Nutzung erzeugt oder gehalten werden. ② Zu den selbst bewirtschafteten Flächen gehören die Eigentumsflächen und die zur Nutzung überlassenen Flächen. ③ Die Tierbestände sind nach dem Futterbedarf in Vieheinheiten umzurechnen.

2 **(2) ① Übersteigt die Anzahl der Vieheinheiten nachhaltig die in Absatz 1 bezeichnete Grenze, so gehören nur die Zweige des Tierbestands zur landwirtschaftlichen Nutzung, deren Vieheinheiten zusammen diese Grenze nicht überschreiten. ② Zunächst sind mehr flächenabhängige Zweige des Tierbestands und danach weniger flächenabhängige Zweige des Tierbestands zur landwirtschaftlichen Nutzung zu rechnen. ③ Innerhalb jeder dieser Gruppen sind zuerst Zweige des Tierbestands mit der geringeren Anzahl von Vieheinheiten und dann Zweige mit der größeren Anzahl von Vieheinheiten zur landwirtschaftlichen Nutzung zu rechnen. ④ Der Tierbestand des einzelnen Zweiges wird nicht aufgeteilt.**

3 **(3) ① Als Zweig des Tierbestands gilt bei jeder Tierart für sich:**

1. das Zugvieh,

2. das Zuchtvieh,

3. das Mastvieh,

4. das übrige Nutzvieh.

② Das Zuchtvieh einer Tierart gilt nur dann als besonderer Zweig des Tierbestands, wenn die erzeugten Jungtiere überwiegend zum Verkauf bestimmt sind. ③ Ist das nicht der Fall, so ist das Zuchtvieh dem Zweig des Tierbestands zuzurechnen, dem es überwiegend dient.

4 **(4) ① Die Absätze 1 bis 3 gelten nicht für Pelztiere. ② Pelztiere gehören nur dann zur landwirtschaftlichen Nutzung, wenn die erforderlichen Futtermittel überwiegend von den vom Inhaber des Betriebs landwirtschaftlich genutzten Flächen gewonnen werden.**

5 **(5) Der Umrechnungsschlüssel für Tierbestände in Vieheinheiten sowie die Gruppen der mehr oder weniger flächenabhängigen Zweige des Tierbestands sind den Anlagen 34 und 35 zu entnehmen.**

Zu § 241 BewG

AEBew GrSt A 241

A 241 Tierbestände

8 (1) ① Bei der Ermittlung der Tierbestände sind die regelmäßig und nachhaltig erzeugten beziehungsweise gehaltenen Tiere im Durchschnitt der drei Wirtschaftsjahre, welche vor dem Feststellungszeitpunkt endeten, maßgeblich. ② Abweichend davon sind bei Neugründungen, Aufstockungen und Erweiterungen die neuen aktuellen Tierbestände zum nächsten Feststellungszeitpunkt vollständig zu berücksichtigen. ③ Als erzeugt gelten Tiere, deren Zugehörigkeit zum Betrieb sich auf eine Mastperiode oder auf einen Zeitraum von weniger als einem Jahr (z. B. Fresser) beschränkt und die danach verkauft oder verbraucht werden. ④ Die jährlich erzeugten Tiere sind wie folgt zu berechnen:

Zahl der erzeugten Tiere × Haltungsdauer in Wochen / 52 Wochen.

⑤ Die übrigen Tiere sind mit dem jeweiligen jährlichen Durchschnittsbestand, in der Regel ein Dreizehntel der Summe aus dem Anfangsbestand des jeweiligen Wirtschaftsjahres und den zwölf Monatsendbeständen, der letzten drei Wirtschaftsjahre zu erfassen. ⑥ Abweichend von den Sätzen 3 und 5 ist bei Mastrindern mit einer Mastdauer von weniger als einem Jahr, bei Kälbern und Jungvieh, bei Schafen unter einem Jahr und bei Damtieren unter einem Jahr stets vom Jahresdurchschnittsbestand auszugehen. ⑦ Der ermittelte Tierbestand ist zum Zwecke der Abgrenzung der landwirtschaftlichen Tierzucht und Tierhaltung von der gewerblichen Tierzucht und Tierhaltung in Vieheinheiten umzurechnen, wobei der Umrechnungsschlüssel gemäß Anlage 34 zum BewG maßgebend ist.

(2) ① Übersteigt die Zahl der Vieheinheiten nachhaltig den für die maßgebende Fläche angegebenen Höchstsatz, gehört der darüber hinausgehende Tierbestand zur gewerblichen Tierzucht und Tierhaltung. ② Es kann jedoch ein Zweig des Tierbestandes immer nur im Ganzen zur landwirtschaftlichen oder gewerblichen Tierzucht und Tierhaltung gehören. ③ Hat ein Betrieb einen Tierbestand mit mehreren Zweigen, richtet sich deren Zuordnung nach ihrer Flächenabhängigkeit gemäß Anlage 35 zum BewG. ④ Der gewerblichen Tierzucht und Tierhaltung sind zunächst die weniger flächenabhängigen Zweige des Tierbestandes zuzurechnen. ⑤ Weniger flächenabhängig ist die Erzeugung und Haltung von Schweinen und Geflügel, mehr flächenabhängig die Erzeugung und Haltung von Pferden, Rindvieh und Schafen. ⑥ Innerhalb der beiden Gruppen der weniger oder mehr flächenabhängigen Tierarten ist jeweils zuerst der Zweig der gewerblichen Tierzucht und Tierhaltung zuzurechnen, der die größere Zahl von Vieheinheiten hat. ⑦ Für die Frage, ab wann eine landwirtschaftliche oder eine gewerbliche Tierzucht und Tierhaltung (Strukturwandel) vorliegt, ist A 232.3 Absatz 2 anzuwenden. 9

(3) ① Zu den maßgeblichen Flächen gehören die selbst bewirtschafteten Flächen der 10
1. landwirtschaftlichen Nutzung,
2. Sondernutzungen Hopfen und Spargel und
3. landwirtschaftlichen Nutzung, die aufgrund öffentlicher Förderungsprogramme stillgelegt werden.

② Nicht dazu gehören die Flächen der
1. forstwirtschaftlichen Nutzung,
2. weinbaulichen Nutzung,
3. gärtnerischen Nutzung,
4. sonstigen land- und forstwirtschaftlichen Nutzungen,
5. Nutzungsart Abbauland,
6. Nutzungsart Geringstland,
7. Nutzungsart Unland und
8. Nutzungsart Hofstelle.

(4) ① Werden Tierbestände, die nach § 241 BewG zu einem Betrieb der Land- und Forstwirtschaft gehören, vom Inhaber dieses Betriebs vorübergehend in einen anderen Betrieb als Pensionsvieh gegeben, sind diese Tierbestände aufgrund der Eigentümerstellung und der objektiven Zweckbestimmung nicht dem Pensionsbetrieb, sondern dem Betrieb des Inhabers zuzurechnen. ② Dabei sind sowohl beim Eigentümer der Tiere als auch beim Pensionsbetrieb (z. B. Aufzüchter) jeweils die Abgrenzungsmerkmale des § 241 Absatz 1 BewG maßgebend. ③ Beim Eigentümer sind die Tiere, die er in seinem eigenen Betrieb hält, mit denen, die er zur Aufzucht in fremde Betriebe gegeben hat, zusammenzurechnen. ④ Beim Pensionsbetrieb sind die eigenen Tiere mit den fremden, im Betrieb gehaltenen Tieren ebenfalls zusammenzufassen. ⑤ Pensionstiere (z. B. Pferde) sind auch dann beim Pensionsbetrieb zum Tierbestand zu zählen, wenn sie beim Eigentümer nicht land- und forstwirtschaftliches Vermögen darstellen. 11

Anlage 34
(zu § 241 Absatz 5)

Anl a zu § 241

Umrechnungsschlüssel für Tierbestände in Vieheinheiten (VE) nach dem Futterbedarf

Tierart	1 Tier
Nach dem Durchschnittsbestand in Stück:	
Alpakas	0,08 VE
Damtiere	
Damtiere unter 1 Jahr	0,04 VE
Damtiere 1 Jahr und älter	0,08 VE
Geflügel	
Legehennen (einschließlich einer normalen Aufzucht zur Ergänzung des Bestandes)	0,02 VE
Legehennen aus zugekauften Junghennen	0,0183 VE
Zuchtputen, -enten, -gänse	0,04 VE
Kaninchen	
Zucht- und Angorakaninchen	0,025 VE
Lamas	0,1 VE
Pferde	
Pferde unter 3 Jahren und Kleinpferde	0,7 VE
Pferde 3 Jahre und älter	1,1 VE

15

Tierart	1 Tier
Rindvieh	
Kälber und Jungvieh unter 1 Jahr (einschließlich Mastkälber, Starterkälber und Fresser)	0,3 VE
Jungvieh 1 bis 2 Jahre alt	0,7 VE
Färsen (älter als 2 Jahre)	1 VE
Masttiere (Mastdauer weniger als 1 Jahr)	1 VE
Kühe (einschließlich Mutter- und Ammenkühe mit den dazugehörigen Saugkälbern)	1 VE
Zuchtbullen, Zugochsen	1,2 VE
Schafe	
Schafe unter 1 Jahr (einschließlich Mastlämmer)	0,05 VE
Schafe 1 Jahr und älter	0,1 VE
Schweine	
Zuchtschweine (einschließlich Jungzuchtschweine über etwa 90 kg)	0,33 VE
Strauße	
Zuchttiere 14 Monate und älter	0,32 VE
Jungtiere/Masttiere unter 14 Monate	0,25 VE
Ziegen	0,08 VE
Nach der Erzeugung in Stück:	
Geflügel	
Jungmasthühner (bis zu 6 Durchgänge je Jahr – schwere Tiere)	0,0017 VE
(mehr als 6 Durchgänge je Jahr – leichte Tiere)	0,0013 VE
Junghennen	0,0017 VE
Mastenten	0,0033 VE
Mastenten in der Aufzuchtphase	0,0011 VE
Mastenten in der Mastphase	0,0022 VE
Mastputen aus selbst erzeugten Jungputen	0,0067 VE
Mastputen aus zugekauften Jungputen	0,005 VE
Jungputen (bis etwa 8 Wochen)	0,0017 VE
Mastgänse	0,0067 VE
Kaninchen	
Mastkaninchen	0,0025 VE
Rindvieh	
Masttiere (Mastdauer 1 Jahr und mehr)	1 VE
Schweine	
Leichte Ferkel (bis etwa 12 kg)	0,01 VE
Ferkel (über etwa 12 bis etwa 20 kg)	0,02 VE
Schwere Ferkel und leichte Läufer (über etwa 20 bis etwa 30 kg)	0,04 VE
Läufer (über etwa 30 bis etwa 45 kg)	0,06 VE
Schwere Läufer (über etwa 45 bis etwa 60 kg)	0,08 VE
Mastschweine	0,16 VE
Jungzuchtschweine bis etwa 90 kg	0,12 VE

Anl b zu § 241

Anlage 35
(zu § 241 Absatz 5)

Gruppen der Zweige des Tierbestands nach der Flächenabhängigkeit

16 1. Mehr flächenabhängige Zweige des Tierbestands:
Pferdehaltung,
Pferdezucht,
Schafzucht,
Schafhaltung,
Rindviehzucht,
Milchviehhaltung,
Rindviehmast.

2. Weniger flächenabhängige Zweige des Tierbestands:
Schweinezucht,
Schweinemast,
Hühnerzucht,
Entenzucht,
Gänsezucht,
Putenzucht,
Legehennenhaltung,
Junghühnermast,
Entenmast,
Gänsemast,
Putenmast.

b) Übrige land- und forstwirtschaftliche Nutzungen

BewG

§ 242 Übrige land- und forstwirtschaftliche Nutzungen

(1) Zu den übrigen land- und forstwirtschaftlichen Nutzungen gehören: 1

1. Hopfen, Spargel und andere Sonderkulturen,
2. die sonstigen land- und forstwirtschaftlichen Nutzungen.

(2) Zu den sonstigen land- und forstwirtschaftlichen Nutzungen gehören insbesondere: 2

1. die Binnenfischerei,
2. die Teichwirtschaft,
3. die Fischzucht für Binnenfischerei und Teichwirtschaft,
4. die Imkerei,
5. die Wanderschäferei,
6. die Saatzucht,
7. der Pilzanbau,
8. die Produktion von Nützlingen,
9. die Weihnachtsbaumkulturen,
10. die Kurzumtriebsplantagen.

Zu § 242 BewG

A 242 Übrige land- und forstwirtschaftliche Nutzungen

AEBew GrSt A 242

Zu den Besonderheiten der übrigen land- und forstwirtschaftlichen Nutzungen siehe A 237.10 bis A 237.20. 3

BewG

C. Grundvermögen[1, 2, 3]

I. Allgemeines

§ 243 Begriff des Grundvermögens[4]

1 (1) **Zum Grundvermögen gehören, soweit es sich nicht um land- und forstwirtschaftliches Vermögen (§§ 232 bis 242) handelt:**

1. der Grund und Boden, die Gebäude,[5] die sonstigen Bestandteile und das Zubehör,

2. das Erbbaurecht,

3. das Wohnungseigentum und das Teileigentum,

4. das Wohnungserbbaurecht und das Teilerbbaurecht nach § 30 Absatz 1 des Wohnungseigentumsgesetzes.

2 (2) **In das Grundvermögen sind nicht einzubeziehen:**

1. Bodenschätze,

2. die Maschinen und sonstigen Vorrichtungen aller Art, die zu einer Betriebsanlage gehören (Betriebsvorrichtungen), auch wenn sie wesentliche Bestandteile sind.

3 (3) **Einzubeziehen sind jedoch die Verstärkungen von Decken und die nicht ausschließlich zu einer Betriebsanlage gehörenden Stützen und sonstigen Bauteile wie Mauervorlagen und Verstrebungen.**

---

[1] Die *koordinierten Erlasse betr. Bewertung der Betriebsgrundstücke der öffentlichen Verkehrsunternehmen – BewEÖVU – vom 15. 2. 2023* (Anhang **I** Nr. **5**) ergänzen den AEBewGrSt.

[2] *FG Berlin-Bbg., AdV-Beschluss vom 1. 9. 2023 3 V 3080/23 (EFG S. 1642)* betr. kein Anspruch auf AdV eines auf den 1. 1. 2022 festgestellten Grundsteuerwertes, wenn zwar die Verfassungswidrigkeit der Berechnung des Grundsteuerwertes gerügt wird, jedoch nichts zur Frage vorgetragen wird, aus welchen Gründen ein besonderes berechtigtes Interesse des Antragstellers an der Gewährung vorläufigen Rechtsschutzes bestehen soll, dem der Vorrang gegenüber dem öffentlichen Interesse am Vollzug des Grundsteuergesetzes zukommen soll.

Sächs. FG, Urteil vom 24. 10. 2023 2 K 574/23 (DWW S. 390) sowie *Urteile vom 1. 10. 2024 2 K 211/23 und 2 K 737/23* betr. Rechtmäßigkeit der Regelungen zur Feststellung der Grundsteuerwerte auf den 1. 1. 2022 und des Grundsteuermessbetrags auf den 1. 1. 2025.

FG Rh-Pf, AdV-Beschlüsse vom 23. 11. 2023 4 V 1295/23 und 4 V 1429/23 (EFG S. 93) betr. ernstliche Zweifel an der Rechtmäßigkeit der Grundsteuerwertfeststellung im sog. Bundesmodell unbegründet, siehe *BFH-Beschlüsse vom 27. 5. 2024 II B 78/23 (AdV) (BStBl. II S. 543), und II B 79/23 (AdV) (BStBl. II S. 546).*

FG Köln, Urteil vom 19. 9. 2024 4 K 2189/23 (EFG S. 1885) nrkr., Rev. BFH II R 25/24, betr. Verfassungsmäßigkeit der Grundsteuerbewertung.

FG Berlin-Bbg., Urteil vom 4.12.2024 3 K 3142/23 nrkr., Rev. BFH II R 3/25, betr. Verfassungsmäßigkeit der Grundsteuerbewertung.

FG Düsseldorf, Gerichtsbescheid vom 26.2.2025 11 K 2309/23 betr. Verfassungsmäßigkeit der Grundsteuerbewertung.

Zum Erfordernis eines besonderen berechtigten Aussetzungsinteresses, wenn die Vollziehung wegen Rüge der Verfassungswidrigkeit der Grundsteuerbewertung ausgesetzt werden soll, siehe *Beschlüsse FG Düsseldorf vom 10. 5. 2024 11 V 533/24 (EFG S. 1283) und FG Münster vom 29. 10. 2024 3 V 1270/24.*

[3] *BVerfG-Urteil vom 10. 4. 2018 1 BvL 11/14, 1 BvL 12/14, 1 BvL 1/15, 1 BvR 639/11, 1 BvR 889/12 (DStR S. 791):* **1.** Der Gesetzgeber hat bei der Wahl der Bemessungsgrundlage und bei der Ausgestaltung der Bewertungsregeln einer Steuer einen großen Spielraum, solange sie geeignet sind, den Belastungsgrund der Steuer zu erfassen und dabei die Relation der Wirtschaftsgüter zueinander realitätsgerecht abzubilden. **2.** Ermöglichen Bewertungsregeln ganz generell keine in ihrer Relation realitätsnahe Bewertung, rechtfertigt selbst die Vermeidung eines noch so großen Verwaltungsaufwands nicht ihre Verwendung. Auch die geringe Höhe einer Steuer rechtfertigt die Verwendung solcher realitätsfernen Bewertungsregeln nicht. **3.** Das Aussetzen der im Recht der Einheitsbewertung ursprünglich vorgesehenen periodischen Hauptfeststellung seit dem Jahr 1964 führt bei der Grundsteuer zwangsläufig in zunehmendem Umfang zu Ungleichbehandlungen durch Wertverzerrungen, die jedenfalls seit dem Jahr 2002 weder durch den vermiedenen Aufwand neuer Hauptfeststellungen noch durch geringe Höhe der individuellen Steuerlast noch durch Praktikabilitätserwägungen gerechtfertigt sind.

Tenor: **1.** Die §§ 19, 20, 21, 22, 23, 27, 76, 79 Absatz 5, § 93 Absatz 1 Satz 2 des Bewertungsgesetzes in Verbindung mit Artikel 2 Absatz 1 Satz 1 und Satz 3 des Gesetzes zur Änderung des Bewertungsgesetzes in der Fassung des Artikels 2 des Gesetzes vom 22. Juli 1970 (Bundesgesetzblatt I Seite 1118) sind, soweit sie bebaute Grundstücke außerhalb des Bereichs der Land- und Forstwirtschaft und außerhalb des in Artikel 3 des Einigungsvertrags genannten Gebiets betreffen, jedenfalls seit dem 1. Januar 2002 unvereinbar mit Artikel 3 Absatz 1 Grundgesetz. **2.** Der Gesetzgeber ist verpflichtet, eine Neuregelung spätestens bis zum 31. Dezember 2019 zu treffen. Bis zu diesem Zeitpunkt dürfen die als unvereinbar mit Artikel 3 Absatz 1 Grundgesetz festgestellten Regeln über die Einheitsbewertung weiter angewandt werden. Nach Verkündung einer Neuregelung dürfen die beanstandeten Regelungen für weitere fünf Jahre ab der Verkündung, längstens aber bis zum 31. Dezember 2024 angewandt werden. **3.** Für Kalenderjahre nach Ablauf der Fortgeltungsfristen dürfen auch auf bestandskräftige Bescheide, die auf den als verfassungswidrig festgestellten Bestimmungen des Bewertungsgesetzes beruhen, keine Belastungen mehr gestützt werden.

FG Münster, Urteil vom 12. 9. 2024 3 K 619/22: Die Fortgeltungsanordnung des BVerfG ist nicht an die Bedingung geknüpft, dass das reformierte Bewertungsrecht seinerseits materiell verfassungsgemäß sein muss; NZB BFH II B 53/24.

[4] Zur Zurechnung und Bewertung von Agri-Fotovoltaik-Anlagen siehe *gleich lautenden Ländererlass vom 15. 7. 2022,* abgedruckt als Anlage zu § 158 BewG.

[5] *BFH-Urteil vom 26. 10. 2011 II R 27/10 (BStBl. 2012 II S. 274):* Eine auf dem Wasser schwimmende Anlage ist mangels fester Verbindung mit dem Grund und Boden und wegen fehlender Standfestigkeit bewertungsrechtlich kein Gebäude.

BFH-Urteil vom 22. 7. 2020 II R 37/17 (BStBl. 2021 II S. 662): Container, die nicht auf einem eigenen Fundament ruhen, sind bewertungsrechtlich kein Gebäude, wenn sie lediglich für eine vorübergehende Nutzung aufgestellt sind und nach Wegfall des nur zeitweise bestehenden Raumbedarfs wieder entfernt werden sollen.

AEBew GrSt A 243.1

Zu § 243 BewG

A 243.1 Begriff des Grundvermögens

5 (1) ① § 243 BewG bestimmt den Begriff des Grundvermögens. ② Dazu gehören insbesondere der Grund und Boden, die Gebäude, die sonstigen Bestandteile und das Zubehör. ③ Zum Grundvermögen gehören ebenso das Erbbaurecht im Sinne des Erbbaurechtsgesetzes (ErbbauRG) (siehe hierzu A 261.1), das Wohnungs- und Teileigentum (siehe hierzu A 249.5 und 249.6) sowie das Wohnungserbbaurecht und Teilerbbaurecht (siehe hierzu A 261.3); jeweils im Sinne des WEG.

6 (2) Der Grund und Boden bezeichnet einen räumlich abgegrenzten Teil der Erdoberfläche und erstreckt sich auf den Raum über der Oberfläche und auf den Erdkörper unter der Oberfläche (§ 905 BGB; siehe Einschränkung in Absatz 9).

7 (3) ① Ein Gebäude ist ein Bauwerk, das Menschen oder Sachen durch räumliche Umschließung Schutz gegen äußere Einflüsse gewährt, den Aufenthalt von Menschen gestattet, fest mit dem Grund und Boden verbunden, von einiger Beständigkeit und ausreichend standfest ist (vgl. BFH-Urteil vom 24. Mai 1963 III 140/60 U, BStBl. III S. 376). ② Die feste Verbindung mit dem Boden ist gegeben, wenn einzelne oder durchgehende Fundamente vorhanden sind, das Bauwerk auf diese gegründet und dadurch mit dem Boden verankert ist. ③ Für die Annahme eines Fundaments genügt jede gesonderte (eigene) Einrichtung, die eine feste Verbindung des aufstehenden Bauwerks mit dem Grund und Boden bewirkt. ④ Eine feste Verbindung mit dem Boden liegt auch dann vor, wenn das Bauwerk durch sein Eigengewicht auf dem Grundstück festgehalten wird – sofern dieses Eigengewicht einer Verankerung gleichwertig ist – und das äußere Erscheinungsbild auf eine dauerhafte Nutzung hindeutet. ⑤ Dies kann insbesondere bei Fertiggaragen oder Büro- und Wohncontainern, die ohne Fundament oder sonstige Verankerung auf dem Grund und Boden aufgestellt wurden, aber für eine längere Zeit genutzt werden sollen, der Fall sein (vgl. auch Tz. 2.5 der gleich lautenden Erlasse zur Abgrenzung des Grundvermögens von den Betriebsvorrichtungen vom 5. Juni 2013, BStBl. I S. 734, im Folgenden: „Abgrenzungserlass").[1] ⑥ Bei auf dem Wasser schwimmenden Anlagen (bspw. Hausboote) handelt es sich mangels fester Verbindung mit dem Grund und Boden und wegen fehlender Standfestigkeit nicht um ein Gebäude (vgl. BFH-Urteil vom 26. Oktober 2011 II R 27/10, BStBl. II 2012 S. 274).

7a (4) ① Zu den wesentlichen Bestandteilen des Gebäudes gehören die zu seiner Herstellung eingefügten Sachen (§ 94 Absatz 2 BGB). ② Eine Sache ist zur Herstellung des Gebäudes eingefügt, wenn sie zwischen Teile eines Gebäudes gebracht und durch Einpassen an eine für sie bestimmte Stelle mit den sie umschließenden Stücken vereinigt und damit ihrer Zweckbestimmung zugeführt wird (vgl. BFH-Urteil vom 4. Mai 1962 III 348/60 U, BStBl. III S. 333). ③ Das sind z. B. Türen, Treppen, Fenster, eingebaute Möbel und Öfen, Badeinrichtungen, Zentralheizungs-, Warmwasser- und Brennstoffversorgungsanlagen sowie Aufzüge, auch wenn sie nachträglich eingebaut worden sind. ④ In das Gebäude eingefügte Sachen, die Betriebsvorrichtungen sind, sind nach bürgerlichem Recht ebenfalls wesentliche Bestandteile des Gebäudes. ⑤ Bei der Bewertung des Grundvermögens für Zwecke der Grundsteuer sind sie jedoch nicht zu berücksichtigen (siehe Absatz 9). ⑥ Sachen, die nur zu einem vorübergehenden Zweck in das Gebäude eingefügt sind, gehören nach § 95 BGB nicht zu den Bestandteilen des Gebäudes (vgl. BFH-Urteil vom 22. Oktober 1965 III 145/62 U, BStBl. 1966 III S. 5).

8 (5) ① Die Begriffe sonstige Bestandteile und Zubehör sind nach bürgerlichem Recht auszulegen. ② Zu den sonstigen Bestandteilen eines Grundstücks gehören die übrigen wesentlichen und nicht wesentlichen Bestandteile eines Grundstücks (siehe §§ 93 ff. BGB). ③ Wesentliche Bestandteile des Grundstücks sind neben den Gebäuden die mit einem Gebäude verbundenen Anbauten (z. B. Wintergärten). ④ Zu den Bestandteilen eines Grundstücks gehören auch die Außenanlagen. ⑤ Sie werden bei der Bewertung für Zwecke der Grundsteuer nicht gesondert angesetzt und sind mit dem Grundsteuerwert abgegolten (siehe A 247.1 Absatz 1 Satz 2 und A 258 Absatz 1 Satz 4). ⑥ Dazu gehören insbesondere Platz- und Wegebefestigungen, Terrassen, Gartenanlagen, Umzäunungen sowie Leitungen und sonstige Anlagen außerhalb der Gebäude, welche der Versorgung und der Kanalisation dienen, nicht jedoch kleine Gebäude mit einem geringen Gebäudewert. ⑦ Rechte, die mit dem Eigentum am Grundstück verbunden sind, gelten als Bestandteil des Grundstücks (vgl. § 96 BGB). ⑧ Sie gehören zwar zum Grundvermögen, werden allerdings nicht gesondert als Grundstück erfasst und auch nicht bei der Bewertung des belasteten Grundstücks berücksichtigt. ⑨ Das sind insbesondere Überbaurechte (§ 912 BGB) und Grunddienstbarkeiten (§ 1018 BGB, z. B. Wege- oder Fensterrechte). ⑩ Nicht zum Grundvermögen gehören Nutzungsrechte (so etwa Nießbrauchs- und Wohnungsrechte), da sie nach Inhalt und Entstehung nicht mit der Beschaffenheit des Grundstücks zusammenhängen.

9 (6) Der Grundsteuerwert umfasst auch Nebengebäude und Zubehörräume (z. B. Keller-, Abstell- und Heizungsräume), wenn sie auf dem mit dem Hauptgebäude bebauten Grundstück stehen (z. B. Garagen) oder zusammen mit dem Grundstück genutzt werden.

---

[1] Abgedruckt als Anhang **I** Nr. **1**.

10 (7) ① Zubehör sind nach § 97 BGB bewegliche Sachen, die, ohne Bestandteile der Hauptsache zu sein, dem wirtschaftlichen Zweck der Hauptsache zu dienen bestimmt sind und zu ihr in einem Verhältnis wirtschaftlicher Unterordnung stehen. ② Zubehör sind danach z. B. die dem Grundstückseigentümer gehörenden Treppenläufer, Beleuchtungskörper, Mülltonnen. ③ Auch vom Grundstückseigentümer mitvermietete oder den Mietern zur Verfügung gestellte Waschmaschinen, Kühlschränke, Herde, Öfen u. Ä. sind Zubehör. ④ Zubehör wird bei der Bewertung für Zwecke der Grundsteuer nicht gesondert angesetzt und ist mit dem Grundsteuerwert abgegolten.

11 (8) Das Grundvermögen ist vom land- und forstwirtschaftlichen Vermögen abzugrenzen (vgl. A 232.3 und 233 AEBewGrSt LuF 2025).

12 (9) ① Nicht in das Grundvermögen einzubeziehen sind nach § 243 Absatz 2 BewG Bodenschätze sowie Maschinen und sonstige Vorrichtungen aller Art einer Betriebsanlage (Betriebsvorrichtungen), auch wenn sie wesentliche Bestandteile eines Gebäudes oder, ohne Bestandteil eines Gebäudes zu sein, Bestandteile des Grundstücks sind. ② Der Abgrenzungserlass ist entsprechend anzuwenden.[1]

AEBew GrSt A 243.2

A 243.2 Abgrenzung der Betriebsvorrichtungen von den Betriebsgrundstücken der öffentlichen Verkehrsunternehmen

15 (1) Betriebsvorrichtungen und damit nicht für Zwecke der Grundsteuer zu berücksichtigen sind insbesondere folgende Bauwerke und Anlagen:

1. überdachte und allseitig umschlossene Personen-, Gepäck- und Expressgutüberführungen, die aus einer Außenwand eines Bahnhofsgebäudes führen und den Zugang zu den Bahnsteigen herstellen,
2. überdachte Zu- und Abgänge zu den Bahnsteigen und Bahnsteigunterführungen (z. B. Treppen, Tunnel),
3. Rolltreppen und Aufzüge, die dem Zu- und Abgang von Personen und Gütern zu den Verkehrsmitteln dienen,
4. bei schienengebundenen Verkehrsmitteln:
   a) Bahnunterbau mit Bahnoberbau einschließlich dazugehörende Gründungen,
   b) Mauervorsprünge, Stützmauern und sonstige bauliche Anlagen, die den Bahnkörper tragen, stützen oder begrenzen,
   c) Lärmschutzeinrichtungen,
   d) Bahnsteige und Ladebahnsteige oder Ladebühnen,
   e) Freiladerampen, Rampen (selbst dann, wenn auf ihnen Güterhallen oder -schuppen ruhen),
   f) Schutzwehren in bahntechnischem Sinn (starke Einfriedungen, die an gefährdeten Stellen verhindern sollen, dass Fahrzeuge oder andere Gegenstände auf den Bahnkörper gelangen und dadurch Fahrthindernisse bereiten oder auf andere Weise den Bahnbetrieb gefährden; hierzu gehören z. B. Mauern, eiserne Geländer, Gitter, Prellsteine, Holz-, Beton- oder Stahlpfosten).

16 (2) ① Ist ein Bauwerk teils Gebäude und teils Betriebsvorrichtung, so sind die Gebäudebestandteile von den Betriebsvorrichtungen zu trennen. ② Bspw. sind folgende Gebäudebestandteile den Gebäuden zuzurechnen:

1. Eingangshallen der Stationen einer Hoch- oder Untergrundbahn,
2. Wirtschaftsräume, Lagerräume, Verkaufsstände u. Ä. in Bahnbögen oder Bahndämmen oder in sonstigen den Schienenstrang tragenden Anlagen.

③ Die den Schienenstrang tragenden Anlagen selbst sind dagegen Betriebsvorrichtungen und damit nicht für Zwecke der Grundsteuer zu berücksichtigen.

17 (3) ① Die Bahnsteighalle eines schienengebundenen Verkehrsmittels (vgl. Tz. 2.3 des Abgrenzungserlasses) ist als Gebäude zu erfassen – auch dann, wenn das Dach über den Gleisen zwar unterbrochen ist, das Hallendach aber aus einer geschlossenen Konstruktion (Verbindungsträger über den Gleisen) besteht. ② Eine Bahnsteigüberdachung eines schienengebundenen Verkehrsmittels, die nur den Bahnsteig, nicht aber die Gleise überdeckt, bietet aufgrund fehlender räumlicher Umschließung keinen Schutz gegen Witterungseinflüsse. ③ Sie stellt eine Betriebsvorrichtung dar und ist damit nicht für Zwecke der Grundsteuer zu berücksichtigen. ④ Steht eine Überdachung hingegen in baulicher Verbindung mit einem Gebäude, so ist sie Gebäudebestandteil. ⑤ Die Merkmale der Standfestigkeit und der festen Verbindung mit dem Grund und Boden (vgl. Tz. 2.5 und 2.7 des Abgrenzungserlasses) sind bei Bahnsteighallen und Bahnsteigüberdachungen auch dann gegeben, wenn sie auf einer Betriebsvorrichtung ruhen.

18 (4) ① Haltestellenüberdachungen und Wartehäuser sind dann als Gebäude zu bewerten, wenn sie durch räumliche Umschließung Schutz gegen Witterungseinflüsse gewähren (vgl. Tz. 2.3 des Abgrenzungserlasses). ② Haltestellenüberdachungen mit Rückwand, aber ohne Seitenwände gel-

[1] Abgedruckt als Anhang I Nr. 1.

ten nur dann als Gebäude, wenn die von ihnen überdachte Fläche mehr als 30 m² beträgt (siehe FG Berlin vom 2. März 1983 II 51/80, EFG 1984 S. 11). ③ Haltestellenüberdachungen mit einseitiger oder beidseitiger Seitenverkleidung gelten nur dann als Gebäude, wenn die Seitenverkleidung so breit ist (ca. 1,20 m), dass durch die räumliche Umschließung Schutz gegen Witterungseinflüsse besteht. ④ In kleinen Wartehallen mit Rückwand und solchen Seitenwänden, die an der Vorderseite zu etwa zwei Drittel verkleidet sind und eine nicht schließbare Zutrittsmöglichkeit haben, ist in der Regel nur ein vorübergehender Aufenthalt möglich. ⑤ Sie gelten daher nur dann als Gebäude, wenn ihre Grundfläche mehr als 15 m² beträgt.

(5) ① Tunnelanlagen, die unmittelbar dem öffentlichen Verkehr mit Schienenbahnen, Oberlei- 19
tungsomnibussen oder Kraftomnibussen dienen, sind Betriebsvorrichtungen und damit nicht für Zwecke der Grundsteuer zu berücksichtigen. ② Zu den Tunnelanlagen gehören auch die unterirdischen Bahnhöfe einschließlich deren Zu- und Abgänge, Verteilergeschosse und Sperrenvorräume. ③ Unterirdische Eingangshallen sind dagegen Gebäude, wenn dieser Teil der unterirdischen Anlage gegenüber dem unterirdischen Bahnhof und dem Sperrenvorraum räumlich abgrenzbar ist. ④ Das ist z. B. dann nicht der Fall, wenn die Eingangshalle gleichzeitig als Fußgängerunterführung benutzt wird. ⑤ Im Übrigen ist für die Einordnung einer unterirdischen Eingangshalle als Gebäude die Verkehrsauffassung entscheidend.

(6) Unterirdische Räumlichkeiten wie Diensträume, Werkstatträume, Garagen, Lagerräume, So- 20
zialräume, Kinos, Friseurläden, Verkaufsläden, Verkaufskioske, Bahnhofswirtschaften, Bahnhofshotels und dergleichen sind als Gebäude zu bewerten.

(7) ① Maschinenräume und Transformatorenräume sind nur dann als Gebäude zu bewerten, 21
wenn sich in ihnen Menschen nicht nur vorübergehend aufhalten können. ② Die Gebäudeeigenschaft geht nicht verloren, wenn der Aufenthalt von Menschen während eines Betriebsvorgangs vorübergehend nicht möglich ist (vgl. Tz. 2.4 des Abgrenzungserlasses).

Anl zu § 243

Bürgerliches Gesetzbuch

Vom 2. Januar 2002 (BGBl. S. 42)

Zuletzt geändert durch Gesetz vom 7. 4. 2025 (BGBl. I Nr. 109)

– Auszug –

§ 93 Wesentliche Bestandteile einer Sache

Bestandteile einer Sache, die voneinander nicht getrennt werden können, ohne dass der eine oder der 15
andere zerstört oder in seinem Wesen verändert wird (wesentliche Bestandteile), können nicht Gegenstand besonderer Rechte sein.[1]

§ 94 Wesentliche Bestandteile eines Grundstücks oder Gebäudes

(1) ① Zu den wesentlichen Bestandteilen eines Grundstücks gehören die mit dem Grund und Boden 16
fest verbundenen Sachen, insbesondere Gebäude, sowie die Erzeugnisse des Grundstücks, solange sie mit dem Boden zusammenhängen. ② Samen wird mit dem Aussäen, eine Pflanze wird mit dem Einpflanzen wesentlicher Bestandteil des Grundstücks.

(2) Zu den wesentlichen Bestandteilen eines Gebäudes gehören die zur Herstellung des Gebäudes 17
eingefügten Sachen.

§ 95[2] Nur vorübergehender Zweck; [„Scheinbestandteile"]

(1) ① Zu den Bestandteilen eines Grundstücks gehören solche Sachen nicht, die nur zu einem vo- 18
rübergehenden Zweck mit dem Grund und Boden verbunden sind. ② Das Gleiche gilt von einem Gebäude oder anderen Werk, das in Ausübung eines Rechts an einem fremden Grundstück von dem Berechtigten mit dem Grundstück verbunden worden ist.

(2) Sachen, die nur zu einem vorübergehenden Zwecke in ein Gebäude eingefügt sind, gehören nicht zu den Bestandteilen des Gebäudes.

§ 96 Rechte als Bestandteile eines Grundstücks

Rechte, die mit dem Eigentum an einem Grundstück verbunden sind, gelten als Bestandteile des 19
Grundstücks.

§ 97 Zubehör

(1) ① Zubehör sind bewegliche Sachen, die, ohne Bestandteile der Hauptsache zu sein, dem wirt- 20
schaftlichen Zwecke der Hauptsache zu dienen bestimmt sind und zu ihr in einem dieser Bestimmung entsprechenden räumlichen Verhältnis stehen. ② Eine Sache ist nicht Zubehör, wenn sie im Verkehr nicht als Zubehör angesehen wird.

---

[1] Ausnahmen enthält das Wohnungseigentumsgesetz i. d. F. der Bek. vom 12. 1. 2021 (BGBl. I S. 34).

[2] *BFH-Urteil vom 9. 4. 1997 II R 95/94 (BStBl. II S. 452):* **1.** Die Frage, ob eine mit dem Grund und Boden verbundene Sache als Scheinbestandteil nicht zum Grundvermögen i. S. des § 68 BewG gehört, ist ausschließlich nach bürgerlichem Recht zu entscheiden (§ 95 BGB). Diese Entscheidung erfolgt für Gebäude und für (unmittelbar einem Grundstück eingefügte) Außenanlagen nach denselben Grundsätzen. **2.** (abgedruckt zu § 94 Abs. 1 Satz 2 BewG).

(2) ① Die vorübergehende Benutzung einer Sache für den wirtschaftlichen Zweck einer anderen begründet nicht die Zubehöreigenschaft. ② Die vorübergehende Trennung eines Zubehörstücks von der Hauptsache hebt die Zubehöreigenschaft nicht auf.

§ 98 Gewerbliches und landwirtschaftliches Inventar

Dem wirtschaftlichen Zwecke der Hauptsache sind zu dienen bestimmt:

21 1. bei einem Gebäude, das für einen gewerblichen Betrieb dauernd eingerichtet ist, insbesondere bei einer Mühle, einer Schmiede, einem Brauhaus, einer Fabrik, die zu dem Betrieb bestimmten Maschinen und sonstigen Gerätschaften,

22 2. bei einem Landgut das zum Wirtschaftsbetrieb bestimmte Gerät und Vieh, die landwirtschaftlichen Erzeugnisse, soweit sie zur Fortführung der Wirtschaft bis zu der Zeit erforderlich sind, zu welcher gleiche oder ähnliche Erzeugnisse voraussichtlich gewonnen werden, sowie der vorhandene, auf dem Gut gewonnene Dünger.

BewG

§ 244 Grundstück

1 (1) **Jede wirtschaftliche Einheit des Grundvermögens bildet ein Grundstück im Sinne dieses Abschnitts.**

2 (2) ① **Ein Anteil des Eigentümers eines Grundstücks an anderem Grundvermögen (zum Beispiel an gemeinschaftlichen Hofflächen oder Garagen) ist in die wirtschaftliche Einheit Grundstück einzubeziehen, wenn der Anteil zusammen mit dem Grundstück genutzt wird.** ② **Das gilt nicht, wenn das gemeinschaftliche Grundvermögen nach den Anschauungen des Verkehrs als selbständige wirtschaftliche Einheit anzusehen ist (§ 2 Absatz 1 Satz 3 und 4).**

3 (3) **Als Grundstück gelten auch:**

1. das Erbbaurecht zusammen mit dem Erbbaurechtsgrundstück,

2. ein Gebäude auf fremdem Grund und Boden zusammen mit dem dazugehörenden Grund und Boden,

3. jedes Wohnungseigentum und Teileigentum nach dem Wohnungseigentumsgesetz sowie

4. jedes Wohnungserbbaurecht und Teilerbbaurecht zusammen mit dem anteiligen belasteten Grund und Boden.

Zu § 244 BewG

AEBew GrSt A 244.1

A 244.1 Grundstück

(1) ① Die wirtschaftliche Einheit des Grundvermögens ist das Grundstück. ② Der Begriff Grundstück ist dabei nicht gleichbedeutend mit dem Begriff des Grundstücks nach bürgerlichem
5 Recht. ③ Maßgebend ist nach § 2 BewG allein, was als wirtschaftliche Einheit nach den Anschauungen des Verkehrs anzusehen ist. ④ Dabei können auch mehrere Flurstücke, Gebäude oder selbständige Gebäudeteile zusammenzufassen sein. ⑤ Voraussetzung ist, dass sie zu einer Vermögensart und demselben Eigentümer oder denselben Eigentümern gehören (§ 2 Absatz 2 BewG; siehe aber Absatz 4, A 261.1 bis 261.3 und A 262). ⑥ Flächen, die im Eigentum eines Eigentümers stehen, und Flächen, die ihm und anderen Personen gemeinsam – gesamthänderisch oder nach Bruchteilen – gehören, können daher grundsätzlich keine wirtschaftliche Einheit bilden und sind getrennt voneinander zu bewerten (Ausnahmen siehe Absatz 4 und A 266.2 Absatz 5).

6 (2) ① Grenzt eine unbebaute Fläche an eine Grundstücksfläche, die z. B. mit einem Einfamilienhaus bebaut ist, können beide Flächen auch bei offener Bauweise selbständige wirtschaftliche Einheiten bilden. ② Diese Fälle sind von denjenigen abzugrenzen, in denen nur eine wirtschaftliche Einheit mit einer selbständig nutzbaren Teilfläche vorliegt (siehe A 257.4 Absatz 1). ③ Wird von einem größeren Grundstück eine Teilfläche verpachtet und errichtet der Pächter auf dieser Fläche ein Gebäude, ist die Teilfläche als selbständige wirtschaftliche Einheit zu bewerten.

6a (3) ① Eine wirtschaftliche Einheit kann aus mehreren Gebäuden oder selbständigen Gebäudeteilen bestehen, sofern die Voraussetzungen des Absatzes 1 Satz 5 erfüllt sind. ② Nebengebäude und Anbauten bilden zusammen mit dem Hauptgebäude grundsätzlich eine gemeinsame wirtschaftliche Einheit. ③ Dies gilt auch dann, wenn sie eine gewisse Selbständigkeit gegenüber dem Hauptgebäude haben oder vom Hauptgebäude getrennt errichtet wurden. ④ Selbständige wirtschaftliche Einheiten liegen hingegen vor, wenn nach den Anschauungen des Verkehrs von getrennten Grundstücken auszugehen ist. ⑤ Dies kann insbesondere dann der Fall sein, wenn die Gebäude oder selbständigen Gebäudeteile eigene Hauszugänge und Hausnummern sowie eigene Versorgungsanschlüsse (Strom, Wasser und Heizung) besitzen, zwischen den Gebäuden oder selbständigen Gebäudeteilen keine einheitliche Grundstücksgestaltung und -nutzung vorliegt, die Gebäude oder selbständigen Gebäudeteile durch einen Zaun voneinander getrennt sind und sie ohne wesentliche bauliche Veränderungen selbständig veräußerbar sind.

(4) ① Der Anteil des Eigentümers an anderem Grundvermögen (z. B. gemeinschaftlichen Hofflächen oder Garagen) ist nach § 244 Absatz 2 Satz 1 BewG in das Grundstück einzubeziehen, wenn der Anteil zusammen mit diesem genutzt wird und eine gewisse räumliche Nähe zum Gebäude besteht und trotz der räumlichen Trennung die wirtschaftliche Zusammengehörigkeit erkennbar bleibt. ② Diese Vorschrift ermöglicht es, abweichend von § 2 Absatz 2 BewG mehrere Grundstücksteile auch dann zu einer wirtschaftlichen Einheit zusammenzufassen, wenn sie unterschiedlichen Eigentümern gehören (Ausnahmen zu Absatz 1). ③ Voraussetzung dafür ist, dass das gemeinschaftliche Grundvermögen nach der Verkehrsanschauung nicht als selbständige wirtschaftliche Einheit anzusehen ist (§ 244 Absatz 2 Satz 2 BewG). 7

Beispiel 1:

Ein Garagengrundstück gehört einer Vielzahl von Eigentümern und wird von einzelnen Eigentümern gemeinsam mit ihren in räumlicher Nähe liegenden Reihenhäusern genutzt.

Lösung:

Der Anteil des Eigentümers an dem Garagengrundstück zusammen mit seinem Reihenhaus bilden in diesem Fall eine wirtschaftliche Einheit. Hierbei ist es nicht erforderlich, dass alle Miteigentümer des Garagengrundstücks ihren Anteil jeweils zusammen mit einem Reihenhaus nutzen.

Beispiel 2:

Eine unbebaute Fläche von 1 000 m² wird gemeinsam von den Eigentümern der angrenzenden wirtschaftlichen Einheiten (z. B. als Spielplatz oder Gartenfläche) genutzt. An dem unbebauten Flurstück besteht Miteigentum.

Lösung:

Jedem Eigentümer wird die anteilige Fläche des unbebauten Grundstücks zugerechnet. Beträgt der Anteil z. B. jeweils 25/100, ist zu der Fläche jeder wirtschaftlichen Einheit eine Fläche von 250 m² hinzuzurechnen. Ob für das unbebaute Flurstück ein eigenes Grundbuchblatt angelegt wurde, ist insoweit unbeachtlich.

(5) ① § 244 Absatz 3 BewG definiert den Umfang der wirtschaftlichen Einheit in Erbbaurechtsfällen. ② Danach ist das Erbbaurecht, das aufgrund des Erbbaurechts errichtete Bauwerk und der mit dem Erbbaurecht belastete Grund und Boden zu einer wirtschaftlichen Einheit zusammenzufassen (siehe auch A 261). ③ Gebäude auf fremdem Grund und Boden sind zusammen mit dem dazu gehörenden Grund und Boden insgesamt ebenfalls zu einer wirtschaftlichen Einheit zusammenzufassen (siehe auch A 262). ④ Auch bei der Belastung mit einem Wohnungs- oder Teilerbbaurecht bildet das Wohnungs- bzw. Teilerbbaurecht zusammen mit dem anteiligen belasteten Grund und Boden eine wirtschaftliche Einheit. 8

A 244.2 Bestimmung der wirtschaftlichen Einheit bei Betriebsgrundstücken der öffentlichen Verkehrsunternehmen

AEBew GrSt A 244.2

(1) ① Zur Bewertung des Grundvermögens eines öffentlichen Verkehrsunternehmens für Zwecke der Grundsteuer ist die wirtschaftliche Einheit unter Berücksichtigung der besonderen Verhältnisse der Betriebsgrundstücke zu bestimmen. ② Es gelten die Vorschriften des § 2 BewG i. V. m. A 244.1. 12

(2) ① Die Zusammenfassung von Grundstücken zu einer wirtschaftlichen Einheit setzt deren räumlichen Zusammenhang voraus. ② Es bestehen aus Vereinfachungsgründen keine Bedenken, steuerbefreite Schienenwege gemarkungs- oder gemeindeweise zu einer wirtschaftlichen Einheit zusammenzufassen. 13

(3) ① Bei schienengebundenen Verkehrsmitteln gehören zur wirtschaftlichen Einheit eines Bahnhofes insbesondere das Bahnhofsgebäude und die zur Abwicklung des Bahnbetriebs notwendigen Nebengebäude (Bahnmeisterei, Güterabfertigung usw.) sowie die für den Bahnbetrieb typischen Lagerplätze. ② Typische Lagerplätze sind innerhalb der wirtschaftlichen Einheit des Bahnhofs belegene Grundstücksflächen, die von dem öffentlichen Verkehrsunternehmen an fremde Dritte zum Zwecke der Umschlagslagerung verpachtet werden. 14

(4) ① Werden auf Betriebsgrundstücken durch einen Pächter Gebäude errichtet, so sind diese nach § 262 BewG zu bewerten, und für den Grund und Boden sowie für das Gebäude auf fremdem Grund und Boden ist ein Gesamtwert nach den §§ 243 bis 260 BewG zu ermitteln. ② Der ermittelte Wert ist dem Eigentümer des Grund und Bodens zuzurechnen (§ 262 Satz 2 BewG). 15

(5) ① Eine verpachtete Grundstücksfläche ist grundsätzlich in die wirtschaftliche Einheit des Bahnhofes einzubeziehen. ② Dies gilt unabhängig davon, ob die Nutzung der auf den verpachteten Grundstücksflächen errichteten Gebäude in einem funktionellen (unmittelbaren) Zusammenhang mit dem Bahnbetrieb steht (z. B. Gebäude von Gleisbauunternehmen oder von Speditionen) oder nicht (z. B. Fabrikationsgebäude, Wohn- oder Nebengebäude, selbständige Bürogebäude, Verkaufs- oder Garagengebäude). ③ § 2 BewG bleibt unberührt. ④ Gleiches gilt für Lagerplätze und Grundstücke, auf denen sich Lagerhallen oder Überdachungen befinden, wenn diese der kurzfristigen Lagerung dienen, d. h. die hier gelagerten Rohstoffe bzw. Halb- oder Fertigprodukte nur vor oder nach dem Transport mit dem öffentlichen Verkehrsunternehmen zwischengelagert werden. 16

(6) ① Tunnelbahnhöfe sind im Allgemeinen als selbständige wirtschaftliche Einheiten zu bewerten, wenn sie den Gebäudebegriff erfüllen (vgl. A 243.2 Absatz 5). ② Sie bilden mit der zugehörigen Erdoberfläche und den etwa darauf errichteten Gebäuden nur dann eine wirtschaftliche Einheit, wenn es sich um Empfangsgebäude oder um Stationsgebäude handelt. 17

BewG

§ 245 Gebäude, Gebäudeteile und Anlagen für den Zivilschutz

1 **Gebäude, Gebäudeteile und Anlagen, die wegen der in § 1 des Zivilschutz- und Katastrophenhilfegesetzes bezeichneten Zwecke geschaffen worden sind und im Frieden nicht oder nur gelegentlich oder geringfügig für andere Zwecke benutzt werden, bleiben bei der Ermittlung des Grundsteuerwerts außer Betracht.**

Zu § 245 BewG

AEBew GrSt A 245

A 245 Gebäude, Gebäudeteile und Anlagen für den Zivilschutz

2 (1) ① Gebäude, Gebäudeteile und Anlagen, die dem Zivilschutz im Sinne des Zivilschutz- und Katastrophenhilfegesetz dienen (z. B. Gasschleusen, Luftschutzbunker, -keller oder -räume, Hausschutzräume oder Druckkammern), bleiben bei der Ermittlung des Grundsteuerwerts außer Betracht (§ 245 BewG). ② Die Gebäude, Gebäudeteile und Anlagen, die bei der Bewertung außer Betracht bleiben, müssen wegen der begünstigten Zwecke geschaffen sein. ③ Die Gebäude oder Gebäudeteile dürfen ferner im Frieden nicht für andere Zwecke benutzt werden. ④ Eine nur gelegentliche oder geringfügige Benutzung ist indessen unbeachtlich. ⑤ Eine gelegentliche Nutzung liegt z. B. vor, wenn in einem für die begünstigten Zwecke geschaffenen Raum von Zeit zu Zeit Veranstaltungen abgehalten werden, zu deren Durchführung der Raum nicht besonders hergerichtet werden muss. ⑥ Werden in einem Keller lediglich Gartengeräte abgestellt, so handelt es sich um eine geringfügige Nutzung.

3 (2) Die Flächen der dem Zivilschutz dienenden Gebäude, Gebäudeteile und Anlagen werden sowohl im Ertragswert- als auch im Sachwertverfahren nicht angesetzt.

II. Unbebaute Grundstücke

§ 246 Begriff der unbebauten Grundstücke

(1) ① Unbebaute Grundstücke sind Grundstücke, auf denen sich keine benutzbaren Gebäude befinden. ② Die Benutzbarkeit beginnt zum Zeitpunkt der Bezugsfertigkeit. ③ Gebäude sind als bezugsfertig anzusehen, wenn den zukünftigen Bewohnern oder sonstigen vorgesehenen Benutzern die bestimmungsgemäße Gebäudenutzung zugemutet werden kann. ④ Nicht entscheidend für den Zeitpunkt der Bezugsfertigkeit ist die Abnahme durch die Bauaufsichtsbehörde. 1

(2) ① Befinden sich auf dem Grundstück Gebäude, die auf Dauer keiner Nutzung zugeführt werden können, so gilt das Grundstück als unbebaut. ② Als unbebaut gilt auch ein Grundstück, auf dem infolge von Zerstörung oder Verfall der Gebäude auf Dauer kein benutzbarer Raum mehr vorhanden ist. 2

Zu § 246 BewG

A 246 Begriff der unbebauten Grundstücke

(1) ① Unbebaute Grundstücke sind Grundstücke, auf denen sich keine oder keine benutzbaren Gebäude befinden. ② Für Gebäude, die noch nicht benutzbar sind (fehlende Bezugsfertigkeit), wird auf die Absätze 2 und 3 und für Gebäude, die nicht mehr benutzbar sind, auf die Absätze 4 5
und 5 hingewiesen.

(2) ① Die Benutzbarkeit beginnt zum Zeitpunkt der Bezugsfertigkeit des Gebäudes. ② Es muss 6
den zukünftigen Bewohnern oder sonstigen vorgesehenen Benutzern nach objektiven Merkmalen zugemutet werden können, Wohnungen oder Räume des Gebäudes bestimmungsgemäß zu benutzen. ③ Im Feststellungszeitpunkt müssen alle wesentlichen Bauarbeiten abgeschlossen sein. ④ Geringfügige Restarbeiten, die üblicherweise vor dem tatsächlichen Bezug durchgeführt werden (z. B. Malerarbeiten, Verlegen des Bodenbelags), schließen die Bezugsfertigkeit nicht aus (vgl. BFH-Urteil vom 25. Juli 1980 III R 46/78, BStBl. II 1981 S. 152). ⑤ Auf die Abnahme durch die Bauaufsichtsbehörde kommt es nicht an. ⑥ Ist das Gebäude im Feststellungszeitpunkt bezogen, begründet dies die widerlegbare Vermutung der Bezugsfertigkeit.

(3) ① Bei der Prüfung, ob ein Gebäude bezugsfertig ist, ist grundsätzlich auf das ganze Gebäude 7
und nicht auf einzelne Wohnungen oder Räume abzustellen, es sei denn, es handelt sich dabei um eigenständige wirtschaftliche Einheiten (z. B. Wohnungseigentum, siehe A 249.5). ② Sind z. B. Wohnungen im Erdgeschoss vor dem Feststellungszeitpunkt, die übrigen Wohnungen jedoch erst danach bezugsfertig geworden und ist keine Bebauung in Bauabschnitten gegeben, ist das Gebäude als nicht bezugsfertig anzusehen. ③ Wird ein Gebäude nur zum Teil fertig gestellt und der Innenausbau z. B. nach den Wünschen der künftigen Nutzer zurückgestellt, ist das Gebäude insgesamt als bezugsfertig anzusehen (vgl. BFH-Urteil vom 18. April 2012 II R 58/10, BStBl. II S. 874). ④ Bei abschnittsweise errichteten Gebäuden (§ 248 Satz 2 BewG) ist der bezugsfertige Teil als Gebäude anzusehen. ⑤ Eine Errichtung in Bauabschnitten ist gegeben, wenn ein Gebäude nicht in einem Zuge in planmäßig vorgesehenem Umfang oder im Rahmen der behördlichen Genehmigung bezugsfertig erstellt wird (z. B. wird anstelle des geplanten Mietwohngrundstücks zunächst nur eine Wohnung im Erdgeschoss fertig gestellt). ⑥ Die Verzögerung oder Unterbrechung darf jedoch nicht auf bautechnischen Gründen beruhen (z. B. Überwindung einer Frostperiode) und muss von gewisser Dauer sein (in der Regel mindestens zwei Jahre, vgl. BFH-Urteil vom 29. April 1987 II R 262/83, BStBl. II S. 594). ⑦ Bei Grundstücken, die sich im Feststellungszeitpunkt noch im Bau befinden, bleiben die nicht bezugsfertigen Gebäude oder Gebäudeteile (z. B. Anbauten oder Zubauten) bei der Ermittlung des Grundsteuerwerts außer Betracht.

(4) ① Die Gebäudeeigenschaft endet, wenn das Gebäude nicht mehr benutzbar ist. ② Ein Ge- 8
bäude ist insbesondere nicht mehr benutzbar, wenn infolge des Verfalls des Gebäudes oder der Zerstörung keine auf Dauer benutzbaren Räume vorhanden sind (§ 246 Absatz 2 Satz 1 BewG). ③ Ein Gebäude ist dem Verfall preisgegeben, wenn der Abnutzungsprozess so weit fortgeschritten ist, dass das Gebäude nach objektiven Verhältnissen auf Dauer nicht mehr benutzt werden kann. ④ Die Verfallsmerkmale müssen an der Bausubstanz erkennbar sein und das gesamte Gebäude betreffen. ⑤ Von einem Verfall ist auszugehen, wenn erhebliche Schäden an konstruktiven Teilen des Gebäudes eingetreten sind und ein Zustand gegeben ist, der aus bauordnungsrechtlicher Sicht die sofortige Räumung nach sich ziehen würde. ⑥ Das ist stets der Fall, wenn eine Anordnung der Bauaufsichtsbehörde zur sofortigen Räumung des Grundstücks vorliegt; dabei ist gesondert zu prüfen, ob der Zustand von Dauer ist.

(5) ① Behebbare Baumängel und Bauschäden sowie aufgestauter Reparaturbedarf aufgrund von 9
unterlassenen Instandsetzungs- und Reparaturarbeiten wirken sich regelmäßig nur vorübergehend auf Art und Umfang der Gebäudenutzung aus und betreffen nicht unmittelbar die Konstruktion des Gebäudes. ② Sie führen deshalb in der Regel nicht dazu, dass auf dem Grundstück kein auf Dauer benutzbarer Raum vorliegt (vgl. BFH-Urteil vom 14. Mai 2003 II R 14/01, BStBl. II S. 906). ③ Befinden sich auf dem Grundstück Gebäude, die auf Grund von Umbauarbeiten vorübergehend nicht benutzbar sind, stellt das Grundstück ebenfalls ein bebautes Grundstück dar. ④ Sofern bereits

vorhandene Gebäude im Feststellungszeitpunkt wegen baulicher Mängel oder fehlender Ausstattung (z. B. fehlende Heizung, Wohnungstüren) vorübergehend nicht benutzbar sind, liegt kein unbebautes Grundstück vor. ⑤ Sind die Haupträume eines Gebäudes insbesondere infolge Abrisses von Decken und Wänden (Entkernung, vgl. BFH-Urteil vom 24. Oktober 1990 II R 9/88, BStBl. II 1991 S. 60) nicht mehr bestimmungsgemäß nutzbar, liegt ein unbebautes Grundstück vor. ⑥ Ein Gebäude ist zerstört, wenn keine auf Dauer benutzbaren Räume vorhanden sind. ⑦ Sind noch Kellerräume vorhanden, die zu gewerblichen oder zu Wohnzwecken ausgebaut und deshalb auf Dauer benutzbar sind, so ist das Grundstück weiter als ein bebautes Grundstück anzusehen.

BewG

§ 247[1] Bewertung der unbebauten Grundstücke

1 (1) ① **Der Grundsteuerwert unbebauter Grundstücke ermittelt sich regelmäßig durch Multiplikation ihrer Fläche mit dem jeweiligen Bodenrichtwert (§ 196 des Baugesetzbuchs).** ② **Soweit in den §§ 243 bis 262 sowie in den Anlagen 36 bis 43 nichts anderes bestimmt ist, werden Abweichungen zwischen den Grundstücksmerkmalen des Bodenrichtwertgrundstücks und des zu bewertenden Grundstücks mit Ausnahme unterschiedlicher**

1. Entwicklungszustände und

2. Arten der Nutzung bei überlagernden Bodenrichtwertzonen

nicht berücksichtigt.

2 (2) **Die Bodenrichtwerte sind von den Gutachterausschüssen im Sinne der §§ 192 ff. des Baugesetzbuchs auf den Hauptfeststellungzeitpunkt zu ermitteln, zu veröffentlichen und nach amtlich vorgeschriebenem Datensatz durch Datenfernübertragung an die zuständigen Finanzbehörden zu übermitteln.**

3 (3) **Wird von den Gutachterausschüssen im Sinne der §§ 192 ff. des Baugesetzbuchs kein Bodenrichtwert ermittelt, ist der Wert des unbebauten Grundstücks aus den Werten vergleichbarer Flächen abzuleiten.**

Zu § 247 BewG

AEBew GrSt A 247.1

A 247.1 Bewertung der unbebauten Grundstücke; Allgemeines

(1) ① Der Grundsteuerwert unbebauter Grundstücke ergibt sich regelmäßig aus dem Produkt der Grundstücksfläche und dem jeweiligen Bodenrichtwert (§ 196 BauGB).[2] ② Der Wert unbe-
5 bauter Grundstücke umfasst den Wert des Grund und Bodens, mit dem die Außenanlagen abgegolten sind. ③ Bei der Wertermittlung ist der Bodenrichtwert anzusetzen, der vom Gutachterausschuss auf den jeweiligen Hauptfeststellungszeitpunkt ermittelt wurde. ④ Dieser Wert gilt für den gesamten Hauptfeststellungszeitraum.

6 (2) ① Der Bodenrichtwert ist der durchschnittliche Lagewert des Bodens für eine Mehrheit von Grundstücken innerhalb eines abgegrenzten Gebiets (Bodenrichtwertzone), die nach ihren Grundstücksmerkmalen weitgehend übereinstimmen und für die im Wesentlichen gleiche allgemeine Wertverhältnisse vorliegen. ② Der Bodenrichtwert ist auf einen Quadratmeter Grundstücksfläche eines Grundstücks mit den dargestellten Grundstücksmerkmalen (Bodenrichtwertgrundstück) bezogen. ③ In bebauten Gebieten werden die Bodenrichtwerte mit dem Wert ermittelt, der sich ergeben würde, wenn der Boden unbebaut wäre (§ 196 Absatz 1 Satz 2 BauGB).[2]

AEBew GrSt A 247.2

A 247.2 Ansatz der Bodenrichtwerte

(1) ① Anzusetzen ist regelmäßig der auf das Bodenrichtwertgrundstück bezogene, auf volle Cent gerundete Bodenrichtwert. ② Abweichungen zwischen den Grundstücksmerkmalen des Boden-
9 richtwertgrundstücks und des zu bewertenden Grundstücks werden mit Ausnahme unterschiedlicher Entwicklungszustände und Arten der Nutzung bei überlagernden Bodenrichtwertzonen nicht berücksichtigt.

(2) ① Als Entwicklungszustände im Sinne des § 3 Absatz 1 bis 4 ImmoWeitV kommen in Betracht:

1. Flächen der Land- oder Forstwirtschaft,
2. Bauerwartungsland,
3. Rohbauland und
4. baureifes Land.

② Nicht alle Flächen lassen sich einem Entwicklungszustand im Sinne des Satzes 1 zuordnen. ③ Die entsprechenden Flächen werden als sonstige Flächen bezeichnet (§ 3 Absatz 5 ImmoWertV).

10 (3) ① Bauerwartungsland sind Flächen, die nach ihren weiteren Grundstücksmerkmalen, insbesondere dem Stand der Bauleitplanung und der sonstigen städtebaulichen Entwicklung des Gebiets, eine bauliche Nutzung auf Grund konkreter Tatsachen mit hinreichender Sicherheit erwar-

[1] Vgl. *Erlass FM S-Anh vom 5. 5. 2023 – 43-S 3262-1* und *Vfg. OFD NRW vom 22. 8. 2023 G 1000 – 2019/0004 St 254.*
[2] Abgedruckt im Anhang **I** Nr. **6**.

ten lassen. ② Ist damit zu rechnen, dass die Flächen innerhalb eines Zeitraums von sieben Jahren anderen als land- und forstwirtschaftlichen Zwecken dienen werden und daher gemäß § 233 Absatz 2 BewG als Grundvermögen anzusehen sind, werden diese Flächen regelmäßig als Bauerwartungsland angesetzt.

(4) ① Rohbauland sind Flächen, die nach den §§ 30, 33 und 34 BauGB[1] für eine bauliche Nutzung bestimmt sind, deren Erschließung aber noch nicht gesichert ist oder die nach Lage, Form oder Größe für eine bauliche Nutzung unzureichend gestaltet sind. ② Im Regelfall handelt es sich hierbei um größere, unerschlossene Grundstücksflächen, die die Eigenschaft als land- und forstwirtschaftliches Vermögen verloren haben, selbst wenn sie noch land- und forstwirtschaftlich genutzt werden. ③ Eine Unterscheidung zwischen Bruttorohbauland, welches die für öffentliche Zwecke benötigten Flächen des Planungsgebiets einschließt, und Nettorohbauland, welches diese Flächen nicht umfasst, wird für die Ermittlung des Grundsteuerwerts nicht vorgenommen. **11**

(5) ① Baureifes Land sind Flächen, die nach öffentlich-rechtlichen Vorschriften und den tatsächlichen Gegebenheiten baulich nutzbar sind. ② Der Gutachterausschuss ermittelt die Bodenrichtwerte regelmäßig für baureifes Land. **12**

(6) ① Der Entwicklungszustand des Bodenrichtwertgrundstücks ist für das zu bewertende Grundstück regelmäßig zu übernehmen. ② Weicht der Entwicklungszustand des Bodenrichtwertgrundstücks vom zu bewertenden Grundstück ab, sind die Abweichungen durch pauschalierte Ab- und Zuschläge zu berücksichtigen (siehe A 247.3). ③ Sofern für die Bodenrichtwertzone, in der das zu bewertende Grundstück liegt, ein Bodenrichtwert für sonstige Flächen (siehe Absatz 2 Sätze 2 und 3) vorliegt, ist dieser anzusetzen (§ 247 Absatz 1 BewG). **13**

(7) ① Die Art der baulichen Nutzung des Bodenrichtwertgrundstücks ist für das zu bewertende Grundstück regelmäßig zu übernehmen. **14**

Beispiel:

Ein Grundstück mit einem Lebensmittelmarkt liegt in einer Bodenrichtwertzone von Grundstücken mit Einfamilienhäusern.

Lösung:

Das Grundstück wird mit dem vorhandenen Bodenrichtwert angesetzt.

② Bei sich überlagernden Bodenrichtwertzonen ist der Bodenrichtwert für dasjenige Bodenrichtwertgrundstück heranzuziehen, dessen Art der Nutzung am ehesten der des zu bewertenden Grundstücks entspricht.

Beispiel 1:

Für eine Bodenrichtwertzone liegen zwei unterschiedliche Bodenrichtwerte für „Wohnen" – einmal für „mehrgeschossig", einmal für „ein-/zweigeschossig" – vor.

Lösung:

Für ein zweigeschossiges Einfamilienhaus ist der Bodenrichtwert für „Wohnen, ein-/zweigeschossig" zugrunde zu legen.

Beispiel 2:

Für eine Bodenrichtwertzone liegen unterschiedliche Bodenrichtwerte für „Geschäftshäuser" und „Mehrfamilienhäuser" vor.

Lösung:

Für ein Einfamilienhaus ist der Bodenrichtwert für „Mehrfamilienhäuser" zugrunde zu legen, da diese Art der Nutzung am ehesten der des zu bewertenden Grundstücks entspricht.

(8) ① Besondere Merkmale des einzelnen zu bewertenden Grundstücks wie Ecklage, Zuschnitt, Vorder- und Hinterland, Oberflächenbeschaffenheit, Beschaffenheit des Baugrundes, Lärm-, Staub-, Geruchsbelästigungen, Altlasten sowie Außenanlagen bleiben außer Ansatz. ② Für öffentliche Verkehrsunternehmen, die schienengebundene Verkehrsmittel betreiben, gilt darüber hinaus Folgendes: ③ Anpassungen des Bodenrichtwerts sind auch dann nicht vorzunehmen, wenn die Gestaltung und Größe des Geländes einer Bahnanlage, bedingt durch dessen besondere Zweckbestimmung, von der üblichen Gestaltung der Grundstücke in einem erschlossenen oder bebauten Gemeindeteil abweicht. ④ Dies gilt sowohl für Kopf- als auch für Durchgangsbahnhöfe. ⑤ Abschläge aufgrund einer etwaigen Zweckgebundenheit des Grund und Bodens einer Bahnanlage sind nicht zu gewähren. **15**

A 247.3 Ansatz des Bodenwerts nach § 247 Absatz 3 BewG

AEBew GrSt A 247.3

(1) ① Hat der Gutachterausschuss, gleich aus welchen Gründen, keinen Bodenrichtwert nach § 196 BauGB ermittelt, ist der Bodenwert pro Quadratmeter aus den Bodenrichtwerten vergleichbarer Flächen abzuleiten. ② Hat der Gutachterausschuss für ein Grundstück im Entwicklungszustand Bauerwartungsland oder Rohbauland keinen Bodenrichtwert ermittelt, gelten folgende Wertansätze: **18**

1. Bauerwartungsland 25 Prozent und
2. Rohbauland 50 Prozent

des Bodenrichtwerts für vergleichbares erschließungsbeitragsfreies Bauland. ③ Abschläge auf die Bodenpreise benachbarten Baulandes oder auf die aus benachbarten bebauten Grundstücken ab-

---

[1] Abgedruckt im Anhang **I** Nr. **6**.

AEBew GrSt A 247.3

geleiteten Quadratmeterpreise sind auch dann nicht vorzunehmen, wenn z. B. die Nachbarschaft zu einem Bahnhof zu einer Wertsteigerung der benachbarten Grundstücke geführt hat. ④ Durch Multiplikation von Grundstücksfläche und abgeleitetem Bodenwert pro Quadratmeter ergibt sich der Wert des unbebauten Grundstücks.

19 (2) ① Bei Fortschreibungen und Nachfeststellungen von Grundsteuerwerten während des Hauptfeststellungszeitraums sind die Wertverhältnisse im Hauptfeststellungszeitpunkt und die tatsächlichen Verhältnisse im Feststellungszeitpunkt zugrunde zu legen (siehe A 227.1). ② Ändert sich der Entwicklungszustand der Grundstücke in der Bodenrichtwertzone im Hauptfeststellungszeitraum (z. B. infolge der Erschließung eines Neubaugebiets: Bauerwartungsland im Hauptfeststellungszeitpunkt in baureifes Land im Feststellungszeitpunkt), sind die Gutachterausschüsse verpflichtet, bei der nächsten Fortschreibung der Bodenrichtwerte auf der Grundlage der geänderten Qualität auch Bodenrichtwerte bezogen auf die Wertverhältnisse zum Zeitpunkt der letzten Hauptfeststellung zu ermitteln (§ 196 Absatz 2 Satz 1 BauGB). ③ Das Finanzamt kann nach § 196 Absatz 2 Satz 2 BauGB auf eine entsprechende Ermittlung verzichten, wenn eine sachgerechte Wertableitung, insbesondere durch vom Gutachterausschuss zur Verfügung gestellte Indexreihen, gewährleistet bleibt. ④ Bei einer solchen Wertableitung handelt es sich um einen Anwendungsfall des § 247 Absatz 3 BewG.

20 (3) ① Für den bebauten Außenbereich (§ 35 BauGB) sind vom Gutachterausschuss separate Bodenrichtwerte zu ermitteln. ② Ein ggf. vorhandener Bodenrichtwert für land- und forstwirtschaftliche Flächen ist für die Flächen, die der Bebauung zuzuordnen sind, bei einer Bewertung von Grundstücken im Grundvermögen nicht anzusetzen. ③ Liegen keine solchen Bodenrichtwerte für den bebauten Außenbereich vor, kann auf vom Gutachterausschuss, vom Oberen Gutachterausschuss oder von der Zentralen Geschäftsstelle der Gutachterausschüsse zur Verfügung gestellte Umrechnungskoeffizienten in Bezug auf den Bodenrichtwert vergleichbarer baureifer Grundstücke benachbarter Baugebiete zurückgegriffen werden. ④ Bei einer solchen Wertableitung handelt es sich um einen Anwendungsfall des § 247 Absatz 3 BewG.

BewG

III. Bebaute Grundstücke

§ 248 Begriff der bebauten Grundstücke

① Bebaute Grundstücke sind Grundstücke, auf denen sich benutzbare Gebäude befinden. ② Wird ein Gebäude in Bauabschnitten errichtet, ist der bezugsfertige Teil als benutzbares Gebäude anzusehen. 1

Zu § 248 BewG

A 248 Begriff der bebauten Grundstücke

AEBew GrSt A 248

(1) ① Bebaute Grundstücke sind Grundstücke, auf denen sich benutzbare Gebäude befinden (siehe zum Begriff des Gebäudes A 243.1 Absatz 3 und zur Benutzbarkeit A 246 Absatz 2 bis 4). ② Dies gilt auch, wenn diese vom Wert und/oder Umfang her von untergeordneter Bedeutung sind. 2

Beispiel 1:

Auf einem größeren Grundstück befindet sich ein geringwertiges Wochenendhaus.

Beispiel 2:

Auf einem wertvollen Grundstück, das für eine Bebauung mit einem Geschäftshaus geeignet ist, befinden sich Kioske oder Baracken.

Beispiel 3:

Auf einem Zeltplatz befinden sich Gebäude von geringem Umfang und Wert.

Lösung:

Es handelt es sich jeweils um bebaute Grundstücke.

(2) ① Zum Grund und Boden eines bebauten Grundstücks gehören die bebaute Fläche und die mit dem Gebäude im Zusammenhang stehende unbebaute Fläche, insbesondere der Hof sowie Haus- und Vorgarten. ② Bei einer hieran anschließenden größeren unbebauten Fläche ist für die Beurteilung, was als wirtschaftliche Einheit gilt, die Verkehrsanschauung maßgebend. ③ Liegt in diesen Fällen eine wirtschaftliche Einheit vor, ist zu prüfen, ob eine selbständig nutzbare Teilfläche gegeben ist (siehe A 244.1 Absatz 2 und A 257.4 – selbständig nutzbare Teilfläche). 3

(3) ① Gebäude oder Gebäudeteile, die innerhalb land- und forstwirtschaftlich genutzter Hofstellen Wohnzwecken oder anderen als land- und forstwirtschaftlichen Zwecken dienen, gehören zum Grundvermögen. ② In Fällen mit einer hohen Anzahl von zu berücksichtigenden Gebäuden und/oder Gebäudeteilen sowie bei fehlender Datengrundlage kann der dem Grundvermögen zugehörige Grund und Boden hilfsweise mit dem Dreifachen der Wohn- und Nutzfläche der jeweils zu bewertenden Gebäude und/oder Gebäudeteile angesetzt werden (vgl. A 237.24 Absatz 7 AEBewGrSt LuF 2025). 4

(4) ① Wird ein Gebäude in Bauabschnitten errichtet, sind nur die fertig gestellten und bezugsfertigen Teile (Bauabschnitte) als benutzbares Gebäude anzusehen (siehe A 246 Absatz 3 Sätze 3 bis 6). ② Zu den Auswirkungen bei Errichtung in Bauabschnitten auf die Bestimmung der Grundstücksart siehe A 249.1 Absatz 6. 5

§ 249 Grundstücksarten

BewG

(1) **Bei der Bewertung bebauter Grundstücke sind die folgenden Grundstücksarten zu unterscheiden:** 1

1. Einfamilienhäuser,
2. Zweifamilienhäuser,
3. Mietwohngrundstücke,
4. Wohnungseigentum,
5. Teileigentum,
6. Geschäftsgrundstücke,
7. gemischt genutzte Grundstücke und
8. sonstige bebaute Grundstücke.

(2) **① Einfamilienhäuser sind Wohngrundstücke, die eine Wohnung enthalten und kein Wohnungseigentum sind. ② Ein Grundstück gilt auch dann als Einfamilienhaus, wenn es zu weniger als 50 Prozent der Wohn- und Nutzfläche zu anderen als Wohnzwecken mitbenutzt und dadurch die Eigenart als Einfamilienhaus nicht wesentlich beeinträchtigt wird.** 2

(3) **① Zweifamilienhäuser sind Wohngrundstücke, die zwei Wohnungen enthalten und kein Wohnungseigentum sind. ② Ein Grundstück gilt auch dann als Zweifamilienhaus, wenn es zu weniger als 50 Prozent der Wohn- und Nutzfläche zu anderen als Wohn-** 3

zwecken mitbenutzt und dadurch die Eigenart als Zweifamilienhaus nicht wesentlich beeinträchtigt wird.

4 (4) **Mietwohngrundstücke sind Grundstücke, die zu mehr als 80 Prozent der Wohn- und Nutzfläche Wohnzwecken dienen und nicht Ein- und Zweifamilienhäuser oder Wohnungseigentum sind.**

5 (5) **Wohnungseigentum ist das Sondereigentum an einer Wohnung in Verbindung mit dem Miteigentumsanteil an dem gemeinschaftlichen Eigentum, zu dem es gehört.**

6 (6) **Teileigentum ist das Sondereigentum an nicht zu Wohnzwecken dienenden Räumen eines Gebäudes in Verbindung mit dem Miteigentum an dem gemeinschaftlichen Eigentum, zu dem es gehört.**

7 (7) **Geschäftsgrundstücke sind Grundstücke, die zu mehr als 80 Prozent der Wohn- und Nutzfläche eigenen oder fremden betrieblichen oder öffentlichen Zwecken dienen und nicht Teileigentum sind.**

8 (8) **Gemischt genutzte Grundstücke sind Grundstücke, die teils Wohnzwecken, teils eigenen oder fremden betrieblichen oder öffentlichen Zwecken dienen und nicht Ein- und Zweifamilienhäuser, Mietwohngrundstücke, Wohnungseigentum, Teileigentum oder Geschäftsgrundstücke sind.**

9 (9) **Sonstige bebaute Grundstücke sind solche Grundstücke, die nicht unter die Absätze 2 bis 8 fallen.**

10 (10) ① **Eine Wohnung ist in der Regel die Zusammenfassung mehrerer Räume, die in ihrer Gesamtheit so beschaffen sein müssen, dass die Führung eines selbständigen Haushalts möglich ist.** ② **Die Zusammenfassung der Räume muss eine von anderen Wohnungen oder Räumen, insbesondere Wohnräumen, baulich getrennte, in sich abgeschlossene Wohneinheit bilden und einen selbständigen Zugang haben.** ③ **Daneben ist erforderlich, dass die für die Führung eines selbständigen Haushalts notwendigen Nebenräume (Küche, Bad oder Dusche, Toilette) vorhanden sind.** ④ **Die Wohnfläche soll mindestens 20 Quadratmeter betragen.**

Übersicht

		Rz.
A 249.1	AEBewGrSt Grundstücksarten; Abgrenzung	15–20
A 249.2	AEBewGrSt Grundstücksart Einfamilienhäuser	25
A 249.3	AEBewGrSt Grundstücksart Zweifamilienhäuser	26
A 249.4	AEBewGrSt Grundstücksart Mietwohngrundstück	27
A 249.5	AEBewGrSt Grundstücksart Wohnungseigentum	30–34
A 249.6	AEBewGrSt Grundstücksart Teileigentum	38
A 249.7	AEBewGrSt Grundstücksart Geschäftsgrundstück	39
A 249.8	AEBewGrSt Grundstücksart gemischt genutztes Grundstück	40
A 249.9	AEBewGrSt Grundstücksart sonstiges bebautes Grundstück	41
A 249.10	AEBewGrSt Wohnungsbegriff	45

Zu § 249 BewG

AEBew GrSt A 249.1

A 249.1 Grundstücksarten; Abgrenzung[1]

15 (1) Bei bebauten Grundstücken wird nach § 249 BewG zwischen den folgenden abschließend aufgezählten Grundstücksarten unterschieden:

Grundstücksart	Voraussetzungen
1. Einfamilienhäuser	• Wohngrundstücke mit einer Wohnung; • Mitbenutzung für betriebliche oder öffentliche Zwecke zu weniger als 50 Prozent – berechnet nach der Wohn- und Nutzfläche – ist unschädlich, soweit dadurch die Eigenart als Einfamilienhaus nicht wesentlich beeinträchtigt wird; • kein Wohnungseigentum im Sinne der Nummer 4.
2. Zweifamilienhäuser	• Wohngrundstücke mit zwei Wohnungen; • Mitbenutzung für betriebliche oder öffentliche Zwecke zu weniger als 50 Prozent – berechnet nach der Wohn- und Nutzfläche – ist unschädlich, soweit dadurch die Eigenart als Zweifamilienhaus nicht wesentlich beeinträchtigt wird; • kein Wohnungseigentum im Sinne der Nummer 4.

[1] Vgl. *OFD NRW vom 22. 3. 2023 G 1030-2020/0015 St 254* betr. Bestimmung der Grundstücksart bei Pflegeeinrichtungen und Altenwohnheimen und *Erlass FM S-Anh vom 12. 5. 2023 43-S 3263-2* betr. Bestimmung der Grundstücksart bei Ferienhäusern und Ferienwohnungen.

AEBew GrSt A 249.1

Grundstücksart	**Voraussetzungen**
3. Mietwohngrundstücke	• Grundstücke, die zu mehr als 80 Prozent – berechnet nach der Wohn- und Nutzfläche – Wohnzwecken dienen; • keine Ein- oder Zweifamilienhäuser im Sinne der Nummer 1 bzw. Nummer 2; • kein Wohnungseigentum im Sinne der Nummer 4.
4. Wohnungseigentum	• Wohnungseigentum ist das Sondereigentum an einer Wohnung in Verbindung mit dem Miteigentumsanteil an dem gemeinschaftlichen Eigentum, zu dem es gehört (§ 1 Absatz 2 WEG).
5. Teileigentum	• Teileigentum ist das Sondereigentum an nicht zu Wohnzwecken dienenden Räumen eines Gebäudes in Verbindung mit dem Miteigentum an dem gemeinschaftlichen Eigentum, zu dem es gehört (§ 1 Absatz 3 WEG).
6. Geschäftsgrundstücke	• Grundstücke, die zu mehr als 80 Prozent – berechnet nach der Wohn- und Nutzfläche – eigenen oder fremden betrieblichen oder öffentlichen Zwecken dienen; • kein Teileigentum im Sinne der Nummer 5.
7. gemischt genutzte Grundstücke	• Grundstücke, die teils Wohnzwecken, teils eigenen oder fremden betrieblichen oder öffentlichen Zwecken dienen; • keine Grundstücke im Sinne der Nummern 1 bis 6.
8. sonstige bebaute Grundstücke	• Auffangtatbestand: Grundstücke, die nicht unter die Nummern 1 bis 7 fallen.

(2) ① Bei der Festlegung der Grundstücksart ist stets die gesamte wirtschaftliche Einheit zu betrachten. ② Dies gilt auch, wenn sich auf einem Grundstück mehrere Gebäude oder Gebäudeteile unterschiedlicher Bauart oder Nutzung befinden. **16**

Beispiel:

Zu einer wirtschaftlichen Einheit gehören zwei aneinandergrenzende Gebäude. In dem einen Gebäude befindet sich eine Wohneinheit und in dem anderen Gebäude befinden sich zwei Wohneinheiten. Die Wohneinheiten erfüllen jeweils den Begriff der Wohnung.

Lösung:

Bewertungsrechtlich handelt es sich um eine wirtschaftliche Einheit mit mehr als zwei Wohnungen (= Mietwohngrundstück). Dass die Gebäude, würden sie jeweils eine selbständige wirtschaftliche Einheit bilden, als Ein- bzw. Zweifamilienhaus einzuordnen wären, ist unerheblich.

(3) ① Die Abgrenzung der Grundstücksarten ist vorbehaltlich § 249 Absatz 2 Satz 1 und Absatz 3 Satz 1 BewG (siehe auch A 249.10) nach dem Verhältnis der Wohn- und Nutzfläche vorzunehmen. ② Abzustellen ist auf die tatsächliche Nutzung der Haupträume im Feststellungszeitpunkt. ③ Dies gilt auch für steuerbefreite Gebäude oder Gebäudeteile. ④ Für die Einordnung in die entsprechende Grundstücksart ist ohne Bedeutung, ob das Gebäude eigenen oder fremden Wohn- oder Nutzzwecken dient oder leer steht. ⑤ Bei Leerstand ist darauf abzustellen, für welche Nutzung die leer stehenden Räume vorgesehen sind. **17**

(4) ① Wohnflächen liegen vor, wenn die Flächen Wohnbedürfnissen dienen. ② Zu den Nutzflächen zählen Flächen, die betrieblichen (z. B. Werkstätten, Verkaufsläden, Büroräume), öffentlichen oder sonstigen Zwecken (z. B. Vereinsräume) dienen und keine Wohnflächen sind. ③ Wohnräume, die betrieblich oder freiberuflich mitgenutzt werden (z. B. Arbeitszimmer), sind nicht als betrieblichen Zwecken dienende Räume zu behandeln. ④ Öffentlichen Zwecken dienen Flächen, die zur Wahrnehmung öffentlich-rechtlicher Aufgaben genutzt werden. ⑤ Ob in Gestalt der Vermietung von Ferienhäusern oder Ferienwohnungen eine Wohnnutzung oder eine Nutzung zu betrieblichen Zwecken vorliegt, ist wie folgt zu bestimmen: ⑥ Die wechselnde, kurzfristige Vermietung eines Ferienhauses oder einer Ferienwohnung reicht für sich allein für die Annahme eines Gewerbebetriebs nicht aus. ⑦ Die Vermietung einer Ferienwohnung begründet (nur) dann einen Gewerbebetrieb, wenn die Wohnung hotelmäßig zur Vermietung angeboten wird. ⑧ Das kann insbesondere dann der Fall sein, wenn **18**

1. die Wohnung für die Führung eines Haushalts voll eingerichtet ist (z. B. Möblierung, Wäsche und Geschirr),
2. die Wohnung in einem reinen Feriengebiet im Verband mit einer Vielzahl gleichartig genutzter Wohnungen liegt, die eine einheitliche Wohnanlage bilden,
3. die Werbung für kurzfristige Vermietung an laufend wechselnde Mieter und die Verwaltung der Wohnung von einer für die einheitliche Wohnanlage bestehenden Feriendienstorganisation vorgenommen werden und

4. die Wohnung jederzeit zur Vermietung bereit gehalten wird, so dass nach der Art der Rezeption eines Hotels laufend Personal anwesend sein muss, das mit den Feriengästen Mietverträge schließt, abwickelt und dafür sorgt, dass die Wohnung in einem Ausstattungs-, Erhaltungs- und Reinigungszustand ist und bleibt, der eine sofortige Vermietung zulässt.

⑨ Entscheidend ist das Gesamtbild der Verhältnisse im jeweiligen Einzelfall, wobei z. B. auch die Häufigkeit des Gästewechsels oder der Umfang zusätzlich zur Nutzungsüberlassung erbrachter (Neben-)Leistungen – bspw. Reinigung der Räume, Gewährung von Frühstück und die Bereitstellung von Getränken – einzubeziehen ist. ⑩ Regelmäßig stellen Ferienhäuser oder Ferienwohnungen im Ertragswertverfahren zu bewertende Wohngrundstücke dar. ⑪ Nur in den o. g. besonders gelagerten (Ausnahme-)Fällen liegen Nichtwohngrundstücke vor. ⑫ Das Vorliegen eines hotelmäßigen Angebots ist jeweils einzelfallbezogen zu überprüfen.

19 (5) ① Für die Ermittlung des Verhältnisses von Wohn- und Nutzfläche wird regelmäßig die Wohnfläche nach der Wohnflächenverordnung (WoFlV)[1] und die Nutzfläche nach der DIN 277[2] in der jeweils geltenden Fassung ermittelt. ② Ist die Wohnfläche zulässigerweise bis zum 31. Dezember 2003 nach der II. Berechnungsverordnung[3] berechnet worden und haben sich keine baulichen Änderungen ergeben, kann diese Berechnung hilfsweise für die Ermittlung des Verhältnisses von Wohn- und Nutzfläche zugrunde gelegt werden; der Abzug von 10 Prozent der Grundflächen bei Einfamilienhäusern nach § 44 Absatz 3 der II. Berechnungsverordnung a. F. ist hierbei nicht zu berücksichtigen. ③ Ungeachtet § 2 Absatz 3 Nummer 2 WoFlV ist grundsätzlich unter Würdigung aller Umstände des Einzelfalls zu entscheiden, ob und inwieweit nicht dem Bauordnungsrecht genügende Flächen bei der Ermittlung der Wohnfläche zu berücksichtigen sind (vgl. BFH-Urteil vom 18. September 2019 II R 15/16, BStBl. II 2021 S. 64). ④ Nutzflächen von Nebenräumen, die in einem Nutzungszusammenhang mit Wohnflächen stehen, sind nicht einzubeziehen. ⑤ Nebenräume sind z. B. Keller-, Abstell-, Wasch-, Trocken- und Heizungsräume sowie Garagen. ⑥ Nutzflächen von Nebenräumen, die nicht im Nutzungszusammenhang mit Wohnflächen stehen, sind bei der Ermittlung des Verhältnisses von Wohn- und Nutzfläche zu berücksichtigen.

Beispiel:

Auf einem Grundstück befindet sich ein mehrgeschossiges Gebäude, das wie folgt genutzt wird:
420 m² Wohnfläche
200 m² Nutzfläche
davon 100 m² betrieblich genutzte Flächen,
50 m² Kellerräume in einem Nutzungszusammenhang mit Wohnflächen und
50 m² Kellerräume in einem Nutzungszusammenhang mit den betrieblich genutzten Flächen.

Lösung:

Das Grundstück ist der Grundstücksart gemischt genutztes Grundstück zuzuordnen, da 73,68 % (420 m² von insgesamt 570 m² Wohn- und Nutzfläche) und nicht mehr als 80 % von insgesamt 570 m² Wohn- und Nutzfläche Wohnzwecken dienen. Die zur Wohnfläche gehörenden Kellerräume (Nutzfläche 50 m²) sind hierbei nicht zu berücksichtigen.

20 (6) Liegt eine Errichtung des Gebäudes in Bauabschnitten vor (siehe hierzu A 246 Absatz 3 Sätze 3 bis 6 und A 248 Absatz 4), ist für die Ermittlung des Verhältnisses von Wohn- und Nutzfläche auf den zum jeweiligen Feststellungszeitpunkt bezugsfertigen Teil des Gebäudes abzustellen.

Beispiel:

Ein als Zweifamilienhaus geplantes Gebäude wird in Bauabschnitten errichtet (keine zusammenhängende Bauabwicklung). Zum Feststellungszeitpunkt ist zunächst nur die Hauptwohnung fertig und der Ausbau der Einliegerwohnung zurückgestellt.

Lösung:

Zum Feststellungszeitpunkt liegt die Grundstücksart Einfamilienhaus vor. Nach Fertigstellung und Bezugsfertigkeit der Einliegerwohnung ist eine Artfortschreibung der Grundstücksart vorzunehmen, da erst zu diesem Zeitpunkt ein Zweifamilienhaus vorliegt. Bei Überschreiten der Wertfortschreibungsgrenze ist auch eine Wertfortschreibung vorzunehmen.

AEBew GrSt A 249.2

A 249.2 Grundstücksart Einfamilienhäuser

25 ① Für die Einordnung eines Wohngrundstücks in die Grundstücksart Einfamilienhäuser ist maßgeblich, dass nur eine Wohnung im bewertungsrechtlichen Sinn (siehe zum Wohnungsbegriff A 249.10) vorhanden ist. ② Die Mitbenutzung zu Nichtwohnzwecken, insbesondere zu gewerblichen, freiberuflichen oder öffentlichen Zwecken, zu weniger als 50 Prozent, berechnet nach der Wohn- und Nutzfläche, ist für die Einordnung als Einfamilienhaus unschädlich, wenn die Eigenart als Einfamilienhaus nicht wesentlich beeinträchtigt wird (vgl. BFH-Urteil vom 9. November 1988 II R 61/87, BStBl. II 1989 S. 135). ③ Ob eine teilweise Nutzung zu anderen als Wohnzwecken die Eigenart als Einfamilienhaus beeinträchtigt, ist im Einzelfall nach einer Gesamtbetrachtung aller Umstände zu entscheiden. ④ Dabei ist auf das äußere Erscheinungsbild abzustellen (vgl. BFH-Urteil vom 9. November 1988 II R 61/87, BStBl. II 1989 S. 135). ⑤ Entscheidend ist, dass die Mitbenutzung zu anderen als Wohnzwecken das Grundstück nicht deutlich prägt (vgl. BFH-Urteil vom 23. Oktober 1985 II R 250/81, BStBl. II 1986 S. 173). ⑥ Überwiegt die Nutzung zu anderen als Wohnzwecken, kommt eine Einordnung als Einfamilienhaus unabhängig von einer Beeinträch-

[1] Abgedruckt als Anlage a zu § 181 BewG.
[2] Siehe DIN 277:2021-08.
[3] Abgedruckt als Anlage b zu § 181 BewG.

tigung der Eigenart nicht mehr in Betracht (vgl. BFH-Urteil vom 9. November 1988 II R 61/87, BStBl. II 1989 S. 135). ⑦ Wochenendhäuser, die während des ganzen Jahres bewohnbar sind, können Einfamilienhäuser sein (siehe auch A 249.9 Satz 4). ⑧ Dies ist insbesondere dann der Fall, wenn das Gebäude über die notwendigen Versorgungsanschlüsse verfügt und ganzjährig beheizbar ist. ⑨ Ein Gebäude ist auch dann ganzjährig bewohnbar, wenn baurechtliche Vorschriften eine Dauernutzung ausschließen, kein Erstwohnsitz gemeldet werden darf oder das Gebäude aus anderen Gründen tatsächlich nicht ganzjährig bewohnt wird.

A 249.3 Grundstücksart Zweifamilienhäuser

AEBew GrSt A 249.3

① Für Zweifamilienhäuser gelten die Ausführungen in A 249.2 mit der Maßgabe sinngemäß, dass das Gebäude zwei Wohnungen im bewertungsrechtlichen Sinn (siehe zum Wohnungsbegriff A 249.10) aufweisen muss. ② Zu der Grundstücksart Zweifamilienhäuser gehören neben den ty- 26
pischen Zweifamilienhäusern mit zwei voneinander abgetrennten Wohnungen auch die Wohngrundstücke, die eine Hauptwohnung und eine Einliegerwohnung enthalten, wenn die Einliegerwohnung alle erforderlichen Merkmale einer bewertungsrechtlichen Wohnung gemäß § 249 Absatz 10 BewG erfüllt. ③ Erfüllt die Einliegerwohnung nicht den bewertungsrechtlichen Wohnungsbegriff, handelt es sich bei dem bebauten Grundstück um ein Einfamilienhaus, wenn die übrigen Voraussetzungen eines Einfamilienhauses erfüllt sind.

A 249.4 Grundstücksart Mietwohngrundstück

AEBew GrSt A 249.4

① Mietwohngrundstücke sind Grundstücke, die zu mehr als 80 Prozent, berechnet nach der Wohn- und Nutzfläche, Wohnzwecken dienen und keine Ein- oder Zweifamilienhäuser oder Wohnungseigentum sind. ② Mietwohngrundstücke enthalten in der Regel mehr als zwei Woh- 27
nungen im bewertungsrechtlichen Sinn. ③ Ein Mietwohngrundstück kann auch vorliegen, wenn keine der im Gebäude befindlichen Wohnräume den Wohnungsbegriff erfüllen (z. B. Wohnräume in einem Studentenwohnheim in Gestalt eines Appartementhauses). ④ Typische Mietwohngrundstücke sind z. B. Mehrfamilienhäuser. ⑤ Eine Mitbenutzung zu Nichtwohnzwecken unter 20 Prozent steht der Einordnung als Mietwohngrundstück nicht entgegen. ⑥ Dies gilt unabhängig davon, ob die Eigenart des Mietwohngrundstücks erhalten bleibt. ⑦ Auch eine aufwendig gebaute Villa mit einer großzügigen Hauptwohnung und mehreren Wohnungen für Bedienstete ist ein Mietwohngrundstück.

A 249.5 Grundstücksart Wohnungseigentum[1]

AEBew GrSt A 249.5

(1) ① Jedes Wohnungseigentum gilt grundsätzlich als ein Grundstück im Sinne des Bewertungsgesetzes (§ 243 Absatz 1 Nummer 3 BewG). ② Wohnungseigentum wird nach § 2 WEG entweder durch vertragliche Einräumung von Sondereigentum (§ 3 WEG) oder durch Teilung (§ 8 WEG) 30
begründet. ③ Nach § 3 WEG kann Sondereigentum auch an Räumen in einem erst zu errichtenden Gebäude eingeräumt werden. ④ Ebenso ist die Teilung durch den Eigentümer auch bei einem erst noch zu errichtenden Gebäude möglich (§ 8 Absatz 1 WEG). ⑤ Die rechtliche Zusammenführung von Sondereigentum und Miteigentumsanteil bildet von Beginn an Wohnungseigentum im Sinne des § 1 Absatz 2 und 3 WEG.

(2) ① Das Wohnungseigentum entsteht zivilrechtlich mit der Anlegung des Wohnungseigen- 31
tumsgrundbuchs und dessen Eintragung. ② Bewertungsrechtlich gilt das Wohnungseigentum bereits dann als entstanden, wenn die Teilungserklärung beurkundet ist und der Eintragungsantrag beim Grundbuchamt eingegangen ist. ③ Dies gilt sowohl für im Feststellungszeitpunkt noch nicht bezugsfertige Gebäude als auch für bereits bestehende Gebäude. ④ Ist am Bewertungszeitpunkt die Wohnung noch nicht bezugsfertig errichtet, handelt es sich um ein unbebautes Grundstück und die Bewertung richtet sich nach den Vorschriften für unbebaute Grundstücke. ⑤ Ist zivilrechtlich Wohnungseigentum mit Eintragung in das Grundbuch wirksam begründet worden, liegt auch Wohnungseigentum im Sinne des § 249 Absatz 5 BewG vor. ⑥ Das Vorliegen der Voraussetzungen des § 249 Absatz 10 BewG ist dann nicht mehr zu prüfen. ⑦ Dies gilt auch dann, wenn es sich bei dem Wohnungseigentum nach der Verkehrsanschauung um ein Einfamilienhaus handelt (z. B. Doppel- oder Reihenhäuser, die zivilrechtlich als Wohnungseigentum angelegt sind) und wenn Wohnungseigentum nicht zu Wohnzwecken, sondern für gewerbliche Zwecke genutzt wird.

(3) ① Die wirtschaftliche Einheit des Wohnungseigentums setzt sich aus dem Sondereigentum 32
und dem Miteigentumsanteil an dem gemeinschaftlichen Eigentum zusammen, zu dem es gehört. ② Befinden sich in einem Gebäude mehrere räumlich voneinander getrennte Wohnungen, sind nach der Verkehrsanschauung mehrere wirtschaftliche Einheiten anzunehmen. ③ Dies gilt auch bei einer Eintragung auf demselben Grundbuchblatt (sogenannte Zusammenschreibung; vgl. BFH-Urteil vom 1. August 1990 II R 46/88, BStBl. II S. 1016). ④ Werden mehrere Wohnungen durch größere bauliche Maßnahmen zu einer einzigen Wohnung umgestaltet und sind sie danach

[1] Vgl. *OFD NRW vom 22. 3. 2023 G 1030-2020/0015 St 254* betr. Anzahl der wirtschaftlichen Einheiten bei der Grundstücksart Wohnungseigentum (§ 249 Abs. 1 Nr. 4, Abs. 5 BewG).

nicht mehr ohne größere bauliche Veränderungen getrennt veräußerbar, bilden sie nur eine wirtschaftliche Einheit (vgl. BFH-Urteil vom 1. April 1987 II R 79/86, BStBl. II S. 840). ⑤ Dies gilt entsprechend für die bauliche Zusammenfassung von Wohnung und Gewerberaum.

33 (4) ① Zubehörräume, insbesondere Tiefgaragenstellplätze, Kellerräume und sonstige Abstellräume, die der Grundstückseigentümer gemeinsam mit seinem Miteigentumsanteil nutzt, sind grundsätzlich in die wirtschaftliche Einheit einzubeziehen. ② Auf die zivilrechtliche Gestaltung kommt es dabei nicht an. ③ Sollte an den Zubehörräumen Sondereigentum begründet worden sein, ist es für die Zusammenfassung zu einer wirtschaftlichen Einheit ebenfalls unerheblich, ob die Eintragung im Grundbuch auf einem Grundbuchblatt oder auf zwei separaten Grundbuchblättern erfolgt ist. ④ Wird ein Tiefgaragenstellplatz getrennt von der Eigentumswohnung, mit der er als wirtschaftliche Einheit zusammengefasst wurde, veräußert und entfällt somit der direkte Nutzungszusammenhang, ist er aus dieser wirtschaftlichen Einheit herauszulösen und für die bisherige wirtschaftliche Einheit ist eine Wertfortschreibung zu prüfen (siehe hierzu A 222; zur Bewertung eines Tiefgaragenstellplatzes A 254 Absatz 5). ⑤ Gehören zu der Wohnung auch Garagen, sind sie in die wirtschaftliche Einheit des Wohnungseigentums einzubeziehen (§ 244 Absatz 2 Satz 1 BewG). ⑥ Es kommt nicht darauf an, ob sich die Garagen auf dem Grundstück der Eigentumswohnungsanlage oder auf einem Grundstück in der näheren Umgebung befinden. ⑦ Dies gilt auch für Stellplätze, an denen ein Sondereigentum eingeräumt wurde (vgl. § 3 Absatz 1 Satz 2 WEG; vgl. zur Abgeltung der Außenanlagen bei der Bewertung A 243.1 Absatz 5 Sätze 4 bis 6). ⑧ Bei Garagenstellplätzen im Gemeinschaftseigentum wird es nicht beanstandet, die Anzahl der zu einem Wohnungseigentum gehörenden Stellplätze durch Multiplikation des Miteigentumsanteils mit der gesamten Anzahl der Stellplätze zu ermitteln und das Ergebnis nach unten abzurunden.

34 (5) ① Das Dauerwohnrecht (§ 31 WEG) gilt nicht als wirtschaftliche Einheit des Grundvermögens. ② Wie ein Wohnungseigentum ist es nur dann zu behandeln, wenn der Dauerwohnberechtigte aufgrund der zwischen ihm und dem Grundstückseigentümer getroffenen Vereinbarungen wirtschaftlich einem Wohnungseigentümer gleichsteht. ③ Trägt der Dauerwohnberechtigte statt des zivilrechtlichen Eigentümers die Kosten der Anschaffung oder Herstellung einer von ihm selbstgenutzten Wohnung, ist er wirtschaftlicher Eigentümer, wenn ihm auf Dauer, nämlich für die voraussichtliche Nutzungsdauer der Wohnung, Substanz und Ertrag der Wohnung wirtschaftlich zustehen und er die Gefahr des wirtschaftlichen Untergangs trägt. ④ Das ist u. a. der Fall, wenn ihm bei Heimfall des Dauerwohnrechts ein Anspruch auf Ersatz des vollen Verkehrswertes der Wohnung gegen den zivilrechtlichen Eigentümer zusteht. ⑤ Eine Entschädigung in Höhe des Verkehrswerts des Dauerwohnrechts genügt nicht. ⑥ Entsprechendes gilt beim Dauernutzungsrecht.

AEBew GrSt A 249.6

A 249.6 Grundstücksart Teileigentum

① Jedes Teileigentum gehört zum Grundvermögen (§ 243 Absatz 1 Nummer 3 BewG) und gilt grundsätzlich als ein Grundstück im Sinne des Bewertungsgesetzes (§ 244 Absatz 3 Nummer 3
38 BewG). ② Teileigentum ist das Sondereigentum an nicht zu Wohnzwecken dienenden Räumen eines Gebäudes (z. B. Büroräume, Ladenlokale) in Verbindung mit dem Miteigentum an dem gemeinschaftlichen Eigentum, zu dem es gehört. ③ Gemeinschaftliches Eigentum sind der Grund und Boden sowie die Teile, Anlagen und Einrichtungen des Gebäudes, die nicht im Sondereigentum oder Eigentum eines Dritten stehen (§ 1 Absatz 4 WEG). ④ Der Begriff des Teileigentums, der rein zivilrechtlich zu verstehen ist, entspricht der Definition nach § 1 Absatz 3 WEG. ⑤ Ist zivilrechtlich Teileigentum mit Eintragung in das Grundbuch wirksam begründet worden, liegt auch Teileigentum im Sinne des § 249 Absatz 6 BewG vor. ⑥ Hinsichtlich der bewertungsrechtlichen Entstehung von Teileigentum gelten die Ausführungen in A 249.5 Absatz 2 und 3 entsprechend.

AEBew GrSt A 249.7

A 249.7 Grundstücksart Geschäftsgrundstück

① Geschäftsgrundstücke sind Grundstücke, die gemessen an der Wohn- und Nutzfläche zu mehr als 80 Prozent eigenen oder fremden betrieblichen (gewerblichen, freiberuflichen) oder öffentli-
39 chen Zwecken dienen und kein Teileigentum sind. ② Geschäftsgrundstücke können insbesondere bei Grundstücken vorliegen, die mit Fabrik-, Industrie-, Verwaltungs-, Bürogebäuden, Hotels oder Dienstgebäuden der öffentlichen Verwaltung bebaut sind.

AEBew GrSt A 249.8

A 249.8 Grundstücksart gemischt genutztes Grundstück

① Gemischt genutzte Grundstücke sind Grundstücke, die sowohl Wohnzwecken als auch eigenen oder fremden betrieblichen oder öffentlichen Zwecken dienen und keine Ein- oder Zweifa-
40 milienhäuser, Mietwohngrundstücke, Wohnungseigentum, Teileigentum oder Geschäftsgrundstücke sind. ② Gemischt genutzte Grundstücke dienen gemessen an der Wohn- und Nutzfläche zu mindestens 20 Prozent (andernfalls Wohngrundstück oder sonstiges bebautes Grundstück) und zu höchstens 80 Prozent (andernfalls Geschäftsgrundstück) eigenen oder fremden betrieblichen oder öffentlichen Zwecken.

A 249.9 Grundstücksart sonstiges bebautes Grundstück

AEBew GrSt A 249.9

①Zu den sonstigen bebauten Grundstücken gehören bebaute Grundstücke, die keiner der anderen Grundstücksarten zugeordnet werden können. ②Hierunter können z.B. Clubhäuser, Vereinshäuser, Bootshäuser, studentische Verbindungshäuser, Turnhallen von Sportvereinen, Schützenhallen und Jagdhütten fallen. ③Auch selbständige Garagengrundstücke sind sonstige bebaute Grundstücke, falls sie nicht betrieblich genutzt werden oder in eine andere wirtschaftliche Einheit einzubeziehen sind (siehe A 244.1 Absatz 4). ④Wochenendhäuser, die nicht dauernd bewohnt werden können und daher keine Einfamilienhäuser, Zweifamilienhäuser oder Mietwohngrundstücke sind, sind ebenfalls den sonstigen bebauten Grundstücken zuzurechnen (vgl. auch A 249.2 Satz 7). 41

A 249.10 Wohnungsbegriff

AEBew GrSt A 249.10

①§ 249 Absatz 10 BewG definiert die Wohnung im bewertungsrechtlichen Sinn für Zwecke der Grundsteuer. ②Eine Wohnung ist danach in der Regel die Zusammenfassung mehrerer Räume, die in ihrer Gesamtheit so beschaffen sein müssen, dass die Führung eines selbständigen Haushalts möglich ist. ③Diese Räume müssen eine von anderen Wohnungen oder Räumen, insbesondere Wohnräumen, baulich getrennte, in sich abgeschlossene Wohneinheit bilden und einen selbständigen Zugang haben. ④Außerdem ist erforderlich, dass die für die Führung eines selbständigen Haushalts notwendigen Räume (Küche, Bad oder Dusche, Toilette) vorhanden sind. ⑤Die Wohnfläche soll mindestens 20 Quadratmeter aufweisen. ⑥Es ist im Einzelfall zu prüfen, ob bei einer geringeren Wohnfläche nach der Verkehrsanschauung noch von einer Wohnung im bewertungsrechtlichen Sinn ausgegangen werden kann (z.B. bei sogenannten Tiny-Häusern, d.h. Kleinst- oder Mikrohäusern, Wohnungen in einem Studentenwohnheim). ⑦Wohnungen des Hauspersonals sind auch Wohnungen im bewertungsrechtlichen Sinn. 45

§ 250 Bewertung der bebauten Grundstücke

BewG

(1) Der Grundsteuerwert bebauter Grundstücke ist nach dem Ertragswertverfahren (Absatz 2) oder dem Sachwertverfahren (Absatz 3) zu ermitteln. 1

(2) Im Ertragswertverfahren nach den §§ 252 bis 257 sind zu bewerten: 2

1. Einfamilienhäuser,

2. Zweifamilienhäuser,

3. Mietwohngrundstücke,

4. Wohnungseigentum.

(3) Im Sachwertverfahren nach den §§ 258 bis 260 sind zu bewerten: 3

1. Geschäftsgrundstücke,

2. gemischt genutzte Grundstücke,

3. Teileigentum,

4. sonstige bebaute Grundstücke.

Zu § 250 BewG

A 250 Bewertung der bebauten Grundstücke

AEBew GrSt A 250

(1) ①Der Grundsteuerwert eines bebauten Grundstücks ist entweder nach dem Ertragswertverfahren oder dem Sachwertverfahren zu ermitteln. ②Welches Verfahren für die zu bewertende wirtschaftliche Einheit anzuwenden ist, richtet sich nach der jeweiligen Grundstücksart (siehe hierzu A 249). 5

(2) ①Das Ertragswertverfahren (§§ 252 bis 257 BewG) ist für Wohngrundstücke, also Ein- und Zweifamilienhäuser, Mitwohngrundstücke und Wohnungseigentum anzuwenden. ②Liegt zivilrechtlich Wohnungseigentum vor, ist dieses unabhängig von der Nutzung im Ertragswertverfahren zu bewerten (§ 249 Absatz 1 Nummer 4, Absatz 5, § 250 Absatz 1 Nummer 4 BewG). 6

(3) ①Das Sachwertverfahren (§§ 258 bis 260 BewG) ist für die Bewertung der Geschäftsgrundstücke, gemischt genutzten Grundstücke, Teileigentum und sonstigen bebauten Grundstücke heranzuziehen. ②Liegt zivilrechtlich Teileigentum vor, ist dieses unabhängig von der Nutzung im Sachwertverfahren zu bewerten (§ 249 Absatz 1 Nummer 5, Absatz 6, § 250 Absatz 3 Nummer 3 BewG). 7

(4) Befinden sich auf einem Grundstück mehrere selbständige Gebäude oder Gebäudeteile, erfolgt die Wertermittlung für die gesamte wirtschaftliche Einheit einheitlich, abhängig von der Bestimmung der Grundstücksart entweder im Ertragswertverfahren oder im Sachwertverfahren. 8

BewG

§ 251 Mindestwert

1 **① Der für ein bebautes Grundstück anzusetzende Wert darf nicht geringer sein als 75 Prozent des Werts, mit dem der Grund und Boden allein als unbebautes Grundstück zu bewerten wäre (§ 247). ② Bei der Bewertung von Ein- und Zweifamilienhäusern im Sinne des § 249 Absatz 2 und 3 ist bei der Ermittlung des Mindestwerts § 257 Absatz 1 Satz 2 anzuwenden.**

Zu § 251 BewG

AEBew GrSt A 251

A 251 Mindestwert

(1) ① Der für ein bebautes Grundstück anzusetzende Wert darf nicht geringer sein als 75 Prozent des Werts, mit dem der Grund und Boden allein als unbebautes Grundstück zu bewerten wäre
3 (§ 247 BewG). ② Mit dem Abschlag von 25 Prozent vom Wert des unbebauten Grundstücks werden insbesondere die üblichen Freilegungskosten (z. B. Abrisskosten) typisierend berücksichtigt. ③ Die Berücksichtigung tatsächlich anfallender Freilegungskosten kommt nicht in Betracht.

4 (2) Die bei der Bewertung von Ein- und Zweifamilienhäusern im Sinne des § 249 Absatz 2 und 3 BewG anzuwendenden typisierenden Umrechnungskoeffizienten bei abweichender Grundstücksgröße nach Anlage 36 zum BewG sind auch im Rahmen der Bestimmung des Mindestwerts zu berücksichtigen.

Beispiel:

Der im Rahmen des Ertragswertverfahrens nach den §§ 252 ff. BewG für ein Einfamilienhaus ermittelte Grundsteuerwert beträgt 650 600 €. Das Grundstück hat eine Grundstücksgröße von 920 m². Der Bodenrichtwert beträgt 1 200 €/m².

Lösung:

Aus Anlage 36 zum BewG ergibt sich bei einer Grundstücksgröße von über 900 m² ein Umrechnungskoeffizient von 0,86. Dieser ist auch bei der Ermittlung des Mindestwertes zu berücksichtigen. Der Mindestwert errechnet sich wie folgt:

Grundstücksgröße × Bodenrichtwert × Umrechnungskoeffizient × 75 Prozent

= 920 m² × 1 200 €/m² × 0,86 × 75 Prozent = 712 080 €

Der auf volle hundert Euro nach unten abgerundete Grundsteuerwert beträgt somit 712 000 €.

5 (3) § 251 BewG findet keine Anwendung, wenn nach § 220 Absatz 2 BewG ein niedrigerer gemeiner Wert nachgewiesen worden ist.

Anl zu § 251

Anlage 36
(zu den §§ 251 und 257 Absatz 1)

Umrechnungskoeffizienten zur Berücksichtigung abweichender Grundstücksgrößen beim Bodenwert von Ein- und Zweifamilienhäusern

6

Grundstücksgröße	Umrechnungskoeffizient
< 250 m²	1,24
≥ 250 m²	1,19
≥ 300 m²	1,14
≥ 350 m²	1,10
≥ 400 m²	1,06
≥ 450 m²	1,03
≥ 500 m²	1,00
≥ 550 m²	0,98
≥ 600 m²	0,95
≥ 650 m²	0,94
≥ 700 m²	0,92
≥ 750 m²	0,90
≥ 800 m²	0,89
≥ 850 m²	0,87
≥ 900 m²	0,86
≥ 950 m²	0,85
≥ 1 000 m²	0,84

Grundstücksgröße	Umrechnungskoeffizient
≥ 1 050 m²	0,83
≥ 1 100 m²	0,82
≥ 1 150 m²	0,81
≥ 1 200 m²	0,80
≥ 1 250 m²	0,79
≥ 1 300 m²	0,78
≥ 1 350 m²	0,77
≥ 1 400 m²	0,76
≥ 1 450 m²	0,75
≥ 1 500 m²	0,74
≥ 1 550 m²	0,73
≥ 1 600 m²	0,72
≥ 1 650 m²	0,71
≥ 1 700 m²	0,70
≥ 1 750 m²	0,69
≥ 1 800 m²	0,68
≥ 1 850 m²	0,67
≥ 1 900 m²	0,66
≥ 1 950 m²	0,65
≥ 2 000 m²	0,64

§ 252 Bewertung im Ertragswertverfahren

BewG

① Im Ertragswertverfahren ermittelt sich der Grundsteuerwert aus der Summe des kapitalisierten Reinertrags nach § 253 (Barwert des Reinertrags) und des abgezinsten Bodenwerts nach § 257. ② Mit dem Grundsteuerwert sind die Werte für den Grund und Boden, die Gebäude, die baulichen Anlagen, insbesondere Außenanlagen, und die sonstigen Anlagen abgegolten. 1

Zu § 252 BewG

A 252 Bewertung im Ertragswertverfahren

AEBew GrSt A 252

(1) Das typisierte Ertragswertverfahren nach den §§ 252 bis 257 BewG stellt sich schematisch wie folgt dar: 3

AEBew GrSt A 252

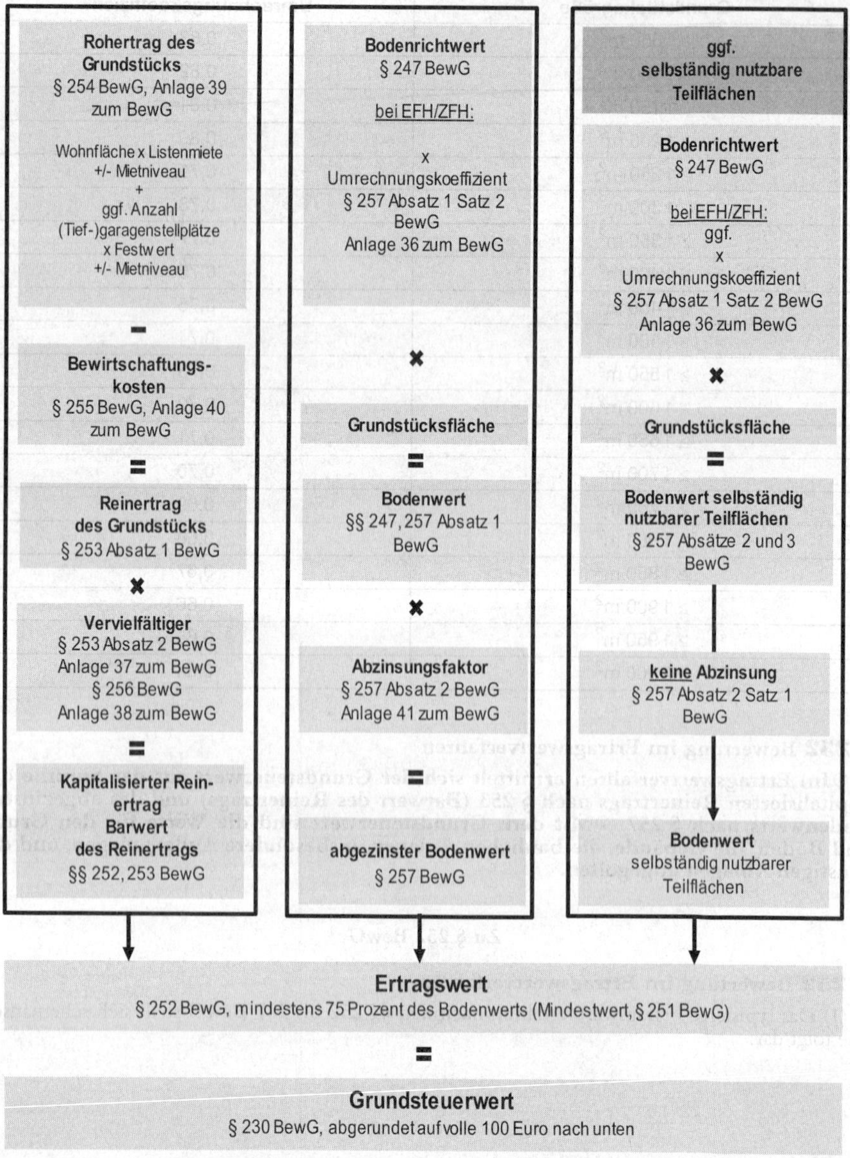

Abbildung 1: Ertragswertverfahren (schematische Darstellung)

4 (2) Besondere objektspezifische Grundstücksmerkmale wie z. B. von den marktüblich erzielbaren Erträgen erheblich abweichende Erträge des Bewertungsobjekts, Baumängel oder Bauschäden, eine wirtschaftliche Überalterung, ein überdurchschnittlicher Erhaltungszustand, Bodenverunreinigungen sowie grundstücksbezogene Rechte und Belastungen sind im Rahmen dieser typisierenden Wertermittlung nicht gesondert zu ermitteln und zu berücksichtigen.

BewG

§ 253 Ermittlung des kapitalisierten Reinertrags

1 (1) ① **Zur Ermittlung des kapitalisierten Reinertrags ist vom Reinertrag des Grundstücks auszugehen.** ② **Dieser ergibt sich aus dem Rohertrag des Grundstücks (§ 254) abzüglich der Bewirtschaftungskosten (§ 255).**

2 (2) ① **Der Reinertrag des Grundstücks ist mit dem sich aus Anlage 37 ergebenden Vervielfältiger zu kapitalisieren.** ② **Maßgebend für den Vervielfältiger sind der Liegenschaftszinssatz nach § 256 und die Restnutzungsdauer des Gebäudes.** ③ **Die Restnut-**

zungsdauer ist grundsätzlich der Unterschiedsbetrag zwischen der wirtschaftlichen Gesamtnutzungsdauer, die sich aus Anlage 38 ergibt, und dem Alter des Gebäudes im Hauptfeststellungszeitpunkt. ④ Sind nach der Bezugsfertigkeit des Gebäudes Veränderungen eingetreten, die die wirtschaftliche Gesamtnutzungsdauer des Gebäudes wesentlich verlängert haben, ist von einer der Verlängerung entsprechenden Restnutzungsdauer auszugehen. ⑤ Die Restnutzungsdauer eines noch nutzbaren Gebäudes beträgt mindestens 30 Prozent der wirtschaftlichen Gesamtnutzungsdauer. ⑥ Bei einer bestehenden Abbruchverpflichtung für das Gebäude ist die Restnutzungsdauer abweichend von den Sätzen 3 bis 5 auf den Unterschiedsbetrag zwischen der tatsächlichen Gesamtnutzungsdauer und dem Alter des Gebäudes im Hauptfeststellungszeitpunkt begrenzt.

Übersicht

		Rz.
A 253.1	AEBewGrSt Ermittlung des kapitalisierten Reinertrags; Restnutzungsdauer	5–9
A 253.2	AEBewGrSt Grundstück mit mehreren Gebäuden oder Gebäudeteilen	10–14
Anlagen:		
a)	Vervielfältiger (Anlage 37 zu § 253 Abs. 2 BewG)	20
b)	Wirtschaftliche Gesamtnutzungsdauer (Anlage 38 zu § 253 Abs. 2 und § 259 Abs. 4 BewG)	21

Zu § 253 BewG

A 253.1 Ermittlung des kapitalisierten Reinertrags; Restnutzungsdauer

AEBew GrSt A 253.1

(1) ① Die Restnutzungsdauer ist grundsätzlich der Unterschiedsbetrag zwischen der wirtschaftlichen Gesamtnutzungsdauer, die sich aus Anlage 38 zum BewG ergibt, und dem Alter des Gebäudes im Hauptfeststellungszeitpunkt. ② Es bestehen aus Vereinfachungsgründen keine Bedenken, das Alter des Gebäudes durch Abzug des Jahres der Bezugsfertigkeit des Gebäudes (Baujahr) vom Jahr des Hauptfeststellungszeitpunkts zu bestimmen. 5

(2) ① Die typisierte wirtschaftliche Gesamtnutzungsdauer eines Gebäudes ist der Anlage 38 zum BewG zu entnehmen. ② Sie richtet sich nach der Grundstücksart im Sinne des § 250 BewG und den in der Anlage 38 zum BewG ausgewiesenen Gebäudearten. ③ Die wirtschaftliche Gesamtnutzungsdauer beträgt für Wohngrundstücke einheitlich 80 Jahre. ④ Dies gilt unabhängig davon, ob im Gebäude enthaltene Räume (z. B. Verkaufsräume oder Büros) für Zwecke genutzt werden, für die eine abweichende wirtschaftliche Gesamtnutzungsdauer anzunehmen wäre. 6

(3)[1] ① Sind nach der Bezugsfertigkeit des Gebäudes Veränderungen eingetreten, die die wirtschaftliche Gesamtnutzungsdauer des Gebäudes wesentlich verlängert haben, ist von einer der Verlängerung entsprechenden Restnutzungsdauer auszugehen. ② Von einer wesentlichen Verlängerung der wirtschaftlichen Gesamtnutzungsdauer ist nur bei einer Kernsanierung auszugehen. ③ Eine Kernsanierung liegt vor, wenn nicht nur der Ausbau (u. a. Heizung, Fenster und Sanitäreinrichtungen) umfassend modernisiert, sondern auch der Rohbau jedenfalls teilweise erneuert worden ist. ④ Bauliche Maßnahmen an nicht tragenden Bauteilen (z. B. Neugestaltung der Fassade) verlängern die Gesamtnutzungsdauer allein nicht wesentlich. ⑤ Durch eine Kernsanierung wird das Gebäude in einen Zustand versetzt, der nahezu einem neuen Gebäude entspricht. ⑥ Dazu wird das Gebäude zunächst bis auf die tragende Substanz zurückgebaut. ⑦ Decken, Außenwände, tragende Innenwände und ggf. der Dachstuhl bleiben dabei in der Regel erhalten; ggf. sind diese zu ertüchtigen und/oder instand zu setzen. ⑧ Voraussetzungen für das Vorliegen einer Kernsanierung sind insbesondere die komplette Erneuerung der Dacheindeckung, der Fassade, der Innen- und Außenwände mit Ausnahme der tragenden Wände, der Fußböden, der Fenster, der Innen- und Außentüren sowie sämtlicher technischen Systeme wie z. B. der Heizung einschließlich aller Leitungen, des Abwassersystems einschließlich der Grundleitungen, der elektrischen Leitungen und der Wasserversorgungsleitungen, sofern diese technisch einwandfrei und als neubauähnlich und neuwertig zu betrachten sind. ⑨ Im Einzelfall müssen nicht zwingend alle der vorgenannten Kriterien gleichzeitig erfüllt sein. ⑩ Dies gilt insbesondere für solche Gebäude und Gebäudeteile, bei denen aufgrund baurechtlicher Vorgaben eine weitreichende Veränderung nicht zulässig ist (z. B. unter Denkmalschutz stehende Gebäude und Gebäudeteile). ⑪ Grundsätzlich ist eine einheitliche Baumaßnahme Voraussetzung, also eine Baumaßnahme, die in einem engen zeitlichen Zusammenhang durchgeführt wird, sich aber über einen Zeitraum von mehreren Jahren erstrecken kann. ⑫ Als Jahr der Kernsanierung gilt das Jahr, in dem die Kernsanierung abgeschlossen wurde. ⑬ Im Jahr der Kernsanierung beträgt die Restnutzungsdauer aus Vereinfachungsgründen 90 Prozent der wirtschaftlichen Gesamtnutzungsdauer des Gebäudes. ⑭ Mit dem pauschalen Abschlag in Höhe von 10 Prozent wird die teilweise noch verbliebene alte Bausubstanz berücksichtigt. 7

Beispiel:

Baujahr 1970, Kernsanierung 2008, wirtschaftliche Gesamtnutzungsdauer 80 Jahre, Feststellungszeitpunkt 1. Januar 2022.

[1] Vgl. *OFD NRW vom 22. 3. 2023 G 1030-2020/0015 St 254* betr. zeitlich „gestreckte" Kernsanierung (§ 253 Abs. 2 Satz 4 BewG).

Lösung:

Restnutzungsdauer im Jahr der Kernsanierung:

wirtschaftliche Gesamtnutzungsdauer (80 Jahre) ./. 10 % der wirtschaftlichen Gesamtnutzungsdauer (8 Jahre) = 72 Jahre.

Restnutzungsdauer im Feststellungszeitpunkt:

72 Jahre ./. (2022 ./. 2008) = 58 Jahre.

8 (4) ① Die Restnutzungsdauer eines noch nutzbaren Gebäudes beträgt mindestens 30 Prozent der wirtschaftlichen Gesamtnutzungsdauer. ② Bei den Wohngrundstücken beträgt die Mindest-Restnutzungsdauer daher einheitlich 24 Jahre. ③ Die Regelung unterstellt einen durchschnittlichen Erhaltungszustand und macht insbesondere bei älteren Gebäuden die Prüfung entbehrlich, ob die restliche Lebensdauer infolge baulicher Maßnahmen verlängert wurde. ④ Bei bestehender Abbruchverpflichtung für das Gebäude kann die Mindest-Restnutzungsdauer unterschritten werden.

9 (5) ① Eine Verkürzung der Restnutzungsdauer kommt nur bei bestehender Abbruchverpflichtung für das Gebäude in Betracht. ② Insbesondere Baumängel und Bauschäden oder wirtschaftliche Gegebenheiten führen nicht zu einer Verkürzung der Restnutzungsdauer bei der Ermittlung des Grundsteuerwertes. ③ Dies gilt auch für nicht behebbare Baumängel oder Bauschäden (z. B. Gründungsmängel, Kriegsschäden, Bergschäden), die selbst durch Ausbesserung nicht auf Dauer beseitigt werden können.

Beispiel:

Baujahr 1982, Abbruchverpflichtung 2030, wirtschaftliche Gesamtnutzungsdauer 80 Jahre.

Gesamtnutzungsdauer aufgrund der Abbruchverpflichtung:

Gesamtnutzungsdauer: Jahr der Abbruchverpflichtung 2030 ./. Baujahr 1982 = 48 Jahre.

Restnutzungsdauer unter Berücksichtigung der Abbruchverpflichtung:

48 Jahre ./. Alter im Hauptfeststellungszeitpunkt 1. Januar 2022 (2022 ./. 1982 = 40 Jahre) = 8 Jahre.

Die Mindest-Restnutzungsdauer von 24 Jahren (30 Prozent von 80 Jahren) ist unbeachtlich.

④ Eine erst nach dem Hauptfeststellungszeitpunkt vereinbarte Abbruchverpflichtung ist als eine Änderung der tatsächlichen Verhältnisse nach § 228 Absatz 2 BewG dem Finanzamt anzuzeigen und kann unter den weiteren Voraussetzungen des § 222 Absatz 1 BewG zu einer Wertfortschreibung führen.

AEBew GrSt A 253.2

A 253.2 Grundstück mit mehreren Gebäuden oder Gebäudeteilen

10 (1) Besteht eine wirtschaftliche Einheit aus mehreren Gebäuden oder Gebäudeteilen, die über eine gewisse bauliche Selbständigkeit verfügen oder die in verschiedenen Jahren bezugsfertig geworden sind, können sich unterschiedliche Restnutzungsdauern ergeben.

11 (2) ① Bei Wohngrundstücken gilt für alle Gebäude und Gebäudeteile – unabhängig von ihrer Nutzung – eine Gesamtnutzungsdauer von 80 Jahren. ② Dies gilt auch für Garagen und Nebengebäude. ③ Liegen keine anderweitigen Erkenntnisse vor, so bestehen keine Bedenken, bei Garagen und Nebengebäuden die Bezugsfertigkeit im Zeitpunkt der Bezugsfertigkeit des Hauptgebäudes zu unterstellen.

Beispiel:

Von einem Mietwohngrundstück mit einer Wohn- und Nutzfläche von insgesamt 1 500 m² dienen 1 300 m² Wohnzwecken, und ein Gebäudeteil mit 200 m² Nutzfläche wird als Büroeinheit genutzt.

Lösung:

Die wirtschaftliche Gesamtnutzungsdauer laut Anlage 38 zum BewG beträgt für Mietwohngrundstücke 80 Jahre. Ein gesonderter Ansatz der wirtschaftlichen Gesamtnutzungsdauer für den Gebäudeteil Büroeinheit von 200 m² (z. B. 60 Jahre für Bürogebäude) ist ausgeschlossen.

12 (3) Ergeben sich bei einer wirtschaftlichen Einheit aus mehreren selbständigen Gebäuden oder Gebäudeteilen unterschiedliche Restnutzungsdauern, ist eine gewogene Restnutzungsdauer unter Berücksichtigung der jeweiligen Roherträge zu ermitteln.

Beispiel:

Mietwohngrundstück bestehend aus zwei Gebäuden mit je vier Wohnungen. Gebäude A wurde 1970 fertiggestellt (Alter des Gebäudes im Hauptfeststellungszeitpunkt 1. Januar 2022 = 52 Jahre), die typisierten Roherträge belaufen sich auf 22 000 €. Das Gebäude B wurde 2005 fertiggestellt (Alter des Gebäudes im Hauptfeststellungszeitpunkt 1. Januar 2022 = 17 Jahre), die typisierten Roherträge betragen 38 000 €. Insgesamt sind für das Mietwohngrundstück Roherträge von 60 000 € (22 000 € + 38 000 €) anzusetzen.

Lösung:

Für das Gebäude A ergeben sich, bezogen auf die Restnutzungsdauer von 28 Jahren im Hauptfeststellungsstichtag (Gesamtnutzungsdauer 80 Jahre abzüglich Alter am Bewertungsstichtag 52 Jahre), anzusetzende Erträge von

28 Jahre × 22 000 € = 616 000 €.

Für das Gebäude B ergeben sich, bezogen auf die Restnutzungsdauer im Hauptfeststellungsstichtag von 63 Jahren (Gesamtnutzungsdauer 80 Jahre abzüglich Alter am Bewertungsstichtag 17 Jahre) anzusetzende Erträge von

63 Jahre × 38 000 € = 2 394 000 €.

Die Summe der anzusetzenden Erträge für das Mietwohngrundstück beträgt somit

616 000 € + 2 394 000 € = 3 010 000 €.

Die gewogene Restnutzungsdauer ergibt sich, indem die Summe der anzusetzenden Erträge durch die Summe der jährlichen Erträge geteilt wird:

3 010 000 € / 60 000 € = 50,17 Jahre.

Die gewogene Restnutzungsdauer wird kaufmännisch auf volle Jahre gerundet und beträgt somit 50 Jahre.

(4) ① Anbauten teilen grundsätzlich auf Grund ihrer Bauart oder Nutzung das Schicksal des Hauptgebäudes. ② Ist dagegen anzunehmen, dass ein Erweiterungsbau nach Größe, Bauart oder Nutzung eine andere Restnutzungsdauer als das Hauptgebäude haben wird, gelten die Absätze 1 bis 3 entsprechend. ③ Für Aufstockungen ist grundsätzlich das Baujahr der unteren Geschosse zu Grunde zu legen. ④ Es ist jedoch zu prüfen, ob die baulichen Maßnahmen eine Kernsanierung darstellen und daher die Restnutzungsdauer des Gebäudes wesentlich verlängert worden ist (siehe A 253.1 Absatz 3). 13

(5) ① Bei einer wirtschaftlichen Einheit mit mehreren nichtselbständigen Gebäuden oder Gebäudeteilen ist von einer einheitlichen Restnutzungsdauer auszugehen. ② Zur Bestimmung der wirtschaftlichen Gesamtnutzungsdauer gelten die oben ausgeführten Erläuterungen (Restnutzungsdauer, A 253.1 Absatz 2). 14

Anlage 37
(zu § 253 Absatz 2)

Anl a zu § 253

Vervielfältiger 20

Restnutzungs-dauer (Jahre)	Zinssatz										
	1,5%	**1,6%**	**1,7%**	**1,8%**	**1,9%**	**2,0%**	**2,1%**	**2,2%**	**2,3%**	**2,4%**	**2,5%**
1	0,99	0,98	0,98	0,98	0,98	0,98	0,98	0,98	0,98	0,98	0,98
2	1,96	1,95	1,95	1,95	1,94	1,94	1,94	1,94	1,93	1,93	1,93
3	2,91	2,91	2,90	2,90	2,89	2,88	2,88	2,87	2,87	2,86	2,86
4	3,85	3,84	3,84	3,83	3,82	3,81	3,80	3,79	3,78	3,77	3,76
5	4,78	4,77	4,75	4,74	4,73	4,71	4,70	4,69	4,67	4,66	4,65
6	5,70	5,68	5,66	5,64	5,62	5,60	5,58	5,56	5,55	5,53	5,51
7	6,60	6,57	6,55	6,52	6,50	6,47	6,45	6,42	6,40	6,37	6,35
8	7,49	7,45	7,42	7,39	7,36	7,33	7,29	7,26	7,23	7,20	7,17
9	8,36	8,32	8,28	8,24	8,20	8,16	8,12	8,08	8,05	8,01	7,97
10	9,22	9,17	9,13	9,08	9,03	8,98	8,94	8,89	8,84	8,80	8,75
11	10,07	10,01	9,96	9,90	9,84	9,79	9,73	9,68	9,62	9,57	9,51
12	10,91	10,84	10,77	10,71	10,64	10,58	10,51	10,45	10,38	10,32	10,26
13	11,73	11,65	11,58	11,50	11,42	11,35	11,27	11,20	11,13	11,05	10,98
14	12,54	12,45	12,37	12,28	12,19	12,11	12,02	11,94	11,85	11,77	11,69
15	13,34	13,24	13,14	13,04	12,95	12,85	12,75	12,66	12,57	12,47	12,38
16	14,13	14,02	13,91	13,80	13,69	13,58	13,47	13,37	13,26	13,16	13,06
17	14,91	14,78	14,66	14,53	14,41	14,29	14,17	14,06	13,94	13,83	13,71
18	15,67	15,53	15,40	15,26	15,12	14,99	14,86	14,73	14,60	14,48	14,35
19	16,43	16,27	16,12	15,97	15,82	15,68	15,53	15,39	15,25	15,12	14,98
20	17,17	17,00	16,83	16,67	16,51	16,35	16,19	16,04	15,89	15,74	15,59
21	17,90	17,72	17,54	17,36	17,18	17,01	16,84	16,67	16,51	16,35	16,18
22	18,62	18,42	18,23	18,03	17,84	17,66	17,47	17,29	17,11	16,94	16,77
23	19,33	19,12	18,91	18,70	18,49	18,29	18,09	17,90	17,71	17,52	17,33
24	20,03	19,80	19,57	19,35	19,13	18,91	18,70	18,49	18,29	18,08	17,88
25	20,72	20,47	20,23	19,99	19,75	19,52	19,30	19,07	18,85	18,64	18,42
26	21,40	21,13	20,87	20,62	20,37	20,12	19,88	19,64	19,41	19,18	18,95
27	22,07	21,79	21,51	21,24	20,97	20,71	20,45	20,20	19,95	19,70	19,46
28	22,73	22,43	22,13	21,84	21,56	21,28	21,01	20,74	20,48	20,22	19,96
29	23,38	23,06	22,75	22,44	22,14	21,84	21,56	21,27	20,99	20,72	20,45
30	24,02	23,68	23,35	23,02	22,71	22,40	22,09	21,79	21,50	21,21	20,93
31	24,65	24,29	23,94	23,60	23,27	22,94	22,62	22,30	21,99	21,69	21,40
32	25,27	24,89	24,52	24,17	23,81	23,47	23,13	22,80	22,48	22,16	21,85
33	25,88	25,48	25,10	24,72	24,35	23,99	23,63	23,29	22,95	22,62	22,29
34	26,48	26,07	25,66	25,27	24,88	24,50	24,13	23,77	23,41	23,06	22,72
35	27,08	26,64	26,22	25,80	25,40	25,00	24,61	24,23	23,86	23,50	23,15
36	27,66	27,21	26,76	26,33	25,90	25,49	25,08	24,69	24,30	23,93	23,56

Anl a zu § 253

noch **20**

Restnutzungs-dauer (Jahre)	Zinssatz										
	1,5%	**1,6%**	**1,7%**	**1,8%**	**1,9%**	**2,0%**	**2,1%**	**2,2%**	**2,3%**	**2,4%**	**2,5%**
37	28,24	27,76	27,30	26,84	26,40	25,97	25,55	25,14	24,73	24,34	23,96
38	28,81	28,31	27,82	27,35	26,89	26,44	26,00	25,57	25,16	24,75	24,35
39	29,36	28,85	28,34	27,85	27,37	26,90	26,45	26,00	25,57	25,14	24,73
40	29,92	29,38	28,85	28,34	27,84	27,36	26,88	26,42	25,97	25,53	25,10
41	30,46	29,90	29,35	28,82	28,30	27,80	27,31	26,83	26,36	25,91	25,47
42	30,99	30,41	29,85	29,29	28,76	28,23	27,73	27,23	26,75	26,28	25,82
43	31,52	30,92	30,33	29,76	29,20	28,66	28,14	27,62	27,12	26,64	26,17
44	32,04	31,41	30,81	30,21	29,64	29,08	28,54	28,01	27,49	26,99	26,50
45	32,55	31,90	31,27	30,66	30,07	29,49	28,93	28,38	27,85	27,34	26,83
46	33,06	32,39	31,73	31,10	30,49	29,89	29,31	28,75	28,20	27,67	27,15
47	33,55	32,86	32,19	31,54	30,90	30,29	29,69	29,11	28,55	28,00	27,47
48	34,04	33,33	32,63	31,96	31,31	30,67	30,06	29,46	28,88	28,32	27,77
49	34,52	33,79	33,07	32,38	31,70	31,05	30,42	29,81	29,21	28,63	28,07
50	35,00	34,24	33,50	32,79	32,09	31,42	30,77	30,14	29,53	28,94	28,36
51	35,47	34,68	33,92	33,19	32,48	31,79	31,12	30,47	29,84	29,24	28,65
52	35,93	35,12	34,34	33,58	32,85	32,14	31,46	30,79	30,15	29,53	28,92
53	36,38	35,55	34,75	33,97	33,22	32,50	31,79	31,11	30,45	29,81	29,19
54	36,83	35,98	35,15	34,35	33,58	32,84	32,12	31,42	30,74	30,09	29,46
55	37,27	36,39	35,55	34,73	33,94	33,17	32,44	31,72	31,03	30,36	29,71
56	37,71	36,81	35,94	35,10	34,29	33,50	32,75	32,02	31,31	30,63	29,96
57	38,13	37,21	36,32	35,46	34,63	33,83	33,05	32,31	31,58	30,88	30,21
58	38,56	37,61	36,70	35,82	34,97	34,15	33,35	32,59	31,85	31,14	30,45
59	38,97	38,00	37,07	36,16	35,29	34,46	33,65	32,87	32,11	31,38	30,68
60	39,38	38,39	37,43	36,51	35,62	34,76	33,93	33,14	32,37	31,63	30,91
61	39,78	38,77	37,79	36,84	35,94	35,06	34,22	33,40	32,62	31,86	31,13
62	40,18	39,14	38,14	37,17	36,25	35,35	34,49	33,66	32,86	32,09	31,35
63	40,57	39,51	38,48	37,50	36,55	35,64	34,76	33,92	33,10	32,31	31,56
64	40,96	39,87	38,82	37,82	36,85	35,92	35,03	34,16	33,33	32,53	31,76
65	41,34	40,23	39,16	38,13	37,15	36,20	35,28	34,41	33,56	32,75	31,96
66	41,71	40,58	39,49	38,44	37,43	36,47	35,54	34,64	33,78	32,96	32,16
67	42,08	40,92	39,81	38,74	37,72	36,73	35,79	34,88	34,00	33,16	32,35
68	42,44	41,26	40,13	39,04	38,00	36,99	36,03	35,11	34,22	33,36	32,54
69	42,80	41,60	40,44	39,33	38,27	37,25	36,27	35,33	34,42	33,56	32,72
70	43,15	41,93	40,75	39,62	38,54	37,50	36,50	35,55	34,63	33,75	32,90
71	43,50	42,25	41,05	39,90	38,80	37,74	36,73	35,76	34,83	33,93	33,07
72	43,84	42,57	41,35	40,18	39,06	37,98	36,95	35,97	35,02	34,11	33,24
73	44,18	42,88	41,64	40,45	39,31	38,22	37,17	36,17	35,21	34,29	33,40
74	44,51	43,19	41,93	40,72	39,56	38,45	37,39	36,37	35,40	34,46	33,57
75	44,84	43,50	42,21	40,98	39,80	38,68	37,60	36,57	35,58	34,63	33,72
76	45,16	43,79	42,49	41,24	40,04	38,90	37,81	36,76	35,76	34,80	33,88
77	45,48	44,09	42,76	41,49	40,28	39,12	38,01	36,95	35,93	34,96	34,03
78	45,79	44,38	43,03	41,74	40,51	39,33	38,21	37,13	36,10	35,11	34,17
79	46,10	44,66	43,29	41,98	40,73	39,54	38,40	37,31	36,27	35,27	34,31
80	46,41	44,95	43,55	42,22	40,96	39,74	38,59	37,48	36,43	35,42	34,45
81	46,71	45,22	43,81	42,46	41,17	39,95	38,77	37,66	36,59	35,56	34,59
82	47,00	45,49	44,06	42,69	41,39	40,14	38,96	37,82	36,74	35,71	34,72
83	47,29	45,76	44,31	42,92	41,60	40,34	39,13	37,99	36,89	35,85	34,85
84	47,58	46,03	44,55	43,14	41,80	40,53	39,31	38,15	37,04	35,98	34,97
85	47,86	46,29	44,79	43,36	42,00	40,71	39,48	38,31	37,19	36,12	35,10

Anl a zu § 253

noch **20**

Restnutzungs-dauer (Jahre)	Zinssatz										
	1,5%	**1,6%**	**1,7%**	**1,8%**	**1,9%**	**2,0%**	**2,1%**	**2,2%**	**2,3%**	**2,4%**	**2,5%**
86	48,14	46,54	45,02	43,58	42,20	40,89	39,65	38,46	37,33	36,25	35,22
87	48,41	46,79	45,25	43,79	42,40	41,07	39,81	38,61	37,47	36,37	35,33
88	48,68	47,04	45,48	44,00	42,59	41,25	39,97	38,76	37,60	36,50	35,45
89	48,95	47,28	45,70	44,20	42,77	41,42	40,13	38,90	37,73	36,62	35,56
90	49,21	47,52	45,92	44,40	42,96	41,59	40,28	39,04	37,86	36,74	35,67
91	49,47	47,76	46,14	44,60	43,14	41,75	40,43	39,18	37,99	36,85	35,77
92	49,72	47,99	46,35	44,79	43,32	41,91	40,58	39,32	38,11	36,97	35,87
93	49,97	48,22	46,56	44,98	43,49	42,07	40,73	39,45	38,23	37,08	35,98
94	50,22	48,44	46,76	45,17	43,66	42,23	40,87	39,58	38,35	37,18	36,07
95	50,46	48,67	46,96	45,35	43,83	42,38	41,01	39,70	38,47	37,29	36,17
96	50,70	48,88	47,16	45,53	43,99	42,53	41,14	39,83	38,58	37,39	36,26
97	50,94	49,10	47,36	45,71	44,15	42,68	41,28	39,95	38,69	37,49	36,35
98	51,17	49,31	47,55	45,89	44,31	42,82	41,41	40,07	38,80	37,59	36,44
99	51,40	49,52	47,74	46,06	44,47	42,96	41,53	40,18	38,90	37,68	36,53
100	51,62	49,72	47,92	46,22	44,62	43,10	41,66	40,30	39,00	37,78	36,61

Restnutzungsdauer (Jahre)	Zinssatz							
	2,6%	**2,7%**	**2,8%**	**2,9%**	**3,0%**	**3,5%**	**4%**	**4,5%**
1	0,97	0,97	0,97	0,97	0,97	0,97	0,96	0,96
2	1,92	1,92	1,92	1,92	1,91	1,90	1,89	1,87
3	2,85	2,85	2,84	2,83	2,83	2,80	2,78	2,75
4	3,75	3,74	3,73	3,73	3,72	3,67	3,63	3,59
5	4,63	4,62	4,61	4,59	4,58	4,52	4,45	4,39
6	5,49	5,47	5,45	5,44	5,42	5,33	5,24	5,16
7	6,33	6,30	6,28	6,25	6,23	6,11	6,00	5,89
8	7,14	7,11	7,08	7,05	7,02	6,87	6,73	6,60
9	7,93	7,90	7,86	7,82	7,79	7,61	7,44	7,27
10	8,71	8,66	8,62	8,57	8,53	8,32	8,11	7,91
11	9,46	9,41	9,36	9,30	9,25	9,00	8,76	8,53
12	10,20	10,13	10,07	10,01	9,95	9,66	9,39	9,12
13	10,91	10,84	10,77	10,70	10,63	10,30	9,99	9,68
14	11,61	11,53	11,45	11,37	11,30	10,92	10,56	10,22
15	12,29	12,20	12,11	12,02	11,94	11,52	11,12	10,74
16	12,95	12,85	12,76	12,66	12,56	12,09	11,65	11,23
17	13,60	13,49	13,38	13,27	13,17	12,65	12,17	11,71
18	14,23	14,11	13,99	13,87	13,75	13,19	12,66	12,16
19	14,84	14,71	14,58	14,45	14,32	13,71	13,13	12,59
20	15,44	15,30	15,16	15,02	14,88	14,21	13,59	13,01
21	16,03	15,87	15,72	15,56	15,42	14,70	14,03	13,40
22	16,59	16,43	16,26	16,10	15,94	15,17	14,45	13,78
23	17,15	16,97	16,79	16,62	16,44	15,62	14,86	14,15
24	17,69	17,50	17,31	17,12	16,94	16,06	15,25	14,50
25	18,22	18,01	17,81	17,61	17,41	16,48	15,62	14,83
26	18,73	18,51	18,30	18,08	17,88	16,89	15,98	15,15
27	19,23	19,00	18,77	18,55	18,33	17,29	16,33	15,45
28	19,72	19,47	19,23	19,00	18,76	17,67	16,66	15,74
29	20,19	19,93	19,68	19,43	19,19	18,04	16,98	16,02
30	20,65	20,38	20,12	19,86	19,60	18,39	17,29	16,29

Anl a zu § 253

noch **20**

Restnutzungsdauer (Jahre)	Zinssatz							
	2,6 %	**2,7 %**	**2,8 %**	**2,9 %**	**3,0 %**	**3,5 %**	**4 %**	**4,5 %**
31	21,11	20,82	20,54	20,27	20,00	18,74	17,59	16,54
32	21,55	21,25	20,96	20,67	20,39	19,07	17,87	16,79
33	21,97	21,66	21,36	21,06	20,77	19,39	18,15	17,02
34	22,39	22,07	21,75	21,44	21,13	19,70	18,41	17,25
35	22,80	22,46	22,13	21,80	21,49	20,00	18,66	17,46
36	23,20	22,84	22,50	22,16	21,83	20,29	18,91	17,67
37	23,58	23,22	22,86	22,51	22,17	20,57	19,14	17,86
38	23,96	23,58	23,21	22,85	22,49	20,84	19,37	18,05
39	24,33	23,93	23,55	23,17	22,81	21,10	19,58	18,23
40	24,69	24,28	23,88	23,49	23,11	21,36	19,79	18,40
41	25,03	24,61	24,20	23,80	23,41	21,60	19,99	18,57
42	25,37	24,94	24,52	24,10	23,70	21,83	20,19	18,72
43	25,71	25,26	24,82	24,40	23,98	22,06	20,37	18,87
44	26,03	25,57	25,12	24,68	24,25	22,28	20,55	19,02
45	26,34	25,87	25,41	24,96	24,52	22,50	20,72	19,16
46	26,65	26,16	25,69	25,23	24,78	22,70	20,88	19,29
47	26,95	26,45	25,96	25,49	25,02	22,90	21,04	19,41
48	27,24	26,73	26,23	25,74	25,27	23,09	21,20	19,54
49	27,53	27,00	26,48	25,99	25,50	23,28	21,34	19,65
50	27,80	27,26	26,74	26,23	25,73	23,46	21,48	19,76
51	28,07	27,52	26,98	26,46	25,95	23,63	21,62	19,87
52	28,34	27,77	27,22	26,68	26,17	23,80	21,75	19,97
53	28,59	28,01	27,45	26,90	26,37	23,96	21,87	20,07
54	28,84	28,25	27,68	27,12	26,58	24,11	21,99	20,16
55	29,09	28,48	27,89	27,33	26,77	24,26	22,11	20,25
56	29,33	28,71	28,11	27,53	26,97	24,41	22,22	20,33
57	29,56	28,93	28,31	27,72	27,15	24,55	22,33	20,41
58	29,78	29,14	28,52	27,91	27,33	24,69	22,43	20,49
59	30,00	29,35	28,71	28,10	27,51	24,82	22,53	20,57
60	30,22	29,55	28,90	28,28	27,68	24,94	22,62	20,64
61	30,43	29,75	29,09	28,45	27,84	25,07	22,71	20,71
62	30,63	29,94	29,27	28,62	28,00	25,19	22,80	20,77
63	30,83	30,12	29,44	28,79	28,16	25,30	22,89	20,83
64	31,02	30,31	29,61	28,95	28,31	25,41	22,97	20,89
65	31,21	30,48	29,78	29,10	28,45	25,52	23,05	20,95
66	31,39	30,65	29,94	29,26	28,60	25,62	23,12	21,01
67	31,57	30,82	30,10	29,40	28,73	25,72	23,19	21,06
68	31,75	30,99	30,25	29,55	28,87	25,82	23,26	21,11
69	31,92	31,14	30,40	29,69	29,00	25,91	23,33	21,16
70	32,08	31,30	30,55	29,82	29,12	26,00	23,39	21,20
71	32,24	31,45	30,69	29,95	29,25	26,09	23,46	21,25
72	32,40	31,60	30,82	30,08	29,37	26,17	23,52	21,29
73	32,56	31,74	30,96	30,20	29,48	26,25	23,57	21,33
74	32,71	31,88	31,09	30,32	29,59	26,33	23,63	21,37
75	32,85	32,02	31,21	30,44	29,70	26,41	23,68	21,40
76	32,99	32,15	31,34	30,56	29,81	26,48	23,73	21,44
77	33,13	32,28	31,45	30,67	29,91	26,55	23,78	21,47
78	33,27	32,40	31,57	30,77	30,01	26,62	23,83	21,50

Restnutzungsdauer (Jahre)	Zinssatz							
	2,6 %	2,7 %	2,8 %	2,9 %	3,0 %	3,5 %	4 %	4,5 %
79	33,40	32,52	31,68	30,88	30,11	26,68	23,87	21,54
80	33,53	32,64	31,79	30,98	30,20	26,75	23,92	21,57
81	33,65	32,76	31,90	31,08	30,29	26,81	23,96	21,59
82	33,77	32,87	32,00	31,17	30,38	26,87	24,00	21,62
83	33,89	32,98	32,11	31,27	30,47	26,93	24,04	21,65
84	34,01	33,09	32,20	31,36	30,55	26,98	24,07	21,67
85	34,12	33,19	32,30	31,45	30,63	27,04	24,11	21,70
86	34,23	33,29	32,39	31,53	30,71	27,09	24,14	21,72
87	34,34	33,39	32,48	31,62	30,79	27,14	24,18	21,74
88	34,44	33,49	32,57	31,70	30,86	27,19	24,21	21,76
89	34,54	33,58	32,66	31,77	30,93	27,23	24,24	21,78
90	34,64	33,67	32,74	31,85	31,00	27,28	24,27	21,80
91	34,74	33,76	32,82	31,93	31,07	27,32	24,30	21,82
92	34,84	33,84	32,90	32,00	31,14	27,37	24,32	21,83
93	34,93	33,93	32,98	32,07	31,20	27,41	24,35	21,85
94	35,02	34,01	33,05	32,14	31,26	27,45	24,37	21,87
95	35,10	34,09	33,12	32,20	31,32	27,48	24,40	21,88
96	35,19	34,17	33,19	32,27	31,38	27,52	24,42	21,90
97	35,27	34,24	33,26	32,33	31,44	27,56	24,44	21,91
98	35,35	34,32	33,33	32,39	31,49	27,59	24,46	21,92
99	35,43	34,39	33,39	32,45	31,55	27,62	24,49	21,94
100	35,51	34,46	33,46	32,51	31,60	27,66	24,50	21,95

Berechnungsvorschrift für die Vervielfältiger (Barwertfaktoren für die Kapitalisierung):

$$\text{Vervielfältiger} = \frac{q^n - 1}{q^n \times (q - 1)}$$

$$q = 1 + LZ \text{ wobei } LZ = \frac{p}{100}$$

LZ = Zinssatz (Liegenschaftszinssatz)
n = Restnutzungsdauer
p = Zinsfuß

Anlage 38
(zu § 253 Absatz 2 und § 259 Absatz 4)

Anl b zu § 253

Wirtschaftliche Gesamtnutzungsdauer

Ein- und Zweifamilienhäuser	80 Jahre
Mietwohngrundstücke, Mehrfamilienhäuser	80 Jahre
Wohnungseigentum	80 Jahre
Geschäftsgrundstücke, gemischt genutzte Grundstücke und sonstige bebaute Grundstücke:	
Gemischt genutzte Grundstücke (Wohnhäuser mit Mischnutzung)	80 Jahre
Museen, Theater, Sakralbauten	70 Jahre
Bürogebäude, Verwaltungsgebäude	60 Jahre
Banken und ähnliche Geschäftshäuser	60 Jahre
Einzelgaragen und Mehrfachgaragen	60 Jahre
Kindergärten (Kindertagesstätten), allgemeinbildende Schulen und berufsbildende Schulen, Hochschulen, Sonderschulen	50 Jahre
Wohnheime, Internate, Alten- und Pflegeheime	50 Jahre
Kauf-/Warenhäuser	50 Jahre
Krankenhäuser, Kliniken, Tageskliniken, Ärztehäuser	40 Jahre
Gemeindezentren, Saalbauten, Veranstaltungsgebäude, Vereinsheime	40 Jahre
Beherbergungsstätten, Hotels, Verpflegungseinrichtungen	40 Jahre

21

Sport- und Tennishallen, Freizeitbäder, Kur- und Heilbäder	40 Jahre
Tief-, Hoch- und Nutzfahrzeuggaragen als Einzelbauwerke, Carports	40 Jahre
Betriebs- und Werkstätten, Industrie- und Produktionsgebäude	40 Jahre
Lager- und Versandgebäude	40 Jahre
Verbrauchermärkte, Autohäuser	30 Jahre
Reithallen, ehemalige landwirtschaftliche Mehrzweckhallen, Scheunen und Ähnliches	30 Jahre

Teileigentum ist in Abhängigkeit von der baulichen Gestaltung den vorstehenden Gebäudearten zuzuordnen.

Auffangklausel

Für nicht aufgeführte Gebäudearten ist die wirtschaftliche Gesamtnutzungsdauer aus der wirtschaftlichen Gesamtnutzungsdauer vergleichbarer Gebäudearten abzuleiten.

BewG

§ 254 Rohertrag des Grundstücks

1 **Der jährliche Rohertrag des Grundstücks ergibt sich aus den in Anlage 39 nach Land, Gebäudeart, Wohnfläche[1] und Baujahr des Gebäudes angegebenen monatlichen Nettokaltmieten je Quadratmeter Wohnfläche einschließlich der in Abhängigkeit der Mietniveaustufen festgelegten Zu- und Abschläge.**

Zu § 254 BewG

AEBew GrSt A 254

A 254 Rohertrag des Grundstücks

(1) ① Ausgangsgröße der Bewertung im Ertragswertverfahren ist der jährliche Rohertrag des Grundstücks. ② Der jährliche Rohertrag des Grundstücks ergibt sich aus typisierten monatlichen
3 Nettokaltmieten. ③ Die Höhe der monatlichen Nettokaltmieten pro Quadratmeter ergibt sich aus der Anlage 39 zum BewG. ④ Die Erklärung der tatsächlichen Mieteinnahmen durch den Steuerpflichtigen oder die Ermittlung einer üblichen Miete ist ausgeschlossen. ⑤ Bei der Bewertung eines Grundstücks im Ertragswertverfahren ist die typisierte Miete für Flächen anzusetzen, die tatsächlich für Wohnzwecke genutzt werden können. ⑥ Nicht entscheidend ist, ob diese Flächen bauordnungsrechtlich allen Anforderungen an Wohn- oder Aufenthaltsräume genügen (vgl. BFH-Urteil vom 18. September 2019 II R 15/16 BStBl. II 2021 S. 64).

4 (2) ① Bei Wohngrundstücken (Ein- und Zweifamilienhäusern, Mietwohngrundstücken und Wohnungseigentum) wird der jährliche Rohertrag auf der Grundlage von aus dem Mikrozensus des Statistischen Bundesamtes für jedes Land abgeleiteten durchschnittlichen Nettokaltmieten je Quadratmeter Wohnfläche ermittelt. ② Die Nettokaltmieten werden für die drei Grundstücksarten Einfamilienhaus, Zweifamilienhaus und Mietwohngrundstück jeweils in drei Wohnflächengruppen sowie fünf Baujahrgruppen unterteilt. ③ Liegt zivilrechtlich Wohnungseigentum vor, sind für die Ermittlung des Rohertrags die Nettokaltmieten für Mietwohngrundstücke anzuwenden; dies gilt auch dann, wenn der Wohnraum für gewerbliche Zwecke genutzt wird. ④ Bei Wohngrundstücken mit mehr als einer Wohnung (Zweifamilienhaus, Mietwohngrundstück) ist jede Wohnung in eine der drei Wohnflächengruppen einzuordnen.

Beispiel:

Ein Mietwohngrundstück besteht aus einem Gebäude mit insgesamt 5 Wohnungen:
Wohnung 1 = 73 m^2
Wohnung 2 = 55 m^2
Wohnung 3 = 128 m^2
Wohnung 4 = 62 m^2
Wohnung 5 = 45 m^2

Lösung:

Für die Ermittlung des Rohertrags sind folgende Einteilungen vorzunehmen:
Zwei Wohnungen mit einer Wohnfläche von unter 60 m^2 und einer Gesamtwohnfläche von 100 m^2 (Wohnungen 2 und 5)
Zwei Wohnungen mit einer Wohnfläche von 60 m^2 bis unter 100 m^2 und einer Gesamtwohnfläche von 135 m^2 (Wohnungen 1 und 4)
Eine Wohnung mit einer Wohnfläche von 100 m^2 und mehr und einer Gesamtwohnfläche von 128 m^2 (Wohnung 3)

5 (3) ① Nutzflächen, die zu anderen als Wohnzwecken genutzt werden (z. B. Verkaufsräume oder Büros), gelten als Wohnfläche. ② Für diese Flächen ist bei Mietwohngrundstücken die für Wohnungen mit einer Fläche unter 60 Quadratmetern geltende monatliche Nettokaltmiete in Euro je Quadratmeter Nutzfläche anzusetzen. ③ Bei Ein- und Zweifamilienhäusern und bei Wohnungseigentum sind diese Flächen zu der jeweiligen Wohnfläche zu addieren. ④ Lassen sich die Nutzflächen bei einem Zweifamilienhaus nicht zweifelsfrei einer Wohnung zuordnen, bestehen keine Bedenken, die Flächen zu der Wohnung mit dem niedrigeren Mietwert zu addieren. ⑤ Zubehörräume wie z. B. Kellerräume, Abstellräume und Kellerersatzräume außerhalb der Wohnung, Waschküchen und Trockenräume, Bodenräume und Heizungsräume bleiben außer Ansatz. ⑥ Räume, die zum dauernden Aufenthalt für Wohnzwecke ausgebaut wurden, sind keine Zubehör-

[1] Vgl. *OFD NRW vom 22. 3. 2023 G 1030-2020/0015 St 254* betr. Ansatz der Wohnfläche zur Ermittlung des Rohertrags bei „Schwarzbauten" (§ 254 BewG).

räume. ⑦ Für Wohnräume, die keine Wohnungen darstellen (z. B. Wohnräume in einem Studentenwohnheim in Gestalt eines Appartementhauses), sind die für Wohnungen bis zu einer Größe von 60 Quadratmetern maßgebenden Mieten anzusetzen.

(4) ① Die typisierten Nettokaltmieten sind des Weiteren nach Baujahrgruppen differenziert. ② Bei einem kernsanierten Gebäude ist zur Einordnung des Gebäudes in die jeweilige Baujahrgruppe auf ein fiktives Baujahr abzustellen, das sich aus dem Jahr der Kernsanierung abzüglich 8 Jahre (10 Prozent der wirtschaftlichen Gesamtnutzungsdauer) ergibt (siehe A 253.1 Absatz 3). 6

(5) ① Für Garagen- und Tiefgaragenstellplätze wird eine Nettokaltmiete als Festwert zugrunde gelegt (35 Euro pro Monat). ② Dies gilt ungeachtet der tatsächlichen Größe des Stellplatzes z. B. auch für Motorradgaragenstellplätze und ehemalige Scheunen. ③ Für sonstige Außenstellplätze erfolgt kein gesonderter Ansatz. ④ Carports sind bei einer Bewertung der wirtschaftlichen Einheit im Ertragswertverfahren regelmäßig mit dem Rohertrag abgegolten und werden nicht gesondert angesetzt. 7

(6) ① Die nach Ländern, Wohnflächen- und Baujahrgruppen unterschiedenen Nettokaltmieten pro Quadratmeter aus der Anlage 39 zum BewG werden durch Zu- und Abschläge nach sieben gemeindebezogenen Mietniveaustufen angepasst. ② Die Einordnung der Gemeinden in die jeweilige Mietniveaustufe ergibt sich aus der Verordnung zur Einstufung der Gemeinden in eine Mietniveaustufe im Sinne des § 254 des Bewertungsgesetzes (Mietniveau-Einstufungsverordnung – MietNEinV).[1] 8

Anlage 39[2]
(zu § 254)

Anl zu § 254

Ermittlung des Rohertrags

I. Monatliche Nettokaltmieten in EUR/Quadratmeter Wohnfläche** 10

(Wertverhältnisse/Stand: 1. Januar 2022)

Land	Gebäudeart*	Wohnfläche** (je Wohnung)	Baujahr des Gebäudes: bis 1948	1949 bis 1978	1979 bis 1990	1991 bis 2000	ab 2001
Baden-Württemberg	Einfamilienhaus	unter 60 m^2	7,13	6,88	7,01	8,73	9,40
		von 60 m^2 bis unter 100 m^2	6,24	6,41	6,62	7,58	7,51
		100 m^2 und mehr	5,53	6,10	6,37	6,61	7,78
	Zweifamilienhaus	unter 60 m^2	7,63	8,16	8,15	8,56	8,89
		von 60 m^2 bis unter 100 m^2	5,60	6,06	6,11	6,55	7,60
		100 m^2 und mehr	5,10	5,38	5,45	6,20	7,31
	Mietwohngrundstück	unter 60 m^2	8,60	9,17	9,11	10,10	12,44
		von 60 m^2 bis unter 100 m^2	6,78	7,09	7,33	7,82	8,97
		100 m^2 und mehr	6,84	6,42	6,82	7,27	8,97
Bayern	Einfamilienhaus	unter 60 m^2	7,86	7,54	7,76	9,28	10,64
		von 60 m^2 bis unter 100 m^2	6,89	7,04	7,34	8,07	8,50
		100 m^2 und mehr	6,09	6,69	7,06	7,03	8,80
	Zweifamilienhaus	unter 60 m^2	6,91	7,35	7,41	7,48	8,25
		von 60 m^2 bis unter 100 m^2	5,06	5,45	5,57	5,72	7,07
		100 m^2 und mehr	4,61	4,85	4,96	5,42	6,79
	Mietwohngrundstück	unter 60 m^2	9,82	10,41	10,44	11,12	14,56
		von 60 m^2 bis unter 100 m^2	7,74	8,04	8,40	8,61	10,50
		100 m^2 und mehr	7,80	7,29	7,81	8,00	10,50
Berlin	Einfamilienhaus	unter 60 m^2	9,04	7,79	7,28	10,70	14,45
		von 60 m^2 bis unter 100 m^2	7,92	7,25	6,89	9,28	11,56
		100 m^2 und mehr	7,01	6,91	6,63	8,09	11,96
	Zweifamilienhaus	unter 60 m^2	8,95	8,55	7,83	9,70	12,62
		von 60 m^2 bis unter 100 m^2	6,56	6,33	5,87	7,43	10,79
		100 m^2 und mehr	5,97	5,64	5,23	7,02	10,37
	Mietwohngrundstück	unter 60 m^2	8,47	8,07	7,34	9,60	14,83
		von 60 m^2 bis unter 100 m^2	6,68	6,23	5,91	7,44	10,70
		100 m^2 und mehr	6,73	5,65	5,50	6,91	10,70

[1] VO vom 18. 8. 2021 (BGBl. I S. 3738).
[2] Anlage 39 geändert durch JStG 2022 v. 16. 12. 2022 (BGBl. I S. 2294).

Anl zu § 254

noch **10**

Land	Gebäudeart*	Wohnfläche** (je Wohnung)	Baujahr des Gebäudes bis 1948	1949 bis 1978	1979 bis 1990	1991 bis 2000	ab 2001
Brandenburg	Einfamilienhaus	unter 60 m²	8,34	7,20	7,28	10,66	12,20
		Von 60 m² bis unter 100 m²	7,31	6,71	6,88	9,26	9,75
		100 m² und mehr	6,47	6,39	6,62	8,07	10,09
	Zweifamilienhaus	unter 60 m²	7,50	7,17	7,10	8,79	9,68
		Von 60 m² bis unter 100 m²	5,50	5,31	5,32	6,72	8,28
		100 m² und mehr	5,00	4,73	4,75	6,36	7,96
	Mietwohngrundstück	unter 60 m²	7,45	7,11	7,00	9,13	11,94
		Von 60 m² bis unter 100 m²	5,88	5,49	5,63	7,07	8,61
		100 m² und mehr	5,92	4,98	5,24	6,58	8,61
Bremen	Einfamilienhaus	unter 60 m²	7,03	6,49	6,73	7,62	9,00
		Von 60 m² bis unter 100 m²	6,16	6,06	6,36	6,62	7,19
		100 m² und mehr	5,45	5,77	6,11	5,77	7,44
	Zweifamilienhaus	unter 60 m²	7,88	8,09	8,19	7,84	8,91
		Von 60 m² bis unter 100 m²	5,78	6,00	6,15	6,00	7,62
		100 m² und mehr	5,26	5,33	5,48	5,67	7,33
	Mietwohngrundstück	unter 60 m²	8,08	8,26	8,33	8,38	11,33
		Von 60 m² bis unter 100 m²	6,38	6,38	6,71	6,49	8,17
		100 m² und mehr	6,42	5,79	6,24	6,04	8,17
Hamburg	Einfamilienhaus	unter 60 m²	8,69	7,01	7,52	9,56	10,26
		Von 60 m² bis unter 100 m²	7,62	6,53	7,11	8,31	8,20
		100 m² und mehr	6,74	6,22	6,84	7,24	8,49
	Zweifamilienhaus	unter 60 m²	10,45	9,34	9,82	10,55	10,89
		Von 60 m² bis unter 100 m²	7,67	6,92	7,37	8,07	9,31
		100 m² und mehr	6,97	6,16	6,57	7,64	8,96
	Mietwohngrundstück	unter 60 m²	9,18	8,19	8,57	9,70	11,89
		Von 60 m² bis unter 100 m²	7,23	6,32	6,89	7,51	8,58
		100 m² und mehr	7,30	5,73	6,42	6,98	8,58
Hessen	Einfamilienhaus	unter 60 m²	7,96	6,97	6,91	7,83	10,02
		Von 60 m² bis unter 100 m²	6,97	6,50	6,54	6,80	8,00
		100 m² und mehr	6,17	6,18	6,29	5,93	8,29
	Zweifamilienhaus	unter 60 m²	7,45	7,23	7,02	6,72	8,27
		Von 60 m² bis unter 100 m²	5,46	5,36	5,26	5,15	7,08
		100 m² und mehr	4,97	4,77	4,70	4,87	6,81
	Mietwohngrundstück	unter 60 m²	9,44	9,13	8,81	8,90	13,01
		Von 60 m² bis unter 100 m²	7,45	7,05	7,10	6,89	9,39
		100 m² und mehr	7,50	6,39	6,60	6,40	9,39
Mecklenburg-Vorpommern	Einfamilienhaus	unter 60 m²	7,02	5,75	5,50	8,12	8,77
		Von 60 m² bis unter 100 m²	6,15	5,37	5,20	7,05	7,01
		100 m² und mehr	5,44	5,11	5,01	6,14	7,26
	Zweifamilienhaus	unter 60 m²	7,48	6,80	6,35	7,92	8,24
		Von 60 m² bis unter 100 m²	5,48	5,05	4,77	6,07	7,05
		100 m² und mehr	4,99	4,49	4,25	5,74	6,78
	Mietwohngrundstück	unter 60 m²	8,20	7,44	6,92	9,09	11,22
		Von 60 m² bis unter 100 m²	6,48	5,74	5,57	7,04	8,10
		100 m² und mehr	6,52	5,21	5,18	6,55	8,10

Anl zu § 254

noch **10**

Land	Gebäudeart*	Wohnfläche** (je Wohnung)	Baujahr des Gebäudes bis 1948	1949 bis 1978	1979 bis 1990	1991 bis 2000	ab 2001
Niedersachsen	Einfamilienhaus	unter 60 m²	6,62	6,36	6,31	7,72	8,40
		Von 60 m² bis unter 100 m²	5,80	5,93	5,97	6,70	6,71
		100 m² und mehr	5,13	5,64	5,74	5,84	6,95
	Zweifamilienhaus	unter 60 m²	6,78	7,21	7,00	7,23	7,58
		von 60 m² bis unter 100 m²	4,98	5,34	5,25	5,53	6,48
		100 m² und mehr	4,52	4,76	4,68	5,24	6,24
	Mietwohngrundstück	unter 60 m²	8,07	8,57	8,28	9,00	11,22
		von 60 m² bis unter 100 m²	6,36	6,62	6,67	6,98	8,10
		100 m² und mehr	6,42	6,01	6,20	6,48	8,10
Nordrhein-Westfalen	Einfamilienhaus	unter 60 m²	6,97	6,56	6,82	8,30	8,32
		von 60 m² bis unter 100 m²	6,10	6,11	6,44	7,20	6,65
		100 m² und mehr	5,40	5,82	6,19	6,28	6,88
	Zweifamilienhaus	unter 60 m²	7,07	7,38	7,50	7,70	7,44
		von 60 m² bis unter 100 m²	5,19	5,47	5,62	5,89	6,37
		100 m² und mehr	4,71	4,87	5,02	5,57	6,12
	Mietwohngrundstück	unter 60 m²	7,83	8,13	8,23	8,90	10,22
		von 60 m² bis unter 100 m²	6,17	6,29	6,62	6,90	7,38
		100 m² und mehr	6,22	5,69	6,15	6,41	7,38
Rheinland-Pfalz	Einfamilienhaus	unter 60 m²	7,12	6,81	6,88	8,13	9,32
		von 60 m² bis unter 100 m²	6,23	6,36	6,50	7,06	7,45
		100 m² und mehr	5,52	6,05	6,25	6,15	7,72
	Zweifamilienhaus	unter 60 m²	7,30	7,77	7,66	7,64	8,44
		von 60 m² bis unter 100 m²	5,35	5,76	5,75	5,85	7,22
		100 m² und mehr	4,87	5,13	5,13	5,53	6,94
	Mietwohngrundstück	unter 60 m²	8,33	8,82	8,67	9,11	11,95
		von 60 m² bis unter 100 m²	6,57	6,81	6,98	7,06	8,62
		100 m² und mehr	6,62	6,18	6,49	6,57	8,62
Saarland	Einfamilienhaus	unter 60 m²	6,07	6,18	6,13	8,39	9,03
		von 60 m² bis unter 100 m²	5,32	5,76	5,79	7,29	7,21
		100 m² und mehr	4,71	5,48	5,57	6,35	7,47
	Zweifamilienhaus	unter 60 m²	6,33	7,13	6,93	8,00	8,30
		von 60 m² bis unter 100 m²	4,63	5,28	5,19	6,13	7,09
		100 m² und mehr	4,22	4,71	4,63	5,80	6,82
	Mietwohngrundstück	unter 60 m²	7,74	8,70	8,41	10,24	12,62
		von 60 m² bis unter 100 m²	6,10	6,73	6,77	7,94	9,10
		100 m² und mehr	6,15	6,10	6,30	7,37	9,10
Sachsen	Einfamilienhaus	unter 60 m²	6,70	6,21	5,71	8,23	8,97
		von 60 m² bis unter 100 m²	5,87	5,79	5,39	7,15	7,17
		100 m² und mehr	5,19	5,52	5,19	6,23	7,43
	Zweifamilienhaus	unter 60 m²	5,92	6,09	5,47	6,67	7,00
		von 60 m² bis unter 100 m²	4,34	4,51	4,11	5,11	5,99
		100 m² und mehr	3,94	4,01	3,67	4,83	5,75
	Mietwohngrundstück	unter 60 m²	7,57	7,77	6,95	8,93	11,12
		von 60 m² bis unter 100 m²	5,98	6,01	5,60	6,92	8,02
		100 m² und mehr	6,02	5,44	5,20	6,42	8,02

Anl zu § 254

Land	Gebäudeart*	Wohnfläche** (je Wohnung)	bis 1948	1949 bis 1978	1979 bis 1990	1991 bis 2000	ab 2001
Sachsen-Anhalt	Einfamilienhaus	unter 60 m²	6,23	5,78	5,53	7,43	7,79
		von 60 m² bis unter 100 m²	5,45	5,39	5,22	6,45	6,23
		100 m² und mehr	4,83	5,14	5,02	5,62	6,45
	Zweifamilienhaus	unter 60 m²	6,19	6,37	5,96	6,75	6,83
		von 60 m² bis unter 100 m²	4,54	4,72	4,47	5,17	5,85
		100 m² und mehr	4,13	4,20	3,98	4,89	5,62
	Mietwohngrundstück	unter 60 m²	7,22	7,41	6,90	8,24	9,90
		von 60 m² bis unter 100 m²	5,69	5,72	5,55	6,38	7,14
		100 m² und mehr	5,74	5,19	5,16	5,93	7,14
Schleswig-Holstein	Einfamilienhaus	unter 60 m²	7,16	6,92	6,87	8,47	9,24
		Von 60 m² bis unter 100 m²	6,28	6,45	6,49	7,35	7,37
		100 m² und mehr	5,55	6,14	6,24	6,41	7,64
	Zweifamilienhaus	unter 60 m²	7,55	8,10	7,86	8,18	8,58
		Von 60 m² bis unter 100 m²	5,54	6,01	5,90	6,27	7,34
		100 m² und mehr	5,03	5,34	5,26	5,92	7,06
	Mietwohngrundstück	unter 60 m²	7,85	8,39	8,10	8,89	11,09
		Von 60 m² bis unter 100 m²	6,19	6,47	6,52	6,89	7,99
		100 m² und mehr	6,24	5,87	6,06	6,40	7,99
Thüringen	Einfamilienhaus	unter 60 m²	7,36	6,58	6,41	8,31	9,59
		Von 60 m² bis unter 100 m²	6,45	6,13	6,05	7,22	7,66
		100 m² und mehr	5,71	5,83	5,82	6,29	7,94
	Zweifamilienhaus	unter 60 m²	7,07	7,00	6,67	7,30	8,12
		Von 60 m² bis unter 100 m²	5,19	5,19	5,00	5,59	6,95
		100 m² und mehr	4,71	4,62	4,45	5,29	6,68
	Mietwohngrundstück	unter 60 m²	7,70	7,61	7,22	8,33	11,00
		Von 60 m² bis unter 100 m²	6,08	5,88	5,81	6,45	7,94
		100 m² und mehr	6,12	5,33	5,40	6,00	7,94

* **[Amtl. Anm.:]** Für Wohnungseigentum gelten die Nettokaltmieten für Mietwohngrundstücke.

** **[Amtl. Anm.:]** Flächen, die zu anderen als Wohnzwecken genutzt werden, gelten als Wohnfläche. Für diese Flächen ist bei Mietwohngrundstücken die für Wohnungen mit einer Fläche unter 60 m² geltende monatliche Nettokaltmiete in Euro je Quadratmeter Nutzfläche (ohne Zubehörräume) anzusetzen. Bei Ein- und Zweifamilienhäusern sind diese Flächen zu der jeweiligen Wohnfläche zu addieren.

Nettokaltmiete – Festwert – für einen Garagenstellplatz (Einzelgarage/Tiefgarage)	35 EUR/Monat

II. Mietniveaustufen

11 Zur Berücksichtigung von Mietniveauunterschieden zwischen Gemeinden eines Landes sind die Nettokaltmieten zu I. durch folgende Ab- oder Zuschläge anzupassen:

Mietniveaustufe 1	– 20,0%
Mietniveaustufe 2	– 10,0%
Mietniveaustufe 3	+/– 0%
Mietniveaustufe 4	+ 10,0%
Mietniveaustufe 5	+ 20,0%
Mietniveaustufe 6	+ 30,0%
Mietniveaustufe 7	+ 40,0%

Die gemeindebezogene Einordnung in die Mietniveaustufen und der dafür maßgebliche Gebietsstand ergibt sich aus der Rechtsverordnung zur Durchführung des § 254 des Bewertungsgesetzes in der jeweils aktuellen Fassung; nicht aufgeführte Gemeinden sind der Mietniveaustufe 3 zuzuordnen.[1]

[1] VO vom 18. 8. 2021 (BGBl. I S. 3738).

§ 255 Bewirtschaftungskosten

BewG

① Als Bewirtschaftungskosten werden die bei ordnungsgemäßer Bewirtschaftung und zulässiger Nutzung marktüblich entstehenden jährlichen Verwaltungskosten, Betriebskosten, Instandhaltungskosten und das Mietausfallwagnis berücksichtigt, die nicht durch Umlagen oder sonstige Kostenübernahmen gedeckt sind. ② Sie ergeben sich aus den pauschalierten Erfahrungssätzen nach Anlage 40. 1

Zu § 255 BewG

A 255 Bewirtschaftungskosten

AEBew GrSt A 255

(1) ① Bewirtschaftungskosten sind die bei ordnungsgemäßer Bewirtschaftung und zulässiger Nutzung marktüblich entstehenden jährlichen Verwaltungskosten, Betriebskosten, Instandhaltungskosten und das Mietausfallwagnis, die nicht durch Umlagen oder sonstige Kostenübernahmen gedeckt sind. ② Zinsen für Hypothekendarlehen, Grundschulden oder sonstige Zahlungen für auf dem Grundstück lastende privatrechtliche Verpflichtungen bleiben unberücksichtigt. 3

(2) ① Die Bewirtschaftungskosten ergeben sich aus den pauschalierten Erfahrungssätzen nach Anlage 40 zum BewG. ② Die Bewirtschaftungskosten werden in Abhängigkeit von den unterschiedlichen Grundstücksarten und nach der jeweiligen Restnutzungsdauer der Gebäude differenziert. ③ Eine verlängerte, verkürzte oder gewogene Restnutzungsdauer sowie die Mindest-Restnutzungsdauer nach § 253 Absatz 2 Satz 5 BewG sind hierbei zu berücksichtigen. ④ Ein Ansatz in tatsächlicher Höhe ist ausgeschlossen. 4

Anlage 40
(zu § 255)

Anl zu § 255

Bewirtschaftungskosten

Pauschalierte Bewirtschaftungskosten für Verwaltung, Instandhaltung und Mietausfallwagnis in Prozent des Rohertrags des Grundstücks nach § 254 5

Restnutzungsdauer	Grundstücksart		
	1 Ein- und Zweifamilienhäuser	2 Wohnungseigentum	3 Mietwohngrundstück
≥ 60 Jahre	18	23	21
40 bis 59 Jahre	21	25	23
20 bis 39 Jahre	25	29	27
< 20 Jahre	27	31	29

§ 256 Liegenschaftszinssätze

BewG

(1) **① Liegenschaftszinssätze sind die Zinssätze, mit denen der Wert von Grundstücken abhängig von der Grundstücksart durchschnittlich und marktüblich verzinst wird. ② Bei der Bewertung bebauter Grundstücke gelten die folgenden Zinssätze:** 1

1. 2,5 Prozent für Ein- und Zweifamilienhäuser,

2. 3,0 Prozent für Wohnungseigentum,

3. 4,0 Prozent für Mietwohngrundstücke mit bis zu sechs Wohnungen,

4. 4,5 Prozent für Mietwohngrundstücke mit mehr als sechs Wohnungen.

(2) **① Bei der Bewertung von Ein- und Zweifamilienhäusern im Sinne des § 249 Absatz 2 und 3 verringert sich der Zinssatz nach Absatz 1 Satz 2 Nummer 1 um jeweils 0,1 Prozentpunkte für jede vollen 100 Euro, die der Bodenrichtwert oder der Bodenwert nach § 247 Absatz 3 je Quadratmeter den Betrag von 500 Euro je Quadratmeter übersteigt. ② Ab einem Bodenrichtwert oder Bodenwert nach § 247 Absatz 3 je Quadratmeter in Höhe von 1 500 Euro je Quadratmeter beträgt der Zinssatz für Ein- und Zweifamilienhäuser einheitlich 1,5 Prozent.** 2

(3) **① Bei der Bewertung von Wohnungseigentum im Sinne des § 249 Absatz 5 verringert sich der Zinssatz nach Absatz 1 Satz 2 Nummer 2 um jeweils 0,1 Prozentpunkte für jede vollen 100 Euro, die der Bodenrichtwert oder der Bodenwert nach § 247 Absatz 3 je Quadratmeter den Betrag von 2 000 Euro je Quadratmeter übersteigt. ② Ab einem Bodenrichtwert oder Bodenwert nach § 247 Absatz 3 je Quadratmeter in Höhe von 3 000 Euro je Quadratmeter beträgt der Zinssatz für Wohnungseigentum einheitlich 2 Prozent.** 3

Zu § 256 BewG

AEBew GrSt A 256

A 256 Liegenschaftszinssätze

(1) ① Liegenschaftszinssätze sind die Zinssätze, mit denen der Wert von Grundstücken abhängig von der Grundstücksart durchschnittlich und marktüblich verzinst wird. ② Mit den Liegenschafts-
5 zinssätzen werden die allgemein vom Grundstücksmarkt erwarteten künftigen Entwicklungen, insbesondere der Ertrags- und Wertverhältnisse sowie der üblichen steuerlichen Rahmenbedingungen, berücksichtigt. ③ Besondere Ertragsverhältnisse, die auf wohnungs- und mietrechtliche Bindungen zurückzuführen sind, bleiben unberücksichtigt. ④ Bei der Ermittlung des Grundsteuerwerts gelten unter Berücksichtigung der Anpassung nach § 256 Absatz 2 und 3 BewG (siehe hierzu unten Absatz 2 und 3) die folgenden gesetzlich festgelegten Zinssätze:

1. 2,5 Prozent für Ein- und Zweifamilienhäuser,
2. 3,0 Prozent für Wohnungseigentum,
3. 4,0 Prozent für Mietwohngrundstücke mit bis zu sechs Wohnungen,
4. 4,5 Prozent für Mietwohngrundstücke mit mehr als sechs Wohnungen.

⑤ Die von den örtlichen Gutachterausschüssen ermittelten und veröffentlichten Liegenschaftszinssätze sind nicht anzusetzen.

6 (2) ① Bei der Bewertung von Ein- und Zweifamilienhäusern verringert sich der Liegenschaftszinssatz um jeweils 0,1 Prozentpunkte je volle 100 Euro, die der Bodenrichtwert oder Bodenwert nach § 247 Absatz 3 BewG je Quadratmeter die Grenze von 500 Euro je Quadratmeter übersteigt. ② Ab einem Bodenrichtwert oder Bodenwert nach § 247 Absatz 3 BewG (umgerechnet auf einen Wert je Quadratmeter) von 1 500 Euro je Quadratmeter wird ein einheitlicher Liegenschaftszinssatz von 1,5 Prozent angewendet.

Beispiel 1:

Einfamilienhaus in einer Bodenrichtwertzone mit einem Bodenrichtwert von 930 €/m²

Lösung:

Der Liegenschaftszinssatz für Einfamilienhäuser beträgt grundsätzlich 2,5 %. Da im vorliegenden Fall der Bodenrichtwert von 930 €/m² die Grenze von 500 €/m² um vier volle 100 € übersteigt, reduziert sich der Liegenschaftszinssatz um 4 × 0,1 Prozentpunkte, also 0,4 Prozentpunkte, und beträgt somit 2,1 %.

Beispiel 2:

Einfamilienhaus in einer Bodenrichtwertzone mit einem Bodenrichtwert von 1 700 €/m²

Lösung:

Der Liegenschaftszinssatz für Einfamilienhäuser beträgt grundsätzlich 2,5 %. Da im vorliegenden Fall der Bodenrichtwert von 1 700 €/m² die Grenze von 500 €/m² um zwölf volle 100 € übersteigt, würde sich der Liegenschaftszinssatz um 12 × 0,1 Prozentpunkte, also 1,2 Prozentpunkte, auf 1,3 % reduzieren. Hier ist allerdings der Liegenschaftszinssatz auf maximal 1,5 % zu reduzieren, da der Bodenrichtwert mehr als 1 500 €/m² beträgt.

③ Die Kürzung des Liegenschaftszinssatzes nach § 256 Absatz 2 und 3 BewG ist regelmäßig anhand des für die Lagequalität prägenden Bodenrichtwerts vorzunehmen. ④ Dies dürfte in der Regel der Bodenrichtwert der Bodenrichtwertzone sein, in welcher das Gebäude belegen ist (in der Regel höherer Bodenrichtwert). ⑤ Zulässig ist auch, einen nach Flächenanteilen gewichteten Bodenrichtwert anzusetzen, wobei lediglich Bodenrichtwerte für den Entwicklungszustand „Baureifes Land" geeignete Indikatoren für die Lagewertigkeit des bebauten Grundstücks darstellen und in die Berechnung des flächengewichteten Bodenrichtwertes zur Anpassung des Liegenschaftszinssatzes einzubeziehen sind.[1] ⑥ Dies gilt für den Bodenwert nach § 247 Absatz 3 BewG umgerechnet in Euro je Quadratmeter entsprechend.

7 (3) ① Bei der Bewertung von Wohnungseigentum verringert sich der Liegenschaftszinssatz um jeweils 0,1 Prozentpunkte je volle 100 Euro, die der Bodenrichtwert oder der Bodenwert nach § 247 Absatz 3 BewG je Quadratmeter die Grenze von 2 000 Euro je Quadratmeter übersteigt. ② Ab einem Bodenrichtwert oder Bodenwert nach § 247 Absatz 3 BewG (umgerechnet auf einen Wert je Quadratmeter) von 3 000 Euro je Quadratmeter wird ein einheitlicher Liegenschaftszinssatz von 2 Prozent angewendet.

Beispiel:

Wohnungseigentum in einer Bodenrichtwertzone mit einem Bodenrichtwert von 2 300 €/m²

Lösung:

Der Liegenschaftszinssatz für Wohnungseigentum beträgt grundsätzlich 3 %. Da im vorliegenden Fall der Bodenrichtwert von 2 300 €/m² die Grenze von 2.000 €/m² um drei volle 100 € übersteigt, reduziert sich der Liegenschaftszinssatz um 3 × 0,1 Prozentpunkte, also 0,3 Prozentpunkte, und beträgt somit 2,7 %.

BewG

§ 257 Ermittlung des abgezinsten Bodenwerts

1 **(1) ① Zur Ermittlung des abgezinsten Bodenwerts ist vom Bodenwert nach § 247 auszugehen. ② Bei der Bewertung von Ein- und Zweifamilienhäusern im Sinne des § 249 Absatz 2 und 3 sind zur Berücksichtigung abweichender Grundstücksgrößen beim Bodenwert die Umrechnungskoeffizienten nach Anlage 36 anzuwenden.**

[1] Vgl. *Kurzinfo LfSt Rheinland-Pfalz vom 24. 8. 2022 G 1030A-St 325* und *Vfg. OFD NRW vom 9. 9. 2022 G 1030 – 2020/0015 St 254.*

(2) ① **Der Bodenwert nach Absatz 1 ist mit Ausnahme des Werts von selbständig nutzbaren Teilflächen nach Absatz 3 mit dem sich aus Anlage 41 ergebenden Abzinsungsfaktor abzuzinsen.** ② **Der jeweilige Abzinsungsfaktor bestimmt sich nach dem Liegenschaftszinssatz nach § 256 und der Restnutzungsdauer des Gebäudes nach § 253 Absatz 2 Satz 3 bis 6.** 2

(3) **Eine selbständig nutzbare Teilfläche ist ein Teil eines Grundstücks, der für die angemessene Nutzung der Gebäude nicht benötigt wird und selbständig genutzt oder verwertet werden kann.** 3

Übersicht

		Rz.
A 257.1	AEBewGrSt Ermittlung des abgezinsten Bodenwerts; Allgemeines	5
A 257.2	AEBewGrSt Berücksichtigung abweichender Grundstücksgrößen bei Ein- und Zweifamilienhäusern	7, 8
A 257.3	AEBewGrSt Mehrere Bodenrichtwertzonen	10
A 257.4	AEBewGrSt Selbständig nutzbare Teilfläche	11–13
Anlage:		
	Abzinsungsfaktoren (Anlage 41 zu § 257 Abs. 2 BewG)	15

Zu § 257 BewG

A 257.1 Ermittlung des abgezinsten Bodenwerts; Allgemeines

AEBew GrSt A 257.1

① Zur Ermittlung des abgezinsten Bodenwerts ist vom Bodenwert nach § 247 BewG auszugehen. ② Der Bodenwert ist mit Ausnahme des Werts von selbständig nutzbaren Teilflächen (siehe dazu A 257.4) mit dem sich aus Anlage 41 zum BewG ergebenden Abzinsungsfaktor abzuzinsen. 5
③ Der jeweilige Abzinsungsfaktor bestimmt sich nach dem Liegenschaftszinssatz nach § 256 BewG und der Restnutzungsdauer des Gebäudes nach § 253 Absatz 2 Sätze 3 bis 6 BewG.

Beispiel:

Ein zu bewertendes Grundstück (500 m²) ist mit einem Einfamilienhaus bebaut. Das Gebäude wurde 1992 bezugsfertig (Baujahr). Zum Hauptfeststellungszeitpunkt beträgt das Alter somit 30 Jahre (2022–1992).

Lösung:

Die Restnutzungsdauer des Gebäudes ergibt sich aus der Differenz zwischen der wirtschaftlichen Gesamtnutzungsdauer (vgl. Anlage 38 zum BewG) und dem Alter des Gebäudes im Hauptfeststellungszeitpunkt: 80 Jahre – 30 Jahre (Alter) = 50 Jahre. Der Liegenschaftszinssatz für das Einfamilienhaus beträgt gemäß § 256 BewG 2,5 %. Aus der Restnutzungsdauer von 50 Jahren und dem Liegenschaftszinssatz von 2,5 % ergibt sich gemäß Anlage 41 zum BewG ein Abzinsungsfaktor von 0,2909.

Der abgezinste Bodenwert ermittelt sich wie folgt:

Bodenwert = BRW × 500 m² × 0,2909

A 257.2 Berücksichtigung abweichender Grundstücksgrößen bei Ein- und Zweifamilienhäusern

AEBew GrSt A 257.2

(1) ① Bei der Bewertung von Ein- und Zweifamilienhäusern sind zur Berücksichtigung abweichender Grundstücksgrößen beim Bodenwert die Umrechnungskoeffizienten nach Anlage 36 zum BewG anzuwenden. ② Veröffentlichungen der örtlichen Gutachterausschüsse zu entsprechenden Umrechnungskoeffizienten sind für Zwecke der Ermittlung von Grundsteuerwerten nicht zu berücksichtigen. ③ Das gilt auch dann, wenn sich die Festlegung des Bodenrichtwerts durch den Gutachterausschuss nicht auf ein Bodenrichtwertgrundstück mit einer Größe von 500 Quadratmetern bezieht. ④ Eine Interpolation erfolgt nicht. ⑤ Der Umrechnungskoeffizient ist auf die gleiche Flächengröße anzuwenden, die auch zur Ermittlung des abgezinsten Bodenwerts herangezogen wird. 7

Beispiel:

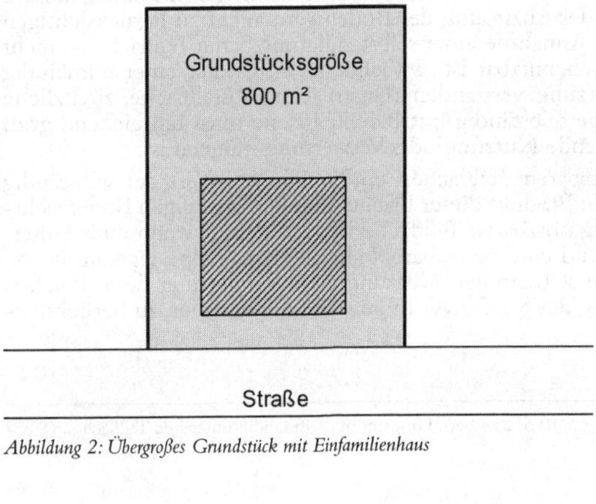

Abbildung 2: Übergroßes Grundstück mit Einfamilienhaus

Einfamilienhaus mit einer Restnutzungsdauer von 30 Jahren auf einem 800 m² großen Grundstück in einer Bodenrichtwertzone mit einem Bodenrichtwert von 500 €/m²

Lösung:

Der Bodenwert errechnet sich durch Multiplikation der Grundstückfläche mit dem jeweiligen Bodenrichtwert: 800 m² × 500 €/m² = 400 000 €. Durch Multiplikation mit dem Umrechnungskoeffizienten für ein Grundstück mit einer Größe von 800 m² gemäß Anlage 36 zum BewG (0,89) ergibt sich ein Bodenwert von 356 000 €.

8 (2) Liegen gemäß A 257.4 Absatz 2 und 3 keine selbständig nutzbaren Teilflächen vor, ist die gesamte Grundstücksfläche bei Ermittlung des abgezinsten Bodenwerts und der Anpassung aufgrund abweichender Grundstücksgröße bei einem mit einem Ein- oder Zweifamilienhaus bebauten Grundstück zu berücksichtigen.

Beispiel:

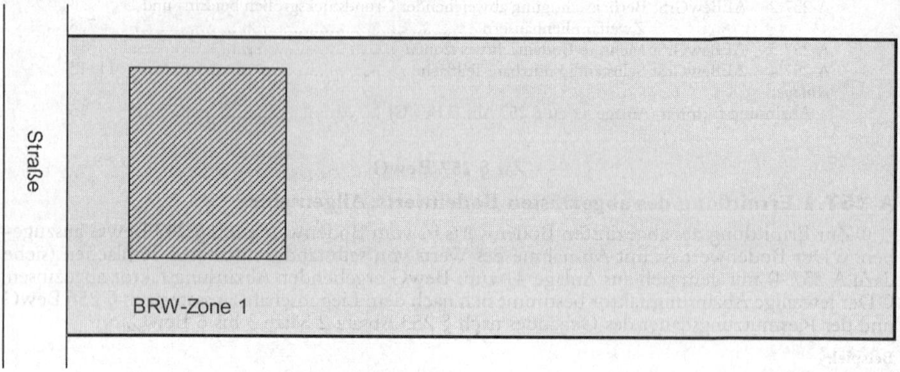

Abbildung 3: Grundstück ohne selbständig nutzbare Teilfläche

Die Grundstücksgröße des zu bewertenden Grundstücks beträgt 1 200 m². Das Grundstück liegt in einer Bodenrichtwertzone, in der BRW 1 für eine Baufläche ausgewiesen wird.

Lösung:

Der Bodenwert ermittelt sich wie folgt:

Abgezinster Bodenwert:

BRW 1 × 1 200 m² × 0,80 (vgl. Anlage 36 zum BewG) × Abzinsungsfaktor (vgl. Anlage 41 zum BewG)

AEBew GrSt A 257.3

A 257.3 Mehrere Bodenrichtwertzonen

10 ① Liegt das Grundstück mit dem Ein- oder Zweifamilienhaus in mehr als einer Bodenrichtwertzone, sind alle Bodenrichtwerte für die Ermittlung des Bodenwerts nach § 247 BewG zugrunde zu legen, und der Umrechnungskoeffizient nach Anlage 36 zum BewG ist in der Regel auf die gesamte Grundstücksfläche ohne selbständig nutzbare Teilflächen anzuwenden. ② Maßgebend ist der Umrechnungskoeffizient, der sich für die gesamte Grundstücksfläche ohne selbständig nutzbare Teilflächen und einschließlich in anderen Bodenrichtwertzonen liegenden Flächen ergibt.

AEBew GrSt A 257.4

A 257.4 Selbständig nutzbare Teilfläche[1]

11 (1) ① Ist das Grundstück wesentlich größer, als es einer den Gebäuden angemessenen Nutzung entspricht, und ist eine zusätzliche Nutzung oder Verwertung einer Teilfläche (selbständig nutzbare Teilfläche) zulässig und möglich, ohne dass mehrere wirtschaftliche Einheiten im Sinne des § 2 BewG vorliegen, ist diese Teilfläche bei der Abzinsung des Bodenwerts nicht zu berücksichtigen (§ 257 Absatz 2 Satz 1 BewG). ② Für die Annahme einer selbständig nutzbaren Teilfläche ist nicht entscheidend, ob diese selbständig baulich nutzbar ist. ③ Vielmehr wird unter einer selbständig nutzbaren Teilfläche jede sinnvolle Nutzung verstanden (Lagerfläche, Abstellfläche, zusätzliche Gartenfläche, Schrebergarten usw.). ④ Die selbständig nutzbare Teilfläche muss hinreichend groß und so gestaltet sein, dass eine entsprechende Nutzung oder Verwertung möglich ist.

12 (2) ① Bei bebaubaren selbständig nutzbaren Teilflächen ergibt sich der Wert der selbständig nutzbaren Teilfläche in der Regel aus dem Produkt dieser Fläche und dem jeweiligen Bodenrichtwert. ② Von einer bebaubaren selbständig nutzbaren Teilfläche ist auszugehen, wenn eine Aufteilung des Grundstücks in eine bebaute und eine bebaubare Teilfläche sowie eine separate Nutz- und Verwertbarkeit gegeben ist und die selbständige Nutzung oder Verwertung dem üblichen Marktverhalten entspricht. ③ Der Vorrang des § 2 BewG ist auch in diesen Fällen zu berücksichtigen.

[1] Vgl. *OFD NRW vom 22. 3. 2023 G 1000-2020/0010 St 254* betr. Umgang mit selbständig nutzbaren Teilflächen (§ 257 Abs. 3 BewG).

AEBew GrSt A 257.4

Beispiel:

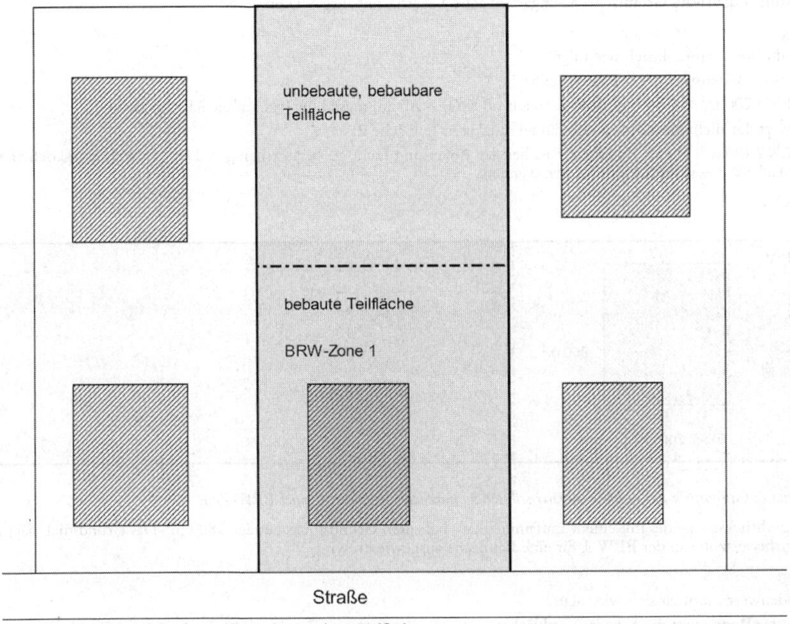

Abbildung 4: Grundstück mit bebaubarer selbständig nutzbarer Teilfläche

Die Grundstücksgröße des mit einem Einfamilienhaus bebauten Grundstücks beträgt 1 200 m². Eine Aufteilung des Grundstücks in ein bebautes und ein eigenständiges, bebaubares Baugrundstück mit einer jeweiligen Grundstücksgröße von 600 m² ist möglich. Eine selbständige Verwertbarkeit ist gegeben.

Lösung:

Der Bodenwert ermittelt sich wie folgt:

Abgezinster Bodenwert der bebauten Teilfläche:

BRW 1 × 600 m² × 0,95 (vgl. Anlage 36 zum BewG) × Abzinsungsfaktor (vgl. Anlage 41 zum BewG).

Bodenwert der bebaubaren selbständig nutzbaren Teilfläche:

BRW 1 × 600 m². Dieser Bodenwert ist bei der Abzinsung nicht zu berücksichtigen. Der Umrechnungskoeffizient ist in diesem Fall auf diese Teilfläche nicht anzuwenden.

(3) ① Der Wert einer nicht bebaubaren selbständig nutzbaren Teilfläche ergibt sich in der Regel aus dem Produkt der Fläche und dem Bodenrichtwert für eine nicht bauliche Nutzung. ② Von einer nicht bebaubaren selbständig nutzbaren Teilfläche ist insbesondere auszugehen, wenn die Grundstücksteilfläche in einer Bodenrichtwertzone liegt, in der ein von einer baulichen Nutzung abweichender Bodenrichtwert ausgewiesen wird (Beispiel 1). ③ Wenn kein gesonderter Bodenrichtwert vorliegt, der die geringere Nutzbarkeit dieser Fläche berücksichtigt, ist der Umrechnungskoeffizient nach Anlage 36 zum BewG auf die Gesamtfläche einschließlich der selbständig nutzbaren Teilfläche anzuwenden (Beispiel 2). 13

Beispiel 1:

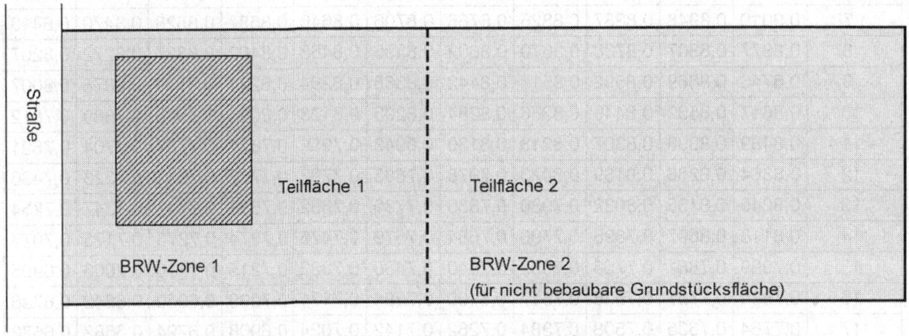

Abbildung 5: Grundstück mit nicht bebaubarer selbständig nutzbarer Teilfläche in zwei BRW-Zonen

Die Grundstücksgröße des mit einem Einfamilienhaus bebauten Grundstücks beträgt 3 600 m². Die Fläche des bebauten Grundstücksteils beträgt 1 200 m² und liegt in einer Bodenrichtwertzone, in der BRW 1 für eine Baufläche ausgewiesen wird.

Die nicht bebaubare Teilfläche befindet sich in einer Bodenrichtwertzone, in der BRW 2 für eine nicht bebaubare Fläche (z. B. Grünland, private Grünfläche, Kleingartenfläche, Lagerfläche) ausgewiesen wird.

Lösung:

Der Bodenwert ermittelt sich wie folgt:

Abgezinster Bodenwert der bebauten Teilfläche 1:

BRW 1 × 1 200 m² × 0,80 (vgl. Anlage 36 zum BewG) × Abzinsungsfaktor (vgl. Anlage 41 zum BewG).

Bodenwert der nicht bebaubaren selbständig nutzbaren Teilfläche 2:

BRW 2 × 2 400 m². Dieser Bodenwert ist bei der Abzinsung nicht zu berücksichtigen. Der Umrechnungskoeffizient ist in diesem Fall auf diese Teilfläche nicht anzuwenden.

Beispiel 2:

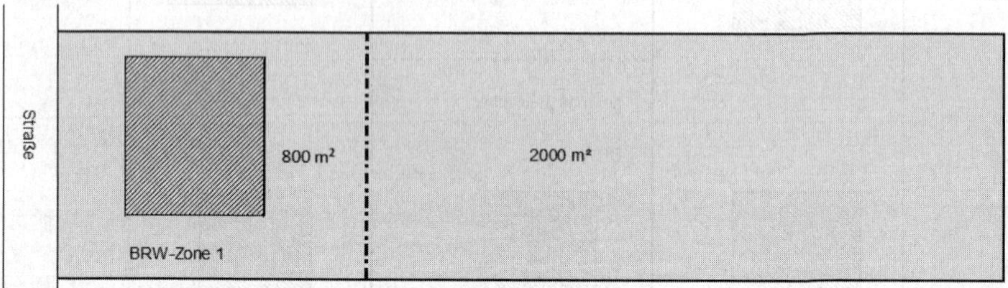

Abbildung 6: Grundstück mit nicht bebaubarer selbständig nutzbarer Teilfläche in einer BRW-Zone

Die Grundstücksgröße des mit einem Einfamilienhaus bebauten Grundstücks beträgt 2 800 m². Das Grundstück liegt in einer Bodenrichtwertzone, in der BRW 1 für eine Baufläche ausgewiesen wird.

Lösung:

Der Bodenwert ermittelt sich wie folgt:

Abgezinster Bodenwert der bebauten Teilfläche:

BRW 1 × 800 m² × 0,64 (vgl. Anlage 36 zum BewG) × Abzinsungsfaktor (vgl. Anlage 41 zum BewG).

Bodenwert der nicht bebaubaren selbständig nutzbaren Teilfläche:

BRW 1 × 2 000 m² × 0,64 (vgl. Anlage 36 zum BewG). Dieser Bodenwert ist bei der Abzinsung nicht zu berücksichtigen.

Anl zu § 257

Anlage 41
(zu § 257 Absatz 2)

Abzinsungsfaktoren

15

Restnutzungsdauer (Jahre)	Zinssatz										
	1,5%	1,6%	1,7%	1,8%	1,9%	2,0%	2,1%	2,2%	2,3%	2,4%	2,5%
1	0,9852	0,9843	0,9833	0,9823	0,9814	0,9804	0,9794	0,9785	0,9775	0,9766	0,9756
2	0,9707	0,9688	0,9668	0,9649	0,9631	0,9612	0,9593	0,9574	0,9555	0,9537	0,9518
3	0,9563	0,9535	0,9507	0,9479	0,9451	0,9423	0,9396	0,9368	0,9341	0,9313	0,9286
4	0,9422	0,9385	0,9348	0,9311	0,9275	0,9238	0,9202	0,9166	0,9131	0,9095	0,9060
5	0,9283	0,9237	0,9192	0,9147	0,9102	0,9057	0,9013	0,8969	0,8925	0,8882	0,8839
6	0,9145	0,9092	0,9038	0,8985	0,8932	0,8880	0,8828	0,8776	0,8725	0,8674	0,8623
7	0,9010	0,8948	0,8887	0,8826	0,8766	0,8706	0,8646	0,8587	0,8528	0,8470	0,8413
8	0,8877	0,8807	0,8738	0,8670	0,8602	0,8535	0,8468	0,8402	0,8337	0,8272	0,8207
9	0,8746	0,8669	0,8592	0,8517	0,8442	0,8368	0,8294	0,8221	0,8149	0,8078	0,8007
10	0,8617	0,8532	0,8449	0,8366	0,8284	0,8203	0,8123	0,8044	0,7966	0,7889	0,7812
11	0,8489	0,8398	0,8307	0,8218	0,8130	0,8043	0,7956	0,7871	0,7787	0,7704	0,7621
12	0,8364	0,8266	0,8169	0,8073	0,7978	0,7885	0,7793	0,7702	0,7612	0,7523	0,7436
13	0,8240	0,8135	0,8032	0,7930	0,7830	0,7730	0,7632	0,7536	0,7441	0,7347	0,7254
14	0,8118	0,8007	0,7898	0,7790	0,7684	0,7579	0,7475	0,7374	0,7273	0,7175	0,7077
15	0,7999	0,7881	0,7766	0,7652	0,7540	0,7430	0,7322	0,7215	0,7110	0,7006	0,6905
16	0,7880	0,7757	0,7636	0,7517	0,7400	0,7284	0,7171	0,7060	0,6950	0,6842	0,6736
17	0,7764	0,7635	0,7508	0,7384	0,7262	0,7142	0,7024	0,6908	0,6794	0,6682	0,6572
18	0,7649	0,7515	0,7383	0,7253	0,7126	0,7002	0,6879	0,6759	0,6641	0,6525	0,6412
19	0,7536	0,7396	0,7259	0,7125	0,6993	0,6864	0,6738	0,6614	0,6492	0,6372	0,6255

noch **15**

Restnutzungsdauer (Jahre)	Zinssatz										
	1,5%	1,6%	1,7%	1,8%	1,9%	2,0%	2,1%	2,2%	2,3%	2,4%	2,5%
20	0,7425	0,7280	0,7138	0,6999	0,6863	0,6730	0,6599	0,6471	0,6346	0,6223	0,6103
21	0,7315	0,7165	0,7019	0,6875	0,6735	0,6598	0,6463	0,6332	0,6203	0,6077	0,5954
22	0,7207	0,7052	0,6901	0,6754	0,6609	0,6468	0,6330	0,6196	0,6064	0,5935	0,5809
23	0,7100	0,6941	0,6786	0,6634	0,6486	0,6342	0,6200	0,6062	0,5927	0,5796	0,5667
24	0,6995	0,6832	0,6673	0,6517	0,6365	0,6217	0,6073	0,5932	0,5794	0,5660	0,5529
25	0,6892	0,6724	0,6561	0,6402	0,6247	0,6095	0,5948	0,5804	0,5664	0,5527	0,5394
26	0,6790	0,6619	0,6451	0,6289	0,6130	0,5976	0,5825	0,5679	0,5536	0,5398	0,5262
27	0,6690	0,6514	0,6344	0,6177	0,6016	0,5859	0,5706	0,5557	0,5412	0,5271	0,5134
28	0,6591	0,6412	0,6238	0,6068	0,5904	0,5744	0,5588	0,5437	0,5290	0,5148	0,5009
29	0,6494	0,6311	0,6133	0,5961	0,5794	0,5631	0,5473	0,5320	0,5171	0,5027	0,4887
30	0,6398	0,6211	0,6031	0,5856	0,5686	0,5521	0,5361	0,5206	0,5055	0,4909	0,4767
31	0,6303	0,6114	0,5930	0,5752	0,5580	0,5412	0,5251	0,5094	0,4941	0,4794	0,4651
32	0,6210	0,6017	0,5831	0,5650	0,5476	0,5306	0,5143	0,4984	0,4830	0,4682	0,4538
33	0,6118	0,5923	0,5733	0,5550	0,5373	0,5202	0,5037	0,4877	0,4722	0,4572	0,4427
34	0,6028	0,5829	0,5638	0,5452	0,5273	0,5100	0,4933	0,4772	0,4616	0,4465	0,4319
35	0,5939	0,5737	0,5543	0,5356	0,5175	0,5000	0,4832	0,4669	0,4512	0,4360	0,4214
36	0,5851	0,5647	0,5451	0,5261	0,5078	0,4902	0,4732	0,4568	0,4410	0,4258	0,4111
37	0,5764	0,5558	0,5360	0,5168	0,4984	0,4806	0,4635	0,4470	0,4311	0,4158	0,4011
38	0,5679	0,5471	0,5270	0,5077	0,4891	0,4712	0,4540	0,4374	0,4214	0,4061	0,3913
39	0,5595	0,5385	0,5182	0,4987	0,4800	0,4619	0,4446	0,4280	0,4120	0,3966	0,3817
40	0,5513	0,5300	0,5095	0,4899	0,4710	0,4529	0,4355	0,4188	0,4027	0,3873	0,3724
41	0,5431	0,5216	0,5010	0,4812	0,4622	0,4440	0,4265	0,4097	0,3936	0,3782	0,3633
42	0,5351	0,5134	0,4926	0,4727	0,4536	0,4353	0,4178	0,4009	0,3848	0,3693	0,3545
43	0,5272	0,5053	0,4844	0,4644	0,4452	0,4268	0,4092	0,3923	0,3761	0,3607	0,3458
44	0,5194	0,4974	0,4763	0,4561	0,4369	0,4184	0,4007	0,3838	0,3677	0,3522	0,3374
45	0,5117	0,4895	0,4683	0,4481	0,4287	0,4102	0,3925	0,3756	0,3594	0,3440	0,3292
46	0,5042	0,4818	0,4605	0,4402	0,4207	0,4022	0,3844	0,3675	0,3513	0,3359	0,3211
47	0,4967	0,4742	0,4528	0,4324	0,4129	0,3943	0,3765	0,3596	0,3434	0,3280	0,3133
48	0,4894	0,4668	0,4452	0,4247	0,4052	0,3865	0,3688	0,3518	0,3357	0,3203	0,3057
49	0,4821	0,4594	0,4378	0,4172	0,3976	0,3790	0,3612	0,3443	0,3282	0,3128	0,2982
50	0,4750	0,4522	0,4305	0,4098	0,3902	0,3715	0,3538	0,3369	0,3208	0,3055	0,2909
51	0,4680	0,4451	0,4233	0,4026	0,3829	0,3642	0,3465	0,3296	0,3136	0,2983	0,2838
52	0,4611	0,4381	0,4162	0,3955	0,3758	0,3571	0,3394	0,3225	0,3065	0,2913	0,2769
53	0,4543	0,4312	0,4093	0,3885	0,3688	0,3501	0,3324	0,3156	0,2996	0,2845	0,2702
54	0,4475	0,4244	0,4024	0,3816	0,3619	0,3432	0,3255	0,3088	0,2929	0,2778	0,2636
55	0,4409	0,4177	0,3957	0,3749	0,3552	0,3365	0,3188	0,3021	0,2863	0,2713	0,2572
56	0,4344	0,4111	0,3891	0,3682	0,3485	0,3299	0,3123	0,2956	0,2799	0,2650	0,2509
57	0,4280	0,4046	0,3826	0,3617	0,3420	0,3234	0,3059	0,2893	0,2736	0,2588	0,2448
58	0,4217	0,3983	0,3762	0,3553	0,3357	0,3171	0,2996	0,2830	0,2674	0,2527	0,2388
59	0,4154	0,3920	0,3699	0,3490	0,3294	0,3109	0,2934	0,2769	0,2614	0,2468	0,2330
60	0,4093	0,3858	0,3637	0,3429	0,3233	0,3048	0,2874	0,2710	0,2555	0,2410	0,2273
61	0,4032	0,3797	0,3576	0,3368	0,3172	0,2988	0,2815	0,2652	0,2498	0,2353	0,2217
62	0,3973	0,3738	0,3516	0,3309	0,3113	0,2929	0,2757	0,2594	0,2442	0,2298	0,2163
63	0,3914	0,3679	0,3458	0,3250	0,3055	0,2872	0,2700	0,2539	0,2387	0,2244	0,2111
64	0,3856	0,3621	0,3400	0,3193	0,2998	0,2816	0,2645	0,2484	0,2333	0,2192	0,2059
65	0,3799	0,3564	0,3343	0,3136	0,2942	0,2761	0,2590	0,2430	0,2281	0,2140	0,2009

Anl zu § 257

noch **15**

Restnutzungsdauer (Jahre)	Zinssatz										
	1,5%	1,6%	1,7%	1,8%	1,9%	2,0%	2,1%	2,2%	2,3%	2,4%	2,5%
66	0,3743	0,3508	0,3287	0,3081	0,2887	0,2706	0,2537	0,2378	0,2230	0,2090	0,1960
67	0,3688	0,3452	0,3232	0,3026	0,2834	0,2653	0,2485	0,2327	0,2179	0,2041	0,1912
68	0,3633	0,3398	0,3178	0,2973	0,2781	0,2601	0,2434	0,2277	0,2130	0,1993	0,1865
69	0,3580	0,3345	0,3125	0,2920	0,2729	0,2550	0,2384	0,2228	0,2082	0,1947	0,1820
70	0,3527	0,3292	0,3073	0,2869	0,2678	0,2500	0,2335	0,2180	0,2036	0,1901	0,1776
71	0,3475	0,3240	0,3021	0,2818	0,2628	0,2451	0,2287	0,2133	0,1990	0,1857	0,1732
72	0,3423	0,3189	0,2971	0,2768	0,2579	0,2403	0,2239	0,2087	0,1945	0,1813	0,1690
73	0,3373	0,3139	0,2921	0,2719	0,2531	0,2356	0,2193	0,2042	0,1901	0,1771	0,1649
74	0,3323	0,3089	0,2872	0,2671	0,2484	0,2310	0,2148	0,1998	0,1859	0,1729	0,1609
75	0,3274	0,3041	0,2824	0,2624	0,2437	0,2265	0,2104	0,1955	0,1817	0,1689	0,1569
76	0,3225	0,2993	0,2777	0,2577	0,2392	0,2220	0,2061	0,1913	0,1776	0,1649	0,1531
77	0,3178	0,2946	0,2731	0,2532	0,2347	0,2177	0,2018	0,1872	0,1736	0,1610	0,1494
78	0,3131	0,2899	0,2685	0,2487	0,2304	0,2134	0,1977	0,1832	0,1697	0,1573	0,1457
79	0,3084	0,2854	0,2640	0,2443	0,2261	0,2092	0,1936	0,1792	0,1659	0,1536	0,1422
80	0,3039	0,2809	0,2596	0,2400	0,2219	0,2051	0,1896	0,1754	0,1622	0,1500	0,1387
81	0,2994	0,2764	0,2553	0,2357	0,2177	0,2011	0,1857	0,1716	0,1585	0,1465	0,1353
82	0,2950	0,2721	0,2510	0,2316	0,2137	0,1971	0,1819	0,1679	0,1550	0,1430	0,1320
83	0,2906	0,2678	0,2468	0,2275	0,2097	0,1933	0,1782	0,1643	0,1515	0,1397	0,1288
84	0,2863	0,2636	0,2427	0,2235	0,2058	0,1895	0,1745	0,1607	0,1481	0,1364	0,1257
85	0,2821	0,2594	0,2386	0,2195	0,2019	0,1858	0,1709	0,1573	0,1447	0,1332	0,1226
86	0,2779	0,2554	0,2346	0,2156	0,1982	0,1821	0,1674	0,1539	0,1415	0,1301	0,1196
87	0,2738	0,2513	0,2307	0,2118	0,1945	0,1786	0,1640	0,1506	0,1383	0,1270	0,1167
88	0,2698	0,2474	0,2269	0,2081	0,1908	0,1751	0,1606	0,1473	0,1352	0,1241	0,1138
89	0,2658	0,2435	0,2231	0,2044	0,1873	0,1716	0,1573	0,1442	0,1322	0,1211	0,1111
90	0,2619	0,2396	0,2193	0,2008	0,1838	0,1683	0,1541	0,1411	0,1292	0,1183	0,1084
91	0,2580	0,2359	0,2157	0,1972	0,1804	0,1650	0,1509	0,1380	0,1263	0,1155	0,1057
92	0,2542	0,2322	0,2121	0,1937	0,1770	0,1617	0,1478	0,1351	0,1234	0,1128	0,1031
93	0,2504	0,2285	0,2085	0,1903	0,1737	0,1586	0,1447	0,1321	0,1207	0,1102	0,1006
94	0,2467	0,2249	0,2050	0,1869	0,1705	0,1554	0,1418	0,1293	0,1179	0,1076	0,0982
95	0,2431	0,2214	0,2016	0,1836	0,1673	0,1524	0,1389	0,1265	0,1153	0,1051	0,0958
96	0,2395	0,2179	0,1982	0,1804	0,1642	0,1494	0,1360	0,1238	0,1127	0,1026	0,0934
97	0,2359	0,2144	0,1949	0,1772	0,1611	0,1465	0,1332	0,1211	0,1102	0,1002	0,0912
98	0,2324	0,2111	0,1917	0,1741	0,1581	0,1436	0,1305	0,1185	0,1077	0,0979	0,0889
99	0,2290	0,2077	0,1885	0,1710	0,1552	0,1408	0,1278	0,1160	0,1053	0,0956	0,0868
100	0,2256	0,2045	0,1853	0,1680	0,1523	0,1380	0,1251	0,1135	0,1029	0,0933	0,0846

Restnutzungsdauer (Jahre)	Zinssatz							
	2,6%	2,7%	2,8%	2,9%	3,0%	3,5%	4%	4,5%
1	0,9747	0,9737	0,9728	0,9718	0,9709	0,9662	0,9615	0,9569
2	0,9500	0,9481	0,9463	0,9444	0,9426	0,9335	0,9246	0,9157
3	0,9259	0,9232	0,9205	0,9178	0,9151	0,9019	0,8890	0,8763
4	0,9024	0,8989	0,8954	0,8919	0,8885	0,8714	0,8548	0,8386
5	0,8796	0,8753	0,8710	0,8668	0,8626	0,8420	0,8219	0,8025
6	0,8573	0,8523	0,8473	0,8424	0,8375	0,8135	0,7903	0,7679
7	0,8355	0,8299	0,8242	0,8186	0,8131	0,7860	0,7599	0,7348

Anl zu § 257
noch **15**

Restnutzungs-dauer (Jahre)	Zinssatz							
	2,6%	2,7%	2,8%	2,9%	3,0%	3,5%	4%	4,5%
8	0,8144	0,8080	0,8018	0,7956	0,7894	0,7594	0,7307	0,7032
9	0,7937	0,7868	0,7799	0,7731	0,7664	0,7337	0,7026	0,6729
10	0,7736	0,7661	0,7587	0,7514	0,7441	0,7089	0,6756	0,6439
11	0,7540	0,7460	0,7380	0,7302	0,7224	0,6849	0,6496	0,6162
12	0,7349	0,7264	0,7179	0,7096	0,7014	0,6618	0,6246	0,5897
13	0,7163	0,7073	0,6984	0,6896	0,6810	0,6394	0,6006	0,5643
14	0,6981	0,6887	0,6794	0,6702	0,6611	0,6178	0,5775	0,5400
15	0,6804	0,6706	0,6609	0,6513	0,6419	0,5969	0,5553	0,5167
16	0,6632	0,6529	0,6429	0,6329	0,6232	0,5767	0,5339	0,4945
17	0,6464	0,6358	0,6253	0,6151	0,6050	0,5572	0,5134	0,4732
18	0,6300	0,6191	0,6083	0,5978	0,5874	0,5384	0,4936	0,4528
19	0,6140	0,6028	0,5917	0,5809	0,5703	0,5202	0,4746	0,4333
20	0,5985	0,5869	0,5756	0,5645	0,5537	0,5026	0,4564	0,4146
21	0,5833	0,5715	0,5599	0,5486	0,5375	0,4856	0,4388	0,3968
22	0,5685	0,5565	0,5447	0,5332	0,5219	0,4692	0,4220	0,3797
23	0,5541	0,5419	0,5299	0,5181	0,5067	0,4533	0,4057	0,3634
24	0,5401	0,5276	0,5154	0,5035	0,4919	0,4380	0,3901	0,3477
25	0,5264	0,5137	0,5014	0,4893	0,4776	0,4231	0,3751	0,3327
26	0,5131	0,5002	0,4877	0,4756	0,4637	0,4088	0,3607	0,3184
27	0,5001	0,4871	0,4744	0,4622	0,4502	0,3950	0,3468	0,3047
28	0,4874	0,4743	0,4615	0,4491	0,4371	0,3817	0,3335	0,2916
29	0,4750	0,4618	0,4490	0,4365	0,4243	0,3687	0,3207	0,2790
30	0,4630	0,4497	0,4367	0,4242	0,4120	0,3563	0,3083	0,2670
31	0,4513	0,4378	0,4248	0,4122	0,4000	0,3442	0,2965	0,2555
32	0,4398	0,4263	0,4133	0,4006	0,3883	0,3326	0,2851	0,2445
33	0,4287	0,4151	0,4020	0,3893	0,3770	0,3213	0,2741	0,2340
34	0,4178	0,4042	0,3911	0,3783	0,3660	0,3105	0,2636	0,2239
35	0,4072	0,3936	0,3804	0,3677	0,3554	0,3000	0,2534	0,2143
36	0,3969	0,3832	0,3700	0,3573	0,3450	0,2898	0,2437	0,2050
37	0,3869	0,3732	0,3600	0,3472	0,3350	0,2800	0,2343	0,1962
38	0,3771	0,3633	0,3502	0,3375	0,3252	0,2706	0,2253	0,1878
39	0,3675	0,3538	0,3406	0,3279	0,3158	0,2614	0,2166	0,1797
40	0,3582	0,3445	0,3313	0,3187	0,3066	0,2526	0,2083	0,1719
41	0,3491	0,3354	0,3223	0,3097	0,2976	0,2440	0,2003	0,1645
42	0,3403	0,3266	0,3135	0,3010	0,2890	0,2358	0,1926	0,1574
43	0,3316	0,3180	0,3050	0,2925	0,2805	0,2278	0,1852	0,1507
44	0,3232	0,3097	0,2967	0,2843	0,2724	0,2201	0,1780	0,1442
45	0,3150	0,3015	0,2886	0,2763	0,2644	0,2127	0,1712	0,1380
46	0,3071	0,2936	0,2807	0,2685	0,2567	0,2055	0,1646	0,1320
47	0,2993	0,2859	0,2731	0,2609	0,2493	0,1985	0,1583	0,1263
48	0,2917	0,2784	0,2657	0,2535	0,2420	0,1918	0,1522	0,1209
49	0,2843	0,2710	0,2584	0,2464	0,2350	0,1853	0,1463	0,1157
50	0,2771	0,2639	0,2514	0,2395	0,2281	0,1791	0,1407	0,1107
51	0,2701	0,2570	0,2445	0,2327	0,2215	0,1730	0,1353	0,1059
52	0,2632	0,2502	0,2379	0,2262	0,2150	0,1671	0,1301	0,1014
53	0,2566	0,2437	0,2314	0,2198	0,2088	0,1615	0,1251	0,0970

Anl zu § 257

noch **15**

Restnutzungsdauer (Jahre)	Zinssatz							
	2,6%	**2,7%**	**2,8%**	**2,9%**	**3,0%**	**3,5%**	**4%**	**4,5%**
54	0,2501	0,2372	0,2251	0,2136	0,2027	0,1560	0,1203	0,0928
55	0,2437	0,2310	0,2190	0,2076	0,1968	0,1508	0,1157	0,0888
56	0,2375	0,2249	0,2130	0,2017	0,1910	0,1457	0,1112	0,0850
57	0,2315	0,2190	0,2072	0,1960	0,1855	0,1407	0,1069	0,0814
58	0,2257	0,2133	0,2016	0,1905	0,1801	0,1360	0,1028	0,0778
59	0,2199	0,2077	0,1961	0,1851	0,1748	0,1314	0,0989	0,0745
60	0,2144	0,2022	0,1907	0,1799	0,1697	0,1269	0,0951	0,0713
61	0,2089	0,1969	0,1855	0,1748	0,1648	0,1226	0,0914	0,0682
62	0,2036	0,1917	0,1805	0,1699	0,1600	0,1185	0,0879	0,0653
63	0,1985	0,1867	0,1756	0,1651	0,1553	0,1145	0,0845	0,0625
64	0,1935	0,1818	0,1708	0,1605	0,1508	0,1106	0,0813	0,0598
65	0,1885	0,1770	0,1661	0,1560	0,1464	0,1069	0,0781	0,0572
66	0,1838	0,1723	0,1616	0,1516	0,1421	0,1033	0,0751	0,0547
67	0,1791	0,1678	0,1572	0,1473	0,1380	0,0998	0,0722	0,0524
68	0,1746	0,1634	0,1529	0,1431	0,1340	0,0964	0,0695	0,0501
69	0,1702	0,1591	0,1488	0,1391	0,1301	0,0931	0,0668	0,0480
70	0,1658	0,1549	0,1447	0,1352	0,1263	0,0900	0,0642	0,0459
71	0,1616	0,1508	0,1408	0,1314	0,1226	0,0869	0,0617	0,0439
72	0,1575	0,1469	0,1369	0,1277	0,1190	0,0840	0,0594	0,0420
73	0,1535	0,1430	0,1332	0,1241	0,1156	0,0812	0,0571	0,0402
74	0,1497	0,1392	0,1296	0,1206	0,1122	0,0784	0,0549	0,0385
75	0,1459	0,1356	0,1260	0,1172	0,1089	0,0758	0,0528	0,0368
76	0,1422	0,1320	0,1226	0,1139	0,1058	0,0732	0,0508	0,0353
77	0,1386	0,1286	0,1193	0,1107	0,1027	0,0707	0,0488	0,0337
78	0,1351	0,1252	0,1160	0,1075	0,0997	0,0683	0,0469	0,0323
79	0,1316	0,1219	0,1129	0,1045	0,0968	0,0660	0,0451	0,0309
80	0,1283	0,1187	0,1098	0,1016	0,0940	0,0638	0,0434	0,0296
81	0,1250	0,1156	0,1068	0,0987	0,0912	0,0616	0,0417	0,0283
82	0,1219	0,1125	0,1039	0,0959	0,0886	0,0596	0,0401	0,0271
83	0,1188	0,1096	0,1011	0,0932	0,0860	0,0575	0,0386	0,0259
84	0,1158	0,1067	0,0983	0,0906	0,0835	0,0556	0,0371	0,0248
85	0,1128	0,1039	0,0956	0,0880	0,0811	0,0537	0,0357	0,0237
86	0,1100	0,1011	0,0930	0,0856	0,0787	0,0519	0,0343	0,0227
87	0,1072	0,0985	0,0905	0,0832	0,0764	0,0501	0,0330	0,0217
88	0,1045	0,0959	0,0880	0,0808	0,0742	0,0484	0,0317	0,0208
89	0,1018	0,0934	0,0856	0,0785	0,0720	0,0468	0,0305	0,0199
90	0,0993	0,0909	0,0833	0,0763	0,0699	0,0452	0,0293	0,0190
91	0,0967	0,0885	0,0810	0,0742	0,0679	0,0437	0,0282	0,0182
92	0,0943	0,0862	0,0788	0,0721	0,0659	0,0422	0,0271	0,0174
93	0,0919	0,0839	0,0767	0,0700	0,0640	0,0408	0,0261	0,0167
94	0,0896	0,0817	0,0746	0,0681	0,0621	0,0394	0,0251	0,0160
95	0,0873	0,0796	0,0726	0,0662	0,0603	0,0381	0,0241	0,0153
96	0,0851	0,0775	0,0706	0,0643	0,0586	0,0368	0,0232	0,0146
97	0,0829	0,0755	0,0687	0,0625	0,0569	0,0355	0,0223	0,0140
98	0,0808	0,0735	0,0668	0,0607	0,0552	0,0343	0,0214	0,0134
99	0,0788	0,0715	0,0650	0,0590	0,0536	0,0332	0,0206	0,0128
100	0,0768	0,0697	0,0632	0,0573	0,0520	0,0321	0,0198	0,0123

Berechnungsvorschrift für die Abzinsungsfaktoren (Barwertfaktoren für die Abzinsung):

$$\text{Abzinsungsfaktor} = \frac{1}{q^n}$$

$$q = 1 + LZ \text{ wobei } LZ = \frac{p}{100}$$

LZ = Zinssatz (Liegenschaftszinssatz)
n = Restnutzungsdauer
p = Zinsfuß

§ 258 Bewertung im Sachwertverfahren

BewG

(1) **Bei Anwendung des Sachwertverfahrens ist der Wert der Gebäude (Gebäudesachwert) getrennt vom Bodenwert zu ermitteln.** 1

(2) **Der Bodenwert ist der Wert des unbebauten Grundstücks nach § 247.** 2

(3) ① **Die Summe aus Bodenwert (§ 247) und Gebäudesachwert (§ 259) ergibt den vorläufigen Sachwert des Grundstücks.** ② **Dieser ist zur Ermittlung des Grundsteuerwerts im Sachwertverfahren mit der Wertzahl nach § 260 zu multiplizieren.** ③ **Mit dem Grundsteuerwert sind die Werte für den Grund und Boden, die Gebäude, die baulichen Anlagen, insbesondere Außenanlagen, und die sonstigen Anlagen abgegolten.** 3

Zu § 258 BewG

A 258 Bewertung im Sachwertverfahren

AEBew GrSt A 258

(1) ① Bei Anwendung des Sachwertverfahrens (§§ 258 bis 260 BewG) ermittelt sich der Gebäudesachwert getrennt vom Bodenwert auf der Grundlage von gewöhnlichen Herstellungskosten. ② Der Bodenwert ist wie bei einem unbebauten Grundstück nach Maßgabe des § 247 BewG zu ermitteln. ③ Die Summe aus Gebäudesachwert und Bodenwert ergibt den vorläufigen Sachwert, der zur Ermittlung des Grundsteuerwerts mit einer Wertzahl nach § 260 BewG i. V. m. Anlage 43 zum BewG zu multiplizieren ist. ④ Bauliche Anlagen, insbesondere die Außenanlagen (z. B. befestigte Wege und Plätze, Einfriedungen, siehe auch A 243.1 Absatz 5 Sätze 4 bis 6), und die sonstigen Anlagen sind mit dem Sachwert abgegolten. ⑤ Besondere objektspezifische Grundstücksmerkmale (z. B. wirtschaftliche Überalterung, Baumängel oder Bauschäden) sind nicht gesondert zu ermitteln und zu berücksichtigen. 5

6 (2) Das typisierte – vereinfachte – Sachwertverfahren nach den §§ 258 bis 260 BewG stellt sich schematisch wie folgt dar:

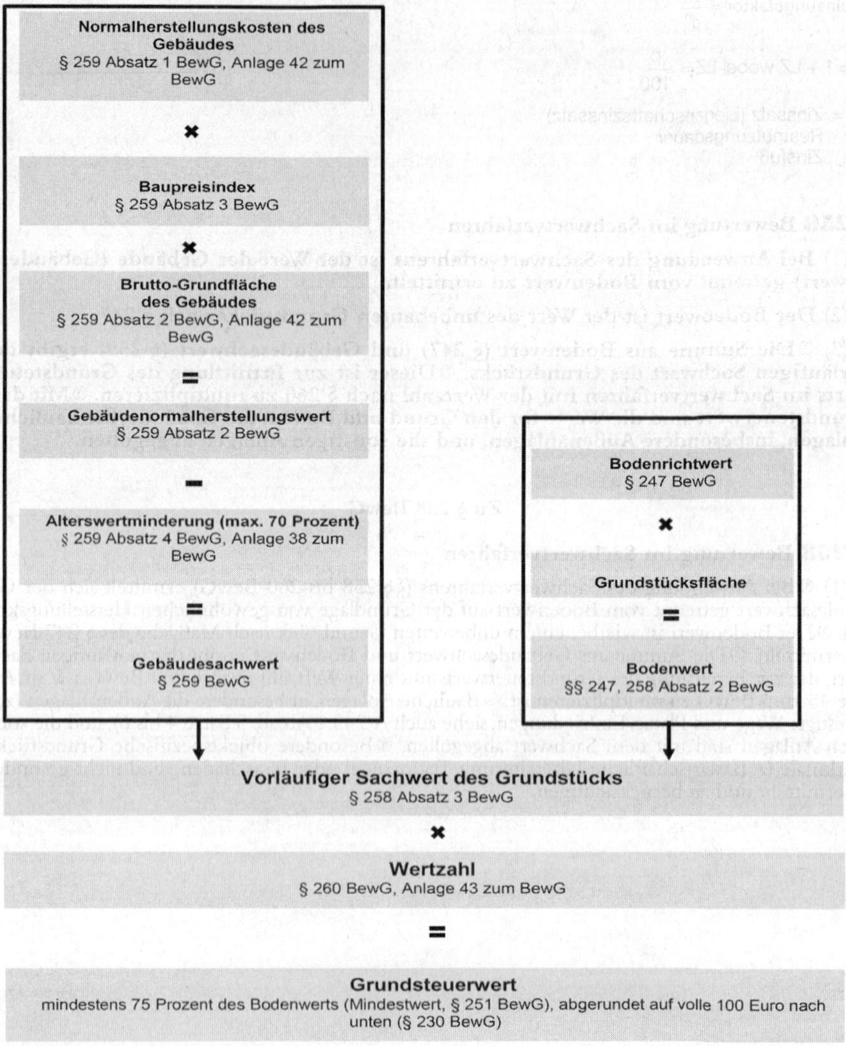

Abbildung 7: Sachwertverfahren (schematische Darstellung)

7 (3) Die Vorschriften über den Mindestwert (§ 251 BewG) sind auch bei einer Bewertung im Sachwertverfahren zu beachten.

BewG

§ 259 Ermittlung des Gebäudesachwerts

1 (1) **Bei der Ermittlung des Gebäudesachwerts ist von den Normalherstellungskosten des Gebäudes in Anlage 42 auszugehen.**

2 (2) **Der Gebäudenormalherstellungswert ergibt sich durch Multiplikation der jeweiligen nach Absatz 3 an den Hauptfeststellungszeitpunkt angepassten Normalherstellungskosten mit der Brutto-Grundfläche des Gebäudes.**

3 (3) ① **Die Anpassung der Normalherstellungskosten erfolgt anhand der vom Statistischen Bundesamt veröffentlichten Baupreisindizes.** ② **Dabei ist auf die Preisindizes für die Bauwirtschaft abzustellen, die das Statistische Bundesamt für den Neubau in konventioneller Bauart von Wohn- und Nichtwohngebäuden jeweils für das Vierteljahr vor dem Hauptfeststellungzeitpunkt ermittelt hat.** ③ **Diese Preisindizes sind für alle Bewertungsstichtage des folgenden Hauptfeststellungszeitraums anzuwenden.** ④ **Das Bundesministerium der Finanzen veröffentlicht die maßgebenden Baupreisindizes im Bundessteuerblatt.**

(4) ① Vom Gebäudenormalherstellungswert ist eine Alterswertminderung abzuziehen. ② Die Alterswertminderung ergibt sich durch Multiplikation des Gebäudenormalherstellungswerts mit dem Verhältnis des Alters des Gebäudes im Hauptfeststellungszeitpunkt zur wirtschaftlichen Gesamtnutzungsdauer nach Anlage 38. ③ Sind nach Bezugsfertigkeit des Gebäudes Veränderungen eingetreten, die die wirtschaftliche Gesamtnutzungsdauer des Gebäudes wesentlich verlängert haben, ist von einem der Verlängerung entsprechenden späteren Baujahr auszugehen. ④ Der nach Abzug der Alterswertminderung verbleibende Gebäudewert ist mit mindestens 30 Prozent des Gebäudenormalherstellungswerts anzusetzen. ⑤ Bei bestehender Abbruchverpflichtung für das Gebäude ist die Alterswertminderung abweichend von den Sätzen 2 bis 4 auf das Verhältnis des Alters des Gebäudes im Hauptfeststellungszeitpunkt zur tatsächlichen Gesamtnutzungsdauer begrenzt. 4

Übersicht Rz.

A 259.1 AEBewGrSt Ermittlung des Gebäudesachwerts; Normalherstellungskosten (NHK) 5
A 259.2 AEBewGrSt Gebäudeart 8–11
A 259.3 AEBewGrSt Baupreisindex 15
A 259.4 AEBewGrSt Brutto-Grundfläche (BGF) 16–18
A 259.5 AEBewGrSt Alterswertminderung 20–25
A 259.6 AEBewGrSt Grundstück mit mehreren Gebäuden oder Gebäudeteilen 28–30
Anlagen:
a) Normalherstellungskosten (Anlage 42 zu § 259 Abs. 1 BewG) 35, 36
b) Schreiben betr. Baupreisindex 37

Zu § 259 BewG

A 259.1 Ermittlung des Gebäudesachwerts; Normalherstellungskosten (NHK)

AEBew GrSt A 259.1

① Zur Ermittlung des Gebäudesachwerts ist nicht von den tatsächlichen, sondern von den gewöhnlichen Herstellungskosten auszugehen (vgl. § 259 Absatz 1 BewG). ② Die anzusetzenden NHK sind abhängig von der Gebäudeart und dem Baujahr und ergeben sich aus der Anlage 42 zum BewG. ③ Erhöhungen oder Ermäßigungen der NHK sind auch bei guter oder einfachster Ausstattung oder z. B. bei nachhaltiger Nutzung für Fremdreklame gegen Entgelt nicht vorzunehmen. 5

A 259.2 Gebäudeart

AEBew GrSt A 259.2

(1) ① Bei der Ermittlung der nach Anlage 42, II. Teil zum BewG[1] für die NHK und nach Anlage 38 zum BewG[2] für die wirtschaftliche Gesamtnutzungsdauer anzunehmenden Gebäudeart ist auf das gesamte Gebäude oder einen baulich selbständig abgrenzbaren Teil eines Gebäudes (Gebäudeteil, siehe A 259.6 Absatz 1) abzustellen. ② Entscheidend für die Einstufung des Gebäudes oder Gebäudeteils ist allein das durch die Hauptnutzung entstandene Gesamtgepräge. ③ Zur Hauptnutzung gehörende übliche Nebenräume (z. B. Lager- und Verwaltungsräume bei Warenhäusern oder separater Büroraum im Autohaus) sind entsprechend dem Gesamtgepräge der Hauptnutzung zuzurechnen. 8

(2) ① Nach Tz. 20 der Anlage 42, II. Teil zum BewG und nach der Anlage 38 zum BewG sind für nicht aufgeführte Gebäudearten die NHK sowie die wirtschaftliche Gesamtnutzungsdauer aus vergleichbaren Gebäudearten abzuleiten (Auffangklausel). ② Zu diesem Zweck ist bei Geschäftsgrundstücken, dem Teileigentum und sonstigen bebauten Grundstücken auf die Gebäudeart abzustellen, die mit der Hauptnutzung des Gebäudes die größten Übereinstimmungen aufweist. ③ Gebäude und Gebäudeteile in Tunnelanlagen sind in diejenige Gebäudeart einzugruppieren, die nach ihrer Zweckbestimmung im Falle ihrer Errichtung auf der Erdoberfläche maßgebend wäre. 9

Beispiele:

Nicht aufgeführte Gebäudeart	Vergleichbar mit Gebäudeart	Gesamtnutzungsdauer	Gebäudeart
Abfertigungsgebäude, Terminal, Bahnhofshalle	Betriebs- und Werkstätten, mehrgeschossig, hoher Hallenanteil; industrielle Produktionsgebäude, überwiegend Skelettbauweise	40 Jahre	11.2
Apotheke, Boutique, Laden	Kauf- und Warenhäuser	50 Jahre	10.2
Bahnhofshalle und Empfangs- und Stationsgebäude (überwiegend Einkaufszentrum)	Kauf- und Warenhäuser	50 Jahre	10.2

[1] Nachfolgend abgedruckt als Anlage a zu § 259 BewG.
[2] Abgedruckt als Anlage b zu § 253 BewG.

AEBew GrSt A 259.2

noch **9**

Nicht aufgeführte Gebäudeart	Vergleichbar mit Gebäudeart	Gesamt-nutzungsdauer	Gebäudeart
Bahnhofshalle und Empfangs- und Stationsgebäude (überwiegend Wartehalle)	Betriebs- und Werkstätten eingeschossig oder mehrgeschossig ohne Hallenanteil; industrielle Produktionsgebäude, Massivbauweise Betriebs- und Werkstätten, mehrgeschossig, hoher Hallenanteil; industrielle Produktionsgebäude, überwiegend Skelettbauweise	40 Jahre	11.1–11.2
Bahnsteighallen/Wartebereiche und Überdachungen	Carports und Ähnliches	40 Jahre	18
Bar, Tanzbar, Nachtclub	Beherbergungsstätten, Hotels, Verpflegungseinrichtungen	40 Jahre	8
Baumarkt, Discountermarkt, Gartenzentrum	Verbrauchermärkte	30 Jahre	10.1
Bürgerhaus	Gemeindezentren, Saalbauten, Veranstaltungsgebäude, Vereinsheime	40 Jahre	4
Busbahnhöfe	Betriebs- und Werkstätten eingeschossig oder mehrgeschossig ohne Hallenanteil; industrielle Produktionsgebäude, Massivbauweise Betriebs- und Werkstätten, mehrgeschossig, hoher Hallenanteil; industrielle Produktionsgebäude, überwiegend Skelettbauweise	40 Jahre	11.1–11.2
einfache Stationsgebäude, Haltepunkte	Lagergebäude ohne Mischnutzung, Kaltlager	40 Jahre	12.1
Einkaufszentrum (Shopping-Center, Shopping-Mall)	Kauf- und Warenhäuser	50 Jahre	10.2
Empfangsgebäude, Eingangshalle, Schalterhalle	Betriebs- und Werkstätten eingeschossig oder mehrgeschossig ohne Hallenanteil; industrielle Produktionsgebäude, Massivbauweise Betriebs- und Werkstätten, mehrgeschossig, hoher Hallenanteil; industrielle Produktionsgebäude, überwiegend Skelettbauweise	40 Jahre	11.1–11.2
Gebäude einfachster Art, die dem vorübergehenden Aufenthalt von Bedienungspersonal oder der Aufbewahrung von Material oder Arbeitsgeräten dienen, z. B. kleine Warteräume, kleine Schuppen, kleine Baracken, Abortgebäude	Reithallen, ehemalige landwirtschaftliche Mehrzweckhallen, Scheunen und Ähnliches	30 Jahre	14
Gewerblich genutzte freistehende Überdachung	Lagergebäude ohne Mischnutzung, Kaltlager	40 Jahre	12.1
Großraumdisco, Kino, Konzertsaalbau	Gemeindezentren, Saalbauten, Veranstaltungsgebäude, Vereinsheime	40 Jahre	4
Güterschuppen, Güterhallen, Expressguthallen und Umladehallen	Lagergebäude ohne Mischnutzung, Kaltlager Lagergebäude mit bis zu 25 % Mischnutzung Lagergebäude mit mehr als 25 % Mischnutzung	40 Jahre	12.1–12.3
Indoor-Spielplatz, Kletter-, Kart-, Skihalle	Sporthallen	40 Jahre	9.1
Jugendheim, Tagesstätte	Wohnheime, Internate, Alten- und Pflegeheime	50 Jahre	6
Keller ohne aufstehende Gebäude (bei öffentlichen Verkehrsunternehmen)	Hochgaragen, Tiefgaragen und Nutzfahrzeuggaragen	40 Jahre	16
Kleinlokschuppen, Bahnstromumformer- und Unterwerksgebäude	Lagergebäude ohne Mischnutzung, Kaltlager	40 Jahre	12.1
Lagerhallen (bei öffentlichen Verkehrsunternehmen), Werkstatthallen, Kraftfahrzeughallen, Kesselhäuser, Maschinenhäuser, Wagenuntersuchungs- und -reinigungshallen, Schnellausbesserungshallen, Triebwagenhallen, rechteckige und ringförmige Lokomotivschuppen	Betriebs- und Werkstätten, mehrgeschossig, hoher Hallenanteil; industrielle Produktionsgebäude, überwiegend Skelettbauweise	40 Jahre	11.2

Nicht aufgeführte Gebäudeart	Vergleichbar mit Gebäudeart	Gesamtnutzungsdauer	Gebäudeart
Logistikzentrum (Lagerung, Verwaltung, Kommissionierung, Verteilung und Umschlag), soweit keine Abgrenzung eigener Gebäudeteile möglich ist	Lagergebäude	40 Jahre	12.1, 12.2 oder 12.3
Markthalle, Großmarkthalle	Verbrauchermärkte	30 Jahre	10.1
Mehrfamilienhaus, Wohnhaus auf gemischt genutzten Grundstücken (vgl. Beispiel 3, A 259.6 Absatz 1)	Gemischt genutzte Grundstücke (Wohnhäuser mit Mischnutzung)	80 Jahre	1
Möbelhaus, eingeschossig	Verbrauchermärkte	30 Jahre	10.1
Möbelhaus, mehrgeschossig	Kauf- und Warenhäuser	50 Jahre	10.2
Parkhaus	Hochgaragen, Tiefgaragen und Nutzfahrzeuggaragen	40 Jahre	16
Pferdestall	Gesamtnutzungsdauer: Reithallen, ehemalige landwirtschaftliche Mehrzweckhallen, Scheunen und Ähnliches, NHK: Stallbauten	30 Jahre	15
Restaurant	Beherbergungsstätten, Hotels, Verpflegungseinrichtungen	40 Jahre	8
Therme, Saunalandschaft	Freizeitbäder, Kur- und Heilbäder	40 Jahre	9.3
überwiegend für Handel und Dienstleistungen (eisenbahnfremde Angebote) genutzte Gebäude und Gebäudeteile – eingeschossig (bei öffentlichen Verkehrsunternehmen)	Verbrauchermärkte	30 Jahre	10.1
überwiegend für Handel und Dienstleistungen (eisenbahnfremde Angebote) genutzte Gebäude und Gebäudeteile – mehrgeschossig	Kauf- und Warenhäuser	50 Jahre	10.2
Waschstraße	Betriebs- und Werkstätten, Industrie- und Produktionsgebäude, eingeschossig oder mehrgeschossig, ohne Hallenanteil; industrielle Produktionsgebäude, Massivbauweise	40 Jahre	11.1
Wochenendhaus i. S. v. A 249.9 Satz 4 (kein Fall des A 249.2 Satz 7)	Gemischt genutzte Grundstücke (Wohnhäuser mit Mischnutzung)	80 Jahre	1

(3) ① Bei der Bewertung von Teileigentum ist zur Bestimmung der Gebäudeart auf die bauliche Gestaltung des Teileigentums abzustellen. **10**

Beispiel:

Discountermarkt unterhalb eines Wohnhauses mit Eigentumswohnungen

Lösung:

Der Discountermarkt als Teileigentum bildet eine eigene wirtschaftliche Einheit und ist im Sachwertverfahren mit den NHK der Gebäudeart 10.1 (entsprechend Verbrauchermärkte) zu bewerten. Die Eigentumswohnungen bilden jede für sich ebenfalls eine eigene wirtschaftliche Einheit, die im Ertragswertverfahren zu bewerten ist.

② Unterscheiden sich die bauliche Gestaltung des Teileigentums und des übrigen Gesamtgebäudes nicht voneinander, ist in der Regel das Gesamtgepräge des Gebäudes maßgebend.

Beispiel:

Rechtsanwalts-, Notar- oder Arztpraxis in einem mehrgeschossigen Wohnhaus

Lösung:

Zur Bewertung eines Teileigentums als Rechtsanwalts-, Notar- oder Arztpraxis in einem mehrgeschossigen Wohnhaus, welches baulich wie ein vergleichbares Wohnungseigentum gestaltet ist, ist es sachgerecht, die NHK der Gebäudeart 1 (gemischt genutzte Grundstücke (Wohnhäuser mit Mischnutzung)) heranzuziehen. Befindet sich ein solches Teileigentum z. B. in einem Büro- und Geschäftsgebäude, können die NHK der Gebäudeart 3 (Bürogebäude, Verwaltungsgebäude) zugrunde gelegt werden.

(4) ① Bei einem gemischt genutzten Gebäude beträgt die wirtschaftliche Gesamtnutzungsdauer einheitlich 80 Jahre, die NHK ergeben sich unabhängig von der konkreten Nutzung aus der Gebäudeart 1 der Anlage 42 zum BewG. ② A 259.6 ist zu beachten. **11**

Beispiel:

In einem Gebäude (Baujahr 1987) befindet sich im Erdgeschoss eine Apotheke, die darüber liegenden drei Etagen sind zu Wohnzwecken vermietet.

Lösung:

Es liegt ein gemischt genutztes Grundstück vor. Die noch nicht indizierten NHK nach Anlage 42 zum BewG für die gesamte Brutto-Grundfläche betragen 695 €/m², die wirtschaftliche Gesamtnutzungsdauer beträgt für das gesamte Gebäude einheitlich 80 Jahre.

AEBew GrSt A 259.3

A 259.3 Baupreisindex

15 ① Die in der Anlage 42, II. Teil zum BewG enthaltenen NHK mit Kostenstand 2010 sind auf den Hauptfeststellungszeitpunkt umzurechnen. ② Für diese Anpassung ist nach § 259 Absatz 3 BewG auf die Preisindizes für die Bauwirtschaft, die das Statistische Bundesamt für den Neubau in konventioneller Bauart von Nichtwohngebäuden jeweils für das Vierteljahr vor dem Hauptfeststellungszeitpunkt ermittelt hat, abzustellen. ③ Diese Preisindizes sind für alle Feststellungszeitpunkte des jeweiligen Hauptfeststellungszeitraums anzuwenden. ④ Das Bundesministerium der Finanzen veröffentlicht die maßgebenden Baupreisindizes im Bundessteuerblatt.

AEBew GrSt A 259.4

A 259.4 Brutto-Grundfläche (BGF)[1]

16 (1) ① Die BGF ist die Summe der bezogen auf die jeweilige Gebäudeart marktüblich nutzbaren Grundflächen aller Grundrissebenen eines Bauwerks mit Nutzungen nach DIN 277-1:2005-02 und deren konstruktive Umschließungen (siehe Anlage 42, I. Teil zum BewG). ② Grundflächen von waagerechten Flächen sind aus ihren tatsächlichen Maßen, Grundflächen von schräg liegenden Flächen (z. B. Tribünen, Zuschauerräumen, Treppen und Rampen) aus ihrer vertikalen Projektion zu ermitteln. ③ Die BGF sind in Quadratmeter anzugeben.

17 (2) ① Bei der Ermittlung der BGF wird zwischen folgenden Bereichen unterschieden:
- Bereich a: überdeckt und allseitig in voller Höhe umschlossen
- Bereich b: überdeckt, jedoch nicht allseitig in voller Höhe umschlossen
- Bereich c: nicht überdeckt

② Die NHK berücksichtigen nur die BGF der Bereiche a und b. ③ Der Bereich c wird nicht erfasst. ④ Siehe Abbildung 8.

18 (3) ① Für die Ermittlung der BGF sind die äußeren Maße der Bauteile einschließlich Bekleidung (z. B. Putz, Außenschalen mehrschaliger Wandkonstruktionen) in Höhe der Boden- oder Deckenbelagsoberkanten anzusetzen. ② BGF des Bereiches b sind an Stellen, an denen sie nicht umschlossen sind, bis zur vertikalen Projektion ihrer Überdeckung zu ermitteln. ③ BGF von Bauteilen (Konstruktions-Grundflächen), die zwischen den Bereichen a und b liegen, sind dem Bereich a zuzuordnen. ④ Nicht zur BGF gehören Flächen, die ausschließlich der Wartung, Inspektion und Instandsetzung von Baukonstruktionen und technischen Anlagen dienen (z. B. nicht nutzbare Dachflächen, fest installierte Dachleitern und -stege, Wartungsstege in abgehängten Decken). ⑤ Nicht berücksichtigt bei der Ermittlung der BGF werden:
- Kriechkeller,
- Kellerschächte,
- Außentreppen,
- nicht nutzbare Dachflächen – auch Zwischendecken,
- Balkone (auch wenn sie überdeckt sind) und
- Spitzböden (zusätzliche Ebene im Dachgeschoss, unabhängig vom Ausbauzustand).

⑥ Auf die BGF anzurechnen sind nutzbare Dachgeschossflächen (siehe Abbildung 9).

[1] *Erlass FM S-Anh vom 13. 12. 2022 43-S 3266-2* betr. Anwendung von Umrechnungsfaktoren zwecks überschlägiger Verprobung.

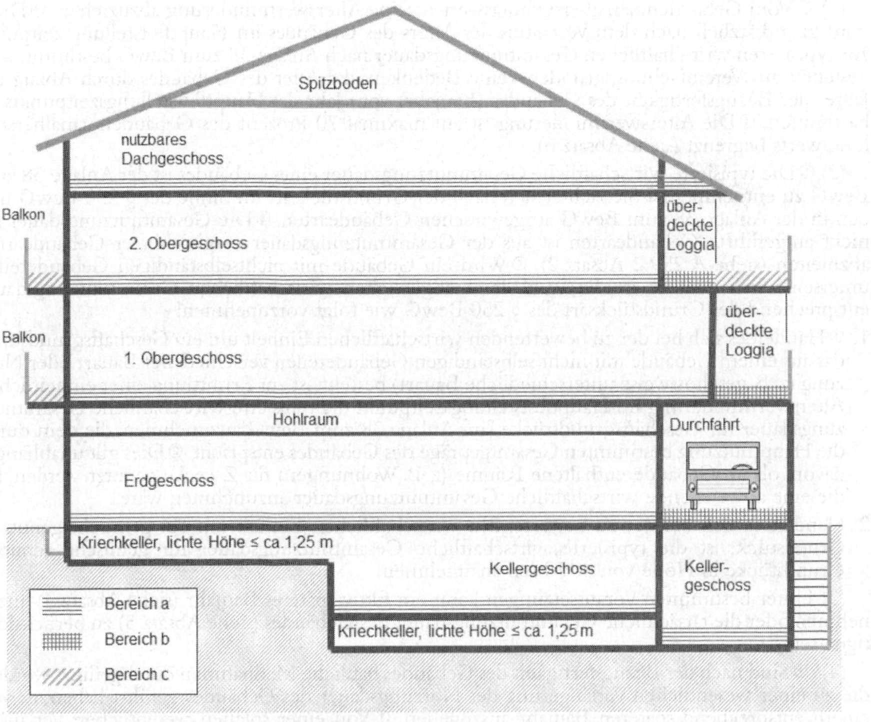

Abbildung 8: Zuordnung der Grundflächen zu den Bereichen a, b und c

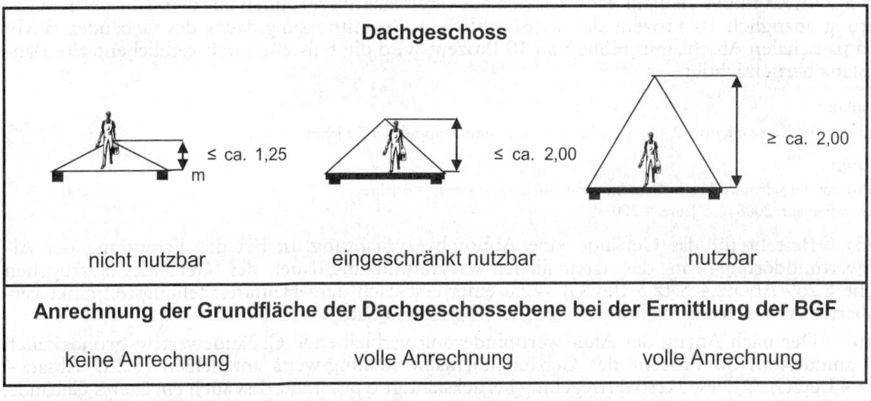

Abbildung 9: Anrechnung der Grundfläche der Dachgeschossebene bei der Ermittlung der BGF

(4) Aus Praktikabilitätsgründen wird es insbesondere in Fällen größerer, in einzelne Teileigentumseinheiten aufgeteilter baulicher Anlagen (z. B. Hotelanlagen) nicht beanstandet, wenn zunächst die gesamte BGF der Anlage ermittelt und diese sodann im Verhältnis z. B. der Nutzflächen des einzelnen Teileigentums zur Nutzfläche der gesamten Anlage auf die einzelnen Teileigentumseinheiten aufgeteilt wird, soweit dies nicht zu einem offensichtlich unzutreffenden Ergebnis führt. **19**

(5) ① Für Gebäudeteile in Tunnelanlagen bestehen aus Vereinfachungsgründen keine Bedenken, die BGF nach den Innenmaßen zu berechnen und als Wandstärke hinzuzurechnen: **19a**
– bei eingeschossigen Gebäudeteilen je 30 cm und
– bei mehrgeschossigen Gebäudeteilen je 40 cm.

② Entsprechendes gilt für Gebäudeteile in Bahnbögen oder Bahndämmen.

AEBew GrSt A 259.5

A 259.5 Alterswertminderung

(1) ① Vom Gebäudenormalherstellungswert ist eine Alterswertminderung abzuziehen. ② Diese wird grundsätzlich nach dem Verhältnis des Alters des Gebäudes im Hauptfeststellungszeitpunkt
20 zur typisierten wirtschaftlichen Gesamtnutzungsdauer nach Anlage 38 zum BewG bestimmt. ③ Es bestehen aus Vereinfachungsgründen keine Bedenken, das Alter des Gebäudes durch Abzug des Jahres der Bezugsfertigkeit des Gebäudes (Baujahr) vom Jahr des Hauptfeststellungszeitpunkts zu bestimmen. ④ Die Alterswertminderung ist auf maximal 70 Prozent des Gebäudenormalherstellungswerts begrenzt (siehe Absatz 6).

21 (2) ① Die typisierte wirtschaftliche Gesamtnutzungsdauer eines Gebäudes ist der Anlage 38 zum BewG zu entnehmen. ② Sie richtet sich nach der Grundstücksart im Sinne des § 250 BewG und den in der Anlage 38 zum BewG ausgewiesenen Gebäudearten. ③ Die Gesamtnutzungsdauer für nicht aufgeführte Gebäudearten ist aus der Gesamtnutzungsdauer vergleichbarer Gebäudearten abzuleiten (siehe A 259.2 Absatz 2). ④ Wird ein Gebäude mit nichtselbständigen Gebäudeteilen unterschiedlich genutzt, ist die Wahl der maßgeblichen wirtschaftlichen Gesamtnutzungsdauer entsprechend der Grundstücksart des § 250 BewG wie folgt vorzunehmen:

1. ① Handelt es sich bei der zu bewertenden wirtschaftlichen Einheit um ein Geschäftsgrundstück, das aus einem Gebäude mit nicht selbständigen Gebäudeteilen verschiedener Bauart oder Nutzung (z. B. geschossweise unterschiedliche Bauart) besteht, ist zur Ermittlung einer einheitlichen Alterswertminderung im Hauptfeststellungszeitpunkt die typisierte wirtschaftliche Gesamtnutzungsdauer für Geschäftsgrundstücke laut Anlage 38 zum BewG anzunehmen, die dem durch die Hauptnutzung bestimmten Gesamtgepräge des Gebäudes entspricht. ② Dies gilt unabhängig davon, ob im Gebäude enthaltene Räume (z. B. Wohnungen) für Zwecke genutzt werden, für die eine abweichende wirtschaftliche Gesamtnutzungsdauer anzunehmen wäre.
2. Handelt es sich bei der zu bewertenden wirtschaftlichen Einheit um ein gemischt genutztes Grundstück, ist die typisierte wirtschaftliche Gesamtnutzungsdauer für gemischt genutzte Grundstücke in Höhe von 80 Jahren anzunehmen.

22 (3) Unter bestimmten Voraussetzungen kann ein fiktiv späteres Baujahr (siehe Absatz 4) anzunehmen oder die tatsächliche Gesamtnutzungsdauer des Gebäudes (siehe Absatz 5) zu berücksichtigen sein.

23 (4)[1] ① Sind nach der Bezugsfertigkeit des Gebäudes bauliche Maßnahmen durchgeführt worden, die zu einer wesentlichen Verlängerung der Nutzungsdauer des Gebäudes geführt haben, ist von einem entsprechend späteren Baujahr auszugehen. ② Von einer solchen wesentlichen Verlängerung der Nutzungsdauer ist nur bei einer Kernsanierung auszugehen (siehe hierzu A 253.1 Absatz 3).[2] ③ Das fiktive Baujahr ermittelt sich aus Vereinfachungsgründen aus dem Jahr der Kernsanierung abzüglich 10 Prozent der wirtschaftlichen Gesamtnutzungsdauer des Gebäudes. ④ Mit dem pauschalen Abschlag in Höhe von 10 Prozent wird die teilweise noch verbliebene alte Bausubstanz berücksichtigt.

Beispiel:

Baujahr 1970, Kernsanierung 2008, wirtschaftliche Gesamtnutzungsdauer 50 Jahre.

Lösung:

10 Prozent der wirtschaftlichen Gesamtnutzungsdauer (50 Jahre) = 5 Jahre
Fiktives Baujahr: 2008 ./. 5 Jahre = 2003

24 (5) ① Besteht für das Gebäude eine Abbruchverpflichtung, ist bei der Ermittlung der Alterswertminderung von der tatsächlichen Gesamtnutzungsdauer des Gebäudes auszugehen (siehe § 259 Absatz 4 Satz 5 BewG). ② Zu einer erst nach dem Hauptfeststellungszeitpunkt vereinbarten Abbruchverpflichtung siehe A 253.1 Absatz 5 Satz 4.

25 (6) ① Der nach Abzug der Alterswertminderung verbleibende Gebäudewert ist grundsätzlich mit mindestens 30 Prozent des Gebäudenormalherstellungswerts anzusetzen (§ 259 Absatz 4 Satz 4 BewG). ② Diese Restwertregelung berücksichtigt typisierend, dass auch ein älteres Gebäude, das laufend instand gehalten wird, einen Wert hat. ③ Bei bestehender Abbruchverpflichtung für das Gebäude kann dieser Mindestansatz unterschritten werden.

$$\text{Alterswertminderung (\%)} = \frac{\text{Gebäudealter im Hauptfeststellungszeipunkt}}{\text{tatsächliche Gesamtnutzungsdauer}} \times 100$$

(Jahr der Abbruchverpflichtung ./. Baujahr)

AEBew GrSt A 259.6

A 259.6 Grundstück mit mehreren Gebäuden oder Gebäudeteilen

(1) ① Besteht eine wirtschaftliche Einheit aus mehreren Gebäuden oder Gebäudeteilen von einer gewissen Selbständigkeit, die verschiedene Bauarten aufweisen, unterschiedlich genutzt wer-
28 den oder die in verschiedenen Jahren bezugsfertig geworden sind, ist jedes Gebäude und jeder

[1] *Amtl. Satzzählungsfehler:* Satz 4 folgt auf Satz 2.
[2] Vgl. *OFD NRW vom 22. 3. 2023 G 1030-2020/0015 St 254* betr. zeitlich „gestreckte" Kernsanierung (§ 259 Abs. 4 Satz 3 BewG).

Gebäudeteil für sich zu bewerten. ② NHK, BGF und Alterswertminderung sind jeweils gesondert zu ermitteln. ③ Für selbständige Gebäude oder Gebäudeteile, für die in den Anlagen zum BewG keine Gebäudeart ausgewiesen ist, sind die Gesamtnutzungsdauer aus der Gesamtnutzungsdauer vergleichbarer Gebäudearten und die NHK aus den NHK vergleichbarer Gebäudearten abzuleiten (siehe A 259.2 Absatz 2). ④ Bei Geschäftsgrundstücken und gemischt genutzten Grundstücken mit mehreren selbständigen Gebäuden oder Gebäudeteilen können sich – je nach Nutzung – unterschiedliche Gesamtnutzungsdauern ergeben. ⑤ Ob ein oder mehrere selbständige Gebäude oder Gebäudeteile vorliegen, ist im Einzelfall zu prüfen.

AEBew GrSt A 259.6

Beispiel 1:

In einem Gebäude (Baujahr 2020) werden die unteren Etagen von einem Warenhaus genutzt. In den darüber liegenden Etagen wird ein Hotel betrieben. Außerdem befindet sich in dem Gebäude eine Tiefgarage, die von den Warenhauskunden und den Hotelgästen genutzt wird.

Lösung:

Warenhaus, Hotel und Tiefgarage sind jeweils baulich selbständig abgrenzbare Gebäudeteile, die gesondert zu bewerten sind.

	Wirtschaftliche Gesamtnutzungsdauer gemäß Anlage 38 zum BewG	NHK in €/m² BGF (Gebäudeart) gemäß Anlage 42, Teil II zum BewG
Warenhaus	50 Jahre	1 633 (10.2)
Hotel	40 Jahre	1 859 (8)
Tiefgarage	40 Jahre	623 (16)

Beispiel 2:

In einem Gebäude (Baujahr 2005) befindet sich ein Autohaus mit angeschlossener Werkstatt.

Lösung:

Da sich der Ausstellungsteil des Autohauses aufgrund der höherwertigen Bauart und der Schaufensterfront baulich von der Werkstatt (einfache, zweckmäßige, industrielle Bauart) unterscheidet, sind beide Gebäudeteile gesondert zu bewerten.

	Wirtschaftliche Gesamtnutzungsdauer gemäß Anlage 38 zum BewG	NHK in €/m² BGF (Gebäudeart) gemäß Anlage 42, Teil II zum BewG
Gebäudeteil Ausstellung/Beratung/ Verkauf	30 Jahre	1 277 (10.3)
Werkstatt	40 Jahre	1 200 (11.1)

Beispiel 3:

Zu einer wirtschaftlichen Einheit gehören zwei Gebäude: das 1970 errichtete Wohnhaus eines Künstlers sowie ein 2005 errichtetes Atelier mit Werkstatt. Die Ermittlung der Grundstücksart nach dem Verhältnis von Wohn- und Nutzflächen führt zu einem im Sachwertverfahren zu bewertenden gemischt genutzten Grundstück.

Lösung:

Die NHK für das Wohnhaus sind aus den NHK einer vergleichbaren Gebäudeart abzuleiten, da ein (reines) Wohngebäude in Anlage 42, Teil II zum BewG nicht genannt wird. Im vorliegenden Fall ist es sachgerecht, für das Wohnhaus die NHK der Gebäudeart 1 „Gemischt genutzte Grundstücke (Wohnhäuser mit Mischnutzung)" zugrunde zu legen, da diese am ehesten den NHK des zu bewertenden Gebäudes entsprechen (vgl. A 259.2 Absatz 2).

	Wirtschaftliche Gesamtnutzungsdauer gemäß Anlage 38 zum BewG	NHK in €/m² BGF (Gebäudeart) gemäß Anlage 42, Teil II zum BewG
Wohnhaus	80 Jahre	695 (1)
Atelier/Werkstatt	40 Jahre	1 200 (11.1)

Gegebenenfalls können Wohnhaus und Atelier auch gesonderte wirtschaftliche Einheiten bilden. Folgende Voraussetzungen wären dafür Indizien:
- Das Atelier hat eine eigene Hausnummer und einen eigenen Zugang,
- das Atelier hat eigene Versorgungsanschlüsse (Strom, Wasser und Heizung),
- es liegt keine einheitliche Gartengestaltung und -nutzung zwischen Wohnhaus und Atelier vor,
- das Atelier ist durch einen Zaun von dem Wohnhaus getrennt und
- das Atelier ist ohne wesentliche bauliche Veränderungen selbständig veräußerbar.

(2) ① Anbauten teilen grundsätzlich auf Grund ihrer Bauart oder Nutzung das Schicksal des Hauptgebäudes. ② Ist dagegen anzunehmen, dass ein Erweiterungsbau nach Größe, Bauart oder Nutzung eine andere Alterswertminderung als das Hauptgebäude haben wird, gilt Absatz 1 entsprechend. ③ Für Aufstockungen ist grundsätzlich das Baujahr der unteren Geschosse zu Grunde zu legen. ④ Es ist jedoch zu prüfen, ob die baulichen Maßnahmen an dem Gebäude eine Kernsanierung darstellen und daher ein fiktiv späteres Baujahr anzunehmen ist (siehe A 259.5 Absatz 4). 29

(3) ① Bei einer wirtschaftlichen Einheit mit mehreren nichtselbständigen Gebäuden oder Gebäudeteilen ist von einer einheitlichen Alterswertminderung auszugehen. ② Zur Bestimmung der wirtschaftlichen Gesamtnutzungsdauer gelten in diesen Fällen die Erläuterungen in A 259.5 Absatz 2. 30

Anl a zu § 259

Anlage 42
(zu § 259 Absatz 1)

Normalherstellungskosten

35 **I. Begriff der Brutto-Grundfläche (BGF)**

1. Die BGF ist die Summe der bezogen auf die jeweilige Gebäudeart marktüblich nutzbaren Grundflächen aller Grundrissebenen eines Bauwerks. In Anlehnung an die DIN 277-1:2005-02 sind bei den Grundflächen folgende Bereiche zu unterscheiden:
   Bereich a: überdeckt und allseitig in voller Höhe umschlossen,
   Bereich b: überdeckt, jedoch nicht allseitig in voller Höhe umschlossen,
   Bereich c: nicht überdeckt.
   Für die Anwendung der Normalherstellungskosten (NHK) sind im Rahmen der Ermittlung der BGF nur die Grundflächen der Bereiche a und b zugrunde zu legen. Balkone, auch wenn sie überdeckt sind, sind dem Bereich c zuzuordnen.
   Für die Ermittlung der BGF sind die äußeren Maße der Bauteile einschließlich Bekleidung, z. B. Putz und Außenschalen mehrschaliger Wandkonstruktionen, in Höhe der Bodenbelagsoberkanten anzusetzen.
2. Nicht zur BGF gehören z. B. Flächen von Spitzböden und Kriechkellern, Flächen, die ausschließlich der Wartung, Inspektion und Instandsetzung von Baukonstruktionen und technischen Anlagen dienen, sowie Flächen unter konstruktiven Hohlräumen, z. B. über abgehängten Decken.

36 **II. Normalherstellungskosten (NHK)**

Normalherstellungskosten in Euro/m² BGF auf der Grundlage der Normalherstellungskosten 2010 (NHK 2010), einschließlich Baunebenkosten und Umsatzsteuer für die jeweilige Gebäudeart (Kostenstand 2010) sowie eines pauschalen Zuschlages für bauliche Anlagen, insbesondere Außenanlagen, und sonstige Anlagen (3%).

	Gebäudeart	Baujahrgruppe		
		vor 1995	**1995–2004**	**ab 2005**
1	Gemischt genutzte Grundstücke (Wohnhäuser mit Mischnutzung)	695	886	1 118
2	Banken und ähnliche Geschäftshäuser	736	937	1 494
3	Bürogebäude, Verwaltungsgebäude	839	1 071	1 736
4	Gemeindezentren, Vereinsheime, Saalbauten, Veranstaltungsgebäude	1 004	1 282	1 555
5	Kindergärten (Kindertagesstätten), allgemeinbildende Schulen, berufsbildende Schulen, Hochschulen, Sonderschulen	1 164	1 488	1 710
6	Wohnheime, Internate, Alten-, Pflegeheime	876	1 118	1 370
7	Krankenhäuser, Kliniken, Tageskliniken, Ärztehäuser	1 334	1 705	2 075
8	Beherbergungsstätten, Hotels, Verpflegungseinrichtungen	1 118	1 427	1 859
9.1	Sporthallen	1 133	1 447	1 777
9.2	Tennishallen	814	1 040	1 226
9.3	Freizeitbäder, Kur- und Heilbäder	1 978	2 524	3 075
10.1	Verbrauchermärkte	582	742	896
10.2	Kauf- und Warenhäuser	1 066	1 360	1 633
10.3	Autohäuser ohne Werkstatt	757	968	1 277
11.1	Betriebs- und Werkstätten eingeschossig oder mehrgeschossig ohne Hallenanteil; industrielle Produktionsgebäude, Massivbauweise	762	973	1 200
11.2	Betriebs- und Werkstätten, mehrgeschossig, hoher Hallenanteil; industrielle Produktionsgebäude, überwiegend Skelettbauweise	536	680	942
12.1	Lagergebäude ohne Mischnutzung, Kaltlager	283	361	505
12.2	Lagergebäude mit bis zu 25 Prozent Mischnutzung	443	567	711
12.3	Lagergebäude mit mehr als 25 Prozent Mischnutzung	716	917	1 128

Gebäudeart		Baujahrgruppe		
		vor 1995	1995–2004	ab 2005
13	Museen, Theater, Sakralbauten	1514	1875	2395
14	Reithallen, ehemalige landwirtschaftliche Mehrzweckhallen, Scheunen und Ähnliches		263	
15	Stallbauten		422	
16	Hochgaragen, Tiefgaragen und Nutzfahrzeuggaragen		623	
17	Einzelgaragen, Mehrfachgaragen		500	
18	Carports und Ähnliches		196	
19	**Teileigentum** Teileigentum ist in Abhängigkeit von der baulichen Gestaltung den vorstehenden Gebäudearten zuzuordnen.			
20	**Auffangklausel** Normalherstellungskosten für nicht aufgeführte Gebäudearten sind aus den Normalherstellungskosten vergleichbarer Gebäudearten abzuleiten.			

b) Schreiben betr. Ermittlung des Gebäudesachwerts nach § 259 BewG; Baupreisindex zur Anpassung der Normalherstellungskosten aus der Anlage 42 zum BewG auf den Hauptfeststellungszeitpunkt 1. Januar 2022 Anl b zu § 259

Vom 11. Februar 2022 (BStBl. I S. 182)

(BMF IV C 7 – S 3266/22/10001 :001)

Gemäß § 259 Abs. 3 Satz 4 BewG gebe ich den maßgebenden Baupreisindex zur Anpassung der Normalherstellungskosten aus der Anlage 42, Teil II., zum BewG, auf den Hauptfeststellungszeitpunkt 1. Januar 2022 bekannt, der ausgehend von den vom Statistischen Bundesamt am 10. Januar 2022 veröffentlichten Preisindizes für die Bauwirtschaft (Preisindizes für den Neubau in konventioneller Bauart von Nichtwohngebäuden; November 2021; 2015 = 100) ermittelt wurde und für alle Bewertungsstichtage des folgenden Hauptfeststellungszeitraums anzuwenden ist. 37

Baupreisindex (nach Umbasierung auf das Jahr 2010 = 100)
148,6

§ 260 Wertzahlen

BewG

Zur Ermittlung des Grundsteuerwerts ist der vorläufige Sachwert des Grundstücks im Sinne des § 258 Absatz 3 mit der sich aus Anlage 43 ergebenden Wertzahl zu multiplizieren. 1

Zu § 260 BewG

A 260 Wertzahlen

AEBew GrSt A 260

① Zur Anpassung des vorläufigen Sachwerts an die allgemeinen Wertverhältnisse auf dem örtlichen Grundstücksmarkt sind die in Anlage 43 zum BewG gesetzlich typisierend in Abhängigkeit der Höhe des vorläufigen Sachwerts vorgegebenen Wertzahlen anzuwenden. ② Wird eine Wertgrenze durch den vorläufigen Sachwert überschritten, findet die diesbezügliche Wertzahl auf den gesamten vorläufigen Sachwert und nicht nur auf den übersteigenden Teil Anwendung. ③ Eine Interpolation zwischen den einzelnen Wertzahlen erfolgt nicht. ④ Die Bestimmung der Wertzahl nach Anlage 43 (zu § 260 BewG) ist regelmäßig anhand des für die Lagequalität prägenden Bodenrichtwerts vorzunehmen. ⑤ Dies dürfte in der Regel der Bodenrichtwert der Bodenrichtwertzone sein, in welcher das Gebäude belegen ist (in der Regel höherer Bodenrichtwert). ⑥ Zulässig ist auch, einen nach Flächenanteilen gewichteten Bodenrichtwert anzusetzen, wobei lediglich Bodenrichtwerte für den Entwicklungszustand „baureifes Land" geeignete Indikatoren für die Lagewertigkeit des bebauten Grundstücks darstellen und in die Berechnung des flächengewichteten Bodenrichtwertes zur Ermittlung der Wertzahl einzubeziehen sind.[1] ⑦ Dies gilt für den Bodenwert nach § 247 Absatz 3 BewG umgerechnet in Euro je Quadratmeter entsprechend. 2

[1] Vgl. *Kurzinfo LfSt Rheinland-Pfalz vom 24. 8. 2022 G 1030 A–St 32 5* und *Vfg. OFD NRW vom 9. 9. 2022 G 1030–2020/0015 St 254.*

Anl zu § 260

Anlage 43[1]
(zu § 260)

Wertzahlen

3 für Teileigentum, Geschäftsgrundstücke, gemischt genutzte Grundstücke und sonstige bebaute Grundstücke nach § 249 Absatz 1 Nummer 5 bis 8

Vorläufiger Sachwert		Bodenrichtwert oder in EUR/m² umgerechneter Bodenwert nach § 247 Absatz 3		
		bis 100 EUR/m²	bis 300 EUR/m²	über 300 EUR/m²
bis	500 000 EUR	0,80	0,90	1,00
	750 000 EUR	0,75	0,85	0,95
	1 000 000 EUR	0,70	0,80	0,90
	1 500 000 EUR	0,65	0,75	0,85
	2 000 000 EUR	0,60	0,70	0,80
	3 000 000 EUR	0,55	0,65	0,75
über	3 000 000 EUR	0,50	0,60	0,70

[1] Anlage 43 geändert durch JStG 2022 v. 16. 12. 2022 (BGBl. I S. 2294).

BewG

IV. Sonderfälle

§ 261 Erbbaurecht

① Bei Erbbaurechten ist für das Erbbaurecht und das Erbbaurechtsgrundstück ein Gesamtwert nach den §§ 243 bis 260 zu ermitteln, der festzustellen wäre, wenn die Belastung mit dem Erbbaurecht nicht bestünde. ② Der ermittelte Wert ist dem Erbbauberechtigten zuzurechnen. ③ Für Wohnungserbbaurechte und Teilerbbaurechte gelten die Sätze 1 und 2 entsprechend. 1

Zu § 261 BewG

A 261.1 Erbbaurecht; Begriff des Erbbaurechts

AEBew GrSt A 261.1

(1) ① Das Erbbaurecht ist das veräußerliche und vererbliche Recht an einem Grundstück, auf oder unter der Oberfläche des Grundstücks ein Bauwerk zu haben. ② Bei Grundstücken, die mit einem Erbbaurecht belastet sind, bildet das Erbbaurecht zusammen mit dem belasteten Grundstück eine wirtschaftliche Einheit (§ 244 Absatz 3 Nummer 1 BewG). ③ Das gilt auch, wenn der Eigentümer des belasteten Grundstücks das Erbbaurecht oder der Erbbauberechtigte das belastete Grundstück erwirbt (Eigentümererbbaurecht). ④ Das belastete Grundstück ist das Grundstück, an dem das Erbbaurecht bestellt ist. 2

(2) ① Das Erbbaurecht entsteht zivilrechtlich mit der Eintragung in das Grundbuch (§ 11 ErbbauRG i. V. m. § 873 BGB). ② Bewertungsrechtlich gilt das Erbbaurecht bereits dann als entstanden, wenn die dingliche Einigung über die Bestellung eines Erbbaurechts erfolgt ist und der zukünftige Erbbauberechtigte in der Lage ist, die Eintragung in das Grundbuch zu bewirken. 3

(3) ① Das Erbbaurecht erstreckt sich im Allgemeinen auf das ganze Grundstück. ② Erstreckt es sich jedoch nur auf einen Teil des Grundstücks im Sinne des Zivilrechts, bildet dieser Teil zusammen mit dem anteiligen belasteten Grund und Boden eine wirtschaftliche Einheit. ③ Für den restlichen Teil des Grundstücks ist die Bewertung nach den allgemeinen Grundsätzen durchzuführen. 4

(4) ① Werden auf einem mit einem Erbbaurecht belasteten, als Grundvermögen zu bewertenden Grundstück sowohl ein Gebäude des Erbbauberechtigten als auch ein Gebäude von einem Dritten errichtet, liegt nur eine wirtschaftliche Einheit vor, wenn sich das Erbbaurecht auch über den Teil des Grundstücks erstreckt, auf dem sich das von dem Dritten errichtete Gebäude befindet. ② Hinsichtlich der Verpflichtung zur Erklärungsabgabe gilt § 228 Absatz 3 Nummer 2 BewG. 5

A 261.2 Bewertung in Erbbaurechtsfällen

AEBew GrSt A 261.2

(1) ① In Fällen, in denen ein Grundstück mit einem Erbbaurecht belastet ist, ist für den Grund und Boden sowie für ggf. vorhandene Gebäude ein Gesamtwert nach den §§ 243 bis 260 BewG zu ermitteln. ② Festgestellt wird der Wert, der festzustellen wäre, wenn die Belastung mit dem Erbbaurecht nicht bestünde. 6

(2) ① Der Gesamtwert von Grund und Boden sowie Gebäude wird dem Erbbauberechtigten zugerechnet. ② Ihm gegenüber ergeht der Feststellungsbescheid über den Grundsteuerwert. ③ Wird das Erbbaurecht aufgehoben oder erlischt es durch Zeitablauf, ist auf den Beginn des Kalenderjahres, das auf die Änderung folgt, gegenüber dem Grundstückseigentümer eine Zurechnungsfortschreibung vorzunehmen. 7

(3) ① Errichtet der Erbbauberechtigte ein Gebäude auf einem erbbaurechtsbelasteten und einem ihm gehörenden angrenzenden Grundstück, ist das Gebäude gemeinsam mit dem gesamten Grund und Boden als eine wirtschaftliche Einheit zu bewerten. ② Wenn das angrenzende Grundstück auf Grund eines Pachtvertrags vom Erbbauberechtigten bebaut worden ist und es sich bei diesem Gebäudeteil um ein Gebäude auf fremdem Grund und Boden im Sinne von § 262 BewG handelt, sind zwei wirtschaftliche Einheiten zu bilden und entsprechend zu bewerten. 8

A 261.3 Wohnungserbbaurecht und Teilerbbaurecht

AEBew GrSt A 261.3

Für Wohnungserbbaurechte und Teilerbbaurechte gelten A 261.1 und 261.2 entsprechend. 9

A 261.4 Mitwirkungspflichten des Erbbauverpflichteten

AEBew GrSt A 261.4

Wegen der Mitwirkung des Erbbauverpflichteten bei den Erklärungs- und Anzeigepflichten siehe A 228 Absatz 3 Sätze 1 bis 3. 10

BewG

§ 262 Gebäude auf fremdem Grund und Boden

1 **① Bei einem Gebäude auf fremdem Grund und Boden ist für den Grund und Boden sowie für das Gebäude auf fremdem Grund und Boden ein Gesamtwert nach den §§ 243 bis 260 zu ermitteln. ② Der ermittelte Wert ist dem Eigentümer des Grund und Bodens zuzurechnen.**

Zu § 262 BewG

AEBew GrSt A 262

A 262 Gebäude auf fremdem Grund und Boden

(1) Das Gebäude auf fremdem Grund und Boden wird mit dem dazu gehörenden Grund und Boden zu einer wirtschaftlichen Einheit zusammengefasst (§ 244 Absatz 3 Nummer 2 BewG) und
3 nach den §§ 243 bis 260 BewG bewertet.

4 (2) ① Ein Gebäude auf fremdem Grund und Boden liegt vor, wenn ein anderer als der Eigentümer des Grund und Bodens darauf ein Gebäude errichtet hat und ihm das Gebäude ohne die Regelung in § 262 Satz 2 BewG zuzurechnen wäre. ② Das ist insbesondere der Fall, wenn das Gebäude Scheinbestandteil des Grund und Bodens ist (§ 95 BGB). ③ Sofern dem Nutzungsberechtigten für den Fall der Nutzungsbeendigung gegenüber dem Eigentümer des Grund und Bodens ein Anspruch auf Ersatz des Verkehrswerts des Gebäudes zusteht, ist bewertungsrechtlich von einem Gebäude auf fremdem Grund und Boden auszugehen. ④ Ein solcher Anspruch kann sich aus einer vertraglichen Vereinbarung oder aus dem Gesetz ergeben. ⑤ Als Gebäude auf fremdem Grund und Boden werden das Gebäude, die sonstigen Bestandteile, wie die vom Nutzungsberechtigten errichteten Außenanlagen, und das Zubehör erfasst. ⑥ Werden auf einem Grundstück nur Betriebsvorrichtungen (§ 243 Absatz 2 Nummer 2 BewG) oder Außenanlagen errichtet, liegt kein Gebäude auf fremdem Grund und Boden, sondern ein unbebautes Grundstück vor.

5 (3) ① Für die wirtschaftliche Einheit ist ein Gesamtwert festzustellen, der dem Eigentümer des Grund und Bodens zuzurechnen ist. ② Ihm gegenüber ergeht der Feststellungsbescheid über den Grundsteuerwert.

6 (4) Wegen der Mitwirkung des wirtschaftlichen Eigentümers des Gebäudes bei den Erklärungs- und Anzeigepflichten siehe A 228 Absatz 3 Sätze 4 und 5.

BewG

V. Ermächtigungen

§ 263 Ermächtigungen

(1) ① **Das Bundesministerium der Finanzen wird ermächtigt, durch Rechtsverordnung mit Zustimmung des Bundesrates die folgenden Anlagen zu ändern:** 1

1. die Anlagen 27 bis 33 durch Anpassung der darin aufgeführten Bewertungsfaktoren und Zuschläge zum Reinertrag an die Ergebnisse der Erhebungen nach § 2 des Landwirtschaftsgesetzes oder an die Erhebungen der Finanzverwaltung zum nächsten Feststellungszeitpunkt,

2. im Einvernehmen mit dem Bundesministerium für Ernährung und Landwirtschaft die Anlagen 34 und 35 durch Anpassung des darin aufgeführten Umrechnungsschlüssels und der Gruppen der Zweige eines Tierbestands an geänderte wirtschaftliche oder technische Entwicklungen und

3. die Anlagen 36 bis 43 durch Anpassung der darin aufgeführten Bewertungsfaktoren des Ertrags- und Sachwertverfahrens an geänderte wirtschaftliche oder technische Verhältnisse.

② **In der jeweiligen Rechtsverordnung kann das Bundesministerium der Finanzen zur Sicherstellung der Gleichmäßigkeit der Besteuerung, insbesondere zur Sicherstellung einer relations- und realitätsgerechten Abbildung der Grundsteuerwerte, anordnen, dass ab dem nächsten Feststellungszeitpunkt Grundsteuerwerte unter Berücksichtigung der tatsächlichen Verhältnisse und der geänderten Wertverhältnisse durch Anwendung der jeweils angepassten Anlagen 27 bis 43 festgestellt werden.**

(2) **Das Bundesministerium der Finanzen wird ermächtigt, durch Rechtsverordnung mit Zustimmung des Bundesrates die gemeindebezogene Einordnung in die jeweilige Mietniveaustufe zur Ermittlung der Zu- und Abschläge nach § 254 in Verbindung mit Anlage 39 Teil II auf der Grundlage der Einordnung nach § 12 des Wohngeldgesetzes in Verbindung mit § 1 Absatz 3 und der Anlage der Wohngeldverordnung für steuerliche Zwecke herzuleiten und den dafür maßgeblichen Gebietsstand festzulegen.**[1] 2

Zu § 263 BewG

A 263 Ermächtigungen – *unbesetzt* –

AEBew GrSt A 263

[1] VO vom 18. 8. 2021 (BGBl. I S. 3738).

BewG

Dritter Teil. Schlussbestimmungen

§ 264 Bekanntmachung

1 **Das Bundesministerium der Finanzen wird ermächtigt, den Wortlaut dieses Gesetzes und der zu diesem Gesetz erlassenen Rechtsverordnungen in der jeweils geltenden Fassung satzweise nummeriert bekannt zu machen.**

Zu § 264 BewG

AEBew GrSt A 264

A 264 Bekanntmachung – *unbesetzt* –

BewG

§ 265 Anwendungsvorschriften

1 (1) **Dieses Gesetz in der Fassung des Artikels 13 des Gesetzes vom 8. Dezember 2010 (BGBl. I S. 1768) ist auf Bewertungsstichtage nach dem 31. Dezember 2008 anzuwenden.**

2 (2) **Soweit die §§ 40, 41, 44, 55 und 125 Beträge in Deutscher Mark enthalten, gelten diese nach dem 31. Dezember 2001 als Berechnungsgrößen fort.**

3 (3) **§ 145 Absatz 3 Satz 1 und 4, § 166 Absatz 2 Nummer 1, § 179 Satz 4 und § 192 Satz 2 in der Fassung des Artikels 10 des Gesetzes vom 7. Dezember 2011 (BGBl. I S. 2592) sind auf Bewertungsstichtage nach dem 13. Dezember 2011 anzuwenden.**

4 (4) **Anlage 1, Anlage 19 und Teil II der Anlage 24 in der Fassung des Artikels 10 des Gesetzes vom 7. Dezember 2011 (BGBl. I S. 2592) sind auf Bewertungsstichtage nach dem 31. Dezember 2011 anzuwenden.**

5 (5) **§ 11 Absatz 4 in der Fassung des Artikels 3 des Gesetzes vom 18. Dezember 2013 (BGBl. I S. 4318) ist auf Bewertungsstichtage ab dem 22. Juli 2013 anzuwenden.**

6 (6) **§ 48a in der Fassung des Artikels 20 des Gesetzes vom 26. Juni 2013 (BGBl. I S. 1809) ist auf Bewertungsstichtage ab dem 1. Januar 2014 anzuwenden.**

7 (7) **§ 26 in der Fassung des Artikels 6 des Gesetzes vom 18. Juli 2014 (BGBl. I S. 1042) ist auf Bewertungsstichtage ab dem 1. August 2001 anzuwenden, soweit Feststellungsbescheide noch nicht bestandskräftig sind.**

8 (8) **§ 97 Absatz 1b Satz 4 in der am 6. November 2015 geltenden Fassung ist auf Bewertungsstichtage nach dem 31. Dezember 2015 anzuwenden.**

9 (9) **§ 154 Absatz 1 Satz 1 Nummer 3 und Satz 2 in der am 6. November 2015 geltenden Fassung ist auf Bewertungsstichtage nach dem 31. Dezember 2015 anzuwenden.**

10 (10) **Die §§ 190, 195 Absatz 2 Satz 4 und 5 sowie die Anlagen 22, 24 und 25 in der am 6. November 2015 geltenden Fassung sind auf Bewertungsstichtage nach dem 31. Dezember 2015 anzuwenden.**

11 (11) **§ 203 in der Fassung des Artikels 2 des Gesetzes vom 4. November 2016 (BGBl. I S. 2464) ist auf Bewertungsstichtage nach dem 31. Dezember 2015 anzuwenden.**

12 (12) **§ 177 Absatz 1 und 2, § 179 Satz 3, § 183 Absatz 2 Satz 3, § 187 Absatz 2 Satz 2 und 3, § 188 Absatz 2 Satz 1, § 191 Absatz 1 Satz 2, § 193 Absatz 4 Satz 1 und § 198 Absatz 1 bis 3 in der Fassung des Artikels 1 des Gesetzes vom 16. Juli 2021 (BGBl. I S. 2931) sind auf Bewertungsstichtage nach dem 22. Juli 2021 anzuwenden.**

13 (13) **Bis zu dem nach § 153 Absatz 4 Satz 3 jeweils festgelegten Beginn der elektronischen Übermittlung ist § 153 Absatz 2 und 4 in der bis zum 20. Dezember 2022 gültigen Fassung weiter anzuwenden.**

14 (14) **§ 177 Absatz 2, 3 und 4, § 181 Absatz 9, § 183 Absatz 2 Satz 3, § 184 Absatz 3 und 4, § 185 Absatz 3 Satz 4 bis 7, § 187 Absatz 2 und 3, § 188 Absatz 1 und 2, § 189 Absatz 1 und 4, die §§ 190, 191, 193, 194 und 195 sowie die Anlagen 21, 22, 23, 24 und 25 in der Fassung des Artikels 19 des Gesetzes vom 16. Dezember 2022 (BGBl. I S. 2294) sind auf Bewertungsstichtage nach dem 31. Dezember 2022 anzuwenden.**

15 (15) **§ 158 Absatz 2 Satz 3 und 4 in der Fassung des Artikels 35 des Gesetzes vom 2. Dezember 2024 (BGBl. 2024 I Nr. 387) sind auf Bewertungsstichtage nach dem 6. Dezember 2024 anzuwenden.**

16 (16) **Die Anlagen 21, 23 und 26 in der Fassung des Artikels 35 des Gesetzes vom 2. Dezember 2024 (BGBl. 2024 I Nr. 387) sind auf Bewertungsstichtage nach dem 31. Dezember 2024 anzuwenden.**

Zu § 265 BewG

A 265 Anwendungsvorschriften – *unbesetzt* – AEBew GrSt A 265

§ 266 Erstmalige Anwendung des Siebenten Abschnitts des Zweiten Teils

BewG

(1) **Die erste Hauptfeststellung für die Grundsteuerwerte nach § 221 wird auf den 1. Januar 2022 für die Hauptveranlagung auf den 1. Januar 2025 durchgeführt.** 1

(2) ① **Für die Anwendung des § 219 Absatz 3 bei der Hauptfeststellung nach Absatz 1 ist zu unterstellen, dass anstelle von Einheitswerten Grundsteuerwerte für die Besteuerung nach dem Grundsteuergesetz in der am 1. Januar 2022 geltenden Fassung von Bedeutung sind.** ② **Die Steuerbefreiungen des Grundsteuergesetzes in der am 1. Januar 2022 gültigen Fassung sind bei der Hauptfeststellung nach Absatz 1 zu beachten.** ③ **Bei Artfortschreibungen und Zurechnungsfortschreibungen nach § 222 Absatz 2 ist von der Hauptfeststellung auf den 1. Januar 2022 bis zum 1. Januar 2025 zu unterstellen, dass anstelle von Einheitswerten Grundsteuerwerte nach dem Grundsteuergesetz in der jeweils geltenden Fassung von Bedeutung sind.** 2

(3) **Werden der Finanzbehörde durch eine Erklärung im Sinne des § 228 auf den 1. Januar 2022 für die Bewertung eines Betriebs der Land- und Forstwirtschaft oder eines Grundstücks vor dem 1. Januar 2022 eingetretene Änderungen der tatsächlichen Verhältnisse erstmals bekannt, sind diese bei Fortschreibungen nach § 22 und Nachfeststellungen nach § 23 auf Feststellungszeitpunkte vor dem 1. Januar 2022 nicht zu berücksichtigen.** 3

(4) ① **Einheitswertbescheide, Grundsteuermessbescheide, Bescheide über die Zerlegung des Grundsteuermessbetrags und Grundsteuerbescheide, die vor dem 1. Januar 2025 erlassen wurden, werden kraft Gesetzes zum 31. Dezember 2024 mit Wirkung für die Zukunft aufgehoben, soweit sie auf den §§ 19 bis 23, 27, 76, 79 Absatz 5, § 93 Absatz 1 Satz 2 des Bewertungsgesetzes in Verbindung mit Artikel 2 Absatz 1 Satz 1 und 3 des Gesetzes zur Änderung des Bewertungsgesetzes in der Fassung des Artikels 2 des Gesetzes vom 22. Juli 1970 (BGBl. I S. 1118) beruhen.** ② **Gleiches gilt für Einheitswertbescheide, Grundsteuermessbescheide, Bescheide über die Zerlegung des Grundsteuermessbetrags und Grundsteuerbescheide, die vor dem 1. Januar 2025 erlassen wurden, soweit sie auf den §§ 33, 34, 125, 129 des Bewertungsgesetzes in der Fassung vom 1. Februar 1991 (BGBl. I S. 230), das zuletzt durch Artikel 2 des Gesetzes vom 4. November 2016 (BGBl. I S. 2464) und § 42 des Grundsteuergesetzes vom 7. August 1973 (BGBl. I S. 965), das zuletzt durch Artikel 38 des Gesetzes vom 19. Dezember 2008 (BGBl. I S. 2794) geändert worden ist, beruhen.** ③ **Für die Bewertung des inländischen Grundbesitzes (§ 19 Absatz 1 in der Fassung vom 31. Dezember 2024) für Zwecke der Grundsteuer bis einschließlich zum Kalenderjahr 2024 ist das Bewertungsgesetz in der Fassung vom 1. Februar 1991 (BGBl. I S. 230), das zuletzt durch Artikel 2 des Gesetzes vom 4. November 2016 (BGBl. I S. 2464) geändert worden ist, weiter anzuwenden.** 4

(5) **Bestehende wirtschaftliche Einheiten, die für Zwecke der Einheitsbewertung unter Anwendung der §§ 26 oder 34 Absatz 4 bis 6 in der bis zum 31. Dezember 2024 gültigen Fassung gebildet wurden, können weiterhin für Zwecke der Feststellung von Grundsteuerwerten nach den Regelungen des Siebenten Abschnitts zugrunde gelegt werden.**

Zu § 266 BewG

A 266.1 Erstmalige Anwendung des Siebenten Abschnitts des Zweiten Teils; Allgemeines AEBew GrSt A 266.1

(1) ① Die erste Hauptfeststellung für die Grundsteuerwerte nach § 221 BewG wird auf den 1. Januar 2022 durchgeführt. ② Ab diesem Zeitpunkt können Feststellungsbescheide über die neuen Grundsteuerwerte ergehen. 10

(2) ① Bei der Feststellung von Grundsteuerwerten (§ 219 Absatz 3 BewG) sowie bei Art- und Zurechnungsfortschreibungen (§ 222 Absatz 2 BewG) wird das im ersten Hauptfeststellungszeitpunkt geltende Grundsteuerrecht und damit auch die Steuerbefreiungsvorschriften zugrunde gelegt. ② Sollte bis zum 31. Dezember 2024 eine Steuerbefreiungsvorschrift aufgehoben werden, kann eine Nachfeststellung der Grundsteuerwerte nach § 223 Absatz 1 Nummer 2 BewG erfolgen. ③ Wird eine neue Steuerbefreiungsvorschrift bis zum 31. Dezember 2024 in das Grundsteuergesetz aufgenommen, sind die Grundsteuerwerte nach § 224 Absatz 1 Nummer 2 BewG aufzuheben. 11

(3) ① Ab dem Hauptveranlagungszeitpunkt 1. Januar 2025 dürfen auch auf bereits bestandskräftige Bescheide, die auf den vom Bundesverfassungsgericht mit seinem Urteil vom 10. April 2018 – 1 BvL 11/14 u. a. – zur Grundsteuer als verfassungswidrig festgestellten Bestimmungen des Bewertungsgesetzes beruhen, keine Belastungen mehr gestützt werden. ② Für Feststellungszeitpunkte 12

ab dem 1. Januar 2025 sind daher Fortschreibungen und Nachfeststellungen der Einheitswerte nicht mehr zulässig.

13 (4) ① § 266 Absatz 4 Satz 1 BewG hebt kraft Gesetzes die Einheitswertbescheide, Grundsteuermessbescheide und Grundsteuerbescheide, die für Feststellungs- und Festsetzungszeitpunkte vor dem 1. Januar 2025 erlassen wurden und soweit sie auf den §§ 19, 20, 21, 22, 23, 27, 76, 79 Absatz 5, 93 Absatz 1 Satz 2 BewG i. V. m. Artikel 2 Absatz 1 Satz 1 und Satz 3 des Gesetzes zur Änderung des Bewertungsgesetzes in der Fassung des Artikels 2 des Gesetzes vom 22. Juli 1970 (BGBl. I S. 1118) beruhen, zum 31. Dezember 2024 mit Wirkung für die Zukunft auf. ② Entsprechendes gilt nach § 266 Absatz 4 Satz 2 BewG für Einheitswertbescheide, mit denen ein Einheitswert auf Grundlage der §§ 33, 34 BewG für land- und forstwirtschaftliches Vermögen festgestellt wurde, Grundsteuermessbescheide, in denen der Grundsteuermessbetrag auf Grundlage des Ersatzwirtschaftswerts (§ 125 BewG) ermittelt wurde, und Grundsteuerbescheide, in denen die Grundsteuer nach der Ersatzbemessungsgrundlage (§ 42 GrStG) bemessen wurde.

14 (5) ① Auch nach dem 31. Dezember 2024 können noch Bescheide über die Feststellung des Einheitswerts auf Stichtage vor dem 1. Januar 2025 erlassen, geändert oder aufgehoben werden; § 266 Absatz 4 BewG steht dem nicht entgegen. ② In diesem Fall soll in den Bescheid eine Erläuterung aufgenommen werden, dass dessen Wirkung bis zum 31. Dezember 2024 begrenzt ist.

AEBew GrSt A 266.2

A 266.2 Übergangsregelungen (§ 266 Absatz 3 BewG)[1]

(1) ① Werden den Finanzbehörden mit der Erklärung im Sinne des § 228 BewG auf den ersten Hauptfeststellungszeitpunkt 1. Januar 2022 eingetretene Änderungen der tatsächlichen Verhältnisse
15 erstmals bekannt, sind diese bei Fortschreibungen nach § 22 BewG und Nachfeststellungen nach § 23 BewG auf Feststellungszeitpunkte vor dem 1. Januar 2022 nicht zu berücksichtigen. ② Aufhebungen von Einheitswerten sind davon unberührt und können auf Stichtage vor dem 1. Januar 2022 erfolgen. ③ Die Regelung des § 266 Absatz 3 BewG gilt ohne Ermessen sowohl bei Änderungen zugunsten als auch bei Änderungen zuungunsten des Steuerpflichtigen.

16 (2) ① Die Regelung des § 266 Absatz 3 BewG greift auch dann, wenn der Steuerpflichtige einer bestehenden Anzeigepflicht nach § 19 GrStG nicht nachgekommen ist und geänderte Nutzungs- und/oder Eigentumsverhältnisse mit Einfluss auf eine Grundsteuerbefreiung erstmals im Rahmen der Erklärung zur Feststellung des Grundsteuerwerts auf den ersten Hauptfeststellungszeitpunkt 1. Januar 2022 bekannt werden. ② Eine eventuelle straf- oder bußgeldrechtliche Würdigung eines Verstoßes gegen die Anzeigepflicht nach § 19 GrStG bleibt unberührt.

17 (3) Die Regelung des § 266 Absatz 3 BewG gilt nicht für Änderungen der tatsächlichen Verhältnisse, die

1. den Finanzbehörden vor dem Eingang der Erklärung im Sinne des § 228 BewG auf den ersten Hauptfeststellungszeitpunkt 1. Januar 2022 bekannt geworden sind oder
2. in der Erklärung im Sinne des § 228 BewG auf den ersten Hauptfeststellungszeitpunkt 1. Januar 2022 nicht angegeben wurden und daher den Finanzbehörden erst nach dem Eingang der vorgenannten Erklärung bekannt geworden sind oder
3. in 2021 eingetreten sind, und infolgedessen bei Fortschreibungen nach § 22 BewG und Nachfeststellungen nach § 23 BewG auf den 1. Januar 2022 zu berücksichtigen sind.

18 (4) ① Zu den Stichtagen 1. Januar 2023 und 1. Januar 2024 können sowohl Fortschreibungen, Nachfeststellungen und Aufhebungen des Einheitswerts als auch Fortschreibungen, Nachfeststellungen und Aufhebungen des Grundsteuerwerts durchzuführen sein. ② Hierbei sind jeweils Rückschlüsse für die Feststellung der Einheitswerte und der Grundsteuerwerte zu ziehen.

19 (5) ① Soweit vor dem 1. Januar 2022 für Zwecke der Einheitsbewertung unter Anwendung des § 26 BewG in der bis zum 31. Dezember 2024 gültigen Fassung Teile eines Grundstücks, die teilweise dem einen, teilweise dem anderen Ehegatten oder Lebenspartner gehören, zu einer wirtschaftlichen Einheit zusammengefasst wurden, kann diese für den ersten Hauptfeststellungszeitraum weiterhin der Feststellung von Grundsteuerwerten nach den Regelungen des Siebenten Abschnitts des Zweiten Teils des Bewertungsgesetzes zugrunde gelegt werden. ② Gleiches gilt, soweit unter Anwendung von § 34 Absatz 4 bis 6 BewG in der bis zum 31. Dezember 2024 gültigen Fassung

1. in die wirtschaftliche Einheit eines Betriebs der Land- und Forstwirtschaft auch dem Eigentümer des Grund und Bodens nicht gehörende Gebäude, die auf dem Grund und Boden des Betriebs stehen, und dem Eigentümer des Grund und Bodens nicht gehörende Betriebsmittel, die der Bewirtschaftung des Betriebs dienen, einbezogen wurden,
2. ein Anteil des Eigentümers eines Betriebs der Land- und Forstwirtschaft an einem mit dem Betrieb zusammen genutzten Wirtschaftsgut in den Betrieb einbezogen wurde oder
3. in einen Betrieb der Land- und Forstwirtschaft, der von einer Gesellschaft oder Gemeinschaft des bürgerlichen Rechts betrieben wird, auch die Wirtschaftsgüter einbezogen wurden, die einem oder mehreren Beteiligten gehören und dem Betrieb zu dienen bestimmt sind.

③ Sätze 1 und 2 gelten nicht für nach dem 31. Dezember 2021 neu entstehende wirtschaftliche Einheiten.

[1] Vgl. *OFD NRW vom 22. 3. 2023 G 1000-2020/0004 St 254* betr. Rechtsfolge des Verwertungsverbots i. S. v. § 266 Abs. 3 BewG für die Feststellungsstichtage 1. 1. 2022 bis 1. 1. 2024.

Erbschaftsteuer- und Schenkungsteuergesetz,[1] Durchführungsverordnung,[2] Erbschaftsteuer-Richtlinien[3]

ErbStG

Abschnitt 1. Steuerpflicht

§ 1[4] Steuerpflichtige Vorgänge

(1) **Der Erbschaftsteuer (Schenkungsteuer) unterliegen**

1. der Erwerb von Todes wegen; 1

2. die Schenkungen unter Lebenden; 2

3. die Zweckzuwendungen; 3

4. das Vermögen einer Stiftung, sofern sie wesentlich im Interesse einer Familie oder bestimmter Familien errichtet ist, und eines Vereins, dessen Zweck wesentlich im Interesse einer Familie oder bestimmter Familien auf die Bindung von Vermögen gerichtet ist, in Zeitabständen von je 30 Jahren seit dem in § 9 Abs. 1 Nr. 4 bestimmten Zeitpunkt. 4

(2) **Soweit nichts anderes bestimmt ist, gelten die Vorschriften dieses Gesetzes über die Erwerbe von Todes wegen auch für Schenkungen und Zweckzuwendungen, die Vorschriften über Schenkungen auch für Zweckzuwendungen unter Lebenden.** 5

---

[1] **Erbschaftsteuer- und Schenkungsteuergesetz (ErbStG)** i. d. F. der Bek. vom 27. 2. 1997 (BGBl. I S. 378), zuletzt geändert durch Art. 34 Gesetz vom 2. 12. 2024 (BGBl. I Nr. 387) – s. im Einzelnen die zu Beginn abgedruckte Änderungsübersicht.

[2] **Erbschaftsteuer-Durchführungsverordnung (ErbStDV)** vom 8. 9. 1998 (BGBl. I S. 2658), geändert durch Gesetz vom 19. 12. 2000 (BGBl. I S. 1790), vom 15. 7. 2002 (BGBl. I S. 2634), Gesetz vom 21. 8. 2002 (BGBl. I S. 3322), VO vom 2. 11. 2005 (BGBl. I S. 3126), Gesetz vom 19. 2. 2002 (BGBl. I S. 122), VO vom 17. 11. 2010 (BGBl. I S. 1544), Gesetz vom 8. 12. 2010 (BGBl. I S. 1768), Gesetz vom 18. 7. 2014 (BGBl. I S. 1042), VO vom 22. 12. 2014 (BGBl. I S. 2392), Gesetz vom 29. 6. 2015 (BGBl. I S. 1042), GrStRefG vom 26. 11. 2019 (BGBl. I S. 1794), Art. 4 VO vom 25. 6. 2020 (BGBl. I S. 1495), Art. 6 VO vom 19. 12. 2022 (BGBl. I S. 2432).

[3] **Erbschaftsteuer-Richtlinien 2019 (ErbStR 2019)** vom 16. 12. 2019 (BStBl. I Sondernummer 1 S. 2) mit den **Erbschaftsteuer-Hinweisen 2019 (ErbStH 2019)** = gleich lautender Ländererlass vom 16. 12. 2019 (BStBl. I Sondernummer 1 S. 151) mit folgenden **Anwendungsregelungen:**

Zu den ErbStR 2019:

(1) ① Die Erbschaftsteuer-Richtlinien 2019 sind Weisungen an die Finanzbehörden zur einheitlichen Anwendung des Erbschaftsteuer- und Schenkungsteuerrechts und der dazu notwendigen Regelungen des Bewertungsrechts. ② Sie dienen der Verwaltungsvereinfachung und der Vermeidung unbilliger Härten.

(2) ① Die Erbschaftsteuer-Richtlinien 2019 sind auf alle Erwerbsfälle anzuwenden, für die die Steuer nach dem 21. August 2019 entsteht. ② Sie gelten auch für Erwerbsfälle, für die die Steuer vor dem 22. August 2019 entstanden ist, soweit sie geänderte Vorschriften des Erbschaftsteuer- und Schenkungsteuergesetzes und des Bewertungsgesetzes betreffen, die vor dem 1. Mai 2019 anzuwenden sind. ③ Bisher ergangene Anweisungen, die mit diesen Richtlinien im Widerspruch stehen, sind nicht mehr anzuwenden.

(3) Diesen Richtlinien liegen, soweit im Einzelnen keine andere Fassung angegeben ist, das Erbschaftsteuer- und Schenkungsteuergesetz in der Fassung der Bekanntmachung vom 27. Februar 1997 (BGBl. I Seite 378), zuletzt geändert durch Artikel 5 des Gesetzes vom 25. März 2019 (BGBl. I S. 357) und das Bewertungsgesetz in der Fassung der Bekanntmachung vom 1. Februar 1991 (BGBl. I Seite 230), zuletzt geändert durch Artikel 2 des Gesetzes vom 4. November 2016 (BGBl. I S. 2464), zugrunde.

(4) Soweit in den nachstehenden Richtlinien auf das Einkommensteuergesetz (EStG) und die Einkommensteuer-Richtlinien (EStR), das Körperschaftsteuergesetz (KStG) und die Körperschaftsteuer-Richtlinien (KStR) sowie die Abgabenordnung (AO) verwiesen wird, ist die am jeweiligen Besteuerungs- bzw. Feststellungszeitpunkt geltende Fassung maßgebend.

[Anm. d. Red.: Amtlich zitiert werden die EStR 2005, geändert durch die EStÄR 2012 und die KStR 2015.]

Anwendung der ErbStR 2011 v. 19. 12. 2011:

Die Erbschaftsteuer-Richtlinien vom 19. Dezember 2011 (BStBl. I Sondernummer 1/2011 Seite 2) werden aufgehoben. Sie sind mit den Abweichungen, die sich aus der Änderung von Rechtsvorschriften für die Zeit bis zum 21. August 2019 ergeben, auf Erwerbsfälle weiter anzuwenden, für die die Steuer vor dem 22. August 2019 entstanden ist.

Zu den ErbStH 2019:

Anwendung der ErbStH 2019 v. 16. 12. 2019:

Dieser Erlass gibt Hinweise zur Ergänzung der Erbschaftsteuer-Richtlinien 2019 sowie auf den ausgewählten aktuellen Stand der höchstrichterlichen Rechtsprechung zur Erbschaft- und Schenkungsteuer und zum Bewertungsrecht. Die Stichworte in den Hinweisen sind alphabetisch geordnet. Die Randnummern beziehen sich auf die jeweiligen Abschnitte und Absätze der Erbschaftsteuer-Richtlinien 2019.

Dieser Erlass ist auf alle Erwerbsfälle anzuwenden, für die die Steuer nach dem 21. August 2019 entstanden ist oder entsteht. Die gleich lautenden Ländererlasse vom 19. Dezember 2011 (BStBl. I Sondernummer 1/2011 Seite 117), zuletzt geändert durch gleich lautende Ländererlasse vom 8. Januar 2016 (BStBl. I Seite 173), werden mit Wirkung vom 22. August 2019 aufgehoben. Bisher ergangene Anweisungen, die mit diesem Erlass im Widerspruch stehen, sind nicht mehr anzuwenden.

Zur **Anwendung der durch das JStG 2020 geänderten Vorschriften** des ErbStG für Erwerbe mit einer Steuerentstehung nach dem 28. 12. 2020 siehe gleich lautenden **Ländererlass vom 13. 9. 2021** (BStBl. I S. 1837), abgedruckt als Anlage zu § 5 Abs. 1 ErbStG.

Vgl. auch die **Allg. Verwaltungsanweisung für die Erbschaftsteuer** (ErbStVA) vom 7. 12. 2017 (Anhang **II** Nr. **3**).

[4] *BFH-Urteil vom 6. 5. 2021 II R 1/19 (BStBl. 2022 II S. 77):* Die Regelungen des ErbStG idF des Wachstumsbeschleunigungsgesetzes 2009 betreffend den Erwerb von Privatvermögen und den Steuersatz sind über den 30. 6. 2016 hinaus weiter anwendbar. – *Vb. BVerfG 1 BvR 804/22.*

FG München vom 8. 2. 2023 4 K 2771/21 (EFG S. 718), nrkr., Rev. BFH II R 7/23, Ls. 2: 2. Bereits der Gesetzesbeschluss des Bundestages vom 24. 6. 2016 hat zu einer Zerstörung des Vertrauens auf das Fortbestehen der alten Rechtslage geführt. Allen Steuerpflichtigen musste seit dem 24. 6. 2016 klar sein, dass es Ziel des Gesetzgebers war, das ErbStAnpG 2016 zum 1. 7. 2016 einzuführen.

Zu § 1 ErbStG

ErbStR R E 1.1

R E 1.1 Anwendung der Vorschriften über Erwerbe von Todes wegen auf Schenkungen

6 ① Die Vorschriften über Erwerbe von Todes wegen gelten, soweit nichts anderes bestimmt ist, auch für Schenkungen unter Lebenden (§ 1 Absatz 2 ErbStG). ② Bei der Besteuerung von Schenkungen unter Lebenden gelten alle Bestimmungen des Erbschaftsteuer- und Schenkungsteuergesetzes, sofern sie nicht Sachverhalte betreffen, die allein bei Erwerben von Todes wegen vorkommen. ③ Nicht auf Schenkungen anzuwenden sind insbesondere die Vorschriften

1. zum Abzug der Nachlassverbindlichkeiten (→ § 10 Absatz 1 Satz 2 ErbStG),
2. zum Pauschbetrag für Erbfallkosten (→ § 10 Absatz 5 Nummer 3 Satz 2 ErbStG),
3. zum Erwerb eines Familienheims von Todes wegen (→ § 13 Absatz 1 Nummer 4 b und 4 c ErbStG),
4. zum Rückfall von Vermögensgegenständen an die Eltern (→ § 13 Absatz 1 Nummer 10 ErbStG),
5. zur Investitionsklausel (→ § 13 b Absatz 5 ErbStG),
6. zur Steuerklasse der Eltern bei Erwerben von Todes wegen (→ § 15 Absatz 1 ErbStG Steuerklasse I Nummer 4) oder zu Erwerben auf Grund gemeinschaftlicher Testamente von Ehegatten (→ § 15 Absatz 3 ErbStG),
7. zum besonderen Versorgungsfreibetrag für den überlebenden Ehegatten oder die Kinder des Erblassers (→ § 17 ErbStG). ② Der Versorgungsfreibetrag nach § 17 ErbStG kann ausnahmsweise bei einem nach § 7 Absatz 1 Nummer 5 ErbStG steuerbaren Erwerb gewährt werden, wenn ein Ehegatte als Abfindung für seinen Erbverzicht und aufschiebend bedingt bis zum Tod des anderen Ehegatten ein Leibrentenstammrecht erwirbt,
8. zur Haftung von Kreditinstituten (→ § 20 Absatz 6 Satz 2 ErbStG),
9. zur Steuerermäßigung bei mehrfachem Erwerb desselben Vermögens (→ § 27 ErbStG) und
10. zur Stundung der auf das begünstigte Vermögen im Sinne des § 13b Absatz 2 ErbStG entfallenden Steuer (→ § 28 Absatz 1 ErbStG).

H E 1.1

H E 1.1

7 **Anwendbarkeit der Vorschriften über Erwerbe von Todes wegen auf Schenkungen.** → BFH vom 8. 10. 2003 II R 46/01, BStBl. 2004 II S. 234.[1]

Eingetragene Lebenspartnerschaften. Auf Lebenspartner und Lebenspartnerschaften i. S. d. Lebenspartnerschaftsgesetzes sind nach §§ 1 und 21 LPartG die Regelungen zu Ehegatten und Ehen entsprechend anzuwenden.

Mehrfacher Erwerb desselben Vermögens. → BFH vom 2. 9. 1987 II B 103/87, BStBl. II S. 785 und vom 16. 7. 1997 II B 99/96, BStBl. II S. 625.

Rückfall von Vermögensgegenständen an die Eltern. → BFH vom 16. 4. 1986 II R 135/83, BStBl. II S. 622.

ErbStR R E 1.2

R E 1.2 Familienstiftungen und Familienvereine

(1) ① Vermögen einer inländischen Familienstiftung (§ 1 Absatz 1 Nummer 4, § 2 Absatz 1
8 Nummer 2 ErbStG) unterliegt in Zeitabständen von je 30 Jahren der Ersatzerbschaftsteuer. ② Die Steuerpflicht setzt voraus, dass die Stiftung an dem für sie maßgebenden Besteuerungszeitpunkt (→ § 9 Absatz 1 Nummer 4 ErbStG) die Voraussetzungen für eine Familienstiftung erfüllt. ③ Die Steuerpflicht entfällt hiernach, wenn eine Familienstiftung vor diesem Zeitpunkt aufgelöst oder durch Satzungsänderung in eine andere Stiftung (z. B. Unternehmensstiftung) umgewandelt wird. ④ Die Anzeigepflicht nach § 30 ErbStG und die Pflicht zur Abgabe der Steuererklärung nach § 31 ErbStG besteht auch in Fällen der Steuerpflicht nach § 1 Absatz 1 Nummer 4 ErbStG.

9 (2) ① Eine Familienstiftung im Sinne des § 1 Absatz 1 Nummer 4 ErbStG ist stets gegeben, wenn nach ihrer Satzung der Stifter, seine Angehörigen und deren Abkömmlinge zu mehr als der Hälfte bezugs- oder anfallsberechtigt (Destinatäre) sind (§ 15 Absatz 2 AStG). ② Eine Familienstiftung im Sinne des § 1 Absatz 1 Nummer 4 ErbStG ist auch dann gegeben, wenn die genannten Destinatäre zu mehr als einem Viertel bezugs- oder anfallsberechtigt sind und zusätzliche Merkmale ein „wesentliches Familieninteresse" belegen. ③ Dies kann insbesondere dann gegeben sein, wenn die Familie wesentlichen Einfluss auf die Geschäftsführung der Stiftung hat. ④ Bereits die Bezugsberechtigung der in den Satzungen bezeichneten Familienangehörigen prägt das Wesen als

[1] Abgedruckt zu § 29 Abs. 1 Nr. 2 ErbStG.

Familienstiftung, auch wenn Ausschüttungen bisher nicht vorgenommen worden sind.[1] ⑤ In welchem Umfang die Stiftung ihre Erträge thesauriert, ist für die Bezugsberechtigung der Destinatäre ohne Bedeutung.

(3) ① Unter den wesentlichen Familieninteressen sind Vermögensinteressen im weitesten Sinne zu verstehen. ② Dazu gehören nicht nur Bezugs- und Anfallsrechte, sondern alle Vermögensvorteile, die die begünstigten Familien und ihre Mitglieder aus dem Stiftungsvermögen ziehen. ③ Die Stiftung dient diesen Vermögensinteressen dann wesentlich, wenn nach der Satzung oder dem Stiftungsgeschäft deren Wesen darin besteht, es den Familien zu ermöglichen, das Stiftungsvermögen, soweit es einer Nutzung zu privaten Zwecken zugänglich ist, zu nutzen oder die Stiftungserträge an sich zu ziehen. ④ Darunter fallen insbesondere auch die unentgeltliche oder verbilligte Nutzung des Stiftungsvermögens, wie 10

1. die Nutzung der stiftungseigenen Immobilien zu Wohnzwecken,
2. der Einsatz des Personals der Stiftung für Arbeiten im Rahmen des eigenen Hausstandes oder
3. bei einer Stiftung mit Kunstbesitz der Vorteil, von diesem Kunstbesitz umgeben zu sein.

⑤ Derartige Nutzungs- und Zugriffsmöglichkeiten können sich allein aus der Natur des Stiftungszwecks oder aber in Verbindung mit dem Einfluss der Familien auf die Geschäftsführung ergeben. ⑥ Inwieweit davon tatsächlich Gebrauch gemacht wird, ist nicht entscheidend.

(4) ① Die Änderung des Stiftungscharakters einer Familienstiftung durch Satzungsänderung, gleichgültig, ob sie zu Lebzeiten oder erst nach dem Tode des Stifters erfolgt, gilt erbschaftsteuerrechtlich als Errichtung einer neuen Familienstiftung (§ 7 Absatz 1 Nummer 8 ErbStG). ② Dies gilt entsprechend, wenn durch die Satzungsänderung lediglich bisher nicht bezugs- oder anfallsberechtigte Familienmitglieder oder Dritte in den Kreis der Destinatäre aufgenommen werden und die Errichtung der Stiftung bei bereits damaliger Zugehörigkeit der neu aufgenommenen Destinatäre seinerzeit nach einer ungünstigeren Steuerklasse zu besteuern gewesen wäre. ③ Die durch Satzungsänderung entstandene „neue" Stiftung gilt als Erwerber des Vermögens der „bisherigen" Stiftung (§ 7 Absatz 1 Nummer 8 ErbStG). ④ Sie ist nach dem Verwandtschaftsverhältnis des nach der Stiftungsurkunde entferntest Berechtigten zu dem ursprünglichen Stifter (Erblasser oder Schenker) zu besteuern (§ 15 Absatz 2 Satz 1 ErbStG). ⑤ Die Aufhebung der bisherigen Stiftung wird dagegen im Aufhebungszeitpunkt nicht gesondert besteuert. ⑥ Die bei der Errichtung der bisherigen Stiftung festgesetzte Steuer und die bereits entrichtete Ersatzerbschaftsteuer erlischt nicht. ⑦ Die Behandlung der Satzungsänderung als Errichtung einer neuen Stiftung führt dazu, dass die 30-Jahresfrist für die Entstehung der Ersatzerbschaftsteuer (§ 1 Absatz 1 Nummer 4 in Verbindung mit § 9 Absatz 1 Nummer 4 ErbStG) bei der bisherigen Stiftung endet und bei der neuen Stiftung neu zu laufen beginnt. ⑧ Eine Anrechnung der bei Errichtung der bisherigen Stiftung festgesetzten Steuer auf die im Zeitpunkt der Satzungsänderung festzusetzende Erbschaftsteuer kommt nicht in Betracht. 11

(5) Wird die Familienstiftung durch Satzungsänderung in eine gemeinnützige Stiftung umgewandelt, ist deren Erwerb nach § 13 Absatz 1 Nummer 16 Buchstabe b ErbStG steuerfrei. 12

(6) Die Ausführungen in Absatz 2 bis 4 zu Stiftungen gelten für Vereine, deren Zweck wesentlich im Interesse einer Familie oder bestimmter Familien auf die Bindung von Vermögen gerichtet ist (Familienverein, § 1 Absatz 1 Nummer 4 ErbStG), entsprechend. 13

H E 1.2

HE 1.2

Keine Ersatzerbschaftsteuer bei einer nichtsrechtsfähigen Stiftung. → BFH vom 25. 1. 2017 II R 26/16, BStBl. 2018 II S. 199. 14

Wesentliches Familieninteresse. → BFH vom 10. 12. 1997 II R 25/94, BStBl. 1998 II S. 114.

Zustiftung an eine Familienstiftung. → BFH vom 9. 12. 2009 II R 22/08, BStBl. 2010 II S. 363.

---

[1] *BFH-Urteil vom 18. 11. 2009 II R 46/07 (BFH/NV 2010 S. 998):* **1.** Besteht das Stiftungsvermögen im Wesentlichen aus einem Unternehmen und/oder Unternehmensbeteiligungen, spricht der vom Stifter beabsichtigte Erhalt des Unternehmens weder für noch gegen ein (wesentliches) Familieninteresse. Denn der Erhalt und die Weiterentwicklung des Stiftungsvermögens stellen noch keinen Stiftungszweck dar. **2.** Die Bezugsberechtigung von Familienangehörigen begründet regelmäßig die Annahme eines wesentlichen Familieninteresses. Dem steht nicht entgegen, dass die Bezugsberechtigung an bestimmte Voraussetzungen geknüpft ist, die bei den Destinatären im Dreißigjahreszeitraum nicht eingetreten sind, weil es an weiteren mit Rechtsansprüchen ausgestatteten Begünstigten fehlt. – Vb. nicht zur Entscheidung angenommen *(BVerfG-Beschluss v. 22. 8. 2011 1 BvR 2570/10, HFR S. 1247).*

ErbStG

§ 2 Persönliche Steuerpflicht

(1) Die Steuerpflicht tritt ein

1 **1. in den Fällen des § 1 Abs. 1 Nr. 1 bis 3, wenn der Erblasser zur Zeit seines Todes, der Schenker zur Zeit der Ausführung der Schenkung oder der Erwerber zur Zeit der Entstehung der Steuer (§ 9) ein Inländer ist, für den gesamten Vermögensanfall (unbeschränkte Steuerpflicht). ② Als Inländer gelten**

2 **a) natürliche Personen, die im Inland einen Wohnsitz oder ihren gewöhnlichen Aufenthalt haben,**

3 **b)[1] deutsche Staatsangehörige, die sich nicht länger als fünf Jahre dauernd im Ausland aufgehalten haben, ohne im Inland einen Wohnsitz zu haben,**

4 **c) unabhängig von der Fünfjahresfrist nach Buchstabe b deutsche Staatsangehörige, die**

aa) im Inland weder einen Wohnsitz noch ihren gewöhnlichen Aufenthalt haben und

bb) zu einer inländischen juristischen Person des öffentlichen Rechts in einem Dienstverhältnis stehen und dafür Arbeitslohn aus einer inländischen öffentlichen Kasse beziehen,

sowie zu ihrem Haushalt gehörende Angehörige, die die deutsche Staatsangehörigkeit besitzen. ② Dies gilt nur für Personen, deren Nachlaß oder Erwerb in dem Staat, in dem sie ihren Wohnsitz oder ihren gewöhnlichen Aufenthalt haben, lediglich in einem der Steuerpflicht nach Nummer 3 ähnlichen Umfang zu einer Nachlaß- oder Erbanfallsteuer herangezogen wird,

5 **d) Körperschaften, Personenvereinigungen und Vermögensmassen, die ihre Geschäftsleitung oder ihren Sitz im Inland haben;**

6 **2.[2] in den Fällen des § 1 Abs. 1 Nr. 4, wenn die Stiftung oder der Verein die Geschäftsleitung oder den Sitz im Inland hat;**

7 **3.[3] in allen anderen Fällen für den Vermögensanfall, der in Inlandsvermögen im Sinne des § 121 des Bewertungsgesetzes besteht oder einen Anspruch auf Übertragung von Inlandsvermögen im Sinne des § 121 des Bewertungsgesetzes umfasst (beschränkte Steuerpflicht). ② Bei Inlandsvermögen im Sinne des § 121 Nr. 4 des Bewertungsgesetzes ist es ausreichend, wenn der Erblasser zur Zeit seines Todes oder der Schenker zur Zeit der Ausführung der Schenkung entsprechend der Vorschrift am Grund- oder Stammkapital der inländischen Kapitalgesellschaft beteiligt ist. ③ Wird nur ein Teil einer solchen Beteiligung durch Schenkung zugewendet, gelten die weiteren Erwerbe aus der Beteiligung, soweit die Voraussetzungen des § 14 erfüllt sind, auch dann als Erwerb von Inlandsvermögen, wenn im Zeitpunkt ihres Erwerbs die Beteiligung des Erblassers oder Schenkers weniger als ein Zehntel des Grund- oder Stammkapitals der Gesellschaft beträgt.**

8 **(2) Zum Inland im Sinne dieses Gesetzes gehört auch der der Bundesrepublik Deutschland zustehende Anteil am Festlandsockel, soweit dort Naturschätze des Meeresgrundes und des Meeresuntergrundes erforscht oder ausgebeutet werden.**

(3) *(aufgehoben)*

Übersicht

	Rz.
R E 2.1 Unbeschränkte und beschränkte Steuerpflicht; H E 2.1	11–14
R E 2.2 Inlandsvermögen; H E 2.2	15–23
Anlage:	
Verfügung betr. Anteile an inländischen Kapitalgesellschaften als Inlandsvermögen gem. § 2 Abs. 1 Nr. 3 ErbStG i. V. m. § 121 Nr. 4 BewG	24

Zu § 2 ErbStG

ErbStR
R E 2.1

R E 2.1 Unbeschränkte und beschränkte Steuerpflicht

11 (1)[4] ① Ein Erwerbsvorgang, an dem eine natürliche Person oder eine der in § 2 Absatz 1 Nummer 1 Satz 2 Buchstabe d oder Nummer 2 ErbStG genannten Körperschaften (Inländer) beteiligt

[1] *BFH-Urteil vom 12. 10. 2022 II R 5/20 (BStBl. 2023 II S. 659), – Vb. BVerfG 1 BvR 325/23:* **1.** Die erweiterte unbeschränkte Schenkungsteuerpflicht verletzt nicht den allgemeinen Gleichheitssatz i. S. des Art. 3 Abs. 1 GG. **2.** Die Regelung bewirkt auch keinen Verstoß gegen die unionsrechtliche Kapitalverkehrsfreiheit.

[2] *BFH-Urteil vom 25. 1. 2017 II R 26/16 (BStBl. 2023 II S. 659):* Eine nichtrechtsfähige Stiftung unterliegt nicht der Ersatzerbschaftsteuer.

[3] Zur Anwendung von § 2 Abs. 1 Nr. 3 vgl. § 37 Abs. 14 und 20 ErbStG.

[4] Zur Steuerpflicht bei Zuwendung an einen nicht rechtsfähigen Verein vgl. *Urteil FG Münster vom 18. 1. 2007 (EFG S. 1037),* abgedruckt zu § 20 Abs. 1 ErbStG. – *BFH-Urteil vom 23. 11. 2022 II R 37/19 (BStBl. 2024 II S. 341):* Das Vermächtnis an einem inländischen Grundstück unterliegt nicht der beschränkten Erbschaftsteuerpflicht. – *Anm. d. Red.:* Siehe nunmehr aber § 2 Abs. 1 Nr. 3 Satz 1 idF des Wachstumschancengesetzes.

ist, unterliegt der unbeschränkten Steuerpflicht, wenn diese zum Besteuerungszeitpunkt (→ § 9 ErbStG) im Bundesgebiet ihren Wohnsitz (§ 8 AO)[1] oder ihren gewöhnlichen Aufenthalt (§ 9 AO) bzw. ihre Geschäftsleitung (§ 10 AO) oder ihren Sitz (§ 11 AO) haben. ② Entsprechendes gilt, wenn an einem Erwerbsvorgang ein deutscher Staatsangehöriger beteiligt ist, der die Voraussetzungen des § 2 Absatz 1 Nummer 1 Satz 2 Buchstabe b oder c ErbStG erfüllt. ③ Die unbeschränkte Steuerpflicht erstreckt sich auf sämtliches inländisches und ausländisches Vermögen, das zu einem Erwerbsvorgang gehört.

(2) Die beschränkte Steuerpflicht (§ 2 Absatz 1 Nummer 3 ErbStG) erstreckt sich nur auf Vermögen der in § 121 BewG genannten Art, das auf das Inland entfällt (→ R E 2.2). 12

H E 2.1

H E 2.1

Doppelbesteuerungsabkommen auf dem Gebiet der Erbschaft- und Schenkungsteuer. 13
Am 1. 1. 2018 geltende Abkommen

Abkommen mit	vom	Fundstelle BGBl. II Jg.	Seite	BStBl. I Jg.	Seite	Inkrafttreten BGBl. II Jg.	Seite	BStBl. I Jg.	Seite	Anwendung grundsätzlich ab
Dänemark	22. 11. 1995	96	2565	96	1219	97	728	97	624	1. 1. 1997
Frankreich	12. 10. 2006	07	1402	09	1258	09	596	09	1266	3. 4. 2009
Griechenland	18. 11. 1910/ 1. 12. 1910	(RGBl.) 12	 173	 –	 –	 53	 525	 53	 377	 1. 1. 1953
Schweden*[2]	14. 7. 1992	94	686	94	422	95	29	95	88	1. 1. 1995
Schweiz	30. 11. 1978	80	594	80	243	80	1341	80	786	28. 9. 1980
Vereinigte Staaten in der Neufassung unter Berücksichtigung des Protokolls	3. 12. 1980 21. 12. 2000 14. 12. 1998	82 01 00	847 65 1170	82 01 01	765 114 110	86 01	860 62	86 01	478 114	1. 1. 1979 15. 12. 2000

* Schweden erhebt seit 1. 1. 2005 keine Erbschaftsteuer mehr.

Erweiterte beschränkte Steuerpflicht. → § 4 AStG und *BMF-Schreiben vom 14. 5. 2004 (BStBl. 2004 I Sondernummer 1/2004 Tz. 4).*[3]

Erwerber bei Zuwendungen an und von Personengesellschaften. → BFH vom 14. 9. 1994 II R 95/92, BStBl. 1995 II S. 81[4] und vom 15. 7. 1998 II R 82/96, BStBl. II S. 630.[4]

Mitglieder diplomatischer Missionen und konsularischer Vertretungen. Die steuerliche Behandlung der Angehörigen der diplomatischen und berufskonsularischen Vertretungen auswärtiger Staaten in der Bundesrepublik Deutschland richtet sich nach dem Wiener Übereinkommen über diplomatische Beziehungen (WÜD) vom 18. 4. 1961 (Gesetz vom 6. 8. 1964, BGBl. II S. 959) und nach dem Wiener Übereinkommen über konsularische Beziehungen (WÜK) vom 24. 4. 1963 (Gesetz vom 26. 8. 1969, BGBl. II S. 1585). Die steuerlichen Vorschriften der beiden Abkommen sind nicht nur im Verhältnis zu den Vertragsstaaten anzuwenden. 14

Nach dem **Wiener Übereinkommen über diplomatische Beziehungen** gilt Folgendes:

1. Nach Artikel 34 WÜD sind Diplomaten nicht von der Erbschaftsteuer befreit.
2. Nach Artikel 39 Absatz 4 WÜD darf jedoch von beweglichem Vermögen, das sich nur deshalb in Deutschland befindet, weil sich der Verstorbene als Mitglied der Mission in Deutschland aufhielt, keine Erbschaftsteuer erhoben werden. Zum beweglichen Vermögen rechnet nicht Kapitalvermögen.
3. Die zum Haushalt eines Diplomaten gehörenden Familienmitglieder genießen, wenn sie nicht deutsche Staatsangehörige sind, die in Nummer 2 bezeichneten Vorrechte (Artikel 37 Absatz 1 WÜD). Familienmitglieder sind

[1] *BFH-Urteil vom 23. 11. 1988 II R 139/87 (BStBl. 1989 II S. 182):* Benützt jemand seine ihm gehörende Doppelhaushälfte im Inland regelmäßig zweimal jährlich zu bestimmten Zeiten über mehrere Wochen, so hat er dort seinen Wohnsitz i. S. des § 8 AO 1977. – Weitere Rechtsprechungsnachweise zu den Themen Wohnsitz, gewöhnlicher Aufenthalt usw. siehe §§ 8 und 9 AO mit AEAO, abgedruckt im AO-Handbuch.

[2] Im Rahmen der Änderung des Doppelbesteuerungsabkommens mit Schweden wurden die Regelungen zur Erbschaft- und Schenkungsteuer aufgehoben (Gesetz zu dem Protokoll vom 18. Januar 2023 zur Änderung des Abkommens vom 14. Juli 1992 zwischen der Bundesrepublik Deutschland und dem Königreich Schweden zur Vermeidung der Doppelbesteuerung bei den Steuern von Einkommen und vom Vermögen sowie bei den Erbschaft- und Schenkungsteuern und zur Leistung gegenseitigen Beistands bei den Steuern vom 20. 10. 2023, BGBl. II Nr. 307).

BFH-Urteil vom 24. 5. 2023 II R 27/20 (BStBl. 2024 II S. 103) – Vb. 1 BvR 211/24: Nach Abschaffung der Schenkungsteuer im Königreich Schweden (Schweden) zum 1. 1. 2005 kann Art. 4 Abs. 1 Buchst. b DBA-Schweden 1992 bei einer Doppelansässigkeit des Schenkers im Inland und in Schweden kein Besteuerungsrecht in Schweden begründen. Dies hat zur Folge, dass die Schenkung eines in der Bundesrepublik Deutschland und zugleich in Schweden ansässigen Schenkers dem deutschen Schenkungsteuerrecht unterliegt. – Ebenso *BFH-Urteil vom 24. 5. 2023 II R 28/20 (BStBl. 2024 II S. 106) – Vb. 1 BvR 142/24,* und *II R 29/20 (BStBl. 2024 II S. 108) – Vb. 1 BvR 136/24.*

[3] Siehe jetzt *BMF-Schreiben vom 22. 12. 2023 (BStBl. I 2023, Sondernummer 1).*

[4] Abgedruckt zu § 20 Abs. 1 ErbStG.

a) der Ehegatte und die minderjährigen Kinder, die im Haushalt des Diplomaten leben. Eine vorübergehende Abwesenheit, z. B. zum auswärtigen Studium, ist hierbei ohne Bedeutung;
b) die volljährigen unverheirateten Kinder sowie die Eltern und Schwiegereltern – unter der Voraussetzung der Gegenseitigkeit –, die mit im Haushalt des Diplomaten leben und von ihm wirtschaftlich abhängig sind. Dies ist nach den jeweiligen Einkommens- und Vermögensverhältnissen aufgrund einer über das Einkommen und das Vermögen abzugebenden Erklärung zu beurteilen.

Für andere Personen kommt eine Anwendung des Artikels 37 WÜD grundsätzlich nicht in Betracht. In besonderen Fällen prüft das Auswärtige Amt im Einvernehmen mit dem Bundesministerium der Finanzen, ob die besonderen Umstände des Falles eine andere Entscheidung rechtfertigen.

4. Auch Mitglieder des Verwaltungs- und technischen Personals einer diplomatischen Mission, z. B. Kanzleibeamte, Chiffreure, Übersetzer, Stenotypistinnen und die zu ihrem Haushalt gehörenden Familienmitglieder, genießen, wenn sie weder deutsche Staatsangehörige noch im Inland ständig ansässig sind, die in Nummer 2 bezeichneten Vorrechte (Artikel 37 Absatz 2 WÜD). Dies gilt nicht im Verhältnis zu Venezuela (vgl. Vorbehalt Venezuelas bei der Unterzeichnung des Abkommens). Mitgliedern des dienstlichen Hauspersonals, z. B. Kraftfahrer, Pförtner, Boten, Gärtner, Köche, Nachtwächter, und privaten Hausangestellten von Mitgliedern der Mission stehen erbschaftsteuerrechtliche Vorrechte nicht zu.

Nach dem **Wiener Übereinkommen über konsularische Beziehungen** gilt Folgendes:

1. Nach Artikel 49 Absatz 1 Buchstabe c WÜK sind Berufskonsularbeamte und Bedienstete des Verwaltungs- und technischen Personals sowie die mit ihnen im gemeinsamen Haushalt lebenden Familienmitglieder nicht von der Erbschaftsteuer befreit.
2. Nach Artikel 51 Buchstabe b Absatz 4 WÜK darf jedoch von beweglichem Vermögen, das sich nur deshalb in Deutschland befindet, weil sich der Verstorbene als Mitglied der Mission in Deutschland aufhielt, keine Erbschaftsteuer erhoben werden. Zum beweglichen Vermögen rechnet nicht Kapitalvermögen.
3. Die nach Nummer 2 vorgesehene Befreiung von der Erbschaftsteuer steht folgenden Personen nicht zu:
a) Wahlkonsularbeamten (Artikel 1 Absatz 2, Artikel 58 Absatz 1 und 3 WÜK) und ihren Familienmitgliedern,
b) Bediensteten des Verwaltungs- oder technischen Personals, die im Inland eine private Erwerbstätigkeit ausüben, und deren Familienmitgliedern (Artikel 57 Absatz 2 Buchstaben a und b WÜK), außerdem den Mitgliedern des dienstlichen Hauspersonals und den privaten Hausangestellten von Mitgliedern der konsularischen Vertretung,
c) Familienangehörigen eines Mitglieds einer konsularischen Vertretung, die im Inland eine private Erwerbstätigkeit ausüben (Artikel 57 Absatz 2 Buchstabe c WÜK).

ErbStR R E 2.2

R E 2.2 Inlandsvermögen

15 (1) ① Zum Inlandsvermögen bei beschränkter Steuerpflicht gehören nur solche Wirtschaftsgüter, die auch bei unbeschränkter Steuerpflicht einem Erwerb zuzurechnen sind. ② Es werden deshalb auch beim Inlandsvermögen die Wirtschaftsgüter nicht erfasst, die nach den Vorschriften des Erbschaftsteuer- und Schenkungsteuergesetzes oder anderer Gesetze nicht zur Erbschaftsteuer heranzuziehen sind.

16 (2) ① Inländisches Betriebsvermögen unterliegt der beschränkten Erbschaftsteuerpflicht nicht nur, wenn in diesem Gebiet eine Betriebsstätte unterhalten wird, sondern auch, wenn lediglich ein ständiger Vertreter (§ 13 AO) für den Gewerbebetrieb bestellt ist. ② Im Besteuerungsverfahren ist selbstständig darüber zu entscheiden, ob für das im Inland betriebene Gewerbe, dem das Vermögen dient, im Inland eine Betriebsstätte unterhalten wird oder ein ständiger Vertreter bestellt ist.

17 (3) ① Die Beteiligung an einer inländischen Kapitalgesellschaft gehört zum Inlandsvermögen, wenn der Erblasser zur Zeit seines Todes oder der Schenker zur Zeit der Ausführung der Schenkung allein oder zusammen mit ihm nahe stehenden Personen im Sinne des § 1 Absatz 2 AStG als Eigentümer der übertragenen Anteile mindestens zu 10 Prozent am Grund- oder Stammkapital der inländischen Kapitalgesellschaft beteiligt ist. ② Wird nur ein Teil einer solchen Beteiligung durch Schenkung zugewendet, sind auch weitere innerhalb der nächsten zehn Jahre von derselben Person anfallende Erwerbe aus der Beteiligung als Inlandsvermögen zu behandeln, auch wenn im Zeitpunkt ihres Erwerbs die Beteiligung des Erblassers oder Schenkers weniger als 10 Prozent beträgt. ③ Bei der Ermittlung des Umfangs der Beteiligung sind auch lediglich mittelbar gehaltene Anteile zu berücksichtigen. ④ Anteile, die über eine inländische Betriebsstätte des beschränkt Steuerpflichtigen gehalten werden und daher bereits nach § 121 Nummer 3 BewG zum Inlandsver-

mögen gehören, sind mit Anteilen zusammenzurechnen, die nicht in der Betriebsstätte gehalten werden. ⑤ Bei Erreichen der Beteiligungsgrenze zählt grundsätzlich nur die jeweils unmittelbar gehaltene Beteiligung zum Inlandsvermögen, auch wenn sie für sich genommen die Beteiligungsgrenze nicht erreicht. ⑥ Eine mittelbar über eine ausländische Gesellschaft gehaltene Beteiligung zählt zum Inlandsvermögen, soweit es sich bei der Zwischenschaltung der ausländischen Gesellschaft um einen Missbrauch steuerlicher Gestaltungsmöglichkeiten handelt (§ 42 AO). ⑦ Letzteres kommt in Betracht, wenn für die Einschaltung der ausländischen Gesellschaft wirtschaftliche oder sonst beachtliche Gründe fehlen und sie keine eigene Wirtschaftstätigkeit entfaltet.

(4) ① Urheberrechte, die weder zu einem inländischen Betriebsvermögen eines beschränkt Steuerpflichtigen gehören noch in ein inländisches Buch oder Register eingetragen sind, gehören nach § 121 Nummer 6 BewG dann zum Inlandsvermögen, wenn sie einem inländischen Gewerbebetrieb überlassen sind. ② § 121 Nummer 6 BewG setzt nicht voraus, dass die einem Gewerbebetrieb überlassenen Wirtschaftsgüter diesem für die Dauer oder auf lange Zeit zu dienen bestimmt sind. ③ Es genügt vielmehr, dass sie tatsächlich dem inländischen Gewerbebetrieb zur gewerblichen Verwendung am Stichtag überlassen sind. ④ Zur Bewertung → R B 9.4. **18**

(5) ① Zum steuerpflichtigen Inlandsvermögen gehört auch die typische stille Beteiligung einer beschränkt steuerpflichtigen Person an einem inländischen Unternehmen. ② Gewinnanteile aus der stillen Beteiligung gehören jedoch nicht zum Inlandsvermögen. ③ Zur Bewertung von typischen stillen Beteiligungen → R B 12.4. **19**

(6) ① Nutzungsrechte gehören nur dann zum Inlandsvermögen, wenn sie an einem Wirtschaftsgut bestehen, das in § 121 BewG als Inlandsvermögen aufgeführt ist. ② Das Nutzungsrecht an einer Beteiligung nach § 121 Nummer 4 BewG kann demgemäß nur erfasst werden, wenn diese mindestens 10 Prozent des Grund- und Stammkapitals einer inländischen Kapitalgesellschaft ausmacht. **20**

(7) ① Schulden und Lasten werden nur insoweit berücksichtigt, als sie mit dem Inlandsvermögen in wirtschaftlichem Zusammenhang stehen (→ R E 10.10) und dieses Vermögen belasten. ② Einkommensteuerschulden eines Erblassers sind bei der Ermittlung des Inlandsvermögens abzuziehen, wenn die Einkommensteuer durch den Besitz des Inlandsvermögens ausgelöst worden ist (→ R E 10.8). ③ Steuerforderungen eines Erblassers gehören zwar grundsätzlich nicht zum Inlandsvermögen, sind aber mit abzugsfähigen Steuerschulden des Erblassers zu saldieren. **21**

(8) ① War ein Erblasser oder Schenker bei beschränkter Steuerpflicht an einer Gemeinschaft beteiligt, ist sein Anteil an diesem Vermögen in die Ermittlung des steuerpflichtigen Vermögensanfalls einzubeziehen. ② Die Frage, inwieweit der auf ihn entfallende Anteil zum Inlandsvermögen gehört, wird bei der Veranlagung des Erwerbers entschieden. **22**

H E 2.2

H E 2.2

Ansprüche nach dem Vermögensgesetz. Ansprüche nach dem Vermögensgesetz, die auf Rückübertragung von Grundbesitz gerichtet sind, gehören nicht zum Inlandsvermögen. Etwas anderes gilt nach § 121 Nummer 3 BewG nur, wenn ein solcher Anspruch zu einem inländischen Betriebsvermögen gehört (→ R E 10.2 Absatz 2). **23**

Inländische Betriebstätte. → BFH vom 30. 1. 1981 III R 116/79, BStBl. II S. 560 und vom 8. 4. 1976 III R 55/74, BStBl. II S. 708.

Gewinnanteile aus einer stillen Beteiligung. → BFH vom 15. 1. 1971 III R 125/69, BStBl. II S. 379 und vom 17. 10. 1975 III R 66–67/74, BStBl. 1976 II S. 275.

Nutzungsrecht. Die Erfassung eines Nutzungsrechts wird nicht dadurch ausgeschlossen, dass das Wirtschaftsgut, an dem es besteht, seinerseits steuerfrei bleibt (→ BFH vom 31. 5. 1957 III 38/57 S, BStBl. III S. 242).

Schulden und Lasten im wirtschaftlichen Zusammenhang mit Inlandsvermögen. Allgemeines → BFH vom 17. 12. 1965 III 342/60 U, BStBl. 1966 III S. 483 und vom 19. 5. 1967 III 319/63, BStBl. III S. 596.
Zu Pflichtteilsansprüchen → R E 10.10 Absatz 3.

Sicherungshypothek. Die Vormerkung zur Sicherung eines Anspruchs auf Eintragung einer Sicherungshypothek stellt eine der eingetragenen Hypothek gleichzustellende unmittelbare dingliche Sicherung einer Forderung oder eines Rechts i. S. d. § 121 Nummer 7 BewG dar (→ BFH vom 12. 8. 1964 II 125/62 U, BStBl. III S. 647).
Ein für mehrere Jahre als Teil eines Kaufpreises vereinbarter Anspruch auf Umsatzbeteiligung ist auch insoweit durch Eintragung einer Höchstbetragshypothek unmittelbar an inländischem Grundbesitz gesichert, als er sich auf die Beteiligung an Umsätzen zukünftiger Jahre erstreckt (→ BFH vom 3. 10. 1969 III R 90/66, BStBl. 1970 II S. 240).

Übernommene Steuer. → R E 10.5.

Urheberrechte, die einem inländischen Gewerbebetrieb überlassen sind. → BFH vom 11. 9. 1959 III 201/58 U, BStBl. III S. 476, vom 29. 1. 1965 III 121/62 U, BStBl. III S. 219 und vom 13. 2. 1970 III 156/65, BStBl. II S. 369.

Anl zu § 2

Verfügung betr. Anteile an inländischen Kapitalgesellschaften als Inlandsvermögen gemäß § 2 Abs. 1 Nr. 3 ErbStG i. V. m. § 121 Nr. 4 BewG

Vom 4. August 1997

(OFD München S 3288 – 13 St 353; OFD Nürnberg S 3288 – 21/St 33)

24 Gegenstand der Erörterung war die Frage, ob an der Auffassung festgehalten werden kann, daß § 2 Abs. 1 Nr. 3 ErbStG i. V. m. § 121 Nr. 4 BewG die Möglichkeit beinhaltet, ausschließlich mittelbar gehaltene Anteile an einer inländischen Kapitalgesellschaft selbständig dem Vermögensanfall und damit dem steuerpflichtigen Inlandsvermögen zuzurechnen.

Die Erbschaftsteuer-Referatsleiter haben beschlossen, an dieser Sachbehandlung nur noch festzuhalten, soweit die ausländische Gesellschaft als Treuhänder für Anteile des Erblassers oder Schenkers an der inländischen Kapitalgesellschaft anzusehen ist (§ 39 Abs. 2 Nr. 1 Satz 2 AO) oder soweit es sich bei der Zwischenschaltung der ausländischen Gesellschaft um einen Mißbrauch steuerlicher Gestaltungsmöglichkeiten handelt (§ 42 AO). Letzteres kommt in Betracht, wenn für die Einschaltung der ausländischen Gesellschaft wirtschaftliche oder sonst beachtliche Gründe fehlen und sie keine eigene Wirtschaftstätigkeit entfaltet.

Grundsätzlich führen ausschließlich mittelbar gehaltene Anteile daher nicht zu einer beschränkten Steuerpflicht. Mittelbar gehaltene Anteile sind lediglich für die Feststellung bedeutsam, ob unmittelbar gehaltene Anteile zusammen mit der mittelbaren Beteiligung die Grenze von mindestens einem Zehntel erreichen. Bei Erreichen der Beteiligungsgrenze zählt die jeweils gehaltene unmittelbare Beteiligung zum Inlandsvermögen, auch wenn sie für sich genommen die Beteiligungsgrenze nicht erreicht *(vgl. Abschn. 84 Abs. 4 Satz 3 VStR 1995)*.

ErbStG

§ 2a Rechtsfähige Personengesellschaft

① Rechtsfähige Personengesellschaften (§ 14 a Absatz 2 Nummer 2 der Abgabenordnung) gelten für Zwecke der Erbschaft- und Schenkungsteuer als Gesamthand und deren Vermögen als Gesamthandsvermögen. ② Bei einem Erwerb nach § 1 Absatz 1 Nummer 1 bis 3 durch eine rechtsfähige Personengesellschaft gelten deren Gesellschafter als Erwerber. ③ Bei einer Zuwendung durch eine rechtsfähige Personengesellschaft gelten deren Gesellschafter als Zuwendende. 1

Anl zu § 2a

Abgabenordnung (AO)

§ 14 a Personenvereinigungen

(1) Personenvereinigungen im Sinne dieses Gesetzes und der Steuergesetze sind Personenzusammenschlüsse ohne Rechtspersönlichkeit zur Verfolgung eines gesetzlich zulässigen Zwecks. 5

(2) Rechtsfähige Personenvereinigungen sind insbesondere 6

1. Vereine ohne Rechtspersönlichkeit (§ 54 des Bürgerlichen Gesetzbuchs),
2. rechtsfähige Personengesellschaften einschließlich Gesellschaften (§ 705 des Bürgerlichen Gesetzbuchs), Personenhandelsgesellschaften, Partnerschaftsgesellschaften, Partenreedereien und Europäische wirtschaftliche Interessenvereinigungen und
3. Gemeinschaften der Wohnungseigentümer (§ 9 a des Wohnungseigentumsgesetzes).

(3) Nicht rechtsfähige Personenvereinigungen sind insbesondere 7

1. Bruchteilsgemeinschaften (§ 741 des Bürgerlichen Gesetzbuchs),
2. Gütergemeinschaften (§ 1415 des Bürgerlichen Gesetzbuchs) und
3. Erbengemeinschaften (§ 2032 des Bürgerlichen Gesetzbuchs).

(4) Auf nicht rechtsfähige Gesellschaften (§ 740 des Bürgerlichen Gesetzbuchs) sind die für nicht rechtsfähige Personenvereinigungen geltenden Vorschriften mit Ausnahme des § 267 Absatz 1 Satz 1 sinngemäß anzuwenden. 8

ErbStG

§ 3[1] Erwerb von Todes wegen

(1) **Als Erwerb von Todes wegen gilt**

1 **1.[2] der Erwerb durch Erbanfall (§ 1922 des Bürgerlichen Gesetzbuchs), durch Vermächtnis (§§ 2147 ff. des Bürgerlichen Gesetzbuchs) oder auf Grund eines geltend gemachten Pflichtteilsanspruchs[3] (§§ 2303 ff. des Bürgerlichen Gesetzbuchs);**

2 **2. der Erwerb durch Schenkung auf den Todesfall (§ 2301 des Bürgerlichen Gesetzbuchs). ② Als Schenkung auf den Todesfall gilt auch der auf dem Ausscheiden eines Gesellschafters beruhende Übergang des Anteils oder des Teils eines Anteils eines Gesellschafters einer Personengesellschaft oder Kapitalgesellschaft bei dessen Tod auf die anderen Gesellschafter oder die Gesellschaft, soweit der Wert, der sich für seinen Anteil zur Zeit seines Todes nach § 12 ergibt, Abfindungsansprüche Dritter übersteigt.[4] ③ Wird aufgrund einer Regelung im Gesellschaftsvertrag einer Gesellschaft mit beschränkter Haftung der Geschäftsanteil eines Gesellschafters bei dessen Tod**

---

[1] Zur Übertragung treuhänderisch gehaltener Vermögensgegenstände vgl. *Erlass Bayern vom 16. 9. 2010,* abgedruckt als Anlage b zu § 7 ErbStG.

[2] *BFH-Urteil vom 25. 6. 2021 II R 13/19 (BStBl. 2022 II S. 481):* **1.** Hat sich der Errichter einer ausländischen Vermögensmasse solche umfassenden Herrschaftsbefugnisse über das Vermögen vorbehalten, dass die Vermögensmasse ihm gegenüber darüber nicht tatsächlich und frei verfügen kann, bleibt dieses Vermögen solches des Errichters. **2.** Die Ermittlung ausländischen Rechts, dem die Vermögensmasse unterliegt, ist Aufgabe des FG als Tatsacheninstanz. In welchem Umfang das FG das ausländische Recht ermittelt, steht in seinem pflichtgemäßen Ermessen und ist von den jeweiligen Umständen des Einzelfalls abhängig; der Vortrag der Beteiligten ist zu berücksichtigen.

BFH-Beschluss vom 1. 9. 2020 II B 16/20 (BFH/NV 2021 S. 190) zur Besteuerung eines Vermächtnisses aufgrund eines Erbvertrags mit Pflichtteilsverzicht, bei dem die Sittenwidrigkeit des Pflichtteilsverzichts geltend gemacht wird.

BFH-Urteil vom 5. 12. 2018 II R 9/15 (BStBl. 2020 II S. 655): Das einer unselbständigen Stiftung liechtensteinischen Rechts übertragene, jedoch weiter dem Stifter zuzurechnende Vermögen gehört beim Tode des Stifters zum Erbanfall, wenn die Herrschaftsbefugnisse des Stifters vererblich sind.

BFH-Urteil vom 4. 7. 2012 II R 38/10 (BStBl. II S. 782), Ls. 1: **1.** Ein auf ausländischem Recht (hier: Anwachsungsklausel nach französischem Ehegüterrecht) beruhender Erwerb von Todes wegen kann der inländischen Erbschaftsteuer unterliegen.

BFH-Urteil vom 26. 2. 2008 II R 82/05 (BStBl. II S. 629): Die Grundsätze des sog. Erbvergleichs sind auf einen Vergleich zwischen Miterben und einem nicht am Nachlass beteiligten Dritten über Grund und Höhe möglicher Ansprüche des Erblassers unanwendbar. – *Anm. d. Red.:* Vgl. auch BFH-Urteil vom 24. 7. 1972 II R 35/70 (s. u.).

BFH-Urteil vom 2. 3. 2006 II R 57/04 (BFH/NV S. 1480): **1.** Verstirbt der Erblasser während des Brandes seines Wohnhauses, ist für die Erbschaftsteuer der Zustand des Gebäudes und der darin befindlichen Sachen zum Zeitpunkt des Todes maßgebend. **2.** Versicherungsansprüche sind bei der Festsetzung der Erbschaftsteuer nur zu berücksichtigen, soweit sie in diesem Zeitpunkt bereits dem Grunde und der Höhe nach entstanden waren. **3.** Die Erbschaftsteuer für Versicherungsansprüche entsteht erst bei deren Fälligkeit und darf nicht unaufgegliedert zusammen mit der Steuer für den übrigen Erwerb von Todes wegen festgesetzt werden.

BFH-Beschluß vom 23. 1. 1991 II B 46/90 (BStBl. 1991 II S. 310): Es bedarf keiner Klärung durch ein Revisionsverfahren, daß die Grundsätze der sogenannten mittelbaren Grundstücksschenkung beim Erwerb von Todes wegen durch Erbanfall – auch wenn dieser auf einem Erbvertrag beruht – nicht anwendbar sind. – Ebenso *BFH-Urteil vom 10. 7. 1996 II R 32/94 (BFH/NV 1997 S. 28).*

BFH-Urteil vom 24. 7. 1972 II R 35/70 (BStBl. II S. 886): **1.** Ist das Erbrecht zweifelhaft und ernstlich umstritten, wird die Festsetzung der Erbschaftsteuer nach der Bereicherung, die sich aus einem ernst gemeinten Vergleich der Erbprätendenten ergibt, nicht dadurch ausgeschlossen, daß das in dem Vergleich Vereinbarte nicht Inhalt eines Urteils über das streitige Erbrecht sein könnte. **2.** Der Wert des Vermögensanfalls durch Gesamtrechtsnachfolge des Erben kann nicht deshalb höher angesetzt werden als der Gesamtwert des Nachlasses, weil der Erbe mit einem Vermächtnis belastet ist oder bei umstrittenem Erbrecht einen anderen Erbprätendenten abfinden muß. Das gilt auch dann, wenn der Erbe oder Erbeserbe für seine Leistung eine Gegenleistung erhält, deren bewertungsrechtlicher Wert höher ist als seine Leistung.

BFH-Urteil vom 28. 9. 1993 II R 39/92 (BStBl. 1994 II S. 36): Der Anspruch aus der Kfz-Insassen-Unfallversicherung fällt grundsätzlich in den Nachlaß des verunglückten Insassen und unterliegt daher grundsätzlich der Erbschaftsteuer (Anschluß an das BFH-Urteil vom 16. 1. 1963 II 21/61 U, BFHE 76, 509, BStBl. III 1963, 187).

BFH-Urteil vom 22. 11. 1995 II R 89/93 (BStBl. 1996 II S. 242): Finanzbehörden und Finanzgerichte haben regelmäßig von dem Erbrecht auszugehen, wie es im Erbschein bezeugt ist. Werden gewichtige Gründe erkennbar, die gegen die Richtigkeit des Erbscheins in tatsächlicher oder rechtlicher Hinsicht sprechen, sind sie berechtigt und verpflichtet, das Erbrecht und – bei Miterben – die Erbanteile selbst zu ermitteln.

BFH-Urteil vom 17. 4. 1996 II R 16/93 (BStBl. II S. 454): Ein Vermächtnis zugunsten einer Kapitalgesellschaft, deren (mittelbarer) Alleingesellschafter der Erblasser war, unterliegt der Erbschaftsteuer auch dann, wenn auf den mit dem Vermächtnis belasteten Alleinerben im Wege der Gesamtrechtsnachfolge auch die (mittelbare) Alleingesellschafterstellung des Erblassers übergegangen ist.

BFH-Urteil vom 16. 12. 1998 II R 38/97 (BFH/NV 1999 S. 931): **1.** Unterlag das Arbeitsverhältnis mit dem Erblasser einer auf dessen Tod abstellenden Zweckbefristung, bildet die durch Vermächtnis letztwillig verfügte Fortzahlung des Gehalts nur dann einen Erwerb von Todes wegen, wenn sie nicht Arbeitslohn in Gestalt eines nachträglichen Entgelts oder eines Ruhegehalts ist, auf das der Arbeitnehmer bereits auf Grund des Arbeitsvertrages einen Anspruch hat. **2.** Letzteres ist nicht schon dann der Fall, wenn das Arbeitsverhältnis Motiv für die vermächtnisweise Zuwendung der Fortzahlung gewesen ist, sondern nur unter der Voraussetzung, daß dem Arbeitnehmer etwas vermacht worden ist, worauf er bereits ohne die letztwillige Verfügung auf Grund lebzeitiger Verpflichtung des Erblassers einen Anspruch aus dem Arbeitsverhältnis hatte. **3.** Zur Beendigung des Arbeitsverhältnisses einer Hausangestellten beim Tod des Arbeitgebers.

[3] *BFH-Urteil vom 19. 7. 2006 II R 1/05 (BStBl. II S. 718):* Die zur Entstehung der Erbschaftsteuer führende Geltendmachung des Pflichtteilsanspruchs setzt nicht die Bezifferung des Anspruchs voraus.

BFH-Urteil vom 7. 12. 2016 II R 21/14 (BStBl. 2018 II S. 196): Ein vom Erblasser nicht geltend gemachter Pflichtteilsanspruch gehört zum Nachlass und unterliegt beim Erben der Besteuerung aufgrund Erbanfalls. Auf die Geltendmachung des Pflichtteilsanspruchs durch den Erben kommt es nicht an.

[4] *BFH-Urteil vom 8. 6. 2021 II R 2/19 (BStBl. 2022 II S. 384):* **1.** Ist der Abfindungsanspruch, der aufgrund des Ausscheidens eines Gesellschafters aus einer KG bei dessen Tod gegen die Gesellschaft entsteht, höher als der Wert des auf den fortsetzenden Gesellschafter übergegangenen Anteils der KG, wird kein negativer Wert des Erwerbs als Schenkung auf den Todesfall bei dem fortsetzenden Gesellschafter berücksichtigt. **2.** Dies gilt auch für den Fall, dass der fortsetzende Gesellschafter zugleich Erbe des ausgeschiedenen Gesellschafters ist.

eingezogen und übersteigt der sich nach § 12 ergebende Wert seines Anteils zur Zeit seines Todes Abfindungsansprüche Dritter, gilt die insoweit bewirkte Werterhöhung der Geschäftsanteile der verbleibenden Gesellschafter als Schenkung auf den Todesfall;

3. die sonstigen Erwerbe, auf die die für Vermächtnisse geltenden Vorschriften des bürgerlichen Rechts Anwendung finden; 3

4.[1] **jeder Vermögensvorteil, der auf Grund eines vom Erblasser geschlossenen Vertrags bei dessen Tode von einem Dritten unmittelbar erworben wird.** 4

(2) **Als vom Erblasser zugewendet gilt auch**

1.[2] **der Übergang von Vermögen auf eine vom Erblasser angeordnete Stiftung. ② Dem steht gleich die vom Erblasser angeordnete Bildung oder Ausstattung einer Vermögensmasse ausländischen Rechts, deren Zweck auf die Bindung von Vermögen gerichtet ist;**[3] 5

2. was jemand infolge Vollziehung einer vom Erblasser angeordneten Auflage oder infolge Erfüllung einer vom Erblasser gesetzten Bedingung erwirbt, es sei denn, daß eine einheitliche Zweckzuwendung vorliegt; 6

3. was jemand dadurch erlangt, daß bei Genehmigung einer Zuwendung des Erblassers Leistungen an andere Personen angeordnet oder zur Erlangung der Genehmigung freiwillig übernommen werden; 7

4. was als Abfindung für einen Verzicht auf den entstandenen Pflichtteilsanspruch oder für die Ausschlagung einer Erbschaft, eines Erbersatzanspruchs oder eines Vermächtnisses oder für die Zurückweisung eines Rechts aus einem Vertrag des Erblassers zugunsten Dritter auf den Todesfall oder anstelle eines anderen in Absatz 1 genannten Erwerbs oder dafür gewährt wird, dass eine Rechtsstellung, insbesondere eine Erbenstellung, oder ein Recht oder ein Anspruch, die zu einem Erwerb nach Absatz 1 führen würden, nicht mehr oder nur noch teilweise geltend gemacht werden; 8

5.[4] **was als Abfindung für ein aufschiebend bedingtes, betagtes oder befristetes Vermächtnis, das der Vermächtnisnehmer angenommen hat, vor dem Zeitpunkt des Eintritts der Bedingung oder des Ereignisses gewährt wird;** 9

6. was als Entgelt für die Übertragung der Anwartschaft eines Nacherben gewährt wird;[5] 10

---

[1] Leistungen von Selbsthilfeeinrichtungen im Todesfall eines Mitglieds unterliegen gem. § 3 Abs. 1 Nr. 4 ErbStG der Erbschaftsteuer. *Erlaß Nordrhein-Westfalen vom 30. 9. 1993, Erlaß Berlin vom 24. 1. 1995.*

BFH-Urteil vom 13. 5. 1998 II R 60/95 (BFH/NV S. 1485): Ebenso wie eine Schenkung durch Vertrag zugunsten Dritter im Verhältnis zwischen Versprechensempfänger (Gläubiger) und Dritten (sog. Valutaverhältnis) nur vorliegt, wenn der zugewendete Gegenstand aus dem Vermögen des Versprechensempfängers stammt, wenn also die Bereicherung des Dritten auf einer Entreicherung des Versprechensempfängers beruht, setzt § 3 Abs. 1 Nr. 4 ErbStG 1974 eine Bereicherung des Begünstigten voraus, die aus dem Vermögen des Erblassers herrührt.

BFH-Beschluss vom 4. 8. 1999 II B 59/99 (BFH/NV 2000 S. 190): Zu den der Erbschaftsteuer unterliegenden Vermögensvorteilen aufgrund Vertrages zugunsten Dritter gehört auch der Erwerb eines Anspruchs aus einer Lebensversicherung auf den Todesfall durch einen widerruflich bezugsberechtigten Dritten. Eine Steuerpflicht scheidet in diesen Fällen lediglich wegen solcher Umstände aus, die einen vermögensrechtlichen Leistungsaustausch im Verhältnis des Dritten zum Erblasser ergeben.

BFH-Beschluss vom 7. 2. 2001 II B 11/00 (BStBl. II S. 245): Haben die Parteien eines Kaufvertrages vereinbart, dass der Käufer den Kaufpreis in Form einer an den Verkäufer und einen Dritten (als Gesamtgläubiger) bis zum Tode des Längstlebenden zu zahlenden Leibrente zu entrichten hat, so ist ernstlich zweifelhaft, ob der mit dem Tode eines der Gesamtgläubiger der Leibrentenforderung eintretende Wegfall der Ausgleichspflicht nach § 430 BGB beim anderen (überlebenden) Gesamtgläubiger zu einem Erwerb von Todes wegen aufgrund eines vom verstorbenen Gesamtgläubiger abgeschlossenen Vertrages mit dem Schuldner führt (§ 3 Abs. 1 Nr. 4 ErbStG). Es ist auch ernstlich zweifelhaft, ob in einem solchen Fall der überlebende Gesamtgläubiger durch den Wegfall der Ausgleichspflicht nach § 430 BGB vom verstorbenen Gesamtgläubiger i. S. von § 3 Abs. 1 Nr. 2 ErbStG „auf den Todesfall" beschenkt wird. – Vgl. hierzu *Erlass Saarland vom 12. 6. 2003,* abgedruckt als Anlage a zu § 7 ErbStG.

[2] *BFH-Urteil vom 25. 10. 1995 II R 20/92 (BStBl. 1996 II S. 99):* **1.** (abgedruckt zu § 11 ErbStG). **2.** § 3 Abs. 2 Nr. 1 ErbStG 1974 erfaßt alle Fälle, in denen Vermögen auf eine vom Erblasser angeordnete Stiftung übergeht. Darunter fallen nicht nur die Sachverhalte, in denen der Erblasser einen Erben oder Vermächtnisnehmer mit der Auflage beschwert, seinerseits eine Stiftung durch Rechtsgeschäft (unter Lebenden) zu errichten, sondern auch die Fälle, in denen der Erblasser eine von ihm angeordnete Stiftung zur Erbin (oder Vermächtnisnehmerin) einsetzt.

[3] Zum mit dem Tod des Trusterrichters unwiderruflich werdenden Trust siehe *BayLfSt vom 21. 6. 2019,* abgedruckt als Anlage.

[4] § 3 Abs. 2 Nr. 5 anzuwenden ab 29. 12. 2020 (§ 37 Abs. 18 ErbStG).

[5] *BFH-Urteil vom 19. 4. 1989 II R 189/85 (BStBl. II S. 623):* Der Nachvermächtnisnehmer überträgt i. S. des § 3 Abs. 2 Nr. 6 ErbStG 1974 gegen Entgelt seine Anwartschaft, wenn er dem Verkauf des Vermächtnisgegenstandes durch den Vorvermächtnisnehmer gegen Zahlung eines Teiles des Veräußerungserlöses zustimmt.

BFH-Urteil vom 28.10. 1992 II R 21/92 (BStBl. 1993 II S.158): Überträgt der Nacherbe nach Eintritt des (Vor-) Erbfalles, aber vor Eintritt der Nacherbfolge sein Nacherbenanwartschaftsrecht unentgeltlich auf einen Dritten, so unterliegt der Erwerb des Dritten bei Eintritt des Nacherbfalles gemäß § 1 Abs. 1 Nr. 1 und § 3 Abs. 1 Nr. 1, 1. Alternative ErbStG 1974 i. V. m. den §§ 1922, 2139 BGB der Erbschaftsteuer. Steuerklasse, Steuersatz und Höhe des persönlichen Freibetrages nach § 16 ErbStG 1974 richten sich in diesem Fall nach dem Verhältnis des *Erwerbers* zum Vorerben (§ 6 Abs. 2 Satz 1 ErbStG 1974) bzw. zum Erblasser (§ 6 Abs. 2 Satz 2 ErbStG 1974), nicht hingegen nach dem Verhältnis des Nacherben zu den genannten Personen. – Dies gilt auch bei entgeltlicher Übertragung, vgl. *BFH-Beschluss vom 20. 10. 2005 II B 32/05 (BFH/NV 2006 S. 304).*

Vgl. auch *BFH-Urteil vom 30. 10. 1979 II R 4/76,* abgedruckt zu § 27 ErbStG.

[Forts. nächste Seite]

11 **7.[1] was der Vertragserbe oder der Schlusserbe eines gemeinschaftlichen Testaments oder der Vermächtnisnehmer wegen beeinträchtigender Schenkungen des Erblassers (§§ 2287, 2288 Abs. 2 des Bürgerlichen Gesetzbuchs) von dem Beschenkten nach den Vorschriften über die ungerechtfertigte Bereicherung erlangt.**

Übersicht

		Rz.
R E 3.1	Erwerb durch Erbanfall und Teilungsanordnungen oder Ausgleichungen; H E 3.1	12–22
R E 3.2	Erwerb durch Vermächtnis *(unbesetzt)*; H E 3.2	23
R E 3.3	Schenkung auf den Todesfall; H E 3.3	24, 25
R E 3.4	Gesellschaftsanteil beim Tod eines Gesellschafters; H E 3.4	26–31
R E 3.5	Hinterbliebenenbezüge des Erblassers; H E 3.5	32–37
R E 3.6	Erwerbe aus Versicherungen auf verbundene Leben	38–41
R E 3.7	Verträge zugunsten Dritter im Zusammenhang mit Bankguthaben und -depots sowie Lebensversicherungen; H E 3.7	42–44
R E 3.8	Übergang von Vermögen auf eine Stiftung von Todes wegen *(unbesetzt)*; H E 3.8	45
Anlage:		
	Verfügung betr. steuerl. Behandlung eines mit dem Todesfall des Trusterrichters (settlors) unwiderruflich werdenden Trusts als Vermögensmasse ausländischen Rechts i. S. d. § 3 Abs. 2 Nr. 1 und 2 und § 7 Abs. 1 Nr. 8 Satz 2 ErbStG	46

Zu § 3 ErbStG

ErbStR R E 3.1

R E 3.1 Erwerb durch Erbanfall und Teilungsanordnungen oder Ausgleichungen[2]

12 (1)[3] ① Teilungsanordnungen (§ 2048 BGB) sind schuldrechtlich im Verhältnis der Miterben zueinander wirkende letztwillige Regelungen des Erblassers über die Zuweisung bestimmter Nachlassgegenstände im Rahmen der Erbauseinandersetzung. ② Sie sind dem Werte nach auf den jeweiligen Erbteil anzurechnen und führen somit zu keiner Veränderung oder Verschiebung der Erbanteile. ③ Wie eine freie Erbauseinandersetzung sind Teilungsanordnungen für die Ermittlung des Anteils des einzelnen Erben am Nachlass (Erwerb durch Erbanfall, § 3 Absatz 1 Nummer 1 ErbStG) ohne Bedeutung. ④ Der nach den steuerlichen Bewertungsvorschriften ermittelte Reinwert des Nachlasses ist den Erben folglich auch bei Teilungsanordnungen nach Maßgabe der Erbanteile zuzurechnen. ⑤ Die Sonderregelungen für Teilungsanordnungen und freie Erbauseinandersetzungen bei den Steuerbefreiungen (§ 13 Absatz 1 Nummer 4 b Satz 3 und 4 ErbStG, § 13 Absatz 1 Nummer 4 c Satz 3 und 4 ErbStG, § 13 a Absatz 5 Satz 2 und 3, § 13 c Absatz 2 Satz 1 ErbStG in Verbindung mit § 13 a Absatz 5 Satz 2 ErbStG sowie § 13 d Absatz 2 Satz 2 und 3 ErbStG), der Steuerentlastung nach § 19 a Absatz 2 Satz 3 ErbStG sowie der Verschonungsbedarfsprüfung nach § 28 a Absatz 1 Satz 3 und 4 ErbStG führen nur zu einer Änderung der Bemessungsgrundlage der Steuerbegünstigung und nicht zu einer Änderung der Zuordnung der Erwerbsgegenstände beim einzelnen Erben.

H E 3.1 (1)

H E 3.1 (1)

13 **Erbschaftsteuerrechtliche Behandlung einer Teilungsanordnung.** → BFH vom 10. 11. 1982 II R 85-86/78, BStBl. 1983 II S. 329 und vom 1. 4. 1992 II R 21/89, BStBl. II S. 669.

Beispiel:

Der Erblasser E setzt seine Kinder A und B zu gleichen Teilen als Erben ein. Der Nachlass besteht aus einem zu gewerblichen Zwecken vermieteten Grundstück mit einem Grundbesitzwert von 800 000 EUR und aus Geldvermögen im Wert von 400 000 EUR. E bestimmt, dass A das Grundstück gegen Wertausgleichszahlung an B in Höhe von 200 000 EUR und B das Geldvermögen erhalten soll (Teilungsanordnung).

[Fortsetzung]

BFH-Urteil vom 21. 5. 2001 II R 40/99 (BFH/NV S. 1406): Nach § 3 Abs. 2 Nr. 6 ErbStG gilt als vom Erblasser zugewendet auch, was als Entgelt für die Übertragung der Anwartschaft eines Nacherben gewährt wird. Der Gegenstand des Erwerbs wird in diesen Fällen allein dadurch bestimmt, was der Nacherbe und der Erwerber der Anwartschaft als Entgelt für dessen Übertragung vereinbart haben. Soll das Anwartschaftsrecht des Nacherben „durch Übertragung von Grundbesitz abgelöst" werden, ist bei der Wertermittlung der erhöhte Einheitswert [Grundbesitzwert] des Grundstücks anzusetzen.

[1] *BFH-Urteil vom 8. 8. 2000 II R 40/98 (BStBl. II S. 587):* Der Erwerb des Schlusserben eines gemeinschaftlichen Testaments i. S. d. § 2269 Abs. 1 BGB (sog. Berliner Testament) auf Grund eines Anspruchs nach § 2287 BGB gegen den vom letztversterbenden Ehegatten in der Absicht Beschenkten, den Schlusserben zu benachteiligen, unterliegt gemäß § 3 Abs. 2 Nr. 7 ErbStG 1974 der Erbschaftsteuer.

[2] *BFH-Urteil vom 6. 10. 2010 II R 29/09 (BFH/NV 2011 S. 603):* **1.** Weist der Erblasser durch eine Teilungsanordnung einem Miterben Gegenstände unter Ausschluss einer Ausgleichspflicht zu, die wertvoller sind, als dies seinem Erbteil entspricht, liegt eine reine Teilungsanordnung vor, soweit eine Anrechnung auf den Erbteil des Miterben möglich ist, und in Höhe des Mehrwerts ein Vorausvermächtnis. **2.** (abgedruckt zu § 10 Abs. 5 Nr. 2 ErbStG). **3.** …

[3] *BFH-Urteil vom 30. 3. 2009 II R 12/07 (BFH/NV S. 1653):* **1.** Die Grundsätze zur Abgrenzung der Teilungsanordnung vom Vorausvermächtnis gelten unabhängig davon, wie der Miterbe, dem der einzelne Gegenstand aus dem Nachlass zukommen soll, zu bestimmen ist. **2.** Auch bei einem Vorausvermächtnis kann der Erblasser vorgesehen haben, dass der Vermächtnisnehmer aus einem bestimmten Personenkreis – hier dem Kreis der Miterben – durch einen Dritten zu bestimmen ist oder aus diesem Personenkreis durch ein erst nach dem Erbfall eintretendes Ereignis bestimmt wird. **3.** Ein solches Ereignis kann bei testamentarischer Anordnung einer freihändigen Grundstücksversteigerung unter den Miterben in der Abgabe des Meistgebots liegen. **4.** Hat der Erblasser eine Preisuntergrenze verfügt und lässt sich der Wille, mit dem versteigerten Grundstück den meistbietenden Miterben über seine Erbquote hinaus zu begünstigen, nicht hinreichend sicher feststellen, scheidet ein Vorausvermächtnis aus.

Als Erwerb durch Erbanfall sind bei A und B ohne Rücksicht auf die Teilungsanordnung jeweils die Hälfte des Steuerwerts des Nachlasses, also je 600 000 EUR, anzusetzen.

R E 3.1 (2) RE 3.1 (2)

(2) ① Enthält die Verfügung von Todes wegen ohne Bestimmung der Erbanteile nur Teilungsanordnungen und ergibt die Auslegung der Willenserklärungen des Erblassers, dass die Teilungs- 14
anordnungen zugleich als Erbeinsetzung zu beurteilen sind, richten sich die Erbanteile nach dem Verkehrswert der durch die Teilungsanordnungen zugewiesenen Nachlassgegenstände im Verhältnis zum Verkehrswert des Nachlasses. ② Auch in diesem Fall sind die Teilungsanordnungen selbst erbschaftsteuerrechtlich unbeachtlich. ③ Der Erwerb durch Erbanfall bestimmt sich nach dem sich aus den errechneten Erbanteilen ergebenden Anteil am nach den steuerlichen Bewertungsvorschriften ermittelten Reinwert des Nachlasses.

H E 3.1 (2) HE 3.1 (2)

Erbanteile nach Teilungsanordnungen

Beispiel: 15

Der Erblasser E bestimmt in seinem Testament, dass sein Kind A das Grundstück und sein Kind B das Geldvermögen erben soll. Weitere Bestimmungen enthält das Testament nicht. Der Nachlass besteht aus einem Grundstück mit einem Grundbesitzwert von 900 000 EUR und aus Geldvermögen im Wert von 300 000 EUR.

Die letztwilligen Verfügungen sind als Erbeinsetzung von A und B auszulegen. Da ein Wertausgleich nicht vorgesehen ist, richten sich die Erbanteile nach dem Verkehrswert der A und B jeweils zugewiesenen Gegenstände im Verhältnis zum Verkehrswert des Nachlasses.

Erbanteil A (900 000 EUR : 1 200 000 EUR) =	3/4
Erbanteil B (300 000 EUR : 1 200 000 EUR) =	1/4

R E 3.1 (3) RE 3.1 (3)

(3) ① Sonderfälle dinglich wirkender Teilungsanordnungen sind die qualifizierte Nachfolgeklausel im Gesellschaftsvertrag einer Personengesellschaft und die Hoferbenbestimmung nach der 16
Höfeordnung. ② Trotz der hier eintretenden Sondererbfolge können auch diese Teilungsanordnungen erbschaftsteuerrechtlich unbeachtlich sein, falls insoweit bei Auslegung der Willenserklärungen des Erblassers die Sondererbfolge zu keiner Verschiebung der Erbquoten führt. ③ Absatz 1 Satz 5 gilt entsprechend.

H E 3.1 (3) HE 3.1 (3)

Qualifizierte Nachfolgeklausel in Personengesellschaftsanteil. → BFH vom 10. 11. 1982 II R 85-86/78, BStBl. 1983 II S. 329. 17

Sondererbfolge nach der Höfeordnung. → BFH vom 1. 4. 1992 II R 21/89, BStBl. II S. 669.

R E 3.1 (4) RE 3.1 (4)

(4) Stellt die Anordnung des Erblassers über die Zuweisung bestimmter Nachlassgegenstände einschließlich der Fälle der Sondererbfolge nach Absatz 3 einen Miterben im Vergleich zum Wert 18
seines Erbanteils besser oder schlechter und ist dies vom Erblasser beabsichtigt, liegt ein Vorausvermächtnis oder eine Auflage vor, die erbschaftsteuerrechtlich werterhöhend oder wertmindernd beim Erwerb dieses Miterben zu berücksichtigen sind.

H E 3.1 (4) HE 3.1 (4)

Vorausvermächtnis oder Auflage im Fall einer unechten Teilungsanordnung.

Beispiel: 19

Der Erblasser E setzt seine Kinder A und B zu gleichen Teilen als Erben ein. Der Nachlass besteht aus einem Grundstück mit einem Grundbesitzwert von 800 000 EUR und aus Geldvermögen im Wert von 400 000 EUR. E bestimmt, dass A das Grundstück ohne Wertausgleichszahlung an B und B das Geldvermögen erhalten soll. Es liegt ein Vorausvermächtnis hinsichtlich des Anteils am Grundstück, für den keine Wertausgleichszahlung zu leisten ist, vor. Das Vorausvermächtnis ist steuerlich wie folgt zu bewerten:

Wert des Vorausvermächtnisses (Grundstücksanteil) 1/2 von 800 000 EUR		400 000 EUR
Für A und B ergeben sich folgende Erwerbe:		
Wert des Nachlasses		1 200 000 EUR
abzüglich Wert des Vorausvermächtnisses A		./. 400 000 EUR
		800 000 EUR

	A	B
Erbanteil je 1/2	400 000 EUR	400 000 EUR
Vorausvermächtnis A	+ 400 000 EUR	+ 0 EUR
	800 000 EUR	400 000 EUR

R E 3.1 (5) RE 3.1 (5)

(5) ① Zuwendungen unter Lebenden sind unter bestimmten Voraussetzungen unter den miterbenden Abkömmlingen auszugleichen. ② Dies gilt insbesondere, wenn der Schenker die Ausglei- 20

chung bei der Zuwendung angeordnet hat (§ 2050 Absatz 3 BGB). ③ Bei der Ausgleichung handelt es sich um eine an die Erbanteilsberechtigung aktiv und passiv gebundene Verpflichtung, die Erbauseinandersetzung unter Berücksichtigung der Ausgleichung vorzunehmen. ④ Sie führt zu Teilungsanteilen, die von den Erbanteilen abweichen. ⑤ Erbschaftsteuerrechtlich ist der Nachlass mit seinem steuerlichen Wert den Miterben nach diesen Teilungsanteilen zuzurechnen.

H E 3.1 (5)

H E 3.1 (5)

21 **Erbanteile nach Teilungsanteilen.** → RFH vom 21. 5. 1931 I D 1/30, RStBl. S. 559, 560.

Beispiel:

Der Erblasser E setzt seine Kinder A und B zu gleichen Teilen als Erben ein. Der Nachlass hat einen Wert von 1 600 000 EUR. A hat von E zu dessen Lebzeiten ein Grundstück (Grundbesitzwert 800 000 EUR) als ausgleichungspflichtige Zuwendung erhalten.[1]

Die Erwerbe von Todes wegen von A und B berechnen sich wie folgt:

Nachlass	1 600 000 EUR
zuzüglich auszugleichende Zuwendung	+ 800 000 EUR
	2 400 000 EUR
Anteil A (1/2)	1 200 000 EUR
abzüglich auszugleichende Zuwendung	./. 800 000 EUR
	400 000 EUR
Teilungsanteil A im Verhältnis zum Nachlass (400 000 EUR : 1 600 000 EUR) = 1/4	
Teilungsanteil B (1 200 000 EUR : 1 600 000 EUR) = 3/4	
Erwerb A durch Erbanfall: 1/4 von 1 600 000 EUR	400 000 EUR
Erwerb B durch Erbanfall: 3/4 von 1 600 000 EUR	1 200 000 EUR

Ist die auszugleichende Zuwendung innerhalb von zehn Jahren vor Eintritt des Erbfalls ausgeführt worden, ist sie mit ihrem steuerlichen Wert zum Zeitpunkt der Zuwendung mit dem Erwerb von Todes wegen des A von 400 000 EUR nach § 14 ErbStG zusammenzurechnen (→ R E 14.1).

H E 3.1 (6)

H E 3.1 (6)

22 **Erwerb eines nicht geltend gemachten Pflichtteilsanspruchs durch Erbanfall.** → BFH vom 7. 12. 2016 II R 21/14, BStBl. 2018 II S. 196.

ErbStR R E 3.2

R E 3.2 Erwerb durch Vermächtnis *(unbesetzt)*

H E 3.2

H E 3.2

23 **Formunwirksames Vermächtnis.** → BFH vom 15. 3. 2000 II R 15/98, BStBl. II S. 588.[2]

Kaufrechtsvermächtnis. → BFH vom 13. 8. 2008 II R 7/07, BStBl. II S. 982.[3]

Testamentsvollstreckervergütung im Regelfall kein Vermächtnis, auch soweit sie die angemessene Höhe übersteigt. → BFH vom 2. 2. 2005 II R 18/03, BStBl. II S. 489.

Vermächtnis, das auf einen nicht zum Nachlass gehörenden Gegenstand gerichtet ist. → BFH vom 28. 3. 2007 II R 25/05, BStBl. II S. 461.

Wahlvermächtnis. → BFH vom 6. 6. 2001 II R 14/00, BStBl. II S. 725.[4]

ErbStR R E 3.3

R E 3.3 Schenkung auf den Todesfall

24 ① Die Schenkung auf den Todesfall (§ 3 Absatz 1 Nummer 2 Satz 1 ErbStG) erfordert trotz der Zuordnung zu den Erwerben von Todes wegen die Tatbestandsmerkmale einer freigebigen Zuwendung (→ R E 7.1). ② Die vom Erwerber übernommenen Verbindlichkeiten sind nach § 10 Absatz 1 Satz 2 ErbStG vom steuerlichen Wert des Erwerbsgegenstandes abzuziehen.

[1] *FG Niedersachsen, Urteil vom 2. 9. 2015 3 K 388/14 (EFG S. 2187), rkr.:* **1.** Steuerpflichtig ist bei Erbengemeinschaften der Teilungsanteil an dem Nachlass, der im Zeitpunkt des Erbanfalls rechtlich auf den Stpfl. entfällt. **2.** Miterben werden die im Nachlass zusammengefassten WG anteilig als Erwerb von Todes wegen zugerechnet. **3.** Die gesetzliche Miterbenausgleichung für Vorempfänge mit indexierten Werten nach §§ 2050 ff. BGB ist auch für die Erbschaftsteuer maßgeblich.

[2] *BFH-Urteil vom 15. 3. 2000 II R 15/98 (BStBl. II S. 588), Ls. 1:* **1.** Ein formunwirksames Vermächtnis kann der Besteuerung nur dann zu Grunde gelegt werden, wenn feststeht, dass – vom Formmangel abgesehen – eine Anordnung des Erblassers von Todes wegen vorliegt und der Beschwerte dem Begünstigten das diesem zugedachte Vermögen überträgt, um dadurch den Willen des Erblassers zu vollziehen.

BFH-Urteil vom 28. 3. 2007 II R 25/05 (BStBl. II S. 461): **1.** (abgedruckt zu § 9 Abs. 1 Nr. 1 ErbStG). **2.** Der vermächtnisweise erworbene Anspruch auf Verschaffung einer Sache, die sich der Belastete mit Geldern aus dem Nachlass besorgen muss, ist mit dem gemeinen Wert zu bewerten. Dies gilt unabhängig davon, ob die Steuer vor 1996 oder nach 1995 entstanden ist.

[3] *BFH-Urteil vom 13. 8. 2008 II R 7/07 (BStBl. II S. 982):* **1.** Erwerbsgegenstand eines Übernahme- oder Kaufrechtsvermächtnisses ist die aufschiebend bedingte Forderung des Vermächtnisnehmers gemäß § 2174 BGB gegen den Beschwerten (Aufgabe der Rechtsprechung vom Gestaltungsrecht als Erwerbsgegenstand). **2.** Die Forderung aus Übernahme- oder Kaufrechtsvermächtnissen ist nicht mit dem Steuerwert des vermachten Gegenstandes zu bewerten, sondern mit dem gemeinen Wert. **3.** Ist gemäß *§ 13 a ErbStG* [jetzt § 13 b Abs. 1 ErbStG] begünstigtes Vermögen vermacht, stehen dem Vermächtnisnehmer die dort vorgesehenen Vergünstigungen auch bei einem Übernahme- oder Kaufrechtsvermächtnis zu.

[4] *BFH-Urteil vom 6. 6. 2001 II R 14/00 (BStBl. II S. 725):* Ein Wahlvermächtnis, bei dem das Wahlrecht dem Bedachten zusteht, richtet sich bereits vom Erbfall an ausschließlich auf den Gegenstand, für den sich der Bedachte entscheidet. Allein dieser Gegenstand ist nach den Wertverhältnissen im Zeitpunkt des Erbfalls gemäß § 12 ErbStG zu bewerten. Betrifft die Wahl ein Kaufrechtsvermächtnis, gelten die Grundsätze des BFH-Urteils vom 6. 6. 2001 II R 76/99 (BStBl. II 2001, 605).

H E 3.3 H E 3.3

Überhöhte Zugewinnausgleichsforderung bei güterrechtlichem Zugewinnausgleich. → R E 5.2. 25

Objektive und subjektive Voraussetzungen einer Schenkung auf den Todesfall. → BFH vom 5. 12. 1990 II R 109/86, BStBl. 1991 II S. 181.[1]

Wert des Erwerbs

Beispiel:

A erwirbt mit dem Tod des Erblassers E durch Schenkung auf den Todesfall ein zum Nachlass des E gehörendes Grundstück mit einem Grundbesitzwert von 900 000 EUR gegen Übernahme der auf dem Grundstück lastenden, mit 300 000 EUR valutierenden Hypothekenschulden.

Wert des Erwerbs des A durch Schenkung auf den Todesfall:

Grundbesitzwert des Grundstücks	900 000 EUR
abzüglich Verbindlichkeiten	./. 300 000 EUR
Bereicherung	600 000 EUR

R E 3.4 Gesellschaftsanteil beim Tod eines Gesellschafters ErbStR R E 3.4

(1) ① Geht beim Tode eines Gesellschafters sein Anteil am Gesellschaftsvermögen nicht auf seine Erben, sondern auf die verbleibenden Gesellschafter bzw. die Gesellschaft selbst über und ist der Wert der Abfindung, die diese dafür zu leisten haben, geringer als der sich nach § 12 ErbStG ergebende Wert des Anteils, gilt die insoweit eintretende Bereicherung der Gesellschafter als Schenkung auf den Todesfall (§ 3 Absatz 1 Nummer 2 Satz 2 ErbStG). ② Dies betrifft sowohl Anteile an einer Personengesellschaft als auch Anteile an einer Kapitalgesellschaft. ③ Auf das subjektive Merkmal eines Willens zur Unentgeltlichkeit (→ R E 7.1) seitens des verstorbenen Gesellschafters kommt es nicht an. 26

H E 3.4 (1) H E 3.4 (1)

Wille zur Unentgeltlichkeit. → BFH vom 1. 7. 1992 II R 20/90, BStBl. II S. 912. 27

R E 3.4 (2) R E 3.4 (2)

(2)[2] ① Bei Personengesellschaften betrifft der Tatbestand des § 3 Absatz 1 Nummer 2 Satz 2 ErbStG insbesondere den Anwachsungserwerb (§ 738 Absatz 1 BGB, § 105 Absatz 2, § 161 Absatz 2 HGB), aber auch den Übergang des Gesamthandseigentums in das Alleineigentum des übernehmenden Gesellschafters im Fall einer zweigliedrigen Personengesellschaft. ② Als Erwerber sind stets die verbleibenden Gesellschafter anzusehen. 28

H E 3.4 (2) H E 3.4 (2)

Anwachsungserwerb 29

Beispiel:

Gesellschafter der gewerblich tätigen X-OHG sind die natürlichen Personen A, B und C zu je einem Drittel. Beim Tod des Gesellschafters A wird die Gesellschaft durch die verbleibenden Gesellschafter B und C fortgesetzt. Der Gesellschaftsvertrag sieht die Abfindung der Erben zum Buchwert vor. Der Gesellschaftsanteil des A hatte bei seinem Tod einen steuerlichen Wert von 500 000 EUR und einen Buchwert von 300 000 EUR.

Der Anwachsungserwerb von B und C unterliegt als Schenkung auf den Todesfall der Erbschaftsteuer mit folgendem Wert:

Steuerwert des Gesellschaftsanteils A	500 000 EUR
abzüglich Abfindung an die Erben zum Buchwert	./. 300 000 EUR
Übersteigender Wert	200 000 EUR
davon entfallen auf B bzw. C (je $1/2$) =	100 000 EUR

Der Erwerb von B und C ist in Höhe von je 100 000 EUR steuerbegünstigt nach §§ 13 a, 19 a ErbStG (→ R E 13 b.1 Absatz 1 Satz 4 Nummer 3, R E 13 b.5, R E 19 a.1, H E 13 b.1).

Entlastungen beim Erwerb von Betriebsvermögen. → R E 13 b.5

Übernahmeklausel bei zweigliedriger Personengesellschaft. → BFH vom 1. 7. 1992 II R 12/90, BStBl. II S. 925, 928.

---

[1] *BFH-Urteil vom 11. 12. 2024 II R 50/22 (DStR 2025 S. 1027):* Ein Stiftungsstatut, das nach dem Tod des Stifters einem Dritten Ansprüche auf Rentenzahlungen aus dem Stiftungsvermögen gewährt, kann in Bezug auf das Rentenstammrecht als Schenkung auf den Todesfall zu qualifizieren sein.

BFH-Urteil vom 5. 12. 1990 II R 109/86 (BStBl. 1991 II S. 181): **1.** Der Tatbestand der Schenkung auf den Todesfall ist auch dann erfüllt, wenn die Rechtsfolgen des Erfüllungsgeschäfts mit dem Tode des Schenkers (Erblassers) ohne weitere Rechtshandlungen eintreten. **2.** Schenkung auf den Todesfall i. S. des § 3 Abs. 1 Nr. 2 Satz 1 ErbStG 1974 setzt voraus, daß die Zuwendung zu einer Bereicherung führt, was nach bürgerlich-rechtlichen Maßstäben zu beurteilen ist, und daß die Beteiligten sich über die Unentgeltlichkeit der Zuwendung einig sind (Änderung der Rechtsprechung).

[2] *BFH-Urteil vom 31. 1. 1996 II R 76/93 (BFH/NV S. 609):* **1.** Wird der Abfindungsanspruch des ausscheidenden Gesellschafters bei Fortsetzung der Gesellschaft durch Gesellschaftsvertrag auf den sog. Buchwert der Beteiligung begrenzt, so wächst der darüber hinausgehende Anteil des ausgeschiedenen Gesellschafters am Gesellschaftsvermögen, insbesondere also der Anteil an den stillen Reserven und dem Firmenwert, den übrigen Gesellschaftern gemäß § 738 Abs. 1 Satz 1 BGB zu. **2.** Der Annahme einer objektiven Bereicherung der die Gesellschaft fortführenden Gesellschafter steht nicht entgegen, daß der durch Tod ausgeschiedene Gesellschafter oder dessen Rechtsvorgänger bei Gründung der Gesellschaft weder eine Einlage erbracht noch Aufwendungen für zu diesem Zeitpunkt vorhandene stille Reserven geleistet hat und der Anspruch des ausscheidenden Gesellschafters bei Fortbestehen der Gesellschaft durch Gesellschaftsvertrag auf den sog. Buchwert begrenzt worden ist.

Vermögensanfall an eine Gesamthandsgemeinschaft. → BFH vom 14. 9. 1994 II R 95/92, BStBl. 1995 II S. 81.

R E 3.4 (3)

R E 3.4 (3)

30 (3) ① Eine Anwachsung auf die verbleibenden Gesellschafter ist bei Anteilen an Kapitalgesellschaften nicht möglich. ② Im Recht der GmbH kann die Vererblichkeit des Geschäftsanteils durch Gesellschaftsvertrag nicht abbedungen werden (§ 15 GmbHG). ③ § 3 Absatz 1 Nummer 2 Satz 2 ErbStG erfasst aber bei Kapitalgesellschaften insbesondere gesellschaftsvertragliche Vereinbarungen, durch die die Erben verpflichtet werden, den durch Erbanfall erworbenen Geschäftsanteil auf die Gesellschafter oder die Gesellschaft gegen eine Abfindung zu übertragen, die geringer ist als der sich nach § 12 Absatz 1 und 2 ErbStG ergebende steuerliche Wert des Anteils. ④ Erwerber im Sinne von § 3 Absatz 1 Nummer 2 Satz 2 ErbStG sind die Gesellschafter oder – bei Erwerb durch die Gesellschaft selbst – die Gesellschaft. ⑤ War der Erblasser zu mehr als 25 Prozent unmittelbar am Nennkapital der inländischen Kapitalgesellschaft beteiligt, ist der Erwerb der Anteile nach §§ 13 a, 13 c oder 28 a bzw. 19 a ErbStG begünstigt. ⑥ Ist die Kapitalgesellschaft als Erwerber anzusehen, kommen nur die Begünstigungen nach §§ 13 a, 13 c oder 28 a ErbStG in Betracht; § 19 a ErbStG erfasst nur den Erwerb durch natürliche Personen und ist daher nicht anwendbar. ⑦ Wird der Geschäftsanteil eines Gesellschafters einer GmbH bei dessen Tod nach § 34 GmbHG eingezogen, geht der auf die Erben übergegangene Anteil unter. ⑧ Erhalten die Erben eine Abfindung, die geringer ist als der sich nach § 12 ErbStG ergebende steuerliche Wert des Anteils, unterliegt die dadurch eintretende Werterhöhung der Anteile der verbleibenden Gesellschafter als Schenkung auf den Todesfall des Erblassers an diese Gesellschafter der Besteuerung. ⑨ Da die Gesellschafter selbst keine Anteile erwerben, ist dieser Erwerb durch die Gesellschafter nicht nach §§ 13 a, 13 c, 19 a oder 28 a ErbStG begünstigt.

H E 3.4 (3)

H E 3.4 (3)

31 **Entlastungen beim Erwerb von Anteilen an Kapitalgesellschaften.** → R E 13 b.1 Absatz 1 Satz 4 Nummer 3, R E 13 b.6, R E 19 a.1.

Erwerb eigener Anteile durch die Gesellschaft. → § 33 GmbHG.

ErbStR R E 3.5

R E 3.5 Hinterbliebenenbezüge des Erblassers

32 (1) ① Die kraft Gesetzes entstehenden Versorgungsansprüche Hinterbliebener unterliegen nicht der Erbschaftsteuer. ② Hinterbliebene in diesem Sinne sind nur der mit dem Erblasser bei dessen Tod rechtsgültig verheiratete Ehegatte und die Kinder des Erblassers. ③ Zu den nicht steuerbaren Ansprüchen (Bezügen) gehören insbesondere:

1. Versorgungsbezüge der Hinterbliebenen von Beamten auf Grund der Beamtengesetze des Bundes und der Länder;
2. Versorgungsbezüge, die den Hinterbliebenen von Angestellten und Arbeitern aus der gesetzlichen Rentenversicherung zustehen. ② Dies gilt auch in den Fällen freiwilliger Weiter- und Höherversicherung;
3. Versorgungsbezüge, die den Hinterbliebenen von Angehörigen der freien Berufe aus einer berufsständischen Pflichtversicherung bei einer berufsständischen Versorgungseinrichtung zustehen. ② Dies gilt auch für Ansprüche aus einer vom Erblasser fortgeführten Pflichtversicherung, die an die Stelle einer Pflichtversicherung auf Grund einer weiter bestehenden Pflichtmitgliedschaft in der jeweils zuständigen Berufskammer tritt, sowie für Ansprüche, die auf einer freiwilligen Weiter- oder Höherversicherung in der Versorgungseinrichtung beruhen. ③ Bei den letztgenannten Ansprüchen handelt es sich insbesondere um Fälle, in denen das frühere Pflichtmitglied eine berufsfremde Tätigkeit im Inland ausübt, die zur Versicherungspflicht in der gesetzlichen Rentenversicherung führt, oder eine berufsspezifische Tätigkeit im Ausland ausübt und auf freiwilliger Grundlage Mindestbeiträge an die Versorgungseinrichtung entrichtet;
4. Versorgungsbezüge, die den Hinterbliebenen von Abgeordneten auf Grund der Diätengesetze des Bundes und der Länder zustehen.

33 (2) ① Hinterbliebenenbezüge, die auf Tarifvertrag, Betriebsordnung, Betriebsvereinbarung, betrieblicher Übung oder dem Gleichbehandlungsgrundsatz beruhen, unterliegen ebenfalls nicht der Erbschaftsteuer. ② Hierzu gehören alle Bezüge, die auf ein Dienstverhältnis (§ 1 Absatz 1 LStDV) des Erblassers zurückzuführen sind. ③ Ob ein Dienstverhältnis gegeben war, ist im Einzelfall danach zu entscheiden, wie die Aktivenbezüge des Erblassers bei der Einkommen- bzw. Lohnsteuer behandelt worden sind. ④ War dort ein Arbeitnehmer-Verhältnis angenommen worden, gilt dies auch für die Erbschaftsteuer. ⑤ In der Regel werden dann auch die Hinterbliebenenbezüge der Lohnsteuer unterliegen (§ 19 Absatz 2 EStG). ⑥ Es ist aber auch möglich, dass diese Bezüge, wenn sie von einer Pensionskasse oder von der Sozialversicherung gezahlt werden, einkommensteuerrechtlich nach § 22 Nummer 1 EStG als wiederkehrende Bezüge oder als Leibrente zu behandeln sind. ⑦ Für die Erbschaftssteuer ist diese unterschiedliche ertragsteuerliche Behandlung unerheb-

lich. ⑧ Steht fest, dass die Versorgungsbezüge auf ein Dienstverhältnis zurückzuführen sind, ist es erbschaftsteuerrechtlich ohne Bedeutung, ob sie vom Arbeitgeber auf Grund einer Pensionszusage, von einer Pensions- oder Unterstützungskasse oder einem Pensionsfonds, auf Grund einer Direktversicherung des Arbeitgebers oder auf Grund einer anderen Rechtsgrundlage gezahlt werden.

(3) ① Auch Hinterbliebenenbezüge, die auf einem zwischen dem Erblasser und seinem Arbeitgeber geschlossenen Einzelvertrag beruhen, sind, soweit sie angemessen sind, nicht steuerbar. ② Als „angemessen" sind solche Hinterbliebenenbezüge anzusehen, die 45 Prozent des Brutto-Arbeitslohnes des verstorbenen Arbeitnehmers nicht übersteigen. ③ Unter diese nicht steuerbaren Hinterbliebenenbezüge fallen auch die Hinterbliebenenbezüge, die ein Gesellschafter-Geschäftsführer mit der GmbH, deren Geschäftsführer er war, vereinbart hat, wenn der Gesellschafter-Geschäftsführer wie ein Nichtgesellschafter als abhängiger Geschäftsführer anzusehen war und die Hinterbliebenenbezüge angemessen sind. ④ War er demgegenüber ein herrschender Geschäftsführer, unterliegen die Hinterbliebenenbezüge der Erbschaftsteuer. 34

(4) ① Hinterbliebenenbezüge, die nicht auf ein Arbeitnehmer-Verhältnis des Erblassers zurückgehen, beispielsweise die Bezüge, die den Hinterbliebenen eines verstorbenen persönlich haftenden Gesellschafters einer Personengesellschaft auf Grund des Gesellschaftsvertrags zustehen, unterliegen grundsätzlich nach § 3 Absatz 1 Nummer 4 ErbStG der Erbschaftsteuer. ② Die Hinterbliebenenbezüge sind jedoch ausnahmsweise nicht steuerbar, wenn der verstorbene persönlich haftende Gesellschafter einer Personenhandelsgesellschaft im Innenverhältnis gegenüber den die Gesellschaft beherrschenden anderen Gesellschaftern wie ein Angestellter gebunden war. 35

(5) Wegen der Auswirkungen der nicht steuerbaren Hinterbliebenenbezüge auf die Berechnung der fiktiven Zugewinnausgleichsforderung → R E 5.1 und des Versorgungsfreibetrags → R E 17. 36

H E 3.5

H E 3.5

Angemessenheit von Hinterbliebenenbezügen. → BFH vom 20. 5. 1981 II R 11/81, BStBl. II S. 715. 37

Erbschaftsteuer auf Erwerb eines Anspruchs aus einer Direktversicherung. Der Erwerb eines Anspruchs aus einer vom Arbeitgeber zugunsten des Erblassers mit dessen Einverständnis abgeschlossenen Direktversicherung unterliegt der Erbschaftsteuer, wenn der Bezugsberechtigte nicht die persönlichen Voraussetzungen für eine Rente aus der gesetzlichen Rentenversicherung des Erblassers erfüllt (→ BFH vom 18. 12. 2013 II R 55/12, BStBl. 2014 II S. 323).

Herrschender Gesellschafter-Geschäftsführer einer GmbH. Für die Annahme einer herrschenden Stellung des Geschäftsführers genügt es bereits, wenn ihm ein so maßgeblicher Einfluss eingeräumt ist, dass die Organe der Kapitalgesellschaft Beschlüsse ohne seine Mitwirkung nicht fassen können. Für die Beurteilung sind die tatsächlichen Verhältnisse in der Kapitalgesellschaft und insbesondere in der Geschäftsführung in dem Zeitpunkt maßgebend, in dem die Hinterbliebenenversorgung vereinbart wurde.
Ein herrschender Gesellschafter-Geschäftsführer ist insbesondere anzunehmen, wenn folgende Voraussetzungen vorliegen:

1. Kapitalanteil mindestens 50 Prozent oder Sperrminorität bei besonderer Vereinbarung im Gesellschaftsvertrag. Unmittelbare und mittelbare Beteiligungen sind zusammenzurechnen. Neben den Anteilen, die dem Erblasser selbst gehören, sind auch die Anteile zu berücksichtigen, bei denen ihm die Ausübung der Gesellschaftsrechte ganz oder teilweise vorbehalten ist. Dazu rechnen auch von Mitgesellschaftern treuhänderisch für den Gesellschafter gehaltene Anteile. Die Anteile des Ehegatten oder von Kindern sind ebenfalls zu berücksichtigen.
2. Kapitalanteil weniger als 50 Prozent, aber mehr als 10 Prozent, und der Gesellschafter-Geschäftsführer verfügt zusammen mit einem oder mehreren anderen Gesellschafter-Geschäftsführern über die Mehrheit, von den anderen aber keiner allein.[1]
3. Unabhängig von einer Kapitalbeteiligung ist eine faktische Beherrschung gegeben, z. B. weil
   a) das Selbstkontrahierungsverbot nach § 181 BGB abbedungen ist;
   b) der Geschäftsführer als Einziger über die notwendigen Branchenkenntnisse verfügt;
   c) der Gesellschafter Großgläubiger der Gesellschaft ist.

[1] *BFH-Beschluss vom 24. 5. 2005 II B 40/04 (BFH/NV S. 1571):* **1.** Hinterbliebenenbezüge, die im Dienstvertrag eines herrschenden Gesellschafter-Geschäftsführers vereinbart worden sind, unterliegen nach § 3 Abs. 1 Nr. 4 ErbStG der Erbschaftsteuer. **2.** Verfügt bei Vorhandensein mehrerer Gesellschafter-Geschäftsführer keiner allein über die Anteilsmehrheit, können bei Vereinbarung einer Einstimmigkeitsabrede alle Gesellschafter als „herrschend" angesehen werden.

H E 3.5

noch 37

Entscheidungshilfe zu Nummer 3

Wenn nicht bereits aufgrund des Kapitalanteils ein abhängiges Beschäftigungsverhältnis von vornherein ausgeschlossen ist, sind die Voraussetzungen für ein abhängiges Beschäftigungsverhältnis anhand des Gesamtbilds der tatsächlichen Verhältnisse zu prüfen.

I. Selbstkontrahierung? Abdingung des Selbstkontrahierungsverbots nach § 181 BGB	ja → / nein ↓	Indiz gegen ein abhängiges Beschäftigungsverhältnis
II. Branchenkenntnisse? Der Geschäftsführer verfügt als einziger Gesellschafter über für die Führung des Betriebs notwendige Branchenkenntnisse	ja → / nein ↓	Indiz gegen ein abhängiges Beschäftigungsverhältnis, da die anderen Gesellschafter nicht oder kaum in der Lage sind, dem Geschäftsführer Weisungen zu erteilen
III. Bindung an Zeit, Dauer und Ort der Arbeitsleistung? Es kommt nicht allein darauf an, inwieweit die Sachentscheidungsbefugnis begrenzt ist. Wesentlicher ist, ob der äußere Rahmen der Tätigkeit durch einseitige Weisungen geregelt werden kann.	nein → / ja ↓	Kein abhängiges Beschäftigungsverhältnis
IV. Familien-GmbH?	ja → / nein ↓	Kein abhängiges Beschäftigungsverhältnis, wenn Geschäftsführertätigkeit mehr durch familienhafte Rücksichtnahmen und durch ein gleichberechtigtes Nebeneinander als durch einen für ein Arbeitnehmer-Arbeitgeberverhältnis typischen Interessengegensatz gekennzeichnet ist
V. Firmenumwandlung? Der Geschäftsführer war vor der Umwandlung Alleininhaber einer Einzelfirma	ja → / nein ↓	Kein abhängiges Beschäftigungsverhältnis, wenn der Geschäftsführer „Kopf und Seele" des Betriebs geblieben ist und die gesellschaftsrechtlichen Maßnahmen nur deshalb getroffen worden sind, weil er sich dadurch haftungs- oder steuerrechtlich besser zu stehen glaubt
VI. Erhebliches Unternehmerrisiko?	ja → / nein ↓	Indiz gegen ein abhängiges Beschäftigungsverhältnis; Teilhabe am Arbeitsprozess in diesen Fällen häufig zwar funktionsgerecht, aber nicht „dienender" Natur

abhängiges Beschäftigungsverhältnis

→ BFH vom 13. 12. 1989 II R 23/85, BStBl. 1990 II S. 322 und vom 20. 5. 1981 II R 11/81, BStBl. II S. 715 sowie BVerfG vom 9. 11. 1988 1 BvR 243/86, BStBl. 1989 II S. 938.

Hinterbliebenenbezüge aus einer befreienden Lebensversicherung. → BFH vom 24. 10. 2001 II R 10/00, BStBl. 2002 II S. 153.[1]

Hinterbliebenenbezüge bei Gesellschaftern einer Personengesellschaft. Beruhen die Hinterbliebenenbezüge nicht auf einem Arbeitnehmer-Verhältnis des Gesellschafters zur Personengesellschaft, unterliegen sie grundsätzlich nach § 3 Absatz 1 Nummer 4 ErbStG der Erbschaftsteuer (→ BFH vom 22. 12. 1976 II R 58/67, BStBl. 1977 II S. 420, vom 21. 9. 1983 II R 197/81, BStBl. II S. 775, vom 27. 11. 1985 II R 148/82, BStBl. 1986 II S. 265, vom 13. 12. 1989 II R 31/89, BStBl. 1990 II S. 325 und vom 5. 5. 2010 II R 16/08, BStBl. II S. 923, sowie BVerfG vom 5. 5. 1994 2 BvR 397/90, BStBl. II S. 547). Bei den Hinterbliebenenbezügen handelt es sich um Sonderbetriebsvermögen der Personengesellschaft (§ 12 Absatz 5 ErbStG i. V. m. § 151 Absatz 1 Satz 1 Nummer 2, § 157 Absatz 5, § 95 Absatz 1 BewG, § 15 Absatz 1 und 2 EStG), da sie nachträgliche Einkünfte aus Gewerbebetrieb bzw. selbstständiger Arbeit nach § 24 Nummer 2 EStG darstellen (→ BFH vom 5. 5. 2010 II R 16/08, BStBl. II S. 923). Dies gilt unabhängig davon, ob der begünstigte Hinterbliebene vor dem Tod des Erblassers bereits an der Gesellschaft beteiligt war, durch den Tod des Erblassers eine Beteiligung an der Gesellschaft erwirbt oder auch nach dem Tod des Erblassers nicht an der Gesellschaft beteiligt ist. Die Hinterbliebenenbezüge sind mit ihrem Kapitalwert zum bewerten (§ 97 Absatz 1 und 1 a Nummer 2 i. V. m. §§ 13, 14 BewG). Erwirbt der Hinterbliebene neben dem Sonderbetriebsvermögen von Todes wegen auch eine Beteiligung an der Gesellschaft, gehören der Anspruch auf die

[1] *BFH-Urteil vom 24. 10. 2001 II R 10/00 (BStBl. 2002 II S. 153):* **1.** Der Leistungsbezug aus einer vom Erblasser zur Befreiung von der Pflichtversicherung in der gesetzlichen Rentenversicherung abgeschlossenen Lebensversicherung unterliegt nach § 3 Abs. 1 Nr. 4 ErbStG der Erbschaftsteuer. **2.** Die familienrechtliche Pflicht des Erblassers, für die Alterssicherung des überlebenden Ehegatten zu sorgen, schließt die Unentgeltlichkeit der Zuwendung im Valutaverhältnis zu diesem nicht aus.

Hinterbliebenenbezüge und der Gesellschaftsanteil bei Vorliegen der übrigen Voraussetzungen zum begünstigten Vermögen i. S. d. § 13b Absatz 1 Nummer 2 ErbStG. Werden allein die Hinterbliebenenbezüge übertragen, liegt dagegen kein begünstigtes Vermögen vor (→ R E 13b.5 Absatz 3 Satz 9).

Hinterbliebenenbezüge, die auf Tarifvertrag u. ä. beruhen. → BFH vom 20. 5. 1981 II R 11/81, BStBl. II S. 715.[1]

Hinterbliebenenbezüge aus Altersvorsorgeverträgen (§ 1 Absatz 1 Altersvorsorge-Zertifizierungsgesetz) beruhen nicht auf einem Arbeitnehmer-Verhältnis des Erblassers.

R E 3.6 Erwerbe aus Versicherungen auf verbundene Leben

ErbStR R E 3.6

(1) ① Nach § 3 Absatz 1 Nummer 4 ErbStG ist die Auszahlung einer Versicherungssumme aus einer Lebensversicherung oder einer Leibrente aus einer Leibrentenversicherung steuerpflichtig, 38 wenn sie nicht an den Versicherungsnehmer selbst, sondern an einen bezugsberechtigten Dritten fällt. ② Erfolgt eine solche Auszahlung an einen Bezugsberechtigten noch zu Lebzeiten des Versicherungsnehmers, ist sie nach § 7 Absatz 1 Nummer 1 ErbStG steuerpflichtig. ③ Dies gilt auch bei Versicherungssummen aus einer verbundenen Lebensversicherung, d. h. auf einer auf das Leben eines zuerst versterbenden Mitversicherungsnehmers – zumeist Ehegatten – abgeschlossenen Lebensversicherung.

(2) ① Da das Versicherungsvertragsrecht keine Sonderbestimmung für den Fall enthält, dass an 39 einem Versicherungsvertrag mehrere Versicherungsnehmer beteiligt sind, gilt neben den Privatvereinbarungen das allgemeine bürgerliche Recht. ② Die Versicherungsnehmer sind grundsätzlich Teilhaber einer untereinander bestehenden Gemeinschaft (§ 741 BGB). ③ Sie haften regelmäßig gesamtschuldnerisch für die Versicherungsprämie (§ 427 BGB). ④ Dies schlägt sich auch in der Behandlung des Anspruchs auf die Versicherungsleistung nieder. ⑤ Die auf Grund des Todes des Erstversterbenden oder im Erlebensfall fällige Versicherungsleistung fällt im Ergebnis zugunsten der Gemeinschaft an. ⑥ Erfolgt die Leistung ausschließlich an einen (überlebenden) Versicherungsnehmer, erhält dieser die Leistung nur anteilig – entsprechend seinem Anteil an der Gemeinschaft – in seiner Eigenschaft als Versicherungsnehmer und insoweit nicht als unter das ErbStG fallenden Erwerb. ⑦ Im Übrigen ist die Versicherungssumme nach § 3 Absatz 1 Nummer 4 oder § 7 Absatz 1 Nummer 1 ErbStG zu erfassen. ⑧ Der Anteil an der Gemeinschaft bemisst sich dabei nach der im Innenverhältnis vereinbarten Prämienzahlungspflicht. ⑨ Im Zweifel ist anzunehmen, dass Teilhabern gleiche Anteile zustehen (§ 742 BGB).

(3) ① Bei Ehegatten ist wegen der engen persönlichen Bindungen untereinander und auf Grund 40 gleichberechtigter Interessenlage grundsätzlich von einer im Innenverhältnis vereinbarten hälftigen Zahlungsverpflichtung auszugehen. ② Dabei kann unterstellt werden, dass persönliche und wirtschaftliche Leistungen eines Ehegatten nicht gegeneinander oder untereinander abgerechnet werden, sondern ersatzlos von demjenigen erbracht werden sollen, der hierzu in der Lage ist.

(4) ① Bei Versicherungsverträgen mit mehreren Versicherungsnehmern ist eine Anzeige nach 41 § 33 Absatz 3 ErbStG zu erstatten, wenn das Versicherungsunternehmen die Auszahlung nicht an alle Versicherungsnehmer zugleich vornimmt. ② Die Frage, inwieweit die Versicherungsleistung beim einzelnen Empfänger der Erbschaftsteuer oder Schenkungsteuer unterliegt, kann nur im Besteuerungsverfahren selbst entschieden werden.

R E 3.7 Verträge zugunsten Dritter im Zusammenhang mit Bankguthaben und -depots sowie Lebensversicherungen

ErbStR R E 3.7

(1) ① Will der Inhaber von Bankguthaben oder -depots die Abwicklung und Verteilung des 42 Nachlasses dadurch erleichtern, dass im Erbfall nur eine Person über die Forderungen gegen das Kreditinstitut verfügen kann, genügt es, ihr eine Bankenvollmacht über den Tod hinaus zu erteilen; die gesetzliche oder testamentarische Erbfolge wird dadurch nicht berührt. ② Hat der Erblasser dagegen mit der Bank einen Vertrag zugunsten Dritter auf den Todesfall zum Vorteil der dritten Person abgeschlossen, erwirbt der Begünstigte die Bankguthaben außerhalb der Erbfolge unmittelbar auf Grund dieses Vertrags (§§ 328, 331 BGB; § 3 Absatz 1 Nummer 4 ErbStG). ③ Eine Weitergabe von Teilen dieses erworbenen Vermögens ohne rechtliche Verpflichtung an Erben oder

---

[1] *BFH-Urteil vom 20. 5. 1981 II R 11/81 (BStBl. II S. 715):* Der auf einem Dienstvertrag des Erblassers mit seinem Arbeitgeber beruhende Erwerb einer Witwenrente gegenüber dem Arbeitgeber unterliegt nicht der Erbschaftsteuer. Dies gilt auch dann, wenn der Geschäftsführer einer GmbH zugleich deren Gesellschafter ist, es sei denn, daß die Rente das angemessene Maß übersteigt.

BFH-Urteil vom 15. 7. 1998 II R 80/96 (BFH/NV 1999 S. 311): **1.** Nach der Rechtsprechung des BFH unterliegen neben den gesetzlich geregelten Versorgungsbezügen auch vertraglich vereinbarte Bezüge des überlebenden Ehegatten eines Arbeitnehmers nicht der Erbschaftsteuer. **2.** Eine Hinterbliebenenrente beruht regelmäßig dann nicht auf einem Arbeitsverhältnis oder Dienstverhältnis, wenn der Erblasser neben seiner Stellung als Arbeitnehmer auch als Gesellschafter an der Arbeitgeberin nicht nur geringfügig beteiligt war. **3.** Eine Hinterbliebenenrente beruht – unabhängig von der Höhe der Gesellschaftsbeteiligung des Erblassers – auch dann nicht auf einem früheren Arbeitsverhältnis, wenn nach der maßgeblichen gesellschaftsvertraglichen Regelung die Rentenzahlungen an die Witwe ausschließlich zu Lasten des auf die Erben übergegangenen Gesellschaftsanteils erfolgen sollen und weder die frühere Arbeitgeberin des Erblassers noch die übrigen Gesellschafter belastet werden.

Miterben ist regelmäßig als steuerpflichtige Schenkung zu behandeln, es sei denn, der Vertrag wird nach § 333 BGB vom Begünstigten zurückgewiesen.

43 (2) ① Leistungen aus einer Lebensversicherung unterliegen beim Erwerb durch einen Bezugsberechtigten der Besteuerung nach § 3 Absatz 1 Nummer 4 ErbStG, wenn im Valutaverhältnis zwischen dem Versprechensempfänger (Versicherungsnehmer und Erblasser) und dem Begünstigten eine freigebige Zuwendung vorliegt. ② Hat ein Bezugsberechtigter eines Lebensversicherungsvertrags die Prämien ganz oder teilweise gezahlt, ist die Versicherungsleistung nach dem Verhältnis der vom Versicherungsnehmer/Erblasser gezahlten Versicherungsbeiträge zu den insgesamt gezahlten Versicherungsbeiträgen aufzuteilen; nur dieser Teil unterliegt der Erbschaftsteuer. ③ Der Bezugsberechtigte trägt die Beweislast hinsichtlich der von ihm gezahlten Versicherungsbeiträge. ④ Diese Grundsätze gelten auch, wenn ein Anspruch aus einer noch nicht fälligen Lebensversicherung übertragen wird, bei der der Erwerber die Versicherungsbeiträge bisher ganz oder teilweise gezahlt hat.

H E 3.7

H E 3.7

44 **Zahlung der Prämien durch den Bezugsberechtigten.** Die Grundsätze des BFH-Urteils vom 1. 7. 2008 II R 38/07, BStBl. II S. 876 und vom 18. 9. 2013 II R 29/11, BStBl. 2014 II S. 261 gelten entsprechend.

ErbStR R E 3.8

R E 3.8 Übergang von Vermögen auf eine Stiftung von Todes wegen *(unbesetzt)*

H E 3.8

H E 3.8

45 **Kein Übergang von Vermögen auf eine nichtsrechtsfähige Stiftung.** → BFH vom 25. 1. 2017 II R 26/16, BStBl. 2018 II S. 199.[1]

Anl zu § 3 Abs. 2

Verfügung betr. steuerliche Behandlung eines mit dem Todesfall des Trusterrichters (settlors) unwiderruflich werdenden Trusts als Vermögensmasse ausländischen Rechts i. S. d. § 3 Abs. 2 Nr. 1 Satz 2 und § 7 Abs. 1 Nr. 8 Satz 2 ErbStG

Vom 21. Juni 2019 (DStR S. 1408)

(BayLfSt S 3802.1.1 – 9/9 St 34)

46 Die Überführung von Vermögensgegenständen durch einen Errichter auf einen Trust unterliegt dann nicht der Schenkungsteuer nach § 7 Abs. 1 Nr. 8 Satz 2 ErbStG, wenn die Rechtsstellung des Errichters so stark ist, dass eine tatsächlich und rechtlich freie Verfügungsbefugnis des Trusts über die Vermögensgegenstände ausgeschlossen ist.

Der Eintritt der Unwiderruflichkeit des Trusts im Zeitpunkt des Todes des Trusterrichters löst den besonderen Erbschaftsteuertatbestand des § 3 Abs. 2 Nr. 1 ErbStG aus.

[1] Abgedruckt zu § 2 Abs. 1 Nr. 2 ErbStG.

§ 4 Fortgesetzte Gütergemeinschaft

(1) **Wird die Gütergemeinschaft beim Tod eines Ehegatten oder beim Tod eines Lebenspartners fortgesetzt (§§ 1483 ff. des Bürgerlichen Gesetzbuchs), wird dessen Anteil am Gesamtgut so behandelt, als wäre er ausschließlich den anteilsberechtigten Abkömmlingen angefallen.** 1

(2) ① **Beim Tode eines anteilsberechtigten Abkömmlings gehört dessen Anteil am Gesamtgut zu seinem Nachlaß.** ② **Als Erwerber des Anteils gelten diejenigen, denen der Anteil nach § 1490 Satz 2 und 3 des Bürgerlichen Gesetzbuchs zufällt.** 2

§ 5[1] Zugewinngemeinschaft

(1)[2] ① **Wird der Güterstand der Zugewinngemeinschaft (§ 1363 des Bürgerlichen Gesetzbuchs, § 6 des Lebenspartnerschaftsgesetzes) durch den Tod eines Ehegatten oder den Tod eines Lebenspartners beendet und der Zugewinn nicht nach § 1371 Abs. 2 des Bürgerlichen Gesetzbuchs ausgeglichen, gilt beim überlebenden Ehegatten oder beim überlebenden Lebenspartner der Betrag, den er nach Maßgabe des § 1371 Abs. 2 des Bürgerlichen Gesetzbuchs als Ausgleichsforderung geltend machen könnte, nicht als Erwerb im Sinne des § 3.** ② **Bei der Berechnung dieses Betrags bleiben von den Vorschriften der §§ 1373 bis 1383 und 1390 des Bürgerlichen Gesetzbuchs abweichende güterrechtliche Vereinbarungen unberücksichtigt.** ③ **Die Vermutung des § 1377 Abs. 3 des Bürgerlichen Gesetzbuchs findet keine Anwendung.** ④ **Wird der Güterstand der Zugewinngemeinschaft durch Ehevertrag oder Lebenspartnerschaftsvertrag vereinbart, gilt als Zeitpunkt des Eintritts des Güterstandes (§ 1374 Abs. 1 des Bürgerlichen Gesetzbuchs) der Tag des Vertragsabschlusses.** ⑤ **Soweit das Endvermögen des Erblassers bei der Ermittlung des als Ausgleichsforderung steuerfreien Betrags mit einem höheren Wert als dem nach den steuerlichen Bewertungsgrundsätzen maßgebenden Wert angesetzt worden ist, gilt höchstens der dem Steuerwert des Endvermögens entsprechende Betrag nicht als Erwerb im Sinne des § 3.** ⑥ **Sind bei der Ermittlung der Bereicherung des überlebenden Ehegatten oder des überlebenden Lebenspartners Steuerbefreiungen berücksichtigt worden, gilt die Ausgleichsforderung im Verhältnis des um den Wert des steuerbefreiten Vermögens geminderten Werts des Endvermögens zum ungeminderten Wert des Endvermögens des Erblassers nicht als Erwerb im Sinne des § 3.** 1

(2)[3] **Wird der Güterstand der Zugewinngemeinschaft in anderer Weise als durch den Tod eines Ehegatten oder eines Lebenspartners beendet oder wird der Zugewinn nach § 1371 Abs. 2 des Bürgerlichen Gesetzbuchs ausgeglichen, gehört die Ausgleichsforderung (§ 1378 des Bürgerlichen Gesetzbuchs) nicht zum Erwerb im Sinne der §§ 3 und 7.** 2

(3)[4] **Wird der Güterstand der Wahl-Zugewinngemeinschaft (§ 1519 des Bürgerlichen Gesetzbuchs) beendet und der Zugewinn ausgeglichen, so gehört die Ausgleichsforderung (Artikel 12 Absatz 1 des Abkommens vom 4. Februar 2010 zwischen der Bundesrepublik Deutschland und der Französischen Republik über den Güterstand der Wahl-Zugewinngemeinschaft) nicht zum Erwerb im Sinne der §§ 3 und 7.**

Übersicht

		Rz.
R E 5.1	Erbrechtlicher Zugewinnausgleich; H E 5.1	6–16
R E 5.2	Güterrechtlicher Zugewinnausgleich; H E 5.2	17–20
Anlage:		
	Erlass betr. Anwendung der geänderten Vorschriften des ErbStG für Erwerbe mit einer Steuerentstehung nach dem 28. 12. 2020	25–29

[1] *BFH-Beschluss vom 22. 3. 2001 II B 91/00 (BFH/NV S. 1266):* **1.** Als selbständiger Vermögensgegenstand kann grundsätzlich nur eine zivilrechtlich bestehende Forderung, nicht aber die zur Berechnung der Erbschaftsteuer fingierte Ausgleichsforderung nach § 5 Abs. 1 ErbStG vererbt werden. Als bloße Rechengröße unterfällt diese fiktive Ausgleichsforderung auch nicht dem § 1378 Abs. 3 BGB. **2.** Lediglich dann, wenn der Erblasser den durch den Tod seines vorverstorbenen Ehegatten ausgelösten Erbfall steuerrechtlich noch nicht abgewickelt hatte, kann der Erbe des nachverstorbenen Ehegatten bei der noch ausstehenden Abwicklung des ersten Erbfalls die ehedem dem überlebenden Ehegatten zustehenden Rechte aus § 5 Abs. 1 ErbStG geltend machen. Insoweit rückt er gemäß § 1922 Abs. 1 BGB in dessen Rechtsstellung ein.

BFH-Urteil vom 27. 7. 2020 II R 42/18 (BStBl. 2021 II S. 617): Ein nach Eintritt in den Güterstand der Zugewinngemeinschaft von Todes wegen erworbener Pflichtteilsanspruch ist eine rechtlich geschützte Position von wirtschaftlichem Wert, die bei Berechnung der fiktiven Zugewinnausgleichsforderung dem Anfangsvermögen des erwerbenden Ehegatten hinzuzurechnen ist.

[2] § 5 Abs. 1 Satz 6 anzuwenden ab 29. 12. 2020 (§ 37 Abs. 18 ErbStG). Siehe *Tz. 1 gleich lautender Ländererlass vom 13. 9. 2021 (BStBl. I S. 1837),* nachfolgend abgedruckt als Anlage.

[3] *BFH-Urteil vom 12. 7. 2005 II R 29/02 (BStBl. II S. 843):* Entsteht von Gesetzes wegen eine Ausgleichsforderung durch ehevertragliche Beendigung des Güterstandes der Zugewinngemeinschaft, ist dies nicht als freigebige Zuwendung schenkungsteuerbar, wenn es tatsächlich zu einer güterrechtlichen Abwicklung der Zugewinngemeinschaft kommt, und zwar auch dann nicht, wenn der Güterstand der Zugewinngemeinschaft im Anschluss an die Beendigung neu begründet wird *[„Güterstandsschaukel"].*

[4] § 5 Abs. 3 in Kraft getreten am 1. 5. 2013 (Bek. vom 22. 4. 2013, BGBl. II S. 431).

Zu § 5 ErbStG

ErbStR R E 5.1

R E 5.1 Erbrechtlicher Zugewinnausgleich

6 (1) ① Kommt es mit Beendigung der Zugewinngemeinschaft zur erbrechtlichen Abwicklung, weil die Eheleute bis zum Tod eines Ehegatten im Güterstand der Zugewinngemeinschaft gelebt und der überlebende Ehegatte das Vermögen des verstorbenen Ehegatten ganz oder teilweise durch Erbanfall oder Vermächtnis erworben hat, ist nur für steuerliche Zwecke fiktiv eine steuerfrei zu stellende Ausgleichsforderung zu ermitteln und vom Erwerb des Ehegatten abzuziehen. ② Ist abzusehen, dass der Erwerb des überlebenden Ehegatten einschließlich etwaiger Vorschenkungen (§ 14 ErbStG) die persönlichen Freibeträge (§§ 16, 17 ErbStG) nicht überschreiten wird, kann eine Berechnung der fiktiven Ausgleichsforderung unterbleiben.

7 (2) ① Die fiktive Ausgleichsforderung ist für die tatsächliche Dauer der Zugewinngemeinschaft nach den Bestimmungen der §§ 1373 bis 1383 und 1390 BGB zu ermitteln; von diesen Vorschriften abweichende ehevertragliche Vereinbarungen bleiben hierbei unberücksichtigt. ② Für jeden Ehegatten ist das Anfangs- und Endvermögen nach Verkehrswerten gegenüberzustellen. ③ Die Zu- und Abrechnungen nach §§ 1374 ff. BGB sind dabei zu beachten. ④ Bei Überschuldung ist das Vermögen mit seinem negativen Wert anzusetzen (§ 1374 Absatz 1, § 1375 Absatz 1 BGB). ⑤ Die infolge des Kaufkraftschwunds nur nominale Wertsteigerung des Anfangsvermögens eines Ehegatten während der Ehe stellt keinen Zugewinn dar; das gilt auch in Fällen eines negativen Anfangsvermögens. ⑥ Für die Wertsteigerung bei Hinzurechnungen zum Anfangsvermögen gilt dies entsprechend.

H E 5.1 (2)

H E 5.1 (2)

8 **Wertsteigerung infolge des Kaufkraftschwundes.** Der auf allgemeiner Geldentwertung beruhende unechte Wertzuwachs des Anfangsvermögens ist aus der Berechnung der Ausgleichsforderung zu eliminieren, indem das Anfangsvermögen der Ehegatten mit dem Lebenshaltungskostenindex (→ Statistisches Jahrbuch für die Bundesrepublik Deutschland) zur Zeit der Beendigung des Güterstandes multipliziert und durch die für den Zeitpunkt des Beginns des Güterstandes geltende Indexzahl dividiert wird (→ BGH vom 14. 11. 1973 IV ZR 147/72, BGHZ 61 S. 385; BFH vom 27. 6. 2007 II R 39/05, BStBl. II S. 783).[1]

Sind dem Anfangsvermögen Vermögensgegenstände nach § 1374 Absatz 2 BGB zuzurechnen, ist bei der Berechnung des Vermögenszuwachses der Kaufkraftschwund des Geldes seit dem Zeitpunkt des Erwerbs der Gegenstände zu berücksichtigen (→ BGH vom 20. 5. 1987 IVb ZR 62/86, BGHZ 101 S. 65). In Fällen einer Hinzurechnung von Vermögensgegenständen zum Endvermögen nach § 1375 Absatz 2 BGB ist bei der Berechnung des Vermögenszuwachses der Kaufkraftschwund des Geldes seit dem Zeitpunkt der Minderung des Vermögens um die Gegenstände zu berücksichtigen.

Preisindex für die Lebenshaltung aller privaten Haushalte[2, 3]

2020 = 100

Jahre 1958 bis 1990									
1958 22,0	**1959** 22,1	**1960** 22,4	**1961** 23,1	**1962** 23,3	**1963** 24,0	**1964** 24,6	**1965** 25,3	**1966** 26,2	**1967** 26,7
1968 27,0	**1969** 27,6	**1970** 28,5	**1971** 30,1	**1972** 31,8	**1973** 33,9	**1974** 36,3	**1975** 38,5	**1976** 40,1	**1977** 41,6
1978 42,7	**1979** 44,5	**1980** 46,9	**1981** 49,8	**1982** 52,5	**1983** 54,1	**1984** 55,5	**1985** 56,6	**1986** 56,6	**1987** 56,6
1988 57,5	**1989** 59,0	**1990** 60,6							
Jahre ab 1991									
1991 61,9	**1992** 65,0	**1993** 67,9	**1994** 69,7	**1995** 71,0	**1996** 72,0	**1997** 73,4	**1998** 74,0	**1999** 74,5	**2000** 75,5
2001 77,0	**2002** 78,1	**2003** 78,9	**2004** 80,2	**2005** 81,5	**2006** 82,8	**2007** 84,7	**2008** 86,9	**2009** 87,2	**2010** 88,1
2011 90,0	**2012** 91,7	**2013** 93,1	**2014** 94,0	**2015** 94,5	**2016** 95,0	**2017** 96,4	**2018** 98,1	**2019** 99,5	**2020** 100,0
2021 103,1	**2022** 110,2	**2023** 116,7	**2024** 119,3						

[1] *BFH-Urteil vom 27. 6. 2007 II R 39/05 (BStBl. II S. 783):* Bei der Berechnung des fiktiven Anspruchs auf Zugewinnausgleich nach § 5 Abs. 1 ErbStG sind die Anfangsvermögen und die diesen hinzuzurechnenden späteren Erwerbe zum Ausgleich der Geldentwertung nach Maßgabe der Rechtsprechung des BGH zu indexieren.

[2] Auf dem Stand des BMF-Schreibens vom 21. 1. 2025 (BStBl. I S. 299). – *Anm. der Red.:* Umstellung auf das **Basisjahr 2020.**

[3] Zu umgerechneten Verbraucherpreisindizes für 2010 = 100, 2005 = 100 und 2000 = 100 siehe Anhang **II** Nr. **4.**

Aktuelle Indexzahlen: Statistisches Bundesamt, Fachserie 17, Reihe 7, Eilbericht (erscheint monatlich, abrufbar unter https://www.destatis.de)

Beispiel:

Bei Eheschließung 1970 hatte das Anfangsvermögen des Ende 2016 verstorbenen Ehegatten einen Wert von umgerechnet 180 000 EUR.

Der um die allgemeine Geldentwertung bereinigte Wert des Anfangsvermögens ist wie folgt zu berechnen:

$$\frac{180\,000 \text{ EUR} \times 100{,}5}{30{,}2} = 599\,007 \text{ EUR}$$

R E 5.1 (3)

R E 5.1 (3) 9

(3) ① Anfangsvermögen ist das Vermögen, das einem Ehegatten – nach Abzug von Verbindlichkeiten – beim Eintritt des Güterstandes gehörte (§ 1374 Absatz 1 BGB). ② Im Fall des § 5 Absatz 1 ErbStG gilt als Tag des Eintritts des Güterstands

1. für alle Ehen, die nach dem 1. 7. 1958 geschlossen wurden oder werden und die nicht durch Ehevertrag einen anderen Güterstand vereinbart haben, der Tag der Eheschließung;
2. für vor dem 1. 7. 1958 geschlossene Ehen der 1. 7. 1958 (Art. 8 Abschn. I Nummer 3 und 4 Gleichberechtigungsgesetz);
3.[1] für Ehen, bei denen die Eheleute (aus einem zunächst vertraglich vereinbarten anderen Güterstand) später durch ehevertragliche Vereinbarung in den Güterstand der Zugewinngemeinschaft wechseln, der Tag des Vertragsabschlusses;
4. für Ehen, für die im Beitrittsgebiet der gesetzliche Güterstand nach § 13 des Familiengesetzbuchs der DDR (Errungenschaftsgemeinschaft) galt und die Überleitung in den gesetzlichen Güterstand der Zugewinngemeinschaft nicht durch Erklärung eines Ehegatten ausgeschlossen wurde, der 3. 10. 1990;
5. für Ehen, die durch Umwandlung einer eingetragenen Lebenspartnerschaft im Sinne des Lebenspartnerschaftsgesetzes entstanden sind, der Tag der Begründung der Lebenspartnerschaft im Sinne des Lebenspartnerschaftsgesetzes.

H E 5.1 (3)

H E 5.1 (3) 10

Güterrechtswahl nach Artikel 15 Absatz 2 EGBGB. Wählen die Ehegatten nach Artikel 15 Absatz 2 EGBGB für die güterrechtlichen Wirkungen ihrer Ehe in notariell beurkundeter Erklärung deutsches Recht und gilt dann – sofern sie keine weiteren Vereinbarungen treffen – für sie die Zugewinngemeinschaft, ist die Vorschrift des § 5 Absatz 1 Satz 2 bis 4 ErbStG ebenso verbindlich. Der Tag der notariell beurkundeten Erklärung gilt als Zeitpunkt des Eintritts des Güterstands.

R E 5.1 (4)

R E 5.1 (4) 11

(4) ① Bei der Ermittlung der fiktiven Zugewinnausgleichsforderung nach § 5 Absatz 1 ErbStG sind Erwerbe des überlebenden Ehegatten im Sinne des § 3 Absatz 1 Nummer 4 ErbStG dem Endvermögen des verstorbenen Ehegatten zuzurechnen. ② Dies gilt auch für erbschaftsteuerpflichtige Hinterbliebenenbezüge, die dem überlebenden Ehegatten auf Grund eines privaten Anstellungsvertrags des verstorbenen Ehegatten zustehen, sowie für Lebensversicherungen, die dem überlebenden Ehegatten zustehen, auch soweit es sich dabei um Ansprüche aus einer privaten Rentenversicherung des verstorbenen Ehegatten handelt. ③ Eine Hinzurechnung zum Endvermögen des verstorbenen Ehegatten unterbleibt, soweit es sich um Ansprüche handelt, die zivilrechtlich dem Versorgungsausgleich unterliegen, da diese nicht in den Zugewinnausgleich einbezogen werden.

H E 5.1 (4)

H E 5.1 (4) 12

Ansprüche, die dem Versorgungsausgleich unterliegen. → BFH vom 5. 5. 2010 II R 16/08, BStBl. II S. 923; § 1587 BGB i. V. m. § 2 VersAusglG.

Auswirkung auf den Versorgungsfreibetrag. Der Versorgungsfreibetrag nach § 17 ErbStG ist nicht um den Teilbetrag der Versorgungsbezüge zu kürzen, der im Ergebnis als Zugewinnausgleich erbschaftsteuerfrei bleibt.

---

[1] *BFH-Urteil vom 13. 4. 2005 II R 46/03 (BFH/NV S. 1814):* **1.** Die Anwendungsregelung des § 37 Abs. 10 ErbStG i. d. F. des StMBG, wonach die Neufassung des § 5 Abs. 1 ErbStG (bei der Ermittlung der erbschaftsteuerfreien Zugewinnausgleichsforderung sind Vereinbarungen, die von den Regelungen des BGB abweichen oder zurück wirken, nicht zu berücksichtigen) auf alle Erwerbe anzuwenden ist, für die die Steuer nach dem 31. Dezember 1993 entstanden ist, ist im Hinblick auf die damit verbundene unechte Rückwirkung verfassungsrechtlich jedenfalls insoweit nicht zu beanstanden, als der maßgebende Ehevertrag erst nach dem Zeitpunkt des endgültigen Gesetzesbeschlusses des Bundestags (10. Dezember 1993) abgeschlossen worden ist. **2.** Die Neufassung des § 5 Abs. 1 ErbStG verstößt nicht gegen Art. 6 Abs. 1 GG, da sie die zivilrechtliche Möglichkeit der Eheleute, durch Ehevertrag eine abweichende Berechnungsweise des Zugewinnausgleichsanspruchs zu vereinbaren, unberührt lässt. – Ebenso *BFH-Urteil vom 18. 1. 2006 II R 64/04 (BFH/NV S. 948).*

Berücksichtigung von Zuwendungen gemäß § 3 Absatz 1 Nummer 4 ErbStG. → BFH vom 22. 12. 1976 II R 58/67, BStBl. 1977 II S. 420 und vom 12. 4. 1978 II B 45/76, BStBl. II S. 400.

Steuerfreie Hinterbliebenenbezüge. Hinterbliebenenbezüge, die nicht der Besteuerung nach § 3 Absatz 1 Nummer 4 ErbStG unterliegen (Abgrenzung → R E 3.5), sind nicht dem Endvermögen des Erblassers zuzurechnen (→ BFH vom 20. 5. 1981 II R 33/78, BStBl. 1982 II S. 27).

R E 5.1 (5)

R E 5.1 (5)

13 (5) ① Zur Umrechnung der fiktiven Ausgleichsforderung in den steuerfreien Betrag ist der Wert des Endvermögens des verstorbenen Ehegatten einschließlich der Hinzurechnungen nach Absatz 4 (maßgebender Nachlass) auch nach steuerlichen Bewertungsgrundsätzen zu ermitteln. ② Dabei sind alle bei der Ermittlung des Endvermögens berücksichtigten Vermögensgegenstände zu bewerten, auch wenn sie nicht zum steuerpflichtigen Erwerb gehören. ③ Nach §§ 13, 13 a, 13 c oder 13 d ErbStG begünstigtes Vermögen ist in die Berechnung des Ausgleichsbetrags mit seinem Steuerwert vor Abzug der sachlichen Steuerbefreiungen (Bruttowert) einzubeziehen. ④ Ist der sich danach ergebende Steuerwert des Endvermögens niedriger als dessen Verkehrswert, ist die nach zivilrechtlichen Grundsätzen ermittelte fiktive Zugewinnausgleichsforderung entsprechend dem Verhältnis von Steuerwert und Verkehrswert des dem Erblasser zuzurechnenden Endvermögens auf den steuerfreien Betrag zu begrenzen.

H E 5.1 (5)

H E 5.1 (5)

14 **Änderung der Schenkungsteuerfestsetzung bei Anrechnung auf die fiktive Ausgleichsforderung.** → R E 5.1 Absatz 6.

Begrenzung der fiktiven Ausgleichsforderung. → BFH vom 10. 3. 1993 II R 87/91, BStBl. II S. 510[1] und vom 29. 6. 2005 II R 7/01, BStBl. II S. 873.

Berechnung der fiktiven Ausgleichsforderung.

Beispiel:

Bei Eheschließung im Jahr 1965 hatten die Ehegatten Gütertrennung vereinbart. Im Jahr 1995 vereinbarten sie ehevertraglich den Güterstand der Zugewinngemeinschaft. Die Ehefrau wird Alleinerbin ihres im Jahr 2018 verstorbenen Ehemannes. Die Ehefrau erhält zudem aus einem Vertrag zugunsten Dritter 390 000 EUR, die nicht dem Versorgungsausgleich unterliegen (Erwerb nach § 3 Absatz 1 Nummer 4 ErbStG). Das Endvermögen des verstorbenen Ehemannes setzt sich aus den nachstehend aufgeführten Vermögensgegenständen zusammen:

		Steuerwert/ Verkehrswert		steuerpflichtiger Erwerb vor Abzug der persönlichen Freibeträge (§§ 16, 17)
OHG-Anteil		2 810 000 EUR		407 250 EUR[2]
Zu Wohnzwecken vermietetes Grundstück im Inland		300 000 EUR		270 000 EUR[3]
unbebautes Grundstück im Inland		780 000 EUR		780 000 EUR
Wertpapiere		400 000 EUR		400 000 EUR
Hausrat		100 000 EUR		59 000 EUR[4]
Zwischensumme		4 390 000 EUR		1 916 250 EUR
Verbindlichkeiten	./.	80 000 EUR	./.	90 300 EUR[5]
Summen		4 310 000 EUR		1 825 950 EUR
Erwerb aus Vertrag zugunsten Dritter	+	390 000 EUR	+	390 000 EUR
Endsummen		4 700 000 EUR		2 215 950 EUR

Der Zugewinn der Ehegatten wird wie folgt ermittelt:

	beim verstorbenen Ehemann	bei der Ehefrau
Endvermögen	4 700 000 EUR	850 000 EUR
Indiziertes Anfangsvermögen des Jahres 1995 → R E 5.1 Absatz 2 Satz 5	2 500 000 EUR	150 000 EUR
Zugewinn	2 200 000 EUR	700 000 EUR

[1] *BFH-Beschluß vom 30. 7. 1996 II B 4/96 (BFH/NV 1997 S. 29):* Die Frage der Berechnung der fiktiven Zugewinnausgleichsforderung gemäß § 5 Abs. 1 ErbStG 1974 ist durch die BFH-Rechtsprechung geklärt. Die in § 5 Abs. 1 ErbStG 1974 zur Ermittlung des Abzugsbetrags vorgegebene Verhältnisrechnung ist auch dann durchzuführen, wenn der Steuerwert des Nachlasses negativ ist und sich deshalb rechnerisch ein negativer Abzugsbetrag ergibt, der im Rahmen des § 5 Abs. 1 ErbStG 1974 mit 0 DM anzusetzen ist.

[Amtl. Anmerkungen:]

[2] Steuerwert nach Abzug gem. § 13 a Abs. 1 und 2 ErbStG.

[3] Steuerwert nach Abzug gem. § 13 d Abs. 1 ErbStG.

[4] Hausrat bleibt nach § 13 Abs. 1 Nr. 1 a ErbStG in Höhe von 41 000 EUR steuerfrei.

[5] Beim steuerpflichtigen Erwerb sind die Erbfallverbindlichkeiten in Höhe des Pauschbetrags von 10 300 EUR zusätzlich berücksichtigt.

Die fiktive Ausgleichsforderung der Ehefrau beträgt:
1/2 von (2 200 000 EUR – 700 000 EUR) = 750 000 EUR.
Der Ehefrau sollen aus einem früheren Angestelltenverhältnis des Erblassers steuerfreie Versorgungsbezüge mit einem nach § 14 BewG ermittelten Kapitalwert in Höhe von 156 000 EUR zustehen, um die der Versorgungsfreibetrag nach § 17 ErbStG zu kürzen ist. Der steuerpflichtige Erwerb der Ehefrau beträgt dann:

Erwerb insgesamt	2 215 950 EUR
steuerfrei nach § 5 Absatz 1 ErbStG	./. 750 000 EUR
Freibetrag § 16 ErbStG	./. 500 000 EUR
verbleibender Freibetrag § 17 ErbStG	./. 100 000 EUR
steuerpflichtiger Erwerb	865 950 EUR

Schenkungen, die auf die Ausgleichsforderung angerechnet werden. Ergibt sich eine Zugewinnausgleichsforderung des überlebenden Ehegatten, sind Schenkungen des verstorbenen Ehegatten i. S. d. § 1380 Absatz 2 BGB dem Zugewinn des verstorbenen Ehegatten mit dem Verkehrswert zur Zeit der Zuwendung hinzuzurechnen. Sie sind im Zugewinn des anderen Ehegatten nicht zu erfassen (Abzug mit dem Verkehrswert im Zeitpunkt der Zuwendung, höchstens mit dem Wert, zu dem der Schenkungsgegenstand noch im Endvermögen des Ehegatten enthalten ist). Vom Ausgleichsbetrag sind die anrechenbaren Schenkungen mit diesem Verkehrswert abzuziehen (§ 1380 Absatz 1 BGB).

Beispiel:

Ausgangsfall wie im vorstehenden Beispiel. Der verstorbene Ehegatte hatte vor 11 Jahren dem anderen Vermögen geschenkt mit der Bestimmung, diese Schenkung auf die Ausgleichsforderung anzurechnen. Das Vermögen hatte zur Zeit der Zuwendung einen Verkehrswert von 300 000 EUR. Von diesem Vermögen sind im Endvermögen des überlebenden Ehegatten noch 200 000 EUR vorhanden.
Erhöhter Zugewinn des verstorbenen Ehegatten:
(2 200 000 EUR + 300 000 EUR =) 2 500 000 EUR
Verminderter Zugewinn des überlebenden Ehegatten:
(700 000 EUR – 200 000 EUR =) 500 000 EUR
Fiktive Ausgleichsforderung der Ehefrau:

1/2 von (2 500 000 EUR – 500 000 EUR)	1 000 000 EUR
hiervon abzuziehen Wert der Schenkung	./. 300 000 EUR
verbleibende fiktive Ausgleichsforderung	700 000 EUR

Vermögensgegenstände, die nicht zum steuerpflichtigen Erwerb gehören. → BFH vom 10. 3. 1993 II R 87/91, BStBl. II S. 510.

R E 5.1 (6, 7)

R E 5.1 (6, 7)

15 (6) ① Nach § 29 Absatz 1 Nummer 3 ErbStG ist die Festsetzung der Steuer für frühere Schenkungen an den überlebenden Ehegatten zu ändern, soweit diese Schenkungen bei der güterrechtlichen Abwicklung der Zugewinngemeinschaft auf die Ausgleichsforderung nach § 5 Absatz 2 ErbStG angerechnet worden sind. ② Entsprechend ist auch zu verfahren, wenn Schenkungen dieser Art bei der Berechnung der fiktiven Ausgleichsforderung nach § 5 Absatz 1 ErbStG berücksichtigt werden. ③ § 29 Absatz 2 ErbStG ist in diesen Fällen nicht anzuwenden.

16 (7) Bei Lebenspartnerschaften gilt als Tag des Eintritts des Güterstands

1. für Lebenspartnerschaften, die nach dem 31. Dezember 2004 begründet wurden oder werden und bei denen nicht durch Lebenspartnerschaftsvertrag ein anderer Güterstand vereinbart wurde oder wird, der Tag der Begründung der Lebenspartnerschaft;
2. für Lebenspartnerschaften, die bis zum 31. Dezember 2004 begründet wurden, für die der Güterstand der Ausgleichsgemeinschaft galt und bei denen die Überleitung in den gesetzlichen Güterstand der Zugewinngemeinschaft nicht durch Erklärung eines Lebenspartners ausgeschlossen wurde, der 1. Januar 2005. ② Als Anfangsvermögen im Sinne des § 6 LPartG in Verbindung mit § 1374 BGB gilt das Vermögen, das einem Lebenspartner bei Begründung des Vermögensstands der Ausgleichsgemeinschaft gehörte;
3. für Lebenspartnerschaften, bei denen die Lebenspartner (aus einem zunächst vertraglich vereinbarten anderen Güterstand) später durch lebenspartnerschaftsvertragliche Vereinbarung in den Güterstand der Zugewinngemeinschaft wechseln, der Tag des Vertragsabschlusses.

R E 5.2 Güterrechtlicher Zugewinnausgleich

ErbStR R E 5.2

17 (1) ① Kommt es mit Beendigung der Zugewinngemeinschaft zur güterrechtlichen Abwicklung, gehört eine dabei von Gesetzes wegen entstehende Ausgleichsforderung (§ 1378 Absatz 3 BGB) nicht zum steuerpflichtigen Erwerb (§ 5 Absatz 2 ErbStG). ② Verzichtet der berechtigte Ehegatte auf die geltend gemachte Ausgleichsforderung, kann, sofern Bereicherung und Wille zur Unentgeltlichkeit gegeben sind, darin eine Schenkung unter Lebenden an den verpflichteten Ehegatten liegen. ③ Erfolgt der Verzicht gegen eine Abfindung, tritt diese an die Stelle der Ausgleichsforderung und ist damit ebenfalls steuerfrei. ④ Dasselbe gilt auch für die Übertragung von Gegenständen unter Anrechnung auf die Ausgleichsforderung (§ 1383 Absatz 1 BGB).

18 (2) ① Die Nichtsteuerbarkeit gilt auch hinsichtlich einer durch Ehevertrag (§ 1408 BGB) oder Vertrag im Zusammenhang mit einer Ehescheidung (§ 1378 Absatz 3 Satz 2 BGB) modifizierten Ausgleichsforderung als Ausfluss der bürgerlich-rechtlichen Gestaltungsfreiheit der Ehegatten bei der Ausgestaltung des Zugewinnausgleichs. ② Soweit durch solche Vereinbarungen einem Ehegat-

ten für den Fall der Beendigung der Zugewinngemeinschaft eine erhöhte güterrechtliche Ausgleichsforderung verschafft wird, liegt eine steuerpflichtige Schenkung auf den Todesfall (§ 3 Absatz 1 Nummer 2 Satz 1 ErbStG) bzw. eine Schenkung unter Lebenden (§ 7 Absatz 1 Nummer 1 ErbStG) vor, wenn mit den Vereinbarungen in erster Linie nicht güterrechtliche, sondern erbrechtliche Wirkungen herbeigeführt werden sollen. ③ Eine überhöhte Ausgleichsforderung kann vorliegen, soweit die tatsächliche Ausgleichsforderung, z. B. durch Vereinbarung eines vor dem Zeitpunkt des Vertragsschlusses liegenden Beginns des Güterstands oder eines abweichenden Anfangsvermögens, die sich nach §§ 1373 bis 1383 und 1390 BGB ohne Modifizierung ergebende Ausgleichsforderung übersteigt.[1] ④ Allein die rückwirkende Vereinbarung der Zugewinngemeinschaft begründet keine erhöhte güterrechtliche Ausgleichsforderung. ⑤ Der Ehegatte, der auf Grund der Vereinbarungen bei Beendigung der Zugewinngemeinschaft die überhöhte Ausgleichsforderung geltend macht, wird entsprechend objektiv bereichert. ⑥ Der Wille zur Unentgeltlichkeit seitens des zuwendenden Ehegatten ist auf der Grundlage der ihm bekannten Umstände nach den Maßstäben des allgemein Verkehrsüblichen zu bestimmen. ⑦ Es genügt die Kenntnis, dass der andere Ehegatte keinen Rechtsanspruch auf die Vereinbarungen und die dadurch sich erhöhende Ausgleichsforderung hatte und auch kein rechtlicher Zusammenhang mit einer Gegenleistung des anderen Ehegatten bestand.

19 (3) § 5 Absatz 2 ErbStG ist nicht anwendbar, wenn Ehegatten durch Ehevertrag den während des bisherigen Bestehens des Güterstands der Zugewinngemeinschaft entstandenen Zugewinn ausgleichen ohne den Güterstand zu beenden, so dass von Gesetzes wegen keine Ausgleichsforderung entstanden ist.

H E 5.2

H E 5.2

20 **Erbrechtliche statt güterrechtliche Wirkungen.** → BFH vom 29. 1. 1964 II 78/60 U, BStBl. III S. 202 und vom 25. 5. 1966 II 159/63, BStBl. III S. 521.

Verschaffung einer überhöhten Ausgleichsforderung. Erbschaftsteuerrechtliche Grenzen der Gestaltungsfreiheit sind dort zu ziehen, wo einem Ehegatten eine überhöhte Ausgleichsforderung verschafft wird (→ BFH vom 28. 6. 1989 II R 82/86, BStBl. II S. 897).

Objektive Unentgeltlichkeit einer Zuwendung unter Ehegatten und der Wille zur Unentgeltlichkeit (→ R E 7.2) können nicht allein deswegen verneint werden, weil einer Zuwendung besondere ehebezogene oder güterrechtliche Motive zugrunde liegen (→ BFH vom 2. 3. 1994 II R 59/92, BStBl. II S. 366).

Vertragliche Beendigung der Zugewinngemeinschaft mit anschließender Neugründung. Entsteht von Gesetzes wegen eine Ausgleichsforderung durch ehevertragliche Beendigung des Güterstandes der Zugewinngemeinschaft, ist dies nicht als freigebige Zuwendung schenkungsteuerbar, wenn es tatsächlich zu einer güterrechtlichen Abwicklung der Zugewinngemeinschaft kommt, und zwar auch dann nicht, wenn der Güterstand der Zugewinngemeinschaft im Anschluss an die Beendigung neu begründet wird (→ BFH vom 12. 7. 2005 II R 29/02, BStBl. II S. 843).

Vorzeitiger Zugewinnausgleich bei fortbestehender Zugewinngemeinschaft.[2] § 5 Absatz 2 ErbStG nimmt nur im Fall der Beendigung des Güterstands der Zugewinngemeinschaft die dabei entstehende Ausgleichsforderung des einen Ehegatten von der Besteuerung aus. Denn eine rechtliche Verpflichtung zur Zahlung des Zugewinnausgleichs entsteht nach § 1363 Absatz 2 Satz 2 BGB erst mit der Beendigung des Güterstands. Auch in den Fällen des vorzeitigen Zugewinnausgleichs bei Getrenntleben der Ehegatten oder in den im Gesetz genannten sonstigen Fällen (§§ 1385 ff. BGB) endet die Zugewinngemeinschaft kraft Gesetzes mit der Rechtskraft des Urteils. Vereinbaren die Ehegatten freiwillig einen vorzeitigen Ausgleich des bisher erzielten Zugewinns, ohne den gesetzlichen Güterstand zu beenden, ist die dadurch begründete Ausgleichsforderung als steuerbare unentgeltliche Zuwendung gemäß § 7 Absatz 1 Nummer 1 ErbStG zu erfassen (→ BFH vom 28. 6. 2007 II R 12/06, BStBl. II S. 785). Wird der Güterstand später durch Tod eines Ehegatten oder zu Lebzeiten beendet und die im Weg des vorweggenommenen Zugewinnausgleichs erhaltene Zuwendung auf die Ausgleichsforderung angerechnet (§ 1380 Absatz 1 BGB), erlischt insoweit gemäß § 29 Absatz 1 Nummer 3 ErbStG die Steuer mit Wirkung für die Vergangenheit. Die Korrekturvorschrift des § 29 ErbStG verlöre ihren Sinn, wenn der vorweggenommene Zugewinnausgleich für nicht steuerbar gehalten würde (→ BFH vom 2. 3. 1994 II R 59/92, BStBl. II S. 366).[3]

---

[1] *FG Düsseldorf, Urteil vom 14. 6. 2006 4 K 7107/02 Erb (EFG S. 1447), rkr:* Wird mit einem nicht als Erbe oder Vermächtnisnehmer eingesetzten Ehegatten mit Wirkung für die Vergangenheit ab dem Zeitpunkt der Eheschließung der Güterstand der Zugewinngemeinschaft vereinbart, so unterliegt die Zugewinnausgleichsforderung nicht als Erwerb von Todes wegen der Erbschaftsteuer.

[2] Vgl. *Ls. 1 BFH-Urteil vom 28. 6. 2007 II R 12/06,* abgedruckt zu § 7 Abs. 1 Nr. 1 ErbStG.

[3] *BFH-Urteil vom 24. 8. 2005 II R 28/02 (BFH/NV 2006 S. 63):* **1.** Gleichen Ehegatten bei fortbestehender Zugewinngemeinschaft den Zugewinn zwischenzeitlich aus, ist dies eine schenkungsteuerbare freigebige Zuwendung. **2.** Der Anspruch auf Zugewinnausgleich entsteht kraft Gesetzes erst mit der Beendigung des gesetzlichen Güterstandes, so dass nur in diesem Fall keine freigebige und unentgeltliche Zuwendung an den Ehegatten vorliegt. Beruht die Zuwendung auf einem rechtsgeschäftlich vereinbarten Zugewinnausgleich, unterliegt sie der Schenkungsteuer.

Anl zu § 5 Abs. 1

Erlass betr. Anwendung der geänderten Vorschriften des Erbschaftsteuer- und Schenkungsteuergesetzes für Erwerbe mit einer Steuerentstehung nach dem 28. 12. 2020

Vom 13. September 2021 (BStBl. I S. 1837)

(Gleich lautender Ländererlass)

1. Zu § 5 Abs. 1 ErbStG

Nach § 5 Abs. 1 ErbStG gilt im Fall des Todes eines Ehegatten oder Lebenspartners der Betrag nicht als Erwerb von Todes wegen, den der überlebende Ehegatte oder Lebenspartner als Zugewinnausgleich nach § 1371 Abs. 2 des Bürgerlichen Gesetzbuchs (BGB) hätte geltend machen können (fiktive Ausgleichsforderung), wenn er nicht Erbe geworden wäre und ihm auch kein Vermächtnis zustünde. 25

Der fiktive Zugewinn und die daraus zu errechnende fiktive Ausgleichsforderung werden nach den bürgerlich-rechtlich maßgebenden Verkehrswerten des Anfangs- und des Endvermögens des Erblassers und des überlebenden Ehegatten oder Lebenspartners ermittelt, und zwar unabhängig davon, ob für das maßgebende Endvermögen, zu dem auch das im Nachlass vorhandene Vermögen gehört, Steuerbefreiungen gewährt werden.

Neu geregelt wurde:

Da die erbschaftsteuerrechtlich maßgebende Bemessungsgrundlage des erworbenen Nachlassvermögens wegen Steuerbefreiungen in erheblichem Umfang gemindert sein kann, wird durch den neuen Satz 6 in § 5 Abs. 1 ErbStG auch die fiktive Ausgleichsforderung des überlebenden Ehegatten oder Lebenspartners gemindert. Die Minderung wird nach der folgenden Formel berechnet: 26

$$B_{stfr} = AF_{fik} \, x \, \frac{EV - EV_{stfr}}{EV}$$

Dabei sind:

B_{stfr} = Betrag, der nicht als Erwerb i. S. d. § 3 ErbStG gilt,
AF_{fik} = fiktive Ausgleichsforderung,
EV = Endvermögen des Erblassers,
EV_{stfr} = der von der Steuer befreite Teil des Endvermögens des Erblassers.

Hierfür wird der um den Wert des steuerbefreiten Vermögens geminderte Steuerwert des Endvermögens des Erblassers ins Verhältnis zum ungeminderten Steuerwert des Endvermögens gesetzt und mit der sich nach § 1371 Abs. 2 BGB ergebenden fiktiven Ausgleichsforderung multipliziert. Zu berücksichtigen sind dabei ausschließlich die auf den überlebenden Ehegatten oder Lebenspartner entfallenden Steuerbefreiungen. Soweit daneben von anderen Erwerbern Steuerbefreiungen in Anspruch genommen werden, bleiben diese bei der Berechnung nach § 5 Abs. 1 Satz 6 ErbStG unberücksichtigt. Die Begrenzung der fiktiven Ausgleichsforderung nach § 5 Abs. 1 Satz 5 ErbStG ist bei der Berechnung nach § 5 Abs. 1 Satz 6 ErbStG zu berücksichtigen.

Wird dem überlebenden Ehegatten oder Lebenspartner die auf begünstigtes Vermögen i. S. d. § 13 b Abs. 2 ErbStG entfallende Steuer nach § 28 a Abs. 1 ErbStG erlassen, so wird die Ausgleichsforderung nicht nach § 5 Abs. 1 Satz 6 ErbStG gemindert.

Beispiel 1: 27

Die Eheleute lebten im Güterstand der Zugewinngemeinschaft. Der Ehemann (Erblasser) starb am 10. Januar 2021, seine Ehefrau ist Alleinerbin. Der Nachlass besteht aus Kapitalvermögen mit einem Wert von 900 000 EUR sowie dem gemeinsam mit der Ehefrau bewohnten Einfamilienhaus (Steuerwert = Verkehrswert 600 000 EUR). Der Grundbesitz befand sich im Alleineigentum des Erblassers. Ein im Zusammenhang mit der Anschaffung des Grundstücks aufgenommener Kredit valutierte am Tag des Todes des Erblassers noch mit 200 000 EUR. Aufgrund des Todes des Erblassers erhält die Ehefrau eine Witwenrente aus der gesetzlichen Rentenversicherung (Kapitalwert 300 000 EUR).
Die Ehefrau erzielte während der Ehe einen Zugewinn von 200 000 EUR. Der Zugewinn des Erblassers beträgt 1 200 000 EUR.

Lösung:

Für den Erwerb durch die Ehefrau ergibt sich nach Steuerwerten folgender Vermögensanfall:

Kapitalvermögen		900 000 EUR
Grundstück		+ 600 000 EUR
Steuerbefreiung für das Einfamilienhaus (Familienheim nach § 13 Abs. 1 Nr. 4 b ErbStG)		./. 600 000 EUR
Vermögensanfall vor Schuldenabzug		900 000 EUR

Kürzung des Schuldenabzugs (Schulden nach § 10 Abs. 6 Satz 1 ErbStG nicht abzugsfähig, soweit sie in wirtschaftlichem Zusammenhang mit steuerbefreiten Gegenständen stehen):

Schuld im Zusammenhang mit dem Familienheim	200 000 EUR	
Davon abziehbar: (Schuld × Wert des Gegenstands nach Abzug der Steuerbefreiung: Wert des Gegenstands vor Abzug der Steuerbefreiung) 200 000 EUR × 0 EUR : 600 000 EUR =		./. 0 EUR

Bereicherung der Ehefrau:

Vermögensanfall nach Schuldenabzug		900 000 EUR
Pauschbetrag für Erbfallkosten (§ 10 Abs. 5 Nr. 3 Satz 2 ErbStG)		./. 10 300 EUR
Bereicherung der Ehefrau		889 700 EUR

Anl zu § 5 Abs. 1

Ermittlung der fiktiven Ausgleichsforderung (§ 5 Abs. 1 Satz 1 ErbStG):

Zugewinn des Erblassers	1 200 000 EUR
Zugewinn der Ehefrau	./. 200 000 EUR
Positiver Unterschiedsbetrag	1 000 000 EUR

Fiktive Ausgleichsforderung der Ehefrau:

$\frac{1}{2}$ × 1 000 000 EUR =	500 000 EUR

Neue Regelung – Minderung der fiktiven Ausgleichsforderung (§ 5 Abs. 1 Satz 6 ErbStG):
Die fiktive Ausgleichsforderung ist unter Berücksichtigung der der Ehefrau zu gewährenden Steuerbefreiungen zu mindern.

Der Wert des Endvermögens des Erblassers beträgt:

Kapitalvermögen	900 000 EUR
Grundstück	+ 600 000 EUR
Schuld im Zusammenhang mit dem Familienheim	./. 200 000 EUR
Endvermögen	1 300 000 EUR

Der um den Wert des steuerbefreiten Vermögens geminderte Wert des Endvermögens beträgt:

Endvermögen	1 300 000 EUR
Steuerbefreiung Familienheim	./. 600 000 EUR
Nicht abziehbare Schuld im Zusammenhang mit dem Familienheim	+ 200 000 EUR
Geminderter Wert des Endvermögens	900 000 EUR

Die geminderte fiktive Ausgleichsforderung der Ehefrau beträgt:

500 000 EUR × 900 000 EUR : 1 300 000 EUR =	346 154 EUR

Berechnung des steuerpflichtigen Erwerbs durch die Ehefrau:

Bereicherung		889 700 EUR
Geminderte fiktive Ausgleichforderung (§ 5 Abs. 1 Satz 6 ErbStG)		./. 346 154 EUR
Persönlicher Freibetrag der Ehefrau (§ 16 Abs. 1 Nr. 1 ErbStG)		./. 500 000 EUR
Versorgungsfreibetrag der Ehefrau (§ 17 Abs. 1 Satz 1 ErbStG)	256 000 EUR	
Kürzung um Witwenrente (§ 17 Abs. 1 Satz 2 ErbStG)	./. 256 000 EUR	
	0 EUR	./. 0 EUR
Steuerpflichtiger Erwerb durch die Ehefrau (abgerundet nach § 10 Abs. 1 Satz 6 ErbStG)		43 500 EUR

Die Witwenrente aus der gesetzlichen Rentenversicherung unterliegt nicht der Besteuerung (siehe R E 3.5 Abs. 1 ErbStR). Sie mindert den Versorgungsfreibetrag (§ 17 Abs. 1 ErbStG) der Ehefrau.

28 **Beispiel 2:**

Die Eheleute lebten im Güterstand der Zugewinngemeinschaft. Der Ehemann (Erblasser) ist verstorben, sein Sohn ist Alleinerbe. Die Ehefrau des Erblassers erhält als Vermächtnis Kapitalvermögen (500 000 EUR) und ein mit einem Einfamilienhaus bebautes Grundstück des Ehemanns (600 000 EUR). Das Einfamilienhaus wurde von den Eheleuten zu eigenen Wohnzwecken genutzt und wird nach dem Tod des Ehemanns weiterhin von der Ehefrau bewohnt. Den Pflichtteil macht die Ehefrau nicht geltend. Darüber hinaus hatte der Erblasser Betriebsvermögen (900 000 EUR). Der Pauschbetrag für Erbfallkosten wird in voller Höhe beim Alleinerben berücksichtigt.
Das Anfangsvermögen beider Eheleute betrug 0 EUR. Die Steuerwerte der Vermögensgegenstände des Nachlasses des Erblassers entsprechen den Verkehrswerten.

	Erblasser	Ehefrau
Endvermögen		
Kapitalvermögen	500 000 EUR	840 000 EUR
Grundstück	+ 600 000 EUR	
Betriebsvermögen	+ 900 000 EUR	
Summe	2 000 000 EUR	840 000 EUR

Die Ehefrau erzielte während der Ehe einen Zugewinn von 840 000 EUR. Der Zugewinn des Erblassers beträgt 2 000 000 EUR.

Lösung:

Für den Erwerb durch die Ehefrau ergibt sich folgender Vermögensanfall:

Kapitalvermögen	500 000 EUR
Grundstück	+600 000 EUR
Steuerbefreiung für das Einfamilienhaus (Familienheim nach § 13 Abs. 1 Nr. 4 b ErbStG)	./. 600 000 EUR
Vermögensanfall	500 000 EUR

Der Vermögensanfall entspricht der Bereicherung der Ehefrau.

Ermittlung der fiktiven Ausgleichsforderung (§ 5 Abs. 1 Satz 1 ErbStG):

Zugewinn des Erblassers	2 000 000 EUR
Zugewinn der Ehefrau	./. 840 000 EUR
Positiver Unterschiedsbetrag	1 160 000 EUR
Fiktive Ausgleichsforderung der Ehefrau	
$\frac{1}{2}$ × 1 160 000 EUR =	580 000 EUR

Neue Regelung – Minderung der fiktiven Ausgleichsforderung (§ 5 Abs. 1 Satz 6 ErbStG):
Für die Minderung der fiktiven Ausgleichsforderung sind allein die beim überlebenden Ehegatten anzuwendenden Steuerbefreiungen maßgebend. Auch bei der Verhältnisrechnung ist das Endvermögen des verstorbenen Ehegatten nur um die dem überlebenden Ehegatten zu gewährenden Steuerbefreiungen zu kürzen. Ob im vorliegenden Beispielfall dem Sohn als Alleinerben ebenfalls Steuerbefreiungen – etwa hier für das Betriebsvermögen – zustehen, ist unbeachtlich.

Anl zu § 5 Abs. 1

Der Wert des Endvermögens des Erblassers beträgt:

Kapitalvermögen	500 000 EUR
Grundstück	+ 600 000 EUR
Betriebsvermögen	+ 900 000 EUR
Endvermögen	2 000 000 EUR

Der um den Wert des steuerbefreiten Vermögens geminderte Wert des Endvermögens beträgt:

Endvermögen	2 000 000 EUR
Steuerbefreiung Familienheim	./. 600 000 EUR
Geminderter Wert des Endvermögens	1 400 000 EUR

Die geminderte fiktive Ausgleichsforderung der Ehefrau beträgt:

580 000 EUR × 1 400 000 EUR : 2 000 000 EUR = 406 000 EUR

Bereicherung der Ehefrau	500 000 EUR
Geminderte fiktive Ausgleichsforderung (§ 5 Abs. 1 Satz 6 ErbStG)	./. 406 000 EUR
Bereicherung nach Anwendung des § 5 Abs. 1 ErbStG	94 000 EUR

Wird eine Steuerbefreiung rückwirkend gemindert oder entfällt sie, z. B. für denkmalgeschützte Erwerbsgegenstände, für Familienheime oder für begünstigtes Unternehmensvermögen (§§ 13 a bis 13 c ErbStG), so ist die Steuerfestsetzung zu ändern und dabei auch die von der Bereicherung abzuziehende fiktive Ausgleichsforderung neu zu berechnen. Dasselbe gilt für den Fall, dass eine Steuerbefreiung rückwirkend erhöht oder erstmals gewährt wird.

Beispiel 3: 29

Wie Beispiel 1, jedoch veräußert die Ehefrau am 1. Mai 2025 das Einfamilienhaus und zieht in eine Mietwohnung um. Die Veräußerung und die damit einhergehende Aufgabe der Selbstnutzung innerhalb von zehn Jahren nach dem Erwerb von Todes wegen vom 10. Januar 2021 führen dazu, dass die Steuerbefreiung gemäß § 13 Abs. 1 Nr. 4 b Satz 5 ErbStG rückwirkend wegfällt. Für den Erwerb durch die Ehefrau vom 10. Januar 2021 ist die Berechnung des steuerpflichtigen Erwerbs wie folgt zu ändern.

Lösung *(Änderungen zur Lösung des Beispiels 1 sind kursiv dargestellt):*

Für den Erwerb durch die Ehefrau ergibt sich nach Steuerwerten der folgende Vermögensanfall:

Kapitalvermögen	900 000 EUR
Grundstück	+ 600 000 EUR
Steuerbefreiung für das Einfamilienhaus (Familienheim nach § 13 Abs. 1 Nr. 4 b ErbStG)	./. 0 EUR
Vermögensanfall vor Schuldenabzug	*1 500 000 EUR*

Kürzung des Schuldenabzugs (Schulden nach § 10 Abs. 6 ErbStG nicht abzugsfähig, soweit sie in wirtschaftlichem Zusammenhang mit steuerbefreiten Gegenständen stehen):

Schuld im Zusammenhang mit dem Familienheim	200 000 EUR	
Davon abziehbar:		
(Schuld × Wert des Gegenstands nach Abzug der Steuerbefreiung: Wert des Gegenstands vor Abzug der Steuerbefreiung)		
200 000 EUR × *600 000 EUR* : 600 000 EUR =	*200 000 EUR*	*./. 200 000 EUR*

Bereicherung der Ehefrau:

Vermögensanfall nach Schuldenabzug	1 300 000 EUR
Pauschbetrag für Erbfallkosten (§ 10 Abs. 5 Nr. 3 Satz 2 ErbStG)	./. 10 300 EUR
Bereicherung der Ehefrau	*1 289 700 EUR*

Ermittlung der fiktiven Ausgleichsforderung der Ehefrau (§ 5 Abs. 1 Satz 1 ErbStG):

Zugewinn des Erblassers	1 200 000 EUR
Zugewinn der Ehefrau	./. 200 000 EUR
Positiver Unterschiedsbetrag	1 000 000 EUR
Fiktive Ausgleichsforderung der Ehefrau $\frac{1}{2}$ × 1 000 000 EUR =	500 000 EUR

Neue Regelung – *Geänderte* Minderung der fiktiven Ausgleichsforderung der Ehefrau (§ 5 Abs. 1 Satz 6 ErbStG):
Die fiktive Ausgleichsforderung wäre unter Berücksichtigung der der Ehefrau zu gewährenden Steuerbefreiungen zu mindern.

Der um den Wert des steuerbefreiten Vermögens geminderte Wert des Endvermögens beträgt:

Endvermögen	1 300 000 EUR
Steuerbefreiung Familienheim	./. *0 EUR*
Geänderter geminderter Wert des Endvermögens	*1 300 000 EUR*

Die *geänderte* fiktive Ausgleichsforderung der Ehefrau beträgt:

500 000 EUR × *1 300 000 EUR* : 1 300 000 EUR = *500 000 EUR*

Berechnung des steuerpflichtigen Erwerbs durch die Ehefrau:

Bereicherung		1 289 700 EUR
Geänderte fiktive Ausgleichforderung (§ 5 Abs. 1 Satz 6 ErbStG)		./. *500 000 EUR*
Persönlicher Freibetrag der Ehefrau (§ 16 Abs. 1 Nr. 1 ErbStG)		./. 500 000 EUR
Versorgungsfreibetrag der Ehefrau (§ 17 Abs. 1 Satz 1 ErbStG)	256 000 EUR	
Kürzung um Witwenrente (§ 17 Abs. 1 Satz 2 ErbStG)	./.256 000 EUR	
	0 EUR	./. 0 EUR
Steuerpflichtiger Erwerb durch die Ehefrau		*289 700 EUR*

2. Zu § 10 Abs. 1 Satz 3 ErbStG
(abgedruckt als FN zu R E 10.3 ErbStR)

3. Zu § 10 Abs. 6 Satz 3 und Satz 5 bis 10 ErbStG
(abgedruckt als Anlage b zu § 10 ErbStG)

4. Zu § 13 a Abs. 9 a und § 13 b Abs. 10 ErbStG
(abgedruckt als Anlage zu § 13 a ErbStG)

5. Zu § 14 Abs. 2 ErbStG
(abgedruckt als Anlage zu R E 14.3 ErbStR)

ErbStG

§ 6 Vor- und Nacherbschaft

1 (1)[1] **Der Vorerbe gilt als Erbe.**

2 (2)[2] **① Bei Eintritt der Nacherbfolge haben diejenigen, auf die das Vermögen übergeht, den Erwerb als vom Vorerben stammend zu versteuern. ② Auf Antrag ist der Versteuerung das Verhältnis des Nacherben zum Erblasser zugrunde zu legen. ③ Geht in diesem Fall auch eigenes Vermögen des Vorerben auf den Nacherben über, sind beide Vermögensanfälle hinsichtlich der Steuerklasse getrennt zu behandeln. ④ Für das eigene Vermögen des Vorerben kann ein Freibetrag jedoch nur gewährt werden, soweit der Freibetrag für das der Nacherbfolge unterliegende Vermögen nicht verbraucht ist.[3] ⑤ Die Steuer ist für jeden Erwerb jeweils nach dem Steuersatz zu erheben, der für den gesamten Erwerb gelten würde.**

3 (3) **① Tritt die Nacherbfolge nicht durch den Tod des Vorerben ein, gilt die Vorerbfolge als auflösend bedingter, die Nacherbfolge als aufschiebend bedingter Anfall. ② In diesem Fall ist dem Nacherben die vom Vorerben entrichtete Steuer abzüglich desjenigen Steuerbetrags anzurechnen, welcher der tatsächlichen Bereicherung des Vorerben entspricht.**

4 (4)[4] **Nachvermächtnisse und beim Tod des Beschwerten fällige Vermächtnisse oder Auflagen stehen den Nacherbschaften gleich.**

Zu § 6 ErbStG

ErbStR R E 6

R E 6. Vermächtnisse und Auflagen, die beim Tod des Beschwerten fällig werden

5 ① Erbschaftsteuerrechtlich sind Nachvermächtnisse (§ 2191 Absatz 1 BGB) und Vermächtnisse oder Auflagen, die mit dem Tod des Beschwerten fällig werden, den Nacherbschaften gleichgestellt und damit abweichend vom Bürgerlichen Recht als Erwerb vom Vorvermächtnisnehmer oder Beschwerten und nicht als Erwerb vom Erblasser zu behandeln (§ 6 Absatz 4 ErbStG). ② Ein solcher Fall ist insbesondere gegeben, wenn die Ehegatten in einem gemeinschaftlichen Testament mit gegenseitiger Erbeinsetzung bestimmen, dass ihren ansonsten zu Schlusserben eingesetzten Kindern beim Tod des erstversterbenden Elternteils Vermächtnisse zufallen sollen, die erst beim Tod des überlebenden Elternteils fällig werden. ③ Die Vermächtnisse sind als Erwerb vom überlebenden Elternteil zu versteuern. ④ Folglich liegt insoweit weder beim Tod des erstversterbenden noch beim Tod des überlebenden Ehegatten eine die jeweilige Bereicherung durch Erbanfall mindernde Vermächtnislast nach § 10 Absatz 5 Nummer 2 ErbStG vor; beim Tod des überlebenden Ehegatten ist jedoch eine Erblasserschuld nach § 10 Absatz 5 Nummer 1 ErbStG abzugsfähig. ⑤ Entsprechendes gilt auch, wenn in einem sog. Berliner Testament (§ 2269 BGB) – um nach dem Tod des erstversterbenden Ehegatten die Geltendmachung von Pflichtteilsansprüchen durch die zu Schlusserben eingesetzten gemeinschaftlichen Kinder zu verhindern – bestimmt wird, dass den Kindern, die den Pflichtteil nicht fordern, als Erwerb vom erstversterbenden Elternteil ein Ver-

---

[1] *BFH-Beschluss vom 6. 11. 2006 II B 37/06 (BFH/NV 2007 S. 242):* Die in § 6 ErbStG vorgesehene Besteuerung der Vorerben ist verfassungsgemäß.

[2] Vgl. *BFH-Urteil vom 28. 10. 1992 II R 21/92,* abgedruckt zu § 3 Abs. 2 Nr. 6 ErbStG.

BFH-Urteil vom 1. 12. 2021 II R 1/20 (BStBl. 2022 II S. 518): **1.** Haben mehrere Erblasser denselben Vorerben und nach dessen Tod denselben Nacherben eingesetzt, steht dem Nacherben auf Antrag für alle der Nacherbfolge unterliegenden Erbmassen insgesamt lediglich ein Freibetrag zu. **2.** Der Nacherbe muss in seinem Antrag angeben, welches Verhältnis zu welchem ursprünglichen Erblasser der Versteuerung zugrunde gelegt werden soll. Danach richten sich der Freibetrag und die Steuerklasse für das der Nacherbfolge unterliegende Vermögen.

Zur Gewährung des Pauschbetrags nach § 10 Abs. 5 Nr. 3 ErbStG im Falle der Nacherbschaft siehe *BFH-Urteil vom 1. 2. 2023 II R 3/20,* abgedruckt bei § 10 Abs. 5 Nr. 3 ErbStG.

[3] *BFH-Urteil vom 2. 12. 1998 II R 43/97 (BStBl. 1999 II S. 235):* Geht bei Eintritt der Nacherbfolge nicht nur der Nacherbfolge unterliegendes, sondern auch eigenes Vermögen des Vorerben auf den Nacherben über und werden – auf Antrag – beide Vermögensanfälle hinsichtlich der Steuerklasse getrennt behandelt, so sind bei beiden Vermögensanfällen die jeweils für sie maßgeblichen persönlichen Freibeträge zu berücksichtigen. Der Abzug des für das eigene Vermögen des Vorerben zu gewährenden Freibetrags ist jedoch nur insoweit zulässig, als der Freibetrag für das der Nacherbfolge unterliegende Vermögen nicht verbraucht ist.

[4] *BFH-Urteil vom 31. 8. 2021 II R 2/20 (BStBl. 2022 II S. 387):* **1.** Der Vermächtnisnehmer eines beim Tod des Beschwerten fälligen Vermächtnisses erwirbt erbschaftsteuerrechtlich vom Beschwerten. **2.** Fällt der erstberufene Vermächtnisnehmer vor Fälligkeit des Vermächtnisses weg, erwirbt der zweitberufene Vermächtnisnehmer ebenfalls vom Beschwerten und nicht vom erstberufenen Vermächtnisnehmer.

mächtnis im Werte des Pflichtteils zufallen soll, das erst mit dem Tod des überlebenden Elternteils fällig wird (sog. Jastrowsche Klausel).[1] ⑥ Für Nachvermächtnisse und beim Tod des Beschwerten fällige Vermächtnisse und Auflagen findet § 6 Absatz 2 Satz 2 bis 5 ErbStG entsprechende Anwendung.

H E 6

HE6

Festsetzung der Erbschaftsteuer für den Vorerbfall nach dem Tod des Vorerben. Die Erbschaftsteuer für den Vorerbfall ist nach dem Tod des Vorerben regelmäßig gegen den Nacherben und nur ausnahmsweise gegen den Erben des Vorerben festzusetzen (→ BFH vom 13. 4. 2016 II R 55/14, BStBl. II S. 746). 6

[1] *BFH-Urteil vom 11. 10. 2023 II R 34/20 (BStBl. 2024 II S. 375) – 1 BvR 1381/24:* **1.** Setzen Ehegatten in einem sogenannten Berliner Testament sich gegenseitig als Alleinerben ein und gewähren denjenigen Kindern ein betagtes Vermächtnis, die beim Tod des Erstversterbenden ihren Pflichtteil nicht fordern (sogenannte Jastrowsche Klausel), kann der überlebende Ehegatte als Erbe des erstversterbenden Ehegatten die Vermächtnisverbindlichkeit nicht als Nachlassverbindlichkeit in Abzug bringen, da das Vermächtnis noch nicht fällig ist. **2.** Das Kind hat den Erwerb des betagten Vermächtnisses bei dem Tod des überlebenden Ehegatten als von diesem stammend zu versteuern. Ist es zugleich Erbe des zuletzt verstorbenen Ehegatten, kann es das Vermächtnis als Nachlassverbindlichkeit in Abzug bringen.

ErbStG

§ 7 Schenkungen unter Lebenden

(1) **Als Schenkungen unter Lebenden gelten**

1 **1.**[1] **jede freigebige Zuwendung unter Lebenden, soweit der Bedachte durch sie auf Kosten des Zuwendenden bereichert wird;**

---

[1] *BFH-Urteil vom 1. 9. 2021 II R 40/19 (BStBl. 2023 II S. 146):* Regeln zukünftige Eheleute die Rechtsfolgen ihrer Eheschließung umfassend individuell und sehen sie für den Fall der Beendigung der Ehe Zahlungen eines Ehepartners in einer bestimmten Höhe vor, die erst zum Zeitpunkt der Ehescheidung zu leisten sind („Bedarfsabfindung"), liegt keine freigebige Zuwendung vor. – Siehe hierzu *gleich lautenden Ländererlass vom 13. 10. 2022 [Nichtanwendungserlass],* abgedruckt als Anlage b zu R E 7.1 ErbStR.

BFH-Urteil vom 25. 11. 2020 II R 25/18 (BFH/NV 2021 S. 932): **1.** Eine freigebige Zuwendung erfordert eine Minderung der Vermögenssubstanz bei dem Zuwendenden. **2.** Die Entreicherung fehlt, wenn der Zuwendende veranlasst, dass ein Dritter dem Empfänger unmittelbar einen Vorteil gewährt, ohne an dem Vermögen des Dritten ein Recht oder gegenüber dem Dritten einen Anspruch zu haben.

BFH-Urteil vom 8. 6. 2021 II R 23/19 (BFH/NV 2022 S. 21): Eine freigebige Zuwendung einer Gesamtgläubigerstellung an einem Nießbrauchsrecht liegt dann nicht vor, wenn der Berechtigte über die Erträge im Innenverhältnis rechtlich und tatsächlich nicht frei verfügen kann.

BFH-Urteil vom 16. 9. 2020 II R 33/19 (BFH/NV 2021 S. 317): **1.** Die grunderwerbsteuerlichen Grundsätze über die Zusammenschau von Befreiungsvorschriften finden im Schenkungsteuerrecht keine Anwendung. **2.** Wer lediglich über einen Eigentumsverschaffungsanspruch verfügt, aber nicht Eigentümer ist, kann das Eigentum nicht im Wege der Schenkung übertragen.

BFH-Urteil vom 5. 2. 2020 II R 9/17 (BStBl. II S. 658): **1.** Führt ein Gesellschafter dem Gesellschaftsvermögen einer KG im Wege einer Einlage ohne entsprechende Gegenleistung einen Vermögenswert zu, der hinsichtlich der Höhe über den aufgrund seiner Beteiligung an der KG geschuldeten Anteil hinausgeht (disquotale Einlage), kann eine freigebige Zuwendung des Gesellschafters an einen anderen Gesellschafter vorliegen. Der andere Gesellschafter wird dadurch bereichert, dass sich seine über die KG gehaltene Beteiligung am Gesamthandsvermögen entsprechend erhöht. **2.** Die Zuwendung erfolgt freigebig, wenn der einbringende Gesellschafter von dem anderen Gesellschafter keine entsprechende Gegenleistung erhält. **3.** Eine freigebige Zuwendung des einbringenden Gesellschafters wird nicht dadurch ausgeschlossen, dass die Einlage im Verhältnis zur KG gesellschaftsrechtlich veranlasst ist, weil sie den Gemeinschaftszweck fördert. – *BVerfG vom 19. 4. 2021 1 BvR 2072/20 (StEd S. 327): Vb. nicht zur Entscheidung angenommen.*

BFH-Urteil vom 3. 7. 2019 II R 6/16 (BStBl. 2020 II S. 61): **1.** Zuwendungen einer ausländischen Stiftung sind nur dann nach § 7 Abs. 1 Nr. 1 ErbStG steuerbar, wenn sie eindeutig gegen den Satzungszweck verstoßen. **2.** (abgedruckt zu § 7 Abs. 1 Nr. 9 ErbStG).

BFH-Urteil vom 22. 8. 2018 II R 51/15 (BStBl. 2020 II S. 662): **1.** Die unverzinsliche lebenslängliche Stundung einer Zugewinnausgleichsforderung ist im Hinblick auf den gewährten Nutzungsvorteil eine der Schenkungsteuer unterliegende freigebige Zuwendung. **2.** (abgedruckt zu § 10 Abs. 3 ErbStG).

BFH-Urteil vom 30. 8. 2017 II R 46/15 (BStBl. 2019 II S. 38): **1.** Überlässt ein Dritter von ihm angestellte und entlohnte Arbeitnehmer einem Fußballverein in vollem Umfang zum Einsatz als Spieler, Trainer oder Betreuer und verzichtet er auf die Geltendmachung eines Vergütungsersatzanspruchs für die Überlassung, liegt in dem Verzicht eine freigebige Zuwendung des Dritten an den Verein. **2.** Bei einer Schenkung von einer Gesamthandsgemeinschaft sind für die Schenkungsteuer die Gesamthänder als vermögensmäßig entreichert anzuwenden.

BFH-Urteil vom 4. 3. 2015 II R 19/13 (BFH/NV S. 993): **1.** Gegenstand der Zuwendung bei einer zinslosen Darlehensgewährung ist der kapitalisierte Nutzungsvorteil. **2.** Die dem Zuwendungsempfänger gewährte Nutzungsmöglichkeit muss mit dem Verzicht auf die eigene Nutzung des Kapitals seitens des Zuwendenden korrespondieren. Es reicht die objektive Möglichkeit, das Kapital auf beliebige Weise anderweitig gewinnbringend anzulegen. – Zur Zuwendung an verbleibende Gesellschafter siehe *BFH-Urteil vom 6. 5. 2020 II R 34/17* (abgedruckt zu § 7 Abs. 7 ErbStG).

BFH-Urteil vom 1. 10. 2014 II R 43/14 (BFH/NV 2015 S. 502): Bei Anteilen an Personengesellschaften ist Gegenstand der Zuwendung die sich aufgrund der Übertragung der Kapitalbeteiligung ergebende Vermögensverschiebung zwischen Schenker und Beschenktem. Dies setzt voraus, dass der Schenker dem Beschenkten das Mitgliedschaftsrecht zivilrechtlich wirksam überträgt.

BFH-Urteil vom 30. 1. 2013 II R 6/12 (BStBl. II S. 930), Ls. 1: **1.** Tritt nach dem Verkauf einer Forderung mit Besserungsschein zum Verkehrswert der Besserungsfall ein, verwandelt sich der Verkauf nicht in eine freigebige Zuwendung.

BFH-Urteil vom 30. 1. 2013 II R 38/11 (BStBl. 2018 II S. 656): Verzichtet ein Gesellschafter einer GmbH auf ein ihm persönlich zustehendes Mehrstimmrecht, liegt darin auch dann keine freigebige Zuwendung an die anderen Gesellschafter der GmbH, wenn sich der Wert von deren Anteilen an der GmbH dadurch erhöht.

FG Nürnberg, Urteil vom 29. 7. 2010 4 K 392/2009 (EFG 2011 S. 361), rkr.: **1.** Gemäß § 1 Abs. 1 Nr. 2 ErbStG i. V. m. § 7 Abs. 1 Nr. 1 ErbStG unterliegt jede freigebige Zuwendung unter Lebenden als Schenkung unter Lebenden der Schenkungsteuer, soweit der Bedachte durch sie auf Kosten des Zuwendenden bereichert wird. **2.** Unentgeltliche Zuwendungen Dritter sind grundsätzlich als körperschaftsteuerpflichtige Betriebseinnahmen zu erfassen. **3.** Gemäß § 10 Abs. 8 ErbStG sowie § 10 Nr. 2 KStG ist weder die Schenkungsteuer noch die Körperschaftsteuer gewinn- bzw. erwerbsmindernd zu berücksichtigen.

BFH-Beschluss vom 23. 6. 2010 II B 32/10 (BFH/NV S. 2075), Ls. 1: **1.** Der unentgeltliche Verzicht auf ein dingliches Wohnungsrecht unterliegt als freigebige Zuwendung i. S. d. § 7 Abs. 1 Nr. 1 ErbStG der Schenkungsteuer.

BFH-Urteil vom 31. 3. 2010 II R 22/09 (BStBl. II S. 806): Die zinslose Stundung eines nicht geltend gemachten Pflichtteilsanspruchs stellt keine der Schenkungsteuer unterliegende freigebige Zuwendung dar.

BFH-Urteil vom 9. 7. 2009 II R 47/07 (BStBl. 2010 II S. 74): Übernimmt eine (mittelbar) zum Vermögen einer rechtsfähigen Stiftung gehörende GmbH im Zuge einer Kapitalerhöhung bei einer anderen Gesellschaft den neuen Geschäftsanteil zu einer Einlage weit unter Wert, liegen darin keine freigebigen Zuwendungen an die Begünstigten der Stiftung.

BFH-Urteil vom 11. 6. 2008 II R 60/06 (BFH/NV S. 2028): Ein einem Drittbegünstigten durch echten Vertrag zugunsten Dritter freigebig zugewandter Sachleistungsanspruch ist mit dem gemeinen Wert zu bewerten. Der Steuerwert der zu leistenden Sache ist unerheblich.

BFH-Urteil vom 16. 1. 2008 II R 10/06 (BStBl. II S. 631): Mit der schenkweisen Einräumung einer Unterbeteiligung an einem Gesellschaftsanteil, die nicht die Voraussetzungen einer atypischen Unterbeteiligung erfüllt, wird noch kein Vermögensgegenstand zugewendet.

BFH-Urteil vom 28. 6. 2007 II R 12/06 (BStBl. II S. 785): **1.** Werden Wirtschaftsgüter zur Abgeltung eines rechtsgeschäftlich begründeten Anspruchs, mit dem bei fortbestehender Zugewinngemeinschaft der sich bis dahin ergebende Zugewinn ausgeglichen werden soll, übertragen, handelt es sich um einen (objektiv) unentgeltlichen Vorgang und um eine freigebige Zuwendung i. S. des § 7 Abs. 1 Nr. 1 ErbStG. **2.** (abgedruckt zu § 7 Abs. 3 ErbStG).

BFH-Urteil vom 28. 6. 2007 II R 21/05 (BStBl. II S. 669): Die Übertragung von Vermögen auf eine liechtensteinische Stiftung unterliegt nicht der Schenkungsteuer, wenn die Stiftung nach den getroffenen Vereinbarungen und Regelungen über das Vermögen im Verhältnis zum Stifter nicht tatsächlich und rechtlich frei verfügen kann. – Zur Behandlung beim Tod des Stifters siehe *BFH-Urteil vom 5. 12. 2018 II R 9/15* (abgedruckt zu § 3 Abs. 1 Nr. 1 ErbStG).

[Forts. nächste Seite]

[Fortsetzung]

BFH-Urteil vom 15. 3. 2007 II R 5/04 (BStBl. II S. 472), Ls. 2: **2.** Außerordentliche (d. h. nicht satzungsmäßig oder allen Vereinsmitgliedern durch entsprechenden Beschluss auferlegte) Leistungen des Förderers eines Vereins an einen Sportverein unterliegen als freigebige Zuwendungen der Schenkungsteuer, soweit ihnen keine Gegenleistung des Vereins gegenübersteht. Das Recht des Zuwendenden, auf die Zusammensetzung einer Vereinsmannschaft Einfluss nehmen zu können, ist keine Gegenleistung des Vereins im schenkungsteuerrechtlichen Sinne. – Vb. nicht zur Entscheidung angenommen, vgl. *BVerfG-Beschluss vom 2. 7. 2008 1 BvR 2431/07 (StEd S. 498).*

BFH-Urteil vom 17. 5. 2006 II R 46/04 (BStBl. II S. 720): Die unentgeltliche Bestellung eines Erbbaurechts durch Kirchengemeinde zugunsten karitativer kirchlicher Einrichtung ist grunderwerbsteuerfrei, aber schenkungsteuerpflichtig.

BFH-Urteil vom 11. 4. 2006 II R 13/04 (BFH/NV S. 1665): Ein Darlehen wird trotz Zinslosigkeit nicht (objektiv) unentgeltlich gewährt, wenn im Gegenzug ein unbedingtes Vorkaufsrecht sowie ein Ankaufsrecht eingeräumt werden.

BFH-Urteil vom 10. 3. 2005 II R 19/03, nv.: Der durch das Lagefinanzamt festgestellte Grundbesitzwert bindet das Schenkungsteuerfinanzamt nicht hinsichtlich der Beurteilung, was Gegenstand der Zuwendung war.

Zur Übertragung treuhänderisch gehaltener Vermögensgegenstände vgl. *Erlass Bayern vom 16. 9. 2009,* abgedruckt als Anlage b zu § 7 ErbStG.

BFH-Urteil vom 7. 6. 1989 II R 135/85 (BStBl. II S. 814): Verpflichtet sich der Bedachte im Zuge eines Überlassungsvertrages zu aufschiebend bedingten Leistungen, so kann diese Leistungsverpflichtung vor Eintritt der Bedingung die Bereicherung des Bedachten i. S. des § 7 Abs. 1 Nr. 1 ErbStG 1974 nicht schmälern.

BFH-Urteil vom 13. 9. 1989 II R 67/86 (BStBl. II S. 1034): Der Umstand, daß eine (vollzogene) Schenkung unter freiem Widerrufsvorbehalt steht oder auch dem Zuwendenden eine Verfügungsvollmacht des Zuwendungsempfängers erteilt wird, steht der Schenkungsteuerpflicht nicht entgegen (Einschränkung der Entscheidung vom 28. 11. 1984 II R 133/83, BFHE 142, 511, BStBl. II 1985, 159). – Dem Vollzug einer Grundstücksschenkung stehen ein Vorbehaltsnießbrauch und sonstige hiermit üblicherweise getroffene Regelungen nicht entgegen. *FM-Schreiben Bayern 34 – S 3106 – 88/7 – 61 311 vom 11. 10. 1995.*

Zur Gesamtgläubigerschaft i. S. d. § 428 BGB vgl. *Erlass Saarland vom 12. 6. 2003,* abgedruckt als Anlage a zu § 7 ErbStG.

BFH-Urteil vom 26. 9. 1990 II R 150/88 (BStBl. 1991 II S. 32), Ls. 2: **2.** Der Annahme einer Grundstücksschenkung steht es grundsätzlich nicht entgegen, daß der Beschenkte das Grundstück unmittelbar nach der Schenkung veräußert. War der Beschenkte im Verhältnis zum Schenker rechtlich verpflichtet, das Grundstück an einen bestimmten Dritten zu veräußern oder konnte er sich der Veräußerung infolge einer tatsächlichen Zwangssituation nicht entziehen, so kann dies die Würdigung der Schenkungsabrede dahingehend rechtfertigen, daß nicht das Grundstück, sondern der durch den Verkauf erzielte Erlös geschenkt sein sollte.

BFH-Urteil vom 13. 10. 1993 II R 92/91 (BStBl. 1994 II S. 128): Erhält jemand als Durchgangs- oder Mittelsperson eine Zuwendung, die er entsprechend einer bestehenden Verpflichtung in vollem Umfang an einen Dritten weitergibt, liegt schenkungsteuerrechtlich nur eine Zuwendung aus dem Vermögen des Zuwendenden an den Dritten vor. Wegen der Verpflichtung zur Weitergabe besteht keine Bereicherung der Mittelsperson aus dem Vermögen des Zuwendenden; eine Schenkung der Mittelsperson an den Dritten kommt nicht in Betracht.

BFH-Urteil vom 17. 2. 1993 II R 72/90 (BStBl. II S. 523): Ist eine Schenkung mit der aufschiebend bedingten Verpflichtung verbunden, die Zuwendung auf einen Dritten zu übertragen, und wird diese Verpflichtung nach Eintritt der Bedingung vom zunächst Bedachten gegenüber dem Dritten erfüllt, so ist für die schenkungsteuerrechtliche Beurteilung des Erwerbs des Dritten dessen Verhältnis zum ursprünglichen Schenker maßgeblich. Dies gilt auch dann, wenn der Zwischenbedachte die Verpflichtung vor Eintritt der Bedingung erfüllt (Aufgabe der Rspr., BFH-Urteil vom 14. 7. 1982 II R 102/80, BFHE 136, 422, BStBl. II 1982, 736).

BFH-Urteil vom 26. 9. 1990 II R 50/88 (BStBl. 1991 II S. 32): Kann der Beschenkte im Verhältnis zum Schenker tatsächlich und rechtlich nur über den Erlös aus dem Verkauf eines Grundstücks frei verfügen, so ist der Wille der Parteien des Schenkungsvertrages, daß nicht der Verkaufserlös, sondern das Grundstück geschenkt sein soll, für die Erhebung der Schenkungsteuer unerheblich.

BFH-Urteil vom 30. 3. 1994 II R 7/92 (BStBl. II S. 580): Eine freigebige Zuwendung i. S. des § 7 Abs. 1 Nr. 1 ErbStG 1974 kann regelmäßig nicht allein aus dem Umstand hergeleitet werden, daß der Grundstücksverkäufer im Kaufvertrag die Kaufpreisschuld des Grundstückskäufers über den Zeitpunkt der Grundstücksübergabe und des Übergangs der Nutzungen und Lasten des Grundstücks hinaus zinslos gestundet hat. Ob ein gegenseitiger Vertrag (Kaufvertrag) zu einer (gemischt-) freigebigen Zuwendung führt, muß vielmehr grundsätzlich anhand einer Gegenüberstellung, Bewertung und Saldierung der *gesamten* im Kaufvertrag begründeten gegenseitigen Leistungspflichten ermittelt werden.

BFH-Urteil vom 7. 10. 1998 II R 30/97 (BFH/NV 1999 S. 618): Überweist jemand einen Geldbetrag auf das Festgeldkonto eines anderen, erlangt dieser zwar im Verhältnis zu seiner Bank eine Darlehensforderung. Der Empfänger wird dadurch aber nur dann auf Kosten des Überweisenden i. S. des § 7 Abs. 1 Nr. 1 ErbStG bereichert, wenn und soweit der Empfänger den Geldbetrag endgültig behalten durfte und darüber im Innenverhältnis zum Überweisenden tatsächlich und rechtlich frei verfügen konnte (vgl. BFH-Urteil vom 26. 9. 1990 II R 50/88, BFHE 162, 139, BStBl. II 1991, 32, m. w. N.). Daran fehlt es, wenn die Überweisung nur erfolgte, um Anlagebeträge des Überweisenden und des Empfängers zur Erlangung besserer Zinskonditionen zusammenzulegen.

BFH-Urteil vom 25. 1. 2001 II R 22/98 (BStBl. II S. 456): Schließen künftige gesetzliche Erben einen Vertrag gemäß § 312 Abs. 2 BGB, wonach der eine auf seine künftigen Pflichtteils(ergänzungs)ansprüche gegen Zahlung eines Geldbetrages verzichtet, stellt die Zahlung eine freigebige Zuwendung i. S. des § 7 Abs. 1 Nr. 1 ErbStG 1974 dar. *Die Steuerklasse richtet sich nach dem Verhältnis des Zuwendungsempfängers (Verzichtenden) zum künftigen Erblasser.* – Zuwender bleibt der zukünftige Erbe, vgl. *BFH-Urteil vom 16. 5. 2013 II R 21/11 (BStBl. II S. 934).*

BFH-Urteil vom 25. 1. 2001 II R 39/98 (BFH/NV S. 908): **1.** Eine freigebige Zuwendung i. S. des § 7 Abs. 1 Nr. 1 ErbStG 1974 erfordert, dass der Empfänger über das Zugewendete im Verhältnis zum Leistenden tatsächlich und rechtlich frei verfügen kann. Hierfür kommt es ausschließlich auf die Zivilrechtslage und nicht darauf an, wem nach wirtschaftlicher Betrachtungsweise das übertragene Vermögen nach § 39 Abs. 2 AO 1977 zuzurechnen ist. Ist der Empfänger einer Leistung zivilrechtlich zur Rückgewähr des Überlassenen verpflichtet, fehlt es insoweit an einer Bereicherung des Empfängers. **2.** Sprechen die Umstände für die Vereinbarung eines Auftragsverhältnisses nach §§ 662 ff. BGB, kann das Vorliegen eines Herausgabeanspruchs nach § 667 BGB nicht mit dem Hinweis verneint werden, der Empfänger des Geldvermögens habe dieses nicht getrennt von seinem eigenen Vermögen verwaltet. Die zur wirtschaftlichen Zurechnung von Wirtschaftsgütern nach § 39 AO 1977 ergangene Rechtsprechung (vgl. z. B. BFH-Urteil vom 15. 7. 1977 VIII B 56/93, BFHE 183, 518, BStBl. II 1998, 152, m. w. N.) ist auf erbschaft- und schenkungsteuerrechtliche Vorgänge nicht anwendbar (vgl. BFH-Urteile vom 22. 9. 1982 II R 61/80, BFHE 137, 188, BStBl. II 1983, 179, und vom 15. 10. 1997 II R 68/95, BFHE 183, 248, BStBl. II 1997, 820).

BFH-Beschluss vom 15. 3. 2001 II B 171/99 (BFH/NV S. 1122): Die Einräumung eines niedrig verzinslichen Darlehens stellt eine unentgeltliche Zuwendung i. S. des § 7 Abs. 1 Nr. 1 ErbStG dar. Als schenkungsteuerrechtliche Bereicherung ist der Kapitalwert mit einem Vielfachen des Jahreswerts anzusetzen. Der Jahreswert des Nutzungsvorteils ergibt sich gemäß § 15 Abs. 1 BewG, wenn kein anderer Wert feststeht, aus dem Unterschied zwischen dem vereinbarten Zinssatz und dem Zinssatz von 5,5 v. H.

[Forts. nächste Seite]

ErbStG

2 **2.**[1] **was infolge Vollziehung einer von dem Schenker angeordneten Auflage oder infolge Erfüllung einer einem Rechtsgeschäft unter Lebenden beigefügten Bedingung ohne entsprechende Gegenleistung erlangt wird, es sei denn, daß eine einheitliche Zweckzuwendung vorliegt;**

3 **3. was jemand dadurch erlangt, daß bei Genehmigung einer Schenkung Leistungen an andere Personen angeordnet oder zur Erlangung der Genehmigung freiwillig übernommen werden;**

4 **4. die Bereicherung, die ein Ehegatte oder ein Lebenspartner bei Vereinbarung der Gütergemeinschaft (§ 1415 des Bürgerlichen Gesetzbuchs) erfährt;**

5 **5. was als Abfindung für einen Erbverzicht (§§ 2346 und 2352 des Bürgerlichen Gesetzbuchs) gewährt wird;**

6 **6.** *(aufgehoben)*

7 **7. was ein Vorerbe dem Nacherben mit Rücksicht auf die angeordnete Nacherbschaft vor ihrem Eintritt herausgibt;**

8 **8.**[2, 3] **der Übergang von Vermögen auf Grund eines Stiftungsgeschäfts unter Lebenden. ② Dem steht gleich die Bildung oder Ausstattung einer Vermögensmasse ausländischen Rechts, deren Zweck auf die Bindung von Vermögen gerichtet ist;**[4]

9 **9.**[5] **was bei Auflösung, Aufhebung, Zulegung oder Zusammenlegung von Stiftungen oder bei Auflösung eines Vereins, dessen Zweck auf die Bindung von Vermögen**

[Fortsetzung]

Hierzu vgl. auch *BFH-Urteil vom 27. 11. 2013 II R 25/12 (BFH/NV 2014 S. 537), Ls. 2:* **2.** Dem Vorliegen einer freigebigen Zuwendung steht es nicht entgegen, dass das zinslose Darlehen im Zusammenhang mit der Eingehung einer Lebensgemeinschaft gewährt wird. Denn die Darlehensgewährung ist in einem solchen Fall keine Gegenleistung für die Eingehung der Gemeinschaft und die Eingehung der Gemeinschaft auch keine Gegenleistung für die Zuwendung.

BFH-Urteil vom 6. 3. 2002 II R 85/99 (HFR S. 808): Ebenso wie ein Kommanditanteil Gegenstand einer mittelbaren Schenkung sein kann, kann auch die Werterhöhung eines Kommanditanteils mittelbar schenkweise erfolgen, wie z. B. durch die Zahlung von Nachschüssen durch den Zuwendenden, die infolge der Werterhöhung der Kommanditbeteiligung zu einer Bereicherung des beschenkten Gesellschafters führt.

BFH-Urteil vom 24. 7. 2002 II R 33/01 (BStBl. II S. 781): **1.** Die Rechtsprechung des Senats, wonach eine Grundstücksschenkung ausgeführt ist, sobald die Auflassung beurkundet und die Eintragungsbewilligung erteilt ist, hat zur Voraussetzung, dass die Umschreibung nachfolgt. **2.** Unterbleibt die Umschreibung, weil die Schenkungsabrede zuvor aufgehoben wird, liegt in der Aufhebung weder eine Rückschenkung des Grundstücks noch eine anderweitige Zuwendung seitens des ursprünglich Bedachten.

---

[1] *BFH-Urteil vom 28. 10. 2009 II R 32/08 (BFH/NV 2010 S. 893):* **1.** Hat ein Erblasser ein bindendes Vertragsangebot abgegeben, das trotz des Ablebens des Erklärenden gemäß §§ 130 Abs. 2, 153 BGB seine Wirkung behält, so tritt der Erbe in diese Bindung ein, mit der Folge, dass ein solches Angebot vom Empfänger noch angenommen werden kann. Wird jedoch ein Vertragsangebot des Erblassers durch den Gesamtrechtsnachfolger nach Eintritt des Erbfalls dem Inhalt nach wesentlich geändert, liegt ein neues Angebot des Gesamtrechtsnachfolgers vor. **2.** Mit der Annahme des geänderten Schenkungsangebots durch den Angebotsempfänger wird der Gesamtrechtsnachfolger Zuwendender i. S. d. § 7 Abs. 1 Nr. 1 ErbStG. **3.** Ein durch eine Vormerkung gesichertes Angebot auf eine schenkweise Übertragung eines Grundstücks stellt keinen den Erwerb mindernden Umstand i. S. von § 10 Abs. 5 Nr. 1 ErbStG dar. Denn allein aufgrund eines solchen Angebots wird noch keine Vermögensverschiebung bewirkt.

[2] Vgl. *BFH-Urteil vom 28. 6. 2007 II R 21/05,* abgedruckt zu § 7 Abs. 1 Nr. 1 ErbStG. – Vgl. *BFH-Urteil vom 25. 6. 2021 II R 13/19,* abgedruckt zu § 3 Abs. 1 Nr. 1 ErbStG.

BFH-Urteil vom 13. 4. 2011 II R 45/09 (BStBl. II S. 732): Die Übertragung von Vermögen einer rechtsfähigen Stiftung auf eine von ihr gegründete rechtsfähige Stiftung des bürgerlichen Rechts unterliegt unabhängig von den damit verfolgten Zielen und den der neuen Stiftung nach ihrer Satzung obliegenden Aufgaben der Schenkungsteuer, soweit nicht eine Steuerbefreiung eingreift.

[3] Vgl. *Erlass Bayern vom 11. 12. 2013,* abgedruckt als Anlage c zu § 7 ErbStG.

[4] Zum mit dem Todesfall des Trusterrichters unwiderruflich werdenden Trust siehe *BayLfSt vom 21. 6. 2019,* abgedruckt als Anlage zu § 3 Abs. 2 ErbStG.

[5] *BFH-Urteil vom 25. 11. 1992 II R 77/90 (BStBl. 1993 II S. 238):* Bei der Aufhebung einer Stiftung (§ 7 Abs. 1 Nr. 9 ErbStG 1974) ist Zuwendender die Stiftung, nicht der Stifter. § 15 Abs. 2 Satz 2, 1. Halbsatz ErbStG 1974 trifft keine andere Bestimmung des Zuwendenden. Aus dieser Vorschrift ergibt sich lediglich, daß abweichend von der Grundregel des § 15 Abs. 1 ErbStG 1974 für die Bestimmung der Steuerklasse und damit für die Berechnung der Schenkungsteuer nicht das Verhältnis des Erwerbers (des Anfallberechtigten) zum Zuwendenden (zur Stiftung), sondern dasjenige zum Stifter gilt.

BFH-Urteil vom 14. 6. 1995 II R 92/92 (BStBl. II S. 609): Der Übergang von Vereinsvermögen im Zuge der Liquidation auf solche anfallsberechtigten Personen, die keine Vereinsmitglieder sind, unterliegt nach § 7 Abs. 1 Nr. 1 ErbStG 1974 der Schenkungsteuer. Sind die Vereinsmitglieder selbst entweder nach § 45 Abs. 1 BGB kraft satzungsmäßiger Bestimmung oder aufgrund des § 45 Abs. 3 BGB zu gleichen Teilen anfallsberechtigt, unterliegt der Übergang des Vereinsvermögens auf die Vereinsmitglieder nur unter den Voraussetzungen des § 7 Abs. 1 Nr. 9 ErbStG 1974 der Schenkungsteuer.

BFH-Urteil vom 27. 9. 2012 II R 45/10 (BStBl. 2013 II S. 84): **1.** Zwischenberechtigte i. S. von § 7 Abs. 1 Nr. 9 Satz 2 Halbsatz 2 ErbStG sind alle Personen, die während des Bestehens eines Trusts Auszahlungen aus dem Trustvermögen erhalten. **2.** Der Besteuerung ausgeschütteter Vermögenserträge steht nicht entgegen, dass der Berechtigte bereits vor Änderung der Rechtslage durch das StEntlG 1999/2000/2002 einen gesicherten Anspruch auf Ausschüttung aller künftigen Trusterträge erlangt hatte.

BFH-Urteil vom 25. 6. 2021 II R 31/19 (BStBl. 2022 II S. 497): **1.** Zwischenberechtigter einer ausländischen Vermögensmasse i. S. d. § 7 Abs. 1 Nr. 9 Satz 2 Halbsatz 2 ErbStG ist, wer unabhängig von einem konkreten Ausschüttungsbeschluss über dingliche Rechte oder schuldrechtliche Ansprüche in Bezug auf Vermögen oder Erträge der Vermögensmasse verfügt. **2.** Die Ermittlung ausländischen Rechts, dem die Vermögensmasse unterliegt, ist Aufgabe des FG als Tatsacheninstanz. In welchem Umfang das FG das ausländische Recht ermittelt, steht in seinem pflichtgemäßen Ermessen und ist von den jeweiligen Umständen des Einzelfalls abhängig; der Vortrag der Beteiligten ist zu berücksichtigen. **3.** Bei Ausschüttungen aus einer ausländischen Vermögensmasse obliegt es dem Empfänger, die Tatsachen darzulegen und gegebenenfalls die erforderlichen Beweismittel dafür zu beschaffen, dass ihm nach Maßgabe des einschlägigen Rechts kein Anspruch auf die Ausschüttung zugestanden habe. – *Ebenso BFH-Urteil II R 32/19 (BFH/NV 2022 S. 595).*

gerichtet ist, erworben wird. ② Dem steht gleich der Erwerb bei Auflösung einer Vermögensmasse ausländischen Rechts, deren Zweck auf die Bindung von Vermögen gerichtet ist, sowie der Erwerb durch Zwischenberechtigte[1] während des Bestehens der Vermögensmasse.[2] ③ Wie eine Auflösung wird auch der Formwechsel eines rechtsfähigen Vereins, dessen Zweck wesentlich im Interesse einer Familie oder bestimmter Familien auf die Bindung von Vermögen gerichtet ist, in eine Kapitalgesellschaft behandelt;

10.[3] **was als Abfindung für aufschiebend bedingt, betagt oder befristet erworbene Ansprüche, soweit es sich nicht um einen Fall des § 3 Abs. 2 Nr. 5 handelt, vor dem Zeitpunkt des Eintritts der Bedingung oder des Ereignisses gewährt wird.** 10

(2) **① Im Fall des Absatzes 1 Nr. 7 ist der Versteuerung auf Antrag das Verhältnis des Nacherben zum Erblasser zugrunde zu legen. ② § 6 Abs. 2 Satz 3 bis 5 gilt entsprechend.** 11

(3)[4] **Gegenleistungen, die nicht in Geld veranschlagt werden können, werden bei der Feststellung, ob eine Bereicherung vorliegt, nicht berücksichtigt.** 12

(4) **Die Steuerpflicht einer Schenkung wird nicht dadurch ausgeschlossen, daß sie zur Belohnung oder unter einer Auflage gemacht oder in die Form eines lästigen Vertrags gekleidet wird.** 13

(5) **① Ist Gegenstand der Schenkung eine Beteiligung an einer Personengesellschaft, in deren Gesellschaftsvertrag bestimmt ist, daß der neue Gesellschafter bei Auflösung der Gesellschaft oder im Fall eines vorherigen Ausscheidens nur den Buchwert seines Kapitalanteils erhält, werden diese Bestimmungen bei der Feststellung der Bereicherung nicht berücksichtigt. ② Soweit die Bereicherung den Buchwert des Kapitalanteils übersteigt, gilt sie als auflösend bedingt erworben.** 14

(6) **Wird eine Beteiligung an einer Personengesellschaft mit einer Gewinnbeteiligung ausgestattet, die insbesondere der Kapitaleinlage, der Arbeits- oder der sonstigen Leistung des Gesellschafters für die Gesellschaft nicht entspricht oder die einem fremden Dritten üblicherweise nicht eingeräumt würde, gilt das Übermaß an Gewinnbeteiligung als selbständige Schenkung, die mit dem Kapitalwert anzusetzen ist.** 15

(7)[5] **① Als Schenkung gilt auch der auf dem Ausscheiden eines Gesellschafters beruhende Übergang des Anteils oder des Teils eines Anteils eines Gesellschafters einer Personengesellschaft oder Kapitalgesellschaft die auf die anderen Gesellschafter oder die Gesellschaft, soweit der Wert, der sich für seinen Anteil zur Zeit seines Aus-scheidens nach § 12 ergibt, den Abfindungsanspruch übersteigt. ② Wird auf Grund einer Regelung im Gesellschaftsvertrag einer Gesellschaft mit beschränkter Haftung der Geschäftsanteil eines Gesellschafters bei dessen Ausscheiden eingezogen und übersteigt der sich nach § 12 ergebende Wert seines Anteils zur Zeit seines Ausscheidens den Abfindungsanspruch, gilt die insoweit bewirkte Werterhöhung der Anteile der verbleibenden Gesellschafter als Schenkung des ausgeschiedenen Gesellschafters. ③ Bei Übertragungen im Sinne des § 10 Abs. 10 gelten die Sätze 1 und 2 sinngemäß.** 16

(8)[6, 7] **① Als Schenkung gilt auch die Werterhöhung von Anteilen an einer Kapitalgesellschaft, die eine an der Gesellschaft unmittelbar oder mittelbar beteiligte natürliche** 17

[1] *BFH-Urteil vom 3. 7. 2019 II R 6/16 (BStBl. 2020 II S. 61):* **1.** (abgedruckt zu § 7 Abs. 1 Nr. 1 ErbStG). **2.** Zwischenberechtigter i. S. des § 7 Abs. 1 Nr. 9 Satz 2 Halbsatz 2 ErbStG ist, wer unabhängig von einem konkreten Ausschüttungsbeschluss über Rechte an dem Vermögen und/oder den Erträgen der Vermögensmasse ausländischen Rechts verfügt. Der Zuwendungsempfänger, der keinen Anspruch auf Zuwendungen besitzt, gehört nicht dazu.

[2] Siehe *BayLfSt vom 10. 4. 2019,* abgedruckt als Anlage d zu § 7 ErbStG.

[3] *BFH-Urteil vom 30. 6. 1999 II R 70/97 (BStBl. II S. 742):* Räumt ein Versicherungsnehmer einem Dritten unwiderruflich das Bezugsrecht aus einer Kapitallebensversicherung ein und erhält der Begünstigte bei Eintritt des Versicherungsfalls die Versicherungsleistungen, unterliegt die Einräumung des Bezugsrechts als solche nicht der Schenkungsteuer. Zuwendungsgegenstand ist in diesen Fällen vielmehr (erst) die zur Auszahlung gelangende Versicherungsleistung.

[4] *BFH-Urteil vom 28. 6. 2007 II R 12/06 (BStBl. II S. 785):* **1.** (abgedruckt zu § 7 Abs. 1 Nr. 1 ErbStG). **2.** Der Verzicht auf eine im Zeitpunkt des Vertragsabschlusses noch nicht entstandene, möglicherweise erst zukünftig entstehende Ausgleichsforderung stellt keinen in Geld bewertbaren Vermögenswert dar, sondern verkörpert allenfalls eine bloße Erwerbschance, die nicht in Geld veranschlagt werden kann und deshalb nach § 7 Abs. 3 ErbStG bei der Feststellung, ob eine Bereicherung vorliegt, nicht zu berücksichtigen ist.

[5] *BFH-Urteil vom 6. 5. 2020 II R 34/17 (BStBl. II S. 744):* Veräußert ein Gesellschafter einem vorformulierten Vertragswerk entsprechend seinen Geschäftsanteil an einen Pooltreuhänder, der diesen bis zur Aufnahme eines neuen Gesellschafters treuhänderisch für die verbleibenden Gesellschafter hält, unterliegt der Vorgang bei den verbleibenden Gesellschaftern nicht der Schenkungsteuer.

BFH-Urteil vom 17. 11. 2021 II R 21/20 (BStBl. 2002 II S. 500): § 7 Abs. 7 S. 2 ErbStG erfasst die Werterhöhung von Anteilen der verbleibenden Gesellschafter durch jegliche Einziehung von GmbH-Anteilen nach § 34 Abs. 1, 2 GmbHG und ist nicht auf Fälle der Zwangseinziehung von Anteilen beschränkt.

[6] *BFH-Urteil vom 10. 4. 2024 II R 22/21 (BStBl. 2025 II S. 356):* **1.** Leistung im Sinne des § 7 Abs. 8 Satz 1 ErbStG ist jedes Tun, Dulden oder Unterlassen, das die Hingabe von Vermögen bewirkt. Auch die Abtretung eines Anteils an einer Kapitalgesellschaft an diese selbst erfüllt den Leistungsbegriff. **2.** § 7 Abs. 8 S. 1 ErbStG fingiert eine Schenkung. Die Freigebigkeit der Leistung an die Gesellschaft ist anders als beim Grundtatbestand des § 7 Abs. 1 Nr. 1 ErbStG nicht Voraussetzung für die Steuerbarkeit. **3.** Die Werterhöhung von Anteilen an einer Kapitalgesellschaft im Sinne des § 7 Abs. 8 Satz 1 ErbStG ist nach den Regeln des § 11 BewG zu ermitteln. Dazu ist der gemeine Wert des Anteils des Bedachten vor der Leistung an die Gesellschaft mit dem gemeinen Wert dieses Anteils nach der Leistung zu vergleichen. **4.** Der gemeine Wert der (teil-)unentgeltlich bewirkten Leistung bildet die Obergrenze für die Werterhöhung des Anteils nach § 7 Abs. 8 Satz 1 ErbStG.

[7] Zur Anwendung von § 7 Abs. 8 vgl. § 37 Abs. 7 Satz 1 ErbStG.

Person oder Stiftung (Bedachte) durch die Leistung einer anderen Person (Zuwendender) an die Gesellschaft erlangt. ② Freigebig sind auch Zuwendungen zwischen Kapitalgesellschaften, soweit sie in der Absicht getätigt werden, Gesellschafter zu bereichern und soweit an diesen Gesellschaften nicht unmittelbar oder mittelbar dieselben Gesellschafter zu gleichen Anteilen beteiligt sind. ③ Die Sätze 1 und 2 gelten außer für Kapitalgesellschaften auch für Genossenschaften.

(9) **① Als Schenkung gilt auch die Werterhöhung einer Beteiligung eines persönlich haftenden Gesellschafters einer Kommanditgesellschaft auf Aktien, die eine an der Gesellschaft unmittelbar oder mittelbar beteiligte natürliche Person oder Stiftung (Bedachte) durch die Leistung einer anderen Person (Zuwendender) an die Gesellschaft erlangt. ② Absatz 8 Satz 2 ist entsprechend anzuwenden.**

Übersicht

		Rz.
R E 7.1	Freigebige Zuwendungen; H E 7.1	20–24
Anlagen:		
a)	Verfügung betr. schenkungsteuerliche Behandlung eines vorzeitigen unentgeltlichen Verzichts auf ein vorbehaltenes Nießbrauchsrecht	25
b)	Erlass betr. Berücksichtigung von Abfindungszahlungen im Scheidungsfall; Konsequenzen aus dem BFH-Urteil v. 1. 9. 2021 II R 40/19	26
R E 7.2	Behandlung von unbenannten Zuwendungen unter Ehegatten; H E 7.2	27, 28
R E 7.3	Gegenstand der Schenkung bei Geldhingabe zum Erwerb eines Grundstücks oder zur Errichtung eines Gebäudes; H E 7.3	29–38
R E 7.4	Gemischte Schenkungen sowie Schenkungen unter einer Auflage; H E 7.4	39–46
Anlage:		
	Erlass betr. übernommene Pflegeleistungen als Gegenleistung	40a
R E 7.5	Schenkungen unter Beteiligung von Kapitalgesellschaften und Genossenschaften; H E 7.5	47–62
Anlage:		
	Erlass betr. gesonderte Feststellung gem. § 151 Abs. 1 Satz 1 Nr. 3 BewG bei Bewertungen für Zwecke des § 7 Abs. 8 ErbStG	63
R E 7.6	Vereinbarung der Gütergemeinschaft	65–67
R E 7.7	Übergang von Vermögen auf eine Stiftung *(unbesetzt);* H E 7.7	68
R E 7.8	Bedingte Beteiligung an den offenen und stillen Reserven einer Personengesellschaft *(unbesetzt);* H E 7.8	69
R E 7.9	Überhöhte Gewinnbeteiligung	70–72
R E 7.10	Gesellschaftsanteil beim Ausscheiden eines Gesellschafters zu Lebzeiten *(unbesetzt);* H E 7.10	73
Anlagen:		
a)	Erlass betr. Beurteilung der Gesamtgläubigerschaft i. S. d. § 428 BGB	74
b)	Erlass betr. Übertragung treuhänderisch gehaltener Vermögensgegenstände	75
c)	Erlass betr. Übertragung von Vermögen (z. B. Grundstücke) auf Stiftungen, Schenkung nach § 7 Abs. 1 Nr. 8 ErbStG	76
d)	Verfügung betr. steuerl. Behandlung des Vermögensrückflusses von Trustvermögen an den Errichter (§ 7 Abs. 1 Nr. 9 Satz 2 ErbStG)	77

Zu § 7 ErbStG

ErbStR R E 7.1

R E 7.1 Freigebige Zuwendungen

20 (1) ① Der steuerliche Schenkungsbegriff unterscheidet sich vom zivilrechtlichen Schenkungsbegriff (§ 516 BGB) darin, dass eine Einigung zwischen Schenker und Beschenktem über die Unentgeltlichkeit der Zuwendung nicht erforderlich ist. ② Eine freigebige Zuwendung setzt voraus, dass sie unentgeltlich erfolgt und der Empfänger objektiv auf Kosten des Zuwendenden bereichert ist. ③ Der Zuwendende muss diese Unentgeltlichkeit subjektiv gewollt haben.

21 (2) ① Bereicherung kann jede Vermögensvermehrung und jede Minderung von Schulden oder Belastungen beim Bedachten sein. ② Ob eine Bereicherung vorliegt, ist zunächst anhand der gemeinen Werte (Verkehrswerte) der Zuwendungsgegenstände und der gegebenenfalls vom Bedachten zu erfüllenden Gegenleistungen und Auflagen zu beurteilen. ③ Unentgeltlich ist ein Erwerb, soweit er nicht rechtlich abhängig ist von einer den Erwerb ausgleichenden Gegenleistung, die sowohl nach Art eines gegenseitigen Vertrags als auch durch Setzen einer Auflage oder Bedingung begründet sein kann. ④ Eine Bereicherung tritt nicht ein, soweit der Empfänger das Erhaltene rechtlich beanspruchen konnte, z. B. infolge einer entsprechenden Forderung oder als Entlohnung für vereinbarte Dienste.

22 (3) ① Der Zuwendende muss in dem Bewusstsein handeln, dass er zu der Vermögenshingabe rechtlich nicht verpflichtet ist, er also seine Leistung ohne rechtlichen Zusammenhang mit einer Gegenleistung oder einem Gemeinschaftszweck erbringt. ② Ein auf die Bereicherung des Bedachten gerichteter Wille im Sinne einer Bereicherungsabsicht ist nicht erforderlich. ③ Der Wille zur Unentgeltlichkeit ist auf der Grundlage der dem Zuwendenden bekannten Umstände nach den Maßstäben des allgemein Verkehrsüblichen festzustellen. ④ Es genügt, wenn der Zuwendende die

Tatsachen und Umstände kennt, auf Grund derer eine Zuwendung als objektiv unentgeltlich qualifiziert werden kann.

(4) Liegt eine freigebige Zuwendung vor, richtet sich die Bewertung der zugewendeten Vermögensgegenstände und der gegebenenfalls vom Bedachten zu erfüllenden Gegenleistungen und Auflagen nach § 12 ErbStG. 23

H E 7.1

HE 7.1

Abfindung für den Verzicht auf einen künftigen Pflichtteilsanspruch. → BFH vom 10. 5. 2017 II R 25/15, BStBl. 2018 II S. 201. 24

Beginn der Festsetzungsverjährung bei mittelbarer Schenkung. In der unentgeltlichen Übertragung eines Kommanditanteils durch den Schenker und der nachfolgenden Veräußerung des Anteils durch den Bedachten kann die mittelbare Schenkung des Veräußerungserlöses liegen (mittelbare Geldschenkung). Bei einer mittelbaren Schenkung hat die Finanzbehörde erst dann Kenntnis von der vollzogenen Schenkung, wenn sie alle Umstände kennt, die die mittelbare Schenkung begründen. Dazu gehört auch die Kenntnis von der Veräußerung des vom Schenker übertragenen Gegenstands (→ BFH vom 8. 3. 2017 II R 2/15, BStBl. II S. 751).

Bereicherung in den Fällen des Nießbrauchsverzichts, in denen der Nießbrauch bei früheren Erwerben teilweise einem Abzugsverbot unterlag. → H E 10.1.

Bestellung eines Erbbaurechts ohne oder gegen zu niedrigen Erbbauzins. In der Bestellung eines Erbbaurechts gegen einen unter dem angemessenen Erbbauzins liegenden vertraglichen Erbbauzins liegt eine freigebige Zuwendung nach § 7 Absatz 1 Nummer 1 ErbStG. Bemessungsgrundlage ist der für das eingeräumte Erbbaurecht auf die Laufzeit des Erbbaurechts kapitalisierte Unterschiedsbetrag zwischen dem angemessenen Erbbauzins und dem tatsächlich vereinbarten Erbbauzins.

Einräumung der Gesamtgläubigerstellung an Rentenrechten. → BFH vom 22. 8. 2007 II R 33/06, BStBl. 2008 II S. 28.[1]

Einräumung einer typischen Unterbeteiligung noch keine Schenkung. → BFH vom 16. 1. 2008 II R 10/06, BStBl. II S. 631.

Frei verfügbarer Anspruch aus einem Vertrag zu Gunsten Dritter. → BFH vom 20. 1. 2005 II R 20/03, BStBl. II S. 408.

Gemischte Schenkung/Schenkungen unter einer Auflage. → R E 7.4.

Missverhältnis von Leistung und Gegenleistung. Stehen bei einer Vermögensübertragung Leistung und Gegenleistung in einem auffallenden Missverhältnis und liegt es nach den Umständen des Falles nahe, anzunehmen, den Vertragschließenden sei dieses Missverhältnis bekannt gewesen, muss derjenige, der behauptet, dass zumindest dem Zuwendenden das Missverhältnis nicht bekannt gewesen sei, dies durch konkreten Vortrag untermauern (→ BFH vom 10. 9. 1986 II R 81/84, BStBl. 1987 II S. 80).

Mittelbare Schenkung des Erlöses aus dem Verkauf übertragener Gesellschaftsanteile. → BFH vom 23. 3. 2012 II R 39/10, BStBl. II S. 712.

Nachträgliche entgeltliche Ablösung eines Nießbrauchsrechts. → BFH vom 19. 12. 2007 II R 34/06, BStBl. 2008 II S. 260.

Übernahme einer Bürgschaft. → BFH vom 12. 7. 2000 II R 26/98, BStBl. II S. 596.[2]

Unentgeltliche Übertragung eines bebauten Grundstücks nach Errichtung eines Gebäudes durch den Beschenkten. Bei der Ermittlung der Bereicherung des Beschenkten ist der Grundbesitzwert des bebauten Grundstücks anzusetzen und um den Differenzbetrag zwischen diesem und dem Grundbesitzwert für das unbebaute Grundstück zu mindern (→ BFH vom 1. 7. 2008 II R 38/07, BStBl. II S. 876). Der Grundbesitzwert des bebauten Grundstücks ist gesondert festzustellen (§ 151 Absatz 1 Satz 1 Nummer 1 BewG); der Grundbesitzwert für das unbebaute Grundstück ist vom Lagefinanzamt im Wege der Amtshilfe zu ermitteln. Die Berechnung des Grundbesitzwertes für das unbebaute Grundstück erfolgt ebenso wie beim bebauten Grundstück auf den Stichtag der Ausführung der Grundstücksschenkung. Ergibt sich aus der Wertermittlung für das bebaute Grundstück der Wert des Gebäudes, kann dieser übernommen werden.

Entsprechend ist auch zu verfahren, wenn auf einem bereits bebauten Grundstück das vorhandene Gebäude durch Baumaßnahmen des Beschenkten erweitert wird.

Unterhaltsverzicht vor Eheschließung. → BFH vom 17. 10. 2007 II R 53/05, BStBl. 2008 II S. 256.

---

[1] Bei Nießbrauchsrecht: siehe *BFH-Urteil vom 8. 6. 2021 II R 23/19,* abgedruckt zu § 7 Abs. 1 Nr. 1 ErbStG.

[2] *BFH-Urteil vom 12. 7. 2000 II R 26/98 (BStBl. II S. 596):* **1.** Die Übernahme einer Bürgschaft als solche stellt keine freigebige Zuwendung i. S. v. § 7 Abs. 1 Nr. 1 ErbStG dar. Gleiches gilt für Leistungen des Bürgen an den Gläubiger aufgrund der Bürgschaftsverpflichtung. **2.** Die Bestellung einer Bürgschaft und die nachfolgende Inanspruchnahme des Bürgen können ausnahmsweise als freigebige Zuwendung des Bürgen an den Schuldner angesehen werden, wenn nach den objektiven Umständen der Schuldner von dem Bürgen endgültig von der gegen ihn (weiter-)bestehenden Forderung befreit werden sollte. Die bloße Möglichkeit, als Bürge aus der Bürgschaft in Anspruch genommen zu werden und mit dem übergegangenen Anspruch gegen den Schuldner auszufallen, reicht für eine derartige Annahme nicht.

Vermögensübertragungen zwischen Trägern der öffentlichen Verwaltung. → BFH vom 1. 12. 2004 II R 46/02, BStBl. 2005 II S. 311.

Voraussetzungen für eine Kettenschenkung. → BFH vom 10. 3. 2005 II R 54/03, BStBl. II S. 412[1] und vom 18. 7. 2013 II R 37/11, BStBl. II S. 934.

Vorzeitiger unentgeltlicher Verzicht auf ein vorbehaltenes Nießbrauchsrecht. → BFH vom 17. 3. 2004 II R 3/01, BStBl. II S. 429 und vom 20. 5. 2014 II R 7/13, BStBl. II S. 896.[2]

Vorzeitiger Zugewinnausgleich bei fortbestehender Zugewinngemeinschaft. → H E 5.2.

Wille zur Unentgeltlichkeit. → BFH vom 2. 3. 1994 II R 59/92, BStBl. II S. 366 und vom 29. 10. 1997 II R 60/94, BStBl. II S. 832.[3]

Zahlungen eines Ehegatten auf ein gemeinsames Oder-Konto als Zuwendung an den anderen Ehegatten. → BFH vom 23. 11. 2011 II R 33/10, BStBl. 2012 II S. 473.

Zahlung von Prämien für eine Lebensversicherung durch einen Dritten. → BFH vom 22. 10. 2014 II R 26/13, BStBl. 2015 II S. 239.

Zuschüsse aus öffentlichen Kassen. Zuschüsse aus öffentlichen Kassen unterliegen nicht der Schenkungsteuer, da diese Zuschüsse nicht freigebig gewährt werden.

Zuwendender bei Vollzug eines formunwirksamen Schenkungsversprechens eines Erblassers. → BFH vom 23. 6. 2015 II R 52/13, BStBl. II S. 960.

Zuwendung bei der Übertragung eines Einzelkontos zwischen Ehegatten. → BFH vom 29. 6. 2016 II R 41/14, BStBl. II S. 865.

Zuwendungen von Sponsoren und Mäzenen. Sponsorentum (Sponsoring) hat in der Regel einen Leistungsaustausch zum Gegenstand und wird meist als Werbevertrag ausgestaltet. Die Gegenleistung besteht dabei in der Überlassung von Werberechten (Rechte zur kommunikativen Nutzung von Namen und Image von Personen und Institutionen). Für den Sponsor steht der Werbeeffekt an erster, die Förderung von Kultur, Sport oder Wissenschaft nur an zweiter Stelle. Mäzenatentum wird dagegen weniger von einem unmittelbar zu erwartenden Nutzen für den Mäzen bestimmt. Im Vordergrund steht vielmehr dessen persönliches Interesse an der Förderung bestimmter Personen, Institutionen oder Zwecke.
Sind Leistung und Gegenleistung gleichwertig, liegt keine freigebige Zuwendung i. S. d. § 7 Absatz 1 Nummer 1 ErbStG vor. Dabei werden jedoch Gegenleistungen, die nicht in Geld veranschlagt werden können, nicht berücksichtigt (§ 7 Absatz 3 ErbStG). Demnach kommt eine steuerpflichtige Zuwendung von Sponsoren und Mäzenen in Betracht, wenn die berücksichtigungsfähigen Gegenleistungen in keinem angemessenen Verhältnis zum Wert der Zuwendungen stehen und der Sponsor/Mäzen sich dessen auch bewusst ist. Freigebigkeit setzt allerdings nicht Uneigennützigkeit voraus. Ein Handeln zum eigenen Nutzen oder Vorteil schließt deshalb die Schenkungsteuerpflicht nicht grundsätzlich aus. Abzustellen ist auf die Motive, wie sie durch die äußeren Umstände erkennbar werden (→ BFH vom 9. 8. 1989 I R 4/84, BStBl. 1990 II S. 237). Ein wichtiges Indiz ist, ob die Zuwendungen ertragsteuerrechtlich als Betriebsausgaben behandelt worden sind. Diese Behandlung ist jedoch nicht immer allein entscheidend.

Anl a zu R E 7.1

a) Verfügung betr. schenkungsteuerliche Behandlung eines vorzeitigen unentgeltlichen Verzichts auf ein vorbehaltenes Nießbrauchsrecht

Vom 5. Dezember 2014 (DB S. 2933)

(BayLfSt S 3837.1.1 – 4/2 St 34)

25 Der BFH hat bereits mit Urteil vom 17. 3. 2004 II R 3/01 (BStBl. II S. 429) entschieden, dass der vorzeitige unentgeltliche Verzicht auf ein vorbehaltliches Nießbrauchsrecht zwar den Tatbestand der freigebigen Zuwendung i. S. d. § 7 Abs. 1 Nr. 1 ErbStG erfüllt, eine steuerliche Doppelerfassung des Nießbrauchsrechts als Folge der Nichtberücksichtigung als Abzugsposten nach § 25 Abs. 1 S. 1 ErbStG a. F.

---

[1] *BFH-Urteil vom 10. 3. 2005 II R 54/03 (BStBl. II S. 412):* Übertragen (Schwieger-)Eltern unter Mitwirkung ihres Kindes schenkweise Grundstückseigentum unmittelbar auf den Ehegatten ihres Kindes (Schwiegerkind), kann hierin auch dann kein schenkungsteuerrechtlich beachtlicher Durchgangserwerb des Kindes liegen, wenn die Zuwendung „auf Veranlassung des Kindes" erfolgen soll und als „ehebedingte Zuwendung" des Kindes bezeichnet wird. Eine Schenkung des Kindes an seinen Ehegatten kommt unter diesen Umständen nicht in Betracht (gegen FG Rheinland-Pfalz v. 18. 2. 1999 4 K 2011/98, EFG 1999, 617).

BFH-Beschluss vom 28. 7. 2022 II B 37/21 (BFH/NV S. 1054): **1.** Wird ein Gegenstand in der Weise verschenkt, dass der erste Empfänger ihn unmittelbar darauf an einen Dritten weiterreicht, ist im Verhältnis Zuwendender/erster Empfänger zu prüfen, ob bereits zivilrechtlich eine Schenkung unmittelbar an den Dritten vorliegt. **2.** Anderenfalls ist im Verhältnis erster Empfänger/zweiter Empfänger bzw. Dritter zu prüfen, ob dem ersten Empfänger eine Dispositionsbefugnis über den Gegenstand verbleibt. Fehlt es daran, liegt steuerrechtlich eine Schenkung unmittelbar an den Dritten vor. **3.** Werden die beiden Verträge in einer Urkunde zusammengefasst oder in zwei unmittelbar aufeinanderfolgenden Urkunden abgeschlossen, muss sich die Dispositionsbefugnis eindeutig aus dem Vertrag oder den Umständen ergeben.

[2] Siehe hierzu *BayLfSt vom 5. 12. 2014,* abgedruckt als Anlage a zu R E 7.1 ErbStR.

[3] *BFH-Urteil vom 29. 10. 1997 II R 60/94 (BStBl. II S. 832):* Im Bereich geschäftlicher Beziehungen kann bei einem objektiv (teil-)unentgeltlichen Vorgang das subjektive Merkmal der Freigebigkeit i. S. von § 7 Abs. 1 Nr. 1 ErbStG trotz vorliegender Kenntnis des Zuwendenden hinsichtlich der Umstände, die seine Leistung zu einer objektiv (teil-)unentgeltlichen machen, entfallen, soweit der Steuerpflichtige in nachvollziehbarer Weise darzutun vermag, daß die Bereicherung des Zuwendungsempfängers der Förderung des Geschäfts des Zuwendenden dient, d. h. objektiv und nahezu ausschließlich auf die Erzielung geschäftlicher Vorteile des Zuwendenden gerichtet war.

einerseits und beim späteren Verzicht des Berechtigten andererseits bei der Besteuerung des Verzichts jedoch durch Abzug des bei der Besteuerung des nutzungsrechtsbelasteten Gegenstandes unberücksichtigt gebliebenen Steuerwerts des Nutzungsrechts vom Steuerwert des Nutzungsrechts im Zeitpunkt des Rechtsverzichts zu beseitigen ist (vgl. H E 25 „Verzicht auf Nutzungsrechte in den Fällen des § 25 ErbStG a. F. bei Steuerentstehungszeitpunkten für die Vermögenszuwendung unter Nießbrauchsvorbehalt vor dem 1. 1. 2009" ErbStH 2011).

Unter Ausweitung seiner o. g. Rechtsprechung hat der BFH mit Urteil vom 20. 5. 2014 II R 7/13 (BStBl. II S. 896) entschieden, dass die o. g. Rechtsgrundsätze ebenfalls anzuwenden sind, wenn das Nießbrauchsrecht bei der Besteuerung des Erwerbs des nutzungsrechtsbelasteten Gegenstandes aufgrund der Abzugsbeschränkung des § 10 Abs. 6 ErbStG (teilweise) tatsächlich unberücksichtigt geblieben ist.

Ist ein (teilweise) steuerbefreiter Zuwendungsgegenstand mit einem Nutzungsrecht belastet, so wird dieses insoweit bei der Besteuerung des Erwerbs des nutzungsrechtsbelasteten Gegenstandes gem. § 10 Abs. 6 ErbStG als nicht abzugsfähig behandelt.

Ein späterer unentgeltlicher Verzicht auf dieses Nutzungsrecht erfüllt den Tatbestand der freigebigen Zuwendung i. S. d. § 7 Abs. 1 Nr. 1 ErbStG.

Eine Doppelerfassung des Nutzungsrechts wird dergestalt vermieden, dass der Teil des Steuerwerts des Nutzungsrechts, welcher bei der Besteuerung des nutzungsrechtsbelasteten Gegenstands gem. § 10 Abs. 6 ErbStG nicht zum Abzug zugelassen wurde, bei der Besteuerung des Erwerbs aus dem Rechtsverzicht vom Steuerwert des Nutzungsrechts im Zeitpunkt des Verzichts abgezogen wird.

Beispiel:

Vater V schenkte seinem Sohn im Jahr 2011 ein vermietetes Zweifamilienhaus mit einem Grundbesitzwert von 750 000 EUR unter Nießbrauchsvorhalt. Der Jahreswert des Nießbrauchs beträgt 20 000 EUR. Zum Zeitpunkt der Ausführung der Zuwendung ist V 65 Jahre alt.
Im Jahr 2013 verzichtet er unentgeltlich auf den Nießbrauch.
Zum Zeitpunkt der Ausführung dieser Zuwendung ist V 67 Jahre alt.
Der Grundbesitzwert und Jahreswert des Nießbrauchs sind unverändert und betragen 750 000 EUR bzw. 20 000 EUR.

Erwerb 2011		
Steuerwert ZFH		750 000 EUR
Befreiung § 13 c (10%)	./.	75 000 EUR
Gegenleistung (Nießbrauch)		
KapW Nießbrauch (§ 14 BewG):		
20 000 EUR × 11,251	./.	225 020 EUR
davon nicht abzugsfähig		
(§ 10 Abs. 6 S. 5 ErbStG)	+	22 502 EUR
Bereicherung		472 482 EUR
Persönlicher Freibetrag	./.	400 000 EUR
Steuerpflichtiger Erwerb		72 400 EUR
Steuersatz 7%		
Steuer 2011		5 068 EUR
Erwerb 2013		
Erwerb aus Nießbrauchsverzicht		
KapW Nießbrauch 2013 (§ 14 BewG)		
20 000 EUR × 10,754		215 080 EUR
nicht abzugsfähiger Teil des KapW		
Nießbrauch 2011 (s. o.)	./.	22 502 EUR
Bereicherung 2013		192 578 EUR
Vorerwerb 2011	+	472 482 EUR
Persönlicher Freibetrag	./.	400 000 EUR
Steuerpflichtiger Erwerb		265 000 EUR
Steuersatz 11%		
Steuer auf Gesamterwerb		29 150 EUR
Steuer auf Vorerwerb 2011	./.	5 068 EUR
Steuer 2013		24 082 EUR

Die o. g. Rechtsgrundsätze sind auf alle offenen Fälle anzuwenden.

b) Erlass betr. Berücksichtigung von Abfindungszahlungen im Scheidungsfall; Konsequenzen aus dem BFH-Urteil vom 1. September 2021 – II R 40/19 –

Anl b zu R E 7.1

Vom 13. Oktober 2022 (BStBl. 2023 I S. 203)

(Gleich lautender Ländererlass)

Mit Urteil vom 1. September 2021 – II R 40/19 – (BStBl. 2023 II S. 146) hat der BFH entschieden, dass keine freigebige Zuwendung vorliegt, wenn zukünftige Eheleute die Rechtsfolgen ihrer Eheschließung umfassend individuell regeln und für den Fall der Beendigung der Ehe Zahlungen eines Ehepartners in einer bestimmten Höhe vorsehen, die erst zum Zeitpunkt der Ehescheidung zu leisten sind („Bedarfsabfindung"). 26

Eine solche Bedarfsabfindung sieht der BFH als gegeben an, wenn Ehegatten zu Beginn ihrer Ehe einen indexierten Zahlungsanspruch für den Fall einer Scheidung vereinbaren und dieser bei Bestand der Ehe von einer bestimmten Laufzeit (z. B. 15 Jahren) in einer bestimmten Höhe besteht. Das gilt auch, wenn zudem vereinbart ist, dass sich der Zahlungsanspruch bei einer Ehescheidung vor Ablauf der Frist pro rata temporis vermindert.

Seine Entscheidung hat der BFH maßgeblich damit begründet, dass im Fall einer solchen Bedarfsabfindung keine pauschale Abfindung ohne Gegenleistung erbracht würde. Werde ein derartiger Vertrag abgeschlossen, der nach Art eines Gesamtpakets alle Scheidungsfolgen regelt, könne dieses Paket nicht in Einzelleistungen aufgeteilt und eine der Einzelleistungen der Schenkungsbesteuerung unterworfen werden. Trete der Fall der Scheidung dann tatsächlich ein, erfolge die Zahlung des vorab vereinbarten Betrages in Erfüllung dieser Vereinbarung.

Das Urteil ist nicht über den entschiedenen Einzelfall hinaus anzuwenden.

Es kann bei der Erfüllung von freiwilligen vertraglichen Vereinbarungen weder generell davon ausgegangen werden, dass eine Zahlung im rechtlichen Zusammenhang mit einer Gegenleistung steht, noch, dass der Zuwendende seine Leistung – ggf. mit laienhafter Beurteilung – als entgeltlich ansieht. Der BFH hat sich in seinem Urteil eng an dem streitgegenständlichen Sachverhalt orientiert. Die Urteilsgründe können nicht ohne Weiteres verallgemeinert werden.

ErbStR R E 7.2

R E 7.2 Behandlung von unbenannten Zuwendungen unter Ehegatten

27 ① Unbenannte (ehebedingte) Zuwendungen sind nicht deswegen von der Schenkungsteuer ausgenommen, weil sie – wegen ihres spezifisch ehebezogenen Charakters – nach herrschender zivilrechtlicher Auffassung keine Schenkungen im Sinne der §§ 516 ff. BGB darstellen. ② Die Schenkungsteuerpflicht unbenannter Zuwendungen beurteilt sich – nicht anders als bei sonstigen Zuwendungen – nach den allgemeinen Voraussetzungen des § 7 Absatz 1 Nummer 1 ErbStG. ③ Die danach unter anderem erforderliche objektive Unentgeltlichkeit der Leistung kann nicht allein deswegen verneint werden, weil der unbenannten Zuwendung besondere ehebezogene Motive zugrunde liegen, etwa dahingehend, dass die Zuwendung dem „Ausgleich für geleistete Mitarbeit" des bedachten Ehegatten oder dessen „angemessener Beteiligung an den Früchten des ehelichen Zusammenwirkens" dienen soll. ④ Auf die Art des zugewendeten Vermögens und die Angemessenheit der Zuwendung kommt es grundsätzlich nicht an.

H E 7.2

H E 7.2

28 **Unbenannte Zuwendungen unter Ehegatten.** → BFH vom 2. 3. 1994 II R 59/92, BStBl. II S. 366.

Unterhaltszuwendungen. Unterhaltszuwendungen, die auf gesetzlicher Unterhaltspflicht beruhen (§ 1353 BGB), sind nicht freigebig und daher nicht steuerbar.

Zuwendung eines Familienheims. → R E 13.3.

ErbStR R E 7.3

R E 7.3 Gegenstand der Schenkung bei Geldhingabe zum Erwerb eines Grundstücks oder zur Errichtung eines Gebäudes

29 (1) ① Die Hingabe von Geld zum Erwerb eines Grundstücks oder zur Errichtung eines Gebäudes kann als Schenkung von Grundbesitz anzusehen sein (mittelbare Grundstücksschenkung), wenn dem Bedachten nach dem erkennbaren Willen des Zuwendenden im Zeitpunkt der Ausführung der Schenkung ein bestimmtes Grundstück oder Gebäude verschafft werden soll.[1] ② Das gilt auch dann, wenn nicht die gesamten Kosten der Anschaffung oder Errichtung vom Schenker getragen werden. ③ In diesen Fällen kann eine Schenkung des dem hingegebenen Geldbetrag entsprechenden Teils des Grundstücks vorliegen. ④ Der Geldbetrag muss vom Schenker bereits bis zu dem Zeitpunkt des Erwerbs des Grundstücks oder des Beginns der Baumaßnahme zugesagt sein. ⑤ Kann dem Finanzamt, insbesondere durch eine schriftliche Erklärung des Schenkers zur Übernahme der Anschaffungs- oder Herstellungskosten, nachgewiesen werden, dass zu diesem Zeitpunkt eine Zusage bestand, kann die Zahlung des vereinbarten Geldbetrags auch nachträglich erfolgen, jedoch nicht nach der Bezahlung der Anschaffungs- oder Herstellungskosten durch den Beschenkten. ⑥ Zwischen der Bereitstellung des Geldes und seiner bestimmungsmäßigen Verwendung muss ein enger zeitlicher Zusammenhang bestehen. ⑦ Wegen des Zeitpunkts der Ausführung einer mittelbaren Grundstücksschenkung → R E 9.1 Absatz 2.

30 (2) ① In der Hingabe von Geld zum Erwerb eines Grundstücks – sei es in Höhe der vollen oder eines Teils der Anschaffungskosten – ist eine Geldschenkung unter einer Auflage zu sehen, wenn der Schenker dem Beschenkten gegenüber lediglich zum Ausdruck bringt, dass dieser für den zugewendeten Geldbetrag im eigenen Namen und für eigene Rechnung ein Grundstück erwerben soll, ohne dass dabei schon feststeht, um welches Grundstück es sich genau handelt. ② Entsprechendes gilt, wenn der Schenker den Beschenkten lediglich verpflichtet, auf einem diesem gehörenden Grundstück nach eigenen Vorstellungen ein Gebäude zu errichten bzw. den Geldbetrag für die Errichtung eines solchen Gebäudes mit zu verwenden (Baukostenzuschuss), ohne dass bereits bei Ausführung der Zuwendung ein konkretes Bauvorhaben besteht, belegt z. B. durch eine Bauvoranfrage, einen Kostenvoranschlag oder einen Finanzierungsplan. ③ Die Schenkung gilt mit der Geldhingabe als ausgeführt. ④ Da die Auflage dem Beschenkten selbst zugutekommt, ist sie nicht abzugsfähig (§ 10 Absatz 9 ErbStG). ⑤ Es unterliegt deshalb der volle Geldbetrag der Besteuerung.

31 (3) ① Trägt der Schenker nur einen unbedeutenden Teil der im Übrigen vom Beschenkten aufgebrachten Anschaffungs- oder Herstellungskosten, ist in der Regel davon auszugehen, dass der Schenker lediglich einen Geldzuschuss zu einem vom Beschenkten in vollem Umfang für eigene

[1] Vgl. auch *BFH-Beschluß vom 23. 1. 1991 II B 46/90 (BStBl. 1991 II S. 310),* abgedruckt zu § 3 Abs. 1 Nr. 1 ErbStG.

Rechnung erworbenen Grundstück oder errichteten Gebäude geleistet hat. ② Grundsätzlich ist ein Anteil bis etwa 10 Prozent des im Übrigen vom Beschenkten aufgebrachten Kaufpreises als unbedeutend anzusehen.

H E 7.3

H E 7.3

Darlehenstilgung. → BFH vom 9. 11. 1994 II R 87/92, BStBl. 1995 II S. 83 und vom 10. 11. 2004 II R 44/02, BStBl. 2005 II S. 188.[1]

Geldzusage oder Zusage der Umwandlung eines Darlehens in eine Schenkung erst nach Abschluss des Kaufvertrags. → BFH vom 2. 2. 2005 II R 31/03, BStBl. II S. 531.[2]

Geldzuwendung über Anschaffungs- oder Herstellungskosten hinaus. → BFH vom 4. 12. 2002 II R 75/00, BStBl. 2003 II S. 273.

Mittelbare Grundstücksschenkung. → BFH vom 3. 8. 1988 II R 39/86, BStBl. II S. 1025.

Mittelbare Grundstücksschenkung – Einzelfälle.[3]

1. Wird eine mittelbare Grundstücksschenkung ausgeführt, ist das Grundstück mit seinem Grundbesitzwert anzusetzen (§ 12 ErbStG). Übernimmt der Schenker die Kosten für den Erwerb eines bestimmten Grundstücks mit einem Gebäude im Zustand der Bebauung (z. B. einem Rohbau), ohne auch die Kosten für die endgültige Fertigstellung des Gebäudes zu tragen, ist die Zuwendung mit dem Grundbesitzwert für ein Grundstück im Zustand der Bebauung anzusetzen (§ 12 ErbStG, § 196 BewG). 32
2. Will der Schenker dem Beschenkten nur einen Teil eines bestimmten Grundstücks zuwenden und wird die Schenkung in der Weise ausgeführt, dass der Schenker nur einen Teil des im Übrigen vom Beschenkten aus eigenen Mitteln aufzubringenden Kaufpreises für dieses Grundstück übernimmt, gilt der Teil des Grundstücks als zugewendet, der dem Verhältnis des zugewendeten Geldbetrags zum Gesamtkaufpreis entspricht. Stellt der Schenker dem Beschenkten für die Anschaffung eines mit Hypotheken oder Grundschulden belasteten Grundstücks den Restkaufpreis zur Verfügung, während die Hypotheken und Grundschulden vom Beschenkten übernommen werden, gilt der dem Restkaufpreis entsprechende Teil 33

---

[1] *BFH-Urteil vom 21. 2. 2006 II R 70/04 (BFH/NV S. 1300):* **1.** Die Zinslosigkeit einer Darlehensgewährung für einen Grundstückskauf führt nicht zu einer mittelbaren Grundstücksschenkung. **2.** Bei einem zinslosen Darlehen ist Gegenstand der Zuwendung die unentgeltliche Gewährung des Rechts, das als Darlehen überlassene Kapital zu nutzen, nicht hingegen das mit den Darlehensmitteln erworbene Grundstück.

BFH-Urteil vom 9. 11. 1994 II R 87/92 (BStBl. 1995 II S. 83): **1.** Für die Bestimmung des Schenkungsgegenstandes ist nicht das Versprechen der Zuwendung (die Schenkungsabrede), sondern die Zuwendung selbst entscheidend. Der der Besteuerung unterliegende Schenkungsgegenstand richtet sich danach, wie sich die Vermögensmehrung im Zeitpunkt der Zuwendung beim Bedachten darstellt. **2.** Wird durch eine von der Schenkerin veranlaßte Überweisung ein von der Bedachten zur Finanzierung eines landwirtschaftlichen Wirtschaftsgebäudes aufgenommenes Bankdarlehen getilgt, so ist die Schenkungsteuer nach dem Nennbetrag der getilgten Darlehensschuld, nicht nach dem (anteiligen) *Einheitswert* [jetzt Grundbesitzwert] des Wirtschaftsgebäudes zu bemessen.

BFH-Urteil vom 10. 11. 2004 II R 44/02 (BStBl. 2005 II S. 188): **1.** Sagt der Schenker dem Bedachten den für den Kauf eines bestimmten Grundstücks vorgesehenen Geldbetrag vor dem Erwerb des Grundstücks zu und stellt er ihm den Betrag bis zur Tilgung der Kaufpreisschuld zur Verfügung, liegt eine mittelbare Grundstücksschenkung auch dann vor, wenn der Bedachte bereits vor der Überlassung des Geldes Eigentümer des Grundstücks geworden war (Änderung der Rechtsprechung). **2.** Ein Grundstück kann aufgrund entsprechender Abreden auch dadurch (mittelbar) geschenkt werden, dass der Schenker dem Bedachten einen ihm zustehenden Anspruch auf Übereignung des Grundstücks unentgeltlich abtritt oder ihm die Mittel für den Erwerb eines solchen Anspruchs gewährt.

[2] *BFH-Urteil vom 2. 2. 2005 II R 31/03 (BStBl. II S. 531):* **1.** Sagt der Schenker dem Bedachten den für den Erwerb eines bestimmten Grundstücks vorgesehenen Geldbetrag erst nach Abschluss des Kaufvertrags zu, scheidet eine mittelbare Grundstücksschenkung aus. **2.** Erhält der Grundstückskäufer Mittel für den Erwerb eines bestimmten Grundstücks zunächst als Darlehen und verzichtet der Darlehensgeber später auf die Rückzahlung, ist eine mittelbare Grundstücksschenkung nur gegeben, wenn der Darlehensgeber die Umwandlung des Darlehens in eine Schenkung vor dem Grundstückserwerb zusagt und vor Bezahlung des Kaufpreises tatsächlich vornimmt.

[3] *BFH-Urteil vom 13. 3. 1996 II R 98/93 (BFH/NV S. 792):* Die Grundsätze der mittelbaren Grundstücksschenkung können auch auf grundstücksbezogene Verwendungen – wie etwa den Anbau an ein bereits bestehendes Gebäude des Beschenkten –, deren Kosten von dem Zuwendenden schenkweise getragen werden, Anwendung finden.

BFH-Urteil vom 17. 6. 1998 II R 51/96 (BFH/NV S. 1378): **1.** Der steuerpflichtige Erwerb gemäß § 10 Abs. 1 Satz 1 ErbStG 1974 bestimmt sich nach der Bereicherung des Erwerbers und knüpft die Wertermittlung (§ 11 ErbStG 1974) an den Gegenstand an, über den der Beschenkte endgültig verfügen kann. In der Hingabe von Geld zum Erwerb eines bestimmten Gegenstandes kann die Übertragung dieses Gegenstandes im Wege der mittelbaren Schenkung an den Empfänger gesehen werden, soweit der Beschenkte im Verhältnis zum Schenker nicht über das ihm ggf. übergebene Geld, sondern (erst) über den Gegenstand verfügen kann. Dies gilt nicht nur für die Fälle der mittelbaren Grundstücksschenkung (vgl. BFH-Urteil in BFHE 180, 174, BStBl. II 1996, 548 sowie BFH-Urteile vom 12. 12. 1979 II R 157/78, BFHE 129, 507, BStBl. II 1980, 260; vom 3. 8. 1988 II R 39/86, BFHE 154, 383, BStBl. II 1988, 1025), sondern generell bei mittelbarer Schenkung aller als Zuwendungsobjekt in Betracht kommenden Gegenstände oder Rechte. **2.** Ein Fall mittelbarer Grundstücksschenkung liegt nicht vor, wenn die Geldmittel auf Weisung des Schenkers für den Um- und Ausbau eines einem Dritten gehörenden Gebäudes verwendet werden, das der Beschenkte bewohnt.

BFH-Urteil vom 4. 12. 2002 II R 75/00 (BStBl. 2003 II S. 273): **1.** Bei der mittelbaren Schenkung eines noch herzustellenden Gebäudes gibt der Herstellungsaufwand die Höhe vor, bis zu der der Schenker die Finanzierung übernehmen kann. Soweit der Bedachte zum Vorsteuerabzug berechtigt ist, ist der Herstellungsaufwand mit den Nettobeträgen anzusetzen. **2.** Wendet der Schenker dem Bedachten einen den Herstellungsaufwand übersteigenden Betrag zu, liegt darin eine zusätzliche Schenkung, und zwar in Gestalt einer Geldschenkung. **3.** Stellt der Schenker dem Bedachten den Betrag in Höhe des maßgeblichen Herstellungsaufwandes im Voraus zinslos zur Verfügung, liegt darin eine weitere freigebige Zuwendung, und zwar in Gestalt einer Gewährung der Möglichkeit zur Kapitalnutzung, die unter Berücksichtigung der Fälligkeit(en) der Herstellungskosten gemäß § 12 Abs. 1 ErbStG i. V. m. § 15 Abs. 1 BewG mit jährlich 5,5 v. H. des Kapitals zu bewerten ist.

des Grundstücks als zugewendet. Dabei ist es gleichgültig, ob Gläubiger der Hypothek usw. der Schenker oder ein Dritter ist. Trägt der Schenker nur einen Teil des Restkaufpreises, gilt der diesem Teilbetrag entsprechende Teil des Grundstücks als zugewendet. Trägt der Schenker nur einen unbedeutenden Teil des ansonsten vom Beschenkten aufgebrachten Kaufpreises, ist in der Regel davon auszugehen, dass der Schenker lediglich einen Geldzuschuss zu einem vom Beschenkten in vollem Umfang für eigene Rechnung erworbenen Grundstück geleistet hat. Was als unbedeutender Teil des Kaufpreises anzusehen ist, ist nach den Umständen des Einzelfalles zu entscheiden. Grundsätzlich ist ein Anteil bis etwa 10 Prozent des ansonsten vom Beschenkten aufgebrachten Kaufpreises als unbedeutend anzusehen.

34 3. Wenn mehrere Schenker gemeinsam Geld für die Anschaffung eines bestimmten Grundstücks zur Verfügung stellen, gelten Nummer 1 und 2 entsprechend. Soweit eine Grundstücksschenkung anzunehmen ist, gilt jeweils von dem einzelnen Schenker der Teil des Grundbesitzwerts des Grundstücks als zugewendet, der dem Verhältnis des von ihm zugewendeten Geldbetrags zum Gesamtkaufpreis entspricht.

35 4. Wenn der Schenker die Kosten des Erwerbs eines bestimmten unbebauten Grundstücks und der im Anschluss daran auf diesem Grundstück erfolgenden Errichtung des Gebäudes übernimmt, liegt eine einheitliche Zuwendung eines bebauten Grundstücks vor. Maßgebend ist der Grundbesitzwert des bebauten Grundstücks. Das Gleiche gilt, wenn der Schenker die Kosten des Erwerbs eines Grundstücks im Zustand der Bebauung und die Restkosten für die Fertigstellung des Gebäudes übernimmt. Übernimmt der Schenker zwar die vollen Kosten des Erwerbs eines Grundstücks, aber nur einen Teil der Kosten der Errichtung bzw. Fertigstellung des Gebäudes, ist vom Grundbesitzwert des bebauten Grundstücks der Teil anzusetzen, der dem Verhältnis des insgesamt hingegebenen Geldbetrags zu den Gesamtkosten für Grundstückserwerb und Gebäudeerrichtung entspricht.

36 5. Wenn der Schenker die Kosten der Errichtung eines Gebäudes auf einem dem Beschenkten bereits gehörenden oder von ihm noch zu erwerbenden Grundstück übernimmt, gilt der Teil des Grundbesitzwerts des bebauten Grundstücks als zugewendet, der auf das Gebäude entfällt. Der Gebäudewertanteil ermittelt sich aus der Differenz zwischen dem Grundbesitzwert des bebauten Grundstücks nach Bezugsfertigkeit des Gebäudes (vgl. §§ 181 ff. BewG) und dem Grundbesitzwert des unbebauten Grundstücks (vgl. § 179 BewG). Entsprechend ist zu verfahren, wenn vom Schenker die Kosten der Errichtung eines Gebäudes auf dem Grundstück eines Dritten übernommen werden, das nach Fertigstellung des Gebäudes auf den Beschenkten übertragen werden soll und tatsächlich übertragen wird. Unterbleibt die Grundstücksübertragung, ist Gegenstand der Schenkung ein Gebäude auf fremdem Grund und Boden (§ 195 BewG).

37 6. Bei teilweiser Übernahme der Baukosten durch den Schenker bzw. bei Übernahme der Baukosten durch mehrere Schenker gelten die Ausführungen in Nummer 2 und 3 sinngemäß.

38 7. Die Grundsätze der mittelbaren Grundstücksschenkung können auch auf Herstellungskosten für Um-, Aus- oder Anbauten an einem Grundstück bzw. einem Gebäude angewendet werden, wenn der Schenker solche Kosten ganz oder teilweise trägt (→ BFH vom 13. 3. 1996 II R 51/95, BStBl. II S. 548). Maßgebend ist die Werterhöhung im Grundbesitzwert des Grundstücks nach Durchführung der genannten Maßnahmen. Wenn der Schenker die Kosten für Maßnahmen zur Reparatur, Modernisierung, Renovierung oder andere grundstücksbezogene Verwendungen an einem Grundstück bzw. einem Gebäude übernimmt, ist eine mittelbare Grundstücksschenkung nur dann anzunehmen, wenn diese Zuwendung in wirtschaftlichem Zusammenhang mit der Zuwendung eines bestimmten Grundstücks oder Gebäudes erfolgt und somit ein einheitliches Rechtsgeschäft angenommen werden kann (→ BFH vom 5. 2. 1986 II R 188/83, BStBl. II S. 460). Maßgebend ist der Grundbesitzwert des Grundstücks nach Durchführung der genannten Maßnahmen.

Zinsloses Darlehen zur Anschaffung eines Grundstücks. → BFH vom 29. 6. 2005 II R 52/03, BStBl. II S. 800.

ErbStR R E 7.4

R E 7.4 Gemischte Schenkungen sowie Schenkungen unter einer Auflage[1]

39 (1) ① Entsprechend § 10 Absatz 1 Satz 1 und 2 ErbStG gilt auch bei der gemischten Schenkung oder Schenkung unter einer Auflage als steuerpflichtiger Erwerb die Bereicherung des Bedachten, soweit sie der Besteuerung nach diesem Gesetz unterliegt. ② Die Bereicherung wird ermittelt, indem von dem nach § 12 ErbStG zu ermittelnden Steuerwert der Leistung des Schenkers die Gegenleistungen[2] des Beschenkten und die von ihm übernommenen Leistungs-, Nutzungs- und Duldungsauflagen mit ihrem nach § 12 ErbStG ermittelten Wert abgezogen werden. ③ Hinsichtlich Nutzungs- und Duldungsauflagen gilt dies nur, soweit § 10 Absatz 6 Satz 6 ErbStG[3] den Ab-

[1] *BFH-Urteil vom 7. 9. 1994 II R 127/91 (BFH/NV 1995 S. 342):* Die Übertragung einer Kommanditbeteiligung gegen Einräumung des Gewinnbezugsrechts stellt eine Auflagenschenkung dar, die als gemischte Schenkung zu behandeln ist.

[2] Zu nicht erbrachten Einlagen **a)** bei Schenkung von Anteilen an Kapitalgesellschaften siehe R B 11.4 Abs. 10 ErbStR, **b)** bei Schenkung von Kommanditanteilen siehe R B 97.5 ErbStR.

[3] Siehe jetzt § 10 Abs. 6 b ErbStG.

zug nicht ausschließt, weil ein Nutzungsrecht sich bereits als Grundstücksbelastung bei der Ermittlung des gemeinen Werts eines Grundstücks ausgewirkt hat (→ R E 10.10 Absatz 6). ④ Als Leistungsauflage ist bei der schenkweisen Übertragung von Grundbesitz auch die Übernahme der außergewöhnlichen Unterhaltslasten nach dem Denkmalschutzgesetz (Überlast; → R E 10.6) zu berücksichtigen, wenn der Grundbesitz oder ein Teil des Grundbesitzes nicht nach § 13 Absatz 1 Nummer 2 ErbStG steuerfrei ist oder der Erwerber auf die Steuerfreiheit verzichtet hat (§ 13 Absatz 3 Satz 2 ErbStG).[1]

H E 7.4 (1)

H E 7.4 (1)

40

Aufschiebend bedingte Gegenleistungspflichten. → BFH vom 8. 2. 2006 II R 38/04, BStBl. II S. 475.[2]

Bemessungsgrundlage bei der gemischten Schenkung und Schenkung unter Auflage.[3]

Beispiel 1:

Bereicherung bei der gemischten Schenkung oder der Schenkung unter Leistungsauflage

A überträgt im Jahr 01 B ein Grundstück, für das ein Grundbesitzwert von 750 000 EUR festgestellt wird und dessen Verkehrswert 750 000 EUR beträgt. Das Grundstück ist mit einer von B zu übernehmenden Hypothekenschuld belastet, die zur Zeit der Schenkung mit 150 000 EUR valutiert.

Die Bereicherung des B beträgt

Grundbesitzwert	750 000 EUR
Gegenleistung	./. 150 000 EUR
Bereicherung	600 000 EUR

Beispiel 2:

Bereicherung bei der Schenkung unter Nutzungs- oder Duldungsauflage

A überträgt im Jahr 01 B ein Geschäftsgrundstück und behält sich den Nießbrauch an den Erträgen vor. Der Grundbesitzwert beträgt 500 000 EUR, der Kapitalwert des Nießbrauchs unter Berücksichtigung der Begrenzung nach § 16 BewG 120 000 EUR.

Die Bereicherung des B beträgt

Grundbesitzwert	500 000 EUR
Duldungsauflage	./. 120 000 EUR
Bereicherung	380 000 EUR

Bemessungsgrundlage bei der gemischten Schenkung und Schenkung unter Auflage in Mischfällen. → BFH vom 5. 7. 2018 II B 122/17, BStBl. II S. 660.

Beispiel:

A überträgt im Jahr 01 B Wertpapiere mit einem gemeinen Wert von 750 000 EUR. Aus der Anschaffung resultiert noch eine Verbindlichkeit in Höhe von 150 000 EUR, die B übernimmt. A behält sich den Nießbrauch an den Erträgen vor. Der Kapitalwert des Nießbrauchs unter Berücksichtigung der Begrenzung nach § 16 BewG beträgt 100 000 EUR.

Die Bereicherung des B beträgt

Wertpapiere	750 000 EUR
Verbindlichkeit	./. 150 000 EUR
Duldungsauflage	./. 100 000 EUR
Bereicherung	500 000 EUR

Berücksichtigung von Nießbrauchs- und anderen Nutzungs- oder Duldungsrechten, die sich auf den Grundbesitzwert ausgewirkt haben. Ist ein nach § 198 BewG nachgewiesener gemeiner Wert als Grundbesitzwert festgestellt worden, der aufgrund von Grundstücksbelastungen durch Nutzungs- oder Duldungsrechte, wie z. B. Nießbrauch oder Wohnrecht, gemindert wurde, kann der Erwerber darüber hinaus das Nutzungsrecht nicht zusätzlich bereicherungsmindernd geltend machen (§ 10 Absatz 6 Satz 6 ErbStG).[4] Das für die Erbschaft- oder Schenkungsteuerveranlagung zuständige Finanzamt ist darüber zu unterrichten, dass die Belastung im Rahmen der Feststellung des Grundbesitzwerts berücksichtigt wurde.

Beispiel:

A überträgt im Jahr 01 B ein Mietwohngrundstück und behält sich den Nießbrauch an den Erträgen vor. Der Grundbesitzwert beträgt 380 000 EUR und ist bereits um den Wert des Nießbrauchs gemindert (§ 198 BewG). B übernimmt auf dem Grundstück lastende Schulden von 100 000 EUR.

Die Bereicherung des B beträgt

---

[1] Siehe *Tz. 3 gleich lautender Ländererlass vom 13. 9. 2021,* abgedruckt als Anlage b zu § 10 ErbStG.

[2] *BFH-Urteil vom 8. 2. 2006 II R 38/04 (BStBl. II S. 475):* Bei der Berechnung der Schenkungsteuer für eine gemischte Schenkung sind **a)** aufschiebend bedingte Gegenleistungspflichten des Bedachten erst nach Bedingungseintritt zu berücksichtigen; **b)** Verpflichtungen zu einer Rentenzahlung auf Verlangen des Steuerpflichtigen statt mit dem sich aus § 14 Abs. 1 BewG i. V. m. Anlage 9 zu § 14 BewG ergebenden Kapitalwert mit dem Verkehrswert anzusetzen, der dem Betrag entspricht, der auf der Grundlage der bei Rentenbeginn maßgebenden Abgekürzten Sterbetafel des Statistischen Bundesamtes für die Begründung eines den getroffenen Vereinbarungen entsprechenden Rentenanspruchs an ein Lebensversicherungsunternehmen zu entrichten wäre. Vereinbarte Wertsicherungsklauseln sind dabei nur zu berücksichtigen, soweit es tatsächlich zu einer Änderung der Rentenhöhe gekommen ist.

[3] *BFH-Beschluss vom 5. 7. 2018 II B 122/17 (BStBl. II S. 660):* Der Wert der Bereicherung ist bei einer gemischten Schenkung durch Abzug der – ggf. kapitalisierten – Gegenleistung vom Steuerwert zu ermitteln. Das gilt auch dann, wenn im Einzelfall der nach dem Bewertungsgesetz ermittelte Steuerwert hinter dem gemeinen Wert zurückbleibt.

[4] Siehe jetzt § 10 Abs. 6 b ErbStG.

HE 7.4 (1)

noch 40

Grundbesitzwert		380 000 EUR
Befreiung § 13 d ErbStG 10% von 380 000 EUR		./. 38 000 EUR
Verbleiben		342 000 EUR
Gegenleistung in wirtschaftlichem		
Zusammenhang mit dem Grundstück	100 000 EUR	
Duldungsauflage	+ 0 EUR	
Summe	100 000 EUR	
Nicht abzugsfähig 10% von 100 000 EUR =	./. 10 000 EUR	
Abzugsfähig	90 000 EUR	./. 90 000 EUR
Bereicherung		252 000 EUR

Bestehen bleibende Grundpfandrechte bei Zuwendung eines Grundstücks[1]

1. Werden bei der Zuwendung eines Grundstücks vom Erwerber Grundpfandrechte übernommen, die der Sicherung von Darlehen dienen, die er aber bei der Zuwendung nicht persönlich übernommen hat, hängt die Behandlung der Schuld von den vertraglichen Regelungen bzw. der weiteren Entwicklung ab:

   a) Haben der Zuwender und der Erwerber im Übertragungsvertrag vereinbart, dass der Erwerber die Schuld bei Tod des Zuwenders übernimmt, handelt es sich um eine aufschiebend bedingte Last. Sie ist bei der Ermittlung der Bereicherung des Erwerbers nicht zu berücksichtigen (§ 12 Absatz 1 ErbStG i. V. m. § 6 Absatz 1 BewG). Eine zu berücksichtigende Last des Erwerbers tritt erst mit dem Tod des Zuwenders ein.

   b) Wird der Erwerber beim Tod des Zuwenders dessen Erbe, geht die Schuld nach § 1922 BGB auf ihn aufgrund seiner Erbenstellung über. Es handelt sich nicht um eine bei der Schenkungsteuer zu berücksichtigende Last. Die Schuld ist vielmehr bei der Erbschaftsteuer als Nachlassverbindlichkeit abzuziehen.[2]

   c) Kommt der Zuwendende seinen Verpflichtungen aus dem Darlehensvertrag nicht nach und macht der Gläubiger der Grundpfandrechte den dinglichen Anspruch auf Befriedigung aus dem Grundstück geltend (vgl. §§ 1142, 1150 BGB), handelt es sich unabhängig von der Ausgestaltung des Vertrages zwischen Zuwender und Erwerber um eine nachträglich bei der Schenkungsteuer zu berücksichtigende Last.

   Liegt eine nachträglich bei der Schenkungsteuer zu berücksichtigende Last vor, ist dieser Umstand nach § 6 Absatz 2 i. V. m. § 5 Absatz 2 BewG zu berücksichtigen. Der tatsächlich übernommene Schuldbetrag ist auf den Stichtag der Steuerentstehung abzuzinsen. Der Vervielfältiger für die Abzinsung ist der Tabelle 1 der *gleich lautenden Erlasse der obersten Finanzbehörden der Länder vom 10. 10. 2010 (BStBl. I S. 810)*[3] zu entnehmen.

2. Werden bei der Zuwendung eines Grundstücks vom Erwerber Grundpfandrechte übernommen, die der Sicherung von Darlehen dienen, zu deren Rückzahlung einschließlich der Zinsen der Zuwendende (im Innenverhältnis) allein verpflichtet bleibt, übernimmt der Erwerber eine aufschiebend bedingte Last. Sie ist bei der Ermittlung der Bereicherung des Erwerbers nicht zu berücksichtigen (§ 12 Absatz 1 ErbStG i. V. m. § 6 Absatz 1 BewG). Eine zu berücksichtigende Last des Erwerbers tritt erst ein, wenn
   – der Zuwendende seinen Verpflichtungen aus dem Darlehensvertrag nicht nachkommt und der Gläubiger der Grundpfandrechte den dinglichen Anspruch auf Befriedigung aus dem Grundstück geltend macht (vgl. §§ 1142, 1150 BGB) oder
   – beim Tod des Zuwendenden die Rückzahlung der verbleibenden Schuld den Erwerber trifft.

Dieser Umstand ist nach § 6 Absatz 2 i. V. m. § 5 Absatz 2 BewG zu berücksichtigen. Der tatsächlich übernommene Schuldbetrag ist auf den Stichtag der Steuerentstehung abzuzinsen. Der Vervielfältiger für die Abzinsung ist der Tabelle 1 der *gleich lautenden Erlasse der obersten Finanzbehörden der Länder vom 10. 10. 2010 (BStBl. I S. 810)*[3] zu entnehmen. Entsprechendes *gilt*, wenn der Beschenkte für auf dem Grundstück abgesicherte Verbindlichkeiten zwar die persönliche Haftung übernimmt, der Schenker (und Vorbehaltsnießbraucher) sich aber verpflichtet, die Verbindlichkeit für die Dauer des Nießbrauchs weiter zu tilgen und zu verzinsen (→ BFH vom 17. 10. 2001 II R 60/99, BStBl. 2002 II S. 165).[4]

Bewertung von Leistungs-, Nutzungs- und Duldungsauflagen. Die Bewertung von Leistungs-, Nutzungs- und Duldungsauflagen richtet sich ausschließlich nach den allgemeinen Vor-

[1] *FG Münster, Urteil vom 18. 5. 2011 3 K 1003/08 (EFG S. 1639), rkr.:* § 10 Abs. 5 Nr. 1 ErbStG erfasst als Nachlassverbindlichkeiten auch Schulden, die grundbuchrechtlich durch Grundstücke gesichert sind, welche der Erblasser zuvor unter Nießbrauchsvorbehalt (ohne Übertragung der persönlichen Schuldverpflichtungen) auf den Erben übertragen hatte.

[2] *FG Köln, Urteil vom 27. 1. 2016 7 K 2894/14 (EFG S. 581), rkr.:* Übernimmt der Beschenkte einer Grundstücksschenkung unter Vorbehaltsnießbrauch vertragsgemäß nicht die persönliche Haftung der auf dem Grundstück gesicherten Verbindlichkeiten und erfüllt der Schenker diese Verpflichtungen weiter, können bei der Festsetzung der Schenkungsteuer auch mit Ableben des Schenkers bei dem Beschenkten bzw. nunmehr Erben keine Gegenleistungen bereicherungsmindernd berücksichtigt werden.

[3] Siehe jetzt *gleich lautenden Ländererlass vom 9. 9. 2022 (BStBl. I S. 1351),* abgedruckt als Anlage zu § 12 BewG.

[4] Vgl. auch *BFH-Beschluss vom 27. 6. 2006 II B 162/05 (BFH/NV S. 1845).*

schriften des Bewertungsgesetzes (§§ 1 bis 9, 13 bis 16 BewG). Beruht der Wegfall einer Nutzung oder Leistung, die auf die Lebenszeit einer oder mehrerer Personen begrenzt ist, auf dem Tod des Berechtigten oder Verpflichteten, ist § 14 Absatz 2 BewG zu berücksichtigen. H E 7.4 (1) *noch* **40**

Private Schulden eines Gesellschafters gegenüber einer Personengesellschaft. → R B 97.1 Absatz 2, H B 97.1.

Übernommene Pflegeleistungen als Gegenleistung

1. Allgemeines

In notariellen Übergabeverträgen und Schenkungsverträgen werden – vor allem bei Grundstücksübertragungen – vielfach Pflegeverpflichtungen im Bedarfsfall vereinbart. Die Pflegeleistung stellt schenkungsteuerrechtlich eine Gegenleistung für die Grundstücksübertragung dar.

Da der Grundstückserwerber erst im Bedarfsfall zur Pflege des Berechtigten verpflichtet ist, liegt insoweit eine aufschiebend bedingte Last vor, die nach § 6 Absatz 1 BewG vor Eintritt der Bedingung nicht zu berücksichtigen ist. Die Pflegeverpflichtung bleibt deshalb zum Zeitpunkt der Ausführung der Schenkung außer Ansatz (zur schenkungsteuerrechtlichen Behandlung aufschiebend bedingter Leistungen → BFH vom 7. 6. 1989 II R 183/85, BStBl. II S. 814).

2. Begriff der Pflegeleistungen

Pflegeleistungen liegen vor, wenn sie regelmäßig und über eine längere Dauer zu erbringen sind, über ein übliches Maß der zwischenmenschlichen Hilfe hinausgehen und im allgemeinen Verkehr einen Geldwert haben. Zu den Pflegeleistungen zählen – in Anlehnung an die in § 14 Absatz 4 SGB XI angeführten Hilfeleistungen – die Unterstützung und Hilfe bei den gewöhnlichen und regelmäßig wiederkehrenden Verrichtungen im Bereich der Körperpflege (z. B. Waschen, Duschen, Kämmen), der Ernährung (z. B. Zubereiten und Aufnahme der Nahrung), der Mobilität (z. B. selbständiges Aufstehen und Zu-Bett-Gehen, An- und Auskleiden, Gehen, Stehen, Treppensteigen, Verlassen und Wiederaufsuchen der Wohnung) und der hauswirtschaftlichen Versorgung (z. B. Einkaufen, Kochen, Reinigen der Wohnung, Spülen, Wechseln und Waschen der Wäsche und Kleidung). Dazu gehören aber auch weitere, nicht von § 14 Absatz 4 SGB XI erfasste Hilfeleistungen, wie die Erledigung von Botengängen und schriftlichen Angelegenheiten, Besprechungen mit Ärzten, Vorsprachen bei Behörden sowie die seelische Betreuung des Schenkers.

3. Berücksichtigung dem Grunde nach

Pflegeleistungen können erst dann berücksichtigt werden, wenn der Pflegefall tatsächlich eingetreten ist und der Erwerber die Leistungen erbringt. Bei der Schenkungsteuer liegt ab diesem Zeitpunkt eine gemischte Schenkung vor. Die Pflegeverpflichtung wird hierbei mit ihrem Wert im Zeitpunkt der Entstehung der Steuer für die Zuwendung (§ 11 ErbStG) angesetzt. Entsprechendes gilt, wenn sich der Umfang der zu erbringenden Pflegeleistungen nachträglich ändert. Der Schenkungsteuerbescheid ist nach § 175 Absatz 1 Satz 1 Nummer 2 AO zu ändern (BFH vom 7. 6. 1989 II R 183/85, BStBl. II S. 814). Vom Eintritt des Pflegefalles kann grundsätzlich erst dann ausgegangen werden, wenn der Berechtigte pflegebedürftig i. S. d. § 15 SGB XI ist. Die Voraussetzungen für den Pflegegrad 1 müssen erfüllt sein. Liegen diese nicht vor, hat der Erwerber im Einzelfall in geeigneter Weise zu belegen, dass bereits Pflegeleistungen erforderlich sind und er seiner Verpflichtung nachkommt.

Die Anerkennung der Pflegebedürftigkeit erfordert, dass der Erwerber schlüssig darlegt und glaubhaft macht, dass er Pflegeleistungen je nach der Hilfsbedürftigkeit des Schenkers nach Art, Dauer, Umfang und Wert zu erbringen hat. Er trägt insoweit die Feststellungslast. Im Hinblick auf die damit verbundenen Nachweisschwierigkeiten sind jedoch keine übersteigerten Anforderungen an die Darlegung und Glaubhaftmachung zu stellen. Der Nachweis kann in Form eines ärztlichen Attests oder vergleichbarer Bescheinigungen oder in anderer geeigneter Weise geführt werden. Insbesondere kann regelmäßig angenommen werden, dass mit zunehmendem Alter eines Menschen auch dessen Hilfsbedürftigkeit zunimmt. So kann, wenn keine gegenteiligen Anhaltspunkte bestehen, schon bei einem über 80 Jahre alten Menschen von einer Hilfsbedürftigkeit auszugehen sein, ohne dass es hierzu eines Nachweises in Form eines ärztlichen Attests oder vergleichbarer Bescheinigungen bedarf (BFH vom 11. 9. 2013 II R 37/12, BStBl. 2014 II S. 114). Allein die Unterbringung und Versorgung eines Pflegeempfängers in einem Pflegeheim schließen eine Berücksichtigung von Pflegeleistungen nicht aus. Denn diese können auch gegenüber einer Person erbracht werden, die in einem Pflegeheim lebt.

4. Berücksichtigung der Höhe nach

Der Wert der vom Erwerber zu erbringenden Pflegeleistungen bestimmt sich nach den gesamten Umständen des konkreten Einzelfalls, insbesondere den vertraglich vereinbarten Leistungen. Es bestehen keine Bedenken, wenn für erbrachte Leistungen ein pauschaler Satz von 11 EUR[1] je Stunde angesetzt wird. Der pauschale Satz ist anzusetzen unabhängig davon, ob und wenn ja in welchen Pflegegrad die zu pflegende Person eingestuft ist.

---

[1] Siehe *gleich lautenden Ländererlass vom 23. 10. 2023,* abgedruckt als Anlage zu H E 7.4 (1) ErbStH.

Diese Beträge sind zu kürzen, soweit die pflegebedürftige Person Pflegegeld aus der Pflegeversicherung oder einer Pauschalbeihilfe nach den Beihilfevorschriften erhält und diese zu Lebzeiten an die verpflichtete Pflegeperson weitergibt. Die Weitergabe selbst ist nach § 13 Absatz 1 Nummer 9 a ErbStG von der Schenkungsteuer befreit.

Dem Erwerber steht es frei, einen höheren Wert seiner Leistungen nachzuweisen.

Die Pflegeleistungen sind mit ihrem Kapitalwert im Zeitpunkt des Eintritts des Pflegefalles zu bewerten. Dieser ist auf den Zeitpunkt der Ausführung der Zuwendung (§ 9 Absatz 1 Nummer 2 ErbStG) abzuzinsen. Der Vervielfältiger für die Abzinsung ist der Tabelle 1 der *gleich lautenden Erlasse der obersten Finanzbehörden der Länder vom 10. 10. 2010 (BStBl. I S. 810)*[1] zu entnehmen.

Verpflichtungen aus der Gesellschafterstellung. Verpflichtungen aus der Gesellschafterstellung (Haftung, Mitarbeit, Verlustrisiko) sind keine Gegenleistungen (→ BFH vom 1. 7. 1992 II R 108/88, BStBl. II S. 923).

Vorzeitiges Ableben eines Rentenberechtigten.[2] → BFH vom 17. 10. 2001 II R 72/99, BStBl. 2002 II S. 25.

Anl zu H E 7.4 (1)

Erlass betr. Änderung des H E 7.4 der Hinweise zu den Erbschaftsteuer-Richtlinien 2019 (ErbStH 2019); Übernommene Pflegeleistungen als Gegenleistung

Vom 23. Oktober 2023 (BStBl. I S. 1870)

(Gleich lautender Ländererlass)

40 a In H E 7.4 (1) „Übernommene Pflegeleistungen als Gegenleistung" ErbStH sind Erläuterungen zur schenkungsteuerrechtlichen Berücksichtigung einer Pflegeleistung als Gegenleistung enthalten. Zur Berücksichtigung der Höhe nach wird in Nummer 4 Satz 2 ausgeführt, dass keine Bedenken bestehen, wenn für erbrachte Leistungen ein pauschaler Satz von 11 EUR je Stunde angesetzt wird.

Im Einvernehmen mit den obersten Finanzbehörden der anderen Länder gilt in allen noch offenen Fällen, dass statt des Satzes von 11 EUR je Stunde das Mindestentgelt für Pflegehilfskräfte nach der jeweils gültigen Fassung der Pflegearbeitsbedingungenverordnung pauschal angesetzt werden kann. Dies gilt auch für die Ermittlung der Höhe des Freibetrags für Pflegeleistungen nach § 13 Absatz 1 Nummer 9 ErbStG (vgl. H E 13.5 (2) „Bemessung von Pflegeleistungen dem Grunde und der Höhe nach" ErbStH). Aus Vereinfachungsgründen ist in den vorgenannten Fällen der am Tag der Steuerentstehung maßgebende Stundensatz für den gesamten Zeitraum der erbrachten Pflegeleistungen zugrunde zu legen.

Nach § 2 der Fünften Pflegearbeitsbedingungenverordnung vom 20. April 2022 (5. PflegeArbbV, BAnz AT 26. 4. 2022 V1) beträgt das Mindestentgelt für Pflegehilfskräfte:

– ab dem 1. Mai 2022	12,55 Euro brutto je Stunde,
– ab dem 1. September 2022	13,70 Euro brutto je Stunde,
– ab dem 1. Mai 2023	13,90 Euro brutto je Stunde,
– ab dem 1. Dezember 2023	14,15 Euro brutto je Stunde.[3]

Die Mindestentgelte für andere Steuerentstehungszeitpunkte sind den jeweils gültigen Fassungen der Pflegearbeitsbedingungenverordnung zu entnehmen.

R E 7.4 (2)

R E 7.4 (2)

41 (2) Der Abzug der Gegenleistungen, Leistungs-, Nutzungs- und Duldungsauflagen ist nach § 10 Absatz 6 ErbStG[4] beschränkt, soweit der Gegenstand nach §§ 13, 13 a, 13 c oder 13 d ErbStG befreit ist (→ R E 13.1 ff., R E 13 a.1 ff., R E 13 c.1 ff., R E 13 d).

H E 7.4 (2)

H E 7.4 (2)

Bemessungsgrundlage bei der Inanspruchnahme einer Steuerbefreiung

42 **Beispiel:**

A überträgt im Jahr 01 B ein Mietwohngrundstück mit einem Grundbesitzwert von 750 000 EUR. Aus der Anschaffung resultiert noch eine Verbindlichkeit in Höhe von 150 000 EUR, die B übernimmt. A behält sich den Nießbrauch an den Erträgen vor. Der Kapitalwert des Nießbrauchs unter Berücksichtigung der Begrenzung nach § 16 BewG beträgt 100 000 EUR.

---

[1] Siehe jetzt *gleich lautenden Ländererlass vom 9. 9. 2022 (BStBl. I S. 1351),* abgedruckt als Anlage zu § 12 BewG.

[2] *BFH-Urteil vom 17. 10. 2001 II R 72/99 (BStBl. 2002 II S. 25):* **1.** Hat sich im Rahmen einer gemischten Schenkung der Beschenkte zur Zahlung einer Rente verpflichtet, ist der Steuerwert der Rentenlast für die Ermittlung der schenkungsteuerrechtlichen Bereicherung i. S. des § 10 Abs. 1 Satz 1 ErbStG gemäß den für die gemischte Schenkung geltenden Grundsätzen ohne Bedeutung. Daher findet § 14 Abs. 2 BewG im Falle eines vorzeitigen Ablebens des Rentenberechtigten keine Anwendung. **2.** Allerdings kann bei der Berechnung der Bereicherung nach Verkehrswerten, die bei einer gemischten Schenkung der Ermittlung der schenkungsteuerrechtlichen Bereicherung vorauszugehen hat, die Rentenlast nicht unbesehen nach der allgemeinen Lebenserwartung des Rentenberechtigten bewertet werden, wenn bei objektiver Betrachtung mit an Sicherheit grenzender Wahrscheinlichkeit vorauszusehen ist, dass dessen Lebenserwartung niedriger sein wird.

– Vgl. auch *BFH-Urteil vom 8. 2. 2006 II R 38/04,* abgedruckt zu H E 7.4 Abs. 1 ErbStH „Aufschiebend bedingte Gegenleistungspflichten".

[3] Nach § 2 der Sechsten Pflegearbeitsbedingungenverordnung vom 28. 11. 2023 (BGBl. I Nr. 336) beträgt das Mindestentgelt ab dem 1. 2. 2024: 14,15 € brutto je Stunde, ab dem 1. 5. 2024: 15,50 € brutto je Stunde und ab dem 1. 7. 2025: 16,10 € brutto je Stunde.

[4] Siehe jetzt § 10 Abs. 6 b ErbStG.

Grundbesitzwert		750 000 EUR
Befreiung § 13 d ErbStG 10% von 750 000 EUR		./. 75 000 EUR
Verbleiben		675 000 EUR
Gegenleistung in wirtschaftlichem Zusammenhang mit dem Grundstück	150 000 EUR	
Nießbrauch	+ 100 000 EUR	
Summe	250 000 EUR	
Nicht abzugsfähig 10% von 250 000 EUR =	./. 25 000 EUR	
Abzugsfähig	225 000 EUR	./. 225 000 EUR
Bereicherung		450 000 EUR

R E 7.4 (3)

R E 7.4 (3) 43

(3) ① Sind mehrere Vermögensgegenstände Gegenstand einer freigebigen Zuwendung, sind unabhängig davon, ob die Gegenstände zu einer oder zu mehreren Vermögensarten gehören, die steuerlichen Einzelwerte zu einem einheitlichen Steuerwert der Gesamtschenkung zusammenzufassen, soweit die einzelnen Zuwendungen nicht zu unterschiedlichen Zeitpunkten ausgeführt wurden. ② Soweit ein Teil des zugewendeten Vermögens nach §§ 13, 13 a, 13 c oder 13 d ErbStG begünstigt ist (→ R E 13.1 ff., R E 13 a.1 ff., R E 13 c.1 ff., R E 13 d), sind die Befreiungen bei dem einzelnen begünstigten Vermögen vorzunehmen. ③ Absatz 2 ist mit der Maßgabe anzuwenden, dass die Gegenleistungen, Leistungs-, Nutzungs- oder Duldungsauflagen entsprechend ihrem wirtschaftlichen Zusammenhang den einzelnen geschenkten Vermögensgegenständen zuzurechnen sind. ④ *Steht eine Gegenleistung, Leistungs-, Nutzungs- oder Duldungsauflage im Zusammenhang mit allen Vermögensgegenständen, ohne dass sie wirtschaftlich einem einzelnen Vermögensgegenstand oder einzelnen Vermögensgegenständen zugeordnet werden kann, ist sie auf die einzelnen Vermögensgegenstände nach dem Verhältnis der Steuerwerte aufzuteilen; Absatz 2 gilt entsprechend.*[1]

H E 7.4 (3)

H E 7.4 (3) 44

Bemessungsgrundlage bei der gemischten Schenkung und Schenkung unter Auflage in Mischfällen und Inanspruchnahme einer Steuerbefreiung

Beispiel 1:

A überträgt im Jahr 01 B ein Mietwohngrundstück mit einem Grundbesitzwert von 750 000 EUR und Aktien im Streubesitz mit einem gemeinen Wert von 500 000 EUR. Aus der Anschaffung des Grundstücks resultiert noch eine Verbindlichkeit in Höhe von 150 000 EUR, die B übernimmt. A behält sich den Nießbrauch an den Erträgen des Grundstücks vor. Der Kapitalwert des Nießbrauchs unter Berücksichtigung der Begrenzung nach § 16 BewG beträgt 100 000 EUR. Aus der Anschaffung der Aktien resultiert noch eine Verbindlichkeit in Höhe von 120 000 EUR, die B ebenfalls übernimmt.

Grundbesitzwert		750 000 EUR
Aktien		+ 500 000 EUR
Gesamtwert		1 250 000 EUR
Befreiung § 13 d ErbStG 10% von 750 000 EUR		./. 75 000 EUR
Verbleiben		1 175 000 EUR
Gegenleistung in wirtschaftlichem Zusammenhang mit dem Grundstück	150 000 EUR	
Nießbrauch	+ 100 000 EUR	
Summe	250 000 EUR	
Nicht abzugsfähig 10% von 250 000 EUR =	./. 25 000 EUR	
Abzugsfähig	225 000 EUR	./. 225 000 EUR
Gegenleistung in wirtschaftlichem Zusammenhang mit den Aktien (keine Kürzung)		./. 120 000 EUR
Bereicherung		830 000 EUR

Beispiel 2:[2]

A überträgt im Jahr 01 B ein Mietwohngrundstück mit einem Grundbesitzwert von 750 000 EUR und Aktien im Streubesitz mit einem gemeinen Wert von 500 000 EUR. Aus der Anschaffung des Grundstücks resultiert noch eine Verbindlichkeit in Höhe von 150 000 EUR, die B übernimmt. Aus der Anschaffung der Aktien resultiert noch eine Verbindlichkeit in Höhe von 120 000 EUR, die B ebenfalls übernimmt. Zusätzlich hat sich A ausbedungen, dass B ihm eine lebenslange Rente zahlt, deren Kapitalwert 100 000 EUR beträgt.

Grundbesitzwert		750 000 EUR
Aktien		+ 500 000 EUR
Gesamtwert		1 250 000 EUR
Befreiung § 13 d ErbStG 10% von 750 000 EUR		./. 75 000 EUR
Verbleiben		1 175 000 EUR
Gegenleistung in wirtschaftlichem Zusammenhang mit dem Grundstück	150 000 EUR	
Teil der Leistungsauflage, die auf das Grundstück entfällt 750 000 EUR : 1 250 000 EUR × 100 000 EUR	+ 60 000 EUR	
Summe	210 000 EUR	
Nicht abzugsfähig 10% von 210 000 EUR =	./. 21 000 EUR	
Abzugsfähig	189 000 EUR	./. 189 000 EUR

[1] Überholt durch Änderung des § 10 Abs. 6 ErbStG durch das JStG 2020; siehe *Tz. 3 gleich lautender Ländererlass vom 13. 9. 2021,* abgedruckt als Anlage b zu § 10 ErbStG.

[2] Teilweise überholt durch Änderung des § 10 Abs. 6 ErbStG durch das JStG 2020; siehe *Tz. 3 gleich lautender Ländererlass vom 13. 9. 2021,* abgedruckt als Anlage b zu § 10 ErbStG.

HE 7.4 (3)

noch 44

Gegenleistung in wirtschaftlichem Zusammenhang mit den Aktien		120 000 EUR		
Teil der Leistungsauflage, die auf die Aktien entfällt 500 000 EUR : 1 250 000 EUR × 100 000 EUR	+	40 000 EUR		
Summe (keine Kürzung)		160 000 EUR	./.	160 000 EUR
Bereicherung				826 000 EUR

Bemessungsgrundlage bei der gemischten Schenkung und Schenkung unter Auflage in Mischfällen und Inanspruchnahme mehrerer Steuerbefreiungen[1]

Beispiel 1:

A überträgt im Jahr 01 B ein Mietwohngrundstück mit einem Grundbesitzwert von 750 000 EUR und begünstigungsfähige GmbH-Anteile mit einem gemeinen Wert von 4 500 000 EUR. Das begünstigte Vermögen nach § 13 b Absatz 2 ErbStG beträgt 4 000 000 EUR. Ein Antrag nach § 13 a Absatz 10 ErbStG wurde nicht gestellt. Aus der Anschaffung des Grundstücks resultiert noch eine Verbindlichkeit in Höhe von 150 000 EUR, die B übernimmt. Aus der Anschaffung der GmbH-Anteile resultiert noch eine Verbindlichkeit in Höhe von 200 000 EUR, die B ebenfalls übernimmt. Zusätzlich hat sich A ausbedungen, dass B ihm eine lebenslange Rente zahlt, deren Kapitalwert 800 000 EUR beträgt.

Grundbesitzwert						750 000 EUR
GmbH-Anteile					+	4 500 000 EUR
Gesamtwert						5 250 000 EUR
Befreiung § 13 d ErbStG 10% von 750 000 EUR					./.	75 000 EUR
Befreiung § 13 a ErbStG 85% von 4 000 000 EUR					./.	3 400 000 EUR
Verbleiben						1 775 000 EUR
Gegenleistung in wirtschaftlichem Zusammenhang mit dem Grundstück				150 000 EUR		
Teil der Leistungsauflage, die auf das Grundstück entfällt 750 000 EUR : 5 250 000 EUR × 800 000 EUR			+	114 286 EUR		
Summe				264 286 EUR		
Nicht abzugsfähig 10% von 264 286 EUR =			./.	26 428 EUR		
Abzugsfähig				237 858 EUR	./.	237 858 EUR
Gegenleistung in wirtschaftlichem Zusammenhang mit den GmbH-Anteilen				200 000 EUR		
Teil der Leistungsauflage, die auf die GmbH-Anteile entfällt 4 500 000 EUR : 5 250 000 EUR × 800 000 EUR			+	685 714 EUR		
Summe				885 714 EUR		
Nicht abzugsfähig						
Auf begünstigtes Vermögen entfallen 4 000 000 EUR : 4 500 000 EUR × 885 714 EUR				787 301 EUR		
GmbH-Anteile vor Anwendung des § 13 a ErbStG		4 000 000 EUR				
Verschonungsabschlag 85% (§ 13 a Absatz 1 i. V. m. § 13 b Absatz 4 ErbStG)	./.	3 400 000 EUR				
Vermögen nach Anwendung des § 13 a ErbStG		600 000 EUR				
Abziehbar 600 000 EUR : 4 000 000 EUR × 787 301 EUR				118 096 EUR		
Nicht abzugsfähig				669 205 EUR		
Abziehbar 1 100 000 EUR : 4 500 000 EUR × 885 714 EUR				216 508 EUR	./.	216 508 EUR
Bereicherung						1 320 633 EUR

Beispiel 2:

A überträgt im Jahr 01 seinem Sohn B durch Schenkung einen land- und forstwirtschaftlichen Betrieb. Der festgestellte land- und forstwirtschaftliche Grundbesitzwert des Betriebs (§ 160 BewG) beträgt 3 500 000 EUR. Darin ist der Wirtschaftsteil mit einem Wert von 3 100 000 EUR und der Wohnteil mit einem Wert von 400 000 EUR enthalten. Geldforderungen und Geschäftsguthaben des Betriebs belaufen sich auf 300 000 EUR. B übernimmt die auf den Wirtschaftsteil entfallenden Schulden des Betriebs in Höhe von 100 000 EUR (§ 158 Absatz 5 BewG) und hat Altenteilerleistungen mit einem Kapitalwert von 380 000 EUR zu erbringen.

Die Geldforderungen und Geschäftsguthaben des Betriebs gehören nicht zum land- und forstwirtschaftlichen Vermögen (§ 158 Absatz 4 BewG) und sind nicht im festgestellten Grundbesitzwert enthalten. Der Verkehrswert des land- und forstwirtschaftlichen Betriebs entspricht dem Steuerwert. Die Altenteilerleistungen sind nicht Teil des land- und forstwirtschaftlichen Vermögens.

Als Gegenleistung sind die Altenteilerleistungen in Höhe von 380 000 EUR zu berücksichtigen. Die auf den Wirtschaftsteil entfallenden Schulden in Höhe von 100 000 EUR sind im Fall der Bewertung des Betriebs im Reingewinnverfahren (§ 163 BewG) mit dem Ansatz des Reingewinns abgegolten. Im Falle einer Bewertung mit dem Mindestwert (§ 164 BewG) werden sie bei der Berechnung des Mindestwertes abgezogen. Nachdem die Schulden in beiden Fällen bereits bei der Bewertung des Betriebs der Land- und Forstwirtschaft berücksichtigt sind, stellt die Schuldübernahme schenkungsteuerrechtlich keine Gegenleistung dar.

Wert des Wohnteils		400 000 EUR
Wert des übrigen Vermögens	+	300 000 EUR
Wert des Wirtschaftsteils	+	3 100 000 EUR
Gesamtwert		3 800 000 EUR

[1] Teilweise überholt durch Änderung des § 10 Abs. 6 ErbStG durch das JStG 2020; siehe *Tz. 3 gleich lautender Ländererlass vom 13. 9. 2021,* abgedruckt als Anlage b zu § 10 ErbStG.

Befreiung § 13 a ErbStG			
Wirtschaftsteil	3 100 000 EUR		
Verschonungsabschlag § 13 a Absatz 1 ErbStG 85%	./. 2 635 000 EUR	2 635 000 EUR	
Verbleiben	465 000 EUR		
Abzugsbetrag § 13 a Absatz 2 ErbStG	./. 0 EUR	+ 0 EUR	
Summe der Steuerbefreiung		2 635 000 EUR	./. 2 635 000 EUR
Verbleibender Wert			1 165 000 EUR
Teil der Altenteilerleistung, der auf den Wirtschaftsteil entfällt 3 100 000 EUR : 3 800 000 EUR × 380 000 EUR =		310 000 EUR	
Wirtschaftsteil vor Anwendung des § 13 a ErbStG		3 100 000 EUR	
Steuerbefreiung § 13 a ErbStG		./. 2 635 000 EUR	
Vermögen nach Anwendung des § 13 a ErbStG		465 000 EUR	
Abzugsfähiger Teilbetrag 465 000 EUR : 3 100 000 EUR × 310 000 EUR =			./. 46 500 EUR
Teil der Altenteilerleistung, der auf Wohnteil und übriges Vermögen entfällt (keine Kürzung) 700 000 EUR : 3 800 000 EUR × 380 000 EUR			./. 70 000 EUR
Bereicherung			1 048 500 EUR

Wirtschaftlicher Zusammenhang von Gegenleistungen, übernommenen Schulden, Leistungsauflagen, Nutzungs- und Duldungsauflagen mit der Schenkerleistung. In entsprechender Anwendung des § 10 Absatz 6 ErbStG gilt für Schenkungen Folgendes:

1.[1] *Gegenleistungen, die der Beschenkte aufgrund des Schenkungsvertrags erbringen muss, stehen in wirtschaftlichem Zusammenhang mit allen zugewendeten Gegenständen und sind auf diese nach dem Verhältnis der Steuerwerte aufzuteilen (→ R E 7.4 Absatz 3).*

2.[1] *Ein wirtschaftlicher Zusammenhang von Schulden mit einem Vermögensgegenstand liegt nur vor, wenn die Entstehung der Schuld ursächlich und unmittelbar auf Vorgängen beruht, die diesen Vermögensgegenstand betreffen (→ BFH vom 28. 1. 1972 III R 4/71, BStBl. II S. 416) und die Schuld den Vermögensgegenstand wirtschaftlich belastet (→ BFH vom 19. 5. 1967 III 319/63, BStBl. III S. 596). Bei der Belastung eines Grundstücks muss die Schuldaufnahme dem Erwerb (z. B. Belegung des Restkaufpreises durch Aufnahme einer Hypothek), der Herstellung, der Erhaltung oder Verbesserung des belasteten Grundstücks gedient haben (→ BFH vom 28. 9. 1962 III 242/60 U, BStBl. III S. 535). Die hypothekarische Sicherung der Schuld an einem Grundstück begründet eine widerlegbare Vermutung, dass ein solcher wirtschaftlicher Zusammenhang besteht. Der wirtschaftliche Zusammenhang mit dem Vermögensgegenstand muss im Zeitpunkt der Ausführung der Zuwendung bereits bestanden haben; er wird durch die Zuwendung nicht herbeigeführt, wenn er beim Schenker nicht bestanden hat. Das gilt für Schuldverhältnisse aus bereits bestehenden Leistungs- oder Duldungsauflagen entsprechend. Ihr Kapitalwert ist nach §§ 13ff. BewG auf den Besteuerungszeitpunkt der aktuellen Zuwendung zu ermitteln. Besteht kein wirtschaftlicher Zusammenhang mit nur einem einzelnen Vermögensgegenstand, stehen die Schulden in wirtschaftlichem Zusammenhang mit allen zugewendeten Gegenständen und sind auf diese nach dem Verhältnis der Steuerwerte aufzuteilen (→ R E 7.4 Absatz 3).*

3.[1] *Ein wirtschaftlicher Zusammenhang mit allen zugewendeten Gegenständen ist bei Leistungsauflagen (z. B. Rentenleistungen), die erst mit dem Erwerb begründet werden, stets gegeben. Sie sind auf diese nach dem Verhältnis der Steuerwerte aufzuteilen (→ R E 7.4 Absatz 3).*

4.[1] *Bei Nutzungs- und Duldungsauflagen (Nießbrauch, Wohnrecht), die erst mit dem Erwerb begründet werden, ist ein wirtschaftlicher Zusammenhang mit dem oder den Vermögensgegenständen begründet, auf die sich die Verpflichtung bezieht. Steht die Nutzungs- oder Duldungsauflage in wirtschaftlichem Zusammenhang mit der Gesamtheit der zugewendeten Vermögensgegenstände, ist sie auf diese nach dem Verhältnis der Steuerwerte aufzuteilen (→ R E 7.4 Absatz 3).*

R E 7.4 (4)

R E 7.4 (4)

(4) ① Im Zusammenhang mit der Ausführung der Schenkung anfallende Erwerbsnebenkosten, z. B. für Notar, Grundbuch oder Handelsregister, sind aus Vereinfachungsgründen unbeschränkt 45
abzugsfähig. ② Steuerberatungskosten und Rechtsberatungskosten im Vorfeld einer Schenkung sind keine abzugsfähigen Erwerbsnebenkosten.

H E 7.4 (4)

H E 7.4 (4)

Erwerbsnebenkosten im Zusammenhang mit einer Schenkung. Allgemeine Erwerbsnebenkosten, z. B. für den Notar, das Grundbuch oder Handelsregister, sind keine Gegenleistung, 46
sondern Folgekosten der Schenkung. Im Falle einer gemischten Schenkung oder Schenkung unter Auflage sind sie in vollem Umfang als Minderung der Bereicherung zu berücksichtigen. Ebenso sind Steuerberatungskosten für die Schenkungsteuererklärung und die Feststellungser-

[1] Überholt durch Änderung des § 10 Abs. 6 ErbStG durch das JStG 2020, jetzt § 10 Abs. 6 a durch das JStG 2024; siehe *Tz. 3 gleich lautender Ländererlass vom 13. 9. 2021,* abgedruckt als Anlage b zu § 10 ErbStG.

klärung in vollem Umfang bereicherungsmindernd zu berücksichtigen. Die bei einer gemischten Schenkung oder Schenkung unter Auflage anfallende Grunderwerbsteuer ist vom Abzug ausgeschlossen.
→ H E 10.7 „Behandlung von Erwerbsnebenkosten und Steuerberatungskosten sowie Rechtsberatungskosten im Zusammenhang mit einer Schenkung“

Beispiel:
A überträgt im Jahr 01 dem Neffen B ein Mietwohngrundstück mit einem Grundbesitzwert von 750 000 EUR. Aus der Anschaffung resultiert noch eine Verbindlichkeit in Höhe von 150 000 EUR, die B übernimmt. A behält sich den Nießbrauch an den Erträgen vor. Der Kapitalwert des Nießbrauchs unter Berücksichtigung der Begrenzung nach § 16 BewG beträgt 100 000 EUR. Die Erwerbsnebenkosten (für Notar, Grundbuch) belaufen sich auf 5500 EUR, die Grunderwerbsteuer auf 8750 EUR. An Steuerberatungskosten für die Schenkungsteuererklärung sind 2000 EUR angefallen.

Grundbesitzwert				750 000 EUR
Befreiung § 13 d ErbStG 10% von 750 000 EUR			./.	75 000 EUR
Verbleiben				675 000 EUR
Gegenleistung in wirtschaftlichem Zusammenhang mit dem Grundstück		150 000 EUR		
Nießbrauch	+	100 000 EUR		
Summe		250 000 EUR		
Nicht abzugsfähig 10% von 250 000 EUR =	./.	25 000 EUR		
Abzugsfähig		225 000 EUR	./.	225 000 EUR
Verbleiben				450 000 EUR
Abzugsfähige Erwerbsnebenkosten (ohne Grunderwerbsteuer)		5 500 EUR		
Steuerberatungskosten	+	2 000 EUR		
Summe (keine Kürzung)		7 500 EUR	./.	7 500 EUR
Bereicherung				442 500 EUR

ErbStR R E 7.5

R E 7.5 Schenkungen unter Beteiligung von Kapitalgesellschaften und Genossenschaften

47 (1) ① Im Verhältnis einer Kapitalgesellschaft zu ihren Gesellschaftern gibt es neben betrieblich veranlassten Rechtsbeziehungen lediglich offene und verdeckte Gewinnausschüttungen sowie Kapitalrückzahlungen, aber keine nach § 7 Absatz 1 Nummer 1 ErbStG freigebigen Zuwendungen. ② Bei Leistungen an Kapitalgesellschaften können die Regelungen der § 7 Absatz 8 und § 15 Absatz 4 ErbStG zur Anwendung kommen. ③ Nach § 7 Absatz 8 Satz 1 ErbStG kann auch die bloße Werterhöhung von Anteilen an einer Kapitalgesellschaft schenkungsteuerbar sein. ④ § 7 Absatz 8 Satz 2 ErbStG stellt klar, dass verdeckte Gewinnausschüttungen und verdeckte Einlagen zwischen verbundenen Körperschaften grundsätzlich keine freigebigen Zuwendungen sind. ⑤ Nach § 7 Absatz 8 Satz 3 ErbStG gelten die Sätze 1 und 2 auch für Genossenschaften. ⑥ Nach § 15 Absatz 4 ErbStG ist bei einer Schenkung durch eine Kapitalgesellschaft oder Genossenschaft der Besteuerung das persönliche Verhältnis des Erwerbers zu demjenigen unmittelbar oder mittelbar beteiligten Gesellschafter zugrunde zu legen, durch den sie veranlasst ist; dies ist z. B. für die Bestimmung der Steuerklasse oder die Anwendung des § 14 ErbStG von Bedeutung. ⑦ Wenn ein Erwerb zugleich die Voraussetzungen des § 7 Absatz 1 Nummer 1 ErbStG mit der dazu ergangenen Rechtsprechung als auch des § 7 Absatz 8 Satz 1 ErbStG erfüllt, ist ausschließlich § 7 Absatz 8 Satz 1 ErbStG anzuwenden. ⑧ Erfüllt ein Erwerb sowohl die Voraussetzungen des § 7 Absatz 7 ErbStG als auch des § 7 Absatz 8 Satz 1 ErbStG, ist ausschließlich § 7 Absatz 7 ErbStG als speziellere Norm anzuwenden.

48 (2)[1] ① Führt ein Gesellschafter einer Kapitalgesellschaft im Wege einer offenen oder verdeckten Einlage einen Vermögenswert zu und erhöht sich infolge dieses Vermögenszugangs der gemeine Wert sämtlicher Anteile an der Kapitalgesellschaft, stellt die Werterhöhung der Beteiligungsrechte der anderen Gesellschafter grundsätzlich keine steuerbare Zuwendung im Sinne des § 7 Absatz 1 Nummer 1 ErbStG an diese dar. ② Es ist jedoch § 7 Absatz 8 Satz 1 ErbStG zu prüfen (→ Absatz 10 bis 13). ③ Erfolgt in zeitlichem Zusammenhang mit einer Einlage eine offene oder verdeckte Ausschüttung, ist regelmäßig der an die anderen Gesellschafter ausgeschüttete Betrag Gegenstand einer Zuwendung des Einlegenden an die Ausschüttungsbegünstigten im Sinne einer Weiterleitung des eingelegten Vermögens an den jeweiligen Beschenkten. ④ Wird eine Kapitalgesellschaft neu gegründet und erbringt ein Gesellschafter seine Stammeinlage, ohne dafür eine gleichwertige Kapitalbeteiligung zu erhalten, bilden die Vereinbarungen ein einheitliches Rechtsgeschäft mit der Folge, dass die Mitgesellschafter ihren Geschäftsanteil an der Kapitalgesellschaft mit dem gemeinen Wert nach der Einbringung des Unternehmens in die Kapitalgesellschaft vom einbringenden Gesellschafter geschenkt erhalten. ⑤ Die vom jeweiligen Beschenkten geleistete Einlage stellt Erwerbsaufwand dar und ist von dem gemeinen Wert der gewährten Anteile abzuziehen. ⑥ Erwirbt ein Gesellschafter im Rahmen einer Kapitalerhöhung neue Anteile an einer

[1] *BFH-Urteil vom 19. 6. 2024 II R 40/21 (DStR S. 2319):* Haben Gesellschafter einer GmbH wirksam vereinbart, dass Leistungen in die Kapitalrücklage gesellschafterbezogen zugeordnet werden, wird jedoch die Kapitalrücklage im Zusammenhang mit einer Kapitalerhöhung abweichend hiervon allen Gesellschaftern entsprechend ihren Beteiligungsquoten zugerechnet, kann der Verzicht auf einen angemessenen Wertausgleich durch den Gesellschafter, der die Leistungen erbracht hat, eine freigebige Zuwendung zugunsten der Mitgesellschafter darstellen.

Kapitalgesellschaft gegen eine Einlage, die den Wert der Anteile übersteigt, kommt regelmäßig die Annahme einer steuerbaren Zuwendung im Sinne des § 7 Absatz 1 Nummer 1 ErbStG an die übrigen Gesellschafter nicht in Betracht. ⑦ Es ist jedoch § 7 Absatz 8 Satz 1 ErbStG zu prüfen (→ Absatz 8 bis 13). ⑧ Erwirbt ein Gesellschafter im Rahmen einer Kapitalerhöhung neue Anteile an einer Kapitalgesellschaft gegen eine nach Maßgabe der Wertverhältnisse zu geringe Einlage und ohne weitere Verpflichtungen eingehen zu müssen, ist er mit der Eintragung im Handelsregister auf Kosten der Altgesellschafter bereichert. ⑨ Hierbei ist der gemeine Wert der Anteile maßgebend. ⑩ Die Leistung der Einlage stellt Erwerbsaufwand dar und ist von dem gemeinen Wert der gewährten Anteile abzuziehen. ⑪ Übernimmt ein Gesellschafter freigebig eine Einlageverpflichtung eines Mitgesellschafters, unterliegt dies als Zuwendung des Gesellschafters an den Mitgesellschafter mit dem gemeinen Wert der Einlageverpflichtung der Schenkungsteuer. ⑫ Ein Vermächtnis zugunsten einer Kapitalgesellschaft, deren (mittelbarer) Alleingesellschafter der Erblasser war, unterliegt der Erbschaftsteuer auch dann, wenn auf den mit dem Vermächtnis belasteten Alleinerben im Wege der Gesamtrechtsnachfolge auch die (mittelbare) Alleingesellschafterstellung des Erblassers übergegangen ist.

(3) ① Wird bei einer Verschmelzung einer Kapitalgesellschaft auf eine andere Kapitalgesellschaft den Gesellschaftern der übertragenden Gesellschaft von der übernehmenden Gesellschaft eine den Wert der übertragenden Gesellschaft übersteigende Beteiligung gewährt, liegt eine steuerbare Zuwendung der Gesellschafter der übernehmenden Gesellschaft an die Gesellschafter der übertragenden Gesellschaft in Höhe des übersteigenden Wertes vor. ② Unterschreitet die gewährte Beteiligung den Wert der übertragenden Gesellschaft und erhalten die begünstigten Gesellschafter der übernehmenden Gesellschaft bereits vorab als Gesellschafter keine zusätzlichen Anteile, liegen keine freigebigen Zuwendungen im Sinne des § 7 Absatz 1 Nummer 1 ErbStG vor (→ Absatz 5 und 6). ③ Es ist jedoch § 7 Absatz 8 Satz 1 ErbStG zu prüfen (→ Absatz 10 bis 13). **49**

(4) ① Nimmt ein Gesellschafter an einer Kapitalerhöhung nicht im vollen Umfang des ihm zustehenden Bezugsrechts teil und lässt er dieses Bezugsrecht insoweit verfallen, kann dieser Verzicht als steuerbare Zuwendung im Sinne des § 7 Absatz 1 Nummer 1 ErbStG an den an der Kapitalerhöhung Teilnehmenden zu qualifizieren sein, wenn diesem durch die Kapitalerhöhung eine Wertsteigerung zufließt, die den Wert einer von ihm zu erbringenden Einlage übersteigt (Kapitalerhöhung gegen zu geringes Aufgeld). ② Erfolgt die Kapitalerhöhung aus Gesellschaftsmitteln und nicht durch Erhöhung des Nennbetrags der Alt-Anteile („Aufstockung", vgl. § 57h GmbHG), erwerben die Gesellschafter die neuen Anteile zwingend im Verhältnis ihrer bisherigen Geschäftsanteile (§ 57j GmbHG, § 212 AktG). ③ Der „Verzicht" eines Gesellschafters auf dieses Bezugsrecht bedeutet deshalb eine Zuwendung im Sinne des § 7 Absatz 1 Nummer 1 ErbStG der neu entstandenen Anteile an die anderen Gesellschafter. **50**

(5) ① Bleibt im Fall des Übergang eines Anteils eines Gesellschafters auf die Gesellschaft (Erwerb eigener Anteile) die zu leistende Abfindung hinter dem gemeinen Wert der Anteile zurück, ergibt sich eine Bereicherung der Gesellschaft, die nach § 7 Absatz 7 Satz 1 ErbStG steuerpflichtig ist. ② Veräußert ein Gesellschafter seine Anteile an die Gesellschaft zu einem zu niedrigen Preis, liegt keine freigebige Zuwendung nach § 7 Absatz 1 Nummer 1 ErbStG oder § 7 Absatz 7 Satz 1 ErbStG vor, weder an die Gesellschafter noch an die Gesellschaft. ③ Es ist jedoch § 7 Absatz 8 Satz 1 ErbStG zu prüfen (→ Absatz 10 bis 13). **51**

(6) ① Wird ein Anteil nach § 34 GmbHG eingezogen, geht er durch die Einziehung unter; der Gesellschafter scheidet durch die Einziehung aus der Gesellschaft aus. ② Erfolgt die Einziehung gegen eine den gemeinen Wert des Anteils nicht deckende Abfindung, erhöht die Differenz zwischen dem Wert des untergehenden Anteils und der Abfindung den Wert der verbleibenden Anteile und gilt als Zuwendung des ausscheidenden Gesellschafters an die verbleibenden Gesellschafter (§ 7 Absatz 7 Satz 2 ErbStG). **52**

(7) ① Bei verdeckten Gewinnausschüttungen der Kapitalgesellschaft, die zu einem Vermögensvorteil des Gesellschafters führt, liegt keine freigebige Zuwendung im Verhältnis der Kapitalgesellschaft zum Gesellschafter vor. ② Zahlt eine Kapitalgesellschaft auf Veranlassung eines Gesellschafters einer diesem nahestehenden Person, die nicht Gesellschafter ist, überhöhte Vergütungen, liegt regelmäßig keine freigebige Zuwendung der Gesellschaft an die nahestehende Person vor. ③ Das Gleiche gilt, wenn auf Veranlassung eines Gesellschafters eine diesem nahestehende Person an die Kapitalgesellschaft für eine erbrachte Leistung eine zu geringe oder keine Vergütung zahlt. ④ Hierbei handelt es sich regelmäßig um verdeckte Gewinnausschüttungen an den Gesellschafter. ⑤ Das „Nahestehen" einer Person kann auf familienrechtlichen, gesellschaftsrechtlichen, schuldrechtlichen oder auch rein tatsächlichen Beziehungen beruhen. ⑥ In diesen Fällen liegt regelmäßig eine freigebige Zuwendung im Sinne des § 7 Absatz 1 Nummer 1 ErbStG zwischen dem Gesellschafter und der nahestehenden Person vor. ⑦ Kommen mehrere Gesellschafter als Schenker in Betracht (z. B. Vater und Onkel des Begünstigten), kann eine quotale Zuwendung der Gesellschafter angenommen werden. ⑧ Ausnahmsweise liegt keine freigebige Zuwendung im Sinne des § 7 Absatz 1 Nummer 1 ErbStG zwischen dem Gesellschafter und der nahestehenden Person vor, wenn nach der Ausgestaltung der zwischen ihnen bestehenden Rechtsbeziehung eine Gegenleistung für die überhöhte, zu geringe oder fehlende Vergütung vorliegt. ⑨ Unter den entsprechenden Voraussetzungen des § 29 Absatz 1 Nummer 1 ErbStG erlischt die Steuer in den Fällen der Sätze 1 bis 7. ⑩ Verzichtet ein Gesellschafter zugunsten eines Mitgesellschafters auf einen bereits entstan- **53**

ErbStR R E 7.5

denen Gewinnanspruch, liegt regelmäßig eine freigebige Zuwendung im Sinne des § 7 Absatz 1 Nummer 1 ErbStG des Verzichtenden zugunsten des Mitgesellschafters vor. ⑪ Entsprechendes kann auch in Fällen einer nicht leistungsbezogen bestimmten disquotalen Gewinnausschüttung vorliegen.

54 (8) Zur mittelbaren Anteilsschenkung gelten die Grundsätze des R E 7.3 entsprechend.

55 (9) Die Absätze 2 bis 8 gelten bei Beteiligungen an Genossenschaften entsprechend.

56 (10) ① § 7 Absatz 8 Satz 1 ErbStG fingiert eine Schenkung zwischen dem an eine Kapitalgesellschaft Leistenden und der natürlichen Person oder Stiftung, die an der Kapitalgesellschaft unmittelbar oder mittelbar beteiligt ist, und deren Anteile an der Gesellschaft durch die Leistung im gemeinen Wert steigen. ② Mögliche Bedachte (Zuwendungsempfänger) sind nur natürliche Personen und Stiftungen als die letztendlich Begünstigten. ③ Der Leistende (Zuwendende) kann eine natürliche Person oder eine juristische Person, z. B. auch eine Kapitalgesellschaft, sein; Leistungen einer Personengesellschaft sind den hinter der Personengesellschaft stehenden Gesellschaftern zuzurechnen. ④ Auch Leistungen gesellschaftsfremder Dritter an die Kapitalgesellschaft können den Tatbestand des § 7 Absatz 8 Satz 1 ErbStG erfüllen. ⑤ Sofern die Leistung auf eine unmittelbare Bereicherung der Kapitalgesellschaft abzielt, liegt stattdessen eine steuerbare Zuwendung im Sinne des § 7 Absatz 1 Nummer 1 ErbStG an die Kapitalgesellschaft selbst vor.

57 (11) ① Leistungen im Sinne des § 7 Absatz 8 Satz 1 ErbStG sind insbesondere Sacheinlagen und Nutzungseinlagen. ② Eine Leistung von Gesellschaftern oder Dritten an die Kapitalgesellschaft führt nicht zu einer steuerbaren Werterhöhung, soweit dieser Leistung eigene Leistungen der (Mit-)Gesellschafter gegenüberstehen. ③ Ob eine Leistung im Sinne des § 7 Absatz 8 Satz 1 ErbStG vorliegt, ist im Rahmen einer Gesamtbetrachtung festzustellen. ④ Sofern auch die anderen Gesellschafter in einem zeitlichen und sachlichen Zusammenhang Leistungen an die Gesellschaft erbringen, die insgesamt zu einer den Beteiligungsverhältnissen entsprechenden Werterhöhung der Anteile aller Gesellschafter führen, ist keine steuerbare Leistung im Sinne des § 7 Absatz 8 Satz 1 ErbStG gegeben. ⑤ Im Rahmen der Gesamtbetrachtung sind nicht nur Leistungen der anderen Gesellschafter an die Gesellschaft zu berücksichtigen, sondern auch Leistungen der Gesellschafter untereinander, durch die die Werterhöhung ausgeglichen wird. ⑥ Entsprechendes gilt für den Fall der Leistung fremder Dritter an die Gesellschaft. ⑦ In derartigen Fällen fällt im Ergebnis keine Schenkungsteuer an, weil die Werterhöhung nach § 7 Absatz 8 Satz 1 ErbStG durch eigene Leistungen ausgeglichen wird. ⑧ Leistungen einzelner Gesellschafter führen zu keiner nach § 7 Absatz 8 Satz 1 ErbStG steuerbaren Werterhöhung der Anteile von Mitgesellschaftern, soweit der Leistende als Gegenleistung zusätzliche Rechte in der Gesellschaft erlangt, wie z. B. eine Verbesserung seines Gewinnanteils (§ 29 Absatz 3 Satz 2 GmbHG), zusätzliche Anteile an der Gesellschaft oder eine von den Geschäftsanteilen abweichende Verteilung des Vermögens bei späterer Liquidation. ⑨ Wenn Gesellschafter, z. B. zu Sanierungszwecken, auf Forderungen gegen die Gesellschaft verzichten wollen, das Verhältnis der Nennbeträge der Forderungen aber von den Beteiligungsquoten abweicht, bestehen keine Bedenken gegen einen vorgeschalteten Forderungsverkauf, bei dem der verzichtende Gläubiger (Gesellschafter oder Dritter) in einem ersten Schritt einen Teil seiner Forderung zum Verkehrswert an die (Mit-)Gesellschafter verkauft und die Gesellschafter dann in einem zweiten Schritt beteiligungsproportional auf ihre Forderungen verzichten. ⑩ Ein Forderungsverzicht unter Besserungsvorbehalt bessert als auflösend bedingter Verzicht die Vermögens- und Ertragslage der Gesellschaft zumindest vorübergehend (und seiner Zwecksetzung nach auch auf Dauer), bewirkt also eine Werterhöhung der Anteile sowohl des Verzichtenden als auch der etwaiger Mitgesellschafter. ⑪ Grundsätzlich fehlt es jedoch an einem steuerbaren Vorgang, weil der Gläubiger einer wertlosen Forderung nichts aus seinem Vermögen hergibt, sondern lediglich uneinbringbare Werte gegen Erwerbsaussichten umschichtet. ⑫ Es mangelt insoweit an einer Vermögensverschiebung von dem Verzichtenden an die Mitgesellschafter. ⑬ Leistungen einzelner Gesellschafter führen zu keiner nach § 7 Absatz 8 Satz 1 ErbStG steuerbaren Werterhöhung der Anteile von Mitgesellschaftern, soweit am Stichtag diesbezüglich zwischen den Gesellschaftern oder mit der Kapitalgesellschaft Zusatzabreden bestehen, die für den einlegenden Gesellschafter gewährleisten, dass seine Leistungen nicht zu einer endgültigen Vermögensverschiebung zugunsten der Mitgesellschafter führen. ⑭ Gleiches gilt, wenn hinsichtlich der Leistungen gesellschaftsvertraglich eine von den maßgebenden Beteiligungsquoten abweichende Verteilung des Vermögens bei späterer Liquidation der Gesellschaft vereinbart wird oder soweit die Leistung als schuldrechtlich zugunsten des leistenden Gesellschafters gebundene Kapitalrücklage verbucht wird (§ 72 Satz 2 GmbHG).

58 (12) ① Die Bereicherung richtet sich nach der Erhöhung des gemeinen Werts der Anteile an der Kapitalgesellschaft, nicht nach dem Wert der Leistung des Zuwendenden. ② Maßgeblich sind die allgemeinen Regelungen für die Bewertung nicht notierter Anteile (§ 11 Absatz 2 BewG, ggf. in Verbindung mit §§ 199 ff. BewG). ③ Die Werterhöhung kann damit auch durch eine Verbesserung der Ertragsaussichten bewirkt werden, die durch die Leistung des Zuwendenden verursacht ist. ④ § 200 Absatz 4 BewG ist zu beachten. ⑤ Führt die Leistung des Zuwendenden zu keiner Erhöhung des gemeinen Werts der Anteile an der Kapitalgesellschaft, ist keine Bereicherung gegeben. ⑥ Die Werterhöhung der Anteile muss durch die Leistung kausal veranlasst sein. ⑦ Sie kann

daher nicht höher sein als der gemeine Wert der bewirkten Leistung des Zuwendenden.[1] ⑧ Maßgeblich sind die Erkenntnismöglichkeiten und Wertvorstellungen der Gesellschafter in dem Zeitpunkt, in dem die Leistung bewirkt wird. ⑨ Sind die Parteien bei wechselseitigen Leistungen an die Gesellschaft in nachvollziehbarer Weise und unter fremdüblichen Bedingungen übereinstimmend davon ausgegangen, dass die Leistungen insgesamt ausgewogen sind, liegt eine Steuerbarkeit nach § 7 Absatz 8 Satz 1 ErbStG grundsätzlich auch dann nicht vor, wenn sich dies anhand später gewonnener besserer Erkenntnisse als unzutreffend erweist. ⑩ Die als zutreffend zugrunde gelegten Werte sind dann im gewöhnlichen Geschäftsverkehr (vgl. § 9 Absatz 2 BewG) zustande gekommen. ⑪ Die Ausgewogenheit der Gesellschafterbeiträge wird aber regelmäßig nicht zu belegen sein, wenn zwischen den Leistungen ein offensichtliches Missverhältnis besteht. ⑫ Davon ist allgemein bei einer Wertdifferenz von mindestens 20% auszugehen. ⑬ Wenn an eine Kapitalgesellschaft geleistet wird, an der der Bedachte nur mittelbar über andere Gesellschaften beteiligt ist, kommt es auf die Werterhöhung der Anteile an der unmittelbar begünstigten Kapitalgesellschaft an und nicht auf die Werterhöhung der Anteile an der vermittelnden Kapitalgesellschaft. ⑭ Maßgeblich ist der Anteil an der unmittelbar begünstigten Kapitalgesellschaft, der bei Durchrechnung der Beteiligungsquoten mittelbar auf den Bedachten entfällt. ⑮ Leistungen an eine Personengesellschaft, an der eine Kapitalgesellschaft beteiligt ist, sind nach allgemeinen Grundsätzen als solche an die Gesellschafter zu behandeln. ⑯ Sie sind also im Sinne des § 7 Absatz 8 Satz 1 ErbStG in dem Umfang an die Kapitalgesellschaft erbracht, in dem diese an der Personengesellschaft beteiligt ist. ⑰ Die Erhöhung des gemeinen Werts der Anteile ist nicht nach § 151 Absatz 1 Satz 1 Nummer 3 BewG gesondert festzustellen. ⑱ Das Betriebsfinanzamt der Kapitalgesellschaft teilt dem Erbschaftsteuerfinanzamt den im Wege der Amtshilfe ermittelten Wert mit.

(13)[2] ① Gegenstand der Steuerbegünstigungen nach §§ 13 a, 13 c, 28 a ErbStG ist der Erwerb von Anteilen an Kapitalgesellschaften, nicht aber die Werterhöhung solcher Anteile, die sie aufgrund von Leistungen an die Kapitalgesellschaft im Sinne des § 7 Absatz 8 ErbStG erfahren. ② Daher ist die Steuerbegünstigung nach §§ 13 a, 13 c oder 28 a ErbStG in den Fällen des § 7 Absatz 8 ErbStG nicht zu gewähren. **59**

(14) ① § 7 Absatz 8 Satz 2 ErbStG stellt ergänzend zu Satz 1 der Vorschrift auf den Willen zur Unentgeltlichkeit ab. ② Die Vorschrift begründet keine gesonderte, über § 7 Absatz 8 Satz 1 ErbStG hinausgehende Steuerbarkeit. ③ Sie bringt vielmehr zum Ausdruck, dass § 7 Absatz 8 Satz 1 ErbStG bei Leistungen zwischen Kapitalgesellschaften anwendbar ist, wenn dadurch die Anteile von Gesellschaftern im Wert steigen und die Wertverschiebung durch den Willen zur Unentgeltlichkeit, z. B. eines Mitgesellschafters, veranlasst ist. ④ Nach § 7 Absatz 8 Satz 2 Halbsatz 2 ErbStG können Einlagen zwischen Kapitalgesellschaften nicht der Schenkungsteuer unterliegen, soweit an der leistenden und der begünstigten Kapitalgesellschaft unmittelbar oder mittelbar dieselben natürlichen Personen oder Stiftungen im gleichen Beteiligungsverhältnis beteiligt sind. **60**

(15) ① § 7 Absatz 8 Satz 1 und 2 ErbStG ist auf Genossenschaften anzuwenden (§ 7 Absatz 8 Satz 3 ErbStG). ② Auch bei diesen Gesellschaften sind Vermögensverschiebungen zwischen den Gesellschaftern (Genossenschaftsmitgliedern) durch Einlagen möglich. ③ § 15 Absatz 4 ErbStG ist ebenfalls auf Zuwendungen durch Genossenschaften anwendbar (→ R E 15.4). ④ Die Förderung der Genossenschaftsmitglieder (z. B. durch genossenschaftliche Rückvergütungen) entsprechend dem allgemeinen Förderzweck der Genossenschaft (§ 1 GenG) unter Beachtung des genossenschaftlichen Gleichbehandlungsgebots ist nicht schenkungsteuerbar. ⑤ Entsprechendes gilt für Leistungen einer Kapitalgesellschaft an die Mitglieder einer Genossenschaft, die alle Anteile an der Kapitalgesellschaft hält. **61**

H E 7.5

HE 7.5

Disquotale Einlage von Vermögen in eine GmbH durch Gesellschafter. → BFH vom 9. 12. 2009 II R 28/08, BStBl. 2010 II S. 566. **62**

Einbringung eines Einzelunternehmens in eine neu gegründete Kapitalgesellschaft. → BFH vom 12. 7. 2005 II R 8/04, BStBl. II S. 845.

Einziehung eines Anteils (§ 34 GmbHG)

Beispiel:

A und B sind mit Geschäftsanteilen im Betrag von je 50 000 EUR Gesellschafter einer GmbH. Der Gesellschaftsvertrag lässt die Einziehung der Geschäftsanteile zu. Die Gesellschafterversammlung beschließt, dass der Anteil des B ohne Abfindung (oder alternativ: gegen eine Abfindung in Höhe des anteiligen Buchwerts des Betriebsvermögens) eingezogen wird. B stimmt der Einziehung zu.

Folge der Einziehung des Anteils ist, dass das Gesellschaftsvermögen in den nach der Einziehung verbleibenden Geschäftsanteilen verkörpert ist. Deren Wert erhöht sich deshalb, sofern die Abfindung nicht dem gemeinen Wert des auf den eingezogenen Anteil entfallenden Gesellschaftsvermögens entspricht.

Freigebige Zuwendung an Neugesellschafter bei Kapitalerhöhung. → BFH vom 20. 12. 2000 II R 42/99, BStBl. 2001 II S. 454 und vom 27. 8. 2014 II R 43/12, BStBl. 2015 II S. 241.

---

[1] Zur Feststellung in besonderen Fällen siehe *gleich lautenden Ländererlass vom 17. 10. 2023,* abgedruckt als Anlage zu R E 7.5 ErbStG.

[2] Siehe *Rn. 33 ff. BFH-Urteil vom 10. 4. 2024 II R 22/21,* abgedruckt zu § 7 Abs. 8 ErbStG.

H E 7.5
noch 62

Leistungen an eine Kapitalgesellschaft (§ 7 Absatz 8 Satz 1 ErbStG).

Beispiel 1 (Allgemeines):

Vater V und Sohn S sind zu je 1/2 an der VS-GmbH beteiligt und haben bei Gründung der Gesellschaft je 50 000 EUR in die Gesellschaft eingezahlt. Nun legt V weitere 200 000 EUR in die Gesellschaft ein. Dadurch erhöht sich der Wert der Beteiligung des S von 1/2 × (50 000 EUR + 50 000 EUR) = 50 000 EUR auf 1/2 × (50 000 EUR + 50 000 EUR + 200 000 EUR) = 150 000 EUR. S hat also einen Vermögensvorteil von 100 000 EUR erlangt, der nach der Rechtsprechung des BFH keine freigebige Zuwendung i. S. d. § 7 Absatz 1 Nummer 1 ErbStG darstellt, weil er nicht in einer substanziellen Vermögensverschiebung, sondern lediglich in der Wertsteigerung der Gesellschaftsanteile besteht. Demgegenüber wäre eine Direktzuwendung von V an S in Höhe von 100 000 EUR, wie z. B. auch die Übernahme einer Einlageverpflichtung des S in Höhe von 100 000 EUR, nach Maßgabe der allgemeinen Voraussetzungen des § 7 Absatz 1 Nummer 1 ErbStG schenkungsteuerbar.

Anders als nach § 7 Absatz 1 Nummer 1 ErbStG kommt es im Rahmen des § 7 Absatz 8 Satz 1 ErbStG weder auf die unmittelbare Zuwendung von Sachsubstanz an den Bedachten noch auf den Willen zur Unentgeltlichkeit (R E 7.1) an. Deshalb liegt in dem Beispielsfall eine steuerbare Schenkung des V an den S vor.

Beispiel 2 (Werterhöhung durch die Leistung dem Grunde nach):

Sachverhalt wie in Beispiel 1. Der Sohn S leistet auch eine Einlage von 200 000 EUR in die VS-GmbH. Der Wert der GmbH erhöht sich mithin auf (50 000 EUR + 50 000 EUR + 200 000 EUR + 200 000 EUR) = 500 000 EUR, der Wert der Anteile des S auf 250 000 EUR. Die Wertsteigerung der Anteile des S ist hier durch eigene Einlagen erzielt, beruht also insoweit nicht auf einer nach § 7 Absatz 8 Satz 1 ErbStG steuerbaren Leistung des V.

Beispiel 3 (Höhe der Bereicherung):

An der AB-GmbH sind Vater A zu 40 % und Tochter B zu 60 % beteiligt. A verkauft der GmbH ein Grundstück für 200 000 EUR, der gemeine Wert des Grundstücks beträgt 300 000 EUR. Als Folge der günstigen Lage des Grundstücks erhöht sich der Ertragswert der GmbH um 400 000 EUR.

Die anzusetzende Werterhöhung der Anteile der B kann den Betrag von (300 000 EUR – 200 000 EUR) × 60 % = 60 000 EUR nicht übersteigen.

Leistungen zwischen Kapitalgesellschaften (§ 7 Absatz 8 Satz 2 ErbStG).

Beispiel:

Vater V ist zu 100% Gesellschafter der T1-GmbH und zu 40% Gesellschafter der T2-GmbH; die weiteren 60% der T2-GmbH gehören dem Sohn S.V veranlasst die T1-GmbH, der T2-GmbH verbilligt ein Grundstück zu verkaufen.

Der Vorgang ist schenkungsteuerbar im Verhältnis zwischen T1-GmbH und S (vgl. § 7 Absatz 8 Satz 1 ErbStG), wenn er von dem Willen des V veranlasst ist, den S zu bereichern (§ 7 Absatz 8 Satz 2 ErbStG). Hierfür gelten die Grundsätze des R E 7.1 Absatz 3. Zuwendungsgegenstand ist die durch die Vermögenszuwendung im Umfang von 60 % des Vermögensvorteils bewirkte Werterhöhung der Anteile des S. Für die Berechnung der Steuer ist der Vorgang so zu behandeln, als sei der V Schenker (vgl. § 15 Absatz 4 ErbStG). Wenn der veranlassende und der begünstigte Gesellschafter Angehörige i. S. d. § 15 AO sind, ist bei disquotalen Leistungen regelmäßig von einer privaten freigebigen Veranlassung auszugehen.

Im Verhältnis zwischen T1-GmbH und V liegt keine Schenkung vor. Zwar steigt der Wert der Anteile des V an der T2-GmbH als Folge der Leistung, dafür sinkt allerdings der Wert seiner Anteile an der T1-GmbH in einem mindestens gleichen (hier sogar höheren) Umfang.

Nahestehende Person. → BFH vom 19. 6. 2007 VIII R 54/05, BStBl. II S. 830.

Offene oder verdeckte Einlage. → BFH vom 9. 12. 2009 II R 28/08, BStBl. 2010 II S. 566, vom 25. 10. 1995 II R 67/93, BStBl. 1996 II S. 160 und vom 20. 1. 2016 II R 40/14, BStBl. 2018 II S. 284.

Rechtlicher Zusammenhang mit Gemeinschaftszweck. → BFH vom 1. 7. 1992 II R 70/88, II R 108/88, II R 12/90, BStBl. II S. 921, 923, 925.

Übergang des Anteils eines Gesellschafters auf die Gesellschaft (Erwerb eigener Anteile)[1]

Beispiel:

A und S (Sohn des A) sind Gesellschafter einer GmbH. Beide halten je einen Geschäftsanteil in Höhe von 50 000 EUR (nominal). Im Gesellschaftsvermögen sind erhebliche stille Reserven gebunden. A scheidet aus und gibt seinen Anteil an die GmbH zum Buchwert zurück.

Der gemeine Wert des Anteils liegt deutlich über der von der GmbH erhaltenen Abfindung. Da A aus der Gesellschaft ausscheidet, liegt eine Schenkung an die Gesellschaft selbst vor. In diesem Fall richtet sich die Besteuerung nach dem Steuerwert des übertragenen Anteils abzüglich der Abfindungsleistung.

Übertragung von Wirtschaftsgütern einer Personengesellschaft auf eine GmbH. → BFH vom 19. 6. 1996 II R 83/92, BStBl. II S. 616.

Veräußerung von Anteilen eines Gesellschafters an die Gesellschaft zu einem zu niedrigen Preis. → BFH vom 20. 1. 2016 II R 40/14, BStBl. 2018 II, S. 284.

Vermächtnis zugunsten einer Kapitalgesellschaft. → BFH vom 17. 4. 1996 II R 16/93, BStBl. II S. 454.

Verzicht auf die zukünftige Verzinsung eines Gesellschafterdarlehens. → BFH vom 12. 7. 1979 II R 26/78, BStBl. II S. 631.

Zuwendungen an Gesellschafter oder an nahestehende Personen. → BFH vom 30. 1. 2013 II R 6/12, BStBl. II S. 930, und vom 13. 9. 2017 II R 54/15, II R 32/16 und II R 42/16, BStBl. 2018 II S. 292, 296, 299.

Beispiel 1:

A ist Alleingesellschafterin einer GmbH. Ihr Bruder B erhält von der GmbH einen Sportwagen zu einem um 100 000 EUR unangemessen zu niedrigen Kaufpreis. Es liegt eine verdeckte Gewinnausschüttung der GmbH an A in Höhe von

[1] Siehe *BFH-Urteil vom 10. 4. 2024 II R 22/21,* abgedruckt zu § 7 Abs. 8 ErbStG.

100 000 EUR vor. Es liegt keine freigebige Zuwendung der GmbH an B vor. In Höhe von 100 000 EUR liegt eine freigebige Zuwendung von A an B vor.

Beispiel 2:

Sachverhalt wie in Beispiel 1. Im Gegenzug verzichtet der Bruder auf die Rückzahlung eines Darlehens in Höhe von 100 000 EUR, das er gegenüber A hatte. In diesem Fall liegt zwar eine verdeckte Gewinnausschüttung der GmbH an A vor. Es liegt weiterhin keine freigebige Zuwendung der GmbH an B vor. Daneben liegt jedoch weder eine freigebige Zuwendung der A an B noch von B an A vor.

Zuwendungsabsicht. → BFH vom 25. 10. 1995 II R 67/93, BStBl. 1996 II S. 160.

Anl zu R E 7.5

Erlass betr. gesonderte Feststellung gemäß § 151 Absatz 1 Satz 1 Nummer 3 BewG bei Bewertungen für Zwecke des § 7 Absatz 8 ErbStG

Vom 17. Oktober 2023 (BStBl. I S. 1871)

(Gleich lautender Ländererlass)

1 Als Schenkung gilt auch die Werterhöhung von Anteilen an einer Kapitalgesellschaft, die eine an der Gesellschaft unmittelbar oder mittelbar beteiligte natürliche Person oder Stiftung (Bedachte) durch die Leistung einer anderen Person (Zuwendender) an die Gesellschaft erlangt (§ 7 Absatz 8 ErbStG). Die Bereicherung richtet sich nach der Erhöhung des gemeinen Werts der Anteile an der Kapitalgesellschaft, nicht nach dem Wert der Leistung des Zuwendenden (R E 7.5 Absatz 12 Satz 1 ErbStR). Im Regelfall ist aber davon auszugehen, dass die Werterhöhung des gemeinen Werts der Anteile dem gemeinen Wert der Leistung des Zuwendenden entspricht. **63**

Beispiel:

Vater V ist zu 100% Gesellschafter der T1-GmbH und zu 40% Gesellschafter der T2-GmbH; die weiteren 60% der T2-GmbH gehören dem Sohn S. V veranlasst die T1-GmbH, der T2-GmbH verbilligt ein Grundstück zu verkaufen.

Lösung:

Der Vorgang ist schenkungsteuerbar im Verhältnis zwischen T1-GmbH und S (§ 7 Absatz 8 Satz 1 ErbStG), wenn er von dem Willen des V veranlasst ist, den S zu bereichern (§ 7 Absatz 8 Satz 2 ErbStG). Zuwendungsgegenstand ist die durch die Vermögensverschiebung im Umfang von 60% des Vermögensvorteils bewirkte Werterhöhung der Anteile des S. Es ist davon auszugehen, dass die bewirkte Werterhöhung der Anteile des S 60 % des gemeinen Werts des Grundstücks nach Abzug des von T2-GmbH gezahlten Kaufpreises entspricht. Der gemeine Wert des Grundstücks ist folglich für die Besteuerung von Bedeutung und daher auf Anforderung des Schenkungsteuerfinanzamts gesondert festzustellen (§ 151 Absatz 1 Satz 1 Nummer 1 BewG).

2 Sofern der Steuerpflichtige Gründe vorträgt, wonach die Werterhöhung des gemeinen Werts der Anteile niedriger ausfallen könnte als der gemeine Wert der Leistung des Zuwendenden, kann es erforderlich sein, den gemeinen Wert der Anteile an der Kapitalgesellschaft vor und nach der Leistung des Zuwendenden nach § 151 Absatz 1 Satz 1 Nummer 3 BewG gesondert festzustellen und hieraus die Werterhöhung des gemeinen Werts der Anteile abzuleiten. R E 7.5 Absatz 12 Satz 17 ErbStR steht dem nicht entgegen.

ErbStR R E 7.6

R E 7.6 Vereinbarung der Gütergemeinschaft

(1) ① Vereinbaren Ehegatten den Güterstand der Gütergemeinschaft, geht das Gesetz stets davon aus, dass die Bereicherung des weniger vermögenden Ehegatten subjektiv unentgeltlich erfolgt. **65**
② Auf das Motiv der Vereinbarung kommt es nicht an.

(2) Bei einem Wechsel vom Güterstand der Zugewinngemeinschaft zum Güterstand der Gütergemeinschaft ist grundsätzlich davon auszugehen, dass der ausgleichsberechtigte Ehegatte seine Ausgleichsforderung in das Gesamtgut einbringt. **66**

(3) ① Es besteht keine Vermutung dafür, dass Zuwendungen an nur einen Ehegatten von Todes wegen oder unter Lebenden gleichzeitig auch für den anderen Ehegatten mitbestimmt sind. ② Das gilt auch dann, wenn die Ehegatten in Gütergemeinschaft leben und die Zuwendung in das Gesamtgut fällt. ③ Dass hier der Erblasser oder Schenker die Möglichkeit hat, die Zuordnung zum Vorbehaltsgut (§ 1418 Absatz 2 BGB) zu bestimmen, ändert nichts an dieser Beurteilung. ④ Der andere Ehegatte erwirbt auf Grund einer gesetzlichen Vorschrift (§ 1416 BGB), so dass insoweit auch zwischen den Ehegatten keine Schenkung vorliegt. ⑤ Steuerpflichtige Schenkungen beider Ehegatten aus dem Gesamtgut sind stets als anteilige freigebige Zuwendungen beider Ehegatten zu behandeln. **67**

ErbStR R E 7.7 | H E 7.7

R E 7.7 Übergang von Vermögen auf eine Stiftung *(unbesetzt)*

H E 7.7

Kein Übergang von Vermögen auf eine nichtrechtsfähige Stiftung. → BFH vom 25. 1. 2017 II R 26/16, BStBl. 2018 II S. 199. **68**

ErbStR R E 7.8

R E 7.8 Bedingte Beteiligung an den offenen und stillen Reserven einer Personengesellschaft *(unbesetzt)*

H E 7.8

H E 7.8

69 **Bedingte Beteiligung an den offenen und stillen Reserven einer Personengesellschaft.** Wird bei der Schenkung eines Anteils für den Fall des Ausscheidens die sog. Buchwertklausel vereinbart, bleibt dies bei der Feststellung der Bereicherung zunächst unberücksichtigt. Die den Buchwert der Beteiligung übersteigende Bereicherung gilt vielmehr als auflösend bedingt erworben. Tritt die Bedingung ein, so kann der Erwerber nach § 5 Absatz 2 BewG eine Berichtigung der Steuerfestsetzung beantragen.

Die Bedingung tritt ein, wenn im Zeitpunkt des Ausscheidens des Gesellschafters der Steuerwert seines Anteils über der Abfindung liegt. Der auflösend bedingte Teil seines Erwerbs entspricht dann dem Steuerwert des bei der Schenkung angesetzten Anteils abzüglich des Buchwerts im Zeitpunkt der Schenkung. Auf Antrag ist in diesem Fall die Steuer zu erstatten, die auf diesen Unterschiedsbetrag entfällt, höchstens jedoch die Steuer, die auf den Unterschiedsbetrag zwischen der Abfindung und dem höheren Steuerwert vom Zeitpunkt des Ausscheidens entfällt. Auf die Identität zwischen den stillen Reserven vom Zeitpunkt der Schenkung und den stillen Reserven vom Zeitpunkt des Ausscheidens des Beschenkten kommt es nicht an.

Beispiel:

a) Buchwert des Anteils z. Z. der Schenkung	1 000 000 EUR
Steuerwert des Anteils z. Z. der Schenkung	1 200 000 EUR
Unterschiedsbetrag	200 000 EUR
b) Buchwert des Anteils z. Z. des Ausscheidens (Abfindung)	1 500 000 EUR
Steuerwert des Anteils z. Z. des Ausscheidens	2 000 000 EUR
Unterschiedsbetrag	500 000 EUR

Es kann die Steuer erstattet werden, die auf 200 000 EUR entfällt. Würde der Unterschied nach Buchstabe b nur 120 000 EUR betragen, könnte auch die Steuer nur für diesen Betrag erstattet werden. Zur Berechnung des zu erstattenden Betrags ist von der veranlagten Steuer die Steuer abzuziehen, die sich ergeben würde, wenn bei der Veranlagung der Erwerb (1 200 000 EUR) um den jeweils ermittelten Unterschiedsbetrag zwischen Buchwert und Steuerwert des Anteils (200 000 EUR bzw. 120 000 EUR) gekürzt worden wäre. Zu erstatten ist dann der Unterschied zwischen den beiden Steuerbeträgen.

In dem Steuerbescheid über die Schenkung ist der Buchwert des Anteils vom Zeitpunkt der Schenkung zu vermerken. Liegt er über dem angesetzten Steuerwert, so genügt ein Hinweis, dass die Voraussetzungen des § 7 Absatz 5 ErbStG nicht mehr erfüllt werden können.

Dem Ausscheiden stehen die Ausschließung eines Gesellschafters und die Auflösung der Gesellschaft gleich.

ErbStR R E 7.9

R E 7.9 Überhöhte Gewinnbeteiligung

70 (1) ① Ist bei den Ertragsteuern eine Entscheidung über das Vorliegen und den Umfang eines überhöhten Gewinnanteils getroffen worden, ist diese Entscheidung in der Regel auch für die Schenkungsteuer zu übernehmen. ② In anderen Fällen ist der Jahreswert des überhöhten Gewinnanteils selbstständig zu ermitteln. ③ Soweit bei der Gesellschaft eine Änderung der Ertragsaussichten nicht zu erwarten ist, kann er von dem durchschnittlichen Gewinn der letzten drei Wirtschaftsjahre vor der Schenkung abgeleitet werden. ④ Für die Berechnung des Kapitalwerts ist, soweit keine anderen Anhaltspunkte für die Laufzeit gegeben sind, davon auszugehen, dass der überhöhte Gewinnanteil dem Bedachten auf unbestimmte Zeit in gleich bleibender Höhe zufließen wird; der Kapitalwert ist das 9,3fache des Jahreswerts (§ 13 Absatz 2 BewG).

71 (2) ① Die nachträgliche Gewährung einer überhöhten Gewinnbeteiligung und die nachträgliche Erhöhung einer bereits zuvor gewährten überhöhten Gewinnbeteiligung sind Sachverhalte, die ebenfalls unter § 7 Absatz 6 ErbStG fallen. ② Bei der Übertragung einer bereits mit einem Gewinnübermaß ausgestatteten Beteiligung an einer Personengesellschaft kommt § 7 Absatz 6 ErbStG hingegen nicht zusätzlich zur Anwendung. ③ Das Gewinnübermaß wird bereits über § 97 Absatz 1 a Nummer 1 Buchstabe b BewG bei der Bewertung der Beteiligung im Rahmen der Besteuerung der Übertragung der Beteiligung berücksichtigt.

72 (3) Da der Gesellschafter, dem eine erhöhte Gewinnbeteiligung eingeräumt wird, durch diesen Vorgang keine Beteiligung an der Personengesellschaft erhält, ist dieser Erwerb des Gesellschafters nicht nach §§ 13 a, 13 c, 19 a oder 28 a ErbStG begünstigt.

R E 7.10

R E 7.10 Gesellschaftsanteil beim Ausscheiden eines Gesellschafters zu Lebzeiten

(unbesetzt)

H E 7.10

H E 7.10

73 **Gesellschaftsanteil beim Ausscheiden eines Gesellschafters zu Lebzeiten.** § 7 Absatz 7 ErbStG enthält die Parallelvorschrift zu § 3 Absatz 1 Nummer 2 Satz 2 ErbStG für den Fall des Ausscheidens eines Gesellschafters noch zu seinen Lebzeiten (→ R E 3.4). Auf die Absicht des ausscheidenden Gesellschafters, die verbleibenden Gesellschafter oder die Gesellschaft zu bereichern (Bereicherungswille), kommt es hiernach nicht an. Die Vorschrift ist sowohl bei einem frei-

willigen als auch bei einem zwangsweisen Ausscheiden des Gesellschafters anzuwenden. Sie betrifft Anteile an einer Personengesellschaft und Anteile an einer Kapitalgesellschaft.

→ BFH vom 1. 7. 1992 II R 70/88, II R 12/90, BStBl. II S. 921 und 925.

Steuerschuldnerschaft in Fällen des § 7 Absatz 7 ErbStG. → BFH vom 4. 3. 2015 II R 51/13, BStBl. II S. 672.

a) Erlass betr. Beurteilung der Gesamtgläubigerschaft i. S. d. § 428 BGB

Anl a zu § 7

Vom 12. Juni 2003

(FM Saarland B/5 – 2 – 121/2003 – S 3810; koord. Ländererlass)

Zu den Fragen, 74

- unter welchen Voraussetzungen in Fällen, in denen ein Eigentümer schenkweise einen Vermögensgegenstand gegen das Einräumen von Renten- bzw. Nutzungsrechten für sich und einen Dritten als Gesamtgläubiger überträgt, auch eine sofort zu besteuernde Schenkung des Eigentümers an den Dritten vorliegt und
- ob in Fällen, in denen der Schenker und dessen Ehegatte Gesamtgläubiger eines eingeräumten Nutzungsrechts sind, das erst mit dem Tod des Längerlebenden erlöschen soll, beim Tod des erstversterbenden Ehegatten die nach § 25 Abs. 1 Satz 2 ErbStG gestundete Steuer teilweise fällig wird,[1]

bitte ich folgende Auffassung zu vertreten:

Im Fall einer Gesamtgläubigerschaft ist die Schenkung des anteiligen Renten- oder Nutzungsrechts an den Dritten ausgeführt (§ 9 ErbStG), wenn diesem im Innenverhältnis zwischen dem Schenker und dem Dritten ein eigener Anspruch zusteht und er gegenüber dem bisherigen Eigentümer nicht zum vollen Ausgleich verpflichtet ist. In diesem Zeitpunkt tritt die Bereicherung des Dritten auf Kosten des bisherigen Eigentümers ein. Soweit keine anderen Vereinbarungen ersichtlich sind oder nachgewiesen werden, kann von einer – sofortigen – Berechtigung der Gesamtgläubiger zu gleichen Teilen ausgegangen werden (vgl. § 430 BGB). Steht dem Dritten nach dem im Innenverhältnis erst zu einem späteren Zeitpunkt, z. B. mit dem Tod eines weiteren Gesamtgläubigers, ein Leistungsanspruch zu, ist sein Erwerb aufschiebend bedingt oder befristet und erst zu einem späteren Zeitpunkt zu berücksichtigen.

Erwirbt ein Beschenkter Vermögen und räumt er in diesem Zusammenhang ein lebenslängliches Nutzungsrecht zugunsten des Schenkers und eines Dritten, der nicht sein Ehegatte ist, als Gesamtgläubiger ein, ist die Nutzungslast in den als Nutzungsauflage abzugsfähigen Anteil des Dritten und den dem Abzugsverbot des § 25 ErbStG unterliegenden Anteil des Schenkers aufzuteilen.[2] Die auf den Kapitalwert des anteiligen Anspruchs entfallende Steuer wird bis zum Erlöschen des Anspruchs des Schenkers zinslos gestundet. Erlischt der Anspruch des Schenkers, z. B. im Fall seines Todes, wird die gestundete Steuer fällig (§ 25 Abs. 1 Satz 2 ErbStG). Der Teil des Anspruchs des Schenkers geht ersatzlos unter. Auf den Dritten geht nichts über (vgl. BFH vom 7. Februar 2001, BStBl. II S. 245).

Dies gilt entsprechend auch in den Fällen, in denen Gesamtgläubiger eines Nutzungsrechts neben dem Schenker dessen Ehegatte ist, so dass die Belastung insgesamt dem Abzugsverbot des § 25 ErbStG unterliegt und die darauf entfallende Steuer bis zum Erlöschen des Anspruchs zinslos zu stunden ist.[3] Beim Tod eines der Gesamtgläubiger oder Erlöschen seines Anspruchs aus anderen Gründen fällt die Stundung insoweit weg, als sie auf den dieser Person zuzurechnenden Teil des Kapitalwerts der gesamten Belastung entfällt. Hinsichtlich des der anderen Person zuzurechnenden Anteils der Belastung gilt die Stundung fort.

Beispiel:

Vater V schenkt einem Kind ein Mietwohngrundstück unter Vorbehalt des Nießbrauchs für sich selbst bzw. Einräumung eines Nießbrauchs zugunsten seiner Ehefrau E als Gesamtgläubiger bis zum Tod des Längstlebenden. Der gesamte Jahreswert der Nutzung beträgt 36 000 €. Auf den Zeitpunkt der Steuerentstehung ergeben sich folgende Kapitalwerte der Belastung bzw. der Teilbeträge:

Berechtigter	Lebensalter	Vervielfältiger lt. Anlage 9[4]	Jahreswert	Kapitalwert	Summe	Anteil
V	62	9,889	18 000	178 002	178 002	39,39%
E	58	12,553 12,553 – 9,889 = 2,664	18 000 18 000	225 954 47 952	273 906	60,61%
Summe					451 908	100,00%

Bei einem angenommenen Steuersatz von 19% errechnet sich ein Stundungsbetrag von insgesamt 451 900 € (abgerundet) × 19% = 85 861 €, der anteilig mit 39,39% bzw. 60,61% auf die einzelnen Ansprüche der Gesamtgläubiger entfällt.

Als V stirbt, wird der gestundete Betrag in Höhe von (85 861 € × 39,39% =) 33 820 € fällig. Der Restbetrag in Höhe von (85 861 € – 33 820 € =) 52 041 € bleibt weiter gestundet.

Dieser Erlass ergeht im Einvernehmen mit den obersten Finanzbehörden der anderen Länder.

---

[1] Gegenstandslos durch Aufhebung von § 25 ErbStG ab 1. 1. 2009.

[2] Wegen Aufhebung von § 25 ErbStG ist das Nutzungsrecht zugunsten des Schenkers voll abziehbar.

[3] Wegen Aufhebung von § 25 ErbStG ist das Nutzungsrecht zugunsten des Ehegatten des Schenkers voll abziehbar.

[4] Anlage 9 aufgehoben ab 1. 1. 2009, vgl. jetzt Vervielfältiger nach der **aktuellen Sterbetafel** (abgedruckt bei § 14 BewG).

Anl b zu § 7

b) Erlass betr. Übertragung treuhänderisch gehaltener Vermögensgegenstände

Vom 16. September 2010 (DStR S. 2084)

(FM Bayern 34 – S 3811 – 035 – 38476/10; koord. Ländererlass)

75 Für die erbschaft- und schenkungsteuerrechtliche Behandlung einer vom Treugeber vorgenommenen Übertragung von Ansprüchen aus einem Treuhandverhältnis gilt das Folgende:

Gegenstand der Zuwendung ist der Herausgabeanspruch des Treugebers nach § 667 BGB gegen den Treuhänder auf Rückübereignung des Treugutes. Bei dem Herausgabeanspruch handelt es sich um einen einseitigen Sachleistungsanspruch. Die weitere steuerliche Beurteilung, insbesondere die Bewertung, orientiert sich daran, auf welchen Gegenstand sich der Herausgabeanspruch bezieht, mithin an der Vermögensart des Treugutes.

Handelt es sich beim Treugut um nach § 13 b ErbStG bzw. § 13 a Abs. 4 ErbStG a. F. begünstigtes Vermögen, sind bei Vorliegen der übrigen Voraussetzungen demnach auch die Steuerbefreiung nach § 13 a ErbStG bzw. § 13 a ErbStG a. F. und der Entlastungsbetrag nach § 19 a ErbStG bzw. § 19 a ErbStG a. F. zu gewähren.

An der hiervon abweichenden Rechtsauffassung der Erlasse des FM Bayern vom 14. Juni 2005 34 – S 3811 – 035 – 25199/05, DStR S. 1231, und vom 11. Januar 2008 34 – S 3811 – 035 – 38956/07, DStR S. 508, wird nicht mehr festgehalten.

Anl c zu § 7

c) Erlass betr. Übertragung von Vermögen (z. B. Grundstücke) auf Stiftungen, Schenkung nach § 7 Abs. 1 Nr. 8 ErbStG

Vom 24. April 2014

(FBeh Hamburg 53-S 4505-005/12; koord. Ländererlass)

76 Nach § 7 Abs. 1 Nr. 8 ErbStG unterliegt der Übergang von Vermögen aufgrund eines Stiftungsgeschäftes unter Lebenden der Schenkungsteuer. Der Steuertatbestand dieser Vorschrift beinhaltet ebenso wie § 7 Abs. 1 Nr. 1 ErbStG das Element der Freigebigkeit. Bei einer unentgeltlichen Vermögensübertragung aufgrund eines Stiftungsgeschäftes unter Lebenden liegt somit nur dann eine steuerbare Schenkung vor, wenn der Stifter die Unentgeltlichkeit subjektiv gewollt hat. Hierbei sind die gleichen Grundsätze anzuwenden wie bei einer freigebigen Zuwendung nach § 7 Abs. 1 Nr. 1 ErbStG (vgl. BFH vom 9. Dezember 2009, BStBl. 2010 II S. 363, Rn. 15).

Bei einer Vermögensübertragung im Rahmen eines Stiftungsgeschäftes durch die öffentliche Hand liegt daher – mangels Freigebigkeit – keine schenkungsteuerbare Zuwendung vor.

Werden mit dem Stiftungsgeschäft auch Grundstücke auf eine Stiftung übertragen und ist keine steuerbare Schenkung gegeben, dann unterliegen diese Grundstücksübertragungen der Grunderwerbsteuer. Eine Steuerbefreiung nach § 3 Nr. 2 GrEStG scheidet aus.

Dieser Erlass ergeht im Einvernehmen mit den obersten Finanzbehörden der anderen Bundesländer.

Der Bezugserlass FBeh Hamburg v. 2. 1. 2014 53 – S 3806-010/12 wird aufgehoben.

Anl d zu § 7

d) Verfügung betr. steuerliche Behandlung des Vermögensrückflusses von Trustvermögen an den Errichter (§ 7 Abs. 1 Nr. 9 Satz 2 ErbStG)

Vom 10. April 2019 (DStR S. 929)

(BayLfSt S 3806.2.1 – 110/7 St 34)

77 Der Erwerb des Trusterrichters bei der späteren Auflösung eines Trusts, welcher als selbständige Vermögensmasse, die auf die Bindung von Vermögen ausgerichtet ist, anzusehen ist, unterliegt dem Tatbestand des § 7 Abs. 1 Nr. 9 Satz 2 ErbStG.

ErbStG

§ 8 Zweckzuwendungen[1]

Zweckzuwendungen sind Zuwendungen von Todes wegen oder freigebige Zuwendungen unter Lebenden, die mit der Auflage verbunden sind, zugunsten eines bestimmten Zwecks verwendet zu werden, oder die von der Verwendung zugunsten eines bestimmten Zwecks abhängig sind, soweit hierdurch die Bereicherung des Erwerbers gemindert wird. 1

[1] *BFH-Urteil vom 30. 9. 1987 II R 122/85 (BStBl. II S. 861)*: Eine Zweckzuwendung liegt nicht vor, wenn der Bedachte ein Sparguthaben mit der Auflage erhält, die zu Lebzeiten mit dem Erblasser vereinbarte Pflege seines Grabes zu besorgen.

BFH-Urteil vom 5. 11. 1992 II R 62/89 (BStBl. 1993 II S. 161): **1.** Eine Zweckzuwendung i. S. des § 8 ErbStG 1974 liegt nicht vor, wenn die Zuwendung aus der Sicht des Zuwendenden unmittelbar seiner Person selbst zugute kommen soll, auch wenn es sich um immaterielle Belange handelt. Das bloße Interesse des Zuwendenden an dem bestimmten Zweck und dessen Forderung steht der Annahme einer Zweckzuwendung nicht entgegen. **2.** Die Auflage i. S. des § 8 ErbStG 1974 setzt die rechtliche Verpflichtung des Empfängers der Zuwendung voraus, das Zugewendete für den von dem Zuwendenden bestimmten Zweck zu verwenden. Die Verpflichtung braucht nicht ausdrücklich angeordnet zu sein. Sie kann sich auch aus einer nicht nur den Wortlaut und den damit verbundenen Sinn, sondern auch den inneren Zusammenhang der letztwilligen Verfügung sowie die Motive und Interessenlage des Erblassers berücksichtigenden Auslegung des Testaments ergeben. Die mit einem zugewendeten Gegenstand einhergehenden Lasten stellen für sich keine Auflage dar.

ErbStG

§ 9 Entstehung der Steuer

(1) **Die Steuer entsteht**

1.[1] **bei Erwerben von Todes wegen mit dem Tode des Erblassers,**[2] **jedoch**

1 **a) für den Erwerb des unter einer aufschiebenden Bedingung, unter einer Betagung oder Befristung Bedachten sowie für zu einem Erwerb gehörende aufschiebend bedingte, betagte oder befristete Ansprüche mit dem Zeitpunkt des Eintritts der Bedingung oder des Ereignisses,**[3]

2 **b) für den Erwerb eines geltend gemachten Pflichtteilsanspruchs**[4] **mit dem Zeitpunkt der Geltendmachung,**

3 **c) im Fall des § 3 Abs. 2 Nr. 1 Satz 1 mit dem Zeitpunkt der Anerkennung der Stiftung als rechtsfähig und im Fall des § 3 Abs. 2 Nr. 1 Satz 2 mit dem Zeitpunkt der Bildung oder Ausstattung der Vermögensmasse,**

4 **d) in den Fällen des § 3 Abs. 2 Nr. 2 mit dem Zeitpunkt der Vollziehung der Auflage oder der Erfüllung der Bedingung,**

5 **e) in den Fällen des § 3 Abs. 2 Nr. 3 mit dem Zeitpunkt der Genehmigung,**

6 **f) in den Fällen des § 3 Absatz 2 Nummer 4 mit dem Zeitpunkt des Verzichts, der Ausschlagung, der Zurückweisung oder der Erklärung über das Nichtgeltendmachen,**

7 **g) im Fall des § 3 Abs. 2 Nr. 5 mit dem Zeitpunkt der Vereinbarung über die Abfindung,**

8 **h) für den Erwerb des Nacherben mit dem Zeitpunkt des Eintritts der Nacherbfolge,**

9 **i) im Fall des § 3 Abs. 2 Nr. 6 mit dem Zeitpunkt der Übertragung der Anwartschaft,**

10 **j) im Fall des § 3 Abs. 2 Nr. 7 mit dem Zeitpunkt der Geltendmachung des Anspruchs;**

11 **2.**[5] **bei Schenkungen unter Lebenden mit dem Zeitpunkt der Ausführung der Zuwendung;**

12 **3. bei Zweckzuwendungen mit dem Zeitpunkt des Eintritts der Verpflichtung des Beschwerten;**

13 **4. in den Fällen des § 1 Abs. 1 Nr. 4 in Zeitabständen von je 30 Jahren seit dem Zeitpunkt des ersten Übergangs von Vermögen auf die Stiftung oder auf den Verein. ② Fällt bei Stiftungen oder Vereinen der Zeitpunkt des ersten Übergangs von Vermögen auf den 1. Januar 1954 oder auf einen früheren Zeitpunkt, entsteht die Steuer erstmals am 1. Januar 1984. ③ Bei Stiftungen und Vereinen, bei denen die Steuer erstmals am 1. Januar 1984 entsteht, richtet sich der Zeitraum von 30 Jahren nach diesem Zeitpunkt.**

---

[1] Zur Anwendung im Beitrittsgebiet siehe § 37 a Abs. 2 Satz 1 ErbStG.

[2] *BFH-Urteil vom 17. 11. 2021 II R 39/19 (BStBl. 2022 II S. 478):* Erwirbt ein inländischer Erbe nach italienischem Erbrecht, entsteht inländische Erbschaftsteuer mit dem Zeitpunkt des Todes des Erblassers und nicht erst mit der nach italienischem Recht notwendigen Annahme der Erbschaft durch den Erben.

BFH-Urteil vom 28. 3. 2007 II R 25/05 (BStBl. II S. 461): **1.** Anerkennen und beachten der Belastete und der Begünstigte den Willen des Erblassers und führen sie dessen formunwirksam angeordnetes Verschaffungsvermächtnis aus, entsteht die Erbschaftsteuer nicht – auch nicht rückwirkend – mit dem Tod des Erblassers, sondern erst mit der Erfüllung des Vermächtnisses. **2.** (abgedruckt zu H E 3.2 ErbStH).

Auch bei Einschaltung eines executors nach amerikanischem Recht entsteht die Erbschaftsteuer im Zeitpunkt des Todes. *Erlaß Berlin vom 28. 3. 1989.* – Vgl. auch *BFH-Urteil vom 8. 6. 1988 II R 243/82 (BStBl. II S. 808):* Die Erbeinsetzung unter Zwischenschaltung eines executors nach amerikanischem Recht ist selbst dann nicht aufschiebend bedingt, wenn dem executor für die Zeit der Nachlassabwicklung unbeschränkte Verfügungsmacht eingeräumt ist (Aufgabe von BFHE 79, 481, BStBl. III 1964, 408).

Zum Übernahme- oder Kaufrechtsvermächtnis vgl. *BFH-Urteil vom 13. 8. 2008 II R 7/07,* abgedruckt zu H E 3.2 ErbStH (Rspr.-Änderung).

[3] Siehe *gleich lautenden Ländererlass vom 4. 1. 2023,* abgedruckt als Anlage b zu § 12 BewG.

[4] *BFH-Urteil vom 19. 7. 2006 II R 1/05,* abgedruckt zu § 3 Abs. 1 Nr. 1 ErbStG, und *Urteil FG München vom 24. 8. 2005 4 K 4361/03, rkr,* abgedruckt zu § 13 Abs. 1 Nr. 11 ErbStG.

[5] *BFH-Urteil vom 1. 9. 2021 II R 8/19 (BFH/NV 2022 S. 236):* **1.** Ist ein Anteil an einer Personengesellschaft Gegenstand einer Schenkung, ist der Vollzugszeitpunkt der Zeitpunkt des zivilrechtlich wirksamen Übergangs des Mitgliedschaftsrechts. **2.** Ist der Vollzug einer Schenkung aufschiebend bedingt, ist die Zuwendung erst mit Bedingungseintritt ausgeführt. **3.** (abgedruckt zu § 151 Abs. 1 BewG).

BFH-Urteil vom 25. 6. 2021 II R 40/18 (BFH/NV 2022 S. 327): **1.** Der Erwerb bei Auflösung einer Vermögensmasse ausländischen Rechts ist in dem Moment ausgeführt, in dem das gebundene Vermögen zivilrechtlich wirksam auf den Anfallsberechtigten übergeht. **2.** Zu welchem Zeitpunkt die einzelnen Vermögensgegenstände der Vermögensmasse auf den Erwerber übergehen, ist auf der Grundlage der dafür maßgebenden und nach den Regeln des Internationalen Privatrechts zu ermittelnden Rechtsordnung zu entscheiden. **3.** Die Ermittlung ausländischen Rechts ist Aufgabe des FG als Tatsacheninstanz. In welchem Umfang das FG das ausländische Recht ermittelt, steht in seinem pflichtgemäßen Ermessen und ist von den jeweiligen Umständen des Einzelfalls abhängig; der Vortrag der Beteiligten ist zu berücksichtigen.

Vgl. *BFH-Beschluss vom 18. 2. 2008 II B 109/06 (BFH/NV S. 529), Ls. 1:* **1.** Eine Schenkung von Wertpapieren, die in einem Depot verwahrt werden, ist ausgeführt, wenn der Herausgabeanspruch abgetreten wurde.

FG Münster, Urteil vom 23. 10. 2014 3 K 265/12 (EFG 2015 S. 240), Ls. 1: **1.** Ist die Übertragung der Versichertenstellung von der Zustimmung des Versicherers abhängig, wird die Schenkung erst mit dem Zugang der Zustimmungserklärung bewirkt.

(2) **In den Fällen der Aussetzung der Versteuerung nach § 25 Abs. 1 Buchstabe a[1] gilt die Steuer für den Erwerb des belasteten Vermögens als mit dem Zeitpunkt des Erlöschens der Belastung entstanden.** 14

Übersicht

	Rz.
R E 9.1 Zeitpunkt der Ausführung einer Grundstücksschenkung; H E 9.1	16–19
R E 9.2 Entstehung der Steuer in sonstigen Fällen *(unbesetzt)*; H E 9.2	20
R E 9.3 Bewertungsstichtag bei Errichtung einer Stiftung *(unbesetzt)*; H E 9.3	21
Anlagen:	
a) Verfügung betr. Grundstücksschenkungen mit Widerrufsklausel	22
b) Schreiben betr. Zeitpunkt der Ausführung einer Grundstücksschenkung; hier: Schuldrechtliche Sondervereinbarungen	23

Zu § 9 ErbStG

R E 9.1 Zeitpunkt der Ausführung einer Grundstücksschenkung

ErbStR R E 9.1

(1)[2] ① Eine Grundstücksschenkung gilt als ausgeführt, wenn die Vertragsparteien die für die Eintragung der Rechtsänderung in das Grundbuch erforderlichen Erklärungen in gehöriger Form abgegeben haben und der Beschenkte auf Grund dieser Erklärungen in der Lage ist, beim Grundbuchamt die Eintragung der Rechtsänderung zu bewirken. 16 ② Der Zeitpunkt der Grundstücksschenkung richtet sich danach, wann die Auflassung im Sinne des § 925 BGB sowie die Eintragungsbewilligung (§ 19 Grundbuchordnung, GBO) vorliegen. ③ Die Erteilung einer dazu berechtigenden Vollmacht, die Auflassung als dinglichen Vertrag später zu erklären, genügt nicht. ④ Denn damit ist der dingliche Rechtsübergang noch nicht unmittelbar eingeleitet. ⑤ Ein Eintragungsantrag (§ 13 GBO), der die schützenden Wirkungen des § 17 GBO eintreten lässt, ist nicht erforderlich. ⑥ Sofern die Vertragspartner einen Dritten bevollmächtigt haben, die für die Rechtsänderung erforderlichen Erklärungen abzugeben und entgegenzunehmen, ist die Schenkung ausgeführt, wenn mit der Auflassung auch die Besitzverschaffung des Grundstücks erfolgt sowie Nutzungen und Lasten auf den Beschenkten übergehen. ⑦ Eine Grundstücksschenkung ist jedoch trotz Vorliegens der genannten Voraussetzungen dann noch nicht ausgeführt, wenn die Übereignung des Grundstücks erst zu einem – von den Beteiligten ausdrücklich bestimmten – späteren Zeitpunkt erfolgen soll oder der Beschenkte von der Eintragungsbewilligung erst zu einem späteren Zeitpunkt Gebrauch machen darf.[3] ⑧ Dabei kommt es nicht darauf an, ob die Zeitbestimmung die Wirksamkeit des zugrunde liegenden schuldrechtlichen Geschäfts oder lediglich dessen Vollzug betrifft. ⑨ Die mit Beurkundung der Auflassung und Erteilung der Eintragungsbewilligung entstandene Steuer für eine Grundstücksschenkung entfällt rückwirkend, sobald die Schenkungsabrede vor Umschreibung des Eigentums im Grundbuch aufgehoben wird oder die Eintragungsbewilligung aus anderen Gründen nicht mehr zur Umschreibung führen kann.

(2) ① Die Grundsätze zur Ausführung von Grundstücksschenkungen gelten auch bei mittelbaren Grundstücksschenkungen. 17 ② Bei einer Zuwendung eines Geldbetrags für den Erwerb eines unbebauten oder bebauten Grundstückes ist Absatz 1 entsprechend anzuwenden. ③ Bei der Hingabe eines Geldbetrags zur Errichtung eines Gebäudes ist die mittelbare Grundstücksschenkung im Zeitpunkt der Bezugsfertigkeit des Gebäudes (→ R B 178 Absatz 2 und 3) ausgeführt. ④ Soll dem Bedachten nach dem Willen des Zuwendenden ein Grundstück mit vollständig saniertem und renoviertem Gebäude verschafft werden, ist die Zuwendung erst mit dem Abschluss der Sanierungsarbeiten und Renovierungsarbeiten ausgeführt. ⑤ Dieser Zeitpunkt ist gleichzeitig auch Stichtag für die Bewertung des Grundstücks. ⑥ Wenn der Schenker die Kosten für Um-, Aus- oder Anbauten an einem Gebäude trägt, gilt Satz 3 sinngemäß.

(3) ① Bei einer Grundstücksschenkung, die von einer behördlichen oder privatrechtlichen Genehmigung abhängig ist, tritt die zivilrechtliche Wirksamkeit des Vertrags und der Auflassung erst mit der Erteilung der Genehmigung ein. 18 ② Die Genehmigung wirkt zwar zivilrechtlich auf den Tag des Vertragsabschlusses zurück (§ 184 BGB). ③ Die zivilrechtliche Rückwirkung einer Genehmigung ist jedoch steuerrechtlich unbeachtlich.[4] ④ Ist der Vertrag oder die Auflassung von einer be-

[1] § 25 Abs. 1 Buchst. a **ErbStG 1974,** vgl. § 37 Abs. 2 ErbStG und Anhang **II** Nr. **1.**

[2] *BFH-Urteil vom 22. 9. 2004 II R 88/00 (BFH/NV 2005 S. 213):* **1.** Eine Schenkung oder freigebige Zuwendung ist ausgeführt, wenn der Bedachte das erhalten hat, was ihm nach der Schenkungsabrede, im Fall der freigebigen Zuwendung nach dem Willen des Zuwendenden verschafft werden soll; danach richtet sich auch der Gegenstand der Schenkung, sofern der Wille des Zuwendenden tatsächlich vollzogen wurde. **2.** Soll dem Bedachten nach dem Willen des Zuwendenden ein Grundstück mit vollständig saniertem und renoviertem Gebäude verschafft werden, hat der Bedachte die Zuwendung erst mit dem Abschluss der Sanierungs- und Renovierungsarbeiten erhalten. Erst zu diesem Zeitpunkt tritt die endgültige Vermögensmehrung des Beschenkten auf Kosten des Schenkers ein und ist die Grundstücksschenkung ausgeführt.

[3] *BFH-Urteil vom 21. 8. 2024 II R 11/21 (DStR S. 2752):* Haben die Vertragsparteien bei einer gemischt-freigebigen Grundstücksschenkung eine Vollzugshemmung vereinbart, wonach der bevollmächtigte Notar von der bereits erteilten Eintragungsbewilligung erst dann Gebrauch machen darf, wenn die Zahlung des Kaufpreises nachgewiesen ist, ist die gemischt-freigebige Schenkung erst im Zeitpunkt der vertraglich vorgesehenen Kaufpreiszahlung im Sinne von § 9 Abs. 1 Nr. 2 des Erbschaft- und Schenkungsteuergesetzes ausgeführt.

[4] *BFH-Urteil vom 23. 8. 2006 II R 16/06 (BStBl. II S. 786):* Ist Gegenstand einer mittelbaren Grundstücksschenkung ein Grundstück mit einem noch zu errichtenden Gebäude, ist – jedenfalls in den Fällen, in denen der Schenker den zum Erwerb erforderlichen Geldbetrag bereits zur Verfügung gestellt hat – die Schenkung ausgeführt, wenn sowohl die Auflassung erklärt und

[Forts. nächste Seite]

hördlichen Genehmigung abhängig, ist aber von deren Wirksamkeit auszugehen, wenn die Beteiligten alles getan haben, um die Genehmigung herbeizuführen, insbesondere die erforderlichen Erklärungen in gehöriger Form abgegeben haben. ⑤ Ist der Vertrag oder die Auflassung von einer privatrechtlichen Genehmigung abhängig, tritt die für eine Ausführung der Schenkung erforderliche Bindung aller Vertragsparteien zueinander jedoch erst im Zeitpunkt der Genehmigung ein, so dass dann auch der Tatbestand der Schenkung verwirklicht sein kann (vgl. § 38 AO).

H E 9.1

H E 9.1

19 **Ausführung einer Grundstücksschenkung.** → BFH vom 26. 9. 1990 II R 150/88, BStBl. 1991 II S. 320,[1] vom 24. 7. 2002 II R 33/01, BStBl. II S. 781,[2] vom 2. 2. 2005 II R 26/02, BStBl. II S. 312 und vom 27. 4. 2005 II R 52/02, BStBl. I S. 892.[3]

Ausführung einer mittelbaren Grundstücksschenkung. → BFH vom 23. 8. 2006 II R 16/06, BStBl. II S. 786.

Privatrechtliche oder behördliche Genehmigung. In Betracht kommen insbesondere die Genehmigung
- eines von einem Minderjährigen oder sonst beschränkt Geschäftsfähigen geschlossenen Vertrags durch den gesetzlichen Vertreter (§ 108 BGB),
- eines von einem Vertreter ohne Vertretungsmacht geschlossenen Vertrags durch den Vertretenen (§ 177 BGB),
- bestimmter Rechtsgeschäfte der Eltern durch das Familiengericht (§ 1365 BGB) bzw. eines Vormunds durch das Vormundschaftsgericht (§ 1821 BGB),
- der Veräußerung land- und forstwirtschaftlicher Grundstücke (§ 2 GrdstVG).

Schenkung einer Grundstücksteilfläche. Bei Schenkung einer Grundstücksteilfläche gilt R E 9.1 Absatz 1 entsprechend, auch wenn das Vermessungsverfahren zur Bildung einer eigenen Flurnummer noch nicht abgeschlossen wurde.

ErbStR R E 9.2

R E 9.2 Entstehung der Steuer in sonstigen Fällen *(unbesetzt)*

H E 9.2

H E 9.2

20 **Erwerb betagter Ansprüche.** Die Erbschaftsteuer für betagte Ansprüche, die zu einem bestimmten (feststehenden) Zeitpunkt fällig werden, entsteht dem Regelfall des § 9 Absatz 1 Nummer 1 ErbStG entsprechend bereits im Zeitpunkt des Todes des Erblassers;[4] solche Ansprüche sind ggf. mit ihrem nach § 12 Absatz 3 BewG abgezinsten Wert anzusetzen. Die Erbschaftsteuer für diejenigen betagten Ansprüche, bei denen der Zeitpunkt des Eintritts des zur Fälligkeit führenden Ereignisses unbestimmt ist, entsteht nach § 9 Absatz 1 Nummer 1 Buchstabe a ErbStG erst mit dem Eintritt des Ereignisses (→ BFH vom 27. 8. 2003 II R 58/01, BStBl. II S. 921 und vom 16. 1. 2008 II R 30/06, BStBl. II S. 626).

Geltendmachung des Pflichtteilsanspruchs. → BFH vom 19. 7. 2006 II R 1/05, BStBl. II S. 718.

[Fortsetzung]
die Eintragungsbewilligung erteilt als auch das Gebäude fertiggestellt ist (Abgrenzung zu den BFH-Entscheidungen vom 4. 12. 2002 II R 75/00, BFHE 200, 406, BStBl. II 2003, 273, und vom 5. 6. 2003 II B 74/02, BFH/NV S. 1425).

BFH-Urteil vom 26. 10. 2005 II R 53/02 (BFH/NV 2006 S. 551), Ls. 2: **2.** Ein als schwebend unwirksam bezeichneter Vertrag über eine Grundstücksschenkung führt nicht zur Steuerentstehung. Die spätere Genehmigung des Vertrags wirkt schenkungsteuerrechtlich nicht zurück.

---

[1] *BFH-Urteil vom 26. 9. 1990 II R 150/88 (BStBl. 1991 II S. 320), Ls. 1:* **1.** Eine Grundstücksschenkung ist ausgeführt, wenn Schenker und Beschenkter in gehöriger Form über den Eigentumsübergang einig sind und der Schenker die Eintragung der Rechtsänderung in das Grundbuch bewilligt hat. Es ist – was der BFH bisher offengelassen hat – nicht erforderlich, daß der Beschenkte den Antrag auf Eintragung der Rechtsänderung beim Grundbuchamt gestellt hat.

[2] Abgedruckt zu § 7 Abs. 1 Nr. 1 ErbStG.

[3] *BFH-Urteil vom 8. 2. 2000 II R 9/98 (BFH/NV S. 1095):* Wird in einem Vertrag über die Schenkung eines Miteigentumsanteils an einem Grundstück vereinbart, daß die Übertragung des Anteils erst zu einem bestimmten späteren Zeitpunkt erfolgen soll, so ist die Schenkung nicht schon mit der Einigung über den Eigentumsübergang und der Bewilligung, die Rechtsänderung im Grundbuch einzutragen, ausgeführt. Dabei kommt es nicht darauf an, ob die Zeitbestimmung die Auflassung, das zugrunde liegende schuldrechtliche Geschäft oder lediglich dessen Vollzug betrifft.

BFH-Urteil vom 21. 5. 2001 II R 10/99 (BFH/NV S. 1404): Wird ein Anspruch auf Übertragung eines Grundstücks „in Erfüllung eines Schenkungsversprechens" abgetreten, ist bereits damit die Schenkung i. S. von § 9 Abs. 1 Nr. 2 ErbStG ausgeführt. Der nachfolgende Eigentumsübergang stellt keine (zusätzliche) Bereicherung des Beschenkten dar. Der Anspruch auf Eigentumsverschaffung ist mit dem gemeinen Wert und nicht mit dem für die Bewertung von Grundstücken maßgebenden erhöhten Einheitswert zu bewerten.

BFH-Urteil vom 2. 2. 2005 II R 26/02 (BStBl. II S. 312): Eine Grundstücksschenkung ist i. S. des § 9 Abs. 1 Nr. 2 ErbStG noch nicht ausgeführt, wenn der Beschenkte von der Eintragungsbewilligung erst zu einem späteren Zeitpunkt (hier: Tod der Schenkerin) Gebrauch machen darf. Dies gilt auch dann, wenn für den Beschenkten bereits eine Auflassungsvormerkung im Grundbuch eingetragen worden ist.

[4] Zu einem betagten Barvermächtnis siehe *BFH-Beschluss vom 14. 5. 2014 II B 82/13 (UVR S. 300).*

Schenkung einer Forderung mit Besserungsabrede. → BFH vom 21. 4. 2009 II R 57/07, BStBl. II S. 606.[1]

Zuwendung eines erst künftig im Rahmen einer Kapitalerhöhung entstehenden Geschäftsanteils. → BFH vom 20. 1. 2010 II R 54/07, BStBl. II S. 463.

R E 9.3 Bewertungsstichtag bei Errichtung einer Stiftung *(unbesetzt)*

ErbStR R E 9.3

H E 9.3

H E 9.3

Bewertungsstichtag bei Errichtung einer Stiftung. Bürgerlich-rechtlich gilt eine erst nach dem Tode des Erblassers anerkannte Stiftung für die Zuwendungen des Stifters als schon vor seinem Tode entstanden (§ 84 BGB). Abweichend hiervon entsteht die Erbschaftsteuer für den Übergang des Vermögens bei einer vom Erblasser errichteten Stiftung mit dem Zeitpunkt der Anerkennung der Stiftung (§ 9 Absatz 1 Nummer 1 Buchstabe c ErbStG). Unter die Vorschrift des § 3 Absatz 2 Nummer 1 ErbStG fallen alle Fälle, in denen Vermögen auf eine vom Erblasser angeordnete Stiftung übergeht. Das gilt unabhängig davon, ob der Erblasser den Erben oder Vermächtnisnehmer mit der Auflage beschwert hat, eine Stiftung durch Rechtsgeschäft unter Lebenden zu errichten oder ob es sich um eine vom Erblasser angeordnete Stiftung, die von diesem zur (Allein-)Erbin eingesetzt ist, handelt (→ BFH vom 25. 10. 1995 II R 20/92, BStBl. 1996 II S. 99). 21

Bei einem Stiftungsgeschäft unter Lebenden entsteht die Schenkungsteuer mit dem Zeitpunkt der Ausführung der Schenkung (§ 9 Absatz 1 Nummer 2 ErbStG), also ebenfalls bzw. frühestens mit dem Zeitpunkt der Anerkennung der Stiftung, da die Übertragung des im Stiftungsgeschäft zugesagten Vermögens auf die Stiftung erst mit oder nach diesem Zeitpunkt erfolgen kann (§ 82 BGB).

Besteuerungstatbestand ist in diesen Fällen allein die wirtschaftliche Bereicherung der Stiftung im Zeitpunkt der behördlichen Anerkennung. Die steuerlichen Vorschriften haben insoweit Vorrang vor den zivilrechtlichen Grundsätzen. Als wirtschaftliche Bereicherung ist das gesamte zum Zeitpunkt der Stiftungsanerkennung vorhandene Vermögen anzusehen (→ BFH vom 25. 10. 1995 II R 20/92, BStBl. 1996 II S. 99).

Anl a zu § 9 Abs. 1

a) Verfügung betr. Grundstücksschenkungen mit Widerrufsklausel

Vom 27. Januar 1994 (DStR S. 464)

(OFD Nürnberg S 3808 – 7/St 33)

Nach früherer Ansicht der Finanzverwaltung wurden Grundstücksschenkungen unter Nießbrauchsvorbehalt, die gleichzeitig mit einer Widerrufsklausel beschwert waren, erst mit dem Erlöschen dieser Rechte als ausgeführt im Sinne des § 9 Abs. 1 Nr. 2 ErbStG angesehen. Diese Rechtsauffassung ist zwischenzeitlich durch die Rechtsprechung (insbesondere BFH-Urteil vom 13. September 1989 II R 67/86, BStBl. II S. 1034) überholt. 22

Anl b zu § 9 Abs. 1

b) Schreiben betr. Zeitpunkt der Ausführung einer Grundstücksschenkung; hier: Schuldrechtliche Sondervereinbarungen

Vom 14. November 1995 (DStR 1996 S. 921)

(FM Bayern 34 – S 3806 – 2/156 – 67 872)

Der BFH vertritt in ständiger Rechtsprechung (vgl. Urteil vom 26. 9. 1990 II R 150/88, BStBl. 1991 II S. 320) die Auffassung, daß eine Grundstücksschenkung nach § 9 Abs. 1 Nr. 2 ErbStG ausgeführt ist, wenn die Vertragsparteien die für die Eintragung der Rechtsänderung in das Grundbuch erforderlichen Erklärungen in gehöriger Form abgegeben haben und der Beschenkte in der Lage ist, beim Grundbuchamt die Eintragung der Rechtsänderung zu bewirken. Erforderlich ist demnach eine notariell beurkundete Auflassungserklärung der Parteien und eine Eintragungsbewilligung des Schenkers, die den Beschenkten in die Lage versetzt, die erforderlichen Eintragungen im Grundbuch zu beantragen. Nach dem zitierten Urteil ist es aber nicht erforderlich, daß der Grundbuchantrag bereits gestellt wurde und demnach auch nicht, daß eine Auflassungsvormerkung eingetragen ist. 23

In diesem Zusammenhang ist jedoch auf ein Problem hinzuweisen. Die Parteien vereinbaren im Rahmen einer Grundstücksschenkung die Auflassung und der Schenker erteilt eine Eintragungsbewilligung, gleichzeitig verpflichtet sich der Beschenkte schuldrechtlich, von der Eintragungsbewilligung vorerst keinen Gebrauch zu machen und entsprechend keine Grundbuchanträge zu stellen. Beweggrund für diese Vereinba-

[1] *BFH-Urteil vom 21. 4. 2009 II R 57/07 (BStBl. II S. 606):* **1.** Die Regelungen in § 9 Abs. 1 Nr. 1 Buchst. a ErbStG gelten auch beim Erwerb durch Schenkung unter Lebenden zur Bestimmung des Zeitpunkts der Ausführung der Zuwendung. **2.** Die Schenkung einer Forderung, hinsichtlich der eine Besserungsabrede getroffen wurde, ist ausgeführt, sobald der Besserungsfall eingetreten ist. Dies gilt unabhängig davon, wie die Besserungsabrede zivilrechtlich zu beurteilen ist.

Anl b zu § 9 Abs. 1

noch **23** rungen ist beispielsweise, daß der Schenker weiterhin im Grundbuch eingetragen bleiben soll, um die weitere Inanspruchnahme des § 10 e EStG[1] zu gewährleisten oder weil das Grundstück mit einem Darlehen belastet ist, für das der Schenker (als Bankangestellter) persönlich Sonderkonditionen erhält.

Trotz Vorliegens der notwendigen Erklärungen ist die Schenkung solange noch nicht vollzogen, solange der Beschenkte durch die schuldrechtliche Vereinbarung gehindert ist, die notwendigen Anträge beim Grundbuchamt zu stellen. Die vom BFH ausdrücklich aufgestellte Anforderung, daß der Beschenkte aufgrund der Erklärung in die Lage versetzt ist, die Eintragung der Rechtsänderung beim Grundbuchamt zu bewirken, ist in diesem Fall nicht erfüllt, solange er sich verpflichtet hat, die erforderlichen Schritte zu unterlassen.

[1] § 10 e EStG aufgehoben.

ErbStG

Abschnitt 2. Wertermittlung

§ 10[1, 2] Steuerpflichtiger Erwerb

(1)[3] **① Als steuerpflichtiger Erwerb gilt die Bereicherung des Erwerbers, soweit sie** 1
nicht steuerfrei ist (§§ 5, 13, 13 a, 13 c, 13 d, 16, 17 und 18). ② In den Fällen des § 3 gilt unbeschadet Absatz 10 als Bereicherung der Betrag, der sich ergibt, wenn von dem nach § 12 zu ermittelnden Wert des gesamten Vermögensanfalls, soweit er der Besteuerung nach diesem Gesetz unterliegt, die nach den Absätzen 3 bis 9 abzugsfähigen Nachlassverbindlichkeiten mit ihrem nach § 12 zu ermittelnden Wert abgezogen werden.[4] **③ Die vom Erblasser herrührenden Steuererstattungsansprüche sind bei der Ermittlung der Bereicherung zu berücksichtigen, auch wenn sie rechtlich erst nach dem Tod des Erblassers entstanden sind.**[5] **④ Der unmittelbare oder mittelbare Erwerb einer Beteiligung an einer Personenvereinigung, die nicht unter § 97 Abs. 1 Satz 1 Nr. 5 des Bewertungsgesetzes fällt, gilt als Erwerb der anteiligen Wirtschaftsgüter; die dabei übergehenden Schulden und Lasten der Gesellschaft sind bei der Ermittlung der Bereicherung des Erwerbers wie eine Gegenleistung zu behandeln. ⑤ Bei der Zweckzuwendung tritt an die Stelle des Vermögensanfalls die Verpflichtung des Beschwerten. ⑥ Der steuerpflichtige Erwerb wird auf volle 100 Euro nach unten abgerundet.**[6] **⑦ In den Fällen des § 1 Abs. 1 Nr. 4 tritt an die Stelle des Vermögensanfalls das Vermögen der Stiftung oder des Vereins.**

(2)[7] **Hat der Erblasser die Entrichtung der von dem Erwerber geschuldeten Steuer** 2
einem anderen auferlegt oder hat der Schenker die Entrichtung der vom Beschenkten geschuldeten Steuer selbst übernommen oder einem anderen auferlegt, gilt als Erwerb der Betrag, der sich bei einer Zusammenrechnung des Erwerbs nach Absatz 1 mit der aus ihm errechneten Steuer ergibt.

(3)[8] **Die infolge des Anfalls durch Vereinigung von Recht und Verbindlichkeit oder** 3
von Recht und Belastung erloschenen Rechtsverhältnisse gelten als nicht erloschen.

(4) **Die Anwartschaft eines Nacherben gehört nicht zu seinem Nachlaß.** 4

(5) **Von dem Erwerb sind, soweit sich nicht aus den Absätzen 6 bis 9 etwas anderes ergibt, als Nachlaßverbindlichkeiten abzugsfähig**

1.[9] **die vom Erblasser herrührenden Schulden, soweit sie nicht mit einem zum Er-** 5
werb gehörenden Gewerbebetrieb, Anteil an einem Gewerbebetrieb, Betrieb der Land- und Forstwirtschaft oder Anteil an einem Betrieb der Land- und Forstwirt-

---

[1] § 10 ErbStG i. d. F. des Gesetzes vom 4. 11. 2016 anzuwenden mWv 1. 7. 2016 (§ 37 Abs. 12 Satz 1 ErbStG).

[2] Zur Gesamtgläubigerschaft vgl. *Erlass Saarland vom 12. 6. 2003,* abgedruckt als Anlage a zu § 7 ErbStG.

BFH-Urteil vom 1. 7. 2008 II R 38/07 (BStBl. II S. 876): **1.** § 10 Abs. 1 Satz 1 ErbStG schließt beim Nacherben die steuerliche Erfassung von Vermögenswerten aus, die er selbst durch Baumaßnahmen auf einem nachlasszugehörigen Grundstück zu Lebzeiten des Vorerben in Erwartung der Nacherbfolge geschaffen hat. **2.** Die Bereicherung des Nacherben mindert sich um den Betrag, um den die von ihm durchgeführten Baumaßnahmen den Grundbesitzwert erhöht haben. – *Anm. d. Red.:* Die Grundsätze sind auch in Erbfällen anzuwenden, in denen es sich nicht um eine Nacherbschaft handelt.

[3] § 10 Abs. 1 Satz 3 anzuwenden ab 29. 12. 2020 (§ 37 Abs. 18 ErbStG).

[4] Zur Besteuerung von Anteilen an einer gemeinnützigen Kapitalgesellschaft vgl. *gleich lautenden Ländererlass vom 9. 10. 2013,* abgedruckt als Anlage a zu § 11 Abs. 2 BewG.

[5] Siehe hierzu *Tz. 2 gleich lautender Ländererlass vom 13. 9. 2021,* abgedruckt als FN zu R E 10.3 ErbStR.

[6] Zur Abrundung im Fall des § 23 ErbStG vgl. *Vfg. BayLfSt vom 14. 1. 2013 S 3810.1.1 – 6/St 64 (DStR S. 470).*

[7] *BFH-Urteil vom 8. 3. 2017 II R 31/15 (BStBl. 2018 II S. 205):* **1.** Hat der Schenker im Verhältnis zum Beschenkten die Entrichtung der Schenkungsteuer vertraglich übernommen, ist es nicht ermessensfehlerhaft, wenn die Finanzbehörde nach einer zu niedrigen Festsetzung der Steuer gegen den Beschenkten für die Differenz zu der rechtmäßig festzusetzenden Steuer den Schenker in Anspruch nimmt. **2.** …

Keine Anwendung des § 10 Abs. 2 ErbStG bei beschränkter Steuerpflicht; vgl. *Erlass FM Bayern vom 17. 8. 2006 (DStR S. 1600).*

Zur Berechnung der Steuer in den Fällen des § 23 und § 10 Abs. 2 ErbStG vgl. H E 23 ErbStH „Jahressteuer und Übernahme der Schenkungsteuer durch den Schenker".

[8] *BFH-Urteil vom 22. 8. 2018 II R 51/15 (BStBl. 2020 II S. 662):* **1.** (abgedruckt zu § 7 Abs. 1 Nr. 1 ErbStG). **2.** Wird der ausgleichsverpflichtete Ehegatte beim Tod des ausgleichsberechtigten Ehegatten dessen Alleinerbe, steht der fingierte Fortbestand von Zugewinnausgleichsforderung und -verbindlichkeit nach § 10 Abs. 3 ErbStG der Berichtigung des Kapitalwerts des als Vorerwerb anzusetzenden Nutzungsvorteils nicht entgegen.

[9] Zu nicht erbrachten Einlagen **a)** bei Erbschaft von Anteilen an Kapitalgesellschaften siehe R B 11.4 Abs. 10 ErbStR, **b)** bei Erbschaft von Kommanditanteilen siehe R B 97.5 ErbStR.

BFH-Urteil vom 26. 7. 2023 II R 4/21 (BStBl. 2024 II S. 25), red. LS: Schuldübernahmen, die der Erwerber nach dem Erbfall aus freien Stücken, das heißt ohne entsprechende Anordnung durch den Erblasser trifft, haben ihren Grund nicht in dem Erbfall und dem daraus resultierenden Erwerb und können deshalb nicht vom Erblasser „herrühren" i. S. d. § 10 Abs. 5 Nr. 1 ErbStG.

BFH-Urteil vom 20. 1. 2020 II R 41/17 (BStBl. II S. 459): **1.** Aufwendungen für die Pflege einer Wahlgrabstätte, in der nicht der Erblasser, sondern dritte Personen bestattet sind, sind als Nachlassverbindlichkeiten abzugsfähig, wenn sich bereits der Erblasser für die Dauer des Nutzungsrechts zur Pflege verpflichtet hatte und diese Pflicht auf den Erben übergegangen ist. **2.** Abzugsfähig sind die am Bestattungsort üblichen Grabpflegekosten für die Laufzeit des Grabnutzungsrechts. Maßgebend sind die Verhältnisse im Zeitpunkt des Todes des Erblassers.

BFH-Urteil vom 11. 7. 2019 II R 4/17 (BStBl. 2020 II S. 319): Ist ein Erbe aus Gründen, die ausschließlich in seiner Person ihre Ursache haben, verpflichtet, das Erbe an einen Dritten weiterzuleiten, stellt diese Verpflichtung keine vom Erwerb abzugsfähige Nachlassverbindlichkeit i. S. des § 10 Abs. 5 ErbStG dar.

[Forts. nächste Seite]

schaft in wirtschaftlichem Zusammenhang stehen und bereits bei der Bewertung der wirtschaftlichen Einheit berücksichtigt worden sind;

6 **2.[1] Verbindlichkeiten aus Vermächtnissen, Auflagen und geltend gemachten Pflichtteilen und Erbersatzansprüchen;**

7 **3.[2] die Kosten der Bestattung des Erblassers, die Kosten für ein angemessenes Grabdenkmal, die Kosten für die übliche Grabpflege mit ihrem Kapitalwert für eine un-**

[Fortsetzung]

BFH-Urteil vom 15. 6. 2016 II R 51/14 (BStBl. 2018 II S. 194): **1.** (abgedruckt zu § 21 Abs. 1 Satz 1 ErbStG). **2.** Von der Versicherungssumme ist die einbehaltene Quellensteuer als Nachlassverbindlichkeit abzuziehen, wenn die Quellensteuer deshalb erhoben wird, weil in der Versicherungssumme unversteuerte Einnahmen des Erblassers enthalten sind. **3.** Vom Erblasser herrührende Schulden können auch bei Erwerbern, die nicht Erben sind, als Nachlassverbindlichkeiten vom Erwerb abziehbar sein.

BFH-Urteil vom 10. 3. 1993 II R 27/89 (BStBl. II S. 368): Der Abzug der Zugewinnausgleichsschuld erfolgt mit dem Nennwert. Dies gilt auch dann, wenn die Forderung von dem Verpflichteten einvernehmlich mit dem Berechtigten durch Übereignung von Grundstücken erfüllt wird.

BFH-Urteil vom 25. 10. 1995 II R 45/92 (BStBl. 1996 II S. 11): Für die Frage, ob Rückzahlungsansprüche aus zwischen dem Erblasser und seinen Kindern vereinbarten Darlehen erbschaftsteuerrechtlich als Nachlaßverbindlichkeiten geltend gemacht werden können, sind die einkommensteuerrechtlichen Grundsätze des sog. Fremdvergleichs bei Darlehensverträgen zwischen nahen Angehörigen nicht entsprechend anwendbar.

BFH-Urteil vom 9. 11. 1994 II R 111/91 (BFH/NV 1995 S. 598): **1.** Die Steuerbefreiung nach § 13 Abs. 1 Nr. 9 ErbStG 1974 greift nur ein, soweit der Erbe dem Erblasser unentgeltlich Pflege oder Unterhalt geleistet hat. Der Abzug von Ansprüchen des Erben aufgrund derartiger Leistungen als Nachlaßverbindlichkeiten i. S. des § 10 Abs. 5 Nr. 1 ErbStG 1974 wird durch § 13 Abs. 1 Nr. 9 ErbStG nicht ausgeschlossen. **2.** Nachlaßverbindlichkeiten i. S. des § 10 Abs. 5 Nr. 1 ErbStG 1974 sind alle vertraglichen, außervertraglichen und gesetzlichen Verpflichtungen, die in der Person des Erblassers begründet wurden und mit seinem Tod als nicht erloschen gelten. Ein Abzug von Aufwendungen des Erben für dem Erblasser erbrachte Pfleg- und Unterhaltsleistungen als Nachlaßverbindlichkeiten kommt nur in Betracht, wenn zwischen dem Erblasser und dem Erben ein Schuldverhältnis bestanden hatte, aufgrund dessen der Erblasser berechtigt war, vom (späteren) Erben Pflege und Unterhaltsleistungen zu fordern und der Erbe berechtigt war, die vereinbarte Vergütung geltend zu machen oder wenn ihm aus anderen Gründen ein Anspruch auf Vergütung gegen den Erblasser zustand. **3.** Zur Annahme eines Dienstverhältnisses zwischen Erblasser und Erbe.

BFH-Urteil vom 28. 6. 1995 II R 80/94 (BStBl. 1995 II S. 784): Der Freibetrag nach § 13 Abs. 1 Nr. 9 ErbStG 1974 kann nicht gewährt werden, wenn dem Erben vom Erblasser versprochen worden ist, ihn zum Erben dafür einzusetzen, daß er ihn pflegt und der Erbe deshalb einen Anspruch auf angemessene Vergütung gegen den Erblasser hat, der als Nachlaßverbindlichkeit i. S. des § 10 Abs. 5 Nr. 1 ErbStG (BFH-Urteil vom 9. 11. 1994 II R 110/91, BFHE 176, 48, BStBl. II 1995, 62) berücksichtigt werden kann.

Zur Bewertung von Pflegeleistungen vgl. H 7.4 (1) ErbStH „Übernommene Pflegeleistungen als Gegenleistung".

BFH-Beschluss vom 17. 5. 2000 II B 72/99 (BFH/NV 2001 S. 39): Ein Erwerb nach § 3 Abs. 1 Nr. 4 ErbStG durch eine Person, die nicht Erbe geworden ist, kann nicht um Erblasserschulden i. S. von § 10 Abs. 5 Nr. 1 i. V. mit Abs. 3 EStG gemindert werden.

BFH-Urteil vom 15. 1. 2003 II R 23/01 (BStBl. II S. 267): **1.** Aus einer jahrelangen Übung zusammenveranlagter Eheleute, wonach die von beiden geschuldeten Einkommensteuern stets allein von demselben Ehegatten gezahlt wurden, ist auf den beiderseitigen Willen zu schließen (konkludentes Verhalten), von einem Ausgleich nach § 426 Abs. 1 BGB abzusehen. **2.** Wer diesem Schluss nach dem Tod eines oder beider Ehegatten widerspricht, hat die zur Begründung seiner Einwendungen vorgetragenen Tatsachen zu beweisen.

BFH-Urteil vom 26. 7. 2017 II R 33/15 (BStBl. 2018 II S. 203): Aufwendungen zur Beseitigung von Schäden an geerbten Gegenständen wie Grundstücken oder Gebäuden, deren Ursache vom Erblasser gesetzt wurde, die aber erst nach dessen Tod in Erscheinung treten, sind nicht als Nachlassverbindlichkeiten abziehbar.

---

[1] Zum Kaufrechtsvermächtnis vgl. *BFH-Urteil vom 6. 10. 2010 II R 29/09 (BFH/NV 2011 S. 603):* **1.** (abgedruckt zu R E 3.1 ErbStR). **2.** Steuerschulden, die am Todestag noch nicht entstanden waren, sind nicht als Nachlassverbindlichkeit abziehbar.

Vgl. *BFH-Urteil vom 25. 10. 1995 II R 5/92,* abgedruckt zu § 12 Abs. 3 ErbStG. – Vgl. H E 10.7 ErbStH „Zahlungen des Beschenkten ...".

BFH-Urteil vom 7. 10. 1998 II R 52/96 (BStBl. 1999 II S. 23): Die geltend gemachte Pflichtteilsverbindlichkeit ist beim Erben abweichend von der Rechtsauffassung im Urteil vom 17. 2. 1982 II R 160/80 (BFHE 135, 336, BStBl. II 1982, 350) auch dann mit dem Nennwert als Nachlaßverbindlichkeit abzuziehen, wenn sie durch Übertragung eines Nachlaßgrundstücks an Erfüllungs statt erfüllt wird.

Zum betagten Vermächtnis siehe *BFH-Urteil vom 11. 10. 2023 II R 34/20,* abgedruckt zu R E 6 ErbStR.

[2] *BFH-Urteil vom 21. 8. 2024 II R 43/22 (DStR S. 2812), Ls. 1:* **1.** Zu den als Nachlassregelungskosten abzugsfähigen Aufwendungen für die Auseinandersetzung einer Erbengemeinschaft können auch Kosten gehören, die im Rahmen der Teilung des Nachlasses für den Verkauf beweglicher Nachlassgegenstände durch Versteigerung anfallen, um die testamentarisch jedem Miterben zugewandten Geldbeträge zu erzielen.

BFH-Urteil vom 10. 7. 2024 II R 31/21 (DStR S. 2584): Hat der Erblasser Leistungen aus einer Sterbegeldversicherung zu Lebzeiten an ein Bestattungsunternehmen abgetreten, erhöht sich der Nachlass um einen Sachleistungsanspruch der Erben gegen das Bestattungsunternehmen. Die Kosten der Bestattung sind im vollen Umfang als Nachlassverbindlichkeiten steuermindernd zu berücksichtigen.

BFH-Urteil vom 1. 2. 2023 II R 3/20 (BStBl. II S. 717): **1.** Neben dem Vorerben kann auch der Nacherbe den Pauschbetrag für Erbfallkosten nach § 10 Abs. 5 Nr. 3 Satz 2 ErbStG in Anspruch nehmen. **2.** Der Abzug des Pauschbetrags setzt nicht den Nachweis voraus, dass zumindest dem Grunde nach tatsächlich Kosten angefallen sind (Änderung der Rechtsprechung).

BFH-Urteil vom 1. 9. 2021 II R 8/20 (BStBl. 2022 II S. 475): **1.** Zu den Kosten für ein angemessenes Grabdenkmal i. S. d. § 10 Abs. 5 Nr. 3 Satz 1 ErbStG können auch Aufwendungen für eine Zweitgrabstätte gehören, wenn die erste Grabstätte nur als vorübergehende Ruhestätte des Verstorbenen bestimmt war. **2.** Die Angemessenheit eines Grabdenkmals richtet sich neben dem Umfang des Nachlasses nach der Lebensstellung des Erblassers. Entscheidend ist, was nach den in den Kreisen des Erblassers herrschenden Auffassungen und Gebräuchen zu einer würdigen Bestattung gehört.

BFH-Urteil vom 6. 5. 2021 II R 24/19 (BStBl. 2022 II S. 340): **1.** Zahlungen des Beschenkten zur Abwendung etwaiger Herausgabeansprüche des Vertragserben bzw. des Nacherben sind als Aufwendung zur Erlangung und Sicherung des Erwerbs gemäß § 10 Abs. 5 Nr. 3 Satz 1 i. V. m. § 1 Abs. 2 ErbStG bei der Besteuerung der Schenkung erwerbsmindernd zu berücksichtigen. **2.** Solche Zahlungen stellen rückwirkende Ereignisse i. S. von § 175 Abs. 1 Satz 1 Nr. 2 AO dar.

BFH-Urteil vom 2. 12. 2020 II R 17/18 (BStBl. 2022 II S. 27): **1.** Wird nach Eintritt des Erbfalls ein Darlehen des Erblassers vorzeitig abgelöst, so ist die Vorfälligkeitsentschädigung mit ihrem Zinsanteil nicht gesondert als Nachlassverbindlichkeit abzugsfähig. Die Zinsen sind Teil der als Kapitalschuld zu bewertenden und als Erblasserschuld abziehbaren Darlehensverbindlichkeit. **2.** Soweit die Vorfälligkeitsentschädigung neben ihrem Zinsanteil auch sonstige Elemente wie Kosten oder Gebühren enthält,

[Forts. nächste Seite]

ErbStG

bestimmte Dauer sowie die Kosten, die dem Erwerber unmittelbar im Zusammenhang mit der Abwicklung, Regelung oder Verteilung des Nachlasses oder mit der Erlangung des Erwerbs entstehen. ② Für diese Kosten wird insgesamt ein Betrag von 15 000 Euro[1] ohne Nachweis abgezogen. ③ Kosten für die Verwaltung des Nachlasses sind nicht abzugsfähig.

8 (6)[1, 2] ① **Nicht abzugsfähig sind Schulden und Lasten, soweit sie in wirtschaftlichem Zusammenhang mit Vermögensgegenständen stehen, die nicht der Besteuerung nach diesem Gesetz unterliegen.**[2] ② **Beschränkt sich die Besteuerung auf einzelne Vermögensgegenstände (§ 2 Absatz 1 Nummer 3, § 19 Absatz 2), so sind die damit in wirtschaftlichem Zusammenhang stehenden Schulden und Lasten abzugsfähig.** ③ **Schulden und Lasten, die nicht in wirtschaftlichem Zusammenhang mit einzelnen Vermögensgegenständen des Erwerbs stehen, sind in Fällen der beschränkten Steuerpflicht anteilig abzugsfähig.** ④ **Der abzugsfähige Anteil bemisst sich nach dem Verhältnis des Werts des der Besteuerung nach diesem Gesetz unterliegenden Vermögens nach Abzug der mit diesem Vermögen in wirtschaftlichem Zusammenhang stehenden Schulden und Lasten zum Gesamtwert des erworbenen Vermögens nach Abzug aller mit diesem Vermögen in wirtschaftlichem Zusammenhang stehenden Schulden und Lasten.** ⑤ **Dies gilt auch für Kosten im Sinne des Absatzes 5 Nummer 3 Satz 1.** ⑥ **Absatz 5 Nummer 3 Satz 2 bleibt unberührt.**

(6 a)[1, 3] ① **Schulden und Lasten sind nicht abzugsfähig, soweit die Vermögensgegenstände, mit denen sie in wirtschaftlichem Zusammenhang stehen, steuerbefreit sind.** ② **Schulden und Lasten, die mit nach den §§ 13 a und 13 c befreitem Vermögen in wirtschaftlichem Zusammenhang stehen, sind nur mit dem Betrag abzugsfähig, der dem Verhältnis des nach Anwendung der §§ 13 a und 13 c anzusetzenden Werts dieses Vermögens zu dem Wert vor Anwendung der §§ 13 a und 13 c entspricht.** ③ **Schulden und Lasten, die nicht in wirtschaftlichem Zusammenhang mit einzelnen Vermögensgegenständen des Erwerbs stehen, sind anteilig allen Vermögensgegenständen des Erwerbs zuzurechnen.** ④ **Dies gilt nicht für Kosten im Sinne des Absatzes 5 Nummer 3.** ⑤ **Der jeweilige Anteil bemisst sich nach dem Verhältnis des Werts des Vermögensgegenstands nach Abzug der mit diesem Vermögensgegenstand in wirtschaftlichem Zusammenhang stehenden Schulden und Lasten zum Gesamtwert der Vermögensgegenstände nach Abzug aller mit diesen Vermögensgegenständen in wirtschaftlichem Zusammenhang stehenden Schulden und Lasten.** ⑥ **In den Fällen einer Steuerbefreiung nach den §§ 13 a und 13 c ist bei Anwendung der Sätze 3 bis 5 nicht auf den einzelnen Vermögensgegenstand, sondern auf die Summe der begünstigten Vermögen im Sinne des § 13 b Absatz 2 abzustellen.** ⑦ **Der auf den einzelnen Vermögensgegenstand entfallende Anteil an den Schulden und Lasten im Sinne des Satzes 3 ist nicht abzugsfähig, soweit dieser Vermögensgegenstand steuerbefreit ist.** ⑧ **Die auf das nach den §§ 13 a und 13 c befreite Vermögen entfallenden Schulden und Lasten im Sinne der Sätze 3 bis 6 sind nur mit dem Betrag abzugsfähig, der dem Verhältnis des nach Anwendung der §§ 13 a und 13 c anzusetzenden Werts dieses Vermögens zu dem Wert vor Anwendung der §§ 13 a und 13 c entspricht.**

(6 b)[1] **Haben sich grundstücksbezogene Belastungen bei der Ermittlung des gemeinen Werts einer wirtschaftlichen Einheit des Grundbesitzes ausgewirkt, ist deren Abzug bei der Erbschaftsteuer ausgeschlossen.**

[Fortsetzung]

richtet sich die Abzugsfähigkeit danach, ob die vorzeitige Kündigung des Darlehens eine Maßnahme der Nachlassregelung oder der Nachlassverwaltung war. **3.** Hat ein Nachlasspfleger Kosten veranlasst, so richtet sich die Abziehbarkeit als Nachlassverbindlichkeit nach denselben Maßstäben, die auch bei den durch den Erben selbst veranlassten Kosten anzulegen sind.

BFH-Urteil vom 14. 10. 2020 II R 30/19 (BStBl. 2022 II S. 216): **1.** Steuerberatungskosten des Erben für die Nacherklärung von Steuern, die der Erblasser hinterzogen hat, sind als Nachlassregelungskosten abzugsfähig (Abweichung von den gleich lautenden Erlassen der Länder). **2.** Kosten für die Haushaltsauflösung und Räumung der Erblasserwohnung können als Nachlassregelungskosten abzugsfähig sein. – Siehe hierzu *gleich lautenden Ländererlass vom 9. 2. 2022 (BStBl. I S. 224),* abgedruckt als Anlage zu H E 10.7 ErbStH.

BFH-Urteil vom 6. 11. 2019 II R 29/16 (BStBl. 2020 II S. 505): Kosten eines Zivilprozesses, in dem ein Erbe vermeintliche zum Nachlass gehörende Ansprüche des Erblassers geltend gemacht hat, sind als Nachlassregelungskosten gemäß § 10 Abs. 5 Nr. 3 Satz 1 ErbStG abzugsfähig. § 10 Abs. 6 Satz 1 ErbStG steht dem Abzug nicht entgegen.

BFH-Urteil vom 23. 8. 1995 II R 88/92 (BStBl. 1996 II S. 137): Zahlungen des Vorerben zur Ablösung des Nacherbenrechts sind nicht als Nachlaßverbindlichkeiten bei dem Erwerb des Vorerben von Todes wegen abzugsfähig.

BFH-Urteil vom 9. 11. 1994 II R 110/91 (BStBl. 1995 II S. 62): **1.** Der Abzug von Aufwendungen des Erben für Unterhalt oder Pflege des Erblassers als Nachlaßverbindlichkeit (§ 10 Abs. 5 ErbStG 1974) geht der Berücksichtigung als steuerfreier Erwerb (§ 13 Abs. 1 Nr. 9 ErbStG 1974) vor (Bestätigung des BFH-Urteils vom 13. 7. 1983 II R 105/82, BFHE 139, 294, BStBl. II 1984, 37). **2.** Das – unwirksame – Versprechen des Erblassers, jemanden als Entgelt für Dienstleistungen durch eine letztwillige Verfügung zu bedenken, führt nicht zu Nachlaßverbindlichkeiten i. S. des § 10 Abs. 5 Nr. 3 ErbStG 1974, sondern hat, falls der Erwerb bürgerlich-rechtlich als Dienstleistungsvergütung zu beurteilen ist, Erblasserschulden zur Folge, die nach § 10 Abs. 5 Nr. 1 ErbStG 1974 vom Erwerb des Erben abzuziehen sind.

---

[1] § 10 Abs. 5 Nr. 3 Satz 2, Abs. 6, 6 a und 6 b anzuwenden auf Erwerbe, für die die Steuer nach dem 31. 12. 2024 entsteht (§ 37 Abs. 21 ErbStG).

[2] Siehe auch *BFH-Urteil vom 6. 11. 2019 II R 29/16,* vorstehend abgedruckt zu Abs. 5 Nr. 3.

[3] Siehe *Tz. 3 gleich lautender Ländererlass vom 13. 9. 2021,* abgedruckt als Anlage b zu § 10 ErbStG.

ErbStG

9 (7) **In den Fällen des § 1 Abs. 1 Nr. 4 sind Leistungen an die nach der Stiftungsurkunde oder nach der Vereinssatzung Berechtigten nicht abzugsfähig.**

10 (8)[1] ①**Die von dem Erwerber zu entrichtende eigene Erbschaftsteuer ist nicht abzugsfähig.** ②**Satz 1 gilt in den Fällen des § 1 Absatz 1 Nummer 4 entsprechend.**

11 (9) **Auflagen, die dem Beschwerten selbst zugute kommen, sind nicht abzugsfähig.**

12 (10) ①**Überträgt ein Erbe ein auf ihn von Todes wegen übergangenes Mitgliedschaftsrecht an einer Personengesellschaft unverzüglich nach dessen Erwerb auf Grund einer im Zeitpunkt des Todes des Erblassers bestehenden Regelung im Gesellschaftsvertrag an die Mitgesellschafter und ist der Wert, der sich für seinen Anteil zur Zeit des Todes des Erblassers nach § 12 ergibt, höher als der gesellschaftsvertraglich festgelegte Abfindungsanspruch, so gehört nur der Abfindungsanspruch zum Vermögensanfall im Sinne des Absatzes 1 Satz 2.** ②**Überträgt ein Erbe einen auf ihn von Todes wegen übergegangenen Geschäftsanteil an einer Gesellschaft mit beschränkter Haftung unverzüglich nach dessen Erwerb auf Grund einer im Zeitpunkt des Todes des Erblassers bestehenden Regelung im Gesellschaftsvertrag an die Mitgesellschafter oder wird der Geschäftsanteil auf Grund einer im Zeitpunkt des Todes des Erblassers bestehenden Regelung im Gesellschaftsvertrag von der Gesellschaft eingezogen und ist der Wert, der sich für seinen Anteil zur Zeit des Todes des Erblassers nach § 12 ergibt, höher als der gesellschaftsvertraglich festgelegte Abfindungsanspruch, so gehört nur der Abfindungsanspruch zum Vermögensanfall im Sinne des Absatzes 1 Satz 2.**[2]

Übersicht

		Rz.
R E 10.1	Ermittlung des steuerpflichtigen Erwerbs und der Erbschaftsteuer; H E 10.1	14–17
R E 10.2	Behandlung von Ansprüchen nach dem Vermögensgesetz	18–22
R E 10.3	Private Steuererstattungsansprüche des Erblassers; H E 10.3	23–27
R E 10.4	Übertragung eines Anteils an einer vermögensverwaltenden Personengesellschaft; H E 10.4	28–30
R E 10.5	Übernahme der Steuer; H E 10.5	31, 32
R E 10.6	Abzug von außergewöhnlichen Unterhaltskosten (sog. Überlast) nach dem Denkmalschutzgesetz; H E 10.6	33–37
R E 10.7	Nachlassverbindlichkeiten nach § 10 Absatz 5 ErbStG; H E 10.7	38–62
Anlage:		
	Erlass betr. Berücksichtigung von Steuerberatungskosten für die Steuerangelegenheiten des Erblassers und von Kosten für Haushaltsauflösung sowie für Räumung einer Wohnung als Nachlassregelungskosten i. S. d. § 10 Abs. 5 Nr. 3 Satz 1 ErbStG; Folgen des BFH-Urteils v. 14. 10. 2020 II R 30/19	62 a, 62 b
R E 10.8	Private Steuerschulden des Erblassers; H E 10.8	63–68
R E 10.9	Pauschbetrag für Nachlassverbindlichkeiten; H E 10.9	70–75
R E 10.10	Beschränkung des Abzugs von Schulden und Lasten; H E 10.10	76–82
Anlage:		
	Erlass betr. Abzugsfähigkeit von Nachlassverbindlichkeiten bei beschränkter Steuerpflicht; Konsequenzen aus dem EuGH-Urteil v. 21. 12. 2021 C-394/20	82 a
R E 10.11	Eigene Erbschaftsteuer des Erwerbers *(unbesetzt);* H E 10.11	83
R E 10.12	Auflagen, die dem Beschwerten selbst zugutekommen *(unbesetzt);* H E 10.12	84
R E 10.13	Gesellschaftsanteil beim Tod eines Gesellschafters mit Weiterübertragungsverpflichtung; H E 10.13	85–88
Anlagen:		
a)	Verfügung betr. Behandlung von Gemeinschaftskonten und -depots (§ 10 ErbStG)	89
b)	Erlass betr. Anwendung der geänderten Vorschriften des ErbStG für Erwerbe mit einer Steuerentstehung nach dem 28. 12. 2020	95–99

Zu § 10 ErbStG

ErbStR R E 10.1

R E 10.1 Ermittlung des steuerpflichtigen Erwerbs und der Erbschaftsteuer

(1) Der steuerpflichtige Erwerb ist grundsätzlich wie folgt zu ermitteln:

14 1. Steuerwert des Wirtschaftsteils des land- und forstwirtschaftlichen Vermögens
\+ Steuerwert des Betriebsvermögens
\+ Steuerwert der Anteile an Kapitalgesellschaften

Zwischensumme
– Befreiungen nach §§ 13 a, 13 c ErbStG
– Befreiungen nach § 13 Absatz 1 Nummer 2 und 3 ErbStG
– Befreiung nach § 13 d ErbStG

---

[1] § 10 Abs. 8 Satz 2 anzuwenden ab 29. 12. 2020 (§ 37 Abs. 18 ErbStG); nach *Tz. 6 gleich lautender Ländererlass vom 13. 9. 2021 (BStBl. I S. 1837)* handelt es sich um eine klarstellende Regelung ohne inhaltliche Änderung.

[2] *BFH-Beschluss vom 14.3.2022 II B 25/21 (BFH/NV S. 811):* Ergibt sich die Höhe eines Abfindungsanspruchs aus der Satzungsregelung einer GmbH, ist diese korporationsrechtliche Bestimmung nach objektiven Gesichtspunkten einheitlich aus sich heraus auszulegen. Subjektive Vorstellungen der beim Erstellen der betreffenden Klausel beteiligten Personen sind unbeachtlich (Anschluss an I. und IV. Senat des BFH).

	+	Steuerwert des Wohnteils und der Betriebswohnungen des land- und forstwirtschaftlichen Vermögens
	–	Befreiungen nach § 13 Absatz 1 Nummer 2, 3 und 4 b und 4 c ErbStG
	–	Befreiung nach § 13 d ErbStG
	+	Steuerwert des Grundvermögens
	–	Befreiungen nach § 13 Absatz 1 Nummer 2, 3 und 4 a bis 4 c ErbStG
	–	Befreiung nach § 13 d ErbStG
	+	Steuerwert des übrigen Vermögens
	–	Befreiungen nach § 13 Absatz 1 Nummer 1 und 2 ErbStG
	=	**Vermögensanfall nach Steuerwerten**
2.		Steuerwert der Nachlassverbindlichkeiten, soweit nicht vom Abzug ausgeschlossen, mindestens Pauschbetrag für Erbfallkosten (einmal je Erbfall)
	=	**abzugsfähige Nachlassverbindlichkeiten**
3.		Vermögensanfall nach Steuerwerten (1.)
	–	abzugsfähige Nachlassverbindlichkeiten (2.)
	–	weitere Befreiungen nach § 13 ErbStG
	=	**Bereicherung des Erwerbers**
4.		Bereicherung des Erwerbers (3.)
	–	ggf. steuerfreier Zugewinnausgleich § 5 Absatz 1 ErbStG
	+	ggf. hinzuzurechnende Vorerwerbe § 14 ErbStG
	–	persönlicher Freibetrag § 16 ErbStG
	–	besonderer Versorgungsfreibetrag § 17 ErbStG
	=	**steuerpflichtiger Erwerb** (abzurunden auf volle hundert Euro)

(2) Die festzusetzende Erbschaftsteuer ist wie folgt zu ermitteln:

1.		Tarifliche Erbschaftsteuer nach § 19 ErbStG
	–	Abzugsfähige Steuer nach § 14 Absatz 1 ErbStG
	–	Entlastungsbetrag nach § 19 a ErbStG
	=	Summe 1
2.	–	Ermäßigung nach § 27 ErbStG (dabei Steuer lt. Summe 1 nach § 27 Absatz 2 ErbStG aufteilen und zusätzlich Kappungsgrenze nach § 27 Absatz 3 ErbStG beachten)
	–	Anrechenbare Steuer nach § 6 Absatz 3 ErbStG
	=	Summe 2
3.	–	Anrechenbare Steuer nach § 21 ErbStG (dabei Steuer lt. Summe 2 nach § 21 Absatz 1 Satz 2 ErbStG aufteilen)
	=	Summe 3 mindestens Steuer nach § 14 Absatz 1 Satz 4 ErbStG höchstens nach § 14 Absatz 3 ErbStG begrenzte Steuer (Hälfte des Werts des weiteren Erwerbs)
	=	**Festzusetzende Erbschaftsteuer**

(3) Ein Steuererlass nach § 28 a Absatz 1 Satz 1 ErbStG ist nicht Teil der Steuerfestsetzung; es handelt sich um eine Maßnahme im Erhebungsverfahren. 15

H E 10.1

HE 10.1

Abrundung/Aufrundung. Ergeben sich bei der Ermittlung des steuerpflichtigen Erwerbs oder der Erbschaft- und Schenkungsteuer Euro-Beträge mit Nachkommastellen, sind diese jeweils in der für den Steuerpflichtigen günstigen Weise auf volle Euro-Beträge auf- bzw. abzurunden. 16

Bereicherung in den Fällen des Nießbrauchsverzichts, in denen der Nießbrauch bei früheren Erwerben teilweise einem Abzugsverbot unterlag. → BFH vom 20. 5. 2014 II R 7/13, BStBl. II S. 896. 17

Beispiel:

Vater V schenkte seinem Sohn im August 2016 ein vermietetes Zweifamilienhaus mit einem Grundbesitzwert von 750 000 EUR unter Nießbrauchsvorbehalt. Der Jahreswert des Nießbrauchs beträgt 20 000 EUR. Zum Zeitpunkt der Ausführung der Zuwendung ist V 65 Jahre alt.

Im Jahr 2018 verzichtet er unentgeltlich auf den Nießbrauch. Zum Zeitpunkt der Ausführung dieser Zuwendung ist V 67 Jahre alt. Der Grundbesitzwert und Jahreswert des Nießbrauchs sind unverändert und betragen 750 000 EUR bzw. 20 000 EUR.

Erwerb 2016	
Grundbesitzwert	750 000 EUR
Steuerbefreiung § 13 d ErbStG	./. 75 000 EUR
Gegenleistung: Kapitalwert Nießbrauch	
(Jahreswert 20 000 EUR × Vervielfältiger 11,346)	./. 226 920 EUR
davon nicht abzugsfähig (§ 10 Absatz 6 Satz 5 ErbStG)[1]	+ 22 692 EUR
Bereicherung	470 772 EUR
Persönlicher Freibetrag	./. 400 000 EUR

[1] Jetzt § 10 Abs. 6 a ErbStG.

Steuerpflichtiger Erwerb	70 772 EUR
abgerundet	70 700 EUR
Steuer bei Steuersatz 7%.	4 949 EUR
Erwerb 2018	
Wert des Nießbrauchsverzichts	217 200 EUR
(Jahreswert 20 000 EUR × Vervielfältiger 10,860)	
nicht abzugsfähiger Teil des Nießbrauchs 2016	./. 22 692 EUR
Bereicherung	194 508 EUR
Wert des Vorerwerbs 2016	+ 470 772 EUR
Persönlicher Freibetrag	./. 400 000 EUR
Steuerpflichtiger Erwerb	265 280 EUR
abgerundet	265 200 EUR
Steuer bei Steuersatz 11%.	29 172 EUR
anrechenbare Steuer aus dem Vorerwerb	./. 4 949 EUR
festzusetzende Steuer	24 223 EUR

ErbStR R E 10.2

R E 10.2 Behandlung von Ansprüchen nach dem Vermögensgesetz[1]

18 (1) ① Das Gesetz zur Regelung offener Vermögensfragen – VermG – (in der Fassung der Bekanntmachung vom 9. Februar 2005 (BGBl. I S. 205, mit späteren Änderungen) regelt, unter welchen Voraussetzungen u. a. enteignete oder unter sonstigen in § 1 VermG näher bezeichneten Umständen staatlichen Stellen oder Dritten übertragene Vermögenswerte an den Berechtigten zurückzuübertragen sind (§ 3 VermG). ② Dabei sind in einschlägigen Fällen Wertausgleiche vorzunehmen (§ 6 Absatz 1; §§ 7, 21 Absatz 3 und 4 VermG) und sonstige Ansprüche Dritter zu erfüllen (§ 19 VermG). ③ Ist eine Rückübertragung ausgeschlossen (§§ 4, 5, 6 Absatz 7 VermG), wird eine Entschädigung nach Maßgabe des Entschädigungsgesetzes – EntSchG – in der Fassung der Bekanntmachung vom 13. Juli 2004 (BGBl. I S. 1658, mit späteren Änderungen) gewährt. ④ Dies gilt auch, wenn der Berechtigte eine Entschädigung nach § 6 Absatz 7 oder § 8 wählt.

19 (2) ① Bei Erbfällen nach Inkrafttreten des VermG gehören solche Ansprüche grundsätzlich zum steuerpflichtigen Erwerb. ② Bei beschränkter Steuerpflicht (§ 2 Absatz 1 Nummer 3 ErbStG) gilt dies nur dann, wenn derartige Ansprüche nach dem VermG zum Inlandsvermögen im Sinne des § 121 BewG gehören. ③ Ansprüche auf Rückübertragung von Grundbesitz, über die bis zum Besteuerungszeitpunkt noch nicht entschieden wurde, sind weder selbst inländischer Grundbesitz (vgl. § 121 Nummer 1 und 2 BewG) noch sind sie Forderungen oder Rechte, die durch inländischen Grundbesitz gesichert sind (§ 121 Nummer 7 BewG). ④ Etwas anderes gilt nur, wenn ein solcher Anspruch zu einem inländischen Betriebsvermögen gehört (§ 121 Nummer 3 BewG). ⑤ Bei Ansprüchen nach dem VermG handelt es sich um öffentlich-rechtliche Ansprüche, die gegen die Ämter zur Regelung offener Vermögensfragen gerichtet sind.

20 (3) ① Der Anspruchsberechtigte hat ab Inkrafttreten des VermG einen Anspruch auf Rückübertragung bzw. Entschädigung. ② Der Anspruch ist dem Grunde nach im Nachlass zu erfassen, wenn der Berechtigte einen Antrag nach § 30 VermG gestellt hat. ③ Wird der Antrag erst später von einem Rechtsnachfolger eines nach dem 28. 9. 1990 verstorbenen Berechtigten gestellt, ist der Anspruch bereits im Nachlass des ursprünglich Berechtigten zu erfassen. ④ Dies gilt, wenn zwischenzeitlich mehrere Erbfälle eingetreten sind, für alle diese Erbfälle. ⑤ Bereits durchgeführte Erbschaftsteuerveranlagungen sind ggf. zu ändern. ⑥ Soweit nicht feststeht, wie und in welcher Höhe der Anspruch erfüllt werden wird und welche Gegenansprüche des Verpflichteten dabei zu erfüllen sind (→ Absatz 1 Satz 2 bis 4), ist eine Bewertung des Anspruchs zunächst nicht möglich. ⑦ Die Erbschaftsteuer ist hinsichtlich des Anspruchs und möglicher Gegenansprüche nach § 165 AO vorläufig zu veranlagen. ⑧ Die Besteuerung ist endgültig nach derjenigen Sach- und Rechtslage vorzunehmen, wie sie durch die einvernehmliche Regelung zwischen dem Berechtigten und dem Verfügungsberechtigten oder die unanfechtbare Entscheidung der zuständigen Behörde oder des Schiedsgerichts konkretisiert wird, weil sich Art und Inhalt des Anspruchs eines Berechtigten (Rückübertragung bzw. Entschädigung) nicht schon aus § 3 VermG und dem Antrag des Berechtigten ergeben, sondern sich erst mit der endgültigen Entscheidung gemäß §§ 32, 33 VermG konkretisieren lassen. ⑨ Diese wirkt auf den Stichtag der Steuerentstehung zurück.

21 (4) ① Das Vermögen ist dem Rückübertragungsverpflichteten bis zur unanfechtbaren Entscheidung über die Rückübertragung zuzurechnen (§ 34 VermG) und im Nachlass zu erfassen. ② Hat ein Berechtigter oder ein Rechtsnachfolger einen Antrag nach § 30 VermG gestellt, ist das Vermögen des Verpflichteten ab Inkrafttreten des VermG mit einer Rückübertragungsverpflichtung belastet. ③ Dies gilt, wenn zwischenzeitlich mehrere Erbfälle eingetreten sind, für alle diese Erbfälle. ④ Bereits durchgeführte Erbschaftsteuerveranlagungen sind ggf. zu ändern. ⑤ Die Belastung ist zunächst mit dem Steuerwert des zurückgeforderten Vermögens abzuziehen. ⑥ Da nicht feststeht, ob eine Rückübertragung tatsächlich erfolgt und dabei Gegenansprüche des Verpflichteten zu erfüllen sind (→ Absatz 1 Satz 2 bis 4), ist die Erbschaftsteuer hinsichtlich der Rückübertragungsverpflichtung und möglicher Gegenansprüche nach § 165 AO vorläufig zu veranlagen. ⑦ Die Be-

[1] Zum Ausführungszeitpunkt einer Grundstücksschenkung nach dem VermG vgl. *BFH-Urteil vom 24. 8. 2005 II R 16/02 (BStBl. 2006 II S. 36).*

BFH-Urteil vom 25. 11. 2008 II R 38/06 (BFH/NV 2009 S. 772), Ls. 3: **3.** Bestanden bei Abschluss des Gesellschaftsvertrags noch keine Restitutionsansprüche nach dem VermG, besteht regelmäßig nicht der Wille, die noch nicht entstandenen Rückübertragungsansprüche in das Gesellschaftsvermögen der Gesellschaft zu überführen.

steuerung des Verpflichteten ist endgültig nach derjenigen Sach- und Rechtslage vorzunehmen, wie sie durch die einvernehmliche Regelung zwischen dem Berechtigten und dem Verfügungsberechtigten oder die unanfechtbare Entscheidung der zuständigen Behörde oder des Schiedsgerichts konkretisiert wird (→ Absatz 3 Satz 8 und 9).

(5) Absatz 1 bis 4 gilt für die schenkungsteuerrechtliche Behandlung der Ansprüche nach dem VermG entsprechend. 22

R E 10.3 Private Steuererstattungsansprüche des Erblassers

ErbStR R E 10.3

23 (1) Die Einkommensteuer entsteht mit Ablauf des Veranlagungszeitraums (§ 36 Absatz 1 in Verbindung mit § 25 Absatz 1 EStG).

(2) ① Einkommensteuererstattungsansprüche aus Veranlagungszeiträumen, die vor dem Todeszeitpunkt des Erblassers endeten, sind mit Ablauf des jeweiligen Kalenderjahrs entstanden. ② Sie gehören mit dem materiell-rechtlich zutreffenden Wert zum steuerpflichtigen Erwerb nach § 10 Absatz 1 ErbStG, ohne dass es auf ihre Durchsetzbarkeit (Festsetzung in einem Steuerbescheid) zum Todeszeitpunkt ankommt. ③ Die Überzahlungen, die zu den Steuererstattungsansprüchen geführt haben, muss noch der Erblasser geleistet haben. 24

(3) ① Einkommensteuererstattungsansprüche aus dem Veranlagungszeitraum, in den der Todeszeitpunkt des Erblassers fällt, entstehen erst mit Ablauf des Kalenderjahrs. ② *Sie gehören daher nicht zum steuerpflichtigen Erwerb nach § 10 Absatz 1 ErbStG.*[1] 25

(4) ① Erstattungszinsen gehören zum steuerpflichtigen Erwerb nach § 10 Absatz 1 ErbStG, soweit der Bescheid über den zu verzinsenden Steueranspruch vor dem Todestag des Erblassers ergangen ist. ② Wenn die die Erstattungszinsen auslösenden Bescheide erst nach dem Todestag wirksam geworden sind, sind die Zinsansprüche nicht mehr in der Person des Erblassers, sondern bereits originär in der Person des Gesamtrechtsnachfolgers entstanden und gehören damit nicht zum steuerpflichtigen Erwerb nach § 10 Absatz 1 ErbStG. 26

H E 10.3

H E 10.3

Steuererstattungsansprüche bei Gesamtgläubigern. Stehen Steuererstattungsansprüche mehreren Gläubigern als Gesamtgläubiger zu, z. B. zusammen veranlagte Ehegatten, ist es aus Vereinfachungsgründen nicht zu beanstanden, wenn die Forderung nach Köpfen auf die einzelnen Gläubiger aufgeteilt wird. 27

Steuererstattungsansprüche für den Veranlagungszeitraum, in den der Todeszeitpunkt des Erblassers fällt. *→ BFH vom 16. 1. 2008 II R 30/06, BStBl. II S. 626.*[1]

Steuererstattungsansprüche für Veranlagungszeiträume, die vor dem Todeszeitpunkt des Erblassers endeten. → BFH vom 16. 1. 2008 II R 30/06, BStBl. II S. 626.

R E 10.4 Übertragung eines Anteils an einer vermögensverwaltenden Personengesellschaft

ErbStR R E 10.4

(1) ① Bei einem Erwerb eines Gesellschaftsanteils an einer vermögensverwaltenden Personengesellschaft können die Besitzposten und Gesellschaftsschulden der Gesamthandsgemeinschaft nicht zu einer wirtschaftlichen Einheit zusammengefasst werden. ② Den Gesellschaftern sind die einzelnen Wirtschaftsgüter und sonstigen Besitzposten des Gesamthandsvermögens und die Gesellschaftsschulden anteilig als Bruchteilseigentum zuzurechnen (§ 10 Absatz 1 Satz 4 ErbStG, § 39 Absatz 2 Nummer 2 AO). ③ In Fällen des § 15 Absatz 3 Nummer 2 EStG tritt unter Berücksichtigung zivilrechtlicher Grundsätze für Zwecke der Erbschaft- und Schenkungsteuer erst zum Zeitpunkt der Eintragung der KG im Handelsregister die gewerbliche Prägung ein. ④ Vor der Eintragung ins Handelsregister handelt es sich um eine vermögensverwaltende GbR unabhängig davon, dass ertragsteuerlich rückwirkend von einer gewerblichen Prägung ausgegangen wird. 28

(2) ① Der unmittelbare oder mittelbare Erwerb eines solchen Gesellschaftsanteils gilt als Erwerb der Miteigentumsanteile an den zum Gesamthandsvermögen gehörenden Wirtschaftsgütern und sonstigen Besitzposten. ② Daneben tritt die mit dem Übergang des Gesellschaftsanteils verbundene Verpflichtung des Erwerbers, für die Gesellschaftsschulden einzustehen. ③ Sie kann nicht unmittelbar durch Abzug vom Wert der Besitzposten, sondern nur im Rahmen der Ermittlung der Bereicherung des Erwerbers (§ 10 Absatz 1 Satz 1 ErbStG) berücksichtigt werden. ④ Beim Erwerb von Todes wegen (§ 3 ErbStG) kann der Erwerber die anteiligen Gesellschaftsschulden als Nachlassverbindlichkeiten abziehen (§ 10 Absatz 5 ErbStG). ⑤ Bei einer Schenkung unter Lebenden 29

---

[1] Überholt durch Änderung des § 10 Abs. 1 Satz 3 ErbStG durch das JStG 2020; siehe hierzu *Tz. 2 gleich lautender Ländererlass vom 13. 9. 2021 (BStBl. I S. 1817):*

2. Zu § 10 Abs. 1 Satz 3 ErbStG

Private Steuererstattungsansprüche (Einkommensteuer, Solidaritätszuschlag, Kirchensteuer) aus dem Veranlagungszeitraum, in den der Todeszeitpunkt des Erblassers fällt, gehören nach § 10 Abs. 1 Satz 3 ErbStG zum steuerpflichtigen Erwerb, auch wenn sie rechtlich erst nach dem Tod des Erblassers entstanden sind. **Die folgenden Richtlinien und Hinweise sind nicht mehr anzuwenden:**

– R E 10.3 Abs. 3 Satz 2 ErbStR und

– H E 10.3 „Steuererstattungsansprüche für den Veranlagungszeitraum, in den der Todeszeitpunkt des Erblassers fällt" ErbStH.

(§ 7 ErbStG) können die anteiligen Gesellschaftsschulden die Bereicherung nach den Grundsätzen zur Behandlung von gemischten Schenkungen sowie Schenkungen unter Auflage mindern (→ R E 7.4). ⑥ Der Erwerb der anteiligen Gesellschaftsschulden ist dabei als Gegenleistung zu behandeln.

H E 10.4

H E 10.4

30 **Entlastungen nach §§ 13 a, 13 c oder 28 a bzw. 19 a ErbStG für Anteile an Kapitalgesellschaften im Gesellschaftsvermögen.**[1] Wird ein Anteil an einer vermögensverwaltenden Personengesellschaft übertragen, zu deren Vermögen Anteile an einer Kapitalgesellschaft i. S. d. § 13 b Absatz 1 Nummer 3 ErbStG gehören, ist zwar auch insoweit von einem Erwerb der Miteigentumsanteile an diesen Anteilen auszugehen. Die Entlastungen nach §§ 13 a, 13 c oder 28 a bzw. 19 a ErbStG kommen jedoch nicht in Betracht, weil der Erblasser oder Schenker nicht unmittelbar am Nennkapital der Kapitalgesellschaft beteiligt war.

Gewerblich geprägte GmbH & Co KG. → BFH vom 4. 2. 2009 II R 41/07, BStBl. II S. 600.[2]

ErbStR R E 10.5

R E 10.5 Übernahme der Steuer

31 Hat der Erblasser die Entrichtung der von dem Erwerber geschuldeten Steuer einem anderen auferlegt oder hat der Schenker die Entrichtung der vom Beschenkten geschuldeten Steuer selbst übernommen oder einem anderen auferlegt, kommt in Fällen der beschränkten Steuerpflicht § 10 Absatz 2 ErbStG nicht zur Anwendung, weil die zu übernehmende Steuerforderung nicht zum Inlandsvermögen im Sinne des § 121 BewG gehört.

H E 10.5

H E 10.5

32 **Abrundung im Fall der Steuerübernahme.**

Beispiel:

A schenkt seiner Freundin B (Steuerklasse III) 2018 Wertpapiere im Wert von 205 736 EUR und erklärt sich bereit, die Schenkungsteuer zu übernehmen.

Wert der Zuwendung		205 736 EUR
Daraus errechnete Steuer		
Zuwendung	205 736 EUR	
Persönlicher Freibetrag	./. 20 000 EUR	
Verbleiben	185 736 EUR	
Abgerundet	185 700 EUR	
Steuer bei Steuersatz 30%	55 710 EUR	+ 55 710 EUR
Erwerb einschließlich Steuer		261 446 EUR
Persönlicher Freibetrag		./. 20 000 EUR
Steuerpflichtiger Erwerb		241 446 EUR
Abgerundet		241 400 EUR
Steuer bei Steuersatz 30%		72 420 EUR

Berechnung der Steuer in den Fällen des § 23 ErbStG und § 10 Absatz 2 ErbStG. → H E 23.

ErbStR R E 10.6

R E 10.6 Abzug von außergewöhnlichen Unterhaltskosten (sog. Überlast) nach dem Denkmalschutzgesetz

33 (1) ① Ist Grundbesitz nach dem Denkmalschutzgesetz eines Landes als Baudenkmal unter Schutz gestellt, folgt hieraus eine rechtsverbindliche Verpflichtung des Eigentümers gegenüber der Allgemeinheit, das Baudenkmal instand zu halten, erforderlichenfalls instand zu setzen und vor Gefährdung zu schützen. ② Bei Schlössern, Burgen und Herrenhäusern wird allgemein davon ausgegangen, dass die zu erhaltende Bausubstanz in einem groben Missverhältnis zu dem durch sie vermittelten Nutzen steht. ③ Unter einem Herrenhaus ist nach dem allgemeinen Sprachgebrauch in der Regel ein freistehendes schlossartiges Gebäude zu verstehen, wie es vor allem in Norddeutschland zu finden ist. ④ Bei der Ermittlung des steuerpflichtigen Erwerbs wird in Höhe der hierdurch verursachten zusätzlichen Instandhaltungskosten eine ernstliche wirtschaftliche Belastung (Überlast) als Nachlassverbindlichkeit (§ 10 Absatz 5 Nummer 1 ErbStG) anerkannt. ⑤ Eine derartige Überlast ist zu berücksichtigen, soweit nicht der Grundbesitz oder ein Teil des Grundbesitzes nach § 13 Absatz 1 Nummer 2 ErbStG steuerfrei ist oder der Erwerber auf die Steuerfreiheit verzichtet hat (§ 13 Absatz 3 Satz 2 ErbStG). ⑥ Die Überlast aus der Denkmalpflege bei einem Betriebsgrundstück gehört nach § 95 Absatz 1 BewG nicht zum Betriebsvermögen. ⑦ Sie ist nach

[1] *BFH-Urteil vom 11. 6. 2013 II R 4/12 (BStBl. II S. 742):* Ein Erblasser oder Schenker war nur dann i. S. des § 13 a Abs. 4 Nr. 3 ErbStG a. F. unmittelbar am Nennkapital einer Kapitalgesellschaft beteiligt, wenn er zivilrechtlich deren Gesellschafter war. – Ebenso *BFH-Urteil vom 18. 9. 2013 II R 63/11 (BFH/NV 2014 S. 349). – Anm. d. Red.:* Gilt auch für das Recht ab 2009.

[2] *BFH-Urteil vom 4. 2. 2009 II R 41/07 (BStBl. II S. 600):* Eine in Gründung befindliche GmbH & Co. KG, an der eine natürliche Person beteiligt ist und die kein Handelsgewerbe betreibt, kann bei der Anwendung des § 13 a ErbStG nicht vor ihrer Eintragung in das Handelsregister als gewerblich geprägte Personengesellschaft beurteilt werden.

§ 10 Absatz 5 Nummer 1 ErbStG als Nachlassverbindlichkeit abzugsfähig, die gegebenenfalls der Abzugsbeschränkung nach § 10 Absatz 6 ErbStG[1] unterliegt.

(2) ① Für die abzugsfähige Überlast bei Schlössern, Burgen und Herrenhäusern werden als jährliche Pauschalsätze 34

1. einheitlich 2,30 Euro/m³ für Objekte, deren Innenräume rein museal genutzt werden,
2. einheitlich 1,15 Euro/m³ für Objekte, deren Innenräume nicht museal genutzt werden,

festgesetzt. ② Der Kapitalwert beträgt das 18,6 fache des sich nach Nummer 1 und 2 ergebenden Jahreswerts (§ 13 Absatz 2 BewG).

(3) ① Denkmalgeschützte Patrizierhäuser, Bürgerhäuser, Wohn- und Geschäftsgebäude und dergleichen lassen sich nicht mit den genannten Herrenhäusern vergleichen. ② Eine pauschale Berechnung der Überlast ist daher nicht möglich. ③ Soweit bei derartigen Gebäuden geltend gemacht wird, dass die Unterhaltungslast aus der Denkmalpflege nicht bereits bei der Bewertung des Grundstücks abgegolten ist, kann eine Überlast nur auf Grund eines Einzelnachweises berücksichtigt werden. 35

(4) ① Bei der schenkweisen Übertragung solcher Grundstücke ist die Übernahme dieser Überlast wie eine Leistungsauflage zu behandeln (→ R E 7.4). ② Absatz 1 Satz 5 gilt sinngemäß. 36

H E 10.6

H E 10.6

Kapitalwert der Überlast. 37

Beispiel:

Von der Gesamtnutzungsfläche einer Burg entfallen 40% auf die Wohnräume des Eigentümers. Die übrigen Räume der Burg werden museal genutzt. Der gesamte umbaute Raum der Burg beträgt 20 000 Kubikmeter. Als Jahreswert der Überlast ist anzusetzen:

für den museal genutzten Teil	
20 000 m³ × 60% × 2,30 EUR/m³ =	27 600 EUR
für den anderweitig genutzten Teil	
20 000 m³ × 40% × 1,15 EUR/m³ =	+ 9 200 EUR
Jahreswert gesamt	36 800 EUR
Der Kapitalwert beträgt 36 800 EUR × 18,6	684 480 EUR

R E 10.7 Nachlassverbindlichkeiten nach § 10 Absatz 5 ErbStG

ErbStR R E 10.7

① Die Übernahme einer Bürgschaft führt für sich allein nicht zum Ansatz einer Verbindlichkeit, da es an einer wirtschaftlichen Belastung fehlt. ② Es ist insoweit auch keine Forderung des Bürgen gegenüber dem Begünstigten der Bürgschaft anzusetzen. 38

H E 10.7

H E 10.7

Abgeltung Pflichtteilsansprüche durch Abfindung beim Tod des Erben. → BFH vom 27. 6. 2007 II R 30/05, BStBl. II S. 651 40

Baumaßnahmen des Erben auf einem nachlasszugehörigen Grundstück. → BFH vom 1. 7. 2008 II R 38/07, BStBl. II S. 876

Behandlung von Erwerbsnebenkosten und Steuerberatungskosten sowie Rechtsberatungskosten im Zusammenhang mit einer Schenkung. Bei Schenkungen unter Lebenden können im Zusammenhang mit der Ausführung der Zuwendung zwangsläufig folgende Kosten anfallen: 41

- allgemeine Erwerbsnebenkosten (Kosten der Rechtsänderung, z. B. Kosten für Notar- oder Handelsregister),
- Steuer- und Rechtsberatung im Vorfeld der Schenkung,
- Kosten zur Erstellung der Steuer- bzw. Feststellungserklärung,
- Kosten für Rechtsbehelfsverfahren oder Finanzgerichtsverfahren im Steuerfestsetzungs- bzw. Feststellungsverfahren,
- Kosten eines Gutachters für die Ermittlung des gemeinen Werts von Grundbesitz, Betriebsvermögen oder nicht notierten Anteilen an Kapitalgesellschaften,
- Grunderwerbsteuer.

Während für Erwerbe von Todes wegen die Abzugsfähigkeit der Kosten, die dem Erwerber im Zusammenhang mit der Erlangung des Erwerbs entstehen, in § 10 Absatz 5 Nummer 3 ErbStG gesetzlich geregelt ist, fehlt für Schenkungen eine entsprechende gesetzliche Regelung.

Die Kosten, die im Zusammenhang mit der Ausführung einer Schenkung entstehen, sind bei der Ermittlung des Werts des steuerpflichtigen Erwerbs wie folgt zu behandeln:

1. Allgemeine Erwerbsnebenkosten (Kosten der Rechtsänderung)

Die allgemeinen Erwerbsnebenkosten, wie z. B. für Notar, Grundbuch oder Handelsregister, entstehen erst durch die Schenkung. Hierzu zählen nicht die im Vorfeld einer Schenkung anfallenden Steuerberatungskosten und Rechtsberatungskosten (→ R E 7.4 Absatz 4 Satz 2).

[1] Jetzt § 10 Abs. 6 a ErbStG.

H E 10.7

42 **1.1** Kostentragung durch den Beschenkten

Es handelt sich um Folgekosten der Schenkung, die keine Gegenleistung für das übertragene Vermögen darstellen.

1.1.1 Vollschenkung

Die Kosten sind in vollem Umfang vom Steuerwert der Zuwendung abzuziehen.

1.1.2 Gemischte Schenkung und Schenkung unter Leistungs-, Nutzungs- oder Duldungsauflage

Die Kosten sind in vollem Umfang als Minderung der Bereicherung zu berücksichtigen (→ H E 7.4 (4) „Erwerbsnebenkosten im Zusammenhang mit einer Schenkung").

Beispiel:

Der Schenker übereignet dem Beschenkten ein zu gewerblichen Zwecken vermietetes Grundstück mit einem Grundbesitzwert von 500 000 EUR. Die Nebenkosten betragen 8000 EUR. Der Beschenkte zahlt eine Gegenleistung von 100 000 EUR.

Der Beschenkte hat (500 000 EUR – 100 000 EUR =) 400 000 EUR zu versteuern und kann die Nebenkosten in voller Höhe abziehen. Die Bereicherung des Beschenkten beträgt (400 000 EUR – 8000 EUR =) 392 000 EUR.

1.1.3 Mittelbare Schenkung

Die Folgekosten einer Schenkung sind auch dann in vollem Umfang vom Steuerwert der Zuwendung abzuziehen, wenn bei einer mittelbaren Schenkung Geld zum Erwerb eines Gegenstandes zugewendet wird. Die Erwerbsnebenkosten bleiben bei der Prüfung, ob der Wert der Zuwendung den Anschaffungskosten des Gegenstandes entspricht, außer Betracht.

1.1.4 Anteilige mittelbare Schenkung

Wird dem Beschenkten bei einer mittelbaren Schenkung nur ein (nicht unwesentlicher) Teil des Kaufpreises zugewendet, der für den Erwerb eines Gegenstandes zu zahlen ist (→ R E 7.3), ist nur der Teil der allgemeinen Erwerbsnebenkosten abzuziehen, der dem Anteil des mittelbar zugewendeten Gegenstandes entspricht. Die Erwerbsnebenkosten bleiben bei der Prüfung, in welchem Verhältnis der Wert der Zuwendung zu den Anschaffungskosten des Gegenstandes steht, außer Betracht.

Beispiel:

Für den Kauf eines Grundstücks, dessen Kaufpreis und Grundbesitzwert 500 000 EUR beträgt, hat der Erwerber 100 000 EUR vom Schenker erhalten; die Nebenkosten in Höhe von 8000 EUR trägt er selbst.

Die Zuwendung von 100 000 EUR entspricht 20% der Anschaffungskosten des Grundstücks in Höhe von 500 000 EUR ohne die Nebenkosten. Der Beschenkte hat 20% des Grundbesitzwertes von 500 000 EUR = 100 000 EUR zu versteuern und kann 20% der Nebenkosten in Höhe von 8000 EUR = 1600 EUR abziehen. Die Bereicherung des Beschenkten beträgt (100 000 EUR – 1 600 EUR =) 98 400 EUR.

1.1.5 Übertragung ganz oder teilweise steuerbefreiten Vermögens

1.1.5.1 Vollschenkung ganz oder teilweise steuerbefreiten Vermögens

Gehören zum Erwerb Vermögensgegenstände, für die eine Steuerbefreiung nach §§ 13, 13 a, 13 c oder 13 d ErbStG zur Anwendung kommt, unterliegen die Erwerbsnebenkosten nicht der Kürzung nach § 10 Absatz 6 ErbStG[1] (→ R E 7.4 Absatz 4).

Die Kosten sind in vollem Umfang abzuziehen und nicht nach § 10 Absatz 6 ErbStG[1] zu kürzen.

Beispiel:

Der Schenker überträgt dem Beschenkten ein zu Wohnzwecken vermietetes Grundstück mit einem Grundbesitzwert von 400 000 EUR. Der Beschenkte trägt die Erwerbsnebenkosten in Höhe von 6000 EUR.

Der Beschenkte hat den Grundbesitzwert des Grundstücks von 400 000 EUR abzüglich des Befreiungsabschlages nach § 13 d ErbStG von 10% = 40 000 EUR zu versteuern und kann die Erwerbsnebenkosten in voller Höhe abziehen. Insoweit erfolgt keine Kürzung nach § 10 Absatz 6 Satz 5 ErbStG.[1] Die Bereicherung des Beschenkten beträgt (400 000 EUR – 40 000 EUR – 6000 EUR =) 354 000 EUR.

1.1.5.2 Gemischte Schenkung und Schenkung unter Leistungs-, Nutzungs- oder Duldungsauflage ganz oder teilweise steuerbefreiten Vermögens

Der Abzug der Gegenleistungen sowie der Leistungs-, Nutzungs- oder Duldungsauflage ist nach § 10 Absatz 6 ErbStG[1] beschränkt, soweit der Gegenstand nach §§ 13, 13 a, 13 c oder 13 d ErbStG befreit ist (→ R E 7.4 Absatz 2). Die Erwerbsnebenkosten sind hingegen in vollem Umfang abzugsfähig und nicht nach § 10 Absatz 6 ErbStG[1] zu kürzen (→ R E 7.4 Absatz 4).

Beispiel:

Der Schenker überträgt dem Beschenkten einen nach §§ 13 a, 13 b ErbStG begünstigten Anteil von 30% an einer GmbH, dessen Steuerwert mit 4 000 000 EUR festgestellt wurde. Der GmbH-Anteil zählt in vollem Umfang zum begünstigten Vermögen gemäß § 13 b Absatz 2 ErbStG. Er behält sich den Nießbrauch an den Anteilen vor. Der Kapitalwert des Nießbrauchs beträgt 2 000 000 EUR. Der Beschenkte trägt die Erwerbsnebenkosten in Höhe von 20 000 EUR.

Begünstigter GmbH-Anteil	4 000 000 EUR	
Verschonungsabschlag § 13 a Absatz 1 ErbStG 85%	– 3 400 000 EUR	
verbleibender Betrag		600 000 EUR
Abzugsbetrag § 13 a Absatz 2 ErbStG		– 0 EUR
		600 000 EUR
Kapitalwert des Nießbrauchs	2 000 000 EUR	

[1] Jetzt § 10 Abs. 6 a ErbStG.

H E 10.7

abzugsfähig (§ 10 Absatz 6 Satz 4 ErbStG)[1] 600 000 EUR : 4 000 000 EUR × 2 000 000 EUR	– 300 000 EUR
Erwerbsnebenkosten abzugsfähig in voller Höhe	– 20 000 EUR
Bereicherung	280 000 EUR

1.1.5.3 Mittelbare Schenkung ganz oder teilweise steuerbefreiten Vermögens
Die Kosten sind in vollem Umfang abzugsfähig und nicht nach § 10 Absatz 6 ErbStG[2] zu kürzen.

1.1.5.4 Anteilige mittelbare Schenkung ganz oder teilweise steuerbefreiten Vermögens
Die Kosten sind mit dem Anteil abzugsfähig, der dem Anteil des mittelbar zugewendeten Gegenstandes entspricht. Eine weitere Kürzung nach § 10 Absatz 6 ErbStG[2] erfolgt nicht.

1.2 Kostentragung durch den Schenker **43**

1.2.1 Vollschenkung
Es handelt sich um eine zusätzliche Schenkung, die die Bereicherung des Beschenkten entsprechend erhöht. Der zusätzlichen Bereicherung steht jedoch eine Entreicherung durch die Folgekosten der Schenkung gegenüber. Das gilt nicht nur, wenn der Schenker dem Beschenkten einen Geldbetrag in Höhe der Erwerbsnebenkosten zuwendet, damit dieser sie zahlen kann, sondern auch dann, wenn der Schenker selbst (in Abkürzung des Zahlungswegs) die Erwerbsnebenkosten begleicht.

Beispiel:

Der Schenker übereignet dem Beschenkten ein unbebautes Grundstück mit einem Grundbesitzwert von 300 000 EUR. Die allgemeinen Erwerbsnebenkosten betragen 8000 EUR.
Trägt der Schenker – durch Geldzuwendung oder durch eigene Zahlung – die Erwerbsnebenkosten, beträgt der Gesamtwert der Zuwendungen (300 000 EUR + 8000 EUR =) 308 000 EUR. Die Bereicherung des Beschenkten beträgt (308 000 EUR – 8000 EUR =) 300 000 EUR.

1.2.2 Gemischte Schenkung und Schenkung unter Leistungs-, Nutzungs- oder Duldungsauflage
Es handelt sich um eine zusätzliche Schenkung, die die Bereicherung des Beschenkten erhöht. Die Erwerbsnebenkosten sind im vollen Umfang abzugsfähig.

Beispiel:

Der Schenker übereignet dem Beschenkten ein zu gewerblichen Zwecken vermietetes Grundstück mit einem Grundbesitzwert von 500 000 EUR und übernimmt die Nebenkosten in Höhe von 8000 EUR. Der Beschenkte zahlt eine Gegenleistung von 100 000 EUR.
Der Beschenkte hat (500 000 EUR – 100 000 EUR =) 400 000 EUR zuzüglich der erhaltenen Nebenkosten von 8000 EUR zu versteuern und kann die Nebenkosten in voller Höhe abziehen. Die Bereicherung des Beschenkten beträgt (408 000 EUR – 8000 EUR =) 400 000 EUR.

1.2.3 Mittelbare Schenkung
Die Übernahme der Nebenkosten durch den Schenker stellt eine zusätzliche Bereicherung dar. Der zusätzlichen Bereicherung steht jedoch eine Entreicherung in gleicher Höhe durch die Folgekosten der Schenkung gegenüber. Die Nebenkosten können in vollem Umfang abgezogen werden.

1.2.4 Anteilige mittelbare Schenkung
Die Übernahme der Nebenkosten durch den Schenker stellt eine zusätzliche Bereicherung dar. Die Nebenkosten sind mit dem Anteil abzugsfähig, der dem Verhältnis der Zuwendung ausschließlich der Nebenkosten zu den Anschaffungskosten des Gegenstandes ausschließlich der Nebenkosten entspricht.

1.2.5 Übertragung ganz oder teilweise steuerbefreiten Vermögens
Gehören zum Erwerb Vermögensgegenstände, für die eine Steuerbefreiung nach §§ 13, 13 a, 13 c oder 13 d ErbStG in Anspruch genommen wird, unterliegen die Erwerbsnebenkosten nicht der Kürzung nach § 10 Absatz 6 ErbStG[1] (→ R E 7.4 Absatz 4).

1.2.5.1 Vollschenkung ganz oder teilweise steuerbefreiten Vermögens
Die Kosten sind als zusätzlicher Erwerb anzusetzen und gleichzeitig in vollem Umfang abzuziehen und nicht nach § 10 Absatz 6 ErbStG[1] zu kürzen.

Beispiel:

Der Schenker überträgt dem Beschenkten ein zu Wohnzwecken vermietetes Grundstück mit einem Grundbesitzwert von 400 000 EUR. Der Schenker trägt die Erwerbsnebenkosten in Höhe von 6000 EUR.
Der Beschenkte hat den Grundbesitzwert des Grundstücks von 400 000 EUR abzüglich des Befreiungsabschlages nach § 13 d ErbStG von 10% = 40 000 EUR zuzüglich der übernommenen Erwerbsnebenkosten zu versteuern und kann die Erwerbsnebenkosten in voller Höhe abziehen. Insoweit erfolgt keine Kürzung nach § 10 Absatz 6 Satz 5 ErbStG.[1] Die Bereicherung des Beschenkten beträgt (400 000 EUR – 40 000 EUR + 6000 EUR – 6000 EUR =) 360 000 EUR.

1.2.5.2 Gemischte Schenkung und Schenkung unter Leistungs-, Nutzungs- oder Duldungsauflage ganz oder teilweise steuerbefreiten Vermögens
Der Abzug der Gegenleistungen sowie der Leistungs-, Nutzungs- oder Duldungsauflagen ist nach § 10 Absatz 6 ErbStG[1] beschränkt, soweit der Gegenstand nach §§ 13, 13 a, 13 c oder 13 d

[1] Jetzt § 10 Abs. 6 a ErbStG.
[2] Jetzt § 10 Abs. 6 und 6 a ErbStG.

ErbStG befreit ist (→ R E 7.4 Absatz 2). Die Erwerbsnebenkosten sind hingegen in vollem Umfang abzugsfähig und nicht nach § 10 Absatz 6 ErbStG[1] zu kürzen (→ R E 7.4 Absatz 4).

Beispiel:

Der Schenker überträgt dem Beschenkten einen nach §§ 13 a, 13 b ErbStG begünstigten Anteil von 30% an einer GmbH, dessen Steuerwert mit 4 000 000 EUR festgestellt wurde. Der GmbH-Anteil zählt in vollem Umfang zum begünstigten Vermögen gemäß § 13 b Absatz 2 ErbStG. Er behält sich den Nießbrauch an diesen Anteilen vor. Der Kapitalwert des Nießbrauchs beträgt 2 000 000 EUR. Der Schenker trägt die Erwerbsnebenkosten in Höhe von 20 000 EUR.

Begünstigter GmbH-Anteil	4 000 000 EUR	
Verschonungsabschlag § 13 a Absatz 1 ErbStG 85%	– 3 400 000 EUR	
verbleibender Betrag		600 000 EUR
Abzugsbetrag § 13 a Absatz 2 ErbStG		– 0 EUR
		600 000 EUR
übernommene Erwerbnebenkosten		+ 20 000 EUR
		620 000 EUR
Kapitalwert des Nießbrauchs	2 000 000 EUR	
abzugsfähig (§ 10 Absatz 6 Satz 4 ErbStG)[1] 600 000 EUR : 4 000 000 EUR × 2 000 000 EUR		– 300 000 EUR
Erwerbsnebenkosten abzugsfähig in voller Höhe		– 20 000 EUR
Bereicherung		300 000 EUR

1.2.5.3 Mittelbare Schenkung ganz oder teilweise steuerbefreiten Vermögens
Die Kosten sind als zusätzlicher Erwerb anzusetzen und gleichzeitig in vollem Umfang abzugsfähig und nicht nach § 10 Absatz 6 ErbStG[1] zu kürzen.

1.2.5.4 Anteilige mittelbare Schenkung ganz oder teilweise steuerbefreiten Vermögens
Die Kosten sind als zusätzlicher Erwerb mit dem Anteil anzusetzen, der dem Anteil des mittelbar zugewendeten Gegenstandes entspricht, und gleichzeitig mit dem Anteil abzugsfähig, der dem Anteil des mittelbar zugewendeten Gegenstandes entspricht. Eine weitere Kürzung nach § 10 Absatz 6 ErbStG[1] erfolgt nicht.

2. Steuerberatungskosten und Rechtsberatungskosten

44 **2.1** Im Vorfeld der Schenkung angefallene Kosten
Die Kosten stehen nicht im unmittelbaren Zusammenhang mit dem schenkweise zugewendeten Vermögen und sind deshalb nicht abziehbar (→ R E 7.4 Absatz 4 Satz 2). Bei einer Übernahme der Kosten durch den Schenker kann es sich um eine zusätzliche Zuwendung handeln, wenn der Beschenkte diese zu tragen hätte.

45 **2.2** Kosten für die Erstellung der Schenkungsteuererklärung und der Erklärung zur gesonderten Feststellung nach § 157 i. V. m. § 151 BewG
Diese Kosten stehen zwar nicht unmittelbar im Zusammenhang mit dem schenkweise zugewendeten Vermögen. Sie fallen jedoch an, weil die Beteiligten durch § 31 ErbStG bzw. § 153 BewG zur Abgabe der Steuer- bzw. Feststellungserklärung verpflichtet sind. Deshalb sind die Kosten im vollen Umfang abzugsfähig. Sie unterliegen nicht der Kürzung nach § 10 Absatz 6 ErbStG (→ H E 7.4 (4) „Erwerbsnebenkosten im Zusammenhang mit einer Schenkung").
Bei Feststellungen im Zusammenhang mit dem Wert des Anteils am Betriebsvermögen (§ 151 Absatz 1 Satz 1 Nummer 2 BewG) und dem Wert nicht notierter Anteile an einer Kapitalgesellschaft (§ 151 Absatz 1 Satz 1 Nummer 3 BewG) ist Folgendes zu beachten:
Ist eine gesonderte Feststellung nach § 151 Absatz 1 BewG durchzuführen, kann das Feststellungsfinanzamt von jedem, für dessen Besteuerung eine gesonderte Feststellung von Bedeutung ist, die Abgabe einer Feststellungserklärung verlangen (§ 153 Absatz 1 BewG).

Anteil am Betriebsvermögen
Bei Feststellungen des Werts von Beteiligungen an Personengesellschaften ist die Feststellungserklärung vorrangig von der Gesellschaft anzufordern (§ 153 Absatz 2 BewG i. V. m. R B 153 Absatz 3 Satz 1). Fordert das Feststellungsfinanzamt die Personengesellschaft zur Abgabe der Erklärung auf, ergibt sich eine unmittelbare gesetzliche Verpflichtung der Gesellschaft zur Abgabe der Feststellungserklärung. Die im Zusammenhang mit der Erstellung der Feststellungserklärung anfallenden Kosten (insbesondere Steuerberatungskosten und Kosten für Verkehrswertgutachten) stehen im Zusammenhang mit der Schenkungsteuer des jeweiligen Gesellschafters und können somit nicht als Betriebsausgaben der Gesellschaft abgezogen werden (§ 12 EStG). Die Kosten sind als Erwerbsnebenkosten bei der Schenkungsteuer abziehbar, soweit sie dem Erwerber bzw. Schenker als Entnahmen zugerechnet werden.

Nicht notierte Anteile an einer Kapitalgesellschaft
Bei Feststellungen des Werts von nicht notierten Anteilen an Kapitalgesellschaften ist nur die Kapitalgesellschaft zur Abgabe der Feststellungserklärung aufzufordern (§ 153 Absatz 3 BewG). Mit der Aufforderung durch das Feststellungsfinanzamt entsteht für die Gesellschaft unmittelbar eine gesetzliche Verpflichtung zur Abgabe der Feststellungserklärung. Die im Zusammenhang mit der Erstellung der Feststellungserklärung entstehenden Kosten (insbesondere Steuerberatungskosten und Kosten für Verkehrswertgutachten) stellen daher für den Erwerber keine abzugsfähigen Erwerbsnebenkosten dar, soweit die Gesellschaft diese nicht an ihn weitergibt.

[1] Jetzt § 10 Abs. 6 a ErbStG.

Die Grundsätze gelten entsprechend auch für den Fall, dass im Rahmen des Feststellungsverfahrens weitere Feststellungen erforderlich sind, weil einzelne Vermögensgegenstände ihrerseits der Feststellung nach § 151 Absatz 1 BewG unterliegen und die Gesellschaft auch für diese Feststellungserklärungen abgabeverpflichtet ist. H E 10.7

2.2.1 Kostentragung durch den Beschenkten
Sowohl bei der
- Vollschenkung,
- gemischten Schenkung,
- Schenkung unter Leistungs-, Nutzungs- oder Duldungsauflage,
- mittelbaren Schenkung und anteiligen mittelbaren Schenkung oder bei
- entsprechenden Übertragungen ganz oder teilweise steuerbefreiten Vermögens

sind die Kosten in vollem Umfang vom Steuerwert der Zuwendung abzugsfähig. Eine Kürzung nach § 10 Absatz 6 ErbStG[1] erfolgt nicht.

2.2.2 Kostentragung durch den Schenker
Sowohl bei der
- Vollschenkung,
- gemischten Schenkung,
- Schenkung unter Leistungs-, Nutzungs- oder Duldungsauflage,
- mittelbaren Schenkung und anteiligen mittelbaren Schenkung oder bei
- entsprechenden Übertragungen ganz oder teilweise steuerbefreiten Vermögens

handelt es sich bei der Kostentragung durch den Schenker um eine zusätzliche Schenkung, die die Bereicherung des Beschenkten entsprechend erhöht. Die Kosten sind in vollem Umfang abzugsfähig. Eine Kürzung nach § 10 Absatz 6 ErbStG[1] erfolgt nicht.

2.3 Kosten für anschließende Rechtsbehelfsverfahren oder finanzgerichtliche Verfahren bzw. Verfahren zur Änderung der Steuerfestsetzung oder Wertfeststellung 46
Die Kosten sind nicht abziehbar, da es sich hierbei um Rechtsverfolgungskosten zur Abwehr der Entrichtung der eigenen Schenkungsteuer handelt, die unter das Abzugsverbot des § 10 Absatz 8 ErbStG fallen (→ BFH vom 20. 6. 2007 II R 29/06, BStBl. II S. 722). Werden sie vom Schenker getragen, liegt eine zusätzliche Schenkung vor.

2.4 Kosten eines Gutachtens für die Ermittlung des gemeinen Wertes beim Grundbesitz, beim Betriebsvermögen oder bei nicht notierten Anteilen an Kapitalgesellschaften 47
Die Kosten sind im vollen Umfang abzugsfähig unabhängig davon, ob sie im Rahmen der Verpflichtung zur Abgabe der Feststellungserklärung angefallen sind oder erst in einem sich an die Wertfeststellung anschließenden Rechtsbehelfsverfahren, einem finanzgerichtlichen Verfahren oder einem Verfahren, in dem die Änderung der Wertfeststellung beantragt wird, angefallen sind. Sie unterliegen nicht der Kürzung nach § 10 Absatz 6 ErbStG.[1]
Werden die Gutachterkosten vom Schenker getragen, liegt eine zusätzliche Zuwendung vor.

3. Grunderwerbsteuer

3.1 Kostentragung durch den Beschenkten 48

3.1.1 Vollschenkung ganz oder teilweise steuerbefreiten Vermögens
Es fällt keine Grunderwerbsteuer an (§ 3 Nummer 2 GrEStG).

3.1.2 Gemischte Schenkung, Schenkung unter Leistungs-, Nutzungs- oder Duldungsauflage ganz oder teilweise steuerbefreiten Vermögens
Soweit hier Grunderwerbsteuer anfällt, betrifft sie stets nur den entgeltlichen Teil der Zuwendung. Ein Abzug bei der Ermittlung des Werts des steuerpflichtigen Erwerbs ist ausgeschlossen (→ H E 7.4 (4) „Erwerbsnebenkosten im Zusammenhang mit einer Schenkung“).

3.1.3 Mittelbare und anteilige mittelbare Grundstücksschenkung ganz oder teilweise steuerbefreiten Vermögens
Die bei der mittelbaren oder anteiligen mittelbaren Grundstücksschenkung für den Erwerb des Grundstücks durch den Beschenkten anfallende Grunderwerbsteuer ist bei nicht befreitem Vermögen in voller Höhe abzugsfähig und bei befreitem Vermögen mit dem Teil abzugsfähig, der dem Anteil des mittelbar zugewendeten Gegenstandes entspricht.

3.2 Kostentragung durch den Schenker 49

3.2.1 Vollschenkung ganz oder teilweise steuerbefreiten Vermögens
Es fällt keine Grunderwerbsteuer an (§ 3 Nummer 2 GrEStG).

3.2.2 Gemischte Schenkung, Schenkung unter einer Leistungs-, Nutzungs- oder Duldungsauflage ganz oder teilweise steuerbefreiten Vermögens
Es handelt sich um eine zusätzliche Geldschenkung. Ein Abzug ist ausgeschlossen, da nur der entgeltliche Teil der Zuwendung betroffen ist.

3.2.3 Mittelbare und anteilige mittelbare Grundstücksschenkung ganz oder teilweise steuerbefreiten Vermögens

[1] Jetzt § 10 Abs. 6 und 6 a ErbStG.

H E 10.7 Die bei der mittelbaren oder anteiligen mittelbaren Grundstücksschenkung für den Erwerb des Grundstücks durch den Beschenkten anfallende Grunderwerbsteuer ist in gleicher Weise wie die allgemeinen Erwerbsnebenkosten zu behandeln.

3.2.3.1 Mittelbare Schenkung
Die Übernahme der Grunderwerbsteuer durch den Schenker stellt eine zusätzliche Bereicherung dar. Der zusätzlichen Bereicherung steht jedoch eine Bereicherungsminderung in gleicher Höhe durch die Folgekosten der Schenkung gegenüber. Die Grunderwerbsteuer kann in voller Höhe abgezogen werden.

3.2.3.2 Anteilige mittelbare Schenkung
Die Übernahme der Grunderwerbsteuer durch den Schenker stellt in voller Höhe eine zusätzliche Bereicherung dar. Die Grunderwerbsteuer ist mit dem Anteil abzugsfähig, der dem Verhältnis der Zuwendung ausschließlich der Nebenkosten zu den Anschaffungskosten des Gegenstandes ausschließlich der Nebenkosten entspricht.

Behandlung von Grabpflegekosten

50 **1.** Der Erblasser hat mit einer (Friedhofs-)Gärtnerei einen Grabpflegevertrag geschlossen, der Art, Umfang und Kosten der Pflegemaßnahmen bestimmt.

1.1 Wurden die Grabpflegekosten bereits vom Erblasser zu Lebzeiten bezahlt, gehört zu seinem Nachlass ein Sachleistungsanspruch in gleicher Höhe. Dieser Sachleistungsanspruch hat jedoch für die Erben keine Bereicherung zur Folge, weil diese zur Grabpflege bürgerlich-rechtlich nicht verpflichtet sind. Für den Sachleistungsanspruch ist daher kein Wert anzusetzen. Andererseits fallen bei den Erben Grabpflegekosten i. S. d. § 10 Absatz 5 Nummer 3 Satz 1 ErbStG nicht an. Die Erben können daher über dem Pauschbetrag von *10300 EUR*[1] liegende Kosten nur geltend machen, wenn die übrigen Kosten – ohne die vom Erblasser gezahlten Grabpflegekosten – den Pauschbetrag überschreiten (§ 10 Absatz 5 Nummer 3 Satz 2 ErbStG).

1.2 Sind die Grabpflegekosten erst nach dem Tode des Erblassers zu entrichten, haben die Erben insoweit eine abzugsfähige Nachlassverbindlichkeit i. S. d. § 10 Absatz 5 Nummer 1 ErbStG. Erfolgt die Bezahlung der Grabpflegekosten entsprechend den jeweiligen laufenden Pflegeleistungen, sind sie mit dem Kapitalwert (§§ 13, 15 BewG) abzugsfähig. Bei der Ermittlung des Kapitalwerts sind künftige Preissteigerungen nicht zu berücksichtigen. Kann der Grabpflegevertrag von den Erben ersatzlos gekündigt werden, ist – anstelle der vereinbarten – von einer unbestimmten Pflegedauer auszugehen. Bei den Erben fallen – wie im Fall der Zahlung durch den Erblasser – Grabpflegekosten i. S. d. § 10 Absatz 5 Nummer 3 Satz 1 ErbStG nicht an. § 10 Absatz 5 Nummer 3 Satz 2 ErbStG bleibt unberührt.

1.3 Hat der Erblasser zur Bestreitung der Grabpflegekosten ein Sparguthaben angelegt und mit dem Geldinstitut vereinbart, dass dieses oder ein Dritter während der Pflegedauer über das Guthaben verfügungsberechtigt ist, gehört das Guthaben zum Nachlass und damit zum Erwerb des Erben. Die Verfügungsbeschränkung der Erben ist für die Besteuerung ohne Bedeutung (§ 9 Absatz 3 BewG).

1.3.1 Soll ein nach Ablauf der Pflegezeit bestehendes Guthaben den Erben verbleiben, ist ihr Erwerb nur mit der aus dem Vertrag des Erblassers sich ergebenden, gem. § 10 Absatz 5 Nummer 1 ErbStG abzugsfähigen Schuld belastet. Für die Ermittlung des Kapitalwerts der Schuld gelten Nummer 1.2 Sätze 2, 3 und 4 entsprechend. Bei den Erben fallen Grabpflegekosten i. S. d. § 10 Absatz 5 Nummer 3 Satz 1 ErbStG nicht an. § 10 Absatz 5 Nummer 3 Satz 2 ErbStG bleibt unberührt.

1.3.2 Soll ein nach Ablauf der Pflegezeit bestehendes Guthaben einem vom Erblasser bestimmten Dritten zustehen oder für einen bestimmten Zweck verwendet werden, ist bei den Erben eine Gesamtverpflichtung in Höhe des Sparguthabens abzugsfähig (§ 10 Absatz 5 Nummer 1 ErbStG). Nummer 1.3.1 Satz 3 gilt entsprechend. Der Erwerb des berechtigten Dritten (§ 3 Absatz 1 Nummer 4 ErbStG) bzw. die Zweckzuwendung (§ 8 ErbStG) ist aufschiebend bedingt und – soweit erforderlich – zu überwachen.

51 **2.** Der Erblasser hat einen entgeltlichen Geschäftsbesorgungsvertrag geschlossen, der den Geschäftsbesorger verpflichtet, für die Pflege des Grabes des Erblassers durch Vergabe eines entsprechenden Auftrags an eine bestimmte Gärtnerei und für die Überwachung der Ausführung zu sorgen.

2.1 Hat der Erblasser als Geschäftsherr zur Deckung der entsprechenden Kosten vereinbarungsgemäß ein Sparkonto errichtet, das bei seinem Ableben dem Geschäftsbesorger zur Verfügung stehen soll, liegt in dessen Person grundsätzlich kein Erwerb von Todes wegen vor (→ BFH vom 30. 9. 1987 II R 122/85, BStBl. II S. 861).

2.2 Soweit die auf dem Sparbuch vorhandenen Beträge lediglich das Entgelt für die Übernahme der Geschäftsbesorgung und (oder) den Ersatz der Aufwendungen darstellen, die dem Geschäftsbesorger bei Durchführung des Geschäftsbesorgungsvertrags entstehen werden, ist nach dem BFH-Urteil vom 30. 9. 1987 II R 122/85, BStBl. II S. 861 auch keine Zweckzuwendung (§ 8 ErbStG) anzunehmen.

---

[1] Jetzt **15 000 €.**

2.3 Den Erben steht gegen den Geschäftsbesorger ein Anspruch auf Herausgabe des Sparguthabens zu (vgl. § 667 1. Alternative BGB i. V. m. § 675 BGB). Dieser Herausgabeanspruch ist mit dem gemeinen Wert im Zeitpunkt des Todes des Erblassers zu bewerten. Als gemeiner Wert des Herausgabeanspruchs ist der Nennwert des Sparguthabens anzusetzen. Die Verfügungsbeschränkung der Erben ist für die Besteuerung ohne Bedeutung (§ 9 Absatz 3 BewG). Die durch die Geschäftsbesorgung veranlassten, das Sparguthaben mindernden Aufwendungen für die Grabpflege sind bei den Erben nach Maßgabe des § 10 Absatz 5 Nummer 3 ErbStG zu berücksichtigen. H E 10.7

2.4 Übersteigen die auf dem Sparkonto vorhandenen Beträge jedoch die zur Ausführung des Auftrags erforderlichen Aufwendungen und (oder) ein für die Geschäftsbesorgung vereinbartes angemessenes Entgelt und soll dieses verbleibende Guthaben einem vom Erblasser bestimmten Dritten zustehen oder für einen bestimmten Zweck verwendet werden, ist bei den Erben eine Gesamtverpflichtung in Höhe des Sparguthabens abzugsfähig. Der Erwerb des berechtigten Dritten (§ 3 Absatz 1 Nummer 4 ErbStG) bzw. die Zweckzuwendung (§ 8 ErbStG) ist aufschiebend bedingt und – soweit erforderlich – zu überwachen.

2.5 Nummer 2.4 Satz 1 gilt entsprechend, wenn das verbleibende Guthaben nach dem Willen des Erblassers dem Geschäftsbesorger zustehen soll. Vorbehaltlich einer Erfassung dieser Zuwendung als (zusätzliche) einkommensteuerpflichtige Einnahme (Entgelt) ist der Erwerb des Geschäftsbesorgers (§ 3 Absatz 1 Nummer 2 ErbStG) aufschiebend bedingt und – soweit erforderlich – zu überwachen.

3. Der Erblasser hat einem Dritten (z. B. Testamentsvollstrecker) den Auftrag erteilt, dafür zu sorgen, dass die Grabpflege sichergestellt ist, wobei die dafür erforderlichen Mittel aus dem Nachlass zu entnehmen sind. **52**
Es liegt keine Zweckzuwendung vor. Die Grabpflegekosten sind bei den Erben als Nachlassverbindlichkeiten i. S. d. § 10 Absatz 5 Nummer 1 ErbStG abzugsfähig. Nummer 1.2 gilt entsprechend.

4. Der Erblasser hat einem Dritten (z. B. auch Stadtverwaltung, Kirchen) eine konkrete, getrennte Vermögensmasse (z. B. Sparguthaben) durch Vermächtnis mit der Auflage zugewendet, davon die Grabpflege für einen bestimmten Zeitraum zu bestreiten. **53**
Die Zuwendung des Erblassers unter der Auflage der Grabpflege ist keine Zweckzuwendung (→ BFH vom 30. 9. 1987 II R 122/85, BStBl. II S. 861). Bei der Ermittlung des steuerpflichtigen Erwerbs eines Vermächtnisnehmers ist die Auflage der Grabpflege nach § 10 Absatz 5 Nummer 2 ErbStG abzugsfähig. Für die Ermittlung des Kapitalwerts der Schuld gelten Nummer 1.2 Sätze 2, 3 und 4 und für die Behandlung eines nach Ablauf der Pflegezeit bestehenden Guthabens die Nummern 1.3.1 und 1.3.2 entsprechend.

5. Der Erblasser hat in einer Verfügung von Todes wegen bestimmt, dass ein genau bezeichneter Geldbetrag für die Dauerpflege seines Grabs zu verwenden ist. **54**
Es liegt keine Zweckzuwendung vor. Der für die Grabpflege bestimmte Geldbetrag ist bei den Erben als Nachlassverbindlichkeit i. S. d. § 10 Absatz 5 Nummer 2 ErbStG abzugsfähig. Soweit ein verdecktes Vermächtnis vorliegt, weil der Geldbetrag offensichtlich die Grabpflegeaufwendungen übersteigt, ist der Bedachte damit nach § 3 Absatz 1 Nummer 1 ErbStG steuerpflichtig. Obwohl bei den Erben Grabpflegekosten i. S. d. § 10 Absatz 5 Nummer 3 Satz 1 ErbStG nicht anfallen, bleibt § 10 Absatz 5 Nummer 3 Satz 2 ErbStG (Pauschbetrag *10 300 EUR*)[1] unberührt.

Berücksichtigung von Abfindungszahlungen an weichende Erbprätendenten als Nachlassverbindlichkeit. → BFH vom 15. 6. 2016 II R 24/15, BStBl. 2017 II S. 128. **55**

Berücksichtigung von noch nicht erbrachten Einlagen beim Erwerb von Anteilen an Kapitalgesellschaften. → R B 11.4 Absatz 10.

Berücksichtigung von noch nicht erbrachten Einlagen, Nachschusspflichten, Überentnahmen und einer übersteigenden Außenhaftung beim Erwerb von Kommanditanteilen. → R B 97.5.

Bürgschaften bei Personengesellschaften. → R B 97.1 Absatz 3.

Geltendmachung des Pflichtteils nach Tod des Verpflichteten durch dessen Alleinerben. → BFH vom 19. 2. 2013 II R 47/11, BStBl. II S. 332.[2]

Kein Abzug einer Abfindungsverpflichtung bei entgeltlichem Verzicht auf Pflichtteil gegenüber dem überlebenden Ehegatten. → BFH vom 27. 6. 2007 II R 30/05, BStBl. II S. 651.

---

[1] Jetzt **15 000 €.**

[2] *BFH-Urteil vom 5. 2. 2020 II R 1/16 (BStBl. II S. 581):* **1.** Im Erbschaftsteuerrecht gelten die infolge des Erbanfalls durch Vereinigung von Recht und Verbindlichkeit oder von Recht und Belastung zivilrechtlich erloschenen Rechtsverhältnisse gemäß § 10 Abs. 3 ErbStG als nicht erloschen. Diese Fiktion umfasst auch das Recht des Pflichtteilsberechtigten, der der Alleinerbe des Pflichtteilsverpflichteten ist, die Geltendmachung des Pflichtteils fiktiv nachzuholen. **2.** Die Fiktion des § 10 Abs. 3 ErbStG reicht jedoch nicht so weit, dass der zivilrechtlich aufgrund Konfusion erloschene Pflichtteilsanspruch auch dann noch geltend gemacht werden kann, wenn er im Zeitpunkt der Geltendmachung zivilrechtlich verjährt war. – Ebenso *BFH-Urteil vom 5. 2. 2020 II R 17/16 (BStBl. II S. 584).*

H E 10.7 **Kein Abzug von Reparaturaufwendungen für nach dem Erbfall aufgetretene Gebäudeschäden als Nachlassverbindlichkeit.** → BFH vom 23. 7. 2017 II R 33/15, BStBl. 2018 II S. 203.

Kosten der Erbauseinandersetzung. → BFH vom 9. 12. 2009 II R 37/08, BStBl. 2010 II S. 489.

56 **Kosten der üblichen Grabpflege.** Die nach § 10 Absatz 5 Nummer 3 ErbStG abzugsfähigen üblichen Grabpflegekosten sind mit ihrem Kapitalwert für eine unbestimmte Dauer anzusetzen. Dieser ist mit dem 9,3fachen (§ 13 Absatz 2 BewG) der jährlichen ortsüblichen Aufwendungen anzunehmen. Im Hinblick auf das Erfordernis der gleichmäßigen Behandlung aller Steuerpflichtigen und unter Berücksichtigung eines – erfahrungsgemäß vorhandenen – Preisgefälles zwischen größeren und kleineren Gemeinden, sind als übliche Grabpflegekosten die am Bestattungsort allgemein erforderlichen Aufwendungen für die Grabpflege zu verstehen. Soweit die geltend gemachten Kosten über den am Bestattungsort üblichen Rahmen hinausgehen, sind sie zum Abzug nicht zugelassen. Das muss auch dann gelten, wenn höhere Grabpflegekosten etwa auf der gesellschaftlichen bzw. beruflichen Stellung des Erblassers, seinen Vermögensverhältnissen oder auf persönlichen, im Verhältnis des Erblassers zu seinen Erben begründeten Umständen beruhen.

57 **Latente Einkommensteuerlast des Erben auf geerbte Forderung.** → BFH vom 17. 2. 2010 II R 23/09, BStBl. II S. 641.

Private Schulden eines Gesellschafters gegenüber einer Personengesellschaft. → R B 97.1 Absatz 2, H B 97.1.

58 ***Steuerberatungskosten für die Steuerangelegenheiten des Erblassers.***[1] *Vom Erben getragene Steuerberatungskosten, die im Rahmen der Einkommensteuerpflicht des Erblassers anfallen, insbesondere Steuerberatungskosten für die Erstellung der Einkommensteuererklärung des Erblassers, stellen keine Nachlassregelungskosten oder Kosten zur Erlangung des Erwerbs i. S. d. § 10 Absatz 5 Nummer 3 ErbStG dar.*
Sie können jedoch als Erblasserschulden abzugsfähige Nachlassverbindlichkeiten i. S. d. § 10 Absatz 5 Nummer 1 ErbStG darstellen, soweit sie vom Erblasser herrühren.
Eine Erblasserschuld setzt voraus, dass der Erblasser noch zu seinen Lebzeiten den Steuerberater beauftragt hat (Verursacherprinzip). Hierunter fällt auch eine über den Tod des Erblassers hinausgehende Beauftragung, solange diese nicht durch eine Kündigung seitens des Erben beendet wird. Beauftragt erst der Erbe nach dem Tod des Erblassers den Steuerberater, liegen keine Erblasserschulden vor.
Diese Grundsätze gelten auch für Steuerberatungskosten, die dem Erben anlässlich einer Berichtigung bzw. Selbstanzeige für ursprünglich vom Erblasser abgegebene Steuererklärungen entstehen. Den Erben trifft als Gesamtrechtsnachfolger gemäß § 153 Absatz 1 AO eine Berichtigungspflicht hinsichtlich der noch vom Erblasser abgegebenen Steuererklärungen, soweit er deren Unrichtigkeit erkennt. Beauftragt der Erbe zur Erfüllung seiner vom Erblasser herrührenden steuerlichen Pflichten einen Steuerberater, rühren die Beratungskosten, anders als die privaten Steuerschulden des Erblassers (→ BFH vom 4. 7. 2012 II R 15/11, BStBl. II S. 790), gerade nicht vom Erblasser her, sondern werden erst in der Person des Erben begründet. Sie sind nicht als Erblasserschulden i. S. d. § 10 Absatz 5 Nummer 1 ErbStG abzugsfähig.

59 **Steuerberatungskosten und Rechtsberatungskosten im Rahmen des Besteuerungs- und Wertfeststellungsverfahrens bei der Erbschaftsteuer.** Steuerberatungsgebühren für die von den Erben in Auftrag gegebene Erstellung der Erbschaftsteuererklärung oder der Erklärung zur gesonderten Feststellung nach § 157 i. V. m. § 151 BewG sind unter Berücksichtigung der den Erben unmittelbar durch den Erbfall treffenden, von der späteren Verwaltung und Verwertung des Nachlasses unabhängigen öffentlich-rechtlichen Verpflichtung zur Abgabe einer Erbschaftsteuererklärung als Nachlassregelungskosten zum Abzug zugelassen. Gleiches gilt, wenn Kosten eines Gutachtens für die Ermittlung des gemeinen Wertes beim Grundbesitz, beim Betriebsvermögen und bei nicht notierten Anteilen an Kapitalgesellschaften anfallen und vom Erwerber getragen worden sind (→ BFH vom 19. 6. 2013 II R 20/12, BStBl. II S. 738). Der Abzug dieser Kosten ist nicht nach § 10 Absatz 6 ErbStG[2] zu kürzen, soweit zum Erwerb steuerbefreites oder teilweise steuerbefreites Vermögen gehört.
Bei Feststellungen im Zusammenhang mit dem Wert des Anteils am Betriebsvermögen (§ 151 Absatz 1 Satz 1 Nummer 2 BewG) und dem Wert nicht notierter Anteile an einer Kapitalgesellschaft (§ 151 Absatz 1 Satz 1 Nummer 3 BewG) ist Folgendes zu beachten:
Ist eine gesonderte Feststellung nach § 151 Absatz 1 BewG durchzuführen, kann das Feststellungsfinanzamt von jedem, für dessen Besteuerung eine gesonderte Feststellung von Bedeutung ist, die Abgabe einer Feststellungserklärung verlangen (§ 153 Absatz 1 BewG).

60 Anteil am Betriebsvermögen
Bei Feststellungen des Werts von Beteiligungen an Personengesellschaften ist die Feststellungserklärung vorrangig von der Gesellschaft anzufordern (§ 153 Absatz 2 BewG i. V. m. R B 153 Absatz 3 Satz 1). Fordert das Feststellungsfinanzamt die Personengesellschaft zur Abgabe der Erklärung auf, ergibt sich eine unmittelbare gesetzliche Verpflichtung der Gesellschaft zur Abgabe der Feststellungserklärung. Die im Zusammenhang mit der Erstellung der Feststellungs-

[1] Überholt, siehe *Ls. 1 BFH vom 14. 10. 2020 II R 30/19,* abgedruckt zu § 10 Abs. 5 Nr. 3 ErbStG, und *gleich lautenden Ländererlass vom 9. 2. 2022 (BStBl. I S. 224),* abgedruckt als Anlage zu H E 10.7 ErbStH.
[2] Jetzt § 10 Abs. 6 und 6 a ErbStG.

erklärung anfallenden Kosten (insbesondere Steuerberatungskosten und Kosten für Verkehrswertgutachten) stehen im Zusammenhang mit der Erbschaftsteuer des jeweiligen Gesellschafters und können somit nicht als Betriebsausgaben der Gesellschaft abgezogen werden (§ 12 EStG). Die Kosten sind als Nachlassregelungskosten bei der Erbschaftsteuer abziehbar, soweit sie dem Erwerber als Entnahmen zugerechnet werden.

Nicht notierte Anteile an einer Kapitalgesellschaft 61

Bei Feststellungen des Werts von nicht notierten Anteilen an Kapitalgesellschaften ist nur die Kapitalgesellschaft zur Abgabe der Feststellungserklärung aufzufordern (§ 153 Absatz 3 BewG). Mit der Aufforderung durch das Feststellungsfinanzamt entsteht für die Gesellschaft unmittelbar eine gesetzliche Verpflichtung zur Abgabe der Feststellungserklärung. Die im Zusammenhang mit der Erstellung der Feststellungserklärung entstehenden Kosten (insbesondere Steuerberatungskosten und Kosten für Verkehrswertgutachten) stellen daher für den Erwerber keine abzugsfähigen Nachlassregelungskosten dar, soweit die Gesellschaft diese nicht an ihn weitergibt.

Die Grundsätze gelten entsprechend auch für den Fall, dass im Rahmen des Feststellungsverfahrens weitere Feststellungen erforderlich sind, weil einzelne Vermögensgegenstände ihrerseits der gesonderten Feststellung nach § 151 Absatz 1 BewG unterliegen und die Gesellschaft auch für diese Feststellungserklärungen abgabeverpflichtet ist.

Keine Nachlassregelungskosten sind Steuerberatungs- und Rechtsberatungskosten, die in einem 62
sich an die Steuerfestsetzung oder Wertfeststellung anschließenden Rechtsbehelfsverfahren oder einem finanzgerichtlichen Verfahren anfallen und vom Erwerber getragen worden sind; sie sind – wie auch die festgesetzte Erbschaftsteuer selbst – nicht zum Abzug zugelassen (→ BFH vom 20. 6. 2007 II R 29/06, BStBl. II S. 722). Das gilt auch für andere Verfahren, in denen Änderungen der Steuerfestsetzung oder Wertfeststellung beantragt werden. Abzugsfähig sind jedoch auch hier Kosten eines Gutachtens, die für die Ermittlung des gemeinen Wertes beim Grundbesitz, beim Betriebsvermögen und bei nicht notierten Anteilen an Kapitalgesellschaften anfallen (→ BFH vom 19. 6. 2013 II R 20/12, BStBl. II S. 738). Der Abzug dieser Kosten ist nicht nach § 10 Absatz 6 ErbStG[1] zu kürzen, soweit zum Erwerb steuerbefreites oder teilweise steuerbefreites Vermögen gehört.

Zahlungen des Beschenkten zur Abwendung des Herausgabeanspruchs eines Pflichtteilsberechtigten. → BFH vom 8. 10. 2003 II R 46/01, BStBl. 2004 II S. 234.

Zugewinnausgleichsverbindlichkeit beim Tod des erstversterbenden Ehegatten. → BFH vom 1. 7. 2008 II R 71/06, BStBl. II S. 874.[2]

Anl zu H E 10.7

Erlass betr. Berücksichtigung von Steuerberatungskosten für die Steuerangelegenheiten des Erblassers und von Kosten für Haushaltsauflösung sowie für Räumung einer Wohnung als Nachlassregelungskosten i. S. d. § 10 Absatz 5 Nummer 3 Satz 1 ErbStG; Folgen des BFH-Urteils vom 14. Oktober 2020 – II R 30/19 –

Vom 9. Februar 2022 (BStBl. I S. 224)

(Gleich lautender Ländererlass)

1. Steuerberatungskosten für die Steuerangelegenheiten des Erblassers

Vom Erben getragene Steuerberatungskosten, die im Rahmen der Einkommensteuerpflicht des Erb- 62a
lassers anfallen, insbesondere Steuerberatungskosten für die Erstellung der Einkommensteuererklärung des Erblassers, können als Erblasserschulden abzugsfähige Nachlassverbindlichkeiten i. S. d. § 10 Absatz 5 Nummer 1 ErbStG darstellen, soweit sie vom Erblasser herrühren. Eine solche Schuld setzt voraus, dass der Erblasser noch zu seinen Lebzeiten die Steuerberatung beauftragt hat (Verursacherprinzip). Hierunter fällt auch eine über den Tod des Erblassers hinausgehende Beauftragung, solange diese nicht durch eine Kündigung seitens des Erben beendet wird. Beauftragt erst der Erbe nach dem Tod des Erblassers die Steuerberatung, liegen keine Erblasserschulden vor.

Steuerberatungskosten, die dem Erben anlässlich einer Berichtigung für ursprünglich vom Erblasser abgegebene Steuererklärungen oder für die Nacherklärung von Steuern entstehen, die der Erblasser hinterzogen hat, sind als Nachlassregelungskosten i. S. d. § 10 Absatz 5 Nummer 3 Satz 1 ErbStG abzugsfähig (BFH vom 14. 10. 2020 II R 30/19, BStBl. II 2022, 216). Den Erben trifft als Gesamtrechtsnachfolger gemäß § 153 Absatz 1 AO eine Berichtigungspflicht hinsichtlich der noch vom Erblasser abgegebenen Steuererklärungen, soweit er deren Unrichtigkeit erkennt.

Die Abgabe von Steuererklärungen für solche Steuerverbindlichkeiten, die vom Erblasser herrühren und damit dem Grunde nach Nachlassverbindlichkeiten darstellen, gehört zu den vom Erblasser herrührenden steuerlichen Pflichten. Beauftragt der Erbe zur Erfüllung seiner vom Erblasser herrührenden steuerlichen Pflichten eine Steuerberatung, dienen diese Kosten dazu, den Umfang der Steuerschulden als Nachlassverbindlichkeiten zu klären. Stehen die Steuerberatungskosten im engen zeitlichen und sachlichen Zusammenhang mit dem Erwerb von Todes wegen, gehören sie nicht zu den Kosten der Nachlassverwaltung nach § 10 Absatz 5 Nummer 3 Satz 3 ErbStG. Es ist unschädlich, dass die Kosten dem Grunde und der Höhe nach durch einen eigenen Entschluss des Erben ausgelöst werden.

---

[1] Jetzt § 10 Abs. 6 und 6 a ErbStG.

[2] *BFH-Urteil vom 1. 7. 2008 II R 71/06 (BStBl. II S. 874):* Der Zugewinnausgleichsforderung, die dem überlebenden Ehegatten, der weder Erbe noch Vermächtnisnehmer geworden ist, zum Ausgleich des Zugewinns beim Tode des anderen Ehegatten zusteht, entspricht beim Erben eine Nachlassverbindlichkeit in der Form einer Erblasserschuld, die bei der Ermittlung des steuerpflichtigen Erwerbs mit ihrem Nennwert abzuziehen ist.

– Der Hinweis H E 10.7 „Steuerberatungskosten für die Steuerangelegenheiten des Erblassers" ErbStH ist nicht mehr anzuwenden.

2. Kosten für Haushaltsauflösung und für Räumung einer Wohnung

62b Kosten für die Räumung einer vom Erblasser selbst bewohnten Wohnung sind als Teil der Nachlassverwertung nach § 10 Absatz 5 Nummer 3 Satz 3 ErbStG nicht abzugsfähig, soweit sie sich auf die Eigenschaft der Wohnung als Nachlassgegenstand beziehen, weil Eigentum und Besitz des Erben geklärt sind oder sie zu den Kosten für das Herrichten der Wohnung zwecks Verkaufs, Vermietung oder Selbstnutzung zur Verwertung und damit zur Verwaltung des Nachlasses gehören.

Es liegen hingegen Nachlassregelungskosten i. S. d. § 10 Absatz 5 Nummer 3 Satz 1 ErbStG vor, soweit die Auflösung des Haushalts des Erblassers darauf gerichtet ist festzustellen, inwieweit die in der Wohnung befindlichen Gegenstände zum Nachlass gehören. Während die Durchsicht des gesamten Hausrats zur Feststellung des Nachlasses gehört, gehört das Ausräumen im Regelfall bereits zur Verwertung und damit zur Verwaltung des Nachlasses.

Kosten für die Auflösung des Haushalts und Räumung der Wohnung des Erblassers, welche in den ersten sechs Monaten nach dem Erbfall entstehen, sind aus Vereinfachungsgründen der Feststellung des Nachlasses zuzurechnen. Für anschließend entstehende Kosten hat der Steuerpflichtige darzulegen, dass die Kosten aufgrund der Umstände des Einzelfalls zur Feststellung des Nachlasses gehören.

ErbStR R E 10.8

R E 10.8[1] Private Steuerschulden des Erblassers

63 (1) Die Einkommensteuer entsteht mit Ablauf des Veranlagungszeitraums (§ 36 Absatz 1 in Verbindung mit § 25 Absatz 1 EStG).

64 (2) ① Einkommensteuerschulden aus Veranlagungszeiträumen, die vor dem Todeszeitpunkt des Erblassers endeten, sind mit Ablauf des jeweiligen Kalenderjahrs entstanden. ② Sie sind unabhängig davon, ob sie am Todeszeitpunkt des Erblassers bereits festgesetzt waren oder nicht, mit dem materiell-rechtlich zutreffenden Wert als Nachlassverbindlichkeiten nach § 10 Absatz 5 Nummer 1 ErbStG abzugsfähig. ③ Steuerschulden sind im Falle einer Steuerhinterziehung nur als Nachlassverbindlichkeiten nach § 10 Absatz 5 Nummer 1 ErbStG abzuziehen, soweit sie tatsächlich festgesetzt werden.

65 (3)[2] Einkommensteuerschulden aus dem Veranlagungszeitraum, in den der Todeszeitpunkt des Erblassers fällt, rühren vom Erblasser her und sind unter den Voraussetzungen des Absatzes 2 ebenfalls abzugsfähig.

66 (4) ① Die Einkommensteuer-Vorauszahlungen entstehen jeweils mit Beginn des Kalendervierteljahres, in dem die Vorauszahlungen zu entrichten sind. ② Soweit bis zum Todeszeitpunkt des Erblassers festgesetzte und entstandene Vorauszahlungsbeträge in diesem Zeitpunkt noch nicht entrichtet sind, sind diese abzugsfähig.[3]

67 (5) Absatz 2 und 4 gilt für Zinsen nach §§ 233 a und 235 AO entsprechend, soweit diese auf den Zeitraum vom Beginn des Zinslaufs bis zum Todestag des Erblassers entfallen.

H E 10.8

H E 10.8

68 **Steuerschulden für das Todesjahr als Nachlassverbindlichkeiten.** → BFH vom 4. 7. 2012 II R 15/11, BStBl. II S. 790.

Steuerschulden als Nachlassverbindlichkeiten bei Aussetzung der Vollziehung. → BFH vom 14. 11. 2018 II R 34/15, BStBl. 2019 II S. 674.

ErbStR R E 10.9

R E 10.9 Pauschbetrag für Nachlassverbindlichkeiten

70 (1) ① Für die in § 10 Absatz 5 Nummer 3 ErbStG angeführten Nachlassverbindlichkeiten können insgesamt *10 300 Euro*[4] als Pauschbetrag bei der Ermittlung des Werts des Nachlasses abgezogen werden, wenn dem Erwerber dem Grunde nach solche Kosten entstanden sind, ihre Höhe

[1] *BFH-Urteil vom 28. 10. 2015 II R 46/13 (BStBl. 2016 II S. 477):* Der Erbe kann eine vom Erblasser hinterzogene Einkommensteuer, die auch nach dem Eintritt des Erbfalls nicht festgesetzt wurde, selbst dann nicht als Nachlassverbindlichkeit abziehen, wenn er das für die Festsetzung der Einkommensteuer zuständige FA zeitnah über die Steuerangelegenheit unterrichtet hat.

BFH-Urteil vom 11. 7. 2019 II R 36/16 (BStBl. 2020 II S. 391): **1.** Die vom Erblasser herrührenden Steuerschulden, die zum Zeitpunkt des Erbfalls bereits rechtlich entstanden waren oder die der Erblasser als Steuerpflichtiger durch die Verwirklichung von Steuertatbeständen noch begründet hat, sind Nachlassverbindlichkeiten. **2.** Steuerschulden können nicht abgezogen werden, wenn sie keine wirtschaftliche Belastung darstellen. **3.** An der wirtschaftlichen Belastung fehlt es, wenn bei objektiver Würdigung der Verhältnisse nicht damit gerechnet werden kann, dass der Steuergläubiger seine Forderung geltend machen werde. **4.** Ändern sich die Verhältnisse nachträglich in der Weise, dass entgegen der Erwartung zum Todeszeitpunkt mit einer Geltendmachung der Steuerforderung zu rechnen ist, ist dies ein Ereignis mit materiell-rechtlicher Rückwirkung, das die Änderung des Erbschaftsteuerbescheids nach § 175 Abs. 1 Satz 1 Nr. 2 AO ermöglicht.

[2] *BFH-Urteil vom 10. 5. 2023 II R 3/21 (BStBl. 2024 II S. 374):* Die Einkommensteuer und die damit in Zusammenhang stehenden Nebensteuern (Solidaritätszuschlag und Kirchensteuer), welche aufgrund einer durch die Erben nach § 16 Abs. 3 b Satz 2 und § 14 Abs. 1 Satz 2 des Einkommensteuergesetzes rückwirkend erklärten Betriebsaufgabe eines land- und forstwirtschaftlichen Betriebes entstehen, können nicht als Nachlassverbindlichkeiten gemäß § 10 Abs. 5 Nr. 1 des Erbschaftsteuer- und Schenkungsteuergesetzes in Abzug gebracht werden.

[3] *FG Münster, Urteil vom 31. 8. 2017 3 K 1641/17 Erb (DStRE 2018 S. 1109), rkr.:* Eine festgesetzte Einkommensteuervorauszahlung ist auch dann als Nachlassverbindlichkeit i. S. d. § 10 Abs. 5 Nr. 1 ErbStG zu berücksichtigen, wenn sie erst nach dem Todestag entsteht (gegen R E 10.8 Abs. 4 ErbStR 2011). – *Anm. d. Red.:* R E 10.8 Abs. 4 ErbStR 2019 unverändert.

[4] Jetzt **15 000 €.**

aber nicht nachgewiesen ist. ② Wird der Pauschbetrag geltend gemacht, können einzelne Kosten daneben nicht mehr selbstständig berücksichtigt werden. ③ Sofern höhere Nachlassverbindlichkeiten der genannten Art angefallen sind, sind sie im Einzelnen nachzuweisen. ④ Der Pauschbetrag ist nicht zu kürzen, soweit zum Nachlass nicht der Besteuerung unterliegendes Vermögen gehört.

(2) ① Abweichend von § 1968 BGB, wonach die Kosten der standesgemäßen Beerdigung des Erblassers nur den Erben treffen, unterscheidet § 10 ErbStG bei der Ermittlung des steuerpflichtigen Erwerbs nicht zwischen Erwerben durch Erbanfall und anderen Erwerben. ② Deshalb besteht grundsätzlich für jeden Erwerber, also z. B. auch für den Vermächtnisnehmer oder Pflichtteilsberechtigten, die Möglichkeit, die genannten Kosten steuermindernd geltend zu machen. ③ Voraussetzung für den Abzug beim einzelnen Erwerber ist allerdings, dass eine Verpflichtung zur Kostenübernahme besteht, wobei neben einer rechtlichen auch eine sittliche Verpflichtung ausreichend ist. 71

(3) ① Der Pauschbetrag bezieht sich auf den gesamten Erbfall und kann demzufolge auch von mehreren am Erbfall beteiligten Erwerbern insgesamt nur einmal in Anspruch genommen werden. ② Dies gilt auch dann, wenn einzelne oder mehrere der am Erbfall beteiligten Erwerber die in § 10 Absatz 5 Nummer 3 ErbStG angeführten Nachlassverbindlichkeiten zu erfüllen haben. ③ Soweit diese Nachlassverbindlichkeiten den Pauschbetrag nicht übersteigen, sind sie damit abgegolten. ④ Die einzelnen Erwerber sind in diesen Fällen in geeigneter Weise, z. B. entsprechend einem gemeinsamen Antrag der Erwerber, an der Pauschbetragsregelung zu beteiligen. ⑤ Sollen höhere Kosten abgezogen werden, sind sie insgesamt für alle Erwerber nachzuweisen. 72

(4) ① Eine beschränkte Steuerpflicht des Erwerbers (§ 2 Absatz 1 Nummer 3 ErbStG) steht dem Abzug des Pauschbetrags nicht entgegen. ② Ebenso ist der Abzug des Pauschbetrags nicht durch § 10 Absatz 6 Satz 2 ErbStG[1] ausgeschlossen. 73

(5) Hatte ein Erwerber Aufwendungen, die sich allein auf die Erlangung seines Erwerbs beziehen und nicht den Nachlass belasten, können diese neben dem Pauschbetrag selbstständig abgezogen werden, soweit sie nachgewiesen werden. 74

H E 10.9

H E 10.9

Aufteilung des Pauschbetrags. 75

Beispiel:

Der Alleinerbe macht Kosten für die Grabstelle geltend in Höhe von	2 000 EUR
Der Vermächtnisnehmer hat aus sittlicher Verpflichtung die Kosten übernommen für den Grabstein in Höhe von	+ 3 300 EUR
Summe der nachgewiesenen Aufwendungen	5 300 EUR
Abzugsfähig sind	
beim Vermächtnisnehmer	3 300 EUR
beim Erben (10 300 EUR[2] – 3 300 EUR)	+ 7 000 EUR
insgesamt (Pauschbetrag)	10 300 EUR[2]

In Betracht kommt auch eine quotenmäßige Aufteilung des Pauschbetrags im Verhältnis der tatsächlich übernommenen Kosten.

Pauschbetrag je Erbfall. → BFH vom 24. 2. 2010 II R 31/08, BStBl. II S. 491.

R E 10.10 Beschränkung des Abzugs von Schulden und Lasten

ErbStR R E 10.10

(1) Zur Behandlung von Schulden und Lasten, die im Rahmen der Ermittlung des Besteuerungswerts einer gemischten Schenkung oder Schenkung unter Auflage als Gegenleistung/Leistungsauflage oder Duldungsauflage berücksichtigt werden, und von Erwerbsnebenkosten → R E 7.4. 76

(2)[3] ① Der Abzug von Schulden und Lasten ist grundsätzlich nur dann eingeschränkt, wenn diese in wirtschaftlichem Zusammenhang mit Vermögensgegenständen stehen, die bei der Besteuerung nicht angesetzt werden (§ 2 Absatz 1 Nummer 3, § 19 Absatz 2 ErbStG) oder nach § 13 Absatz 1 Nummer 2, Nummer 3, Nummer 4 b oder 4 c sowie § 13 d ErbStG voll oder teilweise befreit sind. ② Vermögensgegenstände, für die der Erwerber lediglich im Rahmen der Wertermittlung nach § 13 Absatz 1 Nummer 1 ErbStG einen pauschalen Freibetrag erhält, unterliegen dagegen selbst uneingeschränkt der Besteuerung, so dass die Einschränkung des Schuldenabzugs nicht in Betracht kommt. ③ In den Fällen des § 13 Absatz 1 Nummer 4 b Sätze 2 bis 4 ErbStG, § 13 Absatz 1 Nummer 4 c Sätze 2 bis 4 ErbStG, § 13 a Absatz 5 Satz 2 ErbStG, § 13 c Absatz 2 Satz 1 ErbStG in Verbindung mit § 13 a Absatz 5 Satz 2 ErbStG und des § 13 d Absatz 2 ErbStG ist beim Erwerber, dem die entsprechende Steuerbefreiung nicht gewährt wird, keine Kürzung des Abzugs von Schulden und Lasten vorzunehmen. 77

(3) Bei Pflichtteilsansprüchen und anderen allgemeinen Nachlassverbindlichkeiten (z. B. Konsumentendarlehen, Steuerschulden, Erbfallkosten oder die Pflicht des Erben zur Zahlung des Zugewinnausgleichs) besteht kein wirtschaftlicher Zusammenhang mit den einzelnen erworbenen Vermögensgegenständen. 78

---

[1] Siehe jetzt § 10 Abs. 6 Satz 2 ff. ErbStG.

[2] Jetzt **15 000** €.

[3] Teilweise überholt durch Änderung des § 10 Abs. 6 ErbStG durch das JStG 2020, zur Anwendung für Erwerbe nach dem 28. 12. 2020 siehe *Tz. 3 gleich lautender Ländererlass vom 13. 9. 2021,* abgedruckt als Anlage b zu § 10 ErbStG.

79 (4)[1,2] ① Schulden und Lasten, die mit dem nach §§ 13a, 13c ErbStG befreiten Vermögen in wirtschaftlichem Zusammenhang stehen, sind nur mit dem Betrag abzugsfähig, der dem Verhältnis des nach Anwendung der §§ 13a und 13c ErbStG anzusetzenden Werts des gesamten begünstigten Vermögens (§ 13b Absatz 2 ErbStG) zu dem Wert dieses Vermögens vor Anwendung der §§ 13a und 13c ErbStG entspricht (§ 10 Absatz 6 Satz 4 ErbStG).[3] ② Zu diesen Schulden und Lasten können nur solche gehören, die nicht bereits bei der Ermittlung des Werts des begünstigten Vermögens berücksichtigt worden sind. ③ Bei land- und forstwirtschaftlichem begünstigtem Vermögen ist § 158 Absatz 5 BewG zu berücksichtigen. ④ Ist das begünstigte Vermögen in vollem Umfang von der Steuer befreit, ist kein Abzug vorzunehmen. ⑤ Ein Erlass nach § 28a ErbStG führt nicht zu einer Kürzung der Schulden und Lasten nach § 10 Absatz 6 ErbStG.[3] ⑥ In den Fällen des § 13a Absatz 9 ErbStG in Verbindung mit § 28a ErbStG → R E 13a.20 Absatz 6. ⑦ Soweit die Befreiung nach §§ 13a, 13c ErbStG wegen Verstoßes gegen die Behaltensvoraussetzungen oder die Lohnsummenregelung nachträglich ganz oder teilweise entfällt, sind die bisher nicht abzugsfähigen Schulden und Lasten entsprechend zum Abzug zuzulassen. ⑧ Gleiches gilt, soweit sich die Höhe der Steuerbefreiung nach §§ 13a, 13c ErbStG ändert, weil der Vorwegabschlag (§ 13a Absatz 9 ErbStG) ganz oder teilweise wegfällt.

80 (5)[1] ① Schulden und Lasten, die mit den nach § 13d ErbStG befreiten Grundstücken oder Grundstücksteilen in wirtschaftlichem Zusammenhang stehen, können nur mit dem Betrag abgezogen werden, der dem Verhältnis des nach Anwendung des § 13d ErbStG anzusetzenden Werts dieses Vermögens zu dem Wert vor Anwendung des § 13d ErbStG entspricht (§ 10 Absatz 6 Satz 5 ErbStG).[4] ② Somit ergibt sich im Regelfall ein Abzug in Höhe von 90 Prozent; das gilt nicht in den Fällen des § 13d Absatz 2 ErbStG (→ R E 13d).

81 (6) ① Für zum Erwerb gehörende wirtschaftliche Einheiten des Grundvermögens kann nach § 198 BewG der niedrigere gemeine Wert u. a. durch ein Gutachten nachgewiesen werden. ② Da für diese Gutachten grundsätzlich die auf Grund von § 199 Absatz 1 des Baugesetzbuches ergangenen Vorschriften und damit die Immobilienwertermittlungsverordnung[5] gelten, sind auf dem Objekt lastende Nutzungsrechte anders als bei der Bewertung des Grundvermögens nach § 179 und §§ 182 bis 197 BewG bei der Ermittlung des Werts zu berücksichtigen. ③ Auch beim Nachweis eines niedrigeren gemeinen Werts über den Kaufpreis (§ 198 BewG) haben sich auf dem Objekt lastende Nutzungsrechte grundsätzlich bereits auf den Kaufpreis ausgewirkt. ④ Beim Nachweis des niedrigeren gemeinen Werts für Betriebswohnungen und den Wohnteil eines Betriebs der Land- und Forstwirtschaft nach § 167 Absatz 4 BewG gilt Entsprechendes. ⑤ Da sich die Nutzungsrechte bereits über den festgestellten Grundbesitzwert bereicherungsmindernd ausgewirkt haben, können sie bei der Erbschaftsteuer nicht abgezogen werden (§ 10 Absatz 6 Satz 6 ErbStG).[6] ⑥ Hierdurch wird eine Doppelberücksichtigung vermieden. ⑦ Das für die Erbschaft- oder Schenkungsteuerfestsetzung zuständige Finanzamt ist vom Lagefinanzamt darüber zu unterrichten, dass die Belastung im Rahmen der Feststellung des Grundstückswerts berücksichtigt wurde.

HE 10.10

H E 10.10

Abzug eines Nutzungsrechts

82 **Beispiel:**

A vererbt B ein Grundstück, das mit einer Duldungsauflage belastet ist (lebenslanges Wohnrecht zugunsten der Schwester des A), deren Steuerwert (Kapitalwert) 96 000 EUR beträgt. Für das Grundstück ist ein Grundbesitzwert von 500 000 EUR festgestellt worden, der dem nachgewiesenen, unter Berücksichtigung der Duldungsauflage ermittelten Verkehrswert entspricht.

Steuerlich ist die Bereicherung des B ohne zusätzlichen Abzug des Kapitalwerts des Wohnrechts vom Grundbesitzwert des Grundstücks mit 500 000 EUR zu erfassen.

Kürzung des Schuldenabzugs bei steuerbefreitem Vermögen. *→ H E 13.4, H E 13a.11, H E 13d; → BFH vom 22. 7. 2015 II R 21/13, BStBl. 2016 II S. 228 sowie vom 22. 7. 2015 II R 12/14, BStBl. 2016 II S. 230.*[7]

Wirtschaftlicher Zusammenhang von Schulden und Lasten mit Vermögensgegenständen. Ein wirtschaftlicher Zusammenhang von Schulden (Lasten) mit Vermögensgegenständen i. S. d. § 10 Absatz 6 ErbStG[6] liegt nur vor, wenn die Entstehung der Schuld ursächlich und unmittelbar auf Vorgängen beruht, die diesen Vermögensgegenstand betreffen (→ BFH vom 28. 1. 1972 III R 4/71, BStBl. II S. 416) und die Schuld den Vermögensgegenstand wirtschaftlich belastet (→ BFH vom 19. 5. 1967 III 319/63, BStBl. III S. 596). Bei der Belastung eines Grundstücks muss die Schuldaufnahme dem Erwerb (z. B. Belegung des Restkaufpreises durch Aufnahme einer Hypothek), der Herstellung, der Erhaltung oder Verbesserung des belasteten Grundstücks ge-

[1] Teilweise überholt durch Änderung des § 10 Abs. 6 ErbStG durch das JStG 2020, zur Anwendung für Erwerbe nach dem 28. 12. 2020 siehe *Tz. 3 gleich lautender Ländererlass vom 13. 9. 2021,* abgedruckt als Anlage b zu § 10 ErbStG.
[2] Zu Abs. 4 siehe *Rz. 22 bis 26 gleich lautender Ländererlass vom 22. 12. 2023,* abgedruckt als Anlage zu R E 13a.21 ErbStR.
[3] Siehe jetzt § 10 Abs. 6a ErbStG.
[4] Siehe jetzt § 10 Abs. 6a ErbStG.
[5] Jetzt ImmoWertV vom 14. 7. 2021, abgedruckt im Anhang **I** Nr. **7**.
[6] Siehe jetzt § 10 Abs. 6b ErbStG.
[7] Urteile überholt durch Änderung des § 10 Abs. 6 ErbStG durch das JStG 2020 und nicht mehr anzuwenden, siehe *Tz. 3 gleich lautender Ländererlass vom 13. 9. 2021,* abgedruckt als Anlage b zu § 10 ErbStG.

dient haben (→ BFH vom 28. 9. 1962 III 242/60 U, BStBl. III S. 535). Die hypothekarische Sicherung der Schuld an einem Grundstück reicht deshalb für sich allein noch nicht aus, um den wirtschaftlichen Zusammenhang mit dem Grundstück herbeizuführen (→ BFH vom 28. 9. 1962 III 242/60 U, BStBl. III S. 535). Der wirtschaftliche Zusammenhang mit dem Vermögensgegenstand muss beim Erbfall bereits bestanden haben; er wird durch die Gesamtrechtsnachfolge nicht herbeigeführt, wenn er beim Erblasser nicht bestanden hat (BFH vom 28. 9. 1962 III 242/60 U, BStBl. III S. 535). Ein wirtschaftlicher Zusammenhang ist auch gegeben, wenn die Schuld oder Last erst mit dem Erwerb (z. B. Duldungsauflage) begründet wird.

Anl zu R E 10.10

Erlass betr. Abzugsfähigkeit von Nachlassverbindlichkeiten bei beschränkter Steuerpflicht; Konsequenzen aus dem EuGH-Urteil vom 21. Dezember 2021 – Rs. C-394/20 –

Vom 9. Januar 2023 (BStBl. I S. 204)

(Gleich lautender Ländererlass)

Der EuGH hat mit Urteil vom 21. Dezember 2021 – Rs. C-394/20 – (BStBl. 2023 II S. 156) entschieden, dass die Nichtabzugsfähigkeit von Pflichtteilsverbindlichkeiten als Nachlassverbindlichkeiten in Fällen der beschränkten Steuerpflicht nach § 10 Absatz 6 Satz 2 ErbStG nicht mit dem Unionsrecht vereinbar ist. Es liegt eine nicht gerechtfertigte Beschränkung der Kapitalverkehrsfreiheit vor. **82a**

Nach § 10 Absatz 6 Satz 2 ErbStG ist die Abzugsfähigkeit der Schulden und Lasten vom wirtschaftlichen Zusammenhang mit dem erworbenen Inlandsvermögen abhängig. Bei Pflichtteilsverbindlichkeiten besteht kein wirtschaftlicher Zusammenhang mit einzelnen Vermögensgegenständen (BFH vom 22. 7. 2015 II R 12/14, BStBl. 2016 II S. 230), sodass sie in Fällen der beschränkten Steuerpflicht nicht abzugsfähig sind. Bei unbeschränkter Steuerpflicht sind Pflichtteilsverbindlichkeiten unabhängig von einem wirtschaftlichen Zusammenhang vorbehaltlich einer eventuellen Abzugsbeschränkung nach § 10 Absatz 6 Satz 5 ff. ErbStG abzugsfähig. Dies führt dazu, dass Erbschaften zwischen Gebietsfremden, die Inlandsvermögen im Sinne des § 121 BewG betreffen, einer höheren steuerlichen Belastung unterliegen als Erbschaften im Fall der unbeschränkten Steuerpflicht.

Zur unionsrechtskonformen Auslegung des § 10 Absatz 6 Satz 2 ErbStG gelten die nachfolgenden Ausführungen:

Pflichtteilsverbindlichkeiten sind anteilig als Nachlassverbindlichkeiten abzugsfähig, soweit die Vermögensgegenstände des Erwerbs der beschränkten Steuerpflicht (§ 2 Absatz 1 Nummer 3 ErbStG) unterliegen. Der abzugsfähige Anteil bemisst sich nach dem Verhältnis der Summe der Werte der Vermögensgegenstände, die der beschränkten Steuerpflicht im Inland unterliegen, abzüglich der mit diesen Vermögensgegenständen in wirtschaftlichem Zusammenhang stehenden Schulden und Lasten, zum Gesamtwert aller Vermögensgegenstände des aktuellen Erwerbs abzüglich der mit diesen in wirtschaftlichem Zusammenhang stehenden Schulden und Lasten des aktuellen Erwerbs.

Neben Pflichtteilsverbindlichkeiten sind insbesondere Zugewinnausgleichsverbindlichkeiten und Verbindlichkeiten aufgrund auf Geldzahlung gerichteter Untervermächtnisse in entsprechender Anwendung anteilig abzugsfähig. Der BFH verneint einen wirtschaftlichen Zusammenhang auch in diesen Fällen (BFH vom 22. 7. 2015 II R 12/14, BStBl. 2016 II S. 230 und vom 22. 7. 2015 II R 21/13, BStBl. 2016 II S. 228). Dies führt entsprechend den Grundsätzen des EuGH-Urteils zu einer unionsrechtswidrigen Beschränkung der Kapitalverkehrsfreiheit. Deshalb sind die Grundsätze des EuGH-Urteils auch auf diese Fälle zu übertragen.

Beispiel:

Erblasser E, österreichischer Staatsbürger mit Wohnsitz und gewöhnlichem Aufenthalt in Österreich, verstirbt im Jahr 01. Im Nachlass des E befinden sich zwei bebaute Grundstücke in Deutschland (Wert 4 970 000 EUR), ein bebautes Grundstück in Spanien (Wert 6 000 000 EUR) und Kapitalvermögen in Österreich (330 000 EUR). Zum Todestag bestanden Schulden aus der Anschaffung der Grundstücke in Deutschland in Höhe von 2 000 000 EUR und des Grundstücks in Spanien in Höhe von 3 000 000 EUR. E hat durch Testament seine Tochter T, ebenfalls österreichische Staatsbürgerin mit Wohnsitz und gewöhnlichem Aufenthalt in Österreich, als Alleinerbin eingesetzt. Nach dem Tod des E machen seine Ehefrau F und sein Sohn S gegenüber der T Pflichtteilsansprüche in Höhe von 4 550 000 EUR geltend.

Lösung:

Pflichtteilsverbindlichkeiten sind anteilig als Nachlassverbindlichkeiten abzugsfähig, soweit die Vermögensgegenstände des Erwerbs der beschränkten Steuerpflicht im Inland unterliegen.

Berechnung:

Wert der der beschränkten Steuerpflicht unterliegenden Vermögensgegenstände abzüglich der mit diesen Vermögensgegenständen in wirtschaftlichem Zusammenhang stehenden Schulden:

Inlandsvermögen i. S. d. § 121 Nr. 2 BewG (Grundstücke)	4 970 000 EUR
abzüglich Schulden, die in wirtschaftlichem Zusammenhang mit den Grundstücken stehen	./. 2 000 000 EUR
Vermögensanfall	2 970 000 EUR

Gesamtwert aller Vermögensgegenstände des aktuellen Erwerbs abzüglich der mit diesen in wirtschaftlichem Zusammenhang stehenden Schulden

inländisches Vermögen Grundstücke	4 970 000 EUR
Grundstück in Spanien	+ 6 000 000 EUR
Kapitalvermögen in Österreich	+ 330 000 EUR
Gesamtwert aller Vermögensgegenstände	11 300 000 EUR

abzüglich Schulden		
in wirtschaftlichem Zusammenhang		
mit Inlandsvermögen	2 000 000 EUR	
in wirtschaftlichem Zusammenhang	+ 3 000 000 EUR	
mit Auslandsvermögen	5 000 000 EUR	./. 5 000 000 EUR
Gesamtwert aller Vermögensgegenstände		
abzüglich in wirtschaftlichem Zusammenhang stehender Schulden		6 300 000 EUR

Berechnung des abzugsfähigen Betrags der Schulden, die nicht in wirtschaftlichem Zusammenhang mit einzelnen Vermögensgegenständen stehen und die anteilig auf die der beschränkten Steuerpflicht im Inland unterliegenden Vermögensgegenstände entfallen:

4 550 000 EUR x 2 970 000 EUR : 6 300 000 EUR =	2 145 000 EUR

Bereicherung der Erwerberin T:

Vermögensanfall	2 970 000 EUR
abzüglich des anteilig abzugsfähigen Betrags der Schulden	./. 2 145 000 EUR
Bereicherung	825 000 EUR

ErbStR R E 10.11

R E 10.11 Eigene Erbschaftsteuer des Erwerbers *(unbesetzt)*

H E 10.11

H E 10.11

83 **Ausländische Erbschaftsteuer.** Auch ausländische Erbschaftsteuer und Schenkungsteuer einschließlich der deutschen Steuer entsprechende ausländische Steuer ist vom Abzug ausgeschlossen. Abzugsfähig ist dagegen z. B. kanadische „capital gains tax" (→ BFH vom 26. 4. 1995 II R 13/92, BStBl. II S. 540).[1]

ErbStR R E 10.12

R E 10.12 Auflagen, die dem Beschwerten selbst zugutekommen *(unbesetzt)*

H E 10.12

H E 10.12

84 **Auflagen, die dem Beschwerten selbst zugutekommen.** → BFH vom 28. 6. 1995 II R 89/92, BStBl. II S. 786.[2]

ErbStR R E 10.13

R E 10.13 Gesellschaftsanteil beim Tod eines Gesellschafters mit Weiterübertragungsverpflichtung

85 (1) ① Kraft Gesetzes sind die Mitgliedschaftsrechte an Personengesellschaften mit Ausnahme der Kommanditistenstellung nicht vererblich. ② Da es sich dabei um dispositives Recht handelt, können sie jedoch gesellschaftsvertraglich vererblich gestellt werden. ③ Der Gesellschaftsvertrag kann vorsehen, dass Erben aus bestimmten darin festgelegten Gründen (z. B. Nichtzugehörigkeit zum gesellschaftsvertraglich umschriebenen Familienzweig oder fehlende Qualifikation) ihren Anteil unverzüglich an Mitgesellschafter zu übertragen haben und die Erben dabei nur den Anspruch realisieren können, der ihnen bei ihrem Ausscheiden (Abfindungsanspruch) zustehen würde. ④ Überträgt ein Erbe ein auf ihn übergegangenes Mitgliedschaftsrecht an einer Personengesellschaft unverzüglich nach dessen Erwerb auf Grund einer im Zeitpunkt des Todes des Erblassers bestehenden Regelung im Gesellschaftsvertrag an die Mitgesellschafter und ist der Wert, der sich für seinen Anteil zur Zeit des Todes des Erblassers nach § 12 ErbStG ergibt, höher als der gesellschaftsvertraglich festgelegte Abfindungsanspruch, so gehört nur der Abfindungsanspruch zum Vermögensanfall (§ 10 Absatz 10 in Verbindung mit Absatz 1 Satz 2 ErbStG). ⑤ §§ 13 a bis 13 c, 19 a und 28 a ErbStG sind auf den Abfindungsanspruch nicht anzuwenden.

86 (2) § 10 Absatz 10 ErbStG ist bei mit den in Absatz 1 genannten vergleichbaren Regelungen in Gesellschaftsverträgen von Gesellschaften mit beschränkter Haftung, sofern diese nicht schon die Einziehung des vererbten Geschäftsanteils gegen eine unter dem gemeinen Wert liegende Abfindung vorsehen, entsprechend anzuwenden.

---

[1] *FG Rheinland-Pfalz, Urteil vom 16. 9. 1999 4 K 2557/98 (EFG 2000 S. 86), rkr.:* Wird die durch eine Schenkung verursachte kanadische „capital gains tax" vom Beschenkten übernommen, so ist sie nicht gem. § 21 Abs. 1 ErbStG auf die deutsche SchenkSt anrechenbar. Die Übernahme der Steuer mindert jedoch als Gegenleistung des Beschenkten den Wert der steuerpflichtigen Zuwendung (Fortentwicklung des BFH-Urteils vom 26. 4. 1995 II R 13/92, BFHE 177, 492, BStBl. II 1995, 540).

BFH-Urteil vom 19. 6. 2013 II R 10/12 (BStBl. II S. 746): **1.** Die Erbschaftsteuer, die ein ausländischer Staat auf den Erwerb von Kapitalvermögen erhebt, das ein inländischer Erblasser in dem Staat angelegt hatte, ist bei Fehlen eines DBA weder auf die deutsche Erbschaftsteuer anzurechnen, noch als Nachlassverbindlichkeit zu berücksichtigen. **2.** Führt die Doppelbesteuerung zu einer übermäßigen, konfiskatorischen Steuerbelastung, kann eine Billigkeitsmaßnahme geboten sein.

[2] *BFH-Urteil vom 28. 6. 1995 II R 89/92 (BStBl. II S. 786):* Kosten, die dem Erben im Zusammenhang mit der Erfüllung eines vom Erblasser angeordneten Vermächtnisses entstehen, sind als Nachlaßverbindlichkeiten abzugsfähig.

(3) ① Die in den Fällen des Absatzes 1 und 2 eintretende Bereicherung der Mitgesellschafter gilt als Schenkung unter Lebenden im Sinne des § 7 Absatz 7 ErbStG. ② Auf die Absicht des ausscheidenden Gesellschafters, die verbleibenden Gesellschafter oder die Gesellschaft zu bereichern (Bereicherungswille), kommt es hierbei nicht an. ③ Die Vorschrift betrifft sowohl Beteiligungen an einer Personengesellschaft als auch Anteile an einer Gesellschaft mit beschränkter Haftung. ④ §§ 13a, 13c oder 28a bzw. 19a ErbStG sind anzuwenden; das gilt nicht, wenn der Geschäftsanteil eines Gesellschafters einer GmbH eingezogen wird, weil die verbleibenden Gesellschafter selbst keine Anteile erwerben (→ R E 3.4 Absatz 3 Satz 9). 87

H E 10.13

H E 10.13

Gesellschaftsanteil beim Ausscheiden eines Gesellschafters. → BFH vom 1. 7. 1992 II R 70/88, BStBl. II S. 921 und vom 1. 7. 1992 II R 12/90, BStBl. II S. 925. 88

Anl a zu § 10

a) Verfügung betr. Behandlung von Gemeinschaftskonten und -depots (§ 10 ErbStG)

Vom 3. Juni 1997

(OFD München S 3810 – 29 St 353; OFD Nürnberg S 3810 – 100/St 34)

Gegenstand der Besprechung war die Frage, wann Gemeinschaftskonten und -depots von Ehegatten beim Tod des zuerst verstorbenen Ehegatten dessen Nachlaß entsprechend der Auslegungsregel des § 742 BGB zur Hälfte oder jeweils mit einem höheren oder niedrigeren Anteil zuzurechnen sind. 89

Die Erbschaftsteuerreferatsleiter waren mehrheitlich der Auffassung, daß Gemeinschaftskonten und -depots unabhängig von der Herkunft des Geldes bzw. der Wertpapiere grundsätzlich beiden Ehegatten jeweils zur Hälfte zuzurechnen sind. Etwas anderes gilt nur, wenn die Beteiligten eine abweichende Vereinbarung und entsprechende tatsächliche Gestaltung nachweisen können. Unabhängig davon bleibt zu prüfen, inwieweit bei vollständiger oder überwiegender Herkunft des Geldes oder der Wertpapiere nur von einem Ehegatten steuerpflichtige Schenkungen unter Lebenden an den anderen Ehegatten ausgeführt worden sind.

Anl b zu § 10

b) Erlass betr. Anwendung der geänderten Vorschriften des Erbschaftsteuer- und Schenkungsteuergesetzes für Erwerbe mit einer Steuerentstehung nach dem 28. Dezember 2020

Vom 13. September 2021 (BStBl. I S. 1837)

(Gleich lautender Ländererlass)

1. *(abgedruckt als Anl. zu § 5 ErbStG)*

2. *(abgedruckt als FN zu R E 10.3 ErbStR)*

3.[1] Zu § 10 Abs. 6 Satz 3 und Satz 5 bis 10 ErbStG[2]

Wenn auf einen Erwerb Steuerbefreiungen gewährt werden, sind diejenigen Schulden und Lasten nicht abzugsfähig, die mit den steuerbefreiten Vermögensgegenständen in wirtschaftlichem Zusammenhang stehen. 95

Durch das Jahressteuergesetz 2020 wurde in § 10 Abs. 6 Satz 5 bis 10 ErbStG[2] eine Kürzung des Abzugs für solche Schulden und Lasten eingeführt, die nicht in wirtschaftlichem Zusammenhang mit erworbenen steuerbefreiten Vermögensgegenständen stehen (z. B. Pflichtteilsverbindlichkeiten, Konsumentendarlehen, Steuerschulden oder die Pflicht des Erben zur Zahlung des Zugewinnausgleichs). Für die Berechnung des Kürzungsbetrages sind diese Schulden und Lasten grundsätzlich anteilig allen Vermögensgegenständen des Erwerbs zuzurechnen. Ausgenommen von der anteiligen Schulden- und Lastenzurechnung sind nach § 10 Abs. 6 Satz 6 ErbStG[3] Kosten i. S. d. § 10 Abs. 5 Nr. 3 ErbStG, z. B. nachgewiesene Bestattungskosten oder der Pauschbetrag für Erbfallkosten.

Erster Schritt

In einem ersten Schritt sind die Schulden und Lasten, die nicht in wirtschaftlichem Zusammenhang mit einzelnen Vermögensgegenständen stehen, auf alle Vermögensgegenstände des Erwerbs aufzuteilen. Der einem einzelnen Vermögensgegenstand zuzurechnende Anteil an diesen Schulden und Lasten bemisst sich nach dem Verhältnis des Werts des jeweiligen Vermögensgegenstands nach Abzug der Schulden und Lasten, die mit diesem Vermögensgegenstand in wirtschaftlichem Zusammenhang stehen, zum Gesamtwert der Vermögensgegenstände nach Abzug aller Schulden und Lasten, die mit diesen Vermögensgegenständen in wirtschaftlichem Zusammenhang stehen (§ 10 Abs. 6 Satz 7 ErbStG).[4] 96

Der einem einzelnen Vermögensgegenstand zuzurechnende Anteil der Schulden und Lasten, die nicht in wirtschaftlichem Zusammenhang mit einem einzelnen Vermögensgegenstand stehen, wird nach der folgenden Formel berechnet:

---

[1] Siehe hierzu *Rz. 22 bis 26 gleich lautender Ländererlass vom 22. 12. 2023,* abgedruckt als Anlage zu R E 13 a.21 ErbStR.
[2] Siehe jetzt § 10 Abs. 6 a ErbStG.
[3] Jetzt § 10 Abs. 6 a Satz 4 ErbStG.
[4] Jetzt § 10 Abs. 6 a Satz 5 ErbStG.

Anl b zu § 10

$$SL_{Anteil} = SL_{gesamt} \times \frac{VG_{einzeln} - SSL_{VG\ einzeln}}{VG_{gesamt} - SSL_{VG\ gesamt}}$$

Dabei ist:

SL_{Anteil} = der einem einzelnen Vermögensgegenstand zuzurechnende Anteil der Schulden und Lasten, die nicht in wirtschaftlichem Zusammenhang mit einem Vermögensgegenstand stehen

SL_{gesamt} = die Summe der Schulden und Lasten, die nicht in wirtschaftlichem Zusammenhang mit einem Vermögensgegenstand stehen,

$VG_{einzeln}$ = der Wert des jeweiligen einzelnen Vermögensgegenstands,

$SSL_{VG\ einzeln}$ = die Summe der Schulden und Lasten, die in wirtschaftlichem Zusammenhang mit diesem einzelnen Vermögensgegenstand stehen,

VG_{gesamt} = der Gesamtwert aller Vermögensgegenstände

$SSL_{VG\ gesamt}$ = die Summe aller Schulden und Lasten, die mit einzelnen Vermögensgegenständen in wirtschaftlichem Zusammenhang stehen

Aus Vereinfachungsgründen können Vermögensgegenstände, die keiner Steuerbefreiung unterliegen, sowie die mit diesen Vermögensgegenständen in wirtschaftlichem Zusammenhang stehenden Schulden und Lasten bei der oben dargestellten Berechnung zusammengefasst werden.

Kommt eine Steuerbefreiung nach den §§ 13 a und 13 c ErbStG zur Anwendung, so ist bei der Aufteilung der wirtschaftlich nicht einzeln zurechenbaren Schulden und Lasten auf die Summe des begünstigten Vermögens (vgl. R E 13 b.8 Abs. 1 Satz 1 ErbStR) abzustellen, da die Steuerbefreiung bei mehreren wirtschaftlichen Einheiten auf den Gesamtwert des begünstigten Vermögens gewährt wird (§ 10 Abs. 6 Satz 8 ErbStG).[1] Ein Erlass nach § 28 a Abs. 1 ErbStG führt nicht zu einer Beschränkung des Abzugs wirtschaftlich nicht einzeln zurechenbarer Schulden bei der Ermittlung des verfügbaren Vermögens (entsprechend R E 28 a.2 Abs. 2 Satz 8 ErbStR).

Zweiter Schritt

97 Der im ersten Schritt berechnete, auf den einzelnen Vermögensgegenstand entfallende Anteil an Schulden und Lasten ist nicht abzugsfähig, soweit dieser Vermögensgegenstand steuerbefreit ist. Bei nur teilweise steuerbefreiten Vermögensgegenständen ist daher in einem zweiten Schritt der verbleibende abzugsfähige Betrag zu ermitteln (§ 10 Abs. 6 Satz 9 ErbStG).[2] Dabei ist bei der Berechnung des abzugsfähigen Anteils der Schulden und Lasten auf das Verhältnis des Werts des Vermögensgegenstandes gemindert um die Steuerbefreiung zum Wert des Vermögensgegenstandes vor Anwendung der Steuerbefreiung abzustellen (§ 10 Abs. 6 Satz 9 ErbStG).[2]

Der abzugsfähige Anteil an der Schuld oder Last, die einem teilweise steuerbefreiten Vermögensgegenstand zuzurechnen ist, wird nach der folgenden Formel berechnet:

$$SL_{abzAnteil} = SL_{Anteil} \times \frac{VG - VG_{steuerfrei}}{VG}$$

Dabei ist:

$SL_{abzAnteil}$ = der abzugsfähige Anteil an der Schuld oder Last, der einem teilweise steuerbefreiten Vermögensgegenstand zuzurechnen ist,

SL_{Anteil} = der Anteil der jeweiligen Schuld oder Last, der einem teilweise steuerbefreiten Vermögensgegenstand zugerechnet wird,

VG = Wert des Vermögensgegenstandes,

$VG_{steuerfrei}$ = für den Vermögensgegenstand gewährte Steuerbefreiung.

Für den Fall, dass eine Steuerbefreiung nach den §§ 13 a und 13 c ErbStG zur Anwendung kommt, ist für den nach Anwendung der §§ 13 a und 13 c ErbStG anzusetzenden Wert auf den Wert des begünstigten Vermögens abzüglich des nach den §§ 13 a und 13 c ErbStG steuerbefreiten Werts des begünstigten Vermögens abzustellen (§ 10 Abs. 6 Satz 10 ErbStG).[3]

Bei gemischten Schenkungen sowie bei Schenkungen unter Auflage ist hinsichtlich der Gegenleistungen bzw. Auflagen entsprechend vorzugehen. Die Erwerbsnebenkosten im Zusammenhang mit einer Schenkung (R E 7.4 Abs. 4 ErbStR und H E 7.4 (4) ErbStH) sind gemäß § 10 Abs. 6 Satz 6 ErbStG[4] nicht auf die einzelnen Vermögensgegenstände aufzuteilen.

Wird eine Steuerbefreiung rückwirkend gemindert oder entfällt sie, z. B. für denkmalgeschützte Erwerbsgegenstände, für Familienheime oder für begünstigtes Unternehmensvermögen (§§ 13 a und 13 c ErbStG), so ist die Steuerfestsetzung zu ändern und dabei auch der Betrag der teilweise nicht abziehbaren Schulden und Lasten neu zu berechnen. Dasselbe gilt für den Fall, dass eine Steuerbefreiung rückwirkend erhöht oder erstmals gewährt wird.

98 **Beispiel 1:**

Testamentarische Alleinerbin des Erblassers ist dessen Tochter. Sein Sohn macht den Pflichtteil i. H. v. 867 000 EUR geltend.

Der Nachlass besteht aus folgendem Vermögen:

Anteile an einer GmbH (insgesamt begünstigt i. S. d. § 13 b Abs. 2 ErbStG)	1 500 000 EUR

[1] Jetzt § 10 Abs. 6 a Satz 6 ErbStG.
[2] Jetzt § 10 Abs. 6 a Satz 7 ErbStG.
[3] Jetzt § 10 Abs. 6 a Satz 8 ErbStG.
[4] Jetzt § 10 Abs. 6 a Satz 4 ErbStG.

Beteiligung an einer KG (insgesamt begünstigt i. S. d. § 13 b Abs. 2 ErbStG)	+ 500 000 EUR	
Grundstück	+ 1 500 000 EUR	
Bankguthaben	+ 1 000 000 EUR	
Gesamtwert der durch die Tochter erworbenen Vermögensgegenstände	4 500 000 EUR	4 500 000 EUR
Wert der Nachlassverbindlichkeiten:		
Schuld aus der Anschaffung der GmbH-Anteile	600 000 EUR	
Schuld aus der Anschaffung des Grundstücks	+ 400 000 EUR	
Konsumentendarlehen	+ 20 000 EUR	
Last durch den Pflichtteil des Sohnes	+ 867 000 EUR	
Bestattungskosten	+ 12 000 EUR	
Wert der Nachlassverbindlichkeiten	1 899 000 EUR	1 899 000 EUR

Lösung:

Die abzugsfähigen Nachlassverbindlichkeiten und die Bereicherung der Erwerberin sind wie folgt zu berechnen:

I. Zurechnung der Schulden und Lasten, die in wirtschaftlichem Zusammenhang zu bestimmten Vermögensgegenständen stehen

Die Schulden und Lasten, die in wirtschaftlichem Zusammenhang zu einzelnen Vermögensgegenständen stehen, sind diesen zuzurechnen.

Wert des nach § 13 b Abs. 2 ErbStG begünstigten Vermögens abzüglich einzeln zurechenbarer Schuld:

Anteile an der GmbH	1 500 000 EUR
Beteiligung an der KG	+ 500 000 EUR
Summe begünstigtes Vermögen i. S. d. § 13 b Abs. 2 ErbStG	2 000 000 EUR
Schuld, die in wirtschaftlichem Zusammenhang mit dem nach § 13 b Abs. 2 ErbStG begünstigten Vermögen steht	./. 600 000 EUR
Wert des nach § 13 b Abs. 2 ErbStG begünstigten Vermögens abzüglich einzeln zurechenbarer Schuld	1 400 000 EUR

Übriges Vermögen abzüglich einzeln zurechenbarer Schuld:

Grundstück	1 500 000 EUR
Bankguthaben	+ 1 000 000 EUR
Summe der Werte des übrigen Vermögens	2 500 000 EUR
Schuld, die in wirtschaftlichem Zusammenhang mit dem Grundstück steht	./. 400 000 EUR
Wert des übrigen Vermögens abzüglich einzeln zurechenbarer Schuld	2 100 000 EUR

Wert des Vermögens insgesamt nach Abzug einzeln zurechenbarer Schulden:

Nach § 13 b Abs. 2 ErbStG begünstigtes Vermögen	1 400 000 EUR
Übriges Vermögen	+ 2 100 000 EUR
Wert des Vermögens insgesamt nach Abzug der einzeln zurechenbaren Schulden	3 500 000 EUR

II. Aufteilung der Schulden und Lasten, die nicht in wirtschaftlichem Zusammenhang mit bestimmten Vermögensgegenständen stehen

Die übrigen Nachlassverbindlichkeiten sind gemäß § 10 Abs. 6 Satz 5 ErbStG auf die erworbenen Vermögensgegenstände aufzuteilen. Dabei bleiben die Bestattungskosten außen vor (§ 10 Abs. 6 Satz 6 ErbStG).

Berechnung der Summe der Schulden und Lasten, die nicht in wirtschaftlichem Zusammenhang mit Vermögensgegenständen stehen:

Last durch den Pflichtteil des Sohnes	867 000 EUR
Konsumentendarlehen	+ 20 000 EUR
Summe der Schulden und Lasten	887 000 EUR

Von der Summe dieser Schulden und Lasten entfällt auf das nach § 13 b Abs. 2 ErbStG begünstigte Vermögen:

(Summe der Schulden und Lasten, die nicht in wirtschaftlichem Zusammenhang mit einem Vermögensgegenstand stehen × Wert des nach § 13 b Abs. 2 ErbStG begünstigten Vermögens nach Abzug der einzeln zurechenbaren Schulden : Wert des Vermögens insgesamt nach Abzug der insgesamt einzeln zurechenbaren Schulden)

887 000 EUR × 1 400 000 EUR : 3 500 000 EUR = 354 800 EUR

Von der Summe dieser Schulden und Lasten entfällt auf das übrige Vermögen:

(Summe der Schulden und Lasten, die nicht in wirtschaftlichem Zusammenhang mit einem Vermögensgegenstand stehen × Wert des übrigen Vermögens nach Abzug der einzeln zurechenbaren Schulden: Wert des Vermögens insgesamt nach Abzug der insgesamt einzeln zurechenbaren Schulden)

887 000 EUR × 2 100 000 EUR : 3 500 000 EUR = 532 200 EUR

III. Kürzung des Schuldenabzugs

Die Schulden und Lasten, die in wirtschaftlichem Zusammenhang mit dem nach § 13 b Abs. 2 ErbStG begünstigten Vermögen stehen, und die anteilig auf das begünstigte Vermögen entfallenden Schulden und Lasten, die nicht in wirtschaftlichem Zusammenhang mit einzelnen Vermögensgegenständen stehen, sind jeweils entsprechend dem Verhältnis des nach Anwendung der §§ 13 a und 13 c ErbStG anzusetzenden Werts des Vermögens zu dem Wert vor Anwendung der §§ 13 a und 13 c ErbStG (§ 10 Abs. 6 Satz 4 und Satz 10 ErbStG) zu kürzen.

Begünstigtes Vermögen i. S. d. § 13 b Abs. 2 ErbStG vor Anwendung des § 13 a ErbStG	2 000 000 EUR
Verschonungsabschlag 85% (§ 13 a Abs. 1 i. V. m. § 13 b Abs. 2 ErbStG)	./. 1 700 000 EUR
Verbleibender Wert des begünstigten Vermögens nach Anwendung des § 13 a Abs. 1 ErbStG	300 000 EUR

Anl b zu § 10

Ermittlung des Abzugsbetrags nach § 13 a Abs. 2 ErbStG:

Abzugsbetrag	150 000 EUR		
Verbleibender Wert	300 000 EUR		
Abzugsbetrag	./. 150 000 EUR		
Unterschiedsbetrag	150 000 EUR		
davon 50%		./. 75 000 EUR	
Verbleibender Abzugsbetrag nach § 13 a Abs. 2 ErbStG		75 000 EUR	./. 75 000 EUR
Verbleibender steuerpflichtiger Wert des begünstigten Vermögens nach Anwendung des § 13 a ErbStG			225 000 EUR

Summe der nach § 10 Abs. 6 Satz 4 und Satz 10 ErbStG ins Verhältnis zu setzenden abzugsfähigen Schulden:

Einzeln zurechenbare Schuld	600 000 EUR
Auf begünstigtes Vermögen entfallender Anteil der Schulden	+ 354 800 EUR
Summe der ins Verhältnis zu setzenden abzugsfähigen Schulden	954 800 EUR

Berechnung des abzugsfähigen Betrags der Schulden und Lasten, die auf das begünstigte Vermögen entfallen: (Summe der ins Verhältnis zu setzenden abzugsfähigen Schulden × verbleibender steuerpflichtiger Wert des begünstigten Vermögens nach Anwendung des § 13 a ErbStG: Summe begünstigtes Vermögen i. S. d. § 13 b Abs. 2 ErbStG vor Anwendung des § 13 a ErbStG)

954 800 EUR × 225 000 EUR : 2 000 000 EUR = 107 415 EUR

IV. Berechnung der insgesamt abzugsfähigen Nachlassverbindlichkeiten

Abzugsfähiger Betrag der Schulden und Lasten, die auf das begünstigte Vermögen entfallen		107 415 EUR
Abzugsfähiger Betrag der Schulden und Lasten, die auf das übrige Vermögen entfallen:		
Einzeln zurechenbare Schuld aus der Anschaffung des Grundstücks	400 000 EUR	
Auf das übrige Vermögen entfallender Anteil der Schulden	+ 532 200 EUR	
	932 000 EUR	+ 932 200 EUR
Bestattungskosten (§ 10 Abs. 5 Nr. 3 ErbStG)		+ 12 000 EUR
Insgesamt abzugsfähige Nachlassverbindlichkeiten		1 051 615 EUR

V. Berechnung der Bereicherung der Erwerberin:

Gesamtwert der Vermögensgegenstände		4 500 000 EUR
Steuerbefreiung nach § 13 a ErbStG:		
Verschonungsabschlag § 13 a Abs. 1 ErbStG	1 700 000 EUR	
Abzugsbetrag § 13 a Abs. 2 ErbStG	+ 75 000 EUR	
	1 775 000 EUR	./.1 775 000 EUR
Abzugsfähige Nachlassverbindlichkeiten		./.1 051 615 EUR
Bereicherung der Erwerberin		1 673 385 EUR

99 **Beispiel 2:**

A schenkt B ein Mietwohngrundstück mit einem Wert von 750 000 EUR und nach § 13 b Abs. 1 Nr. 3 ErbStG begünstigungsfähige GmbH-Anteile mit einem Wert von 4 500 000 EUR. Das begünstigte Vermögen nach § 13 b Abs. 2 ErbStG beträgt 4 000 000 EUR. Aus der Anschaffung des Grundstücks resultiert noch eine Verbindlichkeit i. H. v. 150 000 EUR, die B übernimmt. Aus der Anschaffung der GmbH-Anteile resultiert noch eine Verbindlichkeit i. H. v. 200 000 EUR, die B ebenfalls übernimmt. Zusätzlich hat sich A ausbedungen, dass B ihm eine lebenslange Rente zahlt, deren Kapitalwert 800 000 EUR beträgt. B hat Erwerbsnebenkosten i. H. v. 3 000 EUR zu tragen. Ein Antrag auf Optionsverschonung (§ 13 a Abs. 10 Satz 1 ErbStG) wird nicht gestellt.

Grundstück (begünstigt i. S. d. § 13 d ErbStG)	750 000 EUR	
Anteile an der GmbH (teilweise begünstigt i. S. d. § 13 b Abs. 2 ErbStG)	+ 4 500 000 EUR	
Gesamtwert der Vermögensgegenstände	5 250 000 EUR	5 250 000 EUR
Schuld aus der Anschaffung des Grundstücks	150 000 EUR	
Schuld aus der Anschaffung der GmbH-Anteile	+ 200 000 EUR	
Kapitalwert der Rente	+ 800 000 EUR	
Erwerbsnebenkosten	+ 3 000 EUR	
Wert der Gegenleistungen, Auflage und Erwerbsnebenkosten	1 153 000 EUR	1 153 000 EUR

Lösung:

Die insgesamt abzugsfähigen Gegenleistungen, Auflage und Erwerbsnebenkosten sowie die Bereicherung des Erbwerbers sind wie folgt zu berechnen:

I. Zurechnung der Schulden und Lasten, die im wirtschaftlichen Zusammenhang zu bestimmten Vermögensgegenständen stehen

Die Schulden und Lasten, die in wirtschaftlichem Zusammenhang zu einzelnen Vermögensgegenständen stehen, sind diesen zuzurechnen. Da die GmbH-Anteile nur teilweise i. S. d. § 13 b Abs. 2 ErbStG begünstigt sind, ist die einzeln zurechenbare Schuld aus der Anschaffung der GmbH-Anteile auf das nach § 13 b Abs. 2 ErbStG begünstigte Vermögen und auf den nicht begünstigten Teil der GmbH-Anteile aufzuteilen.

Wert des nach § 13 d ErbStG begünstigten Vermögens abzüglich einzeln zurechenbarer Schuld:

Grundstück	750 000 EUR	
Schuld im Zusammenhang mit dem Grundstück	./. 150 000 EUR	
Wert des nach § 13 d ErbStG begünstigten Vermögens abzüglich einzeln zurechenbarer Schuld	600 000 EUR	600 000 EUR
Nach § 13 b Abs. 1 Nr. 3 ErbStG begünstigungsfähiges Vermögen	4 500 000 EUR	

noch **99**

Nach § 13 b Abs. 2 ErbStG begünstigtes Vermögen	./. 4 000 000 EUR	
Nicht begünstigt nach § 13 b Abs. 2 ErbStG	500 000 EUR	

Wert des nach § 13 b Abs. 2 ErbStG begünstigten Vermögens abzüglich einzeln zurechenbarer Schuld:

Nach § 13 b Abs. 2 ErbStG begünstigtes Vermögen	4 000 000 EUR	
Von der Schuld aus der Anschaffung der GmbH-Anteile entfallen auf das begünstigte Vermögen:		
200 000 EUR × 4 000 000 EUR : 4 500 000 EUR =	./. 177 777 EUR	
Wert des nach § 13 b Abs. 2 ErbStG begünstigten Vermögens abzüglich einzeln zurechenbarer Schuld	3 822 223 EUR	+ 3 822 223 EUR

Wert des nicht begünstigten Teils der GmbH-Anteile abzüglich einzeln zurechenbarer Schuld:

Nicht begünstigt nach § 13 b Abs. 2 ErbStG	500 000 EUR	
Von der Schuld aus der Anschaffung der GmbH-Anteile entfallen auf das nicht begünstigte Vermögen:		
200 000 EUR × 500 000 EUR : 4 500 000 EUR =	./. 22 223 EUR	
Wert des nicht begünstigten Teils der GmbH-Anteile abzüglich einzeln zurechenbarer Schuld	477 777 EUR	+ 477 777 EUR
Wert des Vermögens insgesamt nach Abzug der einzeln zurechenbaren Schulden:		4 900 000 EUR

II. Aufteilung der Schulden und Lasten, die nicht in wirtschaftlichem Zusammenhang mit bestimmten Vermögensgegenständen stehen

Der Kapitalwert der Rente ist gemäß § 10 Abs. 6 Satz 5 ErbStG auf die erworbenen Vermögensgegenstände aufzuteilen. Die Erwerbsnebenkosten bleiben außen vor (§ 10 Abs. 6 Satz 6 ErbStG).

Kapitalwert der Rente	800 000 EUR

Hiervon entfällt auf das nach § 13 d ErbStG begünstigte Vermögen:

(Kapitalwert der Rente × Wert des nach § 13 d ErbStG begünstigten Vermögens nach Abzug der einzeln zurechenbaren Schulden : Wert des Vermögens insgesamt nach Abzug der insgesamt einzeln zurechenbaren Schulden)

800 000 EUR × 600 000 EUR : 4 900 000 EUR =	97 960 EUR

Hiervon entfällt auf das nach § 13 b Abs. 2 ErbStG begünstigte Vermögen:

(Kapitalwert der Rente × Wert des nach § 13 b Abs. 2 ErbStG begünstigten Vermögens nach Abzug der einzeln zurechenbaren Schulden : Wert des Vermögens insgesamt nach Abzug der insgesamt einzeln zurechenbaren Schulden)

800 000 EUR × 3 822 223 EUR : 4 900 000 EUR =	624 036 EUR

Hiervon entfällt auf das nicht nach § 13 b Abs. 2 ErbStG begünstigte Vermögen:

(Kapitalwert der Rente × Wert des nicht nach § 13 b Abs. 2 ErbStG begünstigten Vermögens nach Abzug der einzeln zurechenbaren Schulden : Wert des Vermögens insgesamt nach Abzug der insgesamt einzeln zurechenbaren Schulden)

800 000 EUR × 477 777 EUR : 4 900 000 EUR =	78 004 EUR

III. Kürzung des Schuldenabzugs

Die Schulden, die in wirtschaftlichem Zusammenhang mit dem nach § 13 d ErbStG begünstigten Vermögen stehen, sind nach § 10 Abs. 6 Satz 3 ErbStG und die anteilig auf dieses Vermögen entfallenden Schulden, die nicht in wirtschaftlichem Zusammenhang mit einzelnen Vermögensgegenständen stehen, nach § 10 Abs. 6 Satz 9 ErbStG insoweit zu kürzen, als der Vermögensgegenstand steuerbefreit ist.

Summe der teilweise abzugsfähigen Schulden:

Einzeln zurechenbare Schuld	150 000 EUR
Anteiliger Kapitalwert der Rente	+ 97 960 EUR
Summe der teilweise abzugsfähigen Schulden	247 960 EUR
Berechnung des nach Kürzung abzugsfähigen Betrags 10% × 247 960 EUR =	./. 24 796 EUR
Nach Kürzung abzugsfähiger Betrag	223 164 EUR

Die Schulden, die in wirtschaftlichem Zusammenhang mit dem nach § 13 b Abs. 2 ErbStG begünstigten Vermögen stehen, und die anteilig auf das begünstigte Vermögen entfallenden Schulden, die nicht in wirtschaftlichem Zusammenhang mit einzelnen Vermögensgegenständen stehen, sind jeweils entsprechend dem Verhältnis des nach Anwendung der §§ 13 a und 13 c ErbStG anzusetzenden Werts des Vermögens zu dem Wert vor Anwendung der §§ 13 a und 13 c ErbStG (§ 10 Abs. 6 Satz 4 und Satz 10 ErbStG) zu kürzen.

Begünstigtes Vermögen i. S. d. § 13 b Abs. 2 ErbStG Vor Anwendung des § 13 a ErbStG	4 000 000 EUR
Verschonungsabschlag 85% (§ 13 a Abs. 1 i. V. m. § 13 b Abs. 2 ErbStG)	./. 3 400 000 EUR
Verbleibender steuerpflichtiger Wert des begünstigten Vermögens nach Anwendung des § 13 a ErbStG	600 000 EUR

Summe der nach § 10 Abs. 6 Satz 4 und Satz 10 ErbStG ins Verhältnis zu setzenden abzugsfähigen Schulden:

Einzeln zurechenbare Schuld	177 777 EUR
Anteiliger Kapitalwert der Rente	+ 624 036 EUR
Summe der ins Verhältnis zu setzenden abzugsfähigen Schulden	801 813 EUR

Berechnung des nach Kürzung abzugsfähigen Betrags:

(Summe der ins Verhältnis zu setzenden abzugsfähigen Schulden × verbleibender steuerpflichtiger Wert des begünstigten Vermögens nach Anwendung des § 13 a ErbStG : begünstigtes Vermögen i. S. d. § 13 b Abs. 2 ErbStG vor Anwendung des § 13 a ErbStG)

801 813 EUR × 600 000 EUR : 4 000 000 EUR =	120 272 EUR

Anl b zu § 10

noch 99

IV. Berechnung der insgesamt abziehbaren Gegenleistungen, Auflage und Erwerbsnebenkosten

Auf das nach § 13 d ErbStG begünstigte Vermögen entfallender nach Kürzung abzugsfähiger Betrag		223 164 EUR
Auf das nach § 13 b Abs. 2 ErbStG begünstigte Vermögen entfallender nach Kürzung abzugsfähiger Betrag		+ 120 272 EUR
Die auf das nicht nach § 13 b Abs. 2 ErbStG begünstigte Vermögen entfallenden Schulden sind ungekürzt abziehbar: 22 223 EUR + 78 004 EUR =	100 227 EUR	+ 100 227 EUR
Erwerbsnebenkosten (§ 10 Abs. 6 Satz 6 ErbStG, R E 7.4 Abs. 4 ErbStR)		+ 3000 EUR
Insgesamt abziehbare Gegenleistungen, Auflage und Erwerbsnebenkosten		446 663 EUR

V. Berechnung der Bereicherung des Erwerbers

Gesamtwert der Vermögensgegenstände	5 250 000 EUR
Steuerbefreiung nach § 13 d ErbStG 10% von 750 000 EUR	./. 75 000 EUR
Steuerbefreiung nach § 13 a ErbStG	./. 3 400 000 EUR
Insgesamt abziehbare Gegenleistungen, Auflage und Erwerbsnebenkosten	./. 446 663 EUR
Bereicherung des Erwerbers	1 328 337 EUR

Die folgenden Richtlinien und Hinweise sind **nicht mehr anzuwenden:**

- R E 7.4 Abs. 3 Satz 4 ErbStR,
- E 7.4 (3) „Bemessungsgrundlage bei der gemischten Schenkung und Schenkung unter Auflage in Mischfällen und Inanspruchnahme einer Steuerbefreiung“ Beispiel 2 ErbStH,
- E 7.4 (3) „Bemessungsgrundlage bei der gemischten Schenkung und Schenkung unter Auflage in Mischfällen und Inanspruchnahme einer Steuerbefreiung“ Beispiel 1 und 2 ErbStH sowie
- E 7.4 (3) „Wirtschaftlicher Zusammenhang von Gegenleistungen, übernommenen Schulden, Leistungsauflagen, Nutzungs- und Duldungsauflagen mit der Schenkerleistung“ Nr. 1 ErbStH sowie an dem jeweils letzten Satz in den Nrn. 2, 3 und 4 ErbStH bezüglich der bisherigen Aufteilung ausschließlich nach dem Verhältnis der Steuerwerte.

Pauschale Freibeträge wie z. B. jene aus § 13 Abs. 1 Nr. 1 ErbStG fallen nicht unter die Neuregelung des § 10 Abs. 6 ErbStG (R E 10.10 Abs. 2 Satz 2 ErbStR).

R E 10.10 Abs. 2, 4 und 5 ErbStR sind mit der Maßgabe anzuwenden, dass die Regelungen zu den Schulden und Lasten, die in wirtschaftlichem Zusammenhang mit Vermögensgegenständen stehen, auch für die anteilig zuzurechnenden Schulden und Lasten gelten, die nicht in wirtschaftlichem Zusammenhang mit Vermögensgegenständen stehen. Die Urteile, die in H E 10.10 „Kürzung des Schuldenabzugs bei steuerbefreitem Vermögen“ ErbStH genannt sind, sind aufgrund der gesetzlichen Änderung überholt und nicht mehr anzuwenden.

In den folgenden Richtlinien gelten bei der Steuerberechnung die Ausführungen zu den Schulden und Lasten, die in wirtschaftlichem Zusammenhang mit Vermögensgegenständen stehen, auch für die anteilig zuzurechnenden Schulden und Lasten, die nicht in wirtschaftlichem Zusammenhang mit Vermögensgegenständen stehen:

- R E 13.4 Abs. 4 ErbStR
- R E 13 a.20 Abs. 6 ErbStR
- R E 13 b.8 Abs. 2 ErbStR
- R E 13 d Abs. 10 ErbStR
- R E 19 a.2 Abs. 1 ErbStR
- R E 27 Abs. 2 ErbStR
- R E 28 Abs. 4 Nr. 2 ErbStR
- R E 28 a.1 Abs. 5 Nr. 2 ErbStR.

4. Zu § 13 a Abs. 9 a und § 13 b Abs. 10 ErbStG

(abgedruckt als Anlage zu § 13 a ErbStG)

5. Zu § 14 Abs. 2 ErbStG

(abgedruckt als Anlage zu R E 14.3 ErbStR)

§ 11 Bewertungsstichtag[1]

ErbStG

Für die Wertermittlung ist, soweit in diesem Gesetz nichts anderes bestimmt ist, der Zeitpunkt der Entstehung der Steuer maßgebend. 1

Zu § 11 ErbStG

R E 11. Rückwirkende Umwandlung einer Personengesellschaft in eine Kapitalgesellschaft und umgekehrt

ErbStR
R E 11

① Wird nach dem Tod eines Erblassers bzw. nach Ausführung einer Schenkung unter Lebenden eine Umwandlung einer Personengesellschaft in eine Kapitalgesellschaft oder umgekehrt mit steuerlicher Rückwirkung auf einen Übertragungszeitpunkt (vgl. § 2 Absatz 1 UmwStG) beschlossen, der vor dem Zeitpunkt der Steuerentstehung liegt, berührt die ertragsteuerliche Rückwirkung nicht die nach bürgerlich-rechtlichen Grundsätzen zu entscheidende Frage, welches Vermögen zum Nachlass eines Erblassers gehörte bzw. was Gegenstand einer unentgeltlichen Zuwendung war. ② Sie ist ausschließlich nach den tatsächlichen Verhältnissen zum Zeitpunkt der Steuerentstehung zu beurteilen (§§ 9, 11 ErbStG). 2

H E 11

H E 11

Steuerliche Rückwirkung. Die steuerliche Rückwirkung berührt nicht die Frage nach dem Gegenstand einer Zuwendung (→ BFH vom 4. 7. 1984 II R 73/81, BStBl. II S. 772). 3

Umwandlungssteuerrecht. → *BMF-Schreiben vom 11. 11. 2011 (BStBl. I S. 1314),[2] geändert durch BMF-Schreiben vom 26. 7. 2016 (BStBl. I S. 684) und vom 10. 11. 2016 (BStBl. I S. 1252).*

---

[1] *BFH-Urteil vom 25. 10. 1995 II R 20/92 (BStBl. 1996 II S. 99), Ls. 1:* **1.** Setzt der Erblasser eine von ihm angeordnete (rechtsfähige) Stiftung zur (Allein-)Erbin ein, so unterliegt gemäß § 11 ErbStG 1974 i. V. m. § 9 Abs. 1 Nr. 1 Halbsatz 2 Buchst. c und § 3 Abs. 2 Nr. 1 ErbStG 1974 der Erbschaftsteuer auch der Vermögenszuwachs, der sich im Nachlaß zwischen dem Tag des Todes des Erblassers und dem Tag der *Genehmigung* [jetzt Anerkennung] der Stiftung vollzogen hat. **2.** (abgedruckt zu § 3 Abs. 2 Nr. 1 ErbStG)

BFH-Beschluss vom 30. 8. 2017 II B 16/17 (BFH/NV S. 1611): Eine nach der Entstehung der Steuer eingetretene Wertminderung eines freigebig zugewendeten Grundstücks kann keinen Erlass der Schenkungsteuer aus sachlichen Billigkeitsgründen rechtfertigen.

[2] Siehe jetzt Neufassung des **UmwStE** *(BMF v. 2. 1. 2025, BStBl. I S. 92)*, abgedruckt im **KSt-Veranlagungshandbuch** im Anhang **I** Nr. **2 b**.

ErbStG

§ 12 Bewertung

1 (1)[1] **Die Bewertung richtet sich, soweit nicht in den Absätzen 2 bis 7 etwas anderes bestimmt ist, nach den Vorschriften des Ersten Teils des Bewertungsgesetzes (Allgemeine Bewertungsvorschriften) in der Fassung der Bekanntmachung vom 1. Februar 1991 (BGBl. I S. 230), zuletzt geändert durch Artikel 2 des Gesetzes vom 24. Dezember 2008 (BGBl. I S. 3018), in der jeweils geltenden Fassung.**

2 (2) **Anteile an Kapitalgesellschaften, für die ein Wert nach § 151 Abs. 1 Satz 1 Nr. 3 des Bewertungsgesetzes festzustellen ist, sind mit dem auf den Bewertungsstichtag (§ 11) festgestellten Wert anzusetzen.**

3 (3)[2, 3] **Grundbesitz (§ 19 Abs. 1 des Bewertungsgesetzes) ist mit dem nach § 151 Abs. 1 Satz 1 Nr. 1 des Bewertungsgesetzes auf den Bewertungsstichtag (§ 11) festgestellten Wert anzusetzen.**

4 (4) **Bodenschätze, die nicht zum Betriebsvermögen gehören, werden angesetzt, wenn für sie Absetzungen für Substanzverringerung bei der Einkunftsermittlung vorzunehmen sind; sie werden mit ihren ertragsteuerlichen Werten angesetzt.**

5 (5) **Inländisches Betriebsvermögen, für das ein Wert nach § 151 Abs. 1 Satz 1 Nr. 2 des Bewertungsgesetzes festzustellen ist, ist mit dem auf den Bewertungsstichtag (§ 11) festgestellten Wert anzusetzen.**

6 (6) **Gehört zum Erwerb ein Anteil an Wirtschaftsgütern und Schulden, für die ein Wert nach § 151 Abs. 1 Satz 1 Nr. 4 des Bewertungsgesetzes festzustellen ist, ist der darauf entfallende Teilbetrag des auf den Bewertungsstichtag (§ 11) festgestellten Werts anzusetzen.**

7 (7) **Ausländischer Grundbesitz und ausländisches Betriebsvermögen werden nach § 31 des Bewertungsgesetzes bewertet.**

Übersicht Rz.

		Rz.
R E 12.1	Bewertungsgrundsätze; H E 12.1	8
R E 12.2	Maßgeblichkeit des Zivilrechts für das Erbschaftsteuerrecht bei im Erbfall noch nicht vollständig erfüllten Grundstückskaufverträgen; H E 12.2	9–12
R E 12.3	Berücksichtigung von Gewinnansprüchen aus GmbH-Geschäftsanteilen; H E 12.3	13–17
Anlagen (zu R E 12.3):		
	§ 99 BGB. Früchte	18
	§ 100 BGB. Nutzungen	19
	§ 101 BGB. Verteilung der Früchte	20
Anlage (zu § 12):		
	Erlass betr. Bewertung des Nutzungsvorteils bei unverzinslichen und niedrig verzinslichen Darlehen	21

Zu § 12 ErbStG

ErbStR R E 12.1

R E 12.1 Bewertungsgrundsätze

8 ① Die Bereicherung eines Erwerbers (§ 10 Absatz 1 Satz 1 ErbStG) ist, soweit sie der Besteuerung unterliegt, nach den in § 12 ErbStG genannten allgemeinen und besonderen Bewertungsvorschriften des Bewertungsgesetzes zu bewerten. ② Dies gilt sowohl hinsichtlich der Abgrenzung der zu bewertenden wirtschaftlichen Einheiten als auch der Wertermittlung selbst. ③ Soweit nichts

---

[1] Zum Nutzungsvorteil bei unverzinslichen/niedrig verzinslichen Darlehen vgl. *Erlass FM Bayern vom 19. 3. 2018* (nachfolgend Anlage zu § 12 ErbStG).

Keine Bindung des ErbSt-FA an Entscheidungen anderer Finanzämter zu anderen Steuerarten; vgl. *BFH-Beschluss vom 29. 3. 2000 II B 53/99 (BFH/NV 2001 S. 38).*

Zu Vermächtnissen vgl. H E 3.2 ErbStH.

[2] Zur Änderung von § 12 Abs. 3 ab 1. 1. 2025 siehe in der geschlossenen Wiedergabe des ErbStG.

[3] Wegen Zweifeln der bayerischen Staatsregierung an Gesetzgebungskompetenz des Bundes für die Bewertung von Grundbesitz für Zwecke der Erbschaft- und Schenkungsteuer: *Normenkontrollklage vom 15. 6. 2023 BVerfG 1 BvF 1/23.*

BFH-Urteil vom 25. 10. 1995 II R 5/92 (BStBl. 1996 II S. 97): Wird ein dem Steuerpflichtigen von dem Erblasser ausgesetztes Geldvermächtnis durch Übertragung von Grundstücken an „Erfüllungs Statt“ erfüllt, so ist Besteuerungsgrundlage bei der Erbschaftsteuerfestsetzung der (Nominal-)Wert der Geldforderung und nicht der (indizierte) Einheitswert [Grundbesitzwert] der übertragenen Grundstücke.

BFH-Urteil vom 7. 10. 1998 II R 52/96 (BStBl. 1999 II S. 23): Die geltend gemachte Pflichtteilsverbindlichkeit ist beim Erben abweichend von der Rechtsauffassung im Urteil vom 17. 2. 1982 II R 160/80 (BFHE 135, 336, BStBl. II 1982, 350) auch dann mit dem Nennwert als Nachlaßverbindlichkeit abzuziehen, wenn sie durch Übertragung eines Nachlaßgrundstücks an Erfüllungs Statt erfüllt wird.

BFH-Urteil vom 18. 5. 1988 II R 163/85 (BStBl. II S. 741): Ist Gegenstand einer Schenkung der reale Teil eines Grundstücks bzw. einer wirtschaftlichen Einheit des Grundbesitzes, so ist im Zeitpunkt der Entstehung der Steuer (§ 9 Abs. 1 Nr. 2 ErbStG 1974) regelmäßig eine neue wirtschaftliche Einheit entstanden, so daß nach § 12 Abs. 4 [3] ErbStG 1974 ein *Einheitswert* [Grundbesitzwert] für die Berechnung der Schenkungsteuer festzustellen ist.

Zur Geldforderung als Gegenstand des Vermächtniserwerbs, wenn ein Nachlaßgrundstück unter Aufrechnung mit ausgesetztem Geldvermächtnis bezahlt wird, vgl. *BFH-Urteil vom 21. 6. 1995 II R 62/93 (BStBl. II S. 783).*

anderes vorgeschrieben ist, ist der gemeine Wert zugrunde zu legen (§ 12 Absatz 1 ErbStG, § 9 BewG).

H E 12.1

H E 12.1

Betriebsvermögen. → R B 95 bis B 109.3 sowie B 199.1 bis B 203.
Grundvermögen. → R B 176.1 bis B 198.
Land- und forstwirtschaftliches Vermögen. → R B 158.1 bis B 168.
Übriges Vermögen. → R B 9.1 bis B 13.

R E 12.2 Maßgeblichkeit des Zivilrechts für das Erbschaftsteuerrecht bei im Erbfall noch nicht vollständig erfüllten Grundstückskaufverträgen

ErbStR R E 12.2

(1) ① Für die Zurechnung eines Grundstücks zum Nachlass bei noch nicht – vollständig – erfüllten Grundstückskaufverträgen ist der Übergang des Eigentums nach dem zivilrechtlichen Eigentumsbegriff entscheidend. ② Der Übergang des wirtschaftlichen Eigentums im Sinne des § 39 Absatz 2 Nummer 1 AO ist nicht maßgeblich, insbesondere ist nicht auf den Zeitpunkt des Besitz- und Lastenwechsels abzustellen. ③ Zivilrechtlich geht das Eigentum an dem Grundstück gemäß § 873 BGB erst mit der Grundbucheintragung auf den Erwerber über. ④ Weder die Aufgabe des Besitzes noch die Auflassung und Eintragungsbewilligung bewirken bereits einen Wechsel des Eigentums. ⑤ Bis zur Eintragung obliegen dem bisherigen Eigentümer (ggf. seinen Erben) sowie dem Käufer (ggf. seinen Erben) die Rechte und Pflichten aus dem Kaufvertrag und den weiteren Willenserklärungen. 9

(2) ① Die grundsätzliche Anknüpfung an das Zivilrecht gilt nicht nur hinsichtlich des Erbrechts selbst, sondern auch hinsichtlich der Frage, was zum steuerpflichtigen Erwerb von Todes wegen gehört. ② Beim Erwerb von Todes wegen ist daher ein Grundstück erbschaftsteuerrechtlich bis zur Eintragung des Eigentumswechsels im Grundbuch bei den Erben nach dem Veräußerer zu erfassen. ③ Außerdem sind die Rechte und Pflichten aus dem Kaufvertrag und den weiteren Willenserklärungen zum Stichtag zu erfassen und zu bewerten. ④ Dabei ist zu beachten, dass Sachleistungsansprüche und -verpflichtungen, soweit sie im Rahmen gegenseitiger Verträge begründet werden, nicht mit dem Steuerwert des Gegenstands, auf den sie gerichtet sind, zu bewerten sind, sondern mit dem gemeinen Wert. ⑤ Das gilt auch für auf Grundstücke gerichtete vertragliche Sachleistungsansprüche und -verpflichtungen. 10

(3) ① Die vorstehenden Grundsätze gelten nur für die Besteuerung des Grundstückserwerbs von Todes wegen. ② Die vom zivilrechtlichen Eigentumsübergang abweichende Regelung über die Ausführung einer Grundstücksschenkung (→ R E 9.1) bleibt davon unberührt. 11

H E 12.2

H E 12.2

Anknüpfung des Erbschaftsteuerrechts an das Zivilrecht. → BFH vom 10. 11. 1982 II R 111/80, BStBl. 1983 II S. 116 und vom 15. 10. 1997 II R 68/95, BStBl. II S. 820. 12

Behandlung von Sachleistungsansprüchen aus gegenseitigen Verträgen. → BFH vom 10. 4. 1991 II R 118/86, BStBl. II S. 620, vom 26. 6. 1991 II R 117/87, BStBl. II S. 749[1] und vom 15. 10. 1997 II R 68/95, BStBl. II S. 820.

Einzelfälle. Verstirbt ein Vertragspartner eines Grundstückskaufvertrages vor der Übertragung des Eigentums, ist es für die Erben von Bedeutung, ob das Grundstück – aus der Sicht der Erben des Verkäufers – noch oder – aus der Sicht der Erben des Käufers – schon in den jeweiligen Nachlass gefallen ist.

Beispiel 1:

V ist Eigentümer eines privat genutzten schuldenfreien Grundstücks, Grundbesitzwert 1 000 000 EUR. Er veräußert das Grundstück mit notariell beurkundetem Kaufvertrag vom 1. 9. 01 an K gegen 1 000 000 EUR in bar, zahlbar in zwei gleichen Raten am 1. 12. 01 und 1. 3. 02. V und K vereinbaren den Übergang von Besitz und Gefahr, Nutzungen und Lasten (Lastenwechsel) mit Entrichtung der 1. Rate am 1. 12. 01. Nach Entrichtung der 2. Rate am 1. 3. 02 erklären die Beteiligten formgerecht die Auflassung; K erhält zugleich die den Vorschriften der Grundbuchordnung entsprechende Eintragungsbewilligung ausgehändigt. Mit Bescheid vom 5. 1. 02 führt das Lagefinanzamt auf den 1. 1. 02 eine Zurechnungsfortschreibung des Einheitswerts des Grundstücks auf K als dessen wirtschaftlicher Eigentümer durch (§ 22 Absatz 2 BewG). Die Eintragung des Eigentumswechsels im Grundbuch erfolgt am 17. 5. 02.

V verstirbt am I. 10. 1. 02
II. 10. 4. 02

Der Tod des V lässt unabhängig vom Todestag (Besteuerungszeitpunkt, → § 9 ErbStG) die bestehenden vertraglichen Verpflichtungen unberührt; sie gehen auf die Erben über (§ 1922 BGB). Dies gilt gemäß § 857 BGB auch für den Besitz.
Die im Sachverhalt genannten Wirtschaftsgüter sind auf den Besteuerungszeitpunkt wie folgt anzusetzen und zu bewerten (§§ 11, 12 ErbStG):

---

[1] *BFH-Urteil vom 26. 6. 1991 II R 117/87 (BStBl. II S. 749):* Der sich aus einem gegenseitigen Vertrag ergebende Sachleistungsanspruch auf die Übertragung eines Grundstücks ist im sonstigen Vermögen mit dem gemeinen Wert und nicht mit dem um 40 v. H. erhöhten Einheitswert [Grundbesitzwert] des zu übertragenden Grundstücks anzusetzen; Änderung der Rechtsprechung (vgl. BFHE 125, 75, BStBl. II 1978, 398).

BFH-Urteil vom 27. 11. 1991 II R 12/89 (BStBl. 1992 II S. 298): Zum Nachlaß gehörende, im Zeitpunkt des Erbfalls noch nicht erfüllte (Sachleistungs-)Ansprüche auf Errichtung eines Gebäudes sind mit dem gemeinen Wert anzusetzen (Anschluß an BFHE 132, 313, BStBl. II 1981, 322).

HE 12.2

noch 12

I. Todestag 10. 1. 02
Das Grundstück ist wegen des fehlenden Eigentumsübergangs auf K am Besteuerungszeitpunkt mit seinem Steuerwert noch dem Nachlass des V zuzurechnen. Daran ändert auch nichts der Umstand, dass auf den 1. 1. 02 auf K im Einheitswertverfahren bereits eine Zurechnungsfortschreibung erfolgt ist. Denn die Frage, wer Eigentümer des Grundstücks im Besteuerungszeitpunkt war, ist im Erbschaftsteuerverfahren besonders zu prüfen, ohne Rücksicht darauf, wer im vorhergegangenen Einheitswertverfahren als Eigentümer des Grundstücks festgestellt worden war.
Die Anzahlung von 500 000 EUR – ausgewiesen in der Regel im Kapitalvermögen – gehört ebenso zum Nachlass wie der Anspruch auf die Gegenleistung (Kaufpreis), soweit dieser am Besteuerungszeitpunkt (10. 1. 02) noch valutiert. Da der Anspruch auf die Gegenleistung im Nachlass des V zum übrigen Vermögen gehört, ist er gesondert mit dem gemeinen Wert zu erfassen, hier mit (noch) 500 000 EUR. Als Nachlassverbindlichkeit ist auch die noch nicht erfüllte Sachleistungsverpflichtung zur Verschaffung des Eigentums entsprechend mit dem gemeinen Wert anzusetzen, hier 1 000 000 EUR (→ R B 9.3 Absatz 1).

II. Todestag 10. 4. 02
Das Grundstück ist wegen des fehlenden Eigentumsübergangs auf K am Besteuerungszeitpunkt mit seinem Steuerwert noch dem Nachlass des V zuzurechnen. Dem Wertzuwachs im Aktivnachlass infolge der vollständigen Kaufpreiszahlung, die die entsprechende Kaufpreisforderung zum Erlöschen gebracht hat, steht als Nachlassverbindlichkeit in gleicher Höhe (1 000 000 EUR) die noch nicht erfüllte Sachleistungsverpflichtung gegenüber.
Beiden Varianten ist folglich gemein, dass das Grundstück noch in den Nachlass des V gefallen ist, während die Ansätze für die Ansprüche und Verbindlichkeiten aus dem Kaufvertrag sich in Verbindung mit den Vermögenszuflüssen wertmäßig ausgleichen.

Beispiel 2:

V ist Eigentümer eines schuldenfreien Grundstücks, das er als Gewerbetreibender oder Freiberufler betrieblich selbst nutzt, Grundbesitzwert 1 000 000 EUR. Er veräußert das Grundstück mit notariell beurkundetem Kaufvertrag vom 1. 9. 01 an K gegen 1 000 000 EUR in bar, zahlbar in zwei gleichen Raten am 1. 12. 01 und 1. 3. 02. V und K vereinbaren den Übergang von Besitz und Gefahr, Nutzungen und Lasten (Lastenwechsel) mit Entrichtung der 1. Rate am 1. 12. 01. An diesem Tag endet die Selbstnutzung durch V. Nach Entrichtung der 2. Rate am 1. 3. 02 erklären die Beteiligten formgerecht die Auflassung; K erhält zugleich die den Vorschriften der Grundbuchordnung entsprechende Eintragungsbewilligung ausgehändigt. Mit Bescheid vom 5. 1. 02 führt das Lagefinanzamt auf den 1. 1. 02 eine Zurechnungsfortschreibung des Einheitswerts des Grundstücks auf K als dessen wirtschaftlicher Eigentümer durch (§ 22 Absatz 2 BewG). Die Eintragung des Eigentumswechsels im Grundbuch erfolgt am 17. 5. 02.
V verstirbt am I. 10. 1. 02
II. 10. 4. 02
Der Tod des V lässt unabhängig vom Todestag (Besteuerungszeitpunkt, → § 9 ErbStG) die bestehenden vertraglichen Verpflichtungen unberührt; sie gehen auf die Erben über (§ 1922 BGB). Dies gilt gemäß § 857 BGB auch für den Besitz.
Die im Sachverhalt genannten Wirtschaftsgüter sind auf den Besteuerungszeitpunkt wie folgt anzusetzen und zu bewerten (§§ 11, 12 ErbStG):

I. Todestag 10. 1. 02
Im Hinblick auf den fehlenden Eigentumsübergang auf K zum Besteuerungszeitpunkt gehört das mit dem Steuerwert anzusetzende Grundstück noch zum Nachlass des V. Durch den Übergang des wirtschaftlichen Eigentums auf K liegt keine eigenbetriebliche Nutzung des Grundstücks mehr vor. Es ist ab diesem Zeitpunkt nicht mehr Betriebsgrundstück i. S. d. § 99 BewG und gehört nicht mehr zum Betriebsvermögen, sondern zum Grundvermögen des V. Die vereinnahmte Anzahlung von 500 000 EUR und die Forderung über den Restkaufpreis gehören zum Betriebsvermögen. Als Nachlassverbindlichkeit kann die noch nicht erfüllte Sachleistungsverpflichtung gegenüber K in Höhe von 1 000 000 EUR abgezogen werden.

II. Todestag 10. 4. 02
Im Hinblick auf den fehlenden Eigentumsübergang auf K zum Besteuerungszeitpunkt gehört das Grundstück noch zum Nachlass des V. Durch den Übergang des wirtschaftlichen Eigentums auf K liegt keine eigenbetriebliche Nutzung des Grundstücks mehr vor. Es ist ab diesem Zeitpunkt nicht mehr Betriebsgrundstück i. S. d. § 99 BewG und gehört nicht mehr zum Betriebsvermögen, sondern zum Grundvermögen des V. Der vereinnahmte Kaufpreis gehört zum Betriebsvermögen. Als Nachlassverbindlichkeit kann die noch nicht erfüllte Sachleistungsverpflichtung gegenüber K in Höhe von 1 000 000 EUR abgezogen werden.

Beispiel 3:

V ist Eigentümer eines privat genutzten schuldenfreien Grundstücks, Grundbesitzwert 1 000 000 EUR. Er veräußert das Grundstück mit notariell beurkundetem Kaufvertrag vom 1. 9. 01 an K gegen 1 000 000 EUR in bar, zahlbar in zwei gleichen Raten am 1. 12. 01 und 1. 3. 02. V und K vereinbaren den Übergang von Besitz und Gefahr, Nutzungen und Lasten (Lastenwechsel) mit Entrichtung der 1. Rate am 1. 12. 01. Ab diesem Zeitpunkt nutzt K das Grundstück privat. Nach Entrichtung der 2. Rate am 1. 3. 02 erklären die Beteiligten formgerecht die Auflassung; der Käufer erhält zugleich die den Vorschriften der Grundbuchordnung entsprechende Eintragungsbewilligung ausgehändigt. Mit Bescheid vom 5. 1. 02 führt das Lagefinanzamt auf den 1. 1. 02 eine Zurechnungsfortschreibung des Einheitswerts des Grundstücks auf K als dessen wirtschaftlicher Eigentümer durch (§ 22 Absatz 2 BewG). Die Eintragung des Eigentumswechsels im Grundbuch erfolgt am 17. 5. 02.
K verstirbt am I. 10. 1. 02
II. 10. 4. 02
Der Tod des K lässt unabhängig vom Todestag (Besteuerungszeitpunkt, → § 9 ErbStG) die bestehenden vertraglichen Verpflichtungen unberührt; sie gehen auf die Erben über (§ 1922 BGB). Dies gilt gemäß § 857 BGB auch für den Besitz.
Die im Sachverhalt genannten Wirtschaftsgüter sind auf den Besteuerungszeitpunkt wie folgt anzusetzen und zu bewerten (§§ 11, 12 ErbStG):

I. Todestag 10. 1. 02
Das Grundstück gehört nicht zum Nachlass des K, weil der Eigentumserwerb erst nach dem Besteuerungszeitpunkt durch die Erben des K erfolgte. Dem steht nicht entgegen, dass dem K außerhalb des Erbschaftsteuerverfahrens im Einheitswertverfahren das Grundstück als wirtschaftlichem Eigentümer auf den 1. 1. 02 zugerechnet worden ist (→ Beispiel 1). Zum Nachlass gehört jedoch der noch nicht erfüllte Sachleistungsanspruch auf Verschaffung des Eigentums. Er ist mit dem gemeinen Wert (1 000 000 EUR) zu bewerten. Dem stehen die restliche Kaufpreisschuld (500 000 EUR) als Nachlassverbindlichkeit und ein Vermögensabfluss vor dem Besteuerungszeitpunkt durch die erste Ratenzahlung (500 000 EUR) gegenüber.

II. Todestag 10. 4. 02
Obwohl K die Kaufpreisverpflichtung zum Besteuerungszeitpunkt vollständig erfüllt hat und zu diesem Zeitpunkt bereits Nutzungen und Lasten übergegangen sind, fällt in den Nachlass des K nicht das Grundstück mit dem Grundbesitzwert, sondern der Sachleistungsanspruch auf Verschaffung des Eigentums. Er ist mit dem gemeinen Wert (1 000 000 EUR) zu bewerten. Dieser gleicht den vor dem Besteuerungszeitpunkt eingetretenen Vermögensabfluss durch die Kaufpreiszahlung in Höhe von 1 000 000 EUR aus.

Beispiel 4:

V ist Eigentümer eines privat genutzten schuldenfreien Grundstücks, Grundbesitzwert 1 000 000 EUR. Er veräußert das Grundstück mit notariell beurkundetem Kaufvertrag vom 1. 9. 01 an K gegen 1 000 000 EUR in bar, zahlbar in zwei gleichen Raten am 1. 12. 01 und 1. 3. 02. V und K vereinbaren den Übergang von Besitz und Gefahr, Nutzungen und Lasten (Lastenwechsel) mit Entrichtung der 1. Rate am 1. 12. 01. K ist Gewerbetreibender oder Freiberufler und nutzt ab diesem Zeitpunkt das Grundstück für eigene betriebliche Zwecke. Nach Entrichtung der 2. Rate am 1. 3. 02 erklären die Beteiligten formgerecht die Auflassung; der Käufer erhält zugleich die den Vorschriften der Grundbuchordnung entsprechende Eintragungsbewilligung ausgehändigt. Mit Bescheid vom 5. 1. 02 führt das Lagefinanzamt auf den 1. 1. 02 eine Zurechnungsfortschreibung des Einheitswerts des Grundstücks auf K als dessen wirtschaftlicher Eigentümer durch (§ 22 Absatz 2 BewG). Die Eintragung des Eigentumswechsels im Grundbuch erfolgt am 17. 5. 02.
K verstirbt am I. 10. 1. 02
II. 10. 4. 02
Der Tod des K lässt unabhängig vom Todestag (Besteuerungszeitpunkt, → § 9 ErbStG) die bestehenden vertraglichen Verpflichtungen unberührt; sie gehen auf die Erben über (§ 1922 BGB). Dies gilt gemäß § 857 BGB auch für den Besitz.
Die im Sachverhalt genannten Wirtschaftsgüter sind auf den Besteuerungszeitpunkt wie folgt anzusetzen und zu bewerten (§§ 11, 12 ErbStG):

I. Todestag 10. 1. 02
Das Grundstück gehört nicht zum Nachlass des K. Wegen des fehlenden Eigentumsübergangs kann es noch nicht zum Grundvermögen des K gehören und kann damit auch nicht als Betriebsgrundstück nach § 99 BewG erfasst werden. Der zivilrechtliche Sachleistungsanspruch ist jedoch ertragsteuerlich schon als wirtschaftliches Eigentum am Grundstück mit dem gemeinen Wert in Höhe von 1 000 000 EUR als Teil des Betriebsvermögens i. S. d. §§ 95 ff. BewG erfasst und gehört damit zum begünstigungsfähigen Vermögen nach § 13b Absatz 1 Nummer 2 ErbStG. Insoweit liegt kein Verwaltungsvermögen nach § 13b Absatz 4 Nummer 1 ErbStG vor.
Zugleich ist eine entsprechende Verpflichtung zur Erfüllung der Kaufpreisverbindlichkeit von 1 000 000 EUR entstanden, die bei Tilgung der ersten Rate am 10. 1. 02 auf 500 000 EUR reduziert wird. Durch die Tilgung vermindert sich das Vermögen des Betriebs um 500 000 EUR. Letztlich umfasst das Betriebsvermögen i. S. d. §§ 95 ff. BewG zum Besteuerungsstichtag den als wirtschaftliches Eigentum aktivierten Sachleistungsanspruch auf Eigentumsübertragung mit 1 000 000 EUR und die Restschuld der Kaufpreisverbindlichkeit mit 500 000 EUR.

II. Todestag 10. 4. 02
Das Grundstück gehört nicht zum Nachlass des K. Wegen des fehlenden Eigentumsübergangs kann es noch nicht zum Grundvermögen des K gehören und kann damit auch nicht als Betriebsgrundstück nach § 99 BewG erfasst werden. Der zivilrechtliche Sachleistungsanspruch ist jedoch ertragsteuerlich schon als wirtschaftliches Eigentum am Grundstück mit dem gemeinen Wert in Höhe von 1 000 000 EUR als Teil des Betriebsvermögens i. S. d. §§ 95 ff. BewG erfasst und gehört damit zum begünstigungsfähigen Vermögen nach § 13b Absatz 1 Nummer 2 ErbStG. Insoweit liegt kein Verwaltungsvermögen nach § 13b Absatz 4 Nummer 1 ErbStG vor.
Zugleich ist eine entsprechende Verpflichtung zur Erfüllung der Kaufpreisverbindlichkeit von 1 000 000 EUR entstanden, die bei Tilgung auf 0 EUR reduziert wird. Durch die Tilgung vermindert sich das Vermögen des Betriebs um 1 000 000 EUR. Letztlich umfasst das Betriebsvermögen i. S. d. §§ 95 ff. BewG zum Besteuerungsstichtag den als wirtschaftliches Eigentum aktivierten Sachleistungsanspruch auf Eigentumsübertragung mit 1 000 000 EUR.

Beispiel 5:

LG (= Leasinggeber) ist zivilrechtlicher Eigentümer eines betrieblich genutzten bebauten Grundstücks. Mit LN (= Leasingnehmer) wird ein Vollamortisationsleasingvertrag abgeschlossen, d. h., LN entrichtet in der Grundmietzeit den vollen Wert des der Leasingvereinbarung zugrunde liegenden Gebäudes. Ertragsteuerlich stellt das Gebäude bei LN zu erfassendes wirtschaftliches Eigentum dar und wird sowohl in der Handels- als auch in der Steuerbilanz bilanziert. Zugleich wird eine Kaufpreis-/Leasingschuld passiviert. Bei LG wird lediglich der Grund und Boden sowie eine kapitalisierte Kaufpreis-/Leasingforderung bzgl. der Raten des Leasingnehmers aktiviert.
Für den Grund und Boden geht kein wirtschaftliches Eigentum über, da es für Grundstücke keine „betriebsgewöhnliche Nutzungsdauer" gibt.

I. LG verstirbt
Das Grundstück gehört aufgrund des Vorrangs des zivilrechtlichen Eigentums zum Nachlass des LG. Das Eigentum am aufstehenden Gebäude folgt dem Grund und Boden. Nachdem das Objekt zu betrieblichen Zwecken des Leasings genutzt wird und entsprechend den ertragsteuerlichen Vorgaben in Form der Kaufpreis-/Leasingforderung auch bilanziert ist, stellt es ein Betriebsgrundstück i. S. d. § 99 BewG und ggf. Verwaltungsvermögen nach § 13b Absatz 4 Nummer 1 ErbStG dar.

II. LN verstirbt
Das Grundstück gehört aufgrund des Vorrangs des zivilrechtlichen Eigentums nicht zum Nachlass des LN. Zum Betriebsvermögen i. S. d. §§ 95 ff. BewG gehört ein aktivierter Sachleistungsanspruch für die Gebäudenutzung während der Leasingdauer sowie eine passivierte Zahlungsverpflichtung der Leasingraten in diesem Zeitraum. Beides stellt kein Verwaltungsvermögen nach § 13b Absatz 4 Nummer 1 ErbStG dar.

Betriebsgrundstücke. → R B 99.

R E 12.3 Berücksichtigung von Gewinnansprüchen aus GmbH-Geschäftsanteilen

ErbStR
R E 12.3

(1) ① Bei einem der Erbschaftsteuer unterliegenden Erwerb von GmbH-Geschäftsanteilen sind Ansprüche auf erwirtschaftete, aber noch nicht ausgeschüttete Gewinne der GmbH beim Erwerb der Beteiligung von Todes wegen gesondert als Kapitalforderung des Erben zu erfassen, wenn der Gewinnverwendungsbeschluss bereits vor dem Zeitpunkt der Steuerentstehung gefasst worden ist. ② Das Vermögen der Gesellschaft ist bereits entsprechend gemindert. ③ Beim Erwerb durch Schenkung unter Lebenden erfolgt eine gesonderte Erfassung nur, wenn der Gewinnanspruch gesondert abgetreten wird, da er sonst weiterhin dem Schenker zusteht. 13

14 (2) Wird der Beschluss über die Gewinnverwendung erst nach dem Zeitpunkt der Steuerentstehung gefasst, kann der Anspruch auf den Gewinn nicht gesondert neben dem gemeinen Wert der Anteile auf den Stichtag erfasst werden, da der vor dem Stichtag erwirtschaftete Gewinn bereits bei der Bewertung der Anteile an der Kapitalgesellschaft berücksichtigt wurde.

15 (3) ① Beim Erwerb von GmbH-Geschäftsanteilen durch Schenkung unter Lebenden sind die Gewinne des Wirtschaftsjahrs, in das die Schenkung fällt, nach § 101 Nummer 2 Halbsatz 2 BGB im Innenverhältnis zeitanteilig zwischen Schenker und Beschenktem aufzuteilen. ② Erfüllt der Beschenkte den zivilrechtlichen Ausgleichsanspruch des Schenkers, ist der Ausgleichsbetrag vom Wert des zugewendeten GmbH-Geschäftsanteils abzuziehen. ③ Treffen die Beteiligten eine davon abweichende Vereinbarung, verzichtet etwa der Schenker ganz oder teilweise auf seinen Anspruch nach § 101 Nummer 2 Halbsatz 2 BGB, entfällt insoweit ein Abzug. ④ Der ersparte Ausgleichsbetrag ist nicht neben dem Wert der übertragenen Anteile zu erfassen.

16 (4) Noch nicht erfüllte Gewinnansprüche aus einem Nießbrauch an GmbH-Geschäftsanteilen stehen nach dem Tod des Berechtigten dessen Erben zu (→ § 101 BGB) und sind als Erwerb von Todes wegen auch dann zu erfassen, wenn am Besteuerungszeitpunkt die Bilanz der GmbH noch nicht erstellt oder der Gewinnverwendungsbeschluss noch nicht gefasst ist.

H E 12.3

H E 12.3

17 **Gewinnverteilung bei Schenkung.**

Beispiel:
Der Schenker überträgt dem Beschenkten aufgrund eines notariell beurkundeten Schenkungsvertrags vom 22. 8. 02 seinen GmbH-Geschäftsanteil. Dem Beschenkten soll das Gewinnbezugsrecht ab 1. 1. 02 zustehen. Am 22. 9. 02 fassen die Gesellschafter den Beschluss über die Verwendung des Ergebnisses des Jahres 01. Dabei entfällt auf den Anteil des Beschenkten ein Gewinnanspruch von 120 000 EUR.
Der gemeine Wert des vom Beschenkten erworbenen GmbH-Anteils ist auf den Stichtag 22. 8. 02 zu ermitteln. Der Gewinnanspruch des Jahres 02 steht nach der Vereinbarung der Beteiligten dem Beschenkten zu und ist nicht gesondert zu erfassen. Der Gewinnanspruch des Jahres 01 ist gegenüber dem Schenker zu erfüllen. Der Betrag von 120 000 EUR ist vom Wert des Anteils abzuziehen.

Anl zu R E 12.3

Bürgerliches Gesetzbuch (BGB)

Vom 2. Januar 2002 (BGBl. I S. 42)

Zuletzt geändert durch Gesetz vom 7. 4. 2025 (BGBl. I Nr. 109)

– Auszug –

§ 99 Früchte

18 (1) Früchte einer Sache sind die Erzeugnisse der Sache und die sonstige Ausbeute, welche aus der Sache ihrer Bestimmung gemäß gewonnen wird.

(2) Früchte eines Rechts sind die Erträge, welche das Recht seiner Bestimmung gemäß gewährt, insbesondere bei einem Recht auf Gewinnung von Bodenbestandteilen die gewonnenen Bestandteile.

(3) Früchte sind auch die Erträge, welche eine Sache oder ein Recht vermöge eines Rechtsverhältnisses gewährt.

§ 100 Nutzungen

19 Nutzungen sind die Früchte einer Sache oder eines Rechts sowie die Vorteile, welche der Gebrauch der Sache oder des Rechts gewährt.

§ 101 Verteilung der Früchte

20 Ist jemand berechtigt, die Früchte einer Sache oder eines Rechts bis zu einer bestimmten Zeit oder von einer bestimmten Zeit an zu beziehen, so gebühren ihm, sofern nicht ein anderes bestimmt ist:

1. die in § 99 Abs. 1 bezeichneten Erzeugnisse und Bestandteile, auch wenn er sie als Früchte eines Rechts zu beziehen hat, insoweit, als sie während der Dauer der Berechtigung von der Sache getrennt werden,
2. andere Früchte insoweit, als sie während der Dauer der Berechtigung fällig werden; bestehen jedoch die Früchte in der Vergütung für die Überlassung des Gebrauchs oder des Fruchtgenusses, in Zinsen, Gewinnanteilen oder anderen regelmäßig wiederkehrenden Erträgen, so gebührt dem Berechtigten ein der Dauer seiner Berechtigung entsprechender Teil.

Erlass betr. Bewertung des Nutzungsvorteils bei unverzinslichen und niedrig verzinslichen Darlehen[1]

Vom 19. März 2018

(FM Bayern 34 – S 3104 – 1/1; koord. Ländererlass)

Zu der Frage, wie der Nutzungsvorteil eines unverzinslichen oder niedrig verzinslichen Darlehens zu bewerten ist, wenn der marktübliche Zinssatz für derartige Darlehen unter 5,5 v. H. liegt, bitte ich, die folgende Auffassung zu vertreten: 21

Nach § 15 Abs. 1 BewG beträgt der Jahreswert der Nutzung einer Geldsumme, wenn kein anderer Wert feststeht, 5,5 v. H. der überlassenen Geldsumme. Weist ein Steuerpflichtiger nach, dass der marktübliche Zinssatz für die Aufnahme eines vergleichbaren Darlehens unter dem gesetzlich festgelegten Zinssatz von 5,5 v. H. liegt, kann für die Bewertung des Nutzungsvorteils von dem nachgewiesenen Zinssatz ausgegangen werden.

Bei einem niedrig verzinslichen Darlehen ist in diesen Fällen der schenkungsteuerlich maßgebende Nutzungsvorteil aus der Differenz zwischen dem nachgewiesenen marktüblichen Darlehenssatz und dem vereinbarten Zinssatz zu berechnen. Liegt der vereinbarte Zinssatz nur unwesentlich unter dem marktüblichen Zins, ist eine freigebige Zuwendung nicht anzunehmen.

Entsprechend ist bei unverzinslichen Darlehen zu verfahren. Hier ergibt sich der Nutzungsvorteil aus der Höhe des nachgewiesenen marktüblichen Darlehenszinses.

Dieser Erlass ergeht im Einvernehmen mit den obersten Finanzbehörden der anderen Länder.

---

[1] *BFH-Urteil vom 31. 7. 2024 II R 20/22 (DStR S. 2694):* **1.** Die Gewährung eines nicht marktüblich verzinsten Darlehens ist als gemischte Schenkung zu versteuern. **2.** Bei der Bemessung des Zinsvorteils kann der in § 15 Abs. 1 des Bewertungsgesetzes festgelegte Zinssatz von 5,5% nicht herangezogen werden, wenn ein niedrigerer marktüblicher Wert für vergleichbare Darlehen feststeht.

ErbStG

§ 13 Steuerbefreiungen

(1) **Steuerfrei bleiben**

1 **1. a) Hausrat einschließlich Wäsche und Kleidungsstücke beim Erwerb durch Personen der Steuerklasse I, soweit der Wert insgesamt 41 000 Euro nicht übersteigt,**

2 **b) andere bewegliche körperliche Gegenstände, die nicht nach Nummer 2 befreit sind, beim Erwerb durch Personen der Steuerklasse I, soweit der Wert insgesamt 12 000 Euro nicht übersteigt,**

3 **c) Hausrat einschließlich Wäsche und Kleidungsstücke und andere bewegliche körperliche Gegenstände, die nicht nach Nummer 2 befreit sind, beim Erwerb durch Personen der Steuerklassen II und III, soweit der Wert insgesamt 12 000 Euro nicht übersteigt.**

② Die Befreiung gilt nicht für Gegenstände, die zum land- und forstwirtschaftlichen Vermögen, zum Grundvermögen oder zum Betriebsvermögen gehören, für Zahlungsmittel, Wertpapiere, Münzen, Edelmetalle, Edelsteine und Perlen;

2.[1] Grundbesitz oder Teile von Grundbesitz, Kunstgegenstände, Kunstsammlungen, wissenschaftliche Sammlungen, Bibliotheken und Archive

4 **a) mit 60 Prozent ihres Werts, jedoch Grundbesitz und Teile von Grundbesitz mit 85 Prozent ihres Werts, wenn die Erhaltung dieser Gegenstände wegen ihrer Bedeutung für Kunst, Geschichte oder Wissenschaft im öffentlichen Interesse liegt, die jährlichen Kosten in der Regel die erzielten Einnahmen übersteigen und die Gegenstände in einem den Verhältnissen entsprechenden Umfang den Zwecken der Forschung oder der Volksbildung nutzbar gemacht sind oder werden,**

5 **b)[2] in vollem Umfang, wenn die Voraussetzungen des Buchstabens a erfüllt sind und ferner**

aa) der Steuerpflichtige bereit ist, die Gegenstände den geltenden Bestimmungen der Denkmalspflege zu unterstellen,

bb)[3] die Gegenstände sich seit mindestens 20 Jahren im Besitz der Familie befinden oder in ein Verzeichnis national wertvollen Kulturgutes nach § 7 Absatz 1 des Kulturgutschutzgesetzes vom 31. Juli 2016 (BGBl. I S. 1914), in der jeweils geltenden Fassung eingetragen sind.

② Die Steuerbefreiung fällt mit Wirkung für die Vergangenheit weg, wenn die Gegenstände innerhalb von zehn Jahren nach dem Erwerb veräußert werden oder die Voraussetzungen für die Steuerbefreiung innerhalb dieses Zeitraums entfallen;

6 **3.[1] Grundbesitz oder Teile von Grundbesitz, der für Zwecke der Volkswohlfahrt der Allgemeinheit ohne gesetzliche Verpflichtung zur Benutzung zugänglich gemacht ist und dessen Erhaltung im öffentlichen Interesse liegt, wenn die jährlichen Kosten in der Regel die erzielten Einnahmen übersteigen. ② Die Steuerbefreiung fällt mit Wirkung für die Vergangenheit weg, wenn der Grundbesitz oder Teile des Grundbesitzes innerhalb von zehn Jahren nach dem Erwerb veräußert werden oder die Voraussetzungen für die Steuerbefreiung innerhalb dieses Zeitraums entfallen;**

7 **4. ein Erwerb nach § 1969 des Bürgerlichen Gesetzbuchs;**

8 **4 a. Zuwendungen unter Lebenden, mit denen ein Ehegatte dem anderen Ehegatten Eigentum oder Miteigentum an einem im Inland oder in einem Mitgliedstaat der Europäischen Union oder einem Staat des Europäischen Wirtschaftsraums belegenen bebauten Grundstück im Sinne des § 181 Abs. 1 Nr. 1 bis 5 des Bewertungsgesetzes verschafft, soweit darin eine Wohnung zu eigenen Wohnzwecken genutzt wird (Familienheim), oder den anderen Ehegatten von eingegangenen Verpflichtungen im Zusammenhang mit der Anschaffung oder der Herstellung des Familienheims freistellt. ② Entsprechendes gilt, wenn ein Ehegatte nachträglichen Herstellungs- oder Erhaltungsaufwand für ein Familienheim trägt, das im gemeinsamen Eigentum der Ehegatten oder im Eigentum des anderen Ehegatten steht. ③ Die Sätze 1 und 2 gelten für Zuwendungen zwischen Lebenspartnern entsprechend;[4]**

---

[1] Zum Brexit siehe *Tz. 1.1 gleich lautender Ländererlass vom 13. 12. 2021,* abgedruckt als Anlage zu R E 13.2 ErbStR.

[2] *BFH-Urteil vom 12. 5. 2016 II R 56/14 (BStBl. 2020 II S. 500):* **1.** Die zur Erlangung der vollständigen Steuerbefreiung einer Kunstsammlung erforderliche Bereitschaft des Steuerpflichtigen, die Gegenstände den geltenden Bestimmungen der Denkmalpflege zu unterstellen, ist ein subjektives Tatbestandsmerkmal. Auf dessen Vorliegen kann nur anhand objektiver Sachverhalte geschlossen werden. Indizwirkung für die Bereitschaft können eine Erklärung gegenüber der zuständigen Denkmalbehörde oder der Abschluss eines Leih- und Kooperationsvertrages mit einem fachlich einschlägigen Museum entfalten. **2.** Der Erwerb einer Kunstsammlung ist nur insoweit in vollem Umfang steuerbefreit, als sich die einzelnen zur Kunstsammlung gehörenden Gegenstände zum Zeitpunkt des Erwerbs bereits mindestens 20 Jahre im Besitz der Familie befunden haben. – Siehe hierzu *gleich lautenden Ländererlass vom 19. 8. 2020,* abgedruckt als Anlage zu R E 13.2 ErbStR.

[3] § 13 Abs. 1 Nr. 2 Buchst. b Doppelbuchst. bb anzuwenden ab 6. 8. 2016 (§ 37 Abs. 11 ErbStG).

[4] Hierunter fallen nur Lebenspartner nach dem Lebenspartnerschaftsgesetz; vgl. *BFH-Beschluss vom 1. 10. 2015 II B 23/15 (BFH/NV 2016 S. 47).*

ErbStG

4 b.[1·2] der Erwerb von Todes wegen des Eigentums oder Miteigentums an einem im Inland oder in einem Mitgliedstaat der Europäischen Union oder einem Staat des Europäischen Wirtschaftsraums belegenen bebauten Grundstück im Sinne des § 181 Abs. 1 Nr. 1 bis 5 des Bewertungsgesetzes durch den überlebenden Ehegatten oder den überlebenden Lebenspartner,[3] soweit der Erblasser darin bis zum Erbfall eine Wohnung zu eigenen Wohnzwecken genutzt hat oder bei der er aus zwingenden Gründen an einer Selbstnutzung zu eigenen Wohnzwecken gehindert war und die beim Erwerber unverzüglich zur Selbstnutzung zu eigenen Wohnzwecken bestimmt ist (Familienheim). ② Ein Erwerber kann die Steuerbefreiung nicht in Anspruch nehmen, soweit er das begünstigte Vermögen auf Grund einer letztwilligen Verfügung des Erblassers oder einer rechtsgeschäftlichen Verfügung des Erblassers auf einen Dritten übertragen muss. ③ Gleiches gilt, wenn ein Erbe im Rahmen der Teilung des Nachlasses begünstigtes Vermögen auf einen Miterben überträgt. ④ Überträgt ein Erbe erworbenes begünstigtes Vermögen im Rahmen der Teilung des Nachlasses auf einen Dritten und gibt der Dritte dabei diesem Erwerber nicht begünstigtes Vermögen hin, das er vom Erblasser erworben hat, erhöht sich insoweit der Wert des begünstigten Vermögens des Dritten um den Wert des hingegebenen Vermögens, höchstens jedoch um den Wert des übertragenen Vermögens. ⑤ Die Steuerbefreiung fällt mit Wirkung für die Vergangenheit weg, wenn der Erwerber das Familienheim innerhalb von zehn Jahren nach dem Erwerb nicht mehr zu Wohnzwecken selbst nutzt, es sei denn, er ist aus zwingenden Gründen an einer Selbstnutzung zu eigenen Wohnzwecken gehindert; 9

4 c.[1·4] der Erwerb von Todes wegen des Eigentums oder Miteigentums an einem im Inland oder in einem Mitgliedstaat der Europäischen Union oder einem Staat des Europäischen Wirtschaftsraums belegenen bebauten Grundstück im Sinne des § 181 10

---

[1] Zum Brexit siehe *Tz. 1.2 gleich lautender Ländererlass vom 13. 12. 2021,* abgedruckt als Anlage zu R E 13.2 ErbStR.

[2] Siehe *BFH-Urteile vom 16. 3. 2022 II R 6/21, vom 1. 12. 2021 II R 1/21, vom 6. 5. 2021 II R 46/19, vom 23. 2. 2021 II R 29/19, vom 28. 5. 2019 II R 37/16, vom 5. 10. 2016 II R 32/15, vom 28. 5. 2019 II R 37/16* und *Urteil FG Nürnberg vom 4. 4. 2018 4 K 476/16,* abgedruckt zu Abs. 1 Nr. 4 c.

FG München, Urteil vom 24. 2. 2016 4 K 2885/14 (EFG S. 731), rkr.: **1.** Allein die feste Absicht, eine Wohnung in nächster Zukunft zu eigenen Wohnzwecken beziehen zu wollen, ist der tatsächlichen Nutzung dieser Wohnung im Sinne des § 13 Abs. 1 Nr. 4 b Satz 1 ErbStG auch dann noch nicht gleichzustellen, wenn die Umsetzung dieser Absicht durch konkrete Baumaßnahmen oder Umzugsvorbereitungen bereits in die Wege geleitet worden ist. **2.** Zwingende objektive Hinderungsgründe können nach Sinn und Zweck der gesetzlichen Befreiungsvorschrift die Selbstnutzung durch den Erblasser bis zum Eintritt des Erbfalls nur dann ersetzen, wenn diese Selbstnutzung immerhin zu einem früheren Zeitpunkt, das heißt vor Entstehung der Hinderungsgründe, tatsächlich vorgelegen hat. **3.** Eine Immobilie, die bis zum Eintritt des Erbfalles überhaupt nie durch den Erblasser zu Wohnzwecken eigengenutzt worden ist, ist von dem Schutzzweck des § 13 Abs. 1 Nr. 4 b ErbStG nicht erfasst.

FG Düsseldorf, Urteil vom 16. 5. 2018 4 K 1063/17 Erb (EFG S. 1211), rkr.: **1.** Die Erbschaftsteuerbefreiung für mit einem Familienheim bebaute Grundstücke knüpft nicht an den Begriff der wirtschaftlichen Einheit i. S. d. § 2 Abs. 1 Satz 1 und 3 BewG an, sondern bezieht sich im zivilrechtlichen Sinn auf das im Bestandsverzeichnis eines Grundbuchblatts auf einer eigenen Nummer eingetragene Grundstück, dessen wesentlicher Bestandteil das Gebäude gemäß § 94 Abs. 1 Satz 1 des Bürgerlichen Gesetzbuchs ist. **2.** Ein unbebautes Flurstück, das an ein mit einem Familienheim bebautes Grundstück angrenzt und im Grundbuch auf einer eigenen Nummer eingetragen ist, ist daher auch dann nicht nach § 13 Abs. 1 Nr. 4 b Satz 1 ErbStG begünstigt, wenn es nach der Verkehrsanschauung eine wirtschaftliche Einheit mit dem bebauten Grundstück bildet.

Vgl. Urteil FG Köln vom 21. 1. 2016 7 K 247/14 (EFG S. 584), rkr., abgedruckt zu Abs. 1 Nr. 4 c.

[3] Hierunter fallen nur Lebenspartner nach dem Lebenspartnerschaftsgesetz; *vgl. BFH-Beschluss vom 1. 10. 2015 II B 23/15 (BFH/NV 2016 S. 47).*

[4] *BFH-Urteil vom 16. 3. 2022 II R 6/21 (BFH/NV S. 898):* **1.** Führt der Erwerber Räumungs- und Renovierungsarbeiten vor dem Bezug eines erworbenen Familienheims durch, muss er diese zeitlich so fördern, wie es seinen persönlichen Möglichkeiten entspricht. Was dem Erwerber diesbezüglich zumutbar ist, haben die Finanzbehörde bzw. das FG im Rahmen einer Würdigung des Einzelfalls zu entscheiden (Bestätigung *des BFH-Urteils vom 6. 5. 2021 II R 46/19, BFHE 273, 554*). **2.** Für die Ermittlung des für die Steuerbegünstigung relevanten anteiligen Werts eines nur teilweise begünstigten Grundstücks ist nach Wohnflächen aufzuteilen.

BFH-Urteil vom 1. 12. 2021 II R 1/21 (BStBl. 2022 II S. 557): **1.** Der Erwerber eines erbschaftsteuerrechtlich begünstigten Familienheims ist aus zwingenden Gründen an dessen Nutzung zu eigenen Wohnzwecken gehindert, wenn die Selbstnutzung objektiv unmöglich oder aus objektiven Gründen unzumutbar ist. Zweckmäßigkeitserwägungen reichen nicht aus. **2.** Gesundheitliche Beeinträchtigungen können zwingende Gründe darstellen, wenn sie dem Erwerber eine selbständige Haushaltsführung in dem erworbenen Familienheim unzumutbar machen.

BFH-Urteil vom 6. 5. 2021 II R 46/19 (BStBl. 2022 II S. 342): **1.** Erwirbt ein Steuerpflichtiger von Todes wegen eine Wohnung, die an seine selbst genutzte Wohnung angrenzt, kann dieser Erwerb als Familienheim steuerbegünstigt sein, wenn die hinzuerworbene Wohnung unverzüglich zur Selbstnutzung bestimmt ist. **2.** Der wegen der Beseitigung eines gravierenden Mangels eintretende Zeitverzug steht der unverzüglichen Selbstnutzung nicht entgegen, wenn der Erwerber den Baufortschritt angemessen fördert.

BFH-Urteil vom 23. 2. 2021 II R 29/19 (BStBl. 2023 II S. 192): Sollte als Grundstück des Familienheimerwerbs die wirtschaftliche Einheit im Sinne des BewG zu verstehen sein und erlässt das Belegenheitsfinanzamt einen entsprechenden Feststellungsbescheid, ist diese Feststellung bindend und kann im Verfahren gegen den Erbschaftsteuerbescheid nicht erfolgreich angegriffen werden.

BFH-Urteil vom 5. 10. 2016 II R 32/15 (BStBl. 2017 II S. 130): Der Erwerb von Wohnungseigentum von Todes wegen durch ein Kind ist nicht steuerbefreit, wenn das Kind die Wohnung nicht selbst nutzt, sondern unentgeltlich einem Dritten zur Nutzung überlässt. Das gilt auch bei einer unentgeltlichen Überlassung an nahe Angehörige.

BFH-Urteil vom 28. 5. 2019 II R 37/16 (BStBl. II S. 678): **1.** Unverzüglich i. S. des § 13 Abs. 1 Nr. 4 c Satz 1 ErbStG bedeutet ohne schuldhaftes Zögern, d. h. innerhalb einer angemessenen Zeit nach dem Erbfall. Angemessen ist regelmäßig ein

[Forts. nächste Seite]

ErbStG

Abs. 1 Nr. 1 bis 5 des Bewertungsgesetzes durch Kinder im Sinne der Steuerklasse I Nr. 2 und der Kinder verstorbener Kinder im Sinne der Steuerklasse I Nr. 2, soweit der Erblasser darin bis zum Erbfall eine Wohnung zu eigenen Wohnzwecken genutzt hat oder bei der er aus zwingenden Gründen an einer Selbstnutzung zu eigenen Wohnzwecken gehindert war, die beim Erwerber unverzüglich zur Selbstnutzung zu eigenen Wohnzwecken bestimmt ist (Familienheim) und soweit die Wohnfläche der Wohnung 200 Quadratmeter nicht übersteigt. ② Ein Erwerber kann die Steuerbefreiung nicht in Anspruch nehmen, soweit er das begünstigte Vermögen auf Grund einer letztwilligen Verfügung des Erblassers oder einer rechtsgeschäftlichen Verfügung des Erblassers auf einen Dritten übertragen muss. ③ Gleiches gilt, wenn ein Erbe im Rahmen der Teilung des Nachlasses begünstigtes Vermögen auf einen Miterben überträgt. ④ Überträgt ein Erbe erworbenes begünstigtes Vermögen im Rahmen der Teilung des Nachlasses auf einen Dritten und gibt der Dritte dabei diesem Erwerber nicht begünstigtes Vermögen hin, das er vom Erblasser erworben hat, erhöht sich insoweit der Wert des begünstigten Vermögens des Dritten um den Wert des hingegebenen Vermögens, höchstens jedoch um den Wert des übertragenen Vermögens. ⑤ Die Steuerbefreiung fällt mit Wirkung für die Vergangenheit weg, wenn der Erwerber das Familienheim innerhalb von zehn Jahren nach dem Erwerb nicht mehr zu Wohnzwecken selbst nutzt, es sei denn, er ist aus zwingenden Gründen an einer Selbstnutzung zu eigenen Wohnzwecken gehindert;

11 5. die Befreiung von einer Schuld gegenüber dem Erblasser, sofern die Schuld durch Gewährung von Mitteln zum Zweck des angemessenen Unterhalts oder zur Ausbildung des Bedachten begründet worden ist oder der Erblasser die Befreiung mit Rücksicht auf die Notlage des Schuldners angeordnet hat und diese auch durch die Zuwendung nicht beseitigt wird. ② Die Steuerbefreiung entfällt, soweit die Steuer aus der Hälfte einer neben der erlassenen Schuld dem Bedachten anfallenden Zuwendung gedeckt werden kann;

12 6. ein Erwerb, der Eltern, Adoptiveltern, Stiefeltern oder Großeltern des Erblassers anfällt, sofern der Erwerb zusammen mit dem übrigen Vermögen des Erwerbers 41 000 Euro nicht übersteigt und der Erwerber infolge körperlicher oder geistiger Gebrechen und unter Berücksichtigung seiner bisherigen Lebensstellung als erwerbsunfähig anzusehen ist oder durch die Führung eines gemeinsamen Hausstands mit erwerbsunfähigen oder in der Ausbildung befindlichen Abkömmlingen an der Ausübung einer Erwerbstätigkeit gehindert ist. ② Übersteigt der Wert des Erwerbs zusammen mit dem übrigen Vermögen des Erwerbers den Betrag von 41 000 Euro, wird die Steuer nur insoweit erhoben, als sie aus der Hälfte des die Wertgrenze übersteigenden Betrags gedeckt werden kann;

13 7. Ansprüche nach den folgenden Gesetzen in der jeweils geltenden Fassung:
   a) Lastenausgleichsgesetz,
   b) Flüchtlingshilfegesetz in der Fassung der Bekanntmachung vom 15. Mai 1971 (BGBl. I S. 681), zuletzt geändert durch Artikel 6 a des Gesetzes vom 21. Juli 2004 (BGBl. I S. 1742),
   c) Allgemeines Kriegsfolgengesetz in der im Bundesgesetzblatt Teil III, Gliederungsnummer 653–1, veröffentlichten bereinigten Fassung, zuletzt geändert durch Artikel 127 der Verordnung vom 31. Oktober 2006 (BGBl. I S. 2407),
   d) Gesetz zur Regelung der Verbindlichkeiten nationalsozialistischer Einrichtungen und der Rechtsverhältnisse an deren Vermögen vom 17. März 1965 (BGBl. I S. 79), zuletzt geändert durch Artikel 2 Abs. 17 des Gesetzes vom 12. August 2005 (BGBl. I S. 2354),
   e) Häftlingshilfegesetz, Strafrechtliches Rehabilitierungsgesetz sowie Bundesvertriebenengesetz,
   f) Vertriebenenzuwendungsgesetz vom 27. September 1994 (BGBl. I S. 2624, 2635), zuletzt geändert durch Artikel 4 Abs. 43 des Gesetzes vom 22. September 2005 (BGBl. I S. 2809),

---

[Fortsetzung]

Zeitraum von sechs Monaten. **2.** Nach Ablauf von sechs Monaten muss der Erwerber darlegen und glaubhaft machen, zu welchem Zeitpunkt er sich zur Selbstnutzung als Familienheim entschlossen hat, aus welchen Gründen ein Einzug nicht früher möglich war und warum er diese Gründe nicht zu vertreten hat. Umstände in seinem Einflussbereich, wie eine Renovierung der Wohnung, sind ihm nur unter besonderen Voraussetzungen nicht anzulasten.

FG Nürnberg, Urteil vom 4. 4. 2018 4 K 476/16 (ErbStB S. 233), rkr.: Ein vom Erblasser bis zum Erbfall zu eigenen Wohnzwecken genutztes Einfamilienhaus ist beim Erwerber nicht unverzüglich zur Eigennutzung i. S. d. § 13 Abs. 1 Nr. 4 c ErbStG bestimmt, wenn die äußeren Umstände dafür sprechen, dass der Entschluss zur Selbstnutzung des Einfamilienhauses erst rund 9 Monate nach dem Erbfall gefasst worden war, und die Selbstnutzung durch den Erwerber aufgrund umfangreicher Renovierungs- und Umbauarbeiten erst 23 Monate nach dem Erbfall aufgenommen wurde.

Siehe Urteil FG München vom 24. 2. 2016 und Urteil FG Düsseldorf vom 16. 5. 2018 4 K 1063/17 Erb, jeweils abgedruckt zu Abs. 1 Nr. 4 b.

FG Köln, Urteil vom 27. 1. 2016 7 K 247/14 (EFG S. 584), rkr.: Die Steuerbefreiung nach § 13 Abs. 1 Nr. 4 c ErbStG kommt nur in Betracht, wenn sich in der erworbenen Wohnung der „Mittelpunkt" des familiären Lebens des Erblassers befand.

g) Verwaltungsrechtliches Rehabilitierungsgesetz in der Fassung der Bekanntmachung vom 1. Juli 1997 (BGBl. I S. 1620), zuletzt geändert durch Artikel 2 des Gesetzes vom 21. August 2007 (BGBl. I S. 2118), und

h) Berufliches Rehabilitierungsgesetz in der Fassung der Bekanntmachung vom 1. Juli 1997 (BGBl. I S. 1625), zuletzt geändert durch Artikel 3 des Gesetzes vom 21. August 2007 (BGBl. I S. 2118);

8.[1] Ansprüche auf Entschädigungsleistungen nach den folgenden Gesetzen in der jeweils geltenden Fassung: 14

a) Bundesentschädigungsgesetz in der im Bundesgesetzblatt Teil III, Gliederungsnummer 251–1, veröffentlichten bereinigten Fassung, zuletzt geändert durch Artikel 7 Abs. 4 des Gesetzes vom 26. März 2007 (BGBl. I S. 358), sowie

b) Gesetz über Entschädigungen für Opfer des Nationalsozialismus im Beitrittsgebiet vom 22. April 1992 (BGBl. I S. 906);

9. ein steuerpflichtiger Erwerb bis zu 20 000 Euro, der Personen anfällt, die dem Erblasser unentgeltlich oder gegen unzureichendes Entgelt Pflege oder Unterhalt gewährt haben, soweit das Zugewendete als angemessenes Entgelt anzusehen ist; 15

9 a.[2] Geldzuwendungen unter Lebenden, die eine Pflegeperson für Leistungen für körperbezogene Pflegemaßnahmen und pflegerische Betreuungsmaßnahmen sowie Hilfen bei der Haushaltsführung vom Pflegebedürftigen erhält, bis zur Höhe des nach § 37 des Elften Buches Sozialgesetzbuch gewährten Pflegegeldes oder eines entsprechenden Pflegegeldes aus privaten Versicherungsverträgen nach den Vorgaben des Elften Buches Sozialgesetzbuch (private Pflegepflichtversicherung) oder einer Pauschalbeihilfe nach den Beihilfevorschriften für häusliche Pflege; 16

10. Vermögensgegenstände, die Eltern oder Voreltern ihren Abkömmlingen durch Schenkung oder Übergabevertrag zugewandt hatten und die an diese Personen von Todes wegen zurückfallen; 17

11. der Verzicht auf die Geltendmachung des Pflichtteilsanspruchs[3] oder des Erbersatzanspruchs; 18

12. Zuwendungen unter Lebenden zum Zwecke des angemessenen Unterhalts oder zur Ausbildung des Bedachten; 19

13. Zuwendungen an Pensions- und Unterstützungskassen im Sinne des § 5 Abs. 1 Nr. 3 des Körperschaftsteuergesetzes, wenn sie die für eine Befreiung von der Körperschaftsteuer erforderlichen Voraussetzungen erfüllen. ② Ist eine Kasse nach § 6 des Körperschaftsteuergesetzes teilweise steuerpflichtig, ist auch die Zuwendung im gleichen Verhältnis steuerpflichtig. ③ Die Befreiung fällt mit Wirkung für die Vergangenheit weg, wenn die Voraussetzungen des § 5 Abs. 1 Nr. 3 des Körperschaftsteuergesetzes innerhalb von zehn Jahren nach der Zuwendung entfallen; 20

14. die üblichen Gelegenheitsgeschenke; 21

15.[4] Anfälle an den Bund, ein Land oder eine inländische Gemeinde (Gemeindeverband) sowie solche Anfälle, die ausschließlich Zwecken des Bundes, eines Landes oder einer inländischen Gemeinde (Gemeindeverband) dienen; 22

16. Zuwendungen

a) an inländische Religionsgesellschaften des öffentlichen Rechts oder an inländische jüdische Kultusgemeinden, 23

b) an inländische Körperschaften, Personenvereinigungen und Vermögensmassen, die nach der Satzung, dem Stiftungsgeschäft oder der sonstigen Verfassung und nach ihrer tatsächlichen Geschäftsführung ausschließlich und unmittelbar kirchlichen, gemeinnützigen oder mildtätigen Zwecken im Sinne der §§ 52 bis 54 der Abgabenordnung dienen. ② Die Befreiung fällt mit Wirkung für die Vergangenheit weg, wenn die Voraussetzungen für die Anerkennung der Körperschaft, Personenvereinigung oder Vermögensmasse als kirchliche, gemeinnützige oder mildtätige Institution innerhalb von zehn Jahren nach der Zuwendung entfallen und das Vermögen nicht begünstigten Zwecken zugeführt wird, 24

---

[1] *BFH-Urteil vom 17. 4. 1996 II R 31/94 (BStBl. II S. 456):* Die Erbschaftsteuerbefreiung gemäß § 13 Abs. 1 Nr. 8 ErbStG 1974 erfaßt Ansprüche auf Entschädigungsleistungen nach dem BEG, nicht jedoch aus Erfüllung dieser Ansprüche herrührendes Kapitalvermögen (Aufgabe der Rechtsprechung in BFHE 79, 37, BStBl. III 1964, 246; BFHE 92, 234, BStBl. II 1968, 495).

[2] § 13 Abs. 1 Nr. 9 a anzuwenden ab 29. 12. 2020 (§ 37 Abs. 18 ErbStG).

[3] *FG München, Urteil vom 24. 8. 2005 4 K 4361/03 (EFG S. 1887), rkr.:* Der nachträgliche Verzicht auf einen bereits geltend gemachten Pflichtteilsanspruch beseitigt nicht den mit der Geltendmachung entstandenen ErbSt-Anspruch.

[4] *FG München, Urteil vom 16. 2. 2022 4 K 249/21 (EFG S. 948), rkr., NZB unbegründet, BFH-Beschluss vom 3. 5. 2023 II B 25/22 n. v. (Red. Ls.):* Die Steuerbefreiung nach § 13 Abs. 1 Nr. 15 ErbStG für inländische Gebietskörperschaften verstößt nicht gegen die Kapitalverkehrsfreiheit des Art. 63 AEUV *[Anm. d. Red.: Es geht um eine österreichische Gemeinde].* Zu den Gebietskörperschaften gehören nach dem Gesetz der Bund, die Länder und die Gemeinden sowie Gemeindeverbände. Die Vorschrift begründet die Steuerfreiheit des Vermögensanfalls nur für die genannten Körperschaften, nicht für die öffentliche Hand schlechthin. Keine tauglichen Zuwendungssubjekte sind demnach Zusammenschlüsse oder Verbände von Gebietskörperschaften, die wirtschaftliche Zwecke verfolgen (z. B. Abfallentsorgungsverband) oder andere Körperschaften des öffentlichen Rechts, z. B. Handelskammern, Handwerkskammern.

ErbStG
25 c)[1, 2] an ausländische Religionsgesellschaften, Körperschaften, Personenvereinigungen und Vermögensmassen der in den Buchstaben a und b bezeichneten Art, die nach § 5 Absatz 1 Nummer 9 in Verbindung mit Absatz 2 Nummer 2 zweiter Halbsatz des Körperschaftsteuergesetzes steuerbefreit wären, wenn sie inländische Einkünfte erzielen würden, und wenn die Staaten, in den die Zuwendungsempfänger belegen sind, auf Grund völkervertraglicher Abkommen oder Übereinkommen verpflichtet sind, der Bundesrepublik Deutschland

aa) entsprechend dem OECD-Standard für Transparenz und effektiven Informationsaustausch auf Ersuchen im Sinne des § 4 Absatz 2 Nummer 2 in Verbindung mit Absatz 4 Satz 1 des Steueroasen-Abwehrgesetzes in Bezug auf die Erbschaftsteuer Amtshilfe zu leisten sowie

bb) Amtshilfe bei der Beitreibung gemäß einem dem Artikel 27 des OECD-Musterabkommens 2017 zur Vermeidung der Doppelbesteuerung auf dem Gebiet der Steuern vom Einkommen und vom Vermögen[3] entsprechenden Artikel in einem Abkommen zur Vermeidung der Doppelbesteuerung in Bezug auf die Erbschaftsteuer zu leisten.

② Das Bundesministerium der Finanzen veröffentlicht im Bundessteuerblatt Teil I eine Liste der Drittstaaten, die die Voraussetzungen nach Satz 1 zweiter Halbsatz erfüllen. ③ Werden die steuerbegünstigten Zwecke des Zuwendungsempfängers im Sinne des Satzes 1 nur im Ausland verwirklicht, ist für die Steuerbefreiung Voraussetzung, dass natürliche Personen, die ihren Wohnsitz oder ihren gewöhnlichen Aufenthalt im Geltungsbereich dieses Gesetzes haben, gefördert werden oder dass die Tätigkeit dieses Zuwendungsempfängers neben der Verwirklichung der steuerbegünstigten Zwecke auch zum Ansehen der Bundesrepublik Deutschland beitragen kann. ④ Buchstabe b Satz 2 gilt entsprechend;

26 17.[4] Zuwendungen, die ausschließlich kirchlichen, gemeinnützigen oder mildtätigen Zwecken gewidmet sind, sofern die Verwendung zu dem bestimmten Zweck gesichert ist;

27 18.[5] Zuwendungen an

a)[6] politische Parteien im Sinne des § 2 des Parteiengesetzes, sofern die jeweilige Partei nicht gemäß § 18 Absatz 7 des Parteiengesetzes von der staatlichen Teilfinanzierung ausgeschlossen ist,

b) Vereine ohne Parteicharakter, wenn

aa) der Zweck des Vereins ausschließlich darauf gerichtet ist, durch Teilnahme mit eigenen Wahlvorschlägen an Wahlen auf Bundes-, Landes- oder Kommunalebene bei der politischen Willensbildung mitzuwirken, und

bb) der Verein auf Bundes-, Landes- oder Kommunalebene bei der jeweils letzten Wahl wenigstens ein Mandat errungen oder der zuständigen Wahlbehörde oder dem zuständigen Wahlorgan angezeigt hat, dass er mit eigenen Wahlvorschlägen auf Bundes-, Landes- oder Kommunalebene an der jeweils nächsten Wahl teilnehmen will.

② Die Steuerbefreiung fällt mit Wirkung für die Vergangenheit weg, wenn der Verein an der jeweils nächsten Wahl nach der Zuwendung nicht teilnimmt, es sei denn, dass der Verein sich ernsthaft um eine Teilnahme bemüht hat;

19.[7] Leistungen von Religionsgemeinschaften, juristischen Personen des öffentlichen Rechts, Körperschaften, Personenvereinigungen oder Vermögensmassen an Perso-

---

[1] § 13 Abs. 1 Nr. 16 Buchst. b und Buchst. c i. d. F. des StÄndG 2015 anzuwenden grds. auf Erwerbe, für die die Steuer nach dem 5. 11. 2015 entstanden ist sowie auf alle offenen Fälle (§ 37 Abs. 10 ErbStG); Buchst. c Satz 2 i. d. F. des StUmgBG vom 23. 6. 2017 (BGBl. I S. 1682) anzuwenden auf Erwerbe, für die die Steuer nach dem 24. 6. 2017 entsteht (§ 37 Abs. 14 ErbStG); Buchst. c i. d. F. des JStG 2024 anzuwenden auf Erwerbe, für die die Steuer nach dem 31. 12. 2024 entsteht (§ 37 Abs. 22 ErbStG).

[2] Zum Brexit siehe *Tz. 1.3 gleich lautender Ländererlass vom 13. 12. 2021,* abgedruckt als Anlage zu R E 13.2 ErbStR.

[3] **[Amtl. Anm.:]** Dieses Dokument ist im Internet abrufbar unter www.bzst.de/DE/Behoerden/InternationaleAmtshilfe/AmtshilfeBeitreibungZustellung/amtshilfe_beitreibung_zustellung_node.html.

[4] *BFH-Urteil vom 4. 9. 1996 II R 21/95 (BFH/NV 1997 S. 231):* § 13 Abs. 1 Nr. 17 ErbStG 1974 in der bis zum StÄndG 1992 geltenden Fassung des ErbStG *[Anm. d. Red.: die Vorschrift gilt unverändert.]* erfaßt in erster Linie Sachverhalte, bei denen die Zuwendung mit der Auflage versehen ist, zugunsten bestimmter Zwecke verwendet zu werden. Von der Erbschaftsteuer befreit sind nach der genannten Vorschrift aber auch Zuwendungen an eine Institution, deren Aufgabe es ist, einen der in § 13 Abs. 1 Nr. 17 ErbStG begünstigten Zwecke zu verfolgen. Die genannte Vorschrift hat auch Zuwendungen an ausländische kirchliche, gemeinnützige und mildtätige Einrichtungen begünstigt (Hinweis auf BFH-Beschluß vom 29. 11. 1995 II B 103/95, BFHE 179, 160, BStBl. II 1996, 102).

[5] Vgl. *Erlaß NRW vom 14. 11. 1985:* Wahlkampfspenden sind Zuwendungen nach § 13 Abs. 1 Nr. 18 ErbStG auch dann, wenn sie auf Wunsch der Spender bestimmten Abgeordneten zur Verfügung gestellt und im Rechenschaftsbericht aufgeführt werden. – Spenden an Kandidaten selbst fallen nicht unter die Befreiungsvorschrift, es sei denn, sie werden nachweislich an die Partei weitergeleitet. – Zuwendungen der Parteien an ihre Kandidaten sind keine freigebigen Zuwendungen. – Zuwendungen an Vereinigungen, die für politische Zwecke gegründet worden sind, fallen nicht unter § 13 Abs. 1 Nr. 18 ErbStG. Steuerpflicht kann sich nach § 8 ErbStG ergeben. Werden die Zuwendungen auflagenmäßig an Kandidaten weitergeleitet, haben diese die Spenden nach § 7 Abs. 1 Nr. 2 ErbStG zu versteuern.

[6] § 13 Abs. 1 Nr. 18 Buchst. a i. d. F. des Gesetzes vom 18. 7. 2017 (BGBl. I S. 2730) anzuwenden auf Erwerbe, für die die Steuer nach dem 29. 7. 2017 entsteht (§ 37 Abs. 15 ErbStG).

[7] § 13 Abs. 1 Nr. 19 i. d. F. des Gesetzes vom 16. 7. 2021 (BGBl. I S. 2931) anzuwenden in allen offenen Fällen (§ 37 Abs. 19 ErbStG).

nen in Ansehung der Beeinträchtigung ihrer körperlichen oder seelischen Unversehrtheit, insbesondere aufgrund sexuellen Missbrauchs, durch Handlungen von Personen, die für die Religionsgemeinschaft, juristische Person des öffentlichen Rechts, Körperschaft, Personenvereinigung oder Vermögensmasse oder für eine ihr über-, neben- oder nachgeordnete Einrichtung tätig sind oder waren, wenn die Leistungen in einem geordneten Verfahren gewährt werden, das allen betroffenen Personen offensteht. ②§ 30 Absatz 1 und 2 sind mit der Maßgabe anzuwenden, dass eine Anzeigepflicht ausschließlich für den Leistenden besteht. ③Die Anzeige ist mit einer Bestätigung des Leistenden über das Vorliegen der Voraussetzungen nach Satz 1 zu verbinden.

(2) ①**Angemessen im Sinne des Absatzes 1 Nr. 5 und 12 ist eine Zuwendung, die den Vermögensverhältnissen und der Lebensstellung des Bedachten entspricht. ②Eine dieses Maß übersteigende Zuwendung ist in vollem Umfang steuerpflichtig.** 28

(2a) *(weggefallen)*

(3) ①**Jede Befreiungsvorschrift ist für sich anzuwenden. ②In den Fällen des Absatzes 1 Nr. 2 und 3 kann der Erwerber der Finanzbehörde bis zur Unanfechtbarkeit der Steuerfestsetzung erklären, daß er auf die Steuerbefreiung verzichtet.** 29

Übersicht

		Rz.
R E 13.1	Steuerbefreiungen; Allgemeines	36, 37
R E 13.2	Gegenstände, deren Erhaltung im öffentlichen Interesse liegt; H E 13.2	38–44
Anlagen:		
	a) Erlass betr. vollständige Steuerbefreiung für den Erwerb von Kulturgütern nach § 13 Abs. 1 Nr. 2 Buchst. b ErbStG – BFH-Urteil v. 12. 5. 2016 II R 56/14	45
	b) Erlass betr. Anwendung von Vorschriften des ErbStG nach dem Austritt des Vereinigten Königreichs Großbritannien und Nordirland aus der Europäischen Union	46–48
R E 13.3	Lebzeitige Zuwendungen im Zusammenhang mit einem Familienheim; H E 13.3	50–55
R E 13.4	Erwerb eines Familienheims von Todes wegen; H E 13.4	56–66
Anlage:		
	Erlass betr. Steuerbefreiung für ein Familienheim nach § 13 Abs. 1 Nrn. 4 und 4c ErbStG; Zwingende, an einer Selbstnutzung zu eigenen Wohnzwecken hindernde Gründe	66a
R E 13.5	Pflege- und Unterhaltsleistungen; H E 13.5	67–73
R E 13.6	Rückfall des geschenkten Vermögens; H E 13.6	74–76
R E 13.7	Zuwendungen an Pensions- und Unterstützungskassen	77, 78
R E 13.8	Gemeinnützige, mildtätige und kirchliche Körperschaften	79–81
Anlage:		
	Erlass betr. steuerliche Konsequenzen der Einsetzung einer gemeinnützigen Stiftung als Vorerbin	82
R E 13.9	Gegenseitigkeitserklärungen; H E 13.9	83–85
R E 13.10	Zuwendungen zu gemeinnützigen, mildtätigen und kirchlichen Zwecken; H E 13.10	86–89
R E 13.11	Verzicht auf Steuerbefreiung	90

Zu § 13 ErbStG

R E 13.1 Steuerbefreiungen; Allgemeines

ErbStR R E 13.1

(1) ①Die Voraussetzungen für eine Steuerbefreiung müssen, soweit nichts anderes bestimmt ist, im Zeitpunkt der Steuerentstehung erfüllt sein. ②Sind sie erst nach diesem Zeitpunkt eingetreten, kommt eine Steuerbefreiung grundsätzlich nicht in Betracht. 36

(2) ①Jede einzelne Steuerbefreiung ist für sich anzuwenden. ②Eine Befreiung schließt eine andere, eventuell weitergehende Befreiung grundsätzlich nicht aus. ③Gehören zum begünstigungsfähigen Vermögen nach § 13b Absatz 1 Nummer 2 ErbStG, für das eine Begünstigung nach §§ 13a, 13c oder 28a ErbStG gewährt wird, Wirtschaftsgüter im Sinne des § 13b Absatz 4 ErbStG, ist eine Begünstigung dieser Wirtschaftsgüter nach § 13 ErbStG ausgeschlossen. ④Handelt es sich bei diesen Wirtschaftsgütern um junges Verwaltungsvermögen, kommt hingegen eine Begünstigung nach § 13 ErbStG in Betracht. 37

R E 13.2 Gegenstände, deren Erhaltung im öffentlichen Interesse liegt

ErbStR R E 13.2

(1) ①Die Steuerbefreiungen nach § 13 Absatz 1 Nummer 2 und 3 ErbStG kommen für Gegenstände in Betracht, die sich im Inland oder in einem Mitgliedstaat der Europäischen Union oder in einem Staat des Europäischen Wirtschaftsraums befinden und für mindestens zehn Jahre dort verbleiben. ②Sie gelten auch für Grundbesitz und Teile von Grundbesitz. ③Zum Grundbesitz gehören alle wirtschaftlichen Einheiten des land- und forstwirtschaftlichen Vermögens, des Grundvermögens sowie grundsätzlich die Betriebsgrundstücke (→ R E 13.1 Absatz 2 Sätze 3 und 4). ④Als Teile von Grundbesitz sind z. B. das Schloss oder die Burg anzusehen, die zu einem landwirtschaftlichen Betrieb gehören. 38

39 (2) ① Die in ein Verzeichnis national wertvollen Kulturgutes eingetragenen Gegenstände sollen nach § 12 Absatz 1 des Kulturgutschutzgesetzes steuerlich begünstigt werden. ② Demgemäß wird nach § 13 Absatz 1 Nummer 2 ErbStG in diesen Fällen nicht gefordert, dass die Gegenstände sich seit mindestens 20 Jahren im Besitz der Familie befunden haben. ③ Die übrigen Voraussetzungen des § 13 Absatz 1 Nummer 2 ErbStG müssen jedoch auch hier erfüllt sein. ④ Dabei kann unterstellt werden, dass die in § 13 Absatz 1 Nummer 2 ErbStG festgelegten Voraussetzungen stets gegeben sind.

40 (3) ① Der Nachweis darüber, dass die Erhaltung bestimmter Grundstücke und beweglicher Gegenstände wegen ihrer Bedeutung für Kunst, Geschichte oder Wissenschaft im öffentlichen Interesse liegt und dass diese Grundstücke und beweglichen Gegenstände in einem den Verhältnissen entsprechenden Umfang den Zwecken der Forschung oder Volksbildung nutzbar gemacht werden, ist in Zweifelsfällen durch ein Gutachten der landesrechtlich zuständigen Behörde zu erbringen. ② Der Nachweis, dass die Erhaltung eines Grundstücks oder eines beweglichen Gegenstandes im öffentlichen Interesse liegt, gilt bei Denkmälern als erbracht, die in die Denkmalliste oder ein entsprechendes Verzeichnis eingetragen sind.

41 (4) Die Gegenstände müssen in einem den Verhältnissen entsprechenden Umfang der Allgemeinheit, mindestens aber den interessierten Kreisen ohne weiteres zugänglich sein; dies muss allgemein erkennbar sein.

42 (5) ① Die Voraussetzung, dass die jährlichen Kosten in der Regel die erzielten Einnahmen übersteigen, ist insbesondere dann erfüllt, wenn im Zusammenhang mit den genannten Gegenständen keinerlei Einnahmen erzielt werden. ② Zu den Einnahmen rechnet unter anderem auch der Mietwert der eigenen Wohnung. ③ Zu den jährlichen Kosten gehören auch die Absetzungen für Abnutzung. ④ Bei den Kosten kann die Verzinsung des Eigenkapitals nicht berücksichtigt werden.

43 (6) ① Auch wenn nur ein Teil einer wirtschaftlichen Einheit begünstigt ist, ist vom gesamten Grundbesitzwert auszugehen. ② Die Aufteilung des Werts erfolgt im Verhältnis der auf die einzelnen Teile entfallenden Wohn-/Nutzfläche.

H E 13.2

H E 13.2

44 **Ausstellung in einem Land außerhalb der EU oder des EWR.** Eine vorübergehende Ausstellung der Kunstgegenstände in einem Land außerhalb der EU oder des EWR ist für die Erhaltung der Befreiung unschädlich.

Europäischer Wirtschaftsraum. Dem Europäischen Wirtschaftsraum gehören Island, Liechtenstein und Norwegen sowie die Mitgliedstaaten der Europäischen Union an.

Kulturgutschutzgesetz. → Gesetz vom 31. 7. 2016 (BGBl. I S. 1914).

Kulturgüter, die nicht der Denkmalpflege unterstellt werden können. Soweit das Denkmalschutzgesetz eines Landes ein Unterschutzstellen von Gegenständen der Art nach nicht vorsieht (z. B. bewegliche Gegenstände), kann die Denkmaleigenschaft durch die Eintragung in das Verzeichnis national wertvollen Kulturguts oder national wertvoller Archive nach dem Kulturgutschutzgesetz (Gesetz vom 31. 7. 2016, BGBl. I S. 1914, mit späteren Änderungen) erreicht werden. Damit sind zugleich die Voraussetzungen des § 13 Absatz 1 Nummer 2 Buchstabe a Doppelbuchstabe aa und bb ErbStG erfüllt.

Zwanzigjähriger Familienbesitz. → BFH vom 14. 11. 1980 III R 9/79, BStBl. 1981 II S. 251.

Anl a zu R E 13.2

a) Erlass betr. vollständige Steuerbefreiung für den Erwerb von Kulturgütern nach § 13 Abs. 1 Nr. 2 Buchst. b ErbStG – Urteil des BFH vom 12. Mai 2016 II R 56/14

Vom 19. August 2020 (BStBl. I S. 924)

(Gleich lautender Ländererlass)

45 Der Erwerb von Kulturgütern i. S. v. § 13 Abs. 1 Nr. 2 Buchst. a ErbStG bleibt nach § 13 Abs. 1 Nr. 2 Buchst. b ErbStG vollständig steuerfrei, wenn der Steuerpflichtige bereit ist, die Gegenstände den geltenden Bestimmungen der Denkmalpflege zu unterstellen (§ 13 Abs. 1 Nr. 2 Buchst. b Doppelbuchst. aa ErbStG), und diese sich mindestens seit 20 Jahren im Familienbesitz befinden oder in ein Verzeichnis national wertvollen Kulturgutes nach § 7 Abs. 1 des Kulturgutschutzgesetzes vom 31. Juli 2016 (BGBl. I S. 1914) in der jeweils geltenden Fassung eingetragen sind (§ 13 Abs. 1 Nr. 2 Buchst. b Doppelbuchst. bb ErbStG).

Die Voraussetzungen des § 13 Abs. 1 Nr. 2 Buchst. a ErbStG sind vorab und gesondert zu prüfen.

Die Bereitschaft, die Kulturgüter der Denkmalpflege zu unterstellen, kann bereits beim Erblasser oder Schenker vorgelegen haben. Es ist ausreichend, wenn sie erst vom Steuerpflichtigen erfüllt wird. Die Steuerbefreiung knüpft an den Erwerb an, die Voraussetzungen sind deshalb in jedem Fall vom Steuerpflichtigen zu erfüllen.

Die Denkmaleigenschaft kommt Gegenständen auch ohne einen hoheitlichen Akt (z. B. die Eintragung in ein Verzeichnis) zu, wenn sie die Anforderungen an ein Denkmal, die sich aus den jeweiligen landesrechtlichen Denkmalschutzgesetzen ergeben, erfüllen. Deshalb ist für die Erfüllung des Tatbestandsmerkmals, den Gegenstand oder die Sammlung den geltenden Bestimmungen der Denkmalpflege zu unterstellen, keine Eintragung in die Denkmalliste erforderlich. Wenn die Bereitschaft besteht, kommt die Steuerbefreiung bei Vorliegen der übrigen Voraussetzungen deshalb auch für bewegliche Gegenstände zur Anwendung, die nach dem maßgebenden Landesdenkmalschutzgesetz nicht unter Schutz gestellt werden können.

Bei der Tatbestandsvoraussetzung, den Gegenstand oder die Sammlung den geltenden Bestimmungen der Denkmalpflege zu unterstellen, handelt es sich um ein subjektives Tatbestandsmerkmal, auf dessen Vorliegen nur anhand objektiver Sachverhalte geschlossen werden kann (BFH vom 12. Mai 2016 II R 56/14, BStBl. 2020 II S. 500). Die Feststellungslast trägt der Steuerpflichtige.

Der Nachweis gilt als erbracht, wenn der Steuerpflichtige in einer Erklärung gegenüber der Denkmalbehörde seine Bereitschaft zum Ausdruck bringt, die Vorschriften des jeweils landesrechtlichen Denkmalschutzgesetzes zur Denkmalpflege einzuhalten.

Zuständige Denkmalbehörde bei beweglichen Kunstgegenständen ist die Behörde an dem Ort, an dem sich der Gegenstand bzw. die Sammlung zum Zeitpunkt der Entstehung der Steuer befindet, oder an welchen der Gegenstand bzw. die Sammlung zeitnah verbracht wird.

Kann die Ernsthaftigkeit der gegenüber der Denkmalschutzbehörde abgegebenen Erklärung substantiiert widerlegt werden, z. B., weil gerade keine erhaltenden Maßnahmen getroffen werden, kann die Befreiung trotz dieser Erklärung nicht gewährt werden bzw. entfällt innerhalb des Zehnjahreszeitraumes rückwirkend (§ 13 Abs. 1 Nr. 2 Satz 2 ErbStG).

Darüber hinaus können folgende (erhaltende) Maßnahmen in einer Gesamtschau als Indizien für den objektiven Nachweis der Bereitschaft des Steuerpflichtigen, die Vorschriften des jeweils landesrechtlichen Denkmalschutzgesetzes zur Denkmalpflege einzuhalten, dienen:
- Abschluss eines Leih- und Kooperationsvertrages mit einem fachlich einschlägigen Museum,
- die konservatorisch einwandfreie und sichere Aufbewahrung und Pflege,
- Einleitung von Maßnahmen der Instandhaltung, Instandsetzung, Sanierung, Restaurierung und Ergänzung oder
- Eintragung von Kunstgegenständen in das Verzeichnis national wertvollen Kulturgutes nach dem Kulturgutschutzgesetz.

Als Maßnahmen der Instandhaltung, Instandsetzung, Sanierung, Restaurierung und Ergänzung mit Indizwirkung für die Bereitschaft zur Einhaltung der Vorschriften zur Denkmalpflege sind nur solche Maßnahmen anzusehen, die sich entweder unmittelbar aus der Denkmaleigenschaft ergeben oder die zumindest in Abstimmung mit der Denkmalschutzbehörde erfolgen. Betrifft die Denkmaleigenschaft nur Teile eines Vermögensgegenstandes, müssen sich die Maßnahmen auf diesen Teil beziehen.

Ergreift erst der Steuerpflichtige die vorstehend genannten Maßnahmen, sind diese in einem angemessenen zeitlichen Zusammenhang mit dem Erwerb zumindest einzuleiten. Dabei sind ca. sechs Monate nach Erlangung der Kenntnis vom Erwerb durch den Steuerpflichtigen noch als rechtzeitig anzusehen. Wird dieser Zeitraum überschritten, kann die Begünstigung nur in begründeten Ausnahmefällen (z. B aufgrund von Erbstreitigkeiten) gewährt werden. Der Steuerpflichtige hat darzulegen, welche Gründe das Einleiten der Maßnahmen innerhalb des Sechsmonatszeitraums verhindert haben und warum er diese Gründe nicht zu vertreten hat (BFH vom 23. Juni 2015 II R 39/13, BStBl. 2016 II S. 225).

Bei der Prüfung des Merkmals der 20-jährigen Zugehörigkeit zum Familienbesitz ist jeweils auf den einzelnen Kunstgegenstand abzustellen. Für Kunstgegenstände, die erst innerhalb der letzten 20 Jahre vor dem Zeitpunkt der Steuerentstehung geschaffen oder angeschafft wurden, kann die Steuerbefreiung nach § 13 Abs. 1 Nr. 2 Buchst. b ErbStG nicht in Anspruch genommen werden. Dies gilt auch dann, wenn die Kunstsammlung, zu der der Gegenstand gehört, sich schon mindestens 20 Jahre im Familienbesitz befindet (BFH vom 12. Mai 2016 II R 56/14, BStBl. 2020 II S. 500).

Die vorstehenden Regelungen gelten für die Steuerbefreiung in Fällen der Ersatzerbschaftsteuer nach § 1 Abs. 1 Nr. 4 ErbStG entsprechend. Sie sind auf alle noch nicht bestandskräftigen Fälle anzuwenden.

b) Erlass betr. Anwendung von Vorschriften des ErbStG nach dem Austritt des Vereinigten Königreichs Großbritannien und Nordirland aus der Europäischen Union

Anl b zu R E 13.2

Vom 13. Dezember 2021 (BStBl. 2022 I S. 38)

(Gleich lautender Ländererlass)

Mit Ablauf des durch das Austrittsabkommen[1] festgelegten Übergangszeitraums ist das Vereinigte Königreich Großbritannien und Nordirland (Vereinigtes Königreich) seit dem 31. 1. 2020 nicht mehr Mitgliedstaat der EU und ab dem 1. 1. 2021 auch nicht mehr wie ein solcher zu behandeln. Das ErbStG ist gemäß § 37 Abs. 17 ErbStG in Fällen mit Zeitpunkt der Steuerentstehung vor dem 1. 1. 2021 mit der Maßgabe anzuwenden, dass das Vereinigte Königreich weiterhin als Mitgliedstaat der EU gilt.

1. Behandlung von Erwerben mit einer Steuerentstehung vor dem 1. 1. 2021

Das Vereinigte Königreich ist insbes. bei den nachfolgend aufgeführten Vorschriften wie ein Mitgliedstaat der EU zu behandeln, obwohl es nach dem Austritt mit Ablauf des Übergangszeitraums ab dem 1. 1. 2021 ein Drittstaat ist: 46

1.1. Zu § 13 Abs. 1 Nr. 2 und 3 ErbStG

Nach R E 13.2 Abs. 1 S. 1 ErbStR sind die Steuerbefreiungen für Gegenstände, deren Erhaltung im öffentlichen Interesse liegt, auch zu gewähren, wenn sie sich in Mitgliedstaaten der EU befinden. Die Steuerbefreiung fällt weg, wenn bewegliche Gegenstände innerhalb von zehn Jahren dauerhaft in einen Drittstaat verbracht werden. Der Austritt des Vereinigten Königreichs führt nicht zum Wegfall der Steuerbefreiung, wenn bewegliche Gegenstände bis zum Ablauf der Behaltensfrist im Vereinigten Königreich

[1] Abkommen über den Austritt des Vereinigten Königreichs Großbritannien und Nordirland aus der Europäischen Union und der Europäischen Atomgemeinschaft v. 12. 11. 2019 (ABl. EU 2019/C 384 I/01).

Anl b zu R E 13.2

verbleiben. Werden Gegenstände, die sich zum Zeitpunkt des Erwerbs im Inland, in einem Mitgliedstaat der EU oder in einem Staat des Europäischen Wirtschaftsraums befunden haben, während der Behaltensfrist in das Vereinigte Königreich verbracht, führt dies ebenfalls nicht zum Wegfall der Steuerbefreiung.

1.2. Zu § 13 Abs. 1 Nr. 4 b und 4 c ErbStG

Der Austritt des Vereinigten Königreichs führt nicht zu einem Wegfall der Steuerbefreiung.

1.3. Zu § 13 Abs. 1 Nr. 16 Buchst. c ErbStG

Der Austritt des Vereinigten Königreichs führt nicht zu einem Wegfall der Steuerbefreiung.

1.4. Steuerbefreiung für Betriebsvermögen, Betriebe der Land- und Forstwirtschaft und Anteile an Kapitalgesellschaften (§§ 13 a, 13 b, 13 c ErbStG), Tarifbegrenzung (§ 19 a ErbStG), Stundung (§ 28 Abs. 1 ErbStG), Verschonungsbedarfsprüfung (§ 28 a ErbStG)

47 Die Steuerbefreiungen und weiteren Begünstigungen für Unternehmensvermögen sind an die Einhaltung der Lohnsummenregelung und an Behaltensregelungen geknüpft. Der Austritt des Vereinigten Königreichs allein führt nicht zum Wegfall dieser Steuerbefreiungen und weiteren Begünstigungen.

a) Zu § 13 a Abs. 3 ErbStG (Summe der maßgebenden jährlichen Lohnsummen)

Die an Beschäftigte im Vereinigten Königreich gezahlten Löhne und Gehälter sind bei der Ermittlung der Summe der maßgebenden jährlichen Lohnsummen so zu berücksichtigen, als wäre das Vereinigte Königreich weiterhin ein Mitgliedstaat der EU.

Nach R E 13 a.7 Abs. 8 ErbStR sind zur Ermittlung der Summe der maßgebenden jährlichen Lohnsummen auch Löhne und Gehälter von nachgeordneten Kapitalgesellschaften einzubeziehen, die zwar noch nicht im Besteuerungszeitpunkt, jedoch innerhalb der Lohnsummenfrist zum Betrieb gehören. Handelt es sich bei der Kapitalgesellschaft um eine Gesellschaft mit Sitz oder Geschäftsleitung im Vereinigten Königreich, gilt dies auch, wenn der Hinzuerwerb nach dem Austritt aus der EU erfolgt. Entsprechendes gilt, wenn die maßgebende Beteiligungsquote von 25% an der Gesellschaft mit Sitz oder Geschäftsleitung im Vereinigten Königreich innerhalb der Lohnsummenfrist überschritten wird.

Bei nachgeordneten Personengesellschaften mit Sitz oder Geschäftsleitung im Vereinigten Königreich sind Löhne und Gehälter unabhängig von einer Mindestbeteiligungsquote einzubeziehen.

b) Zu § 13 a Abs. 6 ErbStG (Behaltensregelungen)

Der Austritt des Vereinigten Königreichs bedeutet grundsätzlich keinen Verstoß gegen die Behaltensregelungen.

In Einbringungs- und Umwandlungsfällen ist eine Übertragung an ein Unternehmen mit Sitz oder Geschäftsleitung im Vereinigten Königreich innerhalb der Behaltensfrist bei Vorliegen der weiteren Voraussetzungen unschädlich.

c) Zu § 13 a Abs. 6 ErbStG (Reinvestitionsklausel)

Bei der Prüfung der Reinvestitionsklausel nach § 13 a Abs. 6 S. 3 und 4 ErbStG ist eine Reinvestition in Unternehmensvermögen im Vereinigten Königreich so zu berücksichtigen, als wäre das Vereinigte Königreich weiterhin ein Mitgliedstaat der EU.

d) Zu § 13 b Abs. 5 ErbStG (Investitionsklausel)

Bei der Prüfung der Investitionsklausel nach § 13 b Abs. 5 ErbStG ist eine Investition in Unternehmensvermögen im Vereinigten Königreich so zu berücksichtigen, als wäre das Vereinigte Königreich weiterhin ein Mitgliedstaat der EU.

e) Zu §§ 13 c, 19 a, 28 Abs. 1, 28 a ErbStG (Verschonungsabschlag bei Großerwerben, Tarifbegrenzung, Stundung, Verschonungsbedarfsprüfung)

Die Ausführungen unter den Buchst. n a) bis d) gelten bei der Anwendung der §§ 13 c, 28 Abs. 1 und 28 a ErbStG wegen der jeweiligen Verweise auf die Summe der maßgebenden jährlichen Lohnsummen und auf die Behaltensregelungen entsprechend; bei der Anwendung des § 19 a ErbStG die Buchst. n b) bis d).

1.5 Zu § 13 d Abs. 3 ErbStG

Durch den Austritt des Vereinigten Königreichs ergibt sich keine schädliche Auswirkung.

1.6 Zu § 28 Abs. 3 ErbStG

Bei einer Stundung der Steuer nach § 28 Abs. 3 ErbStG für Erwerbe mit Steuerentstehung vor dem 1. 1. 2021 führt der Austritt des Vereinigten Königreichs nicht zu einem Wegfall der Stundung.

2. Behandlung von Erwerben mit einer Steuerentstehung nach dem 31. 12. 2020

48 Für Erwerbe mit einer Steuerentstehung nach dem 31. 12. 2020 sind die für Drittstaaten geltenden Regelungen anzuwenden.

Für die Bewertung der übertragenen Anteile nach § 12 ErbStG und die Zuordnung zum begünstigungsfähigen Vermögen nach § 13 b Abs. 1 ErbStG ist Folgendes zu beachten:

Nach dem Recht des Vereinigten Königreichs gegründete Kapitalgesellschaften, insbes. in der Rechtsform einer „private company limited by shares" (Limited), mit Sitz im Ausland und Geschäftsleitung im Inland werden – mangels Einhaltung deutscher Gründungsvorschriften und Eintragung im deutschen Handelsregister – für Zwecke der Erbschaft- und Schenkungsteuer ab dem 1. 1. 2021 in Deutschland nicht als Kapitalgesellschaft behandelt. Die ertragsteuerrechtliche Behandlung bleibt hiervon unberührt.

Sind an der britischen Kapitalgesellschaft mehrere Gesellschafter beteiligt, ist sie zivilrechtlich und damit erbschaft- und schenkungsteuerrechtlich eine Personengesellschaft. Es ist daher zu ermitteln, ob die Gesellschaft unter § 97 Abs. 1 S. 1 Nr. 5 S. 1 BewG idF v. 25. 6. 2021 (BGBl. I 2021, 2056) fällt. Dies setzt voraus, dass es sich bei der Gesellschaft ihrer Tätigkeit nach um eine Gesellschaft iSd § 15 Abs. 1 S. 1 Nr. 2, des § 15 Abs. 3 oder des § 18 Abs. 4 S. 2 EStG handelt. In diesem Fall ist der Wert der Beteiligung nach § 12 Abs. 5 ErbStG iVm § 151 Abs. 1 S. 1 Nr. 2 BewG festzustellen. Die Bewertung erfolgt nach § 109 Abs. 2 BewG iVm § 11 Abs. 2 BewG. Es handelt sich um eine nach § 13 b Abs. 1 Nr. 2 ErbStG begünstigungsfähige Beteiligung.

Sind die Voraussetzungen des § 97 Abs. 1 S. 1 Nr. 5 S. 1 BewG nicht erfüllt, erfolgt eine Feststellung nach § 151 Abs. 1 S. 1 Nr. 4 BewG und, wenn Grundbesitz vorhanden ist, eine Feststellung nach § 151 Abs. 1 S. 1 Nr. 1 BewG. Es liegt kein begünstigungsfähiges Vermögen nach § 13 b Abs. 1 Nr. 2 ErbStG vor.

Ist an der Gesellschaft eine natürliche Person als Alleingesellschafter beteiligt (Ein-Personen-Limited), wird das Vermögen der Gesellschaft zivilrechtlich der natürlichen Person zugerechnet. Daher ist zu ermitteln, ob die natürliche Person insoweit einen Gewerbebetrieb unterhält. Dies ist gemäß § 95 Abs. 1 S. 2 BewG idF v. 25. 6. 2021 (BGBl. I 2021, 2056) der Fall, wenn dem Grunde nach eine Tätigkeit iSd § 15 Abs. 1 und Abs. 2 EStG vorliegt. Der Wert des Betriebsvermögens ist dann gemäß § 12 Abs. 5 ErbStG iVm § 151 Abs. 1 S. 1 Nr. 2 BewG festzustellen. Die Bewertung erfolgt nach § 109 Abs. 1 BewG iVm § 11 Abs. 2 BewG. Es handelt sich um nach § 13 b Abs. 1 Nr. 2 ErbStG begünstigungsfähiges Vermögen.

Britische Kapitalgesellschaften mit Sitz und Geschäftsleitung im Vereinigten Königreich sind bei Erwerben mit einer Steuerentstehung nach dem 31. 12. 2020 als Drittstaatsgesellschaften zu behandeln. Bei den Anteilen handelt es sich nicht um begünstigungsfähiges Vermögen nach § 13 b Abs. 1 ErbStG, da sich das Unternehmen in einem Drittstaat befindet.

R E 13.3 Lebzeitige Zuwendungen im Zusammenhang mit einem Familienheim

ErbStR R E 13.3

(1) Zuwendungen unter Lebenden im Sinne des Absatzes 4, die ein Ehegatte dem anderen Ehegatten im Zusammenhang mit einem Familienheim macht, sind von der Steuer befreit (§ 13 Absatz 1 Nummer 4 a ErbStG). 50

(2) ① Als Familienheim gilt ein bebautes Grundstück, soweit darin eine Wohnung gemeinsam zu eigenen Wohnzwecken genutzt wird. ② Damit kommt auch der Wohnteil des Betriebsinhabers eines Betriebs der Land- und Forstwirtschaft (§ 160 Absatz 1 Nummer 3, Absatz 9 BewG) als Familienheim in Betracht. ③ Der Wohnungsbegriff des Familienheims bestimmt sich nach der tatsächlichen Nutzung. ④ In der Wohnung muss sich der Mittelpunkt des familiären Lebens befinden. ⑤ Die Befreiung eines Erwerbs ist deshalb nicht möglich, wenn die Wohnung nur als Ferien- oder Wochenendwohnung genutzt wird oder für einen Berufspendler nur die Zweitwohnung darstellt. ⑥ Entscheidend ist die Nutzung zu eigenen Wohnzwecken der Eheleute und der zur Familie gehörenden Kinder; eine Mitbenutzung der Wohnung durch Enkelkinder, Eltern oder eine Hausgehilfin ist unschädlich. ⑦ Die Befreiung ist auf die selbst genutzte Wohnung begrenzt. ⑧ Sie schließt auch Garagen, Nebenräume und Nebengebäude ein, die sich auf dem Grundstück befinden und mit der Wohnung gemeinsam genutzt werden. ⑨ Die Nutzung auch zu anderen als Wohnzwecken ist unschädlich, wenn sie von untergeordneter Bedeutung ist (z. B. durch Nutzung eines Arbeitszimmers). ⑩ Die unentgeltliche gewerbliche oder freiberufliche Mitbenutzung der Wohnung ist grundsätzlich unschädlich, wenn die Wohnnutzung überwiegt. ⑪ Bei einer entgeltlichen gewerblichen oder freiberuflichen Mitbenutzung der Wohnung ist die Befreiung auf den eigenen Wohnzwecken dienenden Teil der Wohnung begrenzt. ⑫ Ein begünstigtes Familienheim kann in jeder Art von bebautem Grundstück im Sinne des § 181 Absatz 1 Nummer 1 bis 5 BewG vorhanden sein, mithin z. B. auch in einem Mietwohn- oder Geschäftsgrundstück oder in einem Gebäude, das im Erbbaurecht errichtet worden ist. ⑬ Eine gewerbliche oder freiberufliche Nutzung (z. B. durch eine Arztpraxis) außerhalb der eigenen Wohnung, eine Fremdvermietung oder die unentgeltliche Überlassung weiterer auf dem Grundstück vorhandener Wohnungen an Kinder oder Eltern ist nicht begünstigt. ⑭ Die Aufteilung des Werts eines Gebäudes, das neben der eigenen Wohnnutzung weitere Nutzungen aufweist, erfolgt nach der Wohn-/Nutzfläche; Garagen, Nebenräume und Nebengebäude sind hierbei nicht einzubeziehen. ⑮ Das Lagefinanzamt hat die gesamte Wohn-/Nutzfläche des Grundstücks und die Wohnfläche des Familienheims zu ermitteln und bei der Feststellung des Grundbesitzwerts nachrichtlich mitzuteilen. 51

(3) Ein begünstigtes Familienheim kann im Inland oder in einem Staat der Europäischen Union oder des Europäischen Wirtschaftsraums belegen sein. 52

(4) Die Zuwendung im Zusammenhang mit einem Familienheim ist bei folgenden Gestaltungen steuerfrei: 53

1. Übertragung des Alleineigentums oder Miteigentums an dem einem Ehegatten bereits gehörenden Grundstück,
2. Kauf oder Herstellung aus den Mitteln eines Ehegatten unter Einräumung einer Miteigentümerstellung des anderen Ehegatten,
3. Anschaffung oder Herstellung (ganz oder teilweise) durch einen Ehegatten aus Mitteln, die allein oder überwiegend vom anderen, zuwendenden Ehegatten stammen (mittelbare Grundstückszuwendung),
4. Tilgung eines im Zusammenhang mit dem Kauf oder der Herstellung des Familienheims von einem oder beiden Ehegatten aufgenommenen Darlehens aus Mitteln des zuwendenden Ehegatten,

5. Befreiung von einer Schuld des einen Ehegatten gegenüber dem anderen Ehegatten, die im Zusammenhang mit dem Kauf oder der Herstellung des Familienheims gegenüber dem anderen Ehegatten eingegangen wurde,
6. Begleichung nachträglicher Herstellungs- oder Erhaltungsaufwendungen am Familienheim aus Mitteln eines Ehegatten, wenn der andere Ehegatte Eigentümer oder Miteigentümer ist.

54 (5) ① Der Güterstand der Ehegatten ist ohne Bedeutung. ② Die Befreiung ist wertmäßig nicht begrenzt. ③ Eine Prüfung der Angemessenheit findet nicht statt. ④ Die Steuerbefreiung kann auch für Zuwendungen im Zusammenhang mit dem gegenwärtigen Familienheim in Anspruch genommen werden, auch wenn der Empfänger früher eine steuerbegünstigte Zuwendung im Zusammenhang mit dem damaligen, inzwischen als solches aufgegebenen Familienheim (§ 13 Absatz 1 Nummer 4 a ErbStG) erhalten hatte. ⑤ Für das begünstigt erworbene Grundstück besteht keine Behaltenspflicht. ⑥ Die spätere Veräußerung oder eine Nutzungsänderung ist unbeachtlich, sofern kein Missbrauch von Gestaltungsmöglichkeiten nach § 42 AO vorliegt.

H E 13.3

H E 13.3

55 **Arbeitszimmer.** Ein im Wohnbereich belegenes Arbeitszimmer stellt bewertungsrechtlich lediglich einen Raum dar, dem innerhalb der Nutzung zu Wohnzwecken eine dieser Nutzung nicht widersprechende Funktion zugewiesen ist (→ BFH vom 9. 11. 1988 II R 61/87, BStBl. 1989 II S. 135).

Ein von einem der Ehegatten genutztes häusliches Arbeitszimmer, das im Wohnbereich belegen ist, ist auch dann der Wohnnutzung der Ehegatten zuzurechnen, wenn es an den Arbeitgeber des Ehegatten vermietet ist (→ BFH vom 26. 2. 2009 II R 69/06, BStBl. II S. 480). Entsprechendes gilt für andere haushaltszugehörige Personen.

Befreiung von einer Schuld gegenüber dem anderen Ehegatten. → BFH vom 27. 10. 2010 II R 37/09, BStBl. 2011 II S. 134.[1]

Europäischer Wirtschaftsraum. Dem europäischen Wirtschaftsraum gehören Island, Liechtenstein und Norwegen sowie die Mitgliedstaaten der Europäischen Union an.

Keine Steuerbefreiung für Familienheim bei Zweit- oder Ferienwohnung. → BFH vom 18. 7. 2013 II R 35/11, BStBl. II S. 1051.

Wohnfläche. → Wohnflächenverordnung vom 25. 11. 2003 (BGBl. I S. 2346).[2]

ErbStR
R E 13.4

R E 13.4 Erwerb eines Familienheims von Todes wegen

56 (1) Der Erwerb eines Familienheims von Todes wegen durch den überlebenden Ehegatten ist von der Steuer befreit (§ 13 Absatz 1 Nummer 4 b ErbStG).

57 (2) ① Ein begünstigtes Familienheim liegt unter den weiteren Voraussetzungen des R E 13.3 Absatz 2 vor, soweit der Erblasser bis zu seinem Tod in einem bebauten Grundstück eine Wohnung zu eigenen Wohnzwecken genutzt hat.[3] ② Es ist unschädlich, wenn der Erblasser aus objektiv zwingenden Gründen an einer Selbstnutzung gehindert war.[4] ③ Objektiv zwingende Gründe liegen im Fall einer Pflegebedürftigkeit vor, die die Führung eines eigenen Haushalts nicht mehr zulässt, nicht dagegen z. B. bei einer beruflichen Versetzung.[5] ④ Der überlebende Ehegatte muss in der erworbenen Wohnung unverzüglich, d. h. ohne schuldhaftes Zögern, die Nutzung zu eigenen Wohnzwecken aufnehmen.[6] ⑤ Die Steuerbefreiung ist auch zu gewähren, wenn der überlebende Ehegatte aus objektiv zwingenden Gründen im Sinne des Satzes 3 bereits im Zeitpunkt des Er-

---

[1] *BFH-Urteil vom 27. 10. 2010 II R 37/09 (BStBl. 2011 II S. 134):* **1.** Im Zusammenhang mit Familienwohnheimen/Familienheimen stehende Zuwendungen unter Lebenden sind auch dann nach Maßgabe des § 13 Abs. 1 Nr. 4 a ErbStG steuerfrei, wenn die Ehe bei der Anschaffung oder Herstellung des Objekts noch nicht bestanden hatte. **2.** Zu den Zuwendungen unter Lebenden i. S. des § 13 Abs. 1 Nr. 4 a ErbStG gehören auch Abfindungen für einen Erbverzicht.

[2] Abgedruckt als Anlage zu § 181 BewG.

[3] Vgl. aber die verfassungsrechtlichen Bedenken des *BFH im Urteil vom 18. 7. 2013 II R 35/11 (BStBl. II S. 1501).*

[4] *BFH-Urteil vom 11. 7. 2019 II R 38/16 (BStBl. 2020 II S. 314):* Die Steuerbefreiung für den Erwerb eines Familienheims durch den überlebenden Ehegatten oder Lebenspartner entfällt rückwirkend, wenn der Erwerber das Eigentum an dem Familienheim innerhalb von zehn Jahren nach dem Erwerb auf einen Dritten überträgt. Das gilt auch dann, wenn er die Selbstnutzung zu Wohnzwecken aufgrund eines lebenslangen Nießbrauchs fortsetzt.

[5] Siehe *Ls. 2 BFH-Urteil vom 1. 12. 2021 II R 18/20,* abgedruckt zu R E 13.4 Abs. 7 Satz 5 ErbStR. Ebenso *BFH-Urteil vom 1. 12. 2021 II R 1/21,* abgedruckt zu § 13 Abs. 1 Nr. 4 c ErbStG.

[6] *FG München, Urteil vom 22. 10. 2014 4 K 847/13 (EFG 2015 S. 236), rkr.:* **1.** Die nach § 13 Abs. 1 Nr. 4 c S. 1 ErbStG erforderliche unverzügliche Bestimmung einer geerbten Wohnung zur Selbstnutzung durch den Erwerber bedeutet, dass er die vom Erblasser zuvor bewohnte Wohnung nunmehr selbst bewohnen muss. Die unverzügliche Bestimmung zur Selbstnutzung erfordert als Nachweis dieser inneren Tatsache die alsbaldige tatsächliche Nutzung durch den Erwerber. **2.** Für die Steuerbefreiung nach § 13 Abs. 1 Nr. 4 c S. 1 ErbStG ist es unschädlich, wenn der erbschaftsteuerrechtliche Erwerber zunächst eine umfassende Sanierung bzw. Renovierung des Gebäudes vornimmt und sich der Beginn der Selbstnutzung hierdurch verzögert. **3.** Die Steuerbefreiung kann aber nicht in Anspruch genommen werden, wenn das geerbte Gebäude wegen seines maroden Zustands vollständig abgerissen, an seiner Stelle eine neue, zur Selbstnutzung vorgesehene Wohnung errichtet wird und es somit durch die vollständige Beseitigung des geerbten Bestandsbaues nicht mehr zu dessen Selbstnutzung durch den Erben kommen kann. In diesem Zusammenhang ist es unerheblich, ob der Abriss des bisherigen Gebäudes aus bautechnischen, ökonomischen, ökologischen oder sonstigen wichtigen Gründen für den Erwerber unvermeidbar gewesen ist.

werbs an der Nutzung des Objekts zu eigenen Wohnzwecken gehindert war.[1] ⑥ Entfallen diese Hinderungsgründe innerhalb des Zehnjahreszeitraums nach dem Erwerb, ist die Nutzung zu eigenen Wohnzwecken unverzüglich aufzunehmen. ErbStR R E 13.4

(3) Die Ausführungen in R E 13.3 Absatz 2 und 3 zum Wohnungsbegriff, zur Grundstücksart und zur Belegenheit des Familienheims gelten entsprechend. **58**

(4) Wird das Familienheim steuerfrei erworben, sind die damit in wirtschaftlichem Zusammenhang stehenden Schulden und Lasten nicht abzugsfähig (§ 10 Absatz 6 ErbStG; → R E 10.10).[2] **59**

(5) ① Der Erwerber kann die Befreiung nicht in Anspruch nehmen, soweit er verpflichtet ist, das begünstigte Familienheim auf Grund einer letztwilligen oder rechtsgeschäftlichen Verfügung des Erblassers auf einen Dritten zu übertragen (Weitergabeverpflichtung). ② Letztwillige Verfügung ist das Testament, rechtsgeschäftliche Verfügung ist z. B. der Erbvertrag. ③ Anwendungsfälle sind insbesondere **60**

1. Sachvermächtnisse, die auf begünstigtes Vermögen gerichtet sind,
2. Vorausvermächtnisse, die auf begünstigtes Vermögen gerichtet sind,
3. ein Schenkungsversprechen auf den Todesfall oder
4. Auflagen des Erblassers, die auf die Weitergabe begünstigten Vermögens gerichtet sind.

④ Sind Miterben auf Grund einer Teilungsanordnung des Erblassers verpflichtet, das begünstigte Familienheim auf einen Miterben zu übertragen, können die übertragenden Miterben die Befreiung nicht in Anspruch nehmen; das gilt unabhängig davon, wann die Auseinandersetzungsvereinbarung geschlossen wird. ⑤ Den übernehmenden Erwerber oder Miterben, der die Begünstigung für das Familienheim oder den Teil des Familienheims in Anspruch nehmen kann, trifft die Pflicht zur Einhaltung der Befreiungsvoraussetzungen (zehnjährige Selbstnutzung); er hat die steuerlichen Folgen eines Verstoßes hiergegen zu tragen. ⑥ Gibt der nachfolgende Erwerber für den Erwerb des begünstigten Familienheims nicht begünstigtes Vermögen hin, das er vom Erblasser erworben hat, wird er so gestellt, als habe er von Anfang an begünstigtes Vermögen erworben. ⑦ Als hingegebenes Vermögen gilt nicht die Übernahme von Nachlassverbindlichkeiten, die mit dem begünstigten Vermögen oder Teilen davon in wirtschaftlichem Zusammenhang stehen. ⑧ Der Steuerwert des begünstigten Familienheims darf jedoch nicht überschritten werden. ⑨ Durch diese Regelung wird lediglich die Bemessungsgrundlage für die Steuerbefreiung verändert; sie führt nicht zu einer Veränderung der Zurechnung der Erwerbsgegenstände. ⑩ Der Grundsatz, dass die Erbauseinandersetzung unbeachtlich ist (→ R E 3.1), gilt unverändert fort. ⑪ Sätze 4 bis 10 gelten entsprechend auch für die freie Erbauseinandersetzung unter den Erben, wenn diese zeitnah zum Erbfall erfolgt. ⑫ Erfolgt die Übertragung und Hingabe des Vermögens in diesem Fall nach Ergehen des jeweiligen Erbschaftsteuerbescheids, ist dies als Ereignis mit steuerlicher Rückwirkung auf den Zeitpunkt der Steuerentstehung anzusehen, so dass die Steuerfestsetzungen nach § 175 Absatz 1 Nummer 2 AO zu ändern sind.

(6)[3] ① Die Steuerbefreiung steht unter einem Nachversteuerungsvorbehalt. ② Sie verlangt die Selbstnutzung der Wohnung als Eigentümer über einen Zeitraum von zehn Jahren; eine Weiterübertragung unter Nutzungsvorbehalt ist als Verstoß gegen den Nachversteuerungsvorbehalt anzusehen. ③ Veränderungen am Grundstück sind unbeachtlich, wenn der Umfang der Nutzung der Wohnung als Familienheim sich nicht verringert. ④ Gibt der Erwerber die Selbstnutzung innerhalb des Zehnjahreszeitraums durch Verkauf, Vermietung, längeren Leerstand oder unentgeltliche Überlassung ganz oder teilweise auf, entfällt die Befreiung entsprechend mit Wirkung für die Vergangenheit. ⑤ Der Steuerbescheid ist in diesem Fall nach § 175 Absatz 1 Nummer 2 AO zu ändern (Nachversteuerung). ⑥ Der Erwerber ist verpflichtet, den Wegfall der Befreiungsvoraussetzungen anzuzeigen. ⑦ Der Steuerpflichtige ist im Steuerbescheid darauf hinzuweisen, dass Verstöße gegen die Selbstnutzungsverpflichtung nach § 153 Absatz 2 AO anzeigepflichtig sind. ⑧ Für die Befreiung ist es unschädlich, wenn der Erwerber innerhalb der Zehnjahresfrist aus objektiv zwingenden Gründen an der weiteren Nutzung zu eigenen Wohnzwecken gehindert ist. ⑨ Objektiv zwingende Gründe liegen z. B. im Fall des Todes oder im Fall einer Pflegebedürftigkeit vor, die die Führung eines eigenen Haushalts nicht mehr zulässt, nicht dagegen bei einer beruflichen Versetzung.[4] ⑩ Entfallen die Hinderungsgründe innerhalb der Zehnjahresfrist, kann eine Nachversteuerung nur unterbleiben, wenn der Erwerber unverzüglich nach Wegfall der zwingenden Gründe, d. h. ohne schuldhaftes Verzögern, die Nutzung des Familienheims zu eigenen Wohnzwecken aufnimmt und bis zum Ablauf des Zehnjahreszeitraums ausübt bzw. später erneut aus objektiv zwingenden Gründen an der Selbstnutzung des Familienheims gehindert ist. ⑪ Liegen objektiv zwingende Gründe vor, die eine weitere Nutzung verhindern, ist eine anschließende unentgeltliche Überlassung, Vermietung oder der Verkauf des Familienheims unschädlich. ⑫ Soweit in den Fällen des Satzes 10 der Erwerber wegen des vorherigen Verkaufs des Familienheims, dessen vorheriger Vermietung oder unentgeltlicher Überlassung, bei Wegfall der objektiv zwingenden **61**

[1] Hiervon abweichend *BFH-Urteil vom 23. 6. 2015 II R 13/13 (BStBl. 2016 II S. 223);* teilweise Nichtanwendung, siehe *Tz. 1 gleich lautender Ländererlass vom 3. 3. 2016 (BStBl. I S. 280).*

[2] Überholt durch Änderung des § 10 Abs. 6 ErbStG durch das JStG 2020, jetzt § 10 Abs. 6 a ErbStG durch das JStG 2024, siehe *Tz. 3 gleich lautender Ländererlass vom 13. 9. 2021,* abgedruckt als Anlage b zu § 10 ErbStG.

[3] Siehe hierzu *gleich lautenden Ländererlass vom 9. 2. 2022 (BStBl. I S. 226),* abgedruckt als Anlage zu R E 13.4 ErbStR.

[4] Siehe *BFH-Urteil vom 1. 12. 2021 II R 18/20,* abgedruckt zu R E 13.4 Abs. 7 Satz 5 ErbStR. Ebenso *BFH-Urteil vom 1. 12. 2021 II R 1/21,* abgedruckt zu § 13 Abs. 1 Nr. 4 c ErbStG.

Gründe, welche ihn an der Nutzung des Familienheims zu eigenen Wohnzwecken hinderten, die erneute Selbstnutzung des Familienheims nicht oder nicht unverzüglich aufnimmt, fällt die Steuerbefreiung mit Wirkung für die Vergangenheit weg.

62 (7)[1] ① Der Erwerb eines Familienheims von Todes wegen durch Kinder im Sinne der Steuerklasse I Nummer 2 oder Kinder vorverstorbener Kinder im Sinne der Steuerklasse I Nummer 2 ist von der Steuer befreit (§ 13 Absatz 1 Nummer 4c ErbStG). ② Absatz 2 Satz 1 bis 3 gilt entsprechend. ③ Die Befreiung ist auf eine Wohnfläche der selbst genutzten Wohnung des Erblassers von höchstens 200 qm begrenzt. ④ Die begünstigten Erwerber müssen in der erworbenen Wohnung unverzüglich, d. h. ohne schuldhaftes Zögern, die Nutzung zu eigenen Wohnzwecken aufnehmen; es ist unschädlich, wenn ein Erwerber aus objektiv zwingenden Gründen an der Selbstnutzung gehindert ist.[2] ⑤ Objektiv zwingende Gründe liegen im Fall einer Pflegebedürftigkeit vor, die die Führung eines eigenen Haushalts nicht mehr zulässt, oder solange das Kind wegen Minderjährigkeit rechtlich gehindert ist, einen Haushalt selbstständig zu führen, nicht dagegen z. B. bei einer beruflichen Versetzung.[3] ⑥ Die Ausführungen in R E 13.3 Absatz 2 und 3 zum Wohnungsbegriff, zur Grundstücksart und zur Belegenheit des Familienheims, in Absatz 5 zum Bestehen einer Weitergabeverpflichtung sowie in Absatz 6 zum Nachversteuerungsvorbehalt gelten entsprechend. ⑦ Die Schuldenkürzung (Absatz 4) betrifft nur den Teil der Verbindlichkeiten, der auf den begünstigten Teil des Familienheims (200 qm Wohnfläche) entfällt.

H E 13.4

H E 13.4

63 **Arbeitszimmer.** Ein im Wohnbereich belegenes Arbeitszimmer stellt bewertungsrechtlich lediglich einen Raum dar, dem innerhalb der Nutzung zu Wohnzwecken eine dieser Nutzung nicht widersprechende Funktion zugewiesen ist (→ BFH vom 9. 11. 1988 II R 61/87, BStBl. 1989 II S. 135).

Ein von einem der Ehegatten genutztes häusliches Arbeitszimmer, das im Wohnbereich belegen ist, ist auch dann der Wohnnutzung der Ehegatten zuzurechnen, wenn es an den Arbeitgeber des Ehegatten vermietet ist (→ BFH vom 26. 2. 2009 II R 69/06, BStBl. II S. 480). Entsprechendes gilt für andere haushaltszugehörige Personen.

Europäischer Wirtschaftsraum. Dem europäischen Wirtschaftsraum gehören Island, Liechtenstein und Norwegen sowie die Mitgliedstaaten der europäischen Union an.

64 **Freie Erbauseinandersetzung.**[4] In den Fällen der freien Auseinandersetzung von Erbengemeinschaften ist eine steuerliche Rückwirkung auf den Zeitpunkt des Erbfalls als zeitnah in der Regel anzuerkennen, wenn die Auseinandersetzungsvereinbarung innerhalb von sechs Monaten erfolgt (→ vgl. BMF-Schreiben vom 14. 3. 2006, BStBl. I S. 253, Tz. 8).[5] Erfolgt die Erbauseinandersetzung erst nach mehr als sechs Monaten, kann der Begünstigungstransfer in begründeten Ausnahmefällen (z. B. aufgrund von Erbstreitigkeiten, Erstellung von Gutachten o. ä.) gewährt werden. Der Steuerpflichtige hat die Gründe darzulegen, die eine Erbauseinandersetzung innerhalb des Sechsmonatszeitraums verhindert haben.

→ BFH vom 23. 6. 2015 II R 39/13, BStBl. 2016 II S. 225

Bei der Steuerbefreiung für das Familienheim nach § 13 Absatz 1 Nummer 4b bzw. 4c ErbStG kann von einer unverzüglichen Selbstnutzung des Erwerbers zu eigenen Wohnzwecken ausgegangen werden, wenn die tatsächliche Nutzung zu eigenen Wohnzwecken unverzüglich beginnt, die Erbauseinandersetzung jedoch erst anschließend und nach Ablauf des Sechsmonatszeitraums erfolgt.

Keine Steuerbefreiung für den Erwerb eines Anspruchs auf Verschaffung von Eigentum an einem Familienheim. → BFH vom 29. 11. 2017 II R 14/16, BStBl. 2018 II S. 362.

Keine Steuerbefreiung für Familienheim bei Zweit- oder Ferienwohnung. → BFH vom 18. 7. 2013 II R 35/11, BStBl. II S. 1051.

Keine Steuerbefreiung für Familienheim bei Zuwendung eines Wohnungsrechts. → BFH vom 3. 6. 2014 II R 45/12, BStBl. II S. 806.

65 **Steuerbefreiung – Beispiele.**

Beispiel 1:

Erblasser E hinterlässt seinen Kindern A und B je zur Hälfte ein bis dahin von ihm selbstgenutztes Einfamilienhaus mit einem Grundbesitzwert von 450 000 EUR und einer Wohnfläche von 300 m^2. Eine Grundschuld valutiert in Höhe von 90 000 EUR. Beide Kinder nutzen das Haus nach seinem Tod mehr als zehn Jahre.

Da auf die Wohnung des Erblassers abzustellen ist, sind insgesamt nur 200 m^2 Wohnfläche begünstigt (das entspricht $^2/_3$ der Gesamtwohnfläche von 300 m^2). Bei jedem Kind sind mithin von dem hälftigen Grundbesitzwert von 225 000 EUR nur

[1] Siehe hierzu *gleich lautenden Ländererlass vom 9. 2. 2022 (BStBl. I S. 226),* abgedruckt als Anlage zu R E 13.4 ErbStR.

[2] Hiervon abweichend *BFH-Urteil vom 23. 6. 2015 II R 13/13 (BStBl. 2016 II S. 223).*

[3] *BFH-Urteil vom 1. 12. 2021 II R 18/20 (BStBl. 2022 II S. 554):* **1.** Der Erwerber eines erbschaftsteuerrechtlich begünstigten Familienheims ist aus zwingenden Gründen an dessen Nutzung zu eigenen Wohnzwecken gehindert, wenn die Selbstnutzung objektiv unmöglich oder aus objektiven Gründen unzumutbar ist. Zweckmäßigkeitserwägungen reichen nicht aus. **2.** Gesundheitliche Beeinträchtigungen können zwingende Gründe darstellen, wenn sie dem Erwerber eine selbständige Haushaltsführung in dem erworbenen Familienheim unmöglich machen. – Ebenso *BFH-Urteil vom 1. 12. 2021 II R 1/21,* abgedruckt zu § 13 Abs. 1 Nr. 4c ErbStG.

[4] Siehe *BFH-Urteil vom 15. 5. 2024 II R 12/21,* abgedruckt zu H E 13a.11 „Freie Erbauseinandersetzung" ErbStH.

[5] Abgedruckt im **Handbuch zur ESt-Veranlagung** als Anlage zu § 7 EStG.

$^2/_3$ (= 150 000 EUR) befreit. Die hälftige Grundschuld ist bei jedem Kind im Umfang von $^2/_3$ von 45 000 EUR = 30 000 EUR nach § 10 Absatz 6 Satz 3 ErbStG[1] nicht als Nachlassverbindlichkeit abzugsfähig und im Umfang von $^1/_3$ von 45 000 EUR = 15 000 EUR abzugsfähig.

Beispiel 2:[2]

Erblasser E vererbt seiner Ehefrau F und seiner Tochter T je zur Hälfte ein bis dahin selbstgenutztes Einfamilienhaus mit einem Grundbesitzwert von 600 000 EUR und einer Wohnfläche von 300 m². Beide nutzen das Haus nach seinem Tod mehr als zehn Jahre.
Der hälftige Erwerb der F ist in voller Höhe befreit (300 000 EUR), da § 13 Absatz 1 Nummer 4 b ErbStG keine Wohnflächenbegrenzung vorsieht. Der hälftige Erwerb der T (300 000 EUR) ist nur zu $^2/_3$ (200 000 EUR) befreit, da § 13 Absatz 1 Nummer 4 c ErbStG die Befreiung auf eine Wohnfläche von 200 m² (das entspricht $^2/_3$ der Gesamtfläche von 300 m²) begrenzt.

Beispiel 3:

Erblasser E wird von seiner Tochter T und seinem Sohn S je zur Hälfte beerbt. Zum Nachlass gehört ein Grundstück mit einer bis dahin vom Erblasser selbstgenutzten Wohnung von 100 m², einer gewerblichen Nutzfläche von 300 m² und einem Grundbesitzwert von 800 000 EUR. Das Familienheim ist mit einer Grundschuld von 150 000 EUR belastet. Zum Nachlass gehört außerdem ein Bankguthaben von 5 000 000 EUR.
Im Rahmen der Erbauseinandersetzung übernimmt die Tochter auch die andere Hälfte des Grundstücks gegen eine Ausgleichszahlung aus dem Nachlass von 325 000 EUR und eine Schuldübernahme von 75 000 EUR. T nutzt die in dem Grundstück belegene Wohnung mehr als zehn Jahre selbst.

Berechnung des Reinnachlasses		
Steuerwert des Grundstücks		800 000 EUR
Bankguthaben		+ 5 000 000 EUR
Vermögensanfall		5 800 000 EUR
Nachlassverbindlichkeiten		./. 150 000 EUR
Erbfallkostenpauschale		./. 10 300 EUR
Wert des Reinnachlasses		5 639 700 EUR
Davon Erbanteil je $^1/_2$		2 819 850 EUR
Berechnung des Erwerbs für T		
Steuerbefreiung nach § 13 Absatz 1 Nummer 4 c ErbStG		
Steuerwert des Grundstücks	800 000 EUR	
Davon steuerbegünstigt $^1/_4$	200 000 EUR	
Davon $^1/_2$-Anteil		100 000 EUR
Werterhöhung Ausgleichszahlung (ohne Schuldübernahme) in Höhe von 325 000 EUR, die zu $^1/_4$ auf das begünstigte Familienheim entfällt (max. 100 000 EUR)		+ 81 250 EUR
Steuerbefreiung des Familienheims		181 250 EUR
Berechnung der nicht abzugsfähigen Schulden für T		
Grundschuld	150 000 EUR	
Davon entfallen auf das steuerbegünstigte Familienheim $^1/_4$	37 500 EUR	
Davon $^1/_2$-Anteil nicht abzugsfähig	18 750 EUR	
Erbanteil T		2 819 850 EUR
Steuerbefreiung Familienheim		./. 181 250 EUR
Nicht abzugsfähiger Teil der Schuld		+ 18 750 EUR
Bereicherung der T		2 657 350 EUR
Berechnung des Erwerbs für S		
Erbanteil S		2 819 850 EUR
Steuerbefreiung Familienheim		./. 0 EUR
Nichtabzugsfähige Schulden		+ 0 EUR
Bereicherung des S		2 819 850 EUR

Unverzügliche Selbstnutzung. → BFH vom 28. 5. 2019 II R 37/16, BStBl. II S. 678.

Veränderungen am Grundstück. Als unschädliche Veränderungen am Grundstück kommen z. B. in Betracht: 66

– Dachgeschossausbau,
– Aufstockung,
– Anbau,
– Verkauf oder Schenkung einer unbebauten Teilfläche,
– Begründung von Wohneigentum.

Wohnfläche. → Wohnflächenverordnung vom 25. 11. 2003 (BGBl. I S. 2346).[3]

Anl zu R E 13.4

Erlass betr. Steuerbefreiung für ein Familienheim nach § 13 Absatz 1 Nummer 4 b und Nummer 4 c ErbStG; Zwingende, an einer Selbstnutzung zu eigenen Wohnzwecken hindernde Gründe

Vom 9. Februar 2022 (BStBl. I S. 226)

(Gleich lautender Ländererlass)

Eine Steuerbefreiung für den Erwerb eines Familienheims nach § 13 Absatz 1 Nummer 4 b und 4 c ErbStG fällt mit Wirkung für die Vergangenheit weg, wenn der Erwerber das Familienheim innerhalb von 66a

[1] Jetzt § 10 Abs. 6 a Satz 1 ErbStG.
[2] Siehe *Ls. 2 BFH-Urteil vom 16. 3. 2022 II R 6/21,* abgedruckt zu § 13 Abs. 1 Nr. 4 c ErbStG.
[3] Abgedruckt als Anlage zu § 181 BewG.

zehn Jahren nach dem Erwerb nicht mehr zu Wohnzwecken selbst nutzt, es sei denn, er ist aus zwingenden Gründen an einer Selbstnutzung zu eigenen Wohnzwecken gehindert (§ 13 Absatz 1 Nummer 4 b Satz 5 bzw. Nummer 4 c Satz 5 ErbStG).

An einer Selbstnutzung zu eigenen Wohnzwecken gehindert zu sein, setzt voraus, dass objektiv zwingende Gründe dafür vorliegen (R E 13.4 Absatz 6 Satz 8 ErbStR). Ein objektiv zwingender Grund liegt beispielsweise vor, wenn ein Familienheim innerhalb des Zehnjahreszeitraums aufgrund höherer Gewalt (z. B. durch Hochwasser, Starkregen, Unwetter, Sturm, Brand, Explosion) zerstört und seine tatsächliche Selbstnutzung dadurch beendet wird. In diesen Fällen entfällt die Steuerbefreiung nicht rückwirkend.

Der Erwerber ist nicht zum Wiederaufbau des Familienheims verpflichtet, da eine weitere Selbstnutzung der ursprünglich vom Erblasser bis zum Erbfall zu eigenen Wohnzwecken genutzten Wohnung aufgrund der Zerstörung nicht mehr möglich ist. Die zehnjährige Selbstnutzungsfrist und die damit einhergehende Überwachung enden mit dem Zeitpunkt der Zerstörung des ursprünglichen Familienheims.

Eine zeitweise Unbewohnbarkeit aufgrund höherer Gewalt, z. B. für den Zeitraum einer Sanierung oder aufgrund eines behördlich angeordneten Nutzungsverbots, kann zu einer tatsächlichen Unterbrechung der Nutzung zu eigenen Wohnzwecken führen. Dies ist unschädlich, wenn der Erwerber des Familienheims unverzüglich nach der Wiederherstellung der Bewohnbarkeit des Familienheims die Nutzung zu eigenen Wohnzwecken wieder aufnimmt und bis zum Ablauf des Zehnjahreszeitraums ausübt. Es liegt dann keine Aufgabe der Selbstnutzung durch längeren Leerstand vor (R E 13.4 Absatz 6 Satz 4 ErbStR).

ErbStR
R E 13.5

R E 13.5 Pflege- und Unterhaltsleistungen

67 (1) ① Der Freibetrag nach § 13 Absatz 1 Nummer 9 ErbStG gilt sowohl für Erwerbe von Todes wegen als auch für Erwerbe unter Lebenden. ② Er kommt auch bei Erwerbern in Betracht, die gesetzlich zur Pflege (z. B. Ehegatten nach § 1353 BGB, Lebenspartner nach § 2 LPartG) oder zum Unterhalt (z. B. Ehegatten nach § 1360 BGB oder Verwandte in gerader Linie nach § 1601 BGB, Lebenspartner nach § 5 LPartG) verpflichtet sind. ③ Voraussetzung für die Gewährung des Freibetrags ist, dass die Pflege- oder Unterhaltsleistungen unentgeltlich oder gegen zu geringes Entgelt im persönlichen oder privaten Bereich erbracht werden oder wurden.

68 (2) ① Bei einem Erwerb von Todes wegen kann der Freibetrag für Pflege- oder Unterhaltsleistungen nicht gewährt werden, wenn insoweit ein Abzug als Nachlassverbindlichkeit vorzunehmen ist. ② § 13 Absatz 1 Nummer 9 ErbStG ist gegenüber § 10 Absatz 5 ErbStG nachrangig. ③ Dabei kann es sich nur um eine Erblasserschuld (§ 10 Absatz 5 Nummer 1 ErbStG), nicht aber um Kosten zur Erlangung des Erwerbs (§ 10 Absatz 5 Nummer 3 ErbStG) handeln. ④ Eine als Erblasserschuld abzugsfähige Nachlassverbindlichkeit ist nur dann entstanden, wenn die letztwillige Zuwendung ganz oder zum Teil als Entgelt für eine auf Grund eines nachgewiesenen Dienstleistungsverhältnisses (§ 611 BGB) vertraglich geschuldete und erbrachte Dienstleistung (z. B. Pflege) anzusehen ist. ⑤ Fehlt es bei einem solchen Dienstverhältnis an einer rechtlich bindenden Einigung über die Höhe der Vergütung, ist als Nachlassverbindlichkeit eine Erblasserschuld nach § 612 BGB in Höhe der taxmäßigen oder üblichen Vergütung anzusetzen.

H E 13.5
(2)

H E 13.5 (2)

69 **Abzugsfähige Nachlassverbindlichkeit.** → BFH vom 28. 6. 1995 II R 80/94, BStBl. II S. 784 und vom 9. 11. 1994 II R 110/91, BStBl. 1995 II S. 62.

Bemessung von Pflegeleistungen dem Grunde und der Höhe nach.[1] → H E 7.4 (1) „Übernommene Pflegeleistungen als Gegenleistung".

Freibetrag für Pflegeleistungen. → BFH vom 11. 9. 2013 II R 37/12, BStBl. 2014 II S. 114.

Nachrangigkeit des Freibetrags gegenüber Nachlassverbindlichkeit. → BFH vom 13. 7. 1983 II R 105/82, BStBl. 1984 II S. 37.

Pflegefreibetrag für gesetzlich zum Unterhalt verpflichtete Personen. → BFH vom 10. 5. 2017 II R 37/15, BStBl. II S. 1069.

R E 13.5
(3–5)

R E 13.5 (3–5)

70 (3) ① Diese Grundsätze gelten bei Zuwendungen unter Lebenden entsprechend. ② Verpflichtet sich der Erwerber im Rahmen eines Schenkungs- oder Übertragungsvertrags zu Dienstleistungen (z. B. Pflege), kommt es für die steuerliche Beurteilung darauf an, ob die Dienstleistung im Hinblick auf die Zuwendung unentgeltlich erbracht wird oder ob das Zugewendete vereinbarungsgemäß ganz oder zum Teil ein Entgelt für die Dienstleistungsverpflichtung darstellt. ③ Bei unentgeltlicher Dienstleistung ist der Freibetrag nach § 13 Absatz 1 Nummer 9 ErbStG bis zur Höhe von 20 000 Euro zu gewähren. ④ Ist das Zugewendete ganz oder zum Teil vertragliches Entgelt für die geschuldete Dienstleistung, liegt insoweit ein Austauschverhältnis (Gegenleistung) vor, das die Annahme einer unentgeltlichen Zuwendung ausschließt. ⑤ Bei Teilentgeltlichkeit bestimmt sich die schenkungsteuerrechtliche Bereicherung nach den Grundsätzen der gemischten Schenkung (→ R E 7.4).

71 (4) ① Soll die vereinbarte Verpflichtung zur Dienstleistung (z. B. Pflege) erst künftig bei Eintritt einer aufschiebenden Bedingung (z. B. Pflegebedürftigkeit) entstehen, ist zunächst weder ein Frei-

[1] Siehe *gleich lautenden Ländererlass vom 23. 10. 2023,* abgedruckt als Anlage zu H E 7.4 (1) ErbStH.

betrag nach § 13 Absatz 1 Nummer 9 ErbStG zu gewähren noch eine Gegenleistung zu berücksichtigen. ② Tritt die Bedingung später ein, ist der Schenkungsteuerbescheid nach § 175 Absatz 1 Satz 1 Nummer 2 AO zu ändern (nachträgliche Gewährung des Freibetrags nach § 13 Absatz 1 Nummer 9 ErbStG oder Berücksichtigung eines Leistungsentgelts als Gegenleistung).

(5) ① Auslagen im Zusammenhang mit Pflege- oder Unterhaltsleistungen sind bei einem Erwerb von Todes wegen mit dem Freibetrag nach § 13 Absatz 1 Nummer 9 ErbStG abgegolten. 72
② Etwas anderes gilt nur, wenn die Auslagen auf Grund eines nachgewiesenen entgeltlichen Geschäftsbesorgungsvertrags (§ 675 BGB) erfolgten und insoweit ein Anspruch auf Ersatz (§ 670 BGB) besteht. ③ Der Ersatzanspruch ist als Nachlassverbindlichkeit (Erblasserschuld gem. § 10 Absatz 5 Nummer 1 ErbStG) zu berücksichtigen. ④ Entsprechendes gilt bei einer Zuwendung unter Lebenden; in Höhe des Anspruchs auf Auslagenersatz ist eine Gegenleistung anzunehmen.

H E 13.5 (6)[1]

H E 13.5 (6)

Auslagenersatz. → BFH vom 28. 6. 1995 II R 80/94, BStBl. II S. 784.

73

R E 13.6 Rückfall des geschenkten Vermögens

ErbStR R E 13.6

(1) ① Der von Todes wegen erfolgende Rückfall von Vermögensgegenständen, die Eltern oder Voreltern ihren Abkömmlingen durch Schenkung zugewandt hatten, an den jeweiligen Schenker bleibt für diesen steuerfrei (§ 13 Absatz 1 Nummer 10 ErbStG). ② Die Vorschrift findet nur beim Rückerwerb von Todes wegen, nicht dagegen bei Rückschenkungen Anwendung. 74

(2) ① Die Befreiung kommt nur in Betracht, wenn die zurückfallenden Vermögensgegenstände dieselben sind wie die seinerzeit zugewendeten Gegenstände. ② Die Befreiung ist damit grundsätzlich ausgeschlossen, wenn ein Erwerb von Vermögensgegenständen erfolgt, die im Austausch der zugewendeten Gegenstände in das Vermögen des Beschenkten gelangt waren. ③ Etwas anderes gilt nur, wenn zwischen dem zugewendeten und dem zurückfallenden Vermögensgegenstand bei objektiver Betrachtung Art- und Funktionsgleichheit besteht. ④ Wertsteigerungen der geschenkten Vermögensgegenstände, die ausschließlich auf der wirtschaftlichen Entwicklung beruhen, stehen der Steuerfreiheit des Rückfalls nicht entgegen. ⑤ Hat der Bedachte den Wert der zugewendeten Vermögensgegenstände durch Einsatz von Kapital oder Arbeit erhöht, ist der hierdurch entstandene Mehrwert steuerpflichtig. ⑥ Auch die aus dem zugewendeten Vermögensgegenstand gezogenen Früchte sowie die aus diesen Früchten erworbenen Gegenstände sind bei einem Rückfall nicht befreit. 75

H E 13.6

H E 13.6

Art- und Funktionsgleichheit von zugewendeten und zurückfallenden Gegenständen. → BFH vom 22. 6. 1994 II R 1/92, BStBl. II S. 656.[2, 3] 76

Beschränkung auf Erwerbe von Todes wegen. → BFH vom 16. 4. 1986 II R 135/83, BStBl. II S. 622.

Gezogene Früchte. → BFH vom 22. 6. 1994 II R 13/90, BStBl. II S. 759.[4]

R E 13.7 Zuwendungen an Pensions- und Unterstützungskassen

ErbStR R E 13.7

(1) ① Zuwendungen des Trägerunternehmens an die Pensions- oder Unterstützungskasse, die als Betriebsausgaben abzugsfähig sind, fallen nicht unter § 7 Absatz 1 ErbStG und sind nicht steuerbar. ② Die Steuerbefreiung hat somit nur Bedeutung für Zuwendungen an eine Pensions- oder Unterstützungskasse, die vom Unternehmer von Todes wegen oder von Dritten unter Lebenden oder von Todes wegen gemacht werden. 77

(2) ① Ergibt sich für die Pensions- oder Unterstützungskasse am Schluss des Wirtschaftsjahrs eine sog. Überdotierung, erfüllt sie insoweit nicht die Voraussetzungen für die Körperschaftsteuerbefreiung nach § 5 Absatz 1 Nummer 3 KStG und es kommt zur partiellen Körperschaftsteuerpflicht (§ 6 KStG). ② In diesem Fall sind auch die im Wirtschaftsjahr erhaltenen Zuwendungen im Sinne des Absatzes 1 Satz 2 in dem gleichen Verhältnis partiell steuerpflichtig; dabei ist es gleichgültig, ob die Überdotierung gerade durch die Zuwendung oder aus anderen Gründen eingetreten 78

---

[1] Redaktionsversehen, jetzt R E 13.5 Abs. 5 zuzuordnen.

[2] *BFH-Urteil vom 22. 6. 1994 II R 1/92 (BStBl. II S. 656):* Die Steuerbefreiung nach § 13 Abs. 1 Nr. 10 ErbStG 1974 setzt Identität des zugewandten mit dem zurückfallenden Vermögensgegenstand voraus. Ausgeschlossen ist damit grundsätzlich die Begünstigung des Erwerbs von Vermögensgegenständen, die im Austausch der zugewandten Gegenstände in das Vermögen des Beschenkten gelangt waren. Etwas anderes gilt nur, wenn zwischen dem zugewandten und dem zurückfallenden Vermögensgegenstand bei objektiver Betrachtung Art- und Funktionsgleichheit besteht.

[3] Zum Rückfall eines bebauten Grundstücks, das zuvor unbebaut geschenkt worden war, vgl. *Vfg. OFD Koblenz vom 8. 1. 1999:* „. . . Die steuerpflichtige Bereicherung in Höhe des Wertanteils des Gebäudes kann vorliegend aus der Differenz zwischen dem Wert des bebauten Grundstücks und dem Wert des unbebauten Grundstücks ermittelt werden . . ."

[4] *BFH-Urteil vom 22. 6. 1994 II R 13/90 (BStBl. II S. 759):* Die vom Erblasser gezogenen Früchte eines ihm zuvor vom Erben zugewendeten Vermögensgegenstandes und die aus diesen Früchten vom Erblasser erworbenen Vermögensgegenstände sind mit dem zugewendeten Vermögensgegenstand nicht identisch (BFH-Urteil vom 22. 6. 1994 II R 1/92, BStBl. II 1994, 656). Ihr Erwerb von Todes wegen ist nicht nach § 13 Abs. 1 Nr. 10 ErbStG von der Erbschaftsteuer befreit.

ist. ③ Entsprechend ist zu verfahren, wenn es innerhalb von zehn Jahren nach einer Zuwendung zu einer Überdotierung und als Folge davon zur partiellen Körperschaftsteuerpflicht der Pensions- oder Unterstützungskasse kommt.

ErbStR R E 13.8

R E 13.8 Gemeinnützige, mildtätige und kirchliche Körperschaften

79 (1) ① Zuwendungen an eine inländische Körperschaft, Personenvereinigung oder Vermögensmasse im Sinne des § 13 Absatz 1 Nummer 16 Buchstabe b ErbStG sind von der Erbschaft- oder Schenkungsteuer befreit, wenn diese im Besteuerungszeitpunkt steuerbegünstigten Zwecken dienen. ② Die Voraussetzungen der Steuerbefreiung sind nach den §§ 51 ff. AO zu beurteilen. ③ Eine Entscheidung über die Befreiung der Körperschaft von der Körperschaftsteuer ist grundsätzlich zu übernehmen.

80 (2) ① Die Steuerbefreiung für eine Zuwendung gemäß § 13 Absatz 1 Nummer 16 Buchstabe b ErbStG wird nicht dadurch ausgeschlossen, dass die begünstigte Körperschaft einen Zweckbetrieb unterhält. ② Das gilt auch für Zuwendungen, die zur Verwendung in einem Zweckbetrieb bestimmt sind. ③ Unterhält sie einen steuerpflichtigen wirtschaftlichen Geschäftsbetrieb, ist dies ebenfalls für die Steuerfreiheit einer Zuwendung unschädlich, solange die Körperschaft nicht in erster Linie eigenwirtschaftliche Zwecke verfolgt. ④ Bei Zuwendungen, die einem steuerpflichtigen wirtschaftlichen Geschäftsbetrieb der Körperschaft zugutekommen, ist die Steuerbefreiung stets ausgeschlossen. ⑤ Wird einer begünstigten Körperschaft ein wirtschaftlicher Geschäftsbetrieb zugewendet, bleiben die Voraussetzungen für die Steuerbefreiung für diese und weitere Zuwendungen an die Körperschaft grundsätzlich erhalten. ⑥ Führt die gemeinnützige Körperschaft den Betrieb fort, ist Voraussetzung, dass der wirtschaftliche Geschäftsbetrieb verpflichtet ist, seine Überschüsse an den ideellen Bereich abzugeben und diese Verpflichtung auch tatsächlich erfüllt.

81 (3) ① Zuwendungen an eine ausländische Körperschaft, Personenvereinigung oder Vermögensmasse im Sinne des § 13 Absatz 1 Nummer 16 Buchstabe c ErbStG sind von der Erbschaft- oder Schenkungsteuer befreit, wenn

1. sie nach § 5 Absatz 1 Nummer 9 KStG in Verbindung mit § 5 Absatz 2 Nummer 2 zweiter Halbsatz KStG steuerbefreit wären, wenn sie inländische Einkünfte erzielen würden, und
2. der Staat, in dem der Zuwendungsempfänger belegen ist, Amtshilfe und Unterstützung bei der Beitreibung leistet.

② Die Voraussetzungen des Satzes 1 Nummer 1 sind erfüllt, wenn der ausländische Zuwendungsempfänger nach der Satzung, dem Stiftungsgeschäft oder der sonstigen Verfassung und nach der tatsächlichen Geschäftsführung ausschließlich und unmittelbar gemeinnützigen, mildtätigen oder kirchlichen Zwecken dient (§§ 51 ff. AO). ③ Den Nachweis, dass der ausländische Zuwendungsempfänger die deutschen gemeinnützigkeitsrechtlichen Vorgaben erfüllt, hat er gegenüber dem zuständigen Finanzamt durch Vorlage geeigneter Belege zu erbringen (§ 90 Absatz 2 AO). ④ Dies wären insbesondere die Satzung, Tätigkeitsberichte, Aufstellungen der Einnahmen und Ausgaben, Kassenberichte, eine Vermögensübersicht mit Nachweisen über die Bildung und Entwicklung der Rücklagen, Aufzeichnungen über die Vereinnahmung von Zuwendungen und deren zweckgerechte Verwendung und Vorstandsprotokolle. ⑤ Amtshilfe im Sinne des Satzes 1 Nummer 2 ist der Auskunftsaustausch im Sinne oder entsprechend der Amtshilferichtlinie gemäß § 2 Absatz 11 des EU-Amtshilfegesetzes in der für den jeweiligen Stichtag der Steuerentstehung geltenden Fassung oder eines entsprechenden Nachfolgerechtsaktes. ⑥ Beitreibung im Sinne des Satzes 1 Nummer 2 ist die gegenseitige Unterstützung bei der Beitreibung von Forderungen im Sinne oder entsprechend der Beitreibungsrichtlinie einschließlich der in diesem Zusammenhang anzuwendenden Durchführungsbestimmungen in den für den jeweiligen Stichtag der Steuerentstehung geltenden Fassungen oder eines entsprechenden Nachfolgerechtsaktes. ⑦ Werden die steuerbegünstigten Zwecke des Zuwendungsempfängers nur im Ausland verwirklicht, setzt die Steuerbefreiung zusätzlich voraus, dass natürliche Personen mit Wohnsitz oder ihren gewöhnlichen Aufenthalt im Inland gefördert werden oder dass die Tätigkeit dieses Zuwendungsempfängers neben der Verwirklichung der steuerbegünstigten Zwecke auch zum Ansehen der Bundesrepublik Deutschland beitragen kann.

Anl zu R E 13.8

Erlass betr. steuerliche Konsequenzen der Einsetzung einer gemeinnützigen Stiftung als Vorerbin

Vom 12. November 2003

(FM Bayern 34 – S 3812 – 044 – 37478/03; koord. Ländererlass)

82 Nach § 13 Abs. 1 Nr. 16 Buchstabe b ErbStG sind unter anderem Zuwendungen von Todes wegen an eine Stiftung von der Erbschaftsteuer befreit, wenn die Stiftung unmittelbar und ausschließlich gemeinnützigen Zwecken dient.

Die Steuerbefreiung kommt im folgenden Fall jedoch nicht zur Anwendung:

Der Erblasser setzt eine gemeinnützige Stiftung als Vorerbin ein. Nacherben sind die Abkömmlinge des Erblassers oder Dritte. Der Nacherbfall soll zu einem Zeitpunkt eintreten, der durch die Person des Nacherben begründet wird (z. B. Volljährigkeit, Erreichung eines bestimmten Lebensalters, Abschluss der Ausbildung).

Der Übergang des Nachlasses auf die Stiftung unterliegt der Erbschaftsteuer. Für die Gewährung der Steuerbefreiung nach § 13 Abs. 1 Nr. 16 Buchstabe b ErbStG fehlt es an der Bindung des zugewandten Vermögens i. S. v. § 55 Abs. 1 Nr. 1 AO, wenn die Stiftung das Vermögen als Vorerbin nur auf (bestimmte) Zeit erhält und bei Eintritt des Nacherbfalls wieder heraus geben muss. Nach § 55 Abs. 1 Nr. 1 AO dürfen die Mittel der Stiftung nur für die satzungsmäßigen Zwecke verwendet werden. Da nur der einmalige Vermögensübergang auf die Stiftung der Erbschaftsteuer unterliegt, muss die Bindung gerade hinsichtlich des zugewendeten Vermögens bestehen. Nur dann ist eine vollständige Steuerbefreiung, wie sie § 13 Abs. 1 Nr. 16 Buchst. b ErbStG vorsieht, gerechtfertigt. Die absehbare Herausgabe des Vermögens an die Nacherben verstößt gegen die Vermögensbindung.

Der Erlass ergeht im Einvernehmen mit den obersten Finanzbehörden der anderen Länder.

R E 13.9 Gegenseitigkeitserklärungen

ErbStR R E 13.9

① Durch Artikel 10 Nummer 1 Buchstabe b des Steueränderungsgesetzes 2015 vom 2. 11. 2015 (BGBl. I S. 1834) wurde § 13 Absatz 1 Nummer 16 Buchstabe c ErbStG geändert. ② Bei Zuwendungen an ausländische Religionsgesellschaften, Körperschaften, Personenvereinigungen und Vermögensmassen mit Ansässigkeit in einem Staat oder einer Gebietskörperschaft, mit dem eine Gegenseitigkeitserklärung besteht, ist die Steuerbefreiung zu gewähren, wenn die Voraussetzungen des § 13 Absatz 1 Nummer 16 Buchstabe c ErbStG in der bis zum 5. 11. 2015 geltenden Fassung erfüllt sind. ③ Eine zur Befreiung von der deutschen Erbschaft- oder Schenkungsteuer notwendige Gegenseitigkeit liegt nur dann vor, wenn der ausländische Staat eine Erbschaftsteuer erhebt und seinerseits eine der deutschen Steuerbefreiung entsprechende Befreiung für Zuwendungen an deutsche steuerbegünstigte Körperschaften gewährt. ④ Ob diese Voraussetzungen vorliegen, hat das Bundesministerium der Finanzen durch förmlichen Austausch entsprechender Erklärungen mit dem ausländischen Staat festgestellt. 83

H E 13.9

H E 13.9

Gegenseitigkeitserklärungen. Es bestehen folgende Gegenseitigkeitsregelungen zur Befreiung von Zuwendungen an kirchliche, gemeinnützige oder mildtätige Einrichtungen: 84
- Dänemark (→ BMF-Schreiben vom 25. 9. 1953 – IV-S 3805 – 6/53 –)
- Italien (→ BMF-Schreiben vom 29. 6. 1988 – IV C 5 – S 1301 Ita – 5/88 –)
- Niederlande (DVR 1964 S. 140)
- den Schweizer Kantonen Appenzell-Ausserrhoden, Appenzell-Innerrhoden, Basel-Stadt, Graubünden, Luzern, St. Gallen, Solothurn, Thurgau, Uri, Waadt und Zug (→ BMF-Schreiben vom 25. 4. 2000, BStBl. I S. 464, 485)

Doppelbesteuerungsabkommen. Besondere Regelungen zur Befreiung von Zuwendungen an kirchliche, gemeinnützige oder mildtätige Einrichtungen enthalten: 85
- Artikel 10 Absatz 2 des DBA-USA vom 3. 12. 1980 i. d. F. der Bekanntmachung vom 21. 12. 2000 (BStBl. 2001 I S. 114)
- Artikel 12 des DBA-Frankreich vom 12. 10. 2006 (BStBl. 2009 I S. 1258) i. V. m. Artikel 21 des durch das Revisionsprotokoll vom 9. 6. 1969 sowie die Zusatzabkommen vom 28. 9. 1989 und vom 20. 12. 2001 geänderten Abkommens vom 21. 7. 1959 auf dem Gebiet der Ertragsteuern (BStBl. 1990 I S. 413 und BStBl. 2002 I S. 891)
- Artikel 28 des DBA-Schweden vom 14. 7. 1992 (BStBl. 1994 I S. 422).[1]

R E 13.10 Zuwendungen zu gemeinnützigen, mildtätigen und kirchlichen Zwecken

ErbStR R E 13.10

(1) ① Bei Zuwendungen zu gemeinnützigen, mildtätigen und kirchlichen Zwecken richten sich die Voraussetzungen der Steuerbefreiung nach § 13 Absatz 1 Nummer 17 ErbStG nach den §§ 51 ff. AO.[2] ② Der Erblasser oder Schenker muss die Verwendung zu dem begünstigten Zweck verfügt haben. ③ Die Verwendung muss gesichert sein. ④ Die begünstigten Zwecke können auch im Ausland verfolgt werden. 86

(2) ① § 13 Absatz 1 Nummer 17 ErbStG verlangt grundsätzlich die Bildung eines selbstständigen Zweckvermögens, das der Empfänger im Weg einer Zweckzuwendung (§ 8 ErbStG) erhalten hat. ② Es genügt jedoch z. B. auch bei einer selbst steuerbegünstigte Zwecke verfolgenden ausländischen Körperschaft, dass die Zuwendung zu satzungseigenen Zwecken verwendet werden soll. ③ Nicht ausreichend ist dagegen, wenn das zugewendete Vermögen zweckfreies Eigenvermögen wird, weil sich sonst die zweckgerechte Verwendung der zugewendeten Mittel nicht überprüfen lässt.[3] 87

(3) Auf Zweckzuwendungen an ausländische Körperschaften bleibt § 13 Absatz 1 Nummer 17 ErbStG anwendbar, auch wenn die Voraussetzungen des § 13 Absatz 1 Nummer 16 Buchstabe c ErbStG nicht erfüllt sind (→ R E 13.8 Absatz 3). 88

---

[1] **[Amtl. Anm.:]** Schweden erhebt seit 1. 1. 2005 keine Erbschaft- und Schenkungsteuer mehr. – *Anm. d. Red.:* Änderung des DBA Schweden durch Protokoll vom 18. 1. 2023 mit Gesetz vom 20. 10. 2023 (BGBl. II Nr. 307).

[2] §§ 51 ff. AO abgedruckt als Anlage a zu § 3 GrStG.

[3] Siehe aber *BFH-Urteil vom 4. 9. 1996 II R 21/95,* abgedruckt zu § 13 Abs. 1 Nr. 17 ErbStG.

HE 13.10

89

H E 13.10

Erträgnisse eines zugewendeten Vermögensstamms. → BFH vom 16. 1. 2002 II R 82/99, BStBl. II S. 303.[1]

ErbStR R E 13.11

90

R E 13.11 Verzicht auf Steuerbefreiung

① Der Erwerber von nach § 13 Absatz 1 Nummer 2 und 3 ErbStG steuerfreien oder teilweise steuerfreien Gegenständen kann zur Vermeidung von Besteuerungsnachteilen auf Grund des beschränkten Schuldenabzugs gemäß § 10 Absatz 6 ErbStG[2] auf die Steuerbefreiung verzichten (§ 13 Absatz 3 Satz 2 ErbStG). ② Werden im Rahmen eines einheitlichen Erwerbs mehrere befreite Gegenstände erworben und besteht nur bei einem oder einigen ein Schuldenüberhang, kann der Verzicht auf die Steuerbefreiung auch gegenstandsbezogen erklärt werden.

---

[1] *BFH-Urteil vom 16. 1. 2002 II R 82/99 (BStBl. II S. 303):* **1.** Ist eine Zuwendung von Todes wegen mit einer Auflage zugunsten eines bestimmten Zwecks verbunden, durch die die Bereicherung des Erwerbers gemindert wird, liegen zwei formal zu trennende steuerbare Vorgänge vor, nämlich zum einen ein Erwerb von Todes wegen gemäß § 3 Abs. 1 Nr. 1 ErbStG 1974 und zum anderen eine Zweckzuwendung gemäß § 8 des Gesetzes. **2.** Eine Zuwendung kann auch dann nach § 13 Abs. 1 Nr. 17 ErbStG 1974 in der bis 1992 geltenden Fassung befreit sein, wenn nicht ein zugewendeter Vermögensstamm, sondern nur dessen Erträgnisse zu begünstigten Zwecken verwendet werden sollen. **3.** Einer Steuerbefreiung nach dieser Vorschrift steht es auch nicht entgegen, wenn die Erträgnisse aus dem zugewendeten Vermögensstamm nicht in vollem Umfang zu den begünstigten Zwecken verwendet werden, sondern in Höhe von 20 v. H. der Verstärkung des Kapitalstammes dienen sollen.

[2] Siehe jetzt § 10 Abs. 6 a ErbStG.

ErbStG

§ 13a[1, 2] Steuerbefreiung für Betriebsvermögen, Betriebe der Land- und Forstwirtschaft und Anteile an Kapitalgesellschaften

1 (1) ① **Begünstigtes Vermögen im Sinne des § 13 b Absatz 2 bleibt vorbehaltlich der folgenden Absätze zu 85 Prozent steuerfrei (Verschonungsabschlag), wenn der Erwerb begünstigten Vermögens im Sinne des § 13 b Absatz 2 zuzüglich der Erwerbe im Sinne des Satzes 2 insgesamt 26 Millionen Euro nicht übersteigt.** ② **Bei mehreren Erwerben begünstigten Vermögens im Sinne des § 13 b Absatz 2 von derselben Person innerhalb von zehn Jahren werden bei der Anwendung des Satzes 1 die früheren Erwerbe nach ihrem früheren Wert dem letzten Erwerb hinzugerechnet.** ③ **Wird die Grenze von 26 Millionen Euro durch mehrere innerhalb von zehn Jahren von derselben Person anfallende Erwerbe überschritten, entfällt die Steuerbefreiung für die bis dahin nach Satz 1 oder Absatz 10 als steuerfrei behandelten früheren Erwerbe mit Wirkung für die Vergangenheit.** ④ **Die Festsetzungsfrist für die Steuer der früheren Erwerbe endet nicht vor dem Ablauf des vierten Jahres, nachdem das für die Erbschaftsteuer zuständige Finanzamt von dem letzten Erwerb Kenntnis erlangt.**[3]

2 (2) ① **Der nach Anwendung des Absatzes 1 verbleibende Teil des begünstigten Vermögens bleibt außer Ansatz, soweit der Wert dieses Vermögens insgesamt 150 000 Euro nicht übersteigt (Abzugsbetrag).** ② **Der Abzugsbetrag von 150 000 Euro verringert sich, soweit der Wert dieses Vermögens insgesamt die Wertgrenze von 150 000 Euro übersteigt, um 50 Prozent des diese Wertgrenze übersteigenden Betrags.** ③ **Der Abzugsbetrag kann innerhalb von zehn Jahren für von derselben Person anfallende Erwerbe begünstigten Vermögens nur einmal berücksichtigt werden.**

3 (3)[4, 5] ① **Voraussetzung für die Gewährung des Verschonungsabschlags nach Absatz 1 ist, dass die Summe der maßgebenden jährlichen Lohnsummen (Sätze 6 bis 13) des Betriebs, bei Beteiligungen an einer Personengesellschaft oder Anteilen an einer Kapitalgesellschaft des Betriebs der jeweiligen Gesellschaft innerhalb von fünf Jahren nach dem Erwerb (Lohnsummenfrist) insgesamt 400 Prozent der Ausgangslohnsumme nicht unterschreitet (Mindestlohnsumme).** ② **Ausgangslohnsumme ist die durchschnittliche Lohnsumme der letzten fünf vor dem Zeitpunkt der Entstehung der Steuer (§ 9) endenden Wirtschaftsjahre.** ③ **Satz 1 ist nicht anzuwenden, wenn**

1. die Ausgangslohnsumme 0 Euro beträgt oder

2. der Betrieb unter Einbeziehung der in den Sätzen 11 bis 13 genannten Beteiligungen und Gesellschaften sowie der nach Maßgabe dieser Bestimmung anteilig einzubeziehenden Beschäftigten nicht mehr als fünf Beschäftigte hat.

④ **An die Stelle der Mindestlohnsumme von 400 Prozent tritt bei**

1. mehr als fünf, aber nicht mehr als zehn Beschäftigten eine Mindestlohnsumme von 250 Prozent,

2. mehr als zehn, aber nicht mehr als 15 Beschäftigten eine Mindestlohnsumme von 300 Prozent.

⑤ **Unterschreitet die Summe der maßgebenden jährlichen Lohnsummen die Mindestlohnsumme, vermindert sich der nach Absatz 1 zu gewährende Verschonungsabschlag mit Wirkung für die Vergangenheit in demselben prozentualen Umfang, wie die Mindestlohnsumme unterschritten wird.**[6] ⑥ **Die Lohnsumme umfasst alle Vergütungen (Löhne und Gehälter und andere Bezüge und Vorteile), die im maßgebenden Wirtschaftsjahr an die auf den Lohn- und Gehaltslisten erfassten Beschäftigten gezahlt werden.**[7] ⑦ **Außer Ansatz bleiben Vergütungen an solche Beschäftigte,**

1. die sich im Mutterschutz im Sinne des Mutterschutzgesetzes in der Fassung der Bekanntmachung vom 20. Juni 2002 (BGBl. I S. 2318), das zuletzt durch Artikel 6 des Gesetzes vom 23. Oktober 2012 (BGBl. I S. 2246) geändert worden ist, befinden oder

2. die sich in einem Ausbildungsverhältnis befinden oder

3. die Krankengeld im Sinne des § 44 des Fünften Buches Sozialgesetzbuch – Gesetzliche Krankenversicherung – (Artikel 1 des Gesetzes vom 20. Dezember 1988,

---

[1] § 13 a anzuwenden auf Erwerbe, für die die Steuer nach dem 30. 6. 2016 entsteht (§ 37 Abs. 12 Satz 1 ErbStG).

[2] Siehe auch *BFH-Beschluss vom 29. 8. 2019 II B 79/18,* abgedruckt zu § 13 d ErbStG.

[3] § 13 a Abs. 1 Satz 3 und 4 anzuwenden auf frühere Erwerbe, für die die Steuer nach dem 30. 6. 2016 entsteht (§ 37 Abs. 12 Satz 2 ErbStG).

[4] Zum Brexit siehe *Tz. 1.4 a) gleich lautender Ländererlass vom 13. 12. 2021,* abgedruckt als Anlage zu R E 13.2 ErbStR.

[5] Siehe *Tz. 12 und 13 gleich lautender Ländererlass vom 5. 10. 2022,* abgedruckt als Anlage zu § 97 BewG.

[6] Siehe hierzu *gleich lautenden Ländererlass vom 30. 12. 2021,* abgedruckt als Anlage zu R E 13 a.9 ErbStR.

[7] *FG Münster, Urteil vom 1. 10. 2020 3 K 2983/17 F (EFG 2021 S. 130), rkr.:* Bei der Ermittlung der gesondert festzustellenden Ausgangslohnsumme i. S. d. *§ 13 a Abs. 1 Satz 3* [jetzt § 13 a Abs. 4] ErbStG i. V. m. *§ 13 a Abs. 4 Satz 1* [jetzt § 13 a Abs. 3 Satz 6] ErbStG sind Vergütungen an Beschäftigte eines Betriebs auch dann einzubeziehen, wenn diese nach dem Erwerb entsprechend der ertragsteuerlichen Qualifikation keinen Arbeitslohn, sondern gewerbliche Einkünfte beziehen. Eine teleologische Reduktion des *§ 13 a Abs. 4 Satz 1* [jetzt § 13 a Abs. 3 Satz 6 ff.] ErbStG dahingehend, dass derartige Vergütungen in der Ausgangslohnsumme nicht anzusetzen sind, ist nicht vorzunehmen.

BGBl. I S. 2477, 2482), das durch Artikel 3 des Gesetzes vom 30. Mai 2016 (BGBl. I S. 1254) geändert worden ist, beziehen oder

4. die Elterngeld im Sinne des Bundeselterngeld- und Elternzeitgesetzes in der Fassung der Bekanntmachung vom 27. Januar 2015 (BGBl. I S. 33) beziehen oder

5. die nicht ausschließlich oder überwiegend in dem Betrieb tätig sind (Saisonarbeiter); diese im Zeitpunkt der Entstehung der Steuer (§ 9) einem Betrieb zuzurechnenden Beschäftigten bleiben bei der Anzahl der Beschäftigten des Betriebs im Sinne der Sätze 3 und 4 unberücksichtigt. ⑧ Zu den Vergütungen zählen alle Geld- oder Sachleistungen für die von den Beschäftigten erbrachte Arbeit, unabhängig davon, wie diese Leistungen bezeichnet werden und ob es sich um regelmäßige oder unregelmäßige Zahlungen handelt. ⑨ Zu den Löhnen und Gehältern gehören alle von den Beschäftigten zu entrichtenden Sozialbeiträge, Einkommensteuern und Zuschlagsteuern auch dann, wenn sie vom Arbeitgeber einbehalten und von ihm im Namen des Beschäftigten direkt an den Sozialversicherungsträger und die Steuerbehörde abgeführt werden. ⑩ Zu den Löhnen und Gehältern zählen alle von den Beschäftigten empfangenen Sondervergütungen, Prämien, Gratifikationen, Abfindungen, Zuschüsse zu Lebenshaltungskosten, Familienzulagen, Provisionen, Teilnehmergebühren und vergleichbare Vergütungen. ⑪ Gehören zum Betriebsvermögen des Betriebs, bei Beteiligungen an einer Personengesellschaft und Anteilen an einer Kapitalgesellschaft des Betriebs der jeweiligen Gesellschaft, unmittelbar oder mittelbar Beteiligungen an Personengesellschaften, die ihren Sitz oder ihre Geschäftsleitung im Inland, in einem Mitgliedstaat der Europäischen Union oder in einem Staat des Europäischen Wirtschaftsraums haben, sind die Lohnsummen und die Anzahl der Beschäftigten dieser Gesellschaften einzubeziehen zu dem Anteil, zu dem die unmittelbare oder mittelbare Beteiligung besteht. ⑫ Satz 11 gilt für Anteile an Kapitalgesellschaften entsprechend, wenn die unmittelbare oder mittelbare Beteiligung mehr als 25 Prozent beträgt. ⑬ Im Fall einer Betriebsaufspaltung sind die Lohnsummen und die Anzahl der Beschäftigten der Besitzgesellschaft und der Betriebsgesellschaft zusammenzuzählen.

4 (4) **① Das für die Bewertung der wirtschaftlichen Einheit örtlich zuständige Finanzamt im Sinne des § 152 Nummer 1 bis 3 des Bewertungsgesetzes stellt die Ausgangslohnsumme, die Anzahl der Beschäftigten und die Summe der maßgebenden jährlichen Lohnsummen gesondert fest, wenn diese Angaben für die Erbschaftsteuer oder eine andere Feststellung im Sinne dieser Vorschrift von Bedeutung sind. ② Bei Anteilen an Kapitalgesellschaften, die nach § 11 Absatz 1 des Bewertungsgesetzes zu bewerten sind, trifft die Feststellungen des Satzes 1 das örtlich zuständige Finanzamt entsprechend § 152 Nummer 3 des Bewertungsgesetzes. ③ Die Entscheidung über die Bedeutung trifft das Finanzamt, das für die Festsetzung der Erbschaftsteuer oder die Feststellung nach § 151 Absatz 1 Satz 1 Nummer 1 bis 3 des Bewertungsgesetzes zuständig ist. ④ § 151 Absatz 3 und die §§ 152 bis 156 des Bewertungsgesetzes sind auf die Sätze 1 bis 3 entsprechend anzuwenden.**

5 (5) **① Ein Erwerber kann den Verschonungsabschlag (Absatz 1) und den Abzugsbetrag (Absatz 2) nicht in Anspruch nehmen, soweit er begünstigtes Vermögen im Sinne des § 13 b Absatz 2 auf Grund einer letztwilligen Verfügung des Erblassers oder einer rechtsgeschäftlichen Verfügung des Erblassers oder Schenkers auf einen Dritten übertragen muss. ② Gleiches gilt, wenn ein Erbe im Rahmen der Teilung des Nachlasses begünstigtes Vermögen im Sinne des § 13 b Absatz 2 auf einen Miterben überträgt. ③ Überträgt ein Erbe erworbenes begünstigtes Vermögen im Sinne des § 13 b Absatz 2 im Rahmen der Teilung des Nachlasses auf einen Dritten und gibt der Dritte dabei diesem Erwerber nicht begünstigtes Vermögen hin, das er vom Erblasser erworben hat, erhöht sich insoweit der Wert des begünstigten Vermögens des Dritten um den Wert des hingegebenen Vermögens, höchstens jedoch um den Wert des übertragenen Vermögens.**

(6)[1, 2] **① Der Verschonungsabschlag (Absatz 1) und der Abzugsbetrag (Absatz 2) fallen nach Maßgabe des Satzes 2 mit Wirkung für die Vergangenheit weg, soweit der Erwerber innerhalb von fünf Jahren (Behaltensfrist)**

6 **1.**[3, 4] **einen Gewerbebetrieb oder einen Teilbetrieb, eine Beteiligung an einer Gesellschaft im Sinne des § 97 Absatz 1 Satz 1 Nummer 5 Satz 1 des Bewertungsgesetzes, einen Anteil eines persönlich haftenden Gesellschafters einer Kommanditgesellschaft**

---

[1] Zum Brexit siehe *Tz. 1.4 b), c) gleich lautender Ländererlass vom 13. 12. 2021,* abgedruckt als Anlage zu R E 13.2 ErbStR.

[2] *BFH-Urteil vom 16. 2. 2005 II R 39/03 (BStBl. II S. 571):* Der Wegfall der Steuerbefreiung nach § 13 Abs. 2 a Satz 3 ErbStG a. F. [jetzt § 13 a Abs. 6] tritt unabhängig davon ein, aus welchen Gründen das begünstigt erworbene Betriebsvermögen veräußert oder der Betrieb aufgegeben wurde; eine teleologische Reduktion des Nachversteuerungstatbestands kommt insoweit nicht in Betracht.

[3] Zur Einbringung eines Mitunternehmeranteils in eine GmbH vgl. *Erlass Baden-Württemberg vom 20. 7. 2012* (nachfolgend Anlage zu R E 13 a.13 ErbStR.

[4] Siehe *Tz. 14 bis 16, 22 und 25 gleich lautender Ländererlass vom 5. 10. 2022,* abgedruckt als Anlage zu § 97 BewG.

auf Aktien oder einen Anteil daran veräußert; als Veräußerung gilt auch die Aufgabe des Gewerbebetriebs. ② Gleiches gilt, wenn wesentliche Betriebsgrundlagen eines Gewerbebetriebs veräußert oder in das Privatvermögen überführt oder anderen betriebsfremden Zwecken zugeführt werden oder wenn Anteile an einer Kapitalgesellschaft veräußert werden, die der Veräußerer durch eine Sacheinlage (§ 20 Absatz 1 des Umwandlungssteuergesetzes vom 7. Dezember 2006 (BGBl. I S. 2782, 2791), zuletzt geändert durch Artikel 6 des Gesetzes vom 2. November 2015 (BGBl. I S. 1834), in der jeweils geltenden Fassung) aus dem Betriebsvermögen im Sinne des § 13 b erworben hat oder wenn eine Beteiligung an einer Gesellschaft im Sinne des § 97 Absatz 1 Satz 1 Nummer 5 Satz 1 des Bewertungsgesetzes oder ein Anteil daran veräußert wird, den der Veräußerer durch eine Einbringung des Betriebsvermögens im Sinne des § 13 b in eine Personengesellschaft (§ 24 Absatz 1 des Umwandlungssteuergesetzes) erworben hat;[1]

2. das land- und forstwirtschaftliche Vermögen im Sinne des § 168 Absatz 1 Nummer 1 des Bewertungsgesetzes und selbst bewirtschaftete Grundstücke im Sinne des § 159 des Bewertungsgesetzes veräußert. ② Gleiches gilt, wenn das land- und forstwirtschaftliche Vermögen einem Betrieb der Land- und Forstwirtschaft nicht mehr dauernd zu dienen bestimmt ist oder wenn der bisherige Betrieb innerhalb der Behaltensfrist als Stückländerei zu qualifizieren wäre oder Grundstücke im Sinne des § 159 des Bewertungsgesetzes nicht mehr selbst bewirtschaftet werden; 7

3.[2] **als Inhaber eines Gewerbebetriebs, als Gesellschafter einer Gesellschaft im Sinne des § 97 Absatz 1 Satz 1 Nummer 5 Satz 1 des Bewertungsgesetzes oder als persönlich haftender Gesellschafter einer Kommanditgesellschaft auf Aktien bis zum Ende des letzten in die Fünfjahresfrist fallenden Wirtschaftsjahres Entnahmen tätigt, die die Summe seiner Einlagen und der ihm zuzurechnenden Gewinne oder Gewinnanteile seit dem Erwerb um mehr als 150 000 Euro übersteigen; Verluste bleiben unberücksichtigt. ② Gleiches gilt für Inhaber eines begünstigten Betriebs der Land- und Forstwirtschaft oder eines Teilbetriebs oder eines Anteils an einem Betrieb der Land- und Forstwirtschaft. ③ Bei Ausschüttungen an Gesellschafter einer Kapitalgesellschaft ist sinngemäß zu verfahren;** 8

4. Anteile an Kapitalgesellschaften im Sinne des § 13 b Absatz 1 Nummer 3 ganz oder teilweise veräußert; eine verdeckte Einlage der Anteile in eine Kapitalgesellschaft steht der Veräußerung der Anteile gleich. ② Gleiches gilt, wenn die Kapitalgesellschaft innerhalb der Frist aufgelöst oder ihr Nennkapital herabgesetzt wird, wenn diese wesentliche Betriebsgrundlagen veräußert und das Vermögen an die Gesellschafter verteilt wird; Satz 1 Nummer 1 Satz 2 gilt entsprechend.[3] **③ In den Fällen einer insolvenzbedingten Auflösung gilt Satz 2 erste Alternative erst mit der Aufgabe des Betriebs oder soweit wesentliche Betriebsgrundlagen veräußert werden;** 9

5.[4] **im Fall des § 13 b Absatz 1 Nummer 3 Satz 2 die Verfügungsbeschränkung oder die Stimmrechtsbündelung aufgehoben wird.** 10

② Der rückwirkende Wegfall des Verschonungsabschlags beschränkt sich in den Fällen des Satzes 1 Nummer 1, 2, 4 und 5 auf den Teil, der dem Verhältnis der im Zeitpunkt der schädlichen Verfügung verbleibenden Behaltensfrist einschließlich des Jahres, in dem die Verfügung erfolgt, zur gesamten Behaltensfrist entspricht. ③ In den Fällen des Satzes 1 Nummer 1, 2 und 4 ist von einer rückwirkenden Besteuerung abzusehen, wenn der Veräußerungserlös innerhalb der jeweils nach § 13 b Absatz 1 begünstigungsfähigen Vermögensart verbleibt. ④ Hiervon ist auszugehen, wenn der Veräußerungserlös innerhalb von sechs Monaten in entsprechendes Vermögen investiert wird, das zum begünstigten Vermögen im Sinne des § 13 b Absatz 2 gehört.

(7) **① Der Erwerber ist verpflichtet, dem für die Erbschaftsteuer zuständigen Finanzamt innerhalb einer Frist von sechs Monaten nach Ablauf der Lohnsummenfrist das** 11

---

[1] *BFH-Urteil vom 16. 3. 2021 II R 10/18 (DStR S. 1648):* **1.** Die Eröffnung des Insolvenzverfahrens über das Vermögen einer (Unter-)Personengesellschaft, an der eine Oberpersonengesellschaft beteiligt ist, führt nicht zum nachträglichen Wegfall des verminderten Wertansatzes für das Betriebsvermögen der Oberpersonengesellschaft. **2.** Der Verschonungsabschlag für den Erwerb eines Anteils an einer Oberpersonengesellschaft kann jedoch nachträglich wegfallen, wenn Wirtschaftsgüter der Unterpersonengesellschaft, die wesentliche Betriebsgrundlagen der Oberpersonengesellschaft darstellen, veräußert oder anderen betriebsfremden Zwecken zugeführt werden. Für die Beurteilung, ob Betriebsgrundlagen der Unterpersonengesellschaft funktional wesentlich für den Betrieb der Oberpersonengesellschaft sind, sind qualitative und quantitative Merkmale heranzuziehen. – Ebenso *BFH v. 16. 3. 2021 II R 11/18 (BFH/NV S. 1073). – Anm. d. Red.:* Anwendung auch für das ab 1. 7. 2016 geltende Recht.

[2] Siehe *Tz. 17 und 18 gleich lautender Ländererlass vom 5. 10. 2022,* abgedruckt als Anlage zu § 97 BewG.

[3] § 13 a Abs. 6 Satz 1 Nr. 4 i. d. F. des JStG 2024 anzuwenden auf Erwerbe, für die die Steuer nach dem 31. 12. 2024 entsteht (§ 37 Abs. 21 ErbStG).

[4] *FG Hamburg, Urteil vom 28. 9. 2023 3 K 124/21 (EFG 2024 S. 2014) rkr. (Rev. unzulässig, BFH-Beschluss vom 11. 12. 2024 II R 32/23):* **1.** Die Nachversteuerungsregelung des § 13 a Abs. 5 Nr. 5 ErbStG 2009 ist nicht erwerberbezogen auszulegen, d. h. es ist kein Kausalzusammenhang zwischen Erwerberhandeln und Aufhebung der Verfügungsbeschränkung oder Stimmrechtsbündelung erforderlich. **2.** Die Beendigung der Verfügungsbeschränkung und der Stimmrechtsbündelung durch Übertragung sämtlicher der Pool-Bindung unterfallenden Anteile auf einen Dritten stellt eine Aufhebung im Sinne des § 13 a Abs. 5 Nr. 5 ErbStG 2009 dar.

ErbStG

Unterschreiten der Mindestlohnsumme (Absatz 3 Satz 1) anzuzeigen. ② In den Fällen des Absatzes 6 ist der Erwerber verpflichtet, dem für die Erbschaftsteuer zuständigen Finanzamt den entsprechenden Sachverhalt innerhalb einer Frist von einem Monat, nachdem der jeweilige Tatbestand verwirklicht wurde, anzuzeigen. ③ Die Festsetzungsfrist für die Steuer endet nicht vor dem Ablauf des vierten Jahres, nachdem das für die Erbschaftsteuer zuständige Finanzamt von dem Unterschreiten der Mindestlohnsumme (Absatz 3 Satz 1) oder dem Verstoß gegen die Behaltensregelungen (Absatz 6) Kenntnis erlangt. ④ Die Anzeige ist eine Steuererklärung im Sinne der Abgabenordnung. ⑤ Sie ist schriftlich abzugeben. ⑥ Die Anzeige hat auch dann zu erfolgen, wenn der Vorgang zu keiner Besteuerung führt.

12 (8) **Soweit nicht inländisches Vermögen zum begünstigten Vermögen im Sinne des § 13 b Absatz 2 gehört, hat der Steuerpflichtige nachzuweisen, dass die Voraussetzungen für eine Steuerbefreiung im Zeitpunkt der Entstehung der Steuer (§ 9) und während der gesamten in den Absätzen 3 und 6 genannten Zeiträume bestehen.**

13 (9) **① Für begünstigtes Vermögen im Sinne des § 13 b Absatz 2 wird vor Anwendung des Absatzes 1 ein Abschlag gewährt, wenn der Gesellschaftsvertrag oder die Satzung Bestimmungen enthält, die**

1. die Entnahme oder Ausschüttung auf höchstens 37,5 Prozent des um die auf den Gewinnanteil oder die Ausschüttungen aus der Gesellschaft entfallenden Steuern vom Einkommen gekürzten Betrages des steuerrechtlichen Gewinns beschränken; Entnahmen zur Begleichung der auf den Gewinnanteil oder die Ausschüttungen aus der Gesellschaft entfallenden Steuern vom Einkommen bleiben von der Beschränkung der Entnahme oder Ausschüttung unberücksichtigt und

2. die Verfügung über die Beteiligung an der Personengesellschaft oder den Anteil an der Kapitalgesellschaft auf Mitgesellschafter, auf Angehörige im Sinne des § 15 der Abgabenordnung oder auf eine Familienstiftung (§ 1 Absatz 1 Nummer 4) beschränken und

3. für den Fall des Ausscheidens aus der Gesellschaft eine Abfindung vorsehen, die unter dem gemeinen Wert der Beteiligung an der Personengesellschaft oder des Anteils an der Kapitalgesellschaft liegt,

und die Bestimmungen den tatsächlichen Verhältnissen entsprechen. ② Gelten die in Satz 1 genannten Bestimmungen nur für einen Teil des begünstigten Vermögens im Sinne des § 13 b Absatz 2, ist der Abschlag nur für diesen Teil des begünstigten Vermögens zu gewähren. ③ Die Höhe des Abschlags entspricht der im Gesellschaftsvertrag oder in der Satzung vorgesehenen prozentualen Minderung der Abfindung gegenüber dem gemeinen Wert (Satz 1 Nummer 3) und darf 30 Prozent nicht übersteigen. ④ Die Voraussetzungen des Satzes 1 müssen zwei Jahre vor dem Zeitpunkt der Entstehung der Steuer (§ 9) vorliegen. ⑤ Die Steuerbefreiung entfällt mit Wirkung für die Vergangenheit, wenn die Voraussetzungen des Satzes 1 nicht über einen Zeitraum von 20 Jahren nach dem Zeitpunkt der Entstehung der Steuer (§ 9) eingehalten werden; die §§ 13 c und 28 a bleiben unberührt. ⑥ In den Fällen des Satzes 1

1. ist der Erwerber verpflichtet, dem für die Erbschaftsteuer zuständigen Finanzamt die Änderungen der genannten Bestimmungen oder der tatsächlichen Verhältnisse innerhalb einer Frist von einem Monat anzuzeigen,

2. endet die Festsetzungsfrist für die Steuer nicht vor dem Ablauf des vierten Jahres, nachdem das für die Erbschaftsteuer zuständige Finanzamt von der Änderung einer der in Satz 1 genannten Bestimmungen oder der tatsächlichen Verhältnisse Kenntnis erlangt.

13a (9 a)[1] **① Das für die Bewertung der wirtschaftlichen Einheit örtlich zuständige Finanzamt im Sinne des § 152 Nummer 2 und 3 des Bewertungsgesetzes stellt das Vorliegen der Voraussetzungen für den Abschlag nach Absatz 9 und dessen Höhe auf den Zeitpunkt der Entstehung der Steuer (§ 9) gesondert fest, wenn diese Angaben für die Erbschaftsteuer von Bedeutung sind. ② Die Entscheidung über die Bedeutung trifft das Finanzamt, das für die Festsetzung der Erbschaftsteuer zuständig ist. ③ § 151 Absatz 3 und die §§ 152 bis 156 des Bewertungsgesetzes sind auf die Sätze 1 und 2 entsprechend anzuwenden.**

14 (10) **① Der Erwerber kann unwiderruflich erklären, dass die Steuerbefreiung nach den Absätzen 1 bis 9 in Verbindung mit § 13 b nach folgender Maßgabe gewährt wird:**

1. In Absatz 1 Satz 1 tritt an die Stelle des Verschonungsabschlags von 85 Prozent ein Verschonungsabschlag von 100 Prozent;

2. in Absatz 3 Satz 1 tritt an die Stelle der Lohnsummenfrist von fünf Jahren eine Lohnsummenfrist von sieben Jahren;

---

[1] § 13 a Abs. 9 a anzuwenden ab 29. 12. 2020 (§ 37 Abs. 18 ErbStG); siehe zur Anwendung auch *Tz. 4 gleich lautender Ländererlass vom 13. 9. 2021,* abgedruckt als Anlage zu § 13 a ErbStG.

3. in Absatz 3 Satz 1 und 4 tritt an die Stelle der Mindestlohnsumme von 400 Prozent eine Mindestlohnsumme von 700 Prozent;

4. in Absatz 3 Satz 4 Nummer 1 tritt an die Stelle der Mindestlohnsumme von 250 Prozent eine Mindestlohnsumme von 500 Prozent;

5. in Absatz 3 Satz 4 Nummer 2 tritt an die Stelle der Mindestlohnsumme von 300 Prozent eine Mindestlohnsumme von 565 Prozent;

6. in Absatz 6 tritt an die Stelle der Behaltensfrist von fünf Jahren eine Behaltensfrist von sieben Jahren.

② Voraussetzung für die Gewährung der Steuerbefreiung nach Satz 1 ist, dass das begünstigungsfähige Vermögen nach § 13 b Absatz 1 nicht zu mehr als 20 Prozent aus Verwaltungsvermögen nach § 13 b Absatz 3 und 4 besteht. ③ Der Anteil des Verwaltungsvermögens am gemeinen Wert des Betriebs bestimmt sich nach dem Verhältnis der Summe der gemeinen Werte der Einzelwirtschaftsgüter des Verwaltungsvermögens nach § 13 b Absatz 3 und 4 zum gemeinen Wert des Betriebs.

(11) **Die Absätze 1 bis 10 gelten in den Fällen des § 1 Absatz 1 Nummer 4 entsprechend.** 15

Übersicht

		Rz.
R E 13 a.1	Steuerbefreiung für Betriebsvermögen, Betriebe der Land- und Forstwirtschaft und Anteile an Kapitalgesellschaften – Allgemeines	20–22
R E 13 a.2	Schwellenwert von 26 Millionen EUR; H E 13 a.2	23–26
R E 13 a.3	Gleitender Abzugsbetrag; H E 13 a.3	27–29
R E 13 a.4	Lohnsummenregelungen – Allgemeines; H E 13 a.4	30–33
R E 13 a.5	Beschreibung der Lohnsumme; H E 13 a.5	34–36
Anlagen:		
	a) VO (EG) Nr. 1503/2006 [„Löhne und Gehälter"]	40
	b) Erlass betr. Behandlung des Kurzarbeitergeldes bei der Lohnsumme i. S. d. § 13 a Abs. 3 ErbStG	40 a
R E 13 a.6	Lohnsumme bei mehreren wirtschaftlichen Einheiten; H E 13 a.6	41, 42
R E 13 a.7	Ermittlung der Ausgangslohnsumme und der Summe der maßgebenden jährlichen Lohnsummen; H E 13 a.7	43–61
R E 13 a.8	Ermittlung der Lohnsummen in Umwandlungsfällen; H E 13 a.8	65–73
R E 13 a.9	Verstoß gegen die Lohnsummenregelung	75, 76
Anlage:		
	Erlass betr. Billigkeitsmaßnahmen i. Z. m. der Summe der maßgebenden jährlichen Lohnsummen nach § 13 a Abs. 3 Satz 5 ErbStG	76 a
R E 13 a.10	Feststellung der Anzahl der Beschäftigten, der Ausgangslohnsumme und der Summe der maßgebenden jährlichen Lohnsumme	77–80
R E 13 a.11	Folgen einer Weitergabeverpflichtung oder einer Nachlassteilung; H E 13 a.11	81–84
R E 13 a.12	Behaltensregelungen – Allgemeines; H E 13 a.12	85–87
R E 13 a.13	Behaltensregelungen für Betriebsvermögen; H E 13 a.13	88–92
Anlage:		
	Erlass betr. Behandlung einer „anderen Gegenleistung" i. S. d. § 20 UmwStG im Rahmen des *§ 13 a Abs. 5 Satz 1 Nr. 1 ErbStG*	93
R E 13 a.14	Behaltensregelungen für land- und forstwirtschaftliches Vermögen	97–100
R E 13 a.15	Entnahmebegrenzung; H E 13 a.15	101–110
R E 13 a.16	Behaltensregelungen für Anteile an Kapitalgesellschaften; H E 13 a.16	111–117
R E 13 a.17	Wegfall der Verfügungsbeschränkung oder Stimmrechtsbindung	120–122
R E 13 a.18	Reinvestitionsklausel	123
R E 13 a.19	Durchführung der Nachversteuerung; H E 13 a.19	124–132
R E 13 a.20	Vorwegabschlag bei Familienunternehmen; H E 13a.20	135–145
R E 13 a.21	Optionsverschonung; H E 13 a.21	146–151
Anlage:		
	Erlass betr. Anwendung der die Optionsverschonung betreffenden Vorschriften des ErbStG aufgrund des BFH-Urteils v. 26. 7. 2022 II R 25/20 (BStBl. 2024 II S. 21)	160–173
R E 13 a.22	Begünstigte Erwerbe bei Familienstiftungen	175
Anlage:		
	Erlass betr. Anwendung der geänderten Vorschriften des ErbStG für Erwerbe mit einer Steuerentstehung nach dem 28. 12. 2020	180

Zu § 13 a ErbStG

R E 13 a.1 Steuerbefreiung für Betriebsvermögen, Betriebe der Land- und Forstwirtschaft und Anteile an Kapitalgesellschaften – Allgemeines

ErbStR R E 13 a.1

(1) ① §§ 13 a bis 13 c und 28 a ErbStG regeln die zu gewährenden Verschonungen beim Erwerb von begünstigtem Betriebsvermögen, begünstigtem land- und forstwirtschaftlichen Vermögen und begünstigten Anteilen an Kapitalgesellschaften (§ 13 b Absatz 2 ErbStG). ② Die Regelverschonung beträgt 85 Prozent (§ 13 a Absatz 1 Satz 1 ErbStG) mit einem zusätzlichen gleitenden Abzugsbe- 20

trag von höchstens 150 000 EUR (§ 13 a Absatz 2 ErbStG), wenn der Wert des begünstigten Vermögens (§ 13 b Absatz 2 ErbStG) den Schwellenwert von 26 Millionen EUR nicht überschreitet (→ R E 13 a.2). ③ Auf Antrag wird statt der Regelverschonung eine Befreiung zu 100 Prozent gewährt (Optionsverschonung, § 13 a Absatz 10 ErbStG).

21 (2) ① Bei der Gewährung der Steuerbefreiung ist von folgenden Grundsätzen auszugehen. ② Für jede wirtschaftliche Einheit des begünstigungsfähigen Vermögens nach § 13 b Absatz 1 ErbStG ist

1. der Umfang des begünstigten Vermögens (§ 13 b Absatz 2 ErbStG) gesondert zu prüfen,
2. ein Vorwegabschlag nach § 13 a Absatz 9 ErbStG (→ R E 13 a.20) zu prüfen,
3. die Lohnsumme (§ 13 a Absatz 3 Satz 6 bis 13 ErbStG) gesondert zu ermitteln,
4. zu prüfen, ob und in welcher Weise bereits gegen die Behaltensregelungen (§ 13 a Absatz 6 ErbStG) verstoßen wurde.

③ *Umfasst das auf einen Erwerber übertragene begünstigungsfähige Vermögen (→ R E 13 b.3 bis 13 b.6) mehrere selbstständig zu bewertende wirtschaftliche Einheiten einer Vermögensart (z. B. mehrere Gewerbebetriebe) oder mehrere Arten begünstigungsfähigen Vermögens (land- und forstwirtschaftliches Vermögen, Betriebsvermögen, Anteile an Kapitalgesellschaften), sind die darauf jeweils entfallenden Werte des begünstigten Vermögens vor der Anwendung der §§ 13 a, 13 c oder 28 a ErbStG zusammenzurechnen.*[1] ④ Der Schwellenwert von 26 Millionen EUR (§ 13 a Absatz 1 Satz 1 und 2 ErbStG; → R E 13 a.2) ist bezogen auf den zusammengerechneten Wert des begünstigten Vermögens zu prüfen. ⑤ Beim Erwerb mehrerer wirtschaftlicher Einheiten sind auch solche in die Prüfung des Schwellenwerts einzubeziehen, bei denen der Anteil des Verwaltungsvermögens nach § 13 b Absatz 3 und 4 ErbStG mehr als 20 Prozent beträgt, sodass eine Optionsverschonung nach § 13 a Absatz 10 ErbStG nicht in Betracht kommt. ⑥ Beim Erwerb mehrerer wirtschaftlicher Einheiten sind wirtschaftliche Einheiten, die wegen des übermäßigen Verwaltungsvermögens nach § 13 b Absatz 2 Satz 2 ErbStG nicht zum begünstigten Vermögen gehören, bei der Prüfung des Schwellenwerts nicht mit einzubeziehen. ⑦ Soweit der Erwerber das erworbene begünstigte Vermögen in Folge einer Weitergabeverpflichtung oder einer Nachlassteilung auf einen Dritten übertragen muss (§ 13 a Absatz 5 ErbStG), ist dieses nicht in die Prüfung des Schwellenwerts mit einzubeziehen. ⑧ Der Verschonungsabschlag nach §§ 13 a oder 13 c ErbStG und der Abzugsbetrag nach § 13 a Absatz 2 ErbStG können nur von einem insgesamt positiven Steuerwert des gesamten begünstigten Vermögens abgezogen werden. ⑨ Sätze 5 bis 7 gelten für die Verschonungsbedarfsprüfung nach § 28 a ErbStG entsprechend. ⑩ Die Prüfung, ob die Mindestlohnsumme (§ 13 a Absatz 3 Satz 1 und 4 ErbStG; → R E 13 a.9) erfüllt ist, erfolgt insgesamt für alle erworbenen wirtschaftlichen Einheiten des begünstigten Vermögens.

22 (3) ① Eine Inanspruchnahme des Schenkers für die Schenkungsteuer nach § 20 Absatz 1 Satz 1 ErbStG bei einem Verstoß eines Erwerbers gegen die Behaltensregelungen oder die Lohnsummenregelung für begünstigtes Vermögen erfolgt nicht, es sei denn, er hat die Steuer nach § 10 Absatz 2 ErbStG auch für diesen Fall selbst übernommen. ② Das Gleiche gilt, wenn der Vorwegabschlag nach § 13 a Absatz 9 ErbStG rückwirkend entfällt.

ErbStR R E 13 a.2

R E 13 a.2[2] Schwellenwert von 26 Millionen EUR

(1) ① Die Regelverschonung (§ 13 a Absatz 1 und 2 ErbStG) bzw. die Optionsverschonung (§ 13 a Absatz 10 ErbStG) sind ausgeschlossen, wenn der Wert des erworbenen begünstigten Vermögens
23 (§ 13 b Absatz 2 ErbStG) den Wert von 26 Millionen EUR überschreitet (Schwellenwert; § 13 a Absatz 1 Satz 1 und 2 ErbStG; → Absatz 2). ② Wird der Schwellenwert durch mehrere innerhalb von zehn Jahren von derselben Person anfallende Erwerbe überschritten, entfällt die für die bis dahin nach § 13 a Absatz 1 Satz 1 oder Absatz 10 ErbStG als steuerfrei behandelten früheren Erwerbe gewährte Steuerbefreiung mit Wirkung für die Vergangenheit, wenn auch für die früheren Erwerbe die Steuer nach dem 30. Juni 2016 entstanden ist (§ 13 a Absatz 1 Satz 3 in Verbindung mit § 37 Absatz 12 Satz 2 ErbStG). ③ Die Festsetzungsfrist für die Steuer der früheren Erwerbe endet nicht vor dem Ablauf des vierten Jahres, nachdem das für die Erbschaftsteuer zuständige Finanzamt von dem letzten Erwerb Kenntnis erlangt (§ 13 a Absatz 1 Satz 4 ErbStG). ④ Der Erwerber kann

1. unwiderruflich beantragen, auf den Erwerb das Abschmelzmodell für den Verschonungsabschlag anzuwenden (§ 13 c ErbStG; → R E 13 c.1). ② Eine Verschonungsbedarfsprüfung nach § 28 a ErbStG ist dann ausgeschlossen (§ 13 c Absatz 2 Satz 6 ErbStG);
2. widerruflich beantragen, die Verschonungsbedarfsprüfung mit vollständigem oder teilweisem Erlass der auf das begünstigte Vermögen entfallenden Steuer durchzuführen (§ 28 a ErbStG; → R E 28 a.1). ② Diese ist ausgeschlossen, wenn er bereits unwiderruflich beantragt hat, das Abschmelzmodell nach § 13 c ErbStG anzuwenden (§ 28 a Absatz 8 ErbStG).

24 (2) ① Zur Prüfung des Schwellenwerts sind mehrere innerhalb von zehn Jahren von derselben Person angefallene Erwerbe begünstigten Vermögens zusammenzurechnen. ② Die früheren Erwerbe begünstigten Vermögens sind dabei mit ihrem früheren Wert zu berücksichtigen (§ 13 a

[1] R E 13 a.1 Abs. 2 Satz 3 überholt durch *Rz. 5 gleich lautender Ländererlass vom 22. 12. 2023,* abgedruckt als Anlage zu R E 13 a.21 ErbStR.
[2] Siehe *Rz. 13 gleich lautender Ländererlass vom 22. 12. 2023,* abgedruckt als Anlage zu R E 13 a.21 ErbStR.

Absatz 1 Satz 2 ErbStG). ③ Kommt es bei den in die Prüfung des Schwellenwerts einzubeziehenden Vorerwerben zu einem Verstoß gegen die Lohnsummenregelung (§ 13a Absatz 3 ErbStG) oder Behaltensregelung (§ 13a Absatz 6 ErbStG), führt dies nicht zu einer Änderung des Ansatzes des Werts des begünstigten Vermögens aus diesen Vorerwerben bei der Einbeziehung in den Schwellenwert, da sich nicht der Wert des begünstigten Vermögens, sondern nur die Höhe der Steuerbefreiung für das begünstigte Vermögen ändert. ④ Bei einem Wegfall des Vorwegabschlags (§ 13a Absatz 9 ErbStG) für einen Vorerwerb ist der erhöhte Wert des begünstigten Vermögens bei der Ermittlung des Schwellenwerts zu Grunde zu legen. ⑤ Entsprechendes gilt, wenn der Vorwegabschlag für den letzten Erwerb entfällt.

(3)[1] ① In die Zusammenrechnung sind nicht nur Vorerwerbe begünstigten Vermögens einzubeziehen, für die die Steuer nach dem 30. Juni 2016 entsteht, sondern auch Vorerwerbe begünstigten Vermögens, für die die Steuer nach der jeweils geltenden Gesetzeslage vor dem 1. Juli 2016 bzw. 1. Januar 2009 entstanden ist. ② § 37 Absatz 12 ErbStG schränkt die Anwendung des § 13a Absatz 1 Satz 2 ErbStG für die Prüfung, ob mit einem Erwerb nach dem 30. Juni 2016 einschließlich der Erwerbe begünstigten Vermögens innerhalb von zehn Jahren von derselben Person die Prüfschwelle überschritten wird, nicht ein. ③ Die Zusammenrechnung stellt keine unzulässige Rückwirkung dar, denn für die Besteuerung der früheren Erwerbe vor dem 1. Juli 2016 hat das Überschreiten des Schwellenwerts keine nachteiligen Folgen. ④ Diese werden ausschließlich nach der bis zum 31. Dezember 2008 bzw. 30. Juni 2016 anzuwendenden Gesetzeslage besteuert (vgl. § 37 Absatz 1 bis 3 ErbStG). ⑤ § 13a Absatz 1 Satz 2 in Verbindung mit Satz 1 ErbStG trifft keine Rechtsfolgen für die früheren Erwerbe vor dem 1. Juli 2016, sondern nur für Erwerbe nach dem 30. Juni 2016. ⑥ Ist ein früherer Erwerb einzubeziehen, für den die Steuer vor dem 1. Juli 2016 und nach dem 31. Dezember 2008 entstanden ist, wird als früherer Wert des begünstigten Vermögens der nach § 13b Absatz 1 bis 4 ErbStG in der bis zum 30. Juni 2016 anzuwendenden Fassung ermittelte Wert von 85 Prozent (Regelverschonung) bzw. 100 Prozent (Optionsverschonung) des um den Wert des jungen Verwaltungsvermögens im Sinne des § 13b Absatz 2 Satz 4 ErbStG a. F. verminderten begünstigungsfähigen Vermögens zugrunde gelegt. ⑦ Im Fall eines früheren Erwerbs, für den die Steuer vor dem 1. Januar 2009 entstanden ist, ist als früherer Wert des begünstigten Vermögens der Wert anzusetzen, der nach § 13a Absatz 4 ErbStG in der bis zum 31. Dezember 2008 anzuwendenden Fassung ermittelt wurde. ⑧ Der bei der Besteuerung des jeweiligen Erwerbs angesetzte Wert des begünstigten Vermögens kann ohne zusätzliche Ermittlung übernommen werden. 25

H E 13a.2
Prüfung des Schwellenwerts

HE 13a.2

Beispiel 1: 26

A verschenkt an seine Tochter T am 1. 10. 2016 einen Gewerbebetrieb mit einem gemeinen Wert von 15 000 000 EUR. Das begünstigte Vermögen beträgt 10 000 000 EUR.
Nach 3 Jahren verstirbt A. Zum Nachlass, der an seine Tochter als Alleinerbin übergeht, gehören 30% der Anteile an der B-GmbH. Deren gemeiner Wert beträgt 22 000 000 EUR und das begünstigte Vermögen 17 000 000 EUR.
Prüfung Schwellenwert:

Erwerb vom 1. 10. 2016	10 000 000 EUR
Erwerb vom 1. 10. 2019	17 000 000 EUR
	27 000 000 EUR

Nach 4 Jahren (2. 10. 2020) verkauft T den Gewerbebetrieb.
Für den Erwerb vom 1. 10. 2016 ist eine Nachversteuerung nach § 13a Absatz 6 ErbStG durchzuführen. Trotz des Verstoßes gegen die Behaltensregelungen überschreitet der Gesamterwerb des begünstigten Vermögens weiterhin mit 27 000 000 EUR den Schwellenwert von 26 000 000 EUR. Für den Erwerb vom 1. 10. 2019 ist keine Änderung bei der Steuerverschonung vorzunehmen.

Beispiel 2:

C verschenkt an ihren Sohn S 100% der Anteile an der D-GmbH. Deren gemeiner Wert beträgt 50 000 000 EUR und das begünstigte Vermögen 27 000 000 EUR. Die Voraussetzungen für die Gewährung des Vorwegabschlags sind gegeben. Er beträgt 20%.
Das nach Abzug des Vorwegabschlags vorhandene begünstigte Vermögen beträgt 21 600 000 EUR (27 000 000 EUR – 5 400 000 EUR (20% von 27 000 000 EUR)). Damit liegt kein Großerwerb vor, weil der Schwellenwert von 26 000 000 EUR nicht überschritten wird.
Nach 4 Jahren liegen die Voraussetzungen für die Gewährung des Vorwegabschlags nicht mehr vor. Das begünstigte Vermögen beträgt damit 27 000 000 EUR, so dass von einem Großerwerb auszugehen ist. Die Steuerverschonung ist unter Berücksichtigung der geänderten Verhältnisse anzupassen.

R E 13a.3[2] Gleitender Abzugsbetrag

ErbStR RE 13a.3

(1) ① Von dem Teil des auf einen Erwerber übergegangenen begünstigten Vermögens, der nach Anwendung des Verschonungsabschlags verbleibt, wird ein Betrag von 150 000 EUR abgezogen (Abzugsbetrag). ② Der Abzugsbetrag von 150 000 EUR verringert sich, wenn der Wert des ver- 27

[1] *FG Düsseldorf, Gerichtsbescheid vom 17. 7. 2024 4 K 1675/23 Erb (DStR S. 2479) nrkr., Rev. BFH II R 22/24:* Nach § 13c Abs. 2 S. 2 ErbStG werden bei mehreren Erwerben begünstigten Vermögens iSd § 13b Abs. 2 ErbStG von derselben Person innerhalb von zehn Jahren für die Bestimmung des Verschonungsabschlags für den letzten Erwerb nach § 13c Abs. 1 ErbStG die früheren Erwerbe nach ihrem früheren Wert dem letzten Erwerb hinzugerechnet. Die Regelung ist so auszulegen, dass sie auf § 13b Abs. 2 ErbStG in der seit 1. 7. 2016 geltenden Fassung Bezug nimmt. Begünstigtes Vermögen iSd § 13b Abs. 2 ErbStG kann daher erst ab dem 1. 7. 2016 erworben worden sein.

[2] Siehe *Rz. 14 gleich lautender Ländererlass vom 22. 12. 2023,* abgedruckt als Anlage zu R E 13a.21 ErbStR.

bleibenden Vermögens insgesamt die Wertgrenze von 150 000 EUR übersteigt, um 50 Prozent des diese Wertgrenze übersteigenden Betrags. ③ Im Fall der Optionsverschonung nach § 13a Absatz 10 ErbStG ist der Abzugsbetrag ohne Bedeutung.[1]

28 (2) ① Der Abzugsbetrag steht für das von derselben Person innerhalb von zehn Jahren insgesamt zugewendete begünstigte Vermögen nur einmal zur Verfügung (§ 13a Absatz 2 Satz 3 ErbStG). ② Die Zehnjahresfrist beginnt im Zeitpunkt der Steuerentstehung für den begünstigten Erwerb. ③ Der vollständige Verbrauch des Abzugsbetrags tritt für das übertragene Vermögen insgesamt ein, unabhängig davon, in welcher Höhe er sich bei der Steuerfestsetzung tatsächlich ausgewirkt hat; das gilt auch, wenn sich der Abzugsbetrag aufgrund der Abschmelzung nach § 13a Absatz 2 Satz 2 ErbStG auf null EUR verringert hat. ④ Die Inanspruchnahme eines Abzugsbetrags nach § 13a Absatz 2 ErbStG in der bis 30. Juni 2016 anzuwendenden Fassung auf Grund der begünstigten Zuwendung von Betriebsvermögen, land- und forstwirtschaftlichem Vermögen oder Anteilen an Kapitalgesellschaften vor dem 1. Juli 2016 schließt innerhalb des Zehnjahreszeitraums die erneute Gewährung des Abzugsbetrags aus. ⑤ Die Inanspruchnahme eines Freibetrags nach § 13a Absatz 1 ErbStG in der bis zum 31. Dezember 2008 anzuwendenden Fassung auf Grund der begünstigten Zuwendung von Betriebsvermögen, land- und forstwirtschaftlichem Vermögen oder Anteilen an Kapitalgesellschaften vor dem 1. Januar 2009 schließt innerhalb des Zehnjahreszeitraums die Gewährung des Abzugsbetrags nicht aus.

H E 13a.3

H E 13a.3

29 **Auswirkung des Abzugsbetrags.** Begünstigtes Vermögen von bis zu 1 000 000 EUR wird im Fall der Regelverschonung durch den Verschonungsabschlag von 85% und den Abzugsbetrag vollständig befreit. Der Abzugsbetrag verringert sich gleitend bei einem Wert des begünstigten Vermögens zwischen 1 000 001 EUR und 2 999 999 EUR.

Beispiel:

Erblasser E hinterlässt seinem Sohn S einen Gewerbebetrieb mit einem gemeinen Wert von 2 200 000 EUR. Das begünstigte Vermögen hat einen Wert von 2 000 000 EUR.

Für den Abzugsbetrag ergibt sich folgende Berechnung:

begünstigtes Betriebsvermögen		2 000 000 EUR	
Verschonungsabschlag (85%)		./. 1 700 000 EUR	
Verbleibender Wert		300 000 EUR	
Abzugsbetrag		./. 75 000 EUR	
Steuerpflichtiges begünstigtes Betriebsvermögen			225 000 EUR
Abzugsbetrag		150 000 EUR	
Verbleibender Wert (15%)	300 000 EUR		
Abzugsbetrag	./. 150 000 EUR		
Unterschiedsbetrag	150 000 EUR		
davon 50%		./. 75 000 EUR	
Verbleibender Abzugsbetrag		75 000 EUR	

ErbStR R E 13a.4

R E 13a.4 Lohnsummenregelung – Allgemeines

(1) Die Lohnsumme ist nach § 13a Absatz 3 Satz 6 bis 13 ErbStG zu ermitteln.

30 (2) ① Die Lohnsummenregelung ist bei Betrieben mit nicht mehr als fünf Beschäftigten oder
31 einer Ausgangslohnsumme von null EUR nicht anzuwenden (§ 13a Absatz 3 Satz 3 ErbStG). ② Bei der Bestimmung der Mindestanzahl der Beschäftigten ist auf die Anzahl der Beschäftigten abzustellen, die im Besteuerungszeitpunkt im zugewendeten Betrieb oder in der Gesellschaft beschäftigt sind, an der die zugewendete Beteiligung oder der zugewendete Anteil besteht. ③ Dabei ist es unerheblich, zu welchem Anteil der Betrieb oder die Gesellschaft zugewendet wird. ④ Dies gilt jedoch nicht in Fällen, in denen kurz vor der Übertragung eine Reduzierung der Anzahl der Beschäftigten erfolgt (§ 42 AO). ⑤ Eine Umrechnung nach § 23 Absatz 1 Satz 4 Kündigungsschutzgesetz (KSchG) auf der Grundlage der regelmäßigen wöchentlichen Arbeitszeit erfolgt nicht. ⑥ Einzubeziehen sind grundsätzlich alle Beschäftigten unabhängig von ihrem sozialversicherungsrechtlichen Status. ⑦ Hierzu zählen auch geringfügig Beschäftigte (§ 8 SGB IV). ⑧ Nicht einzubeziehen sind Beschäftigte, die

– sich in Mutterschutz befinden,
– sich in einem Ausbildungsverhältnis befinden,
– Krankengeld beziehen,
– Elterngeld beziehen,
– nicht ausschließlich oder überwiegend in dem Betrieb tätig sind (Saisonarbeiter),
– Leiharbeiter sind.

⑨ Die an diese Beschäftigten gezahlten Vergütungen bleiben ebenfalls außer Ansatz. ⑩ Umfasst das auf einen Erwerber übertragene begünstigte Vermögen mehrere selbstständig zu bewertende wirtschaftliche Einheiten einer Vermögensart (z. B. mehrere Gewerbebetriebe) oder mehrere Arten begünstigten Vermögens (land- und forstwirtschaftliches Vermögen, Betriebsvermögen, Anteile an Kapitalgesellschaften), sind die Beschäftigten für jede wirtschaftliche Einheit getrennt zu ermitteln.

[1] Siehe *Rz. 14 gleich lautender Ländererlass vom 22. 12. 2023,* abgedruckt als Anlage zu R E 13a.21 ErbStR.

⑪ Bei Anteilen an Kapitalgesellschaften und Beteiligungen an Personengesellschaften ist auf die Beschäftigten der Gesellschaft abzustellen. ⑫ Wenn die Anzahl der Beschäftigten in einer der wirtschaftlichen Einheiten nicht mehr als fünf beträgt, bleibt deren Ausgangslohnsumme und Summe der maßgebenden jährlichen Lohnsummen außer Betracht. ⑬ Bei der Prüfung, ob die Mindestbeschäftigtenzahl erreicht wird, sind auch die Beschäftigten nachgeordneter Gesellschaften mit der entsprechenden Beteiligungsquote einzubeziehen (§ 13 a Absatz 3 Satz 11 und 12 ErbStG). ⑭ Dies gilt auch, wenn die Beteiligungen oder Anteile an den nachgeordneten Gesellschaften im Sonderbetriebsvermögen gehalten werden. ⑮ Im Fall einer Betriebsaufspaltung (→ R E 13 b.14 Absatz 1) ist die Anzahl der Beschäftigten der Besitzgesellschaft und der Betriebsgesellschaft zusammenzurechnen (§ 13 a Absatz 3 Satz 13 ErbStG). ⑯ Hierunter fallen nur Betriebsaufspaltungen, bei denen die Beteiligung bzw. der Anteil an der Betriebsgesellschaft nicht zum Betriebsvermögen des Besitzunternehmens gehören und nur hinsichtlich des Besitzunternehmens bzw. der Betriebsgesellschaft eine Übertragung erfolgt.

(3) Zur Mindestlohnsumme → R E 13 a.9. 32

H E 13 a.4

H E 13 a.4

Gesellschafter-Geschäftsführer einer Kapitalgesellschaft. Der angestellte Gesellschafter-Geschäftsführer einer Kapitalgesellschaft zählt zu den beschäftigten Arbeitnehmern, selbst wenn er sozialversicherungsrechtlich nicht als Arbeitnehmer behandelt wird. Ist er bei mehreren Arbeitgebern (z. B. mehreren Kapitalgesellschaften) beschäftigt, zählt er bei jedem der Arbeitgeber zu den beschäftigten Arbeitnehmern. 33

Gesellschafter-Geschäftsführer einer Personengesellschaft.[1] Der angestellte Gesellschafter-Geschäftsführer einer Personengesellschaft zählt nicht zu den beschäftigten Arbeitnehmern, auch wenn er sozialversicherungsrechtlich als Arbeitnehmer behandelt wird.

Geschäftsführer einer Komplementär-GmbH. Ist der angestellte Geschäftsführer einer Komplementär-GmbH gleichzeitig Mitunternehmer der Kommanditgesellschaft, zählt dieser nicht zu den beschäftigten Arbeitnehmern, sofern dessen Vergütung in vollem Umfang als Sondervergütung (§ 15 Absatz 1 Satz 1 Nummer 2 EStG) zu qualifizieren ist. Wird die Vergütung des Geschäftsführers ertragsteuerlich nur teilweise als Sondervergütung behandelt, ist der Geschäftsführer bei der Ermittlung der Zahl der Beschäftigten zu berücksichtigen.
Zur Ermittlung der Lohnsumme → H E 13 a.5 „Sonderbetriebseinnahmen bei Gesellschaftern einer Personengesellschaft".

R E 13 a.5 Beschreibung der Lohnsumme

ErbStR R E 13 a.5

① Die Beschreibung der Lohnsumme orientiert sich an der Definition in Anhang I der Verordnung (EG) Nummer 1503/2006 der Kommission vom 28. September 2006 (ABl. L 281/15).[2] ② Im Allgemeinen ist es nicht zu beanstanden, wenn bei inländischen Gewerbebetrieben von dem in der Gewinn- und Verlustrechnung ausgewiesenen Aufwand für Löhne und Gehälter (vgl. § 275 Absatz 2 Nummer 6 HGB) ausgegangen wird. ③ Altersvorsorge, die durch Entgeltumwandlung vom Beschäftigten getragen wird, ist einzubeziehen; der Arbeitgeberanteil zu den gesetzlichen Sozialabgaben sowie tariflich vereinbarte, vertraglich festgelegte oder freiwillige Sozialbeiträge durch den Arbeitgeber bleiben ausgenommen. ④ Das dem Arbeitgeber von der Bundesagentur für Arbeit ausgezahlte Kurzarbeitergeld ist von diesem Aufwand nicht abzuziehen, da hierfür das Saldierungsverbot des § 246 Absatz 2 HGB greift.[3] 34

H E 13 a.5

H E 13 a.5

Überhöhte Vergütungen für Arbeitnehmer einer Kapitalgesellschaft. Überhöhte Vergütungen für den Geschäftsführer oder andere Arbeitnehmer, die als verdeckte Gewinnausschüttung qualifiziert wurden, sind nicht in die Lohnsumme einzubeziehen. 35

Sonderbetriebseinnahmen bei Gesellschaftern einer Personengesellschaft.[4] In dem Umfang, in dem die Vergütung eines Gesellschafters einer Personengesellschaft als Sondervergütung (§ 15 Absatz 1 Satz 1 Nummer 2 EStG) zu qualifizieren ist, bleibt diese bei der Ermittlung der Ausgangslohnsumme und der Summe der maßgebenden jährlichen Lohnsumme unberücksichtigt. 36
Zur Ermittlung der Anzahl der Beschäftigten → H E 13 a.4 „Geschäftsführer einer Komplementär-GmbH".

---

[1] Hiervon abweichend *FG Münster vom 15. 4. 2025 3 K 483/24 F,* abgedruckt zu H E 13 a.5 „Sonderbetriebseinnahmen bei Gesellschaftern einer Personengesellschaft" ErbStH.

[2] Nachfolgend abgedruckt als Anlage a zu R E 13 a.5 ErbStR.

[3] Siehe *gleich lautenden Ländererlass vom 14. 10. 2020* (nachfolgend Anlage b zu R E 13 a.5 ErbStR).

[4] Siehe aber *FG Münster, Urteil v. 15. 4. 2025 3 K 483/24 F, nrkr., Rev. zugelassen,* wonach die an die Gesellschafter gezahlten Löhne bei der Ermittlung der Ausgangslohnsumme und der Summe der maßgebenden jährlichen Lohnsumme zu berücksichtigen sind.

Anl a zu R E 13a.5

a) Verordnung (EG) Nr. 1503/2006 der Kommission zur Durchführung und Änderung der Verordnung (EG) Nr. 1165/98 des Rates über Konjunkturstatistiken im Hinblick auf die Definition der Variablen, die Liste der Variablen und die Häufigkeit der Datenerstellung

Vom 28. September 2006 (ABl. EG Nr. L 281 S. 15, 22)

– Auszug –

Anhang I. Definition der Ziele und Merkmale der Variablen

...

40 **Variable: 230 Löhne und Gehälter**

Ziel des Index der Löhne und Gehälter ist es, die Entwicklung der Lohnsumme zu schätzen.

Als Löhne und Gehälter gelten alle Geld- oder Sachleistungen, die an die auf den Lohn- und Gehaltslisten erfassten Beschäftigten (einschließlich Heimarbeitern) für die von ihnen während des Bezugszeitraums erbrachte Arbeit geleistet werden, unabhängig davon, ob es sich um Stunden-, Stück- oder Akkordlohn, regelmäßige oder unregelmäßige Zahlungen handelt.

Zu den Löhnen und Gehältern gehören alle vom Arbeitnehmer zu entrichtenden Sozialbeiträge, Einkommensteuern usw. auch dann, wenn sie vom Arbeitgeber einbehalten und von ihm im Namen des Arbeitnehmers direkt an den Sozialversicherungsträger, die Steuerbehörde usw. abgeführt werden. Nicht zu den Löhnen und Gehältern zählen die vom Arbeitgeber zu entrichtenden Sozialbeiträge.

Zu den Löhnen und Gehältern zählen alle vom Arbeitnehmer empfangenen Sondervergütungen, Prämien, Gratifikationen, „13. Monatsgehälter", Entlassungsabfindungen, Zuschüsse zu Mieten, Transportkosten, Lebenshaltungskosten, Familienzulagen, Trinkgelder, Provisionen, Teilnehmergebühren u. ä. sowie alle vom Arbeitnehmer zu entrichtenden und vom Arbeitgeber einbehaltenen Steuern, Sozialbeiträge und sonstigen Zahlungen.

Aufwendungen für Leiharbeitnehmer sind nicht in den Löhnen und Gehältern enthalten.

Nach dieser Definition sind in den Löhnen und Gehältern eingeschlossen:

- alle regelmäßig zu zahlenden Grundlöhne und -gehälter,
- Zuschläge für Überstunden, Nachtschichten, Wochenendarbeit usw.,
- Zulagen, Gratifikationen oder Prämien, die durch den Arbeitgeber gezahlt werden, wie z. B.:
  - Lebenshaltungs- und Mietzuschüsse, Orts- und Auslandszulagen,
  - Verpflegungszuschüsse,
  - Fahrtkostenzuschüsse,
  - Urlaubsgeld, 13. Monatsgehalt,
  - tatsächlich geleistete Zahlungen für nicht in Anspruch genommene Urlaubstage,
  - Leistungs-, Produktions- und Produktivitätsprämien,
  - Erschwerniszulagen für extreme Arbeitsbedingungen durch Staub, Schmutz, Temperatur, Rauch, Gefahren usw.,
  - Sonderzahlungen an Arbeitnehmer, die aus dem Unternehmen ausscheiden, sofern sie nicht auf einem Tarifvertrag beruhen,
  - Prämien für Verbesserungsvorschläge und an die Mitarbeiter gezahlte Patentgebühren,
  - Vergütungen für Direktoren und Angestellte,
  - im Rahmen von Tarifverträgen vom Arbeitgeber gezahlte Familienzulagen,
- Provisionen,
- der Gegenwert von an die Mitarbeiter ausgegebenen Gratisaktien,
- Zahlungen der Arbeitgeber an die Arbeitnehmer im Rahmen von Sparplänen oder sonstigen Systemen,
- Steuern, Beiträge und sonstige Beträge, die von den Arbeitnehmern zu zahlen sind und von den Arbeitgebern einbehalten werden,
- alle Sachleistungen.

Die Definition umfasst nicht:

- vom Arbeitgeber zu zahlende gesetzliche Sozialbeiträge,
- tariflich vereinbarte, vertraglich festgelegte oder freiwillige Sozialbeiträge durch den Arbeitgeber,
- unterstellte Sozialbeiträge (vom Arbeitgeber direkt erbrachte Sozialleistungen),
- Vergütungen, die Arbeitnehmern für den Kauf von Werkzeugen, Material und Arbeitskleidung gezahlt werden, bzw. den Teil der Löhne und Gehälter, den die Arbeitnehmer aufgrund vertraglicher Verpflichtungen für derartige Käufe aufwenden müssen,
- auf die Gesamtlöhne und -gehälter vom Arbeitgeber gezahlte Steuern,
- Erstattungen von Reise-, Umzugs-, Trennungs-, Hotel- und Repräsentationskosten, Telefongebühren usw., die Arbeitnehmern bei der Ausübung ihrer Pflichten entstanden sind,
- Ausgaben für berufliche Bildung (Ausbildungskosten), ausgenommen Löhne und Gehälter für Auszubildende,
- Lohn- und Gehaltsfortzahlungen der Arbeitgeber an die Arbeitnehmer im Falle von Krankheit, Mutterschaft, Arbeitsunfall, Invalidität usw.,
- sonstige vom Arbeitgeber zu tragende Arbeitskosten:
  - Einstellungskosten,
  - Sozialausgaben wie die Erstattung von laufenden Kosten für die Beförderung der Arbeitnehmer zum Arbeitsplatz und zurück an ihre Wohnorte unabhängig davon, ob dies durch einen firmeneigenen Fahrdienst oder einen vom Unternehmen beauftragten Dritten erfolgt, Zahlungen an Gewerkschaftsfonds,

– Aktienoptionen.[1]

Für die Bewertung von Sachleistungen gilt folgende Regel: Vom Arbeitgeber produzierte Sachleistungen sollten zum Erzeugerpreis bewertet werden, vom Arbeitgeber gekaufte Sachleistungen zum Marktpreis.

b) Erlass betr. Behandlung des Kurzarbeitergeldes bei der Lohnsumme i. S. d. § 13 a Absatz 3 ErbStG

Anl b zu R E 13 a.5

Vom 14. Oktober 2020 (BStBl. I S. 1163)

(Gleich lautender Ländererlass)

Bei der Ermittlung der Lohnsumme nach § 13 a Abs. 3 S. 6 bis 13 ErbStG (Summe der maßgebenden jährlichen Lohnsumme) ist es gemäß R E 13 a.5 ErbStR im Allgemeinen nicht zu beanstanden, wenn bei inländischen Gewerbebetrieben von dem in der Gewinn- und Verlustrechnung ausgewiesenen Aufwand für Löhne und Gehälter ausgegangen wird. Das dem Arbeitgeber von der Bundesagentur für Arbeit ausgezahlte und gewinnwirksam gebuchte Kurzarbeitergeld ist von diesem Aufwand nicht abzuziehen. **40 a**

Das dem Arbeitgeber von der Bundesagentur für Arbeit ausgezahlte Kurzarbeitergeld ist in Fällen, in denen es bilanziell als durchlaufender Posten behandelt und weder ein Aufwand noch ein Ertrag erfasst wird, bei entsprechendem Kontennachweis zusätzlich zum in der Gewinn- und Verlustrechnung ausgewiesenen Lohn- und Gehaltsaufwand bei der Ermittlung der Lohnsumme zu berücksichtigen.

Die obigen Ausführungen gelten für die Ermittlung der Ausgangslohnsumme nach § 13 a Abs. 3 S. 2 ErbStG entsprechend.

R E 13 a.6[2] Lohnsumme bei mehreren wirtschaftlichen Einheiten

ErbStR R E 13 a.6

41 *① Umfasst das auf einen Erwerber übertragene begünstigte Vermögen mehrere selbstständig zu bewertende wirtschaftliche Einheiten einer Vermögensart (z. B. mehrere Gewerbebetriebe) oder mehrere Arten begünstigten Vermögens (land- und forstwirtschaftliches Vermögen, Betriebsvermögen, Anteile an Kapitalgesellschaften), erfolgt die Ermittlung zunächst bezogen auf jede wirtschaftliche Einheit. ② Zur Ermittlung der Mindestlohnsumme für alle wirtschaftlichen Einheiten sind die Mindestlohnsummen, die sich für die einzelnen wirtschaftlichen Einheiten auf der Grundlage der jeweiligen Ausgangslohnsummen und der jeweiligen Prozentsätze nach der Beschäftigtenzahl ergeben, zu einer Summe der Mindestlohnsummen zusammenzurechnen. ③ Zur Ermittlung der Summe der maßgebenden jährlichen Lohnsummen sind ebenfalls die Summen der maßgebenden jährlichen Lohnsummen der einzelnen wirtschaftlichen Einheiten zusammenzuzählen. ④ Sind Beteiligungen an einer Personengesellschaft oder Anteile an einer Kapitalgesellschaft (Anteile mehr als 25 Prozent am Nennkapital) in die Ermittlung der Lohnsumme im Sinne des Satzes 2 oder 3 einzubeziehen, ist dabei anteilig auf die Lohnsumme der Gesellschaft selbst abzustellen.*

H E 13 a.6

H E 13 a.6

Ermittlung der Anzahl der Beschäftigten, der Ausgangslohnsumme und der Mindestlohnsumme.[3]

42

Beispiel 1:

E ist verstorben und wurde von A als Alleinerbe beerbt. Ein Antrag auf Optionsverschonung wurde nicht gestellt. Zum Nachlass gehören 100% der Anteile an der A-GmbH, 50% der Anteile an der B-GmbH und 100% der Anteile an der C-GmbH:

Gesellschaft	Anzahl der Beschäftigten	Ausgangslohnsumme
A-GmbH	9	200 000 EUR
B-GmbH	10	350 000 EUR
C-GmbH	4	80 000 EUR

Die B-GmbH hält wiederum 100% der Anteile an der D-GmbH. Die D-GmbH hat 6 Beschäftigte und eine Ausgangslohnsumme von 150 000 EUR.

Ermittlung der Ausgangslohnsumme und der Anzahl der Beschäftigten:

Gesellschaft	festzustellende Anzahl der Beschäftigten	festzustellende Ausgangslohnsumme
A-GmbH	9	200 000 EUR
B-GmbH	16 (B-GmbH 10 + D-GmbH 6)	500 000 EUR (B-GmbH 350 000 EUR + D-GmbH 150 000 EUR)
D-GmbH	6	150 000 EUR

Hinsichtlich der B-GmbH ist die Anzahl der Beschäftigten und die Ausgangslohnsumme bezogen auf das gesamte Unternehmen festzustellen, auch wenn der Anteil des E nur 50% beträgt.

---

[1] **[Amtl. Anm.:]** Aktienoptionen (stock options) werden zwar oft als an den Gesamterfolg des Unternehmens geknüpfte Sonderzahlungen angesehen, sie wurden jedoch vor allem aus praktischen Gründen ausgeschlossen, da es an einer harmonisierten Definition fehlt und die Erhebung der Daten in der Praxis Schwierigkeiten bereitet.

[2] R E 13 a.6 überholt durch *Rz. 28 und 29 gleich lautender Ländererlass vom 22. 12. 2023,* mit Vertrauensschutzregelung in Rz. 37, abgedruckt als Anlage zu R E 13 a.21 ErbStR.

[3] Siehe *Rz. 29 gleich lautender Ländererlass vom 22. 12. 2023,* abgedruckt als Anlage zu R E 13 a.21 ErbStR.

Für die selbständige wirtschaftliche Einheit „Anteil C-GmbH" ist keine Ausgangslohnsumme und keine Anzahl der Beschäftigten festzustellen, da die Gesellschaft insgesamt nicht mehr als fünf Beschäftigte hat.

Ermittlung der Mindestlohnsumme:

Gesellschaft	festgestellte Ausgangslohnsumme	jeweiliger Prozentsatz für Mindestlohnsumme	Mindestlohnsumme
A-GmbH	200 000 EUR	250 Prozent	500 000 EUR
B-GmbH	500 000 EUR	400 Prozent	2 000 000 EUR
C-GmbH	–	–	–
Summe der Mindestlohnsumme			2 500 000 EUR

Beispiel 2:

E ist verstorben und wurde von A als Alleinerbe beerbt. Ein Antrag auf Optionsverschonung wurde nicht gestellt. Zum Nachlass gehören jeweils 100% der Anteile an folgenden Gesellschaften:

Gesellschaft	Anzahl der Beschäftigten	Ausgangslohnsumme
A-GmbH	9	200 000 EUR
B-GmbH	12	350 000 EUR

Die B-GmbH hält wiederum 100% der Anteile an der D-GmbH. Die D-GmbH hat 4 Beschäftigte und eine Ausgangslohnsumme von 150 000 EUR.

Ermittlung der Ausgangslohnsumme und der Anzahl der Beschäftigten:

Gesellschaft	festzustellende Anzahl der Beschäftigten	festzustellende Ausgangslohnsumme
A-GmbH	9	200 000 EUR
B-GmbH	16 (B-GmbH 12 + D-GmbH 4)	500 000 EUR (B-GmbH 350 000 EUR + D-GmbH 150 000 EUR)
D-GmbH	4	150 000 EUR

Obwohl die D-GmbH selbst nicht mehr als fünf Beschäftigte hat, ist die Ausgangslohnsumme und die Anzahl der Beschäftigten festzustellen, da diese Angaben für die Feststellung der Ausgangslohnsumme und die Anzahl der Beschäftigten bei der B-GmbH von Bedeutung sind (→ R E 13 a.10 Absatz 3).

Ermittlung der Mindestlohnsumme:

Gesellschaft	festgestellte Ausgangslohnsumme	jeweiliger Prozentsatz für Mindestlohnsumme	Mindestlohnsumme
A-GmbH	200 000 EUR	250 Prozent	500 000 EUR
B-GmbH	500 000 EUR	400 Prozent	2 000 000 EUR
Summe der Mindestlohnsumme			2 500 000 EUR

ErbStR R E 13 a.7

R E 13 a.7 Ermittlung der Ausgangslohnsumme und der Summe der maßgebenden jährlichen Lohnsummen

43 (1) ① Bei der Ermittlung der Ausgangslohnsumme sind die letzten fünf vor dem Zeitpunkt der Entstehung der Steuer endenden Wirtschaftsjahre maßgebend. ② Die Ausgangslohnsumme bezieht sich regelmäßig auf ein volles Wirtschaftsjahr. ③ Werden Beteiligungen an Kapitalgesellschaften von mehr als 25 Prozent oder Beteiligungen an Personengesellschaften in die Ausgangslohnsumme einbezogen, ist grundsätzlich ebenfalls auf die letzten fünf vor dem Zeitpunkt der Entstehung der Steuer endenden Wirtschaftsjahre dieser Gesellschaften abzustellen. ④ Die durchschnittliche Ausgangslohnsumme ist insgesamt zu ermitteln und der Umfang der Beteiligung auszuweisen. ⑤ Erfolgt vor dem Besteuerungszeitpunkt eine Umstellung auf ein abweichendes Wirtschaftsjahr, bestehen keine Bedenken, die Lohnsumme des Rumpf-Wirtschaftsjahrs in die Lohnsumme eines vollen Wirtschaftsjahrs (mit 12 Monaten) umzurechnen. ⑥ In Fällen einer Neugründung bestehen keine Bedenken, die durchschnittliche Ausgangslohnsumme aus dem kürzeren Zeitraum zu berechnen und in einen entsprechenden Jahresbetrag umzurechnen. ⑦ Änderungen der Rechtsform oder Umsetzungen des Personals innerhalb des Ermittlungszeitraums in einem Unternehmensverbund, deren Gliederungen zum begünstigten Vermögen gehören, sind zur Ermittlung der Ausgangslohnsumme in die Einheiten einzubeziehen, die an die Stelle der früheren Einheiten getreten sind; das Gleiche gilt bei Verschmelzungen oder Einbringungen. ⑧ Lohnsummen einer im Besteuerungszeitpunkt zum Gewerbebetrieb gehörenden, in einem Drittstaat belegenen Betriebstätte sind nicht einzubeziehen. ⑨ Im Fall einer Betriebsaufspaltung sind die Lohnsummen der Besitzgesellschaft und der Betriebsgesellschaft zusammenzurechnen (§ 13a Absatz 3 Satz 13 ErbStG). ⑩ Hierunter fallen nur Betriebsaufspaltungen, bei denen die Beteiligung bzw. der Anteil an der Betriebsgesellschaft nicht zum Betriebsvermögen des Besitzunternehmens gehören und nur hinsichtlich des Besitzunternehmens bzw. der Betriebsgesellschaft eine Übertragung erfolgt.

H E 13a.7 (1)

H E 13 a.7 (1)

44

Abweichende Wirtschaftsjahre

Beispiel:

A erwirbt Anteile an der A-GmbH (Wirtschaftsjahr = Kalenderjahr) am 1. 2. 06. Zur A-GmbH gehört eine 100%-Beteiligung an der B-GmbH, deren Wirtschaftsjahr jeweils am 30. 6. endet. Zur B-GmbH gehört eine 50%-Beteiligung an der C-GmbH, deren Wirtschaftsjahr jeweils am 30. 11. endet.

Zur Ermittlung der Ausgangslohnsumme ist auf folgende Zeiträume abzustellen:

A-GmbH	1. 1. 01 bis 31. 12. 05
B-GmbH	1. 7. 00 bis 30. 6. 05
C-GmbH	1. 12. 00 bis 30. 11. 05

Mehrere wirtschaftliche Einheiten.[1]

Beispiel:

A erwirbt sämtliche Anteile an der A-GmbH und ein Einzelunternehmen. Die A-GmbH beschäftigt 23 und das Einzelunternehmen 27 Arbeitnehmer. Im Besteuerungszeitpunkt beträgt die Ausgangslohnsumme der A-GmbH 1 000 000 EUR und im Einzelunternehmen 2 000 000 EUR. Nach 5 Jahren beträgt die Lohnsumme der A-GmbH 3 700 000 EUR, das entspricht 370% der Ausgangslohnsumme, und im Einzelunternehmen 10 600 000 EUR, das entspricht 530% der Ausgangslohnsumme.

Die Ausgangslohnsumme des gesamten begünstigt erworbenen Vermögens beträgt 3 000 000 EUR. Nach 5 Jahren beläuft sich die kumulierte Lohnsumme auf 14 300 000 EUR, das entspricht 476% der Ausgangslohnsumme. Auch für die Anteile an der A-GmbH erfolgt damit keine Nachversteuerung.

R E 13 a.7 (2)

RE 13 a.7 (2) 45

(2)[2] ① Bei der Ermittlung der Ausgangslohnsumme sind die Lohnsummen der im Besteuerungszeitpunkt zum Betrieb gehörenden mittelbaren und unmittelbaren Beteiligungen an Personengesellschaften, die ihren Sitz oder ihre Geschäftsleitung im Inland oder in einem Mitgliedstaat der Europäischen Union oder in einem Staat des Europäischen Wirtschaftsraums haben, unabhängig von der Beteiligungshöhe stets anteilig einzubeziehen (§ 13 a Absatz 3 Satz 11 ErbStG), nicht dagegen die Löhne, die in Beteiligungen an Personengesellschaften mit Sitz oder Geschäftsleitung in Drittstaaten gezahlt werden. ② Dies gilt auch, wenn die Beteiligungen oder Anteile an den nachgeordneten Gesellschaften im Sonderbetriebsvermögen gehalten werden. ③ Gehört eine Beteiligung nicht innerhalb des gesamten Zeitraums für die Ermittlung der Ausgangslohnsumme zum Betrieb, ist die Lohnsumme nur für den Zeitraum der Zugehörigkeit tagegenau zu diesem Betrieb einzubeziehen. ④ Wenn sich die Beteiligungsquote innerhalb des Zeitraums für die Ermittlung der Ausgangslohnsumme verändert hat, ist die Lohnsumme der Gesellschaft für den jeweiligen Zeitraum in der jeweils bestehenden Beteiligungshöhe einzubeziehen. ⑤ Eine nur zeitanteilige Ermittlung der Lohnsumme ist ausgeschlossen, wenn dadurch die durchschnittliche Ausgangslohnsumme nicht hinreichend abgebildet wird.[3] ⑥ Dies kann beispielsweise der Fall sein, wenn ein seit Jahren bestehender Betrieb mit einer großen Anzahl von Beschäftigten und dem entsprechend hohen Lohnsummen in eine Vorratsgesellschaft eingebracht wird.

H E 13 a.7 (2)

HE 13 a.7 (2) 46

Ermittlung der Anzahl der Beschäftigten und der Ausgangslohnsumme bei Übertragung begünstigten Betriebsvermögens. Wird ein Einzelunternehmen mit Sitz/Geschäftsleitung im Inland, einem Mitgliedstaat der Europäischen Union oder einem Staat des Europäischen Wirtschaftsraums oder eine Beteiligung an einer Personengesellschaft i. S. d. § 15 Absatz 1 Satz 1 Nummer 2 und Absatz 3 EStG oder § 18 Absatz 4 EStG mit Sitz/Geschäftsleitung im Inland, einem Mitgliedstaat der Europäischen Union oder einem Staat des Europäischen Wirtschaftsraums übertragen, sind bei der Ermittlung der Anzahl der Beschäftigten und der Ausgangslohnsumme folgende Beschäftigte bzw. Löhne und Gehälter zu berücksichtigen:

Zum Vermögen des Einzelunternehmens/der Personengesellschaft gehören	Einbeziehung der Beschäftigten sowie der Löhne und Gehälter
Betriebstätte im Inland	Die Beschäftigten sowie die Löhne und Gehälter sind einzubeziehen (§ 13 a Absatz 3 Satz 1 ErbStG).
Betriebstätte in einem Mitgliedstaat der Europäischen Union oder einem Staat des Europäischen Wirtschaftsraums	Die Beschäftigten sowie die Löhne und Gehälter sind einzubeziehen (§ 13 a Absatz 3 Satz 1 ErbStG).
Betriebstätte in einem Drittstaat	Da es sich nicht um begünstigungsfähiges Betriebsvermögen handelt (→ R E 13 b.5 Absatz 4 Satz 2 und 3), bleiben die in der Betriebstätte eines Drittstaats beschäftigten Arbeitnehmer und die gezahlten Löhne und Gehälter unberücksichtigt.

[1] Überholt durch *Rz. 28 und 29 gleich lautender Ländererlass vom 22. 12. 2023,* mit Vertrauensschutzregelung in Rz. 37, abgedruckt als Anlage zu R E 13 a.21 ErbStR.

[2] *BFH-Urteil vom 14. 11. 2018 II R 34/15 (BStBl. 2019 II S. 674):* **1.** … **2.** Bei der Ermittlung der Zahl der Beschäftigten einer Holdinggesellschaft sind die Arbeitnehmer von Gesellschaften, an denen eine Beteiligung besteht, nicht einzubeziehen (Rechtslage für Erwerbe bis einschließlich 6. 6. 2013).

[3] *FG Münster, Urteil vom 12. 11. 2020 3 K 3208/17 F (EFG 2021 S. 286), rkr.:* **1.** *§ 13 a Abs. 1 Satz 3* [jetzt § 13 a Abs. 3 Satz 2] ErbStG ist dahingehend auszulegen, dass der für die Ermittlung der durchschnittlichen Lohnsumme maßgebliche Zeitraum jedenfalls bei einer neu gegründeten Vorratsgesellschaft im ersten Wirtschaftsjahr erst ab dem Zeitpunkt beginnt, in dem sie selbst, etwa durch die Aufnahme einer eigenen betrieblichen Tätigkeit oder durch das Halten von Beteiligungen, zu einer Gesellschaft mit einer eigenen wirtschaftlichen Funktion wird. **2.** Bei einer neu gegründeten Holdinggesellschaft ist die Ausgangslohnsumme der nachgeordneten Beteiligungsgesellschaft auch dann vollständig und nicht nur zeitanteilig zu übernehmen, wenn sich der Ermittlungszeitraum auf nur einen Tag beschränkt.

HE 13a.7 (2)

noch 46

Zum Vermögen des Einzelunternehmens/der Personengesellschaft gehören	Einbeziehung der Beschäftigten sowie der Löhne und Gehälter
Beteiligung an einer Personengesellschaft im Inland	Die Beschäftigten der Personengesellschaft und die von ihr gezahlten Löhne und Gehälter sind unabhängig von der Beteiligungshöhe anteilig einzubeziehen (§ 13a Absatz 3 Satz 11 ErbStG, → R E 13a.7 Absatz 2).
Beteiligung an einer Personengesellschaft in einem Mitgliedstaat der Europäischen Union oder einem Staat des Europäischen Wirtschaftsraums	Die Beschäftigten der Personengesellschaft und die von ihr gezahlten Löhne und Gehälter sind unabhängig von der Beteiligungshöhe anteilig einzubeziehen (§ 13a Absatz 3 Satz 11 ErbStG, → R E 13a.7 Absatz 2).
Beteiligung an einer Personengesellschaft in einem Drittstaat	Die Beteiligung ist zwar Teil des begünstigungsfähigen Betriebsvermögens (→ R E 13b.5 Absatz 4 Satz 1 und 4). Da sich der Sitz bzw. die Geschäftsleitung der Gesellschaft jedoch in einem Drittstaat befindet, sind ihre Beschäftigten und die von ihr gezahlten Löhne und Gehälter nicht mit einzubeziehen (§ 13a Absatz 3 Satz 11 ErbStG).
Anteile an einer Kapitalgesellschaft im Inland	Die Beschäftigten der Kapitalgesellschaft und die von ihr gezahlten Löhne und Gehälter sind anteilig einzubeziehen, wenn im Besteuerungszeitpunkt eine mittelbare bzw. unmittelbare Beteiligung von mehr als 25% besteht (§ 13a Absatz 3 Satz 12 i. V. m. Satz 11 ErbStG, → R E 13a.7 Absatz 3).
Anteile an einer Kapitalgesellschaft in einem Mitgliedstaat der Europäischen Union oder einem Staat des Europäischen Wirtschaftsraums	Die Beschäftigten der Kapitalgesellschaft und die von ihr gezahlten Löhne und Gehälter sind anteilig einzubeziehen, wenn im Besteuerungszeitpunkt eine mittelbare bzw. unmittelbare Beteiligung von mehr als 25% besteht (§ 13a Absatz 3 Satz 12 i. V. m. Satz 11 ErbStG, → R E 13a.7 Absatz 3).
Anteile an einer Kapitalgesellschaft in einem Drittstaat	Die Beteiligung ist zwar Teil des begünstigungsfähigen Betriebsvermögens (→ R E 13b.5 Absatz 4 Satz 4). Da sich der Sitz bzw. die Geschäftsleitung der Gesellschaft jedoch in einem Drittstaat befindet, sind ihre Beschäftigten und die von ihr gezahlten Löhne und Gehälter nicht mit einzubeziehen (§ 13a Absatz 3 Satz 12 i. V. m. Satz 11 ErbStG).

Beispiel:

Erblasser E war zu 50% an der E & A OHG mit Sitz in Deutschland beteiligt. Alleinerbin ist seine Tochter T.
Die E & A OHG hatte beim Tod des E 50 Beschäftigte. Sie zahlte in den letzten fünf Wirtschaftsjahren vor dem Tod des E durchschnittlich 1 500 000 EUR an Löhnen und Gehältern. Von den 50 Beschäftigten waren am Stichtag fünf in einer Betriebstätte in Belgien (durchschnittliche Lohnsumme 150 000 EUR) und zehn in einer Betriebstätte in der Ukraine (durchschnittliche Lohnsumme 200 000 EUR) tätig.
Die E & A OHG war zu 20% an einer Personengesellschaft mit Sitz in Ungarn beteiligt. Die durchschnittliche Lohnsumme dieser Gesellschaft beträgt 550 000 EUR und die Anzahl der Beschäftigten am Stichtag 15. Zudem hielt die E & A OHG eine Beteiligung von 30% an einer Personengesellschaft in Japan. Die durchschnittliche Lohnsumme dieser Gesellschaft beträgt 700 000 EUR und die Anzahl der Beschäftigten am Stichtag 21. Die E & A OHG hielt 23% der Anteile einer Kapitalgesellschaft mit Sitz in Deutschland (durchschnittliche Lohnsumme 900 000 EUR, Anzahl der Beschäftigten 30), 30% der Anteile einer Kapitalgesellschaft mit Sitz in Frankreich (durchschnittliche Lohnsumme 1 000 000 EUR, Anzahl der Beschäftigten 30) und 40% der Anteile einer Kapitalgesellschaft mit Sitz in Indien (durchschnittliche Lohnsumme 800 000 EUR, Zahl der Beschäftigten 280).
Die Anzahl der Beschäftigten und die Ausgangslohnsumme sind wie folgt zu ermitteln:

	Anzahl der anzusetzenden Beschäftigten	Ausgangslohnsumme
E & A OHG einschl. Betriebstätten Betriebstätte in Ukraine	50 ./. 10	1 500 000 EUR ./. 200 000 EUR
Zwischenwert	40	1 300 000 EUR
Beteiligung an Personengesellschaft in Ungarn (20%)	3	110 000 EUR

	Anzahl der anzusetzenden Beschäftigten	Ausgangslohnsumme
Beteiligung an Personengesellschaft in Japan (30%)	0	0 EUR
Anteile an Kapitalgesellschaft im Inland (23%)	0	0 EUR
Anteile an Kapitalgesellschaft in Frankreich (30%)	9	300 000 EUR
Anteile an Kapitalgesellschaft in Indien (40%)	0	0 EUR
Summe	52	1 710 000 EUR

Die in der Betriebstätte in der Ukraine von der E & A OHG beschäftigten Arbeitnehmer und die von ihr gezahlten Löhne und Gehälter sind nicht einzubeziehen, da die Betriebstätte nicht zum nach § 13 b Absatz 1 Nummer 2 ErbStG begünstigungsfähigen Betriebsvermögen gehört. Die auf den Anteil der E & A OHG an der Personengesellschaft mit Sitz in Japan entfallenden Beschäftigten bzw. Löhne und Gehälter bleiben außer Ansatz, da sich der Sitz der Gesellschaft in einem Drittstaat befindet. Die auf den Anteil der E & A OHG an der Kapitalgesellschaft mit Sitz in Deutschland entfallenden Beschäftigten bzw. Löhne und Gehälter sind nicht einzubeziehen, da die Beteiligung weniger als 25% beträgt. Die auf die Anteile der E & A OHG an der Kapitalgesellschaft mit Sitz in Indien entfallenden Beschäftigten bzw. Löhne und Gehälter bleiben trotz Überschreiten der Mindestbeteiligungsquote unberücksichtigt, da die Gesellschaft ihren Sitz in einem Drittstaat hat.

Vorschalten einer Gesellschaft. Werden vor dem Bewertungsstichtag im Unternehmensverbund bestehende Unternehmen durch Vorschaltung einer Gesellschaft lediglich umstrukturiert, liegt insoweit kein Hinzuerwerb einer Beteiligung vor. Die Lohnsummen dieser Unternehmen sind daher über den gesamten Berechnungszeitraum in die Berechnung der Ausgangslohnsumme mit einzubeziehen, sofern diese Unternehmen bereits zu Beginn dieses Fünfjahreszeitraumes existiert haben. **47**

Beispiel:

Das Traditionsunternehmen A GmbH & Co. KG wird in eine seit mehr als einem Jahr bestehende GmbH eingebracht. Die Anteile an der GmbH werden im selben Jahr von Mutter an Tochter verschenkt.
Übertragungsgegenstand ist die GmbH. In die Ausgangslohnsumme der GmbH sind die Lohnsummen der A GmbH & Co. KG über den gesamten Berechnungszeitraum einzubeziehen.

R E 13 a.7 (3)

RE 13 a.7 (3)

(3) ① Bei der Ermittlung der Ausgangslohnsumme sind die Lohnsummen der zum Betrieb gehörenden mittelbaren und unmittelbaren Beteiligungen an Kapitalgesellschaften, die ihren Sitz oder ihre Geschäftsleitung im Inland oder in einem Mitgliedstaat der Europäischen Union oder in einem Staat des Europäischen Wirtschaftsraums haben und im Besteuerungszeitpunkt mehr als 25 Prozent betragen, anteilig einzubeziehen (§ 13 a Absatz 3 Satz 12 ErbStG), nicht dagegen Beteiligungen an Kapitalgesellschaften mit Sitz oder Geschäftsleitung in Drittstaaten. ② Das gilt auch in den Fällen von börsennotierten Kapitalgesellschaften, deren Anteilswerte wegen der Börsennotierung (§ 11 Absatz 1 BewG) nicht nach § 151 BewG festzustellen sind. ③ Feststellungen im Zusammenhang mit der Lohnsumme erfolgen in diesen Fällen dennoch (§ 13 a Absatz 4 Satz 2 ErbStG). ④ Beträgt die Anteilsquote nicht mehr als 25 Prozent am Nennkapital, werden die Anzahl der Beschäftigten und die Lohnsummen der durch diese Anteile vermittelten Beteiligungen an Personengesellschaften nicht angesetzt. ⑤ Bei der Prüfung, ob die Grenze von 25 Prozent überschritten ist, ist stets auf die zum Betrieb gehörenden mittelbaren und unmittelbaren Beteiligungen und nicht auf den übertragenen Anteil abzustellen. ⑥ Bei Personengesellschaften sind die Anteile im Gesamthandsvermögen und im Sonderbetriebsvermögen aller Gesellschafter stets zusammenzurechnen. ⑦ Gehört eine solche Beteiligung nicht innerhalb des gesamten Zeitraums für die Ermittlung der Ausgangslohnsumme zum Betriebsvermögen des Betriebs, ist die Lohnsumme nur für den Zeitraum der Zugehörigkeit tagegenau zu diesem Betrieb einzubeziehen. ⑧ Eine nur zeitanteilige Ermittlung der Lohnsumme ist ausgeschlossen, wenn dadurch die durchschnittliche Ausgangslohnsumme nicht hinreichend abgebildet wird. ⑨ Dies kann beispielsweise der Fall sein, wenn ein seit Jahren bestehender Betrieb mit einer großen Anzahl von Beschäftigten und dementsprechend hohen Lohnsummen in eine Vorratsgesellschaft eingebracht wird. ⑩ Wenn sich die Beteiligungsquote innerhalb des Zeitraums für die Ermittlung der Ausgangslohnsumme verändert hat, ist die Lohnsumme der Gesellschaft für den jeweiligen Zeitraum in der jeweils bestehenden Beteiligungshöhe einzubeziehen; das gilt auch für Zeiträume, in denen die Beteiligungshöhe 25 Prozent oder weniger betrug. **48**

H E 13 a.7 (3)

HE 13 a.7 (3)

Ermittlung der Ausgangslohnsumme

Beispiel 1: **49**

Zum Betriebsvermögen eines Gewerbebetriebs gehören im Besteuerungszeitpunkt 1. 1. 05 Anteile an einer Kapitalgesellschaft in Höhe von 30%. Die Beteiligung an der Kapitalgesellschaft ist zum 1. 1. 03 erworben worden. Die durchschnittliche Lohnsumme der Kapitalgesellschaft der vergangenen 5 Wirtschaftsjahre beträgt 1 000 000 EUR.
Die Ausgangslohnsumme bezogen auf die Beteiligung beträgt ((1 000 000 EUR $^2/_5$) 30% =) 120 000 EUR.

HE 13a.7 (3)

Beispiel 2:
Zum Betriebsvermögen eines Gewerbebetriebs gehören im Besteuerungszeitpunkt 1. 1. 05 Anteile an einer Kapitalgesellschaft in Höhe von 30%. In den Jahren 00 bis 04 ergaben sich folgende Lohnsummen und Beteiligungshöhen:

00	500 000 EUR	40%
01	600 000 EUR	20%
02	450 000 EUR	10%
03	500 000 EUR	30%
04	550 000 EUR	30%

Die durchschnittliche Lohnsumme der Kapitalgesellschaft beträgt 520 000 EUR. Der Anteil daran beträgt

$$\frac{1 \text{ Jahr } 40\% + 1 \text{ Jahr } 20\% + 1 \text{ Jahr } 10\% + 2 \text{ Jahre } 30\%}{5 \text{ Jahre}} = 26\%$$

Die Ausgangslohnsumme bezogen auf die Beteiligung beträgt (520 000 EUR × 26% =) 135 200 EUR.

Beispiel 3:
Zum Betriebsvermögen der A und B OHG gehören im Besteuerungszeitpunkt 1. 1. 05 Anteile an einer Kapitalgesellschaft:
- im Gesamthandsvermögen 10%
- im Sonderbetriebsvermögen des A 5%
- im Sonderbetriebsvermögen des B 15%.

A überträgt seine Beteiligung einschließlich des Sonderbetriebsvermögens auf seinen Sohn S.
Die unmittelbaren und mittelbaren Beteiligungen an der Kapitalgesellschaft sind zu addieren. Danach beträgt die gesamte Beteiligung der OHG und ihrer Gesellschafter mehr als 25%. Die Lohnsumme der Kapitalgesellschaft ist in die Ermittlung der Ausgangslohnsumme zu 30% einzubeziehen.

50 **Ermittlung der Anzahl der Beschäftigten und der Ausgangslohnsumme bei Übertragung begünstigungsfähiger Anteile an Kapitalgesellschaften.** Werden Anteile an einer Kapitalgesellschaft mit Sitz oder Geschäftsleitung im Inland, einem Mitgliedstaat der Europäischen Union oder einem Staat des Europäischen Wirtschaftsraums übertragen, die die Voraussetzungen des § 13b Absatz 1 Nummer 3 ErbStG erfüllen, sind bei der Ermittlung der Ausgangslohnsumme folgende Löhne und Gehälter zu berücksichtigen:

Zum Vermögen der Kapitalgesellschaft gehören	Einbeziehung der Beschäftigten sowie der Löhne und Gehälter
Betriebstätte im Inland	Die Beschäftigten sowie Löhne und Gehälter sind einzubeziehen (§ 13a Absatz 3 Satz 1 ErbStG).
Betriebstätte in einem Mitgliedstaat der Europäischen Union oder einem Staat des Europäischen Wirtschaftsraums	Die Beschäftigten sowie Löhne und Gehälter sind einzubeziehen (§ 13a Absatz 3 Satz 1 ErbStG).
Betriebstätte in einem Drittstaat	Da sich der Sitz bzw. die Geschäftsleitung der Kapitalgesellschaft im Inland, einem Mitgliedstaat der Europäischen Union oder einem Staat des Europäischen Wirtschaftsraums befindet, liegt auch hinsichtlich der Betriebstätte in einem Drittstaat begünstigungsfähiges Vermögen vor. Die Beschäftigten sowie Löhne und Gehälter sind einzubeziehen (§ 13a Absatz 3 Satz 1 ErbStG).
Beteiligung an einer Personengesellschaft im Inland	Die Beschäftigten der Personengesellschaft und die von ihr gezahlten Löhne und Gehälter sind unabhängig von der Beteiligungshöhe anteilig einzubeziehen (§ 13a Absatz 3 Satz 11 ErbStG, → R E 13a.7 Absatz 2).
Beteiligung an einer Personengesellschaft in einem Mitgliedstaat der Europäischen Union oder einem Staat des Europäischen Wirtschaftsraums	Die Beschäftigten der Personengesellschaft und die von ihr gezahlten Löhne und Gehälter sind unabhängig von der Beteiligungshöhe anteilig einzubeziehen (§ 13a Absatz 3 Satz 11 ErbStG, → R E 13a.7 Absatz 2).
Beteiligung an einer Personengesellschaft in einem Drittstaat	Da sich der Sitz bzw. die Geschäftsleitung der Kapitalgesellschaft im Inland, einem Mitgliedstaat der Europäischen Union oder einem Staat des Europäischen Wirtschaftsraums befindet, liegt zwar auch hinsichtlich der Beteiligung begünstigungsfähiges Vermögen vor.

HE 13a.7 (3)

noch **50**

Zum Vermögen der Kapitalgesellschaft gehören	**Einbeziehung der Beschäftigten sowie der Löhne und Gehälter**
	Die Beschäftigten der Personengesellschaft und die von ihr gezahlten Löhne und Gehälter sind jedoch nicht mit einzubeziehen, da sich ihr Sitz bzw. ihre Geschäftsleitung in einem Drittstaat befindet (§ 13 a Absatz 3 Satz 11 ErbStG).
Anteile an einer Kapitalgesellschaft im Inland	Die Beschäftigten der Kapitalgesellschaft und die von ihr gezahlten Löhne und Gehälter sind anteilig einzubeziehen, wenn im Besteuerungszeitpunkt eine mittelbare bzw. unmittelbare Beteiligung von mehr als 25% besteht (§ 13a Absatz 3 Satz 12 i. V. m. Satz 11 ErbStG, → R E 13a.7 Absatz 3).
Anteile an einer Kapitalgesellschaft in einem Mitgliedstaat der Europäischen Union oder einem Staat des Europäischen Wirtschaftsraums	Die Beschäftigten der Kapitalgesellschaft und die von ihr gezahlten Löhne und Gehälter sind anteilig einzubeziehen, wenn im Besteuerungszeitpunkt eine mittelbare bzw. unmittelbare Beteiligung von mehr als 25% besteht (§ 13a Absatz 3 Satz 12 i. V. m Satz 11 ErbStG, → R E 13a.7 Absatz 3).
Anteile an einer Kapitalgesellschaft in einem Drittstaat	Da sich der Sitz bzw. die Geschäftsleitung der Kapitalgesellschaft, deren Anteile übertragen werden, im Inland, einem Mitgliedstaat der Epäischen Union oder einem Staat des Europäischen Wirtschaftsraums befindet, liegt zwar auch hinsichtlich der Anteile an der Kapitalgesellschaft im Drittstaat begünstigungsfähiges Vermögen vor. Die Beschäftigten der Kapitalgesellschaft und die von ihr gezahlten Löhne und Gehälter sind jedoch nicht mit einzubeziehen, da sich ihr Sitz bzw. ihre Geschäftsleitung in einem Drittstaat befindet (§ 13a Absatz 3 Satz 12 i. V. m. Satz 11 ErbStG).

Beispiel:

E war zu 50% an der B-GmbH mit Sitz in Deutschland beteiligt. Alleinerbin ist seine Tochter T. Die B-GmbH hatte beim Tod des E 50 Beschäftigte. Sie zahlte in den letzten fünf Wirtschaftsjahren vor dem Tod des E durchschnittlich 1 500 000 EUR an Löhnen und Gehältern. Von den 50 Beschäftigten waren am Stichtag fünf in einer Betriebstätte in Belgien (durchschnittliche Lohnsumme 150 000 EUR) und zehn in einer Betriebstätte in der Ukraine (durchschnittliche Lohnsumme 200 000 EUR) tätig.

Die B-GmbH war zu 20% an einer Personengesellschaft mit Sitz in Ungarn beteiligt. Die durchschnittliche Lohnsumme dieser Gesellschaft beträgt 550 000 EUR und die Anzahl der Beschäftigten am Stichtag 15. Zudem hielt die B-GmbH eine Beteiligung von 30% an einer Personengesellschaft in Japan. Die durchschnittliche Lohnsumme dieser Gesellschaft beträgt 700 000 EUR und die Zahl der Beschäftigten am Stichtag 21. Die B-GmbH hielt 23% der Anteile einer Kapitalgesellschaft mit Sitz in Deutschland (durchschnittliche Lohnsumme 900 000 EUR, Zahl der Beschäftigten 30), 30% der Anteile einer Kapitalgesellschaft mit Sitz in Frankreich (durchschnittliche Lohnsumme 1 000 000 EUR, Anzahl der Beschäftigten 30) und 40% der Anteile einer Kapitalgesellschaft mit Sitz in Indien (durchschnittliche Lohnsumme 800 000 EUR, Anzahl der Beschäftigten 280).

Die Anzahl der Beschäftigten und die Ausgangslohnsumme sind wie folgt zu ermitteln:

	Anzahl der anzusetzenden Beschäftigten	Ausgangslohnsumme
B-GmbH incl. der Betriebstätten in Belgien und in der Ukraine	50	1 500 000 EUR
Beteiligung an Personengesellschaft in Ungarn (20%)	3	110 000 EUR
Beteiligung an Personengesellschaft in Japan (30%)	0	0 EUR
Anteile an Kapitalgesellschaft im Inland (23%)	0	0 EUR
Anteile an Kapitalgesellschaft in Frankreich (30%)	9	300 000 EUR
Anteile an Kapitalgesellschaft in Indien (40%)	0	0 EUR
Summe	62	1 910 000 EUR

Da sich der Sitz der B-GmbH im Inland befindet, liegt auch hinsichtlich der Betriebstätte in einem Drittstaat begünstigtes Vermögen vor. Die Beschäftigten sowie die Löhne und Gehälter sind einzubeziehen. Die auf den Anteil der B-GmbH an der Personengesellschaft mit Sitz in Japan entfallenden Beschäftigten sowie Löhne und Gehälter bleiben außer Ansatz, da sich der Sitz der Gesellschaft in einem Drittstaat befindet. Die auf den Anteil der B-GmbH an der Kapitalgesellschaft mit Sitz in Deutschland entfallenden Beschäftigten sowie Löhne und Gehälter sind nicht einzubeziehen, da die Beteiligung weniger als 25% beträgt. Die auf die Anteile der B-GmbH an der Kapitalgesellschaft mit Sitz in Indien entfallenden Beschäftigten sowie Löhne und Gehälter bleiben trotz Überschreitens der Mindestbeteiligungsquote unberücksichtigt, da die Gesellschaft ihren Sitz in einem Drittstaat hat.

RE 13 a.7 (4)

R E 13 a.7 (4)

51 (4) ① Gehören zum Betriebsvermögen des Betriebs, bei Beteiligungen an einer Personengesellschaft und Anteilen an einer Kapitalgesellschaft des Betriebs der jeweiligen Gesellschaft, unmittelbar oder mittelbar Anteile an Kapitalgesellschaften, die ihren Sitz oder ihre Geschäftsleitung im Inland, einem Mitgliedstaat der Europäischen Union oder in einem Staat des Europäischen Wirtschaftsraums haben, sind die Lohnsummen dieser Kapitalgesellschaften einzubeziehen zu dem Anteil, zu dem die unmittelbare und mittelbare Beteiligung besteht, wenn die unmittelbare oder mittelbare Beteiligung mehr als 25 Prozent beträgt (vgl. § 13 a Absatz 3 Satz 12 ErbStG). ② Unmittelbare Beteiligungen von mehr als 25 Prozent sind in jedem Fall zu berücksichtigen. ③ Dies gilt in einem mehrstufigen Feststellungsverfahren auf jeder Stufe. ④ Bei im Betriebsvermögen gehaltenen Anteilen an Kapitalgesellschaften von 25 Prozent oder weniger bleiben die Lohnsummen dieser Gesellschaft grundsätzlich unberücksichtigt. ⑤ Dies gilt auch dann, wenn die Anteile an der nachgeordneten Kapitalgesellschaft die Voraussetzungen einer Poolvereinbarung im Sinne des § 13 b Absatz 4 Nummer 2 Satz 2 ErbStG erfüllen. ⑥ Beträgt die unmittelbare Beteiligung 25 Prozent oder weniger, ist die Höhe der mittelbaren Beteiligung zu prüfen. ⑦ Die Prüfung der mittelbaren Beteiligungshöhe erfolgt auf jeder Stufe ausgehend von der übertragenen wirtschaftlichen Einheit des begünstigungsfähigen Vermögens. ⑧ In diese Prüfung sind auch unmittelbare Beteiligungen der übertragenen wirtschaftlichen Einheit des begünstigungsfähigen Vermögens mit einzubeziehen. ⑨ Die Regelung des § 13 a Absatz 3 Satz 11 und 12 ErbStG geht davon aus, dass die gesamte Beteiligungsstruktur bekannt ist (z. B. aufgrund eines vorliegenden Konzernverzeichnisses). ⑩ Der Anforderung einer Feststellung der Ausgangslohnsumme ist eine Übersicht über die Beteiligungen beizufügen. ⑪ Ist die Beteiligungsstruktur nicht bekannt, kann die Prüfung der mittelbaren Beteiligungen aus Vereinfachungsgründen unterbleiben. ⑫ Wird nachträglich bekannt (z. B. im Rahmen einer Betriebsprüfung), dass der Verzicht auf die Prüfung der mittelbaren Beteiligung zu einem offensichtlich unzutreffenden Ergebnis führte, ist die Feststellung nachzuholen. ⑬ Entsprechendes gilt bei der Ermittlung der Anzahl der Beschäftigten.

HE 13 a.7 (4)

H E 13 a.7 (4)

52 **Ermittlung der Anzahl der Beschäftigten und der Ausgangslohnsumme bei Beteiligungsstrukturen.**

Beispiel 1:

Eine natürliche Person A hält 100% der Anteile an der M-GmbH und überträgt diese unentgeltlich auf F. Die M-GmbH hält jeweils 100% der Anteile an den Kapitalgesellschaften T1 bis T5. Die Gesellschaften T1 bis T5 sind zu jeweils 20% an der E-GmbH beteiligt. Die Lohnsummen betragen in der M-GmbH und den Kapitalgesellschaften T1 bis T5 jeweils 0 EUR. Bei der E-GmbH beträgt die Ausgangslohnsumme 1 000 000 EUR.
Die Beteiligungsstruktur ist auf Grund einer vorliegenden Konzernübersicht bekannt.

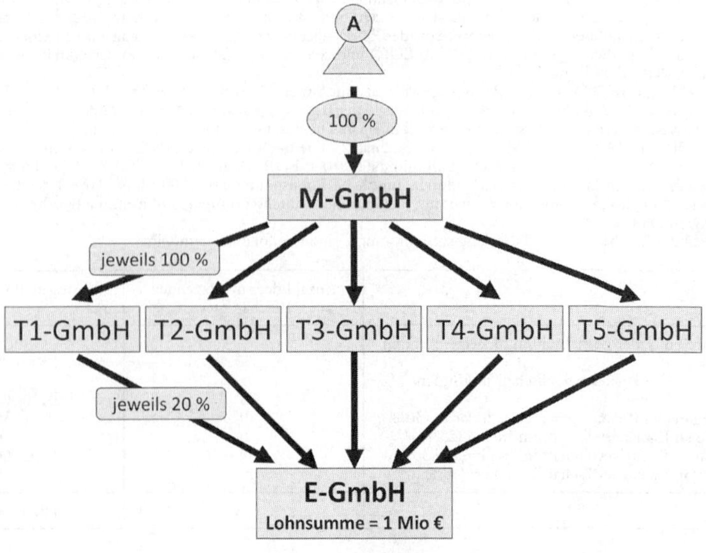

HE 13a.7 (4)

noch 52

Lösung:
Nach § 13a Absatz 4 ErbStG fordert das Erbschaftsteuerfinanzamt das Betriebsfinanzamt der M-GmbH zur Feststellung der Ausgangslohnsumme und der Anzahl der Beschäftigten auf.
Das Betriebsfinanzamt der M-GmbH fordert die Betriebsfinanzämter der Kapitalgesellschaften T1 bis T5 zur Feststellung auf.
Obwohl die unmittelbaren Beteiligungen der Kapitalgesellschaften T1 bis T5 an der E-GmbH nicht mehr als jeweils 25% betragen, sondern jeweils nur 20%, müssen bei der Ermittlung der Ausgangslohnsumme der M-GmbH auch die Löhne einbezogen werden, die in der mittelbar über die Kapitalgesellschaften T1 bis T5 gehaltenen E-Beteiligung gezahlt werden. Aus Sicht der übertragenen wirtschaftlichen Einheit (M-GmbH) ist diese mittelbar zu 100% (5 20%) an der E-GmbH beteiligt. Deshalb fordern die Betriebsfinanzämter der Kapitalgesellschaften T1 bis T5 das Betriebsfinanzamt der E-GmbH zur Feststellung der Ausgangslohnsumme auf.
Das Betriebsfinanzamt der E-GmbH stellt im Rahmen der Ermittlung des Wertes der Anteile der Kapitalgesellschaften T1 bis T5 die gesamte Ausgangslohnsumme in Höhe von 1 000 000 EUR fest. Die Betriebsfinanzämter der Kapitalgesellschaften T1 bis T5 berücksichtigen jeweils 20% dieses festgestellten Wertes bei der Ermittlung der Ausgangslohnsumme und stellen jeweils eine Ausgangslohnsumme von 200 000 EUR fest.
Das Betriebsfinanzamt der M-GmbH berücksichtigt jeweils 100% der festgestellten Werte der Kapitalgesellschaften T1 bis T5 bei der Ermittlung der Ausgangslohnsumme der M-GmbH und stellt mithin eine Ausgangslohnsumme von 1 000 000 EUR fest.
Entsprechendes gilt für die Ermittlung der Anzahl der Beschäftigten.

Beispiel 2:

Eine natürliche Person A hält 100% der Anteile an der A-GmbH und überträgt diese unentgeltlich auf F. Die A-GmbH hält 100% der Anteile an der B-GmbH. Die B-GmbH hält 50% der Anteile an der C-GmbH und außerdem 50% an der D-GmbH. Die C-GmbH ist an der E-GmbH zu 80% beteiligt. Die D-GmbH ist an der E-GmbH zu 5% beteiligt.
Die Lohnsummen betragen in der A-GmbH, B-GmbH, C-GmbH und D-GmbH jeweils 0 EUR. Bei der E-GmbH beträgt die Ausgangslohnsumme 1 000 000 EUR.
Die Beteiligungsstruktur ist auf Grund einer vorliegenden Konzernübersicht bekannt.

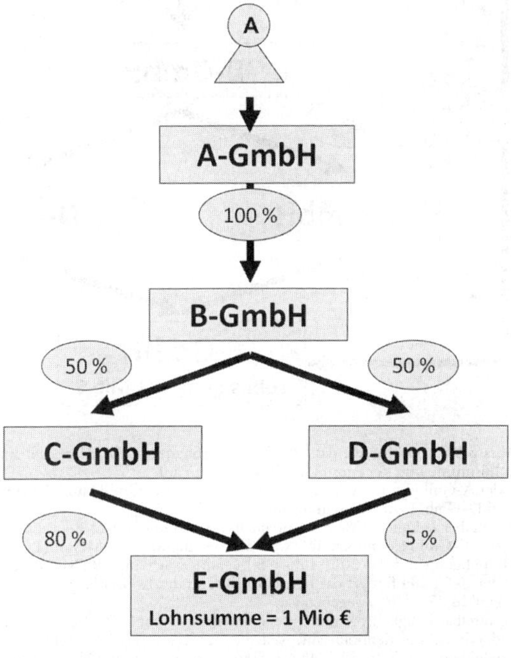

Lösung:
Entsprechend § 13a Absatz 4 ErbStG fordert das Erbschaftsteuerfinanzamt das Betriebsfinanzamt der A-GmbH zur Feststellung der Ausgangslohnsumme und der Anzahl der Beschäftigten auf.
Das Betriebsfinanzamt der A-GmbH fordert das Betriebsfinanzamt der B-GmbH und dieses wiederum die Betriebsfinanzämter der C-GmbH und D-GmbH zur Feststellung auf.
Das Betriebsfinanzamt der C-GmbH fordert das Betriebsfinanzamt der E-GmbH zur Feststellung auf, weil eine unmittelbare Beteiligung von mehr als 25% (80%) gegeben ist.
Die D-GmbH hält unmittelbar lediglich 5% der Anteile an der E-GmbH. Das Betriebsfinanzamt der D-GmbH fordert das Betriebsfinanzamt der E-GmbH dennoch auf, weil die mittelbare Beteiligung der A-GmbH an der E-GmbH mehr als 25% (42,5% = 100% 50% 80% + 100% 50% 5%) beträgt.
Das Betriebsfinanzamt der E-GmbH stellt im Rahmen der Ermittlung des Wertes der Anteile der D-GmbH die gesamte Ausgangslohnsumme in Höhe von 1 000 000 EUR fest. Das Betriebsfinanzamt der D-GmbH berücksichtigt 5% dieses festgestellten Wertes bei der Ermittlung der Ausgangslohnsumme der D-GmbH und stellt eine Ausgangslohnsumme von 50 000 EUR fest.
Das Betriebsfinanzamt der E-GmbH stellt im Rahmen der Ermittlung des Wertes der Anteile der C-GmbH die gesamte Ausgangslohnsumme in Höhe von 1 000 000 EUR fest. Das Betriebsfinanzamt der C-GmbH berücksichtigt 80% dieses festgestellten Wertes bei der Ermittlung der Ausgangslohnsumme der C-GmbH und stellt eine Ausgangslohnsumme von 800 000 EUR fest.

HE 13a.7 (4)

noch 52

Das Betriebsfinanzamt der B-GmbH berücksichtigt jeweils 50% der festgestellten Werte der C-GmbH und der D-GmbH bei der Ermittlung der Ausgangslohnsumme der B-GmbH und stellt mithin eine Ausgangslohnsumme von 425 000 EUR (50% 800 000 EUR + 50% 50 000 EUR) fest.
Das Betriebsfinanzamt der A-GmbH stellt eine Ausgangslohnsumme von 425 000 EUR (100% 425 000 EUR) fest.
Entsprechendes gilt für die Ermittlung der Anzahl der Beschäftigten.

Beispiel 3:
Eine natürliche Person A hält 100% der Anteile an der A-GmbH und überträgt diese unentgeltlich auf F. Die A-GmbH hält 50% der Anteile an der B-GmbH und 13% der Anteile an der E-GmbH. Die B-GmbH hält 50% der Anteile an der C-GmbH und außerdem 50% an der D-GmbH. Die C-GmbH ist an der E-GmbH zu 46% beteiligt. Die D-GmbH ist an der E-GmbH zu 5% beteiligt.
Die Lohnsummen betragen in der A-GmbH, B-GmbH, C-GmbH und D-GmbH jeweils 0 EUR. Bei der E-GmbH beträgt die Ausgangslohnsumme 1 000 000 EUR.
Die Beteiligungsstruktur ist auf Grund einer vorliegenden Konzernübersicht bekannt.

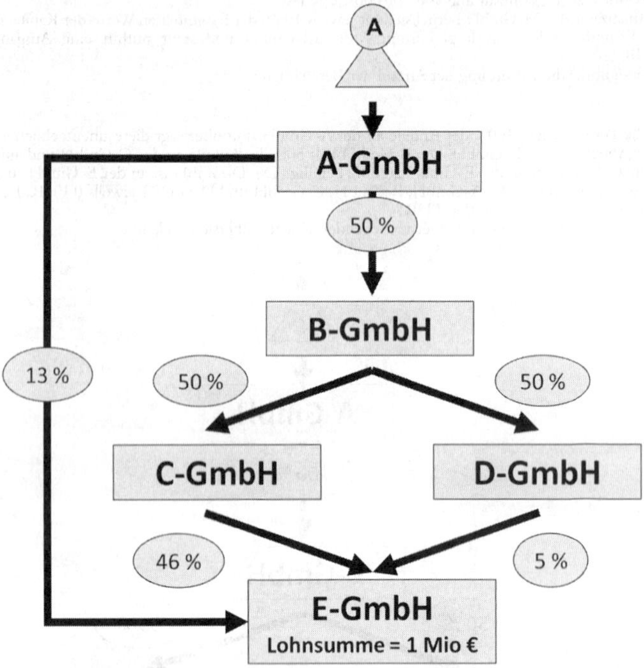

Lösung:
Entsprechend § 13 a Absatz 4 ErbStG fordert das Erbschaftsteuerfinanzamt das Betriebsfinanzamt der A-GmbH zur Feststellung der Ausgangslohnsumme und der Anzahl der Beschäftigten auf.
Das Betriebsfinanzamt der A-GmbH fordert das Betriebsfinanzamt der B-GmbH und dieses wiederum die Betriebsfinanzämter der C-GmbH und D-GmbH zur Feststellung auf.
Die A-GmbH hält unmittelbar lediglich 13% der Anteile an der E-GmbH. Das Betriebsfinanzamt der A-GmbH fordert das Betriebsfinanzamt der E-GmbH dennoch auf, weil die Beteiligung der A-GmbH an der E-GmbH mehr als 25% (25,75% = mittelbare Beteiligungen: 50% 50% 46% + 50% 50% 5% + unmittelbare Beteiligung: 13%) beträgt.
Das Betriebsfinanzamt der C-GmbH fordert das Betriebsfinanzamt der E-GmbH zur Feststellung auf, weil eine unmittelbare Beteiligung von mehr als 25% (46%) gegeben ist.
Die D-GmbH hält unmittelbar lediglich 5% der Anteile an der E-GmbH. Das Betriebsfinanzamt der D-GmbH fordert das Betriebsfinanzamt der E-GmbH dennoch auf, weil die Beteiligung der A-GmbH an der E-GmbH mehr als 25% (25,75% = mittelbare Beteiligungen: 50% 50% 46% + 50% 50% 5% + unmittelbare Beteiligung: 13%) beträgt.
Das Betriebsfinanzamt der E-GmbH stellt im Rahmen der Ermittlung des Wertes der Anteile der D-GmbH die gesamte Ausgangslohnsumme in Höhe von 1 000 000 EUR fest. Das Betriebsfinanzamt der D-GmbH berücksichtigt 5% dieses festgestellten Wertes bei der Ermittlung der Ausgangslohnsumme der D-GmbH und stellt eine Ausgangslohnsumme von 50 000 EUR fest.
Das Betriebsfinanzamt der E-GmbH stellt im Rahmen der Ermittlung des Wertes der Anteile der C-GmbH die gesamte Ausgangslohnsumme in Höhe von 1 000 000 EUR fest. Das Betriebsfinanzamt der C-GmbH berücksichtigt 46% dieses festgestellten Wertes bei der Ermittlung der Ausgangslohnsumme der C-GmbH und stellt eine Ausgangslohnsumme von 460 000 EUR fest.
Das Betriebsfinanzamt der B-GmbH berücksichtigt jeweils 50% der festgestellten Werte der C-GmbH und der D-GmbH bei der Ermittlung der Ausgangslohnsumme der B-GmbH und stellt mithin eine Ausgangslohnsumme von 255 000 EUR (50% 460 000 EUR + 50% 50 000 EUR) fest.
Das Betriebsfinanzamt der E-GmbH stellt im Rahmen der Ermittlung des Wertes der Anteile der A-GmbH die gesamte Ausgangslohnsumme in Höhe von 1 000 000 EUR fest. Das Betriebsfinanzamt der A-GmbH berücksichtigt 13% dieses festgestellten Wertes bei der Ermittlung der Ausgangslohnsumme der A-GmbH.
Insgesamt stellt das Betriebsfinanzamt der A-GmbH eine Ausgangslohnsumme von 257 500 EUR (50% 255 000 EUR + 13% 1 000 000 EUR) fest.
Entsprechendes gilt für die Ermittlung der Anzahl der Beschäftigten.

R E 13 a.7 (5)

RE 13 a.7 (5)

53 (5) ① Die Lohnsummen von unmittelbar oder mittelbar gehaltenen Beteiligungen an Personengesellschaften sind nach § 13 a Absatz 3 Satz 11 ErbStG unabhängig von einer Mindestbeteiligungsquote zu dem Anteil einzubeziehen, zu dem die Beteiligung besteht. ② Soweit Anteile an Kapitalgesellschaften nach Absatz 4 nicht berücksichtigt werden, bleiben die durch diese Anteile vermittelten Beteiligungen an Personengesellschaften unberücksichtigt.

H E 13 a.7 (5)

HE 13 a.7 (5)

54

Ermittlung der Anzahl der Beschäftigten und der Ausgangslohnsumme bei Beteiligungsstrukturen.

Beispiel:

A hält 100% der Anteile an der A-GmbH und überträgt diese unentgeltlich auf F. Die A-GmbH ist an der B-GmbH zu 10% beteiligt. Zum Vermögen der B-GmbH gehört eine Beteiligung in Höhe von 90% an der E-KG.

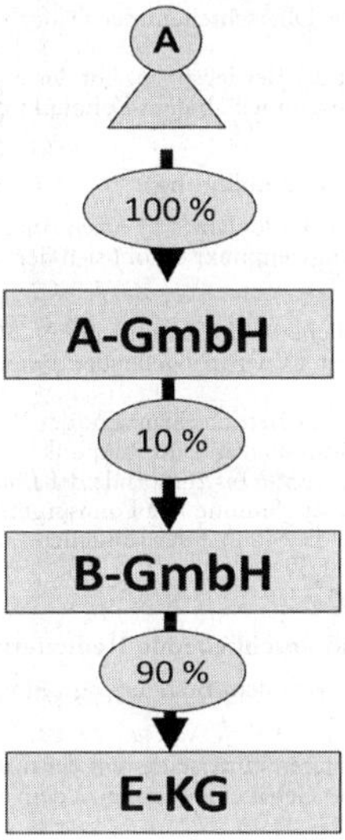

Lösung:

Bei der Ermittlung der Ausgangslohnsumme der A-GmbH bleiben die in der E-KG gezahlten Löhne und Gehälter unberücksichtigt. Die in der B-GmbH gezahlten Löhne und Gehälter bleiben unberücksichtigt, weil die maßgebende Beteiligungsquote nach § 13 a Absatz 3 Satz 12 ErbStG nicht überschritten wurde.

R E 13 a.7 (6)

RE 13 a.7 (6)

55 (6) Nach Absatz 2 und 3 sind nur solche Beteiligungen an Personen- oder Kapitalgesellschaften in die Ermittlung der Ausgangslohnsumme einzubeziehen, die im Besteuerungszeitpunkt zum Betrieb gehören.

H E 13 a.7 (6)

HE 13 a.7 (6)

56

Ermittlung der Anzahl der Beschäftigten und der Ausgangslohnsumme bei Beteiligungsstrukturen.

Beispiel (Verkauf einer Beteiligung vor dem Besteuerungszeitpunkt):

Die X-AG hielt 100% der Anteile der A-GmbH. Ein Jahr vor dem Besteuerungszeitpunkt 1. 1. des Jahres 01 veräußert die X-AG die Beteiligung an der A-GmbH.

Lösung:

Die in der A-GmbH gezahlten Löhne werden nicht bei der Ermittlung der Ausgangslohnsumme der X-AG einbezogen.

R E 13 a.7 (7, 8)

RE 13 a.7 (7, 8)

57 (7) Bei Ermittlung der Summe der maßgebenden jährlichen Lohnsummen gelten Absatz 2 bis 5 entsprechend.

58 (8) ① Zur Ermittlung der Summe der maßgebenden jährlichen Lohnsummen sind auch Löhne und Gehälter von Kapitalgesellschaften einzubeziehen, die zwar noch nicht im Besteuerungszeitpunkt, jedoch innerhalb der Lohnsummenfrist zum Betrieb gehören. ② Dies gilt innerhalb der Lohnsummenfrist ab dem Zeitpunkt, zu dem die maßgebende Beteiligungsquote (§ 13 a Absatz 3 Satz 12 ErbStG) von 25 Prozent überschritten ist. ③ Löhne und Gehälter von Kapitalgesellschaf-

ten, deren Anteile bereits im Besteuerungszeitpunkt zum Betrieb gehörten, die aber die maßgebende Beteiligungsquote nicht überschritten hatten, sind ab dem Zeitpunkt des Überschreitens der maßgebenden Beteiligungsquote zu berücksichtigen. ④ Die Löhne und Gehälter der Kapitalgesellschaft sind auch einzubeziehen, wenn die maßgebende Beteiligungsquote anschließend unterschritten wird (Absatz 3 Satz 10 2. Halbsatz, Absatz 7). ⑤ Löhne und Gehälter von Personengesellschaften sind nach § 13 a Absatz 3 Satz 11 ErbStG unabhängig von einer Mindestbeteiligungsquote ab dem Zeitpunkt der Zugehörigkeit zum Betrieb in Höhe des Anteils einzubeziehen, zu dem die Beteiligung besteht.

HE 13 a.7 (8)

H E 13 a.7 (8)

Beispiel 1 (Erstmaliger Erwerb einer Beteiligung):

59 Die X-AG erwirbt drei Jahre nach dem Besteuerungszeitpunkt 1. 1. des Jahres 01 einen Anteil von 40% an der B-GmbH.

Lösung:

Bei der Ermittlung der Summe der maßgebenden jährlichen Lohnsummen der X-AG sind die in der B-GmbH gezahlten Löhne und Gehälter ab dem Zeitpunkt des Überschreitens der maßgebenden Beteiligungsquote des § 13 a Absatz 3 Satz 12 ErbStG (> 25%) zu berücksichtigen.

Nach Ablauf der Lohnsummenfrist fordert das Betriebsfinanzamt der X-AG das Betriebsfinanzamt der B-GmbH auf, die Summe der maßgebenden jährlichen Lohnsummen ab dem Zeitpunkt des Erwerbs der Anteile an der B-GmbH bis zum Ende der Lohnsummenfrist festzustellen.

Beispiel 2 (Erhöhung einer bestehenden Beteiligung):

Die X-AG hält im Besteuerungszeitpunkt 1. 1. des Jahres 01 einen Anteil von 10% an der B-GmbH. Drei Jahre und sechs Monate (= 180 Tage) nach dem Besteuerungszeitpunkt erhöht sich der Anteil auf 30%.

Lösung:

Bei der Ermittlung der maßgebenden jährlichen Lohnsummen der X-AG sind die in der B-GmbH gezahlten Löhne und Gehälter ab dem Zeitpunkt des Überschreitens der maßgebenden Beteiligungsquote des § 13 a Absatz 3 Satz 12 ErbStG (> 25%) taggenau zu berücksichtigen.

Nach Ablauf der Lohnsummenfrist fordert das Betriebsfinanzamt der X-AG das Betriebsfinanzamt der B-GmbH auf, die Summe der maßgebenden jährlichen Lohnsummen ab dem Zeitpunkt des Überschreitens der maßgebenden Beteiligungsquote des § 13 a Absatz 3 Satz 12 ErbStG (> 25%) bis zum Ende der Lohnsummenfrist festzustellen.

Das Betriebsfinanzamt der B-GmbH stellt die Summe der Lohnsummen für die Jahre 04 und 05 fest. Im Rahmen der Feststellung für die X-AG ist grundsätzlich die Summe der jährlichen Lohnsummen wie folgt anzusetzen:

Jahr 04: 50% der jährlichen Lohnsumme mit 30%,

Jahr 05: volle jährliche Lohnsumme mit 30%.

Beispiel 3 Abwandlung (Erhöhung und anschließende Reduzierung einer bestehenden Beteiligung):

Sachverhalt wie im Ausgangsfall. Vier Jahre nach dem Besteuerungszeitpunkt mindert sich der Anteil auf 10%.

Lösung:

Zunächst wie im Ausgangsfall. Trotz des späteren Unterschreitens der maßgebenden Beteiligungsquote des § 13 a Absatz 3 Satz 12 ErbStG (> 25%) sind die Löhne und Gehälter weiterhin zu dem Anteil zu berücksichtigen, zu dem die Beteiligung besteht.

Nach Ablauf der Lohnsummenfrist fordert das Betriebsfinanzamt der X-AG das Betriebsfinanzamt der B-GmbH auf, die Summe der maßgebenden jährlichen Lohnsummen ab dem Zeitpunkt des Überschreitens der maßgebenden Beteiligungsquote des § 13 a Absatz 3 Satz 12 ErbStG (> 25%) bis zum Ende der Lohnsummenfrist festzustellen.

Das Betriebsfinanzamt der B-GmbH stellt die Summe der Lohnsummen für die Jahre 04 und 05 fest. Im Rahmen der Feststellung für die X-AG ist grundsätzlich die Summe der jährlichen Lohnsummen wie folgt anzusetzen:

Jahr 04: 50% der jährlichen Lohnsumme mit 30%,

Jahr 05: volle jährliche Lohnsumme mit 10%.

RE 13 a.7 (9, 10)

R E 13 a.7 (9, 10)

60 (9) ① Soweit in der Lohnsumme Löhne aus begünstigtem Vermögen aus einer Betriebstätte in einem Mitgliedstaat der Europäischen Union oder in einem Staat des Europäischen Wirtschaftsraums enthalten sind, bestehen in der Regel keine Bedenken, auf den für inländische Besteuerungszwecke in der Gewinn- und Verlustrechnung ausgewiesenen Lohnaufwand abzustellen. ② Bei der Ermittlung der Lohnsumme ist regelmäßig der Wechselkurs im Besteuerungszeitpunkt zugrunde zu legen. ③ Maßgebend für den Wechselkurs im Besteuerungszeitpunkt ist der für Zwecke der Umsatzsteuer festgestellte Wechselkurs.

61 (10) Der bei der Bewertung des Betriebsvermögens gegebenenfalls zu berücksichtigende angemessene Unternehmerlohn im Sinne des § 202 Absatz 1 Satz 2 Nummer 2 Buchstabe d BewG ist weder bei der Ausgangslohnsumme noch bei der Ermittlung der Summe der maßgebenden jährlichen Lohnsummen einzubeziehen, weil insoweit keine Vergütung gezahlt worden ist.

ErbStR RE 13 a.8

R E 13 a.8 Ermittlung der Lohnsummen in Umwandlungsfällen

65 (1) ① Besteht im Lohnsummenzeitraum zunächst eine zu berücksichtigende Beteiligung an einer Personengesellschaft von 25 Prozent oder weniger und wird diese Beteiligung in eine Kapitalgesellschaft umgewandelt, bestehen keine Bedenken, die Lohnsumme dieser Kapitalgesellschaft zu demselben Anteil zu berücksichtigen. ② Die Beteiligungsgrenze von nicht mehr als 25 Prozent ist insoweit unbeachtlich.

66 (2) ① Wird aufgrund von Umstrukturierungsmaßnahmen im Lohnsummenzeitraum eine Gesellschaft für die Steuerbefreiung unschädlich (§ 13 a Absatz 6 Satz 1 Nummer 1 Satz 2 und Nummer 4 Satz 2 2. Halbsatz ErbStG) vorgeschaltet, sind dennoch die Lohnsummen dieser Gesellschaft

einschließlich der nachgeordneten Gesellschaften einzubeziehen. ② Auf der Ebene der Obergesellschaft setzt dies jedoch eine Begrenzung der Lohnsumme auf den Umfang der Beteiligungsquote voraus.

H E 13a.8 (2) HE 13a.8 (2)

Ermittlung der Lohnsummen in Umwandlungsfällen. 67

Beispiel:

Die natürliche Person A betreibt ein Gewerbe in Form eines Einzelunternehmens. Im Betriebsvermögen dieses Einzelunternehmens befinden sich 100% der Anteile an der A-GmbH. Die A-GmbH hält 30% der Anteile an der B-GmbH. Zusätzlich ist die A-GmbH zu 10% an der C-OHG beteiligt.
Die Lohnsummen betragen im Einzelunternehmen und in der A-GmbH jeweils 0 EUR, in der B-GmbH 200 000 EUR und in der C-OHG 300 000 EUR.
A überträgt sein Einzelunternehmen unentgeltlich auf S.

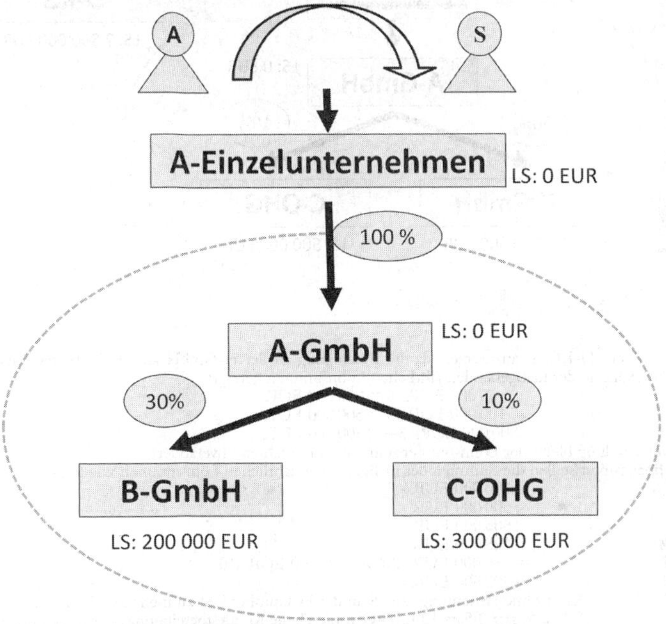

Die Betriebsfinanzämter stellen folgende Ausgangslohnsummen fest:

B-GmbH	200 000 EUR
C-OHG	300 000 EUR
A-GmbH	90 000 EUR (= 200 000 EUR 30% + 300 000 EUR 10%)
A-Einzelunternehmen	90 000 EUR (= 90 000 EUR 100%).

Die Mindestlohnsumme beträgt demnach 360 000 EUR (= 90 000 EUR 400%).
Sechs Monate nach der Übertragung bringt S das Einzelunternehmen gegen Gewährung von neuen Anteilen in eine neu geschaffene Holding (H-GmbH) ein. Mitgesellschafter T bringt seine 40%-Beteiligung an der D-KG ein. Nach der Einbringung ist S an der H-GmbH entsprechend dem Verhältnis der eingebrachten Vermögenswerte zu 20% beteiligt.
Die jährliche Lohnsumme beträgt:

A-GmbH	0 EUR
B-GmbH	50 000 EUR
C-OHG	100 000 EUR
D-KG	500 000 EUR
H-GmbH	0 EUR

Aus Vereinfachungsgründen wird angenommen, dass die jährlichen Lohnsummen gleichmäßig während des Lohnsummenzeitraums anfallen.

HE 13a.8 (2)

noch **67**

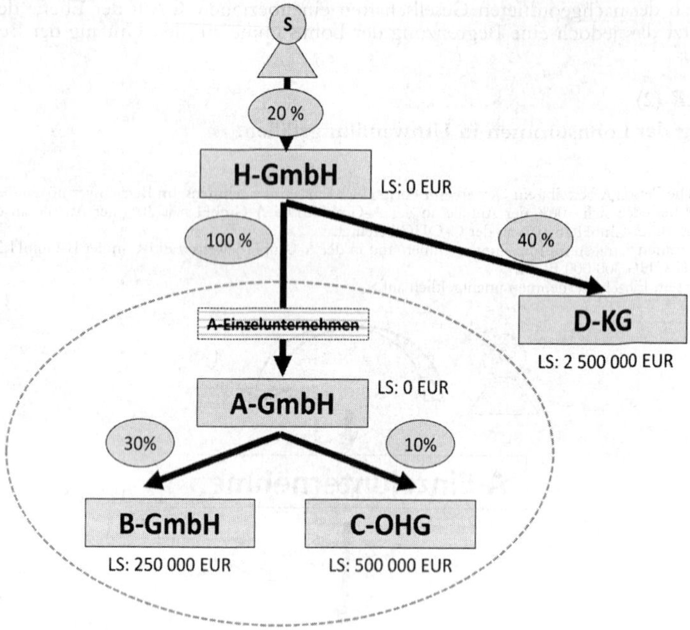

Lösung:

Die Lohnsumme der D-KG ist anzusetzen, da die Beteiligung an der H-GmbH an die Stelle des Einzelunternehmens getreten ist. Die Summe der maßgebenden jährlichen Lohnsummen beträgt:

B-GmbH	50 000 EUR 5 = 250 000 EUR
C-OHG	100 000 EUR 5 = 500 000 EUR
D-KG	500 000 EUR 5 = 2 500 000 EUR

Durch die Umwandlung bleibt der Lohnsummenzeitraum von 5 Jahren unverändert.

Die Betriebsfinanzämter stellen die Summen der maßgeblichen jährlichen Lohnsummen wie folgt fest:

B-GmbH 250 000 EUR
C-OHG 500 000 EUR
D-KG 2 500 000 EUR
A-GmbH 125 000 EUR
= 250 000 EUR 30% + 500 000 EUR 10%
H-GmbH 202 500 EUR

Es ist ohne Bedeutung, dass S an der H-GmbH nicht zu mehr als 25% beteiligt ist, weil die nach § 13 a Absatz 3 Satz 12 ErbStG vorgesehene Mindestbeteiligungsgrenze sich nicht auf unmittelbar von natürlichen Personen gehaltene Beteiligungen bezieht und die H-GmbH an die Stelle des Einzelunternehmens getreten ist.

In Bezug auf die A-GmbH
(ab Zeitpunkt der Umstrukturierung bis zum Ende des Zeitraums
= 4 Jahre und 6 Monate = 4,5 Jahre)
112 500 EUR = 125 000 EUR : 5 Jahre 4,5 Jahre 100%

In Bezug auf die D-KG
(ab Zeitpunkt der Umstrukturierung bis zum Ende des Zeitraums
= 4 Jahre und 6 Monate = 4,5 Jahre)
900 000 EUR
= 2 500 000 EUR : 5 Jahre 4,5 Jahre 40%

Aufgrund der Umstrukturierung erfolgt eine Begrenzung der Lohnsumme auf den Umfang der Beteiligungsquote des S an der H-GmbH in Höhe von 20%.
= (112 500 EUR + 900 000 EUR) 20%

A-Einzelunternehmen 12 500 EUR

In Bezug auf die A-GmbH
(bis zum Zeitpunkt der Umstrukturierung = 6 Monate = 0,5 Jahre)
12 500 EUR = 125 000 EUR : 5 Jahre 0,5 Jahre 100%

Die Summe der maßgebenden jährlichen Lohnsummen von 215 000 EUR (12 500 EUR für A-Einzelunternehmen + 202 500 EUR für H-GmbH) erreicht nicht die Mindestlohnsumme von 360 000 EUR.

Abwandlung:

Die jährliche Lohnsumme beträgt:

A-GmbH	0 EUR
B-GmbH	200 000 EUR
C-OHG	300 000 EUR
D-KG	0 EUR
H-GmbH	0 EUR

Die Summe der maßgebenden jährlichen Lohnsummen beträgt:

B-GmbH	200 000 EUR × 5 = 1 000 000 EUR
C-OHG	300 000 EUR × 5 = 1 500 000 EUR
D-KG	0 EUR × 5 = 0 EUR

Durch die Umwandlung bleibt der Lohnsummenzeitraum von 5 Jahren unverändert.
Die Betriebsfinanzämter stellen die Summen der maßgeblichen jährlichen Lohnsummen wie folgt fest:

B-GmbH 1 000 000 EUR
C-OHG 1 500 000 EUR
D-KG 0 EUR
A-GmbH 450 000 EUR
= 1 000 000 EUR 30% + 1 500 000 EUR 10%
H-GmbH 81 000 EUR
In Bezug auf die A-GmbH
(ab Zeitpunkt der Umstrukturierung bis zum Ende des Zeitraums
= 4 Jahre und 6 Monate = 4,5 Jahre)
405 000 EUR
= 450 000 EUR : 5 Jahre 4,5 Jahre 100%
In Bezug auf die D-KG
(ab Zeitpunkt der Umstrukturierung bis zum Ende des Zeitraums
= 4 Jahre und 6 Monate = 4,5 Jahre)
0 EUR
= 0 EUR : 5 Jahre 4,5 Jahre 40%
= (405 000 EUR + 0 EUR) 20%
A-Einzelunternehmen 45 000 EUR
In Bezug auf die A-GmbH
(bis zum Zeitpunkt der Umstrukturierung = 6 Monate = 0,5 Jahre)
45 000 EUR
= 450 000 EUR : 5 Jahre 0,5 Jahre 100%

Die Summe der maßgebenden jährlichen Lohnsummen von 126 000 EUR (45 000 EUR für A-Einzelunternehmen + 81 000 EUR für H-GmbH) erreicht nicht die Mindestlohnsumme von 360 000 EUR.

R E 13 a.8 (3)

RE 13a.8 (3)

(3) ① Werden im Lohnsummenzeitraum Beteiligungen an nachgeordneten Gesellschaften neu strukturiert, sind die Lohnsummen der nachgeordneten Gesellschaften im Rahmen der neuen Beteiligungsstruktur weiter zu berücksichtigen, wenn sie bereits vor der Umstrukturierung einzubeziehen waren (→ R E 13 a.7 Absatz 8). ② Für neu hinzukommende Beteiligungen an Kapitalgesellschaften gilt dies entsprechend, wenn die unmittelbare und mittelbare Beteiligung zusammen mehr als 25 Prozent beträgt (vgl. § 13 a Absatz 3 Satz 12 ErbStG). **68**

H E 13 a.8 (3)

HE 13a.8 (3)

Umstrukturierung bei nachgeordneten Gesellschaften.

Beispiel: **69**

Ausgangssachverhalt wie in Beispiel zu H 13 a.8 (2).
Sechs Monate nach der Übertragung bringt die A-GmbH ihre Anteile an der B-GmbH und die Beteiligung an der C-OHG in eine neu geschaffene Holding (H-GmbH) ein. Mitgesellschafter T bringt seine 40%-Beteiligung an der D-KG ein. Nach der Einbringung ist die A-GmbH an der H-GmbH entsprechend dem Verhältnis der eingebrachten Vermögenswerte zu 20% beteiligt.
Die jährliche Lohnsumme beträgt:

Einzelunternehmen	0 EUR
A-GmbH	0 EUR
B-GmbH	200 000 EUR
C-OHG	300 000 EUR
D-KG	1 000 000 EUR
H-GmbH	0 EUR

Aus Vereinfachungsgründen wird angenommen, dass die jährlichen Lohnsummen gleichmäßig während des Lohnsummenzeitraums anfallen.

HE 13 a.8 (3)

noch **69**

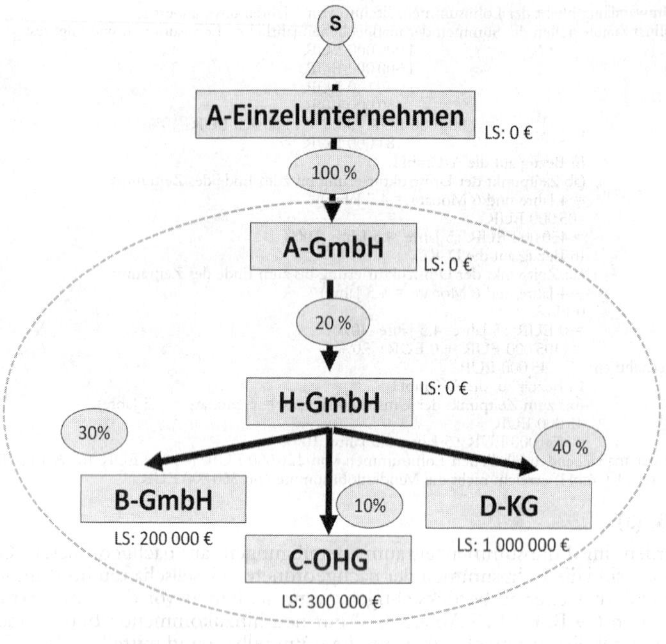

Lösung:
Die Lohnsumme der D-KG ist nicht anzusetzen. Bei Beteiligungen, die innerhalb eines Betriebsvermögens gehalten werden, muss die nach § 13 a Absatz 3 Satz 12 ErbStG vorgesehene Mindestbeteiligungsgrenze von mehr als 25% erfüllt sein. Diese Voraussetzung ist bei der Beteiligung der A-GmbH an der H-GmbH nicht gegeben. Außerdem war die D-KG auch bereits vor der Umstrukturierung nicht in die Ermittlung der Lohnsumme der A-GmbH einzubeziehen.
Entsprechendes würde für eine eigene Lohnsumme der H-GmbH gelten.
Die Lohnsummen der B-GmbH und der C-OHG sind für den Zeitraum bis zur Umstrukturierung über die bestehende unmittelbare Beteiligung der A-GmbH zuzuordnen. Die Lohnsummen der B-GmbH und der C-OHG sind für den Zeitraum ab der Umstrukturierung über die bestehende unmittelbare Beteiligung der H-GmbH zuzuordnen. Zwar muss bei Beteiligungen, die innerhalb eines Betriebsvermögens gehalten werden, die nach § 13 a Absatz 3 Satz 12 ErbStG vorgesehene Mindestbeteiligungsgrenze von mehr als 25% erfüllt sein. Diese Voraussetzung ist bei der Beteiligung der A-GmbH an die H-GmbH aber nicht gegeben. Dennoch sind die Lohnsummen der B-GmbH und der C-OHG ab der Umstrukturierung zugunsten des S einzubeziehen, weil die Löhne bereits vor der Umstrukturierung in die Ermittlung der Lohnsumme einzubeziehen waren.
Die Summe der maßgebenden jährlichen Lohnsummen beträgt:

B-GmbH	200 000 EUR 5 Jahre = 1 000 000 EUR
C-OHG	300 000 EUR 5 Jahre = 1 500 000 EUR.

Durch die Umwandlung bleibt der Lohnsummenzeitraum von 5 Jahren unverändert.
Die Betriebsfinanzämter stellen die Summen der maßgebenden jährlichen Lohnsummen wie folgt fest:

B-GmbH	1 000 000 EUR
C-OHG	1 500 000 EUR
H-GmbH	405 000 EUR (= 270 000 EUR + 135 000 EUR) In Bezug auf die B-GmbH (ab Zeitpunkt der Umstrukturierung bis Ende des Lohnsummenzeitraums = 4 Jahre und 6 Monate = 4,5 Jahre) 270 000 EUR = 1 000 000 EUR: 5 Jahre 4,5 Jahre 30% In Bezug auf die C-OHG (ab Zeitpunkt der Umstrukturierung bis Ende des Lohnsummenzeitraums = 4 Jahre und 6 Monate = 4,5 Jahre) 135 000 EUR = 1 500 000 EUR: 5 Jahre 4,5 Jahre 10%
A-GmbH	126 000 EUR (= 30 000 EUR + 15 000 EUR + 81 000 EUR) In Bezug auf die B-GmbH (ab Beginn des Lohnsummenzeitraums bis zum Zeitpunkt Umstrukturierung = 6 Monate = 0,5 Jahre) 30 000 EUR = 1 000 000 EUR: 5 Jahre 0,5 Jahre 30% In Bezug auf die C-OHG (ab Beginn des Lohnsummenzeitraums bis zum Zeitpunkt der Umstrukturierung = 6 Monate = 0,5 Jahre) 15 000 EUR = 1 500 000 EUR: 5 Jahre 0,5 Jahre 10% In Bezug auf die H-GmbH 81 000 EUR = 405 000 EUR 20%
Einzelunternehmen	126 000 EUR = 126 000 EUR 100%

Die Summe der maßgebenden jährlichen Lohnsummen von 126 000 EUR erreicht nicht die Mindestlohnsumme von 360 000 EUR.

R E 13a.8 (4)

R E 13a.8 (4)

(4) ① Werden aufgrund von Umstrukturierungsmaßnahmen im Lohnsummenzeitraum Anteile an einer Kapitalgesellschaft für die Steuerbefreiung unschädlich (§ 13 a Absatz 6 Satz 1 Nummer 4 70
Satz 2 2. Halbsatz ErbStG) gegen Gewährung von Gesellschaftsrechten in eine andere Kapitalgesellschaft eingebracht (Anteilstausch), sind die Lohnsummen dieser Gesellschaft einschließlich der nachgeordneten Gesellschaften zu dem Anteil einzubeziehen, zu dem die Beteiligung des Einbringenden an der übernehmenden Gesellschaft besteht. ② Die Lohnsumme dieser Kapitalgesellschaft ist zu dem jeweiligen Anteil zu berücksichtigen, auch wenn er nicht mehr als 25 % beträgt. ③ Satz 1 gilt für die Einbringung von Anteilen an einer Kapitalgesellschaft im Sinne des § 13 b Absatz 1 Nummer 3 ErbStG in eine Personengesellschaft gegen Gewährung von Gesellschaftsrechten, durch die der Einbringende Mitunternehmer wird, entsprechend.

H E 13a.8 (4)

H E 13a.8 (4)

Umstrukturierung gegen Gewährung von Gesellschaftsrechten. 71

Beispiel:

A ist zu 100% beteiligt an der A-GmbH. A überträgt die Anteile unentgeltlich auf S.
S bringt 6 Monate nach der Übertragung die Anteile an der A-GmbH unschädlich in die B-GmbH gegen Gewährung von Gesellschaftsrechten ein. Auf der Grundlage der gemeinen Werte der Anteile hält S eine Beteiligung von 30% an der B-GmbH.
Die Ausgangslohnsumme der A-GmbH beträgt 100 000 EUR, die Mindestlohnsumme demnach 400 000 EUR. Die jährlichen Lohnsummen betragen in der A-GmbH 100 000 EUR und in der B-GmbH 200 000 EUR.
Durch die Einbringung bleibt der Lohnsummenzeitraum von 5 Jahren unverändert.
Die Betriebsfinanzämter stellen die Summen der maßgeblichen jährlichen Lohnsummen wie folgt fest:

A-GmbH	500 000 EUR = 100 000 EUR 5 Jahre
B-GmbH	405 000 EUR (= 135 000 EUR + 270 000 EUR)
	In Bezug auf die A-GmbH
	(ab Zeitpunkt der Umstrukturierung bis Ende des Lohnsummenzeitraums = 4 Jahre und 6 Monate = 4,5 Jahre)
	135 000 EUR = 500 000 EUR : 5 Jahre 4,5 Jahre 30%
	In Bezug auf die B-GmbH
	(ab Zeitpunkt der Umstrukturierung bis Ende des Lohnsummenzeitraums = 4 Jahre und 6 Monate = 4,5 Jahre)
	270 000 EUR = 1 000 000 EUR : 5 Jahre 4,5 Jahre 30%

Ansatz der Summe der maßgebenden jährlichen Lohnsummen durch das Erbschaftsteuerfinanzamt:
In Bezug auf den Zeitraum von Erwerb bis zum Zeitpunkt der Umstrukturierung (6 Monate = 0,5 Jahre) muss das Erbschaftsteuerfinanzamt für die A-GmbH 50 000 EUR (= 500 000 EUR : 5 Jahre 0,5 Jahre) berücksichtigen.
Die für die B-GmbH festgestellte Summe der maßgebenden jährlichen Lohnsummen (405 000 EUR) ist zu übernehmen.
Die Summe der maßgebenden jährlichen Lohnsummen von 455 000 EUR (= 50 000 EUR + 405 000 EUR) erreicht die Mindestlohnsumme von 400 000 EUR.

R E 13a.8 (5, 6)

R E 13a.8 (5, 6)

(5) ① Wird aufgrund von Umstrukturierungsmaßnahmen im Lohnsummenzeitraum ein Betrieb, Teilbetrieb oder Mitunternehmeranteil für die Steuerbefreiung unschädlich (§ 13 a Absatz 6
Satz 1 Nummer 1 Satz 2 2. Halbsatz ErbStG) gegen Gewährung von Gesellschaftsrechten in eine 72
Kapital- oder Personengesellschaft eingebracht, sind die Lohnsummen dieser Gesellschaft einschließlich der nachgeordneten Gesellschaften zu dem Anteil einzubeziehen, zu dem die Beteiligung des Einbringenden an der übernehmenden Gesellschaft besteht. ② Im Fall einer Einbringung in eine Kapitalgesellschaft ist die Lohnsumme dieser Kapitalgesellschaft zu dem jeweiligen Anteil zu berücksichtigen, auch wenn er nicht mehr als 25% beträgt. ③ Im Fall einer Verschmelzung gilt das Vorstehende entsprechend.

(6) ① Besteht im Lohnsummenzeitraum zunächst eine zu berücksichtigende Beteiligung an ei- 73
ner Personengesellschaft und wird die Personengesellschaft in eine Kapitalgesellschaft umgewandelt, bestehen keine Bedenken, die Lohnsumme dieser Kapitalgesellschaft zu berücksichtigen, auch wenn die Beteiligung an der Kapitalgesellschaft nicht mehr als 25% beträgt. ② Stimmt die Höhe der Beteiligung an der Kapitalgesellschaft aufgrund der Umwandlung nicht mit der Beteiligung an der Personengesellschaft überein, ist die Lohnsumme zu dem Anteil zu berücksichtigen, zu dem die Beteiligung an der Kapitalgesellschaft besteht. ③ Wird eine Kapitalgesellschaft umgewandelt, z. B. in eine Personengesellschaft, gilt Satz 2 entsprechend.

R E 13a.9 Verstoß gegen die Lohnsummenregelung

ErbStR R E 13a.9

(1) ① Der Verschonungsabschlag nach § 13 a Absatz 1 ErbStG entfällt anteilig, wenn die Summe der maßgebenden jährlichen Lohnsummen innerhalb von fünf Jahren (Lohnsummenfrist) nach
dem Erwerb die Mindestlohnsumme unterschreitet (§ 13 a Absatz 3 Satz 5 ErbStG). ② Die Lohn- 75
summenfrist beginnt mit dem Tag nach dem Tag der Steuerentstehung. ③ Die Mindestlohnsumme beträgt
– bei mehr als 15 Beschäftigten 400 Prozent,
– bei mehr als zehn, aber nicht mehr als 15 Beschäftigten 300 Prozent,
– bei mehr als fünf, aber nicht mehr als zehn Beschäftigten 250 Prozent

der Ausgangslohnsumme. ④ *Wegen der Ermittlung der Mindestlohnsumme bei mehreren wirtschaftlichen Einheiten → R E 13 a. 6.*[1] ⑤ Der Verschonungsabschlag entfällt in dem Verhältnis, in dem die Summe der maßgebenden jährlichen Lohnsummen die Mindestlohnsumme unterschreitet. ⑥ Der Steuerbescheid ist in diesem Fall nach § 175 Absatz 1 Satz 1 Nummer 2 AO zu ändern (Nachversteuerung). ⑦ Der Steuerpflichtige ist im Steuerbescheid darauf hinzuweisen, dass Verstöße gegen die Lohnsummenregelung innerhalb einer Frist von sechs Monaten nach Ablauf der Lohnsummenfrist schriftlich anzuzeigen sind (§ 13 a Absatz 7 ErbStG, § 153 Absatz 2 AO) und eine Anzeige auch dann zu erfolgen hat, wenn der Vorgang zu keiner Besteuerung führt. ⑧ Die Finanzämter haben die Einhaltung der Lohnsummenregelung in geeigneter Form zu überwachen. ⑨ In Fällen von geringer Bedeutung, z. B. bei einem gemeinen Wert des erworbenen begünstigten Vermögens bis zu 150 000 EUR, ist auf die Überwachung der Lohnsummenregelung zu verzichten. ⑩ Ein Verstoß gegen die Lohnsummenregelung wirkt sich nicht aus auf

1. den Abzugsbetrag nach § 13 a Absatz 2 ErbStG,
2. den Vorwegabschlag für Familienunternehmen nach § 13 a Absatz 9 ErbStG,
3. die Höhe des Werts des begünstigten Vermögens bei der Ermittlung des Schwellenwerts nach § 13 a Absatz 1 Satz 1 ErbStG (→ R E 13 a.2 Absatz 2) und
4. die Höhe des Entlastungsbetrags nach § 19 a ErbStG.

76 (2) ① Im Fall der Optionsverschonung (§ 13 a Absatz 10 ErbStG) beträgt die Mindestlohnsumme
– bei mehr als 15 Beschäftigten 700 Prozent,
– bei mehr als zehn, aber nicht mehr als 15 Beschäftigten 565 Prozent,
– bei mehr als fünf, aber nicht mehr als zehn Beschäftigten 500 Prozent
der Ausgangslohnsumme und die Lohnsummenfrist 7 Jahre. ② Im Übrigen gelten die Ausführungen in Absatz 1 und R E 13 a.6 entsprechend.

Anl zu R E 13 a.9

Erlass betr. Billigkeitsmaßnahmen im Zusammenhang mit der Summe der maßgebenden jährlichen Lohnsummen nach § 13 a Absatz 3 Satz 5 ErbStG[2]

Vom 30. Dezember 2021 (BStBl. 2022 I S. 156)

(Gleich lautender Ländererlass)

76a Unterschreitet die Summe der maßgebenden jährlichen Lohnsummen die Mindestlohnsumme, vermindert sich gemäß § 13 a Absatz 3 Satz 5 ErbStG der nach § 13 a Absatz 1 ErbStG zu gewährende Verschonungsabschlag mit Wirkung für die Vergangenheit in demselben prozentualen Umfang, wie die Mindestlohnsumme unterschritten wird.

Sachlich unbillig ist die Festsetzung oder Erhebung einer Steuer, wenn sie zwar äußerlich dem Gesetz entspricht, aber den Wertungen des Gesetzgebers im konkreten Fall derart zuwiderläuft, dass die Erhebung der Steuer als unbillig erscheint. So verhält es sich, wenn nach dem erklärten oder mutmaßlichen Willen des Gesetzgebers angenommen werden kann, dass der Gesetzgeber die im Billigkeitswege zu entscheidende Frage – wenn er sie als regelungsbedürftig erkannt hätte – im Sinne der beabsichtigten Billigkeitsmaßnahme entschieden hätte. Eine Billigkeitsentscheidung darf jedoch nicht dazu führen, die generelle Geltungsanordnung des den Steueranspruch begründenden Gesetzes zu unterlaufen. Sie darf nicht die Wertung des Gesetzes durchbrechen oder korrigieren, sondern nur einem ungewollten Überhang des gesetzlichen Steuertatbestandes abhelfen (vgl. BFH vom 22. 10. 2014 II R 4/14, BStBl. 2015 II S. 237, Rz. 14 f., m. w. N.).

Unter Berücksichtigung dessen kommt im Einzelfall eine abweichende Festsetzung nach § 163 Absatz 1 AO oder ein Erlass nach § 227 AO aus sachlichen Gründen bei der Erbschaft- und Schenkungsteuer beim Erwerb begünstigten Vermögens i. S. d. § 13 b Absatz 2 ErbStG insbesondere in Betracht, soweit die tatsächliche Summe der maßgebenden jährlichen Lohnsummen nach § 13 a Absatz 3 Sätze 6 bis 13 ErbStG, in welche Lohnsummen aus dem Zeitraum 1. März 2020 bis 30. Juni 2022 einbezogen wurden, die Mindestlohnsumme ausschließlich aufgrund der durch das Coronavirus SARS-CoV-2 ausgelösten COVID-19-Pandemie unterschreitet und es allein deshalb zu einer Nachversteuerung nach § 13 a Absatz 3 Satz 5 ErbStG ggf. i. V. m. § 13 a Absatz 10 oder § 13 c Absatz 2 Satz 1 ErbStG kommt oder kommen würde oder ein Erlass nach § 28 a Absatz 1 ErbStG gemäß § 28 a Absatz 4 Satz 1 Nummer 1 ErbStG mit Wirkung für die Vergangenheit wegfällt. Führt das Unterschreiten der Mindestlohnsumme wegen § 28 Absatz 1 Satz 5 und 6 ErbStG darüber hinaus zum vorzeitigen Ende einer Stundung nach § 28 Absatz 1 Satz 1 ErbStG, kommt insoweit eine Weitergewährung der Stundung auf Antrag nach § 222 AO in Betracht.

Von der erforderlichen Kausalität zwischen der durch das Coronavirus SARS-CoV-2 ausgelösten COVID-19-Pandemie und dem Unterschreiten der Mindestlohnsumme kann in der Regel ausgegangen werden, wenn

1. in dem o. g. Zeitraum die rechnerisch erforderliche durchschnittliche Lohnsumme zur Einhaltung der Mindestlohnsumme unterschritten wurde,
2. für den o. g. Zeitraum Kurzarbeitergeld an den Betrieb gezahlt wurde und

---

[1] Überholt durch *Rz. 28 und 29 gleich lautender Ländererlass vom 22. 12. 2023,* mit Vertrauensschutzregelung in Rz. 37, abgedruckt als Anlage zu R E 13 a.21 ErbStR.

[2] Zur Behandlung von Kurzarbeitergeld siehe *gleich lautenden Ländererlass vom 14. 12. 2020,* abgedruckt als Anlage zu R E 13 a.5 ErbStR.

3. der Betrieb einer Branche angehörte, die von einer verordneten Schließung wegen der COVID-19-Pandemie unmittelbar betroffen war.

Die vorstehende Prüfung ist einzelfallbezogen vorzunehmen. Es dürfen für das kumulative Vorliegen der vorgenannten Kriterien keine anderen Gründe für die Unterschreitung der Mindestlohnsumme (z. B. betriebsbedingte Kündigung) und für die Zahlung des Kurzarbeitergeldes an den Betrieb vorliegen. Liegen die Umstände zu 1. bis 3. nicht kumulativ vor, ist im Einzelfall zu prüfen, ob dennoch von der erforderlichen Kausalität ausgegangen werden kann. Mitunter kann es beispielsweise genügen, wenn nur die Umstände zu 1. und 3. vorliegen, da einzelne Arbeitsverhältnisse pandemiebedingt bereits vor der Zahlung von Kurzarbeitergeld an den Betrieb beendet wurden (z. B. in der Gastronomie).

Auch mittelbare Auswirkungen einer verordneten Schließung wegen der COVID-19-Pandemie können im Einzelfall für die Annahme der erforderlichen Kausalität genügen und sich beispielsweise ergeben, wenn nicht der Betrieb selbst von einer verordneten Schließung betroffen war, aber sich Folgeauswirkungen auf den Betrieb ergeben haben (z. B. Textilreinigung von Hotel- und Gastronomiewäsche, Beförderungsunternehmen, Brauereien).

Eine abweichende Festsetzung bzw. ein Erlass kommt regelmäßig nicht in Betracht, wenn schon vor dem o. g. Pandemiezeitraum die rechnerisch erforderliche durchschnittliche Lohnsumme zur Einhaltung der Mindestlohnsumme nicht erreicht wurde. In diesem Fall ist das Unterschreiten der Mindestlohnsumme nicht ausschließlich auf die COVID-19-Pandemie zurück zu führen.

Vorstehende Regelungen gelten in den Fällen einer Steuerentstehung vor dem 1. Juli 2016 (§ 13a Absatz 1 Satz 5 ErbStG a. F.) entsprechend.

R E 13a.10 Feststellung der Anzahl der Beschäftigten, der Ausgangslohnsumme und der Summe der maßgebenden jährlichen Lohnsummen

ErbStR R E 13a.10

(1) ① Die Ausgangslohnsumme, die Anzahl der Beschäftigten und die Summe der maßgebenden jährlichen Lohnsummen stellt das für die Bewertung der wirtschaftlichen Einheit örtlich zuständige Finanzamt im Sinne des § 152 Nummer 1 bis 3 BewG fest, wenn diese Werte für die Erbschaftsteuer oder eine andere Feststellung im Sinne dieser Vorschrift von Bedeutung sind (§ 13a Absatz 4 ErbStG). ② Die Feststellungen erfolgen auch dann, wenn es sich um ein börsennotiertes Unternehmen handelt und deshalb keine Feststellung des Werts des Anteils gem. § 11 Absatz 1 BewG erfolgt. ③ Zum Verfahrensrecht → R B 151.1 ff. **77**

(2) ① Soweit das nach § 152 Nummer 1 bis 3 BewG örtlich zuständige Finanzamt erkennt, dass die Ausgangslohnsumme des Betriebs null EUR beträgt oder der Betrieb nicht mehr als fünf Beschäftigte hat, unterbleibt eine Feststellung der Ausgangslohnsumme, der Anzahl der Beschäftigten und der Summe der maßgebenden jährlichen Lohnsummen, da in diesen Fällen die Angaben für die Erbschaftsteuer nicht von Bedeutung sind. ② Das Finanzamt teilt dem Steuerpflichtigen und dem zuständigen Erbschaftsteuer-Finanzamt die fehlende steuerliche Bedeutung der Durchführung einer Feststellung mit. **78**

(3) ① Ist ein mehrstufiges Feststellungsverfahren durchzuführen, hat ein nach § 152 Nummer 1 bis 3 BewG örtlich zuständiges Finanzamt einer nachgeordneten Feststellungsebene regelmäßig die Höhe der Ausgangslohnsumme, die Anzahl der Beschäftigten und die Summe der maßgebenden jährlichen Lohnsummen festzustellen. ② Dies gilt auch, wenn auf der nachgeordneten Feststellungsebene die Ausgangslohnsumme null EUR beträgt oder dieser Betrieb nicht mehr als fünf Beschäftigte hat, soweit nicht auszuschließen ist, dass die Angaben für eine andere Feststellung nach § 13a Absatz 4 ErbStG in Verbindung mit § 151 Absatz 1 Satz 1 Nummer 1 bis 3 BewG auf einer übergeordneten Feststellungsebene von Bedeutung sind. ③ Die Feststellungen einer nachgeordneten Feststellungsebene sind in dem Umfang der entsprechenden Beteiligungsquote auf der übergeordneten Feststellungsebene zu berücksichtigen. ④ Bei der Berücksichtigung der Anzahl der Beschäftigten ist auf zwei Nachkommastellen abzurunden. **79**

(4) ① Die Feststellungsfrist für die Feststellung der Summe der maßgebenden jährlichen Lohnsummen beginnt grundsätzlich mit Ablauf des Kalenderjahrs, in dem die Lohnsummenfrist endet. ② Die Regelungen zur Anlaufhemmung nach § 170 Absatz 2 Satz 1 Nummer 1 AO kommen zur Anwendung. **80**

R E 13a.11 Folgen einer Weitergabeverpflichtung oder einer Nachlassteilung

ErbStR R E 13a.11

(1) ① Ein Erwerber kann die Befreiung nicht in Anspruch nehmen, soweit er verpflichtet ist, das begünstigte Vermögen auf Grund einer letztwilligen oder rechtsgeschäftlichen Verfügung des Erblassers auf einen Dritten zu übertragen (Weitergabeverpflichtung, § 13a Absatz 5 Satz 1 ErbStG). ② Letztwillige Verfügung ist das Testament, rechtsgeschäftliche Verfügung ist z. B. der Erbvertrag. ③ Anwendungsfälle sind insbesondere **81**

1. Sachvermächtnisse, die auf begünstigtes Vermögen gerichtet sind,
2. Vorausvermächtnisse, die auf begünstigtes Vermögen gerichtet sind,
3. ein Schenkungsversprechen auf den Todesfall oder
4. Auflagen des Erblassers, die auf die Weitergabe begünstigten Vermögens gerichtet sind.

④ Sind Miterben auf Grund einer Teilungsanordnung des Erblassers verpflichtet, das begünstigte Vermögen auf einen Miterben zu übertragen, können die übertragenden Miterben die Befreiung nicht in Anspruch nehmen (§ 13a Absatz 5 Satz 2 ErbStG); das gilt unabhängig davon, wann die Auseinandersetzungsvereinbarung geschlossen wird. ⑤ Den übernehmenden Erwerber oder Miterben, der die Befreiung in Anspruch nehmen kann, trifft die Pflicht zur Einhaltung der Lohnsummen- und Behaltensregelung und der Voraussetzungen für den Vorwegabschlag auch hinsichtlich des übertragenen Anteils; er hat die steuerlichen Folgen eines Verstoßes hiergegen zu tragen.

82 (2) ① Gibt der nachfolgende Erwerber für den Erwerb des begünstigten Vermögens nicht begünstigtes Vermögen hin, das er vom Erblasser erworben hat, wird er so gestellt, als habe er von Anfang an begünstigtes Vermögen erworben (§ 13a Absatz 5 Satz 3 ErbStG). ② Dies gilt auch dann, wenn die einzelnen Vermögensgegenstände nach derselben Vorschrift, z. B. nach §§ 13a, 13b ErbStG, begünstigt sind, da der überlassende Miterbe die Begünstigung nicht mehr in Anspruch nehmen kann (§ 13a Absatz 5 Satz 1 und 2 ErbStG). ③ Als hingegebenes Vermögen gilt nicht die Entlastung der übrigen Erwerber von solchen Nachlassverbindlichkeiten im Innenverhältnis, die mit dem begünstigten Vermögen oder Teilen davon in wirtschaftlichem Zusammenhang stehen. ④ Der gemeine Wert des begünstigten Vermögens darf jedoch nicht überschritten werden. ⑤ Durch diese Regelung wird lediglich die Bemessungsgrundlage für die Steuerbefreiung verändert; sie führt nicht zu einer Veränderung der Zurechnung der Erwerbsgegenstände. ⑥ Der Grundsatz, dass die Erbauseinandersetzung unbeachtlich ist (→ R E 3.1), gilt unverändert fort. ⑦ Sätze 1 bis 6 gelten entsprechend auch für die freie Erbauseinandersetzung unter den Erben, wenn diese zeitnah zum Erbfall erfolgt. ⑧ Erfolgt die Übertragung und Hingabe des Vermögens in diesem Fall nach Ergehen des jeweiligen Erbschaftsteuerbescheids, ist dies als Ereignis mit steuerlicher Rückwirkung auf den Zeitpunkt der Steuerentstehung anzusehen, so dass die Steuerfestsetzungen nach § 175 Absatz 1 Satz 1 Nummer 2 AO zu ändern sind.

HE 13a.11

H E 13a.11

83 **Freie Erbauseinandersetzung.**[1] In den Fällen der freien Auseinandersetzung von Erbengemeinschaften ist eine steuerliche Rückwirkung auf den Zeitpunkt des Erbfalls als zeitnah in der Regel anzuerkennen, wenn die Auseinandersetzungsvereinbarung innerhalb von sechs Monaten erfolgt (→ vgl. BMF-Schreiben vom 14. 3. 2006, BStBl. I S. 253, Tz. 8).[2] Erfolgt die Erbauseinandersetzung erst nach mehr als sechs Monaten, kann der Begünstigungstransfer in begründeten Ausnahmefällen (z. B. aufgrund von Erbstreitigkeiten, Erstellung von Gutachten o. Ä.) gewährt werden. Der Steuerpflichtige hat die Gründe darzulegen, die eine Erbauseinandersetzung innerhalb des Sechsmonatszeitraums verhindert haben.
→ BFH vom 23. 6. 2015 II R 39/13, BStBl. 2016 II S. 225.

84 **Schuldenkürzung bei Nachlassteilung.**

Beispiel:

Erblasser E wird von seiner Tochter T und seinem Sohn S je zur Hälfte beerbt. Zum Nachlass gehören sämtliche Anteile an einer inländischen Kapitalgesellschaft mit einem Anteilswert von 10 000 000 EUR, der nur aus begünstigtem Vermögen besteht, und ein Bankguthaben von 10 000 000 EUR. Im Zusammenhang mit den Anteilen stehen Nachlassverbindlichkeiten in Höhe von 1 000 000 EUR.

Im Rahmen der Erbauseinandersetzung übernimmt die Tochter auch die andere Hälfte der Anteile gegen eine Ausgleichszahlung aus dem Nachlass von 5 000 000 EUR. Die Schuld tragen beide entsprechend ihren Erbteilen.

Berechnung des Reinnachlasses		
Steuerwert der Anteile		10 000 000 EUR
Bankguthaben		+ 10 000 000 EUR
Vermögensanfall		20 000 000 EUR
Nachlassverbindlichkeiten		./. 1 000 000 EUR
Erbfallkostenpauschale		./. 10 300 EUR
Wert des Reinnachlasses		18 989 700 EUR
Davon Erbanteil je ½		9 494 850 EUR
Berechnung des Erwerbs für T		
Steuerbefreiung nach § 13a ErbStG		
Steuerwert der Anteile (begünstigtes Vermögen)	5 000 000 EUR	
Werterhöhung Ausgleichszahlung in Höhe von 5 000 000 EUR	+ 5 000 000 EUR	
Begünstigtes Vermögen insgesamt	10 000 000 EUR	
Verschonungsabschlag (85%)	./. 8 500 000 EUR	8 500 000 EUR
Verbleiben	1 500 000 EUR	
Abzugsbetrag		+ 0 EUR
Verschonung insgesamt		8 500 000 EUR
Berechnung des Abzugsbetrags	150 000 EUR	
Verbleibender Wert (15%)	1 500 000 EUR	
Abzugsbetrag	./. 150 000 EUR	
Unterschiedsbetrag	1 350 000 EUR	
Davon 50%	./. 675 000 EUR	
Verbleibender Abzugsbetrag	0 EUR	

[1] *BFH-Urteil vom 15. 5. 2024 II R 12/21 (BStBl. 2025 II S. 243):* **1.** Der Transfer der Steuerbegünstigung für Betriebsvermögen, für vermieteten Wohnraum und für das selbstgenutzte Familienheim unter Miterben setzt voraus, dass die Übertragung der Vermögenswerte im Rahmen der Teilung des Nachlasses erfolgt. Dies kann auch dann der Fall sein, wenn die Teilung des Nachlasses mehr als sechs Monate nach dem Erbfall erfolgt (entgegen H E 13a.11 ErbStH). **2.** Beruht der Entschluss, den Nachlass zu teilen und dabei begünstigtes (Betriebs-)Vermögen gegen nicht begünstigtes Vermögen zu übertragen, auf einer neuen Willensbildung der Erbengemeinschaft, die den Nachlass zunächst willentlich ungeteilt belassen hat, ist die Übertragung nicht begünstigt.

[2] Abgedruckt im **Handbuch zur ESt-Veranlagung** als Anlage zu § 7 EStG.

Berechnung der nicht abzugsfähigen Schulden für T		
Schuld (1/2 entsprechend Erbteil)	500 000 EUR	
Davon abzugsfähig		
Wert Anteile (begünstigtes Vermögen) nach Anwendung § 13 a ErbStG		
5 000 000 EUR – 8 500 000 EUR = 0 EUR		
Wert Anteile (begünstigtes Vermögen) nach Anwendung des § 13 a ErbStG / Wert der begünstigten Anteile		
= 0 EUR : 5 000 000 EUR = 0,00%		
500 000 EUR x 0,00%	./. 0 EUR	
Nicht abzugsfähig	500 000 EUR	
Erbanteil T		9 494 850 EUR
Steuerbefreiung § 13 a ErbStG		./. 8 500 000 EUR
Nicht abzugsfähiger Teil der Schuld		+ 500 000 EUR
Bereicherung der T		1 494 850 EUR
Erbanteil S		9 494 850 EUR
Steuerbefreiung § 13 a ErbStG		./. 0 EUR
Nicht abzugsfähiger Teil der Schuld		+ 0 EUR
Bereicherung des S		9 494 850 EUR

R E 13 a.12[1] Behaltensregelungen – Allgemeines

ErbStR R E 13 a.12

(1) ① Der Verschonungsabschlag und der Abzugsbetrag fallen mit Wirkung für die Vergangenheit weg, soweit innerhalb von fünf Jahren nach dem Zeitpunkt der Steuerentstehung (Behaltensfrist) gegen eine der Behaltensregelungen für das begünstigte Vermögen verstoßen wird (§ 13 a Absatz 6 ErbStG). 85 ② Die Gründe für den Verstoß gegen die Behaltensregelungen sind unbeachtlich. ③ Die Behaltensfrist ist für jeden Erwerber gesondert zu prüfen. ④ Der Steuerbescheid ist in diesen Fällen nach § 175 Absatz 1 Satz 1 Nummer 2 AO zu ändern (Nachversteuerung). ⑤ Ein Verstoß gegen die Behaltensregelungen wirkt sich nicht auf den Vorwegabschlag nach § 13 a Absatz 9 ErbStG aus. ⑥ Ein Verstoß gegen die Behaltensregelung führt nicht zu einer Änderung des Ansatzes des Werts des begünstigten Vermögens bei der Ermittlung des Schwellenwerts (§ 13 a Absatz 1 Satz 1 ErbStG), da sich nicht der Wert des begünstigten Vermögens, sondern nur die Höhe der Steuerbefreiung für das begünstigte Vermögen ändert. ⑦ Der Steuerpflichtige ist im Steuerbescheid darauf hinzuweisen, dass Verstöße gegen die Behaltensregelungen innerhalb einer Frist von einem Monat, nachdem der jeweilige Tatbestand verwirklicht wurde, schriftlich anzuzeigen sind (§ 13 a Absatz 7 Satz 2 ErbStG, § 153 Absatz 2 AO) und eine Anzeige auch dann zu erfolgen hat, wenn der Vorgang zu keiner Besteuerung führt. ⑧ Die Finanzämter haben die Einhaltung der Behaltensregelungen in geeigneter Form zu überwachen. ⑨ In Fällen von geringer Bedeutung, z. B. bei einem gemeinen Wert des erworbenen begünstigten Vermögens bis zu 150 000 EUR, ist die Überwachung auf eine Veräußerung/Aufgabe des begünstigt erworbenen Vermögens zu beschränken. ⑩ Zum Verstoß durch einen nachfolgenden Erwerber → R E 13 a.19 Absatz 5.

(2) Ein Verstoß gegen die Behaltensregelungen liegt nicht vor, wenn begünstigtes Vermögen 86

1. im Wege des Übergangs von Todes wegen übergeht oder
2. durch Schenkung unter Lebenden weiter übertragen wird. ② Erfolgt jedoch die Zuwendung teilentgeltlich, gilt dies nur hinsichtlich des unentgeltlichen Teils der Zuwendung (gemischte Schenkung oder Schenkung unter Auflage, → R E 7.4). ③ Der entgeltliche Teil der Zuwendung stellt ungeachtet der ertragsteuerlichen Behandlung einen Verstoß gegen die Behaltensregelungen dar. ④ Eine mit einer Weiterschenkung verbundene Duldungsauflage (z. B. Nießbrauchsvorbehalt) stellt schenkungsteuerrechtlich keine Gegenleistung dar und führt damit insoweit nicht zur Teilentgeltlichkeit der Übertragung. ⑤ Infolgedessen liegt insoweit auch kein Verstoß gegen die Behaltensregelungen vor.

(3) Ein Verstoß gegen die Behaltensregelungen liegt dagegen vor, wenn begünstigtes Vermögen

1. als Abfindung nach § 3 Absatz 2 Nummer 4 ErbStG übertragen wird oder
2. zur Erfüllung anderer schuldrechtlicher Ansprüche, z. B. auf Grund eines Geldvermächtnisses, Pflichtteils- oder Zugewinnausgleichsanspruchs, hingegeben wird.

H E 13 a.12

H E 13 a.12

Einräumung obligatorischer Nutzungsrechte an begünstigtem Vermögen. Das Einräumen eines Nutzungsrechts an begünstigtem Vermögen kann nicht nach § 13 a Absatz 6 Satz 1 Nummer 1, 2 und 4, § 19 a Absatz 5 ErbStG (Behaltensregelung) zum Wegfall der Entlastungen führen, weil kein begünstigtes Vermögen in seiner Substanz übertragen wird. 87

Gründe für Verstoß gegen die Behaltensregelungen unbeachtlich. → BFH vom 16. 2. 2005 II R 39/03, BStBl. II S. 571, und vom 26. 2. 2014 II R 36/12, BStBl. II S. 581.

Keine Bindung an ertragsteuerliche Beurteilung als unentgeltlicher Vorgang. → BFH vom 2. 3. 2005 II R 11/02, BStBl. II S. 532.

---

[1] Siehe *Rz. 30 bis 32 gleich lautender Ländererlass vom 22. 12. 2023,* abgedruckt als Anlage zu R E 13 a.21 ErbStR.

ErbStR
R E
13 a.13

R E 13 a.13 Behaltensregelungen für Betriebsvermögen

88 (1) ① Die Veräußerung eines Gewerbebetriebs, eines Teilbetriebs oder eines Anteils an einer Gesellschaft im Sinne des § 15 Absatz 1 Satz 1 Nummer 2 und Absatz 3 oder § 18 Absatz 4 EStG, eines Anteils eines persönlich haftenden Gesellschafters einer KGaA oder eines Anteils daran innerhalb der Behaltensfrist ist ein Verstoß gegen die Behaltensregelungen. ② Maßgebend ist dabei das obligatorische Rechtsgeschäft und nicht erst die zivilrechtliche Wirksamkeit der Veräußerung. ③ Als Veräußerung gilt auch die Aufgabe eines Gewerbebetriebs, Teilbetriebs oder Mitunternehmeranteils sowie die Eröffnung des Insolvenzverfahrens.[1] ④ Wegen der bewertungsrechtlichen und erbschaftsteuerrechtlichen Gleichbehandlung des Vermögens, das der Ausübung eines freien Berufs dient, mit einem Gewerbebetrieb (→ § 96 BewG) unterliegt auch begünstigtes Betriebsvermögen in Form von freiberuflichen Praxen und Sozietätsanteilen den Behaltensregelungen. ⑤ War der Erwerber begünstigter Anteile an einer Gesellschaft im Sinne des § 15 Absatz 1 Satz 1 Nummer 2 und Absatz 3 oder § 18 Absatz 4 EStG vor dem maßgebenden Besteuerungszeitpunkt an dieser Gesellschaft beteiligt, kann bei einer teilweisen Veräußerung seines Anteils regelmäßig davon ausgegangen werden, dass er zunächst die ihm bereits früher gehörenden Anteile veräußert.[2] ⑥ Zur Reinvestitionsklausel → R E 13 a.18.

89 (2) ① Ein Verstoß gegen die Behaltensregelungen liegt auch vor, wenn eine, mehrere oder alle im Besteuerungszeitpunkt wesentlichen Betriebsgrundlagen eines Gewerbebetriebs veräußert oder in das Privatvermögen überführt oder anderen betriebsfremden Zwecken zugeführt werden. ② Absatz 1 Satz 2 gilt entsprechend. ③ Dies gilt nicht, soweit sie zum jungen Verwaltungsvermögen im Sinne des § 13 b Absatz 7 Satz 2 ErbStG gehörten. ④ Der Begriff wesentliche Betriebsgrundlage ist nach den Grundsätzen des Ertragsteuerrechts (funktionale Betriebsnotwendigkeit) zu beurteilen. ⑤ Der Umfang der schädlichen Verfügung bemisst sich nach dem gemeinen Wert des Einzelwirtschaftsguts (z. B. Betriebsgrundstück) im – ursprünglichen – Besteuerungszeitpunkt. ⑥ Bei Bedarf ist für eine solche wirtschaftliche Untereinheit ein gemeiner Wert noch nach §§ 151 ff. BewG festzustellen. ⑦ Zur Reinvestitionsklausel → R E 13 a.18.

90 (3) ① Die Einbringung eines Betriebs, Teilbetriebs oder Mitunternehmeranteils in eine Kapital- oder eine Personengesellschaft (§§ 20, 24 UmwStG) gegen Gewährung von Gesellschaftsanteilen ist selbst kein Verstoß gegen die Behaltensregelungen. ② Dies gilt auch für die formwechselnde Umwandlung, Verschmelzung oder Realteilung von Personengesellschaften, soweit der Realteiler nicht nur einzelne Wirtschaftsgüter erhält. ③ Aus der Systematik der Befreiungsregelung folgt, dass die übernehmende Gesellschaft ihren Sitz oder ihre Geschäftsleitung im Inland oder in einem Mitgliedstaat der Europäischen Union oder in einem Staat des Europäischen Wirtschaftsraums haben muss. ④ R E 13 a.16 Absatz 4 und 5 gilt entsprechend. ⑤ Eine nachfolgende Veräußerung der dabei erworbenen Anteile an der Kapitalgesellschaft oder Personengesellschaft innerhalb der Behaltensfrist stellt einen Verstoß gegen die Behaltensregelung dar.

91 (4) Die Absätze 1 bis 3 gelten entsprechend, soweit zum Erwerb begünstigungsfähiges ausländisches Betriebsvermögen im Sinne des R E 13 b.5 Absatz 4 gehört.

H E
13 a.13

H E 13 a.13

92 **Erzwungene Betriebsaufgabe.** → BFH vom 16. 2. 2005 II R 39/03, BStBl. II S. 571, vom 17. 3. 2010 II R 3/09, BStBl. II S. 749, und vom 26. 2. 2014 II R 36/12, BStBl. II S. 581.

Mehrere aufeinanderfolgende Umwandlungen. → BFH vom 16. 2. 2011 II R 60/09, BStBl. II S. 454.

Wesentliche Betriebsgrundlage. → Begriff: H 16 (5) EStH.

Anl
zu R E
13 a.13

Erlass betr. erbschaftsteuerrechtliche Behandlung einer „anderen Gegenleistung" i. S. des § 20 UmwStG im Rahmen des § *13 a Abs. 5 Satz 1 Nr. 1 ErbStG*[3]

Vom 20. Juli 2012 (DB S. 1780)

(FM Baden-Württemberg, 3 – S 381.2 a/35)

93 Wurde ein zum nach § 13 b Abs. 1 Nr. 2 ErbStG begünstigungsfähigen Betriebsvermögen gehörender Betrieb, Teilbetrieb oder Mitunternehmeranteil erworben und hierfür die Steuerbefreiung nach § 13 a ErbStG gewährt, führt die Einbringung des verschonten Vermögens durch Sacheinlage nach § 20 Abs. 1

---

[1] *BFH-Urteil vom 1. 7. 2020 II R 19/18 (DStR S. 2599):* Der Verschonungsabschlag für den Erwerb eines Anteils an einer KG fällt bei Veräußerung des Anteils, im Falle der Betriebsaufgabe oder bei der Veräußerung oder Entnahme wesentlicher Betriebsgrundlagen nachträglich (anteilig) weg. Die bloße Eröffnung des Insolvenzverfahrens über das Vermögen der KG führt jedoch noch nicht zum anteiligen Wegfall des Verschonungsabschlags.

[2] *BFH-Urteil vom 17. 6. 2020 II R 33/17 (BStBl. 2021 II S. 217):* **1., 2.** (abgedruckt zu § 13 b Abs. 1 Nr. 2 ErbStG). **3.** Für den rückwirkenden Wegfall der Steuerbegünstigung nach § 13 a Abs. 5 Nr. 1 ErbStG vor 2009 [jetzt § 13 a Abs. 6 Satz 1 Nr. 2 ErbStG] ist bei einer teilweisen Veräußerung regelmäßig davon auszugehen, dass der Erwerber zunächst die ihm bereits früher gehörenden Teil-Kommanditanteile veräußert.

[3] Jetzt § 13 a Abs. 6 Satz 1 Nr. 1 ErbStG.

UmwStG in eine Kapitalgesellschaft grds. noch nicht zu einer schädlichen Verwendung *(§ 13a Abs. 5 Satz 1 Nr. 1 Satz 2 ErbStG).*[1]

In Umwandlungsfällen nach § 20 UmwStG kann die aufnehmende Kapitalgesellschaft dem Einbringenden jedoch neben den Gesellschaftsanteilen weitere Gegenleistungen für die Sacheinlage gewähren (§ 20 Abs. 2 Satz 4 UmwStG). Wird hiervon Gebrauch gemacht, liegt eine nachsteuerunschädliche Einbringung nach *§ 13a Abs. 5 Satz 1 Nr. 1 Satz 2 ErbStG*[1] nur insoweit vor, als sie gegen Gewährung der Gesellschaftsanteile der Kapitalgesellschaft erfolgt. Soweit die Kapitalgesellschaft für die Einbringung des begünstigten Betriebsvermögens eine Gegenleistung in Form anderer Wirtschaftsgüter erbringt, handelt es sich um eine schädliche Veräußerung i. S. von *§ 13a Abs. 5 Satz 1 Nr. 1 Satz 1 ErbStG.*[2]

Diese Grundsätze sind in Fällen des für Erwerbe bis zum 31. 12. 2008 geltenden Rechts entsprechend anzuwenden.

R E 13 a.14 Behaltensregelungen für land- und forstwirtschaftliches Vermögen

ErbStR R E 13 a.14

(1) ① Die Veräußerung von land- und forstwirtschaftlichem Vermögen im Sinne des § 168 Absatz 1 Nummer 1 BewG (Wirtschaftsteil im Sinne des § 160 Absatz 2 BewG) und selbst bewirtschafteter Grundstücke im Sinne des § 159 BewG innerhalb der Behaltensfrist ist ein Verstoß gegen die Behaltensregelungen (§ 13 a Absatz 6 Satz 1 Nummer 2 Satz 1 ErbStG). ② Maßgebend ist dabei das obligatorische Rechtsgeschäft und nicht erst die zivilrechtliche Wirksamkeit der Veräußerung. ③ Wird der Betrieb, Teilbetrieb oder Mitunternehmeranteil aufgegeben und führt dies dazu, dass der Betrieb als Stückländerei (§ 168 Absatz 2 in Verbindung mit § 160 Absatz 7 BewG) zu qualifizieren ist oder das Vermögen nicht mehr auf Dauer dem Betrieb zu dienen bestimmt ist (z. B. gewerbliche Nutzung), liegt ein Verstoß gegen die Behaltensregelung vor (§ 13 a Absatz 6 Satz 1 Nummer 2 Satz 2 ErbStG). ④ Zur Reinvestitionsklausel → R E 13 a.18. ⑤ Wegen der Änderung der Feststellung des gemeinen Werts des Wirtschaftsteils des Betriebs → § 162 Absatz 3 und 4 BewG. **97**

(2) ① Das Ausscheiden im Besteuerungszeitpunkt wesentlicher Wirtschaftsgüter eines Betriebs der Land- und Forstwirtschaft im Sinne des § 162 Absatz 4 BewG stellt eine schädliche Verwendung dar. ② Absatz 1 Satz 2 gilt entsprechend. ③ Dies gilt auch, wenn der Erlös aus der Veräußerung solcher Wirtschaftsgüter dazu verwendet wird, Abfindungen an weichende Erben zu zahlen, oder wenn der Hoferbe einzelne Flächen an seine Miterben überträgt, um deren Abfindungsansprüche zu befriedigen. **98**

(3) Als schädliche Verwendung gilt auch der Wegfall der Selbstbewirtschaftung von Flächen im Sinne des § 159 BewG, z. B. auf Grund einer Einstellung der Selbstbewirtschaftung landwirtschaftlich genutzter Flächen, die als Bauland, Industrieland oder Land für Verkehrszwecke dienen werden. **99**

(4) Wenn Pachtverträge über einzelne Flächen über eine Dauer von 15 Jahren und mehr abgeschlossen werden, gilt dies als schädliche Verwendung. **100**

R E 13 a.15 Entnahmebegrenzung

ErbStR R E 13 a.15

(1) ① Wenn der Erwerber als Inhaber begünstigt erworbenen Betriebsvermögens oder land- und forstwirtschaftlichen Vermögens ab dem Tag nach der Steuerentstehung bis zum Ende des letzten in die Fünfjahresfrist fallenden Wirtschaftsjahrs Entnahmen tätigt, die die Summe seiner Einlagen und der ihm zuzurechnenden Gewinne oder Gewinnanteile seit dem Erwerb um mehr als 150 000 EUR übersteigen (Überentnahmen), stellt dies einen Verstoß gegen die Behaltensregelungen dar. ② Dies gilt auch, wenn die Entnahmen zur Bezahlung der Erbschaftsteuer getätigt werden. ③ Verluste bleiben unberücksichtigt. ④ Die Begriffe Entnahme, Einlage, Gewinn und Verlust sind nach den Grundsätzen des Ertragsteuerrechts zu beurteilen; maßgebend hierfür ist der Gewinn nach § 4 Absatz 1 oder Absatz 3 EStG. ⑤ Die Sachentnahme eines Vermögensgegenstands, der im Besteuerungszeitpunkt zum begünstigten Vermögen gehört, ist mit dem ertragsteuerrechtlichen Entnahmewert im Entnahmezeitpunkt anzusetzen. ⑥ Entnahmen wesentlicher Betriebsgrundlagen, die als Verstoß gegen die Behaltensregelungen nach § 13 a Absatz 6 Satz 1 Nummer 1 Satz 2 oder Nummer 2 Satz 2 ErbStG zu beurteilen sind (→ R E 13 a.13 Absatz 2, R E 13 a.14 Absatz 2), bleiben bei der Prüfung der Entnahmebegrenzung unberücksichtigt. ⑦ Ebenso bleiben Entnahmen bis zur Höhe des steuerpflichtigen Werts des Verwaltungsvermögens (nicht begünstigtes Vermögen im Sinne des R E 13 b.9 Absatz 2 Satz 1 II.4.3) unberücksichtigt. ⑧ Die Entnahmebegrenzung ist für jeden Betrieb gesondert zu prüfen; bei Gewerbebetrieben mit Beteiligungen ist die Entnahmebegrenzung bei den Beteiligungen nicht gesondert zu prüfen, weil sich die Entnahmen insoweit beim Gewerbebetrieb niederschlagen und dort ggf. zu einem Verstoß gegen die Entnahmebegrenzung führen. **101**

---

[1] Jetzt § 13 a Abs. 6 Satz 1 Nr. 1 Satz 2 ErbStG.

[2] Jetzt § 13 a Abs. 6 Satz 1 Nr. 1 Satz 1 ErbStG.

102 (2) ① Die Entnahmebegrenzung bezieht sich bei land- und forstwirtschaftlichem Vermögen nur auf solches Vermögen, das ertragsteuerrechtlich zu einem Betrieb der Land- und Forstwirtschaft gehört. ② Ist dies der Fall, kommt die Entnahmebegrenzung nur für den Teil des Vermögens in Betracht, das zum nach § 13b Absatz 1 Nummer 1 ErbStG begünstigungsfähigen Vermögen (→ R E 13b.4) gehört. ③ Somit ist die Entnahme von Betriebswohnungen, von Mietwohngrundstücken oder erbbaurechtsbelasteten Flächen und des denkmalgeschützten Wohnteils im Sinne des § 13 Absatz 2 Nummer 2 EStG nicht schädlich. ④ Entnahmen bis zur Summe des ertragsteuerlichen Werts der nach § 158 Absatz 4 BewG nicht zum land- und forstwirtschaftlichen Vermögen gehörenden Wirtschaftsgüter im Besteuerungszeitpunkt (Sockelbetrag) sind bei der Prüfung der Entnahmebegrenzung außer Acht zu lassen.

103 (3) ① War der Erwerber eines Anteils an einer Personengesellschaft bereits vor dem begünstigten Erwerb an dieser Gesellschaft beteiligt, bezieht sich die Entnahmebegrenzung nur auf den zusätzlich erworbenen Anteil. ② Entnahmen, soweit sie über sein am Besteuerungszeitpunkt vorhandenes Kapitalkonto hinausgehen, Einlagen und Gewinne während der Behaltensfrist sind anteilig seiner Beteiligung vor dem Erwerb und der neu erworbenen Beteiligung zuzurechnen. ③ Dies gilt entsprechend, wenn der Betrieb einer Personengesellschaft nach Ausscheiden der übrigen Gesellschafter als Einzelunternehmen fortgeführt wird. ④ Der Begriff Kapitalkonto ist nach ertragsteuerlichen Grundsätzen zu beurteilen. ⑤ Zum Kapitalkonto rechnen danach neben dem Festkapital des Gesellschafters auch der Anteil an einer gesamthänderischen Rücklage, die variablen Kapitalkonten, soweit es sich dabei um Eigenkapital der Gesellschaft handelt, sowie die Kapitalkonten in den Sonderbilanzen und Ergänzungsbilanzen des Gesellschafters. ⑥ Dieses Kapitalkonto ist grundsätzlich auch für die Berechnung des Verhältnisses maßgebend, nach dem Gewinne, Entnahmen und Einlagen der neu erworbenen Beteiligung und der bereits vorhandenen Beteiligung zuzurechnen sind. ⑦ Da es sich bei der Bildung einer Gewinnrücklage oder den weiteren Zuführungen um eine Gewinnverwendung handelt, ist der dem Gesellschafter zuzurechnende Gewinn nicht um diese Positionen zu mindern.

104 (4) ① Tätigt ein Erwerber gegen Ende der Behaltensfrist im Sinne des Absatzes 1 eine Einlage, um den Betrag von 150 000 EUR übersteigende Entnahmen auszugleichen, liegt darin grundsätzlich kein Gestaltungsmissbrauch. ② Wird die Einlage jedoch nicht aus vorhandenem privatem Vermögen, sondern unter Aufnahme eines Kredits geleistet, ist zu prüfen, ob der Kredit als betriebliche Schuld oder ggf. als negatives Sonderbetriebsvermögen des Erwerbers zu behandeln ist. ③ Sofern die Prüfung ergibt, dass der Kredit als Betriebsvermögen des Erwerbers zu behandeln ist, liegt keine Einlage vor.

105 (5) Bei Betrieben der Land- und Forstwirtschaft, die ihren Gewinn nach § 13a EStG ermitteln, ist die Entnahmebegrenzung nicht zu prüfen.

106 (6) ① Nach § 13a Absatz 6 Satz 1 Nummer 3 Satz 3 ErbStG ist bei Ausschüttungen an Gesellschafter einer Kapitalgesellschaft § 13a Absatz 6 Satz 1 Nummer 3 Satz 1 ErbStG sinngemäß anzuwenden (Ausschüttungsbeschränkung). ② Somit können ohne Verstoß gegen die Entnahmebeschränkung in der Behaltensfrist erzielte Gewinne, ggf. erhöht um verdeckte Gewinnausschüttungen, und getätigte offene und verdeckte Einlagen ausgeschüttet werden. ③ Darüber hinaus können nur 150 000 EUR im Fünfjahreszeitraum verdeckt oder offen ausgeschüttet werden. ④ Ob die Ausschüttung mittelbar oder unmittelbar erfolgt, ist unerheblich.

107 (7) ① Ist eine Kapitalgesellschaft in eine Personengesellschaft oder ein Einzelunternehmen umgewandelt worden (§ 13a Absatz 6 Satz 1 Nummer 4 Satz 2 letzter Halbsatz ErbStG), sind für den jeweiligen Anwendungszeitraum die Ausschüttungsbeschränkung und die Entnahmebegrenzung zu berücksichtigen und für die Prüfung der maßgeblichen Grenze von 150 000 EUR zusammenzufassen. ② Wird eine Personengesellschaft in eine Kapitalgesellschaft umgewandelt, gilt dies entsprechend. ③ Wird ein Einzelunternehmen in eine Personengesellschaft eingebracht oder umgekehrt oder wird eine Kapitalgesellschaft in eine andere Kapitalgesellschaft umgewandelt, gilt die Entnahmebegrenzung oder Ausschüttungsbegrenzung durchgängig.

108 (8) Die Absätze 1 bis 7 gelten entsprechend, soweit zum Erwerb begünstigungsfähiges ausländisches Betriebsvermögen im Sinne des R E 13b.5 Absatz 4 gehört.

HE 13a.15

H E 13a.15

109 **Ermittlung der Überentnahmen; nachrichtliche Angaben.** Der Umfang der Entnahmen und Einlagen des Erwerbers und die ihm zuzurechnenden Gewinne bzw. Gewinnanteile sind auf Anforderung der Erbschaftsteuerstelle durch das Betriebsfinanzamt zu ermitteln und nachrichtlich mitzuteilen.

Überentnahmen.

Beispiel:

Unternehmer U überträgt begünstigtes Betriebsvermögen mit einem gemeinen Wert von 4 000 000 EUR an seinen Sohn S. Innerhalb der Behaltensfrist tätigt S Überentnahmen von 200 000 EUR.

Für S ergibt sich zunächst folgende Steuer:			
Betriebsvermögen (begünstigt)		4 000 000 EUR	
Verschonungsabschlag (85%)		./. 3 400 000 EUR	
Verbleiben		600 000 EUR	
Abzugsbetrag		./. 0 EUR	
Steuerpflichtiges Betriebsvermögen		600 000 EUR	600 000 EUR
Abzugsbetrag		150 000 EUR	
Verbleibender Wert (15%)	600 000 EUR		
Abzugsbetrag	./. 150 000 EUR		
Unterschiedsbetrag	450 000 EUR		
davon 50%		./. 225 000 EUR	
Verbleibender Abzugsbetrag		0 EUR	
Persönlicher Freibetrag			./. 400 000 EUR
Steuerpflichtiger Erwerb			200 000 EUR
Steuer nach Stkl. I (11%)			22 000 EUR
Für S ergibt die Nachversteuerung folgende Steuer:			
Betriebsvermögen		4 000 000 EUR	
Überentnahmen		./. 200 000 EUR	200 000 EUR
Betriebsvermögen (begünstigt)		3 800 000 EUR	
Verschonungsabschlag (85%)		./. 3 230 000 EUR	
Verbleiben		570 000 EUR	
Abzugsbetrag		./. 0 EUR	
Steuerpflichtiges Betriebsvermögen		570 000 EUR	+ 570 000 EUR
			770 000 EUR
Berechnung des Abzugsbetrags		150 000 EUR	
Verbleibender Wert (15%)	570 000 EUR		
Abzugsbetrag	./. 150 000 EUR		
Unterschiedsbetrag	420 000 EUR		
davon 50%		./. 210 000 EUR	
Verbleibender Abzugsbetrag		0 EUR	
Persönlicher Freibetrag			./. 400 000 EUR
Steuerpflichtiger Erwerb			370 000 EUR
Steuer nach Stkl. I (15%)			55 500 EUR
Bisher festgesetzt			./. 22 000 EUR
Nachsteuer			33 500 EUR

Überentnahmen zur Schenkungsteuertilgung. → BFH vom 11. 11. 2009 II R 63/08, BStBl. II S. 305.

Umwandlungsfälle. Wurde eine Beteiligung an einer Personengesellschaft einschließlich des Sonderbetriebsvermögens schenkweise nach § 13 a ErbStG begünstigt übertragen und die Personengesellschaft anschließend in eine Kapitalgesellschaft umgewandelt, wobei das Sonderbetriebsvermögen nicht mit eingebracht wurde, gilt Folgendes: **110**

Da der Begriff Entnahme nach den Grundsätzen des Ertragsteuerrechts zu beurteilen ist (→ R E 13 a.15 Absatz 1 Satz 4) und danach die bei der Einbringung zurückbehaltenen Wirtschaftsgüter – auch solche des Sonderbetriebsvermögens – als entnommen zu behandeln sind (→ Tz. 20.08 des BMF-Schreibens vom 11. 11. 2011, BStBl. I S. 1314), müssen diese Entnahmen bei der Prüfung der Entnahmebegrenzung berücksichtigt werden. Entnahmebegrenzung und anschließende Ausschüttungsbegrenzung sind über den gesamten Fünfjahreszeitraum einheitlich zu berechnen.

Wurden Anteile an einer Kapitalgesellschaft schenkweise nach § 13 a ErbStG begünstigt übertragen und die Kapitalgesellschaft anschließend in ein Einzelunternehmen oder eine Personengesellschaft umgewandelt, gilt Folgendes:

Ausschüttungsbegrenzung und anschließende Entnahmebegrenzung sind über den gesamten Fünfjahreszeitraum einheitlich zu berechnen.

Beispiel:

A erwirbt zum 1. 1. 00 28% der Anteile der B-GmbH. Die GmbH erzielt im Jahr 00 einen Gewinn im Sinne von § 4 Absatz 1 EStG von 60 000 EUR, im Jahr 01 von 55 000 EUR und im Jahr 02 von 45 000 EUR. Sie tätigt folgende Ausschüttungen: 01 300 000 EUR und 02 150 000 EUR. Die GmbH wird zum 1. 1. 03 in eine Personengesellschaft umgewandelt, an der A weiterhin mit 28% beteiligt ist. Der Wert der Beteiligung, die A hierbei erhält, entspricht dem Wert seiner Anteile an der B-GmbH im Zeitpunkt der Umwandlung. Die Gesellschaft erzielt im Jahr 03 einen Gewinn im Sinne von § 4 Absatz 1 EStG von 50 000 EUR und im Jahr 04 von 75 000 EUR. A entnimmt im Jahr 03 70 000 EUR und im Jahr 04 60 000 EUR.

Ausschüttungsüberschuss des A in den Jahren 00 bis 02			
auf A entfallende Ausschüttungen			
01: 28% von 300 000 EUR	84 000 EUR		
02: 28% von 150 000 EUR	+ 42 000 EUR		
Summe	126 000 EUR	126 000 EUR	
auf A entfallenden Gewinne			
00: 28% von 60 000 EUR	16 800 EUR		
01: 28% von 55 000 EUR	+ 15 400 EUR		
02: 28% von 45 000 EUR	+ 12 600 EUR		
Summe	44 800 EUR	./. 44 800 EUR	
Ausschüttungsüberschuss		81 200 EUR	81 200 EUR
Entnahmeüberschuss des A in den Jahren 03 und 04			
Entnahmen des A			

03:	70 000 EUR		
04:	+ 60 000 EUR		
Summe	130 000 EUR	130 000 EUR	
auf A entfallende Gewinne			
03: 28% von 50 000 EUR	14 000 EUR		
04: 28% von 75 000 EUR	+ 21 000 EUR		
Summe	35 000 EUR	./. 35 000 EUR	
Entnahmeüberschuss		95 000 EUR	+ 95 000 EUR
Summe			176 200 EUR
abzgl. unschädlicher Überschuss			./. 150 000 EUR
Umfang der schädlichen Verwendung			26 200 EUR

Variable Kapitalkonten als Eigenkapital. → BFH vom 3. 11. 1993 II R 96/91, BStBl. 1994 II S. 88.

ErbStR R E 13a.16

R E 13a.16 Behaltensregelungen für Anteile an Kapitalgesellschaften

111 (1) ① Die Veräußerung von Anteilen an einer Kapitalgesellschaft, die zu einem begünstigt erworbenen Vermögen gehören, ist nach § 13a Absatz 6 Satz 1 Nummer 4 ErbStG zu beurteilen. ② Maßgebend ist dabei das obligatorische Rechtsgeschäft und nicht erst die zivilrechtliche Wirksamkeit der Veräußerung. ③ War der Erwerber begünstigter Anteile an einer Kapitalgesellschaft bereits vor dem maßgeblichen Besteuerungszeitpunkt an dieser Gesellschaft beteiligt, kann bei einer teilweisen Veräußerung seiner Anteile an der Kapitalgesellschaft regelmäßig davon ausgegangen werden, dass er zunächst die ihm bereits früher gehörenden Anteile veräußert.

112 (2) Im Fall der Herabsetzung des Nennkapitals der Kapitalgesellschaft ist von einer Nachversteuerung abzusehen, wenn es sich um eine nur nominelle Kapitalherabsetzung zum Zweck der Sanierung der Gesellschaft handelt und kein Kapital an die Gesellschafter zurückgezahlt wird.

113 (3) ① Die Einbringung von Anteilen an einer Kapitalgesellschaft im Sinne des § 13b Absatz 1 Nummer 3 ErbStG in eine Kapitalgesellschaft gegen Gewährung von Gesellschaftsrechten (Anteilstausch) ist selbst kein Verstoß gegen die Behaltensregelungen nach § 13a Absatz 6 Satz 1 Nummer 4 ErbStG. ② Ebenso ist die Einbringung von Anteilen an Kapitalgesellschaften im Sinne des § 13b Absatz 1 Nummer 3 ErbStG in eine Personengesellschaft gegen Gewährung von Gesellschaftsrechten, durch die der Einbringende Mitunternehmer wird, selbst kein Verstoß gegen die Behaltensregelungen. ③ Aus der Systematik der Befreiungsregelung der §§ 13a, 13b ErbStG folgt, dass die übernehmende Gesellschaft ihren Sitz oder ihre Geschäftsleitung im Inland oder in einem Mitgliedstaat der Europäischen Union oder in einem Staat des Europäischen Wirtschaftsraums haben muss. ④ Handelt es sich bei der aufnehmenden Gesellschaft um eine Kapitalgesellschaft, ist eine Mindestbeteiligung des Einbringenden von mehr als 25 Prozent (§ 13b Absatz 1 Nummer 3 ErbStG) an dieser Gesellschaft jedoch nicht erforderlich. ⑤ Eine nachfolgende Veräußerung der bei den vorgenannten Maßnahmen erworbenen Anteile an der Kapitalgesellschaft oder der erworbenen Beteiligung an einer Personengesellschaft innerhalb der Behaltensfrist stellt einen Verstoß gegen die Behaltensregelung dar.

114 (4) ① Ist in den Fällen einer Sacheinlage oder eines Anteilstauschs in diesem Zeitpunkt der gemeine Wert der Anteile, die der Einbringende erhält, geringer als der gemeine Wert des eingebrachten Vermögens oder der Anteile, liegt eine anteilige schädliche Verfügung über das erworbene begünstigte Vermögen vor. ② Das gilt auch dann, wenn hinsichtlich der Gesellschafter an beiden Gesellschaften Personenidentität besteht.

115 (5) Ist in den Fällen einer Sacheinlage oder eines Anteilstauschs in diesem Zeitpunkt der gemeine Wert der Anteile, die der Einbringende erhält, nicht niedriger als der gemeine Wert des eingebrachten Vermögens oder der Anteile, liegt keine schädliche Verfügung über das erworbene begünstigte Vermögen vor.

116 (6) Wird das Vermögen der Kapitalgesellschaft auf eine Personengesellschaft, eine natürliche Person oder eine andere Körperschaft (§§ 3 bis 16 UmwStG) übertragen, gelten die Absätze 3 bis 5 entsprechend.

HE 13a.16

H E 13a.16

Behaltensregelung in Einbringungs- und Umwandlungsfällen.

117 **Beispiel 1:**

Erwerber E hat Anteile an der X-GmbH im Wert von 2 000 000 EUR geschenkt bekommen. Die Steuerbefreiung nach § 13a ErbStG wurde gewährt.
E bringt anschließend die Anteile an der X-GmbH gegen Gewährung neuer Anteile in die Y-GmbH ein. Die Anteile an der X-GmbH haben zum Zeitpunkt der Einbringung einen Wert von 2 000 000 EUR. Die neu erworbenen Anteile an der Y-GmbH haben einen Wert von 1 600 000 EUR.
In Höhe von 20% ((2 000 000 EUR – 1 600 000 EUR) : 2 000 000 EUR) liegt eine schädliche Verfügung bezüglich der geschenkten Anteile an der X-GmbH vor. Im Umfang von 400 000 EUR (20% von 2 000 000 EUR) liegt ein Verstoß gegen die Behaltensregelung vor. Die zeitanteilige Nachversteuerung richtet sich nach § 13a Absatz 6 Satz 2 ErbStG (→ H E 13a.19 „Nachversteuerung").

Beispiel 2:

Erwerber E hat Anteile an der X-GmbH im Wert von 2 000 000 EUR geschenkt bekommen. Die Steuerbefreiung nach § 13a ErbStG wurde gewährt.

E bringt anschließend die Anteile an der X-GmbH gegen Gewährung neuer Anteile in die Y-GmbH ein. Die Anteile an der X-GmbH haben zum Zeitpunkt der Einbringung einen Wert von 1 800 000 EUR. Die neu erworbenen Anteile an der Y-GmbH haben einen Wert von 1 350 000 EUR.
In Höhe von 25% ((1 800 000 EUR – 1 350 000 EUR) : 1 800 000 EUR) liegt eine schädliche Verfügung bezüglich der geschenkten Anteile an der X-GmbH vor. Im Umfang von 500 000 EUR (25% von 2 000 000 EUR) liegt ein Verstoß gegen die Behaltensregelung vor. Die zeitanteilige Nachversteuerung richtet sich nach § 13 a Absatz 6 Satz 2 ErbStG (→ H E 13 a.19 „Nachversteuerung").

Beispiel 3:
Erwerber E hat Anteile an der X-GmbH im Wert von 2 000 000 EUR geschenkt bekommen. Die Steuerbefreiung nach § 13 a ErbStG wurde gewährt.
E bringt anschließend die Anteile an der X-GmbH gegen Gewährung neuer Anteile in die Y-GmbH ein. Die Anteile an der X-GmbH haben zum Zeitpunkt der Einbringung einen Wert von 2 000 000 EUR. Die neu erworbenen Anteile an der Y-GmbH haben einen Wert von 2 400 000 EUR.
Es liegt keine schädliche Verfügung bezüglich der geschenkten Anteile an der X-GmbH vor.

Mehrere aufeinanderfolgende Umwandlungen. → BFH vom 16. 2. 2011 II R 60/09, BStBl. II S. 454.

Veräußerung von Anteilen.

Beispiel:
A ist zu 30% an einer GmbH beteiligt. Durch Erbanfall erwirbt er eine weitere Beteiligung von 30% an der Gesellschaft. Drei Jahre nach dem Erwerb veräußert er eine Beteiligung von 40%.
Bei dem Verkauf der Beteiligung ist aus Vereinfachungsgründen davon auszugehen, dass es sich dabei im Umfang von 30% um die Anteile handelt, mit denen A schon vor dem Erbfall beteiligt war (kein Verstoß gegen Behaltensregelung), und im Umfang von 10% um Anteile, die A durch Erbanfall erworben hatte (Verstoß gegen Behaltensregelung).

R E 13 a.17 Wegfall der Verfügungsbeschränkung oder Stimmrechtsbindung

ErbStR R E 13 a.17

(1) Die vorauszusetzende einheitliche Verfügung über die Anteile geht nicht schon dann verloren, wenn innerhalb der Behaltensfrist

1. ein Gesellschafter an seinem Anteil einen Nießbrauch bestellt und das Stimmrecht beim Nießbrauchbesteller verbleibt; 120
2. ein Gesellschafter seinen Anteil verpfändet. ② Das Mitgliedschafts- und Stimmrecht geht in einem solchen Fall nicht auf den Pfandgläubiger über. ③ Schädlich ist erst die Verwertung des Pfandguts durch den Pfandgläubiger (§ 13 a Absatz 6 Satz 1 Nummer 4 ErbStG). ④ Die verbleibenden Poolmitglieder verlieren ihre bisher gewährte Begünstigung nicht;
3. eine Vereinigung aller Anteile bei dem letzten Poolgesellschafter einer Poolgemeinschaft eintritt, weil die Anteile des vorletzten Poolgesellschafters auf ihn übergegangen sind.

(2) Der Wegfall der Begünstigung tritt insbesondere ein, wenn innerhalb der Behaltensfrist 121

1. ein Poolgesellschafter seine Anteile an andere Poolgesellschafter oder dem Poolvertrag entsprechend an Dritte entgeltlich überträgt (§ 13 a Absatz 6 Satz 1 Nummer 4 ErbStG). ② Die Übertragung eines Anteils durch einen Poolgesellschafter führt nur bei diesem zum Verlust der Begünstigung, solange die verbleibenden Poolmitglieder über mehr als 25 Prozent der Anteile verfügen;
2. die Poolvereinbarung nach dem Besteuerungszeitpunkt aufgehoben wird;
3. die Beteiligung der Poolgesellschafter auf 25 Prozent oder weniger sinkt, z. B. weil ein oder mehrere Poolgesellschafter ausscheiden oder infolge einer Kapitalerhöhung.

(3) ① Im Fall des R E 13 a.16 Absatz 3 bis 5 liegt ein Verstoß gegen die Behaltensregelung nach § 13 a Absatz 6 Satz 1 Nummer 5 ErbStG vor, wenn die Mindestbeteiligung des Erblassers oder Schenkers nur durch eine Poolvereinbarung im Sinne des § 13 b Absatz 1 Nummer 3 Satz 2 ErbStG erreicht wurde; das gilt nicht, wenn die übernehmende Gesellschaft in gleicher Weise wie der einbringende Erwerber an die Poolvereinbarung gebunden ist. ② Sinkt dadurch die Beteiligung der übrigen Poolgesellschafter auf 25 Prozent oder weniger, kann auch insoweit ein Verstoß dieser Gesellschafter gegen die Behaltensregelung vorliegen (→ Absatz 2). 122

R E 13 a.18 Reinvestitionsklausel

ErbStR R E 13 a.18

① Im Fall der Veräußerung von wesentlichen Betriebsgrundlagen oder von wesentlichen Wirtschaftsgütern (→ R B 162 Absatz 4) ist von einer Nachversteuerung abzusehen, wenn der Veräußerungserlös innerhalb der jeweiligen, nach § 13 b Absatz 1 Nummer 1 bis 3 ErbStG begünstigungsfähigen Vermögensart (land- und forstwirtschaftliches Vermögen, Betriebsvermögen oder Anteile an Kapitalgesellschaften) verbleibt (§ 13 a Absatz 6 Satz 3 ErbStG); bei dem Vermögen darf es sich nicht um nicht begünstigtes Verwaltungsvermögen im Sinne des § 13 b Absatz 3 und 4 ErbStG handeln. ② Dies gilt auch, wenn ein Teilbetrieb oder ein gesamter Betrieb veräußert wird (§ 13 a Absatz 6 Satz 3 ErbStG in Verbindung mit § 13 a Absatz 6 Satz 1 Nummer 1, 2 und 4 ErbStG). ③ Hierunter fällt somit neben der Anschaffung von Anlagegütern, Betriebsteilen oder von neuen Betrieben, die das veräußerte Vermögen im Hinblick auf den ursprünglichen oder einen neuen Betriebszweck ersetzen, auch beispielsweise die Tilgung betrieblicher Schulden. ④ Die Reinvestition muss innerhalb von sechs Monaten nach der Veräußerung erfolgen. ⑤ Maßgebend ist dabei das obligatorische Rechtsgeschäft und nicht erst die zivilrechtliche Wirksamkeit 123 der Anschaffung. ⑥ Da auch Finanzmittel zum Verwaltungsvermögen gehören, ist eine unschädliche Reinvestition in Liquiditätsreserven grundsätzlich nicht möglich. ⑦ Aus Vereinfachungsgründen ist jedoch von einer Nachversteuerung abzusehen, wenn innerhalb der sechs Monate seit der schädlichen Verwendung eine Reinvestition in Vermögen erfolgt, das nicht zum Verwaltungsvermögen gehört. ⑧ Soweit der Veräußerungserlös entnommen wird, bleibt die Veräußerung in jedem Fall ein Verstoß gegen die Behaltensregelung. ⑨ Die bestehenden Behaltensregelungen gelten fort. ⑩ Die Ermittlung der Summe der maßgebenden jährlichen Lohnsummen des § 13a Absatz 3 Satz 6 bis 13 ErbStG erstreckt sich dann auch auf das reinvestierte begünstigte Vermögen im Sinne des § 13b Absatz 2 ErbStG, soweit dieses in die Ermittlung der Lohnsumme nach § 13a Absatz 3 ErbStG einzubeziehen ist.

ErbStR R E 13a.19

R E 13a.19[1] Durchführung der Nachversteuerung

124 (1) ① Soweit ein Erwerber innerhalb der Behaltensfrist nach § 13a Absatz 6 ErbStG in schädlicher Weise über das begünstigte Vermögen verfügt, entfallen der Verschonungsabschlag (§ 13a Absatz 1 ErbStG) und der Abzugsbetrag (§ 13a Absatz 2 ErbStG). ② Bei der Nachversteuerung ist der erbschaftsteuerrechtliche Wert im Zeitpunkt der Steuerentstehung anzusetzen. ③ Dies gilt auch, wenn bei einer Veräußerung einer wesentlichen Betriebsgrundlage (→ R E 13a.13 Absatz 2, R E 13a.14 Absatz 2) der hierfür erzielte Verkaufserlös entnommen wird. ④ Im Fall von Überentnahmen (→ R E 13a.15) ist auf den ertragsteuerrechtlichen Wert im Entnahmezeitpunkt abzustellen. ⑤ Veräußert der Erwerber das gesamte begünstigte Vermögen innerhalb der Behaltensfrist und erfolgt keine Reinvestition nach § 13a Absatz 6 Satz 3 ErbStG, entfällt der Abzugsbetrag insgesamt, während der Verschonungsabschlag für die Jahre erhalten bleibt, in denen keine schädliche Verfügung erfolgt ist (§ 13a Absatz 6 Satz 2 ErbStG). ⑥ Betrifft die schädliche Verfügung nur einen Teil des begünstigten Vermögens, sind der Verschonungsabschlag und gegebenenfalls der Abzugsbetrag für den weiterhin begünstigten Teil des Vermögens zu gewähren. ⑦ Kam ein Abzugsbetrag wegen der Kürzung nach § 13a Absatz 2 Satz 2 ErbStG bei der erstmaligen Steuerfestsetzung nicht in Betracht, kann er bei einer Änderung der Steuerfestsetzung zur Anwendung kommen, wenn die Voraussetzungen dafür erfüllt sind. ⑧ Der Verschonungsabschlag bezüglich des Teils des Vermögens, über das der Erwerber schädlich verfügt hat, bleibt ebenfalls für die Jahre erhalten, in denen keine schädliche Teilverfügung erfolgt ist. ⑨ Ein Verstoß gegen die Behaltensregelung führt nicht zu einer Änderung des Ansatzes des Werts des begünstigten Vermögens bei der Ermittlung des Schwellenwerts, da sich nicht der Wert des begünstigten Vermögens, sondern nur die Höhe der Steuerbefreiung für das begünstigte Vermögen ändert (§ 13a Absatz 1 Satz 1 ErbStG; → R E 13a.2 Absatz 2).

125 (2) ① Bei einem Unterschreiten der Lohnsummenregelung des § 13a Absatz 3 ErbStG im Zeitpunkt des Ablaufs der Lohnsummenfrist von fünf Jahren entfällt der Verschonungsabschlag in dem Verhältnis, in dem die tatsächliche Lohnsumme die Mindestlohnsumme unterschreitet.[2] ② Der Abzugsbetrag nach § 13a Absatz 2 ErbStG unterliegt bei einem Unterschreiten der Mindestlohnsumme keiner Anpassung.

126 *(3) ① Führt die Veräußerung oder Aufgabe des gesamten begünstigten Vermögens vor Ablauf der Frist von fünf Jahren ohne entsprechende Reinvestition zugleich dazu, dass die Mindestlohnsumme unterschritten wird, ist der Verschonungsabschlag zu kürzen. ② Die entfallenden Verschonungsabschläge wegen der Verfügung über das begünstigte Vermögen (§ 13a Absatz 6 ErbStG) und wegen Unterschreitens der Mindestlohnsumme (§ 13a Absatz 3 Satz 1 und 4 ErbStG) sind gesondert zu berechnen; der höhere der sich hierbei ergebenden Beträge wird bei der Kürzung angesetzt. ③ Betrifft die schädliche Verfügung nach § 13a Absatz 6 ErbStG nur einen Teil des begünstigten Vermögens, erfolgt die Berechnung des entfallenden Verschonungsabschlages wegen der Verfügung über das begünstigte Vermögen nur hinsichtlich des schädlich verwendeten Teils.*

127 (4) ① Die dauerhafte Erhaltung der Vergünstigung ist regelmäßig vom Verhalten desjenigen abhängig, der das begünstigte Vermögen im Sinne des Entlastungszwecks erhält und sichert und in der Nachfolge des Erblassers oder Schenkers fortführt. ② Sind die Verschonungsregelungen mehreren Erwerbern (Miterben/-beschenkte, Vermächtnisnehmer usw.) zugutegekommen und verstößt nur einer von ihnen gegen die Verschonungsvoraussetzungen, geht dies nur zu Lasten der von ihm in Anspruch genommenen Verschonung.

128 (5) ① Wird das begünstigte Vermögen innerhalb der noch laufenden Frist von fünf Jahren im Wege der Schenkung weiter übertragen, wird insoweit nicht gegen die Behaltensregelung verstoßen. ② Verstößt in diesem Fall der nachfolgende Erwerber gegen die Behaltensregelungen, verliert auch der vorangegangene Erwerber die Verschonung, soweit bei ihm die Behaltensfrist noch nicht abgelaufen ist. ③ Hinsichtlich der Lohnsummenregelung sind für die verbleibenden Jahre der Lohnsummenfrist die Verhältnisse des begünstigten Vermögens des Erwerbers einzubeziehen.

129 (6) Die Behaltensfrist endet im Falle des Todes des Erwerbers ohne Auswirkung auf die Verschonungsvoraussetzungen des § 13a Absatz 3 und Absatz 6 ErbStG.

130 (7) Ein nachträglicher vollständiger Wegfall des Abzugsbetrags führt dazu, dass damit der Lauf der Sperrfrist rückwirkend entfällt und der Abzugsbetrag bei einer erneuten Zuwendung begünstigten Vermögens sofort neu in Anspruch genommen werden kann.

[1] Siehe zu R E 13a.19 insgesamt *Rz. 33 und 34,* Abs. 3 überholt durch *Rz. 33 und 34 gleich lautender Ländererlass vom 22. 12. 2023,* abgedruckt als Anlage zu R E 13a.21 ErbStR.
[2] Siehe *gleich lautenden Ländererlass vom 30. 12. 2021,* abgedruckt als Anlage zu R E 13a.9 ErbStR.

H E 13a.19

HE 13a.19

131

Nachversteuerung.

***Beispiel 1 (Veräußerung einer von mehreren wirtschaftlichen Einheiten):*[1]**

Auf A als Alleinerbin ist ein Gewerbebetrieb (Steuerwert 800 000 EUR) und ein KG-Anteil (Steuerwert 400 000 EUR) übergegangen. Die Betriebe verfügen nur über begünstigtes Vermögen. Ein Antrag nach § 13 a Absatz 10 ErbStG wurde nicht gestellt. Beide Betriebe haben jeweils nicht mehr als 5 Beschäftigte.

Betriebsvermögen (begünstigt)			*1 200 000 EUR*
Verschonungsabschlag (85%)			*./. 1 020 000 EUR*
Verbleiben			*180 000 EUR*
Abzugsbetrag			*./. 135 000 EUR*
Steuerpflichtiges Betriebsvermögen			*45 000 EUR*
Abzugsbetrag		*150 000 EUR*	
Verbleibender Wert (15%)	*180 000 EUR*		
Abzugsbetrag	*./. 150 000 EUR*		
Unterschiedsbetrag	*30 000 EUR*		
davon 50%		*./. 15 000 EUR*	
Verbleibender Abzugsbetrag		*135 000 EUR*	

Im vierten Jahr veräußert sie den KG-Anteil für 450 000 EUR. Für die Nachversteuerung ergibt sich der Wert des steuerpflichtigen Betriebsvermögens wie folgt:

Betriebsvermögen (begünstigt)		*800 000 EUR*	
Verschonungsabschlag (85%)		*./. 680 000 EUR*	
Verbleiben		*120 000 EUR*	*120 000 EUR*
Betriebsvermögen (nicht mehr voll in die Verschonung einzubeziehen)		*400 000 EUR*	
Verschonungsabschlag (85%)		*340 000 EUR*	
zeitanteilig zu gewähren $^3/_5$ =		*./. 204 000 EUR*	
Verbleiben		*196 000 EUR*	*+ 196 000 EUR*
Summe			*316 000 EUR*
Abzugsbetrag			*./. 120 000 EUR*
Steuerpflichtiges Betriebsvermögen			*196 000 EUR*
Abzugsbetrag 150 000 EUR, höchstens Wert des begünstigt verbleibenden Vermögens		*120 000 EUR*	
Verbleibender Wert (15%)	*120 000 EUR*		
Abzugsbetrag	*./. 120 000 EUR*		
Unterschiedsbetrag	*0 EUR*		
davon 50%		*./. 0 EUR*	
Verbleibender Abzugsbetrag		*120 000 EUR*	

Bei der Berechnung des Abzugsbetrags ist von 120 000 EUR auszugehen, weil nur insoweit nach Abzug des Verschonungsabschlags begünstigtes Betriebsvermögen verbleibt. Der veräußerte KG-Anteil gehört mit Rückwirkung in vollem Umfang nicht mehr zum begünstigten Vermögen (§ 13 a Absatz 6 Satz 2 ErbStG).

Steuerpflichtiges Betriebsvermögen nach schädlicher Verfügung	*196 000 EUR*
Steuerpflichtiges Betriebsvermögen bisher	*./. 45 000 EUR*
Die Bemessungsgrundlage erhöht sich mithin um	*151 000 EUR*

Beispiel 2 (Verstoß gegen Behaltens- und Lohnsummenregelung durch Verkauf des begünstigten Vermögens):

Auf B als Alleinerben ist ein Gewerbebetrieb (Steuerwert 4 000 000 EUR) übergegangen. Der Betrieb verfügt nur über begünstigtes Vermögen. Ein Antrag nach § 13 a Absatz 10 ErbStG wurde nicht gestellt. Der Betrieb hat mehr als 15 Beschäftigte.

Betriebsvermögen (begünstigt)			4 000 000 EUR
Verschonungsabschlag (85%)			./. 3 400 000 EUR
Verbleiben			600 000 EUR
Abzugsbetrag			./. 0 EUR
Steuerpflichtiges Betriebsvermögen			600 000 EUR
Abzugsbetrag		150 000 EUR	
Verbleibender Wert (15%)	600 000 EUR		
Abzugsbetrag	./. 150 000 EUR		
Unterschiedsbetrag	450 000 EUR		
davon 50%		./. 225 000 EUR	
Verbleibender Abzugsbetrag		0 EUR	

Im vierten Jahr veräußert B den Gewerbebetrieb. Eine Reinvestition erfolgt nicht. Die tatsächliche Lohnsumme im Zeitpunkt der Veräußerung beläuft sich auf 220% der Ausgangslohnsumme.

Betriebsvermögen (nicht mehr voll in die Verschonung einzubeziehen)		4 000 000 EUR
1. Kürzung des Verschonungsabschlags wegen Veräußerung		
Verschonungsabschlag (85%)	3 400 000 EUR	
zeitanteilig zu gewähren $^3/_5$	2 040 000 EUR	

[1] Siehe hierzu *Rz. 32 gleich lautender Ländererlass vom 22. 12. 2023,* abgedruckt als Anlage zu R E 13 a.21 ErbStR: „Die Darstellung des Beispiels 1 zu H E 13 a.19 „Nachversteuerung" ErbStH ist überholt, das Ergebnis ist in diesem Fall weiterhin rechnerisch zutreffend".

HE 13a.19

noch 131

2. Kürzung des Verschonungsabschlags wegen Nichterreichens der Mindestlohnsumme

Verschonungsabschlag	3 400 000 EUR	
Mindestlohnsumme 400,00%		
Tatsächliche Lohnsumme 220,00% unterschreitet		
Mindestlohnsumme um 180,00%, das sind 45,00%		
Kürzung des Verschonungsabschlags		
45,00% von 3 400 000 EUR	./. 1 530 000 EUR	
Verbleibender Verschonungsabschlag	1 870 000 EUR	
Abzugsfähig niedrigerer Betrag		./. 1 870 000 EUR
Verbleiben		2 130 000 EUR
Abzugsbetrag (entfällt weiterhin)		./. 0 EUR
Steuerpflichtiges Betriebsvermögen		2 130 000 EUR
Steuerpflichtiges Betriebsvermögen nach schädlicher Verfügung		2 130 000 EUR
Steuerpflichtiges Betriebsvermögen bisher		./. 600 000 EUR
Die Bemessungsgrundlage erhöht sich mithin um		1 530 000 EUR

Beispiel 3 (Verstoß gegen Behaltensregelung durch Verkauf einer wesentlichen Betriebsgrundlage):

Auf B als Alleinerben ist ein Gewerbebetrieb (Steuerwert 4 000 000 EUR) übergegangen. Der Betrieb verfügt nur über begünstigtes Vermögen. Ein Antrag nach § 13 a Absatz 10 ErbStG wurde nicht gestellt. Der Betrieb hat nicht mehr als 5 Beschäftigte. Zum Betrieb gehört als wesentliche Betriebsgrundlage ein Betriebsgrundstück (Grundbesitzwert 1 500 000 EUR).

Betriebsvermögen (begünstigt)			4 000 000 EUR
Verschonungsabschlag (85%)			./. 3 400 000 EUR
Verbleiben			600 000 EUR
Abzugsbetrag			./. 0 EUR
Steuerpflichtiges Betriebsvermögen			600 000 EUR
Abzugsbetrag		150 000 EUR	
Verbleibender Wert (15%)	600 000 EUR		
Abzugsbetrag	./. 150 000 EUR		
Unterschiedsbetrag	450 000 EUR		
davon 50%		./. 225 000 EUR	
Verbleibender Abzugsbetrag		0 EUR	

Im dritten Jahr veräußert B das Betriebsgrundstück und entnimmt den Veräußerungserlös von 1 800 000 EUR. Für die Nachversteuerung ergibt sich der Wert des steuerpflichtigen Betriebsvermögens wie folgt:

Betriebsvermögen (begünstigt)		2 500 000 EUR	
Verschonungsabschlag (85%)		./. 2 125 000 EUR	
Verbleiben		375 000 EUR	375 000 EUR
Betriebsvermögen (nicht mehr voll in die Verschonung einzubeziehen)		1 500 000 EUR	
Verschonungsabschlag (85%)	1 275 000 EUR		
zeitanteilig zu gewähren $^2/_5$ =		./. 510 000 EUR	
Verbleiben		990 000 EUR	+ 990 000 EUR
Summe			1 365 000 EUR
Abzugsbetrag			./. 37 500 EUR
Steuerpflichtiges Betriebsvermögen			1 327 500 EUR
Abzugsbetrag		150 000 EUR	
Verbleibender Wert (15%)	375 000 EUR		
Abzugsbetrag	./. 150 000 EUR		
Unterschiedsbetrag	225 000 EUR		
davon 50%		./. 112 500 EUR	
Verbleibender Abzugsbetrag		37 500 EUR	
Steuerpflichtiges Betriebsvermögen nach schädlicher Verfügung			1 327 500 EUR
Steuerpflichtiges Betriebsvermögen bisher			./. 600 000 EUR
Die Bemessungsgrundlage erhöht sich mithin um			727 500 EUR

Bei der Nachversteuerung ist vom Grundbesitzwert im Zeitpunkt der Steuerentstehung auszugehen. Auf den Veräußerungserlös oder den (fiktiven) Grundbesitzwert im Zeitpunkt der schädlichen Verfügung ist nicht abzustellen.

Beispiel 4 (Verstoß gegen Behaltens- und Lohnsummenreglung durch Verkauf einer wesentlichen Betriebsgrundlage):

Auf B als Alleinerben ist ein Gewerbebetrieb (Steuerwert 4 000 000 EUR) übergegangen. Der Betrieb verfügt nur über begünstigtes Vermögen. Ein Antrag nach § 13 a Absatz 10 ErbStG wurde nicht gestellt. Der Betrieb hat mehr als 15 Beschäftigte. Zum Betrieb gehört als wesentliche Betriebsgrundlage ein Betriebsgrundstück (Grundbesitzwert 1 500 000 EUR).

Betriebsvermögen (begünstigt)			4 000 000 EUR
Verschonungsabschlag (85%)			./. 3 400 000 EUR
Verbleiben			600 000 EUR
Abzugsbetrag			./. 0 EUR
Steuerpflichtiges Betriebsvermögen			600 000 EUR
Abzugsbetrag		150 000 EUR	
Verbleibender Wert (15%)	600 000 EUR		
Abzugsbetrag	./. 150 000 EUR		
Unterschiedsbetrag	450 000 EUR		
davon 50%		./. 225 000 EUR	
Verbleibender Abzugsbetrag		0 EUR	

Im dritten Jahr veräußert B das Betriebsgrundstück und entnimmt den Veräußerungserlös von 1 800 000 EUR. Die tatsächliche Lohnsumme nach Ablauf von fünf Jahren beträgt 300% der Ausgangslohnsumme.

Betriebsvermögen			4 000 000 EUR
1. Kürzung des Verschonungsabschlags wegen Veräußerung einer wesentlichen Betriebsgrundlage			
Betriebsvermögen (begünstigt)	2 500 000 EUR		
Verschonungsabschlag (85%)	./. 2 125 000 EUR	2 125 000 EUR	
Verbleiben	375 000 EUR		
Betriebsvermögen (nicht mehr voll in die Verschonung einzubeziehen)	1 500 000 EUR		
Verschonungsabschlag (85%) 1 275 000 EUR			
zeitanteilig zu gewähren $^2/_5$	510 000 EUR	+ 510 000 EUR	
Verbleibender Verschonungsabschlag		2 635 000 EUR	
2. Kürzung des Verschonungsabschlags wegen Nichterreichens der Lohnsumme			
Verschonungsabschlag (85%)		3 400 000 EUR	
Mindestlohnsumme 400%			
Verminderung des Verschonungsabschlags			
Tatsächliche Lohnsumme 300,00% unterschreitet			
Mindestlohnsumme um 100,00%, das sind 25,00%			
Kürzung des Verschonungsabschlags			
25,00% von 3 400 000 EUR		./. 850 000 EUR	
Verbleibender Verschonungsabschlag		2 550 000 EUR	
Abzugsfähig niedrigerer Verschonungsabschlag von 1. oder 2.			./. 2 550 000 EUR
Verbleiben			1 450 000 EUR
Abzugsbetrag			./. 37 500 EUR
Steuerpflichtiges Betriebsvermögen			1 412 500 EUR
Abzugsbetrag		150 000 EUR	
Verbleibender Wert	375 000 EUR		
Abzugsbetrag	./. 150 000 EUR		
Unterschiedsbetrag	225 000 EUR		
davon 50%		./. 112 500 EUR	
Verbleibender Abzugsbetrag		37 500 EUR	
Steuerpflichtiges Betriebsvermögen nach schädlicher Verfügung			1 412 500 EUR
Steuerpflichtiges Betriebsvermögen bisher			./. 600 000 EUR
Die Bemessungsgrundlage erhöht sich mithin um			812 500 EUR

Verstoß gegen die Behaltensregelungen durch einen Miterwerber. 132

Beispiel:

E und F haben einen Gewerbebetrieb zu gleichen Teilen geerbt und fortgeführt. Der Verschonungsabschlag und Abzugsbetrag wurden jeweils berücksichtigt. Nach drei Jahren veräußert einer der Erben seinen Anteil an dem Gewerbebetrieb. Die Steuerfestsetzung ist in diesem Fall nur bei dem Erben zu ändern, der gegen die Behaltensregelung verstoßen hat. Die Entlastung des anderen Erben durch Verschonungsabschlag und Abzugsbetrag bleibt unberührt.

R E 13 a.20 Vorwegabschlag bei Familienunternehmen

ErbStR R E 13 a.20

(1) ① Erwerber von Beteiligungen oder Anteilen an Familienunternehmen in der Rechtsform von Personen- oder Kapitalgesellschaften, die zum begünstigungsfähigen Vermögen (§ 13 b Absatz 1 ErbStG) gehören, haben einen Rechtsanspruch auf einen Vorwegabschlag bis zu 30 Prozent 135 vom Wert des begünstigten Vermögens (§ 13 a Absatz 9 in Verbindung mit § 13 b Absatz 2 ErbStG). ② Ein Antrag des Erwerbers ist nicht erforderlich, der Erwerber ist aber verpflichtet, die Voraussetzungen nachzuweisen. ③ Der Vorwegabschlag kommt auch in Betracht in den Fällen des § 3 Absatz 1 Nummer 2 Satz 2 und § 7 Absatz 7 Satz 1 ErbStG (→ R E 13 b.1 Absatz 1 Satz 4 Nummer 3 und R E 13 b.2 Absatz 1 Satz 2 Nummer 7). ④ Der Vorwegabschlag kommt insbesondere nicht in Betracht

1. bei einem Einzelunternehmen,
2. bei Anteilen an einer Aktiengesellschaft, weil das Aktiengesetz keine entsprechenden Einschränkungen in der Satzung zulässt,
3. in den Fällen des § 3 Absatz 1 Nummer 2 Satz 3 und § 7 Absatz 7 Satz 2 ErbStG, weil es sich nicht um einen Erwerb begünstigten Vermögens handelt (→ R E 3.4 Absatz 3 Satz 7 bis 9).

⑤ Der Vorwegabschlag ist vorrangig vor Anwendung des Verschonungsabschlags nach § 13 a Absatz 1 oder 10 bzw. § 13 c ErbStG oder der Verschonungsbedarfsprüfung nach § 28 a ErbStG zu berücksichtigen. ⑥ Daher ist der Wert des begünstigten Vermögens (§ 13 b Absatz 2 ErbStG) vor der Prüfung des Schwellenwerts für Großerwerbe von 26 Millionen EUR (§ 13 a Absatz 1 Satz 1 bis 3 ErbStG) stets um den sich im Einzelfall ergebenden Vorwegabschlag zu verringern. ⑦ Bei Vorliegen der Voraussetzungen ist der Vorwegabschlag auch im Fall der Optionsverschonung anwendbar, auch wenn beides zusammen zu einer Vollverschonung des begünstigten Vermögens führt. ⑧ Es gelten aber unterschiedliche Voraussetzungen und Behaltensregelungen. ⑨ *Hinsichtlich der Voraussetzungen des Vorwegabschlags erfolgt keine Feststellung.* ⑩ *Das Betriebsfinanzamt teilt das Vorliegen der Voraussetzungen und den Prozentsatz des Abschlags nachrichtlich mit (→ R E 13 b.30 Absatz 5 Satz 1 Nummer 2).*[1]

(2) ① Der Vorwegabschlag setzt das Vorliegen bestimmter Beschränkungen von Entnahmen/ 136 Ausschüttungen, Verfügungsmöglichkeiten und Abfindungen im Gesellschaftsvertrag oder der Sat-

---

[1] Gesonderte Feststellung für Erwerbe ab 29. 12. 2020 (§ 13 a Abs. 9 a ErbStG), siehe *Tz. 4 gleich lautender Ländererlass vom 13. 9. 2021,* abgedruckt als Anlage zu § 13 a ErbStG.

ErbStR R E 13a.20

zung voraus (§ 13a Absatz 9 Satz 1 ErbStG); es genügt nicht, wenn diese Regelungen lediglich in einem Poolvertrag enthalten sind. ② Der Gesellschaftsvertrag oder die Satzung müssen Bestimmungen enthalten, welche

1. die Entnahme oder Ausschüttung auf höchstens 37,5 Prozent des um die auf den Gewinnanteil oder die Ausschüttungen aus der Gesellschaft entfallenden Steuern vom Einkommen gekürzten Betrages des steuerrechtlichen Gewinns im Sinne des § 4 Absatz 1 Satz 1 EStG beschränken. ② Dabei bleiben bei einem Anteil am Betriebsvermögen Ergebnisse aus den Sonderbilanzen und Ergänzungsbilanzen unberücksichtigt. ③ Wenn in dem Gesellschaftsvertrag oder der Satzung auf den handelsrechtlichen Gewinn abgestellt wird, ist es unschädlich, wenn die nach § 13a Absatz 9 Satz 1 Nummer 1 ErbStG genannte Grenze bezogen auf den steuerrechtlichen Gewinn offensichtlich nicht überschritten wird;
2. die Verfügung zu Lebzeiten oder von Todes wegen über die Beteiligung an der Personengesellschaft oder den Anteil an der Kapitalgesellschaft auf Mitgesellschafter, auf Angehörige im Sinne des § 15 AO oder auf eine inländische Familienstiftung im Sinne des § 1 Absatz 1 Nummer 4 ErbStG oder eine entsprechende ausländische Familienstiftung beschränken. ② Einzelheiten zu den betroffenen Verfügungen → R E 13b.6 Absatz 4. ③ Die Voraussetzung ist nach dem Wortlaut nicht erfüllt, wenn eine Verfügung auf andere Personen nach Zustimmung der übrigen Gesellschafter möglich ist oder eine Verfügung auf eine vermögensverwaltende Familiengesellschaft, an der Angehörige des Gesellschafters beteiligt sind, vorgesehen ist;
3. für den Fall des Ausscheidens aus der Gesellschaft eine Abfindung vorsehen, die unter dem gemeinen Wert der Beteiligung an der Personengesellschaft oder des Anteils an der Kapitalgesellschaft liegt. ② Es reicht nicht aus, dass ein Verkauf an die unter Nummer 2 genannten Personen unter dem gemeinen Wert zulässig ist.

③ Diese Beschränkungen müssen kumulativ vorliegen. ④ Sie müssen in jedem Fall in einem Zeitraum von zwei Jahren vor dem Zeitpunkt der Steuerentstehung (§§ 9, 11 ErbStG) gegeben sein und in dem Zeitraum von 20 Jahren nach diesem Zeitpunkt bestehen und tatsächlich eingehalten werden (§ 13a Absatz 9 Satz 4 und 5 ErbStG).

137 (3) ① Maßgebend für die Prüfung der Entnahmebeschränkung ist der Gewinn des jeweiligen Wirtschaftsjahres, in dem die Entnahme erfolgt ist. ② Bei der Ermittlung der Steuerbemessungsgrundlage auf den Gewinnanteil sind die außerbilanziellen Hinzu- und Abrechnungen zu berücksichtigen. ③ Aus Vereinfachungsgründen kann bei einer Personengesellschaft die auf den Gewinnanteil entfallende Steuer oder bei einer Kapitalgesellschaft die auf die Ausschüttung entfallende Steuer mit einem Steuersatz von 30 Prozent (vgl. § 202 Absatz 3 BewG) angenommen werden, es sei denn, die auf den Gewinn des Jahres entfallende Steuer ist nachgewiesen höher. ④ Entnahmen zur Begleichung der auf den Gewinnanteil oder die Ausschüttungen aus der Gesellschaft entfallenden Steuern vom Einkommen bleiben von der Beschränkung der Entnahme oder Ausschüttung unberücksichtigt; die Steuer nach Satz 3 gilt dabei als unschädliche Entnahme zur Begleichung der Steuer. ⑤ Bei einem Anteil am Betriebsvermögen bleiben dabei die Steuern auf Ergebnisse aus den Sonderbilanzen und Ergänzungsbilanzen unberücksichtigt. ⑥ Entnahmen oder Ausschüttungen zur Begleichung der Erbschaft- oder Schenkungsteuer werden dagegen bei der Ermittlung der schädlichen Entnahmen einbezogen. ⑦ Die Begriffe Entnahme und Ausschüttung sind nach den Grundsätzen des Ertragsteuerrechts zu beurteilen.

138 (4) ① Sind die Voraussetzungen nur für einen Teil des begünstigten Vermögens gegeben, ist der Abschlag nur für diesen Teil des begünstigten Vermögens zu gewähren (§ 13a Absatz 9 Satz 2 ErbStG). ② Bei einer Beteiligung an einer Personengesellschaft trifft dies auf das Gesamthandsvermögen zu, nicht aber auf das Sonderbetriebsvermögen eines Gesellschafters. ③ Für die Anwendung des Vorwegabschlags ist in diesen Fällen zusätzlich das begünstigte Vermögen nur bezogen auf das Gesamthandsvermögen der Gesellschaft zu ermitteln (→ R E 13b.23 Absatz 3 Satz 7). ④ Wegen der nachrichtlichen Angaben des Betriebsfinanzamts → R E 13b.30 Absatz 5 Satz 2.

139 (5) ① Die Höhe des Abschlags bemisst sich danach, um wieviel Prozent die laut Gesellschaftsvertrag oder Satzung vorgesehene Höhe der Abfindung unter dem gemeinen Wert der Gesellschaftsbeteiligung oder Anteile liegt. ② Er darf 30 Prozent nicht übersteigen (§ 13a Absatz 9 Satz 3 ErbStG). ③ Beschränkungen der Entnahme oder Ausschüttung und der Verfügungsmöglichkeiten bleiben bei der Ermittlung der Höhe des Abschlags unberücksichtigt. ④ Sieht die Satzung oder der Gesellschaftsvertrag unterschiedliche Abfindungshöhen abhängig von dem Grund des Ausscheidens vor, ist die höchste in Betracht kommende Abfindung für die Ermittlung des Vorwegabschlags maßgebend. ⑤ Sieht die Satzung oder der Gesellschaftsvertrag für Gesellschafter unterschiedliche Abfindungshöhen vor, ist die für den jeweiligen Erwerber geltende Abfindung für die Ermittlung des Vorwegabschlags maßgebend.

140 *(6)*[1] *① Kommt nur der Vorwegabschlag nach § 13a Absatz 9 ErbStG zur Anwendung, unterliegen die mit dem begünstigten Vermögen in wirtschaftlichem Zusammenhang stehenden Schulden der Schuldenkürzung nach § 10 Absatz 6 Satz 4 ErbStG. ② Dies ist auch der Fall, wenn der Schwellenwert von 26 Milli-*

[1] Überholt durch Änderung des § 10 Abs. 6 ErbStG durch das JStG 2020, jetzt § 10 Abs. 6a durch das JStG 2024; siehe *Tz. 3 gleich lautender Ländererlass vom 13. 9. 2021,* abgedruckt als Anlage zu § 10 ErbStG.

onen EUR überschritten wird und der Erwerber einen Antrag nach § 28a ErbStG gestellt hat oder eine Stundung nach § 28 Absatz 1 ErbStG beantragt hat.

(7) ① Der Vorwegabschlag fällt mit Wirkung für die Vergangenheit weg, wenn die Voraussetzungen des § 13a Absatz 9 Satz 1 ErbStG nicht über einen Zeitraum von 20 Jahren nach dem Zeitpunkt der Entstehung der Steuer (§§ 9, 11 ErbStG) bestehen bleiben (§ 13a Absatz 9 Satz 5 ErbStG). ② Dies kann beispielsweise der Fall sein, wenn der Gesellschaftsvertrag oder die Satzung in der Weise geändert werden, dass die Voraussetzungen für den Vorwegabschlag nicht mehr gegeben sind, oder gegen die Voraussetzungen verstoßen wird. ③ Dabei ist es unbeachtlich, durch welchen Gesellschafter gegen die Voraussetzungen verstoßen wird. ④ Der Vorwegabschlag fällt auch dann weg, wenn die Änderungen vorgenommen werden, nachdem der Erwerber nicht mehr Gesellschafter ist und unabhängig vom Grund seines Ausscheidens, z. B. auch durch Tod. ⑤ Wird innerhalb des Zeitraums von 20 Jahren die Abfindungsbeschränkung dergestalt geändert, dass ein niedrigerer Prozentsatz des Vorwegabschlags zur Anwendung kommen würde, ist der Vorwegabschlag entsprechend zu kürzen. ⑥ Der Erwerber ist verpflichtet, dem für die Erbschaft- oder Schenkungsteuer zuständigen Finanzamt (§ 35 ErbStG) innerhalb einer Frist von einem Monat, nachdem der jeweilige Tatbestand verwirklicht wurde, schriftlich mitzuteilen, wenn sich die Bestimmungen oder die tatsächlichen Verhältnisse geändert haben (§ 13a Absatz 9 Satz 6 ErbStG). ⑦ Die Gründe für die Änderung der Bestimmungen oder der tatsächlichen Verhältnisse sind unbeachtlich. ⑧ Die Frist ist für jeden Erwerber gesondert zu prüfen. ⑨ Der Steuerbescheid ist in diesen Fällen nach § 175 Absatz 1 Satz 1 Nummer 2 AO zu ändern (Nachversteuerung). ⑩ Der Steuerpflichtige ist im Steuerbescheid auf seine Anzeigepflicht hinzuweisen (§ 153 Absatz 2 AO) und darauf, dass eine Anzeige auch dann zu erfolgen hat, wenn der Vorgang zu keiner Besteuerung führt. ⑪ Die Finanzämter haben die Einhaltung der Voraussetzungen für den Vorwegabschlag in geeigneter Form zu überwachen. ⑫ Im Rahmen der Nachversteuerung ist die Steuer abhängig von der anzuwendenden Verschonungsregelung neu zu berechnen. ⑬ Wird durch den Wegfall des Vorwegabschlags erstmals der Schwellenwert von 26 Millionen EUR überschritten, entfällt die zunächst in Anspruch genommene Steuerbefreiung nach § 13a Absatz 1 oder Absatz 10 ErbStG rückwirkend. ⑭ Für den Erwerb kann dann erstmals ein Antrag nach § 13c ErbStG oder § 28a ErbStG gestellt werden. ⑮ Ein Verstoß gegen die Lohnsummenregelung (§ 13a Absatz 3 ErbStG) oder gegen die Behaltensregelungen (§ 13a Absatz 6 ErbStG) wirkt sich als solcher nicht auf den Vorwegabschlag nach § 13a Absatz 9 ErbStG aus. 141

(8) ① Der Vorwegabschlag entfällt nicht, wenn begünstigtes Vermögen 142

1. im Wege des Übergangs von Todes wegen übergeht,
2. durch Schenkung unter Lebenden übertragen wird oder
3. entgeltlich veräußert wird.

② Voraussetzung hierfür ist, dass das begünstigte Vermögen dabei auf Personen im Sinne von § 13a Absatz 9 Satz 1 Nummer 2 ErbStG unter Beachtung der im Zeitpunkt des ursprünglichen Erwerbs geltenden Beschränkungen übergeht. ③ Wird in den Fällen des Satzes 1 beim nachfolgenden Erwerber gegen die Voraussetzungen des Vorwegabschlags verstoßen, verliert auch der vorangegangene Erwerber den Vorwegabschlag, wenn bei ihm die Frist von 20 Jahren noch nicht abgelaufen ist.

(9) Bei einem Wegfall des Vorwegabschlags für einen Erwerb ist der erhöhte Wert des begünstigten Vermögens bei der Ermittlung des Schwellenwerts (§ 13a Absatz 1 Satz 1 ErbStG) zu Grunde zu legen (→ R E 13a.2 Absatz 2).

H E 13a.20

HE 13a.20

Auswirkungen Verstoß gegen Behaltensregelung auf Vorwegabschlag.

Beispiel: 143

Auf B als Alleinerben sind 50% der Anteile an einer GmbH (Wert der erworbenen Anteile = 4 000 000 EUR) übergegangen; davon begünstigtes Vermögen = 3 800 000 EUR. Ein Antrag nach § 13a Absatz 10 ErbStG wurde nicht gestellt. Der Betrieb hat nicht mehr als 5 Beschäftigte. Der Vorwegabschlag beträgt 10%.

Anteile an der GmbH (begünstigt)			3 800 000 EUR
Vorwegabschlag (10%)			./. 380 000 EUR
Verbleiben			3 420 000 EUR
Verschonungsabschlag (85%)			./. 2 907 000 EUR
Verbleiben			513 000 EUR
Abzugsbetrag			./. 0 EUR
Steuerpflichtiges begünstigtes Vermögen			513 000 EUR
Nicht begünstigtes Vermögen			200 000 EUR
Steuerpflichtiges Vermögen			713 000 EUR
Abzugsbetrag		150 000 EUR	
Verbleibender Wert (15%)	513 000 EUR		
Abzugsbetrag	./. 150 000 EUR		
Unterschiedsbetrag	363 000 EUR		
davon 50%		./. 181 500 EUR	
Verbleibender Abzugsbetrag		0 EUR	

Im vierten Jahr veräußert B nominal 20% der Anteile an der GmbH (Wert gesamt 1 600 000 EUR, davon begünstigt = 1 520 000 EUR). Ihm verbleiben nominal 30% der Anteile an der GmbH (Wert gesamt 2 400 000 EUR, davon begünstigt = 2 280 000 EUR). Eine Reinvestition erfolgt nicht.

H E 13 a.20

Anteile an der GmbH (begünstigt)			2 280 000 EUR
Vorwegabschlag (10%)			./. 228 000 EUR
Verbleiben			2 052 000 EUR
Verschonungsabschlag (85%)			./. 1 744 200 EUR
Verbleiben			307 800 EUR
Abzugsbetrag			./. 71 100 EUR
Abzugsbetrag		150 000 EUR	
Verbleibender Wert (15%)	307 800 EUR		
Abzugsbetrag	./. 150 000 EUR		
Unterschiedsbetrag	157 800 EUR		
davon 50%		./. 78 900 EUR	
Verbleibender Abzugsbetrag		71 100 EUR	
Verbleiben			236 700 EUR
Anteile an der GmbH (nicht mehr voll in die Verschonung einzubeziehen)			1 520 000 EUR
Vorwegabschlag (10%)			./. 152 000 EUR
Verbleiben			1 368 000 EUR
Verschonungsabschlag (85%)		1 162 800 EUR	
Zeitanteilig zu gewähren $^3/_5$			./. 697 680 EUR
Verbleiben			670 320 EUR
Abzugsbetrag			./. 0 EUR
Verbleiben			670 320 EUR
Anteile an der GmbH (begünstigt nach Verschonung)			236 700 EUR
Anteile an der GmbH (nicht begünstigt nach anteiliger Verschonung)			670 320 EUR
Nicht begünstigtes Vermögen			200 000 EUR
Steuerpflichtiges Vermögen nach schädlicher Verfügung			1 107 020 EUR
Steuerpflichtiges Vermögen bisher			./. 713 000 EUR
Die Bemessungsgrundlage erhöht sich mithin um			394 020 EUR

Auswirkungen Verstoß gegen Voraussetzungen für Vorwegabschlag auf Schwellenwert.
→ H E 13 a.2 Beispiel 2.

144 Vorwegabschlag bei Anteilen an einer Kapitalgesellschaft oder Beteiligung an einer Personengesellschaft ohne mitübertragenes Sonderbetriebsvermögen

Beispiel:

Der Sachverhalt und die Berechnungen vor dem Vorwegabschlag ergeben sich aus Beispiel 1 zu H E 13 b.9.
Der Wert des begünstigten Vermögens nach § 13 b Absatz 2 Satz 1 ErbStG ist wie folgt zu ermitteln (vgl. Ziffer II.5 des Beispiels):

	festgestellter Wert des (Anteils) Betriebsvermögens	1 500 000 EUR
–	steuerpflichtiger Wert des Verwaltungsvermögens	30 000 EUR
=	begünstigtes Vermögen	1 470 000 EUR

Das Betriebsfinanzamt teilte nachrichtlich mit, dass der Abschlag nach § 13 a Absatz 9 ErbStG 20% beträgt.
Der Vorwegabschlag nach § 13 a Absatz 9 ErbStG ist wie folgt zu berechnen:

	begünstigtes Vermögen	1 470 000 EUR
×	Vorwegabschlag in %, maximal 30%	20%
=	Vorwegabschlag	294 000 EUR

145 Vorwegabschlag bei Beteiligung an einer Personengesellschaft mit mitübertragenem Sonderbetriebsvermögen.

Beispiel:

Der Sachverhalt und die Berechnungen ergeben sich aus Beispiel 2 zu H E 13 b.9.
Das Betriebsfinanzamt teilte nachrichtlich mit, dass der Abschlag nach § 13 a Absatz 9 ErbStG 20% beträgt.
Für Zwecke der Bemessungsgrundlage des Vorwegabschlages erfolgt eine Berechnung des begünstigten Vermögens nur für das übertragene Gesamthandsvermögen.

IIa. Berechnung des begünstigten Vermögens

IIa.1.	Finanzmitteltest i. S. d. § 13 b Absatz 4 Nummer 5 ErbStG	
	Wert der Finanzmittel des Gesamthandsvermögens	50 000 EUR
–	Wert der jungen Finanzmittel des Gesamthandsvermögens nach § 13 b Absatz 4 Nummer 5 Satz 2 ErbStG; höchstens der Wert der Finanzmittel des Gesamthandsvermögens	20 000 EUR
=	Saldo	30 000 EUR
–	Wert der betrieblichen Schulden des Gesamthandsvermögens	400 000 EUR
=	Saldo	./. 370 000 EUR
–	Sockelbetrag 15% des Werts der Beteiligung am Gesamthandsvermögen (vorbehaltlich Hauptzweck gemäß § 13 b Absatz 4 Nummer 5 Satz 4 ErbStG)	0 EUR
=	verbleibender Wert der Finanzmittel, mindestens 0 EUR (§ 13 b Absatz 4 Nummer 5 Satz 1 ErbStG)	0 EUR

IIa.2.	Berechnung der verbleibenden Schulden	
	Wert der Schulden des Gesamthandsvermögens	400 000 EUR
–	Wert der Schulden, die im Rahmen des Finanzmitteltests verrechnet wurden	30 000 EUR
=	verbleibende Schulden	370 000 EUR

IIa.3 Nettowert des Verwaltungsvermögens

IIa.3.1. Saldo Verwaltungsvermögen

	Wert des Verwaltungsvermögens des Gesamthandsvermögens (§ 13 b Absatz 4 Nummer 1 bis 4 ErbStG)	100 000 EUR
–	Wert des jungen Verwaltungsvermögens des Gesamthandsvermögens	10 000 EUR
+	verbleibender Wert der Finanzmittel IIa.1 (§ 13 b Absatz 4 Nummer 5 Satz 1 ErbStG)	0 EUR
=	Saldo Verwaltungsvermögen	90 000 EUR

IIa.3.2. Berechnung der anteilig verbleibenden Schulden

$$\frac{\text{verbleibende Schulden (IIa.2) 370 000 EUR} \times \text{Saldo Verwaltungsvermögen (IIa.3.1) 90 000 EUR}}{\text{Wert der Beteiligung am Gesamthandsvermögen 1 500 000 EUR} + \text{verbleibende Schulden 370 000 EUR}}$$

=	anteilig verbleibende Schulden	17 808 EUR

IIa.3.3. Berechnung des Nettowertes des Verwaltungsvermögens

	Saldo Verwaltungsvermögen IIa.3.1	90 000 EUR
–	anteilig verbleibende Schulden IIa.3.2	17 808 EUR
=	Nettowert des Verwaltungsvermögens	72 192 EUR

IIa.4. Steuerpflichtiger Wert des Verwaltungsvermögens

IIa.4.1. Berechnung der Bemessungsgrundlage des unschädlichen Verwaltungsvermögens (§ 13 b Absatz 7 ErbStG)

	Wert der Beteiligung am Gesamthandsvermögen	1 500 000 EUR
–	Nettowert des Verwaltungsvermögens IIa.3.3	72 192 EUR
–	Wert des jungen Verwaltungsvermögens des Gesamthandsvermögens	10 000 EUR
–	Wert der jungen Finanzmittel des Gesamthandsvermögens	20 000 EUR
=	Bemessungsgrundlage für das unschädliche Verwaltungsvermögen	1 397 808 EUR

IIa.4.2. Gekürzter Nettowert des Verwaltungsvermögens

	Nettowert des Verwaltungsvermögens IIa.3.3	72 192 EUR
–	10% × Bemessungsgrundlage für das unschädliche Verwaltungsvermögen IIa.4.1 (1 397 808 EUR)	139 781 EUR
=	gekürzter Nettowert des Verwaltungsvermögens	0 EUR

IIa.4.3. Berechnung des steuerpflichtigen Werts des Verwaltungsvermögens

	gekürzter Nettowert des Verwaltungsvermögens IIa.4.2	0 EUR
+	Wert des jungen Verwaltungsvermögens des Gesamthandsvermögens	10 000 EUR
+	Wert der jungen Finanzmittel des Gesamthandsvermögens	20 000 EUR
=	steuerpflichtiger Wert des Verwaltungsvermögens (nicht begünstigtes Vermögen)	30 000 EUR

IIa.5. Begünstigtes Vermögen (§ 13 b Absatz 2 Satz 1 ErbStG) – nur Gesamthand –

	Wert der Beteiligung am Gesamthandsvermögen	1 500 000 EUR
–	steuerpflichtiger Wert des Verwaltungsvermögens IIa.4.3	30 000 EUR
=	begünstigtes Vermögen der Gesamthand	1 470 000 EUR

Der Vorwegabschlag nach § 13 a Absatz 9 ErbStG ist wie folgt zu berechnen:

	begünstigtes Vermögen	1 470 000 EUR
×	Vorwegabschlag in %, maximal 30%	20%
=	Vorwegabschlag	294 000 EUR

R E 13 a.21 Optionsverschonung

ErbStR R E 13 a.21

(1)[1] *① Der Erwerber kann den Antrag auf Optionsverschonung (§ 13 a Absatz 10 ErbStG) im Erbfall insgesamt nur einheitlich für alle Arten des erworbenen begünstigungsfähigen Vermögens (land- und forstwirtschaftliches Vermögen, Betriebsvermögen und Anteile an Kapitalgesellschaften) stellen. ② Bei Schenkungen* 146
mit z. B. mehreren Betriebsübertragungen in mehreren Schenkungsverträgen ist bei Vorliegen eines einheitlichen Schenkungswillens von nur einer Schenkung auszugehen.

(2) ① Der Erwerber muss die Optionsverschonung bei dem für die Erbschaft- oder Schenkung- 147
steuer zuständigen Finanzamt schriftlich oder zur Niederschrift beantragen. ② Er kann den Antrag bis zum Eintritt der materiellen Bestandskraft der Festsetzung der Erbschaft- oder Schenkungsteuer stellen.[2] ③ Der Antrag kann nach Zugang dieser Willenserklärung beim Erbschaftsteuerfinanzamt nicht mehr widerrufen werden (§ 13 a Absatz 10 ErbStG). ④ Dies gilt auch für den Fall, dass der Erwerber gegen die Behaltensregelungen oder die Lohnsummenregelung des § 13 a ErbStG verstößt.

[1] R E 13 a.21 Abs. 1 überholt durch *gleich lautenden Ländererlass vom 22. 12. 2023,* nachfolgend abgedruckt.
[2] Siehe *BFH-Urteil vom 11. 12. 2024 II R 44/21,* abgedruckt zu H E 13 a.21 „Frist …" ErbStH.

148 (3) ① Der Anteil des Verwaltungsvermögens am gemeinen Wert des Betriebs bestimmt sich nach dem Verhältnis der Summe der gemeinen Werte der Einzelwirtschaftsgüter des Verwaltungsvermögens nach § 13 b Absatz 3 und 4 ErbStG zum gemeinen Wert des Betriebs. ② Bei der Ermittlung der Verwaltungsvermögensquote sind die quotale Schuldenverrechnung (§ 13 b Absatz 6 ErbStG) und der Freibetrag für das Verwaltungsvermögen (§ 13 b Absatz 7 ErbStG) nicht anzuwenden.

149 *(4)*[1] ① *Stellt ein Erwerber begünstigten Vermögens einen Antrag auf Optionsverschonung, ist diese nur für die übertragenen wirtschaftlichen Einheiten zu gewähren, bei denen das Verwaltungsvermögen nach § 13 b Absatz 3 und Absatz 4 ErbStG die Grenze von 20 Prozent nicht überschreitet.* ② *Für wirtschaftliche Einheiten, die über Verwaltungsvermögen nach § 13 b Absatz 3 und Absatz 4 ErbStG von mehr als 20 Prozent verfügen, kommt dann weder eine Optionsverschonung noch eine Regelverschonung in Betracht.* ③ *Der Antrag geht ins Leere, wenn das Verwaltungsvermögen nach § 13 b Absatz 3 und 4 ErbStG aller übertragenen wirtschaftlichen Einheiten mehr als 20 Prozent beträgt; in diesem Fall kommt die Regelverschonung nach § 13 a Absatz 1 und 2 ErbStG in Betracht.* ④ *Wird nachträglich ermittelt (z. B. im Rahmen einer Betriebsprüfung), dass die Verwaltungsvermögensgrenze für die Optionsverschonung in allen wirtschaftlichen Einheiten nicht erfüllt ist, erhält der Erwerber für das begünstigte Vermögen die Regelverschonung.* ⑤ *Sätze 1 bis 4 gelten auch, wenn nur eine wirtschaftliche Einheit erworben wurde.*

150 (5)[1] Verstößt der Erwerber im Rahmen der zulässigen Optionsverschonung innerhalb der maßgebenden siebenjährigen Behaltensfrist gegen eine der Verschonungsvoraussetzungen, entfällt die gewährte Verschonung ganz oder teilweise und der Umfang der Nachversteuerung richtet sich nach den Regelungen der Optionsverschonung.

HE 13a.21

H E 13a.21

151 **Ermittlung der Verwaltungsvermögensquote.**

Beispiel:

A ist Einzelunternehmer und hat seinen Betrieb an Sohn S übertragen. Der festgestellte Wert des Einzelunternehmens beträgt 2 000 000 EUR. Im Betriebsvermögen sind Wertpapiere von 200 000 EUR enthalten. Der Überbestand an Finanzmitteln beträgt nach Abzug der Schulden und des Sockelbetrags von 15 Prozent 100 000 EUR. Junge Finanzmittel liegen nicht vor.

	festgestellter Wert des Verwaltungsvermögens	200 000 EUR
+	verbleibender Wert der Finanzmittel	100 000 EUR
+	junge Finanzmittel	0 EUR
=	maßgebendes Verwaltungsvermögen	300 000 EUR

$$\frac{\text{maßgebendes Verwaltungsvermögen 300 000 EUR}}{\text{festgestellter Wert Betriebsvermögen 2 000 000 EUR}}$$

= Verwaltungsvermögensquote 15%

Frist für Antrag auf Optionsverschonung.[2] → BFH vom 10. 11. 2004 II R 24/03, BStBl. 2005 II S. 182.

Mehrere wirtschaftliche Einheiten bei der Optionsverschonung.[3]

Beispiel:

E hinterlässt seiner Ehefrau F unter anderem folgende Nachlassgegenstände:
- *Anteile von 30% an einer Kapitalgesellschaft (festgestellter Wert 300 000 EUR; Verwaltungsvermögensquote nach § 13 b Absatz 2 Satz 2 ErbStG > 90%; Verwaltungsvermögensquote nach § 13 a Absatz 10 ErbStG 20%);*
- *Beteiligung von 50% an einer Personengesellschaft (festgestellter Wert 500 000 EUR; Verwaltungsvermögensquote nach § 13 b Absatz 2 Satz 2 ErbStG < 90%; Verwaltungsvermögensquote nach § 13 a Absatz 10 ErbStG 30%);*
- *Einzelunternehmen (festgestellter Wert 1 000 000 EUR; Verwaltungsvermögensquote nach § 13 b Absatz 2 Satz 2 ErbStG < 90%; Verwaltungsvermögensquote nach § 13 a Absatz 10 ErbStG 10%)*

F stellt einen Antrag auf Optionsverschonung nach § 13 a Absatz 10 ErbStG.

Der Wert der Anteile von 30% an der Kapitalgesellschaft ist vollständig nicht begünstigt, da die nach § 13 b Absatz 2 Satz 2 ErbStG zu ermittelnde Verwaltungsvermögensquote mehr als 90% des begünstigungsfähigen Vermögens beträgt. Für die Anteile ist deshalb keine Verschonung nach § 13 a ErbStG zu gewähren.

Der Wert der Beteiligung von 50% an der Personengesellschaft ist nicht in die Optionsverschonung einzubeziehen, da die Verwaltungsvermögensquote nach § 13 a Absatz 10 ErbStG 30% beträgt und die Grenze von 20% übersteigt. Die Regelverschonung ist ebenso nicht anwendbar.

Der Wert des Einzelunternehmens ist in die Optionsverschonung einzubeziehen, da die Verwaltungsvermögensquote nach § 13 a Absatz 10 ErbStG 10% beträgt und die Grenze von 20% nicht übersteigt.

---

[1] R E 13 a.21 Abs. 4 überholt durch *gleich lautenden Ländererlass vom 22. 12. 2023,* mit Vertrauensschutzregelung in Rz. 35 und 36; zur Anwendung von Abs. 5 siehe *Rz. 32 des Erlasses* (nachfolgend abgedruckt).

[2] *BFH-Urteil vom 11. 12. 2024 II R 44/21 (DStR 2025 S. 1030):* **1.** Die unbefristete Optionserklärung nach § 13 a Abs. 8 des Erbschaftsteuer- und Schenkungsteuergesetzes in der Fassung von 2013 ist im Einspruchsverfahren zu berücksichtigen, soweit ihre steuerrechtlichen Auswirkungen nicht über den durch § 351 Abs. 1 der Abgabenordnung (AO) gesetzten Rahmen hinausgehen. **2.** Die Bindungswirkung nach § 351 Abs. 1 AO hat nicht zur Folge, dass die Verschonung, wenn sie den Änderungsrahmen verlässt, insgesamt zu versagen ist.

[3] Überholt durch *gleich lautenden Ländererlass vom 22. 12. 2023,* nachfolgend abgedruckt.

Anl zu R E 13 a.21

Erlass betr. Anwendung der die Optionsverschonung betreffenden Vorschriften des Erbschaftsteuer- und Schenkungsteuergesetzes aufgrund des BFH-Urteils II R 25/20 vom 26. Juli 2022 (BStBl. 2024 II S. 21)

Vom 22. Dezember 2023 (BStBl. 2024 I S. 69)

(Gleich lautender Ländererlass)

Inhaltsübersicht

1. Allgemeines ... 1–4
2. Gesonderte Betrachtung jeder einzelnen wirtschaftlichen Einheit bei Erwerb mehrerer wirtschaftlicher Einheiten ... 5–12
3. Prüfung des Schwellenwerts nach § 13 a Absatz 1 Satz 1 ErbStG ... 13
4. Abzugsbetrag § 13 a Absatz 2 ErbStG ... 14, 15
5. Zu § 13 c und § 28 a ErbStG ... 16–21
6. § 10 Absatz 6 ErbStG ... 22–26
7. Tarifbegrenzung § 19 a ErbStG ... 27
8. Lohnsummenregelung § 13 a Absatz 3 ErbStG ... 28, 29
9. Behaltensregelung § 13 a Absatz 6 ErbStG ... 30–32
10. Durchführung der Nachversteuerung ... 33, 34
11. Vertrauensschutzregelungen ... 35–37
12. Nachträgliche Antragstellung auf Optionsverschonung ... 38
13. Anwendungsregelung ... 39

1. Allgemeines

1 Mit Urteil vom 26. Juli 2022 (II R 25/20, BStBl. 2024 II S. 21) hat der BFH hinsichtlich des bis zum 30. Juni 2016 geltenden Rechts entschieden, dass bei einer einheitlichen Schenkung von mehreren wirtschaftlichen Einheiten des begünstigten Unternehmensvermögens die Erklärung zur optionalen Vollverschonung (§ 13 a Absatz 8 ErbStG a. F.) für jede wirtschaftliche Einheit gesondert abgegeben werden kann. Nach der Systematik der Verschonungsregelungen der §§ 13 a, 13 b ErbStG sei jeder übertragene Betrieb einzeln zu betrachten. **160**

2 Wurde die Erklärung zur optionalen Vollverschonung für eine wirtschaftliche Einheit abgegeben, die die Anforderungen an die Optionsverschonung nicht erfüllt, ist nach Auffassung des BFH für diese wirtschaftliche Einheit auch nicht die Regelverschonung (§ 13 a Absatz 1 und 2 ErbStG a. F.) zu gewähren, selbst wenn deren Voraussetzungen erfüllt wären.

3 Der BFH hat bestätigt, dass der relevante Anteil des Verwaltungsvermögens am begünstigungsfähigen Vermögen sowohl für die Verwaltungsvermögensquote nach § 13 b Absatz 2 Satz 1 ErbStG a. F. als auch für die Verwaltungsvermögensquote bei der Optionsverschonung nach § 13 a Absatz 8 Nummer 3 ErbStG a. F. in Bezug auf jede übertragene wirtschaftliche Einheit und damit jeweils gesondert zu ermitteln ist.

4 Die Entscheidungsgründe sind auf Erwerbe von Todes wegen zu übertragen und auch auf die Rechtslage ab 1. Juli 2016 (§ 13 a Absatz 10 ErbStG) anzuwenden.

Nach Erörterung mit den obersten Finanzbehörden der Länder gilt infolge des Urteils Folgendes, wobei bei den nachstehenden Ausführungen auf den Vorwegabschlag nach § 13 a Absatz 9 ErbStG nicht weiter eingegangen wird:

2. Gesonderte Betrachtung jeder einzelnen wirtschaftlichen Einheit bei Erwerb mehrerer wirtschaftlicher Einheiten

5 Der Erwerber kann den Antrag auf Optionsverschonung (§ 13 a Absatz 10 ErbStG) bei einem Erwerb von mehreren wirtschaftlichen Einheiten begünstigungsfähigen Vermögens (§ 13 b Absatz 1 ErbStG) für jede wirtschaftliche Einheit gesondert stellen. Daraus ergibt sich, dass bei einem Erwerb von mehreren selbstständig zu bewertenden wirtschaftlichen Einheiten des begünstigten Vermögens deren Werte vor der Anwendung der §§ 13 a, 13 c und 28 a ErbStG nicht mehr zusammenzurechnen sind. Die Gewährung des Verschonungsabschlags nach § 13 a Absatz 1 oder Absatz 10 ErbStG oder § 13 c ErbStG ist für jede wirtschaftliche Einheit separat zu prüfen. R E 13 a.1 Absatz 2 Satz 3 ErbStR und R E 13 b.8 Absatz 1 Satz 1 und 2 ErbStR sind nicht mehr anzuwenden. Aus der gesonderten Antragstellung für jede wirtschaftliche Einheit folgt, dass in einem Steuerfall mit mehreren wirtschaftlichen Einheiten begünstigten Vermögens nebeneinander die Regelverschonung und die Optionsverschonung zur Anwendung kommen können. **161**

6 Auch wenn kein Antrag auf Optionsverschonung gestellt wird, ist eine getrennte Berechnung der Steuerbefreiung für jede wirtschaftliche Einheit durchzuführen.

7 Bei gleichzeitiger Übertragung von mehreren wirtschaftlichen Einheiten, die zum begünstigungsfähigen Vermögen im Sinne des § 13 b Absatz 1 ErbStG gehören, ist bei der Ermittlung des begünstigten Vermögens nach § 13 b Absatz 2 ErbStG wie bisher jede wirtschaftliche Einheit einzeln zu betrachten. Die Darstellung im Beispiel zu H E 13 b.8 „Entlastungen beim Erwerb mehrerer Arten begünstigten Vermögens" ErbStH ist überholt, das Ergebnis ist in diesem Fall weiterhin rechnerisch zutreffend.

8 Das begünstigte Vermögen der jeweiligen wirtschaftlichen Einheit bildet die Bemessungsgrundlage für den jeweiligen Verschonungsabschlag nach § 13 a Absatz 1 oder Absatz 10 oder § 13 c ErbStG.

<u>Gewährung der Optionsverschonung</u>

9 Voraussetzung für die Optionsverschonung ist, dass die Verwaltungsvermögensquote der jeweiligen wirtschaftlichen Einheit nach § 13 b Absatz 3 und Absatz 4 ErbStG die Grenze von 20 Prozent nicht überschreitet (§ 13 a Absatz 10 Satz 2 ErbStG). **162**

Anl zu R E 13 a.21

10 Hinsichtlich der Antragstellung und der Ermittlung des Anteils des Verwaltungsvermögens sind R E 13 a.21 Absatz 2 und Absatz 3 ErbStR weiterhin anzuwenden.

11 R E 13 a.21 Absatz 1 und Absatz 4 ErbStR sind nicht mehr anzuwenden. Wurde die Erklärung zur optionalen Vollverschonung für eine wirtschaftliche Einheit abgegeben, die die Anforderungen hierfür nicht erfüllt, ist für diese wirtschaftliche Einheit auch nicht die Regelverschonung zu gewähren. Ein Rückfall auf die Regelverschonung kommt nicht in Betracht. Dies gilt selbst dann, wenn nur eine wirtschaftliche Einheit Übertragungsgegenstand ist.

12 H E 13 a.21 „Mehrere wirtschaftliche Einheiten bei der Optionsverschonung" ErbStH ist nicht mehr anzuwenden.

3. Prüfung des Schwellenwerts nach § 13 a Absatz 1 Satz 1 ErbStG

163 **13** Das BFH-Urteil wirkt sich nicht auf die Prüfung des Schwellenwerts aus. R E 13 a.2 ErbStR ist weiterhin anzuwenden. Bei der Übertragung mehrerer wirtschaftlicher Einheiten ist das Überschreiten des Schwellenwerts nach § 13 a Absatz 1 Satz 1 ErbStG zu überprüfen, indem die begünstigten Vermögen aller wirtschaftlichen Einheiten weiterhin zusammengerechnet werden.

4. Abzugsbetrag § 13 a Absatz 2 ErbStG

164 **14** Gehören zum Erwerb mehrere selbstständige wirtschaftliche Einheiten des begünstigten Vermögens im Sinne von § 13 b Absatz 2 ErbStG, ist der Abzugsbetrag ausgehend von der Summe der nach Anwendung des § 13 a Absatz 1 ErbStG verbleibenden Werte zu berechnen. Dies gilt auch in den Fällen, in denen nebeneinander die Regelverschonung und die Optionsverschonung zur Anwendung kommen. R E 13 a.3 Absatz 1 Satz 3 ErbStR ist dann noch gültig, wenn der Erwerber für alle übertragenen wirtschaftlichen Einheiten des begünstigten Vermögens einen Antrag auf Optionsverschonung gestellt hat.

Beispiel:

Erblasser E hinterlässt seinem Sohn S einen Gewerbebetrieb (Einzelunternehmen) mit einem gemeinen Wert von 500 000 EUR, 100% der Anteile an der A-GmbH mit einem gemeinen Wert von 800 000 EUR sowie 100% der Anteile an der B-GmbH mit einem gemeinen Wert von 5 000 000 EUR. Es handelt sich jeweils in vollem Umfang um begünstigtes Vermögen im Sinne von § 13 b Absatz 2 ErbStG. Die GmbH-Anteile gehörten zum Privatvermögen des E. Lediglich für die erworbenen Anteile an der B-GmbH beantragt S die Optionsverschonung.

Für den Abzugsbetrag ergibt sich folgende Berechnung:

Begünstigtes Betriebsvermögen (Einzelunternehmen)		500 000 EUR
Verschonungsabschlag (85%)		./. 425 000 EUR
Verbleibender Wert (Einzelunternehmen)		75 000 EUR
Begünstigte Anteile an der A-GmbH		800 000 EUR
Verschonungsabschlag (85%)		./. 680 000 EUR
Verbleibender Wert (A-GmbH)		120 000 EUR
Begünstigte Anteile an der B-GmbH		5 000 000 EUR
Verschonungsabschlag (100%)		./. 5 000 000 EUR
Verbleibender Wert (B-GmbH)		0 EUR
Summe der verbleibenden Werte nach Anwendung von § 13 a Absatz 1 ErbStG		195 000 EUR
Abzugsbetrag		./. 127 500 EUR
Steuerpflichtiges begünstigtes Unternehmensvermögen		67 500 EUR
Abzugsbetrag		150 000 EUR
Verbleibender Wert	195 000 EUR	
Abzugsbetrag	./. 150 000 EUR	
Unterschiedsbetrag	45 000 EUR	
davon 50%		./. 22 500 EUR
Verbleibender Abzugsbetrag		127 500 EUR

15 Da § 13 c Absatz 2 Satz 1 ErbStG nur eine entsprechende Anwendung von § 13 a Absatz 3 bis Absatz 9 ErbStG anordnet, nicht aber von § 13 a Absatz 2 ErbStG, findet der Abzugsbetrag in den Fällen des § 13 c ErbStG keine Anwendung. Zur Ermittlung des Abzugsbetrags bei einem Verstoß gegen die Behaltensfrist siehe Rz. 32. Ein Verstoß gegen die Lohnsummenregelung wirkt sich dagegen nicht auf den Abzugsbetrag aus (R E 13 a.9 Absatz 1 Satz 10 ErbStR).

5. Zu § 13 c und § 28 a ErbStG

165 **16** Das BFH-Urteil wirkt sich weder auf die Antragstellung für das Abschmelzmodell nach § 13 c Absatz 1 ErbStG noch auf die Antragstellung auf Verschonungsbedarfsprüfung nach § 28 a ErbStG aus. R E 13 c.1 Absatz 1 bis Absatz 3 ErbStR ist weiterhin anzuwenden. Der Erwerber kann den Antrag auf Durchführung des Abschmelzmodells nach § 13 c Absatz 1 ErbStG weiterhin insgesamt nur einheitlich für den Erwerb stellen. Das begünstigte Vermögen mehrerer wirtschaftlicher Einheiten ist zusammenzurechnen, sowohl soweit es der Regelverschonung (§ 13 a Absatz 1 ErbStG) als auch soweit es der Optionsverschonung (§ 13 a Absatz 10 ErbStG) unterliegt. Für die Ermittlung des Prozentsatzes für Zwecke der Abschmelzung etwaiger Verschonungsabschläge ist unverändert der zusammengerechnete Wert maßgeblich, da die Summe des begünstigten Vermögens im Sinne des § 13 b Absatz 2 ErbStG den Schwellenwert darstellt.

Anl zu R E 13a.21

17 Bei der Ermittlung des Satzes der prozentualen Minderung des Verschonungsabschlags ist – wie beim Schwellenwert (Rz. 13) – auf die Summe des begünstigten Vermögens aller wirtschaftlichen Einheiten abzustellen. Wenn nebeneinander die Regelverschonung und die Optionsverschonung zur Anwendung kommen, ist dieser Satz der prozentualen Minderung des Verschonungsabschlags jeweils auf die 85 Prozent für die Regelverschonung und auf die 100 Prozent für die Optionsverschonung anzuwenden.

Beispiel:

Vater V schenkt seinem Sohn S eine begünstigte Beteiligung an der A-KG im Wert von 20 000 000 EUR und begünstigte Anteile an der B-GmbH im Wert von 30 000 000 EUR. S beantragt das Abschmelzmodell nach § 13 c ErbStG. S stellt nur für die Anteile an der B- GmbH einen Antrag auf Optionsverschonung.

Lösung:

Für die Prüfung, ob der Wert des erworbenen begünstigten Vermögens den Schwellenwert von 26 Millionen EUR überschreitet und für die Ermittlung der Höhe der Minderung des Verschonungsabschlags sind die Werte des begünstigten Vermögens der Beteiligung an der A-KG und der Anteile an der B-GmbH zusammenzurechnen. Die tatsächliche Minderung des Verschonungsabschlags ist für die Beteiligung an der A-KG und die Anteile an der B-GmbH getrennt zu ermitteln.

Begünstigtes Vermögen				50 000 000 EUR
Beteiligung an der A-KG	20 000 000 EUR			
Anteile an der B-GmbH	30 000 000 EUR			
Summe	50 000 000 EUR			
Verschonungsabschlag		85%	100%	
Schwellenwert	./. 26 000 000 EUR			
Übersteigender Wert	24 000 000 EUR			
Minderung des Verschonungsabschlags				
24 000 000 EUR : 750 000 EUR =		./. 32%	./. 32%	
zu gewährender Verschonungsabschlag		53%	68%	
Verschonungsabschlag für Beteiligung an A-KG				
Verschonungsabschlag 53% von 20 000 000 EUR				./. 10 600 000 EUR
Verschonungsabschlag für Anteile an B-GmbH				
Verschonungsabschlag 68% von 30 000 000 EUR				./. 20 400 000 EUR
verbleiben				19 000 000 EUR

18 Werden mehrere wirtschaftliche Einheiten gleichzeitig übertragen, ist das Abschmelzmodell in den Fällen, in denen die Übertragung sämtlicher wirtschaftlicher Einheiten einheitlich der Regelverschonung (§ 13 a Absatz 1 ErbStG) unterliegt, bis zu einem Wert des begünstigten Vermögens von 89 750 000 EUR anzuwenden. In den Fällen, in denen die Übertragung sämtlicher wirtschaftlicher Einheiten einheitlich der Optionsverschonung (§ 13 a Absatz 10 ErbStG) unterliegt, ist es bis zu einem Wert des begünstigten Vermögens von 89 999 999 EUR anzuwenden. Bei Überschreiten dieser Beträge verringert sich der Verschonungsabschlag für alle übertragenen Einheiten des begünstigten Vermögens auf 0 Prozent.

19 Kommt bei Übertragung mehrerer wirtschaftlicher Einheiten sowohl die Regelverschonung als auch die Optionsverschonung zur Anwendung, verringert sich der Verschonungsabschlag bezogen auf die Regelverschonung bei Überschreiten des zusammengerechneten Werts des begünstigten Vermögens von 89 750 000 EUR stets auf 0 Prozent und bezogen auf die Optionsverschonung erst bei Überschreiten des zusammengerechneten Werts des begünstigten Vermögens von 89 999 999 EUR auf 0 Prozent.

20 R E 13 c.1 Absatz 3 Satz 4 ErbStR ist weiterhin anzuwenden.

21 Die Möglichkeit, einen Antrag auf Verschonungsbedarfsprüfung nach § 28 a ErbStG zu stellen, bleibt grundsätzlich unberührt. Bei einem Erwerb mehrerer wirtschaftlicher Einheiten kann ein Antrag nach § 13 c ErbStG oder ein Antrag nach § 28 a ErbStG nur einheitlich für alle wirtschaftlichen Einheiten gestellt werden.

6. § 10 Absatz 6 ErbStG

22 Das BFH-Urteil hat keine Auswirkung auf die Ermittlung der nicht abzugsfähigen Schulden und Lasten im Zusammenhang mit dem nach §§ 13 a, 13 c ErbStG befreiten Vermögen. **166**

23 In wirtschaftlichem Zusammenhang mit nach §§ 13 a und 13 c ErbStG befreitem Vermögen stehende Schulden und Lasten sind wie bisher mit dem Betrag abzuziehen, der dem Verhältnis dieses Vermögens nach Anwendung der §§ 13 a und 13 c ErbStG zum Wert dieses Vermögens vor Anwendung der §§ 13 a und 13 c ErbStG entspricht. Gehören zum Erwerb mehrere selbstständige wirtschaftliche Einheiten des begünstigten Vermögens im Sinne von § 13 b Absatz 2 ErbStG, ist bei der Ermittlung des Verhältnisses wie folgt vorzugehen:

24 Die Werte der wirtschaftlichen Einheiten nach Anwendung der §§ 13 a und 13 c ErbStG sind zusammenzurechnen. Ebenso erfolgt eine Zusammenrechnung der Werte der wirtschaftlichen Einheiten vor Anwendung der §§ 13 a und 13 c ErbStG. Dies gilt auch in den Fällen, in denen nebeneinander die Regelverschonung und die Optionsverschonung zur Anwendung kommen.

25 Bei der Ermittlung des abzugsfähigen Betrags der Schulden und Lasten, die nicht in wirtschaftlichem Zusammenhang mit dem nach §§ 13 a und 13 c ErbStG befreiten Vermögen stehen, ist entsprechend vorzugehen.

Anl zu R E 13 a.21

noch **166**

26 R E 10.10 Absatz 4 Satz 1 bis 4 ErbStR und Tz. 3 der gleich lautenden Erlasse vom 13. September 2021 (BStBl. I S. 1837) sind weiterhin anzuwenden.

Beispiel:

Fortführung des Beispiels aus Rz. 14.
E hinterlässt zusätzlich ein Bankguthaben in Höhe von 50 000 EUR. Aus der Anschaffung der Anteile an der A-GmbH besteht zum Todestag des E eine Verbindlichkeit in Höhe von 300 000 EUR. Zudem valutiert ein Konsumentendarlehen in Höhe von 80 000 EUR.

Lösung:

I. Zurechnung der Schulden und Lasten, die in wirtschaftlichem Zusammenhang zu bestimmten Vermögensgegenständen stehen			
Einzelunternehmen		500 000 EUR	
Anteile an der A-GmbH		800 000 EUR	
Anteile an der B-GmbH		5 000 000 EUR	
Summe begünstigtes Vermögen i. S. d. § 13 b Absatz 2 ErbStG		6 300 000 EUR	
Schuld, die in wirtschaftlichem Zusammenhang mit dem nach § 13 b Absatz 2 ErbStG begünstigten Vermögen steht		300 000 EUR	
Wert des nach § 13 b Absatz 2 ErbStG begünstigten Vermögens abzüglich einzeln zurechenbarer Schuld		6 000 000 EUR	
Übriges Vermögen		50 000 EUR	
Wert des Vermögens insgesamt nach Abzug der einzeln zurechenbaren Schulden		6 050 000 EUR	
II. Aufteilung der Schulden und Lasten, die nicht in wirtschaftlichem Zusammenhang mit bestimmten Vermögensgegenständen stehen			
Von dem Konsumentendarlehen entfällt auf das nach § 13 b Absatz 2 ErbStG begünstigte Vermögen: 80 000 EUR x 6 000 000 EUR : 6 050 000 EUR =		79 338 EUR	
Von dem Konsumentendarlehen entfällt auf das übrige Vermögen 80 000 EUR x 50 000 EUR : 6 050 000 EUR =		662 EUR	
III. Kürzung des Schuldenabzugs			
Begünstigtes Vermögen i. S. d. § 13 b Absatz 2 ErbStG vor Anwendung des § 13 a ErbStG			6 300 000 EUR
Begünstigtes Betriebsvermögen (Einzelunternehmen)		500 000 EUR	
Verschonungsabschlag (85%)		./. 425 000 EUR	
Verbleibender Wert (Einzelunternehmen)		75 000 EUR	
Begünstigte Anteile an der A-GmbH		800 000 EUR	
Verschonungsabschlag (85%)		./. 680 000 EUR	
Verbleibender Wert (A-GmbH)		120 000 EUR	
Begünstigte Anteile an der B-GmbH		5 000 000 EUR	
Verschonungsabschlag (100%)		./. 5 000 000 EUR	
Verbleibender Wert (B-GmbH)		0 EUR	
Summe der verbleibenden Werte nach Anwendung von § 13 a Absatz 1 ErbStG		195 000 EUR	
Abzugsbetrag		./. 127 500 EUR	
Steuerpflichtiges begünstigtes Unternehmensvermögen			67 500 EUR
Abzugsbetrag		150 000 EUR	
Verbleibender Wert	195 000 EUR		
Abzugsbetrag	./. 150 000 EUR		
Unterschiedsbetrag	45 000 EUR		
davon 50%		./. 22 500 EUR	
Verbleibender Abzugsbetrag		127 500 EUR	
Verbleibender steuerpflichtiger Wert des begünstigten Vermögens nach Anwendung des § 13 a ErbStG		67 500 EUR	
Einzeln zurechenbare Schuld		300 000 EUR	
Auf begünstigtes Vermögen entfallender Anteil der Schulden		79 338 EUR	
Summe der ins Verhältnis zu setzenden abzugsfähigen Schulden		379 338 EUR	
Berechnung des abzugsfähigen Betrags der Schulden und Lasten, die auf das begünstigte Vermögen entfallen 379 338 EUR x 67 500 EUR : 6 300 000 EUR =		4 065 EUR	
IV. Berechnung der insgesamt abzugsfähigen Nachlassverbindlichkeiten			
Abzugsfähiger Betrag der Schulden und Lasten, die auf das begünstigte Vermögen entfallen		4 065 EUR	
Abzugsfähiger Betrag der Schulden und Lasten, die auf das übrige Vermögen entfallen:		662 EUR	
Insgesamt abzugsfähige Nachlassverbindlichkeiten		4 727 EUR	

V. Berechnung der Bereicherung des Erwerbers

Gesamtwert der Vermögensgegenstände	6 350 000 EUR
Steuerbefreiung nach § 13 a ErbStG:	
Verschonungsabschlag § 13 a Absatz 1 i. V. m. Absatz 10 ErbStG	./. 6 105 000 EUR
Abzugsbetrag § 13 a Absatz 2 ErbStG	./. 127 500 EUR
Abzugsfähige Nachlassverbindlichkeiten	./. 4 727 EUR
Bereicherung des Erwerbers:	112 773 EUR

7. Tarifbegrenzung § 19 a ErbStG

27 R E 19 a.1 bis R E 19 a.3 ErbStR sind unter Berücksichtigung der Ausführungen der gleich lautenden Erlasse vom 13. September 2021 (BStBl. I S. 1837) weiterhin anzuwenden. **167**

8. Lohnsummenregelung § 13 a Absatz 3 ErbStG

28 Die Einhaltung der Mindestlohnsumme ist für jede wirtschaftliche Einheit separat zu prüfen. Die bisherige Zusammenrechnung der Mindestlohnsummen aus den einzelnen selbstständigen wirtschaftlichen Einheiten zu einer Mindestlohnsumme für den gesamten Erwerb entfällt. **168**

29 Die Finanzämter überwachen die Lohnsummenfrist für jede wirtschaftliche Einheit und fordern anschließend die Feststellung der Summe der maßgebenden jährlichen Lohnsummen bei dem für die Bewertung der wirtschaftlichen Einheit zuständigen Finanzamt an. Nach Vorliegen des Feststellungsbescheids werden Mindestlohnsumme und Summe der maßgebenden jährlichen Lohnsummen für jede wirtschaftliche Einheit separat verglichen und die sich daraus ergebenden Folgen gezogen (vgl. R E 13 a.9 Absatz 1 Satz 1, 5 und 6 ErbStR). Eine Zusammenrechnung der jeweiligen Rechengrößen für das gesamte begünstigte Vermögen entfällt. Demnach kann ein Lohnsummenverstoß einer selbstständig zu bewertenden wirtschaftlichen Einheit nicht mehr mit der die erforderliche Mindestlohnsumme übersteigenden Lohnsumme aus einer anderen wirtschaftlichen Einheit ausgeglichen werden. R E 13 a.6 ErbStR, H E 13 a.7 (1) „Mehrere wirtschaftliche Einheiten" ErbStH und R E 13 a.9 Absatz 1 Satz 4 ErbStR sind nicht mehr anzuwenden. Bei dem Beispiel zu H E 13 a.6 „Ermittlung der Anzahl der Beschäftigten, der Ausgangslohnsumme und der Mindestlohnsumme" ErbStH ist bei der Ermittlung der Mindestlohnsumme keine Summe der Mindestlohnsummen mehr zu bilden.

Beispiel 1 (nur Regelverschonung):

A erbt von Z sämtliche Anteile an der A-GmbH und ein Einzelunternehmen. Die A-GmbH hat 23 Beschäftigte und das Einzelunternehmen sieben Beschäftigte. Im Besteuerungszeitpunkt beträgt die Ausgangslohnsumme der A-GmbH 2 000 000 EUR und im Einzelunternehmen 1 000 000 EUR. Nach fünf Jahren beträgt die Summe der maßgebenden jährlichen Lohnsummen der A-GmbH 7 400 000 EUR und des Einzelunternehmens 3 200 000 EUR.

Lösung bisher:

Die Ausgangslohnsumme des gesamten begünstigt erworbenen Vermögens beträgt 3 000 000 EUR. Unter Berücksichtigung der jeweiligen Anzahl der Beschäftigten ergibt sich eine Mindestlohnsumme von (2 000 000 EUR × 400% + 1 000 000 EUR × 250% =) 10 500 000 EUR. Nach fünf Jahren beläuft sich die Summe der maßgebenden jährlichen Lohnsummen beider wirtschaftlichen Einheiten auf insgesamt (7 400 000 EUR + 3 200 000 EUR =) 10 600 000 EUR und übersteigt damit die Mindestlohnsumme um 100 000 EUR. Es erfolgt keine Nachversteuerung.

Lösung neu:

Für die A-GmbH ergibt sich eine Mindestlohnsumme von (2 000 000 EUR × 400% =) 8 000 000 EUR, die Summe der maßgebenden jährlichen Lohnsummen der A-GmbH nach Ablauf des Lohnsummenzeitraums beträgt jedoch nur 7 400 000 EUR (370%). Die Mindestlohnsumme wird um 30% unterschritten. Der Verschonungsabschlag für die A-GmbH vermindert sich mit Wirkung für die Vergangenheit um 7,5% ((8 000 000 EUR ./. 7 400 000 EUR) / 8 000 000 EUR bzw. 30%/400%).
Für das Einzelunternehmen ergibt sich eine Mindestlohnsumme von (1 000 000 EUR × 250% =) 2 500 000 EUR, die Summe der maßgebenden jährlichen Lohnsummen des Einzelunternehmens nach Ablauf des Lohnsummenzeitraums beträgt 3 200 000 EUR (320%). Die Mindestlohnsumme wurde erreicht, es erfolgt keine Nachversteuerung für das Einzelunternehmen.
Die die erforderliche Mindestlohnsumme übersteigende Lohnsumme aus dem Einzelunternehmen kann nicht zur Erreichung der Mindestlohnsumme bei der A-GmbH verrechnet werden.

Beispiel 2 (Nebeneinander von Regelverschonung und Optionsverschonung):

Fortführung des Beispiels aus Rz. 14.
Das Einzelunternehmen hat 23, die A-GmbH 21 und die B-GmbH 27 Beschäftigte. Im Besteuerungszeitpunkt beträgt die Ausgangslohnsumme des Einzelunternehmens 2 000 000 EUR, der A-GmbH ebenfalls 2 000 000 EUR und der B-GmbH 3 000 000 EUR. S nimmt für die B-GmbH die Optionsverschonung (§ 13 a Absatz 10 ErbStG) in Anspruch, für das Einzelunternehmen und für die A-GmbH wird die Regelverschonung gewährt. Nach Ablauf des jeweiligen Lohnsummenzeitraums von fünf bzw. sieben Jahren beträgt die Summe der maßgebenden jährlichen Lohnsummen des Einzelunternehmens 7 400 000 EUR, der A- GmbH 8 600 000 EUR und der B-GmbH 20 000 000 EUR.

Lösung:

Für das Einzelunternehmen ergibt sich eine Mindestlohnsumme von (2 000 000 EUR × 400% =) 8 000 000 EUR, die Summe der maßgebenden jährlichen Lohnsummen des Einzelunternehmens nach Ablauf des Lohnsummenzeitraums beträgt jedoch nur 7 400 000 EUR (370%). Die Mindestlohnsumme wird um 30% unterschritten. Der Verschonungsabschlag für das Einzelunternehmen vermindert sich mit Wirkung für die Vergangenheit um 7,5% ((8 000 000 EUR ./. 7 400 000 EUR) / 8 000 000 EUR bzw. 30%/400%).
Für die A-GmbH ergibt sich eine Mindestlohnsumme von (2 000 000 EUR × 400% =) 8 000 000 EUR. Die Summe der maßgebenden jährlichen Lohnsummen der A-GmbH nach Ablauf des Lohnsummenzeitraums beträgt 8 600 000 EUR (430%) und übersteigt damit die Mindestlohnsumme. Eine Nachversteuerung für die A-GmbH erfolgt nicht. Die Lohnsummen der beiden wirtschaftlichen Einheiten der Regelverschonung (Einzelunternehmen und A-GmbH) können nicht miteinander verrechnet werden, da jede wirtschaftliche Einheit für sich zu betrachten ist.

Anl zu R E 13 a.21

Für die B-GmbH ergibt sich eine Mindestlohnsumme von (3 000 000 EUR × 700% =) 21 000 000 EUR, die Summe der maßgebenden jährlichen Lohnsummen der B-GmbH nach Ablauf des Lohnsummenzeitraums beträgt jedoch nur 20 000 000 EUR (666,67%). Die Mindestlohnsumme wird um 33,33% unterschritten. Der Verschonungsabschlag für die B-GmbH vermindert sich mit Wirkung für die Vergangenheit um 4,76% ((21 000 000 EUR ./. 20 000 000 EUR) / 21 000 000 EUR bzw. 33,33%/700%).

9. Behaltensregelung § 13 a Absatz 6 ErbStG

169 **30** Ein Verstoß gegen die Behaltensregelung für nur eine wirtschaftliche Einheit führt zu einer Nachversteuerung nur bei dieser wirtschaftlichen Einheit. Bei mehreren wirtschaftlichen Einheiten können sich je nach Regelverschonung oder Optionsverschonung unterschiedliche Behaltensfristen ergeben. Die Finanzämter haben die Einhaltung der Behaltensregelungen für jede wirtschaftliche Einheit separat in geeigneter Form zu überwachen. In Fällen von geringer Bedeutung (z. B. bei einem gemeinen Wert des erworbenen begünstigen Vermögens bis zu 150 000 EUR) ist die Überwachung auf eine Veräußerung/Aufgabe des begünstigen Vermögens zu beschränken.

31 Verstößt der Erwerber innerhalb der maßgeblichen Behaltensfrist für die Optionsverschonung oder Regelverschonung gegen eine der Verschonungsvoraussetzungen, entfällt die gewährte Verschonung für diese wirtschaftliche Einheit.

32 R E 13 a.12 ErbStR ist weiterhin anzuwenden. R E 13 a.21 Absatz 5 ErbStR ist anzuwenden, wenn zum Erwerb eine wirtschaftliche Einheit des begünstigten Vermögens gehört, für die ein Antrag auf Optionsverschonung gestellt wurde. Die Darstellung des Beispiels 1 (Veräußerung einer von mehreren wirtschaftlichen Einheiten) zu H E 13 a.19 „Nachversteuerung" ErbStH ist überholt, das Ergebnis ist in diesem Fall weiterhin rechnerisch zutreffend.

Beispiel:

Fortführung des Beispiels aus Rz. 14.
Im fünften Jahr veräußert S die Anteile an der A-GmbH.

Es ergibt sich folgende Berechnung:

Begünstigtes Betriebsvermögen (Einzelunternehmen)		500 000 EUR
Verschonungsabschlag (85%)		./. 425 000 EUR
Verbleibender Wert (Einzelunternehmen)		75 000 EUR
Begünstigte Anteile an der A-GmbH (nicht mehr voll in die Verschonung einzubeziehen)		800 000 EUR
Verschonungsabschlag (85%)	680 000 EUR	
davon zeitanteilig zu gewähren $^4/_5$ =		./. 544 000 EUR
Verbleibender Wert (A-GmbH)		256 000 EUR
Begünstigte Anteile an der B-GmbH		5 000 000 EUR
Verschonungsabschlag (100%)		./. 5 000 000 EUR
Verbleibender Wert (B-GmbH)		0 EUR
Verbleibender Wert nach Anwendung von § 13 a Absatz 1 ErbStG		331 000 EUR
Abzugsbetrag		./. 75 000 EUR
Steuerpflichtiges begünstigtes Unternehmensvermögen		**256 000 EUR**
Abzugsbetrag, höchstens Wert des begünstigt verbleibenden Vermögens		75 000 EUR
Verbleibender Wert	75 000 EUR	
Abzugsbetrag	./. 75 000 EUR	
Unterschiedsbetrag	0 EUR	
davon 50%		./. 0 EUR
Verbleibender Abzugsbetrag		75 000 EUR

Aufgrund der Veräußerung der Anteile der A-GmbH innerhalb der Behaltensfrist sind diese bezogen auf den Abzugsbetrag nach § 13 a Absatz 2 ErbStG nicht mehr begünstigt.

10. Durchführung der Nachversteuerung

170 **33** Der Umfang der Nachversteuerung richtet sich nach den Regelungen der Optionsverschonung oder der Regelverschonung. R E 13 a.19 Absatz 1, Absatz 2 und Absätze 4 bis 7 ErbStR sind weiterhin anzuwenden.

34 Werden mehrere wirtschaftliche Einheiten des begünstigten Vermögens übertragen, ist die Einhaltung der Mindestlohnsumme bzw. die Einhaltung der Behaltensregelung für jede wirtschaftliche Einheit gesondert zu prüfen. Kommt es bei einer wirtschaftlichen Einheit zu einem Verstoß, ist der Verschonungsabschlag zu kürzen. Die entfallenden Verschonungs- abschläge wegen der Verfügung über das begünstigte Vermögen (§ 13 a Absatz 6 ErbStG) und wegen Unterschreitens der Mindestlohnsumme (§ 13 a Absatz 3 Satz 1 und 4 ErbStG) sind gesondert zu berechnen; der höhere der sich hierbei ergebenden Beträge wird bei der Kürzung für diese wirtschaftliche Einheit angesetzt. Betrifft die schädliche Verfügung nach § 13 a Absatz 6 ErbStG nur einen Teil des begünstigten Vermögens einer wirtschaftlichen Einheit, erfolgt die Berechnung des entfallenden Verschonungsabschlages wegen der Verfügung über das begünstigte Vermögen nur hinsichtlich des schädlich verwendeten Teils dieser wirtschaftlichen Einheit. An R E 13 a.19 Absatz 3 ErbStR wird nicht mehr festgehalten.

Beispiel:

Fortführung des Beispiels aus Rz. 14.
Das Einzelunternehmen hatte zum Besteuerungszeitpunkt sechs Beschäftigte. Die bis zum Ablauf der Behaltensfrist im Einzelunternehmen erreichte tatsächliche Lohnsumme beläuft sich auf 180% der Ausgangslohnsumme.
Die A-GmbH verfügte zum Besteuerungszeitpunkt über elf Beschäftigte. Die Anteile an der A-GmbH wurden im fünften Jahr von S veräußert. Die bis zum Zeitpunkt der Veräußerung erreichte tatsächliche Lohnsumme beläuft sich auf 350% der Ausgangslohnsumme.

Anl zu R E 13 a.21

Die B-GmbH verfügte zum Besteuerungszeitpunkt über 18 Beschäftigte. Die Anteile an der B-GmbH wurden im sechsten Jahr von S veräußert. Die bis zum Zeitpunkt der Veräußerung erreichte tatsächliche Lohnsumme beläuft sich auf 455% der Ausgangslohnsumme.

Es ergibt sich folgende Berechnung:

Begünstigtes Betriebsvermögen (Einzelunternehmen)			500 000 EUR
Verschonungsabschlag (85%)		425 000 EUR	
Mindestlohnsumme 250%			
Tatsächliche Lohnsumme 180%			
unterschreitet Mindestlohnsumme um 70%,			
das sind 28% (70%/250%)			
Kürzung des Verschonungsabschlags			
28% von 425 000 EUR		./. 119 000 EUR	
Verbleibender Verschonungsabschlag		306 000 EUR	./. 306 000 EUR
Verbleibender Wert (Einzelunternehmen)			194 000 EUR
Begünstigte Anteile an der A-GmbH			
(nicht mehr voll in die Verschonung einzubeziehen)			800 000 EUR
Verschonungsabschlag (85%)		680 000 EUR	
Mindestlohnsumme 300%			
Tatsächliche Lohnsumme 350%			
Kein Verstoß gegen die Lohnsummenregelung			
Kürzung Verschonungsabschlag wegen Veräußerung der Anteile			
davon zeitanteilig zu gewähren $^{4}/_{5}$ =			./. 544 000 EUR
Verbleibender Wert (A-GmbH)			256 000 EUR
Begünstigte Anteile an der B-GmbH			
(nicht mehr voll in die Verschonung einzubeziehen)			5 000 000 EUR
1. Kürzung des Verschonungsabschlags wegen Veräußerung der Anteile			
Verschonungsabschlag (100%)		5 000 000 EUR	
zeitanteilig zu gewähren $^{5}/_{7}$		3 571 429 EUR	
2. Kürzung des Verschonungsabschlags wegen Nichterreichens der Mindestlohnsumme			
Verschonungsabschlag (100%)		5 000 000 EUR	
Mindestlohnsumme 700%			
Tatsächliche Lohnsumme 455%			
unterschreitet Mindestlohnsumme um 245%,			
das sind 35% (245%/700%)			
Kürzung des Verschonungsabschlags			
35% von 5 000 000 EUR		./. 1 750 000 EUR	
Verbleibender Verschonungsabschlag		3 250 000 EUR	
Abzugsfähig niedrigerer Betrag			./. 3 250 000 EUR
Verbleibender Wert (B-GmbH)			1 750 000 EUR
Verbleibender Wert nach Anwendung von § 13 a Absatz 1 ErbStG			
194 000 EUR + 256 000 EUR + 1 750 000 EUR =			2 200 000 EUR
Abzugsbetrag			./. 128 000 EUR
Steuerpflichtiges begünstigtes Unternehmensvermögen			**2 072 000 EUR**
Berechnung des Abzugsbetrags:			
Begünstigtes Vermögen § 13 a Absatz 2 ErbStG		194 000 EUR	
Abzugsbetrag, höchstens Wert des			
begünstigt verbleibenden Vermögens		150 000 EUR	
Verbleibender Wert	194 000 EUR		
Abzugsbetrag	./. 150 000 EUR		
Unterschiedsbetrag	44 000 EUR		
davon 50%		./. 22 000 EUR	
Verbleibender Abzugsbetrag		128 000 EUR	

Aufgrund der Veräußerung der Anteile der A-GmbH und der B-GmbH jeweils innerhalb der Behaltensfrist sind diese bezogen auf den Abzugsbetrag nach § 13 a Absatz 2 ErbStG nicht mehr begünstigt.

11. Vertrauensschutzregelungen

35 Nach der bisherigen Verwaltungsauffassung konnte ein Antrag auf Optionsverschonung für alle wirtschaftlichen Einheiten eines Erwerbs nur einheitlich gestellt werden. Nach dem BFH- Urteil vom 26. Juli 2022 (II R 25/20, BStBl. II 2024 S. 21) ist nun eine Antragstellung für jede wirtschaftliche Einheit gesondert möglich. **171**

36 Nach der bisherigen Verwaltungsauffassung entfiel nach einem Antrag auf Optionsverschonung bei einem Erwerb von mehreren wirtschaftlichen Einheiten die Verschonung für diejenige wirtschaftliche Einheit, bei der die Voraussetzungen der Optionsverschonung nicht erfüllt wurde. Wurden die Voraussetzungen der Optionsverschonung für alle wirtschaftlichen Einheiten nicht erfüllt, ging der Antrag auf Optionsverschonung ins Leere und es wurde bislang die Regelverschonung gewährt. Dies galt auch, wenn der Erwerb nur aus einer wirtschaftlichen Einheit bestand und die Optionsverschonung beantragt wurde. Ebenso wurde die Regelverschonung gewährt, wenn sich nachträglich, z. B. aufgrund einer Betriebsprüfung, herausstellte, dass die Verwaltungsvermögensquote für die Optionsverschonung in allen wirtschaftlichen Einheiten nicht erfüllt war.

Nun kommt ein Rückfall auf die Regelverschonung nicht mehr in Betracht, wenn ein Antrag auf Optionsverschonung gestellt wurde und die Voraussetzungen hierfür nicht erfüllt werden (vgl. Rz. 11).

Soweit in den vorgenannten Konstellationen die Regelverschonung anstelle der Optionsverschonung zu gewähren war, ist aus Vertrauensschutzgründen wie bisher zu verfahren, wenn der Antrag auf Optionsverschonung vor dem 25. Januar 2024 gestellt wurde.

37 Nach der bisherigen Verwaltungsauffassung wurde die Einhaltung der Mindestlohnsumme für alle wirtschaftlichen Einheiten gemeinsam geprüft. Nunmehr erfolgt diese Prüfung für jede wirtschaftliche Einheit gesondert (vgl. Rz. 28). Eine Verrechnung zwischen den wirtschaftlichen Einheiten ist nun nicht mehr möglich. Für Fälle mit einer Steuerentstehung vor dem 25. Januar 2024 ist aus Vertrauensschutzgründen wie bisher zu verfahren. Auf Antrag des Erwerbers kann eine Berechnung für jede einzelne wirtschaftliche Einheit vorgenommen werden.

12. Nachträgliche Antragstellung auf Optionsverschonung

172 38 Soweit die Steuerfestsetzung noch nicht materiell bestandskräftig ist, kann ein Erwerber nunmehr einen Antrag auf Optionsverschonung auch beschränkt auf einzelne wirtschaftliche Einheiten stellen. Dies gilt nicht, wenn bereits ein einheitlicher Antrag auf Optionsverschonung für alle wirtschaftlichen Einheiten gestellt wurde.

13. Anwendungsregelung

173 39 Dieser Erlass ist in allen noch offenen Fällen anzuwenden. Die vorstehenden Regelungen sind für Erwerbe, für die die Erbschaft- und Schenkungsteuer vor dem 1. Juli 2016 entstanden ist, entsprechend anzuwenden.

ErbStR R E 13a.22

R E 13a.22 Begünstigte Erwerbe bei Familienstiftungen

175 ① Die Vergünstigungen durch Verschonungsabschlag (§ 13a Absatz 1 oder 10 oder § 13c ErbStG), Abzugsbetrag (§ 13a Absatz 2 ErbStG) und Vorwegabschlag (§ 13a Absatz 9 ErbStG) sowie die Verschonungsbedarfsprüfung (§ 28a ErbStG) werden auch bei der Bemessung der Ersatzerbschaftsteuer einer Familienstiftung oder eines Familienvereins (§ 1 Absatz 1 Nummer 4 ErbStG) gewährt, soweit zum Vermögen der Stiftung oder des Vereins begünstigtes Vermögen (§ 13b Absatz 2 ErbStG) gehört. ② Wegen der Definition der Familienstiftung → R E 1.2. ③ Beim Übergang von Vermögen auf Grund eines Stiftungsgeschäfts unter Lebenden (§ 7 Absatz 1 Nummer 8 ErbStG) kommen die Vergünstigungen ebenfalls in Betracht.

Anl zu § 13a

Erlass betr. Anwendung der geänderten Vorschriften des Erbschaftsteuer- und Schenkungsteuergesetzes für Erwerbe mit einer Steuerentstehung nach dem 28. 12. 2020

Vom 13. September 2021 (BStBl. I S. 1837)

(Gleich lautender Ländererlass)

1. *(abgedruckt als Anlage zu § 5 ErbStG)*

2. *(abgedruckt als FN zu R E 10.3 ErbStR)*

3. *(abgedruckt als Anlage b zu § 10 ErbStG)*

4. Zu § 13a Abs. 9a und § 13b Abs. 10 ErbStG

180 An die Stelle der nachrichtlichen Mitteilungen des Betriebsfinanzamtes an das Erbschaftsteuerfinanzamt oder an das Betriebsfinanzamt auf einer vorgeordneten Beteiligungsstufe treten gesonderte Feststellungen:
- beim Vorwegabschlag für Familienunternehmen nach § 13a Abs. 9 ErbStG, dass die dort genannten Voraussetzungen für den Vorwegabschlag vorliegen, und wie hoch der Vorwegabschlag ist (§ 13a Abs. 9a ErbStG),
- beim Vermögen von Betriebstätten in Drittstaaten der Wert des zum übertragenen Betriebsvermögen gehörende Teils einer in einem Drittstaat belegenen Betriebsstätte bei Einzelunternehmen und bei Beteiligungen an Personengesellschaften (§ 13b Abs. 10 ErbStG) sowie
- beim Finanzmitteltest das Vorliegen der in § 13b Abs. 4 Nr. 5 Satz 4 und 5 ErbStG genannten Voraussetzungen für den Abzug des Sockelbetrages, also ob der Hauptzweck des Betriebs eine Tätigkeit i. S. d. § 13 Abs. 1, des § 15 Abs. 1 Satz 1 Nr. 1, des § 18 Abs. 1 Nr. 1 und 2 EStG ist (§ 13b Abs. 10 ErbStG).

Die folgenden Richtlinien und Hinweise sind **nicht mehr anzuwenden:**
- R E 13a.20 Abs. 1 Satz 9 und 10 ErbStR,
- R E 13b.30 Abs. 5 Satz 1 Nr. 1 bis 3 ErbStR sowie
- H B 151.9 „Nachrichtliche Angaben“ Nr. 1 Buchst. b und c, Nr. 2 Buchst. b bis d sowie Nr. 3 ErbStH.

Der Vorwegabschlag für Familienunternehmen kommt bei Beteiligungen an Personengesellschaften für das zusammen mit dem Betriebsvermögen übertragene Sonderbetriebsvermögen nicht zur Anwendung (R E 13a.20 Abs. 4 Satz 1 und 2 ErbStR). Deshalb sind bei Beteiligungen an einer Personengesellschaft bei Mitübertragung von Sonderbetriebsvermögen hinsichtlich des Anteils am Gesamthandsvermögen folgende Werte weiterhin nachrichtlich mitzuteilen (R E 13b.30 Abs. 5 Satz 2 ErbStR):
- Wert des erworbenen Anteils am Gesamthandsvermögen,
- Wert des Verwaltungsvermögens,
- Wert des jungen Verwaltungsvermögens,
- Wert der Finanzmittel,
- Wert der jungen Finanzmittel und
- Wert der Schulden.

5. *(abgedruckt als Anlage zu R E 14.3 ErbStR)*

§ 13b[1] Begünstigtes Vermögen

(1)[2] Zum begünstigungsfähigen Vermögen gehören

1. der inländische Wirtschaftsteil des land- und forstwirtschaftlichen Vermögens (§ 168 Absatz 1 Nummer 1 des Bewertungsgesetzes) mit Ausnahme der Stückländereien (§ 160 Absatz 7 des Bewertungsgesetzes) und selbst bewirtschaftete Grundstücke im Sinne des § 159 des Bewertungsgesetzes sowie entsprechendes land- und forstwirtschaftliches Vermögen, das einer Betriebsstätte in einem Mitgliedstaat der Europäischen Union oder in einem Staat des Europäischen Wirtschaftsraums dient; 1

2.[3–5] inländisches Betriebsvermögen (§§ 95 bis 97 Absatz 1 Satz 1 des Bewertungsgesetzes) beim Erwerb eines ganzen Gewerbebetriebs oder Teilbetriebs, einer Beteiligung an einer Gesellschaft im Sinne des § 97 Absatz 1 Satz 1 Nummer 5 Satz 1 des Bewertungsgesetzes, eines Anteils eines persönlich haftenden Gesellschafters einer Kommanditgesellschaft auf Aktien oder Anteils daran und entsprechendes Betriebsvermögen, das einer Betriebsstätte in einem Mitgliedstaat der Europäischen Union oder in einem Staat des Europäischen Wirtschaftsraums dient; 2

---

[1] § 13b anzuwenden auf Erwerbe, für die die Steuer nach dem 30. 6. 2016 entsteht (§ 37 Abs. 12 Satz 1 ErbStG).

[2] *BFH-Urteil vom 25. 11. 2020 II R 9/19 (BStBl. 2021 II S. 491):* **1.** Der Umfang des der Steuerbegünstigung nach §§ 13a, 13b ErbStG a. F. zugänglichen land- und forstwirtschaftlichen Vermögens bestimmt sich nach bewertungsrechtlichen Kriterien. (*Anm. d. Red.:* Auch für ab 1. 7. 2016 geltendes Recht anzuwenden). **2.** Der bewertungsrechtliche Begriff des land- und forstwirtschaftlichen Betriebs ist tätigkeitsbezogen. **3.** Einen land- und forstwirtschaftlichen Betrieb kann auch derjenige unterhalten, dem weder am Grund und Boden noch am Besatz das Eigentum zusteht. **4.** Nutzt ein solcher Betriebsinhaber die Betriebsmittel auf Grundlage von Nießbrauchrechten, können diese Rechte zum Wirtschaftsteil seines land- und forstwirtschaftlichen Betriebs gehören.

BFH-Urteil vom 14. 2. 2007 II R 69/05 (BStBl. II S. 443), Ls. 1, 2: **1.** Die Steuervergünstigungen des § 13a Abs. 1 Satz 1 und Abs. 2 ErbStG sind nur zu gewähren, wenn das erworbene Vermögen sowohl auf Seiten des Erblassers oder Schenkers als auch auf Seiten des Erwerbers Vermögen i. S. des Abs. 4 Nr. 1 oder 2 der Vorschrift [jetzt § 13b ErbStG] gewesen bzw. geblieben ist. **2.** (abgedruckt zu § 151 Abs. 2 Nr. 1 BewG).

Zur Anwendung des § 13b ErbStG bei treuhänderisch gehaltenen Vermögensgegenständen vgl. *Erlass Bayern vom 16. 9. 2010,* abgedruckt als Anlage b zu § 7 ErbStG.

BFH-Urteil vom 25. 11. 2020 II R 36/18 (BFH/NV 2021 S. 933), Ls. 2: **2.** Ob begünstigtes Vermögen durch Vermächtnis mit dem Tode des Erblassers erworben wurde (§ 3 Abs. 1 Nr. 1 ErbStG), richtet sich nach dem Gegenstand des Vermächtnisses und nicht danach, was an Erfüllungs statt geleistet wird.

[3] Zum Brexit siehe *Tz. 2 gleich lautender Ländererlass vom 13. 12. 2021,* abgedruckt als Anlage zu R E 13.2 ErbStR.

[4] Siehe *gleich lautenden Ländererlass vom 5. 10. 2022,* abgedruckt als Anlage zu § 97 BewG.

[5] *BFH-Urteil vom 16. 12. 2009 II R 44/08 (BFH/NV 2010 S. 690):* Behält sich der Schenker eines KG-Anteils den Nießbrauch vor und lässt er sich zudem die mit dem Anteil verbundenen Stimm- und Verwaltungsrechte zur Ausübung übertragen, kann der Beschenkte Mitunternehmerinitiative entfalten, soweit der Schenker nicht ohne Mitwirkung des Beschenkten handeln kann, weil der Beschenkte die Stimmrechte im Bereich der Grundlagengeschäfte persönlich ausüben darf, dabei aber jeweils die Zustimmung des Schenkers einholen muss.

BFH-Urteil vom 27. 5. 2009 II R 53/07 (BStBl. II S. 852): **1.** Die Eigenschaft als Betriebsvermögen i. S. des *§ 13a Abs. 1 und 4 ErbStG a. F.* [jetzt § 13b Abs. 1 Nr. 2 ErbStG] geht nicht allein deshalb verloren, weil die künstlerische Tätigkeit aufgrund ihrer höchstpersönlichen Natur von den Erben nicht fortgesetzt werden kann. **2.** Ist bei einem Rechtsstreit über die Rechtmäßigkeit der Versagung des Freibetrags nach § 13a Abs. 1 ErbStG a. F. das FG der Ansicht, die Voraussetzungen für die Gewährung des Freibetrags seien zunächst erfüllt gewesen, hat es bei Vorliegen entsprechender Anhaltspunkte zu prüfen, ob der Freibetrag gemäß § 13a Abs. 5 ErbStG a. F. ganz oder teilweise mit Wirkung für die Vergangenheit weggefallen ist. – *Anm. d. Red.:* Gilt auch für Verschonungsabschlag und Abzugsbetrag nach § 13a Abs. 1 u. 2 ErbStG n. F.

BFH-Urteil vom 21. 4. 2009 II R 26/07 (BStBl. II S. 602): **1.** Überträgt der Kommanditist einer GmbH & Co. KG schon zu Lebzeiten seine Kommanditbeteiligung vollständig und seinen Geschäftsanteil an der nicht am Gesellschaftsvermögen beteiligten Komplementär-GmbH bis auf einen Rest von 2% auf den anderen Kommanditisten sowie GmbH-Gesellschafter und gehen später im Erbwege der restliche Geschäftsanteil sowie eine zurückbehaltene und jedenfalls nicht zu hoch verzinsliche Darlehensforderung gegen die KG auf den verbliebenen Kommanditisten über, hat zwischenzeitlich bereits wegen fehlender Gewinnbeteiligung keine verdeckte Mitunternehmerschaft bestanden, sofern auch die noch fortgesetzte Geschäftsführertätigkeit in der geschäftsführenden Komplementär-GmbH nicht unangemessen hoch vergütet worden ist. **2.** Der Erwerb des restlichen Geschäftsanteils sowie der Darlehensforderung von Todes wegen ist ein Erwerb einzelner Wirtschaftsgüter, der auch nicht unter dem Gesichtspunkt einer Betriebsunterbrechung nach *§ 13a Abs. 2 i. V. m. Abs. 4 Nr. 1 ErbStG* [jetzt § 13b Abs. 1 Nr. 2 ErbStG] begünstigt ist.

BFH-Urteil vom 4. 2. 2009 II R 41/07 (BStBl. II S. 600): Eine in Gründung befindliche GmbH & Co. KG, an der eine natürliche Person beteiligt ist und die kein Handelsgewerbe betreibt, kann bei der Anwendung des *§ 13a ErbStG* [jetzt § 13b Abs. 1 Nr. 2 ErbStG] nicht vor ihrer Eintragung in das Handelsregister als gewerblich geprägte Personengesellschaft beurteilt werden. – Ebenso *BFH vom 18. 5. 2011 II R 10/10 (BFH/NV S. 2063) u. II R 11/10 nv.*

BFH-Beschluss vom 11. 2. 2004 II B 17/02 (BFH/NV S. 640), Ls. 2: **2.** Werden lediglich Einzelgegenstände und kein Anteil an einer gewerblich geprägten Personengesellschaft erworben, schließt bereits dies die Vergünstigung nach § 13a ErbStG aus, ohne dass es auf weitere Erwägungen ankommt.

BFH-Urteil vom 6. 11. 2019 II R 34/16 (BStBl. 2020 II S. 465): **1.** Die Begünstigung von Betriebsvermögen nach *§ 13a ErbStG idF des Jahres 2007* [jetzt § 13b Abs. 1 Nr. 2 ErbStG] setzt voraus, dass der Gegenstand des Erwerbs bei dem bisherigen Rechtsträger Betriebsvermögen war und bei dem neuen Rechtsträger Betriebsvermögen wird. **2.** Ist Gegenstand des Erwerbs eine Beteiligung an einer Personengesellschaft, muss der Erwerber Mitunternehmer werden. **3.** Der Eigentümer eines nießbrauchbelasteten Kommanditanteils kann Mitunternehmer sein. **4.** Die Übertragung der Steuerberechnung auf das FA im Tenor der finanzgerichtlichen Entscheidung setzt voraus, dass dem FA nur noch die Berechnung der Steuer verbleibt. Wertungs-, Beurteilungs- oder Entscheidungsspielräume sind unzulässig. Ein Zuwarten auf eine gesonderte Feststellung geht über die Steuerberechnung hinaus.

BFH-Urteil vom 17. 6. 2020 II R 33/17 (BStBl. 2021 II S. 217): **1.** Der Tatbestand des *§ 13a Abs. 4 Nr. 1 ErbStG vor 2009* [jetzt § 13b Abs. 1 Nr. 2 ErbStG] ist erfüllt, wenn ein Mitunternehmeranteil im ertragsteuerrechtlichen Sinn vom Schenker auf den Beschenkten übergegangen ist. **2.** Ob vor der Übertragung wesentliches Betriebsvermögen oder Sonderbetriebsvermögen dem Betrieb entnommen oder in ein anderes Betriebsvermögen überführt wurde, ist für die Gewährung der Steuerbegünstigung unbeachtlich, solange es sich bei dem übertragenen Anteil um einen Mitunternehmeranteil handelt. **3.** (abgedruckt zu R E 13a.13 Abs. 1 Satz 5 ErbStR).

ErbStG

3 **3.[1–3] Anteile an einer Kapitalgesellschaft, wenn die Kapitalgesellschaft im Zeitpunkt der Entstehung der Steuer (§ 9) Sitz oder Geschäftsleitung im Inland oder in einem Mitgliedstaat der Europäischen Union oder in einem Staat des Europäischen Wirtschaftsraums hat und der Erblasser oder Schenker am Nennkapital dieser Gesellschaft unmittelbar zu mehr als 25 Prozent beteiligt war (Mindestbeteiligung). ② Ob der Erblasser oder Schenker die Mindestbeteiligung erfüllt, ist nach der Summe der dem Erblasser oder Schenker unmittelbar zuzurechnenden Anteile und der Anteile weiterer Gesellschafter zu bestimmen, wenn der Erblasser oder Schenker und die weiteren Gesellschafter untereinander verpflichtet sind, über die Anteile nur einheitlich zu verfügen oder ausschließlich auf andere derselben Verpflichtung unterliegende Anteilseigner zu übertragen und das Stimmrecht gegenüber nichtgebundenen Gesellschaftern einheitlich auszuüben.**

4 (2) **① Das begünstigungsfähige Vermögen ist begünstigt, soweit sein gemeiner Wert den um das unschädliche Verwaltungsvermögen im Sinne des Absatzes 7 gekürzten Nettowert des Verwaltungsvermögens im Sinne des Absatzes 6 übersteigt (begünstigtes Vermögen). ② Abweichend von Satz 1 ist der Wert des begünstigungsfähigen Vermögens vollständig nicht begünstigt, wenn das Verwaltungsvermögen nach Absatz 4 vor der Anwendung des Absatzes 3 Satz 1, soweit das Verwaltungsvermögen nicht ausschließlich und dauerhaft der Erfüllung von Schulden aus durch Treuhandverhältnisse abgesicherten Altersversorgungsverpflichtungen dient und dem Zugriff aller übrigen nicht aus diesen Altersversorgungsverpflichtungen unmittelbar berechtigten Gläubiger entzogen ist, sowie der Schuldenverrechnung und des Freibetrags nach Absatz 4 Nummer 5 sowie der Absätze 6 und 7 mindestens 90 Prozent des gemeinen Werts des begünstigungsfähigen Vermögens beträgt.[4]**

5 (3) **① Teile des begünstigungsfähigen Vermögens, die ausschließlich und dauerhaft der Erfüllung von Schulden aus Altersversorgungsverpflichtungen dienen und dem Zugriff aller übrigen nicht aus den Altersversorgungsverpflichtungen unmittelbar berechtigten Gläubiger entzogen sind, gehören bis zur Höhe des gemeinen Werts der Schulden aus Altersversorgungsverpflichtungen nicht zum Verwaltungsvermögen im Sinne des Absatzes 4 Nummer 1 bis 5. ② Soweit Finanzmittel und Schulden bei Anwendung von Satz 1 berücksichtigt wurden, bleiben sie bei der Anwendung des Absatzes 4 Nummer 5 und des Absatzes 6 außer Betracht.**

(4) **Zum Verwaltungsvermögen gehören**

6 **1.[5] Dritten zur Nutzung überlassene Grundstücke, Grundstücksteile, grundstücksgleiche Rechte und Bauten. ② Eine Nutzungsüberlassung an Dritte ist nicht anzunehmen, wenn**

a)[6] der Erblasser oder Schenker sowohl im überlassenden Betrieb als auch im nutzenden Betrieb allein oder zusammen mit anderen Gesellschaftern einen einheitlichen geschäftlichen Betätigungswillen durchsetzen konnte oder als Gesellschaf-

---

[1] Zum Brexit siehe *Tz. 2 gleich lautenden Ländererlass vom 13. 12. 2021,* abgedruckt als Anlage zu R E 13.2 ErbStR.

[2] Siehe *gleich lautenden Ländererlass vom 5. 10. 2022,* abgedruckt als Anlage zu § 97 BewG.

[3] *EuGH-Urteil vom 19. 7. 2012 C-31/11 (DStR S. 1508):* Eine Regelung eines Mitgliedstaats wie die im Ausgangsverfahren in Rede stehende, wonach bei der Berechnung der Erbschaftsteuer die Anwendung bestimmter Steuervergünstigungen auf einen Nachlass in Form der Beteiligung an einer Kapitalgesellschaft mit Sitz in einem Drittstaat ausgeschlossen ist, während diese Vergünstigungen beim Erwerb einer solchen Beteiligung von Todes wegen gewährt werden, wenn sich der Sitz der Gesellschaft in einem Mitgliedstaat befindet, berührt vorwiegend die Ausübung der Niederlassungsfreiheit i. S. der Art. 49 ff. AEUV, sofern die genannte Beteiligung es ihrem Inhaber ermöglicht, einen sicheren Einfluss auf die Entscheidungen der betreffenden Gesellschaft auszuüben und deren Tätigkeiten zu bestimmen. Diese Artikel sind nicht auf einen Sachverhalt anwendbar, der die Beteiligung an einer Gesellschaft mit Sitz in einem Drittstaat betrifft. – *Anm. d. Red.:* Gilt auch für § 13b Abs. 1 Nr. 3 ErbStG.

Vgl. auch *BFH-Urteil vom 11. 6. 2013 II R 4/12,* abgedruckt zu H E 10.4 ErbStH „Entlastungen …".

Siehe *BFH-Urteil vom 20. 2. 2019 II R 25/16* (abgedruckt zu Abs. 4 Nr. 2).

[4] Siehe hierzu und zum BFH-Urteil vom 13. 9. 2023 II R 49/21 *gleich lautenden Ländererlass vom 19. 6. 2024 (BStBl. I S. 1081),* abgedruckt zu R E 13b.10 ErbStR.

[5] *BFH-Urteil vom 28. 2. 2024 II R 27/21 (BStBl. II S. 829) – Vb. 1 BvR 1761/24:* **1.** Im Rahmen eines Parkhausbetriebs Dritten zur Nutzung überlassene Parkplätze stellen erbschaftsteuerrechtlich nicht begünstigtes Verwaltungsvermögen dar. Eine einschränkende Auslegung der entsprechenden Normen ist weder aus systematischen noch aus verfassungsrechtlichen Gründen geboten. **2.** Die Entscheidung des Gesetzgebers, bestimmte Nutzungsüberlassungen von Grundstücken nicht als schädliches Verwaltungsvermögen zu qualifizieren, ist durch seinen weiten Entscheidungs- und Gestaltungsspielraum gedeckt.

BFH-Urteil vom 16. 3. 2021 II R 3/19 (BStBl. 2022 II S. 706): **1.** … **2.** Eine steuerschädliche Nutzungsüberlassung eines Grundstücks an Dritte ist anzunehmen, wenn das Grundstück einer Personengesellschaft nicht von dem Erblasser oder Schenker, sondern von einer anderen Personengesellschaft überlassen wird. Dies gilt selbst dann, wenn der Erblasser Gesellschafter dieser Personengesellschaft ist.

BFH-Urteil vom 2. 12. 2020 II R 22/18 (BStBl. 2022 II S. 66): Eine teleologische Reduktion oder Erweiterung der Tatbestandsmerkmale der §§ 13a, 13b ErbStG i. d. F. des ErbStRG kann nicht ausschließlich darauf gestützt werden, dass die Vorschriften ansonsten verfassungswidrig wären. Die Wirkung der durch Urteil des Bundesverfassungsgerichts vom 17. 12. 2014 1 BvL 21/12 angeordneten Weitergeltung darf nicht unterlaufen werden. – *Vb. unzulässig, BVerfG-Beschluss vom 20. 2. 2025 1 BvR 1493/21.*

[6] *BFH-Urteil vom 10. 5. 2023 II R 21/21 (BStBl. 2024 II S. 116):* Wird ein Grundstück der überlassenden Gesellschaft von der nutzenden Gesellschaft an einen weiteren Dritten zur Nutzung überlassen, liegt eine steuerschädliche Nutzungsüberlassung im Sinne des *§ 13b Abs. 2 Satz 2 Nr. 1 Satz 2 Buchst. a Halbsatz 3 ErbStG* vor. Dies gilt unabhängig davon, dass parallel zu dem Mietvertrag zwischen der nutzenden Gesellschaft und dem Dritten ein Lagerbewirtschaftungsvertrag geschlossen worden ist [jetzt § 13b Abs. 4 Nr. 1 Satz 2 Buchst. a 3. Halbsatz ErbStG].

ter einer Gesellschaft im Sinne des § 15 Absatz 1 Satz 1 Nummer 2 und Absatz 3 oder § 18 Absatz 4 des Einkommensteuergesetzes den Vermögensgegenstand der Gesellschaft zur Nutzung überlassen hatte, und diese Rechtsstellung auf den Erwerber übergegangen ist, soweit keine Nutzungsüberlassung an einen weiteren Dritten erfolgt;

b) die Nutzungsüberlassung im Rahmen der Verpachtung eines ganzen Betriebs erfolgt, welche beim Verpächter zu Einkünften nach § 2 Absatz 1 Satz 1 Nummer 2 und 3 des Einkommensteuergesetzes führt und

aa) der Verpächter des Betriebs im Zusammenhang mit einer unbefristeten Verpachtung den Pächter durch eine letztwillige Verfügung oder eine rechtsgeschäftliche Verfügung als Erben eingesetzt hat oder

bb) die Verpachtung an einen Dritten erfolgt, weil der Beschenkte im Zeitpunkt der Entstehung der Steuer (§ 9) den Betrieb noch nicht führen kann, und die Verpachtung auf höchstens zehn Jahre befristet ist; hat der Beschenkte das 18. Lebensjahr noch nicht vollendet, beginnt die Frist mit der Vollendung des 18. Lebensjahres.

②Dies gilt nicht für verpachtete Betriebe, soweit sie vor ihrer Verpachtung die Voraussetzungen als begünstigtes Vermögen nach Absatz 2 nicht erfüllt haben und für verpachtete Betriebe, deren Hauptzweck in der Überlassung von Grundstücken, Grundstücksteilen, grundstücksgleichen Rechten und Bauten an Dritte zur Nutzung besteht, die nicht unter Buchstabe d fallen;

c) sowohl der überlassende Betrieb als auch der nutzende Betrieb zu einem Konzern im Sinne des § 4h des Einkommensteuergesetzes gehören, soweit keine Nutzungsüberlassung an einen weiteren Dritten erfolgt;[1]

d) die überlassenen Grundstücke, Grundstücksteile, grundstücksgleichen Rechte und Bauten zum Betriebsvermögen, zum Betriebsvermögen im Sinne des § 97 Absatz 1a Nummer 1 des Bewertungsgesetzes einer Personengesellschaft oder zum Vermögen einer Kapitalgesellschaft gehören und der Hauptzweck des Betriebs in der Vermietung von Wohnungen im Sinne des § 181 Absatz 9 des Bewertungsgesetzes besteht, dessen Erfüllung einen wirtschaftlichen Geschäftsbetrieb (§ 14 der Abgabenordnung) erfordert;

e) die Grundstücke, Grundstücksteile, grundstücksgleichen Rechte und Bauten vorrangig überlassen werden, um im Rahmen von Lieferungsverträgen dem Absatz von eigenen Erzeugnissen und Produkten zu dienen;

f) die Grundstücke, Grundstücksteile, grundstücksgleichen Rechte und Bauten an Dritte zur land- und forstwirtschaftlichen Nutzung überlassen werden;

2. Anteile an Kapitalgesellschaften, wenn die unmittelbare Beteiligung am Nennkapital dieser Gesellschaften 25 Prozent oder weniger beträgt und sie nicht dem Hauptzweck des Gewerbebetriebs eines Kreditinstitutes oder eines Finanzdienstleistungsinstitutes im Sinne des § 1 Absatz 1 und 1a des Kreditwesengesetzes in der Fassung der Bekanntmachung vom 9. September 1998 (BGBl. I S. 2776), das zuletzt durch Artikel 14 des Gesetzes vom 10. Mai 2016 (BGBl. I S. 1142) geändert worden ist, eines Wertpapierinstituts im Sinne des § 2 Absatz 1 des Wertpapierinstitutsgesetzes oder eines Versicherungsunternehmens, das der Aufsicht nach § 1 Absatz 1 Nummer 1 des Versicherungsaufsichtsgesetzes in der Fassung der Bekanntmachung vom 1. April 2015 (BGBl. I S. 434), das zuletzt durch Artikel 13 des Gesetzes vom 10. Mai 2016 (BGBl. I S. 1142) geändert worden ist, unterliegt, zuzurechnen sind. ② Ob diese Grenze unterschritten wird, ist nach der Summe der dem Betrieb unmittelbar zuzurechnenden Anteile und der Anteile weiterer Gesellschafter zu bestimmen, wenn die Gesellschafter untereinander verpflichtet sind, über die Anteile nur einheitlich zu verfügen oder sie ausschließlich auf andere derselben Verpflichtung unterliegende Anteilseigner zu übertragen und das Stimmrecht gegenüber nichtgebundenen Gesellschaftern nur einheitlich auszuüben;[2] 7

3. Kunstgegenstände, Kunstsammlungen, wissenschaftliche Sammlungen, Bibliotheken und Archive, Münzen, Edelmetalle und Edelsteine, Briefmarkensammlungen, Oldtimer, Yachten, Segelflugzeuge sowie sonstige typischerweise der privaten Lebensführung dienende Gegenstände, wenn der Handel mit diesen Gegenständen, deren Her- 8

---

[1] Siehe *Ls. 3 BFH-Urteil vom 23. 2. 2021 II R 26/18,* abgedruckt zu R E 13 b.14 Abs. 1 ErbStR. Entsprechende Anwendung des *BFH-Urteils vom 10. 5. 2023 II R 21/21* bei weiterer Nutzungsüberlassung an Dritten durch nutzenden Konzernbetrieb, abgedruckt zu Abs. 4 Nr. 1 Satz 2 Buchst. a.

[2] *BFH-Urteil vom 20.2. 2019 II R 25/16 (BStBl. 2019 II S. 779):* **1.** Die für eine Poolvereinbarung i. S. des *§ 13b Abs. 2 Satz 2 ErbStG* [jetzt § 13b Abs. 4 Nr. 1 Satz 2 ErbStG] erforderlichen Verpflichtungen der Gesellschafter zur einheitlichen Verfügung über die Anteile an einer Kapitalgesellschaft und zur einheitlichen Stimmrechtsausübung können sich aus dem Gesellschaftsvertrag oder einer gesonderten Vereinbarung zwischen den Gesellschaftern ergeben. **2.** Die Verpflichtung zu einer einheitlichen Stimmrechtsausübung der hinsichtlich der Verfügung gebundenen Gesellschafter kann bei einer GmbH schriftlich oder mündlich vereinbart werden. Nicht ausreichend für eine wirksame Poolvereinbarung ist eine einheitliche Stimmrechtsausübung aufgrund eines faktischen Zwangs, einer moralischen Verpflichtung oder einer langjährigen tatsächlichen Handhabung.

stellung oder Verarbeitung oder die entgeltliche Nutzungsüberlassung an Dritte nicht der Hauptzweck des Betriebs ist;

9 **4. Wertpapiere sowie vergleichbare Forderungen, wenn sie nicht dem Hauptzweck des Gewerbebetriebs eines Kreditinstitutes oder eines Finanzdienstleistungsinstitutes im Sinne des § 1 Absatz 1 und 1a des Kreditwesengesetzes in der Fassung der Bekanntmachung vom 9. September 1998 (BGBl. I S. 2776), das zuletzt durch Artikel 14 des Gesetzes vom 10. Mai 2016 (BGBl. I S. 1142) geändert worden ist, eines Wertpapierinstituts im Sinne des § 2 Absatz 1 des Wertpapierinstitutsgesetzes oder eines Versicherungsunternehmens, das der Aufsicht nach § 1 Absatz 1 Nummer 1 des Versicherungsaufsichtsgesetzes in der Fassung der Bekanntmachung vom 1. April 2015 (BGBl. I S. 434), das zuletzt durch Artikel 13 des Gesetzes vom 10. Mai 2016 (BGBl. I S. 1142) geändert worden ist, unterliegt, zuzurechnen sind;**

10 **5. der gemeine Wert des nach Abzug des gemeinen Werts der Schulden[1] verbleibenden Bestands an Zahlungsmitteln, Geschäftsguthaben, Geldforderungen und anderen Forderungen (Finanzmittel), soweit er 15 Prozent des anzusetzenden Werts des Betriebsvermögens des Betriebs oder der Gesellschaft übersteigt. ② Der gemeine Wert der Finanzmittel ist um den positiven Saldo der eingelegten und der entnommenen Finanzmittel zu verringern, welche dem Betrieb im Zeitpunkt der Entstehung der Steuer (§ 9) weniger als zwei Jahre zuzurechnen waren (junge Finanzmittel); junge Finanzmittel sind Verwaltungsvermögen.[2] ③ Satz 1 gilt nicht, wenn die genannten Wirtschaftsgüter dem Hauptzweck des Gewerbebetriebs eines Kreditinstitutes oder eines Finanzdienstleistungsinstitutes im Sinne des § 1 Absatz 1 und 1 a des Kreditwesengesetzes in der Fassung der Bekanntmachung vom 9. September 1998 (BGBl. I S. 2776), das zuletzt durch Artikel 14 des Gesetzes vom 10. Mai 2016 (BGBl. I S. 1142) geändert worden ist, eines Wertpapierinstituts im Sinne des § 2 Absatz 1 des Wertpapierinstitutsgesetzes oder eines Versicherungsunternehmens, das der Aufsicht nach § 1 Absatz 1 Nummer 1 des Versicherungsaufsichtsgesetzes in der Fassung der Bekanntmachung vom 1. April 2015 (BGBl. I S. 434), das zuletzt durch Artikel 13 des Gesetzes vom 10. Mai 2016 (BGBl. I S. 1142) geändert worden ist, unterliegt, zuzurechnen sind. ④ Voraussetzung für die Anwendung des Prozentsatzes von 15 Prozent des Satzes 1 ist, dass das nach Absatz 1 begünstigungsfähige Vermögen des Betriebs oder der nachgeordneten Gesellschaften nach seinem Hauptzweck einer Tätigkeit im Sinne des § 13 Absatz 1, des § 15 Absatz 1 Satz 1 Nummer 1, des § 18 Absatz 1 Nummer 1 und 2 des Einkommensteuergesetzes dient. ⑤ Die Voraussetzungen des Satzes 4 sind auch erfüllt, wenn die Tätigkeit durch Gesellschaften im Sinne des § 13 Absatz 7, des § 15 Absatz 1 Satz 1 Nummer 2 oder des § 18 Absatz 4 Satz 2 des Einkommensteuergesetzes ausgeübt wird; dies gilt auch, wenn sie ihrer Tätigkeit nach einer Gesellschaft im Sinne des § 15 Absatz 1 Satz 1 Nummer 2 oder des § 18 Absatz 4 Satz 2 des Einkommensteuergesetzes entsprechen, für Gesellschaften im Sinne des § 1a Absatz 1 des Körperschaftsteuergesetzes und für Gesellschaften im Sinne des § 1 Absatz 1 des Körperschaftsteuergesetzes mit Sitz im Ausland, deren Ort der Geschäftsleitung im Inland belegen ist, und die nach inländischem Gesellschaftsrecht als Personengesellschaft zu behandeln sind.**

11 (5) **① Beim Erwerb von Todes wegen entfällt die Zurechnung von Vermögensgegenständen zum Verwaltungsvermögen im Sinne des Absatzes 4 Nummer 1 bis 5 rückwirkend zum Zeitpunkt der Entstehung der Steuer (§ 9), wenn der Erwerber innerhalb von zwei Jahren ab dem Zeitpunkt der Entstehung der Steuer (§ 9) diese Vermögensgegenstände in Vermögensgegenstände innerhalb des vom Erblasser erworbenen, begünstigungsfähigen Vermögens im Sinne des Absatzes 1 investiert hat, die unmittelbar einer Tätigkeit im Sinne von § 13 Absatz 1, § 15 Absatz 1 Satz 1 Nummer 1 oder § 18 Absatz 1 Nummer 1 und 2 des Einkommensteuergesetzes dienen und kein Verwaltungsvermögen sind. ② Voraussetzung hierfür ist, dass die Investition auf Grund eines im Zeitpunkt der Entstehung der Steuer (§ 9) vorgefassten Plans des Erblassers erfolgt und keine anderweitige Ersatzbeschaffung von Verwaltungsvermögen vorgenommen wird oder wurde. ③ Beim Erwerb von Todes wegen entfällt die Zurechnung von Finanzmitteln zum Verwaltungsvermögen im Sinne des Absatzes 4 Nummer 5 Satz 1 rückwirkend zum Zeitpunkt der Entstehung der Steuer (§ 9), soweit der Erwerber diese Finanzmittel innerhalb von zwei Jahren ab dem Zeitpunkt der Entstehung der Steuer (§ 9) verwendet, um bei auf Grund wiederkehrender saisonaler Schwankungen fehlenden Einnahmen die Vergütungen im Sinne des § 13 a Absatz 3 Satz 6 bis 10 zu zahlen. ④ Satz 2 gilt entsprechend. ⑤ Der Erwerber hat das Vorliegen der Voraussetzungen der Sätze 1 bis 4 nachzuweisen.**

[1] *FG Rheinland-Pfalz, Urteil vom 25. 10. 2017 2 K 2201/15 (EFG 2018 S. 136), rkr.: § 13 b Abs. 2 Satz 2 Nr. 4 a Satz 1 ErbStG* [jetzt § 13 b Abs. 4 Nr. 5 Satz 1 ErbStG] ist nicht dahingehend auszulegen, dass auch passive Rechnungsabgrenzungsposten als Schulden abzugsfähig sind. Darin liegt kein Verstoß gegen den in Art. 3 Abs. 1 GG verankerten allgemeinen Gleichheitssatz.

[2] Siehe *Tz. 9 gleich lautender Ländererlass vom 5. 10. 2022,* abgedruckt als Anlage zu § 97 BewG; siehe *Tz. I gleich lautender Ländererlass vom 13. 10. 2022,* abgedruckt als Anlage zu R E 13 b.27 ErbStR.

(6) ① **Der Nettowert des Verwaltungsvermögens ergibt sich durch Kürzung des gemeinen Werts des Verwaltungsvermögens um den nach Anwendung der Absätze 3 und 4 verbleibenden anteiligen gemeinen Wert der Schulden. ② Die anteiligen Schulden nach Satz 1 bestimmen sich nach dem Verhältnis des gemeinen Werts des Verwaltungsvermögens zum gemeinen Wert des Betriebsvermögens des Betriebs oder der Gesellschaft zuzüglich der nach Anwendung der Absätze 3 und 4 verbleibenden Schulden.** 12

(7) ① **Der Nettowert des Verwaltungsvermögens wird vorbehaltlich des Satzes 2 wie begünstigtes Vermögen behandelt, soweit er 10 Prozent des um den Nettowert des Verwaltungsvermögens gekürzten gemeinen Werts des Betriebsvermögens nicht übersteigt (unschädliches Verwaltungsvermögen). ② Verwaltungsvermögen, das dem Betrieb im Zeitpunkt der Entstehung der Steuer (§ 9) weniger als zwei Jahre zuzurechnen war (junges Verwaltungsvermögen), und junge Finanzmittel im Sinne des Absatzes 4 Nummer 5 Satz 2 sind kein unschädliches Verwaltungsvermögen.**[1] 13

(8) ① **Eine Saldierung mit Schulden nach Absatz 6 findet für junge Finanzmittel im Sinne des Absatzes 4 Nummer 5 Satz 2 und junges Verwaltungsvermögen im Sinne des Absatzes 7 Satz 2 nicht statt. ② Eine Verrechnung von Schulden mit Verwaltungsvermögen ist bei wirtschaftlich nicht belastenden Schulden und darüber hinaus ausgeschlossen, soweit die Summe der Schulden den durchschnittlichen Schuldenstand der letzten drei Jahre vor dem Zeitpunkt der Entstehung der Steuer (§ 9) übersteigt; dies gilt nicht, soweit die Erhöhung des Schuldenstands durch die Betriebstätigkeit veranlasst ist. ③ Als Nettowert des Verwaltungsvermögens ist mindestens der gemeine Wert des jungen Verwaltungsvermögens und der jungen Finanzmittel anzusetzen.** 14

(9)[2] ① **Gehören zum begünstigungsfähigen Vermögen im Sinne des Absatzes 1 Nummer 2 und 3 unmittelbar oder mittelbar Beteiligungen an Personengesellschaften oder Beteiligungen an entsprechenden Gesellschaften mit Sitz oder Geschäftsleitung im Ausland oder unmittelbar oder mittelbar Anteile an Kapitalgesellschaften oder Anteile an entsprechenden Kapitalgesellschaften mit Sitz oder Geschäftsleitung im Ausland, sind bei der Anwendung der Absätze 2 bis 8 anstelle der Beteiligungen oder Anteile die gemeinen Werte der diesen Gesellschaften zuzurechnenden Vermögensgegenstände nach Maßgabe der Sätze 2 bis 5 mit dem Anteil einzubeziehen, zu dem die unmittelbare oder mittelbare Beteiligung besteht. ② Die unmittelbar oder mittelbar gehaltenen Finanzmittel, die Vermögensgegenstände des Verwaltungsvermögens im Sinne des Absatzes 4 Nummer 1 bis 4 sowie die Schulden sind jeweils zusammenzufassen (Verbundvermögensaufstellung); junge Finanzmittel und junges Verwaltungsvermögen sind gesondert aufzuführen. ③ Soweit sich in der Verbundvermögensaufstellung Forderungen und Verbindlichkeiten zwischen den Gesellschaften untereinander oder im Verhältnis zu dem übertragenen Betrieb oder der übertragenen Gesellschaft gegenüberstehen, sind diese nicht anzusetzen. ④ Absatz 4 Nummer 5 und die Absätze 6 bis 8 sind auf die Werte in der Verbundvermögensaufstellung anzuwenden. ⑤ Die Sätze 1 bis 4 sind auf Anteile im Sinne von Absatz 4 Nummer 2 sowie auf wirtschaftlich nicht belastende Schulden nicht anzuwenden; diese Anteile sind als Verwaltungsvermögen anzusetzen.** 15

(10)[3, 4] ① **Das für die Bewertung der wirtschaftlichen Einheit örtlich zuständige Finanzamt im Sinne des § 152 Nummer 1 bis 3 des Bewertungsgesetzes stellt die Summen der gemeinen Werte der Finanzmittel im Sinne des Absatzes 4 Nummer 5 Satz 1, der jungen Finanzmittel im Sinne des Absatzes 4 Nummer 5 Satz 2, der Vermögensgegenstände des Verwaltungsvermögens im Sinne des Absatzes 4 Nummer 1 bis 4, der Schulden, des jungen Verwaltungsvermögens im Sinne des Absatzes 7 Satz 2, des Betriebsvermögens, das einer weder in einem Mitgliedstaat der Europäischen Union noch in einem Staat des Europäischen Wirtschaftsraums belegenen Betriebsstätte dient, und das Vorliegen der Voraussetzungen des Absatzes 4 Nummer 5 Satz 4 und 5 gesondert fest, wenn und soweit diese Werte für die Erbschaftsteuer oder eine andere Feststellung im Sinne dieser Vorschrift von Bedeutung sind. ② Dies gilt entsprechend, wenn nur ein Anteil am Betriebsvermögen im Sinne des Absatzes 1 Nummer 2 übertragen wird. ③ Die Entscheidung, ob die Werte von Bedeutung sind, trifft das für die Festsetzung der Erbschaftsteuer oder für die Feststellung nach § 151 Absatz 1 Satz 1 Nummer 1 bis 3 des Bewertungsgesetzes zuständige Finanzamt. ④ Bei Anteilen an Kapitalgesellschaften, die nach § 11 Absatz 1 des Bewertungsgesetzes zu bewerten sind, trifft die Feststellungen des Satzes 1 das örtlich zuständige Finanzamt entsprechend § 152 Nummer 3 des Bewertungsgesetzes. ⑤ § 151 Absatz 3 und die §§ 152 bis 156 des Bewertungsgesetzes sind auf die Sätze 1 bis 4 entsprechend anzuwenden.** 16

---

[1] Siehe *Tz. 7, 8 und 24 gleich lautender Ländererlass vom 5. 10. 2022,* abgedruckt als Anlage zu § 97 BewG; siehe *Tz. 1 gleich lautender Ländererlass vom 13. 10. 2022,* abgedruckt als Anlage zu R E 13b.27 ErbStR.

[2] Siehe *Tz. 20 gleich lautender Ländererlass vom 5. 10. 2022,* abgedruckt als Anlage zu § 97 BewG.

[3] § 13b Abs. 10 Satz 1 anzuwenden ab 29. 12. 2020 (§ 37 Abs. 18 ErbStG), siehe *Tz. 4 gleich lautender Ländererlass vom 13. 9. 2021,* abgedruckt als Anlage zu § 13a ErbStG.

[4] Siehe *gleich lautenden Ländererlass vom 26. 9. 2022,* abgedruckt als Anlage zu R B 151.1 ErbStR; siehe *Tz. 11 gleich lautender Ländererlass vom 5. 10. 2022,* abgedruckt als Anlage zu § 97 BewG.

Übersicht

		Rz.
R E 13 b.1	Begünstigter Erwerb von Todes wegen; H E 13 b.1	20–24
R E 13 b.2	Begünstigter Erwerb durch Schenkung unter Lebenden; H E 13 b.2	25–27
R E 13 b.3	Begünstigungsfähiges Vermögen – Allgemeines	28
R E 13 b.4	Begünstigungsfähiges land- und forstwirtschaftliches Vermögen; H E 13 b.4	29–33
R E 13 b.5	Begünstigungsfähiges Betriebsvermögen; H E 13 b.5	34–41
R E 13 b.6	Begünstigungsfähige Anteile an Kapitalgesellschaften; H E 13 b.6	42–53
Anlage:		
	Erlass betr. Begünstigungsfähigkeit treuhänderisch gehaltener Anteile an einer Kapitalgesellschaft	53 a
R E 13 b.7	Begünstigtes Vermögen	54
R E 13 b.8	Erwerb unterschiedlicher Arten begünstigten Vermögens; H E 13 b.8	55–57
R E 13 b.9	Ermittlung des begünstigten Vermögens und des steuerpflichtigen Vermögens; H E 13 b.9	59–61
R E 13 b.10	Übermäßiges Verwaltungsvermögen; H E 13 b.10	62, 63
Anlage:		
	Erlass betr. Verwaltungsvermögensquote nach § 13 b Abs. 2 Satz 2 ErbStG (90-%-Test); Konsequenzen aus dem BFH-Urteil vom 13. 9. 2023 II R 49/21	63 a–63 e
R E 13 b.11	Altersversorgungsvermögen; H E 13 b.11	64–68
R E 13 b.12	Verwaltungsvermögen – Allgemeines; H E 13 b.12	69–72
Anlage:		
	Erlass betr. Aufteilung des Verwaltungsvermögens, des jungen Verwaltungsvermögens, der Finanzmittel, der jungen Finanzmittel und der Schulden aus dem Gesamthandsvermögen einer Personengesellschaft auf die Gesellschafter bei Feststellungen nach § 13 b Abs. 10 ErbStG	72 a, 72 b
R E 13 b.13	Überlassung von Grundstücken – Allgemeines	73
Anlage:		
	Erlass betr. Zuordnung von Dritten zur Nutzung überlassenen Grundstücken oder Grundstücksteilen zum Verwaltungsvermögen nach § 13 b Abs. 4 Nr. 1 ErbStG; Anwendung des BFH-Urteils vom 28. 2. 2024 II R 27/21	73 a
R E 13 b.14	Grundstücksüberlassung im Rahmen einer Betriebsaufspaltung oder des Sonderbetriebsvermögens; H E 13 b.14	74–77
R E 13 b.15	Grundstücksüberlassung im Rahmen einer Betriebsverpachtung im Ganzen	78–80
R E 13 b.16	Grundstücksüberlassung im Konzern; H E 13 b.16	81
R E 13 b.17	Grundstücksüberlassung im Rahmen eines Wohnungsunternehmens	82–85
Anlage:		
	Erlass betr. Konsequenzen aus dem BFH-Urteil v. 24. 10. 2017 II R 44/15	86
R E 13 b.18	Grundstücke im Zusammenhang mit Lieferungsverträgen	87
R E 13 b.19	Verpachtete land- und forstwirtschaftliche Grundstücke	88, 89
R E 13 b.20	Anteile an Kapitalgesellschaften von 25 Prozent oder weniger; H E 13 b.20	90–95a
R E 13 b.21	Kunstgegenstände und andere besondere Wirtschaftsgüter	96, 97
R E 13 b.22	Wertpapiere und vergleichbare Forderungen; H E 13 b.22	98–100
R E 13 b.23	Finanzmittel; H E 13 b.23	101–114
Anlage:		
	Erlass betr. geleistete Anzahlungen als Verwaltungsvermögen i. S. d. § 13 b Abs. 4 ErbStG; Auswirkungen des BFH-Urteils vom 1. 2. 2023 II R 36/20	115
R E 13 b.24	Investitionsklausel; H E 13 b.24	120–127
R E 13 b.25	Nettowert des Verwaltungsvermögens; H E 13 b.25	129, 130
R E 13 b.26	Unschädliches Verwaltungsvermögen; H E 13 b.26	131, 132
R E 13 b.27	Junges Verwaltungsvermögen	133
Anlage:		
	Erlass betr. Behandlung von (jungem) Verwaltungsvermögen und (jungen) Finanzmitteln bei Umwandlungsvorgängen sowie Folgen von Umwandlungsvorgängen für die Anwendung des vereinfachten Ertragswertverfahrens	134–162
R E 13 b.28	Ausschluss der Schuldenverrechnung	164–166
R E 13 b.29	Verbundvermögensaufstellung; H E 13 b.29	167–178
R E 13 b.30	Feststellungsverfahren; H E 13 b.30	180–185

Zu § 13 b ErbStG

ErbStR R E 13 b.1

R E 13 b.1 Begünstigter Erwerb von Todes wegen

20 (1) ① Begünstigter Erwerb von Todes wegen ist insbesondere der Erwerb durch Erbanfall (§ 3 Absatz 1 Nummer 1 ErbStG, § 1922 BGB) nach gesetzlicher oder gewillkürter Erbfolge. ② Ist begünstigtes Vermögen Gegenstand einer Vorerbschaft (§ 6 ErbStG), führen der Vor- und der Nacherbfall zu zwei getrennten Erwerbsfällen, für die beide die Vergünstigungen nach §§ 13 a, 13 c oder 28 a ErbStG in Betracht kommen. ③ Die vorzeitige Übertragung des Nacherbschaftsvermögens an den Nacherben stellt keinen Erwerb durch Erbanfall, sondern eine Schenkung unter Lebenden dar (§ 7 Absatz 1 Nummer 7 ErbStG); es handelt sich um eine begünstigungsfähige Schenkung (→ R E 13 b.2 Absatz 1 Satz 2 Nummer 4). ④ Als weitere begünstigte Erwerbe kommen in Betracht

1. der Erwerb durch Vermächtnis (Vorausvermächtnis), wenn der Vermächtnisnehmer begünstigtes Vermögen erhält (§ 3 Absatz 1 Nummer 1 ErbStG),

2. der Erwerb durch Schenkung auf den Todesfall (§ 3 Absatz 1 Nummer 2 Satz 1 ErbStG),
3. der Erwerb durch Übergang des Anteils an einer Personengesellschaft auf die überlebenden Mitgesellschafter (Anwachsungserwerb) oder der Erwerb begünstigter Anteile an einer Kapitalgesellschaft auf Grund gesellschaftsvertraglicher Übertragungsverpflichtung (§ 3 Absatz 1 Nummer 2 Satz 2 ErbStG),
4. der Erwerb durch Vertrag zugunsten Dritter (§ 3 Absatz 1 Nummer 4 ErbStG),
5. der Übergang von Vermögen auf eine vom Erblasser angeordnete Stiftung (§ 3 Absatz 2 Nummer 1 ErbStG),
6. der Erwerb infolge Vollziehung einer vom Erblasser angeordneten Auflage oder infolge Erfüllung einer vom Erblasser gesetzten Bedingung (§ 3 Absatz 2 Nummer 2 ErbStG) oder
7. der Erwerb infolge Abfindung für einen Verzicht auf den entstandenen Pflichtteilsanspruch oder für die Ausschlagung einer Erbschaft, eines Erbersatzanspruchs oder eines Vermächtnisses oder für die Zurückweisung eines Rechts aus einem Vertrag zugunsten Dritter auf den Todesfall, anstelle eines anderen in § 3 Absatz 1 ErbStG genannten Erwerbs oder dafür, dass eine Rechtsstellung, insbesondere eine Erbenstellung, oder ein Recht oder ein Anspruch, die zu einem Erwerb nach § 3 Absatz 1 ErbStG führen würden, nicht mehr oder nur noch teilweise geltend gemacht werden (§ 3 Absatz 2 Nummer 4 ErbStG).

(2) ①Der Übergang einer Beteiligung an einer Personengesellschaft auf Grund einer qualifizierten Nachfolgeklausel wird erbschaftsteuerrechtlich wie ein Erwerb durch Erbanfall behandelt (zu Folgen einer vom Erblasser angeordneten Weitergabeverpflichtung in Form einer Teilungsanordnung → R E 13a.11). ②Geht eine Beteiligung an einer Personengesellschaft auf einen Erben über, der von einer Eintrittsklausel Gebrauch macht, liegt ein begünstigter Erwerb von Todes wegen vor. ③Bestimmt eine Eintrittsklausel, dass ein Nichterbe gegen eine Einlage in Höhe des Abfindungsanspruchs des verstorbenen Gesellschafters rückbezüglich auf dessen Tod eintrittsberechtigt ist und ist ihm dieser Abfindungsanspruch vom Erblasser vermächtnisweise zugewendet worden, führt die Ausübung des Eintrittsrechts beim Nichterben zu einem begünstigten Erwerb von Todes wegen nach § 3 Absatz 1 Nummer 4 ErbStG. ④Setzen die überlebenden Gesellschafter die Gesellschaft allein fort (§ 3 Absatz 1 Nummer 2 Satz 2 ErbStG), ist deren Anwachsungserwerb begünstigt, nicht dagegen der Erwerb der Abfindung, die die Erben von den überlebenden Mitgesellschaftern des Erblassers erhalten. ⑤Letzteres gilt auch, wenn der Erbe eines Anteils an einer Kapitalgesellschaft auf Grund des Gesellschaftsvertrags verpflichtet ist, den geerbten Anteil auf die Gesellschaft oder die Gesellschafter zu übertragen. 21

(3) ①Die Sondernachfolge nach der Höfeordnung ist bei einer Mehrzahl von Erben entsprechend Absatz 2 Satz 1 zu behandeln, wenn der Erblasser den Hoferben bestimmt hat. ②Wenn der Erblasser keine Bestimmung getroffen hat, ist der Anfall des Hofes wie ein gesetzliches Vorausvermächtnis zu behandeln. 22

(4) ①Der Erblasser selbst muss von ihm stammendes begünstigtes Vermögen dem Erwerber zugewiesen haben. ②Deshalb sind die Erwerbe nicht begünstigt, die ursprünglich – wie z. B. im Fall des geltend gemachten Pflichtteilsanspruchs oder eines Geldvermächtnisses – auf eine Geldleistung gerichtet sind, auch wenn an Erfüllungs statt begünstigtes Vermögen übertragen wird. ③Ein Verschaffungsvermächtnis (§ 2170 BGB) ist nicht begünstigt, weil das erworbene Vermögen nicht vom Erblasser stammt. 23

H E 13b.1

HE 13b.1

Anwachsungserwerb. Besteuerungstatbestand ist der Steuerwert des Anteils, den der Erblasser am Betriebsvermögen hatte, soweit dieser den Wert der Abfindungsansprüche Dritter (z. B. der Erben) übersteigt (§ 3 Absatz 1 Nummer 2 ErbStG, → R E 3.4). Daraus folgt, dass nur der Nettowert des Erwerbs den Steuertatbestand erfüllt, so dass auch die Entlastungen nach §§ 13 a, 13 c, 19 a oder 28 a ErbStG nur von diesem Nettoerwerb vorgenommen werden können. Dies gilt sinngemäß auch für den Erwerb begünstigter Anteile an Kapitalgesellschaften aufgrund gesellschaftsvertraglicher Übertragungsverpflichtungen. Die Entlastungen nach §§ 13 a, 13 c oder 28 a ErbStG sind von diesem Nettowert vorzunehmen. 24

Beispiel:

Beim Tod des Gesellschafters G wird die E-F-G OHG von den Gesellschaftern E und F fortgesetzt. Der Anteil des G hatte zum Todestag einen Steuerwert von 5 000 000 EUR, der nur aus begünstigtem Vermögen besteht. E und F müssen an den Sohn S des G eine Abfindung in Höhe des Buchwerts des Anteils (3 000 000 EUR) zahlen. Ein Antrag nach § 13 a Absatz 10 ErbStG wurde nicht gestellt.

Der Anwachsungserwerb von E und F unterliegt jeweils mit folgenden Werten der Erbschaftsteuer:

Bruttowert des Anteils	2 500 000 EUR	
Abfindung	./. 1 500 000 EUR	
Nettowert	1 000 000 EUR	1 000 000 EUR
Verschonungsabschlag 85%		./. 850 000 EUR
verbleiben		150 000 EUR
abzgl. Abzugsbetrag		./. 150 000 EUR
steuerpflichtiger Wert		0 EUR

Qualifizierte Nachfolgeklausel in Personengesellschaftsanteil. → BFH vom 10. 11. 1982 II R 85/78, BStBl. 1983 II S. 329.

Übernahme- oder Kaufrechtsvermächtnis. → BFH vom 13. 8. 2008 II R 7/07, BStBl. II S. 982.

ErbStR R E 13b.2

R E 13b.2 Begünstigter Erwerb durch Schenkung unter Lebenden

25 (1) ① Begünstigter Erwerb durch Schenkung unter Lebenden ist insbesondere die freigebige Zuwendung (§ 7 Absatz 1 Nummer 1 ErbStG). ② Als weitere begünstigte Erwerbe kommen in Betracht

1. der Erwerb infolge Vollziehung einer vom Schenker angeordneten Auflage oder infolge Erfüllung einer vom Schenker gesetzten Bedingung (§ 7 Absatz 1 Nummer 2 ErbStG). ② Der Auflagenbegünstigte erwirbt insoweit das begünstigte Vermögen vom Schenker. ③ Die Weitergabeverpflichtung führt beim Auflagenbeschwerten dazu, dass er insoweit die Begünstigungen nicht in Anspruch nehmen kann (→ R E 13a.11),
2. die Bereicherung des Ehegatten bei Vereinbarung der Gütergemeinschaft (§ 7 Absatz 1 Nummer 4 ErbStG),
3. die Abfindung für einen Erbverzicht (§ 7 Absatz 1 Nummer 5 ErbStG), wenn der künftige Erblasser selbst die Abfindung in Form begünstigten Vermögens leistet,
4. der Erwerb des Nacherben vom Vorerben mit Rücksicht auf die angeordnete Nacherbschaft vor deren Eintritt (§ 7 Absatz 1 Nummer 7 ErbStG). ② Auch bei Ausüben des Wahlrechts nach § 7 Absatz 2 Satz 1 ErbStG erwirbt der Nacherbe begünstigtes Vermögen unmittelbar vom Vorerben,
5. der Übergang von Vermögen auf Grund eines Stiftungsgeschäfts unter Lebenden (§ 7 Absatz 1 Nummer 8 ErbStG) und der Erwerb bei Aufhebung einer Stiftung oder bei Auflösung eines Vereins (§ 7 Absatz 1 Nummer 9 ErbStG),
6. die vorzeitige Abfindung für aufschiebend bedingt, betagt oder befristet erworbene Ansprüche (§ 7 Absatz 1 Nummer 10 ErbStG), wenn der Schenker selbst die Abfindung in Form begünstigten Vermögens leistet,
7. der Erwerb durch Übergang des Anteils an einer Personengesellschaft auf die verbleibenden Mitgesellschafter (Anwachsungserwerb) oder der Erwerb begünstigter Anteile an einer Kapitalgesellschaft auf Grund gesellschaftsvertraglicher Übertragungsverpflichtung (§ 7 Absatz 7 ErbStG).

26 (2) ① Eine begünstigte Übertragung von Vermögen liegt auch vor, wenn der Schenker dem Beschenkten einen Geldbetrag mit der Auflage zuwendet, dass der Erwerber sich damit am Betriebsvermögen oder land- und forstwirtschaftlichen Vermögen des Schenkers beteiligt oder vom Schenker unmittelbar gehaltene Anteile an einer Personengesellschaft oder einer Kapitalgesellschaft erwirbt (mittelbare Schenkung). ② Die mittelbare Schenkung ist nicht begünstigt, wenn die Beteiligung am Vermögen eines Dritten erfolgen soll, weil insoweit kein begünstigtes Vermögen vom Schenker auf den Erwerber übergeht. ③ Zum Vorliegen begünstigungsfähigen Vermögens bei Einräumung einer überhöhten Gewinnbeteiligung bei einer Beteiligung an einer Personengesellschaft → R E 7.9 Absatz 3.

HE 13b.2

H E 13b.2

27 **Keine Begünstigung der Zuwendung von Geld zum Erwerb begünstigungsfähigen Vermögens.** → BFH vom 8. 5. 2019 II R 18/16, BStBl. II S. 681.

ErbStR R E 13b.3

R E 13b.3 Begünstigungsfähiges Vermögen – Allgemeines

28 ① Die Zugehörigkeit von Vermögensgegenständen zu einer wirtschaftlichen Einheit wird im Rahmen der Bewertung dieser wirtschaftlichen Einheiten bestimmt. ② Die Vermögensart und der festgestellte Wert sind Gegenstand des Feststellungsbescheids (§ 182 Absatz 1 Satz 1 AO). ③ Die Entscheidung, ob hieraus folgend begünstigtes Vermögen vorliegt, trifft das Erbschaftsteuerfinanzamt. ④ § 13b Absatz 1 ErbStG umschreibt das begünstigungsfähige Vermögen. ⑤ Das begünstigte Vermögen ergibt sich nach § 13b Absatz 2 bis 9 ErbStG.

ErbStR R E 13b.4

R E 13b.4 Begünstigungsfähiges land- und forstwirtschaftliches Vermögen

29 (1) ① Begünstigungsfähig ist der Erwerb von land- und forstwirtschaftlichem Vermögen im Sinne des § 168 Absatz 1 Nummer 1 BewG und selbst bewirtschafteten Grundstücken im Sinne des § 159 BewG, die im Zeitpunkt der Steuerentstehung als solche vom Erblasser oder Schenker auf den Erwerber übergehen und in der Hand des Erwerbers entweder land- und forstwirtschaftliches Vermögen oder selbst bewirtschaftete Grundstücke im Sinne des § 159 BewG bleiben. ② Auf die ertragsteuerrechtliche Beurteilung als land- und forstwirtschaftliches Betriebsvermögen kommt es nicht an.

30 (2) ① Das begünstigungsfähige land- und forstwirtschaftliche Vermögen umfasst den im Inland, in einem Mitgliedstaat der Europäischen Union oder in einem Staat des Europäischen Wirtschafts-

raums belegenen Wirtschaftsteil. ② Hierzu gehören alle Wirtschaftsgüter im Sinne des § 158 Absatz 3 Satz 1 Nummer 1 bis 5 BewG, die einer planmäßigen Nutzung der natürlichen Kräfte des Grund und Bodens zur Erzeugung von Pflanzen und Tieren sowie zur Verwertung der dadurch selbst gewonnenen Erzeugnisse dienen. ③ Soweit selbst bewirtschaftete Flächen auf Grund der Vorschriften des § 159 BewG als Grundvermögen bewertet werden, dienen sie dennoch land- und forstwirtschaftlichen Zwecken im Sinne des Satzes 2 und sind deshalb begünstigungsfähiges Vermögen.

(3) ① Nicht begünstigungsfähig sind die Betriebswohnungen und der Wohnteil einschließlich der Altenteilerwohnungen, da diese Teile der wirtschaftlichen Einheit nicht originär der land- und forstwirtschaftlichen Tätigkeit im Sinne des § 158 Absatz 1 BewG dienen. ② Gleiches gilt für langfristig verpachtete Flächen im Sinne des § 160 Absatz 7 BewG (Stückländereien), für Mietwohngrundstücke oder erbbaurechtsbelastete Flächen. 31

(4) ① Begünstigungsfähig ist nur der Wirtschaftsteil eines land- und forstwirtschaftlichen Vermögens, der im Zusammenhang mit dem Erwerb des Betriebs der Land- und Forstwirtschaft oder einer Beteiligung an einer land- und forstwirtschaftlich tätigen Personengesellschaft im Sinne des § 158 Absatz 2 BewG auf den Erwerber übergeht. ② Begünstigungsfähig ist auch die Übertragung eines verkleinerten Betriebs. ③ Übertragungen von Betriebsteilen oder einzelner Wirtschaftsgüter sind nicht begünstigungsfähig, wenn sie für sich betrachtet kein land- und forstwirtschaftliches Vermögen bilden. ④ Auf die ertragsteuerrechtliche Beurteilung einer Übertragung kommt es nicht an. 32

H E 13b.4

HE 13b.4

Europäischer Wirtschaftsraum. Dem Europäischen Wirtschaftsraum gehören Island, Liechtenstein und Norwegen sowie die Mitgliedstaaten der Europäischen Union an. 33

R E 13b.5 Begünstigungsfähiges Betriebsvermögen

ErbStR R E 13b.5

(1) ① Begünstigungsfähig ist der Erwerb inländischen Betriebsvermögens im Sinne des § 12 Absatz 5 ErbStG, welches im Zeitpunkt der Steuerentstehung als solches vom Erblasser oder Schenker auf den Erwerber übergeht und in der Hand des Erwerbers inländisches Betriebsvermögen bleibt. ② Dazu gehört insbesondere das einem Gewerbebetrieb dienende Vermögen (§ 95 BewG) und das dem Gewerbebetrieb gleichstehende Vermögen, das der Ausübung eines freien Berufs dient (§ 96 BewG), unter der Voraussetzung, dass dieses Vermögen bei der steuerlichen Gewinnermittlung zum Betriebsvermögen gehört. ③ Dazu gehören auch Beteiligungen an Personengesellschaften im Sinne des § 15 Absatz 1 Satz 1 Nummer 2 und Absatz 3 oder § 18 Absatz 4 EStG (§ 97 Absatz 1 Satz 1 Nummer 5 BewG). 34

(2) ① Grundstücke oder Grundstücksteile sind Teil des begünstigungsfähigen Betriebsvermögens, soweit sie bei der Bewertung des Betriebsvermögens zum Umfang der wirtschaftlichen Einheit gehören und diese Eigenschaft auf den Erwerber übergeht. ② Das gilt grundsätzlich auch für den Grundbesitz, der den in § 97 Absatz 1 Satz 1 Nummer 5 BewG bezeichneten Personengesellschaften gehört. ③ Ein zum Gesamthandsvermögen einer Personengesellschaft im Sinne des § 97 Absatz 1 Satz 1 Nummer 5 BewG gehörendes Grundstück kann nach § 99 BewG nicht Betriebsvermögen sein, wenn es ausschließlich oder fast ausschließlich der privaten Lebensführung eines, mehrerer oder aller Gesellschafter dient. 35

(3)[1] ① Das Betriebsvermögen muss im Zusammenhang mit dem Erwerb eines ganzen Gewerbebetriebs, eines Teilbetriebs oder einer Beteiligung an einer Personengesellschaft auf den Erwerber übergehen. ② Diese Begriffe sind nach ertragsteuerlichen Grundsätzen abzugrenzen. ③ Begünstigungsfähig ist nur der unmittelbare Übergang von Betriebsvermögen. ④ Als Erwerb einer Beteiligung gilt auch, wenn eine Person in ein bestehendes Einzelunternehmen aufgenommen wird oder ein Teil einer Beteiligung an einer Personengesellschaft übertragen wird. ⑤ Eine begünstigte Übertragung eines Anteils an einer Personengesellschaft oder am Sonderbetriebsvermögen des Gesellschafters ist nicht davon abhängig, dass die Gesellschaftsanteile und das Sonderbetriebsvermögen im gleichen quotalen Umfang auf den Erwerber übergehen. ⑥ Vielmehr gilt dies auch dann, wenn der Schenker sein Sonderbetriebsvermögen in geringerem Umfang überträgt oder es insgesamt zurückbehält und das zurückbehaltene Sonderbetriebsvermögen weiterhin zum Betriebsvermögen derselben Personengesellschaft gehört, sowie auch dann, wenn der Schenker sein Sonderbetriebsvermögen in größerem Umfang überträgt. ⑦ Andere Teilübertragungen eines Gewerbebetriebs oder die Übertragung einzelner Wirtschaftsgüter eines Betriebsvermögens sind nicht begünstigt. ⑧ Dies gilt insbesondere, wenn der Schenker wesentliche Betriebsgrundlagen zurückbehält oder auf 36

---

[1] *BFH-Urteil vom 17. 6. 2020 II R 38/17 (BStBl. 2021 II S. 98):* Bei der Übertragung einzelner Wirtschaftsgüter des Sonderbetriebsvermögens können die Begünstigungen nach §§ 13 a, 13 b ErbStG a. F. nur gewährt werden, wenn die Wirtschaftsgüter gleichzeitig mit dem Anteil an der Personengesellschaft übertragen werden.

BFH-Urteil vom 15. 3. 2006 II R 74/04 (BFH/NV S. 1663): Der Freibetrag und der verminderte *Wertansatz* [jetzt Verschonungsabschlag und Abzugsbetrag] nach § 13 a Abs. 1 und 2 ErbStG sind auf den Erwerb einzelner Wirtschaftsgüter wie Kapitalkonten und Forderungsrechte nicht anwendbar.

BFH-Beschluss vom 14. 11. 2005 II B 51/05 (BFH/NV 2006 S. 305), Ls. 1: **1.** Der Erwerb einzelner Wirtschaftsgüter ist nicht nach *§ 13 a Abs. 4 Nr. 1 ErbStG* [jetzt § 13 b Abs. 1 Nr. 2 ErbStG] begünstigt. Dies gilt insbesondere für die Übertragung von Sonderbetriebsvermögen auf einen anderen Gesellschafter derselben Personengesellschaft.

andere Erwerber überträgt. ⑨ Der Erwerb einzelner Wirtschaftsgüter aus dem Sonderbetriebsvermögen des Gesellschafters einer Personengesellschaft ist nur begünstigungsfähig, wenn er unmittelbar mit dem Erwerb einer Gesellschaftsbeteiligung verbunden ist; zum Sonderbetriebsvermögen gehörende Anteile an einer Kapitalgesellschaft können selbstständig begünstigungsfähiges Vermögen im Sinne des § 13 b Absatz 1 Nummer 3 ErbStG sein. ⑩ Das gilt auch, wenn eine Übertragung zwischen zwei Gesellschaftern einer Personengesellschaft erfolgt.

37 (4) ① Neben inländischem Betriebsvermögen ist auch entsprechendes Betriebsvermögen begünstigungsfähig, das einer Betriebstätte in einem Mitgliedstaat der Europäischen Union oder in einem Staat des Europäischen Wirtschaftsraums dient. ② Nicht begünstigungsfähig ist der Erwerb ausländischen Betriebsvermögens in Drittstaaten. ③ Hierzu gehört auch das Betriebsvermögen von Gewerbebetrieben, deren wirtschaftliche Einheit sich ausschließlich auf Drittstaaten erstreckt, und das Vermögen einer in einem Drittstaat belegenen Betriebstätte eines inländischen Gewerbebetriebs, eines Betriebs in einem Mitgliedstaat der Europäischen Union oder in einem Staat des Europäischen Wirtschaftsraums. ④ Begünstigungsfähig ist dagegen ausländisches Betriebsvermögen in Drittstaaten, wenn es als Beteiligung an einer Personengesellschaft oder Anteile an einer Kapitalgesellschaft Teil einer wirtschaftlichen Einheit des Betriebsvermögens im Inland oder in einem Mitgliedstaat der Europäischen Union oder in einem Staat des Europäischen Wirtschaftsraums ist.

HE 13b.5

H E 13b.5

38 **Begünstigungsfähiges Betriebsvermögen.** Wird ein Einzelunternehmen mit Sitz/Geschäftsleitung im Inland, einem Mitgliedstaat der Europäischen Union oder einem Staat des Europäischen Wirtschaftsraums oder eine Beteiligung an einer Personengesellschaft i. S. d. § 15 Absatz 1 Satz 1 Nummer 2 und Absatz 3 EStG oder § 18 Absatz 4 EStG mit Sitz/Geschäftsleitung im Inland, einem Mitgliedstaat der Europäischen Union oder einem Staat des Europäischen Wirtschaftsraums übertragen, bestimmt sich der Umfang des begünstigungsfähigen Betriebsvermögen nach § 13 b Absatz 1 Nummer 2 ErbStG wie folgt:

Zum Vermögen des Einzelunternehmens/der Personengesellschaft gehören	**begünstigungsfähiges/nicht begünstigungsfähiges Betriebsvermögen**
Betriebstätte im Inland	begünstigungsfähiges Betriebsvermögen (→ R E 13b.5 Absatz 4 Satz 1)
Betriebstätte in einem Mitgliedstaat der Europäischen Union oder einem Staat des Europäischen Wirtschaftsraums	begünstigungsfähiges Betriebsvermögen (→ R E 13b.5 Absatz 4 Satz 1)
Betriebstätte in einem Drittstaat	nicht begünstigungsfähiges Betriebsvermögen (→ R E 13b.5 Absatz 4 Satz 2 und 3)
Beteiligung an einer Personengesellschaft im Inland	begünstigungsfähiges Betriebsvermögen (→ R E 13b.5 Absatz 4 Satz 1), auch soweit die Personengesellschaft eine Betriebstätte in einem Drittstaat unterhält
Beteiligung an einer Personengesellschaft in einem Mitgliedstaat der Europäischen Union oder einem Staat des Europäischen Wirtschaftsraums	begünstigungsfähiges Betriebsvermögen (→ R E 13b.5 Absatz 4 Satz 1), auch soweit die Personengesellschaft eine Betriebstätte in einem Drittstaat unterhält
Beteiligung an einer Personengesellschaft in einem Drittstaat	begünstigungsfähiges Betriebsvermögen (→ R E 13b.5 Absatz 4 Satz 4), auch soweit die Personengesellschaft eine Betriebstätte in einem Drittstaat unterhält
Anteile an einer Kapitalgesellschaft im Inland	begünstigungsfähiges Betriebsvermögen (→ R E 13b.5 Absatz 4 Satz 1)
Anteile an einer Kapitalgesellschaft in einem Mitgliedstaat der Europäischen Union oder einem Staat des Europäischen Wirtschaftsraums	begünstigungsfähiges Betriebsvermögen (→ R E 13b.5 Absatz 4 Satz 1)
Anteile an einer Kapitalgesellschaft in einem Drittstaat	begünstigungsfähiges Betriebsvermögen (→ R E 13b.5 Absatz 4 Satz 4)

39 **Einräumung obligatorischer Nutzungsrechte an begünstigungsfähigem Vermögen.** Ein erworbenes Nutzungsrecht an Betriebsvermögen kann begünstigungsfähiges Betriebsvermögen i. S. d. § 13b Absatz 1 Nummer 2 ErbStG darstellen (→ R B 97.3; R E 13b.30).

Europäischer Wirtschaftsraum. Dem Europäischen Wirtschaftsraum gehören Island, Liechtenstein und Norwegen sowie die Mitgliedstaaten der Europäischen Union an.

Hinterbliebenenbezüge bei Gesellschaftern einer Personengesellschaft. → H E 3.5.

Quotaler Nießbrauch bei Schenkung einer Beteiligung an einer Personengesellschaft. → BFH vom 16. 5. 2013 II R 5/12, BStBl. II S. 635.

Schenkung von Betriebsvermögen unter freiem Widerrufsvorbehalt. Wird eine Beteiligung an einer Personengesellschaft unter freiem Widerrufsvorbehalt geschenkt, wird nach den Grundsätzen des Ertragsteuerrechts der Beschenkte wegen des Widerrufsvorbehalts nicht Mitunternehmer der Personengesellschaft (→ BFH vom 16. 5. 1989 VIII R 196/84, BStBl. II S. 877. Der Beschenkte erwirbt kein Betriebsvermögen, so dass §§ 13 a, 13 c oder 28 a ErbStG nicht anwendbar sind. Schenkungsteuerrechtlich ist trotz des Widerrufsvorbehalts eine freigebige Zuwendung als ausgeführt anzusehen (→ BFH vom 13. 9. 1989 II R 67/86, BStBl. II S. 1034. Gegenstand der Zuwendung ist ein Gesellschaftsanteil an einer vermögensverwaltenden Personengesellschaft (§ 10 Absatz 1 Satz 4 ErbStG). Entsprechendes gilt, wenn eine Beteiligung an einer Personengesellschaft geschenkt wird, an der sich der Schenker den Nießbrauch vorbehält, und sofern der Bedachte dabei nicht Mitunternehmer der Personengesellschaft wird (→ BFH vom 1. 3. 1994 VIII R 35/92, BStBl. 1995 II S. 241 m. w. N.). 40

Zurückbehalten wesentlicher Betriebsgrundlagen. Überträgt ein Schenker durch Schenkung unter Lebenden sein Einzelunternehmen, behält aber das Grundstück, auf dem der Betrieb ausgeübt wurde und weiter ausgeübt wird, zurück bei gleichzeitiger Verpachtung an den Beschenkten, ist dessen Erwerb nicht begünstigt, weil er das Betriebsvermögen nicht „beim Erwerb eines ganzen Gewerbebetriebs oder Teilbetriebs" erworben hat. 41

R E 13b.6 Begünstigungsfähige Anteile an Kapitalgesellschaften

ErbStR R E 13 b.6

(1) ① Begünstigungsfähig ist der Erwerb von Anteilen an einer Kapitalgesellschaft (z. B. GmbH, AG, KGaA), wenn die Kapitalgesellschaft zur Zeit der Entstehung der Steuer ihren Sitz oder ihre Geschäftsleitung im Inland oder in einem Mitgliedstaat der Europäischen Union oder in einem Staat des Europäischen Wirtschaftsraums hat und der Erblasser oder Schenker zu diesem Zeitpunkt unmittelbar zu mehr als 25 Prozent am Nennkapital der Kapitalgesellschaft beteiligt ist. ② Stimmrechtslose Anteile sind bei der Prüfung der Mindestbeteiligungsquote grundsätzlich mit einzubeziehen. ③ Einbringungsgeborene Anteile sind nur begünstigungsfähig, wenn sie allein oder zusammen mit anderen unmittelbar vom Erblasser oder Schenker gehaltenen Anteilen die Mindestbeteiligungshöhe erfüllen. ④ Wird nur ein auf Grund einer Kapitalerhöhung entstandenes Bezugsrecht übertragen, handelt es sich nicht um einen begünstigungsfähigen Anteil an einer Kapitalgesellschaft. 42

(2) ① Nennkapital ist bei der GmbH der Nennbetrag des Stammkapitals und bei der AG der Nennbetrag des Grundkapitals. ② Soweit die Gesellschaft eigene Anteile hält, mindern sie das Nennkapital der Gesellschaft und erhöhen damit die Beteiligungsquote des Gesellschafters. ③ Unterbeteiligungen oder über eine andere Kapitalgesellschaft oder eine Personengesellschaft gehaltene mittelbare Beteiligungen des Erblassers oder Schenkers sind selbst nicht begünstigt und bleiben bei der Prüfung seiner Beteiligungshöhe vorbehaltlich des Absatzes 3 unberücksichtigt. 43

(3) ① Erreicht ein Gesellschafter nicht die erforderliche Mindestbeteiligungsquote von mehr als 25 Prozent, sind die Anteile dennoch in die Verschonungsregelung einzubeziehen, für die die Voraussetzungen der Poolvereinbarung im Sinne des § 13 b Absatz 1 Nummer 3 Satz 2 ErbStG erfüllt sind. ② In diesen Fällen ist die Summe der dem Erblasser oder Schenker unmittelbar zuzurechnenden Anteile und der Anteile weiterer Gesellschafter (Poolmitglieder) bei der Berechnung der Mindestbeteiligungsquote maßgebend. ③ Für eine Poolvereinbarung ist erforderlich, dass der Erblasser oder Schenker und die weiteren Gesellschafter untereinander verpflichtet sind, 44

1. über die Anteile nur einheitlich zu verfügen oder sie ausschließlich auf andere derselben Verpflichtung unterliegende Anteilseigner zu übertragen und
2. das Stimmrecht gegenüber nichtgebundenen Gesellschaftern einheitlich auszuüben.

④ Bei Einräumung einer Unterbeteiligung muss auch der Unterbeteiligte den Verpflichtungen der Poolvereinbarung unterliegen.

(4) ① Verfügung im Sinne des Absatzes 3 Satz 3 Nummer 1 ist die Übertragung des Eigentums an einem Anteil. ② Eine einheitliche Verfügung setzt voraus, dass in der Poolvereinbarung für die Poolmitglieder die gleichen Verfügungsregeln hinsichtlich der gepoolten Anteile festgelegt sind. ③ Daraus muss sich ergeben, dass die Anteile nur an einen bestimmten Personenkreis, z. B. Familienmitglieder, einen Familienstamm oder eine Familienstiftung, übertragen werden dürfen oder dass eine Übertragung der Zustimmung der Mehrheit der Poolmitglieder bedarf. ④ Es ist nicht erforderlich, dass alle Poolmitglieder zum selben Zeitpunkt über ihre Anteile verfügen oder die Anteile auf dieselbe Person übertragen. ⑤ Eine Übertragung ausschließlich auf andere derselben Verpflichtung unterliegende Anteilseigner ist auch gegeben, wenn der Erwerber zeitgleich mit der Übertragung der Poolvereinbarung beitreten muss. 45

46 (5)[1] ① Eine einheitliche Stimmrechtsausübung im Sinne des Absatzes 3 Satz 3 Nummer 2 über die im Pool vorhandenen Stimmrechte bedeutet, dass die Einflussnahme einzelner Anteilseigner zum Zwecke einer einheitlichen Willensbildung zurücktreten muss; daraus folgt, dass stimmrechtslose Anteile nicht in eine Poolvereinbarung einbezogen werden können. ② Die einheitliche Stimmrechtsausübung kann in unterschiedlicher Weise geregelt werden. ③ Neben der Möglichkeit zur gemeinsamen Bestimmung eines Sprechers oder eines Aufsichts- oder Leitungsgremiums kann die einheitliche Stimmrechtsausübung auch dadurch erreicht werden, dass einzelne Anteilseigner auf ihr Stimmrecht zugunsten der Poolgemeinschaft verzichten. ④ Voraussetzung für die Einbeziehung der Anteile in die Entlastung ist daher nicht die tatsächliche Stimmrechtsausübung. ⑤ Ferner ist nicht erforderlich, dass die Einflussnahme auf die Geschicke der Gesellschaft ausschließlich durch Anteilseigner (z. B. Familienmitglieder) erfolgt. ⑥ Grundsätzlich müssen die Gesellschafter die Poolvereinbarung untereinander treffen; dies ist auch der Fall, wenn der Erwerber oder sein Rechtsvorgänger als Rechtsnachfolger in die Pflichten einer früher geschlossenen Vereinbarung eingetreten ist. ⑦ Verpflichtet die Gesellschaft alle oder einen Teil der Gesellschafter zur Poolbildung im Sinne des § 13 b Absatz 1 Nummer 3 ErbStG, erfüllt auch dies die Voraussetzung für die Verschonungsregelung. ⑧ Treffen alle Gesellschafter eine Poolvereinbarung, erhalten alle Gesellschafter die Begünstigung, obwohl kein nichtgebundener Gesellschafter im Sinne des § 13 b Absatz 1 Nummer 3 ErbStG vorhanden ist. ⑨ Auch in diesen Fällen ist die einheitliche Stimmrechtsausübung der gebundenen Gesellschafter zwingend. ⑩ Es bestehen bei entsprechender Dokumentation keine Bedenken, die Beschlussfassung der Poolmitglieder zur einheitlichen Stimmrechtsausübung zu der jeweiligen Beschlussfassung in der Sache selbst im Rahmen einer zeitgleichen Gesellschafterversammlung voranzustellen.

47 (6) Die Poolvereinbarung kann sich aus dem Gesellschaftsvertrag oder aus anderen schriftlichen Vereinbarungen ergeben und muss im Besteuerungszeitpunkt vorliegen.

H E 13b.6

H E 13b.6

48 **Begünstigungsfähige Anteile an Kapitalgesellschaften.** Werden Anteile an einer Kapitalgesellschaft mit Sitz oder Geschäftsleitung im Inland, einem Mitgliedstaat der Europäischen Union oder einem Staat des Europäischen Wirtschaftsraums übertragen, die die Voraussetzungen des § 13 b Absatz 1 Nummer 3 ErbStG erfüllen, bestimmt sich der Umfang des begünstigungsfähigen Vermögens wie folgt:

Zum Vermögen der Kapitalgesellschaft gehören	begünstigungsfähiges/nicht begünstigungsfähiges Vermögen
Betriebstätte im Inland	begünstigungsfähiges Vermögen
Betriebstätte in einem Mitgliedstaat der Europäischen Union oder einem Staat des Europäischen Wirtschaftsraums	begünstigungsfähiges Vermögen
Betriebstätte in einem Drittstaat	begünstigungsfähiges Vermögen, da Sitz bzw. Geschäftsleitung der Kapitalgesellschaft im Inland, einem Mitgliedstaat der Europäischen Union oder einem Staat des Europäischen Wirtschaftsraums
Beteiligung an einer Personengesellschaft im Inland	begünstigungsfähiges Vermögen, da Sitz bzw. Geschäftsleitung der Kapitalgesellschaft im Inland, einem Mitgliedstaat der Europäischen Union oder einem Staat des Europäischen Wirtschaftsraums
Beteiligung an einer Personengesellschaft in einem Mitgliedstaat der Europäischen Union oder einem Staat des Europäischen Wirtschaftsraums	begünstigungsfähiges Vermögen, da Sitz bzw. Geschäftsleitung der Kapitalgesellschaft im Inland, einem Mitgliedstaat der Europäischen Union oder einem Staat des Europäischen Wirtschaftsraums
Beteiligung an einer Personengesellschaft in einem Drittstaat	begünstigungsfähiges Vermögen, da Sitz bzw. Geschäftsleitung der Kapitalgesellschaft im Inland, einem Mitgliedstaat der Europäischen Union oder einem Staat des Europäischen Wirtschaftsraums

[1] *FG Münster, Urteil vom 9. 12. 2013 3 K 3969/11 Erb (EFG 2014 S. 660), rkr., Ls. 3:* **3.** Es ist zweifelhaft, ob die gesetzliche Mindestbeteiligung von 25% (§ 13 b Abs. 1 Nr. 3 Satz 2 ErbStG) durch Zurechnung anderer Anteile erreicht ist, wenn zwar eine Stimmbindung vorliegt, aber keine Verpflichtung nur einheitlich über die Anteile zu verfügen oder sie nur auf andere derselben Verpflichtung unterliegenden Anteilseigner zu übertragen. Eine solche Verpflichtung wäre auch in einem Gesellschaftsvertrag möglich.

HE 13b.6

Zum Vermögen der Kapitalgesellschaft gehören	**begünstigungsfähiges/nicht begünstigungsfähiges Vermögen**
Anteile an einer Kapitalgesellschaft im Inland	begünstigungsfähiges Vermögen, da Sitz bzw. Geschäftsleitung der Kapitalgesellschaft im Inland, einem Mitgliedstaat der Europäischen Union oder einem Staat des Europäischen Wirtschaftsraums
Anteile an einer Kapitalgesellschaft in einem Mitgliedstaat der Europäischen Union oder einem Staat des Europäischen Wirtschaftsraums	begünstigungsfähiges Vermögen, da Sitz bzw. Geschäftsleitung der Kapitalgesellschaft im Inland, einem Mitgliedstaat der Europäischen Union oder einem Staat des Europäischen Wirtschaftsraums
Anteile an einer Kapitalgesellschaft in einem Drittstaat	begünstigungsfähiges Vermögen, da Sitz bzw. Geschäftsleitung der Kapitalgesellschaft im Inland, einem Mitgliedstaat der Europäischen Union oder einem Staat des Europäischen Wirtschaftsraums

Beteiligungserfordernis für den Schenker bei einer mittelbaren Anteilsschenkung. Auch bei einer mittelbaren Schenkung von Anteilen an einer Kapitalgesellschaft sind die Steuerbegünstigungen des § 13 a ErbStG zu versagen, wenn der Schenker nicht zu mehr als einem Viertel am Nennkapital der Gesellschaft beteiligt ist → BFH vom 16. 2. 2005 II R 6/02, BStBl. II S. 411. 49

Ermittlung der Beteiligungsquote bei Einziehung von Geschäftsanteilen an einer GmbH und ausstehender Angleichung der Summe der Geschäftsanteile an das Stammkapital. Werden Geschäftsanteile an einer GmbH eingezogen (§ 34 GmbHG), erlöschen diese. Dies führt dazu, dass die Summe der Nennbeträge der Geschäftsanteile der GmbH nicht mehr dem Betrag des Stammkapitals der GmbH entspricht. Diese Divergenz kann durch eine Kapitalherabsetzung, einen Aufstockungsbeschluss oder durch Neubildung eines Geschäftsanteils beseitigt werden. 50

Steht bei der Übertragung von Geschäftsanteilen an einer GmbH nach einer Einziehung die Angleichung der Summe der Geschäftsanteile an das Stammkapital noch aus, ist das Nennkapital der GmbH um die Summe der Nennbeträge der eingezogenen Geschäftsanteile zu mindern und erhöht damit die Beteiligungsquote des Gesellschafters.

Formerfordernis einer Poolvereinbarung. → BFH vom 20. 2. 2019 II R 25/16, BStBl. II S. 779. 51

Stimmrechtslose Vorzugsaktien. 52

Beispiel 1:

S schenkt B unmittelbar gehaltene stimmrechtslose Vorzugsaktien der S-AG. Seine Beteiligung am Nennkapital (Stammaktien und Vorzugsaktien) beträgt
a) mehr als 25%
b) weniger als 25%.

Bei der Beurteilung der Mindestbeteiligung i. S. d. § 13 b Absatz 1 Nummer 3 Satz 1 ErbStG kommt es nicht auf die mit den Anteilen verbundenen Stimmrechte an, sodass auch stimmrechtslose Anteile begünstigungsfähiges Vermögen sein können.
a) Die Anteile sind begünstigungsfähiges Vermögen, weil die Beteiligung mehr als 25% beträgt.
b) Die Anteile sind nicht begünstigungsfähiges Vermögen, weil die Beteiligung nicht mehr als 25% beträgt.

Beispiel 2:

S schenkt B gleichzeitig unmittelbar gehaltene stimmberechtigte Stammaktien an der S-AG in Höhe von 8% sowie unmittelbar gehaltene stimmrechtslose Vorzugsaktien in Höhe von 20%.

Die von S unmittelbar gehaltenen Stamm- und Vorzugsaktien erfüllen die Mindestbeteiligung von mehr als 25% nach § 13 b Absatz 1 Nummer 3 Satz 1 ErbStG. Die übertragenen Anteile (Stamm- und Vorzugsaktien) sind begünstigungsfähiges Vermögen.

Stimmrechtslose Vorzugsaktien und Poolregelung. 53

Beispiel 1:

S schenkt B gleichzeitig unmittelbar gehaltene stimmberechtigte Stammaktien an der S-AG in Höhe von 8% sowie unmittelbar gehaltene stimmrechtslose Vorzugsaktien in Höhe von 20%. Die Stammaktien von 8% sind mit stimmberechtigten Anteilen anderer Gesellschafter gepoolt; der Pool erfüllt die Mindestbeteiligung von mehr als 25%. Die stimmrechtslosen Vorzugsaktien sind in den Pool nicht einbezogen.

Die von S unmittelbar gehaltenen Stamm- und Vorzugsaktien erfüllen die Mindestbeteiligung von mehr als 25% nach § 13 b Absatz 1 Nummer 3 Satz 1 ErbStG. Die übertragenen Anteile (Stamm- und Vorzugsaktien) sind begünstigungsfähiges Vermögen. Dass die Stammaktien gepoolt sind, bleibt hierbei ohne Bedeutung.

Beispiel 2:

S schenkt B gleichzeitig unmittelbar gehaltene stimmberechtigte Stammaktien an der S-AG in Höhe von 8% sowie unmittelbar gehaltene stimmrechtslose Vorzugsaktien in Höhe von 10%. Die Stammaktien von 8% sind mit stimmberechtigten Anteilen anderer Gesellschafter gepoolt; der Pool erfüllt die Mindestbeteiligung von mehr als 25%.

Über die gepoolten stimmberechtigten Stammaktien erfüllt S die Mindestbeteiligung von mehr als 25% nach § 13b Absatz 1 Nummer 3 Satz 2 ErbStG. Die insgesamt übertragenen Anteile (Stamm- und Vorzugsaktien) sind begünstigungsfähiges Vermögen. Dass die stimmrechtslosen Vorzugsaktien nicht in den Pool mit einbezogen werden, bleibt hierbei ohne Bedeutung.

Anl zu R E 13b.6

Erlass betr. Begünstigungsfähigkeit treuhänderisch gehaltener Anteile an einer Kapitalgesellschaft

Vom 22. Dezember 2023 (DStR 2024 S. 183)

(BayLfSt – S 3851.1.1 – 4/8 St 34)

53a Unter der Maßgabe, dass das Treugut begünstigungsfähiges Vermögen i. S. d. § 13b ErbStG darstellt, können für die Übertragung von Ansprüchen aus einem Treuhandverhältnis bei Vorliegen der übrigen Voraussetzungen die Steuerbefreiung nach § 13a und § 19a ErbStG in Anspruch genommen werden (vgl. hierzu LfSt Bayern v. 14. 1. 2013 – S 3811.1.1-4/St 34-Karte 5.4 zu § 12 ErbStG ErbSt-Kartei BY, DStR 2013 S. 708).

Soweit es sich bei den treuhänderisch gehaltenen Vermögensgegenständen um Anteile an einer Kapitalgesellschaft handelt, ist die Übertragung der vom Treugeber gehaltenen Rechtsposition nicht begünstigungsfähig i. S. v. § 13b Abs. 1 Nr. 3 ErbStG, da es dem Treugeber insoweit an der erforderlichen unmittelbaren Beteiligung an der Kapitalgesellschaft mangelt.

Dies gilt auch dann, wenn der Treugeber mit unmittelbar an der Kapitalgesellschaft beteiligten Gesellschaftern einer Poolvereinbarung i. S. v. § 13b Abs. 1 Nr. 3 Satz 2 ErbStG beitritt.

Da der Herausgabeanspruch des Treugebers kein begünstigungsfähiges Vermögen i. S. d. § 13b Abs. 1 Nr. 3 ErbStG darstellt, erfolgen insoweit keine gesonderten Feststellungen nach § 13a Abs. 4 oder Abs. 9a ErbStG bzw. § 13b Abs. 10 ErbStG.

Ungeachtet dessen ist eine gesonderte Wertfeststellung gemäß § 151 Abs. 1 Nr. 3 BewG durchzuführen (vgl. H B 151.5 „Treuhandverhältnis" ErbStH).

ErbStR R E 13b.7

R E 13b.7 Begünstigtes Vermögen

54 ① Das begünstigungsfähige Vermögen im Sinne des § 13b Absatz 1 ErbStG ist begünstigt, soweit sein gemeiner Wert den um das unschädliche Verwaltungsvermögen im Sinne des § 13b Absatz 7 ErbStG gekürzten Nettowert des Verwaltungsvermögens im Sinne des § 13b Absatz 6 ErbStG übersteigt (§ 13b Absatz 2 Satz 1 ErbStG). ② Sämtliches Vermögen, das nicht zum begünstigten Vermögen gehört, ist ohne Verschonungsmöglichkeit steuerpflichtig. ③ Ist der festgestellte Wert des (Anteils des) Betriebsvermögens positiv, aber die Summe der gemeinen Werte des festgestellten Verwaltungsvermögens zuzüglich der festgestellten (jungen) Finanzmittel negativ (→ R E 13b.9 Absatz 2 I), liegt kein Verwaltungsvermögen vor. ④ Damit ist der 90-Prozent-Test bestanden und begünstigtes Vermögen im Sinne des § 13b Absatz 2 ErbStG gegeben. ⑤ Wenn der Wert des (Anteils des) Betriebsvermögens negativ ist, liegt insoweit kein begünstigtes Vermögen vor.

ErbStR R E 13b.8

R E 13b.8 Erwerb unterschiedlicher Arten begünstigten Vermögens

55 (1)[1] ① *Umfasst das auf einen Erwerber übertragene begünstigte Vermögen (→ R E 13b.7) mehrere selbstständig zu bewertende wirtschaftliche Einheiten einer Vermögensart (z. B. mehrere Gewerbebetriebe) oder mehrere Arten begünstigten Vermögens (land- und forstwirtschaftliches Vermögen, Betriebsvermögen, Anteile an Kapitalgesellschaften), sind deren Werte vor der Anwendung der §§ 13a, 13c und 28a ErbStG zusammenzurechnen.* ② *Der Verschonungsabschlag nach § 13a Absatz 1 oder 10 oder § 13c ErbStG und der Abzugsbetrag nach § 13a Absatz 2 ErbStG können nur von einem insgesamt positiven Steuerwert des gesamten begünstigten Vermögens abgezogen werden.* ③ Liegt nur eine wirtschaftliche Einheit mit einem negativen gemeinen Wert vor, kommt keine Verschonung in Betracht.

56 *(2)[2] ① Soweit Schulden und Lasten mit dem nach § 13a oder § 13c ErbStG befreiten Vermögen in wirtschaftlichem Zusammenhang stehen, sind diese nach § 10 Absatz 6 Satz 4 ErbStG nur mit dem Betrag abzugsfähig, der dem Verhältnis des nach Anwendung des § 13a oder § 13c ErbStG anzusetzenden Werts des gesamten begünstigten Vermögens zu dem Wert vor Anwendung des § 13a oder § 13c ErbStG entspricht (→ R E 10.10 Absatz 4). ② Zu diesen Schulden und Lasten können nur solche gehören, die nicht bereits bei der Ermittlung des gemeinen Werts berücksichtigt worden sind, und soweit sie dem begünstigten Vermögen wirtschaftlich zugeordnet werden können. ③ Bei begünstigtem land- und forstwirtschaftlichen Vermögen ist § 158 Absatz 5 BewG zu berücksichtigen.*

H E 13b.8

H E 13b.8

Entlastungen beim Erwerb mehrerer Arten begünstigten Vermögens.[1]

57 **Beispiel:**

M vererbt ihrer Tochter T einen Gewerbebetrieb mit einem Steuerwert von 600 000 EUR (begünstigtes Vermögen 600 000 EUR), eine KG-Beteiligung mit einem negativen Steuerwert von – 400 000 EUR und begünstigungsfähige GmbH-Anteile mit einem Steuerwert von 500 000 EUR (begünstigtes Vermögen 500 000 EUR).

---

[1] Überholt durch *Rz. 5 gleich lautender Ländererlass vom 22. 12. 2023,* zu H E 13b.8 siehe *Rz. 7:* „Die Darstellung im Beispiel zu H E 13b.8 „Entlastungen beim Erwerb mehrerer Arten begünstigten Vermögens" ErbStH ist überholt, das Ergebnis ist in diesem Fall weiter zutreffend.", abgedruckt als Anlage zu R E 13a.21 ErbStR.

[2] Überholt durch Änderung des § 10 Abs. 6 ErbStG durch das JStG 2020, jetzt § 10 Abs. 6a ErbStG durch das JStG 2024, siehe *Tz. 3 gleich lautender Ländererlass vom 13. 9. 2021,* abgedruckt als Anlage b zu § 10 ErbStR.

Wert des begünstigten Betriebsvermögens			*600 000 EUR*
begünstigte GmbH-Anteile			*+ 500 000 EUR*
begünstigtes Vermögen insgesamt			*1 100 000 EUR*
Verschonungsabschlag 85%			*935 000 EUR*
verbleiben			*165 000 EUR*
Abzugsbetrag			*142 500 EUR*
Berechnung des Abzugsbetrags		*150 000 EUR*	
Verbleibender Wert (15%)	*165 000 EUR*		
Abzugsbetrag	*./. 150 000 EUR*		
Unterschiedsbetrag	*15 000 EUR*		
Davon 50%		*./. 7 500 EUR*	
Verbleibender Abzugsbetrag		*142 500 EUR*	
steuerpflichtiges begünstigtes Vermögen			*22 500 EUR*
KG-Beteiligung			*– 400 000 EUR*
verbleiben			*– 377 500 EUR*

R E 13b.9 Ermittlung des begünstigten Vermögens und des steuerpflichtigen Vermögens

ErbStR R E 13b.9

(1) ①Das begünstigte Vermögen und das steuerpflichtige Vermögen werden durch das zuständige Erbschaftsteuerfinanzamt auf der Grundlage der Feststellungen durch die Betriebsfinanzämter nach § 13b Absatz 10 ErbStG ermittelt. 59
②Die Berechnungen des Erbschaftsteuerfinanzamts erstrecken sich nur auf das begünstigungsfähige Vermögen im Sinne des § 13b Absatz 1 ErbStG. ③Bei Einzelunternehmen und Personengesellschaften ist zur Ermittlung des begünstigten Vermögens der festgestellte Wert nach § 151 Absatz 1 Satz 1 Nummer 2 BewG um das Betriebsvermögen in Drittstaaten-Betriebstätten (→ R E 13b.5 Absatz 4) zu mindern.

(2) ①Das begünstigte Vermögen ist wie folgt zu ermitteln: 60

I. 90-%-Test (Prüfung nach § 13b Absatz 2 Satz 2 ErbStG)[1]

	festgestellter Wert des Verwaltungsvermögens (einschließlich junges Verwaltungsvermögen) § 13b Absatz 4 Nummer 1 bis 4 ErbStG
+	festgestellter Wert der Finanzmittel (einschließlich junge Finanzmittel) § 13b Absatz 4 Nummer 5 ErbStG
=	Verwaltungsvermögen für den 90-%-Test
	Verwaltungsvermögen für den 90-%-Test / festgestellter Wert des (Anteils) Betriebsvermögens
=	Verwaltungsvermögensquote ≥ 90%, dann insgesamt kein begünstigtes Vermögen

II. Berechnung des begünstigten Vermögens

II.1 Finanzmitteltest im Sinne des § 13b Absatz 4 Nummer 5 ErbStG

	festgestellter Wert der Finanzmittel
–	festgestellter Wert der jungen Finanzmittel nach § 13b Absatz 4 Nummer 5 Satz 2 ErbStG; höchstens der festgestellte Wert der Finanzmittel
=	Saldo
–	festgestellter Wert der Schulden
=	Saldo
–	Sockelbetrag 15% des festgestellten Werts des (Anteils) Betriebsvermögens (vorbehaltlich Hauptzweck gemäß § 13b Absatz 4 Nummer 5 Satz 4 ErbStG)
=	verbleibender Wert der Finanzmittel, mindestens 0 EUR (§ 13b Absatz 4 Nummer 5 Satz 1 ErbStG)

II.2 Berechnung der verbleibenden Schulden

	festgestellter Wert der Schulden
–	Wert der Schulden, die im Rahmen des Finanzmitteltests verrechnet wurden
=	verbleibende Schulden

II.3 Nettowert des Verwaltungsvermögens

II.3.1 Saldo Verwaltungsvermögen

	festgestellter Wert des Verwaltungsvermögens (§ 13b Absatz 4 Nummer 1 bis 4 ErbStG)
–	festgestellter Wert des jungen Verwaltungsvermögens
+	verbleibender Wert der Finanzmittel II.1 (§ 13b Absatz 4 Nummer 5 Satz 1 ErbStG)
=	Saldo Verwaltungsvermögen

[1] Bei Unternehmen, deren Hauptzweck eine Tätigkeit nach § 13 Abs. 1, § 15 Abs. 1 Satz 1 Nr. 1 oder § 18 Abs. 1 Nrn. 1 und 2 ist, vgl. *gleich lautende Erlasse vom 19. 6. 2024 (BStBl. I S. 1081),* abgedruckt als Anlage zu R E 13b.10 ErbStR.

ErbStR
R E
13b.9

noch 60

II.3.2 Berechnung der anteilig verbleibenden Schulden

$$\frac{\text{verbleibende Schulden II.2 Saldo Verwaltungsvermögen II.3.1}}{\text{festgestellter Wert des (Anteils) Betriebsvermögens + verbleibende Schulden II.2}}$$

= anteilig verbleibende Schulden

II.3.3 Berechnung des Nettowertes des Verwaltungsvermögens

Saldo Verwaltungsvermögen II.3.1
– anteilig verbleibende Schulden II.3.2
= Nettowert des Verwaltungsvermögens

II.4 Steuerpflichtiger Wert des Verwaltungsvermögens

II.4.1 Berechnung der Bemessungsgrundlage des unschädlichen Verwaltungsvermögens (§ 13 b Absatz 7 ErbStG)

festgestellter Wert des (Anteils) Betriebsvermögens
– Nettowert des Verwaltungsvermögens II.3.3
– festgestellter Wert des jungen Verwaltungsvermögens
– festgestellter Wert der jungen Finanzmittel
= Bemessungsgrundlage für das unschädliche Verwaltungsvermögen

II.4.2 Gekürzter Nettowert des Verwaltungsvermögens

Nettowert des Verwaltungsvermögens II.3.3
– 10% Bemessungsgrundlage für das unschädliche Verwaltungsvermögen II.4.1
= gekürzter Nettowert des Verwaltungsvermögens

II.4.3 Berechnung des steuerpflichtigen Werts des Verwaltungsvermögens

gekürzter Nettowert des Verwaltungsvermögens II.4.2
+ festgestellter Wert des jungen Verwaltungsvermögens
+ festgestellter Wert der jungen Finanzmittel
= steuerpflichtiger Wert des Verwaltungsvermögens (nicht begünstigtes Vermögen)

II.5 Begünstigtes Vermögen (§ 13 b Absatz 2 Satz 1 ErbStG)

festgestellter Wert des (Anteils) Betriebsvermögens
– steuerpflichtiger Wert des Verwaltungsvermögens II.4.3
= begünstigtes Vermögen

② Ergänzend ist das steuerpflichtige Vermögen wie folgt zu ermitteln:

III. Berechnung des Vorwegabschlags nach § 13 a Absatz 9 ErbStG [bei Beteiligungen an Personengesellschaften und mitübertragenem Sonderbetriebsvermögen gelten Besonderheiten]

begünstigtes Vermögen II.5
Vorwegabschlag in %, max. 30%
= Vorwegabschlag

IV. Steuerpflichtiges Vermögen

begünstigtes Vermögen II.5
– Vorwegabschlag III
= Saldo (→ Satz 3)
– Verschonungsabschlag [85%, 100% oder abgeschmolzener Prozentsatz; § 13 a Absatz 1 oder 10, § 13 c ErbStG]
= Saldo
– Abzugsbetrag nach § 13 a Absatz 2 ErbStG
= steuerpflichtiges begünstigtes Vermögen
+ steuerpflichtiger Wert des Verwaltungsvermögens II.4.3 (nicht begünstigtes Vermögen)
= steuerpflichtiges Vermögen

③ Beim Erwerb von mehreren wirtschaftlichen Einheiten des begünstigungsfähigen Vermögens sind die Werte des begünstigten Vermögens (gegebenenfalls nach dem Vorwegabschlag) zusammenzurechnen.

H E 13b.9

Berechnung des begünstigten Vermögens und des steuerpflichtigen Vermögens.

61

Beispiel 1:

Einzelunternehmen, Beteiligungen an Personengesellschaften ohne Sonderbetriebsvermögen oder Anteile an Kapitalgesellschaften

Unternehmer U schenkt seiner Tochter T eine Beteiligung an der A und B OHG. Sonderbetriebsvermögen wird nicht mitübertragen. Ein Antrag auf Optionsverschonung wurde nicht gestellt.

Folgende Feststellungen des Betriebsfinanzamts nach § 13 b Absatz 10 ErbStG liegen vor:

		davon jung
Wert des (Anteils) Betriebsvermögens	1 500 000 EUR	
Verwaltungsvermögen	100 000 EUR	10 000 EUR
Finanzmittel	50 000 EUR	20 000 EUR
Schulden	400 000 EUR	

Nachrichtlich teilt das Betriebsfinanzamt mit, dass der Abschlag nach § 13 a Absatz 9 ErbStG 20% beträgt.

Berechnungen:

I. 90%-Test (Prüfung nach § 13 b Absatz 2 Satz 2 ErbStG)[1]

	festgestellter Wert des Verwaltungsvermögens (einschließlich junges Verwaltungsvermögen) § 13 b Absatz 4 Nummer 1 bis 4 ErbStG	100 000 EUR
+	festgestellter Wert der Finanzmittel (einschließlich junge Finanzmittel) § 13 b Absatz 4 Nummer 5 ErbStG	50 000 EUR
=	Verwaltungsvermögen für den 90%-Test	150 000 EUR

$$\frac{\text{Verwaltungsvermögen für den 90\%-Test 150 000 EUR}}{\text{festgestellter Wert des (Anteils) Betriebsvermögens 1 500 000 EUR}}$$

= Verwaltungsvermögensquote 10,00%

II. Berechnung des begünstigten Vermögens

II.1. Finanzmitteltest i. S. d. § 13 b Absatz 4 Nummer 5 ErbStG

	festgestellter Wert der Finanzmittel	50 000 EUR
–	festgestellter Wert der jungen Finanzmittel nach § 13 b Absatz 4 Nummer 5 Satz 2 ErbStG; höchstens der festgestellte Wert der Finanzmittel	20 000 EUR
=	Saldo	30 000 EUR
–	festgestellter Wert der Schulden	400 000 EUR
=	Saldo	– 370 000 EUR
–	Sockelbetrag 15% des festgestellten Werts des (Anteils) Betriebsvermögens (vorbehaltlich Hauptzweck gemäß § 13 b Absatz 4 Nummer 5 Satz 4 ErbStG)	0 EUR
=	verbleibender Wert der Finanzmittel, mindestens 0 EUR (§ 13 b Absatz 4 Nummer 5 Satz 1 ErbStG)	0 EUR

II.2. Berechnung der verbleibenden Schulden

	festgestellter Wert der Schulden	400 000 EUR
–	Wert der Schulden, die im Rahmen des Finanzmitteltests verrechnet wurden	30 000 EUR
=	verbleibende Schulden	370 000 EUR

II.3. Nettowert des Verwaltungsvermögens

II.3.1. Saldo Verwaltungsvermögen

	festgestellter Wert des Verwaltungsvermögens (§ 13 b Absatz 4 Nummer 1 bis 4 ErbStG)	100 000 EUR
–	festgestellter Wert des jungen Verwaltungsvermögens	10 000 EUR
+	verbleibender Wert der Finanzmittel II.1 (§ 13 b Absatz 4 Nummer 5 Satz 1 ErbStG)	0 EUR
=	Saldo Verwaltungsvermögen	90 000 EUR

II.3.2. Berechnung der anteilig verbleibenden Schulden

$$\frac{\text{verbleibende Schulden II.2} \times \text{Saldo Verwaltungsvermögen II.3.1 370 000 EUR} \times \text{90 000 EUR}}{\text{festgestellter Wert des (Anteils) Betriebsvermögens} + \text{verbleibende Schulden II.2 1 500 000 EUR} + \text{370 000 EUR}}$$

=	anteilig verbleibende Schulden	17 808 EUR

II.3.3. Berechnung des Nettowertes des Verwaltungsvermögens

	Saldo Verwaltungsvermögen II.3.1	90 000 EUR
–	anteilig verbleibende Schulden II.3.2	17 808 EUR
=	Nettowert des Verwaltungsvermögens	72 192 EUR

II.4. Steuerpflichtiger Wert des Verwaltungsvermögens

II.4.1. Berechnung der Bemessungsgrundlage des unschädlichen Verwaltungsvermögens (§ 13 b Absatz 7 ErbStG)

	festgestellter Wert des (Anteils) Betriebsvermögens	1 500 000 EUR
–	Nettowert des Verwaltungsvermögens II.3.3	72 192 EUR
–	festgestellter Wert des jungen Verwaltungsvermögens	10 000 EUR
–	festgestellter Wert der jungen Finanzmittel	20 000 EUR
=	Bemessungsgrundlage für das unschädliche Verwaltungsvermögen	1 397 808 EUR

II.4.2. Gekürzter Nettowert des Verwaltungsvermögens

	Nettowert des Verwaltungsvermögens II.3.3	72 192 EUR

[1] Bei Unternehmen, deren Hauptzweck eine Tätigkeit nach § 13 Abs. 1, § 15 Abs. 1 Satz 1 Nr. 1 oder § 18 Abs. 1 Nrn. 1 und 2 ist, vgl. *gleich lautende Erlasse vom 19. 6. 2024 (BStBl. I S. 1081),* abgedruckt als Anlage zu R E 13 b.10 ErbStR.

noch **61**

–	10% × Bemessungsgrundlage für das unschädliche Verwaltungsvermögen II.4.1	139 781 EUR
=	gekürzter Nettowert des Verwaltungsvermögens	0 EUR

II.4.3. Berechnung des steuerpflichtigen Werts des Verwaltungsvermögens

	gekürzter Nettowert des Verwaltungsvermögens II.4.2	0 EUR
+	festgestellter Wert des jungen Verwaltungsvermögens	10 000 EUR
+	festgestellter Wert der jungen Finanzmittel	20 000 EUR
=	steuerpflichtiger Wert des Verwaltungsvermögens (nicht begünstigtes Vermögen)	30 000 EUR

II.5. Begünstigtes Vermögen (§ 13 b Absatz 2 Satz 1 ErbStG)

	festgestellter Wert des (Anteils) Betriebsvermögens	1 500 000 EUR
–	steuerpflichtiger Wert des Verwaltungsvermögens II.4.3	30 000 EUR
=	begünstigtes Vermögen	1 470 000 EUR

III. Berechnung des Vorwegabschlags nach § 13 a Absatz 9 ErbStG

	begünstigtes Vermögen II.5	1 470 000 EUR
×	Vorwegabschlag in %, max. 30%	20%
=	Vorwegabschlag	294 000 EUR

IV. Steuerpflichtiges Vermögen

	begünstigtes Vermögen II.5	1 470 000 EUR
–	Vorwegabschlag III	294 000 EUR
=	Saldo	1 176 000 EUR
–	Verschonungsabschlag 85%	999 600 EUR
=	Saldo	176 400 EUR
–	Abzugsbetrag nach § 13 a Absatz 2 ErbStG	136 800 EUR
=	steuerpflichtiges begünstigtes Vermögen	39 600 EUR
+	steuerpflichtiger Wert des Verwaltungsvermögens II.4.3 (nicht begünstigtes Vermögen)	30 000 EUR
=	steuerpflichtiges Vermögen	69 600 EUR

Beispiel 2:

Beteiligungen an Personengesellschaften mit Sonderbetriebsvermögen
Unternehmer U schenkt seiner Tochter T eine Beteiligung an der A und B OHG. Sonderbetriebsvermögen (SBV) des U wird mit mitübertragen. Ein Antrag auf Optionsverschonung wurde nicht gestellt.
Folgende Feststellungen des Betriebsfinanzamts nach § 13 b Absatz 10 ErbStG liegen vor:

Wert der Beteiligung an der A und B OHG	1 800 000 EUR
Verwaltungsvermögen nach § 13 b Absatz 4 Nummer 1 bis 4 ErbStG	125 000 EUR
junges Verwaltungsvermögen	12 500 EUR
Finanzmittel	85 000 EUR
junge Finanzmittel	20 000 EUR
Schulden	490 000 EUR

Nachrichtlich teilt das Betriebsfinanzamt mit, dass der Abschlag nach § 13 a Absatz 9 ErbStG 20% beträgt. Das Betriebsfinanzamt teilt darüber hinaus nachrichtlich Folgendes mit:

	Gesamthand	davon jung	SBV	davon jung
Wert (Anteil) Betriebsvermögen	1 500 000 EUR		300 000 EUR	
Verwaltungsvermögen	100 000 EUR	10 000 EUR	25 000 EUR	2 500 EUR
Finanzmittel	50 000 EUR	20 000 EUR	35 000 EUR	0 EUR
Schulden	400 000 EUR		90 000 EUR	0 EUR

Berechnungen:

I. 90%-Test (Prüfung nach § 13 b Absatz 2 Satz 2 ErbStG)[1]

	festgestellter Wert des Verwaltungsvermögens (einschließlich junges Verwaltungsvermögen) § 13 b Absatz 4 Nummer 1 bis 4 ErbStG	125 000 EUR
+	festgestellter Wert der Finanzmittel (einschließlich junge Finanzmittel) § 13 b Absatz 4 Nummer 5 ErbStG	85 000 EUR
=	Verwaltungsvermögen für den 90%-Test	210 000 EUR

$$\frac{\text{Verwaltungsvermögen für den 90\%-Test } 210\,000 \text{ EUR}}{\text{festgestellter Wert des (Anteils) Betriebsvermögens } 1\,800\,000 \text{ EUR}}$$

= Verwaltungsvermögensquote 11,67%

II. Berechnung des begünstigten Vermögens

II.1. Finanzmitteltest i. S. d. § 13 b Absatz 4 Nummer 5 ErbStG

	festgestellter Wert der Finanzmittel	85 000 EUR
–	festgestellter Wert der jungen Finanzmittel nach § 13 b Absatz 4 Nummer 5 Satz 2 ErbStG; höchstens der festgestellte Wert der Finanzmittel	20 000 EUR
=	Saldo	65 000 EUR
–	festgestellter Wert der Schulden	490 000 EUR
=	Saldo	– 425 000 EUR
–	Sockelbetrag 15% des festgestellten Werts des (Anteils) Betriebsvermögens (vorbehaltlich Hauptzweck gemäß § 13 b Absatz 4 Nummer 5 Satz 4 ErbStG)	0 EUR
=	verbleibender Wert der Finanzmittel, mindestens 0 EUR (§ 13 b Absatz 4 Nummer 5 Satz 1 ErbStG)	0 EUR

[1] Bei Unternehmen, deren Hauptzweck eine Tätigkeit nach § 13 Abs. 1, § 15 Abs. 1 Satz 1 Nr. 1 oder § 18 Abs. 1 Nrn. 1 und 2 ist, vgl. *gleich lautende Erlasse vom 19. 6. 2024 (BStBl. I S. 1081),* abgedruckt als Anlage zu R E 13 b.10 ErbStR.

HE 13b.9

noch 61

II.2. Berechnung der verbleibenden Schulden

	festgestellter Wert der Schulden	490 000 EUR
–	Wert der Schulden, die im Rahmen des Finanzmitteltests verrechnet wurden	65 000 EUR
=	verbleibende Schulden	425 000 EUR

II.3. Nettowert des Verwaltungsvermögens

II.3.1. Saldo Verwaltungsvermögen

	festgestellter Wert des Verwaltungsvermögens (§ 13 b Absatz 4 Nummer 1 bis 4 ErbStG)	125 000 EUR
–	festgestellter Wert des jungen Verwaltungsvermögens	12 500 EUR
+	verbleibender Wert der Finanzmittel II.1 (§ 13 b Absatz 4 Nummer 5 Satz 1 ErbStG)	0 EUR
=	Saldo Verwaltungsvermögen	112 500 EUR

II.3.2. Berechnung der anteilig verbleibenden Schulden

$$\frac{\text{verbleibende Schulden II.2} \times \text{Saldo Verwaltungsvermögen II.3.1}}{\text{festgestellter Wert des (Anteils) Betriebsvermögens} + \text{verbleibende Schulden II.2}}$$

$$\frac{425\,000 \text{ EUR} \times 112\,500 \text{ EUR}}{1\,800\,000 \text{ EUR} + 425\,000 \text{ EUR}}$$

=	anteilig verbleibende Schulden	21 489 EUR

II.3.3. Berechnung des Nettowertes des Verwaltungsvermögens

	Saldo Verwaltungsvermögen II.3.1	112 500 EUR
–	anteilig verbleibende Schulden II.3.2	21 489 EUR
=	Nettowert des Verwaltungsvermögens	91 011 EUR

II.4. Steuerpflichtiger Wert des Verwaltungsvermögens

II.4.1. Berechnung der Bemessungsgrundlage des unschädlichen Verwaltungsvermögens (§ 13 b Absatz 7 ErbStG)

	festgestellter Wert des (Anteils) Betriebsvermögens	1 800 000 EUR
–	Nettowert des Verwaltungsvermögens II.3.3	91 011 EUR
–	festgestellter Wert des jungen Verwaltungsvermögens	12 500 EUR
–	festgestellter Wert der jungen Finanzmittel	20 000 EUR
=	Bemessungsgrundlage für das unschädliche Verwaltungsvermögen	1 676 489 EUR

II.4.2. Gekürzter Nettowert des Verwaltungsvermögens

	Nettowert des Verwaltungsvermögens II.3.3	91 011 EUR
–	10% × Bemessungsgrundlage für das unschädliche Verwaltungsvermögen II.4.1	167 649 EUR
=	gekürzter Nettowert des Verwaltungsvermögens	0 EUR

II.4.3. Berechnung des steuerpflichtigen Werts des Verwaltungsvermögens

	gekürzter Nettowert des Verwaltungsvermögens II.4.2	0 EUR
+	festgestellter Wert des jungen Verwaltungsvermögens	12 500 EUR
+	festgestellter Wert der jungen Finanzmittel	20 000 EUR
=	steuerpflichtiger Wert des Verwaltungsvermögens (nicht begünstigtes Vermögen)	32 500 EUR

II.5. Begünstigtes Vermögen (§ 13 b Absatz 2 Satz 1 ErbStG)

	festgestellter Wert des (Anteils) Betriebsvermögens	1 800 000 EUR
–	steuerpflichtiger Wert des Verwaltungsvermögens II.4.3	32 500 EUR
=	begünstigtes Vermögen	1 767 500 EUR

Für Zwecke der Bemessungsgrundlage des Vorwegabschlages muss eine zweite Berechnung des begünstigten Vermögens nur für das übertragene Gesamthandsvermögen und ohne das mitübertragene Sonderbetriebsvermögen erfolgen. Hierzu wird auf die Berechnung in Beispiel 1 beziehungsweise H 13 a.20 „Vorwegabschlag bei Beteiligung an einer Personengesellschaft mit mitübertragenem Sonderbetriebsvermögen" verwiesen. Das maßgebende begünstigte Vermögen beträgt danach 1 470 000 EUR.

III. Berechnung des Vorwegabschlags nach § 13 a Absatz 9 ErbStG

	begünstigtes Vermögen II.5	1 470 000 EUR
×	Vorwegabschlag in %, max. 30%	20%
=	Vorwegabschlag	294 000 EUR

IV. Steuerpflichtiges Vermögen

	begünstigtes Vermögen II.5	1 767 500 EUR
–	Vorwegabschlag III	294 000 EUR
=	Saldo	1 473 500 EUR
–	Verschonungsabschlag 85%	1 252 475 EUR
=	Saldo	221 025 EUR
–	Abzugsbetrag nach § 13 a Absatz 2 ErbStG	114 488 EUR
=	steuerpflichtiges begünstigtes Vermögen	106 537 EUR
+	steuerpflichtiger Wert des Verwaltungsvermögens II.4.3 (nicht begünstigtes Vermögen)	32 500 EUR
=	steuerpflichtiges Vermögen	139 037 EUR

R E 13 b.10 Übermäßiges Verwaltungsvermögen

ErbStR R E 13b.10

62

① Besteht das begünstigungsfähige Vermögen nahezu ausschließlich, das heißt zu mindestens 90 Prozent, aus Verwaltungsvermögen (übermäßiges Verwaltungsvermögen), ist es von jeder Verschonung ausgenommen (§ 13 b Absatz 2 Satz 2 ErbStG). ② Das betrifft die Verschonungen nach § 13 a und § 13 c ErbStG, die Stundung nach § 28 Absatz 1 ErbStG und die Verschonungsbedarfsprüfung nach § 28 a ErbStG. ③ Für die Prüfung, ob übermäßiges Verwaltungsvermögen vorliegt, ist folgendes Verhältnis maßgebend:[1]

$$\frac{\text{Summe aus dem festgestellten Wert des Verwaltungsvermögens einschließlich des jungen Verwaltungsvermögens und dem festgestellten Wert der Finanzmittel einschließlich der jungen Finanzmittel}}{\text{festgestellter Wert des (Anteils) Betriebsvermögens}}$$

④ Die Schuldenverrechnung mit den Finanzmitteln, der Sockelbetrag beim Finanzmitteltest, die quotale Schuldenverrechnung mit dem Verwaltungsvermögen und das unschädliche Verwaltungsvermögen bleiben unberücksichtigt. ⑤ Verwaltungsvermögen, das der Erfüllung von Schulden aus Altersversorgungsverpflichtungen dient (§ 13b Absatz 3 ErbStG), ist nicht zu berücksichtigen.

HE 13b.10

H E 13b.10

Berechnung des übermäßigen Verwaltungsvermögens.[1]

63
	festgestellter Wert des Verwaltungsvermögens (einschließlich junges Verwaltungsvermögen) § 13 b Absatz 4 Nummer 1 bis 4 ErbStG
+	*festgestellter Wert der Finanzmittel (einschließlich junge Finanzmittel) § 13 b Absatz 4 Nummer 5 ErbStG*
=	*Verwaltungsvermögen für den 90%-Test*

	Verwaltungsvermögen für den 90%-Test
	festgestellter Wert des (Anteils) Betriebsvermögens
=	*Verwaltungsvermögensquote ≥ 90%, dann insgesamt kein begünstigtes Vermögen*

→ H 13 b.9 Beispiel 1 und 2.

Anl zu R E 13b.10

Erlass betr. Verwaltungsvermögensquote nach § 13 b Abs. 2 Satz 2 ErbStG (90-%-Test); Konsequenzen aus dem BFH-Urteil vom 13. September 2023 II R 49/21

Vom 19. Juni 2024 (BStBl. I S. 1081)

(Gleich lautender Ländererlass)

1. Allgemeines

63 a **1** Der BFH hat mit Urteil vom 13. September 2023 II R 49/21, BStBl. 2024 II S. 566, entschieden, dass § 13 b Abs. 2 Satz 2 ErbStG dahingehend auszulegen ist, dass bei Handelsunternehmen, deren begünstigungsfähiges Vermögen auch aus Finanzmitteln i. S. d. § 13 b Abs. 4 Nr. 5 ErbStG besteht und deren Hauptzweck einer Tätigkeit i. S. d. § 15 Abs. 1 Satz 1 EStG dient, für den dort verankerten 90-%-Test die betrieblich veranlassten Schulden von den Finanzmitteln in Abzug zu bringen sind. Dies sei aus systematischen und verfassungsrechtlichen Gründen geboten und widerspreche auch nicht dem Anliegen bzw. dem Ziel des Gesetzgebers, durch den 90-%-Test den Missbrauch der Begünstigung von Unternehmensvermögen nach § 13 a ErbStG zu verhindern.

Zur Anwendung des BFH-Urteils gelten die nachfolgenden Ausführungen:

2. Ausweitung auf weitere Fallkonstellationen

2 Das Urteil ist zu einem Sachverhalt ergangen, in dem schenkweise Anteile an einer Kapitalgesellschaft übertragen wurden, die zum begünstigungsfähigen Vermögen nach § 13 b Abs. 1 Nr. 3 ErbStG gehören. Über den entschiedenen Sachverhalt hinaus ist das Urteil auch auf die übrigen Rechtsformen des begünstigungsfähigen Vermögens nach § 13 b Abs. 1 Nr. 1 und Nr. 2 ErbStG anzuwenden. Das Urteil ist ebenso bei der Erbschaftsteuer anzuwenden.

3 Voraussetzung für die Anwendung des 90-%-Tests nach § 13 b Abs. 2 Satz 2 ErbStG in der vom BFH getroffenen Auslegung ist, dass das nach § 13 b Abs. 1 ErbStG begünstigungsfähige Vermögen des Betriebs oder der nachgeordneten Gesellschaften nach seinem Hauptzweck einer Tätigkeit i. S. d. § 13 Abs. 1, des § 15 Abs. 1 Satz 1 Nr. 1, des § 18 Abs. 1 Nr. 1 und 2 des EStG dient (vgl. Feststellung nach § 13 b Abs. 10 Satz 1 ErbStG). Über den entschiedenen Sachverhalt hinaus ist die Anwendung des Urteils nicht auf typische Handelsunternehmen begrenzt.

3. Maßgaben für 90-%-Test (Prüfung nach § 13 b Abs. 2 Satz 2 ErbStG)

63 b **4** Die Berechnung unter I. der R E 13 b.9 Abs. 2 Satz 1 ErbStR 2019 ist bei der Ermittlung des begünstigten Vermögens nach folgenden Maßgaben vorzunehmen:

I. 90-%-Test (Prüfung nach § 13 b Abs. 2 Satz 2 ErbStG)

	festgestellter Wert der Finanzmittel (einschließlich junge Finanzmittel) § 13 b Abs. 4 Nr. 5 ErbStG
./.	festgestellter Wert der jungen Finanzmittel
=	Zwischenwert I, mindestens 0 EUR

[1] Bei Unternehmen, deren Hauptzweck eine Tätigkeit nach § 13 Abs. 1, § 15 Abs. 1 Satz 1 Nr. 1 oder § 18 Abs. 1 Nrn. 1 und 2 ist, vgl. *gleich lautende Erlasse vom 19. 6. 2024 (BStBl. I S. 1081),* abgedruckt als Anlage zu R E 13 b.10 ErbStR.

Anl zu R E 13b.10

./.	festgestellter Wert der Schulden	
=	Zwischenwert II, mindestens 0 EUR	
+	festgestellter Wert der jungen Finanzmittel	
=	anzusetzender Wert der Finanzmittel	
+	festgestellter Wert des Verwaltungsvermögens (einschließlich junges Verwaltungsvermögen) § 13 b Abs. 4 Nr. 1 bis 4 ErbStG	
=	Verwaltungsvermögen für den 90-%-Test	
	Verwaltungsvermögen für den 90-%-Test / festgestellter Wert des (Anteils) Betriebsvermögens	
=	Verwaltungsvermögensquote > 90 %, dann insgesamt kein begünstigtes Vermögen	

Beispiel:

Folgende Feststellungen des Betriebsfinanzamts nach § 13 b Abs. 10 ErbStG liegen vor:

Festgestellter Wert des (Anteils) Betriebsvermögens	500 000 EUR
Festgestellter Wert des Verwaltungsvermögens	210 000 EUR
Festgestellter Wert des jungen Verwaltungsvermögen	100 000 EUR
Festgestellter Wert der Finanzmittel	150 000 EUR
Festgestellter Wert der jungen Finanzmittel	90 000 EUR
Festgestellter Wert der Schulden	70 000 EUR

Feststellung, dass die Voraussetzungen des § 13 b Abs. 4 Nr. 5 Satz 4 und 5 ErbStG erfüllt sind

Lösung:

	festgestellter Wert der Finanzmittel (einschließlich junge Finanzmittel) § 13 b Abs. 4 Nr. 5 ErbStG	150 000 EUR
./.	festgestellter Wert der jungen Finanzmittel	./. 90 000 EUR
=	Zwischenwert I, mindestens 0 EUR	60 000 EUR
./.	festgestellter Wert der Schulden	./. 70 000 EUR
=	Zwischenwert II, mindestens 0 EUR	0 EUR
+	festgestellter Wert der jungen Finanzmittel	+ 90 000 EUR
=	anzusetzender Wert der Finanzmittel	90 000 EUR
+	festgestellter Wert des Verwaltungsvermögens (einschließlich junges Verwaltungsvermögen) § 13 b Abs. 4 Nr. 1 bis 4 ErbStG	+ 210 000 EUR
=	Verwaltungsvermögen für den 90-%-Test	300 000 EUR
	Verwaltungsvermögen für den 90-%-Test 300 000 EUR / festgestellter Wert des (Anteils) Betriebsvermögens 500 000 EUR	
=	Verwaltungsvermögensquote 60 %	

Die Berechnungen in den Beispielen 1 und 2 unter H E 13 b.9 ErbStH 2019 ändern sich entsprechend.

5 Bei der Berechnung des Verwaltungsvermögens für den 90-%-Test ist kein Abzug des Sockelbetrags von 15 % des festgestellten Werts des (Anteils) Betriebsvermögens (§ 13 b Abs. 4 Nr. 5 ErbStG) von den Finanzmitteln (Zwischenwert II oder anzusetzender Wert der Finanzmittel) vorzunehmen.

Die Regelungen in R E 13 b.10 Sätze 1, 2 und 5 ErbStR 2019 sind weiterhin anzuwenden. Die Berechnung des übermäßigen Verwaltungsvermögens in H E 13 b.10 ErbStH 2019 ist nicht mehr anzuwenden.

4. Prüfung des Vorliegens des Hauptzwecks

4.1. Abstellen auf Feststellung nach § 13 b Abs. 10 Satz 1 ErbStG

6 Für das Vorliegen der Voraussetzungen der Rz. (Hauptzweckprüfung) ist die Feststellung des Feststellungsfinanzamts nach § 13 b Abs. 10 Satz 1 ErbStG über das Vorliegen der Voraussetzungen des § 13 b Abs. 4 Nr. 5 Satz 4 und 5 ErbStG zu übernehmen. **63 c**

4.2. Entscheidung in Fällen ohne gesonderte Feststellung

7 In Fällen, in denen keine gesonderte Feststellung über das Vorliegen der Voraussetzungen des § 13 b Abs. 4 Nr. 5 Satz 4 und 5 ErbStG zu erfolgen hat, entscheidet das Erbschaftsteuer-Finanzamt über das Vorliegen der Voraussetzungen der Rz. (Hauptzweckprüfung). In Fällen der Steuerentstehung bis zum 28. Dezember 2020 können dabei die im Feststellungsbescheid enthaltenen nachrichtlichen Angaben hinsichtlich des Hauptzwecks des Unternehmens (H B 151.9 „Nachrichtliche Angaben" Nr. 1 Buchst. c, Nr. 2 Buchst. c oder Nr. 3 Buchst. a ErbStH) für die Entscheidung herangezogen werden. **63 d**

5. Anwendung von § 42 AO

8 Sollte die vorgenommene Auslegung des § 13 b Abs. 2 Satz 2 ErbStG im Einzelfall dazu führen, dass sich Unternehmen, die der Gesetzgeber aufgrund ihrer hohen Verwaltungsvermögensquote von mindestens 90 % steuerrechtlich nicht begünstigen wollte, aufgrund missbräuchlicher Gestaltung die Begünstigung erschleichen, ist die Anwendung von § 42 AO ausdrücklich nicht ausgeschlossen (vgl. Rz. 30 des o. g. BFH-Urteils, a. a. O.). **63 e**

6. Zeitliche Anwendung

9 Dieser Erlass ist auf alle noch offenen Fälle anzuwenden.

ErbStR R E 13b.11

R E 13b.11 Altersversorgungsvermögen

64 (1) Betriebliche Altersversorgungsansprüche und -verpflichtungen liegen vor, wenn der Arbeitgeber seinem Arbeitnehmer aus Anlass eines Arbeitsverhältnisses Versorgungsleistungen bei Alter, Invalidität und/oder Tod im Sinne des § 1 Absatz 1 BetrAVG oder in anderer Weise zusagt.

65 (2) ① Teile des begünstigungsfähigen Vermögens, die ausschließlich und dauerhaft der Erfüllung von Schulden aus Altersversorgungsverpflichtungen dienen und dem Zugriff aller übrigen nicht aus den Altersversorgungsverpflichtungen unmittelbar berechtigten Gläubiger entzogen sind, werden nach § 13b Absatz 2 Satz 2 und Absatz 3 ErbStG bis zur Höhe des gemeinen Werts der Schulden aus Altersversorgungsverpflichtungen nicht als Verwaltungsvermögen behandelt. ② Hierunter fallen nur Wirtschaftsgüter des Verwaltungsvermögens nach § 13b Absatz 4 Nummer 1 bis 4 ErbStG einschließlich des jungen Verwaltungsvermögens und die Finanzmittel nach § 13b Absatz 4 Nummer 5 Satz 1 ErbStG ohne Berücksichtigung der Schuldenverrechnung und des Sockelbetrags. ③ Nicht darunter fallen die jungen Finanzmittel nach § 13b Absatz 4 Nummer 5 Satz 2 ErbStG und die Wirtschaftsgüter, die nicht zum Verwaltungsvermögen nach § 13b Absatz 4 ErbStG gehören. ④ Von der Regelung betroffen sind vor allem sogenannte CTA-Strukturen (Contractual Trust Arrangement). ⑤ In Betracht kommen auch andere Regelungen, mit denen ein nachhaltiger Insolvenzschutz zugunsten der Anspruchsberechtigten auf Altersversorgung erreicht wird. ⑥ Eine Rückdeckungsversicherung für die Altersversorgungsverpflichtungen fällt für sich allein nicht hierunter.

66 (3) Altersversorgungsverpflichtungen wie auch Wirtschaftsgüter des Verwaltungsvermögens sind mit ihrem gemeinen Wert (§ 9 BewG) anzusetzen.

67 (4) ① Eine Verrechnung der Wirtschaftsgüter des Verwaltungsvermögens findet nur bis zur Höhe der Altersversorgungsverpflichtungen nach folgender Reihenfolge statt:

1. Junges Verwaltungsvermögen (§ 13b Absatz 7 Satz 2 ErbStG),
2. Verwaltungsvermögen (§ 13b Absatz 4 Nummer 1 bis 4 ErbStG),
3. Finanzmittel (§ 13b Absatz 4 Nummer 5 Satz 1 ErbStG).

② Damit bleibt eine Überdotierung und eine übermäßige Aussonderung von originärem Verwaltungsvermögen unberücksichtigt. ③ Bei einer Unterdotierung sind die übersteigenden Altersversorgungsverpflichtungen als Schulden im Rahmen des Finanzmitteltests (§ 13b Absatz 4 Nummer 5 ErbStG) oder der Schuldenverrechnung (§ 13b Absatz 6 ErbStG) zu berücksichtigen.

HE 13b.11

H E 13b.11

Berechnung des Verwaltungsvermögens bei Altersversorgungsverpflichtungen. → H E 13b.30.

68 **Verrechnung der Altersversorgungsverpflichtungen mit Verwaltungsvermögen.**

	Altersversorgungsverpflichtungen (§ 13b Absatz 2 Satz 2 und Absatz 3 ErbStG)
–	Junges Verwaltungsvermögen, das den Altersversorgungsverpflichtungen dient (§ 13b Absatz 7 Satz 2 ErbStG), höchstens Wert der Altersversorgungsverpflichtungen
=	Saldo 1
–	sonstiges Verwaltungsvermögen, das den Altersversorgungsverpflichtungen dient (§ 13b Absatz 4 Nummer 1 bis 4 ErbStG), höchstens Saldo 1
=	Saldo 2
–	Finanzmittel, die den Altersversorgungsverpflichtungen dienen (§ 13b Absatz 4 Nummer 5 ErbStG), höchstens Saldo 2
=	Saldo 3
	Bei einer Unterdotierung verbleiben zusätzliche verrechenbare Schulden.

ErbStR R E 13b.12

R E 13b.12 Verwaltungsvermögen – Allgemeines

69 (1) ① Die Zugehörigkeit eines Vermögensgegenstands zum Verwaltungsvermögen ist nicht dadurch ausgeschlossen, dass es sich ertragsteuerrechtlich um notwendiges Betriebsvermögen handelt ② Das Verwaltungsvermögen ist für jede wirtschaftliche Einheit gesondert zu prüfen. ③ Das gilt auch dann, wenn der gemeine Wert des Betriebs, der Beteiligung an einer Personengesellschaft oder von Anteilen an einer Kapitalgesellschaft aus Verkäufen abgeleitet oder mit einem Gutachtenwert angesetzt worden ist.

70 (2) ① Für die Entscheidung, ob Verwaltungsvermögen vorliegt, sind die Verhältnisse im Besteuerungszeitpunkt maßgebend. ② Dabei ist ausschließlich auf die Verhältnisse beim Erblasser oder Schenker abzustellen. ③ Veränderungen hinsichtlich der Zuordnung zum Verwaltungsvermögen, die nach dem Besteuerungszeitpunkt beim Erwerber eintreten, sind vorbehaltlich der Investitionsklausel nach § 13b Absatz 5 ErbStG (→ R E 13b.24) unbeachtlich. ④ Davon unberührt bleibt das Erfordernis, dass das erworbene Vermögen beim Erwerber die weiteren Verschonungsvoraussetzungen erfüllt und der Erwerb in der Hand des Erwerbers begünstigtes Vermögen bleibt. ⑤ Ver-

mögen einer im Besteuerungszeitpunkt zum Gewerbebetrieb gehörenden, in einem Drittstaat belegenen Betriebstätte (→ R E 13b.5 Absatz 4 Satz 3) gehört nicht zum Verwaltungsvermögen.

(3) Wirtschaftsgüter des Verwaltungsvermögens sind mit ihrem gemeinen Wert (§ 9 BewG) anzusetzen. 71

(4) ① Bei Beteiligungen an Personengesellschaften ist das Verwaltungsvermögen aus dem Gesamthandsvermögen und dem mitübertragenen Sonderbetriebsvermögen zu berücksichtigen. ② Das Verwaltungsvermögen aus dem Gesamthandsvermögen ist dem Gesellschafter nach dem Wert der Beteiligung des Gesellschafters am Gesamthandsvermögen zum gemeinen Wert des Gesamthandsvermögens (§ 97 Absatz 1a Nummer 1 BewG) der Gesellschaft zuzurechnen.[1] ③ Ist der Wert der Beteiligung des Gesellschafters am Gesamthandsvermögen negativ, ist das auf den Anteil am Gesamthandsvermögen entfallende Verwaltungsvermögen mit Null anzusetzen. ④ Bei Anteilen an Kapitalgesellschaften ist das Verwaltungsvermögen nach dem Verhältnis aufzuteilen, das bei der Aufteilung des gemeinen Werts nach § 97 Absatz 1b BewG angewendet wurde. 72

H E 13b.12

H E 13b.12

Behandlung von Sachleistungsansprüchen. → R E 12.2, H E 12.2.

Anl zu R E 13b.12

Erlass betr. Aufteilung des Verwaltungsvermögens, des jungen Verwaltungsvermögens, der Finanzmittel, der jungen Finanzmittel und der Schulden aus dem Gesamthandsvermögen einer Personengesellschaft auf die Gesellschafter bei Feststellungen nach § 13b Absatz 10 ErbStG

Vom 11. Februar 2021 (BStBl. I S. 355)

(Gleich lautender Ländererlass)

1.[2] Grundsätzlich gilt, dass Verwaltungsvermögen, junges Verwaltungsvermögen, Finanzmittel, junge Finanzmittel und Schulden aus dem Gesamthandsvermögen einer Personengesellschaft dem Gesellschafter nach dem Wert der Beteiligung des Gesellschafters am Gesamthandsvermögen zum gemeinen Wert des Gesamthandsvermögens der Gesellschaft zuzurechnen sind (R E 13b.12 Abs. 4 Satz 2, R E 13b.23 Abs. 9 Satz 3 und 7, R E 13b.27 Satz 4 ErbStR). 72a

2. In Abhängigkeit davon, ob der Anteil am Gesamthandsvermögen und das Gesamthandsvermögen positiv, negativ oder 0 EUR ist sowie die Feststellungen bei der Gesellschaft auf der obersten Stufe oder in nachgeordneten Beteiligungsstufen zu treffen sind, können sich unterschiedliche Auswirkungen auf die jeweils weiteren festzustellenden Werte des Verwaltungsvermögens, des jungen Verwaltungsvermögens, der Finanzmittel, der jungen Finanzmittel und der Schulden ergeben. Es gelten daher folgende Ausnahmen:

2.1. In den Fällen, in denen der Anteil am Gesamthandsvermögen positiv und das Gesamthandsvermögen negativ ist, ist wie folgt zu verfahren:

a) Gilt vorstehende Ausgangssituation für eine Gesellschaft auf der obersten Stufe, erfolgt kein Ansatz mit 0 EUR, vielmehr ist der positive Wert des Verwaltungsvermögens, des jungen Verwaltungsvermögens, der Finanzmittel, der jungen Finanzmittel und der Schulden festzustellen. Diese positiven Werte werden nach der gesellschaftsrechtlich vereinbarten Beteiligungsquote am Vermögen und den stillen Reserven aufgeteilt. Zumindest bei Kommanditgesellschaften kann aus Vereinfachungsgründen regelmäßig auf das Verhältnis der Kapitalkonten I der Gesellschafter abgestellt werden.

b) Gilt vorstehende Ausgangssituation für eine Gesellschaft in nachgeordneten Beteiligungsstufen, wird der positive Wert des Verwaltungsvermögens, des jungen Verwaltungsvermögens, der Finanzmittel, der jungen Finanzmittel und der Schulden nach der gesellschaftsrechtlich vereinbarten Beteiligungsquote am Vermögen und den stillen Reserven aufgeteilt. Zumindest bei Kommanditgesellschaften kann aus Vereinfachungsgründen regelmäßig auf das Verhältnis der Kapitalkonten I der Gesellschafter abgestellt werden.

2.2. In den Fällen, in denen der Anteil am Gesamthandsvermögen positiv und das Gesamthandsvermögen 0 EUR ist, ist wie folgt zu verfahren:

a) Gilt vorstehende Ausgangssituation für eine Gesellschaft auf der obersten Stufe, erfolgt kein Ansatz mit 0 EUR, vielmehr ist der positive Wert des Verwaltungsvermögens, des jungen Verwaltungsvermögens, der Finanzmittel, der jungen Finanzmittel und der Schulden festzustellen. Die Aufteilung erfolgt nach Tz. 2.1a).

b) Gilt vorstehende Ausgangssituation für eine Gesellschaft in nachgeordneten Beteiligungsstufen, wird ebenfalls der positive Wert des Verwaltungsvermögens, des jungen Verwaltungsvermögens, der Finanzmittel, der jungen Finanzmittel und der Schulden festgestellt. Die Aufteilung erfolgt nach Tz. 2.1b).

2.3. In den Fällen, in denen der Anteil am Gesamthandsvermögen negativ und das Gesamthandsvermögen positiv ist, ist wie folgt zu verfahren:

a) Gilt vorstehende Ausgangssituation für eine Gesellschaft auf der obersten Stufe, ist das auf den Anteil am Gesamthandsvermögen entfallende Verwaltungsvermögen, junge Verwaltungsvermögen, Finanzmittel, junge Finanzmittel und Schulden mit 0 EUR anzusetzen (R E 13b.12 Abs. 4 Satz 3, R E 13b.23 Abs. 9 Satz 4, R E 13b.27 Satz 5 ErbStR).

---

[1] Siehe hierzu *gleich lautenden Ländererlass vom 11. 2. 2021,* nachfolgend abgedruckt als Anlage zu R E 13b.12 ErbStR.

[2] *FG München, Urteil vom 8. 1. 2025 4 K 24/22 (EFG S. 386), nrkr. – Rev. BFH II R 8/25:* Im Rahmen der Verbundsvermögensaufstellung (§ 13b Abs. 9 Satz 2 ErbStG) keine Berechnung des Verwaltungsvermögens (Finanzmittel und junge Finanzmittel) nach der quotalen Beteiligung an der Personengesellschaft.

Anl zu R E 13b.12

b) Gilt vorstehende Ausgangssituation für eine Gesellschaft in nachgeordneten Beteiligungsstufen, wird der positive Wert des Verwaltungsvermögens, des jungen Verwaltungsvermögens, der Finanzmittel, der jungen Finanzmittel und der Schulden festgestellt. Die Aufteilung erfolgt nach Tz. 2.1b).

2.4. In den Fällen, in denen der Anteil am Gesamthandsvermögen negativ und das Gesamthandsvermögen negativ ist, ist wie folgt zu verfahren:
a) Gilt vorstehende Ausgangssituation für eine Gesellschaft auf der obersten Stufe, erfolgt ein Ansatz mit 0 EUR (R E 13b.12 Abs. 4 Satz 3, R E 13b.23 Abs. 9 Satz 4, R E 13b.27 Satz 5 ErbStR).
b) Gilt vorstehende Ausgangssituation für eine Gesellschaft in nachgeordneten Beteiligungsstufen, wird der positive Wert des Verwaltungsvermögens, des jungen Verwaltungsvermögens, der Finanzmittel, der jungen Finanzmittel und der Schulden festgestellt. Die Aufteilung erfolgt nach Tz. 2.1b).

2.5. In den Fällen, in denen der Anteil am Gesamthandsvermögen negativ und das Gesamthandsvermögen 0 EUR ist, ist wie folgt zu verfahren:
a) Gilt vorstehende Ausgangssituation für eine Gesellschaft auf der obersten Stufe, erfolgt ein Ansatz mit 0 EUR (R E 13b.12 Abs. 4 Satz 3, R E 13b.23 Abs. 9 Satz 4, R E 13b.27 Satz 5 ErbStR).
b) Gilt vorstehende Ausgangssituation für eine Gesellschaft in nachgeordneten Beteiligungsstufen, wird der positive Wert des Verwaltungsvermögens, des jungen Verwaltungsvermögens, der Finanzmittel, der jungen Finanzmittel und der Schulden festgestellt. Die Aufteilung erfolgt nach Tz. 2.1b).

2.6. In den Fällen, in denen der Anteil am Gesamthandsvermögen 0 EUR und das Gesamthandsvermögen positiv ist, ist wie folgt zu verfahren:
a) Gilt vorstehende Ausgangssituation für eine Gesellschaft auf der obersten Stufe, erfolgt ein Ansatz mit 0 EUR.
b) Gilt vorstehende Ausgangssituation für eine Gesellschaft in nachgeordneten Beteiligungsstufen, wird der positive Wert des Verwaltungsvermögens, des jungen Verwaltungsvermögens, der Finanzmittel, der jungen Finanzmittel und der Schulden festgestellt. Die Aufteilung erfolgt nach Tz. 2.1b).

2.7. In den Fällen, in denen der Anteil am Gesamthandsvermögen 0 EUR und das Gesamthandsvermögen negativ ist, ist wie folgt zu verfahren:
a) Gilt vorstehende Ausgangssituation für eine Gesellschaft auf der obersten Stufe, erfolgt ein Ansatz mit 0 EUR.
b) Gilt vorstehende Ausgangssituation für eine Gesellschaft in nachgeordneten Beteiligungsstufen, wird der positive Wert des Verwaltungsvermögens, des jungen Verwaltungsvermögens, der Finanzmittel, der jungen Finanzmittel und der Schulden festgestellt. Die Aufteilung erfolgt nach Tz. 2.1b).

2.8. In den Fällen, in denen der Anteil am Gesamthandsvermögen 0 EUR und das Gesamthandsvermögen 0 EUR ist, ist wie folgt zu verfahren:
a) Gilt vorstehende Ausgangssituation für eine Gesellschaft auf der obersten Stufe, erfolgt ein Ansatz mit 0 EUR.
b) Gilt vorstehende Ausgangssituation für eine Gesellschaft in nachgeordneten Beteiligungsstufen, wird der positive Wert des Verwaltungsvermögens, des jungen Verwaltungsvermögens, der Finanzmittel, der jungen Finanzmittel und der Schulden festgestellt. Die Aufteilung erfolgt nach Tz. 2.1b).

2.9. Die Prüfung, ob ein Ausnahmefall i. S. d. Tz. 2.1 bis 2.8 vorliegt, erfolgt bei Kommanditbeteiligungen nach einer ggf. vorzunehmenden Begrenzung ihres Werts nach R B 97.5 Absatz 2 ErbStR.

72b **3.** In den Fällen, in denen sich rechnerisch ein Verwaltungsvermögen, junges Verwaltungsvermögen, Finanzmittel, junge Finanzmittel und Schulden von mehr als 100% des gemeinen Wertes ergeben würde, ist der Wert des Verwaltungsvermögens, des jungen Verwaltungsvermögens, der Finanzmittel, der jungen Finanzmittel und der Schulden insgesamt auf 100% zu begrenzen. Diese Begrenzung hat auf jeder Beteiligungsstufe unter Einbeziehung der anteiligen Werte der übrigen Gesellschafter der Personengesellschaft zu erfolgen.

Beispiel:

A führt ein Einzelunternehmen, in dem er die Beteiligung an der A&B OHG hält. A verschenkt sein Einzelunternehmen an seine Tochter T.

B hält seine Beteiligung an der A&B OHG im Privatvermögen und verschenkt diese an seinen Sohn L zum gleichen Stichtag wie A sein Einzelunternehmen.

A&B OHG: Beteiligt am Gewinn sind A und B zu je 50%, Beteiligungsverhältnis 50:50.

Gemeine Werte der A&B OHG:

Verwaltungsvermögen	200 000 EUR	Gemeiner Wert des Betriebsvermögens	10 000 000 EUR
		Kapitalkonto A	./. 5 000 000 EUR
		Kapitalkonto B	7 000 000 EUR

Verteilung nach § 97 Abs. 1a BewG

		A	B
Wert des BV	10 000 000 EUR		
Zurechnung Kapitalkonten	./. 2 000 000 EUR	./. 5 000 000 EUR	7 000 000 EUR
Rest nach Gewinnbeteiligung	./. 8 000 000 EUR	4 000 000 EUR	4 000 000 EUR
Anteilswert		./. 1 000 000 EUR	11 000 000 EUR
in %		./. 10%	110%

Festzustellende Werte des Verwaltungsvermögens bei A (nachgeordnete Beteiligungsstufe) und bei B (oberste Stufe):

Anteil des A		Anteil des B
Nach Tz. 2.3b) i. V. m. 2.1b) rechnerisch: 200 000 EUR x 50% =	100 000 EUR	Nach Tz. 1 rechnerisch: $\frac{200\,000 \text{ EUR} \times 11\,000\,000 \text{ EUR}}{10\,000\,000 \text{ EUR}} = 220\,000 \text{ EUR}$

Ansatz mit	100 000 EUR	Nach Tz. 3 Begrenzung auf insgesamt 100%	= 200 000 EUR
		abzüglich Anteil des A i. H. v.	./. 100 000 EUR
		Ansatz mit	100 000 EUR

Der Erlass ist für alle Erwerbe anzuwenden, für die die Steuer nach dem 30. Juni 2016 entstanden ist, soweit die Feststellungsbescheide noch nicht bestandskräftig sind.

R E 13b.13 Überlassung von Grundstücken – Allgemeines

ErbStR R E 13b.13

73 ① Dritten zur Nutzung überlassene Grundstücke, Grundstücksteile, grundstücksgleiche Rechte und Bauten gehören zum Verwaltungsvermögen (§ 13b Absatz 4 Nummer 1 ErbStG).[1] ② Dabei ist nicht entscheidend, ob die Überlassung entgeltlich oder ganz beziehungsweise teilweise unentgeltlich erfolgt. ③ Werden neben der Überlassung von Grundstücksteilen weitere gewerbliche Leistungen einheitlich angeboten und in Anspruch genommen, führt die Überlassung der Grundstücksteile nicht zu Verwaltungsvermögen, wenn die Tätigkeit nach ertragsteuerlichen Gesichtspunkten insgesamt als originär gewerbliche Tätigkeit einzustufen ist (z. B. bei Beherbergungsbetrieben wie Hotels, Pensionen oder Campingplätzen, vgl. R 15.7 (2) EStR, H 15.7 (2) EStH).[2] ④ Gehört nur ein Grundstücksteil zum Verwaltungsvermögen, ist der gemeine Wert des Grundstücks regelmäßig nach der Wohn-/Nutzfläche aufzuteilen. ⑤ Zum Befreiungsabschlag nach § 13d ErbStG bei nach § 13b ErbStG begünstigungsfähigem Vermögen → R E 13d Absatz 4.

Erlass betr. Zuordnung von Dritten zur Nutzung überlassenen Grundstücken oder Grundstücksteilen zum Verwaltungsvermögen nach § 13b Abs. 4 Nr. 1 ErbStG; Anwendung des BFH-Urteils vom 28. Februar 2024 II R 27/21[3]

Anl zu R E 13b.13

Vom 19. November 2024 (BStBl. I S. 1432)

(Gleich lautender Ländererlass)

1 Nach § 13b Abs. 4 Nr. 1 Satz 1 ErbStG gehören Dritten zur Nutzung überlassene Grundstücke, Grundstücksteile, grundstücksgleiche Rechte und Bauten zum Verwaltungsvermögen. 73a

2 In dem Sachverhalt, der dem Urteil des BFH vom 28. Februar 2024 II R 27/21, BStBl. II S. 829,[3] zugrunde liegt, gehörte zum Nachlassvermögen ein verpachteter Parkhausbetrieb.

3 Der BFH hat in dem Urteil entschieden, dass es sich bei dem Parkhaus um Verwaltungsvermögen handelt. Die Rückausnahme für eine Betriebsverpachtung im Ganzen sei nicht anzuwenden, da das Grundstück dem Verwaltungsvermögen zuzuordnen wäre, wenn der Erblasser den Betrieb selbst betrieben hätte (§ 13b Abs. 4 Nr. 1 Satz 2 Buchst. b Satz 2 ErbStG). Unter den Begriff der Nutzungsüberlassung fallen dabei auch die kurzfristige und langfristige Überlassung von Parkplätzen an Parkende, unabhängig davon, ob diese im Rahmen einer Miete oder Verwahrung erfolgt.

4 Der BFH hat zudem in Rz. 37 bis 42 des Urteils ausgeführt, dass er die in R E 13b.13 Satz 3 ErbStR dargestellte Verwaltungsauffassung nicht teilt.

5 Nach Erörterung mit den obersten Finanzbehörden der Länder wird entgegen der Rechtsauffassung des BFH an R E 13b.13 Satz 3 ErbStR festgehalten.

6 Im Übrigen ist das Urteil des BFH anzuwenden. Es ist auch auf Fälle anzuwenden, in denen der Betrieb des Parkhauses nicht verpachtet ist.

R E 13b.14 Grundstücksüberlassung im Rahmen einer Betriebsaufspaltung oder des Sonderbetriebsvermögens

ErbStR R E 13b.14

74 (1)[4] ① Grundstücke im Sinne des R E 13b.13, die im Rahmen einer sog. Betriebsaufspaltung überlassen werden, gehören nicht zum Verwaltungsvermögen (§ 13b Absatz 4 Nummer 1 Buchstabe a ErbStG). ② Dies gilt nur, soweit die Betriebsgesellschaft das Grundstück unmittelbar nutzt; eine Weiterüberlassung des Grundstücks durch die Betriebsgesellschaft an einen Dritten führt zum Verwaltungsvermögen. ③ § 13b Absatz 4 Nummer 1 Buchstabe a ErbStG erfordert, dass der Erb-

---

[1] Zur Behandlung von Grundbesitz mit im Bau befindlichen Gebäuden, die erst nach dem Bewertungsstichtag vermietet werden sollen, siehe *Urteil FG Münster vom 14. 11. 2024 3 K 906/23 F (DStR 2025 S. 151), nrkr., Rev. BFH II R 37/24.*

[2] Zur engen Auslegung von R E 13b.13 Satz 3 ErbStR siehe *BayLfSt vom 2. 3. 2020 – S 3812b.1.1 – 31/4 St 34 (DStR S. 556).* – Siehe auch *gleich lautenden Ländererlass vom 19. 11. 2024 (BStBl. I S. 1432);* nachfolgend abgedruckt als Anlage zu R E 13b.18 ErbStR.

[3] Abgedruckt bei § 13 Abs. 4 Nr. 1 ErbStG.

[4] *BFH-Urteil vom 23. 2. 2021 II R 26/18 (BStBl. 2022 II S. 72):* **1.** Eine steuerschädliche Nutzungsüberlassung an Dritte ist nicht anzunehmen, wenn der Erblasser oder Schenker sowohl das Besitzunternehmen als auch die Betriebskapitalgesellschaft faktisch beherrscht. Dazu ist eine Einwirkung des Erblassers oder Schenkers mit den Mitteln des Gesellschaftsrechts auf die zur Beherrschung führenden Stimmrechte notwendig. Ein Einfluss nur auf die kaufmännische oder technische Betriebsführung ohne Möglichkeit der Erlangung einer Stimmenmehrheit reicht nicht aus. **2.** Wird ein Grundstück an eine Kapitalgesellschaft verpachtet, ist auch dann von einer steuerschädlichen Nutzungsüberlassung an Dritte auszugehen, wenn Erwerber des Betriebsvermögens der Gesellschafter der Kapitalgesellschaft ist. **3.** Zwei Betriebe bilden keinen Gleichordnungskonzern, wenn sie durch mehrere Personen beherrscht werden. – *Anm. d. Red.:* Ls. 3 ab 1. 1. 2024 unbeachtlich wegen Änderung des § 4h EStG.

lasser oder Schenker sowohl im überlassenden Betrieb als auch im nutzenden Betrieb allein oder zusammen mit anderen Gesellschaftern einen einheitlichen geschäftlichen Betätigungswillen durchsetzen konnte. ④ Der Maßstab für das Vorliegen eines einheitlichen geschäftlichen Betätigungswillens richtet sich nach den ertragsteuerlichen Grundsätzen. ⑤ Die sachliche Verflechtung (Überlassung von zumindest einer funktional wesentlichen Betriebsgrundlage) ist grundsätzlich vorauszusetzen, weil andernfalls kein begünstigtes Betriebsvermögen vorliegt. ⑥ Kann bei einer Grundstücksüberlassung im Rahmen einer Betriebsaufspaltung der einheitliche geschäftliche Betätigungswillen, sowohl in Besitz- als auch Betriebsgesellschaft unmittelbar durchgesetzt werden, gehört das Grundstück nicht zum Verwaltungsvermögen. ⑦ Werden Grundstücke im Sinne des R E 13b.13 im Rahmen der so genannten kapitalistischen Betriebsaufspaltung (Besitzkapitalgesellschaft überlässt wesentliche Betriebsgrundlagen an eine Betriebsgesellschaft und beherrscht diese) überlassen, gehören sie, vorbehaltlich der Zugehörigkeit der Kapitalgesellschaften zu einem Konzern im Sinne des § 4h EStG (→ R E 13b.16), zum Verwaltungsvermögen.[1] ⑧ Bei einer umgekehrten Betriebsaufspaltung (Besitzkapitalgesellschaft überlässt wesentliche Betriebsgrundlagen an eine Betriebspersonengesellschaft und wird von dieser beherrscht) liegt hinsichtlich des überlassenen Grundstücks kein Verwaltungsvermögen vor. ⑨ Wird die Betriebsaufspaltung erst durch die Übertragung des Betriebs an den Erwerber begründet, handelt es sich bei dem Grundstück um Verwaltungsvermögen.

75 (2) ① Gehört ein Grundstück im Sinne des R E 13b.13 zum Sonderbetriebsvermögen eines Gesellschafters einer Personengesellschaft und wird es der Personengesellschaft überlassen, handelt es sich nicht um Verwaltungsvermögen (§ 13b Absatz 4 Nummer 1 Buchstabe a ErbStG). ② Absatz 1 Satz 2 gilt entsprechend.

76 (3) Der Ausschluss der Zuordnung zum Verwaltungsvermögen setzt voraus, dass die jeweilige Rechtsstellung sowohl im Fall der Betriebsaufspaltung als auch im Fall des Sonderbetriebsvermögens auf den Erwerber übergeht.

H E 13b.14

H E 13b.14

Betriebsaufspaltung – personelle Verflechtung. → H 15.7 (6) EStH.

77 **Betriebsaufspaltung – sachliche Verflechtung.** → H 15.7 (5) EStH.

ErbStR R E 13b.15

R E 13b.15 Grundstücksüberlassung im Rahmen einer Betriebsverpachtung im Ganzen

(1) ① Grundstücke im Sinne des R E 13b.13, die im Rahmen einer Betriebsverpachtung im

78 Ganzen überlassen werden, gehören nicht zum Verwaltungsvermögen (§ 13b Absatz 4 Nummer 1 Buchstabe b ErbStG), wenn

1. der Erbe, auf den der verpachtete Betrieb übergeht, bereits Pächter des Betriebs ist oder
2. bei einer Schenkung unter Lebenden der Verpächter den Pächter im Zusammenhang mit einer unbefristeten Verpachtung durch eine letztwillige Verfügung oder eine rechtsgeschäftliche Verfügung als Erben eingesetzt hat oder
3. bei einer Schenkung der Beschenkte zunächst den Betrieb noch nicht selber führen kann, weil ihm z. B. die dazu erforderliche Qualifikation noch fehlt und der Schenker im Hinblick darauf den verschenkten Betrieb für eine Übergangszeit von maximal zehn Jahren an einen Dritten verpachtet hat. ② Die Verpachtung darf nicht über den Zeitpunkt hinausgehen, in dem der Beschenkte das 28. Lebensjahr vollendet, wenn die Schenkung an ein minderjähriges Kind erfolgt ist.

② Dies gilt nicht für verpachtete Betriebe, die vor ihrer Verpachtung die Voraussetzungen als begünstigtes Vermögen nach § 13b Absatz 2 Satz 1 ErbStG nicht erfüllt haben. ③ Zur Nutzung überlassene Grundstücke gehören danach immer dann zum Verwaltungsvermögen, wenn der verpachtete Betrieb bereits in der Zeit vor der Verpachtung nicht die Voraussetzungen für die Begünstigung erfüllt hat. ④ Hierdurch wird vermieden, dass ein in der aktiven Zeit nicht begünstigtes Unternehmen über den Weg der Betriebsverpachtung in begünstigtes Vermögen umqualifiziert werden kann.

79 (2) ① Die erbschaftsteuerrechtliche Einordnung als Betriebsverpachtung im Ganzen richtet sich nach ertragsteuerrechtlichen Grundsätzen. ② Liegen bei der Betriebsverpachtung ertragsteuerrechtlich Gewinneinkünfte nach § 2 Absatz 1 Satz 1 Nummer 2 und 3 in Verbindung mit Absatz 2 Nummer 1 EStG vor, handelt es sich auch erbschaftsteuerrechtlich dem Grunde nach um begünstigungsfähiges Betriebsvermögen im Sinne des § 13b Absatz 1 Nummer 2 ErbStG.

80 (3) Für die Betriebsverpachtung im Ganzen bei einem Betrieb der Land- und Forstwirtschaft gilt § 13b Absatz 4 Nummer 1 Buchstabe f ErbStG (→ R E 13b.19).

---

[1] Siehe *Tz. 10 gleich lautender Ländererlass vom 5. 10. 2022,* abgedruckt als Anlage zu § 97 BewG.

ErbStR R E 13b.16

R E 13b.16 Grundstücksüberlassung im Konzern

81 ① Grundstücke im Sinne des R E 13b.13, die im Rahmen eines Konzerns im Sinne des § 4h EStG zur Nutzung überlassen werden, gehören nicht zum Verwaltungsvermögen (§ 13b Absatz 4 Nummer 1 Buchstabe c ErbStG). ② Das gilt nur, soweit keine weitere Nutzungsüberlassung an einen nicht zum Konzern gehörenden Dritten erfolgt. ③ Der Konzernbegriff richtet sich nach § 4h Absatz 3 *Satz 5 und Satz 6* EStG.[1] ④ Für die Frage, ob und zu welchem Konzern ein Betrieb gehört, ist auf die Verhältnisse im Besteuerungszeitpunkt abzustellen.

H E 13b.16

H E 13b.16

Konzernbegriff. → *BMF-Schreiben vom 4. 7. 2008 (BStBl. I S. 718, Rz. 59 bis 68).*[2]

ErbStR R E 13b.17

R E 13b.17 Grundstücksüberlassung im Rahmen eines Wohnungsunternehmens

82 (1) Grundstücke im Sinne des R E 13b.13, die zum Betriebsvermögen oder gesamthänderisch gebundenen Betriebsvermögen einer Personengesellschaft oder zum Vermögen einer Kapitalgesellschaft gehören, zählen nicht zum Verwaltungsvermögen (§ 13b Absatz 4 Nummer 1 Buchstabe d ErbStG), wenn
- der Hauptzweck des Betriebs in der Vermietung von eigenen Wohnungen im Sinne des § 181 Absatz 9 BewG besteht und
- dessen Erfüllung einen wirtschaftlichen Geschäftsbetrieb (§ 14 AO) erfordert.

83 (2) ① Der Hauptzweck des Betriebs besteht in der Vermietung von eigenen Wohnungen, wenn diese den überwiegenden Teil der betrieblichen Tätigkeit ausmacht. ② Das gilt auch dann, wenn Grundstücke oder Grundstücksteile vermietet werden, die nicht zu Wohnzwecken, sondern z. B. auch zu gewerblichen, freiberuflichen oder öffentlichen Zwecken genutzt werden. ③ Ist ein zur Vermietung bestimmtes Grundstück oder ein dazu bestimmter Teil eines Grundstücks im Besteuerungszeitpunkt nicht vermietet, z. B. wegen Leerstands bei Mieterwechsel oder wegen Modernisierung, ist die Zweckbestimmung maßgeblich. ④ Maßstab ist die Summe der Grundbesitzwerte der zu Wohnzwecken vermieteten Grundstücke oder Grundstücksteile im Verhältnis zur Summe der Grundbesitzwerte aller vermieteten Grundstücke. ⑤ Dient der Betrieb danach im Hauptzweck der Vermietung von eigenen Wohnungen, sind auch solche Grundstücke oder Grundstücksteile kein Verwaltungsvermögen, die nicht zu Wohnzwecken, sondern z. B. zu gewerblichen, freiberuflichen oder öffentlichen Zwecken genutzt werden. ⑥ Die Prüfung dieser Voraussetzungen ist betriebsbezogen und nicht für das gesamte auf den Erwerber übergehende Vermögen vorzunehmen.

84 (3)[3] ① Folgende Indizien sprechen für einen wirtschaftlichen Geschäftsbetrieb:
- Umfang der Geschäfte,
- Unterhalten eines Büros,
- Buchführung zur Gewinnermittlung,
- umfangreiche Organisationsstruktur zur Durchführung der Geschäfte,
- Bewerbung der Tätigkeit,
- Anbieten der Dienstleistung/der Produkte einer breiteren Öffentlichkeit gegenüber.

② Das Vorliegen eines wirtschaftlichen Geschäftsbetriebs ist regelmäßig anzunehmen, wenn das Unternehmen mehr als 300 eigene Wohnungen hält.

85 (4) ① Der notwendige wirtschaftliche Geschäftsbetrieb muss nicht direkt bei dem Betrieb vorliegen, welcher übertragen wird bzw. an dem eine Beteiligung oder Anteile übertragen werden. ② Erfordert die Vermietung des Wohnungsbestandes des Unternehmens, in dessen Eigentum sich die Immobilien befinden, einen wirtschaftlichen Geschäftsbetrieb, liegt z. B. auch dann ein Wohnungsunternehmen vor, wenn die Vermietung und Verwaltung der eigenen Wohnungen
- im Rahmen einer Betriebsaufspaltung durch das Betriebsunternehmen erfolgt,
- durch ein Unternehmen erfolgt, an dem das Unternehmen, in dessen Eigentum sich die Immobilien befinden, beteiligt ist oder
- einem externen Dienstleistungsunternehmen übertragen wurde.

③ Wurde die Verwaltung der Immobilien, die nach Art und Umfang im Rahmen der Vermögensverwaltung vorgenommen werden kann, auf ein externes Dienstleistungsunternehmen übertragen, liegt kein Wohnungsunternehmen vor.

---

[1] Siehe jetzt § 4h Abs. 3 Satz 4 EStG.

[2] Siehe jetzt *BMF-Schreiben vom 24. 3. 2025 (BStBl. I S. 683).*

[3] Siehe aber *BFH-Urteil vom 24. 10. 2017 II R 44/15 (BStBl. 2018 II S. 358):* Wohnungen, die eine Wohnungsvermietungsgesellschaft an Dritte zur Nutzung überlässt, gehören nur zum begünstigten Vermögen iSd § 13b Abs. 2 S. 2 Nr. 1 S. 2 Buchst. d ErbStG 2009, wenn die Gesellschaft neben der Vermietung im Rahmen eines wirtschaftlichen Geschäftsbetriebs Zusatzleistungen erbringt, die das bei langfristigen Vermietungen übliche Maß überschreiten. Auf die Anzahl der vermieteten Wohnungen kommt es dabei nicht an. – Siehe hierzu aber ***Nichtanwendungserlass** vom 23. 4. 2018 (BStBl. I S. 692),* nachfolgend abgedruckt als Anlage zu R E 13b.17 ErbStR.

Anl zu R E 13b.17

Erlass betr. erbschaftsteuerlich begünstigtes Vermögen bei einer Wohnungsvermietungsgesellschaft (§ 13b Abs. 2 Satz 2 Nr. 1 Satz 2 Buchst. d ErbStG a. F.); Konsequenzen aus dem BFH-Urteil vom 24. Oktober 2017 II R 44/15

Vom 23. April 2018 (BStBl. I S. 692)

(Gleich lautender Ländererlass)

86 Mit Urteil vom 24. Oktober 2017 II R 44/15 (BStBl. 2018 II S. 358) hat der Bundesfinanzhof entschieden, dass Wohnungen, die eine Wohnungsvermietungsgesellschaft an Dritte überlässt, nur zum begünstigten Vermögen i. S. d. *§ 13b Abs. 2 Satz 2 Nr. 1 Satz 2 Buchst. d ErbStG a. F.* [jetzt § 13b Abs. 4 Nr. 1 Satz 1 Buchst. d ErbStG] gehören, wenn die Gesellschaft neben der Vermietung im Rahmen eines wirtschaftlichen Geschäftsbetriebes Zusatzleistungen erbringt, die das bei langfristigen Vermietungen übliche Maß überschreiten.

Seine Entscheidung hat der Bundesfinanzhof maßgeblich damit begründet, dass die Vermietungstätigkeit nach ertragsteuerlichen Grundsätzen die Grenze der privaten Vermögensverwaltung überschreiten und als originär gewerblich i. S. d. § 15 Abs. 1 Satz 1 Nr. 1, Abs. 2 EStG zu qualifizieren sein müsse. Hierfür reiche die bloße Verwaltung und Bewirtschaftung von Wohnungen nicht aus. Auch auf die Anzahl der vermieteten Wohnungen komme es entgegen der Verwaltungsauffassung nicht an.

Das Urteil ist über den entschiedenen Einzelfall hinaus nicht anzuwenden. An der bisherigen typisierenden Betrachtungsweise in *R E 13b.13 Abs. 3 ErbStR 2011* [jetzt R E 13b.17 Abs. 3 ErbStR 2019] ist weiterhin festzuhalten.

ErbStR R E 13b.18

R E 13b.18 Grundstücke im Zusammenhang mit Lieferungsverträgen

87 ① Grundstücke im Sinne des R E 13b.13, die zum Betriebsvermögen oder gesamthänderisch gebundenen Betriebsvermögen einer Personengesellschaft oder zum Vermögen einer Kapitalgesellschaft gehören, zählen nicht zum Verwaltungsvermögen (§ 13b Absatz 4 Nummer 1 Buchstabe e ErbStG), wenn sie vorrangig überlassen werden, um im Rahmen von Lieferungsverträgen dem Absatz von eigenen Erzeugnissen und Produkten zu dienen.[1] ② Hierunter fallen z. B. Brauereigaststätten, die von einer Brauerei an Dritte bei gleichzeitigem Abschluss eines Getränkelieferungsvertrags verpachtet werden und in denen vorrangig die von der Brauerei hergestellten Getränke ausgeschenkt werden. ③ In Betracht kommen auch durch Mineralölunternehmen verpachtete Tankstellengrundstücke mit entsprechenden Belieferungsregelungen. ④ In der Logistikbranche überlassene Grundstücke sind dagegen regelmäßig Verwaltungsvermögen, auch wenn der Verpächter weitere Leistungen für die Beschaffungs- und Vertriebsorganisation seiner Kunden erbringt, es aber an dem Absatz von eigenen Erzeugnissen oder Produkten fehlt.

ErbStR R E 13b.19

R E 13b.19 Verpachtete land- und forstwirtschaftliche Grundstücke

88 (1) ① Werden aus dem begünstigungsfähigen land- und forstwirtschaftlichen Vermögen Grundstücke, Grundstücksteile oder grundstücksgleiche Rechte an einen Dritten zu land- und forstwirtschaftlichen Zwecken überlassen, führt die Nutzungsüberlassung nicht zu Verwaltungsvermögen (§ 13b Absatz 4 Nummer 1 Buchstabe f ErbStG). ② Dies gilt auf Grund der bewertungsrechtlichen Abgrenzung auch dann, wenn sämtliche Grundstücke des begünstigungsfähigen Vermögens im Rahmen einer Betriebsverpachtung im Ganzen zur Nutzung überlassen werden. ③ Regelmäßig handelt es sich um land- und forstwirtschaftlich genutzte Flächen, die aus betriebswirtschaftlichen oder betriebstechnischen Gründen im Besteuerungszeitpunkt bis zu 15 Jahre an Dritte zur land- und forstwirtschaftlichen Nutzung überlassen werden.

89 (2) ① Werden aus dem begünstigungsfähigen Betriebsvermögen Grundstücke, Grundstücksteile oder grundstücksgleiche Rechte an einen Dritten zu land- und forstwirtschaftlichen Zwecken überlassen, führt die Nutzungsüberlassung ebenfalls nicht zu Verwaltungsvermögen. ② Regelmäßig handelt es sich hierbei um land- und forstwirtschaftlich genutzte Flächen, die auf Grund der Rechtsform des Betriebs oder infolge der ertragsteuerrechtlichen Abgrenzung als Betriebsvermögen zu bewerten sind. ③ Im Rahmen des Betriebsvermögens ist die Dauer der Nutzungsüberlassung unerheblich. ④ Die Betriebsverpachtung im Ganzen ist in diesen Fällen nach § 13b Absatz 4 Nummer 1 Buchstabe b ErbStG zu beurteilen. ⑤ Die Sätze 1 bis 4 gelten bei begünstigungsfähigen Anteilen an Kapitalgesellschaften entsprechend.

ErbStR R E 13b.20

R E 13b.20 Anteile an Kapitalgesellschaften von 25 Prozent oder weniger

90 (1) ① Gehören zum Betriebsvermögen der Betriebe oder Gesellschaften Anteile an Kapitalgesellschaften und beträgt die unmittelbare Beteiligung am Nennkapital dieser Gesellschaften 25 Prozent oder weniger, sind die Anteile dem Verwaltungsvermögen zuzurechnen (§ 13b Absatz 4 Nummer 2 ErbStG). ② Die Poolregelung (→ R E 13b.6 Absatz 3 bis 6) gilt entsprechend; bei Gesellschaften, die in einem Konzern unter einheitlicher Leitung stehen, ist eine gesonderte Pool-

[1] Zum Ausschluss von **Zwischenhändlern** siehe *BayLfSt vom 2. 3. 2020 – S 3812b.2.1 – 48/8 St 34 (DStR S. 600):* Der bloße Handel mit Produkten ist nicht unter § 13b Abs. 4 Nr. 1 Satz 2 Buchst. e ErbStG zu fassen.

vereinbarung im Sinne des § 13b Absatz 4 Nummer 2 ErbStG grundsätzlich nicht erforderlich.[1] ③ Wird eine Poolvereinbarung nach dem Besteuerungszeitpunkt aufgehoben, bedeutet das nicht, dass die bis dahin gepoolten Anteile rückwirkend zum Verwaltungsvermögen gehören.

(2) ① Gehören zum Sonderbetriebsvermögen eines Gesellschafters einer Personengesellschaft Anteile an einer Kapitalgesellschaft und beträgt die unmittelbare Beteiligung am Nennkapital dieser Gesellschaft 25 Prozent oder weniger, ist der Anteil auch dann dem Verwaltungsvermögen zuzurechnen, wenn die Summe aller zum Sonderbetriebsvermögen der Mitunternehmer gehörenden Anteile über 25 Prozent liegt. ② Gehören Anteile teilweise zum Gesamthandsvermögen und teilweise zum Sonderbetriebsvermögen, sind die Beteiligungsgrenzen sowohl für das Gesamthandsvermögen als auch für jedes Sonderbetriebsvermögen getrennt zu prüfen. ③ Wegen einer Poolvereinbarung → Absatz 1. **91**

(3) Für Anteile an Kapitalgesellschaften gelten ausschließlich § 13b Absatz 4 Nummer 2 ErbStG, auch wenn die Beteiligung in einem Wertpapier im Sinne des § 13b Absatz 4 Nummer 4 ErbStG verbrieft ist. **92**

(4) ① Bei mehrstufigen Beteiligungen ist auf jeder Beteiligungsebene zu prüfen, ob die unmittelbare Beteiligung 25 Prozent oder weniger beträgt (§ 13b Absatz 4 Nummer 2 ErbStG). ② Wegen der Behandlung im Rahmen der Verbundvermögensaufstellung nach § 13b Absatz 9 ErbStG → R E 13b.29. **93**

(5) Anteile an Kapitalgesellschaften von 25 Prozent oder weniger gehören nicht zum Verwaltungsvermögen, wenn sie dem Hauptzweck des Gewerbebetriebs eines Kreditinstitutes oder eines Finanzdienstleistungsinstitutes im Sinne des § 1 Absatz 1 und 1a des Kreditwesengesetzes in der Fassung der Bekanntmachung vom 9. September 1998 (BGBl. I S. 2776), das zuletzt durch Artikel 14 des Gesetzes vom 10. Mai 2016 (BGBl. I S. 1142) geändert worden ist, oder eines Versicherungsunternehmens, das der Aufsicht nach § 1 Absatz 1 Nummer 1 des Versicherungsaufsichtsgesetzes in der Fassung der Bekanntmachung vom 1. April 2015 (BGBl. I S. 434), das zuletzt durch Artikel 13 des Gesetzes vom 10. Mai 2016 (BGBl. I S. 1142) geändert worden ist, unterliegt, zuzurechnen sind. **94**

H E 13b.20

HE 13b.20

95

Anteile an Kapitalgesellschaften im Sonderbetriebsvermögen.

Beispiel 1:

Bilanz der AB OHG

30% Anteile an A-GmbH	300 000 EUR	Kapital A	500 000 EUR
Waren	700 000 EUR	Kapital B	500 000 EUR
	1 000 000 EUR		1 000 000 EUR

Sonderbetriebsvermögen A

11% Anteile an A-GmbH	110 000 EUR	Kapital A	110 000 EUR
	110 000 EUR		110 000 EUR

Gemeiner Wert Gesamthandsvermögen	1 200 000 EUR		
Aufteilung		A	(B)
Kapital	./. 1 000 000 EUR	500 000 EUR	500 000 EUR
Unterschiedsbetrag	200 000 EUR		
Verteilung 50 : 50		+ 100 000 EUR	100 000 EUR
Wert des Anteils des A am Gesamthandsvermögen		600 000 EUR	
Sonderbetriebsvermögen A		+ 110 000 EUR	
Anteil am Betriebsvermögen		710 000 EUR	

Zum Verwaltungsvermögen gehören die Anteile an der A-GmbH, die sich im Sonderbetriebsvermögen des A befinden (110 000 EUR), weil insoweit die unmittelbare Beteiligung des A nicht mehr als 25% beträgt.
Die Anteile an der A-GmbH, die zum Gesamthandsvermögen gehören (300 000 EUR), rechnen hingegen nicht zum Verwaltungsvermögen.
Das Verwaltungsvermögen und die Schulden der A-GmbH wären insoweit gegebenenfalls im Rahmen der Konsolidierung zu berücksichtigen.

Beispiel 2:

Bilanz der AB OHG

24% Anteile an A-GmbH	240 000 EUR	Kapital A	500 000 EUR
Waren	760 000 EUR	Kapital B	500 000 EUR
	1 000 000 EUR		1 000 000 EUR

Sonderbetriebsvermögen A

11% Anteile an A-GmbH	110 000 EUR	Kapital A	110 000 EUR
	110 000 EUR		110 000 EUR

[1] Zu stimmrechtslosen Vorzugsaktien siehe H E 13b.6 ErbStH „Stimmrechtslose Vorzugsaktien und Poolregelung“.

		A	(B)
Gemeiner Wert Gesamthandsvermögen	1 200 000 EUR		
Aufteilung		A	(B)
Kapital	./. 1 000 000 EUR	500 000 EUR	500 000 EUR
Unterschiedsbetrag	200 000 EUR		
Verteilung 50 : 50		+ 100 000 EUR	100 000 EUR
Wert des Anteils des A am Gesamthandsvermögen		600 000 EUR	
Sonderbetriebsvermögen A		+ 110 000 EUR	
Anteil am Betriebsvermögen		710 000 EUR	

Zum Verwaltungsvermögen gehören die Anteile an der A-GmbH, die sich im Sonderbetriebsvermögen des A befinden (110 000 EUR), weil insoweit die unmittelbare Beteiligung des A nicht mehr als 25% beträgt.
Zum Verwaltungsvermögen gehören die Anteile an der A-GmbH, die sich im Gesamthandsvermögen befinden (240 000 EUR), weil insoweit die unmittelbare Beteiligung der AB-OHG nicht mehr als 25% beträgt. Vom Wert der Anteile an der A-GmbH aus dem Gesamthandsvermögen entfallen auf A:

$$\frac{240\,000\text{ EUR} \times 600\,000\text{ EUR}}{1\,200\,000\text{ EUR}} = 120\,000\text{ EUR}$$

95a **Ermittlung der Beteiligungsquote bei Einziehung von Geschäftsanteilen an einer GmbH und ausstehender Angleichung der Summe der Geschäftsanteile an das Stammkapital.** Werden Geschäftsanteile an einer GmbH eingezogen (§ 34 GmbHG), erlöschen diese. Dies führt dazu, dass die Summe der Nennbeträge der Geschäftsanteile der GmbH nicht mehr dem Betrag des Stammkapitals der GmbH entspricht. Diese Divergenz kann durch eine Kapitalherabsetzung, einen Aufstockungsbeschluss oder durch Neubildung eines Geschäftsanteils beseitigt werden.
Gehören zum Betriebsvermögen des Betriebs oder der Gesellschaft Geschäftsanteile an einer GmbH, bei der Anteile eingezogen wurden und ist eine Angleichung der Summe der Geschäftsanteile an das Stammkapital nicht erfolgt, ist das Nennkapital der GmbH um den Nennbetrag der eingezogenen Anteile zu mindern.

ErbStR R E 13b.21

R E 13b.21 Kunstgegenstände und andere besondere Wirtschaftsgüter

96 (1) ① Zum Verwaltungsvermögen gehören Kunstgegenstände, Kunstsammlungen, wissenschaftliche Sammlungen, Bibliotheken und Archive, Münzen, Edelmetalle und Edelsteine, Briefmarkensammlungen, Oldtimer, Yachten, Segelflugzeuge sowie sonstige typischerweise der privaten Lebensführung dienende Gegenstände (§ 13b Absatz 4 Nummer 3 ErbStG). ② Das gilt nicht, wenn der Handel mit diesen Gegenständen, deren Herstellung oder deren Verarbeitung oder die entgeltliche Nutzungsüberlassung an Dritte der Hauptzweck des Gewerbebetriebs ist. ③ Die Zuordnung dieser Wirtschaftsgüter zum Umlaufvermögen kann ein Indiz hierfür sein.

97 (2) ① Diese Gegenstände zählen nicht zum Verwaltungsvermögen, wenn sie Bestandteile eines Museums zur Unternehmensgeschichte und in einer für ein Museum üblichen Art und Weise für die Öffentlichkeit zugänglich sind. ② Voraussetzung ist, dass die Gegenstände

1. von dem Unternehmen selbst hergestellt, verarbeitet oder gehandelt wurden oder
2. nicht von dem Unternehmen hergestellt, verarbeitet oder gehandelt wurden, aber einen Bezug zur Unternehmensgeschichte aufweisen, indem sie Teil des Herstellungs- oder Verarbeitungsprozesses sind oder Teil der Entstehungsgeschichte der von dem Unternehmen hergestellten, verarbeiteten oder gehandelten Produkte sind.

③ Zur Steuerbefreiung nach § 13 ErbStG bei nach § 13b ErbStG begünstigungsfähigem Vermögen → R E 13.1 Absatz 2.

ErbStR R E 13b.22

R E 13b.22 Wertpapiere und vergleichbare Forderungen

98 (1) ① Wertpapiere und vergleichbare Forderungen gehören zum Verwaltungsvermögen (§ 13b Absatz 4 Nummer 4 ErbStG). ② Wertpapiere im Sinne der erbschaftsteuerrechtlichen Verschonungsvorschriften sind ausschließlich auf dem Markt gehandelte Wertpapiere im Sinne des § 2 Absatz 1 des Wertpapierhandelsgesetzes (WpHG). ③ Vergleichbare Forderungen im Sinne dieser Vorschrift sind solche, über die keine Urkunden ausgegeben wurden, die nach § 2 Absatz 1 WpHG aber als Wertpapiere gelten. ④ Keine Wertpapiere in diesem Sinne sind kaufmännische Orderpapiere (§§ 363 bis 365 HGB, Wechsel, Schecks) sowie andere auf Order lautende Anweisungen und Rektapapiere, auch wenn sie zivilrechtlich dem Wertpapierbegriff zugeordnet werden. ⑤ Die Zuordnung von Anteilen an Kapitalgesellschaften ist abschließend in § 13b Absatz 4 Nummer 2 ErbStG geregelt.

99 (2) Wertpapiere und vergleichbare Forderungen gehören nicht zum Verwaltungsvermögen, wenn sie dem Hauptzweck des Gewerbebetriebs eines Kreditinstitutes oder eines Finanzdienstleistungsinstitutes im Sinne des § 1 Absatz 1 und 1a des Kreditwesengesetzes in der Fassung der Bekanntmachung vom 9. September 1998 (BGBl. I S. 2776), das zuletzt durch Artikel 14 des Gesetzes vom 10. Mai 2016 (BGBl. I S. 1142) geändert worden ist, oder eines Versicherungsunternehmens, das der Aufsicht nach § 1 Absatz 1 Nummer 1 des Versicherungsaufsichtsgesetzes in der Fassung der Bekanntmachung vom 1. April 2015 (BGBl. I S. 434), das zuletzt durch Artikel 13

des Gesetzes vom 10. Mai 2016 (BGBl. I S. 1142) geändert worden ist, unterliegt, zuzurechnen sind.

H E 13b.22

HE 13b.22

Wertpapiere und vergleichbare Forderungen.

Beispiele: 100

Wertpapiere oder vergleichbare Forderungen i. S. d. § 13 b Absatz 4 Nummer 4 ErbStG	**Weder Wertpapiere noch vergleichbare Forderungen, jedoch Finanzmittel i. S. d. § 13 b Absatz 4 Nummer 5 ErbStG**
Pfandbriefe Schuldbuchforderungen Geldmarktfonds Festgeldfonds	Geld Sichteinlagen Sparanlagen Festgeldkonten Forderungen aus Lieferungen und Leistungen Forderungen an verbundene Unternehmen Ansprüche aus Rückdeckungsversicherungen

R E 13b.23 Finanzmittel

ErbStR R E 13b.23

(1) ① Zum Verwaltungsvermögen gehört der gemeine Wert des nach Abzug des gemeinen Werts der Schulden verbleibenden Bestands an Zahlungsmitteln, Geschäftsguthaben, Geldforderungen und anderen Forderungen (Finanzmittel), soweit er 15 Prozent des anzusetzenden Werts des Betriebsvermögens des Betriebs oder der Gesellschaft übersteigt (Finanzmitteltest, § 13b Absatz 4 Nummer 5 Satz 1 ErbStG). ② Der Finanzmitteltest ist durch das zuständige Erbschaftsteuerfinanzamt durchzuführen auf der Grundlage der Feststellungen durch die Betriebsfinanzämter nach § 13b Absatz 10 ErbStG. 101

(2)[1] Zu den Zahlungsmitteln, Geschäftsguthaben, Geldforderungen und anderen Forderungen zählen unter anderem 102
- Geld,
- Sichteinlagen,
- Sparanlagen,
- Festgeldkonten,
- Forderungen aus Lieferungen und Leistungen,
- Forderungen an verbundene Unternehmen (wegen der Behandlung im Rahmen der Verbundvermögensaufstellung → R E 13b.29),
- Ansprüche aus Rückdeckungsversicherungen (wegen der Zuordnung zu Vermögen, das der Erfüllung von Altersversorgungsverpflichtungen dient, → R E 13b.11),
- Forderungen im Sonderbetriebsvermögen eines Gesellschafters einer Personengesellschaft, insbesondere Forderungen des Gesellschafters gegen die Personengesellschaft,
- Forderungen von Personen- oder Kapitalgesellschaften gegen ihre Gesellschafter,
- sonstige auf Geld gerichtete Forderungen aller Art, soweit sie nicht bereits § 13b Absatz 4 Nummer 4 ErbStG zuzuordnen sind, *insbesondere geleistete Anzahlungen,*[2] Steuerforderungen, Forderungen aus stillen Beteiligungen,
- Kryptowährungen, z. B. Bitcoin.

(3)[3] ① Junge Finanzmittel sind der positive Saldo der innerhalb von zwei Jahren vor dem Zeitpunkt der Entstehung der Steuer (§ 9 ErbStG) eingelegten und der entnommenen Finanzmittel. ② Dies gilt unabhängig davon, ob die eingelegten Finanzmittel am Besteuerungszeitpunkt noch vorhanden sind. ③ Der Wert der jungen Finanzmittel ist begrenzt auf den Wert der Finanzmittel in diesem Zeitpunkt vor Abzug der abzugsfähigen Schulden und des Sockelbetrags. ④ Zur Begrenzung im Rahmen der Verbundvermögensaufstellung → R E 13b.29 Absatz 6. ⑤ Junge Finanzmittel sind Verwaltungsvermögen und im Rahmen des Finanzmitteltests vom Wert der Finanzmittel abzuziehen. ⑥ Junge Finanzmittel sind nicht in die Schuldenverrechnung mit dem Verwaltungsvermögen einzubeziehen (§ 13b Absatz 6 in Verbindung mit Absatz 8 Satz 1 ErbStG) und stellen kein unschädliches Verwaltungsvermögen dar (§ 13b Absatz 7 Satz 2 ErbStG). ⑦ Bei der Ermittlung der Höhe des Vorwegabschlags (§ 13a Absatz 9 ErbStG) erfolgt bei Übertragung von Beteiligungen an Personengesellschaften eine Begrenzung der jungen Finanzmittel auf den Wert der Finanzmittel des Gesamthandsvermögens. ⑧ Zur Berücksichtigung von jungen Finanzmitteln in der Verbundvermögensaufstellung → R E 13b.29 Absatz 3. 103

(4) ① Der gemeine Wert der nach Abzug der jungen Finanzmittel verbleibenden Finanzmittel wird um den gemeinen Wert der abzugsfähigen Schulden gemindert. ② Zu den abzugsfähigen Schulden zählen: 104

[1] Der *BFH* hat mit *Urteil vom 13. 9. 2023 II R 49/21,* abgedruckt zu § 13b Abs. 2 Satz 2 ErbStG, die Zuordnung von Forderungen aus Lieferungen und Leistungen zu den Finanzmitteln in Rz. 22 und 25 des Urteils ausdrücklich bestätigt.

[2] Überholt, siehe *gleich lautenden Ländererlass vom 6. 3. 2024,* nachfolgend abgedruckt als Anlage zu R E 13b.23 ErbStR und *BFH-Urteil vom 1. 2. 2023 II R 36/20 (BStBl. 2024 II S. 269).*

[3] Siehe *Tz. II gleich lautender Ländererlass vom 13. 10. 2022,* abgedruckt als Anlage zu R E 13b.27 ErbStR.

ErbStR R E 13b.23

– alle Schulden, die bei der ertragsteuerlichen Gewinnermittlung zum Betriebsvermögen gehören, nicht dagegen sonstige Abzüge, z. B. Rechnungsabgrenzungsposten; wegen der Behandlung von Verbindlichkeiten gegenüber verbundenen Unternehmen im Rahmen der Verbundvermögensaufstellung → R E 13b.29,
– Rückstellungen, auch wenn für sie ein steuerliches Passivierungsverbot besteht (→ R B 11.5 Absatz 3 Satz 3, R B 109.1 Satz 3),
– Sachleistungsverpflichtungen, soweit sie bei nicht bilanzierenden Gewerbetreibenden und freiberuflich Tätigen abzugsfähig sind (→ R B 103.2 Absatz 5).

③ Rücklagen gehören nicht zu den abzugsfähigen Schulden (vgl. § 103 Absatz 3 BewG). ④ Darlehenskonten der Gesellschafter sind abzugsfähig, soweit sie ertragsteuerrechtlich als Fremdkapital zu qualifizieren sind; wegen der Behandlung von Verbindlichkeiten gegenüber verbundenen Unternehmen im Rahmen der Verbundvermögensaufstellung → R E 13b.29. ⑤ Wegen der Behandlung wirtschaftlich nicht belastender Schulden und Schulden, die den durchschnittlichen Schuldenstand der letzten drei Jahre vor dem Zeitpunkt der Entstehung der Steuer übersteigen, → R E 13b.28.

105 (5) Soweit Finanzmittel und Schulden bei Anwendung von § 13b Absatz 3 Satz 1 ErbStG (Altersversorgungsansprüche/-verpflichtungen; → R E 13b.11) berücksichtigt wurden, bleiben sie bei der Durchführung des Finanzmitteltests außer Betracht.

106 (6) ① Ist der Saldo der Finanzmittel abzüglich der Schulden positiv, bleibt davon ein Sockelbetrag in Höhe von 15 Prozent des gemeinen Werts des Betriebsvermögens des Betriebs oder der Gesellschaft von der Zurechnung zum Verwaltungsvermögen ausgenommen. ② Bei Beteiligungen an Personengesellschaften → Absatz 9. ③ Bei Anteilen an Kapitalgesellschaften ergibt sich der Sockelbetrag aus 15 Prozent des gemeinen Werts des Anteils. ④ Voraussetzung für den Abzug des Sockelbetrags ist, dass das begünstigungsfähige Vermögen des Betriebs oder der nachgeordneten Gesellschaften nach seinem Hauptzweck einer land- und forstwirtschaftlichen, gewerblichen oder freiberuflichen Tätigkeit dient (§ 13 Absatz 1, § 15 Absatz 1 Satz 1 Nummer 1, § 18 Absatz 1 Nummer 1 und 2 EStG). ⑤ Diese Voraussetzungen sind auch erfüllt, wenn die Tätigkeit durch Gesellschaften im Sinne des § 13 Absatz 7, des § 15 Absatz 1 Satz 1 Nummer 2 oder des § 18 Absatz 4 Satz 2 EStG ausgeübt wird. ⑥ Ein Abzug des Sockelbetrags ist ausgeschlossen, wenn das begünstigungsfähige Vermögen

1. nach dem Hauptzweck einer vermögensverwaltenden Tätigkeit dient,
2. einer gewerblich geprägten Personengesellschaft im Sinne des § 15 Absatz 3 Nummer 2 EStG dient,
3. einer Gesellschaft dient, die nicht überwiegend eine land- und forstwirtschaftliche, gewerbliche oder freiberufliche Tätigkeit ausübt.

⑦ Der den Sockelbetrag übersteigende Wert der Finanzmittel zählt zum Verwaltungsvermögen. ⑧ Wird der Sockelbetrag nicht ausgeschöpft, kann der nicht ausgeschöpfte Teil nicht mit anderem Verwaltungsvermögen nach § 13b Absatz 4 Nummer 1 bis 4 ErbStG verrechnet werden.

107 (7) Ist der Saldo der Finanzmittel abzüglich der Schulden negativ, liegen keine Finanzmittel im Sinne des § 13b Absatz 4 Nummer 5 ErbStG vor.

108 (8) Finanzmittel gehören nach § 13b Absatz 4 Nummer 5 Satz 3 ErbStG nicht zum Verwaltungsvermögen, wenn sie dem Hauptzweck des Gewerbebetriebs eines Kreditinstitutes oder eines Finanzdienstleistungsinstitutes im Sinne des § 1 Absatz 1 und 1a des Kreditwesengesetzes in der Fassung der Bekanntmachung vom 9. September 1998 (BGBl. I S. 2776), das zuletzt durch Artikel 14 des Gesetzes vom 10. Mai 2016 (BGBl. I S. 1142) geändert worden ist, oder eines Versicherungsunternehmens, das der Aufsicht nach § 1 Absatz 1 Nummer 1 des Versicherungsaufsichtsgesetzes in der Fassung der Bekanntmachung vom 1. April 2015 (BGBl. 1993 I S. 4342), das zuletzt durch Artikel 13 des Gesetzes vom 10. Mai 2016 (BGBl. I S. 1142) geändert worden ist, unterliegt, zuzurechnen sind.

109 (9) ① Bei Beteiligungen an Personengesellschaften sind sowohl die Finanzmittel als auch die abzugsfähigen Schulden im Gesamthandsvermögen und im Sonderbetriebsvermögen in die Berechnung des Verwaltungsvermögens im Sinne des § 13b Absatz 4 Nummer 5 ErbStG einzubeziehen. ② Forderungen und Schulden der Gesellschafter gegenüber der Personengesellschaft sowie der Personengesellschaft gegenüber den Gesellschaftern sind einzubeziehen, soweit sie nach § 97 Absatz 1 Satz 1 Nummer 5 BewG zum Betriebsvermögen gehören (→ R B 97.1 Absatz 2). ③ Die Finanzmittel und die abzugsfähigen Schulden des Gesamthandsvermögens sind dabei nach dem Wert des Anteils des Gesellschafters am Gesamthandsvermögen zum gemeinen Wert des Gesamthandsvermögens (§ 97 Absatz 1a Nummer 1 BewG) dem jeweiligen Gesellschafter zuzurechnen.[1] ④ Ist der Wert der Beteiligung des Gesellschafters am Gesamthandsvermögen negativ, sind die auf den Anteil am Gesamthandsvermögen entfallenden Finanzmittel und die abzugsfähigen Schulden mit Null anzusetzen. ⑤ Bei der Ermittlung des Sockelbetrags ist der Wert der Beteiligung an der Gesellschaft zu Grunde zu legen. ⑥ Bei der Ermittlung der jungen Finanzmittel (→ Absatz 3) sind die Einlagen und Entnahmen aller Gesellschafter anzusetzen, soweit sie das Gesamthandsvermögen

[1] Siehe hierzu *gleich lautenden Ländererlass vom 11. 2. 2021,* abgedruckt als Anlage zu R E 13b.12 ErbStR.

betreffen. ⑦ Diese Einlagen und Entnahmen sind nach dem Wert des Anteils des Gesellschafters am Gesamthandsvermögen zum gemeinen Wert des Gesamthandsvermögens (§ 97 Absatz 1 a Nummer 1 BewG) auf die Gesellschafter aufzuteilen.

(10) ① Junge Finanzmittel sind im übertragenen Sonderbetriebsvermögen nur möglich, wenn Finanzmittel des Sonderbetriebsvermögens mitübertragen werden. ② Werden die im Sonderbetriebsvermögen unmittelbar gehaltenen Finanzmittel nur zum Teil übertragen, gilt das Verhältnis der übertragenen Finanzmittel des Sonderbetriebsvermögens zum Wert der insgesamt im Sonderbetriebsvermögen vorhandenen Finanzmittel für die jungen Finanzmittel im Sonderbetriebsvermögen entsprechend. ③ Junge Finanzmittel aus übertragenen Beteiligungen/Anteilen des Sonderbetriebsvermögens sind dagegen mit dem jeweils festgestellten Wert anzusetzen. 110

H E 13b.23

HE 13b.23

Finanzmitteltest.

111

	festgestellter Wert der Finanzmittel
–	festgestellter Wert der jungen Finanzmittel nach § 13 b Absatz 4 Nummer 5 Satz 2 ErbStG; höchstens der festgestellte Wert der Finanzmittel
=	Saldo
–	festgestellter Wert der Schulden
=	Saldo
–	Sockelbetrag 15% des festgestellten Werts des (Anteils) Betriebsvermögens (vorbehaltlich Hauptzweck gemäß § 13 b Absatz 4 Nummer 5 Satz 4 ErbStG)
=	verbleibender Wert der Finanzmittel, mindestens 0 EUR (§ 13 b Absatz 4 Nummer 5 Satz 1 ErbStG)

Finanzmitteltest bei Einzelunternehmen. 112

Beispiel 1:

Der gemeine Wert des Gewerbebetriebs wurde mit 12 000 000 EUR, die Finanzmittel mit 9 000 000 EUR und die Schulden mit 1 000 000 EUR festgestellt. Junge Finanzmittel sind nicht vorhanden.

Maschinen	1 000 000 EUR	Eigenkapital	9 000 000 EUR
Finanzmittel	9 000 00 EUR	Schulden	1 000 000 EUR
	10 000 000 EUR		10 000 000 EUR

festgestellter Wert der Finanzmittel		9 000 000 EUR
festgestellter Wert der Schulden		./. 1 000 000 EUR
Saldo		8 000 000 EUR
Sockelbetrag	15% von 12 000 000 EUR =	./. 1 800 000 EUR
verbleibender Wert der Finanzmittel		6 200 000 EUR

Beispiel 2 (mit jungen Finanzmitteln):

Der gemeine Wert des Gewerbebetriebs wurde mit 10 000 000 EUR, die Finanzmittel mit 3 000 000 EUR, die jungen Finanzmittel mit 100 000 EUR und die Schulden mit 1 000 000 EUR festgestellt.

Maschinen	7 000 000 EUR	Eigenkapital	9 000 000 EUR
Finanzmittel	3 000 000 EUR	Schulden	1 000 000 EUR
	10 000 000 EUR		10 000 000 EUR

festgestellter Wert der Finanzmittel		3 000 000 EUR
festgestellter Wert der jungen Finanzmittel		./. 100 000 EUR
Saldo		2 900 000 EUR
festgestellter Wert der Schulden		./. 1 000 000 EUR
Saldo		1 900 000 EUR
Sockelbetrag	15% von 10 000 000 EUR =	./. 1 500 000 EUR
verbleibender Wert der Finanzmittel		400 000 EUR

Zusätzlich sind die jungen Finanzmittel mit 100 000 EUR als nicht begünstigtes Vermögen anzusetzen.

Finanzmitteltest bei Personengesellschaften.

Beispiel 1: 113

Der gemeine Wert des Gesamthandsvermögens der A+B OHG beträgt 1 000 000 EUR. Davon entfallen auf den Gesellschafter A nach § 97 Absatz 1 a Nummer 1 BewG 580 000 EUR. Die Finanzmittel betragen 600 000 EUR und die abzugsfähigen Schulden 200 000 EUR.

Zum Sonderbetriebsvermögen des Gesellschafters A gehören Finanzmittel im Wert von 100 000 EUR und eine abzugsfähige Schuld im Wert von 150 000 EUR.

A ist in Höhe von 50% an der Gesellschaft beteiligt. Die Gewinn- und Verlustverteilung beträgt je $^1/_2$. Der gemeine Wert der Beteiligung des A beträgt 530 000 EUR. A überträgt seine gesamte Beteiligung auf Sohn M.

Finanzmittel im Gesamthandsvermögen	600 000 EUR	
Anteil des A		
580 000 EUR : 1 000 000 EUR		348 000 EUR
Finanzmittel im Sonderbetriebsvermögen des A		100 000 EUR
festgestellter Wert der Finanzmittel		448 000 EUR

HE 13b.23

Schulden im Gesamthandsvermögen	200 000 EUR	
Anteil des A 580 000 EUR : 1 000 000 EUR		116 000 EUR
Schulden im Sonderbetriebsvermögen des A		150 000 EUR
festgestellter Wert der Schulden		266 000 EUR
festgestellter Wert der Finanzmittel		448 000 EUR
festgestellter Wert der Schulden		./. 266 000 EUR
Saldo		182 000 EUR
Sockelbetrag 15% des gemeinen Wertes der Beteiligung des A	15% von 530 000 EUR =	79 500 EUR
verbleibender Wert der Finanzmittel		102 500 EUR

Beispiel 2:

Fortsetzung des Beispiels 1.
Die Gesellschafter haben in das bzw. aus dem Gesamthandsvermögen getätigt:

Einlagen Finanzmittel	200 000 EUR	
Entnahmen Finanzmittel	./. 80 000 EUR	
	120 000 EUR	
Anteil des A 120 000 EUR × (580 000 EUR : 1 000 000 EUR)		69 600 EUR

A hat in sein bzw. aus seinem Sonderbetriebsvermögen getätigt:

Einlagen Finanzmittel	50 000 EUR	
Entnahmen Finanzmittel	./. 40 000 EUR	
	10 000 EUR	+ 10 000 EUR
Junge Finanzmittel		79 600 EUR

Für A ergeben sich somit junge Finanzmittel nach § 13 b Absatz 4 Nummer 5 Satz 2 ErbStG in Höhe von insgesamt (69 600 EUR + 10 000 EUR =) 79 600 EUR.
Prüfung der Begrenzung der jungen Finanzmittel auf den Wert der Finanzmittel:

Finanzmittel im Gesamthandsvermögen	348 000 EUR
Finanzmittel im Sonderbetriebsvermögen des A	+ 100 000 EUR
Summe	448 000 EUR

Es erfolgt damit keine Begrenzung der jungen Finanzmittel. Festgestellt werden junge Finanzmittel in Höhe von 79 600 EUR.

Finanzmitteltest

festgestellter Wert der Finanzmittel		448 000 EUR
festgestellter Wert der jungen Finanzmittel		./. 79 600 EUR
Saldo		368 400 EUR
festgestellter Wert der Schulden		./. 266 000 EUR
Saldo		102 400 EUR
Sockelbetrag	15% von 530 000 EUR = 79 500 EUR	./. 79 500 EUR
verbleibender Wert der Finanzmittel		22 900 EUR

Zusätzlich sind die jungen Finanzmittel mit 79 600 EUR als nicht begünstigtes Vermögen anzusetzen.

Junge Finanzmittel im Sonderbetriebsvermögen.

114 **Beispiel 1:**

Vater schenkt seinem Sohn einen Teil seiner Beteiligung an einer KG. Im Sonderbetriebsvermögen hat er eine Forderung von 2 000 000 EUR, von der er 1 000 000 EUR mitüberträgt. Die jungen Finanzmittel im Sonderbetriebsvermögen betragen 800 000 EUR. Im Gesamthandsvermögen sind weder Finanzmittel noch junge Finanzmittel vorhanden.

Festzustellende Finanzmittel unmittelbar aus dem Sonderbetriebsvermögen übertragene Finanzmittel	1 000 000 EUR
Festzustellende junge Finanzmittel unmittelbar aus dem Sonderbetriebsvermögen resultierende junge Finanzmittel	800 000 EUR
davon entfallen auf das mitübertragene Sonderbetriebsvermögen 800 000 EUR × 1 000 000 EUR/2 000 000 EUR	400 000 EUR

Beispiel 2:

Vater schenkt seinem Sohn einen Teil seiner Beteiligung an einer KG sowie in vollem Umfang den im Sonderbetriebsvermögen gehaltenen GmbH-Anteil. Für die GmbH wurden Finanzmittel in Höhe von 1 000 000 EUR und junge Finanzmittel in Höhe von 800 000 EUR festgestellt. Er hält zugleich im Sonderbetriebsvermögen eine Forderung über 2 000 000 EUR, die er nicht mitüberträgt. Im Gesamthandsvermögen sind weder Finanzmittel noch junge Finanzmittel vorhanden.

Festzustellende Finanzmittel unmittelbar aus dem Sonderbetriebsvermögen übertragene Finanzmittel	0 EUR
Finanzmittel aus nachgeordneten Gesellschaften (GmbH-Anteil)	1 000 000 EUR
Festzustellende junge Finanzmittel junge Finanzmittel aus nachgeordneten Gesellschaften (GmbH-Anteil)	800 000 EUR

Beispiel 3:

Vater schenkt seinem Sohn einen Teil seiner Beteiligung an einer KG sowie in vollem Umfang den im Sonderbetriebsvermögen gehaltenen GmbH-Anteil. Für die GmbH wurden Finanzmittel in Höhe von 1 000 000 EUR und junge Finanzmittel in Höhe von 800 000 EUR festgestellt. Er hält zugleich im Sonderbetriebsvermögen eine Forderung über 2 000 000 EUR, von der er 500 000 EUR mitüberträgt. Die jungen Finanzmittel im Sonderbetriebsvermögen betragen 600 000 EUR. Im Gesamthandsvermögen sind weder Finanzmittel noch junge Finanzmittel vorhanden.

Festzustellende Finanzmittel	
unmittelbar aus dem Sonderbetriebsvermögen übertragene Finanzmittel	500 000 EUR
Finanzmittel aus nachgeordneten Gesellschaften (GmbH-Anteil)	1 000 000 EUR
Summe	1 500 000 EUR
Festzustellende Finanzmittel	
unmittelbar aus dem Sonderbetriebsvermögen resultierende junge Finanzmittel	600 000 EUR
davon entfallen auf das mitübertragene Sonderbetriebsvermögen 600 000 EUR 500 000 EUR / 2 000 000 EUR	150 000 EUR
junge Finanzmittel aus nachgeordneten Gesellschaften (GmbH-Anteil)	800 000 EUR
Summe	950 000 EUR

Anl zu R E 13b.23

Erlass betr. geleistete Anzahlungen als Verwaltungsvermögen im Sinne des § 13b Absatz 4 ErbStG; Auswirkungen des BFH-Urteils vom 1. Februar 2023, II R 36/20

Vom 6. März 2024 (BStBl. I S. 382)

(Gleich lautender Ländererlass)

Aus dem BFH-Urteil vom 1. Februar 2023, II R 36/20 (BStBl II 2024 S. 269) ergeben sich folgende Auswirkungen:

1. Finanzmittel

Geleistete Anzahlungen auf Wirtschaftsgüter, die kein Verwaltungsvermögen sind, stellen laut dem BFH-Urteil keine Finanzmittel gemäß § 13b Absatz 4 Nummer 5 ErbStG dar. Mit der Anzahlung wird ein Sachleistungsanspruch begründet; dies gilt über die Entscheidung des BFH hinaus auch für Anzahlungen auf Wirtschaftsgüter, die zum Verwaltungsvermögen im Sinne des § 13b Absatz 4 Nummer 1 bis 4 ErbStG gehören. **115**

An der Regelung zu geleisteten Anzahlungen in R E 13b.23 Absatz 2 ErbStR wird nicht mehr festgehalten.

2. Verwaltungsvermögen und junges Verwaltungsvermögen

Geleistete Anzahlungen auf Wirtschaftsgüter des Verwaltungsvermögens sind als Verwaltungsvermögen im Sinne des § 13b Absatz 4 ErbStG anzusehen.

Sachleistungsansprüche, die dem Betrieb im Zeitpunkt der Entstehung der Steuer weniger als zwei Jahre zuzurechnen sind, sind junges Verwaltungsvermögen; dabei ist bei mehreren Anzahlungen auf dasselbe Wirtschaftsgut auf den Zeitpunkt der ersten Anzahlung abzustellen. Mit der Anschaffung des Wirtschaftsgutes, das den Sachleistungsanspruch ersetzt, beginnt ein neuer Zweijahreszeitraum.

3. Schulden

Erhaltene Anzahlungen stellen Sachleistungsverpflichtungen dar und sind bei der Feststellung der Schulden gemäß § 13b Absatz 10 ErbStG zu berücksichtigen, soweit es sich um wirtschaftlich belastende Schulden i. S. d. § 13b Absatz 8 ErbStG handelt.

R E 13b.24 Investitionsklausel

ErbStR R E 13b.24

(1) ① Auch wenn Vermögen nach der schematischen Abgrenzung nach § 13b Absatz 3 und 4 ErbStG grundsätzlich dem Verwaltungsvermögen zugeordnet werden müsste, kann es trotzdem geeignet sein, die Beschäftigung zu fördern. ② Dies ist dann der Fall, wenn dieses Vermögen für eine zeitnahe Investition in begünstigtes Vermögen oder die zeitnahe Zahlung von Löhnen und Gehältern an die Beschäftigten in den erworbenen wirtschaftlichen Einheiten vorgesehen ist. **120**

(2) ① Das Stichtagsprinzip der Erbschaftsteuer (§§ 9, 11 ErbStG) wird durch die Investitionsklausel nach § 13b Absatz 5 Satz 1 und 2 ErbStG durchbrochen, wenn folgende Voraussetzungen kumulativ erfüllt sind: **121**

1. Es muss sich um einen Erwerb von Todes wegen handeln;
2. der Erwerber muss erworbenes nicht begünstigtes Verwaltungsvermögen (§ 13b Absatz 3 und 4 Nummer 1 bis 5 ErbStG) innerhalb des erworbenen begünstigungsfähigen Vermögens in Vermögen investieren, das kein Verwaltungsvermögen ist;
3. die durch die Investition geschaffenen oder angeschafften Gegenstände müssen unmittelbar einer land- und forstwirtschaftlichen oder originär gewerblichen oder freiberuflichen Tätigkeit (§ 13 Absatz 1, § 15 Absatz 1 Satz 1 Nummer 1 oder § 18 Absatz 1 Nummer 1 und 2 EStG) dienen;
4. die Investition muss aufgrund eines im Zeitpunkt der Entstehung der Steuer vorgefassten Plans des Erblassers erfolgen und darf nicht zu neuem Verwaltungsvermögen führen;
5. die Investition muss innerhalb einer Frist von zwei Jahren nach dem Besteuerungszeitpunkt erfolgt sein. ② Maßgebend ist dabei das obligatorische Rechtsgeschäft und nicht erst die zivilrechtliche Wirksamkeit.

② In diesem Fall rechnet das investierte Vermögen rückwirkend nicht (mehr) zum Verwaltungsvermögen. ③ Satz 1 ist bei jungen Finanzmitteln nicht anzuwenden. ④ Wenn Finanzmittel investiert werden, ist die Begrenzung der jungen Finanzmittel auf die Finanzmittel zu überprüfen.

HE 13b.24 (2)

H E 13b.24 (2)

Investition in Umlaufvermögen.

122 **Beispiel:**
Maschinenhersteller A betreibt ein Einzelunternehmen. Zum Todeszeitpunkt sind Finanzmittel vorhanden, welche der Erbe unstrittig nach Plan des Erblassers in neue Maschinenteile und Motoren innerhalb von 2 Jahren zur Herstellung von neuen Maschinen (Umlaufvermögen) investiert.

RE 13b.24 (3)

R E 13b.24 (3)

(3) ① Der Plan des Erblassers muss so konkret sein, dass dieser und die entsprechend vom Erwerber umgesetzte Investition nachvollzogen werden können. ② Der Plan muss die zu erwerben-
123 den oder herzustellenden Gegenstände beinhalten. ③ Das am Besteuerungszeitpunkt vorhandene Verwaltungsvermögen ist für die Investition zu verwenden, ohne dass der Erblasser vorgegeben haben muss, welche konkreten Gegenstände des Verwaltungsvermögens zur Finanzierung zu verwenden sind. ④ Unschädlich ist eine zusätzliche Finanzierung der Investition aus dem Privatvermögen. ⑤ In diesem Fall entfällt die Zurechnung zum Verwaltungsvermögen rückwirkend nur für das zur Finanzierung eingesetzte Verwaltungsvermögen. ⑥ Das eingesetzte Privatvermögen wird nicht rückwirkend zum Besteuerungszeitpunkt als vom Erblasser erworbenes begünstigtes Vermögen behandelt. ⑦ Hatte der Erblasser, z. B. als ein Minderheitsgesellschafter, keinen Einfluss auf die Geschäftsleitung (Geschäftsführung, Vorstand) des Betriebs, reicht es aus, wenn die Geschäftsleitung zum Zeitpunkt des Todes des Erblassers einen konkreten Investitionsplan gefasst hatte und diesen innerhalb der Frist von zwei Jahren verwirklicht. ⑧ Dieser Plan und seine Umsetzung werden dem Erblasser zugerechnet. ⑨ Die Investitionsklausel kann auch auf nachgelagerten Beteiligungsstufen zur Anwendung kommen. ⑩ Voraussetzung ist, dass der Erblasser seinen Plan auf dieser Beteiligungsstufe tatsächlich durchsetzen konnte. ⑪ Eine Zurechnung der Entscheidung der Geschäftsleitung erfolgt in diesen Fällen nicht.

HE 13b.24 (3)

H E 13b.24 (3)

Plan des Erblassers.

124 **Beispiel:**
Gesellschafter A ist zu 100% an der A-GmbH und die A-GmbH zu 100% an der B-GmbH beteiligt. Die B-GmbH tätigt eine Investition nach Plan des A. Aufgrund der Beteiligungshöhe kann A seinen Willen sowohl in der A-GmbH als auch in der B-GmbH durchsetzen.

RE 13b.24 (4–6)

R E 13b.24 (4–6)

(4) ① Das Stichtagsprinzip der Erbschaftsteuer (§§ 9, 11 ErbStG) wird für nicht begünstigte Finanzmittel im Sinne des § 13b Absatz 3 und 4 Nummer 5 ErbStG durchbrochen, wenn fol-
125 gende Voraussetzungen kumulativ erfüllt sind (§ 13b Absatz 5 Satz 3 und 4 in Verbindung mit Satz 2 ErbStG):

1. Es muss sich um einen Erwerb von Todes wegen handeln;
2. der Erwerber muss erworbene nicht begünstigte Finanzmittel verwenden, um laufende Löhne und Gehälter im Sinne des § 13a Absatz 3 Satz 6 bis 10 ErbStG an die Beschäftigten zu zahlen;
3. ursächlich für diese Mittelverwendung muss sein, dass aufgrund wiederkehrender saisonaler Schwankungen entsprechende Einnahmen fehlen;
4. die Mittelverwendung muss aufgrund eines im Zeitpunkt der Entstehung der Steuer vorgefassten Plans des Erblassers erfolgen;
5. die Mittelverwendung muss innerhalb einer Frist von zwei Jahren nach dem Besteuerungszeitpunkt erfolgt sein.

② In diesem Fall rechnen die zur Zahlung verwendeten Finanzmittel rückwirkend nicht (mehr) zum Verwaltungsvermögen. ③ Satz 1 ist bei jungen Finanzmitteln nicht anzuwenden. ④ Wenn Finanzmittel investiert werden, ist die Begrenzung der jungen Finanzmittel auf die Finanzmittel zu überprüfen. ⑤ Absatz 3 gilt entsprechend.

126 (5) Die Feststellungslast dafür, dass die Voraussetzungen des Absatzes 2 bis 4 sämtlich erfüllt sind, trägt der Erwerber, der die rückwirkende Aussonderung aus dem Verwaltungsvermögen beansprucht (§ 13b Absatz 5 Satz 5 ErbStG).

127 (6) ① Bei Schenkungen unter Lebenden sind Härtefälle aufgrund des Stichtagsprinzips ausgeschlossen, da Schenkungen und deren Vollzug planbar sind. ② Die Investitionsklausel ist daher auf Erwerbe durch Schenkung unter Lebenden nicht anwendbar. ③ Für die Ersatzerbschaftsteuer nach § 1 Absatz 1 Nummer 4 ErbStG gilt dies entsprechend.

R E 13b.25 Nettowert des Verwaltungsvermögens

ErbStR R E 13b.25

①Verbleibt nach der Anwendung von § 13b Absatz 3 Satz 1 ErbStG (Altersversorgungsansprüche/-verpflichtungen; → R E 13b.11) und dem Finanzmitteltest (→ R E 13b.23) ein Schuldenüberhang, sind diese Schulden zur Berechnung des Nettowerts des Verwaltungsvermögens anteilig mit dem Verwaltungsvermögen nach § 13b Absatz 4 Nummer 1 bis 4 ErbStG zu verrechnen. 129
②Eine direkte Zuordnung von Schulden, die wirtschaftlich mit bestimmten Wirtschaftsgütern zusammenhängen, erfolgt nicht. ③Die anteiligen Schulden bestimmen sich nach dem Verhältnis des gemeinen Werts des Verwaltungsvermögens zum gemeinen Wert des Betriebsvermögens des Betriebs oder der Gesellschaft zuzüglich der Schulden im Sinne des Satzes 1. ④Dabei ist das Verwaltungsvermögen um den festgestellten Wert des jungen Verwaltungsvermögens (§ 13b Absatz 8 ErbStG) zu verringern. ⑤Als Nettowert des Verwaltungsvermögens ist mindestens der gemeine Wert des jungen Verwaltungsvermögens und der auf den tatsächlichen Bestand der vor Anwendung der Schuldenverrechnung und vor Abzug des Sockelbetrags gedeckelten jungen Finanzmittel anzusetzen (§ 13b Absatz 8 Satz 3 ErbStG).

H E 13b.25

H E 13b.25

Beispiel:

Der gemeine Wert des Gewerbebetriebs wurde mit 500 000 EUR, das Verwaltungsvermögen nach § 13b Absatz 4 Nummer 1 bis 4 ErbStG mit 25 000 EUR und der Wert des jungen Verwaltungsvermögens mit 10 000 EUR festgestellt. Nach der Anwendung des § 13b Absatz 3 Satz 1 ErbStG und des Finanzmitteltests verbleiben Schulden von 30 000 EUR. 130

Verwaltungsvermögen		25 000 EUR
junges Verwaltungsvermögen	./.	10 000 EUR
Saldo Verwaltungsvermögen		15 000 EUR

Berechnung der anteilig verbleibenden Schulden:

$$\frac{30\,000 \text{ EUR} \times 15\,000 \text{ EUR}}{(500\,000 \text{ EUR} + 30\,000 \text{ EUR})} = 850 \text{ EUR}$$

Saldo Verwaltungsvermögen		15 000 EUR
anteilig verbleibende Schulden	./.	850 EUR
Nettowert des Verwaltungsvermögens		14 150 EUR

R E 13b.26 Unschädliches Verwaltungsvermögen

ErbStR R E 13b.26

①Der Nettowert des Verwaltungsvermögens ist um das unschädliche Verwaltungsvermögen zu kürzen. ②Unschädliches Verwaltungsvermögen entspricht zehn Prozent des Werts des (Anteils) Betriebsvermögens. ③Der Wert des (Anteils) Betriebsvermögens ist zu kürzen um 131
– den Nettowert des Verwaltungsvermögens (→ R E 13b.25),
– den Wert des jungen Verwaltungsvermögens und
– den Wert der jungen Finanzmittel.

④Das unschädliche Verwaltungsvermögen wird wie begünstigtes Vermögen behandelt.

H E 13b.26

H E 13b.26

Berechnung des unschädlichen Verwaltungsvermögens. → R E 13b.9 Absatz 2

	festgestellter Wert des (Anteils) Betriebsvermögens
–	Nettowert des Verwaltungsvermögens II.3.3
–	festgestellter Wert des jungen Verwaltungsvermögens
–	festgestellter Wert der jungen Finanzmittel
=	Bemessungsgrundlage für das unschädliche Verwaltungsvermögen
	Nettowert des Verwaltungsvermögens II.3.3
–	10% × Bemessungsgrundlage für das unschädliche Verwaltungsvermögen II.4.1
=	gekürzter Nettowert des Verwaltungsvermögens

132

R E 13b.27[1, 2] Junges Verwaltungsvermögen

ErbStR R E 13b.27

①Verwaltungsvermögen im Sinne des § 13b Absatz 4 Nummer 1 bis 4 ErbStG gehört nicht zum begünstigten Vermögen, wenn es dem Betrieb im Besteuerungszeitpunkt weniger als zwei Jahre zuzurechnen war (junges Verwaltungsvermögen, § 13b Absatz 2 Satz 1 in Verbindung mit 133

[1] Siehe *Tz. I gleich lautender Ländererlass vom 13. 10. 2022,* nachfolgend abgedruckt als Anlage zu R E 13b.27 ErbStR.

[2] *BFH-Urteil vom 21. 1. 2020 II R 8/18 (BStBl. II S. 567):* **1.** Zum nicht begünstigten jungen Verwaltungsvermögen i. S. des *§ 13b Abs. 2 Satz 3 ErbStG i. d. F. des ErbStRG* [jetzt § 13b Abs. 7 Satz 2 ErbStG] gehört jedes einzelne Wirtschaftsgut des Verwaltungsvermögens, das sich weniger als zwei Jahre vor dem Stichtag durchgehend im Betriebsvermögen befand. Es ist keine gruppenbezogene Betrachtung vorzunehmen. **2.** Auf die Herkunft des Vermögensgegenstandes oder der zu seiner Finanzierung verwendeten Mittel kommt es nicht an. – Ebenso *BFH-Urteile vom 21. 1. 2020 II R 13/18 (BStBl. II S. 570), II R 18/18 (BStBl. II S. 573) und II R 21/18 (BFH/NV S. 1071).*

BFH-Urteil vom 21. 1. 2020 II R 41/18 (BStBl. II S. 577): **1., 2.** (wie vor). **3.** Gehen innerhalb der Zweijahresfrist durch eine Aufwärtsverschmelzung Wirtschaftsgüter des Verwaltungsvermögens von der verschmolzenen auf die aufnehmende Gesellschaft über, handelt es sich bei diesen Wirtschaftsgütern um junges Verwaltungsvermögen. **4.** (abgedruckt zu § 19a ErbStG).

Absatz 7 Satz 2 ErbStG). ② Hierzu gehört nicht nur innerhalb des Zweijahreszeitraums eingelegtes Verwaltungsvermögen, sondern auch Verwaltungsvermögen, das innerhalb dieses Zeitraums aus betrieblichen Mitteln angeschafft oder hergestellt worden ist. ③ Vermögensgegenstände, die seit zwei Jahren und mehr zum Betriebsvermögen gehörten, sind auch dann kein junges Verwaltungsvermögen, wenn die in § 13b Absatz 4 ErbStG genannten Kriterien erst innerhalb der letzten beiden Jahre eingetreten sind. ④ Die zum jungen Verwaltungsvermögen im Gesamthandsvermögen der Personengesellschaft gehörenden Wirtschaftsgüter sind nach dem Wert des Anteils des Gesellschafters am Gesamthandsvermögen zum gemeinen Wert des Gesamthandsvermögens (§ 97 Absatz 1a Nummer 1 BewG) dem jeweiligen Gesellschafter zuzurechnen; hinzu kommen die im übertragenen Sonderbetriebsvermögen enthaltenen Wirtschaftsgüter des jungen Verwaltungsvermögens.[1] ⑤ Ist der Wert der Beteiligung des Gesellschafters am Gesamthandsvermögen negativ, ist das auf den Anteil am Gesamthandsvermögen entfallende junge Verwaltungsvermögen mit Null anzusetzen. ⑥ Bei Anteilen an Kapitalgesellschaften ist das junge Verwaltungsvermögen der Gesellschaft nach dem Verhältnis aufzuteilen, das bei der Aufteilung des gemeinen Werts der Gesellschaft nach § 97 Absatz 1b BewG angewendet wurde. ⑦ Junges Verwaltungsvermögen ist nicht in die Schuldenverrechnung mit dem Verwaltungsvermögen einzubeziehen (§ 13b Absatz 6 in Verbindung mit Absatz 8 Satz 1 ErbStG) und stellt kein unschädliches Verwaltungsvermögen dar (§ 13b Absatz 7 Satz 2 ErbStG). ⑧ Zur Berücksichtigung von jungem Verwaltungsvermögen in der Verbundvermögensaufstellung → R E 13b.29 Absatz 4.

Anl zu R E 13b.27

Erlass betr. Behandlung von (jungem) Verwaltungsvermögen und (jungen) Finanzmitteln bei Umwandlungsvorgängen sowie Folgen von Umwandlungsvorgängen für die Anwendung des vereinfachten Ertragswertverfahrens

Vom 13. Oktober 2022 (BStBl. I S. 1517)

(Gleich lautender Ländererlass)

Inhalt

	Rz.
I. Entstehen jungen Verwaltungsvermögens durch Umwandlungsvorgänge	1–30
1. Verschmelzung	3–5
2. Auf- oder Abspaltung, Ausgliederung	6–8
3. Einbringungsvorgänge	9–19
3.1. Einbringung eines Einzelunternehmens in eine Personengesellschaft	9
3.2. Einbringung eines Mitunternehmeranteils in eine Personengesellschaft unter Begründung einer doppel-(oder mehr-)stöckigen Struktur	10–12
3.3. Einbringung durch Aufnahme von weiteren Gesellschaftern in eine Personengesellschaft	13–14
3.4. Einbringung eines Einzelunternehmens in eine Kapitalgesellschaft	15
3.5. Einbringung eines Mitunternehmeranteils in eine Kapitalgesellschaft	16–17
3.6. Aufnahme von weiteren Gesellschaftern in eine Kapitalgesellschaft	18–19
4. Formwechsel	20–26
4.1. Formwechsel einer Kapitalgesellschaft in eine andere Kapitalgesellschaft oder Formwechsel einer Personengesellschaft in eine andere Personengesellschaft	21
4.2. Formwechsel einer Personen- in eine Kapitalgesellschaft	22–24
4.3. Formwechsel einer Kapital- in eine Personengesellschaft	25–26
5. Option zur Körperschaftsbesteuerung nach § 1a KStG	27
6. Anwachsung	28–30
6.1. Ausscheiden unter Fortbestand der Personengesellschaft	29
6.2. Ausscheiden des vorletzten Gesellschafters	30
II. Junge Finanzmittel durch Umwandlungsvorgänge	31–40
1. Allgemeines	31–39
2. Option zur Körperschaftsbesteuerung nach § 1a KStG	40
III. Folgen von Umwandlungsvorgängen für das vereinfachte Ertragswertverfahren (§§ 199 ff. BewG)	41–58
1. Bewertung des aufnehmenden Unternehmens	42–45
1.1. Das aufnehmende Unternehmen ist zuvor keiner Geschäftstätigkeit nachgegangen	42–44
1.2. Das aufnehmende Unternehmen ist zuvor bereits einer Geschäftstätigkeit nachgegangen	45
2. Bewertung des abgebenden Unternehmens	46–47
3. Einzelheiten zur Ermittlung der Betriebsergebnisse	48–58
3.1. Allgemeines	48–53
3.2. Besonderheiten bei der Ermittlung des Jahresertrags	54–55
3.3. Bewertung des jungen Betriebsvermögens i. S. d. § 200 Absatz 4 BewG	56–58

I. Entstehen jungen Verwaltungsvermögens durch Umwandlungsvorgänge

134 **1** Die Verwaltungsvermögenseigenschaft eines Wirtschaftsguts ist im Besteuerungszeitpunkt zu prüfen. Durch Umwandlungsvorgänge kann sich die Verwaltungsvermögenseigenschaft eines Wirtschaftsguts ändern (z. B. Überschreiten der Beteiligungsgrenze bei Anteilen an Kapitalgesellschaften nach § 13b Absatz 4 Nummer 2 ErbStG). Verwaltungsvermögen im Sinne von § 13b Absatz 4 Nummer 1 bis 4 ErbStG, das dem Betrieb im Zeitpunkt der Steuerentstehung weniger als zwei Jahre zuzurechnen war, ist junges Verwaltungsvermögen (§ 13b Absatz 7 Satz 2 ErbStG). Bei Umwandlungsvorgängen kann

[1] Siehe hierzu *gleich lautenden Ländererlass vom 11. 2. 2021,* abgedruckt als Anlage zu R E 13b.12 ErbStR.

sich für einzelne Wirtschaftsgüter ein Rechtsträgerwechsel ergeben, der Auswirkungen auf die Qualifizierung als junges Verwaltungsvermögen haben kann. Für die Beurteilung, ob junges Verwaltungsvermögen zugeführt wurde, ist eine betriebsbezogene Sichtweise erforderlich.

Anl zu R E 13b.27

2 Im Hinblick auf die Gesamtsystematik der §§ 13a, 13b ErbStG, insbesondere auch unter Berücksichtigung des Systems der stufenweisen Ermittlung und Einbeziehung in die Verbundvermögensaufstellung (§ 13b Absatz 9 ErbStG), erfolgt für die Beurteilung, ob junges Verwaltungsvermögen vorliegt, weder eine rein zivilrechtliche noch eine rein ertragsteuerliche Anknüpfung. Entscheidend ist, ob sich die Betriebszuordnung des Wirtschaftsguts ändert.

1. Verschmelzung

3 Im Fall einer Verschmelzung handelt es sich um die Übertragung des gesamten Vermögens eines Rechtsträgers auf einen anderen schon bestehenden Rechtsträger oder zweier oder mehrerer Rechtsträger auf einen neu gegründeten Rechtsträger im Wege der Gesamtrechtsnachfolge unter Auflösung ohne Abwicklung. 135

4 Bei einer Verschmelzung einer Tochtergesellschaft auf eine Muttergesellschaft (Aufwärtsverschmelzung) wird der Muttergesellschaft junges Verwaltungsvermögen zugeführt (BFH vom 22. 1. 2020 II R 41/18, BStBl. II S. 577). Die Aufwärtsverschmelzung führt bilanziell bei der aufnehmenden Gesellschaft zu einem Aktivtausch (einzelne Wirtschaftsgüter an Beteiligung). Der Zweijahreszeitraum des § 13b Absatz 7 Satz 2 ErbStG beginnt bei dem aufnehmenden Rechtsträger neu, eine Anrechnung der Zurechnungszeit des bisherigen Rechtsträgers findet nicht statt (BFH vom 22. 1. 2020, a. a. O., Rn. 36).

5 Die Grundsätze sind auf andere Verschmelzungsvorgänge entsprechend anzuwenden (insbesondere Seitwärts- oder Abwärtsverschmelzungen), selbst wenn insofern bilanziell kein Aktivtausch vorliegt.

2. Auf- oder Abspaltung, Ausgliederung

6 Im Fall der Aufspaltung (§ 123 Absatz 1 UmwG) teilt ein Rechtsträger sein Vermögen unter Auflösung auf und überträgt die Teile im Wege der Sonderrechtsnachfolge jeweils auf andere schon bestehende oder neu gegründete Rechtsträger. Es entsteht in vollem Umfang junges Verwaltungsvermögen bei den neuen Rechtsträgern, ohne dass eine Zurechnungszeit des bisherigen Rechtsträgers beim neuen Rechtsträger angerechnet wird. 136

7 Bei der Abspaltung (§ 123 Absatz 2 UmwG) bleibt der bisherige Rechtsträger bestehen, es geht lediglich ein Teil des Vermögens im Wege der Sonderrechtsnachfolge auf andere schon bestehende oder neu gegründete Rechtsträger über. Im Umfang des Übergangs von Verwaltungsvermögen auf den/die neuen Rechtsträger entsteht bei diesem/-n junges Verwaltungsvermögen, ohne dass eine Zurechnungszeit des bisherigen Rechtsträgers beim neuen Rechtsträger angerechnet wird.

8 Im Fall der Ausgliederung (§ 123 Absatz 3 UmwG) wird aus dem Vermögen des übertragenden Rechtsträgers ein Teil oder mehrere Teile im Wege der Sonderrechtsnachfolge auf andere schon bestehende oder neu gegründete Rechtsträger übertragen. Im Umfang des Übergangs von Verwaltungsvermögen auf den oder die neuen Rechtsträger entsteht bei diesem/-n junges Verwaltungsvermögen, ohne dass eine Zurechnungszeit des bisherigen Rechtsträgers beim neuen Rechtsträger angerechnet wird.

3. Einbringungsvorgänge

3.1. Einbringung eines Einzelunternehmens in eine Personengesellschaft

9 Die Einbringung eines Einzelunternehmens in eine Personengesellschaft führt zivilrechtlich zum Eigentumsübergang der Wirtschaftsgüter und somit zu einem Rechtsträgerwechsel. Auch ertragsteuerlich ändert sich die betriebliche Zuordnung. Das übertragene Verwaltungsvermögen ist dadurch bei der Personengesellschaft als junges Verwaltungsvermögen zu qualifizieren. Zurechnungszeiten des eingebrachten Einzelunternehmens werden nicht angerechnet. 137

Beispiel 1:

A hat ein Einzelunternehmen, in dem sich an Dritte vermieteter Grundbesitz befindet. Er beteiligt seinen Sohn in der Form an dem Einzelunternehmen, dass eine OHG gegründet wird, in welche der laufende Geschäftsbetrieb des Einzelunternehmens eingelegt wird.
In der neu gegründeten OHG stellt der an Dritte vermietete Grundbesitz junges Verwaltungsvermögen dar.

Abwandlung:

Es werden Wirtschaftsgüter, die Verwaltungsvermögen darstellen, nicht in das Gesamthandsvermögen, sondern in das Sonderbetriebsvermögen des A überführt. Im Nachgang verschenkt A einen Anteil am Gesamthandsvermögen und sein Sonderbetriebsvermögen an seinen Sohn.
Junges Verwaltungsvermögen entsteht bereits mit der Einbringung der Wirtschaftsgüter, die Verwaltungsvermögen darstellen, in das Sonderbetriebsvermögen des A im Rahmen der Gründung der OHG.

3.2. Einbringung eines Mitunternehmeranteils in eine Personengesellschaft unter Begründung einer doppel- (oder mehr-)stöckigen Struktur

10 Zivilrechtlich verbleiben die Wirtschaftsgüter einer Personengesellschaft (Untergesellschaft) bei Einbringung eines Mitunternehmeranteils an dieser in eine andere Personengesellschaft (Obergesellschaft) im Eigentum der Untergesellschaft, ein Rechtsträgerwechsel findet nicht statt. Nach ertragsteuerlichen Grundsätzen entsteht hier eine neue, doppelstöckige Mitunternehmerschaft. Unmittelbarer Mitunternehmer der Untergesellschaft wird die Obergesellschaft. Deren Gesellschafter sind mittelbar an der Untergesellschaft beteiligt. Die Beteiligung an der Untergesellschaft wird in der Steuerbilanz der Obergesellschaft mit dem Stand der Kapitalkonten der Obergesellschaft bei der Untergesellschaft abgebildet (Spiegelbildmethode). 138

11 Aufgrund der stufenweisen Ermittlung bei der Verbundvermögensaufstellung ist erbschaft- und schenkungsteuerrechtlich davon auszugehen, dass die Wirtschaftsgüter der Untergesellschaft ihre Be-

Anl zu R E 13b.27

triebszugehörigkeit durch die Einbringung des Mitunternehmeranteils nicht ändern. Es entsteht kein junges Verwaltungsvermögen in Bezug auf die Wirtschaftsgüter der Untergesellschaft.

Beispiel 2:

Gesellschafter A ist an der X-KG (Untergesellschaft) zu 1/3 beteiligt. Er bringt den Anteil in die neu gegründete Y-OHG (Obergesellschaft) gegen Gewährung von Gesellschaftsrechten ein.
Mit der Einbringung des Anteils an der X-KG in die Y-OHG entsteht kein junges Verwaltungsvermögen bei der X-KG.

12 Bringt der bisherige Mitunternehmer auch Sonderbetriebsvermögen in das Gesamthandsvermögen der neuen Obergesellschaft ein, so ändert sich die zivilrechtliche Zuordnung (Rechtsträgerwechsel). Der Eigentümer des Sonderbetriebsvermögens ist nicht mehr der einbringende Gesellschafter, sondern die Obergesellschaft. Ertragsteuerlich wird das Sonderbetriebsvermögen weiter dem Betrieb der Untergesellschaft zugerechnet. Der Obergesellschaft wird insoweit kein eigenes junges Verwaltungsvermögen zugeführt. Bei der Untergesellschaft ergibt sich aus dem Rechtsträgerwechsel hinsichtlich des Sonderbetriebsvermögens der Obergesellschaft junges Verwaltungsvermögen auf Ebene der Untergesellschaft. Im Rahmen der Verbundvermögensbetrachtung nach § 13 b Absatz 9 ErbStG ist das junge Verwaltungsvermögen aus dem Sonderbetriebsvermögen der Obergesellschaft bei der Untergesellschaft neben dem jungen Verwaltungsvermögen aus der Beteiligung der Obergesellschaft am Gesamthandsvermögen der Untergesellschaft anzusetzen.

Fortsetzung Beispiel 2:

Gesellschafter A bringt zusätzlich sein bei der X-KG (Untergesellschaft) gehaltenes Sonderbetriebsvermögen, welches Verwaltungsvermögen darstellt, im Wert von 10 000 EUR in das Gesamthandsvermögen der Y-OHG (Obergesellschaft) ein. Das bisherige Sonderbetriebsvermögen des A wird Sonderbetriebsvermögen der Y-OHG bei der X-KG.
Bei der Y-OHG stellt das Sonderbetriebsvermögen kein ihr direkt zuzurechnendes junges Verwaltungsvermögen dar. Aufgrund des Rechtsträgerwechsel ist es nun mit Einbringung als junges Verwaltungsvermögen im Sonderbetriebsvermögen der Y-OHG in der X-KG zu qualifizieren und im Rahmen der Verbundvermögensbetrachtung als junges Verwaltungsvermögen aus der Beteiligung an der X-KG anzusetzen.

Beteiligung der Y-OHG an der X-KG (Feststellungen für die X-KG)	
Verwaltungsvermögen aus dem Sonderbetriebsvermögen	10 000 EUR
Junges Verwaltungsvermögen aus dem Sonderbetriebsvermögen	10 000 EUR

Beteiligung an der Y-OHG (Feststellungen für die Y-OHG)	
Eigenes Verwaltungsvermögen	0 EUR
Verwaltungsvermögen aus der Beteiligung an der X-KG	10 000 EUR
Anzusetzendes Verwaltungsvermögen	10 000 EUR
Eigenes junges Verwaltungsvermögen	0 EUR
Junges Verwaltungsvermögen aus der Beteiligung an der X-KG	10 000 EUR
Anzusetzendes junges Verwaltungsvermögen	10 000 EUR

3.3. Einbringung durch Aufnahme von weiteren Gesellschaftern in eine Personengesellschaft

139 **13** Das zivilrechtliche Eigentum an den Wirtschaftsgütern der Personengesellschaft ändert sich durch die Aufnahme eines weiteren Gesellschafters nicht. Die entgeltliche Aufnahme eines weiteren Gesellschafters in eine bestehende Mitunternehmerschaft führt ertragsteuerlich aber zur Begründung einer neuen Mitunternehmerschaft (§ 24 UmwStG). Unter Berücksichtigung des Grundgedankens der §§ 13 a, 13 b ErbStG führt diese ertragsteuerliche Wertung jedoch nicht zu einer neuen betrieblichen Zuordnung. Das in der Personengesellschaft bereits vorhandene junge Verwaltungsvermögen bleibt unter Fortführung der ursprünglichen Zurechnungszeit bis zum Ablauf von zwei Jahren bestehen.

14 Sofern bei der Aufnahme durch den neuen Gesellschafter dem Betrieb Verwaltungsvermögen zugeführt wird, stellt dieses junges Verwaltungsvermögen dar.

Beispiel 3:

Die Gesellschafter A und B sind an der AB-OHG zu je 1/2 beteiligt. Sie nehmen den Gesellschafter C auf. Dieser legt dafür Aktien (Verwaltungsvermögen nach § 13 b Absatz 4 Nummer 2 ErbStG) in das Gesellschaftsvermögen ein.
Das in der AB-OHG vorhandene Verwaltungsvermögen wird durch die Aufnahme des C nicht zu jungem Verwaltungsvermögen. Mit der Einlage der Aktien durch den C entsteht insoweit junges Verwaltungsvermögen.

3.4. Einbringung eines Einzelunternehmens in eine Kapitalgesellschaft

140 **15** Die Einbringung eines Einzelunternehmens in eine Kapitalgesellschaft führt zivilrechtlich zu einem Rechtsträgerwechsel an den Wirtschaftsgütern und in Bezug auf das eingebrachte Verwaltungsvermögen zur Begründung jungen Verwaltungsvermögens bei der Kapitalgesellschaft.

3.5. Einbringung eines Mitunternehmeranteils in eine Kapitalgesellschaft

141 **16** Wird ein Mitunternehmeranteil in eine Kapitalgesellschaft eingebracht, so findet bezogen auf das Gesamthandsvermögen der Personengesellschaft kein Rechtsträgerwechsel statt. Die Kapitalgesellschaft ist fortan zwar anteilig an den Wirtschaftsgütern der Mitunternehmerschaft beteiligt (Spiegelbildmethode), die betriebsbezogene Zurechnung der Wirtschaftsgüter der Mitunternehmerschaft für erbschaft- und schenkungsteuerrechtliche Zwecke ändert sich aber nicht.

17 Wurde im Zuge der Einbringung auch Sonderbetriebsvermögen des bisherigen Mitunternehmers eingebracht, kann dies junges Verwaltungsvermögen auf Ebene der Mitunternehmerschaft begründen.

3.6. Aufnahme von weiteren Gesellschaftern in eine Kapitalgesellschaft

142 **18** Die Aufnahme weiterer Gesellschafter in die Kapitalgesellschaft durch Erhöhung des Stammkapitals führt zu keinem Rechtsträgerwechsel und ist umwandlungssteuerlich grundsätzlich kein Einbringungsvorgang. Die betriebsbezogene Zurechnung der bisherigen Wirtschaftsgüter ändert sich nicht.

Anl zu R E 13b.27

19 Sofern durch die Aufnahme des neuen Gesellschafters Verwaltungsvermögen in die Gesellschaft eingelegt wird (Sacheinlage), stellt dieses junges Verwaltungsvermögen dar.

4. Formwechsel

20 Der Formwechsel nach §§ 190 ff. UmwG führt zivilrechtlich – anders als die Verschmelzung – nicht zu einem Rechtsträgerwechsel und somit nicht zu einer Änderung der Eigentumszurechnung. **143**

4.1. Formwechsel einer Kapitalgesellschaft in eine andere Kapitalgesellschaft oder Formwechsel einer Personengesellschaft in eine andere Personengesellschaft

21 Der den Rechtscharakter als Personen- oder Kapitalgesellschaft wahrende Formwechsel (z. B. GmbH in AG, OHG in KG) führt nicht zur Begründung von jungem Verwaltungsvermögen. **144**

4.2. Formwechsel einer Personen- in eine Kapitalgesellschaft

22 Ertragsteuerlich wird dieser Fall wie ein Einbringungsvorgang behandelt (§ 25 UmwStG), was zu einer Änderung bei der betrieblichen Zurechnung der Wirtschaftsgüter führt. Entsprechend der Systematik der §§ 13 a, 13 b ErbStG wird aber auf die betriebliche Einheit abgestellt, welche sich nicht ändert. Es wird kein junges Verwaltungsvermögen begründet. **145**

23 Das in der Personengesellschaft bereits vorhandene junge Verwaltungsvermögen wird unter Anrechnung der ursprünglichen Zurechnungszeit weiter als junges Verwaltungsvermögen behandelt. Durch den Formwechsel beginnt kein neuer Zweijahreszeitraum.

24 Bei Verwaltungsvermögen im Sonderbetriebsvermögen, das im Rahmen des Formwechsels auf die Kapitalgesellschaft übertragen wird, findet dagegen ein Rechtsträgerwechsel statt und es wird junges Verwaltungsvermögen begründet.

4.3. Formwechsel einer Kapital- in eine Personengesellschaft

25 Der Formwechsel einer Kapital- in eine Personengesellschaft ist ertragsteuerlich durch § 9 i. V. m. § 3 UmwStG der Verschmelzung auf eine Personengesellschaft gleichgestellt. **146**
Aufgrund der Tatsache, dass auch in diesem Fall erbschaft- und schenkungsteuerrechtlich die betriebliche Einheit fortbesteht, wird kein junges Verwaltungsvermögen begründet.

26 Das in der Kapitalgesellschaft bereits vorhandene junge Verwaltungsvermögen wird unter Anrechnung der ursprünglichen Zurechnungszeit weiter als junges Verwaltungsvermögen behandelt. Durch den Formwechsel beginnt kein neuer Zweijahreszeitraum.

5. Option zur Körperschaftsbesteuerung nach § 1 a KStG

27 Bei der Option einer Personenhandels- oder Partnerschaftsgesellschaft zur Körperschaftsbesteuerung wird ertragsteuerlich ein Formwechsel fingiert (§ 1 a Absatz 2 KStG); zivilrechtlich bleibt die optierende Gesellschaft eine Personengesellschaft. Für Zwecke der Erbschaft- und Schenkungsteuer sowie für die Bewertung von Beteiligungen an Personengesellschaften hat sich der Gesetzgeber für einen Verbleib bei den Grundsätzen der Beteiligung an Personengesellschaften entschieden (§ 97 Absatz 1 Satz 1 Nummer 5 Satz 1 BewG). Eine Anknüpfung an die ertragsteuerliche Behandlung findet nicht statt. Bei Ausübung der Option kann es zur Begründung jungen Verwaltungsvermögens kommen. Für weitere Einzelheiten siehe gleich lautende Erlasse der obersten Finanzbehörden der Länder vom 5. Oktober 2022, BStBl. I S. 1494. **147**

6. Anwachsung

28 Kommt es durch Ausscheiden eines Gesellschafters aus einer Personengesellschaft zur Anwachsung nach § 738 BGB, so entsteht nach ertragsteuerlichen Grundsätzen jeweils eine neue Mitunternehmerschaft bzw. – beim Ausscheiden des vorletzten Gesellschafters – ein Einzelunternehmen. Erbschaft- und schenkungsteuerrechtlich wird entsprechend der Einbringungsvorgänge (unter I. 3.) wie folgt verfahren: **148**

6.1. Ausscheiden unter Fortbestand der Personengesellschaft

29 Bleibt die Personengesellschaft beim Ausscheiden eines Gesellschafters erhalten, weil noch mindestens zwei weitere Gesellschafter vorhanden sind, ändert sich die betriebliche Zuordnung für Zwecke der §§ 13 a, 13 b ErbStG nicht. Das in der Personengesellschaft bereits vorhandene junge Verwaltungsvermögen bleibt bestehen. Darüber hinaus wird kein junges Verwaltungsvermögen begründet. **149**

6.2. Ausscheiden des vorletzten Gesellschafters

30 Das Ausscheiden des vorletzten Gesellschafters ist mit einem Rechtsträgerwechsel gem. § 738 BGB verbunden. Das übergehende Verwaltungsvermögen ist als junges Verwaltungsvermögen beim letzten Gesellschafter zu qualifizieren. **150**

II. Junge Finanzmittel durch Umwandlungsvorgänge

1. Allgemeines

31 Junge Finanzmittel sind nach § 13 b Absatz 4 Nummer 5 Satz 2 ErbStG der positive Saldo aus der Einlage und der Entnahme von Finanzmitteln innerhalb von zwei Jahren vor dem Besteuerungszeitpunkt. **151**

32 Wie im Bereich des jungen Verwaltungsvermögens ist auch bei der Ermittlung junger Finanzmittel die gesellschaftsbezogene Betrachtungsweise anzuwenden und auf jeder Beteiligungsstufe zu prüfen,

Anl zu R E 13b.27

ob eine Einlage oder Entnahme in die jeweilige Beteiligungsgesellschaft erfolgt ist (R E 13b.29 Absatz 3 ErbStR).

33 Da § 13b Absatz 4 Nummer 5 Satz 2 ErbStG auf die Begriffe Einlage bzw. Entnahme abstellt, liegt kein Gleichklang mit dem jungen Verwaltungsvermögen vor.

152 **34** Die Begriffe Einlage und Entnahme sind zunächst – in entsprechender Anwendung von R E 13a.15 Absatz 1 Satz 4 ErbStR – nach den Grundsätzen des Ertragsteuerrechts zu beurteilen. Die Auslegung der Begriffe Einlage und Entnahme im Rahmen des § 13b Absatz 4 Nummer 5 Satz 2 ErbStG kann jedoch nicht auf die ertragsteuerliche Definition beschränkt bleiben und muss aus erbschaft- und schenkungsteuerrechtlicher Sicht beurteilt werden.

35 Als Einlagevorgang i. S. d. § 13b Absatz 4 Nummer 5 Satz 2 ErbStG sind allgemein alle Zuführungen zum Unternehmensvermögen durch Gesellschafter oder nahestehende Personen i. S. v. § 1 Absatz 2 AStG zu verstehen, sofern es sich bei dem zugeführten Gegenstand um Finanzmittel handelt.

36 Folgende Vorgänge sind abweichend von der ertragsteuerlichen Behandlung als Einlage zu beurteilen:
– Einbringungsvorgänge gegen Gewährung von Gesellschaftsrechten oder andere Gegenleistungen (da tauschähnlicher Vorgang),
– Vermögenszuführungen im Wege der Neugründung vor Betriebsaufnahme.

37 Eine Entnahme i. S. d. § 13b Absatz 4 Nummer 5 Satz 2 ErbStG liegt umgekehrt dann vor, wenn dem Unternehmensvermögen Finanzmittel durch Gesellschafter oder nahestehende Personen i. S. v. § 1 Absatz 2 AStG entzogen werden. Hierzu zählen auch die Ausschüttungen bei Kapitalgesellschaften.

153 **38** Für die unter I. dargestellten Umwandlungsfälle gilt damit:
Wenn sich die betriebsbezogene Zurechnung durch den Umwandlungsvorgang nicht ändert, führt der Betrieb auch hinsichtlich der jungen Finanzmittel die bisherigen Rechengrößen (Entnahmen und Einlagen der letzten zwei Jahre) fort. Dies gilt bei:
– Einbringung von Mitunternehmeranteilen in eine Personen- oder Kapitalgesellschaft,
– Anwachsung unter Fortbestand der Personengesellschaft,
– Formwechsel; etwas anderes gilt für Finanzmittel im Sonderbetriebsvermögen, die im Rahmen des Formwechsels in eine Kapitalgesellschaft übertragen werden. Diese werden aufgrund des Rechtsträgerwechsels bei der Ermittlung der jungen Finanzmittel als Einlage berücksichtigt.

154 **39** Führt der Umwandlungsvorgang dagegen zu einem Wechsel in der betrieblichen Zuordnung mit der Folge, dass junges Verwaltungsvermögen begründet wird, so gilt auch die durch den Umwandlungsvorgang erfolgte Zuführung von Finanzmitteln zum neuen Betrieb als Einlage. Dies gilt bei:
– Verschmelzung,
– Auf-/Abspaltung, Ausgliederung,
– Einbringung eines Einzelunternehmens in eine Personengesellschaft,
– Aufnahme neuer Mitunternehmer in eine Personengesellschaft hinsichtlich der vom aufgenommenen Gesellschafter zugeführten Finanzmittel,
– Aufnahme neuer Gesellschafter in eine Kapitalgesellschaft hinsichtlich der vom aufgenommenen Gesellschafter zugeführten Finanzmittel,
– Einbringung eines Einzelunternehmens in eine Kapitalgesellschaft,
– Anwachsung auf den letzten verbleibenden Gesellschafter.
Umgekehrt (z. B. in Fällen der Abspaltung) kann beim bisherigen Betrieb eine Entnahme vorliegen.

Beispiel 4:
A betreibt ein Einzelunternehmen. Aus seinem Privatvermögen legt er 50 000 EUR in dieses ein. Innerhalb von zwei Jahren nach der Einlage wird der Betrieb auf den Nachfolger unentgeltlich übertragen. Die Entnahmen von Finanzmitteln innerhalb des Zweijahreszeitraums des § 13b Absatz 4 Nummer 5 Satz 2 ErbStG betragen 20 000 EUR. Der Wert der Finanzmittel des Einzelunternehmens im Zeitpunkt der Steuerentstehung beträgt 40 000 EUR.
Für das Einzelunternehmen ergeben sich im Zeitpunkt der Steuerentstehung junge Finanzmittel von 30 000 EUR (Einlagen 50 000 EUR ./. Entnahmen 20 000 EUR).

Abwandlung:
Nach der Einlage der 50 000 EUR in das Einzelunternehmen gründet A eine GmbH & Co. KG, deren alleiniger Kommanditist er ist. In diese bringt er sein Einzelunternehmen ein (§ 24 UmwStG). Der Wert der Finanzmittel des Einzelunternehmens im Zeitpunkt der Einbringung in die GmbH & Co. KG beträgt 80 000 EUR. Ein Jahr nach der Gründung der GmbH & Co. KG überträgt er seinen Kommanditanteil unentgeltlich auf seinen Nachfolger. Die Entnahmen von Finanzmitteln aus der GmbH & Co. KG seit deren Gründung betragen 10 000 EUR. Finanzmittel wurden seit der Gründung nicht mehr in die GmbH & Co. KG eingelegt. Der Wert der Finanzmittel der GmbH & Co. KG im Zeitpunkt der Steuerentstehung beträgt 90 000 EUR.
Mit der Einbringung des Einzelunternehmens in die GmbH & Co. KG sind sämtliche Finanzmittel des Einzelunternehmens (80 000 EUR) bei der Ermittlung der jungen Finanzmittel der GmbH & Co. KG als Einlagen zu qualifizieren. Bei der Ermittlung der jungen Finanzmittel der GmbH & Co. KG sind die Entnahmen von Finanzmitteln seit deren Gründung zu berücksichtigen. Für die GmbH & Co. KG ergeben sich im Zeitpunkt der Steuerentstehung junge Finanzmittel von 70 000 EUR (Einlage 80 000 EUR ./. Entnahmen 10 000 EUR). Die Einlagen in das Einzelunternehmen (50 000 EUR) und die Entnahmen aus diesen (20 000 EUR) sind nicht mit zu berücksichtigen, auch wenn diese innerhalb des Zweijahreszeitraums vor der Übertragung des Kommanditanteils getätigt worden sein sollten.

2. Option zur Körperschaftsbesteuerung nach § 1 a KStG

155 **40** Bei Ausübung der Option (hierzu unter I. 5.) kann es zu Einlagen kommen, die bei der Ermittlung der jungen Finanzmittel zu berücksichtigen sind. Für weitere Einzelheiten siehe gleich lautende Erlasse der obersten Finanzbehörden der Länder vom 5. Oktober 2022, BStBl. I S. 1494.

Anl zu R E 13b.27

III. Folgen von Umwandlungsvorgängen für das vereinfachte Ertragswertverfahren (§§ 199 ff. BewG)

41 Bei der Bewertung nach dem vereinfachten Ertragswertverfahren im Anschluss an Umwandlungsvorgänge ist zu unterscheiden, **156**

- ob es um die Bewertung des Unternehmens geht, das das Vermögen aufnimmt oder abgibt, und
- ob das aufnehmende Unternehmen vor dem Vermögenszugang bereits einer Geschäftstätigkeit nachgegangen ist bzw. ob das abgebende Unternehmen nach dem Vermögensabgang noch eine Geschäftstätigkeit ausübt.

1. Bewertung des aufnehmenden Unternehmens

1.1. Das aufnehmende Unternehmen ist zuvor keiner Geschäftstätigkeit nachgegangen

42 Das aufnehmende Unternehmen kann grundsätzlich im vereinfachten Ertragswertverfahren bewertet werden (§§ 199 ff. BewG). Dies gilt sowohl für Gesellschaften, die schon längere Zeit bestehen (Vorratsgesellschaft), als auch für im Umwandlungsvorgang neu gegründete Gesellschaften. Hierbei kommt § 201 Absatz 3 Satz 2 BewG zur Anwendung (Übernahme der Ergebnisse des bisherigen Betriebs bzw. der bisherigen Gesellschaft). Deshalb handelt es sich nicht um eine die Anwendung des vereinfachten Ertragswertverfahrens ausschließende Neugründung (kein Anwendungsfall von R B 199.1 Absatz 6 Satz 1 Nummer 2 und Satz 2 ErbStR). **157**

43 Der Durchschnittsertrag ist regelmäßig aus den Betriebsergebnissen der letzten drei vor dem Bewertungsstichtag abgelaufenen Wirtschaftsjahre herzuleiten (§ 201 Absatz 2 Satz 1 BewG). Das gesamte Betriebsergebnis eines am Bewertungsstichtag noch nicht abgelaufenen Wirtschaftsjahres ist anstelle des drittletzten abgelaufenen Wirtschaftsjahres einzubeziehen, wenn es für die Herleitung des künftig zu erzielenden Jahresertrags von Bedeutung ist (§ 201 Absatz 2 Satz 2 BewG). Soweit danach keine Betriebsergebnisse aus drei vollen Wirtschaftsjahren bei dem aufnehmenden Unternehmen zugrunde gelegt werden können, sind frühere Betriebsergebnisse des abgebenden Gewerbebetriebs bzw. der abgebenden Gesellschaft einzubeziehen (§ 201 Absatz 3 Satz 2 BewG).

44 Bei Anwendung der §§ 200 ff. BewG sind die wirtschaftlichen Auswirkungen im Einzelfall durch entsprechende Hinzu- oder Abrechnungen analog § 202 Absatz 1 BewG zu berücksichtigen. Dies gilt z. B. für Einflüsse auf die Ertragskraft durch Veränderungen der konzerninternen Leistungsverrechnungen oder hinsichtlich der Berücksichtigung von Wirtschaftsgütern i. S. d. § 200 Absatz 2 bis 4 BewG.

1.2. Das aufnehmende Unternehmen ist zuvor bereits einer Geschäftstätigkeit nachgegangen

45 Bleibt im Rahmen eines Umwandlungsvorgangs ein Betrieb bestehen und wird ein weiterer (Teil-) Betrieb hinzugefügt, sind bei der Ermittlung im vereinfachten Ertragswertverfahren grundsätzlich (vgl. aber Rz. 44) die Betriebsergebnisse beider Betriebe zu berücksichtigen (R B 201 Absatz 2 Satz 5 ErbStR). Damit scheidet ein zusätzlicher Ansatz des aufgenommenen (Teil-)Betriebs als junges Betriebsvermögen i. S. d. § 200 Absatz 4 BewG aus. **158**

Beispiel 5:

Zum 31. 12. 03 findet eine Aufwärtsverschmelzung der B-GmbH (Kfz-Reparatur) auf ihre Muttergesellschaft, die A-GmbH (Handel mit Neu- und Gebrauchtwagen), statt. Beide Teilbetriebe werden fortan von der A-GmbH geführt. Zum 28. 12. 04 tritt der Bewertungsfall der A-GmbH ein.
Aufgrund des zum Bewertungsstichtag nahezu abgelaufenen Wirtschaftsjahrs 04 ist dieses in die Ermittlung des Durchschnittsertrags aus den vergangenen drei Wirtschaftsjahren (02 bis 04) einzubeziehen (§ 201 Absatz 2 Satz 2 BewG). Wirtschaftlich betrachtet hat sich durch die Verschmelzung keine Minderung des Ertragswerts der A-GmbH ergeben. Eine Bewertung der A-GmbH anhand ihrer Betriebsergebnisse aus den Wirtschaftsjahren 02 bis 04 würde allerdings zu einer nicht gerechtfertigten Unterbewertung führen, da hierdurch die Ertragskraft aus dem Kfz-Reparaturbetrieb der verschmolzenen B-GmbH aus den Jahren 02 und 03 unberücksichtigt bliebe. Zur Ermittlung des zukünftig nachhaltig zu erzielenden Jahresertrags ist daher für die Wirtschaftsjahre 02 und 03 auf die Summe der Betriebsergebnisse der A-GmbH und der B-GmbH abzustellen. Inwiefern die Verschmelzung Synergieeffekte mit sich bringt, die einen Aufschlag auf den Durchschnittsertrag rechtfertigen, hängt von den zum Bewertungsstichtag objektiv bekannten Umständen ab (R B 201 Absatz 5 ErbStR).

2. Bewertung des abgebenden Unternehmens

46 Im Fall der Abspaltung und Ausgliederung bleibt das abgebende Unternehmen mit verkleinertem Betriebsvermögen bestehen. **159**

47 Für den Fall der Abspaltung gilt das doppelte Teilbetriebserfordernis. Dies bedeutet, dass das abgebende Unternehmen einen Teilbetrieb zurückbehalten muss (§ 15 Absatz 1 Sätze 1 und 2 UmwStG), der sich grundsätzlich im vereinfachten Ertragswertverfahren bewerten lässt (Mindestwert ist auch hier der Substanzwert). Für die Ermittlung des Durchschnittsertrags ist jedoch auch für Zeiträume vor der Abspaltung grundsätzlich (vgl. aber Rz. 44) von den Betriebsergebnissen des zurückbehaltenen Teilbetriebes auszugehen.

Beispiel 6:

Zum 31. 12. 04 wird der Teilbetrieb Bauunternehmung aus der Z-GmbH abgespalten. Zurück bleibt der Teilbetrieb der Vermietung von Wohn- und Gewerbeflächen. Bewertungsstichtag der Z-GmbH ist der 27. 12. 05.
Die Z-GmbH kann grundsätzlich im vereinfachten Ertragswertverfahren bewertet werden. Die Bewertung ist aufgrund des zum Bewertungsstichtag nahezu abgelaufenen Wirtschaftsjahrs 05 anhand der Gewinnanteile der Jahre 03 bis 05 aus dem Teilbetrieb der Vermietung von Wohn- und Gewerbeflächen durchzuführen (§ 201 Absatz 2 Satz 2 BewG). Die Gewinnanteile aus dem Teilbetrieb Bauunternehmung sind nicht mit einzubeziehen (R B 201 Absatz 5 ErbStR). Die Gewinnaufteilung ist anhand verifizierbarer Angaben der Beteiligten vorzunehmen. Der Gewinn ist im Zweifel im Wege der Schätzung aufzuteilen (vgl. Rz. 50).

Anl zu R E 13b.27

3. Einzelheiten zur Ermittlung der Betriebsergebnisse

3.1. Allgemeines

160 **48** Im Fall der Verschmelzung von zwei oder mehr Gesellschaften auf eine dritte Gesellschaft ist grundsätzlich (vgl. aber Rz. 44) auf die Summe der früheren Betriebsergebnisse der verschmolzenen Gesellschaften abzustellen.

49 Auf-/Abspaltungen und Ausgliederungen betreffen immer die Übertragung von Teilbetrieben. In diesen Fällen ist grundsätzlich (vgl. aber Rz. 44) von dem Betriebsergebnis des übernommenen Teilbetriebs auszugehen.

50 Im Fall der Auf- und Abspaltung hat der Unternehmer das doppelte Teilbetriebserfordernis zu beachten (vgl. Rz. 47). Den Beteiligten sind verifizierbare Angaben zur Aufteilung des bisherigen Betriebsergebnisses auf die einzelnen Teilbetriebe möglich und zumutbar. Kommen die Beteiligten ihren diesbezüglichen Aufzeichnungs- und Mitwirkungspflichten nicht durch Vorlage getrennter Buchführungen oder Kostenrechnungen ausreichend nach, kann eine Gewinnaufteilung auf die Teilbetriebe im Wege der Schätzung erfolgen.

51 Als Teilbetrieb gilt auch ein Mitunternehmeranteil oder die Beteiligung an einer Kapitalgesellschaft, die das gesamte Nennkapital der Gesellschaft umfasst (§ 15 Absatz 1 Satz 3 UmwStG). Für die Bewertung dieser Beteiligungen gelten die allgemeinen Bewertungsgrundsätze.

Beispiel 7:

Die A-GmbH wird auf die neu gegründeten B-GmbH und C-GmbH aufgespalten. Dabei wird der Geschäftsbetrieb der A-GmbH auf die B-GmbH und eine bisher von der A-GmbH gehaltene Beteiligung an der X-KG auf die C-GmbH übertragen. Unmittelbar danach tritt der Bewertungsfall für beide Gesellschaften ein. Die B-GmbH ist in diesem Fall im vereinfachten Ertragswertverfahren nach den bisherigen Gewinnen der A-GmbH zu bewerten, die um die Erträge aus der X-KG zu mindern sind. Bei der C-GmbH ist die Beteiligung an der X-KG nach § 200 Absatz 2 oder Absatz 3 BewG zu berücksichtigen.

52 Einbringungsvorgänge i. S. d. §§ 20 bis 24 UmwStG können Betriebe, Teilbetriebe oder Mitunternehmeranteile betreffen. Für die Bewertung des aufnehmenden Unternehmens gelten die vorhergehenden Ausführungen entsprechend.

Beispiel 8:

A und B gründen die AB-OHG. A bringt sein Einzelunternehmen, B seine Kommanditbeteiligung an einer GmbH & Co. KG ein. Im Anschluss tritt der Bewertungsfall der AB-OHG ein. Die AB-OHG wird im vereinfachten Ertragswertverfahren bewertet. Die Betriebsergebnisse des Einzelunternehmens sind mit einzubeziehen (§ 201 Absatz 2 Satz 3 BewG). Die Beteiligung an der GmbH & Co. KG ist neben dem Ertragswert mit ihrem eigenständig zu ermittelnden gemeinen Wert anzusetzen (§ 200 Absatz 2 oder Absatz 3 BewG).

53 In Fällen der Anwachsung und des Formwechsels (Personengesellschaft in andere Personengesellschaft, Kapitalgesellschaft in andere Kapitalgesellschaft, Kapitalgesellschaft in Personengesellschaft oder Personengesellschaft in Kapitalgesellschaft) wird dem Unternehmen kein neues Vermögen zugeführt, so dass sich keine bewertungsrechtlichen Besonderheiten ergeben. Etwas anderes gilt, soweit Vermögen des Sonderbetriebsvermögens im Rahmen des Formwechsels auf eine Kapitalgesellschaft übertragen wird. Hierbei kann es sich um junges Betriebsvermögen i. S. d. § 200 Absatz 4 BewG handeln.

3.2. Besonderheiten bei der Ermittlung des Jahresertrags

161 **54** Sofern zum Bewertungsstichtag feststeht, dass der künftige Jahresertrag durch bekannte objektive Umstände sich nachhaltig verändert, muss dies bei der Ermittlung des Durchschnittsertrags entsprechend berücksichtigt werden (R B 201 Absatz 5 ErbStR).

55 Umstrukturierungsmaßnahmen, die (auch) eine Gewinnmaximierung zum Ziel haben, können daher einen Aufschlag auf den Durchschnittsertrag rechtfertigen. Hierunter fallen insbesondere Maßnahmen, die der Beschaffung von Kapital und Knowhow oder der Kostenreduzierung dienen. Bei einer Bewertung auf einen Stichtag im Anschluss an eine Umstrukturierung sind daher im Zweifel die Motive, die zur Umstrukturierung geführt haben, von den Beteiligten darzulegen.

3.3. Bewertung des jungen Betriebsvermögens i. S. d. § 200 Absatz 4 BewG

162 **56** Innerhalb von zwei Jahren vor dem Bewertungsstichtag eingelegte Wirtschaftsgüter, die nicht unter § 200 Absatz 2 und Absatz 3 BewG fallen, und mit diesen im wirtschaftlichen Zusammenhang stehende Schulden werden neben dem Ertragswert mit dem eigenständig zu ermittelnden gemeinen Wert angesetzt (§ 200 Absatz 4 BewG).

57 Als Einlagevorgang i. S. d. § 200 Absatz 4 BewG sind allgemein alle Zuführungen zum Unternehmensvermögen durch Gesellschafter zu verstehen, sofern es sich bei dem zugeführten Gegenstand um betriebsnotwendiges Vermögen handelt. Der bewertungsrechtliche Begriff der Einlage geht dabei über den ertragsteuerlichen Einlagebegriff hinaus und umfasst beispielsweise auch Übertragungsvorgänge gegen Gewährung von Gesellschaftsrechten.

Beispiel 9:

A und B gründen die AB-OHG. A bringt sein Einzelunternehmen, B ein betriebsnotwendiges Grundstück ein. Im Anschluss tritt der Bewertungsfall der AB-OHG ein. Im vereinfachten Ertragswertverfahren sind die Betriebsergebnisse des Einzelunternehmens mit einzubeziehen (§ 201 Absatz 3 Satz 2 BewG); deshalb kommt § 200 Absatz 4 BewG nicht zur Anwendung. Sofern zwischen der Einbringung des Grundstücks und dem Bewertungsstichtag nicht mehr als zwei Jahre liegen, sind das Grundstück und die damit im wirtschaftlichen Zusammenhang stehenden Schulden neben dem Ertragswert mit dem eigenständig zu ermittelnden gemeinen Wert anzusetzen (§ 200 Absatz 4 BewG).

58 Die Regelung zum jungen Betriebsvermögen (§ 200 Absatz 4 BewG) findet auch Anwendung auf die im übertragenen Vermögen zuvor eingelegten Wirtschaftsgüter.

Abwandlung Beispiel 9:

A legt unmittelbar vor Einbringung des Einzelunternehmens in die AB-OHG ein betriebsnotwendiges Grundstück in sein Einzelunternehmen ein. Sofern zwischen der Einbringung und dem Bewertungsstichtag nicht mehr als zwei Jahre liegen, ist das Grundstück mit dem eigenständig zu ermittelnden gemeinen Wert anzusetzen (§ 200 Absatz 4 BewG).

R E 13b.28 Ausschluss der Schuldenverrechnung

ErbStR R E 13b.28

(1) Junges Verwaltungsvermögen und junge Finanzmittel sind von der Verrechnung mit Schulden ausgeschlossen (§ 13b Absatz 8 Satz 1 ErbStG).

(2) ① Eine Schuldenverrechnung findet nicht statt bei wirtschaftlich nicht belastenden Schulden. 164
② Dies ist z. B. der Fall, wenn eine bilanziell überschuldete Gesellschaft nur deshalb nicht Insolvenz 165
beantragen muss, weil der Gläubiger den Rangrücktritt erklärt hat oder wenn die überschuldete Gesellschaft durch eine Unternehmensgruppe und die Forderung durch eine nahestehende Person erworben wird. ③ Übersteigt der im Zeitpunkt der Steuerentstehung vorhandene Schuldenstand den durchschnittlichen Schuldenstand der letzten drei Jahre vor dem Zeitpunkt der Steuerentstehung, ist insoweit eine Schuldenverrechnung ausgeschlossen. ④ Es bestehen aus Vereinfachungsgründen grundsätzlich keine Bedenken, den durchschnittlichen Schuldenstand aus den Schuldenständen am Ende der letzten drei vor dem Zeitpunkt der Entstehung der Steuer abgelaufenen Wirtschaftsjahre abzuleiten; wegen des Umfangs der anzusetzenden Schulden (→ R E 13b.23 Absatz 4). ⑤ In Fällen einer Neugründung bestehen keine Bedenken, den durchschnittlichen Schuldenstand aus dem kürzeren Zeitraum zu berechnen und in einen entsprechenden Jahresbetrag umzurechnen. ⑥ Dabei ist der Betrag des durchschnittlichen Schuldenstands zu mindern um den Wert der Altersversorgungsverpflichtungen, der auf den Stichtag der Steuerentstehung nach § 13b Absatz 3 ErbStG mit dem Verwaltungsvermögen verrechnet wurde. ⑦ Eine Begrenzung der zu berücksichtigenden Schulden erfolgt nicht, soweit die Erhöhung des Schuldenstands durch die Betriebstätigkeit veranlasst ist. ⑧ Davon ist auszugehen, wenn Schulden durch den laufenden Geschäftsbetrieb veranlasst sind. ⑨ Keine Betriebstätigkeit in diesem Sinne liegt dagegen vor, wenn z. B. Wirtschaftsgüter des nicht betriebsnotwendigen Betriebsvermögens (§ 200 Absatz 2 BewG) fremdfinanziert werden. ⑩ Die Begrenzung der Schuldenverrechnung erfolgt im Rahmen der Feststellung der Schulden (§ 13b Absatz 10 ErbStG) durch das Betriebsfinanzamt.

(3) Als Nettowert des Verwaltungsvermögens ist mindestens der gemeine Wert des jungen Verwaltungsvermögens und der auf den tatsächlichen Bestand der vor Anwendung der Schuldenverrechnung und vor Abzug des Sockelbetrags gedeckelten jungen Finanzmittel anzusetzen. 166

R E 13b.29 Verbundvermögensaufstellung

ErbStR R E 13b.29

(1) ① Gehören zum begünstigungsfähigen Vermögen im Sinne des § 13b Absatz 1 Nummer 2 und 3 ErbStG Beteiligungen an Personengesellschaften oder Anteile an Kapitalgesellschaften, erfolgt die rechentechnische Ermittlung des begünstigten Vermögens durch eine Verbundvermögensaufstellung (§ 13b Absatz 9 ErbStG). ② Die Rechentechnik der Verbundvermögensaufstellung ist erforderlich, wenn zum begünstigungsfähigen Vermögen 167

- unmittelbar oder mittelbar Beteiligungen an Personengesellschaften im Inland oder Beteiligungen an entsprechenden Gesellschaften mit Sitz oder Geschäftsleitung im Ausland oder
- unmittelbar oder mittelbar Anteile an Kapitalgesellschaften im Inland oder Anteile an entsprechenden Kapitalgesellschaften mit Sitz oder Geschäftsleitung im Ausland gehören.

③ Eine Konzernbilanz bildet keine Grundlage für die Verbundvermögensaufstellung.

(2) ① In der Verbundvermögensaufstellung sind bei Anwendung des § 13b Absatz 2 bis 8 ErbStG zur Ermittlung des begünstigten Vermögens nicht die gemeinen Werte der Beteiligungen oder Anteile anzusetzen, sondern die gemeinen Werte der diesen Gesellschaften zuzurechnenden Vermögensgegenstände des Verwaltungsvermögens, des jungen Verwaltungsvermögens, der Finanzmittel, der jungen Finanzmittel und der Schulden. ② Diese sind mit dem Anteil einzubeziehen, zu dem die unmittelbare oder mittelbare Beteiligung besteht. ③ Es sind jeweils die folgenden unmittelbar oder mittelbar gehaltenen Rechengrößen zusammenzufassen: 168

- Verwaltungsvermögen im Sinne des § 13b Absatz 4 Nummer 1 bis 4 ErbStG,
- junges Verwaltungsvermögen im Sinne des § 13b Absatz 7 Satz 2 ErbStG,
- Finanzmittel im Sinne des § 13b Absatz 4 Nummer 5 ErbStG,
- junge Finanzmittel im Sinne des § 13b Absatz 4 Nummer 5 Satz 2 ErbStG,
- Schulden.

④ Die Rechentechnik der Verbundvermögensaufstellung ist auf jeder Beteiligungsstufe anzuwenden. ⑤ Festgestellt werden jeweils die Werte, die sich auf den Anteil beziehen, zu dem jeweils die Beteiligung besteht (→ R E 13b.30).

(3) ① Legt eine Muttergesellschaft Finanzmittel in eine Tochtergesellschaft ein, werden sie bei der Ermittlung der jungen Finanzmittel der Tochtergesellschaft angesetzt. ② Im Rahmen der Verbundvermögensaufstellung sind junge Finanzmittel der Tochtergesellschaft auch bei der Muttergesellschaft als junge Finanzmittel anzusetzen. ③ Legt die Tochtergesellschaft Finanzmittel in die Enkelgesellschaft ein, kann das zu einer mehrfachen Erfassung der jungen Finanzmittel bei der Muttergesellschaft führen. ④ § 13b Absatz 9 ErbStG erfordert die Feststellung der jungen Finanzmittel auf jeder Beteiligungsstufe und ordnet die Weiterleitung auf die jeweils nächste Beteiligungsstufe an. ⑤ Die Begrenzung der jungen Finanzmittel auf den Wert der vorhandenen jungen 169

Finanzmittel erfolgt nicht auf jeder Beteiligungsstufe, sondern erst auf der obersten Feststellungsebene. ⑥ Negative junge Finanzmittel werden mit positiven jungen Finanzmitteln aus nachgeordneten Stufen verrechnet.

170 (4) ① Zum jungen Verwaltungsvermögen innerhalb der Verbundvermögensaufstellung gehören auch die Wirtschaftsgüter, die innerhalb des Zweijahreszeitraums von einer Gesellschaft in eine andere Gesellschaft im Verbund eingelegt werden oder die von einer anderen Gesellschaft im Verbund erworben werden. ② Zum jungen Verwaltungsvermögen → R E 13b.27.

171 (5) ① Soweit sich in der Verbundvermögensaufstellung Forderungen und Verbindlichkeiten zwischen den Gesellschaften untereinander oder im Verhältnis zu dem übertragenen Betrieb oder der übertragenen Gesellschaft gegenüberstehen, sind diese nicht anzusetzen. ② Damit scheidet der Ansatz einer Forderung als Finanzmittel aus, soweit der Forderung eine Verbindlichkeit innerhalb der zum übertragenen Vermögen gehörenden Beteiligungsstruktur gegenübersteht; das gilt in gleicher Weise für die Verbindlichkeit. ③ Sofern der Steuerpflichtige nach § 13b Absatz 9 Satz 3 ErbStG den Nichtansatz einer Forderung und damit einen niedrigeren Wertansatz der Finanzmittel begehrt, hat er dies dem Betriebsfinanzamt durch geeignete Unterlagen nachzuweisen. ④ Das Betriebsfinanzamt, das für die Feststellung der Finanzmittel zuständig ist, teilt dem Betriebsfinanzamt, das für die Feststellung der Schulden zuständig ist, mit, in welcher Höhe die entsprechenden Forderungen nicht als Finanzmittel behandelt wurden. ⑤ Das Betriebsfinanzamt, das für die Feststellung der Schulden zuständig ist, teilt dem Betriebsfinanzamt, das für die Feststellung der Finanzmittel zuständig ist, mit, in welcher Höhe die entsprechenden Schulden gekürzt wurden. ⑥ Forderungen und Verbindlichkeiten, die sich zwischen Gesamthandsvermögen und Sonderbetriebsvermögen einer Personengesellschaft gegenüber stehen, sind nicht zu kürzen, weil es sich nicht um eine Beteiligung handelt.[1] ⑦ Daneben sind Forderungen und Verbindlichkeiten zwischen den Gesellschaften im Gesamthandsvermögen und im Sonderbetriebsvermögen untereinander nicht zu kürzen. ⑧ Gleiches gilt auch für Forderungen und Verbindlichkeiten zwischen Gesellschaften im Sonderbetriebsvermögen.

172 (6) ① Auf jeder Beteiligungsstufe sind folgende Vorschriften anzuwenden:
- Das Ausscheiden von Verwaltungsvermögen und Schulden im Zusammenhang mit Altersversorgungsverpflichtungen (§ 13b Absatz 3 ErbStG);
- die Begrenzung der Schulden nach § 13b Absatz 8 ErbStG (Nichtansatz der wirtschaftlich nicht belastenden Schulden und der über den durchschnittlichen Schuldenstand hinausgehenden Schulden).

② Die Begrenzung der jungen Finanzmittel auf den Wert der Finanzmittel erfolgt nicht auf jeder Beteiligungsstufe, sondern erst auf der obersten Feststellungsebene. ③ Zur Investitionsklausel (§ 13b Absatz 5 ErbStG) im Verbund → R E 13b.24 Absatz 3 Satz 9 bis 11.

173 (7) ① Nicht Teil der Berechnungen im Rahmen der Verbundvermögensaufstellung und des Feststellungsverfahrens sind:
- die Schuldenverrechnung bei Finanzmitteln nach § 13b Absatz 4 Nummer 5 ErbStG;
- der Abzug des Sockelbetrags von 15 Prozent nach § 13b Absatz 4 Nummer 5 ErbStG;
- der Abzug der anteilig verbleibenden Schulden zur Ermittlung des Nettowerts des Verwaltungsvermögens nach § 13b Absatz 6 ErbStG;
- die Berücksichtigung des Werts des unschädlichen Verwaltungsvermögens nach § 13b Absatz 7 ErbStG;
- das Saldierungsverbot von Schulden mit jungen Finanzmitteln und jungem Verwaltungsvermögen nach § 13b Absatz 8 ErbStG.

② Diese Berechnungen erfolgen bei der Veranlagung zur Erbschaft- oder Schenkungsteuer.

174 (8) ① Gehören zum übertragenen Vermögen unmittelbar gehaltene Anteile an einer Kapitalgesellschaft, die die Beteiligungsquote von mehr als 25 Prozent des § 13b Absatz 4 Nummer 2 ErbStG unterschreiten, wird – abweichend von § 13b Absatz 9 Satz 1 bis 4 ErbStG – der gemeine Wert der Anteile an der Kapitalgesellschaft als Verwaltungsvermögen angesetzt. ② Für diese Gesellschaften sind die Werte im Sinne des Absatzes 2 Satz 3 nicht festzustellen.

HE 13b.29

H E 13b.29

Forderung/Schulden über mehrere Stufen im Verbund.

175 **Beispiel 1:**

Die M-GmbH hält jeweils alle Anteile an der T1-GmbH und der T2-GmbH. Die T2-GmbH hält alle Anteile an der E-GmbH. Die M-GmbH hat eine Forderung gegenüber der E-GmbH. Die Forderung der M-GmbH ist nicht in die Ermittlung der Finanzmittel einzubeziehen, weil die Forderung nach § 13b Absatz 9 Satz 3 ErbStG nicht anzusetzen ist. Die Schuld der E-GmbH ist nicht in die Feststellung der Schulden einzubeziehen, weil sie nach § 13b Absatz 9 Satz 3 ErbStG nicht anzusetzen ist.

---

[1] *FG Münster, Urteil vom 25. 2. 2025 3 K 99/23 F (EFG S. 711), nrkr., Rev. BFH II R 21/25:* Im Rahmen der gesonderten und einheitlichen Feststellung, der gemeinen Werte der Finanzmittel (§ 13b Abs. 10 ErbStG) ist eine Gesellschafterdarlehensforderung im Sonderbetriebsvermögen des Erblassers mit der korrespondierenden Verbindlichkeit der Gesellschaft im Gesamthandsvermögen nicht zu saldieren.

HE 13b.29

Beispiel 2:

→ Verbundvermögensaufstellung

Junge Finanzmittel im Verbund. R E 13b.29 Absatz 3 Sätze 3 bis 5 ErbStR beschreibt den Fall mehrerer zeitlich hintereinander erfolgter Einlagen von Finanzmitteln in nachgelagerte Beteiligungsgesellschaften (Einlage von einer Muttergesellschaft in eine Tochtergesellschaft und anschließend von der Tochtergesellschaft in die Enkelgesellschaft usw.). Soweit diese Einlagen zu einer mehrfachen Erfassung von jungen Finanzmitteln führen, sind die jungen Finanzmittel auf der Ebene der Muttergesellschaft um den Betrag der mehrfach erfassten jungen Finanzmittel zu kürzen. 176

Beispiel:

A ist zu 100% an der M GmbH (Muttergesellschaft) beteiligt. Die M GmbH hält 100% der Anteile an der T GmbH (Tochtergesellschaft). Die T GmbH hält 100% der Anteile an der E GmbH (Enkelgesellschaft). Die M GmbH legt 100 EUR in die T GmbH ein, im Anschluss legt die T GmbH 100 EUR in die E GmbH ein.

	Finanzmittel § 13 b Absatz 4 Nummer 5 ErbStG EUR	**junge Finanzmittel** EUR
M GmbH	300	0
T GmbH	500	100
E GmbH	500	100

Ablauf des Feststellungsverfahrens:

E GmbH			
Finanzmittel			
eigene	500 EUR		500 EUR
junge Finanzmittel			
eigene	100 EUR		100 EUR
T GmbH			
Finanzmittel			
eigene	500 EUR		
E GmbH	500 EUR	100%	
			1 000 EUR
Junge Finanzmittel			
eigene	100 EUR		
E GmbH	100 EUR	100%	
			200 EUR
M GmbH			
Finanzmittel			
eigene	300 EUR		
T GmbH	1 000 EUR		
			1 300 EUR
junge Finanzmittel			
eigene	0 EUR		
T GmbH	200 EUR		
			200 EUR
Kürzungsbetrag (Mehrfach erfasste junge Finanzmittel)			100 EUR
Festzustellende junge Finanzmittel (Begrenzung R E 13b.29 Absatz 3 Satz 5 ErbStR)			100 EUR

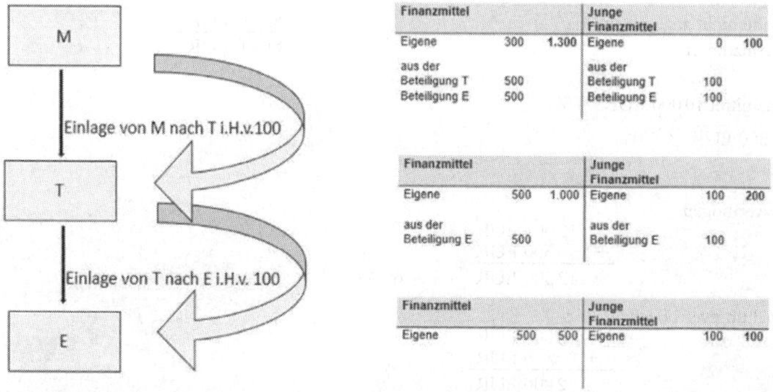

Die hintereinander erfolgten Einlagen von M nach T (i. H. v. 100 EUR) und von T nach E (von den 100 EUR i. H. v. 100 EUR) führen zu einer Begrenzung der jungen Finanzmittel auf 100 EUR, da sich die hintereinander erfolgten Einlagen von Finanzmitteln in der Beteiligungsstruktur nur einmal auswirken.

Junges Verwaltungsvermögen im Verbund. 177

Beispiel 1:

Die M-GmbH hält jeweils alle Anteile an der T1-GmbH und der T2-GmbH. Die T1-GmbH veräußert ein seit vielen Jahren zum Betriebsvermögen gehörendes und Dritten zur Nutzung überlassenes Grundstück an die T2-GmbH. Das Grundstück bildet bei der T2-GmbH junges Verwaltungsvermögen.

HE 13b.29

Beispiel 2:

Die T2-GmbH hält alle Anteile an der neu gegründeten E-GmbH. Die T1-GmbH veräußert ein Dritten zur Nutzung überlassenes Grundstück innerhalb von zwei Jahren nach der Neugründung an die E-GmbH. Das Grundstück bildet bei der E-GmbH junges Verwaltungsvermögen.

Beispiel 3:

Die M-GmbH hält jeweils alle Anteile an der T1-GmbH. Sie legt ein ihr gehörendes, an einen Dritten zur Nutzung überlassenes Grundstück in das Betriebsvermögen der T1-GmbH ein. Das Grundstück gehört bei der T1-GmbH zum jungen Verwaltungsvermögen.

178 Verbundvermögensaufstellung.

Beispiel 1:

A ist zu 100% an der A GmbH & Co. KG beteiligt. Die A GmbH & Co. KG hält 100% der Anteile an der B GmbH und 60% der Anteile an der C AG. Die C AG ist zu 50% an der D OHG beteiligt. Alle Gesellschaften haben ihren Sitz oder ihre Geschäftsleitung im Inland.

Im Sonderbetriebsvermögen des A befindet sich ein Darlehen gegenüber der A GmbH & Co. KG in Höhe von 1000 EUR. Die D OHG hat gegenüber der B GmbH eine Forderung in Höhe von 20 000 EUR bzw. die B GmbH gegenüber der D OHG eine Verbindlichkeit in Höhe von 20 000 EUR.

	Verwaltungsvermögen § 13 b Absatz 4 Nummer 1 bis 4 ErbStG EUR	**junges Verwaltungsvermögen** EUR	**Finanzmittel § 13 b Absatz 4 Nummer 5 ErbStG** EUR	**Davon gegenüber verbundenen Unternehmen** EUR	**junge Finanzmittel** EUR	**Schulden** EUR	**Davon gegen- über verbundenen Unterneh- men** EUR
A GmbH & Co. KG	10 000		20 000		8 000	30 000	
B GmbH	23 000	2 000	17 500		1 000	43 000	20 000
C AG	12 000	2 000	6 000			12 000	
D OHG	1 000		100 000	20 000	10 000	1 500	
SBV A			1 000				

Ablauf des Feststellungsverfahrens:

D OHG

Verwaltungsvermögen 1 000 EUR × 50% — 500 EUR

Finanzmittel zunächst — 100 000 EUR

Die Forderung gegenüber der B-GmbH stellt eine Forderung gegenüber verbundenen Unternehmen dar. Die A GmbH & Co KG ist zu 30% (60% × 50%) mittelbar an der D OHG und zu 100% unmittelbar an der B-GmbH beteiligt. Es besteht Beteiligungsidentität im Umfang von 30%. Der Prozentsatz der Beteiligungsidentität entspricht dem Prozentsatz der mittelbaren Beteiligung. Deshalb ist die Forderung gegenüber der B-GmbH in voller Höhe nicht anzusetzen. — ./. 20 000 EUR

gekürzte Finanzmittel — 80 000 EUR

× 50% — 40 000 EUR

junge Finanzmittel 10 000 EUR × 50% — 5 000 EUR

Schulden 1 500 EUR × 50% — 750 EUR

C AG

Verwaltungsvermögen
eigenes 12 000 EUR
D OHG + 500 EUR
12 500 EUR × 60% = 7 500 EUR

junges Verwaltungsvermögen
eigenes 2 000 EUR
D OHG + 0 EUR
2 000 EUR × 60% = 1 200 EUR

Finanzmittel
eigene 6 000 EUR
D OHG + 40 000 EUR
46 000 EUR × 60% = 27 600 EUR

junge Finanzmittel
eigene 0 EUR
D OHG + 5 000 EUR
5 000 EUR × 60% = 3 000 EUR

HE 13b.29

Schulden				
eigene	12 000 EUR			
D OHG	+ 750 EUR			
	12 750 EUR	× 60% =		7 650 EUR noch **178**

B GmbH

Verwaltungsvermögen 23 000 EUR × 100%		23 000 EUR
Junges Verwaltungsvermögen 2 000 EUR × 100%		2 000 EUR
Finanzmittel 17 500 EUR × 100%		17 500 EUR
Junge Finanzmittel 1 000 EUR × 100%		1 000 EUR
Schulden zunächst	43 000 EUR	
Die Schuld gegenüber der D OHG stellt eine Verbindlichkeit gegenüber verbundenen Unternehmen dar. Sie ist, soweit Beteiligungsidentität besteht (30% durchgerechneter Anteil), zu kürzen. Der Prozentsatz der Beteiligungsidentität entspricht dem Prozentsatz der mittelbaren Beteiligung. 20 000 EUR × 30% =	6 000 EUR	
	37 000 EUR	
× 100%		37 000 EUR

A GmbH & Co. KG

Verwaltungsvermögen		
eigenes	10 000 EUR	
B GmbH	+ 23 000 EUR	
C AG	+ 7 500 EUR	
	40 500 EUR	
100%		40 500 EUR
Junges Verwaltungsvermögen		
eigenes	0 EUR	
B GmbH	+ 2 000 EUR	
C AG	+ 1 200 EUR	
	3 200 EUR	
100%		3 200 EUR
Finanzmittel		
eigene	20 000 EUR	
B GmbH	+ 17 500 EUR	
C AG	+ 27 600 EUR	
	65 100 EUR	
100% = Finanzmittel aus dem Gesamthandsvermögen		65 100 EUR
Die miterworbene Forderung des A im SBV ist zusätzlich in Höhe von 1000 EUR außerhalb der Verbundvermögensaufstellung anzusetzen.		
junge Finanzmittel		
eigene	8 000 EUR	
B GmbH	+ 1 000 EUR	
C AG	+ 3 000 EUR	
	12 000 EUR	
100%		12 000 EUR
Schulden		
eigene	30 000 EUR	
B GmbH	+ 37 000 EUR	
C AG	+ 7 650 EUR	
	74 650 EUR	
100% = Schulden aus dem Gesamthandsvermögen		74 650 EUR

Die Verbindlichkeit gegenüber A in Höhe von 1000 EUR ist nicht Teil der Verbundvermögensaufstellung und daher nicht vom Ansatz auszuschließen (§ 13 b Absatz 9 Satz 3 ErbStG).

Beispiel 2:
Sachverhalt wie in Beispiel 1. Zudem hält die A GmbH & Co. KG noch 10% der Anteile an der Z GmbH. Die Anteile haben einen Wert von 16 500 EUR. Die Z GmbH hat Finanzmittel in Höhe von 25 000 EUR.
Da die A GmbH & Co. KG nicht zu mehr als 25% an der Z GmbH beteiligt ist, gehören die Anteile an der Z GmbH im vollen Umfang zum Verwaltungsvermögen der A GmbH & Co. KG (§ 13 b Absatz 4 Nummer 2 ErbStG).

A GmbH & Co. KG

Verwaltungsvermögen		
eigenes	10 000 EUR	
Anteil an der Z GmbH	+ 16 500 EUR	
B GmbH	+ 23 000 EUR	
C AG	+ 7 500 EUR	
	57 000 EUR	
100%		57 000 EUR

Hinsichtlich des jungen Verwaltungsvermögens, der Finanzmittel, der jungen Finanzmittel und der Schulden ergeben sich bei der A GmbH & Co. KG keine Änderungen.

ErbStR R E 13b.30

R E 13b.30 Feststellungsverfahren

(1) ① Festzustellen sind gemäß § 13b Absatz 10 ErbStG die Summe der gemeinen Werte
- der Finanzmittel,

180
- der jungen Finanzmittel,
- des Verwaltungsvermögens,
- des jungen Verwaltungsvermögens und
- der Schulden.

② Eine Feststellung erfolgt, wenn und soweit diese Werte für die Erbschaftsteuer oder eine andere Feststellung im Sinne des § 13b Absatz 10 ErbStG von Bedeutung sind. ③ Die Entscheidung, ob die Werte von Bedeutung sind, trifft das für die Erbschaftsteuer oder das für die andere Feststellung zuständige Finanzamt. ④ Die Feststellungen erfolgen auch dann, wenn es sich um ein börsennotiertes Unternehmen (§ 11 Absatz 1 BewG) handelt und deshalb keine Feststellung des Wertes des Anteils nach § 151 Absatz 1 Satz 1 Nummer 3 BewG erfolgt.

181 (2) Bei einer Beteiligung an einer Personengesellschaft erfolgen die Feststellungen bezogen auf den übertragenen Teil der Beteiligung, bei einem Anteil an einer Kapitalgesellschaft auf den übertragenen Anteil.

(3) ① Festzustellen sind die Summen der gemeinen Werte der Finanzmittel, des Verwaltungsvermögens und des jungen Verwaltungsvermögens; maßgebend sind die Werte nach Anwendung des § 13b Absatz 3 ErbStG (Altersversorgungsverpflichtungen). ② Bei der Feststellung der Summe der gemeinen Werte der Schulden ist der Wert nach Anwendung von § 13b Absatz 3 und Absatz 8 Satz 2 ErbStG anzusetzen. ③ Eine Verrechnung von Altersversorgungsverpflichtungen mit jungen Finanzmitteln erfolgt nicht (→ R E 13b.11 Absatz 2 Satz 3). ④ Der Wert der Finanzmittel und des Verwaltungsvermögens beinhaltet jeweils die jungen Finanzmittel beziehungsweise das junge Verwaltungsvermögen. ⑤ Der Wert der festzustellenden jungen Finanzmittel ist auf den Wert der festzustellenden Finanzmittel zu begrenzen. ⑥ Bei mehrstufigen Beteiligungsverhältnissen findet die Begrenzung ausschließlich auf der obersten Feststellungsebene statt. ⑦ Feststellungen aus nachgeordneten Feststellungsebenen sind einzubeziehen. ⑧ Auf der obersten Feststellungsebene erfolgen die Feststellungen auf Basis der Verbundvermögensaufstellung.

182 (4) Wegen der nicht in das Feststellungsverfahren einzubeziehenden Berechnungen → R E 13b.29 Absatz 7.

183 (5) ① Zusätzlich zu den in Absatz 1 genannten Feststellungen teilt das Betriebsfinanzamt dem Erbschaftsteuerfinanzamt folgende Angaben nachrichtlich mit:

1.[1] *Das Vorliegen der Voraussetzungen für die Inanspruchnahme eines Sockelbetrags im Sinne des § 13b Absatz 4 Nummer 5 Satz 4 ErbStG. ② Bei mehrstufigen Beteiligungsverhältnissen ist auf jeder Beteiligungsstufe zu prüfen, ob das Vermögen des jeweiligen Unternehmens nach seinem Hauptzweck einer land- und forstwirtschaftlichen, gewerblichen oder freiberuflichen Tätigkeit dient (§ 13 Absatz 1, § 15 Absatz 1 Satz 1 Nummer 1, § 18 Absatz 1 Nummer 1 und 2 EStG). ③ Dabei sind die nachrichtlichen Mitteilungen der nachgeordneten Feststellungsebenen einzubeziehen. ④ Liegt ein Hauptzweck in diesem Sinne vor, ist dies nachrichtlich dem Betriebsfinanzamt auf der darüber liegenden Feststellungsebene mitzuteilen. ⑤ Auf der Ebene des übertragenen Unternehmens, der übertragenen Beteiligung an einer Personengesellschaft oder der übertragenen Anteile an einer Kapitalgesellschaft erfolgt eine Zusammenfassung inklusive der eigenen Tätigkeit. ⑥ Zum Hauptzweck → R E 13b.23 Absatz 6.*

2.[1] *Das Vorliegen der Voraussetzungen und den Prozentsatz des Vorwegabschlags nach § 13a Absatz 9 ErbStG.*

3.[1] *Bei Einzelunternehmen bzw. Beteiligungen an Personengesellschaften den Umfang und den Wert des ausländischen Vermögens, welches im festgestellten Wert des Betriebsvermögens enthalten ist, jedoch einer Betriebstätte in einem Drittstaat dient (→ R E 13b.5 Absatz 4).*

4. Bei Einzelunternehmen bzw. Beteiligungen an Personengesellschaften für Grundstücke, die sowohl dem Betriebsvermögen als auch dem Grundvermögen zuzuordnen sind, den Wert des dem Grundvermögen zuzuordnenden Anteils.

② Erfolgt die Feststellung auf der obersten Feststellungsebene hinsichtlich einer Personengesellschaft, teilt das Betriebsfinanzamt mit, welche Teilbeträge der festgestellten Werte auf den übertragenen Anteil am Gesamthandsvermögen und das übertragene Sonderbetriebsvermögen entfallen.

184 (6) ① Wenn ein Nutzungsrecht an einer Beteiligung an einer Personengesellschaft erworben wird, liegt begünstigungsfähiges Betriebsvermögen im Sinne des § 13b Absatz 1 Nummer 2 ErbStG vor, wenn es so ausgestaltet ist, dass der Nießbraucher ertragsteuerrechtlich als Mitunternehmer der Personengesellschaft anzusehen ist (→ R B 97.3). ② Satz 1 gilt entsprechend, wenn ein Nießbraucher auf seinen Nießbrauch verzichtet und dadurch eine Mitunternehmerstellung des Nießbrauchers auf den Gesellschafter übergeht. ③ In diesen Fällen sind das Verwaltungsvermögen, das junge Verwaltungsvermögen, die Finanzmittel, die jungen Finanzmittel und die Schulden, die auf das Nießbrauchsrecht entfallen, wie folgt zu ermitteln. ④ Ist der zivilrechtliche Eigen-

---

[1] Gesonderte Feststellung für Erwerbe ab 29. 12. 2020 (§ 13a Abs. 9a bzw. § 13b Abs. 10 ErbStG), siehe *Tz. 4 gleich lautender Ländererlass vom 13. 9. 2021,* abgedruckt als Anlage zu § 13a ErbStG.

tümer des Gesellschaftsanteils Mitunternehmer der Gesellschaft, erfolgt die Ermittlung auch hinsichtlich des Nießbrauchsrechts anhand des damit belasteten Anteils, da der Nießbraucher berechtigt ist, die Nutzungen aus diesem Anteil zu ziehen. ⑤ Die Werte sind für den belasteten Anteil zu ermitteln und nach dem Verhältnis des Kapitalwerts des Nießbrauchsrechts zum Wert des Anteils dem Nießbrauchsrecht zuzuordnen. ⑥ Besteht das Nießbrauchsrecht nur an einem Teil des Anteils, ist der entsprechende Teil des Anteils zugrunde zu legen. ⑦ Gehört zum Mitunternehmeranteil des zivilrechtlichen Eigentümers des Gesellschaftsanteils Sonderbetriebsvermögen und erstreckt sich das Nießbrauchsrecht nicht auch hierauf, bleiben das Verwaltungsvermögen, das junge Verwaltungsvermögen, die Finanzmittel, die jungen Finanzmittel und die Schulden aus dem Sonderbetriebsvermögen und dieses Sonderbetriebsvermögen selbst unberücksichtigt. ⑧ Handelt es sich beim zivilrechtlichen Eigentümer des Gesellschaftsanteils nicht um einen Mitunternehmer der Personengesellschaft, sind das Verwaltungsvermögen, das junge Verwaltungsvermögen, die Finanzmittel und die jungen Finanzmittel und die Schulden, die auf das Nießbrauchsrecht entfallen, wie folgt zu ermitteln. ⑨ Das Verwaltungsvermögen, das junge Verwaltungsvermögen, die Finanzmittel, die jungen Finanzmittel und die Schulden des Gesamthandvermögens sind dem Nießbrauch nach dem Verhältnis des Kapitalwerts des Nießbrauchs zum Wert des Gesamthandsvermögens zuzuordnen.

H E 13b.30

HE 13b.30

Feststellungen gemäß § 13 b Absatz 10 ErbStG.

Beispiel: 185

Unternehmer A verstirbt. Erbin wird seine Tochter T. Das Einzelunternehmen hat einen gemeinen Wert von 1 500 000 EUR.
Verwaltungsvermögen (VV) i. S. d. § 13 b Absatz 4 Nummer 1 bis 4 ErbStG ist in Höhe von 150 000 EUR vorhanden, davon sind 30 000 EUR junges VV (§ 13 b Absatz 7 Satz 2 ErbStG).
Die Finanzmittel (FM) i. S. d. § 13 b Absatz 4 Nummer 5 Satz 1 ErbStG betragen 70 000 EUR, davon sind 20 000 EUR junge Finanzmittel (jFM) i. S. d. § 13 b Absatz 4 Nummer 5 Satz 2 ErbStG.
Der gemeine Wert (§ 9 BewG) der Altersversorgungsverpflichtungen (AVV) nach § 13 b Absatz 2 Satz 2 bzw. Absatz 3 ErbStG beträgt 75 000 EUR.
Die Altersversorgungsverpflichtungen werden durch Wirtschaftsgüter in Höhe von 70 000 EUR abgesichert. Davon entfallen

- 50 000 EUR auf Verwaltungsvermögen i. S. d. § 13 b Absatz 4 Nummer 1 bis 4 ErbStG;
  - davon 20 000 EUR auf junges Verwaltungsvermögen i. S. d. § 13 b Absatz 7 ErbStG und
- 20 000 EUR auf Finanzmittel i. S. d. § 13 b Absatz 4 Nummer 5 Satz 1 ErbStG (die jFM können als reine Stromgröße aus Einlagen abzüglich Entnahmen, → R E 13 b.23 Absatz 3, nicht zur Absicherung der AVV dienen).

Neben den Altersversorgungsverpflichtungen sind weitere betriebliche Schulden in Höhe 395 000 EUR vorhanden.

Berechnung:

	Bestand	Wirtschaftsgüter des VV (Spalte 1), die der Absicherung von AVV dienen	Abzug der Schulden aus AVV von den Werten des VV	Entwicklung der festzustellenden Schulden	maßgebende Werte für die Feststellung
Spalte 1	Spalte 2 EUR	Spalte 3 EUR	Spalte 4 EUR	Spalte 5 EUR	Spalte 6 EUR
Schulden gesamt (75 000 EUR + 395 000 EUR)	470 000			470 000	
davon AVV	75 000		75 000		
junges VV	30 000	20 000	./. 20 000	./. 20 000	10 000
Differenz 1			55 000	450 000	
VV (ohne junges VV)	120 000	30 000	./. 30 000	./. 30 000	90 000
Differenz 2			25 000	420 000	
Summe Verwaltungsvermögen					100 000
FM	70 000	20 000	./. 20 000	./. 20 000	50 000
Differenz 3			5 000	400 000	400 000

Feststellungen nach § 151 Absatz 1 Satz 1 Nummer 2 BewG und § 13 b Absatz 10 ErbStG:

Wert des Betriebsvermögens	1 500 000 EUR
Verwaltungsvermögen	100 000 EUR
junges Verwaltungsvermögen	10 000 EUR
Finanzmittel	50 000 EUR
junge Finanzmittel	20 000 EUR
Schulden	400 000 EUR

ErbStG

§ 13c[1, 2] Verschonungsabschlag bei Großerwerben von begünstigtem Vermögen

1 **(1) ① Überschreitet der Erwerb von begünstigtem Vermögen im Sinne des § 13 b Absatz 2 die Grenze des § 13 a Absatz 1 Satz 1 von 26 Millionen Euro, verringert sich auf Antrag des Erwerbers der Verschonungsabschlag nach § 13 a Absatz 1 oder Absatz 10 um jeweils einen Prozentpunkt für jede vollen 750 000 Euro, die der Wert des begünstigten Vermögens im Sinne des § 13 b Absatz 2 den Betrag von 26 Millionen Euro übersteigt. ② Im Fall des § 13 a Absatz 10 wird ab einem Erwerb von begünstigtem Vermögen im Sinne des § 13 b Absatz 2 in Höhe von 90 Millionen Euro ein Verschonungsabschlag nicht mehr gewährt.**

2 **(2)[3] ① § 13 a Absatz 3 bis 9 findet auf Absatz 1 entsprechende Anwendung. ② Bei mehreren Erwerben begünstigten Vermögens im Sinne des § 13 b Absatz 2 von derselben Person innerhalb von zehn Jahren werden für die Bestimmung des Verschonungsabschlags für den letzten Erwerb nach Absatz 1 die früheren Erwerbe nach ihrem früheren Wert dem letzten Erwerb hinzugerechnet. ③ Der nach Satz 2 ermittelte Verschonungsabschlag für den letzten Erwerb findet auf die früheren Erwerbe Anwendung, wenn die Steuerbefreiung für den früheren Erwerb nach § 13 a Absatz 1 Satz 3 wegfällt oder dies bei dem jeweiligen Erwerb zu einem geringeren Verschonungsabschlag führt, es sei denn, für den früheren Erwerb wurde ein Antrag nach § 28 a Absatz 1 gestellt. ④ Die bis dahin für frühere Erwerbe gewährte Steuerbefreiung entfällt insoweit mit Wirkung für die Vergangenheit. ⑤ § 13 a Absatz 1 Satz 4 findet Anwendung. ⑥ Der Antrag nach Absatz 1 ist unwiderruflich und schließt einen Antrag nach § 28 a Absatz 1 für denselben Erwerb aus.**

3 **(3) Die Absätze 1 und 2 gelten in den Fällen des § 1 Absatz 1 Nummer 4 entsprechend.**

Übersicht

		Rz.
R E 13 c.1	Abschmelzmodell – Allgemeines; H E 13 c.1	5–9
R E 13 c.2	Verstoß gegen die Verschonungsvoraussetzungen	10
R E 13 c.3	Ergänzende Vorschriften beim Abschmelzmodell	11
R E 13 c.4	Berücksichtigung mehrerer Erwerbe begünstigten Vermögens; H E 13 c.4	12–14
R E 13 c.5	Begünstigte Erwerbe bei Familienstiftungen	15

Zu § 13 c ErbStG

ErbStR R E 13c.1

R E 13c.1[4] Abschmelzmodell – Allgemeines

5 (1) ① Wenn der Wert des erworbenen begünstigten Vermögens im Sinne des § 13b Absatz 2 ErbStG den Schwellenwert von 26 Millionen EUR überschreitet, ist § 13a Absatz 1 Satz 1 ErbStG mit der Maßgabe anzuwenden, dass sich auf Antrag des Erwerbers der nach § 13a Absatz 1 Satz 1 ErbStG anzuwendende Prozentsatz des Verschonungsabschlags von 85 Prozent oder der nach § 13a Absatz 10 Satz 1 Nummer 1 ErbStG anzuwendende Prozentsatz des Verschonungsabschlags von 100 Prozent um jeweils einen Prozentpunkt für jede vollen 750 000 EUR verringert, die der Wert des begünstigten Vermögens den Schwellenwert von 26 Millionen EUR übersteigt (Abschmelzmodell; § 13c Absatz 1 Satz 1 ErbStG). ② Der Vorwegabschlag bis zu 30 Prozent nach § 13a Absatz 9 ErbStG ist vor Prüfung des Schwellenwerts von 26 Millionen EUR und vor Anwendung des Abschmelzmodells zu berücksichtigen (§ 13c Absatz 2 Satz 1 ErbStG; → R E 13a.20). ③ Soll das Abschmelzmodell für die Optionsverschonung angewendet werden, muss der Erwerber zusätzlich einen entsprechenden Antrag nach § 13a Absatz 10 ErbStG stellen.

6 (2) ① Der Erwerber muss den Antrag bei dem für die Erbschaft- oder Schenkungsteuer zuständigen Finanzamt schriftlich stellen oder zur Niederschrift erklären. ② Er kann den Antrag bis zum Eintritt der materiellen Bestandskraft der Festsetzung der Erbschaft- oder Schenkungsteuer stellen. ③ Der Antrag schließt einen Antrag für denselben Erwerb aus, die Verschonungsbedarfsprüfung nach § 28a ErbStG durchzuführen. ④ Der Antrag kann nach Zugang der Willenserklärung beim zuständigen Finanzamt nicht mehr widerrufen werden (§ 13c Absatz 2 Satz 6 ErbStG). ⑤ Dies gilt auch für den Fall, dass der Erwerber gegen die Behaltensregelungen oder die Lohnsummenregelung des § 13c Absatz 2 Satz 1 in Verbindung mit § 13a Absatz 3 oder 6 ErbStG verstößt.

7 (3) ① Der Erwerber kann den Antrag auf Durchführung des Abschmelzmodells nach § 13c Absatz 1 ErbStG insgesamt nur einheitlich für alle Arten des erworbenen begünstigungsfähigen Vermögens (land- und forstwirtschaftliches Vermögen, Betriebsvermögen und Anteile an Kapital-

[1] § 13c anzuwenden auf Erwerbe, für die die Steuer nach dem 30. 6. 2016 entsteht (§ 37 Abs. 12 Satz 1 ErbStG).

[2] Zum Brexit siehe *Tz. 1.4 e) gleich lautender Ländererlass vom 13. 12. 2021,* abgedruckt als Anlage zu R E 13.2 ErbStR.

[3] § 13c Abs. 2 Satz 3 bis 5 anzuwenden auf frühere Erwerbe, für die Steuer nach dem 30. 6. 2016 entsteht (§ 37 Abs. 12 Satz 3 ErbStG).

[4] Zu R E 13c.1 Abs. 1 bis 3 siehe *Rz. 16 bis 21 gleich lautender Ländererlass vom 22. 12. 2023,* abgedruckt als Anlage zu R E 13a.21 ErbStR.

gesellschaften) stellen. ② Maßgeblich ist das insgesamt erworbene begünstigte Vermögen. ③ Das begünstigte Vermögen mehrerer wirtschaftlicher Einheiten ist zusammenzurechnen. ④ Bei Schenkungen mit z. B. mehreren Betriebsübertragungen in mehreren Schenkungsverträgen ist bei Vorliegen eines einheitlichen Schenkungswillens von nur einer Schenkung auszugehen.

(4) ① Das Abschmelzmodell ist in den Fällen der Regelverschonung (§ 13 a Absatz 1 ErbStG) 8
bis zu einem Wert des begünstigten Vermögens von 89 750 000 EUR und in den Fällen der Optionsverschonung (§ 13 a Absatz 10 ErbStG) bis zu einem Wert des begünstigten Vermögens von 89 999 999 EUR anzuwenden. ② Bei Überschreiten dieser Beträge verringert sich der Verschonungsabschlag auf null Prozent. ③ Die Möglichkeit, einen Antrag auf Verschonungsbedarfsprüfung nach § 28 a ErbStG zu stellen, bleibt unberührt. ④ Wegen der Berücksichtigung mehrerer Erwerbe begünstigten Vermögens → R E 13 c.4.

H E 13c.1

HE 13c.1

Berechnung des Verschonungsabschlags. 9

Beispiel 1:

Vater V schenkt seinem Sohn S begünstigtes Vermögen im Wert von 50 000 000 EUR. Ein Antrag auf Optionsverschonung wurde nicht gestellt.

begünstigtes Vermögen	50 000 000 EUR		50 000 000 EUR
Verschonungsabschlag bei der Regelverschonung in %		85%	
Schwellenwert	./. 26 000 000 EUR		
übersteigender Wert	24 000 000 EUR		
Minderung des Verschonungsabschlags 24 000 000 EUR : 750 000 EUR =		./. 32%	
zu gewährender Verschonungsabschlag in %		53%	
Verschonungsabschlag in EUR 53% von 50 000 000 EUR			./. 26 500 000 EUR
verbleiben			23 500 000 EUR
Abzugsbetrag			./. 0 EUR
steuerpflichtiges Vermögen			23 500 000 EUR

Beispiel 2:

Sachverhalt wie in Beispiel 1. Ein Antrag auf Optionsverschonung wurde gestellt.

begünstigtes Vermögen	50 000 000 EUR		50 000 000 EUR
Verschonungsabschlag bei der Optionsverschonung in %		100%	
Schwellenwert	./. 26 000 000 EUR		
übersteigender Wert	24 000 000 EUR		
Minderung des Verschonungsabschlags 24 000 000 EUR : 750 000 EUR =		./. 32%	
zu gewährender Verschonungsabschlag in %		68%	
Verschonungsabschlag in EUR 68% von 50 000 000 EUR			./. 34 000 000 EUR
verbleiben			16 000 000 EUR
Abzugsbetrag			./. 0 EUR
steuerpflichtiges Vermögen			16 000 000 EUR

R E 13c.2 Verstoß gegen die Verschonungsvoraussetzungen

ErbStR R E 13c.2

① Verstößt der Erwerber im Rahmen des Abschmelzmodells innerhalb der maßgebenden, für die Regelverschonung oder die Optionsverschonung geltenden Lohnsummen- oder Behaltensfrist (→ R E 13 a.9, 13 a.12 und 13 a.21) gegen eine der Verschonungsvoraussetzungen, entfällt die 10
gewährte Verschonung ganz oder teilweise (§ 13 c Absatz 2 Satz 1 ErbStG). ② Der Umfang der Nachversteuerung richtet sich nach den Regelungen der Regel- oder Optionsverschonung (→ R E 13 a.9 und 13 a.19). ③ Ein Verstoß gegen die Behaltensregelungen nach § 13 c Absatz 2 Satz 1 in Verbindung mit § 13 a Absatz 6 ErbStG hat dagegen keine Auswirkungen auf die Ermittlung des begünstigten Vermögens (§ 13 b Absatz 2 ErbStG) und beeinflusst daher die Prüfung des Schwellenwertes und die Ermittlung des anzuwendenden Prozentsatzes des Verschonungsabschlags nicht, da sich nicht der Wert des begünstigten Vermögens, sondern nur die Höhe der Steuerbefreiung für das begünstigte Vermögen ändert.

R E 13c.3 Ergänzende Vorschriften beim Abschmelzmodell

ErbStR R E 13c.3

Folgende ergänzende Vorschriften sind zu beachten:

1. Zu den Folgen einer Weitergabeverpflichtung oder einer Nachlassteilung: § 13 c Absatz 2 Satz 1 in Verbindung mit § 13 a Absatz 5 ErbStG (→ R E 13 a.11); 11
2. zu den Anzeigepflichten des Erwerbers in den Fällen eines Verstoßes gegen die Lohnsummen- oder Behaltensregelungen und Hinausschieben des Endes der Festsetzungsfrist bei Verstoß gegen diese Regelungen: § 13 c Absatz 2 Satz 1 in Verbindung mit § 13 a Absatz 7 ErbStG;
3. zu den erhöhten Mitwirkungs- und Nachweispflichten des Erwerbers bei Auslandssachverhalten: § 13 c Absatz 2 Satz 1 in Verbindung mit § 13 a Absatz 8 ErbStG.

ErbStR R E 13c.4

R E 13c.4 Berücksichtigung mehrerer Erwerbe begünstigten Vermögens

12 (1) ①Wenn bei einem Erwerb, für den die Steuer nach dem 30. Juni 2016 entstanden ist, der Schwellenwert für begünstigtes Vermögen von 26 Millionen EUR infolge des Zusammenrechnens mit früheren Erwerben innerhalb des Zehnjahreszeitraums überschritten wird (§ 13a Absatz 1 Satz 2 ErbStG; → R E 13a.2), entfällt die zunächst in Anspruch genommene Steuerbefreiung nach § 13a Absatz 1 oder Absatz 10 ErbStG für die früheren Erwerbe mit Wirkung für die Vergangenheit (§ 13c Absatz 2 Satz 4 und 5 ErbStG), wenn auch für die früheren Erwerbe die Steuer nach dem 30. Juni 2016 entstanden ist (§ 37 Absatz 12 Satz 3 ErbStG). ②Entsprechendes gilt für eine zunächst gewährte Steuerbefreiung nach § 13c Absatz 1 ErbStG. ③Der Steuerbescheid ist nach § 175 Absatz 1 Satz 1 Nummer 2 AO zu ändern. ④Erwerbe, für die die Steuer vor dem 1. Juli 2016 entstanden ist, werden bei der Prüfung des Schwellenwerts berücksichtigt (→ R E 13a.2 Absatz 2). ⑤Ein Wegfall der gewährten Steuerbefreiung für den früheren Erwerb nach Satz 4 tritt nicht ein, wenn durch einen nachfolgenden Erwerb nach dem 30. Juni 2016 der Schwellenwert überschritten wird.

13 (2) ①Stellt der Erwerber einen Antrag nach § 13c Absatz 1 Satz 1 ErbStG und entfällt wegen des Überschreitens des Schwellenwerts die Steuerbefreiung für einen früheren Erwerb, wird die weggefallene Steuerbefreiung ersetzt durch eine neue Steuerbefreiung auf der Grundlage des abgeschmolzenen Prozentsatzes des Verschonungsabschlags, der sich bezogen auf den zusammengerechneten Wert des begünstigten Vermögens ergibt. ②Die Minderung des Verschonungsabschlags ist sowohl auf den letzten Erwerb als auch auf die früheren Erwerbe anzuwenden. ③Das gilt unabhängig davon, ob für den früheren Erwerb erstmals die Steuerbefreiung nach § 13c Absatz 1 ErbStG gewährt wird oder für den früheren Erwerb nunmehr ein geringerer Verschonungsabschlag nach § 13c Absatz 1 ErbStG zu gewähren ist, und unabhängig davon, ob jeweils die Regelverschonung oder die Optionsverschonung in Anspruch genommen wurde. ④In diesen Fällen wird zuerst die zu dem früheren Erwerb ergangene Steuerfestsetzung geändert. ⑤Sodann wird die erstmalige Steuerfestsetzung für den aktuellen Erwerb unter Berücksichtigung des § 14 ErbStG durchgeführt. ⑥Soweit bei dem früheren Erwerb innerhalb der jeweiligen Fristen gegen die Lohnsummen- oder Behaltensregelungen verstoßen und eine Nachsteuer erhoben wurde, ist auch insoweit eine Neuberechnung der Erbschaft- oder Schenkungsteuer auf der Grundlage des abgeschmolzenen Verschonungsabschlags durchzuführen.

H E 13c.4

H E 13c.4

Berücksichtigung früherer Erwerbe.

14 **Beispiel 1:**

Vater V schenkt seinem Sohn S am 1. 8. 01 begünstigtes Vermögen im Wert von 10 000 000 EUR (Erwerb 1). Ein Antrag auf Optionsverschonung wurde nicht gestellt.

begünstigtes Vermögen	10 000 000 EUR
Verschonungsabschlag 85% von 10 000 000 EUR	./. 8 500 000 EUR
verbleiben	1 500 000 EUR
Abzugsbetrag	./. 0 EUR
steuerpflichtiges Vermögen	1 500 000 EUR

Am 1. 4. 02 schenkt er ihm weiteres begünstigtes Vermögen im Wert von 20 000 000 EUR (Erwerb 2). Ein Antrag auf Optionsverschonung wurde nicht gestellt.

Änderung des Erwerbs 1:

Begünstigtes Vermögen Erwerb 1	10 000 000 EUR	
begünstigtes Vermögen Erwerb 2	+ 20 000 000 EUR	
Summe	30 000 000 EUR	
Schwellenwert	./. 26 000 000 EUR	
übersteigender Wert	4 000 000 EUR	
Verschonungsabschlag bei der Regelverschonung in %	85%	
Minderung des Verschonungsabschlags 4 000 000 EUR : 750 000 EUR = 5,3333 abgerundet	./. 5%	
zu gewährender Verschonungsabschlag in %	80%	
begünstigtes Vermögen		10 000 000 EUR
Verschonungsabschlag 80% von 10 000 000 EUR		./. 8 000 000 EUR
verbleiben		2 000 000 EUR
Abzugsbetrag		./. 0 EUR
steuerpflichtiges Vermögen		2 000 000 EUR

Besteuerung des Erwerbs 2:

begünstigtes Vermögen	20 000 000 EUR
Verschonungsabschlag 80% von 20 000 000 EUR	./. 16 000 000 EUR
verbleiben	4 000 000 EUR
Abzugsbetrag	./. 0 EUR
steuerpflichtiges Vermögen	4 000 000 EUR

Beispiel 2:

Vater V schenkt seinem Sohn S am 1. 8. 01 begünstigtes Vermögen im Wert von 1 500 000 EUR (Erwerb 1). Ein Antrag auf Optionsverschonung wurde nicht gestellt.

begünstigtes Vermögen			1 500 000 EUR
Verschonungsabschlag 85% von 1 500 000 EUR			./. 1 275 000 EUR
verbleiben			225 000 EUR
Abzugsbetrag			./. 112 500 EUR
Abzugsbetrag		150 000 EUR	
Verbleibender Wert (15%)	225 000 EUR		
Abzugsbetrag	./. 150 000 EUR		
Unterschiedsbetrag	75 000 EUR		
davon 50%		37 500 EUR	
Verbleibender Abzugsbetrag		112 500 EUR	
steuerpflichtiges Vermögen			112 500 EUR

Am 1. 4. 02 schenkt er ihm weiteres begünstigtes Vermögen im Wert von 28 500 000 EUR (Erwerb 2). Ein Antrag auf Optionsverschonung wurde gestellt.

Änderung des Erwerbs 1:

Begünstigtes Vermögen Erwerb 1	1 500 000 EUR		
begünstigtes Vermögen Erwerb 2	+ 28 500 000 EUR		
Summe	30 000 000 EUR		
Schwellenwert	./. 26 000 000 EUR		
übersteigender Wert	4 000 000 EUR		
Verschonungsabschlag bei der Regelverschonung in %		85%	
Minderung des Verschonungsabschlags 4 000 000 EUR : 750 000 EUR = 5,3333 abgerundet		./. 5%	
zu gewährender Verschonungsabschlag in %		80%	
begünstigtes Vermögen			1 500 000 EUR
Verschonungsabschlag 80% von 1 500 000 EUR			./. 1 200 000 EUR
verbleiben			300 000 EUR
Abzugsbetrag			./. 75 000 EUR
Abzugsbetrag		150 000 EUR	
Verbleibender Wert (20%)	300 000 EUR		
Abzugsbetrag	./. 150 000 EUR		
Unterschiedsbetrag	150 000 EUR		
davon 50%		75 000 EUR	
Verbleibender Abzugsbetrag		75 000 EUR	
steuerpflichtiges Vermögen			225 000 EUR

Verschonung des Erwerbs 2:

Verschonungsabschlag bei der Optionsverschonung in %		100%	
Minderung des Verschonungsabschlags (wie beim Erwerb 1)		./. 5%	
zu gewährender Verschonungsabschlag in %		95%	
begünstigtes Vermögen			28 500 000 EUR
Verschonungsabschlag 95% von 28 500 000 EUR			./. 27 075 000 EUR
verbleiben			1 425 000 EUR
Abzugsbetrag			./. 0 EUR
steuerpflichtiges Vermögen			1 425 000 EUR

R E 13c.5 Begünstigte Erwerbe bei Familienstiftungen

ErbStR R E 13c.5

15 ① Das Abschmelzmodell nach § 13c ErbStG wird auf Antrag auch bei der Bemessung der Ersatzerbschaftsteuer einer Familienstiftung oder eines Familienvereins (§ 1 Absatz 1 Nummer 4 ErbStG) gewährt, soweit zum Vermögen der Stiftung oder des Vereins begünstigtes Vermögen (§ 13b Absatz 2 ErbStG) gehört. ② Wegen der Definition der Familienstiftung → R E 1.2. ③ Beim Übergang von Vermögen auf Grund eines Stiftungsgeschäfts unter Lebenden (§ 7 Absatz 1 Nummer 8 ErbStG) kommt die Vergünstigung ebenfalls in Betracht.

ErbStG

§ 13d[1] Steuerbefreiung für zu Wohnzwecken vermietete Grundstücke

1 (1) **Grundstücke im Sinne des Absatzes 3 sind mit 90 Prozent ihres Werts anzusetzen.**

2 (2) ① **Ein Erwerber kann den verminderten Wertansatz nicht in Anspruch nehmen, soweit er erworbene Grundstücke auf Grund einer letztwilligen Verfügung des Erblassers oder einer rechtsgeschäftlichen Verfügung des Erblassers oder Schenkers auf einen Dritten übertragen muss.** ② **Gleiches gilt, wenn ein Erbe im Rahmen der Teilung des Nachlasses Vermögen im Sinne des Absatzes 3 auf einen Miterben überträgt.** ③ **Überträgt ein Erbe erworbenes begünstigtes Vermögen im Rahmen der Teilung des Nachlasses auf einen Dritten und gibt der Dritte dabei diesem Erwerber nicht begünstigtes Vermögen hin, das er vom Erblasser erworben hat, erhöht sich insoweit der Wert des begünstigten Vermögens des Dritten um den Wert des hingegebenen Vermögens, höchstens jedoch um den Wert des übertragenen Vermögens.**

3 (3)[1 · 2 · 3] **Der verminderte Wertansatz gilt für bebaute Grundstücke oder Grundstücksteile,**

1. **die zu Wohnzwecken vermietet werden,**
2. **bei Belegenheit in einem Drittstaat nur, wenn dieser Drittstaat auf Grund völkervertraglicher Abkommen oder Übereinkommen verpflichtet ist, der Bundesrepublik Deutschland entsprechend dem OECD-Standard für Transparenz und effektiven Informationsaustausch auf Ersuchen im Sinne des § 4 Absatz 2 Nummer 2 in Verbindung mit Absatz 4 Satz 1 des Steueroasen-Abwehrgesetzes in Bezug auf die Erbschaftsteuer Amtshilfe zu leisten; das Bundesministerium der Finanzen veröffentlicht im Bundessteuerblatt Teil I eine Liste der Drittstaaten, die diese Voraussetzungen erfüllen,**
3. **die nicht zum begünstigten Betriebsvermögen oder begünstigten Vermögen eines Betriebs der Land- und Forstwirtschaft im Sinne des § 13 a gehören.**

4 (4) **Die Absätze 1 bis 3 gelten in den Fällen des § 1 Abs. 1 Nr. 4 entsprechend.**

Zu § 13 d ErbStG

ErbStR
R E 13d

R E 13d. Steuerbefreiung für Wohngrundstücke

5 (1) Der gemeine Wert von vermieteten bebauten Grundstücken oder Grundstücksteilen (begünstigtes Vermögen) ist um einen Befreiungsabschlag von 10 Prozent zu kürzen (§ 13 d Absatz 1 ErbStG), wenn sie

1. zu Wohnzwecken vermietet werden,
2. im Inland, einem Mitgliedstaat der Europäischen Union oder in einem Staat des Europäischen Wirtschaftsraums belegen sind und
3. nicht zum begünstigten Betriebsvermögen oder begünstigten Vermögen eines Betriebs der Land- und Forstwirtschaft im Sinne des § 13 a ErbStG gehören.

6 (2) ① Maßgebend sind die Verhältnisse zum Besteuerungszeitpunkt. ② Eine Behaltensverpflichtung oder eine Verpflichtung zur weiteren Vermietung zu Wohnzwecken besteht nicht.

7 (3) Wird ein Familienheim im Sinne des § 13 Absatz 1 Nummer 4 b und 4 c ErbStG vom Erwerber nach Beendigung der Selbstnutzung innerhalb des zehnjährigen Behaltenszeitraums zu Wohnzwecken vermietet, mit der Folge, dass die zunächst gewährte Steuerbefreiung rückwirkend entfällt, kann für dieses Grundstück oder diesen Grundstücksteil nicht nachträglich der Befreiungsabschlag nach § 13 d ErbStG in Anspruch genommen werden.

8 (4) ① Wenn zu Wohnzwecken vermietete Wohnungen im Sinne des Absatzes 1 zum Betriebsvermögen (Einzelunternehmen, Beteiligungen an Personengesellschaften) gehören, die Anwendung des § 13 a ErbStG jedoch vollständig ausgeschlossen ist, weil die Verwaltungsvermögensquote im Sinne des § 13 b Absatz 2 Satz 2 ErbStG mindestens 90 Prozent beträgt, kann bei Vorliegen der übrigen Voraussetzungen der Befreiungsabschlag nach § 13 d ErbStG in Anspruch genommen werden. ② Ein Befreiungsabschlag nach § 13 d ErbStG kann nicht gewährt werden, wenn das Grundstück zum Verwaltungsvermögen gehört, es sei denn, dass es sich um junges Verwaltungsvermögen handelt, da junges Verwaltungsvermögen nach § 13 b Absatz 8 Satz 3 ErbStG stets un-

[1] § 13 d Abs. 3 i. d. F. des JStG 2024 anzuwenden auf Erwerbe, für die die Steuer nach dem 31. 12. 2024 entsteht (§ 37 Abs. 21 ErbStG).

[2] Zum Brexit siehe *Tz. 1.5 gleich lautender Ländererlass vom 13. 12. 2021,* abgedruckt als Anlage b zu R E 13.2 ErbStR.

[3] *BFH-Beschluss vom 29. 8. 2019 II B 79/18 (BFH/NV 2020 S. 22):* **1.** Eine analoge Anwendung der §§ 13 a und 13 b ErbStG auf den im Privatvermögen des Erblassers gehaltenen, ererbten Mietwohnbestand scheidet mangels Regelungslücke aus. Der Gesetzgeber hat mit der abgestuften Ausgestaltung der unterschiedlichen Begünstigungen für ererbtes Vermögen unmissverständlich zum Ausdruck gebracht, dass er ererbte Mietwohngrundstücke im Privatvermögen in deutlich geringerem Maße begünstigen will als ererbte, im Betriebsvermögen gehaltene Mietgrundstücke, die die Voraussetzungen des § 13 b Abs. 2 Satz 2 Nr. 1 Satz 2 Buchst. d ErbStG erfüllen. **2.** Die Differenzierung zwischen verschiedenen Begünstigungsregelungen von Mietwohngrundstücken in den Vermögensarten Betriebs- und Privatvermögen ist trotz der enormen Ungleichbehandlung verfassungskonform.

gekürzt der Besteuerung unterliegt. ③ Gehören zum Betriebsvermögen zu Wohnzwecken vermietete Wohnungen im Sinne des Absatzes 1, kann jedoch bei Vorliegen von begünstigtem Vermögen im Sinne des § 13b Absatz 2 ErbStG im Fall einer Steuerbefreiung für den nach Anwendung des Verschonungsabschlags (§ 13a Absatz 1 ErbStG) und des Abzugsbetrags (§ 13a Absatz 2 ErbStG) verbleibenden steuerpflichtigen Teil des begünstigten Vermögens kein Befreiungsabschlag nach § 13d ErbStG gewährt werden. ④ Gleiches gilt für Erwerbe, die den Schwellenwert von 26 Millionen Euro übersteigen, für die ein Antrag nach § 13c ErbStG gestellt wird. ⑤ § 13d ErbStG und § 28a ErbStG schließen sich gegenseitig nicht aus. ⑥ Betriebswohnungen im Sinne des § 160 Absatz 1 Nummer 2 und Absatz 8 BewG sowie andere vermietete Grundstücke, die nach § 158 Absatz 4 Nummer 1 BewG nicht zum land- und forstwirtschaftlichen Vermögen, sondern zum Grundvermögen gehören, können nach § 13d ErbStG begünstigt sein. ⑦ Fällt für begünstigtes Betriebsvermögen im Sinne der §§ 13a, 13b Absatz 2 ErbStG die Verschonung nach § 13a Absatz 6 ErbStG bzw. § 13c Absatz 2 Satz 1 in Verbindung mit § 13a Absatz 6 ErbStG nur zum Teil rückwirkend weg, kann der Befreiungsabschlag nach § 13d ErbStG für ein zum Betriebsvermögen gehörendes, zu Wohnzwecken vermietetes Grundstück, nicht in Anspruch genommen werden. ⑧ Erfolgt eine schädliche Verfügung im Sinne des § 13a Absatz 6 ErbStG bzw. § 13c Absatz 2 Satz 1 in Verbindung mit § 13a Absatz 6 ErbStG jedoch bereits im ersten Jahr nach dem Zeitpunkt der Steuerentstehung, so dass eine Steuerbefreiung nach § 13a ErbStG mit Wirkung für die Vergangenheit vollständig entfällt, kommt für das zu Wohnzwecken vermietete Grundstück ein Befreiungsabschlag nach § 13d ErbStG in Betracht.

ErbStR
R E 13d

(5) Gehören zum Vermögen einer Kapitalgesellschaft, deren Anteile erworben werden, zu Wohnzwecken vermietete Grundstücke oder Grundstücksteile, ist die Anwendung des § 13d ErbStG stets ausgeschlossen, weil Gegenstand des Erwerbs der Anteil an der Kapitalgesellschaft ist und nicht die von der Kapitalgesellschaft zu Wohnzwecken vermieteten Grundstücke oder Grundstücksteile. **9**

(6) ① Zu den bebauten Grundstücken oder Grundstücksteilen, die zu Wohnzwecken vermietet werden, gehören z. B. Ein- und Zweifamilienhäuser, Mietwohngrundstücke, Wohnungseigentum oder entsprechende Grundstücksteile anderer Grundstücksarten (vgl. § 181 BewG); dies schließt auch Garagen, Nebenräume und Nebengebäude ein, die sich auf dem Grundstück befinden und mit den vermieteten Wohnungen gemeinsam genutzt werden. ② Vermietet ist ein Grundstück, wenn für die Nutzungsüberlassung ein Entgelt, unabhängig von dessen Höhe, geschuldet wird. ③ Die unentgeltliche Überlassung ist nicht begünstigt. ④ Ist ein zur Vermietung zu Wohnzwecken bestimmtes Grundstück oder ein dazu bestimmter Teil eines Grundstücks im Besteuerungszeitpunkt nicht vermietet, z. B. wegen Leerstands bei Mieterwechsel oder wegen Modernisierung, kann für das Grundstück oder den Grundstücksteil der Befreiungsabschlag in Anspruch genommen werden. ⑤ Befinden sich in einem Gebäude neben zu Wohnzwecken vermieteten Grundstücksteilen andere Teile, die z. B. zu eigenen Wohnzwecken oder zu gewerblichen, freiberuflichen oder zu öffentlichen Zwecken genutzt werden, sind diese nicht begünstigt. ⑥ Der Befreiungsabschlag ist nach den tatsächlichen Nutzungsverhältnissen zum Besteuerungszeitpunkt nur auf den Teil des Grundbesitzwerts zu gewähren, der auf den zu Wohnzwecken vermieteten Teil des Gebäudes entfällt. ⑦ Die Aufteilung erfolgt nach dem Verhältnis der zu Wohnzwecken vermieteten Wohnfläche des Gebäudes zur gesamten Wohn-/Nutzfläche; Garagen, Nebenräume und Nebengebäude sind hierbei nicht einzubeziehen. ⑧ Das Lagefinanzamt hat die gesamte Wohn-/Nutzfläche des Grundstücks und die zu Wohnzwecken vermietete Fläche zu ermitteln und bei der Feststellung des Grundbesitzwerts nachrichtlich mitzuteilen. **10**

(7) ① Die Nutzung der vermieteten Wohnung auch zu anderen als Wohnzwecken ist unschädlich, wenn sie von untergeordneter Bedeutung ist, z. B. durch Nutzung eines Arbeitszimmers. ② Eine gewerbliche oder freiberufliche Mitbenutzung einer Wohnung ist unschädlich, wenn die Wohnnutzung überwiegt. **11**

(8) ① Der Erwerber kann die Befreiung nicht in Anspruch nehmen, soweit er verpflichtet ist, das begünstigte Vermögen auf Grund einer letztwilligen Verfügung des Erblassers oder einer rechtsgeschäftlichen Verfügung des Erblassers oder Schenkers auf einen Dritten zu übertragen (Weitergabeverpflichtung). ② Letztwillige Verfügung ist das Testament, rechtsgeschäftliche Verfügung ist z. B. der Erbvertrag des Erblassers oder der Schenkungsvertrag. ③ Anwendungsfälle sind insbesondere **12**

1. Sachvermächtnisse, die auf begünstigtes Vermögen gerichtet sind,
2. Vorausvermächtnisse, die auf begünstigtes Vermögen gerichtet sind,
3. ein Schenkungsversprechen auf den Todesfall oder
4. Auflagen des Erblassers oder Schenkers, die auf die Weitergabe begünstigten Vermögens gerichtet sind.

④ Sind Miterben auf Grund einer Teilungsanordnung des Erblassers verpflichtet, das begünstigte Vermögen auf einen Miterben zu übertragen, können die übertragenden Miterben die Befreiung nicht in Anspruch nehmen; das gilt unabhängig davon, wann die Auseinandersetzungsvereinbarung geschlossen wird. ⑤ Gibt der nachfolgende Erwerber für den Erwerb des begünstigten Vermögens nicht begünstigtes Vermögen hin, das er vom Erblasser erworben hat, wird er so gestellt, als habe er von Anfang an begünstigtes Vermögen erworben. ⑥ Dies gilt auch dann, wenn die einzelnen Vermögensgegenstände nach derselben Vorschrift, z. B. nach § 13 d ErbStG, begünstigt sind, da der überlassende Miterbe die Begünstigung nicht mehr in Anspruch nehmen kann (§ 13 d Absatz 2 ErbStG). ⑦ Als hingegebenes Vermögen gilt nicht die Übernahme von Nachlassverbindlichkeiten, die mit dem begünstigten Vermögen in wirtschaftlichem Zusammenhang stehen. ⑧ Der gemeine Wert des begünstigten Vermögens darf jedoch nicht überschritten werden. ⑨ Durch diese Regelung wird lediglich die Bemessungsgrundlage für die Steuerbefreiung verändert; sie führt nicht zu einer Veränderung der Zurechnung der Erwerbsgegenstände. ⑩ Der Grundsatz, dass die Erbauseinandersetzung unbeachtlich ist (→ R E 3.1), gilt unverändert fort. ⑪ Satz 4 bis 10 gelten entsprechend auch für die freie Erbauseinandersetzung unter den Erben, wenn diese zeitnah zum Erbfall erfolgt. ⑫ Erfolgt die Übertragung und Hingabe des Vermögens in diesem Fall nach Ergehen des jeweiligen Erbschaftsteuerbescheids, ist dies als Ereignis mit steuerlicher Rückwirkung auf den Zeitpunkt der Steuerentstehung anzusehen, so dass die Steuerfestsetzungen nach § 175 Absatz 1 Nummer 2 AO zu ändern sind.

13 (9) ① Muss der Erwerber im Zusammenhang mit dem Erwerb begünstigten Vermögens einem Dritten ein Nutzungsrecht, z. B. den Nießbrauch, an dem Grundstück oder einem Teil des Grundstücks einräumen, kann der Erwerber des Vermögens den Befreiungsabschlag in Anspruch nehmen, soweit eine Vermietung zu Wohnzwecken vorliegt. ② Entsprechendes gilt auch, wenn sich der Schenker ein solches Nutzungsrecht vorbehalten hat. ③ Der Befreiungsabschlag ist auch in einem solchen Fall nach den tatsächlichen Nutzungsverhältnissen im Besteuerungszeitpunkt nur auf den Teil des Grundbesitzwerts zu gewähren, der auf den zu Wohnzwecken vermieteten Teil des Gebäudes entfällt. ④ Absatz 6 Satz 7 und 8 gilt entsprechend. ⑤ Der Erwerb des Nutzungsrechts ist nicht begünstigt, weil kein begünstigtes Vermögen in seiner Substanz übertragen wird.

14 *(10)[1] Soweit das begünstigte Vermögen steuerfrei erworben wird, sind die damit in wirtschaftlichem Zusammenhang stehenden Schulden und Lasten nicht abzugsfähig (§ 10 Absatz 6 Satz 5 ErbStG; → R E 10.10 Absatz 5).*

HE 13d

H E 13d

15 **Aufteilung des Grundbesitzwerts.**

Beispiel:

Im Nachlass des H befindet sich ein bebautes Grundstück. In dem Gebäude sind drei Wohnungen zu Wohnzwecken vermietet. Außerdem befindet sich in dem Gebäude eine Arztpraxis. Der festgestellte Grundbesitzwert beträgt 1 200 000 EUR. Die Summe der Wohnflächen der drei Wohnungen beträgt 300 m². Die Arztpraxis hat eine Nutzfläche von 100 m².

Auf die vermieteten Wohnungen entfällt ein Anteil von
300 m² : 400 m² = 0,75
begünstigter Teil des Grundbesitzwerts
1 200 000 EUR 0,75 = 900 000 EUR
Der Befreiungsabschlag beträgt 10% von 900 000 EUR — 90 000 EUR

16 **Erwerb eines Erbbaugrundstücks.** Beim Erwerb eines mit einem Erbbaurecht belasteten Grundstücks (Erbbaugrundstück) kommt der Befreiungsabschlag nach § 13 d ErbStG nicht in Betracht (→ BFH vom 11. 12. 2014 II R 25/14, BStBl. 2015 II S. 343).

Europäischer Wirtschaftsraum. Dem europäischen Wirtschaftsraum gehören Island, Liechtenstein und Norwegen sowie die Mitgliedstaaten der europäischen Union an.

17 **Freie Erbauseinandersetzung.**[2] In den Fällen der freien Auseinandersetzung von Erbengemeinschaften ist eine steuerliche Rückwirkung auf den Zeitpunkt des Erbfalls als zeitnah in der Regel anzuerkennen, wenn die Auseinandersetzungsvereinbarung innerhalb von sechs Monaten erfolgt (→ vgl. BMF-Schreiben vom 14. 3. 2006, BStBl. I S. 253, Tz. 8).[3] Erfolgt die Erbauseinandersetzung erst nach mehr als sechs Monaten, kann der Begünstigungstransfer in begründeten Ausnahmefällen (z. B. aufgrund von Erbstreitigkeiten, Erstellung von Gutachten o. ä.) gewährt werden. Der Steuerpflichtige hat die Gründe darzulegen, die eine Erbauseinandersetzung innerhalb des Sechsmonatszeitraums verhindert haben.
→ BFH vom 23. 6. 2015 II R 39/13, BStBl. 2016 II S. 225.

18 **Nicht bezugsfertiges Gebäude.** Beim Erwerb eines Grundstücks mit einem nicht bezugsfertigen Gebäude kommt der Befreiungsabschlag nach § 13 d ErbStG nicht in Betracht (→ BFH vom 11. 12. 2014 II R 30/14, BStBl. 2015 II S. 344).

19 **Nutzungsrecht.**

Beispiel:

Im Nachlass des H befindet sich ein ausschließlich zu Wohnzwecken vermietetes Grundstück. Erbe E muss vermächtnisweise der Tante T ein unentgeltliches Nutzungsrecht an einer darin belegenen Wohnung einräumen.
Der Erwerb des Grundstücks durch E ist teilweise begünstigt. Die Einräumung eines unentgeltlichen Nutzungsrechts ist nicht der Vermietung zu Wohnzwecken gleichzustellen.

---

[1] Überholt durch Änderung des § 10 Abs. 6 ErbStG durch das JStG 2020, jetzt § 10 Abs. 6 a ErbStG durch das JStG 2024, siehe *Tz. 3 gleich lautender Ländererlass vom 13. 9. 2021,* abgedruckt als Anlage b zu § 10 ErbStG.
[2] Siehe *BFH-Urteil vom 15. 5. 2024 II R 12/21,* abgedruckt zu H E 13 a.11 „Freie Auseinandersetzung" ErbStH.
[3] Abgedruckt im **ESt-Veranlagungshandbuch** als Anlage zu § 7 EStG.

HE 13d

Schuldenkürzung. 20

Beispiel 1:

Tochter T erbt von ihrem Vater V ein ausschließlich zu Wohnzwecken vermietetes Grundstück mit einem Grundbesitzwert von 2 000 000 EUR. Im Zusammenhang mit der Anschaffung steht eine Darlehensschuld, die noch mit 500 000 EUR valutiert.

Zu Wohnzwecken vermietetes Grundstück (begünstigt)		2 000 000 EUR
Befreiungsabschlag 10% von 2 000 000 EUR =		./. 200 000 EUR
Nachlassverbindlichkeit	500 000 EUR	
Nicht abzugsfähig 10% von 500 000 EUR =	./. 50 000 EUR	
Abzugsfähig	450 000 EUR	./. 450 000 EUR
Bereicherung		1 350 000 EUR

Beispiel 2:

Erblasser E wird von seiner Tochter T und seinem Sohn S je zur Hälfte beerbt. Zum Nachlass gehört ein Grundstück mit einem zu Wohnzwecken vermieteten Grundstück und einem Grundbesitzwert von 1 000 000 EUR. Das Grundstück ist mit einer Grundschuld von 100 000 EUR belastet. Zum Nachlass gehört außerdem ein Bankguthaben von 1 000 000 EUR.

Im Rahmen der Erbauseinandersetzung übernimmt die Tochter auch die andere Hälfte des Grundstücks gegen eine Ausgleichszahlung aus dem Nachlass von 500 000 EUR. Die Grundschuld tragen beide entsprechend ihren Erbteilen.

Berechnung des Reinnachlasses		
Steuerwert des Grundstücks		1 000 000 EUR
Bankguthaben		+ 1 000 000 EUR
Vermögensanfall		2 000 000 EUR
Nachlassverbindlichkeiten		./. 100 000 EUR
Erbfallkostenpauschale		./. 10 300 EUR
Wert des Reinnachlasses		1 889 700 EUR
davon Erbanteil je $^1/_2$		944 850 EUR
Berechnung des Erwerbs für T		
Steuerbefreiung nach § 13 d ErbStG		
Steuerwert des Grundstücks	500 000 EUR	
Davon steuerbegünstigt 10%		50 000 EUR
Werterhöhung Ausgleichszahlung in Höhe von 500 000 EUR, davon steuerbegünstigt 10%		+ 50 000 EUR
Steuerbefreiung § 13 d ErbStG		100 000 EUR
Berechnung der nicht abzugsfähigen Schulden für T		
Grundschuld ($^1/_2$ entsprechend Erbteil)	50 000 EUR	
Davon abzugsfähig nach dem Verhältnis		

$$\frac{\text{Wert des Grundstücks nach Anwendung des § 13 d ErbStG}}{\text{Wert des Grundstücks}}$$

400 000 EUR : 500 000 EUR = 80,00%		
50 000 EUR 80,00%	./. 40 000 EUR	
Nicht abzugsfähig	10 000 EUR	
Erbanteil T		944 850 EUR
Steuerbefreiung § 13 d ErbStG		./. 100 000 EUR
Nicht abzugsfähiger Teil der Schuld		+ 10 000 EUR
= Bereicherung der T		854 850 EUR
Erbanteil S		944 850 EUR
Steuerbefreiung § 13 d ErbStG		./. 0 EUR
Nicht abzugsfähiger Teil der Schuld		+ 0 EUR
Bereicherung des S		944 850 EUR

Vermietungsabsicht. Beim Erwerb eines Grundstücks, das zum Besteuerungszeitpunkt weder zu Wohnzwecken vermietet noch zu einer solchen Vermietung bestimmt ist, kommt der Befreiungsabschlag nach § 13 d ErbStG nicht in Betracht (→ BFH vom 11. 12. 2014 II R 24/14, BStBl. 2015 II S. 340). 21

Verschonungsabschlag. § 13 d Absatz 3 Nummer 3 ErbStG lässt ausschließlich dann einen Befreiungsabschlag zu, wenn das Grundstück nicht zum nach § 13 a ErbStG begünstigten Betriebsvermögen oder zum nach § 13 a ErbStG begünstigten Vermögen eines Betriebs der Land- und Forstwirtschaft gehört. Danach schließt jede Gewährung einer Steuerbefreiung nach § 13 a ErbStG die Anwendung des § 13 d ErbStG aus. Somit lässt selbst ein auf 1% abgeschmolzener Verschonungsabschlag i. S. d. § 13 c ErbStG i. V. m. § 13 a ErbStG keinen Befreiungsabschlag nach § 13 d ErbStG zu. 22

Weitergabeverpflichtung. 23

Beispiel 1:

Erblasser E hat seine Frau F zur Alleinerbin eingesetzt. Sein Neffe N soll das ausschließlich zu Wohnzwecken vermietete Grundstück mit einem gemeinen Wert von 2 000 000 EUR durch Vermächtnis erhalten. Neben dem Grundstück gehört zum Nachlass Kapitalvermögen von 1 500 000 EUR.

Besteuerung der Alleinerbin F

Nach § 13 d Absatz 1 ErbStG würde ihr zunächst der Verschonungsabschlag von 10% zustehen. Wegen der Weitergabeverpflichtung auf Grund des Vermächtnisses kann sie diesen jedoch nicht in Anspruch nehmen. Die sich aus ihrem Erwerb ergebende Bereicherung ist wie folgt zu ermitteln:

Zu Wohnzwecken vermietetes Grundstück (nicht begünstigt)	2 000 000 EUR
Übriges Vermögen	+ 1 500 000 EUR
Vermächtnislast	./. 2 000 000 EUR
Bereicherung	1 500 000 EUR

HE 13d

noch **23**

Besteuerung des Vermächtnisnehmers N
Nach § 13 d Absatz 1 ErbStG steht ihm der Verschonungsabschlag von 10% zu. Seine Bereicherung berechnet sich wie folgt:

Zu Wohnzwecken vermietetes Grundstück (begünstigt)	2 000 000 EUR
Befreiungsabschlag 10% von 2 000 000 EUR	./. 200 000 EUR
Bereicherung	1 800 000 EUR

Beispiel 2:

Die Kinder K1 und K2 sind Erben zu je 1/2 Der Nachlass besteht aus einem ausschließlich zu Wohnzwecken vermieteten Grundstück mit einem Grundbesitzwert von 1 000 000 EUR sowie Kapitalvermögen im Wert von 1 500 000 EUR. Im Rahmen der Erbauseinandersetzung übernimmt Kind K1 auch die andere Hälfte des Grundstücks gegen eine Ausgleichszahlung aus dem Nachlass von 500 000 EUR.

Berechnung des Reinnachlasses		
Steuerwert des Grundstücks		1 000 000 EUR
Bankguthaben		+ 1 500 000 EUR
Vermögensanfall		2 500 000 EUR
Davon Erbanteil je 1/2		1 250 000 EUR
Berechnung des Erwerbs für K1		
Steuerbefreiung nach § 13 d ErbStG		
Steuerwert des Grundstücks	1 000 000 EUR	
Davon 1/2-Anteil		500 000 EUR
Werterhöhung gegen Ausgleichszahlung in Höhe von		+ 500 000 EUR
Summe		1 000 000 EUR
Befreiungsabschlag 10% von 1 000 000 EUR		100 000 EUR
Erbanteil K1		1 250 000 EUR
Verschonungsabschlag		./. 100 000 EUR
Bereicherung des K1		1 150 000 EUR
Berechnung des Erwerbs für K2		
Erbanteil K2		1 250 000 EUR
Befreiungsabschlag		./. 0 EUR
Bereicherung des K2		1 250 000 EUR

Wohnfläche. → Wohnflächenverordnung vom 25. 11. 2003 (BGBl. I S. 2346).[1]

---

[1] Abgedruckt als Anlage a zu § 181 BewG.

Abschnitt 3. Berechnung der Steuer

ErbStG

§ 14 Berücksichtigung früherer Erwerbe

(1) ① **Mehrere innerhalb von zehn Jahren von derselben Person anfallende Vermögensvorteile werden in der Weise zusammengerechnet, daß dem letzten Erwerb die früheren Erwerbe nach ihrem früheren Wert zugerechnet werden.**[1] ② **Von der Steuer für den Gesamtbetrag wird die Steuer abgezogen, die für die früheren Erwerbe nach den persönlichen Verhältnissen des Erwerbers und auf der Grundlage der geltenden Vorschriften zur Zeit des letzten Erwerbs zu erheben gewesen wäre.** ③ **Anstelle der Steuer nach Satz 2 ist die tatsächlich für die in die Zusammenrechnung einbezogenen früheren Erwerbe zu entrichtende Steuer abzuziehen, wenn diese höher ist.** ④ **Die Steuer, die sich für den letzten Erwerb ohne Zusammenrechnung mit früheren Erwerben ergibt, darf durch den Abzug der Steuer nach Satz 2 oder Satz 3 nicht unterschritten werden.** ⑤ **Erwerbe, für die sich nach den steuerlichen Bewertungsgrundsätzen kein positiver Wert ergeben hat, bleiben unberücksichtigt.** 1

(2)[2] ① **Führt der Eintritt eines Ereignisses mit Wirkung für die Vergangenheit zu einer Veränderung des Werts eines früheren, in die Zusammenrechnung nach Absatz 1 einzubeziehenden Erwerbs, gilt dies auch für den späteren Erwerb als Ereignis mit Wirkung für die Vergangenheit nach § 175 Absatz 1 Satz 1 Nummer 2 der Abgabenordnung (rückwirkendes Ereignis).** ② **Für den späteren Erwerb gelten auch der erstmalige Erlass, die Änderung und die Aufhebung eines Steuerbescheids für einen früheren, in die Zusammenrechnung einzubeziehenden Erwerb als rückwirkendes Ereignis.** ③ **Dasselbe gilt auch, soweit eine Änderung der Steuerfestsetzung für den früheren Erwerb lediglich zu einer geänderten anrechenbaren Steuer führt.** 2

(3) **Die durch jeden weiteren Erwerb veranlaßte Steuer darf nicht mehr betragen als 50 Prozent dieses Erwerbs.** 3

Übersicht

		Rz.
R E 14.1	Berücksichtigung früherer Erwerbe; Grundsatz; H E 14.1	5–20
R E 14.2	Berücksichtigung früherer Erwerbe; Zusammentreffen mit Begünstigungen nach §§ 13 a, 13 c, 19 a und 28 a ErbStG; H E 14.2	21–25
R E 14.3	Berücksichtigung früherer Erwerbe; Mindeststeuer und Festsetzungsfrist; H E 14.3	26–30
Anlage:		
	Erlass betr. Anwendung der geänderten Vorschriften des ErbStG für Erwerbe mit einer Steuerentstehung nach dem 28. 12. 2020 v. 13. 9. 2021	35

Zu § 14 ErbStG

R E 14.1 Berücksichtigung früherer Erwerbe; Grundsatz

ErbStR
R E 14.1

(1) ① Mehrere innerhalb von zehn Jahren von derselben Person anfallende Erwerbe sind bei der Besteuerung des jeweils letzten Erwerbs im Zehnjahreszeitraum mit diesem letzten Erwerb zusammenzurechnen. ② Dabei verlieren die einzelnen Erwerbe aber nicht ihre Selbstständigkeit. 5
③ Es geht lediglich darum, die Steuer für den letzten Erwerb zutreffend zu ermitteln. ④ Der für die Berücksichtigung von Vorerwerben maßgebliche Zehnjahreszeitraum ist rückwärts zu berechnen. ⑤ Dabei ist der Tag des letzten Erwerbs mitzuzählen. ⑥ Fällt bei der Berechnung das Ende des Zehnjahreszeitraums auf einen Sonntag, einen gesetzlichen Feiertag oder einen Sonnabend, erfolgt keine Verschiebung, § 108 Absatz 3 AO findet keine Anwendung. ⑦ In die Zusammenrechnung sind, sofern die Voraussetzungen dafür erfüllt sind, auch Erwerbe aus der Zeit vor dem 1. 1. 2009 einzubeziehen.

---

[1] *BFH-Urteil vom 8. 3. 2006 II R 10/05 (BStBl. II S. 785), Ls. 1:* **1.** Ist ein mit einer nach § 25 Abs. 1 Satz 1 ErbStG nicht abziehbaren Belastung beschwerter Erwerb nach § 14 Abs. 1 Satz 1 ErbStG mit einem späteren Erwerb zusammenzurechnen, ist der Bruttowert des Vorerwerbs sowohl dieser Zusammenrechnung als auch der Berechnung der nach § 14 Abs. 1 Sätze 2 und 3 ErbStG abzuziehenden Steuer zugrunde zu legen.

BFH-Urteil vom 12. 10. 2006 II R 40/05 (BFH/NV 2007 S. 916): Bei der Besteuerung eines Erwerbs, für den die Steuer nach dem 31. 12. 2002 entstanden ist, ist als früherer Erwerb i. S. des § 14 Abs. 1 ErbStG auch ein solcher zu berücksichtigen, für den der Erwerber aufgrund einer strafbefreienden Erklärung und Zahlung des Abgeltungsbetrags Strafbefreiung gemäß § 1 Abs. 1 und 5 StraBEG wegen verkürzter Erbschaft- oder Schenkungsteuer erlangt hat.

BFH-Urteil vom 19. 11. 2008 II R 22/07 (BFH/NV 2009 S. 587): **1.** Ist ein Erwerb nach § 14 Abs. 1 Satz 1 ErbStG mit einem früheren Erwerb zusammenzurechnen, der mit einer nach § 25 Abs. 1 Satz 1 ErbStG nicht abziehbaren Belastung beschwert ist, ist der Vorerwerb mit dem Bruttowert, d. h. ohne Berücksichtigung der Belastung, anzusetzen. **2.** Dieser Bruttowert ist auch der Berechnung der nach § 14 Abs. 1 Satz 2 ErbStG abziehbaren fiktiven Steuer zu Grunde zu legen.

[2] § 14 Abs. 2 anzuwenden ab 29. 12. 2020 (§ 37 Abs. 18 ErbStG), siehe *Tz. 5 gleich lautender Ländererlass vom 13. 9. 2021,* abgedruckt als Anlage zu R E 14.3 ErbStR.

HE 14.1 (1)

H E 14.1 (1)

Ansatz der Vorerwerbe. → BFH vom 17. 4. 1991 II R 121/88, BStBl. II S. 522.[1,2]

6 **Berechnung des Zehnjahreszeitraums.** → BFH vom 28. 3. 2012 II R 43/11, BStBl. I
7 S. 599.

8 **Selbständigkeit der Vorerwerbe und des Letzterwerbs.** → BFH vom 7. 10. 1998 II R 64/96, BStBl. 1999 II S. 25.[3]

9 **Zusammenrechnung bei mehreren Erwerben eines Nacherben vom Vorerben.** → BFH vom 3. 11. 2010 II R 65/09, BStBl. 2011 II S. 123.

Beispiel:

Erblasser E hat seine Kinder A und B je zu $^1/_2$ als Vorerben eingesetzt. Beim Tod beider Vorerben soll sein Enkel C, der Sohn von A, Nacherbe werden. E verstirbt in 2012.
Im Januar 2017 überträgt B dem Neffen C seinen Anteil am Nachlass des E (Steuerwert 290 000 EUR). C stellt einen Antrag nach § 7 Absatz 2 ErbStG. Im August 2018 verstirbt B und wird von C beerbt. Der Wert des Nachlasses beträgt 70 000 EUR.

Erwerb 2017		
Übertragenes Vermögen		290 000 EUR
Persönlicher Freibetrag aufgrund eines Antrags nach § 7 Absatz 2 i. V. m. § 6 Absatz 2 Satz 3 bis 5 ErbStG nach Steuerklasse I, da Erwerb vom Großvater		./. 200 000 EUR
Steuerpflichtiger Erwerb		90 000 EUR
Steuer: 11%		9 900 EUR
Erwerb 2018		
Erwerb von Todes wegen		70 000 EUR
Vorerwerb 2017		+ 290 000 EUR
		360 000 EUR
Steuerberechnung		
Vorerwerb (§ 7 Absatz 2 ErbStG)		290 000 EUR
Persönlicher Freibetrag		./. 200 000 EUR
		90 000 EUR
Erwerb von Todes wegen		70 000 EUR
Erbfallkostenpauschale		./. 10 300 EUR
Persönlicher Freibetrag kein Abzug (§ 6 Absatz 2 Satz 5 ErbStG)		./. 0 EUR
		59 700 EUR
Summe steuerpflichtiger Erwerb: 90 000 EUR + 59 700 EUR =		149 700 EUR
Steuer		
Vorerwerb: 11%		9 900 EUR
Erwerb von Todes wegen: 20%		+ 11 940 EUR
		21 840 EUR
abzgl. Steuer auf den Vorerwerb		./. 9 900 EUR
Die fiktive Steuer entspricht der tatsächlichen Steuer		11 940 EUR
Mindeststeuer		
Erwerb von Todes wegen	70 000 EUR	
Erbfallkostenpauschale	./. 10 300 EUR	
Persönlicher Freibetrag	./. 20 000 EUR	
Steuerpflichtiger Erwerb	39 700 EUR	
Steuer: 15%	5 955 EUR	
Festzusetzende Steuer 2018		11 940 EUR

10 **Zusammenrechnung beim Verzicht auf Renten- oder Nutzungsrechte in den Fällen des § 25 ErbStG a. F.** Hat der Schenker sich bei der Übertragung des Vermögens einen Nießbrauch oder ein Rentenrecht ausbedungen und verzichtet er hierauf zu einem späteren Zeitpunkt, ist der beim Verzicht zu veranlagende Erwerb mit dem nicht um die Belastung gekürzten ursprünglichen Erwerb (Bruttoerwerb) zusammenzurechnen (→ H E 14.1 (3) „Einbeziehung von Vorerwerben mit Anwendung des § 25 ErbStG a. F."). Verzichtet nicht der Schenker, sondern ein Dritter, dem das Rechts eingeräumt worden war, kann die in dem Verzicht liegende Schenkung nur mit früheren Zuwendungen des Verzichtenden zusammengerechnet werden.

---

[1] *BFH-Urteil vom 26. 7. 2023 II R 35/21 (BStBl. 2024 II S. 118):* Ein gesondert festgestellter Grundbesitzwert entfaltet Bindungswirkung für alle Schenkungsteuerbescheide, bei denen er in die steuerliche Bemessungsgrundlage einfließt. Das gilt auch für die Berücksichtigung eines früheren Erwerbs nach § 14 Abs. 1 Satz 1 des Erbschaftsteuer- und Schenkungsteuergesetzes. – *Anm. d. Red.:* Das gilt auch, wenn der aktuelle Erwerb von Todes wegen erfolgt (vgl. Tz. 18 des Urteils).

[2] *BFH-Urteil vom 17. 4. 1991 II R 121/88 (BStBl. II S. 522):* Bei der Zusammenrechnung mehrerer innerhalb von 10 Jahren von derselben Person anfallender Vermögensvorteile mit dem letzten Erwerb sind die früheren Erwerbe mit den ihnen (damals) zukommenden richtigen Werten anzusetzen und nicht mit den (falschen) Werten, die den vorangegangenen Steuerfestsetzungen für diese Erwerbe zugrunde gelegt worden waren. – Wenn bei Vorerwerb ein Vermögensgegenstand übertragen wurde, für den eine gesonderte Wertfeststellung nach § 151 BewG erfolgt, siehe *BFH-Urteil vom 26. 7. 2023 II R 35/21,* vorstehend abgedruckt.

[3] *BFH-Urteil vom 7. 10. 1998 II R 64/96 (BStBl. 1999 II S. 25):* **1.** Bei der Berechnung der Erbschaftsteuer gemäß § 14 ErbStG 1974 sind mehrere Vermögensvorteile, die innerhalb von zehn Jahren von derselben Person dadurch anfallen, daß jemand zunächst das Recht auf unentgeltliche Nutzung eines Gegenstands und danach den der Nutzung unterliegenden Gegenstand selbst erwirbt, bei der Zusammenrechnung der Erwerbe mit den ihnen jeweils zukommenden Werten auch dann anzusetzen, wenn die Summe der Werte höher ist als der Wert des Gegenstands (Änderung der Rechtsprechung). **2.** Zu den Rechtswirkungen des § 10 Abs. 3 ErbStG in diesen Fällen. – Ebenso *BFH-Urteil vom 21. 5. 2001 II R 48/99 (BFH/NV S. 1407).*

R E 14.1 (2, 3)

R E 14.1 (2, 3)

(2) ① Für die früheren Erwerbe bleibt deren früherer steuerlicher Wert maßgebend. ② Ein Erwerb von Grundbesitz vor dem 1. 1. 2009 ist mit dem maßgebenden Grundbesitzwert (§ 138 BewG) anzusetzen. ③ Vorerwerbe mit negativem Steuerwert sind von der Zusammenrechnung ausgenommen. 11

(3) ① Die Steuer für den Gesamtbetrag ist auf der Grundlage der geltenden Tarifvorschriften im Zeitpunkt des Letzterwerbs zu berechnen. ② Die Steuerklasse, die persönlichen Freibeträge und der Steuertarif richten sich deshalb nach dem geltenden Recht. ③ Von der Steuer für den Gesamtbetrag wird die Steuer abgezogen, welche für die früheren Erwerbe nach den persönlichen Verhältnissen und auf der Grundlage der Tarifvorschriften (§§ 14 bis 19 ErbStG) zur Zeit des letzten Erwerbs zu erheben gewesen wäre (fiktive Abzugssteuer). ④ Dies gilt auch dann, wenn für den Vorerwerb ein Steuererlass nach § 28 a ErbStG erfolgte. ⑤ Die Steuer ist so zu berechnen, dass sich der dem Steuerpflichtigen zustehende persönliche Freibetrag tatsächlich auswirkt, soweit er nicht innerhalb von zehn Jahren vor diesem Erwerb verbraucht worden ist. ⑥ Statt der fiktiven Steuer ist die seinerzeit für die Vorerwerbe tatsächlich zu entrichtende Steuer abzuziehen (tatsächliche Abzugssteuer), wenn sie höher ist. ⑦ Erfolgte beim Vorerwerb ein Erlass der Steuer nach § 28 a ErbStG, ist als tatsächlich zu entrichtende Steuer die Steuer vor Anwendung von § 28 a ErbStG zu berücksichtigen. ⑧ Ist die Steuer für den Vorerwerb unzutreffend festgesetzt worden (z. B. fehlerhafter Wertansatz, fehlerhafte Steuerklasse), bleibt die Festsetzung für den Vorerwerb unverändert. ⑨ Als tatsächlich zu entrichtende Abzugssteuer ist jedoch die Steuer zu berücksichtigen, die sich nach den tatsächlichen Verhältnissen zur Zeit der Steuerentstehung für den Vorerwerb unter Berücksichtigung der geltenden Rechtsprechung und Verwaltungsauffassung zur Zeit der Steuerentstehung für den Letzterwerb ergeben hätte. ⑩ Ist die auf die Vorerwerbe entfallende Steuer höher als die für den Gesamterwerb errechnete Steuer, kann es nicht zu einer Erstattung dieser Mehrsteuer kommen. 12

H E 14.1 (3)

H E 14.1 (3)

Abzugssteuer. → BFH vom 2. 3. 2005 II R 43/03, BStBl. II S. 728.[1]

Beispiel: 13

S hatte 2012 seiner damaligen Lebensgefährtin 150 000 EUR geschenkt. Nach der Heirat 2018 schenkt er ihr weitere 800 000 EUR.

Erwerb 2012		
Barvermögen	150 000 EUR	
Persönlicher Freibetrag Steuerklasse III	./. 20 000 EUR	
Steuerpflichtiger Erwerb	130 000 EUR	
Steuersatz 30%		
Steuer 2012	39 000 EUR	
Erwerb 2018		
Barvermögen 2018		800 000 EUR
Barvermögen 2012		+ 150 000 EUR
Gesamterwerb		950 000 EUR
Persönlicher Freibetrag Steuerklasse I Nummer 1		./. 500 000 EUR
Steuerpflichtiger Erwerb		450 000 EUR
Steuersatz 15%		
Steuer auf Gesamterwerb		67 500 EUR
Fiktive Abzugssteuer 2018 auf Vorerwerb 2012		
Barvermögen 2012	150 000 EUR	
Persönlicher Freibetrag 2018 (500 000 EUR), höchstens beim Erwerb 2012 verbrauchter Freibetrag der Steuerklasse III	./. 20 000 EUR	
Steuerpflichtiger Erwerb	130 000 EUR	
Steuersatz 2018 11%		
Fiktive Steuer 2018	14 300 EUR	
Anzurechnen ist die höhere tatsächliche Steuer 2012		./. 39 000 EUR
Festzusetzende Steuer 2018		28 500 EUR
Mindeststeuer 2018 (§ 14 Absatz 1 Satz 4 ErbStG, → H E 14.3)		
Erwerb 2018	800 000 EUR	
Persönlicher Freibetrag	./. 500 000 EUR	
Steuerpflichtiger Erwerb	300 000 EUR	
Steuersatz 11%		
Mindeststeuer	33 000 EUR	
Festzusetzende Steuer 2018		33 000 EUR

Einbeziehung von Vorerwerben mit Anwendung des § 25 ErbStG a. F. Ist bei der Besteuerung des aktuellen Erwerbs ein Vorerwerb mit Anwendung von § 25 ErbStG a. F. einzubezie- 14

[1] *BFH-Urteil vom 2. 3. 2005 II R 43/03 (BStBl. II S. 728):* Bei der Berücksichtigung früherer Erwerbe nach § 14 ErbStG ist die Erbschaft- oder Schenkungsteuer für den letzten Erwerb so zu berechnen, dass sich der dem Steuerpflichtigen zur Zeit dieses Erwerbs zustehende persönliche Freibetrag tatsächlich auswirkt, soweit er nicht innerhalb von zehn Jahren vor diesem Erwerb verbraucht worden ist.

H E 14.1 (3)

hen, ergibt sich die tatsächliche Steuer nach § 14 Absatz 1 Satz 3 ErbStG aus der Summe der sofort fälligen Steuer und der zu stundenden Steuer.

Beispiel:

Vater V schenkte seiner Tochter T im Dezember 2008 unter Nießbrauchsvorbehalt Vermögen mit einem Steuerwert von 405 000 EUR. Der Kapitalwert der Belastung betrug bei der Zuwendung 155 000 EUR. Im Zeitpunkt der Zuwendung war V 65 Jahre alt; mit Abgabe der Schenkungsteuererklärung wurde auch die sofortige Ablösung der zu stundenden Steuer beantragt. Im Januar 2018 schenkt er ihr weiteres Vermögen mit einem Wert von 450 000 EUR.

Erwerb 2008		
Bruttowert des Erwerbs	405 000 EUR	
Persönlicher Freibetrag	./. 205 000 EUR	
Steuerpflichtiger Erwerb	200 000 EUR	
Steuersatz 11%		
Steuer 2008		22 000 EUR
Bruttowert des Erwerbs	405 000 EUR	
Kapitalwert Nutzung	./. 155 000 EUR	
Nettoerwerb	250 000 EUR	
Persönlicher Freibetrag	./. 205 000 EUR	
Steuerpflichtiger Nettoerwerb	45 000 EUR	
Sofort fällige Steuer		
7% von 45 000 EUR		./. 3 150 EUR
Zu stundender Betrag		18 850 EUR

Die gestundete Steuer ist abgelöst worden zum Barwert von (18 850 EUR 0,427 =) 8 048 EUR.

Erwerb 2018		
Vermögenserwerb 2018		450 000 EUR
Bruttowert Erwerb 2008		+ 405 000 EUR
Gesamterwerb		855 000 EUR
Persönlicher Freibetrag		./. 400 000 EUR
Steuerpflichtiger Gesamterwerb		455 000 EUR
Steuersatz 15%		
Steuer auf Gesamterwerb		68 250 EUR
Abzuziehende Steuer auf Vorerwerb		
Fiktive Steuer 2018 auf Vorerwerb 2008		
Bruttowert Erwerb 2008	405 000 EUR	
Persönlicher Freibetrag 2018 (400 000 EUR), höchstens beim Erwerb 2008 verbrauchter Freibetrag	./. 205 000 EUR	
Steuerpflichtiger Erwerb	200 000 EUR	
Steuersatz 2018 11%		
Fiktive Steuer 2018	22 000 EUR	
Tatsächliche Steuer 2008		
Summe aus sofort fälliger Steuer und Gestundeter Steuer (3 150 EUR + 18 850 EUR =)	22 000 EUR	
Abzuziehen sind		./. 22 000 EUR
Verbleiben		46 250 EUR
Mindeststeuer nach § 14 Absatz 1 Satz 4 ErbStG		
Erwerb 2018	450 000 EUR	
Persönlicher Freibetrag	./. 400 000 EUR	
Steuerpflichtiger Erwerb	50 000 EUR	
Steuersatz 2018 7%		
Mindeststeuer	3 500 EUR	
Festzusetzende Steuer 2018		46 250 EUR

15 **Keine Erstattung der Mehrsteuer.** → BFH vom 17. 10. 2001 II R 17/00, BStBl. 2002 II S. 52.[1]

Beispiel:

Vater V hatte seiner Tochter im Oktober 2008 400 000 EUR geschenkt. Im Mai 2018 schenkt er ihr weitere 50 000 EUR.

Erwerb 2008		
Barvermögen	400 000 EUR	
Persönlicher Freibetrag	./. 205 000 EUR	
Steuerpflichtiger Erwerb	195 000 EUR	
Steuersatz 11%		
Steuer 2008	21 450 EUR	

Erwerb 2018		
Barvermögen 2018		50 000 EUR
Barvermögen 2008		+ 400 000 EUR
Gesamterwerb		450 000 EUR
Persönlicher Freibetrag		./. 400 000 EUR
Steuerpflichtiger Gesamterwerb		50 000 EUR
abgerundet		50 000 EUR
Steuersatz 7%		
Steuer auf Gesamterwerb		3 500 EUR

[1] *BFH-Urteil vom 17. 10. 2001 II R 17/00 (BStBl. 2002 II S. 52):* § 14 Abs. 1 Satz 3 ErbStG erlaubt keine Festsetzung einer negativen Erbschaftsteuer. Die Steuer für den letzten Erwerb innerhalb des Zehnjahreszeitraums beträgt vielmehr auch dann höchstens null DM, wenn die für den früheren Erwerb zu entrichtende Steuer höher war als die Steuer nach § 14 Abs. 1 Satz 2 ErbStG.

H E 14.1 (3)

Fiktive Abzugssteuer 2018 auf Vorerwerb 2008		
Barvermögen 2008	400 000 EUR	
Persönlicher Freibetrag 2018 (400 000 EUR), höchstens beim Erwerb 2008 verbrauchter Freibetrag	./. 205 000 EUR	
Steuerpflichtiger Erwerb	195 000 EUR	
abgerundet	195 000 EUR	
Steuersatz 2018 11%		
Fiktive Abzugssteuer 2018	21 450 EUR	
Tatsächliche Steuer 2008 (gleicher Betrag)	21 450 EUR	
Abzuziehen sind		./. 21 450 EUR
Steuer 2018		0 EUR
Mindeststeuer nach § 14 Absatz 1 Satz 4 ErbStG		
Barvermögen 2018	50 000 EUR	
Persönlicher Freibetrag	./. 400 000 EUR	
Steuerpflichtiger Erwerb	0 EUR	
Mindeststeuer	0 EUR	
Festzusetzende Steuer 2018		0 EUR

Eine Erstattung der „Mehrsteuer" aus dem Jahr 2008 in Höhe von (21 450 EUR – 3 500 EUR =) 17 950 EUR ist ausgeschlossen.

Einbeziehung von Vorerwerben mit Anwendung des § 28 a ErbStG. 16

Beispiel:

M schenkt ihrem Sohn im Jahr 2017 ihre Anteile von 100% an der M-GmbH (Steuerwert 95 000 000 EUR, begünstigtes Vermögen 95 000 000 EUR). S hat eigenes, nicht begünstigtes Vermögen von 20 000 000 EUR. Er stellt einen Antrag nach § 28 a ErbStG. M verstirbt im Jahr 2018. S erhält als Vermächtnis 5 000 000 EUR.

Erwerb 2017			
GmbH-Anteile			95 000 000 EUR
Persönlicher Freibetrag			./. 400 000 EUR
Steuerpflichtiger Erwerb			94 600 000 EUR
Steuersatz 30%			
Steuer 2017			28 380 000 EUR
Verfügbares Vermögen			
Miterworbenes, nicht begünstigtes Vermögen	0 EUR		
Davon 50%		0 EUR	
eigenes Vermögen	20 000 000 EUR		
Davon 50%		+ 10 000 000 EUR	
Verfügbares Vermögen		10 000 000 EUR	./. 10 000 000 EUR
Zu erlassende Steuer			18 380 000 EUR
Erwerb 2018			
Barvermögen 2018			5 000 000 EUR
GmbH-Anteile 2017			+ 95 000 000 EUR
Gesamterwerb			100 000 000 EUR
Persönlicher Freibetrag			./. 400 000 EUR
Steuerpflichtiger Gesamterwerb			99 600 000 EUR
Steuersatz 30%			
Steuer auf Gesamterwerb			29 880 000 EUR
Fiktive Abzugssteuer 2018 auf Vorerwerb 2017			
GmbH-Anteile 2017		95 000 000 EUR	
Persönlicher Freibetrag 2018 (400 000 EUR), höchstens beim Erwerb 2017 verbrauchter Freibetrag		./. 400 000 EUR	
Steuerpflichtiger Erwerb		94 600 000 EUR	
Steuersatz 2018 30%			
Fiktive Abzugssteuer 2018		28 380 000 EUR	
Tatsächliche Steuer 2017 (Steuer vor Erlass)		28 380 000 EUR	
Abzuziehen sind			./. 28 380 000 EUR
Steuer 2018			1 500 000 EUR
Mindeststeuer nach § 14 Absatz 1 Satz 4 ErbStG			
Barvermögen 2018		5 000 000 EUR	
Persönlicher Freibetrag		./. 400 000 EUR	
Steuerpflichtiger Erwerb		4 600 000 EUR	
Steuersatz 19%			
Mindeststeuer		874 000 EUR	
Festzusetzende Steuer 2018			1 500 000 EUR

Für den Erwerb 2017 ist aufgrund des Vermächtnisses aus dem Jahr 2018 der Erlass zu widerrufen (§ 28 a Absatz 4 Satz 1 Nummer 3 und Satz 2 ErbStG). S kann jedoch einen erneuten Antrag auf Erlass nach § 28 a Absatz 1 ErbStG stellen (§ 28 a Absatz 4 Satz 1 Nummer 3 Satz 2 ErbStG). In diesem Fall wird bei der Ermittlung des verfügbaren Vermögens das Barvermächtnis mitberücksichtigt (§ 28 a Absatz 4 Satz 1 Nummer 3 Satz 3 ErbStG).

Unzutreffend festgesetzte Steuer für den Vorerwerb. → BFH vom 9. 7. 2009 II R 55/08, BStBl. II S. 969 und vom 8. 5. 2019 II R 18/16, BStBl. II S. 681.[1] 17

---

[1] *BFH-Urteil vom 9. 7. 2009 II R 55/08 (BStBl. II S. 969):* Die „tatsächlich für die in die Zusammenrechnung einbezogenen früheren Erwerbe zu entrichtende Steuer" i. S. des § 14 Abs. 1 Satz 3 ErbStG ist die Steuer, die bei zutreffender Beurteilung der Sach- und Rechtslage für diese Erwerbe festzusetzen gewesen wäre, und nicht die dafür wirklich festgesetzte Steuer.

BFH-Urteil vom 8. 5. 2019 II R 18/16 (BStBl. II S. 681), Ls. 1: **1.** Bei der Zusammenrechnung nach § 14 Abs. 1 Satz 1 ErbStG sind Vorerwerbe dem letzten Erwerb ohne Bindung an eine dafür bereits ergangene Steuerfestsetzung mit den materiell-rechtlich zutreffenden Werten hinzuzurechnen. Eine bei der Besteuerung des Vorerwerbs zu Unrecht abgezogene sachliche Steuerbefreiung ist nicht zu berücksichtigen.

RE 14.1 (4)

R E 14.1 (4)

18 (4) ① Reicht eine Schenkungskette über einen Zeitraum von mehr als zehn Jahren, ist die Steuer für den letzten Erwerb nach den Grundsätzen des Absatzes 3 zu berechnen. ② Ein „wiederauflebender Freibetrag" ist nicht zu berücksichtigen.

HE 14.1 (4)

H E 14.1 (4)

19 **Schenkungskette über einen Zeitraum von mehr als zehn Jahren.** → BFH vom 2. 3. 2005 II R 43/03, BStBl. II S. 728 und vom 14. 1. 2009 II R 48/07, BStBl. II S. 538.[1]

Beispiel:

Vater V schenkt seiner Tochter am 3. 1. 1998 einen Geldbetrag von 600 000 DM, das entspricht 306 775 EUR. Am 2. 1. 2008 erhält sie weitere 300 000 EUR und am 1. 1. 2018 schließlich 500 000 EUR.

	1. Zehnjahreszeitraum		
		2. Zehnjahreszeitraum	
Besteuerungszeitpunkt	3. 1. 1998	2. 1. 2008	1. 1. 2018
Zuwendung	600 000 DM	300 000 EUR	500 000 EUR
Vorschenkung innerhalb des Zehnjahreszeitraums		+ 306 775 EUR	+ 300 000 EUR
Gesamtbetrag	600 000 DM	606 775 EUR	800 000 EUR
Persönlicher Freibetrag	./. 400 000 DM	./. 205 000 EUR	./. 400 000 EUR
Steuerpflichtiger Erwerb (abgerundet)	200 000 DM	401 700 EUR	400 000 EUR
Steuersatz	11%	15%	15%
Steuer	22 000 DM	60 255 EUR	60 000 EUR

anzurechnende Steuer 2008 aus Schenkung 1998			
Wert der Vorschenkung 1998		306 775 EUR	
Persönlicher Freibetrag 2008 (205 000 EUR) höchstens beim Erwerb 1998 verbrauchter Freibetrag (400 000 DM = 204 516 EUR)	./.	204 516 EUR	
Nettobetrag des Vorerwerbs (abgerundet)		102 200 EUR	
Steuersatz 2008 11%			
Fiktive Abzugssteuer 2008		11 242 EUR	
Tatsächlich zu entrichtende Steuer 1998 (22 000 DM = 11 249 EUR)		11 249 EUR	
Abzuziehen ist die höhere tatsächliche Steuer		11 249 EUR	
Steuer 2008 (60 255 EUR – 11 249 EUR =)		49 006 EUR	
anzurechnende Steuer 2018 aus Schenkung 2008			
Wert der Vorschenkung 2008		300 000 EUR	
Persönlicher Freibetrag 2018 (400 000 EUR), höchstens 2008 verbrauchter Freibetrag 205 000 EUR – verbrauchter Freibetrag 1998 204 516 EUR = 484 EUR	./.	484 EUR	
Steuerpflichtiger Erwerb		299 516 EUR	
abgerundet		299 500 EUR	
Steuer 11%		32 945 EUR	
Abzuziehen ist die höhere tatsächliche Steuer 49 006 EUR			
Steuer 2018			60 000 EUR
Abzuziehen sind			./. 49 006 EUR
Steuer 2018			10 994 EUR
Mindeststeuer nach § 14 Absatz 1 Satz 4 ErbStG			
Barvermögen 2018		500 000 EUR	
Persönlicher Freibetrag	./.	400 000 EUR	
Steuerpflichtiger Erwerb		100 000 EUR	
Mindeststeuer 11%		11 000 EUR	
Festzusetzende Steuer 2018			11 000 EUR

[1] *BFH-Urteil vom 14. 1. 2009 II R 48/07 (BStBl. II S. 538):* Bei einer Schenkungskette über einen Zeitraum von mehr als zehn Jahren ist unter der Geltung des § 14 Abs. 1 Satz 3 ErbStG eine sog. Überprogression ausschließlich durch den Abzug der tatsächlich zu entrichtenden Steuer für den Vorerwerb zu korrigieren. Eine Korrektur der Überprogression nach den vor Inkrafttreten dieser Vorschrift anzuwendenden Grundsätzen (vgl. BFH-Urteil vom 30. 1. 2002 II R 78/99, BFHE 197, 280, BStBl. II 2002, 316) scheidet aus.

Zu einer Schenkungskette innerhalb von 10 Jahren vor dem Letzterwerb vgl. *BFH v. 31. 5. 2006 II R 20/05 (BFH/NV S. 2260):* Sind in der Zeit zwischen dem Vorerwerb und dem Letzterwerb die persönlichen Freibeträge erhöht worden, ist bei der Berechnung der nach § 14 Abs. 1 Satz 2 ErbStG abzuziehenden fiktiven Steuer der Freibetrag nur in der Höhe abzuziehen, in der ihn der Steuerpflichtige innerhalb von zehn Jahren vor dem letzten Erwerb tatsächlich für Erwerbe von derselben Person verbraucht hat.

R E 14.1 (5)

R E 14.1 (5)

(5) Treffen in einem Steuerfall § 14 Absatz 3, § 21 und § 27 ErbStG zusammen, ist die sich für den steuerpflichtigen Erwerb ergebende Steuer zunächst nach § 27 ErbStG zu ermäßigen, auf die ermäßigte Steuer die ausländische Steuer nach Maßgabe des § 21 ErbStG anzurechnen und auf die danach festzusetzende Steuer die Begrenzung des § 14 Absatz 3 ErbStG anzuwenden (→ R E 10.1 Absatz 2). 20

R E 14.2 Berücksichtigung früherer Erwerbe; Zusammentreffen mit Begünstigungen nach §§ 13 a, 13 c, 19 a und 28 a ErbStG

ErbStR R E 14.2

(1) Die Zusammenrechnung mehrerer Erwerbe, bei denen für einzelne Erwerbe der Verschonungsabschlag und Abzugsbetrag nach §§ 13a oder 13c ErbStG, die Tarifbegrenzung nach § 19a ErbStG oder ein Erlass nach § 28a ErbStG zur Anwendung kommen, erfolgt unter Berücksichtigung der nachfolgenden Absätze. 21

(2) ① Die §§ 13a, 13c, 19a ErbStG sind bei der Ermittlung der Steuer auf den Gesamterwerb nur auf das in die Zusammenrechnung einbezogene begünstigte Vermögen anzuwenden, das nach dem 31.12.2008 zugewendet wurde. ② Ein bei einem Vorerwerb in Anspruch genommener Abzugsbetrag nach § 13a Absatz 2 ErbStG ist verbraucht (→ R E 13a.3). ③ Deshalb kann ein bei dem Vorerwerb nicht vollständig ausgeschöpfter Abzugsbetrag auch im Fall der Zusammenrechnung nicht bei einem späteren Erwerb begünstigten Vermögens abgezogen werden. ④ Zum Verbrauch des Abzugsbetrags bei voller Abschmelzung → R E 13a.3 Absatz 2 Satz 3. ⑤ Vorerwerbe, für die keine Befreiung nach §§ 13a oder 13c ErbStG zu gewähren war, können auch bei der Berechnung der Steuer für den Gesamtbetrag nicht als begünstigtes Vermögen behandelt werden.[1] ⑥ Dies gilt auch für Vorerwerbe, bei denen ein Antrag nach § 28a ErbStG gestellt wurde. 22

H E 14.2 (2)

H E 14.2 (2)

Entlastungen nach § 13 a ErbStG bei der Zusammenrechnung. 23

Beispiel:

Vater V hat im Jahr 2011 seiner Tochter Betriebsvermögen mit einem Steuerwert von 200 000 EUR (begünstigtes Vermögen 200 000 EUR) geschenkt. Ein Antrag nach § 13 a Absatz 8 ErbStG wurde nicht gestellt. Im Jahr 2018 schenkt er ihr weiteres Betriebsvermögen mit einem Steuerwert von 4 000 000 EUR (begünstigtes Vermögen 3 500 000 EUR). Ein Antrag nach § 13 a Absatz 10 ErbStG wurde nicht gestellt.

Erwerb 2011				
Betriebsvermögen			200 000 EUR	200 000 EUR
Verschonungsabschlag (85%)			./. 170 000 EUR	./. 170 000 EUR
Verbleiben			30 000 EUR	30 000 EUR
Abzugsbetrag				./. 30 000 EUR
Abzugsbetrag		150 000 EUR		
Verbleibender Wert (15%)	30 000 EUR			
Abzugsbetrag	./. 150 000 EUR			
Unterschiedsbetrag	0 EUR			
davon 50%		./. 0 EUR		
Verbleibender Abzugsbetrag		150 000 EUR		
Maximal verbleibender Wert		30 000 EUR		
Steuerpflichtiges Betriebsvermögen				0 EUR
Persönlicher Freibetrag				./. 400 000 EUR
Steuerpflichtiger Erwerb				0 EUR
Steuer				0 EUR
Erwerb 2018				
Betriebsvermögen				4 000 000 EUR
Betriebsvermögen (begünstigt)			3 500 000 EUR	
Verschonungsabschlag (85%)			./. 2 975 000 EUR	./. 2 975 000 EUR
Verbleiben			525 000 EUR	
Abzugsbetrag				./. 0 EUR
Steuerpflichtiges Betriebsvermögen 2018				1 025 000 EUR
Abzugsbetrag			150 000 EUR	
Verbleibender Wert (15%)		525 000 EUR		
Abzugsbetrag		./. 150 000 EUR		
Unterschiedsbetrag		375 000 EUR		
Davon 50%			./. 187 500 EUR	
Verbleibender Abzugsbetrag			0 EUR	
Steuerpflichtiges Betriebsvermögen 2011				+ 0 EUR
Gesamterwerb				1 025 000 EUR
Persönlicher Freibetrag				./. 400 000 EUR
Steuerpflichtiger Gesamterwerb				625 000 EUR
Steuer (Härteausgleich) auf Gesamterwerb 2018				102 500 EUR
Fiktive Abzugssteuer 2018 auf Vorerwerb 2011				
Steuerpflichtiges Betriebsvermögen 2011			0 EUR	

[1] Vgl. *BFH-Beschluss vom 20. 1. 2005 II R 56/02 (BFH/NV S. 1308), Ls. 2:* **2.** Ist das Recht, für eine frühere Übertragung von Betriebsvermögen diesen Freibetrag in Anspruch zu nehmen, bereits erloschen, steht es nach dem Tod des Schenkers auch dessen Erben nicht zu. Es lebt auch im Rahmen der Zurechnung nach § 14 Abs. 1 Satz 1 ErbStG nicht wieder auf.

Persönlicher Freibetrag 2018 (400 000 EUR), höchstens beim Erwerb 2011 verbrauchter Freibetrag	./. 0 EUR	
Steuerpflichtiger Erwerb	0 EUR	
Abgerundet	0 EUR	
Fiktive Abzugssteuer auf Vorerwerb	0 EUR	
Anzurechnen ist die fiktive Abzugssteuer 2018		./. 0 EUR
Steuer 2018		102 500 EUR
Mindeststeuer nach § 14 Absatz 1 Satz 4 ErbStG		
Steuerpflichtiges Betriebsvermögen 2018	1 025 000 EUR	
Persönlicher Freibetrag	./. 400 000 EUR	
Steuerpflichtiger Erwerb	625 000 EUR	
Steuer (Härteausgleich) 2018	102 500 EUR	
Mindeststeuer		102 500 EUR
Festzusetzende Steuer 2018		102 500 EUR

RE 14.2 (3)

R E 14.2 (3)

24 (3) ①Die Befreiung nach §§ 13 a oder 13 c ErbStG hat zur Folge, dass begünstigtes Vermögen nur in Höhe des die Befreiung übersteigenden Betrags in die Zusammenrechnung einbezogen werden kann. ②Die Tarifbegrenzung nach § 19 a ErbStG wirkt sich nur aus, soweit zum Letzterwerb tarifbegünstigtes Vermögen gehört. ③Ein Erlass nach § 28 a ErbStG ist nur möglich, soweit zum Letzterwerb begünstigtes Vermögen gehört und hierfür ein Antrag nach § 28 a Absatz 1 ErbStG gestellt wurde.

HE 14.2 (3)

H E 14.2 (3)

Tarifbegrenzung nach § 19 a ErbStG bei der Zusammenrechnung.

25 **Beispiel 1:**

Unternehmerin U hatte 2010 einen Neffen schenkweise an ihrem Unternehmen beteiligt. Die Beteiligung hatte einen Steuerwert von 1 200 000 EUR (begünstigtes Vermögen 1 200 000 EUR). Ein Antrag nach § 13 a Absatz 8 ErbStG wurde nicht gestellt. Im Jahr 2018 schenkt sie ihm Kapitalvermögen mit einem Steuerwert von 500 000 EUR.

Erwerb 2010		
Betriebsvermögen		1 200 000 EUR
Verschonungsabschlag (85%)		./. 1 020 000 EUR
Verbleiben		180 000 EUR
Abzugsbetrag		./. 135 000 EUR
Steuerpflichtiges Betriebsvermögen 2010		45 000 EUR
Abzugsbetrag		150 000 EUR
Verbleibender Wert (15%)	180 000 EUR	
Abzugsbetrag	./. 150 000 EUR	
Unterschiedsbetrag	30 000 EUR	
Davon 50%		./. 15 000 EUR
Verbleibender Abzugsbetrag		135 000 EUR
Steuerpflichtiges Betriebsvermögen 2010		45 000 EUR
Persönlicher Freibetrag		./. 20 000 EUR
Steuerpflichtiger Erwerb		25 000 EUR
abgerundet		25 000 EUR
Steuer nach Stkl. II 15%	3 750 EUR	3 750 EUR
Steuer nach Stkl. I 7%	./. 1 750 EUR	
Differenzbetrag	2 000 EUR	
Entlastungsbetrag nach § 19 a ErbStG		./. 2 000 EUR
Steuer 2010		1 750 EUR
Erwerb 2018		
Kapitalvermögen		500 000 EUR
Steuerpflichtiges Betriebsvermögen 2010		+ 45 000 EUR
Gesamterwerb		545 000 EUR
Persönlicher Freibetrag		./. 20 000 EUR
Steuerpflichtiger Gesamterwerb		525 000 EUR
abgerundet		525 000 EUR
Steuer 2018 auf Gesamterwerb 25%		131 250 EUR
Fiktive Abzugssteuer 2018 auf Vorerwerb 2010		
Steuerpflichtiges Betriebsvermögen	45 000 EUR	
Persönlicher Freibetrag 2018 (20 000 EUR), höchstens beim Erwerb 2010 verbrauchter Freibetrag	./. 20 000 EUR	
Steuerpflichtiger Erwerb	25 000 EUR	
abgerundet	25 000 EUR	
Steuersatz 2018 Stkl. II 15%		
Fiktive Abzugssteuer auf Vorerwerb (ohne Tarifbegrenzung nach § 19 a ErbStG)	3 750 EUR	
Tatsächliche Steuer 2010 (ohne Tarifbegrenzung nach § 19 a ErbStG)	3 750 EUR	
Abzuziehen ist die Steuer ohne Tarifbegrenzung nach § 19 a ErbStG		./. 3 750 EUR
Steuer 2018		127 500 EUR

HE 14.2 (3)

noch 25

Mindeststeuer nach § 14 Absatz 1 Satz 4 ErbStG			
Kapitalvermögen 2018		500 000 EUR	
Persönlicher Freibetrag		./. 20 000 EUR	
Steuerpflichtiger Erwerb		480 000 EUR	
Steuersatz 25%			
Mindeststeuer 2018		120 000 EUR	
Festzusetzende Steuer 2018			127 500 EUR

Beispiel 2:

Unternehmerin U hatte 2010 einem Neffen Kapitalvermögen geschenkt mit einem Steuerwert von 500 000 EUR. Im Jahr 2018 schenkt sie ihm eine Beteiligung an ihrem Unternehmen mit einem Steuerwert von 1 200 000 EUR (begünstigtes Vermögen 1 100 000 EUR). Ein Antrag nach § 13 a Absatz 10 ErbStG wurde nicht gestellt.

Erwerb 2010			
Kapitalvermögen		500 000 EUR	
Persönlicher Freibetrag		./. 20 000 EUR	
Steuerpflichtiger Erwerb		480 000 EUR	
abgerundet		480 000 EUR	
Steuer nach Stkl. II 25%		120 000 EUR	
Erwerb 2018			
Betriebsvermögen			1 200 000 EUR
Betriebsvermögen (begünstigt)			1 100 000 EUR
Verschonungsabschlag (85%)			./. 935 000 EUR
Verbleiben			165 000 EUR
Abzugsbetrag			./. 142 500 EUR
Steuerpflichtiges Betriebsvermögen 2018			22 500 EUR
Abzugsbetrag		150 000 EUR	
Verbleibender Wert (15%)	165 000 EUR		
Abzugsbetrag	./. 150 000 EUR		
Unterschiedsbetrag	15 000 EUR		
Davon 50%		./. 7 500 EUR	
Verbleibender Abzugsbetrag		142 500 EUR	
Kapitalvermögen 2010			+ 500 000 EUR
Gesamterwerb			622 500 EUR
Persönlicher Freibetrag			./. 20 000 EUR
Steuerpflichtiger Gesamterwerb			602 500 EUR
Steuer 2018 auf Gesamterwerb (Härteausgleich)			151 250 EUR
Fiktive Abzugssteuer 2018 auf Vorerwerb 2010			
Kapitalvermögen 2010		500 000 EUR	
Persönlicher Freibetrag 2018 (20 000 EUR), höchstens beim Erwerb 2010 verbrauchter Freibetrag		./. 20 000 EUR	
Steuerpflichtiger Erwerb		480 000 EUR	
abgerundet		480 000 EUR	
Steuersatz 2018 Stkl. II 25%			
Fiktive Abzugssteuer auf Vorerwerb		120 000 EUR	
tatsächliche Steuer 2010		120 000 EUR	./. 120 000 EUR
			31 250 EUR
Steuer auf begünstigtes Vermögen			
$\frac{31\,250 \text{ EUR} \times 22\,500 \text{ EUR}}{122\,500 \text{ EUR}}$		5 740 EUR	
Steuer 2018 nach Stkl. I			
Steuer auf steuerpflichtigen Gesamterwerb von 602 500 EUR (Härteausgleich)	91 250 EUR		
Abzuziehende fiktive Steuer auf Vorerwerb 15% von 480 000 EUR	./. 72 000 EUR		
	19 250 EUR		
Steuer auf begünstigtes Vermögen			
$\frac{19\,250 \text{ EUR} \times 22\,500 \text{ EUR}}{122\,500 \text{ EUR}}$		./. 3 535 EUR	
Entlastungsbetrag nach § 19 a ErbStG		2 205 EUR	./. 2 205 EUR
Steuer 2011			29 045 EUR
Mindeststeuer nach § 14 Absatz 1 Satz 4 ErbStG			
Steuerpflichtiges Betriebsvermögen 2018	122 500 EUR		
Persönlicher Freibetrag	./. 20 000 EUR		
Steuerpflichtiger Erwerb	102 500 EUR		
Steuersatz 20%		20 500 EUR	
Steuer auf begünstigtes Vermögen			
$\frac{20\,500 \text{ EUR} \times 22\,500 \text{ EUR}}{122\,500 \text{ EUR}}$	3 766 EUR		
Steuer 2018 nach Stkl. I			
11% von 102 500 EUR = 11 275 EUR			
Steuer auf begünstigtes Vermögen			
$\frac{11\,275 \text{ EUR} \times 22\,500 \text{ EUR}}{122\,500 \text{ EUR}}$	./. 2 070 EUR		

HE 14.2 (3)

noch 25

Entlastungsbetrag nach § 19 a ErbStG	1 696 EUR	./. 1 696 EUR	
Mindeststeuer 2018		18 804 EUR	
Festzusetzende Steuer 2018			29 045 EUR

Beispiel 3:

Unternehmer U hat seinem Großneffen G (Steuerklasse III) im November 2008 einen KG-Anteil (Steuerwert 1 225 000 EUR, begünstigtes Vermögen 1 225 000 EUR) und Kapitalvermögen von 600 000 EUR geschenkt. Im Juni 2018 verstirbt U. G wird Alleinerbe. Zum Nachlass gehört ein KG-Anteil (Steuerwert 2 000 000 EUR, begünstigtes Vermögen 2 000 000 EUR) und weiteres Vermögen mit einem Steuerwert von 900 000 EUR. Ein Antrag nach § 13 a Absatz 10 ErbStG wurde nicht gestellt.

Erwerb 2008

Betriebsvermögen (begünstigt)		1 225000 EUR	
Freibetrag § 13 a ErbStG		./. 225 000 EUR	
Verbleiben		1 000 000 EUR	
Bewertungsabschlag 35%		./. 350 000 EUR	650 000 EUR
Kapitalvermögen			+ 600 000 EUR
Gesamter Vermögensanfall			1 250 000 EUR
Persönlicher Freibetrag Stkl. III			./. 5 200 EUR
Steuerpflichtiger Erwerb			1 244 800 EUR
Anteil des begünstigten Vermögens: 650 000 EUR : 1 250 000 EUR = 52,00%			
Steuer nach Stkl. III 35%			435 680 EUR
Auf begünstigtes Vermögen entfällt 435 680 EUR 52,00%		226 554 EUR	
Steuer nach Stkl. I 19% = 236 512 EUR			
Auf begünstigtes Vermögen entfällt 236 512 EUR 52,00%		./. 122 986 EUR	
Unterschiedsbetrag		103 568 EUR	
Entlastungsbetrag 88%		91 140 EUR	./. 91 140 EUR
Festzusetzende Steuer			344 540 EUR

Erwerb 2018

Betriebsvermögen			2 000 000 EUR
Verschonungsabschlag (85%)			./. 1 700 000 EUR
Verbleiben			300 000 EUR
Abzugsbetrag			./. 75 000 EUR
Steuerpflichtiges Betriebsvermögen 2018			225 000 EUR
Abzugsbetrag		150 000 EUR	
Verbleibender Wert (15%)	300 000 EUR		
Abzugsbetrag	./. 150 000 EUR		
Unterschiedsbetrag	150 000 EUR		
Davon 50%		./. 75 000 EUR	
Verbleibender Abzugsbetrag		75 000 EUR	
Steuerpflichtiges Betriebsvermögen 2018			225 000 EUR
Weiteres Vermögen			+ 900 000 EUR
Gesamter Vermögensanfall 2018			1 125 000 EUR
Anteil des begünstigten Vermögens: 225 000 EUR : 1 125 000 EUR = 20,00%			
Vorerwerb 2008			+ 1 250 000 EUR
Gesamterwerb			2 375 000 EUR
Bestattungskosten usw. pauschal			./. 10 300 EUR
Persönlicher Freibetrag Stkl. III			./. 20 000 EUR
Steuerpflichtiger Gesamterwerb			2 344 700 EUR
Steuer nach Stkl. III 30%			703 410 EUR
Fiktive Abzugssteuer 2018 auf Vorerwerb 2008			
Vermögensanfall 2008		1 250 000 EUR	
Persönlicher Freibetrag 2018 (20 000 EUR), höchstens beim Erwerb 2008 verbrauchter Freibetrag der Steuerklasse III		./. 5 200 EUR	
Steuerpflichtiger Erwerb		1 244 800 EUR	
abgerundet		1 244 800 EUR	
Steuersatz 2018 30%			
Fiktive Abzugssteuer 2018		373 440 EUR	
Abzuziehen ist die höhere tatsächliche Steuer 2008 vor Tarifbegrenzung nach § 19 a ErbStG a. F. (s. o.)			./. 435 680 EUR
Verbleibende Steuer 2018			267 730 EUR
Auf begünstigtes Vermögen entfällt 267 730 EUR 20,00%		53 546 EUR	
Steuer 2011 nach Stkl. I			
Steuer auf steuerpflichtigen Gesamterwerb 19% von 2 344 700 EUR	445 493 EUR		
Anzurechnende fiktive Steuer auf Vorerwerb 2006 19% von 1 244 800 EUR	./. 236 512 EUR		
Verbleibende Steuer 2018	208 981 EUR		
Auf begünstigtes Vermögen entfällt 208 981 EUR 20,00%		./. 41 796 EUR	
Unterschiedsbetrag		11 750 EUR	./. 11 750 EUR
Steuer 2018			255 980 EUR

Mindeststeuer nach § 14 Absatz 1 Satz 4 ErbStG			
Steuerpflichtige Betriebsvermögen	225 000 EUR		
Weiteres Vermögen	+ 900 000 EUR		
Gesamterwerb	1 125 000 EUR		
Bestattungskosten usw. pauschal	./. 10 300 EUR		
Persönlicher Freibetrag	./. 20 000 EUR		
Steuerpflichtiger Erwerb	1 094 700 EUR		
Anteil des begünstigten Vermögens: 225 000 EUR : 1 125 000 EUR = 20,00%			
Steuersatz 30%		328 410 EUR	
Auf begünstigtes Vermögen entfällt 328 410 EUR 20,00%	65 682 EUR		
Steuer 2018 nach Stkl. I 19% von 1 094 700 EUR = 207 993 EUR			
Auf begünstigtes Vermögen entfällt 207 993 EUR 20,00%	./. 41 598 EUR		
Entlastungsbetrag nach § 19 a ErbStG	24 084 EUR	./. 24 084 EUR	
Mindeststeuer 2018		304 326 EUR	
Festzusetzende Steuer 2018			304 326 EUR

R E 14.3 Berücksichtigung früherer Erwerbe; Mindeststeuer und Festsetzungsfrist

ErbStR R E 14.3

(1) Nach § 14 Absatz 1 Satz 4 ErbStG darf durch den Abzug der fiktiven Steuer auf den Vorerwerb (§ 14 Absatz 1 Satz 2 ErbStG) oder den Abzug der tatsächlich zu entrichtenden Steuer (§ 14 Absatz 1 Satz 3 ErbStG) die Steuer, die sich für den letzten Erwerb allein ergeben würde, nicht unterschritten werden (Mindeststeuer). 26

(2)[1] *①Die Aufhebung oder Änderung des Schenkungsteuerbescheides für den Vorerwerb stellt für sich bei der Besteuerung des Letzterwerbs kein Ereignis mit steuerlicher Rückwirkung nach § 175 Absatz 1 Satz 1 Nummer 2 AO dar. ②Hat sich jedoch der Wert des früheren Erwerbs durch den Eintritt eines Ereignisses mit steuerlicher Rückwirkung geändert, ist auch der Bescheid über den Letzterwerb nach § 175 Absatz 1 Satz 1 Nummer 2 AO zu ändern. ③Die Festsetzungsfrist endet nach § 14 Absatz 2 ErbStG nicht vor Ablauf der Festsetzungsfrist für den früheren Erwerb.* 27

H E 14.3

H E 14.3

Änderung der Schenkungsteuerfestsetzung für den Vorerwerb für sich kein rückwirkendes Ereignis.[1] *→ BFH vom 12. 7. 2017 II R 45/15, BStBl. II S. 1120.* 28

Festsetzungsfrist. Grundsätzlich beginnt die Festsetzungsfrist bei einem rückwirkenden Ereignis gemäß § 175 Absatz 1 Satz 2 AO mit dem Eintritt des Ereignisses. Der Beginn wird jedoch in Fällen des Unterschreitens der Lohnsummengrenze und des Verstoßes gegen die Behaltensregelungen gemäß § 13 a Absatz 6 Satz 3 ErbStG a. F. bzw. § 13 a Absatz 7 Satz 3 ErbStG und § 19 a Absatz 5 Satz 3 ErbStG auf den Zeitpunkt der Kenntnis der Finanzbehörde hinausgeschoben. Für diese Fälle wird analog in § 14 Absatz 2 ErbStG auch die Festsetzungsfrist für den Nacherwerb hinausgeschoben. 29

Beispiel:

Ein Unternehmer verschenkt in 2015 einen nach §§ 13 a, 13 b ErbStG a. F. begünstigten Betrieb. In 2018 überträgt er weiteres nicht begünstigtes Vermögen an denselben Erwerber. Der Erwerber veräußert 2019 (während der Behaltensfrist) den in 2015 erworbenen Betrieb und verstößt damit gegen die Behaltensregelung des § 13 a Absatz 5 ErbStG.
Die Steuerfestsetzung für den Erwerb 2015 ist zu ändern. Auch die Steuerfestsetzung für den Erwerb 2018 ist zu ändern, soweit sich die Verminderung der Verschonung für den Erwerb 2015 auf den Wert des Vorerwerbs auswirkt. Die Festsetzungsfrist für eine Änderung der Steuerfestsetzung zum Erwerb 2018 endet nicht vor Ablauf der Festsetzungsfrist für eine Änderung der Steuerfestsetzung zum Vorerwerb 2015.

Mindeststeuer 30

S hatte 2015 seiner damaligen Lebensgefährtin Barvermögen von 120 000 EUR geschenkt. Nach der Heirat 2018 schenkt er ihr weiteres Barvermögen von 550 000 EUR.

Erwerb 2015	
Barvermögen 2015	120 000 EUR
Persönlicher Freibetrag (§ 16 Absatz 1 Nummer 5 ErbStG)	./. 20 000 EUR
Steuerpflichtiger Erwerb	100 000 EUR
Steuersatz 30%	
Steuer 2015	30 000 EUR
Erwerb 2018	
Barvermögen 2018	550 000 EUR
Barvermögen 2015	+ 120 000 EUR
Gesamterwerb	670 000 EUR
Persönlicher Freibetrag (§ 16 Absatz 1 Nummer 1 ErbStG)	./. 500 000 EUR
Steuerpflichtiger Erwerb	170 000 EUR
Steuersatz 11%	
Steuer auf Gesamterwerb	18 700 EUR

[1] Überholt durch Änderung des § 14 Abs. 2 ErbStG durch das JStG 2020, siehe *Tz. 5 gleich lautender Ländererlass vom 13. 9. 2021,* abgedruckt als Anlage zu R E 14.3 ErbStR.

Fiktive Abzugssteuer 2018 auf Vorerwerb 2015		
Barvermögen 2015	120 000 EUR	
Persönlicher Freibetrag 2018 (500 000 EUR), höchstens beim Erwerb 2015 verbrauchter Freibetrag	./. 20 000 EUR	
Steuerpflichtiger Erwerb	100 000 EUR	
Steuersatz 11%		
Fiktive Abzugssteuer 2018	11 000 EUR	
Abzuziehen ist die höhere tatsächliche Steuer 2015		./. 30 000 EUR
Steuer 2018		0 EUR
Mindeststeuer nach § 14 Absatz 1 Satz 4 ErbStG		
Barvermögen 2018	550 000 EUR	
Persönlicher Freibetrag	./. 500 000 EUR	
Steuerpflichtiger Erwerb	50 000 EUR	
Steuersatz 7%		
Mindeststeuer 2018	3 500 EUR	
Festzusetzende Steuer 2018		3 500 EUR

Anl zu R E 14.3

Erlass betr. Anwendung der geänderten Vorschriften des Erbschaftsteuer- und Schenkungsteuergesetzes für Erwerbe mit einer Steuerentstehung nach dem 28. 12. 2020

Vom 13. September 2021 (BStBl. I S. 1837)

(Gleich lautender Ländererlass)

1. *(abgedruckt als Anlage zu § 5 ErbStG)*

2. *(abgedruckt als FN zu R E 10.3 ErbStR)*

3. *(abgedruckt als Anlage b zu § 10 ErbStG)*

4. *(abgedruckt als Anlage zu § 13 a ErbStG)*

5. Zu § 14 Abs. 2 ErbStG

35 Führt der Eintritt eines Ereignisses mit Wirkung für die Vergangenheit zu einer Veränderung des Werts eines früheren, in die Zusammenrechnung nach § 14 Abs. 1 ErbStG einzubeziehenden Erwerbs, so gilt das Ereignis auch für den späteren Erwerb als Ereignis mit Wirkung für die Vergangenheit und somit als rückwirkendes Ereignis i. S. d. § 175 Abs. 1 Satz 1 Nr. 2 der Abgabenordnung (AO). Auch der erstmalige Erlass, die Änderung und die Aufhebung einer Steuerfestsetzung für einen Vorerwerb gelten als rückwirkendes Ereignis für die Steuerfestsetzung des nachfolgenden Erwerbs. In solchen Fällen kann die Steuerfestsetzung für den Nacherwerb geändert werden.

Beispiel:

A schenkt B, der Tochter seiner Schwester (Steuerklasse II, § 15 Abs. 1 Steuerklasse II Nr. 3 ErbStG), im Januar 2021 ein unbebautes Grundstück, dessen Wert mit 30 000 EUR erklärt wurde. Im Mai 2021 schenkt A der B darüber hinaus einen Geldbetrag von 45 000 EUR. Die Schenkungsteuer berechnet sich wie folgt:

Erwerb durch B im Januar 2021 (Vorerwerb)		
Grundstück	30 000 EUR	
Persönlicher Freibetrag der B (§ 16 Abs. 1 Nr. 5 ErbStG)	./. 20 000 EUR	
Steuerpflichtiger Erwerb durch B	10 000 EUR	
Steuersatz (15%)		
Steuer Januar 2021	1 500 EUR	
Erwerb durch B im Mai 2021 (Nacherwerb)		
Barvermögen		45 000 EUR
Grundstück Januar 2021		+ 30 000 EUR
Gesamterwerb		75 000 EUR
Persönlicher Freibetrag der B (§ 16 Abs. 1 Nr. 5 ErbStG)		./. 20 000 EUR
Steuerpflichtiger Gesamterwerb		55 000 EUR
Steuersatz (15%)		
Steuer auf Gesamterwerb		8 250 EUR
Steuer auf den Vorerwerb durch B		./. 1 500 EUR
Die fiktive Steuer entspricht der tatsächlichen Steuer.		
Steuer Mai 2021		6 750 EUR

Mindeststeuer (§ 14 Abs. 1 Satz 4 ErbStG):		
Barvermögen	45 000 EUR	
Persönlicher Freibetrag	./. 20 000 EUR	
Steuerpflichtiger Erwerb	25 000 EUR	
Steuer (15%)	3 750 EUR	
Festzusetzende Steuer Mai 2021		6 750 EUR

Nach Ergehen der beiden Steuerbescheide wird der Wert des Grundstücks vom Lagefinanzamt auf 70 000 EUR festgestellt (§ 151 Abs. 1 Satz 1 Nr. 1 des Bewertungsgesetzes). Die Steuerfestsetzung für die Zuwendung des Grundstücks an B im Januar 2021 ist aufgrund des § 175 Abs. 1 Satz 1 Nr. 1 AO wie folgt zu ändern:

Anl zu R E 14.3

noch **35**

Erwerb durch B im Januar 2021 (Vorerwerb)

Grundstück	70 000 EUR
Persönlicher Freibetrag der B (§ 16 Abs. 1 Nr. 5 ErbStG)	./. 20 000 EUR
Steuerpflichtiger Erwerb durch B	50 000 EUR
Steuersatz (15%)	
Steuer Januar 2021	7 500 EUR

Die Steuerfestsetzung für die Schenkung an B im Mai 2021 ist aufgrund des § 14 Abs. 2 Satz 1 und 2 ErbStG i. V. m. § 175 Abs. 1 Satz 1 Nr. 2 AO zu ändern:

Erwerb durch B im Mai 2021 (Nacherwerb)

Barvermögen	45 000 EUR
Grundstück Januar 2021	+ 70 000 EUR
Gesamterwerb	115 000 EUR
Persönlicher Freibetrag der B (§ 16 Abs. 1 Nr. 5 ErbStG)	./. 20 000 EUR
Steuerpflichtiger Gesamterwerb	95 000 EUR
Steuersatz (20%)	
Steuer auf Gesamterwerb	19 000 EUR
Steuer auf den Vorerwerb durch B	./. 7 500 EUR
Die fiktive Steuer entspricht der tatsächlichen Steuer.	
Steuer Mai 2021	11 500 EUR

Mindeststeuer (§ 14 Abs. 1 Satz 4 ErbStG):		
Barvermögen	45 000 EUR	
Persönlicher Freibetrag	./. 20 000 EUR	
Steuerpflichtiger Erwerb	25 000 EUR	
Steuer (15%)	3 750 EUR	
Festzusetzende Steuer Mai 2021		11 500 EUR

Die folgenden Richtlinien und Hinweise sind **nicht mehr anzuwenden:**
- R E 14.3 Abs. 2 Satz 1 ErbStR und
- H E 14.3 „Änderung der Schenkungsteuerfestsetzung für den Vorerwerb für sich kein rückwirkendes Ereignis" ErbStH.

§ 15 Steuerklassen

(1)[1] Nach dem persönlichen Verhältnis des Erwerbers zum Erblasser oder Schenker werden die folgenden drei Steuerklassen unterschieden:

1 **Steuerklasse I:**

1.[2, 3] der Ehegatte und der Lebenspartner,[4]

2. die Kinder und Stiefkinder,[5]

3. die Abkömmlinge der in Nummer 2 genannten Kinder und Stiefkinder,

4. die Eltern und Voreltern bei Erwerben von Todes wegen;

2 **Steuerklasse II:**

1. die Eltern und Voreltern, soweit sie nicht zur Steuerklasse I gehören,

2.[6] die Geschwister,

3. die Abkömmlinge ersten Grades von Geschwistern,

4. die Stiefeltern,

5. die Schwiegerkinder,

6. die Schwiegereltern,

7.[2, 3] der geschiedene Ehegatte und der Lebenspartner einer aufgehobenen Lebenspartnerschaft;[4, 7]

3 **Steuerklasse III:[8]**
alle übrigen Erwerber und die Zweckzuwendungen.

4 (1 a) **Die Steuerklassen I und II Nr. 1 bis 3 gelten auch dann, wenn die Verwandtschaft durch Annahme als Kind bürgerlich-rechtlich erloschen ist.**

5 (2) ① **In den Fällen des § 3 Abs. 2 Nr. 1 und des § 7 Abs. 1 Nr. 8 ist der Besteuerung das Verwandtschaftsverhältnis des nach der Stiftungsurkunde entferntest Berechtigten zu dem Erblasser oder Schenker zugrunde zu legen, sofern die Stiftung wesentlich im Interesse einer Familie oder bestimmter Familien im Inland errichtet ist.[9]** ② **In den Fällen des § 7 Abs. 1 Nr. 9 Satz 1 gilt als Schenker der Stifter oder derjenige, der das Vermögen auf den Verein übertragen hat, und in den Fällen des § 7 Abs. 1 Nr. 9 Satz 2 derjenige, der die Vermögensmasse im Sinne des § 3 Abs. 2 Nr. 1 Satz 2 oder § 7 Abs. 1 Nr. 8 Satz 2 gebildet oder ausgestattet hat.** ③ **In den Fällen des § 1 Abs. 1 Nr. 4 wird der doppelte Freibetrag nach § 16 Abs. 1 Nr. 2 gewährt; die Steuer ist nach dem Prozentsatz der Steuerklasse I zu berechnen, der für die Hälfte des steuerpflichtigen Vermögens gelten würde.**

6 (3) ①**Im Falle des § 2269 des Bürgerlichen Gesetzbuchs und soweit der überlebende Ehegatte oder der überlebende Lebenspartner an die Verfügung gebunden ist, ist auf Antrag der Versteuerung das Verhältnis des Schlusserben oder Vermächtnisnehmers**

---

[1] Vgl. auch *BFH-Urteile vom 17. 2. 1993 II R 72/90 und vom 25. 1. 2001 II R 39/98,* abgedruckt zu § 7 Abs. 1 Nr. 1 ErbStG.

[2] Zur Anwendung von § 15 Abs. 1 Stkl. I Nr. 1 und Stkl. II Nr. 7 vgl. § 37 Abs. 4 und Abs. 5 Nr. 1 ErbStG.

[3] *BVerfG-Beschlüsse vom 1. 6. 1983 1 BvR 107/83 (BStBl. 1984 II S. 172), vom 15. 11. 1989 1 BvR 171/89 (BStBl. 1990 II S. 103) und vom 15. 5. 1990 2 BvR 592/90 (BStBl. II S. 764):* Es verstößt nicht gegen das Grundgesetz, daß die Partner einer nichtehelichen Lebensgemeinschaft im Erbschaftsteuerrecht nicht den Ehegatten gleichgestellt werden.

[4] Hierunter fallen nur Lebenspartner nach dem Lebenspartnerschaftsgesetz, *vgl. BFH-Beschluss vom 1. 10. 2015 II B 23/15 (BFH/NV 2016 S. 47).*

[5] *BFH-Beschluss vom 24. 11. 2005 II B 27/05 (BFH/NV 2006 S. 743):* Pflegekinder sind den in § 15 Abs. 1 des ErbStG genannten Kindern und Stiefkindern nicht gleichzustellen; sie sind daher nicht der Steuerklasse I zuzuordnen.

[6] *BFH-Urteil vom 24. 4. 2013 II R 65/11 (BStBl. II S. 633):* Erwerber der Steuerklasse II wie etwa Geschwister können unabhängig von den konkreten Lebensverhältnissen nicht von Verfassungs wegen beanspruchen, erbschaftsteuerrechtlich wie Ehegatten oder Lebenspartner behandelt zu werden.

[7] *BFH-Urteil vom 22. 10. 1986 II R 113/84 (BStBl. II S. 174):* Die Partner einer für nichtig erklärten Ehe fallen in entsprechender Anwendung des § 15 Abs. 1 (*Steuerklasse III Nr. 8* – jetzt II Nr. 7) ErbStG 1974 in die Steuerklasse *III* (jetzt II).

[8] *BFH-Urteil vom 5. 12. 2019 II R 5/17 (BStBl. 2020 II S. 322):* Beim Erwerb eines Kindes von seinem leiblichen Vater, der nicht auch der rechtliche Vater ist (biologischer Vater), findet die Steuerklasse III Anwendung.

[9] *FG Hessen, Gerichtsbescheid vom 7. 3. 2019 10 K 541/17 (EFG S. 930), rkr., Rev. BFH II R 25/19 zurückgenommen:* **1.** Das Verbot der Diskriminierung im Sinne des Art. 24 Abs. 1 DBA Liechtenstein, dessen Anwendungsbereich sich auch auf juristische Personen erstreckt, untersagt keine steuerliche Differenzierung nach der Ansässigkeit bzw. der unbeschränkten und beschränkten Steuerpflicht, sondern beschränkt sich auf solche Schlechterstellungen, die darauf abstellen, ob die Errichtung der betreffenden Körperschaft nach inländischem oder nach dem Recht des anderen DBA-Staates erfolgte. **2.** Die steuerliche Behandlung von Schenkungen fällt unabhängig davon, ob es sich bei der Zuwendung um Geldbeträge, um bewegliche oder unbewegliche Sachen handelt, unter die Kapitalverkehrsfreiheit. **3.** Bei der Besteuerung einer Schenkung stehen innerstaatliche Besteuerungsnormen der Kapitalverkehrsfreiheit immer dann entgegen, wenn Auslandsvermögen aufgrund fehlender Abzugsmöglichkeit von Belastungen oder aus formellen Gründen, z. B. kürzeren Verjährungsfristen, ungünstiger bzw. höher bewertet wird als Inlandsvermögen oder wenn Inländer als unbeschränkt Steuerpflichtige aufgrund höherer Freibeträge oder geringerer Steuersätze weniger Steuern auf gleiche Erwerbe bezahlen müssen als beschränkt Steuerpflichtige. **4.** Die Regelung des § 15 Abs. 2 S. 1 ErbStG, die bei Zuwendungen eines Inländers an eine im Inland ansässige Familienstiftung einen Anspruch auf Ermäßigung gewährt, indem sie von der Bemessungsgrundlage der Steuer eine Steuerermäßigung in Abzug bringt, stellt regelmäßig eine verbotene Beschränkung des Kapitalverkehrs dar. **5.** Zur Beseitigung der Europarechtswidrigkeit ist die Steuerbegünstigung des § 15 Abs. 2 S. 1 ErbStG auch der ausländischen Stiftung zu gewähren. – Siehe hierzu *Vorlagebeschluss FG Köln vom 30. 11. 2023 7 K 217/21* an den EuGH (Az. EuGH C-142/24).

zum zuerst verstorbenen Ehegatten oder dem zuerst verstorbenen Lebenspartner zugrunde zu legen, soweit sein Vermögen beim Tod des überlebenden Ehegatten oder des überlebenden Lebenspartners noch vorhanden ist. ② § 6 Abs. 2 Satz 3 bis 5 gilt entsprechend.

(4)[1] ① **Bei einer Schenkung durch eine Kapitalgesellschaft oder Genossenschaft ist der Besteuerung das persönliche Verhältnis des Erwerbers zu derjenigen unmittelbar oder mittelbar beteiligten natürlichen Person oder Stiftung zugrunde zu legen, durch die sie veranlasst ist. ② In diesem Fall gilt die Schenkung bei der Zusammenrechnung früherer Erwerbe (§ 14) als Vermögensvorteil, der dem Bedachten von dieser Person anfällt.** 7

Übersicht

		Rz.
R E 15.1	Steuerklassen *(unbesetzt);* H E 15.1	8, 9
R E 15.2	Maßgebliche Steuerklasse bei Familienstiftungen; H E 15.2	10–13
R E 15.3	Umfang des begünstigten Vermögens in den Fällen des § 15 Absatz 3 ErbStG; H E 15.3	14, 15
R E 15.4	Steuerklasse bei Zuwendungen von Kapitalgesellschaften oder Genossenschaften	16–19

Zu § 15 ErbStG

R E 15.1 Steuerklassen *(unbesetzt)*

ErbStR R E 15.1

H E 15.1

H E 15.1

Steuerklasse bei Adoptivkindern und Stiefkindern von Kindern und Geschwistern. Als Abkömmlinge i. S. d. § 15 ErbStG (Steuerklasse I Nummer 3 und Steuerklasse II Nummer 3) sind auch Adoptivkinder und Stiefkinder anzusehen. 8

Steuerklasse bei ehemaligem Adoptionsverhältnis. → BFH vom 17. 3. 2010 II R 46/08, BStBl. II S. 554.

Steuerklasse bei Ehegatten von Stiefkindern und Stiefkinder von Geschwistern. Der Begriff „Kind" wird im Erbschaftsteuer- und Schenkungsteuergesetz als eigenständiger Begriff verwendet. Er setzt, wie die Einbeziehung der mit dem Stiefelternteil nur verschwägerten Stiefkinder in die Steuerklasse I Nummer 2 zeigt, das Bestehen verwandtschaftlicher Verhältnisse im zivilrechtlichen Sinne nicht zwingend voraus. 9

Die Stiefkinder von Geschwistern sind als „Abkömmlinge" i. S. d. Steuerklasse II Nummer 3 anzusehen.

Zu den Schwiegerkindern i. S. d. § 15 Absatz 1 Steuerklasse II Nummer 5 ErbStG sind deshalb auch die Ehegatten von Stiefkindern (Stiefschwiegerkinder) zu rechnen (→ BFH vom 6. 9. 1989 II R 87/87, BStBl. II S. 898).

Steuerklasse beim Erwerb einer Abfindung für den Verzicht auf einen künftigen Pflichtteilsanspruch. → BFH vom 10. 5. 2017 II R 25/15, BStBl. 2018 II S. 201.

Steuerklasse bei Verlobten. → BFH vom 23. 3. 1998 II R 41/96, BStBl. II S. 396.[2]

Steuerklasse des Schlusserben aus einem gemeinschaftlichen Testament. → BFH vom 16. 6. 1999 II R 57/96, BStBl. II S. 789 und vom 27. 8. 2008 II R 23/06, BStBl. 2009 II S. 47.[3]

R E 15.2 Maßgebliche Steuerklasse bei Familienstiftungen

ErbStR R E 15.2

(1) ① Bei der Errichtung einer Familienstiftung richtet sich die Steuerklasse nach dem Verwandtschaftsverhältnis des nach der Stiftungsurkunde entferntest Berechtigten zu dem Erblasser oder Schenker (§ 15 Absatz 2 Satz 1 ErbStG). ② Bei der Bestimmung der Steuerklasse ist daher auf den nach der Satzung möglichen entferntest Berechtigten abzustellen, auch wenn dieser im Zeitpunkt der Errichtung der Familienstiftung noch nicht unmittelbar bezugsberechtigt ist, sondern 10

---

[1] Zur Anwendung von § 15 Abs. 4 vgl. § 37 Abs. 7 Satz 1 ErbStG.

[2] *BFH-Urteil vom 23. 3. 1998 II R 41/96 (BStBl. II S. 396):* Die gesetzlich vorgeschriebene Einziehung der Erbschaftsteuer bei einer Verlobten des Erblassers nach der ungünstigsten Steuerklasse führt auch dann zu keiner unbilligen sachlichen Härte, wenn der Erbfall nach der Bestellung des Aufgebots eingetreten ist.

BFH-Urteil vom 23. 3. 1998 II R 26/96 (BFH/NV S. 1098): **1.** Das FA ist nicht verpflichtet, die Erbschaftsteuer bei einer Verlobten des Erblassers nur deshalb aus Billigkeitsgründen nach einer günstigeren Steuerklasse als gesetzlich vorgeschrieben festzusetzen, weil der Erbfall nach der Bestellung des Aufgebots oder der förmlichen Befreiung vom Aufgebot eingetreten ist. **2.** Der Umstand, daß die Verlobten in nichtehelicher Lebensgemeinschaft zusammengelebt hatten, führt zu keiner anderen Beurteilung.

[3] *BFH-Urteil vom 16. 6. 1999 II R 57/96 (BStBl. II S. 789):* **1.** Haben Ehegatten in einem gemeinschaftlichen Testament, durch das sie sich gegenseitig als Erben einsetzen (Berliner Testament), dem überlebenden Ehegatten das Recht eingeräumt, die Schlußerbenfolge sowie die Verteilung des Nachlasses zu ändern, so bleibt § 15 Abs. 3 ErbStG zugunsten des Schlußerben insoweit anwendbar, als der überlebende Ehegatte durch eine spätere Verfügung von Todes wegen die Erbquote des Schlußerben nicht verändert hat. **2.** Macht der überlebende Ehegatte von seinem Recht auf Änderung dadurch Gebrauch, daß er abweichend vom gemeinschaftlichen Testament einem Schlußerben, dessen Erbquote als solche unverändert bestehen bleibt, ein Vorausvermächtnis aussetzt, kann für diesen Vermächtniserwerb § 15 Abs. 3 ErbStG nicht angewandt werden. – Ebenso *BFH-Urteil vom 16. 6. 1999 II R 58/96 (BFH/NV 2000 S. 190).*

es erst in der Generationenfolge wird. ③ Bei der Errichtung einer Familienstiftung ist deshalb als „entferntest Berechtigter" derjenige anzusehen, der – ohne einen klagbaren Anspruch haben zu müssen – nach der Satzung Vermögensvorteile aus der Stiftung erlangen kann.

11 (2) Die nach Absatz 1 geltende Steuerklasse ist auch für den anzuwendenden Freibetrag nach § 16 ErbStG maßgebend.

12 (3) Überträgt der Stifter nach Errichtung einer Familienstiftung später weiteres Vermögen auf die Stiftung, wird die Zustiftung nach Steuerklasse III besteuert.

H E 15.2

H E 15.2

13 **Entferntest Berechtigter.** → RFH vom 23. 1. 1930 (RStBl S. 115).[1]

Freibetrag bei Errichtung einer Familienstiftung. Der Übergang von Vermögen auf eine zu errichtende Familienstiftung ist nach der Steuerklasse I Nummer 2 i. V. m. § 16 Absatz 1 Nummer 2 ErbStG zu versteuern, wenn (neben dem Stifter) nur die Kinder sowie Kinder vorverstorbener Kinder bezugsberechtigt sein sollen. Sollen Enkel des Stifters bereits zu Lebzeiten ihrer Eltern oder entferntere Abkömmlinge des Stifters – unabhängig davon, ob ihre Eltern jeweils noch leben oder nicht – bezugsberechtigt sein, ist dagegen die Besteuerung der Errichtung der Familienstiftung nach der Steuerklasse I Nummer 3 i. V. m. § 16 Absatz 1 Nummer 3 oder 4 ErbStG durchzuführen. Erfolgt die Errichtung der Familienstiftung nur allgemein zugunsten der Familie des Stifters und ihrer Angehörigen, ist für ihre Besteuerung die Steuerklasse III i. V. m. § 16 Absatz 1 Nummer 7 ErbStG maßgebend.

Steuerklasse bei Auflösung einer Familienstiftung. → BFH vom 30. 11. 2009 II R 6/07, BStBl. 2010 II S. 237.

Steuerklasse bei einer Zustiftung. → BFH vom 9. 12. 2009 II R 22/08, BStBl. 2010 II S. 363.

ErbStR
R E 15.3

R E 15.3 Umfang des begünstigten Vermögens in den Fällen des § 15 Absatz 3 ErbStG

14 ① Nach § 15 Absatz 3 ErbStG sind im Falle des § 2269 BGB und soweit der überlebende Ehegatte an die Verfügung gebunden ist, die mit dem verstorbenen Ehegatten näher verwandten Erben und Vermächtnisnehmer als seine Erben anzusehen, soweit sein Vermögen beim Tode des überlebenden Ehegatten noch vorhanden ist. ② Das beim Tod des länger lebenden Ehegatten dem Werte nach noch vorhandene Vermögen des zuerst verstorbenen Ehegatten ist im Rahmen der Bindungswirkung der getroffenen Verfügungen erbschaftsteuerrechtlich vorrangig und ohne weitere Quotelung den mit dem Erstverstorbenen näher verwandten Schlusserben zuzuordnen. ③ Im Einzelnen gilt Folgendes:

1. ① Wertsteigerungen und reine Vermögensumschichtungen des noch vorhandenen Vermögens zwischen dem Todestag des Erstversterbenden und dem des Letztversterbenden sind auf Grund des Surrogationsprinzips wie bei § 6 Absatz 2 ErbStG auch bei § 15 Absatz 3 ErbStG begünstigt. ② Es ist deshalb auf den Wert dieses Vermögens am Todestag des Letztversterbenden abzustellen.
2. Erträge des Vermögens zwischen dem Todestag des Erstversterbenden und dem des Letztversterbenden sind erst in der Person des Letztversterbenden entstanden und deshalb, soweit sie nicht verbraucht wurden, nicht im begünstigten Vermögen zu berücksichtigen.
3. Die Erbfallkostenpauschale nach § 10 Absatz 5 Nummer 3 ErbStG muss dem begünstigten Vermögen anteilig zugeordnet werden.

H E 15.3

H E 15.3

15 **Umfang des begünstigten Vermögens in den Fällen des § 15 Absatz 3 ErbStG.** → BFH vom 27. 8. 2008 II R 23/06, BStBl. 2009 II S. 47.[2]

---

[1] *RFH-Urteil vom 23. 1. 1930 I A 890/28 (RStBl. S. 115):* Der Begriff der entferntest Berechtigten im Sinne des § 15 Abs. 2 ErbStG setzt nicht voraus, daß die „Berechtigten" einen klagbaren Anspruch besitzen. Die Befreiungsvorschrift in § 13 Nr. 16 Buchst. b ErbStG kann nicht im Wege der Auslegung in die Tarifvorschriften hineingezogen und dort etwa für teilweise mildtätige Stiftungen als Milderungsvorschrift angewendet werden.

BFH-Urteil vom 28. 2. 2024 II R 25/21 (BStBl. 2025 II S. 48): Beim Übergang von Vermögen auf eine Familienstiftung ist für die Bestimmung der anwendbaren Steuerklasse und des Freibetrags als „entferntest Berechtigter" zum Schenker derjenige anzusehen, der nach der Stiftungssatzung potentiell Vermögensvorteile aus der Stiftung erhalten kann. Unerheblich ist, ob die Person zum Zeitpunkt des Stiftungsgeschäfts schon geboren ist, jemals geboren wird und tatsächlich finanzielle Vorteile aus der Stiftung erlangen wird.

FG Rheinland-Pfalz, Urteil vom 27. 9. 2024 4 K 1138/24 (EFG 2025 S. 28), nrkr., Rev. BFH II R 33/24: **1.** Bei Familienstiftungen bestimmt sich die Steuerklasse für den schenkungsteuerbaren Übergang von Vermögen des Stifters im Rahmen der erstmaligen Vermögensausstattung der Familienstiftung gemäß § 15 Abs. 2 Satz 1 ErbStG allein nach dem Verhältnis des Stifters zu den (potentiellen) Bezugsberechtigten der Stiftung. **2.** Welche Personen für den Fall der Auflösung der Stiftung als Anfallsberechtigte das dann ggf. noch vorhandene Restvermögen erhalten würden, ist unbeachtlich.

[2] *BFH-Urteil vom 27. 8. 2008 II R 23/06 (BStBl. 2009 II S. 47):* Haben sich Ehegatten durch gemeinschaftliches Testament oder Erbvertrag gegenseitig als Erben und Verwandte als Schlusserben eingesetzt, ist das beim Tod des länger lebenden Ehegatten dem Werte nach noch vorhandene Vermögen des zuerst verstorbenen Ehegatten im Rahmen der Bindungswirkung der getroffenen Verfügungen erbschaftsteuerrechtlich nach § 15 Abs. 3 ErbStG vorrangig und ohne weitere Quotelung den mit dem Erstverstorbenen näher verwandten Schlusserben zuzuordnen.

ErbStR
R E 15.4

R E 15.4 Steuerklasse bei Zuwendungen von Kapitalgesellschaften oder Genossenschaften

(1) ①In den Fällen des § 7 Absatz 8 ErbStG richtet sich bei Zuwendungen von Kapitalgesellschaften bzw. Genossenschaften die Steuerklasse nach § 15 Absatz 4 ErbStG. ②Danach ist das persönliche Verhältnis des Erwerbers (unmittelbar oder mittelbar an der Kapitalgesellschaft oder Genossenschaft beteiligte natürliche Person oder Stiftung) zu der die Zuwendung veranlassenden Person maßgebend. ③Diese Regelung betrifft nur die Rechtsfolgen der Steuerermittlung. ④Die Kapitalgesellschaft bzw. Genossenschaft bleibt Zuwendende. **16**

(2) ①Bei der Zusammenrechnung mit früheren Erwerben nach § 14 ErbStG ist ebenfalls auf die Verhältnisse zu dem veranlassenden Gesellschafter abzustellen. ②Die Zuwendung der Kapitalgesellschaft ist ebenso bei späteren Schenkungen des veranlassenden Gesellschafters, der Kapitalgesellschaft oder Genossenschaft oder anderer Kapitalgesellschaften oder Genossenschaften, an der der veranlassende Gesellschafter beteiligt ist, nach § 14 ErbStG zu berücksichtigen. **17**

(3) ①Kommen mehrere Personen als Veranlassende in Betracht (z. B. Vater und Onkel des Begünstigten), kann eine quotale Mitveranlassung aller Beteiligten angenommen werden. ②Es kann jedoch konkret dargelegt werden, welche Person die Zuwendung veranlasst hat. **18**

(4) ①Das für die Besteuerung der Zuwendung einer Kapitalgesellschaft oder Genossenschaft zuständige Erbschaftsteuerfinanzamt hat sich für Zwecke der Anwendung des § 15 Absatz 4 ErbStG mit dem Erbschaftsteuerfinanzamt in Verbindung zu setzen, das für die Besteuerung einer Direktzuwendung des veranlassenden Gesellschafters nach § 35 ErbStG zuständig wäre. ②Das letztgenannte Finanzamt teilt dem für die Besteuerung zuständigen Finanzamt die Vorschenkungen und die für die Zusammenrechnung notwendigen Informationen mit und ist in ein etwaiges Rechtsbehelfsverfahren, soweit es um die Anwendung des § 15 Absatz 4 ErbStG geht, von dem zuständigen Finanzamt im Wege der Amtshilfe einzubinden. ③Zum Zweck der künftigen zutreffenden Zusammenrechnung aller Vorerwerbe im Sinne des § 14 ErbStG sind die Erkenntnisse bei dem Finanzamt zusammenzuführen, das für eine Direktzuwendung des veranlassenden Gesellschafters zuständig wäre. ④Das für die Besteuerung der Zuwendung der Kapitalgesellschaft oder Genossenschaft zuständige Finanzamt teilt diesem daher die insoweit benötigten Veranlagungsdaten mit. ⑤Zudem haben alle beteiligten Finanzämter einander zeitnah über eventuell später eintretende Änderungen zu unterrichten, die Auswirkungen im Rahmen des § 14 ErbStG haben können. **19**

ErbStG

§ 16[1] Freibeträge

1 **(1) Steuerfrei bleibt in den Fällen der unbeschränkten Steuerpflicht (§ 2 Absatz 1 Nummer 1) der Erwerb**

1.[2] des Ehegatten und des Lebenspartners[3] in Höhe von 500 000 Euro;

2 **2.[4] der Kinder im Sinne der Steuerklasse I Nr. 2 und der Kinder verstorbener Kinder im Sinne der Steuerklasse I Nr. 2 in Höhe von 400 000 Euro;**

3 **3.[4, 5] der Kinder der Kinder im Sinne der Steuerklasse I Nr. 2 in Höhe von 200 000 Euro;**

4 **4.[5] der übrigen Personen der Steuerklasse I in Höhe von 100 000 Euro;**

5 **5. der Personen der Steuerklasse II in Höhe von 20 000 Euro;**

6 **6.** *(aufgehoben)*

7 **7. der übrigen Personen der Steuerklasse III in Höhe von 20 000 Euro.**

8 (2)[6] **① In den Fällen der beschränkten Steuerpflicht (§ 2 Absatz 1 Nummer 3) wird der Freibetrag nach Absatz 1 um einen Teilbetrag gemindert. ② Dieser Teilbetrag entspricht dem Verhältnis der Summe der Werte des in demselben Zeitpunkt erworbenen, nicht der beschränkten Steuerpflicht unterliegenden Vermögens und derjenigen, nicht der beschränkten Steuerpflicht unterliegenden Vermögensvorteile, die innerhalb von zehn Jahren von derselben Person angefallen sind, zum Wert des Vermögens, das insgesamt innerhalb von zehn Jahren von derselben Person angefallen ist. ③ Die früheren Erwerbe sind mit ihrem früheren Wert anzusetzen.**

Zu § 16 ErbStG

ErbStR
R E 16

R E 16. Freibeträge *(unbesetzt)*

H E 16

H E 16

9 **Freibetrag bei beschränkter Steuerpflicht.**

Beispiel:

E und F sind verheiratet und leben beide seit 20 Jahren in Spanien. Im Jahr 2017 hat E seiner Frau ein Familienheim in Spanien geschenkt. Das Grundstück hat einen Wert von 200 000 EUR.
Im Jahr 2018 stirbt E und hinterlässt F ein Grundstück in Spanien im Wert von 400 000 EUR sowie ein zu Wohnzwecken vermietetes Grundstück in Deutschland im Wert von 800 000 EUR.

Erwerb 2017
Der Erwerb unterliegt in Deutschland nicht der Steuerpflicht, da es sich nicht um einen Fall der unbeschränkten Steuerpflicht handelt und auch kein Inlandsvermögen im Sinne von § 121 BewG vorliegt.

Erwerb 2018
Der Erwerb des inländischen Grundstücks unterliegt in Deutschland der beschränkten Steuerpflicht gemäß § 2 Absatz 1 Nummer 3 ErbStG, da es sich um Inlandsvermögen im Sinne von § 121 BewG handelt.

Ermittlung des Kürzungsbetrags nach § 16 Absatz 2 ErbStG

$$\frac{\text{Nicht beschränkt steuerpflichtiges Vermögen (10 Jahreszeitraum)} \times \text{Freibetrag § 16 Absatz 1 ErbStG}}{\text{Gesamter Vermögensanfall (10 Jahreszeitraum)}}$$

600 000 EUR × 500 000 EUR : 1 400 000 EUR = 214 285 EUR (Kürzungsbetrag)

Grundstück (Inland)	800 000 EUR
Steuerbefreiung nach § 13 d ErbStG	80 000 EUR
Vermögensanfall (beschränkte Steuerpflicht)	720 000 EUR

---

[1] § 16 Abs. 1 und 2 i. d. F. des StUmgBG vom 23. 6. 2017 (BGBl. I S. 1682) anzuwenden auf Erwerbe, für die die Steuer nach dem 24. 6. 2017 entsteht (§ 37 Abs. 14 ErbStG). Wegen Zweifeln der bayerischen Staatsregierung an Gesetzgebungskompetenz des Bundes für die persönlichen Freibeträge und an deren aktueller Höhe: *Normenkontrollklage vom 15. 6. 2023 BVerfG 1 BvF 1/23.*

[2] Zur Anwendung von § 16 Abs. 1 Nr. 1 vgl. § 37 Abs. 4 und Abs. 5 Nr. 2 und 3 ErbStG.

[3] Hierunter fallen nur Lebenspartner nach dem Lebenspartnerschaftsgesetz, *vgl. BFH-Beschluss vom 1. 10. 2015 II B 23/15 (BFH/NV 2016 S. 47).*

[4] *BFH-Urteil vom 31. 7. 2024 II R 13/22 (DStR S. 2641):* **1.** Der zivilrechtliche Verzicht eines Kindes gegenüber seinen Eltern auf den gesetzlichen Erbteil bewirkt nicht, dass seinem Kind – dem Enkel des Erblassers – der Freibetrag zu gewähren ist, der im Falle des Versterbens des Kindes zu gewähren ist. Das Erbschaftsteuerrecht folgt insoweit nicht der Fiktion des Zivilrechts. **2.** Dies ist verfassungsrechtlich nicht zu beanstanden.

[5] *BFH-Beschluss vom 27. 7. 2020 II B 39/20 (BStBl. 2021 II S. 28):* Urenkeln steht jedenfalls dann lediglich der Freibetrag in Höhe von 100 000 € nach § 16 Abs. 1 Nr. 4 ErbStG zu, wenn Eltern und Großeltern noch nicht vorverstorben sind.

[6] *EuGH-Urteil vom 21. 12. 2021 C-394/20 XY (BStBl. 2023 II S. 156), Ls. 1:* **1.** Die Art. 63 und 65 AEUV sind dahin auszulegen, dass sie einer Regelung eines Mitgliedstaats über die Berechnung der Erbschaftsteuer **nicht entgegenstehen,** die vorsieht, dass im Fall des Erwerbs von im Inland belegenen Grundstücken, wenn zum Zeitpunkt des Todes des Erblassers weder dieser noch der Erbe seinen Wohnsitz oder gewöhnlichen Aufenthalt in diesem Mitgliedstaat hatte, der Freibetrag auf die Steuerbemessungsgrundlage gegenüber dem Freibetrag, der zur Anwendung gekommen wäre, wenn zumindest einer von ihnen zu diesem Zeitpunkt seinen Wohnsitz oder gewöhnlichen Aufenthalt in diesem Mitgliedstaat gehabt hätte, um einen Betrag gemindert wird, der dem Verhältnis des Wertes des nicht der Steuer in diesem Mitgliedstaat unterliegenden Vermögens zum Gesamtwert des Nachlasses entspricht. **2.** (abgedruckt zu § 10 Abs. 6 ErbStG).

Erbfallkostenpauschale		./. 10 300 EUR	HE 16
Persönlicher Freibetrag (§ 16 Absatz 1 ErbStG)	500 000 EUR		noch 9
Persönlicher Freibetrag (Kürzungsbetrag)	./. 214 285 EUR		
Persönlicher Freibetrag (abzugsfähiger Teil)	285 715 EUR	./. 285 715 EUR	
Steuerpflichtiger Erwerb (abgerundet)		423 900 EUR	
Steuersatz 15%			
Steuer		63 585 EUR	

Bei der Kürzung des Freibetrags nach § 16 Absatz 2 ErbStG bleibt unberücksichtigt, dass das im Jahr 2017 geschenkte Familienheim in Spanien nach § 13 Absatz 1 Nummer 4 a ErbStG steuerfrei wäre, wenn es sich um einen Fall der unbeschränkten Steuerpflicht handeln würde. Auch die für das zu Wohnzwecken vermietete Grundstück vom Erwerb 2018 gewährte Steuerbefreiung nach § 13 d ErbStG bleibt bei der Kürzung des Freibetrags unberücksichtigt.

ErbStG

§ 17 Besonderer Versorgungsfreibetrag

1 **(1)[1] ①Neben dem Freibetrag nach § 16 wird dem überlebenden Ehegatten und dem überlebenden Lebenspartner ein besonderer Versorgungsfreibetrag von 256 000 Euro gewährt. ②Der Freibetrag wird bei Ehegatten oder bei Lebenspartnern, denen aus Anlass des Todes des Erblassers nicht der Erbschaftsteuer unterliegende Versorgungsbezüge zustehen, um den nach § 14 des Bewertungsgesetzes zu ermittelnden Kapitalwert dieser Versorgungsbezüge gekürzt.**

(2) ①Neben dem Freibetrag nach § 16 wird Kindern im Sinne der Steuerklasse I Nr. 2 (§ 15 Abs. 1) für Erwerbe von Todes wegen ein besonderer Versorgungsfreibetrag in folgender Höhe gewährt:

2 **1. bei einem Alter bis zu 5 Jahren in Höhe von 52 000 Euro;**

3 **2. bei einem Alter von mehr als 5 bis zu 10 Jahren in Höhe von 41 000 Euro;**

4 **3. bei einem Alter von mehr als 10 bis zu 15 Jahren in Höhe von 30 700 Euro;**

5 **4. bei einem Alter von mehr als 15 bis zu 20 Jahren in Höhe von 20 500 Euro;**

6 **5. bei einem Alter von mehr als 20 Jahren bis zur Vollendung des 27. Lebensjahres in Höhe von 10 300 Euro.**

②Stehen dem Kind aus Anlaß des Todes des Erblassers nicht der Erbschaftsteuer unterliegende Versorgungsbezüge zu, wird der Freibetrag um den nach § 13 Abs. 1 des Bewertungsgesetzes zu ermittelnden Kapitalwert dieser Versorgungsbezüge gekürzt. ③Bei der Berechnung des Kapitalwerts ist von der nach den Verhältnissen am Stichtag (§ 11) voraussichtlichen Dauer der Bezüge auszugehen.

7 **(3)[1,2] ①In den Fällen der beschränkten Steuerpflicht (§ 2 Absatz 1 Nummer 3) wird der besondere Versorgungsfreibetrag nach Absatz 1 oder 2 gewährt, wenn die Staaten, in denen der Erblasser ansässig war oder der Erwerber ansässig ist, auf Grund völkervertraglicher Abkommen oder Übereinkommen verpflichtet sind, der Bundesrepublik Deutschland entsprechend dem OECD-Standard für Transparenz und effektiven Informationsaustausch auf Ersuchen im Sinne des § 4 Absatz 2 Nummer 2 in Verbindung mit Absatz 4 Satz 1 des Steueroasen-Abwehrgesetzes in Bezug auf die Erbschaftsteuer Amtshilfe zu leisten. ②Das Bundesministerium der Finanzen veröffentlicht im Bundessteuerblatt Teil I eine Liste der Drittstaaten, die die Voraussetzungen nach Satz 1 erfüllen.**

Zu § 17 ErbStG

ErbStR
R E 17

R E 17. Besonderer Versorgungsfreibetrag

8 (1) ①Der besondere Versorgungsfreibetrag für den überlebenden Ehegatten und für Kinder ist um den Kapitalwert der nicht der Erbschaftsteuer unterliegenden Versorgungsbezüge zu kürzen. ②Zu den nicht der Erbschaftsteuer unterliegenden Bezügen (→ R E 3.5) gehören insbesondere

1. Versorgungsbezüge der Hinterbliebenen von Beamten auf Grund der Beamtengesetze des Bundes und der Länder,
2. Versorgungsbezüge, die den Hinterbliebenen von Angestellten und Arbeitern aus der gesetzlichen Rentenversicherung zustehen; dies gilt auch in den Fällen freiwilliger Weiter- und Höherversicherung,
3. Versorgungsbezüge, die den Hinterbliebenen von Angehörigen der freien Berufe aus einer berufsständischen Pflichtversicherung zustehen; dies gilt auch in den Fällen freiwilliger Weiter- und Höherversicherung,
4. Versorgungsbezüge, die den Hinterbliebenen von Abgeordneten auf Grund der Diätengesetze des Bundes und der Länder zustehen,
5. Hinterbliebenenbezüge, die auf Tarifvertrag, Betriebsordnung, Betriebsvereinbarung, betrieblicher Übung oder dem Gleichbehandlungsgrundsatz beruhen, und
6. Hinterbliebenenbezüge auf Grund eines zwischen dem Erblasser und seinem Arbeitgeber geschlossenen Einzelvertrags, soweit diese angemessen sind (→ R E 3.5 Absatz 3).

9 (2) Bei der Kürzung des Versorgungsfreibetrags sind alle von der Erbschaftsteuer nicht erfassten Versorgungsleistungen zu berücksichtigen, und zwar unabhängig davon, ob es sich bei den Versorgungsleistungen um lebenslängliche Leistungen, um Leistungen auf eine bestimmte Zeit oder um Leistungen in einem Einmalbetrag handelt.

---

[1] Zur Anwendung von § 17 i. d. F. des StUmgBG vom 23. 6. 2017 (BGBl. I S. 1682) siehe § 37 Abs. 13 ErbStG.
[2] § 17 Abs. 3 i. d. F. des JStG 2024 anzuwenden auf Erwerbe, für die die Steuer nach dem 31. 12. 2024 entsteht.

(3) ① Bei der Berechnung des Kapitalwerts der Versorgungsbezüge ist von der Höhe der jährlichen Bruttobezüge auszugehen, die dem Hinterbliebenen unmittelbar nach dem Tod des Erblassers gezahlt werden. ② Handelt es sich dabei um eine Rente aus der gesetzlichen Rentenversicherung, ist grundsätzlich auf den Rentenbetrag abzustellen, der dem Berechtigten nach Ablauf des Sterbevierteljahrs zusteht. ③ Dieser kann den Rentenberechnungen der Rentenversicherungsträger entnommen werden. ④ Zusätzliche Leistungen (z. B. 13. Monatsgehalt) sind zu berücksichtigen. ⑤ Anzurechnen sind auch Einmalbeträge (z. B. Sterbegelder oder die Summe der Zahlungen für das Sterbevierteljahr), Kapitalabfindungen sowie Leistungen nach § 107 SGB VI (Abfindung bei Wiederverheiratung) und § 210 SGB VI (Beitragserstattung bei nicht erfüllter Wartezeit). ⑥ Der Umstand, dass die Versorgungsbezüge beim Hinterbliebenen dem Lohnsteuerabzug oder der Einkommensteuer unterliegen, bleibt bei der Ermittlung der jährlichen Bruttobezüge unberücksichtigt. ⑦ Spätere Änderungen in der Höhe dieser Bezüge sind nur zu berücksichtigen, wenn sie schon zur Zeit des Todes des Erblassers mit Sicherheit vorauszusehen waren. ⑧ Soweit auf die Versorgungsbezüge des Hinterbliebenen eigenes Einkommen anzurechnen ist, ruhen für einen ungewissen Zeitraum die Bezüge in Höhe des angerechneten Einkommens. ⑨ Als jährliche Bruttobezüge sind die entsprechend geminderten Bezüge anzusetzen, die dem Hinterbliebenen unmittelbar nach dem Tod des Erblassers bzw. nach Ablauf des Sterbevierteljahrs zustehen. 10

(4) ① Nach § 17 Absatz 3 ErbStG wird einem Kind sowie dem überlebenden Ehegatten des Erblassers der besondere Versorgungsfreibetrag auch in den Fällen der beschränkten Steuerpflicht gewährt. ② Der Erwerber ist verpflichtet, die für die Prüfung der Steuerbefreiung notwendigen Angaben zu machen und zu belegen. ③ Die Gewährung des Versorgungsfreibetrags setzt voraus, dass der Ansässigkeitsstaat des Erblassers bzw. Erwerbers Amtshilfe leistet. ④ Die Einholung von Informationen beim ausländischen Staat im Wege der Amtshilfe ist insbesondere in Fällen bedeutsam, in denen Anzeichen bestehen, dass der Erwerber unvollständige Angaben gemacht hat. 11

H E 17

H E 17

Anwendung auf Schenkungen. → R E 1.1 Satz 3 Nummer 7. 12

Einmalbeträge als anrechenbare Versorgungsleistungen. → BFH vom 2. 7. 1997 II R 43/94, BStBl. II S. 623.[1]

Zugewinnausgleich. Die Vorschrift des § 17 ErbStG wird durch die Einbeziehung der erbschaftsteuerpflichtigen privaten Versorgungsbezüge in die Berechnung der fiktiven Zugewinnausgleichsforderung nach § 5 Absatz 1 ErbStG (→ R E 5.1) nicht berührt. Der Versorgungsfreibetrag ist deshalb auch nicht um den Teil der Versorgungsbezüge zu kürzen, der als Zugewinnausgleich im Ergebnis erbschaftsteuerfrei bleibt. Die Vorschrift in § 17 Absatz 1 Satz 2 ErbStG ist insoweit nicht anzuwenden.

§ 18 Mitgliederbeiträge

ErbStG

① Beiträge an Personenvereinigungen und rechtsfähige Vereine, die nicht lediglich die Förderung ihrer Mitglieder zum Zweck haben, sind steuerfrei, soweit die von einem Mitglied im Kalenderjahr der Vereinigung geleisteten Beiträge 300 Euro nicht übersteigen. ② § 13 Abs. 1 Nr. 16 und 18 bleibt unberührt. 1

[1] *BFH-Urteil vom 2. 7. 1997 II R 43/94 (BStBl. II S. 623):* Bei der Kürzung des besonderen Versorgungsfreibetrags nach § 17 Abs. 1 Satz 2 ErbStG sind alle von der Erbschaftsteuer nicht erfaßten Versorgungsleistungen unabhängig davon zu berücksichtigen, ob diese in lebenslänglichen Leistungen, in Leistungen auf eine bestimmte Zeit oder in einem einzigen Betrag bestehen.

ErbStG

§ 19 Steuersätze[1]

1 (1)[2] **Die Erbschaftsteuer wird nach folgenden Prozentsätzen erhoben:**

Wert des steuerpflichtigen Erwerbs (§ 10) bis einschließlich ... Euro	Prozentsatz in der Steuerklasse		
	I	II	III
75 000	7	15	30
300 000	11	20	30
600 000	15	25	30
6 000 000	19	30	30
13 000 000	23	35	50
26 000 000	27	40	50
über 26 000 000	30	43	50

2 (2)[3] **Ist im Fall des § 2 Absatz 1 Nummer 1 ein Teil des Vermögens der inländischen Besteuerung auf Grund eines Abkommens zur Vermeidung der Doppelbesteuerung entzogen, ist die Steuer nach dem Steuersatz zu erheben, der für den ganzen Erwerb gelten würde.**

3 (3) **Der Unterschied zwischen der Steuer, die sich bei Anwendung des Absatzes 1 ergibt, und der Steuer, die sich berechnen würde, wenn der Erwerb die letztvorhergehende Wertgrenze nicht überstiegen hätte, wird nur insoweit erhoben, als er**
a) bei einem Steuersatz bis zu 30 Prozent aus der Hälfte,
b) bei einem Steuersatz über 30 Prozent aus drei Vierteln
des die Wertgrenze übersteigenden Betrags gedeckt werden kann.

Zu § 19 ErbStG

ErbStR R E 19

R E 19. Steuersätze *(unbesetzt)*

H E 19

H E 19

4 **Doppelbesteuerungsabkommen mit Progressionsvorbehalt.** Ein Progressionsvorbehalt i. S. d. § 19 Absatz 2 ErbStG muss im Doppelbesteuerungsabkommen selbst vorgesehen sein (→ BFH vom 9. 11. 1966 I 29/65, BStBl. 1967 III S. 88). Das ist gegenwärtig in Artikel 10 Absatz 1 des DBA-Schweiz (→ H E 2.1) teilweise der Fall. Bei DBA, die das Anrechnungsverfahren vorsehen, ist der Progressionsvorbehalt ohne Bedeutung.

5 **Härteausgleich.** Der Härteausgleich nach § 19 Absatz 3 ErbStG ist fester Bestandteil der Tarifvorschrift. Er ist in allen Fällen anzuwenden, in denen eine Steuerberechnung tatsächlich oder fiktiv erfolgt, d. h. auch in Fällen der § 6 Absatz 2, § 10 Absatz 2, § 14, § 15 Absatz 3 sowie §§ 19 a und 23 ErbStG.

---

[1] Wegen Zweifeln der bayerischen Staatsregierung an Gesetzgebungskompetenz des Bundes für die Steuersätze und an deren aktueller Höhe: *Normenkontrollklage vom 15. 6. 2023 BVerfG 1 BvF 1/23.*

[2] *FG Baden-Württemberg, Urteil vom 18. 7. 2018 7 K 1351/18 (EFG S. 1721), rkr.,* bestätigt *von BFH vom 20. 2. 2019 II B 83/18 (BFH/NV 2019 S. 564):* **1.** Die Steuersatztabelle in § 19 Abs. 1 ErbStG enthält einen sog. Vollmengenstaffeltarif, der den gesamten steuerpflichtigen Erwerb in vollem Umfang mit dem seiner Wertstufe als Obergrenze entsprechenden Steuersatz erfasst; die Grundsätze des BFH-Urteils v. 19. 1. 2017 (VI R 75/14) zur Ermittlung der zumutbaren Belastung nach § 33 Abs. 3 EStG können nicht analog auf die Besteuerung des steuerpflichtigen Erwerbs bei der Erbschaft- und Schenkungsteuer angewendet werden. **2.** Der bei einem nur geringfügigen Überschreiten der jeweiligen Obergrenze des § 19 Abs. 1 ErbStG und der damit einhergehenden Erhöhung des Steuersatzes auf den gesamten steuerpflichtigen Erwerb eintretende Progressionseffekt wird durch den Härteausgleich des § 19 Abs. 3 ErbStG kompensiert; für eine Steuerberechnung dergestalt („additiver Teilmengentarif"), dass der steuerpflichtige Erwerb nach § 19 Abs. 1 ErbStG nach einem Teilmengentarif der jeweiligen Tabellenstufe errechnet wird und mehrere verwirklichte Teilmengen der Tabellenstufen addiert werden (z. B. bei Steuerklasse I, Steuersatz auf steuerpflichtigen Erwerb bis 75 000 EUR: 7 v. H.; Steuersatz auf den über 75 000 EUR hinausgehenden steuerpflichtigen Erwerb bis zu einem steuerpflichtigen Erwerb von 300 000 EUR: 11 v. H., usw.) gibt es keine gesetzliche Grundlage.

[3] Zur Anwendung von § 19 Abs. 2 vgl. § 37 Abs. 7 ErbStG.

Tabelle der maßgebenden Grenzwerte für die Anwendung des Härteausgleichs

HE 19

noch **5**

Wertgrenze gemäß § 19 Absatz 1 ErbStG	Härteausgleich gemäß § 19 Absatz 3 ErbStG bei Überschreiten der letztvorhergehenden Wertgrenze bis einschließlich … EUR in Steuerklasse		
EUR	I	II	III
75 000	–	–	–
300 000	82 600	87 400	–
600 000	334 200	359 900	–
6 000 000	677 400	749 900	–
13 000 000	6 888 800	6 749 900	10 799 900
26 000 000	15 260 800	14 857 100	–
über 26 000 000	29 899 900	28 437 400	–

ErbStG

§ 19a[1, 2] Tarifbegrenzung beim Erwerb von Betriebsvermögen, von Betrieben der Land- und Forstwirtschaft und von Anteilen an Kapitalgesellschaften

1 **(1) Sind in dem steuerpflichtigen Erwerb einer natürlichen Person der Steuerklasse II oder III Betriebsvermögen, land- und forstwirtschaftliches Vermögen oder Anteile an Kapitalgesellschaften im Sinne des Absatzes 2 enthalten, ist von der tariflichen Erbschaftsteuer ein Entlastungsbetrag nach Absatz 4 abzuziehen.**

2 **(2)[3] ① Der Entlastungsbetrag gilt für den nicht unter § 13 a Absatz 1 oder § 13 c fallenden Teil des Vermögens im Sinne des § 13 b Absatz 2. ② Ein Erwerber kann den Entlastungsbetrag nicht in Anspruch nehmen, soweit er Vermögen im Sinne des Satzes 1 auf Grund einer letztwilligen Verfügung des Erblassers oder einer rechtsgeschäftlichen Verfügung des Erblassers oder Schenkers auf einen Dritten übertragen muss. ③ Gleiches gilt, wenn ein Erbe im Rahmen der Teilung des Nachlasses Vermögen im Sinne des Satzes 1 auf einen Miterben überträgt.**

3 **(3)[3, 4] Der auf das Vermögen im Sinne des Absatzes 2 entfallende Anteil an der tariflichen Erbschaftsteuer bemisst sich nach dem Verhältnis des Werts dieses Vermögens nach Anwendung des § 13 a oder § 13 c und nach Abzug der mit diesem Vermögen in wirtschaftlichem Zusammenhang stehenden abzugsfähigen Schulden und Lasten (§ 10 Absatz 5, 6, 6 a und 6 b) zum Wert des gesamten Vermögensanfalls im Sinne des § 10 Absatz 1 Satz 1 und 2 nach Abzug der mit diesem Vermögen in wirtschaftlichem Zusammenhang stehenden abzugsfähigen Schulden und Lasten (§ 10 Absatz 5, 6, 6 a und 6 b).**

4 **(4) ① Zur Ermittlung des Entlastungsbetrags ist für den steuerpflichtigen Erwerb zunächst die Steuer nach der tatsächlichen Steuerklasse des Erwerbers zu berechnen und nach Maßgabe des Absatzes 3 aufzuteilen. ② Für den steuerpflichtigen Erwerb ist dann die Steuer nach Steuerklasse I zu berechnen und nach Maßgabe des Absatzes 3 aufzuteilen. ③ Der Entlastungsbetrag ergibt sich als Unterschiedsbetrag zwischen der auf Vermögen im Sinne des Absatzes 2 entfallenden Steuer nach den Sätzen 1 und 2.**

5 **(5)[3, 5] ① Der Entlastungsbetrag fällt mit Wirkung für die Vergangenheit weg, soweit der Erwerber innerhalb von fünf Jahren gegen die Behaltensregelungen des § 13 a verstößt. ② In den Fällen des § 13 a Absatz 10 und des § 28 a Absatz 1 tritt an die Stelle der Frist nach Satz 1 eine Frist von sieben Jahren. ③ Die Festsetzungsfrist für die Steuer endet nicht vor dem Ablauf des vierten Jahres, nachdem die Finanzbehörde von dem Verstoß gegen die Behaltensregelungen Kenntnis erlangt. ④ § 13 a Absatz 7 Satz 4 bis 6 gilt entsprechend.**

Übersicht

		Rz.
R E 19 a.1	Tarifbegünstigte Erwerber und tarifbegünstigtes Vermögen	6–8
R E 19 a.2	Berechnung des Entlastungsbetrags; H E 19 a.2	9–12
R E 19 a.3	Behaltensregelung; H E 19 a.3	13–15
Anlage:		
	Verfügung betr. Überwachung der Behaltenszeit gem. §§ 13 a Abs. 5 und 19 a Abs. 5 ErbStG	16

Zu § 19 a ErbStG

ErbStR R E 19a.1

R E 19 a.1[6] Tarifbegünstigte Erwerber und tarifbegünstigtes Vermögen

(1) ① Die Tarifbegrenzung kommt nur beim Erwerb durch eine natürliche Person der Steuerklasse II oder III in Betracht (§ 19 a Absatz 1 ErbStG). ② Erwerbe durch juristische Personen und
6 Vermögensmassen (vgl. auch § 97 Absatz 2 BewG) sind nicht begünstigt.

7 (2) ① Der Entlastungsbetrag wird nur für den Teil des zu einem Erwerb gehörenden begünstigten Vermögens im Sinne des § 13 b Absatz 2 ErbStG gewährt, für den kein Verschonungsabschlag nach §§ 13 a oder 13 c ErbStG gewährt wird (tarifbegünstigtes Vermögen). ② Das ist bei der Regelverschonung nach § 13 a Absatz 1 ErbStG der nach Abzug des Verschonungsabschlags von 85 Prozent verbleibende Betrag des begünstigen Vermögens im Sinne des § 13 b Absatz 1 und 2 ErbStG (→ R E 13 a.1 ff.). ③ Bei der Optionsverschonung nach § 13 a Absatz 10 ErbStG kommt die Tarifbegrenzung nicht zum Tragen. ④ Beim Abschmelzmodell nach § 13 c ErbStG wird der Entlastungsbetrag für den nach Abzug des geminderten Verschonungsabschlags verbleibenden Betrag des begünstigen Vermögens im Sinne des § 13 b Absatz 1 und 2 ErbStG (→ R E 13 a.1 ff.)

[1] Zum Brexit siehe *Tz. 1.4 e) gleich lautender Ländererlass vom 13. 12. 2021,* abgedruckt als Anlage zu R E 13.2 ErbStR.

[2] *BFH-Urteil vom 21. 2. 2020 II R 41/18 (BStBl. II S. 577):* **1.–3.** (abgedruckt zu R E 13 b.27 ErbStR). **4.** Die Tarifbegrenzung des § 19 a ErbStG i. d. F. des ErbStRG erfasst junges Verwaltungsvermögen nicht.

[3] § 19 a i. d. F. des Gesetzes vom 4. 11. 2016 anzuwenden auf Erwerbe, für die die Steuer nach dem 30. 6. 2016 entsteht (§ 37 Abs. 12 Satz 1 ErbStG).

[4] § 19 a Abs. 3 i. d. F. des JStG 2024 erstmals anzuwenden auf Erwerbe, für die die Steuer nach dem 31. 12. 2024 entsteht.

[5] § 19 a Abs. 5 Satz 2 i. d. F. des Gesetzes vom 11. 12. 2018 anzuwenden auf Erwerbe, für die die Steuer nach dem 14. 12. 2018 entsteht (§ 37 Abs. 16 Satz 1 ErbStG).

[6] Zu R E 19 a.1 bis 19 a.3 siehe *Rz. 27 gleich lautender Ländererlass vom 22. 12. 2023,* abgedruckt als Anlage zu R E 13 a.21 ErbStR.

gewährt. ⑤ Im Fall der Verschonungsbedarfsprüfung nach § 28 a ErbStG wird der Entlastungsbetrag für das gesamte begünstigte Vermögen gewährt. ⑥ In den Fällen, in denen die 90-Prozent-Grenze des § 13 b Absatz 2 Satz 2 ErbStG überschritten wird, kann der Entlastungsbetrag nicht gewährt werden. ⑦ Der Entlastungsbetrag kommt auch nicht für das nach Abzug des unschädlichen Verwaltungsvermögens verbleibende Nettoverwaltungsvermögen (§ 13 b Absatz 2 Satz 1 ErbStG) zur Anwendung. ⑧ Umfasst das auf einen Erwerber übertragene tarifbegünstigte Vermögen mehrere selbstständig zu bewertende wirtschaftliche Einheiten einer Vermögensart (z. B. mehrere Gewerbebetriebe) oder mehrere Arten begünstigten Vermögens (Betriebsvermögen, land- und forstwirtschaftliches Vermögen, Anteile an Kapitalgesellschaften), ist vor der Anwendung des § 19 a Absatz 3 ErbStG die Summe des tarifbegünstigten Vermögens zu bilden.

(3) ① Wenn ein Erwerber tarifbegünstigtes Vermögen auf Grund einer letztwilligen Verfügung des Erblassers oder einer rechtsgeschäftlichen Verfügung des Erblassers oder Schenkers auf einen Dritten übertragen muss, kommt insoweit für ihn der Entlastungsbetrag nicht in Betracht; R E 13 a.11 ist entsprechend anzuwenden. ② Der zur Weitergabe des begünstigten Vermögens verpflichtete Erwerber ist so zu besteuern, als sei das herauszugebende Vermögen auf ihn als nicht tarifbegünstigtes Vermögen übergegangen. ③ Muss der Erwerber nicht das gesamte auf ihn übergegangene tarifbegünstigte Vermögen, sondern nur einen Teil davon weiter übertragen, ist der Entlastungsbetrag zu gewähren, soweit das ihm verbleibende tarifbegünstigte Vermögen einen insgesamt positiven Wert hat. 8

R E 19 a.2[1] Berechnung des Entlastungsbetrags

ErbStR
R E
19 a.2

(1)[2] ① Der auf das tarifbegünstigte Vermögen entfallende Teil der tariflichen Steuer ergibt sich aus dem Verhältnis des Werts des tarifbegünstigten Vermögens nach Anwendung des §§ 13 a oder 13 c ErbStG und nach Abzug der mit diesem Vermögen in wirtschaftlichem Zusammenhang stehenden abzugsfähigen Schulden und Lasten (§ 10 Absatz 5 und 6 ErbStG) zum Wert des gesamten Vermögensanfalls nach Abzug der mit diesem Vermögen in wirtschaftlichem Zusammenhang stehenden abzugsfähigen Schulden und Lasten. ② Maßgebend ist der Vermögensanfall, soweit er der Besteuerung nach diesem Gesetz unterliegt (§ 10 Absatz 1 Satz 2 ErbStG). ③ Dazu ist der Steuerwert des gesamten übertragenen Vermögens um die Befreiungen nach §§ 13, 13 a, 13 c und 13 d ErbStG und die Nachlassverbindlichkeiten oder die bei Schenkungen abzugsfähigen Schulden und Lasten zu kürzen, die im wirtschaftlichen Zusammenhang mit einzelnen Vermögensgegenständen stehen. ④ Nachlassverbindlichkeiten oder die bei Schenkungen abzugsfähigen Schulden und Lasten einschließlich der abzugsfähigen Erwerbsnebenkosten (→ R E 7.4), die nicht mit einzelnen Vermögensgegenständen des erworbenen Vermögens im wirtschaftlichen Zusammenhang stehen, sowie die persönlichen Freibeträge sind nicht abzuziehen. 9

(2) ① In den Fällen des § 28 a ErbStG gilt Absatz 1 entsprechend. ② Ein Verschonungsabschlag nach §§ 13 a und 13 c ErbStG kommt dabei nicht zur Anwendung. 10

(3) ① Der Entlastungsbetrag ergibt sich als Unterschiedsbetrag zwischen der auf das tarifbegünstigte Vermögen entfallenden tariflichen Steuer nach den Steuersätzen der tatsächlichen Steuerklasse des Erwerbers und nach den Steuersätzen der Steuerklasse I. ② In beiden Fällen ist die Härteausgleichsregelung nach § 19 Absatz 3 ErbStG zu beachten. ③ Für die Höhe des persönlichen Freibetrags bleibt im Rahmen der Ermittlung des steuerpflichtigen Erwerbs die tatsächliche Steuerklasse des Erwerbers maßgebend. 11

H E 19 a.2

H E
19 a.2

Berechnung des Entlastungsbetrags.

Beispiel: 12

Unternehmer U hat seinen Großneffen G (Steuerklasse III) zum Alleinerben eingesetzt. Zum Nachlass gehört ein Gewerbebetrieb (Steuerwert 800 000 EUR) und ein Anteil von 30% an der A-GmbH (Steuerwert 400 000 EUR). Das begünstigte Vermögen des Gewerbebetriebs beträgt 800 000 EUR und des GmbH-Anteils 350 000 EUR. Ein Antrag nach § 13 a Absatz 10 ErbStG wurde nicht gestellt. Zum Nachlass gehört Kapitalvermögen mit einem Wert von 750 000 EUR. Der im Zusammenhang mit der Anschaffung der GmbH-Anteile aufgenommene Kredit valutiert noch in Höhe von 200 000 EUR.

Für G ergibt sich folgende Steuerberechnung:

Betriebsvermögen			800 000 EUR
GmbH-Anteil			400 000 EUR
Kapitalvermögen			750 000 EUR
			1 950 000 EUR
Steuerbefreiung			
Betriebsvermögen (begünstigt)	800 000 EUR		
GmbH-Anteil (begünstigt)	350 000 EUR		
begünstigtes Vermögen	1 150 000 EUR	1 150 000 EUR	
Verschonungsabschlag (85%)		./. 977 500 EUR	./. 977 500 EUR
Verbleiben		172 500 EUR	
Abzugsbetrag		./. 138 750 EUR	./. 138 750 EUR
		33 750 EUR	

[1] Zu R E 19 a.1 bis 19 a.3 siehe *Rz. 27 gleich lautender Ländererlass vom 22. 12. 2023,* abgedruckt als Anlage zu R E 13 a.21 ErbStR.

[2] Überholt durch Änderung des § 10 Abs. 6 ErbStG durch das JStG 2020, jetzt § 10 Abs. 6 a ErbStG durch JStG 2024, siehe *Tz. 3 gleich lautender Ländererlass vom 13. 9. 2021,* abgedruckt als Anlage b zu § 10 ErbStG.

Abzugsbetrag		150 000 EUR	
Verbleibender Wert (15%)	172 500 EUR		
Abzugsbetrag	./. 150 000 EUR		
Unterschiedsbetrag	22 500 EUR		
Davon 50%		./. 11 250 EUR	
Verbleibender Abzugsbetrag		138 750 EUR	
Gesamter Vermögensanfall			833 750 EUR
Schuld aus der GmbH-Beteiligung		200 000 EUR	
Auf begünstigtes Vermögen entfallen			
200 000 EUR × 350 000 EUR / 400 000 EUR	175 000 EUR		
Kürzung nach § 10 Absatz 6 ErbStG			
Abziehbare Schuld			
175 000 EUR × 33 750 EUR : 1 150 000 EUR =		./. 5 136 EUR	
Auf nicht begünstigtes Vermögen entfallen			
200 000 EUR × 50 000 EUR / 400 000 EUR		25 000 EUR	
		30 136 EUR	./. 30 136 EUR
Vermögensanfall nach Abzug der Schulden (§ 19 a Absatz 3 ErbStG)			803 614 EUR
Erbfallkostenpauschale			./. 10 300 EUR
Persönlicher Freibetrag			./. 20 000 EUR
Steuerpflichtiger Erwerb			773 314 EUR
Gerundet			773 300 EUR
Anteil des tarifbegünstigten Vermögens: (33 750 EUR – 5 136 EUR) : 803 614 EUR = 3,57%			
Steuer nach Stkl. III (30%)			231 990 EUR
Auf begünstigtes Vermögen entfällt 231 990 EUR × 3,57%		8 283 EUR	
Steuer nach Stkl. I (19%) = 146 927 EUR			
Auf begünstigtes Vermögen entfällt 146 927 EUR × 3,57%		./. 5 245 EUR	
Unterschiedsbetrag		3 038 EUR	./. 3 038 EUR
Festzusetzende Steuer			228 952 EUR

ErbStR R E 19a.3

R E 19a.3[1] Behaltensregelung

13 (1) ① Der Entlastungsbetrag fällt mit Wirkung für die Vergangenheit weg, soweit der Erwerber innerhalb von fünf Jahren beziehungsweise in Fällen eines Antrags auf Optionsverschonung oder eines Antrags auf Verschonungsbedarfsprüfung innerhalb von sieben Jahren nach dem Zeitpunkt der Steuerentstehung (Behaltenszeit) gegen eine der Behaltensregelungen des § 13 a Absatz 6 ErbStG verstößt (→ R E 13 a.12 ff.). ② Die Einhaltung der Lohnsummenregelung des § 13 a Absatz 3 ErbStG hat für die gewährte Tarifbegrenzung dagegen keine Bedeutung. ③ Liegt gleichzeitig ein Verstoß gegen die Behaltensregelungen und die Lohnsummenregelung vor, ist bei der Berechnung des Entlastungsbetrags nur der gekürzte Verschonungsabschlag aufgrund des Verstoßes gegen die Behaltensregelungen zu berücksichtigen. ④ Ein Verstoß gegen die Voraussetzungen des Vorwegabschlags nach § 13 a Absatz 9 ErbStG führt nicht zum Wegfall des Entlastungsbetrags. ⑤ Bei der Ermittlung des Entlastungsbetrags ist der erhöhte Wert des begünstigten Vermögens zu Grunde zu legen. ⑥ Der Steuerbescheid ist bei einem Verstoß gegen die Behaltensregelungen nach § 175 Absatz 1 Satz 1 Nummer 2 AO zu ändern (Nachversteuerung). ⑦ Der Steuerpflichtige ist im Steuerbescheid darauf hinzuweisen, dass Verstöße gegen die Behaltensregelungen nach § 153 Absatz 2 AO anzeigepflichtig sind. ⑧ Die Finanzämter haben die Einhaltung der Behaltensregelungen in geeigneter Form zu überwachen.

14 (2) ① In den Fällen des Absatzes 1 ist der Erwerber so zu besteuern, als sei der tarifbegünstigte Teil des Vermögens mit dem erbschaftsteuerrechtlichen Wert im Besteuerungszeitpunkt von Anfang an auf ihn als nicht tarifbegünstigtes Vermögen übergegangen. ② Dies gilt auch, wenn bei einer Veräußerung einer wesentlichen Betriebsgrundlage (→ R E 13 a.13 Absatz 2, R E 13 a.14 Absatz 2) der hierfür erlangte Verkaufserlös entnommen wird. ③ R E 13 a.15 gilt sinngemäß.

H E 19a.3

H E 19a.3

Verringerung des Entlastungsbetrags bei Verstoß gegen Behaltensregelungen.

15 **Beispiel:**

Unternehmer U hat seinen Großneffen G (Steuerklasse III) zum Alleinerben eingesetzt. Zum Nachlass gehört ein Gewerbebetrieb (Steuerwert 1 200 000 EUR) und ein Anteil von 30% an der A-GmbH (Steuerwert 400 000 EUR). Das begünstigte Vermögen des Gewerbebetriebs beträgt 1 200 000 EUR und des GmbH-Anteils 400 000 EUR. Ein Antrag nach § 13 a Absatz 10 ErbStG wurde nicht gestellt. Zum Nachlass gehört Kapitalvermögen mit einem Wert von 750 000 EUR.

Für G ergibt sich folgende Steuerberechnung:

Betriebsvermögen (begünstigt)	1 200 000 EUR	
GmbH-Anteil (begünstigt)	+ 400 000 EUR	
begünstigtes Vermögen	1 600 000 EUR	1 600 000 EUR
Verschonungsabschlag (85%)		./. 1 360 000 EUR
Verbleiben		240 000 EUR

[1] Zu R E 19 a.1 bis 19 a.3 siehe *Rz. 27 gleich lautender Ländererlass vom 22. 12. 2023,* abgedruckt als Anlage zu R E 13 a.21 ErbStR.

Abzugsbetrag			./. 105 000 EUR
Steuerpflichtiges Unternehmensvermögen			135 000 EUR
Abzugsbetrag		150 000 EUR	
Verbleibender Wert (15%)	240 000 EUR		
Abzugsbetrag	./. 150 000 EUR		
Unterschiedsbetrag	90 000 EUR		
davon 50%		./. 45 000 EUR	
Verbleibender Abzugsbetrag		105 000 EUR	
Kapitalvermögen			+ 750 000 EUR
Gesamter Vermögensanfall			885 000 EUR
Erbfallkostenpauschale			./. 10 300 EUR
Persönlicher Freibetrag			./. 20 000 EUR
Steuerpflichtiger Erwerb			854 700 EUR
Anteil des tarifbegünstigten Vermögens: 135 000 EUR : 885 000 EUR = 15,26%			
Steuer nach Stkl. III (30%)			256 410 EUR
Auf begünstigtes Vermögen entfällt 256 410 EUR × 15,26%		39 129 EUR	
Steuer nach Stkl. I (19%) = 162 393 EUR Auf begünstigtes Vermögen entfällt 162 393 EUR × 15,26%		./. 24 781 EUR	
Unterschiedsbetrag		14 348 EUR	./. 14 348 EUR
Festzusetzende Steuer			242 062 EUR
Im vierten Jahr verkauft G den GmbH-Anteil.			
Nachversteuerung			
Betriebsvermögen begünstigt		1 200 000 EUR	
Verschonungsabschlag (85%)		./. 1 020 000 EUR	
verbleiben		180 000 EUR	180 000 EUR
GmbH-Anteil (nicht begünstigt)		400 000 EUR	
Verschonungsabschlag (85%)		340 000 EUR	
zeitanteilig zu gewähren zu 3/5		./. 204 000 EUR	
verbleiben		196 000 EUR	+ 196 000 EUR
			376 000 EUR
Abzugsbetrag			./. 135 000 EUR
steuerpflichtiges Unternehmensvermögen			241 000 EUR
Abzugsbetrag		150 000 EUR	
Verbleibender Wert (15%)	180 000 EUR		
Abzugsbetrag	./. 150 000 EUR		
Unterschiedsbetrag	30 000 EUR		
davon 50%		./. 15 000 EUR	
Verbleibender Abzugsbetrag		135 000 EUR	
Kapitalvermögen			+ 750 000 EUR
Gesamter Vermögensanfall			991 000 EUR
Erbfallkostenpauschale			./. 10 300 EUR
Persönlicher Freibetrag			./. 20 000 EUR
Steuerpflichtiger Erwerb			960 700 EUR
Anteil des tarifbegünstigten Vermögens (der GmbH-Anteil ist insgesamt nicht mehr als tarifbegünstigtes Vermögen anzusehen) (180 000 EUR – 135 000 EUR) : 991 000 EUR = 4,55%			
Steuer nach Stkl. III (30%)			288 210 EUR
Auf begünstigtes Vermögen entfällt 288 210 EUR × 4,55%		13 114 EUR	
Steuer nach Stkl. I (19%) = 182 533 EUR Auf begünstigtes Vermögen entfällt 182 533 EUR × 4,55%		./. 8 305 EUR	
Unterschiedsbetrag		4 809 EUR	./. 4 809 EUR
Festzusetzende Steuer			283 401 EUR

Anl zu § 19a

Verfügung betr. Überwachung der Behaltenszeit gem. §§ *13 a Abs. 5*[1] und 19 a Abs. 5 ErbStG

Vom 22. Januar 2003

(OFD München S 3812 a – 4 St 353)

In Fällen, in denen die Vergünstigungen des § 13 a bzw. § 19 a ErbStG gewährt und die Veranlagungen unter dem Vorbehalt der Nachprüfung vorgenommen wurden, ist Folgendes zu beachten: 16

Bei der Aufhebung des Vorbehalts sind grundsätzlich die Behaltensregelungen der §§ *13 a Abs. 5*[1] und 19 a Abs. 5 ErbStG zu überprüfen. Da die Aufhebung des Vorbehalts einer Steuerfestsetzung ohne Vorbehalt der Nachprüfung gleichsteht (§ 164 Abs. 3 Satz 2 AO), ist in den Fällen, in denen die schädliche Verwendung bereits vor der Aufhebung des Vorbehalts der Nachprüfung erfolgt ist, eine spätere Korrektur des Bescheids nach § 175 Abs. 1 Satz 1 Nr. 2 AO ausgeschlossen, da die schädliche Verwendung bereits vor der letzten Steuerfestsetzung erfolgt ist und damit kein rückwirkendes Ereignis mehr darstellt. Es bleibt somit nur noch eine Korrektur nach § 173 Abs. 1 Nr. 1 AO, die aber an der Festsetzungsverjährung scheitern könnte.

---

[1] Jetzt § 13 a Abs. 6 ErbStG.

ErbStG

Abschnitt 4. Steuerfestsetzung und Erhebung

§ 20 Steuerschuldner

1 (1)[1] **① Steuerschuldner ist der Erwerber, bei einer Schenkung auch der Schenker,[2] bei einer Zweckzuwendung der mit der Ausführung der Zuwendung Beschwerte und in den Fällen des § 1 Abs. 1 Nr. 4 die Stiftung oder der Verein. ② In den Fällen des § 3 Abs. 2 Nr. 1 Satz 2 und § 7 Abs. 1 Nr. 8 Satz 2 ist die Vermögensmasse Erwerber und Steuerschuldner, in den Fällen des § 7 Abs. 1 Nr. 8 Satz 2 ist Steuerschuldner auch derjenige, der die Vermögensmasse gebildet oder ausgestattet hat.**

2 (2) **Im Fall des § 4 sind die Abkömmlinge im Verhältnis der auf sie entfallenden Anteile, der überlebende Ehegatte oder der überlebende Lebenspartner für den gesamten Steuerbetrag Steuerschuldner.**

3 (3)[3] **Der Nachlaß haftet bis zur Auseinandersetzung (§ 2042 des Bürgerlichen Gesetzbuchs) für die Steuer der am Erbfall Beteiligten.**

4 (4)[4] **Der Vorerbe hat die durch die Vorerbschaft veranlaßte Steuer aus den Mitteln der Vorerbschaft zu entrichten.**

5 (5) **Hat der Steuerschuldner den Erwerb oder Teile desselben vor Entrichtung der Erbschaftsteuer einem anderen unentgeltlich zugewendet, haftet der andere in Höhe des Werts der Zuwendung persönlich für die Steuer.**

---

[1] *BFH-Urteil vom 5. 4. 2017 II R 30/15 (BStBl. II S. 971):* Die Erbschaftsteuer auf Erwerbe des Insolvenzschuldners nach Insolvenzeröffnung ist Masseverbindlichkeit iSd § 55 Abs. 1 Nr. 1 Hs. 2 InsO und als solche gegen den Insolvenzverwalter festzusetzen.

BFH-Urteil vom 14. 9. 1994 II R 95/92 (BStBl. 1995 II S. 81): Fällt einer Gesamthandsgemeinschaft durch Erbanfall oder Schenkung Vermögen zu, sind unabhängig von der Frage, ob zivilrechtlich ggf. die Gesamthand Erbin oder Beschenkte ist, für die Erbschaft- und Schenkungsteuer die Gesamthänder als vermögensmäßig bereichert anzusehen. Erwerber und damit Steuerschuldner i. S. von § 20 ErbStG 1974 sind in einem solchen Fall nicht die Gesamthand, sondern die Gesamthänder (Aufgabe von BFHE 155, 395, BStBl. II 1989, 237).

BFH-Urteil vom 15. 7. 1998 II R 82/96 (BStBl. II S. 630): Bei einem schenkweisen Erwerb von einer Gesamthandsgemeinschaft ist – unabhängig von der Frage, ob zivilrechtlich ggf. die Gesamthand als Zuwendende anzusehen ist –, schenkungsteuerrechtlich der Bedachte auf Kosten der Gesamthänder bereichert. Zuwendende und damit – neben dem Bedachten – Steuerschuldner i. S. von § 20 ErbStG 1974 sind in diesen Fällen die durch die Zuwendung allein vermögensmäßig entreicherten Gesamthänder.

FG Münster, Urteil vom 18. 1. 2007 3 K 2592/05 Erb (EFG S. 1037): Durch den Erbanfall wird ein nichtrechtsfähiger Verein selbst im Sinne der ErbSt bereichert und nicht nur dessen Vereinsmitglieder. Auch wenn diesen das Vereinsvermögen zur gesamten Hand zusteht, ist der nichtrechtsfähige Verein in der Beurteilung für die ErbSt als näher am rechtsfähigen Verein stehend anzusehen als an der GbR, weil er seinen Mitgliedern kein Recht zur Verwertung des Vereinsvermögens einräumt.

BFH-Urteil vom 1. 7. 2008 II R 2/07 (BStBl. II S. 897): Hat der Schenker im Verhältnis zum Beschenkten die geschuldete Steuer selbst übernommen und war dies dem FA bei Erlass des Schenkungsteuerbescheids bekannt, erfordert die Inanspruchnahme des Bedachten eine Begründung der getroffenen Auswahlentscheidung, es sei denn, die Gründe sind dem Bedachten bekannt oder für ihn ohne weiteres erkennbar.

BFH-Urteil vom 29. 2. 2012 II R 19/10 (BStBl. II S. 489): Hat der Bedachte die Schenkungsteuer entrichtet, kann sie auch dann nicht mehr gegenüber dem Schenker festgesetzt werden, wenn die Steuer dem Bedachten aufgrund eines durch unrichtige Angaben erwirkten Änderungsbescheids (teilweise) erstattet und später diesem gegenüber wieder in der ursprünglichen Höhe festgesetzt wird.

BFH-Urteil vom 8.11.2023 II R 22/20 (DStR 2024 S. 551): **1.** Ein Schenkungsteuerbescheid ist nichtig, wenn ihm auch nach verständiger Auslegung nicht mit hinreichender Sicherheit die Höhe der festgesetzten Schenkungsteuer entnommen werden kann. **2.** Entrichtet der Schenker die ihm gegenüber festgesetzte Schenkungsteuer in vollem Umfang, so erlischt diese auch mit Wirkung gegenüber dem Bedachten als weiteren Gesamtschuldner und kann daher diesem gegenüber nicht mehr festgesetzt werden.

BFH-Urteil vom 4. 3. 2015 II R 51/13 (BStBl. II S. 672): Vereinbaren die Gesellschafter einer GmbH, dass sie beim Erreichen einer bestimmten Altersgrenze ihren Geschäftsanteil zum Nominalwert an einen Treuhänder verkaufen, der den Geschäftsanteil nach außen im eigenen Namen, im Innenverhältnis aber für die verbleibenden Gesellschafter erwirbt und hält und von diesen Gesellschaftern auch den Kaufpreis zur Verfügung gestellt bekommt, so ist jedenfalls nicht die GmbH Erwerberin i. S des § 20 Abs. 1 Satz 1 i. V. m. § 7 Abs. 7 Satz 1 ErbStG.

Zu unbekannten Erben siehe *BFH-Urteil vom 17. 6. 2020 II R 40/17* (abgedruckt zu § 32 ErbStG).

[2] *BVerfG-Beschluss vom 18. 12. 2012 1 BvR 1509/10 (ZEV 2013 S. 99):* Die Heranziehung des Schenkers nach § 20 Abs. 1 Satz 1 ErbStG zur Haftung für die Steuerpflicht des Beschenkten ist jedenfalls dann verfassungsrechtlich nicht zu beanstanden, wenn ein hinreichender Sachgrund für das Einstehenmüssen für eine fremde Steuerschuld vorliegt. Derartige Sachgründe können etwa in der Tatsache liegen, dass der Schenker im Verhältnis zum Beschenkten die Entrichtung der geschuldeten Steuer selbst vertraglich übernommen hat oder wenn Haftender und Steuerpflichtiger kollusiv zur Steuerumgehung zusammenwirken.

Bei Verstößen gegen die Voraussetzung der Steuerbefreiung für Unternehmensvermögen nach § 13 a ErbStG wird der Schenker nicht in Anspruch genommen; vgl. R E 13 a.1 Abs. 3 ErbStR.

[3] *BFH-Urteil vom 4. 6. 2019 VII R 16/18 (BStBl. 2020 II S. 456):* **1.** Die vom Erben als Gesamtrechtsnachfolger aufgrund Erbanfalls nach § 3 Abs. 1 Nr. 1 ErbStG i. V. m. § 1922 BGB geschuldete Erbschaftsteuer ist eine Nachlassverbindlichkeit (Fortführung des BFH-Urteils vom 20. 1. 2016 II R 34/14, BFHE 252, 389, BStBl. II 2016, 482). **2.** Eine Beschränkung der Erbenhaftung für Erbschaftsteuerverbindlichkeiten ist nach § 2059 Abs. 1 Satz 2 BGB ausgeschlossen. **3.** Bei der Inanspruchnahme des Nachlasses nach § 20 Abs. 3 ErbStG besteht ein (Entschließungs-)Ermessen, so dass grundsätzlich keine Verpflichtung zur vorrangigen Inanspruchnahme besteht. – *Vb.* nicht zur Entscheidung angenommen, *BVerfG-Beschluss vom 18. 4. 2021 1 BvR 2409/19 (StEd S. 327).*

[4] *BFH-Urteil vom 13. 4. 2016 II R 55/14 (BStBl. II S. 746):* Die Erbschaftsteuer für den Vorerbfall ist nach dem Tod des Vorerben regelmäßig gegen den Nacherben und nur ausnahmsweise gegen den Erben des Vorerben festzusetzen.

(6)[1] ① **Versicherungsunternehmen, die vor Entrichtung oder Sicherstellung der Steuer die von ihnen zu zahlende Versicherungssumme oder Leibrente in ein Gebiet außerhalb des Geltungsbereichs dieses Gesetzes zahlen oder außerhalb des Geltungsbereichs dieses Gesetzes wohnhaften Berechtigten zur Verfügung stellen, haften in Höhe des ausgezahlten Betrags für die Steuer.** ② **Das gleiche gilt für Personen, in deren Gewahrsam sich Vermögen des Erblassers befindet, soweit sie das Vermögen vorsätzlich oder fahrlässig vor Entrichtung oder Sicherstellung der Steuer in ein Gebiet außerhalb des Geltungsbereichs dieses Gesetzes bringen oder außerhalb des Geltungsbereichs dieses Gesetzes wohnhaften Berechtigten zur Verfügung stellen.**[2] 6

(7)[3] **Die Haftung nach Absatz 6 ist nicht geltend zu machen, wenn der in einem Steuerfall in ein Gebiet außerhalb des Geltungsbereichs dieses Gesetzes gezahlte oder außerhalb des Geltungsbereichs dieses Gesetzes wohnhaften Berechtigten zur Verfügung gestellte Betrag 5000 Euro nicht übersteigt.** 7

Zu § 20 ErbStG

R E 20. Steuerschuldner *(unbesetzt)* ErbStR R E 20

H E 20 H E 20

Festsetzung der Erbschaftsteuer für den Vorerbfall nach dem Tod des Vorerben. → H E 6.

Steuerschuldner bei Verstoß gegen die Behaltensregelungen oder die Lohnsummenregelung für begünstigtes Vermögen. → R E 13a.1 Absatz 3.

a) Abgabenordnung (AO)

Anl a zu § 20

§ 224 a Hingabe von Kunstgegenständen an Zahlungs statt

(1) ① Schuldet ein Steuerpflichtiger Erbschaft- oder Vermögensteuer, kann durch öffentlich-rechtlichen Vertrag zugelassen werden, dass an Zahlungs statt das Eigentum an Kunstgegenständen, Kunstsammlungen, wissenschaftlichen Sammlungen, Bibliotheken, Handschriften und Archiven dem Land, dem das Steueraufkommen zusteht, übertragen wird, wenn an deren Erwerb wegen ihrer Bedeutung für Kunst, Geschichte oder Wissenschaft ein öffentliches Interesse besteht. ② Die Übertragung des Eigentums nach Satz 1 gilt nicht als Veräußerung im Sinne des § 13 Absatz 1 Nummer 2 Satz 2 des Erbschaftsteuergesetzes. 8

(2) ① Der Vertrag nach Absatz 1 bedarf der Schriftform; die elektronische Form ist ausgeschlossen. ② Der Steuerpflichtige hat das Vertragsangebot an die örtlich zuständige Finanzbehörde zu richten. ③ Zuständig für den Vertragsabschluss ist die oberste Finanzbehörde des Landes, dem das Steueraufkommen zusteht. ④ Der Vertrag wird erst mit der Zustimmung der für kulturelle Angelegenheiten zuständigen obersten Landesbehörde wirksam; diese Zustimmung wird von der obersten Finanzbehörde eingeholt.

---

[1] *Vfg. OFD Magdeburg vom 19. 1. 1999 – S 3830 – 2 – St 333:* **1.** Versicherungsunternehmen haften nach § 20 Abs. 6 Satz 1 ErbStG nicht für Auszahlungen an den Versicherungsnehmer. **2.** Gewahrsam im Sinne des § 20 Abs. 6 Satz 2 ErbStG umfaßt auch Mitgewahrsam.

[2] *BFH-Beschluß vom 11. 12. 1991 II B 47/91 (BStBl. 1992 II S. 348):* Es ist nicht klärungsbedürftig und daher nicht von grundsätzlicher Bedeutung, daß der Erlös aus der Veräußerung des Erbteils nicht als „Vermögen des Erblassers" i. S. der Haftungsvorschrift des § 20 Abs. 6 Satz 2 ErbStG 1974 anzusehen ist.

BFH-Urteil vom 11. 8. 1993 II R 14/90 (BStBl. 1994 II S. 116): **1.** Der (möglicherweise) haftungsbegründende Gewahrsam am Vermögen des Erblassers i. S. d. § 20 Abs. 6 ErbStG endet mit der Übertragung des Vermögens auf den berechtigten Erben. **2.** Diese Folge tritt auch ein, wenn der Gewahrsam auf einen vom Erben Bevollmächtigten übertragen wird. **3.** Für das Entstehen der Haftung ist der Wohnsitz des berechtigten Erben und nicht der Wohnsitz des von ihm Bevollmächtigten maßgeblich.

BFH-Urteil vom 18. 7. 2007 II R 15/06 (BStBl. 1992 II S. 788): Gehen nach Eintritt des Erbfalls auf einem Bankkonto des Erblassers für diesen bestimmte Rentenzahlungen ein, die der Rückforderung nach § 118 Abs. 3 SGB VI unterliegen, und hat das FA der Bank mitgeteilt, sie könne das Kontoguthaben einem außerhalb des Geltungsbereichs des ErbStG wohnhaften Berechtigten bis auf einen bestimmten Betrag zur Verfügung stellen, muss sie die Rentenzahlungen zusätzlich zu diesem Betrag zurückbehalten, um eine Haftung für die Steuer nach § 20 Abs. 6 Satz 2 ErbStG zu vermeiden.

BFH-Urteil vom 12. 3. 2009 II R 51/07 (BStBl. II S. 783): **1.** Die Haftung eines inländischen Kreditinstituts für die Erbschaftsteuer eines nicht im Geltungsbereich des ErbStG wohnhaften Erben gemäß § 20 Abs. 6 Satz 2 ErbStG erstreckt sich bis zur Höhe des ausgezahlten Betrags auf die Erbschaftsteuer für den gesamten dem Erben angefallenen Erwerb von Todes wegen einschließlich eines Erwerbs aufgrund eines Vertrags zugunsten Dritter auf den Todesfall. **2.** Soweit die Haftung des Kreditinstituts gemäß § 20 Abs. 6 Satz 2 ErbStG auch dann eingreift, wenn der nicht im Geltungsbereich des ErbStG wohnhafte Berechtigte nicht Erbe ist, sondern Vermögen ausschließlich aufgrund eines Vertrags zugunsten Dritter auf den Todesfall erworben hat, ist das für die Haftung erforderliche Verschulden nur anzunehmen, wenn das Kreditinstitut dem Berechtigten das Vermögen nach Veröffentlichung des Urteils vom 12. März 2009 II R 51/07 zur Verfügung stellt. – *Anm. d. Red.:* Veröffentlicht am 15. 7. 2009.

Zur Haftung der Geldinstitute nach § 20 Abs. 6 Satz 2 ErbStG bei Erblasser-Schließfächern vgl. *Schreiben Bayern vom 20. 8. 1990 – 34 – S 3830 – 1/37 – 80 550;* zur Haftung der Geldinstitute bei der Beteiligung eines inländischen Testamentsvollstreckers *vgl. Vfg. OFD Hannover vom 7. 3. 2003, ZEV S. 161;* zur Haftung bei Beteiligung eines inländischen Nachlassverwalters bzw. Nachlasspflegers siehe *Schreiben FM Bayern vom 7. 1. 2021 – 34 – S 3830 – 1/4, vgl. DStR 2021 S. 422.*

[3] „Steuerfall" bei der Haftung nach § 20 Abs. 6 und 7 ErbStG ist bei mehreren Beteiligten nicht die Gesamtzahl der Erwerbe, sondern der Vermögensanfall beim einzelnen Erwerber; vgl. *koord. Erlaß Mecklenburg-Vorpommern vom 13. 10. 1992.*

(3) Kommt ein Vertrag zustande, erlischt die Steuerschuld in der im Vertrag vereinbarten Höhe am Tag der Übertragung des Eigentums an das Land, dem das Steueraufkommen zusteht.

(4) ① Solange nicht feststeht, ob ein Vertrag zustande kommt, kann der Steueranspruch nach § 222 gestundet werden. ② Kommt ein Vertrag zustande, ist für die Dauer der Stundung auf die Erhebung von Stundungszinsen zu verzichten.

Anl b zu § 20

b) Verfügung betr. Haftung der Banken nach § 20 Absatz 6 ErbStG

Vom 7. Januar 2015

(BayLfSt S 3830.2.1 – 1/11 St 34)

Schreiben des Bundesministeriums der Finanzen vom 18. 12. 2014, Az.: IV D 4 – S 3830/08/10001 an die deutsche Kreditwirtschaft c/o Deutscher Sparkassen und Giroverband e. V.:

9 „Nach § 20 Absatz 6 Satz 2 ErbStG haften Banken in Höhe des ausgezahlten Betrags für die Erbschaftsteuer, soweit sie das Vermögen vorsätzlich oder fahrlässig vor Entrichtung oder Sicherstellung der Steuer in ein Gebiet außerhalb des Geltungsbereichs des Erbschaftsteuergesetzes bringen oder außerhalb des Geltungsbereichs des Erbschaftsteuergesetzes wohnhaften Berechtigten zur Verfügung stellen. Um diese Haftung zu vermeiden, beantragen die Banken bei Erbfällen mit Auslandsberührung eine sog. Unbedenklichkeitsbescheinigung. Das Finanzamt wird eine vollumfängliche Unbedenklichkeitsbescheinigung erst nach Zahlung der Erbschaftsteuer durch die Erwerber erteilen.

Von verschiedener Seite aus dem Kreis der deutschen Kreditwirtschaft ist die Frage an die Finanzverwaltung herangetragen worden, ob bestimmte zweckgebundene Verfügungen bezüglich des Guthabens des Erblassers zugunsten der Erben bereits zugelassen werden können, auch wenn das zuständige Finanzamt eine Unbedenklichkeitsbescheinigung noch nicht erteilen kann. Es handelt sich dabei um Kosten, die im Zusammenhang mit dem Versterben des Erblassers angefallen sind. Hierzu zählen insbesondere

- Arztkosten und Krankenhauskosten,
- Beerdigungskosten im Sinne des § 1968 BGB einschließlich Kosten für Todesanzeigen und die Trauerfeier,
- Wohnungsmiete und Nebenkosten sowie Kosten für Energie, Wasser, Abwasser u. ä.,
- Kosten für die Grabanlage und Dauergrabpflege,
- Ausbezahlung von Pflichtteilen.

Die obersten Finanzbehörden der Länder sehen keine Möglichkeit für eine pauschale Freigabe entsprechender Teile eines Kontoguthabens, ohne den Steueranspruch insgesamt zu gefährden. Bei einer Mehrheit von Erben, von denen lediglich ein Teil zu den ausländischen Berechtigten im Sinne des § 20 Absatz 6 ErbStG zählt, tritt eine Haftung ohnehin nicht ein, soweit die Bank das Guthaben den inländischen Miterben anteilig entsprechend ihren Erbquoten zur Verfügung stellt.

Im Einvernehmen mit den obersten Finanzbehörden der Länder bitte ich die Ihren Verbänden angeschlossenen Banken und Geldinstitute hiervon zu unterrichten."

ErbStG

§ 21[1] Anrechnung ausländischer Erbschaftsteuer

(1)[2] ① Bei Erwerbern, die in einem ausländischen Staat mit ihrem Auslandsvermögen zu einer der deutschen Erbschaftsteuer entsprechenden Steuer – ausländische Steuer – herangezogen werden, ist in den Fällen des § 2 Absatz 1 Nummer 1, sofern nicht die Vorschriften eines Abkommens zur Vermeidung der Doppelbesteuerung anzuwenden sind, auf Antrag die festgesetzte, auf den Erwerber entfallende, gezahlte und keinem Ermäßigungsanspruch unterliegende ausländische Steuer insoweit auf die deutsche Erbschaftsteuer anzurechnen, als das Auslandsvermögen auch der deutschen Erbschaftsteuer unterliegt. ② Besteht der Erwerb nur zum Teil aus Auslandsvermögen, ist der darauf entfallende Teilbetrag der deutschen Erbschaftsteuer in der Weise zu ermitteln, daß die für das steuerpflichtige Gesamtvermögen einschließlich des steuerpflichtigen Auslandsvermögens sich ergebende Erbschaftsteuer im Verhältnis des steuerpflichtigen Auslandsvermögens zum steuerpflichtigen Gesamtvermögen aufgeteilt wird. ③ Ist das Auslandsvermögen in verschiedenen ausländischen Staaten belegen, ist dieser Teil für jeden einzelnen ausländischen Staat gesondert zu berechnen.[3] ④ Die ausländische Steuer ist nur anrechenbar, wenn die deutsche Erbschaftsteuer für das Auslandsvermögen innerhalb von fünf Jahren seit dem Zeitpunkt der Entstehung der ausländischen Erbschaftsteuer entstanden ist. 1

(2) Als Auslandsvermögen im Sinne des Absatzes 1 gelten,

1. wenn der Erblasser zur Zeit seines Todes Inländer war: alle Vermögensgegenstände der in § 121 des Bewertungsgesetzes genannten Art, die auf einen ausländischen Staat entfallen, sowie alle Nutzungsrechte an diesen Vermögensgegenständen; 2

2. wenn der Erblasser zur Zeit seines Todes kein Inländer war: alle Vermögensgegenstände mit Ausnahme des Inlandsvermögens im Sinne des § 121 des Bewertungsgesetzes sowie alle Nutzungsrechte an diesen Vermögensgegenständen. 3

(3) ① Der Erwerber hat den Nachweis über die Höhe des Auslandsvermögens und über die Festsetzung und Zahlung der ausländischen Steuer durch Vorlage entsprechender Urkunden zu führen. ② Sind diese Urkunden in einer fremden Sprache abgefaßt, kann eine beglaubigte Übersetzung in die deutsche Sprache verlangt werden. 4

(4)[2] Ist nach einem Abkommen zur Vermeidung der Doppelbesteuerung die in einem ausländischen Staat erhobene Steuer auf die Erbschaftsteuer anzurechnen, sind die Absätze 1 bis 3 entsprechend anzuwenden. 5

Übersicht

		Rz.
R E 21.	Anrechnung ausländischer Erbschaftsteuer; H E 21	6–20
Anlage:		
	Erlass betr. Anrechnung ausländischer Steuer auf die deutsche Steuer	21

Zu § 21 ErbStG

ErbStR
R E 21

R E 21.[4] Anrechnung ausländischer Erbschaftsteuer

(1) ① Bei einer ausländischen Erbschaftsteuer, die als Nachlasssteuer erhoben wird, ist als die auf den Erwerber entfallende ausländische Steuer im Sinne des § 21 Absatz 1 ErbStG diejenige Steuer anzusehen, die anteilig auf die von ihm als Nachlassbegünstigten (Erbbegünstigten) erworbene Rechtsposition entfällt. ② Dabei reicht es aus, dass diese Nachlasssteuer den Nachlass als solchen und damit alle Nachlassteile gleichmäßig belastet. ③ Eine unmittelbare wirtschaftliche Belastung des Erwerbers ist für eine Anrechnung nicht erforderlich. ④ Diese Grundsätze gelten auch, wenn ein Pflichtteil von dem um die ausländische Nachlasssteuer verminderten Nachlasswert berechnet worden ist oder ein Vermächtnis nach dem Testament des Erblassers nicht um die anteilige ausländische Nachlasssteuer gekürzt werden darf. ⑤ Die anteilige ausländische Nachlasssteuer ist dann allerdings nach § 10 Absatz 2 ErbStG dem Erwerb des Pflichtteilsberechtigten oder des Vermächtnisnehmers hinzuzurechnen. 6

---

[1] *EuGH-Urteil vom 12. 2. 2009 C-67/08 Margarete Block (DStR S. 373):* Die Art. 56 EG und 58 EG sind dahin auszulegen, dass sie einer Regelung eines Mitgliedstaats wie der im Ausgangsverfahren fraglichen **nicht entgegenstehen,** nach der bei der Berechnung der Erbschaftsteuer, die von einem Erben mit Wohnsitz in diesem Mitgliedstaat auf Kapitalforderungen gegen ein in einem anderen Mitgliedstaat ansässiges Finanzinstitut geschuldet wird, die in dem anderen Mitgliedstaat entrichtete Erbschaftsteuer auf die im erstgenannten Mitgliedstaat geschuldete Erbschaftsteuer nicht angerechnet wird, wenn der Erblasser zum Zeitpunkt seines Ablebens seinen Wohnsitz im erstgenannten Mitgliedstaat hatte.

[2] *BFH-Urteil vom 15. 6. 2016 II R 51/14 (BStBl. 2018 II S. 194):* **1.** Die vom Erwerber in den USA auf eine Versicherungsleistung gezahlte Quellensteuer („Federal Income Tax Withheld") ist weder nach § 21 ErbStG noch nach den Vorschriften des DBA USA-Erb auf die deutsche Erbschaftsteuer anzurechnen. **2., 3.** (abgedruckt zu § 10 Abs. 5 Nr. 1 ErbStG).

[3] Vgl. *Erlass FM Ba-Wü vom 22. 12. 2011* (nachfolgend abgedruckt als Anlage zu § 21 ErbStG).

[4] Vgl. auch H E 2.1 ErbStH „Doppelbesteuerungsabkommen".

7 (2) ① In Fällen, in denen zunächst die deutsche Erbschaft- oder Schenkungsteuer und sodann erst die vergleichbare ausländische Steuer entsteht, ist § 21 ErbStG ebenfalls anzuwenden. ② Voraussetzung ist, dass zwischen der Entstehung der deutschen Steuer und der ausländischen Steuer ein Zeitraum von nicht mehr als fünf Jahren liegt.

8 (3) Die auf die deutsche Steuer anzurechnende gezahlte ausländische Steuer ist – ebenso wie der Wert des steuerpflichtigen Erwerbs – nach dem auf den Zeitpunkt der Entstehung der deutschen Steuer ermittelten Devisenkurs (maßgeblich ist – sofern ermittelt – jeweils der Briefkurs) umzurechnen.

9 (4) Die nach Eintritt der Bestandskraft eines deutschen Schenkungsteuerbescheids erfolgte Zahlung einer nach § 21 Absatz 1 ErbStG anrechenbaren ausländischen Steuer stellt ein rückwirkendes Ereignis im Sinne des § 175 Absatz 1 Satz 1 Nummer 2 AO dar.

HE 21

H E 21

10 **Anrechnung ausländischer Erbschaftsteuer.**

Beispiel 1:

Der Erblasser E wird von seinem Sohn S allein beerbt. E hinterlässt Kapitalvermögen im Wert von 500 000 EUR, ein von ihm selbst genutztes Familienheim (die Wohnfläche beträgt unter 200 m²) mit einem Grundbesitzwert von 300 000 EUR, in das S unverzüglich einzieht, und ein Geschäftsgrundstück in Spanien mit einem gemeinen Wert von 150 000 EUR. Auf dem Grundstück in Spanien lasten Grundschulden mit einer Valuta von 50 000 EUR. S wird in Spanien zu einer Erbschaftsteuer von 20 000 EUR herangezogen.

Inländisches Familienheim	300 000 EUR	
Befreiung nach § 13 Absatz 1 Nummer 4 c ErbStG	./. 300 000 EUR	
	0 EUR	0 EUR
Grundstück in Spanien		+ 150 000 EUR
Kapitalvermögen		+ 500 000 EUR
Gesamter Vermögensanfall		650 000 EUR
Nachlassverbindlichkeit (Grundschuld in Spanien)		./. 50 000 EUR
Steuerpflichtiges Gesamtvermögen		600 000 EUR
Erbfallkostenpauschale		./. 10 300 EUR
Persönlicher Freibetrag		./. 400 000 EUR
Steuerpflichtiger Erwerb		189 700 EUR
Steuersatz 11%		
Steuer		20 867 EUR
Ausländische Steuer	20 000 EUR	
Abzugsfähiger Anteil nach § 21 Absatz 1 Satz 2 ErbStG		

$$\frac{\text{Steuer vor Anrechnung ausländischer Steuer} \times \text{steuerpflichtiges Auslandsvermögen}}{\text{steuerpflichtiges Gesamtvermögen}}$$

Grundstück in Spanien	150 000 EUR	
direkt zuzuordnende Grundschulden	./. 50 000 EUR	
Steuerpflichtiges Auslandsvermögen	100 000 EUR	
20 867 EUR × 100 000 EUR : 600 000 EUR =	3 478 EUR	./. 3 478 EUR
Festzusetzende Erbschaftsteuer		17 389 EUR

Beispiel 2:

Der Erblasser E wird von seinem Sohn S allein beerbt. E hinterlässt Kapitalvermögen im Wert von 500 000 EUR und ein Geschäftsgrundstück in Spanien mit einem gemeinen Wert von 300 000 EUR. Die Tochter T macht einen Pflichtteil von 200 000 EUR geltend. S wird in Spanien zu einer Erbschaftsteuer von 60 000 EUR herangezogen.

Grundstück in Spanien		300 000 EUR
Kapitalvermögen		+ 500 000 EUR
Steuerpflichtiges Gesamtvermögen		800 000 EUR
Pflichtteil		./. 200 000 EUR
Erbfallkostenpauschale		./. 10 300 EUR
Persönlicher Freibetrag		./. 400 000 EUR
Steuerpflichtiger Erwerb		189 700 EUR
Steuersatz 11%		
Steuer		20 867 EUR
Ausländische Steuer	60 000 EUR	
Abzugsfähiger Anteil nach § 21 Absatz 1 Satz 2 ErbStG		

$$\frac{\text{Steuer vor Anrechnung ausländischer Steuer} \times \text{steuerpflichtiges Auslandsvermögen}}{\text{steuerpflichtiges Gesamtvermögen}}$$

Auf eine Zurechnung der anteiligen Pflichtteilslast auf das Auslandsvermögen und das weitere Vermögen kann verzichtet werden, da sich rechnerisch daraus keine Auswirkung auf den abzugsfähigen Teil der ausländischen Steuer ergibt.

20 867 EUR × 300 000 EUR : 800 000 EUR =	7 826 EUR	./. 7 826 EUR
Festzusetzende Erbschaftsteuer		13 041 EUR

HE 21

Beispiel 3:

Der Erblasser E hat seinen Wohnsitz in Spanien und setzt seinem in Deutschland wohnenden Sohn S ein Vermächtnis aus. Dieses beinhaltet das Familienheim (die Wohnfläche beträgt unter 200 m^2) in Spanien, in das S unverzüglich einzieht und ein weiteres selbst genutztes Einfamilienhaus im Inland. Das Grundstück in Spanien hat einen gemeinen Wert von 300 000 EUR und das Grundstück im Inland einen Grundbesitzwert von 600 000 EUR. S hat Kosten zur Erlangung des Erwerbs von 10 300 EUR. S wird in Spanien zu einer Erbschaftsteuer von 60 000 EUR herangezogen.

Inländisches Grundstück		600 000 EUR
Familienheim in Spanien	300 000 EUR	
Befreiung nach § 13 Absatz 1 Nummer 4 c ErbStG	./. 300 000 EUR	
Steuerpflichtiges Auslandsvermögen	0 EUR	+ 0 EUR
Steuerpflichtiges Gesamtvermögen		600 000 EUR
Kosten zur Erlangung des Erwerbs		./. 10 300 EUR
Persönlicher Freibetrag		./. 400 000 EUR
Steuerpflichtiger Erwerb		189 700 EUR
Steuersatz 11%		
Steuer		20 867 EUR
Ausländische Steuer	60 000 EUR	
Abzugsfähiger Anteil nach § 21 Absatz 1 Satz 2 ErbStG		

$$\frac{\text{Steuer vor Anrechnung ausländischer Steuer} \times \text{steuerpflichtiges Auslandsvermögen}}{\text{steuerpflichtiges Gesamtvermögen}}$$

20 867 EUR × 0 EUR : 600 000 EUR =	0 EUR	./. 0 EUR
Festzusetzende Erbschaftsteuer		20 867 EUR

Anrechnung ausländischer Erbschaftsteuer bei der Zusammenrechnung nach § 14 ErbStG. → BFH vom 7. 9. 2011 II R 58/09, BStBl. 2012 II S. 40.[1] 11

Beispiel 1:

E hat seiner Lebensgefährtin L 500 000 EUR im Jahr 2010 geschenkt. Im Jahr 2018 stirbt E. Erben sind seine Kinder. In seinem Testament hat E der L ein Geschäftsgrundstück in Spanien vermacht; der gemeine Wert beträgt 150 000 EUR. L wird in Spanien zu einer Erbschaftsteuer von 23 000 EUR herangezogen, die sie umgehend bezahlt. L beantragt die Anrechnung der ausländischen Steuer.

Erwerb 2010		
Barvermögen	500 000 EUR	
Persönlicher Freibetrag 2010	./. 20 000 EUR	
Steuerpflichtiger Erwerb	480 000 EUR	
Steuersatz 30%		
Steuer 2010	144 000 EUR	
Erwerb 2018		
Grundstück Spanien		150 000 EUR
Barvermögen 2010		+ 500 000 EUR
Gesamterwerb		650 000 EUR
Persönlicher Freibetrag 2018		./. 20 000 EUR
Steuerpflichtiger Gesamterwerb		630 000 EUR
Steuersatz 30%		
Steuer auf Gesamterwerb		189 000 EUR
Fiktive Abzugssteuer 2018 auf Vorerwerb 2010		
Barvermögen 2010	500 000 EUR	
Persönlicher Freibetrag 2018 (20 000 EUR), höchstens beim Erwerb 2010 verbrauchter Freibetrag	./. 20 000 EUR	
Steuerpflichtiger Erwerb	480 000 EUR	
Steuersatz 30%		
Fiktive Abzugssteuer 2018	144 000 EUR	
Die fiktive Steuer entspricht der tatsächlichen Steuer		./. 144 000 EUR
Steuer für den Erwerb 2018		45 000 EUR
Abzugsfähige ausländische Steuer		./. 23 000 EUR
Da der Erwerb ausschließlich in Auslandsvermögen besteht, entfällt eine Aufteilung nach § 21 Absatz 1 Satz 2 ErbStG.		
Steuer für den Erwerb 2018		22 000 EUR
Mindeststeuer nach § 14 Absatz 1 Satz 4 ErbStG		
Erwerb 2018	150 000 EUR	
Persönlicher Freibetrag	./. 20 000 EUR	
Steuerpflichtiger Erwerb	130 000 EUR	
Steuersatz 30%		
Steuer	39 000 EUR	
Abzugsfähige ausländische Steuer	./. 23 000 EUR	
Mindeststeuer	16 000 EUR	
Festzusetzende Steuer 2018		22 000 EUR

[1] *BFH-Urteil vom 7. 9. 2011 II R 58/09 (BStBl. 2012 II S. 40):* Bei der Festsetzung der inländischen Schenkungsteuer für einen Erwerb, der auch in den Niederlanden der Schenkungsteuer unterliegt, führt die Berücksichtigung von ebenfalls in den Niederlanden besteuerten Vorerwerben nach § 14 ErbStG nicht zu einer Anrechnung der für die gesamten Vorerwerbe gezahlten niederländischen Steuer. Die in den Niederlanden gezahlte Schenkungsteuer ist nur insoweit nach § 21 ErbStG anzurechnen, als sie auf die besteuerte Zuwendung (Letzterwerb) entfällt. – Vb. nicht zur Entscheidung angenommen, vgl. *BVerfG-Beschluss vom 16. 8. 2012 1 BvR 2777/11 (StEd S. 579).*

H E 21

Beispiel 2:

Die in den Niederlanden lebende A hat ihrem Neffen B mit Wohnsitz in Deutschland im Jahr 2012 100 000 EUR geschenkt. B zahlte dafür in den Niederlanden eine Schenkungsteuer von 20 000 EUR. Im Jahr 2018 schenkt A dem B weitere 200 000 EUR. B zahlte in den Niederlanden eine Schenkungsteuer von 35 000 EUR.

Erwerb 2012		
Barvermögen	100 000 EUR	
Persönlicher Freibetrag 2012	./. 20 000 EUR	
Steuerpflichtiger Erwerb	80 000 EUR	
Steuersatz 20%		
Steuer (Härteausgleich) 2012		13 750 EUR
Ausländische Steuer	20 000 EUR	
Abzugsfähige ausländische Steuer		./. 13 750 EUR
Da der Erwerb ausschließlich in Auslandsvermögen besteht, entfällt eine Aufteilung nach § 21 Absatz 1 Satz 2 ErbStG.		
Steuer für den Erwerb 2012		0 EUR
Die in den Niederlanden gezahlte Mehrsteuer von 6 250 EUR wird nicht erstattet.		
Erwerb 2018		
Barvermögen		200 000 EUR
Barvermögen 2012		+ 100 000 EUR
Gesamterwerb		300 000 EUR
Persönlicher Freibetrag 2018		./. 20 000 EUR
Steuerpflichtiger Gesamterwerb		280 000 EUR
Steuersatz 20%		
Steuer auf Gesamterwerb		56 000 EUR
Fiktive Abzugssteuer 2018 auf Vorerwerb 2012		
Barvermögen 2012	100 000 EUR	
Persönlicher Freibetrag 2018 (20 000 EUR), höchstens beim Erwerb 2012 verbrauchter Freibetrag	./. 20 000 EUR	
Steuerpflichtiger Erwerb	80 000 EUR	
Steuersatz 20%		
Fiktive Abzugssteuer (Härteausgleich) 2018 (ohne Anrechung nach § 21 ErbStG)	13 750 EUR	
Tatsächliche Steuer 2012 (ohne Anrechung nach § 21 ErbStG)	13 750 EUR	
Die fiktive Steuer entspricht der tatsächlichen Steuer		./. 13 750 EUR
Steuer für den Erwerb 2018		42 250 EU8
Abzugsfähige ausländische Steuer		./. 35 000 EUR
Da der Erwerb ausschließlich in Auslandsvermögen besteht, entfällt eine Aufteilung nach § 21 Absatz 1 Satz 2 ErbStG. Es ist jedoch nur die für die Schenkung 2018 erhobene niederländische Steuer anzurechnen.		
Steuer für den Erwerb 2018		7 250 EUR
Mindeststeuer nach § 14 Absatz 1 Satz 4 ErbStG		
Erwerb 2018	200 000 EUR	
Persönlicher Freibetrag	./. 20 000 EUR	
Steuerpflichtiger Erwerb	180 000 EUR	
Steuersatz 20%		
Steuer	36 000 EUR	
Abzugsfähige ausländische Steuer	./. 35 000 EUR	
Mindeststeuer	1 000 EUR	
Festzusetzende Steuer 2018		7 250 EUR

12 **Anrechnung ausländischer Nachlasssteuer bei Pflichtteilen oder Vermächtnissen.** Wird die ausländische Steuer als Nachlasssteuer erhoben, ist als die auf den Erwerber entfallende ausländische Steuer diejenige anzusehen, die anteilig auf die von ihm als Nachlassbegünstigten (Erbbegünstigten) erworbene Rechtsposition entfällt (→ BFH vom 6. 3. 1990 II R 32/86, BStBl. II S. 786).

13 **Ausländische Erbschaftsteuer auf Kapitalvermögen eines inländischen Erblassers.** Die Erbschaftsteuer, die ein ausländischer Staat auf den Erwerb von Kapitalvermögen erhebt, das ein inländischer Erblasser in dem Staat angelegt hatte, ist bei Fehlen eines DBA weder auf die deutsche Erbschaftsteuer anzurechnen noch als Nachlassverbindlichkeit zu berücksichtigen (→ BFH vom 19. 6. 2013 II R 10/12, BStBl. II S. 746).

14 **Capital gains tax.**[1] Die kanadische „capital gains tax" ist nicht auf die deutsche Erbschaftsteuer anrechenbar, sondern nur als Nachlassverbindlichkeit abzugsfähig (→ BFH vom 26. 4. 1995 II R 13/92, BStBl. II S. 540). Dies gilt auch für entsprechende Steuern in anderen Staaten.

15 **Italienische Erbschaftsteuer.** Die Hypothekarsteuer (imposta ipotecaria) für eine Änderung der Eintragung einer Hypothek im Immobilienregister, die Katastersteuer (imposta catastale) für die Änderung des Katastereintrages sowie die Hypothekargebühr (tassa ipotecaria) und Stempelsteuer (imposta di bollo) sind keine der Erbschaft- und Schenkungsteuer entsprechende Steuern.

[1] Vgl. auch *Urteil FG Rheinland-Pfalz vom 16. 9. 1999 4 K 2557/98,* abgedruckt zu H E 10.11 ErbStH.

Liechtensteinische Widmungssteuer. Die liechtensteinische Widmungssteuer ist keine der Erbschaft- und Schenkungsteuer vergleichbare Steuer. Sie ist vielmehr eine Art Vermögensteuer, die der Übertragende zu entrichten hat. **16**

Maßgebender Umrechnungskurs. Die anzurechnende ausländische Erbschaftsteuer ist nach dem amtlichen Briefkurs für den Tag der Entstehung der deutschen Erbschaftsteuer in Euro umzurechnen (→ BFH vom 19. 3. 1991 II R 134/88, BStBl. II S. 521). **17**

Österreichische Kapitalertragsteuer. Die österreichische Kapitalertragsteuer mit Abgeltungscharakter für die Erbschaftsteuer ist im Hinblick auf ihre Erhebungsform eine Steuer auf das Einkommen und keine Erbschaftsteuer. **18**

US-amerikanische Nachlasssteuer. → BFH vom 6. 3. 1990 II R 32/86, BStBl. II S. 786. **19**

Zahlung ausländischer Schenkungsteuer als rückwirkendes Ereignis. → BFH vom 22. 9. 2010 II R 54/09, BStBl. 2011 II S. 247. **20**

Anl zu § 21

Erlass betr. Anrechnung ausländischer Steuer auf die deutsche Steuer (§ 21 ErbStG)

Vom 22. Dezember 2011 (DStR 2012 S. 136)

(FM Baden-Württemberg 3 – S 383.1/5; koord. Ländererlass)

21 Nach § 21 Abs. 1 Satz 4 ErbStG ist eine ausländische Erbschaft- oder Schenkungsteuer für einen Erwerb, der sowohl in Deutschland als auch in einem ausländischen Staat zu einer entsprechenden Steuer herangezogen wird, nur anrechenbar, wenn die deutsche Steuer für das Auslandsvermögen innerhalb von fünf Jahren seit dem Zeitpunkt der Entstehung der ausländischen Erbschaft- oder Schenkungsteuer entstanden ist.

Im Einklang mit der rechtskräftigen Entscheidung des Finanzgerichts Köln vom 29. Juni 2011, Az. 9 K 2690/09,[1] bitte ich, die Bestimmung des § 21 Abs. 1 Satz 4 ErbStG zukünftig in allen offenen Fällen über ihren Wortlaut hinaus auch auf Fälle zu erstrecken, in denen zunächst die deutsche Erbschaft- oder Schenkungsteuer und sodann erst die vergleichbare ausländische Steuer entsteht.

Aus dem Sinn und Zweck der Vorschrift ergibt sich, dass eine Doppelbelastung ausgeschlossen werden soll, wenn auf ein identisches Besteuerungsobjekt zugegriffen wird.

Davon kann nach der Gesetzesbegründung zu § 21 ErbStG ausgegangen werden, wenn zwischen der Entstehung der ausländischen Steuer und der deutschen Steuer ein Zeitraum von nicht mehr als fünf Jahren liegt, unabhängig davon, welche Steuer zuerst entstanden ist.

Der Erlass ergeht im Einvernehmen mit den obersten Finanzbehörden des Bundes und der anderen Länder und ist auf alle noch offenen Fälle anzuwenden.

---

[1] *FG Köln, Urteil vom 29. 6. 2011 9 K 2690/09 (EFG 2012 S. 152), rkr.:* **1.** § 21 Abs. 1 Satz 4 ErbStG ist aufgrund einer teleologischen Extension der Vorschrift über den Wortlaut hinaus auch auf die Fälle zu erstrecken, in denen zunächst die deutsche Erbschaftsteuer und erst danach die vergleichbare ausländische Steuer entstanden ist. **2.** Auch der Gleichheitssatz des Art. 3 Abs. 1 GG gebietet die Gleichbehandlung derjenigen Fälle, in denen die deutsche Steuer vor der ausländischen Steuer entsteht mit denjenigen Fällen, in denen die deutsche Steuer erst nach der ausländischen Steuer entstanden ist. **3.** Die im Ausland auf den Erwerb des Auslandsvermögens gezahlte Steuer kann auf die deutsche Erbschaft- und Schenkungsteuer nur in dem Umfang angerechnet werden, in dem der Erwerb auch im Inland besteuert worden ist. **4.** Wird die festgesetzte ausländische Steuer gezahlt, nachdem das Finanzamt die Erbschaft- oder Schenkungsteuer festgesetzt hat, kommt diesem Ereignis nach dem Willen des Gesetzgebers steuerliche Wirkung für die Vergangenheit i. S. des § 175 Abs. 1 Satz 1 Nr. 2 AO zu.

ErbStG

§ 22 Kleinbetragsgrenze

1 **Von der Festsetzung der Erbschaftsteuer ist abzusehen, wenn die Steuer, die für den einzelnen Steuerfall festzusetzen ist, den Betrag von 50 Euro nicht übersteigt.**

Zu § 22 ErbStG

ErbStR R E 22

R E 22. Kleinbetragsgrenze *(unbesetzt)*

H E 22

H E 22

2 **Anwendung der Kleinbetragsgrenze nach § 22 ErbStG in Erbfällen.** Nach § 22 ErbStG ist von der Festsetzung der Erbschaftsteuer abzusehen, wenn die Steuer, die für den einzelnen Steuerfall festzusetzen ist, den Betrag von 50 EUR nicht übersteigt.
Als Steuerfall i. S. d. § 22 ErbStG ist nicht der „Erbfall" und damit bei mehreren Beteiligten nicht die Gesamtzahl der Erwerbe anzusehen, sondern – wie bei Zuwendungen unter Lebenden – der einzelne Vermögensanfall.

Anl zu § 22

Kleinbetragsverordnung (KBV)[1]

In der Fassung vom 19. 12. 2000 (BGBl. I S. 1790, 1805)
geändert durch Art. 3 Gesetz vom 18. 7. 2016 (BGBl. I S. 1679)
BGBl. III 610-4-13

– Auszug –

3 **§ 1 Änderung oder Berichtigung von Steuerfestsetzungen**

(1)[2] Festsetzungen der

…

3. Erbschaftsteuer (Schenkungsteuer),
4. Grunderwerbsteuer sowie

…

werden nur geändert oder berichtigt, wenn die Abweichung von der bisherigen Festsetzung bei einer Änderung oder Berichtigung zugunsten des Steuerpflichtigen mindestens 10 Euro oder bei einer Änderung oder Berichtigung zuungunsten des Steuerpflichtigen mindestens 25 Euro beträgt. …

---

[1] KBV neugefasst, alte KBV aufgehoben durch Art. 26 Steuer-Euroglättungsgesetz vom 19. 12. 2000 (BGBl. I S. 1790, 1805) mWv 1. 1. 2002.
[2] Änderungen der KBV anzuwenden auf alle nach dem 31. 12. 2016 entstehenden Steuern (Art. 97 § 9 a Abs. 3 EGAO).

§ 23 Besteuerung von Renten, Nutzungen und Leistungen

ErbStG

(1)[1] ① Steuern, die von dem Kapitalwert von Renten oder anderen wiederkehrenden Nutzungen oder Leistungen zu entrichten sind, können nach Wahl des Erwerbers statt vom Kapitalwert jährlich im voraus von dem Jahreswert entrichtet werden. ② Die Steuer wird in diesem Fall nach dem Steuersatz erhoben, der sich nach § 19 für den gesamten Erwerb einschließlich des Kapitalwerts der Renten oder anderen wiederkehrenden Nutzungen oder Leistungen ergibt. 1

(2) ① Der Erwerber hat das Recht, die Jahressteuer zum jeweils nächsten Fälligkeitstermin mit ihrem Kapitalwert abzulösen. ② Für die Ermittlung des Kapitalwerts im Ablösungszeitpunkt sind die Vorschriften der §§ 13 und 14 des Bewertungsgesetzes anzuwenden. ③ Der Antrag auf Ablösung der Jahressteuer ist spätestens bis zum Beginn des Monats zu stellen, der dem Monat vorausgeht, in dem die nächste Jahressteuer fällig wird. 2

Zu § 23 ErbStG

R E 23. Besteuerung von Renten, Nutzungen und Leistungen *(unbesetzt)*

ErbStR R E 23

H E 23

H E 23

Abzug persönlicher Freibeträge. Aus Vereinfachungsgründen ist der Abzug der Freibeträge nach §§ 16, 17 ErbStG vorrangig bei dem Vermögen vorzunehmen, das der Sofortversteuerung unterliegt; entsprechend ist bei der fiktiven steuerfreien Ausgleichsforderung nach § 5 Absatz 1 ErbStG zu verfahren. 3

Ist Vermögen, das der Sofortversteuerung unterliegt, nicht vorhanden, sind diese Freibeträge bei der Jahresversteuerung nach der sog. Aufzehrungsmethode in der Weise zu berücksichtigen, dass von der Erhebung der Jahressteuer so lange abgesehen wird, bis die Freibeträge durch Verrechnung mit den Jahreswerten aufgezehrt sind (→ RFH vom 10. 2. 1938, RStBl. S. 396). Übersteigt die Summe der Freibeträge den Wert des der Sofortversteuerung unterliegenden Vermögens, ist hinsichtlich des Differenzbetrags entsprechend zu verfahren.

Beispiel:

Nach dem Tod des Ehemannes in 2018 erhält seine Witwe (63 Jahre) eine steuerpflichtige Leibrente mit einem Jahreswert von 60 000 EUR und Barvermögen mit einem Wert von 456 000 EUR. Es bestand Gütertrennung. Hinsichtlich der Rente beantragt sie die Jahresversteuerung.

Kapitalwert der Rente (§ 14 BewG)		
60 000 EUR × 13,111		786 660 EUR
Barvermögen		+ 456 000 EUR
Wert des Erwerbs		1 242 660 EUR
Freibetrag § 16 ErbStG		./. 500 000 EUR
Freibetrag § 17 ErbStG		./. 256 000 EUR
steuerpflichtiger Erwerb		486 660 EUR
abgerundet		486 600 EUR
Steuersatz 15%		
Sofortsteuer:		
Barvermögen	456 000 EUR	
Freibeträge §§ 16, 17 ErbStG	./. 756 000 EUR	
	– 300 000 EUR	
sofort fällige Steuer		0 EUR
Jahressteuer:		
15% von 60 000 EUR		9 000 EUR

Für die ersten fünf Jahre (5 × 60 000 EUR) ist die Jahressteuer mit Rücksicht auf den „Restfreibetrag" von 300 000 EUR nicht zu erheben.
Auf Antrag ist die sog. Kürzungsmethode anzuwenden, bei der der Jahreswert in dem Maß zu kürzen ist, in dem der Kapitalwert durch den Freibetrag gemindert wird.

Ausfall von Rentenzahlungen. → BFH vom 22. 10. 2014 II R 4/14, BStBl. 2015 II S. 237. 4

Erwerb erbbaurechtsbelasteter Grundstücke – kein Besteuerungswahlrecht. → BFH vom 29. 8. 2003 II B 70/03, BStBl. II S. 944.[2] 5

Jahressteuer und Anrechnung ausländischer Erbschaftsteuer nach § 21 ErbStG. Der maßgebliche Steuersatz ist in analoger Anwendung des § 19 Absatz 2 ErbStG nach dem Gesamterwerb einschließlich des Auslandsvermögens zu ermitteln. Hierbei ist es unerheblich, ob die Erhebung der Steuer ganz oder teilweise nach § 23 ErbStG erfolgt. Wenn der Gesamt- 6

---

[1] *BFH-Urteil vom 28. 6. 1989 II R 14/86 (BStBl. II S. 896)*: Keine Berichtigung des Erbschaftsteuerbescheides bei Verzicht des Nießbrauchsberechtigten auf das geerbte Nießbrauchsrecht.
FG Münster, Urteil vom 29. 5. 2008 3 K 1892/07 Erb (DStRE 2009 S. 1215), rkr.: Ein Erlass der gemäß § 23 ErbStG für ein Vermächtnis in Form einer Leibrente festgesetzten Jahressteuer aus sachlichen Billigkeitsgründen kann weder auf einen nach dem Stichtag eingetretenen Vermögensfall des Vermächtnisverpflichteten gestützt werden noch darauf, dass die Summe der bereits entrichteten Jahressteuerbeträge den bei einer Einmalzahlung zu entrichtenden Steuerbetrag übersteigt.
[2] Ebenso *BFH-Beschluss vom 25. 9. 2018 II B 13/18 (BFH/NV 2019 S. 25).*

erwerb zu einer Sofortsteuer und zu einer Jahressteuer führt, hat die Anrechnung bei der Steuer zu erfolgen, die auf das Vermögen i. S. d. § 21 ErbStG entfällt. Soweit eine Jahresversteuerung erfolgt, ist die ausländische Steuer ggf. auf die einzelnen Beträge der Jahressteuer anzurechnen.

Beispiel 1:

Der in 2018 verstorbene Erblasser vermacht seinem Bruder (Alter 65 Jahre) eine steuerpflichtige Leibrente mit einem Jahreswert von 24 000 EUR und ein ausländisches Geschäftsgrundstück mit einem Wert von 270 000 EUR. Hinsichtlich der Rente beantragt der Vermächtnisnehmer die Jahresversteuerung. Im Ausland wurde für das Grundstück 50 000 EUR Erbschaftsteuer festgesetzt und gezahlt.

Kapitalwert der Rente (§ 14 BewG)		
24 000 EUR × 11,444		274 656 EUR
Grundstück im Ausland		+ 270 000 EUR
Wert des Erwerbs (steuerpflichtiges Gesamtvermögen)		544 656 EUR
Freibetrag § 16 ErbStG		./. 20 000 EUR
steuerpflichtiger Erwerb		524 656 EUR
abgerundet		524 600 EUR
Steuersatz 25%		
Steuer auf Gesamterwerb		
25% von 524 600 EUR		131 150 EUR
Sofortsteuer:		
Grundstück im Ausland	+ 270 000 EUR	
Freibetrag § 16 ErbStG	./. 20 000 EUR	
	250 000 EUR	
sofort fällige Steuer 25% von 250 000 EUR		62 500 EUR
Ausländische Steuer	50 000 EUR	
Abzugsfähiger Anteil nach § 21 Absatz 1 Satz 2 ErbStG		

$$\frac{\text{Steuer vor Anrechnung ausländischer Steuer} \times \text{steuerpflichtiges Auslandsvermögen}}{\text{steuerpflichtiges Gesamtvermögen}}$$

131 150 EUR × 270 000 EUR : 544 656 EUR =	65 014 EUR	
		./. 50 000 EUR
		12 500 EUR
Jahressteuer 25% von 24 000 EUR		6 000 EUR

Beispiel 2:

Der in 2018 verstorbene Erblasser vermacht seinem Bruder (Alter: 65 Jahre) ein Nießbrauchsrecht an einem ausländischen Grundstück mit einem Jahreswert von 24 000 EUR und Barvermögen mit einem Wert von 270 000 EUR. Hinsichtlich des Nießbrauchsrechts beantragt der Vermächtnisnehmer die Jahresversteuerung. Im Ausland wurde für das Nießbrauchsrecht 50 000 EUR Erbschaftsteuer festgesetzt und gezahlt.

Kapitalwert Nießbrauch (§ 14 BewG)		
24 000 EUR × 11,444		274 656 EUR
Barvermögen		+ 270 000 EUR
Wert des Erwerbs (steuerpflichtiges Gesamtvermögen)		544 656 EUR
Freibetrag § 16 ErbStG		./. 20 000 EUR
steuerpflichtiger Erwerb		524 656 EUR
abgerundet		524 600 EUR
Steuersatz 25%		
Steuer auf Gesamterwerb		
25% von 524 600 EUR		131 150 EUR
Sofortsteuer:		
Barvermögen	+ 270 000 EUR	
Freibetrag § 16 ErbStG	./. 20 000 EUR	
	250 000 EUR	
sofort fällige Steuer: 25% von 250 000 EUR		62 500 EUR
Jahressteuer: 25% von 24 000 EUR		6 000 EUR
Ausländische Steuer	50 000 EUR	
Abzugsfähiger Anteil nach § 21 Absatz 1 Satz 2 ErbStG		

$$\frac{\text{Steuer vor Anrechnung ausländischer Steuer} \times \text{steuerpflichtiges Auslandsvermögen}}{\text{steuerpflichtiges Gesamtvermögen}}$$

131 150 EUR × 274 656 EUR : 544 656 EUR =	66 135 EUR	

Für die ersten acht Jahre ist wegen der Anrechnung der ausländischen Erbschaftsteuer (8 × 6 000 EUR= 48 000 EUR) eine Jahressteuer nicht zu erheben. Für das neunte Jahr ist die Jahressteuer mit Rücksicht auf die „restliche" anrechenbare ausländische Erbschaftsteuer von 2 000 EUR nur mit (6 000 EUR – 2 000 EUR =) 4 000 EUR zu erheben. Ab dem zehnten Jahr ist die volle Jahressteuer (6 000 EUR) zu erheben.

7 **Jahressteuer und Übernahme der Schenkungsteuer durch Schenker.** Sowohl dem Beschenkten als auch dem Schenker, der die Zahlung der Steuer auf den Erwerb einer Rente oder anderen wiederkehrenden Nutzung und Leistung übernommen hat, steht das Wahlrecht i. S. d. § 23 Absatz 1 ErbStG zu.

Die vom Schenker übernommene Steuer i. S. d. § 10 Absatz 2 ErbStG erfüllt jedoch nicht die Voraussetzungen des § 23 Absatz 1 ErbStG, auch soweit sie auf den Kapitalwert der Rente oder einer anderen wiederkehrenden Nutzung und Leistung entfällt. Denn die übernommene Steuer gilt als eigenständiger Erwerb, bei dem es sich nicht um einen Anspruch auf eine Rente oder andere wiederkehrende Nutzung und Leistung handelt. Insoweit kommt es folglich stets und in vollem Umfang zur Sofortversteuerung. HE 23

Beispiel:

Schwester S schenkt ihrem Bruder B (Alter 80 Jahre) im Jahr 2018 ein Grundstück (Grundbesitzwert 75 000 EUR) und eine lebenslange Rente mit einem Jahreswert von 36 000 EUR (Kapitalwert 229 824 EUR). S hat sich verpflichtet, die Schenkungsteuer zu übernehmen.

Erwerb 2018

Kapitalwert der Rente		+ 229 824 EUR
Grundstück		+ 75 000 EUR
Wert der Zuwendung		304 824 EUR
Daraus errechnete Steuer		
Zuwendung	304 824 EUR	
Persönlicher Freibetrag	./. 20 000 EUR	
Verbleiben	284 824 EUR	
Steuerpflichtiger Erwerb abgerundet	284 800 EUR	
Steuer 20%	56 960 EUR	+ 56 960 EUR
Erwerb einschl. Steuer		361 784 EUR
Persönlicher Freibetrag		./. 20 000 EUR
Verbleiben		341 784 EUR
Steuerpflichtiger Erwerb abgerundet		341 700 EUR
Steuer (Härteausgleich)		80 850 EUR
Maßgeblicher Steuersatz		23,66%
Sofortsteuer		
Grundstück		75 000 EUR
Übernommene Steuer		+ 56 960 EUR
Summe		131 960 EUR
Persönlicher Freibetrag		./. 20 000 EUR
Steuerpflichtiger Erwerb		111 900 EUR
Steuer 23,66%		26 475 EUR
Jahressteuer		
Jahreswert der Rente		36 000 EUR
Steuer 23,66%		8 517 EUR

Jahressteuer und Zusammenrechnung mit Vorerwerben. Wird ein Rentenerwerb mit einem Vorerwerb nach § 14 ErbStG zusammengerechnet, wirkt sich der Vorerwerb auch auf die Höhe des Steuersatzes für die Berechnung der Jahressteuer nach § 23 Absatz 1 Satz 2 ErbStG aus. Der anzuwendende Steuersatz kann nicht unmittelbar für den Gesamterwerb aus der Tabelle in § 19 ErbStG entnommen werden, sondern ergibt sich aus dem Verhältnis der auf den Rentenerwerb entfallenden Steuer zum Kapitalwert des Rentenerwerbs. Nur diese Vorgehensweise wird den Besonderheiten der Zusammenrechnung nach § 14 ErbStG gerecht. Eine Steuerfestsetzung erfolgt nur auf den Rentenerwerb als Nacherwerb. Das gilt auch für den Fall, dass der Erwerber die Jahresversteuerung wählt. Dabei ist es nicht möglich, die Steuer auf den Rentenerwerb aufzuteilen in einen Teil, der tatsächlich als Jahressteuer zu erheben ist und einen Teil, der rechnerisch als eine Art Nachschlag für den Vorerwerb zu erheben und sofort zu entrichten ist. Aus diesem Grund ist es auch nicht zulässig, dem Erwerber eine entsprechende zusätzliche Wahlmöglichkeit zur Entrichtung der Steuer auf den Nacherwerb einzuräumen. 8

Beispiel:

Ein Erblasser hatte seiner Lebensgefährtin 50 000 EUR im Jahr 2013 geschenkt. Die dafür festgesetzte Steuer betrug (Stkl. III, 30% von 30 000 EUR =) 9 000 EUR. Mit seinem Tod im Jahr 2018 erhält sie (Alter 60 Jahre) vermächtnisweise eine Leibrente mit einem Jahreswert von 6 000 EUR.

Erwerb 2018

Kapitalwert der Rente (§ 14 BewG)		
6 000 EUR × 13,832		82 992 EUR
Barvermögen 2013		+ 50 000 EUR
Gesamterwerb		132 992 EUR
Persönlicher Freibetrag		./. 20 000 EUR
steuerpflichtiger Erwerb		112 992 EUR
abgerundet		112 900 EUR
Steuersatz 30%		
Steuer auf Gesamterwerb		33 870 EUR
Anzurechnende Steuer auf Vorerwerb		
Fiktive Abzugssteuer 2018 auf Vorerwerb 2013		
Wert des Erwerbs 2013	50 000 EUR	
Persönlicher Freibetrag 2018 (20 000 EUR), höchstens		
beim Erwerb 2013 verbrauchter Freibetrag	./. 20 000 EUR	
Steuerpflichtiger Erwerb	30 000 EUR	
Steuersatz 2018 30%		
Fiktive Abzugssteuer 2018	9 000 EUR	
Die fiktive Steuer entspricht der tatsächlichen		
Steuer		./. 9 000 EUR
Verbleiben		24 870 EUR
Mindeststeuer nach § 14 Absatz 1 Satz 4 ErbStG		

HE 23

noch 8

Erwerb 2018	82 992 EUR	
Persönlicher Freibetrag	./. 20 000 EUR	
Steuerpflichtiger Erwerb	62 992 EUR	
abgerundet	62 900 EUR	
Steuersatz 30%		
Mindeststeuer	18 870 EUR	
Steuer 2018		24 870 EUR

Die Steuer von 24 870 EUR entspricht – bezogen auf den Kapitalwert des Rentenerwerbs von 82 992 EUR – einem Steuersatz von 29,96%. Als Jahressteuer sind festzusetzen:

6 000 EUR × 29,96% =	1 797 EUR

ErbStG

§ 24 Verrentung der Steuerschuld in den Fällen des § 1 Abs. 1 Nr. 4

①In den Fällen des § 1 Abs. 1 Nr. 4 kann der Steuerpflichtige verlangen, daß die Steuer in 30 gleichen jährlichen Teilbeträgen (Jahresbeträgen) zu entrichten ist. ②Die Summe der Jahresbeträge umfaßt die Tilgung und die Verzinsung der Steuer; dabei ist von einem Zinssatz von 5,5 Prozent auszugehen. 1

Zu § 24 ErbStG

Anl zu § 24

Erlaß betr. Verrentung der Ersatzerbschaftsteuer nach § 24 ErbStG

Vom 14. März 1984 (DB S. 751)

(FM Niedersachsen S 3836 – 1 – 34; koord. Ländererlaß)

Nach § 24 ErbStG können Familienstiftungen ihre Erbschaftsteuer in 30 gleichen jährlichen Teilbeträgen entrichten. In diesem Zusammenhang ist gefragt worden, ob 2

a) nur eine Verrentung des gesamten Steuerbetrages oder auch eine Verrentung eines Teilbetrages der Steuer möglich ist,

b) die im Rahmen der Verrentung festgesetzten Jahresbeträge ganz oder teilweise vorzeitig abgelöst werden können,

c) die Verrentung von vornherein auf einen kürzeren Zeitraum als 30 Jahre bemessen werden kann.

Hierzu wird die Auffassung vertreten, daß § 24 ErbStG nach seinem Sinn und Zweck auch die vorgenannten Zahlungsmöglichkeiten zuläßt. Hierfür spricht vor allem, daß es sich um Einschränkungen der insgesamt weitergehenden Verrentungsmöglichkeiten handelt, so daß die Familienstiftung im Ergebnis eine geringere Zahlungserleichterung in Anspruch nimmt, als ihr durch § 24 ErbStG zugestanden wird.

Es bestehen keine Bedenken, bei der vorzeitigen Ablösung (Buchst. b) wie in den Fällen des § 23 Abs. 2 ErbStG zu verfahren.

Für eine Verrentung auf einen kürzeren Zeitraum als 30 Jahre (Buchst. c) kann in solchen Fällen ein praktisches Bedürfnis gegeben sein, in denen die Stundungsvorschrift des § 28 ErbStG als Zahlungserleichterung nicht ausreichend erscheint, für eine Inanspruchnahme des vollen Verrentungszeitraums von 30 Jahren aber kein Bedürfnis besteht.

Dieser Erlaß ist im Einvernehmen mit den obersten Finanzbehörden der anderen Länder ergangen.

ErbStG

§ 25[1] Besteuerung bei Nutzungs- und Rentenlast

1 ***(1) ① Der Erwerb von Vermögen, dessen Nutzungen dem Schenker oder dem Ehegatten des Erblassers (Schenkers) zustehen oder das mit einer Rentenverpflichtung oder mit der Verpflichtung zu sonstigen wiederkehrenden Leistungen zugunsten dieser Personen belastet ist, wird ohne Berücksichtigung dieser Belastungen besteuert. ② Die Steuer, die auf den Kapitalwert dieser Belastungen entfällt, ist jedoch bis zu deren Erlöschen zinslos zu stunden. ③ Die gestundete Steuer kann auf Antrag des Erwerbers jederzeit mit ihrem Barwert nach § 12 Abs. 3 des Bewertungsgesetzes abgelöst werden.***

2 ***(2) Veräußert der Erwerber das belastete Vermögen vor dem Erlöschen der Belastung ganz oder teilweise, endet insoweit die Stundung mit dem Zeitpunkt der Veräußerung.***

Zu § 25 ErbStG

ErbStR R E 25

R E 25. Besteuerung bei Nutzungs- und Rentenlast

5 (1) ① § 25 ErbStG wurde mit Wirkung vom 1. Januar 2009 aufgehoben. ② Für Erwerbe, für die die Steuer vor dem 1. Januar 2009 entstanden ist, bleibt § 25 ErbStG und dessen Rechtswirkung weiterhin anwendbar, es sei denn, der Erwerber hat einen Antrag auf rückwirkende Anwendung des ab 1. Januar 2009 geltenden Erbschaftsteuer- und Bewertungsrechts nach Artikel 3 ErbStRG vom 24. Dezember 2008 (BGBl. I S. 3018) gestellt. ③ Insbesondere bleiben auch die Regelungen zur zinslosen Stundung, deren Ablösung und Fälligkeit für Erwerbsvorgänge, für die die Steuer vor dem 1. Januar 2009 entstanden ist, anwendbar (§ 37 Absatz 2 Satz 2 ErbStG).

6 (2) ① Wird der Erwerb von Vermögen bei nach dem 31. Dezember 2008 ausgeführten Erwerben von Todes wegen mit einer Nutzungs-, Rentenlast oder mit der Verpflichtung zu sonstigen wiederkehrenden Leistungen belastet, ist der Kapitalwert der Belastung unabhängig davon, zu wessen Gunsten die Last zu erbringen ist, bei Berechnung des steuerpflichtigen Erwerbs abzuziehen. ② Bei Schenkungen gilt dies nach R E 7.4 Absatz 1 entsprechend.

7 (3) Bei Grundstücksschenkungen unter Lebenden führt der Abzug der Nutzungslast, auch wenn der Schenker sich oder seinem Ehegatten das Nutzungsrecht vorbehält, hinsichtlich des Werts der Auflage nicht mehr zur Anwendbarkeit der grunderwerbsteuerlichen Befreiung nach § 3 Nummer 2 GrEStG.

8 (4) ① Der vorzeitige unentgeltliche Verzicht auf ein vorbehaltenes Nießbrauchs- oder anderes Nutzungsrecht erfüllt als Rechtsverzicht den Tatbestand des § 7 Absatz 1 Nummer 1 ErbStG, soweit dabei eine Bereicherung des Erwerbers eintritt, die bisher noch nicht der Steuer unterlag. ② Eine steuerliche Doppelerfassung des Nutzungsrechts kann grundsätzlich im Gegensatz zu Übertragungen, bei denen § 25 ErbStG noch anzuwenden war, nicht mehr eintreten, so dass in diesen Fällen der Wert des Nießbrauchs- oder anderen Nutzungsrechts im Zeitpunkt des Verzichts ungeschmälert als eigenständige Schenkung anzusetzen ist.

9 (5) ① Lebenslängliche Nutzungen und Leistungen sind gemäß § 14 Absatz 1 BewG zu bewerten. ② In Fällen des § 25 ErbStG wurde bisher die gestundete Steuer nicht gemäß § 14 Absatz 2 BewG berichtigt, wenn die Last durch Tod in den Grenzen des § 14 Absatz 2 BewG vorzeitig weggefallen ist, weil dies keinen Einfluss auf die Höhe der gestundeten Steuer hatte (→ R 85 Absatz 6 Satz 8 und 9 ErbStR 2003). ③ Diese Voraussetzungen liegen für Erwerbe, für die die Steuer nach dem 31. 12. 2008 entsteht, nicht mehr vor, so dass § 14 Absatz 2 BewG in diesen Fällen zu beachten ist.

H E 25

H E 25

10 **Berechnung des Ablösungsbetrags.** → Gleich lautende Ländererlasse vom 9. 6. 2008 (BStBl. I S. 646), vom 18. 11. 2016 (BStBl. I S. 1246) und vom 7. 12. 2017 (BStBl. I S. 1625).[2]

11 **Berechnung des Ablösungsbetrags in Fällen der Gesamtgläubigerschaft.**[3]

---

[1] **§ 25 aufgehoben durch ErbStRG 2009;** zur Weiteranwendung für vor dem 1. 1. 2009 eingetretene Besteuerungsfälle vgl. § 37 Abs. 2 Satz 2 ErbStG.

[2] Für nicht bestandskräftige Festsetzungen von Ablösungsbeträgen für Bewertungsstichtage **ab 1. 1. 2023** siehe *gleich lautenden Ländererlass vom 1. 12. 2023 (BStBl. I S. 2049),* für Bewertungsstichtage **ab 1. 1. 2024** siehe *gleich lautenden Ländererlass vom 12. 12. 2024 (BStBl. I S. 1635).*

[3] *FG Berlin-Brandenburg, Urteil vom 5. 5. 2010 14 K 14168/08 (EFG S. 1624), rkr.:* **1.** Wurde ein Grundstück unter Vorbehalt eines lebenslänglichen Nießbrauchsrechts zugunsten von zwei Gesamtgläubigern geschenkt, darf die zur Ablösung der gestundeten Schenkungsteuer nach § 25 Abs. 1 S. 3 ErbStG zu zahlende Summe nicht bezogen auf jeden Gesamtgläubiger getrennt berechnet werden (gegen Auffassung der Finanzverwaltung in gleichlautenden Ländererlassen). Vielmehr ist zur Berechnung des Kapitalwertes des Nießbrauchs und des Ablösungsbetrages das Lebensalter und das Geschlecht derjenigen Person maßgebend, für die sich der höchste Vervielfältiger i. S. d. § 14 BewG ergibt. **2.** Auch der Abzinsungsfaktor für die Errechnung des Ablösungsbetrages i. S. d. § 25 Abs. 1 S. 2 ErbStG (Vervielfältiger zu § 12 Abs. 3 BewG) richtet sich nach der statistischen Lebenserwartung des länger lebenden Nutzungsberechtigten.

Beispiel:

Vater V schenkt einem Kind im Jahr 2007 ein Mietwohngrundstück unter Vorbehalt des Nießbrauchs für sich selbst bzw. Einräumung eines Nießbrauchs zugunsten seiner Ehefrau E als Gesamtgläubiger bis zum Tod des Längstlebenden. Der gesamte Jahreswert der Nutzung beträgt 36 000 EUR. Auf den Zeitpunkt der Steuerentstehung ergeben sich folgende Kapitalwerte der Belastung bzw. der Teilbeträge:

Berechtigter	Lebensalter	Vervielfältiger lt. Anlage 9 zum BewG a. F.	Jahreswert EUR	Kapitalwert EUR	Summe EUR	Anteil
V	62	9,889	18 000	178 002	178 002	39,39%
E	58	12,553	18 000	225 954		
		12,553 – 9,889 = 2,664	18 000	47 952	273 906	60,61%
Summe					451 908	100,00%

Bei einem angenommenen Steuersatz von 19% errechnet sich ein Stundungsbetrag auf den abgerundeten Erwerb von 451 900 EUR × 19 % = 85 861 €, der anteilig mit 39,39% bzw. 60,61% auf die einzelnen Ansprüche der Gesamtgläubiger entfällt. V und E beantragen nachträglich die Ablösung der gestundeten Steuer im Jahr 2018.
Ablösungsbetrag für V (73 Jahre): 33 820 EUR × 0,523 = 17 687 EUR
Ablösungsbetrag für E (69 Jahre): 52 041 EUR × 0,389 = 20 243 EUR

Berichtigung der Steuerfestsetzung. 12

Beispiel:

Am 10. Januar 2018 verschenkt der 58-jährige A ein Grundstück an B und behält sich ein lebenslängliches Nießbrauchsrecht vor. Sollte A vor dem 10. Januar 2026 versterben, ist die Nießbrauchslast, deren Kapitalwert unter Berücksichtigung der für Erwerbe im Jahr 2018 maßgebenden Sterbetafel des Statistischen Bundesamts kapitalisiert wurde, nach § 14 Absatz 2 BewG mit dem nach der wirklichen Dauer des Nießbrauchsrechts ermittelten Kapitalwert zu ändern.

Fortbestehen der Stundung bei ausgetauschtem Zuwendungsgegenstand. Wird ein nießbrauchsbelasteter Zuwendungsgegenstand veräußert, führt die Entgeltlichkeit zur Fälligkeit der gestundeten Steuer, auch soweit ein Nießbrauch oder sonstiges Nutzungsrecht an einem Surrogat bestellt wird. Etwas anderes gilt dann, wenn sich der Schenker bereits bei der Schenkungsabrede die Fortsetzung des Nießbrauchs am Erlös ausbedungen hat (→ BFH vom 11. 11. 2009 II R 31/07, BStBl. 2010 II S. 504). 13

Verzicht auf Nießbrauchsrecht. → H E 10.1 „Bereicherung in den Fällen des Nießbrauchsverzichts, in denen der Nießbrauch bei früheren Erwerben teilweise einem Abzugsverbot unterlag“. 14

Verzicht auf Nutzungs- oder Rentenrecht. → BFH vom 17. 3. 2004 II R 3/01, BStBl. II S. 429. 15

Verzicht auf Nutzungsrechte in den Fällen des § 25 ErbStG a. F. bei Steuerentstehungszeitpunkten für die Vermögenszuwendung unter Nießbrauchsvorbehalt vor dem 1. 1. 2009. Der vorzeitige unentgeltliche Verzicht auf ein vorbehaltenes Nießbrauchs- oder anderes Nutzungsrecht erfüllt als Rechtsverzicht den Tatbestand des § 7 Absatz 1 Nummer 1 ErbStG, soweit dabei eine Bereicherung des Erwerbers eintritt, die bisher noch nicht der Steuer unterlag. Eine steuerliche Doppelerfassung des Nutzungsrechts als Folge der Nichtberücksichtigung als Abzugsposten nach § 25 Absatz 1 Satz 1 ErbStG a. F. einerseits und seiner Erfassung beim späteren Verzicht des Berechtigten andererseits ist bei der Besteuerung des Verzichts durch den Abzug des bei der Besteuerung des nutzungsrechtsbelasteten Gegenstandes tatsächlich unberücksichtigt gebliebenen Steuerwerts des Nutzungsrechts vom Steuerwert des Nutzungsrechts im Zeitpunkt des Rechtsverzicht zu beseitigen (→ BFH vom 17. 3. 2004 II R 3/01, BStBl. II S. 429). Ist der erstgenannte Wert höher als der letztgenannte Wert, ist von einer Bereicherung aus dem Verzicht von 0 Euro auszugehen, weil der Erwerber hinsichtlich des übersteigenden Werts des Nutzungsrechts nicht doppelt belastet wird. 16

Beispiel:

Vater V schenkte seinem Sohn im Jahr 2006 ein Grundstück mit einem Grundbesitzwert von 500 000 EUR (Verkehrswert 700 000 EUR), unter Nießbrauchsvorbehalt. Der Nießbrauch blieb bei der Feststellung des Grundbesitzwerts unberücksichtigt. Der Jahreswert des Nießbrauchs beträgt 40 000 EUR. Zum Zeitpunkt der Ausführung der Zuwendung ist V 65 Jahre alt. Im Jahr 2018 verzichtet er unentgeltlich auf den Nießbrauch. Zum Zeitpunkt der Ausführung dieser Zuwendung ist V 77 Jahre alt. Der Grundbesitzwert beträgt 710 000 EUR und entspricht dem Verkehrswert. Der Jahreswert des Nießbrauchs beträgt unverändert 40 000 EUR.

Erwerb 2006

Bruttowert des Erwerbs		500 000 EUR
Persönlicher Freibetrag		./. 205 000 EUR
Steuerpflichtiger Erwerb		295 000 EUR
Steuersatz 15%		
Steuer 2006		44 250 EUR
Bruttowert des Erwerbs	500 000 EUR	
Jahreswert Nießbrauch		
500 000 EUR : 18,6 (§ 16 BewG) = 26 882 EUR		
(tatsächlicher Wert höher)		
Kapitalwert Nießbrauch (§ 14 BewG)		

H E 25

26 882 EUR × 9,019	./. 242 449 EUR	
Nettowert des Erwerbs	257 551 EUR	
Persönlicher Freibetrag	./. 205 000 EUR	
Steuerpflichtiger Nettoerwerb	52 551 EUR	
Abgerundet	52 500 EUR	
Sofort fällige Steuer 2006		
nach Härteausgleich (§ 19 Absatz 3 ErbStG)		./. 3 890 EUR
Zu stundende Steuer		40 360 EUR

Erwerb 2018

Erwerb aus Nießbrauchsverzicht	
Jahreswert Nießbrauch 2018	
710 000 EUR : 18,6 (§ 16 BewG) = 38 172 EUR	
(tatsächlicher Wert höher)	
Kapitalwert Nießbrauch 2018 (§ 14 BewG)	
38 172 EUR × 7,478	285 450 EUR
Kapitalwert Nießbrauch 2006 (siehe oben)	./. 242 449 EUR
Bereicherung 2018	43 001 EUR

17 Wegfall eines Teils der Belastung bei Gesamtgläubigerschaft in Fällen der Steuerentstehung vor dem 1. 1. 2009.

Beispiel:

Vater V schenkte einem Kind im Jahr 2000 ein Mietwohngrundstück unter Vorbehalt des Nießbrauchs für sich selbst bzw. Einräumung eines Nießbrauchs zugunsten seiner Ehefrau E als Gesamtgläubiger bis zum Tod des Längstlebenden. Der gesamte Jahreswert der Nutzung beträgt 36 000 EUR. Auf den Zeitpunkt der Steuerentstehung ergeben sich folgende Kapitalwerte der Belastung bzw. der Teilbeträge:

Berechtigter	Lebensalter	Vervielfältiger lt. Anlage 9 zum BewG a. F.	Jahreswert EUR	Kapitalwert EUR	Summe EUR	Anteil
V	62	9,889	18 000	178 002	178 002	39,39%
E	58	12,553	18 000	225 954		
		12,553 – 9,889 = 2,664	18 000	47 952	273 906	60,61%
Summe					451 908	100,00%

Bei einem angenommenen Steuersatz von 19% errechnet sich ein Stundungsbetrag auf den abgerundeten Erwerb von 451 900 EUR × 19% = 85 861 EUR, der anteilig mit 39,39% bzw. 60,61% auf die einzelnen Ansprüche der Gesamtgläubiger entfällt.
Als V 2018 stirbt, wird der gestundete Betrag in Höhe von (85 861 EUR × 39,39% =) 33 820 EUR fällig. Der Restbetrag in Höhe von (85 861 EUR – 33 820 EUR =) 52 041 EUR bleibt weiter gestundet.

Zusammenrechnung nach § 14 ErbStG. → H E 14.1 (1).

ErbStG

§ 26 Ermäßigung der Steuer bei Aufhebung einer Familienstiftung oder Auflösung eines Vereins

In den Fällen des § 7 Abs. 1 Nr. 9 ist auf die nach § 15 Abs. 2 Satz 2 zu ermittelnde Steuer die nach § 15 Abs. 2 Satz 3 festgesetzte Steuer anteilsmäßig anzurechnen
a) mit 50 Prozent, wenn seit der Entstehung der anrechenbaren Steuer nicht mehr als zwei Jahre,
b) mit 25 Prozent, wenn seit der Entstehung der anrechenbaren Steuer mehr als zwei Jahre, aber nicht mehr als vier Jahre vergangen sind.

§ 27[1] Mehrfacher Erwerb desselben Vermögens

(1)[2] **Fällt Personen der Steuerklasse I von Todes wegen Vermögen an, das in den letzten zehn Jahren vor dem Erwerb bereits von Personen dieser Steuerklasse erworben worden ist und für das nach diesem Gesetz eine Steuer zu erheben war, ermäßigt sich der auf dieses Vermögen entfallende Steuerbetrag vorbehaltlich des Absatzes 3 wie folgt:** 1

um ... Prozent	wenn zwischen den beiden Zeitpunkten der Entstehung der Steuer liegen
50	nicht mehr als 1 Jahr
45	mehr als 1 Jahr, aber nicht mehr als 2 Jahre
40	mehr als 2 Jahre, aber nicht mehr als 3 Jahre
35	mehr als 3 Jahre, aber nicht mehr als 4 Jahre
30	mehr als 4 Jahre, aber nicht mehr als 5 Jahre
25	mehr als 5 Jahre, aber nicht mehr als 6 Jahre
20	mehr als 6 Jahre, aber nicht mehr als 8 Jahre
10	mehr als 8 Jahre, aber nicht mehr als 10 Jahre

(2) **Zur Ermittlung des Steuerbetrags, der auf das begünstigte Vermögen entfällt, ist die Steuer für den Gesamterwerb in dem Verhältnis aufzuteilen, in dem der Wert des begünstigten Vermögens zu dem Wert des steuerpflichtigen Gesamterwerbs ohne Abzug des dem Erwerber zustehenden Freibetrags steht.** 2

(3) **Die Ermäßigung nach Absatz 1 darf den Betrag nicht überschreiten, der sich bei Anwendung der in Absatz 1 genannten Prozentsätze auf die Steuer ergibt, die der Vorerwerber für den Erwerb desselben Vermögens entrichtet hat.** 3

Zu § 27 ErbStG

ErbStR R E 27

R E 27. Mehrfacher Erwerb desselben Vermögens

(1) ① Ist die Erbschaftsteuer nach § 27 ErbStG zu ermäßigen, wird das begünstigte Vermögen bei der Berechnung des darauf entfallenden Steuerbetrags höchstens mit dem Wert angesetzt, mit 4
dem es beim Vorerwerber tatsächlich schon einmal der Besteuerung unterlag. ② Eine zwischen den beiden Erwerben eingetretene Wertsteigerung kann nicht in die Ermäßigung einbezogen werden, weil dasselbe Vermögen im Umfang dieser Wertsteigerung gerade nicht mehrfach besteuert wird. ③ Ist zwischen den beiden Erwerben eine Wertminderung eingetreten, darf nur der geminderte Wert im Zeitpunkt des Nacherwerbs in die Ermäßigung einbezogen werden.

(2)[3] ① Stehen Schulden und Lasten im wirtschaftlichen Zusammenhang mit mehrfach erworbenem Vermögen in Sinne des § 27 Absatz 1 ErbStG (begünstigtes Vermögen) und anderem Vermögen, ist die Steuer für den Gesamterwerb gemäß § 27 Absatz 2 ErbStG in dem Verhältnis aufzuteilen, in dem der Nettowert des begünstigten Vermögens nach Abzug der mit diesem Vermögen zusammenhängenden Schulden und Lasten zu dem Wert des steuerpflichtigen Gesamterwerbs nach Abzug aller Schulden und Lasten (→ R E 10.1) und vor Abzug des dem Erwerber zustehenden Freibetrags steht. ② Dabei können die in unmittelbarem Zusammenhang stehenden Schulden und Lasten direkt zugeordnet werden. ③ Die nicht unmittelbar zuzuordnenden Schulden und Lasten bleiben nur bei der Ermittlung des Aufteilungsverhältnisses unberücksichtigt. 5

---

[1] *BFH-Urteil vom 30. 10. 1979 II R 4/76 (BStBl. 1980 II S. 46):* Wird das Nacherbenanwartschaftsrecht entgeltlich auf den Vorerben übertragen, so kann ein Vermögensanfall i. S. von *§ 21 Abs. 1 Satz 1 ErbStG 1959* [jetzt § 27 Abs. 1 ErbStG] vorliegen.

BFH-Beschluß vom 16. 7. 1997 II B 99/96 (BStBl. II S. 625): Die Frage, ob die Steuerermäßigung gemäß § 27 ErbStG 1974 für den mehrfachen Erwerb desselben Vermögens auch beim Erwerb durch Schenkung zu gewähren ist, hat keine grundsätzliche Bedeutung, da § 27 Abs. 1 ErbStG 1974 nach seinem klaren Wortlaut offensichtlich nur den Letzterwerb von Todes wegen begünstigt.

[2] *BFH-Beschluss vom 14. 7. 2011 II B 27/11 (BFH/NV S. 1881):* Die Steuerermäßigung des § 27 Abs. 1 ErbStG wird nur gewährt, wenn der Letzterwerb von Todes wegen nach dem persönlichen Verhältnis des Erwerbers zum Erblasser der Steuerklasse I unterfällt. Nicht begünstigt sind Erwerbe von Todes wegen, in denen die Voraussetzungen der Steuerklasse I lediglich im Verhältnis zwischen dem ursprünglichen Vermögensinhaber und dem Letzterwerber erfüllt sind.

[3] Überholt durch Änderung des § 10 Abs. 6 ErbStG durch das JStG 2020, siehe *Tz. 3 gleich lautender Ländererlass vom 13. 9. 2021,* abgedruckt als Anlage b zu § 10 ErbStG.

6 (3) In den Fällen des § 6 Absatz 3 ErbStG ist der Erwerb des Vorerben, der in der Steuerklasse I besteuert wurde, nicht als belasteter Erwerb im Sinne des § 27 ErbStG zu berücksichtigen.

HE 27

H E 27

7 **Begrenzung des Ermäßigungsbetrags bei mehreren Erwerbern.** Nach § 27 Absatz 3 ErbStG darf die Steuerermäßigung bei mehrfachem Erwerb desselben Vermögens den Betrag nicht überschreiten, der sich bei Anwendung des maßgebenden Ermäßigungssatzes nach § 27 Absatz 1 ErbStG auf die Steuer ergibt, die der Vorerwerber für den Erwerb desselben Vermögens entrichtet hat. Bei mehreren Erwerbern darf die Summe der Ermäßigungsbeiträge der einzelnen Erwerber nach § 27 Absatz 1 ErbStG nicht höher sein als der sich nach § 27 Absatz 3 ErbStG ergebende Höchstbetrag. Ist dies der Fall, ist der Höchstbetrag der Ermäßigung auf die einzelnen Erwerber entsprechend ihrem jeweiligen Anteil am mehrfach erworbenen Vermögen zu verteilen.

8 **Berechnung des Ermäßigungsbetrags.**

Beispiel 1:

Großvater G (verstorben am 2. 2. 2015) vermachte seinem Enkel E ein Wertpapierdepot mit einem Steuerwert von 1 000 000 EUR. Das Depot war mit einer Restschuld aus der Anschaffung von 100 000 EUR belastet. Diese Schuld musste E mit übernehmen. Als E selbst am 1. 8. 2018 durch einen Unfall ums Leben kommt, erbt seine Ehefrau F das Wertpapierdepot, Wert zu diesem Zeitpunkt 1 000 000 EUR, und ein Geschäftsgrundstück (ohne Vermietung zu Wohnzwecken) mit einem Grundbesitzwert von 1 200 000 EUR. Auf dem Wertpapierdepot ruht noch eine Restschuld von 100 000 EUR, auf dem Grundstück noch eine Restschuld von 500 000 EUR. Eine steuerfrei zu stellende Ausgleichsforderung nach § 5 ErbStG ist nicht gegeben.

Besteuerung des Vermächtnisnehmers E 2015

Wertpapiere	1 000 000 EUR
Nachlassverbindlichkeiten	./. 100 000 EUR
Bereicherung	900 000 EUR
Persönlicher Freibetrag	./. 200 000 EUR
Steuerpflichtiger Erwerb	700 000 EUR
Steuersatz 19%	
Erbschaftsteuer	133 000 EUR

Besteuerung des Erwerbs der F 2018

Wertpapiere	1 000 000 EUR
Weiteres Vermögen	+ 1 200 000 EUR
Gesamterwerb	2 200 000 EUR
Nachlassverbindlichkeiten	./. 600 000 EUR
Erbfallkostenpauschale	./. 10 300 EUR
Wert des Erwerbs	1 589 700 EUR
Persönlicher Freibetrag	./. 500 000 EUR
Versorgungsfreibetrag	./. 256 000 EUR
Steuerpflichtiger Erwerb	833 700 EUR
Steuersatz 19%	
Erbschaftsteuer	158 403 EUR

Ermäßigungsbetrag nach § 27 Absatz 2 ErbStG
Auf den mehrfach besteuerten Teil des Vermögens (= begünstigtes Vermögen) entfallender Steuerbetrag:

Abzug der unmittelbar zuzuordnenden Schulden		
Begünstigtes Vermögen 2018		
1 000 000 EUR – 100 000 EUR =	900 000 EUR	900 000 EUR
Maximal Nettowert beim Erwerb 2015	./. 900 000 EUR	
Dem nicht begünstigten Vermögen 2018 zuzurechnen	0 EUR	
Nicht begünstigtes Vermögen 2018		
1 200 000 EUR – 500 000 EUR =	700 000 EUR	
Werterhöhung begünstigtes Vermögen (wie oben)	+ 0 EUR	
	700 000 EUR	+ 700 000 EUR
Summe		1 600 000 EUR

Anteil des begünstigten Nettovermögens 2018
900 000 EUR : 1 600 000 EUR = 56,25%
Anteil der auf begünstigtes Vermögen entfallenden Erbschaftsteuer 2018
158 403 EUR × 56,25% = 89 102 EUR
Maßgeblicher Ermäßigungssatz für 4 Jahre = 35%
Ermäßigungsbetrag 89 102 EUR × 35% = 31 186 EUR
Höchstbetrag nach § 27 Absatz 3 ErbStG
Erbschaftsteuer 2015 = 133 000 EUR
Höchstbetrag 133 000 EUR × 35% = 46 550 EUR
Der Höchstbetrag wird hier nicht überschritten.

Wenn das Vermögen 2015 beim nachfolgenden Erwerb 2018 nicht vollständig übergeht (z. B. wegen Verbrauchs), muss auch die Steuer 2015 nach dem Nettowert des begünstigten Vermögens 2015 zum gesamten Nettowert 2015 aufgeteilt werden. Die Berechnung mit den unmittelbar bzw. nicht unmittelbar zuzurechnenden Schulden muss analog der obigen Darstellung erfolgen, allerdings nur auf der Basis der Werte 2015.

H E 27

noch **8**

Erbschaftsteuer 2018	
Erbschaftsteuer vor Ermäßigung	158 403 EUR
Ermäßigungsbetrag § 27 ErbStG	./. 31 186 EUR
Festzusetzende Erbschaftsteuer	127 217 EUR

Beispiel 2:

Großvater G (verstorben am 2. 2. 2015) vermachte seinem Enkel E ein Wertpapierdepot mit einem Steuerwert von 1 000 000 EUR. Das Depot war mit einer Restschuld aus der Anschaffung von 100 000 EUR belastet. Diese Schuld musste E mit übernehmen. Als E selbst am 1. 8. 2018 durch einen Unfall ums Leben kommt, erbt seine Ehefrau F das Wertpapierdepot, Wert zu diesem Zeitpunkt 1 500 000 EUR, und ein Geschäftsgrundstück (ohne Vermietung zu Wohnzwecken) mit einem Grundbesitzwert von 1 200 000 EUR. Auf dem Wertpapierdepot ruht noch eine Restschuld von 50 000 EUR, auf dem Grundstück noch eine Restschuld von 500 000 EUR. Eine steuerfrei zu stellende Ausgleichsforderung nach § 5 ErbStG ist nicht gegeben.

Besteuerung des Vermächtnisnehmers E 2015

Wertpapiere	1 000 000 EUR
Nachlassverbindlichkeiten	./. 100 000 EUR
Bereicherung	900 000 EUR
Persönlicher Freibetrag	./. 200 000 EUR
Steuerpflichtiger Erwerb	700 000 EUR
Steuersatz 19%	
Erbschaftsteuer	133 000 EUR

Besteuerung des Erwerbs der F 2018

Wertpapiere	1 500 000 EUR
Weiteres Vermögen	+ 1 200 000 EUR
Gesamterwerb	2 700 000 EUR
Nachlassverbindlichkeiten	./. 550 000 EUR
Erbfallkostenpauschale	./. 10 300 EUR
Wert des Erwerbs	2 139 700 EUR
Persönlicher Freibetrag	./. 500 000 EUR
Versorgungsfreibetrag	./. 256 000 EUR
Steuerpflichtiger Erwerb	1 383 700 EUR
Steuersatz 19%	
Erbschaftsteuer	262 903 EUR

Ermäßigungsbetrag nach § 27 ErbStG
Auf den mehrfach besteuerten Teil des Vermögens (= begünstigtes Vermögen) entfallender Steuerbetrag:
Abzug der unmittelbar zuzuordnenden Schulden

Begünstigtes Vermögen 2018		
1 500 000 EUR – 50 000 EUR =	1 450 000 EUR	
Maximal Nettowert beim Erwerb 2015	./. 900 000 EUR	900 000 EUR
Dem nicht begünstigten Vermögen 2018 zuzurechnen	550 000 EUR	
(Die Wertsteigerung nimmt nicht Teil an der Ermäßigung, → R E 27)		
Nicht begünstigtes Vermögen 2018		
1 200 000 EUR – 500 000 EUR =	700 000 EUR	
Werterhöhung begünstigtes Vermögen (wie oben)	+ 550 000 EUR	
	1 250 000 EUR	+ 1 250 000 EUR
Summe		2 150 000 EUR

Anteil des begünstigten Nettovermögens
900 000 EUR : 2 150 000 EUR = 41,87%
Anteil der auf begünstigtes Vermögen entfallenden Erbschaftsteuer 2018
262 903 EUR × 41,87% = 110 078 EUR
Maßgeblicher Ermäßigungssatz für 4 Jahre = 35%
Ermäßigungsbetrag 110 078 EUR × 35% = 38 528 EUR
Höchstbetrag nach § 27 Absatz 3 ErbStG
Erbschaftsteuer 2015 = 133 000 EUR
Höchstbetrag 133 000 EUR × 35% = 46 550 EUR
Der Höchstbetrag wird hier nicht überschritten.

Erbschaftsteuer 2018	
Erbschaftsteuer vor Ermäßigung	262 903 EUR
Ermäßigungsbetrag § 27 ErbStG	./. 38 528 EUR
Festzusetzende Erbschaftsteuer	224 375 EUR

Beispiel 3:

Großvater G (verstorben am 2. 2. 2015) vermachte seinem Enkel E ein Wertpapierdepot mit einem Steuerwert von 1 000 000 EUR. Das Depot war mit einer Restschuld aus der Anschaffung von 100 000 EUR belastet. Diese Schuld musste E mit übernehmen. Als E selbst am 1. 8. 2018 durch einen Unfall ums Leben kommt, erbt seine Ehefrau F das Wertpapierdepot, Wert zu diesem Zeitpunkt 800 000 EUR, und ein Geschäftsgrundstück (ohne Vermietung zu Wohnzwecken) mit einem Grundbesitzwert von 1 200 000 EUR. Auf dem Wertpapierdepot ruht noch eine Restschuld von 50 000 EUR, auf dem Grundstück noch eine Restschuld von 500 000 EUR. Eine steuerfrei zu stellende Ausgleichsforderung nach § 5 ErbStG ist nicht gegeben.

Besteuerung des Vermächtnisnehmers E 2015

Wertpapiere	1 000 000 EUR
Nachlassverbindlichkeiten	./. 100 000 EUR
Bereicherung	900 000 EUR
Persönlicher Freibetrag	./. 200 000 EUR
Steuerpflichtiger Erwerb	700 000 EUR
Steuersatz 19%	
Erbschaftsteuer	133 000 EUR

H E 27

Besteuerung des Erwerbs der F 2018

Wertpapiere	800 000 EUR
Weiteres Vermögen	+ 1 200 000 EUR
Gesamterwerb	2 000 000 EUR
Nachlassverbindlichkeiten	./. 550 000 EUR
Erbfallkostenpauschale	./. 10 300 EUR
Wert des Erwerbs	1 439 700 EUR
Persönlicher Freibetrag	./. 500 000 EUR
Versorgungsfreibetrag	./. 256 000 EUR
Steuerpflichtiger Erwerb	683 700 EUR
Steuersatz 19%	
Erbschaftsteuer	129 903 EUR

Ermäßigungsbetrag nach § 27 ErbStG
Auf den mehrfach besteuerten Teil des Vermögens (= begünstigtes Vermögen) entfallender Steuerbetrag nach § 27 Absatz 2 ErbStG:

Abzug der unmittelbar zuzuordnenden Schulden		
Begünstigtes Vermögen 2018		
800 000 EUR – 50 000 EUR =	750 000 EUR	750 000 EUR
Maximal Nettowert beim Erwerb 2015	./. 900 000 EUR	
Dem nicht begünstigten Vermögen 2018 zuzurechnen	0 EUR	
Die Wertminderung führt zu einer Minderung der Ermäßigung (→ R E 27)		
Nicht begünstigtes Vermögen 2018		
1 200 000 EUR – 500 000 EUR	700 000 EUR	
Werterhöhung begünstigtes Vermögen (wie oben)	+ 0 EUR	
	700 000 EUR	+ 700 000 EUR
Summe		1 450 000 EUR

Anteil des begünstigten Nettovermögens	
750 000 EUR : 1 450 000 EUR = 51,73%	
Anteil der auf begünstigtes Vermögen entfallenden Erbschaftsteuer 2018	
129 903 EUR × 51,73% = 67 199 EUR	
Maßgeblicher Ermäßigungssatz für 4 Jahre = 35%	
Ermäßigungsbetrag 67 199 EUR × 35%	23 520 EUR
Höchstbetrag nach § 27 Absatz 3 ErbStG	
Erbschaftsteuer 2015 = 133 000 EUR	
133 000 EUR × 35% = 46 550 EUR	
Der Höchstbetrag wird hier nicht überschritten.	

Erbschaftsteuer 2018	
Erbschaftsteuer vor Ermäßigung	129 903 EUR
Ermäßigungsbetrag § 27 ErbStG	./. 23 520 EUR
Festzusetzende Erbschaftsteuer	106 383 EUR

9 **Keine Anwendung § 27 ErbStG bei einem ausschließlich nach ausländischem Recht besteuerten Vorerwerb.** → BFH vom 27. 9. 2016 II R 37/13, BStBl. 2017 II S. 411.[1]

Zusammentreffen von § 14 Absatz 2, § 21 und § 27 ErbStG in einem Steuerfall. → R E 14.1 Absatz 5.

[1] *EuGH-Urteil vom 30. 6. 2016 C-123/15 Max-Heinz Feilen (BStBl. 2017 II S. 424):* Art. 63 Abs. 1 und Art. 65 AEUV **stehen nicht** einer Regelung eines Mitgliedstaats wie der im Ausgangsverfahren fraglichen **entgegen,** die bei einem Erwerb von Todes wegen durch Personen einer bestimmten Steuerklasse eine Ermäßigung der Erbschaftsteuer vorsieht, wenn der Nachlass Vermögen enthält, das in den letzten zehn Jahren vor dem Erwerb bereits von Todes wegen erworben wurde, und hierfür die Voraussetzung aufstellt, dass für diesen Vorerwerb Erbschaftsteuer in diesem Mitgliedstaat erhoben wurde. – *Nachfolgend BFH-Urteil vom 27. 9. 2016 II R 37/13 (BStBl. 2017 II S. 411):* Bei einem nach ausländischem Recht besteuerten Vorerwerb ist für einen nachfolgenden Erwerb desselben Vermögens von Todes wegen durch Personen der Steuerklasse I keine Steuerermäßigung nach § 27 ErbStG zu gewähren.

ErbStG

§ 28 Stundung

(1)[1, 2] ① Gehört zum Erwerb von Todes wegen begünstigtes Vermögen im Sinne des § 13 b Absatz 2, ist dem Erwerber die darauf entfallende Erbschaftsteuer auf Antrag bis zu sieben Jahre zu stunden. ② Der erste Jahresbetrag ist ein Jahr nach der Festsetzung der Steuer fällig und bis dahin zinslos zu stunden. ③ Für die weiteren zu entrichtenden Jahresbeträge sind die §§ 234 und 238 der Abgabenordnung ab dem zweiten Jahr nach der Festsetzung der Steuer anzuwenden. ④ § 222 der Abgabenordnung bleibt unberührt. ⑤ Die Stundung endet, sobald der Erwerber, ausgehend vom Zeitpunkt der Entstehung der Steuer (§ 9), den Tatbestand nach § 13 a Absatz 3 nicht einhält oder einen der Tatbestände nach § 13 a Absatz 6 erfüllt. ⑥ Wurde ein Antrag nach § 13 a Absatz 10 oder nach § 28 a Absatz 1 gestellt, ist bei der Anwendung des Satzes 5 § 13 a Absatz 10 entsprechend anzuwenden. ⑦ Satz 1 ist nicht auf die Erbschaftsteuer anzuwenden, die der Erwerber zu entrichten hat, weil er den Tatbestand nach § 13 a Absatz 3 nicht eingehalten oder einen der Tatbestände nach § 13 a Absatz 6 erfüllt hat. ⑧ Die Stundung endet, sobald der Erwerber den Betrieb oder den Anteil daran überträgt oder aufgibt. 1

(2) Absatz 1 findet in den Fällen des § 1 Abs. 1 Nr. 4 entsprechende Anwendung. 2

(3)[1, 2] ① Gehört zum Erwerb Grundbesitz, der zu Wohnzwecken genutzt wird, ist dem Erwerber die darauf entfallende Erbschaftsteuer auf Antrag bis zu zehn Jahre zu stunden, soweit der Erwerber die Steuer nur durch Veräußerung dieses Vermögens aufbringen kann. ② Die Stundung endet, soweit der Grundbesitz auf Dritte übergeht oder dauerhaft keinen Wohnzwecken mehr dienen soll. ③ Die §§ 234 und 238 der Abgabenordnung sind mit der Maßgabe anzuwenden, dass bei Erwerben von Todes wegen keine Zinsen erhoben werden. ④ § 222 der Abgabenordnung bleibt unberührt. ⑤ Ist der Grundbesitz in einem Drittstaat belegen, wird die Stundung nur gewährt, wenn und solange dieser Staat auf Grund völkervertraglicher Abkommen oder Übereinkommen verpflichtet ist, der Bundesrepublik Deutschland 3

1. **entsprechend dem OECD-Standard für Transparenz und effektiven Informationsaustausch auf Ersuchen im Sinne des § 4 Absatz 2 Nummer 2 in Verbindung mit Absatz 4 Satz 1 des Steueroasen-Abwehrgesetzes in Bezug auf die Erbschaftsteuer Amtshilfe zu leisten,**
2. **Amtshilfe bei der Beitreibung gemäß einem dem Artikel 27 des OECD-Musterabkommens 2017 zur Vermeidung der Doppelbesteuerung auf dem Gebiet der Steuern vom Einkommen und vom Vermögen[3] entsprechenden Artikel in einem Abkommen zur Vermeidung der Doppelbesteuerung in Bezug auf die Erbschaftsteuer zu leisten.**

⑥ Das Bundesministerium der Finanzen veröffentlicht im Bundessteuerblatt Teil I eine Liste der Drittstaaten, die die Voraussetzungen nach Satz 5 erfüllen.

Zu § 28 ErbStG

ErbStR
R E 28

R E 28. Stundung

(1) ① Beim Erwerb von begünstigtem Vermögen im Sinne des § 13 b Absatz 2 ErbStG von Todes wegen ist die darauf entfallende festgesetzte Steuer auf Antrag des Erwerbers bis zu sieben Jahre zu stunden. ② Wird die Steuerfestsetzung geändert und erhöht sich hierdurch die auf das begünstigte Vermögen entfallende Steuer, beginnt hinsichtlich des Änderungsbetrags ein neuer Siebenjahreszeitraum. ③ Die Stundung kommt insbesondere in Betracht 5

1. in den Fällen der Regelverschonung für die Steuer auf begünstigtes Vermögen nach Abzug des Verschonungsabschlags (§ 13 a Absatz 1 ErbStG) und des Abzugsbetrags (§ 13 a Absatz 2 ErbStG);
2. in den Fällen des § 13 c ErbStG für die Steuer auf begünstigtes Vermögen nach Abzug des abgeschmolzenen Verschonungsabschlags;
3. in den Fällen des § 28 a ErbStG für die nicht erlassene Steuer auf begünstigtes Vermögen;
4. in den Fällen, in denen weder eine Verschonung nach § 13 c noch nach § 28 a ErbStG beantragt wurde.

④ Die auf das nicht begünstigte Vermögen entfallende Steuer kann nicht nach § 28 Absatz 1 ErbStG gestundet werden.

---

[1] § 28 i. d. F. des Gesetzes vom 4. 11. 2016 (BGBl. I S. 2464) anzuwenden auf Erwerbe, für die die Steuer nach dem 30. 6. 2016 entsteht (§ 37 Abs. 12 Satz 1 ErbStG); i. d. F. des Gesetzes vom 11. 12. 2018 (BGBl. I S. 2338) anzuwenden auf Erwerbe, für die die Steuer nach dem 14. 12. 2018 entsteht (§ 37 Abs. 16 Satz 1 ErbStG); i. d. F. des Gesetzes vom 2. 12. 2024 (BGBl. I Nr. 387) anzuwenden auf Erwerbe, für die die Steuer nach dem 31. 12. 2024 entsteht (§ 37 Abs. 21 ErbStG).

[2] Zum Brexit siehe *Tz. 1.4 e) und 1.6 gleich lautender Ländererlass vom 13. 12. 2021,* abgedruckt als Anlage zu R E 13.2 ErbStR.

[3] **[Amtl. Anm.:]** Dieses Dokument ist im Internet abrufbar unter www.bzst.de/DE/Behoerden/InternationaleAmtshilfe/AmtshilfeBeitreibungZustellung/amtshilfe_beitreibung_zustellung_node.html.

6 (2) ① Die gestundete Steuer ist in gleichen Jahresbeträgen zu entrichten. ② Die erste Jahresrate ist zinslos zu stunden. ③ Die weiteren Jahresraten sind zinspflichtig (§§ 234, 238 AO).

7 (3) ① Die Stundung endet stets, wenn

1. das erworbene begünstigte Vermögen im Sinne des § 13b Absatz 2 ErbStG verschenkt oder veräußert wird;
2. der Erwerber den Betrieb, die Beteiligung an der Personengesellschaft oder den Anteil an der Kapitalgesellschaft aufgibt;
3. der Erwerber gegen die Lohnsummenregelung des § 13a Absatz 3 ErbStG oder die Behaltensregelungen nach § 13a Absatz 6 ErbStG verstößt. ② Im Falle eines Antrags auf Optionsverschonung nach § 13a Absatz 10 in Verbindung mit § 13c ErbStG oder auf Verschonungsbedarfsprüfung nach § 28a ErbStG gelten die verlängerte Lohnsummenfrist, die höheren Mindestlohnsummen und die verlängerte Behaltensfrist des § 13a Absatz 10 ErbStG. ③ Die Stundung endet bei einem Verstoß gegen die Lohnsummenregelung bzw. die Behaltensregelungen nach § 13a Absatz 6 Satz 1 Nummer 1, 2, 4 und 5 ErbStG in vollem Umfang. ④ Soweit aufgrund einer Reinvestition (§ 13a Absatz 6 Satz 3 und 4 ErbStG) insgesamt von einer rückwirkenden Besteuerung abgesehen wird, endet die Stundung nicht. ⑤ Bei einem Verstoß gegen die Entnahmebegrenzung nach § 13a Absatz 6 Satz 1 Nummer 3 ErbStG endet die Stundung in vollem Umfang.

② Eine Stundung kann nicht erfolgen für die Steuer, die aufgrund eines Verstoßes gegen die Lohnsummenregelung oder die Behaltensregelung zu entrichten ist. ③ Es bleibt dem Erwerber unbenommen, in den Fällen des Satzes 1 einen Antrag auf Fortführung der Stundung zu stellen, soweit begünstigtes Vermögen verbleibt, für das die Stundungsvoraussetzungen erfüllt sind. ④ Wird das begünstigte Vermögen im Sinne des § 13b Absatz 2 ErbStG innerhalb des noch laufenden Stundungszeitraums von Todes wegen übertragen, endet die Stundung erst, wenn der nachfolgende Erwerber die Voraussetzung für die Stundung nicht mehr erfüllt.

8 (4) Die auf das begünstigte Vermögen nach § 13b Absatz 2 ErbStG entfallende Steuer ist wie folgt zu berechnen:

1. Die tarifliche Steuer nach § 19 ErbStG auf den gesamten steuerpflichtigen Erwerb ist um die anzurechnende Steuer auf einen Vorerwerb nach § 14 Absatz 1 ErbStG zu kürzen.
2.[1] *Die danach verbleibende Steuer ist nach dem Verhältnis des Werts des begünstigten Vermögens – gegebenenfalls nach den Verschonungen nach § 13a ErbStG (Vorwegabschlag, Verschonungsabschlag, Abzugsbetrag) oder § 13c ErbStG und nach Abzug der damit in wirtschaftlichem Zusammenhang stehenden abzugsfähigen Schulden und Lasten (§ 10 Absatz 5 und 6 ErbStG) – zum Wert des gesamten Vermögensanfalls nach Abzug der mit diesem Vermögen in wirtschaftlichem Zusammenhang stehenden abzugsfähigen Schulden und Lasten aufzuteilen.*
3. Sind für das begünstigte Vermögen die Voraussetzungen der §§ 19a, 21 oder 27 ErbStG erfüllt, sind der Ermäßigungsbetrag nach § 19a ErbStG, die darauf entfallende Ermäßigung nach § 27 ErbStG bzw. die darauf entfallende, nach § 21 ErbStG anrechenbare Steuer abzuziehen.

H E 28 (4)

H E 28 (4)

Berechnung der auf begünstigtes Vermögen entfallenden Steuer.

9 **Beispiel:**

Unternehmerin U hat ihre Tochter T zur Alleinerbin eingesetzt. Zum Nachlass gehören sämtliche Anteile an einer GmbH mit einem Steuerwert 1 400 000 EUR. Das begünstigte Vermögen hat einen gemeinen Wert von 1 300 000 EUR. Ein Antrag auf Optionsverschonung nach § 13a Absatz 10 ErbStG wurde nicht gestellt. Zum Nachlass gehört Kapitalvermögen im Wert von 750 000 EUR. Ein im Zusammenhang mit der Anschaffung der GmbH-Anteile aufgenommener Kredit valutiert noch in Höhe von 200 000 EUR.

Für T ergibt sich folgende Steuerberechnung:

GmbH-Anteile				
nicht begünstigtes Vermögen				100 000 EUR
begünstigtes Vermögen		1 300 000 EUR		
Verschonungsabschlag (85%)		./. 1 105 000 EUR		
Verbleiben		195 000 EUR		
Abzugsbetrag		./. 127 500 EUR		
steuerpflichtiges begünstigtes Unternehmensvermögen		67 500 EUR	+	67 500 EUR
Abzugsbetrag		150 000 EUR		
Verbleibender Wert (15%)	195 000 EUR			
Abzugsbetrag	./. 150 000 EUR			
Unterschiedsbetrag	45 000 EUR			
Davon 50%		./. 22 500 EUR		
Verbleibender Abzugsbetrag		127 500 EUR		

[1] Überholt durch Änderung des § 10 Abs. 6 ErbStG durch das JStG 2020, jetzt § 10 Abs. 6 a ErbStG durch JStG 2024, siehe *Tz. 3 gleich lautender Ländererlass vom 13. 9. 2021,* abgedruckt als Anlage b zu § 10 ErbStG.

Kapitalvermögen		+ 750 000 EUR
Gesamter Vermögensanfall		917 500 EUR
Schuld aus der GmbH-Beteiligung	200 000 EUR	
Kürzung nach § 10 Absatz 6 ErbStG		
Abziehbare Schuld		
auf nicht begünstigtes Vermögen entfallender Teil der Schuld		
200 000 EUR × 100 000 EUR/1 400 000 EUR = 14 285 EUR		
ungekürzt abziehbarer Teil der Schuld		./. 14 285 EUR
auf begünstigtes Vermögen entfallender Teil der Schuld		
200 000 EUR ./. 14 285 EUR = 185 715 EUR		
185 715 EUR × 67 500 EUR : 1 300 000 EUR =		./. 9 643 EUR
Vermögensanfall nach Abzug der Schulden		893 572 EUR
Erbfallkostenpauschale		./. 10 300 EUR
persönlicher Freibetrag		./. 400 000 EUR
steuerpflichtiger Erwerb		483 272 EUR
abgerundet		483 200 EUR
Anteil des begünstigten Vermögens:		
(67 500 EUR ./. 9 643 EUR) : 893 572 EUR = 6,48%		
Steuer nach Stkl. I (15%)		72 480 EUR
Auf begünstigtes Vermögen entfällt		
72 480 EUR × 6,48%		4 697 EUR

R E 28 (5–8)

R E 28 (5–8)

(5) ① Beim Erwerb von bebauten Grundstücken oder Grundstücksteilen, die

1. zu Wohnzwecken vermietet werden (§ 13 d ErbStG), 10
2. im Inland, einem Mitgliedstaat der Europäischen Union oder in einem Staat des Europäischen Wirtschaftsraums belegen sind und
3. nicht zum begünstigten Betriebsvermögen oder begünstigten Vermögen eines Betriebs der Land- und Forstwirtschaft im Sinne des § 13 b Absatz 2 ErbStG gehören,

hat der Erwerber auf Antrag einen Rechtsanspruch auf Stundung der darauf entfallenden festgesetzten Steuer bis zu zehn Jahren, soweit er sie nur durch Veräußerung dieses Vermögens aufbringen kann (§ 28 Absatz 3 Satz 1 ErbStG). ② Dies gilt sowohl für Erwerbe von Todes wegen als auch für Schenkungen unter Lebenden.

(6) ① Unter den in Absatz 5 Satz 1 Nummer 2 und 3 genannten Voraussetzungen besteht ein Rechtsanspruch auf Stundung auch dann, wenn zum Erwerb ein Ein- oder Zweifamilienhaus oder Wohneigentum gehört, das der Erwerber nach dem Erwerb zu eigenen Wohnzwecken nutzt, längstens für die Dauer der Selbstnutzung. ② Diese Stundungsmöglichkeit erstreckt sich ausdrücklich nur auf ein Grundstück, das zu den genannten Grundstücksarten gehört. ③ Eine Wohnung in einem Mietwohn-, Geschäfts- oder gemischt genutzten Grundstück oder in einem sonstigen bebauten Grundstück ist nicht begünstigt. ④ Voraussetzung ist nicht, dass der Erblasser oder Schenker dieses Grundstück vor der Übertragung als Familienheim selbst genutzt hat. ⑤ Nach Aufgabe der Selbstnutzung durch den Erwerber und anschließender Vermietung zu Wohnzwecken ist die Stundung bis zum Ende des ursprünglichen Zehnjahreszeitraums weiter zu gewähren. 11

(7) ① Ein Anspruch auf Stundung nach Absatz 5 und 6 besteht nicht, wenn der Erwerber die Steuer für den Erwerb aus erworbenem weiterem Vermögen oder aus eigenem Vermögen aufbringen kann. ② Dazu muss der Erwerber auch die Möglichkeit der Kreditaufnahme ausschöpfen. ③ Die Feststellungslast dafür, dass kein eigenes Vermögen vorhanden und keine Kreditaufnahme möglich ist, obliegt dem Steuerpflichtigen. ④ Kann der Schenker zur Zahlung der Schenkungsteuer herangezogen werden, sei es, weil er die Steuer übernommen hat (§ 10 Absatz 2 ErbStG), sei es, weil er als Gesamtschuldner in Anspruch genommen werden kann, bleibt eine Stundung ebenfalls ausgeschlossen.[1] ⑤ Dem Erwerber ist zuzumuten, aus den Vermietungseinnahmen oder aus seinen sonstigen Einnahmen die gestundete Steuer kontinuierlich zu tilgen. ⑥ Bei der Prüfung der Frage, ob durch die sofortige Entrichtung der Erbschaftsteuer die Veräußerung des Grundvermögens notwendig wird, bleiben Nachlassverbindlichkeiten, z. B. Grundschulden, Pflichtteile oder Vermächtnisse, außer Betracht. ⑦ Wird die Veräußerung des Grundvermögens dadurch notwendig, dass neben der Erbschaftsteuer in erheblichem Umfang solche Nachlassverbindlichkeiten zu übernehmen sind, kann zwar § 28 ErbStG nicht angewendet werden, es kann jedoch eine Stundung nach § 222 AO in Betracht kommen. ⑧ In den Fällen des Absatzes 5 gelten Absatz 3 Satz 1 Num- 12

[1] *FG Münster, Urteil vom 11. 3. 2021 3 K 3054/19 AO (EFG S. 869), rkr.:* **1.** Ein die Stundung ablehnender Verwaltungsakt erledigt sich nicht durch die Tilgung der Steuerschuld, deren Stundung begehrt wird. **2.** Die Vorschrift des § 28 Abs. 3 Satz 1 ErbStG soll aus wohnungsmarktpolitischen Gründen und zum Schutz des Erwerbers verhindern, dass dort genanntes Vermögen allein zum Zweck der Begleichung der darauf entfallenden Erbschaft- bzw. Schenkungsteuer veräußert werden muss. **3.** Der Erwerber eines zu Wohnzwecken vermieteten Grundstücks i. S. d. §§ 13 d Abs. 3, 28 Abs. 3 ErbStG kann nicht darauf verwiesen werden, sich außerhalb der üblichen Bedingungen des Kapitalmarkts zu refinanzieren und muss somit nicht Geldbeschaffungsmöglichkeiten jedweder Art in Anspruch nehmen. **4.** Ob der Schenker bei einer Stundung der Schenkungsteuer gegenüber dem Beschenkten ermessensfehlerfrei in Anspruch genommen werden kann, ist zu der Entscheidung über die Stundung nachrangig.

mer 1 und Satz 4 sowie Absatz 4 entsprechend. ⑨ In den Fällen des Absatzes 6 gelten Absatz 3 Satz 1 Nummer 1 und Absatz 4 entsprechend.

13 (8) ① Bei einem Erwerb von Todes wegen erfolgt die Stundung nach Absatz 5 bis 7 zinslos. ② In allen übrigen Fällen ist die Stundung zinspflichtig (§§ 234, 238 AO).

Anl zu § 28

Abgabenordnung (AO)

§ 222 Stundung

14 ① Die Finanzbehörden können Ansprüche aus dem Steuerschuldverhältnis ganz oder teilweise stunden, wenn die Einziehung bei Fälligkeit eine erhebliche Härte für den Schuldner bedeuten würde und der Anspruch durch die Stundung nicht gefährdet erscheint. ② Die Stundung soll in der Regel nur auf Antrag und gegen Sicherheitsleistung gewährt werden. ③ Steueransprüche gegen den Steuerschuldner können nicht gestundet werden, soweit ein Dritter (Entrichtungspflichtiger) die Steuer für Rechnung des Steuerschuldners zu entrichten, insbesondere einzubehalten und abzuführen hat. ④ Die Stundung des Haftungsanspruchs gegen den Entrichtungspflichtigen ist ausgeschlossen, soweit er Steuerabzugsbeträge einbehalten oder Beträge, die eine Steuer enthalten, eingenommen hat.

15 § 234 Stundungszinsen

(1) ① Für die Dauer einer gewährten Stundung von Ansprüchen aus dem Steuerschuldverhältnis werden Zinsen erhoben; für Haftungsansprüche gilt dies nur, soweit sich die Haftung auf Steuern und zurückzuzahlende Steuervergütungen erstreckt. ② Wird der Steuer- oder Haftungsbescheid nach Ablauf der Stundung aufgehoben, geändert oder nach § 129 berichtigt, so bleiben die bis dahin entstandenen Zinsen unberührt.

(2) Auf die Zinsen kann ganz oder teilweise verzichtet werden, wenn ihre Erhebung nach Lage des einzelnen Falls unbillig wäre.

(3) Zinsen nach § 233 a, die für denselben Zeitraum festgesetzt wurden, sind anzurechnen.

16 § 238 Höhe und Berechnung der Zinsen

(1) ① Die Zinsen betragen für jeden Monat einhalb Prozent. ② Sie sind von dem Tag an, an dem der Zinslauf beginnt, nur für volle Monate zu zahlen; angefangene Monate bleiben außer Ansatz. ③ Erlischt der zu verzinsende Anspruch durch Aufrechnung, gilt der Tag, an dem die Schuld des Aufrechnenden fällig wird, als Tag der Zahlung.

(1 a) In den Fällen des § 233 a betragen die Zinsen abweichend von Absatz 1 Satz 1 ab dem 1. Januar 2019 0,15 Prozent für jeden Monat, das heißt 1,8 Prozent für jedes Jahr.

(1 b) ① Sind für einen Zinslauf unterschiedliche Zinssätze maßgeblich, ist der Zinslauf in Teilverzinsungszeiträume aufzuteilen. ② Die Zinsen für die Teilverzinsungszeiträume sind jeweils tageweise zu berechnen. ③ Hierbei wird jeder Kalendermonat unabhängig von der tatsächlichen Anzahl der Kalendertage mit 30 Zinstagen und jedes Kalenderjahr mit 360 Tagen gerechnet.

(1 c) ① Die Angemessenheit des Zinssatzes nach Absatz 1a ist unter Berücksichtigung der Entwicklung des Basiszinssatzes nach § 247 des Bürgerlichen Gesetzbuchs wenigstens alle zwei Jahre zu evaluieren. ② Die erste Evaluierung erfolgt spätestens zum 1. Januar 2024.

(2) Für die Berechnung der Zinsen wird der zu verzinsende Betrag jeder Steuerart auf den nächsten durch 50 Euro teilbaren Betrag abgerundet.

ErbStG

§ 28 a[1–3] Verschonungsbedarfsprüfung

1 **(1) ① Überschreitet der Erwerb von begünstigtem Vermögen im Sinne des § 13 b Absatz 2 die Grenze des § 13 a Absatz 1 Satz 1 von 26 Millionen Euro, ist die auf das begünstigte Vermögen entfallende Steuer auf Antrag des Erwerbers zu erlassen, soweit er nachweist, dass er persönlich nicht in der Lage ist, die Steuer aus seinem verfügbaren Vermögen im Sinne des Absatzes 2 zu begleichen. ② Ein Erwerber kann den Erlass nicht in Anspruch nehmen, soweit er begünstigtes Vermögen im Sinne des § 13 b Absatz 2 auf Grund einer letztwilligen Verfügung des Erblassers oder einer rechtsgeschäftlichen Verfügung des Erblassers oder Schenkers auf einen Dritten übertragen muss. ③ Satz 2 gilt entsprechend, wenn ein Erbe im Rahmen der Teilung des Nachlasses begünstigtes Vermögen auf einen Miterben überträgt. ④ Überträgt ein Erbe erworbenes begünstigtes Vermögen im Sinne des § 13 b Absatz 2 im Rahmen der Teilung des Nachlasses auf einen Dritten und gibt der Dritte dabei diesem Erwerber nicht begünstigtes Vermögen hin, das er vom Erblasser erworben hat, erhöht sich insoweit der Wert des begünstigten Vermögens des Dritten um den Wert des hingegebenen Vermögens, höchstens jedoch um den Wert des übertragenen Vermögens.**

2 **(2) Zu dem verfügbaren Vermögen gehören 50 Prozent der Summe der gemeinen Werte des**

1. mit der Erbschaft oder Schenkung zugleich übergegangenen Vermögens, das nicht zum begünstigten Vermögen im Sinne des § 13 b Absatz 2 gehört, und

2. dem Erwerber im Zeitpunkt der Entstehung der Steuer (§ 9) gehörenden Vermögens, das nicht zum begünstigten Vermögen im Sinne des § 13 b Absatz 2 gehören würde.

3 **(3) ① Die nach Anwendung des Absatzes 1 Satz 1 verbleibende Steuer kann ganz oder teilweise bis zu sechs Monate gestundet werden, wenn die Einziehung bei Fälligkeit eine erhebliche Härte für den Erwerber bedeuten würde und der Anspruch nicht gefährdet erscheint. ② Eine erhebliche Härte liegt insbesondere vor, wenn der Erwerber einen Kredit aufnehmen oder verfügbares Vermögen im Sinne des Absatzes 2 veräußern muss, um die Steuer entrichten zu können. ③ Die §§ 234 und 238 der Abgabenordnung sind anzuwenden. ④ § 222 der Abgabenordnung und § 28 bleiben unberührt.**

4 **(4)[4] ① Der Erlass der Steuer nach Absatz 1 Satz 1 steht unter der auflösenden Bedingung, dass**

1. die Summe der maßgebenden jährlichen Lohnsummen des Betriebs, bei Beteiligungen an einer Personengesellschaft oder Anteilen an einer Kapitalgesellschaft des Betriebs der jeweiligen Gesellschaft, innerhalb von sieben Jahren nach dem Erwerb (Lohnsummenfrist) insgesamt die Mindestlohnsumme nach § 13 a Absatz 10 Nummer 3 bis 5 unterschreitet. ② § 13 a Absatz 3 Satz 2 und 6 bis 13 gilt entsprechend. ③ Unterschreitet die Summe der maßgebenden jährlichen Lohnsummen die Mindestlohnsumme, vermindert sich der nach Absatz 1 Satz 1 zu gewährende Erlass der Steuer mit Wirkung für die Vergangenheit in demselben prozentualen Umfang, wie die Mindestlohnsumme unterschritten wird;

2. der Erwerber innerhalb von sieben Jahren (Behaltensfrist) gegen die Behaltensbedingungen entsprechend § 13 a Absatz 6 Satz 1 verstößt. ② § 13 a Absatz 6 Satz 2 bis 4 gilt entsprechend;

3. der Erwerber innerhalb von zehn Jahren nach dem Zeitpunkt der Entstehung der Steuer (§ 9) weiteres Vermögen durch Schenkung oder von Todes wegen erhält, das verfügbares Vermögen im Sinne des Absatzes 2 darstellt. ② Der Erwerber kann erneut einen Antrag nach Absatz 1 stellen. ③ Das verfügbare Vermögen nach Absatz 2 ist um 50 Prozent des gemeinen Werts des weiteren erworbenen Vermögens zu erhöhen;

4. die den Erwerb oder Teile des Erwerbs oder das in Nummer 3 oder Absatz 2 Nummer 2 bezeichnete Vermögen oder Teile dieses Vemrögens betreffenden Feststellungsbescheide im Sinne des § 151 Absatz 1 Satz 1 des Bewertungsgesetzes oder des § 13 b Absatz 10 Satz 1 geändert werden oder erstmals ergehen und die festgestellten Werte von den dem Erlass zugrunde gelegten Werten abweichen. ② Gleiches gilt im Fall der Aufhebung eines Feststellungsbescheids. ③ Der Erwerber kann erneut einen Antrag nach Absatz 1 stellen;

---

[1] § 28 a anzuwenden auf Erwerbe, für die die Steuer nach dem 30. 6. 2016 entsteht (§ 37 Abs. 12 Satz 1 ErbStG).
[2] Zu § 28 a siehe *Rz. 21 gleich lautender Ländererlass vom 22. 12. 2023,* abgedruckt als Anlage zu R E 13 a.21 ErbStR.
[3] Zum Brexit siehe *Tz. 1.4 Buchst. c gleich lautender Ländererlass vom 13. 12. 2021,* abgedruckt als Anlage zu R E 13.2 ErbStR.
[4] § 28 a i. d. F. des Gesetzes vom 11. 12. 2018 (BGBl. I S. 2338) anzuwenden auf Erwerbe, für die ein Erlass erstmals nach dem 14. 12. 2018 ausgesprochen wurde (§ 37 Abs. 16 Satz 2 ErbStG).

5. die dem Erlass zugrunde liegende Steuerfestsetzung geändert wird und dabei von den dem Erlass zugrunde gelegten Werten abgewichen wird. ② Der Erwerber kann erneut einen Antrag nach Absatz 1 stellen;

6. der Erlass gemäß Absatz 1 Satz 2 oder 3 ganz oder teilweise nicht mehr in Anspruch genommen werden kann. ② Der Erwerber kann erneut einen Antrag nach Absatz 1 stellen.

② Der Verwaltungsakt nach Absatz 1 Satz 1 steht unter dem Vorbehalt des Widerrufs (§ 120 Absatz 2 Nummer 3 der Abgabenordnung). ③ Der Verwaltungsakt über den Erlass nach Absatz 1 Satz 1 ist bei Eintritt der auflösenden Bedingung nach Satz 1 mit Wirkung für die Vergangenheit ganz oder teilweise zu widerrufen; § 131 Absatz 4 der Abgabenordnung gilt entsprechend.

5 (5) ① **Der Erwerber ist verpflichtet, dem für die Erbschaftsteuer zuständigen Finanzamt innerhalb einer Frist von sechs Monaten nach Ablauf der Lohnsummenfrist das Unterschreiten der Mindestlohnsumme (Absatz 4 Satz 1 Nummer 1) anzuzeigen. ② In den Fällen des Absatzes 4 Satz 1 Nummer 2 und 3 ist der Erwerber verpflichtet, dem für die Erbschaftsteuer zuständigen Finanzamt den entsprechenden Sachverhalt innerhalb einer Frist von einem Monat, nachdem der jeweilige Tatbestand verwirklicht wurde, anzuzeigen. ③ Die Anzeige ist eine Steuererklärung im Sinne der Abgabenordnung. ④ Sie ist schriftlich abzugeben. ⑤ Die Anzeige hat auch dann zu erfolgen, wenn der Vorgang nur teilweise zum Widerruf des Verwaltungsaktes nach Absatz 4 führt.**

6 (6)[1] ① **Die Zahlungsverjährungsfrist für die nach Anwendung des Absatzes 1 Satz 1 verbleibende Steuer endet nicht vor dem Ablauf des fünften Jahres, nachdem das für die Erbschaftsteuer zuständige Finanzamt von dem Unterschreiten der Mindestlohnsumme (Absatz 4 Satz 1 Nummer 1) oder dem Verwirklichen eines Tatbestands nach Absatz 4 Satz 1 Nummer 2, 3 und 6 Kenntnis erlangt. ② In den Fällen des Absatzes 4 Satz 1 Nummer 4 und 5 endet die Zahlungsverjährungsfrist nicht vor dem Ablauf des zweiten Jahres nach Bekanntgabe des Feststellungsbescheids oder des Steuerbescheids.**

7 (7) **Die Absätze 1 bis 6 gelten in den Fällen des § 1 Absatz 1 Nummer 4 entsprechend.**

8 (8) **Die Absätze 1 bis 7 gelten nicht, wenn ein Antrag nach § 13 c gestellt wurde.**

Übersicht

		Rz.
R E 28 a.1	Verschonungsbedarfsprüfung – Allgemeines; H E 28 a.1	10–15
R E 28 a.2	Verfügbares Vermögen; H E 28 a.2	16–19
R E 28 a.3	Stundung	20
R E 28 a.4	Nachträglicher Wegfall der Erlassbedingungen	21–23
R E 28 a.5	Ergänzende Vorschriften bei der Verschonungsbedarfsprüfung	24
R E 28 a.6	Begünstigte Erwerbe bei Familienstiftungen	25

Zu § 28 a ErbStG

ErbStR R E 28a.1

R E 28 a.1 Verschonungsbedarfsprüfung – Allgemeines

10 (1) ① Wenn der Wert des erworbenen begünstigten Vermögens im Sinne des § 13b Absatz 2 ErbStG den Schwellenwert von 26 Millionen EUR überschreitet und der Erwerber keinen Antrag nach § 13c ErbStG gestellt hat, wird die Steuer ohne Verschonung für das begünstigte Vermögen festgesetzt. ② Auf Antrag des Erwerbers wird eine Verschonungsbedarfsprüfung nach § 28 a ErbStG durchgeführt. ③ Diese kann zu einem teilweisen oder vollständigen Erlass der auf das begünstigte Vermögen entfallenden Steuer führen. ④ Der Vorwegabschlag bis zu 30 Prozent nach § 13 a Absatz 9 ErbStG ist vor Prüfung des Schwellenwerts von 26 Millionen EUR und vor Anwendung der Verschonungsbedarfsprüfung zu berücksichtigen (§ 13 a Absatz 9 ErbStG; → R E 13 a.20).

11 (2) ① Der Erwerber muss den Antrag auf Erlass nach § 28 a Absatz 1 Satz 1 ErbStG bei dem für die Erbschaft- oder Schenkungsteuer zuständigen Finanzamt schriftlich stellen oder zur Niederschrift erklären. ② Er kann den Antrag unabhängig vom Eintritt der materiellen Bestandskraft der Erbschaft- oder Schenkungsteuerfestsetzung bis zum Eintritt der Zahlungsverjährung stellen; ein Widerruf des Antrags ist möglich. ③ Der Antrag ist ausgeschlossen, wenn der Erwerber bereits unwiderruflich beantragt hat, das Abschmelzmodell nach § 13 c ErbStG anzuwenden (§§ 13 c Absatz 2 Satz 6, 28 a Absatz 8 ErbStG).

12 (3) Für die Anwendung des § 28 a ErbStG ist die auf das insgesamt erworbene begünstigte Vermögen entfallende Steuer maßgeblich.

[1] § 28 a i. d. F. des Gesetzes vom 11. 12. 2018 (BGBl. I S. 2338) anzuwenden auf Erwerbe, für die ein Erlass erstmals nach dem 14. 12. 2018 ausgesprochen wurde (§ 37 Abs. 16 Satz 2 ErbStG).

(4) Entfällt der Vorwegabschlag nach § 13 a Absatz 9 Satz 5 ErbStG mit Wirkung für die Vergangenheit, ist für die festgesetzte, auf den geänderten Wert des begünstigten Vermögens entfallende Steuer auf Antrag die Verschonungsbedarfsprüfung durchzuführen. 13

(5) Die auf das begünstigte Vermögen nach § 13 b Absatz 2 ErbStG entfallende Steuer ist wie folgt zu berechnen: 14

1. Die tarifliche Steuer nach § 19 ErbStG auf den gesamten steuerpflichtigen Erwerb ist um die anzurechnende Steuer auf einen Vorerwerb nach § 14 Absatz 1 ErbStG zu kürzen.
2.[1] *Die danach verbleibende Steuer ist nach dem Verhältnis des Werts des begünstigten Vermögens – gegebenenfalls nach Abzug des Vorwegabschlags nach § 13 a Absatz 9 ErbStG und nach Abzug der damit in wirtschaftlichem Zusammenhang stehenden abzugsfähigen Schulden und Lasten (§ 10 Absatz 5 und 6 ErbStG) – zum Wert des gesamten Vermögensanfalls nach Abzug der mit diesem Vermögen in wirtschaftlichem Zusammenhang stehenden abzugsfähigen Schulden und Lasten aufzuteilen.*
3. Sind für das begünstigte Vermögen die Voraussetzungen der §§ 19 a, 21 oder 27 ErbStG erfüllt, sind der Ermäßigungsbetrag nach § 19 a ErbStG, die darauf entfallende Ermäßigung nach § 27 ErbStG bzw. die darauf entfallende, nach § 21 ErbStG anrechenbare Steuer abzuziehen.

H E 28 a.1

HE 28 a.1

Berechnung der auf begünstigtes Vermögen entfallenden Steuer.

Beispiel: 15

Unternehmerin U hat ihre Tochter T zur Alleinerbin eingesetzt. Zum Nachlass gehören sämtliche Anteile an einer GmbH mit einem Steuerwert 100 000 000 EUR. Das begünstigte Vermögen hat einen gemeinen Wert von 95 000 000 EUR. Die Gesellschaft erfüllt die Voraussetzungen für einen Vorwegabschlag nach § 13 a Absatz 9 ErbStG in Höhe von 5%. Zum Nachlass gehört Kapitalvermögen im Wert von 25 000 000 EUR. Ein im Zusammenhang mit der Anschaffung der GmbH-Anteile aufgenommener Kredit valutiert noch in Höhe von 3 000 000 EUR.
Die Tochter ist Eigentümerin eines Grundstücks mit einem gemeinen Wert von 2 000 000 EUR, welches sie zu eigenen Wohnzwecken nutzt.

Für T ergibt sich folgende Steuerberechnung:

GmbH-Anteile		
nicht begünstigtes Vermögen		5 000 000 EUR
begünstigtes Vermögen	95 000 000 EUR	
Vorwegabschlag 5%	./. 4 750 000 EUR	
verbleiben	90 250 000 EUR	
steuerpflichtiges begünstigtes Unternehmensvermögen		+ 90 250 000 EUR
Kapitalvermögen		+ 25 000 000 EUR
gesamter Vermögensanfall		120 250 000 EUR

Schuldenkürzung nach § 10 Absatz 6 ErbStG:[2]
Auf das nicht begünstigte Vermögen entfallende Schulden:

$$\frac{3\,000\,000 \text{ EUR} \times 5\,000\,000 \text{ EUR}}{100\,000\,000 \text{ EUR}} = 150\,000 \text{ EUR}$$

Auf das begünstigte Vermögen entfallende Schulden:
3 000 000 EUR – 150 000 EUR = 2 850 000 EUR

$$\frac{2\,850\,000 \text{ EUR} \times 90\,250\,000 \text{ EUR}}{95\,000\,000 \text{ EUR}} = 2\,707\,500 \text{ EUR}$$

Abziehbare Schulden (150 000 EUR + 2 707 500 EUR =)		./. 2 857 500 EUR
Vermögensanfall nach Schuldenabzug		117 392 500 EUR
Erbfallkostenpauschale		./. 10 300 EUR
persönlicher Freibetrag		./. 400 000 EUR
steuerpflichtiger Erwerb		116 982 200 EUR
Anteil des begünstigten Vermögens:		
begünstigtes Vermögen	90 250 000 EUR	
darauf entfallende abziehbare Schulden	./. 2 707 500 EUR	
Saldo	87 542 500 EUR	

87 542 500 EUR : 117 392 500 EUR = 74,58%

Steuer nach Stkl. I (30%)	35 094 660 EUR
Auf begünstigtes Vermögen entfällt 35 094 660 EUR × 74,58%	26 173 598 EUR

R E 28 a.2 Verfügbares Vermögen

ErbStR R E 28 a.2

(1) ① Ein Erlass kommt nur für den Teil der auf das begünstigte Vermögen im Sinne des § 13 b Absatz 2 ErbStG entfallenden Steuer in Betracht, den der Erwerber nicht aus seinem verfügbaren Vermögen begleichen kann. ② Das Erbschaft- und Schenkungsteuerrecht erkennt in § 13 ErbStG 16
an, dass bestimmtes Vermögen für die Bestreitung des Lebensunterhalts zur Verfügung stehen sollte,

---

[1] Überholt durch Änderung des § 10 Abs. 6 ErbStG durch das JStG 2020, jetzt § 10 Abs. 6 a ErbStG durch das JStG 2024, siehe *Tz. 3 gleich lautender Ländererlass vom 13. 9. 2021,* abgedruckt als Anlage b zu § 10 ErbStG.
[2] Jetzt § 10 Abs. 6 a ErbStG.

z. B. Hausrat, Familienheim. ③ Dabei ist zu berücksichtigen, dass bei einer Veräußerung von bestimmten Wirtschaftsgütern unter Umständen andere Steuern anfallen oder bei einer eventuellen Beleihung von Wirtschaftsgütern und Vermögensgegenständen eine Beleihung zu 100 Prozent ihres Verkehrswerts in der Regel nicht zu realisieren ist. ④ Da der zu wahrende Kernbestand des Vermögens nicht zweifelsfrei abgegrenzt werden kann, ist das übrige Vermögen nach § 28 a Absatz 2 ErbStG typisierend mit einem Anteil von 50 Prozent einzubeziehen. ⑤ Bei der Prüfung ist abzustellen auf die Summe der gemeinen Werte des Vermögens, das nicht zum begünstigten Vermögen des § 13 b Absatz 2 ErbStG gehört bzw. gehören würde. ⑥ Das gilt unabhängig davon, ob es im Rahmen der Erbschaft oder Schenkung zugleich übergegangen ist oder dem Erwerber im Besteuerungszeitpunkt bereits gehörte. ⑦ Zum verfügbaren Vermögen gehören insbesondere

1. das nicht nach § 13 b Absatz 1 ErbStG begünstigungsfähige Vermögen, z. B. Anteile an Kapitalgesellschaften, die die Mindestbeteiligung nach § 13 b Absatz 1 Nummer 3 ErbStG nicht erreichen, ausländisches Betriebsvermögen in einem Drittstaat, Privatvermögen (Kapitalvermögen, Grundstücke, übriges Vermögen),
2. das nicht begünstigte Verwaltungsvermögen, das zu einer wirtschaftlichen Einheit des begünstigungsfähigen Vermögens nach § 13 b Absatz 1 ErbStG gehört (steuerpflichtiger Wert des Verwaltungsvermögens, → R E 13 b.9 Absatz 2),
3. Vermögen, das nicht der Besteuerung nach dem ErbStG unterliegt, z. B. Vermögen, das nicht der unbeschränkten Steuerpflicht nach § 2 Absatz 1 Nummer 1 ErbStG unterliegt oder nach einem DBA von der Besteuerung ausgenommen ist.

17 (2) ① Im Rahmen der Verschonungsbedarfsprüfung sind allein die Verhältnisse im Besteuerungszeitpunkt maßgeblich. ② Der Bestand und der Wert des verfügbaren Vermögens sind auf diesen Stichtag zu ermitteln. ③ Nicht maßgebend sind unter anderem der Zeitpunkt der Steuerfestsetzung, des Erlassantrags nach § 28 a Absatz 1 ErbStG oder des Ergehens des Verwaltungsakts über einen Erlass nach § 28 a Absatz 1 ErbStG. ④ Anzusetzen ist jeweils der Nettowert des einzubeziehenden Vermögens. ⑤ Bei der Berechnung des Nettowerts sind Schulden und Lasten einschließlich der Nachlassverbindlichkeiten nach § 10 Absatz 5 ErbStG sowie Gegenleistungen im Fall einer Schenkung abzuziehen. ⑥ Die auf den steuerpflichtigen Erwerb entfallende Steuer mindert den Wert des verfügbaren Vermögens nicht. ⑦ Bei der Ermittlung des Werts des verfügbaren Vermögens sind Steuerbefreiungen, z. B. für Hausrat, Kulturgüter oder ein Familienheim, unbeachtlich. ⑧ Wurden im Rahmen der Steuerberechnung aufgrund dieser Steuerbefreiungen Schulden nach § 10 Absatz 6 ErbStG[1] nur eingeschränkt abgezogen, sind diese bei der Ermittlung des verfügbaren Vermögens ungekürzt abzuziehen. ⑨ Ebenfalls unbeachtlich ist, dass der Erwerber gegebenenfalls nicht frei über das Vermögen verfügen kann, weil es z. B. in einer wirtschaftlichen Einheit des begünstigungsfähigen Vermögens nach § 13 b Absatz 1 ErbStG gebunden ist. ⑩ Die durch einen späteren Verkauf verfügbaren Vermögens anfallenden anderen Steuern, z. B. Einkommensteuer oder Grunderwerbsteuer, mindern das verfügbare Vermögen nicht. ⑪ Bei der Ermittlung des verfügbaren Vermögens sind keine persönlichen Freibeträge (§§ 16, 17 ErbStG) zu berücksichtigen.

18 (3) ① Der Wert des zugleich übergegangenen Vermögens im Sinne des § 28 a Absatz 2 Nummer 1 ErbStG ist jeweils mit den für die Steuerfestsetzung maßgeblichen – gegebenenfalls festgestellten – gemeinen Werten zu berücksichtigen. ② Im Rahmen der Ermittlung des verfügbaren Vermögens sind zusätzlich zu ermitteln:

1. der Wert des zugleich übergegangenen Vermögens, das im Rahmen der Steuerfestsetzung auf Grund einer Steuerbefreiung nicht berücksichtigt wurde, oder nach einem DBA von der Besteuerung ausgenommen ist, und
2. der Wert des Vermögens, das dem Erwerber im Besteuerungszeitpunkt bereits gehört (§ 28 a Absatz 2 Nummer 2 ErbStG).

③ Die Werte dieser Vermögensgegenstände sind gegebenenfalls nach §§ 151 ff. BewG festzustellen. ④ Gehört zum vorhandenen Vermögen des Erwerbers eine wirtschaftliche Einheit des begünstigungsfähigen Vermögens nach § 13 b Absatz 1 ErbStG, sind neben der Wertfeststellung auch die Feststellungen nach § 13 b Absatz 10 ErbStG durchzuführen (→ R E 13 b.30). ⑤ Feststellungen zur Lohnsummenregelung nach § 13 a Absatz 4 ErbStG unterbleiben.

H E 28 a.2

H E 28 a.2

Verfügbares Vermögen.

19 **Beispiel:**

Fortsetzung des Beispiels in H E 28 a.1.

miterworbenes Vermögen		
nicht begünstigtes Vermögen	5 000 000 EUR	
Kapitalvermögen	+ 25 000 000 EUR	
Schulden auf nicht begünstigtes Vermögen	./. 150 000 EUR	
Erbfallkostenpauschbetrag	./. 10 300 EUR	
	29 839 700 EUR	
davon 50%		14 919 850 EUR

[1] Jetzt § 10 Abs. 6 a ErbStG.

eigenes Vermögen		
Grundstück	2 000 000 EUR	
davon 50%		+ 1 000 000 EUR
		15 919 850 EUR
Steuer auf das begünstigte Vermögen		26 173 598 EUR
verfügbares Vermögen		./. 15 919 850 EUR
zu erlassende Steuer		10 253 748 EUR

R E 28 a.3 Stundung

ErbStR R E 28 a.3

①Eine Stundung nach § 28 a Absatz 3 ErbStG bis zu sechs Monaten kommt nur in Betracht für die Steuer, die auf das erworbene begünstigte Vermögen entfällt und die nicht nach § 28 a Absatz 1 ErbStG erlassen wurde. ②§ 28 Absatz 1 ErbStG und § 222 AO bleiben unberührt (→ R E 28). ③Eine Stundung der Steuer, die auf das zugleich übergegangene nicht begünstigte Vermögen entfällt, ist nach § 28 a Absatz 3 ErbStG nicht möglich. 20

R E 28 a.4 Nachträglicher Wegfall der Erlassbedingungen

ErbStR R E 28 a.4

(1) ①Verstößt der Erwerber innerhalb der für die Optionsverschonung maßgebenden Lohnsummen- oder Behaltensfrist von sieben Jahren gegen die Lohnsummen- oder Behaltensregelungen (→ R E 13 a.9, 13 a.19 und 13 a.21), ist der unter dem Vorbehalt des Widerrufs stehende Verwaltungsakt über den Erlass mit Wirkung für die Vergangenheit ganz oder teilweise zu widerrufen (§ 28 a Absatz 4 Satz 1 Nummer 1 und 2, Satz 2 und 3 ErbStG). ②Die zunächst erloschene Steuer lebt ganz oder teilweise wieder auf. ③Der Umfang des rückwirkenden Wegfalls des Erlasses richtet sich nach den Regelungen der Optionsverschonung (→ R E 13 a.9 und 13 a.19). 21

(2) ①Erhält der Erwerber innerhalb von zehn Jahren nach dem Besteuerungszeitpunkt durch Schenkung oder von Todes wegen weiteres Vermögen, das verfügbares Vermögen im Sinne des § 28 a Absatz 2 ErbStG darstellt, ist der unter dem Vorbehalt des Widerrufs stehende Verwaltungsakt über den Erlass mit Wirkung für die Vergangenheit zu widerrufen (§ 28 a Absatz 4 Satz 1 Nummer 3, Satz 2 und 3 ErbStG). ②Dies gilt unabhängig von der Person des Zuwendenden und davon, ob beziehungsweise in welchem Umfang der Erwerb dem ErbStG unterliegt. ③Aus Vereinfachungsgründen sind übliche Gelegenheitsgeschenke im Sinne des § 13 Absatz 1 Nummer 14 ErbStG unbeachtlich. ④Die zunächst erloschene Steuer lebt vollständig wieder auf. ⑤Der Erwerber kann einen erneuten Antrag nach § 28 a Absatz 1 ErbStG stellen. ⑥Im Rahmen der erneuten Verschonungsbedarfsprüfung ist das zum Besteuerungszeitpunkt des Erwerbs, für den der Erlass gewährt wurde, ermittelte verfügbare Vermögen um 50 Prozent des gemeinen Werts des hinzuerworbenen Vermögens zu erhöhen. ⑦Anzusetzen ist der Nettowert des hinzuerworbenen Vermögens. ⑧Die auf den Hinzuerwerb entfallende Steuer mindert den Wert des verfügbaren Vermögens nicht. ⑨Für das hinzuerworbene Vermögen sind die Verhältnisse im Zeitpunkt des Hinzuerwerbs maßgeblich. ⑩Hinsichtlich dessen Ermittlung sind R E 28 a.2 Absatz 2 und 3 entsprechend anzuwenden. 22

(3) ①Der unter dem Vorbehalt des Widerrufs stehende Verwaltungsakt über den Erlass ist mit Wirkung für die Vergangenheit zu widerrufen, wenn nach dem Erlass des Verwaltungsakts 23

1. für das verfügbare Vermögen oder Teile davon Feststellungsbescheide nach § 151 Absatz 1 Satz 1 BewG oder § 13 b Absatz 10 Satz 1 erstmals erlassen oder geändert werden und die festgestellten Werte von den beim Erlass zugrunde gelegten Werten abweichen. Dies gilt auch für den Fall, in dem ein Feststellungsbescheid für das verfügbare Vermögen aufgehoben wird.
2. die dem Erlass zugrundeliegende Steuerfestsetzung geändert wird oder
3. begünstigtes Vermögen im Sinne des § 13 b Absatz 2 ErbStG aufgrund einer Verpflichtung an Dritte weiterübertragen wird.

②Die zunächst erloschene Steuer lebt vollständig wieder auf. ③Der Erwerber kann einen erneuten Antrag nach § 28 a Absatz 1 ErbStG stellen.

R E 28 a.5 Ergänzende Vorschriften bei der Verschonungsbedarfsprüfung

ErbStR R E 28 a.5

Folgende ergänzende Vorschriften sind zu beachten:

1. zu den Folgen einer Weitergabeverpflichtung oder einer Nachlassteilung: § 28 a Absatz 1 Satz 2 bis 5 ErbStG. ②Zu Einzelheiten → R E 13 a.11; 24
2. zu den Anzeigepflichten des Erwerbers in den Fällen eines Verstoßes gegen die Lohnsummen- oder Behaltensregelungen oder eines Hinzuerwerbs verfügbaren Vermögens: § 28 a Absatz 5 ErbStG. ②Zu Einzelheiten → R E 13 a.9 und 13 a.12;
3. zu dem Hinausschieben des Endes der Zahlungsverjährungsfrist bei Verstoß gegen die in Nummer 2 genannten Regelungen: § 28 a Absatz 6 ErbStG.

ErbStR R E 28a.6

R E 28 a.6 Begünstigte Erwerbe bei Familienstiftungen

25 ① Die Verschonungsbedarfsprüfung des § 28 a ErbStG wird auf Antrag auch bei der Bemessung der Ersatzerbschaftsteuer einer Familienstiftung oder eines Familienvereins (§ 1 Absatz 1 Nummer 4 ErbStG) gewährt, soweit zum Vermögen der Stiftung oder des Vereins begünstigtes Vermögen (§ 13b Absatz 2 ErbStG) gehört. ② Wegen der Definition der Familienstiftung → R E 1.2. ③ Beim Übergang von Vermögen auf Grund eines Stiftungsgeschäfts unter Lebenden (§ 7 Absatz 1 Nummer 8 ErbStG) kommt die Verschonungsbedarfsprüfung ebenfalls in Betracht.

§ 29 Erlöschen der Steuer in besonderen Fällen

ErbStG

(1) Die Steuer erlischt mit Wirkung für die Vergangenheit,

1.[1] **soweit ein Geschenk wegen eines Rückforderungsrechts herausgegeben werden mußte;** 1

2.[2] **soweit die Herausgabe gemäß § 528 Abs. 1 Satz 2 des Bürgerlichen Gesetzbuchs abgewendet worden ist;** 2

3. soweit in den Fällen des § 5 Abs. 2 unentgeltliche Zuwendungen auf die Ausgleichsforderung angerechnet worden sind (§ 1380 Abs. 1 des Bürgerlichen Gesetzbuchs). ② Entsprechendes gilt, wenn unentgeltliche Zuwendungen bei der Berechnung des nach § 5 Abs. 1 steuerfreien Betrags berücksichtigt werden; 3

4.[3] **soweit Vermögensgegenstände, die von Todes wegen (§ 3) oder durch Schenkung unter Lebenden (§ 7) erworben worden sind, innerhalb von 24 Monaten nach dem Zeitpunkt der Entstehung der Steuer (§ 9) dem Bund, einem Land, einer inländischen Gemeinde (Gemeindeverband) oder einer inländischen Stiftung**[4] **zugewendet werden, die nach der Satzung, dem Stiftungsgeschäft oder der sonstigen Verfassung und nach ihrer tatsächlichen Geschäftsführung ausschließlich und unmittelbar als gemeinnützig anzuerkennenden steuerbegünstigten Zwecken im Sinne der §§ 52 bis 54 der Abgabenordnung**[5] **mit Ausnahme der Zwecke, die nach § 52 Abs. 2 Nr. 23 der Abgabenordnung gemeinnützig sind, dient. ② Dies gilt nicht, wenn die Stiftung Leistungen im Sinne des § 58 Nummer 6 der Abgabenordnung an den Erwerber oder seine nächsten Angehörigen zu erbringen hat, oder soweit für die Zuwendung die Vergünstigung nach § 10b des Einkommensteuergesetzes, § 9 Abs. 1 Nr. 2 des Körperschaftsteuergesetzes oder § 9 Nr. 5 des Gewerbesteuergesetzes in Anspruch genommen wird. ③ Für das Jahr der Zuwendung ist bei der Einkommensteuer oder Körperschaftsteuer und bei der Gewerbesteuer unwiderruflich zu erklären, in welcher Höhe die Zuwendung als Spende zu berücksichtigen ist. ④ Die Erklärung ist für die Festsetzung der Erbschaftsteuer oder Schenkungsteuer bindend.** 4

(2) Der Erwerber ist für den Zeitraum, für den ihm die Nutzungen des zugewendeten Vermögens zugestanden haben, wie ein Nießbraucher zu behandeln. 5

Zu § 29 ErbStG

R E 29. Erlöschen der Steuer in besonderen Fällen

ErbStR
R E 29

① Nach § 29 Absatz 1 Nummer 1 ErbStG erlischt die Steuer mit Wirkung für die Vergangenheit, soweit ein Geschenk wegen eines Rückforderungsrechts herausgegeben werden muss. ② Gemäß § 29 Absatz 2 ErbStG ist der Erwerber für den Zeitraum, für den ihm die Nutzungen des zugewendeten Vermögens zugestanden haben, wie ein Nießbraucher zu behandeln. ③ Bei der vollständigen oder teilweisen Rückgängigmachung einer Schenkung steuerbegünstigten Vermögens ist die ursprünglich gewährte Steuerbegünstigung nicht anwendbar.[6] ④ Der ursprüngliche Zuwendungsgegenstand wird durch einen neuen Zuwendungsgegenstand „fiktiver Nießbrauch" ausgetauscht, für den keine Steuerbegünstigung in Betracht kommt. ⑤ Gleiches gilt in den Fällen des § 29 Absatz 1 Nummer 2 und 4 ErbStG. 6

[1] *BFH-Urteil vom 24. 5. 2000 II R 62/97 (BFH/NV 2001 S. 39):* **1.** Der Tatbestand des § 29 Abs. 1 Nr. 1 ErbStG ist auch dann erfüllt, wenn ein Nacherbe auf Grund eines gesetzlichen Herausgabeanspruchs aus § 2113 BGB von einem vom Vorerben Beschenkten das durch die Schenkung Erlangte erhält. **2.** Die während der Dauer der Vorerbschaft auf einen zur Erbschaft gehörenden Kommanditanteil entfallenden entnahmefähigen Gewinne stehen dem Vorerben als Nutzungen zu. Die Verbuchung dieser Gewinne auf einem Forderungskonto (Privatkonto) des Vorerben/Gesellschafters ändert daran nichts. **3.** Für die Abgrenzung zwischen Forderungskonten und Kapitalkonten der Gesellschafter ist entscheidend, ob die auf den Konten verbuchten Forderungen an den Risiken der Gesellschaft teilnehmen.

[2] *BFH-Urteil vom 8. 10. 2003 II R 46/01 (BStBl. 2004 II S. 234):* Zahlungen des Beschenkten gemäß § 2329 Abs. 2 BGB zur Abwendung des Herausgabeanspruchs eines Pflichtteilsberechtigten nach § 2329 Abs. 1 BGB führen nicht gemäß § 29 Abs. 1 Nr. 2 ErbStG zum Erlöschen der Erbschaftsteuer; sie sind jedoch gemäß § 10 Abs. 5 Nr. 2 i. V. m. § 1 Abs. 2 ErbStG bei der Besteuerung der Schenkung erwerbsmindernd zu berücksichtigen.

[3] Vgl. auch § 224 a AO, abgedruckt als Anlage zu § 20 ErbStG.

[4] Gilt nur für rechtsfähige Stiftungen, vgl. Tz. 14 der Entscheidungsgründe des *BFH-Urteils vom 25. 1. 2017 II R 26/16 (BStBl. 2018 II S. 199).* – Siehe aber *Vfg. BayLfSt vom 9. 1. 2019 – S 3840.1.1 – 3/St 34 (DStR S. 166):* Trotzdem weiterhin Anwendung auf nichtrechtsfähige Stiftungen, siehe Anlage b zu § 29 ErbStG.

[5] §§ 51 ff. AO (Steuerbegünstigte Zwecke) abgedruckt als Anlage a zu § 3 GrStG.

[6] *BFH-Urteil vom 19. 3. 2025 II R 34/22:* Die schenkweise Einräumung einer Unterbeteiligung an einer KG, durch die der Beschenkte die Stellung eines Mitunternehmers erlangt, ist auch dann nach § 13 a Abs. 4 Nr. 1 ErbStG i. d. F. bis 31. 12. 2008 (ErbStG) (gilt auch für die Steuerentlastung nach § 13 a ff. ErbStG nach dem aktuellen Recht) begünstigt, wenn der Beschenkte nach einem Widerruf der Schenkung für den Zeitraum, für den ihm die Nutzungen des zugewendeten Vermögens zugestanden haben, nach § 29 Abs. 2 ErbStG wie ein Nießbraucher zu behandeln ist.

H E 29

H E 29

7 **Änderung der Steuerfestsetzung für frühere Schenkungen an den überlebenden Ehegatten beim güterrechtlichen Zugewinnausgleich.** → R E 5.1 Absatz 6.

8 **Zahlung des Beschenkten zur Abwendung des Herausgabeanspruchs des Pflichtteilsberechtigten.**[1] → BFH vom 8. 10. 2003 II R 46/01, BStBl. 2004 II S. 234.

Anl a zu § 29 Abs. 1 Nr. 4

a) Erlaß betr. Änderung des ErbStG durch das Kultur- und Stiftungsförderungsgesetz

Vom 28. Januar 1991 (DB S. 418)

(FM NRW S 3730 – 18 – V A 2)

Durch Art. 5 Kultur- und Stiftungsförderungsgesetz vom 13. 12. 1990 (BGBl. I S. 2775) wurde das Erbschaft- und Schenkungsteuergesetz in § 29 Abs. 1 um eine Nummer 4 und in § 37 um einen Absatz 5 ergänzt.

10 Durch die Vergünstigung in § 29 Abs. 1 Nr. 4 ErbStG sollen Erben, Beschenkte, Vermächtnisnehmer usw. ermutigt werden, die genannten Körperschaften und Einrichtungen durch Zuwendungen zu fördern, indem sie selbst von der Erbschaft-/Schenkungsteuer insoweit freigestellt werden, als sie im Ergebnis selbst nicht bereichert bleiben.

Damit das Einkommen aus dem Vermögen der Stiftung ungeschmälert den begünstigten Zwecken zugute kommen kann, werden solche Stiftungen ausgenommen, die Leistungen i. S. des § 58 Nr. 5 AO an den Erwerber oder seine nächsten Angehörigen zu erbringen haben. Für die jeweilige Zuwendung kann der Erwerber zwischen der Freistellung von der Erbschaft-/Schenkungsteuer und dem Spendenabzug bei der Einkommensteuer oder Körperschaftsteuer wählen. Mit der Geltendmachung des Spendenabzugs legt er eine Minderung eigenen Vermögens dar. Diese unwiderrufliche Erklärung ist für die Festsetzung der Erbschaft-/Schenkungsteuer bindend.

11 Um eine doppelte Begünstigung für dieselbe Zuwendung auszuschließen, ist wie folgt zu verfahren: Soweit eine Zuwendung i. S. des § 29 Abs. 1 Nr. 4 ErbStG geltend gemacht wird, kann die Festsetzung der Erbschaft-/Schenkungsteuer ohne Ansatz des weitergeleiteten Vermögens erfolgen.

Das für die Erbschaft-/Schenkungsteuer zuständige FA fragt sodann bei dem für die Besteuerung des Erwerbers nach dem Einkommen zuständigen FA an, ob und ggf. in welcher Höhe der Erwerber für das Jahr der Zuwendung einen Spendenabzug für diese Zuwendung erklärt.

Nach Eingang dieser Mitteilung ist die Festsetzung der Erbschaft-/Schenkungsteuer zu überprüfen und ggf. nach § 174 Abs. 2 AO zu ändern.

Anl b zu § 29 Abs. 1 Nr. 4

b) Verfügung betr. Erlöschen der Erbschaft- und Schenkungsteuer bei Übertragung von Vermögen auf eine nichtrechtsfähige Stiftung nach § 29 Abs. 1 Nr. 4 ErbStG

Vom 18. September 2019 (DB S. 2268)

(LfSt Bayern S 3840.1.1 – 3/5 St 34)

Es wurde gefragt, ob die Übertragung von Vermögensgegenständen, die der Übertragende zuvor durch Erbschaft oder Schenkung erworben hat, zum Erlöschen der hierfür zu entrichtenden Erbschaft- oder Schenkungsteuer nach § 29 Abs. 1 Nr. 4 ErbStG führt, wenn sie innerhalb der Zweijahresfrist an eine nichtrechtsfähige Stiftung übertragen werden, die gemeinnützigen Zwecken i. S. d. §§ 52–54 AO – mit Ausnahme der Zwecke nach § 52 Abs. 2 Nr. 4 AO – dient.

12 Körperschaftsteuerrechtlich ist die rechtsfähige Stiftung (§ 1 Abs. 1 Nr. 4 KStG) der nichtrechtsfähigen Stiftung (§ 1 Abs. 1 Nr. 5 KStG) gleichgestellt. Die nichtrechtsfähige Stiftung ist damit auch eine Körperschaft im Sinne des steuerlichen Gemeinnützigkeitsrechts (§ 51 Satz 2 AO). Somit sind auch Zuwendungen an nichtrechtsfähige Stiftungen unter den Voraussetzungen des § 13 Abs. 1 Nr. 16 Buchst. b ErbStG von der Erbschaft- und Schenkungsteuer befreit, da diese Vorschrift in ihrer Wortwahl unmittelbar an das steuerliche Gemeinnützigkeitsrecht anknüpft. § 29 Abs. 1 Nr. 4 ErbStG begünstigt zwar nicht die Übertragung an jede Körperschaft im Sinne des Körperschaftsteuergesetzes, sondern (neben Gebietskörperschaften) nur an Stiftungen. Es ist kein Grund ersichtlich, weshalb der Gesetzgeber dies nur hinsichtlich rechtsfähiger Stiftungen gelten lassen wollte, zumal er zur allgemeinen Voraussetzung die Erfüllung der Vorschriften des Gemeinnützigkeitsrechts gemacht hat, die auch durch eine nichtrechtsfähige Stiftung erbracht werden kann.

Diese Meinung entspricht auch der vorherrschenden Auffassung in der Literatur (*Troll*, Erbschaftsteuergesetz, RdNr. 45 zu § 29; *Moench*, Erbschaftsteuergesetz, RdNr. 18 zu § 29, *Thiel-Eversberg*, Gesetz zur steuerlichen Förderung von Kunst, Kultur und Stiftung sowie zur Änderung steuerlicher Vorschriften in: DB 1991 S. 118 [125]; dagegen *Meincke*, Erbschaftsteuergesetz zu § 29). Sie lässt sich auch aus der Entstehungsgeschichte der Vorschrift ableiten, da insbesondere zur Verfolgung wissenschaftlicher Zwecke nichtrechtsfähige Stiftungen in der Vergangenheit eine größere Rolle spielten (vgl. *Streck*, Die Steuerpflicht nichtrechtsfähiger Stiftungen und anderer Zweckvermögen, Steuer und Wirtschaft 1975 S. 135 [136]).

---

[1] Zur Abzugsfähigkeit von Zahlungen des Beschenkten zur Abwendung von Ansprüchen des beeinträchtigten Vertragserben/Nacherben siehe *BFH-Urteil vom 6. 5. 2021 II R 24/19,* abgedruckt zu § 10 Abs. 5 Nr. 3 ErbStG.

Anl b zu § 29 Abs. 1 Nr. 4

Vorteil der nichtrechtsfähigen Stiftung ist vor allem die einfachere Handhabung bei Errichtung und laufender Geschäftsführung. Sie benötigt im Gegensatz zur rechtsfähigen Stiftung keine staatliche Anerkennung (§ 80 BGB), unterliegt nicht der Stiftungsaufsicht und hat keine eigenen Stiftungsorgane (§ 86 i. V. m. § 26 BGB). Die Vertretung und Geschäftsführung der nichtrechtsfähigen Stiftung erfolgt vielmehr durch den Stiftungsträger. Sie empfiehlt sich daher vor allem für kleinere Stiftungen, deren Vermögensverwaltung nur geringfügigen Aufwand erfordert und daher kostengünstiger durch den Stiftungsträger als durch eigene Stiftungsorgane erledigt werden kann.

Zivilrechtlich ist für die Errichtung einer nichtrechtsfähigen Stiftung keine besondere Form vorgesehen, **13**
aus § 29 Abs. 1 Nr. 4 Satz 1 ErbStG i. V. m. § 60 AO[1] ergibt sich jedoch, dass die wesentlichen Bestimmungen schriftlich niedergelegt sein müssen. Dies wird in den Fällen des § 29 Abs. 1 Nr. 4 ErbStG meist im Schenkungsvertrag erfolgen, mit der sich der Stifter zur Übertragung eines Vermögensgegenstands auf den Stiftungsträger verpflichtet. Der Schenkungsvertrag bedarf nicht der notariellen Form, wenn der Stifter das Vermögen zugleich auf den Stiftungsträger überträgt (§ 518 Abs. 2 BGB) und nicht für die Übertragung bestimmter Vermögensgegenstände diese Form vorgeschrieben ist (z. B. bei Grundstücken). Der Zweck, zu dem das Stiftungsvermögen verwendet werden soll, ist vom Stifter verbindlich zu bezeichnen.

Es darf sich dabei nicht um Zwecke handeln, die der Stiftungsträger als eigene zu erfüllen hat (RFH-Urteil v. 18. Dezember 1937 VI a 76/37, RStBl. 1938 S. 284). Eigene Zwecke des Stiftungsträgers liegen vor, wenn das Vermögen ohne weitere Zweckbestimmung auf den Stiftungsträger zur Verfolgung dessen allgemeiner Zwecksetzung oder zur Verwendung für vom Stiftungsträger selbst zu bestimmender Zwecke übertragen wird oder das Vermögen für Zwecke verwendet werden soll, deren Erfüllung sich der Stiftungsträger aus tatsächlichen oder rechtlichen Gründen nicht entziehen kann. Keine eigenen Zwecke des Stiftungsträgers liegen vor, wenn er auch aus eigenen Mitteln den mit der Stiftung verfolgten Zweck erfüllen könnte.

Keine nichtrechtsfähige Stiftung liegt vor, wenn eine Person eigenes Vermögen aus der allgemeinen **14**
Vermögensverwaltung aussondert und einem bestimmten Zweck widmet. Es kann sich bei solchem Vermögen zwar um „anderes Zweckvermögen des privaten Rechts" i. S. d. § 1 Abs. 1 Nr. 5 KStG und damit um eine nach § 13 Abs. 1 Nr. 16 Buchst, b ErbStG steuerbefreite Zuwendung handeln. § 29 Abs. 1 Nr. 4 ErbStG kommt jedoch nicht zur Anwendung, wenn Übertragender und Empfänger des Vermögens dieselbe (zivilrechtliche) Person ist.

Der Stiftungsträger muss sich umgekehrt verpflichten, das übertragene Vermögen getrennt von seinem übrigen Vermögen als Treuhandvermögen zu verwalten und dem vom Stifter bestimmten Zweck zuzuführen.

Im Übrigen müssen die zwischen dem Stifter und dem Stiftungsträger getroffenen Vereinbarungen **15**
den Anforderungen der §§ 60 ff. AO[1] genügen.

Stiftungsträger kann grundsätzlich jede Person sein, doch kommen wegen des auf Dauer angelegten **16**
Charakters der Stiftung regelmäßig nur juristische Personen als Stiftungsträger in Betracht (*Troll*, Besteuerung von Verein, Stiftung und Körperschaft des öffentlichen Rechts, 2. Auflage München 1978, S. 15).

In erster Linie dürften Körperschaften des öffentlichen Rechts sowie Körperschaften in Frage kommen, die wegen Verfolgung von dem Stiftungszweck ähnlichen Zwecken steuerlich als gemeinnützig anerkannt sind. Die steuerliche Anerkennung der Gemeinnützigkeit des Stiftungsträgers ist jedoch nicht Voraussetzung für das Erlöschen der Erbschaft- oder Schenkungsteuer, nur die nichtrechtsfähige Stiftung als steuerlich eigenständige Körperschaft muss diese Voraussetzung erfüllen.

Umgekehrt ist aus der Anerkennung der steuerlichen Gemeinnützigkeit beim Stiftungsträger nicht zu schließen, dass die nichtrechtsfähige Stiftung ohne Prüfung deren Verhältnisse gemeinnützig ist.

§ 29 Abs. 1 Nr. 4 ErbStG begünstigt nicht allein die Errichtung einer Stiftung, sondern auch die Über- **17**
tragung von Vermögen auf eine bestehende Stiftung. Wird Vermögen auf eine bestehende rechtsfähige Stiftung zur Erfüllung derer Zwecke übertragen, wird es, soweit die Zustiftung vorgesehen ist, eigenes Vermögen dieser Stiftung. Die Errichtung einer nichtrechtsfähigen Stiftung bei einer bestehenden rechtsfähigen Stiftung, weil beispielsweise eine vom Zweck der rechtsfähigen Stiftung abweichende Vermögensverwendung der „Zustiftung" vorgesehen ist, dürfte regelmäßig an stiftungsrechtlichen Vorgaben scheitern. Die „Zustiftung" zu einer nichtrechtsfähigen Stiftung unterscheidet sich hinsichtlich der Anforderungen an die schenkungsrechtlichen Vereinbarungen nicht von der erstmaligen Begründung einer solchen Stiftung. Allerdings kann es dem Stiftungsträger erlaubt werden, das Vermögen der ursprünglichen Stiftung und das nachträglich zugeflossene Vermögen gemeinsam zu verwalten, wenn es demselben Zweck dient.

Die Übertragung von Vermögen i. S. d. § 29 Abs. 1 Nr. 4 ErbStG ist nicht nur Tatbestand für das **18**
Erlöschen der Erbschaft- oder Schenkungsteuer aus der ursprünglichen Zuwendung an den Übertragenden, sondern eine weitere steuerbare Schenkung unter Lebenden zwischen diesem und der empfangenden Körperschaft.

Soweit die Voraussetzungen des § 29 Abs. 1 Nr. 4 ErbStG erfüllt sind, liegt jedoch regelmäßig auch der Steuerbefreiungstatbestand nach § 13 Nr. 15 oder Nr. 16 Buchst. b ErbStG vor. Umgekehrt ist diese Steuerbefreiung aber nicht schon deshalb ausgeschlossen, weil § 29 Abs. 1 Nr. 4 ErbStG nicht zur Anwendung kommt.

An der Anwendbarkeit des § 29 Abs. 1 Nr. 4 ErbStG bei nichtrechtsfähigen Stiftungen und an den voranstehenden Ausführungen wird auch vor dem Hintergrund des BFH-Urteils vom 25. Januar 2017 II R 26/16, BStBl. 2018 II S. 199, weiter festgehalten. Darin hatte der BFH entschieden, dass die Ersatzerbschaftsteuer bei nichtrechtsfähigen Familienstiftungen nicht einschlägig ist.

---

[1] Abgedruckt als Anlage a zu § 3 GrStG.

ErbStG

§ 30 Anzeige des Erwerbs

1 (1)[1, 2] **Jeder der Erbschaftsteuer unterliegende Erwerb (§ 1) ist vom Erwerber, bei einer Zweckzuwendung vom Beschwerten binnen einer Frist von drei Monaten nach erlangter Kenntnis von dem Anfall oder von dem Eintritt der Verpflichtung dem für die Verwaltung der Erbschaftsteuer zuständigen Finanzamt schriftlich anzuzeigen.**

2 (2) **Erfolgt der steuerpflichtige Erwerb durch ein Rechtsgeschäft unter Lebenden, ist zur Anzeige auch derjenige verpflichtet, aus dessen Vermögen der Erwerb stammt.**

3 (3)[1, 3] ① **Einer Anzeige bedarf es nicht, wenn der Erwerb auf einer von einem deutschen Gericht, einem deutschen Notar oder einem deutschen Konsul eröffneten Verfügung von Todes wegen beruht und sich aus der Verfügung das Verhältnis des Erwerbers zum Erblasser unzweifelhaft ergibt; das gilt nicht, wenn zum Erwerb Grundbesitz, Betriebsvermögen, Anteile an Kapitalgesellschaften, die nicht der Anzeigepflicht nach § 33 unterliegen, oder Auslandsvermögen gehört.** ② **Einer Anzeige bedarf es auch nicht, wenn eine Schenkung unter Lebenden oder eine Zweckzuwendung gerichtlich oder notariell beurkundet ist.**

4 (4) **Die Anzeige soll folgende Angaben enthalten:**

1.[4] **Vorname und Familienname, Identifikationsnummer (§ 139b der Abgabenordnung), Beruf, Wohnung des Erblassers oder Schenkers und des Erwerbers;**

2. **Todestag und Sterbeort des Erblassers oder Zeitpunkt der Ausführung der Schenkung;**

3. **Gegenstand und Wert des Erwerbs;**

4. **Rechtsgrund des Erwerbs wie gesetzliche Erbfolge, Vermächtnis, Ausstattung;**

5. **persönliches Verhältnis des Erwerbers zum Erblasser oder zum Schenker wie Verwandtschaft, Schwägerschaft, Dienstverhältnis;**

6. **frühere Zuwendungen des Erblassers oder Schenkers an den Erwerber nach Art, Wert und Zeitpunkt der einzelnen Zuwendung.**

5 (5)[5] ① **In den Fällen des § 1 Absatz 1 Nummer 4 ist von der Stiftung oder dem Verein binnen einer Frist von drei Monaten nach dem Zeitpunkt des ersten Übergangs von Vermögen auf die Stiftung oder auf den Verein der Vermögensübergang dem nach § 35 Absatz 4 zuständigen Finanzamt schriftlich anzuzeigen.** ② **Die Anzeige soll folgende Angaben enthalten:**

---

[1] In Fällen einer Steuerbefreiung nach § 13 Abs. 1 Nr. 19 ErbStG Anzeigepflicht nur für den Leistenden.

[2] *BFH-Urteil vom 26. 7. 2017 II R 21/16 (BStBl. II S. 1163):* Wendet ein Schenker dem Bedachten mehrere Vermögensgegenstände gleichzeitig zu, erlangt das FA aber lediglich Kenntnis von der freigebigen Zuwendung eines dieser Gegenstände, führt dies nicht zum Anlauf der Festsetzungsfrist für die Schenkungsteuer für die übrigen zugewendeten Vermögensgegenstände.

BFH-Urteil vom 5. 2. 2003 II R 22/01 (BStBl. II S. 502): **1.** Soweit der Anlauf der Festsetzungsfrist für die Schenkungsteuer an die Kenntnis der Finanzbehörde von der Schenkung anknüpft, ist auf die Kenntnis der organisatorisch zur Verwaltung der Erbschaft- und Schenkungsteuer berufenen Dienststelle des zuständigen FA abzustellen. **2.** Die Kenntnis des zuständigen FA als solches von der Schenkung genügt lediglich dann, wenn ihm die Schenkung ausdrücklich zur Prüfung der Schenkungsteuerpflicht bekannt gegeben wird, die Information aber aufgrund organisatorischer Mängel oder Fehlverhaltens die berufene Dienststelle nicht unverzüglich erreicht.

BFH-Urteil vom 30. 10. 1996 II R 70/94 (BStBl. 1997 II S. 11): **1.** Wird ein der Erbschaftsteuer unterliegender Erwerb entgegen § 30 Abs. 1 ErbStG 1974 bei dem für die Verwaltung der Erbschaftsteuer zuständigen FA nicht angezeigt, wird der Beginn der Festsetzungsfrist für die von dem anzeigepflichtigen Erwerber geschuldete Erbschaftsteuer gemäß § 170 Abs. 2 Nr. 1 AO 1977 dann nicht weiter hinausgeschoben, wenn dem FA aufgrund der Angaben in der vom Erben eingereichten Erbschaftsteuererklärung der Name des Erblassers und der des (anzeigepflichtigen) Erwerbers sowie der Rechtsgrund für den Erwerb bekannt werden. **2.** Die Festsetzungsfrist ist nicht gemäß § 169 Abs. 1 Satz 3 Nr. 1 AO 1977 gewahrt, wenn der vom FA innerhalb der Festsetzungsfrist abgesandte Steuerbescheid dem Adressaten nach dem Ablauf der Festsetzungsfrist auf einem nach dem Inhalt der Steuerakten nicht vorgesehenen Weg bekannt wird.

[3] *BFH-Urteil vom 16. 10. 1996 II R 43/96 (BStBl. 1997 II S. 73):* **1.** Nach § 30 Abs. 3 ErbStG 1974 entfällt die Anzeigepflicht u. a. dann, wenn sich aus der amtlich eröffneten Verfügung von Todes wegen unzweifelhaft „das Verhältnis des Erwerbers zum Erblasser" ergibt. Damit sind nicht die „persönlichen Verhältnisse" des Erwerbers zum Erblasser (Schenker), insbesondere nicht der Verwandtschaftsgrad, gemeint, sondern die (Rechts-)Verhältnisse zwischen dem Erwerber und dem Erblasser bzw. Schenker, die den Erbschaft- bzw. Schenkungsteuertatbestand ausgelöst haben. **2.** Kann das FA der amtlich eröffneten Verfügung von Todes wegen unzweifelhaft die namentliche Bezeichnung des Erblassers bzw. Schenkers und des Erwerbers sowie den Rechtsgrund für den Erwerb entnehmen, entfällt gemäß § 30 Abs. 3 ErbStG 1974 die Anzeigepflicht nach § 30 Abs. 1 ErbStG 1974.

BFH-Urteil vom 30. 1. 2002 II R 52/99 (BFH/NV S. 917): **1.** Das Nachlassgericht ist nicht „andere Behörde" i. S. d. § 370 Abs. 1 Nr. 1 AO 1977. Hierzu zählen nur solche Behörden, die steuerlich erhebliche Entscheidungen treffen. Die Ermittlung des Geschäftswerts durch das Nachlassgericht dient ausschließlich der Festsetzung von Gerichtsgebühren, nicht aber der Feststellung des Nachlasswerts im steuerlichen Interesse. **2.** Kann das FA der amtlich eröffneten Verfügung von Todes wegen unzweifelhaft die Person des Erblassers bzw. Schenkers und des Erwerbers sowie den Rechtsgrund für den Erwerb entnehmen, entfällt die Anzeigepflicht nach § 30 Abs. 1 ErbStG. **3.** Besteht weder eine Anzeige- noch eine Erklärungspflicht und sind auch gegenüber der Finanzbehörde (oder einer anderen Behörde, die steuerlich erhebliche Entscheidungen trifft) über steuerlich erhebliche Tatsachen keine Angaben gemacht worden, kommt auch eine Anzeige- oder Richtigstellungspflicht nach § 153 Abs. 1 Satz 1 Nr. 1 AO 1977 nicht in Betracht.

[4] § 30 Abs. 4 Nr. 1 i. d. F. des StÄndG 2015 anzuwenden auf Erwerbe ab dem 6. 11. 2015 (§ 37 Abs. 10 ErbStG).

[5] § 30 Abs. 5 anzuwenden ab 29. 12. 2020 (§ 37 Abs. 18 ErbStG); nach *Tz. 6 gleich lautender Ländererlass vom 13. 9. 2021 (BStBl. I S. 1837)* handelt es sich um eine klarstellende Regelung ohne inhaltliche Änderung.

1. Name, Ort der Geschäftsleitung und des Sitzes der Stiftung oder des Vereins,
2. Name und Anschrift des gesetzlichen Vertreters der Stiftung oder des Vereins,
3. Zweck der Stiftung oder des Vereins,
4. Zeitpunkt des ersten Vermögensübergangs auf die Stiftung oder den Verein,
5. Wert und Zusammensetzung des Vermögens.

Zu § 30 ErbStG

R E 30. Anzeigepflicht des Erwerbers

ErbStR R E 30

(1) ①Jeder der Erbschaftsteuer unterliegende Erwerb von Todes wegen ist vom Erwerber innerhalb einer Frist von drei Monaten nach erlangter Kenntnis von dem Anfall des Erwerbs dem zuständigen Erbschaftsteuerfinanzamt anzuzeigen (§ 30 Absatz 1 ErbStG). ②Einer Anzeige bedarf es grundsätzlich nicht, wenn der Erwerb auf einer Verfügung von Todes wegen beruht, die von einem deutschen Gericht, einem deutschen Notar oder einem deutschen Konsul eröffnet wurde, und sich aus dieser das Verhältnis des Erwerbers zum Erblasser unzweifelhaft ergibt (§ 30 Absatz 3 Satz 1 1. Halbsatz ErbStG). ③Die Anzeigepflicht des Erwerbers besteht in diesen Fällen jedoch fort, wenn zu seinem Erwerb folgende Vermögensgegenstände gehören (§ 30 Absatz 3 Satz 1 2. Halbsatz ErbStG): 6

1. Grundbesitz,
2. Betriebsvermögen,
3. Anteile an einer Kapitalgesellschaft, für die keine Anzeigepflicht durch einen Vermögensverwahrer oder Vermögensverwalter nach § 33 ErbStG besteht, oder
4. Auslandsvermögen.

④Einer Anzeige bedarf es auch dann nicht, wenn eine Schenkung unter Lebenden oder Zweckzuwendung von einem deutschen Notar und einem deutschen Gericht beurkundet worden ist.

(2) Erwerbe von Todes wegen, die auf einer von einem ausländischen Gericht oder einem ausländischen Notar eröffneten Verfügung von Todes wegen beruhen, und Schenkungen, die von einem ausländischen Notar beurkundet werden, sind stets durch den Erwerber, im Schenkungsfall auch durch den Schenker anzuzeigen, weil die ausländischen Gerichte und Notare nicht der Anzeigepflicht nach § 34 ErbStG unterliegen. 7

ErbStG

§ 31[1] Steuererklärung

1 (1)[2–5] ① **Das Finanzamt kann von jedem an einem Erbfall, an einer Schenkung oder an einer Zweckzuwendung Beteiligten ohne Rücksicht darauf, ob er selbst steuerpflichtig ist, die Abgabe einer Erklärung innerhalb einer von ihm zu bestimmenden Frist verlangen.** ② **Die Frist muß mindestens einen Monat betragen.** ③ **In den Fällen des § 1 Absatz 1 Nummer 4 kann das Finanzamt von der Stiftung oder dem Verein sowie von jedem Familienmitglied im Sinne des § 1 Absatz 1 Nummer 4 und jedem Mitglied des Vereins die Abgabe einer Erklärung innerhalb einer von ihm zu bestimmenden Frist verlangen.** ④ **Satz 2 gilt entsprechend.**

2 (2) **Die Erklärung hat ein Verzeichnis der zum Nachlaß gehörenden Gegenstände und die sonstigen für die Feststellung des Gegenstands und des Werts des Erwerbs erforderlichen Angaben zu enthalten.**

3 (3) **In den Fällen der fortgesetzten Gütergemeinschaft kann das Finanzamt die Steuererklärung allein von dem überlebenden Ehegatten oder dem überlebenden Lebenspartner verlangen.**

4 (4) ① **Sind mehrere Erben vorhanden, sind sie berechtigt, die Steuererklärung gemeinsam abzugeben.** ② **In diesem Fall ist die Steuererklärung von allen Beteiligten zu unterschreiben.** ③ **Sind an dem Erbfall außer den Erben noch weitere Personen beteiligt, können diese im Einverständnis mit den Erben in die gemeinsame Steuererklärung einbezogen werden.**

5 (5)[6] ① **Ist ein Testamentsvollstrecker oder Nachlaßverwalter vorhanden, ist die Steuererklärung von diesem abzugeben.** ② **Das Finanzamt kann verlangen, daß die Steuererklärung auch von einem oder mehreren Erben mitunterschrieben wird.**

6 (6) **Ist ein Nachlaßpfleger bestellt, ist dieser zur Abgabe der Steuererklärung verpflichtet.**

7 (7) ① **Das Finanzamt kann verlangen, daß eine Steuererklärung auf einem Vordruck nach amtlich bestimmtem Muster abzugeben ist, in der der Steuerschuldner die Steuer selbst zu berechnen hat.** ② **Der Steuerschuldner hat die selbstberechnete Steuer innerhalb eines Monats nach Abgabe der Steuererklärung zu entrichten.**

---

[1] *BFH-Urteil vom 10. 11. 2004 II R 1/03 (BStBl. 2005 II S. 244):* **1.** Verlangt das FA die Abgabe einer Erbschaftsteuererklärung, richtet sich der Anlauf der Festsetzungsfrist auch dann nach § 170 Abs. 2 Satz 1 Nr. 1 AO 1977, wenn das Nachlassgericht dem FA die Erteilung von Erbscheinen und die eröffneten Verfügungen von Todes wegen bereits angezeigt hat. **2.** Eine Erbschaftsteuererklärung setzt nur dann die Festsetzungsfrist in Lauf, wenn sie unterschrieben ist.

BFH-Urteil vom 26. 10. 2006 II R 16/05 (BFH/NV 2007 S. 852): Ist auf Verlangen des FA eine Schenkungsteuererklärung abzugeben, läuft die Festsetzungsfrist auch dann erst nach § 170 Abs. 2 Satz 1 Nr. 1 AO an, wenn die Aufforderung zur Erklärungsabgabe aufgrund der Anzeige des Erwerbs nach § 34 Abs. 2 Nr. 3 ErbStG oder infolge sonstiger Kenntniserlangung vom Erwerb durch das FA erfolgt.

[2] § 31 Abs. 1 Sätze 3 und 4 anzuwenden ab 29. 12. 2020 (§ 37 Abs. 18 ErbStG); nach *Tz. 6 gleich lautender Ländererlass vom 13. 9. 2021 (BStBl. I S. 1837)* handelt es sich um eine klarstellende Regelung ohne inhaltliche Änderung.

[3] Zur Steuerentstehung vgl. § 9 ErbStG.

[4] *BFH-Urteil vom 17. 2. 1993 II R 83/90 (BStBl. II S. 580):* **1.** Die Pflicht zur Abgabe der Steuererklärung besteht auch dann „auf Grund gesetzlicher Vorschrift" i. S. des § 170 Abs. 2 Satz 1 Nr. 1 AO 1977, wenn das Einzelsteuergesetz den zur Abgabe der Steuererklärung verpflichteten Personenkreis generell umschreibt und lediglich das Entstehen der Erklärungspflicht im Sinne des Vorbehaltes oder eine Bedingung an eine Konkretisierungshandlung (Auswahlermessen) des FA, nämlich an die Aufforderung zur Abgabe der Steuererklärung durch das FA knüpft. **2.** § 31 ErbStG 1974 enthält eine Regelung, aus der sich ergibt, wer zur Abgabe einer Steuererklärung potentiell verpflichtet ist (§ 149 Abs. 1 Satz 1 AO 1977). – Ebenso *BFH-Urteil vom 5. 11. 1992 II R 25/89 (BFH/NV 1994 S. 213).*

BFH-Urteil vom 18. 10. 2000 II R 50/98 (BStBl. 2001 II S. 14): Die Aufforderung zur Abgabe einer Erbschaftsteuererklärung führt auch dann gemäß § 170 Abs. 2 Satz 1 Nr. 1 AO 1977 zu einem von Absatz 1 der Vorschrift abweichenden Beginn der Festsetzungsfrist, wenn sie zwar nach Ablauf des dritten auf das Kalenderjahr der Steuerentstehung folgenden Kalenderjahres, aber noch innerhalb der vierjährigen Festsetzungsfrist ergeht. Die Anlaufhemmung ist auch für diesen Fall auf drei Jahre begrenzt.

BFH-Beschluss vom 26. 8. 2004 II B 149/03 (BFH/NV S. 1626): Die Anzeige einer Schenkung bei einem unzuständigen FA und die Abgabe der Schenkungsteuererklärung bei diesem und dessen Anforderung setzt die Verjährung nicht in Lauf. – *Anm. d. Red.:* Die im BFH-Urteil vom 5. 2. 2003 II R 22/01 (abgedruckt zu § 30 Abs. 1 ErbStG) angesprochenen organisatorischen Mängel beziehen sich nur auf den internen Bereich des zuständigen FA.

[5] *BFH-Urteil vom 5. 5. 1999 II R 96/97 (BFH/NV S. 1341):* **1.** Bei mehreren Erben ist jeder Erbe nur hinsichtlich seines Erwerbs erklärungspflichtig. **2.** Fordert das FA nur einen von mehreren Erben nach § 31 Abs. 1 ErbStG zur Erklärungsabgabe auf, entsteht die Erklärungspflicht nur in dessen Person. Demgemäß ist der Beginn der Festsetzungsfrist nur gegenüber diesen Erben nach § 170 Abs. 2 Nr. 1 AO 1977 gehemmt. **3.** Ist der Absendevermerk bezüglich eines Steuerbescheides, dessen Zugang nicht feststeht, um einen Tag vordatiert, weil der Bescheid vor seiner Absendung noch von einer Nebenstelle der Behörde in das Hauptgebäude verbracht werden muß, und stammt der Vermerk von einem Bediensteten, der die Aufgabe zur Post nicht persönlich vornahm und ihren Vollzug nicht kontrollierte, widerspricht die Würdigung des FG, ein atypischer Geschehensablauf dergestalt, daß der Bescheid nicht am erwarteten Tag das FA verlassen hat, sei nicht ausgeschlossen, weder den Denkgesetzen noch allgemeinen Erfahrungssätzen.

[6] *BFH-Urteil vom 11. 6. 2013 II R 10/11 (BStBl. II S. 924):* Ein Testamentsvollstrecker ist nach § 31 Abs. 5 Satz 1 ErbStG zur Abgabe einer Erbschaftsteuererklärung für einen Erwerber nur verpflichtet, wenn sich die Testamentsvollstreckung auf den Gegenstand des Erwerbs bezieht und das FA die Abgabe der Erklärung vom Testamentsvollstrecker verlangt.

Zur Anforderung der Feststellungserklärung vom Testamentsvollstrecker, Nachlassverwalter bzw. -pfleger vgl. *Vfg. OFD Koblenz vom 25. 1. 2006 S 3014 A – St 356 (ZEV S. 311).*

Zu § 31 ErbStG

Abgabenordnung (AO)

Anl zu § 31

§ 169 Festsetzungsfrist

(1) ① Eine Steuerfestsetzung sowie ihre Aufhebung oder Änderung sind nicht mehr zulässig, wenn die Festsetzungsfrist abgelaufen ist. ② Dies gilt auch für die Berichtigung wegen offenbarer Unrichtigkeit nach § 129. ③ Die Frist ist gewahrt, wenn vor Ablauf der Festsetzungsfrist 8

1. der Steuerbescheid oder im Fall des § 122a die elektronische Benachrichtigung den Bereich der für die Steuerfestsetzung zuständigen Finanzbehörde verlassen hat oder[1]
2. bei öffentlicher Zustellung nach § 10 des Verwaltungszustellungsgesetzes die Benachrichtigung bekannt gemacht oder veröffentlicht wird.

(2) ① Die Festsetzungsfrist beträgt:

1. ...
2. vier Jahre

   für Steuern und Steuervergütungen, die keine Steuern oder Steuervergütungen im Sinne der Nummer 1 oder Einfuhr- und Ausfuhrabgaben nach Artikel 5 Nummer 20 und 21 des Zollkodex der Union sind.

② Die Festsetzungsfrist beträgt zehn Jahre, soweit eine Steuer hinterzogen, und fünf Jahre, soweit sie leichtfertig verkürzt worden ist. ③ Dies gilt auch dann, wenn die Steuerhinterziehung oder leichtfertige Steuerverkürzung nicht durch den Steuerschuldner oder eine Person begangen worden ist, deren er sich zur Erfüllung seiner steuerlichen Pflichten bedient, es sei denn, der Steuerschuldner weist nach, dass er durch die Tat keinen Vermögensvorteil erlangt hat und dass sie auch nicht darauf beruht, dass er die im Verkehr erforderlichen Vorkehrungen zur Verhinderung von Steuerverkürzungen unterlassen hat.

§ 170 Beginn der Festsetzungsfrist

(1) Die Festsetzungsfrist beginnt mit Ablauf des Kalenderjahrs, in dem die Steuer entstanden ist oder eine bedingt entstandene Steuer unbedingt geworden ist. 9

(2) ① Abweichend von Absatz 1 beginnt die Festsetzungsfrist, wenn

1. eine Steuererklärung oder eine Steueranmeldung einzureichen oder eine Anzeige zu erstatten ist, mit Ablauf des Kalenderjahrs, in dem die Steuererklärung, die Steueranmeldung oder die Anzeige eingereicht wird, spätestens jedoch mit Ablauf des dritten Kalenderjahrs, das auf das Kalenderjahr folgt, in dem die Steuer entstanden ist, es sei denn, dass die Festsetzungsfrist nach Absatz 1 später beginnt,

   ...

(3) ...

(4) Wird durch Anwendung des Absatzes 2 Nummer 1 auf die Vermögensteuer oder die Grundsteuer der Beginn der Festsetzungsfrist hinausgeschoben, so wird der Beginn der Festsetzungsfrist für die folgenden Kalenderjahre des Hauptveranlagungszeitraums jeweils um die gleiche Zeit hinausgeschoben.

(5) Für die Erbschaftsteuer (Schenkungsteuer) beginnt die Festsetzungsfrist nach den Absätzen 1 oder 2

1. bei einem Erwerb von Todes wegen nicht vor Ablauf des Kalenderjahrs, in dem der Erwerber Kenntnis von dem Erwerb erlangt hat,
2. bei einer Schenkung nicht vor Ablauf des Kalenderjahrs, in dem der Schenker gestorben ist oder die Finanzbehörde von der vollzogenen Schenkung Kenntnis erlangt hat,
3. bei einer Zweckzuwendung unter Lebenden nicht vor Ablauf des Kalenderjahrs, in dem die Verpflichtung erfüllt worden ist.

(6) Für die Steuer, die auf Kapitalerträge entfällt, die

1. aus Staaten oder Territorien stammen, die nicht Mitglieder der Europäischen Union oder der Europäischen Freihandelsassoziation sind, und
2. nicht nach Verträgen im Sinne des § 2 Absatz 1 oder hierauf beruhenden Vereinbarungen automatisch mitgeteilt werden,

beginnt die Festsetzungsfrist frühestens mit Ablauf des Kalenderjahres, in dem diese Kapitalerträge der Finanzbehörde durch Erklärung des Steuerpflichtigen oder in sonstiger Weise bekannt geworden sind, spätestens jedoch zehn Jahre nach Ablauf des Kalenderjahres, in dem die Steuer entstanden ist.

(7) Für Steuern auf Einkünfte oder Erträge, die in Zusammenhang stehen mit Beziehungen zu einer Drittstaat-Gesellschaft im Sinne des § 138 Absatz 3, auf die der Steuerpflichtige allein oder zusammen mit nahestehenden Personen im Sinne des § 1 Absatz 2 des Außensteuergesetzes unmittelbar oder mittelbar einen beherrschenden oder bestimmenden Einfluss ausüben kann, beginnt die Festsetzungsfrist frühestens mit Ablauf des Kalenderjahres, in dem diese Beziehungen durch Mitteilung des Steuerpflichtigen oder auf andere Weise bekannt geworden sind, spätestens jedoch zehn Jahre nach Ablauf des Kalenderjahres, in dem die Steuer entstanden ist.

---

[1] Zur Fassung von § 169 Abs. 1 Nr. 1 AO ab 1. 1. 2026 siehe BGBl. 2025 I Nr. 24 S. 5.

ErbStR R E 31

R E 31. Steuererklärung *(unbesetzt)*

H E 31

H E 31

10 **Gemeinsame Steuererklärung bei Vorhandensein mehrerer Erben und weiterer Erwerber.** Eine gemeinsame Steuererklärung i. S. d. § 31 Absatz 4 ErbStG kann sowohl von der Gesamtheit der Miterben als auch von einem Teil der Miterben abgegeben werden. Im letzten Fall gilt sie allerdings auch nur für die zu dieser Gruppe gehörenden Miterben. Unter diesen Umständen können auch mehrere Gruppen von Miterben jeweils für sich eine gemeinsame Steuererklärung abgeben. Andere am Erbfall beteiligte Personen (Pflichtteilsberechtigte, Vermächtnisnehmer usw.) können dabei mit berücksichtigt werden.

§ 31 Absatz 4 ErbStG enthält für die Abgabe der gemeinsamen Steuererklärung – im Gegensatz zu § 31 Absatz 1 ErbStG für die Abgabe der Einzelsteuererklärung – keine Fristbestimmung. Fordert das Finanzamt zur Abgabe einer Steuererklärung innerhalb einer bestimmten Frist auf, sind die Erben (und ggf. die weiteren Personen) nach § 31 Absatz 4 ErbStG lediglich berechtigt, anstelle der Einzelsteuererklärungen nach Absatz 1 eine gemeinsame Steuererklärung abzugeben. Geben die Miterben und ggf. die weiteren Personen, die außer den Erben an dem Erbfall beteiligt sind, eine gemeinsame Steuererklärung ab, so kann das Finanzamt von ihnen keine Einzelsteuererklärungen verlangen. Geben sie keine gemeinsame Steuererklärung ab, so bleibt ihre Verpflichtung, innerhalb der vom Finanzamt nach Maßgabe des § 31 Absatz 1 ErbStG gesetzten Frist Einzelsteuererklärungen abzugeben, bestehen. Im Ergebnis muss also die gemeinsame Steuererklärung innerhalb der für die Abgabe der Einzelsteuererklärung gesetzten Frist abgegeben werden; anderenfalls kann sie die Abgabe von Einzelsteuererklärungen nicht ersetzen.

11 **Erklärungspflicht des Testamentsvollstreckers.** → BFH vom 9. 6. 1999 II B 101/98, BStBl. II S. 529,[1] vom 7. 12. 1999 II B 79/99, BStBl. 2000 II S. 233[2] und vom 11. 6. 2013 II R 10/11, BStBl. II S. 924.[3]

---

[1] *BFH-Beschluss vom 9. 6. 1999 II B 101/98 (BStBl. II S. 529):* Die Pflicht des Testamentsvollstreckers zur Abgabe einer Steuererklärung nach § 31 Abs. 5 ErbStG 1974 ist im Regelfall auf den Erwerb von Todes wegen seitens des/der Erben beschränkt.

[2] *BFH-Beschluss vom 7. 12. 1999 II B 79/99 (BStBl. 2000 II S. 233):* **1.** Die Verpflichtung des Testamentsvollstreckers zur Abgabe einer Erbschaftsteuererklärung gemäß § 31 Abs. 5 ErbStG setzt nicht voraus, dass die Erben vom FA gemäß Abs. 1 aufgefordert worden sind, eine Erklärung abzugeben. **2.** Die nicht rechtzeitige Abgabe der Erbschaftsteuererklärung durch den Testamentsvollstrecker hemmt den Ablauf der Frist für die Festsetzung der Erbschaftsteuer gegenüber den Erben.

[3] *BFH-Urteil vom 11. 6. 2013 II R 10/11 (BStBl. II S. 924):* Ein Testamentsvollstrecker ist nach § 31 Abs. 5 Satz 1 ErbStG zur Abgabe einer Erbschaftsteuererklärung für einen Erwerber nur verpflichtet, wenn sich die Testamentsvollstreckung auf den Gegenstand des Erwerbs bezieht und das FA die Abgabe der Erklärung vom Testamentsvollstrecker verlangt.

ErbStG

§ 32[1] Bekanntgabe des Steuerbescheids an Vertreter[2]

(1) ① **In den Fällen des § 31 Abs. 5 ist der Steuerbescheid abweichend von § 122 Abs. 1 Satz 1 der Abgabenordnung dem Testamentsvollstrecker oder Nachlaßverwalter bekanntzugeben.**[3] ② **Diese Personen haben für die Bezahlung der Erbschaftsteuer zu sorgen.** ③ **Auf Verlangen des Finanzamts ist aus dem Nachlaß Sicherheit zu leisten.** 1

(2) ① **In den Fällen des § 31 Abs. 6 ist der Steuerbescheid dem Nachlaßpfleger bekanntzugeben.** ② **Absatz 1 Satz 2 und 3 ist entsprechend anzuwenden.** 2

Zu § 32 ErbStG

ErbStR R E 32

R E 32. Bekanntgabe des Steuerbescheids an Vertreter *(unbesetzt)*

H E 32

H E 32

Bekanntgabe des Steuerbescheids bei Testamentsvollstreckung, Nachlassverwaltung und Nachlasspflegschaft. → AEAO in der jeweils anzuwendenden Fassung, zu § 122 AO.[4] 3

Bekanntgabe einer Einspruchsentscheidung in Fällen der Testamentsvollstreckung. Inhaltsadressaten des Erbschaftsteuerbescheids bleiben die Erben (vgl. Nummer 2. 13. 4 des AEAO zu § 122). Der Testamentsvollstrecker ist daher auch nicht befugt, den Erbschaftsteuerbescheid anzufechten, es sei denn, er soll persönlich in Anspruch genommen werden (→ BFH vom 4. 11. 1981 II R 144/78, BStBl. 1982 II S. 262). Eine Einspruchsentscheidung zu einem Erbschaftsteuerbescheid in Fällen der Testamentsvollstreckung ist nicht dem Testamentsvollstrecker, sondern den Erben bekannt zu geben, es sei denn, der Testamentsvollstrecker hat den Einspruch als Bevollmächtigter der Erben eingelegt.

---

[1] *BFH-Urteil vom 17. 6. 2020 II R 40/17 (BStBl. II S. 850):* **1.** Die Festsetzung von Erbschaftsteuer gegen unbekannte Erben ist zulässig, wenn hinreichend Zeit zur Verfügung stand, die Erben zu ermitteln. **2.** Für eine Erbenermittlung, die keine besonderen Schwierigkeiten aufweist, ist ein Zeitraum von einem Jahr ab dem Erbfall in der Regel angemessen. Jedenfalls nach Ablauf von drei Jahren und fünf Monaten ist es auch bei besonders schwierigen Erbenermittlungen nicht zu beanstanden, Erbschaftsteuer gegen unbekannte Erben festzusetzen. **3.** Der Bescheid ist dem Nachlasspfleger bekanntzugeben.

[2] Feststellungsbescheide sind (ggf.) an Testamentsvollstrecker, Nachlassverwalter bzw. -pfleger bekanntzugeben. *Vfg. OFD Koblenz vom 25. 1. 2006 S 3014 A – St 356 (ZEV S. 311).*

[3] *BFH-Urteil vom 28. 1. 1998 II R 40/95 (BFH/NV S. 855), Ls. 2:* **2.** Der fehlende Hinweis darauf, daß einem Testamentsvollstrecker ein Erbschaftsteuerbescheid in eben dieser Eigenschaft („als Testamentsvollstrecker") bekanntgegeben wird (vgl. § 32 Abs. 1 i. V. m. § 31 Abs. 5 ErbStG), führt zu keinen ernsthaften und die Nichtigkeit des Bescheids begründenden Zweifeln über die Person des Steuerschuldners, wenn sich die Stellung des Bekanntgabeadressaten aus seiner allen Beteiligten bekannten Testamentsvollstreckereigenschaft ergibt und er unter keinen denkbaren Voraussetzungen als Steuerschuldner des mit dem Bescheid erfaßten Erwerbs in Betracht kommen kann.

BFH-Urteil vom 14. 11. 1990 II R 255/85 (BStBl. 1991 II S. 49): **1.** Ein Erbschaftsteuerbescheid, mit dem lediglich Erbschaftsteuer aufgrund Vermächtnisanfalls und/oder aufgrund Erwerbs infolge Vertrags des Erblassers zugunsten des Erwerbers auf den Todesfall festgesetzt wird, kann dem Testamentsvollstrecker nicht mit Wirkung für und gegen den Steuerschuldner bekanntgegeben werden. **2.** Der in der fehlerhaften Bekanntgabe eines Steuerbescheids liegende Mangel, der die Unwirksamkeit des Bescheids bewirkt, kann durch fehlerfreie Zustellung der Einspruchsentscheidung geheilt werden mit der Folge, daß der ursprüngliche – unwirksame – Verwaltungsakt nur in der Gestalt der – wirksamen – Entscheidung über den außergerichtlichen Rechtsbehelf vom Gericht auf seine Rechtmäßigkeit zu überprüfen ist. **3.** Die Anfechtung eines unwirksamen Bescheids führt nicht zur Ablaufhemmung nach § 171 Abs. 3 AO 1977.

BFH-Urteil vom 14. 11. 1990 II R 58/86 (BStBl. 1991 II S. 52): **1.** Ein Steuerbescheid, mit dem die Erbschaftsteuer gegen einen Erben (Miterben) festgesetzt wird, wird mit der Bekanntgabe an den Testamentsvollstrecker dem Erben gegenüber wirksam. Das gilt auch, wenn sich der Steueranspruch nicht nur auf die Erbschaft i. S. des bürgerlichen Rechts gründet. **2.** Die Bekanntgabe des Erbschaftsteuerbescheids an den Testamentsvollstrecker setzt auch die Rechtsbehelfsfrist für die Anfechtung durch den Erben in Lauf. Dem Erben ist bei verspäteter Unterrichtung innerhalb der Jahresfrist des § 110 Abs. 3 AO 1977 Wiedereinsetzung in den vorigen Stand zu gewähren, wobei das Verhalten des Testamentsvollstreckers ihm nicht zuzurechnen ist.

FG München, Gerichtsbescheid vom 23. 8. 2000 4 K 3723/97 (EFG 2001 S. 301), rkr.: **1.** Bei einer Vermächtnisvollstreckung treffen den Testamentsvollstrecker die gleichen (steuerlichen) Rechte und Pflichten wie bei einer allgemeinen Testamentsvollstreckung, lediglich beschränkt auf den Vermächtnisgegenstand. **2.** Das Amt des Testamentsvollstreckers dauert bis zur abschließenden Klärung erbschaftsteuerlicher Fragen fort, unabhängig davon, ob er zur Einspruchseinlegung bevollmächtigt ist.

[4] AEAO zu § 122 AO abgedruckt im **AO-Handbuch.**

ErbStG

§ 33 Anzeigepflicht der Vermögensverwahrer, Vermögensverwalter und Versicherungsunternehmen

1 **(1)[1] ① Wer sich geschäftsmäßig mit der Verwahrung oder Verwaltung fremden Vermögens befaßt, hat diejenigen in seinem Gewahrsam befindlichen Vermögensgegenstände und diejenigen gegen ihn gerichteten Forderungen, die beim Tod eines Erblassers zu dessen Vermögen gehörten oder über die dem Erblasser zur Zeit seines Todes die Verfügungsmacht zustand, dem für die Verwaltung der Erbschaftsteuer zuständigen Finanzamt schriftlich anzuzeigen. ② Die Anzeige ist zu erstatten:**

1. in der Regel: innerhalb eines Monats, seitdem der Todesfall dem Verwahrer oder Verwalter bekanntgeworden ist;

2. wenn der Erblasser zur Zeit seines Todes Angehöriger eines ausländischen Staats war und nach einer Vereinbarung mit diesem Staat der Nachlaß einem konsularischen Vertreter auszuhändigen ist: spätestens bei der Aushändigung des Nachlasses.

2 **(2) Wer auf den Namen lautende Aktien oder Schuldverschreibungen ausgegeben hat, hat dem Finanzamt schriftlich von dem Antrag, solche Wertpapiere eines Verstorbenen auf den Namen anderer umzuschreiben, vor der Umschreibung Anzeige zu erstatten.**

3 **(3) Versicherungsunternehmen haben, bevor sie Versicherungssummen oder Leibrenten einem anderen als dem Versicherungsnehmer auszahlen oder zur Verfügung stellen, hiervon dem Finanzamt schriftlich Anzeige zu erstatten.**

4 **(4) Zuwiderhandlungen gegen diese Pflichten werden als Steuerordnungswidrigkeit mit Geldbuße geahndet.**

Übersicht Rz.

§ 1 ErbStDV. Anzeigepflicht der Vermögensverwahrer und der Vermögensverwalter 6–9
Anlage:
Erlass betr. Angabe der bis zum Todestag errechneten Zinsen und Stückzinsen 10
§ 2 ErbStDV. Anzeigepflicht derjenigen, die auf den Namen lautende Aktien oder Schuldverschreibungen ausgegeben haben 11
§ 3 ErbStDV. Anzeigepflicht der Versicherungsunternehmen 12–14
R E 33. Anzeigepflichten *(unbesetzt);* H E 33 16–23
Anlagen:
a) Erlass betr. Kontrollmitteilungen für die Steuerakten des Erblassers und des Erwerbers 25, 26
b) Verfügung betr. Anzeigepflicht der Banken nach § 33 ErbStG bei Überlassung eines Wertfachs an Mitarbeiter 27
c) Erlaß betr. Anzeigepflicht der Versicherungsunternehmen bei Übertragung von Direktversicherungen 28
d) Erlaß betr. Anzeigepflicht nach § 33 ErbStG der Treuhänder-Kommanditisten von Grundstücksgesellschaften 29
e) Schreiben betr. Anzeigen nach § 33 ErbStG i. V. m. § 1 ErbStDV bei Wertpapierdepots 30
f) Erlass betr. Anzeigepflicht der Vermögensverwahrer und -verwalter nach § 33 ErbStG 31
g) Schreiben betr. Anzeigepflicht der Vermögensverwahrer und -verwalter nach § 33 ErbStG 32
h) Erlass betr. Anzeigepflicht der Versicherungsunternehmen nach § 33 Abs. 3 ErbStG bei Termfix-Versicherungen 33

Zu § 33 ErbStG

ErbStDV

§ 1 *Anzeigepflicht der Vermögensverwahrer und der Vermögensverwalter*

6 *(1) ① Wer zur Anzeige über die Verwahrung oder Verwaltung von Vermögen eines Erblassers verpflichtet ist, hat die Anzeige nach § 33 Abs. 1 des Gesetzes mit einem Vordruck nach Muster 1 zu erstatten.*[2] *② Wird die Anzeige in einem maschinellen Verfahren erstellt, kann auf eine Unterschrift verzichtet werden.*[3] *③ Die Anzeigepflicht bezieht sich auch auf die für das Jahr des Todes bis zum Todestag errechneten Zinsen*

[1] Zur Anzeigepflicht der Bausparkassen bei Verträgen zugunsten Dritter mit unwiderruflicher Begünstigungsklausel vgl. *Schreiben FM Bayern vom 27. 11. 1987 – 34 – S 3844 – 15/10 – 61 564;* zur Anzeigepflicht der Kreditinstitute bei Verträgen zugunsten Dritter vgl. *Vfg. OFD Hannover vom 7. 3. 2003 (DStR S. 979).*

Zur Anzeigepflicht der Geldinstitute vgl. *Schreiben FM Bayern vom 18. 3. 1988 – 34 – S 3844 – 16/2 – 13 095 sowie BMF-Schreiben* an Verbände *vom 2. 3. 1989 und vom 12. 6. 1989.*

Die Anzeigepflicht der Kreditinstitute entfällt, wenn der Tod eines Kunden erst nach Ablauf von 15 Jahren seit dem Todesfall bekannt wird. *Erlaß Brandenburg vom 29. 9. 1993.*

Keine Anzeigepflicht bei Genossenschaftsbanken hinsichtlich der Geschäftsguthaben eines Mitglieds; vgl. *Vfg. OFD München vom 2. 2. 1995, ErbSt-Kartei § 33 Karte 29.*

Vgl. *BFH-Urteil vom 31. 5. 2006 II R 66/04, EuGH-Urteil vom 14. 4. 2016 C-522/14,* sowie *BFH-Urteil vom 16. 11. 2016 II R 29/13,* abgedruckt zum *Erlass Baden-Württemberg vom 10. 1. 2000* (nachfolgend Anlage f).

[2] Muster abgedruckt im Anhang **II** Nr. **2.**

[3] § 1 ErbStDV Abs. 1 Satz 2 eingefügt durch VO vom 2. 11. 2005 (BGBl. I S. 3126), anzuwenden auf Erwerbe ab dem 1. 1. 2006.

für Guthaben, Forderungen und Wertpapiere (Stückzinsen). ④ Die Anzeige ist bei dem für die Verwaltung der Erbschaftsteuer zuständigen Finanzamt (§ 35 des Gesetzes) einzureichen.

(2) Die Anzeigepflicht besteht auch dann, wenn an dem in Verwahrung oder Verwaltung befindlichen Wirtschaftsgut außer dem Erblasser auch noch andere Personen beteiligt sind. 7

(3) Befinden sich am Todestag des Erblassers bei dem Anzeigepflichtigen Wirtschaftsgüter in Gewahrsam, die vom Erblasser verschlossen oder unter Mitverschluß gehalten wurden (z. B. in Schließfächern), genügt die Mitteilung über das Bestehen eines derartigen Gewahrsams und, soweit er dem Anzeigepflichtigen bekannt ist, die Mitteilung des Versicherungswerts. 8

(4) Die Anzeige darf nur unterbleiben, 9

1. wenn es sich um Wirtschaftsgüter handelt, über die der Erblasser nur die Verfügungsmacht hatte, insbesondere als gesetzlicher Vertreter, Betreuer, Liquidator, Verwalter oder Testamentsvollstrecker, oder

2. wenn der Wert der anzuzeigenden Wirtschaftsgüter 5 000 Euro[1] nicht übersteigt.

Erlass betr. Anzeigen nach § 33 ErbStG i. V. m. § 1 Abs. 1 Satz 2, § 12 Abs. 1 Satz 2 ErbStDV; hier: Angabe der bis zum Todestag errechneten Zinsen und Stückzinsen

Anl zu § 1 ErbStDV

Vom 9. März 2000 (DStR S. 928)

(FM Hessen S 3844 A – 9 – II B 41)

Nach § 1 Abs. 1 Satz 2 ErbStDV haben die Banken und anderen Geldinstitute in der Anzeige nach § 33 ErbStG auch die für das Jahr des Todes bis zum Todestag errechneten Zinsen für Guthaben, Forderungen und Wertpapiere (Stückzinsen) anzugeben. Den Banken und anderen Geldinstituten, die die Zinsen/Stückzinsen nicht automationsgestützt berechnen konnten, hatten die obersten Finanzbehörden der Länder im Billigkeitsweg einmalig eine Übergangsregelung bis zum 31. 1. 2000 eingeräumt, wonach die Zinsen/Stückzinsen von den betroffenen Instituten nur auf besondere Anforderung des FA anzugeben waren (vgl. das BMF-Schreiben vom 9. Juli 1999 IV C 7 – S 3844 – 9/99). 10

Dem Wunsche der Banken und anderen Geldinstitute, die noch immer nicht in der Lage sind, die Zinsen/Stückzinsen automationsgestützt zu berechnen, weiterhin Erleichterungen zu gewähren und die Übergangsregelung uneingeschränkt zu verlängern, kann nach übereinstimmender Auffassung der obersten Finanzbehörden der Länder nicht entsprochen werden.

Von der Abgabe der bis zum Todestag errechneten Zinsen in den Anzeigen können die Banken und anderen Geldinstitute künftig nur noch dann absehen, wenn es sich um Zinsen für Giroguthaben handelt, bei denen der Zinssatz nicht höher als 1 v. H. ist. In den Anzeigen ist besonders darauf hinzuweisen, dass die bis zum Todestag entstandenen Zinsen noch nicht berechnet und in der Anzeige enthalten sind. In diesen Fällen sind die Zinsen wie bisher erst auf Einzelanforderung des zuständigen FA zu berechnen und anzuzeigen. In allen anderen Fällen sind die für das Jahr des Todes bis zum Todestag errechneten Zinsen für Guthaben, Forderungen und Wertpapiere (Stückzinsen) in der Anzeige anzugeben.

Das BMF hat die Spitzenverbände des Kreditgewerbes mit Schreiben vom 24. Februar 2000 IV C 7 – S 3844 – 12/00 auf die bestehende Anzeigepflicht hingewiesen.

§ 2[2] *Anzeigepflicht derjenigen, die auf den Namen lautende Aktien oder Schuldverschreibungen ausgegeben haben*

ErbStDV

① Wer auf den Namen lautende Aktien oder Schuldverschreibungen ausgegeben hat, hat unverzüglich nach dem Eingang eines Antrags auf Umschreibung der Aktien oder Schuldverschreibungen eines Verstorbenen dem für die Verwaltung der Erbschaftsteuer zuständigen Finanzamt (§ 35 des Gesetzes) unter Hinweis auf § 33 Abs. 2 des Gesetzes anzuzeigen: 11

1. die Wertpapier-Kennnummer, die Stückzahl und den Nennbetrag der Aktien oder Schuldverschreibungen,

2. die letzte Anschrift und die Identifikationsnummer des Erblassers, auf dessen Namen die Wertpapiere lauten,

3. den Todestag des Erblassers und – wenn dem Anzeigepflichtigen bekannt – das Standesamt, bei dem der Sterbefall beurkundet worden ist,

4. den Namen, die Identifikationsnummer, die Anschrift und, soweit dem Anzeigepflichtigen bekannt, das persönliche Verhältnis (Verwandtschaftsverhältnis, Ehegatte oder Lebenspartner) der Person, auf deren Namen die Wertpapiere umgeschrieben werden sollen.

② Die Anzeige darf nur unterbleiben, wenn der Wert der anzuzeigenden Wertpapiere 5 000 Euro nicht übersteigt.

---

[1] § 1 ErbStDV Abs. 4 Nr. 2 Betrag erhöht durch VO vom 17. 11. 2010 (BGBl. I S. 1544) mWv 1. 1. 2011 (§ 12 Abs. 1 ErbStDV).

[2] § 2 ErbStDV Satz 1 Nr. 4 Klammerzusatz ergänzt, Satz 2 angefügt durch VO vom 17. 11. 2010 (BGBl. I S. 1544) mWv 1. 1. 2011 (§ 12 Abs. 1 ErbStDV); Satz 1 Nrn. 2 und 4 geändert durch VO vom 22. 12. 2014 (BGBl. I S. 2392) mWv 30. 12. 2014 (§ 12 Abs. 3 ErbStDV).

§ 3 *Anzeigepflicht der Versicherungsunternehmen*

12 (1)[1] ① *Zu den Versicherungsunternehmen, die Anzeigen nach § 33 Abs. 3 des Gesetzes zu erstatten haben, gehören auch die Sterbekassen von Berufsverbänden, Vereinen und anderen Anstalten, soweit sie die Lebens-(Sterbegeld-) oder Leibrenten-Versicherung betreiben.* ② *Die Anzeigepflicht besteht auch für Vereine und Berufsverbände, die mit einem Versicherungsunternehmen die Zahlung einer Versicherungssumme (eines Sterbegeldes) für den Fall des Todes ihrer Mitglieder vereinbart haben, wenn der Versicherungsbetrag an die Hinterbliebenen der Mitglieder weitergeleitet wird.* ③ *Ortskrankenkassen gelten nicht als Versicherungsunternehmen im Sinne der genannten Vorschrift.*

13 (2)[2] ① *Dem für die Verwaltung der Erbschaftsteuer zuständigen Finanzamt (§ 35 des Gesetzes) sind mit einem Vordruck nach Muster 2*[3] *alle Versicherungssummen oder Leibrenten, die einem anderen als dem Versicherungsnehmer auszuzahlen oder zur Verfügung zu stellen sind, und, soweit dem Anzeigepflichtigen bekannt, das persönliche Verhältnis (Verwandtschaftsverhältnis, Ehegatte oder Lebenspartner) der Person, an die die Auszahlung oder Zurverfügungstellung erfolgt, anzuzeigen.* ② *Zu den Versicherungssummen rechnen insbesondere auch Versicherungsbeträge aus Sterbegeld, Aussteuer- und ähnlichen Versicherungen.* ③ *Bei einem Wechsel des Versicherungsnehmers vor Eintritt des Versicherungsfalls sind der Rückkaufswert der Versicherung sowie der Name, die Identifikationsnummer, die Anschrift und das Geburtsdatum des neuen Versicherungsnehmers anzuzeigen.*

14 (3) ① *Die Anzeige unterbleibt bei solchen Versicherungssummen, die auf Grund eines von einem Arbeitgeber für seine Arbeitnehmer abgeschlossenen Versicherungsvertrages bereits zu Lebzeiten des Versicherten (Arbeitnehmers) fällig und an diesen ausgezahlt werden.* ② *Die Anzeige darf bei Kapitalversicherungen unterbleiben, wenn der auszuzahlende Betrag 5 000 Euro*[2] *nicht übersteigt.*[4]

ErbStR R E 33

R E 33. Anzeigepflichten *(unbesetzt)*

H E 33

H E 33

16 **Anzeigepflicht bei Bestattungsvorsorge-Treuhandkonten.** Schließt ein Erblasser mit einem Bestattungsinstitut o. ä. einen sog. Bestattungsvorsorgevertrag ab und zahlt er die voraussichtlichen Bestattungskosten auf ein Treuhandkonto bei einer Bank ein, verwaltet das Bestattungsinstitut das Konto treuhänderisch. Nach dem Tod des Auftraggebers nimmt es die Bestattung vor und entnimmt dem Konto das Guthaben. Ein evtl. verbleibendes Guthaben ist grundsätzlich an die Erben auszuzahlen.

Das auf dem Konto befindliche Guthaben gehört beim Tod des Treugebers zu dessen Vermögen (§ 39 Absatz 2 Nummer 1 Satz 2 AO). Das Treuhandverhältnis und der Name des Treugebers sind der verwahrenden Bank bekannt. Damit ist sie gem. § 33 Absatz 1 ErbStG anzeigepflichtig. Daneben ist bei Treuhandverhältnissen auch der Treuhänder anzeigepflichtig, wenn er sich geschäftsmäßig mit der Verwaltung fremden Vermögens befasst. Dies kann auch beim einzelnen Bestattungsinstitut der Fall sein, so dass es eigenständig gem. § 33 Absatz 1 ErbStG anzeigepflichtig ist. Sofern im Einzelfall dazu Anlass besteht, sollen die Finanzämter die Bestattungsinstitute auf ihre Anzeigepflicht hinweisen.

17 **Anzeigepflicht berufsständischer Versorgungswerke.** Zu den Versicherungsunternehmen i. S. d. § 33 Absatz 3 ErbStG gehören auch die berufsständischen Versorgungswerke, z. B. der Ärztekammern.

Für gesetzliche Leistungen der Versorgungswerke besteht keine Anzeigepflicht. War der Erblasser Zwangsmitglied der Kammer, ist hinsichtlich der Leistungen an seine Hinterbliebenen keine Anzeigepflicht gegeben. Demgegenüber stellen vertragliche Leistungen der Kammern anzeigepflichtige Vorgänge dar. War der Erblasser freiwilliges Mitglied der Kammer, besteht deshalb für die Leistungen an seine Hinterbliebenen Anzeigepflicht.

18 **Anzeigepflicht der Versicherungsunternehmen bei verbundenen Lebensversicherungen.** Nach § 33 Absatz 3 ErbStG besteht eine Anzeigepflicht auch bei einer verbundenen Lebensversicherung von Eheleuten und anderen Vertragspartnern.

Bei dieser Versicherung sind zwar beide Ehegatten zugleich versichert, so dass jeder Ehegatte Versicherungsnehmer, Versicherter und Bezugsberechtigter ist. Hieraus kann aber für eine Lebensversicherung, deren Versicherungsfall beim Ableben des zuerst versterbenden Ehegatten eintritt, nicht gefolgert werden, dass damit eine Anzeigepflicht nach § 33 Absatz 3 ErbStG entfällt, weil die Versicherungssumme an einen Versicherungsnehmer – nämlich an den überlebenden Ehegatten – ausgezahlt wird. Die Anzeigepflicht dient der Sicherung des Steueranspruchs für Versicherungsleistungen. Diese sind, wenn sie zu Lebzeiten des Versicherungsnehmers einem

---

[1] Keine Anzeigepflicht bei Leistungen aus Restschuldversicherungen im Fall der Arbeitslosigkeit, vgl. *Erlass Baden-Württemberg vom 27. 6. 2003 – S 3844/27.*

[2] § 3 ErbStDV Abs. 2 Satz 1 Klammerzusatz ergänzt, Satz 3 neugefasst, Abs. 3 Satz 2 Betrag erhöht durch VO vom 17. 11. 2010 (BGBl. I S. 1544) mWv 1. 1. 2011 (§ 12 Abs. 1 ErbStDV); Abs. 2 Satz 3 geändert durch VO v. 22. 12. 2014 (BGBl. I S. 2392) mWv 30. 12. 2014 (§ 12 Abs. 3 ErbStDV).

[3] Muster abgedruckt im Anhang **II** Nr. **2.**

[4] Anzeigepflicht gilt derzeit nicht für überbetriebliche Unterstützungskassen und Pensionsfonds; vgl. *Vfg. OFD München vom 20. 1. 2003 (DB S. 637).*

anderen ausgezahlt werden, nach § 7 Absatz 1 Nummer 1 ErbStG, bei Auszahlung aus Anlass des Todes des Versicherungsnehmers nach § 3 Absatz 1 Nummer 4 ErbStG steuerpflichtig. Der Besteuerungstatbestand des § 3 Absatz 1 Nummer 4 ErbStG ist auch bei einer verbundenen Lebensversicherung von Ehegatten, deren Versicherungsfall mit dem Tode des zuerst verstorbenen Ehegatten eingetreten ist, erfüllt. Der überlebende Ehegatte erwirbt den Anspruch auf die Versicherungsleistung in seiner Eigenschaft als Bezugsberechtigter; ihm steht insoweit für den Besteuerungstatbestand des § 3 Absatz 1 Nummer 4 ErbStG und die Anzeigepflicht nach § 33 Absatz 3 ErbStG der verstorbene Ehegatte, dessen Tod den Versicherungsfall ausgelöst hat, als Versicherungsnehmer gegenüber. Die Auszahlung der Versicherungssumme an den überlebenden Ehegatten stellt daher ungeachtet der Tatsache, dass auch er – neben dem verstorbenen Ehegatten – Versicherungsnehmer war, einen anzeigepflichtigen Tatbestand dar.

Anzeigepflichten der Versicherungsunternehmen bei Vertragsfortführung. Eine Anzeigepflicht nach § 33 Absatz 3 ErbStG besteht auch, wenn beim Tode des Versicherungsnehmers, der nicht versicherte Person ist, der Versicherungsvertrag von einer anderen Person (z. B. einem Erben) fortgeführt wird. Durch die Übertragung des Versicherungsvertrages auf einen anderen Versicherungsnehmer wird diesem – unabhängig davon, ob sie mit dem Tod oder bereits zu Lebzeiten des übertragenden Versicherungsnehmers erfolgt – die Versicherungssumme zur Verfügung gestellt. Der neue Versicherungsnehmer kann z. B. den Versicherungsvertrag gem. § 165 VVG kündigen. 19

Anzeigepflicht eines inländischen Kreditinstituts mit Zweigniederlassung im Ausland. 20
→ BFH vom 16. 11. 2016 II R 29/13, BStBl. 2017 II S. 413.

Leistungen aus Rentenversicherungen. Die Billigkeitsregelung des § 3 Absatz 3 Satz 2 ErbStDV ist auch bei Leistungen aus Rentenversicherungen anzuwenden, wenn der Kapitalwert der voraussichtlichen Rentenleistungen oder die Kapitalleistung 5000 Euro nicht übersteigt. 21

Übertragung oder Auszahlung von Treuhandvermögen im Rahmen eines CTAs. Bei der Übertragung oder Auszahlung von Treuhandvermögen im Rahmen eines CTAs ist eine Anzeige nach § 33 Absatz 3 ErbStG entbehrlich. 22

Übertragung oder Auszahlung von verpfändetem Vermögen bei Wertguthabenvereinbarungen (§ 7b SGB IV). Bei der Übertragung oder Auszahlung von verpfändetem Vermögen bei Wertguthabenvereinbarungen (§ 7b SGB IV) ist eine Anzeige nach § 33 Absatz 3 ErbStG entbehrlich. 23

Anl a zu § 33

a) Erlass betr. Kontrollmitteilungen für die Steuerakten des Erblassers und des Erwerbers

Vom 12. März 2015 (BStBl. I S. 225)

(Gleich lautender Ländererlass)

Bezug: Gleich lautende Ländererlasse vom 18. 6. 2003 (BStBl. I S. 392)

Im Hinblick auf die besondere Bedeutung, die den Kontrollmitteilungen der Erbschaftsteuer-Finanzämter zukommt, ist wie folgt zu verfahren:

a) Kontrollmitteilungen für die Steuerakten des Erblassers

Das für die Erbschaftsteuer zuständige Finanzamt hat dem Finanzamt, das für die Besteuerung des Erblassers nach dem Einkommen zuständig ist, den ermittelten Nachlass mitzuteilen, wenn dessen **Reinwert** (hinterlassene Vermögenswerte abzüglich Erblasserschulden mit Ausnahme einer Zugewinnausgleichsverpflichtung) mehr als 250 000 EUR beträgt. Den Kontrollmitteilungen sollen Zweitschriften der Anzeigen der Geldinstitute nach § 33 ErbStG i. V. m. § 1 ErbStDV beigefügt werden. Zusätzlich anzugeben sind Erwerbe aufgrund eines Vertrags zugunsten Dritter (§ 3 Abs. 1 Nr. 4 ErbStG) mit Ausnahme von Ansprüchen aus Lebensversicherungsverträgen. 25

b) Kontrollmitteilungen für die Steuerakten des Erwerbers

Das für die Erbschaftsteuer zuständige Finanzamt hat dem Finanzamt, das für die Besteuerung des Erwerbers nach dem Einkommen zuständig ist, den Erwerb mitzuteilen, wenn dessen erbschaftsteuerlicher **Bruttowert** (Anteil an den hinterlassenen Vermögenswerten ohne Abzug der Erblasserschulden zuzüglich Wert der sonstigen Erwerbe) mehr als 250 000 EUR beträgt. 26

Die Kontrollmitteilungen sind unabhängig davon zu erteilen, ob es zu einer Steuerfestsetzung gekommen ist.

Es bleibt den Erbschaftsteuer-Finanzämtern unbenommen, auch in anderen Fällen bei gegebenem Anlass, z. B. wenn eine Schenkung erst im Rahmen einer Außenprüfung oder Fahndung aufgedeckt wurde, Kontrollmitteilungen zu übersenden.

Dieser Erlass ergeht im Einvernehmen mit den obersten Finanzbehörden der anderen Länder. Er tritt zum 1. April 2015 an die Stelle des Bezugserlasses.

Anl b
zu § 33

b) Verfügung betr. Anzeigepflicht der Banken nach § 33 ErbStG bei Überlassung eines Wertfachs an Mitarbeiter

Vom 3. Juni 1997

(OFD München S 3844 – 13/19 St 353; OFD Nürnberg S 3844 – 316/St 34)

27 Nach § 33 ErbStG ist eine Anzeigepflicht der Deutschen Bundesbank oder der Landeszentralbanken beim Tod eines Mitarbeiters, dem sie kostenfrei ein Wertfach zur privaten Nutzung überlassen hatten, gegeben.

Da die Deutsche Bundesbank oder die Landeszentralbank die Wertfächer in ihren Dienstgebäuden zur Verfügung stellen, haben sie an ihnen und den darin aufbewahrten Wirtschaftsgütern einen Gewahrsam im Sinne des § 33 Abs. 1 ErbStG. Die Fächer bieten dem Mitarbeiter die Möglichkeit, Wertgegenstände unter Aufsicht langfristig zu deponieren. Es besteht zwar kein gemeinsamer Verschluß (Mitverschluß), sondern nur ein Verschluß durch den Mitarbeiter selbst. Dies ist für die Beurteilung der Anzeigepflicht jedoch ebenso unbeachtlich wie die fehlende Kenntnis der Banken vom Inhalt der Fächer. Insoweit besteht kein Unterschied zu anderen Schließfächern im bankgeschäftlichen Verkehr. Anzuzeigen ist nur das Vorhandensein eines Wertfaches beim Tod eines Mitarbeiters *(§ 5 Abs. 3 ErbStDV)*.[1]

Anl c
zu § 33

c) Erlaß betr. Anzeigepflicht der Versicherungsunternehmen bei Übertragung von Direktversicherungen

Vom 28. Oktober 1998 (DStR S. 1916)

(FM Saarland B/5 – 343/98 – S 3844; koord. Ländererlaß)

28 Nach dem Ergebnis der Erörterung mit den obersten Finanzbehörden der Länder stellt der Wechsel des Versicherungsnehmers bei einer Direktversicherung in den nachfolgend genannten Fällen keine Schenkung i. S. des § 7 Abs. 1 Nr. 1 ErbStG dar:

- bei der Übertragung einer Direktversicherung anläßlich eines Wechsels der Arbeitsstelle eines Arbeitnehmers auf den neuen Arbeitgeber,
- bei der Übertragung einer Direktversicherung vom Arbeitgeber auf den Arbeitnehmer bei einem Ausscheiden aus dem Unternehmen,
- bei der Übertragung einer bisher privaten Lebensversicherung des Arbeitnehmers auf den Arbeitgeber, der diese als Direktversicherung fortführt.

Um den Verwaltungsaufwand für die Versicherungswirtschaft wie auch für die Finanzverwaltung möglichst gering zu halten, wird deshalb in den oben angeführten Direktversicherungsfällen auf die an sich nach § 33 Abs. 3 ErbStG i. V. m. § 3 Abs. 2 Satz 3 ErbStDV gebotene Anzeige durch das Versicherungsunternehmen verzichtet.

Anl d
zu § 33

d) Erlaß betr. Anzeigepflicht nach § 33 ErbStG der Treuhänder-Kommanditisten von Grundstücksgesellschaften

Vom 6. November 1998 (StEd S. 782)

(FM Schleswig-Holstein VI 316 – S 3844 – 078; koord. Ländererlaß)

29 Hinsichtlich der Frage, ob bei einem Immobilienfonds, der in der Rechtsform einer KG betrieben wird, durch den Tod eines Kommanditisten, dessen Anteil durch eine GmbH als Treuhänderin verwaltet wird, die Anzeigepflicht nach Maßgabe des § 33 ErbStG ausgelöst wird. Es wird gebeten, folgende Auffassung zu vertreten:

Ist an der Fondsgesellschaft eine Grundstücksverwaltungs-GmbH als Kommanditistin beteiligt, die Treuhandverträge mit einer Mehrzahl von Treugebern abgeschlossen hat und die für die Treugeber die Gesellschaftsanteile an der Fondsgesellschaft als Treuhänderin übernimmt und verwaltet, wird die Treuhand-Kommanditistin (die Grundstücksverwaltungs-GmbH) geschäftsmäßig als Verwahrerin und Verwalterin des Vermögens der Treugeber tätig. Anhaltspunkte für die Annahme der Geschäftsmäßigkeit der Verwahrung und Verwaltung können gegeben sein, wenn die Grundstücksverwaltungs-GmbH ein Treugeberregister (Register über alle Treugeber und die beteiligungsbezogenen Daten) führt und verpflichtet ist, das treuhänderisch gehaltene Vermögen von ihrem sonstigen Vermögen getrennt zu verwalten.

Die Treuhandkommanditistin hat daher das beim Tod eines Treugebers in ihrem Gewahrsam befindliche Vermögen (Beteiligung) des Erblassers dem für die Verwaltung zuständigen Finanzamt nach § 33 ErbStG anzuzeigen.

Die Regelung ist mit den obersten Finanzbehörden der anderen Länder abgestimmt.

Anl e
zu § 33

e) Schreiben betr. Anzeigen nach § 33 ErbStG i. V. m. § 1 ErbStDV bei Wertpapierdepots

Vom 18. August 1999 (DStR S. 1814)

(BMF IV C 7 – S 3844 – 11/99)

30 Nach § 33 Abs. 1 ErbStG i. V. m. § 1 ErbStDV haben die Banken und Geldinstitute diejenigen in ihrem Gewahrsam befindlichen Vermögensgegenstände und gegen sie gerichteten Forderungen anzuzeigen,

---

[1] Jetzt § 1 Abs. 3 ErbStDV.

die beim Tod eines Erblassers zu dessen Vermögen gehörten oder über die dem Erblasser zur Zeit seines Todes die Verfügungsmacht zustand. Aus gegebenem Anlaß wird darauf hingewiesen, daß hierunter auch ein Wertpapierdepot fällt, das aufgrund einer Vereinbarung des Erblassers mit der das Depot führenden Bank mit seinem Tod außerhalb des Nachlasses von einer bestimmten Person erworben wird (Vertrag zugunsten Dritter auf den Todesfall; vgl. § 3 Abs. 1 Nr. 4 ErbStG). Dabei sind der Name und die genaue Anschrift des Erwerbers mit anzugeben und unter Ziffer 3 Spalte 5 (Bemerkungen) des Musters 1 zu § 1 ErbStDV zu vermerken.[1]

f) Erlass betr. Anzeigepflicht der Vermögensverwahrer und -verwalter nach § 33 ErbStG

Anl f zu § 33

Vom 10. Januar 2000 (DB S. 252)

(FM Baden-Württemberg S 3844/20; koord. Ländererlass)

Klarstellend wird darauf hingewiesen, dass eine Anzeigepflicht der Banken und anderer Kreditinstitute auch dann besteht, wenn 31

1.[2] eine inländische Bank für einen Erblasser Konten- und Wertpapiergeschäfte abgewickelt hat, wobei die Konten und Depots bei einer rechtlich unselbständigen ausländischen Niederlassung geführt werden, oder

2. eine ausländische Bank über eine rechtlich unselbständige inländische Niederlassung für einen Erblasser Konten- und Wertpapiergeschäfte abgewickelt hat, wobei die Konten und Depots bei der ausländischen Bank geführt werden.

Voraussetzung für die Anwendung des § 33 ErbStG ist, dass sich das Kreditinstitut geschäftsmäßig mit der Verwahrung oder Verwaltung fremden Vermögens befasst. Dies muss im Geltungsbereich des ErbStG geschehen. Keine Voraussetzung ist, dass das Kreditinstitut seinen Sitz im Inland hat. Es reicht vielmehr für die Anwendung des § 33 ErbStG aus, wenn ein ausländisches Kreditinstitut über eine rechtlich unselbständige Niederlassung im Inland tätig wird.

In beiden o. g. Fällen sind deshalb die tatbestandlichen Voraussetzungen für eine Anzeigepflicht des Kreditinstituts erfüllt. Die Folge davon ist, dass sowohl das inländische wie auch das ausländische Kreditinstitut im Erbfall das Vermögen anzeigen muss, das sich in seinem Gewahrsam befindet. Unerheblich ist, wo das Vermögen gegenständlich oder auch nur buchtechnisch verwahrt wird. Entscheidend ist allein, dass das Kreditinstitut Zugriff auf das verwahrte Vermögen hat.

Dieser Erlass ist im Einvernehmen mit den obersten Finanzbehörden der anderen Länder ergangen.

g) Schreiben betr. Anzeigepflicht der Vermögensverwahrer und -verwalter nach § 33 ErbStG

Anl g zu § 33

Vom 13. Juni 2000 (DStR S. 1475)

(BMF IV C 7 – S 3844 – 7/00)

Nach dem BMF-Schreiben v. 22. 12. 1999 IV C 7 – S 3844 – 14/99[3] besteht die Anzeigepflicht der Banken und anderer Geldinstitute nach § 33 ErbStG unter anderem auch dann, wenn eine inländische Bank für einen Erblasser Konten- und Wertpapiergeschäfte über eine rechtlich unselbständige ausländische Niederlassung abgewickelt hat. Die obersten Finanzbehörden der Länder halten auch nach Prüfung gegen diese Auffassung vorgetragener Bedenken daran fest, dass die Anzeigepflicht der inländischen Banken und anderen Geldinstitute die bei unselbständigen ausländischen Niederlassungen geführten Konten und Depots eines Erblassers einschließt. Banken und andere Geldinstitute mit Sitz im Geltungsbereich des ErbStG unterliegen der Anzeigepflicht nach § 33 ErbStG. Sie müssen dafür Sorge tragen, insbesondere die entsprechenden organisatorischen Maßnahmen treffen, dass sie dieser Anzeigepflicht umfassend auch für ihre rechtlich unselbständigen Niederlassungen nachkommen können. Un- 32

---

[1] Muster 1 abgedruckt im Anhang **II** Nr. 2.

[2] *BFH-Urteil vom 31. 5. 2006 II R 66/04 (BStBl. 2007 II S. 49):* Ein inländischer Vermögensverwahrer oder -verwalter ist verpflichtet, in die Anzeigen nach § 33 Abs. 1 ErbStG auch Vermögensgegenstände einzubeziehen, die von einer Zweigniederlassung im Ausland verwahrt oder verwaltet werden.

EuGH-Urteil vom 14. 4. 2016 C-522/14 Sparkasse Allgäu (BStBl. 2017 II S. 421): Art. 49 AEUV ist dahin auszulegen, dass er einer Regelung eines Mitgliedstaats **nicht entgegensteht,** nach der Kreditinstitute mit Sitz in diesem Mitgliedstaat den nationalen Behörden Vermögensgegenstände, die bei ihren unselbständigen Zweigstellen in einem anderen Mitgliedstaat verwahrt oder verwaltet werden, im Fall des Ablebens des Eigentümers dieser Vermögensgegenstände, der im erstgenannten Mitgliedstaat Steuerinländer war, anzeigen müssen, wenn im zweitgenannten Mitgliedstaat keine vergleichbare Anzeigepflicht besteht und Kreditinstitute dort einem strafbewehrten Bankgeheimnis unterliegen.

BFH-Urteil vom 16. 11. 2016 II R 29/13 (BStBl. 2017 II S. 413): **1.** Ein inländisches Kreditinstitut ist verpflichtet, in die Anzeigen nach § 33 Abs. 1 ErbStG auch Vermögensgegenstände einzubeziehen, die von einer unselbständigen Zweigniederlassung im Ausland verwahrt oder verwaltet werden, selbst wenn dort ein strafbewehrtes Bankgeheimnis zu beachten ist. **2.** Die Anzeigepflicht nach § 33 Abs. 1 ErbStG ist, soweit sie sich auf Vermögensgegenstände bei einer unselbständigen Zweigniederlassung in einem EU-Mitgliedstaat erstreckt, mit Unionsrecht vereinbar. **3.** Die einem inländischen Kreditinstitut obliegende Anzeigepflicht i. S. des § 33 Abs. 1 ErbStG verletzt nicht die territoriale Souveränität des ausländischen Staates, in dem sich die Zweigstelle befindet. Eine Vorlage an das BVerfG nach Art. 100 Abs. 2 GG zur Klärung völkerrechtlicher Fragen ist insoweit nicht geboten.

[3] Entspricht dem vorstehend abgedruckten *Erlass Baden-Württemberg vom 10. 1. 2000.*

erheblich ist, wo die inländische Bank oder das inländische Geldinstitut das Erblasservermögen gegenständlich oder auch nur buchtechnisch verwahrt und ob die Konten oder Depots bei einer rechtlich und unselbständigen Niederlassung im Inland oder Ausland geführt werden. Entscheidend ist allein, dass die inländische Bank oder das inländische Geldinstitut das Vermögen verwahrt und Zugriff darauf hat.

Um zu vermeiden, dass Anzeigen erstattet werden müssen, die steuerlich ohne Relevanz sind, kann jedoch die inländische Bank oder das inländische Geldinstitut bei Konten oder Depots, die bei einer rechtlich unselbständigen Niederlassung im Ausland geführt werden, dann von einer Anzeige absehen, wenn ihr bekannt ist, dass weder der Erblasser noch ein Erwerber des auf den Konten oder Depots des Erblassers verwahrten Vermögens Inländer i. S. d. § 2 Abs. 1 Nr. 1 ErbStG ist.

Anl h zu § 33

h) Erlass betr. Anzeigepflicht der Versicherungsunternehmen nach § 33 Abs. 3 ErbStG bei Termfix-Versicherungen

Vom 22. Dezember 2009 (DB 2010 S. 249)

(FM Baden-Württemberg 3 – S 3844/36; koord. Ländererlass)

33 Bei Termfix-Versicherungen handelt es sich um eine Unterart der Kapitallebensversicherung mit einem festen Auszahlungstermin. Die Versicherungssumme wird zu einem bei Vertragsabschluss festgelegten Termin fällig. Wenn die versicherte Person (Versicherungsnehmer und Erblasser) vor diesem Fälligkeitstermin stirbt, wird die Versicherung bis zur Fälligkeit beitragsfrei.

Nach Abstimmung mit den für die Erbschaftsteuer zuständigen Vertretern der obersten Finanzbehörden der Länder entsteht die Erbschaftsteuer bei Termfix-Versicherungen unter Verweis auf das Urteil des Bundesfinanzhofes vom 27. 8. 2003 (II R 58/01, BStBl. II S. 921) nach § 9 Abs. 1 Nr. 1 ErbStG bereits beim Tod des Erblassers und nicht erst mit dem späteren Fälligkeitstermin.

Bereits in diesem Zeitpunkt wird dem Berechtigten die Versicherungssumme durch das Versicherungsunternehmen i. S. d. § 33 Abs. 3 ErbStG zur Verfügung gestellt; der Berechtigte setzt den Versicherungsvertrag fort und kann darüber verfügen.

Somit ist die Anzeige des Versicherungsunternehmens auf den Todestag des Erblassers zu erstatten.

In Übereinstimmung mit der vorgenannten BFH-Entscheidung ist als Wert der nach § 12 Abs. 3 BewG abgezinste Betrag der Forderung gegen die Versicherung (Versicherungsleistung) anzusetzen.

Der Erlass ergeht im Einvernehmen mit den obersten Finanzbehörden der anderen Länder.

§ 34 Anzeigepflicht der Gerichte, Behörden, Beamten und Notare ErbStG

(1) **Die Gerichte, Behörden, Beamten und Notare haben dem für die Verwaltung der Erbschaftsteuer zuständigen Finanzamt schriftlich Anzeige zu erstatten über diejenigen Beurkundungen, Zeugnisse und Anordnungen, die für die Festsetzung einer Erbschaftsteuer von Bedeutung sein können.** 1

(2) **Insbesondere haben anzuzeigen:**

1. die Standesämter: 2
die Sterbefälle;

2. die Gerichte und die Notare: 3
die Erteilung von Erbscheinen, Europäischen Nachlasszeugnissen,[1] **Testamentsvollstreckerzeugnissen und Zeugnissen über die Fortsetzung der Gütergemeinschaft, die Beschlüsse über Todeserklärungen sowie die Anordnung von Nachlaßpflegschaften**[2] **und Nachlaßverwaltungen;**

3. die Gerichte, die Notare und die deutschen Konsuln: 4
die eröffneten Verfügungen von Todes wegen, die abgewickelten Erbauseinandersetzungen, die beurkundeten Vereinbarungen der Gütergemeinschaft und die beurkundeten Schenkungen und Zweckzuwendungen.

Übersicht

		Rz.
§ 4 ErbStDV.	*Anzeigepflicht der Standesämter*	6–9
§ 5 ErbStDV.	*Verzeichnis der Standesämter*	10, 11
§ 6 ErbStDV.	*Anzeigepflicht der Gerichte bei Todeserklärungen*	12, 13
§ 7 ErbStDV.	*Anzeigepflicht der Gerichte, Notare und sonstigen Urkundspersonen in Erbfällen*	14–17
§ 8 ErbStDV.	*Anzeigepflicht der Gerichte, Notare und sonstigen Urkundspersonen bei Schenkungen und Zweckzuwendungen unter Lebenden*	18–20
§ 9 ErbStDV.	*Anzeigepflicht der Auslandsstellen*	21
§ 10 ErbStDV.	*Anzeigepflicht der Genehmigungsbehörden*	22
§ 11 ErbStDV.	*Anzeigen im automatisierten Verfahren*	23
R E 33.	Anzeigepflichten *(unbesetzt)*; H E 33 *(abgedruckt bei § 33 ErbStG)*	
Anlage:		
	Merkblatt über die steuerlichen Beistandspflichten der Notare auf den Gebieten der Grunderwerbsteuer, Erbschaftsteuer (Schenkungsteuer) und der Ertragsteuern – Auszug	24–32

Zu § 34 ErbStG

§ 4[3] ***Anzeigepflicht der Standesämter*** ErbStDV

(1) ① Die Standesämter haben für jeden Kalendermonat die Sterbefälle jeweils durch Übersendung der Sterbeurkunde in zweifacher Ausfertigung binnen zehn Tagen nach Ablauf des Monats dem für die Verwaltung der Erbschaftsteuer zuständigen Finanzamt, in dessen Bezirk sich der Sitz des Standesamtes befindet, anzuzeigen. ② Dabei ist die Ordnungsnummer (§ 5 Abs. 2) anzugeben, die das Finanzamt dem Standesamt zugeteilt hat. ③ Die in Satz 1 genannten Urkunden sind um Angaben zu den in Muster 3[4] *genannten Fragen zu ergänzen, soweit diese Angaben bekannt sind.* 6

(2) Sind in dem vorgeschriebenen Zeitraum Sterbefälle nicht beurkundet oder bekannt geworden, hat das Standesamt innerhalb von zehn Tagen nach Ablauf des Zeitraumes unter Angabe der Nummer der letzten Eintragung in das Sterberegister, eine Fehlanzeige mit einem Vordruck nach Muster 4[4] *zu übersenden.* 7

(3) Die Oberfinanzdirektion kann anordnen, 8

1. daß die Anzeigen von einzelnen Standesämtern für einen längeren oder kürzeren Zeitraum als einen Monat übermittelt werden können,

2. daß die Standesämter die Sterbefälle statt der Anzeigen nach Absatz 1 und 2 durch eine Totenliste (Absatz 4) nach Muster 3[4] *anzeigen können,*

3. daß auf die zweite Ausfertigung der Sterbeurkunde verzichtet werden kann.

(4) ① Totenlisten nach Absatz 3 Nr. 2 sind vorbehaltlich des Absatzes 3 Nr. 1 für jeden Kalendermonat aufzustellen. ② In die Totenlisten sind einzutragen: 9

1. die Sterbefälle nach der Reihenfolge der Eintragungen in das Sterberegister,

2. die dem Standesamt sonst bekanntgewordenen Sterbefälle von Personen, die im Ausland verstorben sind und bei ihrem Tod einen Wohnsitz oder ihren gewöhnlichen Aufenthalt oder Vermögen im Bezirk des Standesamtes gehabt haben.

---

[1] § 34 Abs. 2 Nr. 2 anzuwenden ab 17. 8. 2015 (§ 37 Abs. 9 ErbStG).

[2] Beginn und Ende einer Nachlaßpflegschaft sowie der Wechsel in der Person des Nachlaßpflegers sind den ErbSt-Finanzämtern mitzuteilen; vgl. *Vfg. OFD Hannover vom 8. 6. 1990.*

[3] § 4 ErbStDV Abs. 1, 2 und 4 geändert durch Gesetz vom 19. 2. 2007 (BGBl. I S. 122) mWv 1. 1. 2009.

[4] Muster abgedruckt im Anhang **II** Nr. 2.

ErbStDV

③ Das Standesamt hat die Totenliste binnen zehn Tagen nach dem Ablauf des Zeitraumes, für den sie aufgestellt ist, nach der in dem Muster 3[1] vorgeschriebenen Anleitung abzuschließen und dem für die Verwaltung der Erbschaftsteuer zuständigen Finanzamt, in dessen Bezirk sich der Sitz des Standesamtes befindet, einzusenden. ④ Dabei ist die Ordnungsnummer (§ 5 Abs. 2) anzugeben, die das Finanzamt dem Standesamt zugeteilt hat. ⑤ Sind in dem vorgeschriebenen Zeitraum Sterbefälle nicht beurkundet worden oder bekanntgeworden, hat das Standesamt innerhalb von zehn Tagen nach Ablauf des Zeitraumes diesem Finanzamt eine Fehlanzeige nach Muster 4[1] zu übersenden. ⑥ In der Fehlanzeige ist auch die Nummer der letzten Eintragung in das Sterberegister anzugeben.

§ 5 *Verzeichnis der Standesämter*

10 *(1) ① Die Landesregierungen oder die von ihnen bestimmten Stellen teilen den für ihr Gebiet zu ständigen Oberfinanzdirektionen Änderungen des Bestandes oder der Zuständigkeit der Standesämter mit. ② Von diesen Änderungen geben die Oberfinanzdirektionen den in Betracht kommenden Finanzämtern Kenntnis.*

11 *(2) Die Finanzämter geben jedem Standesamt ihres Bezirks eine Ordnungsnummer, die sie dem Standesamt mitteilen.*

§ 6 *Anzeigepflicht der Gerichte bei Todeserklärungen*

12 *(1) ① Die Gerichte haben dem für die Verwaltung der Erbschaftsteuer zuständigen Finanzamt (§ 35 des Gesetzes) eine beglaubigte Abschrift der Beschlüsse über die Todeserklärung Verschollener oder über die Feststellung des Todes und der Todeszeit zu übersenden. ② Wird ein solcher Beschluß angefochten oder eine Aufhebung beantragt, hat das Gericht dies dem Finanzamt anzuzeigen.*

13 *(2) Die Übersendung der in Absatz 1 genannten Abschriften kann bei Erbfällen von Kriegsgefangenen und ihnen gleichgestellten Personen sowie bei Erbfällen von Opfern der nationalsozialistischen Verfolgung unterbleiben, wenn der Zeitpunkt des Todes vor dem 1. Januar 1946 liegt.*

§ 7 *Anzeigepflicht der Gerichte, Notare und sonstigen Urkundspersonen in Erbfällen*

14 *(1)[2] ① Die Gerichte haben dem für die Verwaltung der Erbschaftsteuer zuständigen Finanzamt (§ 35 des Gesetzes) beglaubigte Abschriften folgender Verfügungen und Schriftstücke mit einem Vordruck nach Muster 5[1] zu übersenden:*

1. eröffnete Verfügungen von Todes wegen mit einer Mehrausfertigung der Niederschrift über die Eröffnungsverhandlung,

2. Erbscheine,

2a. Europäische Nachlasszeugnisse,

3. Testamentsvollstreckerzeugnisse,

4. Zeugnisse über die Fortsetzung von Gütergemeinschaften,

5. Beschlüsse über die Einleitung oder Aufhebung einer Nachlaßpflegschaft oder Nachlaßverwaltung,

6. beurkundete Vereinbarungen über die Abwicklung von Erbauseinandersetzungen.

② Eine elektronische Übermittlung der Anzeige ist ausgeschlossen. ③ Die Anzeige hat unverzüglich nach dem auslösenden Ereignis zu erfolgen. ④ Auf der Urschrift der Mitteilung oder Anzeige ist zu vermerken, wann und an welches Finanzamt die Abschrift übersandt worden ist.

15 *(2)[3] Jede Mitteilung oder Übersendung soll die folgenden Angaben enthalten:*

1. den Namen, die Identifikationsnummer, den Geburtstag, die letzte Anschrift, den Todestag und den Sterbeort des Erblassers,

2. das Standesamt, bei dem der Sterbefall beurkundet worden ist, und die Nummer des Sterberegisters.

16 *(3)[4] Soweit es den Gerichten bekannt ist, haben sie mitzuteilen:*

1. den Beruf und den Familienstand des Erblassers,

2. den Güterstand bei verheirateten oder in einer Lebenspartnerschaft lebenden Erblassern,

3. die Anschriften und die Identifikationsnummern der Beteiligten und das persönliche Verhältnis (Verwandtschaftsverhältnis, Ehegatte oder Lebenspartner) zum Erblasser,

4. die Höhe und die Zusammensetzung des Nachlasses in Form eines Verzeichnisses,

5. später bekanntgewordene Veränderungen in der Person der Erben oder Vermächtnisnehmer, insbesondere durch Fortfall von vorgesehenen Erben oder Vermächtnisnehmern.

---

[1] Muster abgedruckt im Anhang **II** Nr. **2**.

[2] § 7 ErbStDV Abs. 1 neuer Satz 2 eingefügt, Sätze 2 und 3 werden 3 und 4 durch Gesetz vom 21. 8. 2002 (BGBl. I S. 3322) mWv 28. 8. 2002; Abs. 1 Satz 1 Nr. 2a eingefügt durch Gesetz vom 29. 6. 2015 (BGBl. I S. 1042), anzuwenden ab 17. 8. 2015 (§ 12 Abs. 4 ErbStDV).

[3] § 7 ErbStDV Abs. 2 Nr. 2 geändert durch Gesetz vom 19. 2. 2007 (BGBl. I S. 122) mWv 1. 1. 2009; Abs. 2 Nr. 1 geändert durch VO vom 22. 12. 2014 (BGBl. I S. 2392) mWv 30. 12. 2014 (§ 12 Abs. 3 ErbStDV).

[4] § 7 ErbStDV Abs. 3 Nr. 3 Klammerzusatz ergänzt durch VO vom 17. 11. 2010 (BGBl. I S. 1544) mWv 1. 1. 2011 (§ 12 Abs. 1 ErbStDV); Abs. 3 Nr. 2 geändert durch Gesetz vom 18. 7. 2014 (BGBl. I S. 1042) mWv 24. 7. 2014 (§ 12 Abs. 2 ErbStDV); Abs. 3 Nr. 3 geändert durch VO vom 22. 12. 2014 (BGBl. I S. 2392) mWv 30. 12. 2014 (§ 12 Abs. 3 ErbStDV).

ErbStDV

(4) *Die Übersendung der in Absatz 1 erwähnten Abschriften und die Erstattung der dort vorgesehenen Anzeigen dürfen unterbleiben,* 17

1.[1] *wenn die Annahme berechtigt ist, dass außer Hausrat (einschließlich Wäsche und Kleidungsstücke) im Wert von höchstens 12 000 Euro nur noch anderes Vermögen im reinen Wert von höchstens 20 000 Euro vorhanden ist,*

2. *bei Erbfällen von Kriegsgefangenen und ihnen gleichgestellten Personen sowie bei Erbfällen von Opfern der nationalsozialistischen Verfolgung, wenn der Zeitpunkt des Todes vor dem 1. Januar 1946 liegt,*

3. *wenn der Erbschein lediglich zur Geltendmachung von Ansprüchen auf Grund des Lastenausgleichsgesetzes beantragt und dem Ausgleichsamt unmittelbar übersandt worden ist,*

4. *wenn seit dem Zeitpunkt des Todes des Erblassers mehr als zehn Jahre vergangen sind. ② Das gilt nicht für Anzeigen über die Abwicklung von Erbauseinandersetzungen.*

(5)[1] *Die vorstehenden Vorschriften gelten entsprechend für Notare und sonstige Urkundspersonen, soweit ihnen Geschäfte des Nachlaßgerichtes übertragen sind.*

§ 8 *Anzeigepflicht der Gerichte, Notare und sonstigen Urkundspersonen bei Schenkungen und Zweckzuwendungen unter Lebenden*

(1)[2] ① *Die Gerichte haben dem für die Verwaltung der Erbschaftsteuer zuständigen Finanzamt (§ 35 des Gesetzes) eine beglaubigte Abschrift der Urkunde über eine Schenkung (§ 7 des Gesetzes) oder eine Zweckzuwendung unter Lebenden (§ 8 des Gesetzes) unter Angabe des der Kostenberechnung zugrunde gelegten Werts mit einem Vordruck nach Muster 6*[3] *zu übersenden. ② Eine elektronische Übermittlung der Anzeige ist ausgeschlossen. ③ Enthält die Urkunde keine Angaben darüber, sind die Beteiligten über* 18

1.[2] *das persönliche Verhältnis (Verwandtschaftsverhältnis, Ehegatte oder Lebenspartner) des Erwerbers zum Schenker und*

2. *den Wert der Zuwendung*

zu befragen und die Angaben in der Anzeige mitzuteilen. ④ Die Anzeige hat unverzüglich nach der Beurkundung zu erfolgen. ⑤ Auf der Urschrift der Urkunde ist zu vermerken, wann und an welches Finanzamt die Abschrift übersandt worden ist. ⑥ Die Gerichte haben bei der Beurkundung von Schenkungen und Zweckzuwendungen unter Lebenden die Beteiligten auf die mögliche Steuerpflicht hinzuweisen.

(2) *Die Verpflichtungen nach Absatz 1 erstrecken sich auch auf Urkunden über Rechtsgeschäfte, die zum Teil oder der Form nach entgeltlich sind, bei denen aber Anhaltspunkte dafür vorliegen, daß eine Schenkung oder Zweckzuwendung unter Lebenden vorliegt.* 19

(3)[2] *Die Übersendung einer beglaubigten Abschrift von Schenkungs- und Übergabeverträgen und die Mitteilung der in Absatz 1 vorgesehenen Angaben darf unterbleiben, wenn Gegenstand der Schenkung nur Hausrat (einschließlich Wäsche und Kleidungsstücke) im Wert von höchstens 12 000 Euro und anderes Vermögen im reinen Wert von höchstens 20 000 Euro ist.* 20

(4)[2] *Die vorstehenden Vorschriften gelten entsprechend für Notare und sonstige Urkundspersonen.*

§ 9[4] *Anzeigepflicht der Auslandsstellen*

① *Die diplomatischen Vertreter und Konsuln des Bundes haben dem Bundeszentralamt für Steuern anzuzeigen:* 21

1. *die ihnen bekannt gewordenen Sterbefälle von Deutschen ihres Amtsbezirks,*

2. *die ihnen bekannt gewordenen Zuwendungen ausländischer Erblasser oder Schenker an Personen, die im Inland einen Wohnsitz oder ihren gewöhnlichen Aufenthalt haben.*

② *Eine elektronische Übermittlung der Anzeige ist ausgeschlossen.*

§ 10[5] *Anzeigepflicht der Genehmigungsbehörden*

① *Die Behörden, die Stiftungen anerkennen oder Zuwendungen von Todes wegen und unter Lebenden an juristische Personen und dergleichen genehmigen, haben dem für die Verwaltung der Erbschaftsteuer zuständigen Finanzamt (§ 35 des Gesetzes) über solche innerhalb eines Kalendervierteljahres erteilten Anerkennungen oder Genehmigungen unmittelbar nach Ablauf des Vierteljahres eine Nachweisung zu übersenden. ② Eine elektronische Übermittlung der Anzeige ist ausgeschlossen. ③ Die Verpflichtung erstreckt sich auch auf* 22

---

[1] § 7 ErbStDV Abs. 4 Nr. 1 neugefasst durch VO vom 17. 11. 2010 (BGBl. I S. 1544) mWv 1. 1. 2011 (§ 12 Abs. 1 ErbStDV); Abs. 5 geändert durch VO vom 19. 12. 2022 (BGBl. I S. 2432) mWv 23. 12. 2022.

[2] § 8 ErbStDV Abs. 1 neuer Satz 2 eingefügt, Sätze 2–5 werden 3–6 durch Gesetz vom 21. 8. 2002 (BGBl. I S. 3322) mWv 28. 8. 2002; Abs. 1 Satz 3 Nr. 1 Klammerzusatz ergänzt, Abs. 3 neugefasst durch VO vom 17. 11. 2010 (BGBl. I S. 1544) mWv 1. 1. 2011 (§ 12 Abs. 1 ErbStDV); Abs. 4 geändert durch VO vom 19. 12. 2022 (BGBl. I S. 2432) mWv 23. 12. 2022.

[3] Muster abgedruckt im Anhang **II** Nr. **2**.

[4] § 9 ErbStDV Satz 2 angefügt durch Gesetz vom 21. 8. 2002 (BGBl. I S. 3322) mWv 28. 8. 2002; Satz 1 Nr. 1 und 2 neugefasst durch Gesetz vom 19. 2. 2007 (BGBl. I S. 122) mWv 1. 1. 2009; Satz 1 geändert durch Jahressteuergesetz 2010.

[5] § 10 ErbStDV Sätze 1, 4 und 5 geändert durch Gesetz vom 15. 7. 2002 (BGBl. I S. 2634); neuer Satz 2 eingefügt, Sätze 2–4 werden 3–5 durch Gesetz vom 21. 8. 2002 (BGBl. I S. 3322) mWv 28. 8. 2002; Satz 4 Nr. 6 Klammerzusatz ergänzt durch VO vom 17. 11. 2010 (BGBl. I S. 1544) mWv 1. 1. 2011 (§ 12 Abs. 1 ErbStDV); Satz 4 Nr. 2 geändert durch VO vom 22. 12. 2014 (BGBl. I S. 2392) mWv 30. 12. 2014 (§ 12 Abs. 3 ErbStDV).

Rechtsgeschäfte der in § 8 Abs. 2 bezeichneten Art. ④ In der Nachweisung sind bei einem Anerkennungs- oder Genehmigungsfall anzugeben:

1. der Tag der Anerkennung oder Genehmigung,

2. die Anschriften und die Identifikationsnummern des Erblassers (Schenkers) und des Erwerbers (bei einer Zweckzuwendung die Anschrift und die Identifikationsnummer des mit der Durchführung der Zweckzuwendung Beschwerten),

3. die Höhe des Erwerbs (der Zweckzuwendung),

4. bei Erwerben von Todes wegen der Todestag und der Sterbeort des Erblassers,

5. bei Anerkennung einer Stiftung als rechtsfähig der Name, der Sitz (der Ort der Geschäftsleitung), der Zweck der Stiftung und der Wert des ihr gewidmeten Vermögens,

6. wenn bei der Anerkennung oder Genehmigung dem Erwerber Leistungen an andere Personen oder zu bestimmten Zwecken auferlegt oder wenn von dem Erwerber solche Leistungen zur Erlangung der Genehmigung freiwillig übernommen werden: Art und Wert der Leistungen, die begünstigten Personen oder Zwecke und das persönliche Verhältnis (Verwandtschaftsverhältnis, Ehegatte oder Lebenspartner) der begünstigten Personen zum Erblasser (Schenker).

⑤ Als Nachweisung kann eine beglaubigte Abschrift der der Stiftung zugestellten Urkunde über die Anerkennung als rechtsfähig dienen, wenn aus ihr die genannten Angaben zu ersehen sind.

§ 11 ***Anzeigen im automatisierten Verfahren***

23 *Die oberste Finanzbehörde eines Landes kann anordnen, daß die Anzeigen den Finanzämtern ihres Zuständigkeitsbereichs in einem automatisierten Verfahren erstattet werden können, soweit die Übermittlung der jeweils aufgeführten Angaben gewährleistet und die Richtigkeit der Datenübermittlung sichergestellt ist.*

ErbStR R E 33

R E 33. Anzeigepflichten *(unbesetzt)*

H E 33

H E 33 *(abgedruckt zu § 33 ErbStG)*

Anl zu § 34

Merkblatt über die steuerlichen Beistandspflichten der Notare auf den Gebieten der Grunderwerbsteuer, der Erbschaftsteuer (Schenkungsteuer) und der Ertragsteuern

Stand: September 2022

Vom 13. September 2022

(BayLfSt S 4540.1.1 – 4/47 St 35)

– Auszug –

A. Vorbemerkungen

24 **1.** Aus Gründen der Übersichtlichkeit berücksichtigt dieses Merkblatt nur die wesentlichen gesetzlichen Regelungen.

2. Geschlechterspezifische Bezeichnungen werden aus Vereinfachungsgründen lediglich in der männlichen Form verwendet.

3. Die aktuelle Fassung dieses Merkblattes kann auf der Internetseite der Bayerischen Finanzverwaltung (www.finanzamt.bayern.de > Startseite > Steuerinfos > Steuerarten > Grunderwerbsteuer > Merkblatt …) abgerufen werden.

4. Ein bundesweites Verzeichnis der örtlich zuständigen Finanzämter kann auf der Internetseite des Bundeszentralamts für Steuern unter BZSt – Finanzamtsuche abgefragt werden. Hier steht eine Suchfunktion zur Verfügung, mit der neben dem örtlich zuständigen Finanzamt weitere Angaben – wie etwa besondere Zuständigkeitsregelungen – ermittelt werden können.

Darüber hinaus steht ein bundesweites Finanzamtsverzeichnis – nach Bundesländern sortiert – unter BZSt – Finanzverwaltung der Länder zur Verfügung.

B. Grunderwerbsteuer

(abgedruckt als Anlage a zu § 18 GrStG)

C. Erbschaftsteuer (Schenkungsteuer)

1. Maßgebende Vorschriften

25 Die steuerlichen Anzeigepflichten und sonstigen Beistandspflichten der Notare ergeben sich aus folgenden Vorschriften:

– § 34 des Erbschaftsteuer- und Schenkungsteuergesetzes (ErbStG) in der Fassung der Bekanntmachung vom 27. 2. 1997 (BGBl. I 1997, 378), zuletzt geändert durch Artikel 17 des Gesetzes zum Internationalen Erbrecht und zur Änderung von Vorschriften zum Erbschein sowie zur Änderung sonstiger Vorschriften (IntErbRVG) vom 29. 6. 2015 (BGBl. I 2015, 1042),

- §§ 7 und 8 der Erbschaftsteuer-Durchführungsverordnung (ErbStDV) vom 8. 9. 1998 (BGBl. I 1998, 2658), zuletzt geändert durch Artikel 17 des Gesetzes zum Internationalen Erbrecht und zur Änderung von Vorschriften zum Erbschein sowie zur Änderung sonstiger Vorschriften (IntErbRVG) vom 29. 6. 2015 (BGBl. I 2015, 1042),
- § 102 Abs. 4 AO.

2. Anzeigepflichtige Rechtsvorgänge

2.1. Die Notare haben dem für die Verwaltung der Erbschaftsteuer zuständigen Finanzamt diejenigen Beurkundungen, Zeugnisse und Anordnungen anzuzeigen, die für die Festsetzung einer Erbschaftsteuer (Schenkungsteuer) von Bedeutung sein können (§ 34 ErbStG). **26**

2.2. Es sind insbesondere anzuzeigen:
- Erbauseinandersetzungen,
- Schenkungen und Schenkungsversprechen,
- Zweckzuwendungen,
- Rechtsgeschäfte, die zum Teil oder der Form nach entgeltlich sind, bei denen aber Anhaltspunkte dafür vorliegen, dass eine Schenkung oder Zweckzuwendung unter Lebenden vorliegt (§ 8 Abs. 2 ErbStDV).

2.3. Um dem Finanzamt in jedem Fall die Prüfung der Steuerpflicht zu ermöglichen, sind derartige Rechtsgeschäfte stets schon dann anzuzeigen, wenn auch nur eine Vermutung für eine freigebige Zuwendung besteht. Folglich sind insbesondere anzeigepflichtig:

2.3.1. Grundstücksüberlassungsverträge oder die Übertragung sonstiger Vermögensgegen- stände zwischen Eheleuten, Lebenspartnern, Eltern und Kindern oder sonstigen Angehörigen (in Frage kommen z. B. Teilschenkungen in der Form von Veräußerungsverträgen, wenn das Entgelt unter dem Verkehrswert des veräußerten Gegenstandes liegt oder als Gegenleistung ein Wohn- oder Verpflegungsrecht usw. eingeräumt wird);

2.3.2. die Vereinbarung der Gütergemeinschaft (§ 1415 BGB) hinsichtlich der Bereicherung, die ein Ehegatte oder Lebenspartner erfährt;

2.3.3. vorgezogene Erbregelungen und Rechtsgeschäfte, welche z. B. Folgendes zum Gegenstand haben:
- die vorzeitige Befriedigung von Pflichtteilsansprüchen oder Anwartschaften auf eine Nacherbfolge,
- die Abfindung für die Ausschlagung einer Erbschaft oder eines Vermächtnisses,
- die Abfindung für den Verzicht auf eine Geltendmachung zunächst behaupteter Rechtsstellungen, Rechte oder Ansprüche gegen Erben oder Vermächtnisnehmer (z. B. Erbprätendent),
- die Abfindung für die Zurückweisung eines Rechts aus einem Vertrag des Erblassers zugunsten Dritter auf den Todesfall,
- die Abfindung für den Verzicht auf einen entstandenen Pflichtteilsanspruch,
- die Abfindung für einen Erbverzicht,
- die entgeltliche Übertragung der Anwartschaftsrechte von Nacherben.

2.3.4. Zuwendungen unter Ehegatten oder Lebenspartnern, wenn als Rechtsgrund auf die Ehe oder Lebenspartnerschaft Bezug genommen wird (sog. unbenannte Zuwendungen);

2.3.5. die Beteiligung naher Angehöriger an einem Unternehmen (Familiengesellschaft – OHG, KG usw.);

2.3.6. die Übertragung von GmbH-Anteilen oder anderen Anteilen an Kapitalgesellschaften, insbesondere unter Angehörigen, wenn Anhaltspunkte dafür bestehen, dass ein etwaiges Entgelt unter dem gemeinen Wert (Verkehrswert) des Geschäftsanteils liegt;

2.3.7. die Bestellung von Hypotheken oder sonstigen Grundpfandrechten und deren Abtretung zugunsten naher Angehöriger, falls der Schuldgrund nicht einwandfrei ersichtlich ist;

2.3.8. Leistungen zwischen Kapitalgesellschaften, insbesondere Familiengesellschaften, und Gesellschaftern (z. B. verdeckte Einlagen, Kapitalerhöhungen gegen zu geringes oder zu hohes Aufgeld);

2.3.9. Im Einzelnen ergeben sich die anzeigepflichtigen Rechtsvorgänge aus den §§ 1, 3, 4, 7, 8 und 34 ErbStG, §§ 7 und 8 ErbStDV. Zu beachten ist, dass nach § 7 Abs. 4 ErbStG die Steuerpflicht einer Schenkung nicht dadurch ausgeschlossen wird, dass sie zur Belohnung oder unter einer Auflage gemacht oder in die Form eines lästigen Vertrages gekleidet worden ist;

2.3.10. Von Anzeigen kann abgesehen werden, wenn die Annahme berechtigt ist, dass außer Hausrat einschließlich Wäsche und Kleidungsstücken im Wert von höchstens 12 000 € nur noch anderes Vermögen im reinen Wert von höchstens 20 000 € vorhanden oder Gegenstand der Schenkung ist (§ 7 Abs. 4, § 8 Abs. 3 ErbStDV).

3. Zuständiges Finanzamt

Unter das Erbschaftsteuer- und Schenkungsteuergesetz fallende Rechtsvorgänge sind an das für die Verwaltung der Erbschaftsteuer (Schenkungsteuer) zuständige Finanzamt zu richten, in dessen Bezirk der (letzte) Wohnsitz oder der (letzte) gewöhnliche Aufenthalt des Erblassers oder Schenkers, hilfsweise der des Erwerbers liegt (§ 35 ErbStG). Die Verwaltung der Erbschaft- und Schenkungsteuer ist in Bayern den folgenden Finanzämtern übertragen: **27**

…

4. Form und Inhalt der Anzeigen

Erbschaft- und Schenkungsteuervorgänge werden mitgeteilt durch Übersendung einer beglaubigten Abschrift der Urkunde, die der Notar aufgenommen oder die er entworfen und auf der er eine Unterschrift beglaubigt hat. Die beglaubigten Abschriften der in § 7 Abs. 1 ErbStDV genannten Verfügungen und **28**

Anl zu § 34

Schriftstücke sowie die Urkunden über eine Schenkung oder eine Zweckzuwendung unter Lebenden sind jeweils mit einem Vordruck nach Muster 5 bzw. 6 der ErbStDV zu übersenden (§ 7 Abs. 1 und § 8 Abs. 1 ErbStDV). Für Muster 6 zu § 8 ErbStDV wird seitens der Finanzverwaltung ein überarbeitetes, elektronisch ausfüllbares Formular zur Verfügung gestellt, welches unter www.finanzamt.bayern.de > Formulare für Ihre Steuererklärung und weitere steuerliche Angelegenheiten > Weitere Themen A bis Z > Erbschaft- und Schenkungsteuer sowie der Homepage der Landesnotarkammer Bayern im Fachanwenderbereich unter Notare > Arbeitshilfen > Steuerrecht abrufbar ist. Muster 5 zu § 7 ErbStDV wird von der Finanzverwaltung nicht als Vordruck zur Verfügung gestellt, sondern ist von den Anzeigepflichtigen selbst aufzulegen. Es ist darauf zu achten, dass bei der Übersendung der beglaubigten Abschriften gleichzeitig auch die für die Erbschaftsteuer (Schenkungsteuer) erheblichen Umstände, soweit sie sich nicht schon aus dem Inhalt der Beurkundungen ergeben, mitgeteilt werden, insbesondere

- Name, letzter Wohnsitz, Identifikationsnummer gem. § 139 b AO, Sterbeort, Geburtstag und Todestag des Erblassers,
- Name, Identifikationsnummer gem. § 139 b AO und Wohnsitz des Schenkers, der Erwerber und der sonstigen Beteiligten,
- Verwandtschafts- bzw. Schwägerschaftsverhältnis des Erwerbers zum Erblasser oder Schenker,
- Zusammensetzung und Wert des Nachlasses oder der Zuwendung,
- der der Kostenberechnung zugrunde gelegte Wert.

Der Notar ist verpflichtet, die Beteiligten über diese Umstände zu befragen. Näheres über die mitzuteilenden Umstände ergibt sich aus §§ 7 und 8 ErbStDV sowie aus den Mustern 5 (zu § 7 ErbStDV) und 6 (zu § 8 ErbStDV).

4.2. Bei Erbauseinandersetzungen oder Grundstücksüberlassungsverträgen ist insbesondere dafür zu sorgen, dass sich aus der Beurkundung oder Mitteilung ergibt, auf wessen Namen die den Gegenstand der Auseinandersetzung oder Übertragung bildenden Grundstücke im Grundbuch eingetragen sind und welchen Wert sie im Einzelnen haben. Bei Bezugnahme auf frühere Erbfälle genügt nicht nur die Angabe des Datums und des Geschäftszeichens des Erbscheines, sondern es sind darüber hinaus in der Urkunde noch anzugeben oder mitzuteilen der Todestag, der letzte Wohnsitz und Sterbeort des Erblassers, die Namen seiner Erben und die auf diese nach dem Erbschein entfallenden Erbteile.

4.3. Eine elektronische Übermittlung der Anzeige ist ausgeschlossen (§§ 7 Abs. 1 S. 2, 8 Abs. 1 S. 2 ErbStDV).

5. Frist für die Anzeigen, steuerfreie Rechtsvorgänge

29 **5.1.** Die Anzeigen sind unverzüglich nach der Beurkundung oder der Unterschriftsbeglaubigung zu erstatten, und zwar auch dann, wenn die Wirksamkeit des Erwerbsvorgangs vom Eintritt einer Bedingung, vom Ablauf einer Frist oder von einer Genehmigung abhängt (§ 7 Abs. 1 S. 3 ErbStDV und § 8 Abs. 1 S. 4 ErbStDV).

5.2. Die Anzeige ist auch dann zu erstatten, wenn der Vorgang von der Besteuerung ausgenommen ist.

6. Absendevermerk des Notars

30 **6.1.** Bei Absendung der Anzeige ist auf der Urschrift der Mitteilung oder Anzeige zu vermerken:
- der Absendetag,
- das Finanzamt (die Finanzämter), an welche(s) die Anzeige übermittelt wurde (§§ 7 Abs. 1 und 5, 8 Abs. 1 und 4 ErbStDV).

7. Empfangsbestätigung des Finanzamts

31 Es ergeht keine Empfangsbestätigung des Finanzamts über den Erhalt der Anzeige.

D. Ertragsteuern

(abgedruckt im AO-Handbuch)

E. Mehrfache Anzeigepflicht bei mehrfacher Steuerpflicht

32 **1. Derselbe Rechtsvorgang kann für mehrere Steuern Bedeutung haben, z. B.**

1.1. Erbauseinandersetzung und Vermögensübergabe über Grundstücke:
- für die Grunderwerbsteuer und die Erbschaftsteuer (Schenkungsteuer);

1.2. Grundstücksschenkung unter einer Auflage und gemischte Grundstücksschenkung:
- für die Grunderwerbsteuer und die Schenkungsteuer;

1.3. Umwandlung einer Kapitalgesellschaft:
- für die Grunderwerbsteuer und die Ertragsteuern;

1.4. Kapitalerhöhung oder -herabsetzung:
- für die Grunderwerbsteuer und die Ertragsteuern;

1.5. Kapitalerhöhung gegen zu hohes oder zu geringes Aufgeld:
- für die Erbschaftsteuer (Schenkungsteuer) und die Ertragsteuern;

1.6. Unentgeltliche oder teilweise unentgeltliche Übertragung von Anteilen an Kapitalgesellschaften:
- für die Schenkungsteuer, die Ertragsteuern und ggf. Grunderwerbsteuer.

2. In diesen Fällen ist der Rechtsvorgang jedem Finanzamt anzuzeigen, das für eine der in Betracht kommenden Steuern zuständig ist. Sind mehrere Stellen desselben Finanzamts zuständig, ist entsprechend zu verfahren.

ErbStG

§ 35[1] Örtliche Zuständigkeit

(1) ① **Örtlich zuständig für die Steuerfestsetzung ist in den Fällen, in denen der Erblasser zur Zeit seines Todes oder der Schenker zur Zeit der Ausführung der Zuwendung ein Inländer war, das Finanzamt, das sich bei sinngemäßer Anwendung des § 19 Absatz 1 und des § 20 der Abgabenordnung[2] ergibt.** ② **Im Fall der Steuerpflicht nach § 2 Absatz 1 Nummer 1 Buchstabe b richtet sich die Zuständigkeit nach dem letzten inländischen Wohnsitz oder gewöhnlichen Aufenthalt des Erblassers oder Schenkers.** 1

(2) ① **Die örtliche Zuständigkeit bestimmt sich nach den Verhältnissen des Erwerbers, bei Zweckzuwendungen nach den Verhältnissen des Beschwerten, zur Zeit des Erwerbs, wenn**

1. **bei einer Schenkung unter Lebenden der Erwerber, bei einer Zweckzuwendung unter Lebenden der Beschwerte, eine Körperschaft, Personenvereinigung oder Vermögensmasse ist oder** 2
2. **der Erblasser zur Zeit seines Todes oder der Schenker zur Zeit der Ausführung der Zuwendung kein Inländer war.** ② **Sind an einem Erbfall mehrere inländische Erwerber mit Wohnsitz oder gewöhnlichem Aufenthalt in verschiedenen Finanzamtsbezirken beteiligt, ist das Finanzamt örtlich zuständig, das zuerst mit der Sache befaßt wird.** 3

(3) ① **Bei Schenkungen und Zweckzuwendungen unter Lebenden von einer Erbengemeinschaft ist das Finanzamt zuständig, das für die Bearbeitung des Erbfalls zuständig ist.** ② **Satz 1 gilt auch, wenn eine Erbengemeinschaft aus zwei Erben besteht und der eine Miterbe bei der Auseinandersetzung eine Schenkung an den anderen Miterben ausführt.** 4

(4)[3] **In den Fällen der Steuerpflicht nach § 2 Absatz 1 Nummer 2 ist das Finanzamt zuständig, das sich bei sinngemäßer Anwendung des § 20 Absatz 1 und 2 der Abgabenordnung ergibt.** 5

(5)[4] **In den Fällen des § 2 Absatz 1 Nummer 3 ist das Finanzamt örtlich zuständig, das sich bei sinngemäßer Anwendung des § 19 Absatz 2 der Abgabenordnung[2] ergibt.** 6

---

[1] Vgl. Verzeichnis der für die Erbschaftsteuer/Schenkungsteuer zuständigen Finanzämter, abgedruckt im **Anhang II** Nr. **5**.
[2] Abgedruckt im **AO-Handbuch.**
[3] § 35 Abs. 4 und 5 anzuwenden ab 29. 12. 2020 (§ 37 Abs. 18 ErbStG); nach *Tz. 6 gleich lautender Ländererlass vom 13. 9. 2021 (BStBl. I S. 1837)* handelt es sich um eine klarstellende Regelung ohne inhaltliche Änderung.
[4] Zur Anwendung von § 35 Abs. 4 (jetzt Abs. 5) vgl. § 37 Abs. 7 ErbStG.

Abschnitt 5. Ermächtigungs- und Schlußvorschriften

§ 36 Ermächtigungen

(1) Die Bundesregierung wird ermächtigt, mit Zustimmung des Bundesrates

1 **1. zur Durchführung dieses Gesetzes Rechtsverordnungen zu erlassen, soweit dies zur Wahrung der Gleichmäßigkeit bei der Besteuerung, zur Beseitigung von Unbilligkeiten in Härtefällen oder zur Vereinfachung des Besteuerungsverfahrens erforderlich ist, und zwar über**

a) die Abgrenzung der Steuerpflicht,

b) die Feststellung und die Bewertung des Erwerbs von Todes wegen, der Schenkungen unter Lebenden und der Zweckzuwendungen, auch soweit es sich um den Inhalt von Schließfächern handelt,

c) die Steuerfestsetzung, die Anwendung der Tarifvorschriften und die Steuerentrichtung,

d) die Anzeige- und Erklärungspflicht der Steuerpflichtigen,

e) die Anzeige-, Mitteilungs- und Übersendungspflichten der Gerichte, Behörden, Beamten und Notare, der Versicherungsunternehmen, der Vereine und Berufsverbände, die mit einem Versicherungsunternehmen die Zahlung einer Versicherungssumme für den Fall des Todes ihrer Mitglieder vereinbart haben, der geschäftsmäßigen Verwahrer und Verwalter fremden Vermögens, auch soweit es sich um in ihrem Gewahrsam befindliche Vermögensgegenstände des Erblassers handelt, sowie derjenigen, die auf den Namen lautende Aktien oder Schuldverschreibungen ausgegeben haben;

2 **2. Vorschriften durch Rechtsverordnung zu erlassen über die sich aus der Aufhebung oder Änderung von Vorschriften dieses Gesetzes ergebenden Rechtsfolgen, soweit dies zur Wahrung der Gleichmäßigkeit der Besteuerung oder zur Beseitigung von Unbilligkeiten in Härtefällen erforderlich ist.**

3 (2) **Das Bundesministerium der Finanzen wird ermächtigt, den Wortlaut dieses Gesetzes und der zu diesem Gesetz erlassenen Durchführungsverordnung in der jeweils geltenden Fassung satzweise numeriert mit neuem Datum und neuer Paragraphenfolge bekanntzumachen und dabei Unstimmigkeiten des Wortlauts zu beseitigen.**

§ 37 Anwendung des Gesetzes

1 (1) **Dieses Gesetz in der Fassung des Artikels 6 des Gesetzes vom 22. Dezember 2009 (BGBl. I S. 3950) findet auf Erwerbe Anwendung, für die die Steuer nach dem 31. Dezember 2009 entsteht.**

2 (2) ①**In Erbfällen, die vor dem 31. August 1980 eingetreten sind, und für Schenkungen, die vor diesem Zeitpunkt ausgeführt worden sind, ist weiterhin § 25 in der Fassung des Gesetzes vom 17. April 1974 (BGBl. I S. 933)**[1] **anzuwenden, auch wenn die Steuer infolge Aussetzung der Versteuerung nach § 25 Abs. 1 Buchstabe a erst nach dem 30. August 1980 entstanden ist oder entsteht.** ②**In Erbfällen, die vor dem 1. Januar 2009 eingetreten sind, und für Schenkungen, die vor diesem Zeitpunkt ausgeführt worden sind, ist weiterhin § 25 Abs. 1 Satz 3 und Abs. 2 in der Fassung der Bekanntmachung vom 27. Februar 1997 (BGBl. I S. 378) anzuwenden.**

3 (3) ①**Die §§ 13 a und 19 a Absatz 5 in der Fassung des Artikels 6 des Gesetzes vom 22. Dezember 2009 (BGBl. I S. 3950) finden auf Erwerbe Anwendung, für die die Steuer nach dem 31. Dezember 2008 entsteht.** ②**§ 13 a in der Fassung des Artikels 6 des Gesetzes vom 22. Dezember 2009 (BGBl. I S. 3950) ist nicht anzuwenden, wenn das begünstigte Vermögen vor dem 1. Januar 2011 von Todes wegen oder durch Schenkung unter Lebenden erworben wird, bereits Gegenstand einer vor dem 1. Januar 2007 ausgeführten Schenkung desselben Schenkers an dieselbe Person war und wegen eines vertraglichen Rückforderungsrechts nach dem 11. November 2005 herausgegeben werden musste.**

4 (4) **§ 13 Absatz 1 Nummer 1, § 13 b Absatz 2 Satz 6 und 7 und Absatz 3, § 15 Absatz 1, § 16 Absatz 1 und § 17 Absatz 1 Satz 1 in der Fassung des Artikels 14 des Gesetzes vom 8. Dezember 2010 (BGBl. I S. 1768) sind auf Erwerbe anzuwenden, für die die Steuer nach dem 13. Dezember 2010 entsteht.**

5 (5) **Soweit Steuerbescheide für Erwerbe von Lebenspartnern noch nicht bestandskräftig sind, ist**

1. § 15 Absatz 1 in der Fassung des Artikels 13 des Gesetzes vom 8. Dezember 2010 (BGBl. I S. 1768) auf Erwerbe, für die die Steuer nach dem 31. Juli 2001 entstanden ist, anzuwenden;

---

[1] § 25 ErbStG 1974 a. F. ist abgedruckt im Anhang **II** Nr. **1**.

2. **§ 16 Absatz 1 Nummer 1 in der Fassung des Artikels 14 des Gesetzes vom 8. Dezember 2010 (BGBl. I S. 1768) auf Erwerbe, für die die Steuer nach dem 31. Dezember 2001 und vor dem 1. Januar 2009 entstanden ist, mit der Maßgabe anzuwenden, dass an die Stelle des Betrages von 500 000 Euro ein Betrag von 307 000 Euro tritt;**
3. **§ 16 Absatz 1 Nummer 1 in der Fassung des Artikels 14 des Gesetzes vom 8. Dezember 2010 (BGBl. I S. 1768) auf Erwerbe, für die die Steuer nach dem 31. Juli 2001 und vor dem 1. Januar 2002 entstanden ist, mit der Maßgabe anzuwenden, dass an die Stelle des Betrages von 500 000 Euro ein Betrag von 600 000 Deutsche Mark tritt;**
4. **§ 17 Absatz 1 in der Fassung des Artikels 14 des Gesetzes vom 8. Dezember 2010 (BGBl. I S. 1768) auf Erwerbe, für die die Steuer nach dem 31. Dezember 2001 und vor dem 1. Januar 2009 entstanden ist, anzuwenden;**
5. **§ 17 Absatz 1 in der Fassung des Artikels 14 des Gesetzes vom 8. Dezember 2010 (BGBl. I S. 1768) auf Erwerbe, für die die Steuer nach dem 31. Juli 2001 und vor dem 1. Januar 2002 entstanden ist, mit der Maßgabe anzuwenden, dass an die Stelle des Betrages von 256 000 Euro ein Betrag von 500 000 Deutsche Mark tritt.**

(6) **§ 13 a Absatz 1 a und § 13 b Absatz 2 und 2 a in der Fassung des Artikels 8 des Gesetzes vom 1. November 2011 (BGBl. I S. 2131) sind auf Erwerbe anzuwenden, für die die Steuer nach dem 30. Juni 2011 entsteht.** 6

(7) ① **§ 2 Absatz 1 Nummer 1 und 3 und Absatz 3, § 7 Absatz 8, § 15 Absatz 4, § 16 Absatz 1 und 2, § 19 Absatz 2, § 21 Absatz 1 und § 35 Absatz 4 in der Fassung des Artikels 11 des Gesetzes vom 7. Dezember 2011 (BGBl. I S. 2592) finden auf Erwerbe Anwendung, für die die Steuer nach dem 13. Dezember 2011 entsteht.** ② **§ 2 Absatz 1 Nummer 1 und 3 und Absatz 3, § 16 Absatz 1 und 2, § 19 Absatz 2, § 21 Absatz 1 und § 35 Absatz 4 in der Fassung des Artikels 11 des Gesetzes vom 7. Dezember 2011 (BGBl. I S. 2592) finden auf Antrag auch auf Erwerbe Anwendung, für die die Steuer vor dem 14. Dezember 2011 entsteht, soweit Steuerbescheide noch nicht bestandskräftig sind.** 7

(8) **§ 13 a Absatz 1 Satz 4, Absatz 4 Satz 5 und § 13 b Absatz 2 in der Fassung des Artikels 30 des Gesetzes vom 26. Juni 2013 (BGBl. I S. 1809) sind auf Erwerbe anzuwenden, für die die Steuer nach dem 6. Juni 2013 entsteht.** 8

(9) **§ 34 Absatz 2 Nummer 2 in der Fassung des Artikels 17 des Gesetzes vom 29. Juni 2015 (BGBl. I S. 1042) ist auf Erwerbe anzuwenden, für die die Steuer nach dem 16. August 2015 entsteht.** 9

(10) ① **§ 13 Absatz 1 Nummer 16 Buchstabe b und c und § 30 Absatz 4 Nummer 1 in der am 6. November 2015 geltenden Fassung sind auf Erwerbe anzuwenden, für die die Steuer nach dem 5. November 2015 entstanden ist.** ② **§ 13 Absatz 1 Nummer 16 Buchstabe b und c in der am 6. November 2015 geltenden Fassung ist auch auf Erwerbe anzuwenden, für die die Steuer vor dem 6. November 2015 entsteht, soweit Steuerbescheide noch nicht bestandskräftig sind.** 10

(11) **§ 13 Absatz 1 Nummer 2 Buchstabe b Doppelbuchstabe bb in der am 6. August 2016 geltenden Fassung ist auf Erwerbe anzuwenden, für die die Steuer nach dem 5. August 2016 entstanden ist.** 11

(12)[1] ① **Die §§ 10, 13 a bis 13 d, 19 a, 28 und 28 a in der Fassung des Artikels 1 des Gesetzes vom 4. November 2016 (BGBl. I S. 2464) finden auf Erwerbe Anwendung, für die die Steuer nach dem 30. Juni 2016 entsteht.** ② **§ 13 a Absatz 1 Satz 3 und 4 in der Fassung des Artikels 1 des Gesetzes vom 4. November 2016 (BGBl. I S. 2464) findet auf frühere Erwerbe Anwendung, für die die Steuer nach dem 30. Juni 2016 entsteht.** ③ **§ 13 c Absatz 2 Satz 3 bis 5 in der Fassung des Artikels 1 des Gesetzes vom 4. November 2016 (BGBl. I S. 2464) findet auf frühere Erwerbe Anwendung, für die die Steuer nach dem 30. Juni 2016 entsteht.** 12

(13) ① **§ 17 in der am 25. Juni 2017 geltenden Fassung ist auf Erwerbe anzuwenden, für die die Steuer nach dem 24. Juni 2017 entsteht.** ② **§ 17 in der am 25. Juni 2017 geltenden Fassung ist auch auf Erwerbe anzuwenden, für die die Steuer vor dem 25. Juni 2017 entstanden ist, soweit Steuerbescheide noch nicht bestandskräftig sind.** 13

(14) **§ 2 Absatz 1 Nummer 3, § 3 Absatz 2 Nummer 4, § 9 Absatz 1 Nummer 1 Buchstabe f, § 13 Absatz 1 Nummer 16 Buchstabe c Satz 2 und § 16 Absatz 1 und 2 in der am 25. Juni 2017 geltenden Fassung sind auf Erwerbe anzuwenden, für die die Steuer nach dem 24. Juni 2017 entsteht.** 14

---

[1] *BFH-Urteil vom 6. 5. 2021 II R 1/19 (BStBl. 2022 II S. 77):* Die Regelungen des ErbStG i. d. F. des Wachstumsbeschleunigungsgesetzes betreffend den Erwerb von Privatvermögen und den Steuersatz sind über den 30. 6. 2016 hinaus weiter anwendbar.

15 (15) **§ 13 Absatz 1 Nummer 18 Buchstabe a in der Fassung des Artikels 6 des Gesetzes vom 18. Juli 2017 (BGBl. S. 2730) ist auf Erwerbe anzuwenden, für die die Steuer nach dem 29. Juli 2017 entsteht.**

16 (16) ① **Die §§ 19a und 28 in der Fassung des Artikels 18 des Gesetzes vom 11. Dezember 2018 (BGBl. I S. 2338) finden auf Erwerbe Anwendung, für die die Steuer nach dem 14. Dezember 2018 entsteht.** ② **§ 28a in der Fassung des Artikels 18 des Gesetzes vom 11. Dezember 2018 (BGBl. I S. 2338) findet auf Erwerbe Anwendung, für die ein Erlass erstmals nach dem 14. Dezember 2018 ausgesprochen wurde.**

17 (17) **Auf Erwerbe, für die die Steuer vor dem Zeitpunkt entstanden ist, ab dem das Vereinigte Königreich Großbritannien und Nordirland nicht mehr Mitgliedstaat der Europäischen Union ist und auch nicht wie ein solcher zu behandeln ist, ist dieses Gesetz mit der Maßgabe anzuwenden, dass das Vereinigte Königreich Großbritannien und Nordirland weiterhin als Mitgliedstaat der Europäischen Union gilt.**

18 (18) **§ 3 Absatz 2 Nummer 5, § 5 Absatz 1 Satz 6, § 10 Absatz 1 Satz 3 sowie Absatz 6 und 8, § 13 Absatz 1 Nummer 9a, § 13a Absatz 9a, § 13b Absatz 10 Satz 1, § 14 Absatz 2, § 29 Absatz 1 Nummer 4 Satz 2, § 30 Absatz 5, § 31 Absatz 1 sowie § 35 Absatz 1, 4 und 5 in der am 29. Dezember 2020 geltenden Fassung sind auf Erwerbe anzuwenden, für die die Steuer nach dem 28. Dezember 2020 entsteht.**

19 (19) **§ 13 Absatz 1 Nummer 19 in der Fassung des Artikels 6 des Gesetzes vom 16. Juli 2021 (BGBl. I S. 2931) ist in allen Fällen anzuwenden, soweit die Steuerbescheide noch nicht bestandskräftig sind.**

20 (20) **§ 2 Absatz 1 Nummer 3 Satz 1 in der am 28. März 2024 geltenden Fassung ist auf Erwerbe anzuwenden, für die die Steuer nach dem 27. März 2024 entsteht.**

21 (21) **§ 10 Absatz 5 Nummer 3 Satz 2, Absatz 6, 6a und 6b, § 13a Absatz 6 Satz 1 Nummer 4, § 13d Absatz 3, § 19a Absatz 3 und § 28 Absatz 3 in der Fassung des Artikels 34 des Gesetzes vom 2. Dezember 2024 (BGBl. 2024 I Nr. 387) ist auf Erwerbe anzuwenden, für die die Steuer nach dem 31. Dezember 2024 entsteht.**

22 (22) **§ 13 Absatz 1 Nummer 16 Buchstabe c und § 17 Absatz 3 in der am 6. Dezember 2024 geltenden Fassung ist auf Erwerbe anzuwenden, für die die Steuer nach dem 31. Dezember 2024 entsteht.**

ErbStDV

Schlußvorschriften

§ 12[1] *Anwendung der Verordnung*

25 *(1) Diese Verordnung in der Fassung des Artikels 5 der Verordnung vom 17. November 2010 (BGBl. I S. 1544) ist auf Erwerbe anzuwenden, für die die Steuer nach dem 31. Dezember 2010 entsteht.*

(2) § 7 Absatz 3 Nummer 2 und die Muster 3 und Muster 5 in der Fassung des Artikels 16 des Gesetzes vom 18. Juli 2014 (BGBl. I S. 1042) sind auf Erwerbe anzuwenden, für die die Steuer nach dem 23. Juli 2014 entsteht.

(3) § 2 Satz 1 Nummer 2 und 4, § 3 Absatz 2 Satz 3, § 7 Absatz 2 Nummer 1 und Absatz 3 Nummer 3, § 10 Satz 4 Nummer 2 sowie die Muster 1, 2, 5 und 6 in der am 30. Dezember 2014 geltenden Fassung sind auf Erwerbe anzuwenden, für die die Steuer nach dem 29. Dezember 2014 entsteht.

(4) § 7 Absatz 1 Satz 1 Nummer 2a und Muster 5 in der Fassung des Artikels 18 des Gesetzes vom 29. Juni 2015 (BGBl. I S. 1042) sind auf Erwerbe anzuwenden, für die die Steuer nach dem 16. August 2015 entsteht.

Zu § 37 ErbStG

ErbStR R E 37

R E 37. Anwendung des Gesetzes *(unbesetzt)*

H E 37

H E 37

26 **Anwendung des Gesetzes.**

- Bekanntmachung der Neufassung des ErbStG vom 27. 2. 1997 (BGBl. I S. 378, BStBl. I S. 298)
- **§ 13a Absatz 4 Nummer 2 und § 19a Absatz 2 Nummer 2 ErbStG** i. d. F. des Artikels 10 des Steuerentlastungsgesetzes 1999/2000/2002 vom 24. 3. 1999 (BGBl. I S. 402, BStBl. I S. 304):
  Anwendung auf Erwerbe, für die die Steuer nach dem 31. 12. 1998 entstanden ist.
- **§ 3 Absatz 1 Nummer 2 und Absatz 2 Nummer 1, § 7 Absatz 1 Nummer 8 und 9 und Absatz 7, § 9 Absatz 1 Nummer 1 Buchstabe c, § 15 Absatz 2 Satz 2 sowie § 20**

[1] § 12 ErbStDV neugefasst durch VO vom 17. 11. 2010 (BGBl. I S. 1544); bish. Wortlaut wird Abs. 1, Abs. 2 angefügt durch Gesetz vom 18. 7. 2014 (BGBl. I S. 1042); Abs. 3 angefügt durch VO vom 22. 12. 2014 (BGBl. I S. 2392); Abs. 4 angefügt durch Gesetz vom 29. 6. 2015 (BGBl. I S. 1042).

HE 37 noch **26**

Absatz 1 ErbStG i. d. F. des Artikels 10 des Steuerentlastungsgesetzes 1999/2000/2002 vom 24. 3. 1999 (BGBl. I S. 402, BStBl. I S. 304):
Anwendung auf Erwerbe, für die die Steuer nach dem 4. 3. 1999 entstanden ist.
- **§ 29 Absatz 1 Nummer 4 ErbStG** i. d. F. des Artikels 6 des Gesetzes zur weiteren steuerlichen Förderung von Stiftungen vom 14. 7. 2000 (BGBl. I S. 1034; BStBl. I S. 1192):
Anwendung auf Erwerbe, für die die Steuer nach dem 31. 12. 1999 entstanden ist.
- **§ 13 a Absatz 1 Satz 1 Nummer 2 ErbStG** i. d. F. des Artikels 16 des Steueränderungsgesetzes 2001 vom 20. 12. 2001 (BGBl. I S. 3794, BStBl. I 2002 S. 4):
Anwendung auf Erwerbe, für die die Steuer nach dem 22. 12. 2001 entstanden ist; rückwirkend auch auf Erwerbe, für die die Steuer nach dem 31. 12. 1995 entstanden ist, wenn die Steuerfestsetzung am 23. 12. 2001 noch nicht bestandskräftig war.
- **§ 10 Absatz 1 Satz 5 und Absatz 5 Nummer 3 Satz 2, § 13 Absatz 1 Nummer 1, 6 und 9, § 13 a Absatz 1 und Absatz 5 Nummer 3, § 16, § 17 Absatz 1 Satz 1 und Absatz 2 Satz 1, § 18, § 19 Absatz 1, § 19 a Absatz 5 Nummer 3 Satz 1, § 20 Absatz 7 sowie § 22 ErbStG** i. d. F. des Artikels 19 des Steuer-Euroglättungsgesetzes vom 19. 12. 2000 (BGBl. I S. 1790; BStBl. I 2001 S. 3):
Anwendung auf Erwerbe, für die die Steuer nach dem 31. 12. 2001 entstanden ist.
- **§ 9 Absatz 1 Nummer 1 Buchstabe c ErbStG** i. d. F. des Artikels 2 des Gesetzes zur Modernisierung des Stiftungsrechts vom 15. 7. 2002 (BGBl. I S. 2634, BStBl. I S. 706):
Anwendung auf Erwerbe, für die die Steuer nach dem 31. 8. 2002 entstanden ist.
- **§ 30 Absatz 1, § 33 Absatz 1 Satz 1, Absatz 2 und 3 sowie § 34 Absatz 1 ErbStG** i. d. F. des Artikels 27 des Dritten Gesetzes zur Änderung verfahrensrechtlicher Vorschriften vom 21. 8. 2002 (BGBl. I S. 3322, BStBl. I S. 820):
Anwendung auf Erwerbe, für die die Steuer nach dem 27. 8. 2002 entstanden ist.
- **§ 13 a Absatz 1 Satz 1 und Absatz 2 sowie § 19 a Absatz 4 Satz 3 ErbStG** i. d. F. des Artikels 13 des Haushaltsbegleitgesetzes 2004 vom 29. 12. 2003 (BGBl. I S. 3076, BStBl. I 2005 S. 120):
Anwendung auf Erwerbe, für die die Steuer nach dem 31. 12. 2003 entstanden ist.
- **§ 29 Absatz 1 Nummer 4 ErbStG** i. d. F. des Artikels 8 des Gesetzes zur weiteren Stärkung des bürgerschaftlichen Engagements vom 10. 10. 2007 (BGBl. I S. 2332, BStBl. I S. 815):
Anwendung auf Erwerbe, für die die Steuer nach dem 31. 12. 2006 entstanden ist.
- **§ 3 Absatz 1 Nummer 1, Absatz 2 Nummer 4 und 7, § 4 Absatz 1, § 5 Absatz 1 und 2, § 6 Absatz 4, § 7 Absatz 1 Nummer 4, 6 und 9 und Absatz 7, § 9 Absatz 1 Nummer 1 Buchstabe b, § 10 Absatz 1 und 5 Nummer 1, Absatz 6 und 10, § 12, § 13 Absatz 1 Nummer 1, 2, 4 a, 4 b, 4 c, 7, 8, 9 und 18, § 13 a, § 13 b, § 13 c, § 14, § 15 Absatz 2 und 3, § 16, § 17 Absatz 1, § 19 Absatz 1 und 3, § 19 a, § 20 Absatz 2, § 24 Satz 2, § 25, § 26, § 27 Absatz 1 und 3, § 28 Absatz 3, § 29 Absatz 1 Nummer 3 und 4, § 30 Absatz 3, § 31 Absatz 3 sowie § 35 Absatz 3 ErbStG** i. d. F. des Artikels 1 des Erbschaftsteuerreformgesetzes vom 24.12.2008 (BGBl. I S. 3018, BStBl. I 2009 S. 140):
Anwendung auf Erwerbe, für die die Steuer nach dem 31. 12. 2008 entstanden ist.
- **§ 13 a Absatz 1, 5 und 8, § 19 a Absatz 5 ErbStG** i. d. F. des Artikels 6 des Wachstumsbeschleunigungsgesetzes vom 22. 12. 2009 (BGBl. I S. 3950, BStBl. 2010 I S. 2):
Anwendung auf Erwerbe für die die Steuer nach dem 31. 12. 2008 entstanden ist.
- **§ 19 Absatz 1 und § 19 a Absatz 3 ErbStG** i. d. F. des Artikels 6 des Wachstumsbeschleunigungsgesetzes vom 22. 12. 2009 (BGBl. I S. 3950, BStBl. 2010 I S. 2):
Anwendung auf Erwerbe für die die Steuer nach dem 31. 12. 2009 entstanden ist.
- **§ 13 Absatz 1 Nummer 1, § 13 b Absatz 2, § 15 Absatz 1, § 16 Absatz 1 und § 17 Absatz 1 ErbStG** i. d. F. des Artikels 14 des Jahressteuergesetzes 2010 vom 8. 12. 2010 (BGBl. I S. 1768, BStBl. I S. 1394):
Anwendung auf Erwerbe, für die die Steuer nach dem 13. 12. 2010 entstanden ist.
- **§ 15 Absatz 1, § 16 Absatz 1 und § 17 Absatz 1 ErbStG** i. d. F. des Artikels 14 des Jahressteuergesetzes 2010 vom 8. 12. 2010 (BGBl. I S. 1768, BStBl. I S. 1394):
Anwendung nach Maßgabe des § 37 Absatz 5 ErbStG i. d. F. des Jahressteuergesetz 2010 vom 8. 12. 2010 (BGBl. I S. 1768) auf Erwerbe von Lebenspartnern i. S. d. Lebenspartnerschaftsgesetzes, für die die Steuer nach dem 31. 7. 2001 bzw. nach dem 31. 12. 2001 entstanden ist.
- **§ 13 a Absatz 1 a und § 13 b Absatz 2 a ErbStG** i. d. F. des Artikels 8 des Steuervereinfachungsgesetzes 2011 vom 1. 11. 2011 (BGBl. I S. 2131, BStBl. I S. 986):
Anwendung auf Erwerbe, für die die Steuer nach dem 30. 6. 2011 entstanden ist.
- **§ 2 Absatz 1 Nummer 1 und 3 und Absatz 3, § 7 Absatz 8, § 15 Absatz 4, § 16 Absatz 1 und 2, § 19 Absatz 2, § 21 Absatz 1 und § 35 Absatz 4 ErbStG** i. d. F. des Artikels 11 des Beitreibungsrichtlinie-Umsetzungsgesetzes vom 7.12.2011 (BGBl. I S. 2592, BStBl. I S. 1296):
Anwendung auf Erwerbe, für die die Steuer nach dem 13. 12. 2011 entstanden ist.
- **§ 2 Absatz 1 Nummer 1 und 3 und Absatz 3, § 16 Absatz 1 und 2, § 19 Absatz 2, § 21 Absatz 1 und § 35 Absatz 4 ErbStG** i. d. F. des Artikels 11 des Beitreibungsrichtlinie-Umsetzungsgesetzes vom 7. 12. 2011 (BGBl. I S. 2592, BStBl. I S. 1296):
Anwendung nach Maßgabe des § 37 Absatz 7 ErbStG i. d. F. des Beitreibungsrichtlinie-Umsetzungsgesetzes vom 7. 12. 2011 (BGBl. I S. 2592, BStBl. I S. 1296) auf Antrag auch auf Erwerbe, für die die Steuer vor dem 14. 12. 2011 entstanden ist.

HE 37
noch **26**

- **§ 5 Absatz 3 ErbStG** i. d. F. des Artikels 5 des Gesetzes zu dem Abkommen vom 4. Februar 2010 zwischen der Bundesrepublik Deutschland und der Französischen Republik über den Güterstand der Wahl-Zugewinngemeinschaft vom 15. 3. 2012 (BGBl. II S. 178), in Kraft getreten am 1. 5. 2013:
  Anwendung auf Erwerbe, für die die Steuer nach dem 30. 4. 2013 entstanden ist.
- **§ 13 a Absatz 1 Satz 4, Absatz 4 Satz 5, § 13 b Absatz 2 Satz 2 Nummer 4 a, Satz 3 und Satz 7 ErbStG** i. d. F. des Artikels 30 des Amtshilferichtlinie-Umsetzungsgesetzes vom 26. 6. 2013 (BGBl. I S. 1809, BStBl. I S. 802):
  Anwendung nach Maßgabe des § 37 Absatz 8 ErbStG i. d. F. des Amtshilferichtlinie-Umsetzungsgesetzes vom 26. 6. 2013 (BGBl. I S. 1809, BStBl. I S. 802) auf Erwerbe, für die die Steuer nach dem 6. 6. 2013 entstanden ist.
- **§ 34 Absatz 2 Nummer 2 ErbStG** i. d. F. des Artikels 17 des Gesetzes zum Internationalen Erbrecht und zur Änderung von Vorschriften zum Erbschein sowie zur Änderung sonstiger Vorschriften vom 29. 6. 2015 (BGBl. I S. 1042):
  Anwendung nach Maßgabe des § 37 Absatz 9 ErbStG i. d. F. des Gesetzes zum Internationalen Erbrecht und zur Änderung von Vorschriften zum Erbschein sowie zur Änderung sonstiger Vorschriften vom 29. 6. 2015 (BGBl. I S. 1042) auf Erwerbe, für die die Steuer nach dem 16. 8. 2015 entstanden ist.
- **§ 13 Absatz 1 Nummer 16 Buchst. b und Buchst. c und § 30 Absatz 4 Nummer 1 ErbStG** i. d. F. des Artikels 10 des Steueränderungsgesetzes 2015 vom 2. 11. 2015 (BGBl. I S. 1834):
  Anwendung nach Maßgabe des § 37 Absatz 10 ErbStG i. d. F. des Steueränderungsgesetzes 2015 vom 2. 11. 2015 (BGBl. I S. 1834) auf Erwerbe, für die die Steuer nach dem 5. 11. 2015 entstanden ist bzw. auf alle offenen Fälle.
- **§ 13 Absatz 1 Nummer 2 Buchst. b Doppelbuchst. bb ErbStG** i. d. F. des Artikels 8 des Gesetzes zur Neuregelung des Kulturgutschutzrechts vom 31. 7. 2016 (BGBl. I S. 1914):
  Anwendung nach Maßgabe des § 37 Absatz 11 ErbStG i. d. F. des Gesetzes zur Neuregelung des Kulturgutschutzrechts vom 31. 7. 2016 (BGBl. I S. 1914) auf Erwerbe, für die die Steuer nach dem 5. 8. 2016 entstanden ist.
- **§ 10 Absatz 1 Satz 1 und Absatz 6 Sätze 4 und 5, § 13 a, § 13 b, § 13 c, § 13 d, § 19 a Absatz 2, 3 und 5, § 28 Absatz 1 und 3, § 28 a ErbStG** i. d. F. des Artikels 1 des Gesetzes zur Anpassung des ErbStG an die Rechtsprechung des BVerfG vom 4. 11. 2016 (BGBl. I S. 2464):
  Anwendung nach Maßgabe des § 37 Absatz 12 ErbStG i. d. F. des Gesetz zur Anpassung des ErbStG an die Rechtsprechung des BVerfG vom 4. 11. 2016 (BGBl. I S. 2464) auf Erwerbe, für die die Steuer nach dem 30. 6. 2016 entstanden ist.
- **§ 2 Absatz 1 Nummer 3, § 3 Absatz 2 Nummer 4, § 9 Absatz 1 Nummer 1 Buchst. f, § 13 Absatz 1 Nummer 16 Buchst. c Satz 2, § 16 Absatz 1 und 2, § 17 Absatz 1 Satz 1, Absatz 2 Satz 1 und Absatz 3, § 19 Absatz 2, § 21 Absatz 1 Satz 1, § 35 Absatz 4 ErbStG** i. d. F. des Artikels 4 des Steuerumgehungsbekämpfungsgesetzes vom 23. 6. 2017 (BGBl. I S. 1682):
  Anwendung nach Maßgabe des § 37 Absatz 14 ErbStG i. d. F. des Steuerumgehungsbekämpfungsgesetzes vom 23. 6. 2017 (BGBl. I S. 1682) auf Erwerbe, für die die Steuer nach dem 24. 06. 2017 entstanden ist, bzw. § 17 nach Maßgabe des § 37 Absatz 13 ErbStG i. d. F. des Steuerumgehungsbekämpfungsgesetzes vom 23. 6. 2017 (BGBl. I S. 1682) auf alle offenen Fälle.
- **§ 13 Absatz 1 Nummer 18 Buchst. a ErbStG** i. d. F. des Artikels 6 des Gesetzes zum Ausschluss verfassungsfeindlicher Parteien von der Parteienfinanzierung vom 18. 7. 2017 (BGBl. I S. 2730):
  Anwendung nach Maßgabe des § 37 Absatz 15 ErbStG i. d. F. des Gesetzes zum Ausschluss verfassungsfeindlicher Parteien von der Parteienfinanzierung vom 18. 7. 2017 (BGBl. I S. 2730) auf Erwerbe, für die die Steuer nach dem 29. 7. 2017 entstanden ist.
- **§§ 19 a, 28, 28 a ErbStG** i. d. F. des Artikels 18 des Gesetzes zur Vermeidung von Umsatzsteuerausfällen beim Handel mit Waren im Internet und zur Änderung weiterer steuerlicher Vorschriften vom 11. 12. 2018 (BGBl. I S. 2338):
  Anwendung nach Maßgabe des § 37 Absatz 16 ErbStG i. d. F. des Gesetzes zur Vermeidung von Umsatzsteuerausfällen beim Handel mit Waren im Internet und zur Änderung weiterer steuerlicher Vorschriften vom 11. 12. 2018 (BGBl. I S. 2338) auf Erwerbe, für die die Steuer nach dem 14. 12. 2018 entstanden ist bzw. auf Erwerbe, für die ein Erlass erstmals nach dem 14. 12. 2018 ausgesprochen wurde.
- **ErbStG in Bezug auf einen Mitgliedstaat der Europäischen Union:**
  Anwendung nach Maßgabe des § 37 Absatz 17 ErbStG i. d. F. des Brexit-Steuerbegleitgesetzes vom 25. 3. 2019 (BGBl. I S. 357) auf Erwerbe, für die die Steuer vor dem Zeitpunkt entstanden ist, ab dem das Vereinigte Königreich Großbritannien und Nordirland nicht mehr Mitgliedstaat der Europäischen Union ist und auch nicht wie ein solcher zu behandeln ist.

Redaktionelle Ergänzung:

- **§ 3 Absatz 2 Nummer 5, § 5 Absatz 1 Satz 6, § 10 Absatz 1 Satz 3 sowie Absatz 6 und 8, § 13 Absatz 1 Nummer 9 a, § 13 a Absatz 9 a, § 13 b Absatz 10 Satz 1, § 14 Absatz 2, § 29 Absatz 1 Nummer 4 Satz 2, § 30 Absatz 5, § 31 Absatz 1, § 35 Ab-**

HE 37 noch **26**

satz 1, 4 und 5 i. d. F. des Artikels 34 des Jahressteuergesetzes 2020 vom 21. 12. 2020 (BGBl. I S. 3096):
Anwendung nach Maßgabe des § 37 Absatz 18 i.d. F. des Jahressteuergesetzes 2020 vom 21. 12. 2020 (BGBl. I S. 3096) auf Erwerbe, für die die Steuer nach dem 28. 12. 2020 entsteht.
Zur Anwendung der durch das JStG 2020 geänderten Vorschriften des ErbStG für Erwerbe mit einer Steuerentstehung nach dem 28. 12. 2020 siehe *gleich lautenden Ländererlass vom 13. 9. 2021 (BStBl. I S. 1837).*

- **§ 13 Absatz 1 Nummer 19** i. d. F. des Grundsteuerreform-Umsetzungsgesetzes vom 16. 7. 2021 (BGBl. I S. 2931):
  Anwendung nach Maßgabe des § 37 Absatz 19 i. d. F. des Artikels 6 des Grundsteuerreform-Umsetzungsgesetzes vom 16. 7. 2021 (BGBl. I S. 2931) auf alle offenen Fälle.
- **§ 7 Abs. 1 Nr. 9 Satzteil vor Satz 2** i. d. F. von Art. 8 des Gesetzes zur Vereinheitlichung des Stiftungsrechts vom 16. 7. 2021 (BGBl. I S. 2947):
  Anwendung (Inkrafttreten) des Gesetzes nach Art. 11 Abs. 2 am 1. 7. 2023.
- **§ 2 a, § 10 Abs. 1 Satz 4, § 13 b Abs. 4 Nr. 1 Satz 2 Buchst. d, § 18 Satz 1** i. d. F. von Art. 28 des Kreditzweitmarktförderungsgesetzes vom 22.12.2023 (BGBl. I Nr. 411):
  Anwendung (Inkrafttreten) des Gesetzes nach Art. 36 Abs. 3 am 1. 1. 2024.
- **§ 2 Abs. 1 Nr. 3 Satz 1, § 7 Abs. 9, § 20 Abs. 7** i. d. F. von Art. 28 des Wachstumschancengesetzes vom 27. 3. 2024 (BGBl. I Nr. 108):
  Anwendung nach § 37 Abs. 20 i. d. F. des Wachstumschancengesetzes (§ 2 Abs. 1 Nr. 3 Satz 1) bzw. nach Art. 35 des Gesetzes (Inkrafttreten) am 28. 3. 2024.
- **§ 10 Abs. 5 Nr. 3 Satz 2, Abs. 6, 6 a und 6 b, § 13 Abs. 1 Nr. 16 Buchst. c, § 13 a Abs. 6 Satz 1 Nr. 4, § 13 d Abs. 3, § 17 Abs. 3, § 19 a Abs. 3, § 28 Abs. 3** i. d. F. von Art. 34 des Jahressteuergesetzes 2024 v. 2. 12. 2024 (BGBl. I Nr. 387):
  Anwendung nach § 37 Abs. 21 und 22 ErbStG auf Erwerbe, für die die Steuer nach dem 31. 12. 2024 entsteht.

ErbStG

§ 37a Sondervorschriften aus Anlaß der Herstellung der Einheit Deutschlands

(1) *(weggefallen)*

1 (2) ① **Für den Zeitpunkt der Entstehung der Steuerschuld ist § 9 Abs. 1 Nr. 1 auch dann maßgebend, wenn der Erblasser in dem in Artikel 3 des Einigungsvertrages genannten Gebiet vor dem 1. Januar 1991 verstorben ist, es sei denn, daß die Steuer nach dem Erbschaftsteuergesetz der Deutschen Demokratischen Republik vor dem 1. Januar 1991 entstanden ist.** ② **§ 9 Abs. 2 gilt entsprechend, wenn die Versteuerung nach § 34 des Erbschaftsteuergesetzes (ErbStG) der Deutschen Demokratischen Republik in der Fassung vom 18. September 1970 (Sonderdruck Nr. 678 des Gesetzblattes) ausgesetzt wurde.**

(3) *(weggefallen)*

2 (4) **Als frühere Erwerbe im Sinne des § 14 gelten auch solche, die vor dem 1. Januar 1991 dem Erbschaftsteuerrecht der Deutschen Demokratischen Republik unterlegen haben.**

3 (5) **Als frühere Erwerbe desselben Vermögens im Sinne des § 27 gelten auch solche, für die eine Steuer nach dem Erbschaftsteuerrecht der Deutschen Demokratischen Republik erhoben wurde, wenn der Erwerb durch Personen im Sinne des § 15 Abs. 1 Steuerklasse I erfolgte.**

4 (6) **§ 28 ist auch anzuwenden, wenn eine Steuer nach dem Erbschaftsteuerrecht der Deutschen Demokratischen Republik erhoben wird.**

5 (7) ① **Ist in dem in Artikel 3 des Einigungsvertrages genannten Gebiet eine Steuerfestsetzung nach § 33 des Erbschaftsteuergesetzes der Deutschen Demokratischen Republik in der Weise erfolgt, daß die Steuer jährlich im voraus von dem Jahreswert von Renten, Nutzungen oder Leistungen zu entrichten ist, kann nach Wahl des Erwerbers die Jahressteuer zum jeweils nächsten Fälligkeitstermin mit ihrem Kapitalwert abgelöst werden.** ② **§ 23 Abs. 2 ist entsprechend anzuwenden.**

6 (8) **Wurde in Erbfällen, die vor dem 1. Januar 1991 eingetreten sind, oder für Schenkungen, die vor diesem Zeitpunkt ausgeführt worden sind, die Versteuerung nach § 34 des Erbschaftsteuergesetzes der Deutschen Demokratischen Republik ausgesetzt, ist diese Vorschrift weiterhin anzuwenden, auch wenn die Steuer infolge der Aussetzung der Versteuerung erst nach dem 31. Dezember 1990 entsteht.**

ErbStG

§§ 38, 39 *(weggefallen)*

ErbStDV

§ 13[1] *Inkrafttreten, Außerkrafttreten*

7 ① *Diese Verordnung tritt am 1. August 1998 in Kraft.* ② *Gleichzeitig tritt die Erbschaftsteuer-Durchführungsverordnung in der im Bundesgesetzblatt Teil III, Gliederungsnummer 611-8-1, veröffentlichten bereinigten Fassung, zuletzt geändert durch Artikel 3 des Gesetzes vom 20. Dezember 1996 (BGBl. I S. 2049), außer Kraft.*

[1] Betrifft das Inkrafttreten der ErbStDV i. d. F. vom 8. 9. 1998 (BGBl. I S. 2658). Die Anwendung späterer Änderungen ist in den jeweiligen Änderungsfußnoten vermerkt.

Grunderwerbsteuergesetz[1]

Erster Abschnitt. Gegenstand der Steuer

§ 1 Erwerbsvorgänge

(1) Der Grunderwerbsteuer unterliegen die folgenden Rechtsvorgänge, soweit sie sich auf inländische Grundstücke beziehen:

1. ein Kaufvertrag oder ein anderes Rechtsgeschäft, das den Anspruch auf Übereignung begründet; 1

2. die Auflassung, wenn kein Rechtsgeschäft vorausgegangen ist, das den Anspruch auf Übereignung begründet; 2

3. der Übergang des Eigentums, wenn kein den Anspruch auf Übereignung begründendes Rechtsgeschäft vorausgegangen ist und es auch keiner Auflassung bedarf. ② Ausgenommen sind 3

a)[2] der Übergang des Eigentums durch die Abfindung in Land und die unentgeltliche Zuteilung von Land für gemeinschaftliche Anlagen im Flurbereinigungsverfahren sowie durch die entsprechenden Rechtsvorgänge im beschleunigten Zusammenlegungsverfahren und im Landtauschverfahren nach dem Flurbereinigungsgesetz in seiner jeweils geltenden Fassung bis zur Höhe des Sollanspruchs, wenn der neue Eigentümer in diesem Verfahren als Eigentümer eines im Flurbereinigungsgebiet gelegenen Grundstücks Beteiligter ist; in diesen Fällen ist auch der den Sollanspruch auf Zuteilung übersteigende Teil der Zuteilung (Mehrzuteilung) ausgenommen, wenn der Wert des dem neuen Eigentümer zugeteilten Grundstücks seinen sich aus dem Wert des eingebrachten Grundstücks ergebenden Sollanspruch auf Zuteilung nicht um mehr als 20 vom Hundert übersteigt,

b)[2] der Übergang des Eigentums im Umlegungsverfahren nach dem Baugesetzbuch in seiner jeweils geltenden Fassung bis zur Höhe des Sollanspruchs, wenn der neue Eigentümer in diesem Verfahren als Eigentümer eines im Umlegungsgebiet gelegenen Grundstücks Beteiligter ist; in diesen Fällen ist auch der den Sollanspruch auf Zuteilung übersteigende Teil der Zuteilung (Mehrzuteilung) ausgenommen, wenn der Wert des dem neuen Eigentümer zugeteilten Grundstücks seinen sich aus dem Wert des eingebrachten Grundstücks ergebenden Sollanspruch auf Zuteilung nicht um mehr als 20 vom Hundert übersteigt,

c) der Übergang des Eigentums im Zwangsversteigerungsverfahren;

4. das Meistgebot im Zwangsversteigerungsverfahren; 4

5. ein Rechtsgeschäft, das den Anspruch auf Abtretung eines Übereignungsanspruchs oder der Rechte aus einem Meistgebot begründet; 5

6. ein Rechtsgeschäft, das den Anspruch auf Abtretung der Rechte aus einem Kaufangebot begründet. ② Dem Kaufangebot steht ein Angebot zum Abschluß eines anderen Vertrags gleich, kraft dessen die Übereignung verlangt werden kann; 6

7. die Abtretung eines der in den Nummern 5 und 6 bezeichneten Rechte, wenn kein Rechtsgeschäft vorausgegangen ist, das den Anspruch auf Abtretung der Rechte begründet. 7

(2) Der Grunderwerbsteuer unterliegen auch Rechtsvorgänge, die es ohne Begründung eines Anspruchs auf Übereignung einem anderen rechtlich oder wirtschaftlich ermöglichen, ein inländisches Grundstück auf eigene Rechnung zu verwerten. 8

(2a)[3] ① Gehört zum Vermögen einer Personengesellschaft ein inländisches Grundstück und ändert sich innerhalb von zehn Jahren der Gesellschafterbestand unmittelbar oder mittelbar dergestalt, daß mindestens 90 vom Hundert der Anteile am Gesellschaftsvermögen auf neue Gesellschafter übergehen, gilt dies als ein auf die Übereignung eines Grundstücks auf eine neue Personengesellschaft gerichtetes Rechtsgeschäft. ② Mittelbare Änderungen im Gesellschafterbestand von den an einer Personengesellschaft beteiligten Personengesellschaften werden durch Multiplikation der Vomhundertsätze der Anteile am Gesellschaftsvermögen anteilig berücksichtigt. ③ Ist eine Ka- 9

[1] **Grunderwerbsteuergesetz (GrEStG)** i. d. F. der Bek. vom 26. 2. 1997 (BGBl. I S. 418, ber. S. 1804), zuletzt geändert durch Art. 33 JStG 2024 vom 2. 12. 2024 (BGBl. I Nr. 387) – s. im Einzelnen die vorne zu Beginn der geschlossenen Wiedergabe des GrEStG abgedruckte Änderungsübersicht.

[2] § 1 Abs. 1 Satz 2 Buchst. a und b i. d. F. des JStG 2020 erstmals anzuwenden ab 29. 12. 2020 (§ 23 Abs. 17 GrEStG).

[3] § 1 Abs. 2a i. d. F. des StÄndG 2001 erstmals anzuwenden ab 1. 1. 2002 (§ 23 Abs. 7 Satz 1 GrEStG); Abs. 2a i. d. F. des StÄndG 2015 anzuwenden ab 6. 11. 2015 (§ 23 Abs. 13 GrEStG); zur Anwendung von § 1 Abs. 2a nach den Änderungen durch das Gesetz vom 12. 5. 2021 siehe § 23 Abs. 18 bis 20 GrEStG und den *gleich lautenden Ländererlass vom 29. 6. 2021,* abgedruckt als Anlage c zu § 1 Abs. 2a GrEStG.

GrEStG

pitalgesellschaft an einer Personengesellschaft unmittelbar oder mittelbar beteiligt, gelten die Sätze 4 und 5. ④ Eine unmittelbar beteiligte Kapitalgesellschaft gilt in vollem Umfang als neue Gesellschafterin, wenn an ihr mindestens 90 vom Hundert der Anteile auf neue Gesellschafter übergehen. ⑤ Bei mehrstufigen Beteiligungen gilt Satz 4 auf der Ebene jeder mittelbar beteiligten Kapitalgesellschaft entsprechend. ⑥ Bei der Ermittlung des Vomhundertsatzes bleibt der Erwerb von Anteilen von Todes wegen außer Betracht. ⑦ Hat die Personengesellschaft vor dem Wechsel des Gesellschafterbestandes ein Grundstück von einem Gesellschafter oder einer anderen Gesamthand erworben, ist auf die nach § 8 Abs. 2 Satz 1 Nr. 3 ermittelte Bemessungsgrundlage die Bemessungsgrundlage für den Erwerbsvorgang, für den auf Grund des § 5 Abs. 3 oder des § 6 Abs. 3 Satz 2 die Steuervergünstigung zu versagen ist, mit dem entsprechenden Betrag anzurechnen.

9a (2b)[1] **① Gehört zum Vermögen einer Kapitalgesellschaft ein inländisches Grundstück und ändert sich innerhalb von zehn Jahren der Gesellschafterbestand unmittelbar oder mittelbar dergestalt, dass mindestens 90 vom Hundert der Anteile der Gesellschaft auf neue Gesellschafter übergehen, gilt dies als ein auf die Übereignung eines Grundstücks auf eine neue Kapitalgesellschaft gerichtetes Rechtsgeschäft. ② Mittelbare Änderungen im Gesellschafterbestand von den an einer Kapitalgesellschaft beteiligten Personengesellschaften werden durch Multiplikation der Vomhundertsätze der Anteile der Gesellschaft anteilig berücksichtigt. ③ Ist eine Kapitalgesellschaft an einer Kapitalgesellschaft unmittelbar oder mittelbar beteiligt, gelten die Sätze 4 und 5. ④ Eine unmittelbar beteiligte Kapitalgesellschaft gilt in vollem Umfang als neue Gesellschafterin, wenn an ihr mindestens 90 vom Hundert der Anteile auf neue Gesellschafter übergehen. ⑤ Bei mehrstufigen Beteiligungen gilt Satz 4 auf der Ebene jeder mittelbar beteiligten Kapitalgesellschaft entsprechend. ⑥ Bei der Ermittlung des Vomhundertsatzes bleibt der Erwerb von Anteilen von Todes wegen außer Betracht.**

9b (2c) **Bei der Ermittlung des Vomhundertsatzes im Sinne von Absatz 2a Satz 1 und Absatz 2b Satz 1 bleiben Übergänge von Anteilen an Kapitalgesellschaften außer Betracht, die zum Handel an einem im Inland, in einem anderen Mitgliedstaat der Europäischen Union oder einem anderen Vertragsstaat des Abkommens über den Europäischen Wirtschaftsraum betriebenen organisierten Markt nach § 2 Absatz 11 des Wertpapierhandelsgesetzes oder einem Drittlandhandelsplatz, der gemäß Artikel 25 Absatz 4 Buchstabe a der Richtlinie 2014/65/EU von der Europäischen Kommission als gleichwertig erklärt wurde, zugelassen sind, soweit der Anteilsübergang auf Grund eines Geschäfts an diesem Markt oder Drittlandhandelsplatz oder einem multilateralen Handelssystem im Sinne des Artikels 2 Absatz 1 Nummer 14 der Verordnung (EU) Nr. 600/2014 erfolgt.**

10 (3)[1] **Gehört zum Vermögen einer Gesellschaft ein inländisches Grundstück, so unterliegen der Steuer, soweit eine Besteuerung nach den Absätzen 2a und 2b nicht in Betracht kommt, außerdem:**

1. ein Rechtsgeschäft, das den Anspruch auf Übertragung eines oder mehrerer Anteile der Gesellschaft begründet, wenn durch die Übertragung unmittelbar oder mittelbar mindestens 90 vom Hundert der Anteile der Gesellschaft in der Hand des Erwerbers oder in der Hand von herrschenden und abhängigen Unternehmen oder abhängigen Personen oder in der Hand von abhängigen Unternehmen oder abhängigen Personen allein vereinigt werden würden;

11 **2. die Vereinigung unmittelbar oder mittelbar von mindestens 90 vom Hundert der Anteile der Gesellschaft, wenn kein schuldrechtliches Geschäft im Sinne der Nummer 1 vorausgegangen ist;**

12 **3. ein Rechtsgeschäft, das den Anspruch auf Übertragung unmittelbar oder mittelbar von mindestens 90 vom Hundert der Anteile der Gesellschaft begründet;**

13 **4. der Übergang unmittelbar oder mittelbar von mindestens 90 vom Hundert der Anteile der Gesellschaft auf einen anderen, wenn kein schuldrechtliches Geschäft im Sinne der Nummer 3 vorausgegangen ist.**

14 (3a)[1, 2] **① Soweit eine Besteuerung nach den Absätzen 2a, 2b und 3 nicht in Betracht kommt, gilt als Rechtsvorgang im Sinne des Absatzes 3 auch ein solcher, aufgrund dessen ein Rechtsträger unmittelbar oder mittelbar oder teils unmittelbar, teils mittelbar eine wirtschaftliche Beteiligung in Höhe von mindestens 90 vom Hundert an einer Gesellschaft, zu deren Vermögen ein inländisches Grundstück gehört, innehat. ② Die wirtschaftliche Beteiligung ergibt sich aus der Summe der unmittelbaren und mittelbaren Beteiligungen am Kapital oder am Vermögen der Gesellschaft. ③ Für die Ermitt-**

[1] Zur Anwendung von § 1 Abs. 2b, 3 und 3a i. d. F. durch das Gesetz vom 12. 5. 2021 siehe § 23 Abs. 18 und Abs. 23 GrEStG und den *gleich lautenden Ländererlass vom 29. 6. 2021,* abgedruckt als Anlage c zu § 1 Abs. 2a GrEStG.

[2] § 1 Abs. 3a und 6 Satz 1 i. d. F. des AmtshilfeRLUmsG erstmals anzuwenden auf nach dem 6. 6. 2013 verwirklichte Rechtsvorgänge (§ 23 Abs. 11 GrEStG).

lung der mittelbaren Beteiligungen sind die Vomhundertsätze am Kapital oder am Vermögen der Gesellschaften zu multiplizieren.

(4)[1] **Im Sinne des Absatzes 3 gelten als abhängig**

1. natürliche Personen, soweit sie einzeln oder zusammengeschlossen einem Unternehmen so eingegliedert sind, dass sie den Weisungen des Unternehmers in Bezug auf die Anteile zu folgen verpflichtet sind; 15

2. juristische Personen, die nach dem Gesamtbild der tatsächlichen Verhältnisse finanziell, wirtschaftlich und organisatorisch in ein Unternehmen eingegliedert sind. 16

(4 a)[2] **① Ein Grundstück gehört zum Vermögen einer Gesellschaft im Sinne des § 1 Absatz 2 a bis 3 a, wenn sie es aufgrund eines Rechtsvorgangs nach § 1 Absatz 1 erworben hat. ② Die Zugehörigkeit nach Satz 1 endet, wenn ein anderer Rechtsträger das Grundstück auf Grund eines Rechtsvorgangs nach § 1 Absatz 1 erworben hat oder wenn die Voraussetzungen nicht mehr vorliegen, die zur Zugehörigkeit nach Satz 1 geführt haben. ③ Die Sätze 1 und 2 finden keine Anwendung auf Rechtsvorgänge, die nach § 16 Absatz 1 rückgängig gemacht wurden, und auf Grundstücke, die nach § 16 Absatz 2 zurückerworben wurden, soweit dies dazu führt, dass ein Erwerbsvorgang nach § 1 Absatz 2 a bis 3 a vermieden wird; die Rückgängigmachung und der Rückerwerb gelten für die Zugehörigkeit eines Grundstücks nach den Sätzen 1 und 2 als rückwirkendes Ereignis im Sinne des § 175 Absatz 1 Satz 1 Nummer 2 der Abgabenordnung. ④ Ein Grundstück gehört auch zum Vermögen einer Gesellschaft, wenn diese an dem Grundstück die Verwertungsbefugnis nach § 1 Absatz 2 innehat. ⑤ Die Zugehörigkeit nach Satz 4 endet, wenn die Voraussetzungen nicht mehr vorliegen, die zur Zugehörigkeit nach Satz 4 geführt haben.** 16a

(5) **Bei einem Tauschvertrag, der für beide Vertragsteile den Anspruch auf Übereignung eines Grundstücks begründet, unterliegt der Steuer sowohl die Vereinbarung über die Leistung des einen als auch die Vereinbarung über die Leistung des anderen Vertragsteils.** 17

(6)[3] **① Ein in Absatz 1, 2, 3 oder Absatz 3 a bezeichneter Rechtsvorgang unterliegt der Steuer auch dann, wenn ihm ein in einem anderen dieser Absätze bezeichneter Rechtsvorgang vorausgegangen ist. ② Die Steuer wird jedoch nur insoweit erhoben, als die Bemessungsgrundlage für den späteren Rechtsvorgang den Betrag übersteigt, von dem beim vorausgegangenen Rechtsvorgang die Steuer berechnet worden ist.** 18

(7) *(aufgehoben)*

Hinweise:

- Zur Sicherungsübereignung von Gebäuden auf fremdem Grund und Boden → s. Anlage b zu § 2.
- Zur Beurteilung von Erbbaurechtsvorgängen → s. Anlage a zu § 2.
- Zur Anwendung des § 7 Abs. 2 GrEStG auf den Erwerb eines in einer sog. freiwilligen Baulandumlegung gebildeten Grundstücks → s. Anlage b zu § 7.

Übersicht Rz.

Anlagen:

Zu § 1 Abs. 1

a) Schreiben betr. Erwerb einer Anwartschaft auf Nacherbfolge (§§ 2100 ff. BGB) 27

b) Erlass zu grundstücksbezogenen Treuhandgeschäften sowie zu Grundstückserwerben durch Auftragnehmer bzw. Geschäftsbesorger 28–32

Zu § 1 Abs. 1 Nr. 3

a) Erlass betr. Verfahren der Baulandumlegung 35–46

b) Schreiben betr. Übergang von Grundstücken bei Umwandlungen, Einbringungen und anderen Erwerbsvorgängen auf gesellschaftsvertraglicher Grundlage 56–63

c) Schreiben betr. Umfang der Steuerpflicht nach § 1 Abs. 1 Nr. 3 GrEStG 64

Zu § 1 Abs. 2 a

a) Erlass betr. Anwendung des § 1 Abs. 2 a GrEStG 66–114

b) Erlass zu den Übergangsregelungen aufgrund des Gesetzes zur Änderung des GrEStG 115–119

c) Erlass betr. Zurechnung von Grundstücken für die Ergänzungstatbestände in § 1 Abs. 2 a bis 3 a GrEStG .... 120–120 h

Zu § 1 Abs. 2 b

Erlass betr. Anwendung des § 1 Abs. 2 b GrEStG ab dem 1. Juli 2021 121–162

Zu § 1 Abs. 2 c

Erlass betr. Anwendung des § 1 Absatz 2 c GrEStG 165–174

Zu § 1 Abs. 3

a) Erlass betr. Erwerbsvorgänge i. S. d. § 1 Abs. 3 GrEStG i. Z. m. Treuhandgeschäften und Auftragserwerben bzw. Geschäftsbesorgungen 180–184

---

[1] § 1 Abs. 4 i. d. F. des UStAusfVermG anzuwenden auf nach dem 14. 12. 2018 verwirklichte Erwerbsvorgänge (§ 23 Abs. 16 Satz 1 GrEStG).

[2] Zur Anwendung von § 1 Abs. 4 a ab 6. 12. 2024 siehe § 23 Abs. 25.

[3] § 1 Abs. 3 a und 6 Satz 1 i. d. F. des AmtshilfeRLUmsG erstmals anzuwenden auf nach dem 6. 6. 2013 verwirklichte Rechtsvorgänge (§ 23 Abs. 11 GrEStG).

Rz.
b) Erlass betr. Anwendung des § 1 Abs. 3 GrEStG 190–215
c) Erlass zur Anwendung des § 1 Abs. 3 i. V. m. Abs. 4 GrEStG 220–234
Zu § 1 Abs. 3 a
Erlass betr. Anwendung des § 1 Abs. 3 a GrEStG 235–244
Rechtsprechung:
Zu § 1 Abs. 1 Nr. 1 und 2 250
Zu § 1 Abs. 1 Nr. 3 bis 7 251
Zu § 1 Abs. 2 252
Zu § 1 Abs. 2 a 253
Zu § 1 Abs. 3 254

Zu § 1 Abs. 1 GrEStG

Anl a zu § 1 Abs. 1

a) Schreiben betr. Erwerb einer Anwartschaft auf Nacherbfolge (§§ 2100 ff. BGB)

Vom 11. Februar 1983

(FM Bayern 37 – S 4500 – 50/4 – 7213; koord. Ländererlaß)

27 Nach § 2100 BGB kann der Erblasser einen Erben in der Weise einsetzen, daß dieser erst Erbe wird, nachdem zunächst ein anderer (Vorerbe) Erbe geworden ist. Der Nacherbe erlangt mit dem Tode des Erblassers ein gegenwärtiges Anwartschaftsrecht auf die spätere Nacherbschaft. Dieses Anwartschaftsrecht ist vererblich (§ 2108 Abs. 2 BGB) und übertragbar. Gehören zum Nachlaßvermögen Grundstücke, so gilt hinsichtlich der Frage der grunderwerbsteuerlichen Behandlung der Übertragung einer Nacherbenanwartschaft folgendes:

Das Anwartschaftsrecht auf Nacherbfolge begründet in bezug auf die zum Nachlaßvermögen gehörenden Grundstücke weder einen Anspruch auf Übereignung, noch geht mit der Anwartschaft das Eigentum an den Grundstücken über. Die Übertragung einer Nacherbenanwartschaft ist daher kein steuerbarer Erwerbsvorgang im Sinne des § 1 Abs. 1 GrEStG (vgl. Urteil des FG München vom 12. 9. 1968, EFG 1969 S. 96). Derartige Rechtsvorgänge unterliegen auch nicht nach § 1 Abs. 2 GrEStG der Grunderwerbsteuer, da die Rechtsstellung des Nacherben es diesem nicht ermöglicht, ein zum Nachlaß gehörendes Grundstück bereits vor Eintritt des Nacherbfalles auf eigene Rechnung zu verwerten.

Dieses Schreiben ergeht im Einvernehmen mit dem Bundesminister der Finanzen und den obersten Finanzbehörden der anderen Länder.

Anl b zu § 1 Abs. 1

b) Erlass zu grundstücksbezogenen Treuhandgeschäften sowie zu Grundstückserwerben durch Auftragnehmer bzw. Geschäftsbesorger

Vom 12. Oktober 2007 (BStBl. I S. 757)

(Gleich lautender Ländererlass)

28 Treuhandgeschäfte sowie Erwerbsvorgänge durch Auftragnehmer bzw. Geschäftsbesorger erlangen für die Grunderwerbsteuer Bedeutung, wenn sie ein inländisches Grundstück betreffen.

Einen typischen Treuhandvertrag gibt es bürgerlich-rechtlich nicht. Infolgedessen muss der Inhalt der Treuhandabrede stets im Einzelfall sachverhaltsbezogen festgestellt und grunderwerbsteuerrechtlich gewürdigt werden.

Treuhänder bzw. Treunehmer ist grundsätzlich, wer von einem anderen, dem Treugeber, Vermögensrechte (z. B. an einem Grundstück) zu eigenem Recht erworben hat und diese Rechte zwar im eigenen Namen, aber nicht (ausschließlich) im eigenen Interesse ausübt.

Der unentgeltliche Auftrag (§ 662 BGB) sowie der entgeltliche Geschäftsbesorgungsvertrag (§ 675 Abs. 1 BGB) verpflichten den Auftragnehmer bzw. Geschäftsbesorger, ein ihm vom Auftraggeber bzw. Geschäftsherrn übertragenes Geschäft, z. B. den Erwerb und/oder die Verwertung eines Grundstücks, für diesen vorzunehmen. Ob ein solches Auftrags- bzw. Geschäftsbesorgungsverhältnis vorliegt, kann jeweils nur im Einzelfall festgestellt werden.

Zu den Grundfällen im Zusammenhang mit der Begründung, Übertragung oder Rückgängigmachung von Treuhand- und Auftrags- bzw. Geschäftsbesorgungsverhältnissen gilt Folgendes:

1. Der Eigentümer eines Grundstücks überträgt das Eigentum auf einen Treuhänder

29 **1.1.** Der Treuhänder wird Eigentümer des Grundstücks. Sein Erwerb unterliegt der Steuer nach § 1 Abs. 1 Nr. 1 GrEStG, wenn für ihn durch Rechtsgeschäft ein Anspruch auf Übereignung begründet wird. Das ist regelmäßig bei der im Interesse des Treuhänders begründeten sog. eigennützigen Treuhand der Fall (z. B. Sicherungstreuhand, eigennützige Verwaltungstreuhand im Interesse der Gläubiger des Treugebers). Handelt es sich aus der Sicht des Treuhänders um eine sog. uneigennützige Treuhand (z. B. Liquidationstreuhand), besteht regelmäßig auf Grund der Vereinbarung nur die Pflicht des Treuhänders aus Auftrag oder Geschäftsbesorgungsvertrag (§§ 662, 675 Abs. 1 BGB), die Übereignung entgegenzunehmen, nicht aber das Recht, diese zu verlangen. Mangels Übereignungsanspruchs des Treuhänders liegt kein grunderwerbsteuerbarer Vorgang nach § 1 Abs. 1 Nr. 1 GrEStG vor. Der Steuer unterliegt erst die Auflassung des Grundstücks an den Treuhänder nach § 1 Abs. 1 Nr. 2 GrEStG. Während bei der uneigennützigen Treuhand dem bisherigen Eigentümer (Treugeber) stets die Möglichkeit verbleibt, das Grundstück auf eigene Rechnung zu verwerten (Verwertungsmöglichkeit), kann in den Fällen der eigennützigen Treuhand durch den Inhalt der getroffenen Vereinbarungen die eigene Verwertungsmöglichkeit des bisherigen Eigentümers (Treugeber) ausgeschlossen sein.

Anl b zu § 1 Abs. 1

1.2. Soweit bei eigennützigen Treuhandverhältnissen vertraglich eine aufschiebend bedingte Rückübereignungsverpflichtung begründet ist, entsteht die Steuer aus diesem nach § 1 Abs. 1 Nr. 1 GrEStG grunderwerbsteuerbaren Erwerbsvorgang erst mit dem Bedingungseintritt (§ 14 Nr. 1 GrEStG). Der Erwerb des nach § 667 BGB (ggf. in Verbindung mit § 675 Abs. 1 BGB) kraft Gesetzes entstehenden Anspruchs des Treugebers auf Rückübereignung des Grundstücks ist kein grunderwerbsteuerbarer Vorgang.

1.3. Es kommen die folgenden weiteren Erwerbsvorgänge in Betracht:

1.3.1. Der Treuhänder überträgt das Eigentum an den Treugeber zurück

1.3.1.1. Die Rückübertragung des Eigentums am Grundstück unterliegt der Steuer nach § 1 Abs. 1 Nr. 1 GrEStG, soweit sie auf aufschiebend bedingter Rückübereignungsverpflichtung beruht, im Übrigen nach § 1 Abs. 1 Nr. 2 GrEStG. Dies gilt auch dann, wenn das Verpflichtungsgeschäft auflösend bedingt ist (die Auflassung ist bedingungsfeindlich, § 925 Abs. 2 BGB), weil es durch den Eintritt der auflösenden Bedingung unwirksam geworden und deshalb ein Rückauflassungsanspruch entstanden ist.

1.3.1.2. Bei Vorliegen der Voraussetzungen des § 16 Abs. 2 GrEStG ist die Steuer für den Erwerb des Eigentums durch den Treuhänder und die Steuer für den Rückerwerb des Eigentums durch den Treugeber nicht festzusetzen oder die Steuerfestsetzung aufzuheben.

1.3.1.3. Sofern die Voraussetzungen des § 16 Abs. 2 GrEStG nicht erfüllt sind, ist nur der Rückerwerb des Grundstücks durch den Treugeber nach § 3 Nr. 8 GrEStG von der Besteuerung ausgenommen. Voraussetzung hierfür ist, dass für den Erwerb durch den Treuhänder die Steuer entrichtet worden ist. Die Befreiungsvorschrift ist somit nicht anzuwenden, wenn bei Begründung des Treuhandverhältnisses ein Befreiungstatbestand erfüllt und deshalb keine Steuer zu entrichten war.

1.3.2. Der Treugeber verschafft dem Treuhänder auch die Verwertungsmöglichkeit

Der Erwerb der Verwertungsmöglichkeit durch den Treuhänder unterliegt der Steuer nach § 1 Abs. 2 in Verbindung mit § 1 Abs. 6 Satz 1 GrEStG. Die Steuer wird nach § 1 Abs. 6 Satz 2 GrEStG nur insoweit erhoben, als die Bemessungsgrundlage den Betrag übersteigt, von dem die Steuer für den Erwerb des Eigentums berechnet worden ist.

1.3.3. Der Treuhänder übereignet das Grundstück im Einvernehmen mit dem Treugeber einem Dritten; das Treuhandverhältnis erlischt

1.3.3.1. Der Steuer unterliegt das Rechtsgeschäft, durch das der Dritte den Anspruch auf Übereignung des Grundstücks erwirbt (§ 1 Abs. 1 Nr. 1 GrEStG), oder der Übergang des Eigentums am Grundstück durch Auflassung (§ 1 Abs. 1 Nr. 2 GrEStG). Zur Gegenleistung gehört in diesen Fällen neben dem Kaufpreis eine etwa gegenüber dem Treugeber unmittelbar zu erbringende Leistung.

1.3.3.2. Ein weiterer grunderwerbsteuerbarer Vorgang wird durch die Auflösung des Treuhandverhältnisses nicht verwirklicht. Auch die Abführung des vom Treuhänder erzielten Kaufpreises an den Treugeber löst keine Steuer aus.

1.3.4. Der Treugeber verschafft die Verwertungsmöglichkeit einem anderen Treugeber oder tritt seinen aufschiebend bedingten rechtsgeschäftlich begründeten Rückübereignungsanspruch an einen Dritten ab (Treugeberwechsel)

Die Verschaffung der Verwertungsmöglichkeit an einen neuen Treugeber unterliegt der Steuer nach § 1 Abs. 2 GrEStG. Verpflichtet sich der ursprüngliche Eigentümer (Treugeber) gegenüber einem Dritten zur Abtretung seines aufschiebend bedingten Rückübereignungsanspruchs oder tritt er diesen Anspruch einem Dritten ab, so unterliegt der Vorgang der Steuer nach § 1 Abs. 1 Nr. 5 bzw. Nr. 7 GrEStG. Die Steuer entsteht nach § 14 Nr. 1 GrEStG erst mit Bedingungseintritt.

1.3.5. Der Treuhänder übereignet das Grundstück im Einvernehmen mit dem Treugeber einem anderen Treuhänder (Treuhänderwechsel)

Wird zwischen dem bisherigen und dem neuen Treuhänder ein schuldrechtlicher Anspruch auf Übereignung des Grundstücks begründet, unterliegt dieser Rechtsvorgang der Steuer nach § 1 Abs. 1 Nr. 1 GrEStG. Schließt der Treugeber mit einem neuen Treuhänder ein Treuhandverhältnis ab und überträgt der bisherige Treuhänder auf Weisung des Treugebers das Grundstück auf diesen, so unterliegt die Auflassung nach § 1 Abs. 1 Nr. 2 GrEStG der Steuer.

2. Der Eigentümer eines Grundstücks verschafft einem Treugeber die Verwertungsmöglichkeit

2.1. Der zivilrechtliche Eigentümer vereinbart mit einem Dritten, dass er dessen Treuhänder wird. Er erlangt hierdurch die Rechtsstellung eines Treuhänders, bleibt aber Eigentümer des Grundstücks. Der Erwerb der Verwertungsmöglichkeit durch den Dritten als Treugeber unterliegt der Steuer nach § 1 Abs. 2 GrEStG. 30

2.2. Hier kommen die folgenden weiteren Erwerbsvorgänge in Betracht:

2.2.1. Der Treuhänder erwirbt die Verwertungsmöglichkeit von dem Treugeber zurück

2.2.1.1. Der Rückerwerb durch den Treuhänder unterliegt der Steuer nach § 1 Abs. 2 GrEStG.

2.2.1.2. Bei Vorliegen der Voraussetzungen des § 16 Abs. 2 GrEStG ist die Steuer für den Erwerb der Verwertungsmöglichkeit durch den Treugeber und die Steuer für den Rückerwerb der Verwertungsmöglichkeit durch den Treuhänder nicht festzusetzen oder die Steuerfestsetzung aufzuheben. Eine Befreiung nach § 3 Nr. 8 GrEStG kommt nicht in Betracht, da mit der Rückübertragung der Verwertungsmöglichkeit kein Rückerwerb eines Grundstücks durch den Treugeber erfolgt.

2.2.2. Der Treuhänder überträgt dem Treugeber auch das Eigentum

Der Rechtsvorgang unterliegt der Steuer nach § 1 Abs. 1 Nr. 1 bzw. Nr. 2 in Verbindung mit Abs. 6 Satz 1 GrEStG. Die Steuer wird nach § 1 Abs. 6 Satz 2 GrEStG nur insoweit erhoben, als die Bemessungsgrundlage den Betrag übersteigt, von dem die Steuer für den Erwerb der Verwertungsmöglichkeit berechnet worden ist.

2.2.3. Der Treuhänder übereignet das Grundstück im Einvernehmen mit dem Treugeber einem Dritten; das Treuhandverhältnis erlischt

2.2.3.1. Der Steuer unterliegt das Rechtsgeschäft, durch das der Dritte den Anspruch auf Übereignung des Grundstücks erwirbt (§ 1 Abs. 1 Nr. 1 GrEStG), oder der Übergang des Eigentums am Grundstück durch Auflassung (§ 1 Abs. 1 Nr. 2 GrEStG). Zur Gegenleistung gehört in diesen Fällen neben dem Kaufpreis eine etwa gegenüber dem Treugeber unmittelbar zu erbringende Leistung.

2.2.3.2. Ein weiterer grunderwerbsteuerbarer Vorgang wird durch die Auflösung des Treuhandverhältnisses nicht verwirklicht. Auch die Abführung des vom Treuhänder erzielten Kaufpreises an den Treugeber löst keine Steuer aus.

2.2.3.3. Für den bei Begründung des Treuhandverhältnisses verwirklichten Erwerb durch den Treugeber kommt § 16 GrEStG nicht zur Anwendung, weil der Treuhänder die Verwertungsmöglichkeit nicht zurückerlangt.

3. Erwerb des Eigentums auf Grund Auftrags oder Geschäftsbesorgungsvertrags für den Auftraggeber bzw. den Geschäftsherrn

31 **3.1.** Der Auftragnehmer bzw. Geschäftsbesorger wird Eigentümer des Grundstücks. Gleichzeitig mit der Verwirklichung des Erwerbsvorgangs durch diesen erlangt der Auftraggeber bzw. der Geschäftsherr die Verwertungsmöglichkeit. Es liegen zwei Rechtsvorgänge vor; davon unterliegt der Erwerb durch den Auftragnehmer bzw. den Geschäftsbesorger nach § 1 Abs. 1 Nr. 1 GrEStG, der Erwerb durch den Auftraggeber bzw. den Geschäftsherrn nach § 1 Abs. 2 GrEStG der Steuer. In Fällen, in denen eine Gegenleistung vereinbart wurde, ist grundsätzlich zu beachten, dass für den Erwerb durch den Auftraggeber bzw. den Geschäftsherrn zur Gegenleistung alle Leistungen gehören, die ihm gegenüber dem Auftragnehmer bzw. dem Geschäftsbesorger nach § 670 BGB (ggf. in Verbindung mit § 675 Abs. 1 BGB) aus der Ausführung des Grundstücksbeschaffungsauftrags obliegen. Solche Leistungen sind die Erstattung des Erwerbspreises und der Erwerbskosten (z. B. Grunderwerbsteuer). Beim entgeltlichen Geschäftsbesorgungsvertrag im Sinne des § 675 Abs. 1 BGB gehört auch das vom Geschäftsherrn zu zahlende Entgelt zur Gegenleistung. Nicht in die Gegenleistung einzubeziehen sind jedoch Aufwendungen, die Folge weiterer Vereinbarungen zwischen dem Auftraggeber bzw. dem Geschäftsherrn und dem Auftragnehmer bzw. dem Geschäftsbesorger sind (z. B. Kosten der sich an den Erwerb anschließenden Verwaltung des Grundstücks, für sachliche Verbesserungen u. ä.).

3.2. Hier kommen folgende weitere Erwerbsvorgänge in Betracht:

3.2.1. Der Auftragnehmer bzw. der Geschäftsbesorger übereignet das Grundstück dem Auftraggeber bzw. dem Geschäftsherrn

Der Rechtsvorgang unterliegt der Steuer nach § 1 Abs. 1 Nr. 2 in Verbindung mit Abs. 6 Satz 1 GrEStG. Die Steuer wird nach § 1 Abs. 6 Satz 2 GrEStG nur insoweit erhoben, als die Bemessungsgrundlage den Betrag übersteigt, von dem die Steuer für den Erwerb der Verwertungsmöglichkeit berechnet worden ist.

3.2.2. Der Auftraggeber bzw. der Geschäftsherr verschafft dem Auftragnehmer bzw. dem Geschäftsbesorger auch die Verwertungsmöglichkeit

3.2.2.1. Die Verschaffung der Verwertungsmöglichkeit unterliegt der Steuer nach § 1 Abs. 2 GrEStG.

3.2.2.2. Bei Vorliegen der Voraussetzungen des § 16 Abs. 2 GrEStG ist die Steuer für den Erwerb und den Rückerwerb der Verwertungsmöglichkeit nicht festzusetzen oder die Steuerfestsetzung aufzuheben. Eine Befreiung nach § 3 Nr. 8 GrEStG kommt nicht in Betracht, da mit der Rückübertragung der Verwertungsmöglichkeit kein Rückerwerb eines Grundstücks durch den Auftraggeber bzw. Geschäftsherrn erfolgt.

3.2.3. Der Auftragnehmer bzw. der Geschäftsbesorger übereignet das Grundstück im Einvernehmen mit dem Auftraggeber bzw. dem Geschäftsherrn einem Dritten; der Herausgabeanspruch aus § 667 BGB geht zufolge anderweitiger Erfüllung unter.

3.2.3.1. Der Steuer unterliegt das Rechtsgeschäft, durch das der Dritte den Anspruch auf Übereignung des Grundstücks erwirbt (§ 1 Abs. 1 Nr. 1 GrEStG), oder der Übergang des Eigentums am Grundstück durch Auflassung (§ 1 Abs. 1 Nr. 2 GrEStG). Zur Gegenleistung gehört in diesen Fällen neben dem Kaufpreis eine etwa gegenüber dem Auftraggeber bzw. Geschäftsherrn unmittelbar zu erbringende Leistung.

3.2.3.2. Ein weiterer grunderwerbsteuerbarer Vorgang wird durch die Auflösung des Auftrags- bzw. Geschäftsbesorgungsverhältnisses nicht verwirklicht. Auch die Abführung des vom Auftragnehmer bzw. Geschäftsbesorger erzielten Kaufpreises an den Auftraggeber bzw. Geschäftsherrn löst keine Steuer aus.

3.2.3.3. Für den bei Begründung des Auftrags- bzw. Geschäftsbesorgungsverhältnisses verwirklichten Erwerb durch den Auftraggeber bzw. Geschäftsherrn kommt § 16 GrEStG nicht zur Anwendung, weil der Auftragnehmer bzw. Geschäftsbesorger die Verwertungsmöglichkeit nicht zurückerlangt.

4. Bemessungsgrundlage

32 Ist für die Erwerbsvorgänge eine Gegenleistung vereinbart, bemisst sich die Steuer nach § 8 Abs. 1 GrEStG nach dem Wert der Gegenleistung. Ist eine Gegenleistung nicht vorhanden oder nicht zu ermitteln, bemisst sich die Steuer nach § 8 Abs. 2 Satz 1 Nr. 1 GrEStG nach den Werten im Sinne des § 138 des Bewertungsgesetzes.

Dieser Erlass ergeht im Einvernehmen mit den obersten Finanzbehörden der anderen Länder und tritt an die Stelle des Erlasses vom 25. Mai 1984, BStBl. I S. 380.

Zu § 1 Abs. 1 Nr. 3 GrEStG

a) Erlass betr. Verfahren der Baulandumlegung

Vom 3. Juni 2021 (BStBl. I S. 731)

(Gleich lautender Ländererlass)

Anl a zu § 1 Abs. 1 Nr. 3

Durch Art. 32 des Jahressteuergesetzes 2020 (BGBl. I S. 3096) und Art. 6 des Fondsstandortgesetzes (BGBl. I S. 1498) wird in § 1 Abs. 1 Nr. 3 Satz 2 Buchst. b GrEStG gesetzlich geregelt, dass der Übergang des Eigentums im Umlegungsverfahren nach dem Bundesbaugesetz bis zur Höhe des Sollanspruchs von der Besteuerung ausgenommen ist, wenn der neue Eigentümer in diesem Verfahren als Eigentümer eines im Umlegungsgebiet gelegenen Grundstücks Beteiligter ist. Auch eine Mehrzuteilung ist ausgenommen, wenn der Wert des zugeteilten Grundstücks den sich aus dem Wert des eingebrachten Grundstücks ergebenden Sollanspruch nicht um mehr als 20% übersteigt.

Inhaltsverzeichnis

1. Gesetzliches (förmliches) Umlegungsverfahren
1.1. Allgemeines
1.2. Steuerbarkeit
1.3. Ausnahme von der Besteuerung nach § 1 Abs. 1 Nr. 3 Satz 2 Buchst. b GrEStG
2. Vereinfachtes Umlegungsverfahren
2.1. Allgemeines
2.2. Steuerbarkeit
2.3. Ausnahme von der Besteuerung nach § 1 Abs. 1 Nr. 3 Satz 2 Buchst. b GrEStG
3. Freiwillige Baulandumlegung
3.1. Allgemeines
3.2. Steuerbarkeit
3.3. Ausnahme von der Besteuerung nach § 1 Abs. 1 Nr. 3 Satz 2 Buchst. b GrEStG
3.4. Allgemeine Ausnahmen von der Besteuerung nach § 3 GrEStG
3.5. Steuervergünstigungen
4. Zeitlicher Anwendungsbereich

1. Gesetzliches (förmliches) Umlegungsverfahren

1.1. Allgemeines

Nach § 45 BauGB können zur Erschließung oder Neugestaltung von Gebieten bebaute und unbebaute Grundstücke durch Umlegung in der Weise neu geordnet werden, dass nach Lage, Form und Größe für die bauliche oder sonstige Nutzung zweckmäßig gestaltete Grundstücke entstehen. 35

Mit der Bekanntmachung des Zeitpunkts der Unanfechtbarkeit des Umlegungsplans (§ 71 Abs. 1 BauGB) oder der vorweggenommenen Entscheidung mit Einverständnis der betroffenen Rechtsinhaber (§ 76 Abs. 1 BauGB) erfolgt nach § 72 Abs. 1 BauGB der Eigentumsübergang der zugeteilten Grundstücke an die Zuteilungsbegünstigten kraft Gesetzes.

1.2. Steuerbarkeit

Nach § 1 Abs. 1 Nr. 3 Satz 1 GrEStG unterliegt der nach § 72 Abs. 1 BauGB erfolgende Übergang des Eigentums an einem inländischen Grundstück im Umlegungsverfahren nach den §§ 45 ff. BauGB in seiner jeweils geltenden Fassung der Grunderwerbsteuer, wenn und soweit die zugeteilten Grundstücke mit den eingebrachten Grundstücken nicht identisch, d. h. flächen- und deckungsgleich, sind (BFH-Urteil vom 29. Oktober 1997 II R 36/95, BStBl. 1998 II S. 27). 36

1.3. Ausnahme von der Besteuerung nach § 1 Abs. 1 Nr. 3 Satz 2 Buchst. b GrEStG

Nach § 1 Abs. 1 Nr. 3 Satz 2 Buchst. b GrEStG ist der Übergang des Eigentums im Umlegungsverfahren nach dem BauGB in seiner jeweils geltenden Fassung bis zur Höhe des Sollanspruchs grunderwerbsteuerfrei (= Minderzuteilung und wertgleiche Zuteilung), wenn der neue Eigentümer in diesem Verfahren als Eigentümer eines im Umlegungsgebiet gelegenen Grundstücks Beteiligter ist. 37

Übersteigt der Wert des dem neuen Eigentümer zugeteilten Grundstücks seinen sich aus dem Wert des eingebrachten Grundstücks ergebenden Sollanspruch auf Zuteilung, liegt eine Mehrzuteilung vor. Die Mehrzuteilung umfasst den Teil der Zuteilung, der den Sollanspruch übersteigt. Eine Mehrzuteilung ist grunderwerbsteuerfrei, wenn der Wert des dem neuen Eigentümer zugeteilten Grundstücks seinen sich aus dem Wert des eingebrachten Grundstücks ergebenden Sollanspruch nicht um mehr als 20% übersteigt (= unwesentliche Mehrzuteilung). Erfolgt dagegen eine Zuteilung, die den Sollanspruch um mehr als 20% übersteigt (wesentliche Mehrzuteilung), ist die gesamte Mehrzuteilung, d. h. die Differenz zwischen der Zuteilung und dem Sollanspruch, grunderwerbsteuerpflichtig.

2. Vereinfachtes Umlegungsverfahren

2.1. Allgemeines

Die vereinfachte Umlegung (§§ 80 bis 84 BauGB) ist ein Bodenordnungsverfahren, bei dem benachbarte oder in enger Nachbarschaft liegende Grundstücke oder Grundstücksteile neu geformt werden. Die Lage und Größe der Grundstücke oder Grundstücksteile wird dabei nur unwesentlich verändert. Zweck der vereinfachten Umlegung ist die Erschließung oder Neugestaltung von baulich zu nutzenden Grundstücken. Die Vereinfachte Umlegung ist im Gegensatz zur gesetzlichen (förmlichen) Umlegung i. S. d. §§ 45 ff. BauGB (Regelumlegung) eingeschränkt, um in einfachen Fällen schnell und mit wenig Verwaltungsaufwand Bodenordnungen durchführen zu können. 38

Mit der Bekanntmachung des Zeitpunkts der Unanfechtbarkeit des Umlegungsplans (§ 83 Abs. 1 Satz 1 BauGB) erfolgt nach § 83 Abs. 2 BauGB der Eigentumsübergang der zugeteilten Grundstücke an die Zuteilungsbegünstigten kraft Gesetzes.

Anl a zu § 1 Abs. 1 Nr. 3

2.2. Steuerbarkeit

39 Nach § 1 Abs. 1 Nr. 3 Satz 1 GrEStG unterliegt der nach § 83 Abs. 2 BauGB erfolgende Übergang des Eigentums an einem inländischen Grundstück im vereinfachten Umlegungsverfahren nach den §§ 80 ff. BauGB in seiner jeweils geltenden Fassung der Grunderwerbsteuer, wenn und soweit die zugeteilten Grundstücke mit den eingebrachten Grundstücken nicht identisch, d. h. flächen- und deckungsgleich, sind (BFH-Urteil vom 29. Oktober 1997 II R 36/95, BStBl. 1998 II S. 27).

2.3. Ausnahme von der Besteuerung nach § 1 Abs. 1 Nr. 3 Satz 2 Buchst. b GrEStG

40 Nach § 1 Abs. 1 Nr. 3 Satz 2 Buchst. b GrEStG ist der Übergang des Eigentums im vereinfachten Umlegungsverfahren nach den §§ 80 ff. BauGB in seiner jeweils geltenden Fassung bis zur Höhe des Sollanspruchs grunderwerbsteuerfrei (= Minderzuteilung und wertgleiche Zuteilung), wenn der neue Eigentümer in diesem Verfahren als Eigentümer eines im Umlegungsgebiet gelegenen Grundstücks Beteiligter ist (BFH-Urteil vom 29. Oktober 1997 II R 36/95, BStBl. 1998 II S. 27).

Die Ausführungen unter Tz. 1.3 zur Mehrzuteilung gelten entsprechend.

3. Freiwillige Baulandumlegung

3.1. Allgemeines

41 Die freiwillige Baulandumlegung umfasst Rechtsgeschäfte zur Vermeidung einer förmlichen Umlegung nach dem BauGB. Ein Beispiel ist der städtebauliche Vertrag nach § 11 Abs. 1 Satz 2 Nr. 1 BauGB. Dabei wird regelmäßig wie folgt verfahren:

Die Umlegungsteilnehmer übertragen Grundstücke auf eine als GbR gegründete Umlegungsgesellschaft. Nach Durchführung der Umlegung werden die neu gebildeten Grundstücke von der Umlegungsgesellschaft wiederum auf die Umlegungsteilnehmer übertragen.

3.2 Steuerbarkeit

42 Die Übertragung der Grundstücke auf die Umlegungsgesellschaft und die Übertragung der neu gebildeten Grundstücke auf die Umlegungsteilnehmer unterliegen jeweils der Besteuerung nach § 1 Abs. 1 Nr. 1 GrEStG.

3.3. Keine Ausnahme von der Besteuerung nach § 1 Abs. 1 Nr. 3 Satz 2 Buchst. b GrEStG

43 Grundstücksübertragungen im Rahmen einer freiwilligen Baulandumlegung sind nicht nach § 1 Abs. 1 Nr. 3 Satz 2 Buchst. b GrEStG von der Besteuerung ausgenommen.

Die unterschiedliche grunderwerbsteuerliche Behandlung der gesetzlichen und der freiwilligen Baulandumlegung ist mit dem Gleichheitssatz nach Art. 3 Abs. 1 GG vereinbar (BVerfG-Beschluss vom 24. März 2015 1 BvR 2880/11, BStBl. II S. 622).

3.4. Allgemeine Ausnahmen von der Besteuerung nach § 3 GrEStG

44 Die Steuerbefreiungen des § 3 GrEStG sind zu beachten.

3.5. Steuervergünstigungen

45 Für die Grundstücksübertragung auf die Umlegungsgesellschaft ist die Grunderwerbsteuer nach § 5 Abs. 1 oder 2 GrEStG in Höhe des Anteils nicht zu erheben, zu dem der einzelne Umlegungsteilnehmer am Vermögen der Umlegungsgesellschaft beteiligt ist. Dieser Anteil entspricht in der Regel dem Verhältnis des Werts seines auf die Umlegungsgesellschaft übertragenen Grundstücks zum Wert aller die Umlegungsmasse bildenden Grundstücke.

Die Grundstücke bilden nach der Übertragung auf die Umlegungsgesellschaft nur noch ein Grundstück i. S. d. § 2 Abs. 3 GrEStG, wenn zwischen den Grundstücken ein räumlicher Zusammenhang besteht. Durch das Umlegungsgebiet verlaufende Straßen heben einen räumlichen Zusammenhang nicht auf. Wird ein im Umlegungsverfahren durch Teilung neu entstandenes Grundstück auf einen Umlegungsteilnehmer übertragen, wird die Grunderwerbsteuer nach § 7 Abs. 2 GrEStG nicht erhoben, soweit der Wert des Teilgrundstücks dem Anteil entspricht, mit dem der Umlegungsteilnehmer am Vermögen der Umlegungsgesellschaft beteiligt ist.

Die Steuervergünstigung des § 5 Abs. 2 GrEStG bei Einbringung der Grundstücke in eine Umlegungs-GbR ist nicht rückgängig zu machen, wenn die neu gebildeten Grundstücke nach Durchführung der Umlegung von der Umlegungs-GbR wieder auf die Umlegungsteilnehmer übertragen werden und die Umlegungs-GbR aufgelöst wird. In diesem Fall ist eine Missbrauchsgestaltung objektiv ausgeschlossen. § 5 Abs. 3 GrEStG führt deshalb nicht zum Versagen der Steuervergünstigung. Das Gleiche gilt für die Anwendung des § 7 Abs. 3 GrEStG.

Die Grunderwerbsteuer ist unter den Voraussetzungen des § 16 Abs. 2 Nr. 1 GrEStG weder für die Grundstücksübertragung auf die Umlegungsgesellschaft noch für die Übertragung der neu gebildeten Grundstücke auf die Umlegungsteilnehmer anteilig zu erheben, wenn das durch den Umlegungsteilnehmer erworbene Grundstück teilweise aus dem eigenen, in die Umlegungsmasse eingebrachten Grundstück gebildet wurde.

Beispiel 1:

Ein Umlegungsteilnehmer ist zu 1% am Vermögen einer Umlegungs-GbR beteiligt, da zu ihrem Vermögen ein 21 000 qm großes Gesamtgrundstück gehört und der Umlegungsteilnehmer ein 210 qm großes Grundstück eingebracht hat. Der Grundbesitzwert für das eingebrachte Grundstück beträgt 31 500 € (Grundbesitzwert A). Der Grundbesitzwert für das von der Umlegungs-GbR zugeteilte Grundstück beträgt 34 500 € (Grundbesitzwert B). Der Verkehrswert des Grundstücks und damit das Vermögen der Gesellschaft beträgt (21 000 qm x 150 € =) 3 150 000 €. Dem Umlegungsteilnehmer wird von der Umlegungs-GbR ein 230 qm großes Grundstück gegen eine entsprechende Ausgleichszahlung für die Mehrfläche von 20 qm zugeteilt.

Beispiel 2:
Wie Beispiel 1. Hinsichtlich 60 qm der auf den Umlegungsteilnehmer übertragenen 230 qm liegt ein Rückerwerb im Sinne des § 16 Absatz 2 Nummer 1 GrEStG vor.

Lösung zu Beispiel 1 und 2:

Grundstücksübertragung auf die Umlegungs-GbR	**Beispiel 1**	**Beispiel 2**
Bemessungsgrundlage für die Grundstücksübertragung (Grundbesitzwert A nach § 8 Absatz 2 GrEStG):	31 500 €	31 500 €
Abzgl. Rückerwerb im Sinne des § 16 Absatz 2 Nummer 1 GrEStG (Grundbesitzwert A × 60 qm/210 qm):	-/-	9 000 €
Verbleibender Grundbesitzwert:	31 500 €	22 500 €
Abzgl. Anteil des Grundbesitzwerts, für den nach § 5 Absatz 2 GrEStG die Grunderwerbsteuer nicht erhoben wird (1 %):	315 €	225 €
= Anteil des Grundbesitzwerts, für den die Grunderwerbsteuer zu erheben ist:	31 185 €	22 275 €
Grundstücksübertragung auf den Umlegungsteilnehmer	**Beispiel 1**	**Beispiel 2**
Bemessungsgrundlage für die Grundstücksübertragung (Grundbesitzwert B nach § 8 Absatz 2 GrEStG):	34 500 €	34 500 €
Abzgl. Rückerwerb im Sinne des § 16 Absatz 2 Nummer 1 GrEStG (Grundbesitzwert A × 60 qm /210 qm):	-/-	9 000 €
Verbleibender Grundbesitzwert:	34 500 €	25 500 €
Abzgl. Anteil des Grundbesitzwerts, für den nach § 7Absatz 2 GrEStG die Grunderwerbsteuer nicht erhoben wird (1 %):		
Verkehrswert des auf die Umlegungs-GbR übertragenen Grundstücks: 210 qm × 150 € = 31 500 €		
Verkehrswert des auf den Umlegungsteilnehmer übertragenen Grundstücks 230 qm × 150 € = 34 500 €		
34 500 € × 31 500 €/34 500 €:	31 500 €	
25 500 € × 31 500 €/34 500 €:		23 283 €
Anteil des Grundbesitzwerts, für den die Grunderwerbsteuer zu erheben ist:	3 000 €	2 217 €
Freigrenze nach § 3 Nummer 1 GrEStG:	2 500 €	2 500 €

Im Beispiel 2 ist die Grundstücksübertragung auf den Umlegungsteilnehmer nach § 3 Nummer 1 GrEStG von der Besteuerung ausgenommen, da der Anteil des Grundbesitzwerts, für den die Grunderwerbsteuer zu erheben ist, die Freigrenze von 2500 € (2217 €) nicht übersteigt. Eine Versagung der Steuerbegünstigung nach § 5 Absatz 3 GrEStG bzw. § 7 Absatz 3 GrEStG scheidet aus, da eine Missbrauchsgestaltung objektiv ausgeschlossen ist.

5. Zeitlicher Anwendungsbereich

Dieser Erlass ergeht im Einvernehmen mit den obersten Finanzbehörden der anderen Länder und ist auf Erwerbsvorgänge anzuwenden, die nach dem 28. Dezember 2020 verwirklicht werden (vgl. § 23 Absatz 17 GrEStG). Insoweit tritt er an die Stelle der gleich lautenden Erlasse vom 18. Februar 2020 (BStBl. I S. 282). **46**

b) Schreiben betr. Übergang von Grundstücken bei Umwandlungen, Einbringungen und anderen Erwerbsvorgängen auf gesellschaftsvertraglicher Grundlage

Anl b zu § 1 Abs. 1 Nr. 3

Vom 12. Dezember 1997

(FM Bayern 36 – S 4521 – 16/154 – 60799; koord. Ländererlaß)
Geändert durch FM Bayern vom 2. 11. 1999 und vom 14. 2. 2000

A. Umwandlungen

Nach dem Umwandlungsgesetz vom 28. Oktober 1994 (BGBl. I S. 3210; berichtigt: BGBl. 1995 I S. 428) – UmwG – und den nachfolgenden Änderungen dieses Gesetzes können Rechtsträger durch **56**

1. Verschmelzung
2. Spaltung
3. Vermögensübertragung
4. Formwechsel

umgewandelt werden.

Umwandlungen unterliegen mit Ausnahme des Formwechsels nach § 1 Abs. 1 Nr. 3 GrEStG der Grunderwerbsteuer, soweit das Eigentum an Grundstücken aus dem Vermögen des übertragenden Rechtsträgers auf den übernehmenden Rechtsträger übergeht.

Die Bemessungsgrundlage bei derartigen Erwerbsvorgängen wurde im Rahmen des Jahressteuergesetzes 1997 neu geregelt (§ 8 Abs. 2 Nr. 2 GrEStG). Die Grunderwerbsteuer bemißt sich danach bei Umwandlungen im Sinne des Umwandlungsgesetzes, die nach dem 31. 12. 1996 verwirklicht werden (§ 23 Abs. 4 GrEStG), nach den Werten im Sinne des § 138 Abs. 2 oder 3 des Bewertungsgesetzes. Dies gilt nach Artikel 15 Nr. 4 und Nr. 11 Buchstabe c des Steuerentlastungsgesetzes 1999/2000/2002 vom

Anl b zu § 1 Abs. 1 Nr. 3

24. März 1999 (BGBl. I S. 402) auch für Umwandlungen auf Grund von anderen Bundesgesetzen oder Landesgesetzen, die nach dem 31. März 1999 verwirklicht werden.

Die nach dem UmwG in Betracht kommenden Fälle sind in der folgenden Zusammenstellung mit Hinweisen zur Entstehung der Steuer aufgeführt.

I. Verschmelzung (§ 2–§ 122 UmwG)

1. Verschmelzungsfähige Rechtsträger

57 **1.1.** An Verschmelzungen können
- Personenhandelsgesellschaften (OHG, KG),
- Partnerschaftsgesellschaften,
- Kapitalgesellschaften (GmbH, AG, KGaA),
- eingetragene Genossenschaften,
- eingetragene Vereine,
- genossenschaftliche Prüfungsverbände,
- Versicherungsvereine auf Gegenseitigkeit

als übertragende, übernehmende oder neue Rechtsträger beteiligt sein.

1.2. An einer Verschmelzung können ferner beteiligt sein:
- wirtschaftliche Vereine, soweit sie übertragender Rechtsträger sind,
- natürliche Personen, die als Alleingesellschafter einer Kapitalgesellschaft deren Vermögen übernehmen.

2. Entstehung der Steuer

Maßgebend ist die Eintragung der Verschmelzung in das Register des Sitzes des übernehmenden Rechtsträgers (§ 20 Abs. 1 Nr. 1 UmwG).

II. Spaltung (§ 123–§ 173 UmwG)

1. Aufspaltung

58 Bei einer Aufspaltung geht das Vermögen eines Rechtsträgers unter dessen Auflösung auf mindestens zwei bestehende oder dadurch gegründete neue Rechtsträger gegen Gewährung von Anteilen an diesen aufnehmenden Rechtsträgern an die bisherigen Anteilsinhaber über.

1.1. Spaltungsfähige Rechtsträger
entsprechend wie zu Tz. I.1.1.

Als übertragende Rechtsträger kommen auch wirtschaftliche Vereine in Betracht.

1.2. Entstehung der Steuer

Maßgebend ist die Eintragung der Spaltung in das Register des Sitzes des übertragenden Rechtsträgers (§§ 130, 131 Abs. 1 Nr. 1 UmwG).

2. Abspaltung

59 Bei einer Abspaltung geht ein Teil des Vermögens eines Rechtsträgers auf einen oder mehrere, schon bestehende oder neu gegründete Rechtsträger gegen Gewährung von Anteilen an den aufnehmenden Rechtsträgern an die bisherigen Anteilsinhaber über.

2.1. Spaltungsfähige Rechtsträger
entsprechend wie zu Tz. II.1.1.

2.2. Entstehung der Steuer
entsprechend wie zu Tz. II.1.2.

3. Ausgliederung

60 Bei einer Ausgliederung geht ein Teil des Vermögens eines Rechtsträgers auf einen oder mehrere, schon bestehende oder neu gegründete Rechtsträger gegen Gewährung von Anteilen an dem aufnehmenden Rechtsträger an den übertragenden Rechtsträger selbst über.

3.1. Spaltungsfähige Rechtsträger
entsprechend wie zu Tz. II.1.1.

Übertragende Rechtsträger können außerdem Einzelkaufleute, Stiftungen sowie Gebietskörperschaften oder Zusammenschlüsse von Gebietskörperschaften, die nicht Gebietskörperschaften sind, sein.

3.2. Entstehung der Steuer
entsprechend wie zu Tz. II.1.2.

Bei Ausgliederung aus dem Vermögen von Gebietskörperschaften oder Zusammenschlüssen von Gebietskörperschaften ist die Eintragung in das Register des Sitzes des übernehmenden Rechtsträgers oder die Eintragung des neuen Rechtsträgers maßgebend (§ 171 UmwG).

III. Vermögensübertragung (§ 174–§ 189 UmwG)

61 **1. Beteiligte Rechtsträger**

Eine Übertragung ist nur möglich
- von einer Kapitalgesellschaft auf den Bund, ein Land, eine Gebietskörperschaft oder einen Zusammenschluß von Gebietskörperschaften,

- von einer Versicherungs-Aktiengesellschaft auf Versicherungsvereine auf Gegenseitigkeit oder auf öffentlich-rechtliche Versicherungsunternehmen,
- von einem Versicherungsverein auf Gegenseitigkeit auf Versicherungs-Aktiengesellschaften oder auf öffentlich-rechtliche Versicherungsunternehmen,
- von einem öffentlich-rechtlichen Versicherungsunternehmen auf Versicherungs-Aktiengesellschaften oder Versicherungsvereine auf Gegenseitigkeit.

2. Entstehung der Steuer

Maßgebend ist der Zeitpunkt der Eintragung der Vermögensübertragung in das Handelsregister des Sitzes des übertragenden Rechtsträgers (§ 176 Abs. 3 UmwG).

Bei kleineren Versicherungsvereinen auf Gegenseitigkeit und bei öffentlich-rechtlichen Versicherungsunternehmen als übertragende Rechtsträger tritt an die Stelle der Registereintragung die Bekanntmachung der Übertragung und ihrer Genehmigung im Bundesanzeiger (§ 186 und § 188 Abs. 3 UmwG).

IV. Formwechsel (§ 190–§ 304 UmwG)

1. Ein Formwechsel ist möglich 62
- von Personenhandelsgesellschaften (KG, OHG) in Kapitalgesellschaften (GmbH, AG, KGaA) oder eingetragene Genossenschaften,
- von Partnerschaftsgesellschaften in Kapitalgesellschaften oder eingetragene Genossenschaften,
- von Kapitalgesellschaften in Gesellschaften des bürgerlichen Rechts, Personenhandelsgesellschaften, Partnerschaftsgesellschaften, andere Kapitalgesellschaften oder eingetragene Genossenschaften,
- von eingetragenen Genossenschaften in Kapitalgesellschaften,
- von rechtsfähigen Vereinen in Kapitalgesellschaften oder eingetragene Genossenschaften,
- von Versicherungsvereinen auf Gegenseitigkeit in Aktiengesellschaften,
- von Körperschaften und Anstalten des öffentlichen Rechts in Kapitalgesellschaften.

2. Formwechselnde Umwandlungen unterliegen mangels Rechtsträgerwechsels nicht der Grunderwerbsteuer (Hinweis auf BFH-Beschluß vom 4. 12. 1996 – II B 116/96 –, BStBl. 1997 II S. 661).

B. Einbringungen und andere Erwerbsvorgänge auf gesellschaftsvertraglicher Grundlage

Bei Einbringungen oder anderen Erwerbsvorgängen auf gesellschaftsvertraglicher Grundlage (z. B. Liquidationen, Anwachsungen), die nach dem 31. 12. 1996 verwirklicht werden, bemißt sich die Grunderwerbsteuer nach den Werten im Sinne des § 138 Abs. 2 oder 3 Bewertungsgesetz. 63

Von Einbringungen und anderen Erwerbsvorgängen auf gesellschaftsvertraglicher Grundlage sind Grundstücksveräußerungen von Gesellschaftern an die Gesellschaft und umgekehrt gegen Kaufpreiszahlung zu unterscheiden. In diesen Fällen bemißt sich die Steuer nach dem Wert der Gegenleistung (§ 8 Abs. 1 GrEStG).

Dieser Erlaß ergeht im Einvernehmen mit den obersten Finanzbehörden der anderen Länder. Er ist – bis auf folgende Ausnahmen – auf alle Umwandlungsfälle anzuwenden. Dies gilt auch für entsprechende Steuerfestsetzungen, die noch nicht bestandskräftig sind.

Für Umwandlungen, zu deren Vorbereitung bereits vor dem 1. 1. 1995 ein Vertrag oder eine Erklärung beurkundet oder notariell beglaubigt oder eine Versammlung der Anteilsinhaber einberufen worden ist, bleibt es bei der Anwendung der bis zu diesem Tag geltenden Vorschriften (§ 318 UmwG). Entsprechend richtet sich die grunderwerbsteuerliche Beurteilung in diesen Fällen noch nach dem Schreiben vom 24. 7. 1984 – 37 – S 4511 – 4/250 – 44127 – in der zuletzt durch Schreiben vom 25. 10. 1994 – 37 – S 4521 – 16/75 – 63471 – geänderten Fassung.

Die Grundbesitzwerte nach § 138 Abs. 2 oder 3 des Bewertungsgesetzes sind als Bemessungsgrundlage erst Erwerbsvorgängen zugrunde zu legen, die nach dem 31. 12. 1996 bzw. 31. 3. 1999 verwirklicht wurden (§ 23 Abs. 4 Satz 1 und § 23 Abs. 6 Satz 1 GrEStG n. F.). Für Erwerbsvorgänge, die vor dem 1. 1. 1997 verwirklicht worden sind, ist das FMS vom 14. 7. 1995 – 37 – S 4521 – 16/117 – 41733 –,[1] ggf. auch das FMS vom 24. 7. 1984 (s. o.), weiter anzuwenden.

c) Schreiben betr. Umfang der Steuerpflicht nach § 1 Abs. 1 Nr. 3 GrEStG

Anl c zu § 1 Abs. 1 Nr. 3

Vom 7. Oktober 2003

(FM Bayern 36 – S 4501 – 007 – 41701/03; koord. Ländererlass)

Bezug: FMS vom 16. August 1994 – 37 – S 4501 – 7/39 – 36095 –

Nach § 1 Abs. 1 Nr. 3 GrEStG unterliegt der Grunderwerbsteuer der Übergang des Eigentums an einem inländischen Grundstück, wenn kein den Anspruch auf Übereignung begründendes Rechtsgeschäft vorausgegangen ist und es auch keiner Auflassung bedarf. Erwerbsvorgänge in diesem Sinne werden im Rahmen von Umwandlungen und Anwachsungen verwirklicht. 64

Die Steuerpflicht aus § 1 Abs. 1 Nr. 3 GrEStG besteht nach der Rechtsprechung des Bundesfinanzhofs auch für solche Grundstücke, die vor Wirksamkeit einer Verschmelzung durch den bisherigen Ei-

[1] Abgedruckt im **Handbuch der Bewertung 1998.**

gentümer oder seinen Rechtsnachfolger schuldrechtlich veräußert waren. Der Tatbestand des § 1 Abs. 1 Nr. 3 GrEStG knüpft ausschließlich an die sachenrechtliche Eigentumsänderung an, die durch eine grunderwerbsteuerrechtliche Zuordnung weder negativ ausgeschlossen noch positiv bewirkt werden kann. Der BFH hielt es allerdings für denkbar, dass bei einer derartigen schuldrechtlichen Veräußerung **durch den übertragenden Rechtsträger** im Ergebnis keine Grunderwerbsteuer anfällt (vgl. Urteil vom 16. Februar 1994, BStBl. II S. 866).

Unter Berücksichtigung dieser Rechtsprechung ist im Bezugsschreiben auf der Grundlage des damals geltenden Grunderwerbsteuerrechts ausgeführt, dass in entsprechenden Fällen der auf diese Grundstücke entfallende Teil der Gesamtgegenleistung mit 0 DM (jetzt 0 Euro) zu bewerten ist. Inzwischen ist § 8 GrEStG jedoch durch Art. 7 Nr. 3 des Jahressteuergesetzes 1997 vom 20. Dezember 1996 (BStBl. I S. 1523, 1536) neu gefasst und durch Art. 15 Nr. 4 des Steuerentlastungsgesetzes 1999/2000/2002 vom 24. März 1999 (BStBl. I S. 304, 397) geändert worden. Nach § 8 Abs. 2 Nr. 2 GrEStG n. F. bemisst sich die Grunderwerbsteuer bei Umwandlungen auf Grund eines Bundes- und Landesgesetzes, bei Einbringungen sowie bei anderen Erwerbsvorgängen auf gesellschaftsvertraglicher Grundlage nicht mehr nach dem Wert der Gegenleistung, sondern nach den Werten i. S. d. § 138 Abs. 2 oder 3 BewG (Grundbesitzwert). Die Anweisungen des Bezugsschreibens gehen daher seit dem Inkrafttreten des § 8 Abs. 2 Nr. 2 GrEStG n. F. am 1. Januar 1997 (Art. 32 Abs. 3 des Jahressteuergesetzes 1997) ins Leere.

Allerdings erscheint es auch nach Inkrafttreten des § 8 Abs. 2 Nr. 2 GrEStG n. F. nicht gerechtfertigt, Grunderwerbsteuer für solche Grundstücke festzusetzen bzw. zu erheben, die bereits vor Wirksamkeit der Umwandlung oder Anwachsung durch den bisherigen Eigentümer schuldrechtlich an Dritte veräußert waren. Der Gesetzgeber hat mit der Neufassung der genannten Vorschrift lediglich eine Steuervereinfachung herbeiführen wollen; eine Ausdehnung des Steueranspruchs war hiermit nicht beabsichtigt. Ich bitte daher, in den einschlägigen Fällen die Grunderwerbsteuer aus sachlichen Billigkeitsgründen nicht festzusetzen bzw. nicht zu erheben. Maßgebend ist der Zeitpunkt, in dem sich Veräußerer und Erwerber durch rechtsgeschäftliche Erklärungen im Innenverhältnis gegenseitig gebunden haben.

Steht bei der Veräußerung durch den bisherigen Eigentümer (übertragender Rechtsträger) im Zeitpunkt der Verwirklichung des Erwerbsvorgangs nach § 1 Abs. 1 Nr. 3 GrEStG eine erforderliche Genehmigung des Kaufvertrags noch aus, ist die Steuer für den Eigentumsübergang im Rahmen der Umwandlung oder Anwachsung in der Regel unter Berücksichtigung eines Wertansatzes für den veräußerten Grundbesitz in Höhe von 0 Euro gemäß § 165 Abs. 1 Satz 1 AO vorläufig festzusetzen.

Die Festsetzung der Steuer ist gemäß § 165 Abs. 1 Satz 4 AO ohne Sicherheitsleistung auszusetzen, wenn außer den bereits veräußerten Grundstücken keine weiteren Grundstücke vorhanden sind. Die Steuerfestsetzung ist zu ändern bzw. nachzuholen, wenn die Genehmigung endgültig versagt wird.

Dieses Schreiben ergeht im Einvernehmen mit den obersten Finanzbehörden der anderen Länder und tritt an die Stelle des Bezugsschreibens.

Zu § 1 Abs. 2a GrEStG

Anl a zu § 1 Abs. 2a

a) Erlass betr. Anwendung des § 1 Abs. 2a GrEStG

Vom 10. Mai 2022 (BStBl. I S. 801)

(Gleich lautender Ländererlass)

Inhaltsverzeichnis

1. Allgemeines
2. Personengesellschaft
3. Vom Tatbestand erfasste Grundstücke
4. Anteil am Vermögen der Personengesellschaft
5. Für § 1 Absatz 2a GrEStG relevanter Gesellschafterwechsel
5.1. Gesellschafterwechsel
5.1.1. Unmittelbarer Gesellschafterwechsel
5.1.2. Mittelbarer Gesellschafterwechsel
5.2. Alt- und Neugesellschafter
5.2.1. Altgesellschafter
5.2.1.1. Unmittelbar beteiligter Altgesellschafter
5.2.1.2. Mittelbar über eine Personengesellschaft beteiligter Altgesellschafter
5.2.2. Neugesellschafter
5.2.3. Besonderheiten bei Kapitalgesellschaften
5.2.3.1. Alt- oder Neugesellschaftereigenschaft der Kapitalgesellschaft in Bezug auf die grundbesitzende Personengesellschaft
5.2.3.2. Alt- oder Neugesellschaftereigenschaft der Gesellschafter der Kapitalgesellschaft in Bezug auf die Kapitalgesellschaft
5.2.4. Besonderheiten bei Treuhandverhältnissen
5.2.5. Besonderheiten bei der identitätswahrenden formwechselnden Umwandlung
5.2.5.1. Formwechselnde Umwandlung der grundbesitzenden Gesellschaft
5.2.5.2. Formwechselnde Umwandlung einer unmittelbar oder mittelbar beteiligten Gesellschaft
5.2.5.3. Gesellschaften eines Mitgliedstaates der Europäischen Union
5.3. Ermittlung des Vomhundertsatzes
6. Zehnjahreszeitraum
7. Verhältnis zu § 1 Abs. 2b GrEStG
8. Verhältnis zu § 1 Abs. 3 und 3a GrEStG
8.1. Allgemeines
8.2. Verfahrensrechtliche Abläufe
9. Verhältnis zu Befreiungs- und Vergünstigungsvorschriften
10. Verhältnis zu § 16 GrEStG
11. Bemessungsgrundlage
12. Steuerschuldner und Bekanntgabe des Steuerbescheids
13. Anzeigepflicht
14. Grundsätze des BFH-Urteils vom 24. April 2013, II R 17/10, BStBl. II S. 833
15. Übergangsregelung für sukzessive Gesellschafterwechsel über den 6. November 2015
16. Zeitlicher Anwendungsbereich

Anl a zu § 1 Abs. 2a

1. Allgemeines

Mit dem Gesetz zur Änderung des Grunderwerbsteuergesetzes vom 12. Mai 2021 (BGBl. I S. 986) wurde § 1 Abs. 2 a GrEStG geändert. Die Beteiligungsgrenze wurde auf 90% gesenkt und der Zeitraum auf zehn Jahre erweitert.

Bei einer Personengesellschaft, zu deren Vermögen ein inländisches Grundstück gehört, gilt nach § 1 Abs. 2 a Satz 1 GrEStG die unmittelbare oder mittelbare Änderung des Gesellschafterbestandes dergestalt, dass innerhalb von zehn Jahren mindestens 90% der Anteile am Gesellschaftsvermögen auf neue Gesellschafter übergehen, als ein auf die Übereignung eines Grundstücks auf eine neue Personengesellschaft gerichtetes Rechtsgeschäft. **66**

Die Vorschrift fingiert die Übereignung eines zum Vermögen einer Personengesellschaft gehörenden Grundstücks auf eine fiktiv „neue" Personengesellschaft. Zivilrechtlich liegt kein Rechtsträgerwechsel vor.

Soweit sich aus der Sachverhaltsdarstellung nichts anderes ergibt, bilden die Beispiele die Rechtslage nach dem 30. Juni 2021 entsprechend § 23 Abs. 18 GrEStG ab.

Ausführungen zu § 23 Abs. 19 und 20 GrEStG enthalten die gleich lautenden Erlasse der obersten Finanzbehörden der Länder vom 29. Juni 2021 zu den Übergangsregelungen auf Grund des Gesetzes zur Änderung des Grunderwerbsteuergesetzes (BStBl. I S. 1006).[1]

2. Personengesellschaft

Personengesellschaften i. S. d. § 1 Abs. 2 a Satz 1 GrEStG sind insbesondere die Gesellschaft bürgerlichen Rechts, die offene Handelsgesellschaft, die Kommanditgesellschaft (einschließlich der GmbH & Co. KG) und die Partnerschaftsgesellschaft. Ausländische Personengesellschaften, deren rechtliche Struktur den inländischen Personengesellschaften entspricht, werden von der Vorschrift erfasst. **67**

3.[2] Vom Tatbestand erfasste Grundstücke

Die Vorschrift des § 1 Abs. 2 a GrEStG ist grundstücksbezogen. Sie erfasst diejenigen Grundstücke, und zwar jedes für sich, die während des Zeitraums, in dem sich der Gesellschafterbestand ändert, durchgängig zum Vermögen der Personengesellschaft gehören. Zum Zehnjahreszeitraum vgl. Tz. 6. **68**

Zum Vermögen einer Personengesellschaft gehören die Grundstücke, die ihr grunderwerbsteuerrechtlich zuzurechnen sind. Es kommt nicht auf das zivilrechtliche Eigentum oder die bewertungsrechtliche Zurechnung an.

Ein Grundstück gehört der Personengesellschaft, wenn es ihr im Zeitpunkt der Entstehung der Steuerschuld aufgrund eines unter § 1 Abs. 1, 2, 3 oder 3 a GrEStG fallenden Erwerbsvorgangs grunderwerbsteuerrechtlich zuzurechnen ist.

Ein Grundstück gehört nicht mehr zum Vermögen der Personengesellschaft, wenn es zwar noch in ihrem Eigentum steht bzw. ihr bewertungsrechtlich zuzurechnen ist, es aber vor Entstehung der Steuerschuld Gegenstand eines Veräußerungsvorgangs i. S. d. § 1 Abs. 1, 3 oder 3 a GrEStG war (vgl. BFH-Urteil vom 11. 12. 2014 – II R 26/12, BStBl. 2015 II S. 402). Grundstücke im Eigentum der Personengesellschaft, an denen sie einem anderen die Verwertungsbefugnis i. S. d. § 1 Abs. 2 GrEStG eingeräumt hat, gehören zu ihrem Vermögen.

4. Anteil am Vermögen der Personengesellschaft

Die von der Personengesellschaft erworbenen Grundstücke sind gemeinschaftliches Vermögen der Gesellschafter (gesamthänderische Mitberechtigung). **69**

Unter Anteil am Vermögen ist

- die sachenrechtliche Mitberechtigung des Gesellschafters, die sich aus der Stellung als Gesamthänder ableitet, und
- die vermögensmäßige Beteiligung an dem Gesellschaftsgrundstück

zu verstehen. Maßgebend ist die gesellschaftsvertraglich vereinbarte Beteiligung am Vermögen (fest oder variabel), hilfsweise die §§ 722, 734 BGB bzw. §§ 120 bis 122 HGB. Es ist auf den Zeitpunkt der Verwirklichung des Erwerbsvorgangs i. S. d. § 23 GrEStG abzustellen.

Die vorstehenden Grundsätze gelten für vergleichbare ausländische Personengesellschaften entsprechend.

5. Für § 1 Abs. 2 a GrEStG relevanter Gesellschafterwechsel

Ein steuerbarer Gesellschafterwechsel i. S. d. § 1 Abs. 2 a GrEStG liegt vor, wenn es sich um einen Gesellschafterwechsel handelt (Tz. 5.1), der durch einen Neugesellschafter ausgelöst wird (Tz. 5.2), und sich dadurch das Verhältnis der Altgesellschafter zu den Neugesellschaftern zu Lasten der Altgesellschafter verändert (Tz. 5.3). **70**

5.1. Gesellschafterwechsel

Es sind unmittelbare und mittelbare Gesellschafterwechsel zu berücksichtigen.

5.1.1. Unmittelbarer Gesellschafterwechsel

Eine unmittelbare Änderung des Gesellschafterbestandes einer grundbesitzenden Personengesellschaft liegt vor, wenn ein Mitgliedschaftsrecht an der Gesellschaft zivilrechtlich wirksam auf ein anderes oder neues Mitglied der Personengesellschaft übergeht (BFH-Urteil vom 25. 11. 2015 II R 18/14, BStBl. 2018 II S. 783). **71**

---

[1] Nachstehend abgedruckt als Anl. b zu § 1 Abs. 2 a.

[2] Siehe hierzu *gleich lautenden Ländererlass v. 16. 10. 2023,* abgedruckt als Anlage c zu § 1 Abs. 2 a.

Anl a zu § 1 Abs. 2a

5.1.2. Mittelbarer Gesellschafterwechsel

72 Da es zivilrechtlich keine mittelbare Änderung eines Gesellschafterbestandes gibt und bei der mittelbaren Änderung des Gesellschafterbestandes zivilrechtlich kein Anteil an der grundbesitzenden Gesellschaft auf einen Neugesellschafter übergeht, scheidet eine Anknüpfung an das Zivilrecht aus. Aus grunderwerbsteuerrechtlicher Sicht ist maßgeblich, wer hinter dem an der grundbesitzenden Personengesellschaft unmittelbar beteiligten Gesellschafter steht.

Eine mittelbare Änderung des Gesellschafterbestandes der grundbesitzenden Personengesellschaft liegt vor, wenn
- ein Mitgliedschaftsrecht an einer Personengesellschaft, die unmittelbar oder mittelbar über eine oder mehrere Personengesellschaften an der grundbesitzenden Personengesellschaft beteiligt ist, zivilrechtlich wirksam auf ein anderes oder neues Mitglied übergeht,
- eine unmittelbar oder mittelbar über eine oder mehrere Personengesellschaften an der grundbesitzenden Personengesellschaft beteiligte Kapitalgesellschaft nach § 1 Abs. 2 a Satz 3 bis 5 GrEStG fiktiv neue Gesellschafterin der grundbesitzenden Personengesellschaft wird oder
- sie sich aus schuldrechtlichen Bindungen der an der Personengesellschaft unmittelbar beteiligten Gesellschafter ergibt (z. B. Kaufoption (BFH-Urteil vom 9. 7. 2014 II R 49/12, BStBl. 2016 II S. 57), Vereinbarungstreuhand (BFH-Urteil vom 25. 11. 2015 II R 18/14, BStBl. 2018 II S. 783)).

Liegen lediglich schuldrechtliche Bindungen vor, kann für die nach wirtschaftlichen Gesichtspunkten vorzunehmende Zurechnungsentscheidung unter Beachtung grunderwerbsteuerrechtlicher Besonderheiten auf die Grundsätze des § 39 Abs. 2 Nr. 1 AO zurückgegriffen werden (BFH-Urteile vom 9. 7. 2014 II R 49/12, BStBl. 2016 II S. 57, und vom 25. 11. 2015 II R 18/14, BStBl. 2018 II S. 783). Dieser Rückgriff erlaubt eine entsprechende Anwendung der Grundsätze des § 1 Abs. 2 GrEStG bei der Zurechnung von Anteilen an grundbesitzenden Personengesellschaften. Entscheidend ist danach, dass über die schuldrechtliche Vereinbarung einem anderen als dem an der grundbesitzenden Personengesellschaft unmittelbar Beteiligten eine Wertteilhabe an den Grundstücken der Personengesellschaft vermittelt wird. Dazu müssen folgende Kriterien erfüllt sein:
- Der mittelbar Beteiligte hat aufgrund eines Rechtsgeschäfts bereits eine rechtlich geschützte, auf den Erwerb des Rechts gerichtete Position erworben, die ihm gegen seinen Willen nicht mehr entzogen werden kann (z. B. Herausgabeanspruch aufgrund einer Kaufoption oder eines Treuhandverhältnisses).
- Die mit dem Anteil verbundenen wesentlichen Rechte (z. B. Innehaben des Gewinnstammrechts, Befugnis zur Ausübung der Stimmrechte, Widerspruchs- und Kontrollrechte) sind auf den mittelbar Beteiligten übergegangen oder i. S. d. mittelbar Beteiligten auszuüben.
- Das Risiko einer Wertminderung und die Chance einer Wertsteigerung (z. B. Beteiligung am Gesellschaftsvermögen, an einem etwaigen Auseinandersetzungsguthaben sowie dem Liquidationserlös) sind auf den mittelbar Beteiligten übergegangen.

Entscheidend ist das Gesamtbild der tatsächlichen Verhältnisse im jeweiligen Einzelfall. Bei dieser Gesamtbildbetrachtung kann eine vom Zivilrecht abweichende Zurechnung des Anteils auch anzunehmen sein, wenn die vorstehenden Kriterien unterschiedlich stark ausgeprägt sind.

Die bloße Einräumung einer Vollmacht zur Ausübung der Rechte aus einem Gesellschaftsanteil sowie zur Veräußerung und Abtretung dieses Gesellschaftsanteils, selbst wenn sie unwiderruflich erteilt worden ist, reicht demgegenüber für die Annahme einer mittelbaren Änderung des Gesellschafterbestandes nicht aus. Durch eine derartige Vollmacht sind die wesentlichen Rechte des Gesellschafters (z. B. Stimmrechte und Gewinnstammrecht) nicht auf den Bevollmächtigten übergegangen (BFH-Urteil vom 30. 8. 2017 II R 39/15, BStBl. 2018 II S. 786).

5.2. Alt- und Neugesellschafter

Es muss zwischen Alt- und Neugesellschaftern unterschieden werden.

5.2.1. Altgesellschafter

5.2.1.1. Unmittelbar beteiligter Altgesellschafter

73 Unmittelbar an der grundbesitzenden Personengesellschaft beteiligter Altgesellschafter ist unabhängig von seiner Rechtsform, wer
- Gründungsgesellschafter ist,
- vor dem Beginn des Zehnjahreszeitraums des § 1 Abs. 2 a Satz 1 GrEStG beteiligt war,
- im Zeitpunkt des Erwerbs des jeweiligen Grundstücks beteiligt war oder
- bei einer früheren Verwirklichung des Tatbestands nach § 1 Abs. 2 a GrEStG beteiligt war.

Ein unmittelbar beteiligter Altgesellschafter verliert die Eigenschaft als Altgesellschafter mit Aufgabe seiner Gesellschafterstellung. Erwirbt der ausgeschiedene (Alt-)Gesellschafter erneut einen Anteil an der Personengesellschaft, ist er Neugesellschafter i. S. d. § 1 Abs. 2 a Satz 1 GrEStG. Dies gilt auch dann, wenn das Ausscheiden aus der Personengesellschaft und der Wiedereintritt innerhalb des Zehnjahreszeitraums des § 1 Abs. 2 a Satz 1 GrEStG erfolgen (BFH-Urteil vom 16. 5. 2013 II R 3/11, BStBl. II S. 963).

5.2.1.2. Mittelbar über eine Personengesellschaft beteiligter Altgesellschafter

74 Mittelbar an der grundbesitzenden Personengesellschaft beteiligter Altgesellschafter ist unabhängig von seiner Rechtsform, wer über eine oder mehrere Personengesellschaften
- im Zeitpunkt der Gründung der grundbesitzenden Personengesellschaft beteiligt war,
- vor dem Beginn des Zehnjahreszeitraums des § 1 Abs. 2 a Satz 1 GrEStG beteiligt war,
- im Zeitpunkt des Erwerbs des jeweiligen Grundstücks beteiligt war oder
- bei einer früheren Verwirklichung des Tatbestands nach § 1 Abs. 2 a Satz 1 GrEStG beteiligt war.

Eine Gesellschaftsstruktur, bei der eine Personengesellschaft an der grundbesitzenden Personengesellschaft beteiligt ist, wird als doppelstöckige Personengesellschaft bezeichnet. Ist oberhalb der beteiligten Personengesellschaft mindestens eine weitere Personengesellschaft beteiligt, liegt eine mehrstöckige Personengesellschaft vor.

Ein mittelbar beteiligter Altgesellschafter verliert die Eigenschaft als Altgesellschafter mit Aufgabe seiner Gesellschafterstellung. Erwirbt der ausgeschiedene (Alt-)Gesellschafter erneut unmittelbar oder mittelbar einen Anteil an der grundbesitzenden Personengesellschaft, ist er Neugesellschafter i. S. d. § 1 Abs. 2 a Satz 1 GrEStG. Dies gilt auch dann, wenn das Ausscheiden aus der beteiligten Personengesellschaft und der unmittelbare oder mittelbare Wiedereintritt in die grundbesitzende Personengesellschaft innerhalb des Zehnjahreszeitraums des § 1 Abs. 2 a Satz 1 GrEStG erfolgen (BFH-Urteil vom 16. 5. 2013 II R 3/11, BStBl. II S. 963).

Zusammenfassend vgl. Beispiele 5.3.1 und 5.3.2.

5.2.2. Neugesellschafter

5.2.2.1. Unmittelbar beteiligter Neugesellschafter

Unmittelbar an der grundbesitzenden Personengesellschaft beteiligter Neugesellschafter ist unabhängig von seiner Rechtsform, wer mit dem Erwerb der Gesellschafterstellung in die Mitberechtigung am Grundstück der Personengesellschaft **75**
- durch Beitritt,
- infolge (Teil-)Abtretung eines Anteils am Gesellschaftsvermögen oder
- aufgrund von Umwandlungsvorgängen mit Ausnahme der identitätswahrenden formwechselnden Umwandlung (Tz. 5.2.5)

einrückt.

5.2.2.2. Mittelbar über eine Personengesellschaft beteiligter Neugesellschafter

Mittelbar an der grundbesitzenden Personengesellschaft beteiligter Neugesellschafter ist unabhängig von seiner Rechtsform, wer durch **76**
- Eintritt,
- Abtretung eines Mitgliedschaftsrechts oder
- einen Vorgang nach dem Umwandlungsgesetz

einer Personengesellschaft beitritt, die unmittelbar oder mittelbar über eine oder mehrere Personengesellschaften am Vermögen der grundbesitzenden Personengesellschaft beteiligt ist, und dadurch in die Mitberechtigung am Grundstück einrückt.

5.2.3. Besonderheiten bei Kapitalgesellschaften

5.2.3.1. Alt- oder Neugesellschaftereigenschaft der Kapitalgesellschaft in Bezug auf die grundbesitzende Personengesellschaft

Nur Kapitalgesellschaften selbst können unmittelbare oder mittelbare Alt- oder Neugesellschafter in Bezug auf die grundbesitzende Personengesellschaft sein, deren Gesellschafter jedoch nicht. **77**

Eine als Altgesellschafterin geltende unmittelbar oder mittelbar beteiligte Kapitalgesellschaft wird nach § 1 Abs. 2 a Satz 3 bis 5 GrEStG in vollem Umfang zur fiktiven Neugesellschafterin, wenn sich die Beteiligungsverhältnisse an ihr unmittelbar oder mittelbar oder teils unmittelbar, teils mittelbar zu mindestens 90% ändern. Dies gilt unabhängig davon, ob die Änderung der Beteiligungsverhältnisse bei der Kapitalgesellschaft den Tatbestand des § 1 Abs. 3 GrEStG erfüllen würde.

Bei mehrstufigen mittelbaren Beteiligungen ist die Prüfung, ob die 90%-Grenze erreicht ist, für jede Beteiligungsebene gesondert vorzunehmen. Ist die 90%-Grenze erreicht, ist die mittelbare Beteiligung in voller Höhe zu berücksichtigen (nicht nur in Höhe von 90%; vgl. Beispiel 5.3.3).

Die Eigenschaft als Altgesellschafterin der unmittelbar oder mittelbar beteiligten Kapitalgesellschaft bleibt erhalten, wenn sich lediglich die Kette der an ihr beteiligten Kapitalgesellschaften verkürzt. Eine solche Beteiligungskette liegt vor, soweit Kapitalgesellschaften auf jeder Stufe über eine Beteiligung von mindestens 90% miteinander verbunden sind. Das Gleiche gilt bei Beteiligungsketten, in denen sowohl Kapital als auch Personengesellschaften beteiligt sind. Bei Personengesellschaften in der Kette ist zu beachten, dass die 90%ige Beteiligung auf jeder Stufe bei der Durchrechnung noch vorhanden ist. Bei der Verkürzung der Kette muss die der grundbesitzenden Personengesellschaft am nächsten stehende Kapitalgesellschaft erhalten bleiben (vgl. Beispiel 5.3.8).

5.2.3.2. Alt- oder Neugesellschaftereigenschaft der Gesellschafter der Kapitalgesellschaft in Bezug auf die Kapitalgesellschaft

Die Gesellschafter der Kapitalgesellschaft sind nur in Bezug auf die Kapitalgesellschaft, an der sie unmittelbar beteiligt sind, Alt- oder Neugesellschafter, nicht jedoch in Bezug auf die grundbesitzende Personengesellschaft. **78**

Neugesellschafter der Kapitalgesellschaft ist, wer Anteile an der Kapitalgesellschaft erwirbt.

Altgesellschafter der Kapitalgesellschaft ist, wer im Zeitpunkt
- der Gründung der grundbesitzenden Personengesellschaft Gesellschafter der Kapitalgesellschaft ist, wenn die Kapitalgesellschaft Gründungsgesellschafterin ist,
- des Erwerbs der Beteiligung am Vermögen der grundbesitzenden Personengesellschaft durch die Kapitalgesellschaft an der Kapitalgesellschaft beteiligt ist,
- des Grundstückserwerbs der Personengesellschaft an der Kapitalgesellschaft beteiligt ist oder
- der nach § 1 Abs. 2 a Satz 3 bis 5 GrEStG erfolgenden Umqualifizierung der Kapitalgesellschaft in eine Neugesellschafterin der grundbesitzenden Personengesellschaft an der Kapitalgesellschaft beteiligt ist.

Anl a zu § 1 Abs. 2a

5.2.4. Besonderheiten bei Treuhandverhältnissen

79 Neugesellschafter ist:
- derjenige, der aufgrund Vereinbarungstreuhand mit einem Gesellschafter der grundbesitzenden Personengesellschaft nach deren Gründung bzw. nach einem Grundstückserwerb durch diese oder nach einer früheren Verwirklichung des Tatbestands des § 1 Abs. 2 a GrEStG dessen Treugeber wird,
- der neue Treugeber eines Gesellschafters nach Treugeberwechsel,
- der Treugeber, auf den die treuhänderisch gehaltenen Anteile vom Treuhänder übertragen oder rückübertragen werden (zur anteiligen Steuerbefreiung in Höhe der rückübertragenen Anteile auf den Treugeber vgl. § 3 Nr. 8 GrEStG analog) oder
- der neue Treuhänder beim Wechsel des Treuhändergesellschafters.

5.2.5. Besonderheiten bei der identitätswahrenden formwechselnden Umwandlung

80 Die identitätswahrende formwechselnde Umwandlung einer grundbesitzenden Personengesellschaft ist nicht steuerbar. Das Gleiche gilt bei einer identitätswahrenden formwechselnden Umwandlung einer an der grundbesitzenden Personengesellschaft unmittelbar oder mittelbar beteiligten Personen- oder Kapitalgesellschaft.

5.2.5.1. Formwechselnde Umwandlung der grundbesitzenden Gesellschaft

81 Wird eine grundbesitzende Personengesellschaft in eine andere Personengesellschaft formwechselnd umgewandelt, führen die an ihr beteiligten Gesellschafter ihre bisherige Eigenschaft als Alt- oder Neugesellschafter in Bezug auf die grundbesitzende Personengesellschaft fort.

Wird eine grundbesitzende Kapitalgesellschaft in eine Personengesellschaft formwechselnd umgewandelt, führen die an ihr beteiligten Gesellschafter ihre Neu- oder Altgesellschafterstellung in Bezug auf die grundbesitzende Personengesellschaft fort. Relevante Gesellschafterwechsel bei der Kapitalgesellschaft gelten auch für die Personengesellschaft als zu erfassende Gesellschafterwechsel, wenn diese im Zehnjahreszeitraum und nach dem 30. Juni 2021 erfolgt sind.

Beispiel:

Am Kapital der grundbesitzenden A-GmbH sind A (Gründungsgesellschafter) zu 60% und B zu 40% beteiligt. B hat die Anteile im Jahr 01 erworben und ist Neugesellschafter i. S. d. § 1 Abs. 2 b GrEStG.
Im Jahr 02 wird die A-GmbH durch Formwechsel in die A-KG umgewandelt.
Im Jahr 03 erwirbt C von A 50% der Anteile am Vermögen der A-KG.

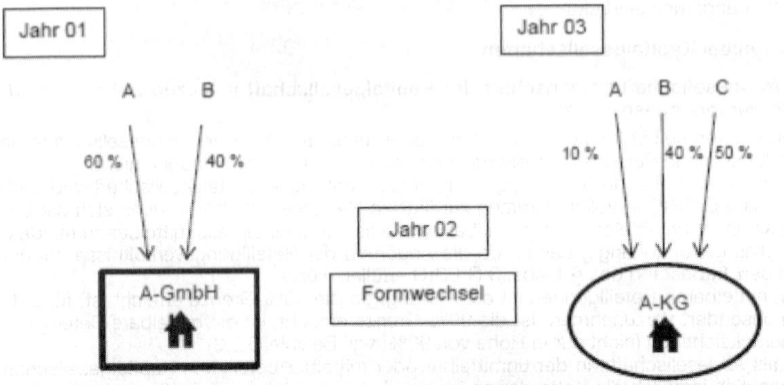

A ist als Gründungsgesellschafter der A-GmbH Altgesellschafter i. S. d. § 1 Abs. 2 b GrEStG und gilt nach dem Formwechsel auch als Altgesellschafter i. S. d. § 1 Abs. 2 a GrEStG bezogen auf die A-KG.
B ist seit dem Jahr 01 Neugesellschafter i. S. d. § 1 Abs. 2 b GrEStG und führt die Neugesellschafterstellung i. S. d. § 1 Abs. 2 a GrEStG bezogen auf die A-KG nach dem Formwechsel fort. Im Jahr 01 liegt eine unmittelbare Änderung im Gesellschafterbestand der A-GmbH in Höhe von 40% der Anteile an der A-GmbH durch B vor. Durch den nicht steuerbaren Formwechsel im Jahr 02 ist dieser Gesellschafterwechsel bei der Anwendung des § 1 Abs. 2 a GrEStG zu berücksichtigen.
Im Jahr 03 liegt eine unmittelbare Änderung im Gesellschafterbestand der A-KG in Höhe von 50% am Vermögen der A-KG durch C vor. Der Tatbestand des § 1 Abs. 2 a GrEStG ist verwirklicht, weil innerhalb von zehn Jahren mindestens 90% der Anteile an der A-KG (01: 40% + 03: 50%) auf Neugesellschafter übergegangen sind.

5.2.5.2. Formwechselnde Umwandlung einer unmittelbar oder mittelbar beteiligten Gesellschaft

82 Wird eine unmittelbar oder mittelbar über eine oder mehrere Personengesellschaften am Vermögen der grundbesitzenden Personengesellschaft beteiligte Personengesellschaft in eine andere Personengesellschaft formwechselnd umgewandelt, führt sie ihre bisherige Eigenschaft als Alt- oder Neugesellschafterin in Bezug auf die grundbesitzende Personengesellschaft fort. Gleiches gilt für die an ihr beteiligten Gesellschafter.

Wird eine unmittelbar oder mittelbar über eine oder mehrere Personengesellschaften am Vermögen der grundbesitzenden Personengesellschaft beteiligte Kapitalgesellschaft in eine andere Kapitalgesellschaft formwechselnd umgewandelt, führt sie ihre bisherige Eigenschaft als Alt- oder Neugesellschafterin in Bezug auf die grundbesitzende Personengesellschaft fort. Die Gesellschafter der formwechselnd umgewandelten Kapitalgesellschaft führen ihre bisherige Eigenschaft als Alt- oder Neugesellschafter in Bezug auf die Kapitalgesellschaft fort.

Wird eine unmittelbar oder mittelbar über eine oder mehrere Personengesellschaften am Vermögen der grundbesitzenden Personengesellschaft beteiligte Kapitalgesellschaft in eine Personengesellschaft formwechselnd umgewandelt, führt sie ihre bisherige Eigenschaft als Alt- oder Neugesellschafterin fort. Die an der umgewandelten Gesellschaft beteiligten Gesellschafter werden durch die formwechselnde Umwandlung Neugesellschafter in Bezug auf die grundbesitzende Personengesellschaft. Die im Zeitpunkt der formwechselnden Umwandlung vorhandenen Beteiligungen der Gesellschafter an der formgewechselten Gesellschaft werden nicht in die Berechnung des Quantums des § 1 Abs. 2 a GrEStG einbezogen, da es aufgrund der umwandlungsrechtlich geregelten Besonderheiten für diese Beteiligungen an dem Tatbestandsmerkmal „Übergang von Anteilen" fehlt. Durch den Formwechsel werden vorangegangene Anteilsübertragungen auf Neugesellschafter an der formgewechselten Gesellschaft in Bezug auf die grundbesitzende Personengesellschaft erstmals einbezogen und sind im Rahmen des § 1 Abs. 2 a Satz 2 GrEStG im Zeitpunkt des Anteilsübergangs zu berücksichtigen. *noch* **82**

Wird eine unmittelbar oder mittelbar über eine oder mehrere Personengesellschaften am Vermögen der grundbesitzenden Personengesellschaft beteiligte Personengesellschaft in eine Kapitalgesellschaft formwechselnd umgewandelt, führt sie ihre bisherige Eigenschaft als Alt- oder Neugesellschafterin fort. Die an der umgewandelten Gesellschaft beteiligten Gesellschafter verlieren durch die formwechselnde Umwandlung ihre Eigenschaft als Alt- oder Neugesellschafter in Bezug auf die grundbesitzende Personengesellschaft. Die Gesellschafter der formwechselnd umgewandelten Kapitalgesellschaft führen ihre bisherige Eigenschaft als Alt- oder Neugesellschafter in Bezug auf die beteiligte Kapitalgesellschaft fort. Relevante Gesellschafterwechsel bei der Personengesellschaft gelten auch für die Kapitalgesellschaft als zu erfassende Gesellschafterwechsel, wenn diese im Zehnjahreszeitraum erfolgt sind.

Beispiel:

Am Vermögen der grundbesitzenden A-OHG sind A zu 85% und die B-GmbH zu 15% beteiligt. Die B-GmbH ist in Bezug auf die A-OHG Altgesellschafterin. An der B-GmbH sind B und C in Höhe von jeweils 50% beteiligt.
Im Jahr 01 wird die B-GmbH in die B-OHG umgewandelt.
Im Jahr 02 erwerben B von A 84,9% und C von A 0,1% der Anteile am Vermögen der A-OHG.
Im Jahr 03 erwirbt D 5% der Anteile am Vermögen der A-OHG von der B-OHG.

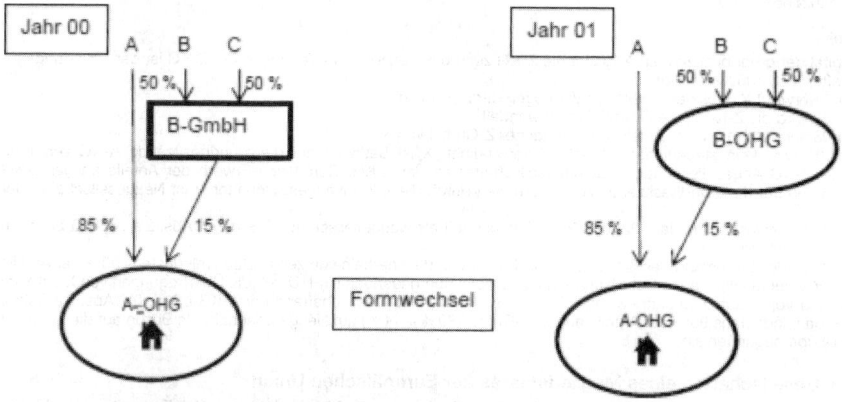

Die formwechselnde Umwandlung der B-GmbH in die B-OHG ist nicht steuerbar. Die B-OHG führt die Eigenschaft als Altgesellschafterin fort. Die Gesellschafter B und C werden durch die formwechselnde Umwandlung Neugesellschafter in Bezug auf die A-OHG, da sie erstmals eine gesamthänderische Mitberechtigung an dieser erlangen. Aufgrund der umwandlungsrechtlich geregelten Besonderheiten gehen keine Anteile am Gesellschaftsvermögen über.

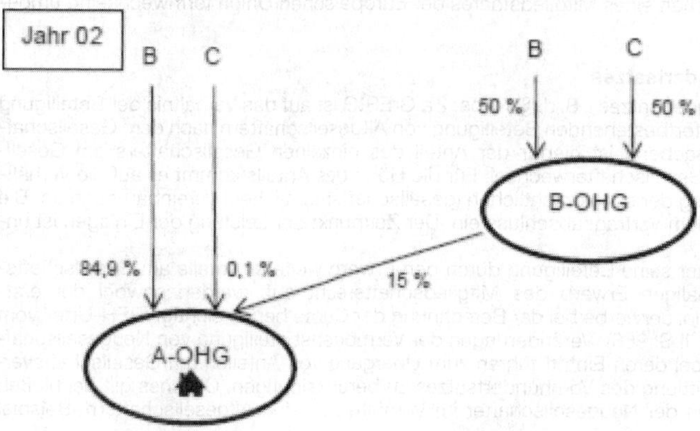

Anl a zu § 1 Abs. 2a

Die Übertragung der Beteiligung des A auf die Neugesellschafter B und C führt zu einem unmittelbaren Gesellschafterwechsel in Höhe von 85% (84,9% + 0,1%) der Anteile am Vermögen der A-OHG. Der Tatbestand des § 1 Abs. 2 a GrEStG ist nicht verwirklicht. Es liegt keine Anteilsvereinigung i. S. d. § 1 Abs. 3 GrEStG vor. Der Tatbestand des § 1 Abs. 3 a GrEStG ist erfüllt, da B eine wirtschaftliche Beteiligung in Höhe von mindestens 90% (92,4% = 84,9% + (15% × 50%) erstmals innehat.

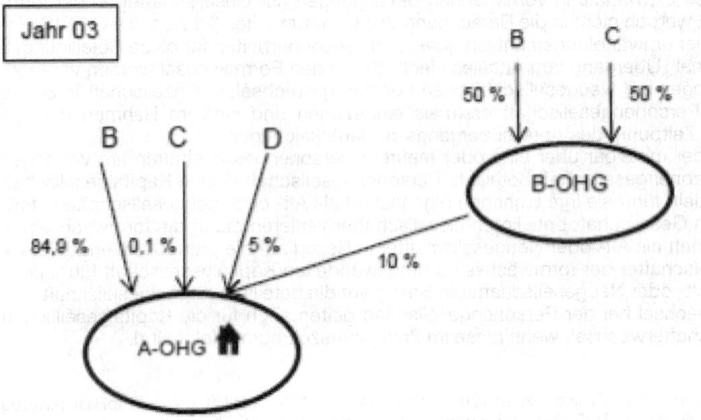

Die Übertragung der Beteiligung der B-OHG auf den Neugesellschafter D führt zu einem unmittelbaren Gesellschafterwechsel in Höhe von 5% der Anteile am Vermögen der A-OHG. Der Tatbestand des § 1 Abs. 2 a GrEStG ist verwirklicht, da innerhalb von zehn Jahren mindestens 90% der Anteile am Vermögen der A-OHG auf Neugesellschafter übergegangen sind (02: 85% + 03: 5%).

Beispiel:

Am Kapital der grundbesitzenden A-KG ist die Z-KG zu 100% beteiligt. Am Vermögen der Z-KG ist der Gründungsgesellschafter X zu 100% beteiligt.
Im Jahr 01 erwirbt Y 89% der Anteile am Vermögen der Z-KG von X.
Im Jahr 02 wird die Z-KG in die Z-GmbH umgewandelt.
Im Jahr 03 erwirbt D 11% der Anteile am Kapital der Z-GmbH von X.
Im Jahr 01 wird kein steuerlicher Tatbestand verwirklicht. X ist bezogen auf die grundbesitzende A-KG vermittelt durch die Z-KG Altgesellschafter. X ist Altgesellschafter an der Z-KG. Durch den Erwerb der Anteile an der Z-KG ist Y bezogen auf die grundbesitzende A-KG vermittelt durch die Z-KG Neugesellschafter. Y ist Neugesellschafter der Z-KG.
Nach dem Formwechsel im Jahr 02 führt Y die Eigenschaft als Neugesellschafter i. S. d. § 1 Abs. 2 a GrEStG bezogen auf die Z-GmbH fort.
Im Jahr 03 ist der Tatbestand des § 1 Abs. 2 a GrEStG erfüllt, da innerhalb von zehn Jahren mindestens 90% der Anteile an der A-KG auf die fiktiv neue Gesellschafterin (Z-GmbH) übergegangen sind. Durch die Übertragungen von X auf Y im Jahr 01 und von X auf D im Jahr 03 wird die Z-GmbH fiktive Neugesellschafterin der A-KG i. S. d. § 1 Abs. 2 a Satz 4 GrEStG, da mindestens 90% der Anteile an der Z-GmbH (89% + 11%) auf Neugesellschafter in Bezug auf die Z-GmbH (Y und D) übergegangen sind.

5.2.5.3. Gesellschaften eines Mitgliedstaates der Europäischen Union

83 Wird eine inländische Gesellschaft in eine Gesellschaft eines Mitgliedstaates der Europäischen Union oder umgekehrt formwechselnd umgewandelt, unterliegt dieser Rechtsvorgang mangels eines Rechtsträgerwechsels nicht der Grunderwerbsteuer und es gelten die oben genannten Grundsätze entsprechend. Voraussetzung ist, dass die rechtliche Struktur dieser Gesellschaft derjenigen einer inländischen Gesellschaft und die Regelung über den Formwechsel inhaltlich der Umwandlung gemäß § 1 Abs. 1 Nr. 4 UmwG entsprechen. Dasselbe gilt, wenn eine Gesellschaft eines Mitgliedstaates der Europäischen Union in eine andere Gesellschaft eines Mitgliedstaates der Europäischen Union formwechselnd umgewandelt wird.

5.3. Ermittlung des Vomhundertsatzes

84 Zur Ermittlung des Vomhundertsatzes i. S. d. § 1 Abs. 2 a GrEStG ist auf das Verhältnis der Beteiligung der Neugesellschafter zu der fortbestehenden Beteiligung von Altgesellschaftern nach dem Gesellschafterwechsel abzustellen. Maßgebend ist hierfür der Anteil des einzelnen Gesellschafters am Gesellschaftsvermögen nach dem Gesellschafterwechsel. Für die Höhe des Anteils kommt es auf die Verhältnisse im Zeitpunkt der Wirkung der schuldrechtlichen (gesellschaftsrechtlichen) Vereinbarungen an. Die Wirkung tritt frühestens mit dem Vertragsabschluss ein. Der Zeitpunkt der Leistung der Einlagen ist unerheblich.

Stockt ein Neugesellschafter seine Beteiligung durch den Erwerb weiterer Anteile am Gesellschaftsvermögen nach dem erstmaligen Erwerb des Mitgliedschaftsrecht auf, werden sowohl der erstmalige Erwerb als auch die Hinzuerwerbe bei der Berechnung der Quote berücksichtigt (BFH-Urteil vom 17. 5. 2017 II R 35/15, BStBl. II S. 966). Veränderungen der Vermögensbeteiligung von Neugesellschaftern durch Kapitalerhöhung bei deren Eintritt führen zum Übergang von Anteilen am Gesellschaftsvermögen und sind bei der Ermittlung des Vomhundertsatzes zu berücksichtigen. Gleiches gilt bei bloßen Kapitaländerungen zugunsten der Neugesellschafter im Verhältnis zu den Altgesellschaftern (Beispiel 5.3.9).

§ 1 Abs. 2a GrEStG erfasst keine Änderungen der Beteiligung am Gesellschaftsvermögen der Altgesellschafter im Verhältnis zueinander. Veränderungen der Vermögensbeteiligung zwischen Neugesellschaftern werden bei der Ermittlung des Vomhundertsatzes nicht erneut berücksichtigt. Gehen Anteile von Todes wegen auf Neugesellschafter über, bleibt der Erwerb dieser Anteile bei der Ermittlung des Vomhundertsatzes i. S. d. § 1 Abs. 2a GrEStG außer Ansatz (§ 1 Abs. 2a Satz 6 GrEStG). Anl a zu § 1 Abs. 2a

Gesellschafterwechsel, die sich vor dem Grundstückserwerb vollziehen, sind zur Tatbestandserfüllung unbeachtlich.

Bei Gesellschaftsstrukturen mit Personen- und Kapitalgesellschaften ist durch Personengesellschaften durchzurechnen und auf der Ebene jeder Kapitalgesellschaft die 90%-Grenze i. S. d. § 1 Abs. 2a Satz 3 bis 5 GrEStG zu prüfen:

- Änderungen im Gesellschafterbestand der an der grundbesitzenden Personengesellschaft beteiligten Personengesellschaften werden gemäß § 1 Abs. 2a Satz 2 GrEStG durch Multiplikation der Vomhundertsätze der Anteile an den Gesellschaftsvermögen anteilig berücksichtigt.
- Bei Beteiligungen von Kapitalgesellschaften an einer grundbesitzenden Personengesellschaft ist auf das erforderliche Quantum von 90% der Anteile an der Kapitalgesellschaft abzustellen. Gehen bei einer Kapitalgesellschaft mindestens 90% der Anteile auf Neugesellschafter in Bezug auf die Kapitalgesellschaft über, so gilt diese nach § 1 Abs. 2a Satz 4 GrEStG als Neugesellschafterin der grundbesitzenden Personengesellschaft. Die Beteiligung der Kapitalgesellschaft ist in voller Höhe bei der Ermittlung des Vomhundertsatzes i. S. d. § 1 Abs. 2a Satz 1 GrEStG zu berücksichtigen (nicht nur in Höhe von 90%; vgl. Beispiel 5.3.3). Bei mehrstufigen Beteiligungen gelten diese Grundsätze nach § 1 Abs. 2a Satz 5 GrEStG auf der Ebene jeder Kapitalgesellschaft entsprechend.

Führen Änderungen im Gesellschafterbestand mittelbar beteiligter Personengesellschaften bei einer nachgeordneten Kapitalgesellschaft nicht zu einem unmittelbaren oder mittelbaren oder teils unmittelbaren, teils mittelbaren Übergang von mindestens 90% ihrer Anteile am Kapital, gilt die Kapitalgesellschaft nicht als Neugesellschafterin i. S. d. § 1 Abs. 2a Satz 3 bis 5 GrEStG.

Eigene Gesellschaftsanteile, die eine Kapitalgesellschaft als Zwischengesellschaft oder grundbesitzende Gesellschaft selbst hält, bleiben bei der Ermittlung des Vomhundertsatzes außer Betracht (vgl. BFH-Urteil vom 18. 9. 2013 – II R 21/12, BStBl. 2014 II S. 326). Maßgebend ist somit, dass mindestens 90% der nicht von der Kapitalgesellschaft selbst gehaltenen Anteile auf neue Gesellschafter übergehen.

Beispiele:

5.3.1. Grundfall

In nachstehender Ausgangsstruktur wird die Beteiligung der A-GmbH am Vermögen der grundbesitzenden B-KG an die B-GmbH übertragen. Zeitgleich veräußert X 80% seiner Beteiligung am Vermögen der A-KG an Y. 85

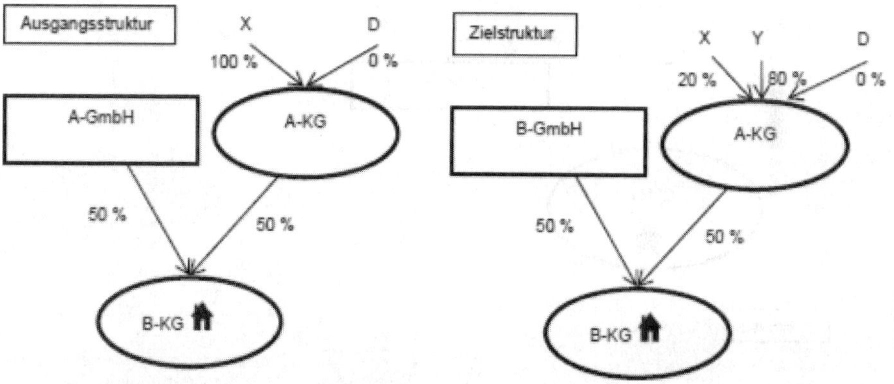

Der Tatbestand des § 1 Abs. 2a GrEStG ist erfüllt. Innerhalb von zehn Jahren gehen mindestens 90% der Anteile am Gesellschaftsvermögen der grundbesitzenden B-KG (50% unmittelbar und 80% × 50% = 40% mittelbar) auf Neugesellschafter über.

5.3.2. Personengesellschaft als mittelbar beteiligte Altgesellschafterin

Am Vermögen der grundbesitzenden KG sind A zu 10% und die Z-GmbH & Co. KG zu 90% beteiligt. Am Vermögen der Z-GmbH & Co. KG sind die AB-OHG zu 100% und die GmbH zu 0% beteiligt. Am Vermögen der AB-OHG sind A und B zu jeweils 50% beteiligt. Diese Ausgangsstruktur besteht seit mehr als zehn Jahren. 86

Die AB-OHG verkauft ihre Beteiligung an die AC-GbR, an der A und C zu jeweils 50% beteiligt sind.

Anl a zu § 1 Abs. 2a

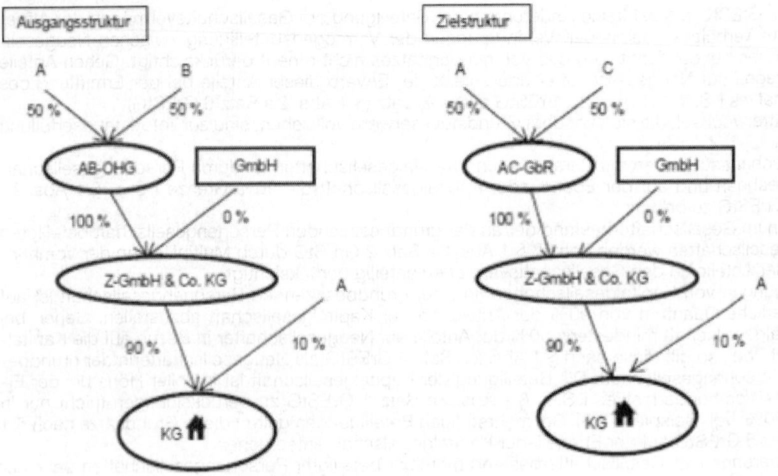

Die mittelbar beteiligte AC-GbR ist Neugesellschafterin in Bezug auf die grundbesitzende KG. Die Anteilsübertragung auf die AC-GbR erfüllt den Tatbestand des § 1 Abs. 2 a Satz 1 GrEStG, da innerhalb von zehn Jahren mindestens 90% der Anteile am Vermögen der KG (100% × 90%) auf Neugesellschafter der KG übergegangen sind. Die Steuer wird nach § 6 Abs. 3 Satz 1 i. V. m. Abs. 1 Satz 1 GrEStG i. H. der Deckungsgleiche der Beteiligung des A am Vermögen der fiktiv alten und der fiktiv neuen KG mithin zu 55% nicht erhoben. Die Nachbehaltensfrist des § 6 Abs. 3 Satz 2 GrEStG ist zu beachten.

5.3.3. Änderung des Gesellschafterbestandes in Bezug auf beteiligte Kapitalgesellschaften

87 An einer grundbesitzenden OHG sind A zu 85%, B zu 10% und die C-GmbH zu 5% beteiligt. Die Anteile der C-GmbH halten D zu 85% und E zu 10% und F zu 5%.

Im Jahr 01 überträgt A seine Beteiligung an der OHG auf X.

Im Jahr 02 übertragen D und F ihre Anteile an der C-GmbH auf Y und Z.

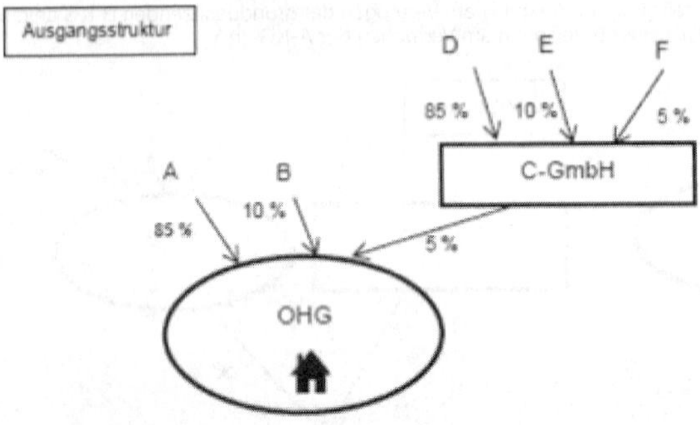

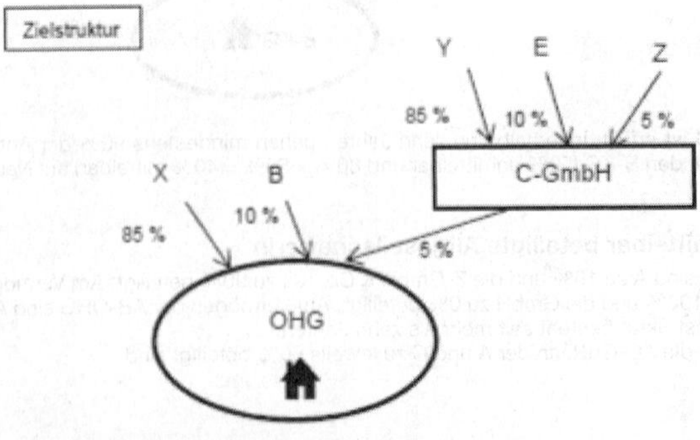

Die Übertragung der Beteiligung des A auf X führt im Jahr 01 zu einem unmittelbaren Gesellschafterwechsel in Höhe von 85%.

Durch die Übertragungen von D auf Y und F auf Z im Jahr 02 wird die C-GmbH fiktive Neugesellschafterin der OHG nach § 1 Abs. 2 a Satz 4 GrEStG, da mindestens 90% der Anteile an der C-GmbH (85% + 5%) auf Neugesellschafter in Bezug auf die C-GmbH (Y und Z) übergegangen sind. Die mittelbare Anteilsänderung ist nicht anteilig (90% von 5%), sondern voll mit 5% zu berücksichtigen.

Der Tatbestand des § 1 Abs. 2 a GrEStG ist im Jahr 02 erfüllt, da innerhalb von zehn Jahren mindestens 90% der Anteile am Vermögen der OHG (01: 85% + 02: 5%) auf Neugesellschafter in Bezug auf die OHG (X und C-GmbH) übergegangen sind. Die Steuer wird nach § 6 Abs. 3 Satz 1 i. V. m. Abs. 1 Satz 1 GrEStG i. H. der Deckungsgleiche der Beteiligung des B am Vermögen der fiktiv alten und der fiktiv neuen OHG mithin zu 10% nicht erhoben. Die Nachbehaltensfrist des § 6 Abs. 3 Satz 2 GrEStG ist zu beachten. Anl a zu § 1 Abs. 2a

5.3.4. Abwandlung zu 5.3.3

An einer grundbesitzenden OHG sind A zu 85%, B zu 10% und die C-GmbH zu 5% beteiligt. Die Anteile der C-GmbH halten D zu 85%, E zu 10% und F zu 5%. Im Jahr 01 überträgt A seine gesamte Beteiligung an der OHG auf X. Im Jahr 02 überträgt D seine Anteile an der C-GmbH auf Y. 88

Die Übertragung der Beteiligung des A auf X führt im Jahr 01 zu einem unmittelbaren Gesellschafterwechsel in Höhe von 85%. Durch die Übertragung von D auf Y im Jahr 02 wird die C-GmbH nicht fiktive Neugesellschafterin der OHG nach § 1 Abs. 2 a Satz 4 GrEStG, da nicht mindestens 90% der Anteile an der C-GmbH (85%) auf Neugesellschafter in Bezug auf die C-GmbH (Y) übergegangen sind. Die C-GmbH bleibt Altgesellschafterin der OHG. Der Tatbestand des § 1 Abs. 2 a GrEStG ist im Jahr 02 nicht erfüllt, da innerhalb von zehn Jahren nicht mindestens 90% der Anteile am Vermögen der OHG (01: 85%) auf Neugesellschafter in Bezug auf die OHG übergegangen sind.

5.3.5. Teils unmittelbarer, teils mittelbarer Gesellschafterwechsel über eine beteiligte Kapitalgesellschaft

Am Vermögen der grundbesitzenden A-KG sind A zu 10% und die E-GmbH zu 90% beteiligt. Gesellschafter der E-GmbH sind B und die C-KG zu jeweils 50%. Am Vermögen der C-KG sind C zu 80% und D zu 20% beteiligt. 89

Im Jahr 01 überträgt B seinen Anteil an der E-GmbH auf Z. Im Jahr 04 überträgt C seine Beteiligung an der C-KG auf Y.

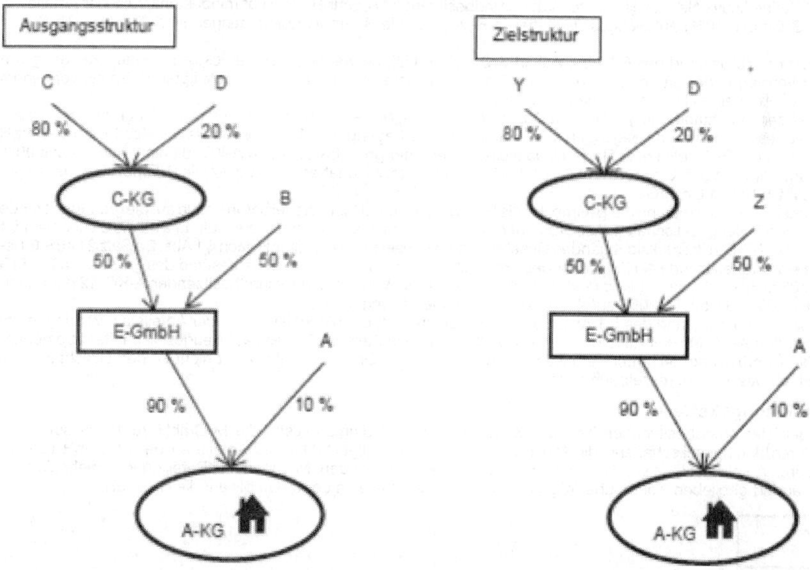

Durch die Übertragung von B auf Z im Jahr 01 gehen 50% der Anteile an der E-GmbH auf Neugesellschafter der E-GmbH über. Die E-GmbH bleibt Altgesellschafterin der A-KG, da nicht mindestens 90% der Anteile an ihr auf Neugesellschafter übergegangen sind.

Durch die Übertragung von C auf Y im Jahr 04 gehen weitere 40% der Anteile an der E-GmbH (80% × 50%) auf Neugesellschafter der E-GmbH über. Die E-GmbH wird fiktive Neugesellschafterin der A-KG nach § 1 Abs. 2 a Satz 4 GrEStG, da mindestens 90% der Anteile an der E-GmbH (50% + 40%) auf Neugesellschafter übergegangen sind.

Der Tatbestand des § 1 Abs. 2 a GrEStG ist erfüllt, da innerhalb von zehn Jahren mindestens 90% der Anteile am Vermögen der A-KG (90%) auf Neugesellschafter der A-KG übergegangen sind.

5.3.6. Formwechselnde Umwandlung von einer beteiligten Personengesellschaft in eine beteiligte Kapitalgesellschaft

Am Vermögen der grundbesitzenden A-KG sind A zu 50% und die B-KG zu 50% beteiligt. Am Vermögen der B-KG sind B zu 80% und C zu 20% beteiligt. 90

Im Jahr 01 überträgt B seinen Anteil an der B-KG auf D.

Im Jahr 02 wird die B-KG in die B-GmbH formwechselnd umgewandelt.

Im Jahr 03 veräußert A seinen Anteil am Vermögen der A-KG an E.

Im Jahr 01 ist der Tatbestand des § 1 Abs. 2 a GrEStG nicht erfüllt, da nicht mindestens 90% der Anteile (80% × 50%) am Vermögen der A-KG auf Neugesellschafter übergegangen sind. Durch die formwechselnde Umwandlung in die B-GmbH im Jahr 02 verlieren die Gesellschafter C und D ihre Eigenschaft als Alt- oder Neugesellschafter in Bezug auf die A-KG. Die Gesellschafter C und D führen ihre bisherige Eigenschaft als Alt- oder Neugesellschafter in Bezug auf die B-GmbH fort.

Im Jahr 03 ist der Tatbestand des § 1 Abs. 2 a GrEStG erfüllt, da mindestens 90% der Anteile am Vermögen der A-KG (01: 80% × 50% + 03: 50%) auf Neugesellschafter in Bezug auf die A-KG übergegangen sind.

5.3.7. Formwechselnde Umwandlung von einer beteiligten Kapitalgesellschaft in eine beteiligte Personengesellschaft

Am Vermögen der grundbesitzenden A-KG sind die Gründungsgesellschafter A zu 80% und die B-GmbH zu 20% beteiligt. Am Kapital der B-GmbH sind als Gründungsgesellschafter B zu 80% und C zu 20% beteiligt. 91

Anl a zu § 1 Abs. 2a

Im Jahr 01 veräußert B 10% der Anteile an der B-GmbH an X und im Jahr 03 weitere 50%.
Außerdem veräußert er im Jahr 02 20% der Anteile an der B-GmbH an C.
Im Jahr 09 wird die B-GmbH formwechselnd in die B-KG umgewandelt.
Im Jahr 12 veräußert A seinen Anteil am Vermögen der A-KG an Y.

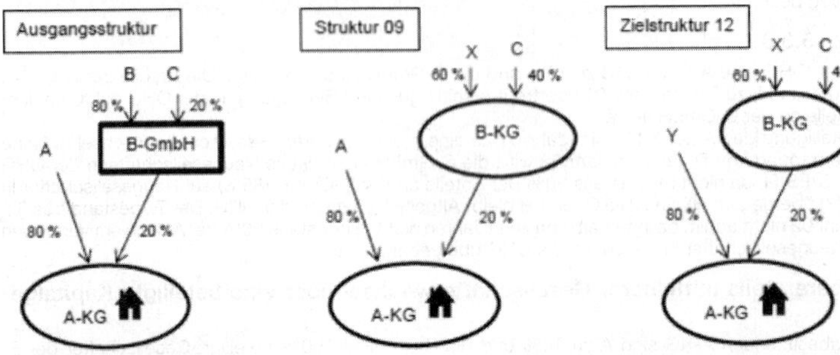

Im Jahr 01 ist der Tatbestand des § 1 Abs. 2a GrEStG nicht erfüllt, da keine Anteile am Vermögen der A-KG auf Neugesellschafter übergegangen sind. Durch die Übertragung von 10% der Anteile am Kapital der B-GmbH von B auf X wird die B-GmbH keine fiktive Neugesellschafterin der grundbesitzenden A-GmbH, da nicht mindestens 90% der Anteile am Kapital der B-GmbH (10%) auf Neugesellschafter in Bezug auf die B-GmbH übergegangen sind (§ 1 Abs. 2b Satz 4 GrEStG).
Im Jahr 02 ist der Tatbestand des § 1 Abs. 2a GrEStG nicht erfüllt, da weder ein zu berücksichtigender Übergang von Anteilen am Vermögen der grundbesitzenden A-KG noch von Anteilen am Kapital der beteiligten B-GmbH von einem Altgesellschafter auf einen Neugesellschafter vorliegt.
Im Jahr 03 ist der Tatbestand des § 1 Abs. 2a GrEStG nicht erfüllt, da keine Anteile am Vermögen der grundbesitzenden A-KG auf Neugesellschafter übergegangen sind. Durch die Übertragung von 50% der Anteile am Kapital der B-GmbH von B auf X wird die B-GmbH keine fiktive Neugesellschafterin der grundbesitzenden A-KG, da nicht mindestens 90% der Anteile am Kapital der B-GmbH (01: 10% + 03: 50%) auf Neugesellschafter in Bezug auf die B-GmbH übergegangen sind (§ 1 Abs. 2b Satz 4 GrEStG).
Die formwechselnde Umwandlung der B-GmbH in die B-KG im Jahr 09 ist nicht steuerbar. In Bezug auf die grundbesitzende A-KG sind C und X Neugesellschafter. Auf Grund der wirksamen formwechselnden Umwandlung sind die bisher nach § 1 Abs. 2a Satz 3 GrEStG zu berücksichtigenden Gesellschafterwechsel bei der B-GmbH nach § 1 Abs. 2a Satz 2 GrEStG bezogen auf die grundbesitzende A-KG im Jahr des Anteilsübergangs zu erfassen. Der Tatbestand des § 1 Abs. 2a GrEStG wird im Jahr 03 nicht erfüllt, da nicht mindestens 90% der Anteile am Vermögen der grundbesitzenden A-KG (12% = mittelbar 01: 10% × 20% + 03: 50% × 20%) auf Neugesellschafter übergegangen sind.
Im Jahr 12 wird der Tatbestand des § 1 Abs. 2a GrEStG verwirklicht, da mindestens 90% der Anteile am Vermögen der grundbesitzenden A-KG (90% = mittelbar 03: 50% × 20% und unmittelbar 12: 80%) auf Neugesellschafter übergegangen sind. Die Übertragung der Anteile am Kapital der damaligen B-GmbH im Jahr 01 ist nicht zu berücksichtigen, da diese außerhalb des Zehnjahreszeitraums erfolgte.

5.3.8. Beteiligungskette

92 Am Vermögen der grundbesitzenden T-GmbH & Co. KG ist als Kommanditistin die M-GmbH zu 100% sowie die T-GmbH, deren Alleingesellschafterin die M-GmbH ist, zu 0% beteiligt. 100% der Anteile an der M-GmbH hält die Z-GmbH, deren Anteile in Höhe von 60% von der H-GmbH gehalten werden. Nachdem die Beteiligungen mehr als zehn Jahre unverändert geblieben waren, überträgt die Z-GmbH ihre Anteile an der M-GmbH auf die H-GmbH.

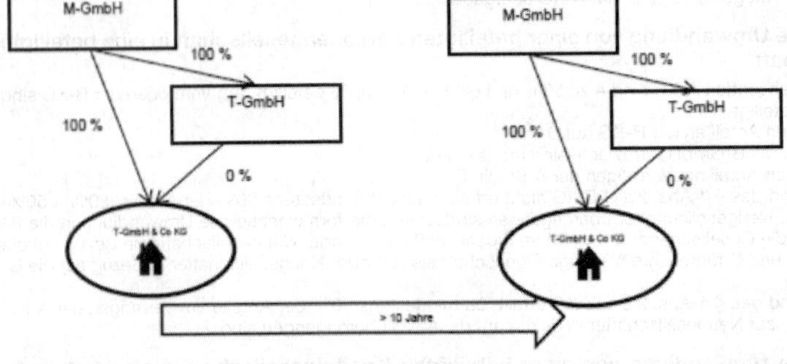

Durch die Übertragung von der Z-GmbH auf die H-GmbH wird die M-GmbH fiktive Neugesellschafterin der grundbesitzenden T-GmbH & Co. KG nach § 1 Abs. 2a Satz 4 GrEStG, da mindestens 90% der Anteile an der M-GmbH (100%) auf die H-GmbH als Neugesellschafterin der M-GmbH übertragen wurden. Eine Verkürzung der Beteiligungskette i. S. v. Tz. 5.2.3.1 liegt nicht vor, da die H-GmbH an der Z-GmbH nur zu 60% beteiligt war.

Der Tatbestand des § 1 Abs. 2 a GrEStG ist erfüllt, da innerhalb von zehn Jahren mindestens 90% der Anteile am Vermögen der T-GmbH & Co. KG (100%) auf Neugesellschafter in Bezug auf die T-GmbH & Co. KG (M-GmbH) übergegangen sind.

Anl a zu § 1 Abs. 2a

5.3.9. Kapitalerhöhung

Am Vermögen einer grundbesitzenden Personengesellschaft sind vier Gesellschafter zu jeweils 25% beteiligt. Das Gesellschaftsvermögen beträgt 200 000 €. Zwei Gesellschafter übertragen ihre Anteile auf Neugesellschafter. Anschließend wird innerhalb des Zehnjahreszeitraums das Vermögen im Wege der Kapitalerhöhung auf 1 000 000 € aufgestockt, wobei das zusätzliche Kapital ausschließlich auf die Anteile der Neugesellschafter entfällt. 93

Die Altgesellschafter sind zusammen weiterhin nur zu 100 000 € (entspricht 10%) am Vermögen der Gesellschaft beteiligt. Auf die Neugesellschafter sind insgesamt 90% (900 000 €) der nunmehr bestehenden Anteile übergegangen.

Der Tatbestand des § 1 Abs. 2 a GrEStG ist erfüllt. Die Steuer ist nach § 6 Abs. 3 GrEStG in Höhe von 10% nicht zu erheben.

5.3.10. Treuhandverhältnis

Am Vermögen einer grundbesitzenden GmbH & Co. KG sind eine Komplementär-GmbH zu 20% und A zu 80% beteiligt. Alleingesellschafterin der Komplementär-GmbH ist die Y-GmbH. 94

Die Y-GmbH veräußert ihre Anteile an der Komplementär-GmbH auf die Z-GmbH. A vereinbart mit zwei Treugebern, für diese zukünftig jeweils 20% der Kommanditanteile treuhänderisch zu halten. Außerdem veräußert er 35% der Kommanditanteile an Dritte.

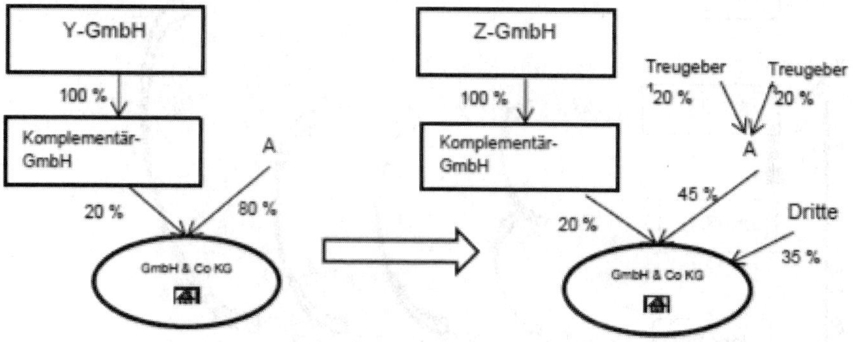

Die Komplementär-GmbH ist fiktive Neugesellschafterin der grundbesitzenden GmbH & Co. KG, da mindestens 90% der Anteile an der Komplementär-GmbH (100%) auf die Z-GmbH als Neugesellschafterin der Komplementär-GmbH übertragen wurden. Dadurch kommt es zu einer Änderung des Gesellschafterbestandes der grundbesitzenden GmbH & Co. KG in Höhe von 20%.

Durch die Vereinbarung der Treuhandverhältnisse (40%) und die Veräußerung von 35% der Anteile am Vermögen der grundbesitzenden GmbH & Co. KG durch A auf Dritte werden weitere 75% der Anteile am Vermögen der grundbesitzenden GmbH & Co. KG auf Neugesellschafter in Bezug auf die grundbesitzende GmbH & Co. KG übertragen.

Der Tatbestand des § 1 Abs. 2 a Satz 1 GrEStG ist erfüllt. Die Steuer ist nach § 6 Abs. 3 GrEStG in Höhe von 5% nicht zu erheben.

6. Zehnjahreszeitraum

Sukzessive Übertragungen unmittelbarer oder mittelbarer Beteiligungen am Vermögen der grundbesitzenden Personengesellschaft auf Neugesellschafter innerhalb von zehn Jahren sind zusammenzurechnen. Soweit ein Neugesellschafter einen Anteil am Vermögen der grundbesitzenden Personengesellschaft an einen weiteren Neugesellschafter oder Altgesellschafter veräußert, ist dieser bei der Ermittlung des Vomhundertsatzes nicht mitzuzählen. Übertragungen von mindestens 90% der Anteile, die in einem Rechtsakt vollzogen werden, vollziehen sich in einer logischen Sekunde, also immer innerhalb eines Zeitraums von zehn Jahren. Der Zehnjahreszeitraum ist für jedes Grundstück im Vermögen der Personengesellschaft selbständig zu beurteilen. 95

Beispiele:

6.1. Eine GbR erwirbt im Jahr 01 zwei Grundstücke (Grundstück I und Grundstück II). Zu diesem Zeitpunkt sind an ihrem Gesellschaftsvermögen A und B zu je 20%, C zu 10% sowie die D-OHG zu 50% beteiligt. Gesellschafter der D-OHG sind zu diesem Zeitpunkt D und F zu je 10% sowie G und H zu je 40%. Im Jahr 02 veräußern A, B und C ihre Anteile an X. Im Jahr 08 veräußern D und G ihre Anteile an der D-OHG an Y. Im Januar 09 verkauft die GbR das Grundstück I. Ende desselben Jahres veräußert H seinen Anteil an der D-OHG an Z. 96

Da in Bezug auf das Grundstück I aufgrund dessen Veräußerung im Januar 09 nur insgesamt 75% der Anteile am Gesellschaftsvermögen auf Neugesellschafter übergegangen sind, ist der Tatbestand des § 1 Abs. 2 a GrEStG nur hinsichtlich des Grundstücks II erfüllt. Die Steuer wird nach § 6 Abs. 3 Satz 1 i. V. m. Abs. 1 Satz 1 GrEStG i. H. der Deckungsgleiche der Beteiligung des F am Vermögen der fiktiv alten und der fiktiv neuen GbR mithin zu 5% (10% × 50%) nicht erhoben. Die Nachbehaltensfrist des § 6 Abs. 3 Satz 2 GrEStG ist zu beachten.

6.2. Eine GmbH & Co. KG, an deren Vermögen nur die Kommanditisten A, B, C, D und E zu je 20% beteiligt sind, kauft im Jahr 01 ein Grundstück (Grundstück I). Im Mai 02 überträgt A seine Kommanditbeteiligung auf W. Ende des Jahres 02 erwirbt die GmbH & Co. KG ein weiteres Grundstück (Grundstück II). Im Jahr 04 veräußern B und C ihre Anteile an X. Im Jahr 10 veräußert D seinen Anteil an Y und E drei Viertel seines Anteils (15%) an Z. Bis Ende des Jahres 12 treten keine weiteren Änderungen im Gesellschafterbestand der GmbH & Co. KG ein. 97

Hinsichtlich des Grundstücks I ist im Jahr 10 der Tatbestand des § 1 Abs. 2 a GrEStG erfüllt. Die Steuer wird nach § 6 Abs. 3 Satz 1 i. V. m. Abs. 1 Satz 1 GrEStG i. H. der Deckungsgleiche der Beteiligung des E am Vermögen der fiktiv alten und der fiktiv neuen GmbH & Co. KG mithin zu 5% nicht erhoben. Die Nachbehaltensfrist des § 6 Abs. 3 Satz 2 GrEStG ist zu beachten.

Anl a zu § 1 Abs. 2a

In Bezug auf das Grundstück II ist der Tatbestand des § 1 Abs. 2a GrEStG nicht erfüllt, weil es erst nach dem Erwerb des Anteils des A durch den W in das Vermögen der GmbH & Co. KG gelangte.

6.3. Nichtberücksichtigung bei mehrfacher Anteilsübertragung

98 Am Vermögen einer grundbesitzenden OHG sind A, B, C und D zu je 25% beteiligt. Im Jahr 01 veräußert A seinen Anteil an W. Im Jahr 09 veräußern B, C und W ihre Anteile an X, Y und Z.
Insgesamt sind innerhalb von zehn Jahren nur 75% der Anteile am Gesellschaftsvermögen übergegangen (von A auf W 25%, von B auf X 25% und von C auf Y 25%). Der Tatbestand des § 1 Abs. 2a GrEStG ist nicht erfüllt. Altgesellschafter D bleibt mit 25% an der OHG beteiligt. Da die Veräußerung des 25%igen Anteils von A an W bereits bei der Ermittlung des Vomhundertsatzes berücksichtigt wurde, kann die Weiterveräußerung desselben Anteils innerhalb des maßgeblichen Zehnjahreszeitraums von W auf Z nicht noch einmal bei der Ermittlung des Vomhundertsatzes berücksichtigt werden.

Fortführung des Beispiels:

Im Jahr 13 veräußert D seine 25%ige Beteiligung an M.
Insgesamt sind innerhalb von zehn Jahren 100% der Anteile am Gesellschaftsvermögen übergegangen (von W auf Z 25%, von B auf X 25%, von C auf Y 25% und von D auf M 25%). Der Tatbestand des § 1 Abs. 2a GrEStG ist verwirklicht.

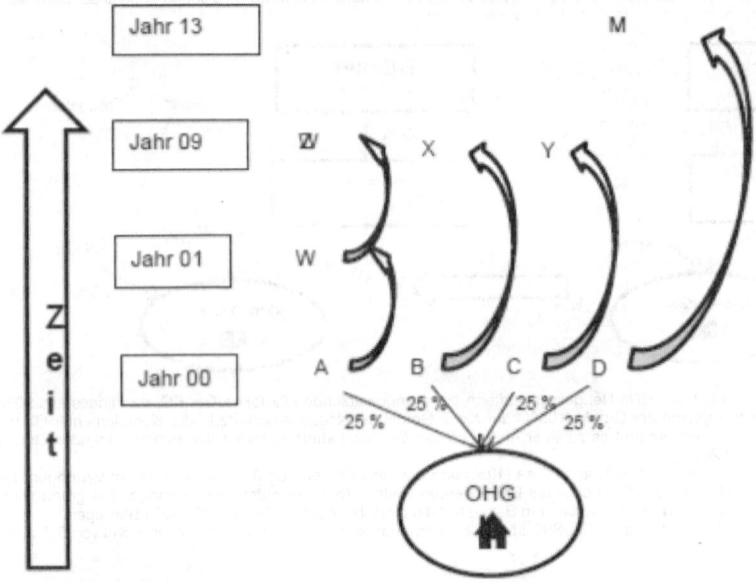

99 **6.4.** Am Vermögen der GmbH & Co. KG sind die C-GmbH zu 89% und X zu 11% beteiligt. Alleingesellschafter der C-GmbH ist C. Im Jahr 01 erwirbt die GmbH & Co. KG ein Grundstück.
Im Jahr 02 veräußert C 50% seiner Anteile an der C-GmbH an X.
Im Jahr 03 veräußert C 30% seiner Anteile an der C-GmbH an Y.
Im Jahr 04 veräußert C weitere 10% seiner Anteile an der C-GmbH an X.
Im Jahr 09 veräußert X 5% seiner Beteiligung an der GmbH & Co. KG an A.
Im Jahr 02 sind durch den Übergang der Anteile an der C-GmbH von C auf X erstmalig 50% der Anteile an der GmbH auf einen Neugesellschafter übergegangen, da X zum Zeitpunkt des Grundstückserwerbs nicht Gesellschafter der C-GmbH war. Unabhängig davon, dass X unmittelbarer Altgesellschafter der GmbH & Co. KG ist, ist er in Bezug auf die C-GmbH unmittelbarer Neugesellschafter. In Bezug auf die GmbH & Co KG ist X nicht mittelbar über die GmbH beteiligt, da nur die GmbH selbst und nicht deren Anteilseigner Gesellschafter der GmbH & Co. KG sind. Die Tatbestandsvoraussetzungen des § 1 Abs. 2a Satz 4 GrEStG sind nicht erfüllt, da nicht mindestens 90% der Anteile an der C-GmbH auf Neugesellschafter übergegangen sind. Die C-GmbH gilt im Jahr 02 nicht als unmittelbare Neugesellschafterin der GmbH & Co. KG.
Im Jahr 03 sind durch den Übergang der Anteile an der C-GmbH von C auf Y 30% der Anteile an der GmbH auf einen Neugesellschafter übergegangen, da Y zum Zeitpunkt des Grundstückserwerbs nicht Gesellschafter der C-GmbH war. Die Tatbestandsvoraussetzungen von § 1 Abs. 2a Satz 4 GrEStG sind nicht erfüllt, da nicht mindestens 90% der Anteile an der C-GmbH auf Neugesellschafter übergegangen sind (02: 50% + 03: 30%). Die C-GmbH gilt im Jahr 03 weiterhin nicht als unmittelbare Neugesellschafterin der GmbH & Co. KG.
Im Jahr 04 sind durch den Übergang der Anteile an der C-GmbH von C auf X weitere 10% der Anteile an der GmbH auf den Neugesellschafter der GmbH X übergegangen. Die Tatbestandsvoraussetzungen des § 1 Abs. 2a Satz 4 GrEStG sind erfüllt, da mindestens 90% der Anteile an der C-GmbH auf Neugesellschafter in Bezug auf die C-GmbH übergegangen sind (Jahr 02: 50% + Jahr 03: 30% + Jahr 04: 10%). Die C-GmbH gilt im Jahr 04 als unmittelbare Neugesellschafterin der GmbH & Co. KG.
Im Jahr 09 sind durch den Übergang der Anteile am Gesellschaftsvermögen der GmbH & Co. KG von X auf A 5% der Anteile am Vermögen der GmbH & Co. KG auf den Neugesellschafter A übergegangen. Die Tatbestandsvoraussetzungen von § 1 Abs. 2a GrEStG sind erfüllt, da mindestens 90% der Anteile am Vermögen der GmbH & Co. KG (Jahr 04: 89% + Jahr 09: 5%) innerhalb von zehn Jahren auf Neugesellschafter der GmbH & Co. KG (C-GmbH und A) übergegangen sind. Die Steuer wird nach § 6 Abs. 3 Satz 1 i. V. m. Abs. 1 Satz 1 GrEStG i. H. der Deckungsgleiche der Beteiligung des X am Vermögen der fiktiv alten und der fiktiv neuen GmbH & Co. KG mithin zu 6% nicht erhoben. Die Nachbehaltensfrist des § 6 Abs. 3 Satz 2 GrEStG ist zu beachten.

6.5. Mehrfacher Gesellschafterwechsel an einer beteiligten Kapitalgesellschaft

Anl a zu § 1 Abs. 2a

Am Vermögen der grundbesitzenden GmbH & Co. KG sind eine GmbH zu 80% und D zu 20% beteiligt. Alleingesellschafter der GmbH ist A. Im Jahr 01 überträgt A seine Beteiligung an der GmbH auf B. Im Jahr 09 überträgt B seine Beteiligung an der GmbH auf C. 100

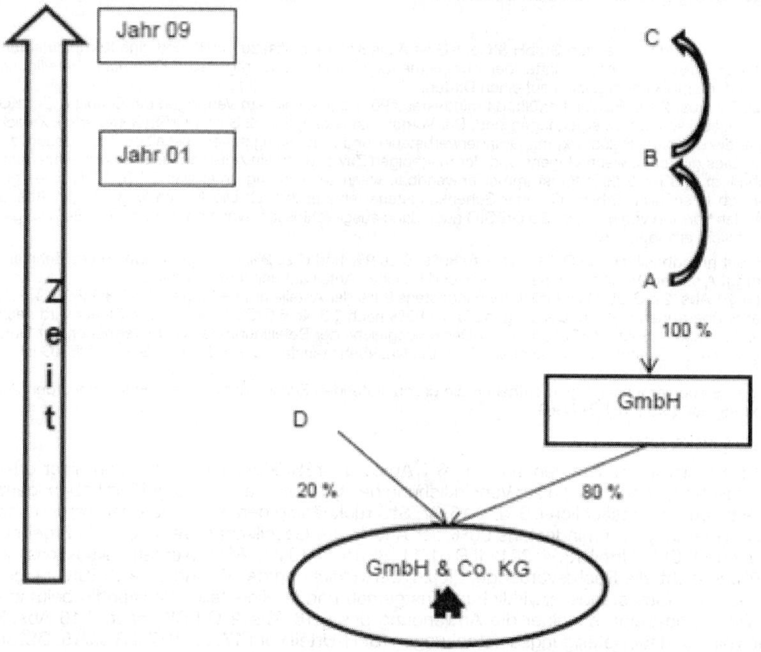

Im Jahr 01 gehen durch die Anteilsübertragung von A auf B mindestens 90% der Anteile an der GmbH (100%) auf Neugesellschafter der GmbH über. Die GmbH gilt gemäß § 1 Abs. 2 a Satz 4 GrEStG als Neugesellschafterin der GmbH & Co. KG. Der Tatbestand des § 1 Abs. 2 a GrEStG ist nicht erfüllt, da nicht mindestens 90% der Anteile am Vermögen der GmbH & Co. KG (80%) auf Neugesellschafter (GmbH & Co. KG) übergegangen sind.

Im Jahr 09 gehen durch die Anteilsübertragung von B auf C im Jahr 09 erneut mindestens 90% der Anteile an der GmbH (100%) auf Neugesellschafter der GmbH über. Die GmbH gilt seit dem Gesellschafterwechsel im Jahr 01 als Neugesellschafterin der GmbH & Co. KG. Diese Eigenschaft bleibt bei dem erneuten Gesellschafterwechsel im Jahr 09 erhalten. Der Tatbestand des § 1 Abs. 2 a GrEStG ist weiterhin nicht erfüllt, da die Anteilsübertragung nicht zu einer weiteren Änderung der Beteiligungsverhältnisse zu Lasten der Altgesellschafter in Bezug auf die GmbH & Co. KG innerhalb des Zehnjahreszeitraums führt.

7. Verhältnis zu § 1 Abs. 2b GrEStG

§ 1 Abs. 2 a und § 1 Abs. 2 b GrEStG sind gleichrangig. Es besteht kein Vorrang. 101

8. Verhältnis zu § 1 Abs. 3 und 3a GrEStG

8.1. Allgemeines

§ 1 Abs. 2 a GrEStG geht der Anwendung des § 1 Abs. 3 und 3 a GrEStG vor. Dieser Vorrang ist auch 102 dann gegeben, wenn auf Grund einer Befreiungsvorschrift die Steuer nach § 1 Abs. 2 a GrEStG nicht erhoben wird.

Mit Übergang einer teils unmittelbaren teils mittelbaren Beteiligung können sowohl § 1 Abs. 2 a GrEStG als auch § 1 Abs. 3 oder 3 a GrEStG verwirklicht werden. Während die Tatbestände des § 1 Abs. 2 a GrEStG und § 1 Abs. 3 Nr. 2 oder 4 GrEStG gleichzeitig verwirklicht werden, fallen die Besteuerungszeitpunkte des § 1 Abs. 2 a GrEStG und des § 1 Abs. 3 Nr. 1 oder 3 oder Abs. 3 a GrEStG auseinander: Während bereits mit Abschluss des schuldrechtlichen Verpflichtungsgeschäfts § 1 Abs. 3 Nr. 1 oder 3 oder Abs. 3 a GrEStG verwirklicht wird, wird der Tatbestand des § 1 Abs. 2 a GrEStG erfüllt, wenn es zum Übergang der Beteiligung am Vermögen der grundbesitzenden Personengesellschaft kommt. Die beiden Rechtsvorgänge stellen zwei grunderwerbsteuerrechtliche Vorgänge dar.

8.2. Verfahrensrechtliche Abläufe

Im Zeitpunkt des Abschlusses des schuldrechtlichen Verpflichtungsgeschäfts erfolgt eine Festsetzung 103 nach § 1 Abs. 3 Nr. 1 oder 3 oder Abs. 3 a GrEStG.

Im Zeitpunkt der Übertragung der Beteiligung am Vermögen der grundbesitzenden Personengesellschaft erfolgt eine Festsetzung nach § 1 Abs. 2 a GrEStG und die Festsetzung nach § 1 Abs. 3 Nr. 1 oder 3 oder Abs. 3 a GrEStG ist bei Grundstücksidentität aufzuheben oder zu ändern.

Eine Festsetzung nach § 1 Abs. 3 oder 3 a GrEStG ist grundsätzlich nur in den Fällen geboten, in denen bis zu einem Jahr nach Kenntnisnahme der Finanzverwaltung von dem steuerbegründenden Sachverhalt eine Besteuerung nach § 1 Abs. 2 a GrEStG nicht zu erwarten ist. Zudem muss der Grundstücksbestand im Zeitpunkt des Abschlusses des schuldrechtlichen Verpflichtungsgeschäfts und des Übergangs der Beteiligung an der grundbesitzenden Personengesellschaft identisch sein.

Anl a zu § 1 Abs. 2a

9. Verhältnis zu Befreiungs- und Vergünstigungsvorschriften

104 § 1 Abs. 2a GrEStG fingiert einen Grundstücksübergang von einer Personengesellschaft mit altem Gesellschafterbestand auf eine fiktiv neue Personengesellschaft mit neuem Gesellschafterbestand. Die Steuerbefreiungen des § 3 GrEStG sind zu beachten.

Beispiele:

105 **9.1.** Am Vermögen einer grundbesitzenden GmbH & Co. KG ist A als Kommanditist zu 100% und eine Komplementär-GmbH zu 0% beteiligt. A ist Alleingesellschafter der Komplementär-GmbH. A überträgt seine Kommanditbeteiligung und seine Anteile an der GmbH unentgeltlich auf einen Dritten.
Der Tatbestand des § 1 Abs. 2a GrEStG ist erfüllt, da mindestens 90% der Anteile am Vermögen der GmbH & Co. KG (100%) auf einen Neugesellschafter übergegangen sind. Der Vorgang ist nach § 3 Nr. 2 Satz 1 GrEStG steuerfrei. Zweck dieser Vorschrift ist, die doppelte Belastung mit Grunderwerbsteuer und Schenkungsteuer desselben Lebenssachverhalts zu vermeiden. Dies gilt auch, wenn Gegenstand der freigebigen Zuwendung ein Anteil an einer grundbesitzenden Personengesellschaft ist. § 3 Nr. 2 GrEStG ist immer anwendbar, wenn ein Vorgang unter das ErbStG fällt. Dies gilt unabhängig davon, ob tatsächlich Erbschaft- oder Schenkungsteuer entstanden ist. Die Anwendung des § 1 Abs. 3 GrEStG wird durch den Vorrang von § 1 Abs. 2a GrEStG auch dann ausgeschlossen, wenn auf Grund einer Befreiungsvorschrift die Steuer nicht erhoben wird.

106 **9.2.** Am Vermögen der grundbesitzenden OHG sind A zu 89%, B zu 9% und C zu 2% beteiligt. Innerhalb des Zehnjahreszeitraums überträgt A seinen Anteil auf seinen Sohn Y und B seinen Anteil auf den ihm fremden Z.
Der Tatbestand des § 1 Abs. 2a GrEStG ist erfüllt, da mindestens 90% der Anteile am Vermögen der OHG (89% + 9%) auf Neugesellschafter übertragen werden. Der Vorgang ist zu 89% nach § 3 Nr. 6 GrEStG befreit. Die Steuer wird nach § 6 Abs. 3 Satz 1 i. V. m. Abs. 1 Satz 1 GrEStG i. H. der Deckungsgleiche der Beteiligung des C am Vermögen der fiktiv alten und der fiktiv neuen OHG mithin zu 2% nicht erhoben. Die Nachbehaltensfrist des § 6 Abs. 3 Satz 2 GrEStG ist zu beachten.
Ausführungen zu den Steuervergünstigungen enthalten die gleich lautenden Erlasse der obersten Finanzbehörden der Länder zur Anwendung der §§ 5 und 6 GrEStG.

10. Verhältnis zu § 16 GrEStG

107 § 16 Abs. 2 GrEStG ist im Zusammenhang mit § 1 Abs. 2a GrEStG anzuwenden, wenn einer oder mehrere der Gesellschafterwechsel, die zur Verwirklichung des § 1 Abs. 2a GrEStG geführt haben, ganz oder teilweise rechtlich und tatsächlich i. S. d. § 16 GrEStG rückgängig gemacht wird oder werden und infolgedessen ein Übergang von mindestens 90% der Anteile am Gesellschaftsvermögen im Ergebnis nicht mehr gegeben ist (BFH-Urteil 18. 4. 2012 II R 51/11, BStBl. 2013 II S. 830). Werden bei sukzessiver Tatbestandserfüllung nicht alle Rechtsvorgänge, die zur Verwirklichung des § 1 Abs. 2a GrEStG beigetragen haben, nach der Tatbestandsverwirklichung fristgemäß und in allen Teilen vollständig beim zuständigen Finanzamt angezeigt, scheidet die Anwendung des § 16 Abs. 2 GrEStG nach § 16 Abs. 5 GrEStG aus. Dies gilt auch für Beteiligungsaufstockungen (BFH-Urteil vom 17. 5. 2017 II R 35/15, BStBl. II S. 966).

Beispiele:

108 **10.1.** Am Vermögen der grundbesitzenden OHG sind A zu 85% und B zu 15% beteiligt. Im Jahr 01 überträgt A seine Beteiligung auf X. Im Jahr 04 überträgt B 5% der Anteile am Vermögen der OHG auf Y. Die OHG zeigt die Vorgänge im Jahr 04 fristgemäß und in allen Teilen vollständig nach § 19 Abs. 1 Satz 1 Nr. 3a GrEStG beim zuständigen Finanzamt an. Das Finanzamt setzt Grunderwerbsteuer nach § 1 Abs. 2a GrEStG fest. In der darauffolgenden Woche wird die Übertragung der Beteiligung von A auf X in Höhe von 0,1% rückgängig gemacht.
Auf Grund der Rückgängigmachung eines Teils der Anteilsübertragung aus dem Jahr 01 wird die 90%-Grenze unterschritten (89,9%). Der Tatbestand des § 1 Abs. 2a GrEStG ist dadurch nicht mehr erfüllt. Die Anwendung des § 16 Abs. 2 Nr. 1 GrEStG ist nicht nach § 16 Abs. 5 GrEStG ausgeschlossen, da die Vorgänge fristgemäß und in allen Teilen vollständig beim zuständigen Finanzamt angezeigt wurden. Der Grunderwerbsteuerbescheid ist aufzuheben.

109 **10.2.** Am Vermögen der grundbesitzenden OHG sind A zu 90% und B zu 10% beteiligt. Im Jahr 01 überträgt B seine Beteiligung auf X. Im Jahr 04 überträgt A 80% der Anteile am Vermögen der OHG auf X (Aufstockung der Beteiligung des X). Die OHG zeigt die Vorgänge im Jahr 04 nicht fristgemäß und in allen Teilen vollständig nach § 19 Abs. 1 Satz 1 Nr. 3a GrEStG beim zuständigen Finanzamt an. Nach einer Außenprüfung im Jahr 05 erhält das Finanzamt von den Vorgängen Kenntnis und setzt Grunderwerbsteuer nach § 1 Abs. 2a GrEStG fest. In der darauffolgenden Woche wird die Übertragung der Beteiligung von A auf X in Höhe von 0,1% rückgängig gemacht.
Auf Grund der Rückgängigmachung eines Teils der Anteilsübertragung aus dem Jahr 01 wird die 90%-Grenze unterschritten (89,9%). Der Tatbestand des § 1 Abs. 2a GrEStG ist dadurch nicht mehr erfüllt. Die Anwendung des § 16 Abs. 2 Nr. 1 GrEStG ist nach § 16 Abs. 5 GrEStG ausgeschlossen, da die Vorgänge nicht fristgemäß und in allen Teilen vollständig beim zuständigen Finanzamt angezeigt wurden. Der Grunderwerbsteuerbescheid ist nicht aufzuheben.

11. Bemessungsgrundlage

110 Nach § 8 Abs. 2 Satz 1 Nr. 3 GrEStG ist die Bemessungsgrundlage in den Fällen des § 1 Abs. 2a GrEStG der Grundbesitzwert i. S. d. § 151 Abs. 1 Satz 1 Nr. 1 i. V. m. § 157 Abs. 1 bis 3 BewG. Die Bemessungsgrundlage ist nicht auf die Anteile der eintretenden Gesellschafter und der Altgesellschafter an der grundbesitzenden Personengesellschaft aufzuteilen. Auch bei einer Übertragung von weniger als 100% der Anteile am Vermögen einer grundbesitzenden Personengesellschaft ist die Bemessungsgrundlage der volle Wert des Grundbesitzes.

Beruht die Änderung des Gesellschafterbestandes i. S. d. § 1 Abs. 2a GrEStG auf einem vorgefassten Plan zur Bebauung eines Grundstücks, ist gemäß § 8 Abs. 2 Satz 2 Alt. 2 GrEStG abweichend von § 157 Abs. 1 Satz 1 BewG als Bemessungsgrundlage auf den Grundbesitzwert zum Zeitpunkt der Fertigstellung des Gebäudes abzustellen. Auf die Wertverhältnisse zum Besteuerungszeitpunkt kommt es nicht an.

Ein solcher vorgefasster Plan liegt vor, wenn sich der Plan zur Bebauung bei der Gesellschaft in einer Weise verdichtet hat, dass sie sich im Regelfall nur noch unter wirtschaftlichen Schwierigkeiten oder Einbußen davon lösen kann und die Neugesellschafter die Anteile an der Personengesellschaft aufgrund des vorgefassten Plans erwerben. Ausreichend ist hierbei bereits die Kenntnis der Neugesellschafter über den vorgefassten Plan zur Bebauung eines Grundstücks. Der Plan muss nur die Bebauung eines Grundstücks, nicht auch die Änderung des Gesellschafterbestands der Personengesellschaft zum Gegenstand haben (BFH-Urteil vom 16. 9. 2020 II R 12/18, BStBl. 2021 II S. 632).

12. Steuerschuldner und Bekanntgabe des Steuerbescheids

Steuerschuldner ist in den Fällen des § 1 Abs. 2 a GrEStG die grundbesitzende Personengesellschaft in ihrer jeweiligen Zusammensetzung (§ 13 Nr. 6 GrEStG). Der Steuerbescheid ist an sie als Inhaltsadressat zu richten (§ 157 Abs. 1 Satz 2 AO). Bekannt zu geben ist er an die im Zeitpunkt der Bekanntgabe vertretungsberechtigten Personen. **111**

13. Anzeigepflicht

Gemäß § 19 Abs. 1 Satz 1 Nr. 3 a GrEStG sind von der grundbesitzenden Personengesellschaft alle Rechtsvorgänge anzuzeigen, die zur Verwirklichung des Tatbestands des § 1 Abs. 2 a GrEStG geführt haben. Die Anzeigepflicht besteht bei Tatbestandsverwirklichung. Bei sukzessiver Änderung des Gesellschafterbestandes der grundbesitzenden Personengesellschaft sind bei der Anzeige die vorausgegangenen Gesellschafterwechsel, die zur Tatbestandsverwirklichung beigetragen haben, anzugeben. **112**

Die Anzeige ist nach Kenntniserlangung der grundbesitzenden Personengesellschaft von dem anzeigepflichtigen Vorgang innerhalb der in § 19 Abs. 3 GrEStG genannten Fristen zu erstatten.

Der Inhalt der Anzeige richtet sich nach § 20 GrEStG, insbesondere muss sie bei mehreren Beteiligten eine Beteiligungsübersicht enthalten (§ 20 Abs. 2 Nr. 3 GrEStG).

14. Grundsätze des BFH-Urteils vom 24. April 2013 II R 17/10, BStBl. II S. 833

Das BFH-Urteil vom 24. April 2013 II R 17/10 wurde im Bundessteuerblatt mit den gleich lautenden Erlassen der obersten Finanzbehörden der Länder vom 9. Oktober 2013, BStBl. I S. 1278, veröffentlicht und war deshalb zunächst nicht über den entschiedenen Einzelfall hinaus anzuwenden. Die Nichtanwendungserlasse vom 9. Oktober 2013 wurden durch die gleich lautenden Erlasse der obersten Finanzbehörden der Länder vom 16. September 2015, BStBl. I S. 822[3], aufgehoben. Durch das Steueränderungsgesetz 2015 vom 2. November 2015, BGBl. I S. 1834, wurde § 1 Abs. 2 a GrEStG mit Wirkung ab 6. November 2015 geändert. In allen Fällen, bei denen der Tatbestand des § 1 Abs. 2 a GrEStG vor dem 6. November 2015 verwirklicht wurde, sind die Rechtsgrundsätze des BFH-Urteils II R 17/10 anzuwenden. Für sukzessive Gesellschafterwechsel, bei denen nur ein Teil der Anteilsübertragungen vor dem 6. November 2015 stattgefunden hat, siehe Tz. 15 (Übergangsregelung). **113**

Nach dem BFH-Urteil II R 17/10 liegt eine unmittelbare Änderung des Gesellschafterbestandes einer grundbesitzenden Personengesellschaft vor, wenn ein Mitgliedschaftsrecht an der Gesellschaft zivilrechtlich wirksam auf ein neues Mitglied der Personengesellschaft übergeht.

Ist eine Personen- oder Kapitalgesellschaft unmittelbar an der grundbesitzenden Personengesellschaft beteiligt, kann nur die Personen- oder Kapitalgesellschaft selbst Alt- oder Neugesellschafterin der grundbesitzenden Personengesellschaft sein, nicht jedoch deren Gesellschafter. Eine unmittelbar an der grundbesitzenden Personengesellschaft beteiligte Personen- oder Kapitalgesellschaft gilt nur dann als fiktiv neu, wenn an ihr auf der obersten Beteiligungsebene (natürliche und juristische Personen außer Kapitalgesellschaften – z. B. Stiftung, Bund, Land oder Kommune) ein 100%iger Gesellschafterwechsel stattgefunden hat. Kapital- und Personengesellschaften werden gleich behandelt.

15. Übergangsregelung für sukzessive Gesellschafterwechsel über den 6. November 2015

Für Fälle, bei denen der Tatbestand des § 1 Abs. 2 a GrEStG vor dem 6. November 2015 verwirklicht wurde, sind die Grundsätze des BFH-Urteils II R 17/10 anzuwenden (§ 1 Abs. 2 a GrEStG a. F., vgl. Tz. 14). Für Fälle, bei denen der Tatbestand des § 1 Abs. 2 a GrEStG nach dem 5. November 2015 verwirklicht wurde, findet § 1 Abs. 2 a GrEStG in der Fassung des Steueränderungsgesetzes 2015 vom 2. November 2015, BGBl. I S. 1834 (§ 1 Abs. 2 a GrEStG n. F.) gemäß § 23 Abs. 13 GrEStG Anwendung. Für sukzessive Gesellschafterwechsel, bei denen der Tatbestand des § 1 Abs. 2 a GrEStG nach dem 5. November 2015 verwirklicht wurde, aber ein Teil der Anteilsübertragungen vor dem 6. November 2015 stattgefunden hat, gilt das Folgende: **114**

Nach dem BFH-Urteil II R 17/10 führen mittelbare Änderungen bei Personen- und Kapitalgesellschaften nur dann zu einem Gesellschafterwechsel, wenn auf der obersten Beteiligungsebene ein 100%iger Wechsel stattgefunden hat. Dies ist auf alle Anteilsübertragungen vor dem 6. November 2015 anzuwenden. Auf alle Anteilsübertragungen nach dem 5. November 2015 ist die neue Rechtslage anzuwenden, nach der bei Gesellschaftsstrukturen mit Personen- und Kapitalgesellschaften durch Personengesellschaften durchzurechnen und auf der Ebene jeder Kapitalgesellschaft die 95%-Grenze zu prüfen ist.

Ein vor dem 5. November 2015 begonnener Fünfjahreszeitraum läuft regulär weiter und wird durch die gesetzliche Neuregelung nicht beendet.

Durch die Gesetzesänderung werden die Gesellschafter, die mittelbar über eine oder mehrere Personengesellschaften zu mindestens 95% am Vermögen der grundbesitzenden Personengesellschaft beteiligt sind, Altgesellschafter in Bezug auf die grundbesitzende Personengesellschaft.

Gesellschafter einer Kapitalgesellschaft, die zu mindestens 95% an der Kapitalgesellschaft beteiligt sind, werden durch die Gesetzesänderung Altgesellschafter in Bezug auf die Kapitalgesellschaft. Die Gesellschafter einer Kapitalgesellschaft sind weder mittelbare Altgesellschafter noch mittelbare Neugesellschafter in Bezug auf die grundbesitzende Personengesellschaft.

16. Zeitlicher Anwendungsbereich

Dieser Erlass tritt an die Stelle der gleich lautenden Erlasse der obersten Finanzbehörden der Länder zur Anwendung des § 1 Abs. 2 a GrEStG vom 12. November 2018 (BStBl. I S. 1314). Er ist auf alle offenen Fälle anzuwenden.

Für Rechtsvorgänge, die vor dem 1. Juli 2021 verwirklicht werden oder die unter die Übergangsregelungen des § 23 Abs. 19 und 20 GrEStG fallen, gilt dieser Erlass mit der Maßgabe, dass die Beteiligungsgrenze von 95% und ein Fünfjahreszeitraum anzuwenden sind.

Ausführungen zu § 23 Abs. 19 und 20 GrEStG enthalten die gleich lautenden Erlasse der obersten Finanzbehörden der Länder vom 29. Juni 2021 zu den Übergangsregelungen auf Grund des Gesetzes zur Änderung des Grunderwerbsteuergesetzes (BStBl. I S. 1006).[1]

Anl b zu § 1 Abs. 2a

b) Erlass zu den Übergangsregelungen aufgrund des Gesetzes zur Änderung des Grunderwerbsteuergesetzes

Vom 29. Juni 2021 (BStBl. I S. 1006)

(Gleich lautender Ländererlass)

Mit dem Gesetz zur Änderung des Grunderwerbsteuergesetzes vom 12. Mai 2021 (BGBl. I S. 986) hat das Grunderwerbsteuergesetz (GrEStG) folgende Änderungen erfahren:

- Absenkung der 95%-Grenze in den Ergänzungstatbeständen (§ 1 Abs. 2 a, 3 und 3 a GrEStG) auf 90%,
- Einführung eines neuen Ergänzungstatbestands (§ 1 Abs. 2 b GrEStG) zur Besteuerung eines Anteilseignerwechsels i. H. v. mindestens 90% im Gesellschafterbestand einer grundbesitzenden Kapitalgesellschaft innerhalb von zehn Jahren,
- Verlängerung des in § 1 Abs. 2 a Satz 1 GrEStG genannten Zeitraums von fünf auf zehn Jahre,
- Einfügung einer Börsenklausel (§ 1 Abs. 2 c GrEStG),
- Anwendung der Ersatzbemessungsgrundlage auf Grundstücksverkäufe im Rückwirkungszeitraum bei Umwandlungsfällen und Einbringungen,
- Verlängerung des Zeitraumes von fünf auf zehn Jahre in § 5 Abs. 3, § 6 Abs. 3 Satz 2, § 6 Abs. 4 Nr. 1 und 2 sowie § 7 Abs. 3 GrEStG,
- Verlängerung der Vorbehaltensfrist in § 6 Abs. 4 Nr. 3 GrEStG von fünf auf fünfzehn Jahre.

Die Änderungen gehen mit folgenden Übergangsregelungen einher (§ 23 Abs. 18 bis 24 GrEStG):

1. Allgemeine Übergangsregelung (§ 23 Abs. 18 GrEStG)

115 Die geänderten Vorschriften sind nach § 23 Abs. 18 GrEStG erstmals für Erwerbsvorgänge anzuwenden, die nach Ablauf des 30. Juni 2021 verwirklicht werden.

Als Verwirklichung eines Erwerbsvorgangs ist der Erwerb des letzten Anteils zu verstehen, der zur Erreichung bzw. Überschreitung der 90%-Grenze führt. Die Absenkung der Beteiligungsgrenze und die Fristverlängerungen haben auch Bedeutung für Rechtsvorgänge der Vergangenheit.

§ 1 Abs. 2 c GrEStG ist auf alle offenen Fälle anzuwenden.

Die allgemeine Übergangsregelung wird durch § 23 Abs. 19 bis 24 GrEStG ergänzt.

2. Übergangsregelungen zu den Änderungen des § 1 Abs. 2 a GrEStG

2.1. Schutz der Altgesellschaftereigenschaft (§ 23 Abs. 19 Satz 1 GrEStG)

116 Wer vor dem 1. Juli 2021 Altgesellschafter nach dem bis zum 30. Juni 2021 geltenden Recht (altes Recht) ist, bleibt auch Altgesellschafter nach dem ab dem 1. Juli 2021 geltenden Recht (neues Recht). Wer demgegenüber mit Ablauf des 30. Juni 2021 Neugesellschafter ist, bleibt bis zum Ablauf des (verlängerten) Zehnjahreszeitraums Neugesellschafter.

Beispiel 1:

Am Vermögen der grundbesitzenden Personengesellschaft ist A zu 90% und B zu 10% beteiligt. Zum 1. August 2011 überträgt A 89,9% der Anteile am Gesellschaftsvermögen auf C. Zum 1. Juli 2021 überträgt A seinen restlichen Anteil am Gesellschaftsvermögen von 0,1% auf D.

Der Tatbestand des § 1 Abs. 2 a GrEStG ist nicht erfüllt, da innerhalb des (verlängerten) Zeitraums von zehn Jahren nicht mindestens 90% der Anteile am Gesellschaftsvermögen (sondern nur 0,1%) auf Neugesellschafter übergegangen sind. Der Anteilsübergang zum 1. August 2011 auf C wird gemäß § 23 Abs. 19 Satz 1 GrEStG bei der Anwendung des § 1 Abs. 2 a Satz 1 GrEStG nicht berücksichtigt, weil C mit Ablauf des 30. Juni 2021 bereits Altgesellschafter ist (1. August 2011 + 5 Jahre = Altgesellschafter mit Ablauf des 31. Juli 2016) und daher auch nach neuem Recht Altgesellschafter bleibt.

Beispiel 2:

Am Vermögen der grundbesitzenden Personengesellschaft ist A zu 90% und B zu 10% beteiligt. Zum 1. August 2016 überträgt A 89,9% der Anteile am Gesellschaftsvermögen auf C. Zum 1. August 2021 überträgt A seinen restlichen Anteil am Gesellschaftsvermögen von 0,1% auf D.

Der Tatbestand des § 1 Abs. 2 a GrEStG ist erfüllt, da innerhalb von zehn Jahren mindestens 90% der Anteile am Gesellschaftsvermögen (89,9% + 0,1%) auf die Neugesellschafter C und D übergegangen sind. Der Anteilsübergang zum 1. August 2016 auf C wird berücksichtigt. C war mit Ablauf des 30. Juni 2021 kein Altgesellschafter, da der Fünfjahreszeitraum zu diesem Zeitpunkt noch nicht abgelaufen war.

2.2. Beteiligte Kapitalgesellschaften (§ 23 Abs. 19 Satz 2 GrEStG)

116a Für Änderungen im Gesellschafterbestand einer unmittelbar oder mittelbar am Vermögen der grundbesitzenden Personengesellschaft beteiligten Kapitalgesellschaft gilt rückwirkend die abgesenkte Beteiligungsgrenze i. H. v. 90%.

Durch die Übergangsregelung des § 23 Abs. 19 Satz 2 GrEStG kann es dazu kommen, dass eine unmittelbar beteiligte Kapitalgesellschaft rückwirkend betrachtet als Neugesellschafterin der grundbesit-

[1] Nachstehend abgedruckt als Anlage b zu § 1 Abs. 2 a.

zenden Personengesellschaft einzustufen ist (Fiktion) und damit die von ihr gehaltene Beteiligung bei der Ermittlung der auf Neugesellschafter übergegangenen Anteile mitzählt. Anl b zu § 1 Abs. 2a

Beispiel 3:

Am Vermögen der grundbesitzenden KG ist X zu 90% und die Komplementär-GmbH (GmbH) zu 10% beteiligt. Am Kapital der GmbH ist X zu 90% und Y zu 10% beteiligt. Im Jahr 2019 überträgt X seinen GmbH-Anteil auf A. Im August 2021 überträgt X 80% der Anteile am Vermögen der KG auf B.

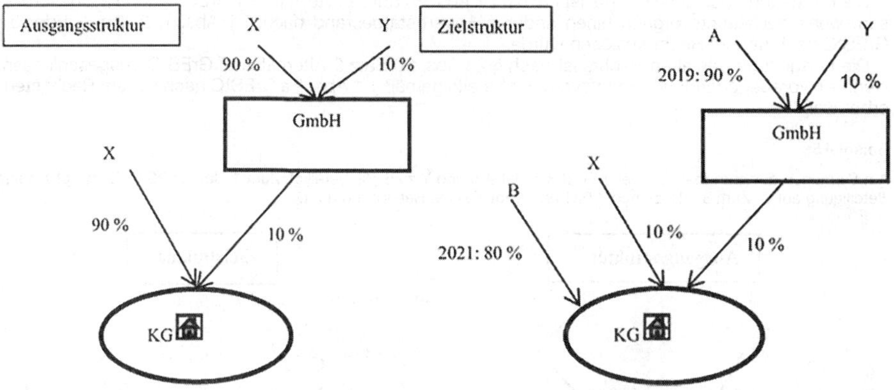

Der Tatbestand des § 1 Abs. 2 a GrEStG ist erfüllt, da innerhalb von zehn Jahren mindestens 90% der Anteile am Gesellschaftsvermögen (in August 2021: 80% + in 2019: 10%) auf den Neugesellschafter B und die (fiktiv neue) GmbH übergegangen sind.
Allein der unmittelbare Übergang von 80% der Anteile am Vermögen der KG im August 2021 verwirklicht den Tatbestand des § 1 Abs. 2 a Satz 1 GrEStG nicht. Die Übergangsregelung führt jedoch dazu, dass die GmbH – rückwirkend betrachtet – nach § 1 Abs. 2 a Satz 4 GrEStG als Neugesellschafterin der KG gilt, weil aufgrund des Anteilsübergangs auf A im Jahr 2019 mindestens 90% der Anteile am Kapital der GmbH auf Neugesellschafter übergegangen sind. Dadurch gelten weitere 10% der Anteile am Vermögen der KG als übergegangen. Der Fünfjahreszeitraum ist zum 30. Juni 2021 noch nicht abgelaufen, so dass die GmbH noch nicht Altgesellschafterin ist (§ 23 Abs. 19 Satz 1 GrEStG).

Beispiel 4:

Am Vermögen der grundbesitzenden KG ist X zu 90% und die Komplementär-GmbH (GmbH) zu 10% beteiligt. Am Kapital der GmbH ist X zu 90% und Y zu 10% beteiligt. Im August 2021 überträgt X seinen Anteil am Vermögen der KG i. H. v. 90% je zur Hälfte an B und die GmbH und scheidet aus der KG aus.

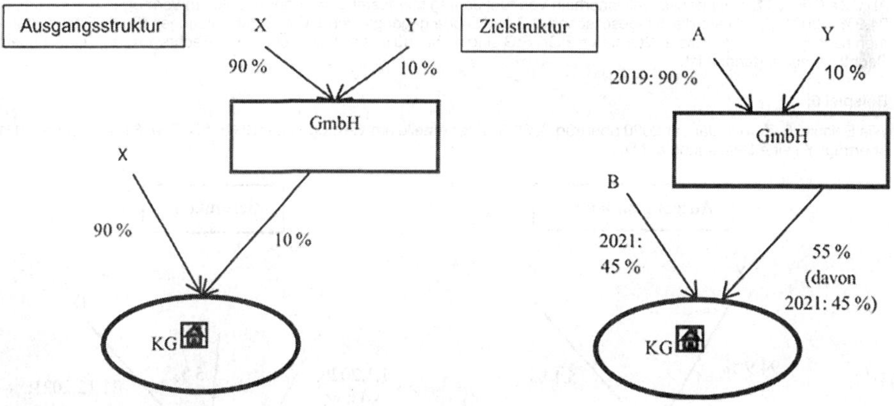

Der Tatbestand des § 1 Abs. 2 a GrEStG ist erfüllt, da innerhalb von zehn Jahren mindestens 90% der Anteile am Gesellschaftsvermögen (2019: mittelbar 10% auf die fiktiv neue GmbH und August 2021: unmittelbar 45% auf B + 45% auf die GmbH) auf die Neugesellschafter B und die GmbH übergegangen sind.
Die GmbH gilt in vollem Umfang als Neugesellschafterin der KG (§ 1 Abs. 2 a Satz 4 i. V. m. § 23 Abs. 19 Satz 2 GrEStG), da an ihr 90% der Anteile am Kapital auf Neugesellschafter (in 2019 auf A) übergegangen sind. Der unmittelbare Übergang von 45% der Anteile von X auf die GmbH im August 2021 ist zu berücksichtigen, da die GmbH rückwirkend ab dem Zeitpunkt des Übergangs von 90% ihrer Anteile im Jahr 2019 als neue Gesellschafterin der KG zu betrachten ist. Der Fünfjahreszeitraum ist zum 30. Juni 2021 noch nicht abgelaufen, so dass die GmbH noch nicht Altgesellschafterin ist (§ 23 Abs. 19 Satz 1 GrEStG).

2.3. Weitergeltung des alten Rechts (§ 23 Abs. 20 GrEStG)

Ändert sich bis zum 30. Juni 2021 der Gesellschafterbestand der grundbesitzenden Personengesellschaft innerhalb von fünf Jahren um mindestens 90%, aber um weniger als 95%, ist der Tatbestand des 116b

Anl b zu § 1 Abs. 2a

§ 1 Abs. 2a GrEStG a. F. nicht erfüllt. Kommt es nach dem 30. Juni 2021 zu mindestens einer weiteren Änderung im Gesellschafterbestand, würde dies den Tatbestand des § 1 Abs. 2a GrEStG nicht erfüllen, weil das steuerauslösende Quantum i. H. v. 90% bereits zuvor erreicht war.

noch **116b** Für die Fälle, die das neue Recht nicht erfasst, gilt nach § 23 Abs. 20 GrEStG das alte Recht bis zum 30. Juni 2026 weiter. Für den Übergangszeitraum von fünf Jahren hat nach § 23 Abs. 20 Satz 2 GrEStG das neue Recht stets Vorrang vor dem alten Recht (zeitliche Subsidiarität). Die zeitliche Subsidiarität hat Vorrang vor der in § 1 Abs. 3 und 3a GrEStG geregelten sachlichen Subsidiarität.

Die Fortgeltung des alten Rechts ist nach § 23 Abs. 20 Satz 2 Alternative 1 GrEStG dann ausgeschlossen, wenn der Rechtsvorgang einen anderen Erwerbstatbestand nach § 1 Abs. 1, 2, 2a, 3 oder 3a GrEStG nach neuem Recht auslösen würde.

Die Fortgeltung des alten Rechts ist nach § 23 Abs. 20 Satz 2 Alternative 2 GrEStG ausgeschlossen, wenn ein vorausgegangener Rechtsvorgang bereits gemäß § 1 Abs. 2a GrEStG nach neuem Recht steuerbar war.

Beispiel 5:

Am Vermögen der grundbesitzenden KG ist X zu 94,9% und Y zu 5,1% beteiligt. Zum 1. Januar 2020 überträgt X seine Beteiligung auf C. Zum 31. Dezember 2021 überträgt Y seine Beteiligung auf D.

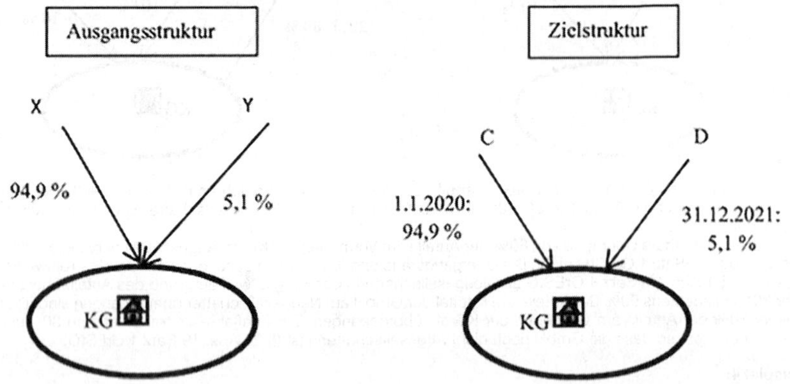

Der Tatbestand des § 1 Abs. 2a Satz 1 GrEStG ist nicht erfüllt. Das steuerauslösende Quantum i. H. v. 90% wird durch die Änderung im Gesellschafterbestand i. H. v. 5,1% nicht erreicht, weil es bereits mit Ablauf des 30. Juni 2021 erreicht war. Nach § 23 Abs. 20 Satz 1 GrEStG ist § 1 Abs. 2a GrEStG a. F. bis zum 30. Juni 2026 weiter anzuwenden. § 1 Abs. 2a GrEStG a. F. ist erfüllt, weil innerhalb von fünf Jahren mindestens 95% der Anteile am Vermögen der KG (2020: 94,9% + 2021: 5,1%) auf die Neugesellschafter C und D übergegangen sind. Die Voraussetzungen für die Rückausnahmen nach § 23 Abs. 20 Satz 2 Alternative 2 GrEStG sind nicht erfüllt, weil kein steuerbarer Rechtsvorgang „nach neuem Recht" vorausgegangen ist.

Beispiel 6:

Wie Beispiel 5. Zum 1. Januar 2020 überträgt X 89,9% der Anteile am Vermögen der KG auf C. Zum 31. Dezember 2021 überträgt Y seine Beteiligung auf D.

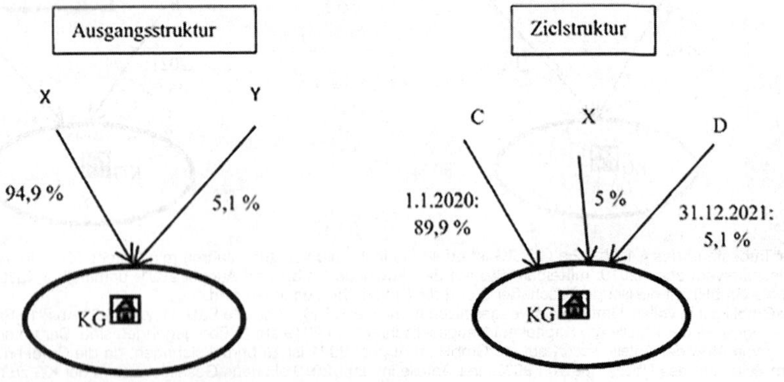

Der Tatbestand des § 1 Abs. 2a Satz 1 GrEStG ist erfüllt, da innerhalb von zehn Jahren mindestens 90% der Anteile am Gesellschaftsvermögen (2020: 89,9% + Dezember 2021: 5,1%) auf die Neugesellschafter C und D übergegangen sind (§ 23 Abs. 19 GrEStG). Gleichzeitig wäre über § 23 Abs. 20 Satz 1 GrEStG der Tatbestand des § 1 Abs. 2a Satz 1 GrEStG a. F. erfüllt, da innerhalb von fünf Jahren mindestens 95% der Anteile am Gesellschaftsvermögen (2020: 89,9% + Dezember 2021: 5,1%) auf die Neugesellschafter C und D übergegangen sind. Für diesen Fall regelt § 23 Abs. 20 Satz 2 GrEStG den Vorrang des neuen Rechts vor dem alten Recht.

Anl b zu § 1 Abs. 2a

Beispiel 7:

Am Vermögen der grundbesitzenden KG ist A zu 89%, B zu 2%, C zu 4% und D zu 5% beteiligt. Im Jahr 2020 überträgt A seine Beteiligung auf E. Im August 2021 überträgt B seine Beteiligung auf F. Im Jahr 2022 überträgt C seine Beteiligung auf G.

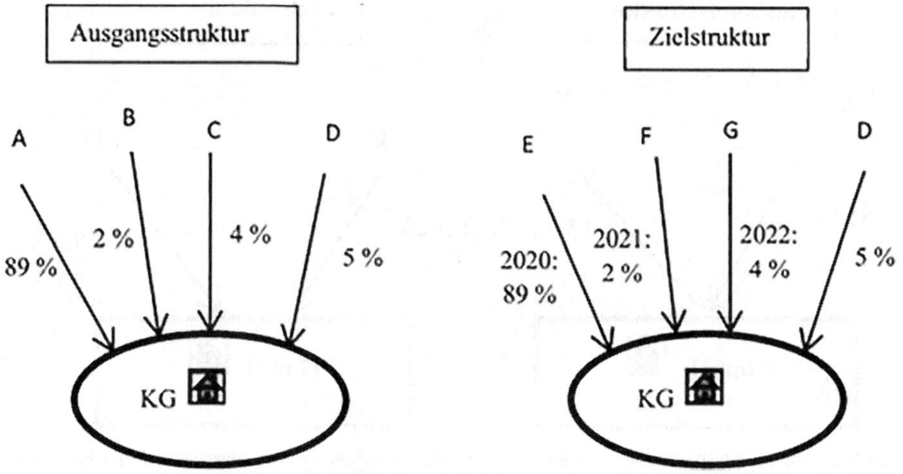

Im August 2021 ist der Tatbestand des § 1 Abs. 2 a Satz 1 GrEStG erfüllt, da innerhalb von zehn Jahren mindestens 90% der Anteile am Gesellschaftsvermögen (2020: 89% + 2021: 2%) auf die Neugesellschafter E und F übergegangen sind. Der Tatbestand des § 1 Abs. 2 a Satz 1 GrEStG a. F. i. V. m. § 23 Abs. 20 Satz 1 GrEStG ist nicht erfüllt, da innerhalb von fünf Jahren nicht mindestens 95% (2020: 89% + 2021: 2%) auf die Neugesellschafter E und F übergegangen sind.
Im Jahr 2022 ist der Tatbestand des § 1 Abs. 2 a Satz 1 GrEStG nicht erfüllt, da innerhalb von zehn Jahren nicht mindestens 90% der Anteile am Gesellschaftsvermögen (sondern nur 4% in 2022) auf Neugesellschafter übergegangen sind. E und F gelten mit Verwirklichung des Tatbestandes des § 1 Abs. 2 a Satz 1 GrEStG im August 2021 als Altgesellschafter.
Obwohl der Tatbestand des § 1 Abs. 2 a Satz 1 GrEStG a. F. i. V. m. § 23 Abs. 20 Satz 1 GrEStG erfüllt wäre, ist seine Anwendung ausgeschlossen, weil der vorausgegangene Rechtsvorgang im August 2021 bereits nach neuem Recht steuerbar war (§ 23 Abs. 20 Satz 2 Alternative 2 GrEStG).

3. Anwendungsregelungen zur Einführung des § 1 Abs. 2 b GrEStG (§ 23 Abs. 23 GrEStG)

Für die Anwendung des § 1 Abs. 2 b GrEStG sind nur solche Anteilsübergänge zu berücksichtigen, die nach dem 30. Juni 2021 erfolgen. Alle mit Ablauf des 30. Juni 2021 Beteiligten gelten als Altgesellschafter. 117

Beispiel 8:

Am Kapital der grundbesitzenden GmbH ist X zu 85% und Y zu 15% beteiligt. Zum 1. Juli 2021 überträgt X seine Beteiligung auf C und Y seine Beteiligung auf D.

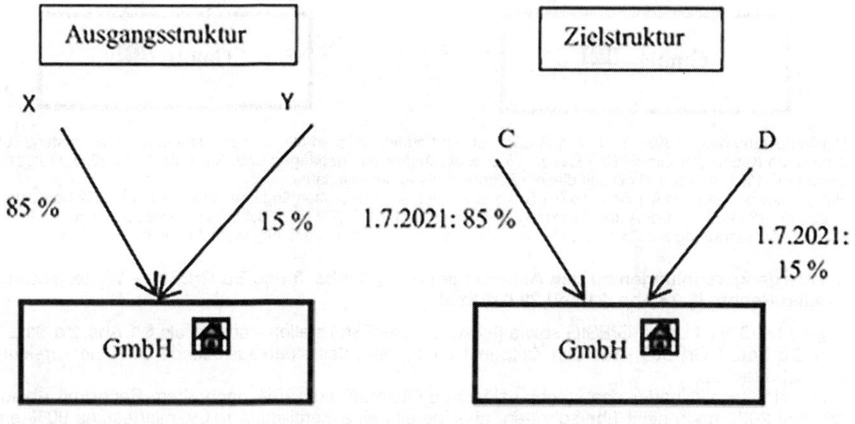

Der Tatbestand des § 1 Abs. 2 b Satz 1 GrEStG ist erfüllt, da innerhalb von zehn Jahren mindestens 90% der Anteile am Kapital der GmbH (C 85% + D 15%) auf Neugesellschafter übergegangen sind.

Anl b zu § 1 Abs. 2a

Beispiel 9:

Wie Beispiel 8. Zum 6. Dezember 2020 überträgt X seine Beteiligung auf C. Zum 1. August 2021 überträgt Y seine Beteiligung auf D.

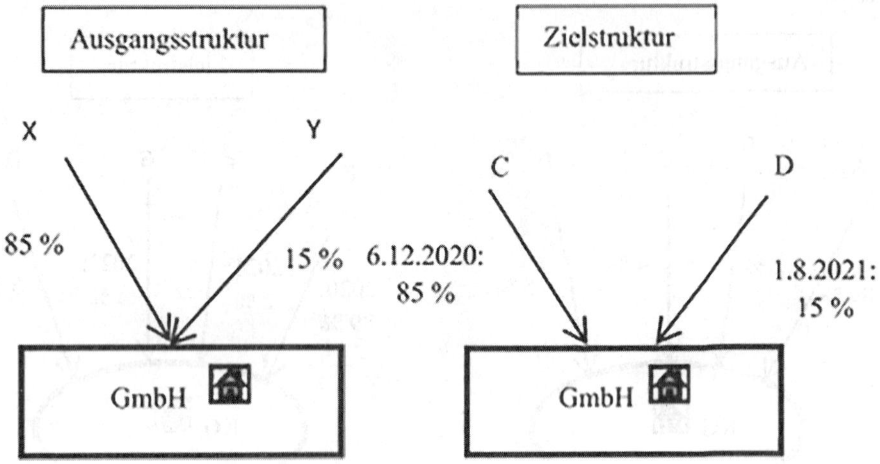

Der Tatbestand des § 1 Abs. 2 b Satz 1 GrEStG ist nicht erfüllt, da innerhalb von zehn Jahren nicht mindestens 90% der Anteile am Kapital der GmbH (D 15%) auf Neugesellschafter übergegangen sind.
Bei der Anwendung des § 1 Abs. 2 b GrEStG sind nur die Anteilsübergänge nach dem 30. Juni 2021 zu berücksichtigen (§ 23 Abs. 23 GrEStG). Der Anteilsübergang am 6. Dezember 2020 auf C ist nicht zu berücksichtigen. C gilt mit Ablauf des 30. Juni 2021 als Altgesellschafter.

Beispiel 10:

Wie Beispiel 8. Zum 6. Juni 2021 überträgt X 1% der Anteile am Kapital der GmbH auf C. Zum 1. Juli 2021 überträgt Y seine Beteiligung auf D. Zum 21. Oktober 2021 überträgt X seine restliche Beteiligung i. H. v. 84% auf C.

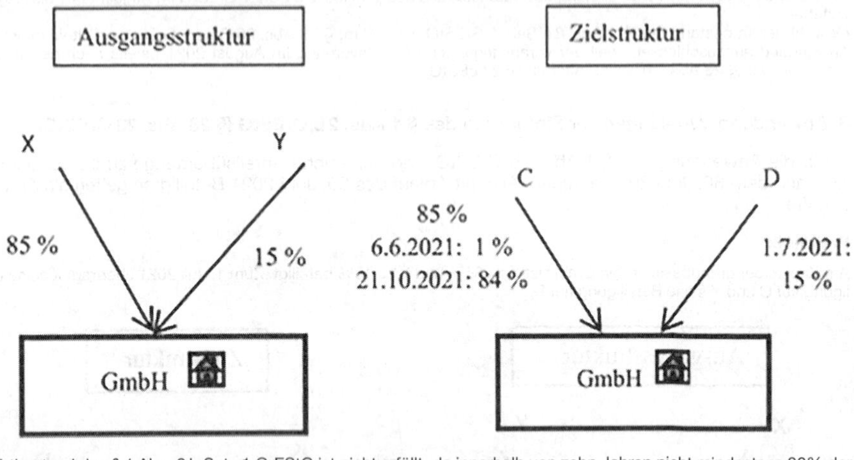

Der Tatbestand des § 1 Abs. 2 b Satz 1 GrEStG ist nicht erfüllt, da innerhalb von zehn Jahren nicht mindestens 90% der Anteile am Kapital der GmbH (D 15%) auf Neugesellschafter übergegangen sind. Mit Ablauf des 30. Juni 2021 war C bereits mit 1% beteiligt und gilt seit diesem Zeitpunkt als Altgesellschafter.
Bei der Anwendung des § 1 Abs. 2 b GrEStG werden nur die Anteilsübergänge nach dem 30. Juni 2021 berücksichtigt (§ 23 Abs. 23 GrEStG). Der Anteilsübergang am 6. Juni 2021 auf C (1%) wird daher nicht berücksichtigt.
Die Anteilsübertragung auf C i. H. v. 84% ist nicht zu berücksichtigen, da C Altgesellschafter ist.

4. Übergangsregelungen zu den Änderungen des § 1 Abs. 3 und 3a GrEStG – Weitergeltung des alten Rechts (§ 23 Abs. 21 und 22 GrEStG)

118 § 1 Abs. 3 Nr. 1 und 2 GrEStG sowie § 1 Abs. 3a GrEStG stellen – anders als § 1 Abs. 2a Satz 1 und Abs. 2b Satz 1 GrEStG – auf den Zeitpunkt ab, zu dem das steuerauslösende Quantum erreicht oder überschritten ist.

Hat ein Gesellschafter das steuerauslösende Quantum von 95% nach altem Recht mit Ablauf des 30. Juni 2021 noch nicht überschritten, aber bereits eine Beteiligung i. H. v. mindestens 90% erreicht oder hat er [zumindest] einen Anspruch auf eine Beteiligung in dieser Höhe, wird hierdurch ein Erwerbstatbestand nach § 1 Abs. 3 und 3a GrEStG a. F. nicht verwirklicht.

Anl b zu § 1 Abs. 2a

Werden die Anteile der Gesellschaft nach dem 30. Juni 2021 sodann (sukzessiv bis zu 100%) aufgestockt, ist dieser Rechtsvorgang nach neuem Recht (§ 1 Abs. 3 Nr. 1 und 2 sowie Abs. 3 a GrEStG) nicht steuerbar, da das steuerauslösende Quantum i. H. v. mindestens 90% bereits vor diesem Rechtsvorgang erreicht war.

§ 23 Abs. 21 Satz 1 und Abs. 22 Satz 1 GrEStG regeln die Weitergeltung des § 1 Abs. 3 und 3 a GrEStG a. F. für die Fälle, die das neue Recht nicht erfasst. § 1 Abs. 3 GrEStG sowie § 1 Abs. 3 a GrEStG enthalten – anders als § 1 Abs. 2 a Satz 1 und Abs. 2 b Satz 1 GrEStG – tatbestandlich keine zeitliche Begrenzung, so dass § 1 Abs. 3 und 3 a GrEStG a. F im Rahmen der Übergangsregelung dem Grunde nach zeitlich ebenfalls unbegrenzt Anwendung finden. Das alte Recht gilt subsidiär. Es ist daher nicht anwendbar, wenn das neue Recht einmal zur Anwendung gekommen ist oder wenn nach dem 30. Juni 2021 die von einem Gesellschafter gehaltenen Anteile unter 90% sinken (§ 23 Abs. 21 Satz 3 und 4 sowie Abs. 22 Satz 2 und 3 GrEStG). *noch* **118**

Beispiel 11:
Am Kapital der grundbesitzenden GmbH sind A und B zu jeweils 50% beteiligt. Mit Rechtsgeschäft vom 15. Juli 2021 veräußert B 40% der Anteile am Kapital der GmbH an A.

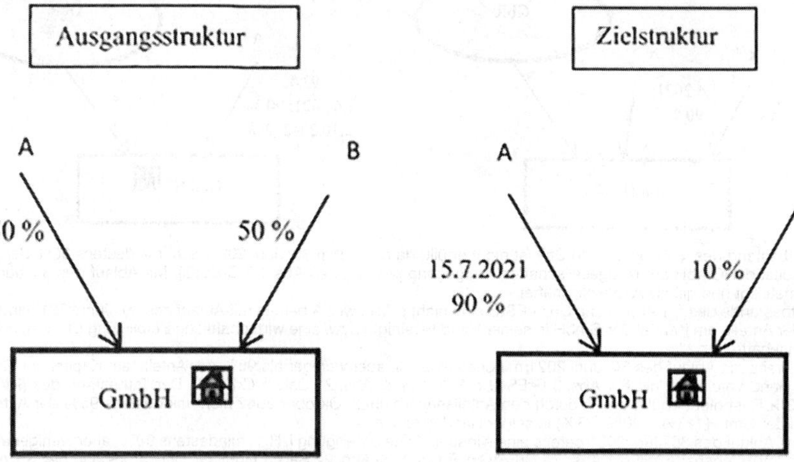

Der Tatbestand des § 1 Abs. 2 b GrEStG ist nicht erfüllt, da nach dem 30. Juni 2021 nicht mindestens 90% übertragen wurden und A Altgesellschafter ist (§ 23 Abs. 23 GrEStG).
Der Tatbestand des § 1 Abs. 3 GrEStG ist erfüllt, da A unmittelbar mindestens 90% der Anteile am Kapital der GmbH (90%) in seiner Hand vereinigt. Ein Fall des § 23 Abs. 21 Satz 1 und 2 GrEStG liegt nicht vor, da A zum 30. Juni 2021 nicht mindestens 90% der Anteile am Kapital der GmbH in seiner Hand vereinigte.

Beispiel 12:
Am Kapital der grundbesitzenden GmbH ist X zu 93% und eine GbR zu 7% beteiligt. Am Vermögen der GbR ist X zu 40% und Y zu 60% beteiligt. Mit Rechtsgeschäft vom 1. Juni 2021 veräußert X 90% der Anteile am Kapital der GmbH sowie seine vollständige Beteiligung am Vermögen der GbR an A.

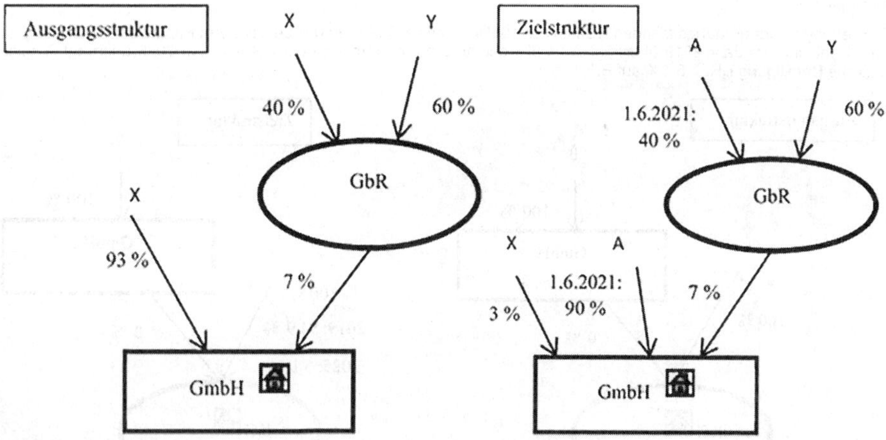

Der Tatbestand des § 1 Abs. 2 b GrEStG ist nicht erfüllt, da nach dem 30. Juni 2021 nicht mindestens 90% übertragen wurden (§ 23 Abs. 23 GrEStG).

Anl b zu § 1 Abs. 2a

Der Tatbestand des § 1 Abs. 3 GrEStG a. F. ist nicht erfüllt, da A nicht mindestens 95% der Anteile am Kapital der GmbH (90% unmittelbar) in seiner Hand vereinigt. Die von der GbR gehaltenen Anteile werden A nicht zugerechnet, da A nicht zu mindestens 95% am Vermögen der GbR (40%) beteiligt ist.
Der Tatbestand des § 1 Abs. 3 a GrEStG a. F. ist nicht erfüllt, da A keine wirtschaftliche Beteiligung i. H. v. mindestens 95% an der GmbH (92,8% = 90% + 7% × 40%) innehat.

Beispiel 13:

Fortsetzung Beispiel 12. Am 2. Oktober 2042 überträgt X seine verbliebenen Anteile am Kapital der GmbH i. H. v. 3% auf A.

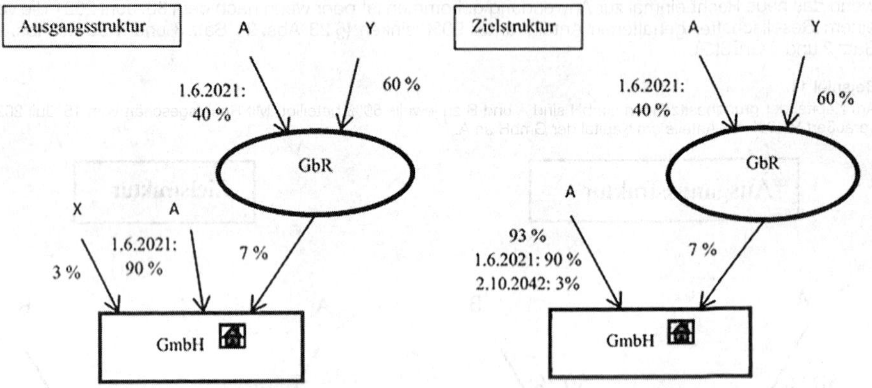

Der Tatbestand des § 1 Abs. 2 b GrEStG ist nicht erfüllt, da nach dem 30. Juni 2021 nicht mindestens 90% der Anteile am Kapital der GmbH auf Neugesellschafter übergegangen sind (§ 23 Abs. 23 GrEStG). Mit Ablauf des 30. Juni 2021 war A beteiligt und gilt als Altgesellschafter.
Die Tatbestände des § 1 Abs. 3 und 3 a GrEStG sind nicht erfüllt, weil A bereits mit Ablauf des 30. Juni 2021 mindestens 90% der Anteile am Kapital der GmbH in seiner Hand vereinigte bzw. eine wirtschaftliche Beteiligung i. H. v. mindestens 90% innehatte.
Da A bereits mit Ablauf des 30. Juni 2021 mindestens 90%, aber weniger als 95% der Anteile am Kapital der GmbH in seiner Hand vereinigte, gilt § 1 Abs. 3 GrEStG a. F. fort (§ 23 Abs. 21 Satz 1 GrEStG). Der Tatbestand des § 1 Abs. 3 GrEStG a. F. ist nicht erfüllt, weil A durch den Anteilserwerb am 2. Oktober 2042 nicht mindestens 95% der Anteile am Kapital der GmbH (93% = 90% + 3%) in seiner Hand vereinigt.
Da A mit Ablauf des 30. Juni 2021 bereits eine wirtschaftliche Beteiligung i. H. v. mindestens 90%, aber weniger als 95% an der GmbH innehatte, gilt § 1 Abs. 3 a GrEStG a. F. fort (§ 23 Abs. 22 Satz 1 GrEStG). Der Tatbestand des § 1 Abs. 3 a GrEStG a. F. ist erfüllt, weil A durch den Anteilserwerb am 2. Oktober 2042 eine wirtschaftliche Beteiligung i. H. v. mindestens 95% an der GmbH (95,8% = 93% + 40% × 7%) innehat.
Die Fortgeltung des alten Rechts wird nicht durch die Rückausnahme des § 23 Abs. 22 Satz 2 GrEStG ausgeschlossen, weil der Tatbestand des § 1 Abs. 3 a GrEStG nach neuem Recht nicht erfüllt ist.

5. Übergangsregelungen zu den Änderungen der §§ 5, 6 und 7 GrEStG (§ 23 Abs. 24 GrEStG)

119 Für die Anwendung der §§ 5, 6 und 7 GrEStG nach neuem Recht sind die verlängerten Fristen von zehn bzw. ist die Vorbehaltensfrist i. S. d. § 6 Abs. 4 Nr. 3 GrEStG von 15 Jahren maßgebend (§ 23 Abs. 18 GrEStG). Die verlängerten Fristen sind nicht anzuwenden, wenn der nach altem Recht maßgebliche Fünfjahreszeitraum zum 1. Juli 2021 bereits abgelaufen ist.

Beispiel 14:

Am Vermögen der grundbesitzenden KG ist A zu 100% und eine GmbH zu 0% beteiligt. Am Kapital der GmbH ist B zu 100% beteiligt. Im Jahr 2019 überträgt A 94,9% der Anteile am Vermögen der KG auf B. In 2025 überträgt A seine restliche Beteiligung i. H. v. 5,1% auf B.

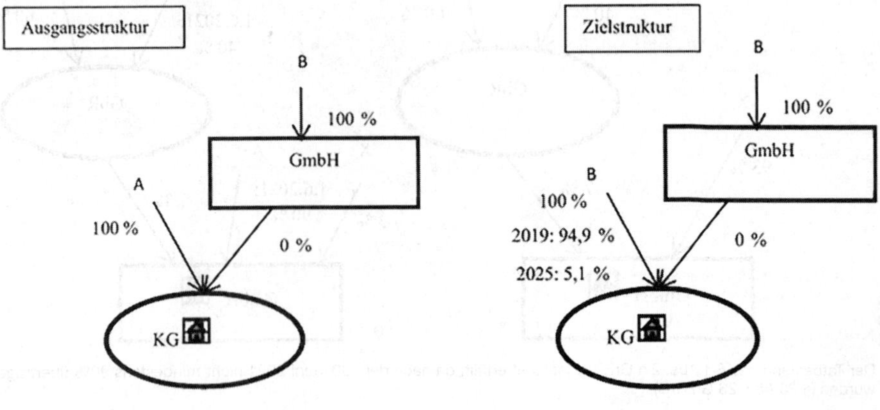

Der Rechtsvorgang im Jahr 2019 verwirklicht keinen Tatbestand des § 1 GrEStG.
Durch die Anteilsübertragung im Jahr 2025 wird der Tatbestand des § 1 Abs. 2a Satz 1 GrEStG nicht verwirklicht, weil B zum 30. Juni 2021 94,9% der Anteile am Vermögen der KG innehatte und dadurch das steuerauslösende Quantum i. H. v. 90% bereits erreicht war.
Auch der Tatbestand des § 1 Abs. 2a Satz 1 GrEStG a. F., der nach § 23 Abs. 20 GrEStG grundsätzlich anwendbar ist, wird nicht verwirklicht, da der Übergang von mindestens 95% der Anteile am Vermögen der KG auf Neugesellschafter nicht innerhalb von fünf Jahren erfolgt ist.
Der Tatbestand des § 1 Abs. 3 GrEStG ist erfüllt, weil B durch den Anteilserwerb im Jahr 2025 teils unmittelbar, teils mittelbar mindestens 90% der Anteile an der KG (zwei von zwei Köpfen) in seiner Hand vereinigt. Der von der GmbH gehaltene Anteil wird B zugerechnet, da er zu mindestens 90% am Kapital der GmbH beteiligt ist. Ein Anwendungsfall des § 23 Abs. 21 Satz 1 GrEStG liegt nicht vor. B vereinigte mit Ablauf des 30. Juni 2021 weniger als 90% der Anteile an der KG in seiner Hand (zwei von drei Köpfen).
Bei der Anteilsvereinigung fingiert das Gesetz den Übergang der Gesellschaftsgrundstücke von der Personengesellschaft auf den Gesellschafter, daher ist § 6 GrEStG grundsätzlich anwendbar. Eine Steuerbegünstigung kommt im vorliegenden Fall jedoch nicht in Betracht. Nach § 6 Abs. 2 Satz 1 GrEStG wird die Steuer in Höhe des Anteils nicht erhoben, zu dem der Erwerber B am Vermögen der KG beteiligt ist (94,9%). Allerdings wird die Begünstigung durch § 6 Abs. 4 Nr. 3 GrEStG ausgeschlossen. B erwarb den Anteil am Vermögen der KG i. H. v. 94,9% bereits im Jahr 2019 und damit innerhalb von 15 Jahren vor dem Erwerbsvorgang im Jahr 2025. § 6 Abs. 4 Satz 1 Nr. 3 GrEStG ist anwendbar, weil mit Ablauf des 30. Juni 2021 der Fünfjahreszeitraum des § 6 Abs. 4 Satz 1 GrEStG a. F. noch nicht abgelaufen war.

c) Erlass betr. Zurechnung von Grundstücken für die Ergänzungstatbestände in § 1 Absatz 2 a bis 3 a GrEStG

Anl c zu § 1 Abs. 2a

Vom 16. Oktober 2023 (BStBl. I S. 1872)

(Gleich lautender Ländererlass)

Inhaltsübersicht

1. Allgemeines ... 1
2. Grundsätze ... 2–8
 2.1. Zurechnung auf eine Gesellschaft (grundbesitzende Gesellschaft) ... 5, 6
 2.2. Weitere Zurechnung auf eine andere Gesellschaft ... 7, 8
3. Besonderheiten ... 9–13
 3.1. Übergangsregelungen des § 23 Absatz 18 bis 22 GrEStG ... 9, 10
 3.2. Vorrang des § 1 Absatz 2 a und Absatz 2 b GrEStG ... 11
 3.3. Rückgängigmachung und Rückerwerb nach § 16 GrEStG ... 12, 13
4. Beispiele ... 14–21
5. Zusammenfassendes Beispiel ... 22, 23
6. Anwendungsbereich der Vorschrift ... 24

1. Allgemeines

1 Mit seinen Urteilen vom 1. Dezember 2021 II R 44/181 (BStBl. II 2023 S. 1009) und vom 14. Dezember 2022 II R 40/202 (BStBl. II 2023 S. 1012) hat der Bundesfinanzhof Stellung dazu genommen, ob und wann ein Grundstück zum Vermögen einer Gesellschaft gehört und es ihr für die Ergänzungstatbestände in § 1 Absatz 2 a bis 3 a GrEStG zugerechnet wird. **120**

2. Grundsätze

2 Ob ein Grundstück zum Vermögen einer Gesellschaft gehört, richtet sich weder nach dem Zivilrecht noch nach § 39 der Abgabenordnung (AO). Maßgebend ist die grunderwerbsteuerliche Zurechnung.

3 Für Beginn und Ende einer grunderwerbsteuerlichen Zurechnung ist lediglich die Verwirklichung der Tatbestände nach § 1 Absatz 1, Absatz 2, Absatz 3 und Absatz 3 a GrEStG entscheidend. Durch die Verwirklichung der Tatbestände nach § 1 Absatz 2 a und Absatz 2 b GrEStG, die den Übergang auf eine neue Gesellschaft fingieren, ändert sich die grunderwerbsteuerliche Zurechnung nicht.

4 Da die Zurechnung nur für die Ergänzungstatbestände nach § 1 Absatz 2 a bis 3 a GrEStG von Bedeutung ist, kann in diesem Sinne ein Grundstück nur Gesellschaften zugerechnet werden. Eine Zurechnung insbesondere auf natürliche Personen, juristische Personen des öffentlichen Rechts, Stiftungen oder Vereine scheidet aus.

2.1. Zurechnung auf eine Gesellschaft (grundbesitzende Gesellschaft)

5 Ein Grundstück ist einer Gesellschaft zum Zeitpunkt der Entstehung der Steuerschuld für den nach § 1 Absatz 2 a bis 3 a GrEStG der Grunderwerbsteuer unterliegenden Rechtsvorgang zuzurechnen, wenn die Gesellschaft zuvor in Bezug auf dieses Grundstück einen Erwerbsvorgang verwirklicht hat, der unter § 1 Absatz 1 oder Absatz 2 GrEStG fällt. Mit der Zurechnung ist die Gesellschaft eine grundbesitzende Gesellschaft. **120a**

6 Für die Ergänzungstatbestände nach § 1 Absatz 2 a bis 3 a GrEStG ist einer Gesellschaft ein Grundstück dann nicht mehr zuzurechnen, wenn ein Dritter in Bezug auf dieses Grundstück einen Erwerbsvorgang verwirklicht hat, der unter § 1 Absatz 1 oder Absatz 2 GrEStG fällt.

2.2. Weitere Zurechnung auf eine andere Gesellschaft

7 Neben der grundbesitzenden Gesellschaft ist das Grundstück einer anderen Gesellschaft zum Zeitpunkt der Entstehung der Steuerschuld für den Rechtsvorgang, der nach § 1 Absatz 2 a bis 3 a GrEStG **120b**

Anl c zu § 1 Abs. 2a

der Grunderwerbsteuer unterliegt, zuzurechnen, wenn diese Gesellschaft zuvor hinsichtlich dieses Grundstücks einen Erwerbsvorgang verwirklicht hat, der unter § 1 Absatz 3 oder Absatz 3a GrEStG fällt. Das bloße Halten einer Beteiligung in einer bestimmten Höhe ist für eine Zurechnung nicht ausreichend.

8 Für die Ergänzungstatbestände nach § 1 Absatz 2a bis 3a GrEStG ist dieser anderen Gesellschaft das Grundstück nicht mehr zuzurechnen, wenn
- ein Dritter in Bezug auf dieses Grundstück einen unter § 1 Absatz 3 oder Absatz 3a GrEStG fallenden Erwerbsvorgang verwirklicht,
- ihre Beteiligung an der grundbesitzenden Gesellschaft unter die für § 1 Absatz 3 und Absatz 3a GrEStG maßgebende Beteiligungsgrenze sinkt oder
- der grundbesitzenden Gesellschaft das Grundstück nicht mehr zuzurechnen ist.

3. Besonderheiten

3.1. Übergangsregelungen des § 23 Absatz 18 bis 22 GrEStG

120c **9** Bei der Prüfung, ob eine Zurechnung durch Verwirklichung eines Erwerbsvorgangs nach § 1 Absatz 3 oder Absatz 3a GrEStG begründet wurde, ist maßgeblich bei Vorgängen
- bis zum Ablauf des 30. Juni 2021: eine Beteiligungsgrenze von 95% (§ 23 Absatz 18 GrEStG),
- ab dem 1. Juli 2021: eine Beteiligungsgrenze von 90%, vorbehaltlich der Übergangsregelungen in § 23 Absatz 21 und Absatz 22 GrEStG.

10 Bei der Prüfung, ob aufgrund des Unterschreitens der für § 1 Absatz 3 und Absatz 3a GrEStG maßgebenden Beteiligungsgrenze die Zurechnung eines Grundstücks beendet wurde, ist bei Vorgängen ab dem 1. Juli 2021 stets die Beteiligungsgrenze von 90% maßgebend. Dabei ist es unerheblich, wann der zugrundeliegende Tatbestand verwirklicht wurde und wann die Zurechnung begonnen hat.

3.2. Vorrang des § 1 Absatz 2a und Absatz 2b GrEStG

120d **11** Die Tatbestände nach § 1 Absatz 2a und Absatz 2b GrEStG haben Vorrang vor den Tatbeständen nach § 1 Absatz 3 und Absatz 3a GrEStG. Hier muss wie folgt unterschieden werden:
- Sofern die Verwirklichung des § 1 Absatz 3 Nummer 2 oder Nummer 4 oder Absatz 3a GrEStG mit § 1 Absatz 2a oder Absatz 2b GrEStG gleichzeitig erfolgt, wird der Tatbestand nach § 1 Absatz 3 oder Absatz 3a GrEStG aufgrund des Vorrangs bereits auf der Ebene der Steuerbarkeit von § 1 Absatz 2a oder Absatz 2b GrEStG verdrängt. Es erfolgt keine Verwirklichung des § 1 Absatz 3 oder Absatz 3a GrEStG, so dass sich die Zurechnung nicht ändert.
- Sofern die Besteuerungszeitpunkte des § 1 Absatz 3 Nummer 1 oder Nummer 3 oder Absatz 3a GrEStG und § 1 Absatz 2a oder Absatz 2b GrEStG auseinanderfallen, wird der Vorrang durch § 16 Absatz 4a in Verbindung mit Absatz 5 Satz 2 GrEStG umgesetzt. Gleichwohl wurde der Tatbestand nach § 1 Absatz 3 Nummer 1 oder Nummer 3 oder Absatz 3a GrEStG verwirklicht, so dass sich die Zurechnung ändern kann. Diese endet nicht durch die Aufhebung oder Änderung des Bescheides nach § 16 Absatz 4a GrEStG.

3.3. Rückgängigmachung und Rückerwerb nach § 16 GrEStG

120e **12** Eine Rückgängigmachung nach § 16 Absatz 1 GrEStG führt nicht dazu, dass eine Zurechnung rückwirkend entfällt. Vielmehr ist die Zurechnung zu dem Zeitpunkt beendet, an dem der Anspruch auf Aufhebung der Grunderwerbsteuerfestsetzung oder der Feststellung der Besteuerungsgrundlagen nach § 17 GrEStG entstanden ist.

13 In den Fällen des Rückerwerbs nach § 16 Absatz 2 GrEStG ist die Zurechnung beendet, sobald das steuerauslösende Rechtsgeschäft für den Rückerwerb geschlossen wird.

4. Beispiele

120f **14 Beispiel 1:**

Im Jahr 01 erwirbt die B-KG 100% der Anteile am Kapital der A-GmbH durch Rechtsgeschäft. Im Jahr 03 gehen 100% der Anteile am Vermögen der B-KG zu je 50% auf die Neugesellschafter X und Y über. Die A-GmbH hat im Jahr 00 das Grundstück 1 und im Jahr 02 das Grundstück 2 erworben. Im Jahr 04 veräußert die A-GmbH das Grundstück 1 an die E-GmbH.

15 Lösung:

Jahr 00

Die A-GmbH verwirklicht einen Tatbestand nach § 1 Absatz 1 Nummer 1 GrEStG. Damit ist die A-GmbH eine grundbesitzende Gesellschaft.

Jahr 01

Mit Abschluss des Rechtsgeschäfts wird bezüglich des Grundstücks 1 durch die B-KG ein Tatbestand nach § 1 Absatz 3 Nummer 1 oder Nummer 3 GrEStG und mit der Erfüllung des Rechtsgeschäfts auf der Ebene der A-GmbH der Tatbestand nach § 1 Absatz 2b GrEStG verwirklicht. Das Grundstück 1 ist daher nun sowohl der A-GmbH als auch der B-KG zuzurechnen. Dies gilt auch dann, wenn bezüglich des Tatbestands nach § 1 Absatz 3 Nummer 1 oder Nummer 3 GrEStG eine Aufhebung nach § 16 Absatz 4a GrEStG erfolgt. Die Verwirklichung des Tatbestands nach § 1 Absatz 2b GrEStG hat keine Auswirkung auf die Zurechnung.

Jahr 02

Die A-GmbH verwirklicht einen Tatbestand nach § 1 Absatz 1 Nummer 1 GrEStG. Das Grundstück 2 ist damit für die Ergänzungstatbestände nur der A-GmbH zuzurechnen.

Jahr 03

Anl c zu § 1 Abs. 2a

noch **120f**

Grundstück 1:
Da das Grundstück 1 sowohl der B-KG als auch der A-GmbH zugerechnet wird, wird auf der Ebene der B-KG unmittelbar der Tatbestand des § 1 Absatz 2a GrEStG und auf der Ebene der A-GmbH mittelbar der Tatbestand des § 1 Absatz 2b GrEStG verwirklicht. Durch die Verwirklichung dieser Tatbestände ändert sich die Zurechnung nicht.

Grundstück 2:
Lediglich auf der Ebene der A-GmbH wird mittelbar der Tatbestand des § 1 Absatz 2b GrEStG verwirklicht, da das Grundstück 2 für die Ergänzungstatbestände nur der A-GmbH zuzurechnen ist. Durch Verwirklichung des Tatbestands des § 1 Absatz 2b GrEStG ändert sich die Zurechnung nicht.

Jahr 04

Die Zurechnung des Grundstücks 1 sowohl zur A-GmbH als auch zur B-KG endet durch die Verwirklichung eines Tatbestands nach § 1 Absatz 1 Nummer 1 GrEStG. Das Grundstück ist ausschließlich der E-GmbH zuzurechnen.

16 Abwandlung des Beispiels 1:

Im Jahr 04 verkauft nicht die A-GmbH das Grundstück 1, sondern die B-KG verkauft ihre Anteile am Kapital der A-GmbH an den Neugesellschafter Z.

17 Lösung:

Z verwirklicht bezüglich der Grundstücke 1 und 2 den Tatbestand des § 1 Absatz 3 Nummer 3 GrEStG. Mit der Erfüllung des Kaufvertrags wird auf der Ebene der A-GmbH zudem jeweils der Tatbestand nach § 1 Absatz 2b GrEStG verwirklicht.
Einer natürlichen Person kann für die Ergänzungstatbestände kein Grundstück zugerechnet werden. Daher werden die Grundstücke aufgrund der in den Jahren 00 und 02 verwirklichten Tatbestände nach § 1 Absatz 1 Nummer 1 GrEStG nur noch der A-GmbH zugerechnet.

18 Beispiel 2:

Im Jahr 00 erwirbt die Gründungsgesellschafterin C-GmbH der grundbesitzenden A-GmbH die restlichen 70% der Anteile am Kapital der A-GmbH und wird Alleingesellschafterin. Im Jahr 01 bringt die C-GmbH ihre Anteile an der A-GmbH in die B-GmbH ein, deren Alleingesellschafterin die C-GmbH ist. Alleingesellschafter der C-GmbH ist Y.

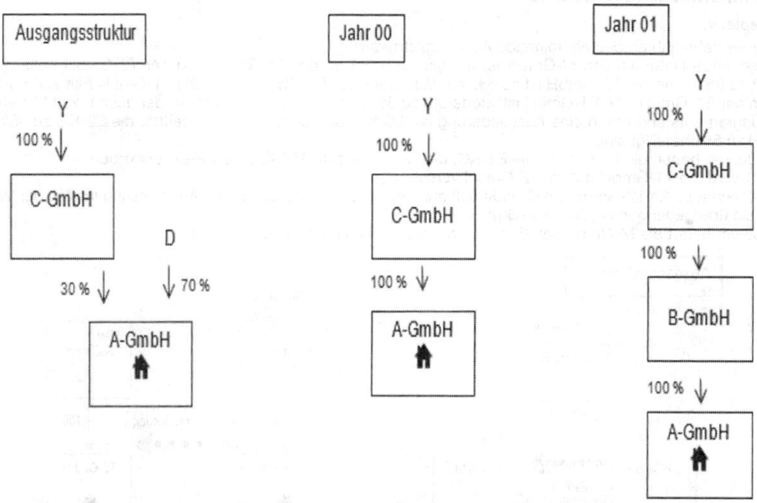

19 Lösung:

Im Jahr 00 verwirklicht die C-GmbH auf unmittelbarer Ebene den Tatbestand des § 1 Absatz 3 Nummer 1 GrEStG. Da sie Altgesellschafterin der A-GmbH ist, wird mit Erfüllung des Rechtsgeschäfts kein Erwerbsvorgang nach § 1 Absatz 2b GrEStG verwirklicht. Das Grundstück ist unverändert der A-GmbH nach § 1 Absatz 1 Nummer 1 GrEStG zuzurechnen und aufgrund der Verwirklichung des § 1 Absatz 3 Nummer 1 GrEStG auch der C-GmbH.
Im Jahr 01 verwirklicht die B-GmbH auf unmittelbarer Ebene den Tatbestand des § 1 Absatz 3 Nummer 3 GrEStG. Mit Erfüllung des Rechtsgeschäfts wird auch der Tatbestand des § 1 Absatz 2b GrEStG verwirklicht. Die Verwirklichung des Tatbestands des § 1 Absatz 2b GrEStG hat keine Auswirkungen auf die Zurechnung. Das Grundstück ist unverändert der A-GmbH nach § 1 Absatz 1 Nummer 1 GrEStG zuzurechnen und aufgrund der Verwirklichung des § 1 Absatz 3 Nummer 3 GrEStG auch der B-GmbH. Dies gilt auch dann, wenn bezüglich des Tatbestands nach § 1 Absatz 3 Nummer 1 oder Nummer 3 GrEStG eine Aufhebung oder Änderung nach § 16 Absatz 4a GrEStG erfolgt. Die Zurechnung zur C-GmbH endet.

20 Beispiel 3:

Am Vermögen der grundbesitzenden A-OHG sind die Gründungsgesellschafter A (20%), die B-GmbH (40%) und die C-GmbH (40%) beteiligt. Alleinige Gründungsgesellschafterin der B-GmbH und der C-GmbH ist die D-GmbH. Deren alleinige Gründungsgesellschafterin ist die E-GmbH (alleiniger Gründungsgesellschafter ist E). A scheidet aus der A-OHG aus, weshalb seine Anteile der B-GmbH und der C-GmbH anwachsen.

Anl c zu § 1 Abs. 2a

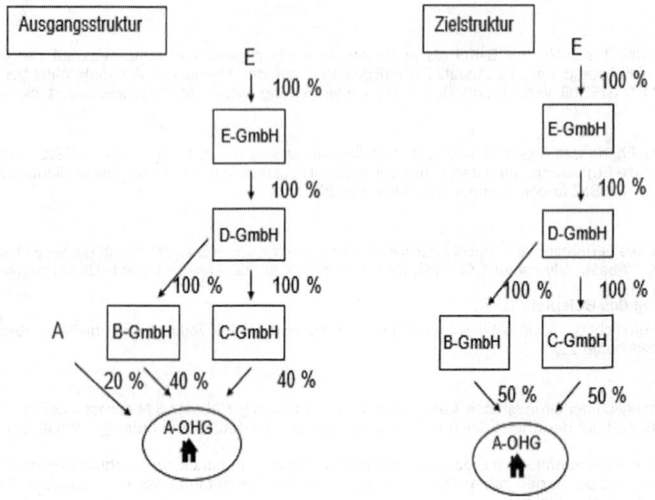

21 Lösung:

Nur auf der Ebene der D-GmbH wird auf mittelbarer Ebene der Tatbestand des § 1 Absatz 3 Nummer 1 GrEStG verwirklicht. § 1 Absatz 2 a GrEStG wird nicht verwirklicht, da die B-GmbH und die C-GmbH als Gründungsgesellschafter Altgesellschafter der A-OHG sind. Das Grundstück ist unverändert der A-OHG nach § 1 Absatz 1 Nummer 1 GrEStG zuzurechnen und aufgrund der Verwirklichung des § 1 Absatz 3 Nummer 1 GrEStG auch der D-GmbH.

5. Zusammenfassendes Beispiel

120g **22 Beispiel 4:**

Seit mehr als zehn Jahren besteht folgende Ausgangsstruktur:
Das herrschende Unternehmen M-GmbH ist jeweils zu 100% an der T1-GmbH und der T2-GmbH beteiligt. Die T1-GmbH ist zu 95% und die T2-GmbH ist zu 5% am Vermögen der E2-KG beteiligt. Die T1-GmbH hält zudem 100% der Anteile an der E1-GmbH. Die E1-GmbH ist wiederum zu 95% an der U-KG beteiligt, an der auch F zu 5% beteiligt ist.
Vor drei Jahren entstand durch eine Ausgliederung die E3-KG, an deren Vermögen seither die E2-KG zu 95% und die T2-GmbH zu 5% beteiligt sind.
Vor zwei Jahren haben die E1-GmbH, die E2-KG, die E3-KG und die U-KG Grundbesitz erworben.
Im Jahr 01 wird die T1-GmbH auf die T2-GmbH verschmolzen.
Im Jahr 02 verkauft die T2-GmbH ein Grundstück aus dem Grundbesitz, der durch Anwachsung infolge der Verschmelzung auf sie übergegangen ist, an die Z-GmbH.
Im Jahr 03 veräußert die M-GmbH sämtliche Anteile an der T2-GmbH an die X-GmbH.

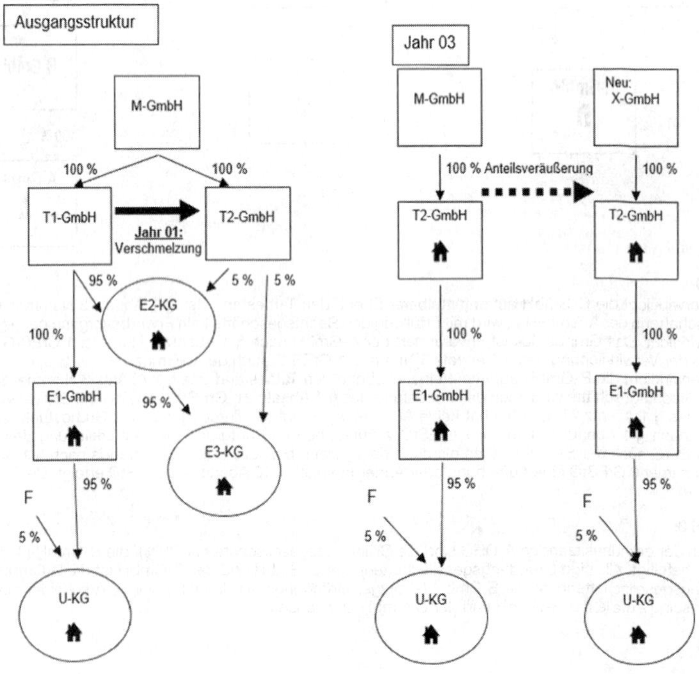

23 Lösung:

Da die Grundstücke jeweils nach Bestehen der jeweiligen Beteiligungen erworben wurden, sind die Grundstücke nach § 1 Absatz 1 Nummer 1 GrEStG jeweils nur der entsprechenden Gesellschaft für die Ergänzungstatbestände zuzurechnen. Damit sind die E1-GmbH, die E2-KG, die E3-KG und die U-KG grundbesitzende Gesellschaften.

Jahr 01

Die Verschmelzung hat in Bezug auf die einzelnen Gesellschaften folgende grunderwerbsteuerrechtliche Rechtsfolgen:

T1-GmbH

Da keine Grundstücke im Eigentum der T1-GmbH stehen und ihr auch keine Grundstücke zugerechnet werden, wird bei ihrer Verschmelzung auf die T2-GmbH kein grunderwerbsteuerbarer Vorgang verwirklicht.

E1-GmbH

Durch die Verschmelzung sind 100% der Anteile an der E1-GmbH von der T1-GmbH auf die T2-GmbH übergegangen. Dieser Übergang bereits vereinigter Anteile unterliegt nach § 1 Absatz 3 Nummer 4 GrEStG grundsätzlich der Grunderwerbsteuer, wird jedoch vom gleichzeitig auf der Ebene der E1-GmbH erfüllten Tatbestand des § 1 Absatz 2 b GrEStG verdrängt. Das Grundstück ist daher weiterhin nur der E1-GmbH nach § 1 Absatz 1 Nummer 1 GrEStG zuzurechnen. Durch Verwirklichung des Tatbestands des § 1 Absatz 2 b GrEStG ändert sich die Zurechnung nicht.
Die Steuer für den verwirklichten Tatbestand nach § 1 Absatz 2 b GrEStG wird nach § 6 a GrEStG nicht erhoben.

E2-KG, E3-KG

Durch die Eintragung der Verschmelzung der T1-GmbH auf die T2-GmbH in das Handelsregister geht das Mitgliedschaftsrecht der T1-GmbH an der grundbesitzenden E2-KG auf die T2-GmbH über. Damit geht der Grundbesitz der E2-KG grunderwerbsteuerbar nach § 1 Absatz 1 Nummer 3 Satz 1 GrEStG durch Anwachsung auf die T2-GmbH über. Entsprechendes gilt bezüglich der E3-KG. Die bisherigen Grundstücke der E2-KG und der E3-KG sind nun nach § 1 Absatz 1 Nummer 3 GrEStG der T2-GmbH zuzurechnen.
Die Steuer für den verwirklichten Tatbestand nach § 1 Absatz 1 Nummer 3 Satz 1 GrEStG bezüglich der bisherigen Grundstücke der E2-KG wird nach § 6 a GrEStG nicht erhoben.
Die E3-KG ist keine abhängige Gesellschaft im Sinne des § 6 a GrEStG, da die M-GmbH die fünfjährige Vorbehaltensfrist nicht eingehalten hat, so dass die Steuervergünstigung des § 6 a GrEStG nicht gewährt werden kann und die Grunderwerbsteuer für den verwirklichten Tatbestand nach § 1 Absatz 1 Nummer 3 Satz 1 GrEStG zu erheben ist.

U-KG

Durch die Verschmelzung der T1-GmbH auf die T2-GmbH sind 95% der Anteile an der U-KG mittelbar übergegangen. Dieser Übergang bereits vereinigter Anteile unterliegt nach § 1 Absatz 3 Nummer 4 GrEStG grundsätzlich der Grunderwerbsteuer, wird jedoch vom gleichzeitig auf der Ebene der U-KG erfüllten Tatbestand des § 1 Absatz 2 a GrEStG verdrängt. Das Grundstück ist daher weiterhin nur der U-KG nach § 1 Absatz 1 Nummer 1 GrEStG zuzurechnen. Durch Verwirklichung des Tatbestands des § 1 Absatz 2 a GrEStG ändert sich die Zurechnung nicht.
Die Steuer für den verwirklichten Tatbestand nach § 1 Abs. 2 a GrEStG wird nach § 6 a GrEStG anteilig zu 95% nicht erhoben, da insoweit der begünstigungsfähige mittelbare Übergang der Anteile an der U-KG den Tatbestand des § 1 Absatz 2 a GrEStG erfüllt. Für die übrigen 5% ist die Steuervergünstigung nach § 6 Absatz 3 Satz 1 in Verbindung mit Absatz 1 GrEStG einschlägig, weil der Altgesellschafter F in dieser Höhe an der U-KG beteiligt bleibt.

Jahr 02

T2-GmbH

Die Veräußerung ist nach § 1 Absatz 1 Nummer 1 GrEStG steuerbar und steuerpflichtig. Da die Steuervergünstigung nach § 6 a GrEStG nicht grundstücks-, sondern anteilsbezogen ist, hat die Veräußerung des Grundbesitzes auf die nach § 6 a GrEStG im Jahr 01 gewährte Steuervergünstigung keinen Einfluss. Durch die Verwirklichung des Tatbestands nach § 1 Absatz 1 Nummer 1 GrEStG endet die Zurechnung auf die T2-GmbH. Der Grundbesitz wird der Z-GmbH als Erwerber zugerechnet.

Jahr 03

Der Verkauf der Anteile an der T2-GmbH an die X-GmbH hat in Bezug auf die einzelnen Gesellschaften folgende grunderwerbsteuerrechtliche Rechtsfolgen:

T2-GmbH

Das Rechtsgeschäft, das den Anspruch auf Übertragung der bereits vereinigten Anteile an der T2-GmbH begründet, unterliegt in Bezug auf sämtliche Grundstücke, die der T2-GmbH nach § 1 Absatz 3 Nummer 3 GrEStG noch zuzurechnen sind, der Grunderwerbsteuer. Für diesen Erwerbsvorgang kommt § 16 Absatz 4 a GrEStG in Betracht, da durch die Erfüllung des Rechtsgeschäfts der Tatbestand nach § 1 Absatz 2 b GrEStG verwirklicht wird. Der Grundbesitz, der durch Anwachsung übergegangen ist und noch nicht veräußert wurde, wird weiterhin der T2-GmbH nach § 1 Absatz 1 Nummer 3 Satz 1 GrEStG und daneben auch der X-GmbH nach § 1 Absatz 3 Nummer 3 GrEStG, auch unter Beachtung des § 16 Absatz 4 a GrEStG, zugerechnet. Durch Verwirklichung des Tatbestands des § 1 Absatz 2 b GrEStG ändert sich die Zurechnung nicht.

E1-GmbH

Bei der X-GmbH findet durch den Erwerb der Anteile an der T2-GmbH eine mittelbare Übertragung der vereinigten Anteile nach § 1 Absatz 3 Nummer 3 GrEStG in Bezug auf die E1-GmbH statt. Für diesen Erwerbsvorgang kommt § 16 Absatz 4 a GrEStG in Betracht, da durch die Erfüllung des Rechtsgeschäfts der Tatbestand nach § 1 Absatz 2 b GrEStG auf der Ebene der E1-GmbH verwirklicht wird. Der Grundbesitz wird weiterhin der E1-GmbH nach § 1 Absatz 1 Nummer 1 GrEStG und daneben auch der X-GmbH nach § 1 Absatz 3 Nummer 3 GrEStG, auch unter Beachtung des § 16 Absatz 4 a GrEStG, zugerechnet. Durch Verwirklichung des Tatbestands des § 1 Absatz 2 b GrEStG ändert sich die Zurechnung nicht.

U-KG

Das Rechtsgeschäft, das den Anspruch auf Übertragung der Anteile an der T2-GmbH begründet, verwirklicht auf mittelbarer Ebene bei der U-KG den Tatbestand des § 1 Absatz 3 Nummer 3 GrEStG. Für diesen Erwerbsvorgang kommt § 16 Absatz 4 a GrEStG in Betracht, da durch die Erfüllung des Rechtsgeschäfts der Tatbestand des § 1 Absatz 2 a GrEStG verwirklicht wird. Der Grundbesitz wird weiterhin der U-KG nach § 1 Absatz 1 Nummer 1 GrEStG und daneben auch der X-GmbH nach § 1 Absatz 3 Nummer 3 GrEStG, auch unter Beachtung des § 16 Absatz 4 a GrEStG, zugerechnet. Durch Verwirklichung des Tatbestands des § 1 Absatz 2 a GrEStG ändert sich die Zurechnung nicht.
Für den nach § 1 Absatz 2 a GrEStG steuerbaren Vorgang wird die Grunderwerbsteuer nach § 6 Absatz 3 Satz 1 in Verbindung mit Absatz 1 GrEStG in Höhe von 5% nicht erhoben, weil der Altgesellschafter F in dieser Höhe am Vermögen der U-KG beteiligt bleibt.

Auswirkungen auf § 6 und § 6a GrEStG
Für die im Jahr 03 verwirklichten Steuertatbestände kommt eine Steuervergünstigung nach § 6a GrEStG nicht in Betracht, da die Anteile an der T2-GmbH nicht durch einen nach § 6a GrEStG begünstigten Erwerbsvorgang übergegangen sind.
Für die Vorgänge im Jahr 01 wird mit der Veräußerung sämtlicher Anteile der T2-GmbH an die X-GmbH im Jahr 03 die Nachbehaltensfrist des § 6a Satz 4 GrEStG verletzt, da die Beteiligungshöhe von 95% nicht ununterbrochen über die Dauer von fünf Jahren bestanden hat. Die Grunderwerbsteuerbegünstigung nach § 6a GrEStG entfällt nachträglich für alle im Jahr 01 begünstigten Rechtsvorgänge. Die Nacherhebung der Steuer nach § 6a Satz 4 GrEStG umfasst auch das Grundstück, das im Jahr 02 von der T2-GmbH bereits veräußert wurde. Das gilt unabhängig davon, dass der Rechtsvorgang (Veräußerung der Beteiligung), der die Nacherhebung auslöst, selbst grunderwerbsteuerpflichtig ist.
Die Steuervergünstigung nach § 6 Absatz 3 Satz 1 in Verbindung mit Absatz 1 GrEStG für den im Jahr 01 steuerbaren Vorgang nach § 1 Absatz 2a GrEStG bei der U-KG in Höhe von 5% bleibt erhalten, weil der Altgesellschafter F unverändert in dieser Höhe an der U-KG beteiligt ist.

6. Anwendungsbereich der Vorschrift

120h 24 Dieser Erlass ist in allen offenen Fällen anzuwenden. Soweit in gleich lautenden Erlassen, die vor diesem Erlass veröffentlicht worden sind, gegenteilige Ausführungen enthalten sind, sind diese Ausführungen nicht mehr anzuwenden.

Zu § 1 Abs. 2b GrEStG

Anl zu § 1 Abs. 2b

Erlass betr. Anwendung des § 1 Abs. 2b GrEStG ab dem 1. Juli 2021

Vom 10. Mai 2022 (BStBl. I S. 821)

(Gleich lautender Ländererlass)

Inhaltsverzeichnis

1. Allgemeines und zeitlicher Anwendungsbereich
2. Kapitalgesellschaft
3. Vom Tatbestand erfasste Grundstücke
4. Anteil am Kapital der Kapitalgesellschaft
5. Für § 1 Abs. 2b GrEStG relevanter Gesellschafterwechsel
5.1. Gesellschafterwechsel
5.1.1. Unmittelbarer Gesellschafterwechsel
5.1.2. Mittelbarer Gesellschafterwechsel
5.2. Alt- und Neugesellschafter
5.2.1. Altgesellschafter
5.2.1.1. Unmittelbar beteiligter Altgesellschafter
5.2.1.2. Mittelbar über eine Personengesellschaft beteiligter Altgesellschafter
5.2.2. Neugesellschafter
5.2.2.1. Unmittelbar beteiligter Neugesellschafter
5.2.2.2. Mittelbar über eine Personengesellschaft beteiligter Neugesellschafter
5.2.3. Besonderheiten bei beteiligten Kapitalgesellschaften
5.2.3.1. Alt- oder Neugesellschaftereigenschaft der Kapitalgesellschaft in Bezug auf die grundbesitzende Kapitalgesellschaft
5.2.3.2. Alt- und Neugesellschaftereigenschaft der Gesellschafter der beteiligten Kapitalgesellschaft in Bezug auf die grundbesitzende Kapitalgesellschaft
5.2.4. Besonderheiten bei Treuhandverhältnissen
5.2.5. Besonderheiten bei der identitätswahrenden formwechselnden Umwandlung
5.2.5.1. Formwechselnde Umwandlung der grundbesitzenden Gesellschaft
5.2.5.2. Formwechselnde Umwandlung einer unmittelbar oder mittelbar beteiligten Gesellschaft
5.2.5.3. Gesellschaften eines Mitgliedstaates der Europäischen Union
5.3. Ermittlung des Vomhundertsatzes
6. Zehnjahreszeitraum
7. Verhältnis zu § 1 Abs. 2a GrEStG
8. Verhältnis zu § 1 Abs. 3 und 3a GrEStG
8.1. Allgemeines
8.2. Verfahrensrechtliche Abläufe
9. Verhältnis zu Befreiungs- und Vergünstigungsvorschriften
10. Verhältnis zu § 16 GrEStG
11. Bemessungsgrundlage
12. Steuerschuldner und Bekanntgabe des Steuerbescheids
13. Anzeigepflicht

1. Allgemeines und zeitlicher Anwendungsbereich

121 Mit dem Gesetz zur Änderung des Grunderwerbsteuergesetzes vom 12. Mai 2021 (BGBl. I S. 986) wurde in das Grunderwerbsteuergesetz (GrEStG) ein neuer Ergänzungstatbestand (§ 1 Abs. 2b GrEStG) eingeführt, der Anteilseignerwechsel in Höhe von mindestens 90% im Gesellschafterbestand einer grundbesitzenden Kapitalgesellschaft innerhalb von zehn Jahren besteuert.

Die Vorschrift fingiert die Übereignung eines zum Vermögen einer Kapitalgesellschaft gehörenden Grundstücks auf eine fiktiv „neue" Kapitalgesellschaft. Zivilrechtlich liegt kein Rechtsträgerwechsel vor.

Die Änderungen sind nach § 23 Abs. 18 GrEStG für alle Erwerbsvorgänge anzuwenden, die nach dem 30. Juni 2021 verwirklicht werden. Die Beispiele des Erlasses beziehen sich nur auf Zeiträume nach dem 30. Juni 2021.

Ausführungen zu § 23 Abs. 18 und 23 GrEStG enthalten die gleich lautenden Erlasse der obersten Finanzbehörden der Länder vom 29. Juni 2021 zu den Übergangsregelungen auf Grund des Gesetzes zur Änderung des Grunderwerbsteuergesetzes (BStBl. I S. 1006).

Anl zu § 1 Abs. 2b

2. Kapitalgesellschaft

Kapitalgesellschaften i. S. d. § 1 Abs. 2 b GrEStG sind insbesondere die Gesellschaft mit beschränkter Haftung, die Unternehmergesellschaft, die Aktiengesellschaft, die Kommanditgesellschaft auf Aktien und die Europäische Gesellschaft (SE). Ausländische Kapitalgesellschaften, deren rechtliche Struktur den inländischen Kapitalgesellschaften entspricht, werden von der Vorschrift erfasst. **122**

3.[1] Vom Tatbestand erfasste Grundstücke

Die Vorschrift des § 1 Abs. 2 b GrEStG ist grundstücksbezogen. Sie erfasst diejenigen Grundstücke, **123**
und zwar jedes für sich, die während des Zeitraums, in dem sich der Gesellschafterbestand ändert, durchgängig zum Vermögen der Kapitalgesellschaft gehören. Zum Zehnjahreszeitraum vgl. Tz. 6.

Zum Vermögen einer Kapitalgesellschaft gehören die Grundstücke, die ihr grunderwerbsteuerrechtlich zuzurechnen sind. Es kommt nicht auf das zivilrechtliche Eigentum oder die bewertungsrechtliche Zurechnung an.

Ein Grundstück gehört der Kapitalgesellschaft, wenn es ihr im Zeitpunkt der Entstehung der Steuerschuld aufgrund eines unter § 1 Abs. 1, 2, 3 oder 3 a GrEStG fallenden Erwerbsvorgangs grunderwerbsteuerrechtlich zuzurechnen ist.

Ein Grundstück gehört nicht mehr zum Vermögen der Kapitalgesellschaft, wenn es zwar noch in ihrem Eigentum steht oder ihr bewertungsrechtlich zuzurechnen ist, es aber vor Entstehung der Steuerschuld Gegenstand eines Veräußerungsvorgangs i. S. d. § 1 Abs. 1, 3 oder 3 a GrEStG war (vgl. BFH-Urteil vom 11. 12. 2014 II R 26/12, BStBl. 2015 II S. 402). Grundstücke im Eigentum der Kapitalgesellschaft, an denen sie einem anderen die Verwertungsbefugnis i. S. d. § 1 Abs. 2 GrEStG eingeräumt hat, gehören zu ihrem Vermögen.

4. Anteil am Kapital der Kapitalgesellschaft

Die Vorschrift des § 1 Abs. 2 b GrEStG setzt unter anderem voraus, dass mindestens 90% der Anteile **124**
der grundbesitzenden Gesellschaft übergehen. Anteile der Gesellschaft sind bei Kapitalgesellschaften die Beteiligungen am Gesellschaftskapital, zum Beispiel bei einer Gesellschaft mit beschränkter Haftung die Geschäftsanteile (§ 5 und §§ 14 ff. GmbHG) und bei einer Aktiengesellschaft die Aktien (§§ 8 ff. AktG).

Der übergehende Anteil entspricht bei Gesellschaften mit beschränkter Haftung dem Anteil, den die übertragenden Geschäftsanteile am Stammkapital darstellen. Bei Aktiengesellschaften entspricht er dem Anteil, den die übertragenden Aktien am Grundkapital darstellen (s. a. Tz. 5.3). Die Vermögenseinlagen der persönlich haftenden Gesellschafter einer Kommanditgesellschaft auf Aktien sind Teil des Grundkapitals, wenn sie darauf geleistet wurden (§ 281 Abs. 2 AktG).

§ 1 Abs. 2 b GrEStG stellt typisierend nur auf das Quantum von 90% der Anteile am Kapital der grundbesitzenden Kapitalgesellschaft ab. Auf die mit den einzelnen Anteilen verbundene Rechtsmacht kommt es nicht an. Beispielsweise sind Vorzugsaktien (§ 12 AktG) nicht anders als die mit Stimmrecht ausgestatteten Aktien zu behandeln.

Die vorstehenden Grundsätze gelten für vergleichbare ausländische Kapitalgesellschaften entsprechend.

5. Für § 1 Abs. 2 b GrEStG relevanter Gesellschafterwechsel

Ein relevanter Gesellschafterwechsel i. S. d. § 1 Abs. 2 b GrEStG liegt vor, wenn es sich um einen Gesellschafterwechsel handelt (Tz. 5.1), der durch einen Neugesellschafter ausgelöst wird (Tz. 5.2), und sich dadurch das Verhältnis der Altgesellschafter zu den Neugesellschaftern zu Lasten der Altgesellschafter verändert (Tz. 5.3).

5.1. Gesellschafterwechsel

Es sind unmittelbare und mittelbare Gesellschafterwechsel zu berücksichtigen.

5.1.1. Unmittelbarer Gesellschafterwechsel

Eine unmittelbare Änderung des Gesellschafterbestandes einer grundbesitzenden Kapitalgesellschaft **125**
liegt vor, wenn ein Anteil an ihrem Kapital zivilrechtlich wirksam auf einen neuen oder anderen Anteilseigner übergeht.

5.1.2. Mittelbarer Gesellschafterwechsel

Da es zivilrechtlich keine mittelbare Änderung eines Gesellschafterbestandes gibt und bei der mit- **126**
telbaren Änderung des Gesellschafterbestandes zivilrechtlich kein Anteil an der grundbesitzenden Gesellschaft auf einen Neugesellschafter übergeht, scheidet eine Anknüpfung an das Zivilrecht aus. Aus grunderwerbsteuerrechtlicher Sicht ist maßgeblich, wer hinter dem an der grundbesitzenden Kapitalgesellschaft unmittelbar beteiligten Gesellschafter steht.

Eine mittelbare Änderung des Gesellschafterbestandes der grundbesitzenden Kapitalgesellschaft liegt vor, wenn

- ein Mitgliedschaftsrecht an einer Personengesellschaft, die unmittelbar oder mittelbar über eine oder mehrere Personengesellschaften an der grundbesitzenden Kapitalgesellschaft beteiligt ist, zivilrechtlich wirksam auf ein anderes oder neues Mitglied übergeht,
- eine unmittelbar oder mittelbar über eine oder mehrere Personengesellschaften an der grundbesitzenden Kapitalgesellschaft beteiligte Kapitalgesellschaft nach § 1 Abs. 2 b Satz 3 bis 5 GrEStG fiktiv neue Gesellschafterin der grundbesitzenden Kapitalgesellschaft wird oder

[1] Siehe hierzu *gleich lautenden Ländererlass v. 16. 10. 2023,* abgedruckt als Anlage c zu § 1 Abs. 2 a.

Anl zu § 1 Abs. 2b

– sie sich aus schuldrechtlichen Bindungen der an der Kapitalgesellschaft unmittelbar beteiligten Gesellschafter ergibt (z. B. Kaufoption (vgl. BFH-Urteil vom 9. 7. 2014 II R 49/12, BStBl. 2016 II S. 57), Vereinbarungstreuhand (vgl. BFH-Urteil vom 25. 11. 2015 II R 18/14, BStBl. 2018 II S. 783)).

Liegen lediglich schuldrechtliche Bindungen vor, kann für die nach wirtschaftlichen Gesichtspunkten vorzunehmende Zurechnungsentscheidung unter Beachtung grunderwerbsteuerrechtlicher Besonderheiten auf die Grundsätze des § 39 Abs. 2 Nr. 1 AO zurückgegriffen werden (vgl. BFH-Urteile vom 9. 7. 2014 II R 49/12, BStBl. 2016 II S. 57, und vom 25. 11. 2015 II R 18/14, BStBl. 2018 II S. 783).

Dieser Rückgriff erlaubt eine entsprechende Anwendung der Grundsätze des § 1 Abs. 2 GrEStG bei der Zurechnung von Anteilen an grundbesitzenden Kapitalgesellschaften. Entscheidend ist danach, dass über die schuldrechtliche Vereinbarung einem anderen als dem an der grundbesitzenden Kapitalgesellschaft unmittelbar Beteiligten eine Wertteilhabe an den Grundstücken der Kapitalgesellschaft vermittelt wird. Dazu müssen folgende Kriterien erfüllt sein:

– Der mittelbar Beteiligte hat aufgrund eines Rechtsgeschäfts bereits eine rechtlich geschützte, auf den Erwerb des Rechts gerichtete Position erworben, die ihm gegen seinen Willen nicht mehr entzogen werden kann (z. B. Herausgabeanspruch aufgrund einer Kaufoption oder eines Treuhandverhältnisses).
– Die mit dem Anteil verbundenen wesentlichen Rechte (z. B. Innehaben des Gewinnstammrechts, Befugnis zur Ausübung der Stimmrechte, Widerspruchs- und Kontrollrechte) sind auf den mittelbar Beteiligten übergegangen oder i. S. d. mittelbar Beteiligten auszuüben.
– Das Risiko einer Wertminderung und die Chance einer Wertsteigerung (z. B. Beteiligung am Kapital der Gesellschaft oder an einem etwaigen Liquidationserlös) sind auf den mittelbar Beteiligten übergegangen.

Entscheidend ist das Gesamtbild der tatsächlichen Verhältnisse im jeweiligen Einzelfall. Bei dieser Gesamtbildbetrachtung kann eine vom Zivilrecht abweichende Zurechnung des Anteils auch anzunehmen sein, wenn die vorstehenden Kriterien unterschiedlich stark ausgeprägt sind.

Die bloße Einräumung einer Vollmacht zur Ausübung der Rechte aus einem Gesellschaftsanteil sowie zur Veräußerung und Abtretung dieses Gesellschaftsanteils, selbst wenn sie unwiderruflich erteilt worden ist, reicht demgegenüber für die Annahme einer mittelbaren Änderung des Gesellschafterbestandes nicht aus. Durch eine derartige Vollmacht sind die wesentlichen Rechte des Gesellschafters (z. B. Stimmrechte und Gewinnstammrecht) nicht auf den Bevollmächtigten übergegangen (vgl. BFH-Urteil vom 30. 8. 2017 II R 39/15, BStBl. 2018 II S. 786).

5.2. Alt- und Neugesellschafter

Es muss zwischen Alt- und Neugesellschaftern unterschieden werden.

5.2.1. Altgesellschafter

5.2.1.1. Unmittelbar beteiligter Altgesellschafter

127 Unmittelbar an der grundbesitzenden Kapitalgesellschaft beteiligter Altgesellschafter ist unabhängig von seiner Rechtsform, wer

– mit Ablauf des 30. Juni 2021 beteiligt war,
– Gründungsgesellschafter ist,
– vor dem Beginn des Zehnjahreszeitraums des § 1 Abs. 2 b Satz 1 GrEStG beteiligt war,
– im Zeitpunkt des Erwerbs des jeweiligen Grundstücks beteiligt war oder
– bei einer früheren Verwirklichung des Tatbestands nach § 1 Abs. 2 b GrEStG beteiligt war.

Ein unmittelbar beteiligter Altgesellschafter verliert die Eigenschaft als Altgesellschafter mit Aufgabe seiner Gesellschafterstellung. Erwirbt der ausgeschiedene (Alt-)Gesellschafter erneut einen Anteil an der Kapitalgesellschaft, ist er Neugesellschafter i. S. d. § 1 Abs. 2 b Satz 1 GrEStG. Dies gilt auch dann, wenn das Ausscheiden eines Altgesellschafters aus der Kapitalgesellschaft und dessen Wiedereintritt innerhalb des Zehnjahreszeitraums des § 1 Abs. 2 b Satz 1 GrEStG erfolgen (vgl. BFH-Urteil vom 16. 5. 2013 II R 3/11, BStBl. II S. 963).

5.2.1.2. Mittelbar über eine Personengesellschaft beteiligter Altgesellschafter

128 Mittelbar an der grundbesitzenden Kapitalgesellschaft beteiligter Altgesellschafter ist unabhängig von seiner Rechtsform, wer über eine oder mehrere Personengesellschaften

– mit Ablauf des 30. Juni 2021 beteiligt war,
– im Zeitpunkt der Gründung der grundbesitzenden Kapitalgesellschaft beteiligt war,
– vor dem Beginn des Zehnjahreszeitraums des § 1 Abs. 2 b Satz 1 GrEStG beteiligt war,
– im Zeitpunkt des Erwerbs des jeweiligen Grundstücks beteiligt war oder
– bei einer früheren Verwirklichung des Tatbestands nach § 1 Abs. 2 b Satz 1 GrEStG beteiligt war.

Ein mittelbar beteiligter Altgesellschafter verliert die Eigenschaft als Altgesellschafter mit Aufgabe seiner Gesellschafterstellung. Erwirbt der ausgeschiedene (Alt-)Gesellschafter erneut unmittelbar oder mittelbar einen Anteil an der grundbesitzenden Personengesellschaft, ist er Neugesellschafter i. S. d. § 1 Abs. 2 b Satz 1 GrEStG. Dies gilt auch dann, wenn das Ausscheiden aus der Kapitalgesellschaft und der unmittelbare oder mittelbare Wiedereintritt in die grundbesitzende Personengesellschaft innerhalb des Zehnjahreszeitraums des § 1 Abs. 2 b Satz 1 GrEStG erfolgen (vgl. BFH-Urteil vom 16. 5. 2013 II R 3/11, BStBl. II S. 963).

Zusammenfassend vgl. Beispiele 5.3.1 und 5.3.2.

5.2.2. Neugesellschafter

5.2.2.1. Unmittelbar beteiligter Neugesellschafter

129 Neugesellschafter der grundbesitzenden Kapitalgesellschaft ist, wer Inhaber von Gesellschaftsanteilen an der Kapitalgesellschaft wird.

5.2.2.2. Mittelbar über eine Personengesellschaft beteiligter Neugesellschafter

Mittelbar an der grundbesitzenden Kapitalgesellschaft beteiligter Neugesellschafter ist unabhängig von seiner Rechtsform, wer durch 130
- Eintritt,
- Abtretung eines Mitgliedschaftsrechts oder
- einen Vorgang nach dem Umwandlungsgesetz

einer Personengesellschaft beitritt, die unmittelbar oder mittelbar über eine oder mehrere Personengesellschaften am Gesellschaftskapital der grundbesitzenden Kapitalgesellschaft beteiligt ist.

5.2.3. Besonderheiten bei beteiligten Kapitalgesellschaften

5.2.3.1. Alt- oder Neugesellschaftereigenschaft der Kapitalgesellschaft in Bezug auf die grundbesitzende Kapitalgesellschaft

Für die Anwendung des § 1 Abs. 2 b GrEStG sind nur solche Anteilsübergänge zu berücksichtigen, die nach dem 30. Juni 2021 erfolgen. Alle mit Ablauf des 30. Juni 2021 Beteiligten gelten als Altgesellschafter. 131

Ist eine Kapitalgesellschaft unmittelbar oder mittelbar an der grundbesitzenden Kapitalgesellschaft beteiligt, kann nur die beteiligte Kapitalgesellschaft selbst unmittelbare oder mittelbare Alt- oder Neugesellschafterin in Bezug auf die grundbesitzende Kapitalgesellschaft sein, die Gesellschafter der unmittelbar oder mittelbar an der grundbesitzenden Kapitalgesellschaft beteiligten Kapitalgesellschaft jedoch nicht.

Eine als Altgesellschafterin geltende unmittelbar oder mittelbar beteiligte Kapitalgesellschaft wird nach § 1 Abs. 2 b Satz 3 bis 5 GrEStG in vollem Umfang zur fiktiven Neugesellschafterin, wenn sich die Beteiligungsverhältnisse an ihr unmittelbar oder mittelbar oder teils unmittelbar, teils mittelbar zu mindestens 90% ändern. Dies gilt unabhängig davon, ob die Änderung der Beteiligungsverhältnisse bei der Kapitalgesellschaft den Tatbestand des § 1 Abs. 3 GrEStG erfüllen würde.

Bei mehrstufigen mittelbaren Beteiligungen ist die Prüfung, ob die 90%-Grenze erreicht ist, für jede Beteiligungsebene gesondert vorzunehmen. Ist die 90%-Grenze erreicht, ist die mittelbare Beteiligung in voller Höhe zu berücksichtigen (nicht nur in Höhe von 90%; vgl. Beispiel 5.3.3).

Die Eigenschaft als Altgesellschafterin der unmittelbar oder mittelbar beteiligten Kapitalgesellschaft bleibt erhalten, wenn sich lediglich die Kette der an ihr beteiligten Kapitalgesellschaften verkürzt. Eine solche Beteiligungskette liegt vor, soweit Kapitalgesellschaften auf jeder Stufe über eine Beteiligung von mindestens 90% miteinander verbunden sind. Das Gleiche gilt bei Beteiligungsketten, in denen sowohl Kapital- als auch Personengesellschaften beteiligt sind. Bei Personengesellschaften in der Kette ist zu beachten, dass die 90%ige Beteiligung auf jeder Stufe bei der Durchrechnung noch vorhanden ist. Bei der Verkürzung der Kette muss die der grundbesitzenden Kapitalgesellschaft am nächsten stehende Kapitalgesellschaft erhalten bleiben (vgl. Beispiel 5.3.8).

5.2.3.2. Alt- und Neugesellschaftereigenschaft der Gesellschafter der beteiligten Kapitalgesellschaft in Bezug auf die grundbesitzende Kapitalgesellschaft

Die Gesellschafter der unmittelbar oder mittelbar an der grundbesitzenden Kapitalgesellschaft beteiligten Kapitalgesellschaft (beteiligte Kapitalgesellschaft) sind nur in Bezug auf die Kapitalgesellschaft, an der sie unmittelbar beteiligt sind, Alt- oder Neugesellschafter, nicht jedoch in Bezug auf die grundbesitzende Kapitalgesellschaft. 132

Neugesellschafter der beteiligten Kapitalgesellschaft ist, wer Inhaber von Gesellschaftsanteilen an der beteiligten Kapitalgesellschaft wird.

Altgesellschafter der beteiligten Kapitalgesellschaft ist, wer
- mit Ablauf des 30. Juni 2021 an ihr beteiligt war,
- im Zeitpunkt der Gründung der grundbesitzenden Kapitalgesellschaft Gesellschafter der beteiligten Kapitalgesellschaft ist, wenn die beteiligte Kapitalgesellschaft Gründungsgesellschafterin ist,
- im Zeitpunkt des Erwerbs der Beteiligung am Kapital der grundbesitzenden Kapitalgesellschaft durch die beteiligte Kapitalgesellschaft bereits Gesellschafter der beteiligten Kapitalgesellschaft ist,
- im Zeitpunkt des Grundstückserwerbs der grundbesitzenden Kapitalgesellschaft bereits Gesellschafter der beteiligten Kapitalgesellschaft ist oder
- im Zeitpunkt der nach § 1 Abs. 2b Satz 3 bis 5 GrEStG erfolgenden Umqualifizierung der beteiligten Kapitalgesellschaft in eine Neugesellschafterin der grundbesitzenden Kapitalgesellschaft bereits Gesellschafter der beteiligten Kapitalgesellschaft ist.

5.2.4. Besonderheiten bei Treuhandverhältnissen

Neugesellschafter ist: 133
- derjenige, der aufgrund Vereinbarungstreuhand mit einem Gesellschafter der grundbesitzenden Kapitalgesellschaft nach deren Gründung bzw. nach einem Grundstückserwerb durch diese oder nach einer früheren Verwirklichung des Tatbestands des § 1 Abs. 2 b GrEStG dessen Treugeber wird,
- der neue Treugeber eines Gesellschafters nach Treugeberwechsel,
- der Treugeber, auf den die treuhänderisch gehaltenen Anteile vom Treuhänder übertragen oder rückübertragen werden (zur anteiligen Steuerbefreiung in Höhe der rückübertragenen Anteile auf den Treugeber vgl. § 3 Nr. 8 GrEStG analog) oder
- der neue Treuhänder beim Wechsel des Treuhändergesellschafters.

5.2.5. Besonderheiten bei der identitätswahrenden formwechselnden Umwandlung

Die identitätswahrende formwechselnde Umwandlung einer grundbesitzenden Kapitalgesellschaft ist nicht steuerbar. Das Gleiche gilt bei einer identitätswahrenden formwechselnden Umwandlung einer an der grundbesitzenden Kapitalgesellschaft unmittelbar oder mittelbar beteiligten Personen- oder Kapitalgesellschaft. 134

Anl zu § 1 Abs. 2b

5.2.5.1. Formwechselnde Umwandlung der grundbesitzenden Gesellschaft

Wird eine grundbesitzende Kapitalgesellschaft in eine andere Kapitalgesellschaft formwechselnd umgewandelt, führen die an ihr beteiligten Gesellschafter ihre bisherige Eigenschaft als Alt- oder Neugesellschafter in Bezug auf die grundbesitzende Kapitalgesellschaft fort.

135 Wird eine grundbesitzende Personengesellschaft in eine Kapitalgesellschaft formwechselnd umgewandelt, führen die an ihr beteiligten Gesellschafter ihre Neu- oder Altgesellschafterstellung in Bezug auf die grundbesitzende Kapitalgesellschaft fort. Relevante Gesellschafterwechsel bei der Personengesellschaft gelten auch für die Kapitalgesellschaft als zu erfassende Gesellschafterwechsel, wenn diese im Zehnjahreszeitraum und nach dem 30. Juni 2021 erfolgt sind. Gesellschafterwechsel vor dem 1. Juli 2021 sind nicht zu berücksichtigen (§ 23 Abs. 23 GrEStG).

Beispiel:

Am Vermögen der grundbesitzenden A-KG sind A (Gründungsgesellschafter) zu 60% und B zu 40% beteiligt. B hat die Anteile im Jahr 01 erworben und ist Neugesellschafter i. S. d. § 1 Abs. 2 a GrEStG.
Im Jahr 02 wird die A-KG durch Formwechsel in die A-GmbH umgewandelt. Im Jahr 03 erwirbt C von A 50% der Anteile der A-GmbH.

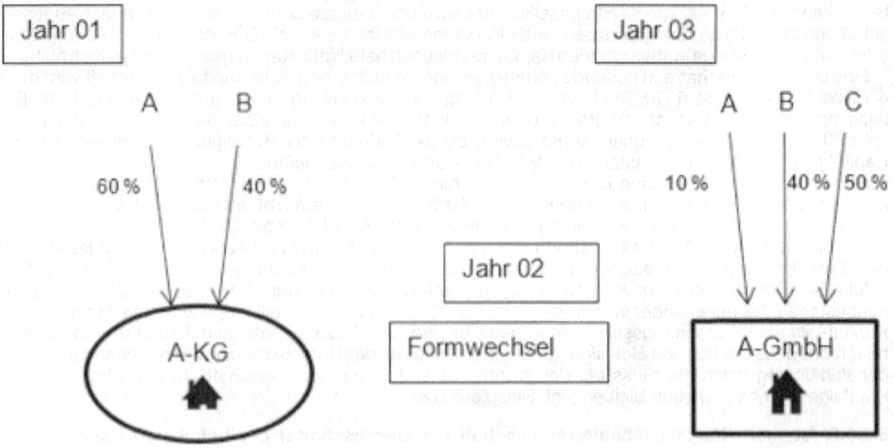

A ist als Gründungsgesellschafter der A-KG Altgesellschafter i. S. d. § 1 Abs. 2 a GrEStG und gilt nach dem Formwechsel auch als Altgesellschafter i. S. d. § 1 Abs. 2 b GrEStG bezogen auf die A-GmbH.
B ist seit dem Jahr 01 Neugesellschafter i. S. d. § 1 Abs. 2 a GrEStG und führt die Neugesellschafterstellung i. S. d. § 1 Abs. 2 b GrEStG bezogen auf die A-GmbH nach dem Formwechsel fort.
Im Jahr 01 liegt eine unmittelbare Änderung im Gesellschafterbestand der A-KG in Höhe von 40% am Vermögen der A-KG durch B vor. Durch den nicht steuerbaren Formwechsel im Jahr 02 ist dieser Gesellschafterwechsel bei der Anwendung des § 1 Abs. 2 b GrEStG zu berücksichtigen.
Im Jahr 03 liegt eine unmittelbare Änderung im Gesellschafterbestand der A-GmbH in Höhe von 50% der Anteile an der A-GmbH durch C vor. Der Tatbestand des § 1 Abs. 2 b GrEStG ist verwirklicht, weil innerhalb von zehn Jahren mindestens 90% der Anteile an der A-GmbH (01: 40% + 03: 50%) auf Neugesellschafter übergegangen sind.

5.2.5.2. Formwechselnde Umwandlung einer unmittelbar oder mittelbar beteiligten Gesellschaft

136 Wird eine unmittelbar oder mittelbar über eine oder mehrere Personengesellschaften am Kapital der grundbesitzenden Kapitalgesellschaft beteiligte Personengesellschaft in eine andere Personengesellschaft formwechselnd umgewandelt, führt sie ihre bisherige Eigenschaft als Alt- oder Neugesellschafterin in Bezug auf die grundbesitzende Kapitalgesellschaft fort. Gleiches gilt für die an ihr beteiligten Gesellschafter.

Wird eine unmittelbar oder mittelbar über eine oder mehrere Personengesellschaften am Kapital der grundbesitzenden Kapitalgesellschaft beteiligte Kapitalgesellschaft in eine andere Kapitalgesellschaft formwechselnd umgewandelt, führt sie ihre bisherige Eigenschaft als Alt- oder Neugesellschafterin in Bezug auf die grundbesitzende Kapitalgesellschaft fort. Die Gesellschafter der formwechselnd umgewandelten Kapitalgesellschaft führen ihre bisherige Eigenschaft als Alt- oder Neugesellschafter in Bezug auf die beteiligte Kapitalgesellschaft fort.

Wird eine unmittelbar oder mittelbar über eine oder mehrere Personengesellschaften am Kapital der grundbesitzenden Kapitalgesellschaft beteiligte Kapitalgesellschaft in eine Personengesellschaft formwechselnd umgewandelt, führt sie ihre bisherige Eigenschaft als Alt- oder Neugesellschafterin fort.

Die an der umgewandelten Gesellschaft beteiligten Gesellschafter werden durch die formwechselnde Umwandlung Neugesellschafter in Bezug auf die grundbesitzende Kapitalgesellschaft. Die im Zeitpunkt der formwechselnden Umwandlung vorhandenen Beteiligungen der Gesellschafter an der formgewechselten Gesellschaft werden nicht in die Berechnung des Quantums des § 1 Abs. 2 b GrEStG einbezogen, da es aufgrund der umwandlungsrechtlich geregelten Besonderheiten für diese Beteiligungen an dem Tatbestandsmerkmal „Übergang von Anteilen" fehlt. Durch den Formwechsel werden vorangegangene Anteilsübertragungen auf Neugesellschafter an der formgewechselten Gesellschaft in Bezug auf die grundbesitzende Kapitalgesellschaft erstmals einbezogen und sind im Rahmen des § 1 Abs. 2 b Satz 2 GrEStG im Zeitpunkt des Anteilsübergangs zu berücksichtigen.

Anl zu § 1 Abs. 2b

Wird eine unmittelbar oder mittelbar über eine oder mehrere Personengesellschaften am Kapital der grundbesitzenden Kapitalgesellschaft beteiligte Personengesellschaft in eine Kapitalgesellschaft formwechselnd umgewandelt, führt sie ihre bisherige Eigenschaft als Alt- oder Neugesellschafterin fort.

noch **136**

Die an der umgewandelten Gesellschaft beteiligten Gesellschafter verlieren durch die formwechselnde Umwandlung ihre Eigenschaft als Alt- oder Neugesellschafter in Bezug auf die grundbesitzende Kapitalgesellschaft. Die Gesellschafter der formwechselnd umgewandelten Personengesellschaft führen ihre bisherige Eigenschaft als Alt- oder Neugesellschafter in Bezug auf die beteiligte Kapitalgesellschaft fort. Relevante Gesellschafterwechsel bei der Personengesellschaft gelten auch für die Kapitalgesellschaft als zu erfassende Gesellschafterwechsel, wenn diese im Zehnjahreszeitraum und nach dem 30. Juni 2021 erfolgt sind. Gesellschafterwechsel vor dem 1. Juli 2021 sind nicht zu berücksichtigen (§ 23 Abs. 23 GrEStG).

Beispiel:

Am Kapital der grundbesitzenden A-GmbH sind A zu 85% und die B-GmbH zu 15% beteiligt. Die B-GmbH ist in Bezug auf die A-GmbH Altgesellschafterin. An der B-GmbH sind B und C in Höhe von jeweils 50% beteiligt.
Im Jahr 01 wird die B-GmbH in die B-OHG umgewandelt.
Im Jahr 02 erwerben B von A 84,9% und C von A 0,1% der Anteile am Kapital der A-GmbH.
Im Jahr 03 erwirbt D 5 % der Anteile am Kapital der A-GmbH von der B-OHG.

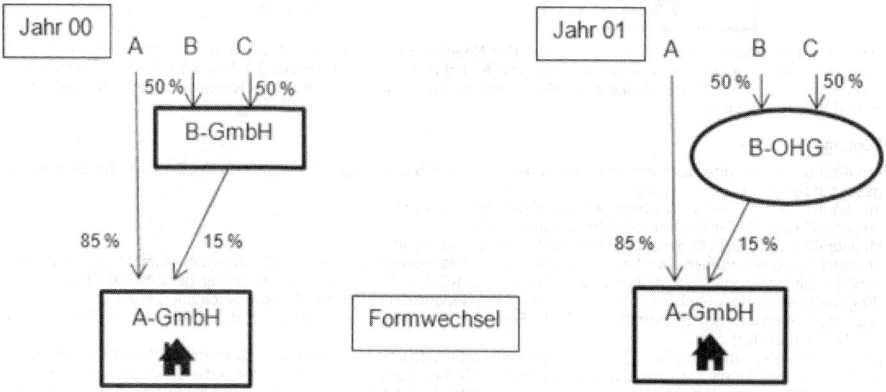

Die formwechselnde Umwandlung der B-GmbH in die B-OHG ist nicht steuerbar. Die B-OHG führt die Eigenschaft als Altgesellschafterin fort. Die Gesellschafter B und C werden durch die formwechselnde Umwandlung Neugesellschafter in Bezug auf die A-GmbH. Aufgrund der umwandlungsrechtlich geregelten Besonderheiten gehen keine Anteile am Gesellschaftsvermögen über.

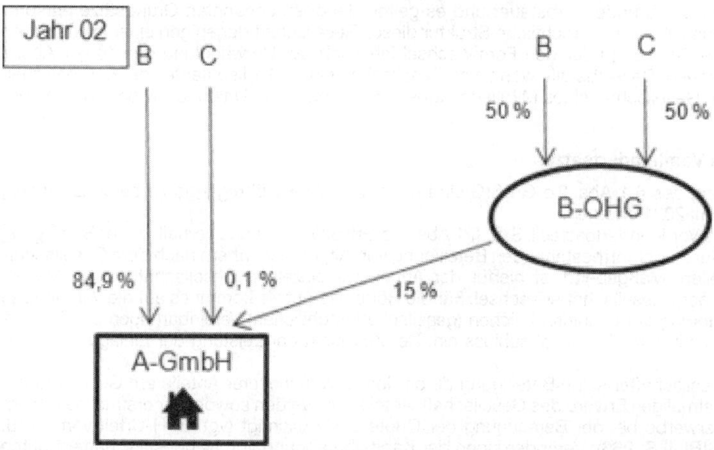

Die Übertragung der Beteiligung des A auf die Neugesellschafter B und C führt zu einem unmittelbaren Gesellschafterwechsel in Höhe von 85% (84,9% + 0,1%) der Anteile am Kapital der A-GmbH. Der Tatbestand des § 1 Abs. 2 b GrEStG ist nicht verwirklicht. Es liegt keine Anteilsvereinigung i. S. d. § 1 Abs. 3 GrEStG vor. Der Tatbestand des § 1 Abs. 3 a GrEStG ist verwirklicht, da B erstmals eine wirtschaftliche Beteiligung in Höhe von mindestens 90% (92,4% = 84,9% + (15% × 50%)) innehat.

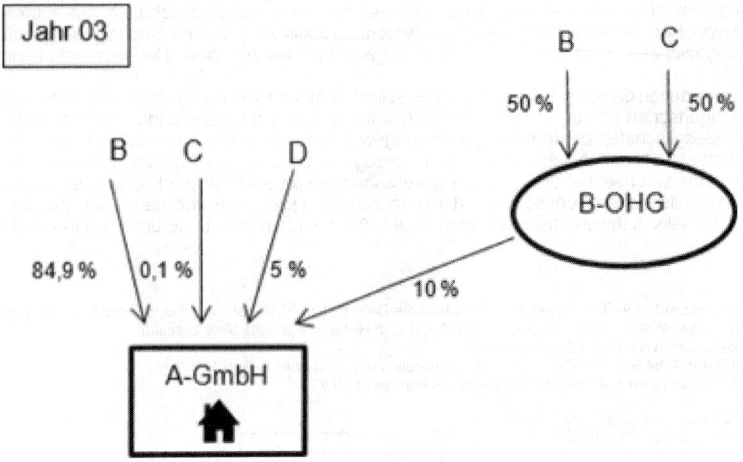

Die Übertragung der Beteiligung der B-OHG auf den Neugesellschafter D führt zu einem unmittelbaren Gesellschafterwechsel in Höhe von 5% der Anteile am Kapital der A-GmbH. Der Tatbestand des § 1 Abs. 2 b GrEStG ist verwirklicht, da innerhalb von zehn Jahren mindestens 90% der Anteile am Kapital der A-GmbH auf Neugesellschafter übergegangen sind (02: 85% + 03: 5%).

Beispiel:

Am Kapital der grundbesitzenden A-GmbH ist die Z-KG zu 100% beteiligt. Am Vermögen der Z-KG ist der Gründungsgesellschafter X zu 100% beteiligt.
Im Jahr 01 erwirbt Y 89% der Anteile am Vermögen der Z-KG von X.
Im Jahr 02 wird die Z-KG in die Z-GmbH umgewandelt.
Im Jahr 03 erwirbt D 11% der Anteile am Kapital der Z-GmbH von X.
Im Jahr 01 wird kein steuerlicher Tatbestand verwirklicht. X ist bezogen auf die grundbesitzende A-GmbH vermittelt durch die Z-KG Altgesellschafter. X ist Altgesellschafter an der Z-KG. Durch den Erwerb der Anteile an der Z-KG ist Y bezogen auf die grundbesitzende A-GmbH vermittelt durch die Z-KG Neugesellschafter. Y ist Neugesellschafter der Z-KG.
Nach dem Formwechsel im Jahr 02 führt Y die Eigenschaft als Neugesellschafter i. S. d. § 1 Abs. 2 b GrEStG bezogen auf die Z-GmbH fort.
Im Jahr 03 ist der Tatbestand des § 1 Abs. 2 b GrEStG erfüllt, da innerhalb von zehn Jahren mindestens 90% der Anteile an der A-GmbH auf die fiktiv neue Gesellschafterin (Z-GmbH) übergegangen sind. Durch die Übertragungen von X auf Y im Jahr 01 und von X auf D im Jahr 03 wird die Z-GmbH fiktive Neugesellschafterin der A-GmbH i. S. d. § 1 Abs. 2 b Satz 4 GrEStG, da mindestens 90% der Anteile an der Z-GmbH (89% + 11%) auf Neugesellschafter in Bezug auf die Z-GmbH (Y und D) übergegangen sind.

5.2.5.3. Gesellschaften eines Mitgliedstaates der Europäischen Union

137 Wird eine inländische Gesellschaft in eine Gesellschaft eines Mitgliedstaates der Europäischen Union oder umgekehrt formwechselnd umgewandelt, unterliegt dieser Rechtsvorgang mangels eines Rechtsträgerwechsels nicht der Grunderwerbsteuer und es gelten die oben genannten Grundsätze entsprechend. Voraussetzung ist, dass die rechtliche Struktur dieser Gesellschaft derjenigen einer inländischen Gesellschaft und die Regelung über den Formwechsel inhaltlich der Umwandlung gemäß § 1 Abs. 1 Nr. 4 UmwG entsprechen. Dasselbe gilt, wenn eine Gesellschaft eines Mitgliedstaates der Europäischen Union in eine andere Gesellschaft eines Mitgliedstaates der Europäischen Union formwechselnd umgewandelt wird.

5.3. Ermittlung des Vomhundertsatzes

138 Für die Anwendung des § 1 Abs. 2 b GrEStG sind nur solche Anteilsübergänge zu berücksichtigen, die nach dem 30. Juni 2021 erfolgen.

Zur Ermittlung des Vomhundertsatzes i. S. d. § 1 Abs. 2 b GrEStG ist auf das Verhältnis der Beteiligung der Neugesellschafter zu der fortbestehenden Beteiligung von Altgesellschaftern nach dem Gesellschafterwechsel abzustellen. Maßgebend ist hierfür der Anteil des einzelnen Gesellschafters am Gesellschaftskapital nach dem Gesellschafterwechsel. Für die Höhe des Anteils kommt es auf die Verhältnisse im Zeitpunkt der Wirkung der schuldrechtlichen (gesellschaftsrechtlichen) Vereinbarungen an. Die Wirkung tritt frühestens mit dem Vertragsabschluss ein. Der Zeitpunkt der Leistung der Einlagen ist unerheblich.

Stockt ein Neugesellschafter seine Beteiligung durch den Erwerb weiterer Anteile am Gesellschaftskapital nach dem erstmaligen Erwerb des Gesellschaftsanteils auf, werden sowohl der erstmalige Erwerb als auch die Hinzuerwerbe bei der Berechnung der Quote berücksichtigt (vgl. BFH-Urteil vom 17. 5. 2017 II R 35/15, BStBl. II S. 966). Veränderungen der Kapitalbeteiligung von Neugesellschaftern durch Kapitalerhöhung bei deren Eintritt führen zum Übergang von Anteilen am Gesellschaftskapital und sind bei der Ermittlung des Vomhundertsatzes zu berücksichtigen. Gleiches gilt bei bloßen Kapitaländerungen zugunsten der Neugesellschafter im Verhältnis zu den Altgesellschaftern (Beispiel 5.3.9).

§ 1 Abs. 2 b GrEStG erfasst keine Änderungen der Beteiligung am Gesellschaftskapital der Altgesellschafter im Verhältnis zueinander. Veränderungen der Kapitalbeteiligung zwischen Neugesellschaftern werden bei der Ermittlung des Vomhundertsatzes nicht erneut berücksichtigt. Gehen Anteile von Todes

Anl zu § 1 Abs. 2b

wegen auf Neugesellschafter über, bleibt der Erwerb dieser Anteile bei der Ermittlung des Vomhundertsatzes i. S. d. § 1 Abs. 2 b GrEStG außer Ansatz (§ 1 Abs. 2 b Satz 6 GrEStG). Gesellschafterwechsel, die sich vor dem Grundstückserwerb vollziehen, sind zur Tatbestandserfüllung unbeachtlich.

Eigene Gesellschaftsanteile, die eine Kapitalgesellschaft als Zwischengesellschaft oder grundbesitzende Gesellschaft selbst hält, bleiben bei der Ermittlung des Vomhundertsatzes außer Betracht (vgl. BFH-Urteil vom 18. 9. 2013 II R 21/12, BStBl. 2014 II S. 326). Maßgebend ist somit, dass mindestens 90% der nicht von der Kapitalgesellschaft selbst gehaltenen Anteile auf neue Gesellschafter übergehen.

Bei Gesellschaftsstrukturen mit Personen- und Kapitalgesellschaften ist durch Personengesellschaften durchzurechnen und auf der Ebene jeder Kapitalgesellschaft die 90%-Grenze i. S. d. § 1 Abs. 2 b Satz 3 bis 5 GrEStG zu prüfen:

- Änderungen im Gesellschafterbestand der an der grundbesitzenden Kapitalgesellschaft beteiligten Personengesellschaften werden § 1 Abs. 2 b Satz 2 GrEStG durch Multiplikation der Vomhundertsätze der Anteile am Kapital der Gesellschaft mit den Anteilen am Gesellschaftsvermögen anteilig berücksichtigt.
- Bei Beteiligungen von Kapitalgesellschaften an einer grundbesitzenden Kapitalgesellschaft ist auf das erforderliche Quantum von 90% der Anteile an der beteiligten Kapitalgesellschaft abzustellen. Gehen bei einer beteiligten Kapitalgesellschaft mindestens 90% der Anteile auf Neugesellschafter in Bezug auf die beteiligte Kapitalgesellschaft über, so gilt diese nach § 1 Abs. 2 b Satz 4 GrEStG als Neugesellschafterin der grundbesitzenden Kapitalgesellschaft. Die Beteiligung der Kapitalgesellschaft ist in voller Höhe bei der Ermittlung des Vomhundertsatzes i. S. d. § 1 Abs. 2 b Satz 1 GrEStG zu berücksichtigen (nicht nur in Höhe von 90%; vgl. Beispiel 5.3.3). Bei mehrstufigen Beteiligungen gelten diese Grundsätze nach § 1 Abs. 2 b Satz 5 GrEStG auf der Ebene jeder Kapitalgesellschaft entsprechend.

Führen Änderungen im Gesellschafterbestand mittelbar beteiligter Personengesellschaften bei einer nachgeordneten Kapitalgesellschaft nicht zu einem unmittelbaren oder mittelbaren oder teils unmittelbaren, teils mittelbaren Übergang von mindestens 90% ihrer Anteile am Kapital, gilt die Kapitalgesellschaft nicht als Neugesellschafterin i. S. d. § 1 Abs. 2 b Satz 3 bis 5 GrEStG.

Beispiele:

5.3.1. Grundfall

In nachstehender Ausgangsstruktur wird die Beteiligung der A-GmbH am Kapital der grundbesitzenden B-GmbH an die C-GmbH übertragen. Zeitgleich veräußert X 80% seiner Beteiligung am Vermögen der A-KG an Y. 139

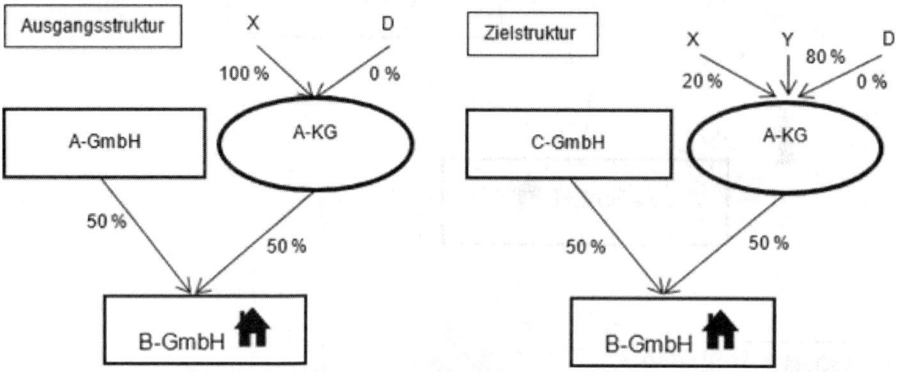

Der Tatbestand des § 1 Abs. 2 b GrEStG ist erfüllt. Innerhalb von zehn Jahren gehen mindestens 90% der Anteile am Kapital der grundbesitzenden Kapitalgesellschaft (50% unmittelbar und 80% × 50% = 40% mittelbar) auf Neugesellschafter über.

5.3.2. Personengesellschaft als mittelbar beteiligte Altgesellschafterin

Am Kapital der grundbesitzenden A-GmbH sind A zu 10% und die Z-GmbH & Co. KG zu 90% beteiligt. Am Vermögen der Z-GmbH & Co. KG sind die AB-OHG zu 100% und die B-GmbH zu 0% beteiligt. Am Vermögen der AB-OHG sind A und B zu jeweils 50% beteiligt. Diese Ausgangsstruktur besteht bereits mit Ablauf des 30. Juni 2021. 140
Die AB-OHG verkauft ihre Beteiligung an die AC-GbR, an der A und C zu jeweils 50% beteiligt sind.

Die mittelbar beteiligte AC-GbR ist Neugesellschafterin in Bezug auf die grundbesitzende A-GmbH. Die Anteilsübertragung auf die AC-GbR erfüllt den Tatbestand des § 1 Abs. 2 b GrEStG, da innerhalb von zehn Jahren mindestens 90% der Anteile am Kapital der grundbesitzenden A-GmbH (100% × 90%) auf Neugesellschafter der A-GmbH übergegangen sind.

Anl zu § 1 Abs. 2b

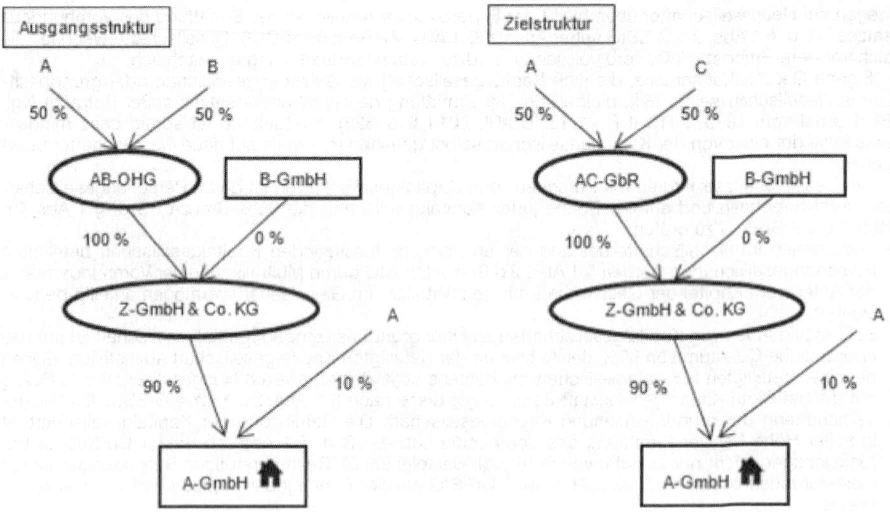

5.3.3. Änderung des Gesellschafterbestandes in Bezug auf beteiligte Kapitalgesellschaften

141 An einer grundbesitzenden A-GmbH sind A zu 85%, B zu 10% und die C-GmbH zu 5% beteiligt. Die Anteile der C-GmbH halten D zu 85%, E zu 10% und F zu 5%. Im Jahr 01 überträgt A seine Beteiligung an der A-GmbH auf X. Im Jahr 02 übertragen D und F ihre Anteile an der C-GmbH auf Y und Z.

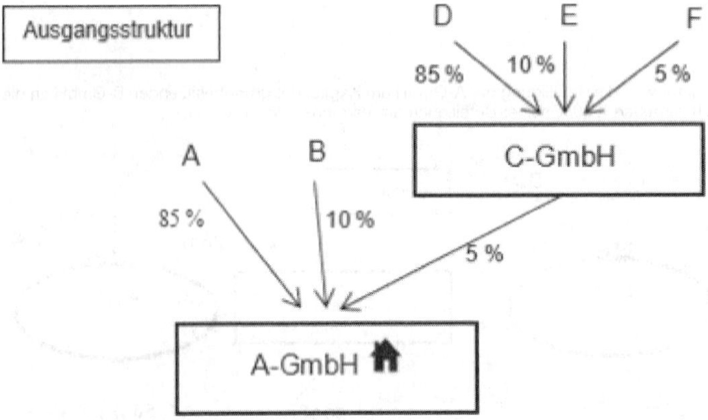

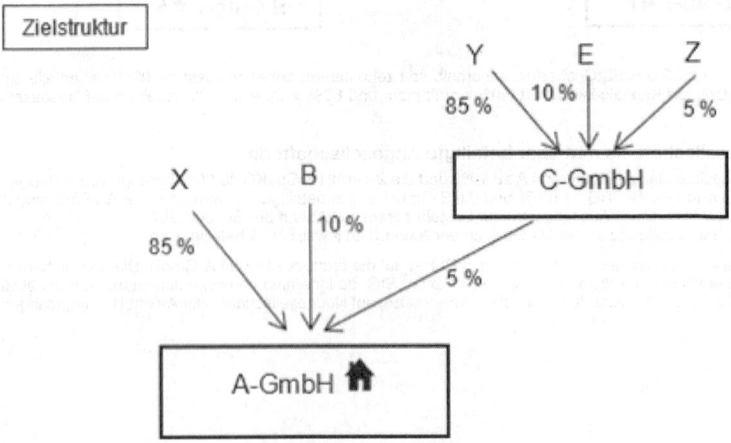

Anl zu § 1 Abs. 2b

Die Übertragung der Beteiligung des A auf X führt im Jahr 01 zu einem unmittelbaren Gesellschafterwechsel in Höhe von 85%.
Durch die Übertragungen von D auf Y und F auf Z im Jahr 02 wird die C-GmbH fiktive Neugesellschafterin der A-GmbH nach § 1 Abs. 2b Satz 4 GrEStG, da mindestens 90% der Anteile an der C-GmbH (85% + 5%) auf Neugesellschafter in Bezug auf die C-GmbH (Y und Z) übergegangen sind. Die mittelbare Anteilsänderung ist nicht anteilig (90% von 5%), sondern voll mit 5% zu berücksichtigen.
Der Tatbestand des § 1 Abs. 2b GrEStG ist im Jahr 02 erfüllt, da innerhalb von zehn Jahren mindestens 90% der Anteile am Kapital der A-GmbH (01: 8% + 02: 5%) auf Neugesellschafter in Bezug auf die A-GmbH (X und C-GmbH) übergegangen sind.

5.3.4. Abwandlung zu 5.3.3

An einer grundbesitzenden A-GmbH sind A zu 85%, B zu 10% und die C-GmbH zu 5% beteiligt. Die Anteile der C-GmbH halten D zu 85%, E zu 10% und F zu 5%. Im Jahr 01 überträgt A seine gesamte Beteiligung an der A-GmbH auf X. Im Jahr 02 überträgt D seine Anteile an der C-GmbH auf Y. **142**
Die Übertragung der Beteiligung des A auf X führt im Jahr 01 zu einem unmittelbaren Gesellschafterwechsel in Höhe von 85%. Durch die Übertragung von D auf Y im Jahr 02 wird die C-GmbH nicht fiktive Neugesellschafterin der A-GmbH nach § 1 Abs. 2b Satz 4 GrEStG, da nicht mindestens 90% der Anteile an der C-GmbH (85%) auf Neugesellschafter in Bezug auf die C-GmbH (Y) übergegangen sind. Die C-GmbH bleibt Altgesellschafterin der A-GmbH. Der Tatbestand des § 1 Abs. 2b GrEStG ist im Jahr 02 nicht erfüllt, da innerhalb von zehn Jahren nicht mindestens 90% der Anteile am Kapital der A-GmbH (01: 85%) auf Neugesellschafter in Bezug auf die A-GmbH übergegangen sind.

5.3.5. Teils unmittelbarer, teils mittelbarer Gesellschafterwechsel über eine Kapitalgesellschaft

Am Kapital der grundbesitzenden A-GmbH sind A zu 10% und die E-GmbH zu 90% beteiligt. Gesellschafter der E-GmbH sind B und die C-KG zu jeweils 50%. Am Vermögen der C-KG sind C zu 80% und D zu 20% beteiligt. **143**
Im Jahr 01 überträgt B seinen Anteil an der E-GmbH auf Z. Im Jahr 04 überträgt C seine Beteiligung an der C-KG auf Y.

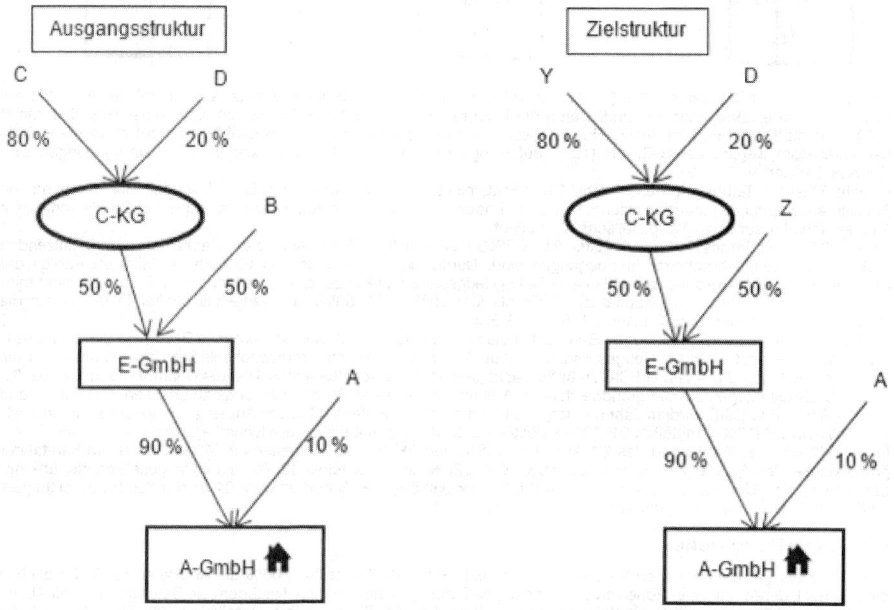

Durch die Übertragung von B auf Z im Jahr 01 gehen 50% der Anteile an der E-GmbH auf Neugesellschafter der E-GmbH über. Die E-GmbH bleibt Altgesellschafterin der A-GmbH, da nicht mindestens 90% der Anteile an ihr auf Neugesellschafter übergegangen sind.
Durch die Übertragung von C auf Y im Jahr 04 gehen weitere 40% der Anteile an der E-GmbH (80% × 50%) auf Neugesellschafter der E-GmbH über. Die E-GmbH wird fiktive Neugesellschafterin der A-GmbH nach § 1 Abs. 2b Satz 4 GrEStG, da mindestens 90% der Anteile an der E-GmbH (50% + 40%) auf Neugesellschafter übergegangen sind.
Der Tatbestand des § 1 Abs. 2b GrEStG ist erfüllt, da innerhalb von zehn Jahren mindestens 90% der Anteile am Kapital der A-GmbH (90%) auf Neugesellschafter der A-GmbH übergegangen sind.

5.3.6. Formwechselnde Umwandlung von einer beteiligten Personengesellschaft in eine beteiligte Kapitalgesellschaft

Am Kapital der grundbesitzenden A-GmbH sind A zu 50% und die B-KG zu 50% beteiligt. **144**
Am Vermögen der B-KG sind B zu 80% und C zu 20% beteiligt.
Im Jahr 01 überträgt B seinen Anteil an der B-KG auf D.
Im Jahr 02 wird die B-KG in die B-GmbH formwechselnd umgewandelt.
Im Jahr 03 veräußert A seinen Anteil am Kapital der A-GmbH an E.
Im Jahr 01 ist der Tatbestand des § 1 Abs. 2b GrEStG nicht erfüllt, da nicht mindestens 90% der Anteile (80% × 50%) am Kapital der A-GmbH auf Neugesellschafter übergegangen sind.
Durch die formwechselnde Umwandlung in die B-GmbH im Jahr 02 verlieren die Gesellschafter C und D ihre Eigenschaft als Alt- oder Neugesellschafter in Bezug auf die A-GmbH. Die Gesellschafter C und D führen ihre bisherige Eigenschaft als Alt- oder Neugesellschafter in Bezug auf die B-GmbH fort.

Im Jahr 03 ist der Tatbestand des § 1 Abs. 2b GrEStG erfüllt, da mindestens 90% der Anteile am Kapital der A-GmbH (01: 80% × 50% und 03: 50%) auf Neugesellschafter in Bezug auf die A-GmbH übergegangen sind.

5.3.7. Formwechselnde Umwandlung von einer beteiligten Kapitalgesellschaft in eine beteiligte Personengesellschaft

145 Am Kapital der grundbesitzenden A-GmbH sind die Gründungsgesellschafter A zu 80% und die B-GmbH zu 20% beteiligt. Am Kapital der B-GmbH sind als Gründungsgesellschafter B zu 80 % und C zu 20% beteiligt.
Im Jahr 01 veräußert B 10% der Anteile an der B-GmbH an X und im Jahr 03 weitere 50%. Außerdem veräußert er im Jahr 02 20% der Anteile an der B-GmbH an C.
Im Jahr 09 wird die B-GmbH formwechselnd in die B-KG umgewandelt.
Im Jahr 12 veräußert A seinen Anteil am Kapital der A-GmbH an Y.

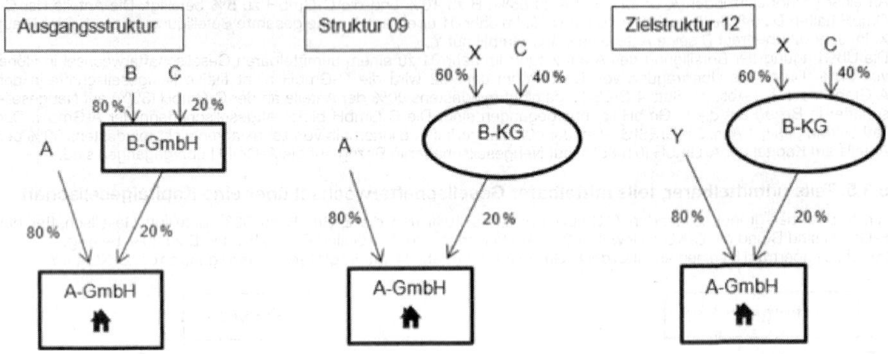

Im Jahr 01 ist der Tatbestand des § 1 Abs. 2b GrEStG nicht erfüllt, da keine Anteile am Kapital der A-GmbH auf Neugesellschafter übergegangen sind. Durch die Übertragung von 10% der Anteile am Kapital der B-GmbH von B auf X wird die B-GmbH keine fiktive Neugesellschafterin der grundbesitzenden A-GmbH, da nicht mindestens 90% der Anteile am Kapital der B-GmbH (10%) auf Neugesellschafter in Bezug auf die B-GmbH übergegangen sind (§ 1 Abs. 2b Satz 4 GrEStG).
Im Jahr 02 ist der Tatbestand des § 1 Abs. 2b GrEStG nicht erfüllt, da weder ein zu berücksichtigender Übergang von Anteilen am Kapital der grundbesitzenden A-GmbH noch von Anteilen am Kapital der beteiligten B-GmbH von einem Altgesellschafter auf einen Neugesellschafter vorliegt.
Im Jahr 03 ist der Tatbestand des § 1 Abs. 2b GrEStG nicht erfüllt, da keine Anteile am Kapital der grundbesitzenden A-GmbH auf Neugesellschafter übergegangen sind. Durch die Übertragung von 50% der Anteile am Kapital der B-GmbH von B auf X wird die B-GmbH keine fiktive Neugesellschafterin der grundbesitzenden A-GmbH, da nicht mindestens 90% der Anteile am Kapital der B-GmbH (01: 10% + 03: 50%) auf Neugesellschafter in Bezug auf die B-GmbH übergegangen sind (§ 1 Abs. 2b Satz 4 GrEStG).
Die formwechselnde Umwandlung der B-GmbH in die B-KG im Jahr 09 ist nicht steuerbar. In Bezug auf die grundbesitzende A-GmbH sind C und X Neugesellschafter. Auf Grund der wirksamen formwechselnden Umwandlung sind die bisher nach § 1 Abs. 2b Satz 3 GrEStG zu berücksichtigenden Gesellschafterwechsel bei der B-GmbH nach § 1 Abs. 2b Satz 2 GrEStG bezogen auf die grundbesitzende A-GmbH im Jahr des Anteilsübergangs zu erfassen. Der Tatbestand des § 1 Abs. 2b GrEStG wird im Jahr 03 nicht erfüllt, da nicht mindestens 90 % der Anteile am Kapital der grundbesitzenden A-GmbH (12% = mittelbar 01: 10% × 20% + 03: 50% × 20%) auf Neugesellschafter übergegangen sind.
Im Jahr 12 wird der Tatbestand des § 1 Abs. 2b GrEStG verwirklicht, da mindestens 90% der Anteile am Kapital der grundbesitzenden A-GmbH (90% = mittelbar 03: 50% × 20% und unmittelbar 12: 80%) auf Neugesellschafter übergegangen sind. Die Übertragung der Anteile am Kapital der damaligen B-GmbH im Jahr 01 ist nicht zu berücksichtigen, da diese außerhalb des Zehnjahreszeitraums erfolgte.

5.3.8. Beteiligungskette

146 Am Kapital der grundbesitzenden X-GmbH ist die M-GmbH zu 100% beteiligt. 100% der Anteile an der M-GmbH hält die Z-GmbH, deren Anteile in Höhe von 60% von der H-GmbH gehalten werden. Nachdem die Beteiligungen seit Ablauf des 30. Juni 2021 unverändert geblieben waren, überträgt die Z-GmbH ihre Anteile an der M-GmbH auf die H-GmbH.
Durch die Übertragung von der Z-GmbH auf die H-GmbH wird die M-GmbH fiktive Neugesellschafterin der grundbesitzenden X-GmbH nach § 1 Abs. 2b Satz 4 GrEStG, da mindestens 90 % der Anteile an der M-GmbH (100%) auf die H-GmbH als Neugesellschafterin der M-GmbH übertragen wurden. Eine Verkürzung der Beteiligungskette liegt nicht vor, da die H-GmbH an der Z-GmbH nur zu 60% beteiligt war.
Der Tatbestand des § 1 Abs. 2b GrEStG ist erfüllt, da innerhalb von zehn Jahren mindestens 90% der Anteile am Kapital der X-GmbH (100%) auf Neugesellschafter in Bezug auf die X-GmbH (M-GmbH) übergegangen sind.

5.3.9. Kapitalerhöhung

147 Am Kapital der grundbesitzenden A-GmbH ist A zu 100% beteiligt. Das Kapital der A-GmbH beträgt 25 000 Euro.
Im Jahr 01 überträgt A 60% seiner Beteiligung an B.
Im Jahr 02 tritt C in die A-GmbH ein und erhöht das Kapital auf 100 000 Euro (Einlage C 75 000 Euro), so dass nunmehr C zu 75% A zu 10% und B zu 15% an der A-GmbH beteiligt sind.
Durch die Übertragung von A auf B im Jahr 01 gehen 60% der Anteile an der A-GmbH unmittelbar auf einen Neugesellschafter über.
Durch die Kapitalerhöhung durch C im Jahr 02 gehen 75% der Anteile an der A-GmbH auf einen Neugesellschafter über. Der Übergang von 60% im Jahr 01 entspricht nach der Kapitalerhöhung rechnerisch nunmehr 15% (15 000 Euro zum neuen Kapital von 100 000 Euro).
Im Jahr 02 wird der Tatbestand des § 1 Abs. 2b GrEStG erfüllt, da innerhalb von zehn Jahren mindestens 90% der Anteile am Kapital der grundbesitzenden A-GmbH (01: 15% + 02: 75%) auf neue Gesellschafter übergegangen sind.

Anl zu § 1 Abs. 2b

5.3.10. Treuhandverhältnis

Am Kapital einer grundbesitzenden G-GmbH sind eine B-GmbH zu 20% und A zu 80% beteiligt. Alleingesellschafterin der B-GmbH ist die Y-GmbH. 148

Die Y-GmbH veräußert ihre Anteile an der B-GmbH auf die Z-GmbH. A vereinbart mit zwei Treugebern, für diese zukünftig jeweils 20% der Anteile treuhänderisch zu halten. Außerdem veräußert er 35% der Anteile an Dritte.

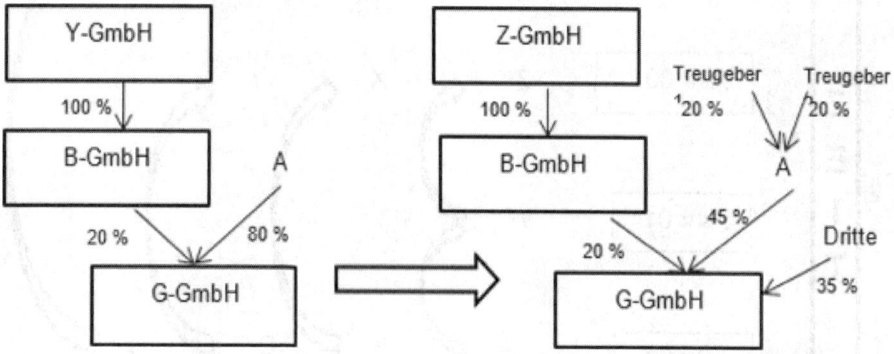

Die B-GmbH ist fiktive Neugesellschafterin der grundbesitzenden G-GmbH, da mindestens 90% der Anteile an der B-GmbH (100%) auf die Z-GmbH als Neugesellschafterin der B-GmbH übertragen wurden. Dadurch kommt es zu einer Änderung der Gesellschafter der grundbesitzenden G-GmbH in Höhe von 20%.
Durch die Vereinbarung der Treuhandverhältnisse (40%) und die Veräußerung von 35% der Anteile am Kapital der grundbesitzenden G-GmbH durch A auf Dritte werden weitere 75% der Anteile am Kapital der grundbesitzenden G-GmbH auf Neugesellschafter in Bezug auf die grundbesitzende GmbH übertragen.
Der Tatbestand des § 1 Abs. 2 b Satz 1 GrEStG ist erfüllt.

6. Zehnjahreszeitraum

Sukzessive Übertragungen unmittelbarer oder mittelbarer Beteiligungen am Kapital der grundbesitzenden Kapitalgesellschaft auf Neugesellschafter innerhalb von zehn Jahren sind zusammenzurechnen. Soweit ein Neugesellschafter einen Anteil der grundbesitzenden Kapitalgesellschaft an einen weiteren Neugesellschafter oder Altgesellschafter veräußert, ist dieser bei der Ermittlung des Vomhundertsatzes nicht mitzuzählen. Übertragungen von mindestens 90% der Anteile, die in einem Rechtsakt vollzogen werden, vollziehen sich in einer logischen Sekunde, also immer innerhalb eines Zeitraums von zehn Jahren. Der Zehnjahreszeitraum ist für jedes Grundstück im Vermögen der Kapitalgesellschaft selbständig zu beurteilen. 149

Beispiele:

6.1. Eine GmbH erwirbt im Jahr 01 zwei Grundstücke (Grundstück I und Grundstück II). Zu diesem Zeitpunkt sind an der Gesellschaft A und B zu je 20%, C zu 10% sowie die D-OHG zu 50% beteiligt. Gesellschafter der D-OHG sind zu diesem Zeitpunkt D und F zu je 10% sowie G und H zu je 40%. Im Jahr 02 veräußern A, B und C ihre Anteile an X. Im Jahr 08 veräußern D und G ihre Anteile an der D-OHG an Y. Im Januar 09 verkauft die GmbH das Grundstück I. Ende desselben Jahres veräußert H seinen Anteil an der D-OHG an Z. 150
Da in Bezug auf das Grundstück I aufgrund dessen Veräußerung im Januar 09 nur insgesamt 75% der Anteile am Kapital der GmbH auf Neugesellschafter in Bezug auf die grundbesitzende GmbH übergegangen sind, ist der Tatbestand des § 1 Abs. 2 b GrEStG nur hinsichtlich des Grundstücks II erfüllt.

6.2. Eine GmbH, an deren Kapital die Gesellschafter A, B, C, D und E zu je 20% beteiligt sind, kauft im Jahr 01 ein Grundstück (Grundstück I). Im Mai 02 überträgt A seine Anteile an der GmbH auf W. Ende des Jahres 02 erwirbt die GmbH ein weiteres Grundstück (Grundstück II). Im Jahr 04 veräußern B und C ihre Anteile an der GmbH an X. Im Jahr 10 veräußert D seinen Anteil an der GmbH an Y und E drei Viertel seines Anteils (15%) an Z. Bis Ende des Jahres 12 treten keine weiteren Änderungen im Gesellschafterbestand der GmbH ein. 151
Hinsichtlich des Grundstücks I ist im Jahr 10 der Tatbestand des § 1 Abs. 2 b GrEStG erfüllt. In Bezug auf das Grundstück II ist der Tatbestand des § 1 Abs. 2 b GrEStG nicht erfüllt, weil es erst nach dem Erwerb des Anteils an der GmbH des A durch W durch die GmbH erworben wurde.

6.3. Nichtberücksichtigung bei mehrfacher Anteilsübertragung

Am Kapital einer grundbesitzenden GmbH sind A, B, C und D zu je 25% beteiligt. Im Jahr 01 veräußert A seinen Anteil an W. Im Jahr 09 veräußern B, C und W ihre Anteile an X, Y und Z. 152
Insgesamt sind innerhalb von zehn Jahren nur 75% der Anteile am Gesellschaftskapital übergegangen (von A auf W 25%, von B auf X 25% und von C auf Y 25%). Der Tatbestand des § 1 Abs. 2 b GrEStG ist nicht erfüllt. Altgesellschafter D bleibt mit 25% an der GmbH beteiligt. Da die Veräußerung des 25%igen Anteils an der GmbH von A an W bereits bei der Ermittlung des Vomhundertsatzes berücksichtigt wurde, kann die Weiterveräußerung desselben Anteils innerhalb des maßgeblichen Zehnjahreszeitraums von W auf Z nicht noch einmal bei der Ermittlung des Vomhundertsatzes berücksichtigt werden.

Fortführung des Beispiels:

Im Jahr 13 veräußert D seine 25%ige Beteiligung an der GmbH an M.
Insgesamt sind innerhalb von zehn Jahren 100% der Anteile am Kapital der Gesellschaft übergegangen (von W auf Z 25%, von B auf X 25%, von C auf Y 25% und von D auf M 25%). Der Tatbestand des § 1 Abs. 2 b GrEStG ist verwirklicht.

Anl zu § 1 Abs. 2b

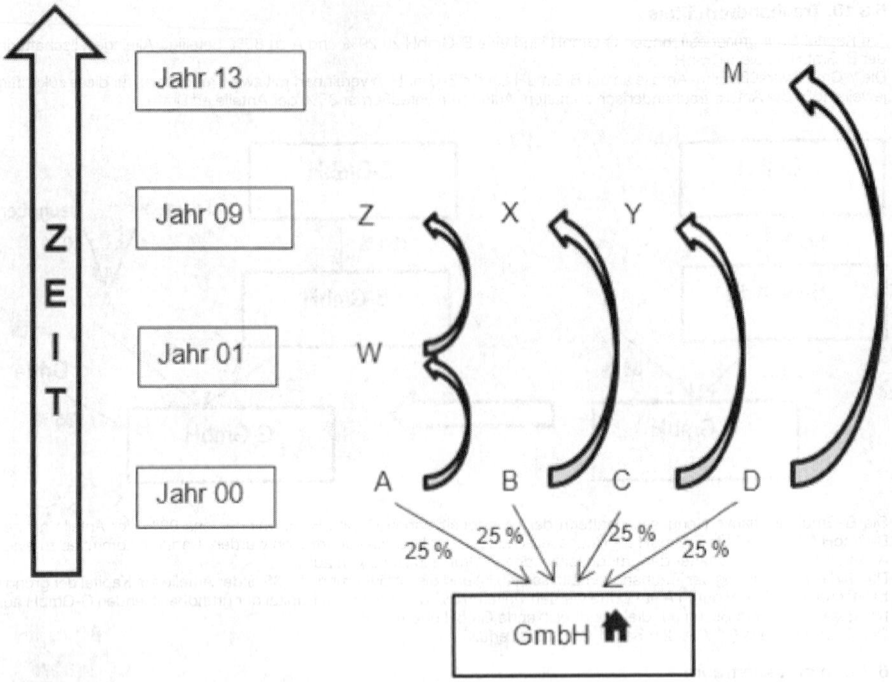

153 **6.4.** Am Kapital der A-GmbH sind die C-GmbH zu 89% und X zu 11% beteiligt. Alleingesellschafter der C-GmbH ist C. Im Jahr 01 erwirbt die A-GmbH ein Grundstück.
Im Jahr 02 veräußert C 50% seiner Anteile an der C-GmbH an X.
Im Jahr 03 veräußert C 30% seiner Anteile an der C-GmbH an Y.
Im Jahr 04 veräußert C weitere 10% seiner Anteile an der C-GmbH an X.
Im Jahr 09 veräußert X 5% seiner Beteiligung an der A-GmbH an A.
Im Jahr 02 sind durch den Übergang der Anteile an der C-GmbH von C auf X erstmalig 50% der Anteile an der C-GmbH auf einen Neugesellschafter übergegangen, da X zum Zeitpunkt des Grundstückserwerbs nicht Gesellschafter der C-GmbH war. Unabhängig davon, dass X unmittelbarer Altgesellschafter der A-GmbH ist, ist er in Bezug auf die C-GmbH unmittelbarer Neugesellschafter. In Bezug auf die A-GmbH ist X nicht mittelbar über die C-GmbH beteiligt, da nur die C-GmbH selbst und nicht deren Anteilseigner Gesellschafter der A-GmbH sind. Die Tatbestandsvoraussetzungen des § 1 Abs. 2 b Satz 4 GrEStG sind nicht erfüllt, da nicht mindestens 90% der Anteile an der C-GmbH auf Neugesellschafter in Bezug auf die A-GmbH übergegangen sind. Die C-GmbH gilt im Jahr 02 nicht als unmittelbare Neugesellschafterin der A-GmbH.
Im Jahr 03 sind durch den Übergang der Anteile an der C-GmbH von C auf Y 30% der Anteile an der GmbH auf einen Neugesellschafter übergegangen, da Y zum Zeitpunkt des Grundstückserwerbs nicht Gesellschafter der C-GmbH war. Die Tatbestandsvoraussetzungen von § 1 Abs. 2 b Satz 4 GrEStG sind nicht erfüllt, da nicht mindestens 90% der Anteile an der C-GmbH auf Neugesellschafter übergegangen sind (02: 50% + 03: 30%). Die C-GmbH gilt im Jahr 03 weiterhin nicht als unmittelbare Neugesellschafterin der A-GmbH.
Im Jahr 04 sind durch den Übergang der Anteile an der C-GmbH von C auf X weitere 10% der Anteile an der GmbH auf den Neugesellschafter der C-GmbH X übergegangen. Die Tatbestandsvoraussetzungen des § 1 Abs. 2 b Satz 4 GrEStG sind erfüllt, da mindestens 90% der Anteile an der C-GmbH auf Neugesellschafter in Bezug auf die C-GmbH übergegangen sind (Jahr 02: 50% + Jahr 03: 30% + Jahr 04: 10%). Die C-GmbH gilt im Jahr 04 als unmittelbare Neugesellschafterin der A-GmbH.
Im Jahr 09 sind durch den Übergang der Anteile am Gesellschaftsvermögen der A-GmbH von X auf A 5% der Anteile am Kapital der A-GmbH auf den Neugesellschafter A übergegangen. Die Tatbestandsvoraussetzungen von § 1 Abs. 2 b GrEStG sind erfüllt, da mindestens 90% der Anteile am Kapital der GmbH (Jahr 04: 89% + Jahr 09: 5%) innerhalb von zehn Jahren auf Neugesellschafter der GmbH (C-GmbH und A) übergegangen sind.

6.5. Mehrfacher Gesellschafterwechsel an einer beteiligten Kapitalgesellschaft

154 Am Kapital der grundbesitzenden A-GmbH sind die C-GmbH zu 80% und D zu 20% beteiligt. Alleingesellschafter der C-GmbH ist A. Im Jahr 01 überträgt A seinen Anteil an der C-GmbH auf B. Im Jahr 09 überträgt B seinen Anteil an der C-GmbH auf C.

Im Jahr 01 gehen durch die Anteilsübertragung von A auf B mindestens 90% der Anteile an der C-GmbH (100%) auf Neugesellschafter der C-GmbH über. Die C-GmbH gilt gemäß § 1 Abs. 2 b Satz 4 GrEStG als Neugesellschafterin der A-GmbH. Der Tatbestand des § 1 Abs. 2 b GrEStG ist nicht erfüllt, da nicht mindestens 90% der Anteile an der A-GmbH (80%) auf Neugesellschafter (A-GmbH) übergegangen sind.
Im Jahr 09 gehen durch die Anteilsübertragung von B auf C erneut mindestens 90% der Anteile an der C-GmbH (100%) auf Neugesellschafter der C-GmbH über. Die C-GmbH gilt seit dem Gesellschafterwechsel im Jahr 01 als Neugesellschafterin der A-GmbH. Diese Eigenschaft bleibt bei dem erneuten Gesellschafterwechsel im Jahr 09 erhalten. Der Tatbestand des § 1 Abs. 2 b GrEStG ist weiterhin nicht erfüllt, da die Anteilsübertragung nicht zu einer weiteren Änderung der Anteilsverhältnisse zu Lasten der Altgesellschafter in Bezug auf die A-GmbH innerhalb des Zehnjahreszeitraums führt.

Anl zu § 1 Abs. 2b

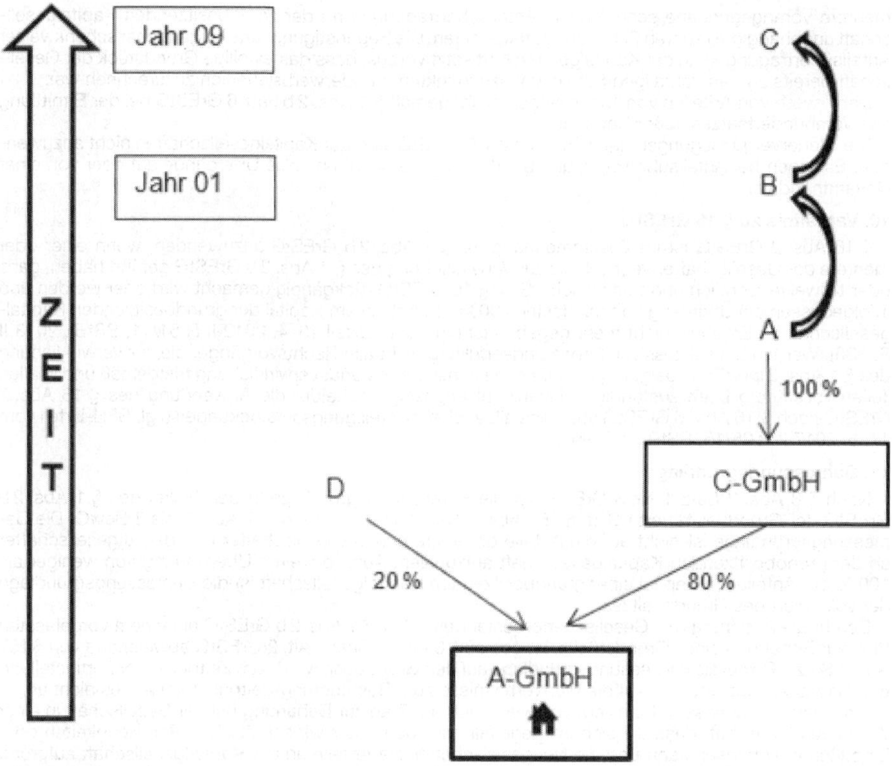

7. Verhältnis zu § 1 Abs. 2 a GrEStG

155 § 1 Abs. 2 a und § 1 Abs. 2 b GrEStG sind gleichrangig. Es besteht kein Vorrang.

8. Verhältnis zu § 1 Abs. 3 und 3 a GrEStG

8.1. Allgemeines

156 § 1 Abs. 2 b GrEStG geht der Anwendung des § 1 Abs. 3 und 3 a GrEStG vor. Dieser Vorrang ist auch dann gegeben, wenn auf Grund einer Befreiungsvorschrift die Steuer nach § 1 Abs. 2 b GrEStG nicht erhoben wird.

Mit Übergang der Anteile (Closing) werden sowohl § 1 Abs. 2 b GrEStG als auch § 1 Abs. 3 Nr. 2 oder 4 GrEStG verwirklicht. Ändert sich der Gesellschafterbestand einer grundbesitzenden Kapitalgesellschaft im Nachgang eines schuldrechtlichen Verpflichtungsgeschäfts (Signing), fallen die Besteuerungszeitpunkte des § 1 Abs. 2 b GrEStG und des § 1 Abs. 3 Nr. 1 oder 3 GrEStG auseinander: Während mit Abschluss des schuldrechtlichen Verpflichtungsgeschäfts (Signing) § 1 Abs. 3 Nr. 1 und 3 GrEStG verwirklicht wird, wird der Tatbestand des § 1 Abs. 2 b GrEStG erfüllt, wenn es zum Übergang des Anteils (Closing) an der Kapitalgesellschaft kommt. Die beiden Rechtsvorgänge (Signing und Closing) stellen zwei grunderwerbsteuerrechtliche Vorgänge dar.

8.2. Verfahrensrechtliche Abläufe

157 Im Zeitpunkt des Signing erfolgt eine Festsetzung nach § 1 Abs. 3 Nr. 1 oder 3 GrEStG.

Im Zeitpunkt des Closing erfolgt eine Festsetzung nach § 1 Abs. 2 b GrEStG und die Festsetzung nach § 1 Abs. 3 Nr. 1 oder 3 GrEStG (im Zeitpunkt des Signing) ist bei Grundstücksidentität aufzuheben oder zu ändern.

Eine Festsetzung nach § 1 Abs. 3 GrEStG ist grundsätzlich nur in den Fällen geboten, in denen bis zu einem Jahr nach Kenntnisnahme der Finanzverwaltung von dem steuerbegründenden Sachverhalt eine Besteuerung nach § 1 Abs. 2 b GrEStG nicht zu erwarten ist. Zudem muss der Grundstücksbestand im Zeitpunkt des Closing und Signing identisch sein.

9. Verhältnis zu Befreiungs- und Vergünstigungsvorschriften

158 § 1 Abs. 2 b GrEStG fingiert einen Grundstücksübergang von einer Kapitalgesellschaft auf eine fiktiv neue Kapitalgesellschaft. Die personenbezogenen Steuerbefreiungen des § 3 Nr. 3 bis 7 GrEStG kommen nicht in Betracht.

Die Befreiungsvorschrift des § 3 Nr. 2 Satz 1 GrEStG findet Anwendung, soweit die Anteile der grundbesitzenden Kapitalgesellschaft durch Schenkung unter Lebenden i. S. d. Erbschaftsteuer- und Schenkungsteuergesetzes übertragen werden. Steuerbefreit nach § 3 Nr. 2 Satz 1 GrEStG sind sowohl die tatbestandsauslösende Anteilsübertragung von grundbesitzenden Kapitalgesellschaften als auch eine oder mehrere vorangegangene schenkweise Anteilsübertragungen an der grundbesitzenden Kapitalgesellschaft unabhängig von deren Schenkungszeitpunkten. Die Begünstigung vorangegangener schenkweiser Anteilsübertragungen an der Kapitalgesellschaft setzt voraus, dass das jeweilige Grundstück der Gesellschaft bereits zu den damaligen Schenkungszeitpunkten grunderwerbsteuerlich zuzurechnen war.

Der Erwerb von Anteilen von Todes wegen bleibt gemäß § 1 Abs. 2b Satz 6 GrEStG bei der Ermittlung des Vomhundertsatzes außer Betracht.

Die Steuervergünstigungen nach §§ 5, 6 und 7 GrEStG sind auf Kapitalgesellschaften nicht anzuwenden. Es liegen bei Anteilsübertragungen bei Kapitalgesellschaften keine Übergänge auf oder von einer Gesamthand vor.

10. Verhältnis zu § 16 GrEStG

159 § 16 Abs. 2 GrEStG ist im Zusammenhang mit § 1 Abs. 2b GrEStG anzuwenden, wenn einer oder mehrere der Gesellschafterwechsel, die zur Verwirklichung des § 1 Abs. 2b GrEStG geführt haben, ganz oder teilweise rechtlich und tatsächlich i. S. d. § 16 GrEStG rückgängig gemacht wird oder werden und infolgedessen ein Übergang von mindestens 90% der Anteile am Kapital der grundbesitzenden Kapitalgesellschaft im Ergebnis nicht mehr gegeben ist (vgl. BFH-Urteil 18. 4. 2012 II R 51/11, BStBl. 2013 II S. 830). Werden bei sukzessiver Tatbestandserfüllung nicht alle Rechtsvorgänge, die zur Verwirklichung des § 1 Abs. 2b GrEStG beigetragen haben, nach der Tatbestandsverwirklichung fristgemäß und in allen Teilen vollständig beim zuständigen Finanzamt angezeigt, scheidet die Anwendung des § 16 Abs. 2 GrEStG nach § 16 Abs. 5 GrEStG aus. Dies gilt auch für Beteiligungsaufstockungen (vgl. BFH-Urteil vom 17. 5. 2017 II R 35/15, BStBl. II S. 966).

11. Bemessungsgrundlage

160 Nach § 8 Abs. 2 Satz 1 Nr. 3 GrEStG ist die Bemessungsgrundlage in den Fällen des § 1 Abs. 2b GrEStG der Grundbesitzwert i. S. d. § 151 Abs. 1 Satz 1 Nr. 1 i. V. m. § 157 Abs. 1 bis 3 BewG. Die Bemessungsgrundlage ist nicht auf die Anteile der eintretenden Gesellschafter und der Altgesellschafter an der grundbesitzenden Kapitalgesellschaft aufzuteilen. Auch bei einer Übertragung von weniger als 100 % der Anteile am Kapital einer grundbesitzenden Kapitalgesellschaft ist die Bemessungsgrundlage der volle Wert des Grundbesitzes.

Beruht die Änderung des Gesellschafterbestandes i. S. d. § 1 Abs. 2b GrEStG auf einem vorgefassten Plan zur Bebauung eines Grundstücks, ist gemäß § 8 Abs. 2 Satz 2 Alt. 2 GrEStG abweichend von § 157 Abs. 1 Satz 1 BewG als Bemessungsgrundlage auf den Grundbesitzwert zum Zeitpunkt der Fertigstellung des Gebäudes abzustellen. Auf die Wertverhältnisse zum Besteuerungszeitpunkt kommt es nicht an.

Ein solcher vorgefasster Plan liegt vor, wenn sich der Plan zur Bebauung bei der Gesellschaft in einer Weise verdichtet hat, dass sie sich im Regelfall nur noch unter wirtschaftlichen Schwierigkeiten oder Einbußen davon lösen kann und die Neugesellschafter die Anteile an der Kapitalgesellschaft aufgrund des vorgefassten Plans erwerben. Ausreichend ist hierbei bereits die Kenntnis der Neugesellschafter über den vorgefassten Plan zur Bebauung eines Grundstücks. Der Plan muss nur die Bebauung eines Grundstücks, nicht auch die Änderung des Gesellschafterbestandes der Kapitalgesellschaft zum Gegenstand haben (vgl. BFH-Urteil vom 16. 9. 2020 II R 12/18, BStBl. 2021 II S. 632).

12. Steuerschuldner und Bekanntgabe des Steuerbescheids

161 Steuerschuldner ist in den Fällen des § 1 Abs. 2b GrEStG die grundbesitzende Kapitalgesellschaft (§ 13 Nr. 7 GrEStG). Der Steuerbescheid ist an sie als Inhaltsadressat zu richten (§ 157 Abs. 1 Satz 2 AO).

13. Anzeigepflicht

162 Gemäß § 19 Abs. 1 Satz 1 Nr. 3b GrEStG sind von der grundbesitzenden Kapitalgesellschaft alle Rechtsvorgänge anzuzeigen, die zur Verwirklichung des Tatbestands des § 1 Abs. 2b GrEStG geführt haben. Die Anzeigepflicht besteht bei Tatbestandsverwirklichung. Bei sukzessiver Änderung des Gesellschafterbestandes der grundbesitzenden Kapitalgesellschaft sind bei der Anzeige die vorausgegangenen Gesellschafterwechsel, die zur Tatbestandsverwirklichung beigetragen haben, anzugeben.

Die Anzeige ist nach Kenntniserlangung der grundbesitzenden Kapitalgesellschaft von dem anzeigepflichtigen Vorgang innerhalb der in § 19 Abs. 3 GrEStG genannten Fristen zu erstatten.

Der Inhalt der Anzeige richtet sich nach § 20 GrEStG, insbesondere muss sie bei mehreren Beteiligten eine Beteiligungsübersicht enthalten (§ 20 Abs. 2 Nr. 3 GrEStG).

Zu § 1 Abs. 2c GrEStG

Anl zu § 1 Abs. 2c

Erlass betr. Anwendung des § 1 Absatz 2c GrEStG

Vom 4. Oktober 2022 (BStBl. I S. 1451)

(Gleich lautender Ländererlass)

1. Allgemeines

165 Mit dem Gesetz zur Änderung des Grunderwerbsteuergesetzes (GrEStG) vom 12. Mai 2021 (BGBl. I S. 986, BStBl. I S. 838) wurde in Ergänzung zu § 1 Abs. 2a und Abs. 2b GrEStG die Vorschrift des § 1 Abs. 2c GrEStG (sogenannte Börsenklausel) eingeführt. Danach bleiben bei der Ermittlung des Vomhundertsatzes i. S. v. § 1 Abs. 2a Satz 1 und Abs. 2b Satz 1 GrEStG Übergänge von Anteilen an Kapitalgesellschaften außer Betracht, wenn

- die Anteile zum Handel an einem organisierten Markt nach § 2 Abs. 11 Wertpapierhandelsgesetz (WpHG) (vgl. Tz. 3.3) oder an einem als gleichwertig anerkannten Drittlandhandelsplatz zugelassen sind (vgl. Tz. 3.4) und

– der Anteilsübergang auf Grund eines Geschäfts über einen begünstigten Wertpapierhandelsplatz erfolgt (vgl. Tz. 3.6).

2. § 1 Abs. 2a oder Abs. 2b GrEStG

Bei der Prüfung der relevanten mittelbaren Gesellschafterwechsel i. S. d. § 1 Abs. 2a GrEStG oder bei der Prüfung der relevanten unmittelbaren und mittelbaren Gesellschafterwechsel i. S. d. § 1 Abs. 2b GrEStG ist für die Ermittlung des Vomhundertsatzes § 1 Abs. 2c GrEStG zu beachten. **166**

3. Voraussetzungen des § 1 Abs. 2c GrEStG

Die Vorschrift des § 1 Abs. 2c GrEStG kommt in Betracht, wenn **167**
- Anteile an einer grundbesitzenden Kapitalgesellschaft unmittelbar übergehen (§ 1 Abs. 2b Satz 1 GrEStG) oder
- Anteile an einer Kapitalgesellschaft übergehen, die an einer grundbesitzenden Personengesellschaft oder Kapitalgesellschaft unmittelbar oder mittelbar beteiligt ist (§ 1 Abs. 2a Satz 3 bis 5 oder § 1 Abs. 2b Satz 3 bis 5 GrEStG).

3.1. Anteile an Kapitalgesellschaften

Unter § 1 Abs. 2c GrEStG fallende Kapitalgesellschaften sind Aktiengesellschaften, Kommanditgesellschaften auf Aktien und vergleichbare ausländische Kapitalgesellschaften, deren Anteile an Wertpapierhandelsplätzen zugelassen werden können. Bei diesen Anteilen handelt es sich regelmäßig um Aktien (vgl. beispielsweise §§ 8 ff. Aktiengesetz). **168**

Keine Anteile i. S. d. § 1 Abs. 2c GrEStG sind Wertpapiere, die sich lediglich auf die Anteile an einer Kapitalgesellschaft beziehen ohne das Eigentum an diesen Anteilen zu vermitteln. Hierzu gehören beispielsweise American Depositary Receipts (ADR).

3.2. Zum Handel zugelassene Anteile

Von § 1 Abs. 2c GrEStG werden nur solche Anteile an Kapitalgesellschaften erfasst, die zugelassen sind zum Handel an einem **169**
- organisierten Markt nach § 2 Abs. 11 Wertpapierhandelsgesetz (WpHG) oder
- einem gleichwertigen Drittlandhandelsplatz.

Der Umfang von Anteilen an einer Kapitalgesellschaft, die zum Handel zugelassen sind, hängt von der Entscheidung der Kapitalgesellschaft ab sowie vom Recht, das für den Wertpapierhandelsplatz maßgebend ist. Zum Handel zugelassene Anteile lassen sich über die Wertpapierhandelsplätze, an denen eine Zulassung erfolgt ist, identifizieren.

Anteile einer Kapitalgesellschaft können dabei an verschiedenen Wertpapierhandelsplätzen gehandelt werden. § 1 Abs. 2c GrEStG greift jedoch nur dann, wenn die Anteile an mindestens einem Wertpapierhandelsplatz zum Handel zugelassen wurden.

3.3. Organisierter Markt nach § 2 Abs. 11 WpHG

Organisierter Markt ist ein im Inland, in einem anderen Mitgliedstaat der Europäischen Union oder einem anderen Vertragsstaat des Abkommens über den Europäischen Wirtschaftsraum betriebenes oder verwaltetes, durch staatliche Stellen genehmigtes, geregeltes und überwachtes multilaterales (mehrseitiges) System, das die Interessen einer Vielzahl von Personen am Kauf und Verkauf von dort zum Handel zugelassenen Finanzinstrumenten innerhalb des Systems und nach nicht diskretionären (nicht dem Ermessen des Agierenden überlassenen) Bestimmungen in einer Weise zusammenbringt oder das Zusammenbringen fördert, die zu einem Vertrag über den Kauf dieser Finanzinstrumente führt. **170**

In Deutschland stellt der regulierte Markt an einer Börse einen organisierten Markt nach § 2 Abs. 11 WpHG dar. Die wichtigste Wertpapierbörse in Deutschland befindet sich in Frankfurt am Main. Weitere regionale Wertpapierbörsen existieren in Berlin, Düsseldorf, Hamburg, Hannover, München und Stuttgart.

Keine organisierten Märkte nach § 2 Abs. 11 WpHG stellen multilaterale Handelssysteme (MTF) i. S. d. Art. 2 Abs. 1 Nr. 14 der Verordnung (EU) Nr. 600/2014 dar. MTF unterscheiden sich von organisierten Märkten formal dadurch, dass sie nicht als organisierter Markt öffentlich-rechtlich genehmigt, geregelt und überwacht werden. In Deutschland stellt der Freiverkehr (§ 48 des Börsengesetzes) ein MTF dar, an dem Wertpapiere nicht öffentlich-rechtlich zum Handel zugelassen, sondern auf privatrechtlicher Grundlage einbezogen werden.

3.4. Gleichwertiger Drittlandhandelsplatz

Drittlandhandelsplätze können von der Europäischen Kommission als gleichwertig erklärt werden (vgl. die auf der Grundlage des Art. 25 Abs. 4 Buchst. a der Richtlinie 2014/65/EU erlassenen Durchführungsbeschlüsse). Bisher sind nur geregelte Märkte mit Sitz in den Vereinigten Staaten von Amerika (EU 2017/2320), Hongkong (EU 2017/2319) und Australien (EU 2017/2318) anerkannt. **171**

Die Entscheidungen der Europäischen Kommission können sich ändern und sind daher im Besteuerungszeitpunkt auf den aktuellen Stand zu prüfen.

3.5. Handelsplätze in der Schweiz und im Vereinigten Königreich Großbritannien und Nordirland

Die Schweiz und das Vereinigte Königreich Großbritannien und Nordirland sind keine Mitgliedstaaten der Europäischen Union oder des Europäischen Wirtschaftsraums. **172**

Die Börsen in der Schweiz und im Vereinigten Königreich Großbritannien und Nordirland sind derzeit nicht als gleichwertiger Drittlandhandelsplatz anerkannt.

Der jeweilige Status kann sich ändern und ist daher im Besteuerungszeitpunkt auf den aktuellen Stand zu prüfen.

3.6. Geschäft an einem Markt nach § 1 Abs. 2 c GrEStG

173 Der Anteilsübergang muss erfolgen auf Grund eines Geschäfts über
- einen organisierten Markt,
- einen gleichwertigen Drittlandhandelsplatz oder
- ein MTF.

Käufer und Verkäufer müssen über einen solchen Wertpapierhandelsplatz in einer Weise zusammengebracht werden, die zu einem Vertrag über den Kauf der Anteile an einer Kapitalgesellschaft führt.

Nicht auf Grund eines Geschäfts über einen organisierten Markt, einen gleichwertigen Drittlandhandelsplatz oder ein MTF erfolgen in der Regel u. a.:
- die erstmalige Ausgabe von Anteilen an einer Kapitalgesellschaft bei Börsengang („initial public offering" (IPO));
- die Ausgabe neuer Anteile an einer Kapitalgesellschaft in Folge einer Kapitalerhöhung;
- die Wertpapierleihe bzw. das Wertpapierdarlehen oder das Wertpapierpensionsgeschäft.

4. Anzeigepflicht

174 Gemäß § 19 Abs. 1 Satz 1 Nr. 3 a und Nr. 3 b GrEStG sind von der grundbesitzenden Personengesellschaft bzw. Kapitalgesellschaft alle Rechtsvorgänge anzuzeigen, die zur Verwirklichung des Tatbestands des § 1 Abs. 2 a bzw. Abs. 2 b GrEStG geführt haben. Die Anzeigepflicht besteht bei Tatbestandsverwirklichung. Anteilsübergänge i. S. d. § 1 Abs. 2 c GrEStG unterliegen dabei nicht der Anzeigepflicht, da sie bei der Ermittlung des Vomhundertsatzes nicht zu berücksichtigen sind.

Führt die Nichtberücksichtigung von Anteilsübergängen nach § 1 Abs. 2 c GrEStG dazu, dass das erforderliche Quantum von 90% der Anteile nicht erreicht wird, besteht mangels Tatbestandsverwirklichung des § 1 Abs. 2 a bzw. Abs. 2 b GrEStG keine Anzeigepflicht.

5. Zeitlicher Anwendungsbereich

Dieser Erlass ist auf alle offenen Fälle anzuwenden.

Zu § 1 Abs. 3 GrEStG

Anl a zu § 1 Abs. 3

a) Erlass betr. Erwerbsvorgänge im Sinne des § 1 Abs. 3 GrEStG im Zusammenhang mit Treuhandgeschäften und Auftragserwerben bzw. Geschäftsbesorgungen[1]

Vom 19. September 2018 (BStBl. I S. 1074)

(Gleichlautender Ländererlass)

180 Treuhandgeschäfte sowie Erwerbsvorgänge durch Auftragnehmer bzw. Geschäftsbesorger erlangen für die Grunderwerbsteuer Bedeutung, wenn sie Anteile einer Gesellschaft mit inländischem Grundbesitz betreffen.

Einen typischen Treuhandvertrag gibt es bürgerlich-rechtlich nicht. Infolgedessen muss der Inhalt der Treuhandabrede stets im Einzelfall sachverhaltsbezogen festgestellt und grunderwerbsteuerrechtlich gewürdigt werden.

Treuhänder bzw. Treunehmer ist grundsätzlich, wer von einem anderen, dem Treugeber, Vermögensrechte (z. B. an Gesellschaftsanteilen) zu eigenem Recht erworben hat und diese Rechte zwar im eigenen Namen, aber nicht (ausschließlich) im eigenen Interesse ausübt.

Der unentgeltliche Auftrag (§ 662 BGB) sowie der entgeltliche Geschäftsbesorgungsvertrag (§ 675 Abs. 1 BGB) verpflichten den Auftragnehmer bzw. Geschäftsbesorger, ein ihm vom Auftraggeber bzw. Geschäftsherrn übertragenes Geschäft, z. B. den Erwerb und/oder die Verwertung von Gesellschaftsanteilen, für diesen vorzunehmen. Ob ein solches Auftrags- bzw. Geschäftsbesorgungsverhältnis vorliegt, kann jeweils nur im Einzelfall festgestellt werden.

Zu den Grundfällen im Zusammenhang mit der Begründung, Übertragung oder Rückgängigmachung von Treuhand- und Auftrags- bzw. Geschäftsbesorgungsverhältnissen gilt Folgendes:

1. Ein Gesellschafter überträgt mindestens 95% der Anteile an einer Gesellschaft auf einen Treuhänder

181 **1.1.** Der Treuhänder wird Inhaber des für eine Anteilsübertragung i. S. d. § 1 Abs. 3 GrEStG erforderlichen Quantums der Gesellschaftsanteile. Der Rechtsvorgang unterliegt der Steuer nach § 1 Abs. 3 Nr. 3 GrEStG, wenn für den Treuhänder durch Rechtsgeschäft ein Anspruch auf Übertragung begründet wird. Das ist regelmäßig bei der im Interesse des Treuhänders begründeten sog. eigennützigen Treuhand der Fall (z. B. Sicherungstreuhand, eigennützige Verwaltungstreuhand im Interesse der Gläubiger des Treugebers). Handelt es sich aus der Sicht des Treuhänders um eine sog. uneigennützige Treuhand (z. B. Liquidationstreuhand), besteht regelmäßig auf Grund der Vereinbarung nur die Pflicht des Treuhänders aus Auftrag oder Geschäftsbesorgungsvertrag (§§ 662, 675 Abs. 1 BGB), die Übertragung der Anteile anzunehmen, nicht aber das Recht, diese zu verlangen. Mangels Übertragungsanspruchs des Treuhänders unterliegt die Übertragung der Anteile bei der sog. uneigennützigen Treuhand daher der Steuer nach § 1 Abs. 3 Nr. 4 GrEStG.

1.2. Erwächst dem Treugeber bei einem uneigennützigen Treuhandverhältnis gleichzeitig mit der Übertragung der Anteile ein Rückübertragungsanspruch aus § 667 BGB, wird dadurch, dass dieser Anspruch nicht rechtsgeschäftlich begründet wurde, sondern kraft Gesetzes entsteht, der Tatbestand des § 1

[1] Der Erlass ist noch nicht an die geänderte Rechtslage durch das Gesetz zur Änderung des GrEStG vom 12. 5. 2021 (BGBl. I S. 986) angepasst. Zu Übergangsregelungen siehe *gleich lautenden Ländererlass vom 29. 6. 2021,* abgedruckt als Anlage b zu § 1 Abs. 2 a GrEStG.

Abs. 3 Nr. 3 GrEStG nicht erfüllt. Wird bei eigennützigen Treuhandverhältnissen rechtsgeschäftlich eine aufschiebend bedingte Rückübertragungsverpflichtung begründet, entsteht die Steuer aus § 1 Abs. 3 Nr. 3 GrEStG nach § 14 Nr. 1 GrEStG erst mit Bedingungseintritt. Anl a zu § 1 Abs. 3

1.3. Es kommen folgende weitere Erwerbsvorgänge in Betracht:

1.3.1. Der Treuhänder überträgt die Anteile auf den Treugeber zurück.

Beruht die Rückübertragung auf rechtsgeschäftlich begründeter aufschiebend bedingter Verpflichtung, entsteht die Steuer aus § 1 Abs. 3 Nr. 3 GrEStG (vgl. unter 1.2.). Erfolgt sie in Erfüllung des dem Treugeber zustehenden Herausgabeanspruchs (§ 667 BGB), so unterliegt der Vorgang der Steuer nach § 1 Abs. 3 Nr. 4 GrEStG, und zwar bezüglich aller der Gesellschaft gehörenden Grundstücke. Bei Erfüllung der jeweiligen Tatbestandsvoraussetzungen ist § 3 Nr. 8 Satz 1 GrEStG ebenso anwendbar wie § 16 Abs. 2 GrEStG, allerdings jeweils nur insoweit, als die Grundstücke bereits bei der Anteilsübertragung auf den Treuhänder zum Vermögen der Gesellschaft gehörten und in diesem verblieben waren.

1.3.2. Der Treugeber verzichtet auf seinen Herausgabeanspruch bzw. vor Bedingungseintritt auf den rechtsgeschäftlich begründeten Rückübertragungsanspruch.

Ein Rechtsvorgang i. S. d. § 1 Abs. 3 GrEStG wird dadurch nicht verwirklicht.

1.3.3. Der Treuhänder überträgt die ihm übertragenen mindestens 95% der Anteile der Gesellschaft im Einvernehmen mit dem Treugeber auf einen Dritten; das Treuhandverhältnis erlischt.

1.3.3.1. Der Steuer nach § 1 Abs. 3 Nr. 3 GrEStG unterliegt das Rechtsgeschäft, durch das der Dritte den Anspruch auf Übertragung von mindestens 95% der Anteile der Gesellschaft erwirbt. Beruht die Anteilsübertragung nicht auf einem hierauf gerichteten Rechtsgeschäft, so unterliegt sie der Steuer nach § 1 Abs. 3 Nr. 4 GrEStG.

1.3.3.2. Ein weiterer grunderwerbsteuerbarer Vorgang wird durch die Auflösung des Treuhandverhältnisses nicht verwirklicht.

1.3.3.3. Für den durch die Begründung des Treuhandverhältnisses verwirklichten Erwerbsvorgang kommt § 16 Abs. 2 GrEStG nicht zur Anwendung, weil keine Rückübertragung der Anteile auf den Treugeber erfolgt.

1.3.4. Der Treugeber überträgt seine Rückübertragungsansprüche in Bezug auf die treuhänderisch gehaltenen mindestens 95% der Anteile auf einen Dritten (Treugeberwechsel).

Der Rechtsvorgang unterliegt der Steuer nach § 1 Abs. 3 Nr. 3 GrEStG.

1.3.5. Der Treuhänder überträgt die von ihm gehaltenen mindestens 95% der Anteile auf einen anderen Treuhänder (Treuhänderwechsel).

Der Rechtsvorgang unterliegt der Steuer nach § 1 Abs. 3 Nr. 3 bzw. Nr. 4 GrEStG.

2. Ein Gesellschafter, der mindestens 95% der Anteile einer Gesellschaft innehat, verschafft einem Treugeber einen auf diese bezogenen Übertragungsanspruch

2.1. Der Inhaber der Anteile vereinbart mit einem Dritten, dass er dessen Treuhänder wird. Er erlangt hierdurch die Rechtsstellung eines Treuhänders, bleibt aber Anteilsinhaber. Der Erwerb des Übertragungsanspruchs durch den Dritten als neuen Treugeber unterliegt der Steuer nach § 1 Abs. 3 Nr. 3 GrEStG. **182**

2.2. Hier kommen die folgenden weiteren Erwerbsvorgänge in Betracht:

2.2.1. Der Treugeber verzichtet auf seinen Herausgabeanspruch oder vor Bedingungseintritt auf seinen rechtsgeschäftlich aufschiebend bedingten Rückübertragungsanspruch.

2.2.1.1. Ein Rechtsvorgang i. S. d. § 1 Abs. 3 GrEStG wird dadurch nicht verwirklicht.

2.2.1.2. Unter den Voraussetzungen des § 16 Abs. 1 GrEStG ist für den Erwerb durch den Treugeber bei Begründung des Treuhandverhältnisses keine Steuer festzusetzen oder die Steuerfestsetzung aufzuheben.

2.2.2. Der Treuhänder überträgt dem Treugeber auch die Anteile.

Nachdem bereits der Erwerb seiner Rechte als Treugeber hinsichtlich der bei Begründung des Treuhandverhältnisses zum Vermögen der Gesellschaft gehörenden Grundstücke der Steuer nach § 1 Abs. 3 Nr. 3 GrEStG unterlegen hat, unterliegt insoweit die Übertragung der Anteile keiner weiteren Steuer. Steuerpflicht nach § 1 Abs. 3 Nr. 4 GrEStG tritt jedoch insoweit ein, als durch die Gesellschaft seit Begründung des Treuhandverhältnisses Grundstücke hinzuerworben wurden; insoweit ist ein Rechtsgeschäft i. S. d. § 1 Abs. 3 Nr. 3 GrEStG nicht vorausgegangen.

2.2.3. Der Treuhänder überträgt die von ihm treuhänderisch gehaltenen mindestens 95% der Anteile im Einvernehmen mit dem Treugeber auf einen Dritten; das Treuhandverhältnis erlischt.

2.2.3.1. Der Steuer nach § 1 Abs. 3 Nr. 3 GrEStG unterliegt das Rechtsgeschäft, durch das der Dritte den Anspruch auf Übertragung von mindestens 95% der Anteile der Gesellschaft erwirbt. Beruht die Anteilsübertragung nicht auf einem hierauf gerichteten Rechtsgeschäft, so unterliegt sie der Steuer nach § 1 Abs. 3 Nr. 4 GrEStG.

2.2.3.2. Ein weiterer grunderwerbsteuerbarer Vorgang wird durch die Auflösung des Treuhandverhältnisses nicht verwirklicht.

2.2.3.3. Für den bei Begründung des Treuhandverhältnisses verwirklichten Erwerb durch den Treugeber kommt § 16 GrEStG nicht zur Anwendung, weil der Treuhänder den Übertragungsanspruch nicht wieder zurückerlangt.

Anl a zu § 1 Abs. 3

3. Ein Auftragnehmer oder ein Geschäftsbesorger erwirbt mindestens 95% der Anteile einer Gesellschaft für den Auftraggeber bzw. den Geschäftsherrn

183 **3.1.** Der Auftragnehmer bzw. der Geschäftsbesorger wird Inhaber von mindestens 95% der Anteile der Gesellschaft. Gleichzeitig mit dessen Erwerb erwirbt der Auftraggeber bzw. der Geschäftsherr den Anspruch auf Übertragung der Anteile aus § 667 BGB. Der Erwerb der Anteile durch den Auftragnehmer bzw. den Geschäftsbesorger unterliegt der Steuer nach § 1 Abs. 3 Nr. 3 GrEStG, wenn er mindestens 95% der Anteile von einem Dritten erwirbt. Erwirbt er die Anteile sukzessive von mehreren Personen, unterliegt die Anteilsvereinigung in seiner Hand bei Erreichung des Quantums von mindestens 95% der Steuer nach § 1 Abs. 3 Nr. 1 GrEStG. Der sich auf mindestens 95% der Anteile der Gesellschaft beziehende Herausgabeanspruch des Auftraggebers bzw. des Geschäftsherrn unterliegt der Steuer nach § 1 Abs. 3 Nr. 3 GrEStG.

3.2. Hier kommen die folgenden weiteren Erwerbsvorgänge in Betracht:

3.2.1. Der Auftragnehmer bzw. der Geschäftsbesorger überträgt die erworbenen Anteile von mindestens 95% auf den Auftraggeber bzw. den Geschäftsherrn.

3.2.1.1. Nachdem bereits der Erwerb seiner Rechte als Auftraggeber bzw. Geschäftsherr hinsichtlich der bei Begründung des Auftrags- bzw. Geschäftsbesorgungsverhältnisses zum Vermögen der Gesellschaft gehörenden Grundstücke der Steuer nach § 1 Abs. 3 Nr. 3 GrEStG unterlegen hat, entsteht insoweit durch die Übertragung der Anteile keine weitere Steuer. Steuerpflicht nach § 1 Abs. 3 Nr. 4 GrEStG tritt jedoch insoweit ein, als durch die Gesellschaft seit Begründung des Auftrags- bzw. Geschäftsbesorgungsverhältnisses Grundstücke hinzuerworben wurden; insoweit ist kein Rechtsgeschäft i. S. d. § 1 Abs. 3 Nr. 3 GrEStG vorausgegangen.

3.2.2. Der Auftraggeber bzw. der Geschäftsherr verzichtet vollständig auf seinen Übertragungsanspruch.

3.2.2.1. Ein Rechtsvorgang i. S. d. § 1 Abs. 3 GrEStG wird dadurch nicht verwirklicht.

3.2.2.2. Unter den Voraussetzungen des § 16 Abs. 1 GrEStG ist für den Erwerb durch den Auftraggeber bzw. Geschäftsherrn bei Begründung des Auftrags- bzw. Geschäftsbesorgungsverhältnisses keine Steuer festzusetzen oder die Steuerfestsetzung aufzuheben.

3.2.3. Der Auftragnehmer bzw. der Geschäftsbesorger überträgt die erworbenen mindestens 95% der Anteile der Gesellschaft im Einvernehmen mit dem Auftraggeber bzw. dem Geschäftsherrn auf einen Dritten; das Auftrags- bzw. Geschäftsbesorgungsverhältnis erlischt. Zudem erlischt der Herausgabeanspruch infolge anderweitiger Erfüllung.

3.2.3.1. Der Steuer nach § 1 Abs. 3 Nr. 3 GrEStG unterliegt das Rechtsgeschäft, durch das der Dritte den Anspruch auf Übertragung von mindestens 95% der Anteile der Gesellschaft erwirbt. Beruht die Anteilsübertragung nicht auf einem hierauf gerichteten Rechtsgeschäft, so unterliegt sie der Steuer nach § 1 Abs. 3 Nr. 4 GrEStG.

3.2.3.2. Ein weiterer grunderwerbsteuerbarer Vorgang wird durch die Auflösung des Auftrags- bzw. Geschäftsbesorgungsverhältnisses nicht verwirklicht.

3.2.3.3. Für den bei Begründung des Auftrags- bzw. Geschäftsbesorgungsverhältnisses verwirklichten Erwerb durch den Auftraggeber bzw. Geschäftsherrn kommt § 16 GrEStG nicht zur Anwendung, weil der Auftragnehmer bzw. Geschäftsbesorger den Übertragungsanspruch nicht erlangt.

4. Ergänzende Hinweise

184 **4.1.** Bei Personengesellschaften ist der Vorrang des § 1 Abs. 2 a GrEStG (§ 1 Abs. 3 erster Satzteil GrEStG) zu beachten.

Bei unmittelbaren Beteiligungen an grundbesitzenden Personengesellschaften ist die sachenrechtliche Beteiligung am Gesamthandsvermögen (gesamthänderische Mitberechtigung) maßgebend. Die gesamthänderische Mitberechtigung steht auch demjenigen zu, der (im Innenverhältnis) am Wert des Gesellschaftsvermögens nicht beteiligt ist. Bei Beteiligungen an zwischengeschalteten Personengesellschaften ist hingegen die Beteiligung am Gesellschaftsvermögen maßgebend (BFH-Urteil vom 27. September 2017 II R 41/15, BStBl. 2018 II S. 667).

4.2. Bei den unter Tz. 1 und 2 genannten Fällen wird unterstellt, dass das Treuhandverhältnis immer nur zwischen einem Treuhänder und einem Treugeber besteht und stets Erwerbsvorgänge i. S. d. § 1 Abs. 3 Nr. 3 bzw. Nr. 4 GrEStG verwirklicht werden. Entsprechendes gilt grundsätzlich auch für im Rahmen von Treuhandverhältnissen verwirklichte Erwerbsvorgänge i. S. d. § 1 Abs. 3 Nr. 1 oder Nr. 2 GrEStG (z. B. Vereinbarung eines Treuhandverhältnisses unter Gesellschaftern, die dazu führt, dass einem Mitgesellschafter die Rechtsposition eines Treugebers eingeräumt wird, in dessen Hand sich mindestens 95% der Anteile an einer grundbesitzenden Gesellschaft vereinen). Sind die Anteile an einer grundbesitzenden Gesellschaft bereits dadurch i. S. d. § 1 Abs. 3 Nr. 1 und 2 GrEStG in der Hand einer Person vereinigt, dass diese mindestens 95% der Anteile an der Gesellschaft teils unmittelbar, teils über einen Treuhänder oder Auftragnehmer bzw. Geschäftsbesorger hält, so führt die bloße Auswechslung des Treuhänders oder Auftragnehmers bzw. Geschäftsbesorgers – anders als in den Fällen der Tz. 1.3.5. – jedoch zu keinem Erwerbsvorgang i. S. d. § 1 Abs. 3 Nr. 1 und 2 GrEStG (vgl. BFH-Urteil vom 16. Juli 1997 II R 8/95, BFH/NV 1998 S. 81).

In den unter Tz. 3 dargestellten Fällen ist ebenfalls davon ausgegangen worden, dass jeweils nur ein Auftragnehmer bzw. Geschäftsbesorger einem Auftraggeber bzw. Geschäftsherrn gegenübersteht.

4.3. Sind mehrere Treuhänder oder Treugeber bzw. mehrere Auftragnehmer bzw. Geschäftsbesorger beteiligt, so ist zu beachten, dass ein grunderwerbsteuerbarer Vorgang jeweils nur vorliegt, wenn mindestens 95% der Anteile in einer Hand vereinigt werden. Die Regelungen in Tz. 1 bis 3 sind daher nur eingeschränkt anwendbar, wie sich aus nachstehenden Beispielen ergibt.

a) Zu grunderwerbsteuerbaren Vorgängen führt in den Fällen der
- Tz. 1.2 nur die rechtsgeschäftliche Begründung einer Rückübertragungsverpflichtung zu Gunsten eines Treugebers,
- Tz. 1.3.4 nur die Abtretung der Rückübertragungsverpflichtung bzw. des Herausgabeanspruchs aus § 667 BGB an einen Treugeber und
- Tz. 1.1 und 1.3.5 nur die Übertragung der Anteile auf einen Treuhänder bzw. anderen Treuhänder.

Dagegen werden grunderwerbsteuerbare Vorgänge jeweils nicht verwirklicht, wenn die Rückübertragungsverpflichtung bzw. der Herausgabeanspruch auf mehrere Treugeber übergeleitet wird oder mehrere Treuhänder die Anteile erwerben.

b) Im Fall der Tz. 3 führt nur der Erwerb von mindestens 95% der Anteile durch einen Auftragnehmer bzw. Geschäftsbesorger zu zwei grunderwerbsteuerbaren Vorgängen. Erwerben mehrere Auftragnehmer bzw. Geschäftsbesorger Anteile für einen Auftraggeber bzw. Geschäftsherrn, die zusammengerechnet mindestens 95% der Anteile ausmachen, wird mit deren Erwerb bei Erreichung des Quantums nur beim Auftraggeber bzw. Geschäftsherrn ein grunderwerbsteuerbarer Vorgang verwirklicht. Dasselbe gilt, wenn durch einen Auftragnehmer oder Geschäftsbesorger weitere Anteile hinzuerworben werden, die dazu führen, dass mindestens 95% der Anteile in der Hand des Auftraggebers bzw. Geschäftsherrn vereinigt werden.

4.4. Die Anzahl der verwirklichten Erwerbsvorgänge hängt jeweils davon ab, wie viele Grundstücke zum Vermögen der Gesellschaft gehören.

4.5. Nach § 8 Abs. 2 Satz 1 Nr. 3 GrEStG ist Bemessungsgrundlage der Grundbesitzwert i. S. d. § 151 Abs. 1 Satz 1 Nr. 1 i. V. m. § 157 Abs. 1 bis 3 BewG (zur Bewertung siehe Abschn. 151 ff. ErbStR). Die Besteuerungsgrundlagen sind ggf. gesondert festzustellen (§ 17 Abs. 3 Nr. 2 GrEStG).

5. Anwendung

Dieser Erlass tritt an die Stelle der gleich lautenden Erlasse zu Erwerbsvorgängen i. S. d. § 1 Abs. 3 GrEStG im Zusammenhang mit Treuhandgeschäften und Auftragserwerben bzw. Geschäftsbesorgungen vom 12. Oktober 2007 (BStBl. I S. 761). Er ist auf alle offenen Fälle anzuwenden.

b) Erlass betr. Anwendung des § 1 Absatz 3 Grunderwerbsteuergesetz (GrEStG)

Anl b zu § 1 Abs. 3

Vom 5. März 2024 (BStBl. I S. 383)

(Gleich lautender Ländererlass)

Inhaltsverzeichnis

1. Allgemeines	1
2. Vom Tatbestand erfasste Gesellschaften und Grundstücke	4
3. Anteil an der Gesellschaft	7
3.1. Kapitalgesellschaft	8
3.2. Personengesellschaft	12
4. Berücksichtigung mittelbarer Anteilserwerbe	14
5. Mehrfaches Inbetrachtkommen des § 1 Absatz 3 GrEStG	21
6. Verstärkung einer bestehenden Anteilsvereinigung	24
7. Verhältnis zu § 1 Absatz 2 a und Absatz 2 b GrEStG	30
7.1. Allgemeines	30
7.2. Verfahrensrechtliche Abläufe	32
8. Anwendung der §§ 3, 4 und 6 GrEStG	35
8.1. Anteilsvereinigung (§ 1 Absatz 3 Nummer 1 und Nummer 2 GrEStG)	36
8.1.1. Sachliche Befreiungsvorschriften	37
8.1.2. Personenbezogene Befreiungsvorschriften	40
8.2. Übertragung verinigter Anteile (§ 1 Absatz 3 Nummer 3 und Nummer 4 GrEStG)	42
9. Grundstückserwerb des Gesellschafters von der Gesellschaft (§ 1 Absatz 6 GrEStG)	44
10. Verhältnis zu § 16 GrEStG	45
11. Bemessungsgrundlage	47
12. Steuerschuldner	48
13. Anzeigepflicht	49
14. Organschaft nach § 1 Absatz 4 GrEStG und Treuhandfälle	51
15. Zeitlicher Anwendungsbereich	53

1. Allgemeines

1 § 1 Absatz 3 GrEStG bestimmt, dass die Vereinigung von mindestens 90% der Anteile einer grundbesitzenden Personen- oder Kapitalgesellschaft oder der Übergang bereits vereinigter Anteile Grunderwerbsteuer auslösen. Diese können sowohl unmittelbar, mittelbar als auch teilweise unmittelbar und mittelbar über eine andere Gesellschaft erfolgen. **190**

2 Beim unmittelbaren Anteilserwerb wird der Erwerber selbst zivilrechtlich Gesellschafter der grundbesitzenden Gesellschaft.

3 Beim mittelbaren Anteilserwerb wird der Erwerber selbst nicht Gesellschafter der grundbesitzenden Gesellschaft, sondern wird an ihr über eine oder mehrere andere Gesellschaften beteiligt. Eine Anknüpfung an das Zivilrecht scheidet aus, da es keine Regelungen für einen mittelbaren Anteilserwerb vorsieht. Unter welchen Voraussetzungen ein mittelbarer Anteilserwerb vorliegt, ist unter Berücksichtigung von Wortlaut sowie Sinn und Zweck des § 1 Absatz 3 GrEStG zu beurteilen.

2. Vom Tatbestand erfasste Gesellschaften und Grundstücke

4 Gesellschaften im Sinne des § 1 Absatz 3 GrEStG sind insbesondere die Gesellschaft mit beschränkter Haftung, die Unternehmergesellschaft, die Aktiengesellschaft, die Kommanditgesellschaft auf Aktien, die Europäische Gesellschaft (SE), die rechtsfähige Gesellschaft bürgerlichen Rechts (GbR, eGbR), die offene Handelsgesellschaft, die Kommanditgesellschaft (einschließlich der GmbH & Co. KG) und die Partnerschaftsgesellschaft. Ausländische Gesellschaften, deren rechtliche Struktur den inländischen Gesellschaften entspricht, werden von der Vorschrift erfasst. **191**

Anl b zu § 1 Abs. 3

5 Keine Gesellschaften im Sinne des § 1 Absatz 3 GrEStG sind z. B. die Erbengemeinschaft und die atypische stille Gesellschaft.

6 Ausführungen zur Frage, ob und wann einer Gesellschaft ein Grundstück im Sinne des § 1 Absatz 3 GrEStG gehört, enthalten die gleich lautenden Erlasse der obersten Finanzbehörden der Länder zur Zurechnung von Grundstücken für die Ergänzungstatbestände in § 1 Absatz 2 a bis 3 a GrEStG.

3. Anteil an der Gesellschaft

7 Beim Anteil an der Gesellschaft ist zwischen Kapitalgesellschaft und Personengesellschaft wie folgt zu unterscheiden:

3.1. Kapitalgesellschaft

192 **8** Anteile einer Kapitalgesellschaft sind die Beteiligungen am Gesellschaftskapital, zum Beispiel bei einer Gesellschaft mit beschränkter Haftung die Geschäftsanteile (§ 5 und §§ 14 ff. GmbHG) und bei einer Aktiengesellschaft die Aktien (§§ 8 ff. AktG). Der übergehende Anteil entspricht bei Gesellschaften mit beschränkter Haftung dem Anteil, den die übertragenen Geschäftsanteile am Stammkapital darstellen. Bei Aktiengesellschaften entspricht er dem Anteil, den die übertragenen Aktien am Grundkapital darstellen. Die Vermögenseinlagen der persönlich haftenden Gesellschafter einer Kommanditgesellschaft auf Aktien sind Teil des Grundkapitals, wenn sie darauf geleistet wurden (§ 281 Absatz 2 AktG). Auf die mit den einzelnen Anteilen verbundene Rechtsmacht kommt es nicht an. Beispielsweise sind Vorzugsaktien (§ 12 AktG) nicht anders als die mit Stimmrecht ausgestatteten Aktien zu behandeln.

9 Eigene Anteile, die die Gesellschaft selbst hält, bleiben bei der Ermittlung des Vomhundertsatzes unberücksichtigt (BFH-Urteil vom 18. September 2013 – II R 21/12, BStBl II 2014, 326). Maßgebend ist somit, dass mindestens 90% der nicht von der Gesellschaft selbst gehaltenen Anteile in einer Hand vereinigt werden bzw. mindestens 90% der nicht von der Gesellschaft selbst gehaltenen, bereits vereinigten Anteile übergehen.

10 Keine Anteile sind Wertpapiere, die sich lediglich auf die Anteile an einer Kapitalgesellschaft beziehen, ohne das Eigentum an diesen Anteilen zu vermitteln. Hierzu gehören beispielsweise American Depositary Receipts (ADR).

11 Die vorstehenden Grundsätze gelten für vergleichbare ausländische Kapitalgesellschaften entsprechend.

3.2. Personengesellschaft

193 **12** Bei Personengesellschaften ist zwischen einem unmittelbaren und mittelbaren Anteilserwerb zu unterscheiden:

- Bei einem unmittelbaren Anteilserwerb ist Anteil einer Personengesellschaft die aus § 24 GrEStG folgende sachenrechtliche Mitberechtigung des Gesellschafters (Pro-Kopf-Betrachtung).
- Bei einem mittelbaren Anteilserwerb entspricht der Anteil einer Personengesellschaft – wie bei Kapitalgesellschaften – der Beteiligung am Gesellschaftsvermögen.

13 Die vorstehenden Grundsätze gelten für vergleichbare ausländische Personengesellschaften entsprechend.

4. Berücksichtigung mittelbarer Anteilserwerbe

194 **14** Ein Anteilserwerb kann bei einer zwischengeschalteten Gesellschaft zu einer Anteilsvereinigung nach § 1 Absatz 3 Nummer 1 oder Nummer 2 GrEStG beitragen oder führen. Führt der Anteilserwerb zu einer Beteiligung von mindestens 90% an der zwischengeschalteten Gesellschaft, sind dem Erwerber 100% der von der zwischengeschalteten Gesellschaft gehaltenen Anteile zuzurechnen.

195 **15** **Beispiel 1:**

Am Kapital der grundbesitzenden A-KG sind eine OHG und der Altgesellschafter C zu jeweils 50% beteiligt. Am Vermögen der OHG sind A zu 10% und B zu 90% beteiligt. B veräußert seine Beteiligung am Vermögen der OHG an C.

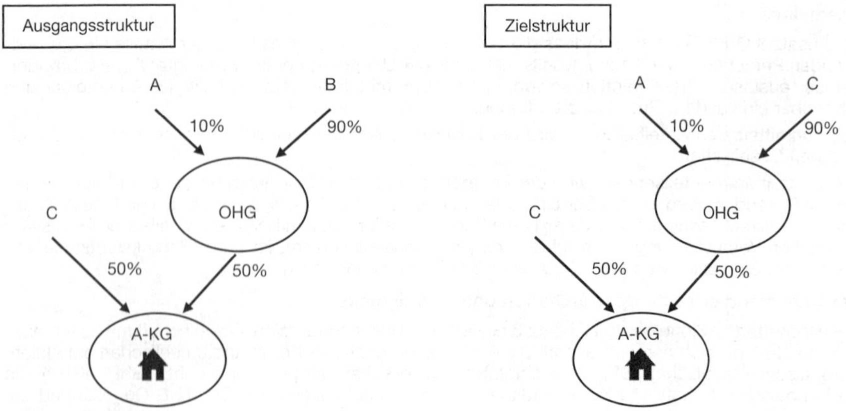

16 Lösung:

Der Tatbestand des § 1 Absatz 2 a GrEStG ist nicht erfüllt, da innerhalb von 10 Jahren nicht mindestens 90% der Anteile auf neue Gesellschafter übergegangen sind. C ist Altgesellschafter der A-KG.
Durch die Übertragung der Beteiligung von B an C ist der Tatbestand des § 1 Absatz 3 Nummer 1 GrEStG verwirklicht, da teils unmittelbar, teils mittelbar mindestens 90% der Anteile (100% = 50% + 50%) an der grundbesitzenden A-KG in der Hand des C vereinigt werden. Die sachenrechtliche Mitberechtigung der OHG am Vermögen der A-KG wird C in voller Höhe (50%) zugerechnet, da C zu mindestens 90% am Vermögen der OHG beteiligt ist.

17 Beispiel 2: 196

Am Kapital der grundbesitzenden A-GmbH sind die B-GmbH zu 50%, eine KG zu 45% und der Altgesellschafter C zu 5% beteiligt. Am Kapital der B-GmbH sind A zu 90% und B zu 10% beteiligt. Am Vermögen der KG sind A zu 90% und Y zu 10% beteiligt. A veräußert seine Beteiligungen am Vermögen der KG und am Kapital der B-GmbH an C.

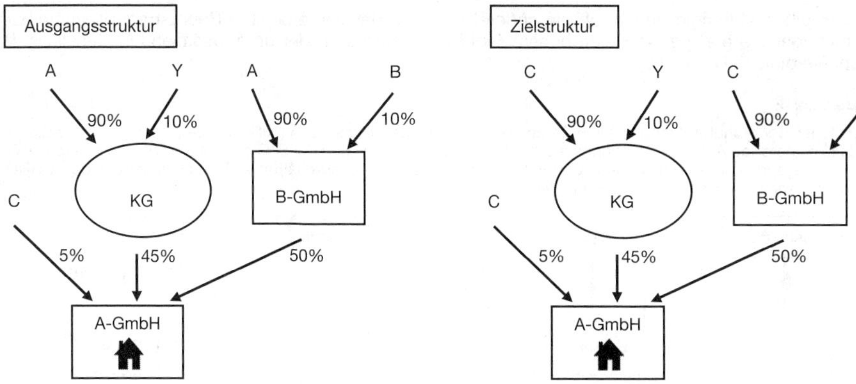

18 Lösung:

Der Tatbestand des § 1 Absatz 2 b GrEStG ist nicht erfüllt, da innerhalb von 10 Jahren nicht mindestens 90% der Anteile auf neue Gesellschafter übergegangen sind. C ist Altgesellschafter der A-GmbH.
Durch die Übertragung der bereits mittelbar vereinigten Anteile am Kapital der A-GmbH von A an C ist der Tatbestand des § 1 Absatz 3 Nummer 3 GrEStG verwirklicht, da mittelbar mindestens 90% der Anteile (95% = 50% + 45%) an der grundbesitzenden A-GmbH auf C übertragen werden. Die Beteiligung der B-GmbH am Kapital der A-GmbH wird C in voller Höhe (50%) zugerechnet, da C zu mindestens 90% am Kapital der B-GmbH beteiligt ist. Die Beteiligung der KG am Kapital der A-GmbH wird C in voller Höhe (45%) zugerechnet, da C zu mindestens 90% am Vermögen der KG beteiligt ist.

19 Beispiel 3: 197

Am Kapital der grundbesitzenden A-GmbH sind eine OHG und der Altgesellschafter C zu jeweils 50% beteiligt. Am Vermögen der OHG sind A zu 89% und B zu 11% beteiligt. A veräußert seine Beteiligung am Vermögen der OHG an C.

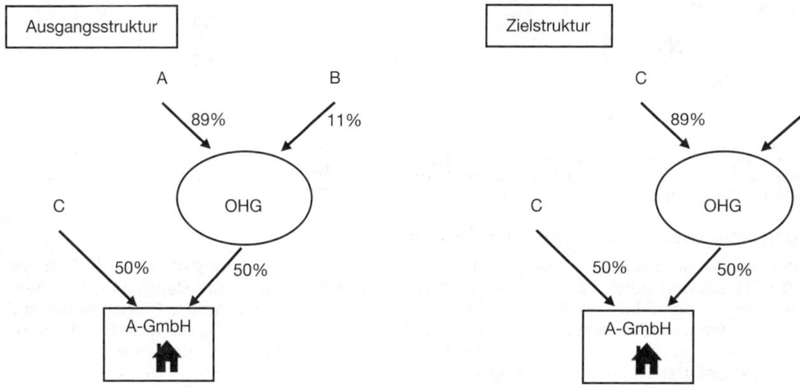

20 Lösung:

Der Tatbestand des § 1 Absatz 2 b GrEStG ist nicht erfüllt, da innerhalb von 10 Jahren nicht mindestens 90% der Anteile auf neue Gesellschafter übergegangen sind. C ist Altgesellschafter der A-GmbH.
Der Tatbestand des § 1 Absatz 3 GrEStG ist nicht verwirklicht, da nicht mindestens 90% der Anteile an der A-GmbH unmittelbar oder mittelbar in der Hand des C vereinigt werden. Die Beteiligung der OHG am Kapital der A-GmbH wird C nicht zugerechnet, da C nicht zu mindestens 90% (89%) am Vermögen der OHG beteiligt ist.
Durch die Übertragung der Beteiligung von A an C ist der Tatbestand des § 1 Absatz 3 a GrEStG verwirklicht, da C teils unmittelbar, teils mittelbar eine wirtschaftliche Beteiligung in Höhe von mindestens 90% (94,5% = 50% + 89% x 50%) an der A-GmbH innehat.

Anl b zu § 1 Abs. 3

5. Mehrfaches Inbetrachtkommen des § 1 Absatz 3 GrEStG

21 Bei mehrstufigen Beteiligungsstrukturen kann aufgrund desselben Rechtsgeschäfts oder aufgrund desselben Übergangs auf verschiedenen Ebenen ein mehrfaches Auftreten des § 1 Absatz 3 GrEStG in Betracht kommen. In solchen Fällen ist wie folgt zu verfahren:

198 – Der Tatbestand wird grundsätzlich bei dem Rechtsträger verwirklicht, der unmittelbar Beteiligter des Rechtsgeschäfts oder des Übergangs ist, welches bzw. welcher zur Verwirklichung des Tatbestands nach § 1 Absatz 3 GrEStG führt (vergleiche Beispiele 5 und 6).
– Erfüllt der an diesem Rechtsgeschäft oder Übergang unmittelbar beteiligte Rechtsträger den Tatbestand des § 1 Absatz 3 GrEStG nicht, verwirklicht diesen Tatbestand der – ausgehend von dem am Rechtsgeschäft oder Übergang unmittelbar beteiligten Rechtsträger – in der Beteiligungskette am nächsten stehende (unterste) Rechtsträger, der die Voraussetzungen nach § 1 Absatz 3 GrEStG erfüllt (vergleiche Beispiel 4).

22 Dies gilt unabhängig davon, ob ein anderer als einer der vorgenannten Rechtsträger unmittelbar oder mittelbar die gleiche oder eine höhere Beteiligungsquote an der grundbesitzenden Gesellschaft erreicht (vergleiche Beispiel 6).

199 **23** **Beispiel 4:**

Am Vermögen der grundbesitzenden A-OHG sind die Gründungsgesellschafter A (20%), die B-GmbH (40%) und die C-GmbH (40%) beteiligt. Alleinige Gründungsgesellschafterin der B-GmbH und der C-GmbH ist die D-GmbH. Deren alleinige Gründungsgesellschafterin ist die E-GmbH (alleiniger Gründungsgesellschafter ist E). A scheidet aus der A-OHG aus, weshalb seine Anteile der B-GmbH und der C-GmbH anwachsen.

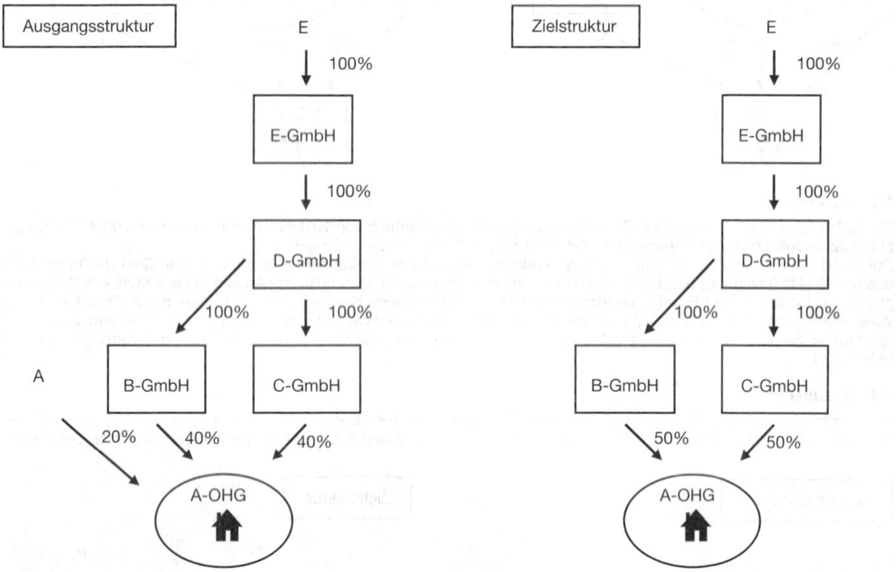

24 **Lösung:**

Nur auf der Ebene der D-GmbH wird auf mittelbarer Ebene der Tatbestand des § 1 Absatz 3 Nummer 2 GrEStG verwirklicht. § 1 Absatz 2 a GrEStG wird nicht verwirklicht, da die B-GmbH und die C-GmbH als Gründungsgesellschafter Altgesellschafter der A-OHG sind.

6. Verstärkung einer bestehenden Anteilsvereinigung

200 **25** Eine Verstärkung einer schon bestehenden Anteilsvereinigung von mindestens 90% (z. B. durch Verkürzung der Beteiligungskette, Wechsel einer mittelbaren in eine unmittelbare Beteiligung oder Aufstockung der Beteiligung) erfüllt nicht den Tatbestand des § 1 Absatz 3 Nummer 1 oder Nummer 2 GrEStG. Dies gilt sowohl für Grundstücke, die im Zeitpunkt der Anteilsvereinigung der grundbesitzenden Gesellschaft zuzurechnen waren, als auch für Grundstücke, die die grundbesitzende Gesellschaft in der Zwischenzeit erworben hat (BFH-Urteil vom 20. Oktober 1993 – II R 116/90, BStBl. II 1994, 121). Unbeachtlich ist, ob die durch die vorausgegangene Anteilsvereinigung ausgelösten Erwerbsvorgänge besteuert oder durch diese Anteilsvereinigung kein Tatbestand verwirklicht wurde, weil beispielsweise die Gesellschaft zu diesem Zeitpunkt noch keinen Grundbesitz hatte oder das Beteiligungsverhältnis bereits seit Gründung der Gesellschaft bestand (BFH-Urteil vom 12. Januar 1994 – II R 130/91, BStBl. II, 408).

201 **26** **Beispiel 5:**

Die Beteiligungsstruktur zwischen der B-GmbH, C-GmbH, D-GmbH und D besteht seit mehr als 10 Jahren.
Im Jahr 01 erwirbt zunächst die B-GmbH 99% und direkt im Anschluss D 1% der Anteile am Kapital der grundbesitzenden A-GmbH von deren Alleingesellschafter.
Im Jahr 02 erwirbt D von der B-GmbH 99% der Anteile am Kapital der grundbesitzenden A-GmbH.

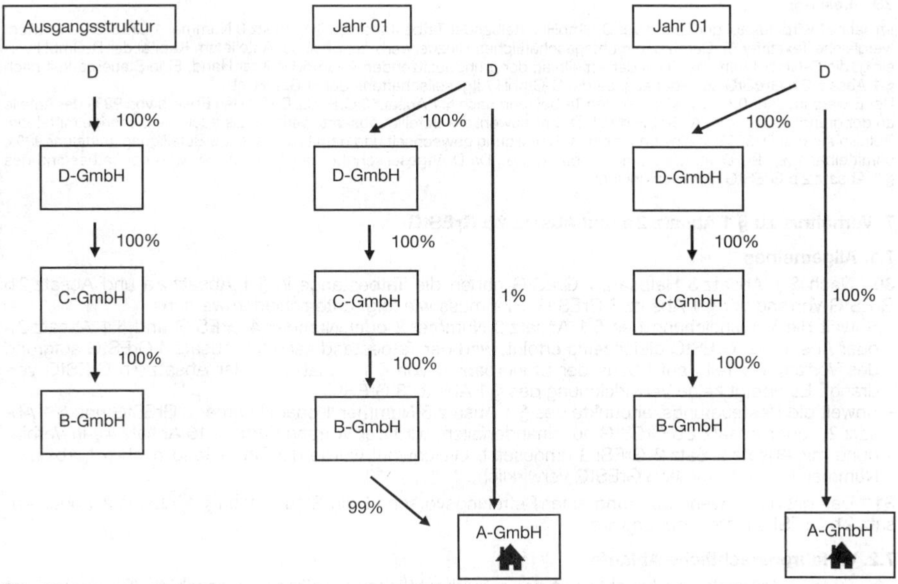

27 Lösung:

Im Jahr 01 wird der Tatbestand des § 1 Absatz 2 b GrEStG und nur auf Ebene der B-GmbH der Tatbestand des § 1 Absatz 3 Nummer 3 GrEStG verwirklicht (vergleiche Textziffer 5). Der Anwendungsbereich des § 16 Absatz 4 a GrEStG ist eröffnet. D ist im Sinne des § 1 Absatz 3 GrEStG mittelbar zu 99% an der grundbesitzenden A-GmbH beteiligt, weil auf jeder nachgeordneten Beteiligungsstufe die 90%-Grenze erreicht wird. Der unmittelbare Erwerb von 1% der Anteile an der grundbesitzenden A-GmbH durch D führt lediglich zu einer Verstärkung seiner bereits bestehenden mittelbaren Beteiligung.

Der Erwerb im Jahr 02 verwirklicht keinen Tatbestand nach § 1 Absatz 3 GrEStG. Durch den Hinzuerwerb von 99% der Anteile an der grundbesitzenden A-GmbH durch D wird sowohl die Beteiligungskette verkürzt als auch die bisherige mittelbare Beteiligung des D (99%) in eine unmittelbare Beteiligung gewechselt und damit seine bisherige Beteiligung (mittelbar 99%, unmittelbar 1%) verstärkt (unmittelbar 100%). Da D Altgesellschafter der A-GmbH ist, wird der Tatbestand des § 1 Absatz 2 b GrEStG nicht verwirklicht.

28 Beispiel 6: 202

Die Beteiligungsstruktur zwischen der grundbesitzenden A-GmbH, B-GmbH, C-GmbH, D-GmbH und D besteht seit mehr als 10 Jahren.

Im Jahr 01 erwirbt die C-GmbH durch Rechtsgeschäft 50% der Anteile am Kapital der B-GmbH hinzu.

Im Jahr 02 erwirbt D von der B-GmbH 99% der Anteile am Kapital der grundbesitzenden A-GmbH.

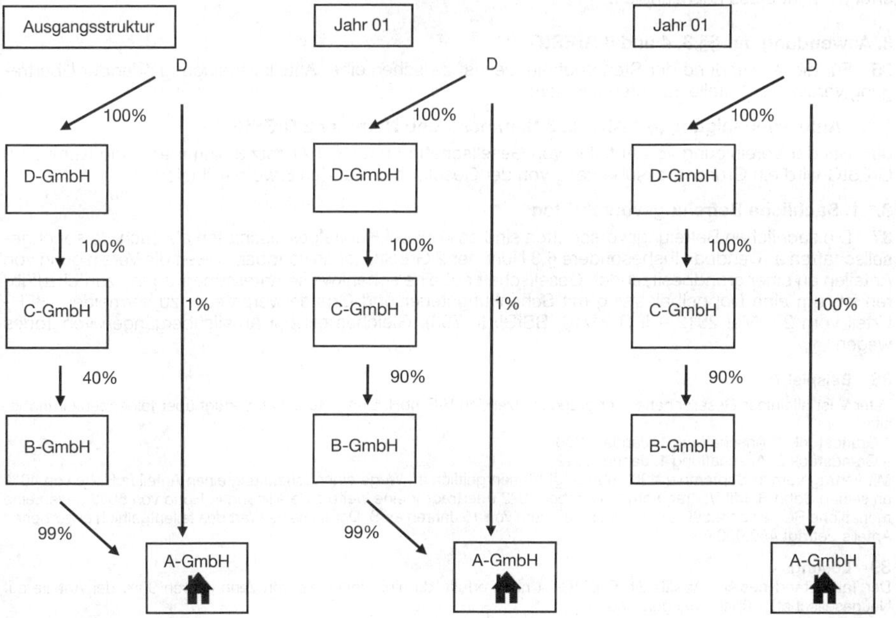

Anl b zu § 1 Abs. 3

29 Lösung:

Im Jahr 01 wird nur auf der Ebene der C-GmbH mittelbar der Tatbestand des § 1 Absatz 3 Nummer 1 GrEStG verwirklicht (vergleiche Textziffer 5). Durch den rechtsgeschäftlichen Hinzuerwerb der 50% der Anteile am Kapital der B-GmbH vereinigt die C-GmbH mittelbar 99% der Anteile an der grundbesitzenden A-GmbH in ihrer Hand. Eine Steuerbarkeit nach § 1 Absatz 2 b GrEStG scheidet aus, da die C-GmbH Altgesellschafterin der B-GmbH ist.
Der Erwerb im Jahr 02 verwirklicht keinen Tatbestand nach § 1 Absatz 3 GrEStG. Durch den Erwerb von 99% der Anteile an der grundbesitzenden A-GmbH durch D wird sowohl die Beteiligungskette verkürzt als auch die bisherige mittelbare Beteiligung des D (99%) in eine unmittelbare Beteiligung gewechselt und damit die bisherige Beteiligung (mittelbar 99%, unmittelbar 1%) des D verstärkt (unmittelbar 100%). Da D Altgesellschafter der A-GmbH ist, wird der Tatbestand des § 1 Absatz 2 b GrEStG nicht verwirklicht.

7. Verhältnis zu § 1 Absatz 2a und Absatz 2b GrEStG

7.1. Allgemeines

203 **30** Nach § 1 Absatz 3 Halbsatz 1 GrEStG haben die Tatbestände in § 1 Absatz 2a und Absatz 2b GrEStG Vorrang vor § 1 Absatz 3 GrEStG. Hier muss wie folgt unterschieden werden:
- Soweit die Verwirklichung des § 1 Absatz 3 Nummer 2 oder Nummer 4 GrEStG und § 1 Absatz 2a oder Absatz 2b GrEStG gleichzeitig erfolgt, wird der Tatbestand nach § 1 Absatz 3 GrEStG aufgrund des Vorrangs bereits auf Ebene der Steuerbarkeit von § 1 Absatz 2a oder Absatz 2b GrEStG verdrängt. Es erfolgt keine Verwirklichung des § 1 Absatz 3 GrEStG.
- Soweit die Besteuerungszeitpunkte des § 1 Absatz 3 Nummer 1 oder Nummer 3 GrEStG und § 1 Absatz 2a oder Absatz 2b GrEStG auseinanderfallen, wird der Vorrang durch § 16 Absatz 4a in Verbindung mit Absatz 5 Satz 2 GrEStG umgesetzt. Gleichwohl wurde der Tatbestand nach § 1 Absatz 3 Nummer 1 oder Nummer 3 GrEStG verwirklicht.

31 Das gilt auch, wenn aufgrund einer Befreiungsvorschrift die Steuer nach § 1 Absatz 2a oder Absatz 2b GrEStG nicht erhoben wird.

7.2. Verfahrensrechtliche Abläufe

204 **32** Für den Zeitpunkt des Abschlusses des schuldrechtlichen Verpflichtungsgeschäfts (Signing) erfolgt eine Festsetzung nach § 1 Absatz 3 Nummer 1 oder Nummer 3 GrEStG. Eine Festsetzung nach § 1 Absatz 3 GrEStG ist jedoch grundsätzlich nur in den Fällen geboten, in denen bis zu einem Jahr nach der Verwirklichung des Tatbestandes nach § 1 Absatz GrEStG (Signing) eine Verwirklichung des Tatbestandes nach § 1 Absatz 2a oder Absatz 2b GrEStG (Closing) nicht zu erwarten ist. Zudem muss der Grundstücksbestand im Zeitpunkt des Signing und Closing identisch und der Erwerbsvorgang fristgerecht und in allen Teilen vollständig angezeigt worden sein.

33 Für den Zeitpunkt des Übergangs der Beteiligung (Closing) erfolgt eine Festsetzung nach § 1 Absatz 2a oder Absatz 2b GrEStG. Die Festsetzung nach § 1 Absatz 3 Nummer 1 oder Nummer 3 GrEStG (für den Zeitpunkt des Signing) – sofern erfolgt – ist bei Grundstücksidentität auf Antrag nach § 16 Absatz 4a GrEStG aufzuheben oder zu ändern. Dies gilt unter Berücksichtigung des § 16 Absatz 5 Satz 2 GrEStG jedoch nur, wenn die bezeichneten Erwerbsvorgänge fristgerecht und in allen Teilen vollständig angezeigt wurden.

34 Für den Fall, dass die Voraussetzungen des § 16 Absatz 5 Satz 2 GrEStG nicht vorliegen und bisher keine Festsetzung nach § 1 Absatz 3 Nummer 1 oder Nummer 3 GrEStG (für den Zeitpunkt des Signing) erfolgt ist, ist diese nachzuholen.

8. Anwendung der §§ 3, 4 und 6 GrEStG

35 Für die Anwendung der Steuerbefreiungen ist zwischen einer Anteilsvereinigung oder der Übertragung vereinigter Anteile zu unterscheiden:

8.1. Anteilsvereinigung (§ 1 Absatz 3 Nummer 1 und Nummer 2 GrEStG)

36 Bei der Vereinigung von Anteilen von Gesellschaften nach § 1 Absatz 3 Nummer 1 und Nummer 2 GrEStG wird ein Grundstücksübergang von der Gesellschaft auf den Erwerber fingiert.

8.1.1. Sachliche Befreiungsvorschriften

205 **37** Die sachlichen Befreiungsvorschriften sind sowohl bei Kapitalgesellschaften als auch Personengesellschaften anwendbar. Insbesondere § 3 Nummer 2 GrEStG ist anwendbar, soweit die Vereinigung von Anteilen an einer grundbesitzenden Gesellschaft auf eine schenkweise Anteilsübertragung zurückzuführen ist, um eine Doppelbelastung mit Schenkungsteuer und Grunderwerbsteuer zu vermeiden (BFH-Urteil vom 23. Mai 2012 – II R 21/10, BStBl. II, 793). Gleiches gilt bei Anteilsübergängen von Todes wegen.

206 **38 Beispiel 7:**

Vater V ist alleiniger Gesellschafter der grundbesitzenden V-GmbH. Die Gesellschaft verfügt über folgenden Grundbesitz:
- Grundstück 1: Anschaffung 1. Januar 1990
- Grundstück 2: Anschaffung 1. Januar 2012

Mit Vertrag vom 1. September 2002 überträgt V unentgeltlich im Wege einer Schenkung einen Anteil in Höhe von 40% an seinen Sohn S. Mit Vertrag vom 1. Oktober 2022 überträgt V eine weitere Beteiligung in Höhe von 50% gegen eine monatliche Rente von 2.500 € über einen Zeitraum von 15 Jahren an S. Der gemeine Wert des teilentgeltlich erworbenen Anteils beträgt 450.000 €.

39 Lösung:

Der Tatbestand des § 1 Absatz 2b GrEStG ist nicht erfüllt, da nicht innerhalb von zehn Jahren 90% der Anteile auf Neugesellschafter übergegangen sind.

Mit Abschluss des Vertrags vom 1. Oktober 2022 vereinigen sich die Anteile an der grundbesitzenden V-GmbH in der Hand des S. Hierdurch wird der Tatbestand des § 1 Absatz 3 Nummer 1 GrEStG verwirklicht. Die Vereinigung der Anteile beruht ausschließlich auf Erwerbsvorgängen, die dem Erbschaftsteuer- und Schenkungsteuergesetz unterliegen. Die Entgeltlichkeitsquote für den Anteilserwerb vom 1. Oktober 2022 ermittelt sich wie folgt (Wertverhältnisse zum 1. Oktober 2022):

Wert der Verpflichtung	(12 × 2.500 €) × 10,314 =	309.420 €
Wert der erhaltenen Anteile		450.000 €
Entgeltlichkeitsquote	309.420 € / 450.000 € =	68,76%
Unentgeltlicher Anteil	100% – 68,76% =	31,24%

Wegen der unterschiedlichen Anschaffungszeitpunkte der Grundstücke ist wie folgt zu differenzieren:
- Das Grundstück 1 ist der Gesellschaft sowohl im Zeitpunkt der vorangegangenen Schenkung als auch zum Zeitpunkt der tatbestandsauslösenden gemischten Schenkung zuzurechnen. Daher ist dieser Vorgang insoweit nach § 3 Nummer 2 Satz 1 GrEStG von der Grunderwerbsteuer befreit, als er auf der Schenkung (40%) und dem unentgeltlichen Anteil der gemischten Schenkung (31,24% von 50% = 15,62%) beruht. Vom festgestellten Grundbesitzwert des Grundstücks 1 zum Zeitpunkt der Anteilsvereinigung bleibt somit ein Anteil in Höhe von 55,62% (40% + 15,62%) nach § 3 Nummer 2 Satz 1 GrEStG grunderwerbsteuerfrei. Der Vorgang ist in Höhe von 44,38% grunderwerbsteuerpflichtig.
- Das Grundstück 2 ist der Gesellschaft im Zeitpunkt der vorangegangenen Schenkung noch nicht, sondern erst zum Zeitpunkt der tatbestandsauslösenden gemischten Schenkung zuzurechnen. Daher ist dieser Vorgang insoweit nach § 3 Nummer 2 Satz 1 GrEStG von der Grunderwerbsteuer befreit, als er auf dem unentgeltlichen Anteil der gemischten Schenkung (31,24% von 50% = 15,62%) beruht. Vom festgestellten Grundbesitzwert des Grundstücks 2 zum Zeitpunkt der Anteilsvereinigung bleibt somit ein Anteil in Höhe von 15,62% nach § 3 Nummer 2 Satz 1 GrEStG grunderwerbsteuerfrei. Der Vorgang ist in Höhe von 84,38% grunderwerbsteuerpflichtig.

Eine Anwendung der Befreiungsvorschrift des § 3 Nummer 6 GrEStG für Verwandte in gerader Linie scheidet aus, weil die personenbezogenen Befreiungsvorschriften bei Kapitalgesellschaften keine Anwendung finden.

8.1.2. Personenbezogene Befreiungsvorschriften

40 Bei Kapitalgesellschaften finden die personenbezogenen Befreiungsvorschriften keine Anwendung. **207**

41 Bei Personengesellschaften finden die personenbezogenen Befreiungsvorschriften uneingeschränkt Anwendung, weil auf die Gesellschafter abzustellen ist. § 6 Absatz 2 und Absatz 3 GrEStG ist anwendbar. Erwerbsvorgänge nach § 1 Absatz 3 Nummer 1 und Nummer 2 GrEStG können hiernach gleichzeitig sowohl nach einer personenbezogenen Befreiungsvorschrift als auch nach § 6 GrEStG (insbesondere unter Beachtung der Beschränkungen des § 6 Absatz 4 GrEStG) begünstigt sein.

8.2. Übertragung vereinigter Anteile (§ 1 Absatz 3 Nummer 3 und Nummer 4 GrEStG)

42 Bei der Übertragung vereinigter Anteile nach § 1 Absatz 3 Nummer 3 und Nummer 4 GrEStG erwirbt der neue Gesellschafter die Anteile nicht von der Gesellschaft, sondern von dem früheren Gesellschafter. **208**

43 Es finden sowohl bei der Übertragung vereinigter Anteile an Kapitalgesellschaften als auch solcher an Personengesellschaften die personenbezogenen und sachlichen Befreiungsvorschriften Anwendung.

9. Grundstückserwerb des Gesellschafters von der Gesellschaft (§ 1 Absatz 6 GrEStG)

44 Verwirklicht der Gesellschafter zunächst einen steuerbaren Rechtsvorgang nach § 1 Absatz 3 GrEStG und anschließend durch Erwerb eines der Gesellschaft gehörenden Grundstücks einen Rechtsvorgang nach § 1 Absatz 1 oder Absatz 2 GrEStG, findet aufgrund der Grundstücks- und Erwerberidentität § 1 Absatz 6 Satz 2 GrEStG Anwendung. Die Steuer wird nur insoweit erhoben, als die Bemessungsgrundlage für den nachfolgenden Rechtsvorgang den Betrag übersteigt, von dem beim vorausgegangenen Rechtsvorgang nach § 1 Absatz 3 GrEStG die Steuer berechnet worden ist. **209**

10. Verhältnis zu § 16 GrEStG

45 § 16 Absatz 2 GrEStG ist im Zusammenhang mit § 1 Absatz 3 GrEStG anzuwenden, wenn einer oder mehrere der Anteilserwerbe, die zur Verwirklichung des § 1 Absatz 3 GrEStG geführt haben, ganz oder teilweise rechtlich und tatsächlich im Sinne des § 16 GrEStG rückgängig gemacht werden und infolgedessen eine Anteilsvereinigung oder ein Übergang vereinigter Anteile von mindestens 90% der Anteile der grundbesitzenden Gesellschaft nicht mehr gegeben ist. Eine Anwendung des § 16 Absatz 2 GrEStG setzt nach § 16 Absatz 5 Satz 1 GrEStG voraus, dass der Rechtsvorgang, der den Tatbestand des § 1 Absatz 3 GrEStG verwirklicht hat, fristgemäß und in allen Teilen vollständig beim zuständigen Finanzamt angezeigt wurde. **210**

46 Bezüglich § 16 Absatz 4a GrEStG wird auf Textziffer 7 verwiesen.

11. Bemessungsgrundlage

47 Nach § 8 Absatz 2 Satz 1 Nummer 3 GrEStG ist die Bemessungsgrundlage in den Fällen des § 1 Absatz 3 GrEStG der Grundbesitzwert im Sinne des § 151 Absatz 1 Satz 1 Nummer 1 in Verbindung mit § 157 Absatz 1 bis 3 BewG. Auch bei einer Vereinigung oder Übertragung von weniger als 100% der Anteile der grundbesitzenden Gesellschaft ist die Bemessungsgrundlage der volle Wert des Grundbesitzes. **211**

12. Steuerschuldner

48 Steuerschuldner ist in den Fällen des **212**
- § 1 Absatz 3 Nummer 1 und Nummer 2 GrEStG der Erwerber (§ 13 Nummer 5 Buchstabe a GrEStG) und

– § 1 Absatz 3 Nummer 3 und Nummer 4 GrEStG gesamtschuldnerisch (§ 44 Abgabenordnung (AO)) die an dem Erwerbsvorgang als Vertragsteile beteiligten Personen (§ 13 Nummer 1 GrEStG).

13. Anzeigepflicht

213 **49** Die Anzeigepflicht nach § 19 Absatz 1 Nummern 4 bis 7 GrEStG trifft die zur Geschäftsführung befugten Personen.

50 Der Inhalt der Anzeige richtet sich nach § 20 GrEStG, insbesondere muss sie bei mehreren Beteiligten eine Beteiligungsübersicht enthalten (§ 20 Absatz 2 Nummer 3 GrEStG).

14. Organschaft nach § 1 Absatz 4 GrEStG und Treuhandfälle

214 **51** Ausführungen zur Organschaft nach § 1 Absatz 4 GrEStG enthalten die gleich lautenden Erlasse der obersten Finanzbehörden der Länder zur Anwendung des § 1 Absatz 3 in Verbindung mit Absatz 4 GrEStG auf Organschaftsfälle.

52 Ausführungen zu Treuhandfällen enthalten die gleich lautenden Erlasse der obersten Finanzbehörden der Länder zu Erwerbsvorgängen im Zusammenhang mit Treuhandgeschäften und Auftragserwerben bzw. Geschäftsbesorgungen.

15. Zeitlicher Anwendungsbereich

215 **53** Dieser Erlass tritt an die Stelle der gleich lautenden Erlasse vom 2. Dezember 1999 (BStBl I, 991), 19. September 2018 (BStBl I, 1053) und 19. September 2018 (BStBl I, 1069). Er ist in allen offenen Fällen anzuwenden.

54 Für Rechtsvorgänge, die vor dem 1. Juli 2021 verwirklicht werden oder die unter die Übergangsregelung des § 23 Absatz 21 GrEStG fallen, gilt dieser Erlass mit der Maßgabe, dass die Beteiligungsgrenze von 95% anzuwenden ist. Ausführungen zu § 23 Absatz 21 GrEStG enthalten die gleich lautenden Erlasse der obersten Finanzbehörden der Länder vom 29. Juni 2021 zu den Übergangsregelungen auf Grund des Gesetzes zur Änderung des Grunderwerbsteuergesetzes (BStBl I, 1006).[1]

Anl c zu § 1 Abs. 3

c) Erlass betr. Anwendung des § 1 Absatz 3 in Verbindung mit Absatz 4 Grunderwerbsteuergesetz (GrEStG) auf Organschaftsfälle

Vom 5. März 2024 (BStBl. I S. 393)

(Gleich lautender Ländererlass)

Inhaltsverzeichnis

1. Allgemeiner Teil 1
2. Begründung eines Organschaftsverhältnisses 9
   2.1. Begründung eines Organschaftsverhältnisses unter Beibehaltung der bestehenden Anteilsverhältnisse 9
   2.2. Begründung eines Organschaftsverhältnisses unter Veränderung der bestehenden Anteilsverhältnisse 12
   2.3. Veränderung der Anteilsverhältnisse bei bestehendem Organschaftsverhältnis 20
   2.4. Änderung der Anteilsverhältnisse und nachfolgende Begründung des Organschaftsverhältnisses 34
3. Erweiterung des Organschaftsverhältnisses 38
4. Verschmelzung des Organträgers 42
   4.1. Verschmelzung des Organträgers auf eine Gesellschaft außerhalb des Organkreises unter Fortführung des Organschaftsverhältnisses 42
   4.2. Verschmelzung des Organträgers auf eine Organgesellschaft unter Fortführung des Organschaftsverhältnisses 48
5. Umstrukturierung im Organkreis 50
6. Organschaftsverhältnis innerhalb einer Beteiligungskette 59
7. Steuerschuldnerschaft 61
   7.1. Steuerschuldnerschaft bei Anteilsvereinigung in der Hand des Organkreises 61
   7.2. Steuerschuldnerschaft bei Anteilsvereinigung in der Hand eines Mitglieds des Organkreises 67
8. Örtliche Zuständigkeit 68
9. Zeitlicher Anwendungsbereich 69

1. Allgemeiner Teil

220 **1** Die Vereinigung von mindestens 90% der Anteile einer Gesellschaft mit inländischem Grundbesitz in der Hand von herrschenden Unternehmen (Organträger) und abhängigen Unternehmen (Organgesellschaften) oder nur von abhängigen Unternehmen ist ein besonders geregelter Fall der mittelbaren Anteilsvereinigung (BFH-Urteil vom 16. Januar 1980 – II R 52/76, BStBl. II, 360). Das Abhängigkeitsverhältnis ersetzt dabei die sonst für die mittelbare Anteilsvereinigung in einer einzigen Hand erforderliche direkte oder indirekte mindestens 90%ige Beteiligung des Erwerbers an zwischengeschalteten Gesellschaften (vergleiche BFH-Urteil vom 8. August 2001 – II R 66/98, BStBl, 2002 II, 156).

2 Dem Rechtsinstitut der Organschaft kommt im Grunderwerbsteuerrecht keine besondere eigenständige Bedeutung zu. Die Unternehmen eines Organkreises bleiben grunderwerbsteuerrechtlich selbständige Rechtsträger. Grundstücksübertragungen zwischen Unternehmen des Organkreises unterliegen daher uneingeschränkt der Grunderwerbsteuer. Bedeutung erlangt die Organschaft allerdings im Rahmen des § 1 Absatz 3 GrEStG, weil mit dem Bestehen eines Organschaftsverhältnisses regelmäßig die finanzielle, wirtschaftliche und organisatorische Eingliederung von Unternehmen im Sinne des § 1 Absatz 4 Nummer 2 GrEStG verbunden ist. In derartigen Fällen werden das herrschende Unternehmen und das oder die abhängigen Unternehmen, die einen Organkreis bilden, als „eine Hand" im Sinne des § 1 Absatz 3 GrEStG behandelt. Das Organschaftsverhältnis modifiziert lediglich das Kriterium der „einen Hand". Der Organkreis ist jedoch nicht als Einheit selbst grunderwerbsteuerlicher Rechtsträger.

[1] Abgedruckt als Anlage b zu § 1 Abs. 2 a GrEStG.

Anl c zu § 1 Abs. 3

3 Ob eine finanzielle, wirtschaftliche und organisatorische Eingliederung vorliegt, ist entsprechend den Grundsätzen aus § 2 Absatz 2 Umsatzsteuergesetz (UStG) zu beurteilen.

4 Als abhängige Unternehmen kommen in erster Linie juristische Personen des Zivil- und Handelsrechts in Betracht. Eine juristische Person gilt dann als abhängiges Unternehmen, wenn sie nach dem Gesamtbild der tatsächlichen Verhältnisse finanziell, wirtschaftlich und organisatorisch in ein Unternehmen eingegliedert ist (§ 1 Absatz 4 Nummer 2 GrEStG). Abhängiges Unternehmen kann auch eine Personengesellschaft sein, wenn deren Gesellschafter entweder das herrschende Unternehmen und abhängige juristische Personen oder nur abhängige juristische Personen sind (BFH-Urteil vom 8. August 2001 – II R 66/98, BStBl. II 2002, 156).

5 Herrschendes Unternehmen kann jeder Unternehmer im umsatzsteuerrechtlichen Sinn sein. Die Anteile an den untergeordneten juristischen Personen dürfen bei einer natürlichen Person jedoch nicht im Privatvermögen gehalten werden (BFH-Urteil vom 20. März 1974 – II R 185/66, BStBl. II, 769). Daraus ergibt sich, dass neben den Organgesellschaften auch der Organträger in einem grunderwerbsteuerrechtlichen Organschaftsverhältnis zwingend umsatzsteuerrechtlicher Unternehmer sein muss. Anders als bei der Umsatzsteuer ist das grunderwerbsteuerrechtliche Organschaftsverhältnis nicht auf das Inland beschränkt, sofern nur die Grundstücke, deren Erwerb bei den Rechtsvorgängen des § 1 Absatz 3 GrEStG fingiert wird, im Inland belegen sind.

6 Die Begründung eines Organschaftsverhältnisses oder dessen Änderung, zum Beispiel eine Erweiterung des Organkreises, löst keinen Rechtsträgerwechsel an Grundstücken und damit keine Steuerpflicht gemäß § 1 Absatz 3 GrEStG aus, wenn nicht zugleich ein auf den Erwerb von Anteilen gerichtetes Rechtsgeschäft (zum Beispiel Anteilsübertragung) oder der Übergang von Anteilen (zum Beispiel Verschmelzung) damit verknüpft ist. Von einer solchen Verknüpfung ist auch dann auszugehen, wenn zwischen dem Anteilserwerb oder -übergang und der Begründung des Organschaftsverhältnisses ein enger zeitlicher und sachlicher Zusammenhang im Sinne eines vorgefassten Plans vorliegt. Ob der Anteilserwerb oder -übergang und die Begründung eines Organschaftsverhältnisses aufgrund eines vorgefassten Plans erfolgen, kann nur nach den Umständen des Einzelfalls beurteilt werden.

7 Dem tatsächlichen Vollzug eines solchen Plans kommt dabei keine tatbestandsbegründende, sondern indizielle Bedeutung für die Vorstellungen und Absichten (den Plan) der Beteiligten im Erwerbszeitpunkt zu. Erfolgt in einem zeitlichen Zusammenhang mit dem Anteilserwerb oder -übergang die Begründung eines Organschaftsverhältnisses, besteht eine tatsächliche (widerlegbare) Vermutung, dass beide Vorgänge auf einem vorgefassten, auf ein einheitliches Ziel gerichteten Plan beruhen. Diese Vermutung kann der Steuerpflichtige allerdings dadurch widerlegen, dass er substantiiert belegbare Tatsachen vorträgt, die einen anderen Geschehensablauf möglich erscheinen lassen. Ein zeitlicher Zusammenhang kann regelmäßig noch angenommen werden, wenn zwischen beiden Vorgängen ein Zeitraum von nicht mehr als 15 Monaten liegt.

8 Im Übrigen ist die Subsidiarität des Tatbestandes der Vereinigung der Anteile einer grundbesitzenden Gesellschaft in der Hand des Organträgers und/oder von Organgesellschaften zu beachten. Die Zusammenfassung von juristisch selbständigen Unternehmen zu einem Organkreis im Rahmen des § 1 Absatz 3 Nummer 1 und Nummer 2 GrEStG ist nur dann zulässig, wenn die Anteile der grundbesitzenden Gesellschaft nicht bereits zu mindestens 90% unmittelbar oder mittelbar in der Hand des Organträgers oder einer Organgesellschaft vereinigt sind.

2. Begründung eines Organschaftsverhältnisses

2.1. Begründung eines Organschaftsverhältnisses unter Beibehaltung der bestehenden Anteilsverhältnisse

9 Die bloße Begründung eines Organschaftsverhältnisses ohne Veränderung der Zuordnung von Anteilen erfüllt nicht den Tatbestand der mittelbaren Anteilsvereinigung (Anteilsvereinigung im Organkreis) nach § 1 Absatz 3 Nummer 1 oder Nummer 2 in Verbindung mit Absatz 4 Nummer 2 GrEStG, weil weder ein Rechtsgeschäft, das die Vereinigung oder Übertragung von Anteilen an der grundbesitzenden Gesellschaft begründet, noch eine tatsächliche Anteilsvereinigung oder Anteilsübertragung stattfindet, so dass sich die bestehenden Anteilsverhältnisse nicht ändern. **221**

10 **Beispiel 1:**

a) Die M-GmbH ist zu 80% an der grundbesitzenden A-GmbH beteiligt. Zwischen der M-GmbH und der A-GmbH wird ein Organschaftsverhältnis begründet.

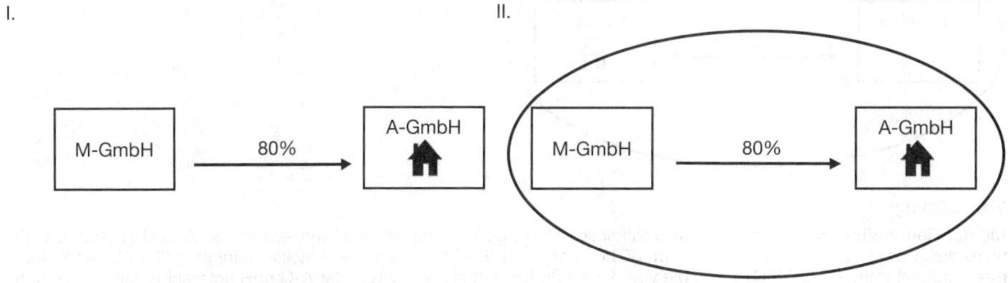

Anl c
zu § 1
Abs. 3

b) Die M-GmbH ist zu 80% an der grundbesitzenden A-GmbH sowie zu 50% an der grundbesitzenden B-GmbH beteiligt, an der die A-GmbH ihrerseits zu 46% beteiligt ist. Zwischen der M-GmbH und der A-GmbH wird ein Organschaftsverhältnis begründet.

I.

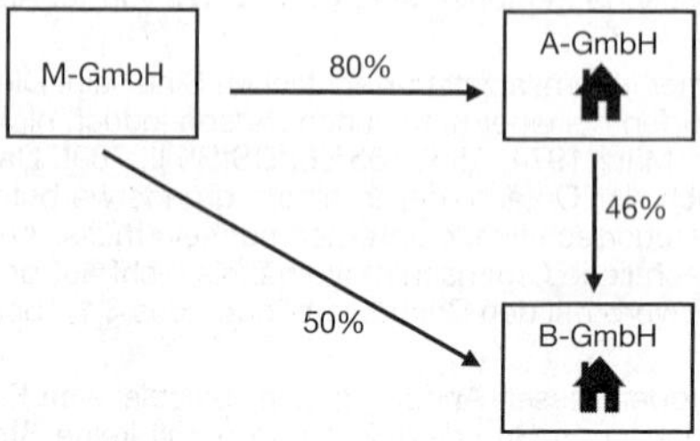

II.

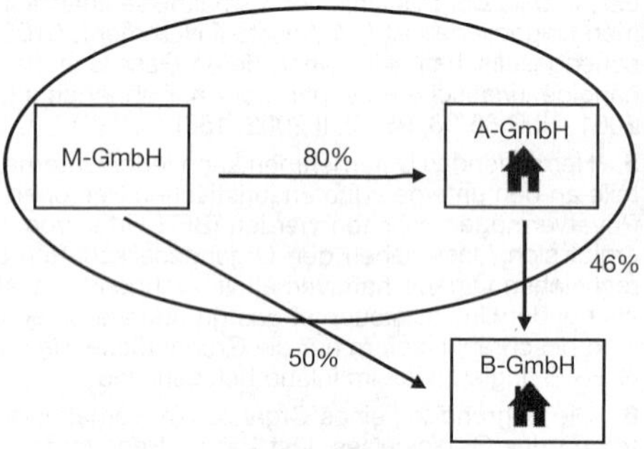

c) Die M-GmbH ist zu 80% an der grundbesitzenden A-GmbH beteiligt. Die A-GmbH hält 95% der Anteile der grundbesitzenden C-GmbH. Zwischen der M-GmbH und der A-GmbH wird ein Organschaftsverhältnis begründet.

I.

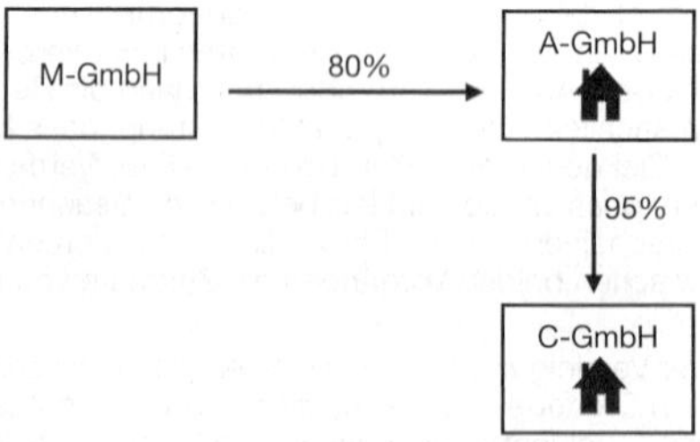

II.

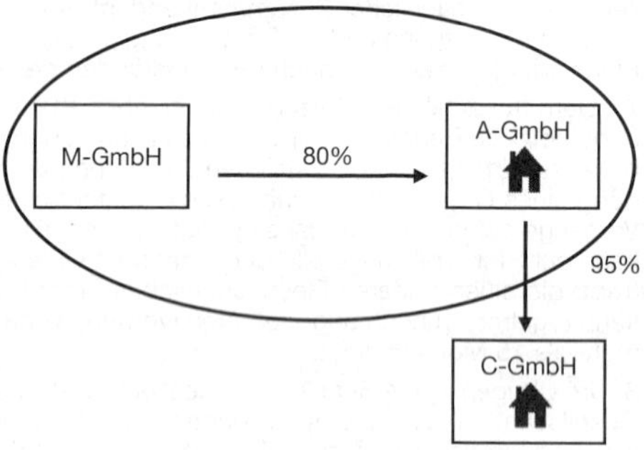

11 Lösung:

Die bloße Begründung eines Organschaftsverhältnisses ohne Veränderung der Zuordnung von Anteilen erfüllt in den Beispielen nicht den Tatbestand der mittelbaren Anteilsvereinigung (Anteilsvereinigung im Organkreis) nach § 1 Absatz 3 Nummer 1 oder Nummer 2 in Verbindung mit Absatz 4 Nummer 2 GrEStG, weil weder ein Rechtsgeschäft, das die Vereinigung oder Übertragung von Anteilen an der grundbesitzenden Gesellschaft begründet, noch eine tatsächliche Anteilsvereinigung oder Anteilsübertragung stattfindet, so dass sich die bestehenden Anteilsverhältnisse nicht ändern.

Im Beispiel c) sind die Anteile der C-GmbH zudem ausschließlich in der Hand der A-GmbH vereinigt (BFH-Urteil vom 20. Juli 2005 – II R 30/04, BStBl. II, 839).

2.2. Begründung eines Organschaftsverhältnisses unter Veränderung der bestehenden Anteilsverhältnisse

222 **12 Beispiel 2:**

Die M-GmbH beteiligt sich zu 80% an der grundbesitzenden A-GmbH und begründet gleichzeitig ein Organschaftsverhältnis.

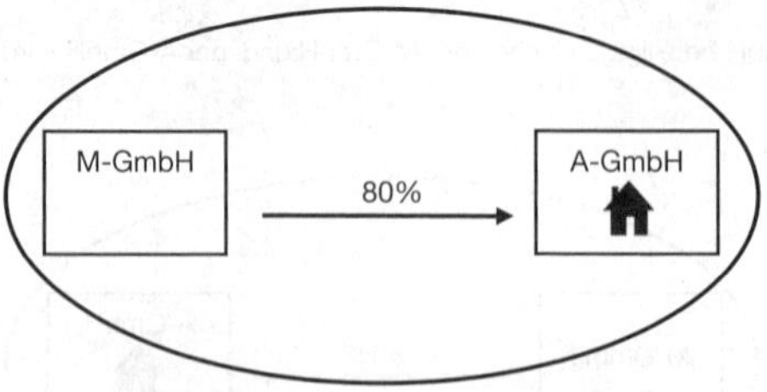

13 Lösung:

Mit der Begründung des Organschaftsverhältnisses findet gleichzeitig ein Anteilserwerb an der A-GmbH statt. Der Erwerb der Anteile der A-GmbH in Höhe von 80% erfüllt nicht den Tatbestand der Anteilsvereinigung (§ 1 Absatz 3 Nummer 1 oder Nummer 2 GrEStG), denn die von der M-GmbH gehaltenen Anteile der A-GmbH unterschreiten die erforderliche Beteiligungsgrenze von 90%.

14 **Beispiel 3:**

Die M-GmbH beteiligt sich zu 80% an der grundbesitzenden A-GmbH und begründet gleichzeitig ein Organschaftsverhältnis. Die A-GmbH hält 90% der Anteile an der grundbesitzenden B-GmbH.

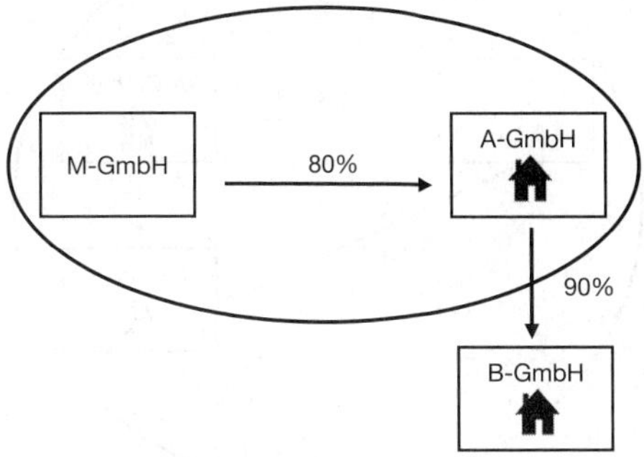

15 **Lösung:**

Mit der Begründung des Organschaftsverhältnisses findet gleichzeitig ein Anteilserwerb an der A-GmbH statt. Der Erwerb der Anteile der A-GmbH in Höhe von 80% erfüllt nicht den Tatbestand der Anteilsvereinigung (§ 1 Absatz 3 Nummer 1 oder Nummer 2 GrEStG), denn die von der M-GmbH gehaltenen Anteile der A-GmbH unterschreiten die erforderliche Beteiligungsgrenze von 90%.

In Bezug auf die B-GmbH wird der Tatbestand der mittelbaren Anteilsvereinigung (Anteilsvereinigung im Organkreis) nach § 1 Absatz 3 Nummer 1 oder Nummer 2 in Verbindung mit § 1 Absatz 4 Nummer 2 GrEStG nicht erfüllt, denn die Anteile der B-GmbH sind ausschließlich in der Hand der A-GmbH vereinigt (BFH-Urteil vom 20. Juli 2005 – II R 30/04, BStBl. II, 839).

16 **Beispiel 4:**

An der grundbesitzenden B-GmbH sind die M-GmbH zu 11% und die A-GmbH zu 89% beteiligt. Die M-GmbH erwirbt 80% der Anteile an der A-GmbH unter gleichzeitiger Begründung eines Organschaftsverhältnisses.

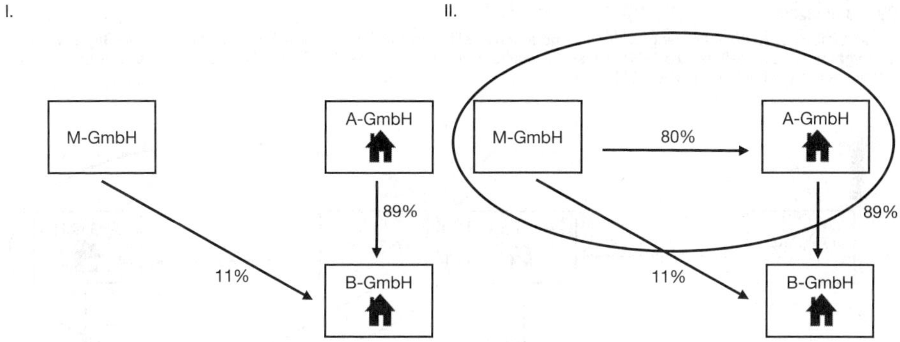

17 **Lösung:**

Der Erwerb der Anteile an der A-GmbH durch die M-GmbH unter gleichzeitiger Begründung eines Organschaftsverhältnisses führt zur Vereinigung aller Anteile der B-GmbH in der Hand von herrschenden und abhängigen Unternehmen. Das Abhängigkeitsverhältnis ersetzt lediglich den – andernfalls erforderlichen – Erwerb von mindestens 90% der Anteile der M-GmbH an der A-GmbH (vergleiche BFH-Urteil vom 16. Januar 1980 – II R 52/76, BStBl. II, 360).

Durch den gleichzeitigen Erwerb der Anteile der A-GmbH durch die M-GmbH werden im Zuge der Begründung des Organschaftsverhältnisses erstmals die Anteile der B-GmbH in der Hand von herrschenden (M-GmbH: 11%) und abhängigen Unternehmen (A-GmbH: 89%) vereinigt. Der Tatbestand der mittelbaren Anteilsvereinigung (Anteilsvereinigung im Organkreis) nach § 1 Absatz 3 Nummer 1 oder Nummer 2 in Verbindung mit Absatz 4 Nummer 2 GrEStG ist erfüllt.

18 **Beispiel 5:**

Die M-GmbH ist zu 80% an der grundbesitzenden A-GmbH sowie zu 60% an der grundbesitzenden B-GmbH beteiligt. Gleichzeitig mit dem Erwerb von 30% der Anteile der B-GmbH durch die A-GmbH wird zwischen der M-GmbH und den anderen Gesellschaften ein Organschaftsverhältnis begründet.

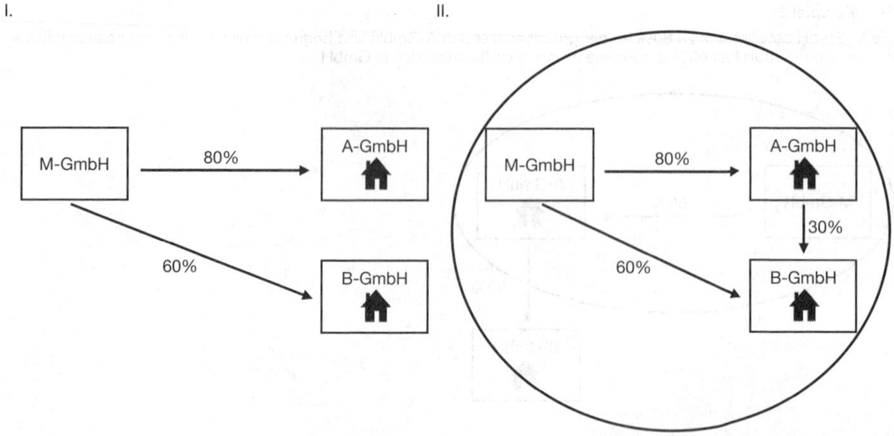

19 Lösung:

Die bloße Begründung eines Organschaftsverhältnisses ohne Veränderung der Zuordnung von Anteilen an der A-GmbH erfüllt nicht den Tatbestand der Anteilsvereinigung (§ 1 Absatz 3 Nummer 1 oder Nummer 2 in Verbindung mit Absatz 4 Nummer 2 GrEStG), weil weder ein Rechtsgeschäft, das die Vereinigung oder Übertragung von Anteilen an der grundbesitzenden Gesellschaft begründet, noch eine tatsächliche Anteilsvereinigung oder Anteilsübertragung stattfindet, so dass sich die bestehenden Anteilsverhältnisse nicht ändern.
Durch den gleichzeitigen Erwerb der Anteile der B-GmbH durch die A-GmbH werden im Zuge der Begründung des Organschaftsverhältnisses jedoch erstmals die Anteile der B-GmbH in der Hand von herrschendem (M-GmbH: 60%) und abhängigem Unternehmen (A-GmbH: 30%) vereinigt. Der Tatbestand der mittelbaren Anteilsvereinigung (Anteilsvereinigung im Organkreis) nach § 1 Absatz 3 Nummer 1 oder Nummer 2 in Verbindung mit Absatz 4 Nummer 2 GrEStG ist erfüllt.

2.3. Veränderung der Anteilsverhältnisse bei bestehendem Organschaftsverhältnis

223 **20 Beispiel 6:**

Die M-GmbH ist zu 80% an der grundbesitzenden A-GmbH beteiligt. Zwischen der M-GmbH und der A-GmbH besteht ein Organschaftsverhältnis. Die A-GmbH ist zu 90% an der grundbesitzenden B-GmbH beteiligt. Sie überträgt 40% der Anteile der B-GmbH auf die M-GmbH.

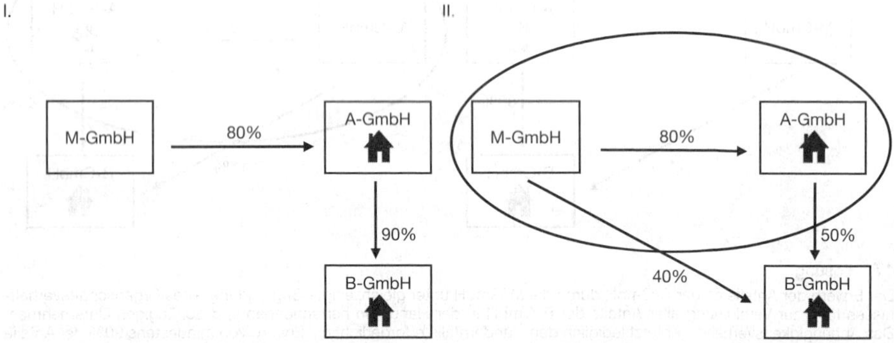

21 Lösung:

Durch den Erwerb der Anteile der B-GmbH durch die M-GmbH werden erstmals die Anteile der B-GmbH in der Hand von herrschendem (M-GmbH: 40%) und abhängigem Unternehmen (A-GmbH: 50%) vereinigt. Der Tatbestand der mittelbaren Anteilsvereinigung (Anteilsvereinigung im Organkreis) nach § 1 Absatz 3 Nummer 1 oder Nummer 2 in Verbindung mit Absatz 4 Nummer 2 GrEStG ist erfüllt.

22 Beispiel 7:

Die M-GmbH ist zu 80% an der grundbesitzenden A-GmbH beteiligt. Zwischen der M-GmbH und der A-GmbH besteht ein Organschaftsverhältnis. Die A-GmbH ist zu 90% an der grundbesitzenden B-GmbH beteiligt. Sie veräußert ihre gesamten Anteile an der B-GmbH an die M-GmbH.

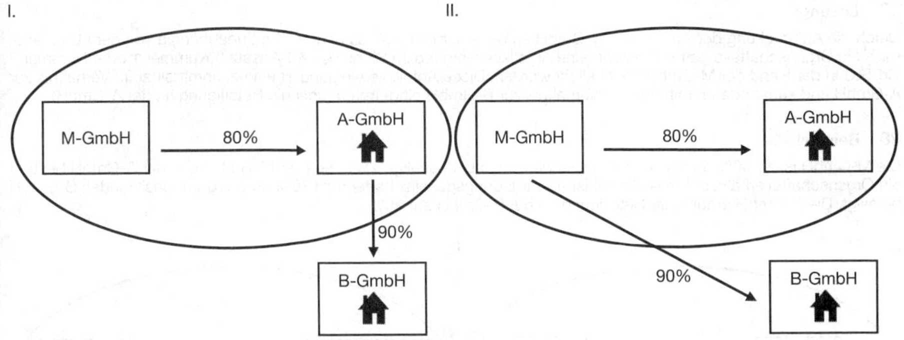

23 Lösung:
Durch die Übertragung der in Höhe von 90% in der Hand der A-GmbH vereinigten Anteile der B-GmbH in einem Rechtsakt auf die M-GmbH wird der Tatbestand der Anteilsübertragung (§ 1 Absatz 3 Nummer 3 GrEStG) erfüllt. Das Organschaftsverhältnis ist insoweit grunderwerbsteuerrechtlich irrelevant. Mit der Übertragung der Anteile an der B-GmbH auf die M-GmbH wird der Tatbestand des § 1 Absatz 2 b GrEStG verwirklicht; daher kommt die Anwendung des § 16 Absatz 4 a GrEStG in Betracht.

24 Beispiel 8:
Die M-GmbH ist zu 80% an der grundbesitzenden A-GmbH beteiligt. Zwischen der M-GmbH und der A-GmbH besteht ein Organschaftsverhältnis. Die A-GmbH ist zu 95% an der grundbesitzenden B-GmbH beteiligt. Die M-GmbH erhöht ihre Beteiligung an der A-GmbH auf 89%.

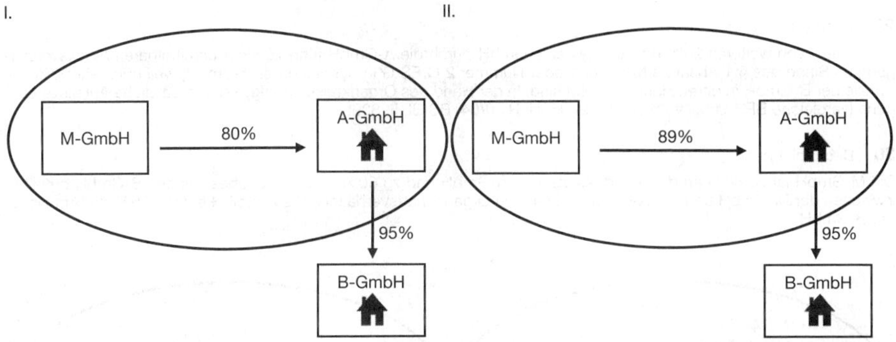

25 Lösung:
Durch die Erhöhung der Beteiligung der M-GmbH an der A-GmbH um 9% auf 89% wird kein Tatbestand nach § 1 Absatz 3 Nummer 1 oder Nummer 2 GrEStG verwirklicht, weil in Bezug auf die A-GmbH nicht mindestens 90% der Anteile in der Hand der M-GmbH vereinigt werden. Hieran ändert auch das bestehende Organschaftsverhältnis nichts, weil dieses die fehlende Beteiligungshöhe von mindestens 90% nicht ersetzt. Auch in Bezug auf die B-GmbH ergibt sich keine anderweitige Beurteilung. Die Anteile der B-GmbH sind nicht im Organkreis vereinigt, weil die Anteile bereits in der Hand der A-GmbH als Organgesellschaft vereinigt sind (BFH-Urteil vom 20. Juli 2005 – II R 30/04, BStBl. II S. 839).

26 Beispiel 9:
Die M-GmbH ist zu 80% an der grundbesitzenden A-GmbH beteiligt. Zwischen der M-GmbH und der A-GmbH besteht ein Organschaftsverhältnis. Die A-GmbH ist zu 90% an der grundbesitzenden B-GmbH beteiligt. Die M-GmbH erhöht ihre Beteiligung an der A-GmbH auf 90%.

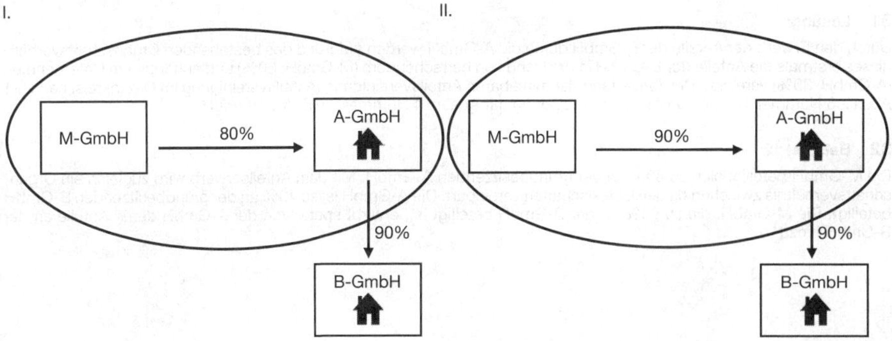

Anl c
zu § 1
Abs. 3

noch **223**

27 Lösung:

Durch die Aufstockung der Anteile der M-GmbH an der A-GmbH um 10% auf 90% ist unabhängig von dem Umstand, dass ein Organschaftsverhältnis besteht, eine Anteilsvereinigung im Sinne des § 1 Absatz 3 Nummer 1 oder Nummer 2 GrEStG in der Hand der M-GmbH verwirklicht worden. Diese Anteilsvereinigung ist einmal unmittelbar im Verhältnis zur A-GmbH und zum anderen mittelbar im Verhältnis zur B-GmbH eingetreten (über die Beteiligung an der A-GmbH).

28 Beispiel 10:

Die M-GmbH ist zu 80% an der grundbesitzenden A-GmbH beteiligt. Zwischen der M-GmbH und der A-GmbH besteht ein Organschaftsverhältnis. Die A-GmbH ist als Gründungsgesellschafterin zu 70% an der grundbesitzenden B-GmbH beteiligt. Die A-GmbH erhöht ihre Beteiligung an der B-GmbH auf 90%.

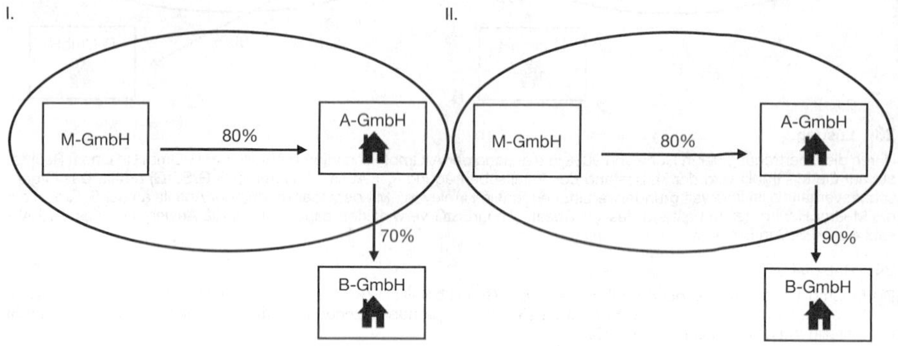

29 Lösung:

Der Erwerb von weiteren 20% der Anteile der B-GmbH durch die A-GmbH führt zu einer unmittelbaren Anteilsvereinigung im Sinne des § 1 Absatz 3 Nummer 1 oder Nummer 2 GrEStG in der Hand der A-GmbH, weil nunmehr 90% der Anteile der B-GmbH in deren Hand vereinigt sind. In der Hand des Organkreises erfolgt keine zusätzliche Anteilsvereinigung (vergleiche BFH-Urteil vom 20. Juli 2005 – II R 30/04, BStBl. II, 839).

30 Beispiel 11:

Die M-GmbH ist zu 80% an der grundbesitzenden A-GmbH und zu 60% an der grundbesitzenden B-GmbH beteiligt. Zwischen der M-GmbH und der A-GmbH besteht ein Organschaftsverhältnis. Die A-GmbH erwirbt 30% der Anteile an der B-GmbH.

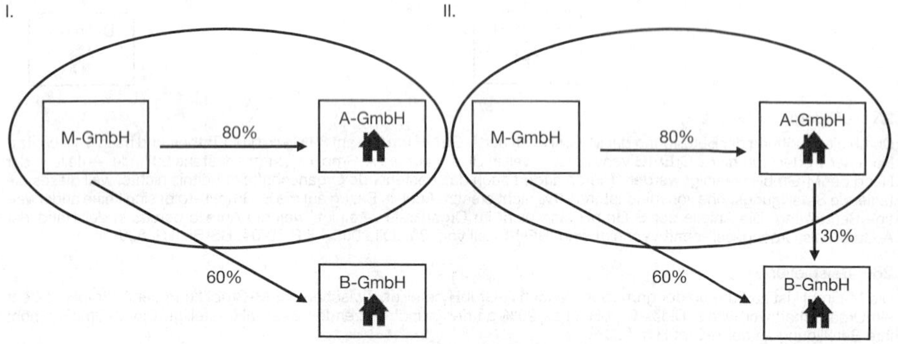

31 Lösung:

Durch den Erwerb der Anteile der B-GmbH durch die A-GmbH werden aufgrund des bestehenden Organschaftsverhältnisses erstmals die Anteile der B-GmbH in der Hand von herrschendem (M-GmbH: 60%) und abhängigem Unternehmen (A-GmbH: 30%) vereinigt. Der Tatbestand der mittelbaren Anteilsvereinigung (Anteilsvereinigung im Organkreis) nach § 1 Absatz 3 Nummer 1 oder Nummer 2 in Verbindung mit Absatz 4 Nummer 2 GrEStG ist erfüllt.

32 Beispiel 12:

Die M-GmbH beteiligt sich zu 80% an der grundbesitzenden A-GmbH. Mit dem Anteilserwerb wird zugleich ein Organschaftsverhältnis zwischen diesen Gesellschaften vereinbart. Die A-GmbH ist zu 40% an der grundbesitzenden B-GmbH beteiligt. Die M-GmbH, die zu 50% an der B-GmbH beteiligt ist, erwirbt später von der A-GmbH deren Anteile an der B-GmbH hinzu.

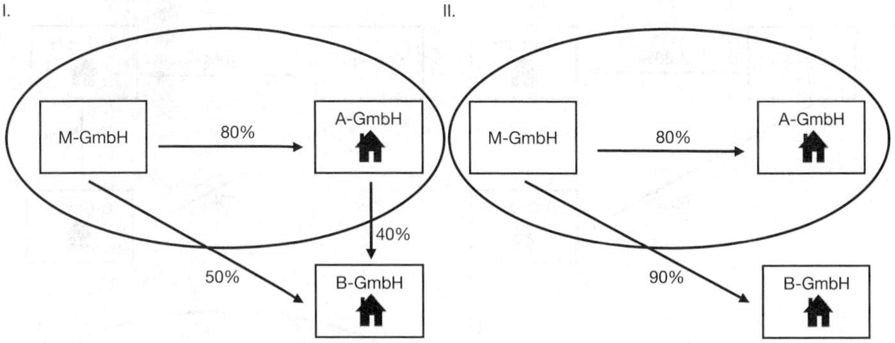

33 Lösung:

Mit dem Anteilserwerb und der Begründung des Organschaftsverhältnisses, die in einem zeitlichen und sachlichen Zusammenhang stehen, wird eine Anteilsvereinigung im Organkreis gemäß § 1 Absatz 3 Nummer 1 oder Nummer 2 in Verbindung mit § 1 Absatz 4 Nummer 2 GrEStG bewirkt, denn im Organkreis vereinigen sich die Anteile der B-GmbH zu mindestens 90%.

Durch den späteren Hinzuerwerb verwirklicht die M-GmbH den Tatbestand der unmittelbaren Anteilsvereinigung im Sinne des § 1 Absatz 3 Nummer 1 oder Nummer 2 GrEStG. Die vorangegangene mittelbare Anteilsvereinigung im Organkreis steht dem nicht entgegen, weil der Organkreis und seine Mitglieder nicht identisch sind.

2.4. Änderung der Anteilsverhältnisse und nachfolgende Begründung des Organschaftsverhältnisses

34 Beispiel 13: 224

Die M-GmbH ist als Gründungsgesellschafterin zu 80% an der grundbesitzenden A-GmbH beteiligt, die 90% der Anteile an der grundbesitzenden B-GmbH hält. Im November 01 erhöht die M-GmbH ihre Beteiligung an der A-GmbH auf 90%. Im Dezember 01 wird zwischen der M-GmbH und der A-GmbH ein Organschaftsverhältnis begründet.

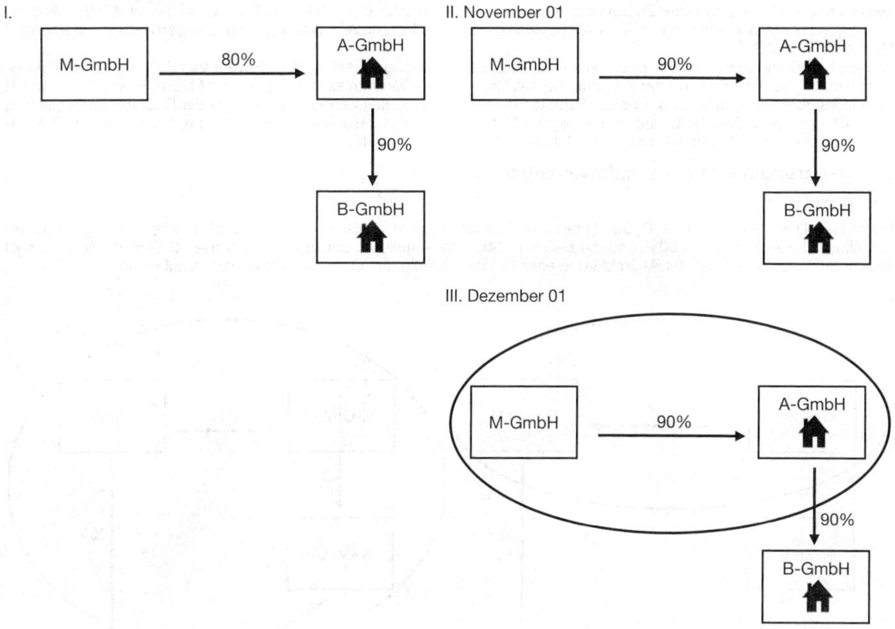

35 Lösung:

Durch die Aufstockung der Anteile an der A-GmbH ist der Tatbestand der Anteilsvereinigung nach § 1 Absatz 3 Nummer 1 oder Nummer 2 GrEStG in der Hand der M-GmbH verwirklicht worden. Diese Anteilsvereinigung ist einmal unmittelbar im Verhältnis zur A-GmbH und zum anderen mittelbar im Verhältnis zur B-GmbH eingetreten (über die Beteiligung der A-GmbH). In der Hand des Organkreises erfolgt keine zusätzliche Anteilsvereinigung (vergleiche BFH-Urteil vom 20. Juli 2005 – II R 30/04, BStBl. II, 839).

36 Beispiel 14:

Die M-GmbH ist zu 80% an der grundbesitzenden A-GmbH sowie zu 60% an der grundbesitzenden B-GmbH beteiligt. Kurze Zeit, nachdem die A-GmbH 30% der Anteile an der B-GmbH erworben hat, wird zwischen der M-GmbH und der A-GmbH ein Organschaftsverhältnis begründet.

Anl c zu § 1 Abs. 3

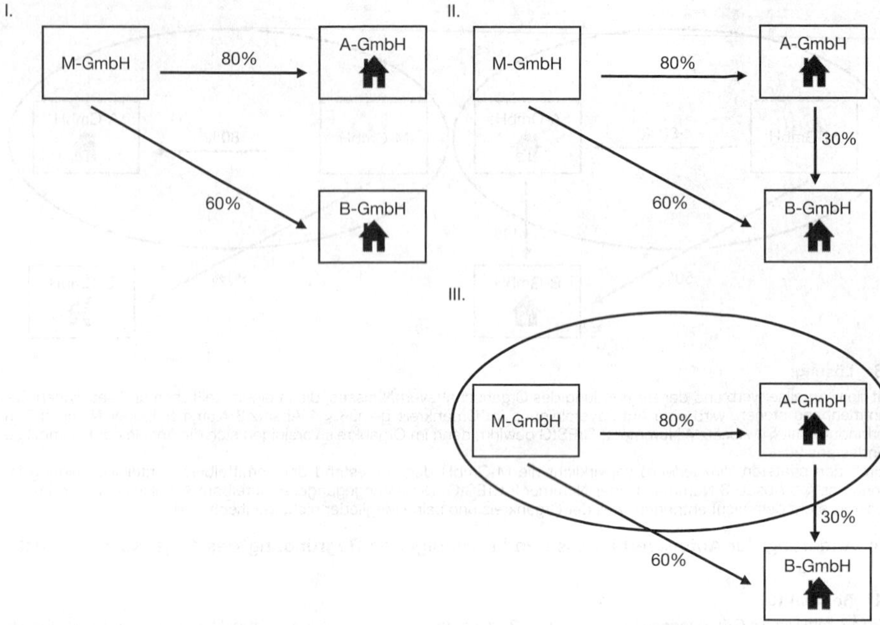

37 Lösung:

Weder der Erwerb der Anteile der B-GmbH durch die A-GmbH noch die bloße Begründung eines Organschaftsverhältnisses ohne Veränderung in der Zuordnung von Anteilen erfüllen je für sich allein den Tatbestand der mittelbaren Anteilsvereinigung (Anteilsvereinigung im Organkreis) nach § 1 Absatz 3 Nummer 1 oder Nummer 2 in Verbindung mit Absatz 4 Nummer 2 GrEStG.
Jedoch begründet der enge zeitliche und sachliche Zusammenhang zwischen dem Erwerb von 30% der Anteile der B-GmbH durch die A-GmbH und der Begründung des Organschaftsverhältnisses zwischen der M-GmbH und der A-GmbH die widerlegbare Vermutung, dass beide Vorgänge durch einen vorgefassten Plan, die Anteile der B-GmbH im Organkreis zu vereinigen, verknüpft sind. Dadurch erfolgt im Organkreis eine Anteilsvereinigung im Sinne des § 1 Absatz 3 Nummer 1 oder Nummer 2 in Verbindung mit § 1 Absatz 4 Nummer 2 GrEStG.

3. Erweiterung des Organschaftsverhältnisses

225 **38 Beispiel 15:**

Die M-GmbH ist zu 80% an der D-GmbH beteiligt. Zwischen der M-GmbH und der D-GmbH besteht ein Organschaftsverhältnis. Die A-GmbH hält 60% und die D-GmbH 30% der Anteile an der grundbesitzenden C-GmbH. Die M-GmbH erwirbt 80% der Anteile an der A-GmbH und erweitert gleichzeitig das Organschaftsverhältnis auf diese.

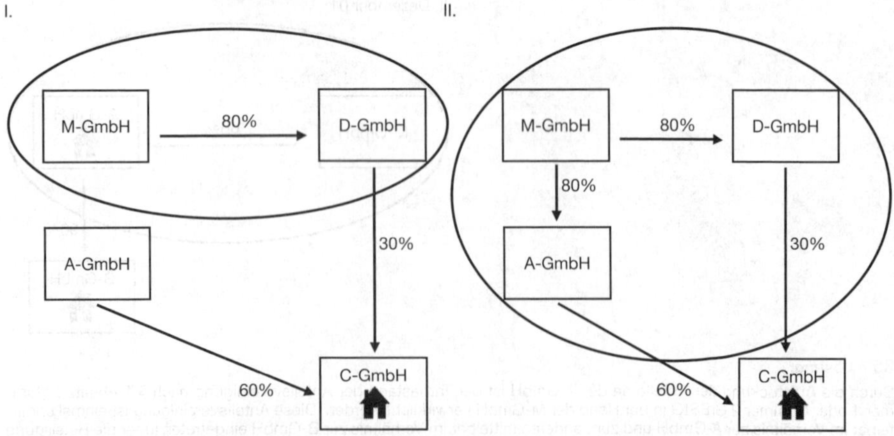

39 Lösung:

Der Erwerb der Anteile der A-GmbH durch die M-GmbH unter gleichzeitiger Begründung eines Abhängigkeitsverhältnisses und der daraus folgenden Erweiterung des Organschaftsverhältnisses führt zur Vereinigung aller Anteile an der C-GmbH in der Hand von abhängigen Unternehmen (vergleiche BFH-Urteil vom 16. Januar 1980 – II R 52/76, BStBl. II, 360). In der Hand des Organkreises findet somit eine Anteilsvereinigung nach § 1 Absatz 3 Nummer 1 in Verbindung mit § 1 Absatz 4 Nummer 2 GrEStG in Bezug auf die C-GmbH statt, da mindestens 90% der Anteile dieser Gesellschaft in der Hand von zwei abhängigen Gesellschaften (A-GmbH: 60% und D-GmbH: 30%) des Organkreises vereinigt werden.

Anl c zu § 1 Abs. 3

40 **Beispiel 16:**

Die M-GmbH ist zu je 80% an der A-GmbH und an der D-GmbH beteiligt. Zwischen ihnen besteht ein Organschaftsverhältnis. An der grundbesitzenden C-GmbH sind die A-GmbH zu 60%, die D-GmbH zu 30% sowie die X-GmbH zu 10% beteiligt. Die M-GmbH erwirbt 70% der Anteile an der X-GmbH und gleichzeitig wird die X-GmbH abhängiges Unternehmen der M-GmbH.

I.

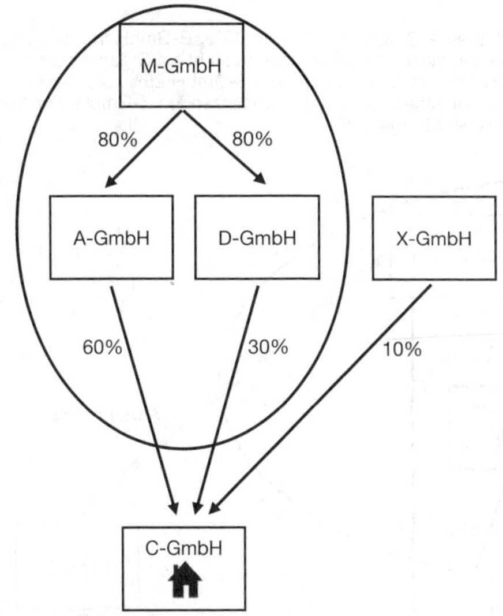

II.

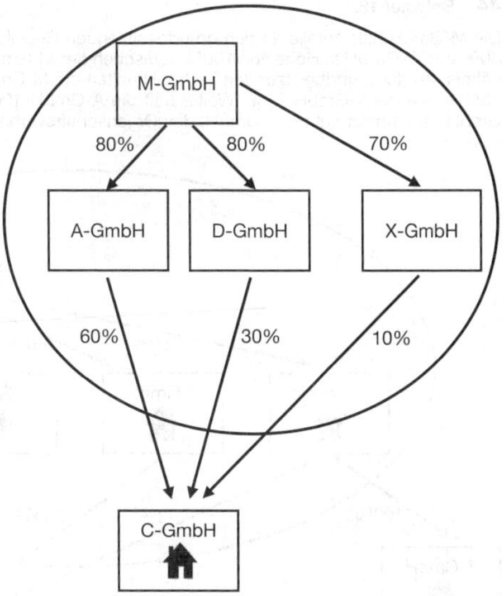

41 **Lösung:**

Da bereits mindestens 90% der Anteile der C-GmbH in der Hand von abhängigen Unternehmen (A-GmbH: 60% und D-GmbH: 30%) vereinigt waren, handelt es sich um eine bloße Verstärkung der Beteiligung im Organkreis, die grunderwerbsteuerrechtlich unerheblich ist.

4. Verschmelzung des Organträgers

4.1. Verschmelzung des Organträgers auf eine Gesellschaft außerhalb des Organkreises unter Fortführung des Organschaftsverhältnisses

42 **Beispiel 17:** 226

Die M-GmbH hält Anteile an den grundbesitzenden Gesellschaften A-GmbH in Höhe von 89%, B-GmbH in Höhe von 80% und C-GmbH in Höhe von 100%. Zwischen der M-GmbH und diesen Gesellschaften besteht ein Organschaftsverhältnis. An der grundbesitzenden E-GmbH halten die M-GmbH 7%, die A-GmbH 2%, die B-GmbH 25%, die C-GmbH 45% sowie die X-GmbH 21%. Weiter hält die A-GmbH 100% der Anteile an der grundbesitzenden Z-GmbH. Die M-GmbH verschmilzt auf die V-GmbH; das Organschaftsverhältnis wird fortgeführt.

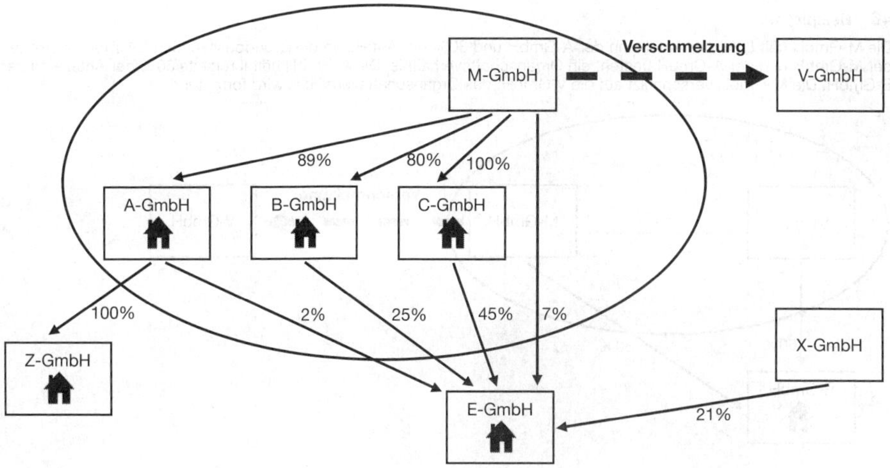

Anl c zu § 1 Abs. 3

noch **226**

43 Lösung:

Der Übergang der Anteile an den Organgesellschaften der M-GmbH auf die V-GmbH durch die Eintragung der Verschmelzung im Handelsregister erfüllt den Tatbestand des § 1 Absatz 2 b GrEStG nur hinsichtlich der C-GmbH. Dieser verdrängt den zeitgleich ebenfalls verwirklichten Tatbestand nach § 1 Absatz 3 Nummer 4 GrEStG.
Die von der A-GmbH gehaltenen Anteile der Z-GmbH werden von der Verschmelzung nicht berührt; sie bleiben nach wie vor der A-GmbH allein zugeordnet (BFH-Urteil vom 20. Juli 2005 – II R 30/04, BStBl. II, 839). Eine Anteilsvereinigung im Organkreis hinsichtlich der E-GmbH liegt nicht vor, da dem Organkreis nicht mindestens 90% der Anteile an der E-GmbH zuzurechnen sind.

44 Beispiel 18:

Die M-GmbH hält Anteile an den grundbesitzenden Gesellschaften A-GmbH in Höhe von 89%, B-GmbH in Höhe von 80% und C-GmbH in Höhe von 100%. Zwischen der M-GmbH und diesen Gesellschaften besteht ein Organschaftsverhältnis. An der grundbesitzenden E-GmbH halten die M-GmbH 7%, die A-GmbH 2%, die B-GmbH 25%, die C-GmbH 45% sowie die X-GmbH 21%. Weiter hält die A-GmbH 100% der Anteile an der grundbesitzenden Z-GmbH. Die M-GmbH verschmilzt auf die X-GmbH; das Organschaftsverhältnis wird fortgeführt.

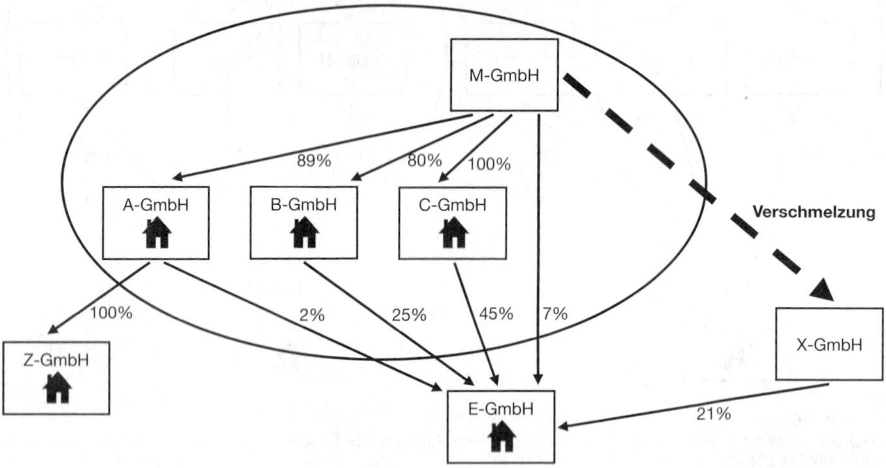

45 Lösung:

Der Übergang der Anteile an den Organgesellschaften der M-GmbH auf die X-GmbH durch die Eintragung der Verschmelzung im Handelsregister erfüllt den Tatbestand des § 1 Absatz 2 b GrEStG nur hinsichtlich der C-GmbH. Dieser verdrängt den zeitgleich ebenfalls verwirklichten Tatbestand nach § 1 Absatz 3 Nummer 4 GrEStG.
Die von der A-GmbH gehaltenen Anteile der Z-GmbH werden von der Verschmelzung nicht berührt; sie bleiben nach wie vor der A-GmbH allein zugeordnet (BFH-Urteil vom 20. Juli 2005 – II R 30/04, BStBl II, 839).
Die von der M-GmbH gehaltenen Anteile an der E-GmbH sind auf die X-GmbH übergegangen, deren Anteilsbesitz damit auf 28% aufgestockt wird. Da die restlichen Anteile der E-GmbH von den Organgesellschaften (C-GmbH: 45%, B-GmbH: 25% und A-GmbH: 2%) gehalten werden, tritt in Bezug auf die Grundstücke der E-GmbH erstmalig eine Anteilsvereinigung im fortgeführten Organkreis ein (§ 1 Absatz 3 Nummer 1 oder Nummer 2 in Verbindung mit Absatz 4 Nummer 2 GrEStG).

46 Beispiel 19:

Die M-GmbH hält 80% der Anteile an der A-GmbH und 30% der Anteile an der grundbesitzenden E-GmbH. Zwischen der M-GmbH und der A-GmbH besteht ein Organschaftsverhältnis. Die A-GmbH hält ihrerseits 60% der Anteile an der E-GmbH. Die M-GmbH verschmilzt auf die V-GmbH; das Organschaftsverhältnis wird fortgeführt.

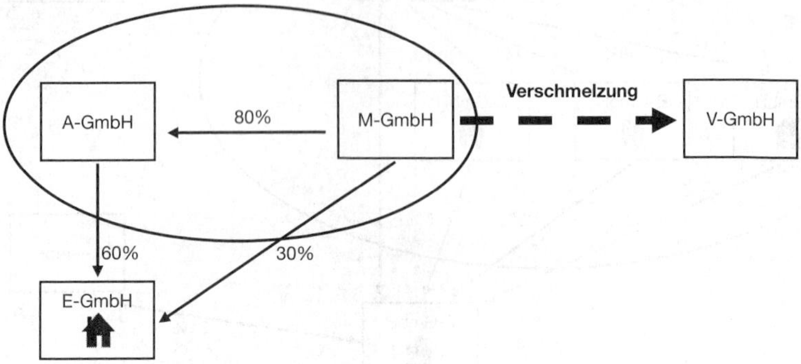

47 **Lösung:**

Durch den Übergang der 30%igen Beteiligung der M-GmbH an der E-GmbH auf die V-GmbH mit der Eintragung der Verschmelzung im Handelsregister tritt eine Anteilsvereinigung im fortgeführten Organkreis ein (§ 1 Absatz 3 Nummer 2 in Verbindung mit Absatz 4 Nummer 2 GrEStG). Die vorangegangene mittelbare Anteilsvereinigung im Organkreis (A-GmbH und M-GmbH) steht dem nicht entgegen, weil der fortgeführte Organkreis und seine Mitglieder (A-GmbH und V-GmbH) nicht identisch sind.

4.2. Verschmelzung des Organträgers auf eine Organgesellschaft unter Fortführung des Organschaftsverhältnisses

48 **Beispiel 20:** 227

Die M-GmbH ist zu 100% an der B-GmbH, zu 60% an der C-GmbH und zu 70% an der D-GmbH beteiligt. An der C-GmbH ist des Weiteren die D-GmbH zu 40% beteiligt. Die B-GmbH, die C-GmbH und die D-GmbH sind Organgesellschaften des Organträgers M-GmbH. Jede der Organgesellschaften verfügt über Grundbesitz. Die M-GmbH wird auf die B-GmbH verschmolzen.

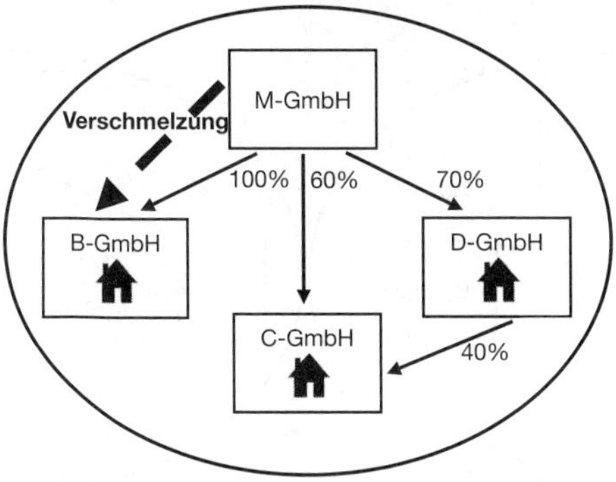

49 **Lösung:**

Durch die Verschmelzung findet ein Organträgerwechsel statt; die bisherige Organgesellschaft B-GmbH wird zum herrschenden Unternehmen im Organkreis. Die Anteilsverschiebungen im Organkreis sind bezogen auf die C-GmbH unbeachtlich, da deren Anteile weiterhin im Organkreis vereinigt bleiben. In Bezug auf die D-GmbH findet keine Anteilsvereinigung nach § 1 Absatz 3 Nummer 1 oder Nummer 2 in Verbindung mit § 1 Absatz 4 Nummer 2 GrEStG statt, weil der Organkreis die erforderliche Beteiligungsgrenze von mindestens 90% der Anteile der D-GmbH nicht erreicht.
Hinsichtlich der Grundstücke der B-GmbH wird kein der Grunderwerbsteuer unterliegender Tatbestand verwirklicht, weil diese durch die Verschmelzung der M-GmbH auf die B-GmbH unberührt bleiben.

5. Umstrukturierung im Organkreis

50 Anteilsverschiebungen im Organkreis, die dazu führen, dass vorher wie nachher bei verschiedenen Gesellschaften des Organkreises zusammengerechnet mindestens 90% der Anteile einer grundbesitzenden Gesellschaft gehalten werden, sind grunderwerbsteuerrechtlich unbeachtlich, da die Anteile weiterhin im Organkreis mit identischen Mitgliedern vereinigt bleiben. 228

51 **Beispiel 21:**

Die M-GmbH hält je 80% der Anteile an der A-GmbH, der B-GmbH und der C-GmbH. Zwischen der M-GmbH und diesen Gesellschaften besteht ein Organschaftsverhältnis. An der grundbesitzenden E-GmbH sind die M-GmbH zu 20%, die A-GmbH sowie die B-GmbH zu je 40% beteiligt. Die M-GmbH überträgt ihre Beteiligung an der E-GmbH auf die C-GmbH.

I. II.

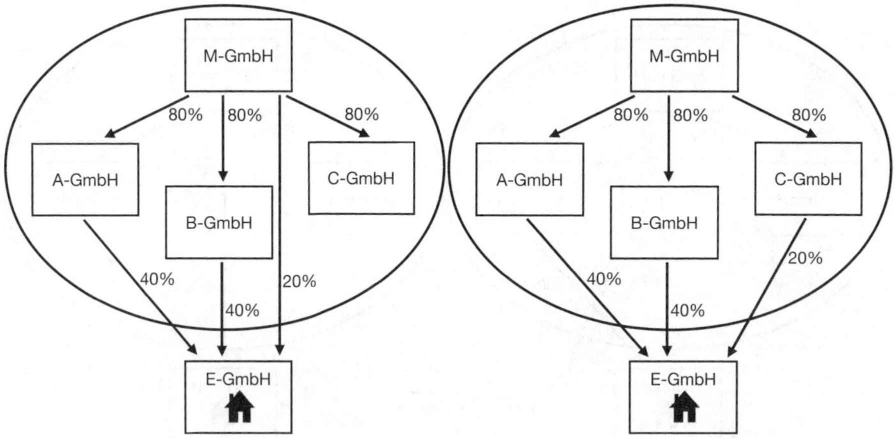

Anl c zu § 1 Abs. 3

52 **Lösung:**

Durch den Übergang der 20%igen Beteiligung der M-GmbH an der E-GmbH auf die C-GmbH tritt hinsichtlich der Anteilsvereinigung im Organkreis keine grunderwerbsteuerrechtlich erhebliche Veränderung ein. Die Anteile der E-GmbH bleiben weiterhin im Organkreis mit identischen Mitgliedern vereinigt.

229 53 Anteilsverschiebungen im Organkreis, die dazu führen, dass erstmals in der Hand einer Gesellschaft des Organkreises mindestens 90% der Anteile an einer grundbesitzenden Gesellschaft vereinigt werden, erfüllen den Tatbestand des § 1 Absatz 3 GrEStG. Dies gilt auch, wenn die Anteile zuvor bereits zu mindestens 90% im Organkreis vereinigt waren, da der Organkreis und seine Mitglieder nicht identisch sind.

54 **Beispiel 22:**

Die M-GmbH hält je 80% der Anteile an der A-GmbH und der B-GmbH. Zwischen der M-GmbH und diesen beiden Gesellschaften besteht ein Organschaftsverhältnis. An der grundbesitzenden E-GmbH sind die A-GmbH sowie die B-GmbH als Gründungsgesellschafterin zu je 50% beteiligt. Die A-GmbH überträgt ihre Anteile an der E-GmbH auf die B-GmbH.

I.

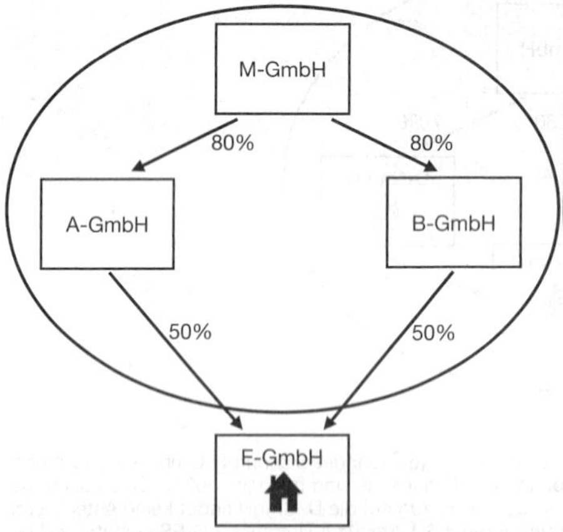

II.

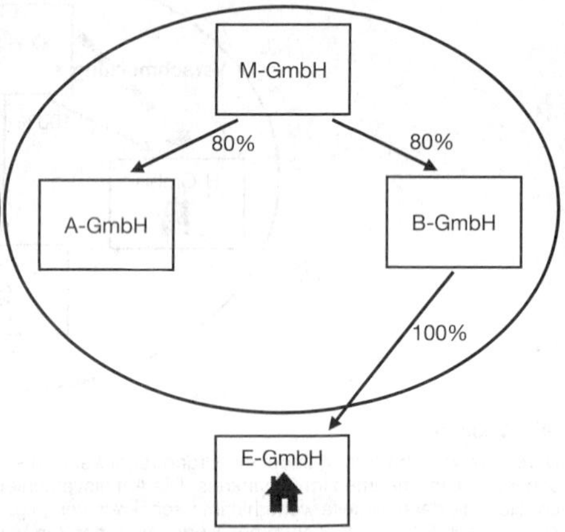

55 **Lösung:**

Der Tatbestand des § 1 Absatz 2 b GrEStG ist nicht erfüllt, da die B-GmbH Altgesellschafterin ist. Das Gesetz behandelt den Organkreis als eine Hand. Eine der Anteilsvereinigung im Organkreis nachfolgende Anteilsvereinigung in der Hand nur eines Mitglieds des Organkreises führt zu einer Neuzuordnung der Grundstücke. Die Vereinigung der Anteile der E-GmbH in der Hand der B-GmbH unterliegt daher gemäß § 1 Absatz 3 Nummer 1 oder Nummer 2 GrEStG der Grunderwerbsteuer.

230 56 Anteilsverschiebungen innerhalb des Organkreises, die dazu führen, dass die Anteile an einer grundbesitzenden Gesellschaft nicht mehr durch eine einzelne Gesellschaft des Organkreises, sondern nunmehr von mehreren Gesellschaften dieses Organkreises gehalten werden, erfüllen den Tatbestand des § 1 Absatz 3 Nummer 1 oder Nummer 2 in Verbindung mit Absatz 4 Nummer 2 GrEStG, wenn dadurch erstmals mindestens 90% der Anteile im Organkreis vereinigt werden.

57 **Beispiel 23:**

Die M-GmbH hält je 80% der Anteile an der A-GmbH und der B-GmbH. Zwischen der M-GmbH und diesen Gesellschaften besteht ein Organschaftsverhältnis. An der grundbesitzenden E-GmbH hält die B-GmbH 100% der Anteile. Die B-GmbH überträgt 40% der Anteile an der E-GmbH auf die M-GmbH.

I.

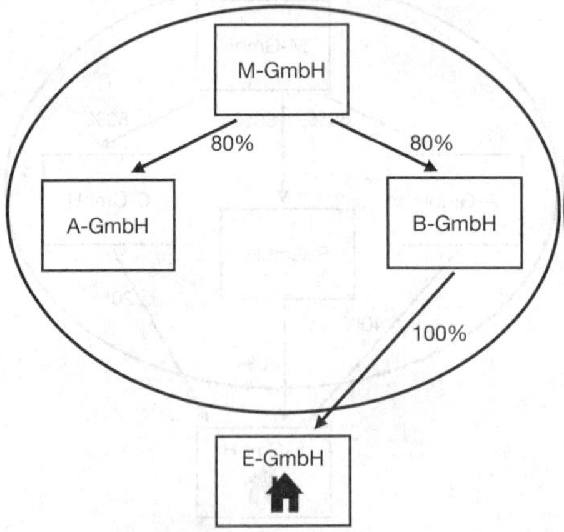

II.

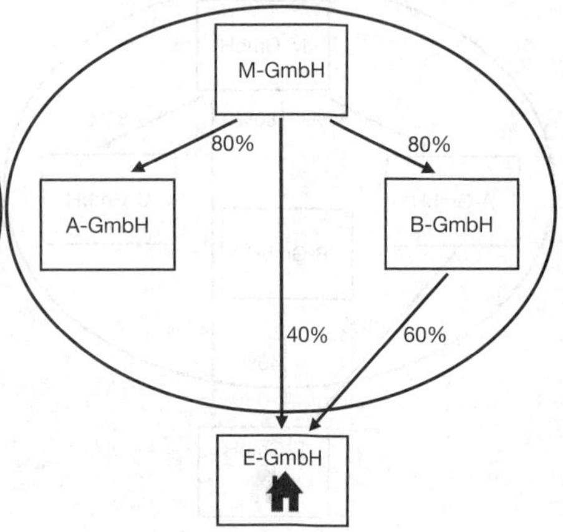

58 Lösung:

Durch den Übergang der Anteile in Höhe von 40% an der E-GmbH auf die M-GmbH tritt erstmals eine Anteilsvereinigung in der Hand von herrschendem (M-GmbH: 40%) und abhängigem Unternehmen (B-GmbH: 60%) ein (§ 1 Absatz 3 Nummer 1 oder Nummer 2 in Verbindung mit § 1 Absatz 4 Nummer 2 GrEStG).

6. Organschaftsverhältnis innerhalb einer Beteiligungskette

59 Beispiel 24: 231

Die A-GmbH ist zu 100% an der B-GmbH und diese ist zu 90% an der C-GmbH beteiligt. Die C-GmbH ist zu 70% an der D-GmbH und diese ist zu 100% an der grundbesitzenden E-GmbH beteiligt. Zwischen der C-GmbH und der D-GmbH besteht ein Organschaftsverhältnis. Die X-GmbH übernimmt alle Anteile der A-GmbH.

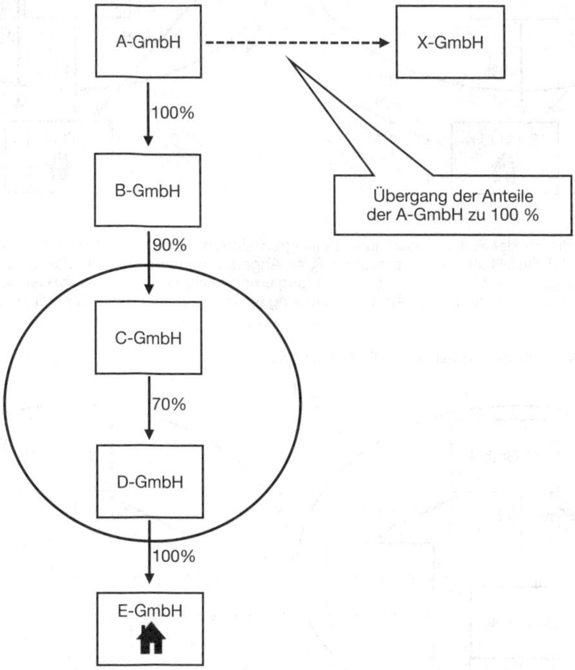

60 Lösung:

Der Tatbestand des § 1 Absatz 2 b GrEStG ist nicht erfüllt, da nicht mindestens 90% der Anteile auf neue Gesellschafter übergegangen sind. Der Übergang der Anteile der A-GmbH auf die X-GmbH führt zu keiner mittelbaren Anteilsübertragung im Sinne des § 1 Absatz 3 Nummer 3 oder Nummer 4 GrEStG, da die Kette 90%iger Beteiligungen nicht bis zur E-GmbH durchgängig ist. Das Organschaftsverhältnis kann nicht den für die Steuerpflicht nach § 1 Absatz 3 GrEStG notwendigen Anteilsbesitz der C-GmbH von mindestens 90% der Anteile der D-GmbH ersetzen. Die Anteile an der E-GmbH sind allein in der Hand der D-GmbH vereinigt, an der die Organgesellschaft C-GmbH nur 70% hält (BFH-Urteil vom 20. Juli 2005 – II R 30/04, BStBl. II, 839).

7. Steuerschuldnerschaft

7.1. Steuerschuldnerschaft bei Anteilsvereinigung in der Hand des Organkreises

61 Die Steuerschuldnerschaft richtet sich bei der Vereinigung von Anteilen einer grundbesitzenden Gesellschaft in der Hand von herrschendem und abhängigen Unternehmen oder nur in der Hand von abhängigen Unternehmen nach § 13 Nummer 5 Buchstabe b GrEStG. Steuerschuldner sind allein die an der Anteilsvereinigung Beteiligten, das heißt die Gesellschaften des Organkreises, deren Anteilsbesitz an der grundbesitzenden Gesellschaft dazu beiträgt, dass die für eine Anteilsvereinigung erforderliche Beteiligungsgrenze von 90% erreicht wird. 232

62 Beispiel 25:

Die M-GmbH ist je zu 80% an der A-GmbH, B-GmbH und C-GmbH beteiligt. Zwischen der M-GmbH und diesen Gesellschaften besteht ein Organschaftsverhältnis. Die A-GmbH und die B-GmbH sind jeweils mit 40% an der grundbesitzenden E-GmbH beteiligt. 20% der Anteile an der E-GmbH hält Z.

63 Variante 1:

Die M-GmbH erwirbt den 20%igen Anteil an der E-GmbH von Z.

I. II.

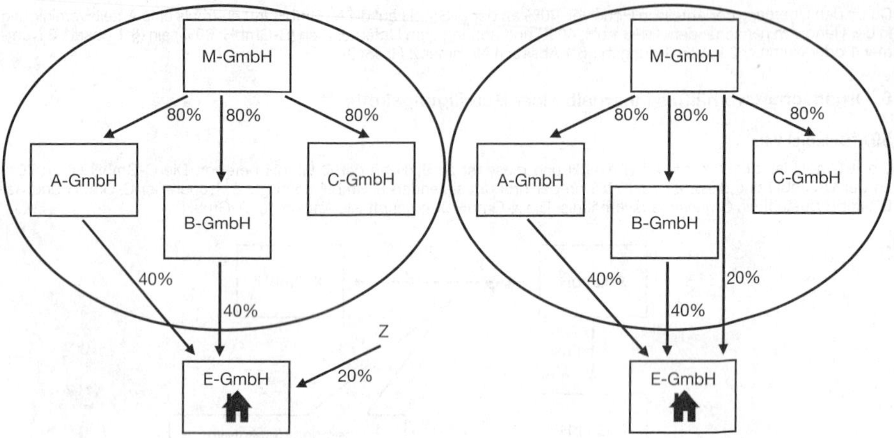

64 Lösung:

Steuerschuldner sind die an der Anteilsvereinigung beteiligten Unternehmen (§ 13 Nummer 5 Buchstabe b GrEStG) M-GmbH, A-GmbH und B-GmbH als Gesamtschuldner (§ 44 Abgabenordnung (AO)); die Steuer kann von jedem an der Anteilsvereinigung im Organkreis Beteiligten in vollem Umfang erhoben werden. Die C-GmbH ist zwar auch Mitglied des Organkreises; sie nimmt jedoch nicht an der Anteilsvereinigung teil und scheidet deshalb als Steuerschuldner aus.

65 Variante 2:

Die C-GmbH erwirbt den 20%igen Anteil an der E-GmbH von Z.

I. II.

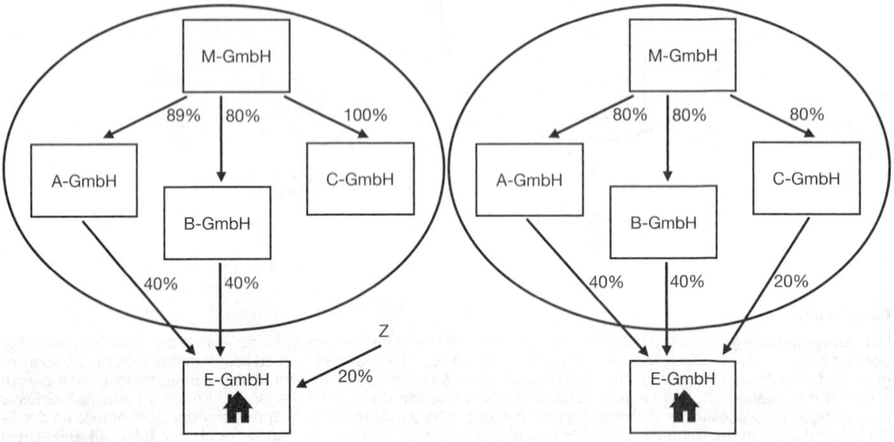

66 Lösung:

Steuerschuldner sind die an der Anteilsvereinigung beteiligten Unternehmen (§ 13 Nummer 5 Buchstabe b GrEStG) A-GmbH, B-GmbH und C-GmbH als Gesamtschuldner (§ 44 AO). Ihr Abhängigkeitsverhältnis zur M-GmbH löst zwar die Anteilsvereinigung im Organkreis aus, doch ist die M-GmbH, die keine Anteile der E-GmbH hält, nicht selbst an der Anteilsvereinigung beteiligt und scheidet deshalb als Steuerschuldner aus.

7.2. Steuerschuldnerschaft bei Anteilsvereinigung in der Hand eines Mitglieds des Organkreises

233 **67** Soweit eine Anteilsvereinigung (§ 1 Absatz 3 GrEStG) nur in der Hand eines Mitglieds des Organkreises eintritt, richtet sich die Steuerschuldnerschaft nach § 13 Nummer 5 Buchstabe a GrEStG. Steuerschuldner ist der Erwerber. In den Fällen des § 1 Absatz 3 Nummer 3 und Nummer 4 GrEStG sind Steuerschuldner die am Erwerbsvorgang als Vertragsteile Beteiligten (§ 13 Nummer 1 GrEStG).

8. Örtliche Zuständigkeit

68 Ausführungen zur örtlichen Zuständigkeit enthalten die gleich lautenden Erlasse der obersten Finanzbehörden der Länder zur Durchführung der gesonderten Feststellung nach § 17 GrEStG.[1]

9. Zeitlicher Anwendungsbereich

234 **69** Dieser Erlass tritt an die Stelle der gleich lautenden Erlasse vom 19. September 2018 (BStBl. I, 1056). Er ist in allen offenen Fällen anzuwenden.

[1] Abgedruckt als Anlage zu § 17 GrEStG.

70 Für Rechtsvorgänge, die vor dem 1. Juli 2021 verwirklicht werden oder die unter die Übergangsregelung des § 23 Absatz 21 GrEStG fallen, gilt dieser Erlass mit der Maßgabe, dass die Beteiligungsgrenze von 95% anzuwenden ist. Ausführungen zu § 23 Absatz 21 GrEStG enthalten die gleich lautenden Erlasse der obersten Finanzbehörden der Länder vom 29. Juni 2021 zu den Übergangsregelungen auf Grund des Gesetzes zur Änderung des Grunderwerbsteuergesetzes (BStBl. I, 1006).[1]

Zu § 1 Abs. 3 a GrEStG

Erlass betr. Anwendung des § 1 Abs. 3 a GrEStG[2]

Vom 19. September 2018 (BStBl. I S. 1078)

(Gleich lautender Ländererlass)

Anl zu § 1 Abs. 3a

1.[3] Allgemeines

235 Durch Art. 26 Nr. 1 des Amtshilferichtlinie-Umsetzungsgesetzes vom 26. Juni 2013, BGBl. I S. 1809, wurde mit § 1 Abs. 3 a GrEStG ein neuer, eigenständiger Fiktionstatbestand eingeführt. Mit der Neuregelung werden insbesondere Erwerbsvorgänge mit sog. Real Estate Transfer Tax Blocker-Strukturen (RETT-Blocker) der Besteuerung unterworfen. RETT-Blocker zielten darauf ab, bei einem Rechtsträgerwechsel die grunderwerbsteuerrechtliche Zuordnung eines inländischen Grundstücks durch Zwischenschaltung einer Gesellschaft, an der ein Fremder wirtschaftlich nicht oder nur geringfügig beteiligt ist, zu verhindern.

Nach § 1 Abs. 3 a GrEStG gilt als Rechtsvorgang i. S. d. § 1 Abs. 3 Nr. 1 bis 4 GrEStG auch ein solcher, aufgrund dessen ein Rechtsträger insgesamt eine wirtschaftliche Beteiligung in Höhe von mindestens 95% an einer Gesellschaft innehat, zu deren Vermögen inländischer Grundbesitz gehört. Die wirtschaftliche Beteiligung kann in allen Varianten des § 1 Abs. 3 GrEStG verwirklicht werden.

Folgt einem Erwerbsvorgang nach § 1 Abs. 3 GrEStG ein Rechtsvorgang, aufgrund dessen ein Rechtsträger erstmals eine wirtschaftliche Beteiligung in Höhe von mindestens 95% innehat, so unterliegt dieser Vorgang der Besteuerung nach § 1 Abs. 3a GrEStG auch dann, wenn dem Erwerber der Grundbesitz der Gesellschaft bereits aufgrund des vorangegangenen Erwerbs grunderwerbsteuerrechtlich zuzurechnen ist. Die Anrechnungsregelung des § 1 Abs. 6 GrEStG ist zu beachten.

Die Regelung gilt für Kapitalgesellschaften und Personengesellschaften gleichermaßen, da die neue Vorschrift bei Personengesellschaften auf die vermögensmäßige Beteiligung abstellt.

Die Grundsätze zu § 1 Abs. 3 GrEStG gelten, soweit nachfolgend nicht abweichend dargestellt, entsprechend.

2. Anwendungsbereich der Vorschrift

236 Gemäß § 23 Abs. 11 GrEStG ist § 1 Abs. 3a GrEStG erstmals auf Erwerbsvorgänge anzuwenden, die nach dem 6. Juni 2013 verwirklicht werden. Mangels Rechtsvorgang löst daher allein das Inkrafttreten der Neuregelung keinen steuerbaren Tatbestand aus.

Sind bis zum 6. Juni 2013 bereits mindestens 95% der Anteile einer Gesellschaft wirtschaftlich i. S. d. § 1 Abs. 3a GrEStG in einer Hand vereinigt und wird diese Beteiligung nach dem 6. Juni 2013 ganz oder teilweise aufgestockt, kann dadurch § 1 Abs. 3a GrEStG nicht mehr verwirklicht werden. Dies gilt auch für die nach dem Überschreiten der 95%-Grenze hinzuerworbenen Grundstücke. Die Besteuerung einer erstmaligen Verwirklichung des § 1 Abs. 2a oder Abs. 3 GrEStG bleibt hiervon unberührt.

Wird die wirtschaftliche Beteiligung von mindestens 95% auf einen anderen Rechtsträger übertragen, ist § 1 Abs. 3a GrEStG verwirklicht.

Beispiel 1:

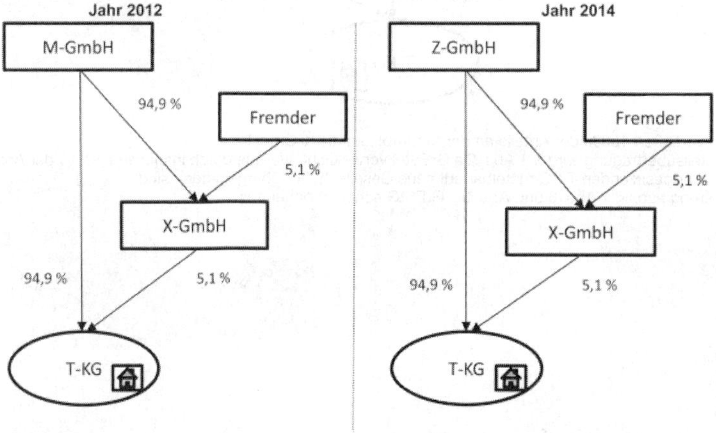

[1] Abgedruckt als Anlage b zu § 1 Abs. 2a GrEStG.

[2] Der Erlass ist noch nicht an die geänderte Rechtslage durch das Gesetz zur Änderung des GrEStG vom 12. 5. 2021 (BGBl. I S. 986) angepasst. Zu Übergangsregelungen siehe *gleich lautenden Ländererlass vom 29. 6. 2021*, abgedruckt als Anlage b zu § 1 Abs. 2a GrEStG.

[3] Siehe hierzu *gleich lautenden Ländererlass v. 16. 10. 2023*, abgedruckt als Anlage c zu § 1 Abs. 2a.

Anl zu § 1 Abs. 3a

Die M-GmbH veräußert im Jahr 2014 sowohl ihre Anteile am Vermögen der grundbesitzenden T-KG als auch ihre Anteile an der X-GmbH an die Z-GmbH.

§ 1 Abs. 2 a GrEStG ist bei der grundbesitzenden T-KG nicht verwirklicht. Unmittelbar sind lediglich 94,9% der Anteile am Vermögen auf die Z-GmbH übertragen worden. Mittelbar sind ebenso lediglich 94,9% der Anteile an der X-GmbH übertragen worden, so dass die Altgesellschafterstellung der X-GmbH erhalten bleibt.

§ 1 Abs. 3 GrEStG ist nicht einschlägig. Wegen der Beteiligung des Fremden in Höhe von 5,1% kann der Z-GmbH der Anteil der X-GmbH an der T-KG nicht zugerechnet werden.

Die Anteilsübertragung ist aber steuerbar gemäß § 1 Abs. 3 a GrEStG. Die Z-GmbH ist aufgrund der Übertragung der Anteile unmittelbar zu 94,9% und mittelbar über die X-GmbH zu 4,834% an der grundbesitzenden T-KG wirtschaftlich beteiligt. Die Besteuerung des Erwerbsvorgangs im Jahr 2014 wird nicht dadurch ausgeschlossen, dass bereits vor Inkrafttreten der Neuregelung die veräußernde M-GmbH in Höhe von mindestens 95% an der grundbesitzenden T-KG als wirtschaftlich beteiligt zu betrachten gewesen wäre.

Die wirtschaftliche Gesamtbeteiligung der Z-GmbH ergibt sich aus der Summe der unmittelbaren und mittelbaren Beteiligungen:

Z-GmbH	(94,9%)	94,90%
+ über die X-GmbH mit	(94,9% × 5,1%)	4,83%
= **Wirtschaftliche Gesamtbeteiligung**		**99,73%**

3. Nachrangigkeit

237 Mit § 1 Abs. 3 a GrEStG ist § 1 GrEStG um einen neuen Ergänzungstatbestand erweitert worden. § 1 Abs. 2 a und Abs. 3 GrEStG gehen ausdrücklich vor. D. h., die Besteuerung eines Rechtsvorgangs nach § 1 Abs. 3 a GrEStG ist nur dann zu prüfen, wenn eine Besteuerung nicht bereits nach § 1 Abs. 2 a oder Abs. 3 GrEStG in Betracht kommt. Die Anwendung des § 1 Abs. 3 a GrEStG wird durch § 1 Abs. 2 a und Abs. 3 GrEStG auch dann ausgeschlossen, wenn die Steuer nach § 1 Abs. 2 a Satz 7 GrEStG oder aufgrund einer Befreiungs- oder Vergünstigungsvorschrift nicht erhoben wird.

Beispiel 2:

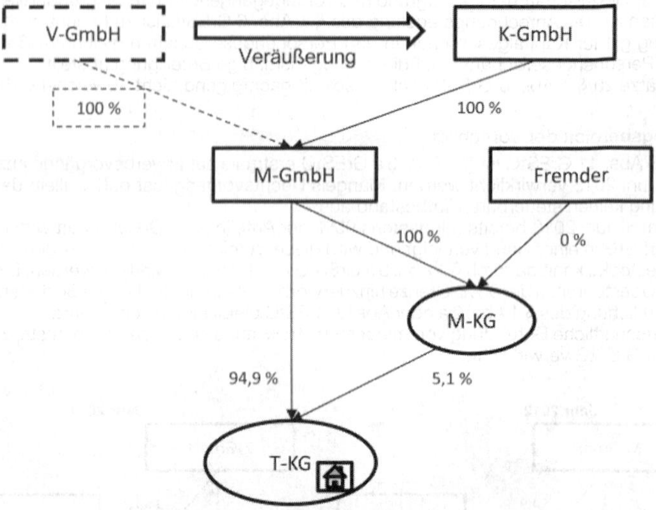

Die V-GmbH veräußert 100% der Anteile an der M-GmbH an die K-GmbH.

Durch die Anteilsübertragung wird § 1 Abs. 2 a GrEStG verwirklicht, weil hierdurch insgesamt 100% der Anteile am Vermögen der grundbesitzenden T-KG mittelbar auf neue Gesellschafter übergegangen sind.

Eine Besteuerung nach § 1 Abs. 3 und Abs. 3 a GrEStG scheidet daher aus.

Beispiel 3:

Anl zu
§ 1
Abs. 3a

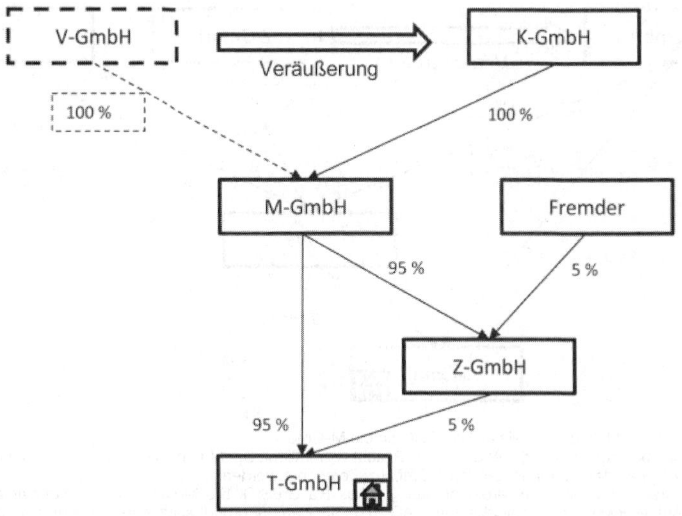

Die V-GmbH veräußert 100% der Anteile an der M-GmbH an die K-GmbH.
Mangels grundbesitzender Personengesellschaft scheidet eine Besteuerung nach § 1 Abs. 2 a GrEStG aus.
Durch die Anteilsübertragung wird § 1 Abs. 3 Nr. 3 GrEStG verwirklicht. Das erforderliche Quantum in Höhe von mindestens 95% der Anteile an der grundbesitzenden T-GmbH wird mittelbar übertragen.
Eine Besteuerung nach § 1 Abs. 3 a GrEStG scheidet daher aus.

Abwandlung zu Beispiel 3:

Die V-GmbH veräußert mit Vertrag vom 1. Juli die Anteile an der M-GmbH in Höhe von 100% an die K-GmbH. Im Vertrag wurde geregelt, dass die Anteile an der M-GmbH mit Wirkung vom 15. September übergehen. Die grundbesitzende T-GmbH erwirbt mit notariellem Kaufvertrag vom 1. August zwei weitere Grundstücke.

1. Juli:
Mangels grundbesitzender Personengesellschaft scheidet eine Besteuerung nach § 1 Abs. 2 a GrEStG aus.
Durch die Anteilsübertragung wird § 1 Abs. 3 Nr. 3 GrEStG verwirklicht. Das erforderliche Quantum in Höhe von mindestens 95% der Anteile an der grundbesitzenden T-GmbH wird mittelbar übertragen.
Eine Besteuerung nach § 1 Abs. 3 a GrEStG scheidet daher aus.

1. August:
Am 1. August verwirklicht die T-GmbH durch den Erwerb weiterer Grundstücke den Tatbestand des § 1 Abs. 1 Nr. 1 GrEStG.

15. September:
Durch die Übertragung der Anteile auf die K-GmbH am 15. September ist § 1 Abs. 3 Nr. 4 GrEStG verwirklicht, soweit die Grundstücke am 1. August hinzuerworben wurden. Hinsichtlich dieser Grundstücke ist kein schuldrechtliches Geschäft i. S. d. § 1 Abs. 3 Nr. 3 GrEStG vorausgegangen.
Eine Besteuerung nach § 1 Abs. 3 a GrEStG scheidet daher aus.

Hinweis auf die Abwandlung zu Beispiel 5:

§ 1 Abs. 3 a GrEStG wird in der Abwandlung zu Beispiel 5 in gleicher Weise verwirklicht, wenn zwischen Abschlussdatum und Übertragung des Anteils Grundstücke hinzuerworben werden.

4. Steuerbare Erwerbsvorgänge

Steuerbar gemäß § 1 Abs. 3 a GrEStG sind Rechtsvorgänge, die dazu führen, dass ein Rechtsträger erstmalig eine wirtschaftliche Beteiligung in Höhe von mindestens 95% an einer grundbesitzenden Gesellschaft innehat. Dabei ist es unerheblich, ob der Rechtsträger diese wirtschaftliche Beteiligung unmittelbar, mittelbar oder teils unmittelbar, teils mittelbar hält. § 1 Abs. 3 a GrEStG ist wie § 1 Abs. 3 GrEStG stichtagsbezogen. Die Grundsätze zum Zeitpunkt der Verwirklichung des Tatbestands des § 1 Abs. 3 GrEStG gelten entsprechend. 238

Anl zu § 1 Abs. 3a

Beispiel 4:

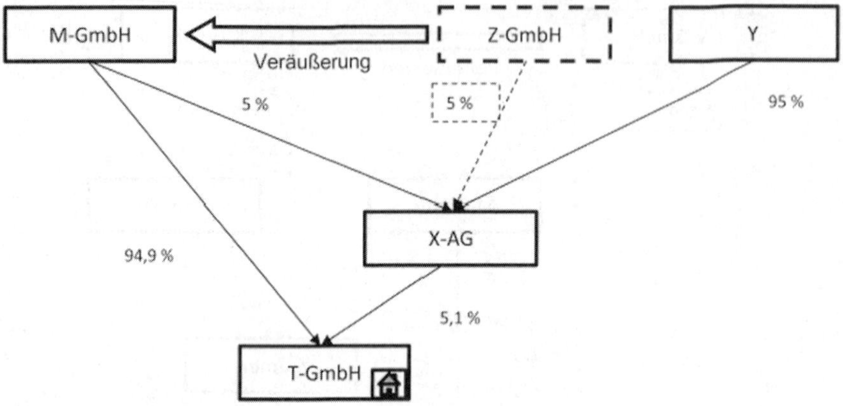

Die Z-GmbH veräußert 5% der Anteile an der X-AG an die M-GmbH.
Durch die Anteilsübertragung wird § 1 Abs. 3 GrEStG nicht verwirklicht. Der M-GmbH kann weiterhin nur eine Beteiligung in Höhe von 94,9% an der grundbesitzenden T-GmbH zugerechnet werden.
Die Anteilsübertragung ist aber steuerbar gemäß § 1 Abs. 3a GrEStG. Die M-GmbH ist unmittelbar zu 94,9% und aufgrund des Anteilserwerbs mittelbar über die X-AG zu 0,255% an der grundbesitzenden T-GmbH wirtschaftlich beteiligt.
Die wirtschaftliche Gesamtbeteiligung der M-GmbH ergibt sich aus der Summe der unmittelbaren und mittelbaren Beteiligungen:

M-GmbH	(94,9%)	94,90%
+ über die X-AG mit	(5% × 5,1%)	0,25%
= **Wirtschaftliche Gesamtbeteiligung**		**95,15%**

5. Wirtschaftliche Beteiligung

239 Mit der Einführung der wirtschaftlichen Beteiligung stellt die neue Regelung auf die unmittelbare und/oder mittelbare Beteiligung am Kapital oder am Vermögen einer Gesellschaft ab (§ 1 Abs. 3a Satz 2 GrEStG). Die sachenrechtliche Betrachtungsweise gilt bei § 1 Abs. 3a GrEStG nicht. Vielmehr sind alle Beteiligungen am Kapital oder am Vermögen einer Gesellschaft rechtsformneutral anteilig zu berücksichtigen.

Für die Ermittlung der mittelbaren Beteiligung am Kapital oder am Vermögen sind die Prozentsätze zu multiplizieren, d. h., es ist unabhängig von der Gesellschaftsform durch die verschiedenen Beteiligungsebenen „durchzurechnen". Die unmittelbaren und mittelbaren Beteiligungen eines Rechtsträgers an der Gesellschaft mit inländischem Grundstück werden für die Ermittlung der maßgeblichen wirtschaftlichen Beteiligung zusammengerechnet. Hat durch einen Rechtsvorgang i. S. d. § 1 Abs. 3 GrEStG ein Rechtsträger insgesamt eine wirtschaftliche Beteiligung von mindestens 95% erstmals inne, ist § 1 Abs. 3a GrEStG verwirklicht.

Beispiel 5:

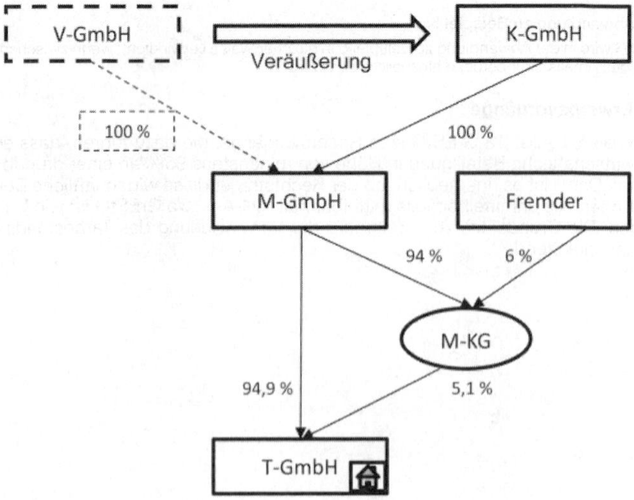

noch **239**

Die V-GmbH veräußert 100% der Anteile an der M-GmbH an die K-GmbH.
Eine Besteuerung nach § 1 Abs. 3 GrEStG kommt nicht in Betracht, da nicht mindestens 95% der Anteile an der T-GmbH unmittelbar oder mittelbar auf die K-GmbH übertragen werden. Die Beteiligung der M-KG am Kapital der T-GmbH wird der M-GmbH nicht zugerechnet, da die M-GmbH nicht zu mindestens 95% (94%) am Vermögen der M-KG beteiligt ist.
Die Anteilsübertragung ist aber steuerbar gemäß § 1 Abs. 3a GrEStG. Die K-GmbH ist aufgrund des Anteilserwerbs mittelbar über die M-GmbH und die M-KG wirtschaftlich mit insgesamt 99,7% an der grundbesitzenden T-GmbH beteiligt.
Die wirtschaftliche Gesamtbeteiligung ergibt sich aus der Summe der mittelbaren Beteiligungen über:

die M-GmbH mit	(100% × 94,9%)	94,9%
+ die M-GmbH und die M-KG mit	(100% × 94% × 5,1%)	4,8%
= **Wirtschaftliche Gesamtbeteiligung**		**99,7%**

Abwandlung zu Beispiel 5:

Werden in der vorstehenden Struktur zwischen Abschlussdatum und Übertragung des Anteils Grundstücke hinzuerworben (vgl. Abwandlung zu Beispiel 3), so wird hier § 1 Abs. 3a GrEStG – anstelle von § 1 Abs. 3 GrEStG in der Abwandlung zu Beispiel 3 – verwirklicht.

Beispiel 6:

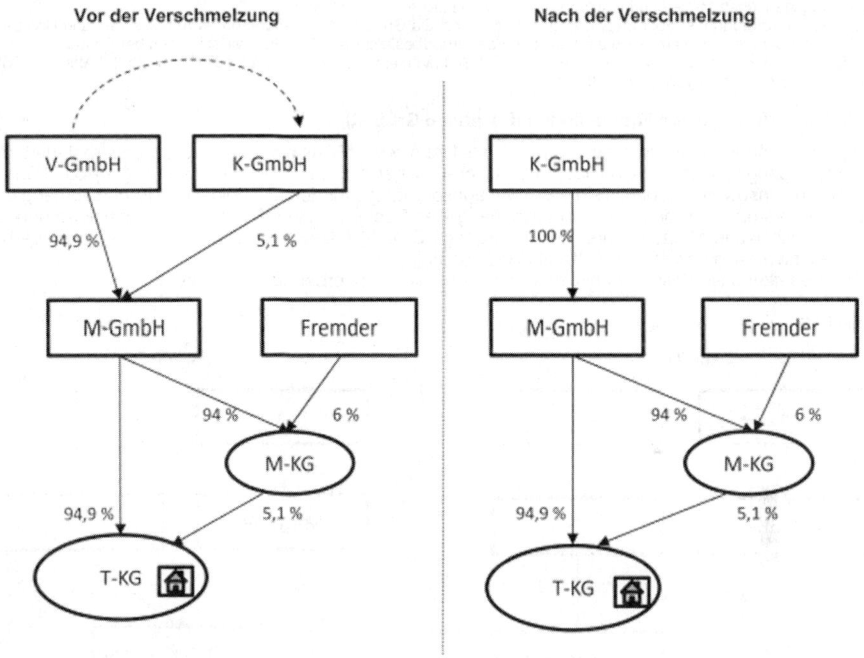

Durch die Verschmelzung der V-GmbH auf die K-GmbH erhöht sich deren Beteiligung an der M-GmbH von bisher 5,1% auf nunmehr 100%.
Der Tatbestand des § 1 Abs. 2a GrEStG wird nicht verwirklicht. Die M-GmbH bleibt Altgesellschafterin der grundbesitzenden T-KG, weil nur 94,9% ihrer Anteile von der V-GmbH auf die K-GmbH übergehen.
Eine Besteuerung nach § 1 Abs. 3 Nr. 2 GrEStG kommt nicht in Betracht, da nicht mindestens 95% der Anteile an der T-KG unmittelbar oder mittelbar in der Hand der K-GmbH vereinigt werden. Die Beteiligung der M-KG am Kapital der T-KG wird der M-GmbH nicht zugerechnet, da die M-GmbH nicht zu mindestens 95% (94%) am Vermögen der M-KG beteiligt ist.
Die Anteilsübertragung ist aber steuerbar gemäß § 1 Abs. 3a GrEStG. Die K-GmbH ist aufgrund des Anteilserwerbs mittelbar über die M-GmbH und die M-KG wirtschaftlich mit insgesamt 99,7% an der grundbesitzenden T-KG beteiligt.
Die wirtschaftliche Gesamtbeteiligung ergibt sich aus der Summe der mittelbaren Beteiligungen über:

die M-GmbH mit	(100% × 94,9%)	94,9%
+ die M-GmbH und die M-KG mit	(100% × 94% × 5,1%)	4,8%
= **Wirtschaftliche Gesamtbeteiligung**		**99,7%**

Die gleiche Beurteilung ergäbe sich, wenn sich in der Struktur anstelle der M-KG eine Kapitalgesellschaft befände.

Anl zu § 1 Abs. 3a

Beispiel 7:

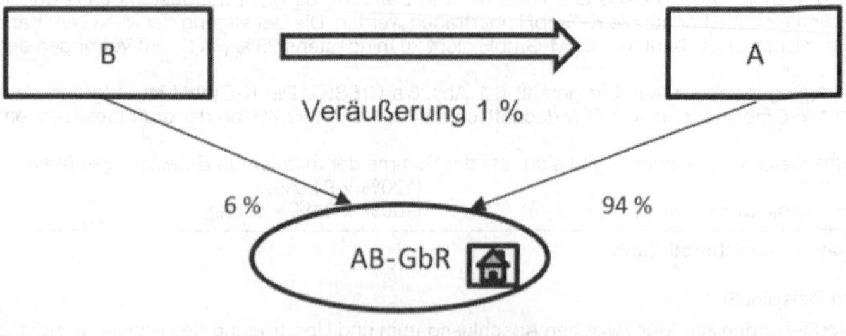

An der im Jahr 01 gegründeten grundbesitzenden AB – GbR sind die Gründungsgesellschafter A zu 94% und B zu 6% am Vermögen beteiligt. A erwirbt im Jahr 03 einen Vermögensanteil in Höhe von 1% von B hinzu.
Der Tatbestand des § 1 Abs. 2 a GrEStG wird nicht verwirklicht, weil es sich lediglich um eine Anteilsverschiebung zwischen Altgesellschaftern handelt. Eine Besteuerung nach § 1 Abs. 3 GrEStG kommt wegen der weiterhin bestehenden gesamthänderischen Mitberechtigung von A und B ebenfalls nicht in Betracht.
Die Anteilsübertragung ist aber steuerbar gemäß § 1 Abs. 3 a GrEStG. A ist aufgrund des Anteilserwerbs in Höhe von 1% unmittelbar mit insgesamt 95% am Vermögen der grundbesitzenden AB – GbR wirtschaftlich beteiligt.
Die Steuer wird in Höhe von 94% nach § 6 Abs. 2 GrEStG nicht erhoben. § 6 Abs. 4 GrEStG schließt § 6 Abs. 2 GrEStG nicht aus, da A Gründungsgesellschafter ist.

6. Aufeinanderfolge von Tatbeständen (§ 1 Abs. 6 GrEStG)

240 Ist einem steuerbaren Rechtsvorgang nach § 1 Abs. 3 a GrEStG ein anderer grunderwerbsteuerbarer Rechtsvorgang (§ 1 Abs. 1, 2 oder 3 GrEStG) vorausgegangen, wird die Steuer gemäß § 1 Abs. 6 Satz 2 GrEStG nur insoweit erhoben, als die Bemessungsgrundlage für den nachfolgenden Rechtsvorgang den Betrag übersteigt, von dem beim vorausgegangenen Rechtsvorgang die Steuer berechnet worden ist. Gleiches gilt, wenn ein steuerbarer Rechtsvorgang i. S. d. §§ 1 Abs. 1, 2 oder 3 GrEStG einem steuerbaren Rechtsvorgang nach § 1 Abs. 3 a GrEStG nachfolgt.

Voraussetzung ist, dass sowohl Grundstücks- als auch Erwerberidentität besteht.

Beispiel 8:

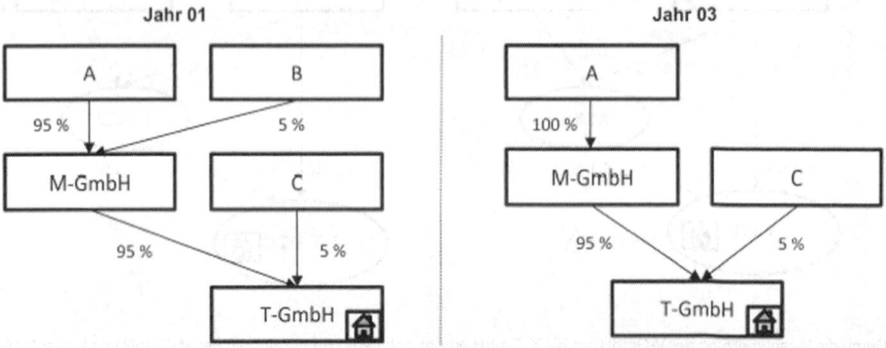

A erwarb im Jahr 01 von Z 50% und von Y 45% der Anteile an der M-GmbH. Im Jahr 03 erwarb A die restlichen 5% der Anteile an der M-GmbH von B hinzu. Zum Vermögen der T-GmbH gehörte durchgehend dasselbe Grundstück.
Im Jahr 01 haben sich in der Hand des A 95% der Anteile an der M-GmbH, die wiederum 95% der Anteile an der grundstückbesitzenden T-GmbH innehat, vereinigt. Der Tatbestand des § 1 Abs. 3 Nr. 1 GrEStG ist verwirklicht.
Im Jahr 03 ist der Tatbestand des § 1 Abs. 3 GrEStG nicht verwirklicht, weil lediglich eine Aufstockung der bereits bestehenden Beteiligung von 95% auf 100% erfolgt. Die Aufstockung der Anteile auf der Ebene der M-GmbH (95% + 5% = 100%) führt erstmalig zu einer wirtschaftlichen Beteiligung von 95% an der grundbesitzenden T-GmbH. Der A ist aufgrund des Anteilserwerbs mittelbar über die M-GmbH wirtschaftlich mit 95% an der grundbesitzenden T-GmbH beteiligt. § 1 Abs. 3 a GrEStG ist verwirklicht.
Die wirtschaftliche Gesamtbeteiligung ergibt sich aus der mittelbaren Beteiligung über:

die M-GmbH mit	(100% × 95%)	95,0%
= **Wirtschaftliche Gesamtbeteiligung**		**95,0%**

Wegen gegebener Grundstücks- und Erwerberidentität ist § 1 Abs. 6 GrEStG anzuwenden.

Anl zu
§ 1
Abs. 3a

Beispiel 9:

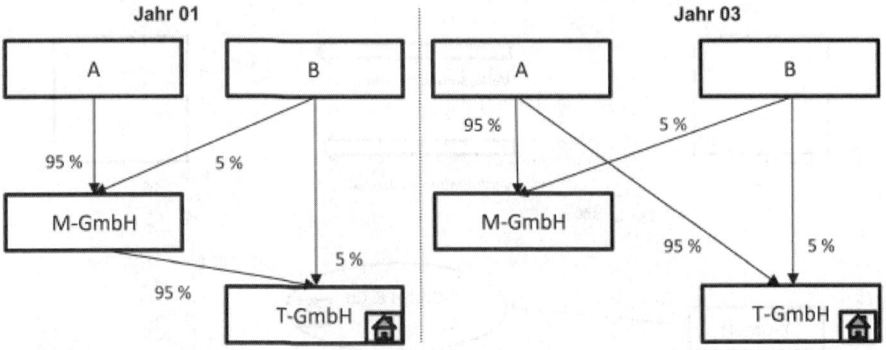

A erwarb im Jahr 01 von Z 50% und von Y 45% der Anteile an der M-GmbH. Im Jahr 03 erwarb A 95% der Anteile der grundbesitzenden T-GmbH von der M-GmbH. Zum Vermögen der T-GmbH gehörte durchgehend dasselbe Grundstück.
Im Jahr 01 haben sich in der Hand des A 95% der Anteile an der M-GmbH, die wiederum 95% der Anteile an der grundbesitzenden T-GmbH innehat, vereinigt. Der Tatbestand des § 1 Abs. 3 Nr. 1 GrEStG ist verwirklicht.
Im Jahr 03 ist der Tatbestand des § 1 Abs. 3 GrEStG nicht verwirklicht, weil lediglich eine Verstärkung der bereits bestehenden mittelbaren Beteiligung von 95% zu einer unmittelbaren Beteiligung von 95% erfolgt. Die Verstärkung führt erstmalig zu einer wirtschaftlichen Beteiligung von 95% an der grundbesitzenden T-GmbH. § 1 Abs. 3 a GrEStG ist verwirklicht. Insoweit ist unbeachtlich, dass der Grundbesitz der T-GmbH dem A bereits aufgrund der Anteilsvereinigung im Jahr 01 grunderwerbsteuerrechtlich zuzurechnen war.
Wegen gegebener Grundstücks- und Erwerberidentität ist § 1 Abs. 6 GrEStG anzuwenden.

Beispiel 10:

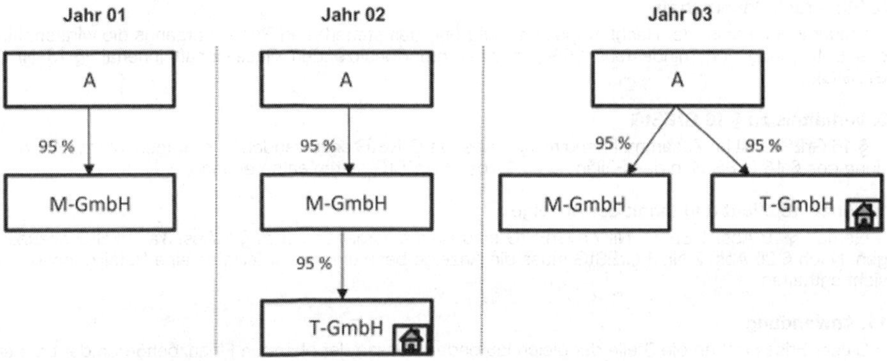

A erwarb im Jahr 01 95% der Anteile an der M-GmbH. Im Jahr 01 gehört kein Grundstück zum Vermögen der M-GmbH. Im Jahr 02 erwarb die M-GmbH 95% der Anteile an der grundbesitzenden T-GmbH. Im Jahr 03 erwirbt A 95% der Anteile an der grundbesitzenden T-GmbH von der M-GmbH.
Zum Vermögen der T-GmbH gehört durchgehend dasselbe Grundstück.
Im Jahr 01 liegt mangels grundbesitzender Gesellschaft kein grunderwerbsteuerbarer Rechtsvorgang vor.
Im Jahr 02 liegt eine steuerbare Anteilsübertragung i. S. d. § 1 Abs. 3 Nr. 3 GrEStG bei der M-GmbH vor.
Im Jahr 03 ist der Tatbestand des § 1 Abs. 3 GrEStG nicht verwirklicht, weil lediglich eine Verstärkung der bereits bestehenden mittelbaren Beteiligung von 95% zu einer unmittelbaren Beteiligung von 95% erfolgt.
Die Verstärkung führt erstmalig zu einer wirtschaftlichen Beteiligung des A in Höhe von 95% an der grundbesitzenden T-GmbH. § 1 Abs. 3 a GrEStG ist verwirklicht.
Mangels Erwerberidentität (im Jahr 02: M-GmbH; im Jahr 03: A) ist § 1 Abs. 6 GrEStG nicht anwendbar.

7. Anwendung der §§ 3, 6 und 6 a GrEStG

Die Grundsätze zur Anwendung der §§ 3 und 6 GrEStG in den Fällen des § 1 Abs. 3 GrEStG gelten entsprechend. **241**

Unter den Voraussetzungen des § 6 a GrEStG sind Rechtsvorgänge i. S. d. § 1 Abs. 3 a GrEStG begünstigt.

Beispiel 11:

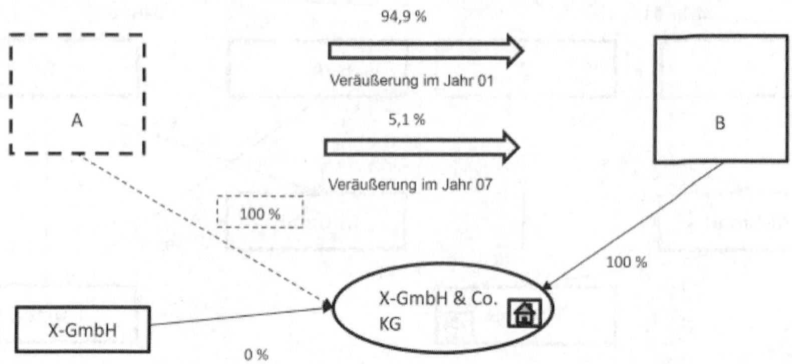

A veräußert im Jahr 01 zunächst 94,9% und im Jahr 07 die restlichen 5,1% der Anteile am Vermögen der X-GmbH & Co. KG an B.
Der Tatbestand des § 1 Abs. 2 a GrEStG wird weder im Jahr 01 noch im Jahr 07 verwirklicht, weil nicht mindestens 95% der Anteile am Vermögen der X-GmbH & Co. KG innerhalb des Fünf-Jahres-Zeitraums übertragen wurden. Eine Besteuerung nach § 1 Abs. 3 GrEStG kommt wegen der gesamthänderischen Mitberechtigung der X-GmbH ebenfalls nicht in Betracht.
Durch die Übertragung der restlichen 5,1% der Anteile am Vermögen der X-GmbH & Co. KG ist der B im Jahr 07 zu insgesamt 100% an der grundbesitzenden Personengesellschaft i. S. d. § 1 Abs. 3 a GrEStG wirtschaftlich beteiligt.
Die Steuer wird in Höhe von 94,9% nach § 6 Abs. 2 GrEStG nicht erhoben. § 6 Abs. 4 GrEStG schließt § 6 Abs. 2 GrEStG nicht aus, da der B seine gesamthänderische Mitberechtigung im Jahr 01 und damit vor mehr als fünf Jahren erworben hat.
Vgl. dazu auch das Beispiel 7, Tz. 5.

8. Steuerschuldnerschaft

242 Steuerschuldner ist der Rechtsträger, der aufgrund des steuerbaren Rechtsvorgangs die wirtschaftliche Beteiligung von mindestens 95% an einer grundbesitzenden Gesellschaft innehat (§ 13 Nr. 7 GrEStG).

9. Verhältnis zu § 16 GrEStG

243 § 16 GrEStG ist im Zusammenhang mit § 1 Abs. 3 a GrEStG anzuwenden. Die Grundsätze zur Anwendung des § 16 GrEStG in den Fällen des § 1 Abs. 3 GrEStG gelten entsprechend.

10. Anzeigepflicht und Inhalt der Anzeige

244 Gemäß § 19 Abs. 1 Satz 1 Nr. 7 a GrEStG sind Rechtsvorgänge i. S. d. § 1 Abs. 3 a GrEStG anzuzeigen. Nach § 20 Abs. 2 Nr. 3 GrEStG muss die Anzeige bei mehreren Beteiligten eine Beteiligungsübersicht enthalten.

11. Anwendung

Dieser Erlass tritt an die Stelle der gleich lautenden Erlasse der obersten Finanzbehörden der Länder zur Anwendung des § 1 Abs. 3 a GrESt vom 9. Oktober 2013 (BStBl. I S. *1364*[1]). Er ist auf alle offenen Fälle anzuwenden.

Rspr zu § 1 Abs. 1 Nr. 1, 2

Rechtsprechung zu § 1 Abs. 1 Nr. 1 und 2

1. BFH-Urteil vom 10. 5. 1989 II R 86/86 (BStBl. II S. 628):

250 Ist nach dem Gesellschaftsvertrag einer GbR, zu deren Gesamthandseigentum mehrere Wohnungs- bzw. Teilerbbaurechte gehören, jeder der Gesellschaftsanteile untrennbar verknüpft mit je einem Wohnungs- bzw. Teilerbbaurecht, unterliegt die Übertragung eines derart ausgestalteten Gesellschaftsanteils der Grunderwerbsteuer nach § 1 Abs. 1 Nr. 1 GrEStG 1983 i. V. m. § 42 AO 1977.

2. BFH-Urteil vom 24. 1. 1990 II R 138/87 (BFH/NV 1991 S. 119):

1. Zur Entstehung von GrESt bei Zwischengeschäften i. S. des § 1 Abs. 1 Nr. 6 und 7 GrEStG 1983.

2. Zur Anwendung des § 1 Abs. 2 GrEStG 1983, wenn GbR-Anteile abgetreten werden und dabei ein – aufschiebend bedingter – Anspruch gegen die GbR auf Übertragung von Grundstücksmiteigentumsanteilen, verbunden mit Sondereigentumseinheiten, übergeht.

3. Ist nach den gesellschaftsvertraglichen Vereinbarungen die Beteiligung an einer GbR in einzelne Anteile gestückelt, die untrennbar mit einem Grundstücksmiteigentumsanteil, verbunden mit dem Sondereigentum an einer Wohnung, verknüpft sind, so kann die Übertragung eines solchen Anteils einen Mißbrauch von Gestaltungsmöglichkeiten des Rechts i. S. des § 42 Satz 1 AO 1977 darstellen.

---

[1] *Redaktionsversehen,* richtig: S. 662.

3. BFH-Urteil vom 6. 3. 1990 II R 88/87 (BStBl. II S. 446):

Werden nach Gründung einer GbR, in die die Gesellschafter Miteigentumsanteile an einem Grundstück (jeweils verbunden mit Sondereigentumseinheiten) einbringen, „Gesellschaftsanteile" veräußert, ohne daß ein Gesellschafterwechsel stattfindet und ohne daß die veräußerten „Gesellschaftsanteile" untrennbar mit einem Miteigentumsanteil am Grundstück verknüpft sind, so liegt in dieser Gestaltung kein Mißbrauch von Gestaltungsmöglichkeiten des Rechts i. S. von § 42 AO 1977.

4. BFH-Urteil vom 24. 10. 1990 II R 68/88 (BFH/NV 1991 S. 624):

1. Wird das Eigentum an einem Grundstück nur vorübergehend und zu Bedingungen übertragen, die dem Erwerber wirtschaftlich gesehen eher die Stellung eines Pächters oder Nießbrauchsberechtigten geben, so wird dadurch der Tatbestand des § 1 Abs. 1 Nr. 1 GrEStG nicht ausgeschlossen.

2. § 1 Abs. 1 GrEStG begnügt sich mit der zivilrechtlichen Übertragung des Eigentums am Grundstück bzw. mit der Begründung des Anspruchs darauf (Rechtsträgerwechsel). Nicht erforderlich ist, daß die mit dem Eigentum regelmäßig verbundenen Befugnisse mit übertragen werden.

5. BFH-Urteil vom 27. 3. 1991 II R 82/87 (BStBl. II S. 731):

Führt nach dem Gesellschaftsvertrag einer GbR, zu deren Gesamthandseigentum ein Grundstück bebaut mit mehreren Wohnungseinheiten gehört, das Ausscheiden eines Gesellschafters aus der bestehenbleibenden Gesellschaft (z. B. aufgrund Kündigung durch den Gesellschafter) nicht dazu, daß der ausscheidende Gesellschafter einen Anspruch auf Übereignung eines (noch zu bildenden) Wohnungseigentums hat, so unterliegt die Übertragung eines derart ausgestalteten Gesellschaftsanteils nicht nach § 1 Abs. 1 Nr. 1 GrEStG 1983 i. V. m. § 42 AO 1977 der Grunderwerbsteuer.

6. BFH-Urteil vom 25. 3. 1992 II R 46/89 (BStBl. II S. 680):

1. Sieht der Gesellschaftsvertrag einer Kommanditgesellschaft vor, daß beitretende Gesellschafter jederzeit über ihren Gesellschaftsanteil verfügen, ihre Beteiligung jedoch nicht vor Ablauf von fünf Jahren kündigen können, und daß die Gesellschafter bzw. ihre Rechtsnachfolger für den Fall der Kündigung anstelle der Zahlung eines Auseinandersetzungsguthabens nur die Übertragung eines – in der Beitrittserklärung bezeichneten, von der Gesellschaft noch zu erwerbenden und in bestimmter Weise zu bebauenden – Grundstücks verlangen können, so ersetzt die Übertragung eines derart ausgestalteten Gesellschaftsanteils die Übertragung des Grundstückseigentums, dessen Auswahl den Gesellschaftsanteil bestimmte. Sie stellt einen nach § 1 Abs. 1 Nr. 1 GrEStG NW (= § 1 Abs. 1 Nr. 1 GrEStG 1983) i. V. m. § 42 AO 1977 steuerpflichtigen Erwerbsvorgang dar, bei dem die Steuer mit dem Beitritt zur Gesellschaft entsteht (Fortentwicklung des Urteils vom 10. Mai 1989 II R 86/86, BFHE 156, 523, BStBl. II 1989, 628).

2. Fallen der Erwerb einer Gesamthandsberechtigung und ein Grunderwerb von der Gesamthand in einem Rechtsakt zusammen, so können die Steuervergünstigungen nach §§ 6, 7 GrEStG NW (= §§ 6, 7 GrEStG 1983) nicht gewährt werden, denn es fehlt insoweit an einer *vor* dem Erwerb bestehenden Gesamthandsberechtigung, die sich wirtschaftlich im Alleineigentum an dem von der Gesellschaft erworbenen (Teil-)Grundstück fortsetzen könnte.

3. Die an einem nach § 1 Abs. 1 Nr. 1 GrEStG NW (= § 1 Abs. 1 Nr. 1 GrEStG 1983) i. V. m. § 42 AO 1977 der Grunderwerbsteuer unterliegenden Erwerbsvorgang Beteiligten sind gemäß § 19 Abs. 1 Satz 2 GrEStG NW (= § 19 Abs. 1 Satz 2 GrEStG 1983) verpflichtet, dem FA hierüber Anzeige zu erstatten. Die Pflicht zur Anzeige ist eine objektive und besteht unabhängig davon, ob die Beteiligten sich ihrer bewußt sind.

7. BFH-Beschluß vom 13. 5. 1992 II B 118/91 (BFH/NV 1993 S. 326):

Übernimmt der bei Abschluß des tatbestandserfüllenden Rechtsgeschäfts als Vertreter Aufgetretene später die Rechte und Pflichten aus dem Grundstückskaufvertrag, so ändert dies nichts an der einmal entstandenen Steuerpflicht des ursprünglichen Erwerbsvorgangs.

8. BFH-Urteil vom 18. 8. 1993 II R 10/90 (BStBl. II S. 766):

Die Vereinbarung der Verlängerung eines Erbbaurechts unterliegt als Rechtsgeschäft i. S. des § 1 Abs. 1 Nr. 1, § 2 Abs. 2 Nr. 1 GrEStG 1983 der Grunderwerbsteuer (Änderung der Rechtsprechung).

9. BFH-Urteil vom 18. 8. 1993 II R 51/91 (BStBl. II S. 879):

1. Die Übertragung eines Anteils an einer Personengesellschaft, der mit einer besonderen Berechtigung an einer der Gesellschaft gehörenden Teileigentumseinheit verbunden ist, unterliegt der Grunderwerbsteuer allenfalls nach § 1 Abs. 1 Nr. 1 GrEStG 1983 i. V. m. § 42 AO 1977 und nicht nach § 1 Abs. 2 GrEStG 1983 (Beibehaltung der Rechtsprechung, BFH-Urteile vom 27. 3. 1991 II R 82/87, BFHE 164, 473, BStBl. II 1991, 731, und vom 25. 3. 1992 II R 46/89, BFHE 167, 448, BStBl. II 1992, 680).

2. Hat der einzelne Gesellschafter bei seinem Ausscheiden nur einen Anspruch entweder auf den Verkehrswert einer bestimmten Teileigentumseinheit oder auf Eintritt in Verhandlungen mit der Gesellschaft auf Übertragung des Eigentums an dieser Teileigentumseinheit auf ihn, so unterliegt der Beitritt zur Gesellschaft nicht der Grunderwerbsteuer.

10. BFH-Urteil vom 18. 8. 1993 II R 52/91 (BFH/NV 1994 S. 410):

1. Der Erwerb eines Anteils an einer Wohnungseigentum besitzenden GbR erfüllt auch dann nicht den Tatbestand des § 1 Abs. 2 GrEStG 1983, wenn ihm von vornherein ein bestimmtes Wohnungseigentum zugeordnet ist.

2. Der Erwerb eines Anteils an einer GbR, der aufgrund der Gestaltung des Gesellschaftsvertrags untrennbar mit einem bestimmten Wohnungseigentum verknüpft ist, kann nach § 1 Abs. 1 Nr. 1 GrEStG 1983 i. V. m. § 42 AO 1977 der Grunderwerbsteuer unterliegen. Ein Gestaltungsmißbrauch liegt dann

Rspr zu § 1 Abs. 1 Nr. 1, 2

noch 250

nicht vor, wenn der Gesellschafter keine gesicherte Position im Hinblick auf die Übertragung des Wohnungseigentums erhält.

11. BFH-Urteil vom 2. 2. 1994 II R 84/90 (BFH/NV 1994 S. 824):

1. Durch besondere gesellschaftsvertragliche Regelung kann ein Gesellschaftsanteil an einer Gesamthandsgemeinschaft so ausgestaltet werden, daß dessen Erwerb im rechtlichen und wirtschaftlichen Ergebnis dem Erwerb des Eigentums an einem Grundstück gleichkommt (BFH-Urteile vom 10. 5. 1989 II R 86/86, BFHE 156, 523, BStBl. II 1989, 628 und vom 27. 3. 1991 II R 82/87, BFHE 164, 473, BStBl. II 1991, 731). Davon kann insbesondere dann gesprochen werden, wenn der Anteil an einer Personengesellschaft mit einer besonderen Berechtigung an einem der Gesellschaft gehörenden Grundstück verbunden ist. Dies ist u. a. dann der Fall, wenn der Gesellschafter ggf. durch einseitige Erklärung (z. B. Kündigung oder Auflösung der Gesellschaft) seine Gesellschafterstellung ohne weiteres in einen Anspruch auf Übertragung des Eigentums an einem Grundstück „umwandeln" kann.

2. Wird ein derart ausgestalteter Gesellschaftsanteil erworben, so ersetzt der Erwerb des Anteils an der Gesamthand die an sich gebotene Übertragung des Grundstückseigentums, dessen Auswahl den Gesellschaftsanteil bestimmte. Denn eine solche Konstruktion ist nur verständlich unter dem Gesichtspunkt gänzlich grunderwerbsteuerfreier Überleitung des durch den Gesellschaftsanteil repräsentierten Grundstücks auf den Anteilserwerber unter Ausnützung der Steuerfreiheit des Wechsels im Gesellschafterbestand einer Gesamthand sowie der Steuerbefreiung nach § 6 Abs. 2, § 7 Abs. 2 GrEStG 1940/1983. Sie stellt einen Mißbrauch von Gestaltungsmöglichkeiten i. S. von § 42 Satz 1 AO 1977 dar.

12. BFH-Urteil vom 8. 11. 1995 II R 93/94 (BStBl. 1996 II S. 27):

1. Der Grunderwerbsteuerpflicht eines Kaufvertrages über ein Grundstück nach § 1 Abs. 1 Nr. 1 GrEStG 1983, welches von Maßnahmen nach § 1 VermG betroffen war, steht die zur Abwicklung des Kaufvertrages vereinbarte Abtretung der Ansprüche nach dem VermG durch den früheren Eigentümer des Grundstücks an den Käufer nicht entgegen.

2. § 34 Abs. 3 VermG stellt nur solche Erwerbsvorgänge von der Grunderwerbsteuer frei, mit denen das Ziel verfolgt wird, das Eigentum an dem von Maßnahmen i. S. von § 1 VermG betroffenen Grundstück vom Nichtberechtigten auf den Berechtigten (zurück-)zu übertragen. Hierunter fällt nicht ein Weiterveräußerungsvertrag, der der Verwertung der Rechtsposition des früheren Eigentümers des Grundstücks dient.

13. BFH-Beschluß vom 17. 6. 1998 II B 33/98 (BFH/NV 1999 S. 76):

Weder Art. 14 GG noch die Art. 2, 3 und 6 GG hindern bei summarischer Prüfung den Gesetzgeber daran, für den Erwerb eines Grundstücks zu eigenen Wohnzwecken eine Grunderwerbsteuer vorzusehen.

14. BVerfG-Beschluß vom 8. 1. 1999 1 BvL 14/98 (BStBl. II S. 152), Ls. 1, 2:

1. Aus den Beschlüssen des Zweiten Senats des BVerfG vom 22. 6. 1995 zur Vermögen- und Erbschaftsteuer (BVerfGE 93, 121 ff.; 93, 165 ff.; BStBl. II, 665 u. 771) läßt sich kein allgemeiner Grundsatz der steuerlichen Freistellung des persönlichen Gebrauchsvermögens ableiten.

2. Bei der Auswahl des Besteuerungsgegenstandes verfügt der Gesetzgeber über einen weiten Gestaltungsspielraum (Bestätigung der ständigen Rechtsprechung des BVerfG).

15. BFH-Urteil vom 16. 6. 1999 II R 20/98 (BFH/NV 2000 S. 80):

1. Nach § 1 Abs. 1 Nr. 2 GrEStG 1983 unterliegt die Auflassung der Grunderwerbsteuer, wenn kein Rechtsgeschäft vorausgegangen ist, das den Anspruch auf Übereignung begründet. Die Auflassung unterliegt demnach dann nicht der Grunderwerbsteuer, wenn diese nur die Übertragung solcher Grundstücke auf Personen bewirkt, in deren grunderwerbsteuerrechtlichen Zurechnungsbereich sie gemäß § 1 Abs. 1 Nr. 1 GrEStG 1983 bereits zuvor getreten waren. Dies ist regelmäßig der Fall, wenn durch die Auflassung ein Anspruch auf Eigentumsverschaffung erfüllt wird.

2. Bei der Auslegung von Willenserklärungen gebührt im Zweifel der Auslegung der Vorzug, die die Nichtigkeit oder Unwirksamkeit des Geschäftes vermeidet.

16. BFH-Urteil vom 7. 2. 2001 II R 35/99 (BFH/NV S. 1144):

1. Durch besondere gesellschaftsvertragliche Regelungen kann die Mitgliedschaft an einer grundbesitzenden GbR so gestaltet werden, dass sie im rechtlichen und wirtschaftlichen Ergebnis einem Wohnungs- bzw. Teileigentum gleichkommt. Die Übertragung eines so ausgestalteten Mitgliedschaftsrechts an einer GbR kann als Gestaltungsmissbrauch angesehen werden mit der Folge, dass der Vorgang nach § 1 Abs. 1 Nr. 1 GrEStG 1983 i. V. m. § 42 AO 1977 der Grunderwerbsteuer unterliegt.

2. Von einem Gestaltungsmissbrauch kann insbesondere dann gesprochen werden, wenn die Beteiligung an einer Personengesellschaft mit einer besonderen Berechtigung an einem der Gesellschaft gehörenden Grundstück (Eigentumswohnung) verbunden ist und der Gesellschafter ggf. durch einseitige Erklärung (z. B. Kündigung oder Auflösung der Gesellschaft) seine Gesellschafterstellung ohne weiteres in einen Anspruch auf Übertragung des Eigentums an diesem Grundstück „umwandeln" kann.

3. Kein Gestaltungsmissbrauch liegt vor, wenn dem Gesellschafter zwar bei Auflösung der Gesellschaft ein Anspruch auf Eigentumsübertragung des ihm bisher nur schuldrechtlich zugeordneten Grundstücks zusteht, er allein die Auflösung der Gesellschaft aber nicht herbeiführen kann und er auch ansonsten (z. B. durch Kündigung) seine Beteiligung nicht unmittelbar selbst in einen Anspruch auf Eigentumsübertragung umwandeln kann.

4. Eine bereits mit Eintritt in die Gesellschaft entstehende Rechtsposition, die einem Anspruch auf Übereignung eines Grundstücks im wirtschaftlichen und rechtlichen Ergebnis gleichkommt, muss sich

nicht notwendigerweise aus dem Gesellschaftsvertrag ergeben. Eine solche Rechtsposition könnte sich insbesondere aus einer entsprechenden außergesellschaftsvertraglichen Zusage der Gesellschaft oder einer entsprechenden rechtlichen Bindung aller Gesellschafter ergeben.

Rspr zu § 1 Abs. 1 Nr. 1, 2

17. BFH-Urteil vom 1. 12. 2004 II R 23/02 (BFH/NV 2005 S. 721):

1. Ist der Anteil an einer Personengesellschaft gesellschaftsvertraglich so ausgestaltet, dass sein Erwerb im rechtlichen und wirtschaftlichen Ergebnis dem Erwerb des Eigentums an einem im Gesellschaftsvermögen befindlichen Grundstück – ggfs. in Gestalt einer Eigentumswohnung – gleichkommt, unterliegt der Anteilserwerb gemäß § 1 Abs. 1 Nr. 1 GrEStG i. V. mit § 42 Satz 1 AO 1977 der Grunderwerbsteuer.

2. Dies gilt auch dann, wenn anstelle des Erwerbs einer Eigentumswohnung von der GbR der Weg eines Anteilserwerbs gewählt worden ist, um den Erwerber die Sonderabschreibungen nach dem Fördergebietsgesetz zu ermöglichen.

18. BFH-Beschluss vom 10. 2. 2005 II B 115/04 (BFH/NV S. 1139):

Die Auflassung unterliegt dann nicht der Grunderwerbsteuer, wenn ihr ein wirksames oder i. S. von § 14 GrEStG noch nicht wirksames Rechtsgeschäft als Erwerbsvorgang vorausgegangen ist.

19. BFH-Urteil vom 26. 10. 2006 II R 49/05 (BStBl. 2007 II S. 324):

Der Flächenerwerb im Rahmen des Flächenerwerbsprogramms nach § 3 AusglLeistG durch einen Käufer, dem land- oder forstwirtschaftliches Vermögen durch Enteignung auf besatzungsrechtlicher oder besatzungshoheitlicher Grundlage entzogen worden ist, ist nicht grunderwerbsteuerfrei.

20. BFH-Urteil vom 7. 9. 2011 II R 68/09 (BFH/NV 2012 S. 62):

Die tatbestandliche Beschränkung der Grunderwerbsteuerfreistellung in § 1 Abs. 1 Nr. 3 Satz 2 Buchst. b GrEStG auf Grundstückserwerbe im amtlichen Umlegungsverfahren (§§ 45 ff. BauGB) verstößt nicht gegen Art. 3 Abs. 1 GG.

21. BFH-Urteil vom 23. 11. 2011 II R 64/09 (BStBl. 2012 II S. 355):

Die Übertragung eines Anteils an einer Grundstücks-GbR, der mit einer besonderen Berechtigung an einer der Gesellschaft gehörenden Wohnungseinheit verbunden sein soll, unterliegt der Grunderwerbsteuer nach § 1 Abs. 1 Nr. 1 GrEStG i. V. m. § 42 AO jedenfalls dann nicht, wenn die auf Begründung eines Anspruchs auf Übereignung einer bestimmten Wohnungseinheit gerichteten Vereinbarungen mangels notarieller Beurkundung nichtig sind.

22. BFH-Urteil vom 27. 11. 2013 II R 11/12 (BFH/NV 2014 S. 579):

Verpflichtet sich ein Stifter im Stiftungsgeschäft, zu einem späteren Zeitpunkt ein noch nicht genau bestimmtes Grundstück im Wege der Zustiftung auf die Stiftung zu übertragen, führt diese Verpflichtung noch nicht zum Entstehen von Grunderwerbsteuer.

23. BVerfG-Beschluss vom 24. 3. 2015 1 BvR 2880/11 (BStBl. II S. 622):

Es ist mit dem allgemeinen Gleichheitssatz vereinbar, dass der Erwerb von Grundeigentum anlässlich einer amtlichen Umlegung nach den §§ 45 ff. BauGB von der Grunderwerbsteuer ausgenommen, der Übergang von Grundeigentum im Rahmen einer freiwilligen Baulandumlegung hingegen grunderwerbsteuerpflichtig ist.

24. BFH-Beschluss vom 22. 11. 2018 II B 51/18 (BFH/NV 2019 S. 205):

1. Der Grundstückserwerb durch Alteigentümer nach § 3 Abs. 5 AusglLeistG ist nicht von der Grunderwerbsteuer befreit.

2. Die Besteuerung des Kaufs der Flächen nach § 1 Abs. 1 Nr. 1 GrEStG ist verfassungsrechtlich unbedenklich, selbst wenn dadurch der Kaufpreisvorteil aus dem verminderten Wertansatz der Flächen (vgl. § 3 Abs. 7 AusglLeistG) verringert wird.

25. BFH-Urteil vom 22. 5. 2019 II R 20/17 (BStBl. 2020 II S. 159), Ls. 1:

1. Erwirbt nach dem Beginn der Auseinandersetzung einer grundbesitzenden GbR ein Gesellschafter/Miteigentümer oder ein Dritter alle Anteile an einer beteiligten Gesellschafter-GbR, der bereits Wohnungs- oder Teileigentum im Rahmen der Auseinandersetzung der grundbesitzenden GbR zugewiesen war, und erhält der Erwerber aufgrund einer geänderten oder neuen Auseinandersetzungs- und Teilungserklärung das der Gesellschafter-GbR zugewiesene Wohnungs- oder Teileigentum, ist grunderwerbsteuerbarer Rechtsvorgang nach § 1 Abs. 1 Nr. 1 GrEStG der geänderte oder neue Auseinandersetzungs- und Teilungsvertrag.

2. *(abgedruckt zu § 6)*

– Ebenso BFH-Urteil vom 22. 5. 2019 II R 21/17 (BFH/NV S. 1356).

Rechtsprechung zu § 1 Abs. 1 Nr. 3 bis 7

Rspr zu § 1 Abs. 1 Nr. 3–7

1. BFH-Beschluß vom 24. 2. 1988 II B 160/87 (BStBl. II S. 457):

Die Ausnahme von der Besteuerung für den Übergang von Grundstückseigentum im Umlegungsverfahren (§ 1 Abs. 1 Nr. 3 Satz 2 Buchst. b GrEStG 1983) erstreckt sich nicht auf den Eigentumsübergang im Grenzregelungsverfahren. **251**

2. BFH-Beschluß vom 6. 9. 1988 II B 98/88 (BStBl. II S. 1008):

Die Ausnahme von der Besteuerung für den Übergang von Grundstückseigentum im Umlegungsverfahren (§ 1 Abs. 1 Nr. 3 Satz 2 Buchst. b GrEStG 1983) erstreckt sich nicht auf die „freiwillige Umlegung".

Rspr zu § 1 Abs. 1 Nr. 3–7

noch **251**

3. BFH-Urteil vom 6. 9. 1989 II R 135/86 (BStBl. II S. 985):

§ 1 Abs. 1 Nrn. 6 und 7 GrEStG setzt voraus, daß der Berechtigte das Kaufangebot zum Nutzen der eigenen wirtschaftlichen Interessen verwertet (vgl. Urteil des BFH vom 16. 12. 1981 II R 109/80, BFHE 135, 90, BStBl. II 1982, 269). Dieses Tatbestandsmerkmal ist erfüllt, wenn der Berechtigte sich das Kaufangebot einräumen läßt, um damit eigene wirtschaftliche Interessen zu verfolgen. Es ist nicht erforderlich, daß der angestrebte wirtschaftliche Erfolg tatsächlich eintritt.

4. BFH-Urteil vom 3. 3. 1993 II R 89/89 (BStBl. II S. 453):

§ 1 Abs. 1 Nr. 7 GrEStG setzt voraus, daß der Berechtigte das Kaufangebot zum Nutzen eigener wirtschaftlicher Interessen verwertet. Diese Voraussetzung ist auch dann erfüllt, wenn der Benennungsberechtigte nicht in Ausübung unmittelbar eigenen wirtschaftlichen Interesses handelt, sondern in Verfolgung wirtschaftlicher Interessen Dritter (d. i. nicht des Grundstücksveräußerers oder -erwerbers), denen gegenüber er im Hinblick auf die Ausübung des Benennungsrechts vertraglich gebunden ist.

5. BFH-Urteil vom 16. 2. 1994 II R 125/90 (BStBl. II S. 866):

1. Wird durch Verschmelzung von Genossenschaften der Eigentumsübergang an einem Grundstück bewirkt, so wird der Tatbestand des § 1 Abs. 1 Nr. 3 GrEStG 1983 nicht dadurch ausgeschlossen, daß das betreffende Grundstück vor Eintragung der Verschmelzung in das Genossenschaftsregister von der erwerbenden mit Zustimmung der übertragenden Genossenschaft schuldrechtlich veräußert wird. In einem derartigen Fall kann jedoch die Gegenleistung für dieses Grundstück mit 0 zu bewerten sein.

2. Die Eintragung einer Verschmelzung von Genossenschaften in das Genossenschaftsregister der übertragenden Genossenschaft, die (auch) einen Wechsel im Grundstückseigentum bewirkt, ist vom Registergericht dem zuständigen FA anzuzeigen.

3. *(abgedruckt zu § 18)*

6. BFH-Urteil vom 13. 9. 1995 II R 80/92 (BStBl. II S. 903):

1. Der Übergang von Grundstückseigentum infolge Anwachsung beim Erwerb aller Anteile an einer Personengesellschaft durch eine einzige Person unterliegt nach § 1 Abs. 1 Nr. 3 GrEStG 1983 der Grunderwerbsteuer.

2. § 1 Abs. 3 Nr. 3 GrEStG 1983 ist im Wege teleologischer Reduktion einschränkend auszulegen und auf den Erwerb aller Anteile an einer grundstücksbesitzenden Personengesellschaft durch eine einzige Person nicht anwendbar.

3. Die Gegenleistung ist in diesen Fällen gemäß § 8 Abs. 1 i. V. m. § 9 Abs. 1 GrEStG 1983 dem Vertrag über den Erwerb der Gesellschaftsanteile (ersetzendem Rechtsakt) zu entnehmen.

7. BFH-Beschluß vom 4. 12. 1996 II B 116/96 (BStBl. 1997 II S. 661):

Es bestehen keine ernstlichen Zweifel daran, daß die formwechselnde Umwandlung einer Kapitalgesellschaft in eine Personengesellschaft mangels Rechtsträgerwechsels nicht der GrESt unterliegt.

8. BFH-Urteil vom 22. 1. 1997 II R 97/94 (BStBl. II S. 411):

1. Der Tatbestand des § 1 Abs. 1 Nrn. 6 bzw. 7 GrEStG 1983 ist erfüllt, wenn der Berechtigte das Kaufangebot zum Nutzen (unmittelbar) eigener wirtschaftlicher Interessen oder wirtschaftlicher Interessen Dritter verwertet, denen gegenüber er im Hinblick auf die Ausübung des Benennungsrechts vertraglich gebunden ist. Dies gilt auch für sog. „Oder"-Angebote.

2. Handelt der nach außen Benennungsberechtigte im Innenverhältnis als Treuhänder für einen Dritten, der weder Veräußerer noch präsumtiver Erwerber des Grundstücks ist, so ist es zur Tatbestandserfüllung ausreichend, wenn einer von beiden einen wirtschaftlichen Vorteil anstrebt.

3. Hat der Benennungsberechtigte vertraglich die uneingeschränkte Möglichkeit, das Grundstück zu seinem Vorteil weiterzugeben, so indiziert dies grundsätzlich ein Handeln in Verfolgung eigener wirtschaftlicher Interessen. Diese Indizwirkung entfällt nur dann, wenn der Benennungsberechtigte – bzw. der hinter ihm stehende Treugeber – ausschließlich im Interesse des Grundstücksveräußerers oder des präsumtiven Erwerbers tätig geworden ist. Für das Vorliegen dieses Sachverhalts trägt der Benennungsberechtigte ggf. die Feststellungslast.

9. BFH-Urteil vom 29. 10. 1997 II R 36/95 (BStBl. 1998 II S. 27):

Durch Umlegung nach dem Baugesetzbuch eintretende Änderungen der eigentumsmäßigen Zuordnung von Grundstücken sind grundsätzlich als Rechtsträgerwechsel im grunderwerbsteuerrechtlichen Sinn und damit als der Steuer nach § 1 Abs. 1 Nr. 3 Satz 1 GrEStG 1983 unterliegend anzusehen. Ein der Steuer unterliegender Erwerbsvorgang liegt jedoch dann nicht vor, wenn und soweit das Zuteilungsgrundstück mit dem Einwurfgrundstück identisch, d. h. flächen- und deckungsgleich ist.

10. BFH-Urteil vom 28. 7. 1999 II R 25/98 (BStBl. 2000 II S. 206):

1. Soweit die einem Beteiligten an einem Umlegungsverfahren zugeteilten Grundstücke mit ihm schon vorher gehörenden Einwurfgrundstücken identisch, d. h. flächen- und deckungsgleich sind, wird kein der Grunderwerbsteuer unterliegender Rechtsvorgang verwirklicht (Bestätigung des BFH-Urteils vom 29. 10. 1997 II R 36/95, BFHE 183, 269, BStBl. II 1998, 27).

2. Soweit die zugeteilten Flächen mit den Einwurfgrundstücken nicht identisch sind, handelt es sich zwar um grunderwerbsteuerbare Vorgänge, die jedoch nach § 1 Abs. 3 Satz 2 Buchst. b GrEStG 1983 von der Grunderwerbsteuer befreit sind, wenn die Eigentumsänderung nach dem BauGB durch Ausspruch der Behörde erfolgt und der neue Eigentümer in diesem Verfahren als Eigentümer eines im Umlegungsgebiet gelegenen Grundstücks Beteiligter ist. Die Herausnahme solcher Grundstückszuteilungen aus der Steuerbefreiung, für die der neue Eigentümer eine Geldleistung zu erbringen hat, weil er keinen oder keinen wertgleichen Grundstücksverlust im Umlegungsgebiet erlitten hat, wird nicht aufrechterhal-

ten (Aufgabe der bisherigen Rechtsprechung, vgl. BFH-Urteil vom 1. 8. 1990 II R 6/88, BFHE 162, 146, BStBl. II 1990, 1034).

Rspr zu § 1 Abs. 1 Nr. 3–7

noch **251**

11. BFH-Beschluß vom 26. 1. 2000 II B 108/98 (BFH/NV S. 1136):

1. Eine eingetragene Genossenschaft (e. G.) ist nicht rechtsidentisch mit der Produktionsgenossenschaft des Handwerks (PGH), aus der sie durch Umwandlung hervorgegangen ist.

2. Die Umwandlung einer PGH in eine e. G. nach der PGH-VO ist eine übertragende Umwandlung, die der Grunderwerbsteuer unterliegt.

3. Gegen diese grunderwerbsteuerrechtliche Behandlung bestehen keine verfassungsrechtlichen Bedenken, die eine Aussetzung der Vollziehung rechtfertigen.

12. BFH-Urteil vom 15. 3. 2000 II R 30/98 (BStBl. II S. 359):

1. § 1 Abs. 1 Nr. 7 GrEStG 1983 verlangt u. a. als (ungeschriebenes) Tatbestandsmerkmal, dass der Berechtigte das Kaufangebot zum Nutzen der eigenen wirtschaftlichen Interessen verwertet. Die Voraussetzung kann auch dann vorliegen, wenn der Benennungsberechtigte wirtschaftliche Interessen Dritter wahrnimmt, denen gegenüber er im Hinblick auf die Ausübung des Benennungsrechts vertraglich gebunden ist. Ein Handeln im Interesse des Grundstücksveräußerers oder des (präsumtiven) -erwerbers reicht nicht aus.

2. Wird vom Berechtigten eine Gesellschaft als Grundstückserwerberin benannt, so reicht für die Annahme, der Berechtigte habe im wirtschaftlichen Interesse der Gesellschafter der benannten Gesellschaft gehandelt, das sich allein aus der Gesellschafterstellung ergebende Interesse nicht aus. Dies gilt auch für solche mittelbaren Vorteile, die dem Benennungsberechtigten infolge der Ausübung des Benennungsrechts allein aufgrund gesellschaftsrechtlicher Beteiligungen zufallen. In beiden Fällen muss vielmehr durch die Ausübung des Benennungsrechts ein konkreter Vermögensvorteil bei den Gesellschaftern eintreten, der über ihr Interesse als Gesellschafter hinausreicht.

13. BFH-Beschluss vom 20. 12. 2000 II B 53/00 (BFH/NV 2001 S. 817):

Die von der Rechtsprechung zu § 1 Abs. 3 GrEStG 1983 entwickelten Grundsätze über eine grunderwerbsteuerrechtliche Zuordnung von Grundstücken zum Vermögen einer Gesellschaft lassen sich nicht auf den Tatbestand des § 1 Abs. 1 Nr. 3 GrEStG 1983 übertragen. § 1 Abs. 1 Nr. 3 GrEStG 1983 knüpft ausschließlich an die zivilrechtliche – d. h. sachenrechtliche – Eigentumsänderung an.

14. BFH-Urteil vom 17. 10. 2001 II R 43/99 (BStBl. 2002 II S. 210):

Hat eine Einmann-GmbH in Gründung von einem Dritten ein Grundstück erworben und kommt es später nicht zur Eintragung der Gesellschaft ins Handelsregister, führt die Auflösung der GmbH in Gründung hinsichtlich des Grundstücks zu einem Rechtsträgerwechsel i. S. des § 1 Abs. 1 Nr. 3 GrEStG 1983 auf den Gründungsgesellschafter.

15. BFH-Urteil vom 18. 12. 2002 II R 12/00 (BStBl. 2003 II S. 356):

1. Unter „Verfolgung wirtschaftlicher Interessen" bei Abtretung eines Kaufangebots durch den Benennungsberechtigten ist die Möglichkeit zu verstehen, bei der Weitergabe des Grundstücks unter Ausnutzung der Rechtsstellung als Benennungsberechtigter wirtschaftliche Vorteile aus dem Handel mit einem Grundstück zu ziehen. Liegt der Vorteil in der Ausübung der sonst dem Veräußerer gegebenen Möglichkeit, den jeweiligen benannten Angebotsempfänger und Annehmenden zum Abschluss weiterer Verträge zu bestimmen, setzt die Anwendung des § 1 Abs. 1 Nrn. 6 und 7 GrEStG voraus, dass der Benennungsberechtigte – verdeckt – an den neuen Verträgen „verdient" und dadurch zu seinem Vorteil an der Verwertung des Grundstücks teilhat.

2. Sofern sich das Interesse des Benennungsberechtigten oder der mit ihm verbundenen Bank darauf beschränkt, Forderungen auf Rückzahlung der Kreditbeträge aus bestehenden Darlehensverträgen mit dem Grundstückseigentümer zu realisieren, liegt kein die Anwendung des § 1 Abs. 1 Nrn. 6 und 7 GrEStG begründendes Interesse vor.

16. BFH-Urteil vom 22. 1. 2003 II R 32/01 (BStBl. II S. 526):

Tritt ein Dritter durch eine Vertragsübernahme als neuer Käufer in einen noch nicht vollzogenen Grundstückskaufvertrag ein, verwirklicht sich ein Erwerbsvorgang gemäß § 1 Abs. 1 Nr. 5 bzw. Nr. 7 GrEStG. Dieser schließt bezüglich des nämlichen Grundstücks einen Rechtsträgerwechsel vom Verkäufer auf den neuen Käufer nach § 1 Abs. 1 Nr. 1 GrEStG aus (Aufgabe der Rechtsprechung im Urteil des BFH vom 26. 9. 1990 II R 107/87, BFH/NV 1991, 482).

17. BFH-Beschluss vom 8. 10. 2003 II R 36/01 (BFH/NV 2004 S. 366):

1. Bei Abtretung eines Anspruchs auf Verschaffung des Eigentums an einem Grundstück vollzieht sich (zivilrechtlich) der Eigentumsübergang zwischen dem ursprünglichen Veräußerer und dem Abtretungsempfänger; grunderwerbsteuerrechtlich findet jedoch der maßgebliche Rechtsträgerwechsel gemäß § 1 Abs. 1 Nr. 7 GrEStG zwischen dem ursprünglichen Käufer und dem Abtretungsempfänger statt.

2. Eine Anrechnung der Steuer nach § 1 Abs. 6 GrEStG setzt voraus, dass an den aufeinander folgenden Rechtsvorgängen auf der Erwerberseite dieselben Personen beteiligt sind.

18. BFH-Urteil vom 21. 1. 2004 II R 1/02 (BFH/NV S. 1120):

Der gesetzliche Übergang des Eigentums an einem zum Vermögen einer betrieblichen Unterstützungskasse gehörenden Grundstück auf den Träger der Insolvenzsicherung nach § 14 Abs. 1 BetrAVG unterliegt nach § 1 Abs. 1 Nr. 3 GrEStG der Grunderwerbsteuer.

19. BFH-Urteil vom 7. 7. 2004 II R 3/02 (BStBl. II S. 1006):

1. Der durch die Umwandlung einer PGH in eine e. G. bewirkte Übergang eines Grundstücks ist nach § 1 Abs. 1 Nr. 3 GrEStG steuerbar.

Rspr zu § 1 Abs. 1 Nr. 3–7

noch **251**

2. Die Erhebung der Grunderwerbsteuer ist jedoch sachlich unbillig, soweit der Umwandlungsbeschluss nach § 3 Abs. 3 PGH-VO nach dem 22. September 1990 erfolgt ist.

20. BFH-Beschluss vom 7. 9. 2005 II B 55/04 (BFH/NV 2006 S. 123):

Die Frage, ob eine Abtretung i. S. des § 1 Abs. 1 Nr. 7 GrEStG gegeben ist, wenn bei einer Verschmelzung ein Anspruch auf Übertragung eines Grundstücks von dem übertragenden auf den übernehmenden Rechtsträger übergeht, ist nicht klärungsbedürftig, da sie offensichtlich zu verneinen ist. Bei einem Rechtsträgerwechsel kraft Gesetzes spricht das GrEStG von „Übergang".

21. BFH-Urteil vom 29. 9. 2005 II R 23/04 (BStBl. 2006 II S. 137):

Tritt bei Umwandlungen kraft Gesetzes ein Eigentumsübergang an Grundstücken ein, liegt ein Erwerbsvorgang gemäß § 1 Abs. 1 Nr. 3 GrEStG vor, der mit der Eintragung der Umwandlung ins Handelsregister verwirklicht ist. Der Umwandlungsvertrag sowie die erforderlichen Zustimmungsbeschlüsse ergeben weder einzeln noch zusammen einen früheren Zeitpunkt der Verwirklichung.

22. BFH-Urteil vom 23. 8. 2006 II R 41/05 (BStBl. II S. 919):

Stimmt ein Teilnehmer an einem Flurbereinigungsverfahren nach § 52 Abs. 1 FlurbG zugunsten eines Dritten zu, statt in Land in von dem Dritten aufzubringendem Geld abgefunden zu werden, ist die Eigentumszuweisung an den Dritten nicht gemäß § 1 Abs. 1 Nr. 3 Satz 2 Buchst. a GrEStG von der Grunderwerbsteuer ausgenommen.

23. BFH-Urteil vom 26. 10. 2006 II R 32/05 (abgedruckt zu § 17)

24. BFH-Urteil vom 5. 7. 2006 II R 7/05 (BStBl. II S. 765):

Die Tatbestandsverwirklichung nach § 1 Abs. 1 Nr. 6 oder 7 GrEStG setzt ein rechtswirksames „Kaufangebot" voraus. Ein der Form des § 313 BGB (§ 311 b BGB n. F.) nicht genügendes Vertragsangebot bzw. in die Rechtsform eines Vertrags gekleidetes „Kaufangebot" erfüllt nicht die tatbestandlichen Anforderungen des § 1 Abs. 1 Nr. 6, 7 GrEStG.

25. BFH-Beschluss vom 29. 8. 2007 II B 108/06 (BFH/NV S. 2350), Ls. 1:

1. Die unterschiedliche grunderwerbsteuerrechtliche Behandlung eines Grundstücksübergangs aufgrund einer formwechselnden Umwandlung einerseits und einer übertragenden Umwandlung andererseits ist verfassungsgemäß.

26. BFH-Urteil vom 13. 12. 2007 II R 28/07 (BStBl. 2008 II S. 487):

1. Ein unaufgegliederter Grunderwerbsteuerbescheid über den Erwerb mehrerer Grundstücke aufgrund eines Gesamtausgebots in einem Zwangsversteigerungsverfahren ist hinreichend bestimmt, wenn die Grunderwerbsteuer für jedes Grundstück anhand des Bescheids und ggf. weiterer dem Steuerpflichtigen bekannter Unterlagen zweifelsfrei ermittelt werden kann.

2. Der gemäß § 74 a Abs. 5 ZVG festgesetzte Grundstückswert ist für die Berechnung des neben dem Meistgebot als weitere Gegenleistung anzusetzenden Forderungsverlusts gemäß § 114 a ZVG nicht bindend, wenn der Erwerber mangels Rechtsschutzinteresses im Zwangsversteigerungsverfahren keinen Antrag auf Änderung dieser Festsetzung stellen konnte.

27. BFH-Beschluss vom 25. 8. 2010 II R 36/08 (BFH/NV S. 2304):

Wird ein der Grunderwerbsteuer unterliegendes Meistgebot abgegeben, ist auch dann als Bemessungsgrundlage bei der Grunderwerbsteuer das Meistgebot zuzüglich der Beträge, hinsichtlich derer der Erwerb gemäß § 114 a ZVG als aus dem Grundstück befriedigt gilt, anzusetzen, wenn nicht der Ersteher, sondern ein Dritter die Folgen des gesetzlichen Forderungsverzichts wirtschaftlich zu tragen hat.

28. BFH-Beschluss vom 7. 3. 2012 II B 90/11 (BFH/NV S. 998), Ls. 1, 2:

1. Bei einer Verschmelzung durch Aufnahme sind die Voraussetzungen des § 1 Abs. 1 Nr. 3 S. 1 GrEStG erfüllt, wenn zum Vermögen des übertragenden Rechtsträgers ein inländisches Grundstück gehört und das Eigentum an diesem Grundstück nach § 20 Abs. 1 Nr. 1 UmwG kraft Gesetzes auf den übernehmenden Rechtsträger übergeht.

2. Mehrere Erwerbsvorgänge, die je für sich einen der in § 1 GrEStG geregelten Steuertatbestände erfüllen, unterliegen auch dann jeweils der Grunderwerbsteuer, wenn die beteiligten Gesellschaften durch eine Organschaft verbunden sind oder ohne Bestehen einer Organschaft zu einem Konzern gehören und die Erwerbsvorgänge unmittelbar aufeinander folgen.

29. BFH-Urteil vom 22. 10. 2014 II R 10/14 (BStBl. 2015 II S. 401):

1. Eine Landzuteilung im Flurbereinigungsverfahren ist gemäß § 1 Abs. 1 Nr. 3 Satz 2 Buchst. a GrEStG grunderwerbsteuerfrei, soweit der Wert der dem Teilnehmer bei Beendigung zugeteilten Grundstücke nicht den Wert der von ihm eingebrachten Grundstücke übersteigt.

2. Dies gilt auch, wenn ein Teilnehmer der Flurbereinigung einerseits durch Landverzichtserklärung eines anderen Teilnehmers gemäß § 52 Abs. 3 Satz 2 FlurbG einen Abfindungsanspruch in Land erwirbt und zum anderen für von ihm selbst in das Flurbereinigungsverfahren eingebrachte Grundstücke zugunsten eines Dritten auf eine Abfindung in Land verzichtet.

30. BFH-Beschluss vom 3. 2. 2020 II B 28/19 (BFH/NV S. 564):

Die Übertragung eines Anteils an einem Nachlass, zu dem ein Grundstück gehört, führt zu einem kraft Gesetzes eintretenden Übergang des Eigentums an dem Grundstück i. S. d. § 1 Abs. 1 Nr. 3 GrEStG.

31. BFH-Urteil vom 12. 10. 2022 II R 7/20 (BStBl. 2023 II S. 402):

1. Eine Ausführungsanordnung zum Flurbereinigungsplan stellt auf den dort benannten Wirkungszeitpunkt einen steuerbaren Erwerbsvorgang nach § 1 Abs. 1 Nr. 3 Satz 1 GrEStG dar.

2. Der maßgebende Steuersatz richtet sich nach dem Zeitpunkt des Wirksamwerdens der Ausführungsanordnung.

3. Unerheblich ist, ob eine Bindung der Beteiligten vorgelagert ist, sei es durch eine wirksame Planvereinbarung, sei es durch eine etwaige Unwiderruflichkeit der Zustimmung zur Übernahme von Land.

32. BFH-Urteil vom 15. 5. 2024 II R 4/22 (DStR S. 1766):

1. Der Eigentumserwerb an Grundstücken durch einen interkommunalen Zweckverband im Rahmen einer Umlegung ist nicht von der Grunderwerbsteuer befreit, wenn der Zweckverband nicht als Eigentümer eines im Umlegungsgebiet gelegenen Grundstücks am Umlegungsverfahren teilgenommen hat.

2. Der Grundstückserwerb des Zweckverbandes ist auch nicht aufgrund einer interpolierenden Zusammenschau der Befreiungstatbestände von § 1 Abs. 1 Nr. 3 Satz 2 Buchst. b i. V. m. § 4 Nr. 1 des Grunderwerbsteuergesetzes steuerfrei zu stellen.

33. BFH-Urteil vom 11. 12. 2024 II R 14/22 (DB 2025 S. 1461):

1. Die Steuerbefreiung nach § 1 Abs. 1 Nr. 3 Satz 2 Buchst. b des Grunderwerbsteuergesetzes in der bis zum 28. 12. 2020 geltenden Fassung (a. F.) kann nicht in Anspruch genommen werden, wenn der Eigentumserwerb durch Zuteilung in einem Umlegungsverfahren einen Missbrauch rechtlicher Gestaltungsmöglichkeiten nach § 42 der Abgabenordnung darstellt.

2. Ein Gestaltungsmissbrauch liegt vor, wenn das Umlegungsverfahren zweckwidrig dazu genutzt wird, einen reinen Rechtsträgerwechsel an einem Grundstück zu bewirken.

Rechtsprechung zu § 1 Abs. 2

Rspr zu § 1 Abs. 2

252

1. BFH-Urteil vom 14. 9. 1988 II R 116/85 (BStBl. 1989 II S. 52):

Ein sogenannter atypischer Maklervertrag kann auch dann nach § 1 Abs. 2 GrEStG der Steuer unterliegen, wenn der Grundstückseigentümer dem Makler keine Verkaufsvollmacht erteilt und sich auch nicht verpflichtet hat, die (von dem Makler) vermittelten Kaufverträge abzuschließen; es genügt, daß der Grundstückseigentümer einem Dritten (notariell beurkundete) Verkaufsvollmacht erteilt hat und diese ohne Verletzung seiner Pflichten aus dem Maklervertrag nicht widerrufen kann (Anschluß an die BFH-Urteile vom 2. 7. 1975 II R 49/74, BFHE 116, 413, BStBl. II 1975, 863, und vom 10. 11. 1976 II R 95/71, BFHE 120, 412, BStBl. II 1977, 166).

2. BFH-Urteil vom 28. 9. 1988 II R 244/85 (BStBl. 1989 II S. 157):

Erwirbt ein Entwicklungsträger (§ 55 StBauFG) als Treuhänder einer Gemeinde ein Grundstück, so erhält die Gemeinde als Treugeber gleichzeitig an dem Grundstück die Verwertungsmacht i. S. des § 1 Abs. 2 GrEStG 1983.

3. BFH-Beschluß vom 17. 1. 1990 II B 113/89 (BFH/NV 1991 S. 118):

1. Die Auffassung, daß eine Verwertungsbefugnis i. S. des § 1 Abs. 2 GrEStG 1983 auch dann vorliegen kann, wenn nicht alle Merkmale einer bestimmten Fallkonstellation, wie z. B. beim atypischen Maklervertrag, erfüllt sind, weicht nicht ab von der Rechtsprechung des BFH.

2. Der Tatbestand des § 1 Abs. 2 GrEStG 1983 kann auch erfüllt sein, wenn der Grundstückseigentümer selbst die Verwertung des Grundstücks – d. h. dessen Veräußerung – durchführt.

4. BFH-Urteil vom 17. 10. 1990 II R 55/88 (BFH/NV 1991 S. 556):

Auf Grund vom typischen Maklervertrag abweichender (zusätzlicher) Abreden kann der Makler insgesamt eine Rechtstellung erhalten, die es ihm ermöglicht, das Grundstück auf eigene Rechnung zu verwerten. Entscheidend dafür ist die Gesamtheit der mit dem Grundstückseigentümer getroffenen Vereinbarungen.

5. BFH-Beschluß vom 17. 2. 1993 II B 118/92 (BFH/NV 1994 S. 123):

1. Zur Auslegung des § 1 Abs. 2 GrEStG 1983 liegt umfangreiche Rechtsprechung vor. Danach erfordert diese Vorschrift nicht, daß der Berechtigte wie ein Eigentümer über das Grundstück verfügen, d. h. es besitzen, verwalten, nutzen und schließlich veräußern kann. Entscheidend ist vielmehr, daß er die Verwertungsbefugnis über das Grundstück erlangt hat. Rechtsfragen in diesem Zusammenhang werden nur selten über den Einzelfall hinausgehende Bedeutung haben.

2. Der Tatbestand des § 1 Abs. 2 GrEStG 1983 kann auch erfüllt sein, wenn zwar der über das Grundstück Dispositionsbefugte und derjenige, dem der Grundstückswert zugute kommt, zwei verschiedene Personen sind, ersterer aber nur als Hilfsperson eingeschaltet ist.

6. BFH-Urteil vom 27. 7. 1994 II R 67/91 (BFH/NV 1995 S. 269):

1. Das Pfandrecht an einem Personengesellschaftsanteil (GbR-Anteil) führt ebensowenig wie die Stellung als GbR-Gesellschafter selbst zu einer Verwertungsbefugnis i. S. des § 1 Abs. 2 GrEStG in bezug auf die der GbR gehörenden Grundstücke.

2. Trotz fehlenden Besitzes kann nach der Rechtsprechung des BFH auch derjenige die Verwertungsbefugnis i. S. des § 1 Abs. 2 GrEStG erwerben, dem ein Grundstück dergestalt zur Veräußerung überlassen wird, daß er den über eine bestimmte Grenze hinausgehenden Mehrerlös nicht an den Eigentümer abzuführen braucht und für sich behalten darf (Urteile in BFHE 83, 166, BStBl. III 1965, 561 und in BFHE 117, 89, BStBl. II 1976, 27). Das hat seinen Grund darin, daß die Befugnis zur Veräußerung eines Grundstücks die

Rspr zu § 1 Abs. 2

noch 252 stärkste Form der Verwertungsmacht ist (BFH in BFHE 105, 165, BStBl. II 1972, 495). Eine solche Rechtsmacht hat der Grundpfandrechtsgläubiger nicht inne. Er hat zwar die Möglichkeit, den Grundbesitz bei Eintritt der sog. Pfandreife durch Zwangsvollstreckung verwerten zu lassen und sich aus dem Versteigerungserlös wegen seiner Forderung zu befriedigen. Diese Befriedigung erfolgt jedoch nicht auf eigene Rechnung, weil die Zwangsversteigerung für Rechnung des Schuldners (Grundstückseigentümers) erfolgt, dessen Verbindlichkeiten durch den an den Gläubiger ausgekehrten Erlös getilgt werden.

3. Der BFH ist trotz des Wegfalls des früheren Absatzes 2 des § 160 FGO durch Art. 1 Nr. 37 des FGO-Änderungsgesetzes vom 21. 12. 1992 (BGBl. I, 2109) nicht daran gehindert, das angefochtene FG-Urteil auch auf die Verletzung von – nach § 23 Abs. 2 GrEStG 1983 weiter fortgeltendem – Landesrecht zu überprüfen.

7. BFH-Urteil vom 31. 8. 1994 II R 108/91 (BFH/NV 1995 S. 431):

1. Beauftragt der Kläger einen Dritten, für ihn (Kläger) als „Treuhänder" (mittelbarer, verdeckter Stellvertreter) ein Grundstück von der Mutter des Klägers zu erwerben, so verwirklicht der Beauftragte mit dem Abschluß des Kaufvertrages mit der Mutter des Klägers den Tatbestand des § 1 Abs. 1 Nr. 1 GrEStG. Gleichzeitig erwirbt der Auftraggeber (Kläger) die Verwertungsbefugnis nach § 1 Abs. 2 GrEStG. Tritt der Beauftragte sodann seine Ansprüche aus dem Kaufvertrag wegen § 667 BGB an den Auftraggeber (Kläger) ab, so wird dadurch der Tatbestand des § 1 Abs. 1 Nr. 7 i. V. m. § 1 Abs. 1 Nr. 5 GrEStG verwirklicht.

2. Für den nachfolgenden Erwerb des Klägers gem. § 1 Abs. 1 Nr. 7 i. V. m. § 1 Abs. 1 Nr. 5 GrEStG wird gemäß § 1 Abs. 6 Satz 2 GrEStG die Steuer nur insoweit erhoben, als die Bemessungsgrundlage für diesen Rechtsvorgang den Betrag übersteigt, von dem bei dem vorausgegangenen Rechtsvorgang (Erwerb der Verwertungsbefugnis durch den Kläger i. S. von § 1 Abs. 2 GrEStG) die Steuer berechnet worden ist. Hat das FA den vorausgegangenen Erwerb des Klägers i. S. des § 1 Abs. 2 GrEStG irrtümlich (nach § 3 Nr. 6 GrEStG) von der Besteuerung freigestellt, so ist es dadurch nicht gehindert, den nachfolgenden Erwerb des Klägers nach § 1 Abs. 1 Nr. 7 i. V. m. § 1 Abs. 1 Nr. 5 GrEStG in vollem Umfang der Besteuerung zu unterwerfen.

8. BFH-Urteil vom 28. 5. 1998 II B 75/97 (BFH/NV S. 1523):

1. Gemäß § 1 Abs. 2 GrEStG Berlin (= § 1 Abs. 2 GrEStG 1983) unterliegen (auch) Rechtsvorgänge der Grunderwerbsteuer, die es ohne Begründung eines Anspruchs auf Übereignung einem anderen rechtlich oder wirtschaftlich ermöglichen, ein Grundstück auf eigene Rechnung zu verwerten. Diese Voraussetzungen liegen vor, wenn bei einem Treuhandverhältnis dem Treuhänder im Verhältnis zum Treugeber die Rechtsmacht, über das Grundstück zu verfügen, fehlt (vgl. BFH-Urteil vom 17. 9. 1986 II R 105/86, BFH/NV 1987, 808, 809).

2. Für die Frage nach dem Gegenstand des Erwerbs der Verwertungsbefugnis und damit nach der Gegenleistung ist der – der Vereinbarung zugrundeliegende – zukünftige (z. B. bebaute) Zustand des Grundstücks maßgebend. Zur Gegenleistung gehören in diesen Fällen die zur Ausführung des Auftrags erforderlichen Aufwendungen des Treuhänders (Auftragnehmers), die diesem gemäß § 670 BGB vom Auftraggeber (Treugeber) zu erstatten sind, sowie auch das vom Auftraggeber an den Auftragnehmer zu zahlende Entgelt (vgl. Senatsurteil in BFH/NV 1993, 688, 690).

3. Die Inanspruchnahme einer GbR als Steuerschuldnerin erfordert im Regelfall, insbesondere dann, wenn eine Verwechselungsgefahr besteht, die namentliche Bezeichnung ihrer Gesellschafter (Senatsurteil vom 17. 3. 1970 II 65/63, BFHE 99, 96, BStBl. II 1970, 598). Eine Ausnahme besteht jedoch für die Fälle, in denen sich die Gesellschaft für ihre Teilnahme am Rechtsverkehr einen ihrer Identifizierung dienenden Namen zugelegt hat, unter dem sie sich am Rechtsverkehr tatsächlich beteiligt (Senatsurteil vom 11. 2. 1987 II R 103/84, BFHE 149, 12, BStBl. II 1987, 325). In diesen Fällen reicht die Angabe dieses Namens zur Identifizierung als Steuerschuldner aus.

9. BFH-Urteil vom 29. 7. 1998 II R 71/96 (BStBl. 1999 II S. 796):

1. Eine der Grunderwerbsteuer unterliegende Übertragung der Verwertungsbefugnis an einem (zivilrechtlich im Eigentum des Grundstückseigentümers stehenden) Gebäude auf fremden Boden auf einen Dritten liegt vor, wenn dem Dritten Befugnisse an dem Gebäude (nicht aber auch am Grundstück) eingeräumt werden, die über die Befugnisse eines Pächters hinausgehen und ihm hinsichtlich Nutzung und Veräußerung eine einem Eigentümer nahekommende Stellung geben. Nach der Rechtsprechung kann dies bereits dann der Fall sein, wenn der Pächter eines Grundstücks auf diesem ein Gebäude errichtet, das er wie ein Eigentümer nutzen und dessen Substanz er bei Ende der Pachtzeit durch Übertragung auf den Eigentümer gegen eine Entschädigung verwerten kann.

2. Der Tatbestand des § 1 Abs. 2 GrEStG 1983 ist auch dann erfüllt, wenn es jemandem durch dem öffentlichen Recht zuzuordnende Rechtsvorgänge rechtlich oder wirtschaftlich ermöglicht wird, ein inländisches Grundstück auf eigene Rechnung zu verwerten. Ob dies der Fall ist, ist ggf. unter entsprechender Heranziehung der zu zivilrechtlichen Rechtsvorgängen entwickelten Auslegungsgrundsätze zu entscheiden.

3. Zum Tatbestand des § 1 Abs. 2 GrEStG 1983 bei Beendigung des Nutzungsverhältnisses ausländischer NATO-Truppen an deutschen Grundstücken.

10. BFH-Urteil vom 10. 3. 1999 II R 35/97 (BStBl. II S. 491):

Der nach § 1 Abs. 2 GrEStG HA (= § 1 Abs. 2 GrEStG 1983) steuerpflichtige Erwerb des Rechts zur Verwertung eines Grundstücks „auf eigene Rechnung" erfordert nicht nur, daß der Berechtigte am wirtschaftlichen Ergebnis einer Verwertung des Grundbesitzes teilhat, sondern daß er diese Verwertung auch selbst herbeiführen, d. h. vom Grundstückseigentümer die Veräußerung des Grundstücks an bestimmte Personen verlangen kann. Die Befugnis, die Veräußerung des Grundstücks herbeizuführen, kann auch bei einem Dritten liegen, soweit gewährleistet ist, daß dieser im Interesse desjenigen tätig sein wird, dem das wirtschaftliche Ergebnis der Grundstücksveräußerung zukommt, der Dritte somit als Hilfsperson des aus der Grundstücksverwertung Begünstigten anzusehen ist (BFH-Urteil vom 21. 7.

1965 II 78/62 U, BFHE 83, 166, BStBl. III 1965, 561). Dies ist dann der Fall, wenn zwischen dem wirtschaftlich Berechtigten und dem dispositionsbefugten Dritten ein entsprechendes schuldrechtliches (Auftrags-)Verhältnis besteht oder wenn es sich um Gesellschaften handelt, die aufgrund einer Gesellschafter-/Geschäftsführerverflechtung einer einheitlichen Willensbildung unterliegen.

11. BFH-Beschluß vom 7. 12. 1999 II B 64/99 (BFH/NV 2000 S. 746):

Die Frage, ob ein Makler auf Grund eines formunwirksamen, aber gleichwohl durchgeführten sog. atypischen Maklervertrages gemäß § 1 Abs. 2 GrEStG 1983 i. V. m. § 41 AO 1977 die Verwertungsbefugnis über das Grundstück erwirbt, ist bereits höchstrichterlich entschieden und hat durch die einen formunwirksamen Grundstückskaufvertrag betreffende – und damit zu § 1 Abs. 1 Nr. 1 GrEStG 1983 i. V. m. § 41 AO 1977 ergangene – Entscheidung des BFH vom 19. 7. 1989 II R 83/86 (BFHE 158, 126, BStBl. II 1989, 989) nicht erneut grundsätzliche Bedeutung erlangt.

12. BFH-Urteil vom 1. 3. 2000 II R 53/98 (BStBl. II S. 357):

Die Stellung als Alleingesellschafter einer GmbH begründet keine Befugnis i. S. d. § 1 Abs. 2 GrEStG 1983, die Grundstücke der GmbH für eigene Rechnung zu verwerten. Daran ändert sich durch das Vorliegen eines Beherrschungs- und Gewinnabführungsvertrages der GmbH mit dem Alleingesellschafter nichts. Es fehlt an einem Wechsel in der Grundstückszuordnung.

13. BFH-Urteil vom 17. 5. 2000 II R 47/99 (BStBl. II S. 627):

Der Verzicht des an einem Flurbereinigungsverfahren beteiligten Grundstückseigentümers auf Landabfindung zugunsten eines Dritten verbunden mit der Übertragung des vorläufig eingewiesenen Besitzes unterliegt nicht der Grunderwerbsteuer.

14. BFH-Urteil vom 26. 7. 2000 II R 33/98 (BFH/NV 2001 S. 206):

1. Durch einen Geschäftsbesorgungsvertrag i. S. von § 675 BGB, der sich auf den Erwerb eines Grundstücks durch den Verpflichteten im eigenen Namen richtet, erlangt der Geschäftsherr – wie generell beim sog. Auftragserwerb – die Rechtsmacht, von dem Beauftragten die Auflassung des Grundstücks (§ 925 BGB) zu verlangen (§ 667 BGB i. V. m. § 675 BGB) oder es – bei entsprechender Ausgestaltung des Vertrags – durch andere Maßnahmen der Substanz nach auf eigene Rechnung zu verwerten. Diese Rechtsmacht begründet eine Verwertungsbefugnis i. S. von § 1 Abs. 2 GrEStG 1983.

2. Beim Erwerb der Verwertungsbefugnis gehören zur Gegenleistung (§ 8 Abs. 1 GrEStG 1983) alle Leistungen, die der Berechtigte aufwendet, um die Verwertungsbefugnis an dem Grundstück zu erlangen. Aufwendungen, die dem Auftragnehmer nicht durch den Erwerb als solchen entstehen, sondern Folge weiterer Vereinbarungen zwischen Auftraggeber und Auftragnehmer sind (z. B. Finanzierungs- und Verwaltungskosten), gehören nicht zur Gegenleistung.

15. BFH-Urteil vom 8. 11. 2000 II R 55/98 (BStBl. 2001 II S. 419):

1. Soll sich die Rechtsmacht i. S. des § 1 Abs. 2 GrEStG 1983, das inländische Grundstück eines anderen auf eigene Rechnung zu verwerten, aus einem Auftragsverhältnis ergeben, muss der Abschluss eines derartigen Vertrags festgestellt sein. Dazu reicht die Feststellung gesellschaftsrechtlicher, wirtschaftlicher oder personeller Verflechtungen nicht aus.

2. Für die Anwendung des § 1 Abs. 2 GrEStG 1983 ist dabei unerheblich, ob der Beauftragte eine Erwerbspflicht übernommen hat oder der Auftrag dahin geht, bei ansonsten freigestelltem Erwerb das Grunstück oder den Erlös aus einer Weiterveräußerung an den Auftraggeber herauszugeben bzw. abzuführen. Soll eine Erwerbspflicht begründet werden, bedarf der Vertrag der Form des § 313 Abs. 1 BGB. Wird dies nicht beachtet, kann die Berufung auf den Formmangel mit der Folge gegen Treu und Glauben verstoßen, dass der Mangel die Anwendung des § 1 Abs. 2 GrEStG 1983 nicht hindert.

16. BFH-Beschluss vom 6. 4. 2001 II B 95/00 (BFH/NV S. 1299), Ls. 2:

2. Für die Anwendung des § 1 Abs. 2 GrEStG 1983 macht es einen Unterschied, ob Gegenstand eines Treuhandverhältnisses die Gesellschafterstellung in der das Grundstück besitzenden Personengesellschaft ist oder das Eigentum an dem im Gesellschaftsvermögen befindlichen Grundstück. Nur dann, wenn das Eigentum am Grundstück Gegenstand des Treuhandverhältnisses ist, kann dem Treugeber die Rechtsmacht i. S. des § 1 Abs. 2 GrEStG 1983 zustehen, das Grundstück wirtschaftlich zu verwerten.

17. BFH-Urteil vom 5. 2. 2003 II R 15/01 (BFH/NV S. 818):

Hat ein Leasingnehmer einen Anspruch auf Eigentumsverschaffung an einem Grundstück nach Ablauf der Leasingzeit oder hat er die Verwertungsbefugnis an dem Grundstück erworben, weil sich der Leasinggeber gegen Zahlung von Leasingraten verpflichtet hat, auf dem Grundstück ein Gebäude zu errichten, dem Leasingnehmer das wirtschaftliche Eigentum zu verschaffen, es ihm zur Nutzung zu überlassen und ihm das Recht einzuräumen, das Grundstück nach Ablauf der Leasingzeit unentgeltlich zu erwerben, so führt die Verlängerung der Leasingdauer, d. h. die Verlängerung der Frist, nach deren Ablauf der Leasingnehmer die Eigentumsübertragung verlangen kann, nicht zu einer Änderung der grunderwerbsteuerrechtlichen Zuordnung.

18. BFH-Beschluss vom 14. 5. 2003 II B 70/02 (BFH/NV S. 1448):

Die bei einem sog. Auftragserwerb gegebene Grunderwerbsteuerpflicht sowohl für den Erwerb durch den Beauftragten als auch für den des Auftraggebers ist nicht systemwidrig und verfassungsrechtlich nicht zu beanstanden.

19. BFH-Urteil vom 15. 3. 2006 II R 29/04 (BFH/NV S. 1702):

1. Ein Leasingvertrag begründet keine Verwertungsbefugnis i. S. des § 1 Abs. 2 GrEStG, wenn dem Leasingnehmer lediglich das Recht eingeräumt wird, zum Ablauf des Leasingvertrages den Abschluss eines Kaufvertrages über das Leasingobjekt mit dem Leasinggeber (zu einem feststehenden Kaufpreis) herbeizuführen.

2. Der Grunderwerbsteuer unterliegt erst der durch Ausübung des Ankaufsrechts herbeigeführte Kaufvertrag. Bei der Ermittlung der Gegenleistung für diesen Erwerb können neben dem vereinbarten Kaufpreis auch Teile des Nutzungsentgelts (Leasingraten) als „sonstige Leistung" i. S. von § 9 Abs. 1 Nr. 1 GrEStG berücksichtigt werden.

20. BFH-Urteil vom 29. 7. 2009 II R 2/08 (BFH/NV S. 1833):

1. Im Unterschied zu § 1 Abs. 1 Nr. 6 und 7 GrEStG verlangt die Verwertungsmöglichkeit gemäß § 1 Abs. 2 GrEStG eine Beteiligung an der Grundstückssubstanz; die bloße Möglichkeit zur Verfolgung eines eigenen wirtschaftlichen Interesses von der Art, den Grundstückskäufer zum Abschluss weiterer Verträge zu bestimmen, begründet noch keine Substanzbeteiligung am Grundstück.

2. Räumt der Grundstückseigentümer einem Bauunternehmer die Möglichkeit ein, das Grundstück zusammen mit dem zu erstellenden Gebäude einheitlich anzubieten, sind die erzielten Werkvergütungen nicht als Teilhabe an der Grundstückssubstanz zu werten. Der Bauunternehmer erfüllt den Tatbestand des § 1 Abs. 2 GrEStG nicht.

21. BFH-Urteil vom 24. 4. 2013 II R 32/11 (BStBl. II S. 962):

Nach § 1 Abs. 2 GrEStG unterliegen der Grunderwerbsteuer auch solche Rechtsvorgänge, die es dem Erwerber ermöglichen, sich den Wert des Grundstücks für eigene Rechnung nutzbar zu machen. Einwirkungsmöglichkeiten eines Gesellschafters auf Gesellschaftsebene ohne konkreten Grundstücks-bezug reichen dafür nicht aus.

22. BFH-Urteil vom 20. 4. 2016 II R 54/14 (BStBl. II S. 715):

Veranlasst der einzige Kommanditist einer GmbH & Co. KG, der zugleich der alleinige Gesellschafter der Komplementär-GmbH ist, die KG dazu, ein dieser gehörendes Grundstück ohne Gegenleistung zur Erfüllung der ihm obliegenden Verpflichtung aus einem als Treugeber abgeschlossenen Treuhandsvertrag auf den Treuhänder zu übertragen, begründet der Treuhandvertrag keine Verwertungsbefugnis des Kommanditisten i. S. von § 1 Abs. 2 GrEStG.

23. BFH-Urteil vom 23. 2. 2021 II R 22/19 (BStBl. II S. 636), Ls. 1–3:

1. Erwirbt ein Treuhänder von einem Dritten für den Treugeber ein Grundstück (Erwerbstreuhand), ist sowohl der Grundstückserwerb durch den Treuhänder als auch der Erwerb der Verwertungsbefugnis durch den Treugeber grunderwerbsteuerpflichtig.

2. Für Grund und Umfang von Steuerbefreiungen sind grundsätzlich beide Erwerbsvorgänge getrennt zu betrachten.

3. Die Festsetzung von Grunderwerbsteuer und die abweichende Festsetzung der Grunderwerbsteuer aus Billigkeitsgründen nach § 163 AO begründen zwei selbständige Verfahren.

Rspr zu § 1 Abs. 2a

Rechtsprechung zu § 1 Abs. 2 a[1]

1. BFH-Urteil vom 8. 11. 2000 II R 64/98 (BStBl. 2001 II S. 422):

253 Im Rahmen des Fünfjahreszeitraums des § 1 Abs. 2 a GrEStG liegende Änderungen im Gesellschafterbestand einer Personengesellschaft, die vor dem 1. Januar 1997 vorgenommen worden sind, dürfen gemäß § 23 Abs. 3 GrEStG bei der Anwendung des § 1 Abs. 2 a GrEStG nicht berücksichtigt werden.

2. BFH-Beschluss vom 11. 9. 2002 II B 113/02 (BStBl. II S. 777):

Es ist nicht ernstlich zweifelhaft, dass § 1 Abs. 2 a GrEStG auf alle Personengesellschaften, d. h. auch auf solche Anwendung findet, deren Zweck sich nicht im Halten und Verwalten von inländischen Grundstücken erschöpft.

3. BFH-Urteil vom 30. 4. 2003 II R 79/00 (BStBl. II S. 890):

1. Änderungen im Gesellschafterbestand einer Personengesellschaft, die insgesamt weniger als 95 v. H. der Anteile betroffen haben, erfüllen nicht den Tatbestand des § 1 Abs. 2 a GrEStG in der bis Ende 1999 geltenden Fassung.

2. Bei Anwendung des § 1 Abs. 2 a GrEStG in der bis Ende 1999 geltenden Fassung sind Änderungen im Gesellschafterbestand einer Gesellschafterin der Personengesellschaft nicht zu berücksichtigen.

4. BFH-Beschluss vom 28. 9. 2004 II B 162/03 (BFH/NV 2005 S. 72), Ls. 2:

2. Grunderwerbsteuerrechtlich kommt es darauf an, wer bürgerlich-rechtlich und handelsrechtlich Gesellschafter und als solcher am Gesellschaftsvermögen beteiligt ist. Treuhandverhältnisse spielen keine Rolle.

5. BFH-Urteil vom 20. 10. 2004 II R 54/02 (BStBl. 2005 II S. 299):

Die zivilrechtlichen Grundsätze über fehlerhafte Personengesellschaftsverhältnisse einschließlich derjenigen über den fehlerhaften Beitritt zu einer Personengesellschaft sind auch im Grunderwerbsteuerrecht zu beachten.

[1] Zur Rechtslage und -anwendung bis 31. 12. 1996 vgl. **Handbuch Erbschaftsteuer und Bewertung** Auflagen bis **2006.**

6. BFH-Urteil vom 27. 4. 2005 II R 61/03 (BStBl. II S. 649): noch **253**

1. Der Gesellschafterbestand einer Personengesellschaft ändert sich unmittelbar i. S. von § 1 Abs. 2 a GrEStG, wenn ein Mitgliedschaftsrecht einschließlich der anteiligen sachenrechtlichen Mitberechtigung am Gesellschaftsvermögen auf ein neues Mitglied der Gesellschaft übergeht.

2. § 6 Abs. 3 GrEStG ist bei fingierten Erwerbsvorgängen nach § 1 Abs. 2 a GrEStG jedenfalls bei einer unmittelbaren Änderung des Gesellschafterbestands entsprechend anwendbar. Erfolgt diese Änderung in mehreren Teilakten, kommt es dabei auf den Gesellschafterbestand vor dem ersten und nach dem letzten Teilakt an.

3. Befindet sich unter den neuen Gesellschaftern wiederum eine Personengesellschaft und ist an dieser einer der ausgeschiedenen Altgesellschafter beteiligt, ist bei der Anwendung des § 6 Abs. 3 und 4 GrEStG auf den Altgesellschafter abzustellen.

7. BFH-Urteil vom 17. 3. 2006 II B 157/05 (BFH/NV S. 1341), Ls. 1, 2:

1. Der Tatbestand des § 1 Abs. 2 a GrEStG ist auch dann erfüllt, wenn mindestens 95 v. H. der Anteile am Gesellschaftsvermögen von den bisherigen Gesellschaftern auf eine andere Person übertragen werden, die die Anteile treuhänderisch für die früheren Gesellschafter hält.

2. Der Rückerwerb der Anteile durch die früheren Gesellschafter fällt erneut unter § 1 Abs. 2 a GrEStG. Für diesen Vorgang kommt jedoch die Steuerbefreiung nach § 3 Nr. 8 GrEStG oder eine Aufhebung der Steuerfestsetzung nach § 16 Abs. 2 Nr. 1 GrEStG in Betracht.

3., 4. *(abgedruckt zu § 16)*

8. BFH-Urteil vom 12. 10. 2006 II R 79/05 (abgedruckt zu § 3)

9. BFH-Urteil vom 29. 2. 2012 II R 57/09 (BStBl. II S. 917):

1. Die Übertragung von mindestens 95% der Anteile an einer grundbesitzenden Personengesellschaft ist auch dann nach § 1 Abs. 2 a GrEStG steuerbar, wenn der (Alt-)Gesellschafter nach der Übertragung der Anteile weiter mittelbar im vollen Umfang an der grundbesitzenden Personengesellschaft beteiligt bleibt.

2. Die nach § 1 Abs. 2 a GrEStG entstandene Grunderwerbsteuer wird nach § 6 Abs. 3 Satz 1 i. V. m. Abs. 1 Satz 1 GrEStG insgesamt nicht erhoben, wenn der teils unmittelbar, teils mittelbar über eine Kapitalgesellschaft beteiligte Gesellschafter der grundbesitzenden Personengesellschaft seine Anteile auf eine andere Personengesellschaft überträgt und er an dieser – zwischengeschalteten – Personengesellschaft unmittelbar allein beteiligt ist.

10. BFH-Urteil vom 16. 1. 2013 II R 66/11 (BStBl. 2014 II S. 266):

1. Ein unmittelbarer Gesellschafterwechsel i. S. des § 1 Abs. 2 a Satz 1 GrEStG liegt auch dann vor, wenn ein Gesellschafter seine Beteiligung an einer Personengesellschaft auf einen neuen Gesellschafter überträgt und dieser Gesellschafter die Beteiligung als Treuhänder für den früheren Gesellschafter hält.

2. Überträgt ein Gesellschafter seine Beteiligung an einer Personengesellschaft auf seinen Ehegatten, ist die Grunderwerbsteuer in Höhe des Anteils der Ehegatten am Gesellschaftsvermögen nicht zu erheben.

11. BFH-Urteil vom 24. 4. 2013 II R 17/10 (BStBl. II S. 833):

1. Die mittelbare Änderung des Gesellschafterbestandes einer grundstücksbesitzenden Personengesellschaft i. S. des § 1 Abs. 2 a GrEStG ist ausschließlich nach wirtschaftlichen Maßstäben zu beurteilen. Kapital- und Personengesellschaften sind hierbei gleichermaßen als transparent zu betrachten.

2. Eine Veränderung der Beteiligungsverhältnisse an einer im maßgeblichen Fünfjahreszeitraum unmittelbar an der grundstücksbesitzenden Personengesellschaft beteiligt gebliebenen Kapital- oder Personengesellschaft lässt diese nur dann fiktiv zu einer neuen Gesellschafterin werden, wenn sich in diesem Zeitraum deren Gesellschafterbestand unmittelbar oder mittelbar, d. h. auf den weiteren Beteiligungsebenen, im wirtschaftlichen Ergebnis vollständig geändert hat.

12. BFH-Urteil vom 16. 5. 2013 II R 3/11 (BStBl. II S. 963):

1. Ein Gesellschafter verliert seine Stellung als (Alt-)Gesellschafter einer Personengesellschaft i. S. des § 1 Abs. 2 a Satz 1 GrEStG, wenn sein Mitgliedschaftsrecht zivilrechtlich wirksam auf ein neues Mitglied der Personengesellschaft übergeht.

2. Die mit dem Ausscheiden des Gesellschafters verbundenen Rechtsfolgen können nur nach Maßgabe des § 16 Abs. 2 GrEStG durch Anteilsrückübertragung auf den vormaligen (Alt-)Gesellschafter beseitigt werden.

3. Erwirbt der zuvor ausgeschiedene (Alt-)Gesellschafter erneut einen Anteil an der Personengesellschaft, ist er neuer Gesellschafter i. S. des § 1 Abs. 2 a Satz 1 GrEStG. Dies gilt auch dann, wenn das Ausscheiden aus der Personengesellschaft und der Wiedereintritt innerhalb der Fünfjahresfrist des § 1 Abs. 2 a Satz 1 GrEStG erfolgen.

13. BFH-Urteil vom 25. 9. 2013 II R 17/12 (abgedruckt zu § 6)

14. BFH-Urteil vom 3. 6. 2014 II R 1/13 (BStBl. II S. 855):

1. Der Tatbestand des § 1 Abs. 2 a Satz 1 GrEStG ist auch dann erfüllt, wenn die Gesellschafterstellung einer zu 100% am Vermögen einer grundbesitzenden Personengesellschaft beteiligten GmbH aufgrund Abspaltung auf eine andere Personengesellschaft übergeht, an deren Vermögen der Alleingesellschafter der GmbH zu 100% beteiligt ist.

2. Die Voraussetzungen für eine Nichterhebung der Steuer nach § 6 Abs. 3 Satz 1 i. V. m. Abs. 1 Satz 1 GrEStG sind in einem solchen Fall nicht erfüllt.

Rspr zu § 1 Abs. 2a

noch 253

15. BFH-Urteil vom 9. 7. 2014 II R 49/12 (BStBl. 2016 II S. 57):

1. Eine mittelbare Änderung des Gesellschafterbestandes kann sich aus schuldrechtlichen Bindungen des an der Personengesellschaft unmittelbar beteiligten Gesellschafters ergeben, so dass dessen Anteil am Gesellschaftsvermögen einem Dritten (Neugesellschafter) zuzurechnen ist.

2. Für diese Zurechnungsentscheidung kann unter Beachtung grunderwerbsteuerrechtlicher Besonderheiten auf die Grundsätze des § 39 Abs. 2 Nr. 1 AO zurückgegriffen werden.

16. BFH-Urteil vom 17. 12. 2014 II R 2/13 (BStBl. 2015 II S. 557):

Die Anrechnung der Bemessungsgrundlage nach § 1 Abs. 2a Satz 3 GrEStG für einen Grundstückserwerb der Personengesellschaft von ihrem Gesellschafter auf die Bemessungsgrundlage für einen späteren steuerbaren Wechsel im Gesellschafterbestand dieser Personengesellschaft hat unabhängig davon zu erfolgen, ob die Steuer für den Grundstückserwerb der Gesellschaft von ihrem Gesellschafter festgesetzt und erhoben wurde.

17. BFH-Urteil vom 25. 11. 2015 II R 18/14 (BStBl. 2018 II S. 783):

Der Gesellschafterbestand einer grundbesitzenden Personengesellschaft ändert sich i. S. von § 1 Abs. 2a Satz 1 GrEStG mittelbar, wenn ein an der Personengesellschaft unmittelbar beteiligter Gesellschafter mit einem oder mehreren Treugebern vereinbart, den Gesellschaftsanteil treuhänderisch für diese zu halten, und die Treuhandvereinbarungen im maßgeblichen Fünfjahreszeitraum dazu führen, dass den Treugebern mindestens 95% der Anteile am Gesellschaftsvermögen der Pesonengesellschaft als neuen Gesellschaftern zuzurechnen sind.

18. BFH-Urteil vom 17. 5. 2017 II R 35/15 (BStBl. II S. 966):

1. Ein Gesellschafter ist neu i. S. des § 1 Abs. 2a Satz 1 GrEStG, wenn er zivilrechtlich erstmals ein Mitgliedschaftsrecht an einer bestehenden grundbesitzenden Personengesellschaft erwirbt oder wenn er innerhalb von fünf Jahren nach dem erstmaligen Erwerb des Mitgliedschaftsrechts seine Beteiligung durch den Erwerb weiterer Anteile am Gesellschaftsvermögen aufstockt. Er verliert grunderwerbsteuerrechtlich die Eigenschaft als neuer Gesellschafter erst mit Ablauf von fünf Jahren.

2. Die Anzeigepflicht nach § 19 Abs. 1 Satz 1 Nr. 3a GrEStG erfasst auch die Aufstockung der Beteiligungsquote eines neuen Gesellschafters.

19. BFH-Urteil vom 30. 8. 2017 II R 39/15 (BStBl. 2018 II S. 786), Ls. 2:

1. *(abgedruckt zu § 17)*

2. Die bloße Einräumung einer Vollmacht zur Ausübung der Rechte aus einem Gesellschaftsanteil sowie zur Veräußerung und Abtretung dieses Gesellschaftsanteils reicht für einen Anteilsübergang i. S. einer mittelbaren Änderung des Gesellschafterbestandes einer Personengesellschaft nach § 1 Abs. 2a GrEStG nicht aus.

20. BFH-Beschluss vom 8. 1. 2019 II B 62/18 (BFH/NV S. 293):

1. Eine im Inland weder als Kapital- noch als Personengesellschaft rechtsfähige Briefkastengesellschaft kann nicht Anteile an einer grundbesitzenden Personengesellschaft erwerben.

2. Die Rechtsfähigkeit einer im Ausland begründeten Kapitalgesellschaft beurteilt sich grundsätzlich nach dem Recht am Ort des tatsächlichen Verwaltungssitzes (sog. Sitztheorie).

3. Abweichend davon richtet sich die Rechtsfähigkeit nach der sog. Gründungstheorie, wenn eine Gesellschaft in einem Vertragsstaat der EU, des EWR oder in einem mit diesen aufgrund Staatsvertrags in Bezug auf die Niederlassungsfreiheit gleichgestellten Staat nach dessen Vorschrift wirksam gegründet ist.

4. Kommt einer Kapitalgesellschaft nach Maßgabe der Sitztheorie keine Rechtsfähigkeit zu, kann sie dennoch als Personengesellschaft rechtsfähig sein, wenn sie mehr als einen Gesellschafter besitzt.

21. BFH-Urteil vom 17. 6. 2020 II R 18/17 (BStBl. 2021 II S. 318):

1. Für Erwerbsvorgänge vor Inkrafttreten der Änderungen in § 1 Abs. 2a GrEStG durch das Steueränderungsgesetz 2015 wird zur Berücksichtigung mittelbarer Strukturen auf allen Beteiligungsebenen durch Kapital- und Personengesellschaften gleichermaßen durchgeschaut (Bestätigung der Rechtsprechung).

2. Hat die Finanzbehörde nach § 17 Abs. 3 Satz 1 Nr. 2 GrEStG die Besteuerungsgrundlagen für einen zu einem bestimmten Zeitpunkt durch einen bestimmten Rechtsvorgang verwirklichten Erwerbsvorgang gesondert festgestellt, kann sie den Bescheid weder im Einspruchsverfahren noch im Klageverfahren dahingehend ändern, dass der Erwerbsvorgang durch einen zu einem anderen Zeitpunkt und einen anderen Rechtsvorgang verwirklichten Erwerbsvorgang ausgetauscht wird.

3. Ist der Erwerbsvorgang auf einen unzutreffenden Zeitpunkt festgestellt worden, ist der Bescheid aufzuheben und ggf. ein neuer Bescheid über die Feststellung der Besteuerungsgrundlagen zu erlassen.

22. BFH-Urteil vom 1. 12. 2021 II R 44/18 (BStBl. 2023 II S. 1009):

1. Ein inländisches Grundstück „gehört" einer Gesellschaft i. S. d. § 1 Abs. 2a GrEStG nur dann, wenn es ihr im Zeitpunkt der Entstehung der Steuerschuld für den nach § 1 Abs. 2a GrEStG der Grunderwerbsteuer unterliegenden Vorgang aufgrund eines zuvor unter § 1 Abs. 1 bis 3a GrEStG fallenden und verwirklichten Erwerbsvorgangs grunderwerbsteuerrechtlich zuzurechnen ist.

2. Ein Grundstück einer Untergesellschaft ist einer Obergesellschaft grunderwerbsteuerrechtlich nur zuzurechnen, wenn die Obergesellschaft selbst es aufgrund eines Erwerbsvorgangs nach § 1 Abs. 1 bis 3a GrEStG erworben hat.

23. BFH-Urteil vom 14. 12. 2022 II R 33/20 (BFH/NV 2023 S. 555):

Grundstücke inländischer Untergesellschaften sind auch einer ausländischen Obergesellschaft grunderwerbsteuerrechtlich nur zuzurechnen, wenn die ausländische Obergesellschaft selbst sie aufgrund eines Erwerbsvorgangs nach § 1 Abs. 1, Abs. 2, Abs. 3 oder Abs. 3 a GrEStG erworben hat (Fortführung der Senatsrechtsprechung, vgl. BFH-Urteil vom 1. 12. 2021 – II R 44/18, BFHE 275, 373).

24. BFH-Urteil vom 31. 7. 2024 II R 28/21 (DStR S. 2894):

Für die Beurteilung der Frage, ob eine unmittelbar an der grundbesitzenden Personengesellschaft beteiligte Kapitalgesellschaft als neue Gesellschafterin im Sinne des § 1 Abs. 2 a Satz 4 des Grunderwerbsteuergesetzes gilt, weil an ihr mindestens 90% der Anteile auf neue Gesellschafter übergehen, ist nur auf die Beteiligung an der Kapitalgesellschaft abzustellen. Eine zuvor bereits bestehende Beteiligung des neuen Gesellschafters der Kapitalgesellschaft an der grundbesitzenden Personengesellschaft ist unerheblich.

25. BFH-Urteil vom 21. 8. 2024 II R 16/22 (DStR S. 155):

Wird eine an der grundbesitzenden Personengesellschaft mittelbar beteiligte Personengesellschaft in die Gesellschafterstruktur eingefügt (Verlängerung der Beteiligungskette), ohne dass sich die Gesellschafter geändert haben, ist kein neuer Gesellschafter der grundbesitzenden Personengesellschaft im Sinne von § 1 Abs. 2 a Satz 1 des Grunderwerbsteuergesetzes hinzugekommen.

Rechtsprechung zu § 1 Abs. 3

Rspr zu § 1 Abs. 3

1. BFH-Beschluß vom 21. 1. 1987 II R 176/83 (BFH/NV 1988 S. 664):

Erwirbt jemand sämtliche Kommanditanteile einer GmbH & Co. KG und sämtliche Anteile an der persönlich haftenden GmbH, so werden im Sinne des § 1 Abs. 3 GrEStG in seiner Hand alle Anteile an der GmbH & Co. KG teils unmittelbar (Kommanditbeteiligung) und teils mittelbar (100%ige Beteiligung an der GmbH) vereinigt. **254**

2. BFH-Urteil vom 30. 3. 1988 II R 76/87 (BStBl. II S. 550):

1. Eine Anteilsvereinigung i. S. des § 1 Abs. 3 GrEStG kann nicht nur unmittelbar, sondern auch mittelbar, darüber hinaus auch teils unmittelbar, teils mittelbar erfolgen (Anschluß an BFHE 116, 406, BStBl. II 1975, 834).

2. Für die Entscheidung, ob eine Anteilsvereinigung vorliegt, ist es ohne Bedeutung, ob an dem Handelsgewerbe einer Gesellschaft eine stille Beteiligung besteht.

3. BFH-Urteil vom 8. 6. 1988 II R 143/86 (BStBl. II S. 785):

Der Tatbestand der Anteilsvereinigung kann auch durch den Übergang eines Anteils im Erbwege verwirklicht werden. In diesem Falle ist die Anteilsvereinigung nicht deshalb von der Grunderwerbsteuer befreit, weil die Anteilsvereinigung auf dem Erbwege und durch die vorangegangene Übertragung eines Anteils durch Schenkung eingetreten ist (Anschluß an das BFH-Urteil vom 31. 3. 1982 II R 92/81, BFHE 135, 556, BStBl. II 1982, 424).

4. BFH-Urteil vom 10. 8. 1988 II R 193/85 (BStBl. II S. 959):

Eine Anteilsvereinigung tritt auch dann ein, wenn Anteile durch Einziehung untergehen und die verbleibenden Anteile sich dadurch in einer Hand befinden.

5. BFH-Urteil vom 31. 7. 1991 II R 157/88 (BFH/NV 1992 S. 57):

1. Eine die Grunderwerbsteuer auslösende Anteilsvereinigung gemäß § 1 Abs. 3 Nr. 1 und 2 GrEStG 1983 setzt eine Vereinigung aller Anteile voraus. Die Vereinigung nahezu aller Anteile führt nicht zur Steuerpflicht.

2. Die Steuertatbestände der § 1 Abs. 3 Nr. 1 und Nr. 2 GrEStG 1983 sind auf die Form der rechtlichen Anteilsvereinigung beschränkt. Sie setzen grundsätzlich einen bürgerlich-rechtlichen Anspruch auf Übertragung der Geschäftsanteile oder den bürgerlich-rechtlichen Erwerb der Anteile voraus. Eine Vereinigung aller Anteile unter wirtschaftlichen Gesichtspunkten scheidet danach aus. Die Anteilsvereinigung mittels eines Treuhänders ist eine rechtliche Anteilsvereinigung.

3. Wird ein sogenannter Zwerganteil nicht mitübertragen, so liegt hierin kein Mißbrauch von Gestaltungsmöglichkeiten des Rechts. Eine Besteuerung entsprechend der den wirtschaftlichen Vorgängen angemessenen Gestaltung (§ 42 Satz 2 AO 1977) kommt nicht in Betracht, wenn erst die Verwirklichung einer bestimmten zivilrechtlichen Gestaltung die Steuer auslöst.

6. BFH-Urteil vom 20. 10. 1993 II R 116/90 (BStBl. 1994 II S. 121):

Sind die Anteile an einer grundbesitzenden Gesellschaft bereits derart vereinigt i. S. von § 1 Abs. 3 Nrn. 1 bzw. 2 GrEStG 1983, daß sie zum einen Teil unmittelbar von einer Person gehalten werden, zum anderen Teil von einer Gesellschaft, an der diese Person zu 100% beteiligt ist (mittelbare Anteilsvereinigung), so löst die nachfolgende Vereinigung aller Anteile unmittelbar in der Hand dieser Person keine Grunderwerbsteuer mehr aus (Abweichung von BFHE 126, 332, BStBl. II 1979, 153).

7. BFH-Urteil vom 12. 1. 1994 II R 130/91 (BStBl. II S. 408):

Auch wenn alle Anteile an einer grundbesitzenden Gesellschaft bereits seit Gründung der Gesellschaft von einer Person teils unmittelbar, teils mittelbar über eine Gesellschaft gehalten werden, an der diese Person zu 100 v. H. beteiligt ist, löst die Vereinigung aller Anteile unmittelbar in der Hand dieser Person keine Grunderwerbsteuer nach § 1 Abs. 3 Nrn. 1 oder 2 GrEStG 1983 aus (Anschluß an BFH-Urteil vom 20. 10. 1993 II R 116/90, BFHE 172, 538, BStBl. II 1994, 121).

Rspr zu § 1 Abs. 3

noch 254

8. BFH-Urteil vom 26. 7. 1995 II R 68/92 (BStBl. II S. 736):

Ein Rechtsgeschäft, das den Anspruch auf „Übertragung aller Anteile der (Personen-)Gesellschaft" begründet (§ 1 Abs. 3 Nr. 3 GrEStG 1983), liegt grundsätzlich nicht vor, wenn neben dem (den) übertragenen Personengesellschaftsanteil(en) mindestens ein weiterer Anteil an der Personengesellschaft in der Hand eines anderen Gesellschafters besteht, mag dieser weitere Anteil auch nicht mit einer wertmäßigen Beteiligung am Gesellschaftsvermögen verbunden sein. Denn unter „Anteil der (Personen-)Gesellschaft" i. S. des § 1 Abs. 3 GrEStG 1983 ist die gesellschaftsrechtliche Beteiligung an der Personengesellschaft, d. h. die aus der Mitgliedschaft in der Personengesellschaft folgende gesamthänderische Mitberechtigung hinsichtlich des (aktiven) Gesellschaftsvermögens zu verstehen.

9. BFH-Urteil vom 4. 12. 1996 II B 110/96 (BFH/NV 1997 S. 440):

Die Übertragung aller Anteile an einer grundstücksbesitzenden Gesellschaft auf eine vom Anteilsveräußerer zu 100 v. H. beherrschte Aktiengesellschaft unterliegt gem. § 1 Abs. 3 Nr. 3 GrEStG 1983 der Grunderwerbsteuer. Der Besteuerung steht nicht entgegen, daß die Anteile an der Gesellschaft mit Grundbesitz zugleich mittelbar in der Hand des bisherigen Alleingesellschafters vereinigt bleiben.

10. BFH-Urteil vom 20. 12. 2000 II R 26/99 (BFH/NV 2001 S. 1040):

1. Zum Vermögen einer Gesellschaft gehört ein Grundstück i. S. des § 1 Abs. 3 Nr. 3 GrEStG 1983 nicht erst dann, wenn die Gesellschaft zivilrechtlich Eigentum an dem Grundstück erworben hat, sondern wenn das Grundstück der Gesellschaft grunderwerbsteuerrechtlich zuzuordnen ist. Dies ist der Fall, sobald hinsichtlich des Grundstücks ein Tatbestand verwirklicht worden ist, der einen Erwerbsvorgang der Gesellschaft i. S. des § 1 GrEStG 1983 darstellt.

2. Verpflichtet sich die Gesellschafterin einer KG in ihrer Eigenschaft als Gesellschafterin zur Einbringung eines in ihrem Eigentum stehenden Grundstücks in die KG gegen Gewährung von Gesellschaftsrechten und tritt sie in derselben notariellen Urkunde diese ihre Gesellschafterstellung gegen eine Entschädigung ab, deren Höhe den von ihr übertragenen Grundbesitz bereits berücksichtigt, so ist dies dahingehend auszulegen, dass die KG den Anspruch auf Eigentumsverschaffung an dem Grundstück vor dem Zeitpunkt der Anteilsübertragung erworben hat.

3. Die Tatsache, dass in einem derartigen Fall die Grunderwerbsteuervergünstigung des § 5 Abs. 2 GrEStG 1983 für den Erwerb der KG infolge des Ausscheidens der Gesellschafterin aus der KG nicht zu gewähren ist, schließt die Tatbestandsmäßigkeit der Besteuerung nach § 1 Abs. 3 Nr. 3 GrEStG 1983 für den Erwerb der Gesellschaftsanteile durch den neuen Gesellschafter nicht aus.

11. BFH-Urteil vom 8. 8. 2001 II R 66/98 (BStBl. 2002 II S. 156):

1. Die Anteile an einer Gesellschaft, die eine andere Gesellschaft hält, an der eine Person zu 100 v. H. beteiligt ist, sind dieser wie eigene Anteile zuzurechnen (mittelbare Anteilsvereinigung). Die Anteile, die eine KG an einer anderen Gesellschaft hält, können dem Kommanditisten nicht zugerechnet werden, weil auch der Komplementär, selbst wenn seine Beteiligung nicht mit einem wertmäßigen Anteil am Gesellschaftsvermögen verbunden ist, einen „Anteil an der Gesellschaft" hält.

2. § 1 Abs. 4 Nr. 2 Buchst. a GrEStG umfasst zwar auch den gesellschaftsrechtlichen Zusammenschluss meherer Personen, doch muss es sich hierbei gemäß dem Wortlaut der Bestimmung um natürliche Personen handeln. Eine Personenhandelsgesellschaft, an der juristische Personen beteiligt sind, ist kein Zusammenschluss natürlicher Personen im Sinne dieser Vorschrift.

3. Eine mittelbare Anteilsvereinigung ist auch dann zu bejahen, wenn eine herrschende Hand zusammen mit einer abhängigen Gesellschaft (i. S. des § 1 Abs. 4 Nr. 2 GrEStG) eine Gesellschaft beherrscht, die wiederum die Anteile an einer grundbesitzenden Gesellschaft hält.

12. BFH-Urteil vom 16. 1. 2002 II R 52/00 (BFH/NV S. 1053), Ls. 3, 4:

1., 2. *(abgedruckt zu § 16)*

3. Für die grunderwerbsteuerrechtliche Betrachtung nach § 1 Abs. 3 GrEStG 1983 werden die im Besitz der Gesellschaft selbst befindlichen Anteile nicht berücksichtigt.

4. Befinden sich außer den von der GmbH gehaltenen Anteilen alle anderen Anteile an einer grundbesitzenden GmbH in der Hand einer Person, so sind alle Anteile an der GmbH i. S. d. § 1 Abs. 3 GrEStG 1983 bereits in der Hand dieser Person vereinigt. Eine Weiterübertragung dieser vereinigten Anteile auf einen Dritten unterliegt nach § 1 Abs. 3 Nr. 3 bzw. 4 GrEStG 1983 der Grunderwerbsteuer. Dieser Erwerbsvorgang ist grundsätzlich einer Anwendung des § 5 Abs. 2 GrEStG 1983 zugänglich.

13. BFH-Urteil vom 5. 11. 2002 II R 23/00 (BFH/NV 2003 S. 505):

1. Eine Vereinigung aller Anteile in einer Hand i. S. von § 1 Abs. 3 Nrn. 1 und 2 GrEStG liegt nicht nur dann vor, wenn der Anteilserwerber die Anteile einer Gesellschaft mit Grundbesitz selbst (unmittelbar) hält, sondern auch dann, wenn es sich bei der Beteiligung des Anteilserwerbers nur um eine mittelbare, d. h. über eine andere Gesellschaft vermittelte handelt, an der er zu 100 v. H. beteiligt ist.

2. Es ist für die Entstehung der Grunderwerbsteuer unerheblich, dass an dem im Ausland abgewickelten Anteilserwerb ausschließlich Gesellschaften mit Sitz im Ausland beteiligt sind. Entscheidend ist die Lage der von dem fiktiven Grunderwerb erfassten Grundstücke im Inland.

14. BFH-Urteil vom 5. 11. 2002 II R 86/00 (BFH/NV 2003 S. 344):

Werden die Anteile an einer grundbesitzenden Personengesellschaft außer von einer natürlichen Person von zwei Gesellschaften gehalten, an denen die klagende Kapitalgesellschaft mittelbar oder unmittelbar zu 100 v. H. beteiligt ist, und erwirbt eine dritte hundertprozentige Enkelgesellschaft, eine KG, den Anteil der natürlichen Person mit Wirkung auf einen Zeitpunkt, zu dem auch die beiden Gesellschaften ihre Anteile auf die KG übertragen bzw. in diese einbringen, ergibt sich keine Anteilsvereinigung in der Hand der Kapitalgesellschaft. Die Anteile gehen vielmehr durch Anwachsung bei der KG unter.

Rspr zu § 1 Abs. 3

noch **254**

15. BFH-Urteil vom 5. 11. 2002 II R 41/02 (BFH/NV 2003 S. 507):

1. Der Erwerb aller Anteile an einer Gesellschaft mit Grundbesitz durch eine Gesellschaft, deren Alleingesellschafterin bereits vor der Anteilsvereinigung mittelbar über eine weitere Untergesellschaft alle Anteile an der grundbesitzenden Gesellschaft hielt, unterliegt der Grunderwerbsteuer nach § 1 Abs. 3 Nr. 3 GrEStG.

2. Die Erhebung lediglich der Differenzsteuer nach § 1 Abs. 6 GrEStG 1983 setzt die Identität des Erwerbers voraus (BFH-Urteil vom 27. 10. 1970 II 72/65, BFHE 101, 126, BStBl. II 1971, 278). Daran mangelt es, wenn der Anteilsvereinigung in der Hand einer Gesellschaft eine mittelbare Anteilsvereinigung in der Hand der Alleingesellschafterin dieser Gesellschaft vorausgegangen ist. Zivil- und grunderwerbsteuerrechtlich besteht keine Personenidentität zwischen einer Kapitalgesellschaft und ihren Gesellschaftern.

16. BFH-Urteil vom 15. 1. 2003 II R 50/00 (BStBl. II S. 320):

Es steht der Steuerbarkeit einer Anteilsübertragung nach § 1 Abs. 3 Nrn. 3 und 4 GrEStG 1983 nicht entgegen, dass die die Anteile übertragende Gesellschaft und die die Anteile erwerbende Gesellschaft denselben Alleingesellschafter haben.

17. BFH-Urteil vom 29. 9. 2004 II R 14/02 (BStBl. 2005 II S. 148):

Der Erwerb aller Anteile an einer Kapitalanlagegesellschaft i. S. von § 1 Abs. 1 KAGG unterliegt nach § 1 Abs. 3 Nr. 3 GrEStG der Grunderwerbsteuer. Von diesem Erwerb erfasst werden auch die von der Kapitalanlagegesellschaft im Sondervermögen nach § 6 Abs. 1 KAGG gehaltenen Grundstücke.

18. BFH-Urteil vom 20. 7. 2005 II R 30/04 (BStBl. II S. 839):

Die Verschmelzung einer Organträgerin, die 87,5 v. H. der Anteile an einer Organgesellschaft hält, die wiederum zu 100 v. H. Anteilseignerin an grundstücksbesitzenden Gesellschaften ist, auf eine – bislang – außerhalb des Organkreises stehende neue Organträgerin unter Fortsetzung des Organschaftsverhältnisses führt weder zu einer Vereinigung (§ 1 Abs. 3 Nr. 2 GrEStG) noch zur Übertragung (§ 1 Abs. 3 Nr. 4 GrEStG) aller Anteile an den grundstücksbesitzenden Gesellschaften.

19. BFH-Beschluss vom 18. 11. 2005 II B 23/05 (BFH/NV 2006 S. 612):

1. § 1 Abs. 3 Nr. 1 GrEStG verstößt insoweit, als der rechtsgeschäftliche Erwerb von Anteilen einer Gesellschaft, zu deren Vermögen ein inländisches Grundstück gehört, Grunderwerbsteuer auslöst, nicht gegen die Richtlinie 69/335/EWG (Ansammlung von Kapital).

2. Vollzugsdefizite bei steuerlichen Sachverhalten mit Auslandsberührung folgen aus den Grenzen der nationalstaatlichen Souveränität. Dies vermag der deutsche Gesetzgeber nicht zu verändern; es kann ihm deswegen auch nicht als Verstoß gegen das verfassungsrechtliche Gebot der Gleichmäßigkeit der Steuererhebung angelastet werden.

3. Daraus, dass der Besteuerung des Anteilserwerbs als Bemessungsgrundlage nach § 8 Abs. 2 Nr. 3 GrEStG der Bedarfswert i. S. des § 138 Abs. 2 und Abs. 3 BewG zu Grunde zu legen ist und nicht die Gegenleistung für den Anteilserwerb, folgt keine verfassungswidrige Übermaßbesteuerung.

20. BFH-Urteil vom 19. 12. 2007 II R 65/06 (BStBl. 2008 II S. 489):

Es verstößt nicht gegen die Richtlinie 69/335/EWG, dass eine Anteilsvereinigung in der Hand einer Aktiengesellschaft, zu der es dadurch kommt, dass im Zuge einer Kapitalerhöhung Anteile an einer mittelbar oder unmittelbar grundbesitzenden Gesellschaft gegen Gewährung neuer Aktien eingebracht werden, nach § 1 Abs. 3 Nr. 1 GrEStG grunderwerb-steuerpflichtig ist.

21. BFH-Beschluss vom 4. 2. 2008 II B 38/07 (BFH/NV S. 927), Ls. 2:

2. Durch § 1 Abs. 3 GrEStG werden nicht gesellschaftsrechtliche Vorgänge, sondern fingierte Grundstückserwerbe der Besteuerung unterworfen.

22. BFH-Urteil vom 25. 8. 2010 II R 65/08 (BStBl. 2011 II S. 225):

Der Erwerb einer mittelbaren Beteiligung an einer grundbesitzenden Gesellschaft unterliegt nach § 1 Abs. 3 Nr. 3 GrEStG (i. d. F. des StEntlG 1999/2000/2002) der Grunderwerbsteuer, wenn die Beteiligungsquote von 95 v. H. auf jeder Beteiligungsstufe erreicht wird. Eine Ermittlung der für die Tatbestandsverwirklichung maßgeblichen Beteiligungsquote durch Multiplikation der auf den jeweiligen Beteiligungsstufen bestehenden Beteiligungsquoten kommt nicht in Betracht.

23. BFH-Urteil vom 15. 12. 2010 II R 45/08 (BStBl. 2012 II S. 292):

Der Besteuerung der mittelbaren Vereinigung der Anteile an einer grundstücksbesitzenden Gesellschaft in einer Hand steht die anschließende Veräußerung der Anteile auch dann nicht entgegen, wenn an den Rechtsvorgängen zum selben Konzern gehörende Unternehmen beteiligt sind.

24. BFH-Urteil vom 23. 5. 2012 II R 21/10 (abgedruckt zu § 3)

25. BFH-Urteil vom 11. 6. 2013 II R 52/12 (BStBl. II S. 752):

1. § 16 Abs. 2 GrEStG ist auf einen Erwerbsvorgang nach § 1 Abs. 3 GrEStG anwendbar.

2. Der Steuertatbestand des § 1 Abs. 3 Nr. 1 und Nr. 2 GrEStG ist nicht (mehr) erfüllt, wenn durch einen Anteilsrückerwerb das von dieser Vorschrift vorausgesetzte Quantum von 95% der Anteile der Gesellschaft unterschritten wird.

26. BFH-Urteil vom 18. 9. 2013 II R 21/12 (BStBl. 2014 II S. 326):

Bei der im Rahmen des § 1 Abs. 3 Nr. 1 GrEStG vorzunehmenden Prüfung, ob bei einer zwischengeschalteten Gesellschaft die erforderliche Beteiligungsquote von 95% erreicht ist, bleiben Anteile, die eine 100%ige Tochtergesellschaft der Gesellschaft an dieser hält, ebenso unberücksichtigt wie Anteile, die die Gesellschaft selbst hält.

Rspr zu § 1 Abs. 3

noch 254

27. BFH-Urteil vom 12. 2. 2014 II R 46/12 (BStBl. II S. 536):

1. Vereinigen sich mindestens 95% der Anteile an einer grundbesitzenden Gesellschaft in der Hand einer Erbengemeinschaft, wird diese nach § 1 Abs. 3 Nr. 1 GrEStG grunderwerbsteuerrechtlich so behandelt, als habe sie das Grundstück von der Gesellschaft erworben.

2. Reicht der vom Grunderwerbsteuerbescheid erfasste Lebenssachverhalt nicht aus, um den Tatbestand, an den das GrEStG die Steuerpflicht knüpft, zu erfüllen, ist der Bescheid rechtswidrig. Der im Bescheid bezeichnete – nicht steuerbare – Lebenssachverhalt kann nicht durch einen anderen – steuerbaren – ersetzt werden.

3. Sind die Anteile an einer Gesellschaft bereits aufgrund eines vorausgegangenen Rechtsgeschäfts in einer Hand vereinigt, weil das nach § 1 Abs. 3 Nr. 1 GrEStG erforderliche Quantum von 95% der Anteile erfüllt ist, unterliegt der Erwerb der restlichen Anteile nicht zusätzlich der Besteuerung.

28. BFH-Urteil vom 12. 3. 2014 II R 51/12 (BStBl. 2016 II S. 356):[1]

Verkauft ein Kommanditist einer grundbesitzenden GmbH & Co. KG seine Gesellschaftsbeteiligung an den einzigen anderen Kommanditisten und ist die KG die einzige Gesellschafterin ihrer Komplementär-GmbH, ist – vorbehaltlich einer Besteuerung nach § 1 Abs. 2 a GrEStG – der Tatbestand einer Anteilsvereinigung nach § 1 Abs. 3 Nr. 1 GrEStG erfüllt.

29. BFH-Urteil vom 11. 12. 2014 II R 26/12 (BStBl. 2015 II S. 402):

Hat eine Gesellschaft ein Grundstück unter einer aufschiebenden Bedingung gekauft, so gehört es i. S. des § 1 Abs. 3 GrEStG erst ab Eintritt der Bedingung zu ihrem Vermögen, und zwar auch dann, wenn bereits zuvor die Auflassung erklärt wird.

30. BFH-Urteil vom 20. 1. 2015 II R 8/13 (BStBl. II S. 553):

Der einzige verbleibende Gesellschafter einer grundbesitzenden GmbH verwirklicht den Tatbestand einer Anteilsvereinigung i. S. des § 1 Abs. 3 Nr. 1 GrEStG auch dann, wenn nicht er selbst, sondern die GmbH den Geschäftsanteil des anderen Gesellschafters kauft.

31. BFH-Urteil vom 20. 1. 2016 II R 29/14 (BStBl. II S. 358):

Die Vereinbarung, dass die Kommanditisten einer grundbesitzenden KG bis auf einen gegen eine von der KG zu leistende Abfindung aus dieser ausscheiden und ihre Geschäftsanteile an der Komplementär-GmbH auf den verbleibenden Kommanditisten übertragen, erfüllt nicht den Tatbestand des § 1 Abs. 3 Nr. 1 GrEStG. Der Grunderwerbsteuer unterliegt gemäß § 1 Abs. 3 Nr. 2 GrEStG erst der Vollzug der Vereinbarung.

32. BFH-Urteil vom 12. 5. 2016 II R 26/14 (BStBl. II S. 748):

1. Die Abtretung eines kaufvertraglichen Anspruchs auf Übertragung von mindestens 95% der Anteile an einer grundbesitzenden Gesellschaft und die Begründung der Verpflichtung dazu unterliegen nicht der Grunderwerbsteuer.

2. Gleiches gilt für die Übertragung der Gesellschaftsanteile vom bisherigen Gesellschafter unmittelbar auf den Abtretungsempfänger.

3. Das FG ist nicht berechtigt, den vom FA in einem Bescheid über die gesonderte Feststellung der Besteuerungsgrundlagen für die Grunderwerbsteuer zu Unrecht festgestellten Erwerbsvorgang durch einen anderen zu ersetzen.

33. BFH-Urteil vom 27. 9. 2017 II R 41/15 (BStBl. 2018 II S. 667):

1. Bei einer zwischengeschalteten Personengesellschaft, die unmittelbar oder mittelbar an einer grundbesitzenden Gesellschaft beteiligt ist, ist als Anteil i. S. von § 1 Abs. 3 Nr. 1 und Nr. 2 GrEStG – wie bei einer zwischengeschalteten Kapitalgesellschaft – die Beteiligung am Gesellschaftskapital und nicht die sachenrechtliche Beteiligung am Gesamthandsvermögen maßgebend.

2. Ein Anteilserwerb kann bei einer zwischengeschalteten Personengesellschaft zu einer mittelbaren Anteilsvereinigung i. S. von § 1 Abs. 3 Nr. 1 und Nr. 2 GrEStG beitragen oder führen, wenn dem Erwerber nach dem Anteilserwerb mindestens 95% der Beteiligung am Gesellschaftskapital der Personengesellschaft zuzurechnen sind.

34. BFH-Beschluss vom 22. 1. 2019 II B 98/17 (abgedruckt zu § 16)

35. BFH-Beschluss vom 15. 5. 2019 II B 55/18 (BFH/NV S. 927):

Die Besteuerung des Erwerbs eines Miteigentumsanteils an einem Grundstück von weniger als 95% verstößt im Verhältnis zum nicht steuerbaren Erwerb eines entsprechenden Anteils an einer grundbesitzenden Gesellschaft nicht gegen Art. 3 Abs. 1 GG.

36. BFH-Urteil vom 4. 3. 2020 II R 2/17 (BStBl. II S. 511):

1. § 1 Abs. 3 Nr. 1 GrEStG knüpft die Steuerpflicht an ein Rechtsgeschäft und nicht an die tatsächliche Vereinigung der Gesellschaftsanteile in einer Hand.

2. Ein Widerruf kann ein Rechtsgeschäft i. S. des § 1 Abs. 3 Nr. 1 GrEStG sein, wenn das Recht zum Widerruf in einem schuldrechtlichen Geschäft angelegt ist.

3. Eine natürliche Person ist gegenüber den Weisungen eines Unternehmers in Bezug auf Gesellschaftsanteile verpflichtet i. S. des § 1 Abs. 4 Nr. 2 Buchst. a GrEStG a. F., wenn sie rechtlich zur Herausgabe der Anteile verpflichtet ist. Eine solche Verpflichtung zur Herausgabe liegt in der Regel vor, wenn zivilrechtlich zwischen dem Unternehmer und der natürlichen Person ein unentgeltlicher Auftrag oder ein entgeltlicher Geschäftsbesorgungsvertrag besteht.

---

[1] Vgl. Anlage f zu § 1 Abs. 3 GrEStG.

37. BFH-Urteil vom 27. 5. 2020 II R 45/17 (BStBl. 2021 II S. 315):

Rspr zu § 1 Abs. 3

noch **254**

1. Grundbesitzende Gesellschaft i. S. des § 1 Abs. 3 Nr. 1 GrEStG kann sowohl eine Personen- als auch eine Kapitalgesellschaft sein.

2. Bei einer über eine zwischengeschaltete Kapitalgesellschaft vermittelten (mittelbaren) Beteiligung an einer grundbesitzenden Personengesellschaft ist für eine Anteilsvereinigung i. S. des § 1 Abs. 3 Nr. 1 GrEStG der Anteil am Vermögen der Personengesellschaft und nicht die sachenrechtliche Mit-berechtigung am Gesamthandsvermögen maßgebend.

3. Hält der Erwerber bereits unmittelbar oder mittelbar mindestens 95% der Anteile am Vermögen der grundbesitzenden Personengesellschaft, ist ein weiterer unmittelbarer oder mittelbarer Anteilserwerb nicht mehr nach § 1 Abs. 3 Nr. 1 GrEStG steuerbar.

38. BFH-Urteil vom 16. 3. 2022 II R 24/20 (BFH/NV S. 1196), Ls. 1:

1. Verpflichtet sich ein Gesellschafter zur Abtretung eines Geschäftsanteils, verwirklicht erst ein gesellschaftsrechtlich formwirksames Rechtsgeschäft den Tatbestand des § 1 Abs. 3 Nr. 1 GrEStG. Ein formloser Gesellschafterbeschluss reicht nicht aus.

39. BFH-Urteil vom 14. 12. 2022 II R 40/20 (BStBl. 2023 II S. 1012), Ls. 2, 3:

1. *(abgedruckt zu § 17)*

2. Ein inländisches Grundstück ist einer Gesellschaft im Zeitpunkt der Entstehung der Steuerschuld für den nach § 1 Abs. 3 GrEStG der Grunderwerbsteuer unterliegenden Rechtsvorgang zuzurechnen, wenn sie zuvor in Bezug auf dieses Grundstück einen unter § 1 Abs. 1 GrEStG (und die Verwertungsbefugnis einschließenden) oder einen unter § 1 Abs. 2 GrEStG fallenden Erwerbsvorgang verwirklicht hat.

3. Für Zwecke des § 1 Abs. 3 GrEStG ist es ihr nicht mehr zuzurechnen, wenn ein Dritter in Bezug auf dieses Grundstück einen unter § 1 Abs. 1 GrEStG (und die Verwertungsbefugnis einschließenden) oder einen unter § 1 Abs. 2 GrEStG fallenden Erwerbsvorgang verwirklicht hat.

40. BFH-Urteil vom 10. 5. 2023 II R 24/21 (BStBl. II S. 1060), Ls. 1–3:

1. Hat das Finanzamt aufgrund irriger Beurteilung des Sachverhalts in einem Feststellungsbescheid den Zeitpunkt des grunderwerbsteuerbaren Erwerbsvorgangs fehlerhaft angegeben und wurde der Feststellungsbescheid deshalb in der Folge wegen Rechtswidrigkeit gerichtlich aufgehoben, kann es nach § 174 Abs. 4 Satz 1 und 3 der Abgabenordnung in einem weiteren Feststellungsbescheid die richtigen steuerlichen Folgerungen aus der Aufhebung innerhalb eines Jahres nach Aufhebung des Feststellungsbescheides ziehen.

2. Führt die Errichtung einer neuen Kirchengemeinde durch Vereinigung anderer Kirchengemeinden dazu, dass sich unmittelbar oder mittelbar mindestens 95% (heute: 90%) der Anteile an grundbesitzenden Gesellschaften bei der neu errichteten Kirchengemeinde vereinigen, unterliegt diese Anteilsvereinigung zu dem Zeitpunkt nach § 1 Abs. 3 Nr. 2 des Grunderwerbsteuergesetzes (GrEStG) der Grunderwerbsteuer, an dem die staatliche Anerkennung wirksam erteilt wird.

3. Die Besteuerung der Vereinigung von mindestens 95% von Anteilen an grundbesitzenden Gesellschaften nach § 1 Abs. 3 Nr. 2 GrEStG als Folge der staatlich anerkannten Bildung oder Veränderung von Kirchengemeinden verstößt nicht gegen das verfassungsrechtlich garantierte kirchliche Selbstbestimmungsrecht (Art. 140 des Grundgesetzes – GG – i. V. m. Art. 137 Abs. 3 der Verfassung des Deutschen Reichs – WRV –) und auch nicht gegen die verfassungsrechtlich garantierte Kirchengutsgarantie (Art. 140 GG i. V. m. Art. 138 Abs. 2 WRV).

4. *(abgedruckt zu § 3)*

5. *(abgedruckt zu § 4)*

41. BFH-Urteil vom 28. 2. 2024 II R 7/22 (DStR S. 1499), Ls. 1, 2:

1. Bei einer zwischengeschalteten Personengesellschaft, die unmittelbar oder mittelbar an einer grundbesitzenden Gesellschaft beteiligt ist, ist als Anteil im Sinne von § 1 Abs. 3 Nr. 1 und Nr. 2 des Grunderwerbsteuergesetzes – wie bei einer zwischengeschalteten Kapitalgesellschaft – die Beteiligung am Gesellschaftskapital und nicht die sachenrechtliche Beteiligung am Gesamthandsvermögen maßgebend (Anschluss an Urteil des BFH vom 27. 9. 2017 II R 41/15, BFHE 260, 94, BStBl. II 2018, 667).

2. Die rückwirkende Anwendung des BFH-Urteils vom 27. 9. 2017 II R 41/15 (BFHE 260, 94, BStBl. II 2018, 667) auf einen Anteilserwerb im Jahr 2012 verstößt nicht gegen Art. 20 Abs. 3 des Grundgesetzes, da kein schutzwürdiges Vertrauen des Steuerpflichtigen in die frühere Rechtslage bestehen konnte.

3. *(abgedruckt zu § 18)*

42. BFH-Urteil vom 10. 4. 2024 II R 34/21 (BStBl. 2025 II S. 420):

Ein Treuhänder kann den Tatbestand des § 1 Abs. 3 Nr. 1 des Grunderwerbsteuergesetzes erfüllen, wenn sich in seiner Hand erstmalig alle Anteile einer grundbesitzenden GmbH unmittelbar oder mittelbar vereinigen. Es kommt nicht darauf an, dass der Treuhänder einen Teil der Anteile für Rechnung seines Auftraggebers (Treugeber) erwirbt.

43. BFH-Urteil vom 23. 7. 2024 II R 11/22 (DStR S. 2823), Ls. 1:

1. Ein inländisches Grundstück ist einer Gesellschaft für den nach § 1 Abs. 3 des Grunderwerbsteuergesetzes (GrEStG) der Grunderwerbsteuer unterliegenden Rechtsvorgang zuzurechnen, wenn sie zuvor in Bezug auf dieses Grundstück einen unter § 1 Abs. 1, Abs. 2 oder Abs. 3 GrEStG fallenden Erwerbsvorgang verwirklicht hat. Dies gilt auch bei mehrstöckigen Beteiligungen (Anschluss an Urteil des BFH vom 14. 12. 2022 II R 40/20, BFHE 279, 290, BStBl. II 2023, 1012, Rz. 30).

2. *(abgedruckt zu § 5)*

Rspr zu § 1 Abs. 3

noch **254**

44. BFH-Urteil vom 25. 9. 2024 II R 36/21 (BStBl. 2025 II S. 324), Ls. 1 und 3:

1. Die sogenannte Verlängerung der Beteiligungskette, bei der der übertragende Alleingesellschafter zugleich Alleingesellschafter der erwerbenden Gesellschaft ist, unterliegt auch bei ausländischen Gesellschaften nach § 1 Abs. 3 Nr. 3 und 4 des Grunderwerbsteuergesetzes (GrEStG) der Grunderwerbsteuer, wenn der Gesellschaft, deren Anteile übertragen werden, ein inländisches Grundstück gehört.

3. § 1 Abs. 3 GrEStG verstößt nicht gegen die RL 2008/7/EG des Rates vom 12. 2. 2008 betreffend die indirekten Steuern auf die Ansammlung von Kapital (Amtsblatt der Europäischen Union 2008, Nr. L 46, 11).

45. BFH-Urteil vom 20. 11. 2024 II R 29/21 (BStBl. 2025 II S. 425):

1. Ein Treuhänder kann den Tatbestand des § 1 Abs. 3 Nr. 1 des Grunderwerbsteuergesetzes erfüllen, wenn sich in seiner Hand erstmalig alle Anteile einer grundbesitzenden GmbH unmittelbar oder mittelbar vereinigen. Es kommt nicht darauf an, dass der Treuhänder einen Teil der Anteile für Rechnung seines Auftraggebers (Treugeber) erwirbt (Fortsetzung von Urteil des BFH vom 10. 4. 2024 II R 34/21, BFH/NV 2024, 1252).

2. Der Insolvenzverwalter kann den durch die Insolvenzeröffnung im Revisionsverfahren unterbrochenen Rechtsstreit aufnehmen, wenn er der vom Finanzamt im Insolvenzverfahren geltend gemachten Insolvenzforderung widersprochen hat. Streitgegenstand ist in diesem Fall die Feststellung, ob der Widerspruch berechtigt ist (Anschluss an BFH-Urteil vom 21. 9. 2017 VIII R 59/14, BFHE 259, 411, BStBl. II 2018, 163).

GrEStG

§ 2 Grundstücke

(1) ① **Unter Grundstücken im Sinne dieses Gesetzes sind Grundstücke im Sinne des bürgerlichen Rechts zu verstehen.**[1] ② **Jedoch werden nicht zu den Grundstücken gerechnet:** 1

1. Maschinen und sonstige Vorrichtungen aller Art, die zu einer Betriebsanlage gehören, 2

2. Mineralgewinnungsrechte und sonstige Gewerbeberechtigungen, 3

3.[2] **das Recht des Grundstückseigentümers auf den Erbbauzins.** 4

(2) **Den Grundstücken stehen gleich**

1. Erbbaurechte, 5

2. Gebäude auf fremdem Boden, 6

3. dinglich gesicherte Sondernutzungsrechte nach den Vorschriften des Wohnungseigentumsgesetzes und des § 1010 des Bürgerlichen Gesetzbuchs. 7

(3) ① **Bezieht sich ein Rechtsvorgang auf mehrere Grundstücke, die zu einer wirtschaftlichen Einheit gehören, so werden diese Grundstücke als ein Grundstück behandelt.** ② **Bezieht sich ein Rechtsvorgang auf einen oder mehrere Teile eines Grundstücks, so werden diese Teile als ein Grundstück behandelt.** 8

Hinweis:

Zur Steuerbefreiung nach § 7 GrEStG bei der Bestellung eines Erbbaurechts → s. Anlage a zu § 7.

Übersicht Rz.

Anlagen:
a) Erlass zur Beurteilung von Erbbaurechtsvorgängen 13–33
b) Schreiben betr. Sicherungsübereignung von Gebäuden auf fremdem Boden 33 a–36
c) Erlass betr. Sicherungsübereignung von Gebäuden auf fremdem Boden 37
d) Erlass betr. Behandlung von Gebäuden auf dem Wasser 38
Rechtsprechung 41

Anl a zu § 2

a) Erlass zur Beurteilung von Erbbaurechtsvorgängen

Vom 16. September 2015 (BStBl. I S. 827)

(Gleich lautender Ländererlass)

1. Allgemeines

13 Das Erbbaurecht ist das veräußerliche und vererbliche Recht, auf oder unter der Oberfläche eines Grundstücks ein Bauwerk zu haben (§ 1 Abs. 1 Erbbaurechtsgesetz [ErbbauRG]). Es kann auf einen für das Bauwerk nicht erforderlichen Teil des Grundstücks erstreckt werden, sofern das Bauwerk wirtschaftlich die Hauptsache bleibt (§ 1 Abs. 2 ErbbauRG). Das Erbbaurecht stellt sich insofern als eine Beschränkung des Eigentums an dem Grundstück dar (BFH-Urteil vom 28. November 1967 II R 37/66, BStBl. 1968 II S. 223).

Erbbaurechte stehen nach § 2 Abs. 2 Nr. 1 GrEStG den Grundstücken gleich. Die auf Grundstücke bezogenen Vorschriften des Grunderwerbsteuerrechts gelten daher für Erbbaurechte und Untererbbaurechte entsprechend.

2. Steuerbare Erbbaurechtsvorgänge

Der Grunderwerbsteuer unterliegen nach § 1 Abs. 1 GrEStG die folgenden Rechtsvorgänge:

2.1. nach § 1 Abs. 1 Nr. 1 GrEStG 14

2.1.1. ein Vertrag, der den Anspruch auf Bestellung eines Erbbaurechts begründet (BFH-Urteile vom 5. Dezember 1979 II R 103/76, BStBl. 1980 II S. 135, und II R 122/76 BStBl. 1980 II S. 136, mit weiteren Nachweisen),

2.1.2. ein Vertrag, der den Anspruch auf Übertragung eines Erbbaurechts begründet (BFH-Urteil vom 5. Dezember 1979 II R 122/76, BStBl. 1980 II S. 136),

2.1.3. die Ausübung des Vorrechts auf Erneuerung des Erbbaurechts nach § 31 ErbbauRG,

2.1.4. eine Vereinbarung über die Verlängerung eines Erbbaurechts (BFH-Urteil vom 18. August 1993 II R 10/90, BStBl. II S. 766);

2.2. nach § 1 Abs. 1 Nr. 2 GrEStG 15

2.2.1. eine auf die Bestellung eines Erbbaurechts gerichtete Einigung, wenn kein Rechtsgeschäft i. S. der Tz. 2.1.1 vorausgegangen ist,

2.2.2. eine auf die Übertragung eines Erbbaurechts gerichtete Einigung, wenn kein Rechtsgeschäft i. S. der Tz. 2.1.2 vorausgegangen ist,

---

[1] Prämienberechtigungen für Erzeuger bestimmter landwirtsch. Kulturpflanzen (sog. Ackerquote) sind kein Grundstücksbestandteil; vgl. *Erlass Baden-Württemberg vom 16. 12. 2005 – 3 – S 4503/5,* abgedruckt als Anlage f zu § 8 GrEStG.

[2] § 2 Abs. 1 Nr. 3 anzuwenden ab 1. 1. 2002 (§ 23 Abs. 7 Satz 1 GrEStG).

Anl a zu § 2

2.2.3. ein Rechtsgeschäft, durch das ein Erbbaurecht vor dem vereinbarten Zeitablauf aufgehoben oder auf ein Erbbaurecht verzichtet wird (BFH-Urteil vom 5. Dezember 1979 II R 122/76, BStBl. 1980 II S. 136),

2.2.4. der Heimfall eines Erbbaurechts nach § 32 ErbbauRG (BFH-Urteil vom 23. September 1969 II 113/64, BStBl. 1970 II S. 130),

2.2.5. eine auf die Verlängerung eines Erbbaurechts gerichtete Einigung, wenn kein Rechtsgeschäft i. S. der Tz. 2.1.4 vorausgegangen ist;

16 **2.3. nach § 1 Abs. 1 Nr. 3 GrEStG**

2.3.1. der Übergang eines Erbbaurechts kraft Gesetzes und die Übertragung eines Erbbaurechts durch behördlichen Ausspruch,

2.3.2. die vorzeitige Löschung eines nicht dem Grundstückseigentümer selbst zustehenden Erbbaurechts im Erbbaugrundbuch, wenn kein Rechtsgeschäft i. S. der Tz. 2.2.3 vorausgegangen ist (BFH-Urteil vom 5. Dezember 1979 II R 122/76, BStBl. 1980 II S. 136);

17 **2.4. nach § 1 Abs. 1 Nr. 4 GrEStG**

das Meistgebot im Zwangsversteigerungsverfahren über ein Erbbaurecht;

18 **2.5. nach § 1 Abs. 1 Nr. 5 GrEStG**

ein Rechtsgeschäft, das den Anspruch auf Abtretung eines Anspruchs auf Bestellung, Übertragung oder Verlängerung eines Erbbaurechts oder der Rechte aus einem Meistgebot begründet (BFH-Urteil vom 28. November 1967 II 1/64, BStBl. 1968 II S. 222);

19 **2.6. nach § 1 Abs. 1 Nr. 6 GrEStG**

ein Rechtsgeschäft, das den Anspruch auf Abtretung der Rechte aus einem Angebot zum Abschluss eines Vertrages begründet, kraft dessen die Bestellung, Übertragung oder Verlängerung eines Erbbaurechts verlangt werden kann;

20 **2.7. nach § 1 Abs. 1 Nr. 7 GrEStG**

die Abtretung eines der in den Tz. 2.5 und 2.6 bezeichneten Rechte, wenn kein Rechtsgeschäft vorausgegangen ist, das den Anspruch auf Abtretung der Rechte begründet.

3. Rechtsvorgänge im Zusammenhang mit dem Erbbaurecht

3.1. Rechtsvorgänge mit Gegenleistung

21 **3.1.1. Allgemeines**

Die Grunderwerbsteuer bemisst sich in den Fällen der Bestellung, Übertragung, Erneuerung und Verlängerung eines Erbbaurechts nach dem Wert der Gegenleistung, soweit eine Gegenleistung vorhanden ist (§§ 8 Abs. 1 und 9 GrEStG).

Zur Gegenleistung gehören die Belastungen, die auf dem Erbbaurecht ruhen, soweit sie auf den Erwerber kraft Gesetzes übergehen und es sich nicht um dauernde Lasten handelt. Der Erbbauzins gilt nicht als dauernde Last. Zur Gegenleistung gehört damit grundsätzlich auch der Kapitalwert der Erbbauzinsverpflichtung (§ 9 Abs. 2 Nr. 2 GrEStG; BFH-Urteil vom 23. Oktober 2002 II R 81/00, BStBl. 2003 II S. 199). Der Kapitalwert bemisst sich nach dem von der Laufzeit des Erbbaurechts abhängigen Vielfachen des Jahreswerts des Erbbauzinses (§ 13 BewG i. V. m. Anlage 9 a zum BewG). Eine Beschränkung des Jahreswerts der Erbbauzinsverpflichtung auf den 18,6-ten Teil des nach den Vorschriften des Bewertungsgesetzes anzusetzenden Werts des Grund und Bodens des mit dem Erbbaurecht belasteten Grundstücks kommt nicht in Betracht (§§ 16 und 17 Abs. 3 Satz 2 BewG). Einmalige Geldleistungen und sonstige Leistungen, zu denen sich der Erwerber anstelle oder neben einer Erbbauzinsverpflichtung verpflichtet, gehören ebenfalls zur Gegenleistung.

22 **3.1.2. Einheitlicher Erwerbsgegenstand**

Soweit eine Verpflichtung der Veräußererseite (Erbbaurechtsgeber und ggf. mit ihm verbundener Dritter) zur Herstellung eines Gebäudes besteht, kann Gegenstand des Erwerbsvorgangs das Erbbaurecht mit noch künftig zu errichtendem Gebäude sein. Dazu ist neben dem Abschluss des Erbbaurechtsvertrags auch der Abschluss eines Bauvertrags mit der Veräußererseite erforderlich (BFH-Urteil vom 24. April 2013 II R 53/10, BStBl. II S. 755). Es gelten die vom Bundesfinanzhof zum einheitlichen Erwerbsgegenstand entwickelten Grundsätze.

23 **3.1.3. Eigennützige Erwerberleistungen**

Verpflichtet sich ein Erbbauberechtigter im Rahmen der Bestellung eines Erbbaurechts zur Errichtung oder Sanierung eines Gebäudes auf dem Erbbaugrundstück und erhält er bei Erlöschen des Erbbaurechts eine Entschädigung nach dem Verkehrswert des Gebäudes, ist regelmäßig davon auszugehen, dass die Baumaßnahmen dem Erwerber als (zukünftigem) Inhaber des Erbbaurechts allein zugutekommen. Die entsprechenden Aufwendungen stellen eigennützige Erwerberleistungen und damit keine Gegenleistung i. S. des § 8 Abs. 1 GrEStG dar (BFH-Urteil vom 8. September 2010 II R 28/09, BStBl. 2011 II S. 227).

24 **3.2. Rechtsvorgänge ohne Gegenleistung**

Wenn keine Gegenleistung vorhanden oder ermittelbar ist (§ 8 Abs. 2 Satz 1 Nr. 1 GrEStG) sowie in den Fällen des § 8 Abs. 2 Satz 1 Nr. 2 und 3 GrEStG, ist die Steuer aus dem Wert des Erbbaurechts im Sinne des § 151 Abs. 1 Satz 1 Nr. 1 i. V. m. § 157 Abs. 1 bis 3 BewG zu berechnen.

Eine Gegenleistung ist z. B. nicht vorhanden bei Rechtsgeschäften i. S. der Tz. 2.6 sowie in Fällen der Tz. 2.7, in denen in Tz. 2.6 bezeichnete Rechte abgetreten werden (BFH-Urteile vom 6. Mai 1969 II 131/64, BStBl. II S. 595, und vom 31. Mai 1972 II R 162/66, BStBl. II S. 828).

3.3. Übertragung des Erbbaurechts auf den Eigentümer des erbbaurechtsbelasteten Grundstücks 25

Erwirbt der Eigentümer eines erbbaurechtsbelasteten Grundstücks das Erbbaurecht, gehört der kapitalisierte Wert der Erbbauzinsverpflichtung nicht zur grunderwerbsteuerrechtlichen Gegenleistung (BFH-Urteil vom 14. November 2007 II R 64/06, BStBl. 2008 II S. 486). Die Verpflichtung zur Zahlung des Erbbauzinses bleibt zwar als Eigentümerreallast bestehen, sie stellt aber keine echte Belastung für den Grundstückseigentümer dar. Dies gilt unabhängig davon, ob das Erbbaurecht bestehen bleibt oder aufgehoben wird.

3.4. Verlängerung des Erbbaurechts 26

Im Falle der Verlängerung eines Erbbaurechts bemisst sich die Gegenleistung nach dem auf die Laufzeit der Verlängerung des Erbbaurechts kapitalisierten Erbbauzins. Die Grunderwerbsteuer entsteht im Zeitpunkt des Abschlusses der rechtsgeschäftlichen Vereinbarung über die Verlängerung des Erbbaurechts. Die Besteuerung richtet sich nach der in diesem Zeitpunkt geltenden Rechtslage (BFH-Urteil vom 18. August 1993 II R 10/90, BStBl. II S. 766).

Bei der Verlängerung eines Erbbaurechts vor Vertragsablauf ist für die Berechnung der Bemessungsgrundlage der Grunderwerbsteuer der Kapitalwert des Erbbauzinsanspruchs von dem Zeitpunkt des Zahlungsbeginns auf den Zeitpunkt der Besteuerung nicht abzuzinsen. Denn sowohl der Grundstückseigentümer als auch der Erbbauberechtigte erfüllen beide ihre Leistungspflicht erst in der Zukunft, so dass der Grundstückseigentümer nicht vorleistungspflichtig ist.

3.5. Aufhebung eines Erbbaurechts 27

Bei Aufhebung eines Erbbaurechts gehören eine vereinbarte Entschädigung und etwaige sonstige Leistungen zur Gegenleistung. Hierzu rechnet insbesondere eine vom Grundstückseigentümer für die Übernahme eines vom Erbbauberechtigten errichteten oder erworbenen Bauwerks gezahlte Entschädigung (einschließlich z. B. der Übernahme der auf dem Erbbaurecht lastenden Hypotheken). Der kapitalisierte Wert der erlöschenden Erbbauzinsverpflichtung gehört dagegen nicht zur Gegenleistung.

Wenn der Grundstückseigentümer das ihm selbst zustehende Erbbaurecht im Grundbuch löschen bzw. aufheben lässt, ist dieser Vorgang mangels Rechtsträgerwechsel nicht steuerbar.

3.6. Heimfall eines Erbbaurechts 28

Heimfall ist die Verpflichtung des Erbbauberechtigten, das Erbbaurecht beim Eintreten bestimmter Voraussetzungen auf den Grundstückseigentümer oder auf einen von diesem zu bezeichnenden Dritten zu übertragen.

Zur Gegenleistung gehören die dem Erbbauberechtigten zu gewährende Vergütung und etwaige sonstige Leistungen, z. B. auf dem Erbbaurecht lastende und auf den Eigentümer übergehende Hypotheken. Wird das Erbbaurecht jedoch auf einen vom Grundstückseigentümer bezeichneten Dritten übertragen, ist dieser Fall wie die erstmalige Bestellung eines Erbbaurechts zu behandeln (vgl. Tz. 2.1.1).

Bei einem Heimfall eines Erbbaurechts ist § 16 Abs. 2 Nr. 3 GrEStG ausnahmsweise dann anzuwenden, wenn der Heimfallanspruch auf die Nichterfüllung von Vertragspflichten zurückgeht, die in einem schuldrechtlichen Vertrag übernommen wurden und zivilrechtlich eine Hauptleistung darstellen (BFH-Urteil vom 13. Juli 1983 II R 44/81, BStBl. II S. 683).

3.7. Erlöschen eines Erbbaurechts durch Zeitablauf 29

Erlischt das Erbbaurecht durch Zeitablauf, so hat der Grundstückseigentümer dem Erbbauberechtigten in der Regel eine Entschädigung für das Bauwerk zu leisten. Weder das Erlöschen des Erbbaurechts durch Zeitablauf noch der damit verbundene Übergang des Eigentums an dem auf dem Erbbaugrundstück von dem Erbbauberechtigten errichteten Bauwerk auf den Grundstückseigentümer unterliegen der Grunderwerbsteuer (BFH-Urteil vom 8. Februar 1995 II R 51/92, BStBl. II S. 334).

3.8. Rückerwerb des Erbbaurechts durch den Grundstückseigentümer 30

Erwirbt der Grundstückseigentümer das Erbbaurecht zurück, weil der Erbbauberechtigte vertraglich eingegangene Verpflichtungen aus wirtschaftlichen Gründen nicht erfüllen kann, oder wird der Vertrag aus diesem Grunde aufgehoben, kann ein Fall des § 16 Abs. 2 Nr. 3 GrEStG vorliegen (BFH-Urteil vom 13. Juli 1983 II R 44/81, BStBl. II S. 683).

4. Erwerb des mit einem Erbbaurecht belasteten Grundstücks

4.1. Grundstückserwerb mit Erwerb eines Erbbauzinsanspruches 31

Erwirbt ein Erbbauberechtigter oder ein Dritter das mit dem Erbbaurecht belastete Grundstück, unterliegt der mit dem Grundstückserwerb verbundene Erwerb des Erbbauzinsanspruchs nicht der Grunderwerbsteuer, da das Recht auf Erbbauzins – obwohl zivilrechtlich wesentlicher Bestandteil des erbbaurechtsbelasteten Grundstücks – nicht zum Grundstück gerechnet wird (§ 2 Abs. 1 Nr. 3 GrEStG). Der Grunderwerbsteuer unterliegt lediglich der nach Abzug des Kapitalwerts des Erbbauzinsanspruchs vom Kaufpreis verbleibende Unterschiedsbetrag. Der Kaufpreis ist nicht nach der sog. Boruttau'schen Formel aufzuteilen (BFH-Urteil vom 6. Mai 2015 II R 8/14, BStBl. II S. 853).

Beispiel 1:

A erwirbt von B ein Grundstück zum Gesamtkaufpreis in Höhe von 250 000 Euro. Das Grundstück ist zugunsten des C mit einem Erbbaurecht belastet, das eine Restlaufzeit von 40 Jahren hat. Der von C jährlich zu entrichtende Erbbauzins beträgt 5000 Euro.

Die Bemessungsgrundlage für den Erwerb des Grundstücks durch A berechnet sich wie folgt:
Vom Gesamtkaufpreis in Höhe von 250 000 Euro ist der gemäß § 13 Abs. 1 Satz 1 BewG i. V. m. § 15 Abs. 1 BewG ermittelte Kapitalwert des Erbbauzinsanspruchs in Höhe von 82 435 Euro (Jahreswert 5000 Euro × Vervielfältiger 16,487) abzuziehen. Demnach verbleibt für das Grundstück eine Bemessungsgrundlage i. H. v. 167 565 Euro.

Ist der Kapitalwert des Erbbauzinsanspruchs höher als der vereinbarte Kaufpreis, entfällt der gesamte Kaufpreis auf den nicht der Grunderwerbsteuer unterliegenden Erwerb des Erbbauzinsanspruchs. Dem belasteten Grundstück ist kein Teil des Kaufpreises zuzurechnen. Die Grunderwerbsteuer ist in diesem Fall auf null Euro festzusetzen.

32 **4.2. Grundstückserwerb ohne Erwerb eines Erbbauzinsanspruches**

Erwirbt ein Erbbauberechtigter oder ein Dritter das mit dem Erbbaurecht belastete Grundstück und ist für die vorausgegangene Bestellung des Erbbaurechts statt eines Erbbauzinses eine einmalige Geldleistung an den vorherigen Grundstückseigentümer geleistet worden, unterliegt der Grunderwerbsteuer der vollständige Kaufpreis. Ein Abzug eines anteiligen Kapitalwerts des Erbbauzinses für den Zeitraum nach Erwerb kommt nicht in Betracht, da mit dem Erwerb des belasteten Grundstücks kein Erwerb eines Erbbauzinsanspruchs verbunden ist.

33 **5. Gleichzeitiger Erwerb des erbbaurechtsbelasteten Grundstücks und des Erbbaurechts**

Wird mit dem Grundstück gleichzeitig auch das Erbbaurecht erworben und ist bereits im Erwerbszeitpunkt die Aufhebung des Erbbaurechts beabsichtigt, ist die für den Erwerb eines erbbaurechtsbelasteten Grundstücks vereinbarte Gegenleistung nicht um einen kapitalisierten Erbbauzinsanspruch zu kürzen. In diesem Fall ist der Wert des Erbbauzinsanspruchs mit null Euro anzusetzen (BFH-Urteil vom *11. Juni 2013*[1] II R 30/11, BFH/NV S. 1632). In diesen Fällen ist der Grundstücks- und Erbbaurechtskaufvertrag von vornherein darauf gerichtet, dass der Käufer im Ergebnis das nicht mit dem Erbbaurecht belastete Grundstück erwirbt.

Beispiel 2:

A erwirbt gleichzeitig von B ein erbbaurechtsbelastetes Grundstück und von C das Erbbaurecht. Der Gesamtkaufpreis beträgt 500 000 Euro. Auf den Kauf des erbbaurechtsbelasteten Grundstücks entfällt ein Kaufpreis von 200 000 Euro und auf den Kauf des Erbbaurechts ein Kaufpreis von 300 000 Euro. A beabsichtigt im Erwerbszeitpunkt die Aufhebung des Erbbaurechts.

Die Bemessungsgrundlage für den Erwerb des Erbbaurechts beträgt 300 000 Euro, für den Erwerb des erbbaurechtsbelasteten Grundstücks 200 000 Euro. Der kapitalisierte Wert des Erbbauzinsanspruchs bzw. der Erbbauzinsverpflichtung ist weder der Bemessungsgrundlage für den Erwerb des Erbbaurechts hinzuzurechnen noch von der Bemessungsgrundlage für den Erwerb des erbbaurechtsbelasteten Grundstücks abzuziehen.

Ist die Aufhebung im Erwerbszeitpunkt dagegen nicht beabsichtigt, ist der Bemessungsgrundlage für den Erwerb des Erbbaurechts der kapitalisierte Wert der Erbbauzinsverpflichtung hinzuzurechnen und bei der Bemessungsgrundlage für den Erwerb des erbbaurechtsbelasteten Grundstücks der kapitalisierte Wert des Erbbauzinsanspruchs abzuziehen.

6. Zeitlicher Anwendungsbereich

Dieser Erlass ergeht im Einvernehmen mit den obersten Finanzbehörden der Länder und tritt an die Stelle der vorangegangenen Erlasse zur Beurteilung von Erbbaurechtsvorgängen. Er ist in allen offenen Fällen anzuwenden.

Anl b zu § 2

b) Schreiben betr. Sicherungsübereignung von Gebäuden auf fremdem Boden

Vom 14. Juni 1985

(FM Bayern 37 – S 4505 – 2/10 – 32416; koord. Ländererlaß)

33a Die Sicherungsübereignung eines Gebäudes auf fremdem Boden, das Scheinbestandteil (§ 95 Abs. 1 BGB) ist, unterliegt nach § 2 Abs. 2 Nr. 2 i. V. m. § 1 Abs. 1 Nr. 3 GrEStG der Grunderwerbsteuer (BFH-Urteile vom 22. 10. 1952, BStBl. 1952 III S. 310 und vom 1. 2. 1956, BStBl. 1956 III S. 93).

Hierfür ist ohne Bedeutung, daß die Sicherungsübereignungsverträge im allgemeinen Bestimmungen enthalten, nach denen

– das Gebäude nach vollständiger Rückzahlung des gewährten Kredits ohne weiteres an den Sicherungsgeber zurückfällt und
– der Sicherungsnehmer das Gebäude nur dann – und zwar für Rechnung und auf Kosten des Sicherungsgebers (ggf. auch in dessen Namen) – verwerten darf, wenn dieser seinen Zahlungsverpflichtungen aus dem Kreditverhältnis nicht pünktlich nachkommt.

1. Auflösend bedingter Erwerb

34 Fällt das Eigentum an dem Gebäude aufgrund der Vereinbarungen nach Erfüllung der Verpflichtungen des Sicherungsgebers ohne weiteres an diesen zurück, liegt ein auflösend bedingter Erwerb vor.

Die Steuerfestsetzung für die Sicherungsübereignung ist deshalb bei Eintritt der Bedingung aufzuheben (§ 5 Abs. 2 BewG, § 175 Abs. 1 Nr. 2 AO). Für den Rückerwerb des sicherungsübereigneten Gebäudes ist keine Grunderwerbsteuer festzusetzen, weil der ursprüngliche Erwerb als Auswirkung der Anwendung des § 5 Abs. 2 BewG so behandelt wird, als hätte er nicht stattgefunden und deshalb für die Besteuerung des Rückerwerbs kein Raum bleibt.

---

[1] *Redaktionsversehen,* richtig: BFH-Urteil vom **6. Juni 2013.**

Erfüllt der Sicherungsgeber seine Verpflichtungen gegenüber dem Sicherungsnehmer, so wird im Ergebnis keine Grunderwerbsteuer erhoben. Sie ist allerdings für die Sicherungsübereignung im Hinblick auf §§ 169 ff. AO zunächst festzusetzen. Ich bitte jedoch, die festgesetzte Grunderwerbsteuer auf Antrag für die Laufzeit des Kredits unter dem Vorbehalt des Widerrufs zinslos zu stunden.

Verwertet der Sicherungsnehmer das Gebäude, weil der Sicherungsgeber seinen Zahlungsverpflichtungen nicht nachgekommen ist, so ist die Stundung zu widerrufen. Ein Erwerb seitens des Sicherungsnehmers i. S. des § 1 Abs. 2 GrEStG wird im Zusammenhang mit der Verwertung nicht verwirklicht, weil sie für Rechnung des Sicherungsgebers erfolgt und der Sicherungsnehmer nur befugt ist, sich aus dem Erlös wegen seiner Forderung zu befriedigen (BFH-Urteil vom 17. 2. 1960, BStBl. 1960 III S. 254). Die Abführung des Mehrerlöses an den Sicherungsgeber löst keine weitere Grunderwerbsteuer für die Sicherungsübereignung aus.

2. Unbedingter Erwerb

Steht die Sicherungsübereignung nicht unter einer auflösenden Bedingung, sondern ist vereinbart, daß der Sicherungsnehmer nach vollständiger Erfüllung der Verpflichtungen des Sicherungsgebers zur Rückübertragung des Gebäudes verpflichtet ist, so ist die Steuer sowohl für die Übereignung als auch für die spätere Rückübertragung zu erheben. Eine Nichterhebung bzw. Erstattung der Steuer kommt nur bei Einhaltung der 2-Jahresfrist nach § 16 Abs. 2 Nr. 1 GrEStG in Betracht. **35**

3. Bemessungsgrundlage

Sowohl bei der auflösend bedingten als auch bei der unbedingten Sicherungsübereignung ist die Steuer gem. § 8 Abs. 2 Nr. 1 GrEStG vom Wert des Grundstücks zu bemessen, denn der Sicherungsnehmer will lediglich seine Forderungen absichern, eine Gegenleistung für den Erwerb des Gebäudes erbringt er nicht. Entsprechendes gilt bei der unbedingten Sicherungsübereignung auch für den Rückerwerb des Gebäudes durch den Sicherungsgeber aufgrund seines Rückübertragungsanspruchs nach Erfüllung der Verpflichtungen. **36**

Erfüllt der Sicherungsgeber seine Verpflichtungen nicht, sieht der Sicherungsnehmer aber von einer Verwertung des Gebäudes für Rechnung des Sicherungsgebers ab und übernimmt das Gebäude vereinbarungsgemäß selbst unter Anrechnung eines Betrages in Höhe des Werts des Gebäudes, so liegt ein weiterer Erwerb des Sicherungsnehmers nach § 1 Abs. 2 GrEStG vor. Die Steuer wird vom Wert der Gegenleistung berechnet, die dem Anrechnungsbetrag entspricht. Sie wird nach § 1 Abs. 6 GrEStG jedoch nur insoweit erhoben, als sie den bei der vorausgegangenen Sicherungsübereignung der Steuerberechnung zugrunde gelegten Betrag übersteigt.

Dieses Schreiben ergeht im Einvernehmen mit den obersten Finanzbehörden der anderen Länder.

c) Erlass betr. Sicherungsübereignung von Gebäuden auf fremdem Boden

Anl c zu § 2

Vom 17. November 2003

(FM Baden-Württemberg 3 – S 4500/31; koord. Ländererlass)

Bezug: Erlass vom 15. Mai 1985 – S 4500 A – 16/83[1]

Fraglich ist, ob die Regelungen zur grunderwerbsteuerlichen Behandlung einer auflösend bedingten Sicherungsübereignung von Gebäuden auf fremdem Boden (vgl. Bezugserlass) in den Fällen entsprechend anwendbar sind, in denen der Sicherungsnehmer mit einem anderen Rechtsträger verschmolzen wird, so dass das Sicherungseigentum und die ihm zugrunde liegenden Darlehensforderungen auf diesen übergehen. **37**

Die für die Verkehrsteuern zuständigen Vertreter der obersten Finanzbehörden der Länder bejahten dies. Sie sehen auch in diesen Fallgestaltungen die Verschmelzung als einen grunderwerbsteuerbaren Vorgang nach § 1 Abs. 1 Nr. 3 GrEStG an, für den jedoch wie bei der ursprünglichen Sicherungsübereignung die Steuer zwar festgesetzt, aber nicht erhoben wird.

Übernimmt der neue Sicherungsnehmer das Gebäude auf fremdem Grund und Boden, liegt ein grunderwerbsteuerbarer Vorgang nach § 1 Abs. 2 GrEStG vor. Es erfolgt jedoch gemäß § 1 Abs. 6 GrEStG eine Anrechnung der Bemessungsgrundlage aus dem vorangegangenen Erwerbsvorgang der Verschmelzung. Die Erwerberidentität ist in der Person des neuen Sicherungsnehmers gegeben.

d) Erlass betr. Behandlung von Gebäuden auf dem Wasser

Anl d zu § 2

Vom 3. April 2013

(FM Niedersachsen S 4503 – 12 – 35 2; koord. Ländererlass)

Bezug: Erlass vom 28. 1. 2009 – Az. w. o. –

Nach der im Bezugserlass vertretenen Auffassung sind sog. schwimmende Häuser, die dauerhaft für Wohn- und Arbeitszwecke auf dem Wasser bestimmt sind, unter bestimmten Voraussetzungen als Gebäude auf fremdem Grund und Boden gemäß § 2 Abs. 2 Nr. 2 GrEStG grunderwerbsteuerlich den Grundstücken gleichgestellt. Die Vorschrift setzt insbesondere voraus, dass die Bauwerke eine feste Verbindung zu einer bestimmten Grundfläche aufweisen. **38**

Mit Urteil vom 26. Oktober 2011 – II R 27/10 – hat der Bundesfinanzhof für den Bereich der Bewertung entschieden, dass auf dem Wasser schwimmende Anlagen mangels fester Verbindung mit dem Grund und Boden keine Gebäude sind. Das Urteil wurde zwischenzeitlich amtlich veröffentlicht (BStBl. 2012 II

[1] Entspricht *Schreiben FM Bayern vom 14. 6. 1985* (vorstehend Anlage b).

S. 274). Nach Auffassung der obersten Finanzbehörden der Länder ist der genannten Entscheidung auch grunderwerbsteuerlich zu folgen.

Der Bezugserlass wird daher aufgehoben.

Rspr zu § 2

Rechtsprechung zu § 2

1. BFH-Urteil vom 17. 10. 1990 II R 42/88 (BStBl. 1991 II S. 144):

41 1. Ein der Grunderwerbsteuer unterliegender Anspruch auf Übereignung eines bürgerlich-rechtlich noch zu bildenden Grundstücks setzt voraus, daß die Fläche (Grenze) des künftigen Grundstücks hinreichend bestimmt ist.

2. Die hinreichende Bestimmtheit des künftigen Grundstücks muß sich aus dem die Steuer möglicherweise auslösenden Rechtsvorgang selbst ergeben. Eine Konkretisierung erst in Zukunft durch Vereinbarung der Parteien, durch den Schuldner oder durch einen Dritten ist nicht ausreichend (vgl. Urteil vom 20. 4. 1971 II 11/65, BFHE 103, 6, BStBl. II 1971 S. 751).

3. Zu den Anforderungen an die hinreichende Bestimmtheit.

2. BFH-Urteil vom 20. 2. 1991 II R 61/88 (BStBl. II S. 531):

Eine aus einem Rohrsystem bestehende Drainagenanlage zur Entwässerung in landwirtschaftlich genutzten Flächen ist eine Vorrichtung i. S. des § 2 Abs. 1 Satz 2 Nr. 1 GrEStG.

3. BFH-Urteil vom 8. 2. 1995 II R 51/92 (BStBl. II S. 334):

Weder das Erlöschen des Erbbaurechts durch Zeitablauf noch der damit verbundene Übergang des Eigentums an dem auf dem Erbbaurecht von dem Erbbauberechtigten errichteten Bauwerk auf den Grundstückseigentümer unterliegen der Grunderwerbsteuer.

4. BFH-Urteil vom 28. 1. 1998 II R 46/95 (BStBl. II S. 275):

Ein transportfähiges Gebäude, das noch auf einen Aufstellplatz zu verbringen ist, kann nicht nach den für Grundstücke entwickelten Grundsätzen zum einheitlichen Leistungsgegenstand als Gebäude auf fremdem Boden i. S. des § 1 Abs. 1 Nr. 1 i. V. m. § 2 Abs. 2 Nr. 2 GrEStG 1983 erworben werden.

5. BFH-Beschluss vom 12. 4. 2000 II B 133/99 (BStBl. II S. 433):

Die Aussage im BFH-Urteil vom 30. 1. 1991 II R 89/87 (BFHE 163, 251, BStBl. II 1991, 271), dass der Erbbauzinsanspruch grunderwerbsteuerrechtlich nicht Teil des belasteten Grundstücks ist, trifft auch für das GrEStG 1983 zu. Beim Erwerb des mit einem Erbbaurecht belasteten Grundstücks geht daher die auf den Erbbauzins entfallende und nach der sog. Boruttau'schen Formel zu berechnende Gegenleistung nicht in die Bemessungsgrundlage für die Grunderwerbsteuer ein. Eine Minderung der nach der verbleibenden Gegenleistung für das Grundstück berechneten Steuer gemäß § 1 Abs. 7 GrEStG 1983 kommt insoweit nicht in Betracht.

6. BFH-Urteil vom 8. 8. 2001 II R 46/99 (BFH/NV 2002 S. 71):

Bestellt der Erwerber eines Grundstücks dessen Veräußerer in unmittelbarem Anschluss an die Grundstücksübertragung an diesem Grundstück ein Erbbaurecht, handelt es sich bei der Grundstücksveräußerung und der Erbbaurechtsbestellung um zwei selbständige Grundstücksumsätze, weil das Erbbaurecht nicht ein bloßer Ausschnitt des Grundstückseigentums ist, sondern ein eigener Steuergegenstand. Die Bestellung des Erbbaurechts stellt deshalb auch keinen steuerfreien Rückerwerb des Grundstücks i. S. von § 16 Abs. 2 Nr. 1 GrEStG 1983 dar.

7. BFH-Urteil vom 23. 10. 2002 II R 81/00 (BStBl. 2003 II S. 199):

Verpflichtet sich der Erbbauberechtigte in einem Erbbaurechtsbestellungsvertrag zur Errichtung eines bestimmten Gebäudes auf dem Erbbaugrundstück sowie zu dessen ordnungsgemäßer Unterhaltung über die Gesamtlaufzeit des Erbbaurechts und erhält er bei Erlöschen des Erbbaurechts vom Grundstückseigentümer eine Entschädigung für das Gebäude in Höhe des Verkehrswerts, kommen die Verwendungen auf das Erbbaugrundstück regelmäßig dem Erbbauberechtigten dauerhaft zugute. In der Gebäudeherstellungsverpflichtung liegt deshalb regelmäßig keine Gegenleistung für die Bestellung des Erbbaurechts.

8. BFH-Urteil vom 8. 6. 2005 II R 26/03 (BStBl. II S. 613):

Eine nicht zur Gegenleistung gehörende „auf dem Grundstück ruhende dauernde Last" (§ 9 Abs. 2 Nr. 2 Satz 2 GrEStG) ist nur gegeben, wenn die Belastung bereits im Zeitpunkt des Erwerbsvorgangs auf dem Grundstück ruht und mit dinglicher Wirkung ohne besondere Abrede kraft Gesetzes auf den Erwerber übergeht. Daran fehlt es, solange eine privatrechtliche Belastung noch nicht in das Grundbuch eingetragen ist (Abgrenzung zum BFH-Urteil vom 19. 11. 1968 II R 16/68, BFHE 94, 160, BStBl. II 1969, 90).

9. BFH-Urteil vom 10. 5. 2006 II R 17/05 (BFH/NV S. 2124):

Eine auf mehreren Grundstücken nach einheitlichem Plan errichtete Wohnanlage ist eine wirtschaftliche Einheit i. S. des § 2 Abs. 3 Satz 1 GrEStG, wenn sie zu einem einheitlichen Zweck zusammengefasst ist, der sich nicht nur äußerlich in einer entsprechenden einheitlichen Ausgestaltung niederschlägt, sondern der auch die selbständige Funktion des einzelnen Grundstücks nach der Verkehrsauffassung aufhebt.

10. BFH-Urteil vom 24. 4. 2013 II R 53/10 (BStBl. II S. 755):

1. Bestellen zwei Grundstückseigentümer an ihren Grundstücken ein Gesamterbbaurecht, liegen zwei Erwerbsvorgänge i. S. des § 1 Abs. 1 Nr. 1 i. V. m. § 2 Abs. 2 Nr. 1 GrEStG vor.

2. „Bestimmter Sachverhalt" i. S. des § 174 Abs. 4 AO ist der einzelne Lebensvorgang, an den das Gesetz steuerliche Folgen knüpft. Es muss sich um ein und denselben Lebensvorgang handeln, an den das Gesetz steuerliche Folgen knüpft.

3. Grunderwerbsteuerrechtlich ist Gegenstand des Erwerbsvorgangs ein Erbbaurecht mit noch künftig zu errichtendem Gebäude, soweit eine entsprechende Herstellungsverpflichtung der Veräußererseite (Erbbaurechtsgeber und ggf. mit ihm verbundener Dritter) besteht. *noch* **41**

11. BFH-Urteil vom 15. 10. 2014 II R 14/14 (BStBl. 2015 II S. 405), Ls. 1:

1. Ein Feststellungsbescheid i. S. von § 17 Abs. 3 Satz 1 Nr. 2 GrEStG, der bei einer Anteilsvereinigung die Steuerpflicht dem Grunde nach sowie alle von dem steuerbaren Rechtsvorgang betroffenen Grundstücke und die darauf entfallenden Anteile an den einschlägigen Steuerbegünstigungen feststellt, kann vom FG nicht dahin geändert werden, dass mehrere dieser Grundstücke als zu einer wirtschaftlichen Einheit i. S. von § 2 Abs. 3 Satz 1 GrEStG gehörend zusammengefasst werden.

12. BFH-Urteil vom 6. 5. 2015 II R 8/14 (BStBl. II S. 853):

Beim Kauf eines erbbaurechtsbelasteten Grundstücks durch den Erbbauberechtigten oder einen Dritten unterliegt lediglich der nach Abzug des Kapitalwerts des Erbbauzinsanspruchs vom Kaufpreis verbleibende Unterschiedsbetrag der Grunderwerbsteuer. Der Kaufpreis ist nicht nach der sog. Boruttau'schen Formel aufzuteilen (Änderung der Rechtsprechung).

13. BFH-Urteil vom 9. 11. 2016 II R 17/15 (BStBl. 2017 II S. 281):

Der Erwerb von Haubergsanteilen unterliegt nicht der Grunderwerbsteuer.

14. BFH-Beschluss vom 29. 8. 2018 II B 9/18 (BFH/NV 2019 S. 44):

1. Bei Erwerb eines mit einem Erbbauzinsanspruch verbundenen Grundstücks unterliegt nur der Teil des Kaufpreises der Grunderwerbsteuer, der nach Abzug des Kapitalwerts des Erbbauzinsanspruchs verbleibt.

2. Die Bewertung dieses Erbbauzinsanspruchs richtet sich nach § 13 Abs. 1 BewG.

3. Der Jahreswert richtet sich nach dem zivilrechtlichen Anspruch auf den Erbbauzins, wie er zum Beurteilungsstichtag tatsächlich besteht.

4. Es ist eine Frage des Einzelfalls, ob ein dinglicher oder ein schuldrechtlicher Erbbauzins vereinbart ist.

5. Ob der Anspruch auf den Erbbauzins sich seit Bestellung des Erbbaurechts aufgrund von Klauseln über die Anpassung an eine Wertentwicklung (Indexierung) geändert hat, ist nach den Regeln des Zivilrechts zu beurteilen.

15. BFH-Beschluss vom 23. 4. 2020 II B 80/19 (BFH/NV S. 925):

Wird ein Erbbaurecht gegen Vereinbarung eines Erbbauzinses verlängert, ist grunderwerbsteuerrechtliche Bemessungsgrundlage der kapitalisierte Erbbauzins für die Verlängerungszeit.

16. BFH-Beschluss vom 3. 6. 2020 II B 54/19 (BStBl. II S. 586), Ls. 1, 2:

1. Der Erwerb von Zubehör unterliegt nicht der Grunderwerbsteuer. Ein darauf entfallendes Entgelt gehört nicht zur Bemessungsgrundlage für die Grunderwerbsteuer.

2. Für die Beurteilung, ob Gegenstände Zubehör darstellen, ist die zivilrechtliche Rechtsprechung maßgebend. Die Gegenstände müssen dazu bestimmt sein, dauerhaft dem wirtschaftlichen Zweck des Grundstücks zu dienen. Es ist Aufgabe des Tatrichters, diese Zweckbestimmung festzustellen.

17. BFH-Beschluss vom 28. 7. 2022 II B 98/21 (BFH/NV S. 1063):

Ob die Qualifikation einzelner Flurstücke als Bauland einer gemeinsamen Zweckbestimmung von landwirtschaftlich genutzten Flächen entgegensteht, ist im Einzelfall zu entscheiden.

GrEStG

Zweiter Abschnitt. Steuervergünstigungen

§ 3 Allgemeine Ausnahmen von der Besteuerung

Von der Besteuerung sind ausgenommen:

1 **1. der Erwerb eines Grundstücks, wenn der für die Berechnung der Steuer maßgebende Wert (§ 8) 2500 Euro nicht übersteigt;**

2 **2.[1] der Grundstückserwerb von Todes wegen und Grundstücksschenkungen unter Lebenden im Sinne des Erbschaftsteuer- und Schenkungsteuergesetzes. ② Schenkungen unter einer Auflage unterliegen der Besteuerung jedoch hinsichtlich des Werts solcher Auflagen, die bei der Schenkungsteuer abziehbar sind;**

3 **3.[2] der Erwerb eines zum Nachlaß gehörigen Grundstücks durch Miterben zur Teilung des Nachlasses. ② Den Miterben steht der überlebende Ehegatte oder Lebenspartner gleich, wenn er mit den Erben des verstorbenen Ehegatten oder Lebenspartners gütergemeinschaftliches Vermögen zu teilen hat oder wenn ihm in Anrechnung auf eine Ausgleichsforderung am Zugewinn des verstorbenen Ehegatten oder Lebenspartners ein zum Nachlass gehöriges Grundstück übertragen wird. ③ Den Miterben stehen außerdem ihre Ehegatten oder ihre Lebenspartner gleich;**

4 **4.[2] der Grundstückserwerb durch den Ehegatten oder den Lebenspartner des Veräußerers;**

5 **5.[2] der Grundstückserwerb durch den früheren Ehegatten des Veräußerers im Rahmen der Vermögensauseinandersetzung nach der Scheidung;**

5a **5a.[2] der Grundstückserwerb durch den früheren Lebenspartner des Veräußerers im Rahmen der Vermögensauseinandersetzung nach der Aufhebung der Lebenspartnerschaft;**

6 **6.[2] der Erwerb eines Grundstücks durch Personen, die mit dem Veräußerer in gerader Linie verwandt sind oder deren Verwandtschaft durch die Annahme als Kind bürgerlich-rechtlich erloschen ist. ② Den Abkömmlingen stehen die Stiefkinder gleich. ③ Den in den Sätzen 1 und 2 genannten Personen stehen deren Ehegatten oder deren Lebenspartner gleich;**

7 **7.[2] der Erwerb eines zum Gesamtgut gehörigen Grundstücks durch Teilnehmer an einer fortgesetzten Gütergemeinschaft zur Teilung des Gesamtguts. ② Den Teilnehmern an der fortgesetzten Gütergemeinschaft stehen ihre Ehegatten oder ihre Lebenspartner gleich;**

8 **8. der Rückerwerb eines Grundstücks durch den Treugeber bei Auflösung des Treuhandverhältnisses. ② Voraussetzung ist, daß für den Rechtsvorgang, durch den der Treuhänder den Anspruch auf Übereignung des Grundstücks oder das Eigentum an dem Grundstück erlangt hatte, die Steuer entrichtet worden ist. ③ Die Anwendung der Vorschrift des § 16 Abs. 2 bleibt unberührt.**

Hinweis:

Zur Anwendung der §§ 3 und 6 GrEStG in Fällen des § 1 Abs. 3 GrEStG → s. Anlage b zu § 1 Abs. 3.

Übersicht Rz.

Anlagen:
a) Erlass betr. Anwendung der Freigrenze des § 3 Nr. 1 GrEStG bei mehreren Veräußerern und Erwerbern 17, 18
b) Schreiben betr. Übertragung von Grundstücken auf Stiftungen 19
c) Schreiben betr. Übertragung eines Anteils an einem Nachlaß, zu dem ein Grundstück gehört, auf Miterben 26
d) Schreiben betr. 1. Befreiung beim Erwerb durch Stiefkinder (§ 3 Nr. 6 Satz 2 GrEStG), 2. Grundstückserwerbe durch Schwiegerkinder (§ 3 Nr. 6 Satz 3 GrEStG) 28, 29
e) Erlass betr. Befreiung von gemischten Schenkungen und Schenkungen unter einer Auflage nach § 3 Nr. 2 GrEStG nach Wegfall des § 25 ErbStG 31
f) Erlass betr. Befreiung bei Übertragung eines zum Nachlass gehörenden Grundstücks auf den Abkömmling eines Miterben im Rahmen einer Erbauseinandersetzung 32
g) Schreiben betr. Anwendung des § 3 Nr. 2 GrEStG bei Grundstückskaufvermächtnissen. 33, 34
Rechtsprechung 36

[1] Zur Bewertung einer Pflegelast als Gegenleistung bei gemischten Schenkungen vgl. H E 7.4 Abs. 1 ErbStH.
[2] Zur Anwendung von § 3 Nrn. 3 bis 7 auf Erwerbsvorgänge von Lebenspartnern siehe § 23 Abs. 9 GrEStG.

Anl a zu § 3

a) Erlass betr. Anwendung der Freigrenze des § 3 Nr. 1 GrEStG bei mehreren Veräußerern und Erwerbern

Vom 15. Mai 2008

(FM Bayern 36 – S 4505 – 024 – 17241/08; koord. Ländererlass)

Geändert durch koord. Erlass FM Bayern v. 26. 6. 2018 36 – S 4505 – 1/3

Es ist die Frage gestellt worden, wie die Befreiungsvorschrift des § 3 Nr. 1 GrEStG in den Fällen anzuwenden ist, in denen mehrere Miteigentümer ein Grundstück an einen oder mehrere Erwerber zu Miteigentum veräußern.

Nach dem Ergebnis der Besprechung mit den zuständigen Vertretern der obersten Finanzbehörden der Länder bitte ich dazu folgende Auffassung zu vertreten:

Nach § 3 Nr. 1 GrEStG ist von der Besteuerung ausgenommen der Erwerb eines Grundstücks, wenn der für die Berechnung der Steuer maßgebende Wert 2500 € nicht übersteigt. Als Grundstück im Sinne des § 2 GrEStG gilt auch ein ideeller Miteigentumsanteil (Bruchteilseigentum) an einem Grundstück. Grundsätzlich erfüllt daher jeder Erwerb eines Miteigentumsanteils einen Grunderwerbsteuertatbestand und ist für die Freigrenze des § 3 Nr. 1 GrEStG als selbständiger Steuerfall zu betrachten. Mehrere Steuerfälle sind auch dann anzunehmen, wenn mehrere Miteigentümer sich verpflichten, das Grundstück auf einen Erwerber zu Alleineigentum zu übertragen. **17**

Dies gilt auch für Eheleute, die im Güterstand der Zugewinngemeinschaft leben. Veräußern diese ein Grundstück an einen Ditten, so liegen zwei Erwerbsvorgänge unabhängig von der vertraglichen Gestaltung vor. Denn jeder Ehegatte einer Zugewinngemeinschaft kann nach § 1364 BGB sein Vermögen selbständig verwalten und hierüber verfügen. Jeder Verkäufer gibt in diesem Fall grunderwerbsteuerrechtlich nur seinen Anteil auf (FG Nürnberg, Urteil vom 25. 10. 2007 IV 265/2006). **18**

Anders ist die Rechtslage bei in Gütergemeinschaft lebenden Eheleuten hinsichtlich eines zum Gesamtgut gehörenden Grundstücks; denn der einzelne Ehegatte kann nach § 1419 Abs. 1 BGB nicht allein über seinen Anteil am Gesamtgut und an den einzelnen Gegenständen, die zum Gesamtgut gehören, verfügen. Deshalb liegt beim Erwerb eines Grundstücks, das zum Gesamtgut von in Gütergemeinschaft lebenden Ehegatten gehört, durch einen Erwerber nur ein Erwerb vor (BFH-Urteil vom 28. 3. 2007 II R 15/06, BFH/NV 2007, 1349).

Beispiel 1:

Zwei Miteigentümer A und B verkaufen ein Grundstück durch Übertragung ihres jeweiligen Miteigentumsanteils zu einem Gesamtpreis von 4000 € an einen Erwerber C zu Alleineigentum.

Es liegen zwei Erwerbsvorgänge vor, auf die jeweils die Freigrenze des § 3 Nr. 1 GrEStG anzuwenden ist, selbst wenn beide Übertragungen in einer notariellen Urkunde erfolgen. Entsprechendes gilt, wenn die Miteigentümer A und B das Grundstück im Ganzen gemeinschaftlich (§ 747 Satz 2 BGB) auf den Erwerber C übertragen.

Beispiel 2:

Ein Veräußerer A verkauft sein Grundstück in einem Rechtsgeschäft zu einem Preis von 5000 € an zwei Erwerber B und C zu hälftigem Miteigentum.

Es liegen zwei Erwerbsvorgänge vor. Die Freigrenze des § 3 Nr. 1 GrEStG kommt zur Anwendung, weil die Gegenleistung mit jeweils 2500 € die Grenze nicht übersteigt.

Beispiel 3.1:

Die Ehegatten A und B sind je zur Hälfte Eigentümer eines Grundstücks. Sie übertragen das Grundstück in einem Rechtsgeschäft zu einem Kaufpreis von insgesamt 10 000 € auf die Eheleute C und D, die das Grundstück ebenfalls zu jeweils hälftigem Eigentum erwerben. Sämtliche Ehegatten leben im Güterstand der Zugewinngemeinschaft.

Es liegen nur zwei Erwerbsvorgänge vor. Die Eheleute C und D erhalten nicht je ein Viertel von jedem Veräußerer-Ehegatten A und B, sondern jeder Erwerber-Ehegatte erhält eine ideelle Grundstückshälfte. Es kann nicht bestimmt werden, von welchem Miteigentümer der jeweilige Anteil erworben wird. Die Freigrenze des § 3 Nr. 1 GrEStG wird nicht berücksichtigt, weil sie bei einem Kaufpreis von jeweils 5000 € überschritten ist.

Beispiel 3.2:

Die Ehegatten A und B sind je zur Hälfte Eigentümer eines Grundstücks. Sie übertragen das Grundstück zu einem Kaufpreis von insgesamt 10 000 € auf die Eheleute C und D. Im notariell beurkundeten Kaufvertrag wird ausdrücklich vereinbart, dass A seinen hälftigen Miteigentumsanteil zu je ein Halb auf C und D und B seinen hälftigen Miteigentumsanteil zu je ein Halb auf C und D überträgt. Sämtliche Ehegatten leben im Güterstand der Zugewinngemeinschaft.

Es liegen vier Erwerbsvorgänge vor. Die Eheleute C und D erhalten je ein Viertel von den Veräußerer-Ehegatten A und B. Die Freigrenze des § 3 Nr. 1 GrEStG kommt bei jedem Erwerbsvorgang zur Anwendung, weil die Gegenleistung mit jeweils 2500 € die Freigrenze nicht übersteigt.

Beispiel 4:

Die Geschwister A, B, C sind zu je einem Drittel Miteigentümer eines Grundstücks. In gesonderten Rechtsgeschäften überträgt A ausdrücklich seinen Miteigentumsanteil an D, B seinen Miteigentumsanteil an E und C seinen Miteigentumsanteil an F zu einem Kaufpreis von jeweils 2500 €.

Es liegen drei Erwerbsvorgänge vor. Für jeden Erwerb kommt die Freigrenze des § 3 Nr. 1 GrEStG zur Anwendung, so dass keine Grunderwerbsteuer festzusetzen ist.

Dieser Erlass ergeht im Einvernehmen mit den obersten Finanzbehörden der anderen Länder. Er tritt an die Stelle des Erlasses vom 4. 6. 2002 – 36 – S 4540 – 017 – 23871/02 und ist in allen noch offenen Fällen anzuwenden.

Anl b zu § 3

b) Schreiben betr. Übertragung von Grundstücken auf Stiftungen

Vom 27. Januar 2005

(FM Bayern 36 – S 4505 – 015 – 193/05; koord. Ländererlass)

Bezug: FM Bayern vom 29. 1. 1996 – 37 – S 4505 – 15/14 – 5554

19 Nach dem Bezugsschreiben waren bestimmte Grundstücksübertragungen von der öffentlichen Hand auf landesgesetzlich errichtete Stiftungen nach § 3 Nr. 2 GrEStG von der Grunderwerbsteuer ausgenommen, weil es für möglich erachtet wurde, dass die in Rede stehenden Grundstückszuwendungen Schenkungen unter Lebenden sind (§ 7 Abs. 1 Nr. 1 ErbStG). Dies wurde daraus abgeleitet, dass § 13 Abs. 1 Nr. 15 ErbStG Vermögensanfälle, die ausschließlich Zwecken einer Körperschaft dienen, von der Schenkungsteuer befreit. Es wurde davon ausgegangen, dass die Einbringung von Grundstücken aus Mitteln des Landes zwar der Schenkungsteuer unterliegt, jedoch nach § 13 Abs. 1 Nr. 15 ErbStG von dieser befreit ist. Infolge dessen waren derartige Grundstücksübertragungen nach § 3 Nr. 2 GrEStG von der Grunderwerbsteuer ausgenommen.

Die für Erbschaftsteuer zuständigen Vertreter der obersten Finanzbehörden der Länder haben in der Sitzung ErbSt III/04 vom 22. bis 24. 9. 2004 die Frage erörtert, ob die unentgeltliche Übertragung eines Grundstücks auf eine steuerbegünstigten Zwecken dienende Stiftung des privaten Rechts nach § 3 Nr. 2 GrEStG von der Grunderwerbsteuer befreit sein kann, weil es sich dabei um eine Grundstücksschenkung unter Lebenden im Sinne des Erbschaftsteuer- und Schenkungsteuergesetzes handelt. Nach Auffassung der Erbschaftsteuer-Referatsleiter ist eine solche Grundstücksübertragung keine Schenkung im Sinne des Erbschaftsteuer- und Schenkungsteuergesetzes. Die Steuerpflicht einer freigebigen Zuwendung sei allein danach zu beurteilen, ob der gesetzliche Tatbestand des § 7 Abs. 1 Nr. 1 ErbStG verwirklicht werde. Neben der objektiven Unentgeltlichkeit der Zuwendung müsse dazu auch der notwendige subjektive Tatbestand einer freigebigen Zuwendung seitens des Zuwendenden erfüllt sein.

Aus Rechtsstaatsprinzipien, insbesondere aus dem Willkürverbot ergebe sich der Grundsatz, dass der Staat (die staatliche Verwaltung) nichts verschenken darf (vgl. BGH vom 30. 1. 1967 III ZR 35/65, BGHZ 47 S. 30, DB 1967 S. 545). Aus haushaltsrechtlichen Gründen dürfe die Verwaltung nur solche Verpflichtungen eingehen, zu denen sie durch einen Haushaltsplan ermächtigt sei (siehe z. B. § 3 Abs. 1 BHO). Das gelte auch bei der unentgeltlichen Zuwendung eines Grundstücks. Die Verwaltung handele dann aber nicht freigebig, sondern in Erfüllung einer rechtlichen Verpflichtung. Die Tatsache, dass § 13 Abs. 1 Nr. 16 Buchstabe b ErbStG für der Schenkungsteuer unterliegende Zuwendungen an steuerbegünstigten Zwecken dienende Stiftungen des privaten Rechts eine Befreiung vorsieht, sei für die Prüfung der Steuerbarkeit einer Zuwendung ohne Bedeutung.

Vor diesem Hintergrund wird an der bislang vertretenen Auffassung nicht mehr festgehalten und das Bezugsschreiben hiermit aufgehoben.

Dieses Schreiben ergeht im Einvernehmen mit den obersten Finanzbehörden der anderen Länder.

Anl c zu § 3

c) Schreiben betr. Übertragung eines Anteils an einem Nachlaß, zu dem ein Grundstück gehört, auf Miterben

Vom 13. Dezember 1984

(FM Bayern 37 – S 4505 – 9/13 – 34803; koord. Ländererlaß)

26 Die Übertragung eines Anteils an einem Nachlaß, zu dem ein Grundstück gehört, stellt nach dem BFH-Urteil vom 17. 7. 1975 (BStBl. 1976 II S. 159) einen grunderwerbsteuerbaren Vorgang i. S. des § 1 Abs. 1 Nr. 3 GrEStG dar.

Zu der Frage, ob die Übertragung eines Nachlaßanteils auf einen Miterben auch dann nach § 3 Nr. 3 GrEStG steuerfrei ist, wenn mit der Übertragung keine Erbauseinandersetzung vollzogen wird, bitte ich folgende Auffassung zu vertreten:

Die Befreiungsvorschrift des § 3 Nr. 3 GrEStG will die Erbauseinandersetzung fördern und begünstigen. Eine Erleichterung der Erbauseinandersetzung liegt auch dann vor, wenn ein oder mehrere Miterben dadurch aus der Erbengemeinschaft ausscheiden, daß sie ihre Anteile am Nachlaß auf andere Miterben übertragen. Dieser Fall ist vergleichbar mit dem einer teilweisen Erbauseinandersetzung, bei der ein Miterbe zum Ausgleich seiner Erbansprüche ein oder mehrere Nachlaßgrundstücke erhält und damit aus der Erbengemeinschaft ausscheidet. Da dieser Erwerbsvorgang unter die Befreiungsvorschrift des § 3 Nr. 3 GrEStG fällt (BFH-Urteil vom 15. 12. 1972, BStBl. 1973 II S. 363), muß auch die Übernahme eines Nachlaßanteils durch einen Miterben als der teilweisen Erbauseinandersetzung dienlich angesehen werden und von der Grunderwerbsteuer befreit werden.

Dieses Schreiben ergeht im Einvernehmen mit den obersten Finanzbehörden der anderen Länder.

Anl d zu § 3

d) Schreiben betr. 1. Befreiung beim Erwerb durch Stiefkinder (§ 3 Nr. 6 Satz 2 GrEStG), 2. Grundstückserwerbe durch Schwiegerkinder (§ 3 Nr. 6 Satz 3 GrEStG)

Vom 20. Oktober 1989

(FM Bayern 37 – S 4505 – 5/12 – 60896; koord. Ländererlaß)

28 **1.** Der Bundesfinanzhof hat mit Urteil vom 19. 4. 1989 (BStBl. II S. 627) entschieden, daß die Eigenschaft als Stiefkind i. S. von § 3 Nr. 6 Satz 2 GrEStG nicht vom Fortbestand der Ehe abhängig ist, durch welche

das Stiefkindschaftsverhältnis begründet wurde. Als Stiefkinder i. S. dieser Vorschrift sind deshalb die leiblichen Kinder des anderen Ehepartners auch dann anzusehen, wenn die Ehe im Zeitpunkt des Erwerbsvorgangs infolge Tod oder Scheidung aufgelöst ist.

Ich bitte, das Urteil in allen dafür in Betracht kommenden Fällen anzuwenden. Soweit in der Vergangenheit eine hiervon abweichende Rechtsauffassung vertreten worden ist, wird daran nicht mehr festgehalten.

2. Abweichend von der bisher im Schreiben vom 26. 3. 1986 vertretenen Rechtsauffassung bitte ich aufgrund des BFH-Urteils vom 19. 4. 1989 (BStBl. II S. 627) in allen noch nicht bestandskräftigen Fällen Grundstückserwerbe durch Schwiegerkinder auch dann nach § 3 Nr. 6 Satz 3 GrEStG von der Grunderwerbsteuer auszunehmen, wenn die das Schwiegerkindschaftsverhältnis begründende Ehe im Zeitpunkt des Erwerbsvorgangs infolge Scheidung nicht mehr bestanden hat. **29**

Dieses Schreiben ergeht im Einvernehmen mit den obersten Finanzbehörden der anderen Länder.

e) Erlass betr. Befreiung von gemischten Schenkungen und Schenkungen unter einer Auflage nach § 3 Nr. 2 GrEStG nach Wegfall des § 25 ErbStG

Anl e zu § 3

Bezug: Erlass vom 21. Mai 1990 – 37 – S 4505 – 7/19 – 28644 – i. d. F. des Erlasses vom 7. Juli 1992 – S 4505 – 7/35 – 45653

Vom 17. April 2009

(FM Bayern 36 – S 4505 – 026 – 16097/09; koord. Ländererlass)[1]

Durch Artikel 1 Nr. 20 des Gesetzes zur Reform des Erbschaftsteuer- und Bewertungsrechts (Erbschaftsteuerreformgesetz – ErbStRG) vom 24. Dezember 2008 (BGBl. I S. 3018) ist § 25 ErbStG aufgehoben worden. Die Vorschrift findet danach für Erwerbe, für die die Schenkungsteuer nach dem 31. Dezember 2008 entstanden ist, keine Anwendung mehr (vgl. § 37 Abs. 1 ErbStG). **31**

Aufgrund des Wegfalls des § 25 ErbStG ist es nunmehr grunderwerbsteuerrechtlich nicht mehr erforderlich, bei Schenkungen unter einer Duldungsauflage danach zu differenzieren, ob eine Last (Auflage) nach § 25 Abs. 1 ErbStG abzugsfähig ist oder nicht. Ebenso wie bei Schenkungen unter einer Leistungsauflage gehört jetzt auch bei Schenkungen unter einer Duldungsauflage der Wert der Auflage stets zur grunderwerbsteuerlichen Gegenleistung. Der Bezugserlass hat damit nur noch für Schenkungen Bedeutung, die vor dem 1. Januar 2009 ausgeführt worden sind (vgl. § 37 Abs. 2 ErbStG).

Dieser Erlass ergeht im Einvernehmen mit den obersten Finanzbehörden der anderen Länder.

f) Erlass betr. Befreiung bei Übertragung eines zum Nachlass gehörenden Grundstücks auf den Abkömmling eines Miterben im Rahmen einer Erbauseinandersetzung

Anl f zu § 3

Vom 10. Juli 2017

(FM Saarland B/5 – S 4505 – 2002 – 2017/86640; koord. Ländererlass)

Nach dem Ergebnis der Erörterung mit den Vertretern der obersten Finanzbehörden der Länder bitte ich, zu der Frage, ob die Übertragung eines Grundstücks im Rahmen einer Erbauseinandersetzung unter mehreren Geschwistern als Miterben auf den Abkömmling nur eines Miterben nach § 3 GrEStG von der Grunderwerbsteuer befreit ist, folgende Auffassung zu vertreten: **32**

§ 3 Nummer 3 Satz 1 GrEStG nimmt den Erwerb eines zum Nachlass gehörigen Grundstücks durch Miterben zur Teilung des Nachlasses von der Besteuerung aus. Im Wege der Auslegung und einer Zusammenschau der Befreiungsvorschriften des § 3 GrEStG muss dies auch gelten, wenn das Grundstück nicht auf einen Miterben, sondern auf dessen Abkömmling übertragen wird. Denn die Grundstücksübertragung von der Erbengemeinschaft auf den Abkömmling eines Miterben stellt einen abgekürzten Übertragungsweg dar. Die zivilrechtlich nicht verwirklichten Zwischenerwerbe wären nach § 3 Nummer 3 Satz 1 GrEStG (Übertragung von der Erbengemeinschaft auf den Miterben) und nach § 3 Nummer 2 Satz 1 bzw. Nummer 6 Satz 1 GrEStG (unentgeltlich bzw. entgeltliche Übertragung vom Miterben auf seinen Abkömmling) steuerfrei.

Der Erwerb eines zum Nachlass gehörenden Grundstücks durch einen Verwandten eines Miterben in gerader Linie zur Teilung des Nachlasses ist deshalb nach § 3 Nummer 3 Satz 1 GrEStG i. V. m. § 3 Nummer 2 Satz 1 bzw. Nummer 6 Satz 1 GrEStG als steuerfrei anzusehen.

g) Schreiben betr. Anwendung des § 3 Nr. 2 GrEStG bei Grundstückskaufvermächtnissen

Anl g zu § 3

Vom 26. Oktober 2020 (GrESt-Kartei BY § 3 GrEStG Erlasse Karte 6)

(FM Bayern 36-S 4505-1/11)

Der Bundesfinanzhof hat mit BFH-Urteil vom 16. Januar 2019 II R 7/16, BStBl. II S. 617, seine Rechtsprechung zur Frage der Grunderwerbsteuerpflicht für ein Kaufrechtsvermächtnis teilweise geändert. Er hält nicht mehr an der Auffassung fest, dass jeglicher Erwerb eines Grundstücks aufgrund eines so bezeichneten Kaufrechtsvermächtnisses nach § 3 Nr. 2 Satz 1 GrEStG von der Grunderwerbsteuer befreit ist.

---

[1] Entspricht *Erlass FM Baden-Württemberg v. 15. 4. 2009 3 – S 450.5/3 (DStR S. 856).*

Zu unterscheiden ist vielmehr,

a) ob durch das Vermächtnis (§ 2174 BGB) der Bedachte das Recht erhält, unmittelbare die Übertragung eines bestimmten Grundstücks – ggf. gegen Zahlung eines Kaufpreises – aus dem Nachlass zu fordern (Grundstücksvermächtnis), oder

b) ob durch das Vermächtnis nur ein Anspruch auf Abschluss eines Kaufvertrages über ein zum Nachlass gehörendes Grundstück eingeräumt wird (Kaufrechtsvermächtnis).

In Zweifelsfällen ist durch Auslegung des Vermächtnisses (§§ 133, 157 BGB) zu ermitteln, welche Vermächtnisart vorliegt. Dabei kommt es nach der Rechtsprechung des Bundesfinanzhofs auf den Rechtsgrund des Erwerbs und nicht auf die Höhe des gezahlten Kaufpreises an. Als Indizien für ein Kaufrechtsvermächtnis können dabei sprechen,

- wenn in dem Vermächtnis noch kein fester Kaufpreis angeführt wird oder ein solcher nur bestimmbar ist, sodass sich Beschwerter und Bedachter noch über den Kaufpreis einigen müssen;
- ein zeitlicher Rahmen für die Ausübung des Kaufrechts festgelegt ist.

Grunderwerbsteuerlich ergeben sich folgende unterschiedliche Konsequenzen:

a) Grundstücksvermächtnis

33 In Fällen von Grundstücksvermächtnissen kommt eine Befreiung von der Grunderwerbsteuer nach § 3 Nr. 2 Satz 1 GrEStG in Betracht, denn Rechtsgrund des Übereignungsanspruchs ist das Vermächtnis, das nach § 1 Abs. 1 Nr. 2 GrEStG der Besteuerung unterliegt. Der verwirklichte Grundstückserwerb erfolgt demnach aufgrund des Vermächtnisses und damit von Todes wegen i. S. d. § 3 Abs. 1 Nr. 1 ErbStG.

b) Kaufrechtsvermächtnis

34 In Fällen eines Kaufrechtsvermächtnisses ist der vermachte Gegenstand der schuldrechtliche Anspruch auf Abschluss des Kaufvertrags. Dieser bildet den der Grunderwerbsteuer zugrundeliegenden Rechtsvorgang nach § 1 Abs. 1 Nr. 1 GrEStG. Es handelt sich hierbei nicht um einen Erwerb von Todes wegen i. S. d. § 3 Abs. 1 Nr. 1 ErbStG, sondern um einen Erwerb unter Lebenden. Demnach ist der Grundstückserwerb nicht nach § 3 Nr. 2 Satz 1 GrEStG von der Grunderwerbsteuer befreit. Ungeachtet dessen sind allerdings einzelfallbezogen andere Befreiungsvorschriften zu prüfen.

Unberührt bleibt die Rechtsprechung zum Pflichtteilsanspruch (Urteil des BFH vom 10. Juli 2002 II R 11/01, BStBl. II S. 775).

Der Erlass tritt an die Stelle des Erlasses FM Bayern vom 14. Juli 2003 36 – S 4505 – 016 28587/03. Er ist auf alle noch offenen Fälle anzuwenden.

Rspr zu § 3

Rechtsprechung zu § 3

1. BVerfG-Beschluß vom 15. 5. 1984 1 BvR 464/81 (BStBl. II S. 608), Ls. 2:

36 2. § 3 Nr. 2 Satz 2 GrEStG ist verfassungskonform dahin auszulegen, daß bei belastet erworbenem Vermögen im Ausmaß der Belastung neben der Schenkungsteuer keine Grunderwerbsteuer zu erheben ist.

2. BFH-Urteil vom 19. 4. 1989 II R 27/86 (BStBl. II S. 627):

Die Eigenschaft als Stiefkind i. S. des § 3 Nr. 6 Satz 2 GrEStG Baden-Württemberg bzw. GrEStG 1983 ist nicht vom Fortbestand der Ehe abhängig, durch welche das Stiefkindverhältnis begründet wurde.

3. BFH-Urteil vom 29. 1. 1992 II R 41/89 (BStBl. II S. 420):

1. Die zur Vermeidung einer doppelten Belastung mit Grunderwerbsteuer und Erbschaftsteuer notwendige verfassungskonform einschränkende Auslegung von § 3 Nr. 2 Satz 2 GrEStG 1983 führt dazu, daß Grundstücksschenkungen unter der Auflage einer Nießbrauchsbestellung zugunsten des Schenkers gemäß § 3 Nr. 2 Satz 1 GrEStG 1983 vollständig von der Besteuerung ausgenommen sind.

2. Grunderwerbsteuer fällt auch nicht teilweise an hinsichtlich des Differenzbetrages zwischen dem bei der Schenkungsteuer (unter Berücksichtigung des § 16 BewG) anzusetzenden Wert der Auflage und deren bei der Grunderwerbsteuer maßgeblichen Wert, bei dessen Ermittlung gemäß § 17 Abs. 3 Satz 2 BewG § 16 BewG keine Anwendung findet.

4. BFH-Urteil vom 21. 7. 1993 II R 118/90 (BStBl. II S. 765):

Wird durch Vermächtnis das Recht eingeräumt, aus dem Nachlaß ein bestimmtes Grundstück zu einem unter dem Verkehrswert liegenden Preis zu erwerben, so ist der aufgrund dieses Rechts erfolgende Grundstückserwerb von der Grunderwerbsteuer befreit.

5. BFH-Urteil vom 7. 9. 1994 II R 99/91 (BFH/NV 1995 S. 433):

§ 3 Nr. 2 Satz 2 GrEStG ist verfassungskonform dahin auszulegen, daß er im Falle einer Grundstücksschenkung unter Nießbrauchsvorbehalt (= Auflage) zugunsten des Schenkers der Anwendung des GrESt-Befreiungstatbestandes des § 3 Nr. 2 Satz 1 GrEStG nicht entgegensteht. An diesem Ergebnis ändert sich nichts, wenn es im konkreten Fall nicht zu einer doppelten Belastung der der Grundstücksschenkung beigefügten Auflage (der kapitalisierten Nießbrauchslast) mit SchenkSt und GrESt kommen kann, weil das für die Schenkungsbesteuerung zuständige FA in einem bestandskräftigen SchenkSt-Bescheid irrtümlich nur den „unentgeltlichen Teil des Erwerbsvorgangs" mit SchenkSt belegt hat. Denn mit dem vom historischen Gesetzgeber festgelegten Vorrang der ErbSt bzw. SchenkSt gegenüber der GrESt sollte bereits die virtuelle Doppelbelastung mit den beiden Steuern ausgeschlossen werden (Anschluß an das Senatsurteil in BFHE 167, 189, BStBl. II 1992, 420).

Rspr zu § 3

noch **36**

6. BFH-Urteil vom 7. 2. 2001 II R 5/99 (BFH/NV 2001 S. 938):

Ein zum Nachlass gehörendes Grundstück verliert die Nachlasszugehörigkeit durch die Einbringung in das Vermögen einer aus den Miterben bestehenden Personengesellschaft selbst dann, wenn der Erblasser die endgültige Auseinandersetzung hinsichtlich des Grundstücks davon abhängig gemacht hatte, dass es zuvor in das Vermögen der Personengesellschaft eingebracht wird. Der Erwerb von Alleineigentum an dem Grundstück durch einen Miterben nach der Einbringung ist deshalb nicht mehr nach § 3 Abs. 3 GrEStG 1983 von der Besteuerung ausgenommen.

7. BFH-Urteil vom 25. 4. 2001 II R 72/00 (BStBl. II S. 610):

1. Die Grunderwerbsteuerbefreiung nach § 3 Nr. 4 GrEStG 1983 erfasst nur Grundstückserwerbe zwischen Partnern einer Ehe im Sinne des bürgerlichen Rechts. Grundstücksübertragungen zwischen Partnern einer nichtehelichen Lebensgemeinschaft sind danach nicht von der Grunderwerbsteuer befreit.

2. Die Nichtgewährung einer Grunderwerbsteuerbefreiung für Grundstücksübertragungen zwischen Partnern einer nichtehelichen Lebensgemeinschaft – auch wenn aus dieser gemeinsame Kinder hervorgegangen sind – verstößt nicht gegen das Grundgesetz.

8. BFH-Urteil vom 10. 7. 2002 II R 11/01 (BStBl. II S. 775):

Ein Grundstückserwerb zur Erfüllung eines auf Geld gerichteten Pflichtteils- oder Pflichtteilsergänzungsanspruchs „an Erfüllungs statt" ist nicht nach § 3 Nr. 2 Satz 1 GrEStG 1983 von der Grunderwerbsteuer befreit (Aufgabe des BFH-Urteils v. 30. 9. 1981 II R 64/80, BFHE 134, 370, BStBl. II 1982, 76).

9. BFH-Beschluss vom 11. 10. 2002 II B 193/01 (BFH/NV 2003 S. 201), Ls. 2, 3:

2. Die Grunderwerbsteuerbefreiungen nach § 3 Nr. 4 und Nr. 5 GrEStG beschränken sich auf Grundstückserwerbe zwischen Partnern einer Ehe im Sinne des bürgerlichen Rechts. Grundstückserwerbe zwischen Verlobten sind nicht von der Grunderwerbsteuer befreit.

3. Die Nichtgewährung einer Grunderwerbsteuerbefreiung für Grundstückserwerbe zwischen Verlobten ist verfassungsgemäß.

10. BFH-Urteil vom 29. 3. 2006 II R 15/04 (BStBl. II S. 557):

Die zur Erfüllung öffentlicher Aufgaben (hier: Bereitstellung von Krankenhäusern) erfolgende unentgeltliche Grundstücksübertragung durch einen Träger öffentlicher Verwaltung (hier: Landkreis) auf eine GmbH, deren alleiniger Gesellschafter er ist, ist keine freigebige Zuwendung i. S. des § 7 Abs. 1 Nr. 1 ErbStG und deshalb auch nicht nach § 3 Nr. 2 GrEStG von der Besteuerung ausgenommen.

11. BFH-Urteil vom 29. 3. 2006 II R 68/04 (BStBl. II S. 632):

Bestellt eine Kommune einem freien Träger der Wohlfahrtspflege zur Erfüllung öffentlicher Aufgaben unentgeltlich ein Erbbaurecht an einem Grundstück mit aufstehendem Senioren- und Pflegeheim, ist dies keine freigebige Zuwendung und daher nicht gemäß § 3 Nr. 2 GrEStG grunderwerbsteuerfrei.

12. BFH-Urteil vom 17. 5. 2006 II R 46/04 (BStBl. II S. 720):

Bestellt eine Kirchengemeinde einer kirchlichen Einrichtung mit karitativer Zielsetzung ein Erbbaurecht an einem Grundstück mit aufstehendem Alten- und Pflegeheim und hat diese Einrichtung den vereinbarten Erbbauzins so lange nicht zu zahlen, wie sie den Heimbetrieb fortführt, liegt eine von der Grunderwerbsteuer befreite Schenkung unter Lebenden vor.

13. BFH-Urteil vom 13. 9. 2006 II R 37/05 (BStBl. 2007 II S. 59):

1. Erwirbt ein Gesellschafter einer Personengesellschaft deren Gesamthandsvermögen durch Schenkung der Anteile der anderen Gesellschafter zu Alleineigentum, ist ein dabei erfolgender Übergang von Grundstücken aus dem Gesellschaftsvermögen in das Alleineigentum des Gesellschafters nach Maßgabe des § 3 Nr. 2 und des § 6 Abs. 2 GrEStG grunderwerbsteuerfrei.

2. Liegt in einem solchen Fall eine gemischte Schenkung an den Erwerber vor, sind als Bemessungsgrundlage der Grunderwerbsteuer die um den Anteil des Erwerbers am Gesellschaftsvermögen verminderten Grundbesitzwerte anzusetzen, soweit sie nach schenkungsteuerrechtlichen Grundsätzen dem entgeltlichen Teil des Erwerbs entsprechen.

14. BFH-Urteil vom 12. 10. 2006 II R 79/05 (BStBl. 2007 II S. 409):

Nach § 1 Abs. 2 a GrEStG steuerbare Änderungen im Gesellschafterbestand einer grundbesitzenden Personengesellschaft sind insoweit nach § 3 Nr. 2 GrEStG steuerfrei, als sie auf einer schenkweisen Anteilsübertragung beruhen.

15. BFH-Urteil vom 28. 3. 2007 II R 15/06 (BFH/NV S. 1349):

Beim Erwerb eines Grundstücks, das zum Gesamtgut von in Gütergemeinschaft lebenden Ehegatten gehört, durch einen Erwerber liegt nur ein Erwerb i. S. des § 3 Nr. 1 GrEStG vor.

16. BFH-Urteil vom 17. 10. 2007 II R 63/05 (BStBl. 2008 II S. 381):

Überträgt ein Gesellschafter aufgrund des Gesellschaftsverhältnisses ein Grundstück auf eine Kapitalgesellschaft, handelt es sich um einen gesellschaftsrechtlichen Vorgang und nicht um eine freigebige Zuwendung i. S. des § 7 Abs. 1 Nr. 1 ErbStG, die zur Grunderwerbsteuerfreiheit nach § 3 Nr. 2 GrEStG führt.

Rspr zu § 3

noch 36

17. BFH-Urteil vom 8. 10. 2008 II R 15/07 (BStBl. 2009 II S. 245):

Hat der Erblasser vermächtnisweise angeordnet, einem von drei Miterben ein dingliches Vorkaufsrecht an einem im Nachlass befindlichen Grundstück zu bestellen, das hälftig den beiden anderen Miterben vermacht worden ist, und hat der Vorkaufsberechtigte sein Recht ausgeübt, ist der dadurch zustande gekommene Erwerbsvorgang weder nach § 3 Nr. 2 GrEStG noch nach Nr. 3 der Vorschrift grunderwerbsteuerfrei.

18. BFH-Urteil vom 22. 9. 2010 II R 36/09 (BFH/NV 2011 S. 304):

Hebt der Ehemann einen von ihm über ein Grundstück abgeschlossenen Kaufvertrag wieder auf, und erwirbt dann die Ehefrau im Rahmen einer Vertragsübernahme das Grundstück, so greift die Steuerbefreiung des Grundstückserwerbs durch den Ehegatten.

19. BFH-Urteil vom 23. 3. 2011 II R 33/09 (BStBl. II S. 980):

1. Vereinbaren Ehegatten zur Regelung der Vermögensauseinandersetzung im Zusammenhang mit ihrer Scheidung, dass sie vorerst Miteigentümer des weiterhin von einem Ehegatten und dem gemeinsamen Kind genutzten Wohnhauses bleiben, und erhält der nutzende Ehegatte ein notariell beurkundetes Ankaufsrecht für den Miteigentumsanteil des anderen Ehegatten, ist ein nach der Scheidung aufgrund des Ankaufsrechts erfolgter Erwerb vom früheren Ehegatten nach § 3 Nr. 5 GrEStG steuerfrei.

2. § 3 Nr. 5 GrEStG begünstigt nicht den Grundstückserwerb vom Gesamtrechtsnachfolger des geschiedenen Ehegatten.

20. BFH-Urteil vom 29. 2. 2012 II R 57/09 (abgedruckt zu § 1 Abs. 2a)

21. BFH-Urteil vom 23. 5. 2012 II R 21/10 (BStBl. II S. 793):

1. Die Vereinigung von Anteilen an einer grundbesitzenden Kapitalgesellschaft i. S. von § 1 Abs. 1 Nr. 1 GrEStG ist insoweit nach § 3 Nr. 2 Satz 1 GrEStG von der Grunderwerbsteuer befreit, als sie auf einer schenkweisen Anteilsübertragung beruht (Änderung der Rechtsprechung).

2. Eine Steuerbefreiung nach § 3 Nr. 6 GrEStG scheidet für die nach § 1 Abs. 3 Nr. 1 GrEStG steuerbare Vereinigung von Anteilen an einer grundbesitzenden Kapitalgesellschaft aus.

3. Soweit die zu einer Anteilsvereinigung i. S. des § 1 Abs. 3 Nr. 1 GrEStG führende Übertragung von Anteilen an einer grundbesitzenden Kapitalgesellschaft im Rahmen einer gemischten Schenkung erfolgt, sind für den entgeltlichen Teil des Erwerbs gemäß § 8 Abs. 2 1 Nr. 3 GrEStG als Bemessungsgrundlage der Grunderwerbsteuer die festgestellten Grundbesitzwerte anzusetzen, soweit sie auf den entgeltlichen Teil des Erwerbs entfallen.

22. BVerfG-Beschluss vom 18. 7. 2012 1 BvL 16/11 (BGBl. I S. 1770, DStR S. 1649):

1. § 3 Nr. 3 Satz 2 und Satz 3, Nr. 4, Nr. 5, Nr. 6 Satz 3 und Nr. 7 Satz 2 GrEStG i. d. F. der Bek. vom 26. 2. 1997 (BGBl. I S. 418) sind vom Inkrafttreten des Gesetzes zur Beendigung der Diskriminierung gleichgeschlechtlicher Gemeinschaften: Lebenspartnerschaften vom 16. 2. 2001 (BGBl. I S. 266) bis zum Inkrafttreten des Jahressteuergesetzes 2010 (BGBl. I S. 1768) mit Art. 3 Abs. 1 GG unvereinbar, soweit eingetragene Lebenspartner nicht wie Ehegatten von der Grunderwerbsteuer befreit sind.

2. Der Gesetzgeber ist verpflichtet, bis zum 31. 12. 2012 für den in Nr. 1 genannten Zeitraum eine verfassungsgemäße Regelung herbeizuführen.

23. BFH-Urteil vom 20. 11. 2013 II R 38/12 (BStBl. 2014 II S. 479):

Ist bei einer Grundstücksschenkung unter Auflage (hier Verpflichtung zur Einräumung eines Wohnrechts am Grundstück) die Auflage bei der Schenkungsteuer dem Grunde nach bereicherungsmindernd abziehbar, unterliegt sie mit ihrem nach den für die Grunderwerbsteuer geltenden Vorschriften zu ermittelnden Wert der Grunderwerbsteuer. § 3 Nr. 2 GrEStG gebietet es nicht, die Auflage bei der Schenkungsteuer und bei der Grunderwerbsteuer nach übereinstimmenden Maßstäben zu bewerten.

24. BFH-Beschluss vom 11. 8. 2014 II B 131/13 (BFH/NV 2015 S. 5), Ls. 2, 3:

2. Grunderwerbsteuerrechtlich kann die Grundstücksübertragung zwischen Geschwistern als abgekürzter Leistungsweg einer freigebigen Zuwendung eines Elternteils an die Schwester des Beschenkten in interpolierender Betrachtung des § 3 Nr. 2 Satz 1 i. V. m. § 3 Nr. 6 GrEStG steuerbefreit sein. Der interpolierenden Betrachtung steht § 42 AO nicht entgegen, wenn die Grundstücksübertragung zwischen Geschwistern bei einer (Neu-)Gestaltung der vorweggenommenen Erbfolge auf dem Interesse eines Elternteils beruht, gegenüber einem begünstigten Kind selbst als Schenker aufzutreten.

3. Ist das zwischen Geschwistern übertragene Grundstück mit einem vom Beschenkten übernommenen Nießbrauchsrecht zugunsten des schenkenden Elternteils belastet, ist die Nießbrauchsverpflichtung bei der Bemessung der Gegenleistung zu berücksichtigen.

25. BFH-Urteil vom 15. 10. 2014 II R 14/14 (BStBl. 2015 II S. 405), Ls. 2:

2. Führen mehrere zeitlich gestreckte, teilweise unentgeltliche und teilweise entgeltliche Übertragungen von Anteilen an einer grundbesitzenden Kapitalgesellschaft zu einer Anteilsvereinigung i. S. von § 1 Abs. 3 Nr. 1 GrEStG, sind bei der Ermittlung der Steuerbegünstigung nach § 3 Nr. 2 Satz 1 GrEStG sowohl die Änderungen des Grundstücksbestands als auch die Werterhöhung der Grundstücke zu berücksichtigen.[1]

---

[1] *Anm. d. Red.:* Geht über die geltende Verwaltungsauffassung hinaus, vgl. Anl. b zu § 1 Abs. 3 GrEStG.

Rspr zu § 3

noch **36**

26. BFH-Urteil vom 29. 9. 2015 II R 23/14 (BStBl. 2016 II S. 104):

Überträgt der Hoferbe das Eigentum an einem Hofgrundstück zur Abgeltung des Abfindungsergänzungsanspruchs i. S. des § 13 Abs. 1 Satz 2 HöfeO auf einen anderen Abkömmling des Hofübergebers, ist der Grundstückserwerb weder nach § 3 Nr. 2 Satz 1 GrEStG noch nach § 3 Nr. 3 Satz 1 GrEStG von der Grunderwerbsteuer befreit.

27. BFH-Urteil vom 25. 11. 2015 II R 35/14 (BStBl. 2016 II S. 234):

Erwirbt ein Miterbe bei der Erbauseinandersetzung einen zum Nachlass gehörenden Anteil an einer Personen- oder Kapitalgesellschaft und führt dieser Erwerb nach § 1 Abs. 3 Nr. 1 GrEStG zu einer Vereinigung von Anteilen an einer grundbesitzenden Kapitalgesellschaft, ist die Anteilsvereinigung nicht nach § 3 Nr. 3 Satz 1 GrEStG von der Grunderwerbsteuer befreit.

28. BFH-Urteil vom 16. 12. 2015 II R 49/14 (BStBl. 2016 II S. 292):

1. Überträgt ein Elternteil Miteigentumsanteile an einem Grundstück schenkweise auf Kinder und verpflichten sich diese dazu, anteilige Miteigentumsanteile auf später geborene Geschwister zu übertragen, kann der Erwerb dieser Geschwister aufgrund interpolierender Betrachtung nach § 3 Nr. 6 i. V. m. § 3 Nr. 2 Satz 1 GrEStG steuerbefreit sein.

2. Die interpolierende Betrachtung ist nicht durch § 42 AO ausgeschlossen, wenn die Übertragung von Miteigentumsanteilen auf später geborene Geschwister auf der Intention des schenkenden Elternteils beruht, den Kindern und künftigen Kindern im Rahmen der vorweggenommenen Erbfolge ein Grundstück zu gleichen Teilen zu übertragen.

29. BFH-Urteil vom 12. 7. 2016 II R 57/14 (BStBl. II S. 897):

Grundstücksschenkungen unter einer Auflage unterliegen hinsichtlich des Werts der Auflage der Grunderwerbsteuer, wenn die Auflage bei der Schenkungsteuer abziehbar ist. Unerheblich ist, ob die Auflage tatsächlich bei der Schenkungsteuer abgezogen wurde. Das gilt selbst dann, wenn die Grundstücksschenkung insgesamt von der Schenkungsteuer befreit ist.

30. BFH-Beschluss vom 9. 2. 2017 II B 38/15 (BFH/NV S. 617):

1. Wird bei einer Grundstücksschenkung ein Nießbrauch zugunsten des Schenkers (Auflage) eingeräumt und ist der Nießbrauch bei der Schenkungsteuer abziehbar, unterliegt die Grundstücksschenkung hinsichtlich des Werts des Nießbrauchs der Grunderwerbsteuer.

2. Der Wert des Nießbrauchs ist nach den für die Grunderwerbsteuer geltenden Vorschriften zu ermitteln. § 3 Nr. 2 Satz 2 GrEStG gebietet es nicht, den Nießbrauch bei der Schenkungsteuer und bei der Grunderwerbsteuer nach übereinstimmenden Maßstäben zu bewerten. Insoweit liegt keine Abweichung von der Entscheidung des BVerfG v. 15. 5. 1984 1 BvR 464/81 (BVerfGE 67, 70, BStBl. II 1984, 608) vor.

3. Die Rechtsfrage, ob bei Auflagenschenkungen gemäß § 3 Nr. 2 Satz 2 GrEStG unter bestimmten Voraussetzungen die Steuerbefreiung gemäß § 13c ErbStG und der Freibetrag gemäß § 16 ErbStG, soweit sie sich bei der Schenkungsteuer nicht ausgewirkt haben, von der nach den Vorschriften des GrEStG ermittelten Bemessungsgrundlage für die Grunderwerbsteuer in Abzug zu bringen sind, bedarf keiner Klärung. Die Festsetzung von Schenkungsteuer einerseits und von Grunderwerbsteuer andererseits haben verfahrensrechtlich und materiell-rechtlich grundsätzlich unabhängig voneinander nach den jeweils geltenden Vorschriften zu erfolgen (BFH-Urteil v. 12. 7. 2016 II R 57/14, BFHE 254, 81, BStBl. II 2016, 897).

31. BFH-Urteil vom 22. 2. 2017 II R 52/14 (BStBl. II S. 653), Ls. 1:

1. Eine Anteilsvereinigung ist nach § 3 Nr. 2 S. 1 GrEStG von der Grunderwerbsteuer befreit, wenn die Übertragung der Anteile an der grundbesitzenden Gesellschaft sowohl der Schenkungsteuer als auch der Grunderwerbsteuer unterliegt. Wird erst nach der Schenkung der Anteile aufgrund weiterer Rechtsvorgänge der grunderwerbsteuerliche Tatbestand erfüllt, ist eine Steuerbefreiung nach § 3 Nr. 2 S. 1 GrEStG nicht gerechtfertigt.

2. *(abgedruckt zu § 5)*

32. BFH-Urteil vom 7. 11. 2018 II R 38/15 (BStBl. 2019 II S. 325):

1. Die unentgeltliche Übertragung eines Miteigentumsanteils an einem Grundstück unter Geschwistern, die ein Elternteil in einem Schenkungsvertrag durch Auflage gegenüber dem beschenkten Kind angeordnet hat, kann – ebenso wie die Verpflichtung hierzu – aufgrund einer Zusammenschau grunderwerbsteuerrechtlicher Befreiungsvorschriften von der Grunderwerbsteuer befreit sein, wenn sich der tatsächlich verwirklichte Grundstückserwerb im Grunde als abgekürzter Übertragungsweg darstellt.

2. Die Steuerfreiheit des Grundstückserwerbs kann sich aus der mehrfachen Anwendung derselben grunderwerbsteuerrechtlichen Befreiungsvorschrift für die unterbliebenen Zwischenerwerbe ergeben.

33.[1] *BFH-Urteil vom 16. 1. 2019 II R 7/16 (BStBl. II S. 617):*

1. Erwirbt der Bedachte durch Vermächtnis das Recht, von dem Beschwerten den Abschluss eines Kaufvertrags über ein zum Nachlass gehörendes Grundstück zu fordern, unterliegt der Kaufvertrag der Grunderwerbsteuer.

2. Eine Steuerbefreiung nach den Bestimmungen für Erwerbe von Todes wegen scheidet aus. Rechtsgrund des Übereignungsanspruchs ist der Kaufvertrag und nicht das Vermächtnis.

3. Ob ein Vermächtnis einen Anspruch auf Übereignung oder ein Recht auf Abschluss eines Kaufvertrags gewährt, ist durch Auslegung des Vermächtnisses zu ermitteln.

---

[1] Siehe hierzu *Schreiben FM Bayern vom 26. 10. 2020* (Anlage g zu § 3 GrEStG).

Rspr zu § 3 noch 36

34. BFH-Urteil vom 25. 8. 2020 II R 30/18 (BStBl. 2021 II S. 322):

1. Wendet ein Schenker ein Grundstück zunächst einem Erstbeschenkten zu, mit der Auflage, das Grundstück an einen Dritten zu übertragen, sind beide Rechtsgeschäfte schenkungsteuerrechtlich selbständig zu beurteilen.

2. Die Zusammenschau von Befreiungsvorschriften auf Grundlage fiktiver Gestaltungen findet nicht statt.

35. BFH-Beschluss vom 30. 11. 2020 II B 41/20 (BFH/NV 2021 S. 447):

Ein Erwerbsvorgang ist nicht bereits deshalb grunderwerbsteuerfrei, weil der Erwerber das Grundstück lediglich als Treuhänder für den Veräußerer als Treugeber halten soll.

36. BFH-Beschluss vom 1. 12. 2020 II B 53/20 (BFH/NV 2021 S. 540):

1. § 3 Nr. 5 a GrEStG erfasst den Grundstückserwerb durch den früheren Lebenspartner im Sinne des Lebenspartnerschaftsgesetzes.

2. Die Vorschrift erfasst nicht den Grundstückserwerb durch den früheren Partner einer nichtehelichen Lebensgemeinschaft.

37. BFH-Beschluss vom 25. 5. 2021 II B 87/20 (BFH/NV S. 1208):

1. Wendet ein Schenker einen Grundstücksanteil zunächst einem Abkömmling zu, ist der anschließende Erwerb des Grundstücksanteils durch einen anderen Abkömmling nicht aufgrund einer Zusammenschau von § 3 Nrn. 2 und 3 GrEStG steuerbefreit, unabhängig davon, ob eine entsprechende Auflage bestand.

2. Die Steuerbefreiung nach § 3 Nr. 3 GrEStG ist auf die Abwicklung von Bruchteilsgemeinschaften, die im Wege der vorweggenommenen Erbfolge entstanden sind, nicht entsprechend anwendbar.

38. BFH-Urteil vom 10.5.2023 II R 24/21 (BStBl. II S. 1060), Ls. 4:

1.–3. *(abgedruckt zu § 1 Abs. 3)*

4. Erhält im Zuge der Vereinigung von Kirchengemeinden die neu errichtete Kirchengemeinde Vermögenswerte, liegt keine freigebige Zuwendung der Gesellschaftsanteile von den aufgelösten Kirchengemeinden an die neu errichtete Kirchengemeinde im Sinne der Steuerbefreiungsvorschrift des § 3 Nr. 2 Satz 1 GrEStG vor.

5. *(abgedruckt zu § 4)*

GrEStG

§ 4 Besondere Ausnahmen von der Besteuerung

Von der Besteuerung sind ausgenommen:

1. der Erwerb eines Grundstücks durch eine juristische Person des öffentlichen Rechts, wenn das Grundstück aus Anlaß des Übergangs von öffentlich-rechtlichen Aufgaben oder aus Anlaß von Grenzänderungen von der einen auf die andere juristische Person übergeht und nicht überwiegend einem Betrieb gewerblicher Art dient; 1

2. der Erwerb eines Grundstücks durch einen ausländischen Staat, wenn das Grundstück für die Zwecke von Botschaften, Gesandtschaften oder Konsulaten dieses Staates bestimmt ist und Gegenseitigkeit gewährt wird; 2

3. der Erwerb eines Grundstücks durch einen ausländischen Staat oder eine ausländische kulturelle Einrichtung, wenn das Grundstück für kulturelle Zwecke bestimmt ist und Gegenseitigkeit gewährt wird; 3

4.[1] der Übergang von Grundstücken gemäß § 1 Absatz 1 Nummer 3 und von Gesellschaftsanteilen gemäß § 1 Absatz 3 Nummer 2 und 4 als unmittelbare Rechtsfolge eines Zusammenschlusses kommunaler Gebietskörperschaften, der durch Vereinbarung der beteiligten Gebietskörperschaften mit Zustimmung der nach Landesrecht zuständigen Stelle oder durch Gesetz zustande kommt, sowie Rechtsgeschäfte über Grundstücke gemäß § 1 Absatz 1 Nummer 1 und über Gesellschaftsanteile gemäß § 1 Absatz 3 Nummer 1 und 3 aus Anlass der Aufhebung der Kreisfreiheit einer Gemeinde; 4

5.[1] der Erwerb eines Grundstücks von einer juristischen Person des öffentlichen Rechts sowie der Rückerwerb des Grundstücks durch die juristische Person des öffentlichen Rechts, wenn das Grundstück im Rahmen einer Öffentlich Privaten Partnerschaft für einen öffentlichen Dienst oder Gebrauch im Sinne des § 3 Abs. 2 des Grundsteuergesetzes benutzt wird und zwischen dem Erwerber und der juristischen Person des öffentlichen Rechts die Rückübertragung des Grundstücks am Ende des Vertragszeitraums vereinbart worden ist. ② Die Ausnahme von der Besteuerung entfällt mit Wirkung für die Vergangenheit, wenn die juristische Person des öffentlichen Rechts auf die Rückübertragung des Grundstücks verzichtet oder das Grundstück nicht mehr für einen öffentlichen Dienst oder Gebrauch genutzt wird; 5

6. Erwerbe, die allein auf dem Austritt des Vereinigten Königreichs Großbritannien und Nordirland aus der Europäischen Union beruhen; 6

7.[2] die Übertragung oder der Übergang von Anteilen am Gesellschaftsvermögen gemäß § 1 Absatz 2 a, von Gesellschaftsanteilen gemäß § 1 Absatz 2 b und 3 oder von Anteilen am Gesellschaftsvermögen oder Gesellschaftskapital gemäß § 1 Absatz 3 a, soweit diese Übertragung oder dieser Übergang durch demokratische Wahlen des Vorstands einer politischen Partei im Sinne des Artikels 21 des Grundgesetzes oder einer Gewerkschaft im Sinne des Artikels 9 Absatz 3 des Grundgesetzes oder eines Zusammenschlusses solcher Gewerkschaften in Form eines nicht rechtsfähigen Vereins bedingt ist. 7

Übersicht

	Rz.
Anlagen:	
a) Erlaß betr. Gegenseitigkeit bei Grundstückserwerben für diplomatische und für kulturelle Zwecke (§ 4 Nr. 2 und 3 GrEStG)	11, 12
b) Erlass betr. Grunderwerbsteuerbefreiung bei Grundstücksübertragungen im Rahmen einer Öffentlich Privaten Partnerschaft	17–20
c), d) 2 Erlasse betr. Befreiung nach Art. 1 § 14 Abs. 4 des Finanzmarktstabilisierungsgesetzes – FMStG – v. 17. 10. 2008 (BGBl. I S. 1982)	21, 22
e) Übersicht: Steuerbefreiungen außerhalb des GrEStG	23
Rechtsprechung	24

Anl a zu § 4

a) Erlaß betr. Gegenseitigkeit bei Grundstückserwerben für diplomatische und für kulturelle Zwecke (§ 4 Nr. 2 und 3 GrEStG)

Vom 10. Dezember 1997 (DStR 1998 S. 608)

(FM Niedersachsen S 4506 – 122 – 34 2, koord. Ländererlaß)

11 Der Erwerb eines Grundstücks durch einen ausländischen Staat ist nach § 4 Nr. 2 GrEStG von der Grunderwerbsteuer befreit, wenn das Grundstück für Zwecke von Botschaften, Gesandtschaften oder Konsulaten dieses Staates bestimmt ist und Gegenseitigkeit gewährt wird. Dabei kann neben der rechtlichen auch die faktische Gegenseitigkeit Grundlage für die begehrte Steuerbefreiung sein. Dies gilt entsprechend in den Fällen des Grundstückserwerbs durch einen ausländischen Staat oder eine ausländische kulturelle Einrichtung für kulturelle Zwecke (§ 4 Nr. 3 GrEStG).

[1] § 4 Nrn. 4 und 5 anzuwenden auf nach dem 6. 6. 2013 verwirklichte Erwerbsvorgänge (§ 23 Abs. 11 GrEStG).
[2] § 4 Nr. 7 anzuwenden auf nach dem 30. 6. 2021 verwirklichte Erwerbsvorgänge (§ 23 Abs. 26 GrEStG).

Die Begünstigung nach § 4 Nr. 2 GrEStG ist auch beim Erwerb von Grundbesitz durch ausländische Staaten für Wohnzwecke des Personals der diplomatischen Missionen und konsularischen Vertretungen anwendbar. Die Verordnung vom 11. 11. 1981 (BStBl. 1982 I S. 626) steht dem nicht entgegen.

12 Die Gewährung der Gegenseitigkeit wird jeweils vom Auswärtigen Amt über die Auslandsvertretungen geklärt. Nach Mitteilung des Auswärtigen Amts ist nicht grundsätzlich davon auszugehen, daß eine einmal getroffene Gegenseitigkeitsfeststellung auf Dauer Gültigkeit behält. Aufgrund von Gesetzesänderungen oder unterschiedlicher Auslegung der Gesetze durch die zuständigen ausländischen Behörden oder die deutschen Botschaften können sich jederzeit Änderungen ergeben.

Die Unbedenklichkeitsbescheinigung ist daher bei allen Grundstückserwerben i. S. des § 4 Nr. 2 und 3 GrEStG erst dann zu erteilen, wenn zu dem **einzelnen Erwerbsvorgang** das Auswärtige Amt die Gegenseitigkeit festgestellt hat. Zur Klärung der Frage der Gegenseitigkeit sind deshalb alle Erwerbsvorgänge i. S. des § 4 Nr. 2 und 3 GrEStG vorzulegen, damit die erforderlichen Feststellungen durch Rückfrage beim Auswärtigen Amt getroffen werden können.

Dieser Erlaß tritt an die Stelle des Erlasses FM Niedersachsen vom 29. 6. 1984 S 4506 – 122 – 32 3.[1]

Anl b zu § 4

b) Erlass betr. Grunderwerbsteuerbefreiung bei Grundstücksübertragungen im Rahmen einer Öffentlich Privaten Partnerschaft – ÖPP (sog. Public Private Partnership – PPP)

Vom 27. April 2006

(FM Bayern 36 – S 4500 – 086 – 16878/06; koord. Ländererlass)

17 Öffentlich Private Partnerschaften (ÖPP) sind eine neue Form der Zusammenarbeit zwischen öffentlichen Stellen und Privatunternehmen zwecks Finanzierung, Bau, Renovierung, Betrieb oder Unterhalt einer Infrastruktur oder der Bereitstellung einer Dienstleistung.

Um die gesetzlichen Rahmenbedingungen zur Erleichterung der Umsetzung von Öffentlich Privaten Partnerschaften zu schaffen, wurde das Gesetz zur Beschleunigung der Umsetzung von Öffentlich Privaten Partnerschaften und zur Verbesserung gesetzlicher Rahmenbedingungen für Öffentlich Private Partnerschaften beschlossen (BGBl. I S. 2676). Neben der Beseitigung von gebühren-, vergabe- und haushaltsrechtlichen Hemmnissen enthält das Gesetz in Artikel 5 Änderungen der §§ 4 und 19 des Grunderwerbsteuergesetzes.

18 Mit Artikel 5 wird in § 4 GrEStG eine Nummer 9 angefügt, die Grundstückserwerbe und -übergänge im Rahmen von ÖPP unter bestimmten Voraussetzungen von der Grunderwerbsteuer befreit. Die Befreiung erfolgt nur für die Fallkonstellation, dass die juristische Person des öffentlichen Rechts Eigentümerin von Grundstücken i. S. v. § 2 GrEStG ist und diese privaten Auftragnehmern im Rahmen einer ÖPP überträgt. Private Auftragnehmer sind auch Gesellschaften, an denen die juristische Person des öffentlichen Rechts zum Teil oder in vollem Umfang beteiligt ist. Die Grundstücke sollen nach der Herrichtung/nach der Errichtung von Gebäuden von der juristischen Person des öffentlichen Rechts für Verwaltungszwecke genutzt werden. Wesentliches Kriterium für die Befreiung ist, dass das Grundstück nach den vertraglichen Vereinbarungen am Ende der Vertragslaufzeit auf die juristische Person des öffentlichen Rechts rückübertragen wird.

Um sicherzustellen, dass nur förderungswürdige ÖPP-Projekte von der Steuerbefreiung profitieren können, ist die Befreiung an folgende Voraussetzungen gebunden:

- Das Grundstück wird dem privaten Unternehmer von der juristischen Person des öffentlichen Rechts zu Beginn des Vertragszeitraums übertragen.
- Der private Unternehmer überlässt der juristischen Person des öffentlichen Rechts das Grundstück während des Vertragszeitraums zur Nutzung für einen öffentlichen Dienst oder Gebrauch i. S. v. § 3 Abs. 2 GrStG.
- Die Rückübertragung des Grundstücks an die juristische Person des öffentlichen Rechts am Ende des Vertragszeitraums ist vereinbart worden (Nicht ausreichend ist die Einräumung eines bloßen Optionsrechts der juristischen Person des öffentlichen Rechts auf Rückübertragung des Grundstücks).

Bei Erwerbsvorgängen, bei denen der private Auftragnehmer das Grundstück auf dem freien Grundstücksmarkt erwirbt und in das ÖPP-Projekt einbringt, ist die Steuerbefreiung nach § 4 Nr. 9 GrEStG nicht zu gewähren.

Wegen der Voraussetzung, dass das Grundstück für einen öffentlichen Dienst oder Gebrauch (hoheitliche Zwecke) genutzt werden muss, folgt die Grunderwerbsteuerbefreiung den Regelungen der Grundsteuer (vgl. § 3 Abs. 2 und 3 GrStG). Über das Vorliegen der Voraussetzungen des § 3 Abs. 2 GrStG ist im Einvernehmen mit den Bewertungsstellen zu entscheiden.

19 Das Gesetz zur Beschleunigung der Umsetzung von Öffentlich Privaten Partnerschaften und zur Verbesserung gesetzlicher Rahmenbedingungen für Öffentlich Private Partnerschaften ist am 8. September 2005 in Kraft getreten. Die Steuerbefreiung nach § 4 Nr. 9 GrEStG ist daher auf Erwerbsvorgänge anzuwenden, die nach dem 7. September 2005 verwirklicht werden. Erfolgte die Übertragung des Grundstücks auf den privaten Auftragnehmer – unter Erfüllung der übrigen Voraussetzungen – vor dem In-Kraft-Treten des § 4 Nr. 9 GrEStG, ist gleichwohl die spätere Rückübertragung nach dieser Vorschrift befreit.

Die Steuerbefreiung für die Übertragung des Grundstücks auf den privaten Auftragnehmer entfällt rückwirkend, wenn die Nutzung für einen öffentlichen Dienst oder Gebrauch endet oder die Rückübertragung nicht mehr verlangt werden kann bzw. nicht vorgenommen wird. Es handelt sich um ein rück-

---

[1] Entspricht *Schreiben FM Bayern vom 13. 12. 1984 mit Ergänzungsschreiben vom 27. 10. 1997.*

wirkendes Ereignis i. S. d. § 175 Abs. 1 S. 1 Nr. 2 AO. Hierüber haben die Steuerschuldner gemäß der in § 19 Abs. 2 GrEStG neu angefügten Nr. 5 dem Finanzamt Anzeige zu erstatten.

Die Fälle nach § 4 Nr. 9 GrEStG sind hinsichtlich der Erfüllung des begünstigten Zwecks in geeigneter Weise zu überwachen und im Hinblick auf die Vorschriften über die Festsetzungsverjährung im Abstand von fünf Jahren zu überprüfen.

In den entsprechenden Freistellungsbescheiden sind die Steuerpflichtigen auf ihre Anzeigepflicht nach § 19 Abs. 2 Nr. 5 GrEStG hinzuweisen. 20

Dieser Erlass ergeht im Einvernehmen mit den obersten Finanzbehörden der anderen Länder.

Anl c zu § 4

c) Erlass betr. Befreiung nach Art. 1 § 14 Abs. 4 des Finanzmarktstabilisierungsgesetzes – FMStG – vom 17. Oktober 2008 (BGBl. I S. 1982)

Vom 12. November 2008

(FM Bayern 36 – S 4506 – 041 – 41810/08)

Im Zuge der Maßnahmen gegen die negativen Auswirkungen der gegenwärtigen Finanzmarktkrise hat der Bund u. a. einen Fonds unter der Bezeichnung „Finanzmarktstabilisierungsfonds – FMS" errichtet, der der Stabilisierung des Finanzmarktes durch Überwindung von Liquiditätsengpässen und durch Schaffung der Rahmenbedingungen für eine Stärkung der Eigenkapitalbasis bestimmter Institute des Finanzsektors dienen soll. Der Fonds ist ein Sondervermögen i. S. von Art. 110 Abs. 1 und Art. 115 Abs. 2 GG und nicht rechtsfähig (vgl. Art. 1 Finanzmarktstabilisierungsfondsgesetz – FMStFG –, §§ 1 bis 3 des Finanzmarktstabilisierungsgesetzes – FMStG – vom 17. Oktober 2008 (BGBl. I S. 1982)). 21

§ 14 Abs. 4 des Finanzmarktstabilisierungsfondsgesetzes – FMStFG – enthält für den o. a. Fonds eine Befreiungsregelung von der Grunderwerbsteuer. Danach sind die zur Wahrnehmung der dem Fonds zugewiesenen Aufgaben als Erwerber vorgenommenen Rechtsakte von der Grunderwerbsteuer befreit. Außerdem bleiben bei der Ermittlung des Vomhundertsatzes des § 1 Abs. 2 a GrEStG Erwerbe von Anteilen durch den Fonds außer Betracht. Das FMStFG ist nach Art. 7 Abs. 1 FMStG am Tag nach dessen Verkündung – also am 18. Oktober 2008 – in Kraft getreten.

Anl d zu § 4

d) Erlass betr. Befreiung nach Art. 1 § 14 Abs. 4 des Finanzmarktstabilisierungsgesetzes – FMStG – vom 17. Oktober 2008 (BGBl. I S. 1982)

Vom 25. September 2009 (DB S. 2240)

(FM Baden-Württemberg 3 – S 440.0/20)

Durch Art. 10 Nummer 1 Buchst. c des Bürgerentlastungsgesetzes Krankenversicherung vom 16. Juli 2009 (BGBl. I S. 1959) ist die durch Art. 1 FMStG eingefügte Grunderwerbsteuerbefreiung des § 14 Abs. 4 FMStFG ergänzt worden. Danach sind auch die Erwerbe des Fonds als Enteignungsbegünstigter von der Grunderwerbsteuer befreit. Die Befreiung greift insbesondere ein bei Enteignungen im Sinne des Gesetzes zur Rettung von Unternehmen zur Stabilisierung des Finanzmarktes (Rettungsübernahmegesetz – RettungsG –), vgl. Art. 3 des Finanzmarktstabilisierungsergänzungsgesetzes – FMStErgG – vom 7. April 2009 (BGBl. I S. 725). 22

Die Neufassung des § 14 Abs. 4 FMStFG ist am 9. April 2009, dem Tage des Inkrafttretens des Rettungsübernahmegesetzes, in Kraft getreten (Art. 19 Abs. 2 Bürgerentlastungsgesetz Krankenversicherung).

Anl e zu § 4

e) Übersicht: Steuerbefreiungen außerhalb des GrEStG

23

- § 67 Abs. 1 des Landwirtschaftsanpassungsgesetzes[1] vom 29. 6. 1990 (GBl. DDR I S. 642). Das Gesetz wurde mit geringen Änderungen nach Art. 1 EinigVertr i. V. m. Anl. II Kap VI Sachgebiet A Abschn. II Nr. 1 EinigVertr übergeleitet und gilt i. d. F. der Bek. vom 3. 7. 1991 (BGBl. I S. 1418) – mit weiteren Änderungen, zuletzt durch Gesetz vom 10. 8. 2021 (BGBl. I S. 3436) – weiter;
- § 34 Abs. 3 des Vermögensgesetzes[2] vom 23. 9. 1990 (BGBl. II S. 885, 1159);
  Das Gesetz gilt zur Zeit i. d. F. der Bek. vom 9. 2. 2005 (BGBl. I S. 205), zuletzt geändert durch Gesetz vom 4. 5. 2021 (BGBl. I S. 882);
- Art. 8 des Zustimmungsgesetzes zum Wismut-Vertrag vom 12. 12. 1991 (BGBl. II S. 1138); das Gesetz wurde zuletzt geändert durch VO vom 31. 8. 2015 (BGBl. I S. 1474);
- § 17 des Bodensonderungsgesetzes vom 20. 12. 1993 (BGBl. I S. 2182, 2215), zuletzt geändert durch VO vom 31. 8. 2015 (BGBl. I S. 1474);
- § 1 der Verordnung über die Gewährung von Steuerbefreiungen für die European Transonic Windtunnel GmbH vom 1. 9. 1989 (BGBl. II S. 738);
- § 10 Postumwandlungsgesetz vom 14. 9. 1994 (BGBl. I S. 2325, ber. 1996 I S. 103), zuletzt geändert durch Gesetz vom 5. 2. 2009 (BGBl. I S. 160);
- § 6 Abs. 3 und 4 des Energiewirtschaftsgesetzes vom 7. 7. 2005 (BGBl. I S. 1970), zuletzt geändert durch Gesetz vom 21. 2. 2025 (BGBl. I Nr. 51);
- § 14 Abs. 4 und § 27 Abs. 2 des Gesetzes zur Errichtung eines Finanzmarkt- und eines Wirtschaftsstabilisierungsfonds (Stabilisierungsfondsgesetz – FMStFG) vom 17. 10. 2008 (BGBl. I S. 1982), zuletzt geändert durch Gesetz vom 28. 2. 2025 (BGBl. I Nr. 69);

[1] Erlass zur Anwendung letztmals im ErbSt-Handbuch 2012 als Anlage f zu § 4 GrEStG.
[2] Erlasse zur Anwendung letztmals im ErbSt-Handbuch 2012 als Anlagen c, d und e zu § 4 GrEStG.

- § 100 a des Kapitalanlagegesetzbuches vom 4. 7. 2013 (BGBl. I S. 1981), zuletzt geändert durch Gesetz vom 27. 12. 2024 (BGBl. I Nr. 438);
- Art. 1 des Gesetzes zu dem Protokoll vom 27. Juni 1997 zur Neufassung des Internationalen Übereinkommens vom 13. Dezember 1960 über Zusammenarbeit zur Sicherung der Luftfahrt „EUROCONTROL" vom 6. Februar 2017, Art. 22 des Übereinkommens (BGBl. 2017 II S. 74);
- § 5 der Verordnung über die Gewährung von Vorrechten und Befreiungen an die Internationale Union für die Erhaltung der Natur und der natürlichen Hilfsquellen vom 31. März 2017 (BGBl. 2017 II S. 368);
- Art. 1 des Gesetzes zu dem Abkommen vom 8. Dezember 2016 zwischen der Regierung der Bundesrepublik Deutschland und der Europäischen Agentur für Flugsicherheit über den Sitz der Europäischen Agentur für Flugsicherheit; Art. 6 Abs. 1 des Abkommens (BGBl. 2017 II S. 762);
- § 11 des Gesetzes über die Vorrechte, Immunitäten, Befreiungen und Erleichterungen in der Bundesrepublik Deutschland als Gaststaat internationaler Einrichtungen (Gaststaatgesetz) vom 30. November 2019 (BGBl. I S. 1929);
- Verordnung vom 13. Februar 2023 zu dem Abkommen vom 9. Dezember 2022 zwischen der Regierung der Bundesrepublik Deutschland und der Bank für Internationalen Zahlungsausgleich über das BIZ Innovation Hub Eurosystem Centre in Frankfurt am Main; Art. 11 des Abkommens (BGBl. 2023 II Nr. 49);
- Verordnung vom 7. Juni 2023 zu dem Abkommen vom 9. Dezember 2022 zwischen der Regierung der Bundesrepublik Deutschland und dem Europäischen Zentrum für mittelfristige Wettervorhersage über eine Zweigniederlassung des Europäischen Zentrums für mittelfristige Wettervorhersage in Bonn; Art. 13 des Abkommens (BGBl. 2023 II Nr. 158);
- Art. 12 des Abkommens zwischen der Regierung der Bundesrepublik Deutschland und der Internationalen EU-LAK-Stiftung über den Sitz der Internationalen EU-LAK-Stiftung, Bekanntmachung 17. August 2023 (BGBl. 2023 II Nr. 252).

Rspr zu § 4

Rechtsprechung zu § 4

1. BFH-Urteil vom 17. 5. 1989 II R 98/86 (BFH/NV 1990 S. 263):

24 Vereinbaren mehrere öffentlich-rechtliche und Krankenhäuser betreibende Körperschaften aus Rationalisierungsgründen, daß jede Körperschaft nur Kliniken einer bestimmten medizinischen Fachrichtung betreibt, so geschieht eine dadurch bedingte Erbbaurechtsbestellung nicht „aus Anlaß des Übergangs von Aufgaben" zwischen Körperschaften des öffentlichen Rechts.

2. BFH-Urteil vom 19. 10. 1994 II R 37/94 (BStBl. 1995 II S. 205):

Grundstücksrückübertragungen auf den Berechtigten i. S. des VermG, die aufgrund einer während eines anhängigen Verfahrens nach dem VermG erzielten gütlichen Einigung erfolgen, sind auch dann grundsätzlich grunderwerbsteuerrechtlich nach § 34 Abs. 3 VermG begünstigungsfähig, wenn die Übertragung rechtsgeschäftlich erfolgt.

3. BFH-Urteil vom 10. 12. 1997 II R 27/97 (BStBl. 1998 II S. 159):

Die Abtretung eines Anspruchs nach dem Vermögensgesetz auf Rückübertragung des Eigentums an einem Grundstück unterliegt nicht der Grunderwerbsteuer.

4. BFH-Urteil vom 26. 7. 2000 II R 6/99 (BStBl. II S. 698):

Nach § 4 Nr. 5 GrEStG 1983 i. d. F. des Art. 1 § 9 Nr. 1 des Zweiten Vermögensrechtsänderungsgesetzes vom 14. 7. 1992 (BGBl. I, 1257) ist (auch) die Übertragung von Grundstücken mit solchen Gebäuden auf kommunale Wohnungsgesellschaften steuerfrei, die neben einer Vielzahl von Wohnungen gewerblich genutzte Flächen sowie Einrichtungen der Daseinsvorsorge enthalten.

5. BFH-Urteil vom 10. 12. 2003 II R 28/03 (BFH/NV 2004 S. 812):

Die Grunderwerbsteuerbefreiung nach § 4 Nr. 4 Satz 1 GrEStG ist unabhängig davon zu gewähren, ob die Umstrukturierung der Treuhandanstalt durch Übertragung ihrer Aufgaben auf neue Maßnahmenträger im Zeitpunkt des Grundstücksübergangs auf die Kapitalgesellschaft im Wege der Vermögenszuordnung bereits abgeschlossen war.

6. BFH-Beschluss vom 11. 5. 2006 II B 120/05 (BFH/NV S. 1706):

Aus dem klaren Wortlaut und Sinngehalt des § 4 Nr. 5 GrEStG ergibt sich ohne Weiteres, dass die Vorschrift weder direkt noch entsprechend auf den Grundstückserwerb durch eine Wohnungsgesellschaft anwendbar ist, an der neben den übertragenden Kommunen auch eine Sparkasse beteiligt ist.

7. BFH-Urteil vom 1. 9. 2011 II R 16/10 (BStBl. 2012 II S. 148):

Der Verkauf eines Kirchengrundstücks durch eine Religionsgemeinschaft an eine andere konfessionsverschiedene Religionsgemeinschaft ist nicht wegen der fortgesetzten Grundstücksnutzung für sakrale Zwecke nach § 4 Nr. 1 GrEStG steuerbefreit.

8. BFH-Urteil vom 5. 10. 2011 II R 18/10 (BFH/NV 2012 S. 608):

Für die Grunderwerbsteuerbefreiung nach § 34 Abs. 3 Satz 1 VermG reicht es nicht aus, dass Vermögenswerte einer Person von einer Maßnahme nach § 1 VermG betroffen sind. Erforderlich ist vielmehr, dass die Person nach dem VermG auch (originär) Berechtigte ist.

9. BFH-Urteil vom 20. 12. 2011 II R 42/10 (BFH/NV 2012 S. 1177):

1. Erwirbt eine aus geschiedenen Ehegatten bestehende GbR, an der diese zu gleichen Anteilen beteiligt sind, im Rahmen der Vermögensauseinandersetzung nach Scheidung der Ehegatten ein Grund-

stück eines Gesellschafters, ist dieser Erwerb steuerfrei, weil der Erwerb von einem Alleineigentümer in die Gesamthand (§ 5 Abs. 2 GrEStG) und im Übrigen im Rahmen der Vermögensauseinandersetzung (§ 3 Nr. 5 GrEStG) erfolgt. Rspr zu § 4

2. Eine begünstige Vermögensauseinandersetzung liegt auch dann vor, wenn Eheleute zur Regelung ihrer Vermögensverhältnisse anlässlich der Scheidung ein Grundstück und Gebäude auf fremdem Grund und Boden, die während der Ehe jeweils im Alleineigentum eines Ehegatten standen und für betriebliche Zwecke genutzt wurden, in das Gesamthandseigentum einer von den geschiedenen Eheleuten neu gegründeten GbR einbringen, um den während der Ehe aufgebauten Betrieb auch nach der Scheidung fortzuführen. *noch* **24**

10. BFH-Urteil vom 9. 11. 2016 II R 12/15 (BStBl. 2017 II S. 211):

Der Verkauf von Grundstücken durch eine GmbH an einen Landkreis ist nicht nach § 4 Nr. 1 GrEStG von der Grunderwerbsteuer befreit.

11. BFH-Urteil vom 10. 4. 2019 II R 16/17 (BStBl. II S. 624):

1. § 4 Nr. 9 GrEStG a. F. (jetzt § 4 Nr. 5 GrEStG) ist auf Rückerwerbsfälle anwendbar, in denen ein Grundstück vor Inkrafttreten dieser Norm im Rahmen einer Öffentlich Privaten Partnerschaft auf den privaten Partner übertragen wurde, die Rückübertragung des Grundstücks aber für einen nach Einführung dieser Norm liegenden Zeitpunkt vereinbart war.

2. Eine Öffentlich Private Partnerschaft nach § 4 Nr. 9 GrEStG a. F. erfordert eine Kooperation zwischen dem privaten und dem öffentlich-rechtlichen Partner i. S. einer Beteiligung des privaten Partners an der Erbringung öffentlicher Aufgaben.

3. Die nach § 4 Nr. 9 GrEStG a. F. erforderliche Vereinbarung, dass das Grundstück am Ende des Vertragszeitraums einer Öffentlich Privaten Partnerschaft auf die juristische Person des öffentlichen Rechts zurückübertragen wird, muss klar und eindeutig sein.

12. BFH-Urteil vom 27. 11. 2019 II R 40/16 (BStBl. 2020 II S. 233):

1. Das Prüfungs- und Zeugnisrecht einer staatlich anerkannten Ersatzschule ist öffentlich-rechtlicher Natur.

2. Geht mit der Trägerschaft an einer staatlich anerkannten Ersatzschule auch das Prüfungs- und Zeugnisrecht über, handelt es sich um den Übergang öffentlich-rechtlicher Aufgaben i. S. des § 4 Nr. 1 GrEStG.

13. BFH-Urteil vom 10.5.2023 II R 24/21 (BStBl. II S. 1060), Ls. 5:

1.–3. *(abgedruckt zu § 1 Abs. 3)*

4. *(abgedruckt zu § 3)*

5. § 4 Nr. 1 GrEStG ist nur auf den Erwerb von Grundstücken, nicht auf Anteilsvereinigungen anzuwenden.

14. BFH-Urteil vom 15. 5. 2024 II R 4/22 (abgedruckt zu § 1 Abs. 1 Nr. 3–7)

GrEStG

§ 5 Übergang auf eine Gesamthand

1 **(1) ① Geht ein Grundstück von mehreren Miteigentümern auf eine Gesamthand (Gemeinschaft zur gesamten Hand) über, so wird die Steuer nicht erhoben, soweit der Anteil des einzelnen am Vermögen der Gesamthand Beteiligten seinem Bruchteil am Grundstück entspricht. ② Satz 1 gilt nicht für eine Gesamthand, die nach § 1a des Körperschaftsteuergesetzes optiert hat, es sei denn, die Ausübung und Wirksamkeit der Option liegt länger als die in Absatz 3 Satz 1 genannte Frist zurück und die jeweilige Beteiligung am Vermögen der Gesamthand besteht länger als die in Absatz 3 Satz 1 genannte Frist. ③ Satz 1 gilt nicht für eine Gesellschaft im Sinne des § 1 Absatz 1 des Körperschaftsteuergesetzes mit Sitz im Ausland, deren Ort der Geschäftsleitung im Inland belegen ist, und die nach inländischem Gesellschaftsrecht als Personengesellschaft behandelt wird.**

2 **(2) ① Geht ein Grundstück von einem Alleineigentümer auf eine Gesamthand über, so wird die Steuer in Höhe des Anteils nicht erhoben, zu dem der Veräußerer am Vermögen der Gesamthand beteiligt ist. ② Absatz 1 Satz 2 gilt entsprechend. ③ Absatz 1 Satz 3 gilt entsprechend.**

3 **(3)[1] ① Die Absätze 1 und 2 sind insoweit nicht anzuwenden, als sich der Anteil des Veräußerers am Vermögen der Gesamthand innerhalb von zehn Jahren nach dem Übergang des Grundstücks auf die Gesamthand vermindert. ② Satz 1 gilt nicht, soweit allein durch den Austritt des Vereinigten Königreichs Großbritannien und Nordirland aus der Europäischen Union sich der Anteil des Veräußerers am Vermögen der Gesamthand innerhalb von zehn Jahren nach dem Übergang des Grundstücks auf die Gesamthand vermindert. ③ Bei der Anwendung des Satzes 1 gilt die Ausübung der Option nach § 1a des Körperschaftsteuergesetzes als Verminderung des Anteils des Veräußerers am Vermögen der Gesamthand, wenn die Option innerhalb der jeweils für Satz 1 geltenden Frist ausgeübt und wirksam wird.**

Übersicht Rz.

Anlage:
Erlass betr. Anwendung der §§ 5 und 6 GrEStG 10–43
Rechtsprechung 50

Anl zu § 5

Erlass betr. Anwendung der §§ 5 und 6 des Grunderwerbsteuergesetzes (GrEStG)

Vom 5. März 2024 (BStBl. I S. 410)

(Gleich lautender Ländererlass)

Inhaltsverzeichnis

1. Allgemeines 1
2. Gesamthand 11
3. Anteil am Vermögen 14
4. Anwendung der §§ 5 und 6 GrEStG in den Fällen der § 1 Absatz 2 a bis Absatz 3 a GrEStG 17
4.1. Anwendung in den Fällen des § 1 Absatz 2 a GrEStG 17
4.2. Anwendung in den Fällen des § 1 Absatz 2 b GrEStG 25
4.3. Anwendung in den Fällen des § 1 Absatz 3 GrEStG 26
4.4. Anwendung in den Fällen des § 1 Absatz 3 a GrEStG 29
5. Verhältnis zu den übrigen Steuervergünstigungen 30
6. Behaltensfrist 39
7. Versagung der Steuervergünstigung nach § 5 Absatz 3 bzw. nach § 6 Absatz 3 GrEStG 41
7.1. Allgemeines 41
7.2. Veräußerung des Grundstücks 48
7.3. Formwechselnde Umwandlung 49
7.3.1. Formwechslende Umwandluch der grundstückserwerbenden Gesamthand 49
7.3.1.1. Homogene formwechselnde Umwandlung 49
7.3.1.2. Heterogene formwechselnde Umwandlung 50
7.3.2. Formwechslende Umwandluch des grundstücksübertragenden Gesamthänders 53
7.3.2.1. Homogene formwechselnde Umwandlung 53
7.3.2.2. Heterogene formwechselnde Umwandlung 58
7.4. Verhältnis zu den Befreiungsvorschriften 65
7.4.1. Anwendung des § 3 Nummer 2 GrEStG 66
7.4.2. Anwendung des § 3 Nummer 4 bis 6 GrEStG 72
7.5. Anteilsverminderung nach vorheriger Grundstücksveräußerung 75
7.6. Anwachsung 78
7.7. Umwandlung einer mittelbaren in eine unmittelbare Beteiligung bzw. einer unmittelbaren in eine mittelbare Beteiligung 88
7.8. Verwirklichung der Tatbestände nach § 1 Absatz 2 a, Absatz 3 oder Absatz 3 a GrEStG 94
7.8.1. Verhältnis zu § 1 Absatz 2 a GrEStG 95
7.8.1.1. Gesellschafterwechsel in einem Rechtsakt 95
7.8.1.2. Gesellschafterwechsel in mehreren Rechtsakten 99
7.8.2. Verhältnis zu § 1 Absatz 3 GrEStG 105
7.8.3. Verhältnis zu § 1 Absatz 3 a GrEStG 111
8. Auswirkungen und Folgen einer Option nach § 1 a KStG 116
9. Anzeigepflicht der Beteigten nach § 19 Absatz 2 Nummer 4 GrEStG 117
10. Verfahrensrechtliche Folgen 119
11. Zeitlicher Anwendungsbereich 122

[1] § 5 Abs. 3 erstmals anzuwenden ab 1. 1. 2000 (§ 23 Abs. 6 Satz 2 GrEStG); Abs. 3 Satz 2 erstmals anzuwenden ab 1. 2. 2020 (§ 23 Abs. 7 Satz 3 GrEStG); zur Anwendung von § 5 Abs. 3 i. d. F. des Gesetzes vom 12. 5. 2021 siehe § 23 Abs. 18 und 24 GrEStG.

Anl zu § 5

1. Allgemeines

1 Mit dem Gesetz zur Änderung des Grunderwerbsteuergesetzes vom 12. Mai 2021 (BGBl. I, 986) wurden insbesondere die einzuhaltenden Fristen der Steuervergünstigungen in den §§ 5 und 6 GrEStG verlängert. Soweit sich aus der Sachverhaltsdarstellung nichts anderes ergibt, bilden die Beispiele die Rechtslage nach dem 30. Juni 2021 entsprechend § 23 Absatz 18 GrEStG ab. 10

2 Ferner wurden die §§ 5 und 6 GrEStG durch das Jahressteuergesetz 2020 vom 21. Dezember 2020 (BGBl. I, 3096), durch das Gesetz zur Modernisierung des Körperschaftsteuerrechts vom 25. Juni 2021 (BGBl. I, 2050), durch das Gesetz zur Abwehr von Steuervermeidung und unfairem Steuerwettbewerb und zur Änderung weiterer Gesetze vom 25. Juni 2021 (BGBl. I, 2056) und durch das Jahressteuergesetz 2022 vom 16. Dezember 2022 (BGBl. I, 2294) geändert. Soweit sich aus der Sachverhaltsdarstellung der Beispiele nichts anderes ergibt, haben Personengesellschaften nicht nach § 1 a KStG optiert.

3 Mit dem Kreditzweitmarktförderungsgesetz vom 22. Dezember 2023 (BGBl. 2023 I Nr. 411) wurde § 24 GrEStG neu eingeführt. Bis zum Ablauf des 31. Dezember 2026 werden rechtsfähige Personengesellschaften (§ 14 a Absatz 2 Nummer 2 AO) weiterhin für Zwecke der Grunderwerbsteuer als Gesamthand und deren Vermögen als Gesamthandsvermögen fingiert.

4 Gesamthandsgemeinschaften sind grunderwerbsteuerrechtlich selbständige Rechtsträger. Daher unterliegen auch Erwerbsvorgänge zwischen einer Gesamthandsgemeinschaft und den an ihr Beteiligten beziehungsweise zwischen Gesamthandsgemeinschaften der Steuer. Anders als bei Kapitalgesellschaften tritt bei Gesamthandsgemeinschaften keine Verselbständigung des Gesellschaftsvermögens in der Hand der Gesamthand ein. Jeder Gesamthänder ist allein kraft seines Mitgliedschaftsrechts sachenrechtlich am Gesamthandsvermögen beteiligt.

5 Die Steuer für den Grundstücksübergang wird nach Maßgabe der §§ 5 und 6 GrEStG nicht erhoben, soweit der übertragende oder erwerbende Gesamthänder am Vermögen der Gesamthand beteiligt ist. Dies gilt entsprechend beim Übergang eines Grundstücks von einer Gesamthand auf eine andere Gesamthand, soweit deren Gesamthänder identisch sind und ihre Beteiligungshöhe übereinstimmt.

6 Ist für den Fall der Auflösung der Gesamthand eine abweichende Auseinandersetzungsquote vereinbart, ist diese grundsätzlich maßgebend (§ 6 Absatz 1 Satz 2 GrEStG).

7 Die Begünstigungsvorschriften erstrecken sich auf folgende Vorgänge:
- Übergang eines Grundstücks von mehreren Miteigentümern (§ 5 Absatz 1 GrEStG) oder von einem Alleineigentümer (§ 5 Absatz 2 GrEStG) auf eine Gesamthand.
  Dem Rechtsgedanken des § 5 Absatz 2 und des § 7 Absatz 1 GrEStG folgend, bei ähnlichen Konstellationen nur echte Wertverschiebungen zwischen Rechtsträgern grunderwerbsteuerlich zu erfassen, ist Grunderwerbsteuer ebenso nicht zu erheben, wenn mit der Aufhebung von Sondereigentum an Wohnungen und anschließender Realteilung jeder Beteiligte Eigentum entsprechend der bisherigen Aufteilung in Wohnungseigentum erwirbt;
- Übergang eines Grundstücks von einer Gesamthand in das Miteigentum mehrerer Gesamthänder (§ 6 Absatz 1 GrEStG) oder in das Alleineigentum eines Gesamthänders (§ 6 Absatz 2 GrEStG) und
- Übergang eines Grundstücks von einer Gesamthand auf eine andere Gesamthand (§ 6 Absatz 3 Satz 1 in Verbindung mit Absatz 1 Satz 1 GrEStG); dies gilt auch für Fälle, in denen die eine Gesamthand an der anderen Gesamthand beteiligt ist (vergleiche BFH-Urteil vom 24. September 1985 – II R 65/83, BStBl II, 714).

8 Die Steuervergünstigung nach § 5 Absatz 1 und Absatz 2 beziehungsweise nach § 6 Absatz 3 Satz 1 in Verbindung mit Absatz 1 Satz 1 GrEStG bleibt nur erhalten, soweit der grundstücksübertragende Gesamthänder die Höhe seines Anteils am Vermögen der Gesamthand innerhalb von zehn Jahren nach dem Grundstücksübergang uneingeschränkt aufrechterhält (§ 5 Absatz 3 Satz 1 beziehungsweise § 6 Absatz 3 Satz 2 GrEStG). Andernfalls ist die Vergünstigung rückwirkend ganz oder teilweise zu versagen. Zur verfahrensrechtlichen Behandlung vergleiche Textziffer 10.

9 Die Steuervergünstigung nach § 6 Absatz 1 bis 3 GrEStG gilt nicht, soweit
- ein Gesamthänder beziehungsweise dessen Rechtsvorgänger seinen Anteil am Vermögen der Gesamthand innerhalb von zehn Jahren vor dem Grundstücksübergang durch Rechtsgeschäft unter Lebenden erworben hat (§ 6 Absatz 4 Nummer 1 GrEStG);
- eine vom Beteiligungsverhältnis abweichende Auseinandersetzungsquote innerhalb der letzten zehn Jahre vor der Auflösung der Gesamthand vereinbart worden ist (§ 6 Absatz 4 Nummer 2 GrEStG);
- bei einem Erwerbsvorgang im Sinne des § 1 Absatz 3 Nummer 1 oder Nummer 2 oder Absatz 3 a der Erwerber – im Fall der Erbfolge sein Rechtsvorgänger – innerhalb von 15 Jahren vor dem Erwerbsvorgang seinen Anteil am Vermögen der Personengesellschaft erstmals durch Rechtsgeschäft unter Lebenden erworben hat, es sei denn, einer der Erwerbe der Anteile am Gesellschaftsvermögen durch diesen Erwerber – im Falle der Erbfolge durch seinen Rechtsvorgänger – hat zu einem steuerpflichtigen Erwerbsvorgang im Sinne des § 1 Absatz 2 a GrEStG geführt (§ 6 Absatz 4 Nummer 3 GrEStG).

10 Eine Begünstigung ist damit nach § 6 Absatz 4 GrEStG ausgeschlossen, wenn die grundbesitzende Personengesellschaft vor weniger als zehn Jahren vor der Grundstücksübertragung durch heterogene formwechselnde Umwandlung aus einer Kapitalgesellschaft entstanden ist (vergleiche BFH-Urteil vom 4. April 2001 – II R 57/98, BStBl II, 587).

Anl zu § 5

2. Gesamthand

11 **11** Zu den Gesamthandsgemeinschaften im Sinne der §§ 5 und 6 GrEStG gehören die Personenhandelsgesellschaften (OHG, KG), die Partnerschaftsgesellschaften, die Gesellschaften bürgerlichen Rechts (GbR, eGbR), die Erbengemeinschaften sowie die (fortgesetzten) Gütergemeinschaften. Nach § 24 GrEStG in Verbindung mit § 14 a Absatz 2 Nummer 2 AO gelten ab dem 1. Januar 2024 bis zum 31. Dezember 2026 rechtsfähige Personengesellschaften weiterhin als Gesamthand und deren Vermögen als Gesamthandsvermögen.

12 Ausländische Personengesellschaften, deren rechtliche Struktur den inländischen Personengesellschaften entspricht, sind ebenfalls begünstigt.

13 Die Begünstigungen in § 5 Absatz 1 Satz 1, Absatz 2 Satz 1 sowie § 6 Absatz 3 Satz 1 in Verbindung mit Absatz 1 Satz 1 GrEStG finden keine Anwendung, wenn es sich bei der grundstücksaufnehmenden Gesellschaft um eine Gesellschaft im Sinne des § 1 Absatz 1 KStG mit Sitz im Ausland handelt, deren Ort der Geschäftsleitung im Inland belegen ist und die nach inländischem Gesellschaftsrecht als Personengesellschaft behandelt wird (§ 5 Absatz 1 Satz 3, Absatz 2 Satz 3 und § 6 Absatz 3 Satz 6 GrEStG).

3. Anteil am Vermögen

12 **14** Als Anteil am Vermögen der Gesamthand im Sinne der §§ 5 und 6 GrEStG ist die wertmäßige Beteiligung des einzelnen Gesamthänders am Gesamthandsvermögen anzusehen (BFH-Urteil vom 12. Januar 2022 – II R 16/20, BStBl. II 2024, 272). Maßgebend ist die gesellschaftsvertraglich vereinbarte Beteiligung am Vermögen (fest oder variabel). Hierfür ist auf den Zeitpunkt der Verwirklichung des Erwerbsvorgangs abzustellen.

15 Ein Anteil am Vermögen der Gesamthand kann auch über eine mehrstöckige Beteiligung vermittelt werden. Bei doppelstöckigen Gesamthandsgemeinschaften ist nicht die Zwischengesamthand als solche als Zurechnungssubjekt anzusehen, sondern ein Rückgriff auf die am Vermögen der Zwischengesamthand beteiligten Gesamthänder geboten (BFH-Urteil vom 12. Januar 2022 – II R 16/20, BStBl. II 2024, 272).

16 Erfolgt die Grundstücksübertragung im Rahmen der Auflösung der Gesellschaft, ist eine eventuell abweichend vereinbarte Auseinandersetzungsquote maßgebend (§ 6 Absatz 1 Satz 2 GrEStG).

4. Anwendung der §§ 5 und 6 GrEStG in den Fällen der § 1 Absatz 2a bis Absatz 3a GrEStG

4.1. Anwendung in den Fällen des § 1 Absatz 2a GrEStG

13 **17** In den Fällen des § 1 Absatz 2 a Satz 1 GrEStG ist § 6 Absatz 3 Satz 1 in Verbindung mit Absatz 1 Satz 1 GrEStG anwendbar. Die Steuer wird nicht erhoben, soweit der Anteil des in der fiktiv neuen Gesellschaft verbleibenden Gesellschafters dem Anteil entspricht, mit dem er am Vermögen der Gesamthand vor dem Gesellschafterwechsel beteiligt war. Das Ausmaß der Vergünstigung ist auf die Deckungsgleiche der ursprünglichen unmittelbaren oder mittelbaren Beteiligung am Vermögen der grundbesitzenden Personengesellschaft sowie der unmittelbaren oder mittelbaren Beteiligung am Vermögen der fiktiv neuen Personengesellschaft beschränkt.

18 Erfolgt die Änderung des Gesellschafterbestands in mehreren Teilakten, kommt es für das Ausmaß der Vergünstigung auf den Gesellschafterbestand vor dem ersten und nach dem letzten Teilakt an.

19 Bei Anwendung des § 1 Absatz 2 a GrEStG verliert ein Gesellschafter, der zwischenzeitlich ausscheidet, seine Altgesellschafterstellung und ist beim Wiedereintritt zwingend als Neugesellschafter anzusehen. Im Rahmen des § 6 Absatz 3 Satz 1 in Verbindung mit Absatz 1 Satz 1 GrEStG ist ein zwischenzeitliches Ausscheiden des Altgesellschafters unbeachtlich. Maßgeblich ist, dass dieser seine Gesellschafterstellung mindestens bis zum ersten Teilakt innehatte und spätestens mit dem letzten Teilakt wiedererlangt. Das Gleiche gilt bei mehrstöckigen Personengesellschaften.

20 § 6 Absatz 3 Satz 1 in Verbindung mit Absatz 1 Satz 1 GrEStG ist im Anwendungsbereich des § 1 Absatz 2 a Satz 1 GrEStG nach dem Zweck der Vorschriften einschränkend auszulegen. Kapitalgesellschaften, die durch die Änderung ihrer Beteiligungsverhältnisse als Neugesellschafter anzusehen sind, gelten im Rahmen der Anwendung des § 6 Absatz 3 Satz 1 in Verbindung mit Absatz 1 Satz 1 GrEStG als nicht am Vermögen der fiktiv neuen Gesamthandsgemeinschaft beteiligt. Andernfalls würde die Besteuerung nach § 1 Absatz 2 a Satz 1 GrEStG, die auch mittelbare Änderungen im Gesellschafterbestand erfasst, entgegen dem gesetzgeberischen Willen neutralisiert (vergleiche BFH-Urteil vom 29. Februar 2012 – II R 57/09, BStBl. II, 917).

21 **Beispiel 1:**

Am Vermögen einer grundbesitzenden KG sind A und eine OHG seit zehn Jahren zu je 50% unverändert beteiligt. Am Vermögen der OHG sind B und C zu je 50% beteiligt.

Im Jahr 01 veräußert A 43% der Anteile am Gesellschaftsvermögen an die OHG und 7% der Anteile am Gesellschaftsvermögen an Z.

Im Jahr 02 veräußert die OHG ihre Anteile in Höhe von 93% an eine GmbH & Co. KG, deren einziger Kommanditist A ist. Die Komplementär-GmbH ist vermögensmäßig nicht an der KG beteiligt.

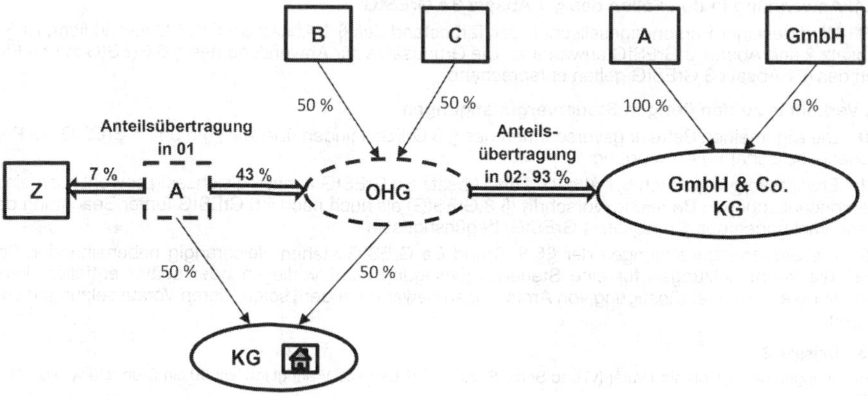

22 Lösung:

Jahr 01:

Die Anteilsübertragungen im Jahr 01 erfüllen nicht den Tatbestand des § 1 Absatz 2 a GrEStG, da nicht innerhalb von zehn Jahren mindestens 90% der Anteile am Vermögen der KG (A an Z 7%) auf Neugesellschafter übergegangen sind. Die Anteilsübertragung auf die OHG ist bei der Berechnung der maßgeblichen Beteiligungsgrenze nicht zu berücksichtigen, da die OHG Altgesellschafterin der KG ist.

Jahr 02:

Die Anteilsübertragungen in den Jahren 01 und 02 erfüllen zusammen den Tatbestand des § 1 Absatz 2 a Satz 1 GrEStG, da innerhalb von zehn Jahren mindestens 90% der Anteile am Vermögen der KG (01: A an Z 7% + 02: OHG an GmbH & Co. KG 93%) auf Neugesellschafter übergegangen sind.
Obwohl A durch die Anteilsübertragungen auf Z und die OHG im Jahr 01 seine Eigenschaft als Altgesellschafter der KG verloren hat, ist für diesen Erwerbsvorgang die Steuer gemäß § 6 Absatz 3 Satz 1 in Verbindung mit Absatz 1 Satz 1 GrEStG in Höhe von 50% nicht zu erheben. Die Höhe der Steuervergünstigung ergibt sich aus der Deckungsgleiche der vor dem ersten Teilakt bestehenden unmittelbaren Beteiligung des A am Vermögen der KG (50%) und seiner nach dem letzten Teilakt bestehenden mittelbaren Beteiligung am Vermögen der KG (100% von 93%). § 6 Absatz 4 Nummer 1 GrEStG schließt die Vergünstigung nicht aus, weil A seine Beteiligung am Vermögen der KG vor mehr als zehn Jahren erworben hat.

23 Beispiel 2:

Am Vermögen einer grundbesitzenden KG sind eine GmbH zu 90% und B zu 10% beteiligt. A ist Alleingesellschafter der GmbH.
A bringt seine GmbH-Beteiligung in die AC-OHG ein. Am Vermögen der AC-OHG sind A und C zu je 50% beteiligt.

24 Lösung:

Durch die Einbringung der GmbH-Beteiligung in die AC-OHG gehen innerhalb von zehn Jahren mindestens 90% der Anteile an der GmbH (100%) auf Neugesellschafter in Bezug auf die GmbH über. Die GmbH gilt gemäß § 1 Absatz 2 a Satz 4 GrEStG als Neugesellschafterin der KG. Der Tatbestand des § 1 Absatz 2 a GrEStG ist verwirklicht, da innerhalb von zehn Jahren mindestens 90% der Anteile am Vermögen der KG (90%) auf Neugesellschafter übergegangen sind. Da B in Höhe von 10% am Vermögen der KG beteiligt bleibt, ist die Steuer in dieser Höhe nach § 6 Absatz 3 Satz 1 in Verbindung mit Absatz 1 Satz 1 GrEStG nicht zu erheben.
Die Begünstigung des § 6 Absatz 3 Satz 1 in Verbindung mit Absatz 1 Satz 1 GrEStG findet auf die GmbH keine Anwendung, da die Begünstigung im Anwendungsbereich des § 1 Absatz 2 a Satz 1 GrEStG nach dem Zweck der Vorschriften einschränkend auszulegen ist. Die GmbH gilt im Rahmen der Anwendung des § 6 Absatz 3 Satz 1 in Verbindung mit Absatz 1 Satz 1 GrEStG als nicht am Vermögen der fiktiv neuen KG beteiligt, weil sie aufgrund der Änderung ihrer Beteiligungsverhältnisse in voller Höhe als Neugesellschafterin anzusehen ist.
Da A weder vor noch nach der Anteilseinbringung eine Beteiligung am Vermögen der KG hat, findet § 6 Absatz 3 Satz 1 in Verbindung mit Absatz 1 Satz 1 GrEStG in Bezug auf A keine Anwendung. Ein Durchgriff durch eine Kapitalgesellschaft ist nicht möglich.

4.2. Anwendung in den Fällen des § 1 Absatz 2 b GrEStG

25 Die Steuerbegünstigungen in den §§ 5 und 6 GrEStG sind nicht auf Fälle des § 1 Absatz 2 b GrEStG anwendbar.

4.3. Anwendung in den Fällen des § 1 Absatz 3 GrEStG

26 § 6 Absatz 2 und Absatz 3 GrEStG ist anwendbar, wenn der Tatbestand bei einer grundbesitzenden Personengesellschaft verwirklicht wird. Dies gilt sowohl im Fall der Anteilsvereinigung (§ 1 Absatz 3 Nummer 1 und Nummer 2 GrEStG) als auch im Fall der Anteilsübertragung (§ 1 Absatz 3 Nummer 3 und Nummer 4 GrEStG). **14**

27 Ein Erwerbsvorgang im Sinne des § 1 Absatz 3 Nummer 1 oder Nummer 2 GrEStG ist beispielsweise gegeben, wenn bei einer GmbH & Co. KG mit Grundbesitz ein Kommanditist sowohl die anderen Kommanditanteile als auch mindestens 90% der Anteile an der Komplementär-GmbH erwirbt.

28 § 6 Absatz 2 und Absatz 3 GrEStG ist anwendbar, da der Kommanditist, in dessen Hand sich die Anteile im Sinne des § 1 Absatz 3 Nummer 1 oder Nummer 2 GrEStG vereinigen, grunderwerbsteuerrechtlich so behandelt wird, als habe er das Grundstück von der Gesellschaft erworben. Für den Anwendungsbereich des § 6 GrEStG liegen somit fiktive Grundstücksübertragungen von der GmbH & Co. KG auf den künftigen Alleinkommanditisten vor.

Anl zu § 5

4.4. Anwendung in den Fällen des § 1 Absatz 3 a GrEStG

15 **29** Wird bei einer Personengesellschaft der Tatbestand des § 1 Absatz 3 a GrEStG verwirklicht, ist § 6 Absatz 2 und Absatz 3 GrEStG anwendbar. Die Grundsätze zur Anwendung des § 6 GrEStG in den Fällen des § 1 Absatz 3 GrEStG gelten entsprechend.

5. Verhältnis zu den übrigen Steuervergünstigungen

16 **30** Die allgemeinen Befreiungsvorschriften des § 3 GrEStG finden über die §§ 5 und 6 GrEStG bei Personengesellschaften Anwendung.

31 Erwerbsvorgänge nach § 1 Absatz 3 und Absatz 3 a GrEStG können gleichzeitig sowohl nach einer personenbezogenen Befreiungsvorschrift (§ 3 GrEStG) als auch nach § 6 GrEStG (unter Beachtung der Beschränkungen des § 6 Absatz 4 GrEStG) begünstigt sein.

32 Die Steuervergünstigungen der §§ 5, 6 und 6 a GrEStG stehen gleichrangig nebeneinander. Soweit die Voraussetzungen für eine Steuervergünstigung nicht vorliegen oder später entfallen, kann eine andere Steuervergünstigung von Amts wegen gewährt werden, sofern deren Voraussetzungen vorliegen.

33 Beispiel 3:

Am Vermögen der G-GbR sind Vater (V) und Sohn (S) zu je 50% beteiligt. V bringt im Jahr 00 ein Grundstück in die GbR ein.

34 Lösung:

Für die nach § 1 Absatz 1 Nummer 1 GrEStG steuerbare Grundstücksübertragung wird die Grunderwerbsteuer in Höhe von 100% nicht erhoben. In Höhe von 50% wird die Steuer nach § 5 Absatz 2 GrEStG nicht erhoben, weil V insoweit am Vermögen der G-GbR beteiligt ist. In Höhe der übrigen 50% wird die Steuer auf Grund der Zusammenschau des § 5 Absatz 2 GrEStG und § 3 Nummer 6 GrEStG nicht erhoben, weil S insoweit am Vermögen der G-GbR beteiligt ist und mit V in gerader Linie verwandt ist. V und S haben jeweils für die von ihnen gehaltene Beteiligung die Behaltensfrist nach § 5 Absatz 3 Satz 1 GrEStG zu beachten.

35 Fortsetzung 1 des Beispiels 3:

Im Jahr 02 überträgt V 35% der Anteile am Vermögen der G-GbR unentgeltlich an S. S überträgt sodann im Jahr 04 seine gesamten Anteile gegen Entgelt an den Neugesellschafter X.

36 Lösung:

Jahr 02:

Die unentgeltliche Übertragung der Anteile am Vermögen der G-GbR in Höhe von 35% von V an S löst keinen steuerbaren Tatbestand aus und führt nicht zur Verletzung der Behaltensfrist des § 5 Absatz 3 Satz 1 GrEStG, da eine Steuerumgehung objektiv ausgeschlossen ist. S hat die von V begonnene zehnjährige Behaltensfrist fortzuführen.

Jahr 04:

Die Übertragung der Anteile des S an den Neugesellschafter X verwirklicht den Tatbestand des § 1 Absatz 2 a GrEStG nicht, da nicht mindestens 90% der Anteile am Vermögen der G-GbR (85%) übertragen werden. Durch die entgeltliche Übertragung der Anteile wird die fortgeführte Behaltensfrist des V anteilig und die Behaltensfrist des S vollständig verletzt. Die Steuervergünstigung wird jeweils nach § 5 Absatz 3 Satz 1 GrEStG rückwirkend versagt. Die Steuerfestsetzung im Jahr 00 ist zu ändern. Die Überwachung der Festsetzung in Bezug auf die Beteiligung des V in Höhe von 15% ist bis zum Ablauf der zehnjährigen Behaltensfrist fortzusetzen.

37 Fortsetzung 2 des Beispiels 3:

Im Jahr 02 übertragen V 40% und S 50% der Anteile am Vermögen der G-GbR zeitgleich unentgeltlich an den Neugesellschafter Y.

38 Lösung:

Der Tatbestand des § 1 Absatz 2 a GrEStG ist erfüllt, da mindestens 90% der Anteile am Vermögen der G-GbR (40% + 50%) auf den Neugesellschafter Y übertragen werden. Der Vorgang ist zu 90% nach § 3 Nummer 2 GrEStG befreit. Die Steuer wird nach § 6 Absatz 3 Satz 1 in Verbindung mit Absatz 1 Satz 1 GrEStG in Höhe der Deckungsgleiche der Beteiligung des V am Vermögen der fiktiv alten und der fiktiv neuen G-GbR mithin zu 10% nicht erhoben. Die Nachbehaltensfrist des § 6 Absatz 3 Satz 2 GrEStG ist insoweit zu beachten. Die Überwachung nach § 5 Absatz 3 Satz 1 GrEStG bezüglich der Grundstücksübertragung aus dem Jahr 00 endet wegen der Verwirklichung des § 1 Absatz 2 a GrEStG vollständig (vergleiche hierzu Textziffer 7.8).

6. Behaltensfrist

17 **39** Die Behaltensfrist beginnt mit dem Übergang des Grundstücks auf die Gesamthand. Maßgeblich ist der Zeitpunkt der Verwirklichung des Erwerbsvorgangs im Sinne von § 23 GrEStG für den Erwerbsvorgang. Die Fristberechnung richtet sich nach §§ 186 ff. BGB.

40 Die Behaltensfrist beträgt für Erwerbsvorgänge, die ab dem 1. Juli 2016 verwirklicht worden sind (§ 23 Absatz 18 und Absatz 24 GrEStG), zehn Jahre (vergleiche auch Textziffer 5 der gleich lautenden Erlasse vom 29. Juni 2021 (BStBl I, 1006)).

7. Versagung der Steuervergünstigung nach § 5 Absatz 3 beziehungsweise nach § 6 Absatz 3 GrEStG

7.1. Allgemeines

18 **41** § 5 Absatz 3 Satz 1 beziehungsweise § 6 Absatz 3 Satz 2 GrEStG regelt, dass die gewährte Vergünstigung rückwirkend zu versagen ist, soweit sich innerhalb der Behaltensfrist (vergleiche Textziffer 6) nach dem Übergang des Grundstücks auf die Gesamthand der Anteil des übertragenden Gesamthänders am Vermögen der erwerbenden Gesamthand vermindert.

42 Als Verminderung des Anteils des übertragenden Gesamthänders am Vermögen der Gesamthand ist zum Beispiel zu verstehen

- das Ausscheiden aus der Gesellschaft,
- die Herabsetzung der Beteiligung unter anderem durch Verkauf oder Übertragung auf andere Gesellschafter oder auf einen Treuhänder und
- die Aufnahme neuer Gesellschafter.

43 Eine Verminderung des Anteils des übertragenden Gesamthänders am Vermögen der Gesamthand kann auch durch anderweitige Vereinbarungen (zum Beispiel schuldrechtliche Vereinbarungen) erfolgen, wenn es dadurch bei im Übrigen unveränderter bürgerlich-rechtlicher Beteiligung am Gesamthandsvermögen wirtschaftlich zu einer Beschränkung oder Aufgabe der Beteiligung am wirtschaftlichen Wert des Gesellschaftsanteils und somit an der Teilhabe am Wert des eingebrachten Grundstücks kommt (BFH-Urteil vom 12. Januar 2022 – II R 4/20, BStBl II, 521).

44 Ob aufgrund derartiger schuldrechtlicher Vereinbarungen einem Gesamthänder sein Anteil am wirtschaftlichen Wert des Gesamthandsvermögens nicht mehr zuzurechnen ist, ergibt sich nach dem Gesamtbild der tatsächlichen Verhältnisse im jeweiligen Einzelfall (vergleiche BFH-Urteile vom 9. Juli 2014 – II R 49/12, BStBl II 2016, 57 und vom 30. August 2017 – II R 39/15, BStBl II 2018, 786).

45 Auch die Umwandlung des grundstücksübertragenden Gesamthänders sowie die formwechselnde Umwandlung der erwerbenden Gesamthand in eine Kapitalgesellschaft führt zum Wegfall der Steuervergünstigung für die Grundstücksübertragung.

46 Keine schädliche Verminderung in diesem Sinne liegt vor, soweit sich der Anteil des übertragenden Gesamthänders am Vermögen der Gesamthand allein durch den Austritt des Vereinigten Königreichs Großbritannien und Nordirland aus der Europäischen Union (sogenannter Brexit) vermindert (§ 5 Absatz 3 Satz 2 und § 6 Absatz 3 Satz 3 GrEStG). Hintergrund ist die durch den Brexit eingetretene Umqualifizierung einer Limited als Kapitalgesellschaft hin zu einer Personengesellschaft oder – wenn die Gesellschaften nur einen Gesellschafter haben – zu einer natürlichen Person. Die entsprechende Nachfolge der Limited führt die verbleibende Behaltensfrist (vergleiche Textziffer 6) fort; sollte diese verletzt werden, ist insoweit eine gewährte Steuervergünstigung rückwirkend zu versagen.

47 Soweit eine Steuerumgehung objektiv ausgeschlossen ist, sind die Vorschriften des § 5 Absatz 3 Satz 1 beziehungsweise des § 6 Absatz 3 Satz 2 GrEStG ihrer Zielrichtung entsprechend einschränkend auszulegen (teleologische Reduktion).

7.2. Veräußerung des Grundstücks

48 Das Ausscheiden des Grundstücks aus dem Gesamthandsvermögen durch einen erneuten grund- **19**
erwerbsteuerbaren Rechtsvorgang innerhalb der Frist des § 5 Absatz 3 Satz 1 beziehungsweise des § 6 Absatz 3 Satz 2 GrEStG führt nicht zur rückwirkenden Versagung der Steuervergünstigung, da eine Missbrauchsgestaltung objektiv ausgeschlossen ist. Die Überwachung nach § 5 Absatz 3 Satz 1 beziehungsweise nach § 6 Absatz 3 Satz 2 GrEStG endet.

7.3. Formwechselnde Umwandlung

7.3.1. Formwechselnde Umwandlung der grundstückserwerbenden Gesamthand

7.3.1.1. Homogene formwechselnde Umwandlung

49 Die homogene formwechselnde Umwandlung der grundstückserwerbenden Gesamthand in eine **20**
andere Gesamthand lässt die Beteiligung am Vermögen der Gesamthand unberührt. Der Tatbestand des § 5 Absatz 3 Satz 1 beziehungsweise § 6 Absatz 3 Satz 2 GrEStG ist nicht erfüllt. Der formgewechselte Rechtsträger führt eine bereits laufende Zehnjahresfrist fort.

7.3.1.2. Heterogene formwechselnde Umwandlung

50 Die heterogene formwechselnde Umwandlung der grundstückserwerbenden Gesamthand in eine **21**
Kapitalgesellschaft führt zu einer rückwirkenden Versagung der Steuervergünstigung, da die Beteiligung am Vermögen der Gesamthand entfällt.

51 Beispiel 4:

Am Vermögen der grundbesitzenden OHG sind A und B zu jeweils 50% beteiligt. A überträgt ein Grundstück auf die OHG. Innerhalb von zehn Jahren wird die OHG in eine GmbH formwechselnd umgewandelt.

52 Lösung:

Für die nach § 1 Absatz 1 Nummer 1 GrEStG steuerbare Grundstücksübertragung wird gemäß § 5 Absatz 2 GrEStG die Grunderwerbsteuer in Höhe von 50% nicht erhoben. Durch die formwechselnde Umwandlung geht die Beteiligung am Vermögen der Gesamthand verloren. Die Steuervergünstigung ist rückwirkend nach § 5 Absatz 3 Satz 1 GrEStG zu versagen. Die Steuerfestsetzung ist zu ändern.

7.3.2. Formwechselnde Umwandlung des grundstücksübertragenden Gesamthänders

7.3.2.1. Homogene formwechselnde Umwandlung

53 Die homogene formwechselnde Umwandlung des grundstücksübertragenden Gesamthänders **22**
führt nicht zur Anwendung des § 5 Absatz 3 Satz 1 beziehungsweise des § 6 Absatz 3 Satz 2 GrEStG. Der formgewechselte Rechtsträger führt eine bereits laufende Behaltensfrist fort. Nachfolgende mittelbare Gesellschafterwechsel sind nur bei doppelstöckigen Personengesellschaften von Bedeutung.

54 Beispiel 5:

Am Vermögen einer KG sind Z zu 10% und eine grundbesitzende GbR zu 90% beteiligt. Am Vermögen der GbR sind die Gesellschafter A zu 20%, B zu 30% und C zu 50% beteiligt. Die GbR überträgt im Jahr 01 ein Grundstück auf die KG. Im Jahr 03 erfolgt eine formwechselnde Umwandlung der GbR in eine OHG. Im Jahr 04 überträgt C seinen Anteil am Vermögen der OHG auf D.

Anl zu § 5

noch 22

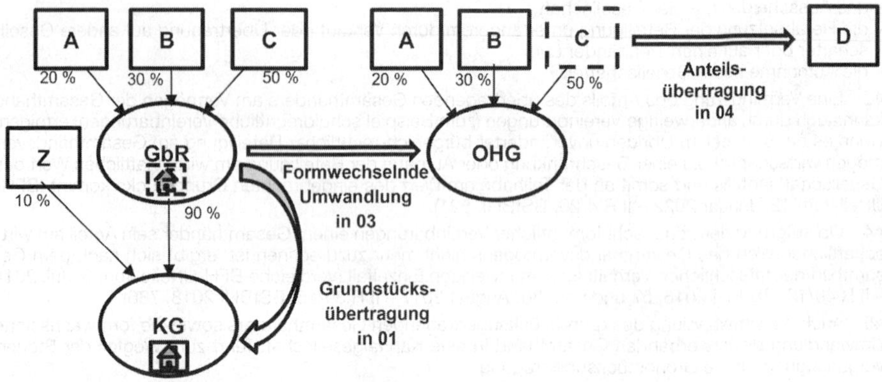

55 Lösung:

Jahr 01:

Für die nach § 1 Absatz 1 Nummer 1 GrEStG steuerbare Grundstücksübertragung wird die Steuer gemäß § 6 Absatz 3 Satz 1 in Verbindung mit Absatz 1 Satz 1 GrEStG in Höhe von 90% nicht erhoben.

Jahr 03:

Die formwechselnde Umwandlung des übertragenden Rechtsträgers (GbR) führt nicht zur Anwendung des § 6 Absatz 3 Satz 2 GrEStG. Der formgewechselte Rechtsträger (OHG) führt die bereits laufende zehnjährige Behaltensfrist fort.

Jahr 04:

Das Ausscheiden von C innerhalb der Zehnjahresfrist führt zu einer rückwirkenden Versagung der Steuervergünstigung gemäß § 6 Absatz 3 Satz 2 GrEStG in Höhe von 45% (50% von 90%). Die Steuerfestsetzung ist zu ändern.
Die Überwachung der Festsetzung ist in Bezug auf die unveränderte Beteiligung in Höhe von 45% bis zum Ablauf der Zehnjahresfrist fortzusetzen.

56 Abwandlung des Beispiels 5:

Am Vermögen der KG ist neben der GbR zu 90% nicht Z, sondern A, der auch zu 20% am Vermögen der GbR beteiligt ist, zu 10% beteiligt.

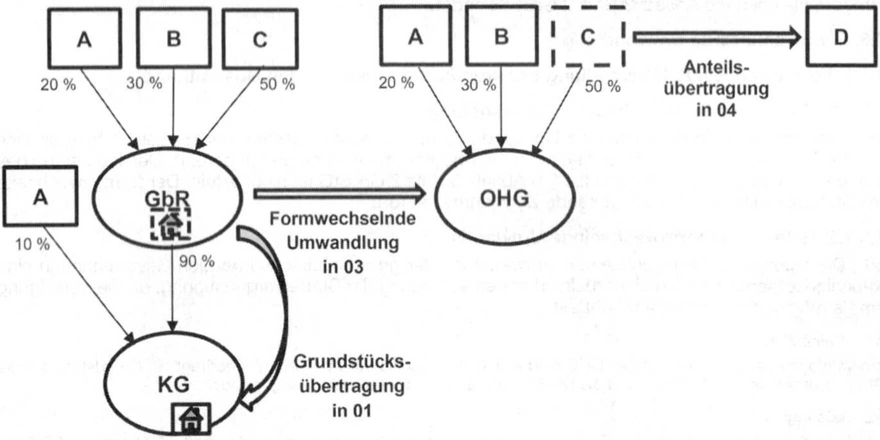

57 Lösung:

Jahr 01:

Für die nach § 1 Absatz 1 Nummer 1 GrEStG steuerbare Grundstücksübertragung wird die Steuer gemäß § 6 Absatz 3 in Verbindung mit Absatz 1 Satz 1 GrEStG in Höhe von 92% nicht erhoben, weil insoweit die Gesamthänder der GbR und der KG identisch sind und ihre Beteiligungshöhe übereinstimmt. Danach berechnet sich die Höhe der Vergünstigung wie folgt:

	beteiligt an		Vergünstigung nach § 6 Absatz 3 GrEStG, soweit Beteiligungshöhe identisch
	GbR	KG	
A	20%	28% (10% + (20% von 90%))	**20%**
B	30%	27% (30% von 90%)	**27%**
C	50%	45% (50% von 90%)	**45%**
Summe	100%	100%	**92%**

Jahr 03:

Die formwechselnde Umwandlung des übertragenden Rechtsträgers (GbR) führt nicht zur Anwendung des § 6 Absatz 3 Satz 2 GrEStG. Der formgewechselte Rechtsträger (OHG) führt die bereits laufende Zehnjahresfrist fort.

Jahr 04:

Das Ausscheiden von C innerhalb der zehnjährigen Behaltensfrist führt zu einer rückwirkenden Versagung der Steuervergünstigung gemäß § 6 Absatz 3 Satz 2 GrEStG in Höhe von 45% (50% von 90%). Die Steuerfestsetzung ist zu ändern.
Die Überwachung der Festsetzung ist in Bezug auf die unveränderte Beteiligung in Höhe von 47% bis zum Ablauf der Zehnjahresfrist fortzusetzen.

7.3.2.2. Heterogene formwechselnde Umwandlung

58 Die heterogene formwechselnde Umwandlung des grundstücksübertragenden Gesamthänders führt zur Anwendung des § 5 Absatz 3 Satz 1 beziehungsweise des § 6 Absatz 3 Satz 2 GrEStG. In diesem Fall verliert der grundstücksübertragende Gesamthänder seine Beteiligung am Vermögen der Gesellschaft und damit auch an dem Grundstück. Nach Maßgabe der spezifischen grunderwerbsteuerrechtlichen Zuordnung ändert sich als Folge einer heterogenen formwechselnden Umwandlung das grunderwerbsteuerliche Zuordnungssubjekt (analoge Anwendung des BFH-Urteils vom 25. September 2013 – II R 17/12, BStBl. II 2014, 268). 23

59 **Beispiel 6:**

Am Vermögen einer grundbesitzenden OHG sind A zu 20%, B zu 30% und C zu 50% beteiligt. Am Vermögen der KG sind Z zu 10% und die OHG zu 90% beteiligt. Die OHG überträgt im Jahr 01 ein Grundstück auf die KG. Im Jahr 02 erfolgt eine (heterogene) formwechselnde Umwandlung der OHG in eine GmbH. Im Jahr 03 überträgt C seinen Anteil am Kapital der GmbH auf D.

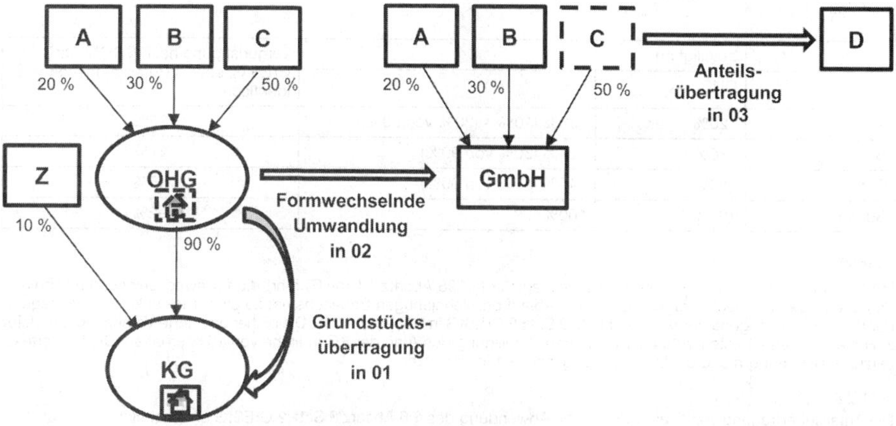

60 **Lösung:**

Jahr 01:

Für die nach § 1 Absatz 1 Nummer 1 GrEStG steuerbare Grundstücksübertragung wird die Steuer gemäß § 6 Absatz 3 in Verbindung mit Absatz 1 Satz 1 GrEStG in Höhe von 90% nicht erhoben.

Jahr 02:

Mit Eintragung des Formwechsels im Handelsregister (§ 198 Absatz 1 UmwG) führt die formwechselnde Umwandlung des übertragenden Rechtsträgers (OHG) vor Ablauf der zehnjährigen Behaltensfrist zu einer rückwirkenden Versagung der Steuervergünstigung gemäß § 6 Absatz 3 Satz 2 GrEStG in Höhe von 90%. Die Steuerfestsetzung ist zu ändern und die Überwachung zu beenden.

Jahr 03:

Die Anteilsübertragung von C auf D ist für die Anwendung des § 6 Absatz 3 Satz 2 GrEStG unbeachtlich.

61 **Abwandlung 1 des Beispiels 6:**

Bei der übertragenden Gesellschaft handelt es sich um eine Kapitalgesellschaft, die durch formwechselnde Umwandlung eine Gesamthand wird.

62 **Lösung:**

Die Lösung zu Beispiel 6 gilt entsprechend. Die zunächst gewährte Vergünstigung nach § 5 Absatz 2 GrEStG ist hier nach § 5 Absatz 3 Satz 1 GrEStG rückwirkend zu versagen.

63 **Abwandlung 2 des Beispiels 6:**

Am Vermögen der KG ist neben der OHG zu 90% nicht Z, sondern A, der auch zu 20% am Vermögen der OHG beteiligt ist, zu 10% beteiligt.

Anl zu § 5

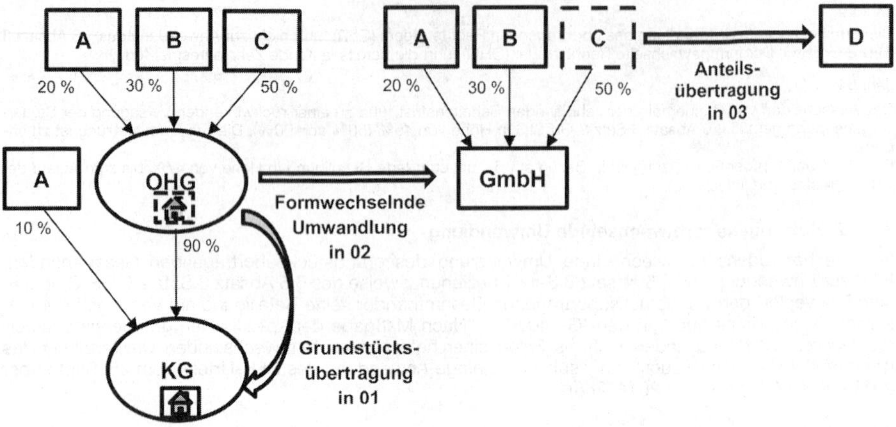

64 Lösung:

Jahr 01:

Für die nach § 1 Absatz 1 Nummer 1 GrEStG steuerbare Grundstücksübertragung wird die Steuer gemäß § 6 Absatz 3 in Verbindung mit Absatz 1 Satz 1 GrEStG in Höhe von 92% nicht erhoben, weil insoweit die Gesamthänder der OHG und der KG identisch sind und ihre Beteiligungshöhe übereinstimmt. Danach berechnet sich die Höhe der Vergünstigung wie folgt:

	beteiligt an		Vergünstigung nach § 6 Absatz 3 GrEStG, soweit Beteiligungshöhe identisch
	OHG	KG	
A	20%	28% (10% + (20% von 90%))	**20%**
B	30%	27% (30% von 90%)	**27%**
C	50%	45% (50% von 90%)	**45%**
Summe	100%	100%	**92%**

Jahr 02:

Mit Eintragung des Formwechsels im Handelsregister (§ 198 Absatz 1 UmwG) führt die formwechselnde Umwandlung des übertragenden Rechtsträgers (OHG) vor Ablauf der zehnjährigen Behaltensfrist zu einer rückwirkenden Versagung der Steuervergünstigung gemäß § 6 Absatz 3 Satz 2 GrEStG in Höhe von 82%. Die bisher gewährte Vergünstigung bleibt in Höhe der weiter bestehenden unmittelbaren Beteiligung des A an der KG in Höhe von 10% erhalten. Die Steuerfestsetzung ist zu ändern und die Überwachung insoweit fortzusetzen.

Jahr 03:

Die Anteilsübertragung von C auf D ist für die Anwendung des § 6 Absatz 3 Satz 2 GrEStG unbeachtlich.

7.4. Verhältnis zu den Befreiungsvorschriften

24 **65** Die Steuervergünstigungen des § 5 Absatz 1 und Absatz 2 und § 6 Absatz 3 Satz 1 GrEStG entfallen (rückwirkend) über § 5 Absatz 3 Satz 1 beziehungsweise § 6 Absatz 3 Satz 2 GrEStG nur, soweit eine Umgehungsmöglichkeit tatsächlich besteht. Daher kommt eine rückwirkende Versagung der Steuervergünstigung nicht in Betracht, soweit ein der Verminderung des Anteils am Vermögen der Gesamthand entsprechender Grundstückserwerb nach den allgemeinen Vorschriften des § 3 GrEStG von der Steuer ausgenommen wäre.

7.4.1. Anwendung des § 3 Nummer 2 GrEStG

25 **66** § 5 Absatz 3 Satz 1 beziehungsweise § 6 Absatz 3 Satz 2 GrEStG setzt die objektive Möglichkeit einer Steuerumgehung voraus. Die Vorschriften sind daher einschränkend dahingehend auszulegen, dass die Vergünstigungen nach § 5 Absatz 1 und Absatz 2 sowie nach § 6 Absatz 3 Satz 1 GrEStG fortbestehen, soweit aufgrund einer gemäß § 3 Nummer 2 GrEStG grunderwerbsteuerfreien Schenkung eine Steuerumgehung objektiv ausscheidet (BFH-Urteil vom 7. Oktober 2009 – II R 58/08, BStBl. II 2010, 302).

67 Eine gemischte Schenkung führt nur in Höhe des entgeltlichen Teils zu einer rückwirkenden Versagung der Steuervergünstigung. Die Steuerfestsetzung ist zu ändern. Soweit die Anteile unentgeltlich übertragen werden, bleibt die Steuervergünstigung erhalten und die Überwachung ist bis zum Ende der Zehnjahresfrist fortzusetzen.

68 Beispiel 7:

Am Vermögen einer GmbH & Co. KG sind A zu 50%, B zu 50% und die GmbH zu 0% beteiligt. A überträgt im Jahr 01 ein Grundstück zum Kaufpreis von 100 000 € auf die GmbH & Co. KG. Im Jahr 03 überträgt A 30% der Anteile am Vermögen der GmbH & Co. KG (Verkehrswert 500 000 €) auf seine Nichte C gegen Zahlung eines Kaufpreises von 100 000 €.

Anl zu § 5

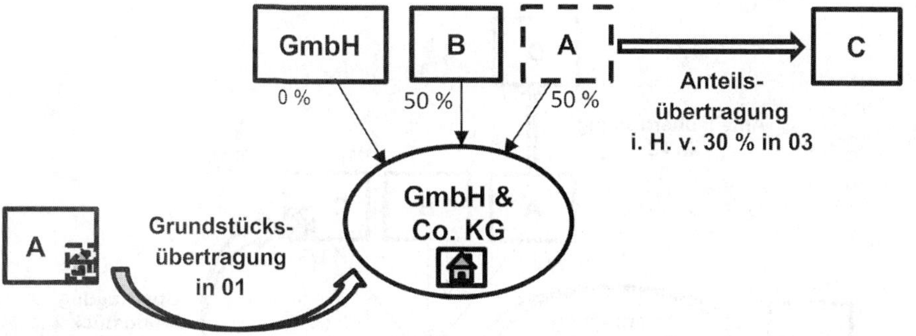

69 Lösung:

Jahr 01:

Für die nach § 1 Absatz 1 Nummer 1 GrEStG steuerbare Grundstücksübertragung wird die Steuer gemäß § 5 Absatz 2 GrEStG in Höhe von 50% nicht erhoben.

Jahr 03:

Da A vor Ablauf der Zehnjahresfrist seinen Anteil am Vermögen der Gesamthand vermindert hat, ist die rückwirkende Versagung der Steuervergünstigung gemäß § 5 Absatz 3 Satz 1 GrEStG zu prüfen. Die Anteilsübertragung erfolgte im Wege der gemischten Schenkung (Entgeltlichkeitsquote 100 000 €/500 000 € = 20%). Soweit die Anteile entgeltlich übertragen worden sind, ist die Steuerfestsetzung zu ändern und die Steuer in Höhe von weiteren 6% (20% von 30%), also insgesamt von 56% festzusetzen. Soweit die Anteile unentgeltlich übertragen worden sind (24%), bleibt es bei der Steuervergünstigung. Die Überwachung für die nicht übertragenen 20% sowie die unentgeltlich übertragenen 24% (= 44%) ist bis zum Ende der Zehnjahresfrist fortzusetzen.
Soweit die Nichte C mit der Schenkung in die Rechtsposition des Schenkers A eingetreten ist, führt sie dessen bereits laufende Zehnjahresfrist fort.

70 Fortsetzung des Beispiels 7:

Die Nichte C veräußert vor Ablauf der Behaltensfrist des § 5 Absatz 3 Satz 1 GrEStG 10% der Anteile am Vermögen der GmbH & Co. KG (bisher: 30%) an den fremden Dritten D.

71 Lösung:

Aufgrund des teilentgeltlichen Erwerbs der C entfällt die Steuervergünstigung in Höhe der Unentgeltlichkeitsquote von 80% gemäß § 5 Absatz 3 Satz 1 GrEStG, weil die Steuer für die restlichen 20% bereits im vorangegangenen Änderungsbescheid nacherhoben wurde. Die gewährte Steuervergünstigung von 44% ist um weitere 8% (80% von 10%) rückwirkend zu versagen. Es verbleibt eine Steuervergünstigung nach § 5 Absatz 2 GrEStG von 36% (20% für die bei A verbliebenen Anteile und 16% für die auf C übertragenen Anteile).

7.4.2. Anwendung des § 3 Nummer 4 bis 6 GrEStG

72 Bei der Verminderung des Anteils des Gesamthänders am Gesamthandsvermögen verbleibt es bei der Steuervergünstigung, soweit der Anteil auf Personen übergeht, die (ohnehin) Grundstücke vom Gesellschafter nach § 3 Nummer 4 bis Nummer 6 GrEStG steuerfrei erwerben können. Der Rechtsnachfolger führt die bereits laufende Zehnjahresfrist des Rechtsvorgängers fort. **26**

73 Beispiel 8:

Am Vermögen einer OHG sind die Gesellschafter A und B zu je 50% beteiligt. A überträgt ein Grundstück auf die OHG. Innerhalb von zehn Jahren überträgt A seinen Anteil am Vermögen der OHG auf seine Kinder.

74 Lösung:

A gibt zwar seine Beteiligung am Vermögen der OHG auf. Dies erfolgt aber nur zu Gunsten seiner Kinder. Da ein dem Anteilserwerb durch die Kinder entsprechender Grundstückserwerb nach § 3 Nummer 6 GrEStG von der Grunderwerbsteuer befreit wäre, ist die Anwendung des § 5 Absatz 3 Satz 1 GrEStG ausgeschlossen. In diesen Fällen ist der Rechtsnachfolger an die zehnjährige Behaltensfrist des Rechtsvorgängers gebunden. Die Überwachung nach § 5 Absatz 3 Satz 1 GrEStG ist fortzusetzen.

7.5. Anteilsverminderung nach vorheriger Grundstücksveräußerung

75 Erfolgt eine Verminderung der Anteile nach vorheriger steuerbarer Grundstücksveräußerung (vergleiche Textziffer 7.2), ist § 5 Absatz 3 Satz 1 beziehungsweise § 6 Absatz 3 Satz 2 GrEStG nicht anzuwenden, da eine Missbrauchsgestaltung objektiv ausgeschlossen ist. Die Überwachung nach § 5 Absatz 3 Satz 1 beziehungsweise nach § 6 Absatz 3 Satz 2 GrEStG endet bereits mit der Veräußerung des Grundstücks. **27**

76 Beispiel 9:

Am Vermögen einer OHG sind die Gesellschafter A, B und C zu je $1/3$ beteiligt. Im Jahr 01 übertragen A und B jeweils ein Grundstück auf die OHG. Im Jahr 02 veräußert die OHG das von B übertragene Grundstück an C. Im Jahr 03 überträgt A seinen Anteil am Vermögen der OHG auf D und scheidet damit aus der OHG aus.

Anl zu § 5

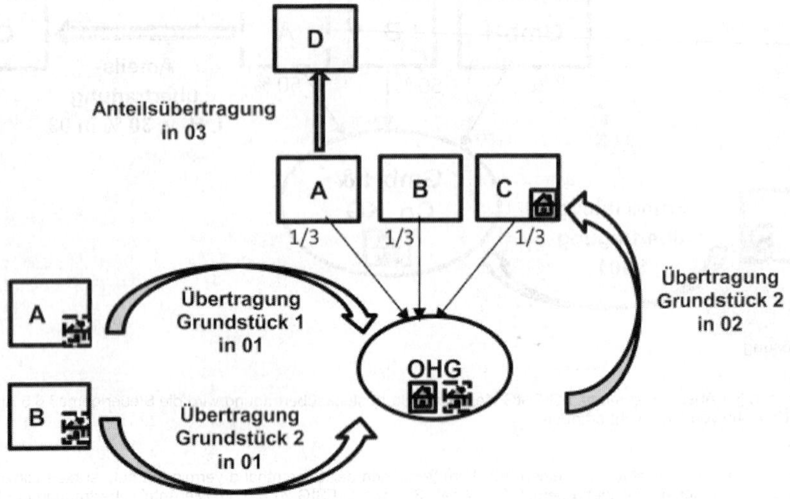

77 Lösung:

Jahr 01:

Für die nach § 1 Absatz 1 Nummer 1 GrEStG steuerbaren Grundstücksübertragungen wird die Steuer nach § 5 Absatz 2 GrEStG jeweils in Höhe von 1/3 nicht erhoben.

Jahr 02:

Für die nach § 1 Absatz 1 Nummer 1 GrEStG steuerbare Weiterveräußerung des von B übertragenen Grundstücks durch die OHG an C wird die Steuer nach § 6 Absatz 2 GrEStG in Höhe der Beteiligung des C am Vermögen der OHG (1/3) nicht erhoben.
Die Weiterveräußerung des von B auf die OHG übertragenen Grundstücks durch einen grunderwerbsteuerbaren Rechtsvorgang auf C führt nicht zur Anwendung des § 5 Absatz 3 Satz 1 GrEStG. Die Überwachung nach § 5 Absatz 3 Satz 1 GrEStG in Bezug auf B endet.

Jahr 03:

Da A durch die Anteilsveräußerung an D innerhalb von zehn Jahren nach der Übertragung seines Grundstücks aus der OHG ausscheidet und sich das Grundstück unverändert im Gesamthandsvermögen der OHG befindet, findet § 5 Absatz 3 Satz 1 GrEStG in Höhe seiner bis dahin bestehenden Beteiligung am Vermögen der OHG (1/3) Anwendung.
Die Steuerfestsetzung aus dem Jahr 01 ist zu ändern. Die Überwachung nach § 5 Absatz 3 Satz 1 GrEStG in Bezug auf A endet.

7.6. Anwachsung

28 **78** Eine Anwendung des § 5 Absatz 3 Satz 1 beziehungsweise des § 6 Absatz 3 Satz 2 GrEStG scheidet aus, wenn das Grundstück vor Ablauf der Zehnjahresfrist im Rahmen einer Anwachsung übergeht auf:
- den grundstücksübertragenden Gesamthänder (in einem Rechtsakt [Beispiel 10] oder mehreren Rechtsakten),
- einen Gesellschafter, der das Grundstück nicht übertragen hat (in einem Rechtsakt [Beispiel 11]) oder
- einen fremden Dritten (in einem Rechtsakt).

79 In diesen Fällen liegt jeweils ein nach § 1 Absatz 1 Nummer 3 Satz 1 GrEStG steuerbarer Rechtsvorgang vor, der einen Missbrauch objektiv ausschließt.

80 In Fällen, in denen der grundstücksübertragende Gesamthänder seine Beteiligung an der Gesamthand vor Ablauf der Zehnjahresfrist verringert, ohne dass hierdurch zugleich eine steuerbare Anwachsung verwirklicht wird, findet § 5 Absatz 3 Satz 1 beziehungsweise § 6 Absatz 3 Satz 2 GrEStG hingegen Anwendung. Hat ein Mitgesellschafter die Beteiligung in diesem Umfang übernommen, wird die Grunderwerbsteuer bei einer späteren Anwachsung in dessen Hand nicht erhoben, soweit es seinem Anteil am Vermögen der Gesamthand im Zeitpunkt der Anwachsung entspricht. Dieser umfasst sowohl die ursprüngliche als auch die hinzuerworbene Beteiligung (Beispiel 12).

81 Dem Grunde nach ist hinsichtlich der hinzuerworbenen Beteiligung der Tatbestand des § 6 Absatz 4 Nummer 1 GrEStG erfüllt. Diese Norm dient in gleicher Weise wie § 5 Absatz 3 Satz 1 GrEStG der Missbrauchsvermeidung und soll erreichen, dass Anteilserhöhungen im Vorfeld einer Grundstücksübertragung ebenso wie Anteilsverminderungen nach einer Grundstücksübertragung zu einer Besteuerung führen. Soweit eine Steuerumgehung objektiv ausgeschlossen ist, ist die Vorschrift des § 5 Absatz 3 Satz 1 beziehungsweise des § 6 Absatz 3 Satz 2 GrEStG ihrer Zielrichtung entsprechend einschränkend auszulegen (teleologische Reduktion). Hat die Verminderung der Beteiligung des grundstücksübertragenden Gesellschafters bereits ganz oder teilweise zur rückwirkenden Versagung der Steuervergünstigung nach § 5 Absatz 3 Satz 1 GrEStG geführt, entfällt der Grund, auf die hinzuerworbenen Anteile die Sperrfrist des § 6 Absatz 4 Nummer 1 GrEStG anzuwenden.

82 **Beispiel 10: Anwachsung auf den grundstücksübertragenden Gesamthänder in einem Rechtsakt** Anl zu § 5

Am Vermögen einer GbR sind A zu 40% sowie B und C zu je 30% beteiligt. A überträgt im Jahr 01 ein Grundstück auf die GbR. Im Jahr 04 übernimmt A die Anteile der anderen Gesellschafter der GbR (B und C) und führt das Unternehmen (nunmehr als Einzelunternehmen) fort. 29

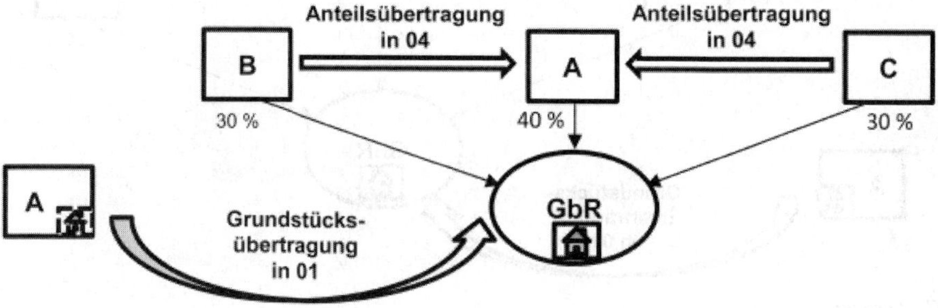

83 **Lösung:**

Jahr 01:

Für die nach § 1 Absatz 1 Nummer 1 GrEStG steuerbare Grundstücksübertragung wird die Steuer nach § 5 Absatz 2 GrEStG in Höhe von 40% nicht erhoben.

Jahr 04:

Für die nach § 1 Absatz 1 Nummer 3 Satz 1 GrEStG steuerbare Anwachsung infolge der Übernahme der Gesellschaftsanteile der beiden ausscheidenden Gesellschafter B und C wird die Steuer nach § 6 Absatz 2 GrEStG zu 40% nicht erhoben.

Die Anwachsung führt in Bezug auf die Übertragung im Jahr 01 nicht zur Anwendung des § 5 Absatz 3 Satz 1 GrEStG, weil A in Höhe seines bisherigen Anteils am Vermögen der GbR weiterhin am Wert des Grundstücks beteiligt ist. Die Überwachung nach § 5 Absatz 3 Satz 1 GrEStG endet.

84 **Beispiel 11: Anwachsung auf einen anderen als den grundstücksübertragenden Gesamthänder in einem Rechtsakt** 30

Am Vermögen einer GbR sind A zu 40%, B zu 50% und C zu 10% beteiligt. A überträgt im Jahr 01 ein Grundstück auf die GbR. Im Jahr 04 übernimmt B in einem Rechtsakt die Anteile der anderen Gesellschafter der GbR (A und C) und führt das Unternehmen (nunmehr als Einzelunternehmen) fort.

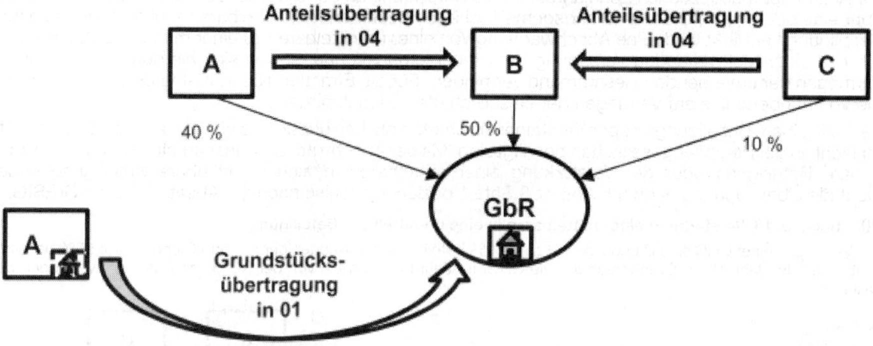

85 **Lösung:**

Jahr 01:

Für die nach § 1 Absatz 1 Nummer 1 GrEStG steuerbare Grundstücksübertragung wird die Steuer nach § 5 Absatz 2 GrEStG in Höhe von 40% nicht erhoben.

Jahr 04:

Für die nach § 1 Absatz 1 Nummer 3 Satz 1 GrEStG steuerbare Anwachsung infolge der Übernahme der Gesellschaftsanteile der beiden ausscheidenden Gesellschafter A und C durch B wird die Steuer nach § 6 Absatz 2 GrEStG in Höhe des seit der Übertragung des Grundstücks im Jahr 01 unverändert bestehenden Anteils am Vermögen der GbR (50%) nicht erhoben.

Die Anwachsung führt in Bezug auf die Übertragung im Jahr 01 nicht zur Anwendung des § 5 Absatz 3 Satz 1 GrEStG, weil die Verminderung der vermögensmäßigen Beteiligung des A an der GbR unmittelbar mit einem steuerbaren Rechtsvorgang im Zusammenhang steht und eine Steuerumgehung insoweit objektiv ausgeschlossen ist. Die Überwachung nach § 5 Absatz 3 Satz 1 GrEStG endet.

86 **Beispiel 12: Anwachsung auf einen anderen als den grundstücksübertragenden Gesamthänder in mehreren Rechtsakten** 31

Am Vermögen einer GbR sind A zu 50% sowie B und C zu je 25% beteiligt. A überträgt im Jahr 01 ein Grundstück auf die GbR. Im Jahr 03 übernimmt B zunächst den Anteil des A und im Jahr 04 den Anteil des C und führt das Unternehmen (nunmehr als Einzelunternehmen) fort.

Anl zu § 5

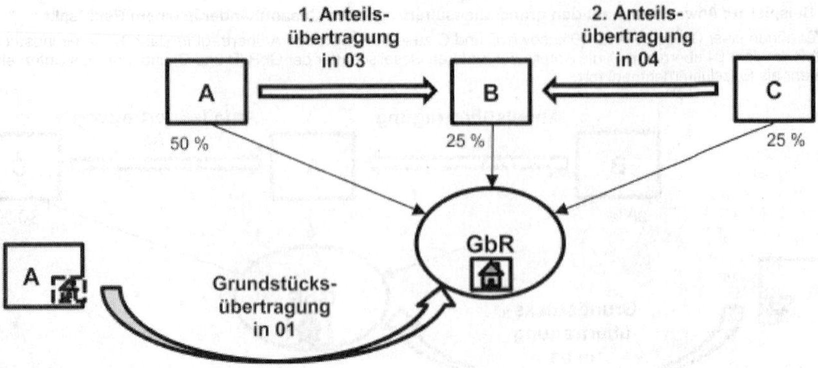

87 Lösung:

Jahr 01:

Für die nach § 1 Absatz 1 Nummer 1 GrEStG steuerbare Grundstücksübertragung wird die Steuer nach § 5 Absatz 2 GrEStG in Höhe von 50% nicht erhoben.

Jahr 03:

Durch sein Ausscheiden aus der GbR hat A die an die Vergünstigung seiner Grundstücksübertragung anknüpfende Zehnjahresfrist nicht eingehalten. Die bisher gewährte Steuervergünstigung von 50% ist nach § 5 Absatz 3 Satz 1 GrEStG rückwirkend zu versagen. Die Überwachung nach § 5 Absatz 3 Satz 1 GrEStG endet.

Jahr 04:

Für die nach § 1 Absatz 1 Nummer 3 Satz 1 GrEStG steuerbare Anwachsung infolge der Übernahme des Gesellschaftsanteils des vorletzten ausscheidenden Gesellschafters C wird die Steuer nach § 6 Absatz 2 GrEStG in Höhe der seit dem Anteilserwerb von A bestehenden Beteiligung des B am Vermögen der GbR (75%) nicht erhoben.

§ 6 Absatz 4 Nummer 1 GrEStG ist nicht anzuwenden, weil der Erwerb des Anteils des A durch B im Zusammenhang mit einer rückwirkenden Versagung einer Steuervergünstigung nach § 5 Absatz 3 Satz 1 GrEStG stand und damit der Grunderwerbsteuer unterlegen hat.

7.7. Umwandlung einer mittelbaren in eine unmittelbare Beteiligung beziehungsweise einer unmittelbaren in eine mittelbare Beteiligung

32 **88** § 5 Absatz 3 Satz 1 beziehungsweise § 6 Absatz 3 Satz 2 GrEStG findet keine Anwendung, wenn vor Ablauf der maßgeblichen Zehnjahresfrist die Beteiligung an der erwerbenden Gesamthand von einer, über eine oder mehrere Gesamthandsgemeinschaften bestehenden, mittelbaren zu einer unmittelbaren Beteiligung verstärkt wird. Eine Abschwächung von einer unmittelbaren zu einer mittelbaren Beteiligung führt zu einer rückwirkenden Versagung der Steuervergünstigung, soweit sich hierdurch der Anteil am Vermögen der erwerbenden Gesamthand vermindert. Für die Ermittlung der mittelbaren Beteiligung sind die Vomhundertsätze am Vermögen der Gesellschaften zu multiplizieren.

89 Mittelbare Beteiligungen über Kapitalgesellschaften bleiben unberücksichtigt, da deren Gesellschafter nicht an der Personengesellschaft beteiligt sind. Mit der Abschwächung einer unmittelbaren in eine mittelbare Beteiligung oder der Verstärkung einer mittelbaren in eine unmittelbare Beteiligung endet nicht die Überwachung nach § 5 Absatz 3 Satz 1 beziehungsweise nach § 6 Absatz 3 Satz 2 GrEStG.

33 **90** **Beispiel 13: Verstärkung einer mittelbaren in eine unmittelbare Beteiligung**

Am Vermögen einer OHG sind B und eine KG zu je 50% beteiligt. Am Vermögen der KG sind C und A zu je 50% beteiligt. A überträgt im Jahr 01 ein Grundstück auf die OHG. Im Jahr 04 erwirbt A von der KG deren Anteil am Vermögen der OHG.

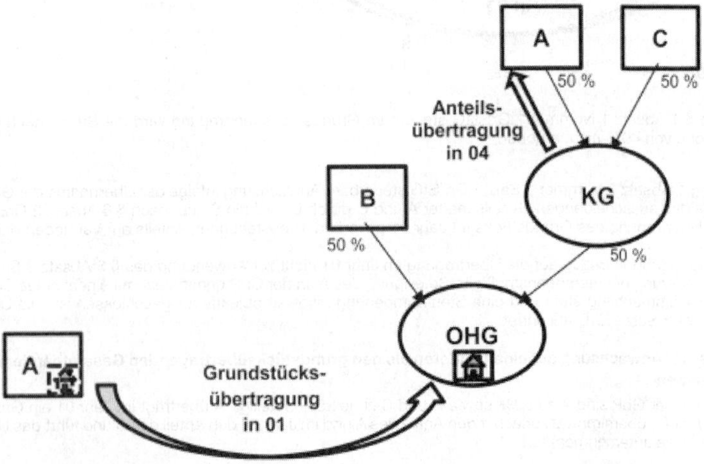

91 Lösung:

Jahr 01:

Für die nach § 1 Absatz 1 Nummer 1 GrEStG steuerbare Grundstücksübertragung wird die Steuer nach § 5 Absatz 2 GrEStG in Höhe von 25% (50% von 50%) nicht erhoben, weil A in dieser Höhe mittelbar am Vermögen der OHG beteiligt ist.

Jahr 04:

Die Anteilsübertragung von der KG auf A stellt keinen steuerbaren Rechtsvorgang dar. § 5 Absatz 3 Satz 1 GrEStG ist nicht anzuwenden. A hat seine bisher mittelbare Beteiligung in Höhe von 25% zu einer unmittelbaren Beteiligung in Höhe von 50% verstärkt und bleibt somit weiterhin zu mindestens 25% am Vermögen der OHG beteiligt.
Die Überwachung nach § 5 Absatz 3 Satz 1 GrEStG ist bis zum Ablauf der Zehnjahresfrist fortzuführen. Eine rückwirkende Versagung der Steuervergünstigung nach § 5 Absatz 3 Satz 1 GrEStG käme nur dann und soweit zur Anwendung, wie die Beteiligung des A innerhalb der Überwachungsfrist 25% unterschreitet.

92 Beispiel 14: Abschwächung einer unmittelbaren zu einer mittelbaren Beteiligung 34

Am Vermögen einer OHG sind A und B zu je 50% beteiligt. A überträgt im Jahr 01 ein Grundstück auf die OHG. Im Jahr 04 überträgt A seinen Anteil am Vermögen der OHG auf eine KG. Am Vermögen der KG sind A und C zu je 50% beteiligt.

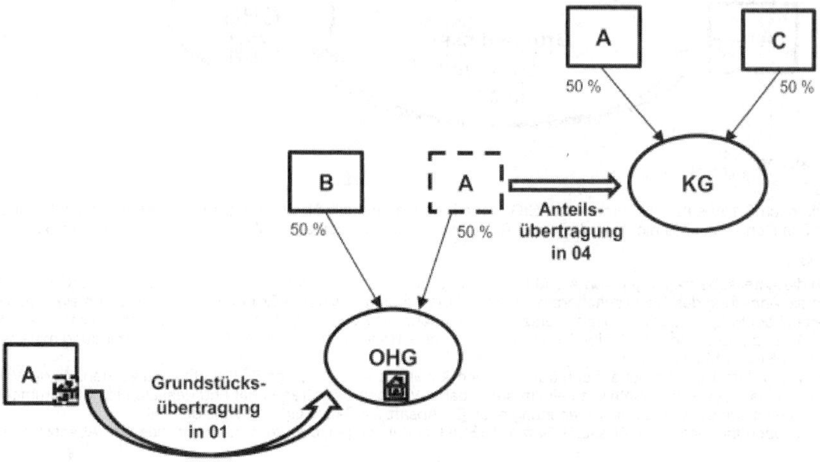

93 Lösung:

Jahr 01:

Für die nach § 1 Absatz 1 Nummer 1 GrEStG steuerbare Grundstücksübertragung wird die Steuer nach § 5 Absatz 2 GrEStG in Höhe von 50% nicht erhoben, weil A in dieser Höhe unmittelbar am Vermögen der OHG beteiligt ist.

Jahr 04:

Die Anteilsübertragung von A auf die KG stellt keinen steuerbaren Rechtsvorgang dar. Nach § 5 Absatz 3 Satz 1 GrEStG ist die Steuervergünstigung für die Grundstücksübertragung im Jahr 01 rückwirkend zu versagen, soweit A seine bisherige Beteiligung in Höhe von 50% unterschreitet. Durch die Abschwächung seiner unmittelbaren Beteiligung in Höhe von 50% zu einer mittelbaren Beteiligung in Höhe von 25% (50% von 50%) mindert sich die Beteiligung des A am Vermögen der OHG um 25%. Die Steuerfestsetzung ist zu ändern.

7.8. Verwirklichung der Tatbestände nach § 1 Absatz 2a, Absatz 3 oder Absatz 3a GrEStG

94 Eine Anwendung des § 5 Absatz 3 Satz 1 beziehungsweise des § 6 Absatz 3 Satz 2 GrEStG scheidet aus, wenn durch die Minderung des Anteils ein steuerbarer Rechtsvorgang im Sinne des § 1 Absatz 2a, Absatz 3 oder Absatz 3a GrEStG verwirklicht wird. 35

7.8.1 Verhältnis zu § 1 Absatz 2a GrEStG

7.8.1.1. Gesellschafterwechsel in einem Rechtsakt

95 Wird durch einen Gesellschafterwechsel der Tatbestand des § 1 Absatz 2a Satz 1 GrEStG in einem Rechtsakt vollzogen, kommt § 5 Absatz 3 Satz 1 beziehungsweise § 6 Absatz 3 Satz 2 GrEStG nicht zur Anwendung, da durch diesen steuerbaren Rechtsvorgang ein Missbrauch objektiv ausgeschlossen ist. Eine Anrechnung nach § 1 Absatz 2a Satz 7 GrEStG scheidet daher aus. 36

96 Die Überwachung nach § 5 Absatz 3 Satz 1 beziehungsweise nach § 6 Absatz 3 Satz 2 GrEStG endet mit der Verwirklichung des § 1 Absatz 2a Satz 1 GrEStG.

97 Beispiel 15:

Am Vermögen einer OHG sind A zu 95% und B zu 5% beteiligt. A überträgt im Jahr 01 ein Grundstück auf die OHG. Im Jahr 03 überträgt A einen Anteil am Vermögen der OHG in Höhe von 85% und B seinen gesamten Anteil am Vermögen der OHG in einem Rechtsakt auf C.

Anl zu § 5

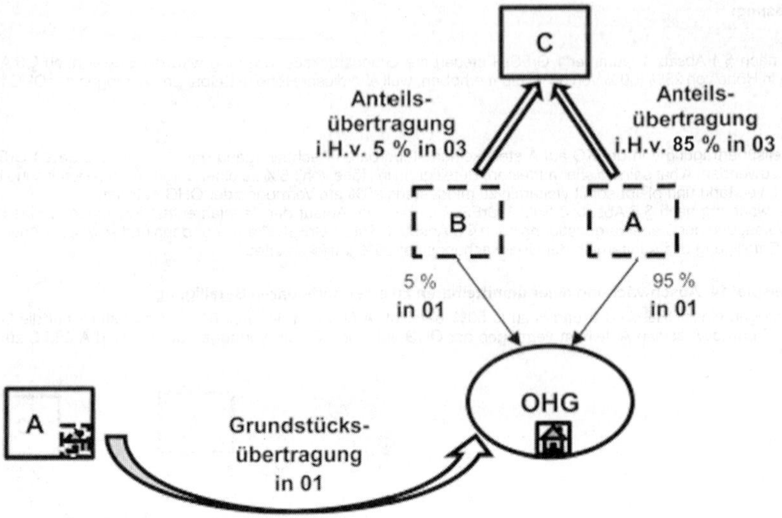

98 **Lösung:**

Jahr 01:

Für die nach § 1 Absatz 1 Nummer 1 GrEStG steuerbare Grundstücksübertragung wird die Steuer nach § 5 Absatz 2 GrEStG in Höhe von 95% nicht erhoben, weil A in dieser Höhe unmittelbar am Vermögen der OHG beteiligt ist.

Jahr 03:

Durch die Anteilsübertragungen von A und B auf C wird der Tatbestand des § 1 Absatz 2 a Satz 1 GrEStG verwirklicht. Durch die Änderung des Gesellschafterbestandes in Höhe von 90% wird ein Grundstückserwerb durch eine neue OHG fingiert mit der Folge, dass § 6 Absatz 3 Satz 1 in Verbindung mit Absatz 1 Satz 1 GrEStG anzuwenden ist. Da A in Höhe von 10% an der OHG beteiligt bleibt, ist die Steuer in dieser Höhe nach § 6 Absatz 3 Satz 1 in Verbindung mit Absatz 1 Satz 1 GrEStG nicht zu erheben.
§ 5 Absatz 3 Satz 1 GrEStG ist auf den übertragenen Anteil des A in Höhe von 85% nicht anzuwenden, da die Verminderung seines Gesellschaftsanteils zu einem steuerbaren Vorgang beigetragen hat und deshalb eine Steuerumgehung objektiv ausgeschlossen ist. Eine Anrechnung nach § 1 Absatz 2 a Satz 7 GrEStG scheidet aus.
Die Überwachung nach § 5 Absatz 3 Satz 1 GrEStG endet wegen der Verwirklichung des § 1 Absatz 2 a Satz 1 GrEStG.
Eine neue zehnjährige Überwachungsfrist gemäß § 6 Absatz 3 Satz 2 GrEStG beginnt.

7.8.1.2. Gesellschafterwechsel in mehreren Rechtsakten

37 **99** Erfolgt die nach § 1 Absatz 2 a Satz 1 GrEStG steuerbare Änderung des Gesellschafterbestandes sukzessive (schrittweise), ist § 5 Absatz 3 Satz 1 beziehungsweise § 6 Absatz 3 Satz 2 GrEStG sowohl auf die Gesellschafterwechsel, die zur Tatbestandsverwirklichung des § 1 Absatz 2 a GrEStG beitragen, als auch auf solche, die den Tatbestand auslösen, anzuwenden. Eine teleologische Reduktion kommt nicht in Betracht, da jeder Teilakt für sich einen Missbrauch nicht objektiv ausschließt.

100 Zur Vermeidung einer möglichen Doppelbelastung enthält § 1 Absatz 2 a Satz 7 GrEStG eine Anrechnungsregelung für die Fälle, in denen wegen der Verminderung des Anteils des übertragenden Gesellschafters am Vermögen der Gesamthand die Steuervergünstigung nach § 5 Absatz 3 Satz 1 GrEStG rückwirkend entfällt und wegen des Gesellschafterwechsels eine Besteuerung nach § 1 Absatz 2 a Satz 1 GrEStG vorzunehmen ist. Danach ist auf die nach § 8 Absatz 2 Satz 1 Nummer 3 GrEStG ermittelte Bemessungsgrundlage (Grundbesitzwert) die Bemessungsgrundlage anzurechnen, von der nach § 5 Absatz 3 Satz 1 oder § 6 Absatz 3 Satz 2 GrEStG die Steuervergünstigung rückwirkend zu versagen ist.

101 Da § 1 Absatz 2 a Satz 7 GrEStG eine Doppelbelastung vermeiden soll, ist die Anrechnung nur vorzunehmen, wenn das Ausscheiden des Gesellschafters, der das Grundstück übertragen hat, oder die Verringerung seiner Beteiligung durch Übertragung auf einen Neugesellschafter gleichzeitig zur Verwirklichung des Tatbestandes des § 1 Absatz 2 a Satz 1 GrEStG beiträgt. Die Veränderung der Beteiligungsverhältnisse unter Altgesellschaftern stellt keinen für § 1 Absatz 2 a Satz 1 GrEStG relevanten Gesellschafterwechsel dar. Deshalb ist die Bemessungsgrundlage des Erwerbsvorgangs, für den die Steuervergünstigung des § 5 Absatz 1 oder 2 oder § 6 Absatz 3 Satz 1 in Verbindung mit Absatz 1 Satz 1 GrEStG aufgrund des § 5 Absatz 3 Satz 1 oder § 6 Absatz 3 Satz 2 GrEStG zu versagen ist, nicht nach § 1 Absatz 2 a Satz 7 GrEStG zu berücksichtigen.

102 Eine Überwachung nach § 5 Absatz 3 Satz 1 beziehungsweise nach § 6 Absatz 3 Satz 2 GrEStG ist nur fortzuführen, soweit der Grundstücksübertragende weiterhin am Vermögen der Gesellschaft beteiligt ist.

103 **Beispiel 16:**

Am Vermögen einer OHG sind A zu 90% und B zu 10% beteiligt. A überträgt im Jahr 01 ein Grundstück zu einem Kaufpreis von 200 000 € auf die OHG. Im Jahr 03 überträgt A einen Anteil am Vermögen der OHG in Höhe von 85% an

C und im Jahr 04 überträgt A 5% seiner Anteile am Vermögen der OHG auf D. Der Grundbesitzwert im Jahr 04 beträgt 100 000 €.

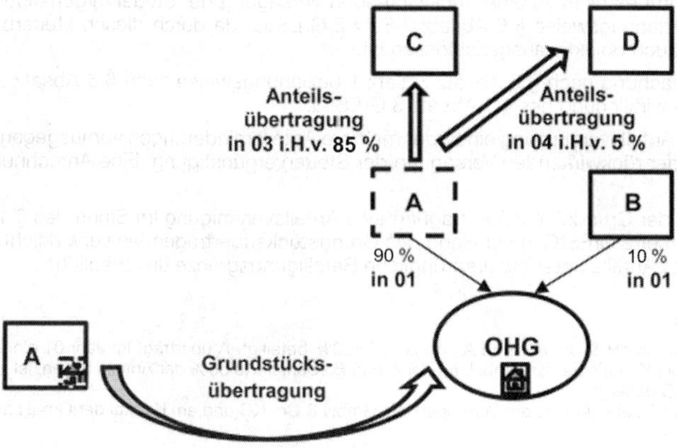

104 Lösung:

Jahr 01:

Für die nach § 1 Absatz 1 Nummer 1 GrEStG steuerbare Grundstücksübertragung wird die Steuer nach § 5 Absatz 2 GrEStG in Höhe von 90% nicht erhoben, weil A in dieser Höhe unmittelbar am Vermögen der OHG beteiligt ist.

Kaufpreis/Bemessungsgrundlage (BMG)	200 000 €
Steuervergünstigung nach § 5 Absatz 2 GrEStG (Beteiligung des A in Höhe von 90%)	./. 180 000 €
Grunderwerbsteuerrechtliche BMG	20 000 €
Zu entrichtende Steuer (hier 3,5%)	700 €

Jahr 03:

Die Anteilsübertragung von A auf C stellt keinen steuerbaren Rechtsvorgang dar. Nach § 5 Absatz 3 Satz 1 GrEStG ist die Steuervergünstigung für die Grundstücksübertragung im Jahr 01 rückwirkend zu versagen, soweit sich der Anteil des A am Vermögen der Gesamthand in Höhe von 85% vermindert. Die Steuerfestsetzung ist zu ändern:

Kaufpreis/BMG	200 000 €
Steuervergünstigung nach § 5 Absatz 2 GrEStG (Beteiligung des A in Höhe von 5%)	./. 10 000 €
Grunderwerbsteuerrechtliche BMG	190 000 €
Festzusetzende Steuer (hier 3,5%)	6 650 €
Bereits festgesetzte und entrichtete Steuer (Jahr 01)	700 €
Steuer durch Anwendung des § 5 Absatz 3 Satz 1 GrEStG (170 000 € (85% von 200 000 €) x 3,5%)	5 950 €

Die Überwachung nach § 5 Absatz 3 Satz 1 GrEStG ist bezüglich der verbleibenden Anteile des A an der OHG (5%) fortzuführen.

Jahr 04:

Nach § 5 Absatz 3 Satz 1 GrEStG ist die Steuervergünstigung für die Grundstücksübertragung von A auf die OHG im Jahr 01 rückwirkend zu versagen, soweit sich der Anteil des A am Vermögen der Gesamthand in Höhe von 5% vermindert. Die Steuerfestsetzung ist zu ändern:

Kaufpreis/BMG	200 000 €
Steuervergünstigung nach § 5 Absatz 2 GrEStG (Beteiligung 0%)	0 €
Grunderwerbsteuerrechtliche BMG	200 000 €
Festzusetzende Steuer (hier 3,5%)	7 000 €
Bereits festgesetzte und entrichtete Steuer (Jahr 01 und 03)	6 650 €
Steuer durch Anwendung des § 5 Absatz 3 Satz 1 GrEStG (10 000 € (5% von 200 000 €) x 3,5%)	350 €

Durch die Anteilsübertragung von A auf D wird der Tatbestand des § 1 Absatz 2 a Satz 1 GrEStG verwirklicht. Durch die Änderung des Gesellschafterbestandes in Höhe von mindestens 90% innerhalb von zehn Jahren wird grunderwerbsteuerrechtlich ein Grundstückserwerb von einer neuen OHG fingiert mit der Folge, dass § 6 Absatz 3 Satz 1 in Verbindung mit Absatz 1 Satz 1 GrEStG anzuwenden ist. Da B in Höhe von 10% am Vermögen der OHG beteiligt bleibt, ist die Steuer in dieser Höhe nach § 6 Absatz 3 Satz 1 in Verbindung mit Absatz 1 Satz 1 GrEStG nicht zu erheben. Auf die Bemessungsgrundlage für den Gesellschafterwechsel nach § 1 Absatz 2 a Satz 1 GrEStG ist die Bemessungsgrundlage im Jahr 03 und im Jahr 04 nach § 5 Absatz 3 Satz 1 GrEStG gemäß § 1 Absatz 2 a Satz 7 GrEStG anzurechnen, für die die Steuervergünstigung rückwirkend zu versagen war. Eine Doppelbesteuerung wird hierdurch vermieden. Die Überwachung nach § 5 Absatz 3 Satz 1 GrEStG bezüglich der Anteile des A endet mit der Verwirklichung des § 1 Absatz 2 a Satz 1 GrEStG.

Es beginnt eine neue zehnjährige Überwachungsfrist gemäß § 6 Absatz 3 Satz 2 GrEStG, die sich auf den Anteil des B in Höhe von 10% bezieht.

Grundbesitzwert (§ 8 Absatz 2 Satz 1 Nummer 3 GrEStG)/BMG	100 000 €
Steuervergünstigung nach § 6 Absatz 3 in Verbindung mit Absatz 1 GrEStG (Beteiligung B in Höhe von 10%)	./. 10 000 €
Zwischensumme	90 000 €
Anrechnung nach § 1 Absatz 2 a Satz 7 GrEStG	./. 180 000 €
Grunderwerbsteuerrechtliche BMG	0 €

Eine Überwachung nach § 6 Absatz 3 Satz 2 GrEStG bezüglich der Anteile des B ist nicht erforderlich, weil der ungekürzte Grundbesitzwert für den nach § 1 Absatz 2 a Satz 1 GrEStG steuerbaren Rechtsvorgang insgesamt geringer ist als der Anrechnungsbetrag nach § 1 Absatz 2 a Satz 7 GrEStG.

Anl zu § 5

7.8.2. Verhältnis zu § 1 Absatz 3 GrEStG

38 **105** Wird durch die Minderung des Anteils in einem Rechtsakt ein Tatbestand des § 1 Absatz 3 GrEStG verwirklicht, kommt es nicht zu einer rückwirkenden Versagung der Steuervergünstigung nach § 5 Absatz 3 Satz 1 beziehungsweise § 6 Absatz 3 Satz 2 GrEStG, da durch diesen steuerbaren Rechtsvorgang ein Missbrauch objektiv ausgeschlossen ist.

106 Die Überwachung nach § 5 Absatz 3 Satz 1 beziehungsweise nach § 6 Absatz 3 Satz 2 GrEStG endet mit der Verwirklichung des § 1 Absatz 3 GrEStG.

107 Sind einer Anteilsvereinigung eine oder mehrere Anteilsminderungen vorausgegangen, unterliegen diese hingegen der rückwirkenden Versagung der Steuervergünstigung. Eine Anrechnung ist gesetzlich nicht vorgesehen.

108 Wird nach der Grundstücksübertragung eine Anteilsvereinigung im Sinne des § 1 Absatz 3 Nummer 1 oder Nummer 2 GrEStG in der Hand des Grundstücksübertragenden verwirklicht, ist eine spätere Minderung seines Anteils unter die ursprüngliche Beteiligungsgrenze unschädlich.

109 Beispiel 17:

Am Vermögen einer GmbH & Co. KG sind A und B zu je 50% beteiligt. A überträgt im Jahr 01 ein Grundstück auf die GmbH & Co. KG. Die Komplementär-GmbH, an der A und B ebenfalls je 50% der Anteile halten, ist nicht am Vermögen der GmbH & Co. KG beteiligt.
A überträgt im Jahr 02 seine Anteile am Vermögen der GmbH & Co. KG und am Kapital der GmbH auf B.

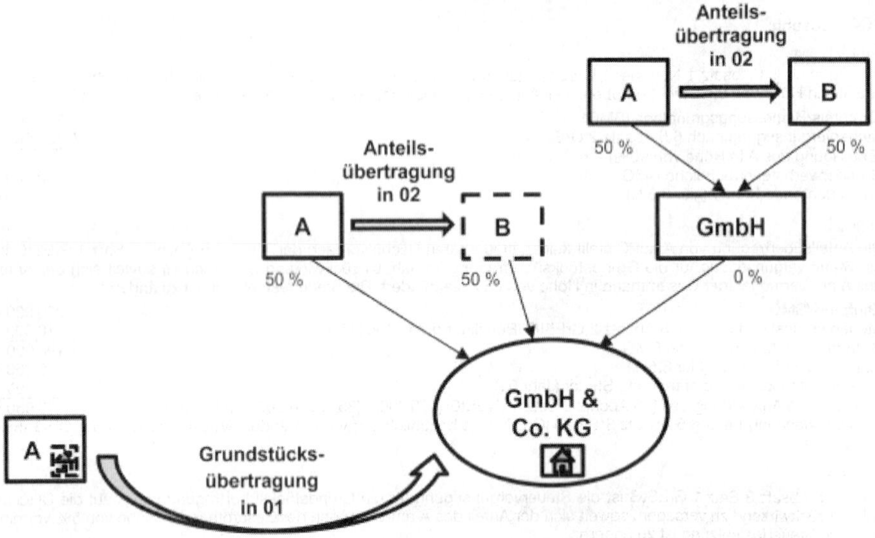

110 Lösung:

Jahr 01:

Für die nach § 1 Absatz 1 Nummer 1 GrEStG steuerbare Grundstücksübertragung wird die Steuer nach § 5 Absatz 2 GrEStG in Höhe von 50% nicht erhoben, weil A in dieser Höhe unmittelbar am Vermögen der GmbH & Co. KG beteiligt ist.

Jahr 02:

Mit der Übertragung der Beteiligung am Vermögen der GmbH & Co. KG und der Anteile am Kapital der GmbH wird eine teils unmittelbare, teils mittelbare Anteilsvereinigung im Sinne des § 1 Absatz 3 Nummer 1 GrEStG in der Hand des B verwirklicht. Auf diesen Rechtsvorgang findet § 6 Absatz 2 GrEStG Anwendung, soweit dies durch § 6 Absatz 4 GrEStG nicht ausgeschlossen wird. Der Vorgang ist in Höhe von 50% begünstigt.
Da der Anteil des A am Vermögen der GmbH & Co. KG vor Ablauf der Zehnjahresfrist des § 5 Absatz 3 Satz 1 GrEStG übertragen wurde, wäre grundsätzlich die Steuervergünstigung rückgängig zu machen. Die Anteilsübertragung führt aber zu einem steuerbaren Rechtsvorgang, somit kommt § 5 Absatz 3 Satz 1 GrEStG nicht zur Anwendung. Die Überwachung nach § 5 Absatz 3 Satz 1 GrEStG endet mit der Verwirklichung des § 1 Absatz 3 Nummer 1 GrEStG.

7.8.3. Verhältnis zu § 1 Absatz 3a GrEStG

39 **111** Die Grundsätze zur Anwendung in den Fällen des § 1 Absatz 3 GrEStG (vergleiche Textziffer 7.8.2) gelten entsprechend.

112 Beispiel 18:

Am Vermögen einer OHG sind A zu 95% und B zu 5% als Gründungsgesellschafter beteiligt. A veräußert der OHG im Jahr 01 ein ihm gehörendes Grundstück. Im Jahr 02 überträgt A 85% der Anteile am Vermögen der OHG an B. Im Jahr 03 überträgt B 90% der Anteile am Vermögen der OHG an Z.

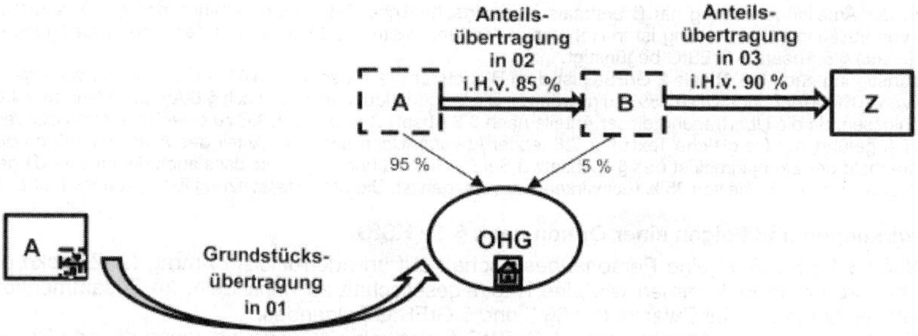

113 Lösung:

Jahr 01:

Für die nach § 1 Absatz 1 Nummer 1 GrEStG steuerbare Grundstücksübertragung wird die Steuer nach § 5 Absatz 2 GrEStG in Höhe von 95% nicht erhoben, weil A in dieser Höhe unmittelbar am Vermögen der OHG beteiligt ist.

Jahr 02:

Die Anteilsübertragung von A auf B stellt keinen steuerbaren Rechtsvorgang nach § 1 Absatz 2 a GrEStG dar, da B Altgesellschafter der grundbesitzenden OHG ist. In der Hand des B löst die Übertragung von 85% des Anteils am Vermögen der OHG von A auf B nicht den Tatbestand des § 1 Absatz 3 Nummer 1 GrEStG aus. Denn im Rahmen des § 1 Absatz 3 GrEStG ist bei Personengesellschaften bei einem unmittelbaren Anteilserwerb unter „Anteil an der Gesellschaft" die aus § 24 GrEStG folgende sachenrechtliche Mitberechtigung und nicht die vermögensmäßige Beteiligung am Gesellschaftsvermögen zu verstehen. Der Tatbestand des § 1 Absatz 3 a GrEStG ist auf der Ebene des B verwirklicht, da B erstmalig eine wirtschaftliche Beteiligung in Höhe von 90% innehat.
Eine Anwendung des § 5 Absatz 3 Satz 1 GrEStG kommt nicht in Betracht, da der Tatbestand des § 1 Absatz 3 a GrEStG durch die Verminderung des Anteils des A am Vermögen der Gesamthand in Höhe von 85% in einem Rechtsakt vollzogen wurde und deshalb eine Steuerumgehung objektiv ausgeschlossen ist.
Die Steuerfestsetzung für das Jahr 01 ist nicht zu ändern.

Jahr 03:

Durch die Anteilsübertragung von B auf Z wird der Tatbestand des § 1 Absatz 2 a Satz 1 GrEStG verwirklicht, hinter den der ebenfalls verwirklichte § 1 Absatz 3 a GrEStG zurücktritt.
Durch die Änderung des Gesellschafterbestandes in Höhe von mindestens 90% innerhalb von zehn Jahren wird grunderwerbsteuerrechtlich ein Grundstückserwerb von einer neuen OHG fingiert mit der Folge, dass § 6 Absatz 3 Satz 1 in Verbindung mit Absatz 1 Satz 1 GrEStG anzuwenden ist. Da A in Höhe von 10% am Vermögen der OHG beteiligt bleibt, ist die Steuer in dieser Höhe nach § 6 Absatz 3 Satz 1 in Verbindung mit Absatz 1 Satz 1 GrEStG nicht zu erheben.
§ 1 Absatz 6 GrEStG kommt nicht zur Anwendung.

114 Beispiel 19:

Am Vermögen einer OHG sind als Gründungsgesellschafter A und B zu je 45% und C zu 10% beteiligt. A überträgt im Jahr 01 ein Grundstück auf die OHG. Im Jahr 02 überträgt A 10% der Anteile am Vermögen der OHG auf B. Im Jahr 03 überträgt A die restlichen Anteile auf B.

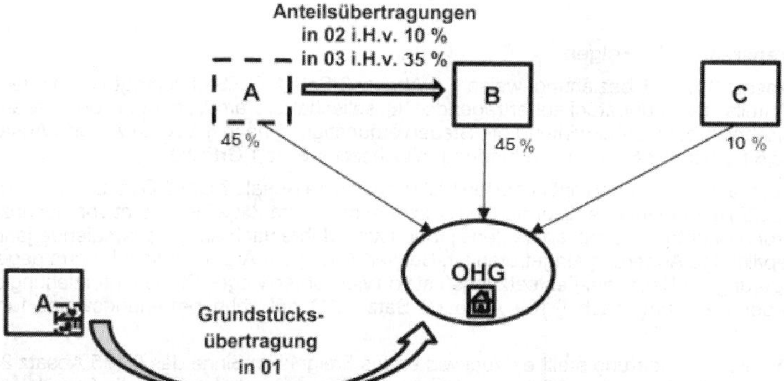

115 Lösung:

Jahr 01:

Für die nach § 1 Absatz 1 Nummer 1 GrEStG steuerbare Grundstücksübertragung wird die Steuer nach § 5 Absatz 2 GrEStG in Höhe von 45% nicht erhoben, weil A in dieser Höhe unmittelbar am Vermögen der OHG beteiligt ist.

Jahr 02:

Die Anteilsübertragung stellt eine Anteilsminderung dar, für die die Steuervergünstigung nach § 5 Absatz 3 Satz 1 GrEStG in Höhe von 10% rückwirkend zu versagen ist. Die Steuerfestsetzung für das Jahr 01 ist zu ändern. Die Überwachung nach § 5 Absatz 3 Satz 1 GrEStG ist bezüglich der verbleibenden Anteile des A an der OHG (35%) fortzuführen.

Jahr 03:

§ 1 Absatz 2 a Satz 1 GrEStG ist wegen der Altgesellschafterstellung des B nicht verwirklicht. § 1 Absatz 3 GrEStG wird durch die Anteilsübertragung aufgrund der aus § 24 GrEStG folgenden sachenrechtlichen Mitberechtigung des C nicht verwirklicht.

Anl zu § 5

Aufgrund der Anteilsübertragung hat B erstmals eine wirtschaftliche Beteiligung im Sinne des § 1 Absatz 3 a Satz 1 GrEStG von 90% inne. Der Vorgang ist in Höhe seiner seit mindestens zehn Jahren bestehenden Beteiligung in Höhe von 45% nach § 6 Absatz 2 GrEStG begünstigt.

Die Vergünstigung nach § 6 Absatz 2 GrEStG ist dem B auch für die in den Jahren 02 und 03 hinzuerworbenen Anteile in Höhe von 10% beziehungsweise 35% zu gewähren. Die Vergünstigung ist nicht nach § 6 Absatz 4 Nummer 1 GrEStG ausgeschlossen, da die Übertragung dieser Anteile nach § 5 Absatz 3 Satz 1 GrEStG zu einer Versagung der Vergünstigung bei A geführt hat (vergleiche Textziffer 7.6 letzter Absatz). Denn auch der Anteil des A am Vermögen der OHG wurde innerhalb der Zehnjahresfrist des § 5 Absatz 3 Satz 1 GrEStG übertragen, so dass auch die im Jahr 01 gewährte Steuervergünstigung in Höhe von 35% rückwirkend zu versagen ist. Die Steuerfestsetzung für das Jahr 01 ist zu ändern.

8. Auswirkungen und Folgen einer Option nach § 1 a KStG

40 **116** Nach § 1 a KStG ist eine Personengesellschaft auf unwiderruflichen Antrag für Zwecke der Besteuerung nach dem Einkommen wie eine Kapitalgesellschaft zu behandeln. Im Zusammenhang mit einer solchen Option gilt für Zwecke der §§ 5 und 6 GrEStG Folgendes:

- § 5 Absatz 1 Satz 1 und Absatz 2 Satz 1 GrEStG findet keine Anwendung, wenn die das Grundstück erwerbende Gesellschaft nach § 1 a KStG optiert hat. Dies gilt nicht, wenn die Ausübung und die Wirksamkeit der Option länger als zehn Jahre zurückliegt und die jeweilige Beteiligung am Vermögen der Gesamthand länger als zehn Jahre besteht (§ 5 Absatz 1 Satz 2 und Absatz 2 Satz 2 GrEStG).
- Beim Grundstücksübergang von einer Gesamthand auf eine andere Gesamthand findet § 6 Absatz 1 Satz 1 GrEStG keine entsprechende Anwendung, wenn die erwerbende Gesamthand nach § 1 a KStG optiert hat und das Grundstück von einer Gesamthand übergeht, die nicht nach § 1 a KStG optiert hat. Dies gilt nicht, wenn die Ausübung und Wirksamkeit der Option länger als zehn Jahre zurückliegt und die jeweilige Beteiligung am Vermögen der Gesamthand länger als zehn Jahre besteht (§ 6 Absatz 3 Satz 4 GrEStG).
- Die wirksame Ausübung der Option nach § 1 a KStG durch die das Grundstück erwerbende Gesamthand innerhalb der zehnjährigen Behaltensfrist gilt als Verminderung des Anteils am Vermögen der Gesamthand (§ 5 Absatz 3 Satz 3 beziehungsweise ab 21. Dezember 2022 § 6 Absatz 3 Satz 5 GrEStG). Dies führt zu einer rückwirkenden Versagung einer gewährten Steuervergünstigung im Sinne des § 5 Absatz 1 Satz 1, Absatz 2 Satz 1 oder § 6 Absatz 3 Satz 1 in Verbindung mit Absatz 1 Satz 1 GrEStG. Die Anzeigepflicht nach § 19 Absatz 2 Nummer 4 GrEStG ist zu beachten (vergleiche Textziffer 9).

9. Anzeigepflicht der Beteiligten nach § 19 Absatz 2 Nummer 4 GrEStG

41 **117** Nach § 19 Absatz 2 Nummer 4 in Verbindung mit Absatz 3 GrEStG haben die Beteiligten Änderungen im Gesellschafterbestand einer Gesamthand bei Gewährung der Steuervergünstigung nach § 5 Absatz 1 und Absatz 2 oder § 6 Absatz 3 Satz 1 in Verbindung mit Absatz 1 Satz 1 GrEStG innerhalb von zwei Wochen anzuzeigen, nachdem sie von dem anzeigepflichtigen Vorgang Kenntnis erhalten haben.

118 Die Verminderung der Beteiligung eines grundstückseinbringenden Gesellschafters am Vermögen der Gesamthand ist anzuzeigen, selbst wenn sich dadurch der personelle Gesellschafterbestand der Gesamthand nicht ändert (BFH-Urteil vom 15. Januar 2019 – II R 39/16, BStBl. II, 627). Bei unterbliebener, verspäteter oder unvollständiger Anzeige ist ein Verspätungszuschlag nach § 19 Absatz 6 GrEStG zu prüfen.

10. Verfahrensrechtliche Folgen

42 **119** § 5 Absatz 3 Satz 1 beziehungsweise § 6 Absatz 3 Satz 2 GrEStG versagt im Fall der Verminderung des Anteils des grundstücksübertragenden Gesellschafters am Vermögen der Gesamthand vor Ablauf der Zehnjahresfrist rückwirkend die Steuervergünstigung nach § 5 Absatz 1 und Absatz 2 beziehungsweise § 6 Absatz 3 Satz 1 in Verbindung mit Absatz 1 Satz 1 GrEStG.

120 Die Festsetzungsfrist beginnt in diesen Fällen nach § 19 Absatz 7 GrEStG (anzuwenden ab dem 21. Dezember 2022) mit Ablauf des Kalenderjahres, in dem das zuständige Finanzamt von der anzeigepflichtigen Änderung Kenntnis erlangt, spätestens jedoch zehn Jahre nach Ablauf des Kalenderjahres, in dem die anzeigepflichtige Änderung eingetreten ist. Bei Verletzung der Anzeigepflicht kommt gegebenenfalls eine Verlängerung der Dauer der Festsetzungsfrist von vier Jahren wegen Steuerhinterziehung oder leichtfertiger Steuerverkürzung nach § 169 Absatz 2 Satz 2 AO auf zehn beziehungsweise fünf Jahre in Betracht.

121 Die Anteilsverminderung stellt ein rückwirkendes Ereignis im Sinne des § 175 Absatz 2 Satz 1 AO dar, das den ursprünglichen Entstehungszeitpunkt der Grunderwerbsteuer für die Grundstücksübertragung unberührt lässt. Die Grunderwerbsteuer ist somit nach § 175 Absatz 1 Satz 1 Nummer 2 in Verbindung mit Absatz 2 Satz 1 AO rückwirkend für die Grundstücksübertragung oder den Tatbestand nach § 1 Absatz 2 a, Absatz 3 oder Absatz 3 a GrEStG festzusetzen. Der Anlauf der Festsetzungsfrist wird insoweit nach § 175 Absatz 1 Satz 2 AO gehemmt.

11. Zeitlicher Anwendungsbereich

43 **122** Dieser Erlass tritt an die Stelle der gleich lautenden Erlasse der obersten Finanzbehörden der Länder zur Anwendung der §§ 5 und 6 GrEStG vom 12. November 2018 (BStBl I, 1334). Er ist auf alle offenen Fälle anzuwenden.

123 Für Rechtsvorgänge, die vor dem 1. Juli 2021 verwirklicht wurden und die unter die Übergangsregelungen des § 23 Absatz 24 GrEStG fallen, gilt dieser Erlass mit der Maßgabe, dass eine Fünfjahresfrist anzuwenden ist. § 6 Absatz 4 Nummer 3 GrEStG ist erst für nach dem 30. Juni 2021 verwirklichte Erwerbsvorgänge anzuwenden (§ 23 Absatz 18 GrEStG).

124 Die Behaltensfrist beträgt für Erwerbsvorgänge, die ab dem 1. Juli 2016 verwirklicht worden sind (§ 23 Absatz 18 und Absatz 24 GrEStG), zehn Jahre (vergleiche auch Textziffer 5 der gleich lautenden Erlasse der obersten Finanzbehörden der Länder zu den Übergangsregelungen auf Grund des Gesetzes zur Änderung des Grunderwerbsteuergesetzes vom 29. Juni 2021 (BStBl. I, 1006)).[1]

Rechtsprechung zu § 5

Rspr zu § 5

1. BFH-Urteil vom 13. 4. 1988 II R 134/86 (BStBl. II S. 735):

Besteht ein vorgefaßter Plan, wonach ein Gesellschafter, der ein Grundstück in eine Personengesellschaft einbringt, seinen Anteil am Gesellschaftsvermögen durch den Eintritt eines neuen Gesellschafters unter Leistung einer Einlage alsbald erheblich verringert, und ist die Einbringung des Grundstückes deshalb nur insoweit von der Besteuerung ausgenommen, als der einbringende Gesellschafter nach dem Eintritt des neuen Gesellschafters noch am Vermögen der Gesellschaft beteiligt bleibt, so ist der Eintritt des neuen Gesellschafters in die Personengesellschaft im Hinblick auf die Frage einer Anteilsvereinigung im Ausmaß von mindestens 95 v. H. so zu beurteilen, als sei der neue Gesellschafter in eine Personengesellschaft eingetreten, der das eingebrachte Grundstück noch nicht zuzurechnen ist. 50

2. BFH-Urteil vom 9. 11. 1988 II R 188/84 (BStBl. 1989 II S. 201):

Verkauft jemand ein Grundstück an eine KG, an der er sich mit einer geringen Einlage beteiligt hat, während alle anderen Gesellschafter keine Einlage zu erbringen haben, so tritt gleichwohl keine Steuerermäßigung gemäß § 5 Abs. 2 GrEStG ein, wenn die gesellschaftsvertraglichen Abmachungen ergeben, daß er ohne Rücksicht auf ihm gutgeschriebene Gewinne und belastete Verluste oder das Vorhandensein stiller Reserven beim Ausscheiden und bei einer Auflösung der Gesellschaft immer nur die geleistete Einlage unverändert zurückerhält.

3. BFH-Urteil vom 16. 1. 1991 II R 38/87 (BStBl. II S. 374):

1. Die tatbestandsmäßigen Voraussetzungen für die Gewährung der Steuervergünstigung nach § 18 Abs. 2 GrEStG RP (= § 5 Abs. 2 GrEStG 1983) liegen trotz (formaler) Beteiligung des Einbringenden am Vermögen der Gesamthand dann nicht vor,

a) wenn dieser durch (gesellschafts-)vertragliche Abrede im Ergebnis wirtschaftlich so gestellt ist, als sei er während der Dauer seiner Beteiligung an der Gesamthand und bei deren Beendigung nicht wie ein Eigentümer (anteilig) an den Wertveränderungen des Grundstücks beteiligt (gewesen), oder

b) wenn und soweit dieser entsprechend einem vorgefaßten Plan in zeitlichem und sachlichem Zusammenhang mit der Grundstücksübertragung auf die Gesamthand seine Gesellschafterstellung auf einen anderen überträgt (vgl. BFH-Urteil vom 24. 11. 1982 II R 38/78, BFHE 138, 97, BStBl. II 1983, 429).

2. In diesem Zusammenhang macht es keinen Unterschied, ob der Einbringende seine gesamthänderische Berechtigung völlig aufgibt oder diese nur verringert.

4. BFH-Urteil vom 16. 1. 1991 II R 78/88 (BStBl. II S. 376):

Für die Anforderungen an die tatbestandsmäßigen Voraussetzungen einer Steuervergünstigung nach § 21 Abs. 1 GrEStG BW (= § 5 Abs. 1 GrEStG 1940/1983) bei Übergang eines Grundstücks von Miteigentümern auf eine Gesamthand gelten die zu Absatz 2 der Vorschrift (Übergang vom Alleineigentümer auf eine Gesamthand) entwickelten Grundsätze entsprechend.

5. BFH-Urteil vom 16. 1. 1991 II R 44/87 (BFH/NV 1992 S. 132):

1. Die Voraussetzungen für die Steuervergünstigung liegen – trotz (formaler) Beteiligung des Grundstücksveräußerers am Vermögen der Gesamthand – dann nicht vor,

a) wenn dieser durch gesellschaftsvertragliche Abrede im Ergebnis wirtschaftlich so gestellt ist, als sei er während der Dauer seiner Beteiligung an der Gesellschaft und bei deren Beendigung über das Gesamthandsvermögen nicht wie ein Eigentümer anteilig an den Wertveränderungen des Grundstücks beteiligt (vgl. dazu Senatsurteil vom 9. 11. 1988 II R 188/84; BFHE 155, 171, BStBl. II 1989, 201) oder

b) wenn und soweit dieser entsprechend einem vorgefaßten Plan in sachlichem und zeitlichem Zusammenhang mit der Grundstücksübertragung auf die Gesamthand seine Gesellschafterstellung auf einen anderen überträgt (vgl. Senat in BFHE 138, 97, BStBl. II 1983, 429).

2. Bei einem Zeitraum von etwas mehr als drei Monaten besteht noch ein „zeitlicher Zusammenhang".

6. BFH-Urteil vom 6. 9. 1995 II R 76/92 (BStBl. II S. 799):

1. Soll sich aufgrund gesellschaftsvertraglicher Vereinbarungen nach Einbringung eines Grundstücks in eine Gesamthand der Umfang der Beteiligung des grundstückseinbringenden Gesellschafters an der Gesamthand durch Neuaufnahme von weiteren Gesellschaftern und Kapitalerhöhung bis zu einem bestimmten Betrag verringern, und sollen dabei die neu eintretenden Gesellschafter – unabhängig vom Zeitpunkt ihres Beitritts – im wirtschaftlichen Ergebnis so gestellt werden, als wenn sie bereits im Zeitpunkt der Grundstückseinbringung Gesellschafter gewesen wären, sind für den Umfang der Steuervergünstigung nach § 5 Abs. 2 GrEStG 1983 die Beteiligungsverhältnisse an der Gesamthand maßgebend, so wie diese sich nach der planmäßigen Erhöhung des Gesellschaftskapitals ergeben.

[1] Abgedruckt als Anlage a zu § 1 Abs. 2a GrEStG.

Rspr zu § 5

noch 50 2. Die Voraussetzungen für die Steuerbefreiung nach § 5 Abs. 2 GrEStG 1983 können grundsätzlich nur verneint werden, wenn und soweit sich der Umfang der Beteiligung des grundstückseinbringenden Gesellschafters tatsächlich verringert. Soll sich aber nach einem vorgefaßten Plan (Gesellschaftsvertrag) die Verringerung des Umfangs der Beteiligung des grundstückseinbringenden Gesellschafters in mehreren Teilakten vollziehen, genügt die Feststellung, daß mit der Verringerung des Beteiligungsumfangs planmäßig begonnen wurde, um die Steuerbefreiung nach § 5 Abs. 2 GrEStG 1983 im Umfang der geplanten, im Zeitpunkt der Steuerfestsetzung noch nicht vollständig erfolgten Verringerung der Beteiligung auszuschließen.

7. BFH-Beschluss vom 8. 8. 2000 II B 134/99 (BFH/NV 2001 S. 66):

Eine Beteiligung am Vermögen der Gesamthand i. S. der §§ 5, 6 GrEStG 1983 besteht – mit Ausnahme des Sonderfalls der über eine weitere Gesamthand vermittelten Beteiligung (vgl. BFH-Urteil vom 24. 11. 1985 II R 65/83, BFHE 144, 473, BStBl. II 1985, 714) – grundsätzlich nur bei einer unmittelbaren dinglichen Mitberechtigung des grundstückseinbringenden Gesamthänders am Gesamthandsvermögen. Ist an einer Gesellschaft ein Gesell-schafter beteiligt, der seinen Gesellschaftsanteil als Treuhänder für einen Dritten hält, ist der Dritte am Vermögen der Gesamthand nicht (unmittelbar) beteiligt. Denn nicht der Treugeber, sondern der Treuhänder ist – was für das Grunderwerbsteuerrecht allein maßgebend ist – bürgerlich-rechtlich und handelsrechtlich am Gesamthandsvermögen beteiligt. Die Anwendung des § 39 Abs. 2 AO 1977 ist in diesen Fällen grundsätzlich ausgeschlossen (vgl. BFH-Entscheidungen vom 23. 10. 1974 II R 87/73, BFHE 114, 124, BStBl. II 1975, 152, und vom 14. 12. 1988 II B 134/88, BFH/NV 1990, 59, 61).

8. BFH-Urteil vom 20. 12. 2000 II R 26/99 (abgedruckt zu § 1 Abs. 3)

9. BFH-Beschluss vom 26. 2. 2003 II B 202/01 (BStBl. II S. 528):

Bei der Anwendung des § 5 GrEStG 1983 können der Gesamthand über den Rechtsgedanken des § 3 Nr. 6 GrEStG 1983 persönliche Eigenschaften der Gesamthänder quotal zugerechnet werden. § 5 GrEStG 1983 ist dementsprechend auch bei einer Verwandtschaft in gerader Linie zwischen demjenigen, der ein Grundstück auf eine Gesamthand überträgt, und den an dieser Gesamthand beteiligten Gesamthändern anzuwenden. Dabei wird über § 3 Nr. 6 GrEStG 1983 lediglich das fehlende, von § 5 GrEStG 1983 vorausgesetzte Tatbestandsmerkmal „Gesamthänder" ersetzt. Die Vergünstigung nach § 5 GrEStG 1983 kann aber auch in diesen Fällen nur gewährt werden, wenn der mit dem Grundstücksveräußerer in gerader Linie verwandte Gesamthänder seine Gesellschafterstellung unverändert aufrechterhält.

10. BFH-Urteil vom 25. 6. 2003 II R 20/02 (BStBl. 2004 II S. 193):

Wird eine Kapitalgesellschaft in zeitlichem und sachlichem Zusammenhang mit – ab 1. Januar 2000: innerhalb von fünf Jahren nach – der Übertragung eines Grundstücks auf eine Personengesellschaft, an der sie beteiligt ist, auf einen Dritten verschmolzen, führt dies zum Verlust der Steuerbefreiung nach § 5 Abs. 2 GrEStG. Bei vor dem 1. Januar 2000 verwirklichten Erwerbsvorgängen muss hinzukommen, dass die Verschmelzung bereits im Zeitpunkt der Grundstücksübertragung beabsichtigt war und die Gesellschafter der Personengesellschaft schon zu diesem Zeitpunkt von der Verschmelzungsabsicht wussten.

11. BFH-Urteil vom 15. 12. 2004 II R 37/01 (BStBl. 2005 II S. 303):

1. Die Vergünstigung nach § 5 Abs. 2 GrEStG ist nicht zu gewähren, wenn die Grundstücksübertragung auf die Gesamthand zu einem Zeitpunkt erfolgte, zu dem die Veränderung der Gesellschafterstellung des bisherigen Alleineigentümers bereits zwischen den Gesamthändern abgesprochen worden war.

2. Das Merkmal der „Absprache" zwischen den an der Gesamthand beteiligten Gesamthändern entfällt, wenn die Veränderung der Gesellschafterstellung einer Zustimmung der übrigen Gesamthänder ausnahmsweise (z. B. bei einer Verschmelzung) nicht bedarf oder wenn nur ein Gesamthänder über seine Beteiligungen an den übrigen Gesamthändern die Geschicke der Gesamthand bestimmt. Zur Versagung des § 5 Abs. 2 GrEStG reicht in diesen Fällen allein die bereits im Zeitpunkt der Grundstückseinbringung bestehende Absicht des bisherigen Alleineigentümers, seine gesamthänderische Mitberechtigung kurzfristig aufzugeben.

3. Die Anwendung der Vergünstigungsnorm des § 5 Abs. 2 GrEStG ist nicht davon abhängig zu machen, ob der Vorgang, der die Aufgabe der Gesellschafterstellung des grundstückseinbringenden Gesamthänders tatsächlich bewirkt, der Steuer unterliegt.

12. BFH-Urteil vom 18. 3. 2005 II R 21/03 (BFH/NV S. 1867):

1. Auf Grundstückserwerbe einer Gesamthand von einer Kapitalgesellschaft sind §§ 5 und 6 GrEStG nicht anzuwenden, sofern nicht die Kapitalgesellschaft ihrerseits am Vermögen der Gesamthand beteiligt ist, der sie ein Grundstück überträgt.

2. Die Eigenschaft einer Personengesellschaft als Alleingesellschafterin einer GmbH begründet keine gesamthänderische Mitberechtigung an Grundstücken der GmbH. Der Grundstückserwerb der Personengesellschaft von der GmbH ist nicht nach §§ 5 oder 6 GrEStG begünstigt.

13. BFH-Beschluss vom 27. 4. 2005 II B 76/04 (BFH/NV S. 1627), Ls. 1:

1. Die KGaA ist als Kapitalgesellschaft keine „Gesamthand" i. S. der §§ 5, 6 GrEStG.

14. BFH-Urteil vom 2. 4. 2008 II R 53/06 (BStBl. 2009 II S. 544):

Die Vergünstigungsvorschrift des § 5 Abs. 1 GrEStG ist auf eine Anteilsvereinigung (§ 1 Abs. 3 Nr. 1 und Nr. 2 GrEStG) in der Person einer Gesamthand nicht (entsprechend) anwendbar.

15. BFH-Urteil vom 9. 4. 2008 II R 32/06 (BFH/NV S. 1526), Ls. 2:

2. Verfassungsrechtlich ist die Beschränkung der Steuerbefreiungen aus §§ 5 und 6 GrEStG auf Gesamthandsgemeinschaften nicht zu beanstanden.

16. BFH-Urteil vom 7. 10. 2009 II R 58/08 (BStBl. 2010 II S. 302):

§ 5 Abs. 3 GrEStG setzt die objektive Möglichkeit einer Steuerumgehung voraus und ist daher einschränkend dahingehend auszulegen, dass – trotz der Verminderung der vermögensmäßigen Beteiligung des grundstückseinbringenden Gesamthänders – die Vergünstigung nach § 5 Abs. 1 und 2 GrEStG nicht entfällt, wenn aufgrund einer Anteilsschenkung eine Steuerumgehung objektiv ausscheidet.

17. BFH-Beschluss vom 4. 5. 2011 II B 151/10 (BFH/NV S. 1395):

1. Geht ein Grundstück von einem Alleineigentümer auf eine Gesamthand über, wird die Steuer in Höhe des Anteils trotz § 5 Abs. 2 GrEStG erhoben, wenn die Gesamthand innerhalb von fünf Jahren nach dem Übergang in eine Kapitalgesellschaft umgewandelt wird.

2. Die AdV eines Grunderwerbsteuerbescheids kommt nicht wegen ernstlicher Zweifel an der Verfassungsmäßigkeit des § 11 i. V. mit § 8 Abs. 2 GrEStG und §§ 138 ff. BewG in Betracht, da nicht zu erwarten ist, dass eine BVerfG-Entscheidung zu einer Änderung bereits ergangener Steuerbescheide führen wird.

18. BFH-Urteil vom 25. 9. 2013 II R 2/12 (BStBl. 2014 II S. 329):

1. Bringen die Gesellschafter einer KG ein ihnen gehörendes Grundstück in die KG ein und wird die KG anschließend in eine Kapitalgesellschaft umgewandelt, sind die Voraussetzungen für die Nichterhebung der Grunderwerbsteuer für die Grundstückseinbringung nicht erfüllt.

2. Bei der Einbringung eines Grundstücks in eine Gesellschaft darf auch dann nicht anstelle des Grundbesitzwerts der Buchwert angesetzt werden, wenn die Gesellschaft und das für die Steuerfestsetzung zuständige FA dies vereinbaren.

19. BFH-Urteil vom 22. 2. 2017 II R 52/14 (BStBl. II S. 653), Ls. 2:

1. *(abgedruckt zu § 3)*

2. Bei der Anteilsvereinigung in der Hand einer Gesamthandsgemeinschaft aufgrund einer Einbringung von Gesellschaftsanteilen wird nicht ein Grundstückserwerb von den einbringenden Gesellschaftern, sondern ein Grundstückserwerb von der grundbesitzenden Gesellschaft fingiert. Dieser (fiktive) Grundstückserwerb kann nicht dem Erwerb von Miteigentumsanteilen i. S. d. § 5 Abs. 1 GrEStG gleichgestellt werden.

20. BFH-Urteil vom 15. 1. 2019 II R 39/16 (BStBl. II S. 627) (abgedruckt zu § 19)

21. BFH-Urteil vom 8. 11. 2023 II R 20/21 (BFH/NV 2024 S. 287):

Die Steuerbefreiung gemäß § 5 Abs. 2 GrEStG entfällt rückwirkend, wenn sich der Anteil des Kommanditisten im maßgebenden Fünfjahreszeitraum tatsächlich im Sinne des § 5 Abs. 3 GrEStG vermindert hat. Ob eine tatsächliche Verminderung vorliegt, ist nach dem Gesamtbild der Verhältnisse im Einzelfall zu entscheiden und obliegt der Würdigung durch das Finanzgericht.

22. BFH-Urteil vom 23. 7. 2024 II R 11/22 (DStR S. 2823):

1. *(abgedruckt zu § 1 Abs. 3)*

2. Eine steuerbare Vereinigung von Anteilen an einer grundbesitzenden Gesellschaft in einer niederländischen Stiftung (stichting) ist nicht nach § 5 Abs. 2 GrEStG steuerbefreit, wenn die Stiftung bei einem Rechtstypenvergleich nicht mit einer Gesamthandsgemeinschaft gleichgestellt werden kann.

23. BFH-Urteil vom 30. 10. 2024 II R 14/23 (DStR 2025 S. 273), Ls. 1:

1. Eine grunderwerbsteuerbare Anteilsvereinigung durch Übertragung von Anteilen an einer grundbesitzenden Kapitalgesellschaft auf eine niederländische Stiftung („stichting") ist nicht nach § 5 Abs. 1 des Grunderwerbsteuergesetzes (GrEStG) steuerfrei, wenn der Rechtstypenvergleich ergibt, dass die Stiftung ihrer rechtlichen Struktur nach nicht mit einer Gesamthandsgemeinschaft nach innerstaatlichem Recht vergleichbar ist.

GrEStG

§ 6 Übergang von einer Gesamthand

1 **(1) ① Geht ein Grundstück von einer Gesamthand in das Miteigentum mehrerer an der Gesamthand beteiligter Personen über, so wird die Steuer nicht erhoben, soweit der Bruchteil, den der einzelne Erwerber erhält, dem Anteil entspricht, zu dem er am Vermögen der Gesamthand beteiligt ist. ② Wird ein Grundstück bei der Auflösung der Gesamthand übertragen, so ist die Auseinandersetzungsquote maßgebend, wenn die Beteiligten für den Fall der Auflösung der Gesamthand eine vom Beteiligungsverhältnis abweichende Auseinandersetzungsquote vereinbart haben.**

2 **(2) ① Geht ein Grundstück von einer Gesamthand in das Alleineigentum einer an der Gesamthand beteiligten Person über, so wird die Steuer in Höhe des Anteils nicht erhoben, zu dem der Erwerber am Vermögen der Gesamthand beteiligt ist. ② Geht ein Grundstück bei der Auflösung der Gesamthand in das Alleineigentum eines Gesamthänders über, so gilt Absatz 1 Satz 2 entsprechend.**

3 **(3)[1] ① Die Vorschriften des Absatzes 1 gelten entsprechend beim Übergang eines Grundstücks von einer Gesamthand auf eine andere Gesamthand. ② Absatz 1 ist insoweit nicht entsprechend anzuwenden, als sich der Anteil des Gesamthänders am Vermögen der erwerbenden Gesamthand innerhalb von zehn Jahren nach dem Übergang des Grundstücks von der einen auf die andere Gesamthand vermindert. ③ Satz 2 gilt nicht, soweit allein durch den Austritt des Vereinigten Königreichs Großbritannien und Nordirland aus der Europäischen Union sich der Anteil des Gesamthänders am Vermögen der erwerbenden Gesamthand innerhalb von fünf Jahren nach dem Übergang des Grundstücks auf die Gesamthand vermindert. ④ Absatz 1 ist nicht entsprechend anzuwenden, wenn die erwerbende Gesamthand nach § 1 a des Körperschaftsteuergesetzes optiert hat und das Grundstück von einer Gesamthand übergeht, die nicht nach § 1 a des Körperschaftsteuergesetzes optiert hat; es sei denn die Ausübung und Wirksamkeit der Option liegt länger als die in Satz 2 genannte Frist zurück und die jeweilige Beteiligung am Vermögen der Gesamthand besteht länger als die in Satz 2 genannte Frist. ⑤ Bei der Anwendung des Satzes 2 gilt die Ausübung der Option nach § 1 a des Körperschaftsteuergesetzes als Verminderung des Anteils des Gesamthänders am Vermögen der erwerbenden Gesamthand, wenn die Option innerhalb der jeweils für Satz 2 geltenden Frist ausgeübt und wirksam wird. ⑥ Absatz 1 ist nicht entsprechend anzuwenden, wenn die erwerbende Gesamthand eine Gesellschaft im Sinne des § 1 Absatz 1 des Körperschaftsteuergesetzes mit Sitz im Ausland ist, deren Ort der Geschäftsleitung im Inland belegen ist, und die nach inländischem Gesellschaftsrecht als Personengesellschaft behandelt wird.**

4 **(4)[1] Die Vorschriften der Absätze 1 bis 3 gelten insoweit nicht, als**

1. **ein Gesamthänder – im Fall der Erbfolge sein Rechtsvorgänger – innerhalb von zehn Jahren vor dem Erwerbsvorgang seinen Anteil an der Gesamthand durch Rechtsgeschäft unter Lebenden erworben hat oder**
2. **die vom Beteiligungsverhältnis abweichende Auseinandersetzungsquote innerhalb der letzten zehn Jahre vor der Auflösung der Gesamthand vereinbart worden ist oder**
3. **bei einem Erwerbsvorgang im Sinne des § 1 Absatz 3 Nummer 1 oder Nummer 2 oder Absatz 3 a der Erwerber – im Fall der Erbfolge sein Rechtsvorgänger – innerhalb von 15 Jahren vor dem Erwerbsvorgang seinen Anteil am Vermögen der Personengesellschaft erstmals durch Rechtsgeschäft unter Lebenden erworben hat, es sei denn, einer der Erwerbe der Anteile am Gesellschaftsvermögen durch diesen Erwerber – im Fall der Erbfolge durch seinen Rechtsvorgänger – hat zu einem steuerpflichtigen Erwerbsvorgang im Sinne des § 1 Absatz 2 a geführt.**

Hinweis:

Zur Anwendung der §§ 5 und 6 GrEStG → s. Anlage zu § 5.

Rspr zu § 6

Rechtsprechung zu § 6

1. BFH-Urteil vom 24. 9. 1985 II R 65/83 (BStBl. II S. 714):

7 1. Beim Übergang eines Grundstücks von einer Gesamthandsgemeinschaft auf eine andere Gesamthandsgemeinschaft ist Steuervergünstigung aus § 16 Abs. 3 GrEStG Berlin (= § 6 Abs. 3 GrEStG 1940/1983) auch dann gegeben, wenn die erwerbende Gesamthand an der veräußernden selbst als Gesellschafterin beteiligt war.

2. Für die Auflösung der Vergünstigung durch § 16 Abs. 4 GrEStG Berlin (= § 6 Abs. 4 GrEStG 1940/1983) ist allein auf die Dauer und den Umfang der unmittelbaren bzw. mittelbaren (durch die Ge-

[1] § 6 Abs. 3 Satz 2 anzuwenden ab 1. 1. 2002 (§ 23 Abs. 7 Satz 1 GrEStG); Abs. 3 Satz 3 erstmals anzuwenden ab 1. 2. 2020 (§ 23 Abs. 7 Satz 3 GrEStG); zur Anwendung von Abs. 3 und 4 i.d. F. des Gesetzes vom 12. 5. 2021 siehe § 23 Abs. 18 und 24 GrEStG und *gleich lautenden Ländererlass vom 29. 6. 2021,* abgedruckt als Anlage b zu § 1 Abs. 2 a GrEStG.

samthandsberechtigung am Vermögen der erwerbenden Gesamthand vermittelten) Teilhabe der Beteiligten an der veräußernden Gesamthand abzustellen.

Rspr zu § 6 *noch* **7**

2. BFH-Urteil vom 25. 3. 1992 II R 46/89 (BStBl. II S. 680):

1. Sieht der Gesellschaftsvertrag einer Kommanditgesellschaft vor, daß beitretende Gesellschafter jederzeit über ihren Gesellschaftsanteil verfügen, ihre Beteiligung jedoch nicht vor Ablauf von fünf Jahren kündigen können, und daß die Gesellschafter bzw. ihre Rechtsnachfolger für den Fall der Kündigung anstelle der Zahlung eines Auseinandersetzungsguthabens nur die Übertragung eines – in der Beitrittserklärung bezeichneten, von der Gesellschaft noch zu erwerbenden und in bestimmter Weise zu bebauenden – Grundstücks verlangen können, so ersetzt die Übertragung eines derart ausgestalteten Gesellschaftsanteils die Übertragung des Grundstückseigentums, dessen Auswahl den Gesellschaftsanteil bestimmte. Sie stellt einen nach § 1 Abs. 1 Nr. 1 GrEStG NW (= § 1 Abs. 1 Nr. 1 GrEStG 1983) i. V. m. § 42 AO 1977 steuerpflichtigen Erwerbsvorgang dar, bei dem die Steuer mit dem Beitritt zur Gesellschaft entsteht (Fortentwicklung des Urteils vom 10. Mai 1989 II R 86/86, BFHE 156, 523, BStB. II 1989, 628).

2. Fallen der Erwerb einer Gesamthandsberechtigung und ein Grunderwerb von der Gesamthand in einem Rechtsakt zusammen, so können die Steuervergünstigungen nach §§ 6, 7 GrEStG NW (= §§ 6, 7 GrEStG 1983) nicht gewährt werden, denn es fehlt insoweit an einer vor dem Erwerb bestehenden Gesamthandsberechtigung, die sich wirtschaftlich im Alleineigentum an dem von der Gesellschaft erworbenen (Teil-)Grundstück fortsetzen könnte.

3. Die an einem nach § 1 Abs. 1 Nr. 1 GrEStG NW (= § 1 Abs. 1 Nr. 1 GrEStG 1983) i. V. m. § 42 AO 1977 der Grunderwerbsteuer unterliegenden Erwerbsvorgang Beteiligten sind gemäß § 19 Abs. 1 Satz 2 GrEStG NW (= § 19 Abs. 1 Satz 2 GrEStG 1983) verpflichtet, dem FA hierüber Anzeige zu erstatten. Die Pflicht zur Anzeige ist eine objektive und besteht unabhängig davon, ob die Beteiligten sich ihrer bewußt sind.

3. BFH-Urteil vom 3. 3. 1993 II R 4/90 (BFH/NV S. 494):

1. Der Erwerb eines Grundstücks von einer Kommanditgesellschft durch den Ehegatten eines Kommanditisten ist insoweit von der Grunderwerbsteuer befreit, als der Kommanditist am Vermögen der Gesellschaft beteiligt war.

2. Der Vermögensanteil i. S. des § 6 Abs. 2 Satz 1 GrEStG 1983 ist – anders als im Fall des § 6 Abs. 2 Satz 2 – nicht summenmäßig, sondern verhältnismäßig zu bestimmen. Es ist der Anteil zu ermitteln, mit dem der Gesellschafter im Verhältnis zu seinen Mitgesellschaftern am Gesellschaftsvermögen beteiligt ist.

3. Entscheidend für die Bestimmung des Anteils am Gesellschaftsvermögen ist, ob – und inwieweit – die Kapitalkonten Ausdruck des gesamthänderisch gebundenen Gesellschaftsvermögens sind oder ob sie – teilweise – den Charakter einer schuldrechtlichen Forderung des Gesellschafters gegen die Gesellschaft haben. Die mit einem Festbetrag bestimmte Kommanditeinlage besagt für die Beteiligung des Gesellschafters am Gesellschaftsvermögen für sich gesehen nichts, weil sie nur Ausdruck der Haftungsbeschränkung gemäß § 161 Abs. 1 HGB ist.

4. BFH-Urteil vom 18. 5. 1994 II R 119/90 (BFH/NV 1995 S. 267), Ls. 2:

2. Die Regelung nach § 22 Abs. 4 GrEStG BW (entspricht § 6 Abs. 4 GrEStG 1983) soll objektiven Steuerumgehungen entgegenwirken, die der steuerfreie Übergang von Anteilen an einer Gesamthand ermöglicht (vgl. Senatsurteil vom 14. 6. 1973 II R 37/72, BFHE 110, 142, BStBl. II 1973, 802). Das unterstellt das Gesetz, wenn sich eine Änderung der Beteiligungsverhältnisse an der veräußernden Gesamthand innerhalb der Fünf-Jahres-Frist des § 22 Abs. 4 GrEStG BW vollzogen hat, die zu einer weiteren Grunderwerbsteuervergünstigung nach § 22 GrEStG BW (entspricht § 6 GrEStG 1983) führt. Ist innerhalb der Fünf-Jahres-Frist eine solche Änderung vereinbart worden, so hat das zwar nicht die Folge daß die Vergünstigung überhaupt entfällt, bewirkt aber, daß die zur weiteren Grunderwerbsteuervergünstigung führende Vereinbarung bzw. Änderung der Beteiligungsverhältnisse als nicht geschehen anzusehen ist.

5. BFH-Urteil vom 24. 4. 1996 II R 52/93 (BStBl. II S. 458):

Die für die Gewährung der Steuervergünstigung nach § 5 Abs. 2 GrEStG 1983 beim Übergang eines Grundstücks von einem Alleineigentümer auf eine Gesamthand entwickelten Grundsätze (BFH-Urteile vom 16. 1. 1991 II R 38/87, BFHE 163, 246, BStBl. II 1991, 374, und vom 6. 9. 1995 II R 76/92, BFHE 178, 235, BStBl. II 1995, 799) gelten auch für die Steuervergünstigung nach § 6 Abs. 3 i. V. m. Abs. 1 GrEStG 1983 beim Übergang eines Grundstücks von einer Gesamthand auf eine andere Gesamthand.

6. BFH-Urteil vom 29. 1. 1997 II R 15/96 (BStBl. II S. 296):

Gehen im Zuge einer Verschmelzung Anteile an einer grundbesitzenden Gesamthand auf den übernehmenden Rechtsträger über, so liegt hierin ein Anteilserwerb „durch Rechtsgeschäft" i. S. des § 6 Abs. 4 GrEStG 1983.

7. BFH-Urteil vom 16. 7. 1997 II R 27/95 (BStBl. II S. 663):

Die Frage, ob die Steuervergünstigung des § 6 Abs. 2 GrEStG 1983 nach Absatz 4 der Vorschrift zu versagen oder zu verringern ist, kann hinsichtlich des Grundstücks und eines darauf errichteten Gebäudes, die grunderwerbsteuerrechtlich eine Einheit i. S. des § 2 GrEStG 1983 bilden, nur einheitlich beantwortet werden. Ist die Steuervergünstigung für den Erwerb des Grundstücks nach § 6 Abs. 4 GrEStG 1983 zu versagen oder zu verringern, so gilt dies für das miterworbene Gebäude auch dann, wenn dieses erst errichtet worden ist, nachdem der grundstückserwerbende Gesamthänder seine Beteiligung an der Gesellschaft erworben oder aufgestockt hat.

Rspr zu § 6

noch 7

8. BFH-Beschluss vom 8. 8. 2000 II B 134/99 (abgedruckt zu § 5)

9. BFH-Urteil vom 4. 4. 2001 II R 57/98 (BStBl. II S. 587):

Wird eine GmbH mit Grundbesitz in eine GbR umgewandelt und nachfolgend ein Grundstück auf eine mit der GbR gesellschafteridentische KG übertragen, ist die Grunderwerbsteuerbegünstigung des § 6 Abs. 3 gemäß Abs. 4 Satz 1 GrEStG ausgeschlossen, wenn die Gesellschafter der GbR ihre durch Umwandlung erlangten Anteile innerhalb von fünf Jahren vor dem Erwerbsvorgang erhalten haben. Die Zeit ihrer Beteiligung an der GmbH kann den Gesellschaftern nicht fiktiv als Beteiligung an der GbR angerechnet werden; die Fünf-Jahres-Frist des § 6 Abs. 4 Satz 1 GrEStG beginnt erst mit Eintragung der Umwandlung in das Handelsregister.

10. BFH-Urteil vom 6. 6. 2001 II R 56/00 (BStBl. 2002 II S. 96):

1. Die Fünf-Jahres-Frist des § 6 Abs. 4 GrEStG 1983 beginnt mit dem für die Steuervergünstigung in Frage stehenden Erwerbsvorgang und ist von diesem aus zurück zu berechnen. Auf diese Frist sind die Vorschriften der §§ 186 ff. BGB entsprechend anzuwenden.

2. Für die Frage, ob der Gesellschafter einen Anteil an der Gesamthand innerhalb dieser Frist erworben hat, ist auf die mit dem Erwerb der Gesellschafterstellung verbundene dingliche (gesamthänderische) Mitberechtigung am Grundstück abzustellen. Der Zeitpunkt eines ggf. vorangegangenen Erwerbs eines schuldrechtlichen Anspruchs auf Einräumung einer Gesellschafterstellung ist nicht maßgeblich.

11. BFH-Urteil vom 14. 12. 2002 II R 31/01 (BStBl. 2003 II S. 319):

„Rechtsgeschäft unter Lebenden" i. S. des § 6 Abs. 4 Satz 1 GrEStG ist auch die Kündigung der Gesellschaft durch einen Gesellschafter (§ 723 BGB).

12. BFH-Urteil vom 18. 12. 2002 II R 13/01 (BStBl. 2003 II S. 358):

Die Steuervergünstigung des § 6 Abs. 3 GrEStG 1983 ist (auch) dann nicht zu gewähren, wenn in sachlichem und zeitlichem Zusammenhang mit der Grundstücksübertragung auf die erwerbende Gesamthand diese entsprechend einer zu diesem Zeitpunkt zwischen den an der Gesamthand Beteiligten getroffenen Absprache formwechselnd in eine Kapitalgesellschaft umgewandelt wird.

13. BFH-Beschluss vom 27. 4. 2005 II B 76/04 (abgedruckt zu § 5)

14. BFH-Urteil vom 9. 4. 2008 II R 32/06 (abgedruckt zu § 5)

15. BFH-Urteil vom 11. 6. 2008 II R 58/06 (BStBl. II S. 879):

1. Veräußert eine aus drei Gesellschaftern bestehende Personengesellschaft ein im Gesellschaftsvermögen befindliches Grundstück an einen ihrer Gesellschafter und dessen Ehefrau zu je hälftigem Miteigentum, ist die Steuer für den Erwerb des Gesellschafters entsprechend § 6 Abs. 1 GrEStG nur noch $^1/_3$ der auf seinen Erwerb entfallenden Gegenleistung zu berechnen. Ist Bemessungsgrundlage der Grundbesitzwert, bedeutet dies eine Steuerberechnung nach $^1/_6$ des Werts des ganzen Grundstücks.

2. Da die (ursprüngliche) vermögensmäßige Beteiligung des Gesellschafters am Grundstück in seinem Miteigentumsanteil fortbesteht, kann der Ehefrau eine Steuerbefreiung nach § 6 Abs. 1 i. V. m. § 3 Nr. 4 GrEStG nicht gewährt werden.

16. BFH-Urteil vom 25. 9. 2013 II R 17/12 (BStBl. 2014 II S. 268):

1. Geht ein Grundstück von einer Gesamthand auf eine andere Gesamthand (gegebenenfalls nach § 1 Abs. 2 a GrEStG auch nur fiktiv) über, wird bei Identität der Beteiligungsverhältnisse die Steuer nach § 6 Abs. 3 Satz 1 GrEStG nicht erhoben. Vermindert sich die Höhe des Anteils einer im Zeitpunkt des Grundstücksübergangs an der grundstückserwerbenden Gesamthand beteiligten Person innerhalb von fünf Jahren dadurch, dass diese über ihren Anteil zugunsten ihres Ehegatten oder eines Verwandten in gerader Linie oder durch freigebige Zuwendung unter Lebenden i. S. des § 7 Abs. 1 ErbStG verfügt, wirkt sich dies im Hinblick auf § 3 Nr. 2, Nr. 4 und Nr. 6 GrEStG auf die Nichterhebung der Steuer nicht aus, soweit die begünstigten Personen ihrerseits die Beteiligung an der Gesamthand i. S. von § 6 Abs. 3 Satz 2 GrEStG unvermindert über den Zeitraum von fünf Jahren aufrechterhalten.

2. Geht die gesamthänderische Mitberechtigung der an der grundstückserwerbenden Gesamthand beteiligten Personen innerhalb von fünf Jahren nach dem (u. U. auch nur fiktiven) Grundstücksübergang durch eine formwechselnde Umwandlung in eine Kapitalgesellschaft verloren, entfallen die Voraussetzungen für die Nichterhebung der Grunderwerbsteuer rückwirkend.

17. BFH-Urteil vom 3. 6. 2014 II R 1/13 (abgedruckt zu § 1 Abs. 2 a)

18. BFH-Urteil vom 17. 12. 2014 II R 24/13 (BStBl. 2015 II S. 504), Ls. 2, 3:

2. Überträgt ein Gesamthänder einen Anteil am Vermögen der erwerbenden Gesamthand auf eine Kapitalgesellschaft, liegt darin eine Verminderung des Anteils i. S. des § 6 Abs. 3 Satz 2 GrEStG.

3. Bei einer doppelstöckigen Gesamthandsgemeinschaft tritt eine Verminderung der Beteiligung des Gesamthänders am Vermögen der erwerbenden Gesamthand i. S. des § 6 Abs. 3 Satz 2 GrEStG auch dann ein, wenn die Anteile der an der erwerbenden Gesamthand beteiligten anderen Gesamthand rechtsgeschäftlich oder durch Umwandlung auf eine Kapitalgesellschaft übertragen werden.

19. BFH-Beschluss vom 5. 6. 2019 II B 21/18 (BFH/NV S. 1253):

Die Grunderwerbsteuerbegünstigung des § 6 Abs. 2 GrEStG ist nach § 6 Abs. 4 Satz 1 GrEStG ausgeschlossen, soweit die Gesellschafter der Personengesellschaft ihre Anteile innerhalb von fünf Jahren vor dem Erwerbsvorgang durch Umwandlung einer grundbesitzenden Kapitalgesellschaft in die Personengesellschaft erhalten haben.

Rspr zu § 6

noch **7**

20. BFH-Urteil vom 25. 8. 2020 II R 23/18 (BStBl. 2021 II S. 162):

1. § 6 Abs. 4 Satz 1 GrEStG bezweckt die Abwehr missbräuchlicher Gestaltungen durch Verbindung des grundsätzlich steuerfreien Wechsels im Gesellschafterbestand einer Gesamthand mit der steuerfreien Übernahme von Grundstücken aus dem Gesamthandsvermögen. Die Vorschrift ist teleologisch zu reduzieren, soweit abstrakt keine Steuer zu vermeiden war. Auf einen konkreten Missbrauch im Einzelfall kommt es nicht an.

2. Abstraktes Missbrauchspotential fehlt, wenn der Wechsel im Gesellschafterbestand ausnahmsweise grunderwerbsteuerbar war. § 6 Abs. 4 Satz 1 GrEStG ist insoweit nicht anzuwenden.

3. Es ist nicht maßgebend, ob die Grunderwerbsteuer festgesetzt und entrichtet wurde.

21. BFH-Urteil vom 12.1.2022 II R 16/20 (BStBl. 2024 II S. 272):

1. Ein Anteil am Vermögen der Gesamthand i. S. d. § 6 GrEStG kann auch über eine mehrstöckige Beteiligung vermittelt werden.

2. Bei Treuhandverhältnissen ist der Anteil am Vermögen der Gesamthand dem Treuhänder zuzurechnen.

22. BFH-Urteil vom 12. 1. 2022 II R 4/20 (BStBl. II S. 521):

Eine Anteilsminderung i. S. des § 6 Abs. 3 Satz 2 GrEStG liegt vor, wenn die Beteiligung am Vermögen der Gesamthand gemindert wird. Das kann durch Veräußerung des Gesellschaftsanteils selbst bewirkt werden oder auch durch anderweitige Vereinbarungen erfolgen, wenn es dadurch bei im Übrigen unveränderter bürgerlich-rechtlicher Beteiligung am Gesamthandsvermögen wirtschaftlich zu einer Beschränkung oder Aufgabe der Beteiligung am wirtschaftlichen Wert des Gesellschaftsanteils und somit an der Teilhabe am Wert des eingebrachten Grundstücks kommt.

23. BVerfG, Nichtannahmebeschluss vom 18. 10. 2024 1 BvR 999/22 (BeckRS 2024, 33371):

2. Der Differenzierung zwischen Personen- und Kapitalgesellschaften kommt im Steuerrecht wie im bürgerlichen Recht (jedenfalls vor Inkrafttreten des Gesetzes zur Modernisierung des Personengesellschaftsrechts) entscheidende Bedeutung zu *(red. Ls.).*

24. BFH-Beschluss vom 10. 4. 2025 II B 54/24 (DStR S. 1042):

(abgedruckt zu § 23)

GrEStG

§ 6 a[1] Steuervergünstigung bei Umstrukturierungen im Konzern

1 **① Für einen nach § 1 Absatz 1 Nummer 3 Satz 1, Absatz 2 bis 3 oder Absatz 3 a steuerbaren Rechtsvorgang auf Grund einer Umwandlung im Sinne des § 1 Absatz 1 Nummer 1 bis 3 des Umwandlungsgesetzes, einer Einbringung oder eines anderen Erwerbsvorgangs auf gesellschaftsvertraglicher Grundlage wird die Steuer nicht erhoben. ② Satz 1 gilt auch für entsprechende Umwandlungen, Einbringungen sowie andere Erwerbsvorgänge auf gesellschaftsvertraglicher Grundlage auf Grund des Rechts eines Mitgliedstaates der Europäischen Union oder eines Staats, auf den das Abkommen über den Europäischen Wirtschaftsraum Anwendung findet. ③ Satz 1 gilt nur, wenn an dem dort genannten Rechtsvorgang ausschließlich ein herrschendes Unternehmen und ein oder mehrere von diesem herrschenden Unternehmen abhängige Gesellschaften oder mehrere von einem herrschenden Unternehmen abhängige Gesellschaften beteiligt sind. ④ Im Sinne von Satz 3 abhängig ist eine Gesellschaft, an deren Kapital oder Gesellschaftsvermögen das herrschende Unternehmen innerhalb von fünf Jahren vor dem Rechtsvorgang und fünf Jahren nach dem Rechtsvorgang unmittelbar oder mittelbar oder teils unmittelbar, teils mittelbar zu mindestens 95 vom Hundert ununterbrochen beteiligt ist. ⑤ Satz 3 gilt nicht, soweit allein durch den Austritt des Vereinigten Königreichs Großbritannien und Nordirland aus der Europäischen Union das herrschende Unternehmen nicht im Sinne von Satz 4 innerhalb von fünf Jahren nach dem Rechtsvorgang unmittelbar oder mittelbar oder teils unmittelbar, teils mittelbar zu mindestens 95 vom Hundert ununterbrochen beteiligt ist.**

Übersicht

	Rz.
Anlage:	
Erlass betr. Anwendung des § 6 a GrEStG	5–22
Rechtsprechung	35

Anl zu § 6 a

Erlass betr. Anwendung des § 6 a Grunderwerbsteuergesetz (GrEStG)

Vom 25. Mai 2023 (BStBl. I S. 995)

(Gleich lautender Ländererlass)

1. Allgemeines

5 Mit dem Gesetz zur Änderung des Grunderwerbsteuergesetzes vom 12. Mai 2021 (BGBl. I S. 986) wurde neben der Änderung des § 1 Absatz 2 a GrEStG sowie der Neueinfügung eines Absatzes 2 b in § 1 GrEStG der Anwendungsbereich der Steuervergünstigung in § 6 a GrEStG um diesen neuen Erwerbsvorgang mit Wirkung zum 1. Juli 2021 erweitert. Soweit sich aus der Sachverhaltsdarstellung nichts anderes ergibt, bilden die Beispiele die Rechtslage nach dem 30. Juni 2021 entsprechend § 23 Absatz 18 GrEStG ab.

Unter der Überschrift „Steuervergünstigung bei Umstrukturierungen im Konzern" gibt die Vorschrift eine eigenständige Beschreibung für die an einem begünstigungsfähigen Erwerbsvorgang beteiligten Rechtsträger. Der Kreis der an einem nach § 6 a GrEStG begünstigungsfähigen Erwerbsvorgang beteiligten Rechtsträger ist beschränkt auf das herrschende Unternehmen (Tz. 3.1) und/oder von diesem abhängige Gesellschaften (Tz. 3.2). Die beteiligten Rechtsträger behalten ihre Eigenschaft als eigenständige Rechtsträger bei.

Der BFH hat sich mit folgenden Grundsatzurteilen zur Anwendung des § 6 a GrEStG geäußert:

Verfahren Az.	Sachverhalt (Schlagworte in der Klammer)
II R 15/19 (II R 50/13) BStBl. II 2020 S. 329	Verschmelzung einer abhängigen Gesellschaft (hier: GmbH) auf eine natürliche Person als herrschendes Unternehmen, welche die Anteile im Privatvermögen hielt (Herrschendes Unternehmen; Nachbehaltensfrist)
II R 16/19 (II R 36/14) BStBl. II 2020 S. 333	Ausgliederung zur Neugründung: abhängige Gesellschaft entsteht aus dem herrschenden Unternehmen neu (Vorbehaltensfrist)
II R 17/19 (II R 58/14) BStBl. II 2020 S. 348	Verschmelzung mehrerer, von dem herrschenden Unternehmen abhängiger Gesellschaften, an denen die Muttergesellschaft weniger als fünf Jahre beteiligt war (Vorbehaltensfrist; Maßgabe der Beteiligungsverhältnisse)
II R 18/19 (II R 62/14) BStBl. II 2020 S. 352	Verschmelzung einer abhängigen Gesellschaft auf das herrschende Unternehmen (Nachbehaltensfrist)

[1] § 6 a erstmals anzuwenden ab 1. 1. 2010 (§ 23 Abs. 8 GrEStG), Satz 4 erstmals anzuwenden ab 1. 1. 2010 (§ 23 Abs. 10 GrEStG); Satz 1 i. d. F. des AmtshilfeRLUmsG erstmals anzuwenden ab 7. 6. 2013 (§ 23 Abs. 11 GrEStG); Sätze 1 bis 3 i. d. F. des Gesetzes vom 25. 7. 2014 erstmals anzuwenden ab 7. 6. 2013 (§ 23 Abs. 12 GrEStG); Satz 5 angefügt durch Brexit-Steuerbegleitgesetz; zur Anwendung von Satz 1 i. d. F. des Gesetzes vom 12. 5. 2021 siehe § 23 Abs. 18 GrEStG.

Verfahren Az.	Sachverhalt (Schlagworte in der Klammer)
II R 19/19 (II R 63/14) BStBl. II 2020 S. 337	Verschmelzung mehrerer, von einer gemeinnützigen Stiftung (kein Unternehmer im Sinne des § 2 Absatz 1 UStG) als herrschendes Unternehmen abhängiger Gesellschaften (Herrschendes Unternehmen; Nachbehaltensfrist)
II R 20/19 (II R 53/15) BStBl. II 2020 S. 341	Verschmelzung einer abhängigen Gesellschaft auf das herrschende Unternehmen - Verschmelzung durch Aufnahme (Nachbehaltensfrist)
II R 21/19 (II R 56/15) BStBl. II 2020 S. 344	Abspaltung zur Neugründung: abhängige Gesellschaft entsteht aus einer anderen abhängigen Gesellschaft neu (Vorbehaltensfrist; Zuständigkeit)
II R 13/20 BStBl. II 2023 S. 666	Bestimmung des herrschenden Unternehmens i. S. des § 6 a GrEStG bei mehrstufigen Beteiligungen

Die Steuervergünstigung des § 6 a GrEStG ist nicht grundstücksbezogen. § 6 a GrEStG stellt nicht auf den Verbleib der durch den Umwandlungsvorgang übergehenden Grundstücke, sondern allein auf die Beteiligungsverhältnisse ab (BFH-Urteil II R 17/19). Änderungen in der grunderwerbsteuerrechtlichen Zurechnung der Grundstücke in den Vor- und Nachbehaltensfristen (Tz. 3.2.2.1 und 3.2.2.2) sind somit unbeachtlich.

2. Begünstigungsfähige Erwerbsvorgänge

Die folgenden Erwerbsvorgänge sind begünstigungsfähig:

2.1. Umwandlungsvorgänge nach UmwG

Nach § 6 a Satz 1 Halbsatz 1 GrEStG wird für einen Erwerbsvorgang nach § 1 Absatz 1 Nummer 3 Satz 1, Absatz 2 a Satz 1, Absatz 2 b Satz 1, Absatz 3 Nummer 2 und Nummer 4 und Absatz 3 a GrEStG aufgrund einer Umwandlung im Sinne des § 1 Absatz 1 Nummer 1 bis 3 des Umwandlungsgesetzes (UmwG) die Steuer nicht erhoben. Die Begünstigung erfasst die verwirklichten steuerbaren Erwerbsvorgänge sowie die aufgrund einer derartigen Umwandlung übergehende Verwertungsbefugnis im Sinne des § 1 Absatz 2 GrEStG. 6

Begünstigte Umwandlungen im Sinne des § 1 Absatz 1 Nummer 1 bis 3 UmwG sind:
- Verschmelzung (§ 1 Absatz 1 Nummer 1 UmwG),
- Spaltung - Aufspaltung, Abspaltung, Ausgliederung – (§ 1 Absatz 1 Nummer 2 UmwG),
- Vermögensübertragung (§ 1 Absatz 1 Nummer 3 UmwG).

Die Vorschrift erfasst u. a. die Fälle,
- dass eine abhängige Gesellschaft auf das herrschende Unternehmen verschmolzen wird (BFH-Urteil II R 18/19; BFH-Urteil II R 20/19),
- dass eine abhängige Gesellschaft auf eine natürliche Person als herrschendes Unternehmen verschmolzen wird (BFH-Urteil II R 15/19) und
- dass eine abhängige Gesellschaft durch Ausgliederung aus dem herrschenden Unternehmen neu entsteht (BFH-Urteil II R 16/19).

§ 6 a Satz 1 GrEStG begünstigt alle dort genannten Umwandlungsvorgänge gleichermaßen. Es erfolgt keine Differenzierung, in welche Richtung, ob horizontal auf eine Schwestergesellschaft (Umwandlung in der Seitenlinie – sidestream-Merger) oder ob vertikal auf die Muttergesellschaft (Umwandlung von unten nach oben – upstream-Merger), eine Gesellschaft verschmolzen wird (BFH-Urteil II R 15/19). Auch die Umwandlung der Muttergesellschaft auf eine Tochtergesellschaft (Umwandlung von oben nach unten – downstream-Merger) wird begünstigt.

Darüber hinaus sind Umwandlungen im Sinne des § 1 Absatz 2 UmwG begünstigt, wenn sie durch ein anderes Bundesgesetz oder ein Landesgesetz ausdrücklich vorgesehen sind.

Die formwechselnde Umwandlung (§ 1 Absatz 1 Nummer 4 UmwG) ist nicht begünstigt.

In Fällen der Ausgliederung bzw. Aufnahme eines Einzelunternehmens auf eine neu zu gründende Kapitalgesellschaft ist die Steuervergünstigung in § 6 a GrEStG nicht einschlägig.

2.2. Weitere Umwandlungsvorgänge

Die Begünstigung erfasst auch Umwandlungen im Sinne des Artikel 17 Absatz 1, Absatz 2 Buchstabe a VO (EG) 2157/2001 in Verbindung mit Artikel 3 Absatz 1 der Richtlinie 78/855/EWG und § 1 Absatz 1 Nummer 1 bis 3 UmwG und entsprechende Umwandlungen aufgrund des Rechts eines Mitgliedstaates der Europäischen Union oder eines Staates, auf den das Abkommen über den Europäischen Wirtschaftsraum Anwendung findet. 7

Eine Umwandlung nach dem Recht eines Mitgliedstaates der Europäischen Union oder eines Staates, auf den das Abkommen über den Europäischen Wirtschaftsraum Anwendung findet, gilt als entsprechende Umwandlung im Sinne des § 6 a Satz 2 GrEStG, wenn die Regelung inhaltlich mit den Umwandlungen gemäß § 1 Absatz 1 Nummer 1 bis 3 UmwG vergleichbar sind.

2.3. Einbringungen und andere Erwerbsvorgänge auf gesellschaftsvertraglicher Grundlage

Ebenfalls begünstigungsfähig nach § 6 a Satz 1 Halbsatz 2 GrEStG sind die nach § 1 Absatz 1 Nummer 3 Satz 1, Absatz 2, Absatz 2 a Satz 1, Absatz 2 b Satz 1, Absatz 3 oder Absatz 3 a GrEStG steuerbaren Rechtsvorgänge aufgrund einer Einbringung oder eines anderen Erwerbsvorgangs auf gesellschaftsvertraglicher Grundlage. Darunter fallen u. a. die Erfüllung der Sacheinlageverpflichtung (§ 27 8

Anl zu § 6 a

AktG oder § 5 Absatz 4 GmbHG) oder der Beitragspflicht (§ 706 BGB) sowie Rechtsvorgänge, durch die Vermögen von einer Gesellschaft auf einen Gesellschafter gegen Aufgabe oder Verringerung seiner Beteiligung übergehen, wie z. B. durch eine Sachkapitalherabsetzung, eine Verminderung der Beteiligungsquote sowie durch Liquidation der Gesellschaft und – auf gesellschaftsvertraglicher Grundlage beruhende – Anwachsungen.

Wird durch Einbringung von Anteilen oder durch andere Erwerbsvorgänge auf gesellschaftsvertraglicher Grundlage einer der in § 6 a Satz 1 GrEStG abschließend aufgeführten Tatbestände verwirklicht, wird die Steuer unter Beachtung der übrigen Voraussetzungen der Vorschrift nicht erhoben. Die Einbringung von Grundstücken unterliegt § 1 Absatz 1 Nummer 1 GrEStG und ist damit nicht vom Anwendungsbereich des § 6 a GrEStG erfasst.

Begünstigungsfähig sind auch Einbringungen und andere Erwerbsvorgänge auf gesellschaftsvertraglicher Grundlage aufgrund des Rechts eines Mitgliedstaates der Europäischen Union oder eines Staates, auf den das Abkommen über den Europäischen Wirtschaftsraum Anwendung findet.

2.4. Besonderheiten bei Fällen des § 1 Absatz 2 a Satz 1 und Absatz 2 b Satz 1 GrEStG

9 Die Begünstigung nach § 6 a GrEStG ist in den Fällen des § 1 Absatz 2 a Satz 1 und Absatz 2 b Satz 1 GrEStG insoweit anteilig zu gewähren, als durch den begünstigungsfähigen Vorgang der Tatbestand des § 1 Absatz 2 a Satz 1 oder Absatz 2 b Satz 1 GrEStG erfüllt wird oder der begünstigungsfähige Vorgang zur Erfüllung des Tatbestands beiträgt. Die Begünstigung ist hierbei auf die vermögensmäßige Beteiligung des übertragenden Rechtsträgers an der Personengesellschaft begrenzt.

Beispiel 1:

Am Vermögen der grundbesitzenden A-OHG sind die Gründungsgesellschafter T1-GmbH mit 85% und B mit 15% beteiligt. Sowohl an der T1-GmbH als auch an der T2-GmbH ist die M-GmbH seit mehr als 5 Jahren zu 100% beteiligt. Im Januar 10 wird die T1-GmbH auf die T2-GmbH verschmolzen. Im Dezember 10 veräußert B seinen Anteil an der A-OHG an den fremden Dritten C.

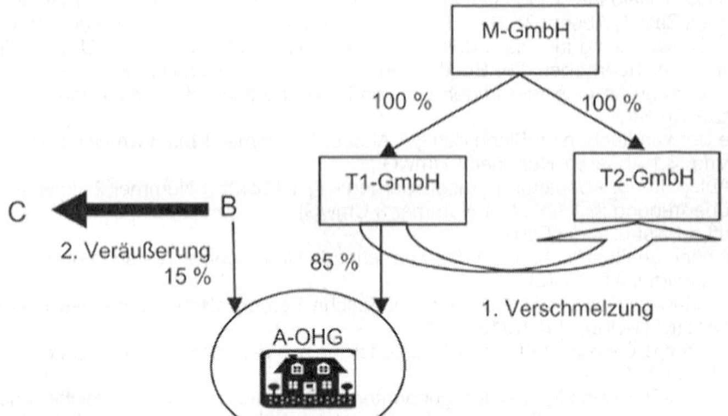

Lösung:

Im Dezember 10 wird durch die Veräußerung an C der Tatbestand des § 1 Absatz 2 a GrEStG verwirklicht, da innerhalb von zehn Jahren mindestens 90% der Anteile am Vermögen der A-OHG auf Neugesellschafter übergegangen sind (100% = 85% und 15%). § 6 a GrEStG ist für die Übertragung aus Januar 10 anteilig zu gewähren. Der Umwandlungsvorgang hat dazu beigetragen, dass die maßgebliche Grenze des § 1 Absatz 2 a GrEStG von 90% überschritten wurde. Die Steuervergünstigung ist somit i. H. v. 85% zu gewähren, da insoweit die T1-GmbH (als übertragender Rechtsträger beim Umwandlungsvorgang) an der A-OHG beteiligt war.

Während der Nachbehaltensfrist muss das herrschende Unternehmen (M-GmbH) ununterbrochen zu mindestens 95% an der verbleibenden abhängigen Gesellschaft (T2-GmbH) beteiligt bleiben.

2.5. Besonderheiten bei Fällen des § 1 Absatz 3 GrEStG

10 Anders als die Tatbestände des § 1 Absatz 2 a Satz 1 und Absatz 2 b Satz 1 GrEStG sind die Tatbestände des § 1 Absatz 3 Nummer 2 und Nummer 4 GrEStG nicht zeitraumbezogen. Der Tatbestand des § 1 Absatz 3 Nummer 2 GrEStG ist in dem Zeitpunkt verwirklicht, in dem sich mindestens 90% der Anteile in der Hand des Erwerbers vereinigen. Ist der Tatbestand des § 1 Absatz 3 Nummer 2 GrEStG durch einen begünstigten Umwandlungsvorgang erfüllt, wird die Steuer nach § 6 a GrEStG in vollem Umfang nicht erhoben. Unerheblich ist, wann und wodurch der Erwerber die ihm bereits zustehenden Anteile erworben hat.

Beispiel 2:

Am Kapital der grundbesitzenden E-GmbH sind die Gründungsgesellschafter T1- und T2-GmbH zu je 50% beteiligt. Alleinige Gründungsgesellschafterin der T1- und T2-GmbH ist seit mehr als fünf Jahren die M-AG. Im Jahr 01 wird die T1-GmbH auf die T2-GmbH verschmolzen.

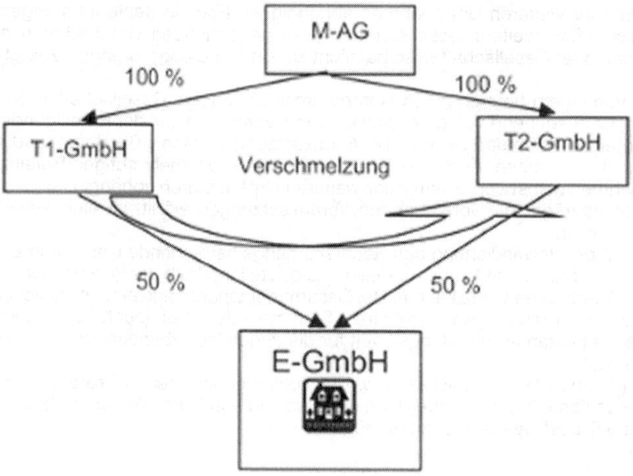

Lösung:

Durch die Verschmelzung der T1-GmbH auf die T2-GmbH vereinigt die T2-GmbH erstmalig unmittelbar alle Anteile an der E-GmbH in ihrer Hand i. S. v. § 1 Absatz 3 Nummer 2 GrEStG. Dieser Rechtsvorgang ist zu 100% nach § 6 a GrEStG begünstigt. Die M-AG erfüllt als herrschendes Unternehmen die Vorbehaltensfrist an den beiden am Umwandlungsvorgang beteiligten abhängigen Gesellschaften T1- und T2-GmbH (§ 6 a Satz 3 und 4 GrEStG). Während der Nachbehaltensfrist muss das herrschende Unternehmen (M-AG) ununterbrochen zu mindestens 95% am Kapital der verbleibenden abhängigen Gesellschaft (T2-GmbH) beteiligt bleiben.

2.6. Besonderheiten bei Fällen der §§ 5 und 6 GrEStG

§ 6 a GrEStG umfasst nicht die durch einen Umwandlungsvorgang nach § 5 Absatz 3, § 6 Absatz 3 Satz 2 GrEStG ausgelöste Grunderwerbsteuer für den nach § 5 Absatz 1 oder 2 oder nach § 6 Absatz 3 Satz 1 in Verbindung mit Absatz 1 GrEStG begünstigten Erwerb eines Grundstücks durch eine Gesamthand. Denn diese Missbrauchsverhinderungsvorschriften betreffen keinen nach § 6 a GrEStG begünstigungsfähigen steuerbaren Rechtsvorgang aufgrund einer Umwandlung im Sinne des § 1 Absatz 1 Nummer 1 bis 3 UmwG, sondern einen dieser Umwandlung vorausgegangenen selbständigen Rechtsvorgang. 11

3. Beteiligte

Ein nach § 6 a GrEStG begünstigter Erwerbsvorgang setzt voraus, dass an einem Umwandlungsvorgang ausschließlich ein herrschendes Unternehmen und ein oder mehrere von diesem herrschenden Unternehmen abhängige Gesellschaften oder mehrere von einem herrschenden Unternehmen abhängige Gesellschaften beteiligt sind (§ 6 a Satz 3 GrEStG). Unerheblich ist, ob sich der Sitz der beteiligten Gesellschaften im Inland oder Ausland befindet. 12

Abspaltungen oder Ausgliederungen zur Neugründung aus dem herrschenden Unternehmen sowie die Verschmelzung der letzten am Umwandlungsvorgang beteiligten abhängigen Gesellschaft auf das herrschende Unternehmen sind begünstigt (BFH-Urteil II R 15/19; BFH-Urteil II R 16/19; BFH-Urteil II R 18/19; BFH-Urteil II R 20/19; BFH-Urteil II R 21/19).

3.1. Herrschendes Unternehmen

Die Vorschrift gilt für alle Rechtsträger im Sinne des GrEStG, die wirtschaftlich tätig sind. Herrschendes Unternehmen können wirtschaftlich tätige natürliche und juristische Personen sowie Personengesellschaften sein. 13

An den wirtschaftlichen Geschäftsbetrieb des herrschenden Unternehmens sind keine hohen Anforderungen zu stellen. Es reicht aus, wenn das herrschende Unternehmen über eine Beteiligung an einer abhängigen Gesellschaft am Markt teilnimmt (BFH-Urteil II R 19/19). Hierfür ist erforderlich, dass mindestens eine am Umwandlungsvorgang beteiligte abhängige Gesellschaft am Markt wirtschaftlich tätig ist. Das gilt auch für nicht selbst wirtschaftlich tätige Gesellschaften (z. B. Vorratsgesellschaften und reine Holdinggesellschaften).

Das Merkmal der wirtschaftlichen Tätigkeit muss innerhalb der fünfjährigen Vor- und Nachbehaltensfristen ununterbrochen vorliegen.

Es ist nicht erforderlich, dass der an der Umwandlung als herrschendes Unternehmen beteiligte Rechtsträger ein Unternehmer im Sinne des § 2 UStG ist. Unerheblich ist auch, ob das herrschende Unternehmen die Beteiligung an der abhängigen Gesellschaft im Privat- oder im Betriebsvermögen hält. Der Alleingesellschafter einer Kapitalgesellschaft kann herrschendes Unternehmen im Sinne des § 6 a GrEStG sein. Er ist über seine Beteiligung an der Gesellschaft wirtschaftlich tätig, sofern diese Gesellschaft selbst wirtschaftlich tätig ist.

Welches Unternehmen „herrschendes Unternehmen" und welche Gesellschaft „abhängige Gesellschaft" ist, richtet sich nach dem jeweiligen Umwandlungsvorgang, für den die Steuer nach § 6 a Satz 1 GrEStG nicht erhoben werden soll. Soweit das Gesetz von einem herrschenden Unternehmen spricht, ist zunächst – soweit vorhanden – das am steuerbaren Umwandlungsvorgang unmittelbar beteiligte Unternehmen gemeint. Unerheblich ist, ob bei mehrstufigen Beteiligungen das herrschende Unternehmen selbst von einem oder weiteren Unternehmen abhängig ist. Ebenso wenig ist maßgebend, ob bei abhängigen Gesellschaften weitere Gesellschaften vom herrschenden Unternehmen abhängen, wenn diese Unternehmen oder Gesellschaften selbst nicht am Umwandlungsvorgang beteiligt sind (BFH-Urteil II R 13/20).

Sind mehrere von einem herrschenden Unternehmen abhängige Gesellschaften am Umwandlungsvorgang beteiligt, ist ausgehend von dem Umwandlungsvorgang der in der Beteiligungskette am nächsten stehende (unterste) Rechtsträger, der die Voraussetzungen nach § 6a Satz 3 und 4 GrEStG erfüllt, das herrschende Unternehmen. Auch hier ist unerheblich, ob bei mehrstufigen Beteiligungen das herrschende Unternehmen selbst von einem oder weiteren Unternehmen abhängig ist.

Soweit kein Rechtsträger die vorstehenden Voraussetzungen erfüllt, ist eine Anwendung des § 6a GrEStG ausgeschlossen.

Das im Zeitpunkt der Verwirklichung des Rechtsvorgangs herrschende Unternehmen hat, soweit umwandlungsrechtlich möglich, die Mindestbeteiligungsquote innerhalb der Vor- und Nachbehaltensfristen (vgl. Tz. 3.2.2) ununterbrochen einzuhalten. Bei Gesamtrechtsnachfolge einer natürlichen Person hat der Gesamtrechtsnachfolger die Fristen einzuhalten. Sind mehrere Erben (auch Stiftungen) Rechtsnachfolger, haben diese die Fristen einzuhalten, soweit für die ungeteilte Erbengemeinschaft eine Rechtsnachfolge anzunehmen ist.

Im Fall eines (Voraus-)Vermächtnisses bzw. der vorweggenommenen Erbfolge handelt es sich um keine (Gesamt-)Rechtsnachfolge, sondern um einen schuldrechtlichen Anspruch. Ein Einhalten der Fristen im Sinne des § 6a GrEStG ist hier nicht möglich.

Beispiel 3:

Die nachstehende Struktur besteht seit mehr als fünf Jahren. Die X-GmbH wurde durch einen Umwandlungsvorgang vor zwei Jahren zwischen die U-GmbH und den an der Verschmelzung beteiligten Gesellschaften (Y-GmbH und Z-GmbH) geschoben.

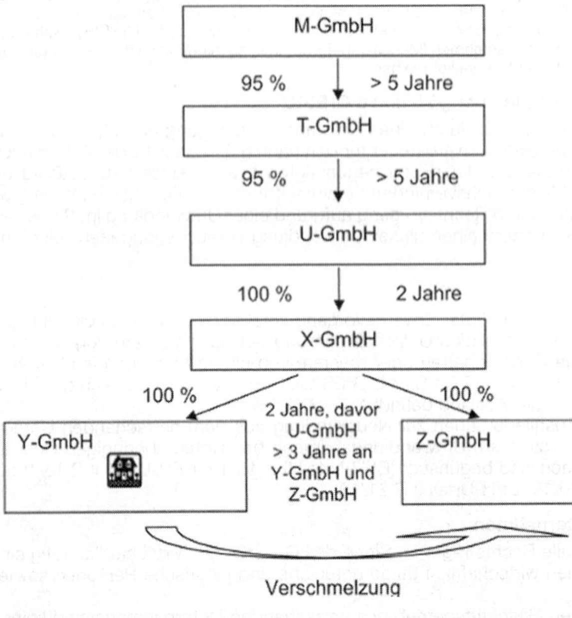

Lösung:

Ausgehend von dem Verschmelzungsvorgang zwischen der Y-GmbH und der Z-GmbH ist die U-GmbH das herrschende Unternehmen, da sie der unterste Rechtsträger ist, der die Mindestbeteiligungshöhe in Höhe von 95% und die fünfjährige Vorbehaltensfrist erfüllt.

Es ist unerheblich, dass

- die U-GmbH als herrschendes Unternehmen selbst von der T-GmbH und M-GmbH abhängig ist und
- sich die Beteiligung der U-GmbH durch den Einschub der X-GmbH vor zwei Jahren von einer unmittelbaren zu einer mittelbaren abgeschwächt hat.

Die U-GmbH als herrschendes Unternehmen muss die Nachbehaltensfrist erfüllen.

3.2. Abhängige Gesellschaften

14 Abhängige Gesellschaften können sowohl Kapital- als auch Personengesellschaften sein. Abhängig ist nach § 6a Satz 4 GrEStG eine Gesellschaft, an deren Kapital oder Gesellschaftsvermögen das herrschende Unternehmen innerhalb von fünf Jahren vor und nach dem Rechtsvorgang (vgl. Tz. 3.2.2) unmittelbar oder mittelbar oder teils unmittelbar, teils mittelbar zu mindestens 95% ununterbrochen beteiligt ist (vgl. Tz. 3.2.1).

3.2.1. Beteiligung

15 Das herrschende Unternehmen muss am Kapital oder Gesellschaftsvermögen der abhängigen Gesellschaft unmittelbar oder mittelbar zu mindestens 95% beteiligt sein. Eine mittelbare Beteiligung am

Kapital oder Gesellschaftsvermögen einer Gesellschaft in Höhe von mindestens 95% liegt dann vor, wenn auf jeder Stufe mindestens eine kapital- oder vermögensmäßige Beteiligung in dieser Höhe besteht.

Beispiel 4:

Nachfolgend dargestellte Struktur besteht seit mehr als fünf Jahren.
Die U1-GmbH wird auf die U2-GmbH und die U3-GmbH wird auf die U4-GmbH verschmolzen.

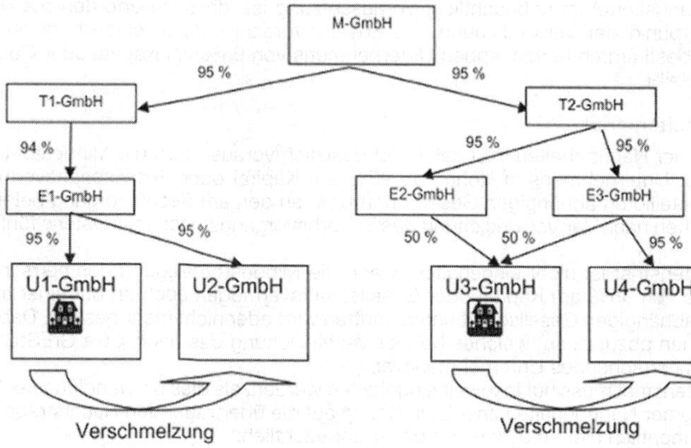

Lösung:

Beide Verschmelzungen unterliegen der Grunderwerbsteuer (§ 1 Absatz 1 Nummer 3 Satz 1 GrEStG).
Bei der Verschmelzung der U1-GmbH auf die U2-GmbH ist herrschendes Unternehmen die E1-GmbH, da sie ausgehend von diesem Umwandlungsvorgang der unterste Rechtsträger ist, der die Voraussetzungen des § 6 a Satz 3 und 4 GrEStG (Mindestbeteiligungshöhe und Vorbehaltensfrist) erfüllt. § 6 a GrEStG ist zu gewähren.
Bei der Verschmelzung der U3-GmbH auf die U4-GmbH ist herrschendes Unternehmen die T2-GmbH, da sie ausgehend von diesem Umwandlungsvorgang der unterste Rechtsträger ist, der die Voraussetzungen des § 6 a Satz 3 und 4 GrEStG erfüllt. Es ist unerheblich, dass die T2-GmbH als herrschendes Unternehmen selbst von der M-GmbH abhängig ist. § 6 a GrEStG ist zu gewähren.
Die E1-GmbH und die T2-GmbH als jeweils herrschendes Unternehmen müssen die Nachbehaltensfrist erfüllen.

3.2.2. Fristen (§ 6a Satz 4 GrEStG)

16 Die in § 6 a Satz 4 GrEStG genannten fünfjährigen Vor- und Nachbehaltensfristen müssen nur insoweit eingehalten werden, als sie aufgrund eines begünstigten Umwandlungsvorgangs auch rechtlich eingehalten werden können (BFH-Urteil II R 15/19; BFH-Urteil II R 16/19; BFH-Urteil II R 17/19; BFH-Urteil II R 18/19; BFH-Urteil II R 20/19; BFH-Urteil II R 21/19).

Abzustellen ist für die Berechnung der Fünfjahresfristen auf den Zeitpunkt der Verwirklichung des Erwerbsvorgangs. Bei Umwandlungsvorgängen ist der Erwerbsvorgang mit der Eintragung im Register verwirklicht. Für entsprechende Umwandlungen aufgrund des Rechts eines Mitgliedstaates der Europäischen Union oder eines Staates, auf den das Abkommen über den Europäischen Wirtschaftsraum Anwendung findet, ist regelmäßig die den Vermögensübergang bewirkende Eintragung in die nach den Rechtsvorschriften des jeweiligen Staates zuständigen Register maßgebend.

3.2.2.1. Vorbehaltensfrist

17 Die Mindestbeteiligung des herrschenden Unternehmens (vgl. Tz. 3.2.1) in Höhe von 95% am Kapital oder Gesellschaftsvermögen unmittelbar und/oder mittelbar an der am Rechtsvorgang beteiligten Gesellschaft bzw. an den am Rechtsvorgang beteiligten Gesellschaften muss bereits fünf Jahre vor dem Rechtsvorgang ununterbrochen bestanden haben.

Die Vorbehaltensfrist muss nicht eingehalten werden, soweit dies umwandlungsrechtlich nicht möglich ist. Die Einhaltung der Vorbehaltensfrist ist in Bezug auf die neu gegründete Gesellschaft in den nachfolgenden Fällen rechtlich nicht möglich und daher entbehrlich:
- Aufspaltung zur Neugründung (§ 123 Absatz 1 Nummer 2 UmwG),
- Abspaltung zur Neugründung (§ 123 Absatz 2 Nummer 2 UmwG),
- Ausgliederung zur Neugründung (§ 123 Absatz 3 Nummer 2 UmwG).

Die übertragende Gesellschaft muss die Vorbehaltensfrist von fünf Jahren jedoch einhalten.

Bei der Verschmelzung, Abspaltung und Ausgliederung zur Aufnahme einer von dem herrschenden Unternehmen abhängigen Gesellschaft auf eine andere abhängige Gesellschaft muss das herrschende Unternehmen fünf Jahre vor der Verschmelzung zu mindestens 95 % am Kapital oder Gesellschaftsvermögen an beiden abhängigen Gesellschaften ununterbrochen beteiligt gewesen sein (BFH-Urteil II R 17/19).

Bei der Verschmelzung einer abhängigen Gesellschaft auf das herrschende Unternehmen muss das herrschende Unternehmen innerhalb von fünf Jahren vor der Verschmelzung zu mindestens 95% am Kapital oder Gesellschaftsvermögen der verschmolzenen abhängigen Gesellschaft ununterbrochen beteiligt gewesen sein (BFH-Urteil II R 15/19; BFH-Urteil II R 17/19; BFH-Urteil II R 18/19).

Gesellschaften, die weniger als fünf Jahre vor der zu begünstigenden Umwandlung und nicht durch die Umwandlung entstanden sind bzw. vom herrschenden Unternehmen erworben wurden, können keine abhängigen Gesellschaften sein.

Bei Umwandlungs- und Einbringungsvorgängen zur Aufnahme muss die aufnehmende Gesellschaft selbst die Vorbehaltensfrist erfüllen.

Das herrschende Unternehmen muss während der gesamten Vorbehaltensfrist ununterbrochen die Eigenschaften des herrschenden Unternehmens erfüllen.

Unschädlich ist der Formwechsel, wenn die kapital- oder vermögensmäßige Beteiligung von mindestens 95% bestehen bleibt.

Jede Veränderung der Art der Beteiligung (z. B. vollständige oder teilweise Verkürzung oder Verlängerung der Beteiligungskette) ist unbeachtlich. Voraussetzung ist, dass die erforderliche Mindestbeteiligung des im Zeitpunkt der Verwirklichung des Erwerbsvorgangs durch einen begünstigungsfähigen Erwerbsvorgang bestimmten herrschenden Unternehmens von 95% am Kapital oder Gesellschaftsvermögen erhalten bleibt.

3.2.2.2. Nachbehaltensfrist

18 Die Einhaltung der Nachbehaltensfrist setzt grundsätzlich voraus, dass die Mindestbeteiligungshöhe des herrschenden Unternehmens in Höhe von 95% am Kapital oder Gesellschaftsvermögen der am Rechtsvorgang beteiligten abhängigen Gesellschaft bzw. an den am Rechtsvorgang beteiligten abhängigen Gesellschaften nach der Verwirklichung des Erwerbsvorgangs noch mindestens fünf Jahre fortbesteht.

Die Nachbehaltensfrist ist nicht eingehalten, wenn die Mindestbeteiligung des herrschenden Unternehmens in Höhe von 95% am Kapital oder Gesellschaftsvermögen auch an nur einer am Rechtsvorgang beteiligten abhängigen Gesellschaft unterschritten wird oder nicht mehr besteht. Dabei ist auf dasjenige Unternehmen abzustellen, welches bei der Verwirklichung des nach § 6 a GrEStG begünstigten Erwerbsvorgangs herrschendes Unternehmen war.

Die Nachbehaltensfrist muss nur insoweit eingehalten werden, als dies umwandlungsrechtlich möglich ist. Die Einhaltung der Nachbehaltensfrist ist in Bezug auf die übertragenden Rechtsträger in den nachfolgenden Fällen rechtlich nicht möglich und daher unbeachtlich:

- Verschmelzung zur Aufnahme (§ 2 Nummer 1 UmwG),
- Verschmelzung zur Neugründung (§ 2 Nummer 2 UmwG),
- Aufspaltung zur Aufnahme (§ 123 Absatz 1 Nummer 1 UmwG),
- Aufspaltung zur Neugründung (§ 123 Absatz 1 Nummer 2 UmwG),
- Vollübertragung des gesamten Vermögens eines Rechtsträgers (§ 174 Absatz 1 UmwG),
- Vermögensübertragung durch Aufspaltung zur Aufnahme (§ 174 Absatz 2 Nummer 1 UmwG).

Der aufnehmende Rechtsträger muss die Nachbehaltensfrist von fünf Jahren jedoch einhalten.

Das herrschende Unternehmen muss während der gesamten Nachbehaltensfrist ununterbrochen die Eigenschaften des herrschenden Unternehmens erfüllen.

In den Fällen, in denen zwei von einem herrschenden Unternehmen abhängige Gesellschaften an der Abspaltung oder Ausgliederung zur Neugründung beteiligt sind, muss die Nachbehaltensfrist in Bezug auf beide abhängige Gesellschaften gewahrt bleiben, d. h. das durch den Umwandlungsvorgang begründete Abhängigkeitsverhältnis zu mindestens 95% muss nach dem Vorgang mindestens fünf Jahre bestehen (BFH-Urteil II R 15/19).

Erlöschen die übertragende oder die übernehmende abhängige Gesellschaft innerhalb der Nachbehaltensfrist durch einen weiteren Umwandlungsvorgang (z. B. Kettenumwandlungen) ausschließlich mit anderen abhängigen Gesellschaften, sind die Behaltenszeiten zusammenzurechnen, sofern an diesen Gesellschaften die Mindestbeteiligung in Höhe von 95% am Kapital oder Gesellschaftsvermögen besteht.

Unerheblich ist, ob der zur Nichteinhaltung der Nachbehaltensfrist führende Vorgang selbst der Grunderwerbsteuer unterliegt.

Die Veräußerung von Anteilen an Gesellschaften, die den übertragenden bzw. den übernehmenden Rechtsträgern nachgeordnet sind, ist unschädlich. Sie sind nicht Beteiligte des Umwandlungsvorgangs, sondern nur Gegenstand des Umwandlungsvorgangs.

Beispiel 5:

Die M-GmbH ist im Jahr 01 bereits seit mehr als fünf Jahren an der T1-GmbH und der T2-GmbH beteiligt. Die T1-GmbH wird im Jahr 01 auf die T2-GmbH verschmolzen. Im Jahr 03 wird die T2-GmbH auf die M-GmbH verschmolzen.

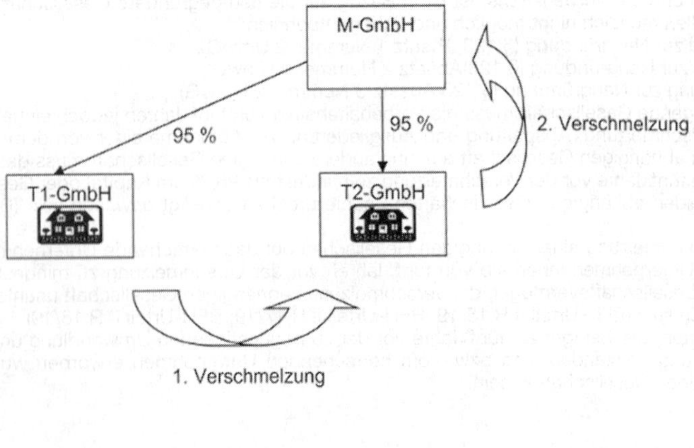

Lösung:

Die Verschmelzung der T1-GmbH auf die T2-GmbH unterliegt nach § 1 Absatz 1 Nummer 3 Satz 1 GrEStG der Grunderwerbsteuer. § 6 a GrEStG ist anwendbar, da der Rechtsvorgang durch einen Umwandlungsvorgang ausgelöst wird, an dem nur abhängige Gesellschaften beteiligt sind, die jeweils die Vorbehaltensfristen erfüllen.

Die Verschmelzung der T2-GmbH auf die M-GmbH unterliegt nach § 1 Absatz 1 Nummer 3 Satz 1 GrEStG der Grunderwerbsteuer. § 6 a GrEStG ist anwendbar. Die Verschmelzung der T2-GmbH auf die M-GmbH führt nicht zu einer Verletzung der Nachbehaltensfrist, da nur noch eine Gesellschaft in Form des herrschenden Unternehmens verbleibt.

Beispiel 6:

Seit dem Jahr 01 ist die M-GmbH zu 95% am Kapital der T3-GmbH beteiligt. Die T1-GmbH wird im Jahr 04 auf die T2-GmbH verschmolzen. An diesen Gesellschaften ist die M-GmbH seit mehr als fünf Jahren unmittelbar bzw. mittelbar mit 95% am Kapital beteiligt. Im Jahr 07 wird die T2-GmbH auf die T3-GmbH verschmolzen.

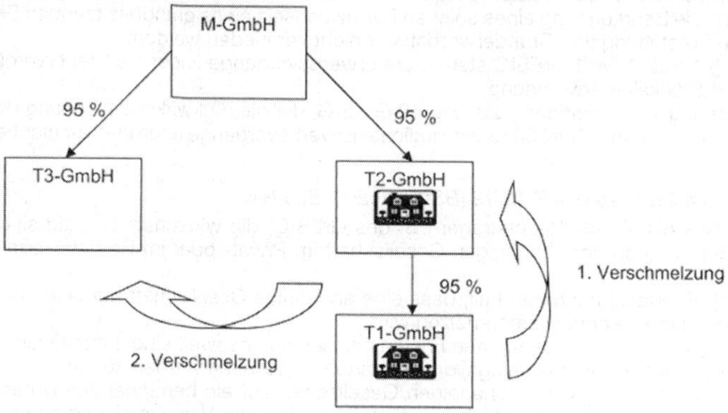

Lösung:

Die Verschmelzung der T1-GmbH auf die T2-GmbH unterliegt nach § 1 Absatz 1 Nummer 3 Satz 1 GrEStG der Grunderwerbsteuer. § 6 a GrEStG ist anwendbar, da der Rechtsvorgang durch einen Umwandlungsvorgang ausgelöst wird, an dem die T2-GmbH als herrschendes Unternehmen und die T1-GmbH als abhängige Gesellschaft beteiligt ist. Die T2-GmbH muss keine Nachbehaltensfrist bezüglich der T1-GmbH einhalten, da dies umwandlungsrechtlich nicht möglich ist. Der Untergang der T2-GmbH im Rahmen der Verschmelzung auf die T3-GmbH im Jahr 07 ist daher unschädlich.

Die Verschmelzung der T2-GmbH auf die T3-GmbH unterliegt nach § 1 Absatz 1 Nummer 3 Satz 1 GrEStG der Grunderwerbsteuer. § 6 a GrEStG ist anwendbar, da der Rechtsvorgang durch einen Umwandlungsvorgang ausgelöst wird, an dem nur vom herrschenden Unternehmen (M-GmbH) abhängige Gesellschaften (T2- und T3-GmbH) beteiligt sind.

4. Folgen der Nichteinhaltung der Nachbehaltensfrist

4.1. Anzeigepflicht

Eine im Sinne von § 6 a Satz 4 GrEStG schädliche Änderung des Beherrschungsverhältnisses innerhalb der Nachbehaltensfrist (vgl. Tz. 3.2.1 und 3.2.2.2) ist nach § 19 Absatz 2 Nummer 4 a GrEStG anzuzeigen. Anzeigepflichtig sind die Steuerschuldner. **19**

4.2. Verfahrensrechtliche Folgen

Wird die Nachbehaltensfrist nicht eingehalten, entfällt die Begünstigung. Die Verletzung der Nachbehaltensfrist stellt ein rückwirkendes Ereignis im Sinne des § 175 Absatz 2 Satz 1 AO dar. Die Grunderwerbsteuer ist nach § 175 Absatz 1 Satz 1 Nummer 2 AO festzusetzen. Ein Freistellungsbescheid ist nach § 175 Absatz 1 Satz 1 Nummer 2 AO zu ändern. **20**

Die Festsetzungsfrist beginnt nach § 175 Absatz 1 Satz 2 AO mit dem Ablauf des Kalenderjahres, in dem das Ereignis eintritt.

Ohne Bedeutung ist, ob dem oder den übernehmenden Rechtsträger(n) das Grundstück noch gehört bzw. grunderwerbsteuerrechtlich zuzuordnen ist (vgl. Tz. 1).

5. Verhältnis der §§ 5, 6 GrEStG zu § 6 a GrEStG

Die Steuervergünstigungen der §§ 5, 6 und § 6 a GrEStG bestehen gleichrangig nebeneinander. Soweit die Voraussetzungen für eine Steuervergünstigung nicht vorliegen oder später entfallen, kann eine andere Steuervergünstigung von Amts wegen gewährt werden, sofern die Voraussetzungen vorliegen. **21**

6. Anwendungsbereich der Vorschrift

Dieser Erlass tritt an die Stelle der gleich lautenden Erlasse der obersten Finanzbehörden der Länder vom 22. September 2020 (BStBl. I S. 960) und ist in allen offenen Fällen anzuwenden. **22**

Rechtsprechung zu § 6 a

Rspr zu § 6 a

1. BFH-Beschluss vom 25. 11. 2015 II R 63/14 (BStBl. 2016 II S. 170):

Das BMF wird aufgefordert, dem Revisionsverfahren beizutreten und zu der Frage, ob die Anwendung des § 6 a GrEStG voraussetzt, dass der herrschende Rechtsträger ein Unternehmen i. S. des § 2 UStG ist, sowie zum möglichen Beihilfecharakter des § 6 a GrEStG Stellung zu nehmen. **35**

Siehe auch weitere BFH-Beschlüsse vom 25. 11. 2015 II R 50/13 (BFH/NV 2016 S. 236) und II R 36/14 (BFH/NV 2016 S. 239).

Rspr zu § 6 a

noch 35

2. EuGH-Urteil vom 19. 12. 2018 C-374/17 (DStR 2019 S. 49):

1.–3. (Definition der „staatlichen Beihilfe")

4. Art. 107 Abs. 1 AEUV ist dahin auszulegen, dass eine Steuervergünstigung, die darin besteht, dass der Übergang des Eigentums an einem Grundstück von der Grunderwerbsteuer befreit ist, wenn er aufgrund eines Umwandlungsvorgangs erfolgt, an dem ausschließlich Gesellschaften desselben Konzerns beteiligt sind, die während eines ununterbrochenen Mindestzeitraums von fünf Jahren vor und fünf Jahren nach diesem Vorgang durch eine Beteiligung von mindestens 95% miteinander verbunden sind, die in dieser Vorschrift aufgestellte Voraussetzung der Selektivität des betreffenden Vorteils nicht erfüllt.

3. BFH-Beschluss vom 22. 11. 2018 II B 8/18 (BStBl. 2020 II S. 153):

1. Den Formwechsel eines Einzelunternehmens in eine Ein-Mann-GmbH sieht § 191 Abs. 1 UmwG nicht vor. Durch die Beurkundung eines solchen Formwechsels eines grundbesitzenden Einzelunternehmens kann die Entstehung von Grunderwerbsteuer nicht vermieden werden.

2. Auf nach § 1 Abs. 1 Nr. 1 GrEStG steuerbare Erwerbsvorgänge findet die Steuervergünstigung des § 6 a Satz 1 GrEStG keine Anwendung.

3. Die Verfassungsmäßigkeit des § 23 Abs. 12 GrEStG, der die rückwirkende Geltung des § 6 a Satz 1 GrEStG n. F. für nach dem 6. Juni 2013 verwirklichte Erwerbsvorgänge anordnet, ist nicht ernstlich zweifelhaft.

4. BFH-Urteil vom 21. 8. 2019 II R 15/19 (BStBl. 2020 II S. 329):

1. § 6 a GrEStG gilt für alle Rechtsträger i. S. des GrEStG, die wirtschaftlich tätig sind. Unerheblich ist, ob die Beteiligung an der abhängigen Gesellschaft im Privat- oder im Betriebsvermögen gehalten wird.

2. Die Vorschrift erfasst auch den Fall, dass eine abhängige Gesellschaft auf eine natürliche Person als herrschendes Unternehmen verschmolzen wird.

3. Die in § 6 a Satz 4 GrEStG genannten Fristen müssen nur insoweit eingehalten werden, als sie aufgrund eines begünstigten Umwandlungsvorgangs auch eingehalten werden können.

4. Bei der Verschmelzung einer abhängigen Gesellschaft auf ein herrschendes Unternehmen muss das herrschende Unternehmen innerhalb von fünf Jahren vor der Verschmelzung zu mindestens 95% an der verschmolzenen abhängigen Gesellschaft ununterbrochen beteiligt gewesen sein (Vorbehaltensfrist). Die Frist von fünf Jahren nach dem Umwandlungsvorgang (Nachbehaltensfrist) muss in Bezug auf die verschmolzene abhängige Gesellschaft nicht eingehalten werden, weil sie aufgrund der Verschmelzung nicht eingehalten werden kann.

5. BFH-Urteil vom 21. 8. 2019 II R 16/19 (BStBl. 2020 II S. 333):

1. § 6 a GrEStG gilt für alle Rechtsträger i. S. des GrEStG, die wirtschaftlich tätig sind.

2. Die Vorschrift erfasst auch den Fall, dass eine abhängige Gesellschaft durch Ausgliederung aus einem herrschenden Unternehmen neu entsteht.

3. (wie Ls. 3 II R 15/19, lfd. Nr. 4)

4. Bei der Ausgliederung zur Neugründung muss das herrschende Unternehmen innerhalb von fünf Jahren nach der Ausgliederung zu mindestens 95% an der neu gegründeten Gesellschaft beteiligt bleiben (Nachbehaltensfrist). Die Vorbehaltensfrist muss in Bezug auf die neu gegründete Gesellschaft nicht eingehalten werden, weil sie aufgrund der Ausgliederung nicht eingehalten werden kann.

6. BFH-Urteil vom 22. 8. 2019 II R 17/19 (BStBl. 2020 II S. 348):

1. (wie Ls. 1 II R 16/19, lfd. Nr. 5)

2. Bei der Verschmelzung einer von einem herrschenden Unternehmen abhängigen Gesellschaft auf eine andere abhängige Gesellschaft muss das herrschende Unternehmen fünf Jahre vor der Verschmelzung zu mindestens 95% an beiden abhängigen Gesellschaften ununterbrochen beteiligt gewesen sein (Vorbehaltensfrist).

7. BFH-Urteil vom 22. 8. 2019 II R 18/19 (BStBl. 2020 II S. 352):

1. (wie Ls. 1 II R 16/19, lfd. Nr. 5)

2. Die Vorschrift erfasst auch den Fall, dass eine abhängige Gesellschaft auf ein herrschendes Unternehmen verschmolzen wird.

3. (wie Ls. 3 II R 15/19, lfd. Nr. 4)

4. (wie Ls. 4 II R 15/19, lfd. Nr. 4)

8. BFH-Urteil vom 21. 8. 2019 II R 19/19 (BStBl. 2020 II S. 337):

§ 6 a GrEStG gilt für alle Rechtsträger i. S. des GrEStG, die wirtschaftlich tätig sind. Das herrschende Unternehmen muss nicht Unternehmer i. S. des UStG sein.

9. BFH-Urteil vom 21. 8. 2019 II R 20/19 (BStBl. 2020 II S. 341):

1. (wie Ls. 1 II R 16/19, lfd. Nr. 5)

2. (wie Ls. 2 II R 18/19, lfd. Nr. 7)

3. (wie Ls. 3 II R 15/19, lfd. Nr. 4)

4. (wie Ls. 4 II R 15/19, lfd. Nr. 4)

10. BFH-Urteil vom 21. 8. 2019 II R 21/19 (BStBl. 2020 II S. 344):

1. (wie Ls. 1 II R 16/19, lfd. Nr. 5)

2. Die Vorschrift erfasst auch den Fall, dass eine abhängige Gesellschaft durch Abspaltung aus einer anderen abhängigen Gesellschaft neu entsteht.

3. (wie Ls. 3 II R 15/19, lfd. Nr. 4)

4. Bei der Abspaltung zur Neugründung muss das herrschende Unternehmen fünf Jahre nach der Abspaltung zu mindestens 95% an der abgespaltenen abhängigen Gesellschaft beteiligt bleiben (Nachbehaltensfrist). Die Vorbehaltensfrist muss in Bezug auf die neu gegründete, abhängige Gesellschaft nicht eingehalten werden, weil sie aufgrund der Abspaltung nicht eingehalten werden kann.

5. Führt die Umwandlung zu einem fiktiven Grundstückserwerb i. S. des § 1 Abs. 3 Nr. 4 GrEStG, geht die Zuständigkeit für die Feststellung der Besteuerungsgrundlagen nach § 17 Abs. 3 Satz 1 Nr. 2 GrEStG als speziellere Regelung für Erwerbsvorgänge nach § 1 Abs. 2 a, 3 und 3 a GrEStG der anwendung des § 17 Abs. 3 Satz 1 Nr. 1 GrEStG vor.

11. BFH-Urteil vom 28. 9. 2022 II R 13/20 (BStBl. 2023 II S. 666):

Welches Unternehmen „herrschendes Unternehmen" und welche Gesellschaft „abhängige Gesellschaft" i. S. des § 6 a GrEStG ist, richtet sich nach dem jeweiligen Umwandlungsvorgang, für den die Steuer nach § 6 a Satz 1 GrEStG nicht erhoben werden soll. Unerheblich ist, ob bei mehrstufigen Beteiligungen das herrschende Unternehmen selbst von einem oder weiteren Unternehmen abhängig ist.

12. BFH-Urteil vom 25. 9. 2024 II R 46/22 (BStBl. 2025 II S. 329):

1. Der nach § 1 Abs. 2 a des Grunderwerbsteuergesetzes (GrEStG) steuerbare Wechsel im Gesellschafterbestand einer grundbesitzenden Kommanditgesellschaft aufgrund einer Einbringung der Anteile der Kommanditisten an dieser Gesellschaft in eine Vorrats-GmbH kann nach § 6 a Satz 1 GrEStG von der Grunderwerbsteuer befreit sein.

2. Voraussetzung für die Steuerbefreiung ist nach § 6 a Satz 3 und 4 GrEStG, dass der Einbringende im Zeitpunkt der Einbringung mehr als fünf Jahre zu mehr als 95 % an der Vorrats-GmbH beteiligt war. Auf die Einhaltung der Vorbehaltensfrist kann in diesem Fall nicht verzichtet werden.

13. BFH-Urteil vom 25. 9. 2024 II R 2/22 (BStBl. 2025 II S. 253):

1. Die Ausgliederung eines Einzelunternehmens auf eine zu diesem Zweck neu gegründete Kapitalgesellschaft kann nach § 6a des Grunderwerbsteuergesetzes (GrEStG) steuerbegünstigt sein.

2. Kann die Vorbehaltensfrist des § 6 a Satz 4 GrEStG in diesem Fall umwandlungsbedingt nicht eingehalten werden, steht dies der Begünstigung nicht entgegen.

3. Die Nachbehaltensfrist des § 6 a Satz 4 GrEStG muss insoweit eingehalten werden, als der nach Erlöschen des Einzelunternehmens als Alleingesellschafter an der Kapitalgesellschaft beteiligte (frühere) Einzelkaufmann diese Beteiligung in Höhe von mindestens 95 % über weitere fünf Jahre halten muss.

14. BFH-Urteil vom 25. 9. 2024 II R 36/21 (BStBl. 2025 II S. 324), Ls. 2 und 4:

2. Ob die nach der maßgeblichen ausländischen Rechtsordnung zu beurteilenden Rechtsvorgänge einer nach § 6 a GrEStG begünstigten Umwandlung entsprechen, hat das Finanzgericht anhand des dafür maßgebenden ausländischen Rechts von Amts wegen zu ermitteln. Eine Revision kann nicht darauf gestützt werden, dass die Vorentscheidung auf der fehlerhaften Anwendung ausländischen Rechts beruht.

4. Die Nichtanwendung des § 6 a GrEStG bei der Übertragung von Anteilen an einer grundbesitzenden Gesellschaft auf eine ausländische Gesellschaft verstößt weder gegen die Niederlassungsfreiheit (Art. 49 des Vertrags über die Arbeitsweise der Europäischen Union – AEUV –) noch gegen die Kapitalverkehrsfreiheit (Art. 63 Abs. 1 AEUV). Es liegt auch keine gegen EU-Recht verstoßende Beihilfe vor (Art. 107 Abs. 1 AEUV).

15. BFH-Urteil vom 30. 10. 2024 II R 14/23 (DStR 2025 S. 273), Ls. 2:

2. Beruht die Übertragung von Anteilen an einer Gesellschaft auf eine niederländische Stiftung („stichting") weder auf einer Sacheinlage- oder Beitragsverpflichtung noch auf einer anderweitigen gesellschaftsvertraglichen Grundlage, da die „stichting" weder Gesellschafter noch Anteilseigner hat, sind die Voraussetzungen für eine Steuerbefreiung nach § 6 a GrEStG nicht gegeben.

GrEStG

§ 7 Umwandlung von gemeinschaftlichem Eigentum in Flächeneigentum

1 (1) **Wird ein Grundstück, das mehreren Miteigentümern gehört, von den Miteigentümern flächenweise geteilt, so wird die Steuer nicht erhoben, soweit der Wert des Teilgrundstücks, das der einzelne Erwerber erhält, dem Bruchteil entspricht, zu dem er am gesamten zu verteilenden Grundstück beteiligt ist.**

2 (2) ① **Wird ein Grundstück, das einer Gesamthand gehört, von den an der Gesamthand beteiligten Personen flächenweise geteilt, so wird die Steuer nicht erhoben, soweit der Wert des Teilgrundstücks, das der einzelne Erwerber erhält, dem Anteil entspricht, zu dem er am Vermögen der Gesamthand beteiligt ist.** ② **Wird ein Grundstück bei der Auflösung der Gesamthand flächenweise geteilt, so ist die Auseinandersetzungsquote maßgebend, wenn die Beteiligten für den Fall der Auflösung der Gesamthand eine vom Beteiligungsverhältnis abweichende Auseinandersetzungsquote vereinbart haben.**

3 (3)[1] ① **Die Vorschriften des Absatzes 2 gelten insoweit nicht, als ein Gesamthänder – im Fall der Erbfolge sein Rechtsvorgänger – seinen Anteil an der Gesamthand innerhalb von zehn Jahren vor der Umwandlung durch Rechtsgeschäft unter Lebenden erworben hat.** ② **Die Vorschrift des Absatzes 2 Satz 2 gilt außerdem insoweit nicht, als die vom Beteiligungsverhältnis abweichende Auseinandersetzungsquote innerhalb der letzten zehn Jahre vor der Auflösung der Gesamthand vereinbart worden ist.**

Übersicht Rz.

Anlagen:
a) Schreiben betr. Steuerbefreiung nach § 7 GrEStG bei der Bestellung eines Erbbaurechts 6
b) Erlass betr. Aufhebung von Sondereigentum 8
Rechtsprechung 11

Anl a zu § 7

a) Schreiben betr. Steuerbefreiung nach § 7 GrEStG bei der Bestellung eines Erbbaurechts

Vom 17. September 1996

(FM Bayern 37 – S 4514 – 18/5 – 52390; koord. Ländererlaß)

6 Es ist die Frage aufgeworfen worden, ob Steuerbefreiung nach § 7 GrEStG zu gewähren ist, wenn sich eine aus zwei Personen bestehende Gesamthandsgemeinschaft über ein Grundstück in der Weise auseinandersetzt, daß dem einen Gesellschafter ein Erbbaurecht an dem Grundstück eingeräumt wird und der andere Alleineigentümer des nunmehr belasteten Grundstücks wird. Im Einvernehmen mit den obersten Finanzbehörden der anderen Länder vertrete ich hierzu folgende Auffassung:

§ 7 Abs. 2 GrEStG ist anzuwenden, wenn ein Grundstück, das einer Gesamthand gehört, von den an der Gesamthand beteiligten Personen flächenweise geteilt wird. Eine flächenweise Teilung ist eine Teilung des Grundstücks in reale Teile. Bei der Bestellung eines Erbbaurechts kommt es nicht zur Realteilung eines Grundstücks in diesem Sinne. Zivilrechtlich handelt es sich lediglich um die Belastung eines Grundstücks mit dem Recht eines Dritten, auf oder unter der Oberfläche ein Bauwerk zu haben. Damit wird die Herrschaft über das Grundstück im Sinne der Grundfläche verstanden in zwei – allerdings grunderwerbsteuerlich gleichgestellte – Rechte aufgeteilt. Im Gegensatz zum Sondereigentum bei der Begründung von Wohnungseigentum nach dem WEG (vgl. BFH-Urteil vom 30. 7. 1980 BStBl. II S. 667) ist das Erbbaurecht aber nicht gleichermaßen real wie Flächeneigentum. Dies ergibt sich bereits aus der Tatsache, daß es allein durch Zeitablauf erlischt und damit die Belastung des eigentlichen Grundstücks im zivilrechtlichen Sinne ohne weiteres endet. Eine flächenweise Teilung, wie sie der Wortlaut des § 7 GrEStG fordert, liegt daher nicht vor.

Auch Sinn und Zweck der Vorschrift rechtfertigen es nicht, sie bei „Aufspaltung eines einheitlichen Grundstücks" in das Erbbaurecht und das belastete Grundstück anzuwenden. Ähnlich den §§ 5 und 6 GrEStG soll auch nach § 7 GrEStG die Steuer insoweit nicht festgesetzt werden, als sich zwar die Form, nicht aber Qualität und Wert der Berechtigung des Beteiligten an einem Grundstück ändern. Dessen flächenmäßige Aufteilung zwischen Personen, denen es bereits zu Miteigentum oder Gesamthandseigentum gehört, ändert die dingliche Berechtigung im Wege des gegenseitigen Tauschs (zwei eigenständige Rechtsvorgänge) gleichartiger Berechtigungen. Jeder Beteiligte erwirbt die Berechtigung der anderen Beteiligten an der ihm zugewiesenen Teilfläche und gibt dafür seine gleichartige Berechtigung an den restlichen Teilflächen auf.

Im Gegensatz dazu ändert sich bei einer Zuweisung des Erbbaurechts einerseits und des belasteten Grundstücks andererseits sowohl die Form als auch die Qualität der Berechtigung entscheidend. An die Stelle der vorherigen Gesamthandsberechtigung beider Gesellschafter an dem unbelasteten Grundstück tritt das Eigentum des einen an dem belasteten Grundstück und das Eigentum des anderen Gesellschafters an dem Erbbaurecht. Ein Tausch gleichartiger Berechtigungen im vorstehenden Sinne liegt nicht vor.

[1] Zur Anwendung von § 7 Abs. 3 i. d. F. des Gesetzes vom 12. 5. 2021 siehe § 23 Abs. 18 und Abs. 24 GrEStG.

Anl b zu § 7

b) Erlass betr. Aufhebung von Sondereigentum

Vom 19. September 2005

(FM Bayern 36 – S 4514 – 031 – 38787/05; koord. Ländererlass)

Wohnungseigentum ist das Sondereigentum an einer Wohnung in Verbindung mit dem Miteigentumsanteil an dem gemeinschaftlichen Eigentum, zu dem es gehört (§ 1 Abs. 2 des Gesetzes über das Wohnungseigentum und das Dauerwohnrecht). Das Sondereigentum an einer Wohnung ist also *ein* Bestandteil des Wohnungseigentums und entsteht kraft Bestellung an den Räumen eines Gebäudes. 8

Es ist die Frage gestellt worden, ob Grunderwerbsteuer bei Aufhebung des Sondereigentums anfällt. Im konkreten Fall ging es um ein mit mehreren Reihenhäusern bebautes Grundstück, an denen Sondereigentum besteht. Die Eigentümer wollten durch übereinstimmenden Beschluss das Sondereigentum aufheben und im Anschluss daran das gemeinschaftliche Grundstück real teilen in der Weise, die der bisherigen Aufteilung in Wohnungseigentum entspricht.

Im Einvernehmen mit den obersten Finanzbehörden der anderen Länder bitte ich, hierzu folgende Auffassung zu vertreten:

Mit der Aufhebung erwirbt jeder Beteiligte Miteigentum an den Reihenhäusern der übrigen Beteiligten. Dem Wortlaut nach greift für diesen Vorgang keine Befreiungsvorschrift. Dem Rechtsgedanken des § 5 Abs. 2 GrEStG und des § 7 Abs. 1 GrEStG folgend, bei ähnlichen Konstellationen nur echte Wertverschiebungen grunderwerbsteuerlich zu erfassen, ist jedoch im vorliegenden Fall mangels einer Wertverschiebung Grunderwerbsteuer nicht zu erheben.

Rspr zu § 7

Rechtsprechung zu § 7

1. BFH-Urteil vom 8. 8. 1990 II R 20/88 (BStBl. II S. 922):

Die Voraussetzungen einer Steuerbefreiung nach § 7 Abs. 1 GrEStG werden auch dann erfüllt, wenn die Teilung des Grundstücks und die Übertragung der Miteigentumsanteile aufgrund planmäßiger Durchführung in engem zeitlichen und sachlichen Zusammenhang erfolgen. 11

2. BFH-Urteil vom 30. 11. 1993 II R 27/90 (BFH/NV 1994 S. 504):

1. Mehrere Grundstücke kommen als wirtschaftliche Einheit gemäß § 2 Abs. 3 Satz 1 GrEStG 1983 nur insoweit in Betracht, als sie demselben Eigentümer gehören. § 2 BewG 1965 gilt auch für das Grunderwerbsteuergesetz.

2. Gehören die mit einem Gebäudekomplex einheitlich bebauten Grundstücke mehreren Eigentümern, so ist jeweils für die einem Eigentümer gehörenden Grundstücke zu prüfen, ob die Voraussetzungen des § 2 Abs. 3 Satz 1 GrEStG 1983 i. V. m. § 2 Abs. 1 Satz 3 BewG 1965 erfüllt sind.

3. Die Steuervergünstigung des § 7 Abs. 2 GrEStG 1983 kommt auch dann in Frage, wenn sich die flächenmäßige Teilung auf mehrere Grundstücke erstreckt, die zu einer wirtschaftlichen Einheit gehören.

3. BFH-Urteil vom 16. 2. 1994 II R 96/90 (BFH/NV 1995 S. 156):

Die Aufteilung eines einer Gesamthand gehörenden Grundstücks durch die Gesamthänder in Wohnungseigentum erfordert bei einem Vorgehen nach § 8 WEG zivilrechtlich zwei Rechtsakte, nämlich die Teilungserklärung und die Übertragung der neu entstandenen Eigentumswohnungseinheiten auf die Gesamthänder. Ein solches Vorgehen erfüllt nur dann die Voraussetzungen des § 7 Abs. 2 GrEStG 1983 (flächenweise Aufteilung eines Grundstücks unter den Gesellschaftern einer Gesamthand), wenn die zur Aufteilung erforderlichen Rechtsakte aufgrund planmäßiger Durchführung in engem zeitlichen und sachlichen Zusammenhang erfolgen. Werden die neu entstandenen Wohnungseigentumseinheiten erst mehr als ein Jahr nach erfolgter Aufteilung des Grundstücks in Wohnungseigentum auf die einzelnen Gesellschafter übertragen, kann nicht mehr von einer konsequenten und zielstrebigen Umsetzung des Aufteilungsplanes ausgegangen werden.

4. BFH-Beschluss vom 27. 7. 2001 II B 20/01 (BFH/NV 2002 S. 70):

Werden mehrere Grundstücke einer Personengesellschaft dergestalt auf die einzelnen Gesellschafter übertragen, dass jeder Gesellschafter ein ganzes Grundstück erhält, kann dies nur dann wie eine flächenweise Teilung eines einzigen Grundstücks i. S. des § 7 Abs. 2 GrEStG 1983 behandelt werden, wenn diese Grundstücke im Gesellschaftsvermögen der Personengesellschaft zu einer wirtschaftlichen Einheit i. S. des § 2 Abs. 3 GrEStG 1983 zusammengefasst waren.

5. BFH-Beschluss vom 22. 6. 2012 II B 45/11 (BFH/NV S. 1827), Ls. 2:

2. Der Begriff der wirtschaftlichen Einheit i. S. des § 2 Abs. 3 Satz 1 GrEStG ist als Typusbegriff im Rahmen einer Gesamtwürdigung aller Tatsachen festzustellen.

6. BFH-Urteil vom 31. 7. 2024 II R 30/21 (DStR S. 2764):

Die Befreiungsvorschrift des § 7 Abs. 1 GrEStG ist bei der Aufhebung einer Wohnungseigentümergemeinschaft unter Bildung von Miteigentum nicht entsprechend anwendbar.

GrEStG

Dritter Abschnitt. Bemessungsgrundlage

§ 8 Grundsatz

1 (1) **Die Steuer bemißt sich nach dem Wert der Gegenleistung.**

(2) ① **Die Steuer wird nach den Grundbesitzwerten im Sinne des § 151 Absatz 1 Satz 1 Nummer 1 in Verbindung mit § 157 Absatz 1 bis 3 des Bewertungsgesetzes bemessen:**

2 **1. wenn eine Gegenleistung nicht vorhanden oder nicht zu ermitteln ist;**

3 **2. bei Umwandlungen auf Grund eines Bundes- oder Landesgesetzes, bei Einbringungen sowie bei anderen Erwerbsvorgängen auf gesellschaftsvertraglicher Grundlage;**

4 **3.[1] in den Fällen des § 1 Absatz 2a bis 3a;**

4.[1] wenn zwischen den an einer Umwandlung beteiligten Rechtsträgern innerhalb des Rückwirkungszeitraums im Sinne der §§ 2, 20 Absatz 6 oder § 24 Absatz 4 des Umwandlungssteuergesetzes ein Erwerbsvorgang nach § 1 Absatz 1 Nummer 1 verwirklicht wird, der Wert der Gegenleistung geringer ist als der Grundbesitzwert nach § 151 Absatz 1 Satz 1 Nummer 1 in Verbindung mit § 157 Absatz 1 bis 3 des Bewertungsgesetzes und die Umwandlung ohne diesen Erwerbsvorgang eine Besteuerung nach § 1 Absatz 1 Nummer 3, Absatz 3 oder Absatz 3a ausgelöst hätte.

5 ② **Erstreckt sich der Erwerbsvorgang auf ein noch zu errichtendes Gebäude oder beruht die Änderung des Gesellschafterbestandes im Sinne des § 1 Absatz 2a oder 2b auf einem vorgefaßten Plan zur Bebauung eines Grundstücks, ist der Wert des Grundstücks abweichend von § 157 Absatz 1 Satz 1 des Bewertungsgesetzes nach den tatsächlichen Verhältnissen im Zeitpunkt der Fertigstellung des Gebäudes maßgebend.**

Übersicht

	Rz.
Anlagen:	
a) Erlass betr. Bemessungsgrundlage bei Erwerb kontaminierter Grundstücke und bei Übernahme von Investitions- und Beschäftigungsgarantien	6, 7
b) Schreiben betr. Grundstücksübertragungen i. Z. m. Maßnahmen nach dem Eisenbahnkreuzungsgesetz	10
c) Verfügung betr. Behandlung von Zahlungsansprüchen aufgrund des Betriebsprämiendurchführungsgesetzes bei der Veräußerung landwirtschaftlicher Flächen	12
d) Schreiben betr. Erfassung des Werts für grundeigene Bodenschätze	14
Rechtsprechung	25

Anl a zu § 8

a) Erlass betr. Bemessungsgrundlage bei Erwerb kontaminierter Grundstücke und bei Übernahme von Investitions- und Beschäftigungsgarantien

Vom 16. April 2010

(FM Bayern 36 – S 4500 – 032 – 15503/10; koord. Ländererlass)

Bezug: FMS vom 13. Juli 1993, Az.: 37 – S 4500 – 32/5 – 43 474; vom 27. September 1996, Az.: 37 – S 4500 – 32/39 – 53897

Zu der Frage, von welcher Bemessungsgrundlage die Grunderwerbsteuer zu erheben ist, wenn

1. Grundstückskaufverträge zugleich Regelungen über die Beseitigung von Altlasten enthalten,
2. der Erwerber sich verpflichtet, bestimmte Investitionen zu tätigen und/oder einen bestimmten Beschäftigungsstand aufzubauen bzw. beizubehalten,

bitte ich, folgende Auffassung zu vertreten:

Zu 1.

6 Nach § 9 Abs. 1 Nr. 1 GrEStG gelten bei einem Kauf der Kaufpreis einschließlich der vom Käufer übernommenen sonstigen Leistungen und der dem Verkäufer vorbehaltenen Nutzungen als Gegenleistung.

Grundsätzlich kann eine Gegenleistung für den Erwerb des Grundstücks auch darin liegen, dass der Erwerber vertraglich eine bereits durch Sanierungsverfügung konkretisierte Verpflichtung des Grundstücksverkäufers übernimmt. Unter „sonstige Leistungen" fallen nämlich alle Verpflichtungen des Käufers, die zwar nicht unmittelbar Kaufpreis für das Grundstück im bürgerlich-rechtlichen Sinne, aber gleichwohl Entgelt für den Erwerb des Grundstücks sind (BFH-Urteil vom 25. April 2002 II R 57/00, BFH/NV 2002, 1612, m. w. N.). Dazu gehört auch die Übernahme von Verpflichtungen des Veräußerers durch den Erwerber (BFH-Urteil vom 8. Juni 2005 II R 26/03, BFHE 210, 372, BStBl. II 2005, 613). Voraussetzung ist allerdings, dass die Verpflichtung bereits in der Person des Veräußerers entstanden ist.

[1] § 8 Abs. 2 Satz 1 Nr. 3 erstmals anzuwenden ab 7. 6. 2013 (§ 23 Abs. 11 GrEStG); Abs. 2 i. d. F. des StÄndG 2015 anzuwenden ab 1. 1. 2009, siehe im Einzelnen § 23 Abs. 14 GrEStG; zur Anwendung von Abs. 2 Satz 1 Nrn. 3 und 4 und Satz 2 i. d. F. des Gesetzes vom 12. 5. 2021 siehe § 23 Abs. 18 GrEStG.

Bei Vorliegen einer schädlichen Bodenveränderung oder Altlast entsteht eine öffentlich-rechtliche Sanierungsverpflichtung erst und ausschließlich dann, wenn sich die materielle, aus dem einschlägigen Bodenschutzrecht ergebende Sanierungsverantwortlichkeit durch Erlass einer formellen Sanierungsverfügung einzelfallbezogen konkretisiert hat (BFH-Urteil vom 30. März 2009 II R 62/06, BStBl. II 2009, 854). Liegt eine solche hinreichend konkretisierte Sanierungsverpflichtung vor, die auf den Erwerber übergeht, sind die Sanierungskosten in die Bemessungsgrundlage einzubeziehen.

Die Kosten für die Beseitigung der Altlasten gehören nicht zur Gegenleistung, wenn keine formelle Sanierungsverpflichtung vorliegt. In diesen Fällen ist Bemessungsgrundlage für die Grunderwerbsteuer der vereinbarte Kaufpreis.

Wird ein Grundstück übertragen, in dem Altlasten festgestellt worden sind oder vermutet werden und wird deswegen keine Gegenleistung oder nur ein symbolischer Kaufpreis vereinbart, so ist die Steuer nach dem Wert des Grundstücks zu bemessen (§ 8 Abs. 2 Nr. 1 GrEStG). Die Anwendung des § 3 Nr. 2 GrEStG scheidet für einen derartigen Erwerbsvorgang aus, da nicht davon ausgegangen werden kann, dass der Veräußerer den Erwerber mit der Übertragung des Grundstücks aus seinem Vermögen bereichern will und daher eine Schenkung unter Lebenden im Sinne des Erbschaft- und Schenkungsteuerrechts nicht gegeben ist. Jedoch kann auch ein niedriger Grundstückskaufpreis (z. B. sog. 1 € Verträge) im Vergleich zum höheren Wert nach § 8 Abs. 2 Nr. 1 GrEStG die Gegenleistung i. S. des § 8 Abs. 1 GrEStG bilden, wenn er ernsthaft vereinbart worden ist.

Zu 2.

a) Werden mit der Grundstücksübertragung nur Investitions- und Beschäftigungsgarantien übernommen und ist eine Gegenleistung im grunderwerbsteuerlichen Sinne für das übertragene Grundstück nicht zu erbringen, so ist die Grunderwerbsteuer nach dem Wert des Grundstücks zu bemessen (§ 8 Abs. 2 Nr. 1 GrEStG). 7

b) Werden mit der Grundstücksübertragung Investitions- und Beschäftigungsgarantien übernommen und ist eine Gegenleistung im grunderwerbsteuerlichen Sinne für das übertragene Grundstück zu erbringen, so bemisst sich die Grunderwerbsteuer regelmäßig nach dem Wert der Gegenleistung (§ 8 Abs. 1 GrEStG). Die Grunderwerbsteuer berechnet sich auch dann nach dem Wert der Gegenleistung, wenn diese niedriger ist als der Wert des Grundstücks (§ 8 Abs. 2 Nr. 1 GrEStG). Ein symbolischer Kaufpreis kann aber nicht als grunderwerbsteuerlich maßgebliche Gegenleistung angesehen werden (vgl. auch BFH-Urteil vom 7. Dezember 1994 II R 9/92, BStBl. II 1995, 268).

In der späteren Zahlung einer Vertragsstrafe wegen Nichterfüllung oder nicht rechtzeitiger Erfüllung der Investitions- und Beschäftigungsgarantie ist keine zusätzliche Gegenleistung zu sehen. Die Vertragsstrafe wird nicht gezahlt, weil der Erwerber ein Grundstück erworben hat, sondern weil er nach dem Vertrag für die Nichterfüllung oder nicht rechtzeitige Erfüllung der Investitions- und Beschäftigungsgarantie einzustehen hat.

Dieser Erlass ergeht im Einvernehmen mit den obersten Finanzbehörden der anderen Länder und tritt an die Stelle der Bezugserlasse.

b) Schreiben betr. Grundstücksübertragungen im Zusammenhang mit Maßnahmen nach dem Eisenbahnkreuzungsgesetz

Anl b zu § 8

Vom 12. April 1999

(FM Bayern 36 – S 4520 – 2/37 – 51838/98; koord. Ländererlaß)

Beim Ausbau von Bahnstrecken ist es nach den Vorschriften des Eisenbahnkreuzungsgesetzes vom 21. 3. 1971 (BGBl. I S. 337) – EKrG –, zuletzt geändert durch Gesetz vom 9. 9. 1998 (BGBl. I S. 2858), unter bestimmten Voraussetzungen erforderlich, schienengleiche Bahnübergänge zu beseitigen bzw. durch den Bau von Überführungen zu ändern (vgl. § 5 EKrG). Dazu wird in der Regel zwischen den Beteiligten, zu denen die jeweiligen Träger der Straßenbaulast (z. B. das Land) gehören, eine „Vereinbarung über eine Maßnahme an einem Bahnübergang – § 13 EKrG" geschlossen. An den Gesamtkosten der Maßnahme werden die jeweiligen Träger der Straßenbaulast, ggf. auch der Bund, beteiligt. Nach Abschluss der vereinbarten Maßnahme wird das Eigentum an den errichteten Anlagen sowie den dazugehörigen Grundflächen auf die nach § 14 EKrG zur Erhaltung verpflichteten Beteiligten (Land, Gemeinde) übertragen, ohne dass dafür ein besonderer Kaufpreis vorgesehen ist. 10

Zu diesen Grundstücksübertragungen bitte ich im Einvernehmen mit den obersten Finanzbehörden der anderen Länder, folgende Auffassung zu vertreten:

Die Grundstücksverträge zur Übertragung der Straßenanlagen auf die Träger der Straßenbaulast unterliegen der Steuer nach § 1 Abs. 1 Nr. 1 GrEStG. Steuerbefreiung, insbesondere nach § 3 Nr. 2 GrEStG, kommt nicht in Betracht. Soweit nicht ausdrücklich ein besonderer Kaufpreis oder eine sonstige Gegenleistung vereinbart wird, scheidet eine Bemessung der Steuer nach § 8 Abs. 1 GrEStG aus. Als Kaufpreis kann auch der nach der oben genannten Vereinbarung zu tragende Kostenanteil nicht angesehen werden, weil dieser schematisch aus den Gesamtkosten der Maßnahme ermittelt wurde und aufgrund gesetzlicher Regelung (§ 13 EKrG) unabhängig von einer Eigentumsübertragung zu erbringen war. Er weist keinerlei inneren Zusammenhang mit der Größe oder dem Wert des auf den jeweiligen Baulastenträger übergehenden Grundstücks auf.

Als Besteuerungsgrundlage kommt danach gemäß § 8 Abs. 2 Nr. 1 GrEStG der Wert im Sinne des § 138 Abs. 2 oder 3 BewG in Betracht.[1] Es bestehen keine Bedenken, die gleichen Wertermittlungs-

[1] Jetzt § 151 Abs. 1 Satz 1 Nr. 1 i. V. m. § 157 Abs. 1 bis 3 BewG.

grundsätze anzuwenden wie im Falle der unentgeltlichen Übertragung von Grundstücken mit Erschließungsanlagen auf Gebietskörperschaften (vgl. FMS vom 26. 6. 1998 – 36 – S 4520 – 2/23 – 30 396).

Anl c zu § 8

c) Verfügung betr. Behandlung von Zahlungsansprüchen aufgrund des Betriebsprämiendurchführungsgesetzes bei der Veräußerung landwirtschaftlicher Flächen

Vom 18. November 2005

(Bayerisches Landesamt für Steuern S 4503 – 1 St34 M)

12 Mit nationaler Umsetzung der Verordnung (EG) Nr. 1782/2003 des Rates vom 29. 9. 2003 durch das Betriebsprämiendurchführungsgesetz (BetrPrämDurchfG) vom 21. 7. 2004 wurde die Agrarpolitik durch gemeinsame Regeln für Direktzahlungen mit Wirkung ab dem 1. 1. 2005 grundlegend reformiert.

Ab diesem Zeitpunkt gibt es für deutsche Landwirte folgende Prämienarten: eine Ackergrundprämie, eine Grünlandgrundprämie und evtl. betriebsindividuell zugeteilte Prämien.

Sämtliche Zahlungsansprüche aus diesen Prämienberechtigungen können mit oder ab 2006 auch ohne Flächen übertragen werden, Art. 46 II EG Nr. 1782/2003. Das hierauf gezahlte Entgelt wird nicht zum Erwerb des Grundstücks aufgewendet, sondern stellt Entgelt für diese mit einer Geldforderung vergleichbare Vermögensposition dar.

Ist hierfür im Kaufvertrag ein besonderer Preis vereinbart worden, ist dieser Betrag somit nicht in die Bemessungsgrundlage der Grunderwerbsteuer einzubeziehen.

Anl d zu § 8

d) Schreiben betr. Erfassung des Werts für grundeigene Bodenschätze

Vom 6. März 2006

(FM Bayern 36 – S 4520 – 009 – 6342/06; koord. Ländererlass)

14 Es wurde die Frage aufgeworfen, wie der Wert für Bodenschätze in den Fällen des § 8 Abs. 2 GrEStG zu erfassen ist. Ich bitte, dazu folgende Auffassung zu vertreten:

Ausgangspunkt für die Bestimmung des Grundstücks nach § 2 GrEStG ist der Grundstücksbegriff des bürgerlichen Rechts (Abs. 1 Satz 1). Dies hat zur Folge, dass grunderwerbsteuerlich dem Grundstück alles zuzurechnen ist, was zu ihm nach Maßgabe der §§ 93 bis 96 BGB gehört. Dazu gehören auch die Bodensubstanzen. Ausgenommen sind nach § 2 Abs. 1 Satz 2 Nr. 2 GrEStG die Mineralgewinnungsrechte. Es handelt sich dabei um Rechte an bergfreien Bodenschätzen (z. B. Aluminium, Blei, Eisen, Gold, Kupfer, Mangan, Nickel, Schwefel, Silber, Salze, Stein- und Braunkohle, Erdöl, Erdgas – vgl. § 3 Abs. 3 BBergG) aufgrund staatlicher Bewilligung oder Verleihung.

Demgegenüber stehen grundeigene Bodenschätze (z. B. Bims, Dachschiefer, Kalkstein, Kies, Lehm, Sand, Ton, Torf – vgl. § 3 Abs. 4 BBergG) im Eigentum des Grundeigentümers. Da diese Bodenschätze Bestandteile des Grundstücks i. S. d. § 2 GrEStG sind, sind sie bei der Grunderwerbsteuer zu erfassen; der darauf entrichtete Kaufpreis ist Teil der Bemessungsgrundlage.

Wird die Grunderwerbsteuer nach § 8 Abs. 2 GrEStG bemessen, ist Bemessungsgrundlage der Bedarfswert im Sinne des § 138 Abs. 2 oder 3 BewG. Durch die Verweisung des § 138 Abs. 3 BewG auf die Regelung des § 68 Abs. 2 Nr. 1 BewG werden die (grundeigenen) Bodenschätze ausgeklammert. Sie gehören weder zum Grundvermögen noch zum Grundstücksbegriff im bewertungsrechtlichen Sinne und scheiden daher bei der Bedarfswertermittlung aus. Ein gesonderter Ansatz dieser grundeigenen Bodenschätze mit dem gemeinen Wert (§ 9 BewG) neben dem Bedarfswert kommt nach dem Wortlaut des § 8 Abs. 2 GrEStG nicht in Betracht.

Dieses Schreiben ergeht im Einvernehmen mit den obersten Finanzbehörden der anderen Länder.

Rspr zu § 8

Rechtsprechung zu § 8[1]

25 *1. BFH-Urteil vom 10. 10. 1984 II R 182/82 (BStBl. 1985 II S. 105):*

Eine gestundete Kaufpreisforderung, die innerhalb eines Jahres nach Verwirklichung des Grunderwerbsteuertatbestandes fällig wird, ist als Gegenleistung mit dem Nennwert zu bewerten.

2. BFH-Urteil vom 18. 1. 1989 II R 103/85 (BStBl. II S. 427):

§ 12 Abs. 3 BewG erfaßt im Bereich der Grunderwerbsteuer nur solche Fälle, in denen der Grundstücksverkäufer seine Verpflichtung aus dem Kaufvertrag erfüllt hat und trotzdem vereinbarungsgemäß die Kaufpreiszahlung des Käufers zinslos hinausgeschoben wird.

3. BFH-Urteil vom 8. 3. 1989 II R 37/86 (BStBl. II S. 576):

Wird beim Kauf eines Grundstücks ein Teil des Kaufpreises gegen Zahlung von 4 v. H. Zinsen jährlich einige Jahre gestundet, so ist der vereinbarte Kaufpreis auch dann als Gegenleistung anzusetzen, wenn am Kapitalmarkt für ein entsprechendes Darlehen erheblich höhere Zinsen gezahlt werden müßten.

---

[1] Vgl. auch die Rechtsprechung zu § 9.

4. BFH-Urteil vom 17. 4. 1991 II R 119/88 (BStBl. II S. 586):

Besteht die Gegenleistung in der Verpflichtung des Grundstückserwerbers zur Gewährung eines zinsverbilligten Darlehens, so bestimmt sich der Wert der Gegenleistung nach der Differenz zwischen dem Zinssatz in der vereinbarten Höhe und dem von 5,5 v. H. nach § 15 Abs. 1 BewG.

5. BFH-Urteil vom 29. 1. 1992 II R 36/89 (BStBl. II S. 418):

1. Beim Eigentumsübergang von Grundstücken infolge Verschmelzung von Genossenschaften ist Bemessungsgrundlage für die Grunderwerbsteuer nicht der Wert des Grundstückes, sondern die Gegenleistung (Aufgabe von BFHE 100, 133, BStBl. II 1970, 816).

2. Zur Gesamtgegenleistung, die verhältnismäßig nach dem Wert der übergegangenen Grundstücke und dem Wert der Gegenstände, die nicht unter den Grundstücksbegriff des § 2 GrEStG 1983 fallen, aufzuteilen ist, gehören bei der Verschmelzung von Genossenschaften die auf die übernehmende Genossenschaft übergegangenen Schulden und Lasten sowie die Geschäftsguthaben der Genossen der übertragenden Genossenschaft.

6. BFH-Urteil vom 12. 10. 1994 II R 4/91 (BStBl. 1995 II S. 69):

1. Leistungen aus einem Grundstückskaufvertrag sind gemäß § 322 Abs. 1 BGB Zug um Zug auszutauschen. § 12 Abs. 3 BewG erfaßt daher im Bereich der Grunderwerbsteuer nur solche Fälle, in denen der Grundstücksverkäufer seine Verpflichtung aus dem Kaufvertrag erfüllt hat und trotzdem vereinbarungsgemäß die Kaufpreiszahlung des Käufers zinslos hinausgeschoben wird (Bestätigung des Senatsurteils vom 18. 1. 1989 II R 103/85, BFHE 155, 558, BStBl. II 1989, 427).

2. „Verzichtet" der Käufer eines Grundstücks im Kaufvertrag auf das ihm durch die §§ 320, 322 BGB gewährte Recht, den Kaufpreis erst im Zuge der Erfüllung der Sachleistungsverpflichtung (Übereignung und Übergabe des Grundstücks) erbringen zu müssen, indem er sich einer Vorleistungspflicht unterwirft, so gewährt er dem Verkäufer einen als Entgelt i. S. des § 8 Abs. 1 GrEStG anzusehenden geldwerten Vorteil in Gestalt der vorzeitigen Kapitalnutzungsmöglichkeit.

7. BFH-Urteil vom 7. 12. 1994 II R 9/92 (BStBl. 1995 II S. 268):

1. Werden die Betriebsgrundstücke und das übrige wesentliche Anlagevermögen sowie das Vorratsvermögen eines Betriebes gegen einen symbolischen „Kaufpreis" von 1 DM auf den Erwerber übertragen, so ist die Grunderwerbsteuer aus den Einheitswerten der Betriebsgrundstücke zu bemessen (§ 8 Abs. 2 Nr. 1 GrEStG).

2. Das mit der Übernahme eines Betriebes verbundene Risiko, künftig Verluste zu erwirtschaften, der mit einer solchen Betriebsübernahme gemäß § 613 a BGB einhergehende Eintritt in die Rechte und Pflichten aus den bestehenden Arbeitsverhältnissen (insbesondere auch die „Übernahme" des Risikos künftiger Abfindungs- und Sozialplanverpflichtungen gegenüber den Arbeitnehmern) sowie die Verpflichtung zur Fortführung des Betriebes und zur Erhaltung der Arbeitsplätze sind grundsätzlich nicht als Gegenleistungen im grunderwerbsteuerrechtlichen Sinne (vgl. § 8 Abs. 1, § 9 GrEStG) zu qualifizieren.

8. BFH-Urteil vom 5. 3. 1997 II R 81/94 (BFH/NV S. 613):

Überträgt eine Personengesellschaft Grundstücke auf ihre Gesellschafter lediglich gegen Übernahme der auf den Grundstücken grundpfandrechtlich gesicherten Darlehensverbindlichkeiten, so liegt – außer der Übernahme der Darlehensverbindlichkeiten – regelmäßig eine weitere Gegenleistung im grunderwerbsteuerrechtlichen Sinne auch dann nicht vor, wenn der Wert der Grundstücke (gegebenenfalls deutlich) höher ist als die übernommenen Darlehensverbindlichkeiten.

9. BFH-Urteil vom 8. 8. 2001 II R 49/01 (BStBl. 2002 II S. 98):

Überlässt der Grundstücksverkäufer im Wege einer Vorleistung dem Käufer bereits vor der Zahlung des Kaufpreises die Nutzungen des Grundstücks, so stellt die vorzeitige Nutzungsüberlassung eine selbständige (Neben-)Leistung des Verkäufers dar, die weder in seiner kaufvertraglichen Verpflichtung zur Übertragung von Besitz und Nutzungen aufgeht, noch mit ihr identisch ist. Das für die Nutzungsüberlassung gesondert vereinbarte Entgelt gehört nicht zur Gegenleistung i. S. der §§ 8 Abs. 1, 9 Abs. 1 Nr. 1 GrEStG 1983.

10. BFH-Urteil vom 25. 4. 2002 II R 57/00 (BFH/NV S. 1612):

Beim Erwerb eines Grundstücks mit noch zu errichtendem Gebäude kommt hinsichtlich der Teilzahlungsbeträge, die bei Werkverträgen als Abschlagszahlungen nach der Makler- und Bauträgerverordnung vereinbart werden, der Ansatz einer sonstigen Leistung in Gestalt der Überlassung der Kapitalnutzungsmöglichkeit an den Unternehmer nicht in Betracht.

11. BFH-Beschluss vom 26. 2. 2003 II B 54/02 (BStBl. II S. 483):

1. Ein Einbringungsvorgang i. S. des § 8 Abs. 2 Satz 1 Nr. 2 GrEStG 1983 liegt vor, wenn ein Gesellschafter ein Grundstück zur Erfüllung einer Sacheinlageverpflichtung im Rahmen der Übernahme von Aktien oder Stammeinlagen oder zur Erfüllung von Beitragspflichten auf eine (Kapital- oder Personen-) Gesellschaft überträgt

2. „Erwerbsvorgänge auf gesellschaftsvertraglicher Grundlage" i. S. des § 8 Abs. 2 Satz 1 Nr. 2 GrEStG 1983 sind nur solche Grundstücksübergänge zwischen einer Gesellschaft und ihren Gesellschaftern, durch die die Gesellschafterstellung des beteiligten Gesellschafters in rechtlicher Hinsicht berührt oder verändert wird.

3. Soweit eine Gegenleistung nicht gänzlich fehlt oder zu ermitteln ist (vgl. § 8 Abs. 2 Satz 1 Nr. 1 GrEStG 1983), bleibt es für alle übrigen Grundstücksübergänge zwischen einem Gesellschafter und

Rspr zu § 8

noch 25 einer Gesellschaft bei der Maßgeblichkeit des Werts der Gegenleistung als grunderwerbsteuerrechtlicher Bemessungsgrundlage (§ 8 Abs. 1 GrEStG 1983), und zwar auch dann, wenn die vereinbarte Gegenleistung weit unter dem Verkehrswert des Grundstücks liegt (BFH-Urteil vom 6. 12. 1989 II R 95/86, BFHE 159, 255, BStBl. II 1990, 186).

12. BFH-Urteil vom 12. 7. 2006 II R 65/04 (BFH/NV S. 2128):

Ein Grundstückskaufpreis von 1 DM ist Gegenleistung i. S. des § 8 Abs. 1 GrEStG, wenn er ernsthaft vereinbart worden ist. Dies gilt ungeachtet dessen, dass die Parteien des Grundstücksgeschäfts angesichts ihrer gemeinsamen Vorstellung vom Wert des Grundstücks an Stelle eines Kaufpreises von 1 DM auch 0 DM hätten vereinbaren können.

13. BFH-Urteil vom 30. 3. 2009 II R 62/06 (BStBl. II S. 854):

Ist Gegenstand des Erwerbs ein mit Altlasten kontaminiertes Grundstück und verpflichtet sich der Erwerber im Grundstückskaufvertrag zu dessen Sanierung, gehören die entstandenen Kosten nicht zur Gegenleistung, wenn bei Abschluss des Grundstückskaufvertrags noch keine Sanierungsverfügung an den Veräußerer ergangen war.

14. BFH-Beschluss vom 2. 11. 2011 II B 61/10 (BFH/NV 2011 S. 307), Ls. 2:

2. Einem Kaufpreis von 1 DM/EUR kann nicht generell die Eigenschaft als Gegenleistung abgesprochen werden. Von einem nicht als Gegenleistung anzusehenden symbolischen Kaufpreis, bei dem sich die Bemessungsgrundlage nach § 8 Abs. 2 Satz 1 Nr. 1 GrEStG bestimmt, kann nicht gesprochen werden, wenn besondere Umstände vorliegen, aus denen sich die Ernsthaftigkeit dieser Kaufpreisvereinbarung ergibt.

15. BFH-Urteil vom 16. 2. 2011 II R 48/08 (BStBl. 2012 II S. 295):

1. Wird im Zusammenhang mit der Auflösung einer GbR das Gesamthandsvermögen ohne Auseinandersetzung unter den Gesellschaftern auf eine andere GbR übertragen, beruht der Erwerb der anderen GbR auch dann nicht auf gesellschaftsvertraglicher Grundlage i. S. des § 8 Abs. 2 Satz 1 Nr. 2 Alt. 3 GrEStG, wenn an beiden GbR dieselben Gesellschafter beteiligt sind.

2. Ebenso wie bei einem Kaufvertrag, durch den ein Anspruch auf Übereignung eines Grundstücks begründet wird, ist auch beim Erwerb eines Übereignungsanspruchs mittels Abtretung für die Höhe der Gegenleistung entscheidend, in welchem tatsächlichen, möglicherweise auch erst zukünftig herzustellenden Zustand der Erwerber das Grundstück erhalten soll, d. h. in welchem tatsächlichen Zustand das Grundstück Gegenstand des Erwerbsvorgangs ist.

16. BFH-Beschluss vom 5. 4. 2011 II B 153/10 (BStBl. II S. 942):

1. Die AdV eines Grunderwerbsteuerbescheids, dessen Bemessungsgrundlage sich aus einem Grundbesitzwert ergibt, kommt nicht wegen ernstlicher Zweifel an der Verfassungsmäßigkeit des § 11 i. V. m. § 8 Abs. 2 GrEStG und §§ 138 ff. BewG in Betracht.

2. Im Verfahren über die Gewährung vorläufigen Rechtsschutzes ist zu beachten, dass regelmäßig keine weitergehende Entscheidung getroffen werden kann als vom BVerfG zu erwarten ist.

17. BFH-Beschluss vom 31. 8. 2012 II B 9/12 (BFH/NV S. 2026):

Es ist nicht verfassungswidrig, dass die Grundbesitzwerte in den Fällen des § 8 Abs. 2 GrEStG der Bemessung der Grunderwerbsteuer auch dann zugrunde zu legen sind, wenn eine Gegenleistung vorhanden ist.

18. BFH-Urteil vom 17. 4. 2013 II R 59/11 (BStBl. 2014 II S. 663):

Fordert das Lagefinanzamt vom Steuerpflichtigen innerhalb der Feststellungsfrist eine Feststellungserklärung für Zwecke der Grunderwerbsteuer an, führt dies unabhängig vom Zeitpunkt der Erstattung der Anzeige nach §§ 18 und 19 GrEStG zu einer Anlaufhemmung der Feststellungsfrist.

19. BFH-Urteil vom 18. 6. 2014 II R 12/13 (BStBl. II S. 857):

Eine vom Grundstückserwerber übernommene und noch nicht entstandene Zahlungsverpflichtung des Grundstücksverkäufers, die dieser in einem städtebaulichen Vertrag gegenüber einer Gemeinde eingegangen ist, ist keine Gegenleistung i. S. des § 9 Abs. 1 Nr. 1 GrEStG und damit nicht Bemessungsgrundlage (§ 8 Abs. 1 GrEStG) der Grunderwerbsteuer.

20. BVerfG-Beschluss vom 23. 6. 2015 1 BvL 13/11, 1 BvL 14/11 (BStBl. II S. 871):

1. Hat das Bundesverfassungsgericht die Unvereinbarkeit einer Norm mit Art. 3 Abs. 1 GG festgestellt und deren Weitergeltung für einen bestimmten Zeitraum angeordnet, steht dies einer Vorlage der Norm durch ein Gericht nach Art. 100 Abs. 1 GG auch im Hinblick auf den Weitergeltungszeitraum nicht entgegen, sofern die Norm in einem anderen Regelungszusammenhang steht.

2. Eine gleichmäßige Belastung der Steuerpflichtigen verlangt, dass für die von einer Steuer erfassten Wirtschaftsgüter eine Bemessungsgrundlage gefunden wird, die deren Werte in ihrer Relation realitätsgerecht abbildet.

3. Bringt der Gesetzgeber zur Bemessung der Steuer neben einem Regelbemessungsmaßstab einen Ersatzmaßstab zur Anwendung, muss dieser, um dem Grundsatz der Lastengleichheit (Art. 3 Abs. 1 GG) zu genügen, Ergebnisse erzielen, die denen der Regelbemessungsgrundlage weitgehend angenähert sind. Dem genügt die Ersatzbemessungsgrundlage des § 8 Abs. 2 GrEStG in Verbindung mit §§ 138 ff. BewG nicht.

Rspr
zu § 8
noch **25**

21. BFH-Urteil vom 20. 2. 2019 II R 28/15 (BStBl. II S. 555):

1. Der Vertrag zwischen einer Gesellschaft und ihrem Gesellschafter, mit dem ein Anspruch des Gesellschafters auf Übereignung eines Grundstücks begründet wird, unterliegt nach § 1 Abs. 1 Nr. 1 GrEStG der Grunderwerbsteuer.

2. Die Bemessungsgrundlage richtet sich nach dem Wert der Gegenleistung und nicht nach dem Grundbesitzwert, wenn der Erwerb des Gesellschafters nicht zu Rechtsänderungen der Gesellschafterstellung führt.

22. BFH-Urteil vom 22. 5. 2019 II R 20/17 (BStBl. 2020 II S. 159):

1. *(abgedruckt zu § 1 Abs. 1 Nr. 1 und 2)*

2. Bei einem steuerpflichtigen Erwerb von Wohnungs- oder Teileigentum aufgrund eines geänderten oder neuen Auseinandersetzungs- und Teilungsvertrags, der die Vereinbarung über den Erwerb aller Anteile an einer Gesellschafter-GbR umsetzt, bemisst sich die Grunderwerbsteuer gemäß § 8 Abs. 1 GrEStG nach dem Wert der Gegenleistung für den Erwerb der Anteile.

– Ebenso BFH-Urteil vom 22. 5. 2019 II R 21/17 (BFH/NV S. 1356).

23. BFH-Urteil vom 16. 9. 2020 II R 12/18 (BStBl. 2021 II S. 632):

1. § 8 Abs. 2 Satz 2 Alt. 2 GrEStG verlangt eine kausale Verknüpfung der Änderung des Gesellschafterbestands mit einem Plan zur Bebauung.

2. Zum einen muss es einen vorgefassten Plan geben, mit dem sich die Gesellschaft über einen Gesellschafterwechsel hinaus in wesentlichen Punkten so auf die Bebauung eines Grundstücks festgelegt hat, dass sie sich im Regelfall nur noch unter wirtschaftlichen Schwierigkeiten oder Einbußen davon lösen könnte.

3. Zum anderen müssen die Neugesellschafter die Gesellschaftsanteile wegen des Plans erworben haben.

24. BFH-Urteil vom 10. 7. 2024 II R 3/22 (BStBl. 2025 II S. 161):

Wird ein Erbbaurecht vor Ablauf der Laufzeit gegen Vereinbarung eines Erbbauzinses verlängert, ist Bemessungsgrundlage der Grunderwerbsteuer der kapitalisierte Erbbauzins für den Verlängerungszeitraum. Eine Abzinsung des Kapitalwerts auf den Zeitpunkt des Abschlusses der Vereinbarung über die Verlängerung des Erbbaurechts ist nicht vorzunehmen.

– Ebenso BFH vom 10. 7. 2024 II R 36/23 (DStR S. 2375).

GrEStG

§ 9 Gegenleistung

(1) **Als Gegenleistung gelten**

1 **1. bei einem Kauf:**
der Kaufpreis einschließlich der vom Käufer übernommenen sonstigen Leistungen und der dem Verkäufer vorbehaltenen Nutzungen;

2 **2. bei einem Tausch:**
die Tauschleistung des anderen Vertragsteils einschließlich einer vereinbarten zusätzlichen Leistung;

3 **3. bei einer Leistung an Erfüllungs Statt:**
der Wert, zu dem die Leistung an Erfüllungs Statt angenommen wird;

4 **4. beim Meistgebot im Zwangsversteigerungsverfahren:**
das Meistgebot einschließlich der Rechte, die nach den Versteigerungsbedingungen bestehen bleiben;

5 **5. bei Abtretung der Rechte aus dem Meistgebot:**
die Übernahme der Verpflichtung aus dem Meistgebot. ② Zusätzliche Leistungen, zu denen sich der Erwerber gegenüber dem Meistbietenden verpflichtet, sind dem Meistgebot hinzuzurechnen. ③ Leistungen, die der Meistbietende dem Erwerber gegenüber übernimmt, sind abzusetzen;

6 **6. bei der Abtretung des Übereignungsanspruchs:**
die Übernahme der Verpflichtung aus dem Rechtsgeschäft, das den Übereignungsanspruch begründet hat, einschließlich der besonderen Leistungen, zu denen sich der Übernehmer dem Abtretenden gegenüber verpflichtet. ② Leistungen, die der Abtretende dem Übernehmer gegenüber übernimmt, sind abzusetzen;

7 **7. bei der Enteignung:**
die Entschädigung. ② Wird ein Grundstück enteignet, das zusammen mit anderen Grundstücken eine wirtschaftliche Einheit bildet, so gehört die besondere Entschädigung für eine Wertminderung der nicht enteigneten Grundstücke nicht zur Gegenleistung; dies gilt auch dann, wenn ein Grundstück zur Vermeidung der Enteignung freiwillig veräußert wird;

8. *(aufgehoben)*

(2) **Zur Gegenleistung gehören auch**

9 **1. Leistungen, die der Erwerber des Grundstücks dem Veräußerer neben der beim Erwerbsvorgang vereinbarten Gegenleistung zusätzlich gewährt;**

10 **2. die Belastungen, die auf dem Grundstück ruhen, soweit sie auf den Erwerber kraft Gesetzes übergehen. ② Zur Gegenleistung gehören jedoch nicht die auf dem Grundstück ruhenden dauernden Lasten. ③ Der Erbbauzins gilt nicht als dauernde Last;**

11 **3. Leistungen, die der Erwerber des Grundstücks anderen Personen als dem Veräußerer als Gegenleistung dafür gewährt, daß sie auf den Erwerb des Grundstücks verzichten;**

12 **4. Leistungen, die ein anderer als der Erwerber des Grundstücks dem Veräußerer als Gegenleistung dafür gewährt, daß der Veräußerer dem Erwerber das Grundstück überläßt.**

13 (3) **Die Grunderwerbsteuer, die für den zu besteuernden Erwerbsvorgang zu entrichten ist, wird der Gegenleistung weder hinzugerechnet noch von ihr abgezogen.**

Hinweis:

Zur Behandlung des Rücktrittsrechtes nach § 3 a Abs. 4 Ausgleichsleistungsgesetz → s. Anlage b zu § 16.

Übersicht Rz.

Anlagen:
Zu § 9 Abs. 1
a) Schreiben betr. Gegenleistung bei Grundstückserwerben für Straßenbauzwecke, Grundstücksenteignungen und Grundstücksveräußerungen zur Vermeidung der Enteignung, Landbeschaffung für Zwecke der Verteidigung ... 16–22
b) Erlass zur Behandlung von Erschließungs- und Folgekostenbeiträgen ... 25–35
c) Verfügung betr. Erschließungsbeiträge als Teil der Gegenleistung ... 40–44
d) Erlass betr. Berücksichtigung der Erhaltungsrücklage bei der GrESt; BFH-Urteil v. 16. 9. 2020 II R 49/17 (BStBl. II 2021 S. 339) ... 46
e) Schreiben betr. Umfang der Gegenleistung beim Miterwerb von Einbaumöbeln ... 47
f) Erlaß betr. Bemessungsgrundlage bei umsatzsteuerpflichtigen Grundstücksumsätzen ... 48
g) Schreiben betr. Berücksichtigung des Kapitalnutzungsvorteils des Veräußerers bei Vorleistungspflicht des Erwerbers als sonstige Leistung ... 50

Rz.
h) Schreiben betr. Verwaltungsvereinfachung bei der Ermittlung der Gegenleistung 51–54
i) Erlass betr. Umfang der Gegenleistung bei Grundstücksveräußerungen mit Solaranlagen 55–58
j) Erlass betr. Grunderwerbsteuer in der Flurbereinigung 59
Zu § 9 Abs. 1 Nr. 1
Erlass zum Gegenstand des Erwerbsvorgangs (Einheitliches Vertragswerk/Einheitlicher Erwerbsgegenstand) 65–88
Zu § 9 Abs. 2
Schreiben betr. Bemessungsgrundlage für Grundstückserwerbe in der Zwangsversteigerung unter Berücksichtigung der Befriedigungsfiktion des § 114 a ZVG 101–105
Rechtsprechung:
Zu § 9 Abs. 1 110
Zu § 9 Abs. 1 Nr. 1 (Einheitl. Vertragswerk/Einheitl. Erwerbsgegenstand) 111
Zu § 9 Abs. 2 112

Zu § 9 Abs. 1 GrEStG

a) Schreiben betr. Gegenleistung bei Grundstückserwerben für Straßenbauzwecke, Grundstücksenteignungen und Grundstücksveräußerungen zur Vermeidung der Enteignung, Landbeschaffung für Zwecke der Verteidigung

Anl a zu § 9 Abs. 1

Vom 13. Dezember 1984

(FM Bayern 37 – S 4521 – 23/41 – 69533; koord. Ländererlaß)

(Geändert durch Schreiben vom 10. 10. 1989, 7. 8. 1992, 27. 8. 1993, 26. 1. 2001, 29. 7. 2004)

1. Gegenleistung im Sinne des Grunderwerbsteuergesetzes ist jede Leistung, die der Erwerber als Entgelt für den Erwerb des Grundstücks gewährt, oder die der Veräußerer als Entgelt für die Veräußerung des Grundstücks empfängt. Dabei ist unerheblich, ob die Leistung auf freiwilliger oder gesetzlicher Grundlage beruht. 16

1.1. Bei einem Kauf gelten als Gegenleistung der Kaufpreis einschließlich der vom Käufer übernommenen sonstigen Leistungen und der dem Verkäufer vorbehaltenen Nutzungen (§ 9 Abs. 1 Nr. 1 GrEStG). 17

1.1.1. Als sonstige Leistungen kommen Leistungen aller Art in Betracht, die an sich der Verkäufer zur Erfüllung der ihm nach § 433 BGB obliegenden Pflicht, dem Käufer das Grundstück zu übergeben und das Eigentum daran zu verschaffen, aufzuwenden hätte, die aber vom Käufer getragen werden (RFH-Urteile vom 20. 3. 1923 und 18. 12. 1942, RFHE 12 S. 32 und 52 S. 291, BFH-Urteil vom 21. 11. 1974, BStBl. 1975 II S. 362).

1.2. Bei der Enteignung gilt als Gegenleistung die Entschädigung. Wird ein Grundstück enteignet, das zusammen mit anderen Grundstücken eine wirtschaftliche Einheit bildet, so gehört die besondere Entschädigung für eine Wertminderung der nicht enteigneten Grundstücke nicht zur Gegenleistung; dies gilt auch dann, wenn ein Grundstück zur Vermeidung der Enteignung freiwillig veräußert wird (§ 9 Abs. 1 Nr. 7 GrEStG). 18

1.2.1. Unter „Entschädigung" sind Leistungen zu verstehen, die im Enteignungsverfahren als Entschädigungen festgesetzt und dem Entschädigungsberechtigten zugesprochen werden (BFH-Urteil vom 5. 2. 1975, BStBl. II S. 454).

Sie werden gewährt für
a) den durch die Enteignung eintretenden Rechtsverlust und
b) andere durch die Enteignung eintretende Vermögensnachteile.

1.2.2. Zu den Entschädigungen im Sinne des § 9 Abs. 1 Nr. 7 GrEStG gehören außer der Barentschädigung oder einer Landentschädigung auch sonstige Leistungen, die der Enteignungsberechtigte dem Inanspruchgenommenen bzw. dem Verkäufer gegenüber für den Erwerb des Grundstücks erbringt. Zur grunderwerbsteuerlichen Bemessungsgrundlage gehören jedoch keine Leistungen, mit denen nicht der Erwerb des Grundstücks abgegolten wird.

2.1. Für eine freiwillige Veräußerung zur Vermeidung der Enteignung ist Voraussetzung, daß eine Enteignung ernstlich gedroht hat. Außerdem bedarf die besondere Entschädigung für die Wertminderung der nichtveräußerten Grundstücke der Vereinbarung im Kaufvertrag. 19

2.1.1. Eine freiwillige Veräußerung zur Vermeidung der Enteignung liegt dann vor, wenn bei Abschluß des Vertrages eine Enteignung formell und materiell möglich war (vgl. BFH-Urteil vom 30. 1. 1980, BStBl. II S. 362). Diese Voraussetzung ist ohne weitere Nachprüfung als erfüllt anzusehen, wenn die zuständige Enteignungsbehörde bestätigt, daß die Veräußerung zur Vermeidung der Enteignung erfolgte.

2.1.2. Grundstückserwerbe durch den Bund für Zwecke der Verteidigung setzen den Abschluß des in § 1 Abs. 2 und 3 des Landbeschaffungsgesetzes – LBG – vorgeschriebenen Verfahrens voraus. Da nach Abschluß dieses Verfahrens auch eine Enteignung zulässig wäre, erfolgen freiwillige Veräußerungen für

Verteidigungszwecke stets zur Vermeidung der Enteignung. Einer Bestätigung im Sinne der vorstehenden Tz. 2.1.1 bedarf es deshalb nicht.

2.1.3. Grundstücksveräußerungen an die zuständigen Körperschaften des öffentlichen Rechts, ihre Zweckverbände oder Genossenschaften für Zwecke von Straßenbauvorhaben, Deichbau-, Hochwasser- oder Lawinenschutzmaßnahmen stellen stets eine Veräußerung zur Vermeidung einer Enteignung im Sinne des § 9 Abs. 1 Nr. 7 GrEStG dar, wenn nicht besondere Umstände eine andere Beurteilung rechtfertigen.

20 **3.1.** Zur Gegenleistung gehören daher nach § 9 Abs. 1 Nr. 1 oder Nr. 7 GrEStG zum Beispiel:
- dem Verkäufer gewährte Entschädigungen für die Räumung des Kaufgrundstücks und den etwaigen Erwerb eines Ersatzgrundstücks (z. B. Entschädigungen für Umzugs- und Verlegungskosten, Restbetriebsbelastungen, Erwerbsverluste; RFH-Urteil vom 18. 12. 1942, RFHE 52 S. 291; BFH-Urteil vom 1. 4. 1953, BStBl. III, 145),
- Entschädigungen für Aufwuchs (z. B. Holzbestand, Dauerkulturen) und Aufbauten,
- Entschädigungen, die der Veräußerer des Teils eines Betriebsgrundstücks für eine Betriebseinschränkung auf dem Restgrundstück erhält, wenn die Betriebseinschränkung unmittelbare Folge der Veräußerung des Grundstücksteils ist. Entsprechendes gilt für Vergütungen, die für den Abbruch von Gebäuden auf dem veräußerten Grundstücksteil geleistet werden (BFH-Urteil vom 24. 6. 1992, BStBl. II S. 986),
- die vom Enteignungsbegünstigten zu erstattenden Rechtsanwalts- und Gutachterkosten des von der Enteignung Betroffenen,
- die vom Erwerber übernommenen Kosten der Vermessung und Beschaffung von Katastermaterial, die als Kosten der Übergabe der verkauften Sache nach § 448 BGB dem Verkäufer zur Last fallen (BFH-Urteil vom 21. 11. 1974, BStBl. II 1975 S. 362) – wegen der Ausnahmen vgl. 3.2 –,
- Kostenübernahmen des Erwerbers z. B. nach § 5 LBG (auch wenn dies im Kaufvertrag selbst nicht vereinbart ist), z. B. für Ersatz oder Verlegung von Verkehrs-, Fernmelde- oder Versorgungseinrichtungen sowie von Einrichtungen und Anlagen der Abwasserwirtschaft,

Beispiel:

Die Gemeinde X veräußert ein Grundstück, über das ein Gemeindeweg verläuft, an den Bund. Dieser muß neben dem Kaufpreis die Kosten für die Anlage eines Ersatzweges übernehmen.

- Entschädigungen für Bodenvorkommen – z. B. Kies, Sand, Torf (BFH-Urteile vom 22. 6. 1966, BStBl. III S. 550 und 552),
- Entschädigungen für Ernteausfall und Vorratsdüngung,
- Entschädigungen für mit dem Boden festverbundene Anlagen (z. B. Zäune, Tränken, Pumpanlagen).

21 **3.2. Nicht** zur Gegenleistung gehören zum Beispiel:
- Entschädigungen für den bisherigen Pächter für die Freimachung (Räumung) von Liegenschaften (insbesondere Entschädigungen für eine vorzeitige Beendigung von Pachtverhältnissen oder für Aufwuchsentschädigungen),
- solche Vermessungs- und Katasterkosten, die ein Enteignungsberechtigter aufwenden muß, um das für die Enteignung vorgesehene Grundstück bezeichnen zu können (BFH-Urteil vom 5. 2. 1975, BStBl. II S. 454). Das gilt auch, wenn das Enteignungsverfahren durch eine freiwillige Veräußerung vermieden wird,
- Rechtsanwalts- und Gutachterkosten des von der Enteignung Betroffenen, wenn diese Kosten von dem Enteignungsbegünstigten oder im Falle einer freiwilligen Veräußerung des Grundstücks zur Vermeidung einer Enteignung vom Grundstückserwerber ohne Rücksicht auf den Ausgang des Enteignungsverfahrens zu übernehmen sind (BFH-Urteil vom 17. 10. 1990, BStBl. II 1991 S. 146 und vom 18. 12. 1991, BStBl. II 1992 S. 301),
- Leistungen des Grundstückserwerbers an Dritte, die nicht als Gegenleistung für den Verzicht auf den Grundstückserwerb anzusehen sind (z. B. Verlegungskosten nach § 5 LBG),

Beispiel:

Die Gemeinde X veräußert ein Grundstück an den Bund. Über das Grundstück verlaufen ein Fernmeldekabel der Deutschen Bundespost und die Wasserleitung eines Zweckverbandes. Beide Leitungen müssen im Interesse des Bundes verlegt werden. Der Bund zahlt den Kaufpreis an X und übernimmt gegenüber der Deutschen Bundespost und dem Zweckverband die Verlegungskosten.

- im Einzelfall festgesetzte besondere Entschädigungen für Wertminderungen der nicht enteigneten Grundstücke des Betroffenen – s. o. Nr. 1.2 (z. B. Resthofentschädigungen bei An- und Durchschneidungen, Umwegen). Die bei freihändigen Erwerben vereinbarten Entschädigungen sind in voller Höhe anzuerkennen, wenn sie von den zuständigen Behörden nach den geltenden Richtlinien für die Bemessung der Entschädigung (Entschädigungsrichtlinien Landwirtschaft – LandR 78 – oder Waldwertermittlungsrichtlinien 1977 – WaldR 77 –) berechnet worden sind,
- Kosten bestimmter Ersatzvornahmen, die der Erwerber durchführen läßt, falls sie für eine Wertminderung des nichtenteigneten Grundstücks aufgewendet werden;

Beispiel:

Vom Eigentümer eines bebauten Eckgrundstücks wird zur Verbreiterung der Straße ein Geländestreifen (wertvoller Teil des Ziergartens) erworben. Dadurch kann der Zugang zum Haus nur beibehalten werden, wenn – anstelle der bisher sanft ansteigenden Zuwegung – eine verhältnismäßig steile Eingangstreppe errichtet wird. Durch die unmittelbare Nähe zur Straße und den Treppenzugang wird das bebaute Grundstück jetzt eine Wertminderung erfahren.
Neben dem Kaufpreis für den Geländestreifen zahlt der Erwerber für die Wertminderung des Grundstücks eine Entschädigung in Geld und läßt auf seine Kosten die Eingangstreppe bauen.

4. Da die Vermessung der erworbenen Grundstücke einerseits häufig erst Jahre später erfolgt, die Vermessungsergebnisse andererseits von den angenommenen Flächengrößen jedoch z. T. erheblich abweichen, wird die öffentliche Hand im Hinblick darauf, dass nach Ablauf der Festsetzungsfrist eine Änderung nach § 173 Abs. 1 Nr. 2 AO nicht mehr möglich ist, keine endgültige Grunderwerbsteuerveranlagung mit vorläufigen Bemessungsgrundlagen akzeptieren können. 22

Ich bitte daher, derartige Erwerbsvorgänge nach § 165 Abs. 1 AO vorläufig zu veranlagen. Abschnitt II Nr. 3 des FMS vom 13. 12. 1984 – 37 – S 4521 – 23/37 – 66350 –, zuletzt geändert durch FMS vom 12. 3. 1997 – 36 – S 4521 B – 13975 –, ist nicht anzuwenden.[1]

Dieses Schreiben ergeht im Einvernehmen mit den obersten Finanzbehörden der anderen Länder.

b) Erlass zur Behandlung von Erschließungs- und Folgekostenbeiträgen

Anl b zu § 9 Abs. 1

Vom 16. September 2015 (BStBl. I S. 823)

(Gleich lautender Ländererlass)

Anlage

I. Erschließungsbeiträge

1. Allgemeines und Gegenstand

Voraussetzung für die Bebaubarkeit eines Grundstücks ist dessen Erschließung. Zu den Erschließungsanlagen gehören im Wesentlichen die Verkehrs- und Grünanlagen sowie die Anlagen zur Ableitung von Abwässern und zur Versorgung mit Elektrizität, Gas, Wärme und Wasser. Nicht zu den Erschließungsanlagen gehören die auf den (Privat-)Grundstücken selbst notwendigen Anschlüsse, wie Zufahrtswege und Anschlüsse an die Ver- und Entsorgungseinrichtungen (BFH-Urteil vom 15. März 2001 II R 39/99, BStBl. 2002 II S. 93). 25

Die Abgabe, die der Grundstückseigentümer für die Erschließung eines Grundstücks zahlen muss, ist der Erschließungsbeitrag. Erschließungsbeiträge für die in § 127 Abs. 2 des Baugesetzbuchs (BauGB) angegebenen Erschließungsanlagen (z. B. Sammelstraßen, Parkflächen, Grünanlagen) werden nach Maßgabe der Vorschriften des Baugesetzbuchs (§§ 127 ff. BauGB) erhoben.

Für alle anderen Erschließungsanlagen (z. B. Anlagen zur Ableitung von Abwasser oder zur Versorgung mit Elektrizität, Kinderspielplätze) kann nach § 127 Abs. 4 BauGB die Beitragserhebung nur nach Maßgabe der Kommunalabgabengesetze der Länder erfolgen.

Zudem sind die Satzungen der Gemeinden zu beachten.

2. Erschließungsträger

Die Erschließung ist nach § 123 Abs. 1 BauGB grundsätzlich Aufgabe der Gemeinde. 26

Gemeinden können die öffentlich-rechtliche Aufgabe der Erschließung von Grundstücken auf Zweckverbände oder auf der Grundlage städtebaulicher Verträge nach § 11 Abs. 1 Satz 2 Nr. 1 BauGB auf private Träger übertragen.

Ein Zweckverband ist – ebenso wie die an ihm beteiligten Gemeinden – eine Körperschaft des öffentlichen Rechts. Der Zweckverband tritt nach Aufgabenübertragung gemäß landesrechtlicher Grundlage in entsprechendem Umfang in die Rechtsstellung der einzelnen Gemeinden ein. Damit ist ein zur Erschließung eines Baugebiets gebildeter Zweckverband berechtigt, sowohl Erschließungsbeiträge nach dem Baugesetzbuch als auch Beiträge auf landesrechtlicher Grundlage zu erheben.

3. Entstehung der Beitragspflicht und endgültige Herstellung der Erschließungsanlagen

Nach § 133 Abs. 2 BauGB entsteht die Beitragspflicht mit der endgültigen Herstellung der Erschließungsanlagen. Die Merkmale der endgültigen Herstellung regeln die Gemeinden durch Satzung (§ 132 Nr. 4 BauGB). Maßgebend ist der Zeitpunkt der endgültigen Herstellung im jeweiligen gesamten Bau- und Erschließungsgebiet und nicht des einzelnen Grundstücks. Nur ein Grundstück, für das die Beitragspflicht vollständig entstanden ist, ist grunderwerbsteuerrechtlich als „erschlossenes" Grundstück anzusehen. 27

Die Erschließungsanlagen werden in vielen Baugebieten nicht in einem Zuge fertig gestellt, sondern schrittweise entsprechend dem Fortgang der Bautätigkeit im betroffenen Gebiet. Daher sind oftmals einige Grundstücke in einem Baugebiet vollständig erschlossen, während bei anderen erst ein Teil der oder keine Erschließungsanlagen fertig gestellt sind. Hierbei kann die Beitragspflicht für Teilbeträge entstehen, sobald die Maßnahmen, deren Aufwand hierdurch gedeckt werden soll, abgeschlossen sind. Grunderwerbsteuerrechtlich sind sämtliche Grundstücke jedoch als „nicht erschlossen" anzusehen, weil die Erschließungsanlagen im gesamten Bau- und Erschließungsgebiet noch nicht endgültig hergestellt worden sind.

4. Erschließungsbeiträge als Teil der Gegenleistung

In welchem Umfang bei einem Grundstückskauf Erschließungsbeiträge als sonstige Leistungen nach § 9 Abs. 1 Nr. 1 GrEStG in die Bemessungsgrundlage einzubeziehen sind, richtet sich danach, in welchem Zustand das Grundstück Gegenstand des Erwerbsvorgangs ist (vgl. Tz. 3).

[1] Nachfolgend Anlage h zu § 9 Abs. 1.

Anl b zu § 9 Abs. 1

4.1. Das Grundstück ist im Zeitpunkt des Erwerbsvorgangs als „erschlossen" anzusehen

28 Sind sämtliche nach dem örtlichen Baurecht vorgeschriebenen öffentlichen Erschließungsanlagen, die ein Grundstück zu einem „erschlossenen" Grundstück i. S. der Tz. 3 machen, im Zeitpunkt des Abschlusses des Erwerbsvorgangs bereits vorhanden, kann Vertragsgegenstand nur das „erschlossene" Grundstück sein. Dies gilt auch, wenn nach den Vertragserklärungen das Grundstück als „nicht erschlossen" erworben werden soll. Es ist nicht möglich, dass die Beteiligten ein Grundstück in einem Zustand zum Gegenstand des Erwerbsvorgangs machen, den es nicht mehr hat und auch nicht mehr erhalten soll.

Die vertragliche Verpflichtung des Erwerbers zur Tragung von Erschließungskosten gehört dann zur Gegenleistung, wenn die gesamte Beitragsschuld bereits vor dem Zeitpunkt der Verwirklichung des Erwerbsvorgangs entstanden und gegen den Veräußerer abgabenrechtlich geltend gemacht worden ist. Eine abgabenrechtliche Geltendmachung liegt vor, wenn ein entsprechender Verwaltungsakt (Beitragsbescheid) der betreffenden Gemeinde ergeht oder wenn zwischen der Gemeinde und dem Veräußerer ein öffentlich-rechtlicher (subordinationsrechtlicher) Vertrag über die Erschließungsbeiträge geschlossen wird. Dies gilt unabhängig davon, ob der auf die Erschließung entfallende Betrag im Kaufpreis enthalten ist oder neben dem Kaufpreis gesondert ausgewiesen wird. In beiden Fällen übernimmt der Erwerber eine geldwerte Verpflichtung des Veräußerers.

Eine Einbeziehung in die Bemessungsgrundlage scheidet hingegen aus, wenn eine Gemeinde eigene „erschlossene" Grundstücke veräußert und den Erschließungsbeitrag gegenüber dem Erwerber abgabenrechtlich geltend macht.

4.2. Das Grundstück ist im Zeitpunkt des Erwerbsvorgangs als „nicht erschlossen" anzusehen

4.2.1. Vertragsgegenstand ist das noch „nicht erschlossene" Grundstück

4.2.1.1. Allgemeines

29 Wird ein im Zeitpunkt des Abschlusses des Erwerbsvorgangs „nicht erschlossenes" Grundstück als solches zum Vertragsgegenstand gemacht, ist die vom Erwerber eingegangene Verpflichtung, die zukünftige Erschließung zu bezahlen, nicht als Teil der Gegenleistung anzusehen. Dies gilt auch, wenn sie zusammen mit der Übereignungsverpflichtung beurkundet wird. Die Einbeziehung der Erschließungskosten nach den Grundsätzen zum Erwerb eines Grundstücks im zukünftig bebauten Zustand scheidet wegen des sich aus der öffentlich-rechtlichen Erschließungslast der Gemeinde ergebenden besonderen Charakters der Grundstückserschließung regelmäßig aus (BFH-Urteil vom 15. März 2001 II R 39/99, BStBl. 2002 II S. 93).

4.2.1.2. Vorausleistungen auf Erschließungsbeiträge

30 Soweit eine Gemeinde nach § 133 Abs. 3 Satz 1 BauGB vom Eigentümer eines Grundstücks Vorausleistungen auf den Erschließungsbeitrag verlangt oder verlangt hat und diese Vorausleistungslast bei der Veräußerung des Grundstücks vom Veräußerer vertraglich auf den Grundstückserwerber abgewälzt wird, ist darin keine grunderwerbsteuerliche Gegenleistung zu sehen (vgl. BFH-Urteile vom 9. Mai 1979 II R 56/74, BStBl. II S. 577, und vom 30. Januar 1985 II R 6/83, BStBl. II S. 373). Die Entrichtung der Vorausleistung durch den Erwerber stellt im wirtschaftlichen Ergebnis eine Vorschussleistung auf die den Erwerber selbst treffende spätere endgültige Beitragsschuld dar. Dies gilt auch, wenn der Grundstückserwerber dem Veräußerer Vorauszahlungen erstattet, die dieser bereits geleistet hat.

4.2.1.3. Ablösungsvereinbarungen über Erschließungsbeiträge

31 Nach § 133 Abs. 3 Satz 5 BauGB können die Gemeinden bereits vor der Entstehung der Beitragspflicht eine Ablösung des Erschließungsbeitrags im Ganzen zulassen. Mit der Ablösung wird die künftige Beitragslast vorweg und abschließend getilgt. Die Vereinbarung über die Ablösung des Erschließungsbeitrags stellt einen öffentlich-rechtlichen (subordinationsrechtlichen) Vertrag dar, der eine künftige Beitragsschuld für das jeweilige Grundstück selbst dann ausschließt, wenn das Grundstück später den Eigentümer wechselt.

Übernimmt der Erwerber eines Grundstücks vertraglich die noch nicht erfüllte Verpflichtung des Veräußerers aus einer Ablösungsvereinbarung mit der Gemeinde bzw. erstattet er dem Veräußerer einen von diesem darauf bereits gezahlten Betrag, gehören diese Leistungen nicht zur grunderwerbsteuerlichen Gegenleistung. Die Pflicht zur Erschließung des Grundstücks (öffentlich-rechtliche Erschließungslast) verbleibt trotz der vom Veräußerer geschlossenen Ablösungsvereinbarung bei der Gemeinde (vgl. BFH-Urteil vom 11. Februar 2004 II R 31/02, BStBl. II S. 521).

4.2.2. Vertragsgegenstand ist das „erschlossene" Grundstück

32 Hat der Verkäufer die Verpflichtung übernommen, das im Zeitpunkt des Abschlusses des Erwerbsvorgangs „nicht erschlossene" Grundstück im „erschlossenen" Zustand zu verschaffen, wird das Grundstück in diesem Zustand Gegenstand des Erwerbsvorgangs, mit der Folge, dass der auf die Erschließung entfallende Teil des Kaufpreises Gegenleistung für den Erwerb des Grundstücks darstellt.

Hat sich dagegen der Verkäufer durch eine weitere, rechtlich selbständige Vereinbarung (Werkvertrag, Geschäftsbesorgungsvertrag) neben der Grundstücksübertragung auch selbst zur Durchführung der Erschließung verpflichtet, ist das Entgelt hierfür nicht als Gegenleistung für die Grundstücksübertragung zu behandeln. Dies gilt auch, wenn beide Verpflichtungen zusammen beurkundet werden (vgl. BFH-Urteil vom 21. März 2007 II R 67/05, BStBl. II S. 614). Für die rechtliche Selbständigkeit beider Verpflichtungen sprechen folgende Indizien (vgl. BFH-Urteil vom 9. Mai 1979 II R 56/74, BStBl. II S. 577):

Anl b zu § 9 Abs. 1

- zwei selbständige Geldforderungen,
- unterschiedliche Leistungspflichten des Veräußerers,
- selbständige Fälligkeiten beider Forderungen sowie
- rechtliche Unabhängigkeit des Kaufvertrags von der Durchführung der Erschließung.

5. Unentgeltliche Übertragung von Grundstücken auf eine Gemeinde bei Erschließung durch private Träger

Hat eine Gemeinde die Aufgabe zur Erschließung auf einen privaten Träger übertragen und hat sich dieser verpflichtet, die Erschließungsanlagen herzustellen und nach deren Fertigstellung die Grundstücke mit Erschließungsanlagen unentgeltlich auf die Gemeinde zu übertragen, ist für diesen Grundstückserwerb Bemessungsgrundlage gemäß § 8 Abs. 2 Nr. 1 GrEStG der Grundbesitzwert i. S. des § 151 Abs. 1 Satz 1 Nr. 1 in Verbindung mit § 157 Abs. 1 bis 3 BewG. Da die Grundstücke mit Erschließungsanlagen von der Gemeinde in Erfüllung ihrer öffentlich-rechtlichen Aufgaben übernommen werden und nur für den öffentlichen Gebrauch bestimmt sind, ist grundsätzlich von einem Grundbesitzwert i. H. v. null Euro auszugehen. Das gilt bereits dann, wenn mit der Errichtung der Erschließungsanlagen auf den der Gemeinde unentgeltlich zu übertragenden Grundstücken bereits begonnen wurde. Dies setzt den sichtbaren technischen Bau der Erschließungsanlagen voraus, d. h., es muss mindestens mit den wesentlichen Aushubarbeiten begonnen worden sein. Ein symbolischer Spatenstich ist nicht ausreichend. 33

Der Grundbesitzwert ist hingegen zu ermitteln, wenn auf die Gemeinde unentgeltlich Grundstücke ohne Erschließungsanlagen übertragen werden. Unerheblich ist, ob die Grundstücke in einem Bebauungsplan als für den öffentlichen Bedarf bestimmt ausgewiesen werden, da hier nicht grundsätzlich von einer Wertlosigkeit ausgegangen werden kann.

II. Folgekostenbeiträge

Nach § 11 Abs. 1 Satz 2 Nr. 3 BauGB können Gemeinden im Rahmen eines städtebaulichen Vertrages Vereinbarungen mit Bauwilligen zur Übernahme von Kosten oder sonstigen Aufwendungen treffen, die der Gemeinde für städtebauliche Maßnahmen – wie die Errichtung von Schulen, Sportplätzen, Kindergärten, Krankenhäusern usw. – entstehen oder entstanden sind und die Voraussetzung oder Folge des vom Übernehmenden geplanten Vorhabens sind (Folgekostenvertrag). Sie dürfen dem Übernehmenden nur in dem Umfang auferlegt werden, in dem die Folgekosten durch das Vorhaben, insbesondere die Schaffung von Wohnraum, verursacht worden sind bzw. werden. 34

Anders als Erschließungskosten, die kraft Gesetzes entstehen und auf dem jeweiligen Grundstück als öffentliche Last ruhen, können Folgekosten nur auf der Grundlage eines zweiseitigen Folgekostenvertrages übernommen werden. Ihre Entstehung ist unabhängig von der Fertigstellung der kommunalen Einrichtungen, die durch die Erhebung der Folgekosten finanziert werden.

Bei der Verknüpfung einer derartigen Vereinbarung mit dem Erwerb eines Grundstücks sind die vom Erwerber übernommenen Folgekosten nur dann als sonstige Leistung Bestandteil der Gegenleistung gemäß § 9 Abs. 1 Nr. 1 GrEStG, wenn hierfür beim Veräußerer bereits eine Zahlungsverpflichtung aus dem Folgekostenvertrag entstanden ist (BFH-Urteil vom 18. Juni 2014 II R 12/13, BStBl. II S. 857).

III. Zeitlicher Anwendungsbereich

Dieser Erlass ergeht im Einvernehmen mit den obersten Finanzbehörden der anderen Länder und tritt an die Stelle der vorangegangenen Erlasse zu den Erschließungskosten, die im Einvernehmen oder in Abstimmung mit den obersten Finanzbehörden der Länder ergangen sind. Dieser Erlass ist in allen offenen Fällen anzuwenden.

Anl b zu § 9 Abs. 1

35 **Anlage**

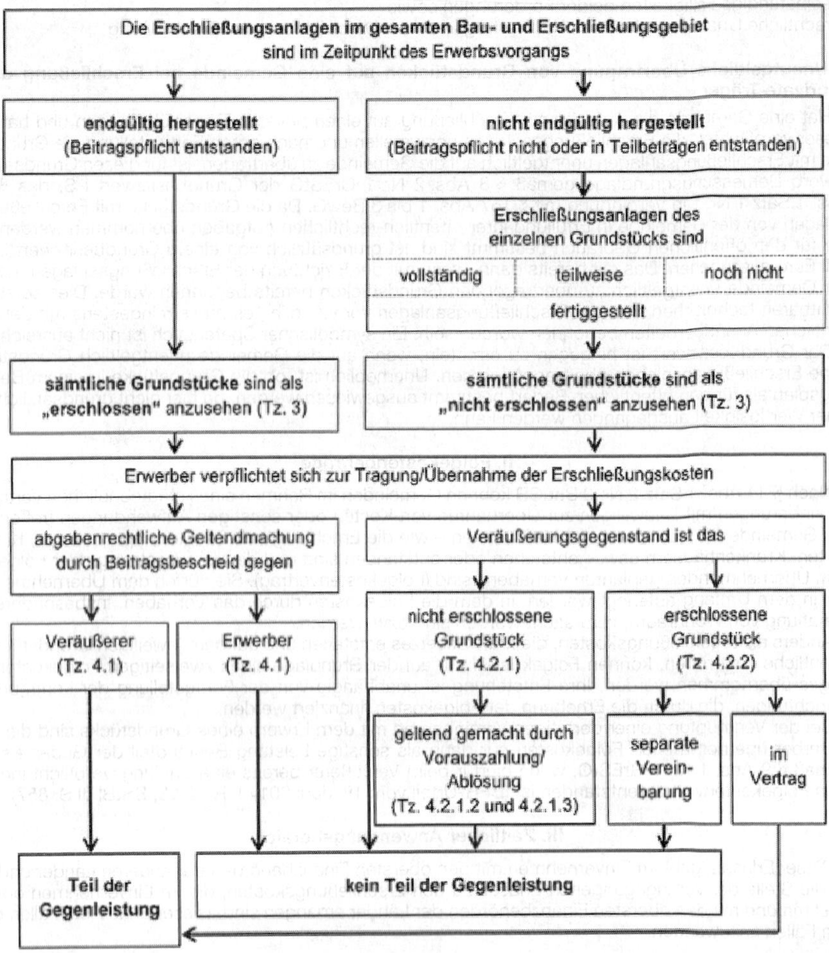

Anl c zu § 9 Abs. 1

c) Verfügung betr. Erschließungsbeiträge als Teil der Gegenleistung

Vom 29. Juni 2017

(BayLfSt S 4521.1.1–5/8 St 34)

1. Erforderliche Differenzierung bei Erschließungsbeiträgen

40 Die obersten Finanzbehörden der Länder haben sich mit dem gleichlautenden Erlass vom 16. September 2015[1] erneut zur grunderwerbsteuerrechtlichen Behandlung von Erschließungs- und Folgekostenbeiträgen geäußert.

Die Einbeziehung von Erschließungsbeiträgen (EB) nach dem Baugesetzbuch (BauGB) auf der einen Seite und von Erschließungs-/Herstellungsbeiträgen nach dem bayerischen Kommunalabgabengesetz (KAG) auf der anderen Seite in die grunderwerbsteuerliche Bemessungsgrundlage sind auch künftig gesondert zu prüfen und können je nach Zustand des Grundstücks im Zeitpunkt des Erwerbsvorgangs zu verschiedenen Ergebnissen führen. Einstieg für die unterschiedliche Behandlung ist Satz 5 der Tz. 1 des Bezugserlasses: „… Für alle anderen Erschließungsanlagen (z. B. Anlagen zur Ableitung von Abwasser oder zur Versorgung mit Elektrizität, Kinderspielplätze) kann nach § 127 Abs. 4 BauGB die Beitragserhebung nur nach Maßgabe der Kommunalabgabengesetze der Länder erfolgen …"

Die weiteren Ausführungen im gleichlautenden Ländererlass betreffen ausschließlich die Erschließungsbeiträge nach dem BauGB, die nur für die in § 127 Abs. 2 BauGB bezeichneten Anlagen erhoben werden (Erschließungsanlagen im engeren Sinne). Erschließungsanlagen nach dem Baugesetzbuch (nicht KAG) sind demnach

[1] Vorstehend Anlage b.

Anl c zu § 9 Abs. 1

1. die öffentlichen zum Anbau bestimmten Straßen, Wege und Plätze;
2. die öffentlichen aus rechtlichen oder tatsächlichen Gründen mit Kraftfahrzeugen nicht befahrbaren Verkehrsanlagen innerhalb der Baugebiete (z. B. Fußwege, Wohnwege);
3. Sammelstraßen innerhalb der Baugebiete; Sammelstraßen sind öffentliche Straßen, Wege und Plätze, die selbst nicht zum Anbau bestimmt, aber zur Erschließung der Baugebiete notwendig sind;
4. Parkflächen und Grünanlagen mit Ausnahme von Kinderspielplätzen, soweit sie Bestandteil der in den Nummern 1 bis 3 genannten Verkehrsanlagen oder nach städtebaulichen Grundsätzen innerhalb der Baugebiete zu deren Erschließung notwendig sind;
5. Anlagen zum Schutz von Baugebieten gegen schädliche Umwelteinwirkungen im Sinne des Bundes-Immissionsschutzgesetzes, auch wenn sie nicht Bestandteil der Erschließungsanlagen sind (z. B. Lärmschutzwall).

2. Erschließungsbeiträge nach dem KAG (Landesrecht)

Nicht beitragsfähig bzw. nicht erfasst von der Beitragspflicht i. S. d. BauGB sind auch weiterhin die Kosten für die Herstellung von Versorgungs- und Entsorgungseinrichtungen (z. B. Wasser, Abwasser, Gas, etc.). Obwohl das BauGB diese öffentlichen Einrichtungen der Erschließung zurechnet, sieht es hierfür keine Kostenbeteiligung vor. Gemäß § 127 Abs. 4 BauGB hat die Gemeinde jedoch das Recht, nach Maßgabe des KAG für diese Einrichtungen Beiträge zu erheben. Zu den Versorgungs- und Entsorgungseinrichtungen im Sinne der vorstehenden Vorschrift zählen insbesondere Anlagen zur Ableitung von Abwasser sowie der Versorgung mit Elektrizität, Gas, Wärme und Wasser. 41

Durch umfangreiche Ergänzungen im Artikel 5 a des KAG mit Wirkung zum 1. April 2016 wurden wesentliche Grundsätze aus dem BauGB ins KAG übernommen. Art. 5 a Abs. 6 des KAG räumt hier den Gemeinden weiterhin das Recht ein, Abgaben für Anlagen zu erheben, die nicht Erschließungsanlagen i. S. d. § 127 Abs. 2 BauGB (siehe Tz. 1) sind.

Diese Beiträge, die auf der Grundlage des bayerischen KAG in der Fassung der Bekanntmachung vom 4. April 1993 (BayGVBl S. 264), zuletzt geändert durch Gesetz vom 13. Dezember 2016 (BayGVBl. S. 351) erhoben werden, gehören stets dann zur grunderwerbsteuerlichen Gegenleistung, wenn die entsprechende Erschließungsanlage im Zeitpunkt des Grundstückserwerbs bereits fertiggestellt war. Art. 5 Abs. 1 Satz 1 KAG definiert die abstrakte Beitragspflicht analog § 133 Abs. 2 BauGB – also mit Fertigstellung der Erschließungsanlage. Art. 5 Abs. 6 Satz 1 KAG hingegen normiert, dass es einer Konkretisierung der Beitragspflicht mittels Bescheid wie bei § 134 Abs. 1 BauGB nicht bedarf. Die Beitragspflicht ist in der Person des Grundstückseigentümers im Zeitpunkt der Fertigstellung der Erschließungsanlage bereits entstanden. Im Anwendungsbereich des KAG kann u. a. eine Gemeinde deshalb – anders als im Anwendungsbereich des BauGB – auch ihr eigener Beitragsschuldner sein (vgl. BayVGH-Beschluss vom 7. August 1985, MittBayNot 1986 S. 101).

Die in den entsprechenden Beitrags- und Gebührensatzungen (z. B. BGS-Wasser, BGS-Entwässerung) der Gemeinden enthaltenen Fertigstellungszeitpunkte sind auch im Bereich des KAG zu beachten. Oftmals wird in diesen Satzungen aus Vereinfachungsgründen auf die Gesetzesformulierungen im KAG verwiesen, sodass es für die Beitragspflicht letztlich doch beim objektiven Fertigstellungszeitpunkt bleibt. Eine technische Abnahme wäre hierfür nicht zwingend erforderlich. Die Praxis bringt es jedoch mit sich, dass festgeschriebene Termine aus den Beitragssatzungen aus den verschiedensten Gründen (z. B. Witterung, Technische Bauverzögerungen) nicht eingehalten werden bzw. werden können. In diesen Fällen kann hilfsweise auf die bautechnische Abnahme gemäß Vergabe- und Vertragsordnung für Bauleistungen (kurz: VOB) bzw. auf die sog. Fertigstellungsanzeige zurückgegriffen werden.

Die Erschließungsanlage i. S. des KAG umfasst räumlich das gesamte Baugebiet bzw. Teilabschnitte (z. B. größere Baugebiete, Einzelausweisungen) und nicht den einzelnen Vertragsgegenstand (z. B. Bauplatz). Für die Berücksichtigung einer Einzelerschließungsmaßnahme nach KAG muss diese insgesamt für die gesamte Erschließungsanlage fertiggestellt sein. Im Zeitpunkt des Grundstückerwerbs können so z. B. die Anlagen für die Wasser- und Abwasserversorgung bereits fertiggestellt sein, die Errichtung eines Spielplatzes dagegen steht noch aus. Folglich sind bei der Ermittlung der Bemessungsgrundlage für die Grunderwerbsteuer die Kosten für Wasser und Abwasser der gesamten Erschließungsanlage mit einzubeziehen, die Kosten für den Spielplatz dagegen bleiben außer Ansatz.

3. Behandlung der EB nach BauGB bei Einschaltung eines privaten Erschließungsträgers

Im gleichlautenden Erlass unter Tz. 4.1 am Ende wird ausgeführt, dass eine Einbeziehung der EB nach BauGB in die Bemessungsgrundlage ausscheidet, wenn eine Gemeinde eigene erschlossene Grundstücke verkauft und den Erschließungsbeitrag gegenüber dem Erwerber abgabenrechtlich geltend macht. Diese abgabenrechtliche Geltendmachung fehlt jedoch gerade bei Einschaltung eines privaten Erschließungsträgers. Folglich muss auch hier auf den tatsächlichen Erschließungs-/Grundstückszustand abgestellt werden (siehe Beispiele 3 und 4 einschl. Abwandlung unter Tz. 5). 42

4. Anwendungsbereich der Anlage zum Bezugserlass

Mit Hilfe der Anlage zum Bezugserlass kann schematisch überprüft werden, ob Erschließungsbeiträge nach dem **BauGB** in die grunderwerbsteuerliche Bemessungsgrundlage einzubeziehen sind. Erschließungsbeiträge nach dem **KAG** sind im Prüfungsschema **nicht** enthalten, da eine derartige differenzierte Betrachtungsweise nicht erforderlich ist. Im Bereich des KAG ist nur entscheidend, ob eine Erschließungsanlage im Zeitpunkt des Erwerbsvorgangs **fertiggestellt** ist oder nicht. 43

5. Beispielsfälle

Beispiel 1: 44

Die Gemeinde A veräußert ein unbebautes Grundstück an den Erwerber X. Im Zeitpunkt des Erwerbs sind die Anlagen zur Ableitung von Abwässern und zur Versorgung mit Wasser bereits fertiggestellt (Abnahme bereits erfolgt). Die Teerar-

Anl c zu § 9 Abs. 1

noch **44** beiten (Feinschicht fehlt noch) für die an das Grundstück anschließende Straße sind noch nicht komplett abgeschlossen und auch die Arbeiten für die öffentlichen Grünanlagen laufen noch.

Kaufpreis lt. Kaufvertrag:	400 000 €
Zzgl. Wasser/Abwasser:	30 000 €
Zzgl. Straße/Grünanlagen:	40 000 €

Lösung:

Die Bemessungsgrundlage für die GrESt beträgt 430 000 €. Die Erschließungsbeiträge für Wasser- bzw. Kanalanschluss (= EB nach KAG) sind bereits mit Fertigstellung in der Person der Gemeinde A entstanden (Gemeinde A ist ihr eigener Beitragsschuldner). X übernimmt **insoweit** eine Verbindlichkeit des Veräußerers, die eine sonstige Leistung gem. § 9 Abs. 1 Nr. 1 GrEStG darstellt.

Abwandlung:

Alle Erschließungsanlagen sind komplett fertiggestellt.

Lösung:

Das Grundstück ist nach BauGB in voll erschlossenem Zustand Gegenstand des Erwerbs. Die Bemessungsgrundlage für die GrESt beträgt wie oben 430 000 €. Die EB nach BauGB (Straße/Grünanlagen) entstehen aufgrund abgabenrechtlicher Geltendmachung mittels Beitragsbescheid gegenüber dem Erwerber und sind somit nicht Teil der Gegenleistung (Tz. 4.1 am Ende des Bezugserlasses). Die Behandlung der EB nach KAG erfolgt wie im Grundfall.

Beispiel 2:

Ein Privatmann (P) veräußert ein unbebautes Grundstück an den Erwerber (E). Im Zeitpunkt des Grundstücksverkaufs sind die Anlagen zur Ableitung von Abwässern und zur Versorgung mit Wasser bereits fertiggestellt, ein Beitragsbescheid durch die Gemeinde wurde bereits erlassen und P hat hierfür 30 000 € an die Gemeinde bezahlt. Die Arbeiten für den an das Grundstück anschließenden Fußweg sind noch nicht komplett abgeschlossen (letzte Teerfeinschicht fehlt noch). Die Gemeinde macht diesbezüglich gegenüber E nach Abschluss der Restarbeiten noch 5 000 € geltend. Als Kaufpreis wurden 330 000 € (300 000 € für das Grundstück + 30 000 € für bereits bezahlte Erschließungskosten nach KAG) vereinbart.

Alternative 1: Im Kaufvertrag ist ein Gesamtbetrag ausgewiesen
Alternative 2: Gesonderter Ausweis der anteiligen Kosten für die Erschließung

Lösung:

In beiden Alternativen beträgt die Bemessungsgrundlage für die GrESt 330 000 €. Die EB für Wasser- bzw. Kanalanschluss sind bereits mit **Fertigstellung** bei P entstanden. Anders als bei Teilmaßnahmen im Rahmen der Erschließung nach BauGB (Erschließungsanlagen im engeren Sinne) sind Beiträge für Teilmaßnahmen nach dem KAG zu berücksichtigen, sobald sie fertiggestellt sind. Insoweit gelten hier andere Grundsätze als nach dem BauGB (vgl. Tz. 3 des Bezugserlasses). Die EB nach BauGB i. H. v. 5000 € entstehen durch abgabenrechtliche Geltendmachung gegenüber E mittels Beitragsbescheid erst nach dem Grundstückserwerb und sind damit nicht Teil der Gegenleistung.

Beispiel 3:

Die Erschließung der gemeindeeigenen Grundstücke erfolgt aufgrund eines städtebaulichen Vertrags ausschließlich durch die Firma X. Die Gemeinde B erhebt deshalb keine Erschließungsbeiträge. Veräußerer der Grundstücke ist die Gemeinde selber. Zum Zeitpunkt der Grundstücksverkäufe sind die Arbeiten für die Anlagen nach KAG bereits abgeschlossen. Die Teerarbeiten (Feinschicht fehlt noch) für die an die Grundstücke anschließende Straße sind noch nicht komplett abgeschlossen. Die bei der Firma X entstandenen tatsächlichen EB werden den Erwerbern (En) von X aufgrund eines privatrechtlichen Kostenerstattungsvertrages in Rechnung gestellt. Nach den notariellen Urkunden handelt es sich bei den Kaufverträgen zwischen der Gemeinde und den En sowie den Kostenerstattungsverträgen zwischen dem Erschließungsträger X und den En um ein einheitliches Vertragsgeflecht.

Lösung:

Aufgrund der vorstehenden Ausführungen ist auch hier zwischen EB nach dem BauGB und dem KAG zu unterscheiden. EB nach dem KAG sind demnach zur Gegenleistung zu rechnen, da die Gemeinde im Zeitpunkt der Fertigstellung ihr eigener Beitragsschuldner ist und die Erwerber **insoweit** eine Verbindlichkeit von der Gemeinde übernehmen. Dies stellt eine sonstige Leistung gem. § 9 Abs. 1 Nr. 1 GrEStG dar. Bei den EB nach dem BauGB kommt es zu keiner abgabenrechtlichen Geltendmachung durch die Gemeinde. Folglich ist hier auf den tatsächlichen Erschließungs-/Grundstückszustand abzustellen. Durch die fehlende Teerschicht fehlt es an einer endgültigen Fertigstellung der Erschließungsanlagen im engeren Sinne mit der Folge, dass die EB nach dem BauGB **nicht** zur Gegenleistung zu rechnen sind.

Beispiel 4:

Die Erschließung der gemeindeeigenen Grundstücke erfolgt zum Teil durch die Gemeinde selber und zum Teil aufgrund eines städtebaulichen Vertrags durch die Firma X. Der Erwerber (E) rechnet die jeweiligen Erschließungskosten mit dem jeweiligen Erschließungsträger ab. Veräußerer der Grundstücke ist jeweils die Gemeinde. Die Teerarbeiten (Feinschicht fehlt noch) für die an die Grundstücke anschließende Straße sind noch nicht komplett abgeschlossen. Ansonsten sind alle Erschließungsanlagen fertiggestellt. Die EB der Gemeinde werden bei E aufgrund der Beitrags- und Gebührensatzung durch Bescheid erhoben. Die bei der Firma X entstandenen tatsächlichen EB werden E von X aufgrund eines privatrechtlichen Kostenerstattungsvertrages in Rechnung gestellt. Nach der notariellen Urkunde handelt es sich bei dem Kaufvertrag zwischen der Gemeinde und E sowie dem Kostenerstattungsvertrag zwischen dem Erschließungsträger X und E um einen einheitlichen Vertrag.

Lösung:

Auch hier ist zur Ermittlung der zutreffenden Gegenleistung zwischen den EB nach dem BauGB und dem KAG zu unterscheiden und zwar unabhängig davon, ob sie von der Gemeinde per Bescheid oder von der Firma X aufgrund des Kostenerstattungsvertrages gefordert werden. EB nach dem KAG sind – wie im Beispiel 3 – zur Gegenleistung zu rechnen. Diesbezüglich ist nur auf den Fertigstellungszeitpunkt abzustellen.

Bei den EB nach BauGB ist zu unterscheiden zwischen dem Teil, der abgabenrechtlich durch die Gemeinde geltend gemacht wird (= Erschließungsanteil der Gemeinde), und dem Anteil, der auf den Erschließungsträger entfällt. Für Letzteren gibt es keine abgabenrechtliche Geltendmachung, mit der Folge, dass hier wiederum auf den tatsächlichen Erschließungs-/ Grundstückszustand abzustellen ist. Aufgrund der **fehlenden Fertigstellung** kommt es für beide Teile zu keinem Ansatz der EB nach dem BauGB .

Abwandlung:

Auch die Erschließungsanlagen nach dem BauGB sind fertiggestellt.

Lösung:
Behandlung der EB nach KAG wie im Grundfall (Beispiel 4).
Durch den Grundstückserwerb von der Gemeinde durch E hat dieser vertraglich eine Verpflichtung übernommen, die ihn ohnehin kraft öffentlichen Rechts selbst trifft. Diese Verpflichtung kommt durch die abgabenrechtliche Geltendmachung in Form eines Beitragsbescheides zum Ausdruck. Folglich sind damit die EB nach dem BauGB nicht in die Gegenleistung miteinzubeziehen. Anders sieht es für den Teil aus, der auf den Erschließungsträger entfällt. Für diesen Teil fehlt es an einer abgabenrechtlichen Geltendmachung, mit der Konsequenz, dass wieder auf den tatsächlichen Erschließungs-/ Grundstückszustand abzustellen ist. Folglich sind hier die EB nach dem BauGB als Gegenleistung zu erfassen. Liegen hinsichtlich der Erschließungskosten noch keine konkreten Zahlen vor (Rechnungen fehlen noch), ist die Steuerfestsetzung mit einem entsprechenden Vorläufigkeitsvermerk gem. § 165 AO zu versehen.

Anl d zu § 9 Abs. 1

d) Erlass betr. Berücksichtigung der Erhaltungsrücklage (vormals Instandhaltungsrückstellung) bei der Grunderwerbsteuer; Urteil des Bundesfinanzhofs vom 16. September 2020 – II R 49/17 – (BStBl. II 2021 S. 339)

Vom 19. März 2021 (BStBl. I S. 621)

(Koordinierter Ländererlass)

Mit Urteil vom 16. September 2020 – II R 49/17 – (BStBl. II 2021 S. 339) hat der Bundesfinanzhof **46**
entschieden, dass beim Erwerb von Teileigentum der vereinbarte Kaufpreis als Bemessungsgrundlage der Grunderwerbsteuer nicht um die anteilige Instandhaltungsrückstellung (neue Begrifflichkeit gem. § 19 Absatz 2 Nummer 4 WEG seit dem 1. Dezember 2020: „Erhaltungsrücklage") zu mindern ist. Die Urteilsgrundsätze gelten auch beim Erwerb von Wohnungseigentum.

Im Hinblick auf die bisherige abweichende Verwaltungsübung sind die Grundsätze dieses Urteils beim Erwerb von Teileigentum oder Wohnungseigentum nur anzuwenden, wenn der Notarvertrag nach dem 20. Mai 2021 geschlossen worden ist.

Anl e zu § 9 Abs. 1

e) Schreiben betr. Umfang der Gegenleistung beim Miterwerb von Einbaumöbeln

Vom 13. Juni 1984

(FM Bayern 37 – S 4521 – 28/8 – 30544; koord. Ländererlaß)

Der auf den Miterwerb von Zubehör entfallende Teil des Kaufpreises gehört nicht zur Gegenleistung bei **47**
der Grunderwerbsteuer; der Kaufpreis ist deshalb aufzuteilen (s. dazu BFH vom 10. 6. 1964, HFR 1965 S. 468 und vom 19. 12. 1967, HFR 1968 S. 292). Einbaumöbel können wesentliche Bestandteile des Gebäudes oder auch Zubehör sein. Möbelstücke, die echte und notwendige Gebäudebestandteile ersetzen, sind stets als wesentlicher Bestandteil des Gebäudes anzusehen. Für die Abgrenzung ist im Zweifel entscheidend, ob die Einbaumöbel nur den Maßen des Raumes angepaßt (Zubehör) oder ob sie so eingepaßt sind, daß sie mit den sie umschließenden Gebäudeteilen vereinigt sind (wesentlicher Bestandteil). Die zivilrechtliche Rechtsprechung ist widersprüchlich. Ich bitte daher, für die grunderwerbsteuerliche Behandlung nach den Maßstäben der zum Ertragsteuerrecht ergangenen Urteile des Bundesfinanzhofs vom 1. 12. 1970 (BStBl. 1971 II S. 162) und vom 29. 10. 1976 (BStBl. 1977 II S. 152) zu verfahren.

Dieses Schreiben ergeht im Einvernehmen mit den obersten Finanzbehörden des Bundes und der Länder.

Anl f zu § 9 Abs. 1

f) Erlass betr. Bemessungsgrundlage bei umsatzsteuerpflichtigen Grundstücksumsätzen

Vom 14. Dezember 2007 (DStR 2008 S. 509)

(FM Baden-Württemberg 3 – S 452.1/24)

Mit dem Bezugserlass FM Baden-Württemberg vom 22. Juni 2004 S 4521 A – 22/84 ist mitgeteilt **48**
worden, dass in Optionsfällen die Umsatzsteuer zwingend vom Erwerber geschuldet wird und damit nicht mehr Bestandteil der grunderwerbsteuerlichen Gegenleistung ist.

Mit BFH-Urteil vom 9. November 2006 V R 9/04 (BStBl. II S. 285) hat der Bundesfinanzhof seine bisherige Rechtsprechung aufgegeben, wonach bei einer Grundstücksveräußerung die Hälfte der gesamtschuldnerisch von Erwerber und Veräußerer geschuldeten Grunderwerbsteuer zum umsatzsteuerlichen Entgelt für die Grundstücksveräußerung gehört, wenn die Parteien des Grundstückskaufvertrags vereinbaren, dass der Erwerber die Grunderwerbsteuer allein zu tragen hat.

Der Bezugserlass FM Baden-Württemberg vom 5. Juni 1984 3 – S 4521/24, der in Optionsfällen noch eine Einbeziehung der Umsatzsteuer in die grunderwerbsteuerliche Bemessungsgrundlage vorsieht, hat damit seine Bedeutung verloren und wird hiermit aufgehoben.

Anl g zu § 9 Abs. 1

g) Schreiben betr. Berücksichtigung des Kapitalnutzungsvorteils des Veräußerers bei Vorleistungspflicht des Erwerbers als sonstige Leistung

Vom 7. Oktober 2003

(FM Bayern 36 – S 4521 – 019 – 40185/03; koord. Ländererlass)

Verzichtet der Käufer eines Grundstücks im Kaufvertrag auf das ihm durch die §§ 320, 322 BGB ge- **50**
währte Recht, den Kaufpreis erst im Zuge der Erfüllung der Sachleistungsverpflichtung (Übereignung und Übergabe des Grundstücks) erbringen zu müssen, indem er sich einer Vorleistungspflicht unterwirft,

so gewährt er dem Verkäufer einen als sonstige Leistung im Sinne des § 9 Abs. 1 Nr. 1 GrEStG anzusehenden geldwerten Vorteil in Gestalt der vorzeitigen Kapitalnutzungsmöglichkeit. Der Jahreswert der Nutzung ist gemäß § 15 Abs. 1 BewG mit 5,5 v. H. des Kaufpreises anzusetzen (BFH-Urteil vom 12. Oktober 1994 II R 4/91, BStBl. 1995 II S. 69).

Bei Teilzahlungsbeträgen, die bei Werkverträgen als Abschlagszahlungen nach der Makler- und Bauträgerverordnung – MaBV – vereinbart werden, kommt dagegen der Ansatz einer sonstigen Leistung in Gestalt der Überlassung der Kapitalnutzungsmöglichkeit an den Unternehmer nicht in Betracht (amtlich nicht veröffentlichtes BFH-Urteil vom 25. April 2002 II R 57/00, BFH/NV 2002 S. 1612).

Etwas anderes gilt nach dem Urteil des Finanzgerichts Berlin vom 30. März 2000 1 K 1374/99 (EFG 2000 S. 1027) für den Fall, dass der Erwerber unter Verzicht auf sein Recht nach der MaBV, den Kaufpreis nach Baufortschritt in Teilbeträgen zahlen zu können, den Kaufpreis – unter Gewährung eines Preisnachlasses – **in einem Betrag** als Vorauszahlung leistet. In einem solchen Fall sei eine sonstige Leistung in Gestalt der Überlassung der Kapitalnutzungsmöglichkeit zu bejahen und mit dem Zinssatz von 5,5 v. H., in Anlehnung an § 3 Abs. 2 MaBV bezogen auf die einzelnen Baufortschritte/Fertigstellungszeitpunkte z. B. für Erdarbeiten, Rohbaufertigstellung etc., zu ermitteln.

Die Anwendung dieser Berechnungsmethode würde jedoch in der Praxis zu einem unverhältnismäßig hohen Ermittlungs- und Zeitaufwand führen. Es bestehen daher in Fällen mit derartigen Kaufpreisvereinbarungen keine Bedenken, den Kapitalnutzungsvorteil aus Vereinfachungsgründen in Höhe des im Kaufvertrag vereinbarten Preisnachlasses als sonstige Leistung anzusetzen. Führt die Berechnungsmethode jedoch zu einer offensichtlich zu niedrigen Steuer, z. B. bei sehr hoher Gegenleistung und einem Preisnachlass, der einer deutlich unter dem gesetzlichen Zinssatz von 5,5 v. H. liegenden Verzinsung entspricht, ist der Besteuerung die o. g. Berechnungsmethode des Finanzgerichts Berlin zugrunde zu legen.

Dieses Schreiben ergeht im Einvernehmen mit den obersten Finanzbehörden der anderen Länder.

Anl h zu § 9 Abs. 1

h) Schreiben betr. Verwaltungsvereinfachung bei der Ermittlung der Gegenleistung[1]

Vom 13. Dezember 1984

(FM Bayern 37 – S 4521 – 23/37 – 66350; koord. Ländererlaß)

(Geändert durch Schreiben vom 15. 10. 1992, 19. 7. 1996, 12. 3. 1997, 26. 1. 2001)

I. Abstandnahme von Ermittlungen

51 **1.** Übernimmt der Erwerber eines Grundstücks die Kosten der Übergabe der verkauften Sache (§ 448 BGB: z. B. die Vermessungskosten) oder die Kosten für die Löschung von Hypotheken, Grundschulden, Rentenschulden, Dienstbarkeiten, Reallasten, Vorkaufs- und Wiederkaufsrechten, so gehören diese Kosten als „sonstige Leistungen" im Sinne von § 9 Abs. 1 Nr. 1 GrEStG zur grunderwerbsteuerlichen Gegenleistung. Zur Gegenleistung rechnen auch die dem Verkäufer vorbehaltenen Nutzungen, wie z. B. das kurzfristige unentgeltliche Weiterbewohnen eines veräußerten Grundstücks durch den Verkäufer oder das Recht des Veräußerers eines landwirtschaftlichen Grundstücks, dieses noch abernten zu dürfen.

Aus Gründen der Verwaltungsvereinfachung sind unabhängig von der Höhe der Hauptleistung Ermittlungen, die allein wegen des Werts dieser sonstigen Leistungen oder wegen des Werts vorbehaltener Nutzungen anzustellen wären, nicht durchzuführen, wenn angenommen werden kann, daß der Wert dieser sonstigen Leistungen oder vorbehaltenen Nutzungen nicht mehr als 5000,– DM beträgt.

In diesen Fällen kann der Wert der sonstigen Leistungen oder der vorbehaltenen Nutzungen bei der Ermittlung des Werts der Gegenleistung außer Ansatz bleiben. Die Gründe für die Abstandnahme von Ermittlungen sind aktenkundig zu machen.

Werden jedoch zur Erledigung des Steuerfalls Ermittlungen aus anderen Gründen erforderlich, so sind auch Feststellungen wegen des Werts der „sonstigen Leistungen" oder der vorbehaltenen Nutzungen zu treffen.

52 **2.** Wird ein Grundstück zusammen mit anderen Gegenständen erworben, deren Erwerb nicht der Besteuerung nach dem Grunderwerbsteuergesetz unterliegt, so ist die Gesamtgegenleistung grundsätzlich nach dem Verhältnis des gemeinen Werts des Grundstücks zum gemeinen Wert z. B. des Zubehörs und der Betriebsvorrichtungen aufzuteilen.

Beim Erwerb eines Unternehmens im ganzen, zu dem auch ein Grundstück gehört, ist die Gesamtgegenleistung nach dem Verhältnis des Teilwerts des Grundstücks zu dem Teilwert der sonstigen erworbenen Gegenstände zu verteilen, wenn der Betrieb fortgesetzt wird (BFH-Urteil vom 8. 2. 1978, BStBl. II S. 320).

Von besonderen Ermittlungen zur Feststellung der Werte ist abzusehen, wenn der von den an dem Rechtsvorgang Beteiligten angesetzte oder mitgeteilte Wert der nicht der Steuer unterliegenden Gegenstände angemessen erscheint und 15 v. H. der Gesamtgegenleistung, höchstens jedoch 100 000,– DM, nicht übersteigt. In diesen Fällen ist der Wert der sonstigen Gegenstände, deren Erwerb nicht steuerbar ist, von der Gesamtgegenleistung abzusetzen. Die Gründe für dieses vereinfachte Verfahren sind aktenkundig zu machen.

---

[1] **Ab 1. 1. 2002 sind die DM-Beträge im Verhältnis 2 : 1 in Euro umzurechnen** *(FM Bayern vom 20. 8. 2002 – 36 – S 4521 – 001 – 27579/02).*

II. Abstandnahme von Überwachungen

1. Enthält ein Rechtsvorgang die Bestimmung, daß sich die Gegenleistung bei Eintritt einer Bedingung erhöhen soll, so ist die Grunderwerbsteuer in jedem Fall sofort endgültig festzusetzen (BFH-Urteil vom 22. 11. 1995 II R 26/92, BStBl. II 1996 S. 162). 53

a) Sofern sich bei Eintritt der Bedingung die Gegenleistung voraussichtlich nicht um mehr als 5000,– DM erhöhen wird, ist von einer Überwachung abzusehen.

b) Bei Rechtsvorgängen mit aufschiebenden Bedingungen, die den Wert der grunderwerbsteuerlichen Gegenleistung voraussichtlich um mehr als 5000,– DM erhöhen werden, ist der Eintritt der Bedingung regelmäßig 10 Jahre lang zu überwachen. Mit dem Eintritt der aufschiebenden Bedingung wird die aufschiebend bedingt vereinbarte Gegenleistung zur nachträglichen zusätzlichen Gegenleistung im Sinn von § 9 Abs. 2 Nr. 1 GrEStG. Insoweit entsteht deshalb gem. § 14 GrEStG mit dem Eintritt der Bedingung eine neue Grunderwerbsteuer mit eigener Festsetzungsfrist. Diese Steuer ist durch einen selbständigen Grunderwerbsteuerbescheid festzusetzen.

2. In Fällen, in denen die ganze Gegenleistung aufschiebend bedingt ist und § 3 Nr. 2 GrEStG nicht greift, ist der Erwerb gemäß § 8 Abs. 2 Nr. 1 GrEStG sofort endgültig aus dem Wert des Grundstücks zu besteuern. Bei Eintritt der aufschiebenden Bedingung ist die Grunderwerbsteuer dann nach dem Wert der Gegenleistung zu bemessen und der ursprüngliche Bescheid nach § 175 Abs. 1 Nr. 2 AO zu ändern. Auch in diesen Fällen ist der Eintritt der Bedingung regelmäßig auf die Dauer von 10 Jahren zu überwachen. 54

3. Ist beim Erwerb eines Grundstücks die Flächengröße noch nicht bekannt und berechnet sich die Höhe der Gegenleistung nach der Fläche des Grundstücks, so ist die Grunderwerbsteuer sofort endgültig festzusetzen, wenn sich die Gegenleistung durch das Vermessungsergebnis voraussichtlich nicht um mehr als 5000,– DM erhöhen wird. Ansonsten ist die Steuer vorläufig festzusetzen, und der Bescheid ist bei Vorliegen des genauen Vermessungsergebnisses zu ändern. Wurde die Grunderwerbsteuer nach Satz 1 endgültig festgesetzt und ermäßigt sich die Gegenleistung aufgrund der Vermessung, so ist auf entsprechenden und vor Ablauf der Festsetzungsfrist gestellten Antrag der Grunderwerbsteuerbescheid nach § 173 Abs. 1 Nr. 2 AO zu ändern.

4. In den Fällen, in denen von einer Überwachung abgesehen wird, sind die Gründe dafür aktenkundig zu machen.

Dieses Schreiben ergeht im Einvernehmen mit den obersten Finanzbehörden der anderen Länder.

Anl i zu § 9 Abs. 1

i) Erlass betr. Umfang der Gegenleistung bei Grundstücksveräußerungen mit Solaranlagen

Vom 3. April 2008

(FM Thüringen S 4521 A – 20 – 202 (S); koord. Ländererlass)[1]

Zu der Frage, ob Solaranlagen Betriebsvorrichtung oder Gebäudebestandteil sind, bitte ich, folgende Auffassung zu vertreten:

1. Allgemeine Abgrenzungsgrundsätze

Für die Abgrenzung des Grundvermögens von den Betriebsvorrichtungen sind § 68 BewG und in den neuen Ländern § 129 Abs. 2 Nr. 1 BewG i. V. m. § 50 Abs. 1 Satz 2 BewG-DDR maßgebend *(Gleichlautender Erlass vom 15. 3. 2006, BStBl. I S. 343).*[2] 55

Nach § 68 Abs. 1 Nr. 1 BewG bzw. nach § 50 Abs. 1 Satz 1 BewG-DDR gehören zum Grundvermögen der Grund und Boden, die Gebäude, die sonstigen Bestandteile und das Zubehör. Maschinen und sonstige Vorrichtungen aller Art, die zu einer Betriebsanlage gehören (Betriebsvorrichtungen), werden nach § 68 Abs. 2 Satz 1 Nr. 2 BewG oder nach § 50 Abs. 1 Satz 2 BewG-DDR nicht in das Grundvermögen einbezogen. Das gilt selbst dann, wenn sie nach dem bürgerlichen Recht wesentliche Bestandteile des Grund und Bodens oder der Gebäude sind.

Auch bei der Erhebung der Grunderwerbsteuer spielt die Abgrenzung zwischen Grundvermögen und Betriebsvorrichtung eine Rolle. Steuergegenstand sind bei der Grunderwerbsteuer Rechtsvorgänge über inländische Grundstücke (§ 1 GrEStG). Darunter sind Grundstücke im Sinne des bürgerlichen Rechts zu verstehen (§ 2 Abs. 1 Nr. 1 GrEStG). Zum Grundstück gehören auch die Gebäudebestandteile (z. B. Heizungsanlagen, fest eingebaute Bad- und Sanitäreinrichtungen, Versorgungsleitungen für Strom, Wasser und Heizung sowie die Dacheindeckung).

Beim Erwerb eines bebauten Grundstücks rechnen Betriebsvorrichtungen nicht zu den Grundstücken, so dass der auf sie entfallende Teil des Entgelts nicht als Gegenleistung angesehen werden kann (und damit nicht der Grunderwerbsteuer unterliegt).

2. Solaranlagen

Eine Solaranlage ist eine technische Anlage zur Umwandlung von Sonnenenergie in eine andere Energieform. Eine (größere) Solaranlage zur Umwandlung von Sonnenenergie in elektrische Energie wird auch Solarkraftwerk genannt. Solaranlagen lassen sich nach dem Arbeitsprinzip und der gewonnenen Energieform in drei grundsätzliche Typen unterscheiden: 56

a) Thermische Solaranlagen

b) Thermische Solarkraftwerke

c) Photovoltaikanlagen

[1] Entspricht *Vfg. LFD Thüringen vom 14. 4. 2008 S 4521 A – 24 – A 3.14.*

[2] Jetzt *gleich lautender Ländererlass v. 5. 6. 2013 (BStBl. I S. 734),* abgedruckt als Anlage a zu A 3 BewRGr (§ 68 BewG).

3. Abgrenzung Betriebsvorrichtung/Gebäudebestandteil

a) Thermische Solaranlagen/Solarkraftwerke

57 Solaranlagen dienen der Wärmegewinnung durch Sonnenlicht. Sie werden überwiegend zur Raumheizung oder auch zur Erwärmung von Wasser für den sanitären Bereich eingesetzt, d. h. die Anlagen ergänzen regelmäßig die Wärmeversorgung durch Erschließung einer zusätzlichen Energiequelle (BFH-Urteil vom 14. 7. 2004, BStBl. II S. 949). Heizungsanlagen sind regelmäßig Gebäudebestandteile.

b) Photovoltaikanlagen

Auf eine Trägerkonstruktion montierte Photovoltaik-Module sind stets Betriebsvorrichtungen.

Photovoltaik-Module, die anstelle von Dachziegeln oder anstelle von Fassadenelementen (vorgehängte Fassade) verwendet werden, sind zwar Betriebsvorrichtungen, aber gleichzeitig auch Gebäudebestandteil.

4. Grunderwerbsteuer

58 Heizungsanlagen sind regelmäßig Gebäudebestandteil. Der auf eine Thermische Solaranlage entfallende Teil des Kaufpreises ist in die Gegenleistung einzubeziehen und unterliegt damit der Grunderwerbsteuer.

Photovoltaikanlagen, die nur der Energieversorgung des betroffenen Grundstücks dienen (Eigenbedarf), gehören als Bestandteile oder Zubehör zum Grundvermögen (§ 2 Abs. 1 Satz 1 Nr. 1 GrEStG) und sind damit mit dem für das Grundstück festzustellenden Wert zu erfassen. Das hierfür gezahlte Entgelt gehört zur steuerpflichtigen Gegenleistung.

Dienen Photovoltaikanlagen ausschließlich der Energieerzeugung und Einspeisung in öffentliche Energienetze (Lieferung an Energieversorger), unterhält der Grundstückseigentümer damit einen Gewerbebetrieb; die Photovoltaikanlagen sind als Betriebsvorrichtungen (§ 68 BewG, § 50 BewG-DDR) nicht in das Grundvermögen einzubeziehen. Das auf die Photovoltaikanlage entfallende Entgelt unterliegt nicht der Grunderwerbsteuer.

Photovoltaikanlagen, die als Ersatz für eine ansonsten erforderliche Dacheindeckung oder als Fassadenteil, anstelle von Fassadenelementen oder Glasscheiben, eingebaut bzw. befestigt werden, sind zwar Betriebsvorrichtungen, jedoch in entsprechender Auslegung des § 68 BewG bzw. § 50 BewG-DDR als Gebäudebestandteil in das Grundvermögen einzubeziehen. Das Entgelt für die „Photovoltaik-Dacheindeckung" bzw. für die „Photovoltaik-Fassade" ist damit Bestandteil der grunderwerbsteuerlichen Gegenleistung.

Dieser Erlass ergeht im Einvernehmen mit den obersten Finanzbehörden des Bundes und der Länder.

Anl j zu § 9 Abs. 1

j) Erlass betr. Grunderwerbsteuer in der Flurbereinigung

Vom 27. März 2013 (StEd S. 301)

(Gemeinsamer Runderlass des Finanzministeriums Baden-Württemberg – 3 – S 4500/6 – und des Ministeriums Ländlicher Raum Baden-Württemberg – 46-8460.71 – vom 18. Dezember 2000 i. d. F. des Gemeinsamen Runderlasses vom 10. April 2003)

59 Nach Auffassung der für Verkehrsteuern zuständigen Vertreter der obersten Finanzbehörden der Länder kann im Falle der Zuweisung von Land aufgrund des Abfindungsverzichts eines Teilnehmers gemäß § 52 FlurbG die an diesen geleistete Abfindungszahlung des neuen Eigentümers als Bemessungsgrundlage für seinen der Grunderwerbsteuer unterliegenden Erwerbsvorgang nicht ohne weiteres um den von ihm wegen einer teilweisen Weiterübertragung der Landabfindungsansprüche an eine weitere Person erlangten Geldbetrag vermindert werden (Saldierung). Vielmehr ist die an den ursprünglichen Teilnehmer geleistete Abfindungszahlung im Verhältnis der weiter übertragenen Landabfindungsansprüche zu den beim neuen Eigentümer verbliebenen Ansprüchen aufzuteilen. Die auf die verbliebenen Ansprüche entfallende anteilige Abfindungszahlung ist Bemessungsgrundlage für den mit der Zuteilung verwirklichten Erwerbsvorgang.

Hierzu gilt Folgendes:

Die Verzichtserklärungen gemäß § 52 FlurbG werden in einer Plan- und Abfindungsvereinbarung abgegeben. Die von dem jeweiligen Zuweisungsberechtigten als Abgeber oder Empfänger abgeschlossenen Vereinbarungen sind vollständig der nach Tz. 9.3 des Bezugserlasses zu übersendenden Aufstellung über die für die Grunderwerbsteuer bedeutsamen Vorgänge beizufügen. Werden darin die erworbenen oder weiterveräußerten Abfindungsansprüche nur noch als sog. Werteinheiten bzw. „Wertverhältnisse" bezeichnet, lässt sich daraus nicht erkennen, in welchem Umfang die an den ursprünglichen Teilnehmer geleistete Abfindungszahlung auf die nunmehr dem neuen Eigentümer zugeteilten Flächen entfällt. Weist daher die von der Flurbereinigungsbehörde für den neuen Eigentümer erstellte Aufstellung neben dem für den Erwerb von Abfindungsansprüchen nach § 52 FlurbG gezahlten Betrag auch (für die teilweise Weiterübertragung der Landabfindungsansprüche) erhaltene Beträge aus, so ist anhand dieser Vereinbarungen sowie ggf. von den Beteiligten zu diesen Vereinbarungen anzufordernden weiteren Unterlagen (z. B. über die vorläufige Besitzeinweisung) zu ermitteln, welcher Anteil der an den ursprünglichen Teilnehmer geleisteten Abfindungszahlung auf die Zuteilung entfällt. Dieser Betrag ist der Besteuerung zugrunde zu legen.

Zu § 9 Abs. 1 Nr. 1 GrEStG

Erlass zum Gegenstand des Erwerbsvorgangs (Einheitliches Vertragswerk/Einheitlicher Erwerbsgegenstand)

Vom 20. September 2017 (BStBl. I S. 1328)

(Gleich lautender Ländererlass)

Anl zu § 9 Abs. 1 Nr. 1

Inhaltsverzeichnis

1. Allgemeines
2. Maßgeblichkeit der vertraglichen Vereinbarungen
3. Künftiger Grundstückszustand als Gegenstand des Erwerbsvorgangs
3.1. Grundsätze
3.2. Übersicht
3.3. Rechtlicher Zusammenhang zwischen dem Erwerb des Grundstücks und der Erbringung der Bauleistungen
3.4. Objektiv enger sachlicher Zusammenhang zwischen dem Erwerb des Grundstücks und der Erbringung der Bauleistungen
3.4.1. Zeitliche Abfolge der Verträge
3.4.2. Faktischer Zwang
3.4.3. Hinnahme eines vorbereiteten Geschehensablaufs
3.5. Mehrere Personen auf der Veräußererseite
3.6. Gebäudeherstellungsverpflichtung auf der Veräußererseite
3.7. Erwerb eines (teil)bebauten Grundstücks
3.8. Zusammenfassendes Schaubild
4. Sonderfälle
4.1. Erwerbe durch Funktionsträger (Treuhänder oder Projektanbieter)
4.2. Baubetreuung
4.3. Rohbau- und Ausbauarbeiten
4.4. Erbbaurechte
5. Umfang der Gegenleistung
5.1. Grundsätze
5.2. Einbeziehung der auf die Bauleistungen entfallenden Umsatzsteuer
5.2.1. Eine Person auf der Veräußererseite
5.2.2. Mehrere Personen auf der Veräußererseite
6. Anzeigepflichten
7. Schuldner der Grunderwerbsteuer
8. Verfahrensrechtliche Hinweise zur Änderung des Grunderwerbsteuerbescheids
9. Zeitlicher Anwendungsbereich

1. Allgemeines

Der Gegenstand des Erwerbsvorgangs wird durch das den Steuertatbestand des § 1 Abs. 1 Nr. 1 GrEStG erfüllende zivilrechtliche Verpflichtungsgeschäft bestimmt. Grunderwerbsteuerrechtlich ist maßgebend, in welchem tatsächlichen Zustand das Grundstück nach dem Willen der Vertragsparteien erworben werden soll (Gegenstand des Erwerbsvorgangs). Ist Gegenstand des Erwerbsvorgangs das Grundstück in (zukünftig) bebautem Zustand, werden in diesem Zusammenhang die Begriffe „einheitliches Vertragswerk" und „einheitlicher Erwerbsgegenstand" verwendet. 65

2. Maßgeblichkeit der vertraglichen Vereinbarungen

Ob Gegenstand des Erwerbsvorgangs das Grundstück in unbebautem oder (zukünftig) bebautem Zustand ist, richtet sich nach den Vereinbarungen der Parteien. Haben diese das bebaute Grundstück zum Vertragsgegenstand gemacht, ist dieser Zustand der Besteuerung zugrunde zu legen, selbst wenn das Grundstück im Zeitpunkt des Abschlusses des Verpflichtungsgeschäfts noch unbebaut ist. 66

3. Künftiger Grundstückszustand als Gegenstand des Erwerbsvorgangs

3.1. Grundsätze

Die Frage, in welchem Zustand ein Grundstück Gegenstand des Erwerbsvorgangs ist, stellt sich, wenn getrennte Verträge über den Erwerb des Grundstücks und über Bauleistungen abgeschlossen werden. 67

Solche Verträge können zivilrechtlich verknüpft sein (Tz. 3.3 – rechtlicher Zusammenhang) oder nach den besonderen grunderwerbsteuerrechtlichen Grundsätzen als Einheit zu behandeln sein (Tz. 3.4 – objektiv enger sachlicher Zusammenhang).

Wird das Grundstück in einem Zustand zum Gegenstand des Erwerbsvorgangs gemacht, der vom tatsächlichen Zustand bei Abschluss des Kaufvertrags abweicht, kommen unter anderem folgende Fallkonstellationen in Betracht.

Tatsächlicher Grundstückszustand	Künftiger Grundstückszustand
unbebaut	fertiggestellter Neubau
unbebaut	teilfertiggestellter Neubau (Fertigstellung durch Eigenleistungen des Erwerbers)
bebaut mit teilfertiggestelltem Gebäude	fertiggestellter Neubau
bebaut mit Altimmobilie	fertiggestellter Neubau (Veräußerer übernimmt Abriss und Neubau)
bebaut, Sanierungsimmobilie	sanierte Immobilie (Veräußerer übernimmt Sanierung)
bebaut, Sanierungsimmobilie	teilsanierte Immobilie (Fertigstellung durch Eigenleistungen des Erwerbers)

3.2. Übersicht

Rechtlicher Zusammenhang (= zivilrechtliche Verknüpfung der Verträge)	Objektiv enger sachlicher Zusammenhang (= tatsächliche Verknüpfung der Verträge)
68 Pflicht zur Grundstücksübereignung und Gebäudeerrichtung aufgrund eines Vertrags oder Ausdrückliche Bestandsverknüpfung mehrerer Verträge oder Vereinbarungen sind derart voneinander abhängig, dass sie miteinander „stehen und fallen"	Einheitliches Vertragsangebot und Bindung des Erwerbers an das „Ob" und „Wie" der Bebauung im Zeitpunkt des Abschlusses des Grundstückskaufvertrages

3.3. Rechtlicher Zusammenhang zwischen dem Erwerb des Grundstücks und der Erbringung der Bauleistungen

69 Treffen die Parteien selbständige Vereinbarungen über die Verpflichtung zur Grundstücksübertragung und über die Erbringung von Bauleistungen, ist für die Beurteilung entscheidend, ob sich aus den Gesamtumständen der Wille der Vertragsparteien ergibt, dass Gegenstand des Erwerbsvorgangs das bebaute Grundstück sein soll. Indizien für einen dahingehenden Willen der Vertragsparteien sind beispielsweise

- die Verknüpfung im Vertragstext,
- die Zusammenfassung der Vereinbarungen in einer Urkunde oder
- ein Gesamtpreis.

In einem solchen Fall ist Gegenstand des Erwerbsvorgangs das bebaute Grundstück (BFH-Urteil vom 9. Juni 1970 II 39/65, BStBl. II S. 749, sowie vom 13. April 1983 II R 53/81, BStBl. II S. 606).

Liegen zwei oder mehrere Verträge vor, sind sie als Einheit zu werten, wenn sie ausdrücklich voneinander abhängig sind (BGH-Urteil vom 24. November 1983 VII ZR 34/83, NJW 1984 S. 869). Dies gilt auch ohne ausdrückliche Bestandsverknüpfung, wenn sie nach dem Willen der Parteien derart voneinander abhängig sind, dass sie miteinander „stehen und fallen" sollen.

Dabei reicht es aus, wenn nur eine der Vertragsparteien einen solchen Einheitswillen erkennen lässt und die andere Partei ihn anerkennt oder zumindest hinnimmt (BGH-Urteil vom 24. November 1983 VII ZR 34/83, NJW 1984 S. 869). Ob die Vereinbarungen miteinander „stehen und fallen", ist unter Berücksichtigung der Interessenslage der Vertragsparteien, ihrem Verhalten vor und bei Vertragsabschluss und dem tatsächlichen Geschehensablauf zu ermitteln (BFH-Urteile vom 13. August 2003 II R 52/01, BFH/NV 2004 S. 663, und vom 21. September 2005 II R 49/04, BStBl. 2006 II S. 269).

Für eine Vertragsverknüpfung sprechen beispielsweise

- ein Baubeginn vor Vertragsabschluss (BFH-Urteil vom 21. Dezember 1981 II R 124/79, BStBl. 1982 II S. 330) oder
- eine Veräußerung des Grundstücks nur an Erwerber, die vorher eine Treuhandvollmacht zum Abschluss der übrigen Verträge erteilt haben (BFH-Urteil vom 28. Oktober 1998 II R 36/96, BFH/NV 1999 S. 667).

Der Vertragsverknüpfung steht nicht entgegen, dass

- die Vereinbarungen in unterschiedlichen Urkunden niedergelegt werden oder
- der Verkäufer und das mit der Erbringung der Bauleistungen beauftragte Unternehmen nicht identisch sind, wenn auf der Veräußererseite mehrere Personen beteiligt sind.

Die rechtliche Einheit mehrerer Verträge hat zur Folge, dass alle Verträge beurkundungspflichtig sind. Werden hiervon betroffene Bauverträge nicht beurkundet, wird deren Unwirksamkeit nach § 311 b Abs. 1 Satz 2 BGB durch Eintragung des Eigentümerwechsels im Grundbuch geheilt. Auch ein infolge unvollständiger Beurkundung unwirksames Rechtsgeschäft unterliegt der Steuer, wenn die Beteiligten ihren Erklärungen gemäß auf die Erfüllung hinwirken (§ 41 Abs. 1 AO i. V. m. § 1 Abs. 1 Nr. 1 GrEStG, BFH-Urteil vom 19. Januar 1994 II R 52/90, BStBl. II S. 409).

3.4. Objektiv enger sachlicher Zusammenhang zwischen dem Erwerb des Grundstücks und der Erbringung der Bauleistungen

70 Ein objektiv enger sachlicher Zusammenhang liegt vor, wenn der Erwerber (spätestens) bei Abschluss des Grundstückskaufvertrags in seiner Entscheidung über das „Ob" und „Wie" der Bebauung gegenüber der Veräußererseite nicht mehr frei ist. Dies kann sich aus einer bestimmten zeitlichen Abfolge der Verträge oder aus einem faktischen Zwang ergeben. Ferner kann ein objektiv enger sachlicher Zusammenhang vorliegen, wenn ein vorbereiteter Geschehensablauf hingenommen wird.

3.4.1. Zeitliche Abfolge der Verträge

71 Ein objektiv enger sachlicher Zusammenhang zwischen dem Grundstückskaufvertrag und dem Gebäudeerrichtungsvertrag liegt unter anderem bei folgenden Fallkonstellationen vor:

- Der Erwerber hat sich bereits vor Abschluss des Grundstückskaufvertrags oder zeitgleich durch den Abschluss eines Gebäudeerrichtungsvertrages an die Bebauung des Grundstücks durch die Veräußererseite gebunden (BFH-Urteil vom 12. März 1997 II R 86/94, BFH/NV 1998 S. 80).
- Der Erwerber hat einen mit dem Veräußerer vor Abschluss des Grundstückskaufvertrags geschlossenen Bauvertrag gekündigt und nach Abschluss des Grundstückskaufvertrags erneut mit dem Veräußerer einen seinem Inhalt nach unveränderten Bauvertrag abgeschlossen. In diesem Fall ist anzunehmen, dass das Angebot in tatsächlicher Hinsicht nach wie vor bestanden hat und das Grundstück im Zustand der späteren Bebauung Gegenstand des Erwerbsvorgangs ist. Eine rechtliche Wirksamkeit

des Angebots ist insoweit nicht erforderlich (BFH-Urteil vom 1. Oktober 2014 II R 32/13, BFH/NV 2015 S. 230).

Wird der Bauvertrag nach dem Grundstückskaufvertrag abgeschlossen, ist ein objektiv enger sachlicher Zusammenhang beispielsweise gegeben, wenn
- ein faktischer Zwang vorliegt (Tz. 3.4.2) oder
- ein von der Veräußererseite vorbereiteter Geschehensablauf hingenommen wird (Tz. 3.4.3).

Ein derartiger Zusammenhang kann auch vorliegen, wenn ein längerer Zeitraum zwischen Abschluss des Kaufvertrags und der Angebotsannahme eines Werkvertrags liegt und besondere Umstände hinzutreten. Beispielsweise hat der BFH nach einem Zeitraum von 19 Monaten den objektiv engen sachlichen Zusammenhang mit einem Werkvertrag bejaht, weil das Grundstück im Erwerbszeitpunkt noch vermietet und der Beginn der geplanten Bauarbeiten vom Auszug des Mieters abhängig war (BFH-Urteil vom 28. März 2012 II R 57/10, BStBl. II S. 920).

3.4.2. Faktischer Zwang

Ein objektiv enger sachlicher Zusammenhang ist gegeben, wenn aufgrund objektiver Kriterien ein faktischer Zwang vorliegt. Auf das Vorliegen eines konkret ausgestalteten Angebots kommt es nicht an. 72

Ein faktischer Zwang kann unter anderem bei folgenden Fallkonstellationen vorliegen:
- Eine Eigentumswohnung kann auf einem unbebauten Grundstück nicht für sich allein, sondern nur durch Errichtung des betreffenden Gesamtgebäudes hergestellt werden.
- Bei Reihenhäusern und Doppelhaushälften kann die einzelne Einheit nicht bautechnisch unabhängig von den benachbarten Einheiten errichtet werden.
- Der Erwerber erleidet nennenswerte wirtschaftliche Nachteile bei Nichtabschluss des Bauvertrags, z. B. wenn der Veräußerer das Grundstück zu einem überhöhten Preis anbietet und so die Errichtung des Gebäudes sehr günstig anbieten kann.
- Ein Bauunternehmen veräußert Grundstücke nur an Interessenten, die mit ihm auch den Bauvertrag abschließen.

3.4.3. Hinnahme eines vorbereiteten Geschehensablaufs

Ein vorbereiteter Geschehensablauf ist anzunehmen, wenn der Grundstücksveräußerer dem Interessenten aufgrund einer konkreten und annähernd bis zur Baureife gediehenen Vorplanung bestimmte Bauleistungen auf einem bestimmten Grundstück zu einem im Wesentlichen feststehenden Preis anbietet und der Interessent dieses Angebot nur als einheitliches annehmen oder ablehnen kann. Für diese Beurteilung ist es unerheblich, ob die Vorplanung inhaltlich maßgebend von der Erwerberseite mit beeinflusst oder gar veranlasst worden ist (BFH-Urteil vom 21. September 2005 II R 49/04, BStBl. 2006 II S. 269). Ferner ist unbeachtlich, wenn das Angebot mit geringen Abweichungen angenommen wird (BFH-Urteil vom 3. März 2015 II R 9/14, BStBl. II S. 660). 73

Ein vorbereiteter Geschehensablauf ist dagegen nicht anzunehmen, wenn der von dem Grundstücksveräußerer ursprünglich angebotene Bauvertrag nach Abschluss des Grundstückskaufvertrags mit einer wesentlichen Abweichung bzw. Änderung angenommen wird. Dies gilt jedoch nur, wenn diese wesentliche Änderung den Charakter der Baumaßnahme verändert. Eine wesentliche Änderung des Bauvertrags kann vorliegen, wenn sich die Flächengrößen und/oder die Baukosten um mehr als 10% verändern oder die Errichtung eines zusätzlichen Gebäudes vereinbart wird (BFH-Urteil vom 8. März 2017 II R 38/14, BStBl. II S. 1005). Eine Erhöhung der Baukosten um mehr als 10%, die auf nachträglichen Ausstattungswünschen beruht, schließt nicht bereits für sich die Annahme eines vorbereiteten Geschehensablaufs aus. Denn allein der Einbau z. B. höherwertiger Fußbodenbeläge oder Badarmaturen ändert – im Gegensatz zur Errichtung eines Doppel- oder Mehrfamilienhauses anstatt eines Einfamilienhauses beispielsweise – nichts an dem Charakter der Baumaßnahme.

Die Hinnahme eines von der Veräußererseite vorbereiteten Geschehensablaufs durch den Erwerber indiziert – unabhängig von der zeitlichen Abfolge der Vertragsabschlüsse – einen objektiv engen sachlichen Zusammenhang zwischen dem Grundstückskaufvertrag und dem Bauvertrag (BFH-Urteil vom 23. November 1994 II R 53/94, BStBl. 1995 II S. 331).

Der Annahme eines vorbereiteten Geschehensablaufs stehen folgende Sachverhalte nicht entgegen:
- Der Bauvertrag steht unter der aufschiebenden Bedingung des Abschlusses des Grundstückskaufvertrags und der Finanzierungszusage einer Bank (BFH-Urteil vom 1. Oktober 2014 II R 20/13, BFH/NV 2015 S. 349).
- Dem Erwerber wird es nach dem Bauvertrag freigestellt, bestimmte Bauleistungen in Eigenarbeit zu erbringen oder anderweitig frei zu vergeben.
- Der Erwerber erledigt die verwaltungstechnischen Arbeiten selbst. Solche Arbeiten sind beispielsweise die Einholung der Baugenehmigung oder die Durchführung des Teilungsverfahrens.

3.5. Mehrere Personen auf der Veräußererseite

Treten auf der Veräußererseite mehrere Personen als Vertragspartner auf (Grundstückseigentümer, Makler, Bauunternehmen, Initiatoren, Bevollmächtigte, Treuhänder, Baubetreuer usw.), reicht für den objektiv engen sachlichen Zusammenhang die Bindung an eine bestimmte Bebauung nicht aus. Vielmehr muss 74
- eine enge personelle, wirtschaftliche oder gesellschaftsrechtliche Verbindung der Personen auf der Veräußererseite bestehen,
- eine Zusammenarbeit aufgrund von Abreden bei der Veräußerung erfolgen oder
- ein Hinwirken auf den Abschluss sowohl des Grundstückskaufvertrags als auch der Bauleistungsverträge durch abgestimmtes Verhalten gegeben sein.

Anl zu § 9 Abs. 1 Nr. 1

Ein zu einem objektiv engen sachlichen Zusammenhang führendes Zusammenwirken der Personen auf der Veräußererseite liegt vor, wenn diese ihr Verhalten aufeinander abstimmen und dadurch bewirken, dass der Interessent das Grundstück nur erhält, wenn er auch die Verträge über die Erbringung von Bauleistungen abschließt. Ein schriftlicher Vertrag zwischen den auf der Veräußererseite verbundenen bzw. auftretenden Personen ist nicht erforderlich. Es genügt ein tatsächliches, einvernehmliches Zusammenwirken, das bereits dann gegeben ist, wenn der im Übrigen passive Grundstückseigentümer dem Bauunternehmen das Grundstück „an die Hand" gibt (BFH-Urteil vom 21. September 2005 II R 49/04, BStBl. 2006 II S. 269).

Das gilt auch, wenn für den Erwerber das Zusammenwirken auf der Veräußererseite nicht erkennbar ist. Ausreichend ist, wenn dieses Zusammenwirken anhand äußerer Merkmale objektiv festgestellt werden kann. Selbst wenn der Erwerber trotz des Zusammenwirkens auf der Veräußererseite davon ausgeht, ein unbebautes Grundstück zu erwerben und dieses eigenverantwortlich zu bebauen, erwirbt er das bebaute Grundstück, wenn er – unerkannt – das tatsächlich vorliegende, einheitliche Angebot der Veräußererseite auf Erwerb des bebauten Grundstücks annimmt (BFH-Urteil vom 19. Juni 2013 II R 3/12, BStBl. II S. 965).

Für ein Zusammenwirken auf der Veräußererseite sprechen insbesondere folgende Indizien:

- Der Grundstücksveräußerer und das Bauunternehmen werben in gemeinsamen Anzeigen, Prospekten oder Internetauftritten unter Angabe des zu veräußernden Grundstücks.
- Die von dem Grundstücksveräußerer verkauften Grundstücke eines Baugebiets werden von demselben oder einem ihm verbundenen Unternehmen bebaut.
- Der Grundstücksveräußerer benennt dem Erwerber Bauunternehmen, die bereits Interesse an der Bebauung des zu veräußernden Grundstücks bekundet haben und/oder den baurechtlichen Vorschriften entsprechende Haustypen für das Grundstück anbieten können. Nicht ausreichend ist insoweit der allgemeine Hinweis auf in der näheren Umgebung tätige Bauunternehmen, die noch nicht mit der möglichen Bebauung des zur Veräußerung bestimmten Grundstücks befasst waren.

Keiner weiteren Indizien für das Zusammenwirken mehrerer Personen auf der Veräußererseite bedarf es in den Fällen, in denen nur eine dieser Personen ein einheitliches Angebot abgibt, da dessen Abgabe kaum denkbar ist, ohne dass eine Abstimmung mit den übrigen Personen erfolgt ist (BFH-Urteil vom 2. März 2006 II R 47/04, BFH/NV S. 1509). Dabei kommt es nicht darauf an, ob der Erwerber das einheitliche Angebot der Veräußererseite unverändert annimmt oder ob er der Veräußererseite konkrete Vorgaben macht, die dann zur Grundlage für das einheitliche, vom Erwerber akzeptierte Angebot über den Erwerb von Grundstück und Gebäude werden (BFH-Urteil vom 21. September 2005 II R 49/04, BStBl. 2006 II S. 269).

3.6. Gebäudeherstellungsverpflichtung auf der Veräußererseite

75 Voraussetzung für die Annahme eines bebauten Grundstücks als Erwerbsgegenstand ist, dass die auf Veräußererseite handelnden Personen zur Veränderung des körperlichen Zustands des Grundstücks verpflichtet sind. Umfangreiche Vorplanungen durch die Veräußererseite (z. B. Bebauungsvorschläge, Baubeschreibungen, Teilungspläne für Wohnungseigentum, geschätzte Kostenberechnungen) begründen für sich allein nicht die Annahme, dass ein vorbereiteter Geschehensablauf hingenommen wird oder faktische Zwänge vorliegen (BFH-Urteil vom 27. November 2013 II R 56/12, BStBl. 2014 II S. 534). Dies gilt auch für eine im Grundstückskaufvertrag übernommene zivilrechtliche Bauverpflichtung des Erwerbers gegenüber der Veräußererseite und für die Bindung des Erwerbers an eine bestimmte bauliche Gestaltung („Wie" der Bebauung), wenn die Veräußererseite nicht zur Gebäudeerrichtung verpflichtet ist. Auch ein Eigeninteresse der Veräußererseite daran, dass die Bebauung des erworbenen Grundstücks zeitnah und in der gestalterisch durch sie vorgegebenen Weise (etwa durch ein in den Grundstückskaufvertrag einbezogenes Gestaltungshandbuch) erfolgt, führt nicht zu einer der Veräußererseite zuzurechnenden zivilrechtlichen Herstellungspflicht (BFH-Urteil vom 6. Juli 2016 II R 5/15, BStBl. II S. 895).

Fehlt es an der Verpflichtung der Veräußererseite zur Herstellung des Gebäudes und wird das Gebäude stattdessen durch den Erwerber errichtet, liegt eine grunderwerbsteuerrechtlich nicht relevante eigennützige Leistung des Erwerbers an sich selbst vor.

Gegenstand des Erwerbsvorgangs ist dann nicht das bebaute Grundstück, sondern nur das unbebaute Grundstück. Das gilt auch dann, wenn der Veräußerer neben dem Grundstück Dienst- bzw. Sachleistungen anbietet, sich zur Lieferung beweglicher Gegenstände (z. B. Baumaterialien oder Fertighausteile) oder zur Bereitstellung von Planungsunterlagen verpflichtet (BFH-Urteil vom 27. Oktober 2004 II R 12/03, BStBl. 2005 II S. 220).

Indizien für eine derartige Konstellation sind insbesondere gegeben, wenn nach dem Grundstückserwerb Werkverträge mit den ausführenden Bauunternehmen und Handwerksbetrieben durch den Erwerber im eigenen Namen und auf eigene Rechnung abgeschlossen werden (BFH-Urteil vom 27. November 2013 II R 56/12, BStBl. 2014 II S. 534). Dem steht nicht entgegen, dass sich der Erwerber eines mit den Vorplanungen befassten Architekten, Projektanten oder Initiators bedient und Angebote über entsprechende Werkverträge vor dem Erwerb des Grundstücks vorlagen.

3.7. Erwerb eines (teil)bebauten Grundstücks

76 Ist ein Grundstück bei Abschluss des Grundstückskaufvertrags (teil)bebaut, ist Gegenstand der Besteuerung das Grundstück mindestens in diesem Zustand. Für die Grunderwerbsteuer kann ein Grundstück nicht in einem Zustand zum Erwerbsgegenstand gemacht werden, den es nicht mehr hat und nicht mehr erhalten soll (BFH-Urteile vom 21. Dezember 1981 II R 124/79, BStBl. 1982 II S. 330, und vom 16. Januar 2002 II R 16/00, BStBl. II S. 431).

3.8. Zusammenfassendes Schaubild 77

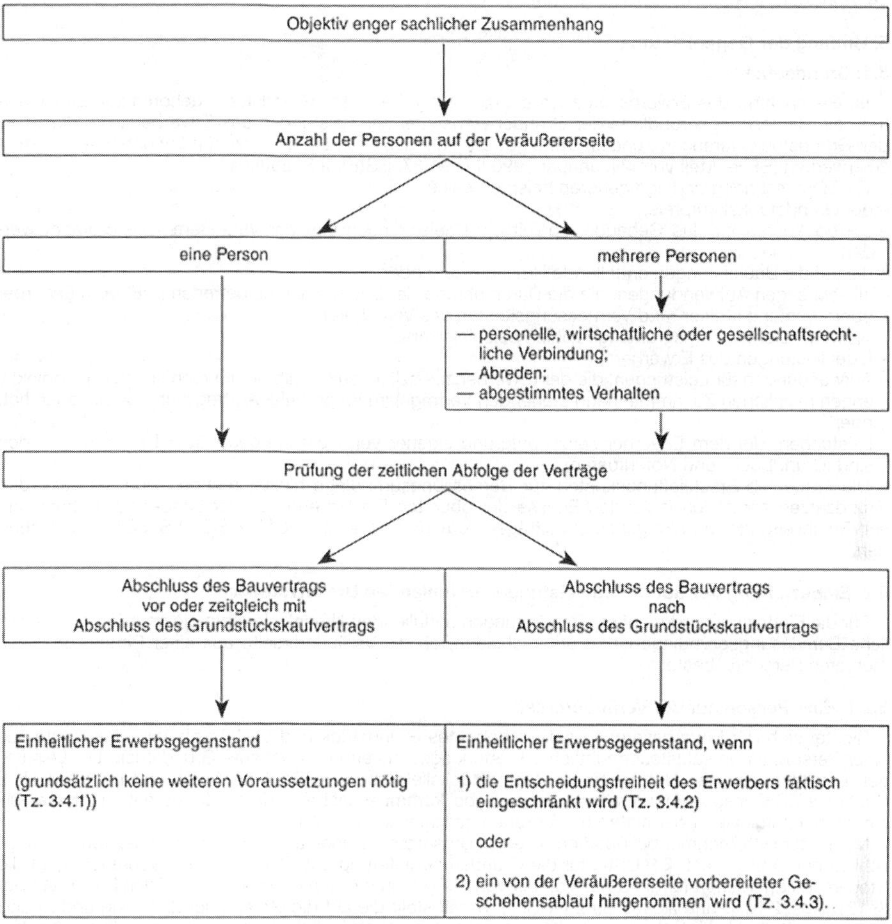

4. Sonderfälle

4.1. Erwerbe durch Funktionsträger (Treuhänder oder Projektanbieter)

Erwerben Funktionsträger mit bestimmendem Einfluss auf das „Ob" und „Wie" der Bebauung das Grundstück (z. B. weil sich nicht genügend Interessenten oder Treugeber gefunden haben), dann ist das Grundstück in dem Zustand zu besteuern, in dem es sich bei Vertragsabschluss befindet. Die künftig anfallenden Baukosten sind nicht in die Bemessungsgrundlage einzubeziehen. 78

4.2. Baubetreuung

Erbringt der Baubetreuer seine Tätigkeit ausschließlich im Interesse des Erwerbers und ist diese darauf ausgerichtet, die Veräußererseite zu überprüfen, dann sind die Kosten des Baubetreuers nicht in die Bemessungsgrundlage einzubeziehen. 79

4.3. Rohbau- und Ausbauarbeiten

Werden mehrere Vereinbarungen über die Erbringung verschiedener Bauleistungen – wie z. B. über die Erbringung der Rohbauarbeiten oder der Innenausbauarbeiten – geschlossen, gelten die Grundsätze zum Gegenstand des Erwerbsvorgangs für jede der Vereinbarungen entsprechend. Ein rechtlicher Zusammenhang (Tz. 3.3) oder ein objektiv enger sachlicher Zusammenhang (Tz. 3.4) zwischen der Vereinbarung über die Grundstücksübertragung und über die Erbringung der jeweiligen Bauleistungen ist für jede Bauleistungsvereinbarung gesondert zu prüfen (BFH-Urteil vom 3. März 2015 II R 9/14, BStBl. II S. 660). 80

4.4. Erbbaurechte

Die Grundsätze zum Gegenstand des Erwerbsvorgangs gelten für die Bestellung und den Erwerb von Erbbaurechten entsprechend. Voraussetzung ist ein rechtlicher Zusammenhang (Tz. 3.3) oder ein objektiv enger sachlicher Zusammenhang (Tz. 3.4) zwischen den Vereinbarungen über die Verpflichtung zur 81

Erbbaurechtsbestellung bzw. -übertragung und über die Erbringung von Bauleistungen (BFH-Urteil vom 24. April 2013 II R 53/10, BStBl. II S. 755).

5. Umfang der Gegenleistung

5.1. Grundsätze

82 Ist Gegenstand des Erwerbsvorgangs ein (zukünftig) bebautes Grundstück, gehören zur Gegenleistung als Bemessungsgrundlage der Grunderwerbsteuer alle Leistungen des Erwerbers, die dieser an den Grundstücksveräußerer und an Dritte gewährt, um das Grundstück im (zukünftig) bebauten Zustand zu erwerben (BFH-Urteil vom 24. Januar 1990 II R 94/87, BStBl. II S. 590).

Zur Bemessungsgrundlage gehören beispielsweise

- der Grundstückskaufpreis,
- die Baukosten für das Gebäude, soweit die Bauleistungen von der Veräußererseite erbracht werden,
- die auf die Bauleistungen entfallende Umsatzsteuer oder
- alle sonstigen Aufwendungen, die die Durchführung der Baumaßnahme betreffen (z. B. vom Erwerber übernommene Makler- und Vermessungskosten des Veräußerers).

Nicht zur Bemessungsgrundlage zählen beispielsweise

- Eigenleistungen des Erwerbers,
- Aufwendungen für Leistungen, die der Erwerber zusätzlich (außerhalb der im rechtlichen oder objektiv engen sachlichen Zusammenhang stehenden Verträge) im Wege freier Auftragsvergabe bezogen hat, oder
- Leistungen, die dem Erwerber selbst aufgrund eigener Verpflichtung gegenüber Dritten entstanden sind (Grundbuch- und Notarkosten).

Die Frage, ob Erschließungskosten zur Bemessungsgrundlage hinzuzurechnen sind, ist nach den Grundsätzen der gleich lautenden Erlasse der obersten Finanzbehörden der Länder zur Behandlung von Erschließungs- und Folgekostenbeiträgen vom 16. September 2015 (BStBl. I S. 823) zu entscheiden.

5.2. Einbeziehung der auf die Bauleistungen entfallenden Umsatzsteuer

83 Für die Einbeziehung der auf die Bauleistungen entfallenden Umsatzsteuer in die grunderwerbsteuerliche Bemessungsgrundlage ist zu unterscheiden, ob die Veräußererseite aus einer Person oder aus mehreren Personen besteht.

5.2.1. Eine Person auf der Veräußererseite

84 Richtet sich der Erwerbsvorgang auf ein bebautes Grundstück und besteht die Veräußererseite aus einer Person, ist umsatzsteuerrechtlicher Leistungsgegenstand das bebaute Grundstück. Die Leistungen des veräußernden Unternehmers (Grundstückslieferung und Bauerrichtung) sind nach § 4 Nr. 9 Buchst. a UStG insgesamt umsatzsteuerfrei. Dabei kommt es insbesondere nicht darauf an, ob die Vereinbarungen in einem oder mehreren Verträgen geschlossen werden.

Macht der Unternehmer bei Ausführung eines Umsatzes an einen anderen Unternehmer von der Möglichkeit der Option nach § 9 UStG für die Grundstückslieferung und Bauerrichtung Gebrauch, geht die Steuerschuldnerschaft für die Umsatzsteuer von dem veräußernden Unternehmer auf den Erwerber über (§ 13b Abs. 2 Nr. 3 und Abs. 5 Satz 1 UStG). Damit stellt die auf die Grundstückslieferung und Bauerrichtung entfallende Umsatzsteuer keine in die grunderwerbsteuerliche Bemessungsgrundlage einzubeziehende Gegenleistung dar.

5.2.2. Mehrere Personen auf der Veräußererseite

85 Richtet sich der Erwerbsvorgang auf ein bebautes Grundstück und besteht die Veräußererseite aus mehreren Personen, ist umsatzsteuerrechtlicher Leistungsgegenstand nicht das bebaute Grundstück. Nur die Leistung des grundstücksveräußernden Unternehmers ist nach § 4 Nr. 9 Buchst. a UStG umsatzsteuerfrei (Tz. 5.2.1). Die Bauleistungen der anderen Personen auf der Veräußererseite (z. B. Architekten, Bauunternehmer und -handwerker) unterliegen grundsätzlich der Umsatzsteuer.

Macht der grundstücksveräußernde Unternehmer bei Ausführung eines Umsatzes an einen anderen Unternehmer von der Möglichkeit der Option nach § 9 UStG Gebrauch, geht die Steuerschuldnerschaft für die Umsatzsteuer von dem Veräußerer auf den Erwerber über (§ 13b Abs. 2 Nr. 3 und Abs. 5 Satz 1 UStG). Die auf die Leistung des grundstücksveräußernden Unternehmers entfallende Umsatzsteuer stellt dann keine in die grunderwerbsteuerliche Bemessungsgrundlage einzubeziehende Gegenleistung dar.

Die auf die Bauleistungen der anderen Personen auf der Veräußererseite (z. B. Architekten, Bauunternehmer und -handwerker) entfallende und von diesen geschuldete Umsatzsteuer ist als Gegenleistung mit in die grunderwerbsteuerrechtliche Bemessungsgrundlage einzubeziehen. Die Einbeziehung der auf die Bauleistungen entfallenden Umsatzsteuer ist weder verfassungsrechtlich zu beanstanden (Beschluss des BVerfG vom 27. Dezember 1991 2 BvR 72/90, BStBl. 1992 II S. 212) noch verstößt diese Einbeziehung gegen geltendes Unionsrecht (Beschluss des Gerichtshofs der Europäischen Union vom 27. November 2008 C-156/08, HFR 2009 S. 419; EuGH-Urteil vom 20. März 2014 C-139/12, HFR S. 465).

6. Anzeigepflichten

86 Die Anzeigepflicht der Notare nach § 18 Abs. 1 Satz 1 Nr. 1 GrEStG erstreckt sich sowohl auf den Grundstückskaufvertrag als auch auf Verträge, die zivilrechtlich mit diesem eine Einheit bilden. Dies gilt

unabhängig davon, ob sie in derselben oder einer anderen Niederschrift beurkundet worden sind oder ob die Verträge mit dem Grundstückskaufvertrag im Wege einer Verknüpfungsabrede rechtlich verbunden sind (z. B. Treuhandvertrag, Baubetreuungsvertrag, Generalunternehmervertrag oder Bauvertrag).

Die Verletzung der Anzeigepflicht durch einen Notar führt nicht zur Anlaufhemmung i. S. v. § 170 Abs. 2 Satz 1 Nr. 1 AO (BFH-Urteil vom 16. Februar 1994 II R 125/90, BStBl. II S. 866). Die Verletzung der Anzeigepflicht kann jedoch zu einer Verlängerung der Festsetzungsfrist führen. Bei leichtfertiger Steuerverkürzung verlängert sich die Festsetzungsfrist von vier auf fünf Jahre und bei Steuerhinterziehung auf zehn Jahre (§ 169 AO).

Besteht keine zivilrechtliche Einheit zwischen Grundstückskaufvertrag und weiteren, nicht notariell beurkundeten Verträgen, sind die Beteiligten gemäß § 19 Abs. 2 Nr. 1 GrEStG zur Anzeige der weiteren Verträge verpflichtet. Es handelt sich um eine Steuererklärung (§ 19 Abs. 5 GrEStG). Die Verletzung der Anzeigepflicht der Beteiligten schiebt den Beginn der Festsetzungsfrist nach § 170 Abs. 2 Satz 1 Nr. 1 AO hinaus.

Sind sowohl der Notar als auch die Parteien des Erwerbsvorgangs zur Anzeige verpflichtet und hat der Notar seiner Anzeigepflicht nach § 18 GrEStG vollständig entsprochen, ist eine Anzeigepflichtverletzung der Beteiligten für § 170 AO ohne Bedeutung (BFH-Urteil vom 6. Juli 2005 II R 9/04, BStBl. II S. 780).

7. Schuldner der Grunderwerbsteuer

Besteht die Veräußererseite aus einer Person, sind Grundstückserwerber und Grundstücksveräußerer nach § 13 Nr. 1 GrEStG Gesamtschuldner der auf die Gegenleistung für den Erwerb des Grundstücks und die Bauleistungen entfallenden Grunderwerbsteuer. **87**

Besteht die Veräußererseite aus mehreren Personen, gilt dies entsprechend. Der Bauunternehmer, der mit dem Grundstückserwerber nur einen Bauerrichtungsvertrag abschließt, ist nicht Schuldner der Grunderwerbsteuer (BFH-Urteil vom 27. Oktober 1999 II R 17/99, BStBl. 2000 II S. 34).

8. Verfahrensrechtliche Hinweise zur Änderung des Grunderwerbsteuerbescheids

Wird nachträglich bekannt, dass ein Grundstückskaufvertrag in einem engen sachlichen Zusammenhang mit einem Bauvertrag steht, und soll deshalb die Grunderwerbsteuerfestsetzung geändert werden, ist dem Steuerpflichtigen Gelegenheit zur Stellungnahme zu geben. **88**

Eine bestandskräftige Steuerfestsetzung kann aufgrund nachträglich bekannt gewordener Tatsachen oder Beweismittel nach § 173 Abs. 1 Nr. 1 AO geändert werden. Voraussetzung hierfür ist, dass diese Tatsachen bei Erlass der Grunderwerbsteuerfestsetzung bereits vorhanden waren und bei Kenntnis vom Finanzamt hätten berücksichtigt werden können. Der Steuerpflichtige kann sich nicht auf eine Verletzung der Ermittlungspflichten des Finanzamts berufen, da er seine Anzeigepflicht nach § 19 Abs. 2 Nr. 1 GrEStG nicht erfüllt hat, wenn er eine die Gegenleistung erhöhende Tatsache nicht angezeigt hat. Ob der Steuerpflichtige weiß, dass ein solcher Vertrag grunderwerbsteuerrechtlich relevant ist, ist unerheblich (BFH-Urteile vom 25. März 1992 II R 46/89, BStBl. II S. 680; vom 14. Mai 2003 II R 25/01, BFH/NV S. 1395, und vom 25. Januar 2006 II R 61/04, BFH/NV S. 1059).

Entstehen Tatsachen wie z. B. der Abschluss eines Bauvertrages jedoch erst nach der Steuerfestsetzung, ist zu prüfen, ob ein rückwirkendes Ereignis vorliegt. Besteht zwischen dem Grundstückskaufvertrag und dem Bauvertrag ein objektiv enger sachlicher Zusammenhang, wird das erworbene unbebaute Grundstück erst dann im bebauten Zustand Gegenstand des Erwerbsvorgangs, wenn der Bauvertrag geschlossen wird. Der Abschluss des Bauvertrags, der nach der Steuerfestsetzung erfolgt, stellt ein rückwirkendes Ereignis i. S. des § 175 Abs. 1 Satz 1 Nr. 2 AO dar, welches die Bemessungsgrundlage der Grunderwerbsteuer auf den Zeitpunkt des Grundstückserwerbs dahingehend verändert, dass zu den Kosten des Grundstückserwerbs nunmehr auch die Baukosten hinzutreten (BFH-Urteil vom 25. Januar 2017 II R 19/15, BStBl. II S. 655). In diesen Fällen ist die Steuerfestsetzung, die auf den Erwerb eines unbebauten Grundstücks erfolgte, gemäß § 175 Abs. 1 Satz 1 Nr. 2 AO zu ändern.

9. Zeitlicher Anwendungsbereich

Dieser Erlass ergeht im Einvernehmen mit den obersten Finanzbehörden der anderen Länder und tritt an die Stelle der gleich lautenden Erlasse der obersten Finanzbehörden der Länder vom 14. März 2017 (BStBl. I S. 436) zum Gegenstand des Erwerbsvorgangs. Dieser Erlass ist in allen offenen Fällen anzuwenden.

Zu § 9 Abs. 2 GrEStG

Schreiben betr. Bemessungsgrundlage für Grundstückserwerbe in der Zwangsversteigerung unter Berücksichtigung der Befriedigungsfiktion des § 114 a ZVG

Anl zu § 9 Abs. 2

Vom 24. Juni 1987

(FM Bayern 37 – S 4521 – 9/29 – 36291; koord. Ländererlaß)

1. Beim Grundstückserwerb in der Zwangsversteigerung gehört auch der Betrag zur grunderwerbsteuerlichen Gegenleistung, in dessen Höhe der erwerbende Grundpfandgläubiger (Befriedigungsberechtigte) gemäß § 114 a ZVG aus dem Grundstück als befriedigt gilt (BFH-Urteil vom 16. Oktober 1985, BStBl. II 1986 S. 148). Die Befriedigungsfiktion ist gesetzliche Folge des Meistgebots und des anschließenden Zu- **101**

schlags; im Zwangsversteigerungsverfahren ist über den Eintritt der Rechtsfolge aus § 114a ZVG nicht zu entscheiden (BGH-Urteil vom 13. November 1986, NJW 1987 S. 503). Von den Vollstreckungsgerichten können daher in den von ihnen zu erstattenden Anzeigen keine Angaben über die Beträge verlangt werden, in deren Höhe die Erwerber aufgrund des § 114a ZVG als befriedigt gelten. Die Beträge müssen somit im Rahmen der Besteuerung der Erwerbe ermittelt werden. Dabei ist von dem nach § 74a Abs. 5 Satz 1 ZVG festgesetzten Grundstücks-Verkehrswert auszugehen, weil dieser für die Anwendung des § 114a ZVG bindend bleibt (BGH-Urteil vom 13. November 1986, a. a. O.).

102 **2.** Im Fall des BFH-Urteils vom 16. Oktober 1985 – a. a. O. – war der Befriedigungsberechtigte Meistbietender und Ersteher, weil ihm auf sein Meistgebot auch der Zuschlag erteilt worden war (§ 81 Abs. 1 ZVG).

Die Fiktion des § 114a ZVG gilt aber auch für den Befriedigungsberechtigten,

a) dem der Zuschlag nach § 81 Abs. 2 oder 3 ZVG erteilt wurde, weil der Meistbietende ihm das Recht aus dem Meistgebot abgetreten oder erklärt hatte, für ihn geboten zu haben (s. dazu auch *Zeller/Stöber,* Kommentar zum ZVG, 12. Auflage, Randnr. 2.6 zu § 114a);

b) dem der Zuschlag deswegen nicht erteilt wurde, weil er seine Rechte aus dem Meistgebot abgetreten hatte (s. dazu BFH-Urteil vom 16. Oktober 1985 – hier BStBl. II 1986 S. 150 links oben –).

103 **3.** In den Fällen der Nr. 2 Buchst. a und b liegen zwei Erwerbe vor, nämlich

a) der Erwerb durch den Meistbietenden nach § 1 Abs. 1 Nr. 4 GrEStG (s. dazu auch BFH-Urteil vom 13. Oktober 1965, BStBl. III S. 712, mit weiteren Nachweisen)

und zusätzlich

b) der Erwerb durch den Ersteher

aa) nach § 1 Abs. 2 GrEStG, wenn der Meistbietende für ihn geboten hatte (BFH-Urteil vom 26. März 1980, BStBl. II S. 523); hierunter fallen im allgemeinen die Fälle der vorstehenden Nr. 2 Buchst. a (s. dazu auch BFH-Urteil vom 19. November 1968, BStBl. II 1969 S. 92)

oder

bb) nach § 1 Abs. 1 Nr. 5 oder 7 GrEStG, wenn es sich um selbständige Abtretungen handelt, d. h. der Ersteher nicht schon einen Anspruch aus § 667 BGB hatte.

Auf den dem Erwerb i. S. des § 1 Abs. 2 GrEStG nachfolgenden Erwerb i. S. des § 1 Abs. 1 GrEStG ist dann § 1 Abs. 6 GrEStG anzuwenden.

Gilt der Befriedigungsberechtigte in einem Fall der unter Nr. 2 Buchst. a bezeichneten Art hinsichtlich seiner Rechte gemäß § 114a ZVG ganz oder teilweise als befriedigt, so kann hierin keine Gegenleistung für den **Erwerb durch den Meistbietenden** nach § 1 Abs. 1 Nr. 4 GrEStG gesehen werden, weil die Rechtsfolge aus § 114a ZVG nur den Befriedigungsberechtigten trifft und dieser keine Leistung i. S. des § 9 Abs. 2 Nr. 4 GrEStG erbringt. Es liegt jedoch eine Gegenleistung für den **Erwerb durch den Befriedigungsberechtigten** vor, weil zur Gegenleistung jede – auch gegenüber Dritten erbrachte – Leistung gehört, die der Erwerber als Entgelt für den Erwerb des Grundstücks gewährt (s. dazu BFH-Urteil vom 16. Oktober 1985 – a. a. O. –).

104 **4.** Bei den sogenannten Auftragserwerben im Zwangsversteigerungsverfahren hat der Meistbietende oftmals den zusätzlichen Auftrag, das ersteigerte Grundstück auch zu Eigentum zu übernehmen und für den Auftraggeber zu verwalten und zu verwerten. Auch in diesen Fällen liegen zwei der Grunderwerbsteuer unterliegende Erwerbsvorgänge (die Abgabe des Meistgebots durch den Meistbietenden sowie der Erwerb der Verwertungsmöglichkeit durch den Auftraggeber) vor. Dem steht nicht entgegen, daß sich der Herausgabeanspruch des Auftraggebers aus § 667 BGB dann wegen des dem Meistbietenden zusätzlich erteilten Auftrags nicht auswirkt (s. dazu auch BFH-Urteil vom 28. Juni 1972, BStBl. II S. 719). Es kommt auch nicht darauf an, ob der Meistbietende das Grundstück nur auf besondere Weisung des Auftraggebers oder nach eigenem Ermessen für Rechnung des Auftraggebers verwerten kann. Ein Betrag aus § 114a ZVG ist in diesen Fällen nur dann in die Gegenleistung für den Erwerb nach § 1 Abs. 2 GrEStG einzubeziehen, wenn (z. B. aufgrund einer Entscheidung des Prozeßgerichts) feststeht, daß der Erwerber insoweit als befriedigt gilt, obwohl er weder Meistbietender noch Ersteher war.

105 **5.** Nach der Rechtsprechung des Bundesfinanzhofs kann es im Einzelfall sachlich unbillig sein, die Grunderwerbsteuer sowohl für den Erwerb durch den Meistbietenden als auch für den Erwerb durch den von ihm Vertretenen zu erheben, wenn der Meistbietende den Grundstückserwerb weder wirtschaftlich noch rechtlich wollte (BFH-Urteile vom 7. November 1968, BStBl. II 1969 S. 41; 25. März 1969, BStBl. II S. 602 und 26. März 1980 – a. a. O. –). Hierunter fallen nicht die Fälle, in denen der Meistbietende nach dem ihm erteilten Auftrag im eigenen Namen bieten sollte (z. B. weil der Auftraggeber nicht als Bietender in Erscheinung treten wollte). In solchen Fällen ist die zweifache Erhebung von Grunderwerbsteuer ebenso gerechtfertigt wie bei Grundstückskäufen über eine Mittelsperson (s. dazu auch Beschluß des BVerfG vom 13. Juni 1983, HFR 1983 S. 532).

Dieses Schreiben ergeht im Einvernehmen mit den obersten Finanzbehörden der anderen Länder.

Rspr zu § 9 Abs. 1

Rechtsprechung zu § 9 Abs. 1[1]

1. BFH-Urteil vom 28. 10. 1989 II R 102/86 (BStBl. II S. 802):

110 Der Nachweis dafür, daß ein Grundstück zur Vermeidung der Enteignung für Straßenbauzwecke freiwillig veräußert wurde, ergibt sich auch aus der bestehenden und vom Grundstückskäufer darzulegenden Straßenbauplanung.

[1] Vgl. auch die Rechtsprechung zu § 8 GrEStG.

Rspr zu § 9 Abs. 1

noch **110**

2. BFH-Urteil vom 6. 12. 1989 II R 95/86 (BStBl. 1990 II S. 186):

Erwirbt der Gesellschafter einer Personenhandelsgesellschaft von dieser ein Grundstück „zum Buchwert", so ist dieser vereinbarte Preis (zuzüglich etwaiger weiterer Leistungen) auch dann der Berechnung der Grunderwerbsteuer zugrunde zu legen, wenn er weit unter dem Verkehrswert liegt. Die bewußte Hinnahme der Schmälerung des „inneren Werts" des Gesellschaftsrechts unter unveränderter Beibehaltung der Gesellschafterstellung kann als solche nicht Gegenleistung im grunderwerbsteuerrechtlichen Sinne sein.

3. BFH-Urteil vom 8. 8. 1990 II R 22/88 (BFH/NV 1991 S. 412):

1. Zur Gegenleistung i. S. des § 8 Abs. 1, § 9 Abs. 1 Nr. 1 GrEStG 1983 rechnet jede Leistung, die der Erwerber als Entgelt für die Veräußerung des Grundstücks in dem Zustand gewährt, in dem es zum Gegenstand des Erwerbsvorganges gemacht ist. Aus der Gegenleistung scheiden nur solche Leistungen des Erwerbers aus, die nicht den der Grunderwerbsteuer unterliegenden Rechtsvorgang betreffen, insbesondere also für eine andere Leistung aufgewendet werden als für die Verpflichtung, Besitz und Eigentum an dem Grundstück zu verschaffen.

2. Eine vom Käufer eines Grundstücks zum Ausgleich einer zu erwartenden Wertminderung des dem Verkäufer verbleibenden Grundstücks bezahlte „Entschädigung" ist als Teil des Kaufpreises in die Bemessungsgrundlage für die Grunderwerbsteuerfestsetzung einzubeziehen.

4. BFH-Urteil vom 9. 10. 1991 II R 20/89 (BStBl. 1992 II S. 152):

Beim Erwerb einer Eigentumswohnung ist der gleichzeitige Erwerb eines in der Instandhaltungsrückstellung nach § 21 Abs. 5 Nr. 4 WEG angesammelten Guthabens durch den Erwerber nicht in die grunderwerbsteuerrechtliche Gegenleistung einzubeziehen.

5. BFH-Urteil vom 9. 10. 1991 II R 91/90 (BFH/NV 1992 S. 264):

Verpflichtet sich der Erwerber einer Eigentumswohnung gleichzeitig mit dem Erwerb zur Bildung einer Instandhaltungsrückstellung nach § 21 Abs. 5 Nr. 4 WEG und zur Zahlung entsprechender Geldbeträge an den Verwalter, so sind diese Aufwendungen nicht in die grunderwerbsteuerrechtliche Gegenleistung einzubeziehen.

6. BFH-Urteil vom 18. 12. 1991 II R 54/89 (BStBl. 1992 II S. 301):

Bei der freiwilligen Veräußerung eines Grundstücks, die der Vermeidung einer Enteignung dient, gehören die von dem Enteignungsbegünstigten (Grundstückserwerber) zu übernehmenden, zur zweckentsprechenden Rechtsverfolgung oder Rechtsverteidigung notwendigen Aufwendungen des Veräußerers (z. B. Rechtsanwaltskosten) dann nicht zur Gegenleistung, wenn diese nach den enteignungsrechtlichen Vorschriften als Kosten des Verfahrens von dem Enteignungsbegünstigten ohne Rücksicht auf den Ausgang des Verfahrens zu übernehmen sind (Bestätigung und Fortentwicklung des Urteils vom 17. 10. 1990 II R 58/88, BFHE 162, 482, BStBl. II 1991, 146).

7. BFH-Urteil vom 25. 11. 1992 II R 122/89 (BFH/NV 1993 S. 688):

1. Als Gegenleistung im grunderwerbsteuerrechtlichen Sinn gilt jede Leistung, die der Erwerber als Entgelt für den Erwerb des Grundstücks gewährt oder die der Veräußerer als Entgelt für die Veräußerung des Grundstücks empfängt (vgl. z. B. BFH-Urteil vom 6. 12. 1989 II R 95/86, BFHE 159, 255, BStBl. II 1990, 186). Dies gilt sinngemäß auch beim Erwerb der Verwertungsbefugnis nach § 1 Abs. 2 GrEStG 1983. Zur Gegenleistung gehören dann alle Leistungen, die aufgewendet oder empfangen werden, um die Verwertungsbefugnis an dem Grundstück zu erlangen.

2. Für die Höhe der Gegenleistung kommt es – wie beim rechtsgeschäftlichen Erwerb eines Anspruches auf Eigentumsübertragung – auch beim Erwerb der Verwertungsbefugnis an einem Grundstück entscheidend auf den vertraglich vereinbarten – möglicherweise zukünftigen – Zustand des Grundstücks (Vertragsgegenstand) an. Bezieht sich ein Auftrags- bzw. Treuhandverhältnis und damit der Erwerb dererwertungsbefugnis auf ein bebautes Grundstück (Erbbaurecht), so gehören zur Gegenleistung insbesondere die zur Ausführung des Auftrags erforderlichen Aufwendungen des Treuhänders (Auftragnehmers), die diesem gemäß § 670 BGB vom Auftraggeber (Treugeber) zu erstatten sind, sowie – bei entgeltlicher Geschäftsbesorgung i. S. von § 675 BGB – auch das vom Auftraggeber an den Auftragnehmer zu zahlende Entgelt.

8. BFH-Urteil vom 13. 5. 1993 II R 82/89 (BFH/NV 1994 S. 574):

Ist die Einräumung eines Erbbaurechts Teil der vereinbarten Übernahme des gesamten Unternehmens mit allen Aktiven und Passiven, ist zur Ermittlung der der Grunderwerbsteuer unterliegenden Gegenleistung die Gesamtgegenleistung wie für den Erwerb eines Unternehmens im ganzen auf die Grundstücke i. S. des Grunderwerbsteuerrechts und andere Gegenstände nach dem Verhältnis zu verteilen, in dem der Wert der Grundstücke zum Wert der sonstigen Gegenstände steht. Führt der Erwerber das Unternehmen fort, ist für die Aufteilung von den Teilwerten der übergegangenen Wirtschaftsgüter auszugehen.

9. BFH-Urteil vom 16. 2. 1994 II R 114/90 (BFH/NV 1995 S. 65):

Zahlt der Mieter eines Grundstücks dem Veräußerer für den Erwerb des Grundstücks neben dem Barkaufpreis zusätzlich eine Entschädigung für die vorzeitige Beendigung des Mietverhältnisses, so stellt die Entschädigung Gegenleistung für den Erwerb des Grundstücks dar. Es handelt sich insoweit um eine zusätzliche Vergütung für eine sich aus dem grunderwerbsteuerpflichtigen Vorgang notwendigerweise ergebende Rechtsfolge, nämlich die Beendigung des Mietverhältnisses und die Aufgabe der Nutzungsmöglichkeit durch den Verkäufer.

Rspr zu § 9 Abs. 1

noch 110

10. BFH-Urteil vom 26. 10. 1994 II R 2/92 (BFH/NV 1995 S. 638):

1. Eine sonstige Leistung i. S. von § 9 Abs. 1 Nr. 1 GrEStG 1983 kann auch in der schuldbefreienden Übernahme von Darlehensverpflichtungen liegen, die durch auf einem Grundstück ruhende Grundschulden gesichert werden. Die Übernahme der auf dem Grundstück lastenden Grundschulden durch den Erwerber stellt daneben keine (weitere) Gegenleistung dar.

2. Übernimmt der Erwerber eines im sozialen Wohnungsbau errichteten Mietwohngrundstücks Verpflichtungen aus zinslosen Aufwendungsdarlehen, mit denen er der Mietpreisbindung unterliegt, so stellt die Unverzinslichkeit der Aufwendungsdarlehen keinen Umstand dar, diese bei der Ermittlung der grunderwerbsteuerlichen Gegenleistung mit einem vom Nennwert abweichenden (niedrigeren) Wert anzusetzen.

3. Werden als Gegenleistung übernommene Rückerstattungsansprüche aus einem Aufwendungsdarlehen vereinbarungsgemäß nicht geltend gemacht, soweit und solange die Ertragslage des Kaufobjekts bei ordnungsgemäßer Bewirtschaftung eine Bedienung der Darlehensforderung nicht ermöglicht, stellen diese Rückerstattungsansprüche keine aufschiebend bedingten Lasten dar, die nach § 6 Abs. 1 BewG bei der Gegenleistung unberücksichtigt bleiben müßten.

11. BFH-Urteil vom 6. 12. 1995 II R 46/93 (BFH/NV 1996 S. 578):

Die vom Erbbauberechtigten im Vertrag über die Bestellung des Erbbaurechts gegenüber dem Grundstückseigentümer eingegangene Verpflichtung zur Restaurierung des auf dem Grundstück vorhandenen Gebäudes kann Gegenleistung für die Einräumung des Erbbaurechts sein, wenn sie im Interesse des Grundstückseigentümers liegt, über die normale und übliche Erhaltungspflicht hinausgeht und die sonstigen Vertragsbedingungen dazu führen, daß das Gebäude später in renoviertem Zustand wieder auf den Grundstückseigentümer übergeht.

12. BFH-Urteil vom 17. 1. 1996 II R 47/93 (BFH/NV S. 579):

Alle Leistungen, zu denen sich in einem Leasingvertrag der Leasingnehmer gegenüber dem Leasinggeber deswegen verpflichtet, damit dieser auf einem Grundstück ein Gebäude errichtet, dem Leasingnehmer das wirtschaftliche Eigentum verschafft, es dem Leasingnehmer zur Nutzung überläßt und diesem das Recht einräumt, das Grundstück nach Ablauf der Leasingzeit unentgeltlich zu erwerben, sind grunderwerbsteuerrechtlich Gegenleistung. Dabei kommt es nicht darauf an, ob vom Tatbestand des § 1 Abs. 1 oder des § 1 Abs. 2 GrEStG 1983 auszugehen ist.

13. BFH-Urteil vom 22. 1. 1997 II R 23/96 (BFH/NV S. 705):

Ist in einem notariell beurkundeten Grundstückskaufvertrag vereinbart worden, daß der Kaufpreis erst „fällig" werden soll, wenn ein positiver Bescheid über die Bebaubarkeit des Grundstücks vorliegt, so schließt die Verwendung des Wortes „Fälligkeit" es aus, die Erklärungen der Vertragsparteien dahin zu verstehen, daß sie damit die Wirksamkeit der Verpflichtung zur Zahlung des Kaufpreises dem Grunde nach vom Eintritt eines künftigen ungewissen Ereignisses abhängig machen wollten. Vielmehr sollte von dem Eintritt der Bedingung lediglich die Fälligkeit des Kaufpreises abhängig sein.

14. BFH-Urteil vom 5. 3. 1997 II R 81/94 (BFH/NV S. 613):

Überträgt eine Personengesellschaft Grundstücke auf ihre Gesellschafter lediglich gegen Übernahme der auf den Grundstücken grundpfandrechtlich gesicherten Darlehensverbindlichkeiten, so liegt – außer der Übernahme der Darlehensverbindlichkeiten – regelmäßig eine weitere Gegenleistung im grunderwerbsteuerrechtlichen Sinne auch dann nicht vor, wenn der Wert der Grundstücke (gegebenenfalls deutlich) höher ist als die übernommenen Darlehensverbindlichkeiten.

15. BFH-Beschluß vom 13. 2. 1998 II B 69/97 (BFH/NV S. 1256):

Durch das Urteil des EuGH vom 8. 7. 1986 Rs. 73/85 (UR 1986, 297) wird die Rechtsfrage, ob gesondert in Rechnung gestellte Umsatzsteuer bei der Grunderwerbsteuer zur Gegenleistung gehört, nicht neu aufgeworfen.

16. BFH-Urteil vom 17. 6. 1998 II R 35/96 (BFH/NV S. 1527):

1. Werden zusammen mit einem Grundstück weitere Gegenstände (körperliche Gegenstände oder Rechte) gegen Entgelt veräußert, die nicht unter den Grundstücksbegriff des § 2 GrEStG 1983 fallen, ist der Aufwand für diesen Erwerb regelmäßig nicht zur Gegenleistung zu rechnen, weil insoweit keine Leistung für den Erwerb eines Grundstücks vorliegt. In diesen Fällen ist zu prüfen, ob die Vertragschließenden eine Gesamtgegenleistung oder Einzelpreise vereinbart haben.

2. Liegt eine Gesamtgegenleistung vor, ist diese nach dem Verhältnis der Verkehrswerte des Grundstücks und der sonstigen Gegenstände aufzuteilen (vgl. Senatsentscheidung vom 13. 3. 1993 II R 82/89, BFH/NV 1993, 574, 575). Bei der verhältnismäßigen Aufteilung sind grundsätzlich auch Geschäfts- bzw. Firmenwerte zu berücksichtigen, soweit sie mit den übertragenen Gegenständen zusammenhängen und einen bestimmten immateriellen Wert abgelten (vgl. Senatsentscheidung vom 31. 10. 1973 II R 97/66, BFHE 111, 356, BStBl. II 1974, 250).

3. Liegt eine Vereinbarung von Einzelpreisen vor, ist zu prüfen, ob diese in der Zuordnung zu den einzelnen Gegenständen objektiv angemessen erscheinen und steuerlich unter dem Gesichtspunkt des Gestaltungsmißbrauchs (§ 42 AO 1977) anerkannt werden können. Ist einer möglichen Einzelpreisvereinbarung die steuerliche Anerkennung zu versagen, ist – wie bei einer Gesamtgegenleistung – eine verhältnismäßige Aufteilung vorzunehmen.

17. BFH-Urteil vom 30. 9. 1998 II R 13/96 (BFH/NV 1999 S. 666):

1. Die Voraussetzungen des § 8 Abs. 2 Nr. 1 2. Alt. GrEStG 1983, wonach die Steuer nach dem Wert des Grundstücks zu bemessen ist, wenn die Gegenleistung nicht zu ermitteln ist, liegen bei einem sog.

Public-Leasing-Vertrag nicht vor, wenn alle Leistungen, die der Leasingnehmer nach dem Leasingvertrag zu erbringen hat, Gegenleistung für die Einräumung der Verwertungsbefugnis sind (vgl. BFH-Urteil vom 17. 1. 1996 II R 47/93, BFH/NV 1996, 579).

Rspr zu § 9 Abs. 1

2. Als Gegenleistung im grunderwerbsteuerrechtlichen Sinn gilt jede Leistung, die der Erwerber als Entgelt für den Erwerb des Grundstücks gewährt oder die der Veräußerer als Entgelt für die Veräußerung des Grundstücks empfängt. Der Erwerb des Grundstücks und die Gegenleistung für den Erwerb müssen kausal verknüpft sein (ständige Rechtsprechung; vgl. z. B. BFH-Urteil vom 6. 12. 1989 II R 95/86, BFHE 159, 255, BStBl. II 1990, 186). *noch* **110**

3. Bei dem Tatbestand des § 1 Abs. 2 GrEStG 1983 gehören zur Gegenleistung alle Leistungen, die aufgewendet oder empfangen werden, um die Rechte und Rechtspositionen in bezug auf ein Grundstück zu erlangen, die insgesamt als Verwertungsbefugnis an dem Grundstück zu werten sind (BFH-Urteil in BFH/NV 1996, 579).

4. Die von einem Leasingnehmer nach dem Leasingvertrag zu erbringenden Leistungen sind kausal mit dem Erwerb der Verwertungsbefugnis verknüpft, wenn dem Leasingnehmer die insgesamt als Verwertungsbefugnis i. S. des § 1 Abs. 2 GrEStG 1983 zu wertenden Rechtspositionen nur wegen seines Leistungsversprechens eingeräumt wurden und der Leasingnehmer seinerseits die Verpflichtungen deswegen eingegangen ist, damit ihm die Verwertungsbefugnis am Grundstück übertragen wird.

18. BFH-Beschluss vom 11. 11. 1998 II B 19/98 (BFH/NV 1999 S. 669):

Bei Übertragung der Verwertungsbefugnis an einem Gebäude mit noch zu errichtendem (mit noch zu renovierendem) Gebäude sind auch alle vom Erwerber für die Errichtung (Renovierung) des Gebäudes aufzuwendenden Entgelte in die Steuerbemessungsgrundlage (Gegenleistung) einzubeziehen. Hierzu gehören nicht nur der vom Treugeber an den Treuhänder zu zahlende Aufwendungsersatz nach § 670 BGB, sondern auch Zahlungen an Dritte, die der Treugeber aufzuwenden hat, um die Verwertungsbefugnis an dem Grundstück in dem von den Vertragsbeteiligten bestimmten, möglicherweise zukünftigen Zustand zu erlangen.

Ohne Bedeutung ist es deshalb, ob der Treuhänder die der Bebauung dienenden Verträge im Rahmen seines Treuhandauftrages im eigenen Namen abschließt und einen entsprechenden Ersatzanspruch gegen die Treugeber nach § 670 BGB hat oder ob er lediglich als Bevollmächtigter auftritt und die Verträge im Namen und für Rechnung des Treugebers abschließt, so daß Vergütungsansprüche Dritter gegen den Treugeber entstehen.

19. BFH-Beschluss vom 24. 10. 2000 II B 38/00 (BFH/NV 2001 S. 482):

Nach § 9 Abs. 1 Nr. 4 GrEStG 1983 gilt beim Meistgebot im Zwangsversteigerungsverfahren als Gegenleistung das Meistgebot einschließlich der bestehen bleibenden Rechte. Darunter fallen solche Rechte, die bei der Feststellung des geringsten Gebots berücksichtigt und nicht durch Zahlung zu decken sind (vgl. § 52 ZVG). Als bestehen bleibende Rechte sind die Hypotheken und die Grundschulden mit ihrem Kapitalbetrag, dem Nennwert, anzusetzen, u. z. unabhängig davon, ob ein solches Recht dem Meistbietenden zusteht oder ob ein Grundpfandrecht vom Meistbietenden erst kurz vor der Versteigerung zu einem Bruchteil seines Nennwerts erworben wurde (BFH-Urteil vom 23. 1. 1985 II R 36/83, BFHE 143, 158, BStBl. II 1985, 339).

20. BFH-Beschluss vom 21. 11. 2000 II B 45/99 (BFH/NV 2001 S. 642):

Die dem Grundstückskäufer in Rechnung gestellte Umsatzsteuer gehört als Teil des Kaufpreises zur Bemessungsgrundlage für die Grunderwerbsteuer. Die Vorsteuerabzugsberechtigung des Käufers rechtfertigt es nicht, die Kaufpreisforderung gemäß § 12 Abs. 1 Satz 1 BewG niedriger zu bewerten. Das Recht zum Vorsteuerabzug stellt keinen besonderen Umstand im Sinne des § 12 Abs. 1 BewG dar.

21. BFH-Urteil vom 15. 3. 2001 II R 39/99 (BStBl. 2002 II S. 93):

Wird ein im Zeitpunkt des Abschlusses eines Grundstückskaufvertrages noch unerschlossenes Grundstück als solches („unerschlossen") zum Gegenstand der zivilrechtlichen Übereignungsverpflichtung gemacht und übernimmt der Erwerber gleichzeitig mit dem Abschluss des Kaufvertrages gegenüber der Gemeinde oder einem von ihr nach § 124 Abs. 1 BauGB beauftragten Erschließungsträger die Verpflichtung, für die zukünftige Erschließung des Grundstücks einen bestimmten Betrag zu zahlen, liegt hierin kein Entgelt für den Erwerb des Grundstücks.

22. BFH-Urteil vom 15. 3. 2001 II R 51/00 (BFH/NV S. 1297):

1. *(wie vorstehende Nr. 21)*

2. Ein rechtlicher oder objektiv sachlicher Zusammenhang zwischen dem Grundstückskaufvertrag und dem Vertrag über die Entrichtung der Erschließungskosten im Sinne der von der Rechtsprechung zum Erwerb eines Grundstücks im zukünftig bebauten Zustand entwickelten Grundsätze (vgl. BFH-Urteil vom 27. 10. 1999 II R 17/99, BFHE 189, 550, BStBl. II 2000, 34) scheidet wegen des sich aus der öffentlich-rechtlichen Erschließungslast der Gemeinde (§ 123 BauGB) ergebenden besonderen Charakters der Grundstückserschließung regelmäßig aus.

23. BFH-Urteil vom 11. 2. 2004 II R 31/02 (BStBl. II S. 521):

Hat der Veräußerer eines noch nicht erschlossenen Grundstücks einen wirksamen Vertrag über die Ablöse künftig entstehender Erschließungskosten mit der Gebietskörperschaft nach § 133 Abs. 3 Satz 5 BauGB geschlossen und übernimmt der Erwerber die vom Veräußerer noch nicht erfüllte Verpflichtung aus dem Ablösevertrag, so ist Gegenstand des Erwerbsvorgangs regelmäßig das unerschlossene Grundstück. Die Übernahme der Verbindlichkeit stellt keine Gegenleistung dar.

Rspr zu § 9 Abs. 1

noch 110

24. BFH-Urteil vom 27. 10. 2004 II R 22/03 (BStBl. 2005 II S. 301):

Erwirbt eine Gemeinde einen Teil der von ihr durch Aufstellung eines Bebauungsplans und Sicherung der Erschließung baureif gemachten Grundflächen, ist der beim Grundstücksveräußerer für die ihm verbleibenden und nunmehr baureifen Teilflächen eintretende Wertzuwachs grundsätzlich keine Gegenleistung der erwerbenden Gemeinde für ihren Grundstückserwerb.

25. BFH-Urteil vom 2. 6. 2005 II R 6/04 (BStBl. II S. 651):

1. Bei einem zur Abwendung einer Enteignung geschlossenen Grundstückskaufvertrag über einen Teil eines Betriebsgrundstücks gehören neben dem Kaufpreis auch Entschädigungsleistungen, die dem Verkäufer zum Ausgleich für Vermögensnachteile infolge der Grundstücksveräußerung (insbesondere für eine Betriebseinschränkung oder -verlegung) gezahlt werden, zur Gegenleistung nach § 8 Abs. 1, § 9 Abs. 1 Nr. 1 GrEStG.

2. § 9 Abs. 1 Nr. 7 Satz 2 GrEStG nimmt ausschließlich die besondere Entschädigung für eine Wertminderung der nicht enteigneten Grundstücke von der als Gegenleistung anzusetzenden Bemessungsgrundlage der Grunderwerbsteuer aus. Keine Wertminderung der nicht enteigneten Grundstücke sind Vermögensnachteile, die an anderen Vermögensgütern des Veräußerers eintreten.

26. BFH-Urteil vom 8. 6. 2005 II R 26/03 (abgedruckt zu § 2)

27. BFH-Urteil vom 14. 6. 2006 II R 12/05 (BFH/NV S. 2126):

1. Verpflichtet sich der Grundstückskäufer zu einer Vorleistung des Kaufpreises, liegt darin in Gestalt der Überlassung der Kapitalnutzungsmöglichkeit eine sonstige Leistung i. S. des § 9 Abs. 1 Nr. 1 GrEStG.

2. Auch ein Kapitalnutzungsvorteil, dessen Zeitdauer weniger als ein Jahr beträgt, ist nach Maßgabe des § 15 Abs. 1 BewG zu bewerten.

28. BFH-Urteil vom 13. 12. 2006 II R 22/05 (BFH/NV 2007 S. 1183):

Erwirbt ein Steuerpflichtiger neben dem Grundstück auch die auf dem Grundstück lastende grundpfandrechtlich gesicherte Forderung der Bank einschließlich dinglichem Grundpfandrecht, gehört der an die Bank entrichtete Betrag als zusätzliche Gegenleistung für den Grundstückserwerb zur Bemessungsgrundlage i. S. des § 8 I GrEStG, wenn der Käufer die Forderung langfristig nicht ernsthaft geltend macht.

29. BFH-Urteil vom 21. 3. 2007 II R 67/05 (BStBl. II S. 614):

Ist Gegenstand der Übereignungsverpflichtung ein unerschlossenes Grundstück und verpflichtet sich der Grundstücksverkäufer, der gleichzeitig Erschließungsträger i. S. des § 124 Abs. 1 BauGB ist, gegenüber dem Erwerber zur Grundstückserschließung nach Maßgabe des mit der Gemeinde geschlossenen Erschließungsvertrags, gehört das vom Erwerber zu zahlende Entgelt für die künftige Erschließung nicht zur grunderwerbsteuerrechtlichen Gegenleistung.

30. BFH-Urteil vom 14. 11. 2007 II R 64/06 (BStBl. 2008 II S. 486):

Erwirbt der Eigentümer eines erbbaurechtsbelasteten Grundstücks das Erbbaurecht, gehört die Erbbauzinsreallast nicht zur grunderwerbsteuerlichen Gegenleistung.

31. BFH-Urteil vom 30. 3. 2009 II R 1/08 (BFH/NV S. 1666):

Ein Kaufpreis i. S. des § 9 Abs. 1 Nr. 1 GrEStG muss nicht zahlenmäßig festgelegt sein. Es reicht aus, dass dieser nach objektiven Merkmalen bestimmbar ist.

32. BFH-Urteil vom 23. 9. 2009 II R 20/08 (BStBl. 2010 II S. 495):

Kauft ein Erwerber von einer Gemeinde ein Grundstück, das im Zeitpunkt des Vertragsabschlusses bereits erschlossen ist, und enthält der vereinbarte Kaufpreis Kosten für die Erschließung sowie für durchgeführte Ausgleichsmaßnahmen nach § 135 a Abs. 2 BauGB für den Naturschutz, gehört auch der auf die Erschließung und die Ausgleichsmaßnahmen entfallende Teil des Kaufpreises zur Bemessungsgrundlage der Grunderwerbsteuer.

33. BFH-Urteil vom 28. 10. 2009 II R 18/08 (BStBl. 2010 II S. 497):

Verpflichtet sich eine Stadt als Verkäuferin eines Grundstücks, auf dem die vom Erwerber beabsichtigte Nutzung einen naturschutzrechtlichen Eingriff erfordert, die noch ausstehende Ausgleichsmaßnahme an anderer Stelle (§ 135 a Abs. 2 BauGB) durchzuführen, und verpflichtet sich der Erwerber zur Zahlung der dadurch entstehenden Kosten, sind diese auch dann Teil der Gegenleistung sowie der Bemessungsgrundlage der Grunderwerbsteuer, wenn die Ausgleichsmaßnahme an anderer Stelle dem erworbenen Grundstück i. S. von § 9 Abs. 1 a Satz 2 BauGB zugeordnet worden ist.

34. BFH-Urteil vom 8. 9. 2010 II R 28/09 (BStBl. 2011 II S. 227):

Eine vom Erbbauberechtigten übernommene Verpflichtung zur umfassenden Sanierung des vorhandenen Gebäudes ist keine Gegenleistung für die Bestellung des Erbbaurechts, wenn der Grundstückseigentümer an den Erbbauberechtigten jährlich Investitionszuschüsse zahlt und diese insgesamt einer Entschädigung für die Sanierung des Gebäudes entsprechen.

35. BFH-Urteil vom 17. 4. 2013 II R 1/12 (BStBl. II S. 637):

Ist der Veräußerer eines Grundstücks verpflichtet, dem Erwerber Erwerbsnebenkosten zu erstatten, vermindert sich die Bemessungsgrundlage der Grunderwerbsteuer um die zu erstattenden Kosten mit Ausnahme der Grunderwerbsteuer.

36. BFH-Urteil vom 11. 6. 2013 II R 30/11 (BFH/NV S. 1632):

Rspr zu § 9 Abs. 1

noch **110**

Die für den Erwerb eines erbbaurechtsbelasteten Grundstücks vereinbarte Gegenleistung ist nicht um einen kapitalisierten Erbbauzinsanspruch zu kürzen, wenn der Erwerber gleichzeitig das Erbbaurecht erwirbt und bereits im Erwerbszeitpunkt die Aufhebung des Erbbaurechts beabsichtigt. In diesem Fall ist der Wert des Erbbauzinsanspruchs mit Null anzusetzen.

37. BFH-Urteil vom 15. 7. 2015 II R 11/14 (BFH/NV S. 1602):

1. Die Grunderwerbsteuer bemisst sich nach dem Wert der Gegenleistung (§ 8 Abs. 1 GrEStG). Bei einem Meistgebot im Zwangsversteigerungsverfahren gilt als Gegenleistung das Meistgebot einschließlich der Rechte, die nach den Versteigerungsbedingungen bestehen bleiben (§ 9 Abs. 1 Nr. 4 GrEStG).

2. Im Falle bestehen bleibender Rechte erwirbt der Ersteher das Eigentum an dem unverändert mit diesen Rechten belasteten Grundstück; das gilt auch, wenn ein solches Recht, wie z. B. der Nießbrauch an dem Grundstück dem Ersteher zusteht; das Nießbrauchsrecht an einem fremden Grundstück erlischt nicht dadurch, dass der Berechtigte das Eigentum an dem Grundstück erwirbt.

3. Als bestehen bleibendes Recht ist der Nießbrauch mit dem durch das Vollstreckungsgericht bestimmten Zuzahlungsbetrag als Teil der Bemessungsgrundlage der Grunderwerbsteuer anzusetzen.

38. BFH-Urteil vom 10. 5. 2017 II R 16/14 (BStBl. II S. 964):

Bei dem Erwerb eines Grundstücks zur Errichtung einer Windkraftanlage gehört eine Entschädigungszahlung, die der Käufer an den Verkäufer für An- und Durchschneidungen und ggf. notwendige Baulasten und Dienstbarkeiten auf anderen Grundstücken des Verkäufers zahlt, nicht zur Bemessungsgrundlage der Grundwerbsteuer.

39. BFH-Urteil vom 17. 5. 2017 II R 7/15 (BStBl. 2018 II S. 23):

Beim Erwerb weiterer Flächen aufgrund eines gesetzlichen Anspruchs nach § 3 Abs. 7 b Satz 2 i. V. m. Abs. 7 a AusglLeistG gegen Zahlung eines Kaufpreisaufschlags führt die nur wertmäßige Zuordnung eines Teils des bereits für andere Flächen entrichteten Kaufpreises zu den neuen Flächen nicht zur Erhöhung der Bemessungsgrundlage der Grunderwerbsteuer. – *Ebenso BFH II R 8/15 (BFH/NV 2018 S. 55).*

40. BFH-Urteil vom 6. 12. 2017 II R 55/15 (BStBl. 2018 II S. 406):

Verpflichtet sich der Grundstückskäufer im Zusammenhang mit dem Grundstückskaufvertrag, dem Mieter eine beschränkte persönliche Dienstbarkeit gegen angemessenes Entgelt zu bestellen, liegt darin keine Gegenleistung für das Grundstück i. S. von § 8 Abs. 1, § 9 Abs. 1 Nr. 1 GrEStG.

41. BFH-Urteil vom 5. 12. 2019 II R 37/18 (BStBl. 2020 II S. 236):

Verpflichtet sich der Käufer beim Kauf eines Grundstücks, dieses dem Verkäufer ohne angemessenes Entgelt zur Nutzung zu überlassen, liegt darin eine Gegenleistung für das Grundstück.

42. BFH-Urteil vom 16. 8. 2020 II R 49/17 (BStBl. 2021 II S. 339):

Beim rechtsgeschäftlichen Erwerb von Teileigentum ist der vereinbarte Kaufpreis als Bemessungsgrundlage der Grunderwerbsteuer nicht um die anteilige Instandhaltungsrückstellung zu mindern.

43. BFH-Urteil vom 25. 1. 2022 II R 36/19 (BStBl. 2023 II S. 719):

1. Bemessungsgrundlage für die Grunderwerbsteuer sind diejenigen Leistungen, die für den Erwerb des Grundstücks im Sinne des bürgerlichen Rechts zu erbringen sind. Eine Gegenleistung für Scheinbestandteile gehört nicht zur Bemessungsgrundlage.

2. Gehölze sind Scheinbestandteile, wenn bereits zum Zeitpunkt von Aussaat oder Pflanzung vorgesehen war, sie wieder von dem Grundstück zu entfernen. Dazu können auch Forstbäume zählen.

44. BFH-Urteil vom 23. 2. 2022 II R 45/19 (BStBl. 2023 II S. 721):

1. *(wie vor)*

2. Gehölze sind Scheinbestandteile, wenn bereits zum Zeitpunkt von Aussaat oder Pflanzung vorgesehen war, sie wieder von dem Grundstück zu entfernen. Das gilt auch für sog. Weihnachtsbaumkulturen.

45. BFH-Urteil vom 23. 2. 2022 II R 9/21 (BFH/NV S. 1194):

Veräußert ein privater Erschließungsträger ein von ihm zu erschließendes, im Zeitpunkt des Erwerbs aber noch unerschlossenes Grundstück, und sind die in dem Kaufpreis enthaltenen Erschließungskosten nicht gesondert ausgewiesen, ist Gegenstand des Erwerbsvorgangs das Grundstück im erschlossenen Zustand.

46. BFH-Urteil vom 28. 9. 2022 II R 32/20 (BStBl. 2023 II S. 255):

Veräußert eine erschließungspflichtige Gemeinde ein Grundstück und übernimmt der Erwerber dabei die vertragliche Verpflichtung, für die zukünftige Erschließung des Grundstücks einen bestimmten Betrag zu zahlen, ist Gegenstand des Erwerbsvorgangs regelmäßig nur das unerschlossene Grundstück (Fortsetzung des BFH-Urteils vom 15. 3. 2001 – II R 39/99). – *Ebenso BFH v. 28. 9. 2022 II R 31/20 (BFH/NV 2023 S. 150).*

47. BFH-Urteil vom 23. 11. 2022 II R 26/21 (BFH/NV 2023 S. 387):

Die im Rahmen eines öffentlichen Wohnraumfördermodells vom Grundstücksverkäufer übernommene Verpflichtung, noch zu errichtende Wohnungen zu einem verbilligten Mietzins an Dritte zu überlassen, stellt keine grunderwerbsteuerbare Gegenleistung des Grundstückskäufers dar, wenn ihm im Rahmen des Gesamtkonzepts zugleich zinsgünstige Darlehen gewährt werden.

48. BFH-Beschluss vom 30. 8. 2023 II B 45/22 (BFH/NV S. 1319):

Leistungen an einen Dritten gehören zur grunderwerbsteuerrechtlichen Gegenleistung (Bemessungsgrundlage) nach § 9 Abs. 1 Nr. 1 des Grunderwerbsteuergesetzes, wenn sie gewährt werden, um das Grundstück in dem vereinbarten Zustand zu erwerben. Es ist nicht entscheidend, ob ein Vertrag zugunsten Dritter vorliegt.

Rspr zu § 9 Abs. 1 Nr. 1

Rechtsprechung zu § 9 Abs. 1 Nr. 1 Einheitliches Vertragswerk/Einheitlicher Erwerbsgegenstand[1]

Hinweis: *Rechtsprechung zusammenfassend dargestellt in den gleichlautenden Ländererlassen zum Gegenstand des Erwerbsvorgangs (Einheitliches Vertragswerk/Einheitlicher Erwerbsgegenstand) vom 20. 9. 2017 (Anlage a zu § 9 Abs. 1 Nr. 1).*

111 *1. EuGH-Beschluss vom 17. 11. 2008 C-156/08 (DStR 2009 S. 233):*

Art. 33 der Sechsten MwStRL 77/388/EWG i. d. F. der RL 91/680/EWG vom 16. 12. 1991 ist dahingehend auszulegen, dass er einen Mitgliedstaat nicht daran hindert, beim Erwerb eines noch unbebauten Grundstücks künftige Bauleistungen in die Bemessungsgrundlage für die Berechnung von Verkehrsteuern wie die „Grunderwerbsteuer" des deutschen Rechts einzubeziehen und somit einen nach der Sechsten Richtlinie der Mehrwertsteuer unterliegenden Vorgang zusätzlich mit diesen weiteren Steuern zu belegen, sofern diese nicht den Charakter von Umsatzsteuern haben.

2. BFH-Urteil vom 29. 7. 2009 II R 58/07 (BFH/NV 2010 S. 63):

1. Ein einheitliches, zu einem aus Grundstück und künftig zu errichtendem Gebäude bestehenden Erwerbsgegenstand führendes Angebot der Veräußererseite kann auch dann vorliegen, wenn es nicht in einem einzigen Schriftstück und zu einem einheitlichen Gesamtpreis unterbreitet wurde.

2. Die Verletzung der Ermittlungspflichten des FA kann dem Erlass eines Änderungsbescheids zulasten des Steuerpflichtigen wegen nachträglichen Bekanntwerdens von Tatsachen nur entgegenstehen, wenn der Steuerpflichtige seinerseits die ihm obliegenden Mitwirkungspflichten erfüllt hat.

3. BFH-Urteil vom 9. 12. 2009 II R 33/08 (BFH/NV 2010 S. 838), Ls. 3:

3. Bei der Frage, ob der Grundstückserwerber an das Bebauungs- und Vertragskonzept des Grundstücksverkäufers gebunden war und daher ein bebautes Grundstück erworben hat, ist auf die Verhältnisse im Zeitpunkt des Abschlusses des Grundstückskaufvertrags abzustellen.

4. BFH-Beschluss vom 19. 3. 2010 II B 130/09 (BFH/NV S. 1659):

1. Ein enger sachlicher Zusammenhang zwischen Kauf- und Bauvertrag ist indiziert, wenn der Veräußerer aufgrund einer in bautechnischer und finanzieller Hinsicht konkreten und bis (annähernd) zur Baureife gediehenen Vorplanung ein bestimmtes Gebäude auf einem bestimmten Grundstück zu einem im Wesentlichen feststehenden Preis anbietet und der Erwerber dieses Angebot annimmt.

2. Ein solches einheitliches Angebot setzt nicht voraus, dass es in einem Schriftstück und zu einem einheitlichen Gesamtpreis unterbreitet wird.

3. Für einen grunderwerbsteuerrechtlich einheitlichen Leistungsgegenstand ist ausreichend, wenn die Einbindung des Grundstücksverkäufers über einen von ihm als Mittelsperson eingeschalteten Dritten herbeigeführt wird.

5. BFH-Urteil vom 8. 9. 2010 II R 3/10 (BFH/NV 2011 S. 303):

Es liegt kein einheitlicher Erwerbsgegenstand im grunderwerbsteuerrechtlichen Sinn vor, wenn nicht der Besteller eines Erbbaurechts, sondern ein nicht mit ihm verbundener Dritter zur Bebauung des Grundstücks verpflichtet ist.

6. BFH-Beschluss vom 9. 2. 2011 II B 50/10 (BFH/NV S. 846):

Ein zur Annahme eines einheitlichen Vertragsgegenstandes „bebautes Grundstück" führender hinreichend enger sachlicher Zusammenhang zwischen Bauerrichtungs- und Generalübernehmervertrag ist ohne Weiteres anzunehmen, wenn an der grundstücksveräußernden Gesellschaft dieselben Gesellschafter beteiligt sind wie an dem Bebauungsunternehmen.

7. BFH-Urteil vom 28. 3. 2012 II R 57/10 (BStBl. II S. 920):

1. Das Vorliegen eines einheitlichen Erwerbsgegenstands wird indiziert, wenn der Veräußerer aufgrund einer in bautechnischer und finanzieller Hinsicht konkreten und bis (annähernd) zur Baureife gediehenen Vorplanung ein bestimmtes Gebäude auf einem bestimmten Grundstück zu einem im Wesentlichen feststehenden Preis anbietet und der Erwerber dieses Angebot annimmt. Dies gilt auch, wenn das Angebot nach Abschluss des Kaufvertrags unwesentlich geändert wird.

[1] Aufgrund der großen Anzahl wurde auf eine Darstellung älterer Entscheidungen verzichtet. Diese sind enthalten bis **ErbSt-Handbuch 2006**.

2. Ein einheitlicher Erwerbsgegenstand kann aufgrund besonderer Umstände auch vorliegen, wenn der Käufer das Angebot erst 19 Monate nach Abschluss des Kaufvertrags annimmt.
3. *(wie Ls. 2 im nachfolgenden Urteil II R 7/12)*

8. BFH-Urteil vom 27. 8. 2012 II R 7/12 (BStBl. 2013 II S. 86):[1]

1. Ergibt sich aus weiteren Vereinbarungen, die mit einem Grundstückskaufvertrag in einem rechtlichen oder zumindest objektiv sachlichen Zusammenhang stehen, dass der Erwerber das beim Abschluss des Kaufvertrags unbebaute Grundstück in bebautem Zustand erhält, bezieht sich der grunderwerbsteuerrechtliche Erwerbsvorgang auf diesen einheitlichen Erwerbsgegenstand (Festhalten an der ständigen Rechtsprechung).
2. Gegen die ständige Rechtsprechung des BFH zum einheitlichen Erwerbsgegenstand im Grunderwerbsteuerrecht bestehen keine unions- oder verfassungsrechtlichen Bedenken. Sie steht nicht im Widerspruch zu der Rechtsprechung der Umsatzsteuersenate des BFH.

9. BFH-Urteil vom 19. 6. 2013 II R 3/12 (BStBl. II S. 965):

Treten auf der Veräußererseite mehrere Personen als Vertragspartner auf, liegt ein einheitlicher, auf den Erwerb des bebauten Grundstücks gerichteter Erwerbsvorgang u. a. vor, wenn die Personen durch ihr abgestimmtes Verhalten auf den Abschluss des Grundstückskaufvertrags und der Verträge, die der Bebauung des Grundstücks dienen, hinwirken, ohne dass dies für den Erwerber erkennbar sein muss.

10. BFH-Urteil vom 27. 11. 2013 II R 56/12 (BStBl. 2014 S. 534):

Eine umfangreiche Vorplanung seitens der Veräußererseite reicht für sich allein nicht aus, um anzunehmen, dass der Erwerber das – im Zeitpunkt des Erwerbs noch unbebaute oder unsanierte – Grundstück im bebauten oder sanierten Zustand erwirbt. Hinzukommen muss, dass die auf der Veräußererseite handelnden Personen auch zur Veränderung des körperlichen Zustands des Grundstücks verpflichtet sind.

11. BFH-Urteil vom 26. 2. 2014 II R 54/12 (BFH/NV S. 1403):

1. Wird die Bebauung eines Grundstücks dem Erwerber bereits vor Abschluss des Kaufvertrags aufgrund einer in bautechnischer und finanzieller Hinsicht konkreten und bis (annähernd) zur Baureife gediehenen Vorplanung zu einem im Wesentlichen feststehenden Preis angeboten und nimmt er dieses Angebot bereits am Tag der Beurkundung des Grundstückskaufvertrags an, liegt ein einheitlicher Kauf- und Bauvertrag vor, der die als Bemessungsgrundlage der Grunderwerbsteuer anzusetzende Gegenleistung bestimmt; die Einflussnahme des Erwerbers auf die Vorplanung steht dem nicht entgegen.
2. Der Bauunternehmer ist der Veräußererseite zuzurechnen, wenn ihm das Grundstück von dem für den Veräußerer tätigen Makler „an die Hand gegeben" wird.

12. BFH-Urteil vom 1. 10. 2014 II R 32/13 (BFH/NV 2015 S. 230):

1. Ergibt sich aus weiteren Vereinbarungen, die mit dem Grundstückskaufvertrag in einem rechtlichen oder zumindest objektiv sachlichen Zusammenhang stehen, dass der Erwerber das beim Abschluss des Kaufvertrags unbebaute Grundstück in bebautem Zustand erhält, bezieht sich der grunderwerbsteuerrechtliche Erwerbsvorgang auf diesen einheitlichen Erwerbsgegenstand.
2. Der objektiv sachliche Zusammenhang zwischen dem Grundstückskaufvertrag und weiteren Vereinbarungen wird indiziert, wenn die Veräußererseite dem Erwerber vor Abschluss des Kaufvertrags über das Grundstück ein bestimmtes Gebäude zusammen mit dem Grundstück zu einem im Wesentlichen feststehenden Preis angeboten hatte und der Erwerber dieses Angebot später unverändert oder mit geringen Abweichungen angenommen hat.
– Ebenso BFH II R 20/13 (BFH/NV 2015 S. 349).

13. BFH-Urteil vom 4. 12. 2014 II R 22/13 (BFH/NV 2015 S. 521):

1. Der objektiv sachliche Zusammenhang wird indiziert, wenn der Veräußerer dem Erwerber vor Abschluss des Kaufvertrags über das Grundstück ein bestimmtes Gebäude zusammen mit dem Grundstück zu einem im Wesentlichen feststehenden Preis angeboten hatte und der Erwerber dieses Angebot später unverändert oder mit geringen Abweichungen angenommen hat.
2. Die Rechtsprechung des BFH zum einheitlichen Erwerbsgegenstand verstößt weder gegen das verfassungsrechtliche Gleichbehandlungsgebot noch gegen Unionsrecht. Die Rechtsprechung weicht auch nicht in entscheidungserheblicher Weise von der Rechtsprechung der Umsatzsteuersenate ab.

14. BFH-Urteil vom 3. 3. 2015 II R 9/14 (BStBl. II S. 660):

Verpflichtet sich der Grundstücksverkäufer lediglich zur Errichtung des Rohbaus und beauftragt der Erwerber Dritte mit den Ausbauarbeiten, setzt die Einbeziehung der hierfür aufgewendeten Kosten in die Bemessungsgrundlage der Grunderwerbsteuer voraus, dass die später mit dem Ausbau beauftragten Unternehmen im Zeitpunkt des Abschlusses des Grundstückskaufvertrags mit dem Grundstücksverkäufer personell, wirtschaftlich oder gesellschaftsrechtlich eng verbunden sind oder aufgrund von Abreden zusammenarbeiten oder durch abgestimmtes Verhalten auf den Abschluss auch der Verträge über die Ausbauarbeiten hinwirken und die zu erbringenden Leistungen dem Erwerber unter Angabe des hierfür aufzuwendenden Entgelts bereits vor Abschluss des Grundstückskaufvertrags konkret angeboten hatten.

[1] Die gegen dieses Urteil eingelegte Vb. wurde nicht zur Entscheidung angenommen *(BVerfG v. 20. 5. 2013 1 BvR 2766/12).*

Rspr zu § 9 Abs. 1 Nr. 1

noch **111**

15. BFH-Urteil vom 3. 3. 2015 II R 22/14 (BFH/NV S. 1270):

1. Hat der Grundstückskäufer den Grundstücksverkäufer mit der Errichtung des Rohbaus und nach Abschluss des Grundstückskaufvertrags Dritte mit dem weiteren Ausbau des Gebäudes beauftragt, sind die Ausbaukosten in diesem Fall in die Bemessungsgrundlage der Grunderwerbsteuer einzubeziehen, soweit die vom Erwerber mit dem Ausbau beauftragten Unternehmen bereits beim Abschluss des Grundstückskaufvertrags zur Veräußererseite gehörten und dem Erwerber vor diesem Zeitpunkt die Ausbauarbeiten konkret benannt und zu einem im Wesentlichen feststehenden Preis angeboten hatten und der Erwerber dieses Angebot später unverändert oder mit geringen Abweichungen angenommen hat.

2. Aufwendungen für Ausbaumaßnahmen, bei denen es an einem derartigen in personeller, inhaltlicher und finanzieller Hinsicht konkreten Angebot vor Abschluss des Kaufvertrags fehlt, können ebenso wie Eigenleistungen nicht in die Bemessungsgrundlage der Grunderwerbsteuer einbezogen werden.

16. BFH-Urteil vom 6. 7. 2016 II R 5/15 (BStBl. II S. 895):

Die Verpflichtung des Erwerbers, das im Zeitpunkt des Erwerbs noch unbebaute Grundstück alsbald nach den gestalterischen Vorgaben der Veräußererseite zu bebauen, reicht für sich allein nicht aus um anzunehmen, dass der Erwerber das Grundstück im bebauten Zustand erwirbt. Hinzukommen muss, dass das vom Erwerber mit der Bebauung beauftragte Bauunternehmen in diesem Zeitpunkt zur Veräußererseite gehörte. – *Ebenso II R 4/15 (BFH/NV S. 1584).*

17. BFH-Urteil vom 25. 1. 2017 II R 19/15 (BStBl. II S. 655):

1. Ist der Erwerber eines Grundstücks beim Abschluss des Grundstückskaufvertrags hinsichtlich des „Ob" und „Wie" der Bebauung gebunden, wird das erworbene Grundstück erst dann im bebauten Zustand Gegenstand des Erwerbsvorgangs, wenn der Bauerrichtungsvertrag geschlossen wird.

2. Der Abschluss des Bauerrichtungsvertrags ist ein nachträgliches Ereignis, welches die Bemessungsgrundlage der Grunderwerbsteuer auf den Zeitpunkt des Grundstückserwerbs dahingehend verändert, dass zu den Kosten des Grundstückserwerbs nunmehr auch die Baukosten hinzutreten.

18. BFH-Urteil vom 8. 3. 2017 II R 38/14 (BStBl. II S. 1005):

1. Beruht der Vertrag zur Bebauung eines Grundstücks auf einem Angebot der Veräußererseite, das nach dem Abschluss des Grundstückskaufvertrags geändert wurde, ist ein Indiz für eine wesentliche Abweichung vom ursprünglichen Angebot und damit zugleich gegen das Vorliegen eines einheitlichen Erwerbsgegenstands, dass sich dadurch die Flächengrößen und/oder die Baukosten um mehr als 10% verändern.

2. Die Errichtung eines zusätzlichen Gebäudes kann ebenfalls als Indiz für eine wesentliche Abweichung vom ursprünglichen Angebot zu werten sein. Ist das zusätzliche Bauwerk derart prägend oder maßgebend für das gesamte Bauvorhaben, dass sich dadurch der Charakter der Baumaßnahme ändert, kann allein aufgrund des zusätzlichen Bauwerks eine wesentliche Änderung des ursprünglichen Angebots vorliegen, selbst wenn durch das zusätzliche Gebäude die 10%-Grenze für die Flächen und die Baukosten nicht überschritten wird.

3. Ändert sich die ursprünglich angebotene Baumaßnahme nach dem Abschluss des Grundstückskaufvertrags durch zusätzliche Bauten wesentlich, ist insgesamt ein einheitlicher Erwerbsgegenstand zu verneinen, und zwar unabhängig davon, ob daneben die weiteren, im ursprünglichen Angebot bereits enthaltenen Gebäude im Wesentlichen wie geplant errichtet werden.

19. BFH-Urteil vom 30. 8. 2017 II R 48/15 (BStBl. 2018 II S. 24):

Der Veräußerer schuldet in den Fällen des einheitlichen Erwerbsvorgangs die Grunderwerbsteuer in voller Höhe auch dann, wenn nicht er selbst, sondern ein Dritter zivilrechtlich zur Gebäudeerrichtung verpflichtet ist.

20. BFH-Urteil vom 25. 4. 2018 II R 50/15 (BStBl. II S. 602):

Beim Erwerb eines noch zu bebauenden Grundstücks sind die Bauerrichtungskosten nicht in die Bemessungsgrundlage der Grunderwerbsteuer einzubeziehen, wenn das Grundstück von einer zur Veräußererseite gehörenden Person mit bestimmendem Einfluss auf das „Ob" und „Wie" der Bebauung erworben wird.

21. BFH-Beschluss vom 10. 12. 2019 II B 20/19 (BFH/NV 2020 S. 382), Ls. 2:

2. Ergibt sich bereits aus den zivilrechtlichen Vereinbarungen, dass Gegenstand des Erwerbs nicht das unbebaute, sondern das Grundstück in seinem (zukünftig) bebauten Zustand ist, sind die Bauerrichtungskosten in die Bemessungsgrundlage einzubeziehen. Sie bilden zusammen mit dem Kaufpreis für das (noch) unbebaute Grundstück die Gegenleistung für den Erwerb des (zukünftig) bebauten Grundstücks.

22. BFH-Beschluss vom 30. 6. 2020 II B 90/19 (BFH/NV S. 1279):

Es ist bereits geklärt, dass die Rechtsprechung zum einheitlichen Erwerbsgegenstand im Grunderwerbsteuerrecht nicht im Widerspruch zu der Rechtsprechung der Umsatzsteuersenate des BFH steht.

23. BFH-Urteil vom 27.5.2020 II R 25/17 (BFH/NV 2021 S. 195):

Ergibt sich aus einem Rechtsgeschäft oder weiteren Vereinbarungen, die mit diesem Rechtsgeschäft in einem rechtlichen oder zumindest objektiv sachlichen Zusammenhang stehen, dass der Erwerber das beim Abschluss des Kaufvertrags unbebaute Grundstück in bebautem Zustand erhält, bezieht sich der grunderwerbsteuerrechtliche Erwerbsvorgang auf diesen einheitlichen Erwerbsgegenstand. Ein unbebautes Grundstück kann aber nur dann in bebautem Zustand Gegenstand des Erwerbsvorgangs sein, wenn der Veräußerer zivilrechtlich zur Gebäudeerrichtung verpflichtet ist.

24. BFH-Beschluss vom 7. 2. 2022 II B 6/21 (BFH/NV S. 611):

Ein objektiv sachlicher Zusammenhang zwischen einem Grundstückskaufvertrag und einem Bauvertrag, der zur Einbeziehung der Baukosten in die grunderwerbsteuerrechtliche Bemessungsgrundlage führen kann, setzt nicht zwingend voraus, dass zum Zeitpunkt des Abschlusses des Grundstückskaufvertrags ein rechtswirksames Angebot zum Abschluss eines Bauvertrags vorlag (Bestätigung des BFH-Urteils vom 1. 10. 2014 – II R 32/13, BFH/NV 2015, 230).

Rechtsprechung zu § 9 Abs. 2[1]

Rspr zu § 9 Abs. 2

1. BFH-Urteil vom 28. 6. 1989 II R 4/87 (BFH/NV 1990 S. 592):

Eine nachträgliche Gegenleistung setzt voraus, daß ein rechtlicher Zusammenhang mit dem (voran- 112
gegangenen) Grundstückserwerb besteht. Ein rechtlicher Zusammenhang zum ursprünglichen Geschäft besteht dann nicht mehr, wenn die neue Leistung gewährt wird, um eine Weiterveräußerung des Grundstücks zu ermöglichen.

2. BFH-Urteil vom 15. 11. 1989 II R 71/88 (BStBl. 1990 II S. 228):

Es wird daran festgehalten, daß beim Grundstückserwerb durch Abgabe des Meistgebots seitens eines Gläubigers auch der Betrag zur Gegenleistung gehört, in dessen Höhe der Gläubiger, der das Meistgebot abgegeben hat, mit dem Zuschlag gemäß § 114 a ZVG als aus dem Grundstück befriedigt gilt (Bestätigung von BFHE 145, 95, BStBl. II 1986, 148). Dieser Betrag ist stets mit dem Nennbetrag anzusetzen.

3. BFH-Urteil vom 15. 11. 1989 II R 145/88 (BFH/NV 1990 S. 730):

1. Der gemäß § 74 a Abs. 5 ZVG im Zwangsversteigerungsverfahren festgesetzte Grundstückswert ist nicht nur für die Tilgungswirkung des § 114 a ZVG maßgebend, sondern auch für die Berücksichtigung der Tilgungswirkung bei der Ermittlung der grunderwerbsteuerrechtlichen Gegenleistung (vgl. Urteil vom 15. 11. 1989 II R 71/88, BFHE 259, 241, BStBl. II 1990, 228).

2. Ein nach Abgabe des Meistgebots und Zuschlag eingetretener Schaden ist ohne Einfluß auf den nach § 114 a ZVG für den Eintritt der Tilgungswirkung maßgebenden Grundstückswert.

4. BFH-Urteil vom 15. 11. 1989 II R 163/88 (BFH/NV 1990 S. 730):

1. Aus der Tilgungswirkung des § 114 a ZVG ergibt sich über § 9 Abs. 2 Nr. 1 GrEStG 1983 eine zusätzliche Gegenleistung (vgl. Urteil vom 15. 11. 1989 II R 71/88, BFHE 259, 241, BStBl. II 1990, 228).

2. Die zusätzliche Gegenleistung ist nicht durch den Weiterveräußerungspreis begrenzt.

5. BFH-Urteil vom 15. 11. 1989 II R 106/87 (BFH/NV 1991 S. 58), Ls. 2:

2. Eine dinglich ausreichend gesicherte Forderung darf nicht als wertlos angesehen werden.

6. BVerfG-Beschluß vom 26. 4. 1990 2 BvR 331/90 (DStR S. 448):

Die Rechtsprechung des BFH, wonach bei einem Grundstückserwerb auch der Betrag zur Gegenleistung i. S. der §§ 8, 9 GrEStG gehört, in dessen Höhe ein zur Befriedigung aus dem Grundstück Berechtigter gemäß § 114 a ZVG als befriedigt gilt, ist verfassungsgemäß.

7. BFH-Urteil vom 16. 3. 1994 II R 14/91 (BStBl. II S. 525):

Beim Grundstückserwerb durch Abgabe des Meistgebots gehört der Betrag, in dessen Höhe der Gläubiger nach § 114 a ZVG als befriedigt gilt, auch dann zur Gegenleistung, wenn dem Meistbietenden selbst der Zuschlag nicht erteilt wird (Anschluß an BFH-Urteil vom 15. 11. 1989 II R 71/88, BFHE 159, 241, BStBl. II 1990, 228).

8. BFH-Urteil vom 13. 4. 1994 II R 93/90 (BStBl. II S. 817):

1. Fällt ein Grundstücksveräußerer nach Abwicklung des Kaufvertrages in Konkurs und wird der Grundstückskaufvertrag vom Konkursverwalter nach § 36 KO angefochten, so stellt das vom Erwerber zur Beseitigung der relativen Unwirksamkeit des Erwerbsvorgangs an die Konkursmasse gezahlte Entgelt eine zusätzliche Leistung i. S. von § 27 Abs. 2 Nr. 1 des früheren bad.-württ. GrEStG (entspricht: § 9 Abs. 2 Nr. 1 GrEStG 1983) dar.

2. Die nachträgliche zusätzliche Gegenleistung i. S. von § 9 Abs. 2 Nr. 1 GrEStG 1983 ist in einem zusätzlichen Bescheid, der neben den anderen, den ursprünglichen Erwerbsvorgang betreffenden Bescheid tritt, grunderwerbsteuerrechtlich zu erfassen.

9. BFH-Urteil vom 22. 11. 1995 II R 26/92 (BStBl. 1996 II S. 162):

1. Werden durch einen Vertrag mehrere Grundstücke sowie nicht der Grunderwerbsteuer unterliegende Gegenstände erworben, so verstößt es – wenn nicht im Einzelfall besondere Umstände vorliegen – grundsätzlich nicht gegen das Bestimmtheitsgebot, wenn die Grunderwerbsteuer dafür in nur einem Bescheid in einem Betrag festgesetzt wird.

2. Ist der Erwerber eines Grundstücks eine aufschiebend bedingte Verpflichtung eingegangen, die nach allgemeinen Kriterien als Gegenleistung zu betrachten ist, so wird diese Verpflichtung mit Eintritt der aufschiebenden Bedingung zur nachträglichen zusätzlichen Gegenleistung. Mit Eintritt der Bedingung entsteht insoweit eine neue Grunderwerbsteuer. Diese ist durch einen zusätzlichen (selbständigen) Grunderwerbsteuerbescheid festzusetzen.

[1] Vgl. auch die Rechtsprechung zu § 8 GrEStG.

10. BFH-Urteil vom 25. 6. 2003 II R 39/01 (BStBl. 2004 II S. 246):

Leistungen des Erwerbers eines Grundstücks an einen Dritten sind nur dann Gegenleistung i. S. des § 9 Abs. 2 Nr. 3 GrEStG, wenn der Dritte tatsächlich in der Lage und willens ist, das Eigentum am Grundstück anstelle des Erwerbers zu erlangen und der Erwerber seine Leistung in Kenntnis dieser Verhältnisse für den Erwerbsverzicht des Dritten erbringt.

11. BFH-Beschluss vom 22. 10. 2003 II B 158/02 (BFH/NV 2004 S. 228):

1. Ob der finale Bezug zur Überlassung des Grundstücks, den die Leistung eines Dritten i. S. des § 9 Abs. 2 Nr. 4 GrEStG haben muss, vorliegt, ist weder aus der Sicht des Grundstücksveräußerers als Leistungsempfänger noch aus der Sicht des Grundstückserwerbers, sondern aus der Sicht des Dritten als Leistender zu beurteilen.

2. Es ist ernstlich zweifelhaft i. S. des § 69 Abs. 2 Satz 2 FGO, ob Zahlungen, die der Gesellschafter einer Personengesellschaft auf gesellschaftsvertraglicher Grundlage, aber im Zusammenhang mit einer Grundstücksveräußerung durch die Personengesellschaft tätigt, eine Leistung i. S. des § 9 Abs. 2 Nr. 4 GrEStG sein können.

12. BFH-Urteil vom 19. 6. 2013 II R 5/11 (BStBl. II S. 926), Ls. 1, 2:

1. Bei dem nach § 1 Abs. 1 Nr. 4 GrEStG steuerpflichtigen Erwerb eines Grundstücks durch Abgabe des Meistgebots im Zwangsversteigerungsverfahren gehört gemäß § 9 Abs. 2 Nr. 4 GrEStG auch der Betrag zur Bemessungsgrundlage, in dessen Höhe ein anderer als der Ersteher des Grundstücks aufgrund der Befriedigungsfiktion des § 114a Satz 1 ZVG seine schuldrechtliche Forderung gegen den Zwangsvollstreckungsschuldner verliert.

2. Die Rechtsfolgen von § 114a Satz 1 ZVG treten auch ein, wenn der Inhaber der Forderung gegen den Zwangsvollstreckungsschuldner zwar nicht Gläubiger, aber Treugeber der Grundschuld ist und ein von ihm abhängiges Unternehmen im Zwangsversteigerungsverfahren das Meistgebot unterhalb der $^{7}/_{10}$-Grenze abgibt und daraufhin den Zuschlag erhält.

13. BFH-Urteil vom 2. 3. 2016 II R 27/14 (BStBl. II S. 619):

Beim Erwerb einer Eigentumswohnung im Wege der Zwangsversteigerung ist das Meistgebot als Bemessungsgrundlage der Grunderwerbsteuer nicht um die anteilige Instandhaltungsrückstellung zu mindern. – *Ebenso BFH vom 2. 3. 2016 II R 6/15 (BFH/NV S. 1069) und II R 29/15 (BFH/NV S. 1071).*

14. BFH-Urteil vom 25. 4. 2023 II R 19/20 (BStBl. II S. 1015), Ls. 1:

1. Zur Bemessungsgrundlage der Grunderwerbsteuer gehören bei der Veräußerung eines Grundstücks an eine Gesellschaft nach § 9 Abs. 2 Nr. 4 des Grunderwerbsteuergesetzes auch Leistungen eines Dritten an den Grundstücksveräußerer für den Erwerb von Anteilen an der künftig grundbesitzenden Gesellschaft, wenn der Hauptzweck dieser Leistungen darin besteht, den Grundstücksveräußerer zur Übertragung des Grundstücks an die Gesellschaft zu veranlassen.

15. BFH-Urteil vom 30. 10. 2024 II R 18/22 (BStBl. 2025 II S. 398):

1. Vergütungen für nachträglich vereinbarte Sonderwünsche unterliegen beim Grundstückserwerb mit noch zu errichtendem Gebäude als zusätzliche Leistungen der Grunderwerbsteuer nach § 9 Abs. 2 Nr. 1 des Grunderwerbsteuergesetzes, wenn ein rechtlicher Zusammenhang mit dem Erwerbsgeschäft vorliegt.

2. Dies gilt nicht für Hausanschlusskosten, wenn der Erwerber des Grundstücks zur Übernahme dieser Kosten sich bereits im Grundstückskaufvertrag verpflichtet hat.

3. Die Steuer ist in einem selbständigen Bescheid festzusetzen.

Siehe auch BFH-Urteil vom 30. 10. 2024 II R 15/22 (BStBl. 2025 II S. 395).

GrEStG

§ 10 *(weggefallen)*

Vierter Abschnitt. Steuerberechnung

GrEStG

§ 11 Steuersatz, Abrundung

(1) **Die Steuer beträgt 3,5 vom Hundert.**[1] 1

(2) **Die Steuer ist auf volle Euro nach unten abzurunden.** 2

a) Übersicht über die geltenden Grunderwerbsteuersätze in den Ländern

Anl a zu § 11

5

Land	Steuersatz in Prozent	Inkrafttreten der letzten Steuersatzänderung
Bayern	3,5	
Baden-Württemberg	5	5. 11. 2011
Berlin	6	1. 1. 2014
Brandenburg	6,5	1. 7. 2015
Bremen	5	1. 1. 2014
Hamburg	5,5	1. 1. 2023
Hessen	6	1. 8. 2014
Mecklenburg-Vorpommern	6	1. 7. 2019
Niedersachsen	5	1. 1. 2014
Nordrhein-Westfalen	6,5	1. 1. 2015
Rheinland-Pfalz	5	1. 3. 2012
Saarland	6,5	1. 1. 2015
Sachsen	5,5	1. 1. 2023
Sachsen-Anhalt	5	1. 3. 2012
Schleswig-Holstein	6,5	1. 1. 2014
Thüringen	5	1. 1. 2024

b) Verfügung betr. Höhe des Grunderwerbsteuersatzes nach Erhöhung des Steuersatzes in Rheinland-Pfalz für Rechtsgeschäfte im Übergangszeitraum zwischen bisherigem und zukünftigem Steuersatz

Anl b zu § 11

Vom 1. Februar 2012

(OFD Koblenz S 4530 A – St 353)

Nach dem zur Veröffentlichung anstehenden GrEStSatzG RP soll sich die Steuersatzerhöhung ab dem 1. März 2012 für Rechtsvorgänge, die sich auf im Land Rheinland-Pfalz belegene Grundstücke und Grundstücksteile beziehen.[2] Maßgeblich ist der Zeitpunkt der Verwirklichung des Rechtsvorgangs (Rechtswirksamkeit des Vertrags). 6

Dieser Zeitpunkt differiert je nach Art des Rechtsgeschäfts (siehe nachstehende Übersicht).

Art des Rechtsgeschäfts	Zeitpunkt der Verwirklichung
§ 1 Nr. 1 GrEStG	
Kaufvertrag	Mit wirksamem Vertragsabschluss
Kaufvertrag (einheitliches Vertragswerk)	Mit wirksamem Vertragsabschluss (unbebautes Grundstück)
Erwerb Erbbaurecht	Mit wirksamem Abschluss des Erbbaurechtsvertrags
Erwerb Gebäude auf fremdem Grund und Boden	Mit wirksamem Vertragsabschluss
Ausübung Vorkaufsrecht	Mit wirksamer Ausübung des Vorkaufsrechts

[1] Im Rahmen der Föderalismusreform I (Gesetz vom 28. 8. 2006, BGBl. I S. 2034) ist die Gesetzgebungskompetenz zur Bestimmung des Steuersatzes auf die Länder übergegangen (Art. 105 Abs. 2 a Satz 2 GG).

[2] Die Steuersatzerhöhung ist ab 1. 3. 2012 in Kraft.

Anl b zu § 11

Art des Rechtsgeschäfts	Zeitpunkt der Verwirklichung
§ 1 Abs. 1 Nr. 2 GrEStG	
Auflassung	Mit wirksamer Erklärung der Auflassung
§ 1 Abs. 1 Nr. 3 GrEStG	
Verschmelzung	Mit Eintragung in das Handelsregister des übernehmenden Rechtsträgers
Spaltung	Mit Eintragung in das Handelsregister des übertragenden Rechtsträgers
Vermögensübertragung	Mit Eintragung in das Handelsregister des übertragenden Rechtsträgers
Anwachsung	Im Zeitpunkt der Vereinbarung über das Ausscheiden der übrigen Gesellschafter
Umlegungen	Mit öffentlicher Bekanntgabe der Unanfechtbarkeit des Umlegungsbeschlusses
Flurbereinigungen	Im Zeitpunkt laut Ausführungsanordnung
Enteignung	Mit Unanfechtbarkeit des Verwaltungsaktes
§ 1 Abs. 1 Nr. 4. GrEStG	
Meistgebot	Mit wirksamer Abgabe des Meistgebots
§ 1 Abs. 1 Nr. 5–7 GrEStG	
Zwischengeschäfte	Mit wirksamer Abtretung des Übereignungsanspruchs
§ 1 Abs. 2 GrEStG	
Verwertungsbefugnis	Mit wirksamer Verschaffung der Verwertungsbefugnis
§ 1 Abs. 2a GrEStG	
Gesellschafterwechsel	Mit tatsächlicher Erlangung der Gesellschafterstellung
§ 1 Abs. 3 GrEStG	
§ 1 Abs. 3 Nr. 1 und 3 GrEStG	Mit wirksamem Abschluss des Vertrags über die Anteilsübertragung
§ 1 Abs. 3 Nr. 2 und 4 GrEStG	Mit Eintragung im maßgeblichen Handelsregister

Bei **genehmigungsbedürftigen und aufschiebend bedingten Rechtsgeschäften** gelten folgende Besonderheiten:

Genehmigungsbedürftige Rechtsgeschäfte

7 Grundsätzlich binden sich die Vertragsparteien auch bei genehmigungsbedürftigen Rechtsgeschäften bereits mit Abschluss des Vertrags in einer Weise, dass sie sich nicht mehr ohne Weiteres vom Vertrag lösen können.

Keine Bindung tritt jedoch ein, wenn die Genehmigung erst die Wirksamkeit einer abgegebenen Willenserklärung herbeiführt (vgl. *Boruttau,* Rn. 32 zu § 23 GrEStG, und *Hofmann,* Rn. 4 zu § 23 GrEStG). Das gilt insbesondere für

- das Erfordernis einer familien- oder vormundschaftsgerichtlichen Genehmigung,
- bei Vertragsabschluss durch einen Vertreter ohne Vertretungsmacht und
- das Erfordernis einer nachlassgerichtlichen Genehmigung bei der Willenserklärung eines Nachlasspflegers für einen (ggf. unbekannten) Erben (vgl. *Boruttau,* Rn. 34 zu § 23 GrEStG).

Aufschiebend bedingte Rechtsgeschäfte

8 Bei Vereinbarung einer aufschiebenden Bedingung ist der Erwerbsvorgang bereits vor Eintritt der Bedingung mit dem im Übrigen wirksamen Vertrag verwirklicht, soweit nicht eine sog. Potestativbedingung vorliegt (vgl. *Boruttau,* Rn. 29 zu § 23 GrEStG, und *Hofmann,* Rn. 3 zu § 23 GrEStG).

Eine Potestativbedingung ist gegeben, wenn bei einem Rechtsgeschäft der Bedingungseintritt und damit die Wirksamkeit ausschließlich vom Willen einer Partei abhängt. Ein Rechtsgeschäft mit einer solchen Bedingung ist z. B. anzunehmen bei Einräumung eines Ankaufs- oder Wiederkaufsrechts.

Rechtsprechung zu § 11

Rspr zu § 11

1. BFH-Beschluss vom 22. 6. 2010 II R 4/09 (BFH/NV S. 1661):

§ 11 Abs. 1 GrEStG verstößt weder für sich noch im Zusammenhang mit der Abschaffung der Eigenheimzulage gegen die Vorgaben der Verfassung. **10**

2. BFH-Urteil vom 12. 10. 2022 II R 7/20 (abgedruckt zu § 1 Abs. 1 Nr. 3)

§ 12 Pauschbesteuerung

GrEStG

Das Finanzamt kann im Einvernehmen mit dem Steuerpflichtigen von der genauen Ermittlung des Steuerbetrags absehen und die Steuer in einem Pauschbetrag festsetzen, wenn dadurch die Besteuerung vereinfacht und das steuerliche Ergebnis nicht wesentlich geändert wird.

GrEStG

Fünfter Abschnitt. Steuerschuld

§ 13 Steuerschuldner

Steuerschuldner sind

1 **1. regelmäßig:**
die an einem Erwerbsvorgang als Vertragsteile beteiligten Personen;

2 **2. beim Erwerb kraft Gesetzes:**
der bisherige Eigentümer und der Erwerber;

3 **3. beim Erwerb im Enteignungsverfahren:**
der Erwerber;

4 **4. beim Meistgebot im Zwangsversteigerungsverfahren:**
der Meistbietende;

5.[1·2] **bei der Vereinigung von mindestens 90 vom Hundert der Anteile an einer Gesellschaft in der Hand**

5 **a) des Erwerbers:**
der Erwerber;

5a **b) mehrerer Unternehmen oder Personen:**
diese Beteiligten;

6 **6.**[1] **bei Änderung des Gesellschafterbestandes einer Personengesellschaft:**
die Personengesellschaft;

7.[2] **bei Änderung des Gesellschafterbestandes einer Kapitalgesellschaft: die Kapitalgesellschaft;**

7 **8.**[2] **bei der wirtschaftlichen Beteiligung von mindestens 90 vom Hundert an einer Gesellschaft:**
der Rechtsträger, der die wirtschaftliche Beteiligung innehat.

Übersicht

	Rz.
Anlagen:	
a) Erlass betr. Anzahl der Steuerschuldner	8–10
b) Verfügung betr. Inanspruchnahme von Gesamtschuldnern	11–13
c) Erlass betr. Inanspruchnahme des Veräußerers als Gesamtschuldner	14
Rechtsprechung	16

Anl a zu § 13

a) Erlass betr. Anzahl der Steuerschuldner

Vom 18. Dezember 2012
(FM Baden-Württemberg 3-S 453.5/3)

8 **1. In folgenden Fällen sind mindestens zwei Steuerschuldner vorhanden:**

- Beim rechtsgeschäftlichen Erwerb (§ 1 Abs. 1 Nr. 1 GrEStG), nämlich der Käufer und der Verkäufer, beim Tausch die Tauschpartner, beim Einbringen der Einbringende und der Empfänger (*Pahlke/Franz,* GrEStG, 4. Auflage, § 13 Rz. 2);
- beim Vertrag zugunsten eines Dritten der Verkäufer und der Käufer. Der Dritte ist nicht Steuerschuldner (*Pahlke/Franz* a. a. O., § 13 Rz. 5);
- bei der Umwandlung und der Anwachsung sind zwar grundsätzlich zwei Steuerschuldner vorhanden, jedoch geht die Steuerschuld auf den Rechtsnachfolger über (§ 45 Abs. 1 AO), sodass am Ende nur ein Steuerschuldner verbleibt (*Pahlke/Franz* a. a. O., § 13 Rz. 33);
- bei der Auflassung (§ 1 Abs. 1 Nr. 2 GrEStG) der Auflassende und der Auflassungsempfänger (*Pahlke/Franz* a. a. O., § 13 Rz. 15);
- beim Eigentumserwerb kraft Gesetzes (§ 1 Abs. 1 Nr. 3 GrEStG) – ausgenommen Enteignungsverfahren – der bisherige Eigentümer und der Erwerber (*Pahlke/Franz* a. a. O., § 13 Rz. 17);
- bei der Anteilsvereinigung innerhalb eines Organkreises (§ 1 Abs. 3 Nr. 1 GrEStG), und zwar alle Mitglieder des Organkreises (*Boruttau,* GrEStG, 17. Auflage, § 13 Rz. 42; *Pahlke/Franz* a. a. O., § 13 Rz. 19) – bis auf die Organmutter, es sei denn, dass diese selbst Anteile an der Gesellschaft hält und so zur Anteilsvereinigung „beiträgt" (*Hofmann,* GrEStG, 9. Auflage, § 13 Rz. 16);
- bei der Übertragung der schon in einer Hand vereinigten Anteile auf einen anderen Erwerber (§ 1 Abs. 3 Nrn. 3 und 4 GrEStG) der bisherige Anteilsinhaber und der Anteilserwerber (*Pahlke/Franz* a. a. O., § 13 Rz. 14);
- bei der gemischten Schenkung bzw. Schenkung unter einer Auflage die Vertragspartner des Schenkungsvertrages (*Hofmann* a. a. O., § 13 Rz. 3).

---

[1] § 13 Nr. 5 (a. F.) und 6 erstmals anzuwenden ab 1. 1. 2000 (§ 23 Abs. 6 Satz 2 GrEStG).

[2] § 13 Nr. 7 (jetzt Nr. 8) erstmals anzuwenden ab 7. 6. 2013 (§ 23 Abs. 11 GrEStG); zur Anwendung von Nr. 5, 7 und 8 i. d. F. des Gesetzes vom 12. 5. 2021 siehe § 23 Abs. 18 GrEStG und *gleich lautenden Ländererlass vom 29. 6. 2021,* abgedruckt als Anlage b zu § 1 Abs. 2 a GrEStG.

2. In folgenden Fällen ist nur ein Steuerschuldner vorhanden: 9

- Beim Erwerb im Enteignungsverfahren → Erwerber (§ 13 Nr. 3 GrEStG);
- beim Meistgebot im Zwangsversteigerungsverfahren → Meistbietender (§ 13 Nr. 4 GrEStG);
- bei der Abtretung der Rechte aus einem Kaufangebot nach § 1 Abs. 1 Nrn. 6 und 7 GrEStG → Benennungsberechtigter (*Pahlke/Franz* a. a. O., § 13 Rz. 13);
- bei Änderung des Gesellschafterbestands einer Personengesellschaft nach § 1 Abs. 2a GrEStG → Personengesellschaft (§ 13 Nr. 6 GrEStG);
- bei der Vereinigung von mindestens 95 v. H. aller Anteile einer Gesellschaft in einer Hand → Erwerber (§ 13 Nr. 5a GrEStG).

3. Besondere Fälle 10

- **Miteigentümer**
  Erwerben mehrere Personen (z. B. Eheleute) ein Grundstück zu gemeinschaftlichem Eigentum (= Miteigentum), so schuldet jeder Erwerber nur die auf seinen Anteil entfallende Steuer. Die Miteigentümer sind untereinander nicht Gesamtschuldner (BFH-Urteil vom 12. Oktober 1994, BStBl. 1995 II S. 174). Das gilt entsprechend für die auf der Veräußererseite beteiligten Miteigentümer (*Hofmann* a. a. O., § 13 Rz. 5).
- **Einheitliche Verträge**
  Bei einheitlichen Verträgen ist der Bauunternehmer, der mit dem Grundstückserwerber nur einen Bauerrichtungsvertrag abschließt, nicht Schuldner der auf die Bauleistungen entfallenden Grunderwerbsteuer (BFH-Urteil vom 27. Oktober 1999, II R 17/99, BStBl. 2000 II S. 34), wohl aber (neben dem Erwerber) auch der Grundstücksveräußerer für die gesamte Steuer (*Hofmann* a. a. O., § 13 Rz. 6, *Pahlke/Franz* a. a. O., § 13 Rz. 6).
- **Gesellschaft bürgerlichen Rechts (GbR)**
  Erwirbt eine GbR ein Grundstück, so ist sie selbst – nicht ihre Gesellschafter – Schuldnerin der Grunderwerbsteuer. Der Bescheid ist an die Gesellschaft als solche zu richten. Falls die GbR sich einen Namen zugelegt hat, ist dieser im Bescheid anzugeben; andernfalls müssen die Gesellschafter als solche benannt werden (*Pahlke/Franz* a. a. O., § 13 Rz. 22). Die Bekanntgabe des Bescheids richtet sich nach dem AEAO zu § 122 AO, Tz. 2.4.1.2, 2.4.1.3.
- **Haftung der Gesellschafter einer GbR**
  Der Gesellschafter einer GbR haftet nach § 191 Abs. 1 AO in Verbindung mit § 128 HGB (analog) für die Grunderwerbsteuerschuld der Gesellschaft (*Hofmann* a. a. O., § 13 Rz. 28). Die Haftung ist – soweit sie in Betracht kommt – durch Haftungsbescheid geltend zu machen (AO-Kartei zu § 191 AO).

b) Verfügung betr. Inanspruchnahme von Gesamtschuldnern

Anl b zu § 13

Vom 2./23. August 1993

(OFD Nürnberg S 4535 – 12/St 43; OFD München S 4535 – 3/3 St 352)

1. Die nach § 13 Nr. 1, 2 und 5 Buchst. b GrEStG 1983 jeweils in Betracht kommenden (mehreren) Steuerschuldner sind gemäß § 44 AO Gesamtschuldner. Die Auswahl des Gesamtschuldners steht im pflichtgemäßen Ermessen des Finanzamts. Einer pflichtgemäßen Ermessensausübung entspricht es, wenn das Finanzamt (zunächst) denjenigen zur Grunderwerbsteuer heranzieht, der sich im Innenverhältnis zum anderen Gesamtschuldner verpflichtet hat, die Grunderwerbsteuer zu tragen. 11

Die zunächst gebotene Inanspruchnahme nur eines Gesamtschuldners hindert grundsätzlich nicht eine **spätere** Steuerfestsetzung gegen den **anderen Gesamtschuldner.** Das Finanzamt kann die Steuer aber auch **von vornherein** gegen mehrere Gesamtschuldner jeweils in voller Höhe festsetzen.

In beiden Fällen muß das Finanzamt seine Ermessensentscheidung begründen (vgl. BFH-Urt. vom 3. 2. 1981, BStBl. II 1981 S. 493 und vom 14. 6. 1983, BStBl. II 1983 S. 695). Hierzu wird es regelmäßig ausreichen, in den GrESt-Bescheid einen entsprechenden Vermerk aufzunehmen (z. B. „Der Steuerbescheid ergeht nach § 13 Nr. 1 GrEStG i. V. m. § 44 Abgabenordnung gegen Sie als weiteren Gesamtschuldner, weil der Steueranspruch gegen .... derzeit nicht realisiert werden kann").

2. Bei der Ermessensentscheidung, ob eine Inanspruchnahme des anderen Gesamtschuldners gerechtfertigt ist, ist nach der Rechtsprechung (BFH-Urteil vom 12. 5. 1976, BStBl. II 1976 S. 579 – mit weiteren Hinweisen – sowie rk. Urteil des FG München vom 4. 8. 1988 IV 319/85 GrE – n. –) auch folgendes zu berücksichtigen: 12

In erster Linie muß das Finanzamt für die **rechtzeitige** Zahlung, Beitreibung oder Sicherstellung der Steuerschuld gegenüber dem zunächst in Anspruch genommenen Gesamtschuldner sorgen. Den weiteren Gesamtschuldner muß es frühzeitig von Zahlungshindernissen oder einer längerfristigen Stundung der Steuer unterrichten. Versäumt dies das Finanzamt, so kann dessen Inanspruchnahme ermessensfehlerhaft sein, wenn die Steuer vom ersten Schuldner nicht mehr erlangt werden kann.

Dieses bitte ich die **Grunderwerbsteuerstellen** insbesondere in den Fällen zu beachten, in denen ein

- Vollstreckungsversuch keinen oder nur einen Teilerfolg hat,
- Antrag auf Billigkeitserlaß wegen persönlicher (wirtschaftlicher) Unbilligkeit gestellt wird,
- Antrag auf nicht nur kurzfristige Stundung (länger als ca. 6 Monate) gestellt wird.

3. Die **Vollstreckungsstellen** sind angewiesen, die Grunderwerbsteuerstelle grundsätzlich zu verständigen, wenn der erste wegen des Grunderwerbsteuerrückstands eines Steuerpflichtigen unternommene Vollstreckungsversuch keinen bzw. nur teilweisen Erfolg hatte. In Fällen mit Vollstreckungsersuchen ist die ersuchende Vollstreckungsstelle gehalten, den Erfolg der Vollstreckung kurzfristig zu überwachen. 13

Anl c zu § 13

c) Erlass betr. Inanspruchnahme des Veräußerers als Gesamtschuldner[1]

Vom 3. September 2002

(FM Schleswig-Holstein VI 316 – S 4535 – 009)

14 Bei einem Kaufvertrag oder einem anderen Rechtsgeschäft, das den Anspruch auf Übereignung begründet (§ 1 Abs. 1 Nr. 1 GrEStG) sind Steuerschuldner stets alle auf Erwerber- und Veräußererseite beteiligten Personen. Als Gesamtschuldner schuldet jeder die gesamte Leistung (§ 44 Abs. 1 AO).

In der Regel haben die Vertragsparteien im Kaufvertrag Regelungen darüber getroffen, wer die Grunderwerbsteuer und die sonstigen Kosten zu tragen hat. Nach § 448 Abs. 2 BGB i. d. F. des Gesetzes zur Modernisierung des Schuldrechts vom 26. 11. 2001 (BGBl. I S. 3138) hat der Grundstückserwerber (Käufer) grundsätzlich die Kosten für die Beurkundung des Kaufvertrages, für die Auflassung, Grundbucheintragung und sonstigen erforderlichen Erklärungen zu tragen. Aus diesem Grund enthalten die Kaufverträge seit Inkrafttreten des Schuldrechtsmodernisierungsgesetzes oft keine Regelungen mehr darüber, welche Vertragspartei die entstehenden Kosten zu tragen hat. Auch hinsichtlich der Grunderwerbsteuer enthalten die Verträge keine Abreden mehr. Die Anwendung der Verwaltungsvereinfachungsregelung nach der Rundverfügung vom 11. 9. 1981 – S 4535 A – St 214 – ist in diesen Fällen dadurch nicht mehr möglich.

Ich bitte, künftig wie folgt zu verfahren:

Es ist zwischen zivilrechtlicher und steuerrechtlicher Schuldnerschaft zu unterscheiden. Das Finanzamt kann grundsätzlich beide Vertragsparteien zur Steuer heranziehen. Jedoch ist das Finanzamt bei Ausübung des ihm eingeräumten Ermessens an die zivilrechtliche Bestimmung gebunden. Ist im Vertrag keine Regelung darüber getroffen, wer Träger der Grunderwerbsteuer und der sonstigen Kosten ist, ist die Steuer zunächst beim Erwerber geltend zu machen, da zivilrechtlich der Erwerber Schuldner der Kaufvertragskosten ist. Gleichwohl kann das Finanzamt aber innerhalb der Festsetzungsfrist auch noch den Veräußerer in Anspruch nehmen.

Rspr zu § 13

Rechtsprechung zu § 13

1. BFH-Urteil vom 14. 12. 1988 II R 87/86 (BFH/NV 1990 S. 321):

16 1. Steuerschuldner können nur die am Erwerbsvorgang beteiligten Vertragsteile und nicht unbeteiligte Dritte sein. Dritte werden auch nicht deshalb Vertragsbeteiligte und damit Steuerschuldner, weil Leistungen von diesen oder an diese nach § 11 Abs. 3 Nr. 2 GrEStG NW (= § 9 Abs. 2 Nr. 4 GrEStG 1983) zur Gegenleistung gehören.

2. Die Befreiungsvorschrift des § 3 Nr. 8 GrEStG NW nimmt nur die Bestellung des – bloßen – Erbbaurechts, nicht aber den mit der Bestellung wegen § 12 Abs. 1 S. 2 ErbbauV verbundenen Übergang des Eigentums an einem auf dem Grundstück vorhandenen Gebäude auf den Erbbauberechtigten von der GrESt aus.

2. BFH-Beschluß vom 17. 5. 1990 II B 8/90 (BFH/NV 1991 S. 481):

1. Die Frage, unter welchen Voraussetzungen und wie lange das FA einen Grundstücksveräußerer als Gesamtschuldner für die Grunderwerbsteuer in Anspruch nehmen kann, wenn nach dem Vertrag der Käufer die Grunderwerbsteuer zu tragen hat, ist durch die Rechtsprechung geklärt und hat keine grundsätzliche Bedeutung.

2. Jeder Gesamtschuldner muß grundsätzlich bis zum Eintritt der Verjährung damit rechnen, vom Finanzamt für die Grunderwerbsteuer in Anspruch genommen zu werden.

3. Zum pflichtgemäßen Ermessensgebrauch durch das Finanzamt und zur Verwirkung des Grunderwerbsteueranspruchs gegen den Veräußerer bei vorheriger (erfolgloser) Inanspruchnahme des Erwerbers.

3. BFH-Beschluß vom 26. 9. 1990 II B 24/90 (BStBl. II S. 1035):

Eine grundstücksverwaltende GbR ist Steuerschuldnerin einer wegen Erfüllung des Nachversteuerungstatbestandes entstandenen Nachsteuer auch dann, wenn an die Stelle der zur Zeit des Erwerbsvorgangs vorhandenen Gesellschafter neue Gesellschafter getreten sind. Aus dem BFH-Beschluß vom 7. Juni 1989 II B 111/88 (BFHE 156, 527, BStBl. II 1989, 803) kann etwas anderes nur für den Fall entnommen werden, daß durch die nahezu gleichzeitige Auswechselung aller Gesellschafter die Nachsteuer ausgelöst würde.

4. BFH-Urteil vom 12. 10. 1994 II R 63/93 (BStBl. 1995 II S. 174):

Erwerben beide Ehegatten ein Grundstück zu gemeinschaftlichem Eigentum, so ist jeder Ehegatte grunderwerbsteuerrechtlich als Erwerber der Hälfte des Grundstücks anzusehen. Jeder Ehegatte ist Schuldner nur der auf ihn entfallenden Grunderwerbsteuer, ohne daß Gesamtschuldnerschaft besteht. Ein Grunderwerbsteuerbescheid, der in einem derartigen Fall ohne sonstige Erläuterung an beide Ehegatten gerichtet ist, genügt nicht dem Erfordernis der hinreichenden Bestimmtheit.

5. BFH-Urteil vom 21. 6. 1995 II R 7/91 (BStBl. II S. 817):

(Tatbestand und Gründe siehe BStBl. 1995 II S. 300. Das dort abgedruckte Urteil vom 2. 2. 1994 wurde auf eine Gegenvorstellung des Klägers hin aufgehoben und mit Datum vom 21. 6. 1995 wortgleich neu verkündet, vgl. BFHE 178, 227).

[1] *Anm. d. Red.:* Die Rechtsfrage ist noch nicht endgültig geklärt.

Die Haftung des Gesellschafters einer GbR für Steuerschulden der Gesellschaft erfordert eine Mitwirkung des Gesellschafters an der Gestaltung, die den Steuertatbestand ausgelöst hat. War der Gesellschafter an rechtsgeschäftlichem Handeln der Gesellschaft, das steuerliche Folgen nach sich zieht, beteiligt, haftet er auch der Finanzbehörde gegenüber für die sich hieraus ergebende Steuerschuld. *noch* **16**

6. BFH-Beschluss vom 5. 11. 2001 II B 148/01 (BFH/NV 2002 S. 811):

Will das FA bei der Ausübung des Auswahlermessens nach § 13 Nr. 1 GrEStG 1983 darauf Rücksicht nehmen, wer im Innenverhältnis der Vertragsparteien die GrESt zu tragen hat, darf es danach fragen, ob die vertragliche Zuweisung der Steuerlast auf den Veräußerer eine Geschäftsgrundlage hatte, die inzwischen weggefallen ist.

7. BFH-Beschluss vom 12. 12. 2001 II B 5/01 (BFH/NV 2002 S. 812):

Es ist höchstrichterlich geklärt, dass

1. ein GrESt-Bescheid gegenüber einer GbR unter dem von dieser verwendeten Namen ergehen kann,
2. die gegen eine GbR festgesetzte GrESt aus dem Gesellschaftsvermögen als einem Sondervermögen zu zahlen ist,
3. es für die Inanspruchnahme einer GbR als GrESt-Schuldnerin unerheblich ist, dass zwischen dem Zeitpunkt des Grundstückserwerbs und des Ergehens des Steuerbescheides einzelne Gesellschafter gewechselt haben,
4. kein gegenwärtiger oder früherer Gesellschafter einer GbR in seiner Rechtsverteidigung gegen eine Inanspruchnahme als Haftungsschuldner dadurch behindert oder begünstigt wird, dass er im Rubrum eines Urteils gegen eine GbR zur GrESt als deren Gesellschafter aufgeführt ist oder nicht genannt ist.

8. BFH-Urteil vom 30. 8. 2017 II R 48/15 (abgedruckt zu § 9 Abs. 1 Nr. 1)

9. BFH-Beschluss vom 23. 2. 2022 II B 26/21 (BFH/NV S. 612):

Über die Auswirkung einer persönlichen Steuerbefreiungsvorschrift auf den weiteren grunderwerbsteuerrechtlichen Gesamtschuldner ist allein durch Auslegung dieser Vorschrift zu entscheiden.

GrEStG

§ 14 Entstehung der Steuer in besonderen Fällen

Die Steuer entsteht,

1 **1. wenn die Wirksamkeit eines Erwerbsvorgangs von dem Eintritt einer Bedingung abhängig ist, mit dem Eintritt der Bedingung;**

2 **2. wenn ein Erwerbsvorgang einer Genehmigung bedarf, mit der Genehmigung.**

Übersicht

	Rz.
Anlage:	
Verfügung betr. Behandlung von Erwerbsvorgängen, deren Wirksamkeit vom Eintritt einer Bedingung oder von einer Genehmigung abhängt	5–15
Rechtsprechung	20

Anl zu § 14

Verfügung betr. Behandlung von Erwerbsvorgängen, deren Wirksamkeit vom Eintritt einer Bedingung oder von einer Genehmigung abhängt

Vom 5. Juli 2005 (StEd S. 553)

(OFD Hannover S 4500 – 8 – StO 262)

1.

Nach § 14 GrEStG entsteht die Steuer

- wenn die Wirksamkeit eines Erwerbsvorgangs vom Eintritt einer Bedingung abhängt, mit dem Eintritt der Bedingung,
- wenn ein Erwerbsvorgang einer Genehmigung bedarf, mit der Genehmigung.

2. Bedingung

5 Unter „Bedingung" ist die aufschiebende Bedingung „§ 158 Abs. 1 BGB" zu verstehen. Die Beteiligten können beliebig bestimmen, von welchem künftig eintretenden ungewissen Ereignis (= Bedingung) die Wirksamkeit des Rechtsgeschäfts abhängen soll. Es bedarf dazu jedoch einer ausdrücklichen Vereinbarung. Der im Vertrag enthaltene Satz, das Geschäft sei von einer erforderlichen behördlichen Genehmigung abhängig, ist nicht als aufschiebende Bedingung aufzufassen (BFH-Urteil vom 14. März 1979, BStBl. 1981 II S. 225).

Beispiel:

Der Vertrag soll nur wirksam werden, wenn die Teilungsgenehmigung erteilt wird.

Obwohl die Teilungsgenehmigung selbst die Rechtswirksamkeit des schuldrechtlichen Vertrags nicht berührt (s. Ziff. 4.2), entsteht die Steuerschuld wegen dieser Vereinbarung erst mit ihrer Erteilung (= Eintritt der Bedingung).

3. Aufschiebende Zeitbestimmung (Befristung)

6 Sie steht einer Bedingung i. S. d. § 14 Nr. 1 GrEStG nicht gleich. Die Steuerschuld entsteht ebenso wie in allen anderen Fällen mit der Erfüllung des Steuertatbestands i. S. d. § 1 GrEStG. Die unterschiedliche Behandlung von Bedingung und Befristung ist sachlich dadurch begründet, dass im Fall der Bedingung bereits das „Ob" des Erwerbsvorgangs fraglich ist; demgegenüber steht bei einer Befristung sowohl der Erwerb als solcher als auch der Zeitpunkt des Erwerbs fest (vgl. auch *Boruttau,* GrEStG, 15. Auflage, § 14 Rn. 48).

4. Genehmigung

7 Genehmigung ist die nachträgliche Zustimmung zu einem Rechtsgeschäft. Sie wirkt bürgerlich-rechtlich auf den Zeitpunkt der Vornahme des Rechtsgeschäfts zurück (§ 184 BGB). Das Grunderwerbsteuergesetz folgt dieser Regelung nicht, sondern lässt die Steuer erst mit der Genehmigung entstehen. Maßgebend ist nicht der Tag, an dem die Genehmigung erklärt, sondern der Zeitpunkt, an dem sie bekanntgegeben wird (BFH-Urteil vom 23. April 1952, BStBl. III S. 157). Ist der Notar zur Entgegennahme der Genehmigung bevollmächtigt, so ist die Bekanntgabe an ihn maßgebend (Boruttau a. a. O., § 14 Rn. 52).

In folgenden Fällen bedürfen Grundstückskaufverträge einer Genehmigung (die Aufzählung ist nicht erschöpfend; vgl. auch die Zusammenstellung bei *Boruttau* a. a. O., § 14 Rn. 62–70):

4.1. Grundstücksverkehrsgesetz

8 Nach § 2 des Gesetzes über Maßnahmen zur Verbesserung der Agrarstruktur und zur Sicherung land- und forstwirtschaftlicher Betriebe – Grundstücksverkehrsgesetz (GrdstVG) – vom 28. Juli 1961 (BGBl. I S. 1091) bedarf der schuldrechtliche Vertrag über die Veräußerung land- und forstwirtschaftlicher Grundstücke der Genehmigung. Eine Genehmigung ist nicht erforderlich, wenn die Grundstücke im räumlichen Geltungsbereich eines Bebauungsplans liegen und nicht als land- und forstwirtschaftliche Fläche ausgewiesen sind (§ 4 GrdstVG).

Nach dem Niedersächsischen Ausführungsgesetz zum Grundstücksverkehrsgesetz vom 11. Februar 1970 (Nds. GVBl. S. 30) bedarf die Veräußerung von Grundstücken, die kleiner als 1,00 ha sind, nicht der Genehmigung nach dem GrdstVG.

4.2. Baugesetzbuch (BauGB)

9 Nach § 51 BauGB dürfen von der Bekanntmachung des Umlegungsbeschlusses bis zur Bekanntmachung des Umlageplans im Umlegungsgebiet Verfügungen über ein Grundstück (dazu gehören auch schuldrechtliche Verträge) nur mit schriftlicher Genehmigung der Umlegungsstelle getroffen werden.

Die Teilungsgenehmigungen nach § 19 BauGB beeinflussen die Entstehung der Steuerschuld nicht, denn sie berühren nicht die Wirksamkeit des schuldrechtlichen Vertrags, sondern die Teilung des Grundstücks (BFH-Urteil vom 23. April 1975, BStBl. II S. 742).

Die Erklärung der Gemeinde, sie werde das Vorkaufsrecht nicht ausüben, stellt keine Genehmigung dar (BFH-Urteil vom 25. Juni 1980, BStBl. 1981 II S. 332).

4.3. Städteaufbauförderungsgesetz (StBauFG)

Nach § 15 StBauFG bedürfen u. a. die rechtsgeschäftliche Veräußerung eines Grundstücks und die Bestellung und Veräußerung eines Erbbaurechts im förmlich festgelegten Sanierungsgebiet zu ihrer Wirksamkeit der schriftlichen Genehmigung durch die Gemeinde. 10

4.4. Erbbaurechtsverordnung (ErbbauVO)[1]

Nach *§ 15 ErbbauVO* kann als Inhalt des Erbbaurechts vereinbart werden, dass der Erbbauberechtigte zur Veräußerung des Erbbaurechts der Zustimmung des Grundstückseigentümers bedarf. 11

4.5. Bürgerliches Gesetzbuch (BGB)

§ 108 BGB. Genehmigung eines von einem Minderjährigen oder sonst beschränkt Geschäftsfähigen geschlossenen Vertrags durch den gesetzlichen Vertreter. 12

§ 177 BGB. Genehmigung eines von einem Vertreter ohne Vertretungsmacht geschlossenen Vertrags durch den Vertretenen.

§§ 1365, 1366 BGB. Ein Ehegatte kann sich nur mit Einwilligung bzw. Genehmigung des anderen Ehegatten verpflichten, über sein Vermögen im Ganzen zu verfügen.

§ 1821 BGB.[2] Der Vormund bedarf zur Verfügung über ein Grundstück des Mündels der Genehmigung des Vormundschaftsgerichts.

4.6. Wohnungseigentumsgesetz (WEG)

Nach § 12 WEG kann vereinbart werden, dass ein Wohnungseigentümer zur Veräußerung seines Wohnungseigentums der Zustimmung der anderen Wohnungseigentümer/des Verwalters bedarf. Ist eine derartige Veräußerungsbeschränkung im Grundbuch eingetragen, so wird ein Kaufvertrag über Wohnungseigentum erst mit der Erstellung der Zustimmung wirksam. 13

5. Wertsicherungsklauseln

Nach § 3 des Währungsgesetzes (WährG) sind Vereinbarungen, wonach eine Schuld durch den Kurs einer Währung, den Preis von Gold oder anderer Güter bestimmt werden soll, nur mit Genehmigung der Landeszentralbank zulässig. Nicht von § 3 WährG erfasst und damit genehmigungsfrei sind Leistungsbestimmungsvorbehalte, nach denen die Schuld (Beispiel: Rente) bei Eintritt bestimmter Voraussetzungen (Beispiele: Zeitablauf, Änderung des Lebenshaltungsindex) den neuen Gegebenheiten angepasst wird. 14

Eine nicht genehmigungsfähige Wertsicherungsklausel führt in der Regel nur zur Unwirksamkeit einzelner Vertragsbestimmungen. Die Vertragsparteien sind einander nach § 242 BGB verpflichtet, sie durch eine ähnliche (genehmigungsfähige oder genehmigungsfreie) Klausel zu ersetzen. Nur wenn dies ausnahmsweise nicht gelingt, kann die verbotswidrige Klausel die Nichtigkeit des gesamten Vertrags zur Folge haben. Die Steuer ist dann nicht entstanden.

6. Zeitpunkt der Steuerfestsetzung/Freistellung

Steuerbefreite Erwerbsvorgänge sind stets ohne Rücksicht auf noch ausstehende Genehmigungen/Bedingungen freizustellen; die Vermessung ist nicht abzuwarten. Für steuerpflichtige Vorgänge ist die Steuer erst nach Erteilung der Genehmigung/Eintritt der Bedingung festzusetzen. 15

Die von den Notaren eingereichten Verträge enthalten oft den Hinweis, dass der Vertrag „behördlicher Genehmigungen" bedürfe.

Mit diesen Genehmigungen sind meist Genehmigungen nach § 19 BauGB gemeint. Ihre Erteilung ist nicht abzuwarten.

Rechtsprechung zu § 14

Rspr zu § 14

1. BFH-Urteil vom 10. 8. 1994 II R 103/93 (BStBl. II S. 951): 20

Solange für einen Rechtsvorgang i. S. § 1 Abs. 1 GrEStG 1983 die erforderliche Genehmigung nach der Grundstücksverkehrsverordnung nicht erteilt ist, entsteht die Grunderwerbsteuer nicht. Eine Steuerfestsetzung kann auch nicht vorläufig nach § 165 Abs. 1 AO 1977 erfolgen.

2. BFH-Urteil vom 22. 1. 1997 II R 23/96 (BFH/NV S. 705):

Ist in einem notariell beurkundeten Grundstückskaufvertrag vereinbart worden, daß der Kaufpreis erst „fällig" werden soll, wenn ein positiver Bescheid über die Bebaubarkeit des Grundstücks vorliegt, so schließt die Verwendung des Wortes „Fälligkeit" es aus, die Erklärungen der Vertragsparteien dahin zu verstehen, daß sie damit die Wirksamkeit der Verpflichtung zur Zahlung des Kaufpreises dem Grunde nach vom Eintritt eines künftigen ungewissen Ereignisses abhängig machen wollten. Vielmehr sollte von dem Eintritt der Bedingung lediglich die Fälligkeit des Kaufpreises abhängig sein.

---

[1] Jetzt Erbbaurechtsgestz (ErbbauRG), siehe § 5 ErbbauRG.

[2] Siehe jetzt § 1799 i. V. m. § 1850 BGB: Genehmigung des Familiengerichts.

GrEStG

§ 15 Fälligkeit der Steuer

1 **①Die Steuer wird einen Monat nach der Bekanntgabe des Steuerbescheids fällig. ②Das Finanzamt darf eine längere Zahlungsfrist setzen.**

Anl zu § 15

Verfügung betr. Fälligkeit der Steuer (§ 15 GrEStG)

Vom 7. Oktober 2016 (DB S. 2575)

(FM Schleswig-Holstein VI 355-S 4537-002)

2 Gem. § 15 Satz 1 GrEStG wird die Steuer einen Monat nach Bekanntgabe des Steuerbescheids fällig. Das Finanzamt darf eine längere Zahlungsfrist setzen (Satz 2).

Von der Möglichkeit, die Zahlungsfrist hinauszuschieben, ist aber grundsätzlich kein Gebrauch zu machen: Entstehung und ungefähre Höhe der Steuer stehen in der Regel bereits bei Vertragsabschluss fest. Die Steuer ist somit ein von vornherein kalkulierbarer und einzukalkulierender Kostenfaktor!

Eine Zahlungsfristverlängerung kommt daher nur in Betracht, wenn nach Abschluss des Vertrages

- unvorhersehbare Ereignisse eintreten, die sich unmittelbar auf das Vermögen bzw. Einkommen des Steuerpflichtigen auswirken und bei denen absehbar ist, dass diese nur vorübergehend sind – also beispielsweise sich die Auszahlung von fest eingeplanten und bei Abschluss des Vertrages auch zugesicherten Finanzierungsmitteln durch später eintretende Umstände unvorhersehbar verzögert.
  Schwierigkeiten beim Zustandekommen der Finanzierung fallen nicht hierunter, da dem Steuerpflichtigen seine finanzielle Situation bei Vertragsabschluss bekannt ist oder jedenfalls bekannt sein sollte;
- sicher ist, dass der Vertrag rückabgewickelt werden soll und der Bescheid in der Folge aufgehoben werden muss, sich aber der Notartermin verzögert.

Beispiel:
Die Aufhebung des Vertrages ist in 3 Wochen beim Notar terminiert, weil eine Vertragspartei derzeit unabkömmlich ist oder der Notar erst dann einen Termin zur Verfügung hat, an dem alle Vertragspartner Zeit haben.
Wichtig: Die Aufhebung muss feststehen!

Ein Zeitraum von 6 Wochen über die ursprüngliche Zahlungsfrist hinaus soll regelmäßig nicht überschritten werden!

Ein Wohnsitz/Sitz des Steuerschuldners im Ausland ist kein Grund – jedenfalls nicht für sich genommen – für eine Verlängerung der Zahlungsfrist: Angesichts heutiger Postlauf- und Überweisungszeiten und dem auch hier grundsätzlichen Bekanntsein der Zahlungsverpflichtung nach Frist und Höhe besteht hierzu keine Veranlassung. Darüber hinaus kann bei einem Sitz des Steuerpflichtigen im Ausland davon ausgegangen werden, dass dieser einen inländischen Bevollmächtigten hat.

Die Zahlungsfristverlängerung bewirkt, dass bis zum neuen Fälligkeitstag

- das Finanzamt keine Unbedenklichkeitsbescheinigung erteilen muss,
- keine Säumniszuschläge oder Stundungszinsen entstehen.

Die Zahlungsfristverlängerung kann zwar rückwirkend gewährt werden. Beantragt der Steuerpflichtige sie jedoch erst nach Eintritt der Fälligkeit, so ist es ermessensgerecht, die Zahlungsfristverlängerung erst ab Eingang des Antrags zu gewähren. In diesen Fällen bleiben die in der Zeit vom Eintritt der Fälligkeit bis zum Eingang des Antrags entstandenen Säumniszuschläge unberührt (vgl. *Viskorf* in *Boruttau*, 18. Aufl., Rz. 15 zu § 15 GrEStG).

Sollte sich die Auszahlung von Darlehen unvorhergesehen verzögern, so bestehen keine Bedenken, die Vollstreckung durch Setzen einer Beitreibungssperre hinauszuschieben.

Falls im Ausnahmefall die Voraussetzungen für eine Stundung gegeben sind, so ist wegen der Entstehung von Stundungszinsen vorrangig eine solche statt einer Zahlungsfristverlängerung zu gewähren.

Hierbei ist darauf zu achten, dass die Stundung unter der Auflage gewährt wird, dass der Anspruch auf Erteilung der Unbedenklichkeitsbescheinigung für die Dauer der Stundung nicht geltend gemacht wird.

Falls die Unbedenklichkeitsbescheinigung jedoch unbedingt benötigt wird, so ist diese nur gegen Hergabe einer entsprechenden Sicherheit zu erteilen.

Dieser Erlass ersetzt die Verfügung der OFD Kiel vom 8. 11. 1990 S 4537 A – St 214. In Fällen des § 12 Nrn. 2 und 3 GrESBWG SH,[1] in denen der steuerbegünstigte Zweck noch nicht erfüllt, die Steuer jedoch zur Unterbrechung der Verjährung festzusetzen ist, wurde durch Rundverfügung vom 21. 1. 1977 S 4509 A – St 252 angeordnet, dass die festgesetzte Steuer nach § 222 AO zinslos und ohne Sicherheitsleistung zu stunden ist. Diese Rundverfügung gilt weiter fort.

[1] Gesetz i. d. F. v. 16. 9. 1974 (GVBl. SH S. 353; BStBl. I S. 940).

Sechster Abschnitt. Nichtfestsetzung der Steuer, Aufhebung oder Änderung der Steuerfestsetzung

§ 16 Nichtfestsetzung der Steuer, Aufhebung oder Änderung der Steuerfestsetzung

(1) Wird ein Erwerbsvorgang rückgängig gemacht bevor das Eigentum am Grundstück auf den Erwerber übergegangen ist, so wird auf Antrag die Steuer nicht festgesetzt oder die Steuerfestsetzung aufgehoben,

1. wenn die Rückgängigmachung durch Vereinbarung, durch Ausübung eines vorbehaltenen Rücktrittsrechts oder eines Wiederkaufsrechts innerhalb von zwei Jahren seit der Entstehung der Steuer stattfindet; 1

2. wenn die Vertragsbedingungen nicht erfüllt werden und der Erwerbsvorgang deshalb auf Grund eines Rechtsanspruchs rückgängig gemacht wird. 2

(2) Erwirbt der Veräußerer das Eigentum an dem veräußerten Grundstück zurück, so wird auf Antrag sowohl für den Rückerwerb als auch für den vorausgegangenen Erwerbsvorgang die Steuer nicht festgesetzt oder die Steuerfestsetzung aufgehoben,

1. wenn der Rückerwerb innerhalb von zwei Jahren seit der Entstehung der Steuer für den vorausgegangenen Erwerbsvorgang stattfindet. ② Ist für den Rückerwerb eine Eintragung in das Grundbuch erforderlich, so muß innerhalb der Frist die Auflassung erklärt und die Eintragung im Grundbuch beantragt werden; 3

2. wenn das dem Erwerbsvorgang zugrundeliegende Rechtsgeschäft nichtig oder infolge einer Anfechtung als von Anfang an nichtig anzusehen ist; 4

3. wenn die Vertragsbedingungen des Rechtsgeschäfts, das den Anspruch auf Übereignung begründet hat, nicht erfüllt werden und das Rechtsgeschäft deshalb auf Grund eines Rechtsanspruchs rückgängig gemacht wird. 5

(3) Wird die Gegenleistung für das Grundstück herabgesetzt, so wird auf Antrag die Steuer entsprechend niedriger festgesetzt oder die Steuerfestsetzung geändert,

1. wenn die Herabsetzung innerhalb von zwei Jahren seit der Entstehung der Steuer stattfindet; 6

2. wenn die Herabsetzung (Minderung) auf Grund des § 437 des Bürgerlichen Gesetzbuchs vollzogen wird. 7

(4)[1] Tritt ein Ereignis ein, das nach den Absätzen 1 bis 3 die Aufhebung oder Änderung einer Steuerfestsetzung begründet, endet die Festsetzungsfrist (§§ 169 bis 171 der Abgabenordnung) insoweit nicht vor Ablauf eines Jahres nach dem Eintritt des Ereignisses. 8

(4 a) ① Wenn die Anteile in Erfüllung eines Rechtsgeschäfts im Sinne des § 1 Absatz 3 Nummer 1 oder Nummer 3 oder des § 1 Absatz 3 a nach Abschluss dieses Rechtsgeschäfts übergehen und dadurch der Tatbestand des § 1 Absatz 2 a oder Absatz 2 b verwirklicht wird, so wird auf Antrag die Festsetzung nach § 1 Absatz 3 Nummer 1 oder Nummer 3 oder § 1 Absatz 3 a aufgehoben oder geändert. ② In den Fällen des Satzes 1 endet die Festsetzungsfrist für den aufgrund des Übergangs der Anteile erfüllten Tatbestand nach § 1 Absatz 2 a oder Absatz 2 b nicht vor Ablauf der Festsetzungsfrist der aufzuhebenden oder zu ändernden Festsetzung nach § 1 Absatz 3 Nummer 1 oder Nummer 3 oder nach § 1 Absatz 3 a. 9

(5)[2] ① Die Vorschriften der Absätze 1 bis 4 gelten nicht, wenn einer der in § 1 Absatz 2 bis 3 a bezeichneten Erwerbsvorgänge rückgängig gemacht wird, der nicht fristgerecht und in allen Teilen vollständig angezeigt (§§ 18 bis 20) war. ② Die Vorschrift des Absatzes 4 a gilt nicht, wenn einer der in § 1 Absatz 3 Nummer 1 oder Nummer 3 oder in § 1 Absatz 3 a oder in § 1 Absatz 2 a oder Absatz 2 b bezeichneten Erwerbsvorgänge nicht fristgerecht und in allen Teilen vollständig angezeigt (§§ 18 bis 20) war. 10

Übersicht

Rz.

Anlagen:

a) Schreiben betr. grunderwerbsteuerliche Behandlung der Vertragsübernahme bzw. des Vertragsbeitrittes ... 16–19

b) Erlass betr. Formerfordernis bei Rückgängigmachung eines Erwerbsvorgangs nach § 16 GrEStG ... 21–28

c) Erlass betr. Erlass von Säumniszuschlägen bei späterer Aufhebung der Grunderwerbsteuerfestsetzung nach § 16 Abs. 1 GrEStG ... 30

Rechtsprechung ... 31

---

[1] § 16 Abs. 4 i. d. F. des StÄndG 2001 erstmals anzuwenden ab 1. 1. 2002 (§ 23 Abs. 7 Satz 1 GrEStG).

[2] § 16 Abs. 5 i. d. F. des AmtshilfeRLUmsG erstmals anzuwenden ab 7. 6. 2013 (§ 23 Abs. 11 GrEStG).

Anl a
zu § 16

a) Schreiben betr. grunderwerbsteuerliche Behandlung der Vertragsübernahme bzw. des Vertragsbeitrittes

Vom 10. August 1995

(FM Bayern S 4543 – 1/26 – 51014; koord. Ländererlaß)

16 Beabsichtigen die Beteiligten eines Erwerbsvorgangs, die Rechtsfolgen eines zwischen Veräußerer (V) und Ersterwerber (E1) abgeschlossenen Vertrages (Grundstückskaufvertrag) ganz oder teilweise auf einen Zweiterwerber (E2) überzuleiten, so sind folgende Gestaltungsalternativen möglich:

– Denkbar ist zunächst eine Rückabwicklung des ersten Erwerbsvorgangs und ein Neuabschluß zwischen V und E2 (Rückabwicklungsfall). Die Anwendung des § 16 GrEStG in derartigen Fällen setzt nach der ständigen Rechtsprechung des BFH eine nicht nur rechtliche, sondern auch tatsächliche Rückgängigmachung des Erwerbsvorgangs voraus (vgl. BFH vom 9. 3. 1994 II R 86 90, BStBl. II 1994 S. 413).
– Möglich sind auch Gestaltungen, die zivilrechtlich und grunderwerbsteuerlich als **Weiterveräußerungen** von E1 an E2 zu qualifizieren sind:
  – In Betracht kommt zunächst eine schlichte Weiterveräußerung des Grundstücks von E1 an E2, die zivilrechtlich auch bereits vor Erfüllung des Kaufvertrages V – E1 möglich ist (§ 1 Abs. 1 Nr. 1 GrEStG).
  – Möglich ist auch ein Verkauf des durch den Kaufvertrag V – E1 entstandenen Übereignungsanspruchs und dessen Abtretung an E2 (§ 1 Abs. 1 Nr. 5 GrEStG).
  – E2 kann außerdem im Wege einer Vertragsübernahme oder eines Vertragsbeitritts die durch den Vertrag V – E1 in der Person des E1 begründete vertragliche Rechtsstellung von diesem ganz (Vertragsübernahme) oder teilweise (Vertragsbeitritt) erwerben.

1. Vereinbarung von Vertragsübernahme und Vertragsbeitritt

17 Die wirksame Vereinbarung einer Vertragsübernahme oder eines -beitritts bedarf der Mitwirkung aller Beteiligten. Diese kann im Rahmen eines dreiseitigen notariellen Vertrages erfolgen, wobei es nicht erforderlich ist, daß die Erklärungen zeitgleich abgegeben werden. Möglich ist auch ein zweiseitiger notarieller Vertrag, der jedoch der Zustimmung des Dritten bedarf (§§ 182 ff. BGB).

2. Rechtsfolgen von Vertragsübernahme und Vertragsbeitritt

18 Durch die Vertragsübernahme folgt E2 in die gesamte vertragliche Rechtsstellung des E1 nach. Im Rahmen dieser Rechtsnachfolge erwirbt E2 von E1 auch den Übereignungsanspruch.

Entsprechendes gilt für den Fall des Vertragsbeitritts.

Die durch Vertragsübernahme oder Vertragsbeitritt ausgelöste Überleitung des Übereignungsanspruchs ist, da die Verpflichtung zur Überleitung des Übereignungsanspruchs und die Verfügung in einem Rechtsgeschäft zusammenfallen, ein Erwerbsvorgang nach § 1 Abs. 1 Nr. 5 GrEStG. Demzufolge sind Beteiligte des Erwerbsvorgangs i. S. d. §§ 19, 13 GrEStG Erst- und Zweiterwerber. Für die Anwendung persönlicher Befreiungsvorschriften sind die persönlichen Beziehungen zwischen diesen Beteiligten maßgebend.

19 **3.** Die Abgrenzung der Weiterveräußerungsfälle und insoweit insbesondere der Vertragsübernahme und des Vertragsbeitritts von den Rückabwicklungsfällen muß anhand der Vereinbarungen unter den Beteiligten erfolgen. Insoweit gelten die allgemeinen zivilrechtlichen Auslegungsgrundsätze (§§ 133, 157 BGB). Danach ist nicht nur der Wortlaut der Verträge zu würdigen; maßgeblich sind daneben sämtliche Begleitumstände, die Entstehungsgeschichte, die Äußerung der Parteien über den Inhalt des Rechtsgeschäfts sowie der mit dem Rechtsgeschäft verfolgte Zweck und die bestehende Interessenlage.

Beispiele:

Fall 1:

V (Veräußerer) und E1 (Ersterwerber) schließen einen Kaufvertrag über ein Grundstück. Einige Zeit später, aber vor Erfüllung des Kaufvertrages, wird der Kaufvertrag durch einen Änderungs-, Übernahmevertrag oder einen Nachtrag dahingehend geändert, daß nicht E1, sondern – 1. Alt. – dessen Ehegatte E2 (Zweiterwerber) oder – 2. Alt. – E1 und E2 jeweils zur Hälfte das Grundstück erwerben sollen. Im übrigen bleibt der Vertrag unverändert.

Fall 2:

Eine GmbH (V) schließt mit ihrem Alleingesellschafter (E1) einen Kaufvertrag über ein der GmbH gehörendes Grundstück zum Kaufpreis von 300 000 DM. Nach einem Monat wird erneut ein Kaufvertrag zwischen V und E2 („anderer Interessent“) geschlossen. Der Kaufpreis beträgt nunmehr 350 000 DM. Der ursprüngliche Kaufvertrag zwischen V und E1 wird aufgehoben.

Fall 3:

V und E1, eine KG, schließen einen Kaufvertrag über ein Grundstück. Dieser Vertrag wird zwei Monate später aufgehoben. In derselben Urkunde wird außerdem ein Kaufvertrag zwischen V und E2 (= alleiniger Kommanditist der KG, der zu 100 v. H. am Gesamthandsvermögen beteiligt ist) geschlossen. Die übrigen Vertragsmodalitäten bleiben unverändert.

In allen Fällen ist die Frage zu untersuchen, ob ein Erwerbsvorgang zwischen V und E2 (Neuabschluß) oder eine Vertragsübernahme bzw. in der 2. Alt. des Falles 1 ein Vertragsbeitritt und damit ein Erwerbsvorgang im Verhältnis E1 – E2 vorliegt. Diese Prüfung muß durch Auslegung der vertraglichen Vereinbarungen zwischen allen Beteiligten erfolgen.

Folgende Gesichtspunkte sind dabei zu berücksichtigen:

Wollen die Parteien in einem bestehenden Vertragsverhältnis eine Partei auswechseln, so liegt ihnen eine Rechtsnachfolge in der Regel näher und entspricht eher ihrer Interessenlage als ein Neuabschluß. Denn es entspricht grundsätzlich dem Interesse zumindest einer Partei, am ursprünglichen Verhandlungsergebnis festzuhalten und die Rechtsnachfolge nicht zum Anlaß für erneute Verhandlungen über bereits früher oder nachträglich als vor- oder nachteilig empfundene Abreden werden zu lassen. Als

Kriterien, die für eine Vertragsübernahme sprechen, kommen daneben insbesondere folgende Gesichtspunkte in Betracht:

Maßgeblich kann sein, ob das Vertragsverhältnis über den Parteiwechsel hinaus weitere Inhaltsänderungen erfährt, wobei Änderungen in einzelnen Punkten (Nebenpunkten) unschädlich sind (Bsp.: die Zahlungsmodalitäten werden dem fortgeschrittenen Zeitablauf angepaßt). Eine abweichende Festlegung der Gegenleistung (nicht unerhebliche Erhöhung des Kaufpreises – Fall 2) deutet dagegen auf einen Neuabschluß hin. Wird dagegen selbst nach einem längeren Zeitraum der Kaufpreis an aktuelle Marktentwicklungen nicht angepaßt, so spricht dies für eine Vertragsübernahme bzw. einen -beitritt.

Auf eine Vertragsübernahme oder einen -beitritt deutet es hin, wenn der eintretenden Partei vom Ausscheidenden bereits erbrachte Leistungen (Anzahlungen, Kaufpreisraten) angerechnet werden und ein eventuell erforderlicher Ausgleich dieser Leistungen im Verhältnis zwischen Erst- und Zweiterwerber erfolgt oder gar im Hinblick auf das Verhältnis zwischen E1 und E2 unterbleibt.

Kein zwingender Schluß auf die Qualifizierung der getroffenen Vereinbarungen läßt sich aus einer „Aufhebung" des Kaufvertrages im Verhältnis Veräußerer – Ersterwerber ziehen. Derartige Vertragsklauseln müssen im Zusammenhang mit den übrigen Absprachen der Parteien gewürdigt werden. Sind die letzteren als Vertragsübernahme zu deuten, so wird der Aufhebungsvereinbarung eine lediglich deklaratorische Bedeutung dahin beizumessen sein, daß zwischen V und E1 keine vertragliche Bindung mehr fortbesteht und damit lediglich die Ausschlußwirkung der Vertragsübernahme unterstrichen wird.

Fall 1 wird unter Berücksichtigung dieser Gesichtspunkte als Fall der Vertragsübernahme bzw. als Vertragsbeitritt zu qualifizieren sein. In der Regel besteht auf der Erwerberseite das Bestreben, das Vertragsobjekt zu den ursprünglichen Konditionen in der Familie zu halten, sei es, daß diese günstig waren oder um Weiterungen (Schadensersatz, zivilprozessuale Konsequenzen etc.) aus einer echten Rückabwicklung auszuschließen. Demgegenüber hat der Veräußerer in derartigen Fällen kein spezifisches Interesse an dem einen oder anderen Vertragspartner. Diese typische Interessenlage spricht nachhaltig für eine Vertragsübernahme oder einen Vertragsbeitritt im Verhältnis E1 – E2. § 3 Nr. 4 GrEStG ist anzuwenden.

Demgegenüber liegt in **Fall 2** ein Neuabschluß vor, wie insbesondere die neu ausgehandelte Gegenleistung deutlich macht. Wird eine vertragliche Hauptpflicht neu ausgehandelt, so spricht dies dafür, daß die Parteien nicht eine Rechtsnachfolge in einen im wesentlichen unveränderten Vertrag wollten. Im Verhältnis V – E1 ist § 16 Abs. 1 Nr. 1 GrEStG zu prüfen.

In **Fall 3** sprechen ähnliche Überlegungen wie in Fall 1 für die Annahme einer Vertragsübernahme mit der Folge der Anwendung des § 6 Abs. 2 GrEStG im Verhältnis E1 – E2. Der Wortlaut der vertraglichen Vereinbarung – „Aufhebung", etc. – spricht nicht gegen eine Vertragsübernahme (vgl. o.). Wird eine neue Vertragsurkunde mit den endgültigen Vertragspartnern erstellt, so entsteht vordergründig der Eindruck eines Neuabschlusses. Tatsächlich läßt sich aus diesem Umstand für die Abgrenzung wenig entnehmen. Denn die gewollte Vertragsübernahme bzw. der Vertragsbeitritt kann durch Ausfertigung einer dem endgültig gewollten Vertragszustand entsprechenden Urkunde vollzogen werden.

Dieses Schreiben ergeht im Einvernehmen mit den obersten Finanzbehörden der anderen Länder.

Anl b zu § 16

b) Erlass betr. Formerfordernis bei Rückgängigmachung eines Erwerbsvorgangs nach § 16 GrEStG

Vom 7. August 2002 (DStR S. 1765)

(FM Baden-Württemberg 3 – S 4543/9; koord. Ländererlass)

1. Fälle des § 16 Abs. 1 GrEStG

1.1. Nach § 16 Abs. 1 Nr. 1 GrEStG wird die Grunderwerbsteuer auf Antrag, der formlos gestellt werden kann, nicht festgesetzt oder die Steuerfestsetzung aufgehoben, wenn ein Erwerbsvorgang durch Vereinbarung rückgängig gemacht wird, bevor das Eigentum am Grundstück auf den Erwerber übergegangen ist, und die Rückgängigmachung innerhalb von zwei Jahren seit der Entstehung der Steuer erfolgt. Die Vorschrift erfasst in erster Linie die auf einem freien Willensentschluss der Vertragsparteien beruhende und in deren gegenseitigem Einvernehmen erfolgende Aufhebung eines Erwerbsvorgangs durch einen Aufhebungsvertrag. 21

Zu der Frage, ob ein solcher Aufhebungsvertrag der notariellen Beurkundung nach § 311 b Abs. 1 BGB (entspricht § 313 BGB a. F.; vgl. Gesetz zur Modernisierung des Schuldrechts vom 26. 11. 2001, BGBl. I S. 3138) bedarf, bitte ich nachfolgende Auffassung zu vertreten:

Nach dem Wortlaut des § 16 Abs. 1 Nr. 1 GrEStG ist die Rückgängigmachung eines Rechtsgeschäfts durch Vereinbarung nicht von einer bestimmten formalen vertraglichen Gestaltung abhängig. Auch hat sich der Bundesfinanzhof in seinen bisher zu dieser Vorschrift ergangenen Entscheidungen nicht mit den Formerfordernissen der Vereinbarung über die Rückgängigmachung eines Grundstückskaufvertrages auseinandergesetzt. Da die Anwendung des § 16 Abs. 1 Nr. 1 GrEStG jedoch die zivilrechtlich wirksame Beseitigung des zur Grunderwerbsteuer führenden Rechtsvorgangs verlangt, kommt hinsichtlich der Frage, welche Form der Aufhebungsvertrag haben muss, der höchstrichterlichen Zivilrechtsprechung entscheidende Bedeutung zu.

Der Bundesgerichtshof hat seine frühere Rechtsprechung, nach der die Aufhebung und die Verpflichtung zur Aufhebung eines Grundstückskaufvertrages bis zur Umschreibung des Eigentums im Grundbuch formfrei war, mit Urteil vom 30. 4. 1982 (NJW S. 1639) aufgegeben. Nach dieser geänderten, inzwischen als gefestigt anzusehenden Rechtsprechung (BGH-Urteile vom 30. 9. 1993, NJW S. 3323, und vom 7. 10. 1994, NJW S. 3346) stellt sich die Rechtslage derzeit wie folgt dar:

Liegt ein **Kaufvertrag ohne Auflassungserklärung und ohne** Eintragung einer **Auflassungsvormerkung** im Grundbuch vor, kann der Kaufvertrag **formfrei** aufgehoben werden. Die Aufhebung begründet in Bezug auf das veräußerte Grundstück keine wie auch immer geartete unmittelbare oder mittelbare Rückübertragungs- oder Erwerbsverpflichtung.

Bei einem **Kaufvertrag mit Auflassungserklärung und ohne** Eintragung einer **Auflassungsvormerkung** bzw. ohne Antrag auf Umschreibung des Eigentums im Grundbuch kann die Vertragsaufhebung ebenfalls **formfrei** vorgenommen werden. In derartigen Fällen befindet sich das Grundstück noch im Eigentum des Verkäufers, der es anderweitig veräußern oder belasten kann. Entsprechendes gilt, wenn der Veräußerer einen Eintragungsantrag zu Gunsten des Auflassungsempfängers gestellt hat, den er jederzeit wieder zurücknehmen kann.

Bei Vorliegen eines **Kaufvertrages und** eines **Anwartschaftsrechts** des Auflassungsempfängers besteht für den Aufhebungsvertrag **Beurkundungszwang.** Ein Anwartschaftsrecht des Auflassungsempfängers liegt vor, wenn er eine gesicherte Rechtsposition innehat, die der andere Vertragsbeteiligte (der Veräußerer) nicht mehr einseitig zerstören kann. Der Erwerb eines Anwartschaftsrechts durch den Auflassungsempfänger ist in den Fällen zu bejahen, in denen er selbst den Antrag auf Umschreibung des Eigentums im Grundbuch gestellt hat oder eine Auflassungsvormerkung zu seinen Gunsten im Grundbuch eingetragen ist, die ihn nach den Vorschriften der §§ 883 ff. BGB vor einer anderweitigen Verfügung des Verkäufers schützt. Weitere Voraussetzung für das Entstehen eines Anwartschaftsrechts des Auflassungsempfängers ist, dass der Antrag auf Eintragung des Eigentums oder die Eintragung einer Auflassungsvormerkung nach der Auflassung erfolgt. Durch die Eintragung einer Auflassungsvormerkung vor der Auflassung entsteht daher noch kein derartiges Anwartschaftsrecht.

Wird ein bestehendes Anwartschaftsrecht wieder aufgegeben, z. B. durch formlose Aufhebung der Auflassung oder durch Rücknahme des Eintragungsantrags, entfällt das Formerfordernis bzw. der zunächst unwirksame Aufhebungsvertrag wird dadurch geheilt.

22 **1.2.** Nach § 16 Abs. 1 Nr. 2 GrEStG wird auf Antrag die Steuer nicht festgesetzt oder die Steuerfestsetzung aufgehoben, wenn die Vertragsbedingungen nicht erfüllt werden und der Erwerbsvorgang vor Eigentumsübergang auf Grund eines Rechtsanspruchs rückgängig gemacht wird.

In den Fällen des § 16 Abs. 1 Nr. 2 GrEStG erfolgt die Rückgängigmachung regelmäßig durch einseitige empfangsbedürftige Willenserklärung des Berechtigten. Sie ist **formfrei** möglich und kann auch konkludent erklärt werden (*Palandt,* 61. Aufl., § 313 Rn. 17). Andererseits besteht auch die Möglichkeit, einen Aufhebungsvertrag abzuschließen. Dieser bedarf ebenfalls nicht der Form des § 311 b Abs. 1 BGB (*Palandt,* 61. Aufl., § 313 Rn. 39). Die Rechtsprechung verlangt aber, dass vor Abschluss der Vereinbarung das Vorliegen des gesetzlichen Rücktrittsrechts zwischen den Vertragsschließenden unbestritten feststehen muss (zuletzt FG Baden-Württemberg, Urteil vom 18. 2. 1998, EFG S. 1087). Hat der Erwerber nach Auflassung durch Stellung des Eintragungsantrags oder durch Eintragung einer Auflassungsvormerkung ein Anwartschaftsrecht erworben, ist die Verpflichtung zur Aufhebung des Anwartschaftsrechts **formbedürftig** (*Palandt,* 61. Aufl., § 313 Rn. 40).

2. Fälle des § 16 Abs. 2 GrEStG

23 **2.1.** Erwirbt der Veräußerer das Eigentum an dem veräußerten Grundstück zurück, so wird nach § 16 Abs. 2 Nr. 1 GrEStG auf Antrag sowohl für den Rückerwerb als auch für den vorausgegangenen Erwerbsvorgang die Steuer nicht festgesetzt oder die Steuerfestsetzung aufgehoben, wenn der Rückerwerb innerhalb von zwei Jahren seit der Entstehung der Steuer für den vorausgegangenen Erwerbsvorgang stattfindet.

§ 16 Abs. 2 Nr. 1 GrEStG verlangt nicht, dass der vorangegangene Vertrag aufgehoben wird. Der bloße Rückkauf reicht. Für das schuldrechtliche Rechtsgeschäft besteht **Beurkundungszwang** nach § 311 b Abs. 1 BGB.

24 **2.2.** Nach § 16 Abs. 2 Nr. 2 GrEStG treten die zu § 16 Abs. 2 Nr. 1 GrEStG beschriebenen Rechtsfolgen auch ein, wenn das dem Erwerbsvorgang zugrunde liegende Rechtsgeschäft nichtig oder infolge einer Anfechtung als von Anfang an nichtig anzusehen ist.

Die Vorschrift erfasst die Fälle, in denen die Eigentumsübertragung am Grundstück zivilrechtlich wirksam erfolgt ist, diese Eigentumsübertragung jedoch aufgrund einer objektiv nichtigen oder durch Anfechtung nichtig gewordenen schuldrechtlichen Verpflichtung vorgenommen wurde. In diesem Fall steht dem Veräußerer nach §§ 812 f. BGB ein Anspruch auf Rückübertragung des Eigentums zu. § 16 Abs. 2 Nr. 2 GrEStG setzt einen einseitig und gegen den Willen des ursprünglichen Erwerbers durchsetzbaren Anspruch auf Rückerwerb voraus. Es ist nicht ausreichend, wenn die Parteien das Rechtsgeschäft für nichtig halten (BFH-Urteil vom 27. 1. 1999, BFH/NV S. 964).

25 **2.3.** § 16 Abs. 2 Nr. 3 GrEStG sieht eine Rückabwicklung bei Nichterfüllung der Vertragsbedingungen des Rechtsgeschäftes vor.

Hierzu ist die Einigung der Parteien über die Nichterfüllung der Vertragsbedingungen (ersatzweise ein rechtskräftiges Urteil über die Verpflichtung zur Rückübertragung) und die Rückauflassung erforderlich. Beide Voraussetzungen sind nach § 311 b Abs. 1 BGB **formbedürftig.**

3. Fälle des § 16 Abs. 3 GrEStG

26 **3.1.** Nach § 16 Abs. 3 Nr. 1 GrEStG wird auf Antrag die Steuer entsprechend niedriger festgesetzt oder die Steuerfestsetzung geändert, wenn die Gegenleistung innerhalb von zwei Jahren seit der Entstehung der Steuer herabgesetzt wird.

Die Herabsetzung der Gegenleistung unterliegt grundsätzlich dem **Beurkundungszwang** nach § 311 b Abs. 1 BGB, es sei denn, sie beruht auf einem berechtigten Minderungsverlangen oder die Änderung erfolgt erst nach der Auflassung bzw. nach der Grundbucheintragung (*Palandt,* 61. Aufl., § 313 Rn. 41 u. 44).

27 **3.2.** Nach der Änderung des § 16 Abs. 3 Nr. 2 GrEStG durch das Fünfte Gesetz zur Änderung des Steuerbeamten-Ausbildungsgesetzes und zur Änderung von Steuergesetzen vom 23. 7. 2002 (vgl. BGBl. I

S. 2715, 2722) wird auf Antrag die Steuer entsprechend niedriger festgesetzt oder die Steuerfestsetzung geändert, wenn die Herabsetzung (Minderung) auf Grund des § 437 BGB n. F. (bisher §§ 459 und 460 BGB a. F.) vollzogen wird. Gegen eine entsprechende Anwendung des § 437 BGB n. F. ab dem 1. Januar 2002 bestehen keine Bedenken.

§ 16 Abs. 3 Nr. 2 GrEStG setzt voraus, dass sich der Verkäufer auf Verlangen des Käufers mit der Minderung einverstanden erklärt oder dementsprechend verurteilt worden ist und die Minderung auch tatsächlich eingetreten ist. Bei einem berechtigten Minderungsverlangen besteht **kein Formzwang** nach § 311 b Abs. 1 BGB (siehe vorstehende Tz 3.1, zweiter Absatz).

Nach der Neukonzeption des Kaufrechts wird nicht mehr zwischen Sach- und Rechtsmängeln unterschieden, so dass auch bei Rechtsmängeln eine vollzogene Minderung des Kaufpreises im Rahmen der Grunderwerbbesteuerung zu berücksichtigen ist.

4. Verletzung der Anzeigepflicht (§ 16 Abs. 5 GrEStG)

Nach § 16 Abs. 5 GrEStG gelten die Absätze 1 bis 4 dieser Vorschrift nicht, wenn einer der in § 1 Abs. 2, 2 a und 3 bezeichneten Erwerbsvorgänge rückgängig gemacht wird, der nicht nach den §§ 18, 19 GrEStG fristgerecht angezeigt war. 28

Dieser Erlass ergeht im Einvernehmen mit den obersten Finanzbehörden der anderen Länder und tritt an die Stelle des Erlasses vom 18. 5. 2001 – 3 – S 4543/9.

Anl c zu § 16

c) Erlass betr. Erlass von Säumniszuschlägen bei späterer Aufhebung der Grunderwerbsteuerfestsetzung nach § 16 Abs. 1 GrEStG

Vom 30. Januar 2017 (DB 2017 S. 639)

(FM Sachsen-Anhalt 42-S 4543-19)

Der Erlass von Säumniszuschlägen nach § 227 AO aus sachlichen Billigkeitsgründen ist nach ständiger Rechtsprechung des BFH geboten, wenn deren Einziehung mit Rücksicht auf ihren Zweck nicht zu rechtfertigen ist, obwohl der Sachverhalt zwar den gesetzlichen Tatbestand (hier: § 240 Abs. 1 Satz 1 AO) erfüllt, die Erhebung der Säumniszuschläge aber den Wertungen des Gesetzgebers zuwiderläuft. 30

In den Fällen des § 16 Abs. 1 Nr. 1 GrEStG ist die Erhebung von Säumniszuschlägen bereits ab dem Zeitpunkt der Entstehung des abstrakten Anspruchs auf Aufhebung der Grunderwerbsteuerfestsetzung nach § 16 GrEStG sachlich unbillig. Dies ist regelmäßig der Zeitpunkt der wirksamen Erklärung des Rücktritts vom Kaufvertrag (vgl. BFH-Beschluss vom 9. September 2015 II B 28/15, BFH/NV S. 1668).

Bei dem Anspruch auf Aufhebung der Grunderwerbsteuerfestsetzung nach § 16 GrEStG handelt es sich um einen eigenständigen Anspruch aus dem Steuerschuldverhältnis (§ 37 Abs. 1 AO), der den ursprünglichen Steueranspruch unberührt lässt. Der formelle Antrag auf Aufhebung der Grunderwerbsteuerfestsetzung ist dabei nicht Voraussetzung für das (abstrakte) Entstehen dieses Anspruchs, sondern lediglich Verfahrensvoraussetzung für dessen Realisierung. Insofern kommt dem Antrag bei der Entscheidung über die Frage des Zeitpunkts der Unbilligkeit keine Bedeutung zu.

Bis zum Zeitpunkt der Entstehung des abstrakten Anspruchs auf Aufhebung der Grunderwerbsteuerfestsetzung nach § 16 Abs. 1 GrEStG verwirkte Säumniszuschläge sind zu erheben.

Rechtsprechung zu § 16

Rspr zu § 16

1. BFH-Beschluß gem. Art. 1 Nr. 7 BFH-EntlG vom 16. 9. 1987 II R 84/86 (BStBl. II S. 826):

Ein Erwerbsvorgang wird nicht i. S. des § 34 GrEStG RP (= § 17 GrEStG 1940) bzw. § 16 GrEStG 1983 rückgängig gemacht, wenn der Käufer durch den anschließenden Verkauf des Grundstücks an einen Dritten wirtschaftliche Vorteile hat, die über eine Vermittlungsprovision hinausgehen (Anschluß an die BFH-Urteile vom 16. 12. 1981 II R 109/80, BFHE 135, 90, BStBl. II 1982, 269, und vom 4. 12. 1985 II R 171/84, BFHE 145, 448, BStBl. II 1986, 271). 31

2. BFH-Urteil vom 7. 10. 1987 II R 123/85 (BStBl. 1988 II S. 296):

1. Die fehlende Wiedererlangung der ursprünglichen Rechtsstellung des Verkäufers steht dann der Anwendung des § 17 Abs. 1 GrEStG 1940 (= § 16 Abs. 1 GrEStG 1983) nicht entgegen, wenn rechtliche oder tatsächliche Bindungen der Vertragsbeteiligten zu einem Dritten die Wiedererlangung der Verfügungsbefugnis des Veräußerers über das Grundstück verhindern.

2. Auch wenn die Aufhebung des Erwerbsvorgangs ausschließlich im Interesse eines Dritten (z. B. eines Grundpfandgläubigers) liegt, ist dies für die Anwendung des § 17 Abs. 1 GrEStG 1940 (= § 16 Abs. 1 GrEStG 1983) unschädlich, wenn zwischen den Vertragsbeteiligten Bindungen von grunderwerbsteuerrechtlicher Bedeutung nicht mehr bestehen bleiben. Die Bindungen an den Dritten sowie dessen Einflußnahme auf die gewählte Vertragskonstruktion im Rahmen der Rückgängigmachung des Erwerbsvorgangs kann sich aber als Gestaltungsmißbrauch i. S. von § 42 AO 1977 darstellen.

3. BFH-Urteil vom 8. 6. 1988 II R 90/86 (BFH/NV 1989 S. 728):

Die Rückgängigmachung eines Erwerbsvorganges wegen Nichterfüllung der Vertragsbedingungen setzt voraus, daß ein gesetzliches oder vertraglich ausbedungenes Recht zur Rückgängigmachung des Grundstücksgeschäftes besteht, dieses als solches gegen den Willen des anderen am Grundstücksgeschäft Beteiligten ausgeübt und nicht erst durch den Aufhebungsvertrag geschaffen wird.

noch 31 Einer Rückgängigmachung steht es nicht entgegen, wenn der Erwerbsvorgang im Einvernehmen aller Beteiligten durch Vereinbarung rückgängig gemacht wird. In diesen Fällen muß jedoch das Rücktrittsrecht vor Abschluß der Vereinbarung unbestritten feststehen.

4. BFH-Urteil vom 14. 9. 1988 II R 76/86 (BStBl. 1989 II S. 150), Ls. 2:

2. Der Grundstückserwerb durch Abgabe des Meistgebotes kann auch dadurch rückgängig gemacht werden, daß aufgrund eines rechtzeitig gestellten Antrags die Wiederversteigerung durchgeführt wird, weil der Ersteher seine Verpflichtung zur Berichtigung des Bargebotes nicht erfüllt hat.

5. BFH-Urteil vom 26. 9. 1990 II R 107/87 (BFH/NV 1991 S. 482):

Hatte zunächst der Ehemann durch notariell beurkundeten Kaufvertrag ein Grundstück erworben, so führt die nachträgliche – notariell beurkundete – Vereinbarung zwischen ihm, seiner Ehefrau und der Grundstücksverkäuferin, daß der Kaufvertrag von Anfang an als zwischen den Eheleuten und der Verkäuferin abgeschlossen gelten solle, und zwar in der Weise, daß die Eheleute je zur Hälfte Eigentümer werden sollten, zu einem der Grunderwerbsteuer unterliegenden Erwerb des Hälfteanteils an dem Grundstück durch die Ehefrau von der Verkäuferin. Es liegt weder eine Rückgängigmachung des ursprünglichen Kaufvertrages noch eine Schenkung des Ehemanns an seine Ehefrau vor.

6. BFH-Urteil vom 17. 10. 1990 II R 148/87 (BFH/NV 1991 S. 413):

1. Ein Erwerbsvorgang ist im Sinne des Grunderwerbsteuerrechts dann rückgängig gemacht, wenn sich die Vertragsparteien derart aus ihren vertraglichen Bindungen entlassen, daß die Möglichkeit der Verfügung über das Grundstück nicht beim Erwerber verbleibt, sondern der Veräußerer seine ursprüngliche Rechtsstellung wiedererlangt.

2. Der Begriff des Rückgängigmachens war im § 17 GrEStG NW derselbe wie im jetzt gültigen § 16 GrEStG (1983).

7. BFH-Urteil vom 26. 8. 1992 II R 120/89 (BStBl. 1993 II S. 58):

1. Ist ein der Grunderwerbsteuer unterliegender Rechtsvorgang während des zeitlichen Geltungsbereichs eines früheren landesrechtlichen GrEStG verwirklicht, eine Herabsetzung der Gegenleistung jedoch erst im zeitlichen Geltungsbereich des GrEStG 1983 erfolgt, so ist § 16 Abs. 3 GrEStG 1983 anwendbar.

2. § 16 Abs. 3 Nr. 2 GrEStG setzt voraus, daß die Beteiligten das Ergebnis der vollzogenen Minderung auch tatsächlich eintreten lassen. Die Steuervergünstigung ist jedoch dann nicht ausgeschlossen, wenn die tatsächliche Rückzahlung wegen Konkurses des Veräußerers (ganz oder teilweise) unterbleibt.

8. BFH-Beschluß vom 17. 2. 1993 II B 142/92 (BFH/NV 1994 S. 56):

1. Ein Erwerbsvorgang ist dann nicht rückgängig gemacht i. S. von § 16 Abs. 1 GrEStG 1983, wenn das den Steuertatbestand erfüllende Rechtsgeschäft nur zivilrechtlich (formal) aufgehoben wird. Vielmehr müssen die Vertragsbeteiligten den Erwerbsvorgang auch tatsächlich rückgängig machen. Dazu ist die Beseitigung der Folgen eines Grundstückskaufvertrages erforderlich, und zwar insoweit, als Bindungen zwischen den ursprünglichen Vertragsbeteiligten von grunderwerbsteuerrechtlicher Bedeutung bestehen.

2. Solche Bindungen bleiben insbesondere dann bestehen, wenn der Erwerber auch nach Aufhebung des ursprünglichen Grundstückskaufvertrages noch die rechtliche oder wirtschaftliche Möglichkeit der Verwertung des Grundstücks (§ 1 Abs. 2 GrEStG 1983) behalten hat. Dies ist u. a. dann der Fall, wenn der ursprüngliche Erwerber auch nach (formeller) Beseitigung seines Anspruchs auf Übereignung des Grundstücks das Recht und die Möglichkeit behält, bei der Weiterveräußerung des Grundstücks an einen Dritten eigene wirtschaftliche oder private Zwecke oder Ziele zu verfolgen, die er sonst nur als Eigentümer erreichen könnte.

9. BFH-Beschluß vom 9. 2. 1994 II B 43/93 (BFH/NV S. 738), Ls. 1:

1. Überträgt derjenige, der ein Gebäude auf fremdem Grund und Boden hergestellt hat, dieses auf den Grundstückseigentümer, so kann keine begünstigte Rückgängigmachung bzw. Rückübertragung vorliegen.

10. BFH-Urteil vom 9. 3. 1994 II R 86/90 (BStBl. II S. 413):

Die Voraussetzungen für eine Rückgängigmachung eines Erwerbsvorgangs i. S. von § 16 Abs. 1 Nr. 1 GrEStG 1983 liegen nicht vor, wenn bei einer vom Verkäufer im Zusammenhang mit dem Rücktritt vorgenommenen Weiterveräußerung an einen Dritten der Erwerber wie ein Zwischenhändler auftritt und im Ergebnis selbst wie ein Veräußerer das Grundstück an den Dritten weiterverkaufen läßt. Dabei spielt es keine Rolle, ob der Erwerber nach der Beseitigung des Eigentumsverschaffungsanspruchs (Rücktritt) das Recht behält, i. S. von § 1 Abs. 2 GrEStG 1983 das Grundstück auf eigene Rechnung zu verwerten (Käuferbenennungsrecht, Anspruch auf Mehrerlös), oder der Veräußerer das Grundstück bereits vor dem Rücktritt auf Veranlassung und im Interesse des Erwerbers an einen Dritten weiterveräußert hat.

11. BFH-Urteil vom 8. 11. 1995 II R 87/93 (BFH/NV 1996 S. 577):

Eine nach § 16 Abs. 1 Nr. 1 GrEStG 1983 wirksame Rückgängigmachung eines Grundstückskaufvertrags setzt in jedem Fall voraus, daß der Anspruch des Erwerbers auf Verschaffung des Eigentums an dem Grundstück durch (zivil-)rechtliche Aufhebung des Grundstückskaufvertrags beseitigt wird; dessen nur „wirtschaftliche" Aufhebung genügt wegen der grunderwerbsteuerrechtlichen Anknüpfung an Vorgänge des Rechtsverkehrs insoweit nicht.

Rspr zu § 16 noch **31**

12. BFH-Beschluß vom 10. 7. 1996 II B 139/95 (BFH/NV 1997 S. 61):

1. Die tatsächliche und vollständige Rückgängigmachung eines Erwerbsvorgangs i. S. von § 16 Abs. 1 GrEStG 1983 setzt ebenso wie der nach § 175 Abs. 1 Satz 1 Nr. 2 AO 1977 erforderliche Eintritt eines rückwirkenden Ereignisses voraus, daß die Beteiligten vom Vollzug des (zivilrechtlich unwirksamen) Rechtsgeschäfts Abstand nehmen und sich gegenseitig die etwa ausgetauschten Leistungen zurückgewähren. Die einvernehmlich erklärte Absicht der Vertragsparteien, das Rechtsgeschäft alsbald bereicherungsrechtlich rückabzuwickeln, ist für die Besteuerung unbeachtlich, solange nicht der dahingehende Wille in die Tat umgesetzt wird (Anschluß an BFH-Urteile vom 19. 7. 1989 II R 83/85, BFHE 158, 126, BStBl. II 1989, 989, und vom 5. 6. 1991 II R 83/88, BFH/NV 1992, 267).

2. Der Anwendbarkeit des § 41 Abs. 1 Satz 1 AO 1977 steht grundsätzlich nicht entgegen, daß der (zivilrechtlich unwirksame) Grundstückskaufvertrag hinsichtlich der – von den Beteiligten (absichtlich) zu niedrig angegebenen – Gegenleistung nur unvollständig beurkundet worden ist.

13. BFH-Urteil vom 27. 1. 1999 II R 78/96 (BFH/NV S. 964):

1. Tatbestandsmäßige Voraussetzung des § 16 Abs. 2 Nr. 2 GrEStG 1983 ist, daß das betreffende Rechtsgeschäft – objektiv – nichtig ist. Es ist nicht ausreichend, wenn die Parteien das Rechtsgeschäft für nichtig halten.

2. Aus Indizien abgeleitet werden können nur die tatsächlichen Umstände, die die Annahme der Nichtigkeit eines Rechtsgeschäfts begründen oder dieser Annahme entgegenstehen. Die Rechtsfolge selbst kann daraus nicht hergeleitet werden. Sie ist keine Tatsache, sondern ein Werturteil, das nicht Gegenstand eines Beweises, also auch nicht eines Indizienbeweises sein kann.

14. BFH-Urteil vom 4. 3. 1999 II R 18/97 (BFH/NV S. 1376):

Ein Grundstückskaufvertrag wird nicht rückgängig gemacht i. S. des § 16 Abs. 1 Nr. 2 GrEStG 1983, wenn Grundschulden bestehen bleiben, die aufgrund der im Kaufvertrag getroffenen Vereinbarung der Sicherung der Darlehensforderungen einer Bank gegen den Käufer dienen, so daß der Veräußerer nicht wieder uneingeschränkt über das Grundstück verfügen und in seinem gesamten wirtschaftlichen Gehalt verwerten kann.

15. BFH-Urteil vom 14. 7. 1999 II R 1/97 (BStBl. II S. 737):

Das die Aufhebung oder Änderung einer Steuerfestsetzung nach § 16 Abs. 1 GrEStG 1983 begründende Ereignis, dessen Eintritt den Lauf der Festsetzungsfrist nach § 16 Abs. 4 GrEStG 1983 hemmt, umfaßt die rechtliche und tatsächliche Rückgängigmachung des Erwerbsvorgangs.

16. BFH-Beschluss vom 17. 5. 2000 II B 135/99 (BFH/NV 2001 S. 204):

1. Die Rechtsfrage, ob die fortbestehende Stellung eines Ersterwerbers als Grundpfandrechtsgläubiger einer Rückgängigmachung des Erwerbs i. S. des § 16 Abs. 1 Nr. 1 GrEStG 1983 entgegensteht, ist nicht klärungsbedürftig, weil sie ohne weiteres zu verneinen ist.

2. Nimmt der durch Vormerkungen gesicherte Ersterwerber mehrerer Grundstücke es hin, dass der Veräußerer die Grundstücke nochmals, aber mit der Maßgabe verkauft, dass die Zweiterwerber den Kaufpreis an den Ersterwerber zahlen müssen, bewilligt er aber die Löschung der Vormerkungen jeweils erst nach Prüfung der Verträge mit den Zweiterwerbern, befindet er sich unter dem Gesichtspunkt fortbestehender Bindungen aus dem Ersterwerb in einer Rechtsposition, die über diejenige eines bloßen Grundpfandrechtsgläubigers hinausgeht.

17. BFH-Beschluss vom 7. 11. 2000 II B 4/00 (BFH/NV 2001 S. 483):

§ 16 Abs. 3 Nr. 2 GrEStG 1983 betrifft nur die Herabsetzung der Gegenleistung aufgrund eines Sachmangels oder wegen Fehlens einer zugesicherten Eigenschaft (Minderung gemäß §§ 459, 460 BGB). Die Folgen einer Haftung des Verkäufers wegen eines Rechtsmangels (§§ 434, 440 Abs. 1, 325 Abs. 1 BGB) sind nicht Gegenstand dieser Regelung.

18. BFH-Beschluss vom 14. 8. 2001 II B 85/00 (BFH/NV 2001 S. 1605), Ls. 1:

1. Rückgängigmachung i. S. v. § 16 GrEStG 1983 erfordert, dass der Verkäufer die freie Verfügungsbefugnis über das Grundstück wiedererlangt. Hieran fehlt es, wenn der Erwerber seine Rechtsstellung bei der Weiterveräußerung des Grundstücks an einen Dritten im eigenen oder im Fremdinteresse ausgenutzt hat. Anhaltspunkte hierfür können eine von der Käuferseite ausgehende Initiative zur Rückgängigmachung und Weiterveräußerung, der sich die Verkäuferin untergeordnet hat, das erkennbare wirtschaftliche Interesse der Käuferseite sowie der äußere, insbesondere zeitliche Geschehensablauf sein.

19. BFH-Urteil vom 16. 1. 2002 II R 52/00 (BFH/NV S. 1053):

1. Über eine Anfechtung des ursprünglichen Grunderwerbsteuerbescheids einerseits und über einen Antrag nach § 16 GrEStG 1983 andererseits ist verfahrensrechtlich jeweils gesondert zu entscheiden.

2. Zulässigkeitsvoraussetzung für eine auf § 16 GrEStG 1983 gestützte Verpflichtungsklage ist, dass ein auf § 16 GrEStG 1983 gestützter Antrag des Steuerpflichtigen vom Finanzamt abgelehnt worden und ein gegen die Ablehnung dieses Antrags eingelegter Einspruch erfolglos geblieben ist. Ohne Durchführung eines Vorverfahrens ist die auf § 16 GrEStG 1983 gestützte Verpflichtungsklage unzulässig.

3., 4. *(abgedruckt zu § 1 Abs. 3)*

20. BFH-Urteil vom 19. 3. 2003 II R 12/01 (BStBl. II S. 770):

Bei einer im Zusammenhang mit der „Rückgängigmachung" eines Erwerbsvorgangs erfolgenden Weiterveräußerung des Grundstücks ist die Anwendung des § 16 Abs. 1 GrEStG auf den ursprünglichen Erwerbsvorgang ausgeschlossen, wenn dem Ersterwerber die Möglichkeit der Verwertung einer

Rspr zu § 16

noch 31 aus dem ursprünglichen Erwerbsvorgang herzuleitenden Rechtsposition verblieben war, der Ersterwerber diese Rechtsposition im Zusammenhang mit der Weiterveräußerung auch tatsächlich ausgeübt und hierbei im eigenen (wirtschaftlichen) Interesse gehandelt hat. Das Handeln des Ersterwerbers „im eigenen (wirtschaftlichen) Interesse" ist für sich allein kein Tatbestandsmerkmal, das die Anwendung des § 16 Abs. 1 GrEStG ausschließt.

21. BFH-Beschluss vom 20. 1. 2005 II B 52/04 (BStBl. II S. 492):

Eine Anzeige ist i. S. des § 16 Abs. 5 GrEStG ordnungsgemäß, wenn der Erwerbsvorgang innerhalb der Anzeigefristen dem FA in einer Weise bekannt wird, dass es die Verwirklichung eines Tatbestands nach § 1 Abs. 2, 2 a und 3 GrEStG prüfen kann. Aufgrund eines innerhalb der Anzeigefrist zu stellenden Fristverlängerungsantrags können noch fehlende Angaben binnen einer vom FA zu setzenden angemessenen Frist nachgereicht werden.

22. BFH-Urteil vom 16. 2. 2005 II R 53/03 (BStBl. II S. 495):

Wird ein Erwerbsvorgang noch vor der Entscheidung über einen gegen die ursprüngliche Grunderwerbsteuerfestsetzung eingelegten Einspruch rückgängig gemacht, ist das FA verpflichtet, einen sich aus § 16 GrEStG ergebenden Aufhebungsanspruch spätestens in der Einspruchsentscheidung zu berücksichtigen.

23. BFH-Urteil vom 29. 9. 2005 II R 36/04 (BStBl. 2006 II S. 43):

Geht ein Grundstück von mehreren Miteigentümern auf eine Gesamthand über und scheidet einer der bisherigen Miteigentümer aus der Gesamthand aus mit der Folge, dass die Übertragung seines Miteigentumsanteils auf die Gesamthand nicht nach § 5 Abs. 1 GrEStG von der Grunderwerbsteuer befreit ist, ist die Festsetzung von Grunderwerbsteuer für diesen Erwerbsvorgang nicht in entsprechender Anwendung des § 16 GrEStG aufzuheben, wenn später die Rückgängigmachung dieses Ausscheidens vereinbart wird.

24. BFH-Beschluss vom 5. 10. 2005 II B 152/04 (BFH/NV 2006 S. 127):

1. § 16 Abs. 1 GrEStG erfordert neben der zivilrechtlich wirksamen Beseitigung des den Steuertatbestand erfüllenden Rechtsgeschäfts auch die tatsächliche Rückgängigmachung des Erwerbsvorgangs.

2. Wenn im Zusammenhang mit der „Rückgängigmachung" des Erwerbsvorgangs eine Weiterveräußerung des Grundstücks erfolgt, ist § 16 Abs. 1 GrEStG nicht anwendbar, wenn für den früheren Erwerber – trotz formaler Aufhebung des ursprünglichen tatbestandserfüllenden Rechtsgeschäfts – im Zusammenhang mit der Weiterveräußerung die Möglichkeit der Verwertung einer aus dem „rückgängig gemachten" Erwerbsvorgang herzuleitenden Rechtsposition verblieben und der Verkäufer demgemäß nicht aus seinen Bindungen entlassen war.

25. BFH-Beschluss vom 12. 1. 2006 II B 65/05 (BFH/NV S. 813), Ls. 2:

2. Die zivilrechtliche Rückwirkung einer Genehmigung nach § 184 BGB auf den Zeitpunkt der Vornahme des Rechtsgeschäfts ist grunderwerbsteuerrechtlich nicht zu berücksichtigen.

26. BFH-Beschluss vom 18. 1. 2006 II B 105/05 (BFH/NV S. 813):

Die in § 16 Abs. 2 Nr. 1 Satz 2 GrEStG für den Antrag auf Eintragung des Eigentumswechsels im Grundbuch bestimmte Frist von zwei Jahren seit der Entstehung der Steuer für den vorausgegangenen Erwerbsvorgang muss unabhängig davon eingehalten werden, ob die Unbedenklichkeitsbescheinigung nach § 22 GrEStG vorliegt.

27. BFH-Beschluss vom 17. 3. 2006 II B 157/05 (BFH/NV S. 1341), Ls. 3, 4:

1., 2. *(abgedruckt zu § 1 Abs. 2 a)*

3. Eine Anzeige ist „ordnungsgemäß" i. S. des § 16 Abs. 5 GrEStG, wenn die innerhalb der gesetzlichen Frist eingereichte Anzeige die einwandfreie Identifizierung von Veräußerer, Erwerber, Urkundsperson und ggf. der Gesellschaft ermöglicht und die im Gesetz genannten Abschriften beigefügt werden.

4. Eine Versäumung der Anzeigefrist kann allenfalls dann aus Vertrauensschutzgründen zur Nichtanwendung des § 16 Abs. 5 GrEStG führen, wenn die Anzeige jedenfalls bis zum Ergehen des Grunderwerbsteuerbescheids und vor dem Abschluss des Aufhebungsvertrags nachgeholt wird.

28. BFH-Urteil vom 23. 8. 2006 II R 8/05 (BFH/NV 2007 S. 273):

1. Erfolgt im Zusammenhang mit der Rückgängigmachung des Erwerbsvorgangs eine Weiterveräußerung des Grundstücks, ist für die Anwendung des § 16 Abs. 1 GrEStG entscheidend, ob für den früheren Erwerber trotz formaler Aufhebung des ursprünglichen tatbestandserfüllenden Rechtsgeschäfts im Zusammenhang mit der Weiterveräußerung die Möglichkeit der Verwertung einer aus dem rückgängig gemachten Erwerbsvorgang herzuleitenden Rechtsposition verblieben und der Verkäufer demgemäß nicht aus seinen Bindungen entlassen war.

2. Dem früheren Erwerber verbleibt die Möglichkeit der Verwertung einer aus dem rückgängig gemachten Erwerbsvorgang herzuleitenden Rechtsposition in jedem Fall dann, wenn die Aufhebung des ursprünglichen tatbestandserfüllenden Rechtsgeschäfts und das die Weiterveräußerung betreffende Rechtsgeschäft in einer einzigen Vertragsurkunde zusammengefasst sind.

29. BFH-Urteil vom 23. 11. 2006 II R 38/05 (BFH/NV 2007 S. 498):

1. Ein Bauträgervertrag ist nicht wegen eines Verstoßes der Abschlagszahlungsvereinbarung gegen die zwingenden Regelungen des § 3 Abs. 2 MaBV von Anfang an nichtig. Der Verstoß führt nur dazu, dass an die Stelle der nichtigen Abschlagszahlungsvereinbarungen die gesetzliche Regelung des § 641 Abs. 1 BGB über die Fälligkeit der Vergütung tritt.

noch **31**

2. Die Voraussetzungen des § 16 Abs. 1 Nr. 2 GrEStG für eine Aufhebung des Grunderwerbsteuerbescheids liegen nicht allein deshalb vor, weil das Insolvenzverfahren über das Vermögen des Verkäufers (hier: GmbH) eröffnet wurde.

3. Hat der Käufer den Kaufvertrag wirksam angefochten und wurde der Vertrag auch tatsächlich rückgängig gemacht, wenn die vereinbarten Leistungen bereits erbracht waren, ist der Grunderwerbsteuerbescheid gemäß § 175 Abs. 1 Satz 1 Nr. 2 AO aufzuheben und die gezahlte Grunderwerbsteuer zu erstatten.

4. Ein Grunderwerbsteuerbescheid ist nicht allein deshalb aufzuheben, weil das Insolvenzverfahren über das Vermögen des Grundstücksveräußerers eröffnet wurde. Ebenso wenig genügt die erfolgreiche Anfechtung eines der Grunderwerbsteuer unterliegenden gegenseitigen Vertrages, wenn die bereits erbrachten Leistungen nicht tatsächlich zurückgewährt worden sind.

30. BFH-Urteil vom 17. 4. 2007 VII R 27/06 (BStBl. 2009 II S. 589):

Ist eine Steuer, die vor Eröffnung eines Insolvenzverfahrens entstanden ist, zu erstatten oder zu vergüten oder in anderer Weise dem Steuerpflichtigen wieder gutzubringen, stellt der diesbezügliche Anspruch des Steuerpflichtigen eine vor Eröffnung des Verfahrens aufschiebend bedingt begründete Forderung dar, gegen welche die Finanzbehörde im Insolvenzverfahren aufrechnen kann, auch wenn das die Erstattung oder Vergütung auslösende Ereignis selbst erst nach Eröffnung des Verfahrens eintritt.

Dementsprechend kann das FA die Erstattung von Grunderwerbsteuer gegen Insolvenzforderungen verrechnen, wenn der Verkäufer nach Eröffnung des Insolvenzverfahrens das ihm vorbehaltene Recht zum Rücktritt von einem vor Verfahrenseröffnung geschlossenen Kaufvertrag ausübt.

31. BFH-Urteil vom 25. 4. 2007 II R 18/05 (BStBl. II S. 726):

1. Wird im Zusammenhang mit der Aufhebung eines Kaufvertrags über ein Grundstück dieses weiterveräußert, verbleibt dem Ersterwerber die Möglichkeit der Verwertung einer aus dem ursprünglichen Erwerbsvorgang herzuleitenden Rechtsposition auch dann, wenn der Aufhebungs- und der Weiterveräußerungsvertrag in aufeinanderfolgenden Urkunden abgeschlossen werden.

2. Tritt der Ersterwerber in einem solchen Fall bei der Beurkundung des Weiterveräußerungsvertrages als Vertreter einer Kapitalgesellschaft als Zweiterwerberin auf und ist er an dieser Gesellschaft maßgeblich beteiligt, spricht dies prima facie für ein Handeln im eigenen wirtschaftlichen Interesse.

32. BFH-Urteil vom 14. 11. 2007 II R 1/06 (BFH/NV 2008 S. 403):

1. *(wie Ls. 1 BFH v. 23. 8. 2006 II R 8/05)*

2. Tritt der Ersterwerber bei der Beurkundung sowohl für sich als auch als Vertreter einer Kapitalgesellschaft als Zweiterwerberin auf und ist er an dieser Gesellschaft maßgeblich beteiligt, spricht dies prima facie für ein Handeln im eigenen wirtschaftlichen Interesse.

33. BFH-Beschluss vom 14. 5. 2008 II B 49/07 (BFH/NV S. 1438):

Säumniszuschläge zur Grunderwerbsteuer müssen nicht deshalb erlassen werden, weil die bestandskräftige Steuerfestsetzung nach Rückabwicklung des Grundstückskaufvertrags aufgehoben wird.

34. BFH-Urteil vom 18. 11. 2009 II R 11/08 (BStBl. 2010 II S. 498):

1. Wird in einem Grundstückskaufvertrag ein vom nachträglichen Eintritt bestimmter Ereignisse abhängiges Rücktrittsrecht vereinbart, unterfällt die Ausübung dieses Rechts bei vollständiger Rückgängigmachung des Erwerbsvorgangs dem § 16 Abs. 1 Nr. 2 GrEStG und unterliegt daher nicht der Zweijahresfrist der Nr. 1 der Vorschrift.

2. Ist ein solches Rücktrittsrecht befristet vereinbart, bleibt es trotz ggf. mehrfach noch innerhalb der laufenden Frist erfolgter Verlängerung bestehen, wenn jeweils wegen Wegfalls der Geschäftsgrundlage ein Anspruch auf Vertragsanpassung in Gestalt einer Fristverlängerung bestand.

3. Ist die vereinbarte Frist für die Ausübung eines derartigen Rücktrittsrechts erst einmal verstrichen, stellt eine dennoch vereinbarte „Fristverlängerung" die Begründung eines neuen Rücktrittsrechts dar. Ihm kommt nur Bedeutung zu, wenn sowohl die Neubegründung als auch die Ausübung dieses Rechts noch innerhalb der Zweijahresfrist des § 16 Abs. 1 Nr. 1 GrEStG erfolgt.

35. BFH-Urteil vom 22. 6. 2010 II R 24/09 (BFH/NV S. 2300):

In Fällen, in denen das Grundstückseigentum noch nicht übergegangen ist, lässt die Aufhebung des Verpflichtungsgeschäfts zwar den durch den ursprünglichen Grundstückskaufvertrag entstandenen Steueranspruch unberührt, führt aber zu keinem weiteren steuerpflichtigen Erwerbsvorgang i. S. des § 1 Abs. 1 Nr. 1 GrEStG.

36. BFH-Urteil vom 6. 10. 2010 II R 31/09 (BFH/NV 2011 S. 306):

Stellt der Ersterwerber eines Grundstücks einen Ersatzkäufer und erschöpft sich dabei sein Interesse in der Abwendung möglicher Schadensersatzforderungen der Verkäuferseite, so kann unter den dort genannten weiteren Voraussetzungen eine Rückgängigmachung nach § 16 Abs. 1 Nr. 1 GrEStG vorliegen.

37. BFH-Urteil vom 28. 3. 2012 II R 42/11 (BFH/NV S. 1486):

Wird ein mit einem Nichteigentümer geschlossener Grundstückskaufvertrag wieder aufgehoben, weil der Erwerber das Grundstück unmittelbar vom Eigentümer erwerben will, liegt darin keine Rückgängigmachung i. S. d. § 16 Abs. 1 GrEStG, wenn der Aufhebungsvertrag und der Grundstückskaufvertrag mit dem Eigentümer gleichzeitig, in aufeinanderfolgenden Urkunden abgeschlossen werden.

Rspr zu § 16

noch 31

38. BFH-Urteil vom 18. 4. 2012 II R 51/11 (BStBl. 2013 II S. 830):

1. § 16 Abs. 2 GrEStG ist auf einen Erwerbsvorgang nach § 1 Abs. 2 a GrEStG anzuwenden, wenn Anteile am Gesellschaftsvermögen vom neuen Gesellschafter auf den alten Gesellschafter ganz oder teilweise zurückübertragen werden und infolgedessen ein Übergang von mindestens 95% der Anteile am Gesellschaftsvermögen im Ergebnis nicht mehr gegeben ist.

2. Die Anzeige eines Erwerbsvorgangs nach § 1 Abs. 2 a GrEStG ist nur dann ordnungsgemäß i. S. des § 16 Abs. 5 GrEStG, wenn ihr u. a. diejenigen Rechtsvorgänge eindeutig und vollständig entnommen werden können, die den Tatbestand nach § 1 Abs. 2 a GrEStG ausgelöst oder zur Tatbestandsverwirklichung beigetragen haben. Grundstücksbezogene Angaben sind nicht erforderlich (Änderung der Rechtsprechung).

3. Enthält die Anzeige keine oder nur unvollständige Angaben über die für § 1 Abs. 2 a GrEStG maßgeblichen Rechtsvorgänge, erlangt aber das FA innerhalb der Anzeigefrist durch eigene Ermittlungen oder von dritter Seite vollständige Kenntnis von diesen Vorgängen, steht § 16 Abs. 5 GrEStG der Anwendung des Abs. 2 des § 16 GrEStG nicht entgegen.

39. BFH-Urteil vom 5. 9. 2013 II R 9/12 (BStBl. 2014 II S. 588):

1. Werden die Aufhebung des ursprünglichen Kaufvertrags und die Weiterveräußerung des Grundstücks in einer einzigen Vertragsurkunde zusammengefasst, hat der Ersterwerber die Möglichkeit, die Aufhebung des ursprünglichen Kaufvertrags zum anschließenden Erwerb des Grundstücks durch eine von ihm ausgewählte dritte Person zu nutzen.

2. Dieselben Grundsätze gelten, wenn die Verkäuferin eine Gesellschaft ist, der Kaufvertrag aufgehoben wird und in derselben Urkunde die Anteile an der Gesellschaft auf den Ersterwerber oder einen von diesem bestimmten Dritten übertragen werden.

40. BFH-Urteil vom 5. 9. 2013 II R 16/12 (BStBl. 2014 II S. 42), Ls. 2, 3:

2. Ist dem Ersterwerber das weitere Schicksal des Grundstücks gleichgültig, hindert die Benennung des Dritten als Ersatzkäufer nicht die Anwendung des § 16 GrEStG.

3. Ob die Benennung des Ersatzkäufers auf Verlangen des Verkäufers oder im eigenen (wirtschaftlichen) Interesse des Ersterwerbers erfolgt ist, ist im Rahmen einer Gesamtwürdigung aller Tatsachen festzustellen.

41. BFH-Beschluss vom 2. 8. 2013 II B 111/12 (BFH/NV 2014 S. 383):

Hat der Rücktrittsberechtigte sein vertraglich vereinbartes Rücktrittsrecht aufgrund Fristablaufs endgültig verloren und ändern die Vertragsparteien anschließend im Einvernehmen die ursprünglichen Vertragsbestimmungen, kann auch ein gesetzliches Rücktrittsrecht, das wegen der Nichterfüllung der geänderten Vertragsbedingungen neu entsteht, ebenso wie ein neues vertraglich vereinbartes Rücktrittsrecht nicht mehr zur Rückgängigmachung des Erwerbsvorgangs nach § 16 Abs. 1 Nr. 2 GrEStG führen.

42. BFH-Beschluss vom 19. 2. 2014 II B 106/13 (BFH/NV S. 901):

Erwirbt der Veräußerer Wohnungs- und Teileigentum an dem vom Erwerber in Wohnungs- und Teileigentum aufgeteilten Grundstück, liegt kein zur Nichterhebung der Grunderwerbsteuer führender Rückerwerb des veräußerten Grundstücks vor.

43. BFH-Urteil vom 9. 7. 2014 II R 50/12 (BStBl. 2015 II S. 399):

Ein Grundstückserwerb, der auf der Übertragung von Anteilen an einer Erbengemeinschaft beruht, kann auch dadurch rückgängig gemacht werden, dass ein Miterbe sein gesetzliches Vorkaufsrecht ausübt und der Erwerber in Erfüllung seiner Verpflichtung aus § 2035 Abs. 1 Satz 1 BGB die Erbteile unmittelbar auf den vorkaufsberechtigten Miterben überträgt.

44. BFH-Beschluss vom 9. 9. 2015 II B 28/15 (BFH/NV S. 1668):

1. Der Erlass von entstandenen Säumniszuschlägen gem. § 227 AO ist in den Fällen, in denen die Grunderwerbsteuer später nach § 16 Abs. 1 GrEStG aufgehoben wird, nicht generell ausgeschlossen.

2. Der Zeitpunkt, ab welchem die Verwirkung von Säumniszuschlägen sachlich unbillig sein kann, wenn die Festsetzung der Grunderwerbsteuer später nach § 16 Abs. 1 GrEStG aufgehoben wird, ist der des wirksam erklärten Rücktritts vom Kaufvertrag; ab dann steht dem Steuerpflichtigen ein Anspruch auf Aufhebung der Grunderwerbsteuerfestsetzung zu.

45. BFH-Urteil vom 25. 11. 2015 II R 64/08 (BFH/NV 2016 S. 420):

1. § 16 Abs. 2 Nr. 1 GrEStG ist über seinen Wortlaut hinaus auch auf Erwerbsvorgänge nach § 1 Abs. 3 GrEStG anwendbar.

2. Die Anwendung des § 16 Abs. 5 GrEStG ist nicht deshalb ausgeschlossen, weil die Nichtanzeige eines Erwerbsvorgangs i. S. des § 1 Abs. 3 GrEStG auf der Unkenntnis eines Beteiligten über die Anzeigepflicht beruht.

46. BFH-Urteil vom 12. 5. 2016 II R 39/14 (BStBl. 2017 II S. 63):

Der teilweise Ausfall der Kaufpreisforderung und der vereinbarten Stundungszinsen aufgrund Insolvenz des Käufers führt nicht zu einer Änderung der Bemessungsgrundlage der Grunderwerbsteuer für den Grundstückskauf.

47. BFH-Urteil vom 29. 6. 2016 II R 14/12 (BFH/NV 2017 S. 1):

1. Für den Rückerwerb eines Grundstücks ist nach § 16 Abs. 2 Nr. 2 GrEStG Grunderwerbsteuer nicht festzusetzen, wenn das dem vorausgegangenen Erwerbsvorgang zugrunde liegende Rechtsgeschäft nichtig ist und ein Anspruch des Veräußerers auf Rückübertragung des wirksam übereigneten Grundstücks besteht.

Rspr zu § 16

noch **31**

2. Die Nichtigkeit des Rechtsgeschäfts beurteilt sich nach zivilrechtlichen Grundsätzen. Eine nur steuerrechtlich nach § 41 oder § 42 AO zu beachtende Unwirksamkeit des Rechtsgeschäfts rechtfertigt nicht die Anwendung des § 16 Abs. 2 Nr. 2 GrEStG.

48. BFH-Urteil vom 19. 9. 2018 II R 10/16 (BStBl. 2019 II S. 176):

1. Die Anwendung des § 16 Abs. 1 Nr. 1 GrEStG ist ausgeschlossen, wenn der Ersterwerber eine ihm verbliebene Rechtsposition aus dem ursprünglichen Kaufvertrag in seinem eigenen (wirtschaftlichen) Interesse verwertet hat.

2. Der Erwerber verwertet seine Rechtsposition aus dem ursprünglichen Kaufvertrag, wenn er durch seine Unterschrift unter den Vertrag über die Aufhebung des Grundstückskaufvertrags mit einer grundbesitzenden Gesellschaft bestimmen kann, wer die Anteile an dieser Gesellschaft erwerben darf. Der Anteilserwerb selbst muss nicht steuerbar sein.

49. BFH-Beschluss vom 22. 1. 2019 II B 98/17 (BFH/NV S. 412), Ls. 1:

1. Erwirbt der Treuhänder Anteile an einer grundbesitzenden Gesellschaft, die er zunächst für den Treugeber gehalten hatte, nach Auflösung der Treuhand zivilrechtlich zurück, liegt kein Fall des § 16 Abs. 2 Nr. 1 GrEStG vor.

50. BFH-Urteil vom 20. 2. 2019 II R 27/16 (BStBl. II S. 559):

1. § 16 Abs. 2 Nr. 1 GrEStG ist auch auf Erwerbsvorgänge nach § 1 Abs. 2, 2a und 3 GrEStG anwendbar.

2. Das gilt auch dann, wenn zwar der Ersterwerb, nicht aber der Rückerwerb steuerbar ist.

3. Ist zwar der Rückerwerb, nicht aber der Ersterwerb steuerbar, so kann § 16 Abs. 2 Nr. 1 GrEStG nur anwendbar sein, wenn zum Zeitpunkt des Ersterwerbs das Grundstück dem damaligen Veräußerer grunderwerbsteuerrechtlich zuzuordnen war. Dies gilt ungeachtet der Frage, ob es der Steuerbarkeit des Ersterwerbs bedarf.

4. Kommt ein Erwerbsvorgang durch einseitige Ausübung eines vertraglich begründeten Optionsrechts zustande, bezeichnet der Grunderwerbsteuerbescheid den Erwerbsvorgang in ausreichender Weise, wenn die vertraglichen Grundlagen benannt sind.

51. BFH-Urteil vom 22. 5. 2019 II R 24/16 (BStBl. 2020 II S. 157), Ls. 1:

1. Wird ein Erwerbsvorgang i. S. des § 1 Abs. 3 Nr. 1 oder Nr. 2 GrEStG zwar innerhalb von zwei Jahren seit der Entstehung der Steuer rückgängig gemacht, war er aber nicht ordnungsgemäß angezeigt worden, schließt § 16 Abs. 5 GrEStG den Anspruch auf Nichtfestsetzung der Steuer oder Aufhebung der Steuerfestsetzung aus.

2. (abgedruckt zu § 17)

52. BFH-Beschluss vom 4. 11. 2019 II B 48/19 (BFH/NV 2020 S. 182):

1. § 16 Abs. 1 Nr. 2 GrEStG enthält keine Fristen für die Rückgängigmachung eines Erwerbsvorgangs.

2. Die besondere Verjährungsregelung in § 16 Abs. 4 GrEStG knüpft an die tatsächliche Rückgängigmachung an.

3. Die Rückgängigmachung ist kein rückwirkendes Ereignis i. S. des § 175 Abs. 1 Satz 1 Nr. 2 AO, mit der Folge, dass die Verjährungsfrist erneut begönne.

53. BFH-Urteil vom 19. 2. 2020 II R 4/18 (BStBl. 2020 II S. 665):

1. Wird nach abgeschlossenem und durchgeführtem Kauf- oder Werkvertrag über eine Wohnimmobilie die Nichtfestsetzung, Aufhebung oder Änderung der Grunderwerbsteuer auf Grundlage des § 16 Abs. 2 Nr. 3 GrEStG beantragt, so muss die Nichterfüllung von Vertragsbedingungen zivilrechtlich einen gesetzlichen oder vertraglichen Rechtsanspruch auf Rückgängigmachung des Grundstücksgeschäfts vermitteln, der einseitig und gegen den Willen des anderen am Grundstücksgeschäft Beteiligten erzwungen werden kann (Anschluss an das BFH-Urteil vom 8. 6. 1988 – II R 90/86, BFH/NV 1989, 728).

2. Ob ein solcher Rechtsanspruch besteht, richtet sich nach zivilrechtlichen Grundsätzen und ist im Besteuerungsverfahren in vollem Umfang zu prüfen. In Betracht kommen insbesondere die Gewährleistungsansprüche wegen Mängeln des Vertragsgegenstandes. Eine Abweichung zwischen der vertraglich geschuldeten und der tatsächlichen Wohnfläche des Vertragsobjekts zu Lasten des Erwerbers kann einen Mangel begründen.

3. Der Rechtsanspruch kann nach Ablauf von zwei Jahren nicht durch einen mit Rücksicht auf wirkliche oder vermeintliche Leistungsstörungen abgeschlossenen Vergleichsvertrag ersetzt oder geschaffen werden.

4. Ein in einer Wohnflächendifferenz liegender Mangel ist erst dann ein „schwerer Mangel", wenn die Differenz die Schwelle von 10% überschreitet.

54. BFH-Beschluss vom 20. 4. 2020 II B 41/19 (BFH/NV S. 924):

1. Es ist geklärt, dass die Steuerbefreiung des § 16 Abs. 2 Nr. 3 GrEStG nur im Falle eines unmittelbaren Rückerwerbs gilt. Danach müssen an der Rückübertragung dieselben Personen beteiligt sein, zwischen denen auch der ursprüngliche Erwerbsvorgang stattgefunden hat.

2. Die Steuerbefreiung für den Rückerwerb nach § 16 Abs. 2 Nr. 3 GrEStG ist im Falle der Rückübertragung eines Erbbaurechts nur dann anzuwenden, wenn eine unmittelbare Vertragsverletzung zwischen dem Besteller des Erbbaurechts und dem Erbbauberechtigten vorliegt.

55. BFH-Urteil vom 22. 7. 2020 II R 32/18 (BStBl. 2021 II S. 167):

1. Die Herabsetzung der Gegenleistung i. S. des § 16 Abs. 3 GrEStG ermöglicht keine Änderung nach § 175 Abs. 1 Satz 1 Nr. 2 AO.

Rspr zu § 16

noch **31**

2. Eine entsprechende Anwendung des § 16 Abs. 3 Nr. 2 GrEStG auf einen im Kaufvertrag vereinbarten, einseitig durchsetzbaren Anspruch auf Herabsetzung der Gegenleistung ist nicht möglich. – *Siehe auch BFH v. 22. 7. 2020 II R 15/18 (BStBl. 2021 II S. 165).*

56. BFH-Beschluss vom 21. 12. 2021 VII R 5/19 (BStBl. 2022 II S. 484):

1. Eine Auflassungsvormerkung steht der Rückgängigmachung eines Kaufvertrags i. S. des § 16 Abs. 1 GrEStG dann entgegen, wenn der Erwerber dem Notar im notariellen Kaufvertrag lediglich die – unwiderrufliche – Vollmacht erteilt hat, die Löschung einer Auflassungsvormerkung bei Vorliegen bestimmter Voraussetzungen selbst zu bewilligen; denn vor Erstellung der entsprechenden Urkunde durch den Notar liegt noch keine Löschungsbewilligung in grundbuchrechtlich gebotener Form vor.

2. Eine Abtretungsanzeige, die eingeht, bevor der abzutretende Anspruch auf Erstattung von Grunderwerbsteuer nach Rücktritt vom Kaufvertrag gemäß § 16 Abs. 1 GrEStG entstanden ist, ist unwirksam.

57. BFH-Urteil vom 25. 4. 2023 II R 38/20 (BStBl. II S. 1018):

1. Die tatsächliche und vollständige Rückgängigmachung im Sinne des § 16 Abs. 1 Nr. 1 des Grunderwerbsteuergesetzes (GrEStG) setzt grundsätzlich die Löschung einer zugunsten des Ersterwerbers eingetragenen Auflassungsvormerkung voraus.

2. Die Anwendung des § 16 Abs. 1 Nr. 1 GrEStG ist allerdings nur dann ausgeschlossen, wenn der Ersterwerber bei der Rückgängigmachung des Grundstückserwerbs den aufgrund der Auflassungsvormerkung bestehenden Anschein einer Rechtsposition in seinem eigenen (wirtschaftlichen) Interesse verwertet hat.

3. Ist die Ersterwerberin eine Kapitalgesellschaft, muss sie sich die Interessen ihrer Gesellschafter beziehungsweise Geschäftsführer zurechnen lassen.

58. BFH-Urteil vom 21. 6. 2023 II R 2/21 (BStBl. II S. 1057):

§ 16 Abs. 5 des Grunderwerbsteuergesetzes (GrEStG) steht einer Aufhebung der Grunderwerbsteuer nach § 16 Abs. 2 GrEStG nicht entgegen, wenn der Notar den Erwerbsvorgang zwar nicht innerhalb der für ihn geltenden Frist des § 18 GrEStG anzeigt, seine Anzeige bei dem zuständigen Finanzamt aber noch innerhalb der für den Steuerschuldner geltenden Frist des § 19 GrEStG eingeht.

GrEStG

Siebenter Abschnitt. Örtliche Zuständigkeit, Feststellung von Besteuerungsgrundlagen, Anzeigepflichten und Erteilung der Unbedenklichkeitsbescheinigung

§ 17 Örtliche Zuständigkeit, Feststellung von Besteuerungsgrundlagen

(1) ① Für die Besteuerung ist vorbehaltlich des Satzes 2 das Finanzamt örtlich zuständig, in dessen Bezirk das Grundstück oder der wertvollste Teil des Grundstücks liegt. ② Liegt das Grundstück in den Bezirken von Finanzämtern verschiedener Länder, so ist jedes dieser Finanzämter für die Besteuerung des Erwerbs insoweit zuständig, als der Grundstücksteil in seinem Bezirk liegt. 1

(2) In den Fällen des Absatzes 1 Satz 2 sowie in Fällen, in denen sich ein Rechtsvorgang auf mehrere Grundstücke bezieht, die in Bezirken verschiedener Finanzämter liegen, stellt das Finanzamt, in dessen Bezirk der wertvollste Grundstücksteil oder das wertvollste Grundstück oder der wertvollste Bestand an Grundstücksteilen oder Grundstücken liegt, die Besteuerungsgrundlagen gesondert fest. 2

(3) ① Die Besteuerungsgrundlagen werden

1.[1] bei Grundstückserwerben durch Umwandlungen auf Grund eines Bundes- oder Landesgesetzes durch das Finanzamt, in dessen Bezirk sich die Geschäftsleitung des Erwerbers befindet, und 3

2.[1] in den Fällen des § 1 Absatz 2 a bis 3 a durch das Finanzamt, in dessen Bezirk sich die Geschäftsleitung der Gesellschaft befindet, 4

gesondert festgestellt, wenn ein außerhalb des Bezirks dieser Finanzämter liegendes Grundstück oder ein auf das Gebiet eines anderen Landes sich erstreckender Teil eines im Bezirk dieser Finanzämter liegenden Grundstücks betroffen wird. ② Befindet sich die Geschäftsleitung nicht im Geltungsbereich des Gesetzes und werden in verschiedenen Finanzamtsbezirken liegende Grundstücke oder in verschiedenen Ländern liegende Grundstücksteile betroffen, so stellt das nach Absatz 2 zuständige Finanzamt die Besteuerungsgrundlagen gesondert fest.

(3 a)[2] In die gesonderte Feststellung nach Absatz 2 und 3 sind nicht die Grundbesitzwerte im Sinne des § 151 Absatz 1 Satz 1 Nummer 1 in Verbindung mit § 157 Absatz 1 bis 3 des Bewertungsgesetzes aufzunehmen, wenn die Steuer nach § 8 Absatz 2 zu bemessen ist.

(4) ① Von der gesonderten Feststellung kann abgesehen werden, wenn

1. der Erwerb steuerfrei ist oder 5

2. die anteilige Besteuerungsgrundlage für den Erwerb des in einem anderen Land liegenden Grundstücksteils 2500 Euro nicht übersteigt. 6

② Wird von der gesonderten Feststellung abgesehen, so ist in den Fällen der Nummer 2 die anteilige Besteuerungsgrundlage denen der anderen für die Besteuerung zuständigen Finanzämter nach dem Verhältnis ihrer Anteile hinzuzurechnen.

Übersicht

	Rz.
Anlage:	
Erlass betr. Durchführung der gesonderten Feststellung nach § 17 GrEStG	11–19
Rechtsprechung	20

Anl zu § 17

Erlass betr. Durchführung der gesonderten Feststellung nach § 17 GrEStG

Vom 1. März 2016 (BStBl. I S. 282)

(Gleich lautender Ländererlass)

1. Gesonderte Feststellungen von Besteuerungsgrundlagen nach § 17 Abs. 2 und Abs. 3 GrEStG

Gesonderte Feststellungen sind durchzuführen, wenn 11

- sich ein Rechtsvorgang auf mehrere Grundstücke bezieht, die in den Bezirken verschiedener Grunderwerbsteuer-Finanzämter liegen, oder ein Grundstück betrifft, das in den Bezirken verschiedener Länder liegt (§ 17 Abs. 2 GrEStG);

[1] Zur Anwendung von § 17 Abs. 3 Nr. 1 vgl. § 23 Abs. 6 Satz 1 GrEStG, zur Anwendung von Nr. 2 vgl. § 23 Abs. 3 GrEStG; Abs. 3 Nr. 2 i. d. F. des AmtshilfeRLUmsG erstmals anzuwenden ab 7. 6. 2013 (§ 23 Abs. 11 GrEStG); zur Anwendung von Abs. 3 Nr. 2 i. d. F. des Gesetzes vom 12. 5. 2021 siehe § 23 Abs. 18 GrEStG.

[2] § 17 Abs. 3 a anzuwenden ab 1. 1. 2009; siehe im Einzelnen § 23 Abs. 14 GrEStG.

- in den Fällen der Umwandlung ein Grundstück außerhalb des Bezirks des Geschäftsleitungsfinanzamts des neuen Rechtsträgers belegen ist (§ 17 Abs. 3 Satz 1 Nr. 1 GrEStG) oder
- in den Fällen des § 1 Abs. 2 a, Abs. 3 und Abs. 3 a GrEStG ein Grundstück außerhalb des Bezirks des Geschäftsleitungsfinanzamts der Gesellschaft belegen ist (§ 17 Abs. 3 Satz 1 Nr. 2 GrEStG).

2. Örtliche Zuständigkeit in den Fällen des § 17 Abs. 2 GrEStG – Ermittlung des wertvollsten Grundstücks(-teils)

12 Örtlich zuständig für die gesonderte Feststellung nach § 17 Abs. 2 GrEStG ist dasjenige Finanzamt, in dessen Bezirk der wertvollste Grundstücksteil oder das wertvollste Grundstück oder der wertvollste Bestand an Grundstücksteilen oder Grundstücken liegt. Sind Verkehrswerte für den Grundbesitz nicht bekannt oder nur mit unverhältnismäßigem Aufwand zu ermitteln, kann zur Bestimmung der örtlichen Zuständigkeit aus Vereinfachungsgründen auf vorhandene Grundbesitzwerte oder die Einheitswerte zurückgegriffen werden. Der hilfsweise Rückgriff setzt jedoch die Vergleichbarkeit der Werte voraus. In Zweifelsfällen (z. B. wenn die betreffenden Finanzämter unterschiedlicher Auffassung sind) ist eine zügige Festlegung der örtlichen Zuständigkeit durch die vorgesetzten Dienststellen vorzunehmen. Diese sind in solchen Fällen frühzeitig zu unterrichten.

Wird der Rechtsvorgang einem im Sinne der vorstehenden Ausführungen offensichtlich örtlich unzuständigen Finanzamt angezeigt, hat dieses den Vorgang – sofern dort auch Grundbesitz belegen ist – mit Angabe des Einheitswertes, des Verkehrswertes oder des vorhandenen Grundbesitzwertes unmittelbar und umgehend an das zuständige Finanzamt mit der Bitte um Durchführung einer gesonderten Feststellung zu übersenden.

3. Aufteilungsmaßstab bei gesonderten Feststellungen nach § 17 Abs. 2 GrEStG

13 Ist eine Gesamtgegenleistung im Rahmen einer gesonderten Feststellung aufzuteilen, ist als Aufteilungsmaßstab grundsätzlich der gemeine Wert oder der Teilwert (§§ 9, 10 BewG) maßgebend. Sind diese Werte nur mit unverhältnismäßigem Aufwand zu ermitteln, kann aus Gründen der Verwaltungsvereinfachung auf das Verhältnis der vorhandenen Grundbesitzwerte oder der Einheitswerte zueinander zurückgegriffen werden, wenn offensichtlich ist, dass sich hierdurch keine gravierenden Wertverschiebungen bei den festzustellenden Besteuerungsgrundlagen ergeben. Hiervon kann bei Einheitswerten nur ausgegangen werden, wenn der betroffene Grundbesitz entweder ausschließlich in den neuen oder ausschließlich in den alten Bundesländern belegen ist. In den anderen Fällen ist die Feststellung der Besteuerungsgrundlagen zeitnah unter dem Vorbehalt der Nachprüfung (§ 164 AO) mit den zur Verfügung stehenden Werten durchzuführen und später nach dem allgemeinen Aufteilungsmaßstab zu korrigieren, wenn sich ein anderer Aufteilungsmaßstab ergibt.

Wird Grundbesitz zusammen mit anderen Gegenständen übertragen, die nicht der Besteuerung nach dem Grunderwerbsteuergesetz unterliegen, sind die Grundsätze zur Verwaltungsvereinfachung bei der Ermittlung der Gegenleistung nach § 9 GrEStG zu beachten. Sind die Vereinfachungsregelungen nicht anwendbar, ist die Gesamtgegenleistung nach der sog. Boruttau'schen Formel unter Zugrundelegung der gemeinen Werte (Teilwerte) aufzuteilen.

4. Örtliche Zuständigkeit – Abgrenzung zwischen § 17 Abs. 2 und Abs. 3 GrEStG bei gesellschaftsrechtlichen Vorgängen

14 Bei Anwachsungen, Einbringungen gegen Gewährung von Gesellschaftsrechten und Liquidationen ist das Finanzamt örtlich zuständig, in dessen Bezirk der wertvollste Grundstücksteil oder das wertvollste Grundstück oder der wertvollste Bestand an Grundstücksteilen oder Grundstücken belegen ist (§ 17 Abs. 2 GrEStG).

Bei Grundstückserwerben durch Umwandlungen (Verschmelzung, Spaltung, Vermögensübertragung) ist nach § 17 Abs. 3 Satz 1 Nr. 1 GrEStG das Finanzamt örtlich zuständig, in dessen Bezirk sich die Geschäftsleitung des Erwerbers befindet.

In den Fällen des § 1 Absatz 2 a, 3 und 3 a GrEStG ist nach § 17 Abs. 3 Satz 1 Nr. 2 GrEStG das Finanzamt örtlich zuständig,

- in dessen Bezirk sich die Geschäftsleitung der grundbesitzenden Gesellschaft befindet, bei der sich der Gesellschafterwechsel vollzieht (§ 1 Abs. 2 a GrEStG);
- in dessen Bezirk sich die Geschäftsleitung der Gesellschaft befindet, deren Anteile vereinigt oder übertragen werden (§ 1 Abs. 3 GrEStG); dies gilt auch dann, wenn die Gesellschaft, deren Anteile vereinigt oder übertragen werden, nicht selbst zivilrechtlicher Grundstückseigentümer, sondern an der grundbesitzenden Gesellschaft lediglich unmittelbar und/oder mittelbar zu mindestens 95% beteiligt ist (sog. mehrstufige mittelbare Anteilsvereinigung), weil auch dann die Grundstücke kraft der grunderwerbsteuerrechtlichen Zurechnung im Sinne des § 1 Abs. 3 GrEStG der Gesellschaft gehören, deren Anteile vereinigt oder übertragen werden sollen (BFH-Urteil vom 21. September 2005 II R 33/04, BFH/NV 2006 S. 609) oder
- in dessen Bezirk sich die Geschäftsleitung der grundbesitzenden Gesellschaft befindet, an der ein Rechtsträger eine wirtschaftliche Beteiligung innehat (§ 1 Abs. 3 a GrEStG).

Befindet sich die Geschäftsleitung nicht im Inland und sind in verschiedenen Grunderwerbsteuer-Finanzamtsbezirken liegende Grundstücke oder in verschiedenen Ländern liegende Grundstücke betroffen, so stellt das nach § 17 Abs. 2 GrEStG zuständige Finanzamt die Besteuerungsgrundlagen gesondert fest (§ 17 Abs. 3 Satz 2 GrEStG).

Wird im Rahmen einer Umwandlung auch ein Steuertatbestand nach § 1 Abs. 2 a, Abs. 3 oder Abs. 3 a GrEStG verwirklicht, bleibt es – vorbehaltlich der Ausführungen zu Tz. 5 – bei der unterschiedlichen Zuständigkeit aus § 17 Abs. 3 Satz 1 Nr. 1 und Nr. 2 GrEStG.

Diese Grundsätze gelten bei vergleichbaren Vorgängen im Ausland entsprechend.

Anl zu § 17

5. Örtliche Zuständigkeit in den Fällen der mittelbaren Anteilsvereinigung(-übertragung) und der Organschaft (§ 17 Abs. 3 Satz 1 Nr. 2 GrEStG)

In den Fällen der mittelbaren Anteilsvereinigung(-übertragung) ist mit Ausnahme der nachfolgend aufgeführten Fälle (insbesondere Organschaftsfälle) die gesonderte Feststellung durch das Finanzamt durchzuführen, in dessen Bezirk sich die Geschäftsleitung der Gesellschaft befindet, deren Anteile vereinigt oder übertragen werden sollen und zu deren Vermögen das Grundstück gehört. 15

Beispiel 1:

An der A-AG, die in den Bezirken mehrerer Finanzämter Grundbesitz hat, ist die natürliche Person N zu 80% beteiligt. N hält außerdem 100% der Anteile an der H-GmbH, die ihrerseits 10% der Anteile an der A-AG hält. N erwirbt nun von U 5% der Anteile an der A-AG.

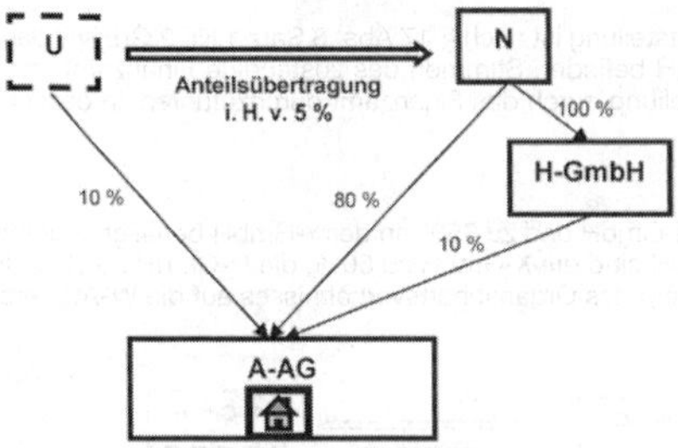

Zuständig für die gesonderte Feststellung ist das Finanzamt, in dessen Bezirk sich die Geschäftsleitung der Gesellschaft befindet, deren Anteile vereinigt oder übertragen werden, hier also das Finanzamt, in dessen Bezirk die A-AG ansässig ist.

Beispiel 2:

Die A-GmbH ist zu 100% an der B-GmbH beteiligt. Diese ist wiederum zu 100% an der grundbesitzenden C-GmbH beteiligt. Die C-GmbH hält 95% der Anteile an der D-GmbH, die wiederum zu 95% an der grundbesitzenden E-GmbH beteiligt ist. Die A-GmbH überträgt ihre Anteile an der B-GmbH auf die X-GmbH.

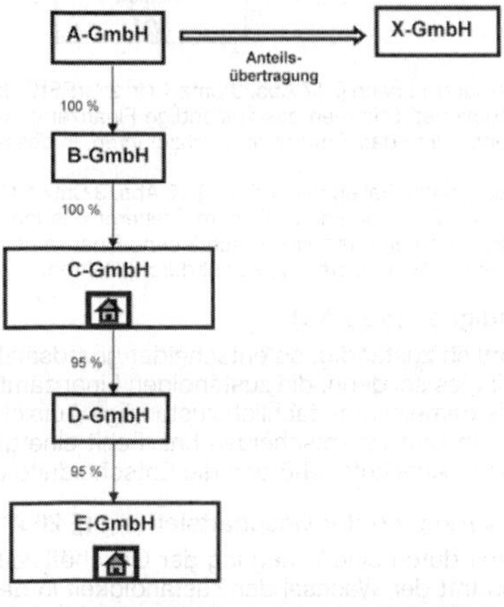

Bei der X-GmbH findet durch die unmittelbare Übertragung der Anteile an der B-GmbH eine mittelbare Übertragung der vereinigten Anteile in Bezug auf die C-GmbH und die E-GmbH statt. Die Grundstücke der E-GmbH und der C-GmbH sind dabei im Rahmen des § 1 Abs. 3 GrEStG grunderwerbsteuerrechtlich der B-GmbH zuzurechnen. Für die Übertragung der Anteile an der B-GmbH ist demnach nach § 17 Abs. 3 Satz 1 Nr. 2 GrEStG für die gesonderte Feststellung ausschließlich das Finanzamt örtlich zuständig, in dessen Bezirk sich die Geschäftsleitung der B-GmbH befindet.

Wird der Rechtsvorgang einem im Sinne des § 17 Abs. 3 Satz 1 Nr. 2 GrEStG örtlich unzuständigen Finanzamt angezeigt, hat dieses den Vorgang unmittelbar und umgehend an das zuständige Finanzamt mit der Bitte um Durchführung einer gesonderten Feststellung zu übersenden.

In Fällen mit mehrstufigen, mittelbaren Anteilsvereinigungen(-übertragungen) bietet es sich im Einvernehmen mit den zuständigen Finanzämtern bei Zustimmung des Steuerpflichtigen gemäß § 27 AO an, die gesonderte Feststellung durch das Finanzamt durchführen zu lassen, in dessen Bezirk sich die oberste Konzernebene oder die Organmutter befindet. Ist dieser Ort im Ausland und verfügt der Konzern bzw. Organkreis im Inland noch über einen mehrstufigen Aufbau, ist im Einvernehmen mit den zuständigen Finanzämtern bei Zustimmung des Steuerpflichtigen die gesonderte Feststellung durch das Finanzamt durchführen zu lassen, in dessen Bezirk sich die oberste inländische Entscheidungsebene befindet.

Beispiel 3:

Die H-GmbH ist zu 70% an der X-GmbH beteiligt. Zwischen diesen Gesellschaften besteht ein Organschaftsverhältnis. Die X-GmbH ist zu 75% an der grundbesitzenden G-GmbH beteiligt. Die W-AG hält 100% der Anteile an der Z-GmbH, welche zu 25% an der grundbesitzenden G-GmbH beteiligt ist. Die H-GmbH wird unter Fortführung des Organschaftsverhältnisses auf die W-AG verschmolzen.

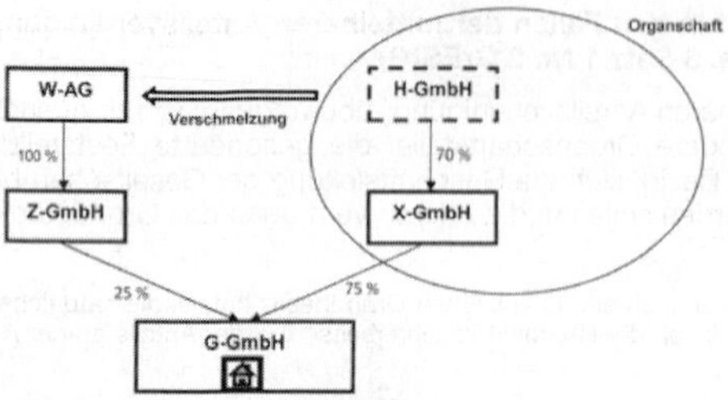

Zuständig für die gesonderte Feststellung ist nach § 17 Abs. 3 Satz 1 Nr. 2 GrEStG das Finanzamt, in dessen Bezirk sich die Geschäftsleitung der G-GmbH befindet. Stimmen das zuständige Finanzamt und der Steuerpflichtige gemäß § 27 AO zu, ist die gesonderte Feststellung durch das Finanzamt durchzuführen, in dessen Bezirk sich die Geschäftsleitung der W-AG befindet.

Beispiel 4:

Die H-GmbH ist zu 70% an der X-GmbH und zu 65% an der Y-GmbH beteiligt. Zusammen bilden sie eine Organschaft. An der grundbesitzenden G-GmbH sind die X-GmbH zu 50%, die H-GmbH zu 10% und die Y-GmbH zu 40% beteiligt. Die H-GmbH wird unter Fortführung des Organschaftsverhältnisses auf die W-AG verschmolzen.

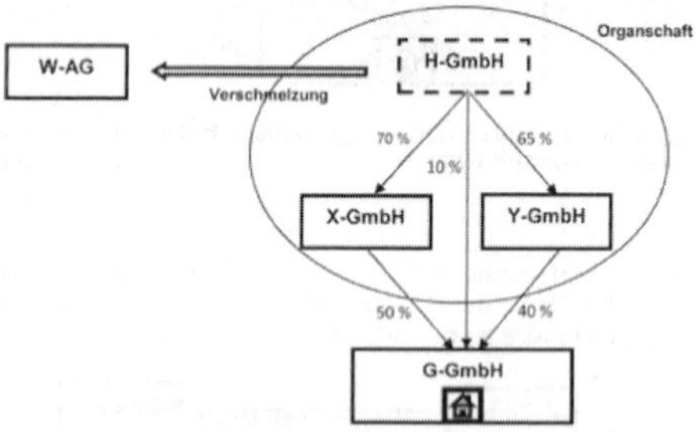

Zuständig für die gesonderte Feststellung ist nach § 17 Abs. 3 Satz 1 Nr. 2 GrEStG das Finanzamt, in dessen Bezirk sich die Geschäftsleitung der G-GmbH befindet. Stimmen das zuständige Finanzamt und der Steuerpflichtige gemäß § 27 AO zu, ist die gesonderte Feststellung durch das Finanzamt durchzuführen, in dessen Bezirk sich die Geschäftsleitung der W-AG befindet.

Wird der Rechtsvorgang in den vorgenannten Fällen dem i. S. d. § 17 Abs. 3 Satz 1 Nr. 2 GrEStG zuständigen Finanzamt angezeigt, hat dieses den Vorgang im Einvernehmen mit dem Steuerpflichtigen unverzüglich zwecks umgehender Durchführung der gesonderten Feststellung an das zuvor beschriebene Finanzamt weiterzuleiten oder – bei Ablehnung durch den Steuerpflichtigen – die gesonderte Feststellung selbst durchzuführen.

6. Mehrfache örtliche Zuständigkeit (§ 25 AO)

15a Sind mehrere Finanzämter örtlich zuständig, so entscheidet grundsätzlich das Finanzamt, das zuerst mit der Sache befasst worden ist, es sei denn, die zuständigen Finanzämter einigen sich auf ein anderes zuständiges Finanzamt oder die gemeinsame fachlich zuständige Aufsichtsbehörde bestimmt, dass ein anderes örtlich zuständiges Finanzamt zu entscheiden hat. Fehlt eine gemeinsame Aufsichtsbehörde, so treffen die fachlich zuständigen Aufsichtsbehörden die Entscheidung gemeinsam.

7. Örtliche Zuständigkeit bei Verlegung der Geschäftsleitung (§ 26 AO)

16 Geht die örtliche Zuständigkeit durch eine Verlegung der Geschäftsleitung von einem Finanzamt auf ein anderes Finanzamt über, so tritt der Wechsel der Zuständigkeit in dem Zeitpunkt ein, in dem eines der beiden Finanzämter hiervon erfährt. Das bisher zuständige Finanzamt kann ein Verwaltungsverfahren fortführen, wenn dies unter Wahrung der Interessen der Beteiligten der einfachen und zweckmäßigen Durchführung des Verfahrens dient und das nunmehr zuständige Finanzamt zustimmt.

8. Zuständigkeitsvereinbarung (§ 27 AO)

17 Im Einvernehmen mit dem Finanzamt kann abweichend von der Zuständigkeitsregelung in § 17 GrEStG auch ein anderes Finanzamt die gesonderte Feststellung übernehmen, wenn der Betroffene zustimmt.

9. Regelungsinhalt der Feststellung nach § 17 Abs. 2, Abs. 3 und Abs. 3a GrEStG

18 Im Rahmen der gesonderten Feststellung der Besteuerungsgrundlagen nach § 17 Abs. 2 und Abs. 3 GrEStG ist grundsätzlich zu entscheiden über:
- den Steuertatbestand des jeweiligen Erwerbsvorgangs dem Grunde nach,
- eine Steuerbefreiung dem Grunde und der Höhe nach,
- die als Steuerschuldner in Betracht kommenden Personen,
- die insgesamt nach § 8 Abs. 1 GrEStG der Besteuerung zugrunde zu legende Bemessungsgrundlage sowie
- die Zerlegung der Bemessungsgrundlage, also darüber, welches Finanzamt aus welchem Teil der Bemessungsgrundlage die Steuer festzusetzen hat.

Die Bemessungsgrundlage einschließlich deren Zerlegung gehört in den Fällen des § 8 Abs. 2 GrEStG nicht zum Regelungsinhalt des Feststellungsbescheids, weil die maßgebenden Grundbesitzwerte nach § 151 Abs. 1 Satz 1 Nr. 1 i. V. m. § 157 Abs. 1 bis 3 BewG Gegenstand einer eigenen gesonderten Feststellung sind (§ 17 Abs. 3 a GrEStG).

Liegt der gesonderten Feststellung ein Rechtsvorgang zugrunde, dem ein Rechtsvorgang vorausgegangen ist, dessen Tatbestand in § 1 Abs. 1, Abs. 2, Abs. 3 oder Abs. 3 a GrEStG normiert ist, und ist eine Anrechnung der Bemessungsgrundlage, von der die Steuer für den vorausgegangenen Rechtsvorgang berechnet worden ist, gemäß § 1 Abs. 6 Satz 2 GrEStG vorzunehmen, so ist die Anrechnung nicht Bestandteil der gesonderten Feststellung, sondern hat durch das jeweilige Steuerfestsetzungsfinanzamt (Lagefinanzamt) zu erfolgen, das auch die Steuerfestsetzung für den vorausgegangenen Rechtsvorgang durchgeführt hat. Dies gilt auch für die Anrechnung nach § 1 Abs. 2 a Satz 3 GrEStG.

Soweit dem für die gesonderte Feststellung zuständigen Finanzamt die Tatsache der Anrechnung nach § 1 Abs. 6 GrEStG bekannt wird, hat es das Lagefinanzamt entsprechend zu unterrichten.

Kommen als Steuerschuldner mehrere Personen als Gesamtschuldner nach § 44 AO in Betracht, muss die gesonderte Feststellung gemäß § 17 Abs. 2 und Abs. 3 GrEStG ihnen gegenüber nach § 179 Abs. 2 Satz 2 AO einheitlich erfolgen sowie eine bindende Entscheidung über den in Anspruch zu nehmenden Steuerschuldner enthalten (BFH-Urteile vom 31. März 2004 II R 54/01, BStBl. II S. 658, und vom 20. Oktober 2004 II R 27/03, BStBl. 2005 II S. 105).

Von der einheitlichen Feststellung kann jedoch abgesehen werden, wenn das zur Durchführung des Feststellungsverfahrens zuständige Finanzamt aufgrund der ihm obliegenden Ermessensentscheidung zu dem Ergebnis kommt, dass nur einer der Gesamtschuldner als Steuerschuldner in Anspruch zu nehmen ist, weil beispielsweise über das Vermögen des anderen ein Insolvenzverfahren eröffnet ist (BFH-Urteile vom 31. März 2004 II R 54/01, BStBl. II S. 658, und vom 6. Juli 2005 II R 9/04, BStBl. 2005 II S. 780).

10. Anwendung des § 17 Abs. 4 GrEStG

Von der gesonderten Feststellung kann gemäß § 17 Abs. 4 Satz 1 Nr. 1 GrEStG abgesehen werden, wenn der Erwerb steuerfrei ist. **19**

Dabei ist wie folgt zu verfahren:

Das für die gesonderte Feststellung zuständige Finanzamt hat verbindlich darüber zu entscheiden, in welchem Umfang Steuerfreiheit gegeben ist, auch wenn gemäß § 17 Abs. 4 Satz 1 Nr. 1 GrEStG von der gesonderten Feststellung abgesehen wird. Von einer gesonderten Feststellung ist jedoch nur dann abzusehen, wenn die Befreiung sofort erkennbar, klar und eindeutig ist und keiner weiteren Überprüfung bedarf. In allen anderen Fällen, insbesondere bei Befreiungen nach § 3 Nr. 2 Satz 2, Nr. 3, Nr. 8 GrEStG und nach §§ 5 bis 7 GrEStG, ist eine gesonderte Feststellung durchzuführen.

Die gesonderte Feststellung ist stets unter dem Vorbehalt der Nachprüfung (§ 164 Abs. 1 AO) vorzunehmen, um ggf. Einwendungen der für den Erlass der Folgebescheide zuständigen Finanzämter berücksichtigen zu können. Sieht das für die gesonderte Feststellung zuständige Finanzamt unter den o. g. Voraussetzungen von einer gesonderten Feststellung ab, übersendet es den für die Erteilung der Unbedenklichkeitsbescheinigung und des Freistellungsbescheids zuständigen Finanzämtern die dafür erforderlichen Unterlagen zur entsprechenden Veranlassung.

Ganz oder teilweise kann von der gesonderten Feststellung nach § 17 Abs. 4 Satz 1 Nr. 2 GrEStG abgesehen werden, wenn die anteilige Besteuerungsgrundlage für den Erwerb des in einem anderen Land liegenden Grundstücksteils 2500 Euro nicht übersteigt. Die 2500 Euro unterschreitende Bemessungsgrundlage ist nach § 17 Abs. 4 Satz 2 GrEStG den anderen für die Besteuerung zuständigen Finanzämtern nach dem Verhältnis ihrer Anteile zuzurechnen.

11. Zeitlicher Anwendungsbereich

Dieser Erlass ergeht im Einvernehmen mit den obersten Finanzbehörden der anderen Länder und tritt an die Stelle des Erlasses vom 18. Juli 2007 (BStBl. I S. 549). Er ist in allen offenen Fällen anzuwenden.

Rechtsprechung zu § 17

Rspr zu § 17

1. BFH-Urteil vom 15. 6. 1994 II R 120/91 (BStBl. II S. 819):

Die gesonderte Feststellung der Besteuerungsgrundlagen nach § 17 Abs. 3 GrEStG 1983 hat für alle von einem der Grunderwerbsteuer unterliegenden Rechtsvorgang betroffenen Grundstücke in einem Verwaltungsakt zu erfolgen. Hat das FA in einem derartigen Fall durch Bescheid die Besteuerungsgrundlagen festgestellt, ist es gehindert, für denselben Rechtsvorgang in einem weiteren Bescheid Feststellungen über Besteuerungsgrundlagen (z. B. für ein bisher nicht berücksichtigtes Grundstück) zu treffen, wenn nicht die Voraussetzungen für eine Änderung des ursprünglichen Bescheids nach den allgemeinen verfahrensrechtlichen Vorschriften vorliegen. **20**

2. BFH-Urteil vom 31. 3. 2004 II R 54/01 (BStBl. II S. 658):

1. In dem Feststellungsbescheid über die gesonderte Feststellung der Besteuerungsgrundlagen nach § 17 Abs. 2 und 3 GrEStG ist beim Vorhandensein mehrerer Steuerschuldner darüber zu entscheiden, welche Steuerschuldner von den für die Steuerfestsetzung zuständigen FÄ in Anspruch zu nehmen sind.

2. Ist nach der im Feststellungsbescheid getroffenen Auswahlentscheidung nur ein Steuerschuldner in Anspruch zu nehmen, bedarf es im Hinblick auf in Betracht kommende andere Steuerschuldner über die gesonderte Feststellung hinaus keiner einheitlichen Feststellung.

Rspr zu § 17

noch 20 *3. BFH-Urteil vom 20. 10. 2004 II R 27/03 (BStBl. 2005 II S. 105):*

1. Bei der gesonderten Feststellung der Besteuerungsgrundlagen nach § 17 Abs. 3 GrEStG (i. d. F. bis 30. 12. 2001) erfolgt die Feststellung der als Bemessungsgrundlage anzusetzenden Werte nach § 8 Abs. 2 Satz 1 GrEStG i. V. m. § 138 Abs. 2 und 3 BewG in einem verselbständigten Feststellungsverfahren. Innerhalb dieses zweistufigen Feststellungsverfahren entfaltet der den Grundbesitz- oder Grundstückswert feststellende Bescheid im Umfang des ihm zugewiesenen Regelungsbereichs Bindungswirkung für den Bescheid nach § 17 Abs. 3 GrEStG.

2. § 17 Abs. 3 GrEStG lässt die sachliche und örtliche Zuständigkeit des Lagefinanzamts für die gesonderte Feststellung des Grundbesitz- oder Grundstückswerts unberührt.

4. BFH-Urteil vom 21. 9. 2005 II R 33/04 (abgedruckt zu § 19)

5. BFH-Urteil vom 26. 10. 2006 II R 32/05 (BStBl. 2007 II S. 323):

Werden mehrere Personengesellschaften mit identischem Gesellschafterbestand und Grundbesitz in den Bezirken verschiedener Finanzämter durch Kündigung zu einem bestimmten Termin aufgelöst und erwirbt einer der Gesellschafter die Gesellschaftsvermögen durch Anwachsung, sind die Besteuerungsgrundlagen für die Grunderwerbsteuer auch dann nicht zusammengefasst für die Personengesellschaften gesondert festzustellen, wenn die vormaligen Gesellschafter später eine unaufgegliederte Gesamtabfindung des ausgeschiedenen Gesellschafters vereinbaren.

6. BFH-Beschluss vom 17. 8. 2009 II B 172/08 (BFH/NV S. 1970):

1. § 17 Abs. 3 a GrEStG ist auf alle vom 31. Dezember 2001 ab durchzuführenden gesonderten Feststellungen nach § 17 Abs. 2 und 3 GrEStG unabhängig davon anzuwenden, zu welchem Zeitpunkt der Erwerbsvorgang verwirklicht wurde.

2.–4. *(abgedruckt zu § 19)*

7. BFH-Urteil vom 15. 3. 2017 II R 36/15 (BStBl. II S. 215):

Der Feststellungsbescheid nach § 17 Abs. 3 Satz 1 Nr. 2 GrEStG ist sowohl Grundlagenbescheid für den Bescheid über die Feststellung des Grundbesitzwerts als auch für den Grunderwerbsteuerbescheid.

8. BFH-Urteil vom 30. 8. 2017 II R 39/15 (BStBl. 2018 II S. 786), Ls. 1:

1. Gegenstand der gesonderten Feststellung nach § 17 Abs. 3 GrEStG ist auch der Zeitpunkt, auf den der Grundbesitz der Personengesellschaft nach § 8 Abs. 2 Satz 1 Nr. 3 GrEStG zu bewerten ist.

2. *(abgedruckt zu § 1 Abs. 2 a)*

9. BFH-Urteil vom 22. 5. 2019 II R 24/16 (BStBl. 2020 II S. 157), Ls. 2:

1. *(abgedruckt zu § 16)*

2. Ist nach § 17 Abs. 2, 3 GrEStG eine gesonderte Feststellung von Besteuerungsgrundlagen vorzunehmen, ist der Erwerbsvorgang gegenüber dem dafür zuständigen Finanzamt anzuzeigen.

10. BFH-Urteil vom 4. 3. 2020 II R 35/17 (BStBl. II S. 514):

1. Zu den gesondert festzustellenden Besteuerungsgrundlagen nach § 17 Abs. 3 Satz 1 Nr. 2 GrEStG gehört der Zeitpunkt der Steuerentstehung (Stichtag). Anzugeben ist das genaue Datum. Wird ein unzutreffendes Datum genannt, ist der Feststellungsbescheid rechtswidrig.

2. Erwirbt eine neu errichtete Kirchengemeinde durch staatliche Anerkennung den Status einer Körperschaft des öffentlichen Rechts, kann sie erstmals zu diesem Zeitpunkt einen der Grunderwerbsteuer unterliegenden Erwerbsvorgang verwirklichen.

11. BFH-Urteil vom 17. 6. 2020 II R 18/17 (BStBl. 2021 II S. 318), Ls. 2, 3:

2. Hat die Finanzbehörde nach § 17 Abs. 3 Satz 1 Nr. 2 GrEStG die Besteuerungsgrundlagen für einen zu einem bestimmten Zeitpunkt durch einen bestimmten Rechtsvorgang verwirklichten Erwerbsvorgang gesondert festgestellt, kann sie den Bescheid weder im Einspruchsverfahren noch im Klageverfahren dahingehend ändern, dass der Erwerbsvorgang durch einen zu einem anderen Zeitpunkt und einen anderen Rechtsvorgang verwirklichten Erwerbsvorgang ausgetauscht wird.

3. Ist der Erwerbsvorgang auf einen unzutreffenden Zeitpunkt festgestellt worden, ist der Bescheid aufzuheben und ggf. ein neuer Bescheid über die Feststellung der Besteuerungsgrundlagen zu erlassen.

12. BFH-Urteil vom 16. 3. 2022 II R 24/20 (BFH/NV S. 1196), Ls. 2:

1. *(abgedruckt zu § 1 Abs. 3)*

2. Die Anrechnung der Grunderwerbsteuer nach § 1 Abs. 6 Satz 2 GrEStG ist nicht Bestandteil der gesonderten Feststellung gemäß § 17 Abs. 3 GrEStG.

13. BFH-Urteil vom 14. 12. 2022 II R 40/20 (BStBl. 2023 II S. 1012), Ls. 1:

1. Hat das FA in einem Feststellungsbescheid nach § 17 Abs. 3 Satz 1 Nr. 2 GrEStG Feststellungen zu mehreren Grundstücken getroffen, von denen eines oder mehrere nicht in die Feststellungen hätte einbezogen werden dürfen, ist der Bescheid insgesamt rechtswidrig und deshalb aufzuheben. Eine bloße Änderung oder nur teilweise Aufhebung des Feststellungsbescheids ist nicht möglich.

2., 3. *(abgedruckt zu § 1 Abs. 3)*

GrEStG

§ 18 Anzeigepflicht der Gerichte, Behörden und Notare

(1) ① Gerichte, Behörden und Notare haben dem zuständigen Finanzamt schriftlich Anzeige nach amtlich vorgeschriebenem Vordruck zu erstatten über

1. Rechtsvorgänge, die sie beurkundet oder über die sie eine Urkunde entworfen und darauf eine Unterschrift beglaubigt haben, wenn die Rechtsvorgänge ein Grundstück im Geltungsbereich dieses Gesetzes betreffen; 1

2. Anträge auf Berichtigung des Grundbuchs, die sie beurkundet oder über die sie eine Urkunde entworfen und darauf eine Unterschrift beglaubigt haben, wenn der Antrag darauf gestützt wird, daß der Grundstückseigentümer gewechselt hat; 2

3. Zuschlagsbeschlüsse im Zwangsversteigerungsverfahren, Enteignungsbeschlüsse und andere Entscheidungen, durch die ein Wechsel im Grundstückseigentum bewirkt wird. ② Die Anzeigepflicht der Gerichte besteht auch beim Wechsel im Grundstückseigentum auf Grund einer Eintragung im Handels-, Genossenschafts- oder Vereinsregister; 3

4. nachträgliche Änderungen oder Berichtigungen eines der unter den Nummern 1 bis 3 aufgeführten Vorgänge. 4

② Notare können die Anzeige nach Satz 1 auch elektronisch nach amtlich vorgeschriebenem Datensatz über die amtlich bestimmte Schnittstelle nach Maßgabe des § 93 c der Abgabenordnung erstatten. ③ Der Anzeige ist eine Abschrift der Urkunde über den Rechtsvorgang, den Antrag, den Beschluß oder die Entscheidung beizufügen.

(2) ① Die Anzeigepflicht bezieht sich auch auf Vorgänge, die ein Erbbaurecht oder ein Gebäude auf fremdem Boden betreffen. ② Sie gilt außerdem für Vorgänge, die die Übertragung von Anteilen an einer Kapitalgesellschaft, einer Personenhandelsgesellschaft oder einer Gesellschaft des bürgerlichen Rechts betreffen, wenn zum Vermögen der Gesellschaft ein im Geltungsbereich dieses Gesetzes liegendes Grundstück gehört. 5

(3) ① Die Anzeigen sind innerhalb von zwei Wochen nach der Beurkundung oder der Unterschriftsbeglaubigung oder der Bekanntgabe der Entscheidung zu erstatten, und zwar auch dann, wenn die Wirksamkeit des Rechtsvorgangs vom Eintritt einer Bedingung, vom Ablauf einer Frist oder von einer Genehmigung abhängig ist. ② Sie sind auch dann zu erstatten, wenn der Rechtsvorgang von der Besteuerung ausgenommen ist. 6

(4) Die Absendung der Anzeige ist auf der Urschrift der Urkunde, in den Fällen, in denen eine Urkunde entworfen und darauf eine Unterschrift beglaubigt worden ist, auf der zurückbehaltenen beglaubigten Abschrift zu vermerken. 7

(5) Die Anzeigen sind an das für die Besteuerung, in den Fällen des § 17 Abs. 2 und 3 an das für die gesonderte Feststellung zuständige Finanzamt zu richten. 8

Übersicht

	Rz.
Anlage:	
Merkblatt über die steuerlichen Beistandspflichten der Notare auf den Gebieten der Grunderwerbsteuer, der Erbschaftsteuer (Schenkungsteuer) und der Ertragsteuern – Auszug –	11–18
Rechtsprechung	26

Anl zu § 18

Merkblatt über die steuerlichen Beistandspflichten der Notare auf den Gebieten der Grunderwerbsteuer, der Erbschaftsteuer (Schenkungsteuer) und der Ertragsteuern

Stand: September 2022

Vom 13. September 2022

(BayLfSt S 4540.1.1 – 4/47 St 35)

– Auszug –

A. Vorbemerkungen

1. Aus Gründen der Übersichtlichkeit berücksichtigt dieses Merkblatt nur die wesentlichen gesetzlichen Regelungen.

2. Geschlechterspezifische Bezeichnungen werden aus Vereinfachungsgründen lediglich in der männlichen Form verwendet.

3. Die aktuelle Fassung dieses Merkblattes kann auf der Internetseite der Bayerischen Finanzverwaltung (www.finanzamt.bayern.de > Startseite > Steuerinfos > Steuerarten > Grunderwerbsteuer > Merkblatt …) abgerufen werden.

4. Ein bundesweites Verzeichnis der örtlich zuständigen Finanzämter kann auf der Internetseite des Bundeszentralamts für Steuern unter BZSt – Finanzamtsuche abgefragt werden. Hier steht eine Such-

Anl zu § 18

funktion zur Verfügung, mit der neben dem örtlich zuständigen Finanzamt weitere Angaben – wie etwa besondere Zuständigkeitsregelungen – ermittelt werden können.

Darüber hinaus steht ein bundesweites Finanzamtsverzeichnis – nach Bundesländern sortiert – unter BZSt – Finanzverwaltung der Länder zur Verfügung.

B. Grunderwerbsteuer

1. Maßgebende Vorschriften

11 Die steuerlichen Anzeigepflichten und sonstigen Beistandspflichten der Notare ergeben sich aus folgenden Vorschriften in der jeweils gültigen Fassung:
- §§ 18, 20, 21 und 22a des Grunderwerbsteuergesetzes (GrEStG) und
- § 102 Abs. 4 der Abgabenordnung (AO)

2. Anzeigepflichtige Vorgänge

12 Die Anzeigepflicht betrifft alle Rechtsvorgänge, die unmittelbar oder mittelbar das Eigentum an einem inländischen Grundstück (Tz. 2.5) betreffen.

2.1. Der Notar hat **Anzeige** über folgende Rechtsvorgänge zu erstatten, die er beurkundet oder über die er eine Urkunde entworfen und darauf eine Unterschrift beglaubigt hat (§ 18 Abs. 1 S. 1 Nr. 1 und Abs. 2 GrEStG):

2.1.1. Grundstückskaufverträge und andere Rechtsgeschäfte, die den Anspruch auf Übereignung eines Grundstücks begründen (z. B. Tauschverträge, Einbringungsverträge, Übergabeverträge, Auseinandersetzungsverträge, Annahme von Kauf- und Verkaufsangeboten, Ausübung von Optionen bzw. Vor- und Wiederkaufsrechten, Treuhandverträge, Verträge hinsichtlich gemischter Schenkungen). Bei wechselseitigem Tausch von Grundstücken liegen zwei Erwerbsvorgänge vor (vgl. hierzu auch Tz. 3.3 letzter Absatz);

2.1.2. Auflassungen, wenn kein Rechtsgeschäft vorausgegangen ist, das den Anspruch auf Übereignung begründet;

2.1.3. Umwandlungen nach dem Umwandlungsgesetz, sofern dadurch Grundstückseigentum auf einen anderen Rechtsträger übergeht (z. B. Verschmelzungen, Spaltungen und Vermögensübertragungen);

2.1.4. Rechtsgeschäfte, die den Anspruch auf Abtretung eines Übereignungsanspruchs oder der Rechte aus einem Meistgebot begründen;

2.1.5. Rechtsgeschäfte, die den Anspruch auf Abtretung der Rechte aus einem Kaufangebot begründen. Einem Kaufangebot steht ein Angebot zum Abschluss eines anderen Vertrags gleich, kraft dessen die Übereignung verlangt werden kann;

2.1.6. Abtretungen der unter Tz. 2.1.4 und 2.1.5 bezeichneten Rechte, wenn kein Rechtsgeschäft vorausgegangen ist, das den Anspruch auf Abtretung der Rechte begründet;

2.1.7. Rechtsvorgänge, die es ohne Begründung eines Anspruchs auf Übereignung einem anderen rechtlich oder wirtschaftlich ermöglichen, ein Grundstück auf eigene Rechnung zu verwerten (z. B. Begründung sowie Auflösung eines Treuhandverhältnisses, Wechsel des Treugebers, Auftrag bzw. Geschäftsbesorgungsvertrag zum Auftragserwerb, Erteilung einer Verkaufsvollmacht);

2.1.8. Rechtsgeschäfte, die den Anspruch auf Übertragung eines, mehrerer oder aller Anteile an einer Kapitalgesellschaft, einer Personengesellschaft oder einer Gesellschaft bürgerlichen Rechts begründen, wenn zum Vermögen der Gesellschaft ein Grundstück gehört;

2.1.9. Übergang von unter Tz. 2.1.8 bezeichneten Gesellschaftsanteilen, wenn kein schuld-rechtliches Geschäft vorausgegangen ist, das den Anspruch auf Übertragung begründet;

2.1.10. Übertragungen von Anteilen an einem Nachlass (Erbteilsübertragungen), zu dem ein Grundstück oder ein Anteil an einem anderen Nachlass gehört, der ein Grundstück enthält;

2.1.11. Vorverträge, Optionsverträge sowie Kauf- und Verkaufsangebote. Die Einräumung eines Vorkaufsrechts ist nicht anzeigepflichtig;

2.1.12. Bei einheitlichen Vertragswerken erfasst die Anzeigepflicht außer dem Grundstücksveräußerungsvertrag auch diejenigen in derselben Niederschrift oder einer anderen Niederschrift beurkundeten Verträge (z. B. Treuhandvertrag, Baubetreuungsvertrag, Generalunternehmervertrag, Bauvertrag), die mit dem Grundstücksveräußerungsvertrag eine rechtliche Einheit bilden. Anzeigepflichtig sind auch solche Verträge, die in sonstiger Hinsicht mit dem Grundstücksveräußerungsvertrag im Wege einer Verknüpfungsabrede rechtlich verbunden sind, es sei denn, die grunderwerbsteuerliche Relevanz des weiteren Vertrags kann mit Gewissheit ausgeschlossen werden.

2.2. Der Notar hat auch Anzeige zu erstatten über:

2.2.1. Anträge auf Berichtigung des Grundbuchs, die er beurkundet oder über die er eine Urkunde entworfen und darauf eine Unterschrift beglaubigt hat, wenn der Antrag darauf gestützt wird, dass der Grundstückseigentümer gewechselt hat (§ 18 Abs. 1 S. 1 Nr. 2 GrEStG);

2.2.2. Nachträgliche Änderungen oder Berichtigungen der in den Tz. 2.1.1 bis 2.2.1 aufgeführten Vorgänge (§ 18 Abs. 1 S. 1 Nr. 4 GrEStG). Änderung in diesem Sinne ist auch die Vertragsaufhebung oder die Ausübung eines Rücktrittrechts durch eine Vertragspartei.

2.2.3. Die Anzeigen sind auch dann zu erstatten, wenn der Rechtsvorgang von der Besteuerung ausgenommen ist (§ 18 Abs. 3 S. 2 GrEStG) bzw. nach den bestehenden Verwaltungsanweisungen eine Unbedenklichkeitsbescheinigung im Sinne von § 22 GrEStG nicht zu erteilen ist. Die Anzeigepflicht besteht auch dann, wenn die Wirksamkeit des Rechtsvorgangs vom Eintritt einer Bedingung, vom Ablauf einer Frist oder von einer Genehmigung abhängt (§ 18 Abs. 3 S. 1 GrEStG).

2.4. In Fällen der Übertragung von Gesellschaftsanteilen (Tz. 2.1.8 und 2.1.9) ist die Urkundsperson zwar der Verpflichtung enthoben, im Einzelfall zu ermitteln, ob ein und ggf. welcher Steuertatbestand erfüllt ist, nicht jedoch von der Anzeigepflicht selber.

2.5. Grundstücke im Sinne des GrEStG sind Grundstücke im Sinne des bürgerlichen Rechts einschließlich noch nicht vermessener Teilflächen, Miteigentumsanteile, Wohnungseigentum und Teileigentum (§ 2 Abs. 1 GrEStG). Zu den Grundstücken rechnen sowohl solche des Anlagevermögens als auch solche des Umlaufvermögens. Den Grundstücken stehen Erbbaurechte, Gebäude auf fremdem Boden sowie dinglich gesicherte Sondernutzungsrechte im Sinne des § 15 des Wohnungseigentumsgesetzes (WEG) und des § 1010 des Bürgerlichen Gesetzbuchs gleich (§ 2 Abs. 2 GrEStG). Die Anzeigepflicht bezieht sich deshalb auch auf Vorgänge, die ein Erbbaurecht, ein Gebäude auf fremdem Boden oder ein dinglich gesichertes Sondernutzungsrecht betreffen (§ 18 Abs. 2 S. 1 GrEStG).

3. Zuständiges Finanzamt

3.1. Die Anzeigen sind an das für die Besteuerung (Tz. 3.2) – in den Fällen des § 17 Abs. 2 und 3 GrEStG an das für die gesonderte Feststellung der Besteuerungsgrundlagen (Tz. 3.3 und 3.4) – zuständige Finanzamt zu richten (§ 18 Abs. 5 GrEStG). **13**

3.2. Die Anzeigen sind an das für die Besteuerung zuständige Finanzamt (Belegenheitsfinanzamt) zu richten, d.h. an das Finanzamt, in dessen Bezirk das Grundstück oder der wertvollste Teil des Grundstücks liegt (§ 17 Abs. 1 S. 1 GrEStG),
- wenn sich ein Rechtsvorgang auf ein Grundstück oder mehrere Grundstücke bezieht, die im Bezirk nur eines Finanzamts liegen,
- wenn sich ein Rechtsvorgang auf ein Grundstück bzw. eine wirtschaftliche Einheit von Grundstücken (§ 2 Abs. 3 S. 1 GrEStG) bezieht, das bzw. die in den Bezirken verschiedener Finanzämter eines Landes liegt,
- wenn bei Grundstückserwerben durch Umwandlung auf Grund eines Bundes- oder Landesgesetzes oder in den Fällen des § 1 Abs. 2a bis 3a GrEStG nicht die Voraussetzungen für eine gesonderte Feststellung der Besteuerungsgrundlagen (Tz. 3.4) erfüllt sind.

3.3. Die Besteuerungsgrundlagen werden gesondert festgestellt (§ 17 Abs. 2 GrEStG)
- in Fällen, in denen ein Grundstück bzw. eine wirtschaftliche Einheit von Grundstücken (§ 2 Abs. 3 S. 1 GrEStG) in den Bezirken von Finanzämtern verschiedener Länder liegt (§ 17 Abs. 2 1. Alt. i.V.m. § 17 Abs. 1 S. 2 GrEStG), sowie
- in Fällen, in denen sich ein Rechtsvorgang auf mehrere Grundstücke bezieht, die in den Bezirken verschiedener Finanzämter liegen (§ 17 Abs. 2 2. Alt. GrEStG)

durch das Finanzamt (Feststellungsfinanzamt), in dessen Bezirk der wertvollste Grundstücksteil oder das wertvollste Grundstück oder der wertvollste Bestand an Grund- stücksteilen oder Grundstücken liegt (§ 17 Abs. 2 GrEStG).

Sind in einem notariellen Vertrag mehreren in unterschiedlichen Finanzamtsbezirken belegenen Grundstücken jeweils selbständige nachvollziehbare Einzelkaufpreise zugeordnet, hat dennoch zwingend eine gesonderte Feststellung der Besteuerungsgrundlagen zu erfolgen.

Für einen Tauschvertrag, durch den ein Grundstück gegen ein im Bezirk eines anderen Finanzamts belegenes Grundstück getauscht wird, ist den beteiligten Finanzämtern jeweils eine Anzeige zu erstatten.

3.4. Die Besteuerungsgrundlagen werden ferner gesondert festgestellt (§ 17 Abs. 3 GrEStG)
- bei Grundstückserwerben durch Umwandlungen auf Grund eines Bundes- oder Landesgesetzes durch das Finanzamt, in dessen Bezirk sich die Geschäftsleitung des Erwerbers befindet, sowie
- in den Fällen des § 1 Abs. 2a bis 3a GrEStG durch das Finanzamt, in dessen Bezirk sich die Geschäftsleitung der Gesellschaft – bei der sich der Gesellschafter-/Anteilseignerwechsel vollzieht bzw. deren Anteile vereinigt oder übertragen werden – befindet,

wenn ein außerhalb des Bezirks dieser Finanzämter liegendes Grundstück oder ein auf das Gebiet eines anderen Landes sich erstreckender Teil eines im Bezirk dieser Finanzämter liegenden Grundstücks betroffen wird (§ 17 Abs. 3 S. 1 GrEStG). Befindet sich die Geschäftsleitung nicht im Geltungsbereich des GrEStG und werden in verschiedenen Finanzamtsbezirken liegende Grundstücke oder in verschiedenen Ländern liegende Grundstücksteile betroffen, so stellt das nach Tz. 3.3 zuständige Finanzamt die Besteuerungsgrundlagen gesondert fest (§ 17 Abs. 3 S. 2 GrEStG).

3.5. …

4. Form und Inhalt der Anzeigen

4.1. Die Anzeigen sind nach amtlich vorgeschriebenem Vordruck des jeweiligen Zielbundeslandes schriftlich zu erstatten (§ 18 Abs. 1 S. 1 GrEStG). … **14**

4.2. Die Anzeigen **müssen enthalten** (§ 20 Abs. 1 GrEStG):

4.2.1. Vorname, Zuname und Anschrift sowie die steuerliche Identifikationsnummer gemäß § 139b der Abgabenordnung (AO) oder die Wirtschafts-Identifikationsnummer gemäß § 139c der AO des Veräußerers und des Erwerbers (siehe auch Tz. 7.2), ggf. auch, ob und um welche begünstigte Person im Sinn des § 3 Nrn. 3 bis 7 GrEStG es sich bei dem Erwerber handelt;

4.2.2. die Bezeichnung des Grundstücks nach Grundbuch, Kataster, Straße und Hausnummer;

4.2.3. die Größe des Grundstücks und bei bebauten Grundstücken die Art der Bebauung;

Anl zu § 18

4.2.4. die Bezeichnung des anzeigepflichtigen Vorgangs und den Tag der Beurkundung, bei einem Vorgang, der einer Genehmigung bedarf, auch die Bezeichnung desjenigen, dessen Genehmigung erforderlich ist;

4.2.5. den Kaufpreis oder die sonstige Gegenleistung (§ 9 GrEStG);

4.2.6. den Namen der Urkundsperson.

4.3. Anzeigen, die sich auf Anteile an einer Gesellschaft beziehen, müssen außerdem enthalten (§ 20 Abs. 2 GrEStG):

4.3.1. die Firma, den Ort der Geschäftsführung sowie die Wirtschafts-Identifikationsnummer der Gesellschaft gemäß § 139 c der Abgabenordnung (siehe auch Tz. 7.3);

4.3.2. die Bezeichnung des Gesellschaftsanteils oder der Gesellschaftsanteile;

4.3.3. bei mehreren beteiligten Rechtsträgern eine Beteiligungsübersicht. Eine solche Beteiligungsübersicht kann beispielsweise in Form eines ausformulierten Textes als auch in grafischer Darstellung (sog. Organigramm) eingereicht werden.

4.4. Bei der Veräußerung von Gesellschaftsanteilen besteht für den Notar bezüglich des Vorhandenseins von Grundstücken, die der Gesellschaft grunderwerbsteuerlich unmittelbar oder mittelbar zuzurechnen sind, eine Erkundigungspflicht. Eine besondere Nachforschungspflicht besteht nicht, so dass er sich im Rahmen seiner Mitwirkungspflicht auf die Angaben der Beteiligten beschränken kann.

4.5. Der Anzeige ist eine Abschrift der Urkunde über den Rechtsvorgang oder des Antrags beizufügen (§ 18 Abs. 1 S. 2 GrEStG). Die Anzeige ist mit o. g. Inhalt zu erstatten. Ein bloßer Verweis auf die beiliegende Urkunde ist nicht ausreichend, da die Veräußerungsanzeige zur Weiterleitung an andere Finanzämter und zur Erteilung der Unbedenklichkeitsbescheinigung vorgesehen ist. Die Finanzämter sind angehalten, bei (wiederholten) unvollständigen Angaben die Anzeigen zur Ergänzung zurückzusenden.

5. Anzeigefrist

15 Die Anzeigen sind innerhalb von zwei Wochen nach der Beurkundung oder der Unterschriftsbeglaubigung zu erstatten, und zwar auch dann, wenn die Wirksamkeit des Rechtsvorgangs vom Eintritt einer Bedingung, vom Ablauf einer Frist oder von einer Genehmigung abhängig ist (§ 18 Abs. 3 S. 1 GrEStG).

6. Absendevermerk des Notars

16 **6.1.** Die Absendung der Anzeige ist auf der Urschrift der Urkunde, in den Fällen, in denen eine Urkunde entworfen und darauf eine Unterschrift beglaubigt worden ist, auf der zurückbehaltenen beglaubigten Abschrift zu vermerken (§ 18 Abs. 4 GrEStG).

6.2. Eine Empfangsbestätigung des Finanzamts sieht das GrEStG nicht vor.

7. Bedeutung der Anzeigen

17 **7.1.** Notare dürfen Urkunden, die einen anzeigepflichtigen Vorgang betreffen, den Beteiligten erst aushändigen und Ausfertigungen oder beglaubigte Abschriften den Beteiligten erst erteilen, wenn sie die Anzeigen in allen Teilen vollständig (§§ 18 und 20) an das Finanzamt abgesandt haben (§ 21 GrEStG).

7.2. Die Anzeigepflicht nach § 18 GrEStG führt zu keiner Anlaufhemmung der Festsetzungsfrist nach § 170 Abs. 2 S. 1 Nr. 1 AO (BFH-Urteil vom 16. 2. 1994 II R 125/90, BStBl. II 1994, 866). Bei Nichterfüllung der Anzeigepflicht durch den Notar kann der Steueranspruch verjähren.

7.3. Die Vorschriften des § 16 Abs. 1 bis 4 GrEStG gelten nicht, wenn einer der in § 1 Abs. 2 bis 3 a bezeichneten Erwerbsvorgänge rückgängig gemacht wird, der nicht fristgerecht und in allen Teilen vollständig angezeigt (§§ 18 bis 20) war (§ 16 Abs. 5 GrEStG).

7.4. Da ein Blatt des Vordrucksatzes „Veräußerungsanzeige" als Unbedenklichkeitsbescheinigung im Sinne von § 22 GrEStG Verwendung findet, ist ein sorgfältiges Ausfüllen des Vordrucksatzes durch den Anzeigepflichtigen unerlässlich. Bei mangelhaft ausgefüllten Anzeigen kann sich die Erteilung der Unbedenklichkeitsbescheinigung bzw. die Eintragung des Erwerbers in das Grundbuch verzögern.

8. Empfangsbevollmächtigter

18 Bei Erwerbsvorgängen mit Beteiligung von Personen, die nicht im Geltungsbereich der Abgabenordnung ansässig sind (z. B. Niederländische BV, Privatperson in der Schweiz) sollte im Rahmen der Beurkundung darauf hingewirkt werden, dass von den Vertragsbeteiligten ein inländischer Empfangsbevollmächtigter benannt wird.

C. Erbschaftsteuer (Schenkungsteuer)

(abgedruckt als Anlage zu § 34 ErbStG)

D. Ertragsteuern

(abgedruckt im AO-Handbuch)

E. Mehrfache Anzeigepflicht bei mehrfacher Steuerpflicht

(abgedruckt als Anlage zu § 34 ErbStG)

Rechtsprechung zu § 18

Rspr zu § 18

1. BFH-Urteil vom 16. 2. 1994 II R 125/90 (BStBl. II S. 866), Ls. 3:

1., 2. *(abgedruckt zu § 1 Abs. 1 Nr. 3–7)* 26

3. Die Anzeigepflicht der Gerichte, Behörden und Notare nach § 18 GrEStG 1983 führt zu keiner Anlaufhemmung nach § 170 Abs. 2 Satz 1 Nr. 1 AO 1977.

2. BFH-Urteil vom 21. 6. 1995 II R 11/92 (BStBl. II S. 802):

Sind die Gerichte, Behörden und Notare sowie die an einem Erwerbsvorgang Beteiligten unabhängig voneinander zur Anzeige eines grunderwerbsteuerrechtlich relevanten Sachverhalts verpflichtet und erstattet einer der Verpflichteten dem zuständigen FA eine den gesetzlichen Anforderungen entsprechende Anzeige, so wird der Beginn der Festsetzungsfrist nicht dadurch weiter hinausgeschoben, daß die anderen ihre Anzeigepflicht nicht erfüllen.

3. BFH-Urteil vom 8. 11. 1995 II R 16/92 (BFH/NV 1996 S. 357):

Die Anzeige von Umständen, die zur Versagung der sonst indizierten Steuervergünstigung des § 5 Abs. 1 GrEStG führen, ist gesetzlich nicht vorgeschrieben. Die Nichtanzeige dieser Umstände führt zu keiner Anlaufhemmung der Festsetzungsfrist für die Grunderwerbsteuer, die durch die Einbringung des Miteigentumsanteils am Grundstück in die Gesamthand entsteht.

4. BFH-Urteil vom 6. 7. 2005 II R 9/04 (BStBl. II S. 780):

1. Kommt ein nach § 18 GrEStG zu einer Anzeige Verpflichteter seiner Anzeigepflicht durch eine den Anforderungen des § 20 GrEStG entsprechende Anzeige an das zuständige FA nach, wird der Beginn der Festsetzungs-/Feststellungsfrist nach § 170 Abs. 2 Nr. 1 AO 1977 nicht dadurch weiter hinausgeschoben, dass für denselben Rechtsvorgang nach § 19 GrEStG Anzeigeverpflichtete ihre Anzeigepflicht nicht erfüllt haben.

2. Die Aussage im Urteil vom 16. 2. 1994 II R 125/90 (BFHE 174, 185, BStBl. II 1994, 866), § 170 Abs. 2 Satz 1 Nr. 1 AO 1977 stelle nur auf solche Anzeigen ab, zu deren Erstattung der Steuerpflichtige verpflichtet ist, nicht aber auch auf solche, die von vom Steuerpflichtigen unabhängigen Dritten abzugeben sind, ist auf Sachverhalte beschränkt, in denen eine alleinige Anzeigepflicht der Gerichte, Behörden und Notare besteht.

5. BFH-Urteil vom 11. 6. 2008 II R 55/06 (BFH/NV S. 1876):

1. Dem Anzeigeerfordernis der §§ 18 Abs. 1 Nr. 1 und 19 Abs. 1 Satz 1 Nr. 6 GrEStG ist nicht genügt, wenn die Urkunde über den Erwerbsvorgang statt an die Grunderwerbsteuerstelle an die Körperschaftsteuerstelle gesandt wird und bei dieser verbleibt.

2. Die erforderliche positive Kenntnis von dem Erwerbsvorgang muss bei der für die Verwaltung der GrESt zuständigen Organisationseinheit der zuständigen Finanzbehörde vorhanden sein, um nach § 170 Abs. 2 Satz 1 Nr. 1 AO den Anlauf der Festsetzungsfrist zu beeinflussen.

3. Damit gelten für die Frage, auf wessen Kenntnis abzustellen ist, dieselben Grundsätze wie im Rahmen des § 173 Abs. 1 AO bei der Entscheidung, ob Tatsachen erst nachträglich bekannt geworden sind oder nicht.

6. BFH-Beschluss vom 26. 1. 2012 II B 98/11 (BFH/NV S. 710):

Einer Anzeige nach § 18 GrEStG kommt jedenfalls dann keine die Anlaufhemmung des § 170 Abs. 2 Satz 1 Nr. 1 AO beendende Wirkung zu, wenn ihr die nach § 20 Abs. 1 Nr. 2 GrEStG erforderlichen Angaben vollständig fehlen.

7. BFH-Urteil vom 3. 3. 2015 II R 30/13 (BStBl. II S. 777):

Die leichtfertige Verletzung der einem Notar nach § 18 GrEStG obliegenden Anzeigepflicht führt nicht zu einer Verlängerung der Frist für die Festsetzung von Grunderwerbsteuer gegenüber dem Steuerpflichtigen auf fünf Jahre.

8. BFH-Urteil vom 25. 4. 2023 II R 10/21 (BStBl. II S. 1020):

Bei einer Besteuerung gemäß § 1 Abs. 3 Nr. 1 des Grunderwerbsteuergesetzes (GrEStG) kommt einer Anzeige nach § 18 Abs. 1 Satz 1 GrEStG oder nach § 19 Abs. 1 Satz 1 Nr. 4 GrEStG jedenfalls dann keine die Anlaufhemmung (§ 170 Abs. 2 Satz 1 Nr. 1 der Abgabenordnung) beendende Wirkung für die Feststellungs- und für die Festsetzungsfrist der zu erlassenden Bescheide zu, wenn die nach § 20 Abs. 1 Nr. 2 GrEStG erforderlichen Angaben in Bezug auf ein Grundstück vollständig fehlen.

9. BFH-Urteil vom 16. 5. 2023 II R 35/20 (abgedruckt zu § 19)

GrEStG

§ 19 Anzeigepflicht der Beteiligten

(1) ① **Steuerschuldner müssen Anzeige erstatten über**

1 **1. Rechtsvorgänge, die es ohne Begründung eines Anspruchs auf Übereignung einem anderen rechtlich oder wirtschaftlich ermöglichen, ein Grundstück auf eigene Rechnung zu verwerten;**

2 **2. formungültige Verträge über die Übereignung eines Grundstücks, die die Beteiligten unter sich gelten lassen und wirtschaftlich erfüllen;**

3 **3. den Erwerb von Gebäuden auf fremdem Boden;**

3a **3 a. unmittelbare und mittelbare Änderungen des Gesellschafterbestandes einer Personengesellschaft, die innerhalb von zehn Jahren zum Übergang von 90 vom Hundert der Anteile am Gesellschaftsvermögen auf neue Gesellschafter geführt haben, wenn zum Vermögen der Personengesellschaft ein inländisches Grundstück gehört (§ 1 Abs. 2 a);**

3 b.[1] **unmittelbare und mittelbare Änderungen des Gesellschafterbestandes einer Kapitalgesellschaft, die innerhalb von zehn Jahren zum Übergang von 90 vom Hundert der Anteile der Gesellschaft auf neue Gesellschafter geführt haben, wenn zum Vermögen der Kapitalgesellschaft ein inländisches Grundstück gehört (§ 1 Absatz 2 b);**

4 **4. schuldrechtliche Geschäfte, die auf die Vereinigung von mindestens 90 vom Hundert der Anteile einer Gesellschaft gerichtet sind, wenn zum Vermögen der Gesellschaft ein Grundstück gehört (§ 1 Abs. 3 Nr. 1);**

5 **5. die Vereinigung von mindestens 90 vom Hundert der Anteile einer Gesellschaft, zu deren Vermögen ein Grundstück gehört (§ 1 Abs. 3 Nr. 2);**

6 **6. Rechtsgeschäfte, die den Anspruch auf Übertragung von mindestens 90 vom Hundert der Anteile einer Gesellschaft begründen, wenn zum Vermögen der Gesellschaft ein Grundstück gehört (§ 1 Abs. 3 Nr. 3);**

7 **7. die Übertragung von mindestens 90 vom Hundert der Anteile einer Gesellschaft auf einen anderen, wenn zum Vermögen der Gesellschaft ein Grundstück gehört (§ 1 Abs. 3 Nr. 4);**

7a **7 a.**[2] **Rechtsvorgänge, aufgrund derer ein Rechtsträger unmittelbar oder mittelbar oder teils unmittelbar, teils mittelbar eine wirtschaftliche Beteiligung in Höhe von mindestens 90 vom Hundert an einer Gesellschaft, zu deren Vermögen ein inländisches Grundstück gehört, innehat (§ 1 Absatz 3 a);**

8 **8.**[3] **Entscheidungen im Sinne von § 18 Abs. 1 Satz 1 Nr. 3.** ② **Die Anzeigepflicht besteht auch beim Wechsel im Grundstückseigentum auf Grund einer Eintragung im Handels-, Genossenschafts- oder Vereinsregister;**

9.[1] **Umwandlungen, wenn innerhalb des Rückwirkungszeitraums im Sinne der §§ 2, 20 Absatz 6 oder § 24 Absatz 4 des Umwandlungssteuergesetzes ein Erwerbsvorgang nach § 1 Absatz 1 Nummer 1 verwirklicht wird und die Umwandlung ohne diesen Erwerbsvorgang eine Besteuerung nach § 1 Absatz 1 Nummer 3, Absatz 3 oder 3a ausgelöst hätte.**

② **Sie haben auch alle Erwerbsvorgänge anzuzeigen, über die ein Gericht, eine Behörde oder ein Notar eine Anzeige nach § 18 nicht zu erstatten hat.**

(2) **Die in Absatz 1 bezeichneten Personen haben außerdem in allen Fällen Anzeige zu erstatten über**

9 **1. jede Erhöhung der Gegenleistung des Erwerbers durch Gewährung von zusätzlichen Leistungen neben der beim Erwerbsvorgang vereinbarten Gegenleistung;**

10 **2. Leistungen, die der Erwerber des Grundstücks anderen Personen als dem Veräußerer als Gegenleistung dafür gewährt, daß sie auf den Erwerb des Grundstücks verzichten;**

11 **3. Leistungen, die ein anderer als der Erwerber des Grundstücks dem Veräußerer als Gegenleistung dafür gewährt, daß der Veräußerer dem Erwerber das Grundstück überläßt;**

12 **4.**[3] **Änderungen im Gesellschafterbestand einer Gesamthand bei Gewährung der Steuervergünstigung nach § 5 Abs. 1 und 2 oder § 6 Abs. 3 in Verbindung mit § 6 Abs. 1;**

13 **4 a.**[4] **Änderungen von Beherrschungsverhältnissen im Sinne des § 6 a Satz 4;**

13a **5.**[2] **Änderungen in der Nutzung oder den Verzicht auf Rückübertragung, wenn der Grundstückserwerb nach § 4 Nummer 5 von der Besteuerung ausgenommen war.**

---

[1] Zur Anwendung von § 19 Abs. 1 Nr. 3 b und 9 i. d. F. des Gesetzes vom 12. 5. 2021 siehe § 23 Abs. 18 GrEStG.

[2] § 19 Abs. 1 Nr. 7 a, Abs. 2 Nr. 5 i. d. F. des AmtshilfeRLUmsG erstmals anzuwenden ab 7. 6. 2013 (§ 23 Abs. 11 GrEStG).

[3] § 19 Abs. 1 Nr. 8 und Abs. 2 Nr. 4 i. d. F. des StÄndG 2001 erstmals anzuwenden ab 1. 1. 2002 (§ 23 Abs. 7 Satz 1 GrEStG).

[4] § 19 Abs. 2 Nr. 4 a erstmals anzuwenden ab 1. 1. 2010 (§ 23 Abs. 8 GrEStG).

(3)[1] ① Die Anzeigepflichtigen haben innerhalb von zwei Wochen, nachdem sie von dem anzeigepflichtigen Vorgang Kenntnis erhalten haben, den Vorgang anzuzeigen, und zwar auch dann, wenn der Vorgang von der Besteuerung ausgenommen ist. ② Die Frist nach Satz 1 verlängert sich auf einen Monat für den Steuerschuldner, der eine natürliche Person ohne Wohnsitz oder gewöhnlichen Aufenthalt im Inland, eine Kapitalgesellschaft ohne Geschäftsleitung oder Sitz im Inland oder eine Personengesellschaft ohne Ort der Geschäftsführung im Inland ist. 14

(4) ① Die Anzeigen sind an das für die Besteuerung, in den Fällen des § 17 Abs. 2 und 3 an das für die gesonderte Feststellung zuständige Finanzamt zu richten. ② Ist über den anzeigepflichtigen Vorgang eine privatschriftliche Urkunde aufgenommen worden, so ist der Anzeige eine Abschrift der Urkunde beizufügen. 15

(5) ① Die Anzeigen sind Steuererklärungen im Sinne der Abgabenordnung. ② Sie sind schriftlich abzugeben. ③ Sie können gemäß § 87 a der Abgabenordnung in elektronischer Form übermittelt werden. 16

(6)[2] ① Die Höhe des Verspätungszuschlags bestimmt sich nach § 152 Absatz 5 Satz 2 der Abgabenordnung; § 152 Absatz 6 der Abgabenordnung ist nicht anzuwenden. ② Die Begrenzung der Höhe des Verspätungszuschlags nach § 152 Absatz 10 der Abgabenordnung findet keine Anwendung.

(7) In den Fällen des Absatzes 2 Nummer 4 beginnt die Festsetzungsfrist mit Ablauf des Kalenderjahres, in dem das in Absatz 4 Satz 1 genannte Finanzamt von der anzeigepflichtigen Änderung Kenntnis erlangt hat, spätestens jedoch zehn Jahre nach Ablauf des Kalenderjahres, in dem die anzeigepflichtige Änderung eingetreten ist.

Abgabenordnung (AO)

Anl zu § 19

§ 87 a Elektronische Kommunikation

(1) ① Die Übermittlung elektronischer Dokumente ist zulässig, soweit der Empfänger hierfür einen Zugang eröffnet. ② Die Übermittlung elektronischer Nachrichten und Dokumente an Finanzbehörden mit einer qualifizierten elektronischen Signatur oder über das besondere elektronische Behördenpostfach ist nicht zulässig, soweit für die Übermittlung ein sicheres elektronisches Verfahren der Finanzbehörden zur Verfügung steht, das den Datenübermittler authentifiziert und die Vertraulichkeit und Integrität des Datensatzes gewährleistet; dies gilt nicht für Gerichte und Staatsanwaltschaften sowie in den Fällen, in denen die Übermittlung an Finanzbehörden mit einer qualifizierten elektronischen Signatur oder über das besondere elektronische Behördenpostfach gesetzlich vorgeschrieben ist. ③ Ein elektronisches Dokument ist zugegangen, sobald die für den Empfang bestimmte Einrichtung es in für den Empfänger bearbeitbarer Weise aufgezeichnet hat; § 122 Absatz 2 a sowie die §§ 122 a und 123 Satz 2 und 3 bleiben unberührt. ④ Übermittelt die Finanzbehörde Daten, die dem Steuergeheimnis unterliegen, sind diese Daten mit einem geeigneten Verfahren zu verschlüsseln; soweit alle betroffenen Personen schriftlich eingewilligt haben, kann auf eine Verschlüsselung verzichtet werden. ⑤ Die kurzzeitige automatisierte Entschlüsselung, die beim Versenden einer De-Mail-Nachricht durch den akkreditierten Diensteanbieter zum Zweck der Überprüfung auf Schadsoftware und zum Zweck der Weiterleitung an den Adressaten der De-Mail-Nachricht erfolgt, verstößt nicht gegen das Verschlüsselungsgebot des Satzes 3. ⑥ Eine elektronische Benachrichtigung über die Bereitstellung von Daten zum Abruf oder über den Zugang elektronisch an die Finanzbehörden übermittelter Daten darf auch ohne Verschlüsselung übermittelt werden. 19

(1 a) ① Verhandlungen und Besprechungen können auch elektronisch durch Übertragung in Ton oder Bild und Ton erfolgen. ② Absatz 1 Satz 4 gilt entsprechend.

(2) ① Ist ein der Finanzbehörde übermitteltes elektronisches Dokument für sie zur Bearbeitung nicht geeignet, hat sie dies dem Absender unter Angabe der für sie geltenden technischen Rahmenbedingungen unverzüglich mitzuteilen. ② Macht ein Empfänger geltend, er könne das von der Finanzbehörde übermittelte elektronische Dokument nicht bearbeiten, hat sie es ihm erneut in einem geeigneten elektronischen Format oder als Schriftstück zu übermitteln.

(3) ① Eine durch Gesetz für Anträge, Erklärungen oder Mitteilungen an die Finanzbehörden angeordnete Schriftform kann, soweit nicht durch Gesetz etwas anderes bestimmt ist, durch die elektronische Form ersetzt werden. ② Der elektronischen Form genügt ein elektronisches Dokument, das mit einer qualifizierten elektronischen Signatur versehen ist. ③ Bei der Signierung darf eine Person ein Pseudonym nur verwenden, wenn sie ihre Identität der Finanzbehörde nachweist. ④ Die Schriftform kann auch durch unmittelbare Abgabe der Erklärung in einem elektronischen Formular, das von der Finanzbehörde in einem Eingabegerät oder über öffentlich zugängliche Netze zur Verfügung gestellt wird, ersetzt werden. ⑤ Bei einer Eingabe über öffentlich zugängliche Netze muss ein elektronischer Identitätsnachweis nach § 18 des Personalausweisgesetzes, nach § 12 des eID-Karte-Gesetzes oder nach § 78 Absatz 5 des Aufenthaltsgesetzes oder durch ein von der Finanzverwaltung eingerichtetes sicheres Identifizierungsverfahren im Sinne des Absatzes 6 erfolgen. ⑥ Die Finanzbehörde hat dem Erklärenden vor Abgabe der Erklärung nach Satz 4 Gelegenheit zu geben, die gesamte Erklärung auf Vollständigkeit und Richtigkeit zu prüfen; nach der Abgabe ist dem Erklärenden eine elektronische Kopie der Erklärung zu ermöglichen.

[1] § 19 Abs. 3 Satz 2 anzuwenden ab 23. 7. 2016 (§ 23 Abs. 15 GrEStG).
[2] § 19 Abs. 6 erstmals anzuwenden ab 29. 12. 2020 (§ 23 Abs. 17 GrEStG).

⑦ Im Fall der Datenübermittlung im Auftrag nach § 87 d tritt der Auftragnehmer bei Anwendung des Satzes 6 an die Stelle des Erklärenden. ⑧ Die Schriftform kann auch durch elektronische Übermittlung eines von dem Erklärenden signierten Dokuments an die Finanzbehörde mit der Versandart nach § 5 Absatz 5 des De-Mail-Gesetzes ersetzt werden.

(4) ① Eine durch Gesetz für Verwaltungsakte oder sonstige Maßnahmen der Finanzbehörden angeordnete Schriftform kann, soweit nicht durch Gesetz etwas anderes bestimmt ist, durch die elektronische Form ersetzt werden. ② Der elektronischen Form genügt ein elektronischer Verwaltungsakt, der mit einer qualifizierten elektronischen Signatur oder einem qualifizierten elektronischen Siegel versehen ist oder in einem sicheren Verfahren nach Absatz 7 oder Absatz 8 übermittelt oder zum Abruf bereitgestellt wird. ③ Die Schriftform kann auch ersetzt werden durch Versendung einer De-Mail-Nachricht nach § 5 Absatz 5 des De-Mail-Gesetzes, bei der die Bestätigung des akkreditierten Diensteanbieters die erlassende Finanzehörde als Nutzer des De-Mail-Kontos erkennen lässt. ④ Für von der Finanzbehörde aufzunehmende Niederschriften gelten die Sätze 1 und 3 nur, wenn dies durch Gesetz ausdrücklich zugelassen ist.

(5) ① Ist ein elektronisches Dokument Gegenstand eines Beweises, wird der Beweis durch Vorlegung oder Übermittlung der Datei angetreten; befindet diese sich nicht im Besitz des Steuerpflichtigen oder der Finanzbehörde, gilt § 97 entsprechend. ② Für die Beweiskraft elektronischer Dokumente gilt § 371 a der Zivilprozessordnung entsprechend.

(6) ① Soweit gesetzlich nichts anderes bestimmt ist, bei der elektronischen Übermittlung von amtlich vorgeschriebenen Datensätzen an Finanzbehörden ein sicheres Verfahren zu verwenden, das den Datenübermittler authentifiziert und die Vertraulichkeit und Integrität des Datensatzes gewährleistet. ② Nutzt der Datenübermittler zur Authentisierung seinen elektronischen Identitätsnachweis nach § 18 des Personalausweisgesetzes, nach § 12 des eID-Karte-Gesetzes oder nach § 78 Absatz 5 des Aufenthaltsgesetzes, so dürfen die dazu erforderlichen Daten zusammen mit den übrigen übermittelten Daten gespeichert und verwendet werden.

(7) ① Wird ein elektronisch erlassener Verwaltungsakt durch Übermittlung nach § 122 Absatz 2a bekannt gegeben, ist ein sicheres Verfahren zu verwenden, das die übermittelnde Stelle oder Einrichtung der Finanzverwaltung authentifiziert und die Vertraulichkeit und Integrität des Datensatzes gewährleistet. ② Ein sicheres Verfahren liegt insbesondere vor, wenn der Verwaltungsakt

1. mit einer qualifizierten elektronischen Signatur versehen und mit einem geeigneten Verfahren verschlüsselt ist oder
2. mit einer De-Mail-Nachricht nach § 5 Absatz 5 des De-Mail-Gesetzes versandt wird, bei der die Bestätigung des akkeditierten Diensteanbieters die erlassende Finanzbehörde als Nutzer des De-Mail-Kontos erkennen lässt.

(8) ③ Wird ein elektronisch erlassener Verwaltungsakt durch Bereitstellung zum Abruf nach § 122 a bekannt gegeben, ist ein sicheres Verfahren zu verwenden, das die für die Datenbereitstellung verantwortliche Stelle oder Einrichtung der Finanzverwaltung authentifiziert und die Vertraulichkeit und Integrität des Datensatzes gewährleistet. ② Die abrufberechtigte Person hat sich zu authentisieren. ③ Absatz 6 Satz 2 gilt entsprechend.

Rspr zu § 19

Rechtsprechung zu § 19

21 *1. BFH-Urteil vom 25. 3. 1992 II R 46/89 (abgedruckt zu § 6)*

2. BFH-Urteil vom 21. 6. 1995 II R 11/92 (BStBl. II S. 802):

Sind die Gerichte, Behörden und Notare sowie die an einem Erwerbsvorgang Beteiligten unabhängig voneinander zur Anzeige eines grunderwerbsteuerrechtlich relevanten Sachverhalts verpflichtet und erstattet einer der Verpflichteten dem zuständigen FA eine den gesetzlichen Anforderungen entsprechende Anzeige, so wird der Beginn der Festsetzungsfrist nicht dadurch weiter hinausgeschoben, daß die anderen ihre Anzeigepflicht nicht erfüllen.

3. BFH-Urteil vom 30. 10. 1996 II R 69/94 (BStBl. 1997 II S. 85):

Schließen die Beteiligten neben einem notariell beurkundeten Kaufvertrag über ein unbebautes Grundstück einen Generalunternehmervertrag ab über die Errichtung eines Gebäudes auf dem Grundstück, der mit dem Grundstücksvertrag in rechtlichem oder objektiv-sachlichem Zusammenhang steht, so haben sie den Abschluß des Generalunternehmervertrags als gegenleistungserhöhende Vereinbarung auch dann anzuzeigen, wenn auch dieser notariell beurkundet wurde.

4. BFH-Urteil vom 21. 9. 2005 II R 33/04 (BFH/NV 2006 S. 609):

1. Die Anzeigepflicht der Steuerschuldner nach § 19 Abs. 1 Nr. 6 GrEStG bei Rechtsgeschäften, die einen Anspruch auf Übertragung aller Anteile (nunmehr: von mindestens 95 v. H. der Anteile) an einer Gesellschaft begründen, knüpft mit der weiteren Voraussetzung, wonach zum Vermögen der Gesellschaft ein Grundstück gehören muss, an den Einleitungssatz des § 1 Abs. 3 GrEStG an. Mit dem Wort „gehören" ist daher in beiden Vorschriften dieselbe spezifisch grunderwerbsteuerrechtliche Zuordnung gemeint.

2. Demgemäß besteht die Anzeigepflicht auch dann, wenn der Erwerb Anteile an einer Gesellschaft betrifft, die ihrerseits teils unmittelbar teils mittelbar oder nur mittelbar im erforderlichen Umfang an einer Gesellschaft mit Grundbesitz beteiligt ist. Dies galt bereits vor Inkrafttreten des Steuerentlastungsgesetzes 1999/2000/2002.

Rspr zu § 19

noch 21

5. BFH-Urteil vom 26. 2. 2007 II R 50/06 (BFH/NV S. 1535):

1. Die Anzeigepflicht gemäß § 19 Abs. 1 Satz 1 Nr. 3 a GrEStG erstreckt sich nicht auf Umstände, die zur Versagung der Steuervergünstigung des § 6 Abs. 3 i. V. mit Abs. 1 GrEStG führen. Eine Anzeigepflicht besteht in Fällen der Änderung im Gesellschafterbestand, die nach § 5 oder § 6 Abs. 3 GrEStG befreiten Einbringungsfällen folgt, erst mit der Einfügung des § 19 Abs. 2 Nr. 4 GrEStG.

2. Ist der Steuerpflichtige selbst nicht zur Anzeige verpflichtet, kann die Nichtanzeige durch den Notar keine Anlaufhemmung zulasten des Steuerpflichtigen bewirken (vgl. BFH-Urteil vom 6. 7. 2005 II R 9/04, BFHE 210, 65, BStBl. II 2005, 780).

6. BFH-Urteil vom 11. 6. 2008 II R 55/06 (abgedruckt zu § 18)

7. BFH-Urteil vom 29. 10. 2008 II R 9/08 (BFH/NV 2009 S. 1832):

Die Anzeigepflicht wird nur durch Übermittlung der Anzeige an die Grunderwerbsteuerstelle des zuständigen Finanzamts erfüllt. Es reicht aus, wenn sich die Anzeige nach ihrem Inhalt eindeutig an die Grunderwerbsteuerstelle des zuständigen Finanzamts richtet.

8. BFH-Urteil vom 26. 2. 2009 II R 4/08 (BFH/NV S. 1599), Ls. 4:

4. Die Verletzung der Anzeigepflicht nach § 19 Abs. 2 Nr. 1 GrEStG schließt es aus, gegenüber einer Änderung des Grunderwerbsteuerbescheids nach § 173 Abs. 1 Nr. 1 AO Ermittlungsfehler des Finanzamts geltend zu machen.

Orientierungssatz: Das Wissen eines Betriebsprüfers ist der Veranlagungsstelle grundsätzlich nicht zuzurechnen (vgl. BFH-Urteile vom 29. 9. 1999 III R 50/98 und vom 15. 10. 1998 IV R 18/98).

9. BFH-Beschluss vom 17. 8. 2009 II B 172/08 (BFH/NV S. 1970):

1. *(abgedruckt zu § 17)*

2. Ob die Anlaufhemmung des § 170 Abs. 2 Satz 1 Nr. 1 AO durch eine unvollständige Anzeige beendet wird, ist danach zu beurteilen, ob die der Finanzbehörde zur Verfügung stehende Bearbeitungszeit verkürzt wird.

3. Einer Anzeige nach § 19 GrEStG kommt jedenfalls dann keine die Anlaufhemmung beendende Wirkung zu, wenn ihr die nach § 20 Abs. 1 Nr. 2 GrEStG erforderlichen Angaben vollständig fehlen.

4. Wird die Anzeigefrist des § 19 Abs. 3 GrEStG gemäß § 109 Abs. 1 AO verlängert, lässt dies die Anlaufhemmung des § 170 Abs. 2 Satz 1 AO unberührt.

10. BFH-Urteil vom 23. 5. 2012 II R 56/10 (BStBl. II S. 793):

1. Die Festsetzungsfrist i. S. des § 170 Abs. 2 Satz 1 Nr. 1 AO beginnt auch dann mit der Abgabe der Steuererklärung bzw. Anzeige, wenn die abgegebene Erklärung teilweise unvollständig oder unrichtig ist.

2. Den Anforderungen einer ordnungsgemäßen Anzeige genügt auch eine nicht ausdrücklich an die Grunderwerbsteuerstelle des zuständigen Finanzamts adressierte Anzeige, die sich aber nach ihrem Inhalt eindeutig an die Grunderwerbsteuerstelle des zuständigen Finanzamts richtet.

11. BFH-Urteil vom 15. 1. 2019 II R 39/16 (BStBl. II S. 627):

Bei einer steuerbegünstigten Einbringung eines Grundstücks in eine Gesamthand ist die Verminderung der Beteiligung eines grundstückseinbringenden Gesellschafters am Vermögen der Gesamthand nach § 19 Abs. 2 Nr. 4 GrEStG anzuzeigen, selbst wenn sich dadurch der personelle Gesellschafterbestand der Gesamthand nicht ändert.

12. BFH-Urteil vom 25. 4. 2023 II R 10/21 (abgedruckt zu § 18)

13. BFH-Urteil vom 16. 5. 2023 II R 35/20 (BStBl. 2024 II S. 28):

1. Die grunderwerbsteuerrechtlichen Anzeigepflichten der Beteiligten und Notare sind objektiver Natur.

2. Die Prüfung der leichtfertigen Steuerverkürzung folgt auch im Rahmen der Festsetzungsverjährung materiell-rechtlich dem Ordnungswidrigkeitenrecht. Es gilt ein subjektiver Leichtfertigkeitsmaßstab.

14. BFH-Urteil vom 28. 2. 2024 II R 7/22 (DStR S. 1499):

1., 2. *(abgedruckt zu § 1 Abs. 3)*

3. Die grunderwerbsteuerrechtlichen Anzeigepflichten sind objektiver Natur und bestehen auch dann, wenn durch die Rechtsprechung ein bereits erfolgter Rechtsvorgang als steuerbar angesehen wird, bei dem der Steuerpflichtige im Zeitpunkt der Verwirklichung des Erwerbsvorgangs subjektiv nicht wusste, dass eine Anzeige zu erstatten ist.

GrEStG

§ 20 Inhalt der Anzeigen

(1) **Die Anzeigen müssen enthalten:**

[Alte Fassung:]

1 **1. Vorname, Zuname, Anschrift sowie die steuerliche Identifikationsnummer gemäß § 139 b der Abgabenordnung oder die Wirtschafts-Identifikationsnummer gemäß § 139 c der Abgabenordnung des Veräußerers und des Erwerbers, gegebenenfalls auch, ob und um welche begünstigte Person im Sinne des § 3 Nummer 3 bis 7 es sich bei dem Erwerber handelt;**

2.[2] die Bezeichnung des Grundstücks nach Grundbuch, Kataster, Straße und Hausnummer;

3. die Größe des Grundstücks und bei bebauten Grundstücken die Art der Bebauung;

4. die Bezeichnung des anzeigepflichtigen Vorgangs und den Tag der Beurkundung, bei einem Vorgang, der einer Genehmigung bedarf, auch die Bezeichnung desjenigen, dessen Genehmigung erforderlich ist;

5. den Kaufpreis oder die sonstige Gegenleistung (§ 9);

6. den Namen der Urkundsperson.

[Neue Fassung:][1]

1. Name, Vorname, Anschrift, Geburtsdatum sowie die Identifikationsnummer gemäß § 139 b der Abgabenordnung oder die Wirtschafts-Identifikationsnummer gemäß § 139 c der Abgabenordnung des Veräußerers und des Erwerbers, den Namen desjenigen, der nach der vertraglichen Vereinbarung die Grunderwerbsteuer trägt, sowie Name und Anschrift dessen gesetzlichen Vertreters und gegebenenfalls die Angabe, ob und um welche begünstigte Person im Sinne des § 3 Nummer 3 bis 7 es sich bei dem Erwerber handelt; bei nicht natürlichen Personen sind bis zur Einführung der Wirtschafts-Identifikationsnummer gemäß § 139 c der Abgabenordnung die Register- und die für die Besteuerung nach dem Einkommen vergebene Steuernummer des Veräußerers und des Erwerbers anzugeben;

2. die Bezeichnung des Grundstücks nach Grundbuch, Kataster, Straße und Hausnummer, den Anteil des Veräußerers und des Erwerbers am Grundstück und bei Wohnungs- und Teileigentum die genaue Bezeichnung des Wohnungs- und Teileigentums sowie den Miteigentumsanteil;

3. die Größe des Grundstücks und bei bebauten Grundstücken die Art der Bebauung;

4. die Bezeichnung des anzeigepflichtigen Vorgangs, den Tag der Beurkundung und die Urkundenummer, bei einem Vorgang, der einer Genehmigung bedarf, auch die Bezeichnung desjenigen, dessen Genehmigung erforderlich ist, bei einem Vorgang unter einer Bedingung auch die Bezeichnung der Bedingung;

5. den Kaufpreis oder die sonstige Gegenleistung (§ 9);

6. den Namen und die Anschrift der Urkundsperson.

2 (2) **Die Anzeigen, die sich auf Anteile an einer Gesellschaft beziehen, müssen außerdem enthalten:**

[Alte Fassung:]

1. die Firma, den Ort der Geschäftsführung sowie die Wirtschafts-Identifikationsnummer der Gesellschaft gemäß § 139 c der Abgabenordnung,

[Neue Fassung:][1]

1. die Firma, den Ort der Geschäftsführung sowie die Wirtschafts-Identifikationsnummer der Gesellschaft gemäß § 139 c der Abgabenordnung; bis zur Einführung der Wirtschafts-Identifikationsnummer gemäß § 139 c der Abgabenordnung ist die Register- und

---

[1] § 20 i. d. F. des UStAusfVermG v. 11. 12. 2018 (BGBl. I S. 2338), zur Anwendung siehe § 23 Abs. 16 GrEStG.
[2] Vgl. *BFH-Beschluss vom 17. 8. 2009 II B 172/08* (siehe Rechtsprechung zu § 19 GrEStG).

[Alte Fassung:]	*[Neue Fassung:]*
	die für die Besteuerung nach dem Einkommen vergebene Steuernummer der Gesellschaft anzugeben;
2. die Bezeichnung des oder der Gesellschaftsanteile;	**2. die Bezeichnung des oder der Gesellschaftsanteile;**
3.[1] bei mehreren beteiligten Rechtsträgern eine Beteiligungsübersicht.	**3. bei mehreren beteiligten Rechtsträgern eine Beteiligungsübersicht.**

§ 21[2] Urkundenaushändigung

Die Gerichte, Behörden und Notare dürfen Urkunden, die einen anzeigepflichtigen Vorgang betreffen, den Beteiligten erst aushändigen und Ausfertigungen oder beglaubigte Abschriften den Beteiligten erst erteilen, wenn sie die Anzeigen in allen Teilen vollständig (§§ 18 und 20) an das Finanzamt abgesandt haben.

---

[1] § 20 Abs. 2 Nr. 3 erstmals anzuwenden ab 7. 6. 2013 (§ 23 Abs. 11 GrEStG).
[2] § 21 i. d. F. des StÄndG 2015 anzuwenden ab 6. 11. 2015 (§ 23 Abs. 13 GrEStG).

GrEStG

§ 22 Unbedenklichkeitsbescheinigung

1 (1) ① **Der Erwerber eines Grundstücks darf in das Grundbuch erst dann eingetragen werden, wenn eine Bescheinigung des für die Besteuerung zuständigen Finanzamts vorgelegt wird (§ 17 Abs. 1 Satz 1) oder Bescheinigungen der für die Besteuerung zuständigen Finanzämter (§ 17 Abs. 1 Satz 2) vorgelegt werden, daß der Eintragung steuerliche Bedenken nicht entgegenstehen.** ② **Die obersten Finanzbehörden der Länder können im Einvernehmen mit den Landesjustizverwaltungen Ausnahmen hiervon vorsehen.**

2 (2) ① **Das Finanzamt hat die Bescheinigung zu erteilen, wenn die Grunderwerbsteuer entrichtet, sichergestellt oder gestundet worden ist oder wenn Steuerfreiheit gegeben ist.** ② **Es darf die Bescheinigung auch in anderen Fällen erteilen, wenn nach seinem Ermessen die Steuerforderung nicht gefährdet ist.** ③ **Das Finanzamt hat die Bescheinigung schriftlich zu erteilen.** ④ **Eine elektronische Übermittlung der Bescheinigung ist ausgeschlossen.**

Übersicht Rz.

Anlagen:
a) Verfügung betr. Erteilung der Unbedenklichkeitsbescheinigung im Falle einer Wiederversteigerung eines Grundstücks ... 6
b) Schreiben betr. Erteilung der Unbedenklichkeitsbescheinigung bei Aussetzung der Vollziehung ... 7
c) Verfügung betr. Unbedenklichkeitsbescheinigung (UB) ... 8–10
d) Erlaß betr. Erteilung der Unbedenklichkeitsbescheinigung i. S. d. § 22 GrEStG bei Nichtentrichtung von Säumniszuschlägen ... 11
e) Erlass betr. Verzicht auf die Erteilung von Unbedenklichkeitsbescheinigungen ... 12
f) Erlass betr. Richtlinien für die Erteilung der Unbedenklichkeitsbescheinigung ... 13
Rechtsprechung ... 15

Anl a zu § 22

a) Verfügung betr. Erteilung der Unbedenklichkeitsbescheinigung im Falle einer Wiederversteigerung eines Grundstücks

Vom 7. August 2006

(OFD Koblenz S 4540 A – St 35 3)

6 Die Vorschrift des § 22 GrEStG macht die Eintragung des Erwerbers eines Grundstücks im Grundbuch von der Vorlage einer Unbedenklichkeitsbescheinigung abhängig. Das zuständige FA erteilt die Unbedenklichkeitsbescheinigung in der Regel nicht, solange die Steuerschuld nicht getilgt oder solange für die Steuerschuld keine Sicherheit geleistet worden ist.

Bei der Wiederversteigerung oder einer erneuten Versteigerung eines Grundstücks können Schwierigkeiten entstehen, wenn der Ersteher die Grunderwerbsteuer nicht gezahlt hat und daher die zum Fortgang des Zwangsversteigerungsverfahrens erforderliche Eintragung des Erwerbers im Grundbuch unterbleibt, so dass das Grundbuchamt gehindert ist, nach § 19 Abs. 2 ZVG zu verfahren.

Es kann deshalb, falls die Zwangsversteigerung eines Grundstücks betrieben werden soll

a) aus Forderungen gegen den Ersteher, die wegen Nichtberichtigung des Bargebots aus der vorangegangenen Versteigerung auf die Berechtigten übertragen worden sind (§§ 118, 132 Abs. 2 ZVG),
b) wegen eines Anspruchs auf Barzahlung infolge Nichtbestehens eines bei Feststellung des geringsten Gebots in dem vorangegangenen Versteigerungsverfahren berücksichtigten Rechts (§§ 50, 51 ZVG), oder
c) aufgrund eines Rechts an dem Grundstück, das gemäß § 91 ZVG bei der vorangegangenen Versteigerung bestehen geblieben ist,

wie folgt verfahren werden:

Handelt es sich um eine Wiederversteigerung (vorstehender Buchst. a), so erteilt die Grunderwerbsteuer-Stelle des Finanzamts auf Antrag des Vollstreckungsgerichts dem Grundbuchamt die Unbedenklichkeitsbescheinigung für die Eintragung aus dem vorangegangenen Versteigerungsverfahren, denn dieser Erwerbsvorgang gilt nach dem BFH-Urteil vom 14. 9. 1988 II R 76/86, BStBl. 1989 II S. 150, als rückgängig gemacht, sobald die Wiederversteigerung abgeschlossen ist. Die Grunderwerbsteuer-Stelle unterrichtet die Vollstreckungsstelle über die Sachlage mit der Bitte, auf weitere Maßnahmen zur Einziehung der Grunderwerbsteuer bis zum Abschluss der Wiederversteigerung zu verzichten. Nach Abschluss der Wiederversteigerung ist die Steuerfestsetzung für den Grundstückserwerb aus der vorangegangenen Versteigerung durch das FA von Amts wegen gemäß § 16 Abs. 2 Nr. 3 GrEStG aufzuheben.

Bei einer erneuten Versteigerung, vorstehende Buchst. b und c, gilt der Grundstückserwerb aus der vorangegangenen Versteigerung nicht als rückgängig gemacht; die Vorschrift des § 16 Abs. 2 Nr. 3 GrEStG ist daher nicht anwendbar. Bei dem neuen Versteigerungsverfahren erteilt das FA auf Antrag des Vollstreckungsgerichts dem Grundbuchamt die Unbedenklichkeitsbescheinigung; ggf. beantragt es zur Sicherung des Steueranspruchs die Eintragung einer Sicherungshypothek an bereitester Stelle und beteiligt sich an dem neuen Versteigerungsverfahren.

Anl b zu § 22

b) Schreiben betr. Erteilung der Unbedenklichkeitsbescheinigung bei Aussetzung der Vollziehung

Vom 11. März 1993

(FM Bayern 37 – S 4540 – 5/11 – 15288; koord. Ländererlaß)

Nach § 22 Abs. 2 Satz 1 GrEStG hat das Finanzamt die Unbedenklichkeitsbescheinigung zu erteilen, wenn die Grunderwerbsteuer entrichtet, sichergestellt oder gestundet worden ist oder wenn Steuerfreiheit gegeben ist. Der BFH hatte in seinem Urteil vom 31. 7. 1985 II 76/83 (BStBl. II S. 698) entschieden, bei Aussetzung der Vollziehung des Grunderwerbsteuerbescheides bestehe ebenfalls ein Rechtsanspruch auf Erteilung der Unbedenklichkeitsbescheinigung, weil dadurch die Fälligkeit des festgesetzten Steueranspruchs in vergleichbarer Weise hinausgeschoben werde wie bei Gewährung einer Stundung. 7

Hieran kann nach dem BFH-Urteil vom 17. 9. 1987 VII R 50 – 51/86 (BStBl. 1988 II S. 366) nicht mehr festgehalten werden. Danach läßt die Aussetzung der Vollziehung die Wirksamkeit und den Bestand des Verwaltungsaktes unberührt. Die Fälligkeit, die zum materiellen Regelungsinhalt des Verwaltungsaktes gehöre, werde durch die Aussetzung nicht berührt oder gar hinausgeschoben.

Das Finanzamt darf deshalb bei Aussetzung der Vollziehung eines Grunderwerbsteuerbescheides ohne Sicherheitsleistung die Unbedenklichkeitsbescheinigung nur dann erteilen, wenn nach seinem Ermessen die Steuerforderung nicht gefährdet ist (§ 22 Abs. 2 Satz 2 GrEStG).

Dieses Schreiben ergeht im Einvernehmen mit den obersten Finanzbehörden der anderen Länder.

Anl c zu § 22

c) Verfügung betr. Unbedenklichkeitsbescheinigung (UB)

Vom 23. März 1993

(OFD Hannover S 4540 – 9 – StH 334; S 4540 – 5 – StO 411)

1. Die UB als Voraussetzung für die Eintragung des Grundstückserwerbers im Grundbuch

Der Erwerber eines Grundstücks darf erst nach Vorlage der UB als Eigentümer im Grundbuch eingetragen werden (Grundbuchsperre). Die Grundbuchsperre gilt für alle Arten von Eigentumsübergängen, gleichgültig, ob der Erwerber das Eigentum durch Rechtsgeschäft unter Lebenden erwirbt oder ob es ohne Auflassung kraft Gesetzes (z. B. durch Erbgang), durch Ausspruch einer Behörde (Enteignung) oder eines Gerichts (Zwangsversteigerung) auf ihn übergeht (vgl. Boruttau/Egly/Sigloch, GrEStG, 13. Auflage, § 22 Rn. 12, sowie Haegele/Schöner/Stöber, Grundbuchwert, 9. Auflage, Rdn. 148). Insbesondere kommen folgende Vorgänge in Betracht (die Aufzählung ist nicht erschöpfend): 8

- Kaufverträge und andere schuldrechtliche Verträge, die einen Übereignungsanspruch begründen (z. B. Übergabeverträge, Einbringungsverträge, Vergleich, Tausch, Schenkungsverträge), Bestellung und Übertragung von Erbbaurechten;
- die Auflassung, wenn ihr ein schuldrechtliches Geschäft nicht vorausgeht, z. B. Heimfall eines Erbbaurechts, Übertragung eines kraft Auftrags (§ 667 BGB) erworbenen Grundstücks an den Auftraggeber;
- Verschmelzungen, Umwandlungen;
- Anwachsung des Gesellschaftsvermögens (§ 738 Abs. 1 Satz 1 BGB);
- Enteignung, Umlegung, Flurbereinigung, Zwangsversteigerung.

Die identitätswahrende formwechselnde Umwandlung (z. B. OHG in KG, AG in GmbH; vgl. Boruttau/Egly/Sigloch a. a. O., § 1 Rn. 18) und der Wechsel im Personenstand einer Personengesellschaft unterliegen nicht der Grunderwerbsteuer und erfordern daher keine UB.

Beim Eigentumswechsel durch Erbfolge kann die Eintragung ohne Vorlage einer UB erfolgen.

Das Grundbuchamt prüft in eigener Verantwortung, ob eine UB vorzulegen ist. Hält es sie nicht für erforderlich, so steht dem Finanzamt nach dem Beschluß des Kammergerichts vom 12. Dezember 1935 (Juristische Wochenschrift 1936 S. 197) die Beschwerde (§ 71 Abs. 1 der Grundbuchordnung – GBO –) zu (vgl. Boruttau/Egly/Sigloch a. a. O., § 22 Rn. 13). Hilft das Grundbuchamt ihr nicht ab (§ 75 GBO), entscheidet über sie das Landgericht (§§ 72, 81 Abs. 1 GBO; vgl. Haegele/Schöner/Stöber a. a. O., Rdn. 497–503).

2. Rechtspflicht zum Ausstellen der UB

Das Finanzamt hat die UB zu erteilen, wenn die Grunderwerbsteuer entrichtet, sichergestellt oder gestundet worden oder wenn Steuerfreiheit gegeben ist (§ 22 Abs. 2 Satz 1 GrEStG). Es ist daher nicht zulässig, die Steuer zwar zu stunden, die Erteilung der UB aber von der vollständigen Entrichtung der Steuer abhängig zu machen; dies gilt auch dann, wenn der Steuerpflichtige dem Zurückbehalten der UB zustimmt. 9

Gewährt das Finanzamt im ursprünglichen Grunderwerbsteuerbescheid nach § 15 Satz 2 GrEStG anstelle der Regelfrist von einem Monat eine längere Zahlungsfrist, so verpflichtet dies nicht zum Ausstellen der UB (Boruttau/Egly/Sigloch a. a. O., § 22 Rn. 15). Ob das auch gilt, wenn die Zahlungsfrist außerhalb des Bescheids (nachträglich) anstelle einer Stundung verlängert wird, ist zweifelhaft. Um Schwierigkeiten zu vermeiden, ist § 15 Satz 2 GrEStG nicht als Stundungsersatz anzuwenden.

3. Erteilung der UB bei Aussetzung der Vollziehung

(vgl. Schreiben FM Bayern vom 11. 3. 1993, vorstehend Anlage b)

4. Sicherheitsleistung zur Erlangung der UB

Die „Sicherstellung" der Grunderwerbsteuer i. S. d. § 22 Abs. 2 Satz 1 GrEStG ist eine freiwillige Maßnahme des Steuerpflichtigen, mit der er die beschleunigte Ausstellung der UB erreichen will. Ich bitte davon auszugehen, daß auch hierauf die Vorschriften der §§ 241–248 AO anzuwenden sind. 10

Die in § 241 AO genannten Sicherheiten **sind** vom Finanzamt anzunehmen; ein Ermessen steht ihm insoweit nicht zu. In der Praxis werden Sicherheiten zur Erlangung der UB meist durch Vorlage einer Bankbürgschaft oder durch Einzahlung des voraussichtlichen Steuerbetrags vor Steuerfestsetzung erbracht.

Die **Sicherheitsleistung durch Bürgschaft** ist in § 241 Abs. 1 Nr. 7 AO aufgeführt. Die Bürgschaft muß die in § 244 AO bezeichneten Voraussetzungen erfüllen. Wird die Bürgschaft von der inländischen Niederlassung eines Kreditinstituts abgegeben, so ist in aller Regel nicht zu prüfen, ob das Kreditinstitut nach § 244 Abs. 2 AO allgemein als Steuerbürge zugelassen ist.

Die Bürgschaft ist selbstschuldnerisch, unbefristet und schriftlich (z. B. auf einem banküblichen Vordruck) zu erteilen. Sie muß den Gläubiger, den Schuldner, den Schuldgrund (Bezeichnung des Erwerbsvorgangs und der Steuerart) und den Betrag angeben. Der Bürge muß in der Urkunde auf die Einreden der Anfechtung, der Aufrechnung und der Vorausklage verzichten.

Bürgschaften anderer Personen sind anzunehmen, wenn ihre Zahlungsfähigkeit und -bereitschaft außer Frage stehen. Die Bürgschaft des beurkundenden Notars ist nicht als Sicherheit anzunehmen, weil ihm die Übernahme von Bürgschaften nach § 14 Abs. 4 der Bundesnotarordnung verboten ist.

Die Sicherheitsleistung durch **Einzahlung des Steuerbetrags vor der Steuerfestsetzung** ist nicht in § 241 AO geregelt. Sie gehört zu den in § 245 AO genannten Sicherheiten, die das Finanzamt nach seinem Ermessen annehmen **kann.** Die Zahlung kann auch durch Scheck erfolgen. Es ist aktenkundig zu machen, daß die Zahlung zur Erlangung der UB geleistet wurde.

5. Erteilung der UB nach dem Ermessen des Finanzamts

Das Finanzamt **darf** die UB auch in anderen Fällen erteilen, wenn nach seinem Ermessen die Steuerforderung nicht gefährdet ist (§ 22 Abs. 2 Satz 2 GrEStG). Hiervon ist in folgenden Fällen Gebrauch zu machen:

a) **Von Amts wegen**, wenn an einem Erwerbsvorgang eine Körperschaft des öffentlichen Rechts beteiligt ist, die die Zahlung der Grunderwerbsteuer vertraglich übernommen hat;
b) **auf Antrag**, wenn ein Steuerpflichtiger glaubhaft macht, daß er auf eine sofortige Ausstellung der UB angewiesen ist und wenn der Steueranspruch gesichert erscheint.

6. Empfänger der UB

Die UB ist zu übersenden

a) dem Notar, wenn er mit der Abwicklung des Erwerbsvorgangs beauftragt ist,
b) in den anderen Fällen dem Steuerschuldner, der zur Steuerzahlung herangezogen wurde,
c) bei Zwangsversteigerungen dem Amtsgericht – Zwangsversteigerungsabteilung –.

7. Zuständigkeit für das Ausstellen der UB

Die UB ist von dem Finanzamt auszustellen, das für die Besteuerung nach § 17 Abs. 1 Satz 1 GrEStG örtlich zuständig ist. Das gilt auch, wenn die Besteuerungsgrundlagen nach § 17 Abs. 2–3 GrEStG gesondert festgestellt werden. Das Feststellungsfinanzamt kann daher für die außerhalb seines Bezirks liegenden Grundstücke die UB nicht erteilen.

Bezieht sich ein Rechtsvorgang auf ein einheitliches Grundstück, das in den Bezirken von Finanzämtern verschiedener Länder liegt (§ 17 Abs. 1 Satz 2 GrEStG), so ist jedes dieser Finanzämter für die Ausstellung der UB bezüglich des in seinem Bezirk liegenden Grundstücksteils zuständig (vgl. Boruttau/Egly/Sigloch a. a. O., § 22 Rn. 28).

8. Rückgängigmachen eines Erwerbsvorgangs

Wird ein Erwerbsvorgang rückgängig gemacht, bevor der Erwerber im Grundbuch eingetragen wurde (§ 16 Abs. 1 GrEStG), so ist die UB vor der Entscheidung über den nach § 16 GrEStG gestellten Antrag zurückzufordern. Dadurch wird verhindert, daß ein Erwerber, der gegenüber dem Finanzamt die Aufhebung des Rechtsgeschäfts nur vortäuscht, seine Eintragung im Grundbuch ohne Zahlung der Grunderwerbsteuer erreicht.

9. Vordrucke

Als UB ist eine Durchschrift (Rückseite) des Vordrucksatzes GrESt 1 A–G (Veräußerungsanzeige) oder des Vordrucksatzes GrESt 14 A–G (Veräußerungsanzeige ZV) zu verwenden. Innerhalb der Vordrucksätze trägt die UB die Bezeichnung „GrESt 1 F“ bzw. „GrESt 14 F“.

Steht eine UB 1 F/14 F nicht zur Verfügung (Beispiel: Ausstellen einer Zweitschrift als Ersatz für eine abhandengekommene UB), so ist der Vordruck GrESt 17 – Unbedenklichkeitsbescheinigung – zu benutzen.

Die UB ist mit einem Abdruck des Dienststempels zu versehen und vom zuständigen Bearbeiter zu unterschreiben.

Anl d zu § 22

d) Erlaß betr. Erteilung der Unbedenklichkeitsbescheinigung i. S. des § 22 GrEStG bei Nichtentrichtung von Säumniszuschlägen

Vom 9. Juni 1998 (DStR S. 1180)

(FM Baden-Württemberg 3 – S 4540/19; koord. Ländererlaß)

11 Zu der Frage, ob die Unbedenklichkeitsbescheinigung i. S. des § 22 GrEStG zu erteilen ist, wenn zwar die Grunderwerbsteuer, nicht aber dazu angefallene Säumniszuschläge entrichtet worden sind, ist folgende Auffassung zu vertreten:

Gemäß § 22 Abs. 2 GrEStG hat das FA die Unbedenklichkeitsbescheinigung zu erteilen, wenn **die Grunderwerbsteuer** entrichtet, sichergestellt oder gestundet ist. Da die AO in § 3 Abs. 3 zwischen Steuern und steuerlichen Nebenleistungen unterscheidet und teilweise unterschiedliche Rechtsfolgen an diese Unterscheidung knüpft (vgl. § 225, § 233 AO), ist auf den insoweit eindeutigen Wortlaut der Vorschrift abzustellen, wonach allein die Entrichtung der Grunderwerbsteuer ausreicht, um einen Rechtsanspruch auf Erteilung der Unbedenklichkeitsbescheinigung zu begründen.

Dieser Erlaß ergeht im Einvernehmen mit den obersten Finanzbehörden der anderen Länder.

e) Erlass betr. Verzicht auf die Erteilung von Unbedenklichkeitsbescheinigungen

Anl e zu § 22

Vom 2. Mai 2011

(FM Nordrhein-Westfalen S 4540 – 1 – V A 6)

Bezug: Erlass vom 29. Juni 2007 S 4540 – 1 – V A 2

Nach § 22 Abs. 1 Satz 1 GrEStG darf der Erwerber eines Grundstücks i. S. von § 2 GrEStG erst dann 12
als Eigentümer in das Grundbuch eingetragen werden, wenn eine Bescheinigung des für die Besteuerung zuständigen Finanzamts vorgelegt wird, aus der sich ergibt, dass der Eintragung keine steuerlichen Bedenken entgegenstehen.

Von dieser Vorschrift wird jede Art von Eintragung eines Eigentumswechsels an einem Grundstück umfasst, nicht nur solche rechtsbegründender Art, sondern auch nur berichtigende Eintragungen einer Eigentumsänderung. Insbesondere in **Umwandlungsfällen** – mit Ausnahme des bloßen Formwechsels – kann zur Sicherung des Steuereingangs auf die Vorlagepflicht von Unbedenklichkeitsbescheinigungen **nicht verzichtet** werden.

Im Rahmen des Steuerentlastungsgesetzes 1999/2000/2002 (BGBl. I 1999, 495, BStBl. I 1999, 397) wurde in § 22 Abs. 1 GrEStG ein neuer Satz 2 aufgenommen, der vorsieht, dass die obersten Finanzbehörden der Länder im Einvernehmen mit den Landesjustizverwaltungen Ausnahmen zulassen können.

Das Justiz- und das Finanzministerium des Landes Nordrhein-Westfalen haben für folgende Erwerbsvorgänge Ausnahmen von der Vorlagepflicht von Unbedenklichkeitsbescheinigungen zugelassen:

a) für Grundstückserwerbe von Todes wegen (Hinweis auf § 3 ErbStG);
b) für Grundstückserwerbe durch den Ehegatten oder den Lebenspartner des Veräußerers (vgl. § 3 Nr. 4 GrEStG);
c) für Rechtsvorgänge zwischen Personen, die miteinander in gerader Linie verwandt sind. Den Abkömmlingen stehen die Stiefkinder gleich. Den Verwandten in gerader Linie sowie den Stiefkindern stehen deren Ehegatten oder Lebenspartner gleich (vgl. § 3 Nr. 6 GrEStG);
d) für Grundstückserwerbe durch die Bundesrepublik Deutschland, durch ein Land oder durch eine Gemeinde (einen Gemeindeverband);
e) für Rückübertragungen von Marksteinschutzflächen (vgl. Erlass v. 29. 7. 1994 – S 4540 – 1 – V A 2);
f) für Rechtsvorgänge, die nach § 11 Abs. 2 und 3 des Gesetzes zur Neuordnung des Eisenbahnwesens befreit sind (vgl. Erlass v. 15. 8. 1994 – S 4540 – 1 – V A 2).

Die Anzeigepflicht der Gerichte, Behörden und Notare nach § 18 GrEStG wird durch die obige Regelung nicht berührt. In allen Zweifelsfällen werden die Finanzämter auf Verlangen der Grundbuchämter Unbedenklichkeitsbescheinigungen erteilen.

Aus Gründen der Verwaltungsvereinfachung ist in den folgenden Fällen nur **eine** Unbedenklichkeitsbescheinigung zu erteilen:

- bei Erbauseinandersetzungen, wenn alle in der Urkunde beurkundeten Erwerbsvorgänge nach § 3 Nr. 3 GrEStG von der Besteuerung ausgenommen sind, für jeweils alle Grundstücke derselben Gemarkung;
- beim Erwerb eines Grundstücks durch Ehegatten nach Bruchteilen oder zur gesamten Hand.

Die Notare werden durch das Justizministerium und die Notarkammern davon unterrichtet, dass bei Antragstellung bzw. bei Erfüllung der Anzeigepflicht oder in den Urkunden auf die Befreiung von der Vorlage der Unbedenklichkeitsbescheinigung und ggf. den Grund der Befreiung hinzuweisen ist.

Dieser Erlass tritt an die Stelle des Bezugserlasses.

f) Erlass betr. Richtlinien für die Erteilung der Unbedenklichkeitsbescheinigung

Anl f zu § 22

Vom 12. Mai 2022

(FM Hessen S 4510 A – 025 – II 62/3)

1.

Nach § 22 Abs. 1 des Grunderwerbsteuergesetzes (GrEStG) darf der Erwerber eines Grundstücks 13
i. S. v. § 2 GrEStG erst dann als Eigentümer in das Grundbuch eingetragen werden, wenn eine Bescheinigung des für die Besteuerung zuständigen Finanzamts vorgelegt wird, aus der sich ergibt, dass der Eintragung steuerliche Bedenken nicht entgegenstehen (Unbedenklichkeitsbescheinigung – UB –).

Damit Verzögerungen bei der Eintragung des neuen Eigentümers vermieden werden, ist eine UB unverzüglich zu erteilen, wenn – unbeschadet der Nr. 2 – die Voraussetzungen dazu nach § 22 Abs. 2 GrEStG vorliegen.

2.

Aus Gründen der Vereinfachung des Verfahrens kann die Eintragung in das Grundbuch auch ohne Vorlage einer UB erfolgen

a) bei einem Grundstückserwerb von Todes wegen (vgl. § 3 Abs. 1 ErbStG);
b) beim Erwerb eines Grundstücks, wenn die Gegenleistung 2 500 Euro nicht übersteigt und ausschließlich in Geld besteht oder durch Übernahme von Hypotheken oder Grundschulden abgegolten wird;

c) beim Grundstückserwerb durch den Ehegatten oder den Lebenspartner des Veräußerers;

d) bei Rechtsvorgängen zwischen Personen, die miteinander in gerader Linie verwandt sind. Den Abkömmlingen stehen Stiefkinder gleich. Den Eltern stehen Stiefeltern gleich. Den vorbenannten Personen stehen deren Ehegatten oder deren Lebenspartner gleich;

e) beim Grundstückserwerb durch die Bundesrepublik Deutschland, durch ein Land oder durch eine Gemeinde (einen Gemeindeverband);

f) bei dem nach § 4 Nr. 1 GrEStG steuerfreien Eigentumsübergang von einer Gebietskörperschaft auf eine andere anlässlich der Übertragung der Straßenbaulast nach den Straßengesetzen (zum Beispiel nach § 6 Abs. 1 Bundesfernstraßengesetz, § 11 Abs. 1 Hessisches Straßengesetz).

Eine UB ist in den Fällen der Nr. 2 a) bis f) jedoch zu erteilen, wenn sie vom Grundbuchamt gefordert wird.

3.

Die Anzeigepflicht der Gerichte, Behörden und Notare nach § 18 GrEStG wird durch die Regelung in Nr. 2 nicht berührt.

Die zuständigen Rechtspfleger sind vom Justizministerium informiert, dass in den in Nr. 2 genannten Fällen die Grundbucheintragung ohne UB vorgenommen werden kann. Die Notarkammern wurden in diesem Zusammenhang gebeten, ihren Mitgliedern mitzuteilen, dass in den Fällen, in denen der Eigentumswechsel im Grundbuch ohne UB eingetragen werden kann, dieses auf den Kaufverträgen vermerkt werden soll.

Rspr zu § 22

Rechtsprechung zu § 22

BFH-Beschluß vom 12. 6. 1995 II S 9/95 (BStBl. II S. 605), Ls. 2, 3:

15 2. Das FA darf, sofern die Grunderwerbsteuer sichergestellt ist, die Unbedenklichkeitsbescheinigung nicht deshalb versagen, weil es die Rechtsfähigkeit einer als Verkäuferin auftretenden juristischen Person ausländischen Rechts verneint und deshalb die bürgerlich-rechtliche Unwirksamkeit des Erwerbsvorgangs annimmt.

3. Im Verfahren der einstweiligen Anordnung ist es erforderlich aber auch ausreichend, daß der Antragsteller glaubhaft macht, ohne die begehrte Regelung würden ihm – bei einer GbR den Gesellschaftern – wesentliche Nachteile entstehen.

Achter Abschnitt. Durchführung

§ 22a Ermächtigung

① Zur Vereinfachung des Besteuerungsverfahrens wird das Bundesministerium der Finanzen ermächtigt, im Benehmen mit dem Bundesministerium des Innern, für Bau und Heimat und mit Zustimmung des Bundesrates durch Rechtsverordnung ein Verfahren zur elektronischen Übermittlung der Anzeige und der Abschrift der Urkunde im Sinne des § 18 näher zu bestimmen. ② Die Authentifizierung des Datenübermittlers sowie die Vertraulichkeit und Integrität des übermittelten elektronischen Dokuments sind sicherzustellen.

Neunter Abschnitt. Übergangs- und Schlußvorschriften

§ 23 Anwendungsbereich

(1) **① Dieses Gesetz ist auf Erwerbsvorgänge anzuwenden, die nach dem 31. Dezember 1982 verwirklicht werden. ② Es ist auf Antrag auch auf Erwerbsvorgänge anzuwenden, die vor dem 1. Januar 1983, jedoch nach dem Tag der Verkündung des Gesetzes, 22. Dezember 1982, verwirklicht werden.** 1

(2) **① Auf vor dem 1. Januar 1983 verwirklichte Erwerbsvorgänge sind vorbehaltlich des Absatzes 1 Satz 2 die bis zum Inkrafttreten dieses Gesetzes geltenden Vorschriften anzuwenden. ② Dies gilt insbesondere, wenn für einen vor dem 1. Januar 1983 verwirklichten Erwerbsvorgang Steuerbefreiung in Anspruch genommen und nach dem 31. Dezember 1982 ein Nacherhebungstatbestand verwirklicht wurde.** 2

(3) **§ 1 Abs. 2a, § 9 Abs. 1 Nr. 8, § 13 Nr. 6, § 16 Abs. 5, § 17 Abs. 3 Nr. 2 und § 19 Abs. 1 Nr. 3a in der Fassung des Gesetzes vom 20. Dezember 1996 (BGBl. I S. 2049) sind erstmals auf Rechtsgeschäfte anzuwenden, die die Voraussetzungen des § 1 Abs. 2a in der Fassung des Gesetzes vom 20. Dezember 1996 (BGBl. I S. 2049) nach dem 31. Dezember 1996 erfüllen.** 3

(4) **① § 8 Abs. 2 und § 11 Abs. 1 in der Fassung des Gesetzes vom 20. Dezember 1996 (BGBl. I S. 2049) sind erstmals auf Erwerbsvorgänge anzuwenden, die nach dem 31. Dezember 1996 verwirklicht werden. ② § 10 ist letztmals auf Erwerbsvorgänge anzuwenden, die vor dem 1. Januar 1997 verwirklicht werden.** 4

(5) **§ 4 Nr. 1 in der Fassung des Gesetzes vom 24. März 1999 (BGBl. I S. 402) ist erstmals auf Erwerbsvorgänge anzuwenden, die nach dem 31. Dezember 1997 verwirklicht werden.** 5

(6) **① § 1 Abs. 6, § 8 Abs. 2, § 9 Abs. 1 und § 17 Abs. 3 Satz 1 Nr. 1 in der Fassung des Gesetzes vom 24. März 1999 (BGBl. I S. 402) sind erstmals auf Erwerbsvorgänge anzuwenden, die nach dem Tage der Verkündung des Gesetzes verwirklicht werden.[1] ② § 1 Abs. 2a und 3, § 5 Abs. 3, § 13 Nr. 5 und 6, § 16 Abs. 4 und § 19 Abs. 1 Satz 1 Nr. 3a bis 7 und Abs. 2 Nr. 4 in der Fassung des Gesetzes vom 24. März 1999 (BGBl. I S. 402) sind erstmals auf Erwerbsvorgänge anzuwenden, die nach dem 31. Dezember 1999 verwirklicht werden.** 6

(7) **① § 1 Abs. 2a Satz 3, § 2 Abs. 1 Satz 2 Nr. 3, § 6 Abs. 3 Satz 2, § 16 Abs. 4, § 19 Abs. 1 Satz 1 Nr. 8 und § 19 Abs. 2 Nr. 4 in der Fassung des Gesetzes vom 20. Dezember 2001 (BGBl. I S. 3794) sind erstmals auf Erwerbsvorgänge anzuwenden, die nach dem 31. Dezember 2001 verwirklicht werden. ② § 1 Abs. 7 ist letztmals auf Erwerbsvorgänge anzuwenden, die bis zum 31. Dezember 2001 verwirklicht werden. ③ § 5 Absatz 3 Satz 2 und § 6 Absatz 3 Satz 3 in der Fassung des Artikels 33 des Gesetzes vom 21. Dezember 2020 (BGBl. I S. 3096) sind erstmals auf Erwerbsvorgänge anzuwenden, die nach dem 31. Januar 2020 verwirklicht werden.** 7

(8) **① Die §§ 6a und 19 Absatz 2 Nummer 4a in der Fassung des Artikels 7 des Gesetzes vom 22. Dezember 2009 (BGBl. I S. 3950) sind erstmals auf Erwerbsvorgänge anzuwenden, die nach dem 31. Dezember 2009 verwirklicht werden. ② § 6a ist nicht anzuwenden, wenn ein im Zeitraum vom 1. Januar 2008 bis 31. Dezember 2009 verwirklichter Erwerbsvorgang rückgängig gemacht wird und deshalb nach § 16 Absatz 1 oder 2 die Steuer nicht zu erheben oder eine Steuerfestsetzung aufzuheben oder zu ändern ist.** 8

(9) **Soweit Steuerbescheide für Erwerbsvorgänge von Lebenspartnern noch nicht bestandskräftig sind, ist § 3 Nummer 3 bis 7 in der Fassung des Artikels 29 des Gesetzes vom 8. Dezember 2010 (BGBl. I S. 1768) erstmals auf Erwerbsvorgänge anzuwenden, die nach dem 31. Juli 2001 verwirklicht werden.** 9

---

[1] Verkündet am 31. 3. 1999.

GrEStG

10 **(10) § 6 a Satz 4 in der Fassung des Artikels 12 des Gesetzes vom 22. Juni 2011 (BGBl. I S. 1126) ist erstmals auf Erwerbsvorgänge anzuwenden, die nach dem 31. Dezember 2009 verwirklicht werden.**

11 **(11) § 1 Absatz 3 a und Absatz 6 Satz 1, § 4 Nummer 4 und 5, § 6 a Satz 1, § 8 Absatz 2 Satz 1 Nummer 3, § 13 Nummer 7, § 16 Absatz 5, § 17 Absatz 3 Satz 1 Nummer 2, § 19 Absatz 1 Satz 1 Nummer 7 a, § 20 Absatz 2 Nummer 3 in der Fassung des Artikels 26 des Gesetzes vom 26. Juni 2013 (BGBl. I S. 1809) sind erstmals auf Erwerbsvorgänge anzuwenden, die nach dem 6. Juni 2013 verwirklicht werden.**

12 **(12) § 6 a Satz 1 bis 3 sowie § 16 Absatz 5 in der am 31. Juli 2014 geltenden Fassung sind auf Erwerbsvorgänge anzuwenden, die nach dem 6. Juni 2013 verwirklicht werden.**

13 **(13) § 1 Absatz 2 a und § 21 in der am 6. November 2015 geltenden Fassung sind auf Erwerbsvorgänge anzuwenden, die nach dem 5. November 2015 verwirklicht werden.**

14 **(14) ① § 8 Absatz 2 und § 17 Absatz 3 a in der am 6. November 2015 geltenden Fassung sind auf Erwerbsvorgänge anzuwenden, die nach dem 31. Dezember 2008 verwirklicht werden. ② Soweit Steuer- und Feststellungsbescheide, die vor dem 6. November 2015 für Erwerbsvorgänge nach dem 31. Dezember 2008 ergangen sind, wegen § 176 Absatz 1 Satz 1 Nummer 1 der Abgabenordnung nicht geändert werden können, ist die festgesetzte Steuer vollstreckbar.**

15 **(15) § 19 Absatz 3 Satz 2 in der am 23. Juli 2016 geltenden Fassung ist auf Erwerbsvorgänge anzuwenden, die nach dem 22. Juli 2016 verwirklicht werden.**

16 **(16) ① § 1 Absatz 4 und § 18 Absatz 2 Satz 2 in der am 15. Dezember 2018 geltenden Fassung sind auf Erwerbsvorgänge anzuwenden, die nach dem 14. Dezember 2018 verwirklicht werden. ② Der Zeitpunkt der erstmaligen Anwendung des § 20 in der am 15. Dezember 2018 geltenden Fassung wird durch die Rechtsverordnung im Sinne des § 22 a Satz 1 bestimmt.**

17 **(17) § 1 Absatz 1 Nummer 3 Satz 2 Buchstabe a und b und § 19 Absatz 6 in der Fassung des Artikels 32 des Gesetzes vom 21. Dezember 2020 (BGBl. I S. 3096) sind erstmals auf Erwerbsvorgänge anzuwenden, die nach dem 28. Dezember 2020 verwirklicht werden.**

18 **(18)[1] § 1 Absatz 2 a Satz 1 und 4, Absatz 2 b, 3 und 3 a Satz 1, § 5 Absatz 3 Satz 1, § 6 Absatz 3 Satz 2 und Absatz 4, § 6 a Satz 1, § 7 Absatz 3, § 8 Absatz 2 Satz 1 Nummer 3 und 4 und Satz 2, § 13 Nummer 5 bis 8, § 17 Absatz 3 Satz 1 Nummer 2 und § 19 Absatz 1 Satz 1 Nummer 3 a bis 9 und Absatz 6 in der am 1. Juli 2021 geltenden Fassung sind erstmals auf Erwerbsvorgänge anzuwenden, die nach dem 30. Juni 2021 verwirklicht werden.**

19 **(19)[1] ① Bei Anwendung des § 1 Absatz 2 a in der am 1. Juli 2021 geltenden Fassung bleiben Übergänge von Anteilen am Gesellschaftsvermögen auf Gesellschafter unberücksichtigt, die mit Ablauf des 30. Juni 2021 keine neuen Gesellschafter im Sinne des § 1 Absatz 2 a in der am 30. Juni 2021 geltenden Fassung mehr sind. ② Bei der Anwendung des § 1 Absatz 2 a in der am 1. Juli 2021 geltenden Fassung ist für die Ermittlung, inwieweit sich der Gesellschafterbestand geändert hat, § 1 Absatz 2 a Satz 3 bis 5 in der am 1. Juli 2021 geltenden Fassung auch auf vor dem 1. Juli 2021 erfolgte Anteilsübergänge anzuwenden.**

20 **(20)[1] ① § 1 Absatz 2 a und § 19 Absatz 1 Satz 1 Nummer 3 a in der am 30. Juni 2021 geltenden Fassung sind auf Änderungen des Gesellschafterbestandes bis zum 30. Juni 2026 weiter anzuwenden. ② Dies gilt nicht, wenn der Rechtsvorgang nach § 1 Absatz 1, 2, 2 a, 3 oder Absatz 3 a in der am 1. Juli 2021 geltenden Fassung steuerbar ist oder ein vorausgegangener Rechtsvorgang nach § 1 Absatz 2 a in der am 1. Juli 2021 geltenden Fassung steuerbar war.**

21 **(21)[1] ① § 1 Absatz 3 Nummer 1 und 2 und § 19 Absatz 1 Satz 1 Nummer 4 und 5 in der am 30. Juni 2021 geltenden Fassung sind auf Erwerbsvorgänge, die nach dem 30. Juni 2021 verwirklicht werden, weiter anzuwenden, wenn am 30. Juni 2021 unmittelbar oder mittelbar weniger als 95 vom Hundert und mindestens 90 vom Hundert der Anteile der Gesellschaft in der Hand des Erwerbers oder in der Hand von herrschenden und abhängigen Unternehmen oder abhängigen Personen oder in der Hand von abhängigen Unternehmen oder abhängigen Personen allein vereinigt waren. ② Bei der Ermittlung der allein in einer Hand vereinigten Anteile der Gesellschaft im Sinne des Satzes 1 sind auch solche Anteile zu berücksichtigen, über die der Erwerber oder die herrschenden und abhängigen Unternehmen oder abhängigen Personen oder die abhängigen Unternehmen oder abhängigen Personen vor dem 1. Juli 2021 ein Rechtsgeschäft abgeschlossen haben, das den Anspruch auf Übertragung eines oder mehrerer dieser Anteile begründet. ③ Die Sätze 1 und 2 gelten nicht, wenn der Rechtsvorgang**

---

[1] Zu Übergangsregelungen aufgrund des Gesetzes vom 12. 5. 2021 (BGBl. I S. 986) siehe *gleich lautenden Ländererlass vom 29. 6. 2021,* abgedruckt als Anlage b zu § 1 Abs. 2 a GrEStG.

nach § 1 Absatz 1, 2, 2 a, 2 b, 3 oder Absatz 3 a in der am 1. Juli 2021 geltenden Fassung steuerbar ist. ④ Sinken die Anteile nach dem 30. Juni 2021 unter 90 vom Hundert, finden die Sätze 1 und 2 auf spätere Erwerbsvorgänge keine Anwendung.

(22)[1] **① § 1 Absatz 3 a und § 19 Absatz 1 Satz 1 Nummer 7 a in der am 30. Juni 2021** 22
geltenden Fassung sind auf Erwerbsvorgänge nach dem 30. Juni 2021 weiter anzuwenden, wenn der Rechtsträger am 30. Juni 2021 unmittelbar oder mittelbar oder teils unmittelbar, teils mittelbar eine wirtschaftliche Beteiligung von weniger als 95 vom Hundert und mindestens 90 vom Hundert an einer Gesellschaft, zu deren Vermögen ein inländisches Grundstück gehört, innehatte. ② Dies gilt nicht, wenn der Rechtsvorgang nach § 1 Absatz 1, 2, 2 a, 2 b, 3 oder Absatz 3 a in der am 1. Juli 2021 geltenden Fassung steuerbar ist. ③ Sinkt nach dem 30. Juni 2021 die wirtschaftliche Beteiligung im Sinne des § 1 Absatz 3 a unter 90 vom Hundert, findet Satz 1 auf spätere Erwerbsvorgänge keine Anwendung.

(23)[1] **Bei der Anwendung des § 1 Absatz 2 b bleiben Übergänge von Anteilen der** 23
Gesellschaft, die vor dem 1. Juli 2021 erfolgen, unberücksichtigt.

(24)[1] **§ 5 Absatz 3 Satz 1, § 6 Absatz 3 Satz 2 und Absatz 4 und § 7 Absatz 3 in der** 24
am 1. Juli 2021 geltenden Fassung sind nicht anzuwenden, wenn die in § 5 Absatz 3, § 6 Absatz 3 Satz 2 oder Absatz 4 oder § 7 Absatz 3 in der am 30. Juni 2021 geltenden Fassung geregelte Frist vor dem 1. Juli 2021 abgelaufen war.

(25) **① § 1 Absatz 4 a ist erstmals auf Erwerbsvorgänge nach § 1 Absatz 2 a bis 3 a** 25
anzuwenden, die nach dem 5. Dezember 2024 verwirklicht werden. ② Bei der Anwendung des § 1 Absatz 4 a sind auch Erwerbsvorgänge nach § 1 Absatz 1 und 2 zu berücksichtigen, die vor dem 6. Dezember 2024 verwirklicht wurden.

(26) **§ 4 Nummer 7 in der Fassung des Artikels 33 des Gesetzes vom 2. Dezember** 26
2024 (BGBl. 2024 I Nr. 387) ist auf Erwerbsvorgänge anzuwenden, die nach dem 30. Juni 2021 verwirklicht werden.

(27) **§ 5 Absatz 3 Satz 1, § 6 Absatz 3 Satz 2 und § 19 Absatz 2 Nummer 4 in der bis** 27
zum 31. Dezember 2026 geltenden Fassung sind bis zum Ablauf der in § 5 Absatz 3 Satz 1 und § 6 Absatz 3 Satz 2 genannten Fristen für verwirklichte Übergänge nach § 5 Absatz 1 und 2 und § 6 Absatz 3 Satz 1 in der bis zum 31. Dezember 2026 geltenden Fassung mit der Maßgabe weiter anzuwenden, dass anstelle des Vermögens der Gesamthand das Gesellschaftsvermögen tritt.

Rechtsprechung zu § 23

Rspr zu § 23

1. BFH-Urteil vom 17. 9. 1986 II R 136/84 (BStBl. 1987 II S. 35):

Ein Erwerbsvorgang (i. S. des § 1 Abs. 1 Nr. 1 GrEStG 1940/1983) ist dann verwirklicht i. S. des § 23 32
GrEStG 1983, wenn die Vertragspartner im Verhältnis zueinander gebunden sind, und zwar unabhängig davon, ob dieser Rechtsvorgang bereits die Entstehung der Steuer auslöst oder nicht.

2. BFH-Urteil vom 12. 1. 1994 II R 72/91 (BStBl. II S. 302):

1. Der Antrag nach § 23 Abs. 1 Satz 2 GrEStG 1983 auf Anwendung des neuen Rechts kann auch nach Eintritt der Bestandskraft eines Grunderwerbsteuerbescheids, der sich auf das alte Recht stützt, noch wirksam gestellt werden.

2. Nach Eintritt der Festsetzungsverjährung – ggf. für die durch Verwirklichung eines Nacherhebungstatbestands entstandene Steuer – ist eine wirksame Antragstellung nicht mehr möglich.

3. BFH-Urteil vom 18. 5. 1999 II R 16/98 (BStBl. II S. 606):

Durch den Abschluß eines Kaufvertrages mit einem Nachlaßpfleger über ein zum Nachlaß gehörendes Grundstück wird i. S. von § 23 Abs. 1 GrEStG 1983 ein Erwerbsvorgang nicht verwirklicht, bis die vormundschaftsgerichtliche Genehmigung erteilt ist und der Nachlaßpfleger dem anderen Vertragsteil hiervon Mitteilung gemacht hat.

4. BFH-Urteil vom 8. 2. 2000 II R 51/98 (BStBl. II S. 318):

1. Wurde die für einen im Jahr 1996 abgeschlossenen Kaufvertrag erforderliche vormundschaftsgerichtliche Genehmigung erst im Jahr 1997 erteilt, so unterliegt der Kaufvertrag dem erhöhten Grunderwerbsteuersatz von 3,5 v. H., weil bis zur wirksamen Erteilung der Genehmigung der Erwerbsvorgang i. S. von § 23 GrEStG 1983 noch nicht verwirklicht worden ist (Bestätigung des BFH-Urteils vom 18. 5. 1999 II R 16/98, BFHE 188, 453, BStBl. II 1999, 606).

2. Ein Erwerbsvorgang, der der vormundschaftsgerichtlichen Genehmigung bedarf, ist auch dann nicht vor deren Erteilung verwirklicht, wenn die Vertragsbeteiligten den beurkundenden Notar beauftragen und ermächtigen, die Genehmigung für den Vormund (gesetzlichen Vertreter eines Minderjährigen) entgegenzunehmen und den anderen Vertragsbeteiligten mitzuteilen sowie zugleich diese Mitteilung für die anderen Vertragsbeteiligten zu empfangen (sog. Doppelermächtigung).

---

[1] Zu Übergangsregelungen aufgrund des Gesetzes vom 12. 5. 2021 (BGBl. I S. 986) siehe *gleich lautenden Ländererlass vom 29. 6. 2021,* abgedruckt als Anlage b zu § 1 Abs. 2 a GrEStG.

5. BFH-Beschluss vom 24. 5. 2000 II B 120/99 (BFH/NV S. 1499):

1. Die Frage der Auswirkung zivilrechtlich erforderlicher Genehmigungen auf den Zeitpunkt der (grunderwerbsteuerrechtlichen) Verwirklichung eines Erwerbsvorgangs ist durch BFH-Rechtsprechung geklärt.

2. Durch die notarielle Beurkundung eines zivilrechtlich genehmigungsbedürftigen Grundstückskaufvertrags wird so lange kein Erwerbsvorgang i. S. d. § 23 GrEStG 1983 verwirklicht, so lange während des Schwebezustands zumindest eine der Parteien sich vom Vertrag wieder frei lösen kann.

3. Bei einem Vertrag, der von einem Vertreter ohne Vertretungsmacht abgeschlossen wird, wird der Erwerbsvorgang erst mit der Erteilung der Genehmigung durch den Vertretenen verwirklicht.

6. BFH-Urteil vom 7. 11. 2000 II R 51/99 (BFH/NV 2001 S. 642):

Ein von einem Vertreter ohne Vertretungsmacht abgeschlossener Grundstückskaufvertrag wird erst mit der Erteilung der Genehmigung durch den Vertretenen wirksam. Da der Vertretene vor Erteilung der Genehmigung an den Vertrag nicht gebunden war, wird der Erwerbsvorgang erst mit deren Erteilung verwirklicht.

7. BFH-Urteil vom 8. 11. 2000 II R 64/98 (abgedruckt zu § 1 Abs. 2 a GrEStG)

8. BFH-Urteil vom 20. 12. 2000 II R 13/99 (BFH/NV 2001 S. 937):

Mit der Ausübung des Vorkaufsrechts wird zwischen dem (Vorkaufs-)Berechtigten und dem (Vorkaufs-)Verpflichteten ein selbständiger Kaufvertrag neu begründet, wie er zwischen dem Verpflichteten und dem Dritten zuvor abgeschlossen war, und damit der Tatbestand des § 1 Abs. 1 Nr. 1 GrEStG 1983 erfüllt. Damit ist der Erwerbsvorgang verwirklicht i. S. von § 23 Abs. 4 GrEStG 1983. Der Zeitpunkt des Vertragsabschlusses zwischen dem Verpflichteten und dem Dritten ist dafür nicht maßgeblich.

9. BFH-Urteil vom 29. 9. 2005 II R 23/04 (BStBl. 2006 II S. 137):

Tritt bei Umwandlungen kraft Gesetzes ein Eigentumsübergang an Grundstücken ein, liegt ein Erwerbsvorgang gemäß § 1 Abs. 1 Nr. 3 GrEStG vor, der mit der Eintragung der Umwandlung ins Handelsregister verwirklicht ist. Der Umwandlungsvertrag sowie die erforderlichen Zustimmungsbeschlüsse ergeben weder einzeln noch zusammen einen früheren Zeitpunkt der Verwirklichung.

10. BFH-Urteil vom 26. 4. 2006 II R 3/05 (BStBl. II S. 604):

Vereinbaren die Partner eines Rechtsgeschäfts i. S. des § 1 Abs. 1 Nr. 1 GrEStG nachträglich eine Erhöhung der Gegenleistung, ist der darin liegende Erwerbsvorgang in Form der zusätzlich gewährten Gegenleistung i. S. des § 9 Abs. 2 Nr. 1 GrEStG in dem Zeitpunkt gemäß § 23 Abs. 4 GrEStG verwirklicht, in dem die Bindung der Vertragspartner hinsichtlich der zusätzlich gewährten Gegenleistung eingetreten ist.

11. BFH-Urteil vom 28. 3. 2007 II R 57/05 (BFH/NV S. 1537):

1. Ein Erwerbsvorgang ist i. S. des § 23 Abs. 4 Satz 1 GrEStG verwirklicht, wenn das auf ihn abzielende Wollen in rechtsgeschäftliche Erklärungen umgesetzt worden ist, wenn also die Vertragspartner im Verhältnis zueinander gebunden sind, und zwar unabhängig davon, ob dieser Rechtsvorgang bereits die Entstehung der Steuer auslöst oder nicht.

2. Die Steuer für eine nachträglich vereinbarte Erhöhung der Gegenleistung ist in einem selbstständigen Bescheid und nicht durch Änderung des Steuerbescheids für den ursprünglichen Erwerbsvorgang festzusetzen.

3. Eine Vollmacht zur Übertragung oder zum Erwerb eines Grundstücks bedarf nicht schon deshalb notarieller Beurkundung, weil der Vollmachtgeber entschlossen ist, die widerruflich erteilte Vollmacht nicht zu widerrufen, oder weil er dem Bevollmächtigten keinen eigenen Entscheidungsspielraum lässt.

4. Durfte ein angefochtener Bescheid insgesamt nicht ergehen, ist er auch dann aufzuheben, wenn der Kläger nur die Herabsetzung der festgesetzten Steuer beantragt hat.

12. BFH-Beschluss vom 9. 11. 2007 II B 23/07 (n. v.), Ls. 1:

1. Die zivilrechtliche Rückwirkung der Genehmigung eines Grundstückskaufvertrags durch einen Vertragsbeteiligten, für den beim Vertragsabschluss ein Vertreter ohne Vertretungsmacht gehandelt hat, auf den Zeitpunkt des Vertragsabschlusses ist grunderwerbsteuerrechtlich nicht zu berücksichtigen.

13. BFH-Beschluss vom 10. 4. 2025 II B 54/24 (DStR S. 1042):

Bei der im Verfahren der Aussetzung der Vollziehung nach § 69 Abs. 3 der Finanzgerichtsordnung gebotenen summarischen Prüfung bestehen ernstliche Zweifel, ob die Verlängerung der Nachbehaltensfrist des § 6 Abs. 3 Satz 2 des Grunderwerbsteuergesetzes von fünf auf zehn Jahre durch das Gesetz zur Änderung des Grunderwerbsteuergesetzes vom 12. 5. 2021 (BGBl. I 2021, 926, BStBl. I 2021, 838) auf Erwerbsvorgänge von Grundstücken Anwendung findet, die bereits vor dessen Inkrafttreten am 1. 7. 2021 erfolgt sind.

GrEStG

§ 24[1] Rechtsfähige Personengesellschaften

Rechtsfähige Personengesellschaften (§ 14 a Absatz 2 Nummer 2 der Abgabenordnung) gelten für Zwecke der Grunderwerbsteuer als Gesamthand und deren Vermögen als Gesamthandsvermögen.

[1] § 24 eingefügt **mWv 1. 1. 2024** durch Art. 29 und aufgehoben **mWv 1. 1. 2027** durch Art. 30 des Gesetzes vom 22. 12. 2023 (BGBl. I Nr. 411).

§§ 25 bis 27 *(weggefallen)*

§ 28 *(Inkrafttreten)*

§ 28 i. d. F. vom 17. 12. 1982 lautete:
Dieses Gesetz tritt am 1. Januar 1983 in Kraft.

Grundsteuergesetz,[1·2] Anwendungserlass[3]

Abschnitt I.[4] Steuerpflicht

GrStG

§ 1 Heberecht

(1) **Die Gemeinde bestimmt, ob von dem in ihrem Gebiet liegenden Grundbesitz Grundsteuer zu erheben ist.** 1

(2) **Bestehen in einem Land keine Gemeinden, so stehen das Recht des Absatzes 1 und die in diesem Gesetz bestimmten weiteren Rechte dem Land zu.** 2

(3) **Für den in gemeindefreien Gebieten liegenden Grundbesitz bestimmt die Landesregierung durch Rechtsverordnung, wer die nach diesem Gesetz den Gemeinden zustehenden Befugnisse ausübt.** 3

Übersicht

	Rz.
1.1 Heberecht, Steuerberechtigung	6–8
1.2 Verwaltung der Grundsteuer	9
1.3 Örtliche Zuständigkeit für die Festsetzung und Zerlegung des Grundsteuermessbetrags	10
1.4 Örtliche Zuständigkeit der Finanzämter für die Festsetzung und Erhebung der Grundsteuer	11
1.5 Bekanntgabe des Grundsteuermessbescheids an den Steuerpflichtigen und Mitteilung des Grundsteuermessbetrags an die hebeberechtigte Gemeinde	12–16
1.6 Meldewesen und Mitteilungspflichten der Behörden	17–20
Anlagen:	
§ 1 AO. Anwendungsbereich	25
§ 3 AO. Steuern, steuerliche Nebenleistungen	26
§ 17 AO. Örtliche Zuständigkeit	27
§ 18 AO. Gesonderte Feststellungen	28, 29
§ 22 AO. Realsteuern	30
§ 31 AO. Mitteilung von Besteuerungsgrundlagen	31
§ 111 AO. Amtshilfepflicht	32
§ 184 AO. Festsetzung von Steuermessbeträgen	33
§ 361 AO. Aussetzung der Vollziehung	34

Zu § 1 GrStG

AEGrStG A 1.1

A 1.1 Heberecht, Steuerberechtigung

(1) ① Die Gemeinden haben das Recht, Grundsteuer zu erheben (§ 1 Absatz 1 GrStG). ② In den Ländern, in denen keine Gemeinden bestehen (Berlin und Hamburg), haben die Länder das 6
Recht, Grundsteuer zu erheben. ③ Der Wille der Gemeinde, Grundsteuer zu erheben, muss in einer besonderen Satzung seinen Ausdruck finden. ④ Hierfür genügt die Festsetzung des Hebesatzes durch die jeweilige Gemeinde, in der die Entscheidung enthalten ist, dass Grundsteuer erhoben wird.

---

[1] **Grundsteuergesetz (GrStG)** vom 7. 8. 1973 (BGBl. I S. 965), zuletzt geändert durch Art. 32 JStG 2024 vom 2. 12. 2024 (BGBl. I Nr. 387) – s. im Einzelnen die vorne zu Beginn der geschlossenen Wiedergabe des GrStG abgedruckte Änderungsübersicht.

Der Gesetzgeber ist von Verfassungs wegen nicht gehalten, das selbst genutzte Einfamilienhaus von der Grundsteuer auszunehmen; der BVerfG-Beschluss vom 22. 6. 1995 (BStBl. II S. 695) zur Vermögensteuer hat keine Auswirkungen auf die Grundsteuer; vgl. *BFH-Urteil vom 19. 7. 2006 II R 81/05 (BStBl. II S. 767);* ebenso *OVG Münster, Beschluss vom 25. 4. 2007 14 A 661/06 (NVwZ S. 506), Vb. 1 BvR 1334/07* vom *BVerfG mit Beschluss vom 18. 2. 2009* nicht angenommen *(DB S. 773);* ebenso *OVG Lüneburg, Beschluss vom 19. 2. 2009 9 LA 366/07, Vb. 1 BvR 685/09* vom *BVerfG mit Beschluss vom 25. 7. 2009* nicht angenommen *(n. v.).*

[2] Teilweise abweichende Regelungen in **Baden-Württemberg, Bayern, Hamburg, Hessen, Niedersachsen, Saarland und Sachsen,** abgedruckt im Anhang **IV.**

[3] **Koordinierte Erlasse zur Anwendung des Grundsteuergesetzes ab 1. Januar 2025 (AEGrStG)** vom 22. 6. 2022 (BStBl. I S. 1171).

Amtliche Einführung:

„Mit dem Gesetz zur Reform des Grundsteuer- und Bewertungsrechts (Grundsteuer-Reformgesetz – GrStRefG) vom 26. November 2019 (BGBl. I 2019, S. 1794) wurde die Bewertung des Grundbesitzes für die Grundsteuer ab 1. Januar 2022 neu geregelt. Auf den 1. Januar 2025 wird erstmals eine Hauptveranlagung der Grundsteuermessbeträge auf Grundlage der nach dem Siebenten Abschnitt des Zweiten Teils des Bewertungsgesetzes ermittelten Werte vorgenommen. Unter Bezugnahme auf die Erörterungen mit den obersten Finanzbehörden der Länder gelten für die Anwendung des Grundsteuergesetzes (GrStG) für die Grundsteuer ab dem Kalenderjahr 2025 die nachstehenden Regelungen. Verwaltungsanweisungen, die mit diesem Erlass in Widerspruch stehen, sind ab dem Kalenderjahr 2025 nicht mehr anzuwenden. Zur besseren Lesbarkeit wird auf die geschlechtsspezifische Formulierung (z. B. „Steuerpflichtige*r") verzichtet. Bei Verwendung z. B. des Wortes „Steuerpflichtiger" im Text sind alle Geschlechter gemeint."

[4] Abweichende Regelung in Hamburg, siehe Anhang **IV.**

7 (2) ① Die Gemeinde erhebt Grundsteuer auf den Grundbesitz, der in ihrem Hoheitsgebiet liegt. ② Zum Hoheitsgebiet gehört auch eine Exklave, d. h. ein Gebietsteil einer Gemeinde, der sich innerhalb eines anderen Gemeindegebiets befindet (BFH-Urteil vom 28. März 1958 III 43/55 U, BStBl. III S. 243).

8 (3) Liegt Grundbesitz in gemeindefreien Gebieten, d. h. abgegrenzten Gebieten, die zu keiner Gemeinde gehören, so bestimmt die Landesregierung durch Rechtsverordnung, wer die nach dem Grundsteuergesetz den Gemeinden zustehenden Befugnisse ausübt.

AEGrStG A 1.2

A 1.2 Verwaltung der Grundsteuer

9 ① Die Verwaltung der Grundsteuer obliegt zum Teil den Ländern, zum Teil den Gemeinden. ② Für die Feststellung der Grundsteuerwerte sowie für die Festsetzung und Zerlegung der Grundsteuermessbeträge sind die Finanzämter der Länder zuständig (§ 219 des Bewertungsgesetzes – BewG, §§ 184, 185 ff. der Abgabenordnung – AO). ③ Die Festsetzung und Erhebung der Grundsteuer einschließlich ihrer Stundung, ihrer Niederschlagung und ihres Erlasses obliegt dagegen den zuständigen Behörden der hebeberechtigten Gemeinde. ④ Für die Aussetzung der Vollziehung der Grundsteuermessbescheide sind die Finanzämter zuständig, für die Aussetzung der Vollziehung der Grundsteuerbescheide die Gemeinden. ⑤ Wird die Vollziehung eines Grundsteuermessbescheids durch das Finanzamt ausgesetzt, so ist die Gemeinde verpflichtet, von Amts wegen auch die Vollziehung des hierauf beruhenden Grundsteuerbescheids auszusetzen, selbst wenn dieser unanfechtbar geworden ist (§ 361 Absatz 1 Satz 2 und Absatz 3 i. V. m. § 1 Absatz 2 Nummer 6 AO). ⑥ In den Ländern Berlin, Bremen (ohne Bremerhaven) und Hamburg wird die Grundsteuer ausschließlich von den Finanzämtern verwaltet.

AEGrStG A 1.3

A 1.3 Örtliche Zuständigkeit für die Festsetzung und Zerlegung des Grundsteuermessbetrags

10 ① Für die Festsetzung und die Zerlegung des Grundsteuermessbetrags ist das Lagefinanzamt zuständig (§ 22 Absatz 1 AO i. V. m. § 18 Absatz 1 Nummer 1 AO). ② Das Lagefinanzamt ist das Finanzamt, in dessen Bezirk der betreffende Betrieb der Land- und Forstwirtschaft oder das betreffende Grundstück liegt. ③ Erstreckt sich der Betrieb oder das Grundstück auf die Bezirke mehrerer Finanzämter, so ist das Finanzamt zuständig, in dessen Bezirk der wertvollste Teil liegt.

AEGrStG A 1.4

A 1.4 Örtliche Zuständigkeit der Finanzämter für die Festsetzung und Erhebung der Grundsteuer

11 ① Soweit die Festsetzung, Erhebung und Beitreibung der Grundsteuer den Finanzämtern obliegt, ist dafür das Finanzamt zuständig, zu dessen Bezirk die hebeberechtigte Gemeinde gehört (§ 22 Absatz 2 Satz 1 AO). ② Gehört eine hebeberechtigte Gemeinde zu den Bezirken mehrerer Finanzämter, so ist das Finanzamt zuständig, in dessen Bezirk der wertvollste Teil des Betriebs der Land- und Forstwirtschaft, oder des Grundstücks liegt (§ 22 Absatz 2 Satz 2 i. V. m. Absatz 1 AO und § 18 Absatz 1 Nummer 1 AO). ③ Die Sätze 1 und 2 gelten sinngemäß, soweit das Aufkommen der Grundsteuer einem Land zusteht (§ 22 Absatz 3 AO).

AEGrStG A 1.5

A 1.5 Bekanntgabe des Grundsteuermessbescheids an den Steuerpflichtigen und Mitteilung des Grundsteuermessbetrags an die hebeberechtigte Gemeinde

12 (1) Der Grundsteuerwert und der Grundsteuermessbetrag können dem Steuerpflichtigen in getrennten Bescheiden oder einem zusammengefassten Bescheid bekannt gegeben werden.

13 (2) ① Der Grundsteuerwert eines Grundstücks im Gesamthandseigentum ist mangels Erforderlichkeit für die Besteuerung nicht nach § 39 Absatz 2 Nummer 2 AO auf die Gesamthänder aufzuteilen, da die Gesamthandsgemeinschaft selbst Grundsteuerschuldner (§ 10 Absatz 1 GrStG) und beim Grundsteuerwert Zurechnungssubjekt (vgl. § 3 Absatz 2 BewG) ist. ② Dies gilt auch für die Erbengemeinschaft (vgl. auch BFH-Beschluss vom 22. Februar 2001 II B 39/00, BStBl. II S. 476). ③ Der Grundsteuerwert eines Grundstücks im Bruchteilseigentum ist nicht der Gemeinschaft, sondern unmittelbar den Miteigentümern zuzurechnen (§ 39 Absatz 1 AO). ④ Bei der Adressierung und Bekanntgabe der betreffenden Bescheide ist der Anwendungserlass zur Abgabenordnung (AEAO) zu § 122 zu beachten.

14 (3) ① Das Finanzamt teilt der hebeberechtigten Gemeinde den Inhalt des Grundsteuermessbescheids ausschließlich auf elektronischem Wege durch Bereitstellung zum Datenabruf mit (§ 184 Absatz 3 AO). ② Die Gemeinde wendet den für das Kalenderjahr festgesetzten Hebesatz auf den Grundsteuermessbetrag an und gibt dem Steuerschuldner den Jahresbetrag der Grundsteuer in einem Grundsteuerbescheid bekannt (§§ 25 und 27 GrStG).

15 (4) ① Gemeinden sind grundsätzlich nicht befugt, Grundsteuermessbescheide anzufechten (vgl. § 40 Absatz 3 der Finanzgerichtsordnung); eine Rechtsbehelfsbefugnis der Gemeinden besteht nur im Zerlegungsverfahren (§ 186 Nummer 2 AO). ② Die Finanzämter sollen die steuerberechtigten Gemeinden über anhängige Einspruchsverfahren gegen Realsteuermessbescheide von größerer

Bedeutung unterrichten (AEAO zu § 184). ③ Die Entscheidung, ob ein Einspruchsverfahren von größerer Bedeutung ist, ist einzelfallbezogen zu treffen. ④ Ein Einspruchsverfahren von größerer Bedeutung liegt bei größeren finanziellen Auswirkungen oder Auswirkungen für eine Vielzahl von Fällen vor.

(5) ① Ist der Grundsteuermessbetrag zu zerlegen, so sind neben dem Steuerpflichtigen auch die hebeberechtigten Gemeinden Beteiligte am Zerlegungsverfahren (§ 186 AO). ② Der Zerlegungsbescheid ist den Beteiligten bekannt zu geben (§ 188 Absatz 1 AO). 16

A 1.6 Meldewesen und Mitteilungspflichten der Behörden

AEGrStG A 1.6

(1) Erhält die zuständige Behörde Kenntnis von der Eröffnung oder der Einstellung eines Betriebs der Land- und Forstwirtschaft, so hat sie dies dem zuständigen Finanzamt mitzuteilen (§ 229 Absatz 3 BewG). 17

(2) ① Die für die Aufsicht über die Bebauung eines unbebauten Grundstücks und die Vornahme von baulichen Veränderungen zuständigen Behörden haben das Finanzamt über 18

1. die Erteilung einer Baugenehmigung oder den Baubeginn,
2. die Gebrauchsabnahme unter Angabe des Zeitpunkts der Bezugsfertigkeit oder den Zeitpunkt der Fertigstellung des Gebäudes und
3. den Abbruch von Gebäuden

(soweit vorliegend) zu unterrichten. ② Die Meldungen sind möglichst zeitnah zu übersenden. ③ Darüber hinaus haben die zuständigen Behörden die Finanzämter über Flächennutzungspläne und rechtskräftige Bebauungspläne zu unterrichten (§ 111 AO, § 229 Absatz 3 BewG).

(3) Über die Tatsachen in Absatz 2 Satz 1 Nummer 1 bis 3 hinaus hat die zuständige Behörde auch sonstige Tatsachen mitzuteilen, die für die Feststellung der Grundsteuerwerte und die Festsetzung der Grundsteuermessbeträge von Bedeutung sind, z. B. eine Änderung der Nutzungsart eines Grundstücks. 19

(4) Soweit bauliche Maßnahmen des Bundes oder der Länder im bauaufsichtlichen Zustimmungsverfahren durch die staatlichen Baubehörden durchgeführt werden und deshalb nicht der Baugenehmigung, Überwachung und Abnahme der örtlich zuständigen Bauaufsichtsbehörde bedürfen, haben die staatlichen Baubehörden die Finanzämter über die Errichtung von Neubauten und über die Vornahme baulicher Veränderungen an bebauten Grundstücken zu unterrichten. 20

Abgabenordnung (AO)

Anl zu § 1

In der Fassung der Bek. vom 23. Januar 2025 (BGBl. I Nr. 24 S. 5)

– Auszug –

§ 1 Anwendungsbereich

(1) ① Dieses Gesetz gilt für alle Steuern einschließlich der Steuervergütungen, die durch Bundesrecht oder Recht der Europäischen Union geregelt sind, soweit sie durch Bundesfinanzbehörden oder durch Landesfinanzbehörden verwaltet werden. ② Es ist nur vorbehaltlich des Rechts der Europäischen Union anwendbar. 25

(2) Für die Realsteuern gelten, soweit ihre Verwaltung den Gemeinden übertragen worden ist, die folgenden Vorschriften dieses Gesetzes entsprechend:

1. die Vorschriften des Ersten, Zweiten, Vierten, Sechsten und Siebten Abschnitts des Ersten Teils (Anwendungsbereich; Steuerliche Begriffsbestimmungen; Datenverarbeitung und Steuergeheimnis; Betroffenenrechte; Datenschutzaufsicht, Gerichtlicher Rechtsschutz in datenschutzrechtlichen Angelegenheiten),
2. die Vorschriften des Zweiten Teils (Steuerschuldrecht),
3. die Vorschriften des Dritten Teils mit Ausnahme der §§ 82 bis 84 (Allgemeine Verfahrensvorschriften),
4. die Vorschriften des Vierten Teils (Durchführung der Besteuerung),
5. die Vorschriften des Fünften Teils (Erhebungsverfahren),
6. § 249 Absatz 2 Satz 2,
7. die §§ 351 und 361 Absatz 1 Satz 2 und Absatz 3,
8. die Vorschriften des Achten Teils (Straf- und Bußgeldvorschriften, Straf- und Bußgeldverfahren).

(3) ① Auf steuerliche Nebenleistungen sind die Vorschriften dieses Gesetzes vorbehaltlich des Rechts der Europäischen Union sinngemäß anwendbar. ② Der Dritte bis Sechste Abschnitt des Vierten Teils gilt jedoch nur, soweit dies besonders bestimmt wird.

§ 3 Steuern, steuerliche Nebenleistungen

(1) Steuern sind Geldleistungen, die nicht eine Gegenleistung für eine besondere Leistung darstellen 26
und von einem öffentlich-rechtlichen Gemeinwesen zur Erzielung von Einnahmen allen auferlegt werden,

Anl zu § 1

bei denen der Tatbestand zutrifft, an den das Gesetz die Leistungspflicht knüpft; die Erzielung von Einnahmen kann Nebenzweck sein.

(2) Realsteuern sind die Grundsteuer und die Gewerbesteuer.

(3) ① Einfuhr- und Ausfuhrabgaben nach Artikel 5 Nummer 20 und 21 des Zollkodex der Union sind Steuern im Sinne dieses Gesetzes. ② Zollkodex der Union bezeichnet die Verordnung (EU) Nr. 952/2013 des Europäischen Parlaments und des Rates vom 9. Oktober 2013 zur Festlegung des Zollkodex der Union (ABl. L 269 vom 10. 10. 2013, S. 1, L 287, S. 90) in der jeweils geltenden Fassung.

(4) Steuerliche Nebenleistungen sind

1. Verzögerungsgelder nach § 146 Absatz 2 c,
2. Verspätungszuschläge nach § 152,
3. Zuschläge nach § 162 Absatz 4 und 4 a,

3 a. Mitwirkungsverzögerungsgelder nach § 200 a Absatz 2 und Zuschläge zum Mitwirkungsverzögerungsgeld nach § 200 a Absatz 3,

4. Zinsen nach den §§ 233 bis 237 sowie Zinsen nach den Steuergesetzen, auf die die §§ 238 und 239 anzuwenden sind, sowie Zinsen, die über die §§ 233 bis 237 und die Steuergesetze hinaus nach dem Recht der Europäischen Union auf zu erstattende Steuern zu leisten sind,
5. Säumniszuschläge nach § 240,
6. Zwangsgelder nach § 329,
7. Kosten nach den §§ 89, 89 a Absatz 7 sowie den §§ 178 und 337 bis 345,
8. Zinsen auf Einfuhr- und Ausfuhrabgaben nach Artikel 5 Nummer 20 und 21 des Zollkodex der Union,
9. Verspätungsgelder nach § 22 a Absatz 5 des Einkommensteuergesetzes und
10. Kosten nach § 10 Absatz 5 und § 11 Absatz 7 des Plattformen-Steuertransparenzgesetzes.

(5) ① Das Aufkommen der Zinsen auf Einfuhr- und Ausfuhrabgaben nach Artikel 5 Nummer 20 und 21 des Zollkodex der Union steht dem Bund zu. ② Das Aufkommen der übrigen Zinsen steht den jeweils steuerberechtigten Körperschaften zu. ③ Das Aufkommen der Kosten im Sinne des § 89 steht jeweils der Körperschaft zu, deren Behörde für die Erteilung der verbindlichen Auskunft zuständig ist. ④ Das Aufkommen der Kosten im Sinne des § 89 a Absatz 7 steht dem Bund und dem jeweils betroffenen Land je zur Hälfte zu. ⑤ Das Aufkommen der Kosten nach § 10 Absatz 5 und § 11 Absatz 7 des Plattformen-Steuertransparenzgesetzes steht dem Bund zu. ⑥ Die übrigen steuerlichen Nebenleistungen fließen den verwaltenden Körperschaften zu.

§ 17 Örtliche Zuständigkeit

27 Die örtliche Zuständigkeit richtet sich, soweit nichts anderes bestimmt ist, nach den folgenden Vorschriften.

§ 18 Gesonderte Feststellungen

28 (1) Für die gesonderten Feststellungen nach § 180 ist örtlich zuständig:

1. bei Betrieben der Land- und Forstwirtschaft, bei Grundstücken, Betriebsgrundstücken und Mineralgewinnungsrechten das Finanzamt, in dessen Bezirk der Betrieb, das Grundstück, das Betriebsgrundstück, das Mineralgewinnungsrecht oder, wenn sich der Betrieb, das Grundstück, das Betriebsgrundstück oder das Mineralgewinnungsrecht auf die Bezirke mehrerer Finanzämter erstreckt, der wertvollste Teil liegt (Lagefinanzamt),
2. bei gewerblichen Betrieben mit Geschäftsleitung im Geltungsbereich dieses Gesetzes das Finanzamt, in dessen Bezirk sich die Geschäftsleitung befindet, bei gewerblichen Betrieben ohne Geschäftsleitung im Geltungsbereich dieses Gesetzes das Finanzamt, in dessen Bezirk eine Betriebstätte – bei mehreren Betriebstätten die wirtschaftlich bedeutendste – unterhalten wird (Betriebsfinanzamt),
3. bei Einkünften aus selbständiger Arbeit das Finanzamt, von dessen Bezirk aus die Tätigkeit vorwiegend ausgeübt wird,
4. ① bei einer Beteiligung mehrerer Personen an Einkünften, die keine Einkünfte aus Land- und Forstwirtschaft, aus Gewerbebetrieb oder aus selbständiger Arbeit sind und die nach § 180 Absatz 1 Satz 1 Nummer 2 Buchstabe a gesondert festgestellt werden,
   a) das Finanzamt, von dessen Bezirk die Verwaltung dieser Einkünfte ausgeht, oder
   b) das Finanzamt, in dessen Bezirk sich der wertvollste Teil des Vermögens, aus dem die gemeinsamen Einkünfte fließen, befindet, wenn die Verwaltung dieser Einkünfte im Geltungsbereich dieses Gesetzes nicht feststellbar ist.

   ② Dies gilt entsprechend bei einer gesonderten Feststellung nach § 180 Absatz 1 Satz 1 Nummer 3 oder § 180 Absatz 2,
5. in den Fällen des § 180 Absatz 1 a das Finanzamt, das für den Bescheid örtlich zuständig ist, für den der Teilabschlussbescheid unmittelbar Bindungswirkung entfaltet.

29 (2) ① Ist eine gesonderte Feststellung mehreren Steuerpflichtigen gegenüber vorzunehmen und lässt sich nach Absatz 1 die örtliche Zuständigkeit nicht bestimmen, so ist jedes Finanzamt örtlich zuständig, das nach den §§ 19 oder 20 für die Steuern vom Einkommen und Vermögen eines Steuerpflichtigen zuständig ist, dem ein Anteil an dem Gegenstand der Feststellung zuzurechnen ist. ② Soweit dieses Finanzamt auf Grund einer Verordnung nach § 17 Absatz 2 Satz 3 und 4 des Finanzverwaltungsgesetzes

sachlich nicht für die gesonderte Feststellung zuständig ist, tritt an seine Stelle das sachlich zuständige Finanzamt.

§ 22 Realsteuern

(1) ① Für die Festsetzung und Zerlegung der Steuermessbeträge ist bei der Grundsteuer das Lagefinanzamt (§ 18 Absatz 1 Nummer 1) und bei der Gewerbesteuer das Betriebsfinanzamt (§ 18 Absatz 1 Nummer 2) örtlich zuständig. ② Abweichend von Satz 1 ist für die Festsetzung und Zerlegung der Gewerbesteuermessbeträge bei Unternehmen, die Bauleistungen im Sinne von § 48 Absatz 1 Satz 3 des Einkommensteuergesetzes erbringen, das Finanzamt zuständig, das für die Besteuerung der entsprechenden Umsätze nach § 21 Absatz 1 zuständig ist, wenn der Unternehmer seinen Wohnsitz oder das Unternehmen seine Geschäftsleitung oder seinen Sitz außerhalb des Geltungsbereiches des Gesetzes hat. 30

(2) ① Soweit die Festsetzung, Erhebung und Beitreibung von Realsteuern den Finanzämtern obliegt, ist dafür das Finanzamt örtlich zuständig, zu dessen Bezirk die hebeberechtigte Gemeinde gehört. ② Gehört eine hebeberechtigte Gemeinde zu den Bezirken mehrerer Finanzämter, so ist von diesen Finanzämtern das Finanzamt örtlich zuständig, das nach Absatz 1 zuständig ist oder zuständig wäre, wenn im Geltungsbereich dieses Gesetzes nur die in der hebeberechtigten Gemeinde liegenden Teile des Betriebs, des Grundstücks oder des Betriebsgrundstücks vorhanden wären.

(3) Absatz 2 gilt sinngemäß, soweit einem Land nach Artikel 106 Absatz 6 Satz 3 des Grundgesetzes das Aufkommen der Realsteuern zusteht.

§ 31 Mitteilung von Besteuerungsgrundlagen

(1) ① Die Finanzbehörden sind verpflichtet, Besteuerungsgrundlagen, Steuermessbeträge und Steuerbeträge an Körperschaften des öffentlichen Rechts einschließlich der Religionsgemeinschaften, die Körperschaften des öffentlichen Rechts sind, zur Festsetzung von solchen Abgaben mitzuteilen, die an diese Besteuerungsgrundlagen, Steuermessbeträge oder Steuerbeträge anknüpfen. ② Die Mitteilungspflicht besteht nicht, soweit deren Erfüllung mit einem unverhältnismäßigen Aufwand verbunden wäre. ③ Die Finanzbehörden dürfen Körperschaften des öffentlichen Rechts auf Ersuchen Namen und Anschriften ihrer Mitglieder, die dem Grunde nach zur Entrichtung von Abgaben im Sinne des Satzes 1 verpflichtet sind, sowie die von der Finanzbehörde für die Körperschaft festgesetzten Abgaben übermitteln, soweit die Kenntnis dieser Daten zur Erfüllung von in der Zuständigkeit der Körperschaft liegenden öffentlichen Aufgaben erforderlich ist und überwiegende schutzwürdige Interessen der betroffenen Person nicht entgegenstehen. 31

(2) ① Die Finanzbehörden sind verpflichtet, die nach § 30 Absatz 2 Nummer 1 geschützten personenbezogenen Daten der betroffenen Person den Trägern der gesetzlichen Sozialversicherung, der Bundesagentur für Arbeit und der Künstlersozialkasse mitzuteilen, soweit die Kenntnis dieser Daten für die Feststellung der Versicherungspflicht oder die Festsetzung von Beiträgen einschließlich der Künstlersozialabgabe erforderlich ist oder die betroffene Person einen Antrag auf Mitteilung stellt. ② Die Mitteilungspflicht besteht nicht, soweit deren Erfüllung mit einem unverhältnismäßigen Aufwand verbunden wäre.

(3) Die für die Verwaltung der Grundsteuer zuständigen Behörden sind berechtigt, die nach § 30 geschützten Namen und Anschriften von Grundstückseigentümern, die bei der Verwaltung der Grundsteuer bekannt geworden sind, zur Verwaltung anderer Abgaben sowie zur Erfüllung sonstiger öffentlicher Aufgaben zu verwenden oder den hierfür zuständigen Gerichten, Behörden oder juristischen Personen des öffentlichen Rechts auf Ersuchen mitzuteilen, soweit nicht überwiegende schutzwürdige Interessen der betroffenen Person entgegenstehen.

§ 111 Amtshilfepflicht

(1) ① Alle Gerichte und Behörden haben die zur Durchführung der Besteuerung erforderliche Amtshilfe zu leisten. ② § 102 bleibt unberührt. 32

(2) Amtshilfe liegt nicht vor, wenn

1. Behörden einander innerhalb eines bestehenden Weisungsverhältnisses Hilfe leisten,
2. die Hilfeleistung in Handlungen besteht, die der ersuchten Behörde als eigene Aufgabe obliegen.

(3) Schuldenverwaltungen, Kreditinstitute sowie Betriebe gewerblicher Art der Körperschaften des öffentlichen Rechts fallen nicht unter diese Vorschrift.

(4) Auf dem Gebiet der Zollverwaltung erstreckt sich die Amtshilfepflicht auch auf diejenigen dem öffentlichen Verkehr oder dem öffentlichen Warenumschlag dienenden Unternehmen, die das Bundesministerium der Finanzen als Zollhilfsorgane besonders bestellt hat, und auf die Bediensteten dieser Unternehmen.

(5) Die §§ 105 und 106 sind entsprechend anzuwenden.

§ 184 Festsetzung von Steuermessbeträgen

(1) ① Steuermessbeträge, die nach den Steuergesetzen zu ermitteln sind, werden durch Steuermessbescheid festgesetzt. ② Mit der Festsetzung der Steuermessbeträge wird auch über die persönliche und sachliche Steuerpflicht entschieden. ③ Die Vorschriften über die Durchführung der Besteuerung sind sinngemäß anzuwenden. ④ Ferner sind § 182 Absatz 1 und für Grundsteuermessbescheide auch Absatz 2 und § 183 sinngemäß anzuwenden. 33

Anl zu § 1

(2) ① Die Befugnis, Realsteuermessbeträge festzusetzen, schließt auch die Befugnis zu Maßnahmen nach § 163 Absatz 1 Satz 1 ein, soweit für solche Maßnahmen in einer allgemeinen Verwaltungsvorschrift der Bundesregierung, der obersten Bundesfinanzbehörde oder einer obersten Landesfinanzbehörde Richtlinien aufgestellt worden sind. ② Eine Maßnahme nach § 163 Absatz 1 Satz 2 wirkt, soweit sie die gewerblichen Einkünfte als Grundlage für die Festsetzung der Steuer vom Einkommen beeinflusst, auch für den Gewerbeertrag als Grundlage für die Festsetzung des Gewerbesteuermessbetrags.

(3) ① Die Finanzbehörden teilen den Inhalt des Steuermessbescheids sowie die nach Absatz 2 getroffenen Maßnahmen den Gemeinden mit, denen die Steuerfestsetzung (der Erlass des Realsteuerbescheids) obliegt. ② Die Mitteilungen an die Gemeinden erfolgen durch Bereitstellung zum Abruf; § 87 a Absatz 8 und § 87 b Absatz 1 gelten dabei entsprechend.

§ 361 Aussetzung der Vollziehung

34 (1) ① Durch Einlegung des Einspruchs wird die Vollziehung des angefochtenen Verwaltungsakts vorbehaltlich des Absatzes 4 nicht gehemmt, insbesondere die Erhebung einer Abgabe nicht aufgehalten. ② Entsprechendes gilt bei Anfechtung von Grundlagenbescheiden für die darauf beruhenden Folgebescheide.

(2) ① Die Finanzbehörde, die den angefochtenen Verwaltungsakt erlassen hat, kann die Vollziehung ganz oder teilweise aussetzen; § 367 Absatz 1 Satz 2 gilt sinngemäß. ② Auf Antrag soll die Aussetzung erfolgen, wenn ernstliche Zweifel an der Rechtmäßigkeit des angefochtenen Verwaltungsakts bestehen oder wenn die Vollziehung für die betroffene Person eine unbillige, nicht durch überwiegende öffentliche Interessen gebotene Härte zur Folge hätte. ③ Ist der Verwaltungsakt schon vollzogen, tritt an die Stelle der Aussetzung der Vollziehung die Aufhebung der Vollziehung. ④ Bei Steuerbescheiden sind die Aussetzung und die Aufhebung der Vollziehung auf die festgesetzte Steuer, vermindert um die anzurechnenden Steuerabzugsbeträge, um die anzurechnende Körperschaftsteuer und um die festgesetzten Vorauszahlungen, beschränkt; dies gilt nicht, wenn die Aussetzung oder Aufhebung der Vollziehung zur Abwendung wesentlicher Nachteile nötig erscheint. ⑤ Die Aussetzung kann von einer Sicherheitsleistung abhängig gemacht werden.

(3) ① Soweit die Vollziehung eines Grundlagenbescheids ausgesetzt wird, ist auch die Vollziehung eines Folgebescheids auszusetzen. ② Der Erlass eines Folgebescheids bleibt zulässig. ③ Über eine Sicherheitsleistung ist bei der Aussetzung eines Folgebescheids zu entscheiden, es sei denn, dass bei der Aussetzung der Vollziehung des Grundlagenbescheids die Sicherheitsleistung ausdrücklich ausgeschlossen worden ist.

(4) ① Durch Einlegung eines Einspruchs gegen die Untersagung des Gewerbebetriebs oder der Berufsausübung wird die Vollziehung des angefochtenen Verwaltungsakts gehemmt. ② Die Finanzbehörde, die den Verwaltungsakt erlassen hat, kann die hemmende Wirkung durch besondere Anordnung ganz oder zum Teil beseitigen, wenn sie es im öffentlichen Interesse für geboten hält; sie hat das öffentliche Interesse schriftlich zu begründen. ③ § 367 Absatz 1 Satz 2 gilt sinngemäß.

(5) Gegen die Ablehnung der Aussetzung der Vollziehung kann das Gericht nur nach § 69 Absatz 3 und 5 Satz 3 der Finanzgerichtsordnung angerufen werden.

§ 2 Steuergegenstand

GrStG

Steuergegenstand ist der inländische Grundbesitz im Sinne des Bewertungsgesetzes:

1. **die Betriebe der Land- und Forstwirtschaft (§§ 232 bis 234, 240 des Bewertungsgesetzes); diesen stehen die in § 218 Satz 2 des Bewertungsgesetzes bezeichneten Betriebsgrundstücke gleich;** 1
2. **die Grundstücke (§§ 243, 244 des Bewertungsgesetzes); diesen stehen die in § 218 Satz 3 des Bewertungsgesetzes bezeichneten Betriebsgrundstücke gleich.** 2

Zu § 2 GrStG

A 2 Steuergegenstand *(unbesetzt)*

AEGrStG A 2

§ 3 Steuerbefreiung für Grundbesitz bestimmter Rechtsträger

1 **(1) ① Von der Grundsteuer sind befreit**

1. Grundbesitz, der von einer inländischen juristischen Person des öffentlichen Rechts für einen öffentlichen Dienst oder Gebrauch benutzt wird. ② Ausgenommen ist der Grundbesitz, der von Berufsvertretungen und Berufsverbänden sowie von Kassenärztlichen Vereinigungen und Kassenärztlichen Bundesvereinigungen benutzt wird;

2 **1 a.** *(aufgehoben)*

3 **2. Grundbesitz, der vom Bundeseisenbahnvermögen für Verwaltungszwecke benutzt wird;**

4 **3. Grundbesitz, der von**
a) einer inländischen juristischen Person des öffentlichen Rechts,
b) einer inländischen Körperschaft, Personenvereinigung oder Vermögensmasse, die nach der Satzung, dem Stiftungsgeschäft oder der sonstigen Verfassung und nach ihrer tatsächlichen Geschäftsführung ausschließlich und unmittelbar gemeinnützigen oder mildtätigen Zwecken dient,
für gemeinnützige oder mildtätige Zwecke benutzt wird;

5 **4. Grundbesitz, der von einer Religionsgesellschaft, die Körperschaft des öffentlichen Rechts ist, einem ihrer Orden, einer ihrer religiösen Genossenschaften oder einem ihrer Verbände für Zwecke der religiösen Unterweisung, der Wissenschaft, des Unterrichts, der Erziehung oder für Zwecke der eigenen Verwaltung benutzt wird. ② Den Religionsgesellschaften stehen die jüdischen Kultusgemeinden gleich, die nicht Körperschaften des öffentlichen Rechts sind;**

6 **5. Dienstwohnungen der Geistlichen und Kirchendiener der Religionsgesellschaften, die Körperschaften des öffentlichen Rechts sind, und der jüdischen Kultusgemeinden. ② § 5 ist insoweit nicht anzuwenden;**

7 **6.[1] Grundbesitz der Religionsgesellschaften, die Körperschaften des öffentlichen Rechts sind, und der jüdischen Kultusgemeinden, der am 1. Januar 1987 und im Veranlagungszeitpunkt zu einem nach Kirchenrecht gesonderten Vermögen, insbesondere einem Stellenfonds gehört, dessen Erträge ausschließlich für die Besoldung und Versorgung der Geistlichen und Kirchendiener sowie ihrer Hinterbliebenen bestimmt sind. ② Ist in dem in Artikel 3 des Einigungsvertrages genannten Gebiet die Zugehörigkeit des Grundbesitzes zu einem gesonderten Vermögen im Sinne des Satzes 1 am 1. Januar 1987 nicht gegeben, reicht es insoweit aus, daß der Grundbesitz zu einem Zeitpunkt vor dem 1. Januar 1987 zu einem gesonderten Vermögen im Sinne des Satzes 1 gehörte. ③ Die §§ 5 und 6 sind insoweit nicht anzuwenden.**

8 **② Der Grundbesitz muß ausschließlich demjenigen, der ihn für die begünstigten Zwecke benutzt, oder einem anderen nach den Nummern 1 bis 6 begünstigten Rechtsträger zuzurechnen sein.[2] ③ Satz 2 gilt nicht, wenn der Grundbesitz von einem nicht begünstigten Rechtsträger im Rahmen einer Öffentlich Privaten Partnerschaft einer juristischen Person des öffentlichen Rechts für einen öffentlichen Dienst oder Gebrauch überlassen wird und die Übertragung auf den Nutzer am Ende des Vertragszeitraums vereinbart ist.[3]**

9 **(2) ① Öffentlicher Dienst oder Gebrauch im Sinne dieses Gesetzes ist die hoheitliche Tätigkeit oder der bestimmungsgemäße Gebrauch durch die Allgemeinheit. ② Ein Entgelt für den Gebrauch durch die Allgemeinheit darf nicht in der Absicht, Gewinn zu erzielen, gefordert werden.**

10 **(3) Öffentlicher Dienst oder Gebrauch im Sinne dieses Gesetzes ist nicht anzunehmen bei Betrieben gewerblicher Art von juristischen Personen des öffentlichen Rechts im Sinne des Körperschaftsteuergesetzes.**

Übersicht Rz.

3.1 Steuerbefreiungen für Grundbesitz bestimmter Rechtsträger; allgemeine Voraussetzungen für die Steuerbefreiungen nach § 3 GrStG 16–19
3.2 Juristische Personen des öffentlichen Rechts 20–25
3.3 Öffentlicher Dienst oder Gebrauch 26–29
3.4 Hoheitliche Tätigkeit 30–34
3.5 Bestimmungsgemäßer Gebrauch durch die Allgemeinheit 35–37

[1] Vgl. auch *BFH-Urteil vom 10. 7. 2002 II R 22/00,* nachfolgend abgedruckt zu Anlage f zu § 3 GrStG.

[2] *BFH-Urteil vom 27. 9. 2017 II R 14/15 (BFH/NV 2018 S. 56):* Ein Grundstück, das eine juristische Person des öffentlichen Rechts unmittelbar für einen öffentlichen Dienst oder Gebrauch benutzt und das ausschließlich ihr zuzurechnen ist, ist auch dann von der Grundsteuer befreit, wenn es mit einem Erbbaurecht zugunsten eines privaten Rechtsträgers belastet ist.

[3] *BFH-Urteil vom 27. 9. 2017 II R 13/15 (BStBl. 2018 II S. 768):* **1.** Die nach § 3 Abs. 1 Satz 3 GrStG erforderliche Vereinbarung, dass der Grundbesitz (Grundstück im zivilrechtlichen Sinn, Erbbaurecht) am Ende des Vertragszeitraums einer Öffentlich Privaten Partnerschaft auf den Nutzer (juristische Person des öffentlichen Rechts) übertragen wird, kann nicht durch ein bloßes Optionsrecht des Nutzers auf Übertragung des Grundbesitzes am Ende dieses Zeitraums ersetzt werden. **2.** (*wie BFH vom 27. 9. 2017 II R 14/15,* vorstehend zu Abs. 1 Satz 2).

		Rz.
3.6	Grundbesitz des Bundeseisenbahnvermögens	38
3.7	Für gemeinnützige oder mildtätige Zwecke benutzter Grundbesitz	39–44
3.8	Für sportliche Zwecke benutzter Grundbesitz	45–48
3.9	Religionsgesellschaften des öffentlichen Rechts	49–54
3.10	Dienstwohnungen der Geistlichen und Kirchendiener	55–59
3.11	Grundbesitz im gesonderten Vermögen nach Kirchenrecht	60, 61

Anlage:

§ 14 AO. Wirtschaftlicher Geschäftsbetrieb	65
§ 39 AO. Zurechnung	66
§ 51 AO. Allgemeines	67
§ 52 AO. Gemeinnützige Zwecke	68
§ 53 AO. Mildtätige Zwecke	69
§ 54 AO. Kirchliche Zwecke	70
§ 55 AO. Selbstlosigkeit	71
§ 56 AO. Ausschließlichkeit	72
§ 57 AO. Unmittelbarkeit	73
§ 58 AO. Steuerlich unschädliche Betätigungen	74
§ 58 a AO. Vertrauensschutz bei Mittelweitergaben	75
§ 59 AO. Voraussetzung der Steuervergünstigung	76
§ 60 AO. Anforderungen an die Satzung	77
§ 60 a AO. Feststellung der satzungsmäßigen Voraussetzungen	78
§ 60 b AO. Zuwendungsempfängerregister	79
§ 61 AO. Satzungsmäßige Vermögensbindung	80
§ 62 AO. Rücklagen und Vermögensbildung	81
§ 63 AO. Anforderungen an die tatsächliche Geschäftsführung	82
§ 64 AO. Steuerpflichtige wirtschaftliche Geschäftsbetriebe	83
§ 65 AO. Zweckbetrieb	84
§ 66 AO. Wohlfahrtspflege	85
§ 67 AO. Krankenhäuser	86
§ 67 a AO. Sportliche Veranstaltungen	87
§ 68 AO. Einzelne Zweckbetriebe	88

Zu § 3 GrStG

A 3.1 Steuerbefreiungen für Grundbesitz bestimmter Rechtsträger; allgemeine Voraussetzungen für die Steuerbefreiungen nach § 3 GrStG

AEGrStG A 3.1

(1) Die Grundsteuerbefreiungen nach § 3 GrStG hängen jeweils von zwei Voraussetzungen ab: 16

1. Der Grundbesitz muss einem begünstigten Rechtsträger zuzurechnen sein (subjektive Voraussetzung) und
2. der Grundbesitz muss von einem begünstigten Rechtsträger für einen steuerbegünstigten Zweck unmittelbar benutzt werden (objektive Voraussetzung; siehe A 7).

(2) Als begünstigte Rechtsträger kommen in Betracht: 17

1. juristische Personen des öffentlichen Rechts (siehe A 3.2),
2. das Bundeseisenbahnvermögen (siehe A 3.6),
3. inländische Körperschaften, Personenvereinigungen oder Vermögensmassen (siehe A 3.7) oder
4. Religionsgesellschaften (siehe A 3.9 und 3.10).

(3) ① Der Grundbesitz muss entweder ausschließlich demjenigen zuzurechnen sein, der ihn für die begünstigten Zwecke nutzt, oder einem anderen nach § 3 Absatz 1 Satz 1 Nummer 1 bis 6 GrStG begünstigten Rechtsträger (§ 3 Absatz 1 Satz 2 GrStG); § 3 Absatz 1 Satz 3 GrStG bleibt unberührt (siehe A 3.2 Absatz 6). ② Im ersten Fall muss Rechtsträgeridentität zwischen dem Eigentümer des Grundstücks und dem Nutzer des Grundstücks vorliegen (vgl. etwa BFH-Urteil vom 16. Dezember 2009 II R 29/08, BStBl. II 2010 S. 829). ③ Im zweiten Fall muss der Rechtsträger, dem der Grundbesitz zugerechnet worden ist, seinen Grundbesitz einem anderen nach § 3 Absatz 1 Satz 1 Nummer 1 bis 6 GrStG begünstigten Rechtsträger überlassen und der nutzende Rechtsträger den Grundbesitz für einen der nach § 3 GrStG begünstigten Zwecke verwenden. ④ Hierfür ist es unerheblich, ob der Grundbesitz dem nutzenden begünstigten Rechtsträger unentgeltlich oder entgeltlich, z. B. zur Miete, Pacht oder auf sonstige Weise, zur Nutzung überlassen wird. ⑤ Von der Grundsteuer befreit bleibt z. B. der mit einem Behördengebäude bebaute Grundbesitz, den der Bund zur Benutzung durch eine Landesbehörde vermietet, oder ein Grundstück mit einer Sportanlage, das eine Gemeinde einem gemeinnützigen Sportverein verpachtet. 18

(4) ① Der Grundbesitz wird demjenigen im Sinne des § 3 GrStG zugerechnet, dem er bei der Grundsteuerbewertung zugerechnet worden ist. ② Dies ist in der Regel der Eigentümer des 19

Grundbesitzes. ③ Die Voraussetzungen des § 3 GrStG können nicht nur vom zivilrechtlichen, sondern auch vom wirtschaftlichen Eigentümer erfüllt werden (§ 39 AO).[1]

AEGrStG A 3.2

A 3.2 Juristische Personen des öffentlichen Rechts

20 (1) ① Nach § 3 Absatz 1 Satz 1 Nummer 1 GrStG ist der Grundbesitz von der Grundsteuer befreit, der von einer inländischen juristischen Person des öffentlichen Rechts für einen öffentlichen Dienst oder Gebrauch (siehe hierzu A 3.3 bis 3.5) benutzt wird. ② Juristische Personen des öffentlichen Rechts sind Gebietskörperschaften, z. B. Bund, Länder und Gemeinden, sowie Personalkörperschaften, z. B. Religionsgesellschaften, denen auf Grund öffentlichen Rechts eine eigene Rechtspersönlichkeit zukommt. ③ Auch Stiftungen, Anstalten und Zweckvermögen sind juristische Personen des öffentlichen Rechts, wenn sie auf Grund öffentlichen Rechts mit eigener Rechtspersönlichkeit ausgestattet sind.

21 (2) ① Ob eine juristische Person des öffentlichen Rechts vorliegt, richtet sich nach Bundes- oder Landesrecht. ② Grundsätzlich muss sich die öffentlich-rechtliche Eigenschaft aus einem Hoheitsakt (Gesetz, Verordnung oder Verwaltungsakt) ergeben. ③ Ist ein Hoheitsakt nicht festzustellen, so kann die Eigenschaft als Körperschaft des öffentlichen Rechts auch aus der geschichtlichen Entwicklung, durch Verwaltungsübung oder nach allgemeinen Rechtsgrundsätzen begründet sein (BFH-Urteil vom 5. September 1958 III 179/57 U, BStBl. III S. 478). ④ Die Eigenschaft des jeweiligen Rechtsträgers als juristische Person des öffentlichen Rechts ist vom Finanzamt zu prüfen. ⑤ Ist diese Eigenschaft zweifelhaft und nicht ohne Weiteres nachweisbar, so ist eine Auskunft von der Bundes- oder Landesbehörde einzuholen, der das Aufsichtsrecht über die juristische Person im Einzelfall zusteht (BFH-Urteil vom 1. März 1951 I 52/50 U, BStBl. III S. 120).

22 (3) ① Grundbesitz ausländischer Körperschaften des öffentlichen Rechts ist in der Regel nicht nach § 3 Absatz 1 GrStG von der Grundsteuer befreit. ② Zur Grundsteuerbefreiung von Grundstücken, die den ausländischen Streitkräften oder den internationalen militärischen Hauptquartieren zur Benutzung überlassen worden sind, siehe A 3.4 Absatz 1.

23 (4) Zur Grundsteuerbefreiung von Grundstücken diplomatischer und konsularischer Vertretungen ausländischer Staaten siehe A 5.7.

24 (5) Bestimmten amtlichen zwischenstaatlichen Organisationen sowie Einrichtungen auswärtiger Staaten und ausländischen Wohlfahrtsorganisationen wird eine Befreiung von der Grundsteuer aufgrund besonderer gesetzlicher Regelungen oder zwischenstaatlicher Vereinbarungen gewährt.

25 (6) ① Grundstücke, die sich nicht im Eigentum einer juristischen Person des öffentlichen Rechts befinden, sind gemäß § 3 Absatz 1 Satz 3 GrStG ausnahmsweise dennoch von der Grundsteuer befreit, wenn

1. dieser Grundbesitz im Rahmen einer Öffentlich Privaten Partnerschaft (ÖPP) einer juristischen Person des öffentlichen Rechts für einen öffentlichen Dienst oder Gebrauch überlassen wird und
2. die Übertragung des Eigentums auf die juristische Person des öffentlichen Rechts am Ende des Vertragszeitraums vereinbart wurde.

② ÖPP ist eine Form der Zusammenarbeit zwischen einer juristischen Person des öffentlichen Rechts und einem Privatunternehmen, bei der die erforderlichen Ressourcen von den Partnern zum gegenseitigen Nutzen in einen gemeinsamen Organisationszusammenhang eingesetzt werden. ③ Die Einräumung eines Optionsrechts zugunsten der juristischen Person des öffentlichen Rechts, am Ende des Vertragszeitraums das Eigentum zu erwerben, reicht für eine Grundsteuerbefreiung nicht aus (vgl. BFH-Urteil vom 27. September 2017 II R 13/15, BStBl. II 2018 S. 768). ④ Bei der Gewährung eines Erbbaurechts ist es für eine Grundsteuerbefreiung nicht ausreichend, wenn das Erbbaurecht erst zu einem nach Ende des vereinbarten Vertragszeitraums liegenden Zeitpunkts durch Zeitablauf gemäß § 27 Absatz 1 Satz 1 des Erbbaurechtsgesetzes (ErbbauRG) erlischt. ⑤ Auch in den Fällen, in denen die vereinbarte Kooperationsdauer in der ÖPP und die Laufzeit des Erbbaurechts übereinstimmen, bedarf es einer zusätzlichen Rückübertragungsvereinbarung. ⑥ Für die Grundsteuerbefreiung bei ÖPP ist ohne Bedeutung, ob der private Auftragnehmer den Grundbesitz von der juristischen Person des öffentlichen Rechts erhalten oder auf dem Grundstücksmarkt selbst erworben hat. ⑦ Ebenso ist es für die Grundsteuerbefreiung bei ÖPP unerheblich, ob der Grundbesitz dem privaten Partner von der juristischen Person des öffentlichen Rechts förmlich übertragen oder zur Herrichtung und Betreibung überlassen wurde. ⑧ Vertragsänderungen sind dem zuständigen Finanzamt anzuzeigen (vgl. § 228 BewG, § 19 GrStG).

AEGrStG A 3.3

A 3.3 Öffentlicher Dienst oder Gebrauch

26 (1) ① Unter einem „öffentlichen Dienst oder Gebrauch" im Sinne des § 3 Absatz 1 Satz 1 Nummer 1 GrStG ist sowohl die hoheitliche Tätigkeit (siehe A 3.4) als auch der bestimmungsgemäße Gebrauch durch die Allgemeinheit (siehe A 3.5) zu verstehen (§ 3 Absatz 2 GrStG). ② „Öffentlicher Dienst oder Gebrauch" ist ein einheitlicher Begriff. ③ Eine Abgrenzung, ob im

[1] Nachfolgend abgedruckt als Anlage zu § 3 GrStG.

Einzelfall das eine oder andere vorliegt, ist nicht erforderlich (BFH-Urteil vom 20. Mai 1960 III 440/58 S, BStBl. III S. 368).

(2) ① Die Nutzung von Grundbesitz zur Herstellung oder Gewinnung von Gegenständen, die 27
für einen öffentlichen Dienst oder Gebrauch verwendet werden sollen, ist nicht als öffentlicher Dienst oder Gebrauch des Grundbesitzes anzusehen. ② Dagegen kann in der Nutzung eines Grundstücks zur Lagerung solcher Gegenstände bereits ein öffentlicher Dienst oder Gebrauch liegen.

(3) ① Bei Basisstationen, welche die Nutzung des Digitalfunks für Behörden und Organisatio- 28
nen mit Sicherheitsaufgaben (sog. BOS) ermöglichen und z. B. von der Polizei und anderen Behörden als digitale Funkstationen genutzt werden, kann von einer Verwendung für hoheitliche Zwecke und damit von einem öffentlichen Dienst oder Gebrauch nach § 3 Absatz 2 GrStG ausgegangen werden. ② Lässt sich die Mitbenutzung für andere – kommerzielle – Zwecke räumlich zu der hoheitlichen Nutzung nicht abgrenzen und überwiegt diese Mitbenutzung die hoheitliche Nutzung nicht, so ist nach § 8 Absatz 2 GrStG von einer Steuerbefreiung für das ganze Gebäude auszugehen.

(4) ① Ein öffentlicher Dienst oder Gebrauch ist nicht anzunehmen bei Betrieben gewerblicher 29
Art (BgA) von juristischen Personen des öffentlichen Rechts (§ 4 des Körperschaftsteuergesetzes – KStG). ② Die hierzu bei der Körperschaftsteuer getroffene Entscheidung ist in der Regel auch für die Grundsteuer zu übernehmen. ③ Bei der Körperschaftsteuer wird ein BgA erst dann angenommen, wenn die wirtschaftliche Tätigkeit der juristischen Person des öffentlichen Rechts von einigem Gewicht ist. ④ Fehlt es nur an dieser Voraussetzung oder kommt es aufgrund von Freibeträgen nicht zu einer Körperschaftsteuerveranlagung, so ist für die Grundsteuer gleichwohl anzunehmen, dass der Grundbesitz nicht für einen öffentlichen Dienst oder Gebrauch genutzt wird. ⑤ Eine Gewinnerzielungsabsicht schließt die Annahme eines öffentlichen Dienstes oder Gebrauchs aus. ⑥ Eine fehlende Gewinnerzielungsabsicht allein genügt nicht, um einen öffentlichen Dienst oder Gebrauch anzunehmen (BFH-Urteil vom 20. Mai 1960 III 440/58 S, BStBl. III S. 368).

(5) ① An bestimmte Personen verpachtete Stellplätze stehen nicht mehr der Öffentlichkeit zur 29a
bestimmungsgemäßen Nutzung zur Verfügung, sodass in diesen Fällen grundsätzlich eine Nutzung anzunehmen ist, die zur Steuerpflicht führt. ② Aus Praktikabilitätsgründen und zur Verwaltungsvereinfachung kann die Verpachtung einzelner Stellplätze an bestimmte Personen als Teil des kommunalen Parkraummanagements angesehen und die Steuerbefreiung bei Vorliegen der weiteren Voraussetzungen nach § 8 Absatz 2 GrStG gewährt werden. ③ Unter den Voraussetzungen des § 3 Absatz 1 Satz 1 Nummer 1 GrStG gehören auch öffentliche Fahrradgaragen und E-Scooter-Stellplätze zum steuerbegünstigten Parkraummanagement.

A 3.4 Hoheitliche Tätigkeit[1]

AEGrStG A 3.4

(1) ① Eine hoheitliche Tätigkeit liegt bei Erfüllung von Hoheitsaufgaben vor. ② Es muss sich dabei um Aufgaben handeln, die der juristischen Person des öffentlichen Rechts eigentümlich und 30
ihr vorbehalten sind (BFH-Urteil vom 20. Mai 1960 III 440/58 S, BStBl. III S. 368). ③ Der Erfüllung von Hoheitsaufgaben dient Grundbesitz, der

1. für hoheitliche Zwecke von Gebietskörperschaften, Personalkörperschaften oder Anstalten des öffentlichen Rechts,
2.[2] für hoheitliche Zwecke der Bundeswehr, der ausländischen Streitkräfte und der internationalen militärischen Hauptquartiere (BFH-Urteil vom 14. Januar 1972 III R 50/69, BStBl. II S. 318), des polizeilichen Schutzdienstes und der sonstigen Schutzdienste oder
3. für Zwecke eines sonstigen Hoheitsbetriebs im Sinne des § 4 Absatz 5 KStG

benutzt wird. ④ Zur Abgrenzung einer hoheitlichen von einer wirtschaftlichen Tätigkeit einer juristischen Person des öffentlichen Rechts vgl. BMF-Schreiben vom 11. Dezember 2009, BStBl. I S. 1597.

(2) ① Hoheitsbetriebe sind Betriebe von juristischen Personen des öffentlichen Rechts, die zwar 31
auch einer nachhaltigen Erzielung von Einnahmen, aber überwiegend der Ausübung der öffentlichen Gewalt dienen (§ 4 Absatz 5 Satz 1 KStG). ② Ein Hoheitsbetrieb kann insbesondere dann vorliegen, wenn ein Annahmezwang besteht, d. h., die juristische Person des öffentlichen Rechts Leistungen erbringt, zu deren Annahme der Leistungsempfänger auf Grund gesetzlicher oder behördlicher Anordnung verpflichtet ist. ③ Keine Hoheitsbetriebe sind dagegen u. a. Kreditinstitute,

[1] *BFH-Urteil vom 16. 12. 2009 II R 29/08 (BStBl. 2010 II S. 829):* Grundbesitz der öffentlichen Hand ist nicht nach § 3 Abs. 1 Satz 1 Nr. 1 GrStG von der Grundsteuer befreit, wenn er zur Durchführung hoheitlicher Aufgaben einem privaten Unternehmer überlassen wird.

[2] Grundbesitz der Bundesrepublik Deutschland, der bisher für militärische Zwecke ausländischer Streitkräfte genutzt wurde, ist nach dem Grundsteuerrecht grundsätzlich ab dem Beginn des Kalenderjahres, das der Aufgabe der militärischen Zwecke der ausländischen Streitkräfte folgt, der Grundsteuer zu unterwerfen. Im übrigen kommt es für die Entscheidung über den Beginn der Grundsteuerpflicht auf die Sach- und Rechtslage im Einzelfall an. *FM-Schreiben Bayern vom 10. 11. 1993 – 34 – G 1103 – 9/3 – 44908.*

Versorgungsbetriebe und Verkehrsbetriebe der öffentlichen Hand sowie andere BgA von juristischen Personen des öffentlichen Rechts (siehe A 3.3 Absatz 4). ④ Eine bei der Körperschaftsteuer (§ 4 Absatz 5 KStG) und bei der Gewerbesteuer (§ 2 Absatz 2 der Gewerbesteuer-Durchführungsverordnung) getroffene Entscheidung, ob ein Hoheitsbetrieb vorliegt, ist für die Grundsteuer grundsätzlich zu übernehmen (siehe auch Absatz 4 zur grundsteuerlichen Behandlung von entgeltlich an Bedienstete überlassenen Stellplätzen auf landeseigenen Grundstücken). ⑤ Handelt es sich bei einem rechtlich unselbständigen Eigenbetrieb einer Körperschaft des öffentlichen Rechts nicht um einen BgA, liegt ein Hoheitsbetrieb vor; § 3 Absatz 1 Satz 2 GrStG steht einer Befreiung nach § 3 Absatz 1 Satz 1 Nummer 1 GrStG nicht entgegen. ⑥ Entsprechendes gilt für den Grundbesitz von Landes- oder Staatsbetrieben als rechtlich unselbständige, ausgegliederte Teile der Landesverwaltung.

32 (3) ① Behördenkantinen werden für Zwecke eines Hoheitsbetriebs genutzt, wenn sie so eng mit der Erfüllung der hoheitlichen Tätigkeit der Behörde zusammenhängen, dass sie als ein unentbehrliches Hilfsmittel zur Erfüllung der öffentlichen Aufgaben anzusehen sind. ② Das gilt auch für verpachtete Kantinen und vermietete Kantinenräume (BFH-Urteil vom 29. März 1968 III 213/64, BStBl. II S. 499).

33 (4) ① Die Stellplatzüberlassung einer juristischen Person des öffentlichen Rechts gegen Entgelt an Bedienstete ist keine hoheitliche Aufgabe, die der juristischen Person des öffentlichen Rechts eigentümlich und vorbehalten ist. ② Eine Grundsteuerbefreiung nach § 3 GrStG kommt unabhängig davon, ob ein BgA vorliegt, nicht in Betracht.

34 (5) ① Die der Abfallentsorgung dienenden Grundstücke einer juristischen Person des öffentlichen Rechts fallen unter die Steuerbefreiung des § 3 Absatz 1 Satz 1 Nummer 1 GrStG, wenn ein Hoheitsbetrieb vorliegt. ② Absatz 2 Satz 5 gilt entsprechend.

AEGrStG A 3.5

A 3.5 Bestimmungsgemäßer Gebrauch durch die Allgemeinheit

35 (1) ① Ein bestimmungsgemäßer Gebrauch durch die Allgemeinheit liegt vor, wenn der Personenkreis, dem die Nutzung vorbehalten ist, als Öffentlichkeit angesehen werden kann. ② Der Personenkreis darf weder auf bestimmte Personen begrenzt sein noch dauerhaft aus einem kleinen Kreis von Personen bestehen. ③ Die Nutzung des Grundstücks durch die Öffentlichkeit muss grundsätzlich durch Satzung, Widmung oder einen anderen öffentlichen Akt festgelegt sein. ④ Es genügt, dass die Nutzung durch die Allgemeinheit von der juristischen Person des öffentlichen Rechts geduldet wird und tatsächlich erfolgt.

36 (2) ① Für einen öffentlichen Gebrauch werden sowohl Grundstücke genutzt, die der Öffentlichkeit ohne besondere Zulassung zur bestimmungsgemäßen Nutzung zur Verfügung stehen (z. B. Straßen, gärtnerische Anlagen usw.), als auch Grundstücke mit Einrichtungen, die der Öffentlichkeit nur nach besonderer Berechtigung zur Verfügung stehen (z. B. Schulen, Sportplätze, Krankenhäuser usw.). ② Die besondere Berechtigung kann in

1. einer zeitlichen Nutzungsbeschränkung (z. B. der Regelung von Besuchszeiten in einem Museum),
2. der Erhebung eines Entgelts (z. B. eines Eintrittsgelds),
3. einer formellen Zugangsberechtigung (z. B. Schule) oder
4. anderen Beschränkungen

bestehen. ③ Voraussetzung ist, dass die Beschränkungen nur aus Gründen des öffentlichen Interesses erfolgen. ④ Wird für die Nutzung ein Entgelt erhoben, das nach den Umständen des Einzelfalls besonders hoch ist, so kann es an einem bestimmungsgemäßen Gebrauch durch die Allgemeinheit fehlen.

37 (3)[1] ① Bei Straßen, Wegen und Plätzen, die der Öffentlichkeit zur bestimmungsgemäßen Nutzung im Sinne der Absätze 1 und 2 zur Verfügung stehen, liegt bestimmungsgemäßer Gebrauch durch die Allgemeinheit vor (§ 3 Absatz 2 GrStG). ② Dieser Grundbesitz ist aufgrund der bestimmungsgemäßen Nutzung für einen öffentlichen Dienst oder Gebrauch von der Grundsteuer befreit (§ 3 Absatz 1 Satz 1 Nummer 1 GrStG). ③ Befreit sind auch die Parkflächen auf Straßen, Wegen und Seitenstreifen, auf denen das Parken nur zeitlich begrenzt erlaubt ist (sog. Kurzzeitparkplätze). ④ Das Gleiche gilt für Zonen mit Anwohnerparkrechten. ⑤ Nicht befreit sind gebührenpflichtige öffentliche Parkplätze und Parkhäuser, einschließlich Parkpaletten, Tiefgaragen sowie „Park and Ride"-Plätze. ⑥ Bei diesen liegt kein öffentlicher Dienst oder Gebrauch vor (§ 3 Absatz 3 GrStG), sondern ein BgA von juristischen Personen des öffentlichen Rechts (vgl. BFH-Urteil vom 22. September 1976 I R 102/74, BStBl. II S. 793). ⑦ Dies gilt selbst dann, wenn der Parkraum jedermann zur Verfügung steht und die Absicht, Gewinn zu erzielen, fehlt. ⑧ Die Grundsteuerbefreiung nach § 4 Nummer 3 Buchstabe a GrStG bleibt hiervon unberührt.

---

[1] Vgl. *Erlass FM S-Anh vom 16. 3. 2023 43-G 1103-16* betr. Grundsteuerbefreiung für Stellplätze auf öffentlichen Straßen und Plätzen.

A 3.6 Grundbesitz des Bundeseisenbahnvermögens

AEGrStG A 3.6

38

① Grundbesitz, der vom Bundeseisenbahnvermögen für Verwaltungszwecke benutzt wird, ist von der Grundsteuer befreit (§ 3 Absatz 1 Satz 1 Nummer 2 GrStG). ② Steuerpflichtig ist Grundbesitz, der nicht für Verwaltungszwecke benutzt wird. ③ Das sind insbesondere Wohnungen (§ 5 Absatz 2 GrStG). ④ A 3.1 Absatz 3 und A 3.4 Absatz 3 bleiben unberührt.

A 3.7 Für gemeinnützige oder mildtätige Zwecke benutzter Grundbesitz

AEGrStG A 3.7

39

(1) ① Die Befreiung des Grundbesitzes von der Grundsteuer nach § 3 Absatz 1 Satz 1 Nummer 3 GrStG setzt voraus, dass dieser entweder einer inländischen juristischen Person des öffentlichen Rechts (siehe A 3.2) oder einer inländischen Körperschaft, Personenvereinigung oder Vermögensmasse gehört, die nach der Satzung, dem Stiftungsgeschäft oder der sonstigen Verfassung und nach ihrer tatsächlichen Geschäftsführung ausschließlich und unmittelbar gemeinnützigen oder mildtätigen Zwecken dient (subjektive Voraussetzung). ② Für die Begriffe „gemeinnützige Zwecke" und „mildtätige Zwecke" im Sinne des Grundsteuergesetzes gelten die §§ 52, 53, 55 bis 68 AO (§ 51 AO).[1]

40

(2) ① Bei einer inländischen juristischen Person des öffentlichen Rechts sind die subjektiven Voraussetzungen erfüllt. ② Bei einer inländischen Körperschaft, Personenvereinigung oder Vermögensmasse ist die subjektive Voraussetzung erfüllt, wenn ein Freistellungsbescheid im Sinne des § 5 Absatz 1 Nummer 9 KStG des für die Körperschaft zuständigen Finanzamts vorliegt.

41

(3) ① Der Grundbesitz muss neben der subjektiven Voraussetzung tatsächlich für gemeinnützige oder mildtätige Zwecke genutzt werden (objektive Voraussetzung). ② Ob der Nutzungszweck des Grundbesitzes gemeinnützig oder mildtätig im Sinne der §§ 52, 53, 55 bis 68 AO ist, muss für die Grundsteuerbefreiung jeweils selbständig geprüft werden. ③ Eine für die Körperschaftsteuer getroffene Entscheidung ist zu übernehmen.

42

(4) ① Von der Grundsteuer befreit ist auch der Grundbesitz, auf dem ein Zweckbetrieb im Sinne der §§ 65 bis 68 AO unterhalten wird. ② Eine für Zwecke der Körperschaftsteuer getroffene Entscheidung ist für die Grundsteuer zu übernehmen. ③ Wenn auf dem Grundbesitz neben begünstigten nur eine oder mehrere zeitlich befristete Veranstaltungen stattfinden, mit denen nicht unmittelbar gemeinnützige oder mildtätige Zwecke verwirklicht werden, z. B. die Tanzveranstaltung eines Sportvereins in seiner Sporthalle, dann kommt es für die Frage der Befreiung darauf an, welche Nutzung überwiegt (§ 8 Absatz 2 GrStG, siehe A 8).

43

(5) ① Von der Grundsteuer befreit bleibt der Grundbesitz, auf dem die gemeinnützigen oder mildtätigen Zwecke unmittelbar verfolgt werden. ② Dazu gehört grundsätzlich auch der Grundbesitz, auf dem die Körperschaft, Personenvereinigung oder Vermögensmasse ihre Verwaltungstätigkeit ausübt. ③ Verwaltungsräume, die der Verwaltung von steuerpflichtigem Grundbesitz dienen, sind dagegen steuerpflichtig (BFH-Urteile vom 10. Dezember 1954 III 78/54 S, BStBl. III 1955 S. 63 und vom 6. Oktober 1961 III 405/59 S, BStBl. III S. 571). ④ Hat die Körperschaft, Personenvereinigung oder Vermögensmasse einen oder mehrere wirtschaftliche Geschäftsbetriebe, die nicht Zweckbetriebe im Sinne der §§ 65 bis 68 AO sind (steuerpflichtige wirtschaftliche Geschäftsbetriebe, § 64 AO), so ist auch derjenige Grundbesitz oder Teil des Grundbesitzes steuerpflichtig, der für die Verwaltung des steuerpflichtigen wirtschaftlichen Geschäftsbetriebes oder der steuerpflichtigen wirtschaftlichen Geschäftsbetriebe genutzt wird. ⑤ Bei der Abgrenzung ist § 8 GrStG zu beachten (siehe A 8).

44

(6) ① Bei einer als gemeinnützig anerkannten Körperschaft, Personenvereinigung oder Vermögensmasse ist der Grundbesitz steuerpflichtig,

1. der zu Wohnzwecken benutzt wird (siehe A 5.1), soweit er nicht unter § 5 Absatz 1 GrStG fällt,
2. auf dem ein wirtschaftlicher Geschäftsbetrieb ausgeübt wird, der nicht Zweckbetrieb im Sinne der §§ 65 bis 68 AO ist (steuerpflichtige wirtschaftliche Geschäftsbetriebe, § 64 AO),
3. der land- und forstwirtschaftlich genutzt wird, soweit nicht § 6 GrStG anzuwenden ist,[2]
4. der als unbebautes Grundstück bewertet ist, soweit nicht die Voraussetzungen des § 7 GrStG erfüllt sind,
5. der einem Dritten zur Nutzung überlassen ist.

② Satz 1 Nummer 5 gilt nicht, wenn auch der Dritte zu den nach § 3 Absatz 1 GrStG begünstigten Rechtsträgern gehört und er den Grundbesitz für einen begünstigten Zweck nutzt (siehe A 3.1 Absatz 3 zu § 3 GrStG).

A 3.8 Für sportliche Zwecke benutzter Grundbesitz

AEGrStG A 3.8

45

(1) Sportliche Anlagen von inländischen juristischen Personen des öffentlichen Rechts (siehe A 3.2),

1. die der Öffentlichkeit zur bestimmungsgemäßen Nutzung zur Verfügung stehen, sind nach § 3 Absatz 1 Satz 1 Nummer 1 GrStG von der Grundsteuer befreit,

[1] §§ 51–68 AO nachfolgend abgedruckt als Anlage zu § 3 GrStG.
[2] Vgl. *BFH-Urteil vom 16. 10. 1996 II R 17/96,* abgedruckt zu § 6 GrStG.

2. die einem Sportverein zur Nutzung überlassen sind, sind unter den Voraussetzungen des § 3 Absatz 1 Satz 1 Nummer 3 GrStG von der Grundsteuer befreit (siehe A 3.7).

46 (2) ① Sportliche Anlagen von Sportvereinen einschließlich der Zuschauerflächen mit oder ohne Tribünenaufbauten sind von der Grundsteuer befreit, wenn der Sportverein einschließlich seiner sportlichen Veranstaltungen gemeinnützig ist (§ 3 Absatz 1 Satz 1 Nummer 3 Buchstabe b GrStG, vgl. insbesondere §§ 52, 65 und 67a AO sowie AEAO zu § 67a AO). ② Bilden die sportlichen Veranstaltungen des Sportvereins einen wirtschaftlichen Geschäftsbetrieb, der nicht Zweckbetrieb im Sinne des § 65 AO und des § 67a AO ist, und werden die sportlichen Anlagen ganz oder überwiegend für diese Veranstaltungen benutzt, so unterliegen sie der Grundsteuer.

47 (3) Grundbesitz, den ein privater Eigentümer an einen gemeinnützigen Sportverein zur Nutzung für sportliche Zwecke verpachtet hat, unterliegt der Grundsteuer (siehe aber A 32.2).

48 (4) ① Zu den sportlichen Anlagen gehören auch Unterrichts- und Ausbildungsräume, Übernachtungsräume für Trainingsmannschaften, Umkleide-, Bade-, Dusch- und Waschräume sowie Räume zur Aufbewahrung von Sportgeräten, auch wenn sie für diesen Zweck an Vereinsmitglieder ganz oder teilweise vermietet sind. ② Zu den sportlichen Anlagen gehören ferner Unterkunfts- und Schutzhütten von Bergsteiger-, Ski- und Wandervereinen. ③ Die Grundsteuerbefreiung erstreckt sich auch auf kleinere, einfach ausgestattete Räume, die der Erfrischung der Sporttreibenden dienen. ④ Räume, die der Erholung oder der Geselligkeit dienen, gehören nicht zu den sportlichen Anlagen, es sei denn, sie sind einem Zweckbetrieb nach § 67a AO zuzuordnen. ⑤ Räume, die überwiegend einem solchen Zweckbetrieb dienen, sind von der Grundsteuer befreit.

AEGrStG A 3.9

A 3.9 Religionsgesellschaften des öffentlichen Rechts[1]

49 (1) ① Von der Grundsteuer befreit ist Grundbesitz, der von einer Religionsgesellschaft, die Körperschaft des öffentlichen Rechts ist, einem ihrer Orden, einer ihrer religiösen Genossenschaften oder einem ihrer Verbände für Zwecke

1. der religiösen Unterweisung,
2. der Wissenschaft,
3. des Unterrichts,
4. der Erziehung oder
5. der eigenen Verwaltung

benutzt wird. ② Den Religionsgesellschaften stehen die jüdischen Kultusgemeinden gleich, die nicht Körperschaften des öffentlichen Rechts sind.

50 (2) ① Ob eine Religionsgesellschaft, ein Orden, eine religiöse Genossenschaft oder ein religiöser Verband eine Körperschaft des öffentlichen Rechts ist, richtet sich entweder nach Artikel 140 GG i. V. m. Artikel 137 Absatz 4 und 5 der Weimarer Reichsverfassung oder nach Landesrecht. ② Im Zweifelsfall ist der Nachweis durch die Vorlage entsprechender Verleihungsurkunden zu führen. ③ Lässt sich dieser Nachweis nicht führen oder steht fest, dass eine Körperschaft des öffentlichen Rechts nicht vorliegt, so kann es sich immer noch um eine gemeinnützige Körperschaft im Sinne des § 3 Absatz 1 Satz 1 Nummer 3 Buchstabe b GrStG handeln. ④ Zur Feststellung der Gemeinnützigkeit siehe A 3.7. ⑤ Die Anerkennung einer Religionsgesellschaft als Körperschaft des öffentlichen Rechts durch ein Land hat keine Wirkungen für die übrigen Länder. ⑥ Hat die Religionsgesellschaft in einem anderen Land Grundbesitz, der für ihre begünstigten Zwecke genutzt wird, so kann unterstellt werden, dass die Voraussetzungen für die Anerkennung als gemeinnützig erfüllt sind. ⑦ Die Beschränkung der Grundsteuerbefreiungen nach § 3 Absatz 1 Satz 1 Nummer 4 und § 4 Nummer 1 GrStG auf solche Religionsgesellschaften, die Körperschaften des öffentlichen Rechts sind, sowie auf jüdische Kultusgemeinden ist nicht verfassungswidrig (BFH-Urteil vom 30. Juni 2010 II R 12/09, BStBl. II 2011 S. 48).

51 (3) ① Der Grundbesitz einer Religionsgesellschaft des öffentlichen Rechts, der dem Gottesdienst dient, ist nach § 4 Nummer 1 GrStG steuerfrei. ② Grundbesitz einer als gemeinnützig anerkannten religiösen Vereinigung, der dem Gottesdienst dient, ist nach § 3 Absatz 1 Satz 1 Nummer 3 Buchstabe b GrStG steuerfrei (siehe A 4.2 Absatz 1).

52 (4) ① Bei einer Religionsgesellschaft des öffentlichen Rechts ist vorbehaltlich des § 3 Absatz 1 Satz 1 Nummer 5 GrStG der Grundbesitz steuerpflichtig,

1. der für Wohnzwecke genutzt wird (siehe A 5.1), soweit nicht § 5 Absatz 1 GrStG anzuwenden ist,
2. auf dem ein steuerpflichtiger BgA unterhalten wird (siehe A 3.3 Absatz 4),
3. der land- und forstwirtschaftlich genutzt wird, soweit nicht § 6 GrStG anzuwenden ist,

---

[1] *BFH-Urteil vom 30. 6. 2010 II R 12/09 (BStBl. 2011 II S. 48):* **1.** Die Beschränkung der Grundsteuerbefreiungen nach § 3 Abs. 1 Satz 1 Nr. 4, § 4 Nr. 1 GrStG auf solche Religionsgesellschaften, die Körperschaften des öffentlichen Rechts sind, sowie auf jüdische Kultusgemeinden ist nicht verfassungswidrig. **2.** … – *Vb.* nicht zur Entscheidung angenommen, siehe *BVerfG-Beschluss vom 24. 4. 2015 2 BvR 287/11.*

4. der als unbebautes Grundstück bewertet ist, soweit nicht § 7 GrStG anzuwenden ist (siehe A 7),
5. der einem Dritten zur Nutzung überlassen ist.

② Satz 1 Nummer 5 gilt nicht, wenn auch der Dritte zu den nach § 3 Absatz 1 GrStG begünstigten Rechtsträgern gehört (siehe A 3.1 Absatz 2) und er den Grundbesitz für einen begünstigten Zweck nutzt (siehe A 7).

(5) ① Religiöse Unterweisung ist Unterricht zur Förderung des Wissens in religiösen Fragen, insbesondere die Erteilung des Religionsunterrichts, die Abhaltung von Bibelstunden und die Ausbildung des geistlichen Nachwuchses. ② Auch die kirchlichen Bildungsheime oder Akademien und die Exerzitienheime sind als für die Zwecke der religiösen Unterweisung genutzt anzusehen. ③ Das Zusammenleben allein nach einer bestimmten Ordensregel gilt nicht als religiöse Unterweisung. 53

(6) ① Für Grundbesitz, der Verwaltungszwecken dient, gilt A 3.7 Absatz 5 zu § 3 GrStG entsprechend. ② Den Verwaltungszwecken dient insbesondere der Grundbesitz, der für die amtliche Tätigkeit der Kirchenbehörden, die Verwaltungstätigkeit eines Ordens usw. genutzt wird. 54

A 3.10 Dienstwohnungen der Geistlichen und Kirchendiener

AEGrStG A 3.10

(1) ① Von der Grundsteuer befreit sind nach § 3 Absatz 1 Satz 1 Nummer 5 GrStG auch Dienstwohnungen der Geistlichen und Kirchendiener der Religionsgesellschaften, die Körperschaften des öffentlichen Rechts sind, sowie der jüdischen Kultusgemeinden. ② Dies gilt auch, wenn die Wohnung im Pfarrhaus der Kirchengemeinde zur Wahrnehmung seelsorgerischer Aufgaben von einem Pastoral- und Gemeindereferenten bezogen wird und eine Anrechnung des Mietwerts dieser Wohnung auf die Vergütung im Rahmen des Dienstverhältnisses erfolgt. ③ Pastoral- und Gemeindereferenten sind in diesem Fall insoweit dem Kirchendiener im Sinne der Befreiungsvorschrift gleichzusetzen. ④ § 5 GrStG, insbesondere die Regelung, dass Wohnungen immer steuerpflichtig sind, ist insoweit nicht anzuwenden. 55

(2) ① Eine Dienstwohnung setzt voraus, dass ihre Nutzung dem Stelleninhaber auf Grund eines öffentlich-rechtlichen Dienstverhältnisses als Teil des Diensteinkommens zugewiesen worden und die Nutzung der Wohnung zur ordnungsmäßigen Wahrnehmung der dienstlichen Obliegenheiten erforderlich ist (BFH-Urteil vom 12. Januar 1973 III R 85/72, BStBl. II S. 377 und BFH-Urteil vom 18. Oktober 1989 II R 209/83, BStBl. II 1990 S. 190). ② Diese Voraussetzung liegt nicht vor, wenn die Dienstwohnung nicht mehr einem bestimmten Stelleninhaber zugewiesen, sondern an Dritte vermietet wird (BFH-Urteil vom 10. Juli 1959 III 283/58 U, BStBl. III S. 368). ③ Die Voraussetzung liegt auch nicht bei kircheneigenen Wohnungen vor, die anderen Beamten oder Angestellten überlassen sind. ④ Kircheneigene Wohnungen, die Geistlichen oder Kirchendienern auf Grund eines Mietvertrages überlassen werden, sind auch dann nicht befreit, wenn der Mietzins auf ihre Gehaltsbezüge angerechnet wird. ⑤ Steuerpflichtig sind auch die Wohnungen, die andere juristische Personen des öffentlichen Rechts Geistlichen, z. B. Krankenhaus- oder Gefängnisgeistlichen, überlassen haben. ⑥ Das gilt auch dann, wenn die überlassene Wohnung wirtschaftlich einer Dienstwohnung gleicht. 56

(3) ① Geistliche sind Personen, die zur Besorgung des Gottesdienstes und zum Unterricht in der Religion bestellt sind. ② Sie müssen ein geistliches Amt innehaben, dessen Obliegenheiten zu den religiösen Zwecken und Aufgaben einer Kirche gehören und das in die Organisation dieser Kirche eingegliedert ist. 57

(4) ① Kirchendiener sind Personen, die, ohne als Geistliche tätig zu sein, an der sakralen Gestaltung des Gottesdienstes unmittelbar mitwirken, z. B. Küster oder Organisten. ② Keine Kirchendiener sind Rendanten, beamtete Lehrkräfte eines kirchlichen Gymnasiums, sonstige weltliche Kirchenbeamte sowie die von einer öffentlich-rechtlichen Religionsgesellschaft angestellten Pförtner, Kraftfahrer, Hausmeister, Gärtner usw. 58

(5) Wird eine Wohnung nicht mehr vom Kirchendiener oder Geistlichen genutzt, so ist dies anzuzeigen (vgl. § 228 BewG, § 19 GrStG). 59

A 3.11 Grundbesitz im gesonderten Vermögen nach Kirchenrecht

AEGrStG A 3.11

(1) ① Von der Grundsteuer befreit ist nach § 3 Absatz 1 Satz 1 Nummer 6 GrStG Grundbesitz der Religionsgesellschaften, die Körperschaften des öffentlichen Rechts sind, sowie der jüdischen Kultusgemeinden, der zu einem nach Kirchenrecht gesonderten Vermögen, insbesondere einem Stellenfonds gehört und dessen Erträge ausschließlich für die Besoldung und Versorgung der Geistlichen und Kirchendiener sowie ihrer Hinterbliebenen bestimmt sind. ② Die Steuerbefreiung nach § 3 Absatz 1 Satz 1 Nummer 6 GrStG ist bei Vorliegen der übrigen Voraussetzungen auch dann zu gewähren, wenn die Erträge, die der Besoldung und Versorgung der Geistlichen dienen, aus einem Betrieb gewerblicher Art stammen. ③ Die Zugehörigkeit des Grundbesitzes zu einem Stellenfonds ergibt sich in der Regel aus dem Grundbuch; andernfalls ist die Zugehörigkeit des Grundbesitzes zu dem Stellenfonds in nachvollziehbarer Weise (z. B. durch Eintragungen in Kirchenbüchern) darzulegen. ④ Veränderungen, die diese Zugehörigkeit unberührt lassen, wirken sich nicht auf die Grundsteuerbefreiung aus; hierunter fällt z. B. die Belastung mit einem Erbbau- 60

recht oder die Bebauung eines bisher unbebauten Grundstücks. ⑤ Für die Besoldung der Geistlichen und Kirchendiener ausschließlich bestimmt sind die Erträge auch dann, wenn der Grundbesitz zentral verwaltet wird. ⑥ Entscheidend für die Befreiung von der Grundsteuer ist die Zweckbindung des Stellenfondsvermögens für Besoldungs- und Versorgungszwecke. ⑦ Ein persönlicher Nießbrauch des Stelleninhabers ist nicht erforderlich. ⑧ Es kommt für die Gewährung der Steuerbefreiung nach § 3 Absatz 1 Satz 1 Nummer 6 GrStG nicht darauf an, wie der Grundbesitz genutzt oder von wem er verwaltet wird.

61 (2) ① Voraussetzung für die Grundsteuerbefreiung nach § 3 Absatz 1 Satz 1 Nummer 6 GrStG ist, dass der Grundbesitz sowohl am 1. Januar 1987 als auch im jeweiligen Veranlagungszeitpunkt dem begünstigten Zweck diente bzw. dient. ② In dem in Artikel 3 des Einigungsvertrages genannten Gebiet reicht es aus, wenn der Grundbesitz zu einem Zeitpunkt vor dem 1. Januar 1987 und zum Veranlagungszeitpunkt zu dem gesonderten Vermögen gehörte bzw. gehört. ③ Nach dem 1. Januar 1987 erworbener Grundbesitz ist nicht von der Grundsteuer befreit, es sei denn, es handelt sich dabei um die Zuteilung von Flächen bei Flurbereinigungs- oder gesetzlichen Umlegungsverfahren. ④ In diesem Fall tritt die neue Grundstücksfläche unter Fortsetzung des Eigentums an die Stelle der hingegebenen Fläche (vgl. BFH-Urteil vom 9. Juli 1971 III R 30/70, BStBl. II S. 785 für die früher entstandenen fiktiven Dienstgrundstücke). ⑤ Für die Zugehörigkeit desselben Grundbesitzes zum nach Kirchenrecht gesonderten Vermögen an den maßgebenden Stichtagen genügt die bürgerlich-rechtliche Identität des Grundstücks. ⑥ Veränderungen durch Bebauung, Anbauten, Belastung mit einem Erbbaurecht usw. sind deshalb für den Fortbestand der Grundsteuerbefreiung unschädlich. ⑦ Bei Hinzuerwerb von Flächen gilt dies entsprechend, wenn der Zukauf am 1. Januar 1987 weniger als 50 Prozent der Fläche des ursprünglichen Grundstücks ausmacht.

Anl zu § 3

Abgabenordnung (AO)

In der Fassung der Bek. vom 23. Januar 2025 (BGBl. I Nr. 24 S. 5)

– Auszug –

§ 14 Wirtschaftlicher Geschäftsbetrieb

65 ① Ein wirtschaftlicher Geschäftsbetrieb ist eine selbständige nachhaltige Tätigkeit, durch die Einnahmen oder andere wirtschaftliche Vorteile erzielt werden und die über den Rahmen einer Vermögensverwaltung hinausgeht. ② Die Absicht, Gewinn zu erzielen, ist nicht erforderlich. ③ Eine Vermögensverwaltung liegt in der Regel vor, wenn Vermögen genutzt, zum Beispiel Kapitalvermögen verzinslich angelegt oder unbewegliches Vermögen vermietet oder verpachtet wird.

§ 39 Zurechnung

66 (1) Wirtschaftsgüter sind dem Eigentümer zuzurechnen.

(2) Abweichend von Absatz 1 gelten die folgenden Vorschriften:

1. ① Übt ein anderer als der Eigentümer die tatsächliche Herrschaft über ein Wirtschaftsgut in der Weise aus, dass er den Eigentümer im Regelfall für die gewöhnliche Nutzungsdauer von der Einwirkung auf das Wirtschaftsgut wirtschaftlich ausschließen kann, so ist ihm das Wirtschaftsgut zuzurechnen. ② Bei Treuhandverhältnissen sind die Wirtschaftsgüter dem Treugeber, beim Sicherungseigentum dem Sicherungsgeber und beim Eigenbesitz dem Eigenbesitzer zuzurechnen.
2. ① Wirtschaftsgüter, die mehreren zur gesamten Hand oder einer rechtsfähigen Personengesellschaft zustehen, werden den Beteiligten oder Gesellschaftern anteilig zugerechnet, soweit eine getrennte Zurechnung für die Besteuerung erforderlich ist. ② Rechtsfähige Personengesellschaften gelten für Zwecke der Ertragsbesteuerung als Gesamthand und deren Vermögen als Gesamthandsvermögen.

Dritter Abschnitt. Steuerbegünstigte Zwecke

§ 51 Allgemeines

67 (1) ① Gewährt das Gesetz eine Steuervergünstigung, weil eine Körperschaft ausschließlich und unmittelbar gemeinnützige, mildtätige oder kirchliche Zwecke (steuerbegünstigte Zwecke) verfolgt, so gelten die folgenden Vorschriften. ② Unter Körperschaften sind die Körperschaften, Personenvereinigungen und Vermögensmassen im Sinne des Körperschaftsteuergesetzes zu verstehen. ③ Funktionale Untergliederungen (Abteilungen) von Körperschaften gelten nicht als selbstständige Steuersubjekte.

(2) Werden die steuerbegünstigten Zwecke im Ausland verwirklicht, setzt die Steuervergünstigung voraus, dass natürliche Personen, die ihren Wohnsitz oder ihren gewöhnlichen Aufenthalt im Geltungsbereich dieses Gesetzes haben, gefördert werden oder die Tätigkeit der Körperschaft neben der Verwirklichung der steuerbegünstigten Zwecke auch zum Ansehen der Bundesrepublik Deutschland im Ausland beitragen kann.

(3) ① Eine Steuervergünstigung setzt zudem voraus, dass die Körperschaft nach ihrer Satzung und bei ihrer tatsächlichen Geschäftsführung keine Bestrebungen im Sinne des § 4 des Bundesverfassungsschutzgesetzes fördert und dem Gedanken der Völkerverständigung nicht zuwiderhandelt. ② Bei Körperschaften, die im Verfassungsschutzbericht des Bundes oder eines Landes als extremistische Organisation aufgeführt sind, ist widerlegbar davon auszugehen, dass die Voraussetzungen des Satzes 1

nicht erfüllt sind. ③ Die Finanzbehörde teilt Tatsachen, die den Verdacht von Bestrebungen im Sinne des § 4 des Bundesverfassungsschutzgesetzes oder des Zuwiderhandelns gegen den Gedanken der Völkerverständigung begründen, der Verfassungsschutzbehörde mit. Anl zu § 3

§ 52 Gemeinnützige Zwecke

(1) ① Eine Körperschaft verfolgt gemeinnützige Zwecke, wenn ihre Tätigkeit darauf gerichtet ist, die Allgemeinheit auf materiellem, geistigem oder sittlichem Gebiet selbstlos zu fördern. ② Eine Förderung der Allgemeinheit ist nicht gegeben, wenn der Kreis der Personen, dem die Förderung zugute kommt, fest abgeschlossen ist, zum Beispiel Zugehörigkeit zu einer Familie oder zur Belegschaft eines Unternehmens, oder infolge seiner Abgrenzung, insbesondere nach räumlichen oder beruflichen Merkmalen, dauernd nur klein sein kann. ③ Eine Förderung der Allgemeinheit liegt nicht allein deswegen vor, weil eine Körperschaft ihre Mittel einer Körperschaft des öffentlichen Rechts zuführt. **68**

(2) ① Unter den Voraussetzungen des Absatzes 1 sind als Förderung der Allgemeinheit anzuerkennen:

1. die Förderung von Wissenschaft und Forschung;
2. die Förderung der Religion;
3. die Förderung des öffentlichen Gesundheitswesens und der öffentlichen Gesundheitspflege, insbesondere die Verhütung und Bekämpfung von übertragbaren Krankheiten, auch durch Krankenhäuser im Sinne des § 67, und von Tierseuchen;
4. die Förderung der Jugend- und Altenhilfe;
5. die Förderung von Kunst und Kultur;
6. die Förderung des Denkmalschutzes und der Denkmalpflege;
7. die Förderung der Erziehung, Volks- und Berufsbildung einschließlich der Studentenhilfe;
8. die Förderung des Naturschutzes und der Landschaftspflege im Sinne des Bundesnaturschutzgesetzes und der Naturschutzgesetze der Länder, des Umweltschutzes, einschließlich des Klimaschutzes, des Küstenschutzes und des Hochwasserschutzes;
9. die Förderung des Wohlfahrtswesens, insbesondere der Zwecke der amtlich anerkannten Verbände der freien Wohlfahrtspflege (§ 23 der Umsatzsteuer-Durchführungsverordnung), ihrer Unterverbände und ihrer angeschlossenen Einrichtungen und Anstalten;
10. die Förderung der Hilfe für politisch, rassistisch oder religiös Verfolgte, für Flüchtlinge, Vertriebene, Aussiedler, Spätaussiedler, Kriegsopfer, Kriegshinterbliebene, Kriegsbeschädigte und Kriegsgefangene, Zivilbeschädigte und Behinderte sowie Hilfe für Opfer von Straftaten; Förderung des Andenkens an Verfolgte, Kriegs- und Katastrophenopfer; Förderung des Suchdienstes für Vermisste, Förderung der Hilfe für Menschen, die auf Grund ihrer geschlechtlichen Identität oder ihrer geschlechtlichen Orientierung diskriminiert werden;
11. die Förderung der Rettung aus Lebensgefahr;
12. die Förderung des Feuer-, Arbeits-, Katastrophen- und Zivilschutzes sowie der Unfallverhütung;
13. die Förderung internationaler Gesinnung, der Toleranz auf allen Gebieten der Kultur und des Völkerverständigungsgedankens;
14. die Förderung des Tierschutzes;
15. die Förderung der Entwicklungszusammenarbeit;
16. die Förderung von Verbraucherberatung und Verbraucherschutz;
17. die Förderung der Fürsorge für Strafgefangene und ehemalige Strafgefangene;
18. die Förderung der Gleichberechtigung von Frauen und Männern;
19. die Förderung des Schutzes von Ehe und Familie;
20. die Förderung der Kriminalprävention;
21. die Förderung des Sports (Schach gilt als Sport);
22. die Förderung der Heimatpflege, Heimatkunde und der Ortsverschönerung;
23. die Förderung der Tierzucht, der Pflanzenzucht, der Kleingärtnerei, des traditionellen Brauchtums einschließlich des Karnevals, der Fastnacht und des Faschings, der Soldaten- und Reservistenbetreuung, des Amateurfunkens, des Freifunks, des Modellflugs und des Hundesports;
24. die allgemeine Förderung des demokratischen Staatswesens im Geltungsbereich dieses Gesetzes; hierzu gehören nicht Bestrebungen, die nur bestimmte Einzelinteressen staatsbürgerlicher Art verfolgen oder die auf den kommunalpolitischen Bereich beschränkt sind;
25. die Förderung des bürgerschaftlichen Engagements zugunsten gemeinnütziger, mildtätiger und kirchlicher Zwecke;
26. die Förderung der Unterhaltung und Pflege von Friedhöfen und die Förderung der Unterhaltung von Gedenkstätten für nichtbestattungspflichtige Kinder und Föten;
27. die Förderung wohngemeinnütziger Zwecke; dies ist die vergünstigte Wohnraumüberlassung an Personen im Sinne des § 53. ② § 53 Nummer 2 ist mit der Maßgabe anzuwenden, dass die Bezüge nicht höher sein dürfen als das Fünffache des Regelsatzes der Sozialhilfe im Sinne des § 28 des Zwölften Buches Sozialgesetzbuch; beim Alleinstehenden oder Alleinerziehenden tritt an die Stelle des Fünffachen das Sechsfache des Regelsatzes. ③ Die Hilfebedürftigkeit muss zu Beginn des jeweiligen Mietverhältnisses vorliegen.

Anl zu § 3

② Sofern der von der Körperschaft verfolgte Zweck nicht unter Satz 1 fällt, aber die Allgemeinheit auf materiellem, geistigem oder sittlichem Gebiet entsprechend selbstlos gefördert wird, kann dieser Zweck für gemeinnützig erklärt werden. ③ Die obersten Finanzbehörden der Länder haben jeweils eine Finanzbehörde im Sinne des Finanzverwaltungsgesetzes zu bestimmen, die für Entscheidungen nach Satz 2 zuständig ist.

§ 53 Mildtätige Zwecke

69 Eine Körperschaft verfolgt mildtätige Zwecke, wenn ihre Tätigkeit darauf gerichtet ist, Personen selbstlos zu unterstützen,

1. die infolge ihres körperlichen, geistigen oder seelischen Zustands auf die Hilfe anderer angewiesen sind oder
2. deren Bezüge nicht höher sind als das Vierfache des Regelsatzes der Sozialhilfe im Sinne des § 28 des Zwölften Buches Sozialgesetzbuch; beim Alleinstehenden oder Alleinerziehenden tritt an die Stelle des Vierfachen das Fünffache des Regelsatzes. ② Dies gilt nicht für Personen, deren Vermögen zur nachhaltigen Verbesserung ihres Unterhalts ausreicht und denen zugemutet werden kann, es dafür zu verwenden. ③ Bezüge im Sinne dieser Vorschrift sind
   a) Einkünfte im Sinne des § 2 Absatz 1 des Einkommensteuergesetzes und
   b) andere zur Bestreitung des Unterhalts bestimmte oder geeignete Bezüge,

   aller Haushaltsangehörigen. ④ Zu berücksichtigen sind auch gezahlte und empfangene Unterhaltsleistungen. ⑤ Die wirtschaftliche Hilfebedürftigkeit im vorstehenden Sinne ist bei Empfängern von Leistungen nach dem Zweiten oder Zwölften Buch Sozialgesetzbuch, des Wohngeldgesetzes, bei Empfängern von Leistungen nach § 27 a des Bundesversorgungsgesetzes oder nach § 6 a des Bundeskindergeldgesetzes als nachgewiesen anzusehen. ⑥ Die Körperschaft kann den Nachweis mit Hilfe des jeweiligen Leistungsbescheids, der für den Unterstützungszeitraum maßgeblich ist, oder mit Hilfe der Bestätigung des Sozialleistungsträgers führen. ⑦ Auf Antrag der Körperschaft kann auf einen Nachweis der wirtschaftlichen Hilfebedürftigkeit verzichtet werden, wenn auf Grund der besonderen Art der gewährten Unterstützungsleistung sichergestellt ist, dass nur wirtschaftlich hilfebedürftige Personen im vorstehenden Sinne unterstützt werden; für den Bescheid über den Nachweisverzicht gilt § 60 a Absatz 3 bis 5 entsprechend oder
3. deren wirtschaftliche Lage aus besonderen Gründen zu einer Notlage geworden ist. ② Als besondere Gründe gelten insbesondere Katastrophen, die durch Erlass des Bundesministeriums der Finanzen oder einer obersten Finanzbehörde der Länder festgestellt wurden. ③ In diesen Fällen reicht es für den Nachweis der Hilfebedürftigkeit aus, wenn die durch die Katastrophe entstandene Notlage sowie die Mehraufwendungen glaubhaft gemacht werden.

§ 54 Kirchliche Zwecke

70 (1) Eine Körperschaft verfolgt kirchliche Zwecke, wenn ihre Tätigkeit darauf gerichtet ist, eine Religionsgemeinschaft, die Körperschaft des öffentlichen Rechts ist, selbstlos zu fördern.

(2) Zu diesen Zwecken gehören insbesondere die Errichtung, Ausschmückung und Unterhaltung von Gotteshäusern und kirchlichen Gemeindehäusern, die Abhaltung von Gottesdiensten, die Ausbildung von Geistlichen, die Erteilung von Religionsunterricht, die Beerdigung und die Pflege des Andenkens der Toten, ferner die Verwaltung des Kirchenvermögens, die Besoldung der Geistlichen, Kirchenbeamten und Kirchendiener, die Alters- und Behindertenversorgung für diese Personen und die Versorgung ihrer Witwen und Waisen.

§ 55 Selbstlosigkeit

71 (1) Eine Förderung oder Unterstützung geschieht selbstlos, wenn dadurch nicht in erster Linie eigenwirtschaftliche Zwecke – zum Beispiel gewerbliche Zwecke oder sonstige Erwerbszwecke – verfolgt werden und wenn die folgenden Voraussetzungen gegeben sind:

1. ① Mittel der Körperschaft dürfen nur für die satzungsmäßigen Zwecke verwendet werden. ② Die Mitglieder oder Gesellschafter (Mitglieder im Sinne dieser Vorschriften) dürfen keine Gewinnanteile und in ihrer Eigenschaft als Mitglieder auch keine sonstigen Zuwendungen aus Mitteln der Körperschaft erhalten. ③ Die Körperschaft darf ihre Mittel weder für die unmittelbare noch für die mittelbare Unterstützung oder Förderung politischer Parteien verwenden.
2. Die Mitglieder dürfen bei ihrem Ausscheiden oder bei Auflösung oder Aufhebung der Körperschaft nicht mehr als ihre eingezahlten Kapitalanteile und den gemeinen Wert ihrer geleisteten Sacheinlagen zurückerhalten.
3. Die Körperschaft darf keine Person durch Ausgaben, die dem Zweck der Körperschaft fremd sind, oder durch unverhältnismäßig hohe Vergütungen begünstigen.
4. ① Bei Auflösung oder Aufhebung der Körperschaft oder bei Wegfall ihres bisherigen Zwecks darf das Vermögen der Körperschaft, soweit es die eingezahlten Kapitalanteile der Mitglieder und den gemeinen Wert der von den Mitgliedern geleisteten Sacheinlagen übersteigt, nur für steuerbegünstigte Zwecke verwendet werden (Grundsatz der Vermögensbindung). ② Diese Voraussetzung ist auch erfüllt, wenn das Vermögen einer anderen steuerbegünstigten Körperschaft oder einer juristischen Person des öffentlichen Rechts für steuerbegünstigte Zwecke übertragen werden soll.
5. ① Die Körperschaft muss ihre Mittel vorbehaltlich des § 62 grundsätzlich zeitnah für ihre steuerbegünstigten satzungsmäßigen Zwecke verwenden. ② Verwendung in diesem Sinne ist auch die Verwendung der Mittel für die Anschaffung oder Herstellung von Vermögensgegenständen, die satzungs-

mäßigen Zwecken dienen. ③ Eine zeitnahe Mittelverwendung ist gegeben, wenn die Mittel spätestens in den auf den Zufluss folgenden zwei Kalender- oder Wirtschaftsjahren für die steuerbegünstigten satzungsmäßigen Zwecke verwendet werden. ④ Satz 1 gilt nicht für Körperschaften mit jährlichen Einnahmen von nicht mehr als 45 000 Euro.

(2) Bei der Ermittlung des gemeinen Werts (Absatz 1 Nummer 2 und 4) kommt es auf die Verhältnisse zu dem Zeitpunkt an, in dem die Sacheinlagen geleistet worden sind.

(3) Die Vorschriften, die die Mitglieder der Körperschaft betreffen (Absatz 1 Nummer 1, 2 und 4), gelten bei Stiftungen für die Stifter und ihre Erben, bei Betrieben gewerblicher Art von juristischen Personen des öffentlichen Rechts für die Körperschaft sinngemäß, jedoch mit der Maßgabe, dass bei Wirtschaftsgütern, die nach § 6 Absatz 1 Nummer 4 Satz 4 des Einkommensteuergesetzes aus einem Betriebsvermögen zum Buchwert entnommen worden sind, an die Stelle des gemeinen Werts der Buchwert der Entnahme tritt.

§ 56 Ausschließlichkeit

Ausschließlichkeit liegt vor, wenn eine Körperschaft nur ihre steuerbegünstigten satzungsmäßigen Zwecke verfolgt. 72

§ 57 Unmittelbarkeit

(1) ① Eine Körperschaft verfolgt unmittelbar ihre steuerbegünstigten satzungsmäßigen Zwecke, wenn sie selbst diese Zwecke verwirklicht. ② Das kann auch durch Hilfspersonen geschehen, wenn nach den Umständen des Falls, insbesondere nach den rechtlichen und tatsächlichen Beziehungen, die zwischen der Körperschaft und der Hilfsperson bestehen, das Wirken der Hilfsperson wie eigenes Wirken der Körperschaft anzusehen ist. 73

(2) Eine Körperschaft, in der steuerbegünstigte Körperschaften zusammengefasst sind, wird einer Körperschaft, die unmittelbar steuerbegünstigte Zwecke verfolgt, gleichgestellt.

(3) ① Eine Körperschaft verfolgt ihre steuerbegünstigten Zwecke auch dann unmittelbar im Sinne des Absatzes 1 Satz 1, wenn sie satzungsgemäß durch planmäßiges Zusammenwirken mit mindestens einer weiteren Körperschaft, die im Übrigen die Voraussetzungen der §§ 51 bis 68 erfüllt, einen steuerbegünstigten Zweck verwirklicht. ② Die §§ 14 sowie 65 bis 68 sind mit der Maßgabe anzuwenden, dass für das Vorliegen der Eigenschaft als Zweckbetrieb bei der jeweiligen Körperschaft die Tätigkeiten der nach Satz 1 zusammenwirkenden Körperschaften zusammenzufassen sind.

(4) Eine Körperschaft verfolgt ihre steuerbegünstigten Zwecke auch dann unmittelbar im Sinne des Absatzes 1 Satz 1, wenn sie ausschließlich Anteile an steuerbegünstigten Kapitalgesellschaften hält und verwaltet.

§ 58 Steuerlich unschädliche Betätigungen

Die Steuervergünstigung wird nicht dadurch ausgeschlossen, dass 74

1. eine Körperschaft einer anderen Körperschaft oder einer juristischen Person des öffentlichen Rechts Mittel für die Verwirklichung steuerbegünstigter Zwecke zuwendet. ② Mittel sind sämtliche Vermögenswerte der Körperschaft. ③ Die Zuwendung von Mitteln an eine beschränkt oder unbeschränkt steuerpflichtige Körperschaft des privaten Rechts setzt voraus, dass diese selbst steuerbegünstigt ist. ④ Beabsichtigt die Körperschaft, als einzige Art der Zweckverwirklichung Mittel anderen Körperschaften oder juristischen Personen des öffentlichen Rechts zuzuwenden, ist die Mittelweitergabe als Art der Zweckverwirklichung in der Satzung zu benennen,
2. *(weggefallen)*
3. eine Körperschaft ihre Überschüsse der Einnahmen über die Ausgaben aus der Vermögensverwaltung, ihre Gewinne aus den wirtschaftlichen Geschäftsbetrieben ganz oder teilweise und darüber hinaus höchstens 15 Prozent ihrer sonstigen nach § 55 Absatz 1 Nummer 5 zeitnah zu verwendenden Mittel einer anderen steuerbegünstigten Körperschaft oder einer juristischen Person des öffentlichen Rechts zur Vermögensausstattung zuwendet. ② Die aus den Vermögenserträgen zu verwirklichenden steuerbegünstigten Zwecke müssen den steuerbegünstigten satzungsmäßigen Zwecken der zuwendenden Körperschaft entsprechen. ③ Die nach dieser Nummer zugewandten Mittel und deren Erträge dürfen nicht für weitere Mittelweitergaben im Sinne des ersten Satzes verwendet werden,
4. eine Körperschaft ihre Arbeitskräfte anderen Personen, Unternehmen, Einrichtungen oder einer juristischen Person des öffentlichen Rechts für steuerbegünstigte Zwecke zur Verfügung stellt,
5. eine Körperschaft ihr gehörende Räume einer anderen, ebenfalls steuerbegünstigten Körperschaft oder einer juristischen Person des öffentlichen Rechts zur Nutzung zu steuerbegünstigten Zwecken überlässt,
6. eine Stiftung einen Teil, jedoch höchstens ein Drittel ihres Einkommens dazu verwendet, um in angemessener Weise den Stifter und seine nächsten Angehörigen zu unterhalten, ihre Gräber zu pflegen und ihr Andenken zu ehren,
7. eine Körperschaft gesellige Zusammenkünfte veranstaltet, die im Vergleich zu ihrer steuerbegünstigten Tätigkeit von untergeordneter Bedeutung sind,
8. ein Sportverein neben dem unbezahlten auch den bezahlten Sport fördert,
9. eine von einer Gebietskörperschaft errichtete Stiftung zur Erfüllung ihrer steuerbegünstigten Zwecke Zuschüsse an Wirtschaftsunternehmen vergibt,

Anl zu § 3

10. eine Körperschaft Mittel zum Erwerb von Gesellschaftsrechten zur Erhaltung der prozentualen Beteiligung an Kapitalgesellschaften im Jahr des Zuflusses verwendet. ② Dieser Erwerb mindert die Höhe der Rücklage nach § 62 Absatz 1 Nummer 3.

§ 58a Vertrauensschutz bei Mittelweitergaben

75 (1) Wendet eine steuerbegünstigte Körperschaft Mittel einer anderen Körperschaft zu, darf sie unter den Voraussetzungen des Absatzes 2 darauf vertrauen, dass die empfangende Körperschaft

1. nach § 5 Absatz 1 Nummer 9 des Körperschaftsteuergesetzes im Zeitpunkt der Zuwendung steuerbegünstigt ist und
2. die Zuwendung für steuerbegünstigte Zwecke verwendet.

(2) Das Vertrauen der zuwendenden Körperschaft nach Absatz 1 ist nur schutzwürdig, wenn sich die zuwendende Körperschaft zum Zeitpunkt der Zuwendung die Steuerbegünstigung der empfangenden Körperschaft nach § 5 Absatz 1 Nummer 9 des Körperschaftsteuergesetzes hat nachweisen lassen durch eine Ausfertigung

1. der Anlage zum Körperschaftsteuerbescheid, deren Datum nicht länger als fünf Jahre zurückliegt oder
2. des Freistellungsbescheids, dessen Datum nicht länger als fünf Jahre zurückliegt oder
3. des Bescheids über die Feststellung der Einhaltung der satzungsmäßigen Voraussetzungen nach § 60 a Absatz 1, dessen Datum nicht länger als drei Jahre zurückliegt, wenn der empfangenden Körperschaft bisher kein Freistellungsbescheid oder keine Anlage zum Körperschaftsteuerbescheid erteilt wurde.

(3) Absatz 1 ist nicht anzuwenden, wenn

1. der zuwendenden Körperschaft die Unrichtigkeit eines Verwaltungsakts nach Absatz 2 bekannt ist oder infolge grober Fahrlässigkeit nicht bekannt war oder
2. die zuwendende Körperschaft eine Verwendung für nicht steuerbegünstigte Zwecke durch die empfangende Körperschaft veranlasst hat.

§ 59 Voraussetzung der Steuervergünstigung

76 Die Steuervergünstigung wird gewährt, wenn sich aus der Satzung, dem Stiftungsgeschäft oder der sonstigen Verfassung (Satzung im Sinne dieser Vorschriften) ergibt, welchen Zweck die Körperschaft verfolgt, dass dieser Zweck den Anforderungen der §§ 52 bis 55 entspricht und dass er ausschließlich und unmittelbar verfolgt wird; die tatsächliche Geschäftsführung muss diesen Satzungsbestimmungen entsprechen.

§ 60 Anforderungen an die Satzung

77 (1) ① Die Satzungszwecke und die Art ihrer Verwirklichung müssen so genau bestimmt sein, dass auf Grund der Satzung geprüft werden kann, ob die satzungsmäßigen Voraussetzungen für Steuervergünstigungen gegeben sind. ② Die Satzung muss die in der Anlage 1 bezeichneten Festlegungen enthalten.

(2) Die Satzung muss den vorgeschriebenen Erfordernissen bei der Körperschaftsteuer und bei der Gewerbesteuer während des ganzen Veranlagungs- oder Bemessungszeitraums, bei den anderen Steuern im Zeitpunkt der Entstehung der Steuer entsprechen.

§ 60 a Feststellung der satzungsmäßigen Voraussetzungen

78 (1) ① Die Einhaltung der satzungsmäßigen Voraussetzungen nach den §§ 51, 59, 60 und 61 wird gesondert festgestellt. ② Die Feststellung der Satzungsmäßigkeit ist für die Besteuerung der Körperschaft und der Steuerpflichtigen, die Zuwendungen in Form von Spenden und Mitgliedsbeiträgen an die Körperschaft erbringen, bindend.

(2) Die Feststellung der Satzungsmäßigkeit erfolgt

1. auf Antrag der Körperschaft oder
2. von Amts wegen bei der Veranlagung zur Körperschaftsteuer, wenn bisher noch keine Feststellung erfolgt ist.

(3) Die Bindungswirkung der Feststellung entfällt ab dem Zeitpunkt, in dem die Rechtsvorschriften, auf denen die Feststellung beruht, aufgehoben oder geändert werden.

(4) Tritt bei den für die Feststellung erheblichen Verhältnissen eine Änderung ein, ist die Feststellung mit Wirkung vom Zeitpunkt der Änderung der Verhältnisse aufzuheben.

(5) ① Materielle Fehler im Feststellungsbescheid über die Satzungsmäßigkeit können mit Wirkung ab dem Kalenderjahr beseitigt werden, das auf die Bekanntgabe der Aufhebung der Feststellung folgt. ② § 176 gilt entsprechend, außer es sind Kalenderjahre zu ändern, die nach der Verkündung der maßgeblichen Entscheidung eines obersten Gerichtshofes des Bundes beginnen.

(6) ① Liegen bis zum Zeitpunkt des Erlasses des erstmaligen Körperschaftsteuerbescheids oder Freistellungsbescheids bereits Erkenntnisse vor, dass die tatsächliche Geschäftsführung gegen die satzungsmäßigen Voraussetzungen verstößt, ist die Feststellung der Einhaltung der satzungsmäßigen Voraussetzungen nach Absatz 1 Satz 1 abzulehnen. ② Satz 1 gilt entsprechend für die Aufhebung bestehender Feststellungen nach § 60 a.

(7) ① Auf Anfrage der registerführenden Stelle nach § 18 Absatz 2 des Geldwäschegesetzes kann das für die Feststellung nach Absatz 1 zuständige Finanzamt der registerführenden Stelle bestätigen, dass eine Vereinigung, die einen Antrag nach § 24 Absatz 1 Satz 2 des Geldwäschegesetzes gestellt hat, die nach den §§ 52 bis 54 der Abgabenordnung steuerbegünstigten Zwecke verfolgt. ② Hierzu hat die registerführende Stelle dem zuständigen Finanzamt zu bestätigen, dass das Einverständnis der Vereinigung auf Auskunftserteilung nach § 24 Absatz 1 Satz 3 des Geldwäschegesetzes vorliegt.

§ 60 b Zuwendungsempfängerregister

(1) Das Bundeszentralamt für Steuern führt ein Register, in dem Körperschaften und juristische Personen des öffentlichen Rechts geführt werden, an die steuerbegünstigt Zuwendungen nach den §§ 10 b, 34 g des Einkommensteuergesetzes geleistet werden können (Zuwendungsempfängerregister). **79**

(2) Im Zuwendungsempfängerregister speichert das Bundeszentralamt für Steuern zu Zwecken des Sonderausgabenabzugs nach § 10 b des Einkommensteuergesetzes und der Steuerermäßigung nach § 34 g des Einkommensteuergesetzes automatisiert folgende Daten:

1. Wirtschafts-Identifikationsnummer,
2. Name,
3. Anschrift,
4. steuerbegünstigte Zwecke nach den §§ 52 bis 54,
5. Datum der Anerkennung als Partei im Sinne des § 2 des Parteiengesetzes,
6. Datum der Anerkennung als Wählervereinigung,
7. Status als juristische Person des öffentlichen Rechts,
8. zuständige Finanzbehörde,
9. Datum der Erteilung des letzten Freistellungsbescheides, der Anlage zum Körperschaftsteuerbescheid oder des Feststellungsbescheides nach § 60 a,
10. Kontoverbindungen bei Banken/Kreditinstituten und Bezahldienstleistern.

(3) Die für die Besteuerung nach dem Einkommen zuständige Finanzbehörde übermittelt dem Bundeszentralamt für Steuern die Daten nach Absatz 2 sowie unverzüglich jede Änderung dieser Daten.

(4) ① Das Bundeszentralamt für Steuern ist befugt, die Daten nach Absatz 2 Dritten zu offenbaren. ② § 30 steht dem nicht entgegen.

(5) Die im Zuwendungsempfängerregister Geführten können Änderungen und Ergänzungen der Eintragungen nach Absatz 2 Nummer 10 mit Hilfe eines amtlich vorgeschriebenen Datensatzes durch Datenfernübertragung bewirken.

§ 61 Satzungsmäßige Vermögensbindung

(1) Eine steuerlich ausreichende Vermögensbindung (§ 55 Absatz 1 Nummer 4) liegt vor, wenn der Zweck, für den das Vermögen bei Auflösung oder Aufhebung der Körperschaft oder bei Wegfall ihres bisherigen Zwecks verwendet werden soll, in der Satzung so genau bestimmt ist, dass auf Grund der Satzung geprüft werden kann, ob der Verwendungszweck steuerbegünstigt ist. **80**

(2) *(weggefallen)*

(3) ① Wird die Bestimmung über die Vermögensbindung nachträglich so geändert, dass sie den Anforderungen des § 55 Absatz 1 Nummer 4 nicht mehr entspricht, so gilt sie von Anfang an als steuerlich nicht ausreichend. ② § 175 Absatz 1 Satz 1 Nummer 2 ist mit der Maßgabe anzuwenden, dass Steuerbescheide erlassen, aufgehoben oder geändert werden können, soweit sie Steuern betreffen, die innerhalb der letzten zehn Kalenderjahre vor der Änderung der Bestimmung über die Vermögensbindung entstanden sind.

§ 62 Rücklagen und Vermögensbildung

(1) Körperschaften können ihre Mittel ganz oder teilweise **81**

1. einer Rücklage zuführen, soweit dies erforderlich ist, um ihre steuerbegünstigten, satzungsmäßigen Zwecke nach dem Stand der Planung zum Zeitpunkt der Rücklagenbildung nachhaltig zu erfüllen;
2. einer Rücklage für die beabsichtigte Wiederbeschaffung von Wirtschaftsgütern zuführen, die zur Verwirklichung der steuerbegünstigten, satzungsmäßigen Zwecke erforderlich sind (Rücklage für Wiederbeschaffung). ② Die Höhe der Zuführung bemisst sich nach der Höhe der regulären Absetzungen für Abnutzung eines zu ersetzenden Wirtschaftsguts. ③ Die Voraussetzungen für eine höhere Zuführung sind nachzuweisen;
3. der freien Rücklage zuführen, jedoch höchstens ein Drittel des Überschusses aus der Vermögensverwaltung und darüber hinaus höchstens 10 Prozent der sonstigen nach § 55 Absatz 1 Nummer 5 zeitnah zu verwendenden Mittel. ② Ist der Höchstbetrag für die Bildung der freien Rücklage in einem Jahr nicht ausgeschöpft, kann diese unterbliebene Zuführung in den folgenden zwei Jahren nachgeholt werden;
4. einer Rücklage zum Erwerb von Gesellschaftsrechten zur Erhaltung der prozentualen Beteiligung an Kapitalgesellschaften zuführen, wobei die Höhe dieser Rücklage die Höhe der Rücklage nach Nummer 3 mindert.

Anl zu § 3

(2) ① Die Bildung von Rücklagen nach Absatz 1 hat innerhalb der Frist des § 55 Absatz 1 Nummer 5 Satz 3 zu erfolgen. ② Rücklagen nach Absatz 1 Nummer 1, 2 und 4 sind unverzüglich aufzulösen, sobald der Grund für die Rücklagenbildung entfallen ist. ③ Die freigewordenen Mittel sind innerhalb der Frist nach § 55 Absatz 1 Nummer 5 Satz 3 zu verwenden.

(3) Die folgenden Mittelzuführungen unterliegen nicht der zeitnahen Mittelverwendung nach § 55 Absatz 1 Nummer 5:

1. Zuwendungen von Todes wegen, wenn der Erblasser keine Verwendung für den laufenden Aufwand der Körperschaft vorgeschrieben hat;
2. Zuwendungen, bei denen der Zuwendende ausdrücklich erklärt, dass diese zur Ausstattung der Körperschaft mit Vermögen oder zur Erhöhung des Vermögens bestimmt sind;
3. Zuwendungen auf Grund eines Spendenaufrufs der Körperschaft, wenn aus dem Spendenaufruf ersichtlich ist, dass Beträge zur Aufstockung des Vermögens erbeten werden;
4. Sachzuwendungen, die ihrer Natur nach zum Vermögen gehören.

(4) Eine Stiftung kann im Jahr ihrer Errichtung und in den drei folgenden Kalenderjahren Überschüsse aus der Vermögensverwaltung und die Gewinne aus wirtschaftlichen Geschäftsbetrieben nach § 14 ganz oder teilweise ihrem Vermögen zuführen.

§ 63 Anforderungen an die tatsächliche Geschäftsführung

82 (1) Die tatsächliche Geschäftsführung der Körperschaft muss auf die ausschließliche und unmittelbare Erfüllung der steuerbegünstigten Zwecke gerichtet sein und den Bestimmungen entsprechen, die die Satzung über die Voraussetzungen für Steuervergünstigungen enthält.

(2) Für die tatsächliche Geschäftsführung gilt sinngemäß § 60 Absatz 2, für eine Verletzung der Vorschrift über die Vermögensbindung § 61 Absatz 3.

(3) Die Körperschaft hat den Nachweis, dass ihre tatsächliche Geschäftsführung den Erfordernissen des Absatzes 1 entspricht, durch ordnungsmäßige Aufzeichnungen über ihre Einnahmen und Ausgaben zu führen.

(4) ① Hat die Körperschaft ohne Vorliegen der Voraussetzungen Mittel angesammelt, kann das Finanzamt ihr eine angemessene Frist für die Verwendung der Mittel setzen. ② Die tatsächliche Geschäftsführung gilt als ordnungsgemäß im Sinne des Absatzes 1, wenn die Körperschaft die Mittel innerhalb der Frist für steuerbegünstigte Zwecke verwendet.

(5) ① Körperschaften im Sinne des § 10 b Absatz 1 Satz 2 Nummer 2 des Einkommensteuergesetzes dürfen Zuwendungsbestätigungen im Sinne des § 50 Absatz 1 der Einkommensteuer-Durchführungsverordnung nur ausstellen, wenn

1. das Datum der Anlage zum Körperschaftsteuerbescheid oder des Freistellungsbescheids nicht länger als fünf Jahre zurückliegt oder
2. die Feststellung der Satzungsmäßigkeit nach § 60 a Absatz 1 nicht länger als drei Kalenderjahre zurückliegt und bisher kein Freistellungsbescheid oder keine Anlage zum Körperschaftsteuerbescheid erteilt wurde.

② Die Frist ist taggenau zu berechnen.

§ 64 Steuerpflichtige wirtschaftliche Geschäftsbetriebe

83 (1) Schließt das Gesetz die Steuervergünstigung insoweit aus, als ein wirtschaftlicher Geschäftsbetrieb (§ 14) unterhalten wird, so verliert die Körperschaft die Steuervergünstigung für die dem Geschäftsbetrieb zuzuordnenden Besteuerungsgrundlagen (Einkünfte, Umsätze, Vermögen), soweit der wirtschaftliche Geschäftsbetrieb kein Zweckbetrieb (§§ 65 bis 68) ist.

(2) Unterhält die Körperschaft mehrere wirtschaftliche Geschäftsbetriebe, die keine Zweckbetriebe (§§ 65 bis 68) sind, werden diese als ein wirtschaftlicher Geschäftsbetrieb behandelt.

(3) Übersteigen die Einnahmen einschließlich Umsatzsteuer aus wirtschaftlichen Geschäftsbetrieben, die keine Zweckbetriebe sind, insgesamt nicht 45 000 Euro im Jahr, so unterliegen die diesen Geschäftsbetrieben zuzuordnenden Besteuerungsgrundlagen nicht der Körperschaftsteuer und der Gewerbesteuer.

(4) Die Aufteilung einer Körperschaft in mehrere selbständige Körperschaften zum Zweck der mehrfachen Inanspruchnahme der Steuervergünstigung nach Absatz 3 gilt als Missbrauch von rechtlichen Gestaltungsmöglichkeiten im Sinne des § 42.

(5) Überschüsse aus der Verwertung unentgeltlich erworbenen Altmaterials außerhalb einer ständig dafür vorgehaltenen Verkaufsstelle, die der Körperschaftsteuer und der Gewerbesteuer unterliegen, können in Höhe des branchenüblichen Reingewinns geschätzt werden.

(6) Bei den folgenden steuerpflichtigen wirtschaftlichen Geschäftsbetrieben kann der Besteuerung ein Gewinn von 15 Prozent der Einnahmen zugrunde gelegt werden:

1. Werbung für Unternehmen, die im Zusammenhang mit der steuerbegünstigten Tätigkeit einschließlich Zweckbetrieben stattfindet,
2. Totalisatorbetriebe,
3. Zweite Fraktionierungsstufe der Blutspendedienste.

§ 65 Zweckbetrieb

Ein Zweckbetrieb ist gegeben, wenn

1. der wirtschaftliche Geschäftsbetrieb in seiner Gesamtrichtung dazu dient, die steuerbegünstigten satzungsmäßigen Zwecke der Körperschaft zu verwirklichen, 84
2. die Zwecke nur durch einen solchen Geschäftsbetrieb erreicht werden können und
3. der wirtschaftliche Geschäftsbetrieb zu nicht begünstigten Betrieben derselben oder ähnlicher Art nicht in größerem Umfang in Wettbewerb tritt, als es bei Erfüllung der steuerbegünstigten Zwecke unvermeidbar ist.

§ 66 Wohlfahrtspflege

(1) Eine Einrichtung der Wohlfahrtspflege ist ein Zweckbetrieb, wenn sie in besonderem Maß den in § 53 genannten Personen dient. 85

(2) ① Wohlfahrtspflege ist die planmäßige, zum Wohle der Allgemeinheit und nicht des Erwerbs wegen ausgeübte Sorge für notleidende oder gefährdete Mitmenschen. ② Die Sorge kann sich auf das gesundheitliche, sittliche, erzieherische oder wirtschaftliche Wohl erstrecken und Vorbeugung oder Abhilfe bezwecken.

(3) ① Eine Einrichtung der Wohlfahrtspflege dient in besonderem Maße den in § 53 genannten Personen, wenn diesen mindestens zwei Drittel ihrer Leistungen zugute kommen. ② Für Krankenhäuser gilt § 67.

§ 67 Krankenhäuser

(1) Ein Krankenhaus, das in den Anwendungsbereich des Krankenhausentgeltgesetzes oder der Bundespflegesatzverordnung fällt, ist ein Zweckbetrieb, wenn mindestens 40 Prozent der jährlichen Belegungstage oder Berechnungstage auf Patienten entfallen, bei denen nur Entgelte für allgemeine Krankenhausleistungen (§ 7 des Krankenhausentgeltgesetzes, § 10 der Bundespflegesatzverordnung) berechnet werden. 86

(2) Ein Krankenhaus, das nicht in den Anwendungsbereich des Krankenhausentgeltgesetzes oder der Bundespflegesatzverordnung fällt, ist ein Zweckbetrieb, wenn mindestens 40 Prozent der jährlichen Belegungstage oder Berechnungstage auf Patienten entfallen, bei denen für die Krankenhausleistungen kein höheres Entgelt als nach Absatz 1 berechnet wird.

§ 67 a Sportliche Veranstaltungen

(1) ① Sportliche Veranstaltungen eines Sportvereins sind ein Zweckbetrieb, wenn die Einnahmen einschließlich Umsatzsteuer insgesamt 45 000 Euro im Jahr nicht übersteigen. ② Der Verkauf von Speisen und Getränken sowie die Werbung gehören nicht zu den sportlichen Veranstaltungen. 87

(2) ① Der Sportverein kann dem Finanzamt bis zur Unanfechtbarkeit des Körperschaftsteuerbescheids erklären, dass er auf die Anwendung des Absatzes 1 Satz 1 verzichtet. ② Die Erklärung bindet den Sportverein für mindestens fünf Veranlagungszeiträume.

(3) ① Wird auf die Anwendung des Absatzes 1 Satz 1 verzichtet, sind sportliche Veranstaltungen eines Sportvereins ein Zweckbetrieb, wenn

1. kein Sportler des Vereins teilnimmt, der für seine sportliche Betätigung oder für die Benutzung seiner Person, seines Namens, seines Bildes oder seiner sportlichen Betätigung zu Werbezwecken von dem Verein oder einem Dritten über eine Aufwandsentschädigung hinaus Vergütungen oder andere Vorteile erhält und
2. kein anderer Sportler teilnimmt, der für die Teilnahme an der Veranstaltung von dem Verein oder einem Dritten im Zusammenwirken mit dem Verein über eine Aufwandsentschädigung hinaus Vergütungen oder andere Vorteile erhält.

② Andere sportliche Veranstaltungen sind ein steuerpflichtiger wirtschaftlicher Geschäftsbetrieb. ③ Dieser schließt die Steuervergünstigung nicht aus, wenn die Vergütungen oder andere Vorteile ausschließlich aus wirtschaftlichen Geschäftsbetrieben, die nicht Zweckbetriebe sind, oder von Dritten geleistet werden.

(4) ① Organisatorische Leistungen eines Sportdachverbandes zur Durchführung von sportlichen Veranstaltungen sind ein Zweckbetrieb, wenn an der sportlichen Veranstaltung überwiegend Sportler teilnehmen, die keine Lizenzsportler sind. ② Alle sportlichen Veranstaltungen einer Saison einer Liga gelten als eine sportliche Veranstaltung im Sinne des Satzes 1. ③ Absatz 1 Satz 2 gilt entsprechend.

§ 68 Einzelne Zweckbetriebe

Zweckbetriebe sind auch: 88

1. a) Alten-, Altenwohn- und Pflegeheime, Erholungsheime, Mahlzeitendienste, wenn sie in besonderem Maß den in § 53 genannten Personen dienen (§ 66 Absatz 3),
   b) Kindergärten, Kinder-, Jugend- und Studentenheime, Schullandheime und Jugendherbergen,
   c) Einrichtungen zur Versorgung, Verpflegung und Betreuung von Flüchtlingen. ② Die Voraussetzungen des § 66 Absatz 2 sind zu berücksichtigen,
2. a) landwirtschaftliche Betriebe und Gärtnereien, die der Selbstversorgung von Körperschaften dienen und dadurch die sachgemäße Ernährung und ausreichende Versorgung von Anstaltsangehörigen sichern,

Anl zu § 3

noch 88 b) andere Einrichtungen, die für die Selbstversorgung von Körperschaften erforderlich sind, wie Tischlereien, Schlossereien,

wenn die Lieferungen und sonstigen Leistungen dieser Einrichtungen an Außenstehende dem Wert nach 20 Prozent der gesamten Lieferungen und sonstigen Leistungen des Betriebs – einschließlich der an die Körperschaften selbst bewirkten – nicht übersteigen,

3. a) Werkstätten für behinderte Menschen, die nach den Vorschriften des Dritten Buches Sozialgesetzbuch förderungsfähig sind und Personen Arbeitsplätze bieten, die wegen ihrer Behinderung nicht auf dem allgemeinen Arbeitsmarkt tätig sein können,
   b) Einrichtungen für Beschäftigungs- und Arbeitstherapie, in denen behinderte Menschen aufgrund ärztlicher Indikationen außerhalb eines Beschäftigungsverhältnisses zum Träger der Therapieeinrichtung mit dem Ziel behandelt werden, körperliche oder phsychische Grundfunktionen zum Zwecke der Wiedereingliederung in das Alltagsleben wiederherzustellen oder die besonderen Fähigkeiten und Fertigkeiten auszubilden, zu fördern und zu trainieren, die für eine Teilnahme am Arbeitsleben erforderlich sind, und
   c) Inklusionsbetriebe im Sinne des § 215 Absatz 1 des Neunten Buches Sozialgesetzbuch, wenn mindestens 40 Prozent der Beschäftigten besonders betroffene schwerbehinderte Menschen im Sinne des § 215 Absatz 1 des Neunten Buches Sozialgesetzbuch sind; auf die Quote werden psychisch kranke Menschen im Sinne des § 215 Absatz 4 des Neunten Buches Sozialgesetzbuch angerechnet,
4. Einrichtungen, die zur Durchführung der Fürsorge für blinde Menschen, zur Durchführung der Fürsorge für körperbehinderte Menschen und zur Durchführung der Fürsorge für psychische und seelische Erkrankungen beziehungsweise Behinderungen unterhalten werden,
5. Einrichtungen über Tag und Nacht (Heimerziehung) oder sonstige betreute Wohnformen,
6. von den zuständigen Behörden genehmigte Lotterien und Ausspielungen, wenn der Reinertrag unmittelbar und ausschließlich zur Förderung mildtätiger, kirchlicher oder gemeinnütziger Zwecke verwendet wird,
7. kulturelle Einrichtungen, wie Museen, Theater, und kulturelle Veranstaltungen, wie Konzerte, Kunstausstellungen; dazu gehört nicht der Verkauf von Speisen und Getränken,
8. Volkshochschulen und andere Einrichtungen, soweit sie selbst Vorträge, Kurse und andere Veranstaltungen wissenschaftlicher oder belehrender Art durchführen; dies gilt auch, soweit die Einrichtungen den Teilnehmern dieser Veranstaltungen selbst Beherbergung und Beköstigung gewähren,
9. Wissenschafts- und Forschungseinrichtungen, deren Träger sich überwiegend aus Zuwendungen der öffentlichen Hand oder Dritter oder aus der Vermögensverwaltung finanziert. ② Der Wissenschaft und Forschung dient auch die Auftragsforschung. ③ Nicht zum Zweckbetrieb gehören Tätigkeiten, die sich auf die Anwendung gesicherter wissenschaftlicher Erkenntnisse beschränken, die Übernahme von Projektträgerschaften sowie wirtschaftliche Tätigkeiten ohne Forschungsbezug.

GrStG

§ 4 Sonstige Steuerbefreiungen

Soweit sich nicht bereits eine Befreiung nach § 3 ergibt, sind von der Grundsteuer befreit

1. Grundbesitz, der dem Gottesdienst einer Religionsgesellschaft, die Körperschaft des öffentlichen Rechts ist, oder einer jüdischen Kultusgemeinde gewidmet ist; 1

2. Bestattungsplätze; 2

3. a) die dem öffentlichen Verkehr dienenden Straßen, Wege, Plätze, Wasserstraßen, Häfen und Schienenwege sowie die Grundflächen mit den diesem Verkehr unmittelbar dienenden Bauwerken und Einrichtungen, zum Beispiel Brücken, Schleuseneinrichtungen, Signalstationen, Stellwerke, Blockstellen; 3

b) auf Verkehrsflughäfen und Verkehrslandeplätzen alle Flächen, die unmittelbar zur Gewährleistung eines ordnungsgemäßen Flugbetriebes notwendig sind und von Hochbauten und sonstigen Luftfahrthindernissen freigehalten werden müssen, die Grundflächen mit den Bauwerken und Einrichtungen, die unmittelbar diesem Betrieb dienen, sowie die Grundflächen ortsfester Flugsicherungsanlagen einschließlich der Flächen, die für einen einwandfreien Betrieb dieser Anlagen erforderlich sind;

c) die fließenden Gewässer und die ihren Abfluß regelnden Sammelbecken, soweit sie nicht unter Buchstabe a fallen;

4. die Grundflächen mit den im Interesse der Ordnung und Verbesserung der Wasser- und Bodenverhältnisse unterhaltenen Einrichtungen der öffentlich-rechtlichen Wasser- und Bodenverbände und die im öffentlichen Interesse staatlich unter Schau gestellten Privatdeiche; 4

5. Grundbesitz, der für Zwecke der Wissenschaft, des Unterrichts oder der Erziehung benutzt wird, wenn durch die Landesregierung oder die von ihr beauftragte Stelle anerkannt ist, daß der Benutzungszweck im Rahmen der öffentlichen Aufgaben liegt. ② Der Grundbesitz muß ausschließlich demjenigen, der ihn benutzt, oder einer juristischen Person des öffentlichen Rechts zuzurechnen sein; 5

6. Grundbesitz, der für die Zwecke eines Krankenhauses benutzt wird, wenn das Krankenhaus in dem Kalenderjahr, das dem Veranlagungszeitpunkt (§ 16 Absatz 1, § 17 Absatz 3, § 18 Absatz 3) vorangeht, die Voraussetzungen des § 67 Abs. 1 oder 2 der Abgabenordnung erfüllt hat. ② Der Grundbesitz muß ausschließlich demjenigen, der ihn benutzt, oder einer juristischen Person des öffentlichen Rechts zuzurechnen sein. 6

Übersicht

		Rz.
4.1	Allgemeine Voraussetzungen für die sonstigen Steuerbefreiungen nach § 4 GrStG	10
4.2	Dem Gottesdienst gewidmeter Grundbesitz	11, 12
4.3	Bestattungsplätze	13, 14
4.4	Dem öffentlichen Verkehr dienender Grundbesitz	15–23
4.5	Verkehrsflughäfen und Verkehrslandeplätze	24–29
4.6	Fließende Gewässer	30, 31
4.7	Öffentlich-rechtliche Wasser- und Bodenverbände	32, 33
4.8	Für Zwecke der Wissenschaft, des Unterrichts, der Erziehung benutzter Grundbesitz	34–39
4.9	Für Zwecke eines Krankenhauses benutzter Grundbesitz	40–44

Zu § 4 GrStG

A 4.1 Allgemeine Voraussetzungen für die sonstigen Steuerbefreiungen nach § 4 GrStG

AEGrStG A 4.1

① Die Steuerbefreiungen nach § 4 GrStG haben insbesondere für Rechtsträger Bedeutung, die nicht bereits nach § 3 GrStG von der Grundsteuer befreit sind. ② Abgesehen von den Fällen des § 4 Nummer 5 und 6 GrStG kommt es auf die Eigentümerstellung nicht an. 10

A 4.2 Dem Gottesdienst gewidmeter Grundbesitz

AEGrStG A 4.2

(1) ① Der Grundbesitz muss dem Gottesdienst einer öffentlich-rechtlichen Religionsgesellschaft gewidmet sein. ② Grundbesitz, der dem Gottesdienst einer anderen religiösen Vereinigung dient, kann nach § 3 Absatz 1 Satz 1 Nummer 3 Buchstabe b GrStG steuerfrei sein (siehe A 3.9). ③ Ein Grundstück ist dem Gottesdienst gewidmet, wenn es für diesen Zweck hergerichtet (§ 7 Satz 2 GrStG, siehe A 7) und dauernd bereitgehalten wird. ④ Ob der Gottesdienst ständig oder nur gelegentlich ausgeübt wird, ist ohne Bedeutung. ⑤ § 7 GrStG findet Anwendung. ⑥ Wird das Grundstück gelegentlich auch zu anderen Zwecken genutzt, so muss die Nutzung für den Gottesdienst überwiegen (§ 8 GrStG). 11

(2) ① Die Befreiung nach § 4 Nummer 1 GrStG ist nicht davon abhängig, dass der Grundbesitz einer bestimmten Person zuzurechnen ist. ② Sie gilt deshalb zunächst für die Religionsgesellschaft 12

des öffentlichen Rechts selbst. ③ Sie wird aber auch gewährt, wenn der Grundbesitz einer Privatperson zuzurechnen ist. ④ Voraussetzung ist jedoch, dass er einer Religionsgesellschaft des öffentlichen Rechts zur Nutzung für den Gottesdienst entgeltlich oder unentgeltlich überlassen wird.

AEGrStG A 4.3

A 4.3 Bestattungsplätze

13 (1) ① Im Allgemeinen kommt für Bestattungsplätze, insbesondere Gemeindefriedhöfe, kirchliche Friedhöfe, Grabstätten in Kirchen, Anstaltsfriedhöfe und Bestattungswälder (Urnen-, Begräbnis-, Ruhe- oder Friedwald) eine Grundsteuerbefreiung nach § 3 Absatz 1 Satz 1 Nummer 1 GrStG in Betracht. ② § 4 Nummer 2 GrStG hat vorwiegend für private Bestattungsplätze Bedeutung, da es unabhängig von der Eigentümerstellung auf die Nutzung ankommt. ③ Nach Entwidmung und Schließung von Bestattungsplätzen kommt eine Steuerbefreiung nach § 4 Nummer 2 GrStG nicht mehr in Betracht.

14 (2) ① Folgende Voraussetzungen müssen für die Grundsteuerbefreiung nach § 4 Nummer 2 GrStG erfüllt sein:

1. Das Grundstück muss die Zulassungsvoraussetzungen als Friedhof oder als Bestattungsplatz nach den Regeln des öffentlichen Friedhofs- und Bestattungsrechts erfüllen,
2. die Nutzung des Grundstücks muss zu folgenden Zwecken erfolgen:
   a) Durchführung der Bestattung mit den dazugehörigen Hilfsmaßnahmen,
   b) Pflege der Beisetzungsstätten (z. B. Gräber, Einrichtungen zum Verwahren von Urnen, Grüften) und damit verbundene Pflege des Andenkens der Verstorbenen mit den erforderlichen Ergänzungen im gestalterischen Bereich. Dabei sind von der Durchführung der Bestattung die Vorgänge zu unterscheiden, die der Vorbereitung der Bestattung dienen und
3. die mit der Nutzung des Grundstücks verbundenen Aufgaben, einschließlich der Hilfsaufgaben, müssen im Sinne einer steuerrechtlichen Wertung dem Rechtsträger zuzuordnen sein, der nach den Regeln des öffentlichen Friedhofs- und Bestattungsrechts für den Betrieb als Friedhof bzw. als Bestattungsplatz verantwortlich ist.

② Von einem Bestattungsunternehmen betrieblich genutzter Grundbesitz fällt insoweit nicht unter die Grundsteuerbefreiung für Bestattungsplätze nach § 4 Nummer 2 GrStG, als die Aufgaben, die in den betroffenen Räumen verrichtet werden, nicht der Bestattung als solcher, sondern deren Vorbereitung dienen (z. B. Sarglager, Raum zur Herrichtung der Leichen, Kühlkammer, Ausstellungsraum für Särge, Ausstellungsraum für Urnen, Abschiedsraum).

AEGrStG A 4.4

A 4.4 Dem öffentlichen Verkehr dienender Grundbesitz[1]

15 (1) ① Nach § 4 Nummer 3 Buchstabe a GrStG sind die dem öffentlichen Verkehr dienenden Straßen, Wege, Plätze, Wasserstraßen, Häfen und Schienenwege von der Grundsteuer befreit. ② Auch von der Grundsteuer befreit sind die dem öffentlichen Verkehr dienenden Ladestraßen (BFH-Urteil vom 11. November 1970 III R 55/69, BStBl. II 1971 S. 32) sowie die Grundflächen mit Bauwerken und Einrichtungen, die diesem Verkehr unmittelbar dienen (z. B. Brücken, Schleuseneinrichtungen, Signalstationen, Stellwerke, Blockstellen). ③ Nicht hierunter fallen Parkhäuser, Parkpaletten und Tiefgaragen. ④ Für die Grundsteuerbefreiung ist es ohne Bedeutung, ob die Straßen, Wege und Plätze nur gegen eine Gebühr oder ein privatrechtliches Entgelt benutzt werden können.

16 (2) ① Ein Grundstück dient dem öffentlichen Verkehr, wenn es der Öffentlichkeit zugänglich ist, d. h. ohne Beschränkung auf einen bestimmten, mit dem Verfügungsberechtigten in enger Beziehung stehenden Personenkreis genutzt werden kann. ② Das ist nicht der Fall beim Betriebshof eines Verkehrsunternehmens, der zwar dem Personenverkehr dient, aber nicht der Öffentlichkeit zugänglich ist. ③ Ohne Bedeutung sind Einschränkungen, die sich aus dem Wesen und der Art des Verkehrs ergeben (z.B. sind Fußgängerzonen dem Fußgängerverkehr und Parkplätze dem Autoverkehr vorbehalten; Anlagen für den Güterumschlag dienen dem öffentlichen Güterverkehr). ④ Öffentlicher Verkehr ist auch die Beförderung von Personen oder Gütern durch öffentliche Verkehrsunternehmen, deren Einrichtungen nach ihrer Zweckbestimmung jedermann im Rahmen der Beförderungsbedingungen benutzen kann. ⑤ Verkehrsmittel der öffentlichen Verkehrsunternehmen sind Eisenbahnen (§ 2 Absatz 1 i. V. m. § 1 Absatz 1 des Allgemeinen Eisenbahngesetzes), Straßenbahnen (§ 4 Absatz 1 und 2 Personenbeförderungsgesetz – PBefG), Oberleitungsomnibusse (§ 4 Absatz 3 PBefG) sowie Kraftfahrzeuge (Personenkraftwagen, Kraftomnibusse und Lastkraftwagen, § 4 Absatz 4 PBefG). ⑥ Unmittelbar dem öffentlichen Verkehr dienen

1. bei unbebauten Grundstücken die Grundflächen des Bahnkörpers bzw. der Fahrbahn einschließlich der dazugehörigen Nebenflächen, die Lagerplätze, die Ladestraßen, das Vorratsgelände zur Sicherung des Betriebszwecks und ähnlichen Zwecken dienende Grundstücke;

---

[1] Vgl. *Erlass FM NRW vom 1. 1. 2025 G 1102* betr. Steuerfreiheit von Wegen- und Verkehrsflächen; *Erlass FM S-Anh vom 23. 2. 2023 43-G 1108-11* betr. Behandlung von dem öffentlichen Verkehr dienenden Straßen und Wegen im Privateigentum; *Kurzinfo LfSt Rh-Pf vom 17. 7. 2023 G 1000 A-St 327/St 325* betr. Steuerbefreiung für dem öffentlichen Verkehr dienende Straßen, Wege und Plätze sowie *FG Münster, Urteil vom 9. 1. 2025 3 K 1444/24 nrkr., Rev. BFH II R 10/25,* betr. keine Steuerbefreiung eines privaten Geh- und Radwegs in einer Reihenhaussiedlung.

2. bei bebauten Grundstücken die Verwaltungsgebäude und die Betriebsgebäude (Bahnhöfe der Eisenbahnen, Stadtschnellbahnen, Straßenbahnen und Omnibusse, Gebäude zur Aufbewahrung, Instandhaltung und Instandsetzung der Betriebseinrichtungen und Fahrzeuge, eigengenutzte Lagergebäude und ähnlichen Zwecken dienende Gebäude). AEGrStG A 4.4

(3) ① Für die Steuerbefreiung genügt es, dass auf dem Grundstück ausschließlich eine unentbehrliche Hilfstätigkeit zur Verwirklichung des begünstigten Zwecks ausgeübt wird (z. B. unentgeltlich zur Verfügung gestellte Parkplätze oder Parkhäuser für Bedienstete und Besucher eines Dienstgrundstücks, siehe A 7 Absatz 1). ② Nicht von der Grundsteuer befreit sind Grundstücke, die der Öffentlichkeit zugänglich sind, jedoch einem gewerblichen Zweck dienen (z. B. Parkplätze, die für Zwecke eines Warenhaus- oder Gastronomiebetriebs unterhalten werden), es sei denn, das Grundstück ist durch Widmung und Indienststellung zu einer (rechtlich) öffentlichen Sache geworden (BFH-Urteil vom 7. Dezember 1988 II R 115/88, BStBl. II 1989 S. 302, und vom 25. April 2001 II R 19/98, BStBl. II 2002 S. 54). 17

(4) ① Zu den dem öffentlichen Verkehr dienenden Straßen, Wegen und Plätzen gehören auch die Seitengräben, Böschungen, Schutzstreifen und Mittelstreifen sowie Rast- und Parkplätze, die Bahnhofszufahrtstraßen und Bahnhofsvorplätze, wenn sie von jedem genutzt werden können. ② Zu den Schutzstreifen zählen nicht Waldungen längs der Bundesfernstraßen, die nach § 10 des Bundesfernstraßengesetzes zu Schutzwaldungen erklärt worden sind. 18

(5) ① Öffentliche Kinderspielplätze und öffentliche Grünanlagen dienen nicht dem öffentlichen Verkehr (BFH-Urteil vom 6. Oktober 1961 III 48/60 S, BStBl. 1962 S. 51). ② Sie sind jedoch von der Grundsteuer befreit, wenn sie von einer Körperschaft des öffentlichen Rechts oder von einer Körperschaft unterhalten werden, die als gemeinnützig anerkannt ist, und die Voraussetzungen des § 3 Absatz 1 Satz 1 Nummer 1 oder des § 3 Absatz 1 Satz 1 Nummer 3 GrStG erfüllt sind. ③ Wenn sie von anderen Personen unterhalten werden, kann ein Grundsteuererlass nach § 32 Absatz 1 Nummer 2 GrStG in Betracht kommen. 19

(6) ① Wasserstraßen sind Flüsse, Seen und Kanäle, die dem öffentlichen Verkehr dienen. ② Hierzu gehören auch die Uferbereiche, die für die Benutzbarkeit und Unterhaltung der Wasserstraße relevant sind. ③ Fließende Gewässer, die nicht dem öffentlichen Verkehr dienen, sind nach § 4 Nummer 3 Buchstabe c GrStG befreit. 20

(7) ① Häfen im Sinne des § 4 Nummer 3 Buchstabe a GrStG sind sowohl Seehäfen als auch Binnenhäfen. ② Ein Hafen oder ein Teil eines Hafens, der nur einem beschränkten Benutzerkreis zur Verfügung steht, z. B. ein Werkshafen, dient nicht dem öffentlichen Verkehr und ist daher nicht von der Grundsteuer befreit. ③ Zu den Häfen gehören nicht nur die mit Wasser bedeckten Flächen, sondern auch die Böschungen und Grundflächen der Kaimauern sowie andere zum Betrieb des Hafens unmittelbar erforderliche Einrichtungen. ④ Ein Grundstück, auf dem im Rahmen des kombinierten Ladeverkehrs Straße-Schiene unmittelbar und ausschließlich Verkehrsleistungen für eine unbeschränkte Zahl von Verkehrsunternehmen erbracht werden, dient dem öffentlichen Verkehr im Sinne des § 4 Nummer 3 Buchstabe a GrStG, ohne dass es darauf ankommt, ob das Grundstück durch Widmung zu einer (rechtlich) öffentlichen Sache im Sinne des Straßenrechts geworden ist. ⑤ Unter den Voraussetzungen des Satzes 4 sind auch Grundstücke, die mittelbar Zwecken eines benachbarten Unternehmens dienen, das keine Verkehrsleistungen, sondern verkehrsfremde Leistungen erbringt, von der Grundsteuer befreit (vgl. BFH-Urteil vom 25. April 2001 II R 19/98, BStBl. II 2002 S. 54). 21

(8) ① Schienenwege, die dem öffentlichen Verkehr dienen, sind befreit, ohne dass es darauf ankommt, wer den Verkehr auf ihnen betreibt. ② Zu den Schienenwegen gehören insbesondere 22

1. die Schienenwege städtischer Straßenbahnen, der Deutschen Bahn usw. mit den Grundflächen des gesamten Bahnkörpers,
2. die Grundflächen der zu den Schienenwegen nach Nummer 1 gehörenden Seitengräben, Böschungen, Schutzstreifen, Schneedämme und der zwischen den Gleisen gelegenen Geländestreifen sowie der Bahnsteige, Laderampen und Freiluftschaltanlagen,
3. die mit Schienen einschließlich Rangier-, Neben-, Aufstell-, Abstell- und Ladegleisen bedeckten Grundflächen der Bahnhöfe, auch wenn sie durch Bahnsteighallen überdeckt sind,
4. die mit Schienen bedeckten Grundflächen der Betriebshöfe; Betriebshöfe in diesem Sinne sind die nicht bebauten Grundflächen der Ausbesserungswerke, Bahnbetriebswerke, Bahnbetriebswagenwerke, Brückenmeistereien, Gleisbauhöfe usw.,
5. die mit Schienen bedeckten Grundflächen der Lokomotivschuppen, Arztwagenschuppen, Turmwagenschuppen sowie der Wagenreinigungshallen und Umladehallen,
6. Stellwerksgebäude, Schaltanlagen in Unterwerksgebäuden, Umformerwerke, Zugbahnfunkstellen, Kuppelstellen und Relaisgebäude, soweit sich in diesen Gebäuden nicht Räume anderer Nutzung befinden, sowie
7. Blockbuden und Bahnwärterhäuser, soweit sie nicht Wohnzwecken dienen (§ 5 GrStG).

③ Schienenwege dienen dem öffentlichen Verkehr, wenn den Betreibern eine Betriebs- und Beförderungspflicht übertragen ist. ④ Schienenwege, auf denen Bahnen betrieben werden, die nur von einem eingeschränkten Personenkreis benutzt werden können, und Schienenwege, auf denen der öffentliche Personen- und Güterverkehr eingestellt ist, sind grundsätzlich von der Steuerbefreiung ausgenommen, weil sie nicht unmittelbar dem öffentlichen Verkehr dienen. ⑤ Draisinenbahnen dienen nicht dem öffentlichen Verkehr, da für den Betreiber der Draisinenbahn als touristische Freizeitattraktion im Gegensatz zu Verkehrsbetrieben (Nahverkehr, Bahn, Bus, Taxi) keine rechtliche Verpflichtung besteht, jedermann nach den Bedingungen eines amtlich veröffentlichten Tarifs zu befördern. ⑥ Grundstücksflächen, deren Benutzbarkeit wesentlich dadurch beeinträchtigt ist, dass über sie Hochbahnen, Schwebebahnen oder Seilbahnen hinwegführen, sind wie Schienenwege zu behandeln.

23 (9) ① Bauwerke und Einrichtungen, die unmittelbar dem öffentlichen Verkehr dienen, bleiben steuerfrei. ② Bauwerke und Einrichtungen, die darüber hinaus zum Betrieb eines Verkehrsunternehmens erforderlich sind, z. B. Verwaltungsgebäude, Betriebsgebäude, Bahnsteighallen, Wagenhallen, Abfertigungsgebäude, unterliegen dagegen der Grundsteuer. ③ Zur besonderen Befreiung für den Grundbesitz des Bundeseisenbahnvermögens vgl. § 3 Absatz 1 Satz 1 Nummer 2 GrStG.

AEGrStG A 4.5

A 4.5 Verkehrsflughäfen und Verkehrslandeplätze

24 (1) ① Die Steuerbefreiung nach § 4 Nummer 3 Buchstabe b GrStG gilt nur für Verkehrsflughäfen und Verkehrslandeplätze. ② Für Flugplätze, die nicht dem öffentlichen Verkehr mit Luftfahrzeugen dienen (Militär-, Sport- oder Privatflugplätze), kommt eine Grundsteuerbefreiung nicht in Betracht; allerdings kann sich für diese Flugplätze eine Befreiung nach § 3 Absatz 1 Satz 1 Nummer 1 oder 3 GrStG ergeben. ③ Grundstücke und Grundstücksteile, die von der Deutschen Flugsicherung GmbH (DFS) genutzt werden, sind nach § 4 Nummer 3 Buchstabe b GrStG auch dann befreit, wenn sie sich außerhalb der Flughäfen befinden. ④ Nicht befreit sind dagegen Grundstücke und Grundstücksteile, die von der DFS für Verwaltungszwecke genutzt werden.

25 (2) Die Befreiungsvorschrift des § 4 Nummer 3 Buchstabe b GrStG umfasst

1. alle Flächen, die unmittelbar zur Gewährleistung eines ordnungsgemäßen Flugbetriebs notwendig sind und von Hochbauten und sonstigen Luftfahrthindernissen freigehalten werden müssen,
2. alle Grundflächen mit Bauwerken und Einrichtungen, die unmittelbar dem ordnungsgemäßen Flugbetrieb dienen, und
3. alle Grundflächen mit ortsfesten Flugsicherungsanlagen einschließlich der Flächen, die für einen einwandfreien Betrieb dieser Anlagen erforderlich sind.

Beispiele:

Zusammenstellung der unbebauten und bebauten Grundflächen und Gebäude auf Verkehrsflughäfen und Verkehrslandeplätzen; grundsteuerliche Behandlung und Abgrenzung zu Betriebsvorrichtungen (vgl. auch gleichlautende Erlasse der obersten Finanzbehörden der Länder zur Abgrenzung des Grundvermögens von den Betriebsvorrichtungen vom 5. Juni 2013, BStBl. I S. 734).

A. Flächen, die unmittelbar zur Gewährleistung eines ordnungsgemäßen Flugbetriebs notwendig sind und von Hochbauten und sonstigen Luftfahrthindernissen freigehalten werden müssen

26

Bezeichnung bzw. Funktion	Grundsteuerliche Behandlung
1. Start- und Landebahnen	Grundflächen befreit;[1] bauliche Bestandteile (Bodenbefestigungen) sind Betriebsvorrichtungen
2. Rollbahnen	befreit; bauliche Bestandteile (Bodenbefestigungen) sind Betriebsvorrichtungen
3. Schutzstreifen und Sicherheitsflächen	befreit
4. Abfertigungsvorfelder und darunter liegende Fluggasttunnel und Gepäckverteileranlagen	Grundflächen befreit; bauliche Bestandteile (Bodenbefestigungen und Fluggasttunnel, die die Flugsteige – siehe Absatz B Nummer 17 – unmittelbar miteinander verbinden) sind Betriebsvorrichtungen
5. Abstellflächen und Wendeflächen (befestigt und unbefestigt), die dem öffentlichen Verkehr mit Luftfahrzeugen dienen	befreit; bauliche Bestandteile (Bodenbefestigungen) sind Betriebsvorrichtungen
6. Rollbrücken (für kreuzungsfreien Verkehr auf dem Flughafen)	befreit; bauliche Bestandteile (Bodenbefestigungen) sind Betriebsvorrichtungen
7. Flugplatzbetriebsstraßen innerhalb des Flugplatzgeländes	befreit

B. Grundflächen mit Bauwerken und Einrichtungen, die unmittelbar dem ordnungsgemäßen Flugbetrieb dienen

27

Bezeichnung bzw. Funktion	Grundsteuerliche Behandlung
1. Abfertigungsgebäude	nicht befreit
2. ASR[2]-Gebäude, Gebäude für Sende- und Empfangsanlage, Gebäude für Flugmonitore (Sendeeinrichtungen für Fernfeldmonitore)	befreit

[1] **[Amtl. Anm.:]** „Befreit" bedeutet steuerfrei gemäß § 4 Nummer 3 Buchstabe b GrStG.
[2] **[Amtl. Anm.:]** ASR (Airport Surveillance Radar) = Flughafen-Rundsicht-Radar.

AEGrStG A 4.5

noch 27

Bezeichnung bzw. Funktion	Grundsteuerliche Behandlung
3. Baubüros	befreit, wenn sie überwiegend der Herstellung oder Herrichtung steuerfreien Grundbesitzes dienen
4. Betriebstankstellen	befreit
5. Bordverpflegungsküchen der Luftverkehrsgesellschaften und Cateringgebäude	nicht befreit
6. Büros und Verwaltungsgebäude des Flugplatzhalters	befreit, soweit überwiegend steuerfreier Grundbesitz verwaltet wird
7. Büros und Verwaltungsgebäude der Luftverkehrsgesellschaften	nicht befreit
8. Büros der Mietwagenunternehmen	nicht befreit
9. Diensträume der Polizei	nicht befreit; soweit begünstigtem Rechtsträger zuzuordnen, Befreiung nach § 3 Absatz 1 Satz 1 Nummer 1 GrStG
10. Diensträume der Bundespolizei	befreit, soweit sie z. B. der Aufgabe Grenzschutz und Luftsicherheit dienen
11. Räume für Einwanderungs- und Asylbehörden	nicht befreit; soweit begünstigtem Rechtsträger zuzuordnen, Befreiung nach § 3 Absatz 1 Satz 1 Nummer 1 GrStG
12. Empfangsgebäude	nicht befreit
13. Feuerwehrgebäude	befreit
14. Flugplatzgaststätten	nicht befreit
15. Flugplatzgärtnereien, die überwiegend damit beschäftigt sind, das Rollfeld zu säubern und den Bewuchs aus Gründen der Flugsicherheit zu überwachen	befreit
16. Flugsicherungsgebäude	befreit
17. Flugsteige, wenn sie der allgemeinen Öffentlichkeit nicht zugänglich sind	befreit sind nur die reinen Zugangsflächen zu den Flugzeugen (nicht befreit sind die in den Flugsteigen enthaltenen sonstigen Räume wie Verkaufsläden, Sozialeinrichtungen, Büros o. Ä.). Die begünstigten Flugsteige sind aus den nicht befreiten Abfertigungsgebäuden auszusondern.
18. Flugwetterdienstgebäude (Außenstellen des Deutschen Wetterdienstes)	befreit
19. Flugzeughallen für Flugzeuge, die gewerbsmäßig gegen Entgelt für die Beförderung von Personen und/oder Waren eingesetzt werden, sowie für Privatflugzeuge	nicht befreit
20. Frachthallen und Transitgepäckhallen	nicht befreit
21. Garagen, Parkplätze und Parkhäuser für Fluggäste und Flugplatzpersonal	befreit unter den Voraussetzungen des A 4.4
22. Garagen für Kraftfahrzeuge des Flugplatzbetriebes	befreit
23. Geräteschuppen für den Flugplatzbetrieb	befreit
24. Heizwerk	befreit, wenn überwiegend steuerfreier Grundbesitz beheizt wird
25. Kantinen für Personal der Flugplatzgesellschaft	nicht befreit
26. Kontrollturm	befreit
27. Lagerräume für Materialien des Flugplatzbetriebs	befreit
28. Lagerräume des Fundamtes und der Luftverkehrsgesellschaften	nicht befreit
29. Lärmschutzhallen	befreit; Lärmschutzwände sind Betriebsvorrichtungen
30. Luftpostgebäude und andere Diensträume der Post	nicht befreit
31. Pförtnergebäude	befreit
32. Pumpenhaus	befreit
33. Rampengerätestationen	befreit
34. Sanitätsgebäude und Quarantänestation und der Gesundheitsprüfung dienende Gebäude(-teile)	befreit, soweit sie unmittelbar dem ordnungsgemäßen Flugbetrieb dienen
35. Simulationskammern (zur Untersuchung von Fracht- und Gepäckstücken)	befreit

AEGrStG A 4.5

Bezeichnung bzw. Funktion	Grundsteuerliche Behandlung
36. Sozialräume der Flugplatzgesellschaft	nicht befreit
37. Schulungsräume (für Abfertigungs- und Betriebspersonal)	befreit
38. Streusandgebäude	befreit
39. Tankdienstgebäude	befreit; die ortsfesten und zum Teil unterirdischen Tankanlagen sind Betriebsvorrichtungen
40. Tanklager	befreit; die ortsfesten und zum Teil unterirdischen Tankanlagen sind Betriebsvorrichtungen
41. Tankstellengebäude für Pkw sowie Pkw-Waschanlagen	nicht befreit
42. Technische Stationsgebäude (z. B. für Verkehrsleitung und Luftaufsicht)	befreit
43. Trafogebäude	befreit, wenn überwiegend steuerfreier Grundbesitz versorgt wird
44. Umzäunung des gesamten Flugplatzgeländes	befreit; sie dienen der Sicherung des Flugplatzgeländes und stellen Außenanlagen dar
45. Wartungshallen für Flugzeuge	befreit
46. Werkstattgebäude für Einrichtungen und Fahrzeuge des Flugplatzbetriebes	befreit
47. Wohnungen des Bereitschaftspersonals	nicht befreit, jedoch Befreiung einzelner Bereitschaftsräume nach § 5 Absatz 1 Nummer 4 GrStG
48. Zollabfertigung	nicht befreit, jedoch Befreiung bei Eigentum eines begünstigten Rechtsträgers nach § 3 Absatz 1 Satz 1 Nummer 1 GrStG

C. Flugsicherungsanlagen

28

Bezeichnung bzw. Funktion	Grundsteuerliche Behandlung
1. Schutzzonen für Gleitwegsender	befreit
2. Schutzzonen für Landekurssender	befreit
3. Grundflächen für RVR,[1] Transmissionsmeter, Ceilometer, Windmesser und Messfeld	befreit
4. Grundfläche für Haupteinflugzeichen	befreit
5. Grundfläche für Voreinflugzeichen	befreit
6. Grundfläche für Befeuerungsanlagen	befreit
7. Grundfläche für ASR-Anlage	befreit
8. Grundflächen für Sende- und Empfangsanlagen sowie für Flugmonitore (Sendeeinrichtungen für Fernfeldmonitore)	befreit

29 Gebäude oder Gebäudeteile, die in vorstehender Zusammenstellung nicht enthalten sind, da sie von vornherein für eine Grundsteuerbefreiung ausscheiden, und die nicht unmittelbar dem öffentlichen Verkehr mit Luftfahrzeugen dienen:

- Autovermietungen
- Banken
- Borddienstgebäude der Luftverkehrsgesellschaften, die den Bediensteten Einkaufsmöglichkeiten bieten
- Büros und Lagerräume, die an Spediteure vermietet sind
- Büros, Verwaltungsgebäude und Werkstätten des Deutschen Zentrums für Luft- und Raumfahrt
- Fallschirmlagergebäude
- Flugschulen
- Friseursalons
- Hotels
- Kinderparadies
- Kinos
- Reinigungsunternehmen
- Reisebüros
- Restaurants
- Taxistände
- Vereinsclubhäuser
- Verkaufsläden und Verkaufskioske
- Wechselstuben
- Wohnungen, soweit es sich nicht um Wohnräume für das Bereitschaftspersonal handelt
- Zuschaueranlagen

[1] **[Amtl. Anm.:]** RVR (Runway Visual Range) = Start-/Landebahnsichtweite.

A 4.6 Fließende Gewässer

AEGrStG A 4.6

(1) ① Fließende Gewässer und die ihren Abflussweg regelnden Sammelbecken bleiben nach § 4 Nummer 3 Buchstabe c GrStG ohne Rücksicht auf die Eigentumsverhältnisse steuerfrei. ② Als 30
fließende Gewässer werden Gewässer bezeichnet, die ständig oder zumindest zeitweise fließen wie beispielsweise Ströme, Flüsse und Bäche. ③ Zu den fließenden Gewässern gehören auch die Altwasser der Flüsse. ④ Teiche und Seen sind hingegen keine fließenden Gewässer im Sinne dieser Vorschrift. ⑤ Von der Grundsteuer befreit nach § 4 Nummer 3 Buchstabe c GrStG sind auch die künstlich angelegten fließenden Gewässer wie beispielsweise Kanäle und Be- und Entwässerungsgräben (BFH-Urteil vom 23. Juli 1982 I R 107/79, BStBl. II 1983 S. 57). ⑥ Unter die Grundsteuerbefreiung nach § 4 Nummer 3 Buchstabe c GrStG fallen nicht

1. die zum Zwecke der Trinkwassergewinnung unterhaltenen Stauseen und Talsperren (BFH-Urteil vom 23. Juni 1993 II R 36/90, BStBl. II S. 768) und
2. eine auf einem fließenden Gewässer betriebene Fischerei, die im Rahmen eines landwirtschaftlichen Fischereibetriebs verfolgt wird.

(2) ① Sammelbecken, die den Abfluss fließender Gewässer regeln, sind künstliche Anlagen zur 31
Ansammlung oder Stauung von Wasser zur Verhinderung von Überschwemmungen oder zur Speicherung von Wasser, z. B. Stauanlagen und Talsperren. ② Sie fallen unter die Steuerbefreiung, wenn die gewässerabflussregulierende Funktion im Vordergrund steht (BFH-Urteil vom 23. Juni 1993 II R 36/90, BStBl. II S. 768). ③ Die Steuerbefreiung erstreckt sich dagegen nicht auf Sammelbecken, die unmittelbar nur den Zwecken bestimmter Personen (z. B. eines Fischereiberechtigten) oder bestimmter Betriebe (z. B. Betrieb zur Energiegewinnung) dienen.

A 4.7 Öffentlich-rechtliche Wasser- und Bodenverbände

AEGrStG A 4.7

(1) ① Befreit von der Grundsteuer sind nach § 4 Nummer 4 GrStG Grundflächen mit Einrichtungen, die zur Ordnung und Verbesserung sowohl der Wasser- als auch der Bodenverhältnisse von 32
öffentlich-rechtlichen Wasser- und Bodenverbänden unterhalten werden. ② Es genügt nicht, dass die Einrichtungen der Ordnung und Verbesserung nur der Wasserverhältnisse oder nur der Bodenverhältnisse dienen. ③ So sind z. B. die Einrichtungen eines Wasserverbandes, die lediglich dazu dienen, Trink- und Brauchwasser dem Boden zu entnehmen, für den Genuss zuzubereiten, zu speichern und zu verteilen, nicht nach § 4 Nummer 4 GrStG befreit (BFH-Urteil vom 5. Dezember 1967 III 84/65, BStBl. II 1968 S. 387). ④ Die Befreiung erstreckt sich nicht auf Einrichtungen, die unmittelbar nur den Zwecken bestimmter Personen oder Betriebe dienen. ⑤ Wird z. B. das aus einem Staubecken abfließende Wasser als Energiequelle benutzt, so dient das Staubecken insoweit keinem steuerbegünstigten Zweck und unterliegt damit der Grundsteuer. ⑥ Für die Gewährung der Steuerbefreiung ist nicht erforderlich, dass der betroffene Grundbesitz auch dem öffentlich-rechtlichen Wasser- und Bodenverband zuzurechnen ist.

(2) ① Unter „Einrichtungen" sind nicht nur die durch menschliche Tätigkeit geschaffenen Werke 33
zu verstehen (z. B. Dämme, Deiche, Uferböschungen, Be- und Entwässerungsanlagen, Kläranlagen, Talsperren), sondern auch die durch das Zusammenwirken der Kräfte der Natur und des Menschen entstandenen Sachen, wie das Deichvorland (BFH-Urteil vom 21. Juli 1967 III 312/63, BStBl. II 1968 S. 16). ② Auch beim Deichvorland ist es ohne Bedeutung, wem es zuzurechnen ist. ③ Die Steuerbefreiung für Deichvorland wird grundsätzlich nicht durch seine Nutzung für landwirtschaftliche Zwecke ausgeschlossen (§ 6 Nummer 3 GrStG). ④ Es muss in jedem Einzelfall geprüft werden, ob das Deichvorland dem steuerbegünstigten Zweck des § 4 Nummer 4 GrStG tatsächlich dient. ⑤ Das wird z. B. dann nicht der Fall sein, wenn der Deich von vornherein weit zurück im Hinterland errichtet wurde und das Deichvorland weder im Interesse der Verbesserung der Wasser- und Bodenverhältnisse angelegt noch dafür unterhalten wird. ⑥ Das gilt im besonderen Maße für die Flächen, die mit einem Netz von befestigten Straßen durchzogen sind und intensiv landwirtschaftlich oder gärtnerisch, z. B. durch Obstbau, genutzt werden. ⑦ Deichvorlandflächen, die gewerblich genutzt werden, sind ebenfalls nicht von der Grundsteuer befreit. ⑧ Die Steuerbefreiung fällt weg, wenn Deichvorland z. B. durch die Errichtung eines regulären Deiches zum nicht mehr von der Grundsteuer befreiten Hinterland wird (BFH-Urteil vom 21. Juli 1967, a. a. O.).

A 4.8 Für Zwecke der Wissenschaft, des Unterrichts, der Erziehung benutzter Grundbesitz

AEGrStG A 4.8

(1) ① Ist Grundbesitz, der für Zwecke der Wissenschaft, des Unterrichts oder der Erziehung benutzt wird, einem der in § 3 Absatz 1 Satz 1 Nummer 1, 3 oder 4 GrStG genannten Rechtsträger unter Erfüllung der dort genannten Voraussetzung zuzurechnen, so ist in diesen Fällen vorrangig die Steuerbefreiung nach § 3 GrStG zu gewähren. ② Die Befreiungsvorschrift nach § 4 Nummer 5 GrStG kommt vor allem für entsprechenden Grundbesitz anderer Rechtsträger (z. B. für Schulen in freier Trägerschaft) in Betracht. 34

(2) ① Zur Wissenschaft gehört auch die Forschung. ② Wird die Forschung von einem Industrieunternehmen betrieben, so kann nicht ohne Weiteres davon ausgegangen werden, dass sie im 35
Rahmen der öffentlichen Aufgaben liegt, auch wenn es sich dabei um Grundlagenforschung han-

delt und das Unternehmen eng mit wissenschaftlichen Instituten oder Universitäten zusammenarbeitet.

36 (3) ① Dem Unterricht dienen nicht nur die allgemeinbildenden Schulen, sondern auch berufsbildende Schulen, z. B. Berufs-, Berufsfach- und Fachschulen. ② Dem Unterricht dienen auch Werkschulen und Lehrwerkstätten, die auf einen Beruf oder eine vor einer Körperschaft des öffentlichen Rechts abzulegende Prüfung ordnungsgemäß vorbereiten, sowie Bildungseinrichtungen, die der beruflichen Fortbildung dienen. ③ Die Steuerbefreiung ist nicht allein deshalb ausgeschlossen, weil die Werkschule oder Lehrwerkstatt von einem gewerblichen Unternehmen unterhalten wird.

37 (4) ① Zur Erziehung im Sinne des § 4 Nummer 5 GrStG gehört auch die Erziehung in

1. Waisenhäusern,
2. privaten Kindergärten,
3. Erziehungsheimen,
4. Schülerheimen,
5. Jugendwohnheimen und
6. Kinderhorten.

② Bei Säuglingsheimen und Kindererholungsheimen oder bei Heimen, in denen Kinder nur vorübergehend aufgenommen werden, steht der Erziehungszweck nicht im Vordergrund. ③ Solche Heime sind deshalb nicht nach § 4 Nummer 5 GrStG von der Grundsteuer befreit. ④ Eine Steuerbefreiung nach § 3 Absatz 1 GrStG bleibt möglich.

38 (5) ① Die Landesregierung oder die von ihr beauftragte Stelle muss in einem förmlichen Verfahren anerkennen, dass der Benutzungszweck im Rahmen der öffentlichen Aufgaben liegt. ② Das Anerkennungsverfahren wird landesrechtlich geregelt. ③ Die Befreiung des Grundbesitzes nach § 4 Nummer 5 GrStG kann aus der o. g. Anerkennung allein nicht hergeleitet werden. ④ Es müssen auch die übrigen Voraussetzungen im Sinne des § 4 Nummer 5 GrStG erfüllt sein.

39 (6) Die Steuerbefreiung nach § 4 Nummer 5 GrStG setzt voraus, dass der Grundbesitz entweder dem Träger der Einrichtung selbst oder einer juristischen Person des öffentlichen Rechts zuzurechnen ist.

AEGrStG A 4.9

A 4.9 Für Zwecke eines Krankenhauses benutzter Grundbesitz[1]

40 (1) ① Ist Grundbesitz, der für Zwecke eines Krankenhauses benutzt wird, einem der in § 3 Absatz 1 Satz 1 Nummer 1 oder 3 GrStG genannten Rechtsträger unter Erfüllung der dort genannten Voraussetzung zuzurechnen, so ist in diesen Fällen vorrangig die Steuerbefreiung nach § 3 GrStG zu gewähren. ② Die Befreiungsvorschrift des § 4 Nummer 6 GrStG kommt vor allem für entsprechenden Grundbesitz anderer Rechtsträger (z. B. für Krankenhäuser in privater Trägerschaft) in Betracht. ③ Das Krankenhaus muss im Veranlagungszeitpunkt die Voraussetzungen des § 67 Absatz 1 oder 2 AO erfüllen. ④ Eine bereits bei der Gewerbesteuer (§ 3 Nummer 20 Buchstabe b GewStG) getroffene Entscheidung zur Befreiung von der jeweiligen Steuerpflicht ist für die Grundsteuer zu übernehmen.

41 (2) ① Zu den subjektiven Voraussetzungen für die Befreiung nach § 4 Nummer 6 GrStG gehört, dass der Grundbesitz ausschließlich dem Inhaber des Krankenhauses oder einer juristischen Person des öffentlichen Rechts zuzurechnen ist (§ 4 Nummer 6 Satz 2 GrStG). ② Die Befreiung steht einem Grundstückseigentümer, der keine juristische Person des öffentlichen Rechts ist, nur dann zu, wenn das Krankenhaus von ihm selbst betrieben wird. ③ Das Betreiben durch den Ehegatten oder Lebenspartner genügt nicht (BFH-Urteil vom 9. Oktober 1970 III R 2/69, BStBl. II 1971 S. 63).

42 (3) ① Ist der Grundbesitz mehreren Personen zuzurechnen oder betreiben mehrere Personen in der Rechtsform einer Personengesellschaft ein Krankenhaus, so muss für eine Grundsteuerbefreiung nach § 4 Nummer 6 Satz 2 GrStG zwischen den Benutzern des Grundstücks und denjenigen, denen der Grundbesitz zuzurechnen ist, Personenidentität bestehen. ② Diese Voraussetzung ist auch dann erfüllt, wenn neben demjenigen, dem der Grundbesitz zugerechnet wird, stille Gesellschafter beteiligt sind. ③ Dabei ist unerheblich, ob die Gesellschafter der stillen Gesellschaft einkommensteuerrechtlich als Mitunternehmer (atypische stille Gesellschafter) anzusehen sind (BFH-Urteil vom 4. Februar 1987 II R 216/84, BStBl. II S. 451). ④ Die Voraussetzung der Personenidentität im Sinne des § 4 Nummer 6 Satz 2 GrStG ist z. B. nicht erfüllt, wenn

1. eine juristische Person des privaten Rechts ein Krankenhaus auf Grundbesitz betreibt, der den Gesellschaftern zuzurechnen ist,
2. der Grundstückseigentümer und der Klinikbetreiber – bei fehlender Identität – durch Identität ihrer Gesellschafter oder der hinter ihnen stehenden Personen miteinander verbunden sind (BFH-Urteil vom 26. Februar 2003 II R 64/00, BStBl. II S. 485) oder

[1] Vgl. dazu § 67 AO, abgedruckt als Anlage a zu § 3 GrStG, und R 7 f EStR (R 82 EStR 1999), abgedruckt im **ESt-Veranlagungshandbuch.**

3. eine Publikumskommanditgesellschaft den in ihrem Eigentum stehenden Grundbesitz in der Weise nutzt, dass ihre persönlich haftende Gesellschafterin (eine Kommanditgesellschaft) auf ihm eine Privatkrankenanstalt betreibt. Dies gilt selbst dann, wenn an beiden Kommanditgesellschaften dieselben natürlichen Personen teils unmittelbar, teils mittelbar beteiligt sind (BFH-Urteil vom 9. Dezember 1987 II R 223/83, BStBl. II 1988 S. 298). AEGrStG A 4.9

(4) ① Eine Vermietung oder Verpachtung des Grundbesitzes steht der Grundsteuerbefreiung nach § 4 Nummer 6 GrStG grundsätzlich entgegen. ② Das gilt in Ausnahmefällen dann nicht, wenn Teile des Grundbesitzes an einen Dritten vermietet oder verpachtet sind und von diesem in einer Art und Weise benutzt werden, die für die Erfüllung des auf dem Grundbesitz von dem Zurechnungsträger selbst verfolgten begünstigten Zwecks unentbehrlich ist. ③ Werden Räume eines Krankenhauses als Praxisräume an selbständig tätige Fachärzte vermietet, die allein für die medizinische Betreuung der in dem Krankenhaus untergebrachten Patienten verantwortlich sind und in den Praxisräumen diese Patienten ggf. auch ambulant behandeln, so sind auch die diesen Räumen zuzurechnenden Grundstücksteile von der Grundsteuer befreit. ④ Nicht von der Grundsteuer befreit sind Räume, die an selbständige Unternehmer für den Betrieb einer Apotheke oder einer Cafeteria in einem Krankenhaus vermietet sind und auch von Kunden besucht werden, die mit dem Krankenhaus sonst nichts zu tun haben (BFH-Urteil vom 16. Januar 1991 II R 149/88, BStBl. II S. 535). 43

(5) ① Die Grundsteuerbefreiung erstreckt sich auch auf die Verwaltungsräume und auf den Krankenhausgarten, soweit dieser der Erholung der Genesenden dient. ② Gebührenfrei nutzbare Besucher- und Personalparkplätze des Krankenhauses sind ebenfalls nach § 4 Nummer 6 GrStG von der Grundsteuer befreit (siehe A 7 Absatz 1 Satz 4 ff.). ③ Sind die Parkplätze jedoch für Besucher nur gegen Gebühr nutzbar oder werden sie gegen Entgelt an das Personal vermietet, so scheidet eine Steuerbefreiung für diese Parkplätze aus. 44

GrStG

§ 5 Zu Wohnzwecken benutzter Grundbesitz

(1) Dient Grundbesitz, der für steuerbegünstigte Zwecke (§§ 3 und 4) benutzt wird, zugleich Wohnzwecken, gilt die Befreiung nur für

1 **1. Gemeinschaftsunterkünfte der Bundeswehr, der ausländischen Streitkräfte, der internationalen militärischen Hauptquartiere, der Bundespolizei, der Polizei und des sonstigen Schutzdienstes des Bundes und der Gebietskörperschaften sowie ihrer Zusammenschlüsse;**

2 **2. Wohnräume in Schülerheimen, Ausbildungs- und Erziehungsheimen sowie Prediger- und Priesterseminaren, wenn die Unterbringung in ihnen für die Zwecke des Unterrichts, der Ausbildung oder der Erziehung erforderlich ist. ② Wird das Heim oder Seminar nicht von einem der nach § 3 Abs. 1 Nr. 1, 3 oder 4 begünstigten Rechtsträger unterhalten, so bedarf es einer Anerkennung der Landesregierung oder der von ihr beauftragten Stelle, daß die Unterhaltung des Heims oder Seminars im Rahmen der öffentlichen Aufgaben liegt;**

3 **3. Wohnräume, wenn der steuerbegünstigte Zweck im Sinne des § 3 Abs. 1 Nr. 1, 3 oder 4 nur durch ihre Überlassung erreicht werden kann;**

4 **4. Räume, in denen sich Personen für die Erfüllung der steuerbegünstigten Zwecke ständig bereithalten müssen (Bereitschaftsräume), wenn sie nicht zugleich die Wohnung des Inhabers darstellen.**

5 **(2) Wohnungen sind stets steuerpflichtig, auch wenn die Voraussetzungen des Absatzes 1 vorliegen.**[1]

Übersicht

		Rz.
5.1	Zu Wohnzwecken genutzter Grundbesitz	6, 7
5.2	Gemeinschaftsunterkünfte der Bundeswehr und andere	8–10
5.3	Wohnräume in Heimen und Ausbildungsstätten	11–15
5.4	Wohnraum, der unmittelbar steuerbegünstigten Zwecken dient	16, 17
5.5	Bereitschaftsräume	18–21
5.6	Steuerpflicht für Wohnungen	22
5.7	Grundsteuerrechtliche Behandlung von Grundstücken fremder Staaten	23–27

Zu § 5 GrStG

AEGrStG A 5.1

A 5.1 Zu Wohnzwecken genutzter Grundbesitz

6 (1) ① Grundbesitz, der gleichzeitig für Wohnzwecke und für steuerbegünstigte Zwecke benutzt wird, ist vorbehaltlich der Ausnahmen in § 5 Absatz 1 GrStG nicht von der Grundsteuer befreit. ② Beim Grundbesitz, der Wohnzwecken dient, ist zwischen Wohnräumen und Wohnungen zu unterscheiden. ③ Während Wohnungen, von dem Ausnahmefall des § 3 Absatz 1 Satz 1 Nummer 5 GrStG abgesehen, stets steuerpflichtig sind (§ 5 Absatz 2 GrStG), können Wohnräume, die gleichzeitig auch für steuerbegünstigte Zwecke benutzt werden, in den Fällen des § 5 Absatz 1 GrStG steuerfrei sein.

7 (2) ① § 249 Absatz 10 BewG definiert die Wohnung im bewertungsrechtlichen Sinn für Zwecke der Grundsteuer und gilt auch für § 5 GrStG. ② Zum Wohnungsbegriff siehe auch A 249.10 der koordinierten Erlasse der obersten Finanzbehörden der Länder vom 30. April 2025 zur Anwendung des Siebenten Abschnitts des Zweiten Teils des Bewertungsgesetzes zur Bewertung des Grundbesitzes (allgemeiner Teil und Grundvermögen) für die Grundsteuer ab 1. Januar 2022 (AEBewGrSt 2025).

AEGrStG A 5.2

A 5.2 Gemeinschaftsunterkünfte der Bundeswehr und andere

8 (1) ① Von der Grundsteuer befreit sind Gemeinschaftsunterkünfte im Sinne des § 5 Absatz 1 Nummer 1 GrStG, die zur Unterbringung von Angehörigen der Bundeswehr bestimmt sind. ② Dazu gehören Einzel- und Gemeinschaftswohnräume. ③ Voraussetzung der Grundsteuerbefrei-

[1] *BFH-Urteil vom 26. 8. 2020 II R 39/18 (BFH/NV 2021 S. 347):* **1.** Ein ganzjährig nutzbares Ferienhaus, in dem sich Nutzer lediglich vorübergehend zu Erholungszwecken aufhalten, kann eine Wohnung i. S. des § 5 Abs. 2 GrStG sein. Der Wohnungsbegriff setzt nicht voraus, dass die Räume zum dauernden Aufenthalt bestimmt sind oder dauernd genutzt werden. **2.** Eine Wohnung kann auch dann vorliegen, wenn sie weder über Anschlüsse für Telefon, Internet und Fernsehen noch über einen Briefkasten verfügt. Diese Ausstattungsmerkmale gehören nicht zu den für die Führung eines selbständigen Haushalts notwendigen Einrichtungen.

BFH-Urteil vom 11. 4. 2006 II R 77/04 (BFH/NV S. 1707): Erfüllt die Zusammenfassung einer in einem Heim befindlichen Mehrheit von Räumen, in denen schwerbehinderte Kinder und Jugendliche untergebracht sind, die Anforderungen an eine Wohnung im bewertungsrechtlichen Sinn, ist das Heim insoweit auch dann nicht von der Grundsteuer befreit, wenn der Heimträger ausschließlich und unmittelbar gemeinnützigen oder mildtätigen Zwecken dient.

BFH-Urteil vom 21. 4. 1999 II R 5/97 (BStBl. II S. 496): Wohnungen sind auch dann nicht von der Grundsteuer befreit, wenn sie einer gemeinnützigen Körperschaft gehören und von dieser zu steuerbegünstigten Zwecken verwendet werden. Räume, die objektiv als Wohnung zu beurteilen sind, verlieren diese Eigenschaft nicht dadurch, daß ihre Überlassung zu Wohnzwecken im Rahmen einer pflegerischen und therapeutischen Gesamtkonzeption erfolgt.

ung ist, dass die Unterbringung von Angehörigen der Bundeswehr in diesen Räumen erforderlich ist, um einen geordneten Dienstbetrieb aufrechtzuerhalten. ④ Die Sätze 1 bis 3 gelten für die Gemeinschaftsunterkünfte der ausländischen Streitkräfte, der internationalen militärischen Hauptquartiere und der anderen Schutzdienste entsprechend.

(2) ① Steuerfrei bleiben die zu den Gemeinschaftsunterkünften gehörenden Aufenthaltsräume, 9
Speiseräume, Küchen und Wirtschaftsräume. ② Das Gleiche gilt für Kantinen, auch wenn sie verpachtet sind. ③ Ein unmittelbarer räumlicher Zusammenhang mit den Gemeinschaftsunterkünften ist nicht erforderlich. ④ Voraussetzung ist, dass auch die zu den Gemeinschaftsräumen gehörenden Räume notwendig sind, um einen geordneten Dienstbetrieb aufrechtzuerhalten. ⑤ Ein Offizierskasino kann befreit sein, wenn es aus Gründen der Dienstzeitregelung unterhalten wird und die Offiziere verpflichtet sind, ihre Mahlzeiten in diesen Räumen einzunehmen.

(3) ① Die Steuerbefreiung erstreckt sich nicht auf Grundstücke oder Grundstücksteile, die we- 10
der unmittelbar der militärischen Tätigkeit dienen noch erforderlich sind, um einen geordneten Dienstbetrieb aufrechtzuerhalten. ② Das gilt z. B. für Räume, in denen sich Ladengeschäfte, Friseursalons, Bankinstitute oder ähnliche Einrichtungen zur Truppenbetreuung befinden (BFH-Urteil vom 14. Januar 1972 III R 50/69, BStBl. II S. 318).

A 5.3 Wohnräume in Heimen und Ausbildungsstätten

AEGrStG A 5.3

(1) ① Wohnräume in Schülerheimen, Ausbildungs- und Erziehungsheimen sowie in Ausbildungsstätten für Theologen und Priesteramtskandidaten (Prediger- und Priesterseminaren) sind 11
nach § 5 Absatz 1 Nummer 2 GrStG befreit, wenn die darin erfolgende Unterbringung von Schülern, Jugendlichen oder sonstigen Personen für die Zwecke des Unterrichts, der Ausbildung oder der Erziehung erforderlich ist. ② Die Aufzählung der danach in Betracht kommenden Wohnräume ist abschließend. ③ Eine Befreiung von Wohnräumen in anderen ähnlichen Heimen nach § 5 Absatz 1 Nummer 3 GrStG bleibt möglich.

(2) ① Ein Schülerheim ist ein Wohnheim, in dem Jugendliche untergebracht sind, die eine 12
Schule oder ähnliche Ausbildungseinrichtung besuchen. ② Es ist nicht notwendig, dass zwischen dem Heim und der Schule oder der Ausbildungseinrichtung ein räumlicher Zusammenhang besteht. ③ Beide müssen organisatorisch so miteinander verbunden sein, dass die Ziele der Schule unmittelbar gefördert werden. ④ Es kommt nicht darauf an, ob die Schüler in dem Heim nur vorübergehend, z. B. nur jeweils eine Woche in dem einer Schule gehörenden Schullandheim, oder dauernd, z. B. in einem Internat für das ganze Schuljahr, untergebracht sind.

(3) ① Ein Erziehungsheim ist ein Wohnheim, in dem sozialpädagogische Aufgaben durch Un- 13
terbringung der erziehungsbedürftigen Personen unter Aufsicht von geschultem Fachpersonal außerhalb ihres bisherigen in der Regel bei ihrer Familie liegenden Lebensmittelpunkts, verfolgt werden. ② Erziehungsheime müssen nicht wie Schülerheime mit einer Schule oder ähnlichen Ausbildungseinrichtungen organisatorisch verbunden sein, um die Steuerbefreiung nach § 5 Absatz 1 Nummer 2 GrStG in Anspruch nehmen zu können.

(4) ① Ein Ausbildungsheim ist ein Wohnheim, das der Unterbringung von Personen dient, die 14
eine organisatorisch mit dem Heim verbundene berufliche Bildungseinrichtung besuchen. ② Absatz 2 Sätze 2 bis 4 gelten entsprechend.

(5) ① Wird das jeweilige Wohnheim von einem der nach § 3 Absatz 1 Satz 1 Nummer 1, 3 oder 15
4 GrStG begünstigten Rechtsträger unterhalten, so kann in der Regel unterstellt werden, dass die Unterbringung in dem Heim für die Zwecke des Unterrichts, der Erziehung oder Ausbildung erforderlich ist. ② Wird das Heim nicht von einem der o. g. begünstigten Rechtsträger, wie beispielsweise von einer Privatschule, unterhalten, so bedarf es der Anerkennung durch die zuständige staatliche Stelle (Landesregierung oder die von ihr beauftragte Stelle), dass die Unterhaltung des Heims oder Seminars im Rahmen der öffentlichen Aufgaben liegt. ③ Bei bisher von der Grundsteuer befreiten Heimen und Seminaren kann unterstellt werden, dass die erforderliche Anerkennung bereits vorliegt.

A 5.4 Wohnraum, der unmittelbar steuerbegünstigten Zwecken dient

AEGrStG A 5.4

(1) ① Kann der steuerbegünstigte Zweck unmittelbar nur durch die Unterbringung von Perso-
nen in Wohnräumen erfüllt werden, so gilt die Befreiung gemäß § 5 Absatz 1 Nummer 3 GrStG 16
auch für die Wohnräume. ② Voraussetzungen sind darüber hinaus, dass

1. der Rechtsträger, dem der Grundbesitz zuzurechnen ist,
   a) eine juristische Person des öffentlichen Rechts (§ 3 Absatz 1 Satz 1 Nummer 3 Buchstabe a GrStG) oder
   b) eine als gemeinnützig anerkannte Körperschaft, Personenvereinigung oder Vermögensmasse (§ 3 Absatz 1 Satz 1 Nummer 3 Buchstabe b GrStG) ist (BFH-Urteil vom 7. Juni 1973 III R 77/72, BStBl. II S. 712) und
2. die Wohnräume
   a) für einen öffentlichen Dienst oder Gebrauch oder
   b) für gemeinnützige oder mildtätige Zwecke

benutzt werden.

③ Von der Grundsteuer befreit sind auch Wohnräume zur Unterbringung der Teilnehmer der unter § 3 Absatz 1 Satz 1 Nummer 1, 3 oder 4 GrStG fallenden Träger von Einrichtungen der Erwachsenenbildung. ④ Die Steuerbefreiung umfasst auch die Wohnräume in kirchlichen Bildungseinrichtungen (z. B. in evangelischen Akademien und römisch-katholischen Exerzitienheimen). ⑤ Dasselbe gilt für die Heimvolkshochschulen, es sei denn, deren Wohnräume sind als Ausbildungsheim im Sinne des § 5 Absatz 1 Nummer 2 GrStG i. V. m. A 5.3 Absatz 4 von der Grundsteuer freizustellen.

17 (2) ① Unmittelbar für einen öffentlichen Dienst oder Gebrauch werden z. B. Räume genutzt, die der Unterbringung von Straf- und Untersuchungsgefangenen in einer Justizvollzugsanstalt oder von Patienten in einem Krankenhaus dienen. ② Unmittelbar für gemeinnützige oder mildtätige Zwecke werden z. B. Wohnräume zur Unterbringung von Personen in einem Alten- oder Altenpflegeheim sowie in einem Erholungsheim genutzt, wenn mindestens zwei Drittel der Leistungen dieser Heime den in § 53 AO genannten Personen zugutekommen (vgl. § 66 Absatz 3, § 68 Nummer 1 Buchstabe a AO).[1]

AEGrStG A 5.5

A 5.5 Bereitschaftsräume

18 (1) ① Bereitschaftsräume im Sinne des § 5 Absatz 1 Nummer 4 GrStG sind Räume, die für das Bereitschaftspersonal benötigt und von diesem benutzt werden. ② Bereitschaftspersonal ist das Personal, dessen ständige Anwesenheit erforderlich ist, um den begünstigten Zweck zu erfüllen. ③ Ständige Anwesenheit bedeutet, dass das Personal bei Tag und Nacht zur Verfügung stehen muss. ④ Das ist z. B. der Fall bei Krankenschwestern und Ärzten in einem Krankenhaus und bei Erziehern in Schülerheimen. ⑤ Eine nur gelegentliche Beanspruchung des Personals genügt nicht.

19 (2) ① Ob sich das Personal in den Bereitschaftsräumen ständig oder nur vorübergehend, z. B. nur zur Nachtzeit, aufhält, ist unerheblich. ② Die Zahl der Bereitschaftsräume, die im Einzelfall als von der Grundsteuer befreit anzuerkennen sind, richtet sich nach dem Umfang des Personals, das für den Bereitschaftsdienst notwendig ist.

20 (3) ① Die Bereitschaftsräume müssen sich entweder auf dem Grundbesitz, auf welchem der begünstigte Zweck verfolgt wird, oder in unmittelbarer Nähe zu diesem befinden. ② Den Voraussetzungen des § 5 Absatz 1 Nummer 4 GrStG genügt nicht, dass das in größerer räumlicher Entfernung vom Grundbesitz untergebrachte Bereitschaftspersonal dennoch kurzfristig zur Verfügung stehen kann.

21 (4) Wohnräume können nur dann als Bereitschaftsräume angesehen werden, wenn der Wohnzweck nicht überwiegt.

AEGrStG A 5.6

A 5.6 Steuerpflicht für Wohnungen

22 ① Liegt eine Wohnung im bewertungsrechtlichen Sinne gemäß § 249 Absatz 10 BewG vor, so ist eine Steuerbefreiung gemäß § 5 Absatz 2 GrStG ausgeschlossen. ② Dies gilt auch dann, wenn die Wohnung zu steuerbegünstigten Zwecken genutzt wird. ③ Bei der Prüfung, ob eine Wohnung im bewertungsrechtlichen Sinne vorliegt, ist auf die objektive bauliche Gestaltung der Räumlichkeiten abzustellen. ④ Ausnahmen von dem Grundsatz des § 5 Absatz 2 GrStG gelten für Grundbesitz, der nach § 3 Absatz 1 Satz 1 Nummer 5 und 6 GrStG von der Grundsteuer befreit ist. ⑤ Zum Wohnungsbegriff siehe A 249.10 AEBewGrSt 2025.

AEGrStG A 5.7

A 5.7 Grundsteuerrechtliche Behandlung von Grundstücken fremder Staaten

(1) ① Von der Grundsteuer ist

23 1. Grundbesitz ausländischer Staaten, der nach vorheriger Zustimmung des Auswärtigen Amts für diplomatische Zwecke nach dem Wiener Übereinkommen über diplomatische Beziehungen – WÜD – vom 18. April 1961 (BGBl. 1964 II S. 959) genutzt wird, und
2. Grundbesitz, der nach vorheriger Zustimmung des Auswärtigen Amts konsularischen Zwecken nach dem Wiener Übereinkommen über konsularische Beziehungen – WÜK – vom 24. April 1963 (BGBl. 1969 II S. 1587) dient,

befreit. ② Beide Übereinkommen sind auch im Verhältnis zu den Staaten anzuwenden, die ihnen nicht beigetreten sind. ③ Für die Grundsteuerbefreiung ist grundsätzlich nicht erforderlich, dass die Gegenseitigkeit festgestellt wird. ④ Das Erfordernis der Gegenseitigkeit besteht nur, wenn es sich um Grundbesitz handelt, der von Personal diplomatischer Missionen oder berufskonsularischen Vertretungen für Wohnzwecke benutzt wird (§ 1 der VO vom 11. November 1981, BStBl. 1982 I S. 626). ⑤ In diesen Fällen ist bei Anträgen auf Grundsteuerbefreiung die Stellungnahme des Auswärtigen Amts einzuholen, ob und ggf. inwieweit der jeweilige Entsendestaat Gegenseitigkeit gewährt. ⑥ Bei positivem Bescheid ist die antragstellende Mission auf ihre Anzeigepflicht nach § 19 GrStG hinzuweisen, wenn die Gegenseitigkeit und damit die Voraussetzung für die Grundsteuerbefreiung entfällt.

24 (2) ① Nach Artikel 23 Absatz 1 WÜD sind der Entsendestaat und der Missionschef hinsichtlich der in ihrem Eigentum stehenden Räumlichkeiten der Mission von der Grundsteuer befreit. ② Zu

[1] Die §§ 51–68 AO sind abgedruckt als Anlage zu § 3 GrStG.

den Räumlichkeiten der Mission gehören die für Zwecke der Mission verwendeten Gebäude oder Gebäudeteile mit dem hierzu gehörenden Gelände, einschließlich der Residenz des Missionschefs (Artikel 1 Buchstabe i WÜD), nicht aber Gebäude oder Gebäudeteile, die außerhalb der Mission oder der Residenz des Missionschefs den Beamten oder Angestellten der Mission zu Wohnzwecken dienen. ③ Zu den befreiten Grundstücken kann auch ein unbebautes Grundstück gehören, wenn es für eine diplomatische Nutzung in unbebautem Zustand, z. B. als Parkfläche, oder für eine Bebauung mit einem entsprechend genutzten Gebäude vorgesehen ist. ④ § 7 GrStG ist insoweit nicht anwendbar. ⑤ Privater Grundbesitz ausländischer Diplomaten ist dagegen grundsteuerpflichtig, es sei denn, der ausländische Diplomat hat den Grundbesitz im Auftrag des Entsendestaats für Zwecke der Mission im Besitz (Artikel 34 Buchstabe b WÜD).

(3) ① Die Grundsteuerbefreiung des Grundbesitzes, der konsularischen Zwecken dient, ist insbesondere in Artikel 32 Absatz 1 und Artikel 60 WÜK geregelt. ② Die Anweisungen in Absatz 2 gelten entsprechend. 25

(4) ① Völkerrechtliche Sonderregelungen, die über die Vorschriften des WÜD und des WÜK hinausgehende Befreiungen von Grundstücken fremder Staaten enthalten, bleiben unberührt. ② Vgl. die Zusammenstellung im BMF-Schreiben vom 18. März 2013 (BStBl. I S. 404). 26

(5) ① Wird ein Grundstück von einem ausländischen Staat für diplomatische oder konsularische Zwecke im Laufe eines Kalenderjahres erworben, so schuldet der Veräußerer die Grundsteuer noch bis zum Schluss dieses Jahres. ② Eine Haftung des Entsendestaates als Erwerber des Grundbesitzes (§ 11 Absatz 2 Satz 1 GrStG) kommt weder für die Steuer, die auf den Zeitraum vor der Übereignung des Grundstücks, noch für die Steuer, die auf den Zeitraum nach der Übereignung des Grundstücks bis zum Ende des Kalenderjahres entfällt, in Betracht. 27

GrStG

§ 6 Land- und forstwirtschaftlich genutzter Grundbesitz

1 **Wird Grundbesitz, der für steuerbegünstigte Zwecke (§§ 3 und 4) benutzt wird, zugleich land- und forstwirtschaftlich genutzt, so gilt die Befreiung nur für**

1. Grundbesitz, der Lehr- oder Versuchszwecken dient;

2. Grundbesitz, der von der Bundeswehr, den ausländischen Streitkräften, den internationalen militärischen Hauptquartieren oder den in § 5 Abs. 1 Nr. 1 bezeichneten Schutzdiensten als Übungsplatz oder Flugplatz benutzt wird;

3. Grundbesitz, der unter § 4 Nr. 1 bis 4 fällt.

Zu § 6 GrStG

AEGrStG A 6

A 6 Land- und forstwirtschaftlich genutzter Grundbesitz

2 (1) Die folgenden Bestimmungen für land- und forstwirtschaftlich genutzte Flächen finden Anwendung, es sei denn, es liegt eine zu berücksichtigende Steuerbefreiung nach § 3 Absatz 1 Satz 1 Nummer 6 GrStG vor (Anwendungsausschluss des § 6 GrStG nach § 3 Absatz 1 Satz 1 Nummer 6 Satz 3 GrStG).

3 (2) ① Grundbesitz, der für steuerbegünstigte Zwecke (§§ 3 und 4 GrStG) und zugleich für land- und forstwirtschaftliche Zwecke genutzt wird, ist grundsätzlich grundsteuerpflichtig. ② § 6 GrStG enthält davon abweichend bestimmte abschließend aufgezählte Befreiungsgründe. ③ Voraussetzung für die Anwendung des § 6 GrStG ist zunächst eine land- und forstwirtschaftliche Nutzung des Grundbesitzes, unabhängig von Art und Umfang der Nutzung. ④ Anders als bei den §§ 232 f. BewG, bei denen es nur auf die Zweckbestimmung ankommt, muss im Anwendungsbereich des § 6 GrStG eine land- und forstwirtschaftliche Nutzung tatsächlich vorliegen (vgl. BFH-Urteil vom 16. Oktober 1996 II R 17/96, BStBl. II 1997 S. 228).

4 (3) ① Liegen die Ausnahmegründe des § 6 GrStG nicht vor, so scheidet eine Steuerbefreiung von land- und forstwirtschaftlich genutzten Flächen aus. ② Dies gilt auch, wenn der land- und forstwirtschaftlichen Nutzung gegenüber der Verfolgung steuerbegünstigter Zwecke (z. B. dem Naturschutz) eine nur untergeordnete Bedeutung zukommt (BFH-Urteil vom 16. Oktober 1996 II R 17/96, BStBl. II 1997 S. 228). ③ Die Gärtnerei eines Sozialversicherungsträgers ist mangels Erfüllung eines Tatbestandes des § 6 GrStG auch dann grundsteuerpflichtig, wenn sie ausschließlich Blumen und Pflanzen für die Heilstätten des Versicherungsträgers erzeugt (BFH-Urteil vom 7. Februar 1958 III 290/57 U, BStBl. III S. 185).

5 (4) ① Land- und forstwirtschaftlich genutzter Grundbesitz, der nach § 3 GrStG oder § 4 GrStG begünstigt ist, bleibt nach § 6 Nummer 1 GrStG steuerfrei, wenn er Lehr- oder Versuchszwecken dient. ② Die Nutzung für diese Zwecke muss nachhaltig und nicht nur vorübergehend sein. ③ Unter diesen Voraussetzungen sind beispielsweise der Grundbesitz, der von einem gemeinnützigen Unternehmen als Gärtnerei für Lehrzwecke in Form einer Werkstatt für Behinderte betrieben wird, und der land- und forstwirtschaftlich genutzte Grundbesitz (Gärtnerei) einer Justizvollzugsanstalt nach § 3 Absatz 1 Nummer 1 GrStG i. V. m. § 6 Nummer 1 GrStG von der Grundsteuer befreit.

6 (5) ① Von der Grundsteuer ist nach § 6 Nummer 2 GrStG land- und forstwirtschaftlich genutzter Grundbesitz innerhalb eines militärischen Übungsplatzes oder Militärflugplatzes befreit. ② In diesen Fällen ist der Grundbesitz auch dann befreit, wenn er verpachtet ist (BFH-Urteil vom 15. März 1957 III 17/57 S, BStBl. III S. 183).

7 (6) ① Ohne weitere Voraussetzungen ist nach § 6 Nummer 3 GrStG land- und forstwirtschaftlich genutzter Grundbesitz in den Fällen des § 4 Nummer 1 bis 4 GrStG befreit. ② Eine Steuerbefreiung von land- und forstwirtschaftlichem Grundbesitz in den Fällen des § 4 Nummer 5 und 6 GrStG kommt nur unter den zusätzlichen Voraussetzungen des § 6 Nummer 1 oder 2 GrStG in Betracht.

GrStG

§ 7 Unmittelbare Benutzung für einen steuerbegünstigten Zweck

1 **① Die Befreiung nach den §§ 3 und 4 tritt nur ein, wenn der Steuergegenstand für den steuerbegünstigten Zweck unmittelbar benutzt wird. ② Unmittelbare Benutzung liegt vor, sobald der Steuergegenstand für den steuerbegünstigten Zweck hergerichtet wird.**

Zu § 7 GrStG

AEGrStG A 7

A 7 Unmittelbare Benutzung für einen steuerbegünstigten Zweck

2 (1) ① Die Befreiung von der Grundsteuer nach den §§ 3 und 4 GrStG setzt nach § 7 Satz 1 GrStG voraus, dass der Steuergegenstand für den steuerbegünstigten Zweck unmittelbar benutzt wird. ② Eine unmittelbare Benutzung für einen steuerbegünstigten Zweck liegt vor, wenn dieser

auf dem Grundstück verfolgt wird. ③ Es genügt, dass auf dem Grundstück nur eine Hilfstätigkeit zur Verwirklichung des begünstigten Zwecks ausgeübt wird, sofern diese hierfür unentbehrlich ist. ④ Steuerfrei bleiben deshalb auch Verwaltungsräume in einem zur Erfüllung des begünstigten Zwecks erforderlichen Ausmaß (BFH-Urteil vom 10. Dezember 1954 III 78/54 S, BStBl. III 1955 S. 63). ⑤ Als Hilfstätigkeit im Sinne des Satzes 3 ist auch die Unterhaltung von Parkplätzen und Parkhäusern anzusehen, die zur unentgeltlichen Nutzung für Bedienstete und Besucher bestimmt sind und die zu dem Grundbesitz gehören, auf dem der begünstigte Zweck verfolgt wird. ⑥ Dies gilt auch für Parkplätze und Parkhäuser, die bewertungsrechtlich nicht zur wirtschaftlichen Einheit des von der Grundsteuer befreiten Grundbesitzes gehören, wenn zwischen ihnen und dem Grundbesitz ein enger räumlicher Zusammenhang besteht. ⑦ Eine unentbehrliche Hilfstätigkeit zur Verwirklichung des begünstigten Zwecks kann nicht mehr bei Parkplätzen und Parkhäusern angenommen werden, die jedermann gegen Gebühr oder Entgelt zur Verfügung stehen, und auch nicht für Stellplätze, die an Bedienstete oder Studierende vermietet werden.

(2) ① Die unmittelbare Benutzung für einen steuerbegünstigten Zweck beginnt nach § 7 Satz 3
2 GrStG, sobald das Grundstück für diesen Zweck hergerichtet wird. ② Ein Grundstück wird erst dann für einen steuerbegünstigten Zweck hergerichtet und ist damit von der Grundsteuer befreit, wenn mit den Bauarbeiten auf dem Grundstück begonnen wird, nicht schon mit der Bauplanung (BFH-Urteil vom 13. November 1985 II R 237/82, BStBl. II 1986 S. 191). ③ Ist für die Herrichtung des Grundstücks für den steuerbegünstigten Zweck die Errichtung eines Gebäudes oder sonstigen Bauwerks, z. B. einer Betriebsvorrichtung, erforderlich, so kommt es in der Regel auf den Zeitpunkt an, in welchem das Grundstück den ausführenden Bauunternehmen zur Durchführung der Bauarbeiten überlassen wird (BFH-Urteil vom 17. Januar 1969 III 74/65, BStBl. II S. 346). ④ Wird die Benutzung eines bereits in vollem Umfang von der Grundsteuer befreiten Grundstücks vorübergehend unterbrochen, z. B. durch Abbruch, Umbau oder Neubau des Gebäudes, damit es für einen anderen steuerbegünstigten Zweck hergerichtet wird, so verbleibt es auch in der Übergangsphase bei der Steuerbefreiung. ⑤ Verändert sich aus dem gleichen Grund der Umfang des bisher von der Grundsteuer befreiten Teils, so ist vom Zeitpunkt der Herrichtung an auf das Ausmaß der Nutzung für den neuen steuerbegünstigten Zweck abzustellen.

§ 8 Teilweise Benutzung für einen steuerbegünstigten Zweck

GrStG

(1) **Wird ein räumlich abgegrenzter Teil des Steuergegenstandes für steuerbegüns-** 1
tigte Zwecke (§§ 3 und 4) benutzt, so ist nur dieser Teil des Steuergegenstandes steuerfrei.

(2) **Dient der Steuergegenstand oder ein Teil des Steuergegenstandes (Absatz 1) so-** 2
wohl steuerbegünstigten Zwecken (§§ 3 und 4) als auch anderen Zwecken, ohne daß eine räumliche Abgrenzung für die verschiedenen Zwecke möglich ist, so ist der Steuergegenstand oder der Teil des Steuergegenstandes nur befreit, wenn die steuerbegünstigten Zwecke überwiegen.

Zu § 8 GrStG

A 8 Teilweise Benutzung für einen steuerbegünstigten Zweck

AEGrStG A 8

(1) ① Wird ein Grundstück sowohl zu steuerbegünstigten Zwecken nach den §§ 3 und 4 GrStG
als auch zu anderen Zwecken genutzt, so sind die Bestimmungen des § 8 GrStG, der zwischen 3
zwei Fallkonstellationen unterscheidet, zu beachten. ② Betrifft die steuerbegünstigte Nutzung einen räumlich abgrenzbaren Teil des Grundstücks, so ist nach § 8 Absatz 1 GrStG nur dieser Teil steuerbefreit. ③ Kann eine räumliche Abgrenzung nicht vorgenommen werden, so erfolgt nach § 8 Absatz 2 GrStG eine Steuerbefreiung, wenn der Steuergegenstand überwiegend steuerbegünstigten Zwecken dient. ④ Zum Betrachtungszeitpunkt für die unterschiedlichen Nutzungen siehe A 9 Sätze 2 und 3.

(2) ① Die räumliche Aufteilung des jeweiligen Grundbesitzes nach seiner Nutzung für steuerbe- 4
günstigte Zwecke und für nichtsteuerbegünstigte Zwecke nach § 8 Absatz 1 GrStG wird bereits bei der Grundsteuerbewertung des Grundbesitzes vorgenommen. ② Die Aufteilung erfolgt bei Wohngrundstücken gemäß § 249 Absatz 1 Nummer 1 bis 4 BewG im Verhältnis der für steuerbegünstigte Zwecke genutzten Wohn- und Nutzfläche zur gesamten Wohn- und Nutzfläche, wobei für steuerbegünstigte Stellplätze aus Vereinfachungsgründen eine Fläche von 15 m^2 je Stellplatz anzunehmen ist. ③ Bei Nichtwohngrundstücken gemäß § 249 Absatz 1 Nummer 5 bis 8 BewG erfolgt die Aufteilung im Verhältnis der für steuerbegünstigte Zwecke genutzten Bruttogrundfläche zur gesamten Bruttogrundfläche.

(3) ① Wenn eine räumliche Aufteilung nach § 8 Absatz 1 GrStG nicht möglich ist, dann kommt 5
es für die Gewährung einer Steuerbefreiung gemäß § 8 Absatz 2 GrStG darauf an, ob der jeweilige Grundbesitz überwiegend steuerbegünstigten oder nichtsteuerbegünstigten Zwecken dient. ② Dabei bleiben Zeiten der Nichtnutzung des Grundbesitzes (insbesondere Leerstand des Gebäudes) außer Betracht. ③ Ob die Nutzung für steuerbegünstigte und nichtsteuerbegünstigte Zwecke gleichzeitig nebeneinander oder zeitlich hintereinander erfolgt, ist ohne Bedeutung. ④ Eine Stadt-

AEGrStG A 8

halle, die sowohl für öffentliche Veranstaltungen, z. B. für Bürgerversammlungen, als auch für private Veranstaltungen, z. B. für Konzerte, genutzt wird, bleibt deshalb steuerfrei, wenn der Gebrauch durch die Allgemeinheit überwiegt. ⑤ Handelt es sich um unterschiedliche Gebäudeteile, die jeweils teils zu begünstigten, teils zu nicht begünstigten Zwecken genutzt werden, so ist bei der Gewichtung, ob die steuerbegünstigten Zwecke überwiegen, neben der zeitlichen Abgrenzung auch der räumliche Umfang der unterschiedlichen Nutzung nach Maßgabe des Flächenanteils zu berücksichtigen (BFH-Urteil vom 27. November 1991 II R 100/87, BStBl. II 1992 S. 563).

6 (4) ① Die §§ 5 und 6 GrStG gehen als speziellere Normen § 8 Absatz 2 GrStG vor. ② Treffen in diesen Fällen steuerbegünstigte Zwecke nach den §§ 3 und 4 GrStG und nicht begünstigte Zwecke zusammen, so kommt es auf ein Überwiegen der Nutzung für steuerbegünstigte Zwecke nicht an.

Beispiel:

Ein Truppenübungsplatz (begünstigt) wird auch teilweise landwirtschaftlich genutzt (grundsätzlich nicht begünstigt).

Lösung:

Da die Befreiung gemäß § 6 Nummer 2 GrStG greift, ist der Grundbesitz insgesamt steuerfrei. Es handelt sich dabei um die gegenüber § 8 Absatz 2 GrStG speziellere Vorschrift.

GrStG

§ 9 Stichtag für die Festsetzung der Grundsteuer; Entstehung der Steuer

(1) **Die Grundsteuer wird nach den Verhältnissen zu Beginn des Kalenderjahres festgesetzt.** 1

(2) **Die Steuer entsteht mit dem Beginn des Kalenderjahres, für das die Steuer festzusetzen ist.** 2

Zu § 9 GrStG

AEGrStG A 9

A 9 Stichtag für die Festsetzung der Grundsteuer, Entstehung der Steuer

3 ①Die Grundsteuer entsteht nach § 9 Absatz 2 GrStG mit dem Beginn des Kalenderjahres (1. Januar, 0:00 Uhr) und ist nach § 9 Absatz 1 GrStG nach den Verhältnissen zu Beginn des Kalenderjahres festzusetzen. ②Auch für die Anwendung der Befreiungsvorschriften sind die Verhältnisse zu Beginn des jeweiligen Kalenderjahres maßgeblich. ③Für die Gewichtung nach § 8 Absatz 2 GrStG, ob die steuerbegünstigte Nutzung überwiegt, sind die Verhältnisse in dem Kalenderjahr maßgebend, das dem Kalenderjahr vorangeht, auf dessen Beginn der Grundsteuermessbetrag festgesetzt wird. ④Beschränkt sich die tatsächliche Nutzung des Grundstücks für steuerbegünstigte Zwecke nur auf bestimmte wiederkehrende Zeitabschnitte eines Kalenderjahres, während in der übrigen Zeit das Grundstück nicht genutzt wird, so ist zu unterstellen, dass die Nutzung für steuerbegünstigte Zwecke in der Zwischenzeit fortbesteht.

GrStG

§ 10 Steuerschuldner[1, 2]

1 (1)[3] **Schuldner der Grundsteuer ist derjenige, dem der Steuergegenstand bei der Feststellung des Grundsteuerwerts zugerechnet ist.**

2 (2)[3] **Ist der Steuergegenstand mehreren Personen zugerechnet, so sind sie Gesamtschuldner.**[4]

Zu § 10 GrStG

AEGrStG A 10

A 10 Steuerschuldner *(unbesetzt)*

GrStG

§ 11 Persönliche Haftung

1 (1) **Neben dem Steuerschuldner haften der Nießbraucher des Steuergegenstandes und derjenige, dem ein dem Nießbrauch ähnliches Recht zusteht.**

2 (2) ① **Wird ein Steuergegenstand ganz oder zu einem Teil einer anderen Person übereignet, so haftet der Erwerber neben dem früheren Eigentümer für die auf den Steuergegenstand oder Teil des Steuergegenstandes entfallende Grundsteuer, die für die Zeit seit dem Beginn des letzten vor der Übereignung liegenden Kalenderjahres zu entrichten ist.** ② **Das gilt nicht für Erwerbe aus einer Insolvenzmasse und für Erwerbe im Vollstreckungsverfahren.**

Zu § 11 GrStG

AEGrStG A 11

A 11 Persönliche Haftung *(unbesetzt)*

---

[1] Vgl. auch § 39 AO, abgedruckt als Anlage a zu § 3 GrStG.

[2] Siehe *BFH-Urteil vom 12. 2. 2020 II R 10/17,* abgedruckt zu § 17 GrStG.

[3] Zu Gesamthandsgemeinschaft bzw. Gesamthändern vgl. *BFH-Beschluss vom 22. 2. 2001 II B 39/00,* abgedruckt zu § 219 Abs. 2 Nr. 2 BewG, und *BFH-Urteil vom 7. 7. 2004 II R 77/01, BFH/NV 2005 S. 73.*

BFH-Urteil vom 23.2.2021 II R 44/17 (BStBl. 2022 II S. 188): **1.** Für Zwecke der Grundsteuer ist das Grundstück gemäß § 39 Abs. 2 Nr. 1 Satz 1 AO ausnahmsweise dem wirtschaftlichen Eigentümer zuzurechnen. **2.** Grundstückseigentümer und Vorkaufsberechtigter können den Übergang von Nutzen und Lasten abweichend von den in dem ursprünglichen Kaufvertrag festgelegten Bedingungen auf einen späteren Zeitpunkt festlegen.

[4] Zur Gesamtschuldnerschaft vgl. § 44 AO, abgedruckt als Anlage a zu §§ 11, 12 GrStG.

§ 12 Dingliche Haftung

GrStG

Die Grundsteuer ruht auf dem Steuergegenstand als öffentliche Last. 1

Zu § 12 GrStG

A 12 Dingliche Haftung

AEGrStG A 12

① Die Grundsteuer ruht auf dem Steuergegenstand als öffentliche Last. ② Wer ein Grundstück in der Zwangsversteigerung erwirbt, haftet mit diesem Grundstück dinglich für die Grundsteuer, die auf die Zeit vom Zuschlag bis zum Ende des Kalenderjahres entfällt (vgl. Urteil des BVerwG vom 14. August 1992 8 C 15/90, NJW 1993 S. 871). 2

a) Abgabenordnung (AO)

Anl a zu §§ 11, 12

In der Fassung der Bek. vom 23. Januar 2025 (BGBl. I Nr. 24 S. 5)

– Auszug –

§ 44 Gesamtschuldner

(1) ① Personen, die nebeneinander dieselbe Leistung aus dem Steuerschuldverhältnis schulden oder für sie haften oder die zusammen zu einer Steuer zu veranlagen sind, sind Gesamtschuldner. ② Soweit nichts anderes bestimmt ist, schuldet jeder Gesamtschuldner die gesamte Leistung. 3

(2) ① Die Erfüllung durch einen Gesamtschuldner wirkt auch für die übrigen Schuldner. ② Das Gleiche gilt für die Aufrechnung und für eine geleistete Sicherheit. ③ Andere Tatsachen wirken nur für und gegen den Gesamtschuldner, in dessen Person sie eintreten. ④ Die Vorschriften der §§ 268 bis 280 über die Beschränkung der Vollstreckung in den Fällen der Zusammenveranlagung bleiben unberührt.

§ 77 Duldungspflicht

(1) Wer kraft Gesetzes verpflichtet ist, eine Steuer aus Mitteln, die seiner Verwaltung unterliegen, zu entrichten, ist insoweit verpflichtet, die Vollstreckung in dieses Vermögen zu dulden. 4

(2) ① Wegen einer Steuer, die als öffentliche Last auf Grundbesitz ruht, hat der Eigentümer die Zwangsvollstreckung in den Grundbesitz zu dulden. ② Zugunsten der Finanzbehörde gilt als Eigentümer, wer als solcher im Grundbuch eingetragen ist. ③ Das Recht des nicht eingetragenen Eigentümers, die ihm gegen die öffentliche Last zustehenden Einwendungen geltend zu machen, bleibt unberührt.

b) Gesetz über die Zwangsversteigerung und die Zwangsverwaltung

Anl b zu §§ 11, 12

In der Fassung der Bekanntmachung vom 20. Mai 1898 (RGBl. S. 713)

Zuletzt geändert durch Gesetz vom 24. 10. 2024 (BGBl. I Nr. 329)

– Auszug –

§ 10 Rangordnung der Rechte

(1) Ein Recht auf Befriedigung aus dem Grundstücke gewähren nach folgender Rangordnung, bei gleichem Range nach dem Verhältnis ihrer Beträge: 5

1.–2. …

3. die Ansprüche auf Entrichtung der öffentlichen Lasten des Grundstücks wegen der aus den letzten vier Jahren rückständigen Beträge; wiederkehrende Leistungen, insbesondere Grundsteuern, Zinsen, Zuschläge oder Rentenleistungen, sowie Beträge, die zur allmählichen Tilgung einer Schuld als Zuschlag zu den Zinsen zu entrichten sind, genießen dieses Vorrecht nur für die laufenden Beträge und für die Rückstände aus den letzten zwei Jahren. Untereinander stehen öffentliche Grundstückslasten, gleichviel ob sie auf Bundes- oder Landesrecht beruhen, im Range gleich. Die Vorschriften des § 112 Abs. 1 und der §§ 113 und 116 des Gesetzes über den Lastenausgleich *vom 14. August 1952 (Bundesgesetzbl. I S. 446)*[1] bleiben unberührt;

4.–8. …

(2), (3) …

---

[1] Jetzt i. d. F. der Bek. v. 2. 6. 1993 (BGBl. I S. 845, ber. 1995 I S. 248) mit späteren Änderungen.

GrStG

Abschnitt II. Bemessung der Grundsteuer

§ 13 Steuermesszahl und Steuermessbetrag

1 **①Bei der Berechnung der Grundsteuer ist von einem Steuermessbetrag auszugehen. ②Dieser ist durch Anwendung eines Promillesatzes (Steuermesszahl) auf den Grundsteuerwert oder seinen steuerpflichtigen Teil zu ermitteln, der nach dem Bewertungsgesetz im Veranlagungszeitpunkt (§ 16 Absatz 1, § 17 Absatz 3, § 18 Absatz 3) für den Steuergegenstand maßgebend ist.**

Zu § 13 GrStG

AEGrStG A 13

A 13 Steuermesszahl und Steuermessbetrag *(unbesetzt)*

GrStG

§ 14 Steuermeßzahl für Betriebe der Land- und Forstwirtschaft

1 **Für Betriebe der Land- und Forstwirtschaft beträgt die Steuermeßzahl 0,55 Promille.**

Zu § 14 GrStG

AEGrStG A 14

A 14 Steuermesszahl für Betriebe der Land- und Forstwirtschaft *(unbesetzt)*

GrStG

§ 15[1] Steuermesszahl für Grundstücke

1 **(1) Die Steuermesszahl beträgt**

1. für unbebaute Grundstücke im Sinne des § 246 des Bewertungsgesetzes 0,34 Promille,

2. für bebaute Grundstücke

a) im Sinne des § 249 Absatz 1 Nummer 1 bis 4 des Bewertungsgesetzes 0,31 Promille,

b) im Sinne des § 249 Absatz 1 Nummer 5 bis 8 des Bewertungsgesetzes 0,34 Promille.

2 **(2) ①Die Steuermesszahl nach Absatz 1 Nummer 2 Buchstabe a wird um 25 Prozent ermäßigt, wenn**

1. für das Grundstück nach § 13 Absatz 3 des Wohnraumförderungsgesetzes vom 13. September 2001 (BGBl. I S. 2376), das zuletzt durch Artikel 3 des Gesetzes vom 2. Oktober 2015 (BGBl. I S. 1610) geändert worden ist, eine Förderzusage erteilt wurde und

2. die sich aus der Förderzusage im Sinne des § 13 Absatz 2 des Wohnraumförderungsgesetzes ergebenden Bindungen im Hauptveranlagungszeitraum bestehen.

②Liegen die Voraussetzungen des Satzes 1 für einen Teil der Gebäude oder für Teile eines Gebäudes vor, so ist die Ermäßigung der Steuermesszahl entsprechend anteilig zu gewähren.

3 **(3) Absatz 2 gilt entsprechend für Grundstücke, für die nach dem Ersten Wohnungsbaugesetz vom 24. April 1950 (BGBl. S. 83) in der bis zum 31. Dezember 1987 geltenden Fassung, nach dem Zweiten Wohnungsbaugesetz vom 27. Juni 1956 (BGBl. I S. 523) in der bis zum 31. Dezember 2001 geltenden Fassung oder nach den Wohnraumförderungsgesetzen der Länder eine Förderzusage erteilt wurde.**

4 **(4) Liegen für ein Grundstück weder die Voraussetzungen des Absatzes 2 noch des Absatzes 3 vor, wird die Steuermesszahl nach Absatz 1 Nummer 2 Buchstabe a um 25 Prozent ermäßigt, wenn das jeweilige Grundstück**

1. einer Wohnungsbaugesellschaft zugerechnet wird, deren Anteile mehrheitlich von einer oder mehreren Gebietskörperschaften gehalten werden und zwischen der Wohnungsbaugesellschaft und der Gebietskörperschaft oder den Gebietskörperschaften ein Gewinnabführungsvertrag besteht,

2. einer Wohnungsbaugesellschaft zugerechnet wird, die als gemeinnützig im Sinne des § 52 der Abgabenordnung anerkannt ist, oder

3. einer Genossenschaft oder einem Verein zugerechnet wird, für deren oder dessen Tätigkeit eine Steuerbefreiung nach § 5 Absatz 1 Nummer 10 des Körperschaftsteu-

[1] Abweichende Regelungen zu § 15 in Baden-Württemberg, Bayern, Hamburg, Hessen, Niedersachsen, Saarland und Sachsen, zu § 16 in Bayern, Hamburg, Niedersachsen, siehe Anhang **I** Nr. **9**.

ergesetzes besteht und soweit der Grundbesitz der begünstigten Tätigkeit zuzuordnen ist.

(5) **①Die Steuermesszahl nach Absatz 1 Nummer 2 wird für bebaute Grundstücke um 10 Prozent ermäßigt, wenn sich auf dem Grundstück Gebäude befinden, die Baudenkmäler im Sinne des jeweiligen Landesdenkmalschutzgesetzes sind. ②Stehen auf einem Grundstück nur ein Teil der Gebäude oder nur Teile eines Gebäudes im Sinne des jeweiligen Landesdenkmalschutzgesetzes unter Denkmalschutz, so ist die Ermäßigung der Steuermesszahl entsprechend anteilig zu gewähren.** 5

(6) **①Der Abschlag auf die Steuermesszahl nach den Absätzen 2 bis 5 wird auf Antrag zunächst für jeden Erhebungszeitraum innerhalb des Hauptveranlagungszeitraums gewährt, wenn nachgewiesen wird, dass die jeweiligen Voraussetzungen zum Hauptveranlagungszeitpunkt vorliegen. ②Treten die Voraussetzungen der Absätze 2 bis 5 erst im Laufe des Hauptveranlagungszeitraums ein und liegen sie zu Beginn des Erhebungszeitraums vor, wird der Steuermessbetrag auf Antrag nach § 17 Absatz 2 Nummer 1 neu veranlagt. ③Entfallen die Voraussetzungen der Absätze 2 bis 5, ist dies nach § 19 Absatz 2 anzuzeigen und ist der Steuermessbetrag nach § 17 Absatz 2 Nummer 1 neu zu veranlagen oder nach § 21 zu ändern. ④Der Antrag auf eine Ermäßigung der Steuermesszahl nach den Absätzen 2 bis 5 kann durch eine entsprechende Angabe in einer Erklärung nach § 228 Absatz 1 des Bewertungsgesetzes erfolgen.** 6

Übersicht

		Rz.
15.1	Steuermesszahl für Grundstücke; Allgemeines	10, 11
15.2	Ermäßigung für geförderten Wohnraum (§ 15 Absatz 2 und 3 GrStG)	12–14
15.3	Ermäßigung für Wohnungsbaugesellschaften, Genossenschaften oder Vereine (§ 15 Absatz 4 GrStG)	15–17
15.4	Ermäßigung für Baudenkmäler (§ 15 Absatz 5 GrStG)	18
15.5	Teilweise Erfüllung eines Ermäßigungstatbestandes	19
15.6	Zeitweise Erfüllung eines Ermäßigungstatbestandes	20
15.7	Gleichzeitige Erfüllung mehrerer Ermäßigungstatbestände	21

Zu § 15 GrStG

A 15.1 Steuermesszahl für Grundstücke; Allgemeines

AEGrStG A 15.1

(1) ①Die Steuermesszahl ist für Wohngrundstücke im Sinne des § 249 Absatz 1 Nummer 1 bis 4 BewG zu ermäßigen, die 10

1. eine bestehende Wohnraumförderung haben (§ 15 Absatz 2 und 3 GrStG) oder
2. sich im Eigentum bestimmter Wohnungsbaugesellschaften, Genossenschaften oder Vereine befinden (§ 15 Absatz 4 GrStG).

②Eine Ermäßigung der Steuermesszahl nach § 15 Absatz 2 bis 4 GrStG kommt für Nichtwohngrundstücke im Sinne des § 249 Absatz 1 Nummer 5 bis 8 BewG nicht in Betracht. ③Die Ermäßigung der Steuermesszahl für bebaute Grundstücke mit aufstehenden Baudenkmälern nach § 15 Absatz 5 GrStG erfolgt unabhängig von der Grundstücksart.

(2) ①Der Wegfall der Voraussetzungen für eine Ermäßigung der Steuermesszahl ist nach § 19 Absatz 2 GrStG dem zuständigen Finanzamt anzuzeigen. ②Die Anzeigepflicht besteht auch, wenn die Voraussetzungen nur für einen Teil des Grundbesitzes wegfallen und im Übrigen bestehen bleiben. 11

A 15.2 Ermäßigung für geförderten Wohnraum (§ 15 Absatz 2 und 3 GrStG)

AEGrStG A 15.2

(1) ①Die Ermäßigung der Steuermesszahl um 25 Prozent für Wohngrundstücke im Sinne des § 249 Absatz 1 Nummer 1 bis 4 BewG nach § 15 Absatz 2 GrStG ist erst zu gewähren, wenn die Förderzusage erteilt wurde. ②Die erteilte Förderzusage (z. B. Förderbescheid, Fördervertrag, öffentlich-rechtlicher Vertrag, Bewilligungsbescheid) stellt einen Grundlagenbescheid im Sinne des § 171 Absatz 10 AO dar. ③Eine Prüfung der Rechtmäßigkeit und Angemessenheit der gewährten Förderung ebenso wie eine detaillierte Prüfung der Förderung einzelner Wohnungen erfolgt nicht. 12

(2) ①§ 15 Absatz 3 GrStG bestimmt, dass die Ermäßigung der Steuermesszahl nach § 15 Absatz 1 Nummer 2 Buchstabe a GrStG um 25 Prozent auch für Wohngrundstücke erfolgt, die nach den Vorgängervorschriften des Wohnraumförderungsgesetzes oder nach den Wohnraumfördergesetzen der Länder gefördert werden. ②Absatz 1 gilt in diesen Fällen entsprechend. ③Keine Förderzusage im Sinne des § 15 Absatz 2 und 3 GrStG, die zu einer Ermäßigung der Steuermesszahl führen, sind z. B. 13

1. Förderbestätigungen oder -zusagen der Stadt oder Gemeinde (ggf. der auszahlenden Stelle), wenn diese nicht aufgrund von Wohnraumfördergesetzen und auf Rechnung der Länder erteilt werden,
2. Bewilligungsbescheide von Baukindergeld oder
3. Förderbescheide auf Grundlage von Richtlinien ohne Bezug zum Wohnraumförderungsgesetz, z. B. Finanzierungszusagen für energieeffizientes Bauen oder barrierefreies Umbauen.

14 (3) ① Nach § 15 Absatz 2 Satz 1 Nummer 2 GrStG wird die Steuermesszahl für jeden Erhebungszeitraum innerhalb des Hauptveranlagungszeitraums ermäßigt, zu dessen Beginn die sich aus der Förderzusage ergebenden Bindungen bestehen. ② Da die Entscheidung über die Ermäßigung der Steuermesszahl für die Festsetzung des Grundsteuermessbetrags auf den 1. Januar 2025 bereits vor dem Jahr 2025 getroffen wird, ist die Ermäßigung zu gewähren, wenn die Förderzusage (Grundlagenbescheid im Sinne des § 171 Absatz 10 AO) bereits vorliegt und über den 1. Januar 2025 (Hauptveranlagungszeitpunkt) hinaus Wirkung entfaltet. ③ Steht bereits im Rahmen der Festsetzung des Grundsteuermessbetrags fest, dass die Förderzusage aufgrund einer Befristung vor dem Hauptveranlagungszeitpunkt ausläuft, so kann die Ermäßigung nicht berücksichtigt werden.

Beispiel:

Die Wobau GmbH hat im Zusammenhang mit der Errichtung eines Mehrfamilienhauses im Jahr 2014 eine Förderzusage für ein verbilligtes langfristiges Darlehen (Laufzeit zehn Jahre; Laufzeitende: 20. Oktober 2024; Bindungsfrist für verbilligte Wohnraumüberlassung endet am 1. Dezember 2024) bekommen.

Lösung:

Da die Bindungsfrist für die verbilligte Wohnraumüberlassung vor dem 1. Januar 2025 (Hauptveranlagungszeitpunkt) ausläuft, ist die Steuerermäßigung nach § 15 Absatz 2 GrStG bei der Festsetzung des Grundsteuermessbetrags auf den 1. Januar 2025 nicht zu berücksichtigen.

AEGrStG A 15.3

A 15.3 Ermäßigung für Wohnungsbaugesellschaften, Genossenschaften oder Vereine (§ 15 Absatz 4 GrStG)

15 (1) ① Die Ermäßigung der Steuermesszahl um 25 Prozent für Wohngrundstücke im Sinne des § 249 Absatz 1 Nummer 1 bis 4 BewG nach § 15 Absatz 4 Satz 1 Nummer 1 GrStG umfasst Wohnungsbaugesellschaften, die mehrheitlich von Gebietskörperschaften beherrscht werden und bei denen ein Gewinn durch Abführung an die jeweiligen Gebietskörperschaften der kommunalen Daseinsfürsorge zu Gute kommt. ② Eine Thesaurierung des Gewinns zur Investition in weitere begünstigte Wohnungen steht dem Erfordernis eines Gewinnabführungsvertrags nicht entgegen. ③ Eine Ermäßigung der Steuermesszahl um 25 Prozent erfolgt nach § 15 Absatz 4 Satz 1 Nummer 2 und 3 GrStG für den Grundbesitz von Wohnungsbaugesellschaften, die als gemeinnützig im Sinne des § 52 AO anerkannt sind, sowie für Genossenschaften oder Vereine, für deren bzw. dessen Tätigkeit eine Steuerbefreiung nach § 5 Absatz 1 Nummer 10 KStG besteht, und soweit der Grundbesitz der begünstigten Tätigkeit zuzuordnen ist. ④ Genossenschaften oder Vereine, die nach § 5 Absatz 1 Nummer 10 KStG von der Körperschaftsteuer befreit sind, sind auch dann nach Maßgabe des Satzes 3 begünstigt, wenn sich deren Tätigkeit nicht ausschließlich auf die in § 5 Absatz 1 Nummer 10 Buchstabe a und b KStG beschriebenen Tätigkeiten beschränkt, z. B. weil sie einen partiell steuerpflichtigen Bereich im Rahmen der steuerunschädlichen 10- oder 20-Prozent-Einnahmengrenze haben (§ 5 Absatz 1 Nummer 10 Sätze 2 und 3 KStG) oder ihre Wohnungen an Nicht-Mitglieder vermieten. ⑤ Die Ermäßigung der Steuermesszahl nach § 15 Absatz 4 GrStG wird nur auf Antrag gewährt. ⑥ Der Antrag kann mit der Erklärung zur Feststellung des Grundsteuerwerts gestellt werden. ⑦ Er kann auch nachträglich gestellt werden, wenn die Voraussetzungen für die Inanspruchnahme der Ermäßigung zu Beginn des Erhebungszeitraums vorlagen. ⑧ Eine rückwirkende Ermäßigung der Steuermesszahl ist nur insoweit zu gewähren, als die Festsetzungsfrist noch nicht abgelaufen ist.

16 (2) Das Vorliegen der Voraussetzungen kann wie folgt nachgewiesen werden:

1. im Fall des § 15 Absatz 4 Satz 1 Nummer 1 GrStG durch Vorlage des Gesellschaftsvertrages und des Gewinnabführungsvertrages,
2. im Fall des § 15 Absatz 4 Satz 1 Nummer 2 GrStG durch Vorlage einer Anerkennung des für die Körperschaft örtlich zuständigen Finanzamts (z. B. Freistellungsbescheid) und
3. im Fall des § 15 Absatz 4 Satz 1 Nummer 3 GrStG durch Vorlage einer Anerkennung des für die Körperschaft örtlich zuständigen Finanzamts (z. B. Freistellungsbescheid, Anlage zum Körperschaftsteuerbescheid oder Nichtveranlagungsbescheinigung).

17 (3) A 15.2 Absatz 3 gilt für die Ermäßigung der Steuermesszahl für Wohnungsbaugesellschaften, Genossenschaften oder Vereine nach § 15 Absatz 4 GrStG entsprechend.

AEGrStG A 15.4

A 15.4 Ermäßigung für Baudenkmäler (§ 15 Absatz 5 GrStG)

18 ① Die Ermäßigung der Steuermesszahl nach § 15 Absatz 5 GrStG setzt voraus, dass sich auf dem Grundstück Gebäude befinden, die Baudenkmäler im Sinne des jeweiligen Landesdenkmalschutzgesetzes sind (§ 15 Absatz 5 Satz 1 GrStG). ② Bodendenkmäler sind keine Gebäude und führen daher nicht zur Ermäßigung der Steuermesszahl. ③ Die Denkmaleigenschaft kann in der Regel den Denkmallisten oder Denkmalbüchern der jeweils zuständigen Denkmalschutzbehörde des Landes entnommen werden. ④ Sind nur Teile des jeweiligen Grundstücks denkmalgeschützt, so verringert sich die Ermäßigung der Steuermesszahl entsprechend. ⑤ Dabei wird in der Regel auf das Verhältnis der Wohn- und Nutzfläche oder Bruttogrundfläche der nicht denkmalgeschützten Gebäude oder Gebäudeteile zur gesamten Wohn- und Nutzfläche bzw. Bruttogrundfläche abzustellen sein.

AEGrStG A 15.5

A 15.5 Teilweise Erfüllung eines Ermäßigungstatbestandes

19 ① Liegen die Voraussetzungen für eine Ermäßigung der Steuermesszahl nach § 15 Absatz 2, 3 und 5 GrStG nur für einen Teil der wirtschaftlichen Einheit vor oder wird das Grundstück nur

teilweise einer in § 15 Absatz 4 GrStG genannten Gesellschaft zugerechnet, so ist die Ermäßigung entsprechend anteilig zu gewähren. ② Die Aufteilung erfolgt bei Wohngrundstücken im Sinne des § 249 Absatz 1 Nummer 1 bis 4 BewG im Verhältnis der für vergünstigte Zwecke genutzten Wohn- und Nutzfläche zur gesamten Wohn- und Nutzfläche, wobei für steuervergünstigte Stellplätze aus Vereinfachungsgründen eine Fläche von 15 m^2 je Stellplatz anzunehmen ist. ③ Bei Nichtwohngrundstücken im Sinne des § 249 Absatz 1 Nummer 5 bis 8 BewG und einer Ermäßigung der Steuermesszahl nach § 15 Absatz 5 GrStG erfolgt die Aufteilung im Verhältnis der für vergünstigte Zwecke genutzten Bruttogrundfläche zur gesamten Bruttogrundfläche. ④ Liegt in Fällen des § 15 Absatz 5 Satz 2 GrStG kein geeigneter Aufteilungsmaßstab vor, ist die anteilige Ermäßigung der Steuermesszahl einzelfallbezogen sachgerecht zu schätzen.

A 15.6 Zeitweise Erfüllung eines Ermäßigungstatbestandes

AEGrStG A 15.8

Liegen die Voraussetzungen für eine Ermäßigung der Steuermesszahl nicht während des gesamten Hauptveranlagungszeitraums vor, so ist die Ermäßigung für jeden vollen Erhebungszeitraum zu gewähren, zu dessen Beginn die Voraussetzungen für die Ermäßigung vorliegen. 20

Beispiel:

Die Wobau GmbH hat im Zusammenhang mit der Errichtung eines Mehrfamilienhauses im Jahr 2017 eine Förderzusage für ein verbilligtes langfristiges Darlehen (Laufzeit zehn Jahre; Laufzeitende: 20. Oktober 2027; Bindungsfrist für verbilligte Wohnraumüberlassung endet am 1. Dezember 2027) bekommen.

Lösung:

Da die Voraussetzungen für die Steuerermäßigung zum 1. Januar 2028 nicht mehr vorliegen, kommt sie nur für die Jahre 2025 bis 2027 in Betracht. Auf den 1. Januar 2028 ist eine Neuveranlagung des Grundsteuermessbetrags nach § 17 Absatz 2 Nummer 1 GrStG durchzuführen.

A 15.7 Gleichzeitige Erfüllung mehrerer Ermäßigungstatbestände

AEGrStG A 15.7

① Liegt neben den Voraussetzungen für die Ermäßigung der Steuermesszahl nach § 15 Absatz 2, 3 oder 4 GrStG auch die Voraussetzung für eine Ermäßigung nach § 15 Absatz 5 GrStG vor, so sind die Ermäßigungen additiv zu gewähren. ② Die Steuermesszahl kann damit maximal um 35 Prozent ermäßigt werden. ③ Die maßgebende Steuermesszahl ist nicht zu runden. 21

Beispiel:

Das Grundstück erfüllt die Voraussetzungen des § 15 Absatz 2 GrStG und ist zudem mit einem Baudenkmal im Sinne des Landesdenkmalschutzgesetzes bebaut.

Lösung:

Die Steuermesszahl wird nach § 15 Absatz 2 GrStG um 25 % und nach § 15 Absatz 5 GrStG um weitere 10 % und damit um insgesamt 35 % ermäßigt.

§ 16[1] Hauptveranlagung

GrStG

(1) ① **Die Steuermeßbeträge werden auf den Hauptfeststellungszeitpunkt (§ 221 Absatz 2 des Bewertungsgesetzes) allgemein festgesetzt (Hauptveranlagung).** ② **Dieser Zeitpunkt ist der Hauptveranlagungszeitpunkt.** 1

(2) ① **Der bei der Hauptveranlagung festgesetzte Steuermeßbetrag gilt vorbehaltlich der §§ 17 und 20 von dem Kalenderjahr an, das zwei Jahre nach dem Hauptveranlagungszeitpunkt beginnt.** ② **Dieser Steuermeßbetrag bleibt unbeschadet der §§ 17 und 20 bis zu dem Zeitpunkt maßgebend, von dem an die Steuermeßbeträge der nächsten Hauptveranlagung wirksam werden.** ③ **Der sich nach den Sätzen 1 und 2 ergebende Zeitraum ist der Hauptveranlagungszeitraum.** 2

(3) **Ist die Festsetzungsfrist (§ 169 der Abgabenordnung) bereits abgelaufen, so kann die Hauptveranlagung unter Zugrundelegung der Verhältnisse vom Hauptveranlagungszeitpunkt mit Wirkung für einen späteren Veranlagungszeitpunkt vorgenommen werden, für den diese Frist noch nicht abgelaufen ist.** 3

Zu § 16 GrStG

A 16 Hauptveranlagung

AEGrStG A 16

① Grundsätzlich werden die Steuermessbeträge auf den Hauptfeststellungszeitpunkt (§ 221 Absatz 1 BewG) allgemein festgesetzt. ② Dieser Zeitpunkt ist der Hauptveranlagungszeitpunkt. ③ Für die erste Hauptfeststellung nach dem Siebenten Abschnitt des Zweiten Teils des Bewertungsgesetzes auf den 1. Januar 2022 sind die Sondervorschriften für die Hauptveranlagung 2025 in § 36 GrStG zu beachten. ④ Die Regelungen des § 16 GrStG finden erstmals für die zweite Hauptveranlagung auf den 1. Januar 2029 Anwendung. ⑤ Die Feststellung des Grundsteuerwerts und die Festsetzung des entsprechenden Grundsteuermessbetrags können in einem Bescheid erfolgen. ⑥ Maßgebend für die Festsetzung der Grundsteuermessbeträge sind die tatsächlichen Verhältnisse im Hauptveranlagungszeitpunkt. 4

[1] Abweichende Regelungen zu § 15 in Baden-Württemberg, Bayern, Hamburg, Hessen, Niedersachsen, Saarland und Sachsen, zu § 16 in Bayern, Hamburg, Niedersachsen, siehe Anhang **IV**.

GrStG

§ 17 Neuveranlagung[1]

1 **(1) Wird eine Wertfortschreibung (§ 222 Absatz 1 des Bewertungsgesetzes) oder eine Artfortschreibung oder Zurechnungsfortschreibung (§ 222 Absatz 2 des Bewertungsgesetzes) durchgeführt, so wird der Steuermeßbetrag auf den Fortschreibungszeitpunkt neu festgesetzt (Neuveranlagung).**

(2) Der Steuermeßbetrag wird auch dann neu festgesetzt, wenn dem Finanzamt bekannt wird, daß

2 **1. Gründe, die im Feststellungsverfahren über den Grundsteuerwert nicht zu berücksichtigen sind, zu einem anderen als dem für den letzten Veranlagungszeitpunkt festgesetzten Steuermeßbetrag führen oder**

3 **2. die letzte Veranlagung fehlerhaft ist; § 176 der Abgabenordnung ist hierbei entsprechend anzuwenden; das gilt jedoch nur für Veranlagungszeitpunkte, die vor der Verkündung der maßgeblichen Entscheidung eines obersten Gerichts des Bundes liegen.**

(3) ① Der Neuveranlagung werden die Verhältnisse im Neuveranlagungszeitpunkt zugrunde gelegt. ② Neuveranlagungszeitpunkt ist

4 **1. in den Fällen des Absatzes 1 der Beginn des Kalenderjahres, auf den die Fortschreibung durchgeführt wird;**

5 **2. in den Fällen des Absatzes 2 Nr. 1 der Beginn des Kalenderjahres, auf den sich erstmals ein abweichender Steuermeßbetrag ergibt. ② § 16 Abs. 3 ist entsprechend anzuwenden;**

6 **3. in den Fällen des Absatzes 2 Nr. 2 der Beginn des Kalenderjahres, in dem der Fehler dem Finanzamt bekannt wird, bei einer Erhöhung des Steuermeßbetrags jedoch frühestens der Beginn des Kalenderjahres, in dem der Steuermeßbescheid erteilt wird.**

7 **(4) Treten die Voraussetzungen für eine Neuveranlagung während des Zeitraums zwischen dem Hauptveranlagungszeitpunkt und dem Zeitpunkt des Wirksamwerdens der Steuermeßbeträge (§ 16 Abs. 2) ein, so wird die Neuveranlagung auf den Zeitpunkt des Wirksamwerdens der Steuermeßbeträge vorgenommen.**

Zu § 17 GrStG

AEGrStG A 17

A 17 Neuveranlagung

10 (1) ① Infolge einer Wert-, Art- und/oder Zurechnungsfortschreibung der Grundsteuerwerte ist eine entsprechende Neuveranlagung der Grundsteuermessbeträge durchzuführen. ② Die Feststellungen, die in den Bescheiden über die Feststellung der Grundsteuerwerte getroffen werden, werden der Neuveranlagung der Grundsteuermessbeträge zugrunde gelegt. ③ Die Bescheide über die Feststellung der Grundsteuerwerte sind als Grundlagenbescheide für die Bescheide über die Festsetzung der Grundsteuermessbeträge bindend (§ 171 Absatz 10 AO und § 182 Absatz 1 AO). ④ Wird die Neuveranlagung des Grundsteuermessbetrags gemäß § 17 Absatz 1 GrStG nach einer Zurechnungsfortschreibung des Grundsteuerwerts durchgeführt, so beschränkt sich die Neuveranlagung regelmäßig auf die Bestimmung des neuen Steuerschuldners (§ 10 Absatz 1 GrStG). ⑤ Eine geänderte Steuermesszahl wird grundsätzlich nicht berücksichtigt. ⑥ In Ausnahmefällen kann eine geänderte Steuermesszahl berücksichtigt werden, z. B. gemäß § 17 Absatz 2 Nummer 1 GrStG bei der erstmaligen Zurechnung auf einen begünstigten Rechtsträger im Sinne des § 15 Absatz 4 GrStG oder im Rahmen einer Neuveranlagung zur Fehlerbeseitigung gemäß § 17 Absatz 2 Nummer 2 GrStG Berücksichtigung finden (vgl. BFH-Urteil vom 12. Februar 2020 II R 10/17, BStBl. II 2021 S. 535).

11 (2) ① Nach § 17 Absatz 2 Nummer 1 GrStG wird der Grundsteuermessbetrag im Wege der Neuveranlagung auch dann neu festgesetzt, wenn dem Finanzamt bekannt wird, dass Gründe, die im Feststellungsverfahren über den Grundsteuerwert nicht zu berücksichtigen sind, zu einem anderen als dem für den letzten Veranlagungszeitpunkt festgesetzten Grundsteuermessbetrag führen. ② Als Gründe im Sinne des § 17 Absatz 2 Nummer 1 GrStG kommen alle tatsächlichen und rechtlichen Umstände in Betracht, die auf die Höhe des Grundsteuermessbetrags Einfluss haben. ③ Im Grundsteuermessbetragsverfahren wird insbesondere über die Anwendung einer bestimmten Grundsteuermesszahl und die Gewährung und den Wegfall von Ermäßigungen der Steuermesszahl entschieden. ④ Bei Eintritt oder Wegfall einer Steuerbefreiung für den ganzen Steuergegenstand ist eine Aufhebung (§ 20 Absatz 1 Nummer 2 Buchstabe a GrStG) oder Nachveranlagung (§ 18 Absatz 2 GrStG) durchzuführen.

---

[1] *BFH-Urteil vom 12. 2. 2020 II R 10/17 (BStBl. 2021 II S. 535):* Der notwendige Inhalt eines Grundsteuermessbescheids – der Grundsteuermessbetrag, der Einheitswert und die Steuermesszahl – bindet auch den Rechtsnachfolger (sog. dingliche Wirkung des Grundsteuermessbescheids). Wird eine Neuveranlagung des Grundsteuermessbetrags nach einer Zurechnungsfortschreibung des Einheitswerts durchgeführt, beschränkt sich die Neuveranlagung auf die Bestimmung des neuen Steuerschuldners. Eine geänderte Steuermesszahl wird nicht berücksichtigt. Eine solche kann im Rahmen einer Neuveranlagung zur Fehlerbeseitigung Berücksichtigung finden.

(3) ① Nach § 17 Absatz 2 Nummer 2 GrStG wird der Grundsteuermessbetrag im Wege der Neuveranlagung auch dann neu festgesetzt, wenn dem Finanzamt bekannt wird, dass die letzte Veranlagung fehlerhaft ist. ② § 17 Absatz 2 Nummer 2 GrStG ist in den Fällen anzuwenden, in denen der Grundsteuerwert zwar zutreffend festgestellt ist und unverändert bleibt, der Grundsteuermessbetrag aber fehlerhaft ist. ③ Die Fehler können aus allen Umständen resultieren, die nicht im Feststellungsverfahren über den Grundsteuerwert, aber durch eine Neuveranlagung des Grundsteuermessbetrags beseitigt werden können (z. B. Übernahme eines unzutreffenden Grundsteuerwerts, Anwendung einer falschen Steuermesszahl oder fehlerhafte Gewährung von Ermäßigungen der Steuermesszahl). ④ Unerheblich ist, wodurch der Fehler verursacht wurde, ob der Fehler unmittelbar aus dem Steuermessbescheid ersichtlich ist und ob sich der Fehler zugunsten oder zuungunsten des Steuerschuldners auswirkt (BFH-Urteile vom 31. März 1987 VIII R 46/83, BStBl. II S. 588, und vom 29. November 1989 II R 53/87, BStBl. II 1990 S. 149). ⑤ Kann ein fehlerhafter Grundsteuerwert nicht fehlerbeseitigend fortgeschrieben werden, weil die Wertgrenze des § 222 Absatz 1 BewG nicht erreicht wurde, so kommt keine fehlerbeseitigende Neuveranlagung des Grundsteuermessbetrags in Betracht. ⑥ Maßgebend ist die bewertungsrechtliche Entscheidung über die Wertänderungen im Grundsteuerwertverfahren. ⑦ Wenn es zu einer fehlerbeseitigenden Fortschreibung des Grundsteuerwerts kommt, dann folgt die Neuveranlagung des Grundsteuermessbetrags nach § 17 Absatz 1 GrStG und keine fehlerbeseitigende Neuveranlagung nach § 17 Absatz 2 Nummer 2 GrStG. ⑧ Wird ein Steuermessbescheid wegen einer Änderung der Rechtsprechung nachträglich fehlerhaft, so kann eine fehlerbeseitigende Neuveranlagung nach § 17 Absatz 2 Nummer 2 GrStG nur unter Beachtung des Vertrauensschutzes im Sinne des § 176 AO rückwirkend durchgeführt werden. 12

(4) Bei einer Änderung der tatsächlichen Verhältnisse innerhalb eines Jahres vor oder nach dem nächsten Hauptfeststellungszeitpunkt, die sich auf die Höhe des Grundsteuerwerts auswirken und eine Neuveranlagung des Grundsteuermessbetrags erforderlich machen kann, und zu dem maßgeblichen Festsetzungszeitpunkt siehe A 227.2 AEBewGrSt 2025.

§ 18 Nachveranlagung

GrStG

(1) **Wird eine Nachfeststellung (§ 223 Absatz 1 des Bewertungsgesetzes) durchgeführt, so wird der Steuermeßbetrag auf den Nachfeststellungszeitpunkt nachträglich festgesetzt (Nachveranlagung).** 1

(2) **Der Steuermeßbetrag wird auch dann nachträglich festgesetzt, wenn der Grund für die Befreiung des Steuergegenstandes von der Grundsteuer wegfällt, der für die Berechnung der Grundsteuer maßgebende Grundsteuerwert (§ 13 Abs. 1) aber bereits festgestellt ist.** 2

(3) **① Der Nachveranlagung werden die Verhältnisse im Nachveranlagungszeitpunkt zugrunde gelegt. ② Nachveranlagungszeitpunkt ist**

1. in den Fällen des Absatzes 1 der Beginn des Kalenderjahres, auf den der Grundsteuerwert nachträglich festgestellt wird; 3

2. in den Fällen des Absatzes 2 der Beginn des Kalenderjahres, der auf den Wegfall des Befreiungsgrundes folgt. ② § 16 Abs. 3 ist entsprechend anzuwenden. 4

(4) **Treten die Voraussetzungen für eine Nachveranlagung während des Zeitraums zwischen dem Hauptveranlagungszeitpunkt und dem Zeitpunkt des Wirksamwerdens der Steuermeßbeträge (§ 16 Abs. 2) ein, so wird die Nachveranlagung auf den Zeitpunkt des Wirksamwerdens der Steuermeßbeträge vorgenommen.** 5

Zu § 18 GrStG

AEGrStG A 18

A 18 Nachveranlagung *(unbesetzt)*

GrStG

§ 19 Anzeigepflicht

1 (1) **Jede Änderung in der Nutzung oder in den Eigentumsverhältnissen eines ganz oder teilweise von der Grundsteuer befreiten Steuergegenstandes, die zu einer Änderung oder zum Wegfall der Steuerbefreiung führen kann, hat derjenige anzuzeigen, der nach § 10 als Steuerschuldner in Betracht kommt.**

2 (2) **Den Wegfall der Voraussetzungen für die ermäßigte Steuermesszahl nach § 15 Absatz 2 bis 5 hat derjenige anzuzeigen, der nach § 10 als Steuerschuldner in Betracht kommt.**

3 (3) ① **Die Anzeigen nach den Absätzen 1 und 2 sind Steuererklärungen im Sinne der Abgabenordnung, die den Finanzbehörden nach amtlich vorgeschriebenem Datensatz über die amtlich bestimmte Schnittstelle elektronisch zu übermitteln sind.** ② **Die Anzeigen sind bei dem für die Festsetzung des Steuermessbetrags zuständigen Finanzamt bis zum 31. März des Jahres zu erstatten, das auf das Kalenderjahr der Änderung nach Absatz 1 oder das Kalenderjahr des Wegfalls der Voraussetzungen nach Absatz 2 folgt.** ③ **Auf Antrag kann die zuständige Finanzbehörde zur Vermeidung unbilliger Härten auf eine elektronische Übermittlung verzichten; in diesem Fall ist die Anzeige nach amtlich vorgeschriebenem Vordruck abzugeben und eigenhändig zu unterschreiben.** ④ **Für die Entscheidung über den Antrag gilt § 150 Absatz 8 der Abgabenordnung.**

Zu § 19 GrStG

AEGrStG A 19

A 19 Anzeigepflicht

6 (1) Die Anzeigepflicht nach § 19 GrStG kann innerhalb der Anzeigefrist auch durch Abgabe einer Erklärung im Sinne des § 228 Absatz 1 BewG erfüllt werden.

7 (2) ① Der Wegfall der Voraussetzungen für die ermäßigte Steuermesszahl nach § 15 Absatz 2 bis 5 GrStG ist bis zum 31. März des Jahres anzuzeigen, das auf das Jahr folgt, in dem dem Anzeigepflichtigen der Eintritt der Änderung bekannt wird. ② Der Wegfall einer Ermäßigung nach § 15 Absatz 4 GrStG wird dem Anzeigepflichtigen spätestens mit Erhalt des Körperschaftsteuerbescheids bekannt.

8 (3) ① Anzeigepflichtig ist im Regelfall derjenige, dem der Grundbesitz bei der Feststellung des Grundsteuerwerts zugerechnet worden ist. ② Da bei Grundstücken des Grundvermögens in Erbbaurechtsfällen das Grundstück dem Erbbauberechtigten zugerechnet wird (vgl. § 261 BewG), ist der Erbbauberechtigte verpflichtet, die Feststellungserklärung oder Anzeige abzugeben. ③ Der Erbbauverpflichtete hat an der Erklärung oder Anzeige mitzuwirken, da im Einzelfall nicht auszuschließen ist, dass bestimmte Informationen nur vom Erbbauverpflichteten erlangt werden können. ④ Bei einem Gebäude auf fremdem Grund und Boden ist der Grundstückseigentümer verpflichtet, die Steuererklärung oder Anzeige abzugeben. ⑤ Der Eigentümer oder der wirtschaftliche Eigentümer des Gebäudes hat mitzuwirken.

GrStG

§ 20 Aufhebung des Steuermeßbetrags

(1) **Der Steuermeßbetrag wird aufgehoben,**

1 **1. wenn der Grundsteuerwert aufgehoben wird oder**

2 **2. wenn dem Finanzamt bekannt wird, daß**
   a) für den ganzen Steuergegenstand ein Befreiungsgrund eingetreten ist oder
   b) der Steuermeßbetrag fehlerhaft festgesetzt worden ist.

(2) **Der Steuermeßbetrag wird aufgehoben**

3 **1. in den Fällen des Absatzes 1 Nr. 1 mit Wirkung vom Aufhebungszeitpunkt (§ 224 Absatz 2 des Bewertungsgesetzes) an;**

4 **2. in den Fällen des Absatzes 1 Nr. 2 Buchstabe a mit Wirkung vom Beginn des Kalenderjahres an, der auf den Eintritt des Befreiungsgrundes folgt.** ② **§ 16 Abs. 3 ist entsprechend anzuwenden;**

5 **3. in den Fällen des Absatzes 1 Nr. 2 Buchstabe b mit Wirkung vom Beginn des Kalenderjahres an, in dem der Fehler dem Finanzamt bekannt wird.**

6 (3) **Treten die Voraussetzungen für eine Aufhebung während des Zeitraums zwischen dem Hauptveranlagungszeitpunkt und dem Zeitpunkt des Wirksamwerdens der Steuermeßbeträge (§ 16 Abs. 2) ein, so wird die Aufhebung auf den Zeitpunkt des Wirksamwerdens der Steuermeßbeträge vorgenommen.**

Zu § 20 GrStG

AEGrStG A 20

A 20 Aufhebung des Grundsteuermessbetrags *(unbesetzt)*

GrStG

§ 21 Änderung von Steuermeßbescheiden

①Bescheide über die Neuveranlagung oder die Nachveranlagung von Steuermeßbeträgen können schon vor dem maßgebenden Veranlagungszeitpunkt erteilt werden. ②Sie sind zu ändern oder aufzuheben, wenn sich bis zu diesem Zeitpunkt Änderungen ergeben, die zu einer abweichenden Festsetzung führen. 1

Zu § 21 GrStG

AEGrStG A 21

A 21 Änderung von Steuermessbescheiden

①Bescheide über die Neuveranlagung oder die Nachveranlagung von Grundsteuermessbeträgen können schon vor dem maßgebenden Veranlagungszeitpunkt erteilt werden. ②Sie sind zu ändern oder aufzuheben, wenn sich bis zu diesem Zeitpunkt Änderungen ergeben, die zu einer abweichenden Festsetzung führen. ③Voraussetzung für die Änderung oder Aufhebung nach § 21 Satz 2 GrStG ist, dass die Änderung zwischen der Bekanntgabe des Neu- oder Nachveranlagungsbescheids und dem maßgebenden Veranlagungszeitpunkt eintritt. ④Änderungen nach § 21 Satz 2 GrStG sind Änderungen der tatsächlichen Verhältnisse, die unabhängig vom Grundsteuerwert nur zu einer abweichenden Festsetzung des Grundsteuermessbetrags führen. ⑤Werden Bescheide über Fortschreibungen (§ 222 BewG) oder Nachfeststellungen (§ 223 BewG) gemäß § 225 Satz 1 BewG vor dem maßgebenden Feststellungszeitpunkt erteilt und ergeben sich bis zu diesem Zeitpunkt Änderungen, die zu einer abweichenden Feststellung führen, so sind die vorzeitigen Feststellungsbescheide (Fortschreibungs- oder Nachfeststellungsbescheide) nach § 225 Satz 2 BewG zu ändern oder aufzuheben. ⑥Infolge dieser geänderten oder aufgehobenen Grundsteuerwertbescheide werden auch die hierauf beruhenden Grundsteuermessbescheide (Neu- oder Nachveranlagungen gemäß § 17 GrStG bzw. § 18 GrStG) entsprechend geändert oder aufgehoben. ⑦Die Änderung des Grundsteuermessbescheids kann daneben auch als Folgeänderung nach Änderung oder Aufhebung des Grundlagenbescheides gemäß § 175 Absatz 1 Satz 1 Nummer 1 AO erfolgen. ⑧§ 21 Satz 2 GrStG ist in diesen Fällen nicht anwendbar. 2

Beispiel:

Das Finanzamt erteilt einen Grundsteuerwertbescheid und einen Grundsteuermessbescheid auf den 1. Januar 2027 und gibt diese Bescheide am 24. Mai 2026 bekannt. Im Oktober 2026 erfüllt das Grundstück erstmals die Voraussetzungen für ein Baudenkmal nach dem maßgeblichen Landesdenkmalschutzgesetz. Der Eigentümer teilt dem Finanzamt dies im Januar 2027 mit und beantragt die Ermäßigung der Steuermesszahl.

Lösung:

Da diese Änderung der Verhältnisse nach Bekanntgabe des Grundsteuermessbescheids, aber vor dem maßgebenden Veranlagungszeitpunkt eingetreten ist, ist der Grundsteuermessbescheid auf den 1. Januar 2027 nach § 21 Satz 2 GrStG zu ändern.

GrStG

§ 22 Zerlegung des Steuermessbetrags[1]

1 **(1) Erstreckt sich der Steuergegenstand über mehrere Gemeinden, so ist der Steuermessbetrag vorbehaltlich des § 24 anteilig in die auf die einzelnen Gemeinden entfallenden Anteile zu zerlegen (Zerlegungsanteile).**

2 **(2) Zerlegungsmaßstab ist bei Betrieben der Land- und Forstwirtschaft der nach § 239 Absatz 2 des Bewertungsgesetzes ermittelte Gemeindeanteil am Grundsteuerwert des Betriebs der Land- und Forstwirtschaft.**

3 **(3) ① Zerlegungsmaßstab ist bei Grundstücken das Verhältnis, in dem die auf die einzelnen Gemeinden entfallenden Flächengrößen zueinander stehen. ② Führt die Zerlegung nach Flächengrößen zu einem offenbar unbilligen Ergebnis, sind die Zerlegungsanteile maßgebend, auf die sich die Gemeinden mit dem Steuerschuldner einigen.**

4 **(4) Entfällt auf eine Gemeinde ein Zerlegungsanteil von weniger als 25 Euro, so ist dieser Anteil der Gemeinde zuzuweisen, der nach Absatz 2 oder 3 der größte Zerlegungsanteil zusteht.**

Zu § 22 GrStG

AEGrStG A 22

A 22 Zerlegung des Steuermessbetrags

5 (1) ① Die materiell-rechtlichen Voraussetzungen für die Zerlegung der Grundsteuermessbeträge ergeben sich aus § 22 GrStG. ② Die verfahrensrechtlichen Vorschriften über die Zerlegung des Grundsteuermessbetrags sind in den §§ 185 bis 189 AO enthalten. ③ Die Zerlegung soll im unmittelbaren Anschluss an die Festsetzung des Grundsteuermessbetrags vorgenommen werden.

6 (2) ① Die Zerlegung des Grundsteuermessbetrags im Sinne des § 22 GrStG kommt nicht in Betracht, wenn sich der Steuergegenstand nur über mehrere Gemeindeteile derselben Gemeinde erstreckt, für die verschiedene Hebesätze gelten (z. B. Fälle des § 25 Absatz 4 Satz 2 GrStG). ② Die Aufteilung des Grundsteuermessbetrags auf die verschiedenen Gemeindeteile ist Sache der Gemeinde. ③ Die Finanzämter können dabei Amtshilfe leisten und hierfür im Einzelfall mit der betroffenen Gemeinde ein geeignetes Verfahren vereinbaren.

7 (3) ① Abweichend von der nach § 22 Absatz 3 Satz 1 GrStG vorgesehenen Zerlegung des Grundsteuermessbetrags nach Flächengrößen kommt nach § 22 Absatz 3 Satz 2 GrStG auf Antrag der betroffenen Gemeinde die Berücksichtigung eines abweichenden Zerlegungsanteils nur dann in Betracht, wenn die Zerlegung nach Flächengrößen zu einem offenbar unbilligen Ergebnis führt. ② Bei der Einigung auf einen von dem gesetzlichen Zerlegungsmaßstab abweichenden Zerlegungsanteil sind die beteiligten Gemeinden und der Steuerschuldner der Höhe nach frei. ③ Der abweichend vereinbarte Zerlegungsanteil gilt so lange, bis sich die Beteiligten auf einen anderen Zerlegungsanteil einigen.

GrStG

§ 23 Zerlegungsstichtag

1 **(1) Der Zerlegung des Steuermeßbetrags werden die Verhältnisse in dem Feststellungszeitpunkt zugrunde gelegt, auf den der für die Festsetzung des Steuermeßbetrags maßgebende Grundsteuerwert festgestellt worden ist.**

2 **(2) Ändern sich die Grundlagen für die Zerlegung, ohne daß der Grundsteuerwert fortgeschrieben oder nachträglich festgestellt wird, so sind die Zerlegungsanteile nach dem Stand vom 1. Januar des folgenden Jahres neu zu ermitteln, wenn wenigstens bei einer Gemeinde der neue Anteil um mehr als ein Zehntel, mindestens aber um zehn Euro von ihrem bisherigen Anteil abweicht.**

Zu § 23 GrStG

AEGrStG A 23

A 23 Zerlegungsstichtag

5 (1) ① Die Zerlegung des Grundsteuermessbetrags erfolgt stichtagsbezogen. ② Maßgeblich für die Zerlegung des Grundsteuermessbetrags sind die Verhältnisse in dem Feststellungszeitpunkt, auf den der für die Festsetzung des Grundsteuermessbetrags maßgebende Grundsteuerwert festgestellt worden ist.

6 (2) ① Ändern sich die Grundlagen für die Zerlegung, ohne dass der Grundsteuerwert fortgeschrieben oder nachträglich festgestellt wird (z. B. durch die Änderung von Gemeindegrenzen, durch Flächenumlegungen oder nach der Neugliederung eines Gemeindegebiets), so sind die Zerlegungsanteile nach dem Stand vom 1. Januar des folgenden Jahres neu zu ermitteln. ② Das gilt nur, wenn wenigstens bei einer Gemeinde der neue Anteil mehr als ein Zehntel, mindestens aber um zehn Euro von ihrem bisherigen Anteil abweicht.

---

[1] § 184 AO abgedruckt als Anlage zu §§ 1, 2 GrStG.

(3) ① Bei der Zerlegung nach dem bisherigen Zerlegungsmaßstab verbleibt es, solange keine zu berücksichtigende Änderung der tatsächlichen Verhältnisse eintritt. ② Eine solche liegt insbesondere dann vor, wenn infolge von Änderungen der tatsächlichen Verhältnisse der Grundsteuermessbetrag nach § 17 GrStG neu zu veranlagen ist oder die Voraussetzungen des § 23 Absatz 2 GrStG erfüllt sind. ③ In diesen Fällen ist eine neue Zerlegung durchzuführen. 7

§ 24 Ersatz der Zerlegung durch Steuerausgleich

GrStG

① Die Landesregierung kann durch Rechtsverordnung bestimmen, daß bei Betrieben der Land- und Forstwirtschaft, die sich über mehrere Gemeinden erstrecken, aus Vereinfachungsgründen an Stelle der Zerlegung ein Steuerausgleich stattfindet. ② Beim Steuerausgleich wird der gesamte Steuermeßbetrag der Gemeinde zugeteilt, in der der wertvollste Teil des Steuergegenstandes liegt (Sitzgemeinde); an dem Steueraufkommen der Sitzgemeinde werden die übrigen Gemeinden beteiligt. ③ Die Beteiligung soll annähernd zu dem Ergebnis führen, das bei einer Zerlegung einträte. 1

Übersicht Rz.

24 Ersatz der Zerlegung durch Steuerausgleich *(unbesetzt)*
Anlage:
§ 185 AO. Geltung der allgemeinen Vorschriften 5
§ 186 AO. Beteiligte 6
§ 187 AO. Akteneinsicht 7
§ 188 AO. Zerlegungsbescheid 8
§ 189 AO. Änderung der Zerlegung 9
§ 190 AO. Zuteilungsverfahren 10

Zu § 24 GrStG

A 24 Ersatz der Zerlegung durch Steuerausgleich *(unbesetzt)*

AEGrStG A 24

Abgabenordnung (AO)

In der Fassung der Bek. vom 23. Januar 2025 (BGBl. I Nr. 24 S. 5)

– Auszug –

Anl zu §§ 22 bis 24

§ 185 Geltung der allgemeinen Vorschriften

Auf die in den Steuergesetzen vorgesehene Zerlegung von Steuermessbeträgen sind die für die Steuermessbeträge geltenden Vorschriften entsprechend anzuwenden, soweit im Folgenden nichts anderes bestimmt ist. 5

§ 186 Beteiligte

Am Zerlegungsverfahren sind beteiligt: 6

1. der Steuerpflichtige,
2. die Steuerberechtigten, denen ein Anteil an dem Steuermessbetrag zugeteilt worden ist oder die einen Anteil beanspruchen. ② Soweit die Festsetzung der Steuer dem Steuerberechtigten nicht obliegt, tritt an seine Stelle die für die Festsetzung der Steuer zuständige Behörde.

§ 187 Akteneinsicht

Die beteiligten Steuerberechtigten können von der zuständigen Finanzbehörde Auskunft über die Zerlegungsgrundlagen verlangen und durch ihre Amtsträger Einsicht in die Zerlegungsunterlagen nehmen. 7

§ 188 Zerlegungsbescheid

(1) ① Über die Zerlegung ergeht ein schriftlicher oder elektronischer Bescheid (Zerlegungsbescheid), der den Beteiligten bekannt zu geben ist, soweit sie betroffen sind. ② Die Bekanntgabe an Gemeinden erfolgt durch Bereitstellung zum Abruf nach § 122a; eine Einwilligung der Gemeinde ist nicht erforderlich. 8

(2) ① Der Zerlegungsbescheid muss die Höhe des zu zerlegenden Steuermessbetrags angeben und bestimmen, welche Anteile den beteiligten Steuerberechtigten zugeteilt werden. ② Er muss ferner die Zerlegungsgrundlagen angeben.

§ 189 Änderung der Zerlegung

① Ist der Anspruch eines Steuerberechtigten auf einen Anteil am Steuermessbetrag nicht berücksichtigt und auch nicht zurückgewiesen worden, so wird die Zerlegung von Amts wegen oder auf Antrag geändert oder nachgeholt. ② Ist der bisherige Zerlegungsbescheid gegenüber denjenigen Steu- 9

Anl zu §§ 22 bis 24

erberechtigten, die an dem Zerlegungsverfahren bereits beteiligt waren, unanfechtbar geworden, so dürfen bei der Änderung der Zerlegung nur solche Änderungen vorgenommen werden, die sich aus der nachträglichen Berücksichtigung der bisher übergangenen Steuerberechtigten ergeben. ③ Eine Änderung oder Nachholung der Zerlegung unterbleibt, wenn ein Jahr vergangen ist, seitdem der Steuermessbescheid unanfechtbar geworden ist, es sei denn, dass der übergangene Steuerberechtigte die Änderung oder Nachholung der Zerlegung vor Ablauf des Jahres beantragt hatte.

§ 190 Zuteilungsverfahren

10 ① Ist ein Steuermessbetrag in voller Höhe einem Steuerberechtigten zuzuteilen, besteht aber Streit darüber, welchem Steuerberechtigten der Steuermessbetrag zusteht, so entscheidet die Finanzbehörde auf Antrag eines Beteiligten durch Zuteilungsbescheid. ② Die für das Zerlegungsverfahren geltenden Vorschriften sind entsprechend anzuwenden.

GrStG

Abschnitt III.[1] Festsetzung und Entrichtung der Grundsteuer

§ 25 Festsetzung des Hebesatzes

(1) Die Gemeinde bestimmt, mit welchem Hundertsatz des Steuermeßbetrags oder des Zerlegungsanteils die Grundsteuer zu erheben ist (Hebesatz). 1

(2) Der Hebesatz ist für ein oder mehrere Kalenderjahre, höchstens jedoch für den Hauptveranlagungszeitraum der Steuermeßbeträge festzusetzen. 2

(3) ① Der Beschluß über die Festsetzung oder Änderung des Hebesatzes ist bis zum 30. Juni eines Kalenderjahres mit Wirkung vom Beginn dieses Kalenderjahres zu fassen. ② Nach diesem Zeitpunkt kann der Beschluß über die Festsetzung des Hebesatzes gefaßt werden, wenn der Hebesatz die Höhe der letzten Festsetzung nicht überschreitet. 3

(4)[2] ① Der Hebesatz muss vorbehaltlich des Absatzes 5 jeweils einheitlich sein 4

1. für die in einer Gemeinde liegenden Betriebe der Land- und Forstwirtschaft und

2. für die in einer Gemeinde liegenden Grundstücke.

② Werden Gemeindegebiete geändert, so kann die Landesregierung oder die von ihr bestimmte Stelle für die von der Änderung betroffenen Gebietsteile für eine bestimmte Zeit verschiedene Hebesätze zulassen.

(5)[2] ① Die Gemeinde kann aus städtebaulichen Gründen baureife Grundstücke als besondere Grundstücksgruppe innerhalb der unbebauten Grundstücke im Sinne des § 246 des Bewertungsgesetzes bestimmen und abweichend von Absatz 4 Satz 1 Nummer 2 für die Grundstücksgruppe der baureifen Grundstücke einen gesonderten Hebesatz festsetzen. ② Baureife Grundstücke sind unbebaute Grundstücke im Sinne des § 246 des Bewertungsgesetzes, die nach Lage, Form und Größe und ihrem sonstigen tatsächlichen Zustand sowie nach öffentlich-rechtlichen Vorschriften sofort bebaut werden könnten. ③ Eine erforderliche, aber noch nicht erteilte Baugenehmigung sowie zivilrechtliche Gründe, die einer sofortigen Bebauung entgegenstehen, sind unbeachtlich. ④ Als städtebauliche Gründe kommen insbesondere die Deckung eines erhöhten Bedarfs an Wohn- und Arbeitsstätten sowie Gemeinbedarfs- und Folgeeinrichtungen, die Nachverdichtung bestehender Siedlungsstrukturen oder die Stärkung der Innenentwicklung in Betracht. ⑤ Die Gemeinde hat den gesonderten Hebesatz auf einen bestimmten Gemeindeteil zu beschränken, wenn nur für diesen Gemeindeteil die städtebaulichen Gründe vorliegen. ⑥ Der Gemeindeteil muss mindestens 10 Prozent des gesamten Gemeindegebiets umfassen und in dem Gemeindeteil müssen mehrere baureife Grundstücke belegen sein. ⑦ Die genaue Bezeichnung der baureifen Grundstücke, deren Lage sowie das Gemeindegebiet, auf das sich der gesonderte Hebesatz bezieht, sind jeweils nach den Verhältnissen zu Beginn eines Kalenderjahres von der Gemeinde zu bestimmen, in einer Karte nachzuweisen und im Wege einer Allgemeinverfügung öffentlich bekannt zu geben. ⑧ In der Allgemeinverfügung sind die städtebaulichen Erwägungen nachvollziehbar darzulegen und die Wahl des Gemeindegebiets, auf das sich der gesonderte Hebesatz beziehen soll, zu begründen. ⑨ Hat eine Gemeinde die Grundstücksgruppe baureifer Grundstücke bestimmt und für die Grundstücksgruppe der baureifen Grundstücke einen gesonderten Hebesatz festgesetzt, muss dieser Hebesatz für alle in der Gemeinde oder dem Gemeindeteil liegenden baureifen Grundstücke einheitlich und höher als der einheitliche Hebesatz für die übrigen in der Gemeinde liegenden Grundstücke sein. 5

Zu § 25 GrStG

AEGrStG A 25

A 25 Festsetzung des Hebesatz *(unbesetzt)*

GrStG

§ 26 Koppelungsvorschriften und Höchsthebesätze

In welchem Verhältnis die Hebesätze für die Grundsteuer der Betriebe der Land- und Forstwirtschaft, für die Grundsteuer der Grundstücke und für die Gewerbesteuer zueinander stehen müssen, welche Höchstsätze nicht überschritten werden dürfen und inwieweit mit Genehmigung der Gemeindeaufsichtsbehörde Ausnahmen zugelassen werden können, bleibt einer landesrechtlichen Regelung vorbehalten. 1

Zu § 26 GrStG

AEGrStG A 26

A 26 Koppelungsvorschriften und Höchsthebesätze *(unbesetzt)*

---

[1] Abweichende Regelungen in Bayern, Hamburg, siehe Anhang **IV**.

[2] Zur Anwendung von § 25 Abs. 4 und 5 siehe § 37 Abs. 3 GrStG.

GrStG

§ 27 Festsetzung der Grundsteuer

1 (1) ① **Die Grundsteuer wird für das Kalenderjahr festgesetzt.** ② **Ist der Hebesatz für mehr als ein Kalenderjahr festgesetzt, kann auch die jährlich zu erhebende Grundsteuer für die einzelnen Kalenderjahre dieses Zeitraums festgesetzt werden.**

2 (2) **Wird der Hebesatz geändert (§ 25 Abs. 3), so ist die Festsetzung nach Absatz 1 zu ändern.**

3 (3) ① **Für diejenigen Steuerschuldner, die für das Kalenderjahr die gleiche Grundsteuer wie im Vorjahr zu entrichten haben, kann die Grundsteuer durch öffentliche Bekanntmachung festgesetzt werden.** ② **Für die Steuerschuldner treten mit dem Tage der öffentlichen Bekanntmachung die gleichen Rechtswirkungen ein, wie wenn ihnen an diesem Tage ein schriftlicher Steuerbescheid zugegangen wäre.**

Zu § 27 GrStG

AEGrStG A 27

A 27 Festsetzung der Grundsteuer *(unbesetzt)*

GrStG

§ 28 Fälligkeit

1 (1) **Die Grundsteuer wird zu je einem Viertel ihres Jahresbetrags am 15. Februar, 15. Mai, 15. August und 15. November fällig.**

2 (2) **Die Gemeinden können bestimmen, daß Kleinbeträge wie folgt fällig werden:**

1. am 15. August mit ihrem Jahresbetrag, wenn dieser fünfzehn Euro nicht übersteigt;

2. am 15. Februar und 15. August zu je einer Hälfte ihres Jahresbetrags, wenn dieser dreißig Euro nicht übersteigt.

3 (3) ① **Auf Antrag des Steuerschuldners kann die Grundsteuer abweichend vom Absatz 1 oder Absatz 2 Nr. 2 am 1. Juli in einem Jahresbetrag entrichtet werden.** ② **Der Antrag muß spätestens bis zum 30. September des vorangehenden Kalenderjahres gestellt werden.** ③ **Die beantragte Zahlungsweise bleibt so lange maßgebend, bis ihre Änderung beantragt wird; die Änderung muß spätestens bis zum 30. September des vorangehenden Jahres beantragt werden.**

Zu § 28 GrStG

AEGrStG A 28

A 28 Fälligkeit *(unbesetzt)*

GrStG

§ 29 Vorauszahlungen

1 **Der Steuerschuldner hat bis zur Bekanntgabe eines neuen Steuerbescheids zu den bisherigen Fälligkeitstagen Vorauszahlungen unter Zugrundelegung der zuletzt festgesetzten Jahressteuer zu entrichten.**

Zu § 29 GrStG

AEGrStG A 29

A 29 Vorauszahlungen *(unbesetzt)*

§ 30 Abrechnung über die Vorauszahlungen GrStG

(1) ① **Ist die Summe der Vorauszahlungen, die bis zur Bekanntgabe des neuen Steuerbescheids zu entrichten waren (§ 29), kleiner als die Steuer, die sich nach dem bekanntgegebenen Steuerbescheid für die vorausgegangenen Fälligkeitstage ergibt (§ 28), so ist der Unterschiedsbetrag innerhalb eines Monats nach Bekanntgabe des Steuerbescheids zu entrichten.** ② **Die Verpflichtung, rückständige Vorauszahlungen schon früher zu entrichten, bleibt unberührt.** 1

(2) **Ist die Summe der Vorauszahlungen, die bis zur Bekanntgabe des neuen Steuerbescheids entrichtet worden sind, größer als die Steuer, die sich nach dem bekanntgegebenen Steuerbescheid für die vorangegangenen Fälligkeitstage ergibt, so wird der Unterschiedsbetrag nach Bekanntgabe des Steuerbescheids durch Aufrechnung oder Zurückzahlung ausgeglichen.** 2

(3) **Die Absätze 1 und 2 gelten entsprechend, wenn der Steuerbescheid aufgehoben oder geändert wird.** 3

Zu § 30 GrStG

A 30 Abrechnung über die Vorauszahlungen *(unbesetzt)* AEGrStG A 30

§ 31 Nachentrichtung der Steuer GrStG

Hatte der Steuerschuldner bis zur Bekanntgabe der Jahressteuer keine Vorauszahlungen nach § 29 zu entrichten, so hat er die Steuer, die sich nach dem bekanntgegebenen Steuerbescheid für die vorangegangenen Fälligkeitstage ergibt (§ 28), innerhalb eines Monats nach Bekanntgabe des Steuerbescheids zu entrichten. 1

Zu § 31 GrStG

A 31 Nachentrichtung der Steuer *(unbesetzt)* AEGrStG A 31

GrStG

Abschnitt IV. Erlaß der Grundsteuer

§ 32 Erlaß für Kulturgut und Grünanlagen

(1) Die Grundsteuer ist zu erlassen

1 **1. für Grundbesitz oder Teile von Grundbesitz, dessen Erhaltung wegen seiner Bedeutung für Kunst, Geschichte, Wissenschaft oder Naturschutz im öffentlichen Interesse liegt, wenn die erzielten Einnahmen und die sonstigen Vorteile (Rohertrag) in der Regel unter den jährlichen Kosten liegen. ② Bei Park- und Gartenanlagen von geschichtlichem Wert ist der Erlaß von der weiteren Voraussetzung abhängig, daß sie in dem billigerweise zu fordernden Umfang der Öffentlichkeit zugänglich gemacht sind;**

2 **2. für öffentliche Grünanlagen, Spiel- und Sportplätze, wenn die jährlichen Kosten in der Regel den Rohertrag übersteigen.**

3 **(2) ① Ist der Rohertrag für Grundbesitz, in dessen Gebäuden Gegenstände von wissenschaftlicher, künstlerischer oder geschichtlicher Bedeutung, insbesondere Sammlungen oder Bibliotheken, dem Zweck der Forschung oder Volksbildung nutzbar gemacht sind, durch die Benutzung zu den genannten Zwecken nachhaltig gemindert, so ist von der Grundsteuer der Hundertsatz zu erlassen, um den der Rohertrag gemindert ist. ② Das gilt nur, wenn die wissenschaftliche, künstlerische oder geschichtliche Bedeutung der untergebrachten Gegenstände durch die Landesregierung oder die von ihr beauftragte Stelle anerkannt ist.**

Übersicht

		Rz.
32.1	Erlass für Grundbesitz, dessen Erhaltung im öffentlichen Interesse liegt	5–11
32.2	Erlass für öffentliche Grünanlagen, Spiel- und Sportplätze	12–15
32.3	Erlass für Grundbesitz, in dessen Gebäuden Gegenstände von wissenschaftlicher, künstlerischer oder geschichtlicher Bedeutung untergebracht sind	16–19

Zu § 32 GrStG

AEGrStG A 32.1

A 32.1 Erlass für Grundbesitz, dessen Erhaltung im öffentlichen Interesse liegt

5 (1) ① Die Grundsteuer ist für Grundbesitz zu erlassen, dessen Erhaltung wegen seiner Bedeutung für Kunst, Geschichte, Wissenschaft oder Naturschutz im öffentlichen Interesse liegt (Kulturgut) und die jährlichen Kosten nach Absatz 6 in der Regel den Rohertrag nach Absatz 5 übersteigen (kein Reinertrag). ② Zwischen der Kulturguteigenschaft und der Unrentabilität des Grundbesitzes muss ein Kausalzusammenhang bestehen. ③ Der Antragsteller hat den Kausalzusammenhang nachzuweisen. ④ Die erforderliche Kausalität fehlt, wenn bereits unwirtschaftlicher Grundbesitz durch die Kulturguteigenschaft noch unrentabler wird (BVerwG vom 8. Juli 1998 8 C 23.97, BStBl. II S. 590).

6 (2) ① Liegt nur die Erhaltung eines Teils des Grundbesitzes im öffentlichen Interesse, so sind für diesen Teil der Rohertrag nach Absatz 5 und die jährlichen Kosten nach Absatz 6 gesondert zu ermitteln. ② Wenn für diesen Teil des Grundbesitzes der Rohertrag nach Absatz 5 in der Regel unter den jährlichen Kosten liegt, dann ist nur die hierauf entfallende Grundsteuer zu erlassen.

7 (3) ① Ein öffentliches Interesse kann nur angenommen werden, soweit für den Grundbesitz rechtliche Vorgaben z. B. des förmlichen Denkmalschutzes bestehen, die die Nutzung des Grundbesitzes in besonderem Maße einschränken. ② Die Erfüllung üblicher baurechtlicher Pflichten zur Rücksichtnahme auf die Umgebung, die z. B. die Grundstücks- und Gebäudegestaltung im Allgemeinen betreffen, führen regelmäßig nicht zur Annahme öffentlichen Interesses (BVerwG vom 21. September 1984 8 C 62.82, BStBl. II S. 870). ③ Ist zweifelhaft, ob die Erhaltung des Grundbesitzes im öffentlichen Interesse liegt, so ist eine Bestätigung der zuständigen Landesbehörde vorzulegen. ④ Liegen danach die Voraussetzungen für einen Erlass der Grundsteuer bei einem bebauten Grundstück vor, so umfasst der Erlass auch die Grundsteuer, die auf den Grund und Boden entfällt.

8 (4) ① Liegen die Voraussetzungen für den Erlass der Grundsteuer vor, so kommt es nicht darauf an, ob der Grundbesitz der Öffentlichkeit zugänglich ist. ② Garten- und Parkanlagen müssen jedoch in einem billigerweise zu fordernden Umfang der Öffentlichkeit zugänglich sein. ③ Es genügt, dass sie mindestens den interessierten Kreisen ohne Weiteres zugänglich sind und dies auch allgemein erkennbar ist. ④ Vgl. hierzu auch die Behandlung von Grünanlagen in A 32.2.

9 (5) ① Zum Rohertrag gehören sämtliche mit dem Grundbesitz erwirtschafteten Einnahmen sowie aus diesem gezogene sonstige Vorteile. ② Zu den Einnahmen gehören z. B. die Miet- und Pachteinnahmen sowie die Einnahmen aus Besichtigungen und Führungen. ③ Zu den sonstigen Vorteilen gehört auch der Nutzungswert, den die eigene Benutzung für den Eigentümer hat. ④ Der Nut-

zungswert ist mit den bei ordnungsmäßiger Bewirtschaftung zu erzielenden ortsüblichen Miet- und Pachteinnahmen anzusetzen.

(6) ① Zu den Kosten gehören alle im Zusammenhang mit dem Grundbesitz stehenden Verwaltungs- und Betriebsausgaben, nicht jedoch nutzungsabhängige Kosten (Wasser- und Abwassergebühr, Heizkosten, Reinigung, Gartenunterhalt und Einfriedung – es sei denn, für die Erhaltung des Gartens und der Einfriedung besteht ebenfalls ein öffentliches Interesse). ② Die Erstattung solcher nutzungsabhängigen Kosten durch Mieter oder Dritte bleiben auch als Einnahmen unberücksichtigt. ③ Kosten im Sinne des § 32 Absatz 1 Nummer 1 GrStG sind auch gewöhnliche Absetzungen für Abnutzung oder Substanzverringerung, nicht dagegen einkommensteuerrechtlich zugelassene Sonderabschreibungen. ④ Zu den Kosten zählen nicht Schuld- und Eigenkapitalzinsen (BVerwG vom 15. Februar 1991 8 C 3.89, BStBl. II 1992 S. 577). ⑤ Tilgungsleistungen gehören ebenfalls nicht zu den Verwaltungs- und Betriebsausgaben. ⑥ Bei Gebäuden können auch Rückstellungen für größere Reparaturen als Kosten berücksichtigt werden. ⑦ Zu den Kosten gehören außerdem die Aufwendungen, die sich aus Besichtigungen und Führungen ergeben. 10

(7) ① Der Grundbesitz darf nachhaltig keinen Reinertrag abwerfen. ② Das schließt nicht aus, dass in einem Jahr ausnahmsweise ein geringer Überschuss erwirtschaftet wird. ③ Da erst rückblickend festgestellt werden kann, ob der Rohertrag in der Regel unter den jährlichen Kosten liegt, soll im Zweifelsfall die Gemeinde die Grundsteuer des laufenden Kalenderjahres und der beiden folgenden Kalenderjahre bis zum Ablauf des dritten Kalenderjahres mit dem Ziel des Erlasses stunden. ④ Der Steuerpflichtige hat nach Ablauf der Stundungsfrist die Erlassvoraussetzungen nachzuweisen. ⑤ Wird der Nachweis nicht erbracht oder ist in mindestens zwei Jahren ein Überschuss erzielt worden, so ist die Grundsteuer rückwirkend für diese drei Jahre zu erheben. ⑥ Werden die Erlassvoraussetzungen nachgewiesen, so ist die Grundsteuer für diese drei Jahre zu erlassen. 11

A 32.2 Erlass für öffentliche Grünanlagen, Spiel- und Sportplätze

AEGrStG A 32.2

(1) ① Für öffentliche Grünanlagen, Spiel- und Sportplätze ist die Grundsteuer zu erlassen, wenn die jährlichen Kosten in der Regel den Rohertrag übersteigen. ② Für die Beurteilung der Frage, ob die jährlichen Kosten den Rohertrag übersteigen, gelten A 32.1 Absätze 5 bis 7 entsprechend. 12

(2) ① Für den Status als öffentliche Grünanlage, öffentlicher Spielplatz oder öffentlicher Sportplatz bedarf es einer entsprechenden öffentlich-rechtlichen Widmung. ② Die Zugänglichmachung für die Allgemeinheit reicht dagegen nicht aus. 13

(3) Spielplätze sind Anlagen, die Kinder und Jugendliche frei zugänglich für ihre Spiele benutzen können. 14

(4) ① Sportplätze sind Anlagen, die zu sportlichen Zwecken von der Allgemeinheit genutzt werden können. ② A 3.5 über den Gebrauch durch die Allgemeinheit gilt entsprechend. ③ Das Verlangen eines Eintrittsgelds für die Benutzung steht einem Erlass der Grundsteuer nach § 32 Absatz 1 Nummer 2 GrStG für sich genommen nicht entgegen. ④ Bei einer Beschränkung der Benutzung auf bestimmte Personengruppen, z. B. auf Vereinsmitglieder, fehlt es an einer Benutzung durch die Allgemeinheit. 15

A 32.3 Erlass für Grundbesitz, in dessen Gebäuden Gegenstände von wissenschaftlicher, künstlerischer oder geschichtlicher Bedeutung untergebracht sind

AEGrStG A 32.3

(1) ① Ein Erlass der Grundsteuer kann für Grundbesitz in Betracht kommen, auf dem Gegenstände von wissenschaftlicher, künstlerischer oder geschichtlicher Bedeutung untergebracht sind. ② Bei diesen Gegenständen kann es sich z. B. um Sammlungen, Bibliotheken oder um die Inneneinrichtung eines Gebäudes handeln. ③ Die wissenschaftliche, künstlerische oder geschichtliche Bedeutung der untergebrachten Gegenstände muss durch die Landesregierung oder durch die von ihr beauftragte Stelle anerkannt sein. ④ Die Anerkennung ist für die Gemeinde verbindlich. 16

(2) ① Aus der Anerkennung muss sich ergeben, dass die Gegenstände dem Zwecke der Forschung oder Volksbildung nutzbar gemacht sind. ② Sie müssen in einem den Verhältnissen entsprechenden Umfang der Öffentlichkeit, mindestens aber den interessierten Kreisen, ohne Weiteres zugänglich sein. ③ Der Zugang für die Allgemeinheit muss für einen verständigen Dritten objektiv erkennbar sein. 17

(3) ① Durch die Aufbewahrung der Gegenstände muss der Rohertrag des Grundbesitzes nachhaltig gemindert werden. ② Zum Begriff des Rohertrags vgl. A 32.1 Absatz 5. ③ Dabei ist jeweils auf den ganzen Steuergegenstand abzustellen, auch wenn die Gegenstände nur in einem Teil des Grundbesitzes untergebracht sind. ④ Ob der Rohertrag nachhaltig gemindert und in welchem Umfang dies der Fall ist, muss von der Gemeinde festgestellt werden. ⑤ Zur Durchführung des Erlasses vgl. A 32.1 Absatz 7 Sätze 3 bis 6. 18

(4) ① Ist der Rohertrag für ein Grundstück nur schwer festzustellen, z. B. für eigengenutzte Grundstücke, so kann wie folgt verfahren werden: ② Zunächst ist festzustellen, ob für die Räume, in denen die steuerbegünstigten Gegenstände untergebracht sind, noch ein Rohertrag verbleibt. ③ Ist dies nicht der Fall, so ist unter Mitwirkung des Finanzamts der Prozentsatz zu ermitteln, mit 19

AEGrStG A 32.3

noch 19

dem dieser Grundstücksteil im Grundsteuerwert für das gesamte Grundstück enthalten ist. ④ Die Ermittlung erfolgt bei Wohngrundstücken im Verhältnis der Wohn- und Nutzfläche, die der Unterbringung der steuerbegünstigten Gegenstände dient, zur gesamten Wohn- und Nutzfläche. ⑤ Bei Nichtwohngrundstücken erfolgt die Ermittlung im Verhältnis der Bruttogrundfläche, die der Unterbringung der steuerbegünstigten Gegenstände dient, zur gesamten Bruttogrundfläche. ⑥ Ein diesem Prozentsatz entsprechender Betrag ist dann von der Grundsteuer zu erlassen.

GrStG

§ 33 Erlass wegen wesentlicher Reinertragsminderung bei Betrieben der Land- und Forstwirtschaft

1 (1) ① **Die Grundsteuer wird in Höhe von 25 Prozent erlassen, wenn bei Betrieben der Land- und Forstwirtschaft der tatsächliche Reinertrag des Steuergegenstandes um mehr als 50 Prozent gemindert ist und der Steuerschuldner die Minderung des tatsächlichen Reinertrags nicht zu vertreten hat.** ② **Beträgt die vom Steuerschuldner nicht zu vertretende Minderung des tatsächlichen Reinertrags 100 Prozent, ist die Grundsteuer abweichend von Satz 1 in Höhe von 50 Prozent zu erlassen.** ③ **Der tatsächliche Reinertrag eines Betriebs der Land- und Forstwirtschaft ermittelt sich nach den Grundsätzen des § 236 Absatz 2 Satz 1 und 2 des Bewertungsgesetzes für ein Wirtschaftsjahr.** ④ **Er gilt als in dem Erlasszeitraum bezogen, in dem das für den Betrieb der Land- und Forstwirtschaft maßgebliche Wirtschaftsjahr endet.**

2 (2) ① **Der Erlass nach Absatz 1 wird nur gewährt, wenn die Einziehung der Grundsteuer nach den wirtschaftlichen Verhältnissen des Betriebs unbillig wäre.** ② **Ein Erlass nach Absatz 1 ist insbesondere ausgeschlossen, wenn für den Betrieb der Land- und Forstwirtschaft nach § 4 Absatz 1, § 4 Absatz 3 oder § 13 a des Einkommensteuergesetzes für dasjenige Wirtschaftsjahr ein Gewinn ermittelt wurde, das im Erlasszeitraum bei der Ermittlung des tatsächlichen Reinertrags nach Absatz 1 zugrunde zu legen ist.**

3 (3) **Eine Ertragsminderung ist kein Erlassgrund, wenn sie für den Erlasszeitraum durch Fortschreibung des Grundsteuerwerts berücksichtigt werden kann oder bei rechtzeitiger Stellung des Antrags auf Fortschreibung hätte berücksichtigt werden können.**

Zu § 33 GrStG

AEGrStG A 33

A 33 Erlass wegen wesentlicher Ertragsminderung bei Betrieben der Land- und Forstwirtschaft

5 (1) ① Im Einzelfall lässt sich eine betriebsindividuelle wesentliche Reinertragsminderung eines land- und forstwirtschaftlichen Betriebs wegen der zum Ansatz kommenden standardisierten Bewertungsparameter der Anlagen 25 bis 37 BewG bei der Bewertung durch die Finanzverwaltung nicht selbst feststellen. ② Die Nachweispflicht einer Reinertragsminderung bei der Gemeinde obliegt dem Grundstückseigentümer. ③ Zu § 33 Absatz 3 GrStG siehe A 34.1 Absatz 2, der entsprechend gilt.

6 (2) ① Bei der Ermittlung einer wesentlichen Reinertragsminderung ist der typisierte Reinertrag, der sich durch Anwendung der §§ 237 f. BewG ergibt, mit dem tatsächlichen Reinertrag zu vergleichen. ② Dabei ist zu beachten, dass der tatsächliche Reinertrag nach den Grundsätzen eines pacht- und schuldenfreien Betriebs mit entlohnten Arbeitskräften (vgl. § 236 Absatz 2 BewG), zu bestimmen ist.

7 (3) ① Der Steuerschuldner hat die Minderung des tatsächlichen Reinertrags eines Betriebs der Land- und Forstwirtschaft nicht zu vertreten, wenn die Umstände, die zu einer Minderung dieses Reinertrags führen, von außen in die Ertragslage des Betriebs der Land- und Forstwirtschaft eingegriffen haben und der Steuerschuldner auf den Eintritt keinen Einfluss hat. ② Hierzu gehören insbesondere Ereignisse wie Hagel, Auswinterung, Dürre, Hochwasser, Viehseuchen, Eis, Schnee- und Windbruch, Windwurf, Erdbeben, Bergrutsch oder Waldbrand. ③ Die Nichtbewirtschaftung von Flächen hat der Steuerschuldner zu vertreten. ④ Sie ist daher kein Erlassgrund.

GrStG

§ 34 Erlass wegen wesentlicher Ertragsminderung bei bebauten Grundstücken

1 **(1) ①Die Grundsteuer wird in Höhe von 25 Prozent erlassen, wenn bei bebauten Grundstücken der normale Rohertrag des Steuergegenstandes um mehr als 50 Prozent gemindert ist und der Steuerschuldner die Minderung des normalen Rohertrags nicht zu vertreten hat. ②Beträgt die vom Steuerschuldner nicht zu vertretende Minderung des normalen Rohertrags 100 Prozent, ist die Grundsteuer abweichend von Satz 1 in Höhe von 50 Prozent zu erlassen. ③Normaler Rohertrag ist bei bebauten Grundstücken die nach den Verhältnissen zu Beginn des Erlasszeitraums geschätzte übliche Jahresmiete. ④Die übliche Jahresmiete ist in Anlehnung an die Miete zu ermitteln, die für Räume gleicher oder ähnlicher Art, Lage und Ausstattung regelmäßig gezahlt wird. ⑤Betriebskosten sind nicht einzubeziehen.**

2 **(2) ①Bei eigengewerblich genutzten bebauten Grundstücken gilt als Minderung des normalen Rohertrags die Minderung der Ausnutzung des Grundstücks. ②In diesen Fällen wird der Erlass nach Absatz 1 nur gewährt, wenn die Einziehung der Grundsteuer nach den wirtschaftlichen Verhältnissen des Betriebs unbillig wäre.**

3 **(3) ①Wird nur ein Teil des Grundstücks eigengewerblich genutzt, so ist die Ertragsminderung für diesen Teil nach Absatz 2, für den übrigen Teil nach Absatz 1 zu bestimmen. ②In diesen Fällen ist für den ganzen Steuergegenstand ein einheitlicher Prozentsatz der Ertragsminderung nach dem Anteil der einzelnen Teile am Grundsteuerwert des Grundstücks zu ermitteln.**

4 **(4) Eine Ertragsminderung ist kein Erlassgrund, wenn sie für den Erlasszeitraum durch Fortschreibung des Grundsteuerwerts berücksichtigt werden kann oder bei rechtzeitiger Stellung des Antrags auf Fortschreibung hätte berücksichtigt werden können.**

Übersicht

		Rz.
34.1	Erlass wegen wesentlicher Ertragsminderung bei bebauten Grundstücken; Allgemeines	7, 8
34.2	Vertretenmüssen der Rohertragsminderung	9–13
34.3	Berechnung der zu erlassenden Grundsteuer	14–16

Zu § 34 GrStG

AEGrStG A 34.1

A 34.1 Erlass wegen wesentlicher Ertragsminderung bei bebauten Grundstücken; Allgemeines

7 (1) ①Der Erlass der Grundsteuer wegen wesentlicher Rohertragsminderung bei bebauten Grundstücken setzt voraus, dass

1. die Minderung des normalen Rohertrags mehr als 50 Prozent beträgt und
2. der Steuerschuldner die Minderung des Rohertrags nicht zu vertreten hat.

②Die Grundsteuer ist in Höhe von 25 Prozent zu erlassen, wenn der normale Rohertrag um mehr als 50 Prozent gemindert ist und um 50 Prozent, wenn der normale Rohertrag um 100 Prozent gemindert ist. ③Auch bei nur zeitweiser Minderung des normalen Rohertrags während eines Jahres kann ein Erlass in Betracht kommen.

8 (2) ①Ein Erlassgrund liegt nach § 34 Absatz 4 GrStG nicht vor, wenn die Ertragsminderung auf Umständen beruht, die für den Erlasszeitraum durch eine Fortschreibung des Grundsteuerwerts berücksichtigt werden können. ②Das gilt auch, wenn der Steuerschuldner es versäumt hat, den Fortschreibungsantrag rechtzeitig zu stellen.

Beispiel:

Im Juni 2027 wird ein Gebäudeteil eines Mietwohngrundstücks durch Brand zerstört.

Lösung:

Die eingetretene Wertminderung des Grundstücks kann erst durch Fortschreibung des Grundsteuerwerts auf den 1. Januar 2028 berücksichtigt werden. Für den Erlasszeitraum 2027 kann demnach ein Erlass der Grundsteuer in Betracht kommen, nicht jedoch für den Erlasszeitraum 2028.

AEGrStG A 34.2

A 34.2 Vertretenmüssen der Rohertragsminderung

9 (1) Der Steuerschuldner hat die Minderung des normalen Rohertrags eines bebauten Grundstücks dann nicht zu vertreten, wenn sie auf Umständen beruht, die außerhalb seines Einflussbereichs liegen, d. h., wenn er die Ertragsminderung weder durch ein ihm zurechenbares Verhalten herbeigeführt noch ihren Eintritt durch geeignete und ihm zumutbare Maßnahmen hat verhindern können (BVerwG vom 25. Juni 2008 9 C 8.07, ZKF 2008 S. 233).

10 (2) ①Der Vermieter hat die durch Leerstand bedingte Minderung des normalen Rohertrags in der Regel nicht zu vertreten, wenn er sich in ortsüblicher Weise nachhaltig um deren Vermietung zu einem marktgerechten Zins bemüht hat. ②Dazu muss der Steuerschuldner zumindest versuchen, den Kreis potentieller Interessenten möglichst umfassend zu erreichen (BayVGH vom 8. De-

zember 2016 4 ZB 16.1583, ZKF 2017 S. 118). ③ Ob und gegebenenfalls in welcher Form leerstehende Mieträume im Internet beworben werden müssen, damit der Steuerschuldner sich nachhaltig um die Vermietung der Räume bemüht und deshalb die auf dem Leerstand beruhende Ertragsminderung nicht zu vertreten hat, ist eine Frage der Umstände des Einzelfalls (BVerwG vom 13. Februar 2017 9 B 37.16, NVwZ-RR 2017 S. 429). ④ Bei größeren Gewerbeobjekten, für die eine Vielzahl von Nutzungsmöglichkeiten in Betracht kommt, gehört zu den Vermietungsbemühungen des Steuerschuldners jedoch im Regelfall auch ein überregionales Angebot über das Internet (BVerwG vom 3. Dezember 2014 9 B 73.14, NVwZ-RR 2015 S. 232, vgl. z. B. auch BFH-Urteile vom 11. Dezember 2012 IX R 14/12, BStBl. II 2013 S. 279 und IX R 68/10, BStBl. II 2013 S. 367 und vom 9. Juli 2013 IX R 48/12, BStBl. II S. 693). ⑤ Der Vermieter hat einen Mietausfall nicht zu vertreten, wenn er eine vereinbarte marktgerechte Miete aus Gründen nicht erhalten hat, die er nicht beeinflussen konnte (z. B. bei Zahlungsunfähigkeit des Mieters). ⑥ Einen Mietausfall aufgrund eines von vornherein vertraglich vereinbarten Mietverzichts hat der Grundstückseigentümer dagegen grundsätzlich zu vertreten mit der Folge, dass ein Anspruch auf Grundsteuererlass nicht besteht (OVG NRW vom 26. Juli 2013 14 A 1471/13, DÖV 2014 S. 43). ⑦ Bei Wohnungen, die von vornherein z. B. als Ferienwohnungen nur zeitweise vermietet werden, hat der Vermieter dagegen die dadurch bedingte Minderung des normalen Rohertrags selbst zu vertreten. ⑧ Besteht eine wirtschaftliche Einheit aus zahlreichen verschieden ausgestatteten, zu unterschiedlichen Zwecken nutzbaren und getrennt vermietbaren Räumlichkeiten und sind die marktgerechten Mieten für die einzelnen Raumeinheiten unterschiedlich hoch, so ist für jede nicht vermietete Raumeinheit gesondert zu prüfen, ob der Steuerpflichtige den Leerstand zu vertreten hat (BFH-Urteil vom 27. September 2012 II R 8/12, BStBl. II 2014 S. 117). ⑨ Das Fehlen jeglicher Vermietungsbemühungen führt zu der widerlegbaren Annahme, dass der Steuerschuldner die Ertragsminderung zu vertreten hat, und zwar auch dann, wenn die Nutzbarkeit eines Grundstücks durch Regelungen des Bauplanungsrechts eingeschränkt ist oder das Grundstück heruntergekommen oder verwahrlost ist. ⑩ Die bloße Vermeidung von Vorsatz und Fahrlässigkeit in Bezug auf die zur Ertragsminderung führenden Ursachen reicht nicht aus.

(3) ① Für die Ermittlung der üblichen Miete im Sinne des § 34 Absatz 1 GrStG können 11

1. die Mieten für vergleichbare Objekte,
2. die Angaben in sogenannten Mietspiegeln oder Gewerbemietenübersichten bei gewerblicher Nutzung (oder unter Umständen auch durch Ableitung hiervon) oder
3. Mieten auf Grund von Sachverständigengutachten

herangezogen werden. ② In den Fällen, in denen keine der genannten Möglichkeiten zur Verfügung steht, kann widerlegbar vermutet werden, dass die ortsübliche Miete in der tatsächlichen Miete ihre Entsprechung findet. ③ Die übliche Miete zu Beginn des Erlasszeitraums ist jedoch nicht die Durchschnittsmiete, die für die vermieteten Teile vereinbart werden konnte (BFH-Urteil vom 24. Oktober 2007 II R 5/05, BStBl. II 2008 S. 384).

(4) ① Beruht der (teilweise) Leerstand eines Gebäudes auf der Entscheidung des Steuerschuldners, die darin befindlichen Wohnungen oder Räume zunächst nicht zur Vermietung anzubieten oder selbst zu nutzen, so hat der Steuerschuldner den Leerstand grundsätzlich zu vertreten. ② Der Steuerschuldner hat die Ertragsminderung zu vertreten, wenn eine Sanierung oder auch eine Umgestaltung in zeitlichem Zusammenhang mit dem Erwerb eines Grundstücks erforderlich wird. ③ Dasselbe gilt für grundlegende Sanierungen, die typischerweise die Folge unterlassener rechtzeitiger und umfassender Instandhaltung sind. ④ In einem solchen Fall beruht die Sanierungsmaßnahme letztlich auf zurechenbarem Verhalten des Steuerschuldners, nämlich nicht viele kleine, sondern eine große Maßnahme durchzuführen. ⑤ Diese bewusste Entscheidung hat der Steuerschuldner zu vertreten. ⑥ Etwas anderes gilt, wenn der sanierungsbedingte Leerstand ein Gebäude betrifft, das in einem städtebaulichen Sanierungsgebiet belegen ist. ⑦ Der Steuerschuldner kann sich dann der zweckmäßigen und zügigen Durchführung der zur Erfüllung des Sanierungszwecks erforderlichen Baumaßnahmen nicht entziehen und hat den durch die Sanierung entstehenden Leerstand auch dann nicht zu vertreten, wenn er die Entscheidung über den Zeitpunkt der Sanierung getroffen hat (BFH-Urteil vom 17. Dezember 2014 II R 41/12, BStBl. II 2015 S. 663). 12

(5) ① Bei eigengewerblich genutzten bebauten Grundstücken hat der Unternehmer eine Minderung der Ausnutzung (§ 34 Absatz 2 GrStG) nicht zu vertreten, wenn für ihn keine Möglichkeit bestand, auf deren Ursachen in zumutbarer Weise Einfluss zu nehmen. ② Zu diesen Ursachen können auch strukturelle und konjunkturelle Entwicklungen gehören, die ihn zwingen, den bisher auf dem Grundstück unterhaltenen Betrieb stillzulegen oder einzuschränken. ③ Dagegen fällt z. B. eine Minderung der Ausnutzung bei Neugründungen oder Kapazitätsausweitungen in der Regel in den Bereich des vom Unternehmen zu vertretenden Unternehmerrisikos. ④ Bei der Prüfung, ob es unbillig ist, die Grundsteuer bei eigengewerblich genutzten bebauten Grundstücken zu erheben, müssen die wirtschaftlichen Verhältnisse des Gesamtunternehmens betrachtet werden. ⑤ Unbilligkeit liegt dann vor, wenn das Gesamtunternehmen im Erlasszeitraum ein negatives Betriebsergebnis erzielt hat und die Grundsteuer hierbei innerhalb des gesamten Betriebsaufwandes von nicht nur geringfügigem Gewicht ist. 13

AEGrStG A 34.3

A 34.3 Berechnung der zu erlassenden Grundsteuer

14 (1) ① Bei bebauten Grundstücken ergibt sich die Minderung des normalen Rohertrags aus dem Unterschiedsbetrag zwischen dem normalen Rohertrag zu Beginn des Erlasszeitraums und dem im Erlasszeitraum tatsächlich erzielten Rohertrag. ② Sie ist in einem Prozentsatz des normalen Rohertrags festzustellen.

Beispiel:

Normaler Rohertrag am 1. Januar 2028	= 20 000 €
Tatsächlich erzielter Rohertrag im Kalenderjahr 2028	= 5 000 €
Unterschied	= 15 000 €
Minderung des normalen Rohertrags $\frac{15\,000\ € \times 100}{20\,000\ €}$	= 75%

Lösung:

Die Grundsteuer wird in Höhe von 25% erlassen.

③ Bei Eigennutzung von Teilen bebauter Grundstücke für nicht eigengewerbliche Zwecke (vgl. A 34.2 Absatz 5) ist dem tatsächlichen Rohertrag ein fiktiver Rohertrag des eigengenutzten Teils des bebauten Grundstücks hinzuzurechnen. ④ Dieser fiktive Rohertrag ist in Anlehnung an die Jahresrohmiete zu schätzen, die für Räume gleicher oder ähnlicher Art, Lage und Ausstattung regelmäßig gezahlt wird. ⑤ Auf individuelle Besonderheiten der Eigennutzung kommt es nicht an (OVG NRW vom 10. Juli 2018 14 A 1106/16, KStZ 2018 S. 179).

15 (2) ① Bei eigengewerblich genutzten bebauten Grundstücken ist für die Höhe des Erlasses der Grundsteuer die Minderung der Ausnutzung des Grundstücks maßgebend (§ 34 Absatz 2 GrStG). ② Die Minderung der Ausnutzung entspricht dem Unterschied zwischen der üblichen Ausnutzung und der tatsächlichen Ausnutzung eines Grundstücks. ③ Stehen sämtliche Gebäude des Grundstücks leer und wird das Grundstück nicht anderweitig genutzt, so beträgt die Minderung der Ausnutzung 100 Prozent. ④ Wenn ein Gebäude nur teilweise leer steht, dann ist für die Bestimmung des Prozentsatzes der Minderung in der Regel das Verhältnis der ungenutzten Fläche zur gesamten nutzbaren Fläche maßgebend. ⑤ Dasselbe gilt, wenn zu der wirtschaftlichen Einheit, für die der Grundsteuerwert insgesamt festgestellt worden ist, mehrere Gebäude gehören und eines oder mehrere davon ganz oder teilweise leer stehen. ⑥ Ob und ggf. zu welchem Anteil eine Minderung der Ausnutzung vorliegt, ohne dass ein Gebäude ganz oder teilweise leer steht (z. B. bei Kurzarbeit), wird durch wirtschaftliche Gesichtspunkte bestimmt. ⑦ Im Einzelfall ist nach den besonderen Verhältnissen des Betriebs zu entscheiden, welche betriebswirtschaftlichen Merkmale als Anhaltspunkte für die Minderung der Ausnutzung geeignet sind. ⑧ Bei Fabrikations-, Handwerks- und Handelsbetrieben können dies die Arbeitsstunden, der Produktionsmitteleinsatz, der Produktionsausstoß, die Produktionsstunden, der Umsatz oder andere ähnliche Merkmale sein (vgl. Urteil des BVerwG vom 26. Mai 1989 8 C 20.87, BStBl. II 1989 S. 1042). ⑨ Bei Hotels und anderen Betrieben des Beherbergungsgewerbes kann auf die Bettenbelegung oder ggf. den Umsatz abgestellt werden. ⑩ Im Einzelfall kann auch eine Kombination mehrerer Merkmale in Betracht kommen. ⑪ In der Regel kann das danach festzustellende Ausmaß der normalen Ausnutzung aus dem Durchschnitt der drei Kalenderjahre vor dem Erlasszeitraum abgeleitet werden, wenn in dieser Zeit keine Betriebsumstellung erfolgt ist.

16 (3) ① Wird nur ein Teil des Grundstücks eigengewerblich genutzt, so ist für das ganze Grundstück ein einheitlicher Prozentsatz der Ertragsminderung zu ermitteln. ② Dabei ist von dem Anteil der einzelnen Teile am Grundsteuerwert des Grundstücks auszugehen.

Beispiel:

Ein Grundstück enthält vermietete Wohnungen und eigengewerblich genutzte Geschäftsräume. Wegen Zahlungsunfähigkeit eines Mieters sind 9 000 € an Mietforderungen aus dem Jahr 2028 nicht mehr zu realisieren. Der Umsatz des Betriebs sinkt im Jahr 2028 nachweislich wegen nicht zu vertretenden Geschäftsrückgangs auf 45%.

Normaler Rohertrag der Wohnungen am 1. Januar 2028 = 20 000 €.

Wegen der Zahlungsunfähigkeit des Mieters beträgt der tatsächlich erzielte Rohertrag im Kalenderjahr 2028 nur 11 000 €.

Lösung:

Der Prozentsatz der Ertragsminderung errechnet sich wie folgt:

Ertragsminderung der Wohnungen:

$$\frac{9\,000 \times 100}{20\,000} = 45\%$$

Der Anteil der Wohnungen soll 40% des Grundsteuerwerts betragen. Es sind somit zu berücksichtigen:

$$\frac{45 \times 40}{100} = 18\%$$

Ertragsminderung der eigengewerblich genutzten Räume:

Minderung der Ausnutzung = 55%

Der Anteil der eigengewerblich genutzten Räume soll 60 % des Grundsteuerwerts betragen. Es sind somit zu berücksichtigen:

$$\frac{55 \times 60}{100} = 33\%$$

Die Ertragsminderung für das gesamte Grundstück beträgt danach:

18% + 33% = 51%

Die Grundsteuer wird in Höhe von 25% erlassen.

GrStG

§ 35 Verfahren

(1) ①**Der Erlaß wird jeweils nach Ablauf eines Kalenderjahres für die Grundsteuer ausgesprochen, die für das Kalenderjahr festgesetzt worden ist (Erlaßzeitraum).** ②**Maßgebend für die Entscheidung über den Erlaß sind die Verhältnisse des Erlaßzeitraums.** 1

(2) ①**Der Erlaß wird nur auf Antrag gewährt.** ②**Der Antrag ist bis zu dem auf den Erlaßzeitraum folgenden 31. März zu stellen.** 2

(3) ①**In den Fällen des § 32 bedarf es keiner jährlichen Wiederholung des Antrags.** ②**Der Steuerschuldner ist verpflichtet, eine Änderung der maßgeblichen Verhältnisse der Gemeinde binnen drei Monaten nach Eintritt der Änderung anzuzeigen.** 3

Zu § 35 GrStG

AEGrStG A 35

A 35 Erlassverfahren

(1) ①Der Erlass der Grundsteuer wird nach § 35 Absatz 2 Satz 1 GrStG nur auf Antrag gewährt. ②Der Antrag auf Erlass ist bis zu dem auf den Erlasszeitraum folgenden 31. März zu stellen (§ 35 Absatz 2 Satz 2 GrStG).[1] ③Geht der Grundsteuerbescheid für den Erlasszeitraum dem Grundstückseigentümer nicht rechtzeitig zu oder wird die Jahressteuer durch Änderungsbescheid heraufgesetzt, so endet die Antragsfrist erst mit der Rechtsbehelfsfrist für den Grundsteuerbescheid bzw. den Änderungsbescheid. ④Ein Grundsteueränderungsbescheid, der erst nach dem auf den Erlasszeitraum folgenden 31. März ergeht und die zuvor für den Erlasszeitraum festgesetzte Grundsteuer heraufsetzt, eröffnet nur für einen durch diese Grundsteuererhöhung veranlassten Erlassantrag eine neue dreimonatige Ausschlussfrist im Sinne des § 35 Absatz 2 Satz 2 GrStG (vgl. Urteil des BVerwG vom 21. September 1984 8 C 62/82, BStBl. II S. 870). 6

(2) ①Die Frist für den Antrag auf Erlass der Grundsteuer ist eine gesetzliche Frist. ②Sie kann deshalb nicht verlängert werden. ③Bei Versäumung der Frist ist auf Antrag unter den weiteren Voraussetzungen des § 110 AO Wiedereinsetzung in den vorigen Stand zu gewähren, wenn der Steuerschuldner ohne Verschulden verhindert war, die Frist einzuhalten. 7

(3) ①Die Voraussetzungen des § 32 GrStG müssen gemäß § 35 Absatz 3 Satz 1 GrStG nur einmal beantragt und nachgewiesen werden. ②Der Steuerschuldner ist der Gemeinde gegenüber zur Anzeige verpflichtet, wenn die Voraussetzungen für den Grundsteuererlass wegfallen oder sich der Umfang des Grundsteuererlasses ändert (§ 35 Absatz 3 Satz 2 GrStG). 8

(4) ①§ 33 Absatz 1 GrStG und § 34 Absatz 1 GrStG enthalten das ungeschriebene Tatbestandsmerkmal, dass zum Kreis der Erlassberechtigten nur diejenigen gehören, denen der Erlass im Erlasszeitraum wirtschaftlich noch zugutekommen kann. ②Das setzt voraus, dass deren wirtschaftliche Existenz im Erlasszeitraum noch nicht vernichtet ist (Urteil des BVerwG vom 15. April 1983 8 C 52.81, NVwZ 1984 S. 311). 9

(5) ①Liegen die in den §§ 32 bis 34 GrStG näher bestimmten Voraussetzungen vor, so besteht auf den Grundsteuererlass ein Rechtsanspruch. ②In anderen Fällen können Billigkeitsmaßnahmen nach § 163 AO i. V. m. § 184 Absatz 2 und 3 AO sowie nach § 227 AO in Betracht kommen. 10

---

[1] *BFH-Urteil vom 23. 8. 1995 II R 97/92 (BFH/NV 1996 S. 358):* Auch wenn einem Steuerpflichtigen erst nach dem 31. März des auf den Erlaßzeitraum (§ 34 Abs. 1 Satz 1 GrStG) folgenden Kalenderjahres ein die ursprüngliche Grundsteuerfestsetzung erhöhender Änderungsbescheid bekanntgegeben wird, kann er innerhalb einer Frist von drei Monaten den Erlaß der die bisherige Steuerschuld übersteigenden (Erhöhungs-)Beträge beantragen; die Antragsfrist beginnt mit der – wirksamen – Bekanntgabe des Verwaltungsakts (Anschluß an die Rechtsprechung des BVerwG, Urteil vom 21. 9. 1984 8 C 62.82, BStBl. II 1984, 870).

GrStG

Abschnitt V. Übergangs- und Schlussvorschriften

§ 36 Sondervorschriften für die Hauptveranlagung 2025

1 (1) **Auf den 1. Januar 2025 findet eine Hauptveranlagung der Grundsteuermessbeträge statt (Hauptveranlagung 2025).**

2 (2) ① **Die in der Hauptveranlagung 2025 festgesetzten Steuermessbeträge gelten abweichend von § 16 Absatz 2 vorbehaltlich der §§ 17 bis 20 mit Wirkung von dem am 1. Januar 2025 beginnenden Kalenderjahr an.** ② **Der Beginn dieses Kalenderjahres ist der Hauptveranlagungszeitpunkt.**

3 (3) ① **Bescheide über die Hauptveranlagung können schon vor dem Hauptveranlagungszeitpunkt erteilt werden.** ② **§ 21 Satz 2 ist entsprechend anzuwenden.** ③ **Eine Aufhebung oder Änderung des Bescheids über die Hauptveranlagung findet auch zur Beseitigung eines Fehlers statt, wenn der Fehler der Finanzbehörde bis zum Ablauf des Kalenderjahres der Hauptveranlagung bekannt wird.**

Zu § 36 GrStG

AEGrStG A 36

A 36 Sondervorschriften für die Hauptveranlagung 2025 *(unbesetzt)*

GrStG

§ 37 Anwendung des Gesetzes

1 (1) **Diese Fassung des Gesetzes gilt erstmals für die Grundsteuer des Kalenderjahres 2025.**

2 (2) **Für die Grundsteuer bis einschließlich zum Kalenderjahr 2024 findet das Grundsteuergesetz in der Fassung vom 7. August 1973 (BGBl. I S. 965), das zuletzt durch Artikel 38 des Gesetzes vom 19. Dezember 2008 (BGBl. I S. 2794) geändert worden ist, weiter Anwendung.**

3 (3) **§ 25 Absatz 4 und 5 in der am 1. Januar 2025 geltenden Fassung ist erstmals bei der Hauptveranlagung auf den 1. Januar 2025 anzuwenden.**

Zu § 37 GrStG

AEGrStG A 37

A 37 Anwendung des Gesetzes *(unbesetzt)*

GrStG

§ 38 Bekanntmachung

Das Bundesministerium der Finanzen wird ermächtigt, den Wortlaut dieses Gesetzes in der jeweils geltenden Fassung bekannt zu machen.

Zu § 38 GrStG

AEGrStG A 38

A 38 Bekanntmachung *(unbesetzt)*

Anhang I

1. Erlass betr. Abgrenzung des Grundvermögens von den Betriebsvorrichtungen[1]

Vom 5. Juni 2013 (BStBl. I S. 734)

(Gleich lautender Ländererlass)

1. Allgemeines

1.1. Rechtsgrundlage

Für die Abgrenzung des Grundvermögens von den Betriebsvorrichtungen sind § 68 BewG und im Beitrittsgebiet § 129 Abs. 2 Nr. 1 BewG i. V. m. § 50 Abs. 1 Satz 2 BewG-DDR maßgebend. Dies gilt auch für die Abgrenzung der Betriebsgrundstücke von den Betriebsvorrichtungen (§ 99 Abs. 1 Nr. 1 BewG). 1

Nach § 68 Abs. 1 Nr. 1 BewG und im Beitrittsgebiet nach § 50 Abs. 1 Satz 1 BewG-DDR gehören zum Grundvermögen der Grund und Boden, die Gebäude, die sonstigen Bestandteile und das Zubehör. Maschinen und sonstige Vorrichtungen aller Art, die zu einer Betriebsanlage gehören (Betriebsvorrichtungen), werden nach § 68 Abs. 2 Satz 1 Nr. 2 BewG oder nach § 50 Abs. 1 Satz 2 BewG-DDR nicht in das Grundvermögen einbezogen. Das gilt selbst dann, wenn sie nach dem bürgerlichen Recht wesentliche Bestandteile des Grund und Bodens oder der Gebäude sind.

1.2. Allgemeine Abgrenzungsgrundsätze

Bei der Abgrenzung des Grundvermögens von den Betriebsvorrichtungen ist zunächst zu prüfen, ob das Bauwerk ein Gebäude ist. Liegen alle Merkmale des Gebäudebegriffs vor, kann das Bauwerk keine Betriebsvorrichtung sein (BFH vom 15. 6. 2005, BStBl. II S. 688 und vom 24. 5. 2007, BStBl. II S. 12 m. w. N.). 2

Ist das Bauwerk kein Gebäude, liegt nicht zwingend eine Betriebsvorrichtung vor. Vielmehr muss geprüft werden, ob es sich um ein Gebäudebestandteil bzw. eine Außenanlage oder um eine Betriebsvorrichtung handelt. Wird ein Gewerbe mit dem Bauwerk oder Teilen davon unmittelbar betrieben, liegt grundsätzlich eine Betriebsvorrichtung vor. Dies gilt jedoch nicht bei doppelfunktionalen Konstruktionselementen, vgl. Tz. 3.1.

1.3. Betriebsvorrichtungen

Nach § 68 Abs. 2 Satz 1 Nr. 2 BewG oder nach § 50 Abs. 1 Satz 2 BewG-DDR können nur einzelne Bestandteile und Zubehör Betriebsvorrichtung sein. Zu den Betriebsvorrichtungen gehören nicht nur Maschinen und maschinenähnliche Vorrichtungen. Unter diesen Begriff fallen vielmehr alle Vorrichtungen, mit denen ein Gewerbe unmittelbar betrieben wird (BFH vom 11. 12. 1991, BStBl. 1992 II S. 278). Das können auch selbstständige Bauwerke oder Teile von Bauwerken sein, die nach den Regeln der Baukunst geschaffen sind, z. B. Schornsteine, Öfen, Kanäle. 3

Für die Annahme einer Betriebsvorrichtung genügt es nicht, dass eine Anlage für die Gewerbeausübung lediglich nützlich, notwendig oder vorgeschrieben ist (z. B. im Rahmen einer Brandschutzauflage – BFH vom 7. 10. 1983, BStBl. 1984 II S. 262 und vom *13. 11. 2001,* BStBl. 2002 II S. 310).

2. Abgrenzung der Gebäude

2.1. Abgrenzungsgrundsatz

Die Gebäude sind allein mit Hilfe des Gebäudebegriffs von den Betriebsvorrichtungen abzugrenzen. Für die bewertungsrechtliche Einordnung eines Bauwerks als Gebäude ist entscheidend, ob es alle Merkmale eines Gebäudes aufweist (BFH vom 15. 6. 2005, BStBl. II S. 688 und vom 24. 5. 2007, BStBl. 2008 II S. 12 m. w. N.). 4

2.2. Gebäudebegriff

Nach den in der höchstrichterlichen Rechtsprechung aufgestellten Grundsätzen ist ein Bauwerk als Gebäude anzusehen, wenn es Menschen oder Sachen durch räumliche Umschließung Schutz gegen Witterungseinflüsse gewährt, den Aufenthalt von Menschen gestattet, fest mit dem Grund und Boden verbunden, von einiger Beständigkeit und ausreichend standfest ist (BFH vom 28. 5. 2003, BStBl. II S. 693). Die Abgrenzung von Gebäude und Betriebsvorrichtung kann nicht unter Heranziehung einer in Bezug auf das gesamte Bauwerk bestehenden Verkehrsauffassung erfolgen. Bestehen jedoch Zweifel, ob ein bestimmtes Merkmal des Gebäudebegriffs vorliegt, ist die Entscheidung über das Vorliegen dieses Merkmals in Bezug auf das Bauwerk nach der Verkehrsauffassung zu treffen (zum Begriff der Verkehrsauffassung vgl. BFH vom 13. 6. 1969, BStBl. II S. 517 und S. 612 sowie BFH vom 18. 3. 1987, BStBl. II S. 551). 5

Der Begriff des Gebäudes setzt nicht voraus, dass das Bauwerk über die Erdoberfläche hinausragt. Auch unter der Erd- oder Wasseroberfläche befindliche Bauwerke, z. B. Tiefgaragen, unterirdische Betriebsräume, Lagerkeller und Gärkeller, können Gebäude im Sinne des Bewertungsgesetzes sein. Das Gleiche gilt für Bauwerke, die ganz oder zum Teil in Berghänge eingebaut sind. Ohne Einfluß auf den Gebäudebegriff ist auch, ob das Bauwerk auf eigenem oder fremdem Grund und Boden steht.

[1] **Vgl. auch das ABC der Abgrenzung zwischen Betriebsvorrichtungen und Betriebsgrundstücken,** abgedruckt im Anhang **I** Nr. **2**.

2.3. Schutz gegen Witterungseinflüsse durch räumliche Umschließung

6 Der Begriff der räumlichen Umschließung, die Schutz gegen Witterungseinflüsse gewähren soll, setzt nicht voraus, dass das Bauwerk an allen Seiten Außenwände hat. Selbst wenn Außenwände an allen Seiten fehlen, kann ein Gebäude vorliegen, wenn das Bauwerk nach der Verkehrsauffassung einen Raum umschließt und dadurch gegen Witterungseinflüsse schützt (BFH vom 19. 1. 1962, BStBl. III S. 121; vgl. Zeichnung 1 und BFH vom 28. 9. 2000, BStBl. 2001 II S. 137).

Markthallen, Industriehallen, Bahnsteighallen und ähnliche Hallen sind dann Gebäude, wenn auch die übrigen Merkmale eines Gebäudes vorliegen. Bei freistehenden schmalen Überdachungen und ähnlichen Schutzdächern kann ein Schutz durch räumliche Umschließung nicht angenommen werden, wenn ihre Breite nicht mindestens die doppelte mittlere lichte Höhe aufweist; sie sind deshalb keine Gebäude (vgl. Zeichnung 2). Bei Überdachungen in leichter Bauausführung – hierzu gehören nicht Bahnsteig-, Haltestellen- und Tankstellenüberdachungen – ist ein Schutz durch räumliche Umschließung nicht gewährleistet, wenn die überdachte Fläche, unabhängig von der Höhe, nicht mehr als 30 qm beträgt. Sind Überdachungen danach nicht als Gebäude anzusehen, ist zu prüfen, ob eine Außenanlage oder eine Betriebsvorrichtung vorliegt.

2.4. Aufenthalt von Menschen

7 Das Bauwerk muss durch normale Eingänge, z. B. Türen, betreten werden können. Behelfsmäßige Eintrittsmöglichkeiten wie Luken, Leitern und schmale Stege genügen nicht. Darüber hinaus muss das Bauwerk so beschaffen sein, dass man sich in ihm nicht nur vorübergehend aufhalten kann. Transformatorenhäuschen, kleine Rohrnetzstationen, Pumpenhäuschen oder ähnliche kleine Bauwerke, die Betriebsvorrichtungen enthalten und nicht mehr als 30 qm Grundfläche haben, gestatten allenfalls einen nur vorübergehenden Aufenthalt von Menschen. Sie sind deshalb regelmäßig als Betriebsvorrichtungen anzusehen (BFH vom 24. 1. 1952, BStBl. III S. 84 und vom 24. 5. 2007, BStBl. 2008 II S. 12 m. w. N.).

8 Es ist nicht erforderlich, dass das Bauwerk zum Aufenthalt von Menschen bestimmt ist. Es muss jedoch so beschaffen sein, dass dem Menschen ein mehr als nur vorübergehender Aufenthalt möglich ist (BFH vom 18. 3. 1987, BStBl. II S. 551, vom 15. 6. 2005, BStBl. II S. 688 und vom 24. 5. 2007, BStBl. 2008 II S. 12). Dies gilt beispielsweise für selbsttragende Stahl-Glas-Konstruktionen zur Präsentation von Personenkraftwagen (Tower) sowie für Imbisse und Kioske. Ein Bauwerk verliert seine Gebäudeeigenschaft auch nicht schon dadurch, dass bauliche Unzulänglichkeiten (z. B. schlechte Entlüftung oder schlechte Lichtverhältnisse) den Aufenthalt von Menschen erschweren. Ebenso wird die Gebäudeeigenschaft nicht dadurch berührt, dass Einwirkungen, die durch den Betrieb hervorgerufen werden, auf die Dauer zu gesundheitlichen Schäden führen können, z. B. in Fällen, in denen bei der Arbeit Masken oder Schutzkleidung getragen werden müssen. Die Gebäudeeigenschaft geht ferner nicht verloren, wenn der Aufenthalt der Menschen während eines Betriebsvorgangs vorübergehend nicht möglich ist, z. B. bei Versuchen oder gewissen Arbeitsvorgängen in Laboratorien. Ist der Aufenthalt in dem Bauwerk allein auf Vorrichtungen möglich, die nur zur Bedienung oder Wartung der Maschinen usw. bestimmt sind (z. B. Arbeitsbühnen), so wird dadurch die Gebäudeeigenschaft ebenfalls nicht beeinträchtigt. Die Vorrichtungen selbst sind Betriebsvorrichtungen (vgl. Tz. 3.4).

Bauwerke, in denen eine besonders hohe oder niedrige Temperatur herrscht und die deshalb während des laufenden Betriebsvorgangs einen Aufenthalt von Menschen nicht (vgl. Zeichnung 3) oder nur kurzfristig mit Schutzkleidung (z. B. für Inspektionsgänge) zulassen, sind keine Gebäude (BFH vom 30. 1. 1991, BStBl. II S. 618). Herrschen in dem Bauwerk sowohl hohe oder niedrige Temperaturen als auch ein extremer Lärmpegel, kann das Zusammenwirken dieser Faktoren einen mehr als vorübergehenden Aufenthalt von Menschen ausschließen, so dass das Bauwerk nicht als Gebäude anzusehen ist.

Der hohe Lärmpegel im Bauwerk als solcher kann nicht entscheidendes Hindernis für die Gebäudeeigenschaft sein. Das Überschreiten der arbeitsschutzrechtlichen Lärmgrenzwerte steht der Möglichkeit des nicht nur vorübergehenden Aufenthalts von Menschen nicht entgegen, wenn die Verwendung von entsprechendem Gehörschutz geeignet ist, die Schalleinwirkungen auf das menschliche Ohr unter die arbeitsschutzrechtlich zulässige Höchstgrenze (Schallpegel) zu drücken. Die arbeitsschutzrechtlichen Vorschriften zur Dauer des Aufenthalts sind nicht Maßstab für die Gebäudeeigenschaft. Denn unter einem nicht nur vorübergehenden Aufenthalt von Menschen ist kein Aufenthalt über einen ganzen Arbeitstag hin zu verstehen (BFH vom 15. 6. 2005, BStBl. II S. 688 und vom 24. 5. 2007 (BStBl. 2008 II S. 12).

9 Bei der Gesamtwürdigung, ob ein Teil oder Teile eines Bauwerks, die zum Aufenthalt von Menschen geeignet sind, von untergeordneter Bedeutung sind, ist nicht nur auf die Größenverhältnisse der Bauteile abzustellen, es kommt auch auf die Intensität der Nutzung an. Kleine Bauwerke sind nicht generell von der Bewertung als Gebäude ausgenommen, sondern nur unter der Voraussetzung, dass in ihnen Geräte für automatisch ablaufende, technische Betriebsvorgänge angebracht sind und sie nur gelegentlich zu Kontroll-, Wartungs- oder Reparaturarbeiten betreten werden. Dies trifft beispielsweise auf Türme von Windkraftanlagen zu (BFH vom 24. 5. 2007, BStBl. 2008 II S. 12). Ist der Aufenthalt von Menschen in dem Bauwerk allerdings integraler Teil des Betriebsablaufs, spricht dies für die Qualifizierung als Gebäude (z. B. Kraftfahrzeug-Tower, Geldautomat-Pavillon).

2.5. Feste Verbindung mit dem Grund und Boden

10 Ein Bauwerk ist fest mit dem Grund und Boden verbunden, wenn es auf einzelne oder durchgehende Fundamente gegründet ist. Ein Fundament setzt eine feste Verankerung durch eine gewisse Verbindung mit dem Grund und Boden voraus, die nicht durch bloßen Abtransport beseitigt werden kann (BFH vom 23. 9. 1988, BStBl. 1989 II S. 113 und vom 25. 4. 1996, BStBl. II S. 613). Auf Tiefe, Art und Material der Fundamente kommt es nicht an (BFH vom 10. 6. 1988, BStBl. II S. 847). Durch Versorgungsleitungen allein kann eine feste Verbindung mit dem Grund und Boden nicht geschaffen werden, da sie ohne Schwierigkeiten gelöst werden können. Bei Zelthallen kann die feste Verbindung mit dem Grund und Boden nur dann angenommen werden, wenn die Lasten der Hallenkonstruktion über einzelne oder durchgehende

Fundamente in den Boden geleitet werden (z. B. durch Erdnägel oder Telleranker). Durch diese Maßnahmen ist das Bauwerk nicht mehr jederzeit versetzbar und transportabel. Eine feste Verbindung mit dem Grund und Boden ist auch dann anzunehmen, wenn das Bauwerk mit dem Fundament nicht verankert ist, sondern nur infolge der eigenen Schwere auf dem Fundament ruht (BFH vom 18. 6. 1986, BStBl. II S. 787). Bei Fertiggaragen aus Beton und vergleichbaren Bauwerken liegt auch dann eine feste Verbindung mit dem Grund und Boden vor, wenn sie durch das Eigengewicht auf dem Grundstück festgehalten werden und dadurch auch ohne Verankerung im Boden eine ihrem Verwendungszweck entsprechende Standfestigkeit haben (BFH vom 4. 10. 1978, BStBl. 1979 II S. 190).

Eine feste Verbindung mit dem Grund und Boden ist auch dann anzunehmen, wenn bei Bauwerken 11 im Feststellungszeitpunkt entweder eine auf Dauer angelegte Nutzung (mindestens sechs Jahre) gegeben ist oder aufgrund der Zweckbestimmung eine dauernde Nutzung zu erwarten ist (BFH vom 23. 9. 1988, BStBl. 1989 II S. 113).

Diese Grundsätze sind auch bei Mobilheimen zu beachten. Bauwerken, die nach ihrer baulichen Gestaltung zur Verwendung auf stets wechselnden Einsatzstellen vorgesehen und ohne größere bauliche Maßnahmen jederzeit versetzbar und transportabel sind, fehlt es dagegen an der für den Gebäudebegriff immanenten Ortsfestigkeit (BFH vom 18. 6. 1986, BStBl. II S. 787).

Wenn ein selbstständiges Gebäude auf einem anderen selbstständigen Bauwerk steht, das nicht ein 12 Gebäude zu sein braucht, genügt es, dass das Gebäude mit dem anderen Bauwerk und das andere Bauwerk mit dem Grund und Boden fest verbunden ist (BFHl vom 13. 6. 1969, BStBl. II S. 612; vgl. Zeichnung 4).

2.6. Beständigkeit des Bauwerks

Die Entscheidung der Frage, ob ein Bauwerk von einiger Beständigkeit ist, richtet sich allein nach der 13 Beschaffenheit (Material) des Bauwerks. Ohne Bedeutung ist daher, ob das Bauwerk nur zu einem vorübergehenden Zweck errichtet wurde, z. B. für Zwecke einer Ausstellung (BFH vom 24. 5. 1963, BStBl. III S. 376).

2.7. Standfestigkeit

Ein Gebäude muss so gebaut sein, dass es nicht einstürzt, wenn die als Betriebsvorrichtungen an- 14 zusehenden Teile des Bauwerks entfernt werden (BFH vom 13. 6. 1969, BStBl. II S. 612; vgl. Zeichnung 5).

Einer besonderen Prüfung der Standfestigkeit bedarf es bei Bauwerken, bei denen die Umschließungen 15 ihre Standfestigkeit durch Bauteile wie Fundamente, Stützen, Mauervorlagen und Verstrebungen erhalten, die auch einer Betriebsvorrichtung dienen. Bauteile, die einem doppelten Zweck dienen, rechnen zum Gebäude i. S. d. § 68 Abs. 2 Satz 2 BewG. Die Umschließung ist in diesen Fällen standfest und bei Vorliegen der übrigen Begriffsmerkmale als Gebäude zu behandeln (vgl. Zeichnungen 6 bis 9).

Standfest ist eine Umschließung auch sonst, wenn sie sich auf Teile der Betriebsvorrichtung stützt und wenn die Teile bei einer Beseitigung der Betriebsvorrichtung stehenbleiben können und bei einer anderen Nutzung der Umschließung nicht im Wege stehen. Das Gleiche gilt, wenn ein Auswechseln der Betriebsvorrichtung unter vorübergehender Abstützung der Umschließung leicht möglich ist. In Betracht kommen zum Beispiel Fälle, bei denen Mittelstützen, die auf Betriebsvorrichtungen stehen, bei einem etwaigen Abbruch der Betriebsvorrichtungen ohne große Schwierigkeiten unterfangen werden können.

Ansonsten haben Umschließungen und Überdachungen, die ausschließlich auf Betriebsvorrichtungen gegründet sind, keine ausreichende Standfestigkeit. Sie sind deshalb keine Gebäude (vgl. Zeichnung 10).

Das Gleiche gilt für Umschließungen, die nur als äußere Verkleidungen ausgeführt und an der Betriebsvorrichtung unmittelbar befestigt oder aufgehängt sind. Derartige Umschließungen, die sich oft bei modernen Kesselanlagen finden, sind nach Beseitigung der Betriebsvorrichtung nicht mehr standfest (vgl. Zeichnung 11).

Die Standfestigkeit ist auch bei Bauwerken besonders zu prüfen, deren Außenwände aus Teilen von 16 Betriebsvorrichtungen gebildet werden (vgl. Zeichnungen 12 bis 14). Die Standfestigkeit darf sich nicht aus Stützen und sonstigen Bauteilen wie Mauervorlagen und Verstrebungen ergeben, die ausschließlich zu einer Betriebsanlage gehören. Sofern diese Bauteile dagegen nicht ausschließlich zur Betriebsanlage gehören und sie somit einen doppelten Zweck erfüllen, sind sie stets in das Grundvermögen einzubeziehen (§ 68 Abs. 2 Satz 2 BewG). Das gilt auch, wenn die Außenwand oder Decke eines Bauwerks einem doppelten Zweck dient (vgl. Zeichnung 15).

Bestehen die Außenwände eines Bauwerks dagegen zum Teil aus Umwandungen einer Betriebsvor- 17 richtung, die einen selbstständigen, vertikal abgrenzbaren Teil des gesamten Bauwerks darstellen, ist das Bauwerk durch eine gedachte Trennlinie in einen Gebäudeteil und einen Betriebsvorrichtungsteil aufzuteilen (BFH vom 5. 2. 1965, BStBl. III S. 220; vgl. Zeichnung 11). Eine horizontale Aufteilung des Bauwerks in Gebäude und Betriebsvorrichtung kommt nur in Betracht, wenn die Trennung in einer Ebene über die gesamte Bauwerksgrundfläche möglich ist.

In den Fällen der Tz. 2.5, in denen ein selbstständiges Gebäude auf einem selbstständigen Bauwerk 18 steht, genügt es, wenn die Standfestigkeit durch das untere Bauwerk vermittelt wird (vgl. Zeichnung 4).

Bauwerke mit pneumatischen Konstruktionen (Traglufthallen) sind nicht ausreichend standfest und 19 deshalb keine Gebäude.

Gebäudebestandteile sind wie Gebäude ausgehend vom Gebäudebegriff von den Betriebsvorrichtun- 20 gen abzugrenzen. Von einem Gebäudebestandteil ist danach auszugehen, wenn die Vorrichtung im Rahmen der allgemeinen Nutzung des Gebäudes erforderlich ist. Bei doppelfunktionalen Konstruktionselementen geht die Gebäudefunktion der betrieblichen Funktion vor (BFH vom 28. 5. 2003, BStBl. II S. 693).

3. Abgrenzung der Gebäudebestandteile

3.1. Abgrenzungsgrundsatz

21 Die Entscheidung der Frage, ob die einzelnen Bestandteile im Sinne des bürgerlichen Rechts nach Bewertungsrecht Teile von Gebäuden oder Betriebsvorrichtungen sind, hängt davon ab, ob sie der Benutzung des Gebäudes ohne Rücksicht auf den gegenwärtig ausgeübten Betrieb dienen oder ob sie in einer besonderen Beziehung zu diesem Betrieb stehen. Als Betriebsvorrichtungen können dabei nur Vorrichtungen angesehen werden, mit denen das Gewerbe unmittelbar betrieben wird (BFH vom 23. 3. 1990, BStBl. II S. 751, vom 10. 10. 1990, BStBl. 1991 II S. 59 und vom 11. 12. 1991, BStBl. 1992 II S. 278).

3.2. Aufteilung innerhalb von Gebäuden

22 Bauten im Innern von größeren Werkhallen (Meisterbüros, Materiallager, Schalträume und dgl.) sind bei der Abgrenzung der Gebäudebestandteile von den Betriebsvorrichtungen grundsätzlich zum Gebäude zu rechnen, weil der insgesamt vorhandene Gebäuderaum durch diese Einbauten lediglich unterteilt wird. Die Frage, ob die Umschließung Schutz gegen Witterungseinflüsse gewährt, tritt angesichts der Funktion, nur das Gebäude zu unterteilen, bei diesen Einbauten nicht auf. Bei solchen Einbauten, z. B. Spritzboxen in Karosseriewerken und bei Transformatorenräumen, ist aber zu prüfen, ob in ihnen während des sich ständig wiederholenden Betriebsvorgangs ein nicht nur vorübergehender Aufenthalt von Menschen möglich ist. Ist ein solcher Aufenthalt ausgeschlossen oder auch mit Schutzkleidung nur kurzfristig möglich (z. B. für Inspektionsgänge), sind die Einbauten Betriebsvorrichtungen.

23 Die Umschließungen der nicht zum Aufenthalt geeigneten Räume innerhalb von Gebäuden (insbesondere Zellen oder Kammern) rechnen grundsätzlich zu den Betriebsvorrichtungen. Dazu gehören außer der Isolierung auch die baulichen Bestandteile der Trennwände (Isolierwände). Handelt es sich aber um Trennwände, die dazu bestimmt sind, das Gesamtgebäude mit zu stützen (tragende Wände), so gehören sie zum Gebäude. Die zu den Zellen oder Kammern gehörende Isolierung (Wand-, Decken- und Bodenisolierung) ist jedoch in jedem Fall als Teil der Betriebsvorrichtung anzusehen (vgl. Zeichnung 16). Bei Räumen, die insbesondere der Herstellung von Computerchips, Kugellagern und elektronischen Geräten dienen und in denen daher Staubfreiheit sowie eine gleichbleibende Temperatur und Luftfeuchtigkeit gewährleistet sein müssen (sog. Reinräume), sind die Klima- und Luftreinigungsanlagen sowie die Zugangsschleusen als Betriebsvorrichtungen anzusehen. Aufgebrachte Wand- und Deckenverkleidungen sowie ein zusätzlich zu dem vorhandenen Fußboden aufgebrachter Fußboden sind bei diesen Räumen ebenfalls Betriebsvorrichtungen, wenn ein Höchstmaß an Staubfreiheit, eine ganz bestimmte oder sich in engen Grenzen bewegende Raumtemperatur oder eine bestimmte Luftfeuchtigkeit für den Produktionsvorgang unbedingt gewährleistet sein müssen.

24 Isolierungen sowie Wand-, Decken- und Dachverkleidungen in Sandwich-Bauweise sind jedoch, da sie nicht ausschließlich zu einer Betriebsanlage gehören, stets als Gebäudebestandteile anzusehen.

Verschiebbare Innenwände sind Bestandteile des Gebäudes.

3.3. Verstärkungen der Decken, Fundamente und Mauern

25 Decken sind stets den Gebäuden zuzurechnen, auch wenn sie stärker sind, als dies im Allgemeinen der Fall ist. Ebenso gehören zum Gebäude die Verstärkungen von Fundamenten und Wänden, wenn die Fundamente und Wände nicht ausschließlich für Betriebsvorrichtungen bestimmt sind.

In Betracht kommen z. B. Mauervorlagen, besondere Stützen und Unterzüge in den Wänden. Dagegen sind Einzelfundamente für Maschinen Betriebsvorrichtungen (vgl. Zeichnung 7).

3.4. Bedienungsvorrichtungen

26 Arbeitsbühnen, Bedienungsbühnen, Beschickungsbühnen und Galerien aller Art, die ausschließlich zur Bedienung und Wartung von Maschinen, Apparaten usw. bestimmt und geeignet sind, sind Betriebsvorrichtungen. Ihre Abgrenzung gegenüber den Geschossdecken ist nach den Umständen des Einzelfalls vorzunehmen (BFH vom 12. 2. 1982, BStBl. II S. 448).

3.5. Aufzüge und ähnliche Anlagen

27 Personenaufzüge dienen überwiegend der Benutzung des Gebäudes. Sie sind in mehrgeschossigen Gebäuden zur raschen und sicheren Abwicklung des Personenverkehrs allgemein üblich. Auch Rolltreppen und Rollsteige, die zur Bewältigung des Publikumsverkehrs dienen, sind aus diesem Grund dem Gebäude zuzurechnen (BFH vom 5. 3. 1971, BStBl. II S. 455).

28 Lastenaufzüge in gewerblich genutzten Gebäuden, die unmittelbar dem Betriebsvorgang dienen, sind Betriebsvorrichtungen. Der ausschließlich einem solchen Lastenfahrstuhl dienende Schacht (z. B. ein an ein bestehendes Gebäude angebauter Fahrstuhlschacht) ist Teil der Betriebsvorrichtung (BFH vom 7. 10. 1977, BStBl. 1978 II S. 186). Fahrstuhlschächte, die innerhalb eines Gebäudes liegen, haben regelmäßig auch konstruktive Funktionen (Aufnahme der Eigen- und Nutzlasten angrenzender Geschossdecken); sie gehören daher zum Gebäude. Autoaufzüge in Parkhäusern sind Betriebsvorrichtungen. Auch die Anlagen für den Transport von Rohstoffen oder Gegenständen der Fertigung, z. B. Förderbänder, sind den Betriebsvorrichtungen zuzurechnen.

3.6. Elektrische Anlagen, Heizungsanlagen, Be- und Entwässerungsanlagen, Bäder, Fotovoltaikanlagen

29 Beleuchtungsanlagen gehören grundsätzlich zum Gebäude (BFH vom 8. 10. 1987, BStBl. 1988 II S. 440). Spezialbeleuchtungsanlagen, die nicht zur Gebäudebeleuchtung erforderlich sind, z. B. für die Schaufenster, sind jedoch Betriebsvorrichtungen. Das Gleiche gilt für Kraftstromanlagen, die ganz oder überwiegend einem Betriebsvorgang dienen.

Sammelheizungsanlagen, Be- und Entlüftungsanlagen, Klimaanlagen, Warmwasseranlagen und Müllschluckanlagen sind regelmäßig Teile des Gebäudes (BFH vom 7. 3. 1974, BStBl. II S. 429, vom 20. 3. 1975, BStBl. II S. 689, vom 29. 10. 1976, BStBl. 1977 II S. 143 und vom 7. 9. 2000, BStBl. 2001 II S. 253). Sie rechnen aber dann zu den Betriebsvorrichtungen, wenn sie ganz oder überwiegend einem Betriebsvorgang dienen, z. B. Klimaanlagen in Chemiefaserfabriken, Tabakfabriken und Reinräumen. 30

Auch Be- und Entwässerungsanlagen gehören im Allgemeinen zum Gebäude. Nur wenn sie überwiegend dem Betriebsvorgang dienen, wie z. B. bei Färbereien, Zellstofffabriken, Brauereien, Molkereien und Autowaschhallen, sind sie Betriebsvorrichtungen. 31

Bäder, die der Körperpflege dienen, rechnen zum Gebäude (BFH vom 12. 8. 1982, BStBl. II S. 782). Dagegen sind Bäder, die Heilzwecken dienen (z. B. in Kur- und Krankenhäusern) oder mit denen das Gewerbe betrieben wird (z. B. in Badeanstalten), Betriebsvorrichtungen. Schwimmbecken in Hotels sind unselbstständige Gebäudeteile und nicht Betriebsvorrichtungen (BFH vom 11. 12. 1991, BStBl. 1992 II S. 278). 32

Ausgehend vom maßgeblichen Gebäudebegriff handelt es sich bei dachintegrierten Fotovoltaikanlagen nicht um Betriebsvorrichtungen, sondern um Gebäudebestandteile. Die den Kern dieser Anlagen bildenden Solardachziegel ersetzen die ansonsten erforderliche Dacheindeckung. Sie erfüllen die typischen Aufgaben jedes normalen Hausdaches. Allein durch die Dacheindeckung gewährt das Gebäude auf der Dachseite vollständigen Schutz gegen äußere Einflüsse, vornehmlich Witterungseinflüsse, selbst wenn die Solardachsteine darüber hinaus auch der Gewinnung von Strom zu dienen vermögen. Bei derartigen doppelfunktionalen Konstruktionselementen geht die Gebäudefunktion der betrieblichen Funktion vor. Solche Bauteile gehören nicht im Sinne des § 68 Abs. 2 Satz 1 Nr. 2 BewG ausschließlich zu einer Betriebsanlage (§ 68 Abs. 2 Satz 2 BewG). Eine auf das vorhandene Dach aufgesetzte Fotovoltaikanlage ist für die allgemeine Nutzung des Gebäudes nicht erforderlich und stellt somit keinen Gebäudebestandteil, sondern eine Betriebsvorrichtung dar. 33

3.7. Sonstige Anlagen in gewerblich genutzten Gebäuden

Nicht zum Gebäude rechnen Kühleinrichtungen, Absaugvorrichtungen, Bewetterungsanlagen, Entstaubungsanlagen und dergleichen. 34

Stahltüren, Stahlkammern und Stahlfächer von Tresoranlagen sind ebenso wie die dazugehörigen Alarmanlagen Betriebsvorrichtungen.

Sprinkleranlagen sind regelmäßig Gebäudebestandteile, da sie der Gebäudenutzung dienen. Ihre Einordnung als Betriebsvorrichtung kommt nur dann in Betracht, wenn mit ihnen – ähnlich wie bei Maschinen – das Gewerbe unmittelbar betrieben wird (BFH vom 15. 2. 1980, BStBl. II S. 409 und vom 13. 12. 2001, BStBl. 2002 II S. 310). Dies ist beispielweise der Fall, wenn vom Produktionsvorgang eine unmittelbare Brandgefahr ausgeht (Funkenflug) oder hoch explosive und leicht entzündbare Produkte (Feuerwerkskörper) produziert oder gelagert werden. Sprinklerköpfe, die an Maschinen oder sonstigen Produktionseinrichtungen angebracht sind, können auch dann Betriebsvorrichtung sein, wenn die Sprinkleranlage als solche Gebäudebestandteil ist. 35

Schallschutzvorrichtungen an Decken und Wänden sind regelmäßig Bestandteile des Gebäudes (BFH vom 11. 12. 1987, BStBl. 1988 II S. 400). Nur in den Fällen, in denen von dem in dem Gebäude ausgeübten Gewerbebetrieb ein so starker Lärm ausgeht, dass ohne entsprechende Schutzvorkehrungen der Betriebsablauf selbst in Frage gestellt wäre, sind Schallschutzvorrichtungen ausnahmsweise Betriebsvorrichtungen (BFH vom 23. 3. 1990, BStBl. II S. 751). 36

4. Abgrenzung der Außenanlagen

4.1. Abgrenzungsgrundsatz

Ob Bauwerke als Außenanlagen oder als Betriebsvorrichtungen anzusehen sind, hängt davon ab, ob sie der Benutzung des Grundstücks dienen oder ob sie in einer besonderen Beziehung zu einem auf dem Grundstück ausgeübten Gewerbebetrieb stehen. Außenanlagen gehören stets zum Grundstück. 37

Als Betriebsvorrichtungen können nur solche Bauwerke oder Teile davon angesehen werden, mit denen das Gewerbe unmittelbar betrieben wird (BFH vom 10. 10. 1990, BStBl. 1991 II S. 59).

4.2. Einfriedungen, Bodenbefestigungen, Be- und Entwässerungsanlagen sowie Rampen

Einfriedungen stehen grundsätzlich in keiner besonderen Beziehung zu einem auf dem Grundstück ausgeübten Gewerbebetrieb. Sie gehören deshalb als Außenanlagen zum Grundstück. Das Gleiche gilt für Bodenbefestigungen (Straßen, Wege, Plätze). Sie sind im Allgemeinen zur besseren Befahrbarkeit des Bodens geschaffen; eine besondere Beziehung zu einem auf dem Grundstück ausgeübten Betrieb fehlt regelmäßig. 38

Schutzgitter innerhalb des Umspannwerks eines Elektrizitätsunternehmens sowie Platzbefestigungen, die der Wartung der Anlage und nicht zugleich dem sonstigen Verkehr innerhalb des Werks dienen (Schalterstraßen, Trafostraßen, Umkehrplatz), sind dagegen Betriebsvorrichtungen (BFH vom 2. 6. 1971, BStBl. II S. 673). Teststrecken der Automobilwerke sind ebenfalls Betriebsvorrichtungen (BFH vom 19. 2. 1974, BStBl. 1975 II S. 20).

Bodenbefestigungen der Tankstellenbetriebe sind wie die Einfriedungen, die in diesen Fällen üblich sind, wegen ihrer besonderen betrieblichen Ausgestaltung und Zweckbestimmung als Betriebsvorrichtungen anzusehen (BFH vom 23. 2. 1962, BStBl. III S. 179). Dagegen sind die Bodenbefestigungen vor Garagen, Reparaturwerkstätten und Waschhallen sowie die Bodenbefestigungen der Dauerpark- und Abstellplätze den Außenanlagen zuzurechnen. Das Gleiche gilt für Bodenbefestigungen vor Restaurations- und Beherbergungsgebäuden, soweit eine räumliche Abgrenzung gegenüber dem Tankstellenbetrieb leicht und einwandfrei möglich ist. 39

Freistehende Rampen rechnen regelmäßig zu den Außenanlagen, da mit ihnen das Gewerbe nicht unmittelbar betrieben wird. 40

4.3. Beleuchtungsanlagen auf Straßen, Wegen und Plätzen

41 Die Beleuchtungsanlagen auf Straßen, Wegen und Plätzen des Grundstücks gehören zu den Außenanlagen. Sie sind jedoch den Betriebsvorrichtungen zuzurechnen, wenn sie überwiegend einem Betriebsvorgang (z. B. Ausleuchtung eines Lagerplatzes für Zwecke der Materiallagerung oder Ausleuchtung von Container-Terminals) dienen.

4.4. Gleisanlagen und Brücken

42 Gleise, Kräne und sonstige mechanische Verladeeinrichtungen sind Betriebsvorrichtungen. Das Gleiche gilt für den Oberbau (Schienen, Schwellen und Bettung) und den Unterbau (Aufschüttungen und Befestigungen der Dämme, Einschnitte und dgl.) von Schienenbahnen.

43 Brücken, die nur dem üblichen Verkehr auf dem Grundstück dienen, stehen in keiner besonderen Beziehung zu einem auf dem Grundstück ausgeübten Gewerbebetrieb. Aus dem Umstand allein, dass eine Brücke zwei Betriebsteile miteinander verbindet, kann keine besondere Beziehung der Brücke zu einem gewerblichen Betrieb hergeleitet werden. Solche Brücken sind deshalb regelmäßig als Außenanlagen des Grundstücks zu erfassen. Eine Zurechnung zu den Betriebsvorrichtungen kommt nur in Ausnahmefällen in Betracht, so z. B., wenn die Brücke als Schienenweg (Bahnunterbau) für werkseigene Bahnen benutzt wird.

4.5. Uferbefestigungen

44 Bei den Uferbefestigungen der Hafengrundstücke ist zu unterscheiden zwischen Kaimauern und den anderen Uferbefestigungen. Kaimauern sind Ufermauern, die hauptsächlich dem Hafenbetrieb dienen (Beladung und Entladung von Schiffen). Sie sind Betriebsvorrichtungen. Die anderen Uferbefestigungen (Böschungen, Ufereinfassungen), die ausschließlich zur Stützung des Erdreichs und zur Erhaltung des Hafenbeckens bestimmt sind, gehören dagegen als Außenanlagen zum Grundstück, auch wenn sie in der Form von Ufermauern aus Stein oder Stahlbeton errichtet sind (BFH vom 14. 2. 1969, BStBl. II S. 394). Hat sich an solchen Ufermauern aber nachträglich ein Hafenbetrieb entwickelt, sind sie wie Kaimauern als Betriebsvorrichtung zu behandeln.

5. Abgrenzungshinweise

45 Für die Abgrenzung des Grundvermögens von den Betriebsvorrichtungen vgl. Anlage 1,[1] bei Sportstätten vgl. Anlage 2.[2]

6. Anwendung

46 Der Erlass ergeht im Einvernehmen mit den obersten Finanzbehörden des Bundes und der anderen Länder. Er tritt an die Stelle der gleich lautenden Erlasse vom 15. 3. 2006 (BStBl. I S. 314) und ist in allen noch offenen Fällen anzuwenden.

---

[1] Abgedruckt im Anhang **I** Nr. **2**.
[2] Abgedruckt im Anhang **I** Nr. **3**.

Zeichnungen

1 Allseitig offene Halle 47

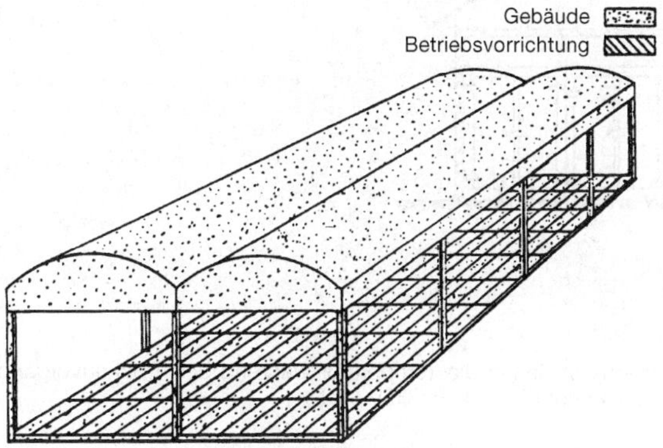

Gebäude:

Das Bauwerk umschließt einen Raum und schützt dadurch gegen Witterungseinflüsse (Tz. 2.3, *Rz. 35*).

2 Tanksäulenüberdachung 48

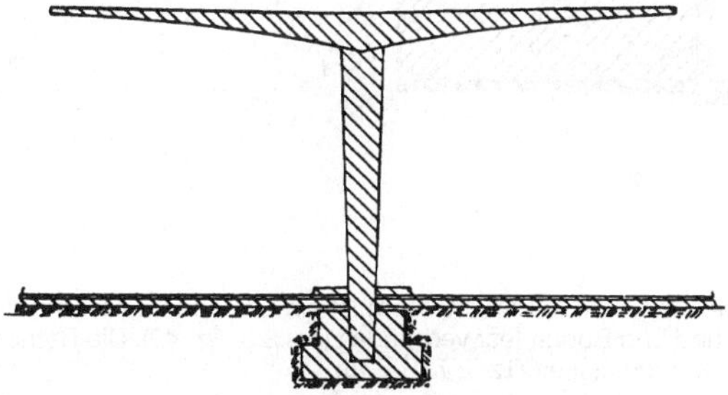

Betriebsvorrichtung:

Es fehlt ein Schutz gegen Witterungseinflüsse durch räumliche Umschließung (Tz. 2.3, *Rz. 35*).
Mit der Tanksäulenüberdachung wird das Gewerbe unmittelbar betrieben.

49 3 Kammertrockenanlage

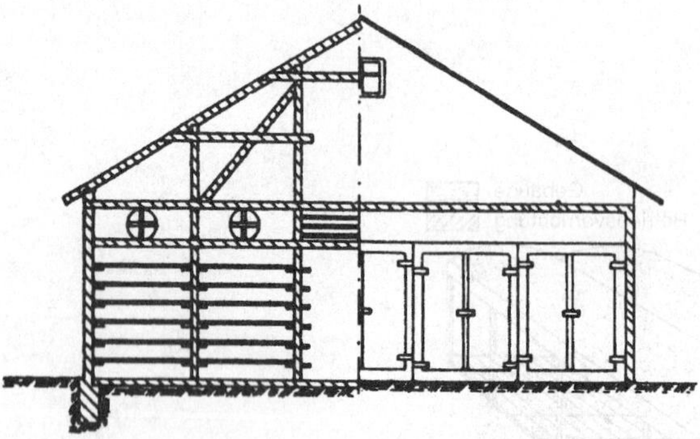

Betriebsvorrichtung:

Das Bauwerk enthält nur Räume (Kammern), in denen die Temperatur während des Trockenvorgangs einen Aufenthalt von Menschen unmöglich macht (Tz. 2.4, *Rz. 37*).

50 4 Bahnanlage mit Warteraum

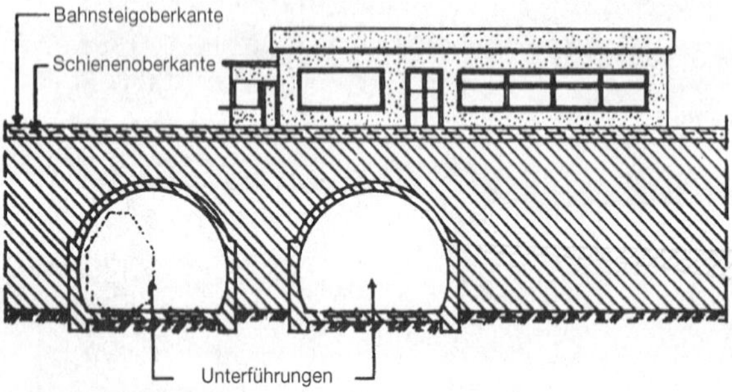

Gebäude und Betriebsvorrichtung:

Es handelt sich um zwei selbstständige Bauwerke. Der Warteraum ist ein Gebäude. Er ist mit der Betriebsvorrichtung und diese mit dem Grund und Boden fest verbunden (Tz. 2.5, *Rz. 40*). Die Betriebsvorrichtung vermittelt dem Warteraum die Standfestigkeit (Tz. 2.7, *Rz. 46*).

5 Kesselhaus 51

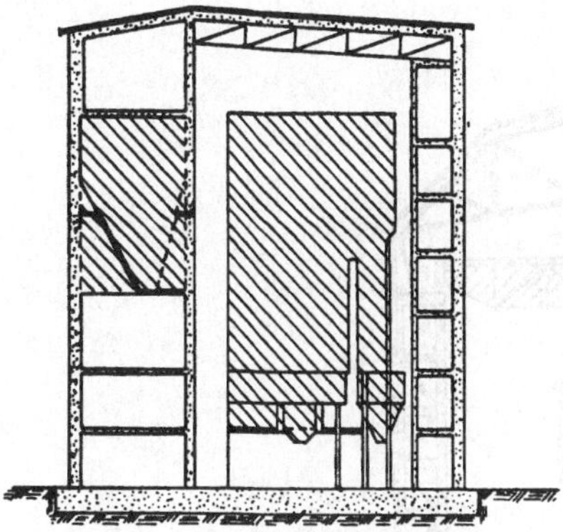

Gebäude:

Die Betriebsvorrichtung trägt nicht zur Standfestigkeit der Umschließung bei (Tz. 2.7, *Rz. 42*).

6 Braunkohlenbunker 52

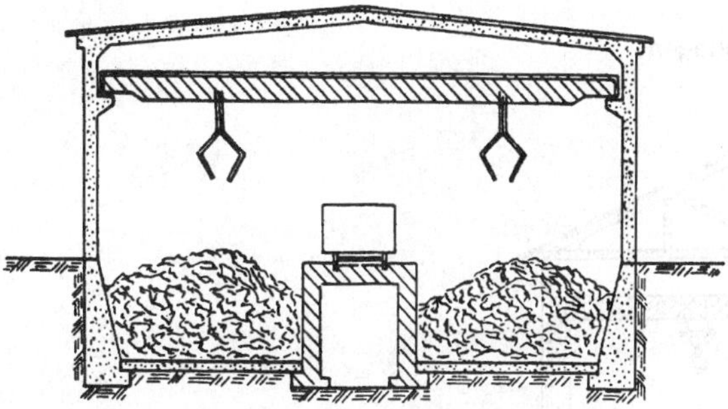

Gebäude:

Die Grundmauern tragen zur Standfestigkeit der Umschließung bei. Sie sind Bauteile, die nicht ausschließlich zu einer Betriebsanlage gehören (Tz. 2.7, *Rz. 43*).

53 7 Pressenhalle

Gebäude:

Die Stützen der Kranbahn tragen zur Standfestigkeit der Umschließung bei. Sie sind Bauteile, die nicht ausschließlich zu einer Betriebsanlage gehören (Tz. 2.7, *Rz. 43*).

54 8 Wandverstärkungen und Mauervorlagen

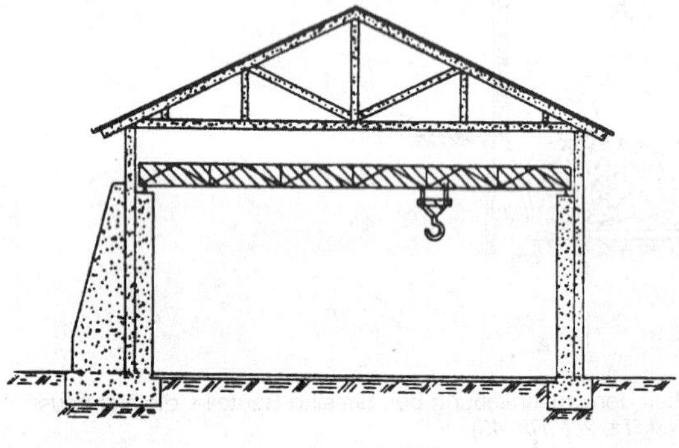

Gebäude:

Die Wandverstärkungen und die Mauervorlagen tragen zur Standfestigkeit der Umschließung bei. Sie sind Bauteile, die nicht ausschließlich zu einer Betriebsanlage gehören (Tz. 2.7, *Rz. 43*).

9 Ringofen 55

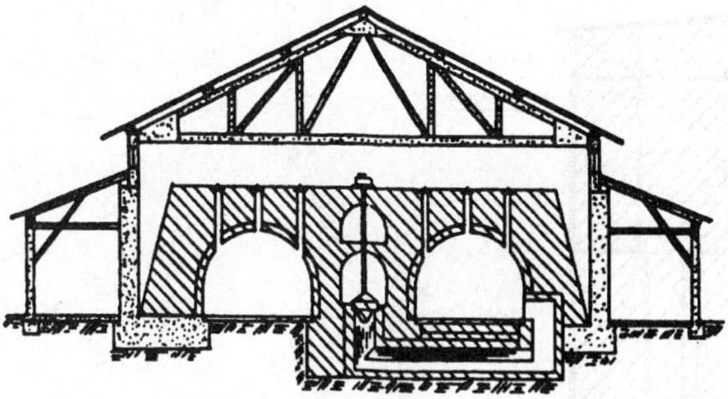

Gebäude:

Die Fundamente tragen zur Standfestigkeit der Umschließung bei. Sie sind Bauteile, die nicht ausschließlich zu einer Betriebsanlage gehören (Tz. 2.7, *Rz. 43*).

10 Zickzackofen 56

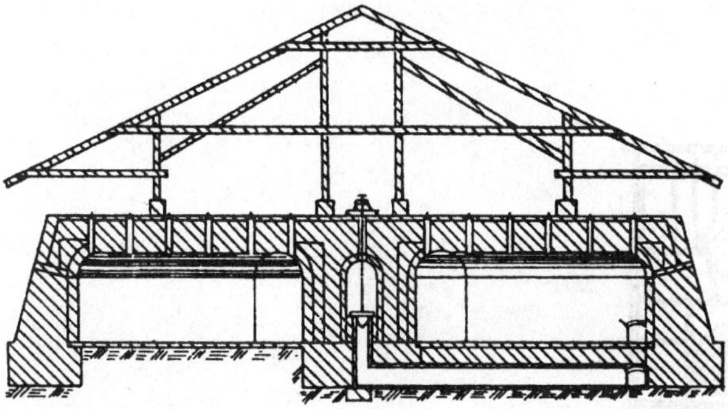

Betriebsvorrichtung:

Die Überdachung ist weder auf Bauteilen, die einer Doppelfunktion dienen, noch auf solchen Teilen der Betriebsvorrichtung gegründet, die bei Entfernen der Betriebsvorrichtung stehenbleiben oder durch vorübergehende Abstützung ohne große Schwierigkeiten ersetzt werden können. Sie ist daher nicht standfest (Tz. 2.7, *Rz. 43*).

57 **11 Kesselhaus**

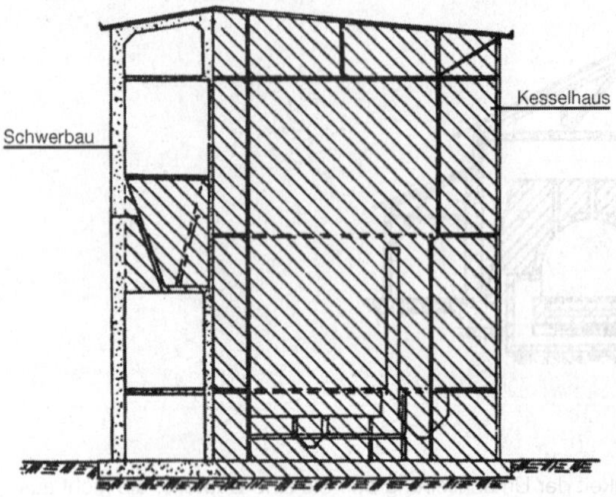

Gebäude und Betriebsvorrichtung:

Die Verkleidung der Kesselanlage ist nicht standfest (vgl. *Rz. 43*). Der vertikal abgrenzbare Schwerbau ist jedoch für sich standfest (Tz. 2.7, *Rz. 45*).

58 **12 Förderturm**

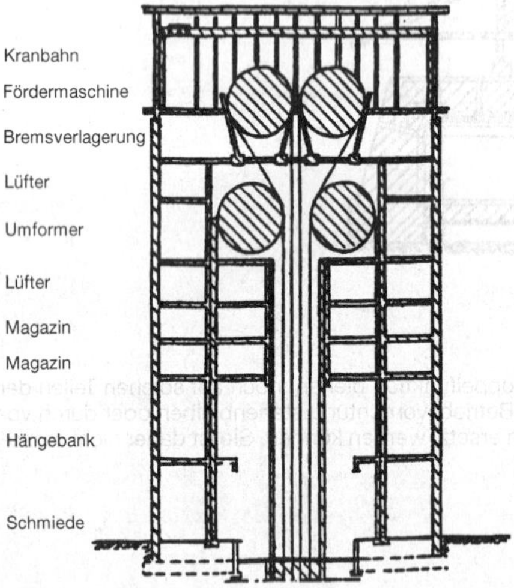

Betriebsvorrichtung:

Die Außenwände gehören zum größten Teil ausschließlich als Tragscheiben zur Förderanlage (Tz. 2.7, *Rz. 44*).

13 Getreidesilo 59

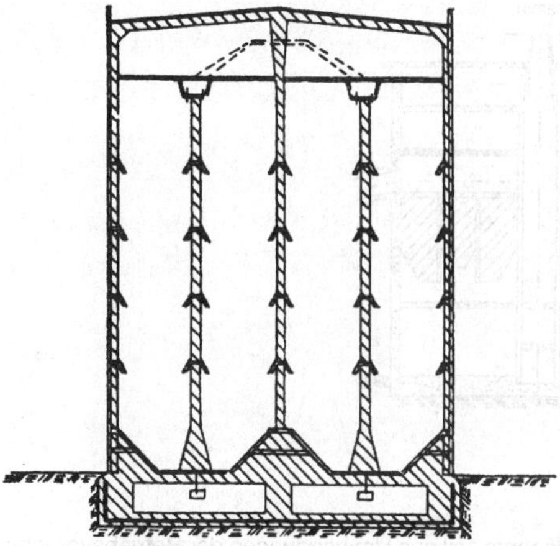

Betriebsvorrichtung:

Die Außenwände bestehen nur aus Behälterumwandungen (Tz. 2.7, *Rz. 44*).

14 Sumpfanlage 60

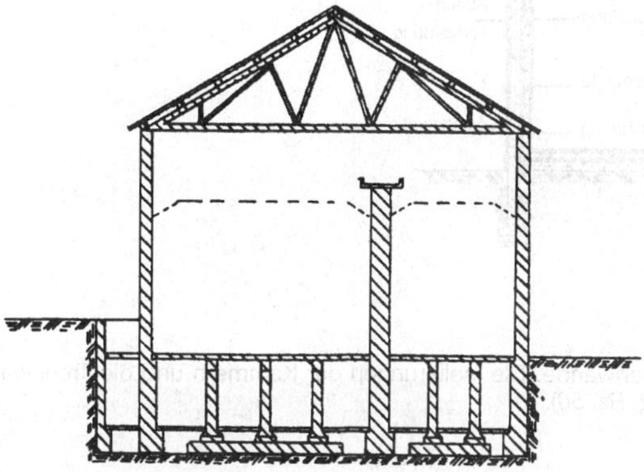

Betriebsvorrichtung:

Die Außenwände bestehen nur aus Behälterumwandungen (Tz. 2.7, *Rz. 44*).

61 **15 Kohlenbunker**

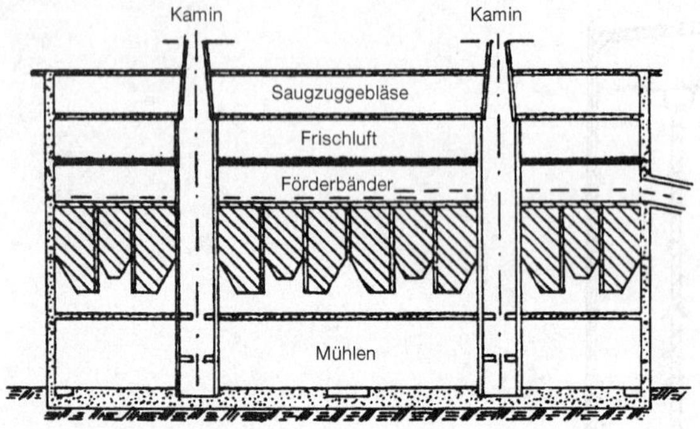

Gebäude:

Die Außenwände bestehen nur zu einem geringeren Teil aus Umwandungen der Betriebsvorrichtung (Tz. 2.7, *Rz. 44*).

62 **16 Kühlhaus**

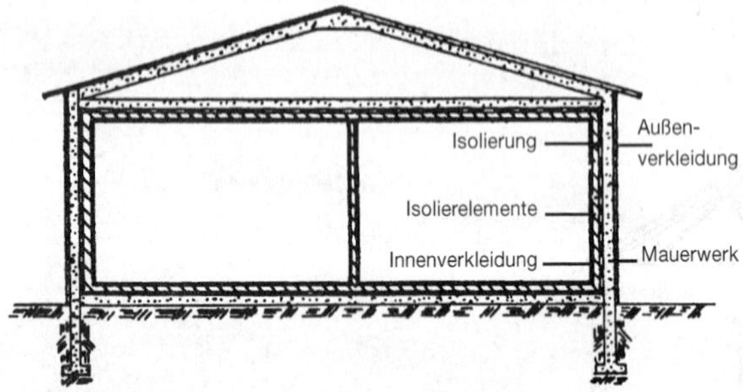

Gebäude und Betriebsvorrichtung:

Die Kammerwände sind gleichzeitig Außenwände. Die Isolierungen der Kammern und die Trennwand sind Teile der Betriebsvorrichtung (Tz. 3.2, *Rz. 50*).

2. ABC der Abgrenzung zwischen Betriebsvorrichtungen und Betriebsgrundstücken

Redaktionell überarbeitete und aktualisierte Fassung

(Stand: 1. 3. 2025)

I. Redaktionelle Vorbemerkung

Das ABC der Abgrenzung zwischen Betriebsvorrichtungen und Betriebsgrundstücken will schnell darüber orientieren, ob eine Anlage als Betriebsvorrichtung (BVo) einzuordnen ist. Grundlage ist die Anlage 1 zum Abgrenzungserlass vom 5. 6. 2013, die erweitert und mit Nachweisen und Erläuterungen versehen wurde. 1

Die richtige Abgrenzung der Grundstücke von der BVo ist für verschiedene Steuern und Investitionszulagen von Bedeutung. So unterliegen z. B. BVo der Gewerbesteuer, nicht der Grundsteuer. BVo sind ertragsteuerlich wie bewegliches Anlagevermögen zu behandeln und wie dieses abzuschreiben (vgl. R 7.1 EStR 2012/H 7.1 EStH 2024). Die Vermietung und Verpachtung von BVo ist nicht umsatzsteuerfrei (§ 4 Nr. 12 UStG). Bei der Grunderwerbsteuer werden BVo nicht zu den Grundstücken gerechnet (§ 2 Abs. 1 Nr. 1 GrEStG). Veräußerungen von BVo unterliegen mithin der Umsatzsteuer (§ 4 Nr. 9 Buchstabe a UStG).

Abkürzungen:

AbgrE	Gleich lautender Ländererlass zur Abgrenzung des Grundvermögens von den Betriebsvorrichtungen vom 5. 6. 2013, BStBl. I S. 734
BewR Bh	Richtlinien für die Bewertung der Hafengrundstücke in Binnenhäfen vom 20. 11. 1970 – S 3015 A – 1 – St 321 (OFD Karlsruhe)
BewR ÖVU	Richtlinien für die Bewertung der Betriebsgrundstücke der öffentlichen Verkehrsunternehmen vom 23. 7. 1971 – S 3015 A – 3/4 – St III 5 (OFD Frankfurt a. M.)
BewR DB	Richtlinien für die Bewertung der Betriebsgrundstücke der Deutschen Bundesbahn vom 15. 9. 1975 – S 3015 A – 1 – St III 40 (OFD Frankfurt a. M.)
BewR Jh	Richtlinien für die Bewertung von Jacht- und Bootshäfen vom 20. 12. 1977 – S 3015 A – St 21/211 (OFD Kiel)
BewR PSB	Richtlinien für die Bewertung der Betriebsgrundstücke der Seilschwebebahnen, Schlepplifte und Standseilbahnen vom 1. 8. 1972 – S 3015 – 4/8 – St 31 (OFD München)
BVo	Betriebsvorrichtung
GrV	Gebäude, Gebäudebestandteil bzw. Außenanlage

II. Abgrenzungsbeispiele nach Rechtsprechung und Verwaltungsanweisungen in ABC-Form

2

Abfertigungsvorfelder der Flughäfen – **BVo**
Bodenbefestigungen der Abfertigungsvorfelder sind BVo. Die Nutzung ist hier speziell betrieblicher Natur und geht über die übliche Grundstücksnutzung hinaus (Ländererlass v. 28. 11. 1995, BStBl. I 1996 S. 14).

Abhitzeeinrichtungen – BVo
Kühltürme siehe Kühlhäuser.

Absaugevorrichtungen – BVo
(Tz. 3.7 AbgrE).

Abstellplätze – GrV
(BFH v. 10. 10. 1990, BStBl. II 1991 S. 59).

Abwasserfilterbassins – BVo
Sofern sie mit dem Betriebsablauf im engen Zusammenhang stehen (Tz. 3.6 AbgrE).

Aero-Patenthallen – GrV
(OFD Mü. v. 23. 11. 1982, Bew-Kartei § 68 Abs. 1 Nr. 1 BewG K 2).

Aktenaufzüge in Büro- und Verwaltungsgebäuden – **BVo**
(BFH v. 7. 10. 1977, BStBl. 1978 II S. 186; Anlage 1 AbgrE).

Alarmanlagen in Tresoranlagen – **BVo**
(Tz. 2 AbgrE).

Alarmanlagen in Bau- und Gartenmärkten – **GrV**
(BFH v. 30. 10. 1997, BFH/NV 1998 S. 623; Anlage 1 AbgrE).

Alarmanlagen in Spielhallen zur Innensicherung des Raumes – **GrV** (BFH v. 28. 10. 1999, BStBl. 2000 II S. 150; Anlage 1 AbgrE).

Anbauten an Betriebsgebäude mit Fahrstuhl und umlaufender Treppe – **GrV**
(FG Ba-Wü v. 18. 11. 1986, EFG 1987 S. 284).

Anbindungspfähle in Jacht- und Bootshäfen – **BVo**
(Abschn. 3.6 BewR Jh.).

Arbeitsbühnen – BVo
Soweit sie im Einzelfall nicht als Geschossdecken anzusehen sind.
Die Tragfähigkeit der Arbeitsbühnen liegt bei Massivgebäuden, Stahl- und Stahlskelettbauten erheblich unter 1000 kg/m² Nutzlast und bei Holzfachwerkbauten unter 500 kg/m².
(Tz. 3.4 AbgrE).

Auflager – BVo
Sofern Mauerverstärkungen, Mauervorlagen, verstärkte Fundamente und dgl. ausschließlich für Maschinen und dgl. bestimmt sind.
(§ 68 Abs. 2 Satz 2 BewG; Tz. 3.3 AbgrE).

Aufschüttungen der Dämme von Schienenbahnen – **BVo**
(Tz. 4.4 AbgrE).

Aufzüge – GrV/BVo
Siehe Aktenaufzüge, Autoaufzüge, Lastenaufzüge, Personenaufzüge.

Außenanlagen – GrV
Ausnahme: wenn mit ihnen das Gewerbe unmittelbar betrieben wird (Tz. 4.1 AbgrE).
Siehe Abstellplätze, Platzbefestigungen, Tankstellen, Umspannwerke.

Ausstellungsgebäude – GrV
Auch wenn sie nur zu einem vorübergehenden Zweck errichtet worden sind (Tz. 2.6 AbgrE).

Autoaufzüge in Parkhäusern – **BVo**
(Tz. 3.5 AbgrE).

Autowaschanlagen – GrV
Waschboxen und Technikraum sind Gebäude (Anlage 1 AbgrE).
Außenanlagen, z. B. Bodenbefestigungen sind nach Tz. 4 AbgrE von BVo abzugrenzen (OFD Köln v. 30. 9. 1994, DStR 1995 S. 22).
Die Bodenbefestigung für Zu- und Abfahrt („Stauraum") einer Autowaschanlage ist keine BVo, sondern Außenanlage (FG Ba-Wü v. 15. 3. 1991, EFG 1992 S. 714).

Autowaschhallen – GrV
(FG Berlin v. 6. 9. 1993, EFG 1994 S. 12).

noch 2

Backöfen in Bäckereibetrieben – **BVo**
(RFH v. 4. 10. 1929, RStBl. S. 622; Anlage 1 AbgrE).

Bäder – BVo/GrV
Dienen Bäder der Körperpflege, so rechnen sie zum Gebäude. Dienen sie speziellen Heilzwerken (z. B. in Kur- und Krankenhäusern, Sanatorien) oder wird mit ihnen sonst das Gewerbe unmittelbar ausgeübt (z. B. in Badeanstalten, Spaßbädern, auch Sanitärräume in Fabriken), sind sie BVo.
Bäder und Duschen in einem Hotel rechnen zum Gebäude (Tz. 3.6 AbgrE).

Bahnhöfe, s. Tz. 3.3 BewR DB und Tz. 2.2 BewR ÖVU.

Bahnoberbau – BVo
(Tz. 4.4 AbgrE).

Bahnsteige – BVo
(Abschn. 3.34 BewR DB).

Bahnsteighallen/Bahnsteigüberdachungen – GrV/BVo
Ob Bahnsteighallen und Bahnsteigüberdachungen zum GrV oder zu den BVo gehören, ist aufgrund der Gebäudemerkmale zu entscheiden (Tz. 2.3 AbgrE; Abschn. 3.33 BewR DB).
Siehe Haltestellenüberdachungen, Wartehäuser.

Bahnsteigunterführungen – BVo
(Abschn. 3.31 BewR DB).

Bahnunterbau – BVo
(Tz. 4.4 AbgrE).

Baracken – GrV
Baracken sind Gebäude, wenn sie mit dem Grund und Boden fest verbunden sind (BFH v. 24. 4. 1953, BStBl. III S. 156; v. 3. 3. 1954, BStBl. III S. 130; v. 22. 6. 1955, BStBl. III S. 226; v. 19. 1. 1962, BStBl. III S. 121; v. 24. 5. 1963, BStBl. III S. 376; Tz. 2.6 AbgrE).

Baubuden – BVo
Ohne Fundamentierung flach auf den Boden gestellte Baubuden sind bewegliche Anlagegüter.

Baustellencontainer für wechselnde Einsatzstellen – **BVo**
(Tz. 2.5 AbgrE).

Bauten in größeren Werkshallen – **GrV**
Z. B. Meisterbüros, Materiallager, Schalträume. (Tz. 3.2 AbgrE; vgl. Abschn. 37 Abs. 2 Nr. 2 BewR Gr).

Bedienungsbühnen – BVo
(Tz. 3.4 AbgrE).

Befestigungen der Dämme von Schienenbahnen – **BVo**
(Tz. 4.4 AbgrE).

Befeuchtungsanlagen – BVo
Die Befeuchtungsanlagen sind nur dann als BVo anzusehen, wenn sie unmittelbar und ausschließlich den Betriebsvorgängen des Gewerbebetriebs dienen, z. B. Reithallenböden (vgl. aber BFH v. 17. 5. 1968, BStBl. II S. 567; v. 7. 3. 1974, BStBl. II S. 429; v. 28. 11. 1975, BStBl. 1976 II S. 200; Anlage 1 AbgrE).

Befeuerungsanlagen eines Flugplatzes – **BVo**

Beförderungsanlagen – BVo
Förderbänder, Elevatoren und dgl.
(Tz. 3.5 AbgrE).

Behälter – BVo
Auch Erz-, Kies-, Kohlen- und Zementbunker (innerhalb von Gebäuden) (Anlage 1 AbgrE).

Beleuchtungsanlagen – GrV/BVo
a) in Gebäuden
Grundsätzlich GrV da sie im allgem. der üblichen Raumbeleuchtung eines Gebäudes dienen. Spezialbeleuchtungsanlagen für Schaufenster gehören zu den BVo (Tz. 3.6 AbgrE).
b) auf Straßen, Wegen und Plätzen
Beleuchtungsanlagen auf Straßen, Wegen und Plätzen eines Betriebsgrundstücks gehören i. d. R. zu den Außenanlagen des Grundstücks. Dienen sie überwiegend einem Betriebsvorgang, z. B. zur Ausleuchtung eines Lagerplatzes, dann sind sie BVo (Tz. 4.3 AbgrE).

Bergbahnen siehe Tz. 2.2 BewR PSB

Berieselungsanlagen siehe Sprinkleranlagen

Beschickungsbühnen – BVo
Siehe Arbeitsbühnen.

Bettung bei Schienenbahnen – **BVo**
(Tz. 4.4 AbgrE).

Be- und Entlüftungsanlagen – GrV/BVo
Sie sind regelmäßig Teile des Gebäudes.
Be- und Entlüftungsanlagen rechnen aber dann zu den BVo, wenn sie ganz oder überwiegend einem Betriebsvorgang dienen, z. B. Klimaanlagen in Chemiefaserfabriken, Tabakfabriken und Reinräumen (Tz. 3.6 AbgrE), ausnahmsweise in einem Friseursalon (BFH v. 9. 8. 2001, BStBl. II 2002 S. 100).

Be- und Entwässerungsanlagen – GrV/BVo
Sie gehören im allgemeinen zum Gebäude. Wenn sie überwiegend dem Betriebsvorgang dienen, sind sie BVo, z. B. in Färbereien, Brauereien, Autowaschanlagen, Molkereien und Zellstofffabriken (Tz. 3.6 AbgrE).

Bewegungsschwimmbäder, die gewerblich genutzt werden – **BVo**
(Tz. 3.6 AbgrE).

Bewetterungsanlagen – BVo
(Tz. 3.6 AbgrE).

Blockheizkraftwerk – GrV
(Anlage 1 AbgrE).
Siehe auch Heizungsanlagen

Bodenbefestigungen – i. d. R. **GrV**
Bodenbefestigungen (Wege-, Hof- und Platzbefestigungen) gehören ebenso wie Einfriedungen grundsätzlich als Außenanlagen zum Grundstück (BFH v. 19. 2. 1974, BStBl. 1975 II S. 20), auch wenn sie der Lagerhaltung dienen (BFH v. 7. 10. 1983 III R 106/82 n. v.; v. 9. 12. 1988, BFH/NV 1989 S. 570). Dies gilt auch für die Zu- und Abfahrt („Stauraum") bei einer Autowaschanlage (FG Ba-Wü v. 15. 3. 1991, EFG 1992 S. 714).
(Tz. 4.2 AbgrE).
Siehe Rasenflächen, Tankstellen, Umspannwerke.

Bootshäuser – i. d. R. **BVo**
Bootshäuser sind nur dann Gebäude, wenn sie mit dem Grund und Boden fest verbunden sind. Die übliche Verankerung und Befestigung am Ufer ist keine solche Verbindung (schwimmende Bootshäuser) (FG Düsseldorf v. 22. 12. 1954, EFG 1955 S. 163; BFH v. 19. 1. 1962, BStBl. III S. 121).

Bootsstege – BVo
Nr. 3.4 BewR Jh.

Brandmeldeanlagen in Lagergebäuden – **GrV** (BFH v. 13. 12. 2001, BStBl. 2002 II S. 310; Anlage 1 AbgrE).

Brandschutzanlagen in Möbelausstellungsräumen – **GrV**
(Bew-Kartei BayLfSt § 68 Abs. 1 Nr. 1 BewG K 2).

Braunkohlenbunker – GrV
(Tz. 2.7 AbgrE, Zeichnung Nr. 6).

Brennofen siehe Ringofen

Brücken – GrV
Nur in Ausnahmefällen BVo, wenn die Brücke als Schienenweg für die werkseigene Bahn dient (Tz. 4.4 AbgrE).
In einem Wasserkraftwerk sind Brücken, wenn sie nicht in der Hauptsache dem öffentl. Verkehr dienen, i. d. R. BVo (RFH v. 26. 1. 1939, RStBl. S. 709).

Brunnen- und Wassersammelhäuschen – GrV
(FG Hamburg v. 18. 12. 1962, EFG 1963 S. 344).

Bürocontainer – GrV
Siehe Container.

Bundesbahn – BVo/GrV
Wegen der Abgrenzung der BVo von den Betriebsgrundstücken und den Außenanlagen Hinweis auf Abschn. 3.31, 3.32 und 3.34 BewR DB.

Bunker – BVo
Kohlen-, Kies-, Zement-, Erzbunker innerhalb eines Gebäudes sind dann nicht als Teile des Gebäudes anzusehen, wenn die Bunkeranlagen im engsten Zusammenhang mit dem Betriebsablauf stehen (Tz. 2.7 AbgrE, Zeichnung 6, 15 AbgrE).

Containerbauten bei fester Verbindung mit dem Grund und Boden – **GrV**
(Tz. 2.5 AbgrE).
Siehe Baustellencontainer, Tarapinbauten.

Container-Wohnanlagen – GrV
(FG Münster v. 13. 1. 1994, EFG 1994 S. 555).

Decken, Deckenverstärkungen – GrV
(Tz. 3.3 AbgrE).
Siehe Kassettendecke, Schallschluckvorrichtungen.

Drainageanlagen – BVo
(BFH v. 20. 2. 1991, BStBl. II S. 531).

Duschen in Badeanstalten – **BVo**
(Anlage 2 AbgrE)
Duschen in Hotels – GrV.
(Tz. 3.6 AbgrE).

noch 2

Einfahrbahnen - BVo
Einfahrbahnen (Teststrecken der Automobilfabriken) sind BVo (Tz. 4.2 AbgrE).
Einfriedungen - GrV
(Tz. 4.2 AbgrE).
Siehe Außenanlagen, Tankstelle, Umspannwerk.
Eingangshallen - GrV
Unterirdische Eingangshallen der Bahnhöfe sind Gebäude (Abschn. 3.35 BewR DB).
Einhausungen - BVo
Lärmschutzbedingte Einhausungen von BVo sind ebenfalls BVo (FG München v. 10.7. 2002, EFG 2002 S. 1497).
Eisenbahngleise - BVo
(Tz. 4.4 AbgrE).
Siehe Gleisanlagen.
Eissporthallen - BVo/GrV
Siehe Anlage 2 AbgrE.
Elevatoren - BVo
(Tz. 3.5 AbgrE).
Entlüftungsanlagen - GrV
Siehe unter Belüftungsanlagen.
Entrauchungsanlagen - BVo
Entrauchungsanlagen für Großfeuerungsanlagen mit bestehendem Klimaanlagensystem sind BVo (BFH v. 28. 8. 2014, BStBl. 2015 II S. 682)
Entstaubungsanlagen - BVo
(Tz. 3.7 AbgrE).
Entwässerungsanlagen - GrV
Siehe unter Bewässerungsanlagen.
Erzbunker - BVo
Siehe unter Bunker.
Fabrikschornsteine - BVo
(Tz. 1.3 AbgrE; BFH v. 8. 6. 1966, BB 1967 S. 199).
Fahrbahnen - GrV
Siehe Außenanlagen, Einfahrbahnen.
Fahrradschuppen - GrV
(Anlage 1 AbgrE).
Fahrradständer - GrV
Lose Fahrradständer sind i. d. R. Zubehör des Gebäudes (Anlage 1 AbgrE).
Fahrstuhlanlagen
Siehe unter Autoaufzüge, Lastenaufzüge, Personenaufzüge.
Fahrstuhlschacht - BVo/GrV
Ein ausschließlich einem Lastenfahrstuhl dienender Fahrstuhlschacht, der darüber hinaus keine zusätzliche Gebäudefunktion zu erfüllen hat, ist Teil der BVo (BFH v. 7. 10. 1977, BStBl. 1978 II S. 186).
Innerhalb eines Gebäudes liegende Fahrstuhlschächte haben i. d. R. überwiegend konstruktive Funktion (Aufnahme der Eigen- und Nutzlasten angrenzender Geschoßdecken). Sie sind Teil des Gebäudes (Tz. 3.5 AbgrE).
Fahrtreppen - GrV
(Tz. 3.5 AbgrE).
Fassadenverkleidungen aus Plastik **- GrV**
(FG Ba-Wü v. 30. 5. 1978, EFG 1978 S. 587).
Fernwärme-Hausanschlussstationen - BVO
(BFH v. 30. 3. 2000, BStBl. II S. 449).
Siehe auch Heizungsanlagen.
Fertiggaragen mit fabrikmäßig vorgefertigter Bodenplatte **- GrV**
(Tz. 2.5 AbgrE).
Filmtheater - GrV
Auch der Bildwerferraum, Kassenraum und Fußbodenschräge sind keine BVo (BFH v. 22. 4. 1988, BFH/NV 1989 S. 127).
Flachsilo siehe Silobauten
Flachscheunen - GrV
(RHF v. 7. 11. 1940, RStBl. 1941 S. 206).
Fliesen - GrV
Die Verfliesung der Böden und Wände eines milchverarbeitenden Betriebes stellt keine BVo dar (FG Düsseldorf v. 17. 5. 1983, EFG 1984 S. 166).
Foliengewächshaus - GrV
(FG Leipzig v. 2. 9. 1993, EFG 1994 S. 58).
Förderbänder/Förderschnecken - BVo
(Tz. 3.5 AbgrE).
Fördertürme - BVo
Fördertürme in Stahlbetonbauweise sind BVo, wenn die Außenwände zum größten Teil ausschließlich als Tragscheiben zur Betriebsvorrichtung gehören (BFH v. 13. 6. 1969, BStBl. II S. 517; Tz. 2.7 AbgrE, Zeichnung 12 AbgrE).
Fotovoltaikanlagen - GrV/BVo
Dachintegriert sind sie GrV, aufgesetzt sind sie BVo (Tz. 3.6 AbgrE).
Friseursalon s. Be- und Entlüftungsanlagen
Fundamente - BVo
Einzelfundamente für Maschinen sind BVo (Tz. 3.3 AbgrE; zum Begriff vgl. BFH v. 23. 9. 1988, BFH/NV 1989 S. 484).
Fundamentverstärkungen - GrV
Ausnahmsweise BVo, wenn die Fundamente ausschließlich für BVo bestimmt sind (Tz. 3.3 AbgrE).
Fußböden - BVo/GrV
Spezialbelag in Tennishallen ist BVo (Anlage 2 AbgrE), ebenso in „Reinräumen“ der Computerindustrie.
Schwingboden in Mehrzweckhallen ist GrV (Anlage 2 AbgrE).
Platten, auch lose verlegt, sind GrV (FG Düsseldorf v. 17. 5. 1983, EFG 1984 S. 166).
Teppichböden, verklebt, in Möbelausstellungsräumen sind GrV (Bew-Kartei BayLfSt § 68 Abs. 2 Nr. 2 BewG K 2).
Futtersilos siehe Silobauten
Galerien - BVo/GrV
Galerien für Bedienung und Wartung von Maschinen sind BVo (Tz. 3.4 AbgrE).
In Schwimmbädern, Reithallen, Sporthallen und in Eissporthallen sind sie Teil des Gebäudes (Anlage 2 AbgrE).
Ganzstahlkonstruktionen zur Pkw-Präsentation - GrV
(FM Ba-Wü v. 4. 5. 1999).
Siehe auch Smart-Tower.
Garagen - BVo/GrV
Tiefgaragen sind Gebäude (Tz. 2.2 AbgrE).
Wellblechgaragen, transportable, nicht fundamentiert, sind BVo (BFH v. 19. 1. 1962, BStBl. III S. 121; v. 1. 12. 1970, BStBl. 1971 II S. 317).
Siehe auch Fertiggaragen.
Garagenkipptore - GrV
Garagenkipptore in Betriebsgebäuden sind Teile des Gebäudes (BFH v. 17. 5. 1968, BStBl. II S. 563).
Gärkeller – können **GrV** sein
(Tz. 2.2 AbgrE).
Gebläseheizung – i. d. R. **GrV**
(Tz. 3.6 AbgrE).
Geldautomat-Pavillon - GrV
(Tz. 2.4 AbgrE).
Gepäcküberführungen - BVo
(Nr. 3.31 BewR DB).
Geschossdecke - GrV
(BFH v. 12. 2. 1982, BStBl. II S. 448; Tz. 3.3 AbgrE).
Getreidesilo - BVo
Wenn die Außenwände nur aus Behälterumwandungen bestehen, dann handelt es sich um eine BVo. (Tz. 2.7 AbgrE, Zeichnung 13 AbgrE).
Gewächshäuser - GrV
Gewächshaus, das die Begriffsmerkmale eines Gebäudes erfüllt, ist keine BVo (BFH v. 25. 3. 1977, BStBl. II S. 594; v. 21. 1. 1988, BStBl. II S. 628)
Zollhäuser sind BVo, ebenso Folien (Anlage 1 AbgrE).
Siehe auch Kulturhäuser.
Gewölbe, unterirdische – können **GrV** sein
(Tz. 2.2 AbgrE).
Gleisanlagen - BVo
Einschließlich Ober- und Unterbau.
(Tz. 4.4 AbgrE; Tz. 3.34 BewR DB).
Golfplätze - BVo/GrV
(Anlage 2 AbgrE).
Gräben in einem Elektrizitätsunternehmen **- BVo**
(BFH v. 24. 1. 1952, BStBl. III S. 84).
Gruben - BVo
Nicht überdachte Gruben, die der Fabrikation dienen, sind BVo.
Hallen - GrV
Allseitig offene Hallen sind grundsätzlich als Gebäude anzusehen. Auch die nur für einen kurzen Zeitraum errichtete Halle (z. B. für Ausstellungszwecke) ist ein Gebäude i. S. d. BewG.
(Tz. 2.3 AbgrE; BFH v. 19. 1. 1962, BStBl. III S. 121; v. 16. 12. 1964, HFR 1965 S. 278).
Siehe auch Schutzdächer.

noch **2**

Haltestellenüberdachungen (bis zu einer Fläche von ca. 30 m^2) – **BVo**
(Tz. 2.3 AbgrE).

Handwaschbecken – GrV
(FG Berlin v. 14. 12. 1971, EFG 1972, S. 270; v. 19. 6. 1973, EFG 1973, S. 522).

Hausanschlussstationen für Fernwärme in fremden Gebäuden – **BVo**
(BFH v. 20. 3. 2000, BStBl. II S. 449).

Heizstationen in fremden Gebäuden – **BVo**
(BFH v. 6. 8. 1998, BFH/NV 1999 S. 266).

Heizungsanlagen – i. d. R. **GrV**
(Tz. 3.6 AbgrE; BFH v. 17. 5. 1968, BStBl. II S. 563, 565, 566; v. 4. 12. 1970, BStBl. 1971 II S. 165).
Wenn sie ganz oder überwiegend einem Betriebsvorgang dienen, sind sie BVo; z. B. Heizstationen in angemieteten Räumen (BFH v. 6. 8. 1998, BStBl. 2000 II S. 144), Leitungen und Heizkörper sind aber GrV (FM Bayern v. 22. 12. 1999, StEK BewG § 68 Nr. 80).
Siehe auch Fernwärmeanschlussstationen.

Hochkesselanlage – GrV
(FG Nürnberg v. 20. 1. 1972, EFG S. 219).

Hochregallager – BVo/GrV
Vollautomatisch gesteuert ist es BVo (BFH v. 18. 3. 1987, BStBl. II S. 551).
Manuell gesteuert ist es GrV, wenn die Gebäudeelemente ansonsten erfüllt sind (BFH v. 28. 5. 2003, BStBl. II S. 693; Anlage 1 AbgrE).

Hof-, Wege- und Platzbefestigungen – i. d. R. **GrV**
Siehe unter Bodenbefestigungen.

Hofüberdachung – GrV
Siehe unter Schutzdächer, Überdachungen.

Holzbaracken – GrV
Siehe Baracken.

Hühnerställe mit Legebatterien – **GrV**
(BFH v. 6. 8. 1976, BStBl. II S. 772; Anlage 1 AbgrE).

Industriehallen – GrV
(Tz. 2.7 AbgrE).

Innenbauten – GrV
Meisterbüros, Schalträume, Materiallager usw., die gesondert vom Hauptgebäude errichtet worden sind (Tz. 3.2 AbgrE).

Innenwände, verschiebbare – **GrV**
(Tz. 3.2 AbgrE).
Siehe Leichtbautrennwände, Schranktrennwände.

Isolierungen – BVo/GrV
Wärme-, Schall-, Strahlungsisolierungen sind BVo, wenn mit ihnen unmittelbar ein Gewerbe betrieben wird (Tz. 3.2 AbgrE, Zeichnung 16 AbgrE).
Isolierungen, Wand- und Deckenverkleidungen in Sandwich-Bauweise sind stets Gebäudebestandteile.
Tragende Isolierwände gehören zum Gebäude (Tz. 3.2 AbgrE).
Siehe auch Schallschluckvorrichtungen.

Jacht- und Bootshäfen siehe Tz. 3 BewR Jh

Kaimauern – BVo
Kaimauern, die der Be- und Entladung von Schiffen dienen, sind BVo (Tz. 4.5 AbgrE).

Kammern, Kammerwände in Gebäuden – **BVo/GrV**
Sind sie lediglich für einen vorübergehenden Aufenthalt von Menschen geeignet, so rechnen sie zu den BVo. Sind Kammerwände gleichzeitig Außenwände, gehören sie zum Gebäude (Tz. 3.2 AbgrE).

Kanäle der Elektrizitätswerke – BVo
(BFH v. 24. 1. 1952, BStBl. III S. 84).

Kassenhäuschen – GrV
Nicht transportable Kassenhäuschen in Sportstätten sind Gebäude (Anlage 2 AbgrE).
Kassenhäuschen einer Markthalle sind u. U. BVo (BFH v. 26. 3. 1971, BStBl. II S. 451).

Kassettendecke mit Beleuchtungsanlagen – **GrV**
(BFH v. 8. 10. 1987, BStBl. II S. 440; Anlage 1 AbgrE).

Kegelbahnen – BVo
Der Raum rechnet zum Gebäude (RFH v. 24. 9. 1943, RStBl. S. 827; Anlage 2 AbgrE; BFH v. 30. 6. 1993, BStBl. II S. 808).

Kernkraftwerk (mit Siedewasserreaktor) – **BVo/GrV**
Reaktorbauwerk, der untere Teil des Maschinenhauses, der Raum für Frischdampfleitung (an das Reaktorbauwerk angrenzend) sind BVo, die übrigen Bauwerke sind Gebäude.

Kessel – BVo/GrV
Kessel sind als Teile von Gesamtanlagen (z. B. von Sammelheizungsanlagen, Trockenanlagen, Warmwasseranlagen usw.) wie die Gesamtanlage zu behandeln (BFH v. 17. 5. 1968, BStBl. II S. 564).

Kesselanlagen – BVo/GrV
(Tz. 2.7 AbgrE, Zeichnungen 5, 11 AbgrE).

Kiesbunker – BVo
Siehe unter Bunker.

Kinobestuhlung – BVo
(BFH v. 5. 10. 1966, BStBl. III S. 686; Anlage 1 AbgrE).

Kioske, lose aufgesetzt – **BVo/GrV**
(BFH v. 1. 12. 1970, BStBl. 1971 II S. 161).
Bei diversen Sporteinrichtungen: GrV (Anlage 2 AbgrE).

Kläranlagen – BVo
(Anlage 1 AbgrE).

Klimaanlagen – i. d. R. **GrV**
Klimaanlagen sind ausnahmsweise BVo, wenn sie ganz oder überwiegend einem Betriebsvorgang dienen, z. B. in Chemiefaserfabriken, Tabakfabriken, Reinräumen, Küchen von Gaststätten (Tz. 3.6 AbgrE; BFH v. 5. 12. 1996, BFH/NV 1997 S. 518), ebenso bei Gewächshäusern (FG Bbg. v. 17. 3. 1998, EFG S. 1026). In Warenhäusern gehören sie zum Gebäude (BFH v. 5. 3. 1971, BStBl. II S. 455).
Siehe auch Befeuchtungsanlagen, Be- und Entlüftungsanlagen, Entrauchungsanlagen.

Klimageräte – GrV
Mit Gebäude fest verbundene Klimageräte in Praxis/ Kanzlei sind keine BVo (BFH v. 28. 11. 1975, BStBl. 1976 II S. 200; v. 16. 6. 1977, BStBl. II S. 590).

Klinkerhalle eines Zementwerks – **GrV**
(BFH v. 24. 2. 1961, BStBl. III S. 228).

Kohlenbunker – BVo
Siehe auch unter Bunker.

Kompressoren – BVo
(BFH v. 30. 11. 1955, BStBl. 1956 III S. 21; Anlage 1 AbgrE).

Kraftfahrzeug-Tower – GrV
(BFH v. 9. 7. 2009, BFH/NV S. 1609; Tz. 4.4 AbgrE).

Krafthaustiefbauten – i. d. R. **BVo**
Krafthaustiefbauten in Wasserkraftwerken sind BVo, ebenso darin eingebaute Maschinenbedienungsräume (FM Bayern v. 22. 2. 1978, Bew-Kartei BayLfSt § 68 Abs. 1 Nr. 1 BewG K 2) und Turbinenschächte in Hochbauten (Bew-Kartei BayLfSt § 68 Abs. 1 Nr. 1 BewG K 2). Wenn der nicht nur vorübergehende Aufenthalt von Menschen möglich ist, sind sie GrV (BFH v. 9. 12. 1998, BFH/NV 1999 S. 909).

Kraftstromanlagen – BVo
(Tz. 3.6 AbgrE).

Krananlagen – BVo

Kranbahnstützen, die auch der Umschließung dienen – **GrV**

Kühleinrichtungen – BVo
(Tz. 3.7 AbgrE).

Kühlhäuser/Kühlräume – GrV
Auch Kühlhäuser in Sandwich-Bauweise sind einschließlich Isolierung Gebäude (Tz. 3.2 AbgrE; FG Berlin v. 30. 6. 1983, EFG 1984 S. 165).

Kühlzellen – BVo
Kühlzellen sind im Gegensatz zu Kühlhäusern BVo (Tz. 3.2 AbgrE; BFH v. 30. 1. 1991, BStBl. II S. 618; v. 15. 6. 2005 II R 67/04, BStBl. II S. 688).

Kulturhäuser im Gartenbau – **BVo**
Sie müssen vorrangig der Erzeugung des Treibhausklimas dienen (FG Saarland v. 2. 7. 1959, EFG 1960 S. 180).

Kurpark- und Waldwanderwege bei Kurkliniken – **GrV**
(FG Thüringen v. 8. 11. 2000, EFG 2001 S. 230).

Ladeneinrichtungen – BVo
(Anlage 1 AbgrE).

Ladenumbauten – GrV
(BFH v. 14. 8. 1956, BStBl. III S. 321).

Laderampen – BVo
(Abschn. 3.34 BewR DB).

Lagerkeller – GrV
(Tz. 2.2 AbgrE).

Lagerplatzbefestigung – GrV
(Nds. FG v. 13. 2. 2002, EFG S. 1189; Tz. 4.2 AbgrE).

Lärmschutzwände – BVo
(Anlage 1 AbgrE).
Lastenaufzüge – BVo
Lastenaufzüge in gewerblich genutzten Gebäuden, die unmittelbar dem Betriebsvorgang dienen, sind samt Fahrstuhlschacht BVo (BFH v. 28. 2. 2013, BStBl. II S. 606, zu Bäckerei; Tz. 3.5 AbgrE).
Lawinenschutzvorrichtungen von Seilbahnen – BVo
(Abschn. 2.21 BewR PSB).
Leichtbauhallen – GrV
(BFH v. 20. 9. 2000, BFH/NV 2001 S. 58).
Leichtbautrennwände in Möbelausstellungsräumen – **BVo**
(Bew-Kartei BayLfSt § 68 Abs. 2 Nr. 2 BewG K 2).
Lichtreklamen – GrV
(Anlage 1 AbgrE).
Lichtschienen – BVo
(FG Berlin v. 29. 3. 1989, EFG 1990 S. 219).
Lufterhitzer in einer Fabrikhalle – **GrV**
(BFH v. 20. 3. 1975 BStBl. II S. 689).
Luftschleieranlagen – GrV
(BFH v. 5. 3. 1971, BStBl. II S. 455; vgl. FG Ba-Wü v. 16. 9. 1988, BB 1989 S. 184; Anlage 1 AbgrE).
Lufttrockenschuppen einer Ziegelei – i. d. R. **GrV**
(BFH v. 19. 1. 1962, BStBl. III S. 121; v. 16. 12. 1964, HFR 1965 S. 278; Anlage 1 AbgrE).
Sie sind BVo, wenn ihre tragenden Teile Teil einer BVo sind (BFH v. 19. 1. 1962, HFR S. 322).
Lüftungsanlagen – GrV/BVo
Siehe Be- und Entlüftungsanlagen.
Markisen – GrV
(BFH v. 29. 8. 1989, BStBl. 1990 II S. 430).
Markthallen – GrV
(Tz. 2.3 AbgrE).
Materiallager im Inneren von größeren Werkhallen – **GrV**
(Tz. 3.2 AbgrE; vgl. Abschn. 37 Abs. 2 Nr. 2 BewR Gr).
Mauervorlagen – GrV
Mauervorlagen, die nicht ausschließlich für Betriebsvorrichtungen bestimmt sind, sind Teil des Gebäudes. (Tz. 3.3 AbgrE).
Meisterbüros im Inneren von größeren Werkshallen – **GrV**
Siehe Materiallager.
Mobilhallen – GrV
(Anlage 1 AbgrE).
Mobilheime bei fester Verbindung mit Grund und Boden – **GrV**
(Tz. 2.5 AbgrE; FM Ba-Wü v. 9. 3. 1995, DB 1995 S. 606; v. 25. 4. 1996, DB 1996 S. 1060).
Molen der Hafengrundstücke – i. d. R. **GrV**
Molen sind wie andere Uferbefestigungen i. d. R. Außenanlagen (Abschn. 3.4 BewR Bh; Abschn. 2.4 BewR Jh). Nicht GrV, wenn bei Verpachtung Wasserfläche von Pächter errichtet (FG Schl-H v. 28. 3. 2001, EFG S. 803).
Müllschluckanlagen – GrV
(Tz. 3.6 AbgrE).
Musterhäuser der Bauindustrie – **GrV**
(BFH v. 23. 9. 2008, BStBl. 2009 II S. 986; Anlage 1 AbgrE).
Neuwagenabstellplätze siehe Abstellplätze.
Notstromaggregate – GrV
(BFH v. 10. 7. 1987, HFR 1988 S. 553; Anlage 1 AbgrE).
Oberbau – BVo
Das sind Schienen, Schwellen und Bettung. (Tz. 4.4 AbgrE).
Öfen – GrV/BVo
Im Allgemeinen GrV; wenn sie ganz oder überwiegend betrieblichen Zwecken dienen, sind sie BVo (Tz. 1.3 AbgrE).
Siehe auch Ringofenumschließung.
Open-air-Hallen – GrV
Paneelverkleidungen – i. d. R. **BVo**
(BFH v. 16. 6. 1977, BStBl. II S. 792).
Personenaufzüge, Paternoster – GrV
(Tz. 3.5 AbgrE).
Personenüberführungen – BVo
Personenüberführungen auf Bahngrundstücken sind BVo (Abschn. 3.31 BewR DB).
Pferderennbahnen – BVo
(Anlage 2 AbgrE).
Photovoltaikanlagen
siehe Fotovoltaikanlagen

noch **2**

Platzbefestigungen – i. d. R. **GrV**
(Tz. 4.2 AbgrE).
Siehe auch Bodenbefestigungen.
Pumpenhäuschen – BVo
Kleinere Bauwerke von nicht mehr als 30 m^2.
(Tz. 2.4 AbgrE).
Radrennbahnen – BVo
(Anlage 2 AbgrE).
Rampen, Rampendächer – GrV
Rampen, die unmittelbar mit einem Gebäude zusammenhängen, sind Teil des Gebäudes (BFH v. 10. 7. 1964, BStBl. II S. 523).
Freistehende Rampen rechnen i. d. R. zu den Außenanlagen (Tz. 4.2 AbgrE).
Rasen – BVo
Rasen von Sportplätzen, Schwimmbädern und Golfplätzen sind BVo (Anlage 2 AbgrE).
Rasenflächen (beheizbare) – **BVo**
(BFH v. 30. 4. 1976, BStBl. II S. 527).
Regale/Regalwände – BVo
(BFH v. 24. 3. 2006, BFH/NV S. 2130; Anlage 1 AbgrE).
Regenwasserauffanganlage, Regenwasser-Hebeleitung – GrV
(BFH v. 14. 10. 1977, BStBl. 1978 II S. 163; v. 25. 8. 1989, BStBl. 1990 II S. 82; Anlage 1 AbgrE).
Reinräume – BVo
Spezielle Wand- und Deckenverkleidung, Spezialfußboden in der Computerindustrie.
Siehe auch Belüftungsanlagen.
Reithallen – GrV/BVo
Siehe im Einzelnen Anlage 2 AbgrE.
Ringofenumschließung – GrV
(BFH v. 19. 1. 1962, HFR S. 322; v. 16. 12. 1964, HFR 1965 S. 278).
Rohrkanäle – BVo
Rohrkanäle von Elektrizitätswerken oder nicht begehbare (Anlage 1 AbgrE).
Rohrleitungen – GrV/BVo
Im Allgemeinen GrV; wenn sie ganz oder überwiegend betrieblichen Zwecken dienen, sind sie BVo (BFH v. 11. 1. 1991, BStBl. 1992 II S. 5; Anlage 1 AbgrE).
Rohrnetzstationen – BVo
Kleine Rohrnetzstationen (bis 30 m^2) der Gas- und Wasserversorgung sind BVo (BFH v. 24. 1. 1952, BStBl. III S. 84; Tz. 2.4 AbgrE).
Rollbahnen von Flugplätzen siehe Start- und Landebahnen
Rollgitter zum Schutz von Geschäftsräumen – **GrV**
(FG Berlin v. 1. 10. 1987, NWB-Eilnachr. 1987 S. 374).
Rollsteige, Rolltreppen, Rollbänder – GrV
(Tz. 3.5 AbgrE).
Rolltreppen, die dem Zu- und Abgang von Personen von und zu den Zügen dienen, sind BVo (Abschn. 3.31 BewR DB).
Rückkühlerbühnen – BVo
Die dazugehörenden Pumpstationen sind dagegen GrV (FG Münster v. 13. 2. 1997 – 3 K 828/95 EW; OFD Koblenz v. 10. 11. 1997 S 3190 A – St 44 1).
Rührwerke (offene) der Kalkindustrie – **BVo**
Sammelheizungsanlagen i. d. R. **GrV**
Sie sind dann BVo, wenn sie ganz oder überwiegend einem Betriebsvorgang dienen (Tz. 3.6 AbgrE).
Satellitenempfangsanlagen – BVo
Zur Versorgung von Privatpersonen installierte Anlagen, über die der Investor die tatsächliche Sachherrschaft hat (BFH v. 25. 5. 2000, BStBl. II 2001 S. 365; Anlage 1 AbgrE).
Schallisolierungen – BVo/GrV
Siehe Isolierungen.
Schallschlucktüren, zusätzliche, in Praxis/Kanzlei – **BVo**
(BFH v. 29. 10. 1974, BStBl. 1975 II S. 68; Anlage 1 AbgrE).
Schallschluckvorrichtungen an Decken, Wänden – **GrV/BVo**
Ausnahmsweise BVo (BFH v. 23. 3. 1990, BStBl. II S. 751; Tz. 3.7 AbgrE).
Schaltanlagenbauwerk eines Kraftwerks – **GrV**
(FG Berlin-Brandenburg v. 23. 9. 2009, EFG 2010 S. 313; Anlage 1 AbgrE).
Schalterstraßen – BVo
Schalterstraßen innerhalb eines Umspannwerks eines Elektrizitätswerks sind BVo (BFH v. 2. 6. 1971, BStBl. II S. 673).

noch 2 **Schalthäuser** siehe Transformatorenhäuschen.
Schalträume im Innern von größeren Werkhallen – **GrV** (Tz. 3.2 AbgrE).
Schaufensteranlagen – BVo/GrV[1]
Die Schaufensteranlagen eines Warenhauses sind i. d. R. BVo (BFH v. 29. 3. 1965, BStBl. III S. 291).
Die Schaufensteranlage einer Drogerie ist Teil des Gebäudes (BFH v. 17. 5. 1968, BStBl. II S. 581), ebenso die einer Apotheke (BFH v. 24. 8. 1984, BStBl. 1985 II S. 40).
Schaukästen – BVo
Einschließlich Sockel (BFH v. 17. 3. 1955, BStBl. III S. 141; FG Ba-Wü v. 19. 11. 1963, EFG 1964 S. 211; Anlage 1 AbgrE).
Scherengitter in Betriebsgebäuden – **GrV** (BFH v. 17. 5. 1968, BStBl. II S. 563).
Schiebehallen – GrV
(OFD Saarbrücken v. 29. 3. 1994, StEK BewG § 68 Nr. 65).
Schiebekammern in Trinkwasserbehältern – **BVo** (Hess. FG v. 16. 12. 1986 3 K 522/84).
Schiebetore – GrV
(FG Berlin v. 20. 2. 1973, EFG S. 308).
Schienen – BVo
Von Schienenbahnen (Tz. 4.4 AbgrE).
Schießstände – BVo/GrV
Siehe im Einzelnen Anlage 2 AbgrE.
Schornsteine – BVo
(Tz. 1.3 AbgrE).
Schranktrennwände in Großraumbüro – i. d. R. **GrV** (FG Ba-Wü v. 17. 5. 1984, EFG S. 602).
Schutzdächer (schmale) – **BVo**
(Tz. 2.3 AbgrE).
Schutzgitter – BVo
Schutzgitter innerhalb des Umspannwerks eines Elektrizitätswerks sind BVo (BFH v. 2. 6. 1971, BStBl. II S. 673).
Schwachstromanlagen – i. d. R. **BVo**
Schwachstromanlagen in gewerblich genutzten Gebäuden (Telegraphenanlagen und dgl.) sind BVo.
Schwellen – BVo
Bei Schienenbahnen (Tz. 4.4 AbgrE).
Schwimmbäder – BVo
Siehe im Einzelnen Anlage 2 AbgrE.
In Hotels gehören sie zum Gebäude (BFH v. 11. 12. 1991, BStBl. 1992 II S. 278; Tz. 3.6 AbgrE).
Schwimmende Anlagen – kein GrV
Auf dem Wasser schwimmende Anlage ist mangels fester Verbindung mit dem Grund und Boden und wegen fehlender Standfestigkeit kein Gebäude (BFH v. 26. 10. 2011 II R 27/10, BStBl. 2012 II S. 274).
Schwingböden – GrV/BVo
In Squashhallen und in Turn- und Sporthallen sind sie BVo, in Mehrzweckhallen Teil des Gebäudes (Anlage 2 AbgrE).
Seilpollervorrichtungen von Seilbahnen – **BVo** (Abschn. 2.21 BewR PSB).
Selbstbedienungswaschanlagen i. d. R. **GrV** (Bew-Kartei BayLfSt § 68 Abs. 1 Nr. 1 BewG K 2).
Silobauten – BVo/GrV
Als eine BVo ist eine Siloanlage anzusehen, wenn die Umfassungswände des Bauwerks ausschließlich oder überwiegend aus Behälterumwandungen bestehen und das Dach auf diesen Umwandungen ruht. Ggf. sind Gebäude und BVo horizontal oder vertikal aufzuteilen (Tz. 2.7 AbgrE, Zeichnungen 11–15 AbgrE).
Slipanlagen in Häfen – BVo
(Abschn. 3.3 BewR Jh).
Smart-Tower – GrV
Siehe Kraftfahrzeug-Tower
Sockel – BVo
Ein gemauerter Sockel ist, wenn er der Aufstellung einer Maschine dient, BVo.
Gemauerte Sockel, die zum Aufsetzen von Schaukästen (Vitrinen) für gewerbliche Werbung bestimmt sind und mit einer die Beleuchtung der Schaukästen ermöglichenden Installation versehen sind, sind als BVo anzusehen (BFH v. 17. 3. 1955, BStBl. III S. 141).
Spanngewichtsschächte (-türme) von Seilbahnen – **BVo**
(Abschn. 2.21 BewR PSB).
Speiseaufzüge in Hotels und Gaststätten – **BVo** (Tz. 3.5 AbgrE).
Spezialbeleuchtungsanlagen für Schaufenster – **BVo** (Tz. 3.6 AbgrE).
Sportliche Anlagen siehe Anlage 2 AbgrE.
Sprinkleranlagen – i. d. R. **GrV**
Sprinkleranlagen in Warenhäusern sind GrV (BFH v. 7. 10. 1983, BStBl. II 1984 S. 262).
Ausnahmsweise BVo, wenn mit ihnen das Gewerbe unmittelbar betrieben wird, z. B. in explosionsgefährdeten Betrieben (Tz. 3.7 AbgrE; FG Nürnberg v. 1. 3. 2002, EFG S. 1013).
Spritzboxen in Werkhallen – **GrV/BVo**
Spritzboxen in Karosseriewerken sind grds. GrV. Sie sind BVo, wenn in ihnen während des (sich ständig wiederholenden) Betriebsvorganges ein nur vorübergehender Aufenthalt von Menschen möglich ist (Tz. 3.2 AbgrE).
Squashhallen – GrV/BVo
Siehe im Einzelnen Anlage 2 AbgrE.
Stahlbühnen – GrV
(Tz. 3.4 AbgrE).
Stahlfächer, Stahltüren, Stahlkammern von Tresoranlagen – **BVo**
(Tz. 3.7 AbgrE).
Ställe – GrV
(Anlage 1 AbgrE).
Start- und Landebahnen – BVo
Start- und Landebahnen eines Flughafens und die baulichen Bestandteile des Abfertigungsvorfeldes und der ortsfesten unterirdischen Tankanlagen und der Befeuerungseinrichtungen sind BVo (Anlage 1 AbgrE).
Steinmahlanlagen-Umhausung – GrV
(BFH v. 15. 6. 2005 II R 60/02, n. v.).
Steinschlagschutzvorrichtungen von Seilbahnen – **BVo** (Abschn. 2.21 BewR PSB).
Strahlenschutzvorrichtungen – BVo
Z. B. bei Röntgenstrahlen und Radioaktivität (Anlage 1 AbgrE).
Stützen – GrV/BVo
Stützen, die nicht ausschließlich einer BVo dienen, sind Teil des Gebäudes (Tz. 3.3 AbgrE).
Sumpfanlage zur Kalkherstellung – **BVo**
(Anlage 1 AbgrE).
Tanks – GrV/BVo
In Mineralölraffinerien sind sie BVo, in Bauwerken (z. B. Sammelheizungsanlagen, Warmwasseranlagen usw.) GrV (Anlage 1 AbgrE).
Tankstellen – BVo/GrV
Bodenbefestigungen sind i. d. R. BVo (Tz. 4.2 AbgrE).
Einfriedungen gehören i. d. R. zum Grundstück (Tz. 4.2 AbgrE).
Tanks, Zapfsäulen, Kompressor sind BVo (BFH v. 30. 11. 1955, BStBl. 1956 III S. 21).
Tankwärterhäuschen sind i. d. R. Gebäude (RFH v. 16. 10. 1941, RStBl. 1942 S. 62).
Zapfstellenüberdachungen sind i. d. R. BVo (Tz. 2.3 AbgrE).
Tankstellenüberdachung mit mehr als 400 qm Fläche ist GrV (BFH v. 28. 9. 2000, BStBl. II 2001 S. 137).
Tarapin-Bauten (Interimsbauten) – **GrV**
(Bew-Kartei BayLfSt § 68 Abs. 1 Nr. 1 BewG K 2).
Telegrafenanlagen – BVo
Telegrafenanlagen (Schwachstromanlagen) in gewerblich genutzten Gebäuden sind BVo.
Tennisplätze/-hallen – GrV/BVo
Siehe im Einzelnen Anlage 2 AbgrE.
Teststrecken der Automobilwerke – **BVo**
(Tz. 4.2 AbgrE).
Tiefgaragen – GrV
(Tz. 2.2 AbgrE).
Gilt auch für Be- und Entlüftungsanlagen (BFH v. 7. 10. 1983, BStBl. 1984 II S. 262).
Tiefkühllager – GrV
(BFH v. 7. 4. 2011 III R 8/09, BFH/NV S. 1187; Anlage 1 AbgrE).
Toilettenhäuschen auf öffentlichem Grund – **GrV/BVo**
Grundsätzlich GrV, nur Toilette und Reinigungstechnik BVo (BFH v. 24. 5. 2007, BStBl. 2008 II S. 12; Anlage 1 AbgrE).

[1] Zur Behandlung bei der Einkommensteuer vgl. H 4.2 (3) EStH.

noch **2**

Tonlagerhalle - GrV
(FG München v. 10. 7. 2002, EFG S. 1497).

Tore von Einfriedungen – **BVo**
Tore von Einfriedungen sind BVo, wenn sie elektrische Öffnungs- und Schließvorrichtungen haben und somit der Rationalisierung des Betriebes dienen (FG Berlin v. 16. 2. 1967, EFG S. 335).

Trafostraßen - BVo
Trafostraßen innerhalb des Umspannwerks eines Elektrizitätswerks sind BVo (BFH v. 2. 6. 1971, BStBl. II S. 673; Tz. 4.2 AbgrE).

Traglufthallen - BVo
(Tz. 2.7 AbgrE).

Transformatorenhäuschen – i. d. R. **BVo**
Kleinere Bauwerke von nicht mehr als 30 m². (Tz. 2.4 AbgrE), bei mehr als 30 m² im Einzelfall BVo (OFD Hannover v. 26. 1. 2001 S 3190 – 70 – StH 267).
Typisierte Schalthäuser für Umspannwerke sind BVo (Bew-Kartei BayLfSt § 68 Abs. 1 Nr. 1 BewG K 3).

Transformatorenräume innerhalb von Gebäuden – **BVo**
(Tz. 3.2 AbgrE).

Transformatorenstationen - BVo/GrV
Grundsätzlich Gebäude, auch wenn sie BVo enthalten (RFH v. 15. 5. 1941, RStBl. S. 701).

Transportanlagen - BVo
Förderbänder, Elevatoren, Hängebahnen, Krananlagen usw. (Tz. 3.5 AbgrE).

Trelementbauten - GrV
(FM Bayern v. 17. 7. 1972, K. 2 S. 2 zu § 68 Abs. 1 Nr. 1 BewG).

Trennwände - GrV/BVo
Trennwände, die dazu bestimmt sind, das Gesamtgebäude mit zu stützen (tragende Wände), sind Gebäudebestandteil. Dagegen sind die baulichen Bestandteile der Trennwände (Isolierwände) von nicht zum Aufenthalt geeigneten Räumen innerhalb von Gebäuden BVo (Tz. 2 AbgrE).
In eine Halle eingebaute Glastrennwand ist Gebäudebestandteil (BFH v. 26. 6. 1992, BFH/NV 1993 S. 436).
Verschieb- und versetzbare Trennwände sind GrV.

Tresoranlagen - BVo
Stahltüren, Stahlkammern und Stahlfächer sowie die dazu gehörenden Alarmanlagen sind Bvo. Die übrigen Teile einer Tresoranlage (Rundgang, der innere nutzbare Raum) gehören zum Gebäude, ebenso die Mauer- und Deckenverstärkungen (Tz. 3.7 AbgrE).

Tribünen auf Sportplätzen, in Squaschhallen, Reithallen und Eishallen – **BVo**
(Anlage 2 AbgrE).

Trockenanlagen, Trockenkammern - BVo
Für gewerblichen Betrieb erforderliche Trockenanlagen sind BVo (Tz. 3.6 AbgrE), ebenso für den Aufenthalt von Menschen ungeeignete Trockenkammern (Tz. 2.4 AbgrE).

Trockenraum einer Tapetenfabrik – **GrV**
Trockenraum, der einen Teil des Fabrikgebäudes bildet und den Aufenthalt von Mauchen zuläßt, ist im EW des Grundstücks mitzuerfassen (RFH v. 23. 5. 1939, RStBl. S. 862).

Trockenschuppen siehe Lufttrockenschuppen

Tunnel - BVo/GrV
Sie sind BVo, wenn sie in einer besonders engen Beziehung zum ausgeübten Gewerbebetrieb stehen (RFH v. 29. 6. 1940, RStBl. S. 910; v. 3. 12. 1943, RStBl. 1944 S. 524).
Tunnel, Wälle und deren Verstärkungsmauern bei einer Sprengstofffabrik, die aus Sicherheitsgründen innerhalb von Erdwällen erstellt worden sind, sind Außenanlagen; vgl. auch Tz. 2.2 AbgrE.

Tunnelbahnhöfe - BVo
(Abschn. 3.35 BewR DB).

Türluftschleieranlagen - GrV
(FG Ba-Wü v. 16. 9. 1988, BB 1989 S. 184).

Turnhallen - GrV/BVo
Siehe im Einzelnen Anlage 2 AbgrE.

Überdachungen - BVo/GrV
Kleinere, freistehende Schutzdächer sind BVo (Tz. 2.3 AbgrE). Wartehäuschen der Verkehrsbetriebe sind i. d. R. BVo (FM Bayern v. 12. 6. 1967, Bew-Kartei ByLfSt zu § 68 Abs. 1 Nr. 1 BewG K 2).

Uferbefestigungen von Hafengrundstücken – BVo/GrV
Lediglich Kaimauern zur Be- und Entladung von Schiffen sind BVo, Böschungen und Ufereinfassungen (auch aus Stein oder Stahlbeton) sind Außenanlagen (Tz. 4.5 AbgrE; BFH v. 14. 2. 1969, BStBl. II S. 394).

Umkehrplätze - BVo
Umkehrplätze innerhalb des Umspannwerks eines Elektrizitätswerks sind BVo (BFH v. 2. 6. 1971, BStBl. II S. 673; Tz. 4.2 AbgrE).

Umkleidekabinen - BVo/GrV
Siehe im Einzelnen Anlage 2 AbgrE.

Umschließung - BVo
Umschließung einer Kesselanlage kann BVo sein, wenn durch Verbindung mit dem Tragegerüst des Kessels keine eigene Standfestigkeit gegeben ist (FG Münster v. 27. 9. 1963 III C 5/60 n. v.).

Umspannwerk - BVo/GrV
Bei einem Umspannwerk eines Elektrizitätsunternehmens gehört die äußere Einfriedung (Zaun und Tor) zu den Bestandteilen des Grund und Bodens (= Außenanlagen). Dagegen sind Schutzgitter innerhalb des Umspannwerkes sowie Platzbefestigungen, die nur der Wartung der Anlage dienen (Schalterstraße, Trafostraße, Umkehrplatz), BVo (BFH v. 2. 6. 1971, BStBl. II S. 673; Tz. 4.2 AbgrE).

Umweltschutz - GrV
Vorgeschriebene Bauteile gehören i. d. R. zum Gebäude (FM Bayern v. 10. 7. 1975, K 2 zu § 68 Abs. 2 Nr. 2 BauG).

Umzäunungen - GrV
(Tz. 4.2 AbgrE).

Unterbau - BVo
Der Unterbau (Aufschüttungen und Befestigungen der Dämme, Einschnitte und dgl.) von Schienenbahnen sind BVo (Tz. 4.4 AbgrE).

Unterführungen - BVo/GrV
(Zeichnung 4 AbgrE).
Unterführungen sind grundsätzlich Außenanlagen. Bauunterführungen sind BVo.
Unterführungen in Bahnanlagen sind BVo.

Unterwasserkraftwerke
Siehe Wasserkraftwerke.

Unterzüge in den Wänden - GrV
(Tz. 3.3 AbgrE).

Verkaufscontainer siehe Containerbauten

Verkaufskioske – i. d. R. **BVo**
(BFH v. 1. 12. 1970, BStBl. 1971 II S. 161).

Verkaufspavillon - kein GrV
(FG Rheinland-Pfalz v. 18. 3. 2011, DStRE 2012 S. 932, rkr.).

Verladeeinrichtungen, mechanische – **BVo**
(Tz. 4.4 AbgrE).

Versorgungseinrichtungen auf Campingplätzen mit Mobilheimstellplätzen – **BVo**
(BFH v. 28. 5. 1998, BFH/NV S. 1445).

Verstärkungen - GrV
Verstärkungen von Decken, Wänden und Fundamenten gehören grds. zum Gebäude, wenn Fundamente und Wände nicht ausschließlich für BVo bestimmt sind (Tz. 3.3 AbgrE).

Videoüberwachungsanlage einer Diskothek – **GrV** (FG S-Anh v. 15. 8. 2000, EFG 2001 S. 96).

Vitrinen - BVo
Siehe unter Schaukästen.

Walzenstraßen - BVo
Walzenstraßen der Walzwerke sind spezielle Transportanlagen, die unmittelbar dem Betriebsablauf dienen. Sie sind daher BVo (Anlage 1 AbgrE).
Siehe auch unter Transportanlagen.

Wände, tragende – **GrV**
Tragende Trennwände von BVo sind Gebäudeteile (Tz. 3.2 AbgrE).

Wandverstärkungen siehe Verstärkungen.

Wärme-, Schall- und Strahlungsisolierungen - BVo/GrV
Siehe Isolierungen.

Wärmerückgewinnungsanlage – i. d. R. **GrV**
(BFH v. 5. 9. 2002, BStBl. II S. 877).
Wenn unmittelbar betrieblichen Zwecken dienend – BVo (FG Bbg. v. 19. 6. 1996, EFG 1997 S. 121).

Warmwasseranlagen – i. d. R. **GrV**
(Tz. 3.6 AbgrE).

noch **2**

Siehe Heizungsanlagen.

Wartehäuschen – GrV/BVo
Wartehäuschen der Verkehrsbetriebe können Gebäude oder BVo sein (Abschn. 2.231 Bew RÖVU). Siehe Überdachungen.

Wartungsbühnen – BVo
Wartungsbühnen, die ausschließlich zur Bedienung und Wartung der Maschinen, Apparate usw. bestimmt und geeignet sind, sind BVo (Tz. 3.4 AbgrE).

Waschanlage – GrV
Eine Waschanlage einschl. Wasserzu- und -abflüsse sowie die Geräte zur Warmwasserbereitung, die zur Ergänzung von Fabrikräumen installiert sind, gehören zum Gebäude (FG Berlin v. 19. 6. 1973, EFG S. 522).

Wasserbauten eines Wasserkraftwerks – i. d. R. **BVo**
(RFH v. 16. 1. 1936, RStBl. S. 184).
Wenn sie den nicht nur vorübergehenden Aufenthalt von Menschen zulassen – GrV (Bew-Kartei BayLfSt zu § 68 Abs. 1 Nr. 1 BewG K 2).

Wasserkraftwerke – GrV/BVo
Die seitlich in die Staustufen von Gewässern integrierten Wasserkraftwerke sind Gebäude (BFH v. 9. 12. 1998, BFH/NV 1999 S. 909). Auch die Außenmauern und das Kraftwerksdach sind GrV. BVo sind z. B. Generatoren- und Turbinenkammern, Turbinenkeller und Lenzkanal (OFD Saarbrücken v. 9. 2. 1999 S 3190 – 36 – St 26 2).

Wasserturm – GrV
(FG Rh-Pf v. 10. 3. 1998, EFG 1998 S. 1113).

Wasserversorgungsschutz von Wasserversorgungsunternehmen – **BVo**
(BFH v. 11. 1. 1991, BStBl. 1992 II S. 5).

Wegebefestigungen – i. d. R. **GrV**
Siehe unter Bodenbefestigungen.

Wellblechgaragen – BVo
Siehe unter Garagen.

Wendeplätze eines Flugplatzes – **BVo**
Siehe im Einzelnen Anlage 2 AbgrE.

Windkraftanlagen – BVo/GrV
Türme von Windkraftanlagen sind BVo (Tz. 2.4 AbgrE), der Grund und Boden ist als GrV zu bewerten (FM Ba-Wü v. 8. 6. 1999); zum Umfang des als GrV zu bewertenden Grund und Bodens s. FM Ba-Wü v. 14. 5. 2004 (DB S. 1178); Zuwegung kann auch BVo sein (BFH v. 11. 4. 2019 IV R 3/17, BFH/NV S. 1076).

Zapfsäulen – BVo
Siehe unter Tankstelle.

Zellen innerhalb eines Gebäudes – **BVo/GrV**
Siehe unter Kammern.

Zelthallen ohne eigenes Fundament – **BVo**
(FM Bayern v. 26. 6. 1974, Bew-Kartei BayLfSt zu § 68 Abs. 1 Nr. 1 BewG K 2).

Zementbunker – BVo
Zementbunker innerhalb von Gebäuden sind i. d. R. nicht als Teil des Gebäudes anzusehen. Das gilt vor allem dann, wenn die Bunkeranlagen im engsten Zusammenhang mit dem Betriebsablauf stehen (Anlage 1 AbgrE).

Zementmühlen – GrV
(BFH v. 15. 6. 2005, BStBl. II S. 688). Zementmühlen sind als Gebäude zu bewerten; dies gilt auch für Trocknerhallen, Rohmühlenhallen, Kohlenmühlengebäude, Brechergebäude. Vgl. Bew-Kartei BayLfSt zu § 68 Abs. 1 Nr. 1 BewG K 2.

Zentralheizungsanlagen – i. d. R. **GrV**
Siehe unter Heizungsanlagen.

Zuschauerabsperrungen siehe Anlage 2 AbgrE.

3. Übersicht über die Abgrenzung des Grundvermögens von den Betriebsvorrichtungen bei Sportstätten

(Anlage 2 zum Abgrenzungserlass v. 5. 6. 2013)

	Einrichtungen und Anlagen	Grundvermögen	Betriebsvorrichtung	
1.	**Sportplätze und Sportstadien**			1
1.1	besonders hergerichtete Spielfelder (Spielfeldbefestigung, Drainage, Rasen, Rasenheizung)		X	
1.2	Laufbahnen		X	
1.3	Sprunggruben		X	
1.4	Zuschauerwälle (Erdaufschüttungen und deren Befestigung)		X	
1.5	Zuschauertribünen	X[1]	X	
1.6	Beleuchtungsanlagen			
1.6.1	spezielle (z. B. Flutlicht)		X	
1.6.2	allgemeine	X		
1.7	Einfriedungen	X		
1.8	Abgrenzungszäune und Sperrgitter zwischen Spielfeld und Zuschaueranlagen		X	
1.9	allgemeine Wege- und Platzbefestigungen	X		
1.10	Anzeigetafeln		X	
1.11	Kartenhäuschen (soweit nicht transportabel)	X		
1.12	Kioske	X		
1.13	Umkleidekabinen	X		
1.14	Duschen im Gebäude und Toiletten	X		
1.15	Saunen	X		
1.16	Schwimmbecken, Massagebecken (im Freien oder im Gebäude)		X	
1.17	Unterrichts- und Ausbildungsräume	X		
1.18	Übernachtungsräume für Trainingsmannschaften	X		
1.19	Küchen- und Ausschankeinrichtungen		X	
2.	**Schwimmbäder (Frei- und Hallenbäder)**			2
2.1	Schwimmbecken		X	
2.2	Sprunganlagen		X	
2.3	Duschen im Freien		X	
2.4	Liegewiesen			
2.4.1	Grund und Boden	X		
2.4.2	Rasen		X	
2.5	Kinderspielanlagen		X	
2.6	Umkleidekabinen		X	
2.7	Kassenhäuschen (soweit nicht transportabel)	X		
2.8	Kioske	X		
2.9	allgemeine Wege- und Platzbefestigungen	X		
2.10	Zuschauertribünen im Freien und im Gebäude	X[1]	X	
2.11	Duschen im Gebäude		X	
2.12	Duschräume, Toiletten	X		
2.13	technische Räume	X		
2.14	technische Ein- und Vorrichtungen		X	
2.15	sonstige Räume	X		
2.16	Einrichtung der Saunen, Solarien, Wannenbäder		X	
2.17	Beleuchtungsanlagen			
2.17.1	spezielle		X	
2.17.2	allgemeine	X		

[1] **[Amtl. Anm.:]** Die Überdachungen der Zuschauerflächen sind dann als Gebäude zu behandeln, wenn sie nach der Verkehrsauffassung einen Raum umschließen und dadurch gegen Witterungseinflüsse Schutz gewähren (vgl. Tz. 2.3 AbgrenzE).

		Einrichtungen und Anlagen	Grund-vermögen	Betriebs-vorrichtung
	2.18	Emporen und Galerien	X	
	2.19	Bestuhlung zu 2.18		X
3	**3.**	**Tennisplätze und Tennishallen**		
	3.1	besonders hergerichtete Spielfelder (Spielfeldbefestigungen mit Unterbau bei Freiplätzen, spezielle Oberböden bei Hallenplätzen)		X
	3.2	Drainage		X
	3.3	Bewässerungsanlagen (u. a. automatische) der Spielfelder		X
	3.4	Netz mit Haltevorrichtungen		X
	3.5	Schiedsrichterstühle		X
	3.6	freistehende Übungswände		X
	3.7	Zuschauertribünen	X[1]	X
	3.8	Einfriedungen		
	3.8.1	der Spielplätze im Freien		X
	3.8.2	sonstige	X	
	3.9	Zuschauerabsperrungen, Brüstungen		X
	3.10	Traglufthallen		X
	3.11	Open-air-Hallen	X[2]	
	3.12	Beleuchtungsanlagen		
	3.12.1	spezielle (z. B. Flutlicht)		X
	3.12.2	allgemeine	X	
	3.13	Ballfangnetze, Ballfanggardinen		X
	3.14	zusätzliche Platzbeheizung (durch Münzeinwurf) in Hallen		X
	3.15	Duschen	X	
	3.16	Umkleideräume	X	
	3.17	Toiletten	X	
	3.18	sonstige Räume	X	
4	**4.**	**Schießstände**		
	4.1	Anzeigevorrichtungen		X
	4.2	Zielscheibenanlagen		X
	4.3	Schutzvorrichtungen		X
	4.4	Einfriedungen		
	4.4.1	als Sicherheitsmaßnahme		X
	4.4.2	allgemeine	X	
5	**5.**	**Kegelbahnen**		
	5.1	Bahnen		X
	5.2	Kugelfangeinrichtungen		X
	5.3	Kugelrücklaufeinrichtungen		X
	5.4	automatische Kegelaufstelleinrichtungen		X
	5.5	automatische Anzeigeeinrichtungen		X
	5.6	Beleuchtungsanlagen		
	5.6.1	spezielle		X
	5.6.2	allgemeine	X	
	5.7	Schallisolierungen		X
6	**6.**	**Squashhallen**		
	6.1	Trennwände (zur Aufteilung in Boxen)		X
	6.2	besondere Herrichtung der Spielwände		X
	6.3	Ballfangnetze		X
	6.4	Schwingböden		X

[1] Siehe Fußnote zu Nr. 1.5.
[2] **[Amtl. Anm.:]** Open-air-Hallen sind Tennishallen, bei denen sich Dach- und Wandteile, mechanisch betätigt, großflächig öffnen lassen.

	Einrichtungen und Anlagen	Grundvermögen	Betriebsvorrichtung	
6.5	Zuschauertribünen	X		
6.6	Bestuhlung zu 6.5		X	
6.7	Beleuchtungsanlagen			
6.7.1	spezielle		X	
6.7.2	allgemeine	X		
6.8	Umkleideräume	X		
6.9	Duschräume, Toiletten	X		
6.10	sonstige Räume	X		
7.	**Reithallen**			7
7.1	Stallungen (einschl. Boxenaufteilungen, Futterraufen)	X		
7.2	Futterböden (einschl. Zugänge)	X		
7.3	Nebenräume	X		
7.4	spezieller Reithallenboden (z. B. sog. Matratze)		X[1]	
7.5	Befeuchtungseinrichtungen für den Reithallenboden		X[1]	
7.6	Bande (Holzschutzwände) an den Außenwänden (entlang des Hufschlags)		X	
7.7	Beleuchtungsanlagen			
7.7.1	spezielle		X	
7.7.2	allgemeine	X		
7.8	Tribüne und Richterstände, soweit nicht Gebäudebestandteil (Galerien, Emporen)		X	
7.9	Pferdesolarium (techn. Einrichtungen)		X	
7.10	Pferdewaschanlage		X	
7.11	Schmiede (techn. Einrichtungen)		X	
7.12	Futtersilos		X	
7.13	automatische Pferdebewegungsanlage		X	
7.14	sonst. Zubehör wie Hindernisse, Spiegel, Geräte zur Aufarbeitung des Bodens, Markierungen und dgl.		X	
8.	**Turn- (Sport-) und Festhallen (Mehrzweckhallen)**			8
8.1	Schwingboden			
8.1.1	in Mehrzweckhallen	X		
8.1.2	in reinen Turn- und Sporthallen		X	
8.2	Turngeräte		X	
8.3	Zuschauertribünen (soweit nicht als Galerien oder Emporen Gebäudebestandteile)		X	
8.4	Bestuhlung zu 8.3 und zu Galerien und Emporen		X	
8.5	Beleuchtungsanlagen			
8.5.1	spezielle		X	
8.5.2	allgemeine	X		
8.6	Duschen	X		
8.7	Umkleidekabinen und -räume	X		
8.8	Toiletten	X		
8.9	Saunen	X		
8.10	Kücheneinrichtungen		X	
8.11	Ausschankeinrichtungen		X	
8.12	Bühneneinrichtungen		X	
8.13	bewegliche Trennwände	X		
8.14	Kühlsystem (bei Nutzung für Eissportzwecke)		X	
9.	**Pferderennbahnen**			9
9.1	Startmaschinen		X	

[1] **[Amtl. Anm.:]** Bei bindigen oder harten Böden ist es erforderlich, den gewachsenen Hallenboden gegen eine sog. Matratze (bis zu einer Tiefe von 20 cm) auszutauschen. Ein bindiger Boden (z. B. Lehm) würde mit der Zeit hart wie Beton und damit unbrauchbar werden. Bei Sandboden wird das Erdreich gelockert und mit Zusätzen versehen (je nach Konsistenz des vorhandenen Sandes mit Torf, Hobelspänen, Sägemehl oder Lederschnitzeln). Die vorgenannten präparierten Böden müssen befeuchtet werden, um eine Staubbildung zu vermeiden.

		Einrichtungen und Anlagen	Grundvermögen	Betriebsvorrichtung
	9.2	Totalisatoreneinrichtungen		X
	9.3	Hindernisaufbauten		X
10	**10.**	**Radrennbahnen**		
	10.1	besonders hergerichtete Fahrbahnen		X
11	**11.**	**Eissportstadien, -hallen, -zentren**		
	11.1	Eislaufflächen, Eisschnellaufbahnen, Eisschießbahnen		
	11.1.1	Oberboden, bestehend aus Kühlsohlenaufbau, Isolierung, Dichtungsbahnen, Schmelzwasserrinnen		X
	11.1.2	Unterboden, bestehend aus Beton oder Stahl	X	
	11.2	Schneegruben		X
	11.3	Kälteerzeuger mit Kondensator, Kompressor, Kältemittelvorrat, Pumpenanlage, Bewässerungsvorrichtung		X
	11.4	Umgangszonen		
	11.4.1	schlittschuhschonender Bodenbelag		X
	11.4.2	Unterboden	X	
	11.5	Anschnallbereich		
	11.5.1	Oberbodenbelag		X
	11.5.2	Unterboden	X	
	11.6	Beleuchtungsanlagen		
	11.6.1	spezielle		X
	11.6.2	allgemeine	X	
	11.7	Lautsprecheranlagen		X
	11.8	Spielanzeige, Uhren, Anzeigetafeln		X
	11.9	Abgrenzungen (z. B. Bande), Sicherheitseinrichtungen, Sperrgitter zwischen Spielfeld und Zuschauerbereich		X
	11.10	Klimaanlagen im Hallenbereich	X	
	11.11	Duschräume, Toiletten, Umkleideräume	X	
	11.12	Regieraum, Werkstatt, Massageräume, Sanitätsraum	X	
	11.13	Duschen	X	
	11.14	Massagebecken		X
	11.15	Heizungs- und Warmwasserversorgungsanlagen	X	
	11.16	Trafostationen und Notstromversorgungsanlagen		
	11.16.1	Umschließung	X	X[1]
	11.16.2	Trafo- und Schalteinrichtung		X
	11.16.3	Notstromaggregat		X
	11.17	Zuschauertribünen im Freien und im Gebäude	X[2]	X
	11.18	Emporen und Galerien	X	
	11.19	Bestuhlung zu 11.17, 11.18		X
	11.20	Küchen- und Ausschankeinrichtungen		X
	11.21	Kassenhäuschen (soweit nicht transportabel)	X	
	11.22	Kioske	X	
	11.23	allgemeine Wege- und Platzbefestigungen, Einfriedungen, Ver- und Entsorgungsleitungen	X	
12	**12.**	**Golfplätze**		
	12.1	Grund und Boden	X	
	12.2	besonders hergerichtete „Abschläge", Spielbahnen, „roughs" und „greens" (Spielbefestigung, Drainage, Rasen)		X
	12.3	Spielbahnhindernisse		X

[1] **[Amtl. Anm.:]** Transformatorenhäuser oder ähnliche kleine Bauwerke, die Betriebsvorrichtungen enthalten und nicht mehr als 30 m² Grundfläche haben, gestatten allenfalls einen nur vorübergehenden Aufenthalt von Menschen. Sie sind deshalb ohne weitere Prüfung als Betriebsvorrichtungen anzusehen (vgl. Tz. 2.4 AbgrenzE).

[2] Siehe Fußnote zu Nr. 1.5.

noch **12**

	Einrichtungen und Anlagen	Grundvermögen	Betriebsvorrichtung
12.4	Übungsflächen (ohne Grund und Boden) wie pitching-greens (pitching = Herausschlagen eines Golfballs aus einem Hindernis) und putting-greens (putting = Einspielen des Golfballs in das hole, das Loch), driving-ranges (Übungsfelder für Weitschläge)		X
12.5	Einfriedungen	X	X[1]
12.6	Abgrenzungseinrichtungen zwischen Spielbahnen und Zuschauern		X
12.7	allgemeine Wege- und Platzbefestigungen	X	
12.8	Anzeige- und Markierungseinrichtungen oder -gegenstände		X
12.9	Unterstehhäuschen		X
12.10	Kartenhäuschen (soweit nicht transportabel)	X	
12.11	Kioske	X	
12.12	Clubräume, Wirtschaftsräume, Büros, Aufenthaltsräume	X	
12.13	Umkleideräume	X	
12.14	Duschräume, Toiletten	X	
12.15	Küchen- und Ausschankeinrichtungen		X
12.16	Verkaufsräume	X	
12.17	Caddy-Räume	X	
12.18	Lager- und Werkstatträume	X	
12.19	Abschlagstände auf driving-ranges	X[2]	X
12.20	Bewässerungsanlagen einschl. Brunnen und Pumpen	X	X[3]
12.21	Brunnen- und Pumpenhäuser	X	X[4]
12.22	Drainagen	X	X[3]

4., 5. *(nicht belegt)*

[1] **[Amtl. Anm.:]** Einfriedungen oder Teile davon, die unmittelbar als Schutzvorrichtungen dienen, sind als Betriebsvorrichtungen anzusehen.

[2] **[Amtl. Anm.:]** Die Abschlagstände sind dann als Gebäude zu behandeln, wenn sie nach der Verkehrsauffassung einen Raum umschließen und dadurch gegen Witterungseinflüsse Schutz gewähren (vgl. Tz. 2.3 AbgrenzE).

[3] **[Amtl. Anm.:]** Bewässerungsanlagen, Drainagen oder Teile von diesen sind Betriebsvorrichtungen, wenn sie ausschließlich der Unterhaltung der für das Golfspiel notwendigen Rasenflächen dienen.

[4] **[Amtl. Anm.:]** Brunnen- und Pumpenhäuser, die Betriebsvorrichtungen enthalten, nicht mehr als 30 qm Grundfläche haben und deshalb nur einen vorübergehenden Aufenthalt von Menschen gestatten, sind ohne weitere Prüfung als Betriebsvorrichtungen anzusehen (vgl. Tz. 2.4 AbgrenzE).

6. Baugesetzbuch (BauGB)

In der Fassung der Bek. vom 3. November 2017 (BGBl. I S. 3634)

Zuletzt geändert durch Gesetz vom 20. 12. 2023 (BGBl. I Nr. 394)

BGBl. III 213-1

– Auszug –

Erstes Kapitel. Allgemeines Städtebaurecht

Erster Teil. Bauleitplanung

Dritter Abschnitt. Verbindlicher Bauleitplan (Bebauungsplan)

§ 8 Zweck des Bebauungsplans

1 (1) Der Bebauungsplan enthält die rechtsverbindlichen Festsetzungen für die städtebauliche Ordnung. Er bildet die Grundlage für weitere, zum Vollzug dieses Gesetzbuchs erforderliche Maßnahmen.

(2) Bebauungspläne sind aus dem Flächennutzungsplan zu entwickeln. Ein Flächennutzungsplan ist nicht erforderlich, wenn der Bebauungsplan ausreicht, um die städtebauliche Entwicklung zu ordnen.

(3) Mit der Aufstellung, Änderung, Ergänzung oder Aufhebung eines Bebauungsplans kann gleichzeitig auch der Flächennutzungsplan aufgestellt, geändert oder ergänzt werden (Parallelverfahren). Der Bebauungsplan kann vor dem Flächennutzungsplan bekannt gemacht werden, wenn nach dem Stand der Planungsarbeiten anzunehmen ist, dass der Bebauungsplan aus den künftigen Darstellungen des Flächennutzungsplans entwickelt sein wird.

(4) Ein Bebauungsplan kann aufgestellt, geändert, ergänzt oder aufgehoben werden, bevor der Flächennutzungsplan aufgestellt ist, wenn dringende Gründe es erfordern und wenn der Bebauungsplan der beabsichtigten städtebaulichen Entwicklung des Gemeindegebiets nicht entgegenstehen wird (vorzeitiger Bebauungsplan). Gilt bei Gebiets- oder Bestandsänderungen von Gemeinden oder anderen Veränderungen der Zuständigkeit für die Aufstellung von Flächennutzungsplänen ein Flächennutzungsplan fort, kann ein vorzeitiger Bebauungsplan auch aufgestellt werden, bevor der Flächennutzungsplan ergänzt oder geändert ist.

§ 9[1] Inhalt des Bebauungsplans

2 (1) Im Bebauungsplan können aus städtebaulichen Gründen festgesetzt werden:

1. die Art und das Maß der baulichen Nutzung;
2. die Bauweise, die überbaubaren und die nicht überbaubaren Grundstücksflächen sowie die Stellung der baulichen Anlagen;

2a. vom Bauordnungsrecht abweichende Maße der Tiefe der Abstandsflächen;

3. für die Größe, Breite und Tiefe der Baugrundstücke Mindestmaße und aus Gründen des sparsamen und schonenden Umgangs mit Grund und Boden für Wohnbaugrundstücke auch Höchstmaße;
4. die Flächen für Nebenanlagen, die auf Grund anderer Vorschriften für die Nutzung von Grundstücken erforderlich sind, wie Spiel-, Freizeit- und Erholungsflächen sowie die Flächen für Stellplätze und Garagen mit ihren Einfahrten;
5. die Flächen für den Gemeinbedarf sowie für Sport- und Spielanlagen;
6. die höchstzulässige Zahl der Wohnungen in Wohngebäuden;
7. die Flächen, auf denen ganz oder teilweise nur Wohngebäude, die mit Mitteln der sozialen Wohnraumförderung gefördert werden könnten, errichtet werden dürfen;
8. einzelne Flächen, auf denen ganz oder teilweise nur Wohngebäude errichtet werden dürfen, die für Personengruppen mit besonderem Wohnbedarf bestimmt sind;
9. der besondere Nutzungszweck von Flächen;
10. die Flächen, die von der Bebauung freizuhalten sind, und ihre Nutzung;
11. die Verkehrsflächen sowie Verkehrsflächen besonderer Zweckbestimmung, wie Fußgängerbereiche, Flächen für das Parken von Fahrzeugen, Flächen für Ladeinfrastruktur elektrisch betriebener Fahrzeuge, Flächen für das Abstellen von Fahrrädern sowie den Anschluss anderer Flächen an die Verkehrsflächen; die Flächen können auch als öffentliche oder private Flächen festgesetzt werden;

---

[1] § 9 Abs. 1 Nr. 16 neugefasst und Abs. 6 a Satz 1 geändert durch Gesetz vom 30. 6. 2017 (BGBl. I S. 2193) mWv 5. 1. 2018; Abs. 1 Nrn. 11 und 15 geändert, Abs. 2 d eingefügt durch Gesetz vom 14. 6. 2021 (BGBl. I S. 1802) mWv 23. 6. 2021; Abs. 1 Nr. 15 a eingefügt, Nr. 16 Buchst. b neugefasst durch Gesetz vom 20. 12. 2013 (BGBl. I Nr. 394) mWv 1. 1. 2024.

12. die Versorgungsflächen, einschließlich der Flächen für Anlagen und Einrichtungen zur dezentralen und zentralen Erzeugung, Verteilung, Nutzung oder Speicherung von Strom, Wärme oder Kälte aus erneuerbaren Energien oder Kraft-Wärme-Kopplung; *noch* **2**
13. die Führung von oberirdischen oder unterirdischen Versorgungsanlagen und -leitungen;
14. die Flächen für die Abfall- und Abwasserbeseitigung, einschließlich der Rückhaltung und Versickerung von Niederschlagswasser, sowie für Ablagerungen;
15. die öffentlichen und privaten Grünflächen, wie Parkanlagen, Naturerfahrungsräume, Dauerkleingärten, Sport-, Spiel-, Zelt- und Badeplätze, Friedhöfe;

15 a. die Flächen zur Gewährleistung eines natürlichen Klimaschutzes;

16. a) die Wasserflächen und die Flächen für die Wasserwirtschaft,
    b) die Flächen für Hochwasserschutzanlagen, für die Regelung des Wasserabflusses, einschließlich des Niederschlagswassers aus Starkregenereignissen,
    c) Gebiete, in denen bei der Errichtung baulicher Anlagen bestimmte bauliche oder technische Maßnahmen getroffen werden müssen, die der Vermeidung oder Verringerung von Hochwasserschäden einschließlich Schäden durch Starkregen dienen, sowie die Art dieser Maßnahmen,
    d) die Flächen, die auf einem Baugrundstück für die natürliche Versickerung von Wasser aus Niederschlägen freigehalten werden müssen, um insbesondere Hochwasserschäden, einschließlich Schäden durch Starkregen, vorzubeugen;
17. die Flächen für Aufschüttungen, Abgrabungen oder für die Gewinnung von Steinen, Erden und anderen Bodenschätzen;
18. a) die Flächen für die Landwirtschaft und
    b) Wald;
19. die Flächen für die Errichtung von Anlagen für die Kleintierhaltung wie Ausstellungs- und Zuchtanlagen, Zwinger, Koppeln und dergleichen;
20. die Flächen oder Maßnahmen zum Schutz, zur Pflege und zur Entwicklung von Boden, Natur und Landschaft;
21. die mit Geh-, Fahr- und Leitungsrechten zugunsten der Allgemeinheit, eines Erschließungsträgers oder eines beschränkten Personenkreises zu belastenden Flächen;
22. die Flächen für Gemeinschaftsanlagen für bestimmte räumliche Bereiche wie Kinderspielplätze, Freizeiteinrichtungen, Stellplätze und Garagen;
23. Gebiete, in denen
    a) zum Schutz vor schädlichen Umwelteinwirkungen im Sinne des Bundes-Immissionsschutzgesetzes bestimmte luftverunreinigende Stoffe nicht oder nur beschränkt verwendet werden dürfen,
    b) bei der Errichtung von Gebäuden oder bestimmten sonstigen baulichen Anlagen bestimmte bauliche und sonstige technische Maßnahmen für die Erzeugung, Nutzung oder Speicherung von Strom, Wärme oder Kälte aus erneuerbaren Energien oder Kraft-Wärme-Kopplung getroffen werden müssen,
    c) bei der Errichtung, Änderung oder Nutzungsänderung von nach Art, Maß oder Nutzungsintensität zu bestimmenden Gebäuden oder sonstigen baulichen Anlagen in der Nachbarschaft von Betriebsbereichen nach § 3 Absatz 5 a des Bundes-Immissionsschutzgesetzes bestimmte bauliche und sonstige technische Maßnahmen, die der Vermeidung oder Minderung der Folgen von Störfällen dienen, getroffen werden müssen;
24. die von der Bebauung freizuhaltenden Schutzflächen und ihre Nutzung, die Flächen für besondere Anlagen und Vorkehrungen zum Schutz vor schädlichen Umwelteinwirkungen und sonstigen Gefahren im Sinne des Bundes-Immissionsschutzgesetzes sowie die zum Schutz vor solchen Einwirkungen oder zur Vermeidung oder Minderung solcher Einwirkungen zu treffenden baulichen und sonstigen technischen Vorkehrungen, einschließlich von Maßnahmen zum Schutz vor schädlichen Umwelteinwirkungen durch Geräusche, wobei die Vorgaben des Immissionsschutzrechts unberührt bleiben;
25. für einzelne Flächen oder für ein Bebauungsplangebiet oder Teile davon sowie für Teile baulicher Anlagen mit Ausnahme der für landwirtschaftliche Nutzungen oder Wald festgesetzten Flächen
    a) das Anpflanzen von Bäumen, Sträuchern und sonstigen Bepflanzungen,
    b) Bindungen für Bepflanzungen und für die Erhaltung von Bäumen, Sträuchern und sonstigen Bepflanzungen sowie von Gewässern;
26. die Flächen für Aufschüttungen, Abgrabungen und Stützmauern, soweit sie zur Herstellung des Straßenkörpers erforderlich sind.

(1 a) Flächen oder Maßnahmen zum Ausgleich im Sinne des § 1 a Absatz 3 können auf den Grundstücken, auf denen Eingriffe in Natur und Landschaft zu erwarten sind, oder an anderer Stelle sowohl im sonstigen Geltungsbereich des Bebauungsplans als auch in einem anderen Bebauungsplan festgesetzt werden. Die Flächen oder Maßnahmen zum Ausgleich an anderer Stelle können den Grundstücken, auf denen Eingriffe zu erwarten sind, ganz oder teilweise zugeordnet werden; dies gilt auch für Maßnahmen auf von der Gemeinde bereitgestellten Flächen.

noch **2** (2) Im Bebauungsplan kann in besonderen Fällen festgesetzt werden, dass bestimmte der in ihm festgesetzten baulichen und sonstigen Nutzungen und Anlagen nur

1. für einen bestimmten Zeitraum zulässig oder
2. bis zum Eintritt bestimmter Umstände zulässig oder unzulässig

sind. Die Folgenutzung soll festgesetzt werden.

(2a) Für im Zusammenhang bebaute Ortsteile (§ 34) kann zur Erhaltung oder Entwicklung zentraler Versorgungsbereiche, auch im Interesse einer verbrauchernahen Versorgung der Bevölkerung und der Innenentwicklung der Gemeinden, in einem Bebauungsplan festgesetzt werden, dass nur bestimmte Arten der nach § 34 Abs. 1 und 2 zulässigen baulichen Nutzungen zulässig oder nicht zulässig sind oder nur ausnahmsweise zugelassen werden können; die Festsetzungen können für Teile des räumlichen Geltungsbereichs des Bebauungsplans unterschiedlich getroffen werden. Dabei ist insbesondere ein hierauf bezogenes städtebauliches Entwicklungskonzept im Sinne des § 1 Abs. 6 Nr. 11 zu berücksichtigen, das Aussagen über die zu erhaltenden oder zu entwickelnden zentralen Versorgungsbereiche der Gemeinde oder eines Gemeindeteils enthält. In den zu erhaltenden oder zu entwickelnden zentralen Versorgungsbereichen sollen die planungsrechtlichen Voraussetzungen für Vorhaben, die diesen Versorgungsbereichen dienen, nach § 30 oder § 34 vorhanden oder durch einen Bebauungsplan, dessen Aufstellung förmlich eingeleitet ist, vorgesehen sein.

(2b) Für im Zusammenhang bebaute Ortsteile (§ 34) kann in einem Bebauungsplan, auch für Teile des räumlichen Geltungsbereichs des Bebauungsplans, festgesetzt werden, dass Vergnügungsstätten oder bestimmte Arten von Vergnügungsstätten zulässig oder nicht zulässig sind oder nur ausnahmsweise zugelassen werden können, um

1. eine Beeinträchtigung von Wohnnutzungen oder anderen schutzbedürftigen Anlagen wie Kirchen, Schulen und Kindertagesstätten oder
2. eine Beeinträchtigung der sich aus der vorhandenen Nutzung ergebenden städtebaulichen Funktion des Gebiets, insbesondere durch eine städtebaulich nachteilige Häufung von Vergnügungsstätten,

zu verhindern.

(2c) Für im Zusammenhang bebaute Ortsteile nach § 34 und für Gebiete nach § 30 in der Nachbarschaft von Betriebsbereichen nach § 3 Absatz 5a des Bundes-Immissionsschutzgesetzes kann zur Vermeidung oder Verringerung der Folgen von Störfällen für bestimmte Nutzungen, Arten von Nutzungen oder für nach Art, Maß oder Nutzungsintensität zu bestimmende Gebäude oder sonstige bauliche Anlagen in einem Bebauungsplan festgesetzt werden, das diese zulässig, nicht zulässig oder nur ausnahmsweise zulässig sind; die Festsetzungen können für Teile des räumlichen Geltungsbereichs des Bebauungsplans unterschiedlich getroffen werden.

(2d) Für im Zusammenhang bebaute Ortsteile (§ 34) können in einem Bebauungsplan zur Wohnraumversorgung eine oder mehrere der folgenden Festsetzungen getroffen werden:

1. Flächen, auf denen Wohngebäude errichtet werden dürfen;
2. Flächen, auf denen nur Gebäude errichtet werden dürfen, bei denen einzelne oder alle Wohnungen die baulichen Voraussetzungen für eine Förderung mit Mitteln der sozialen Wohnraumförderung erfüllen, oder
3. Flächen, auf denen nur Gebäude errichtet werden dürfen, bei denen sich ein Vorhabenträger hinsichtlich einzelner oder aller Wohnungen dazu verpflichtet, die zum Zeitpunkt der Verpflichtung geltenden Förderbedingungen der sozialen Wohnraumförderung, insbesondere die Miet- und Belegungsbindung, einzuhalten und die Einhaltung dieser Verpflichtung in geeigneter Weise sichergestellt wird.

Ergänzend können eine oder mehrere der folgenden Festsetzungen getroffen werden:

1. das Maß der baulichen Nutzung;
2. die Bauweise, die überbaubaren und die nicht überbaubaren Grundstücksflächen sowie die Stellung der baulichen Anlagen;
3. vom Bauordnungsrecht abweichende Maße der Tiefe der Abstandsflächen;
4. Mindestmaße für die Größe, Breite und Tiefe der Baugrundstücke;
5. Höchstmaße für die Größe, Breite und Tiefe der Wohnbaugrundstücke, aus Gründen des sparsamen und schonenden Umgangs mit Grund und Boden.

Die Festsetzungen nach den Sätzen 1 und 2 können für Teile des räumlichen Geltungsbereichs des Bebauungsplans getroffen werden. Die Festsetzungen nach den Sätzen 1 bis 3 können für Teile des räumlichen Geltungsbereichs des Bebauungsplans oder für Geschosse, Ebenen oder sonstige Teile baulicher Anlagen unterschiedlich getroffen werden. Das Verfahren zur Aufstellung eines Bebauungsplans nach diesem Absatz kann nur bis zum Ablauf des 31. Dezember 2024 förmlich eingeleitet werden. Der Satzungsbeschluss nach § 10 Absatz 1 ist bis zum Ablauf des 31. Dezember 2026 zu fassen.

(3) Bei Festsetzungen nach Absatz 1 kann auch die Höhenlage festgesetzt werden. Festsetzungen nach Absatz 1 für übereinander liegende Geschosse und Ebenen und sonstige Teile baulicher An-

lagen können gesondert getroffen werden; dies gilt auch, soweit Geschosse, Ebenen und sonstige Teile baulicher Anlagen unterhalb der Geländeoberfläche vorgesehen sind.

(4) Die Länder können durch Rechtsvorschriften bestimmen, dass auf Landesrecht beruhende Regelungen in den Bebauungsplan als Festsetzungen aufgenommen werden können und inwieweit auf diese Festsetzungen die Vorschriften dieses Gesetzbuchs Anwendung finden.

(5) Im Bebauungsplan sollen gekennzeichnet werden:

1. Flächen, bei deren Bebauung besondere bauliche Vorkehrungen gegen äußere Einwirkungen oder bei denen besondere bauliche Sicherungsmaßnahmen gegen Naturgewalten erforderlich sind;
2. Flächen, unter denen der Bergbau umgeht oder die für den Abbau von Mineralien bestimmt sind;
3. Flächen, deren Böden erheblich mit umweltgefährdenden Stoffen belastet sind.

(6) Nach anderen gesetzlichen Vorschriften getroffene Festsetzungen, gemeindliche Regelung zum Anschluss- und Benutzungszwang sowie Denkmäler nach Landesrecht sollen in den Bebauungsplan nachrichtlich übernommen werden, soweit sie zu seinem Verständnis oder für die städtebauliche Beurteilung von Baugesuchen notwendig oder zweckmäßig sind.

(6 a) Festgesetzte Überschwemmungsgebiete im Sinne des § 76 Absatz 2 des Wasserhaushaltsgesetzes, Risikogebiete außerhalb von Überschwemmungsgebieten im Sinne des § 78 b Absatz 1 des Wasserhaushaltsgesetzes sowie Hochwasserentstehungsgebiete im Sinne des § 78 d Absatz 1 des Wasserhaushaltsgesetzes sollen nachrichtlich übernommen werden. Noch nicht festgesetzte Überschwemmungsgebiete im Sinne des § 76 Absatz 3 des Wasserhaushaltsgesetzes sowie als Risikogebiete im Sinne des § 73 Absatz 1 Satz 1 des Wasserhaushaltsgesetzes bestimmte Gebiete sollen im Bebauungsplan vermerkt werden.

(7) Der Bebauungsplan setzt die Grenzen seines räumlichen Geltungsbereichs fest.

(8) Dem Bebauungsplan ist eine Begründung mit den Angaben nach § 2 a beizufügen.

§ 9 a[1] Verordnungsermächtigung

(1) Das Bundesministerium für Wohnen, Stadtentwicklung und Bauwesen wird ermächtigt, mit Zustimmung des Bundesrates durch Rechtsverordnung Vorschriften zu erlassen über **3**

1. Darstellungen und Festsetzungen in den Bauleitplänen über
   a) die Art der baulichen Nutzung,
   b) das Maß der baulichen Nutzung und seine Berechnung,
   c) die Bauweise sowie die überbaubaren und die nicht überbaubaren Grundstücksflächen;
2. die in den Baugebieten zulässigen baulichen und sonstigen Anlagen;
3. die Zulässigkeit der Festsetzung nach Maßgabe des § 9 Abs. 3 über verschiedenartige Baugebiete oder verschiedenartige in den Baugebieten zulässige bauliche und sonstige Anlagen;
4. die Ausarbeitung der Bauleitpläne einschließlich der dazugehörigen Unterlagen sowie über die Darstellung des Planinhalts, insbesondere über die dabei zu verwendenden Planzeichen und ihre Bedeutung.

(2) Das Bundesministerium für Wohnen, Stadtentwicklung und Bauwesen wird ermächtigt, im Einvernehmen mit dem Bundesministerium für Umwelt, Naturschutz, nukleare Sicherheit und Verbraucherschutz mit Zustimmung des Bundesrates durch Rechtsverordnung Vorgaben zu erlassen zur Berücksichtigung von artenschutzrechtlichen Belangen im Rahmen der Umweltprüfung bei der Aufstellung von Bauleitplänen. Sofern dabei auch Fragen der Windenergie an Land berührt sind, sind die Vorgaben auch im Einvernehmen mit dem Bundesministerium für Wirtschaft und Klimaschutz zu erlassen.

§ 10 Beschluss, Genehmigung und Inkrafttreten des Bebauungsplans

(1) Die Gemeinde beschließt den Bebauungsplan als Satzung. **4**

(2) Bebauungspläne nach § 8 Abs. 2 Satz 2, Abs. 3 Satz 2 und Abs. 4 bedürfen der Genehmigung der höheren Verwaltungsbehörde. § 6 Abs. 2 und 4 ist entsprechend anzuwenden.

(3) Die Erteilung der Genehmigung oder, soweit eine Genehmigung nicht erforderlich ist, der Beschluss des Bebauungsplans durch die Gemeinde ist ortsüblich bekannt zu machen. Der Bebauungsplan ist mit der Begründung und der zusammenfassenden Erklärung nach § 10 a Absatz 1 zu jedermanns Einsicht bereitzuhalten; über den Inhalt ist auf Verlangen Auskunft zu geben. In der Bekanntmachung ist darauf hinzuweisen, wo der Bebauungsplan eingesehen werden kann. Mit der Bekanntmachung tritt der Bebauungsplan in Kraft. Die Bekanntmachung tritt an die Stelle der sonst für Satzungen vorgeschriebenen Veröffentlichung.

(4) *(aufgehoben)*

---

[1] § 9 a einleitender Satzteil geändert durch Gesetz vom 14. 6. 2021 (BGBl. I S. 1802); Abs. 2 angefügt durch Gesetz vom 20. 7. 2022 (BGBl. I S. 1353) mWv 1. 2. 2023; einleitender Satzteil geändert durch Gesetz vom 4. 1. 2023 (BGBl. I Nr. 6) mWv 1. 1. 2023.

§ 10 a Zusammenfassende Erklärung zum Bebauungsplan; Einstellen in das Internet

5 (1) Dem in Kraft getretenen Bebauungsplan ist eine zusammenfassende Erklärung beizufügen über die Art und Weise, wie die Umweltbelange und die Ergebnisse der Öffentlichkeits- und Behördenbeteiligung in dem Bebauungsplan berücksichtigt wurden, und über die Gründe, aus denen der Plan nach Abwägung mit den geprüften, in Betracht kommenden anderweitigen Planungsmöglichkeiten gewählt wurde.

(2) Der in Kraft getretene Bebauungsplan mit der Begründung und der zusammenfassenden Erklärung soll ergänzend auch in das Internet eingestellt und über ein zentrales Internetportal des Landes zugänglich gemacht werden.

Vierter Abschnitt. Zusammenarbeit mit Privaten; vereinfachtes Verfahren

§ 11 Städtebaulicher Vertrag

6 (1) Die Gemeinde kann städtebauliche Verträge schließen. Gegenstände eines städtebaulichen Vertrags können insbesondere sein:

1. die Vorbereitung oder Durchführung städtebaulicher Maßnahmen durch den Vertragspartner auf eigene Kosten; dazu gehören auch die Neuordnung der Grundstücksverhältnisse, die Bodensanierung und sonstige vorbereitende Maßnahmen, die Erschließung durch nach Bundes- oder nach Landesrecht beitragsfähige sowie nicht beitragsfähige Erschließungsanlagen, die Ausarbeitung der städtebaulichen Planungen sowie erforderlichenfalls des Umweltberichts; die Verantwortung der Gemeinde für das gesetzlich vorgesehene Planaufstellungsverfahren bleibt unberührt;
2. die Förderung und Sicherung der mit der Bauleitplanung verfolgten Ziele, insbesondere die Grundstücksnutzung, auch hinsichtlich einer Befristung oder einer Bedingung, die Durchführung des Ausgleichs im Sinne des § 1 a Absatz 3, die Berücksichtigung baukultureller Belange, die Deckung des Wohnbedarfs von Bevölkerungsgruppen mit besonderen Wohnraumversorgungsproblemen sowie der Erwerb angemessenen Wohnraums durch einkommensschwächere und weniger begüterte Personen der örtlichen Bevölkerung;
3. die Übernahme von Kosten oder sonstigen Aufwendungen, die der Gemeinde für städtebauliche Maßnahmen entstehen oder entstanden sind und die Voraussetzung oder Folge des geplanten Vorhabens sind; dazu gehört auch die Bereitstellung von Grundstücken;
4. entsprechend den mit den städtebaulichen Planungen und Maßnahmen verfolgten Zielen und Zwecken die Errichtung und Nutzung von Anlagen und Einrichtungen zur dezentralen und zentralen Erzeugung, Verteilung, Nutzung oder Speicherung von Strom, Wärme oder Kälte aus erneuerbaren Energien oder Kraft-Wärme-Kopplung;
5. entsprechend den mit den städtebaulichen Planungen und Maßnahmen verfolgten Zielen und Zwecken die Anforderungen an die energetische Qualität von Gebäuden.

Die Gemeinde kann städtebauliche Verträge auch mit einer juristischen Person abschließen, an der sie beteiligt ist.

(2) Die vereinbarten Leistungen müssen den gesamten Umständen nach angemessen sein. Die Vereinbarung einer vom Vertragspartner zu erbringenden Leistung ist unzulässig, wenn er auch ohne sie einen Anspruch auf die Gegenleistung hätte. Trägt oder übernimmt der Vertragspartner Kosten oder sonstige Aufwendungen, ist unbeschadet des Satzes 1 eine Eigenbeteiligung der Gemeinde nicht erforderlich.

(3) Ein städtebaulicher Vertrag bedarf der Schriftform, soweit nicht durch Rechtsvorschriften eine andere Form vorgeschrieben ist.

(4) Die Zulässigkeit anderer städtebaulicher Verträge bleibt unberührt.

…

Sechster Teil. Erschließung

Erster Abschnitt. Allgemeine Vorschriften

§ 123 Erschließungslast

10 (1) Die Erschließung ist Aufgabe der Gemeinde, soweit sie nicht nach anderen gesetzlichen Vorschriften oder öffentlich-rechtlichen Verpflichtungen einem anderen obliegt.

(2) Die Erschließungsanlagen sollen entsprechend den Erfordernissen der Bebauung und des Verkehrs kostengünstig hergestellt werden und spätestens bis zur Fertigstellung der anzuschließenden baulichen Anlagen benutzbar sein.

(3) Ein Rechtsanspruch auf Erschließung besteht nicht.

(4) Die Unterhaltung der Erschließungsanlagen richtet sich nach landesrechtlichen Vorschriften.

§ 124 Erschließungspflicht nach abgelehntem Vertragsangebot

Hat die Gemeinde einen Bebauungsplan im Sinne des § 30 Absatz 1 erlassen und lehnt sie das zumutbare Angebot zum Abschluss eines städtebaulichen Vertrags über die Erschließung ab, ist sie verpflichtet, die Erschließung selbst durchzuführen. 11

§ 125 Bindung an den Bebauungsplan

(1) Die Herstellung der Erschließungsanlagen im Sinne des § 127 Abs. 2 setzt einen Bebauungsplan voraus. 12

(2) Liegt ein Bebauungsplan nicht vor, so dürfen diese Anlagen nur hergestellt werden, wenn sie den in § 1 Abs. 4 bis 7 bezeichneten Anforderungen entsprechen.

(3) Die Rechtmäßigkeit der Herstellung von Erschließungsanlagen wird durch Abweichungen von den Festsetzungen des Bebauungsplans nicht berührt, wenn die Abweichungen mit den Grundzügen der Planung vereinbar sind und

1. die Erschließungsanlagen hinter den Festsetzungen zurückbleiben oder
2. die Erschließungsbeitragspflichtigen nicht mehr als bei einer plangemäßen Herstellung belastet werden und die Abweichungen die Nutzung der betroffenen Grundstücke nicht wesentlich beeinträchtigen.

§ 126 Pflichten des Eigentümers

(1) Der Eigentümer hat das Anbringen von 13

1. Haltevorrichtungen und Leitungen für Beleuchtungskörper der Straßenbeleuchtung einschließlich der Beleuchtungskörper und des Zubehörs sowie
2. Kennzeichen und Hinweisschildern für Erschließungsanlagen

auf seinem Grundstück zu dulden. Er ist vorher zu benachrichtigen.

(2) Der Erschließungsträger hat Schäden, die dem Eigentümer durch das Anbringen oder das Entfernen der in Absatz 1 bezeichneten Gegenstände entstehen, zu beseitigen; er kann stattdessen eine angemessene Entschädigung in Geld leisten. Kommt eine Einigung über die Entschädigung nicht zustande, so entscheidet die höhere Verwaltungsbehörde; vor der Entscheidung sind die Beteiligten zu hören.

(3) Der Eigentümer hat sein Grundstück mit der von der Gemeinde festgesetzten Nummer zu versehen. Im Übrigen gelten die landesrechtlichen Vorschriften.

Zweiter Abschnitt. Erschließungsbeitrag

§ 127 Erhebung des Erschließungsbeitrags

(1) Die Gemeinden erheben zur Deckung ihres anderweitig nicht gedeckten Aufwands für Erschließungsanlagen einen Erschließungsbeitrag nach Maßgabe der folgenden Vorschriften. 14

(2) Erschließungsanlagen im Sinne dieses Abschnitts sind

1. die öffentlichen zum Anbau bestimmten Straßen, Wege und Plätze;
2. die öffentlichen aus rechtlichen oder tatsächlichen Gründen mit Kraftfahrzeugen nicht befahrbaren Verkehrsanlagen innerhalb der Baugebiete (z. B. Fußwege, Wohnwege);
3. Sammelstraßen innerhalb der Baugebiete; Sammelstraßen sind öffentliche Straßen, Wege und Plätze, die selbst nicht zum Anbau bestimmt, aber zur Erschließung der Baugebiete notwendig sind;
4. Parkflächen und Grünanlagen mit Ausnahme von Kinderspielplätzen, soweit sie Bestandteil der in den Nummern 1 bis 3 genannten Verkehrsanlagen oder nach städtebaulichen Grundsätzen innerhalb der Baugebiete zu deren Erschließung notwendig sind;
5. Anlagen zum Schutz von Baugebieten gegen schädliche Umwelteinwirkungen im Sinne des Bundes-Immissionsschutzgesetzes, auch wenn sie nicht Bestandteil der Erschließungsanlagen sind.

(3) Der Erschließungsbeitrag kann für den Grunderwerb, die Freilegung und für Teile der Erschließungsanlagen selbständig erhoben werden (Kostenspaltung).

(4) Das Recht, Abgaben für Anlagen zu erheben, die nicht Erschließungsanlagen im Sinne dieses Abschnitts sind, bleibt unberührt. Dies gilt insbesondere für Anlagen zur Ableitung von Abwasser sowie zur Versorgung mit Elektrizität, Gas, Wärme und Wasser.

§ 128 Umfang des Erschließungsaufwands

(1) Der Erschließungsaufwand nach § 127 umfasst die Kosten für 15

1. den Erwerb und die Freilegung der Flächen für die Erschließungsanlagen;
2. ihre erstmalige Herstellung einschließlich der Einrichtungen für ihre Entwässerung und ihre Beleuchtung;
3. die Übernahme von Anlagen als gemeindliche Erschließungsanlagen.

Der Erschließungsaufwand umfasst auch den Wert der von der Gemeinde aus ihrem Vermögen bereitgestellten Flächen im Zeitpunkt der Bereitstellung. Zu den Kosten für den Erwerb der Flächen für Erschließungsanlagen gehört im Falle einer erschließungsbeitragspflichtigen Zuteilung im Sinne des § 57 Satz 4 und des § 58 Abs. 1 Satz 1 auch der Wert nach § 68 Abs. 1 Nr. 4.

(2) Soweit die Gemeinden nach Landesrecht berechtigt sind, Beiträge zu den Kosten für Erweiterungen oder Verbesserungen von Erschließungsanlagen zu erheben, bleibt dieses Recht unberührt. Die Länder können bestimmen, dass die Kosten für die Beleuchtung der Erschließungsanlagen in den Erschließungsaufwand nicht einzubeziehen sind.

(3) Der Erschließungsaufwand umfasst nicht die Kosten für

1. Brücken, Tunnels und Unterführungen mit den dazugehörigen Rampen;
2. die Fahrbahnen der Ortsdurchfahrten von Bundesstraßen sowie von Landstraßen I. und II. Ordnung, soweit die Fahrbahnen dieser Straßen keine größere Breite als ihre anschließenden freien Strecken erfordern.

§ 129 Beitragsfähiger Erschließungsaufwand

16 (1) Zur Deckung des anderweitig nicht gedeckten Erschließungsaufwands können Beiträge nur insoweit erhoben werden, als die Erschließungsanlagen erforderlich sind, um die Bauflächen und die gewerblich zu nutzenden Flächen entsprechend den baurechtlichen Vorschriften zu nutzen (beitragsfähiger Erschließungsaufwand). Soweit Anlagen nach § 127 Abs. 2 von dem Eigentümer hergestellt sind oder von ihm auf Grund baurechtlicher Vorschriften verlangt werden, dürfen Beiträge nicht erhoben werden. Die Gemeinden tragen mindestens 10 vom Hundert des beitragsfähigen Erschließungsaufwands.

(2) Kosten, die ein Eigentümer oder sein Rechtsvorgänger bereits für Erschließungsmaßnahmen aufgewandt hat, dürfen bei der Übernahme als gemeindliche Erschließungsanlagen nicht erneut erhoben werden.

§ 130 Art der Ermittlung des beitragsfähigen Erschließungsaufwands

17 (1) Der beitragsfähige Erschließungsaufwand kann nach den tatsächlich entstandenen Kosten oder nach Einheitssätzen ermittelt werden. Die Einheitssätze sind nach den in der Gemeinde üblicherweise durchschnittlich aufzuwendenden Kosten vergleichbarer Erschließungsanlagen festzusetzen.

(2) Der beitragsfähige Erschließungsaufwand kann für die einzelne Erschließungsanlage oder für bestimmte Abschnitte einer Erschließungsanlage ermittelt werden. Abschnitte einer Erschließungsanlage können nach örtlich erkennbaren Merkmalen oder nach rechtlichen Gesichtspunkten (z. B. Grenzen von Bebauungsplangebieten, Umlegungsgebieten, förmlich festgelegten Sanierungsgebieten) gebildet werden. Für mehrere Anlagen, die für die Erschließung der Grundstücke eine Einheit bilden, kann der Erschließungsaufwand insgesamt ermittelt werden.

§ 131 Maßstäbe für die Verteilung des Erschließungsaufwands

18 (1) Der ermittelte beitragsfähige Erschließungsaufwand für eine Erschließungsanlage ist auf die durch die Anlage erschlossenen Grundstücke zu verteilen. Mehrfach erschlossene Grundstücke sind bei gemeinsamer Aufwandsermittlung in einer Erschließungseinheit (§ 130 Abs. 2 Satz 3) bei der Verteilung des Erschließungsaufwands nur einmal zu berücksichtigen.

(2) Verteilungsmaßstäbe sind

1. die Art und das Maß der baulichen oder sonstigen Nutzung;
2. die Grundstücksflächen;
3. die Grundstücksbreite an der Erschließungsanlage.

Die Verteilungsmaßstäbe können miteinander verbunden werden.

(3) In Gebieten, die nach dem Inkrafttreten des Bundesbaugesetzes erschlossen werden, sind, wenn eine unterschiedliche bauliche oder sonstige Nutzung zulässig ist, die Maßstäbe nach Absatz 2 in der Weise anzuwenden, dass der Verschiedenheit dieser Nutzung nach Art und Maß entsprochen wird.

§ 132 Regelung durch Satzung

19 Die Gemeinden regeln durch Satzung

1. die Art und den Umfang der Erschließungsanlagen im Sinne des § 129,
2. die Art der Ermittlung und der Verteilung des Aufwands sowie die Höhe des Einheitssatzes,
3. die Kostenspaltung (§ 127 Abs. 3) und
4. die Merkmale der endgültigen Herstellung einer Erschließungsanlage.

§ 133 Gegenstand und Entstehung der Beitragspflicht

(1) Der Beitragspflicht unterliegen Grundstücke, für die eine bauliche oder gewerbliche Nutzung festgesetzt ist, sobald sie bebaut oder gewerblich genutzt werden dürfen. Erschlossene Grundstücke, für die eine bauliche oder gewerbliche Nutzung nicht festgesetzt ist, unterliegen der Beitragspflicht, wenn sie nach der Verkehrsauffassung Bauland sind und nach der geordneten baulichen Entwicklung der Gemeinde zur Bebauung anstehen. Die Gemeinde gibt bekannt, welche Grundstücke nach Satz 2 der Beitragspflicht unterliegen; die Bekanntmachung hat keine rechtsbegründende Wirkung. 20

(2) Die Beitragspflicht entsteht mit der endgültigen Herstellung der Erschließungsanlagen, für Teilbeträge, sobald die Maßnahmen, deren Aufwand durch die Teilbeträge gedeckt werden soll, abgeschlossen sind. Im Falle des § 128 Abs. 1 Satz 1 Nr. 3 entsteht die Beitragspflicht mit der Übernahme durch die Gemeinde.

(3) Für ein Grundstück, für das eine Beitragspflicht noch nicht oder nicht in vollem Umfang entstanden ist, können Vorausleistungen auf den Erschließungsbeitrag bis zur Höhe des voraussichtlichen endgültigen Erschließungsbeitrags verlangt werden, wenn ein Bauvorhaben auf dem Grundstück genehmigt wird oder wenn mit der Herstellung der Erschließungsanlagen begonnen worden ist und die endgültige Herstellung der Erschließungsanlagen innerhalb von vier Jahren zu erwarten ist. Die Vorausleistung ist mit der endgültigen Beitragsschuld zu verrechnen, auch wenn der Vorausleistende nicht beitragspflichtig ist. Ist die Beitragspflicht sechs Jahre nach Erlass des Vorausleistungsbescheids noch nicht entstanden, kann die Vorausleistung zurückverlangt werden, wenn die Erschließungsanlage bis zu diesem Zeitpunkt noch nicht benutzbar ist. Der Rückzahlungsanspruch ist ab Erhebung der Vorausleistung mit 2 vom Hundert über dem Basiszinssatz nach § 247 des Bürgerlichen Gesetzbuchs jährlich zu verzinsen. Die Gemeinde kann Bestimmungen über die Ablösung des Erschließungsbeitrags im Ganzen vor Entstehung der Beitragspflicht treffen.

§ 134 Beitragspflichtiger

(1) Beitragspflichtig ist derjenige, der im Zeitpunkt der Bekanntgabe des Beitragsbescheids Eigentümer des Grundstücks ist. Ist das Grundstück mit einem Erbbaurecht belastet, so ist der Erbbauberechtigte anstelle des Eigentümers beitragspflichtig. Ist das Grundstück mit einem dinglichen Nutzungsrecht nach Artikel 233 § 4 des Einführungsgesetzes zum Bürgerlichen Gesetzbuche belastet, so ist der Inhaber dieses Rechts anstelle des Eigentümers beitragspflichtig. Mehrere Beitragspflichtige haften als Gesamtschuldner; bei Wohnungs- und Teileigentum sind die einzelnen Wohnungs- und Teileigentümer nur entsprechend ihrem Miteigentumsanteil beitragspflichtig. 21

(2) Der Beitrag ruht als öffentliche Last auf dem Grundstück, im Falle des Absatzes 1 Satz 2 auf dem Erbbaurecht, im Falle des Absatzes 1 Satz 3 auf dem dinglichen Nutzungsrecht, im Falle des Absatzes 1 Satz 4 auf dem Wohnungs- oder dem Teileigentum.

§ 135 Fälligkeit und Zahlung des Beitrags

(1) Der Beitrag wird einen Monat nach der Bekanntgabe des Beitragsbescheids fällig. 22

(2) Die Gemeinde kann zur Vermeidung unbilliger Härten im Einzelfall, insbesondere soweit dies zur Durchführung eines genehmigten Bauvorhabens erforderlich ist, zulassen, dass der Erschließungsbeitrag in Raten oder in Form einer Rente gezahlt wird. Ist die Finanzierung eines Bauvorhabens gesichert, so soll die Zahlungsweise der Auszahlung der Finanzierungsmittel angepasst, jedoch nicht über zwei Jahre hinaus erstreckt werden.

(3) Lässt die Gemeinde nach Absatz 2 eine Verrentung zu, so ist der Erschließungsbeitrag durch Bescheid in eine Schuld umzuwandeln, die in höchstens zehn Jahresleistungen zu entrichten ist. In dem Bescheid sind Höhe und Zeitpunkt der Fälligkeit der Jahresleistungen zu bestimmen. Der jeweilige Restbetrag ist mit höchstens 2 vom Hundert über dem Basiszinssatz nach § 247 des Bürgerlichen Gesetzbuchs jährlich zu verzinsen. Die Jahresleistungen stehen wiederkehrenden Leistungen im Sinne des § 10 Abs. 1 Nr. 3 des Zwangsversteigerungsgesetzes gleich.

(4) Werden Grundstücke landwirtschaftlich oder als Wald genutzt, ist der Beitrag so lange zinslos zu stunden, wie das Grundstück zur Erhaltung der Wirtschaftlichkeit des landwirtschaftlichen Betriebs genutzt werden muss. Satz 1 gilt auch für die Fälle der Nutzungsüberlassung und Betriebsübergabe an Familienangehörige im Sinne des § 15 der Abgabenordnung. Der Beitrag ist auch zinslos zu stunden, solange Grundstücke als Kleingärten im Sinne des Bundeskleingartengesetzes genutzt werden.

(5) Im Einzelfall kann die Gemeinde auch von der Erhebung des Erschließungsbeitrags ganz oder teilweise absehen, wenn dies im öffentlichen Interesse oder zur Vermeidung unbilliger Härten geboten ist. Die Freistellung kann auch für den Fall vorgesehen werden, dass die Beitragspflicht noch nicht entstanden ist.

(6) Weitergehende landesrechtliche Billigkeitsregelungen bleiben unberührt.

…

Drittes Kapitel. Sonstige Vorschriften

Erster Teil. Wertermittlung

§ 192 Gutachterausschuss

25 (1) Zur Ermittlung von Grundstückswerten und für sonstige Wertermittlungen werden selbständige, unabhängige Gutachterausschüsse gebildet.

(2) Die Gutachterausschüsse bestehen aus einem Vorsitzenden und ehrenamtlichen weiteren Gutachtern.

(3) Der Vorsitzende und die weiteren Gutachter sollen in der Ermittlung von Grundstückswerten oder sonstigen Wertermittlungen sachkundig und erfahren sein und dürfen nicht hauptamtlich mit der Verwaltung der Grundstücke der Gebietskörperschaft, für deren Bereich der Gutachterausschuss gebildet ist, befasst sein. Zur Ermittlung der Bodenrichtwerte sowie der in § 193 Absatz 5 Satz 2 genannten sonstigen für die Wertermittlung erforderlichen Daten ist ein Bediensteter der zuständigen Finanzbehörde mit Erfahrung in der steuerlichen Bewertung von Grundstücken als Gutachter hinzuzuziehen.

(4) Die Gutachterausschüsse bedienen sich einer Geschäftsstelle.

§ 193 Aufgaben des Gutachterausschusses

26 (1) Der Gutachterausschuss erstattet Gutachten über den Verkehrswert von bebauten und unbebauten Grundstücken sowie Rechten an Grundstücken, wenn

1. die für den Vollzug dieses Gesetzbuchs zuständigen Behörden bei der Erfüllung der Aufgaben nach diesem Gesetzbuch,
2. die für die Feststellung des Werts eines Grundstücks oder der Entschädigung für ein Grundstück oder ein Recht an einem Grundstück auf Grund anderer gesetzlicher Vorschriften zuständigen Behörden,
3. die Eigentümer, ihnen gleichstehende Berechtigte, Inhaber anderer Rechte am Grundstück und Pflichtteilsberechtigte, für deren Pflichtteil der Wert des Grundstücks von Bedeutung ist, oder
4. Gerichte und Justizbehörden

es beantragen. Unberührt bleiben Antragsberechtigungen nach anderen Rechtsvorschriften.

(2) Der Gutachterausschuss kann außer über die Höhe der Entschädigung für den Rechtsverlust auch Gutachten über die Höhe der Entschädigung für andere Vermögensnachteile erstatten.

(3) Die Gutachten haben keine bindende Wirkung, soweit nichts anderes bestimmt oder vereinbart ist.

(4) Eine Abschrift des Gutachtens ist dem Eigentümer zu übersenden.

(5) Der Gutachterausschuss führt eine Kaufpreissammlung, wertet sie aus und ermittelt Bodenrichtwerte und sonstige zur Wertermittlung erforderliche Daten. Zu den sonstigen für die Wertermittlung erforderlichen Daten gehören insbesondere

1. Kapitalisierungszinssätze, mit denen die Verkehrswerte von Grundstücken im Durchschnitt marktüblich verzinst werden (Liegenschaftszinssätze), für die verschiedenen Grundstücksarten, insbesondere Mietwohngrundstücke, Geschäftsgrundstücke und gemischt genutzte Grundstücke,
2. Faktoren zur Anpassung der Sachwerte an die jeweilige Lage auf dem Grundstücksmarkt (Sachwertfaktoren), insbesondere für die Grundstücksarten Ein- und Zweifamilienhäuser,
3. Umrechnungskoeffizienten für das Wertverhältnis von sonst gleichartigen Grundstücken, z.B. bei unterschiedlichem Maß der baulichen Nutzung und
4. Vergleichsfaktoren für bebaute Grundstücke, insbesondere bezogen auf eine Raum- oder Flächeneinheit der baulichen Anlage (Gebäudefaktor) oder auf den nachhaltig erzielbaren jährlichen Ertrag (Ertragsfaktor).

Die erforderlichen Daten im Sinne der Sätze 1 und 2 sind den zuständigen Finanzämtern für Zwecke der steuerlichen Bewertung mitzuteilen.

§ 194 Verkehrswert

27 Der Verkehrswert (Marktwert) wird durch den Preis bestimmt, der in dem Zeitpunkt, auf den sich die Ermittlung bezieht, im gewöhnlichen Geschäftsverkehr nach den rechtlichen Gegebenheiten und tatsächlichen Eigenschaften, der sonstigen Beschaffenheit und der Lage des Grundstücks oder des sonstigen Gegenstands der Wertermittlung ohne Rücksicht auf ungewöhnliche oder persönliche Verhältnisse zu erzielen wäre.

§ 195 Kaufpreissammlung

28 (1) Zur Führung der Kaufpreissammlung ist jeder Vertrag, durch den sich jemand verpflichtet, Eigentum an einem Grundstück gegen Entgelt, auch im Wege des Tausches, zu übertragen oder

ein Erbbaurecht erstmals oder erneut zu bestellen, von der beurkundenden Stelle in Abschrift dem Gutachterausschuss zu übersenden. Dies gilt auch für das Angebot und die Annahme eines Vertrags, wenn diese getrennt beurkundet werden, sowie entsprechend für die Einigung vor einer Enteignungsbehörde, den Enteignungsbeschluss, den Beschluss über die Vorwegnahme einer Entscheidung im Umlegungsverfahren, den Beschluss über die Aufstellung eines Umlegungsplans, den Beschluss über eine vereinfachte Umlegung und für den Zuschlag in einem Zwangsversteigerungsverfahren.

(2) Die Kaufpreissammlung darf nur dem zuständigen Finanzamt für Zwecke der Besteuerung übermittelt werden. Vorschriften, nach denen Urkunden oder Akten den Gerichten oder Staatsanwaltschaften vorzulegen sind, bleiben unberührt.

(3) Auskünfte aus der Kaufpreissammlung sind bei berechtigtem Interesse nach Maßgabe landesrechtlicher Vorschriften zu erteilen (§ 199 Abs. 2 Nr. 4).

§ 196[1] Bodenrichtwerte

(1) Auf Grund der Kaufpreissammlung sind flächendeckend durchschnittliche Lagewerte für den Boden unter Berücksichtigung des unterschiedlichen Entwicklungszustands zu ermitteln (Bodenrichtwerte). In bebauten Gebieten sind Bodenrichtwerte mit dem Wert zu ermitteln, der sich ergeben würde, wenn der Boden unbebaut wäre. Es sind Richtwertzonen zu bilden, die jeweils Gebiete umfassen, die nach Art und Maß der Nutzung weitgehend übereinstimmen. Die wertbeeinflussenden Merkmale des Bodenrichtwertgrundstücks sind darzustellen. Die Bodenrichtwerte sind jeweils zu Beginn jedes zweiten Kalenderjahres zu ermitteln, wenn nicht eine häufigere Ermittlung bestimmt ist. Für Zwecke der steuerlichen Bewertung des Grundbesitzes sind Bodenrichtwerte nach ergänzenden Vorgaben der Finanzverwaltung zum jeweiligen Hauptfeststellungszeitpunkt oder sonstigen Feststellungszeitpunkt zu ermitteln. Auf Antrag der für den Vollzug dieses Gesetzbuchs zuständigen Behörden sind Bodenrichtwerte für einzelne Gebiete bezogen auf einen abweichenden Zeitpunkt zu ermitteln. **29**

(2) Hat sich in einem Gebiet die Qualität des Bodens durch einen Bebauungsplan oder andere Maßnahmen geändert, sind bei der nächsten Fortschreibung der Bodenrichtwerte auf der Grundlage der geänderten Qualität auch Bodenrichtwerte bezogen auf die Wertverhältnisse zum Zeitpunkt der letzten Hauptfeststellung oder dem letzten sonstigen Feststellungszeitpunkt für steuerliche Zwecke zu ermitteln. Die Ermittlung kann unterbleiben, wenn das zuständige Finanzamt darauf verzichtet.

(3) Die Bodenrichtwerte sind zu veröffentlichen und dem zuständigen Finanzamt mitzuteilen. Jedermann kann von der Geschäftsstelle Auskunft über die Bodenrichtwerte verlangen.

§ 197 Befugnisse des Gutachterausschusses

(1) Der Gutachterausschuss kann mündliche oder schriftliche Auskünfte von Sachverständigen und von Personen einholen, die Angaben über das Grundstück und, wenn das zur Ermittlung von Geldleistungen im Umlegungsverfahren, von Ausgleichsbeträgen und von Enteignungsentschädigungen erforderlich ist, über ein Grundstück, das zum Vergleich herangezogen werden soll, machen können. Er kann verlangen, dass Eigentümer und sonstige Inhaber von Rechten an einem Grundstück die zur Führung der Kaufpreissammlung und zur Begutachtung notwendigen Unterlagen vorlegen. Der Eigentümer und der Besitzer des Grundstücks haben zu dulden, dass Grundstücke zur Auswertung von Kaufpreisen und zur Vorbereitung von Gutachten betreten werden. Wohnungen dürfen nur mit Zustimmung der Wohnungsinhaber betreten werden. **30**

(2) Alle Gerichte und Behörden haben dem Gutachterausschuss Rechts- und Amtshilfe zu leisten. Die Finanzbehörden erteilen dem Gutachterausschuss auf Ersuchen Auskünfte über Grundstücke, soweit ihnen die Verhältnisse der Grundstücke bekannt sind und dies zur Ermittlung von Ausgleichsbeträgen und Enteignungsentschädigungen sowie zur Ermittlung von Verkehrswerten und der für die Wertermittlung erforderlichen Daten einschließlich der Bodenrichtwerte erforderlich ist. Die Auskunftspflicht besteht nicht, soweit deren Erfüllung mit einem unverhältnismäßigen Aufwand verbunden wäre.

§ 198 Oberer Gutachterausschuss

(1) Für den Bereich einer oder mehrerer höherer Verwaltungsbehörden sind obere Gutachterausschüsse oder Zentrale Geschäftstellen zu bilden, wenn in dem Bereich der höheren Verwaltungsbehörde mehr als zwei Gutachterausschüsse gebildet sind. Auf die Oberen Gutachterausschüsse sind die Vorschriften über die Gutachterausschüsse entsprechend anzuwenden. **31**

(2) Der Obere Gutachterausschuss oder die Zentrale Geschäftsstelle haben insbesondere die Aufgabe, überregionale Auswertungen und Analysen des Grundstücksmarktgeschehens zu erstellen, auch um zu einer bundesweiten Grundstücksmarkttransparenz beizutragen. Ist nach Absatz 1 kein Oberer Gutachterausschuss oder keine Zentrale Geschäftsstelle zu bilden, gilt Satz 1 für die Gutachterausschüsse entsprechend.

---

[1] § 196 Abs. 1 Satz 5 geändert durch Gesetz vom 14. 6. 2021 (BGBl. I S. 1802) mWv 23. 6. 2021.

(3) Der Obere Gutachterausschuss hat auf Antrag eines Gerichts ein Obergutachten zu erstatten, wenn schon das Gutachten eines Gutachterausschusses vorliegt.

§ 199 Ermächtigungen

32 (1) Die Bundesregierung wird ermächtigt, mit Zustimmung des Bundesrates durch Rechtsverordnung[1] Vorschriften über die Anwendung gleicher Grundsätze bei der Ermittlung der Verkehrswerte und bei der Ableitung der für die Wertermittlung erforderlichen Daten einschließlich der Bodenrichtwerte zu erlassen.

(2) Die Landesregierungen werden ermächtigt, durch Rechtsverordnung

1. die Bildung und das Tätigwerden der Gutachterausschüsse und der Oberen Gutachterausschüsse sowie der Zentralen Geschäftsstellen, soweit in diesem Gesetzbuch nicht bereits geschehen, die Mitwirkung der Gutachter und deren Ausschluss im Einzelfall,
2. die Aufgaben des Vorsitzenden,
3. die Einrichtung und die Aufgaben der Geschäftsstelle,
4. die Führung und Auswertung der Kaufpreissammlung, die Häufigkeit der Bodenrichtwertermittlung sowie die Veröffentlichung der Bodenrichtwerte und sonstiger Daten der Wertermittlung und die Erteilung von Auskünften aus der Kaufpreissammlung,
5. die Übermittlung von Daten der Flurbereinigungsbehörden zur Führung und Auswertung der Kaufpreissammlung,
6. die Übertragung weiterer Aufgaben auf den Gutachterausschuss und den Oberen Gutachterausschuss und
7. die Entschädigung der Mitglieder des Gutachterausschusses und des Oberen Gutachterausschusses

zu regeln.

…

[1] Siehe die Immobilienwertermittlungsverordnung (Anhang I Nr. 7).

7. Verordnung über die Grundsätze für die Ermittlung der Verkehrswerte von Immobilien und der für die Wertermittlung erforderlichen Daten (Immobilienwertermittlungsverordnung – ImmoWertV)[1]

Vom 14. Juli 2021 (BGBl. I S. 2805)

FNA 213-1-8

Inhaltsübersicht

Teil 1. Allgemeines

Abschnitt 1. Anwendungsbereich; Gegenstand und Grundlagen der Wertermittlung

§ 1 Anwendungsbereich; Wertermittlungsobjekt
§ 2 Grundlagen der Wertermittlung

Abschnitt 2. Begriffsbestimmungen zu einzelnen Grundstücksmerkmalen

§ 3 Entwicklungszustand; sonstige Flächen
§ 4 Alter, Gesamt- und Restnutzungsdauer
§ 5 Weitere Grundstücksmerkmale

Abschnitt 3. Allgemeine Grundsätze der Wertermittlung

§ 6 Wertermittlungsverfahren; Ermittlung des Verkehrswerts
§ 7 Berücksichtigung der allgemeinen Wertverhältnisse
§ 8 Berücksichtigung der allgemeinen und besonderen objektspezifischen Grundstücksmerkmale
§ 9 Eignung und Anpassung der Daten; ungewöhnliche oder persönliche Verhältnisse; Herkunft der Daten
§ 10 Grundsatz der Modellkonformität
§ 11 Künftige Änderungen des Grundstückszustands

Teil 2. Für die Wertermittlung erforderliche Daten

Abschnitt 1. Allgemeines

§ 12 Allgemeines zu den für die Wertermittlung erforderlichen Daten

Abschnitt 2. Bodenrichtwerte

§ 13 Bodenrichtwert und Bodenrichtwertgrundstück
§ 14 Grundlagen der Bodenrichtwertermittlung
§ 15 Bildung der Bodenrichtwertzonen
§ 16 Grundstücksmerkmale des Bodenrichtwertgrundstücks
§ 17 Automatisiertes Führen der Bodenrichtwerte

Abschnitt 3. Sonstige für die Wertermittlung erforderliche Daten

§ 18 Indexreihen
§ 19 Umrechnungskoeffizienten
§ 20 Vergleichsfaktoren
§ 21 Liegenschaftszinssätze; Sachwertfaktoren
§ 22 Erbbaurechts- und Erbbaugrundstücksfaktoren
§ 23 Erbbaurechts- und Erbbaugrundstückskoeffizienten

Teil 3. Besondere Grundsätze zu den einzelnen Wertermittlungsverfahren

Abschnitt 1. Vergleichswertverfahren

§ 24 Grundlagen des Vergleichswertverfahrens
§ 25 Vergleichspreise
§ 26 Objektspezifisch angepasster Vergleichsfaktor; objektspezifisch angepasster Bodenrichtwert

Abschnitt 2. Ertragswertverfahren

Unterabschnitt 1. Allgemeines

§ 27 Grundlagen des Ertragswertverfahrens

Unterabschnitt 2. Verfahrensvarianten

§ 28 Allgemeines Ertragswertverfahren
§ 29 Vereinfachtes Ertragswertverfahren
§ 30 Periodisches Ertragswertverfahren

Unterabschnitt 3. Ermittlung des Ertragswerts

§ 31 Reinertrag; Rohertrag
§ 32 Bewirtschaftungskosten

---

[1] Zur Anwendung siehe § 53 ImmoWertV, ergänzt durch ImmoWertA (ImmoWertV-Anwendungshinweise) vom 20. 9. 2023.

§ 33 Objektspezifisch angepasster Liegenschaftszinssatz
§ 34 Barwertfaktor

Abschnitt 3. Sachwertverfahren

§ 35 Grundlagen des Sachwertverfahrens
§ 36 Vorläufiger Sachwert der baulichen Anlagen; durchschnittliche Herstellungskosten
§ 37 Vorläufiger Sachwert der baulichen Außenanlagen und sonstigen Anlagen
§ 38 Alterswertminderungsfaktor
§ 39 Objektspezifisch angepasster Sachwertfaktor

Teil 4. Bodenwertermittlung; grundstücksbezogene Rechte und Belastungen

Abschnitt 1. Bodenwertermittlung

§ 40 Allgemeines zur Bodenwertermittlung
§ 41 Erhebliche Überschreitung der marktüblichen Grundstücksgröße
§ 42 Bodenwert von Bauerwartungsland und Rohbauland
§ 43 Nutzungsabhängiger Bodenwert bei Liquidationsobjekten
§ 44 Gemeinbedarfsflächen
§ 45 Wasserflächen

Abschnitt 2. Grundstücksbezogene Rechte und Belastungen

Unterabschnitt 1. Allgemeines

§ 46 Allgemeines zu grundstücksbezogenen Rechten und Belastungen
§ 47 Grundsätze der Wertermittlung bei Rechten und Belastungen

Unterabschnitt 2. Erbbaurecht und Erbbaugrundstück

§ 48 Allgemeines zum Erbbaurecht und Erbbaugrundstück
§ 49 Vergleichswertverfahren für das Erbbaurecht
§ 50 Finanzmathematischer Wert des Erbbaurechts
§ 51 Vergleichswertverfahren für das Erbbaugrundstück
§ 52 Finanzmathematischer Wert des Erbbaugrundstücks

Teil 5. Schlussvorschriften

§ 53 Übergangsregelungen
§ 54 Inkrafttreten, Außerkrafttreten

Anlage 1 (zu § 12 Absatz 5 Satz 1)	Modellansätze für die Gesamtnutzungsdauer
Anlage 2 (zu § 12 Absatz 5 Satz 1)	Modell zur Ermittlung der Restnutzungsdauer von Wohngebäuden bei Modernisierungen
Anlage 3 (zu § 12 Absatz 5 Satz 2)	Modellansätze für Bewirtschaftungskosten
Anlage 4 (zu § 12 Absatz 5 Satz 3)	Normalherstellungskosten 2010 (NHK 2010)
Anlage 5 (zu § 16 Absatz 3)	Katalog der Grundstücksmerkmale des Bodenrichtwertgrundstücks

Auf Grund des § 199 Absatz 1 des Baugesetzbuchs in der Fassung der Bekanntmachung vom 3. November 2017 (BGBl. I S. 3634) verordnet die Bundesregierung:

Teil 1. Allgemeines

Abschnitt 1. Anwendungsbereich; Gegenstand und Grundlagen der Wertermittlung

§ 1 Anwendungsbereich; Wertermittlungsobjekt

1 (1) Diese Verordnung ist anzuwenden

1. bei der Ermittlung der Verkehrswerte (Marktwerte) der in Absatz 2 bezeichneten Gegenstände, auch wenn diese nicht marktfähig oder marktgängig sind (Wertermittlung), und
2. bei der Ermittlung der für die Wertermittlung erforderlichen Daten.

(2) Gegenstände der Wertermittlung (Wertermittlungsobjekte) sind

1. Grundstücke und Grundstücksteile einschließlich ihrer Bestandteile sowie ihres Zubehörs,
2. grundstücksgleiche Rechte, Rechte an diesen und Rechte an Grundstücken (grundstücksbezogene Rechte) sowie grundstücksbezogene Belastungen.

§ 2 Grundlagen der Wertermittlung

2 (1) Der Wertermittlung sind die allgemeinen Wertverhältnisse auf dem Grundstücksmarkt zum Wertermittlungsstichtag und der Grundstückszustand zum Qualitätsstichtag zugrunde zu legen.

(2) Die allgemeinen Wertverhältnisse richten sich nach der Gesamtheit der am Wertermittlungsstichtag für die Preisbildung von Grundstücken im gewöhnlichen Geschäftsverkehr maßgebenden Umstände, wie nach der allgemeinen Wirtschaftssituation, nach den Verhältnissen am Kapitalmarkt sowie nach den wirtschaftlichen und demografischen Entwicklungen des Gebiets.

(3) Der Grundstückszustand ergibt sich aus der Gesamtheit der rechtlichen Gegebenheiten, der tatsächlichen Eigenschaften, der sonstigen Beschaffenheit und der Lage des Wertermittlungsobjekts (Grundstücksmerkmale). Zu den Grundstücksmerkmalen können insbesondere zählen

1. der Entwicklungszustand,
2. die Art und das Maß der baulichen oder sonstigen Nutzung,
3. die tatsächliche Nutzung,
4. der beitragsrechtliche Zustand,
5. die Lagemerkmale,
6. die Ertragsverhältnisse,
7. die Grundstücksgröße,
8. der Grundstückszuschnitt,
9. die Bodenbeschaffenheit,
10. bei bebauten Grundstücken zusätzlich
    a) die Art der baulichen Anlagen,
    b) die Bauweise und die Baugestaltung der baulichen Anlagen,
    c) die Größe der baulichen Anlagen,
    d) die Ausstattung und die Qualität der baulichen Anlagen einschließlich ihrer energetischen Eigenschaften und ihrer Barrierefreiheit,
    e) der bauliche Zustand der baulichen Anlagen,
    f) das Alter, die Gesamtnutzungsdauer und die Restnutzungsdauer der baulichen Anlagen,
11. bei landwirtschaftlichen Grundstücken Dauerkulturen und bei forstwirtschaftlichen Grundstücken die Bestockung,
12. die grundstücksbezogenen Rechte und Belastungen.

(4) Der Wertermittlungsstichtag ist der Zeitpunkt, auf den sich die Wertermittlung bezieht und der für die Ermittlung der allgemeinen Wertverhältnisse maßgeblich ist.

(5) Der Qualitätsstichtag ist der Zeitpunkt, auf den sich der für die Wertermittlung maßgebliche Grundstückszustand bezieht. Er entspricht dem Wertermittlungsstichtag, es sei denn, dass aus rechtlichen oder sonstigen Gründen der Zustand des Grundstücks zu einem anderen Zeitpunkt maßgeblich ist.

Abschnitt 2. Begriffsbestimmungen zu einzelnen Grundstücksmerkmalen

§ 3 Entwicklungszustand; sonstige Flächen

(1) Flächen der Land- oder Forstwirtschaft sind Flächen, die, ohne Bauerwartungsland, Rohbauland oder baureifes Land zu sein, land- oder forstwirtschaftlich nutzbar sind. 3

(2) Bauerwartungsland sind Flächen, die nach ihren weiteren Grundstücksmerkmalen eine bauliche Nutzung aufgrund konkreter Tatsachen, insbesondere nach dem Stand der Bauleitplanung und nach der sonstigen städtebaulichen Entwicklung des Gebiets, mit hinreichender Sicherheit erwarten lassen.

(3) Rohbauland sind Flächen, die nach den §§ 30, 33 oder 34 des Baugesetzbuchs für eine bauliche Nutzung bestimmt sind, deren Erschließung aber noch nicht gesichert ist oder die nach Lage, Form oder Größe für eine bauliche Nutzung unzureichend gestaltet sind.

(4) Baureifes Land sind Flächen, die nach öffentlich-rechtlichen Vorschriften und nach den tatsächlichen Gegebenheiten baulich nutzbar sind.

(5) Sonstige Flächen sind Flächen, die sich keinem der Entwicklungszustände nach den Absätzen 1 bis 4 zuordnen lassen.

§ 4 Alter, Gesamt- und Restnutzungsdauer

(1) Das Alter einer baulichen Anlage ergibt sich aus der Differenz zwischen dem Kalenderjahr des maßgeblichen Stichtags und dem Baujahr. 4

(2) Die Gesamtnutzungsdauer bezeichnet die Anzahl der Jahre, in denen eine bauliche Anlage bei ordnungsgemäßer Bewirtschaftung vom Baujahr an gerechnet üblicherweise wirtschaftlich genutzt werden kann.

(3) Die Restnutzungsdauer bezeichnet die Anzahl der Jahre, in denen eine bauliche Anlage bei ordnungsgemäßer Bewirtschaftung voraussichtlich noch wirtschaftlich genutzt werden kann. Die Restnutzungsdauer wird in der Regel auf Grundlage des Unterschiedsbetrags zwischen der Gesamtnutzungsdauer und dem Alter der baulichen Anlage am maßgeblichen Stichtag unter Berücksichtigung individueller Gegebenheiten des Wertermittlungsobjekts ermittelt. Individuelle Gegebenheiten des Wertermittlungsobjekts wie beispielsweise durchgeführte Instandsetzungen oder Modernisierungen oder unterlassene Instandhaltungen des Wertermittlungsobjekts können die sich aus dem Unterschiedsbetrag nach Satz 2 ergebende Dauer verlängern oder verkürzen.

§ 5 Weitere Grundstücksmerkmale

5 (1) Art und Maß der baulichen oder sonstigen Nutzung ergeben sich vorbehaltlich des Satzes 2 aus den für die planungsrechtliche Zulässigkeit von Vorhaben maßgeblichen Vorschriften des Städtebaurechts und aus den sonstigen Vorschriften, die die Nutzbarkeit betreffen. Wird vom städtebaulich zulässigen Maß im Sinne des Satzes 1 in der Umgebung regelmäßig abgewichen oder wird das Maß bei der Kaufpreisbemessung regelmäßig abweichend von den für die planungsrechtliche Zulässigkeit maßgeblichen Vorschriften des Städtebaurechts bestimmt, so ist das Maß der Nutzung maßgebend, das auf dem jeweiligen Grundstücksmarkt üblicherweise zugrunde gelegt wird.

(2) Für den beitragsrechtlichen Zustand des Grundstücks ist die Verpflichtung zur Entrichtung von grundstücksbezogenen Beiträgen maßgebend. Als Beiträge im Sinne des Satzes 1 gelten auch grundstücksbezogene Sonderabgaben und beitragsähnliche Abgaben.

(3) Die Ertragsverhältnisse ergeben sich aus den tatsächlich erzielten und aus den marktüblich erzielbaren Erträgen. Marktüblich erzielbare Erträge sind die nach den Marktverhältnissen am Wertermittlungsstichtag für die jeweilige Nutzung in vergleichbaren Fällen durchschnittlich erzielten Erträge.

(4) Lagemerkmale von Grundstücken ergeben sich aus der räumlichen Position des Grundstücks und beziehen sich insbesondere auf die Verkehrsanbindung, die Nachbarschaft, die Wohn- und Geschäftslage sowie die Umwelteinflüsse.

(5) Die Bodenbeschaffenheit umfasst beispielsweise die Bodengüte, die Eignung als Baugrund und das Vorhandensein von Bodenverunreinigungen.

Abschnitt 3. Allgemeine Grundsätze der Wertermittlung

§ 6 Wertermittlungsverfahren; Ermittlung des Verkehrswerts

6 (1) Grundsätzlich sind zur Wertermittlung das Vergleichswertverfahren, das Ertragswertverfahren, das Sachwertverfahren oder mehrere dieser Verfahren heranzuziehen. Die Verfahren sind nach der Art des Wertermittlungsobjekts unter Berücksichtigung der im gewöhnlichen Geschäftsverkehr bestehenden Gepflogenheiten und der sonstigen Umstände des Einzelfalls, insbesondere der Eignung der zur Verfügung stehenden Daten, zu wählen; die Wahl ist zu begründen.

(2) In den in Absatz 1 Satz 1 genannten Wertermittlungsverfahren sind regelmäßig in folgender Reihenfolge zu berücksichtigen:

1. die allgemeinen Wertverhältnisse;
2. die besonderen objektspezifischen Grundstücksmerkmale.

(3) Die in Absatz 1 Satz 1 genannten Wertermittlungsverfahren gliedern sich in folgende Verfahrensschritte:

1. Ermittlung des vorläufigen Verfahrenswerts;
2. Ermittlung des marktangepassten vorläufigen Verfahrenswerts;
3. Ermittlung des Verfahrenswerts.

Bei der Ermittlung des vorläufigen Verfahrenswerts und des marktangepassten vorläufigen Verfahrenswerts sind § 7 und § 8 Absatz 2 zu beachten; bei der Ermittlung des Verfahrenswerts ist § 8 Absatz 3 zu beachten.

(4) Der Verkehrswert ist aus dem Verfahrenswert des oder der angewendeten Wertermittlungsverfahren unter Würdigung seiner oder ihrer Aussagefähigkeit zu ermitteln.

§ 7 Berücksichtigung der allgemeinen Wertverhältnisse

7 (1) Die Berücksichtigung der allgemeinen Wertverhältnisse erfolgt

1. im Vergleichswertverfahren bei Ermittlung des vorläufigen Verfahrenswerts insbesondere durch den Ansatz von Vergleichspreisen, Vergleichsfaktoren und Indexreihen,
2. im Ertragswertverfahren bei Ermittlung des vorläufigen Verfahrenswerts insbesondere durch den Ansatz von marktüblich erzielbaren Erträgen und Liegenschaftszinssätzen und
3. im Sachwertverfahren bei Ermittlung des marktangepassten vorläufigen Verfahrenswerts insbesondere durch den Ansatz von Sachwertfaktoren.

(2) Lassen sich die allgemeinen Wertverhältnisse bei Verwendung der Daten nach Absatz 1 auch durch eine Anpassung nach § 9 Absatz 1 Satz 2 nicht ausreichend berücksichtigen, ist zur Ermittlung des marktangepassten vorläufigen Verfahrenswerts eine Marktanpassung durch marktübliche Zu- oder Abschläge erforderlich.

§ 8 Berücksichtigung der allgemeinen und besonderen objektspezifischen Grundstücksmerkmale

8 (1) Im Rahmen der Wertermittlung sind Grundstücksmerkmale zu berücksichtigen, denen der Grundstücksmarkt einen Werteinfluss beimisst.

(2) Allgemeine Grundstücksmerkmale sind wertbeeinflussende Grundstücksmerkmale, die hinsichtlich Art und Umfang auf dem jeweiligen Grundstücksmarkt regelmäßig auftreten. Ihr Werteinfluss wird bei der Ermittlung des vorläufigen Verfahrenswerts berücksichtigt.

(3) Besondere objektspezifische Grundstücksmerkmale sind wertbeeinflussende Grundstücksmerkmale, die nach Art oder Umfang erheblich von dem auf dem jeweiligen Grundstücksmarkt Üblichen oder erheblich von den zugrunde gelegten Modellen oder Modellansätzen abweichen. Besondere objektspezifische Grundstücksmerkmale können insbesondere vorliegen bei

1. besonderen Ertragsverhältnissen,
2. Baumängeln und Bauschäden,
3. baulichen Anlagen, die nicht mehr wirtschaftlich nutzbar sind (Liquidationsobjekte) und zur alsbaldigen Freilegung anstehen,
4. Bodenverunreinigungen,
5. Bodenschätzen sowie
6. grundstücksbezogenen Rechten und Belastungen.

Die besonderen objektspezifischen Grundstücksmerkmale werden, wenn sie nicht bereits anderweitig berücksichtigt worden sind, erst bei der Ermittlung der Verfahrenswerte insbesondere durch marktübliche Zu- oder Abschläge berücksichtigt. Bei paralleler Durchführung mehrerer Wertermittlungsverfahren sind die besonderen objektspezifischen Grundstücksmerkmale, soweit möglich, in allen Verfahren identisch anzusetzen.

§ 9 Eignung und Anpassung der Daten; ungewöhnliche oder persönliche Verhältnisse; Herkunft der Daten

(1) Kaufpreise sowie weitere Daten wie insbesondere Bodenrichtwerte und sonstige für die Wertermittlung erforderliche Daten sind zur Wertermittlung geeignet, wenn die Daten hinsichtlich Aktualität in Bezug auf den maßgeblichen Stichtag und hinsichtlich Repräsentativität den jeweiligen Grundstücksmarkt zutreffend abbilden und etwaige Abweichungen in den allgemeinen Wertverhältnissen sowie wertbeeinflussende Abweichungen der Grundstücksmerkmale des Wertermittlungsobjekts nach Maßgabe der Sätze 2 und 3 berücksichtigt werden können. Bei Abweichungen der allgemeinen Wertverhältnisse sind die Daten durch geeignete Indexreihen oder in anderer Weise an die Wertverhältnisse am Wertermittlungsstichtag anzupassen. Wertbeeinflussende Abweichungen der Grundstücksmerkmale des Wertermittlungsobjekts sind durch geeignete Umrechnungskoeffizienten, durch eine Anpassung mittels marktüblicher Zu- oder Abschläge oder in anderer Weise zu berücksichtigen. Die Kaufpreise sind um die Werteinflüsse besonderer objektspezifischer Grundstücksmerkmale zu bereinigen. 9

(2) Zur Wertermittlung sind solche Kaufpreise und andere Daten wie beispielsweise Mieten heranzuziehen, bei denen angenommen werden kann, dass sie nicht durch ungewöhnliche oder persönliche Verhältnisse beeinflusst worden sind. Eine Beeinflussung durch ungewöhnliche oder persönliche Verhältnisse kann angenommen werden, wenn die Kaufpreise und anderen Daten erheblich von den Kaufpreisen und anderen Daten in vergleichbaren Fällen abweichen.

(3) Maßstab für die Wahl der Quelle, aus der die Daten herangezogen werden, ist ihre Eignung nach Absatz 1 Satz 1. Stehen keine geeigneten sonstigen für die Wertermittlung erforderlichen Daten zur Verfügung, können sie oder die entsprechenden Werteinflüsse auch sachverständig geschätzt werden; die Grundlagen der Schätzung sind zu dokumentieren.

§ 10 Grundsatz der Modellkonformität

(1) Bei Anwendung der sonstigen für die Wertermittlung erforderlichen Daten sind dieselben Modelle und Modellansätze zu verwenden, die der Ermittlung dieser Daten zugrunde lagen (Grundsatz der Modellkonformität). Hierzu ist die nach § 12 Absatz 6 erforderliche Modellbeschreibung zu berücksichtigen. 10

(2) Liegen für den maßgeblichen Stichtag lediglich solche für die Wertermittlung erforderlichen Daten vor, die nicht nach dieser Verordnung ermittelt worden sind, ist bei Anwendung dieser Daten im Rahmen der Wertermittlung von dieser Verordnung abzuweichen, soweit dies zur Wahrung des Grundsatzes der Modellkonformität erforderlich ist.

§ 11 Künftige Änderungen des Grundstückszustands

(1) Künftige Änderungen des Grundstückszustands sind zu berücksichtigen, wenn sie am Qualitätsstichtag mit hinreichender Sicherheit aufgrund konkreter Tatsachen zu erwarten sind. 11

(2) Bei künftigen Änderungen des Grundstückszustands ist die voraussichtliche Dauer bis zum Eintritt dieser Änderung (Wartezeit) auch in Verbindung mit einer verbleibenden Unsicherheit des Eintritts dieser Änderung (Realisierungsrisiko) angemessen zu berücksichtigen.

Teil 2. Für die Wertermittlung erforderliche Daten

Abschnitt 1. Allgemeines

§ 12 Allgemeines zu den für die Wertermittlung erforderlichen Daten

12 (1) Zu den für die Wertermittlung erforderlichen Daten gehören die Bodenrichtwerte und die sonstigen für die Wertermittlung erforderlichen Daten. Sonstige für die Wertermittlung erforderliche Daten sind insbesondere

1. Indexreihen,
2. Umrechnungskoeffizienten,
3. Vergleichsfaktoren,
4. Liegenschaftszinssätze,
5. Sachwertfaktoren,
6. Erbbaurechts- und Erbbaugrundstücksfaktoren sowie
7. Erbbaurechts- und Erbbaugrundstückskoeffizienten.

Die sonstigen für die Wertermittlung erforderlichen Daten sind auf einen Stichtag zu beziehen.

(2) Die für die Wertermittlung erforderlichen Daten werden insbesondere aus der Kaufpreissammlung auf der Grundlage einer ausreichenden Anzahl geeigneter Kaufpreise ermittelt.

(3) Geeignet im Sinne des Absatzes 2 sind Kaufpreise, die hinsichtlich der allgemeinen Wertverhältnisse und des jeweiligen Grundstückszustands hinreichend übereinstimmen. Eine hinreichende Übereinstimmung liegt vor, wenn sich etwaige Abweichungen

1. bei Vorliegen einer hinreichend großen Anzahl von Kaufpreisen in ihren Auswirkungen auf die Preise ausgleichen oder
2. in entsprechender Anwendung des § 9 Absatz 1 Satz 2 und 3 berücksichtigen lassen.

Die Kaufpreise sind um die Werteinflüsse besonderer objektspezifischer Grundstücksmerkmale zu bereinigen. Hinsichtlich einer Beeinflussung durch ungewöhnliche oder persönliche Verhältnisse gilt § 9 Absatz 2 entsprechend.

(4) Zur Ermittlung der sonstigen für die Wertermittlung erforderlichen Daten sind geeignete statistische Verfahren heranzuziehen.

(5) Bei Ermittlung der sonstigen für die Wertermittlung erforderlichen Daten sind zur Festlegung der Gesamtnutzungsdauer die Modellansätze der Anlage 1 und ist zur Ermittlung der Restnutzungsdauer im Fall der Modernisierung von Wohngebäuden das in Anlage 2 beschriebene Modell zugrunde zu legen. Bei Ermittlung der Liegenschaftszinssätze sind als Bewirtschaftungskosten im Sinne des § 32 Absatz 1 Satz 2 Nummer 1 bis 3 die Modellansätze der Anlage 3 zugrunde zu legen. Bei Ermittlung der Sachwertfaktoren sind der Ermittlung der durchschnittlichen Herstellungskosten im Sinne des § 36 Absatz 2 die Normalherstellungskosten nach Anlage 4 zugrunde zu legen.

(6) Zur Sicherstellung der nach § 10 Absatz 1 gebotenen modellkonformen Anwendung der sonstigen für die Wertermittlung erforderlichen Daten sind die zugrunde gelegten Modellansätze, Modelle und Bezugseinheiten sowie weitere Informationen in einer Modellbeschreibung anzugeben; hierzu gehören insbesondere

1. die Angabe von Rahmendaten zum Beispiel zum Stichtag, auf den sich das zur Wertermittlung erforderliche Datum bezieht, zum sachlichen und räumlichen Anwendungsbereich und zur Datengrundlage,
2. die Beschreibung der Stichprobe,
3. die Beschreibung der Ermittlungsmethodik,
4. die Beschreibung der verwendeten Parameter und der zugrunde gelegten Bezugseinheiten sowie
5. sonstige Selektionsparameter.

Abschnitt 2. Bodenrichtwerte

§ 13 Bodenrichtwert und Bodenrichtwertgrundstück

13 (1) Der Bodenrichtwert ist bezogen auf einen Quadratmeter Grundstücksfläche des Bodenrichtwertgrundstücks.

(2) Das Bodenrichtwertgrundstück ist ein unbebautes und fiktives Grundstück, dessen Grundstücksmerkmale weitgehend mit den vorherrschenden grund- und bodenbezogenen wertbeeinflussenden Grundstücksmerkmalen in der nach § 15 gebildeten Bodenrichtwertzone übereinstimmen. Je Bodenrichtwertzone ist ein Bodenrichtwert anzugeben. Bodenrichtwertspannen sind nicht zulässig.

§ 14 Grundlagen der Bodenrichtwertermittlung

(1) Bodenrichtwerte sind vorrangig im Vergleichswertverfahren nach den §§ 24 und 25 zu ermitteln. Für die Anpassung der Kaufpreise an die Grundstücksmerkmale des Bodenrichtwertgrundstücks und an den Bodenrichtwertstichtag gilt § 9 Absatz 1 Satz 2 und 3 entsprechend. **14**

(2) Für die Bodenrichtwertermittlung in Gebieten ohne oder mit geringem Grundstücksverkehr können Kaufpreise und Bodenrichtwerte aus vergleichbaren Gebieten oder aus vorangegangenen Jahren herangezogen werden; Absatz 1 Satz 2 gilt entsprechend. Darüber hinaus können deduktive oder andere geeignete Verfahrensweisen angewendet werden.

(3) Bei der Bodenrichtwertermittlung in bebauten Gebieten können der Zustand und die Struktur der das Gebiet prägenden Bebauung zu berücksichtigen sein.

(4) Bodenrichtwerte enthalten keinen Wertanteil für den Aufwuchs.

(5) Das oder die angewendeten Verfahren für die Ermittlung der Bodenrichtwerte sind zu dokumentieren. Einzelne Bodenrichtwerte sind nicht zu begründen.

§ 15 Bildung der Bodenrichtwertzonen

(1) Eine Bodenrichtwertzone besteht aus einem räumlich zusammenhängenden Gebiet. Die Bodenrichtwertzonen sind so abzugrenzen, dass lagebedingte Wertunterschiede zwischen den Grundstücken, für die der Bodenrichtwert gelten soll, und dem Bodenrichtwertgrundstück grundsätzlich nicht mehr als 30 Prozent betragen. Wertunterschiede, die sich aus nicht mit dem Bodenrichtwertgrundstück übereinstimmenden Grundstücksmerkmalen einzelner Grundstücke ergeben, sind bei der Abgrenzung nicht zu berücksichtigen. **15**

(2) Einzelne Grundstücke oder Grundstücksteile mit einer vom Bodenrichtwertgrundstück abweichenden Art der Nutzung oder Qualität, wie zum Beispiel Grünflächen, Waldflächen, Wasserflächen, Verkehrsflächen und Gemeinbedarfsflächen, können Bestandteil der Bodenrichtwertzone sein; der dort angegebene Bodenrichtwert gilt nicht für diese Grundstücke.

(3) Bodenrichtwertzonen können sich in begründeten Fällen deckungsgleich überlagern; dies gilt insbesondere, wenn sich aufgrund der unregelmäßigen Verteilung von Grundstücken mit unterschiedlichen Nutzungen oder anderen erheblichen Unterschieden in wertbeeinflussenden Grundstücksmerkmalen keine eigenen Bodenrichtwertzonen abgrenzen lassen. Bei der Bildung von sich deckungsgleich überlagernden Bodenrichtwertzonen muss eine eindeutige Zuordnung der Grundstücke zu einem Bodenrichtwertgrundstück möglich sein; hierbei ist unschädlich, wenn sich einzelne Grundstücke nicht eindeutig zuordnen lassen. Bei Bodenrichtwerten nach § 196 Absatz 1 Satz 7 des Baugesetzbuchs können sich die Bodenrichtwertzonen auch nicht deckungsgleich überlagern.

(4) Bei der Bildung von Bodenrichtwertzonen für die Entwicklungszustände Bauerwartungsland und Rohbauland sind Bauleitpläne sowie die Entwicklung am Grundstücksmarkt zu berücksichtigen. Die Bodenrichtwertzonen sind so abzugrenzen, dass in der Bodenrichtwertzone ein überwiegend einheitlicher Entwicklungsgrad der Grundstücke gegeben ist.

§ 16 Grundstücksmerkmale des Bodenrichtwertgrundstücks

(1) Das Bodenrichtwertgrundstück weist keine Grundstücksmerkmale auf, die nur im Rahmen einer Einzelbegutachtung ermittelt werden können; dies betrifft insbesondere nur für einzelne Grundstücke bestehende privatrechtliche, öffentlich-rechtliche und tatsächliche Besonderheiten. Satz 1 findet keine Anwendung auf wertbeeinflussende Grundstücksmerkmale, die in der Bodenrichtwertzone vorherrschend sind. **16**

(2) Von den wertbeeinflussenden Grundstücksmerkmalen des Bodenrichtwertgrundstücks sind der Entwicklungszustand und die Art der Nutzung darzustellen. Weitere Grundstücksmerkmale sind darzustellen, wenn sie wertbeeinflussend sind; hierzu können insbesondere gehören

1. das Maß der baulichen Nutzung nach § 5 Absatz 1,
2. die Bauweise oder die Gebäudestellung zur Nachbarbebauung,
3. die Grundstücksgröße,
4. die Grundstückstiefe und
5. die Bodengüte als Acker- oder Grünlandzahl.

Bei baureifem Land gehört zu den darzustellenden Grundstücksmerkmalen zusätzlich stets der beitragsrechtliche Zustand. Bei förmlich festgelegten Sanierungsgebieten und förmlich festgelegten Entwicklungsbereichen ist zusätzlich darzustellen, ob sich der Bodenrichtwert auf den sanierungs- oder entwicklungsunbeeinflussten Zustand oder auf den sanierungs- oder entwicklungsbeeinflussten Zustand bezieht; dies gilt nicht, wenn nach § 142 Absatz 4 des Baugesetzbuchs ein vereinfachtes Sanierungsverfahren durchgeführt wird.

(3) Die wertbeeinflussenden Grundstücksmerkmale des Bodenrichtwertgrundstücks sind nach Anlage 5 zu spezifizieren.

(4) Wird beim Maß der baulichen Nutzung auf das Verhältnis der Flächen der Geschosse zur Grundstücksfläche abgestellt und ist hierbei nach § 5 Absatz 1 Satz 2 ein gegenüber den planungs-

rechtlichen Zulässigkeitsvorschriften abweichend bestimmtes Maß wertbeeinflussend, so sind zur Ermittlung dieses Maßes die Flächen aller oberirdischen Geschosse mit Ausnahme von nicht ausbaufähigen Dachgeschossen nach den jeweiligen Außenmaßen zu berücksichtigen. Geschosse gelten in Abgrenzung zu Kellergeschossen als oberirdische Geschosse, soweit ihre Deckenoberkanten im Mittel mehr als 1,40 Meter über die Geländeoberfläche hinausragen; § 20 Absatz 1 der Baunutzungsverordnung findet keine Anwendung. Ausgebaute oder ausbaufähige Dachgeschosse sind mit 75 Prozent ihrer Fläche zu berücksichtigen. Staffelgeschosse werden in vollem Umfang berücksichtigt. Hohlräume zwischen der obersten Decke und der Bedachung, in denen Aufenthaltsräume nicht möglich sind, sind keine Geschosse. Das nach Satz 1 bis 5 ermittelte Verhältnis der Flächen der oberirdischen Geschosse zur Grundstücksfläche ist die wertrelevante Geschossflächenzahl (WGFZ).

(5) Bodenrichtwerte für baureifes Land sind vorbehaltlich des Satzes 2 für beitragsfreie Grundstücke zu ermitteln. Aufgrund örtlicher Gegebenheiten können vorübergehend Bodenrichtwerte für Grundstücke ermittelt werden, für die noch Beiträge zu entrichten oder zu erwarten sind.

§ 17 Automatisiertes Führen der Bodenrichtwerte

17 Die Bodenrichtwerte sind in automatisierter Form auf der Grundlage der amtlichen Geobasisdaten zu führen.

Abschnitt 3. Sonstige für die Wertermittlung erforderliche Daten

§ 18 Indexreihen

18 (1) Indexreihen dienen der Berücksichtigung von im Zeitverlauf eintretenden Änderungen der allgemeinen Wertverhältnisse.

(2) Indexreihen bestehen aus Indexzahlen, die sich aus dem durchschnittlichen Verhältnis der Preise eines Erhebungszeitraums zu den Preisen eines Basiszeitraums mit der Indexzahl 100 ergeben. Die Indexzahlen können auch auf bestimmte Zeitpunkte innerhalb des Erhebungs- und Basiszeitraums bezogen werden.

(3) Die Indexzahlen werden aus geeigneten Kaufpreisen für Grundstücke bestimmter räumlicher und sachlicher Teilmärkte ermittelt.

§ 19 Umrechnungskoeffizienten

19 (1) Umrechnungskoeffizienten dienen der Berücksichtigung von Wertunterschieden ansonsten gleichartiger Grundstücke, die sich aus Abweichungen einzelner Grundstücksmerkmale, insbesondere aus dem unterschiedlichen Maß der baulichen Nutzung oder der Grundstücksgröße und -tiefe, ergeben.

(2) Umrechnungskoeffizienten geben das Verhältnis des Werts eines Grundstücks mit einer bestimmten Ausprägung eines Grundstücksmerkmals zu dem Wert eines Grundstücks mit einer bestimmten Basisausprägung dieses Grundstücksmerkmals (Normgrundstück) an.

(3) Die Umrechnungskoeffizienten werden aus geeigneten Kaufpreisen für solche Grundstücke abgeleitet, die sich abgesehen von solchen Abweichungen, die durch Anpassung der Kaufpreise nach § 9 Absatz 1 Satz 2 und 3 berücksichtigt werden, im Wesentlichen nur in dem Grundstücksmerkmal unterscheiden, für das die Umrechnungskoeffizienten abgeleitet werden.

§ 20 Vergleichsfaktoren

20 (1) Vergleichsfaktoren dienen der Ermittlung von Vergleichswerten insbesondere für bebaute Grundstücke.

(2) Vergleichsfaktoren sind durchschnittliche, auf eine geeignete Bezugseinheit bezogene Werte für Grundstücke mit bestimmten wertbeeinflussenden Grundstücksmerkmalen (Normobjekte).

(3) Vergleichsfaktoren werden ermittelt auf der Grundlage von

1. geeigneten Kaufpreisen und
2. der diesen Kaufpreisen entsprechenden Flächen- oder Raumeinheit (Gebäudefaktoren), den diesen Kaufpreisen entsprechenden marktüblich erzielbaren jährlichen Erträgen (Ertragsfaktoren) oder einer sonstigen geeigneten Bezugseinheit.

§ 21 Liegenschaftszinssätze; Sachwertfaktoren

21 (1) Liegenschaftszinssätze und Sachwertfaktoren dienen der Berücksichtigung der allgemeinen Wertverhältnisse auf dem jeweiligen Grundstücksmarkt, soweit diese nicht auf andere Weise zu berücksichtigen sind.

(2) Liegenschaftszinssätze sind Kapitalisierungszinssätze, mit denen Verkehrswerte von Grundstücken je nach Grundstücksart im Durchschnitt marktüblich verzinst werden. Liegenschaftszinssätze werden nach den Grundsätzen des Ertragswertverfahrens nach den §§ 27 bis 34 auf der Grundlage von geeigneten Kaufpreisen und den ihnen entsprechenden Reinerträgen ermittelt.

(3) Sachwertfaktoren geben das Verhältnis des vorläufigen marktangepassten Sachwerts zum vorläufigen Sachwert an. Die Sachwertfaktoren werden nach den Grundsätzen des Sachwertverfahrens nach den §§ 35 bis 38 auf der Grundlage von geeigneten Kaufpreisen und den ihnen entsprechenden vorläufigen Sachwerten ermittelt.

§ 22 Erbbaurechts- und Erbbaugrundstücksfaktoren

(1) Erbbaurechts- und Erbbaugrundstücksfaktoren dienen im Wesentlichen der Berücksichtigung der dem Erbbaurecht allgemein beizumessenden Werteinflüsse, soweit sie nicht bereits im finanzmathematischen Wert berücksichtigt sind. 22

(2) Erbbaurechtsfaktoren geben das Verhältnis des vorläufigen Vergleichswerts des Erbbaurechts zum finanzmathematischen Wert des Erbbaurechts an. Erbbaugrundstücksfaktoren geben das Verhältnis des vorläufigen Vergleichswerts des Erbbaugrundstücks zum finanzmathematischen Wert des Erbbaugrundstücks an.

(3) Die Erbbaurechtsfaktoren und Erbbaugrundstücksfaktoren werden nach den Grundsätzen der §§ 50 und 52 auf der Grundlage von geeigneten Kaufpreisen und den diesen Kaufpreisen entsprechenden finanzmathematischen Werten ermittelt.

§ 23 Erbbaurechts- und Erbbaugrundstückskoeffizienten

(1) Erbbaurechts- und Erbbaugrundstückskoeffizienten dienen im Wesentlichen der Berücksichtigung der dem Erbbaurecht allgemein beizumessenden Werteinflüsse. 23

(2) Die Erbbaurechtskoeffizienten geben das Verhältnis des vorläufigen Vergleichswerts des Erbbaurechts zum Wert des fiktiven Volleigentums im Sinne des § 49 Absatz 1 Satz 2 an. Die Erbbaugrundstückskoeffizienten geben das Verhältnis des vorläufigen Vergleichswerts des Erbbaugrundstücks zum Bodenwert des fiktiv unbelasteten Grundstücks im Sinne des § 47 Absatz 1 Satz 1 Nummer 2 an.

(3) Die Erbbaurechtskoeffizienten werden auf der Grundlage von geeigneten Kaufpreisen und den diesen Kaufpreisen entsprechenden Werten des fiktiven Volleigentums ermittelt. Die Erbbaugrundstückskoeffizienten werden auf der Grundlage von geeigneten Kaufpreisen und den diesen Kaufpreisen entsprechenden Bodenwerten der fiktiv unbelasteten Grundstücke ermittelt.

Teil 3. Besondere Grundsätze zu den einzelnen Wertermittlungsverfahren

Abschnitt 1. Vergleichswertverfahren

§ 24 Grundlagen des Vergleichswertverfahrens

(1) Im Vergleichswertverfahren wird der Vergleichswert aus einer ausreichenden Anzahl von Vergleichspreisen im Sinne des § 25 ermittelt. Neben oder anstelle von Vergleichspreisen können insbesondere bei bebauten Grundstücken ein objektspezifisch angepasster Vergleichsfaktor im Sinne des § 26 Absatz 1 und bei der Bodenwertermittlung ein objektspezifisch angepasster Bodenrichtwert im Sinne des § 26 Absatz 2 herangezogen werden. 24

(2) Der vorläufige Vergleichswert kann ermittelt werden

1. auf Grundlage einer statistischen Auswertung einer ausreichenden Anzahl von Vergleichspreisen oder
2. durch Multiplikation eines objektspezifisch angepassten Vergleichsfaktors oder eines objektspezifisch angepassten Bodenrichtwerts mit der entsprechenden Bezugsgröße des Wertermittlungsobjekts.

(3) Der marktangepasste vorläufige Vergleichswert entspricht nach Maßgabe des § 7 dem vorläufigen Vergleichswert.

(4) Der Vergleichswert ergibt sich aus dem marktangepassten vorläufigen Vergleichswert und der Berücksichtigung vorhandener besonderer objektspezifischer Grundstücksmerkmale des Wertermittlungsobjekts.

§ 25 Vergleichspreise

Zur Ermittlung von Vergleichspreisen sind Kaufpreise solcher Grundstücke (Vergleichsgrundstücke) heranzuziehen, die mit dem zu bewertenden Grundstück hinreichend übereinstimmende Grundstücksmerkmale aufweisen und die zu Zeitpunkten verkauft worden sind (Vertragszeitpunkte), die in hinreichender zeitlicher Nähe zum Wertermittlungsstichtag stehen. Die Kaufpreise sind auf ihre Eignung im Sinne des § 9 Absatz 1 Satz 1 zu prüfen und bei etwaigen Abweichungen nach Maßgabe des § 9 Absatz 1 Satz 2 und 3 an die Gegebenheiten des Wertermittlungsobjekts anzupassen. 25

§ 26 Objektspezifisch angepasster Vergleichsfaktor; objektspezifisch angepasster Bodenrichtwert

26 (1) Zur Ermittlung des objektspezifisch angepassten Vergleichsfaktors ist der nach § 20 ermittelte Vergleichsfaktor auf seine Eignung im Sinne des § 9 Absatz 1 Satz 1 zu prüfen und bei etwaigen Abweichungen nach Maßgabe des § 9 Absatz 1 Satz 2 und 3 an die Gegebenheiten des Wertermittlungsobjekts anzupassen.

(2) Zur Ermittlung des objektspezifisch angepassten Bodenrichtwerts sind die nach den §§ 13 bis 16 ermittelten Bodenrichtwerte auf ihre Eignung im Sinne des § 9 Absatz 1 Satz 1 zu prüfen und bei etwaigen Abweichungen nach Maßgabe des § 9 Absatz 1 Satz 2 und 3 an die Gegebenheiten des Wertermittlungsobjekts anzupassen.

Abschnitt 2. Ertragswertverfahren

Unterabschnitt 1. Allgemeines

§ 27 Grundlagen des Ertragswertverfahrens

27 (1) Im Ertragswertverfahren wird der Ertragswert auf der Grundlage marktüblich erzielbarer Erträge ermittelt. Soweit die Ertragsverhältnisse mit hinreichender Sicherheit aufgrund konkreter Tatsachen wesentlichen Veränderungen unterliegen oder wesentlich von den marktüblich erzielbaren Erträgen abweichen, kann der Ertragswert auf der Grundlage periodisch unterschiedlicher Erträge ermittelt werden.

(2) Der vorläufige Ertragswert wird auf der Grundlage des nach den §§ 40 bis 43 zu ermittelnden Bodenwerts und des Reinertrags im Sinne des § 31 Absatz 1, der Restnutzungsdauer im Sinne des § 4 Absatz 3 und des objektspezifisch angepassten Liegenschaftszinssatzes im Sinne des § 33 ermittelt.

(3) Der marktangepasste vorläufige Ertragswert entspricht nach Maßgabe des § 7 dem vorläufigen Ertragswert.

(4) Der Ertragswert ergibt sich aus dem marktangepassten vorläufigen Ertragswert und der Berücksichtigung vorhandener besonderer objektspezifischer Grundstücksmerkmale des Wertermittlungsobjekts.

(5) Für die Ermittlung des Ertragswerts stehen folgende Verfahrensvarianten zur Verfügung:

1. das allgemeine Ertragswertverfahren;
2. das vereinfachte Ertragswertverfahren;
3. das periodische Ertragswertverfahren.

Unterabschnitt 2. Verfahrensvarianten

§ 28 Allgemeines Ertragswertverfahren

28 Im allgemeinen Ertragswertverfahren wird der vorläufige Ertragswert ermittelt durch Bildung der Summe aus

1. dem kapitalisierten jährlichen Reinertragsanteil der baulichen Anlagen zum Wertermittlungsstichtag, der unter Abzug des Bodenwertverzinsungsbetrags ermittelt wurde (vorläufiger Ertragswert der baulichen Anlagen), und
2. dem Bodenwert.

Der Ermittlung des Bodenwertverzinsungsbetrags und der Kapitalisierung des jährlichen Reinertragsanteils der baulichen Anlagen ist jeweils derselbe objektspezifisch angepasste Liegenschaftszinssatz zugrunde zu legen. Die Kapitalisierungsdauer entspricht der Restnutzungsdauer der baulichen Anlagen.

§ 29 Vereinfachtes Ertragswertverfahren

29 Im vereinfachten Ertragswertverfahren wird der vorläufige Ertragswert ermittelt durch Bildung der Summe aus

1. dem kapitalisierten jährlichen Reinertrag zum Wertermittlungsstichtag (Barwert des Reinertrags) und
2. dem über die Restnutzungsdauer der baulichen Anlagen abgezinsten Bodenwert.

Der Kapitalisierung des jährlichen Reinertrags und der Abzinsung des Bodenwerts ist jeweils derselbe objektspezifisch angepasste Liegenschaftszinssatz zugrunde zu legen. Die Kapitalisierungs- oder Abzinsungsdauer entspricht der Restnutzungsdauer der baulichen Anlagen.

§ 30 Periodisches Ertragswertverfahren

30 (1) Im periodischen Ertragswertverfahren kann der vorläufige Ertragswert ermittelt werden durch Bildung der Summe aus

1. den zu addierenden und auf den Wertermittlungsstichtag abgezinsten, aus gesicherten Daten abgeleiteten Reinerträgen der Perioden innerhalb des Betrachtungszeitraums und

2. dem über den Betrachtungszeitraum auf den Wertermittlungsstichtag abgezinsten Restwert des Grundstücks.

(2) Der Betrachtungszeitraum, für den die periodisch unterschiedlichen Erträge ermittelt werden, ist so zu wählen, dass die Höhe der im Betrachtungszeitraum anfallenden Erträge mit hinreichender Sicherheit ermittelt werden kann; hierbei sollen zehn Jahre nicht überschritten werden. Der Abzinsung ist in der Regel der objektspezifisch angepasste Liegenschaftszinssatz zugrunde zu legen.

(3) Der Restwert des Grundstücks kann ermittelt werden durch Bildung der Summe aus

1. dem Barwert des Reinertrags der Restperiode und
2. dem über die Restperiode abgezinsten Bodenwert.

Die Restperiode ist die um den Betrachtungszeitraum reduzierte Restnutzungsdauer. Die Kapitalisierung des Reinertrags der Restperiode erfolgt über die Dauer der Restperiode. Der Kapitalisierung und der Abzinsung ist jeweils derselbe objektspezifisch angepasste Liegenschaftszinssatz zugrunde zu legen.

Unterabschnitt 3. Ermittlung des Ertragswerts

§ 31 Reinertrag; Rohertrag

(1) Der jährliche Reinertrag ergibt sich aus dem jährlichen Rohertrag abzüglich der Bewirtschaftungskosten. 31

(2) Der Rohertrag ergibt sich aus den bei ordnungsgemäßer Bewirtschaftung und zulässiger Nutzung marktüblich erzielbaren Erträgen; hierbei sind die tatsächlichen Erträge zugrunde zu legen, wenn sie marktüblich erzielbar sind. Bei Anwendung des periodischen Ertragswertverfahrens ergibt sich der Rohertrag insbesondere aus den vertraglichen Vereinbarungen.

§ 32 Bewirtschaftungskosten

(1) Bewirtschaftungskosten sind die für eine ordnungsgemäße Bewirtschaftung und zulässige Nutzung entstehenden regelmäßigen Aufwendungen, die nicht durch Umlagen oder sonstige Kostenübernahmen gedeckt sind. Zu den Bewirtschaftungskosten gehören 32

1. die Verwaltungskosten,
2. die Instandhaltungskosten,
3. das Mietausfallwagnis und
4. die Betriebskosten im Sinne des § 556 Absatz 1 Satz 2 des Bürgerlichen Gesetzbuchs.

(2) Verwaltungskosten umfassen insbesondere die Kosten der zur Verwaltung des Grundstücks erforderlichen Arbeitskräfte und Einrichtungen, die Kosten der Aufsicht und die Kosten der Geschäftsführung sowie den Gegenwert der von Eigentümerseite persönlich geleisteten Verwaltungsarbeit.

(3) Instandhaltungskosten umfassen die Kosten, die im langjährigen Mittel infolge Abnutzung oder Alterung zur Erhaltung des der Wertermittlung zugrunde gelegten Ertragsniveaus der baulichen Anlagen während ihrer Restnutzungsdauer marktüblich aufgewendet werden müssten.

(4) Das Mietausfallwagnis umfasst

1. das Risiko einer Ertragsminderung, die durch uneinbringliche Zahlungsrückstände von Mieten, Pachten und sonstigen Einnahmen oder durch vorübergehenden Leerstand von Grundstücken oder Grundstücksteilen entstehen, die zur Vermietung, Verpachtung oder sonstigen Nutzung bestimmt sind,
2. das Risiko von bei uneinbringlichen Zahlungsrückständen oder bei vorübergehendem Leerstand anfallenden, vom Eigentümer zusätzlich zu tragenden Bewirtschaftungskosten sowie
3. das Risiko von uneinbringlichen Kosten einer Rechtsverfolgung auf Zahlung, auf Aufhebung eines Mietverhältnisses oder auf Räumung.

§ 33 Objektspezifisch angepasster Liegenschaftszinssatz

Zur Ermittlung des objektspezifisch angepassten Liegenschaftszinssatzes ist der nach § 21 Absatz 2 ermittelte Liegenschaftszinssatz auf seine Eignung im Sinne des § 9 Absatz 1 Satz 1 zu prüfen und bei etwaigen Abweichungen nach Maßgabe des § 9 Absatz 1 Satz 2 und 3 an die Gegebenheiten des Wertermittlungsobjekts anzupassen. 33

§ 34 Barwertfaktor

(1) Der Kapitalisierung und der Abzinsung sind Barwertfaktoren auf der Grundlage der Restnutzungsdauer und des objektspezifisch angepassten Liegenschaftszinssatzes zugrunde zu legen. 34

(2) Der jährlich nachschüssige Rentenbarwertfaktor für die Kapitalisierung (Kapitalisierungsfaktor) ist nach der folgenden Formel zu ermitteln:

$$\text{Kapitalisierungsfaktor (KF)} = \frac{q^n - 1}{q^n \times (q-1)}$$

$$q = 1 + LZ \qquad LZ = \frac{p}{100}$$

LZ = Liegenschaftszinssatz
p = Zinsfuß
n = Restnutzungsdauer

(3) Der Barwertfaktor für die Abzinsung (Abzinsungsfaktor) ist nach der folgenden Formel zu ermitteln:

$$\text{Abzinsungsfaktor (AF)} = \frac{1}{q^n}$$

$$q = 1 + LZ \qquad LZ = \frac{p}{100}$$

LZ = Liegenschaftszinssatz
p = Zinsfuß
n = Restnutzungsdauer

Abschnitt 3. Sachwertverfahren

§ 35 Grundlagen des Sachwertverfahrens

35 (1) Im Sachwertverfahren wird der Sachwert des Grundstücks aus den vorläufigen Sachwerten der nutzbaren baulichen und sonstigen Anlagen sowie aus dem Bodenwert ermittelt.

(2) Der vorläufige Sachwert des Grundstücks ergibt sich durch Bildung der Summe aus

1. dem vorläufigen Sachwert der baulichen Anlagen im Sinne des § 36,
2. dem vorläufigen Sachwert der baulichen Außenanlagen und sonstigen Anlagen im Sinne des § 37 und
3. dem nach den §§ 40 bis 43 zu ermittelnden Bodenwert.

(3) Der marktangepasste vorläufige Sachwert des Grundstücks ergibt sich durch Multiplikation des vorläufigen Sachwerts mit einem objektspezifisch angepassten Sachwertfaktor im Sinne des § 39. Nach Maßgabe des § 7 Absatz 2 kann zusätzlich eine Marktanpassung durch marktübliche Zu- oder Abschläge erforderlich sein.

(4) Der Sachwert des Grundstücks ergibt sich aus dem marktangepassten vorläufigen Sachwert und der Berücksichtigung vorhandener besonderer objektspezifischer Grundstücksmerkmale des Wertermittlungsobjekts.

§ 36 Vorläufiger Sachwert der baulichen Anlagen; durchschnittliche Herstellungskosten

36 (1) Zur Ermittlung des vorläufigen Sachwerts der baulichen Anlagen, ohne bauliche Außenanlagen, sind die durchschnittlichen Herstellungskosten mit dem Regionalfaktor und dem Alterswertminderungsfaktor zu multiplizieren.

(2) Die durchschnittlichen Herstellungskosten der baulichen Anlagen stehen für die aufzuwendenden Kosten, die sich unter Beachtung wirtschaftlicher Gesichtspunkte für die Errichtung eines dem Wertermittlungsobjekt nach Art und Standard vergleichbaren Neubaus am Wertermittlungsstichtag unter Zugrundelegung zeitgemäßer, wirtschaftlicher Bauweisen ergeben würden. Der Ermittlung der durchschnittlichen Herstellungskosten sind in der Regel modellhafte Kostenkennwerte zugrunde zu legen, die auf eine Flächen-, Raum- oder sonstige Bezugseinheit bezogen sind (Normalherstellungskosten), und mit der Anzahl der entsprechenden Bezugseinheiten der baulichen Anlage zu multiplizieren. Von den Normalherstellungskosten nicht erfasste werthaltige einzelne Bauteile sind durch marktübliche Zuschläge bei den durchschnittlichen Herstellungskosten zu berücksichtigen. Zur Umrechnung auf den Wertermittlungsstichtag ist der für den Wertermittlungsstichtag aktuelle und für die jeweilige Art der baulichen Anlage zutreffende Preisindex für die Bauwirtschaft des Statistischen Bundesamtes (Baupreisindex) zu verwenden. Ausnahmsweise können die durchschnittlichen Herstellungskosten der baulichen Anlagen nach den durchschnittlichen Kosten einzelner Bauleistungen ermittelt werden.

(3) Der Regionalfaktor ist ein vom örtlich zuständigen Gutachterausschuss festgelegter Modellparameter zur Anpassung der durchschnittlichen Herstellungskosten an die Verhältnisse am örtlichen Grundstücksmarkt.

§ 37 Vorläufiger Sachwert der baulichen Außenanlagen und sonstigen Anlagen

37 Der vorläufige Sachwert der für die jeweilige Gebäudeart üblichen baulichen Außenanlagen und sonstigen Anlagen ist gesondert zu ermitteln, soweit die Anlagen wertbeeinflussend sind und nicht bereits anderweitig erfasst wurden. Der vorläufige Sachwert kann entsprechend § 36 nach

den durchschnittlichen Herstellungskosten, nach Erfahrungssätzen oder hilfsweise durch sachverständige Schätzung ermittelt werden. Werden durchschnittliche Herstellungskosten zugrunde gelegt, richtet sich die bei Ermittlung der Alterswertminderung anzusetzende Restnutzungsdauer in der Regel nach der Restnutzungsdauer der baulichen Anlage.

§ 38 Alterswertminderungsfaktor

Der Alterswertminderungsfaktor entspricht dem Verhältnis der Restnutzungsdauer zur Gesamt- 38
nutzungsdauer.

§ 39 Objektspezifisch angepasster Sachwertfaktor

Zur Ermittlung des objektspezifisch angepassten Sachwertfaktors ist der nach § 21 Absatz 3 39
ermittelte Sachwertfaktor auf seine Eignung im Sinne des § 9 Absatz 1 Satz 1 zu prüfen und bei etwaigen Abweichungen nach § 9 Absatz 1 Satz 2 und 3 an die Gegebenheiten des Wertermittlungsobjekts anzupassen.

Teil 4. Bodenwertermittlung; grundstücksbezogene Rechte und Belastungen

Abschnitt 1. Bodenwertermittlung

§ 40 Allgemeines zur Bodenwertermittlung

(1) Der Bodenwert ist vorbehaltlich des Absatzes 5 ohne Berücksichtigung der vorhandenen 40
baulichen Anlagen auf dem Grundstück vorrangig im Vergleichswertverfahren nach den §§ 24 bis 26 zu ermitteln.

(2) Neben oder anstelle von Vergleichspreisen kann nach Maßgabe des § 26 Absatz 2 ein objektspezifisch angepasster Bodenrichtwert verwendet werden.

(3) Steht keine ausreichende Anzahl von Vergleichspreisen oder steht kein geeigneter Bodenrichtwert zur Verfügung, kann der Bodenwert deduktiv oder in anderer geeigneter Weise ermittelt werden. Werden hierbei die allgemeinen Wertverhältnisse nicht ausreichend berücksichtigt, ist eine Marktanpassung durch marktübliche Zu- oder Abschläge erforderlich.

(4) Bei der Ermittlung der sanierungs- oder entwicklungsbedingten Bodenwerterhöhung zur Bemessung von Ausgleichsbeträgen nach § 154 Absatz 1 oder § 166 Absatz 3 Satz 4 des Baugesetzbuchs sind die Anfangs- und Endwerte bezogen auf denselben Wertermittlungsstichtag zu ermitteln. Der jeweilige Grundstückszustand ist nach Maßgabe des § 154 Absatz 2 des Baugesetzbuchs zu ermitteln.

(5) Die tatsächliche bauliche Nutzung kann insbesondere in folgenden Fällen den Bodenwert beeinflussen:

1. wenn dies dem gewöhnlichen Geschäftsverkehr entspricht, ist ein erhebliches Abweichen der tatsächlichen von der nach § 5 Absatz 1 maßgeblichen Nutzung bei der Ermittlung des Bodenwerts bebauter Grundstücke zu berücksichtigen;
2. wenn bauliche Anlagen auf einem Grundstück im Außenbereich rechtlich und wirtschaftlich weiterhin nutzbar sind, ist dieser Umstand bei der Ermittlung des Bodenwerts in der Regel werterhöhend zu berücksichtigen;
3. wenn bei einem Grundstück mit einem Liquidationsobjekt im Sinne des § 8 Absatz 3 Satz 2 Nummer 3 mit keiner alsbaldigen Freilegung zu rechnen ist, gilt § 43.

§ 41 Erhebliche Überschreitung der marktüblichen Grundstücksgröße

Bei einer erheblichen Überschreitung der marktüblichen Grundstücksgröße kommt eine ge- 41
trennte Ermittlung des Werts der über die marktübliche Grundstücksgröße hinausgehenden selbstständig nutzbaren oder sonstigen Teilfläche in Betracht; der Wert der Teilfläche ist in der Regel als besonderes objektspezifisches Grundstücksmerkmal zu berücksichtigen.

§ 42 Bodenwert von Bauerwartungsland und Rohbauland

Der Bodenwert von Bauerwartungs- oder Rohbauland kann in Anwendung des § 40 Absatz 3 42
ausgehend vom Bodenwert für entsprechend genutztes oder nutzbares baureifes Land deduktiv durch angemessene Berücksichtigung der auf dem örtlichen Grundstücksmarkt marktüblichen Kosten der Baureifmachung und unter Berücksichtigung der Wartezeit in Verbindung mit einem Realisierungsrisiko nach Maßgabe des § 11 Absatz 2 oder in sonstiger geeigneter Weise ermittelt werden.

§ 43 Nutzungsabhängiger Bodenwert bei Liquidationsobjekten

(1) Ist bei einem Grundstück mit einem Liquidationsobjekt im Sinne des § 8 Absatz 3 Satz 2 43
Nummer 3 insbesondere aus rechtlichen Gründen mit der Freilegung erst zu einem späteren Zeitpunkt zu rechnen (aufgeschobene Freilegung) oder ist langfristig nicht mit einer Freilegung zu rechnen, so ist bei der Bodenwertermittlung von dem sich unter Berücksichtigung der tatsächli-

chen Nutzung ergebenden Bodenwert (nutzungsabhängiger Bodenwert) auszugehen, soweit dies marktüblich ist.

(2) Im Fall einer aufgeschobenen Freilegung ist der Wertvorteil, der sich aus der künftigen Nutzbarkeit ergibt, bei der Wertermittlung als besonderes objektspezifisches Grundstücksmerkmal zu berücksichtigen, soweit dies marktüblich ist. Der Wertvorteil ergibt sich aus der abgezinsten Differenz zwischen dem Bodenwert, den das Grundstück ohne das Liquidationsobjekt haben würde, und dem nutzungsabhängigen Bodenwert. Die Freilegungskosten sind über den Zeitraum bis zur Freilegung abzuzinsen und als besonderes objektspezifisches Grundstücksmerkmal zu berücksichtigen, soweit dies marktüblich ist.

§ 44 Gemeinbedarfsflächen

44 Gemeinbedarfsflächen sind Flächen, für die eine öffentlichen Zweckbindung besteht. Bei Ermittlung des Werts ist danach zu differenzieren, ob es sich um Gemeinbedarfsflächen handelt, die

1. weiterhin für denselben öffentlichen Zweck genutzt werden oder die unter der Änderung der öffentlichen Zweckbindung einem anderen Gemeinbedarf zugeführt werden sollen (bleibende Gemeinbedarfsflächen),
2. ihre öffentliche Zweckbindung verlieren (abgehende Gemeinbedarfsflächen) oder
3. bislang keiner öffentlichen Zweckbestimmung unterlagen und erst für Gemeinbedarfszwecke zu beschaffen sind (künftige Gemeinbedarfsflächen).

§ 45 Wasserflächen

45 Der Verkehrswert von Wasserflächen hängt in erster Linie von der rechtlich zulässigen Nutzungsmöglichkeit ab. Dabei kann insbesondere eine Abhängigkeit von dem Verkehrswert einer mit der Wasserfläche in unmittelbarem wirtschaftlichen Zusammenhang stehenden Landfläche bestehen oder eine ertragsorientierte Nutzung der Wasserfläche maßgeblich sein.

Abschnitt 2. Grundstücksbezogene Rechte und Belastungen

Unterabschnitt 1. Allgemeines

§ 46 Allgemeines zu grundstücksbezogenen Rechten und Belastungen

46 (1) Grundstücksbezogene Rechte und Belastungen können den Wert des begünstigten und den Wert des belasteten Grundstücks beeinflussen sowie Gegenstand einer eigenständigen Wertermittlung sein.

(2) Als grundstücksbezogene Rechte und Belastungen kommen insbesondere in Betracht

1. grundstücksgleiche Rechte,
2. weitere beschränkte dingliche Rechte,
3. Baulasten,
4. grundstücksbezogene gesetzliche Beschränkungen des Eigentums sowie
5. miet-, pacht- und wohnungsrechtliche Bindungen.

§ 47 Grundsätze der Wertermittlung bei Rechten und Belastungen

47 (1) Der Wert des begünstigten oder des belasteten Grundstücks kann ermittelt werden

1. aus Vergleichspreisen oder
2. ausgehend vom Wert des fiktiv nicht begünstigten oder des fiktiv unbelasteten Grundstücks.

Hierbei sind die allgemeinen Wertverhältnisse im Hinblick auf das Recht oder die Belastung zu berücksichtigen.

(2) In den Fällen nach Absatz 1 Satz 1 Nummer 2 kann der Wert des begünstigten oder des belasteten Grundstücks ermittelt werden

1. durch den Ansatz von Umrechnungskoeffizienten oder
2. durch Berücksichtigung des Werteinflusses des Rechts oder der Belastung.

(3) Der Werteinfluss im Sinne des Absatzes 2 Nummer 2 kann ermittelt werden

1. durch Berücksichtigung der wirtschaftlichen Vor- und Nachteile oder
2. in anderer geeigneter Weise.

(4) Der Wert eines Rechts oder einer Belastung kann ermittelt werden

1. aus dem Vergleich mit Kaufpreisen für vergleichbare Rechte oder Belastungen,
2. durch Berücksichtigung der wirtschaftlichen Vor- und Nachteile,
3. ausgehend vom Wert des fiktiv nicht begünstigten oder des fiktiv unbelasteten Grundstücks oder
4. in anderer geeigneter Weise.

Hierbei sind die allgemeinen Wertverhältnisse im Hinblick auf das Recht oder die Belastung zu berücksichtigen.

(5) Wird der Werteinfluss oder der Wert des Rechts oder der Belastung aus wirtschaftlichen Vor- und Nachteilen ermittelt, so sind die jährlichen Vor- und Nachteile über die Restlaufzeit des Rechts oder der Belastung zu kapitalisieren. Sind Rechte oder Belastungen an das Leben gebunden, ist mit Leibrentenbarwertfaktoren zu kapitalisieren. Ist der Berechtigte eine juristische Person, ist von einem angemessenen Zeitrentenbarwertfaktor auszugehen.

Unterabschnitt 2. Erbbaurecht und Erbbaugrundstück

§ 48 Allgemeines zum Erbbaurecht und Erbbaugrundstück

Der Verkehrswert des Erbbaurechts und der Verkehrswert des Erbbaugrundstücks sind unter **48** Berücksichtigung der vertraglichen Vereinbarungen und der sonstigen wertbeeinflussenden Umstände in Abhängigkeit von den zur Verfügung stehenden Daten zu ermitteln. Der Verkehrswert des Erbbaurechts kann im Vergleichswertverfahren nach den §§ 49 und 50 oder auf andere geeignete Weise ermittelt werden. Der Verkehrswert des Erbbaugrundstücks kann im Vergleichswertverfahren nach den §§ 51 und 52 oder auf andere geeignete Weise ermittelt werden.

§ 49 Vergleichswertverfahren für das Erbbaurecht

(1) Im Vergleichswertverfahren kann der Wert des Erbbaurechts insbesondere ermittelt werden **49**

1. aus Vergleichspreisen für veräußerte Erbbaurechte,
2. ausgehend von dem nach § 50 zu ermittelnden finanzmathematischen Wert des Erbbaurechts oder
3. ausgehend vom Wert des fiktiven Volleigentums im Sinne des Satzes 2.

Der Wert des fiktiven Volleigentums ist der Wert des fiktiv unbelasteten Grundstücks, der dem marktangepassten vorläufigen Vergleichs-, Ertrags- oder Sachwert ohne Berücksichtigung von besonderen objektspezifischen Grundstücksmerkmalen entspricht.

(2) Der vorläufige Vergleichswert des Erbbaurechts kann insbesondere ermittelt werden

1. auf der Grundlage einer statistischen Auswertung einer ausreichenden Anzahl von Vergleichspreisen,
2. durch Multiplikation des finanzmathematischen Werts des Erbbaurechts mit einem objektspezifisch angepassten Erbbaurechtsfaktor oder
3. durch Multiplikation des Werts des fiktiven Volleigentums mit einem objektspezifisch angepassten Erbbaurechtskoeffizienten.

Zur Ermittlung des objektspezifisch angepassten Erbbaurechtsfaktors und des objektspezifisch angepassten Erbbaurechtskoeffizienten ist das nach dem § 22 oder § 23 ermittelte Datum auf seine Eignung im Sinne des § 9 Absatz 1 Satz 1 zu prüfen und bei etwaigen Abweichungen nach Maßgabe des § 9 Absatz 1 Satz 2 und 3 an die Gegebenheiten des Wertermittlungsobjekts anzupassen.

(3) Der marktangepasste vorläufige Vergleichswert des Erbbaurechts entspricht nach Maßgabe des § 7 dem vorläufigen Vergleichswert des Erbbaurechts.

(4) Der Vergleichswert des Erbbaurechts ergibt sich aus dem marktangepassten vorläufigen Vergleichswert des Erbbaurechts und der Berücksichtigung vorhandener besonderer objektspezifischer Grundstücksmerkmale des Wertermittlungsobjekts.

§ 50 Finanzmathematischer Wert des Erbbaurechts

(1) Ausgangsgröße für die Ermittlung des finanzmathematischen Werts des Erbbaurechts ist der **50** Wert des fiktiven Volleigentums im Sinne des § 49 Absatz 1 Satz 2.

(2) Der finanzmathematische Wert des Erbbaurechts wird ermittelt durch Bildung der Summe aus

1. dem Wert des fiktiven Volleigentums abzüglich des Bodenwerts des fiktiv unbelasteten Grundstücks und
2. der über die Restlaufzeit des Erbbaurechts kapitalisierten Differenz aus dem angemessenen und dem erzielbaren Erbbauzins oder ausnahmsweise der Differenz aus dem jeweils über die Restlaufzeit des Erbbaurechts kapitalisierten angemessenen und erzielbaren Erbbauzins.

Bei einer über die Restlaufzeit des Erbbaurechts hinausgehenden Restnutzungsdauer der baulichen Anlagen ist ergänzend zu Satz 1 der bei Zeitablauf nicht zu entschädigende Wertanteil der baulichen Anlagen abzuzinsen und abzuziehen.

(3) Der angemessene Erbbauzins wird in der Regel auf der Grundlage des angemessenen Erbbauzinssatzes und des Bodenwerts des Grundstücks, an dem das Erbbaurecht bestellt wird, ermittelt. Der angemessene Erbbauzinssatz ist der Zinssatz, der sich bei Neubestellung von Erbbaurechten der betroffenen Grundstücksart am Wertermittlungsstichtag im gewöhnlichen Geschäftsverkehr ergibt oder ein anderer geeigneter Zinssatz.

(4) Der erzielbare Erbbauzins ist der Betrag, der sich aus dem im Erbbaurechtsvertrag vereinbarten Erbbauzins unter Berücksichtigung vertraglich vereinbarter und gesetzlich zulässiger Anpassungsmöglichkeiten ergibt.

§ 51 Vergleichswertverfahren für das Erbbaugrundstück

51 (1) Im Vergleichswertverfahren kann der Wert des Erbbaugrundstücks insbesondere ermittelt werden

1. aus Vergleichspreisen für veräußerte Erbbaugrundstücke,
2. ausgehend von dem nach § 52 zu ermittelnden finanzmathematischen Wert des Erbbaugrundstücks oder
3. ausgehend vom Bodenwert des fiktiv unbelasteten Grundstücks.

(2) Der vorläufige Vergleichswert des Erbbaugrundstücks kann insbesondere ermittelt werden

1. auf Grundlage einer statistischen Auswertung einer ausreichenden Anzahl von Vergleichspreisen für Erbbaugrundstücke,
2. durch Multiplikation des finanzmathematischen Werts des Erbbaugrundstücks mit einem objektspezifisch angepassten Erbbaugrundstücksfaktor oder
3. durch Multiplikation des Bodenwerts des fiktiv unbelasteten Grundstücks mit einem objektspezifisch angepassten Erbbaugrundstückskoeffizienten.

Für die Ermittlung des objektspezifisch angepassten Erbbaugrundstücksfaktors und des objektspezifisch angepassten Erbbaugrundstückskoeffizienten gilt § 49 Absatz 2 Satz 2 entsprechend.

(3) Der marktangepasste vorläufige Vergleichswert des Erbbaugrundstücks entspricht nach Maßgabe des § 7 dem vorläufigen Vergleichswert des Erbbaugrundstücks.

(4) Der Vergleichswert des Erbbaugrundstücks ergibt sich aus dem marktangepassten vorläufigen Vergleichswert des Erbbaugrundstücks und der Berücksichtigung vorhandener besonderer objektspezifischer Grundstücksmerkmale des Wertermittlungsobjekts.

§ 52 Finanzmathematischer Wert des Erbbaugrundstücks

52 (1) Ausgangsgröße für die Ermittlung des finanzmathematischen Werts des Erbbaugrundstücks ist der Bodenwert des fiktiv unbelasteten Grundstücks.

(2) Der finanzmathematische Wert des Erbbaugrundstücks wird ermittelt durch Bildung der Summe aus

1. dem über die Restlaufzeit des Erbbaurechts abgezinsten Bodenwert des fiktiv unbelasteten Grundstücks und
2. dem über die Restlaufzeit des Erbbaurechts kapitalisierten erzielbaren Erbbauzins im Sinne des § 50 Absatz 4.

Bei einer über die Restlaufzeit hinausgehenden Restnutzungsdauer der baulichen Anlagen ist ergänzend zu Satz 1 der bei Zeitablauf nicht zu entschädigende Wertanteil der baulichen und sonstigen Anlagen abzuzinsen und hinzuzuaddieren.

Teil 5. Schlussvorschriften

§ 53 Übergangsregelungen

53 (1) Bei Verkehrswertgutachten, die ab dem 1. Januar 2022 erstellt werden, ist unabhängig vom Wertermittlungsstichtag diese Verordnung anzuwenden.

(2) Bis zum Ablauf des 31. Dezember 2024 kann bei Ermittlung der sonstigen für die Wertermittlung erforderlichen Daten die Gesamtnutzungsdauer abweichend von § 12 Absatz 5 Satz 1 und Anlage 1 festgelegt sowie die Restnutzungsdauer abweichend von § 12 Absatz 5 Satz 1 und Anlage 2 ermittelt werden.

§ 54 Inkrafttreten, Außerkrafttreten

54 Diese Verordnung tritt am 1. Januar 2022 in Kraft. Gleichzeitig tritt die Immobilienwertermittlungsverordnung vom 19. Mai 2010 (BGBl. I S. 639), die durch Artikel 16 des Gesetzes vom 26. November 2019 (BGBl. I S. 1794) geändert worden ist, außer Kraft.

Anlage 1
(zu § 12 Absatz 5 Satz 1)

Modellansätze für die Gesamtnutzungsdauer 60

Zur Festlegung der Gesamtnutzungsdauer sind bei Ermittlung der sonstigen für die Wertermittlung erforderlichen Daten die nachfolgenden Modellansätze zugrunde zu legen.

Art der baulichen Anlage	Gesamtnutzungsdauer
freistehende Ein- und Zweifamilienhäuser, Doppelhäuser, Reihenhäuser	80 Jahre
Mehrfamilienhäuser	80 Jahre
Wohnhäuser mit Mischnutzung	80 Jahre
Geschäftshäuser	60 Jahre
Bürogebäude, Banken	60 Jahre
Gemeindezentren, Saalbauten, Veranstaltungsgebäude	40 Jahre
Kindergärten, Schulen	50 Jahre
Wohnheime, Alten- und Pflegeheime	50 Jahre
Krankenhäuser, Tageskliniken	40 Jahre
Beherbergungsstätten, Verpflegungseinrichtungen	40 Jahre
Sporthallen, Freizeitbäder, Heilbäder	40 Jahre
Verbrauchermärkte, Autohäuser	30 Jahre
Kauf- und Warenhäuser	50 Jahre
Einzelgaragen	60 Jahre
Tief- und Hochgaragen als Einzelbauwerk	40 Jahre
Betriebs- und Werkstätten, Produktionsgebäude	40 Jahre
Lager- und Versandgebäude	40 Jahre
Landwirtschaftliche Betriebsgebäude	30 Jahre

Für nicht aufgeführte Arten baulicher Anlagen ist die Gesamtnutzungsdauer aus der Gesamtnutzungsdauer vergleichbarer baulicher Anlagen abzuleiten.

Anlage 2
(zu § 12 Absatz 5 Satz 1)

Modell zur Ermittlung der Restnutzungsdauer von Wohngebäuden bei Modernisierungen 61

Bei Ermittlung der sonstigen für die Wertermittlung erforderlichen Daten ist zur Ermittlung der Restnutzungsdauer von Wohngebäuden im Fall von Modernisierungen das nachfolgend beschriebene Modell zugrunde zu legen.

Die Verwendung des nachfolgenden Modells ersetzt nicht die erforderliche sachverständige Würdigung des Einzelfalls.

I. Ermittlung der Modernisierungspunktzahl

Die Modernisierungspunktzahl kann durch Punktevergabe für einzelne Modernisierungselemente nach Nummer 1 oder durch sachverständige Einschätzung des Modernisierungsgrades nach Nummer 2 ermittelt werden.

1. Punktevergabe für einzelne Modernisierungselemente

Auf der Grundlage der nachfolgenden Tabelle 1 sind unter Berücksichtigung der zum Stichtag oder der kurz vor dem Stichtag durchgeführten Modernisierungsmaßnahmen entsprechende Punkte für Modernisierungselemente zu vergeben. Aus den für die einzelnen Modernisierungselemente vergebenen Punkten ist eine Gesamtpunktzahl für die Modernisierung (Modernisierungspunkte) zu bilden.

Liegen die Maßnahmen weiter zurück, ist zu prüfen, ob nicht weniger als die maximal zu vergebenden Punkte anzusetzen sind. Wenn nicht modernisierte Bauelemente noch zeitgemäßen Ansprüchen genügen, sind mit einer Modernisierung vergleichbare Punkte zu vergeben.

Modernisierungselemente	Maximal zu vergebende Punkte
Dacherneuerung inklusive Verbesserung der Wärmedämmung	4
Modernisierung der Fenster und Außentüren	2
Modernisierung der Leitungssysteme (Strom, Gas, Wasser, Abwasser)	2
Modernisierung der Heizungsanlage	2
Wärmedämmung der Außenwände	4

Modernisierungselemente	Maximal zu vergebende Punkte
Modernisierung von Bädern	2
Modernisierung des Innenausbaus, z. B. Decken, Fußböden, Treppen	2
Wesentliche Verbesserung der Grundrissgestaltung	2

Tabelle 1: einzelne Modernisierungselemente mit den maximal zu vergebenden Punkten.

2. Sachverständige Einschätzung des Modernisierungsgrades

Auf der Grundlage einer sachverständigen Einschätzung des Modernisierungsgrades kann aufgrund der Tabelle 2 eine Gesamtpunktzahl für die Modernisierung ermittelt werden.

Modernisierungsgrad	Modernisierungspunktzahl
nicht modernisiert	0 bis 1 Punkt
kleine Modernisierungen im Rahmen der Instandhaltung	2 bis 5 Punkte
mittlerer Modernisierungsgrad	6 bis 10 Punkte
überwiegend modernisiert	11 bis 17 Punkte
umfassend modernisiert	18 bis 20 Punkte

Tabelle 2: Ermittlung des Modernisierungsgrades.

62 **II. Ermittlung der Restnutzungsdauer bei Modernisierungen**

1. Allgemeines

Aus der nach I. ermittelten Modernisierungspunktzahl ergibt sich die Restnutzungsdauer der baulichen Anlage unter Nutzung der Formel unter II.2 auf der Grundlage der zugrunde gelegten Gesamtnutzungsdauer und des Alters der baulichen Anlage.

Davon abweichend kann die Restnutzungsdauer bei kernsanierten Objekten bis zu 90 Prozent der jeweiligen Gesamtnutzungsdauer betragen. Durch eine Kernsanierung wird das Gebäude in einen Zustand versetzt, der nahezu einem neuen Gebäude entspricht. Bei einer Kernsanierung ist als Baujahr das Jahr der fachgerechten Sanierung zugrunde zu legen. Die teilweise noch verbliebene alte Bausubstanz oder der von neuen Gebäuden abweichende Zustand z. B. des Kellers ist durch einen Abschlag zu berücksichtigen.

2. Formel zur Ermittlung der Restnutzungsdauer

Der Ermittlung der Restnutzungsdauer im Fall von Modernisierungen liegt ein theoretischer Modellansatz zugrunde. Das Modell geht davon aus, dass die Restnutzungsdauer (RND) auf maximal 70 Prozent der jeweiligen Gesamtnutzungsdauer (GND) gestreckt und nach der folgenden Formel berechnet wird:

$$\mathrm{RND} = a \times \frac{\mathrm{Alter}^2}{\mathrm{GND}} - b \times \mathrm{Alter} + c \times \mathrm{GND}$$

Für die Variablen a, b und c sind die Werte der Tabelle 3 zu verwenden. Dabei ist zu beachten, dass Modernisierungen erst ab einem bestimmten Alter der baulichen Anlagen Auswirkungen auf die Restnutzungsdauer haben. Aus diesem Grund ist die Formel in Abhängigkeit von der anzusetzenden Gesamtnutzungsdauer erst ab einem bestimmten Alter (relatives Alter) anwendbar.

Das relative Alter wird nach der folgenden Formel ermittelt:

$$\frac{\mathrm{Alter}}{\mathrm{GND}} \times 100\%$$

Liegt das relative Alter unterhalb des in der Tabelle 3 angegebenen Wertes, gilt für die Ermittlung der Restnutzungsdauer die Formel:

RND = GND – Alter

Modernisierungspunkte	a	b	c	ab einem relativen Alter von
0	1,2500	2,6250	1,5250	60 %
1	1,2500	2,6250	1,5250	60 %
2	1,0767	2,2757	1,3878	55 %
3	0,9033	1,9263	1,2505	55 %
4	0,7300	1,5770	1,1133	40 %
5	0,6725	1,4578	1,0850	35 %
6	0,6150	1,3385	1,0567	30 %
7	0,5575	1,2193	1,0283	25 %
8	0,5000	1,1000	1,0000	20 %

Modernisierungs-punkte	a	b	c	ab einem relativen Alter von
9	0,4660	1,0270	0,9906	19 %
10	0,4320	0,9540	0,9811	18 %
11	0,3980	0,8810	0,9717	17 %
12	0,3640	0,8080	0,9622	16 %
13	0,3300	0,7350	0,9528	15 %
14	0,3040	0,6760	0,9506	14 %
15	0,2780	0,6170	0,9485	13 %
16	0,2520	0,5580	0,9463	12 %
17	0,2260	0,4990	0,9442	11 %
18	0,2000	0,4400	0,9420	10 %
19	0,2000	0,4400	0,9420	10 %
20	0,2000	0,4400	0,9420	10 %

Tabelle 3: Angabe der Variablen a, b, c und des relativen Alters für die Anwendung der Formel zur Ermittlung der Restnutzungsdauer.

Anlage 3
(zu § 12 Absatz 5 Satz 2)

Modellansätze für Bewirtschaftungskosten

Bei Ermittlung der Liegenschaftszinssätze sind die nachfolgenden Modellansätze zugrunde zu legen.

I. Bewirtschaftungskosten für Wohnnutzung 63

1. Verwaltungskosten (Stand 1. Januar 2021)

298 Euro	jährlich je Wohnung bzw. je Wohngebäude bei Ein- und Zweifamilienhäusern
357 Euro	jährlich je Eigentumswohnung
39 Euro	jährlich je Garage oder ähnlichem Einstellplatz

Die vorstehend genannten Werte gelten für das Jahr 2021. Für Wertermittlungsstichtage in den Folgejahren sind sie wie unter III. dargestellt anzupassen.

2. Instandhaltungskosten (Stand 1. Januar 2021)

11,70 Euro	jährlich je Quadratmeter Wohnfläche, wenn die Schönheitsreparaturen von den Mietern getragen werden
88 Euro	jährlich je Garage oder ähnlichem Einstellplatz einschließlich der Kosten für Schönheitsreparaturen

Die vorstehend genannten Beträge gelten für das Jahr 2021. Für Wertermittlungsstichtage in den Folgejahren sind die Beträge wie unter III. dargestellt anzupassen.

3. Mietausfallwagnis

2 Prozent	des marktüblich erzielbaren Rohertrags bei Wohnnutzung

II. Bewirtschaftungskosten für gewerbliche Nutzung 64

1. Verwaltungskosten

3 Prozent	des marktüblich erzielbaren Rohertrags bei reiner und gemischter gewerblicher Nutzung

2. Instandhaltungskosten

Den Instandhaltungskosten für gewerbliche Nutzung wird jeweils ein Prozentsatz der Instandhaltungskosten für Wohnnutzung zugrunde gelegt.

100 Prozent	für gewerbliche Nutzung wie z. B. Büros, Praxen, Geschäfte und vergleichbare Nutzungen bzw. gewerblich genutzte Objekte mit vergleichbaren Baukosten, wenn der Vermieter die Instandhaltung für „Dach und Fach" trägt
50 Prozent	für gewerbliche Nutzung wie z. B. SB-Verbrauchermärkte und vergleichbare Nutzungen bzw. gewerblich genutzte Objekte mit vergleichbaren Baukosten, wenn der Vermieter die Instandhaltung für „Dach und Fach" trägt
30 Prozent	für gewerbliche Nutzung wie z. B. Lager-, Logistik- und Produktionshallen und vergleichbare Nutzungen bzw. gewerblich genutzte Objekte mit vergleichbaren Baukosten, wenn der Vermieter die Instandhaltung für „Dach und Fach" trägt

3. Mietausfallwagnis

4 Prozent	des marktüblich erzielbaren Rohertrags bei reiner bzw. gemischter gewerblicher Nutzung

65 **III. Jährliche Anpassung**

Die Anpassung der Werte nach den Nummern I.1 und I.2 erfolgt jährlich auf der Grundlage der in Satz 3 genannten Basiswerte mit dem Prozentsatz, um den sich der vom Statistischen Bundesamt festgestellte Verbraucherpreisindex für Deutschland für den Monat Oktober 2001 gegenüber demjenigen für den Monat Oktober des Jahres, das dem Stichtag der Ermittlung des Liegenschaftszinssatzes vorausgeht, erhöht oder verringert hat. Die Werte für die Instandhaltungskosten pro m^2 sind auf eine Nachkommastelle und bei den Instandhaltungskosten pro Garage oder ähnlichem Einstellplatz sowie bei Verwaltungskosten kaufmännisch auf den vollen Euro zu runden. Es wird von folgenden Basiswerten für die Verwaltungs- und Instandhaltungskosten ausgegangen:

1. Verwaltungskosten

230 Euro	jährlich je Wohnung bzw. je Wohngebäude bei Ein- und Zweifamilienhäusern
275 Euro	jährlich je Eigentumswohnung
30 Euro	jährlich je Garage oder ähnlichem Einstellplatz

2. Instandhaltungskosten

9,00 Euro	jährlich je Quadratmeter Wohnfläche, wenn die Schönheitsreparaturen von den Mietern getragen werden
68 Euro	jährlich je Garage oder ähnlichem Einstellplatz einschließlich der Kosten für Schönheitsreparaturen

Anlage 4
(zu § 12 Absatz 5 Satz 3)

Normalherstellungskosten 2010 (NHK 2010)

66 **I. Grundlagen**

1. Allgemeines

(1) Bei Ermittlung der Sachwertfaktoren sind der Ermittlung der durchschnittlichen Herstellungskosten die Modellkosten dieser Anlage zugrunde zu legen.

(2) Die Kostenkennwerte der Normalherstellungskosten 2010 nach Nummer II beziehen sich auf eine Art der baulichen Anlage (Gebäudeart) unter Berücksichtigung einer Standardstufe. Die Zuordnung des Wertermittlungsobjekts zu einer Gebäudeart erfolgt aufgrund seiner Nutzung. Die Zuordnung zu einer Standardstufe erfolgt nach Nummer III aufgrund seiner Standardmerkmale; dabei sind zur Ermittlung eines zutreffenden Kostenkennwerts alle wertrelevanten Standardmerkmale des Wertermittlungsobjekts sachverständig einzustufen, auch wenn sie nicht in Nummer III beschrieben sind.

(3) Die Normalherstellungskosten 2010 erfassen die Kostengruppen 300 und 400 der DIN 276,[1] die Umsatzsteuer und die üblicherweise entstehenden Baunebenkosten (Kostengruppen 730 und 771 der DIN 276),[1] insbesondere Kosten für Planung, Baudurchführung, behördliche Prüfungen und Genehmigungen. Darüber hinaus enthalten sie weitere Angaben zur Höhe der eingerechneten Baunebenkosten, teilweise Korrekturfaktoren zur Anpassung des jeweiligen Kostenkennwerts wegen der speziellen Merkmale des Wertermittlungsobjekts sowie teilweise weitergehende Erläuterungen.

(4) Die Kostenkennwerte der Normalherstellungskosten sind in Euro pro Quadratmeter Grundfläche angegeben. Sie sind bezogen auf den im Jahresdurchschnitt bestehenden Kostenstand des Jahres 2010.

2. Brutto-Grundfläche

(1) Die Brutto-Grundfläche (BGF) ist die Summe der bezogen auf die jeweilige Gebäudeart marktüblich nutzbaren Grundflächen aller Grundrissebenen eines Bauwerks. Für die Ermittlung der Brutto-Grundfläche ist die DIN 277[2] anzuwenden, deren Vorgaben für die Anwendung der Normalherstellungskosten durch die nachfolgenden Absätze teilweise ergänzt werden.

(2) In Anlehnung an die DIN 277[2] sind bei den Grundflächen folgende Bereiche zu unterscheiden:
a) Bereich a: überdeckt und allseitig in voller Höhe umschlossen,
b) Bereich b: überdeckt, jedoch nicht allseitig in voller Höhe umschlossen,
c) Bereich c: nicht überdeckt.
Für die Ermittlung der Brutto-Grundfläche sind nur die Grundflächen der Bereiche a und b zu berücksichtigen. Balkone, einschließlich überdeckter Balkone, sind dem Bereich c zuzuordnen.

(3) Für die Ermittlung der Brutto-Grundfläche sind die äußeren Maße der Baukonstruktionen einschließlich Bekleidung in Höhe der Oberseite der Boden- oder Deckenbeläge anzusetzen.

[1] **[Amtl. Anm.:]** DIN 276-1:2006-11, Kosten im Bauwesen – Teil 1: Hochbau. Das Normblatt ist bei der Beuth Verlag GmbH, 10 772 Berlin, zu beziehen und ist bei dem Deutschen Patentamt archivmäßig gesichert niedergelegt.

[2] **[Amtl. Anm.:]** DIN 277-1:2005-02, Grundflächen und Rauminhalte von Bauwerken im Hochbau – Teil 1: Begriffe, Ermittlungsgrundlagen. Das Normblatt ist bei der Beuth Verlag GmbH, 10772 Berlin, zu beziehen und ist bei dem Deutschen Patentamt archivmäßig gesichert niedergelegt.

(4) Nicht zur Brutto-Grundfläche gehören beispielsweise Flächen von neben dem Dachgeschoss bestehenden weiteren untergeordneten Ebenen innerhalb des Dachraums (Spitzböden), Flächen von Kriechkellern, Flächen, die ausschließlich der Wartung, Inspektion und Instandsetzung von Baukonstruktionen und technischen Anlagen dienen, sowie Flächen unter konstruktiven Hohlräumen, zum Beispiel über abgehängten Decken.

(5) Im Dachgeschoss richtet sich die Anrechenbarkeit der Grundflächen nach ihrer Nutzbarkeit. Ausreichend ist, wenn eine untergeordnete Nutzung möglich ist, die beispielsweise als Lager- und Abstellraum der Hauptnutzung dient (eingeschränkte Nutzbarkeit). Die Nutzbarkeit von Dachgeschossen setzt eine lichte Höhe von circa 1,25 Metern und ihre Begehbarkeit voraus; eine Begehbarkeit setzt eine feste Decke und die Zugänglichkeit voraus, wobei sich die Art der Zugänglichkeit nach der Intensität der Nutzung richtet. Nicht nutzbare Dachgeschossebenen sind nicht anzurechnen.

3. Besonderheiten und Grad der wirtschaftlichen Nutzbarkeit bei freistehenden Ein- und Zweifamilienhäusern, Doppelhäusern und Reihenhäusern

(1) Freistehende Ein- und Zweifamilienhäuser, Doppelhäuser und Reihenhäuser mit nicht nutzbaren Grundrissebenen im Dachraum sind der Gebäudeart mit Flachdach oder flach geneigtem Dach zuzuordnen.

(2) Trotz gleicher Brutto-Grundfläche können sich bei freistehenden Ein- und Zweifamilienhäusern, Doppelhäusern und Reihenhäusern mit ausgebautem oder ausbaufähigem Dachgeschoss im Sinne der Absätze 3 und 4 Unterschiede hinsichtlich des Grades der wirtschaftlichen Nutzbarkeit ergeben, die insbesondere auf Unterschieden der Dachkonstruktion, der Gebäudegeometrie und der Giebelhöhe beruhen können.

(3) Bei Gebäuden mit nicht ausgebautem Dachgeschoss ist zu unterscheiden zwischen

a) Gebäuden mit Dachgeschossen, die nicht zu einer Wohnnutzung als Hauptnutzung ausbaubar sind, jedoch im Unterschied zur Gebäudeart mit Flachdach oder flach geneigten Dach eine untergeordnete Nutzung zulassen (nicht ausbaufähig) und

b) Gebäuden mit Dachgeschossen, die für eine Wohnnutzung als Hauptnutzung ausbaubar sind.

Bei nicht ausgebauten Dachgeschossen, die nicht im Sinne des Satzes 1 Buchstabe a ausbaufähig sind, ist in der Regel ein Abschlag vom Kostenkennwert anzusetzen.

(4) Bei Gebäuden mit ausgebautem Dachgeschoss bestimmt sich der Grad der wirtschaftlichen Nutzbarkeit des Dachgeschosses insbesondere nach dem Verhältnis der vorhandenen Wohnfläche zur Grundfläche. Die Wohnfläche ist im Wesentlichen abhängig von Dachneigung, Giebelbreite und Drempelhöhe. Ein fehlender Drempel ist in der Regel durch Abschläge zu berücksichtigen. Ein ausgebauter Spitzboden im Sinne von Nummer 2 Absatz 4 ist in der Regel durch Zuschläge zu berücksichtigen.

(5) Ein teilweiser Ausbau des Dachgeschosses oder eine teilweise Unterkellerung können durch anteilige Heranziehung der jeweiligen Kostenkennwerte für die verschiedenen Gebäudearten berücksichtigt werden (Mischkalkulation).

II. Kostenkennwerte – Normalherstellungskosten 2010 (NHK 2010) 67

Inhaltsübersicht

Kostenkennwerte für
1. freistehende Ein- und Zweifamilienhäuser Doppel- und Reihenendhäuser Reihenmittelhäuser
2. Mehrfamilienhäuser
3. Wohnhäuser mit Mischnutzung, Banken und Geschäftshäuser
4. Bürogebäude
5. Gemeindezentren, Saalbauten, Veranstaltungsgebäude
6. Kindergärten, Schulen
7. Wohnheime, Alten- oder Pflegeheime
8. Krankenhäuser, Tageskliniken
9. Beherbergungsstätten, Verpflegungseinrichtungen
10. Sporthallen, Freizeitbäder oder Heilbäder
11. Verbrauchermärkte, Kauf- oder Warenhäuser, Autohäuser
12. Garagen
13. Betriebs- oder Werkstätten, Produktionsgebäude
14. Lagergebäude
15. sonstige Gebäude (Museen, Theater, Sakralbauten, Friedhofsgebäude)
landwirtschaftliche Betriebsgebäude
Reithallen, Pferdeställe
16. Reithallen
17. Pferdeställe
Rinderställe, Melkhäuser
18. Kälberställe
19. Jungvieh-, Mastbullen- oder Milchviehställe ohne Melkstand und Warteraum
20. Milchviehställe mit Melkstand und Milchlager
21. Melkhäuser mit Milchlager und Nebenräumen als Einzelgebäude ohne Warteraum und Selektion
Schweineställe
22. Ferkelaufzuchtställe
23. Mastschweineställe
24. Zuchtschweineställe, Deck-, Warte- oder Abferkelbereich
25. Abferkelstall als Einzelgebäude
Geflügelställe
26. Mastgeflügel, Bodenhaltung (Hähnchen, Puten, Gänse)
27. Legehennen, Bodenhaltung
28. Legehennen, Volierenhaltung

29. Legehennen, Kleingruppenhaltung, ausgestalteter Käfig
    sonstige bauliche Anlagen
30. landwirtschaftliche Mehrzweckhallen
31. Außenanlagen zu allen landwirtschaftlichen Betriebsgebäuden

1. Kostenkennwerte für freistehende Ein- und Zweifamilienhäuser, Doppelhäuser, Reihenhäuser[1]

Keller-, Erdgeschoss	Dachgeschoss voll ausgebaut						Dachgeschoss nicht ausgebaut						Flachdach oder flach geneigtes Dach					
Standardstufe		1	2	3	4	5		1	2	3	4	5		1	2	3	4	5
freistehende Einfamilienhäuser[2]	1.01	655	725	835	1005	1260	1.02	545	605	695	840	1050	1.03	705	785	900	1085	1360
Doppel- und Reihenendhäuser	2.01	615	685	785	945	1180	2.02	515	570	655	790	985	2.03	665	735	845	1020	1275
Reihenmittelhäuser	3.01	575	640	735	885	1105	3.02	480	535	615	740	925	3.03	620	690	795	955	1195

Keller-, Erd-, Obergeschoss	Dachgeschoss voll ausgebaut						Dachgeschoss nicht ausgebaut						Flachdach oder flach geneigtes Dach					
Standardstufe		1	2	3	4	5		1	2	3	4	5		1	2	3	4	5
freistehende Einfamilienhäuser[2]	1.11	655	725	835	1005	1260	1.12	570	635	730	880	1100	1.13	665	740	850	1025	1285
Doppel- und Reihenendhäuser	2.11	615	685	785	945	1180	2.12	535	595	685	825	1035	2.13	625	695	800	965	1205
Reihenmittelhäuser	3.11	575	640	735	885	1105	3.12	505	560	640	775	965	3.13	585	650	750	905	1130

Erdgeschoss, nicht unterkellert	Dachgeschoss voll ausgebaut						Dachgeschoss nicht ausgebaut						Flachdach oder flach geneigtes Dach					
Standardstufe		1	2	3	4	5		1	2	3	4	5		1	2	3	4	5
freistehende Einfamilienhäuser[2]	1.21	790	875	1005	1215	1515	1.22	585	650	745	900	1125	1.23	920	1025	1180	1420	1775
Doppel- und Reihenendhäuser	2.21	740	825	945	1140	1425	2.22	550	610	700	845	1055	2.23	865	965	1105	1335	1670
Reihenmittelhäuser	3.21	695	770	885	1065	1335	3.22	515	570	655	790	990	3.23	810	900	1035	1250	1560

Erd-, Obergeschoss, nicht unterkellert	Dachgeschoss voll ausgebaut						Dachgeschoss nicht ausgebaut						Flachdach oder flach geneigtes Dach					
Standardstufe		1	2	3	4	5		1	2	3	4	5		1	2	3	4	5
freistehende Einfamilienhäuser[2]	1.31	720	800	920	1105	1385	1.32	620	690	790	955	1190	1.33	785	870	1000	1205	1510
Doppel- und Reihenendhäuser	2.31	675	750	865	1040	1300	2.32	580	645	745	895	1120	2.33	735	820	940	1135	1415
Reihenmittelhäuser	3.31	635	705	810	975	1215	3.32	545	605	695	840	1050	3.33	690	765	880	1060	1325

[1] einschließlich Baunebenkosten in Höhe von 17%

[2] Korrekturfaktor für freistehende Zweifamilienhäuser: 1,05

68 **2. Kostenkennwerte für Mehrfamilienhäuser[3]**

		Standardstufe		
		3	4	5
4.1	Mehrfamilienhäuser[4 5] mit bis zu 6 WE	825	985	1 190
4.2	Mehrfamilienhäuser[4 5] mit 7 bis 20 WE	765	915	1 105
4.3	Mehrfamilienhäuser[4 5] mit mehr als 20 WE	755	900	1 090

[3] einschließlich Baunebenkosten in Höhe von — Gebäudeart 4.1 – 4.3: 19 %

[4] Korrekturfaktoren für die Wohnungsgröße
- ca. 35 m² WF/WE = 1,10
- ca. 50 m² WF/WE = 1,00
- ca. 135 m² WF/WE = 0,85

[5] Korrekturfaktoren für die Grundrissart
- Einspänner = 1,05
- Zweispänner = 1,00
- Dreispänner = 0,97
- Vierspänner = 0,95

69 **3. Kostenkennwerte für Wohnhäuser mit Mischnutzung, Banken und Geschäftshäuser[6]**

		Standardstufe		
		3	4	5
5.1	Wohnhäuser mit Mischnutzung[7 8 9]	860	1 085	1 375
5.2	Banken und Geschäftshäuser mit Wohnungen[10]	890	1 375	1 720
5.3	Banken und Geschäftshäuser ohne Wohnungen	930	1 520	1 900

[6] einschließlich Baunebenkosten in Höhe von — Gebäudeart 5.1: 18 %; Gebäudeart 5.2 – 5.3: 22 %

[7] Korrekturfaktoren für die Wohnungsgröße
- ca. 35 m² WF/WE = 1,10
- ca. 50 m² WF/WE = 1,00
- ca. 135 m² WF/WE = 0,85

[8] Korrekturfaktoren für die Grundrissart
- Einspänner = 1,05
- Zweispänner = 1,00
- Dreispänner = 0,97
- Vierspänner = 0,95

[9] Wohnhäuser mit Mischnutzung sind Gebäude mit überwiegend Wohnnutzung und einem geringen gewerblichen Anteil. Anteil der Wohnfläche ca. 75 %. Bei deutlich abweichenden Nutzungsanteilen ist eine Ermittlung durch Gebäudemix sinnvoll.

[10] Geschäftshäuser sind Gebäude mit überwiegend gewerblicher Nutzung und einem geringen Wohnanteil. Anteil der Wohnfläche ca. 20 – 25 %.

4. Kostenkennwerte für Bürogebäude[11] 70

		Standardstufe		
		3	4	5
6.1	Bürogebäude, Massivbau	1 040	1 685	1 900
6.2	Bürogebäude, Stahlbetonskelettbau	1 175	1 840	2 090

[11] einschließlich Baunebenkosten in Höhe von Gebäudeart 6.1 – 6.2 18 %

5. Kostenkennwerte für Gemeindezentren, Saalbauten, Veranstaltungsgebäude[12] 71

		Standardstufe		
		3	4	5
7.1	Gemeindezentren	1 130	1 425	1 905
7.2	Saalbauten/Veranstaltungsgebäude	1 355	1 595	2 085

[12] einschließlich Baunebenkosten in Höhe von Gebäudeart 7.1 – 7.2 18 %

6. Kostenkennwerte für Kindergärten, Schulen[13] 72

		Standardstufe		
		3	4	5
8.1	Kindergärten	1 300	1 495	1 900
8.2	Allgemeinbildende Schulen, Berufsbildende Schulen	1 450	1 670	2 120
8.3	Sonderschulen	1 585	1 820	2 315

[13] einschließlich Baunebenkosten in Höhe von Gebäudeart 8.1 20 %
Gebäudeart 8.2 21 %
Gebäudeart 8.3 17 %

7. Kostenkennwerte für Wohnheime, Alten- oder Pflegeheime[14] 73

		Standardstufe		
		3	4	5
9.1	Wohnheime/Internate	1 000	1 225	1 425
9.2	Alten-/Pflegeheime	1 170	1 435	1 665

[14] einschließlich Baunebenkosten in Höhe von Gebäudeart 9.1 – 9.2 18 %

8. Kostenkennwerte für Krankenhäuser, Tageskliniken[15] 74

		Standardstufe		
		3	4	5
10.1	Krankenhäuser/Kliniken	1 720	2 080	2 765
10.2	Tageskliniken/Ärztehäuser	1 585	1 945	2 255

[15] einschließlich Baunebenkosten in Höhe von Gebäudeart 10.1 – 10.2 21 %

75 9. Kostenkennwerte für Beherbergungsstätten, Verpflegungseinrichtungen[16]

		Standardstufe		
		3	4	5
11.1	Hotels	1 385	1 805	2 595

[16] einschließlich Baunebenkosten in Höhe von Gebäudeart 11.1 21 %

76 10. Kostenkennwerte für Sporthallen, Freizeitbäder oder Heilbäder[17]

		Standardstufe		
		3	4	5
12.1	Sporthallen (Einfeldhallen)	1 320	1 670	1 955
12.2	Sporthallen (Dreifeldhallen/Mehrzweckhallen)	1 490	1 775	2 070
12.3	Tennishallen	1 010	1 190	1 555
12.4	Freizeitbäder/Heilbäder	2 450	2 985	3 840

[17] einschließlich Baunebenkosten in Höhe von
Gebäudeart 12.1 + 12.3 17 %
Gebäudeart 12.2 19 %
Gebäudeart 12.4 24 %

77 11. Kostenkennwerte für Verbrauchermärkte, Kauf- oder Warenhäuser, Autohäuser[18]

		Standardstufe		
		3	4	5
13.1	Verbrauchermärkte	720	870	1 020
13.2	Kauf-/Warenhäuser	1 320	1 585	1 850
13.3	Autohäuser ohne Werkstatt	940	1 240	1 480

[18] einschließlich Baunebenkosten in Höhe von
Gebäudeart 13.1 16 %
Gebäudeart 13.2 22 %
Gebäudeart 13.3 21 %

78 12. Kostenkennwerte für Garagen[19]

		Standardstufe		
		3	4	5
14.1	Einzelgaragen/Mehrfachgaragen[20]	245	485	780
14.2	Hochgaragen	480	655	780
14.3	Tiefgaragen	560	715	850
14.4	Nutzfahrzeuggaragen	530	680	810

[19] einschließlich Baunebenkosten in Höhe von
Gebäudeart 14.1 12 %
Gebäudeart 14.2 – 14.3 15 %
Gebäudeart 14.4 13 %

[20] Standardstufe 3: Fertiggaragen; Standardstufe 4: Garagen in Massivbauweise; Standardstufe 5: individuelle Garagen in Massivbauweise mit besonderen Ausführungen wie Ziegeldach, Gründach, Bodenbeläge, Fliesen o.ä., Wasser, Abwasser und Heizung

13. Kostenkennwerte für Betriebs- oder Werkstätten, Produktionsgebäude[21] 79

		Standardstufe		
		3	4	5
15.1	Betriebs-/Werkstätten, eingeschossig	970	1 165	1 430
15.2	Betriebs-/Werkstätten, mehrgeschossig ohne Hallenanteil	910	1 090	1 340
15.3	Betriebs-/Werkstätten, mehrgeschossig, hoher Hallenanteil	620	860	1 070
15.4	Industrielle Produktionsgebäude, Massivbauweise	950	1 155	1 440
15.5	Industrielle Produktionsgebäude, überwiegend Skelettbauweise	700	965	1 260

[21] einschließlich Baunebenkosten in Höhe von

Gebäudeart	15.1 – 15.4	19 %
Gebäudeart	15.5	18 %

14. Kostenkennwerte für Lagergebäude[22] 80

		Standardstufe		
		3	4	5
16.1	Lagergebäude ohne Mischnutzung, Kaltlager	350	490	640
16.2	Lagergebäude mit bis zu 25 % Mischnutzung[23]	550	690	880
16.3	Lagergebäude mit mehr als 25 % Mischnutzung[23]	890	1 095	1 340

[22] einschließlich Baunebenkosten in Höhe von

Gebäudeart	16.1	16 %
Gebäudeart	16.2	17 %
Gebäudeart	16.3	18 %

[23] Lagergebäude mit Mischnutzung sind Gebäude mit einem überwiegenden Anteil an Lagernutzung und einem geringeren Anteil an anderen Nutzungen wie Büro, Sozialräume, Ausstellungs- oder Verkaufsflächen etc.

15. Kostenkennwerte für sonstige Gebäude (Museen, Theater, Sakralbauten, Friedhofsgebäude)[24] 81

		Standardstufe		
		3	4	5
17.1	Museen	1 880	2 295	2 670
17.2	Theater	2 070	2 625	3 680
17.3	Sakralbauten	1 510	2 060	2 335
17.4	Friedhofsgebäude	1 320	1 490	1 720

[24] einschließlich Baunebenkosten in Höhe von

Gebäudeart	17.1	18 %
Gebäudeart	17.2	22 %
Gebäudeart	17.3	16 %
Gebäudeart	17.4	19 %

82 16. Kostenkennwerte für Reithallen

18.1.1 Reithallen			
Standardstufe	3	4	5
300 Bauwerk – Baukonstruktion	215	235	280
400 Bauwerk – Technische Anlagen	20	25	30
Bauwerk	235	260	310
einschließlich Baunebenkosten in Höhe von	12 %		
Traufhöhe	5,00 m		
BGF/Nutzeinheit	–		
Korrekturfaktoren	Gebäudegröße BGF 500 m² 1,20 1 000 m² 1,00 1 500 m² 0,90		

83 17. Kostenkennwerte für Pferdeställe

18.1.2 Pferdeställe			
Standardstufe	3	4	5
300 Bauwerk – Baukonstruktion	310	450	535
400 Bauwerk – Technische Anlagen	55	70	90
Bauwerk	365	520	625
einschließlich Baunebenkosten in Höhe von	12 %		
Traufhöhe	3,50 m		
BGF/Nutzeinheit	15,00 – 20,00 m²/Tier		
Korrekturfaktoren	Gebäudegröße BGF 250 m² 1,20 500 m² 1,00 750 m² 0,90		

84 18. Kostenkennwerte für Kälberställe

18.2.1 Kälberställe			
Standardstufe	3	4	5
300 Bauwerk – Baukonstruktion	335	375	455
400 Bauwerk – Technische Anlagen	145	165	195
Bauwerk	480	540	650
einschließlich Baunebenkosten in Höhe von	12 %		
Traufhöhe	3,00 m		
BGF/Nutzeinheit	4,00 – 4,50 m²/Tier		
Korrekturfaktoren	Gebäudegröße BGF 100 m² 1,20 150 m² 1,00 250 m² 0,90	Unterbau Güllekanäle (Tiefe 1,00 m) 1,05 ohne Güllekanäle 1,00	

19. Kostenkennwerte für Jungvieh-, Mastbullen- oder Milchviehställe ohne Melkstand und Warteraum 85

18.2.2 Jungvieh-/Mastbullen-/Milchviehställe ohne Melkstand und Warteraum			
Standardstufe	3	4	5
300 Bauwerk – Baukonstruktion	235	260	310
400 Bauwerk – Technische Anlagen	55	65	80
Bauwerk	290	325	390
einschließlich Baunebenkosten in Höhe von	12 %		
Traufhöhe	4,00 m		
BGF/Nutzeinheit	6,50 – 10,50 m²/Tier		
Korrekturfaktoren	Gebäudegröße BGF 500 m² 1,20 1 000 m² 1,00 1 500 m² 0,90	Unterbau Güllekanäle (Tiefe 1,00 m) 1,20 ohne Güllekanäle 1,00 Güllelagerraum (Tiefe 2,00 m) 1,40	

20. Kostenkennwerte für Milchviehställe mit Melkstand und Milchlager 86

18.2.3 Milchviehställe mit Melkstand und Milchlager			
Standardstufe	3	4	5
300 Bauwerk – Baukonstruktion	225	255	310
400 Bauwerk – Technische Anlagen	100	110	130
Bauwerk	325	365	440
einschließlich Baunebenkosten in Höhe von	12 %		
Traufhöhe	4,00 m		
BGF/Nutzeinheit	10,00 – 15,00 m²/Tier		
Korrekturfaktoren	Gebäudegröße BGF 1 000 m² 1,20 1 500 m² 1,00 2 000 m² 0,90	Unterbau Güllekanäle (Tiefe 1,00 m) 1,20 ohne Güllekanäle 1,00 Güllelagerraum (Tiefe 2,00 m) 1,40	

21. Kostenkennwerte für Melkhäuser mit Milchlager und Nebenräumen als Einzelgebäude ohne Warteraum und Selektion 87

18.2.4 Melkhäuser mit Milchlager und Nebenräumen als Einzelgebäude ohne Warteraum und Selektion			
Standardstufe	3	4	5
300 Bauwerk – Baukonstruktion	700	780	935
400 Bauwerk – Technische Anlagen	470	520	625
Bauwerk	1 170	1 300	1 560
einschließlich Baunebenkosten in Höhe von	12 %		
Traufhöhe	3,00 m		
BGF/Nutzeinheit	–		
Korrekturfaktoren	Gebäudegröße BGF 100 m² 1,20 150 m² 1,00 250 m² 0,90		

88 22. Kostenkennwerte für Ferkelaufzuchtställe

18.3.1 Ferkelaufzuchtställe				
Standardstufe	3		4	5
300 Bauwerk – Baukonstruktion	300		330	395
400 Bauwerk – Technische Anlagen	155		175	215
Bauwerk	455		505	610
einschließlich Baunebenkosten in Höhe von	12 %			
Traufhöhe	3,00 m			
BGF/Nutzeinheit	0,45 – 0,65 m²/Tier			
Korrekturfaktoren	Gebäudegröße BGF		Unterbau	
	400 m²	1,20	Güllekanäle (Tiefe 0,60 m)	1,10
	600 m²	1,00	ohne Güllekänale	1,00
	800 m²	0,90	Güllelagerraum (Tiefe 1,50 m)	1,20

89 23. Kostenkennwerte für Mastschweineställe

18.3.2 Mastschweineställe				
Standardstufe	3		4	5
300 Bauwerk – Baukonstruktion	290		325	400
400 Bauwerk – Technische Anlagen	125		145	170
Bauwerk	415		470	570
einschließlich Baunebenkosten in Höhe von	12 %			
Traufhöhe	3,00 m			
BGF/Nutzeinheit	0,90 – 1,30 m²/Tier			
Korrekturfaktoren	Gebäudegröße BGF		Unterbau	
	750 m²	1,20	Güllekanäle (Tiefe 0,60 m)	1,10
	1 250 m²	1,00	ohne Güllekänale	1,00
	2 000 m²	0,90	Güllelagerraum (Tiefe 1,50 m)	1,20

90 24. Kostenkennwerte für Zuchtschweineställe, Deck-, Warte- oder Abferkelbereich

18.3.3 Zuchtschweineställe, Deck-/Warte-/Abferkelbereich				
Standardstufe	3		4	5
300 Bauwerk – Baukonstruktion	305		340	405
400 Bauwerk – Technische Anlagen	165		180	220
Bauwerk	470		520	625
einschließlich Baunebenkosten in Höhe von	12 %			
Traufhöhe	3,00 m			
BGF/Nutzeinheit	4,50 – 5,00 m²/Tier			
Korrekturfaktoren	Gebäudegröße BGF		Unterbau	
	750 m²	1,20	Güllekanäle (Tiefe 0,60 m)	1,10
	1 250 m²	1,00	ohne Güllekanäle	1,00
	2 000 m²	0,90	Güllelagerraum (Tiefe 1,50 m)	1,20

25. Kostenkennwerte für Abferkelstall als Einzelgebäude 91

18.3.4 Abferkelstall als Einzelgebäude					
Standardstufe	3		4		5
300 Bauwerk – Baukonstruktion	320		350		420
400 Bauwerk – Technische Anlagen	205		235		280
Bauwerk	525		585		700
einschließlich Baunebenkosten in Höhe von	12 %				
Traufhöhe	3,00 m				
BGF/Nutzeinheit	6,30 – 6,50 m²/Tier				
Korrekturfaktoren	Gebäudegröße BGF		Unterbau		
	200 m²	1,20	Güllekanäle (Tiefe 0,60 m)		1,10
	400 m²	1,00	ohne Güllekanäle		1,00
	600 m²	0,90			

26. Kostenkennwerte für Mastgeflügel, Bodenhaltung (Hähnchen, Puten, Gänse) 92

18.4.1 Mastgeflügel, Bodenhaltung (Hähnchen, Puten, Gänse)				
Standardstufe	3		4	5
300 Bauwerk – Baukonstruktion	210		235	280
400 Bauwerk – Technische Anlagen	50		55	70
Bauwerk	260		290	350
einschließlich Baunebenkosten in Höhe von	12 %			
Traufhöhe	3,00 m			
BGF/Nutzeinheit	0,05 – 0,06 m²/Tier			
Korrekturfaktoren	Gebäudegröße BGF			
	1 000 m²	1,20		
	1 900 m²	1,00		
	3 800 m²	0,90		

27. Kostenkennwerte für Legehennen, Bodenhaltung 93

18.4.2 Legehennen, Bodenhaltung					
Standardstufe	3		4		5
300 Bauwerk - Baukonstruktion	290		325		390
400 Bauwerk - Technische Anlagen	130		145		170
Bauwerk	420		470		560
einschließlich Baunebenkosten in Höhe von	12 %				
Traufhöhe	3,00 m				
BGF/Nutzeinheit	0,15 – 0,20 m²/Tier				
Korrekturfaktoren	Gebäudegröße BGF		Unterbau		
	1 000 m²	1,20	Kotgrube (Tiefe 1,00 m)		1,10
	2 500 m²	1,00			
	3 500 m²	0,90			

94 28. Kostenkennwerte für Legehennen, Volierenhaltung

18.4.3 Legehennen, Volierenhaltung			
Standardstufe	3	4	5
300 Bauwerk – Baukonstruktion	335	370	445
400 Bauwerk – Technische Anlagen	275	305	365
Bauwerk	610	675	810
einschließlich Baunebenkosten in Höhe von	12 %		
Traufhöhe	3,00 m		
BGF/Nutzeinheit	0,07 – 0,10 m²/Tier		
Korrekturfaktoren	Gebäudegröße BGF 500 m² 1,20 1 600 m² 1,00 2 200 m² 0,90		

95 29. Kostenkennwerte für Legehennen, Kleingruppenhaltung, ausgestalteter Käfig

18.4.4 Legehennen, Kleingruppenhaltung, ausgestalteter Käfig			
Standardstufe	3	4	5
300 Bauwerk – Baukonstruktion	340	370	450
400 Bauwerk – Technische Anlagen	335	370	445
Bauwerk	675	740	895
einschließlich Baunebenkosten in Höhe von	12%		
Traufhöhe	3,00 m		
BGF/Nutzeinheit	0,05 – 0,07 m²/Tier		
Korrekturfaktoren	Gebäudegröße BGF 500 m² 1,20 1 200 m² 1,00 1 500 m² 0,90		

III. Beschreibung der Standards der baulichen Anlagen (Gebäudestandards) zur Ermittlung der Kostenkennwerte 96

Inhaltsübersicht

Beschreibung der Gebäudestandards für
1. Freistehende Ein- und Zweifamilienhäuser, Doppelhäuser und Reihenhäuser
2. Mehrfamilienhäuser, Wohnhäuser mit Mischnutzung
3. Bürogebäude, Banken, Geschäftshäuser
4. Gemeindezentren, Saalbauten oder Veranstaltungsgebäude, Kindergärten, Schulen
5. Wohnheime, Alten- oder Pflegeheime, Krankenhäuser, Tageskliniken, Beherbergungsstätten, Verpflegungseinrichtungen
6. Sporthallen, Freizeitbäder oder Heilbäder
7. Verbrauchermärkte, Kauf- oder Warenhäuser, Autohäuser
8. Garagen
9. Betriebs- oder Werkstätten, Produktionsgebäude, Lagergebäude
10. Reithallen
11. Pferdeställe
12. Rinderställe und Melkhäuser
13. Schweineställe
14. Geflügelställe
15. landwirtschaftliche Mehrzweckhallen

1. Beschreibung der Gebäudestandards für freistehende Ein- und Zweifamilienhäuser, Doppelhäuser und Reihenhäuser

	Standardstufe					Wägungsanteil
	1	2	3	4	5	
Außenwände	Holzfachwerk, Ziegelmauerwerk; Fugenglattstrich, Putz, Verkleidung mit Faserzementplatten, Bitumen-Schindeln oder einfachen Kunststoffplatten; kein oder deutlich nicht zeitgemäßer Wärmeschutz (vor ca. 1980)	ein-/zweischaliges Mauerwerk, z. B. Gitterziegel oder Hohlblocksteine; verputzt und gestrichen oder Holzverkleidung; nicht zeitgemäßer Wärmeschutz (vor ca. 1995)	ein-/zweischaliges Mauerwerk, z. B. aus Leichtziegeln, Kalksandsteinen, Gasbetonsteinen; Edelputz; Wärmedämmverbundsystem oder Wärmedämmputz (nach ca. 1995)	Verblendmauerwerk, zweischalig, hinterlüftet, Vorhangfassade (z. B. Naturschiefer); Wärmedämmung (nach ca. 2005)	aufwendig gestaltete Fassaden mit konstruktiver Gliederung (Säulenstellungen, Erker etc.), Sichtbeton-Fertigteile, Natursteinfassade, Elemente aus Kupfer-/Eloxalblech, mehrgeschossige Glasfassaden; Dämmung im Passivhausstandard	23
Dach	Dachpappe, Faserzementplatten/Wellplatten; keine bis geringe Dachdämmung	einfache Betondachsteine oder Tondachziegel, Bitumenschindeln; nicht zeitgemäße Dachdämmung (vor ca. 1995)	Faserzement-Schindeln, beschichtete Betondachsteine und Tondachziegel, Folienabdichtung; Rinnen und Fallrohre aus Zinkblech; Dachdämmung (nach ca. 1995)	glasierte Tondachziegel, Flachdachausbildung tlw. als Dachterrassen; Konstruktion in Brettschichtholz, schweres Massivflachdach; besondere Dachformen, z. B. Mansarden-, Walmdach; Aufsparrendämmung, überdurchschnittliche Dämmung (nach ca. 2005)	hochwertige Eindeckung z. B. aus Schiefer oder Kupfer, Dachbegrünung, befahrbares Flachdach; aufwendig gegliederte Dachlandschaft, sichtbare Bogendachkonstruktionen; Rinnen und Fallrohre aus Kupfer; Dämmung im Passivhausstandard	15
Fenster und Außentüren	Einfachverglasung; einfache Holztüren	Zweifachverglasung (vor ca. 1995); Haustür mit nicht zeitgemäßem Wärmeschutz (vor ca. 1995)	Zweifachverglasung (nach ca. 1995), Rollläden (manuell); Haustür mit zeitgemäßem Wärmeschutz (nach ca. 1995)	Dreifachverglasung, Sonnenschutzglas, aufwendigere Rahmen, Rollläden (elektr.);	große, feststehende Fensterflächen, Spezialverglasung (Schall- und Sonnenschutz);	11

	Standardstufe					Wägungsanteil
	1	2	3	4	5	
				höherwertige Türanlage z. B. mit Seitenteil, besonderer Einbruchschutz	Außentüren in hochwertigen Materialien	
Innenwände und -türen	Fachwerkwände, einfache Putze/ Lehmputze, einfache Kalkanstriche; Füllungstüren, gestrichen, mit einfachen Beschlägen ohne Dichtungen	massive tragende Innenwände, nicht tragende Wände in Leichtbauweise (z. B. Holzständerwände mit Gipskarton), Gipsdielen; leichte Türen, Stahlzargen	nicht tragende Innenwände in massiver Ausführung bzw. mit Dämmmaterial gefüllte Ständerkonstruktionen; schwere Türen, Holzzargen	Sichtmauerwerk, Wandvertäfelungen (Holzpaneele); Massivholztüren, Schiebetürelemente, Glastüren, strukturierte Türblätter	gestaltete Wandabläufe (z. B. Pfeilervorlagen, abgesetzte oder geschwungene Wandpartien); Vertäfelungen (Edelholz, Metall), Akustikputz, Brandschutzverkleidung; raumhohe aufwendige Türelemente	11
Deckenkonstruktion und Treppen	Holzbalkendecken ohne Füllung, Spalierputz; Weichholztreppen in einfacher Art und Ausführung; kein Trittschallschutz	Holzbalkendecken mit Füllung, Kappendecken; Stahl- oder Hartholztreppen in einfacher Art und Ausführung	Beton- und Holzbalkendecken mit Tritt- und Luftschallschutz (z. B. schwimmender Estrich); geradläufige Treppen aus Stahlbeton oder Stahl, Harfentreppe, Trittschallschutz	Decken mit größerer Spannweite, Deckenverkleidung (Holzpaneele/ Kassetten); gewendelte Treppen aus Stahlbeton oder Stahl, Hartholztreppenanlage in besserer Art und Ausführung	Decken mit großen Spannweiten, gegliedert, Deckenvertäfelungen (Edelholz, Metall); breite Stahlbeton-, Metall- oder Hartholztreppenanlage mit hochwertigem Geländer	11
Fußböden	ohne Belag	Linoleum-, Teppich-, Laminat- und PVC-Böden einfacher Art und Ausführung	Linoleum-, Teppich-, Laminat- und PVC-Böden besserer Art und Ausführung, Fliesen, Kunststeinplatten	Natursteinplatten, Fertigparkett, hochwertige Fliesen, Terrazzobelag, hochwertige Massivholzböden auf gedämmter Unterkonstruktion	hochwertiges Parkett, hochwertige Natursteinplatten, hochwertige Edelholzböden auf gedämmter Unterkonstruktion	5
Sanitäreinrichtungen	einfaches Bad mit Stand-WC; Installation auf Putz; Ölfarbenanstrich, einfache PVC-Bodenbeläge	1 Bad mit WC, Dusche oder Badewanne; einfache Wand- und Bodenfliesen, teilweise gefliest	1 Bad mit WC, Dusche und Badewanne, Gäste-WC; Wand- und Bodenfliesen, raumhoch gefliest	1 bis 2 Bäder mit tlw. zwei Waschbecken, tlw. Bidet/ Urinal, Gäste-WC, bodengleiche Dusche; Wand- und Bodenfliesen; jeweils in gehobener Qualität	mehrere großzügige, hochwertige Bäder, Gäste-WC; hochwertige Wand- und Bodenplatten (oberflächenstrukturiert, Einzel- und Flächendekors)	9
Heizung	Einzelöfen, Schwerkraftheizung	Fern- oder Zentralheizung, einfache Warmluftheizung, einzelne Gasaußenwandthermen, Nachtstromspeicher-,	elektronisch gesteuerte Fern- oder Zentralheizung, Niedertemperatur- oder Brennwertkessel	Fußbodenheizung, Solarkollektoren für Warmwassererzeugung, zusätzlicher Kaminanschluss	Solarkollektoren für Warmwassererzeugung und Heizung, Blockheizkraftwerk, Wärmepumpe, Hybrid-Systeme;	9

	Standardstufe					Wägungsanteil
	1	2	3	4	5	
		Fußbodenheizung (vor ca. 1995)			aufwendige zusätzliche Kaminanlage	
Sonstige technische Ausstattung	sehr wenige Steckdosen, Schalter und Sicherungen, kein Fehlerstromschutzschalter (FI-Schalter), Leitungen teilweise auf Putz	wenige Steckdosen, Schalter und Sicherungen	zeitgemäße Anzahl an Steckdosen und Lichtauslässen, Zählerschrank (ab ca. 1985) mit Unterverteilung und Kippsicherungen	zahlreiche Steckdosen und Lichtauslässe, hochwertige Abdeckungen, dezentrale Lüftung mit Wärmetauscher, mehrere LAN- und Fernsehanschlüsse	Video- und zentrale Alarmanlage, zentrale Lüftung mit Wärmetauscher, Klimaanlage, Bussystem	6

2. Beschreibung der Gebäudestandards für Mehrfamilienhäuser, Wohnhäuser mit Mischnutzung 97

	Standardstufe		
	3	4	5
Außenwände	ein-/zweischaliges Mauerwerk, z. B. aus Leichtziegeln, Kalksandsteinen, Gasbetonsteinen; Edelputz; Wärmedämmverbundsystem oder Wärmedämmputz (nach ca. 1995)	Verblendmauerwerk, zweischalig, hinterlüftet, Vorhangfassade (z. B. Naturschiefer); Wärmedämmung (nach ca. 2005)	aufwendig gestaltete Fassaden mit konstruktiver Gliederung (Säulenstellungen, Erker etc.), Sichtbeton-Fertigteile, Natursteinfassade, Elemente aus Kupfer-/Eloxalblech, mehrgeschossige Glasfassaden; hochwertigste Dämmung
Dach	Faserzement-Schindeln, beschichtete Betondachsteine und Tondachziegel, Folienabdichtung; Dachdämmung (nach ca. 1995)	glasierte Tondachziegel; Flachdachausbildung tlw. als Dachterrasse; Konstruktion in Brettschichtholz, schweres Massivflachdach; besondere Dachform, z. B. Mansarden-, Walmdach; Aufsparrendämmung, überdurchschnittliche Dämmung (nach ca. 2005)	hochwertige Eindeckung z. B. aus Schiefer oder Kupfer, Dachbegrünung, befahrbares Flachdach; stark überdurchschnittliche Dämmung
Fenster und Außentüren	Zweifachverglasung (nach ca. 1995), Rollläden (manuell); Haustür mit zeitgemäßem Wärmeschutz (nach ca. 1995)	Dreifachverglasung, Sonnenschutzglas, aufwendigere Rahmen, Rollläden (elektr.); höherwertige Türanlagen z. B. mit Seitenteil, besonderer Einbruchschutz	große, feststehende Fensterflächen, Spezialverglasung (Schall- und Sonnenschutz); Außentüren in hochwertigen Materialien
Innenwände und -türen	nicht tragende Innenwände in massiver Ausführung bzw. mit Dämmmaterial gefüllte Ständerkonstruktionen; schwere Türen	Sichtmauerwerk; Massivholztüren, Schiebetürelemente, Glastüren, strukturierte Türblätter	gestaltete Wandabläufe (z. B. Pfeilervorlagen, abgesetzte oder geschwungene Wandpartien); Brandschutzverkleidung; raumhohe aufwendige Türelemente
Deckenkonstruktion	Betondecken mit Tritt- und Luftschallschutz (z. B. schwimmender Estrich); einfacher Putz	zusätzlich Deckenverkleidung	Deckenvertäfelungen (Edelholz, Metall)
Fußböden	Linoleum-, Teppich-, Laminat- und PVC-Böden besserer Art und Ausführung, Fliesen, Kunststeinplatten	Natursteinplatten, Fertigparkett, hochwertige Fliesen, Terrazzobelag, hochwertige Massivholzböden auf gedämmter Unterkonstruktion	hochwertiges Parkett, hochwertige Natursteinplatten, hochwertige Edelholzböden auf gedämmter Unterkonstruktion
Sanitäreinrichtungen	1 Bad mit WC je Wohneinheit; Dusche und Badewanne; Wand- und Bodenfliesen, raumhoch gefliest	1 bis 2 Bäder je Wohneinheit mit tlw. zwei Waschbecken, tlw. Bidet/Urinal, Gäste-WC, bodengleiche Dusche; Wand- und Bodenfliesen jeweils in gehobener Qualität	2 und mehr Bäder je Wohneinheit; hochwertige Wand- und Bodenplatten (oberflächenstrukturiert, Einzel- und Flächendekors)
Heizung	elektronisch gesteuerte Fern- oder Zentralheizung, Niedertemperatur- oder Brennwertkessel	Fußbodenheizung, Solarkollektoren für Warmwassererzeugung	Solarkollektoren für Warmwassererzeugung und Heizung, Blockheizkraftwerk, Wärmepumpe, Hybrid-Systeme

	Standardstufe		
	3	4	5
Sonstige technische Ausstattung	zeitgemäße Anzahl an Steckdosen und Lichtauslässen; Zählerschrank (ab ca. 1985) mit Unterverteilung und Kippsicherungen	zahlreiche Steckdosen und Lichtauslässe, hochwertige Abdeckungen, dezentrale Lüftung mit Wärmetauscher, mehrere LAN- und Fernsehanschlüsse, Personenaufzugsanlagen	Video- und zentrale Alarmanlage, zentrale Lüftung mit Wärmetauscher, Klimaanlage; Bussystem; aufwendige Personenaufzugsanlagen

98 **3. Beschreibung der Gebäudestandards für Bürogebäude, Banken, Geschäftshäuser**

	Standardstufe		
	3	4	5
Außenwände	ein-/zweischalige Konstruktion; Wärmedämmverbundsystem oder Wärmedämmputz (nach ca. 1995)	Verblendmauerwerk, zweischalig, hinterlüftet, Vorhangfassade (z. B. Naturschiefer); Wärmedämmung (nach ca. 2005)	aufwendig gestaltete Fassaden mit konstruktiver Gliederung (Säulenstellungen, Erker etc.), Sichtbeton-Fertigteile, Natursteinfassade, Elemente aus Kupfer-/Eloxalblech, mehrgeschossige Glasfassaden; Vorhangfassade aus Glas; stark überdurchschnittliche Dämmung
Dach	Faserzement-Schindeln, beschichtete Betondachsteine und Tondachziegel, Folienabdichtung; Dachdämmung (nach ca. 1995)	glasierte Tondachziegel; schweres Massivflachdach; besondere Dachform; überdurchschnittliche Dämmung (nach ca. 2005)	hochwertige Eindeckung z. B. aus Schiefer oder Kupfer; Dachbegrünung; befahrbares Flachdach; aufwendig gegliederte Dachlandschaft; stark überdurchschnittliche Dämmung
Fenster und Außentüren	Zweifachverglasung (nach ca. 1995)	Dreifachverglasung, Sonnenschutzglas, aufwendigere Rahmen, höherwertige Türanlagen	große, feststehende Fensterflächen, Spezialverglasung (Schall- und Sonnenschutz); Außentüren in hochwertigen Materialien; Automatiktüren
Innenwände und -türen	nicht tragende Innenwände in massiver Ausführung; schwere Türen	Sichtmauerwerk, Massivholztüren, Schiebetürelemente, Glastüren, Innenwände für flexible Raumkonzepte (größere statische Spannweiten der Decken)	gestaltete Wandabläufe (z. B. Pfeilervorlagen, abgesetzte oder geschwungene Wandpartien); Wände aus großformatigen Glaselementen, Akustikputz, tlw. Automatiktüren; rollstuhlgerechte Bedienung
Deckenkonstruktion	Betondecken mit Tritt- und Luftschallschutz; einfacher Putz; abgehängte Decken	höherwertige abgehängte Decken	Deckenvertäfelungen (Edelholz, Metall)
Fußböden	Linoleum- oder Teppich-Böden besserer Art und Ausführung; Fliesen, Kunststeinplatten	Natursteinplatten, Fertigparkett, hochwertige Fliesen, Terrazzobelag, hochwertige Massivholzböden auf gedämmter Unterkonstruktion	hochwertiges Parkett, hochwertige Natursteinplatten, hochwertige Edelholzböden auf gedämmter Unterkonstruktion
Sanitäreinrichtungen	ausreichende Anzahl von Toilettenräumen in Standard-Ausführung	Toilettenräume in gehobenem Standard	großzügige Toilettenanlagen jeweils mit Sanitäreinrichtung in gehobener Qualität
Heizung	elektronisch gesteuerte Fern- oder Zentralheizung, Niedertemperatur- oder Brennwertkessel	Fußbodenheizung; Solarkollektoren für Warmwassererzeugung	Solarkollektoren für Warmwassererzeugung und Heizung, Blockheizkraftwerk, Wärmepumpe, Hybrid-Systeme; Klimaanlage
Sonstige technische Ausstattung	zeitgemäße Anzahl an Steckdosen und Lichtauslässen; Zählerschrank (ab ca. 1985) mit Unterverteilung und Kippsicherungen; Kabelkanäle; Blitzschutz	zahlreiche Steckdosen und Lichtauslässe; hochwertige Abdeckungen, hochwertige Beleuchtung; Doppelboden mit Bodentanks zur Verkabelung; ausreichende Anzahl von LAN-Anschlüssen;	Video- und zentrale Alarmanlage; zentrale Lüftung mit Wärmetauscher, Klimaanlage; Bussystem; aufwendige Personenaufzugsanlagen

	Standardstufe		
	3	4	5
		dezentrale Lüftung mit Wärmetauscher, Messverfahren von Verbrauch, Regelung von Raumtemperatur und Raumfeuchte, Sonnenschutzsteuerung; elektronische Zugangskontrolle; Personenaufzugsanlagen	

4. Beschreibung der Gebäudestandards für Gemeindezentren, Saalbauten, Veranstaltungsgebäude, Kindergärten, Schulen 99

	Standardstufe		
	3	4	5
Außenwände	ein-/zweischalige Konstruktion; Wärmedämmverbundsystem oder Wärmedämmputz (nach ca. 1995)	Verblendmauerwerk, zweischalig, hinterlüftet; Vorhangfassade (z. B. Naturschiefer); Wärmedämmung (nach ca. 2005)	aufwendig gestaltete Fassaden mit konstruktiver Gliederung (Säulenstellungen, Erker etc.), Sichtbeton-Fertigteile, Natursteinfassade, Elemente aus Kupfer-/Eloxalblech, mehrgeschossige Glasfassaden; stark überdurchschnittliche Dämmung
Dach	Faserzement-Schindeln, beschichtete Betondachsteine und Tondachziegel, Folienabdichtung; Dachdämmung (nach ca. 1995)	glasierte Tondachziegel; besondere Dachform; Dämmung (nach ca. 2005)	hochwertige Eindeckung z. B. aus Schiefer oder Kupfer, Dachbegrünung, befahrbares Flachdach; aufwendig gegliederte Dachlandschaft, stark überdurchschnittliche Dämmung
Fenster und Außentüren	Zweifachverglasung (nach ca. 1995)	Dreifachverglasung, Sonnenschutzglas, aufwendigere Rahmen, höherwertige Türanlagen	große, feststehende Fensterflächen, Spezialverglasung (Schall- und Sonnenschutz); Außentüren in hochwertigen Materialien
Innenwände und -türen	nicht tragende Innenwände in massiver Ausführung bzw. mit Dämmmaterial gefüllte Ständerkonstruktionen; schwere und große Türen	Sichtmauerwerk, Massivholztüren, Schiebetürelemente, Glastüren	gestaltete Wandabläufe (z. B. Pfeilervorlagen, abgesetzte oder geschwungene Wandpartien); Vertäfelungen (Edelholz, Metall), Akustikputz, raumhohe aufwendige Türelemente; tlw. Automatiktüren; rollstuhlgerechte Bedienung
Deckenkonstruktion	Betondecken mit Tritt- und Luftschallschutz; einfacher Putz; abgehängte Decken	Decken mit großen Spannweiten, Deckenverkleidung	Decken mit größeren Spannweiten
Fußböden	Linoleum- oder Teppich-Böden besserer Art und Ausführung; Fliesen, Kunststeinplatten	Natursteinplatten, hochwertige Fliesen, Terrazzobelag, hochwertige Massivholzböden auf gedämmter Unterkonstruktion	hochwertiges Parkett, hochwertige Natursteinplatten, hochwertige Edelholzböden auf gedämmter Unterkonstruktion
Sanitäreinrichtungen	ausreichende Anzahl von Toilettenräumen in Standard-Ausführung	Toilettenräume in gehobenem Standard	großzügige Toilettenanlagen mit Sanitäreinrichtung in gehobener Qualität
Heizung	elektronisch gesteuerte Fern- oder Zentralheizung, Niedertemperatur- oder Brennwertkessel	Solarkollektoren für Warmwassererzeugung; Fußbodenheizung	Solarkollektoren für Warmwassererzeugung und Heizung; Blockheizkraftwerk, Wärmepumpe, Hybrid-Systeme; Klimaanlage
Sonstige technische Ausstattung	zeitgemäße Anzahl an Steckdosen und Lichtauslässen; Zählerschrank (ab 1985) mit Unterverteilung und Kippsicherungen; Kabelkanäle; Blitzschutz	zahlreiche Steckdosen und Lichtauslässe; hochwertige Abdeckungen, hochwertige Beleuchtung; Doppelboden mit Bodentanks zur Verkabelung, ausreichende Anzahl von LAN-Anschlüssen;	Video- und zentrale Alarmanlage; zentrale Lüftung mit Wärmetauscher, Klimaanlage; Bussystem

	Standardstufe		
	3	4	5
		dezentrale Lüftung mit Wärmetauscher, Messverfahren von Raumtemperatur, Raumfeuchte, Verbrauch, Einzelraumregelung, Sonnenschutzsteuerung; elektronische Zugangskontrolle; Personenaufzugsanlagen	

100 **5. Beschreibung der Gebäudestandards für Wohnheime, Alten- oder Pflegeheime, Krankenhäuser, Tageskliniken, Beherbergungsstätten, Verpflegungseinrichtungen**

	Standardstufe		
	3	4	5
Außenwände	ein-/zweischalige Konstruktion; Wärmedämmverbundsystem oder Wärmedämmputz (nach ca. 1995)	Verblendmauerwerk, zweischalig, hinterlüftet, Vorhangfassade (z. B. Naturschiefer); Wärmedämmung (nach ca. 2005)	aufwendig gestaltete Fassaden mit konstruktiver Gliederung (Säulenstellungen, Erker etc.), Sichtbeton-Fertigteile, Natursteinfassade, Elemente aus Kupfer-/Eloxalblech, mehrgeschossige Glasfassaden; hochwertigste Dämmung
Dach	Faserzement-Schindeln, beschichtete Betondachsteine und Tondachziegel, Folienabdichtung; Dachdämmung (nach ca. 1995)	glasierte Tondachziegel; besondere Dachformen; überdurchschnittliche Dämmung (nach ca. 2005)	hochwertige Eindeckung z. B. aus Schiefer oder Kupfer, Dachbegrünung, befahrbares Flachdach; aufwendig gegliederte Dachlandschaft; sichtbare hochwertigste Dämmung
Fenster und Außentüren	Zweifachverglasung (nach ca. 1995) nur Wohnheime, Altenheime, Pflegeheime, Krankenhäuser und Tageskliniken: Automatik-Eingangstüren	Dreifachverglasung, Sonnenschutzglas, aufwendigere Rahmen; nur Beherbergungsstätten und Verpflegungseinrichtungen: Automatik-Eingangstüren	große, feststehende Fensterflächen, Spezialverglasung (Schall- und Sonnenschutz)
Innenwände und -türen	nicht tragende Innenwände in massiver Ausführung bzw. mit Dämmmaterial gefüllte Ständerkonstruktionen; schwere Türen; nur Wohnheime, Altenheime, Pflegeheime, Krankenhäuser und Tageskliniken: Automatik-Flurzwischentüren; rollstuhlgerechte Bedienung	Sichtmauerwerk; nur Beherbergungsstätten und Verpflegungseinrichtungen: Automatik-Flurzwischentüren; rollstuhlgerechte Bedienung	gestaltete Wandabläufe (z. B. Pfeilervorlagen, abgesetzte oder geschwungene Wandpartien); Akustikputz, raumhohe aufwendige Türelemente
Deckenkonstruktion und Treppen	Betondecken mit Tritt- und Luftschallschutz; Deckenverkleidung, einfacher Putz	Decken mit großen Spannweiten	Decken mit größeren Spannweiten; hochwertige breite Stahlbeton-, Metalltreppenanlage mit hochwertigem Geländer
Fußböden	Linoleum- oder PVC-Böden besserer Art und Ausführung; Fliesen, Kunststeinplatten	Natursteinplatten, hochwertige Fliesen, Terrazzobelag, hochwertige Massivholzböden auf gedämmter Unterkonstruktion	hochwertiges Parkett, hochwertige Natursteinplatten, hochwertige Edelholzböden auf gedämmter Unterkonstruktion
Sanitäreinrichtungen	mehrere WCs und Duschbäder je Geschoss; Waschbecken im Raum	je Raum ein Duschbad mit WC nur Wohnheime, Altenheime, Pflegeheime, Krankenhäuser und Tageskliniken: behindertengerecht	je Raum ein Duschbad mit WC in guter Ausstattung; nur Wohnheime, Altenheime, Pflegeheime, Krankenhäuser und Tageskliniken: behindertengerecht
Heizung	elektronisch gesteuerte Fern- oder Zentralheizung, Niedertemperatur- oder Brennwertkessel	Solarkollektoren für Warmwassererzeugung	Solarkollektoren für Warmwassererzeugung und Heizung; Blockheizkraftwerk, Wärmepumpe, Hybrid-Systeme; Klimaanlage
Sonstige technische Ausstattung	zeitgemäße Anzahl an Steckdosen und Lichtauslässen; Blitzschutz, Personenaufzugsanlagen	zahlreiche Steckdosen und Lichtauslässe; hochwertige Abdeckungen; dezentrale Lüftung mit Wärmetauscher;	Video- und zentrale Alarmanlage, zentrale Lüftung mit Wärmetauscher, Klimaanlage, Bussystem; aufwendige Aufzugsanlagen

	Standardstufe		
	3	4	5
		mehrere LAN- und Fernsehanschlüsse	

6. Beschreibung der Gebäudestandards für Sporthallen, Freizeitbäder oder Heilbäder 101

	Standardstufe		
	3	4	5
Außenwände	ein-/zweischalige Konstruktion; Wärmedämmverbundsystem oder Wärmedämmputz (nach ca. 1995)	Verblendmauerwerk, zweischalig, hinterlüftet; Vorhangfassade (z. B. Naturschiefer); Wärmedämmung (nach ca. 2005)	aufwendig gestaltete Fassaden mit konstruktiver Gliederung (Säulenstellungen, Erker etc.), Sichtbeton-Fertigteile, Elemente aus Kupfer-/Eloxalblech, mehrgeschossige Glasfassaden; hochwertigste Dämmung
Dach	Faserzement-Schindeln, beschichtete Betondachsteine und Tondachziegel, Folienabdichtung; Dachdämmung (nach ca. 1995)	glasierte Tondachziegel; besondere Dachformen, überdurchschnittliche Dämmung (nach ca. 2005)	hochwertige Eindeckung z. B. aus Schiefer oder Kupfer, Dachbegrünung; aufwendig gegliederte Dachlandschaft, sichtbare Bogendachkonstruktionen; hochwertigste Dämmung
Fenster und Außentüren	Zweifachverglasung (nach ca. 1995)	Dreifachverglasung, Sonnenschutzglas, aufwendigere Rahmen, höherwertige Türanlagen	große, feststehende Fensterflächen, Spezialverglasung (Schall- und Sonnenschutz); Automatik-Eingangstüren
Innenwände und -türen	nicht tragende Innenwände in massiver Ausführung bzw. mit Dämmmaterial gefüllte Ständerkonstruktionen; schwere Türen	Sichtmauerwerk; rollstuhlgerechte Bedienung	gestaltete Wandabläufe (z. B. Pfeilervorlagen, abgesetzte oder geschwungene Wandpartien); Akustikputz, raumhohe aufwendige Türelemente
Deckenkonstruktion und Treppen	Betondecke	Decken mit großen Spannweiten	Decken mit größeren Spannweiten; hochwertige breite Stahlbeton-, Metalltreppenanlage mit hochwertigem Geländer
Fußböden	nur Sporthallen: Beton, Asphaltbeton, Estrich oder Gussasphalt auf Beton; Teppichbelag, PVC; nur Freizeitbäder/Heilbäder: Fliesenbelag	nur Sporthallen: hochwertigere flächenstatische Fußbodenkonstruktion, Spezialteppich mit Gummigranulatauflage; hochwertigerer Schwingboden	nur Sporthallen: hochwertigste flächenstatische Fußbodenkonstruktion, Spezialteppich mit Gummigranulatauflage; hochwertigster Schwingboden;nur Freizeitbäder/Heilbäder: hochwertiger Fliesenbelag und Natursteinboden
Sanitäreinrichtungen	wenige Toilettenräume und Duschräume bzw. Waschräume	ausreichende Anzahl von Toilettenräumen und Duschräumen in besserer Qualität	großzügige Toilettenanlagen und Duschräume mit Sanitäreinrichtung in gehobener Qualität
Heizung	elektronisch gesteuerte Fern- oder Zentralheizung, Niedertemperatur- oder Brennwertkessel	Fußbodenheizung; Solarkollektoren für Warmwassererzeugung	Solarkollektoren für Warmwassererzeugung und Heizung, Blockheizkraftwerk, Wärmepumpe, Hybrid-Systeme
Sonstige technische Ausstattung	zeitgemäße Anzahl an Steckdosen und Lichtauslässen; Blitzschutz	zahlreiche Steckdosen und Lichtauslässe, hochwertige Abdeckungen, Lüftung mit Wärmetauscher	Video- und zentrale Alarmanlage; Klimaanlage; Bussystem

7. Beschreibung der Gebäudestandards für Verbrauchermärkte, Kauf- oder Warenhäuser, Autohäuser 102

	Standardstufe		
	3	4	5
Außenwände	ein-/zweischalige Konstruktion, Wärmedämmverbundsystem oder Wärmedämmputz (nach ca. 1995)	Verblendmauerwerk, zweischalig, hinterlüftet; Vorhangfassade (z. B. Naturschiefer); Wärmedämmung (nach ca. 2005)	aufwendig gestaltete Fassaden mit konstruktiver Gliederung (Säulenstellungen, Erker etc.), Sichtbeton-Fertigteile, Natursteinfassade, Elemente aus Kupfer-/Eloxalblech, mehrgeschossige Glasfassaden; hochwertigste Dämmung

	Standardstufe		
	3	4	5
Dach	Faserzement-Schindeln, beschichtete Betondachsteine und Tondachziegel, Folienabdichtung; Rinnen und Fallrohre aus Zinkblech; Dachdämmung (nach ca. 1995)	glasierte Tondachziegel; besondere Dachform; überdurchschnittliche Dämmung (nach ca. 2005)	hochwertige Eindeckung z. B. aus Schiefer oder Kupfer, Dachbegrünung; aufwendig gegliederte Dachlandschaft; hochwertigste Dämmung
Fenster und Außentüren	Zweifachverglasung (nach ca. 1995)	Dreifachverglasung, Sonnenschutzglas, aufwendigere Rahmen, höherwertige Türanlagen	große, feststehende Fensterflächen, Spezialverglasung (Schall- und Sonnenschutz); Außentüren in hochwertigen Materialien
Innenwände und -türen	nicht tragende Innenwände in massiver Ausführung bzw. mit Dämmmaterial gefüllte Ständerkonstruktionen; schwere Türen	Sichtmauerwerk	gestaltete Wandabläufe (z. B. Pfeilervorlagen, abgesetzte oder geschwungene Wandpartien); Akustikputz, raumhohe aufwendige Türelemente; rollstuhlgerechte Bedienung, Automatiktüren
Deckenkonstruktion	Betondecken mit Tritt- und Luftschallschutz, einfacher Putz, Deckenverkleidung	Decken mit großen Spannweiten	Decken mit größeren Spannweiten, Deckenvertäfelungen (Edelholz, Metall)
Fußböden	Linoleum- oder Teppich-Böden besserer Art und Ausführung; Fliesen, Kunststeinplatten	Natursteinplatten, Fertigparkett, hochwertige Fliesen, Terrazzobelag, hochwertige Massivholzböden auf gedämmter Unterkonstruktion	hochwertiges Parkett, hochwertige Natursteinplatten, hochwertige Edelholzböden auf gedämmter Unterkonstruktion
Sanitäreinrichtungen	Toilettenräume	ausreichende Anzahl von Toilettenräumen, jeweils in gehobenem Standard	großzügige Toilettenanlagen mit Sanitäreinrichtung in gehobener Qualität
Heizung	elektronisch gesteuerte Fern- oder Zentralheizung; Niedertemperatur- oder Brennwertkessel	Fußbodenheizung; Solarkollektoren für Warmwassererzeugung	Solarkollektoren für Warmwassererzeugung und Heizung; Blockheizkraftwerk, Wärmepumpe, Hybrid-Systeme; Klimaanlage
Sonstige technische Ausstattung	zeitgemäße Anzahl an Steckdosen und Lichtauslässen, Zählerschrank (ab 1985) mit Unterverteilung und Kippsicherungen; Kabelkanäle; Blitzschutz; Personenaufzugsanlagen	zahlreiche Steckdosen und Lichtauslässe; hochwertige Abdeckungen, hochwertige Beleuchtung; Doppelboden mit Bodentanks zur Verkabelung, ausreichende Anzahl von LAN-Anschlüssen; dezentrale Lüftung mit Wärmetauscher, Messverfahren von Raumtemperatur, Raumfeuchte, Verbrauch, Einzelraumregelung, Sonnenschutzsteuerung	Video- und zentrale Alarmanlage; zentrale Lüftung mit Wärmetauscher, Klimaanlage; Bussystem; Doppelboden mit Bodentanks zur Verkabelung; aufwendigere Aufzugsanlagen

103 **8. Beschreibung der Gebäudestandards für Garagen**

	Standardstufe		
	3	4	5
Außenwände	offene Konstruktion	Einschalige Konstruktion	aufwendig gestaltete Fassaden mit konstruktiver Gliederung (Säulenstellungen, Erker etc.)
Konstruktion	Stahl- und Betonfertigteile	überwiegend Betonfertigteile; große stützenfreie Spannweiten	größere stützenfreie Spannweiten
Dach	Flachdach, Folienabdichtung	Flachdachausbildung; Wärmedämmung	befahrbares Flachdach (Parkdeck)
Fenster und Außentüren	einfache Metallgitter	begrünte Metallgitter, Glasbausteine	Außentüren in hochwertigen Materialien
Fußböden	Beton	Estrich, Gussasphalt	beschichteter Beton oder Estrichboden
Sonstige technische	Strom- und Wasseranschluss; Löschwasseranlage;	Sprinkleranlage; Rufanlagen;	Video- und zentrale Alarmanlage;

	Standardstufe		
	3	4	5
Ausstattung	Treppenhaus; Brandmelder	Rauch- und Wärmeabzugsanlagen; mechanische Be- und Entlüftungsanlagen; Parksysteme für zwei PKW übereinander; Personenaufzugsanlagen	Beschallung; Parksysteme für drei oder mehr PKW übereinander; aufwendigere Aufzugsanlagen

9. Beschreibung der Gebäudestandards für Betriebs- oder Werkstätten, Produktionsgebäude, Lagergebäude 104

	Standardstufe		
	3	4	5
Außenwände	ein-/zweischaliges Mauerwerk, z. B. aus Leichtziegeln, Kalksandsteinen, Gasbetonsteinen; Edelputz; gedämmte Metall-Sandwichelemente; Wärmedämmverbundsystem oder Wärmedämmputz (nach ca. 1995)	Verblendmauerwerk, zweischalig, hinterlüftet; Vorhangfassade (z. B. Naturschiefer); Wärmedämmung (nach ca. 2005)	Sichtbeton-Fertigteile; Natursteinfassade, Elemente aus Kupfer-/Eloxalblech; mehrgeschossige Glasfassaden; hochwertigste Dämmung
Konstruktion	Stahl- und Betonfertigteile	überwiegend Betonfertigteile; große stützenfreie Spannweiten; hohe Deckenhöhen; hohe Belastbarkeit der Decken und Böden	größere stützenfreie Spannweiten; hohe Deckenhöhen; höhere Belastbarkeit der Decken und Böden
Dach	Faserzement-Schindeln, beschichtete Betondachsteine und Tondachziegel; Folienabdichtung; Dachdämmung (nach ca. 1995)	schweres Massivflachdach; besondere Dachformen; überdurchschnittliche Dämmung (nach ca. 2005)	hochwertige Eindeckung z. B. aus Schiefer oder Kupfer, hochwertigste Dämmung
Fenster und Außentüren	Zweifachverglasung (nach ca. 1995)	Dreifachverglasung, Sonnenschutzglas, aufwendigere Rahmen; höherwertige Türanlage	große, feststehende Fensterflächen, Spezialverglasung (Schall- und Sonnenschutz); Außentüren in hochwertigen Materialien
Innenwände und -türen	Anstrich	tlw. gefliest, Sichtmauerwerk; Schiebetürelemente, Glastüren	überwiegend gefliest; Sichtmauerwerk; gestaltete Wandabläufe
Fußböden	Beton	Estrich, Gussasphalt	beschichteter Beton oder Estrichboden; Betonwerkstein, Verbundpflaster
Sanitäreinrichtungen	einfache und wenige Toilettenräume	ausreichende Anzahl von Toilettenräumen	großzügige Toilettenanlagen
Heizung	elektronisch gesteuerte Fern- oder Zentralheizung; Niedertemperatur- oder Brennwertkessel	Fußbodenheizung; Solarkollektoren für Warmwassererzeugung; zusätzlicher Kaminanschluss	Solarkollektoren für Warmwassererzeugung und Heizung; Blockheizkraftwerk; Wärmepumpe; Hybrid-Systeme; aufwendige zusätzliche Kaminanlage
Sonstige technische Ausstattung	zeitgemäße Anzahl an Steckdosen und Lichtauslässen; Blitzschutz; Teeküchen	zahlreiche Steckdosen und Lichtauslässe; hochwertige Abdeckungen; Kabelkanäle; dezentrale Lüftung mit Wärmetauscher; kleinere Einbauküchen mit Kochgelegenheit, Aufenthaltsräume; Aufzugsanlagen	Video- und zentrale Alarmanlage; zentrale Lüftung mit Wärmetauscher, Klimaanlage; Bussystem; Küchen, Kantinen; aufwendigere Aufzugsanlagen

105 **10. Beschreibung der Gebäudestandards für Reithallen**

	Standardstufe		
	3	4	5
Außenwände	Holzfachwerkwand; Holzstützen, Vollholz; Brettschalung oder Profilblech auf Holz-Unterkonstruktion	Kalksandstein- oder Ziegel-Mauerwerk; Metallstützen, Profil; Holz-Blockbohlen zwischen Stützen, Wärmedämmverbundsystem, Putz	Betonwand, Fertigteile, mehrschichtig; Stahlbetonstützen, Fertigteil; Kalksandstein-Vormauerung oder Klinkerverblendung mit Dämmung
Dach	Holzkonstruktionen, Nagelbrettbinder; Bitumenwellplatten, Profilblech	Stahlrahmen mit Holzpfetten; Faserzementwellplatten; Hartschaumplatten	Brettschichtholzbinder; Betondachsteine oder Dachziegel; Dämmung mit Profilholz oder Paneelen
Fenster und Außentüren bzw. -tore	Lichtplatten aus Kunststoff, Holz-Brettertüren	Kunststofffenster, Windnetze aus Kunststoff, Jalousien mit Motorantrieb	Türen und Tore mehrschichtig mit Wärmedämmung, Holzfenster, hoher Fensteranteil
Innenwände	keine	tragende bzw. nicht tragende Innenwände aus Holz; Anstrich	tragende bzw. nicht tragende Innenwände als Mauerwerk; Sperrholz, Gipskarton, Fliesen
Deckenkonstruktion	keine	Holzkonstruktionen über Nebenräumen; Hartschaumplatten	Stahlbetonplatte über Nebenräumen; Dämmung mit Profilholz oder Paneelen
Fußböden	Tragschicht: Schotter, Trennschicht: Vlies, Tretschicht: Sand	zusätzlich/alternativ: Tragschicht: Schotter, Trennschicht: Kunststoffgewebe, Tretschicht: Sand und Holzspäne	Estrich auf Dämmung, Fliesen oder Linoleum in Nebenräumen; zusätzlich/alternativ: Tragschicht: Schotter, Trennschicht: Kunststoffplatten, Tretschicht: Sand und Textilflocken, Betonplatte im Bereich der Nebenräume
baukonstruktive Einbauten	Reithallenbande aus Nadelholz zur Abgrenzung der Reitfläche	zusätzlich/alternativ: Vollholztafeln fest eingebaut	zusätzlich/alternativ: Vollholztafeln, Fertigteile zum Versetzen
Abwasser-, Wasser-, Gasanlagen	Regenwasserableitung	zusätzlich/alternativ: Abwasserleitungen, Sanitärobjekte (einfache Qualität)	zusätzlich/alternativ: Sanitärobjekte (gehobene Qualität), Gasanschluss
Wärmeversorgungsanlagen	keine	Raumheizflächen in Nebenräumen, Anschluss an Heizsystem	zusätzlich/alternativ: Heizkessel
lufttechnische Anlagen	keine	Firstentlüftung	Be- und Entlüftungsanlage
Starkstrom-Anlage	Leitungen, Schalter, Dosen, Langfeldleuchten	zusätzlich/alternativ: Sicherungen und Verteilerschrank	zusätzlich/alternativ: Metall-Dampfleuchten
nutzungsspezifische Anlagen	keine	Reitbodenbewässerung (einfache Ausführung)	Reitbodenbewässerung (komfortable Ausführung)

106 **11. Beschreibung der Gebäudestandards für Pferdeställe**

	Standardstufe		
	3	4	5
Außenwände	Holzfachwerkwand; Holzstützen, Vollholz; Brettschalung oder Profilblech auf Holz-Unterkonstruktion	Kalksandstein- oder Ziegel-Mauerwerk; Metallstützen, Profil; Holz-Blockbohlen zwischen Stützen, Wärmedämmverbundsystem, Putz	Betonwand, Fertigteile, mehrschichtig; Stahlbetonstützen, Fertigteil; Kalksandstein-Vormauerung oder Klinkerverblendung mit Dämmung
Dach	Holzkonstruktionen, Vollholzbalken; Nagelbrettbinder; Bitumenwellplatten, Profilblech	Stahlrahmen mit Holzpfetten; Faserzementwellplatten; Hartschaumplatten	Brettschichtholzbinder; Betondachsteine oder Dachziegel; Dämmung mit Profilholz oder Paneelen
Fenster und Außentüren bzw. -tore	Lichtplatten aus Kunststoff, Holz-Brettertüren	Kunststofffenster, Windnetze aus Kunststoff, Jalousien mit Motorantrieb	Türen und Tore mehrschichtig mit Wärmedämmung, Holzfenster, hoher Fensteranteil

	Standardstufe		
	3	4	5
Innenwände	keine	tragende bzw. nicht tragende Innenwände aus Holz; Anstrich	tragende bzw. nicht tragende Innenwände als Mauerwerk; Sperrholz, Putz, Fliesen
Deckenkonstruktion	keine	Holzkonstruktionen über Nebenräumen; Hartschaumplatten	Stahlbetonplatten über Nebenräumen; Dämmung mit Profilholz oder Paneelen
Fußböden	Beton-Verbundpflaster in Stallgassen, Stahlbetonplatte im Tierbereich	zusätzlich/alternativ: Stahlbetonplatte; Anstrich, Gummimatten im Tierbereich	zusätzlich/alternativ: Stahlbetonplatte als Stallprofil mit versetzten Ebenen; Nutzestrich auf Dämmung, Anstrich oder Fliesen in Nebenräumen, Kautschuk im Tierbereich
baukonstruktive Einbauten	Fütterung: Futtertrog PVC	Fütterung: Krippenschalen aus Polyesterbeton	Fütterung: Krippenschalen aus Steinzeug
Abwasser-, Wasser-, Gasanlagen	Regenwasserableitung, Wasserleitung	zusätzlich/alternativ: Abwasserleitungen, Sanitärobjekte (einfache Qualität) in Nebenräumen	zusätzlich/alternativ: Sanitärobjekte (gehobene Qualität), Gasanschluss
Wärmeversorgungsanlagen	keine	Elektroheizung in Sattelkammer	zusätzlich/alternativ: Raumheizflächen, Heizkessel
lufttechnische Anlagen	keine	Firstentlüftung	Be- und Entlüftungsanlage
Starkstrom-Anlage	Leitungen, Schalter, Dosen, Langfeldleuchten	zusätzlich/alternativ: Sicherungen und Verteilerschrank	zusätzlich/alternativ: Metall-Dampfleuchten
nutzungsspezifische Anlagen	Aufstallung: Boxentrennwände aus Holz, Anbindevorrichtungen Fütterung: Tränken, Futterraufen	Aufstallung: zusätzlich/alternativ: Boxentrennwände: Hartholz/Metall Fütterung: zusätzlich/alternativ: Fressgitter, Futterautomaten, Rollraufe mit elektr. Steuerung	Aufstallung: zusätzlich/alternativ: Komfort-Pferdeboxen, Pferde-Solarium Fütterung: zusätzlich/alternativ: Futter-Abrufstationen für Rau- und Kraftfutter mit elektr. Tiererkennung und Selektion, Automatische Futterzuteilung für Boxenställe

12. Beschreibung der Gebäudestandards für Rinderställe und Melkhäuser 107

	Standardstufe		
	3	4	5
Außenwände	Holzfachwerkwand; Holzstützen, Vollholz; Brettschalung oder Profilblech auf Holz-Unterkonstruktion	Kalksandstein- oder Ziegel-Mauerwerk; Metallstützen, Profil; Holz-Blockbohlen zwischen Stützen	Betonwand, Fertigteile, mehrschichtig; Stahlbetonstützen, Fertigteil; Klinkerverblendung
Dach	Holzkonstruktionen, Vollholzbalken, Nagelbrettbinder; Bitumenwellplatten, Profilblech	Stahlrahmen mit Holzpfetten; Faserzementwellplatten; Hartschaumplatten	Brettschichtholzbinder; Betondachsteine oder Dachziegel; Dämmung mit Profilholz oder Paneelen
Fenster und Außentüren bzw. -tore	Lichtplatten aus Kunststoff	Kunststofffenster, Windnetze aus Kunststoff, Jalousien mit Motorantrieb	Türen und Tore mehrschichtig mit Wärmedämmung, Holzfenster, hoher Fensteranteil
Innenwände	keine	tragende und nicht tragende Innenwand aus Holz; Anstrich	tragende und nicht tragende Innenwände aus Mauerwerk; Sperrholz, Putz, Fliesen
Deckenkonstruktion	keine	Holzkonstruktionen über Nebenräumen; Hartschaumplatten	Stahlbetonplatte über Nebenräumen; Dämmung mit Profilholz oder Paneelen
Fußböden	Stahlbetonplatte	zusätzlich/alternativ: Stahlbetonplatte mit Oberflächenprofil, Rautenmuster; Epoxidharzbeschichtung am Fressplatz, Liegematten im Tierbereich	zusätzlich/alternativ: Stahlbetonplatte als Stallprofil mit versetzten Ebenen; Estrich auf dem Futtertisch, Liegematratzen im Tierbereich, Gussasphalt oderGummiauflage

	Standardstufe		
	3	4	5
baukonstruktive Einbauten	Aufstallung: Beton-Spaltenboden, Einzelbalken	Aufstallung: Beton-Spaltenboden, Flächenelemente; Krippenschalen aus Polyesterbeton; Güllerohre vom Stall zum Außenbehälter	Aufstallung: Spaltenboden mit Gummiauflage, Gussroste über Treibmistkanal; Krippenschalen aus Steinzeug; zusätzlich/alternativ: Spülleitungen für Einzelkanäle
Abwasser-, Wasser-, Gasanlagen	Regenwasserableitung; Wasserleitung	zusätzlich/alternativ: Abwasserleitungen, Sanitärobjekte (einfache Qualität) in Nebenräumen	zusätzlich/alternativ: Sanitärobjekte (gehobene Qualität); Gasanschluss
Wärme-, Versorgungsanlagen	keine	Elektroheizung im Melkstand	zusätzlich/alternativ: Raumheizflächen, Heizkessel
lufttechnische Anlagen	keine	Firstentlüftung	Be- und Entlüftungsanlage
Starkstrom-Anlage	Leitungen, Schalter, Dosen, Langfeldleuchten	zusätzlich/alternativ: Sicherungen und Verteilerschrank	zusätzlich/alternativ: Metall-Dampfleuchten
nutzungsspezifische Anlagen	Aufstallung: Fressgitter, Liegeboxenbügel, Kälberboxen, Abtrennungen aus Holz, Kurzstandanbindung Fütterung: Selbstränke, Balltränke Entmistung: keine Technik (Schlepper) Tierproduktentnahme: Fischgrätenmelkstand, Melkanlage, Maschinensatz, Milchkühltank, Kühlaggregat, Wärmerückgewinnung	Aufstallung: zusätzlich/alternativ: Einrichtungen aus verz. Stahlrohren Fütterung: Tränkewanne mit Schwimmer, Tränkeautomat für Kälber Entmistung: Faltschieber mit Seilzug und Antrieb, Tauchschneidpumpe, Rührmixer Tierproduktentnahme: zusätzlich/alternativ Milchflussgesteuerte Anrüst- und Abschaltautomatik	Aufstallung: zusätzlich/alternativ: Komfortboxen Fütterung: Edelstahl-Kipptränke, computergesteuerte Kraftfutteranlage mit Tiererkennung Entmistung: Schubstangenentmistung Tierproduktentnahme: zusätzlich/alternativ: Melkstand-Schnellaustrieb, Tandem oder Karussellmelkstand, Automatisches Melksystem (Roboter)

108 **13. Beschreibung der Gebäudestandards für Schweineställe**

	Standardstufe		
	3	4	5
Außenwände	Holzfachwerkwand; Holzstützen, Vollholz; Brettschalung oder Profilblech auf Holz-Unterkonstruktion	Kalksandstein- oder Ziegel-Mauerwerk; Metallstützen, Profil; Holz-Blockbohlen zwischen Stützen, Beton-Schalungssteine mit Putz	Betonwand, Fertigteile, mehrschichtig; Stahlbetonstützen, Fertigteil; Kalksandstein-Vormauerung oder Klinkerverblendung mit Dämmung
Dach	Holzkonstruktionen, Vollholzbalken; Nagelbrettbinder; Bitumenwellplatten, Profilblech	Stahlrahmen mit Holzpfetten; Faserzementwellplatten; Hartschaumplatten	Brettschichtholzbinder; Betondachsteine oder Dachziegel; Dämmung, Kunststoffplatten, Paneele
Fenster und Außentüren bzw. -tore	Lichtplatten aus Kunststoff, Holz-Brettertüren	Kunststofffenster, Windnetze aus Kunststoff, Jalousien mit Motorantrieb, Metalltüren	Türen und Tore mehrschichtig mit Wärmedämmung, Holzfenster, hoher Fensteranteil
Innenwände	keine Innenwände	tragende Innenwände aus Mauerwerk, Putz und Anstrich; nichttragende Innenwände aus Kunststoff-Paneele mit Anstrich	tragende Innenwände als Betonwand, Fertigteile, Anstrich; nichttragende Innenwände aus Mauerwerk, Putz und Anstrich; Sperrholz, Putz, Fliesen
Deckenkonstruktion	keine Decke	Holzkonstruktionen über Nebenräumen; Hartschaumplatten	Stahlbetonplatten über Nebenräumen; Dämmung, Kunststoffplatten, Paneele
Fußböden	Stahlbetonplatte	Stahlbetonplatte; Verbundestrich	zusätzlich/alternativ: Stahlbetonplatte als Stallprofil mit versetzten Ebenen; Stallbodenplatten mit Dämmung, Fliesen auf Estrich i n Nebenräumen
baukonstruktive Einbauten	Fütterung: Tröge aus Polyesterbeton	Aufstallung: Beton-Spaltenboden, Flächenelemente	Aufstallung: Gussroste in Sauenställen, Kunststoffroste in Ferkelställen

	Standardstufe		
	3	4	5
		Fütterung: Tröge aus Polyesterbeton Entmistung: Güllerohre vom Stall zum Außenbehälter, Absperrschieber in Güllekanälen	Fütterung: Tröge aus Steinzeug Entmistung: zusätzlich/alternativ: Spülleitungen für Einzelkanäle
Abwasser-, Wasser-, Gasanlagen	Regenwasserableitung, Wasserleitung	zusätzlich/alternativ: Abwasserleitungen, Sanitärobjekte (einfache Qualität) in Nebenräumen	zusätzlich/alternativ: Sanitärobjekte (gehobene Qualität), Gasanschluss
Wärmeversorgungsanlagen	Warmluftgebläse, Elt.-Anschluss	Raumheizflächen oder Twin- bzw. Delta-Heizungsrohren, Anschluss an vorh. Heizsystem	zusätzlich/alternativ: Warmwasser-Fußbodenheizung, Heizkessel mit Gasbefeuerung, Wärmerückgewinnung aus Stallluft
lufttechnische Anlagen	Zuluftklappen, Lüftungsfirst	Be- und Entlüftungsanlage im Unterdruckverfahren; Zuluftkanäle oder Rieseldecke; Einzelabsaugung, Abluftkanäle, Ventilatoren	zusätzlich/alternativ: Gleichdrucklüftung, Zentralabsaugung, Luftwäscher
Starkstrom-Anlage	Leitungen, Schalter, Dosen, Langfeldleuchten	zusätzlich/alternativ: Sicherungen und Verteilerschrank	zusätzlich/alternativ: Metall-Dampfleuchten
nutzungsspezifische Anlagen	Aufstallung: Buchtenabtrennungen aus Kunststoff-Paneelen, Pfosten und Beschläge aus verz. Stahl, Abferkelbuchten, Selbstfang-Kastenstände für Sauen Fütterung: Trockenfutterautomaten, Tränkenippel	Aufstallung: zusätzlich/alternativ: Pfosten und Beschläge aus V2A, Ruhekisten, Betteneinrichtungen Fütterung: zusätzlich/alternativ: Transportrohre, Drahtseilförderer, Rohrbreiautomaten mit Dosierung Entmistung: Tauchschneidpumpe, Rührmixer	Aufstallung: zusätzlich/alternativ: Sortierschleuse Fütterung: zusätzlich/alternativ: Flüssigfütterungsanlage mit Mixbehälter, Sensorsteuerung, Fütterungscomputer, Abrufstation, Tiererkennung, Selektion Entmistung: Schubstangenentmistung

14. Beschreibung der Gebäudestandards für Geflügelställe 109

	Standardstufe		
	3	4	5
Außenwände	Holzfachwerkwand, Holzstützen, Vollholz, Brettschalung oder Profilblech auf Holz-Unterkonstruktion	Kalksandstein- oder Ziegel-Mauerwerk, Metallstützen, Profil, Metall-Sandwichelemente mit Hartschaumdämmung	Betonwand, Fertigteile, mehrschichtig, Stahlbetonstützen, Fertigteil, Klinkerverblendung
Dach	Holzkonstruktionen, Vollholzbalken, Nagelbrettbinder, Bitumenwellplatten, Profilblech	Stahlrahmen mit Holzpfetten, Faserzementwellplatten, Hartschaumplatten	Brettschichtholzbinder, Betondachsteine oder Dachziegel, Dämmung, Profilholz oder Paneele
Fenster und Außentüren bzw. -tore	Lichtplatten aus Kunststoff; Holz-Brettertüren	Kunststofffenster; Windnetze aus Kunststoff, Jalousien mit Motorantrieb	Türen und Tore mehrschichtig mit Wärmedämmung, Holzfenster, hoher Fensteranteil
Innenwände	keine	tragende bzw. nicht tragende Innenwände aus Holz; Anstrich	tragende bzw. nicht tragende Innenwände als Mauerwerk; Profilblech, Plantafeln, Putz
Deckenkonstruktion	keine	Holzkonstruktionen über Nebenräumen; Hartschaumplatten	Stahlbetonplatten über Nebenräumen; Dämmung, Profilblech oder Paneelen
Fußböden	Stahlbetonplatte	zusätzlich/alternativ: Oberfläche maschinell geglättet; Estrich mit Anstrich (Eierverpackung)	zusätzlich/alternativ: Stallprofil mit versetzten Ebenen, Estrich mit Fliesen (Eierverpackung)
Abwasser-, Wasser-, Gasanlagen	Regenwasserableitung, Wasserleitung	zusätzlich/alternativ: Abwasserleitungen, Sanitärobjekte (einfache Qualität) in Nebenräumen	zusätzlich/alternativ: Sanitärobjekte (gehobene Qualität), Gasanschluss
Wärmeversorgungsanlagen	Warmluftgebläse, Elt.-Anschluss	zusätzlich/alternativ: Raumheizflächen oder Twin- bzw. Delta-Heizungsrohre, Heizkessel	zusätzlich: Wärmerückgewinnung aus der Stallluft

	Standardstufe		
	3	4	5
lufttechnische Anlagen	Firstentlüftung	Be- und Entlüftungsanlage im Unterdruckverfahren; Zuluftklappen, Abluftkamine, Ventilatoren	zusätzlich/alternativ: Gleichdrucklüftung, Zentralabsaugung, Luftwäscher
Starkstrom-Anlage	Leitungen, Schalter, Dosen, Langfeldleuchten	zusätzlich/alternativ: Sicherungen und Verteilerschrank	zusätzlich/alternativ: Metall-Dampfleuchten
nutzungsspezifische Anlagen	Aufstallung: Geflügelwaage	Aufstallung: zusätzlich/alternativ: Kotroste, Sitzstangen, Legenester Fütterung: Vollautomatische Kettenfütterung, Strang-Tränkeanlage, Nippeltränken Entmistung: Kotbandentmistung Tierproduktentnahme: Eier-Sammelband	Aufstallung: zusätzlich/alternativ: Etagensystem (Voliere, Kleingruppe) Entmistung: zusätzlich/alternativ: Entmistungsbänder mit Belüftung Tierproduktentnahme: zusätzlich/alternativ: Sortieranlage, Verpackung

110 **15. Beschreibung der Gebäudestandards für landwirtschaftliche Mehrzweckhallen**

	Standardstufe		
	3	4	5
Außenwände	Holzfachwerkwand; Holzstützen, Vollholz; Brettschalung oder Profilblech auf Holz-Unterkonstruktion	Kalksandstein- oder Ziegel-Mauerwerk; Metallstützen, Profil; Holz-Blockbohlen zwischen Stützen, Wärmedämmverbundsystem, Putz	Betonwand, Fertigteile, mehrschichtig; Stahlbetonstützen, Fertigteil; Kalksandstein-Vormauerung oder Klinkerverblendung mit Dämmung
Dach	Holzkonstruktionen, Nagelbrettbinder; Bitumenwellplatten, Profilblech	Stahlrahmen mit Holzpfetten; Faserzementwellplatten; Hartschaumplatten	Brettschichtholzbinder; Betondachsteine oder Dachziegel; Dämmung mit Profilholz oder Paneelen
Fenster und Außentüren bzw. -tore	Lichtplatten aus Kunststoff, Holztore	Kunststofffenster, Metall-Sektionaltore	Türen und Tore mehrschichtig mit Wärmedämmung, Holzfenster, hoher Fensteranteil
Innenwände	keine	tragende bzw. nicht tragende Innenwände aus Holz; Anstrich	tragende bzw. nicht tragende Innenwände als Mauerwerk; Sperrholz, Gipskarton, Fliesen
Deckenkonstruktion	keine	Holzkonstruktionen über Nebenräumen; Hartschaumplatten	Stahlbetonplatte über Nebenräumen; Dämmung mit Profilholz oder Paneelen
Fußböden	Beton-Verbundsteinpflaster	zusätzlich/alternativ: Stahlbetonplatte	zusätzlich/alternativ: Oberfläche maschinell geglättet; Anstrich
Abwasser-, Wasser-, Gasanlagen	Regenwasserableitung	zusätzlich/alternativ: Abwasserleitungen, Sanitärobjekte (einfache Qualität) in Nebenräumen	zusätzlich/alternativ: Sanitärobjekte (gehobene Qualität) in Nebenräumen, Gasanschluss
Wärmeversorgungsanlagen	keine	Raumheizflächen in Nebenräumen, Anschluss an Heizsystem	zusätzlich/alternativ: Heizkessel
lufttechnische Anlagen	keine	Firstentlüftung	Be- und Entlüftungsanlage
Starkstrom-Anlage	Leitungen, Schalter, Dosen, Langfeldleuchten	zusätzlich/alternativ: Sicherungen und Verteilerschrank	zusätzlich/alternativ: Metall-Dampfleuchten
nutzungsspezifische Anlagen	keine	Schüttwände aus Holz zwischen Stahlstützen, Trocknungsanlage für Getreide	Schüttwände aus Beton-Fertigteilen

Anlage 5
(zu § 16 Absatz 3)

Katalog der Grundstücksmerkmale des Bodenrichtwertgrundstücks **115**

Wertbeeinflussende Grundstücksmerkmale, die nicht in dieser Anlage aufgeführt sind, dürfen nur dann berücksichtigt werden, wenn die aufgeführten Grundstücksmerkmale zur marktgerechten Beschreibung des Bodenrichtwertgrundstücks nicht ausreichend sind.

I. Nutzungsartenkatalog

Für jeden Bodenrichtwert ist der Entwicklungszustand und die Art der Nutzung anzugeben. Lässt sich das Bodenrichtwertgrundstück aufgrund seiner rechtlichen und tatsächlichen Merkmale keinem der Entwicklungszustände nach § 3 Absatz 1 bis 4 zuordnen, ist das Bodenrichtwertgrundstück der Kategorie „Sonstige Flächen" im Sinne des § 3 Absatz 5 zuzuordnen. Zusätzlich zur Art der Nutzung kann eine Ergänzung zur Art der Nutzung angegeben werden.

Nr.	Art der Nutzung bzw. Ergänzung zur Art der Nutzung	Art der Nutzung	Ergänzung zur Art der Nutzung
Baureifes Land (B)			
Rohbauland (R)			
Bauerwartungsland (E)			
1	Wohnbaufläche	W	
1.1	Kleinsiedlungsgebiet	WS	
1.2	reines Wohngebiet	WR	
1.3	allgemeines Wohngebiet	WA	
1.4	besonderes Wohngebiet	WB	
2	gemischte Baufläche (auch Baufläche ohne nähere Spezifizierung)	M	
2.1	Dorfgebiet	MD	
2.2	Dörfliches Wohngebiet	MDW	
2.3	Mischgebiet	MI	
2.4	Kerngebiet	MK	
2.5	Urbanes Gebiet	MU	
3	gewerbliche Baufläche	G	
3.1	Gewerbegebiet	GE	
3.2	Industriegebiet	GI	
4	Sonderbaufläche	S	
4.1	Sondergebiet für Erholung	SE	
4.2	sonstige Sondergebiete	SO	
5	Baufläche für Gemeinbedarf	GB	
Die Bauflächen (1 bis 5) können zusätzlich durch folgende Ergänzungen zur Art der Nutzung weiter spezifiziert werden in:			
	Ein- und Zweifamilienhäuser		EFH
	Mehrfamilienhäuser		MFH
	Sozialer Mietwohnungsbau		SOW
	Geschäftshäuser (mehrgeschossig)		GH
	Wohn- und Geschäftshäuser		WGH
	Büro- und Geschäftshäuser		BGH
	Bürohäuser		BH
	Produktion und Logistik		PL
	Wochenendhäuser		WO
	Handel und dienstleistungsorientiertes Gewerbe		GD
	Ferienhäuser		FEH
	Freizeit und Touristik		FZT
	Läden (eingeschossig), nicht großflächiger Einzelhandel		LAD
	Einkaufszentren, großflächiger Einzelhandel		EKZ

noch **115**

Nr.	Art der Nutzung bzw. Ergänzung zur Art der Nutzung	Art der Nutzung	Ergänzung zur Art der Nutzung
	Messen, Ausstellungen, Kongresse, Großveranstaltungen aller Art		MES
	Bildungseinrichtungen		BI
	Gesundheitseinrichtungen		MED
	Hafen		HAF
	Garagen, Stellplatzanlagen, Parkhäuser		GAR
	Militär		MIL
	landwirtschaftliche Produktion		LP
	Bebaute Flächen im Außenbereich		ASB
	Bauflächen für Energieerzeugung		EE
Flächen der Land- oder Forstwirtschaft (LF)			
6	landwirtschaftliche Fläche	L	
6.1	Acker	A	
6.2	Grünland	GR	
6.3	Erwerbsgartenanbaufläche	EGA	
6.3.1	Obstanbaufläche	EGA	OG
6.3.2	Gemüseanbaufläche	EGA	GEM
6.3.3	Blumen- und Zierpflanzenanbaufläche	EGA	BLU
6.3.4	Baumschulfläche	EGA	BMS
6.4	Anbaufläche für Sonderkulturen	SK	
6.4.1	Spargelanbaufläche	SK	SPA
6.4.2	Hopfenanbaufläche	SK	HPF
6.4.3	Tabakanbaufläche	SK	TAB
6.5	Weingarten	WG	
6.5.1	Weingarten in Flachlage	WG	FL
6.5.2	Weingarten in Hanglage	WG	HL
6.5.3	Weingarten in Steillage	WG	STL
6.6	Kurzumtriebsplantagen, Agroforst	KUP	
6.7	Unland, Geringstland, Bergweide, Moor	UN	
7	forstwirtschaftliche Fläche	F	
Sonstige Flächen (SF)			
8.1	private Grünfläche	PG	
8.2	Kleingartenfläche (Bundeskleingartengesetz)	KGA	
8.3	Freizeitgartenfläche	FGA	
8.4	Campingplatz	CA	
8.5	Sportfläche (u.a. Golfplatz)	SPO	
8.6	sonstige private Fläche	SG	
8.7	Friedhof	FH	
8.8	Wasserfläche	WF	
8.9	Flughäfen, Flugplätze usw.	FP	
8.10	private Parkplätze, Stellplatzfläche	PP	
8.11	Lagerfläche	LG	
8.12	Abbauland	AB	
8.12.1	Abbauland von Sand und Kies	AB	SND
8.12.2	Abbauland von Ton und Mergel	AB	TON
8.12.3	Abbauland von Torf	AB	TOF
8.12.4	Steinbruch	AB	STN
8.12.5	Braunkohletagebau	AB	KOH

Nr.	Art der Nutzung bzw. Ergänzung zur Art der Nutzung	Art der Nutzung	Ergänzung zur Art der Nutzung
8.13	Gemeinbedarfsfläche (kein Bauland)	GF	
8.14	Sondernutzungsfläche	SN	

II. Weitere Grundstücksmerkmale 116

Bei baureifem Land ist der beitragsrechtliche Zustand anzugeben. Die weiteren Grundstücksmerkmale sind anzugeben, soweit sie wertbeeinflussend sind.

1. Beitragsrechtlicher Zustand

frei	beitragsfrei
ebf	erschließungsbeitrags-/kostenerstattungsbetragsfrei und beitragspflichtig nach Kommunalabgabenrecht,
ebp	erschließungsbeitrags-/kostenerstattungsbetragspflichtig und beitragspflichtig nach Kommunalabgabenrecht

2. Bauweise oder Gebäudestellung zur Nachbarbebauung

o	offene Bauweise
g	geschlossene Bauweise
a	abweichende Bauweise
eh	Einzelhäuser
ed	Einzel- und Doppelhäuser
dh	Doppelhaushälften
rh	Reihenhäuser
rm	Reihenmittelhäuser
re	Reihenendhäuser

3. Maß der baulichen Nutzung

ZVG	Zahl der Vollgeschosse
ZOG	Zahl der oberirdischen Geschosse (§ 16 Absatz 4)
GFZ	Geschossflächenzahl
WGFZ	wertrelevante Geschossflächenzahl (§ 16 Absatz 4)
GRZ	Grundflächenzahl
BMZ	Baumassenzahl

4. Angaben zum Grundstück

t	Grundstückstiefe in Metern
b	Grundstücksbreite in Metern
f	Grundstücksfläche in Quadratmetern

5. Sanierungs- oder Entwicklungszusatz

SU	sanierungsunbeeinflusster Zustand, ohne Berücksichtigung der rechtlichen und tatsächlichen Neuordnung
SB	sanierungsbeeinflusster Zustand, unter Berücksichtigung der rechtlichen und tatsächlichen Neuordnung
EU	entwicklungsunbeeinflusster Zustand, ohne Berücksichtigung der rechtlichen und tatsächlichen Neuordnung
EB	entwicklungsbeeinflusster Zustand, unter Berücksichtigung der rechtlichen und tatsächlichen Neuordnung

6. Bewertung der Bodenschätzung

AZ	Ackerzahl
GZ	Grünlandzahl

8. Bundeskleingartengesetz (BKleingG)

Vom 28. Februar 1983 (BGBl. I S. 210)

Zuletzt geändert durch Art. 11 des Gesetzes vom 19. 9. 2006 (BGBl. I S. 2146)

– Auszug –

§ 1 Begriffsbestimmungen

1 (1) Ein Kleingarten ist ein Garten, der

1. dem Nutzer (Kleingärtner) zur nichterwerbsmäßigen gärtnerischen Nutzung, insbesondere zur Gewinnung von Gartenbauerzeugnissen für den Eigenbedarf, und zur Erholung dient (kleingärtnerische Nutzung) und
2. in einer Anlage liegt, in der mehrere Einzelgärten mit gemeinschaftlichen Einrichtungen, zum Beispiel Wegen, Spielflächen und Vereinshäusern, zusammengefaßt sind (Kleingartenanlage).

(2) Kein Kleingarten ist

1. ein Garten, der zwar die Voraussetzungen des Absatzes 1 erfüllt, aber vom Eigentümer oder einem seiner Haushaltsangehörigen im Sinne des § 18 des Wohnraumförderungsgesetzes genutzt wird (Eigentümergarten);
2. ein Garten, der einem zur Nutzung einer Wohnung Berechtigten im Zusammenhang mit der Wohnung überlassen ist (Wohnungsgarten);
3. ein Garten, der einem Arbeitnehmer im Zusammenhang mit dem Arbeitsvertrag überlassen ist (Arbeitnehmergarten);
4. ein Grundstück, auf dem vertraglich nur bestimmte Gartenbauerzeugnisse angebaut werden dürfen;
5. ein Grundstück, das vertraglich nur mit einjährigen Pflanzen bestellt werden darf (Grabeland).

(3) Ein Dauerkleingarten ist ein Kleingarten auf einer Fläche, die im Bebauungsplan für Dauerkleingärten festgesetzt ist.

§ 2 Kleingärtnerische Gemeinnützigkeit

2 Eine Kleingärtnerorganisation wird von der zuständigen Landesbehörde als gemeinnützig anerkannt, wenn sie im Vereinsregister eingetragen ist, sich der regelmäßigen Prüfung der Geschäftsführung unterwirft und wenn die Satzung bestimmt, daß

1. die Organisation ausschließlich oder überwiegend die Förderung des Kleingartenwesens sowie die fachliche Betreuung ihrer Mitglieder bezweckt,
2. erzielte Einnahmen kleingärtnerischen Zwecken zugeführt werden und
3. bei der Auflösung der Organisation deren Vermögen für kleingärtnerische Zwecke verwendet wird.

§ 3 Kleingarten und Gartenlaube

3 (1) Ein Kleingarten soll nicht größer als 400 Quadratmeter sein. Die Belange des Umweltschutzes, des Naturschutzes und der Landschaftspflege sollen bei der Nutzung und Bewirtschaftung des Kleingartens berücksichtigt werden.

(2) Im Kleingarten ist eine Laube in einfacher Ausführung mit höchstens 24 Quadratmetern Grundfläche einschließlich überdachtem Freisitz zulässig; die §§ 29 bis 36 des Baugesetzbuchs bleiben unberührt. Sie darf nach ihrer Beschaffenheit, insbesondere nach ihrer Ausstattung und Einrichtung, nicht zum dauernden Wohnen geeignet sein.

(3) Die Absätze 1 und 2 gelten entsprechend für Eigentümergärten.

§ 20a Überleitungsregelungen aus Anlass der Herstellung der Einheit Deutschlands

4 In dem in Artikel 3 des Einigungsvertrages genannten Gebiet ist dieses Gesetz mit folgenden Maßgaben anzuwenden:

1. Kleingartennutzungsverhältnisse, die vor dem Wirksamwerden des Beitritts begründet worden und nicht beendet sind, richten sich von diesem Zeitpunkt an nach diesem Gesetz.
2. Vor dem Wirksamwerden des Beitritts geschlossene Nutzungsverträge über Kleingärten sind wie Kleingartenpachtverträge über Dauerkleingärten zu behandeln, wenn die Gemeinde bei Wirksamwerden des Beitritts Eigentümerin der Grundstücke ist oder nach diesem Zeitpunkt das Eigentum an diesen Grundstücken erwirbt.
3. Bei Nutzungsverträgen über Kleingärten, die nicht im Eigentum der Gemeinde stehen, verbleibt es bei der vereinbarten Nutzungsdauer. Sind die Kleingärten im Bebauungsplan als Flächen auf Dauerkleingärten festgesetzt worden, gilt der Vertrag als auf unbestimmte Zeit verlängert. Hat die Gemeinde vor Ablauf der vereinbarten Nutzungsdauer beschlossen, einen Bebauungsplan aufzustellen mit dem Ziel, die Fläche für Dauerkleingärten festzusetzen, und den

Beschluss nach § 2 Abs. 1 Satz 2 des Baugesetzbuchs bekannt gemacht, verlängert sich der Vertrag vom Zeitpunkt der Bekanntmachung an um sechs Jahre. Vom Zeitpunkt der Rechtsverbindlichkeit des Bebauungsplans an sind die Vorschriften über Dauerkleingärten anzuwenden. Unter den in § 8 Abs. 4 Satz 1 des Baugesetzbuchs genannten Voraussetzungen kann ein vorzeitiger Bebauungsplan aufgestellt werden. *noch* **4**

4. Die vor dem Wirksamwerden des Beitritts Kleingärtnerorganisationen verliehene Befugnis, Grundstücke zum Zwecke der Vergabe an Kleingärtner anzupachten, kann unter den für die Aberkennung der kleingärtnerischen Gemeinnützigkeit geltenden Voraussetzungen entzogen werden. Das Verfahren der Anerkennung und des Entzugs der kleingärtnerischen Gemeinnützigkeit regeln die Länder.
5. Anerkennung der kleingärtnerischen Gemeinnützigkeit, die vor dem Wirksamwerden des Beitritts ausgesprochen worden sind, bleiben unberührt.
6. Die bei Inkrafttreten des Gesetzes zur Änderung des Bundeskleingartengesetzes zu leistende Pacht kann bis zur Höhe der nach § 5 Abs. 1 zulässigen Höchstpacht in folgenden Schritten erhöht werden:
   1. ab 1. Mai 1994 auf das Doppelte,
   2. ab 1. Januar 1996 auf das Dreifache,
   3. ab 1. Januar 1998 auf das Vierfache

   der ortsüblichen Pacht im erwerbsmäßigen Obst- und Gemüseanbau. Liegt eine ortsübliche Pacht im erwerbsmäßigen Obst- und Gemüseanbau nicht vor, ist die entsprechende Pacht in einer vergleichbaren Gemeinde als Bemessungsgrundlage zugrunde zu legen. Bis zum 1. Januar 1998 geltend gemachte Erstattungsbeträge gemäß § 5 Abs. 5 Satz 3 können vom Pächter in Teilleistungen, höchstens in acht Jahresleistungen, entrichtet werden.
7. Vor dem Wirksamwerden des Beitritts rechtmäßig errichtete Gartenlauben, die die in § 3 Abs. 2 vorgesehene Größe überschreiten, oder andere der kleingärtnerischen Nutzung dienende bauliche Anlagen können unverändert genutzt werden. Die Kleintierhaltung in Kleingartenanlagen bleibt unberührt, soweit sie die Kleingärtnergemeinschaft nicht wesentlich stört und der kleingärtnerischen Nutzung nicht widerspricht.
8. Eine vor dem Wirksamwerden des Beitritts bestehende Befugnis des Kleingärtners, seine Laube dauernd zu Wohnzwecken zu nutzen, bleibt unberührt, soweit andere Vorschriften der Wohnnutzung nicht entgegenstehen. Für die dauernde Nutzung der Laube kann der Verpächter zusätzlich ein angemessenes Entgelt verlangen.

Anhang II

1. Erbschaftsteuergesetz 1974

§ 25 a. F. Aussetzung der Versteuerung[1]

1 (1) Beim Erwerb von Vermögen, dessen Nutzungen einem anderen als dem Erwerber zustehen oder das mit einer Rentenverpflichtung oder mit der Verpflichtung zu einer sonstigen Leistung belastet ist, ist die Versteuerung nach der Wahl des Erwerbers

a) bis zum Erlöschen der Belastung, höchstens jedoch zu dem Vomhundertsatz auszusetzen, zu dem der Jahresertrag des Vermögens durch die Belastung gemindert ist oder

b)[2] nach den Verhältnissen im Zeitpunkt des Erwerbs ohne Berücksichtigung dieser Belastungen durchzuführen. In diesem Fall ist die Steuer bis zum Erlöschen der Belastungen insoweit zinslos zu stunden, als sie auf den Kapitalwert der Belastungen entfällt.

2 (2) Geht im Fall des Absatzes 1 Buchstabe a das belastete Vermögen vor dem Erlöschen der Belastung durch Erbfolge auf einen anderen über, so wird die Steuer für diesen Übergang nicht erhoben; vielmehr tritt die gleiche Behandlung ein, wie wenn derjenige, dem das Vermögen zur Zeit des Erlöschens gehört, das Vermögen unmittelbar von dem ursprünglichen Erblasser oder Schenker erworben hätte.

3 (3) Überträgt der Erwerber im Fall des Absatzes 1 Buchstabe a das belastete Vermögen vor dem Erlöschen der Belastung unentgeltlich, so endet für ihn insoweit die Aussetzung der Versteuerung mit dem Zeitpunkt der Ausführung der Zuwendung. Die Steuer für seinen Erwerb bemißt sich nach dem Wert, der sich für das übertragene Vermögen nach Abzug der Belastung nach Absatz 1 in diesem Zeitpunkt ergibt. Bei der Ermittlung der Belastung nach Absatz 1 kann als Jahreswert der Nutzung höchstens der achtzehnte Teil des Wertes angesetzt werden, der sich nach den Vorschriften des Bewertungsgesetzes für das belastete Vermögen, vermindert um sonstige Belastungen, ergibt, als abzugsfähiger Jahresbetrag der Rente höchstens der Betrag, der dem Verhältnis des Jahreswertes der Rente zum Jahresertrag des belasteten Vermögens entspricht.

4 (4) Veräußert der Erwerber das belastete Vermögen vor dem Erlöschen der Belastung ganz oder teilweise, so endet insoweit die Aussetzung der Versteuerung oder die Stundung mit dem Zeitpunkt der Veräußerung.

---

[1] Aussetzung der Versteuerung konnte nur für Erwerbe aus der Zeit vor dem 31. 8. 1980 beantragt werden. Für diese Fälle gilt gemäß § 37 Abs. 2 ErbStG weiterhin § 25 ErbStG a. F.

[2] *BVerfG-Beschluß vom 15. 5. 1984 1 BvR 461/81 (BStBl. II S. 608):* **1.** § 25 Abs. 1 Buchst. b ErbStG 1974 ist mit Art. 3 Abs. 1 GG vereinbar; der Gesetzgeber hat mit der Stundungsregelung dem wirtschaftlichen Lebenssachverhalt Rechnung getragen und dem Verfassungsgebot entsprochen, Ungleiches seiner Eigenart entsprechend verschieden zu behandeln. **2.** *(s. Rechtsprechungsübersicht zu § 3 GrEStG).*

2. Muster zur Erbschaftsteuer

Muster 1[1] 1
(§ 1 ErbStDV)

....
Firma

Erbschaftsteuer

An das
Finanzamt ....
– Erbschaftsteuerstelle –

Anzeige
über die Verwahrung oder Verwaltung fremden Vermögens (§ 33 Abs. 1 ErbStG und § 1 ErbStDV)

1. **Erblasser** Name, Vorname,
Identifikationsnummer[2] ....
Geburtstag ....
Anschrift ....
Todestag .... Sterbeort ....
Standesamt .... Sterberegister-Nr.[3] ....

2. **Guthaben und andere Forderungen, auch Gemeinschaftskonten**

IBAN[2]	Nennbetrag am Todestag ohne Zinsen für das Jahr des Todes (volle EUR)	Aufgelaufene Zinsen bis zum Todestag (volle EUR)	Hat der Kontoinhaber mit dem Kreditinstitut vereinbart, daß die Guthaben oder eines derselben mit seinem Tod auf eine bestimmte Person übergehen? Wenn ja: Name und genaue Anschrift dieser Person
1	2	3	4

Von den Angaben in Spalte 1 entfallen auf unselbständige Zweigniederlassungen im Ausland:
IBAN:[2]

3. **Wertpapiere, Anteile, Genußscheine und dergleichen, auch solche in Gemeinschaftsdepots**

Bezeichnung der Wertpapiere usw. Wertpapierkenn-Nr.	Nennbetrag am Todestag (volle EUR)	Kurswert bzw. Rücknahmepreis am Todestag (volle EUR)	Stückzinsen bis zum Todestag (volle EUR)	Bemerkungen
1	2	3	4	5

Von den Angaben in Spalte 1 entfallen auf unselbständige Zweigniederlassungen im Ausland:
Bezeichnung der Wertpapiere usw., Wertpapierkenn-Nr.[4]

4. Der Verstorbene hatte **kein – ein Schließfach/... Schließfächer** Versicherungswert .... EUR

5. **Bemerkungen** (z. B. über Schulden des Erblassers beim Kreditinstitut): ....
....
....

....
Ort, Datum Unterschrift[5]

[1] Ab 1. 1. 2002 Währungsangabe „DM" jeweils durch „EUR" ersetzt durch StEuglG vom 19. 12. 2000 (BGBl. I S. 1790).
[2] Nr. 1 und 2 geändert durch VO vom 22. 12. 2014 (BGBl. I S. 2392) mWv 30. 12. 2014.
[3] Ab 1. 1. 2009 „Sterbebuch" durch „Sterberegister" ersetzt durch Gesetz vom 19. 2. 2007 (BGBl. I S. 122).
[4] Nr. 3 ergänzt durch VO vom 17. 11. 2010 (BGBl. I S. 1544).
[5] Im maschinellen Verfahren keine Unterschrift nötig; vgl. § 1 Abs. 1 Satz 2 ErbStDV.

2 **Muster 2**[1]
(§ 3 ErbStDV)

....
Firma

Erbschaftsteuer

An das
Finanzamt ....
– Erbschaftsteuerstelle –

Anzeige
über die Auszahlung oder Zurverfügungstellung von Versicherungssummen oder Leibrenten an einen anderen als den Versicherungsnehmer (§ 33 Abs. 3 ErbStG und § 3 ErbStDV)

1. Versicherter		**und Versicherungsnehmer** (wenn er ein anderer ist als der Versicherte)
a) Name und Vorname, Identifikationsnummer[2]	....	....
b) Geburtsdatum	....	....
c) Anschrift	....	....
d) Todestag	....	....
e) Sterbeort	....	....
f) Standesamt und Sterberegister-Nr.[3]	....	....

Zeitpunkt der Auszahlung beziehungsweise Zurverfügungstellung in Fällen, in denen der Versicherungsnehmer nicht verstorben ist:[4]

2. Versicherungsschein-Nr. ....

3. a) Bei Kapitalversicherung

Auszuzahlender Versicherungsbetrag vor Abzug von einzubehaltender Kapitalertragsteuer, Solidaritätszuschlag, Kirchensteuer[5] (einschließlich Dividenden und dergleichen abzüglich noch geschuldeter Prämien, vor der Fälligkeit der Versicherungssumme gewährter Darlehen, Vorschüsse und dergleichen) EUR ....

b) Bei Rentenversicherung

Jahresbetrag EUR .... Dauer der Rente ....

4. Zahlungsempfänger ist ....

☐ als Inhaber des Versicherungsscheins*
☐ als Bevollmächtigter, gesetzlicher Vertreter des* ....
☐ als Begünstigter*
☐ aus einem anderen Grund (Abtretung, Verpfändung, gesetzliches Erbrecht, Testament und dergleichen) und welchem?* ....

* Zutreffendes ist anzukreuzen

5. Nach der **Auszahlungsbestimmung des Versicherungsnehmers,** die als Bestandteil des Versicherungsvertrags anzusehen ist, ist/sind bezugsberechtigt ....

6.[4] Bei **Wechsel des Versicherungsnehmers**

Neuer Versicherungsnehmer ist ....
Rückkaufswert EUR ....

7.[4] **Bemerkungen** (z. B. persönliches Verhältnis)

– Verwandtschaftsverhältnis, Ehegatte oder Lebenspartner – der Beteiligten ....
....

....
Ort, Datum Unterschrift

[1] Ab 1. 1. 2002 Währungsangabe „DM" jeweils durch „EUR" ersetzt durch StEuglG vom 19. 12. 2000 (BGBl. I S. 1790).
[2] Nr. 1 Buchst. a geändert durch VO vom 22. 12. 2014 (BGBl. I S. 2392) mWv 30. 12. 2014.
[3] Ab 1. 1. 2009 „Sterbebuch" durch „Sterberegister" ersetzt durch Gesetz vom 19. 2. 2007 (BGBl. I S. 122).
[4] Nr. 1 Zwischentext eingefügt, Nr. 6 geändert, Nr. 7 Klammerzusatz ergänzt durch VO vom 17. 11. 2010 (BGBl. I S. 1544).
[5] Nr. 3 Buchst. a geändert durch VO vom 25. 6. 2020 (BGBl. I S. 1495) mWv 30. 6. 2020.

Muster 3 3
(§ 4 ErbStDV)

....

Standesamt und Ordnungsnummer

Erbschaftsteuer
Totenliste

des Standesamtsbezirks ....
für den Zeitraum vom .... bis .... einschließlich
Sitz des Standesamts ....

Anleitung für die Aufstellung und Einsendung der Totenliste

1. Die Totenliste ist für den Zeitraum eines Monats aufzustellen, sofern nicht die Oberfinanzdirektion die Aufstellung für einen kürzeren oder längeren Zeitraum angeordnet hat. Sie ist **beim Beginn des Zeitraums** anzulegen. Die einzelnen Sterbefälle sind darin **sofort nach ihrer Beurkundung** einzutragen.
2. In die Totenliste sind aufzunehmen
   a) alle beurkundeten Sterbefälle nach der Reihenfolge der Eintragungen im Sterberegister.[1]
   b) die dem Standesbeamten glaubhaft bekanntgewordenen Sterbefälle im Ausland, und zwar von Deutschen und Ausländern, wenn sie beim Tod einen Wohnsitz oder ihren gewöhnlichen Aufenthalt oder Vermögen im Bezirk des Standesamtes hatten.
3. Ausfüllen der Spalten:
   a) Spalte 1 muß **alle Nummern des Sterberegisters**[1] in ununterbrochener Reihenfolge nachweisen. Die Auslassung einzelner Nummern ist in Spalte 7 zu erläutern. Auch der Sterbefall eines Unbekannten ist in der Totenliste anzugeben.
   b) In den Spalten 5 und 6 ist der Antwort stets der Buchstabe der Frage voranzusetzen, auf die sich die Antwort bezieht.
   c) Fragen, über die das Sterberegister[1] keine Auskunft gibt, sind zu beantworten, soweit sie der Standesbeamte aus eigenem Wissen oder nach Befragen des Anmeldenden beantworten kann.
   d) Bezugnahmen auf vorhergehende Angaben durch „desgl." oder durch Strichzeichen (") usw. sind zu vermeiden.
   e) Spalte 8 ist nicht auszufüllen.
4. Einlagebogen sind in den Titelbogen einzuheften.
5. Abschluß der Liste:
   a) Die Totenliste ist hinter der letzten Eintragung mit Orts- und Zeitangabe und der Unterschrift des Standesbeamten abzuschließen.
   b) Sind Sterbefälle der unter Nummer 2 Buchstabe b bezeichneten Art nicht bekanntgeworden, ist folgende Bescheinigung zu unterschreiben:

      Im Ausland eingetretene Sterbefälle von Deutschen und Ausländern, die beim Tod einen Wohnsitz oder ihren gewöhnlichen Aufenthalt oder Vermögen im Bezirk des Standesamtes hatten, sind mir nicht bekanntgeworden.

      ....
      Ort, Datum (Standesbeamter/Standesbeamtin)

   c) Binnen **zehn Tagen** nach Ablauf des Zeitraums, für den die Liste aufzustellen ist, ist sie dem Finanzamt einzureichen. Sind in dem Zeitraum Sterbefälle **nicht** anzugeben, ist dem Finanzamt binnen zehn Tagen nach Ablauf des Zeitraums eine Fehlanzeige nach besonderem Muster zu erstatten.

An das
Finanzamt ....
– Erbschaftsteuerstelle –

[1] Ab 1. 1. 2009 „Sterbebuch" durch „Sterberegister" ersetzt durch Gesetz vom 19. 2. 2007 (BGBl. I S. 122).

noch **3**

(Seite 2)

Nummer des Sterberegisters	a) Familienname ggf. auch Geburtsname b) Vornamen c) Beruf d) Anschrift e) Bei minderjährigen Kindern Name, Beruf und Anschrift (soweit von d) abweichend) des Vaters und der Mutter	a) Todestag b) Geburtstag c) Geburtsort	a) Familienstand b)[1] bei Verheirateten oder bei Lebenspartnern Name, Beruf, Geburtstag, ggf. abweichende Anschrift des anderen Ehegatten oder Lebenspartners c)[1] bei Verwitweten oder bei hinterbliebenen Lebenspartnern Beruf des verstorbenen Ehegatten oder Lebenspartners
	des Verstorbenen		
1	2	3	4

(Seite 3)

Lebten von dem Verstorbenen am Todestag a) Kinder? Wie viele? b) Abkömmlinge von verstorbenen Kindern? Wie viele? c) Eltern oder Geschwister? (Nur angeben, wenn a) und b) verneint wird) d) Sonstige Verwandte oder Verschwägerte? (Nur angeben, wenn a) bis c) verneint wird) e) Wer kann Auskunft geben? Zu a) bis e) bitte Name und Anschrift angeben	Worin besteht der Nachlaß und welchen Wert hat er? (kurze Angabe) a) Land- und forstw. Vermögen (bitte Lage und Größe der bewirtschafteten Fläche angeben) b) Grundvermögen (bitte Lage angeben) c) Betriebsvermögen (bitte die Firma und Art des Betriebs, z. B. Einzelhandelsgeschäft, Großhandel, Handwerksbetrieb, Fabrik angeben) d) Übriges Vermögen	Bemerkungen	Nummer und Jahrgang der Steuerliste
5	6	7	8

[1] Spalte 4 Buchst. b und c geändert durch Gesetz vom 18. 7. 2014 (BGBl. I S. 1042) mWv 24. 7. 2014.

Muster 4 4
(§ 4 ErbStDV)

....
Standesamt und Ordnungsnummer

Erbschaftsteuer

An das
Finanzamt
– Erbschaftsteuerstelle –

Fehlanzeige

Im Standesamtsbezirk ....
sind für die Zeit vom .... bis .... einschließlich
Sterbefälle nicht anzugeben.

Der letzte Sterbefall ist beurkundet im Sterberegister[1] unter Nr. ....

Im Ausland eingetretene Sterbefälle von Deutschen und von Ausländern, die beim Tod einen Wohnsitz oder ihrer gewöhnlichen Aufenthalt oder Vermögen im Bezirk des Standesamtes hatten, sind mir nicht bekanntgeworden.

Bemerkungen

....

....
Ort, Datum   Unterschrift

[1] Ab 1. 1. 2009 „Sterbebuch" durch „Sterberegister" ersetzt durch Gesetz vom 19. 2. 2007 (BGBl. I S. 122).

5 **Muster 5**[1]
(§ 7 ErbStDV)

....
Amtsgericht/Notariat

Erbschaftsteuer

An das
Finanzamt ....
– Erbschaftsteuerstelle –

Die anliegende ... beglaubigte ... Abschrift .../Ablichtung ... wird/werden mit folgenden Bemerkungen übersandt:

Erblasser Name, Vorname, Identifikationsnummer[2]	....
Geburtstag	....
letzte Anschrift	....
Beruf	....
Familienstand	....
Güterstand (bei Verheirateten oder bei Lebenspartnern)[3]	....
Todestag und Sterbeort	....
Standesamt und Sterberegister-Nr.[4]	....
Testament/Erbvertrag vom	....
Tag der Eröffnung	....

Die **Gebühr** für die	**Errichtung**	**Verwahrung**	**Erteilung eines Erbscheins**[2]
ist berechnet nach einem Wert von	EUR	EUR	EUR

Grund der Übersendung

Eröffnung einer	☐ Verfügung von Todes wegen*			
Erteilung eines	☐ Erbscheins*	☐ Europäischen Nachlasszeugnisses*[5]	☐ Testamentsvollstreckerzeugnisses*	☐ Zeugnisses über die Fortsetzung von Gütergemeinschaften*
Beurkundung einer	☐ Erbauseinandersetzung			
Beschluß über die	☐ Einleitung oder Aufhebung einer Nachlaßpflegschaft*	☐ Einleitung oder Aufhebung einer Nachlaßverwaltung*		

Die Namen und Anschriften der Beteiligten und das persönliche Verhältnis (Verwandschaftsverhältnis, Ehegatte oder Lebenspartner)[6] zum Erblasser sowie Veränderungen in der Person der Erben, Vermächtnisnehmer, Testamentsvollstrecker usw. (durch Tod, Eintritt eines Einsatzerben, Ausschlagung, Amtsniederlegung des Testamentsvollstreckers und dergleichen) und Änderungen in den Verhältnissen dieser Personen (Namens-, Berufs-, Anschriftenänderungen und dergleichen)

☐ ergeben sich aus der beiliegenden Abschrift der Eröffnungsverhandlung.*

☐ sind auf einem gesonderten Blatt angegeben.*

☐ Zur Höhe und Zusammensetzung des Nachlasses ist dem Gericht/Notariat folgendes bekanntgeworden:*

....

....

☐ Ein Verzeichnis der Nachlaßgegenstände ist beigefügt.*

* Zutreffendes ist anzukreuzen

....
Ort, Datum Unterschrift

[1] Ab 1. 1. 2002 Währungsangabe „DM" jeweils durch „EUR" ersetzt durch StEuglG vom 19. 12. 2000 (BGBl. I S. 1790).
[2] Geändert durch VO vom 22. 12. 2014 (BGBl. I S. 2392) mWv 30. 12. 2014.
[3] Geändert durch Gesetz vom 18. 7. 2014 (BGBl. I S. 1042) mWv 24. 7. 2014.
[4] Ab 1. 1. 2009 „Sterbebuch" durch „Sterberegister" ersetzt durch Gesetz vom 19. 2. 2007 (BGBl. I S. 122).
[5] Geändert durch Gesetz vom 29. 6. 2015 (BGBl. I S. 1042) mWv 17. 8. 2015.
[6] Klammerzusatz ergänzt durch VO vom 17. 11. 2010 (BGBl. I S. 1544).

Muster 6[1] 6
(§ 8 ErbStDV)

....
Amtsgericht/Notariat

Schenkungsteuer

An das
Finanzamt ....
– Erbschaftsteuerstelle –

Die anliegende beglaubigte Abschrift/Ablichtung wird mit folgenden Bemerkungen übersandt:

1. **Schenker** Name, Vorname,
Identifikationsnummer[2] ....
Geburtstag ....
Anschrift ....

2. **Beschenkter** Name, Vorname,
Identifikationsnummer[2] ....
Geburtstag ....
Anschrift ....

3. **Vertrag** vom .... Urkundenverzeichnis-Nr.[3] ....

4.[4] **Ergänzende Angaben** (§ 34 ErbStG, § 8 ErbStDV)
Persönliches Verhältnis (Verwandtschaftsverhältnis, Ehegatte oder Lebenspartner) des Erwerbers zum Schenker (z. B. Kind, Geschwisterkind, Bruder der Mutter, nicht verwandt) ....

Verkehrswert des übertragenen Vermögens	Bei Grundbesitz: letzter Grundsteuerwert[5]/ Grundbesitzwert (Nichtzutreffendes ist zu streichen)	Wert, der der Kostenberechnung zugrunde liegt
EUR	EUR	EUR

5. **Sonstige Angaben**
Zur Verfahrensvereinfachung und Vermeidung von Rückfragen werden mit Einverständnis der Urkundsparteien folgende Angaben gemacht, soweit sie nicht bereits aus dem Vertrag ersichtlich sind:

Valutastand der übernommenen Verbindlichkeiten am Tag der Schenkung	Jahreswert von Gegenleistungen wie z. B. Nießbrauch	Höhe der Notargebühren
EUR	EUR	EUR

....
Ort, Datum Unterschrift

[1] Ab 1. 1. 2002 Währungsangabe „DM" jeweils durch „EUR" ersetzt durch StEuglG vom 19. 12. 2000 (BGBl. I S. 1790).
[2] Nrn. 1 und 2 geändert durch VO vom 22. 12. 2014 (BGBl. I S. 2392) mWv 30. 12. 2014.
[3] Nr. 3 Begriff geändert durch VO vom 19. 12. 2022 (BGBl. I S. 2432) mWv 23. 12. 2022.
[4] Nr. 4 Klammerzusätze geändert durch VO vom 17. 11. 2010 (BGBl. I S. 1544).
[5] Geändert durch Gesetz vom 26. 11. 2019 (BGBl. I S. 1794) mWv 1. 1. 2025.

3. Allgemeine Verwaltungsanweisung für die Erbschaft- und Schenkungsteuer (ErbStVA) und Mitwirkungspflichten anderer Finanzämter

Vom 7. Dezember 2017 (BStBl. 2018 I S. 53)

(Gleich lautender Ländererlass)

1. Ermittlungsverfahren

1.1. Erwerbe von Todes wegen und Zweckzuwendungen von Todes wegen

1.1.1. Ermittlung der Steuerfälle

Der Ermittlung der Steuerfälle dienen insbesondere

a) die Anzeigen der Erwerber nach § 30 ErbStG,

b) die Anzeigen der Vermögensverwahrer, Vermögensverwalter und Versicherungsunternehmen nach § 33 ErbStG i. V. m. den §§ 1 bis 3 ErbStDV,

c) die Anzeigen der Standesämter nach § 34 ErbStG i. V. m. § 4 ErbStDV,

d) die Anzeigen der diplomatischen Vertreter und Konsularbeamten der Bundesrepublik Deutschland über Auslandssterbefälle und der Zuwendungen ausländischer Erblasser nach § 34 ErbStG i. V. m. § 9 ErbStDV,

e) die Beschlüsse über Todeserklärungen und Todesfeststellungen der Amtsgerichte nach § 34 ErbStG i. V. m. § 6 ErbStDV,

f) die übrigen Anzeigen der Gerichte, Behörden, Beamten und Notare nach § 34 ErbStG i. V. m. den §§ 7 und 10 ErbStDV.

1.1.2. Anzeigen der Standesämter

Die Erbschaftsteuerfinanzämter haben den pünktlichen Eingang der Anzeigen zu überwachen und zu diesem Zweck Verzeichnisse zu führen, in die die Standesämter in der Reihenfolge der ihnen zugeteilten Ordnungsnummern einzutragen sind (§ 5 ErbStDV). In dem Verzeichnis sind der für das einzelne Standesamt nach § 4 Abs. 1 Satz 1 oder Abs. 3 Nr. 1 ErbStDV maßgebende Zeitraum, der Tag des Eingangs der Anzeige, der Tag einer Erinnerung an ihre Einsendung und der Tag der endgültigen Erledigung zu vermerken (§ 97 BuchO 2016 i. V. m. § 105 Abs. 1 BuchO a. F.).[1]

1.1.3. Totenbeiliste

Wenn eine besondere Totenbeiliste zu führen ist, sind darin diejenigen Sterbefälle einzutragen, die dem Finanzamt in anderer Weise als durch die Anzeigen der Standesämter bekannt werden, also insbesondere Auslandssterbefälle, Todeserklärungen, Todesfeststellungen und solche Sterbefälle, die von anderen Finanzämtern mitgeteilt worden sind (§ 97 BuchO 2016 i. V. m. § 106 BuchO a. F.).

1.2. Schenkungen und Zweckzuwendungen unter Lebenden

1.2.1. Ermittlung der Steuerfälle

Der Ermittlung der Steuerfälle dienen insbesondere

a) die Anzeigen der Erwerber und der Personen, aus deren Vermögen der Erwerb stammt (§ 30 ErbStG),

b) die Anzeigen der Versicherungsunternehmen nach § 33 ErbStG i. V. m. § 3 ErbStDV,

c) die Anzeigen der Gerichte, Notare, sonstigen Urkundspersonen und der Genehmigungsbehörden nach § 34 ErbStG i. V. m. den §§ 8 und 10 ErbStDV,

d) die Anzeigen der diplomatischen Vertreter und Konsularbeamten der Bundesrepublik Deutschland über bekannt gewordene Zuwendungen ausländischer Schenker nach § 34 ErbStG i. V. m. § 9 ErbStDV,

e) Kontrollmitteilungen und Anzeigen anderer Finanzämter.

1.2.2. Kartei bzw. Verzeichnis der Schenkungsfälle, die für die Besteuerung noch von Bedeutung sein können

Nach § 14 ErbStG sind mehrere innerhalb von zehn Jahren von derselben Person anfallende Vermögensvorteile zusammenzurechnen. Um in Erb- und Schenkungsfällen nachprüfen zu können, ob ein Erwerber frühere Zuwendungen, die zu berücksichtigen sind, richtig und vollzählig angegeben hat, haben die Finanzämter die Zuwendungen solcher Personen festzuhalten, die nicht sogleich ihr gesamtes Vermögen übertragen, so dass noch weitere unentgeltliche Zuwendungen oder eine Vererbung von weiterem Vermögen zu erwarten sind. In diesen Fällen ist die Zuwendung unter dem Namen des Schenkers in einer im automatisierten Verfahren oder manuell zu führenden Kartei zu erfassen (§ 97 BuchO 2016 i. V. m. § 112 Abs. 3 BuchO a. F.). Zusätzlich sind die Steuer-Identifikationsnummer des Schenkers, der Name des Bedachten und seine Steuer-Identifikationsnummer, der Zeitpunkt der Ausführung und, soweit er bereits ermittelt ist, der Wert der Zuwendung festzuhalten. Hat die Schenkung zu einer Steuerfestsetzung geführt, sind auch die Steuernummer und die Nummer der Steuerliste zu vermerken, unter welcher der Fall zuletzt eingetragen war und abgelegt worden ist. Bei steuerfrei gebliebenen Zuwendungen ist die Ermittlungsnummer oder Freibelegnummer zu vermerken, unter der der Freibeleg abgelegt worden ist.

In den Fällen des § 15 Abs. 4 ErbStG hat das für die Besteuerung der Zuwendung einer Kapitalgesellschaft oder Genossenschaft zuständige Erbschaftsteuerfinanzamt sich für Zwecke der Anwendung des

[1] **[Amtl. Anm.:]** Werden die Anzeigen der Standesämter elektronisch übermittelt, sind die Vollständigkeit und die fortlaufende Reihenfolge der Datenübermittlung elektronisch sicherzustellen. Die personelle Führung des Verzeichnisses ist in diesen Fällen entbehrlich.

§ 14 ErbStG mit dem Erbschaftsteuerfinanzamt in Verbindung zu setzen, das für die Besteuerung einer Direktzuwendung des veranlassenden Gesellschafters nach § 35 ErbStG zuständig wäre. Das letztgenannte Finanzamt teilt dem für die Besteuerung zuständigen Finanzamt die Vorschenkungen und die für die Zusammenrechnung notwendigen Informationen mit und ist in ein etwaiges Rechtsbehelfsverfahren, soweit es um die Anwendung des § 15 Abs. 4 ErbStG geht, von dem zuständigen Finanzamt im Wege der Amtshilfe einzubinden. Zum Zweck der künftigen zutreffenden Zusammenrechnung aller Vorerwerbe i. S. d. § 14 ErbStG sind die Erkenntnisse bei dem Finanzamt zusammenzuführen, das für die Direktzuwendung des veranlassenden Gesellschafters zuständig wäre. Das für die Besteuerung der Zuwendung der Kapitalgesellschaft oder Genossenschaft zuständige Finanzamt teilt diesem daher die insoweit benötigten Veranlagungsdaten mit. Zudem haben alle beteiligten Finanzämter einander zeitnah über eventuell später eintretende Änderungen zu unterrichten, die Auswirkungen im Rahmen des § 14 ErbStG haben können.

1.3. Zusammenarbeit der Finanzämter

1.3.1. Pflichten des Wohnsitzfinanzamts des Erblassers/Schenkers bzw. des Erwerbers

Die Finanzämter (einschließlich der Prüfungsdienste und der Steuerfahndung) haben den für die Erbschaftsteuer zuständigen Finanzämtern mitzuteilen:

a) die ihnen bekannt gewordenen Vermögensanfälle unter Lebenden (freigebige Zuwendungen und Zweckzuwendungen) mit Ausnahme derjenigen, die von einem inländischen Gericht oder Notar beurkundet worden sind,

b) Verträge, bei denen zu vermuten ist, dass sie eine gemischte oder verdeckte Schenkung enthalten,

c) Vereinbarungen über die Gewährung einer überhöhten Gewinnbeteiligung unter Angabe des Gewinnübermaßes,

d) den auf Grund des Gesellschaftsvertrags einer Personen- oder Kapitalgesellschaft beim Ausscheiden eines Gesellschafters zu Lebzeiten oder durch Tod erfolgenden Übergang seines Gesellschaftsanteils oder eines Teils desselben auf die anderen Gesellschafter oder die Gesellschaft,

e) auf Anforderung des Erbschaftsteuerfinanzamts die Zusammensetzung und die Höhe des dem Finanzamt bekannten Erblasservermögens einschließlich der festgestellten Einheitswerte bzw. Bedarfswerte des land- und forstwirtschaftlichen Vermögens und des Grundvermögens, soweit das für die Erbschaftsteuer zuständige Finanzamt diese Werte nicht selbst unmittelbar abfragen kann; bei Gewerbebetrieben sind möglichst eine Kopie der letzten Bilanz sowie der Gewinn- und Verlustrechnungen der letzten drei Wirtschaftsjahre, bei Personengesellschaften zusätzlich eine Kopie des Gesellschaftsvertrags beizufügen, bei vermieteten Grundstücken ist möglichst die Jahresmiete anzugeben,

f) die ihnen bekannt gewordenen Erwerbe von Vermögensgegenständen, insbesondere von land- und forstwirtschaftlichem Vermögen, Grundvermögen und Betriebsgrundstücken aus dem Nachlass (Vermögen) eines nicht im Inland wohnhaften Erblassers (Schenkers),

g) die ihnen bekannt gewordenen Sterbefälle und Schenkungen solcher Personen, die zurzeit ihres Todes oder der Ausführung der Zuwendung der erweiterten beschränkten Steuerpflicht nach § 2 Abs. 1 Satz 1 des Außensteuergesetzes unterlagen, unter Angabe des Zeitpunkts der Aufgabe des inländischen Wohnsitzes, des inländischen Vertreters des Erblassers (Schenkers) und soweit bekannt des Nachlasses (des geschenkten Vermögens) und der Erwerber,

h) die ihnen bekannt gewordenen Sachverhalte, die zum Wegfall der Steuerentlastungen nach §§ 13 Abs. 1 Nr. 4b oder Nr. 4c ErbStG (Familienheim, siehe Tz. 1.9) führen,

i) alle bereits erfassten unbeschränkt steuerpflichtigen, nicht nach § 5 KStG steuerbefreiten Stiftungen und Familienvereine,

j) alle ihnen bekannt gewordenen Fälle der Aufhebung oder Auflösung von Stiftungen, Vereinen und Vermögensmassen, deren Zweck auf die Bindung von Vermögen gerichtet ist,

k) alle bekannt gewordenen Fälle, in denen steuerbegünstigte Körperschaften, Personenvereinigungen oder Vermögensmassen die Voraussetzungen für die Inanspruchnahme der Steuerbegünstigung nach § 5 Abs. 1 Nr. 9 KStG nicht mehr erfüllen, weil sie satzungsmäßig oder tatsächlich gegen die Vermögensbindung (§ 55 Abs. 1 Nr. 4 AO) verstoßen haben; dazu gehören auch die Fälle, in denen die Vermögensbindung von Anfang an steuerlich als nicht ausreichend gilt (§ 61 Abs. 3, § 63 Abs. 2 AO),

l) Anzeigen der auszahlenden Stellen nach § 43 Abs. 1 Satz 6 EStG.

1.3.2. Pflichten der für die Feststellung nach § 151 Abs. 1 BewG zuständigen Finanzämter

1.3.2.1. Pflichten der Lagefinanzämter im Rahmen des Feststellungsverfahrens

Die Lagefinanzämter stellen fest:

1. bei land- und forstwirtschaftlichem Vermögen
   a) den Grundbesitzwert des land- und forstwirtschaftlichen Vermögens (§ 151 Abs. 1 Satz 1 Nr. 1 BewG),
   b) die Summe der gemeinen Werte der Vermögensgegenstände des Verwaltungsvermögens i. S. d. § 13b Abs. 4 Nr. 1 bis 4 ErbStG,
   c) die Summe der gemeinen Werte des jungen Verwaltungsvermögens i. S. d. § 13b Abs. 7 Satz 2 ErbStG,
   d) die Summe der gemeinen Werte der Schulden,
   e) die Anzahl der Beschäftigten des Betriebes zur Prüfung der Anwendung der Lohnsummenregelung (§ 13a Abs. 3 und 4 ErbStG),
   f) die Ausgangslohnsumme zur Prüfung der Anwendung der Lohnsummenregelung (§ 13a Abs. 3, 4 und 10 Satz 1 Nr. 2 bis 5 ErbStG).

2. bei Grundvermögen oder teilweise zu betrieblichen Zwecken genutzten Grundstücken den Wert des Grundstücks (§ 151 Abs. 1 Satz 1 Nr. 1 BewG).

In der Mitteilung über den festgestellten Grundbesitzwert teilt das Lagefinanzamt nachrichtlich folgende Angaben mit:

– Aufteilung des Grundbesitzwerts bei nicht ausschließlich betrieblicher Nutzung:

Das Lagefinanzamt teilt den insgesamt festgestellten Grundbesitzwert mit. Das Betriebsfinanzamt teilt dem Erbschaftsteuerfinanzamt mit, in welchem Umfang das Grundstück als Grundvermögen zum Vermögensanfall gehört (vgl. Tz. 1.3.2.2).

– Nachrichtliche Angaben

Gesamte Wohn- und Nutzfläche der Gebäude/des Gebäudes	Die Angabe wird als Ausgangsgröße zur Berechnung des Flächenverhältnisses benötigt.
Wohnfläche einer bisher vom Rechtsvorgänger selbst genutzten Wohnung	Die Angabe wird zur Anwendung des § 13 Abs. 1 Nr. 4 a bis 4 c ErbStG (Familienheim) benötigt (→ R E 13.3 Abs. 2 ErbStR 2011).
Gesamte Wohnfläche der zu Wohnzwecken vermieteten Gebäude oder Gebäudeteile	Die Angabe wird zur Anwendung des § 13 d ErbStG benötigt (→ R E 13 c Abs. 3 ErbStR 2011).
Art und Höhe einer im Rahmen des nachgewiesenen gemeinen Werts des Grundstücks (§ 198 BewG) abgezogenen Belastung (Wohnrecht, Nießbrauchsrecht)	Die Angabe wird zur Vermeidung der Doppelberücksichtigung der Belastung benötigt (§ 10 Abs. 6 Satz 6 ErbStG).
Verbindlichkeiten i. S. d. § 158 Abs. 5 BewG, die im Rahmen der Ermittlung des Werts des Betriebs der Land- und Forstwirtschaft (unter Zuordnung zum Wirtschaftsteil, zum Wohnteil oder zum Teil der Betriebswohnungen) berücksichtigt wurden	Die Angabe wird zur Vermeidung der Doppelberücksichtigung der Belastung benötigt (§ 10 Abs. 5 Nr. 1, Abs. 6 Satz 6 ErbStG).
Nutzungsrechte, die im Rahmen der Öffnungsklausel nach § 165 Abs. 3, § 167 Abs. 4 BewG berücksichtigt wurden	Die Angabe wird zur Vermeidung der Doppelberücksichtigung der Belastung benötigt (§ 10 Abs. 6 Satz 6 ErbStG).

1.3.2.2. Pflichten der Betriebsfinanzämter im Rahmen des Feststellungsverfahrens und der Verschonungsbedarfsprüfung (§ 28 a ErbStG)

Die Betriebsfinanzämter stellen fest (wenn die Angaben für die Erbschaftsteuer oder eine andere Feststellung von Bedeutung sind und soweit es nicht land- und forstwirtschaftliches Vermögen betrifft [siehe Tz. 1.3.2.1]):

a) den Wert des Betriebsvermögens, des Anteils am Betriebsvermögen oder den Wert von nicht börsennotierten Anteilen an Kapitalgesellschaften (§ 151 Abs. 1 Satz 1 Nr. 2 und 3 BewG),
b) die Summe der gemeinen Werte der Finanzmittel i. S. d. § 13 b Abs. 4 Nr. 5 Satz 1 ErbStG,
c) die Summe der gemeinen Werte der jungen Finanzmittel i. S. d. § 13 b Abs. 4 Nr. 5 Satz 2 ErbStG,
d) die Summe der gemeinen Werte der Vermögensgegenstände des Verwaltungsvermögens i. S. d. § 13 b Abs. 4 Nr. 1 bis 4 ErbStG,
e) die Summe der gemeinen Werte des jungen Verwaltungsvermögens i. S. d. § 13 b Abs. 7 Satz 2 ErbStG,
f) die Summe der gemeinen Werte der Schulden (§ 13 b Abs. 10 ErbStG),
g) die Anzahl der Beschäftigten des Betriebs zur Prüfung der Anwendung der Lohnsummenregelung (§ 13 a Abs. 3 und 4 ErbStG),
h) die Ausgangslohnsumme des Betriebs zur Prüfung der Anwendung der Lohnsummenregelung (§ 13 a Abs. 3, 4 und 10 Satz 1 Nr. 2 bis 5 ErbStG).

Die Feststellungen unter b) bis h) sind auch durchzuführen, wenn es sich um ein börsennotiertes Unternehmen (§ 11 Abs. 1 BewG) handelt und deshalb keine Feststellung des Werts des Anteils nach § 151 Abs. 1 Satz 1 Nr. 3 BewG erfolgt (vgl. §§ 13 a Abs. 4 Satz 2 und 13 b Abs. 10 Satz 4 ErbStG).

Die Anwendung der Investitionsklausel nach § 13 b Abs. 5 ErbStG kann zu einer Änderung der Feststellung der Werte des Verwaltungsvermögens, des jungen Verwaltungsvermögens, der Finanzmittel und der jungen Finanzmittel führen. Entsprechende Anträge auf Änderung der Feststellungsbescheide sind durch den Steuerpflichtigen beim Betriebsfinanzamt zu stellen.

Folgende Angaben werden nachrichtlich mitgeteilt:

a) sofern Grundbesitz sowohl zum Betriebsvermögen als auch zum Grundvermögen gehört, der Anteil, mit dem das Grundstück zum Grundvermögen gehört,
b) der Umfang und der Wert des ausländischen Vermögens, welches im festgestellten Wert enthalten ist, aber einer Betriebsstätte in einem Drittstaat dient, zur Prüfung des Vorliegens begünstigungsfähigen Vermögens i. S. d. § 13 b Abs. 1 Nr. 2 ErbStG, jeweils bezogen auf die einzelne übertragene wirtschaftliche Einheit.
c) ob das Unternehmen nach seinem Hauptzweck einer land- und forstwirtschaftlichen, gewerblichen oder freiberuflichen Tätigkeit dient (§ 13 Abs. 1, § 15 Abs. 1 Satz 1 Nr. 1, § 18 Abs. 1 Nr. 1 und 2 EStG). Diese Angabe ist Voraussetzung für die Gewährung des Sockelbetrags nach § 13 b Abs. 4 Nr. 5 ErbStG.
d) das Vorliegen der Voraussetzungen und der Prozentsatz des Vorwegabschlags nach § 13 a Abs. 9 ErbStG, wenn das Erbschaftsteuerfinanzamt diese Angaben angefordert hat. Bei Personengesellschaften werden in diesen Fällen auch die Werte des Verwaltungsvermögens, des jungen Verwal-

tungsvermögens, der Finanzmittel, der jungen Finanzmittel und der Schulden im Gesamthandsvermögen mitgeteilt.

1.3.2.3. Pflichten der Verwaltungsfinanzämter für vermögensverwaltende Gemeinschaften/Gesellschaften

Das Verwaltungsfinanzamt unterrichtet das Erbschaftsteuerfinanzamt nach Eingang der Aufforderung zur Feststellung des Anteils am Wert von anderen Vermögensgegenständen und Schulden, die mehreren Personen zustehen, wenn zum Vermögen der Gemeinschaft/Gesellschaft

- inländischer Grundbesitz,
- inländisches Betriebsvermögen mit Sitz oder Geschäftsleitung im Inland oder
- Anteile an Kapitalgesellschaften mit Sitz oder Geschäftsleitung im Inland

gehören (→ H B 151.6 ErbStH 2011). Dabei sind die Bezeichnung der wirtschaftlichen Einheit und deren Lage bzw. der Sitz/die Geschäftsleitung anzugeben.

Die dazu erforderlichen Feststellungen werden durch die Erbschaftsteuerfinanzämter bei dem jeweiligen Lage- bzw. Betriebsfinanzamt angefordert.

Das Verwaltungsfinanzamt stellt den Anteil am Wert von anderen Vermögensgegenständen und Schulden, die mehreren Personen zustehen, fest (§ 151 Abs. 1 Satz 1 Nr. 4 BewG).

Eine Feststellung nach § 13 a Abs. 4 und § 13 b Abs. 10 ErbStG erfolgt nicht, da insoweit kein begünstigungsfähiges Vermögen i. S. d. § 13 b Abs. 1 ErbStG vorliegt.

1.3.2.4. Pflichten der Lagefinanzämter im Zusammenhang mit der Überwachung der Verschonungsvoraussetzungen der §§ 13 a, 13 c, 19 a und 28 a ErbStG

Die Lagefinanzämter teilen in den Fällen der Bewertung eines Betriebs der Land- und Forstwirtschaft dem Erbschaftsteuerfinanzamt im Wege der Amtshilfe mit:

a) die Veräußerung von Vermögen i. S. d. § 168 Abs. 1 Nr. 1 BewG (Wirtschaftsteil eines land- und forstwirtschaftlichen Betriebs) sowie selbst genutzter Grundstücke, die nach § 159 BewG dem Grundvermögen zuzurechnen sind, und ob in diesen Fällen eine Reinvestition vorgenommen wurde (§ 13 a Abs. 6 Satz 3 und 4 ErbStG),

b) die Aufgabe eines Betriebs, Teilbetriebs oder eines Mitunternehmeranteils sowie die Eröffnung des Insolvenzverfahrens über den Betrieb der Land- und Forstwirtschaft, wenn dies dazu führt, dass der Betrieb als Stückländerei zu qualifizieren ist oder das Vermögen nicht mehr auf Dauer dem Betrieb zu dienen bestimmt ist (z. B. gewerbliche Nutzung),

c) das Ausscheiden (z. B. aufgrund Veräußerung, Entnahme) wesentlicher Wirtschaftsgüter eines Betriebs der Land- und Forstwirtschaft und ob im Fall der Veräußerung eine Reinvestition vorgenommen wurde (§ 13 a Abs. 6 Satz 3 und 4 ErbStG),

d) die Qualifizierung des bisherigen Betriebs oder einzelner Flächen innerhalb der Behaltensfrist als Stückländerei (Verpachtung von Flächen an einen anderen Betrieb der Land- und Forstwirtschaft für mindestens 15 Jahre),

e) den Wegfall der Selbstbewirtschaftung von Grundstücken i. S. d. § 159 BewG,

f) nach Ablauf der Behaltensfrist und Aufforderung durch das Erbschaftsteuerfinanzamt den Umfang der Entnahmen/Ausschüttungen, der Einlagen und der Gewinne oder Gewinnanteile (§ 13 a Abs. 6 Satz 1 Nr. 3 ErbStG, § 13 a Abs. 6 Satz 1 ErbStG, § 13 a Abs. 10 Satz 1 Nr. 6).

Die Mitteilungen nach a) bis e) sind zu fertigen, sobald das zuständige Lagefinanzamt von einer schädlichen Verfügung Kenntnis erlangt. Dies gilt auch, wenn die Behaltensfrist noch nicht abgelaufen ist.

Zusätzlich stellen die Lagefinanzämter nach Ablauf der Lohnsummenfrist (§ 13 a Abs. 3 Satz 1 ErbStG bzw. § 13 a Abs. 10 Satz 1 Nr. 2 ErbStG) aufgrund einer Aufforderung durch das Erbschaftsteuerfinanzamt die Summe der maßgebenden jährlichen Lohnsummen (§ 13 a Abs. 4 ErbStG) fest.

Wenn das Lagefinanzamt die Angaben nicht aus seinen Steuerakten entnehmen kann, hat das Lagefinanzamt diese bei dem für die ertragsteuerliche Behandlung des Betriebs der Land- und Forstwirtschaft zuständigen Finanzamt im Wege der Amtshilfe anzufordern.

1.3.2.5. Pflichten der Betriebsfinanzämter im Zusammenhang mit der Überwachung der Verschonungsvoraussetzungen der §§ 13 a, 13 c, 19 a und 28 a ErbStG

Die Betriebsfinanzämter teilen dem Erbschaftsteuerfinanzamt im Wege der Amtshilfe mit:

a) nach Ablauf der Behaltensfrist und Aufforderung durch das Erbschaftsteuerfinanzamt den Umfang der Entnahmen/Ausschüttungen, der Einlagen und der Gewinne oder Gewinnanteile (§ 13 a Abs. 6 Satz 1 Nr. 3 ErbStG, § 13 a Abs. 6 Satz 1 ErbStG, § 13 a Abs. 10 Satz 1 Nr. 6 ErbStG),

b) ob innerhalb der Behaltensfrist wesentliche Betriebsgrundlagen veräußert, ins Privatvermögen überführt oder anderen betriebsfremden Zwecken zugeführt wurden oder der Betrieb aufgegeben oder veräußert wurde (schädliche Verfügung nach § 13 a Abs. 6 Satz 1 Nr. 1 und 4 ErbStG, § 13 a Abs. 10 Satz 1 Nr. 6 ErbStG).
In diesem Zusammenhang ist auch mitzuteilen, ob eine dieser wesentlichen Betriebsgrundlagen zum jungen Verwaltungsvermögen (§ 13 b Abs. 7 Satz 2 ErbStG) oder zum jungen Betriebsvermögen (§ 200 Abs. 4 BewG) gehörte,

c) ob innerhalb der Behaltensfrist andere Verfügungen getätigt wurden, die nach § 13 a Abs. 6 ErbStG zu einem Wegfall der Verschonungen führen.

In diesem Zusammenhang ist auch mitzuteilen, ob in diesen Fällen eine Reinvestition vorgenommen wurde (§ 13 a Abs. 6 Satz 3 und 4 ErbStG).

Die Mitteilungen nach b) und c) sind zu fertigen, sobald das zuständige Betriebsfinanzamt von einer schädlichen Verfügung Kenntnis erlangt. Dies gilt auch, wenn die Behaltensfrist noch nicht abgelaufen ist.

Hat das Erbschaftsteuerfinanzamt Angaben zu dem Vorwegabschlag nach § 13 a Abs. 9 ErbStG angefordert, sind folgende Vorgänge sofort zu melden, wenn sie innerhalb eines Zeitraums von 20 Jahren nach dem Zeitpunkt der Entstehung der Steuer eintreten:

a) eine Änderung der Entnahmebegrenzung, die eine Entnahme bzw. Ausschüttung von mehr als 37,5% des um die auf den Gewinnanteil oder die Ausschüttungen aus der Gesellschaft entfallenden Steuern vom Einkommen gekürzten Betrages des steuerrechtlichen Gewinns ermöglicht; Entnahmen zur Begleichung der auf den Gewinnanteil oder die Ausschüttungen aus der Gesellschaft entfallenden Steuern vom Einkommen bleiben von der Beschränkung der Entnahme oder Ausschüttung unberücksichtigt,
b) eine Änderung der Verfügungsbeschränkung über die Beteiligung an der Personengesellschaft oder den Anteil an der Kapitalgesellschaft, sodass eine Verfügung auf andere Personen als Mitgesellschafter, Angehörige i. S. d. § 15 AO oder eine Familienstiftung (§ 1 Abs. 1 Nr. 4 ErbStG) zulässig wird,
c) eine Änderung der Abfindungsbeschränkung für den Fall des Ausscheidens aus der Gesellschaft,
d) ein Gesellschafter tätigt in einem Wirtschaftsjahr Entnahmen oder erhält Ausschüttungen, die 37,5% des um die auf den Gewinnanteil oder die Ausschüttung aus der Gesellschaft entfallenden Steuern vom Einkommen gekürzten Betrages des steuerrechtlichen Gewinns übersteigen. Entnahmen zur Begleichung der auf den Gewinnanteil oder die Ausschüttung aus der Gesellschaft entfallenden Steuern vom Einkommen bleiben von der Beschränkung der Entnahme oder Ausschüttung unberücksichtigt. Dies gilt unabhängig von der Person des Gesellschafters,
e) ein Gesellschafter überträgt eine Beteiligung an der Personengesellschaft oder einen Anteil an der Kapitalgesellschaft auf andere Personen als Mitgesellschafter, Angehörige i. S. d. § 15 AO oder eine Familienstiftung (§ 1 Abs. 1 Nr. 4 ErbStG),
f) im Fall des Ausscheidens eines Gesellschafters aus der Gesellschaft wird eine Abfindung gezahlt, die die im Gesellschaftsvertrag bzw. der Satzung festgelegte Abfindungsbeschränkung übersteigt.

Zusätzlich stellen die Betriebsfinanzämter nach Ablauf der Lohnsummenfrist (§ 13 a Abs. 3 Satz 1 ErbStG bzw. § 13 a Abs. 10 Satz 1 Nr. 2 ErbStG) aufgrund einer Aufforderung durch das Erbschaftsteuerfinanzamt die Summe der maßgebenden jährlichen Lohnsummen (§ 13 a Abs. 4 ErbStG) fest.

1.3.2.6. Erteilung einer verbindlichen Auskunft – Zuständigkeit des Erbschaftsteuerfinanzamts oder des Betriebs-/Lagefinanzamts

Die Bearbeitung eines Antrags auf Erteilung einer verbindlichen Auskunft richtet sich danach, welches Finanzamt bei Verwirklichung des dem Antrag zugrunde liegenden Sachverhalts örtlich zuständig wäre (§ 89 Abs. 2 AO).

Sind mehrere Finanzämter zuständig, kann zwischen diesen für die Erteilung der verbindlichen Auskunft eine Zuständigkeitsvereinbarung analog § 27 AO getroffen werden, wenn der Betroffene zustimmt. Insoweit wird auf die Regelungen zur Zuständigkeit eines Finanzamts nach § 89 Abs. 2 Satz 2 AO hingewiesen, s. auch AEAO zu § 89, Nr. 3.3.2, insbesondere Nr. 3.3.2.3. Diese (grundsätzlich mehrere Steuerarten betreffenden) Regelungen sind hier analog anwendbar. Die Möglichkeit einer Zuständigkeitsvereinbarung gilt aber ausschließlich für Zwecke der Erteilung einer verbindlichen Auskunft. Die Zuständigkeit für die Festsetzung der Steuern bzw. für die Feststellung der Besteuerungsgrundlagen bleibt davon unberührt.

Bei Anträgen in Zusammenhang mit der Steuerbegünstigung des Unternehmensvermögens nach §§ 13 a, 13 c, 19 a oder 28 a ErbStG können sowohl das Betriebs-/Lagefinanzamt als auch das Erbschaftsteuerfinanzamt sachlich zuständig sein, da die Voraussetzungen für die Steuerbegünstigung sowohl bei der Festsetzung der Erbschaftsteuer als auch im Rahmen der Feststellungen zu prüfen sind.

Für die Zuständigkeit gelten folgende Grundsätze:

Sind die Rechtsfragen, zu denen eine verbindliche Auskunft beantragt wird, gerichtet auf

a) festzustellende Merkmale im Rahmen der Feststellung nach § 151 BewG (z. B. Zugehörigkeit von Vermögensgegenständen zu einem Betrieb, Vermögensart, Bewertung),
b) die Ausgangslohnsumme, die Anzahl der Beschäftigten und/oder die Summe der maßgebenden jährlichen Lohnsummen (§ 13 a Abs. 4 ErbStG) oder
c) das Verwaltungsvermögen, das junge Verwaltungsvermögen, die Finanzmittel, die jungen Finanzmittel und/oder die Schulden und/oder das Vorliegen von Rückausnahmetatbeständen bei solchen Wirtschaftsgütern (§ 13 b Abs. 10 ErbStG),

hat das Betriebs-/Lagefinanzamt über den Antrag zu entscheiden. Dies gilt auch bei mehrstufigen Beteiligungsstrukturen.

Sind die Rechtsfragen, zu denen eine verbindliche Auskunft beantragt wird, allein darauf gerichtet, ob

a) begünstigungsfähiges Vermögen nach § 13 b Abs. 1 ErbStG oder begünstigtes Vermögen nach § 13 b Abs. 2 ErbStG vorliegt,
b) die Voraussetzungen des Vorwegabschlags nach § 13 a Abs. 9 ErbStG erfüllt sind oder
c) eine schädliche Verfügung nach § 13 a Abs. 6 ErbStG gegeben ist,

hat das Erbschaftsteuerfinanzamt über den Antrag zu entscheiden. Es kann dazu die Amtshilfe des Betriebs-/Lagefinanzamts in Anspruch nehmen.

1.4. Pflichten gegenüber anderen Finanzämtern

Die für die Erbschaftsteuer zuständigen Finanzämter haben Kontrollmitteilungen an die für die Einkommensteuer zuständigen Finanzämter zu übersenden

- für die Steuerakten des Erblassers, wenn der Reinwert des Nachlasses mehr als 250 000 EUR beträgt,
- für die Steuerakten des Erwerbers, wenn der erbschaftsteuerliche Bruttowert mehr als 250 000 EUR beträgt.

Die für die Erbschaftsteuer zuständigen Finanzämter übermitteln dem für die Einkommensteuer des Erwerbers zuständigen Finanzamt auf dessen Anfrage die für die Ermittlung der Steuerermäßigung bei Belastung mit Erbschaftsteuer nach § 35 b EStG notwendigen Angaben.

1.5. Prüfung der Unterlagen; Aufbewahrung erledigter Unterlagen

1.5.1. Vollständigkeit der Anzeigen der Standesämter

Nach Eingang der Anzeigen hat das Erbschaftsteuerfinanzamt anhand der laufenden Nummern des Sterbebuchs bzw. der Sterbeurkunden zu prüfen, ob das Standesamt die Sterbefälle lückenlos mitgeteilt hat. Das Fehlen einzelner Nummern ist alsbald aufzuklären (§ 97 BuchO 2016 i. V. m. § 105 Abs. 2 BuchO a. F.).[1]

1.5.2. Zuständigkeit

Das Finanzamt hat nach Eingang der Unterlagen (Tz. 1.1, 1.2 und 1.3.1) zu prüfen, ob es örtlich zuständig ist (§ 35 ErbStG). Ist es nicht zuständig, hat es die Unterlagen an das zuständige Finanzamt abzugeben. Die Übersendung kann unterbleiben, wenn außer einer Sterbefallanzeige/eines Auszugs aus der Totenliste keine weiteren Anzeigen und Unterlagen eingegangen sind (§ 97 BuchO 2016 i. V. m. § 107 BuchO a. F.).

1.5.3. Sachliche Prüfung der Unterlagen; Aufbewahrung erledigter Unterlagen; Erbschaftsteuerliste; Schenkungsteuerliste

a) Die Unterlagen sind daraufhin zu prüfen, ob eine Steuerpflicht gegeben ist oder ob Steuerfreiheit in Betracht kommt. Dazu sind erforderlichenfalls auch andere Akten (z. B. Einkommensteuerakten) heranzuziehen.

b) Ergibt die Prüfung Steuerfreiheit, ist dies in den Unterlagen zu vermerken (§ 97 BuchO 2016 i. V. m. § 109 Abs. 2 BuchO a. F.). Die erledigten Unterlagen (Freibelege) sind geordnet aufzubewahren.

c) Soweit der Fall nicht nach Buchst. b zu erledigen ist oder die weitere Prüfung innerhalb von drei Jahren nach Eingang der ersten Unterlagen eine Entscheidung über die Steuerpflicht noch nicht zulässt, ist der Fall in eine der nach § 97 BuchO 2016 i. V. m. §§ 104 und 109 BuchO a. F. zu führenden Steuerlisten einzutragen, soweit der Steuerfall nicht in einem automatisierten Verfahren überwacht wird (§ 97 BuchO 2016 i. V. m. § 97 Abs. 1 BuchO a. F.). Steuerfreie Fälle, die steuerpflichtig werden können, sind zu überwachen.

1.6. Übersendung von Steuererklärungsvordrucken (§ 31 ErbStG)

Ergibt die Prüfung nach Tz. 1.5.3 eine Steuerpflicht, so ist zum Zwecke der Steuerermittlung dem Erwerber oder der nach § 31 ErbStG sonst in Betracht kommenden Person eine Erbschaftsteuer- bzw. Schenkungsteuererklärung zu übersenden. Das Gleiche gilt in den Fällen, in denen die Unterlagen der Tz. 1.1, 1.2 und 1.3.1 noch keine endgültige Entscheidung über die Steuerpflicht oder Steuerfreiheit des Falles zulassen. Der Eingang der Erklärungen ist zu überwachen.

1.7. Vereinfachte Ermittlung der Besteuerungsgrundlagen

a) Die Übersendung amtlicher Steuererklärungsvordrucke kann unterbleiben, wenn die Aufklärung der für die Steuerpflicht erheblichen Verhältnisse bereits durch die Beantwortung bestimmter einzelner Fragen zu erwarten ist. In diesen Fällen genügt die Übersendung eines entsprechenden Fragebogens oder einer vereinfachten Erbschaftsteuer- bzw. Schenkungsteuererklärung.

b) Gehört zum Erwerb eine Beteiligung an einer vermögensverwaltenden Gesellschaft/Gemeinschaft i. S. d. § 10 Abs. 1 Satz 4 ErbStG von bis zu 1% (gezeichneter Anteil bzw. Einlagewert maximal 100 000 EUR), kann auf die Feststellung der Bedarfswerte für das Vermögen der Gesellschaft/Gemeinschaft nach § 151 Abs. 1 Satz 1 Nr. 1 bis Nr. 4 BewG verzichtet werden. Der Wert ist im Wege der Schätzung zu ermitteln. Dabei können die Werte aus der Mitteilung der Gesellschaft/Gemeinschaft über das aufgegliederte Vermögen zum Bewertungsstichtag bzw. zum 1. Januar des Jahres der Steuerentstehung grundsätzlich übernommen werden.

c) Gehört zum Erwerb eine Beteiligung an einer gewerblich tätigen oder gewerblich geprägten Gesellschaft von bis zu 1% (Einlage maximal 100 000 EUR), kann auf die Feststellung der Bedarfswerte für das Vermögen der Gesellschaft nach § 151 Abs. 1 Satz 1 Nr. 2 BewG verzichtet werden. Der Wert ist im Wege der Schätzung zu ermitteln. Dabei können die Werte aus der Mitteilung der Gesellschaft über den Wert des Anteils bzw. der Gesellschaft zum Bewertungsstichtag bzw. zum 1. Januar des Jahres der Steuerentstehung grundsätzlich übernommen werden.
Ob die Beteiligung als begünstigtes Vermögen nach § 13 b Abs. 2 ErbStG zu behandeln ist, richtet sich nach der Art der Tätigkeit der Gesellschaft. Sie muss im Zweifel durch Anfrage des Erbschaftsteuerfinanzamts beim Betriebsfinanzamt oder bei der jeweiligen Gesellschaft geklärt werden. Bei Beteiligungen an Immobiliengesellschaften ist regelmäßig davon auszugehen, dass sie nicht zum begünstigten Vermögen i. S. d. § 13 b ErbStG gehören.

d) Gehören zum Erwerb nicht börsennotierte Anteile an einer Kapitalgesellschaft von bis zu 1% (Anteil am Nenn-/Stammkapital maximal 100 000 EUR), kann auf die Feststellung des Bedarfswerts für die Anteile nach § 151 Abs. 1 Satz 1 Nr. 3 BewG verzichtet werden. Der Wert ist im Wege der Schätzung zu ermitteln. Dabei können die Werte aus der Mitteilung der Gesellschaft über den Anteilswert zum Bewertungsstichtag bzw. zum 1. Januar des Jahres der Steuerentstehung grundsätzlich übernommen werden.

---

[1] **[Amtl. Anm.:]** Werden die Anzeigen der Standesämter elektronisch übermittelt, sind die Vollständigkeit und die fortlaufende Reihenfolge der Datenübermittlung elektronisch sicherzustellen.

Es bleibt den Finanzämtern unbenommen, in begründeten Einzelfällen die Feststellung des Bedarfswerts zu veranlassen.

1.8. Gegenstände, deren Erhaltung im öffentlichen Interesse liegt

Wird für bewegliche Gegenstände, deren Erhaltung wegen ihrer Bedeutung für Kunst, Geschichte oder Wissenschaft im öffentlichen Interesse liegt, die Steuerbegünstigung gemäß § 13 Abs. 1 Nr. 2 ErbStG in Anspruch genommen, hat das Finanzamt die Vorlage eines Verzeichnisses der Gegenstände unter Angabe ihres Werts zu verlangen.

Der Nachweis darüber, dass die Erhaltung von Grundbesitz, Teilen von Grundbesitz oder beweglichen Gegenständen wegen der Bedeutung für Kunst, Geschichte oder Wissenschaft im öffentlichen Interesse liegt (§ 13 Abs. 1 Nr. 2 ErbStG) und dass solcher Grundbesitz, solche Teile von Grundbesitz oder solche beweglichen Gegenstände in einem den Verhältnissen entsprechenden Umfang den Zwecken der Forschung oder Volksbildung nutzbar gemacht werden, ist durch Vorlage einer Bescheinigung der zuständigen Landesbehörde zu führen.

Entsprechendes gilt für Grundbesitz oder Teile von Grundbesitz, der für Zwecke der Volkswohlfahrt der Allgemeinheit ohne gesetzliche Verpflichtung zur Benutzung zugänglich gemacht ist und dessen Erhaltung im öffentlichen Interesse liegt (§ 13 Abs. 1 Nr. 3 ErbStG).

1.9. Steuerbefreiung für das Familienheim

Nach näherer Maßgabe des § 13 Abs. 1 Nr. 4 b und 4 c ErbStG ist der Erwerb des Familienheimes von Todes wegen durch den Ehegatten, den Lebenspartner bzw. die Kinder/Kinder vorverstorbener Kinder des Erblassers steuerfrei. Die Steuerbefreiung setzt voraus, dass der Erwerber das Objekt nach dem Erwerb zehn Jahre zu eigenen Wohnzwecken nutzt. Gibt er innerhalb dieser zehn Jahre die Selbstnutzung auf, entfällt die Steuerbefreiung grundsätzlich vollständig. In den Fällen, in denen im Rahmen der Vorprüfung des Steuerfalles mit an Sicherheit grenzender Wahrscheinlichkeit von einer Selbstnutzung durch den Erwerber ohne schuldhaftes Zögern ausgegangen werden kann, kann auf einen Aufgriff des Falls verzichtet werden, wenn bei einer Zusammenrechnung des überschlägigen Wertes des auf den Erwerber entfallenden steuerfreien Familienheimes mit seinem übrigen Erwerb die dem Erwerber zustehenden Freibeträge nach §§ 16 und 17 ErbStG sowie ggf. den steuerfreien Zugewinnausgleich nach § 5 ErbStG um nicht mehr als 15 000 EUR überschritten werden. Es ist weiter entsprechend Tz. 1.5.3 Buchst. b zu verfahren.

2. Festsetzungsverfahren

2.1. Steuerbescheid

Über die Festsetzung der Steuer ist für jeden Steuerschuldner unter einer besonderen Steuernummer ein Steuerbescheid zu erteilen (§ 28 BuchO 2016). In Schenkungsfällen ist grundsätzlich für jeden Erwerb ein Steuerbescheid zu erteilen.

Kann die Steuer nicht sofort endgültig festgesetzt werden, ist sie insbesondere bei höheren Steuerbeträgen alsbald nach Bekanntwerden des Steuerfalls gemäß §§ 164, 165 AO unter dem Vorbehalt der Nachprüfung bzw. vorläufig festzusetzen. Die Ungewissheiten sind mit der gebotenen Sorgfalt in angemessener Zeit zu klären.

2.2. Zahlungsfrist

Die Zahlungsfrist (§ 220 AO) ist in der Regel auf einen Monat zu bemessen.

3. Erhebungsverfahren

Die Erbschaft- und Schenkungsteuer, die auf Grund einer Festsetzung anzunehmen oder auszuzahlen ist, ist auf Grund dieser Festsetzung zum Soll zu stellen (§ 61 BuchO 2016). Die oberste Finanzbehörde eines Landes oder die von ihr beauftragte Stelle kann hierzu nähere Anordnungen treffen.

4. Steuerüberwachung

4.1. Überwachungsfälle

Die Fälle, in denen die Versteuerung ausgesetzt ist oder in denen aus anderen Gründen eine Steuerfestsetzung nachträglich erforderlich werden kann, sind zu überwachen (§ 97 BuchO 2016 i. V. m. § 110 BuchO a. F.). Zu überwachen ist insbesondere

a) der Eintritt einer Nacherbfolge oder der Fälligkeit eines Nachvermächtnisses im Fall des § 6 Abs. 3 ErbStG,
b) der Wegfall der Steuerbegünstigung in den Fällen des § 13 Abs. 1 Nr. 2, 3, 4 b, 4 c, 13 und 16 Buchst. b und c ErbStG,
c) der Wegfall der Steuerbegünstigungen in den Fällen der §§ 13 a, 13 c und 19 a ErbStG,
d) der Wegfall der Voraussetzungen für die Gewährung des Vorwegabschlags nach § 13 a Abs. 9 ErbStG und der tatsächliche Vollzug der Beschränkungen,
e) der Eintritt der auflösenden Bedingung i. S. d. § 28 a Abs. 4 Satz 1 Nr. 1 bis 3 ErbStG im Fall einer Begünstigung nach § 28 a ErbStG,
f) die Beendigung der Aussetzung (Teilaussetzung) der Versteuerung in den Fällen des § 25 Abs. 1 Buchst. a ErbStG a. F. oder des § 31 ErbStG a. F. (vor dem 1. Januar 1974),
g) der vorzeitige Wegfall von Lasten (§ 14 Abs. 2 BewG), soweit nicht bereits ein anderer Überwachungstatbestand Anwendung findet,
h) der Eintritt der aufschiebenden Bedingung oder des Ereignisses in den Fällen der §§ 4 und 8 BewG,
i) der Eintritt der auflösenden Bedingung oder des Ereignisses in den Fällen der §§ 7 und 8 BewG, soweit nicht bereits ein anderer Überwachungstatbestand Anwendung findet und
j) der Wegfall der Voraussetzungen für die Stundung in den Fällen des § 28 ErbStG.

Von einer Überwachung kann abgesehen werden, wenn die später zu erhebende Steuer voraussichtlich 1000 EUR für den einzelnen Beteiligten nicht übersteigen wird.

Bei gemeinschaftlichen Testamenten von Eheleuten oder Lebenspartnern ist der Eintritt der Erbfolge durch den Tod des überlebenden Ehegatten oder Lebenspartners in der Regel nicht zu überwachen.

4.2. Überwachungsanordnung

In der Überwachungsanordnung sind anzugeben

a) der Gegenstand, der Grund und die Dauer der Überwachung,

b) in welcher Weise und in welchen Fristen (vgl. Tz. 4.4) festzustellen ist, ob der Grund für die Überwachung weggefallen ist.

4.3. Überwachungsliste

Die Überwachungsfälle sind nach der sonstigen Erledigung des Steuerfalls aus der Erbschaftsteuerliste, Schenkungsteuerliste oder den sonstigen Unterlagen in eine besondere Überwachungsliste zu übertragen, die fortlaufend zu führen ist. Die Überwachungsliste kann auch in Karteiform oder einem automatisierten Verfahren (§ 97 BuchO 2016) geführt werden.

4.4. Bearbeitung der Überwachungsfälle

In Zeitabschnitten von höchstens drei Jahren ist festzustellen, ob der Grund für die Überwachung noch fortdauert. Das Datum der Wiedervorlage der Akten zu dem jeweils nächsten Zeitpunkt, zu dem die Überwachung endet (z. B. in den Fällen des § 13 Abs. 1 Nr. 2, 3, 4 b, 4 c, 13 und 16 Buchst. b und c, § 13 a Abs. 3, 6, 9 und 10, § 19 a Abs. 5 ErbStG, § 14 Abs. 2 BewG), ist in der dafür vorgesehenen Spalte der Überwachungsliste zu vermerken. Das Gleiche gilt hinsichtlich des Tages, an dem die Akten wieder vorgelegt worden sind.

In den Fällen der §§ 13 a, 13 c und 19 a ErbStG ist es ausreichend, wenn eine Überprüfung in dem Jahr erfolgt, in dem die Behaltensfrist endet. Die Voraussetzungen für den Vorwegabschlag nach § 13 a Abs. 9 ErbStG sind erstmals zusammen mit der Überprüfung der Behaltensvoraussetzungen nach § 13 a Abs. 6 ErbStG zu überwachen und danach nach Ablauf des zehnten Jahres, des 15. Jahres und am Ende des zwanzigjährigen Zeitraums.

In den Fällen des § 28 a ErbStG ist eine Überprüfung in dem Jahr vorzunehmen, in dem die siebenjährige Behaltensfrist nach § 28 a Abs. 4 Satz 1 Nr. 2 ErbStG endet, und zusätzlich in dem Jahr, in dem der zehnjährige Nacherwerbszeitraum nach § 28 a Abs. 4 Satz 1 Nr. 3 ErbStG endet.

4.5. Erledigung der Überwachung

Ist die Überwachung abgeschlossen, ist dies in der Überwachungsliste (Überwachungskartei) zu vermerken. Der Fall ist nur in die laufende Steuerliste zu übernehmen, wenn eine Steuer zu erheben ist.

Hat sich die Überwachung nur teilweise erledigt, so ist entsprechend zu verfahren.

5. Anwendung

Dieser Erlass ist auf alle Erwerbe anzuwenden, für die die Steuer nach dem 30. Juni 2016 entsteht. Der Erlass vom 21. Juni 2012 (BStBl. I S. 712) ist für Erwerbe, für die die Steuer vor dem 1. Juli 2016 entstanden ist, weiterhin anzuwenden.

4. Schreiben betr. Wertsteigerungen infolge des Kaufkraftschwundes bei der Berechnung der Zugewinnausgleichsforderung nach § 5 Abs. 1 ErbStG

Vom 21. Januar 2025 (BStBl. I S. 210)

(BMF IV D 4 – S 3804/00005/003/002)

Hiermit übersende ich eine aktualisierte Zusammenstellung der Verbraucherpreisindizes für Deutschland, Stand 16. Januar 2025. Auf H E 5.1 (2) „Wertsteigerung infolge des Kaufkraftschwundes“ ErbStH 2019 und auf das BMF-Schreiben vom 25. Januar 2024 (BStBl. I S. 210) nehme ich Bezug.

Verbraucherpreisindex für Deutschland

2020 = 100

Jahre 1958 bis 1990									
1958	**1959**	**1960**	**1961**	**1962**	**1963**	**1964**	**1965**	**1966**	**1967**
22,0	22,1	22,4	23,1	23,3	24,0	24,6	25,3	26,2	26,7
1968	**1969**	**1970**	**1971**	**1972**	**1973**	**1974**	**1975**	**1976**	**1977**
27,0	27,6	28,5	30,1	31,8	33,9	36,3	38,5	40,1	14,6
1978	**1979**	**1980**	**1981**	**1982**	**1983**	**1984**	**1985**	**1986**	**1987**
42,7	44,5	46,9	49,8	52,5	54,1	55,5	56,6	56,6	56,6
1988	**1989**	**1990**							
57,5	59,0	60,6							

Jahre ab 1991									
1991	**1992**	**1993**	**1994**	**1995**	**1996**	**1997**	**1998**	**1999**	**2000**
61,6	65,0	67,9	69,7	71,0	72,0	73,4	74,0	74,5	75,5
2001	**2002**	**2003**	**2004**	**2005**	**2006**	**2007**	**2008**	**2009**	**2010**
77,0	78,1	78,9	80,2	81,5	82,5	84,7	86,9	87,2	88,1
2011	**2012**	**2013**	**2014**	**2015**	**2016**	**2017**	**2018**	**2019**	**2020**
90,0	91,7	93,1	94,0	94,5	95,0	96,4	98,1	99,5	100,0
2021	**2022**	**2023**	**2024**						
103,6	110,2	116,7	119,3						

Zusatz der OFD Frankfurt a. M.:

Die aktuelle Zusammenstellung der Preisindizes für die Lebenshaltung aller privaten Haushalte zum *Basisjahr 2010* [jetzt Basisjahr 2020] ist im Rahmen der Berechnung der Zugewinnausgleichsforderung bei der erstmaligen Veranlagung (Steuerfestsetzung) aller offenen Erwerbsfälle zu verwenden; das gilt auch bei späteren Änderungen dieser Steuerfestsetzungen. Wird jedoch eine Steuerfestsetzung geändert, bei der im Rahmen der Berechnung der Zugewinnausgleichsforderung mit den Indexzahlen zu einem früheren Basisjahr gerechnet worden ist, sind diese Indexzahlen auch bei der Änderungsveranlagung anzuwenden.

Verbraucherpreisindex für Deutschland

2010 = 100

Jahre 1958 bis 1990									
1958	**1959**	**1960**	**1961**	**1962**	**1963**	**1964**	**1965**	**1966**	**1967**
24,9	25,0	25,3	26,1	26,3	27,2	27,8	28,7	29,6	30,2
1968	**1969**	**1970**	**1971**	**1972**	**1973**	**1974**	**1975**	**1976**	**1977**
30,6	31,2	32,3	34,0	35,9	38,4	41,0	43,5	45,3	47,0
1978	**1979**	**1980**	**1981**	**1982**	**1983**	**1984**	**1985**	**1986**	**1987**
48,3	50,3	53,0	56,3	59,3	61,2	62,8	64,0	64,0	64,0
1988	**1989**	**1990**							
65,0	66,7	68,5							

Jahre ab 1991									
1991	**1992**	**1993**	**1994**	**1995**	**1996**	**1997**	**1998**	**1999**	**2000**
70,2	73,8	77,1	79,1	80,5	81,6	83,2	84,0	84,5	85,7
2001	**2002**	**2003**	**2004**	**2005**	**2006**	**2007**	**2008**	**2009**	**2010**
87,4	88,6	89,6	91,0	92,5	93,9	96,1	98,6	98,9	100,0
2011	**2012**	**2013**	**2014**	**2015**	**2016**	**2017**	**2018**		
102,1	104,1	105,7	106,6	106,9	107,4	109,3	103,8		

Verbraucherpreisindex für Deutschland

2005 = 100

Jahre 1958 bis 1990									
1958	**1959**	**1960**	**1961**	**1962**	**1963**	**1964**	**1965**	**1966**	**1967**
26,9	27,1	27,4	28,2	28,5	29,4	30,1	31,0	32,0	32,7
1968	**1969**	**1970**	**1971**	**1972**	**1973**	**1974**	**1975**	**1976**	**1977**
33,1	33,8	35,0	36,8	38,8	41,6	44,4	47,1	49,0	50,9
1978	**1979**	**1980**	**1981**	**1982**	**1983**	**1984**	**1985**	**1986**	**1987**
52,3	54,4	57,3	60,9	64,2	66,2	67,9	69,3	69,2	69,3
1988	**1989**	**1990**							
70,3	72,2	74,1							

Jahre ab 1991									
1991	**1992**	**1993**	**1994**	**1995**	**1996**	**1997**	**1998**	**1999**	**2000**
75,9	79,8	83,3	85,6	87,1	88,3	90,0	90,9	91,4	92,7
2001	**2002**	**2003**	**2004**	**2005**	**2006**	**2007**	**2008**	**2009**	**2010**
94,5	95,9	96,9	98,5	100,0	101,6	103,9	106,6	107,0	108,2
2011									
110,7									

Verbraucherpreisindex für Deutschland

2000 = 100

Jahre 1958 bis 1990									
1958	**1959**	**1960**	**1961**	**1962**	**1963**	**1964**	**1965**	**1966**	**1967**
29,1	29,3	29,7	30,5	30,9	31,8	32,6	33,6	34,7	35,4
1968	**1969**	**1970**	**1971**	**1972**	**1973**	**1974**	**1975**	**1976**	**1977**
35,9	36,6	37,9	39,9	42,0	45,0	48,1	51,0	53,1	55,1
1978	**1979**	**1980**	**1981**	**1982**	**1983**	**1984**	**1985**	**1986**	**1987**
56,6	58,9	62,1	66,0	69,5	71,7	73,5	75,0	74,9	75,1
1988	**1989**	**1990**							
76,1	78,2	80,3							

Jahre ab 1991									
1991	**1992**	**1993**	**1994**	**1995**	**1996**	**1997**	**1998**	**1999**	**2000**
81,9	86,1	89,9	92,3	93,9	95,3	97,1	98,0	98,6	100,0
2001	**2002**	**2003**	**2004**	**2005**					
102,0	103,4	104,5	106,2	108,3					

5. Verzeichnis der für die Verwaltung der Erbschaftsteuer und Schenkungsteuer zuständigen Finanzämter

Stand: 1. 8. 2025

Name und Anschrift des Erbschaftsteuer-/ Schenkungsteuer-Finanzamts	Bezirk des Erbschaftsteuer-/ Schenkungsteuer-Finanzamts
Baden-Württemberg	
Aalen Bleichgartenstraße 17 73431 Aalen PLZ-Großk.-Nr. 73428 Aalen	Bezirke der Finanzämter Aalen, Heidenheim, Schorndorf, Schwäbisch-Gmünd, Schwäbisch Hall, Ulm und Waiblingen
Freiburg-Land Stefan-Meier-Straße 133 79104 Freiburg PLZ-Großk.-Nr. 79095 Freiburg	Bezirke der Finanzämter Emmendingen, Freiburg-Land, Freiburg-Stadt, Lahr, Lörrach, Müllheim und Offenburg
Karlsruhe-Durlach Prinzessenstraße 2 76227 Karlsruhe PLZ-Großk.-Nr. 76225 Karlsruhe	Bezirke der Finanzämter Baden-Baden, Bruchsal, Calw, Ettlingen, Freudenstadt, Karlsruhe-Durlach, Karlsruhe-Stadt, Mühlacker, Pforzheim und Rastatt
Mosbach Pfalzgraf-Otto-Straße 5 74821 Mosbach *Erbschaftsteuerstelle:* Albert-Schneider-Straße 1 74731 Walldürn	Bezirke der Finanzämter Heidelberg, Mannheim-Neckarstadt, Mannheim-Stadt, Mosbach, Schwetzingen, Sinsheim und Weinheim
Reutlingen Leonhardsplatz 1 72764 Reutlingen PLZ-Großk.-Nr. 72705 Reutlingen	Bezirke der Finanzämter Bad Urach, Böblingen, Esslingen, Göppingen, Leonberg, Nürtingen, Reutlingen und Tübingen
Sigmaringen Karlstraße 31 72488 Sigmaringen Postfach 12 50 72481 Sigmaringen	Bezirke der Finanzämter Balingen, Biberach, Ehingen, Friedrichshafen, Ravensburg, Sigmaringen, Überlingen und Wangen
Tauberbischofsheim Dr.-Burger-Straße 1 97941 Tauberbischofsheim PLZ-Großk.-Nr. 97933 Tauberbischofsheim *Erbschaftsteuerstelle:* Außenstelle Bad Mergentheim Schloss 7 97980 Bad Mergentheim PLZ-Großk.-Nr. 97962 Bad Mergentheim	Bezirke der Finanzämter Backnang, Bietigheim-Bissingen, Heilbronn, Ludwigsburg, Öhringen, Stuttgart I, Stuttgart II, Stuttgart III, Stuttgart-Körperschaften und Tauberbischofsheim
Villingen-Schwenningen Weiherstraße 7 78050 Villingen-Schwenningen PLZ-Großk.-Nr. 78045 Villingen-Schwenningen	Bezirke der Finanzämter Konstanz, Rottweil, Singen, Tuttlingen, Villingen-Schwenningen und Waldshut-Tiengen
Bayern	
Amberg Kirchensteig 2 92224 Amberg Postfach 14 52 92204 Amberg	Bezirke der Finanzämter Amberg, Cham, Hersbruck, Hilpoltstein, Neumarkt i. d. OPf., Nürnberg-Nord, Nürnberg-Süd, Zentralfinanzamt Nürnberg, Regensburg, Schwabach, Schwandorf, Waldsassen und Weiden i. d. OPf.

Name und Anschrift des Erbschaftsteuer-/ Schenkungsteuer-Finanzamts	Bezirk des Erbschaftsteuer-/ Schenkungsteuer-Finanzamts
Eggenfelden Pfarrkirchnerstraße 71 84307 Eggenfelden Postfach 11 60 84301 Eggenfelden	Bezirke der Finanzämter Berchtesgaden, Burghausen, Deggendorf, Dingolfing, Ebersberg, Eggenfelden, Grafenau, Kelheim, Landshut, Miesbach, Mühldorf a. Inn, Passau, Rosenheim, Straubing, Traunstein und Zwiesel
Hof Ernst-Reuter-Straße 60 95030 Hof Postfach 13 68 95012 Hof	Bezirke der Finanzämter Bamberg, Bayreuth, Coburg, Erlangen, Forchheim, Hof, Kronach, Kulmbach, Lichtenfels und Wunsiedel
Kaufbeuren Remboldstraße 21 87600 Kaufbeuren Postfach 12 60 87572 Kaufbeuren	Bezirke der Finanzämter Garmisch-Partenkirchen, Kaufbeuren, Kempten (Allgäu), Landsberg a. Lech, Lindau (Bodensee), München, Starnberg, Weilheim-Schongau und Wolfratshausen
Lohr am Main Rexrothstraße 14 97816 Lohr a. Main Postfach 14 65 97804 Lohr am Main	Bezirke der Finanzämter Ansbach, Aschaffenburg, Bad Kissingen, Bad Neustadt a. d. Saale, Fürth, Gunzenhausen, Kitzingen, Lohr a. Main, Obernburg a. Main, Schweinfurt, Uffenheim, Würzburg und Zeil a. Main
Nördlingen Tändelmarkt 1 86720 Nördlingen Postfach 15 21 86715 Nördlingen	Bezirke der Finanzämter Augsburg-Land, Augsburg-Stadt, Dachau, Dillingen a. d. Donau, Eichstätt, Erding, Freising, Fürstenfeldbruck, Günzburg, Ingolstadt, Memmingen, Neu-Ulm, Nördlingen, Pfaffenhofen a. d. Ilm und Schrobenhausen
Berlin	
Berlin-Schöneberg Potsdamer Straße 140 10783 Berlin *Erbschaftsteuerstelle:* Sarrazinstraße 4 12159 Berlin	Bezirke der Finanzämter Charlottenburg, Friedrichshain-Kreuzberg, Lichtenberg, Marzahn-Hellersdorf, Mitte/Tiergarten, Neukölln, Pankow/Weißensee, Prenzlauer Berg, Reinickendorf, Schöneberg, Spandau, Steglitz, Tempelhof, Treptow-Köpenick, Wedding, Wilmersdorf, Zehlendorf, Finanzamt für Körperschaften I bis IV
Brandenburg	
Frankfurt (Oder) Müllroser Chaussee 53 15236 Frankfurt (Oder)	Bezirke der Finanzämter Angermünde, Brandenburg, Calau, Cottbus, Eberswalde, Finsterwalde,[1] Frankfurt (Oder), Fürstenwalde,[2] Königs Wusterhausen, Kyritz, Luckenwalde, Nauen, Oranienburg, Potsdam und Strausberg
Bremen	
Bremerhaven Rickmersstraße 90 27568 Bremerhaven	Bezirke der Finanzämter Bremen und Bremerhaven
Hamburg	
Finanzamt für Verkehrsteuern und Grundbesitz in Hamburg Gorch-Fock-Wall 11 20355 Hamburg Postfach 30 17 21 20306 Hamburg	Bezirke der Finanzämter Hamburg-Altona, Hamburg-Am Tierpark, Hamburg-Barmbeck-Uhlenhorst, Hamburg-Eimsbüttel, Hamburg-Hansa, Hamburg-Harburg, Hamburg-Mitte, Hamburg-Nord, Hamburg-Oberalster, Hamburg-Ost

[1] Außenstelle des Finanzamtes Calau.
[2] Außenstelle des Finanzamtes Frankfurt (Oder).

Name und Anschrift des Erbschaftsteuer-/ Schenkungsteuer-Finanzamts	Bezirk des Erbschaftsteuer-/ Schenkungsteuer-Finanzamts
Hessen	
Fulda Königstraße 2 36037 Fulda Postfach 13 46 36003 Fulda	Bezirke der Finanzämter Bad Homburg v. d. Höhe, Bensheim, Darmstadt, Dieburg, Frankfurt am Main I bis IV, Frankfurt/M. V-Höchst, Fulda, Gelnhausen, Groß-Gerau, Hanau, Hofheim, Langen, Limburg-Weilburg, Michelstadt, Offenbach a. M. I, Offenbach a. M. II, Rheingau-Taunus, Wiesbaden I und Wiesbaden II
Kassel II-Hofgeismar Altmarkt 1 34125 Kassel Postfach 10 12 29 34012 Kassel	Bezirke der Finanzämter Werra-Meißner, Hersfeld-Rotenburg, Kassel I, Kassel II-Hofgeismar, Korbach-Frankenberg und Schwalm-Eder
Wetzlar Frankfurter Straße 59 35578 Wetzlar Postfach 15 20 35525 Wetzlar	Bezirke der Finanzämter Alsfeld-Lauterbach, Dillenburg, Friedberg (Hessen), Gießen, Marburg-Biedenkopf, Nidda und Wetzlar
Mecklenburg-Vorpommern	
Ribnitz-Damgarten Sandhufe 3 18311 Ribnitz-Damgarten Postfach 10 61 18301 Ribnitz-Damgarten	Bezirke der Finanzämter Greifswald, Güstrow, Hagenow, Neubrandenburg, Ribnitz-Damgarten, Rostock, Schwerin, Stralsund, Waren und Wismar
Niedersachsen	
Aurich-Wittmund Hasseburger Straße 3 26603 Aurich Postfach 12 60 26582 Aurich	Bezirke der Finanzämter Aurich-Wittmund, Emden-Norden und Leer (Ostfriesland)
Braunschweig-Helmstedt Altewiekring 20 38102 Braunschweig Postfach 32 29 38022 Braunschweig	Bezirke der Finanzämter Braunschweig- Helmstedt, Braunschweig-Wilhelmstraße, Goslar-Bad Gandersheim, Peine und Wolfenbüttel
Hannover-Mitte Lavesallee 10 30169 Hannover Postfach 1 43 30001 Hannover	Bezirke der Finanzämter Burgdorf, Hameln, Hannover-Land I, Hannover-Land II, Hannover-Mitte, Hannover-Nord, Hannover-Süd, Nienburg (Weser), Sulingen, Syke und Stadthagen
Hildesheim-Alfeld Kaiserstraße 47 31134 Hildesheim Postfach 10 04 55 31104 Hildesheim	Bezirke der Finanzämter Göttingen, Hildesheim-Alfeld, Hameln-Holzminden[1] und Northeim-Herzberg am Harz
Lüneburg Am Alten Eisenwerk 4 a 21339 Lüneburg Postfach 15 40 21305 Lüneburg	Bezirke der Finanzämter Buchholz i. d. Nordheide, Celle, Gifhorn, Lüneburg, Soltau, Uelzen-Lüchow und Winsen (Luhe)
Oldenburg (Oldb.) Stubbenweg 42 26125 Oldenburg (Oldb.) Postfach 24 45 26014 Oldenburg	Bezirke der Finanzämter Cloppenburg, Delmenhorst, Nordenham, Oldenburg, Vechta, Westerstede und Wilhelmshaven

[1] Für Steuerfälle mit Steuerentstehung bis 30. 3. 2023 aus Bezirk des ehemaligen Finanzamtes Hameln: Zuständigkeit beim Finanzamt Hannover-Mitte.

Name und Anschrift des Erbschaftsteuer-/ Schenkungsteuer-Finanzamts	Bezirk des Erbschaftsteuer-/ Schenkungsteuer-Finanzamts
Osnabrück-Stadt Süsterstraße 48 49074 Osnabrück Postfach 19 20 49009 Osnabrück	Bezirke der Finanzämter Bad Bentheim, Lingen (Ems), Osnabrück-Stadt, Osnabrück-Land, Papenburg und Quakenbrück
Stade Harburger Straße 113 21680 Stade Postfach 13 40 21677 Stade	Bezirke der Finanzämter Cuxhaven, Osterholz-Scharmbeck, Rotenburg (Wümme), Stade, Verden (Aller), Wesermünde und Zeven
Nordrhein-Westfalen	
Aachen-Stadt Krefelder Straße 210 52070 Aachen Postfach 10 18 33 52018 Aachen	Bezirke der Finanzämter Aachen-Stadt, Aachen-Kreis, Bonn-Außenstadt, Bonn-Innenstadt, Düren, Erkelenz, Euskirchen, Geilenkirchen, Jülich, St. Augustin und Schleiden
Arnsberg Rumbecker Straße 36 59821 Arnsberg Postfach 52 45 59802 Arnsberg	Bezirke der Finanzämter Altena, Arnsberg, Brilon, Hagen, Iserlohn, Lippstadt, Lüdenscheid, Meschede, Olpe, Siegen und Soest
Bochum-Süd Königsallee 21 44789 Bochum Postfach 10 07 64 44707 Bochum	Bezirke der Finanzämter Bochum-Mitte, Bochum-Süd, Bottrop, Dortmund-Hörde, Dortmund-Ost, Dortmund-Unna, Dortmund-West, Gelsenkirchen, Hamm, Hattingen, Herne, Marl, Recklinghausen, Schwelm und Witten
Detmold Wotanstraße 8–13 32756 Detmold Postfach 16 64 32706 Detmold	Bezirke der Finanzämter Bielefeld-Außenstadt, Bielefeld-Innenstadt, Bünde, Detmold, Gütersloh, Herford, Höxter, Lemgo, Lübbecke, Minden, Paderborn, Warburg und Wiedenbrück
Duisburg-West Friedrich-Ebert-Straße 133 47226 Duisburg Postfach 14 13 55 47203 Duisburg	Bezirke der Finanzämter Dinslaken, Duisburg-Hamborn, Duisburg-Süd, Duisburg-West, Essen-Nord-Ost, Essen-Süd, Kamp-Lintfort, Mühlheim an der Ruhr, Oberhausen-Nord, Oberhausen-Süd und Wesel
Köln-West Haselbergstraße 20 50931 Köln Postfach 41 04 69 50864 Köln	Bezirke der Finanzämter Bergheim, Bergisch Gladbach, Brühl, Gummersbach, Köln-Altstadt, Köln-Mitte, Köln-Nord, Köln-Ost, Köln-Porz, Köln-Süd, Köln-West, Leverkusen, Siegburg und Wipperfürth
Krefeld Grenzstraße 100 47799 Krefeld Postfach 10 06 65 47706 Krefeld	Bezirke der Finanzämter Geldern, Grevenbroich, Kempen, Kleve, Krefeld, Mönchengladbach, Neuss und Viersen
Münster-Innenstadt Anton-Bruchhausen-Str. 1 48147 Münster Postfach 61 03 48136 Münster	Bezirke der Finanzämter Ahaus, Beckum, Borken, Coesfeld, Ibbenbüren, Lüdinghausen, Münster-Außenstadt, Münster-Innenstadt, Steinfurt und Warendorf
Velbert Nedderstraße 38 42549 Velbert Postfach 10 13 10 42513 Velbert	Bezirke der Finanzämter Düsseldorf-Altstadt, Düsseldorf-Mettmann, Düsseldorf-Mitte, Düsseldorf-Nord, Düsseldorf-Süd, Hilden, Remscheid, Solingen, Velbert, Wuppertal-Barmen und Wuppertal-Elberfeld

Name und Anschrift des Erbschaftsteuer-/ Schenkungsteuer-Finanzamts	Bezirk des Erbschaftsteuer-/ Schenkungsteuer-Finanzamts
Rheinland-Pfalz	
Kusel-Landstuhl Trierer Straße 46 66869 Kusel Postfach 12 51 66864 Kusel	Bezirke der Finanzämter Altenkirchen-Hachenburg, Bad Kreuznach, Bad Neuenahr-Ahrweiler, Bingen-Alzey, Bitburg-Prüm, Idar-Oberstein, Kaiserslautern, Koblenz, Kusel-Landstuhl, Landau, Ludwigshafen, Mainz, Mayen, Montabaur-Diez, Neustadt, Neuwied, Pirmasens, Simmern-Zell, Speyer-Germersheim, Trier, Wittlich und Worms-Kirchheimbolanden
Saarland	
Kusel-Landstuhl Trierer Straße 46 66869 Kusel Postfach 12 51 66864 Kusel	Bezirke der Finanzämter Homburg, Merzig, Neunkirchen, Saarbrücken I, Saarbrücken II, Saarlouis und St. Wendel
Sachsen	
Bautzen Wendischer Graben 3 02625 Bautzen PLZ-Großk.-Nr. 02621 Bautzen	Bezirke der Finanzämter Bautzen, Dresden-Nord, Dresden-Süd, Görlitz, Hoyerswerda, Löbau, Meißen und Pirna
Chemnitz-Mitte Straße der Nationen 2–4 09111 Chemnitz PLZ-Großk.-Nr. 09097 Chemnitz	Bezirke der Finanzämter Annaberg, Chemnitz-Mitte, Chemnitz-Süd, Freiberg, Mittweida, Plauen, Schwarzenberg, Stollberg, Zschopau und Zwickau
Leipzig I Wilhelm-Liebknecht-Platz 3–4 04105 Leipzig Postfach 10 01 05 04001 Leipzig	Bezirke der Finanzämter Döbeln, Eilenburg, Grimma, Leipzig I, Leipzig II und Oschatz
Sachsen-Anhalt	
Staßfurt Atzendorfer Straße 20 39418 Staßfurt Postfach 13 55 39404 Staßfurt	Bezirke der Finanzämter Bitterfeld-Wolfen, Dessau-Roßlau, Eisleben, Genthin, Haldensleben, Halle (Saale), Magdeburg, Merseburg, Naumburg, Quedlinburg, Salzwedel, Staßfurt, Stendal und Wittenberg
Schleswig-Holstein	
Kiel Feldstraße 23 24105 Kiel PLZ-Großk.-Nr. 24095 Kiel	Bezirke der Finanzämter Bad Segeberg, Dithmarschen, Eckernförde-Schleswig, Elmshorn, Flensburg, Itzehoe, Kiel, Lübeck, Neumünster, Nordfriesland, Ostholstein, Pinneberg, Plön, Ratzeburg, Rendsburg und Stormarn
Thüringen	
Gotha Reuterstraße 2 a 99867 Gotha Postfach 10 03 01 99853 Gotha	Bezirke der Finanzämter Altenburg, Eisenach, Erfurt, Gera, Gotha, Ilmenau, Jena, Mühlhausen, Pößneck, Sondershausen und Südthüringen

6. Verzeichnis der für die Feststellungen gem. § 151 Abs. 1 Satz 1 Nr. 2 bis 4 BewG zuständigen Finanzämter für Bewertungsstichtage ab 1. Januar 2009

Stand: 1. 9. 2024

Land	Zuständiges Feststellungs-Finanzamt (§ 151 Abs. 1 Satz 1 Nr. 2 bis 4 BewG), Anschrift	Bezirk des Feststellungs-Finanzamts (§ 151 Abs. 1 Satz 1 Nr. 2 bis 4 BewG)
Bayern	Finanzamt Amberg Kirchensteig 2 92224 Amberg Postfach 14 52 92204 Amberg	Bezirke der Finanzämter Amberg, Cham, Hersbruck, Hilpoltstein, Neumarkt i. d. OPf., Nürnberg-Nord, Nürnberg-Süd, Zentralfinanzamt Nürnberg, Regensburg, Schwabach, Schwandorf, Waldsassen und Weiden i. d. OPf.
	Finanzamt Eggenfelden Pfarrkirchnerstraße 71 84307 Eggenfelden Postfach 11 60 84301 Eggenfelden	Bezirke der Finanzämter Berchtesgaden, Burghausen, Deggendorf, Dingolfing, Ebersberg, Eggenfelden, Grafenau, Kelheim, Landshut, Miesbach, Mühldorf a. Inn, Passau, Rosenheim, Straubing, Traunstein und Zwiesel
	Finanzamt Hof Ernst-Reuter-Straße 60 95030 Hof Postfach 13 68 95012 Hof	Bezirke der Finanzämter Bamberg, Bayreuth, Coburg, Erlangen, Forchheim, Hof, Kronach, Kulmbach, Lichtenfels und Wunsiedel
	Finanzamt Kaufbeuren Remboldstraße 21 87600 Kaufbeuren Postfach 12 60 87572 Kaufbeuren	Bezirke der Finanzämter Garmisch-Partenkirchen, Kaufbeuren, Kempten (Allgäu), Landsberg a. Lech, Lindau (Bodensee), Starnberg, Weilheim-Schongau und Wolfratshausen
	Finanzamt Lohr a. Main Rexrothstraße 14 97816 Lohr am Main Postfach 14 65 97804 Lohr am Main	Bezirke der Finanzämter Ansbach, Aschaffenburg, Bad Kissingen, Bad Neustadt a. d. Saale, Fürth, Gunzenhausen, Kitzingen, Lohr a. Main, Obernburg a. Main, Schweinfurt, Uffenheim, Würzburg und Zeil a. Main
	Finanzamt Nördlingen Tändelmarkt 1 86720 Nördlingen Postfach 15 21 86715 Nördlingen	Bezirke der Finanzämter Augsburg-Land, Augsburg-Stadt, Dachau, Dillingen a. d. Donau, Eichstätt, Erding, Freising, Fürstenfeldbruck, Günzburg, Ingolstadt, Memmingen, Neu-Ulm, Nördlingen, Pfaffenhofen a. d. Ilm und Schrobenhausen
Berlin	Für Einzelunternehmen, Personengesellschaften und vermögensverwaltende Gesellschaften: Finanzamt Berlin-Charlottenburg Bismarckstraße 48 10627 Berlin	
	Für Kapitalgesellschaften: Finanzämter für Körperschaften I Bredtschneiderstraße 5 14507 Berlin	Bezirke der Finanzämter Charlottenburg, Wilmersdorf
	Finanzamt für Körperschaften II Magdalenenstraße 25 10365 Berlin	Bezirke der Finanzämter Friedrichshain-Kreuzberg, Lichtenberg, Marzahn-Hellersdort, Pankow/Weißensee, Prenzlauer Berg, Treptow-Köpenick

Land	Zuständiges Feststellungs-Finanzamt (§ 151 Abs. 1 Satz 1 Nr. 2 bis 4 BewG), Anschrift	Bezirk des Feststellungs-Finanzamts (§ 151 Abs. 1 Satz 1 Nr. 2 bis 4 BewG)
	Finanzamt für Körperschaften III Volkmannstraße 13 12099 Berlin	Bezirke der Finanzämter Neukölln, Schöneberg, Spandau, Steglitz, Tempelhof, Zehlendorf
	Finanzamt für Körperschaften IV Magdalenenstraße 25 10365 Berlin	Bezirke der Finanzämter Mitte/Tiergarten, Reinickendorf, Wedding
Brandenburg	Frankfurt (Oder) Müllroser Chaussee 53 15236 Frankfurt (Oder)	Bezirke der Finanzämter Angermünde, Brandenburg, Calau, Cottbus, Eberswalde, Finsterwalde,[1] Frankfurt (Oder), Fürstenwalde,[2] Königs Wusterhausen, Kyritz, Luckenwalde, Nauen, Oranienburg, Potsdam und Strausberg
Bremen	Bremerhaven Gerhard-Rohlfs-Str. 32 28757 Bremen[3]	Bezirke der Finanzämter Bremen und Bremerhaven
Hamburg	Finanzamt für Verkehrsteuern und Grundbesitz in Hamburg Gorch-Fock-Wall 11 20355 Hamburg Postfach 30 17 21 20306 Hamburg	Bezirke der Finanzämter Hamburg-Altona, Hamburg-Am Tierpark, Hamburg-Barmbek-Uhlenhorst, Hamburg-Eimsbüttel, Hamburg-Hansa, Hamburg-Harburg, Hamburg-Mitte, Hamburg-Nord, Hamburg-Oberalster, Hamburg-Ost
Hessen	Wetzlar Frankfurter Str. 59 35578 Wetzlar Postfach 1520 35525 Wetzlar	Bezirke der Finanzämter Alsfeld-Lauterbach, Bad Homburg v. d. Höhe, Bensheim, Darmstadt, Dieburg, Dillenburg, Werra-Meißner, Frankfurt am Main I bis IV, Frankfurt/M. V-Höchst, Friedberg, Fulda, Gelnhausen, Gießen, Groß-Gerau, Hanau, Hersfeld-Rotenburg, Hofheim, Kassel I, Kassel II-Hofgeismar, Kronbach-Frankenberg, Langen, Limburg-Weilburg, Marburg-Biedenkopf, Michelstadt, Nidda, Offenbach a. M. I, Offenbach a. M. II, Rheingau-Taunus, Schwalm-Eder, Wetzlar, Wiesbaden I und Wiesbaden II
Mecklenburg-Vorpommern	Ribnitz-Damgarten Sandhufe 3 18311 Ribnitz-Damgarten Postfach 10 61 18301 Ribnitz-Damgarten	Bezirke der Finanzämter Greifswald, Güstrow, Hagenow, Neubrandenburg, Ribnitz-Damgarten, Rostock, Schwerin, Stralsund, Waren und Wismar
Saarland	Finanzamt Saarbrücken I Außenstelle Völklingen Marktstraße 5 66333 Völklingen Postfach 10 09 52 66009 Saarbrücken	Bezirke der Finanzämter Homburg, Merzig, Neunkirchen, Saarbrücken I, Saarbrücken II, Saarlouis und St. Wendel
Sachsen-Anhalt	Finanzamt Staßfurt Atzendorfer Straße 20 39418 Staßfurt Postfach 13 55 39404 Staßfurt	Bezirke der Finanzämter Bitterfeld-Wolfen, Dessau-Roßlau, Eisleben, Genthin, Haldensleben, Halle (Saale), Magdeburg, Merseburg, Naumburg, Quedlinburg, Salzwedel, Staßfurt, Stendal und Wittenberg
Schleswig-Holstein	Finanzamt Kiel Feldstraße 23 24105 Kiel	Bezirke der Finanzämter Bad Segeberg, Dithmarschen, Eckernförde-Schleswig, Elmshorn,

[1] Außenstelle des Finanzamtes Calau.
[2] Außenstelle des Finanzamtes Frankfurt (Oder).
[3] Außenstelle des Finanzamtes Bremerhaven in Bremen.

Land	Zuständiges Feststellungs-Finanzamt (§ 151 Abs. 1 Satz 1 Nr. 2 bis 4 BewG), Anschrift	Bezirk des Feststellungs-Finanzamts (§ 151 Abs. 1 Satz 1 Nr. 2 bis 4 BewG)
	PLZ-Großk.-Nr. 24095 Kiel	Flensburg, Itzehoe, Kiel, Lübeck, Neumünster, Nordfriesland, Ostholstein, Pinneberg, Plön, Ratzeburg, Rendsburg und Stormarn
Thüringen	Finanzamt Erfurt August-Röbling-Straße 10 99091 Erfurt	Bezirke der Finanzämter Erfurt, Gotha und Sondershausen
	Finanzamt Gera Hermann-Drechsler-Straße 1 07548 Gera	Bezirke der Finanzämter Gera und Altenburg
	Finanzamt Jena Leutragraben 8 07743 Jena	Bezirke der Finanzämter Jena und Pößneck
	Finanzamt Mühlhausen Martinistraße 22 99974 Mühlhausen	Bezirke der Finanzämter Mühlhausen und Eisenach
	Finanzamt Südthüringen Karl-Liebknecht-Straße 4 98527 Suhl	Bezirke der Finanzämter Südthüringen und Ilmenau

Die Länder **Baden-Württemberg, Niedersachsen, Nordrhein-Westfalen, Rheinland-Pfalz** und **Sachsen** haben keine zentralen Zuständigkeiten geschaffen, zuständig ist jeweils das nach § 152 Nr. 2 bis 4 BewG zuständige Betriebs- bzw. Verwaltungs-Finanzamt.

Anhang III

Erlass betr. Anwendung der Vorschriften für die Bewertung des Grundvermögens im Sechsten Abschnitt des Zweiten Teils des Bewertungsgesetzes in der Fassung des Jahressteuergesetzes 2022 vom 16. Dezember 2022 (BGBl. I S. 2294) – AEBew JStG 2022 –

Vom 20. März 2023 (BStBl. I S. 738)

(Gleich lautender Ländererlass)

I. Einleitung

1 ① Mit dem Jahressteuergesetz 2022 wurden die Vorschriften des Sechsten Abschnitts des Zweiten Teils des Bewertungsgesetzes, insbesondere zur Bewertung des Grundvermögens im Ertrags- und Sachwertverfahren sowie zur Bewertung der Sonderfälle, an die Verordnung über die Grundsätze für die Ermittlung der Verkehrswerte von Immobilien und der für die Wertermittlung erforderlichen Daten (Immobilienwertermittlungsverordnung – ImmoWertV) vom 14. Juli 2021, BGBl. I S. 2805, für Bewertungsstichtage nach dem 31. Dezember 2022 angepasst. ② Infolge der Änderungen in §§ 177, 181, 183, 184, 185, 187, 188, 189, 190, 191, 193, 194, 195 BewG sowie in den Anlagen 21 bis 25 BewG ergehen nachstehende Regelungen:

II. Allgemeines

Zu § 177 BewG

Bewertungsmaßstab (R B 177 ErbStR 2019)

2 ① Bei der Bewertung des Grundvermögens ist der gemeine Wert nach § 9 BewG zu Grunde zu legen. ② Dieser entspricht inhaltlich dem Verkehrswert (Marktwert) nach § 194 BauGB.

3 ① Bei den Bewertungen nach den §§ 182 bis 196 BewG sind die von den Gutachterausschüssen im Sinne der §§ 192 ff. BauGB ermittelten sonstigen für die Wertermittlung erforderlichen Daten im Sinne des § 193 Absatz 5 Satz 2 BauGB anzuwenden, wenn diese Daten unter Berücksichtigung des Grundsatzes der Modellkonformität (→ Rz. 6) als geeignet anzusehen sind. ② Zu den sonstigen für die Wertermittlung erforderlichen Daten gehören insbesondere Vergleichsfaktoren (§ 183 Absatz 2 BewG, § 20 ImmoWertV), Liegenschaftszinssätze (§ 188 Absatz 1 und 2 Satz 1 BewG, § 21 Absatz 1 und 2 ImmoWertV) und Sachwertfaktoren (§ 191 Satz 1 BewG, § 21 Absatz 1 und 3 ImmoWertV).

4 ① Hat der Gutachterausschuss die sonstigen für die Wertermittlung erforderlichen Daten im Sinne des § 193 Absatz 5 Satz 2 BauGB gemäß § 12 Absatz 1 Satz 3 ImmoWertV auf einen Stichtag bezogen, ist für deren Anwendung der letzte Stichtag vor dem Bewertungsstichtag maßgeblich, sofern dieser nicht mehr als drei Jahre vor dem Bewertungsstichtag liegt. ② Liegt der Bezugsstichtag mehr als drei Jahre zurück oder ist kein Bezugsstichtag bestimmt, sind die sonstigen für die Wertermittlung erforderlichen Daten anzuwenden, die von den Gutachterausschüssen für den letzten Auswertungszeitraum abgeleitet werden, der vor dem Kalenderjahr endet, in dem der Bewertungsstichtag liegt. ③ Diese Daten sind für längstens drei Jahre ab dem Ende des Kalenderjahres maßgeblich, in dem der vom Gutachterausschuss zugrunde gelegte Auswertungszeitraum endet. ④ Bei einem Zeitraum von mehr als drei Jahren zwischen Bezugsstichtag oder Auswertungszeitraum und Bewertungsstichtag kann die Geeignetheit der Daten nicht mehr unterstellt werden. ⑤ Nur soweit sich die maßgeblichen Wertverhältnisse nicht wesentlich geändert haben, können die Daten auch über einen längeren Zeitraum als drei Jahre hinaus angewendet werden.

Anwendung der Daten der Gutachterausschüsse

5 **Beispiel:**

Ein Gutachterausschuss hat mit dem Grundstücksmarktbericht 2023 Liegenschaftszinssätze veröffentlicht, die sich auf den 1. Januar 2023 beziehen. Der Gutachterausschuss hat hierfür Daten aus Kauffällen in den Jahren 2020 bis 2022 ausgewertet. Der Marktbericht wurde in einer Sitzung des Gutachterausschusses am 15. Februar 2023 beschlossen und am 1. April 2023 veröffentlicht. Der Bewertungsstichtag ist der 14. Januar 2023.
Für den Bewertungsstichtag 14. Januar 2023 ist der vom Gutachterausschuss auf den 1. Januar 2023 bezogene Liegenschaftszinssatz anzuwenden. Soweit nachfolgend keine weiteren Liegenschaftszinssätze vom Gutachterausschuss zur Verfügung stehen, können die auf den 1. Januar 2023 bezogenen Liegenschaftszinssätze für Bewertungsstichtage bis zum 1. Januar 2026 angewandt werden. Soweit sich die maßgeblichen Wertverhältnisse nicht wesentlich verändert haben, können diese Liegenschaftszinssätze auch noch über den 1. Januar 2026 hinaus angewendet werden.

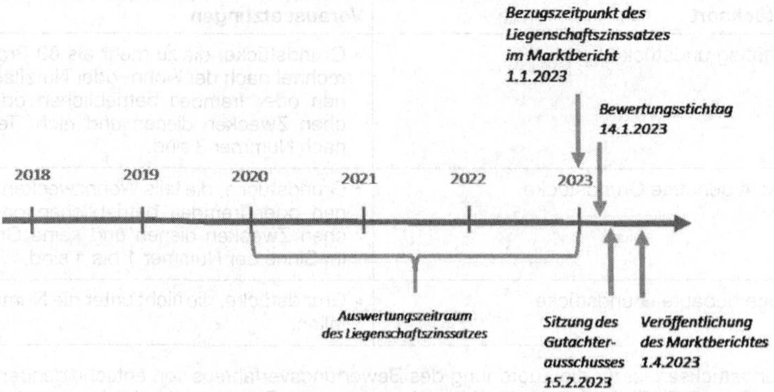

① Unter der Prämisse des Grundsatzes der Modellkonformität sind gemäß § 10 Absatz 1 Satz 1 ImmoWertV bei Anwendung der von den Gutachterausschüssen ermittelten sonstigen für die Wertermittlung erforderlichen Daten grundsätzlich dieselben Modelle und Modellansätze zu verwenden, die der Ermittlung dieser Daten zugrunde lagen. ② Durch die enge Anlehnung der Vorschriften für die Grundbesitzbewertung im BewG an die ImmoWertV ist hinreichend sichergestellt, dass die von den Gutachterausschüssen auf der Grundlage der ImmoWertV, insbesondere den Modellansätzen nach Anlage 1 bis 4 ImmoWertV, abgeleiteten sonstigen für die Wertermittlung erforderlichen Daten, für die Bewertungen nach den §§ 182 bis 196 BewG geeignet sind. ③ Eine Ableitung der sonstigen für die Wertermittlung erforderlichen Daten durch die Gutachterausschüsse auf der Grundlage der Vorschriften des Bewertungsgesetzes ist nicht erforderlich. ④ Soweit die Gutachterausschüsse z. B. auf der Grundlage der Übergangsregelung in § 53 Absatz 2 ImmoWertV bis zum Ablauf des 31. Dezember 2024 bei der Ermittlung der sonstigen für die Wertermittlung erforderlichen Daten die Gesamtnutzungsdauer abweichend von § 12 Absatz 5 Satz 1 und Anlage 1 ImmoWertV sowie die Restnutzungsdauer abweichend von § 12 Absatz 5 Satz 1 und Anlage 2 ImmoWertV ermitteln, bestehen keine Bedenken, die Geeignetheit anzunehmen. 6

① Soweit in den §§ 179 und 182 bis 196 BewG nichts anderes bestimmt ist, werden Besonderheiten, wie z. B. die den Wert beeinflussenden Belastungen privatrechtlicher und öffentlich-rechtlicher Art, nicht berücksichtigt (§ 177 Absatz 4 Satz 1 BewG). ② Als derartige Besonderheiten sind insbesondere die besonderen objektspezifischen Grundstücksmerkmale im Sinne des § 8 Absatz 3 ImmoWertV anzusehen. 7

III. Bebaute Grundstücke

Zu § 181 BewG

Grundstücksarten (R B 181.1 ErbStR 2019)

① Bei bebauten Grundstücken wird nach § 181 BewG zwischen folgenden Grundstücksarten unterschieden. 8

Grundstücksart	Voraussetzungen
1. Ein- und Zweifamilienhäuser	• Wohngrundstücke mit bis zu zwei Wohnungen; • Mitbenutzung für betriebliche oder öffentliche Zwecke zu weniger als 50 Prozent – berechnet nach der Wohn- oder Nutzfläche – ist unschädlich, soweit dadurch nicht die Eigenart als Ein- oder Zweifamilienhaus wesentlich beeinträchtigt wird; • kein Wohnungseigentum nach Nummer 3.
2. Mietwohngrundstücke	• Grundstücke, die zu mehr als 80 Prozent – berechnet nach der Wohn- oder Nutzfläche – Wohnzwecken dienen und nicht Ein- und Zweifamilienhäuser im Sinne der Nummer 1 oder Wohnungseigentum nach Nummer 3 sind.
3. Wohnungs- und Teileigentum	• Wohnungseigentum ist das Sondereigentum an einer Wohnung in Verbindung mit dem Miteigentumsanteil an dem gemeinschaftlichen Eigentum, zu dem es gehört (§ 1 Absatz 2 WEG). • Teileigentum ist das Sondereigentum an nicht zu Wohnzwecken dienenden Räumen eines Gebäudes in Verbindung mit dem Miteigentum an dem gemeinschaftlichen Eigentum, zu dem es gehört (§ 1 Absatz 3 WEG).

Grundstücksart	Voraussetzungen
4. Geschäftsgrundstücke	• Grundstücke, die zu mehr als 80 Prozent – berechnet nach der Wohn- oder Nutzfläche – eigenen oder fremden betrieblichen oder öffentlichen Zwecken dienen und nicht Teileigentum nach Nummer 3 sind.
5. gemischt genutzte Grundstücke	• Grundstücke, die teils Wohnzwecken, teils eigenen oder fremden betrieblichen oder öffentlichen Zwecken dienen und keine Grundstücke im Sinne der Nummer 1 bis 4 sind.
6. sonstige bebaute Grundstücke	• Grundstücke, die nicht unter die Nummer 1 bis 5 fallen.

② Die Grundstücksart ist für die Zuordnung des Bewertungsverfahrens von entscheidender Bedeutung (§ 182 BewG, → R B 182 ErbStR 2019). ③ Die Abgrenzung der Grundstücksarten ist nach dem Verhältnis der Wohn- und Nutzfläche vorzunehmen. ④ Dabei sind Nutzflächen, die in einem Nutzungszusammenhang mit Wohnflächen stehen (z. B. Garagen, Kellerräume), nicht einzubeziehen. ⑤ Maßgeblich ist die Wohnfläche nach der Wohnflächenverordnung (WoFlV). ⑥ Ist die Wohnfläche bis zum 31. Dezember 2003 nach der II. Berechnungsverordnung (II. BV) berechnet worden, bleibt es bei dieser Berechnung (→ § 5 WoFlV), soweit nach dem 31. Dezember 2003 keine baulichen Änderungen an dem Wohnraum vorgenommen worden sind, die eine Neuberechnung erforderlich machen. ⑦ Abzustellen ist auf die tatsächliche Nutzung am Bewertungsstichtag.

9 ① Bei der Festlegung der Grundstücksart ist stets die gesamte wirtschaftliche Einheit zu betrachten. ② Dies gilt auch, wenn sich auf einem Grundstück mehrere Gebäude oder Gebäudeteile unterschiedlicher Bauart oder Nutzung befinden.

10 ① § 181 Absatz 9 BewG definiert die Wohnung im bewertungsrechtlichen Sinn für Zwecke der Erbschaft- und Schenkungsteuer sowie der Grunderwerbsteuer. ② Eine Wohnung ist danach in der Regel die Zusammenfassung mehrerer Räume, die in ihrer Gesamtheit so beschaffen sein müssen, dass die Führung eines selbständigen Haushalts möglich ist. ③ Diese Räume müssen eine von anderen Wohnungen oder Räumen, insbesondere Wohnräumen, baulich getrennte, in sich abgeschlossene Wohneinheit bilden und einen selbständigen Zugang haben. ④ Außerdem ist erforderlich, dass die für die Führung eines selbständigen Haushalts notwendigen Räume (Küche, Bad oder Dusche, Toilette) vorhanden sind. ⑤ Die Wohnfläche soll mindestens 20 Quadratmeter aufweisen. ⑥ Es ist im Einzelfall zu prüfen, ob bei einer geringeren Wohnfläche nach der Verkehrsanschauung noch von einer Wohnung im bewertungsrechtlichen Sinn ausgegangen werden kann (z. B. bei sogenannten Tiny-Häusern, d. h. Kleinst- oder Mikrohäusern, Wohnungen in einem Studentenwohnheim). ⑦ Wohnungen des Hauspersonals sind auch Wohnungen im bewertungsrechtlichen Sinn.

III.1 Bewertung im Vergleichswertverfahren

Zu § 183 BewG

Vergleichswertverfahren (R B 183 ErbStR 2019)

11 ① Bei der Anwendung des Vergleichswertverfahrens wird der Grundbesitzwert des zu bewertenden bebauten Grundstücks entweder aus Vergleichspreisen (→ Rz. 12) für vergleichbare Grundstücke oder aus Vergleichsfaktoren (→ Rz. 13) abgeleitet. ② Vergleichspreis- und Vergleichsfaktorverfahren stehen gesetzessystematisch gleichrangig nebeneinander; es besteht ein Auswahlermessen. ③ Der Vergleichswert bebauter Grundstücke umfasst den Boden- und Gebäudewert.

12 ① Im Vergleichspreisverfahren wird der Vergleichswert aus einer ausreichenden Zahl von geeigneten Vergleichspreisen ermittelt. ② Für die Ableitung der Vergleichspreise sind Kaufpreise solcher Grundstücke heranzuziehen, die mit dem zu bewertenden Grundstück hinreichend übereinstimmende Grundstücksmerkmale aufweisen (Vergleichsgrundstücke, § 183 Absatz 1 BewG). ③ Eine hinreichende Übereinstimmung der Grundstücksmerkmale der Vergleichsgrundstücke liegt vor, wenn sie insbesondere hinsichtlich ihrer Lage, Art und Maß der baulichen Nutzung, Größe, Erschließungszustand, Gebäudeart und Alter des Gebäudes mit dem zu bewertenden Grundstück weitgehend übereinstimmen bzw. die Abweichungen in sachgerechter Weise (→ Rz. 14) berücksichtigt werden können. ④ Vorrangig ist auf die von den Gutachterausschüssen mitgeteilten Vergleichspreise zurückzugreifen. ⑤ Liegen mehrere Vergleichspreise vor, soll der Durchschnittswert angesetzt werden. ⑥ Sofern der Gutachterausschuss nur Durchschnittskaufpreise (Kaufpreismittel) aus einer Vielzahl von Kauffällen einer Grundstücksart ohne Berücksichtigung unterschiedlicher wertbeeinflussender Grundstücksmerkmale abgeleitet hat, sind diese als Vergleichspreise nicht geeignet. ⑦ Soweit von den Gutachterausschüssen keine Vergleichspreise vorliegen, kann das zuständige Finanzamt geeignete Vergleichspreise aus anderen Kaufpreissammlungen als nach § 195 BauGB berücksichtigen.

13 ① Anstelle von Vergleichspreisen können zur Ermittlung des Vergleichswerts auch Vergleichsfaktoren herangezogen werden, die vom Gutachterausschuss für Grundstückswerte für geeignete Bezugseinheiten, z. B. die Wohnfläche (Gebäudefaktor) oder den erzielbaren jährlichen Ertrag (Ertragsfaktor), ermittelt und mitgeteilt werden (§ 183 Absatz 2 BewG). ② Anzuwenden sind die von den Gutachterausschüssen ermittelten Vergleichsfaktoren nach Maßgabe des § 177 Absatz 2 und 3 BewG. ③ Der Vergleichswert

ergibt sich dann durch Vervielfachung der Bezugseinheit mit dem Vergleichsfaktor. ④ Vergleichsfaktoren sind geeignet, wenn die Grundstücksmerkmale der ihnen zugrunde liegenden Grundstücke hinreichend mit denen des zu bewertenden Grundstücks übereinstimmen bzw. die Abweichungen in sachgerechter Weise (→ Rz. 14) berücksichtigt werden können. ⑤ Beziehen sich die Vergleichsfaktoren nur auf den Gebäudewert, ist der Bodenwert zusätzlich nach Maßgabe des § 179 BewG zu ermitteln.

① Weichen die Grundstücksmerkmale der Vergleichsgrundstücke bzw. der den Vergleichsfaktoren zu- **14**
grunde liegenden Grundstücke von den Grundstücksmerkmalen des zu bewertenden Grundstücks ab, so sind diese Abweichungen durch Zu- oder Abschläge nach Vorgabe des Gutachterausschusses für Grundstückswerte zu berücksichtigen. ② Besonderheiten, insbesondere die den Wert beeinflussenden Rechte und Belastungen privatrechtlicher und öffentlich-rechtlicher Art, werden in dem typisierenden Vergleichswertverfahren nach § 183 Absatz 1 und 2 BewG nicht berücksichtigt (§ 177 Absatz 4 Satz 1 BewG).

III.2 Bewertung im Ertragswertverfahren

Zu § 184 BewG

Allgemeine Grundsätze des Ertragswertverfahrens (R B 184 ErbStR 2019)

① Im Ertragswertverfahren nach den §§ 184 bis 188 BewG wird der Grundbesitzwert (Ertragswert) aus **15**
der Summe von Bodenwert (Bodenertragswert) und Gebäudewert (Gebäudeertragswert) gebildet. ② Der Bodenwert ist wie bei einem unbebauten Grundstück nach Maßgabe des § 179 BewG zu ermitteln. ③ Der Gebäudewert ist getrennt vom Bodenwert auf der Grundlage des Ertrags zu bestimmen. ④ Als Ertragswert (Grundbesitzwert) ist mindestens der Bodenwert anzusetzen. ⑤ Der Wert der baulichen Außenanlagen und sonstigen Anlagen ist mit dem ermittelten Ertragswert abgegolten (§ 184 Absatz 4 BewG).

(Überblick über das Verfahren – Schema (H B 184 ErbStH 2019) **16**

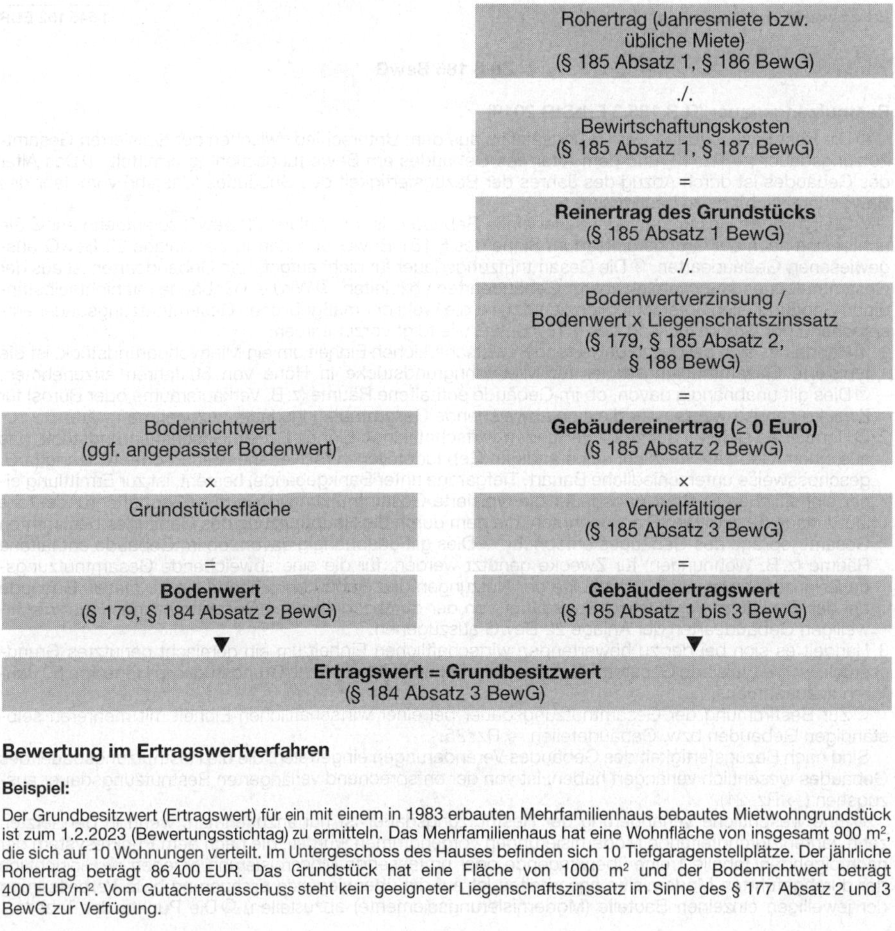

Bewertung im Ertragswertverfahren

Beispiel: **17**

Der Grundbesitzwert (Ertragswert) für ein mit einem in 1983 erbauten Mehrfamilienhaus bebautes Mietwohngrundstück ist zum 1.2.2023 (Bewertungsstichtag) zu ermitteln. Das Mehrfamilienhaus hat eine Wohnfläche von insgesamt 900 m^2, die sich auf 10 Wohnungen verteilt. Im Untergeschoss des Hauses befinden sich 10 Tiefgaragenstellplätze. Der jährliche Rohertrag beträgt 86 400 EUR. Das Grundstück hat eine Fläche von 1000 m^2 und der Bodenrichtwert beträgt 400 EUR/m^2. Vom Gutachterausschuss steht kein geeigneter Liegenschaftszinssatz im Sinne des § 177 Absatz 2 und 3 BewG zur Verfügung.

Rohertrag			86 400 EUR
abzüglich Bewirtschaftungskosten (aus Anlage 23 BewG)			
Verbraucherpreisindex Deutschland Oktober 2022		122,2	
Verbraucherpreisindex Deutschland Oktober 2001		81,6	
Verwaltungskosten:			
344 EUR (230 EUR × 122,2/81,6) × 10 Wohnungen		./. 3 440 EUR	
45 EUR (30 EUR × 122,2/81,6) x 10 Einstellplätze		./. 450 EUR	
Instandhaltungskosten:			
13,50 EUR (9 EUR × 122,2/81,6) x 900 m² Wohnfläche		./. 12 150 EUR	
102 EUR (68 EUR × 122,2/81,6) x 10 Einstellplätze		./. 1 020 EUR	
Mietausfallwagnis			
2% von 86 400 EUR (jährlicher Rohertrag)		./. 1 728 EUR	
Bewirtschaftungskosten			./. 18 788 EUR
Reinertrag des Grundstücks abzüglich Bodenwertverzinsung			67 612 EUR
Bodenwertverzinsung: 3,5% × 400 000 EUR			./. 14 000 EUR
Liegenschaftszinssatz (§ 188 Absatz 2 Satz 2 Nummer 1 BewG)		3,5%	
Bodenwert (1000 m² × 400 EUR/m² Bodenrichtwert)		400 000 EUR	
Gebäudereinertrag			53 612 EUR
Vervielfältiger (Anlage 21 BewG)			× 21,36
Liegenschaftszinssatz (§ 188 Absatz 2 Satz 2 Nummer 1 BewG)		3,5%	
Restnutzungsdauer (§ 185 Absatz 3 Satz 3 BewG)		40 Jahre	
Bewertungsstichtag	2023		
Bezugsfertigkeit des Gebäudes	1983		
Alter des Gebäudes	40 Jahre		
Gesamtnutzungsdauer (aus Anlage 22 BewG)	80 Jahre		
Mindestrestnutzungsdauer nach § 185 Absatz 3 Satz 6 BewG ist überschritten (30% von 80 Jahren = 24 Jahre)			
Gebäudeertragswert			1 145 152 EUR
Bodenwert (1000 m² × 400 EUR/m² Bodenrichtwert)			+ 400 000 EUR
Ertragswert/Grundbesitzwert			**1 545 152 EUR**

Zu § 185 BewG

Restnutzungsdauer (R B 185.3 ErbStR 2019)

18 ① Die Restnutzungsdauer wird grundsätzlich aus dem Unterschied zwischen der typisierten Gesamtnutzungsdauer (→ Rz. 19) und dem Alter des Gebäudes am Bewertungsstichtag ermittelt. ② Das Alter des Gebäudes ist durch Abzug des Jahres der Bezugsfertigkeit des Gebäudes (Baujahr) vom Jahr des Bewertungsstichtags zu bestimmen.

19 ① Die typisierte Gesamtnutzungsdauer eines Gebäudes ist der Anlage 22 BewG zu entnehmen. ② Sie richtet sich nach der Grundstücksart im Sinne des § 181 BewG und den in der Anlage 22 BewG ausgewiesenen Gebäudearten. ③ Die Gesamtnutzungsdauer für nicht aufgeführte Gebäudearten ist aus der Gesamtnutzungsdauer vergleichbarer Gebäudearten abzuleiten. ④ Wird ein Gebäude mit nichtselbständigen Gebäudeteilen unterschiedlich genutzt, ist die Wahl der maßgeblichen Gesamtnutzungsdauer entsprechend der Grundstücksart des § 181 BewG wie folgt vorzunehmen:

1. ① Handelt es sich bei der zu bewertenden wirtschaftlichen Einheit um ein Mietwohngrundstück, ist die typisierte Gesamtnutzungsdauer für Mietwohngrundstücke in Höhe von 80 Jahren anzunehmen. ② Dies gilt unabhängig davon, ob im Gebäude enthaltene Räume (z. B. Verkaufsräume oder Büros) für Zwecke genutzt werden, für die eine abweichende Gesamtnutzungsdauer anzunehmen wäre.
2. ① Handelt es sich bei der zu bewertenden wirtschaftlichen Einheit um ein Geschäftsgrundstück, das aus einem Gebäude mit nicht selbständigen Gebäudeteilen verschiedener Bauart oder Nutzung (z. B. geschossweise unterschiedliche Bauart, Tiefgarage unter Bankgebäude) besteht, ist zur Ermittlung einer einheitlichen Restnutzungsdauer die typisierte Gesamtnutzungsdauer für Geschäftsgrundstücke laut Anlage 22 zum BewG anzunehmen, die dem durch die Hauptnutzung des Gebäudes bestimmten Gesamtgepräge des Gebäudes entspricht. ② Dies gilt unabhängig davon, ob im Gebäude enthaltene Räume (z. B. Wohnungen) für Zwecke genutzt werden, für die eine abweichende Gesamtnutzungsdauer anzunehmen wäre. ③ Ist keine der Nutzungen des Gebäudes prägend, ist für dieses Gebäude bei der Ermittlung der Restnutzungsdauer von der durchschnittlichen Gesamtnutzungsdauer der jeweiligen Gebäudearten der Anlage 22 BewG auszugehen.
3. Handelt es sich bei der zu bewertenden wirtschaftlichen Einheit um ein gemischt genutztes Grundstück, ist die typisierte Gesamtnutzungsdauer für gemischt genutzte Grundstücke in Höhe von 80 Jahren anzunehmen.

⑤ Zur Bestimmung der Gesamtnutzungsdauer bei einer wirtschaftlichen Einheit mit mehreren selbständigen Gebäuden bzw. Gebäudeteilen → Rz. 25.

20 Sind nach Bezugsfertigkeit des Gebäudes Veränderungen eingetreten, die die Restnutzungsdauer des Gebäudes wesentlich verlängert haben, ist von der entsprechend verlängerten Restnutzungsdauer auszugehen (→ Rz. 21).

21 ① Eine wesentliche Verlängerung der Restnutzungsdauer ist nur anzunehmen, wenn in den letzten zehn Jahren durchgreifende Modernisierungen vorgenommen wurden, die nach dem Punktesystem der nachfolgenden Tabelle 1 eine überwiegende oder umfassende Modernisierung ergeben. ② Hinsichtlich der durchgeführten Modernisierungsarbeiten ist auf die überwiegende Erneuerung bzw. Verbesserung der jeweiligen einzelnen Bauteile (Modernisierungselemente) abzustellen. ③ Die Punkte der Tabelle 1

sind für das jeweilige Bauteil folglich nur insgesamt oder gar nicht anzusetzen. ④ Die verlängerte Restnutzungsdauer ergibt sich aus den nachfolgenden Tabellen 2 bis 7. ⑤ Eine Interpolation ist nicht vorzunehmen. ⑥ Die nachfolgenden Tabellen sind für Wohngebäude und analog für Nichtwohngebäude anzuwenden. *noch* **21**

Tabelle 1

Modernisierungselemente	Punkte
Dacherneuerung inklusive Verbesserung der Wärmedämmung	4
Modernisierung der Fenster und Außentüren	2
Modernisierung der Leitungssysteme (Strom, Gas, Wasser, Abwasser)	2
Modernisierung der Heizungsanlage	2
Wärmedämmung der Außenwände	4
Modernisierung von Bädern	2
Modernisierung des Innenausbaus, z. B. Decken, Fußböden, Treppen	2
Wesentliche Verbesserung der Grundrissgestaltung	2

14 bis 16 Punkte: überwiegend modernisiert
≥ 18 Punkte: umfassend modernisiert

Tabelle 2

Übliche Gesamtnutzungsdauer von 80 Jahren		
	Modernisierungsgrad	
	14 bis 16 Punkte	≥ 18 Punkte
Gebäudealter (Jahre)	neue Restnutzungsdauer (Jahre)	
≥ 10	70	71
≥ 15	66	69
≥ 20	63	68
≥ 25	60	66
≥ 30	58	64
≥ 35	56	63
≥ 40	53	62
≥ 45	52	61
≥ 50	50	60
≥ 55	48	59
≥ 60	47	58
≥ 65	46	57
≥ 70	45	57
≥ 75	44	56
≥ 80	44	56

Tabelle 3

Übliche Gesamtnutzungsdauer von 70 Jahren		
	Modernisierungsgrad	
	14 bis 16 Punkte	≥ 18 Punkte
Gebäudealter (Jahre)	neue Restnutzungsdauer (Jahre)	
≥ 10	60	62
≥ 15	57	60
≥ 20	54	58
≥ 25	51	57
≥ 30	49	55
≥ 35	47	54
≥ 40	45	53
≥ 45	43	52

noch **21**

Übliche Gesamtnutzungsdauer von 70 Jahren		
	Modernisierungsgrad	
	14 bis 16 Punkte	≥ 18 Punkte
Gebäudealter (Jahre)	neue Restnutzungsdauer (Jahre)	
≥ 50	42	51
≥ 55	41	50
≥ 60	40	50
≥ 65	39	49
≥ 70	38	49

Tabelle 4

Übliche Gesamtnutzungsdauer von 60 Jahren		
	Modernisierungsgrad	
	14 bis 16 Punkte	≥ 18 Punkte
Gebäudealter (Jahre)	neue Restnutzungsdauer (Jahre)	
≥ 10	50	52
≥ 15	47	51
≥ 20	45	49
≥ 25	42	48
≥ 30	40	46
≥ 35	38	45
≥ 40	37	44
≥ 45	35	43
≥ 50	34	43
≥ 55	33	42
≥ 60	33	42

Tabelle 5

Übliche Gesamtnutzungsdauer von 50 Jahren		
	Modernisierungsgrad	
	14 bis 16 Punkte	≥ 18 Punkte
Gebäudealter (Jahre)	neue Restnutzungsdauer (Jahre)	
≥ 10	41	43
≥ 15	38	41
≥ 20	36	40
≥ 25	33	39
≥ 30	32	38
≥ 35	30	37
≥ 40	29	36
≥ 45	28	35
≥ 50	27	35

Tabelle 6

Übliche Gesamtnutzungsdauer von 40 Jahren		
	Modernisierungsgrad	
	14 bis 16 Punkte	≥ 18 Punkte
Gebäudealter (Jahre)	neue Restnutzungsdauer (Jahre)	
≥ 5	35	36
≥ 10	32	34
≥ 15	29	32
≥ 20	27	31
≥ 25	25	30
≥ 30	23	29

Übliche Gesamtnutzungsdauer von 40 Jahren		
	Modernisierungsgrad	
	14 bis 16 Punkte	≥ 18 Punkte
Gebäudealter (Jahre)	neue Restnutzungsdauer (Jahre)	
≥ 35	22	28
≥ 40	22	28

Tabelle 7

Übliche Gesamtnutzungsdauer von 30 Jahren		
	Modernisierungsgrad	
	14 bis 16 Punkte	≥ 18 Punkte
Gebäudealter (Jahre)	neue Restnutzungsdauer (Jahre)	
≥ 5	25	26
≥ 10	22	25
≥ 15	20	23
≥ 20	18	22
≥ 25	17	21
≥ 30	16	21

① Die Restnutzungsdauer eines noch nutzbaren Gebäudes beträgt nach § 185 Absatz 3 Satz 6 BewG vorbehaltlich einer bestehenden Abbruchverpflichtung mindestens 30% der Gesamtnutzungsdauer. ② Die Regelung unterstellt einen durchschnittlichen Erhaltungszustand und macht insbesondere bei älteren Gebäuden in vielen Fällen die Prüfung entbehrlich, ob die restliche Lebensdauer infolge baulicher Maßnahmen verlängert wurde. ③ Bei bestehender Abbruchverpflichtung für das Gebäude kann die Mindest-Restnutzungsdauer jedoch unterschritten werden (→ Rz. 23). 22

① Eine Verkürzung der Restnutzungsdauer kommt nur bei bestehender Abbruchverpflichtung für das Gebäude in Betracht (§ 185 Absatz 3 Satz 7 BewG). ② In diesen Fällen ist die Restnutzungsdauer auf den Unterschiedsbetrag zwischen der tatsächlichen Gesamtnutzungsdauer und dem Alter des Gebäudes am Bewertungsstichtag begrenzt. ③ Baumängel und Bauschäden oder wirtschaftliche Gegebenheiten können im typisierenden Bewertungsverfahren zu keiner Verkürzung der Restnutzungsdauer führen. 23

Grundstück mit mehreren Gebäuden bzw. Gebäudeteilen (R B 185.4 ErbStR 2019)

Besteht eine wirtschaftliche Einheit aus mehreren Gebäuden oder Gebäudeteilen mit einer gewissen baulichen Selbständigkeit, die eine verschiedene Bauart aufweisen, unterschiedlich genutzt werden oder die in verschiedenen Jahren bezugsfertig geworden sind, können sich unterschiedliche Restnutzungsdauern ergeben. 24

Die typisierte Gesamtnutzungsdauer bestimmt sich bei einer wirtschaftlichen Einheit aus mehreren selbständigen Gebäuden bzw. Gebäudeteilen unter Berücksichtigung der Grundstücksarten nach § 181 BewG wie folgt: 25

1. ① Bei Mietwohngrundstücken gilt für alle Gebäude bzw. Gebäudeteile – unabhängig von ihrer Nutzung – eine Gesamtnutzungsdauer von 80 Jahren. ② Dies gilt auch für Garagen und Nebengebäude. ③ Liegen keine anderweitigen Erkenntnisse vor, bestehen keine Bedenken, bei Garagen und Nebengebäuden die Bezugsfertigkeit im Zeitpunkt der Bezugsfertigkeit des Hauptgebäudes zu unterstellen.
2. Bei Geschäftsgrundstücken und gemischt genutzten Grundstücken mit mehreren selbständigen Gebäuden bzw. Gebäudeteilen können sich – je nach Nutzung – unterschiedliche Gesamtnutzungsdauern ergeben.

Ergeben sich bei einer wirtschaftlichen Einheit aus mehreren selbständigen Gebäuden bzw. Gebäudeteilen unterschiedliche Restnutzungsdauern ist eine gewogene Restnutzungsdauer unter Berücksichtigung der jeweiligen Roherträge zu ermitteln (Formel zur Ermittlung der gewogenen Restnutzungsdauer → H B 185.4 ErbStH 2019). 26

Können die Roherträge nur mit einem unverhältnismäßig hohen Aufwand den einzelnen selbständigen Gebäuden bzw. Gebäudeteilen zugeordnet werden (z. B. bei Vermietung sämtlicher Gebäude zu einem Gesamtentgelt), bestehen keine Bedenken, von einer nach Wohn- bzw. Nutzflächen gewichteten Restnutzungsdauer auszugehen (Formel zur Ermittlung der gewichteten Restnutzungsdauer → H B 185.4 ErbStH 2019). 27

① Anbauten teilen im Allgemeinen auf Grund ihrer Bauart oder Nutzung das Schicksal des Hauptgebäudes. ② Ist dagegen anzunehmen, dass ein Erweiterungsbau nach Größe, Bauart oder Nutzung eine andere Restnutzungsdauer als das Hauptgebäude haben wird, gelten die Rz. 24 bis 27 entsprechend. ③ Für Aufstockungen ist im Allgemeinen das Baujahr der unteren Geschosse zu Grunde zu legen. ④ Es ist jedoch zu prüfen, ob durch die baulichen Maßnahmen die Restnutzungsdauer des Gebäudes wesentlich verlängert worden ist (→ Rz. 21). 28

① Bei einer wirtschaftlichen Einheit mit mehreren nichtselbständigen Gebäuden bzw. Gebäudeteilen ist von einer einheitlichen Restnutzungsdauer auszugehen. ② Zur Bestimmung der Gesamtnutzungsdauer gelten Rz. 19 Sätze 1 bis 4 entsprechend. 29

Auf R B 182 Absatz 5 ErbStR 2019 wird verwiesen. 30

Zu § 187 BewG

Bewirtschaftungskosten (R B 187 ErbStR 2019)

31 ① Die im Rahmen des Ertragswertverfahrens anzusetzenden Bewirtschaftungskosten sind die bei gewöhnlicher Bewirtschaftung nachhaltig entstehenden Verwaltungskosten, Betriebskosten, Instandhaltungskosten und das Mietausfallwagnis; durch Umlagen oder sonstige Kostenübernahmen gedeckte Kosten bleiben unberücksichtigt. ② Zinsen für Hypothekendarlehen und Grundschulden oder sonstige Zahlungen für auf dem Grundstück lastende privatrechtliche Verpflichtungen bleiben ebenfalls außer Ansatz.

32 ① Die Bewirtschaftungskosten sind mit den nach Maßgabe des § 187 Absatz 3 BewG an den Bewertungsstichtag angepassten Einzelansätzen für Verwaltungs- und Instandhaltungskosten sowie das Mietausfallwagnis aus der Anlage 23 BewG zu berücksichtigen. ② Ein Ansatz in tatsächlicher Höhe oder nach Erfahrungssätzen kommt nicht in Betracht.

33 ① Die Verwaltungs- und Instandhaltungskosten für Wohnnutzung in der Anlage 23 BewG sind jährlich anhand des vom Statistischen Bundesamt festgestellten Verbraucherpreisindex für Deutschland anzupassen. ② Die Anpassung erfolgt gem. § 187 Absatz 3 Satz 2 BewG mit dem Prozentsatz, um den sich der Verbraucherpreisindex für den Monat Oktober 2001 gegenüber demjenigen für den Monat Oktober des Jahres, das dem Bewertungsstichtag vorausgeht, erhöht oder verringert hat. ③ Die indizierten Bewirtschaftungskosten sind für alle Bewertungsstichtage des Kalenderjahres anzuwenden. ④ Das Bundesministerium der Finanzen veröffentlicht den maßgebenden Verbraucherpreisindex im Bundessteuerblatt.

Indizierung der Basiswerte für die Verwaltungs- und Instandhaltungskosten in der Anlage 23 BewG für Bewertungsstichtage in 2023

34 ① Der Verbraucherpreisindex beträgt für den Monat Oktober 2022 (2015 = 100) 122,2 und für den Monat Oktober 2001 (2015 = 100) 81,6. ② Hieraus ergeben sich für die Bewertungsstichtage in 2023 folgende indizierte Verwaltungs- und Instandhaltungskosten:

I. Bewirtschaftungskosten für Wohnnutzung		
1. Verwaltungskosten		
	Basiswerte (Anlage 23 BewG)	**Werte nach Indizierung[1] für Bewertungsstichtage in 2023**
jährlich je Wohnung	230 EUR	344 EUR
jährlich je Garage oder ähnlichen Einstellplatz	30 EUR	45 EUR
2. Instandhaltungskosten		
	Basiswerte (Anlage 23 BewG)	**Werte nach Indizierung[1] für Bewertungsstichtage in 2023**
jährlich je Quadratmeter Wohnfläche	9,00 EUR	13,50 EUR
jährlich je Garage oder ähnlichen Einstellplatz	68 EUR	102 EUR

35 ① Die Verwaltungskosten für Wohnungen sowie für Garagen und ähnliche Einstellplätze, die der Wohnnutzung dienen, bestimmen sich jeweils nach deren Anzahl und den hierfür in der Anlage 23 BewG für Wohnnutzung aufgeführten und auf den Bewertungsstichtag indizierten Einzelansätzen. ② Für Wohnräume, die den Wohnungsbegriff nicht erfüllen, und alle weiteren Räumlichkeiten, die zu anderen als Wohnzwecken genutzt werden, sind jeweils 3% des jährlich auf diese Räume entfallenden Rohertrages als Verwaltungskosten zu berücksichtigen. ③ Der entsprechende Rohertrag ist gesondert zu ermitteln.

36 ① Die Instandhaltungskosten bestimmen sich bei Wohnnutzung nach den hierfür in Anlage 23 BewG aufgeführten und auf den Bewertungsstichtag indizierten Einzelansätzen je Quadratmeter Wohnfläche und je Garage oder ähnlichen Einstellplatz. ② Bei Nichtwohnnutzung bestimmen sich die Instandhaltungskosten je Quadratmeter Nutzfläche grundsätzlich nach den für Wohnflächen geltenden und indizierten Basiswerten. ③ Bei den Gebäudearten 13, 15 bis 16 und 18 der Anlage 24 Teil II. BewG ist nach Maßgabe der Anlage 23 BewG als Instandhaltungskosten je Quadratmeter Nutzfläche nur ein anteiliger Ansatz der für Wohnflächen geltenden und indizierten Basiswerte zu berücksichtigen. ④ Für die mit der Nichtwohnnut-

[1] **[Amtl. Anm.:]** Nach der Anlage 23 BewG sind die Werte für die Instandhaltungskosten pro Quadratmeter auf eine Nachkommastelle und bei den Instandhaltungskosten pro Garage oder ähnlichen Einstellplatz sowie bei Verwaltungskosten kaufmännisch auf volle Euro zu runden.

zung im Nutzungszusammenhang stehenden Garagen und ähnlichen Einstellplätze sind entsprechend die für die Wohnnutzung indizierten Einzelansätze je Garage oder ähnlichen Einstellplatz anzusetzen. ⑤ Bei Gebäuden mit unterschiedlicher Nutzung sind die Instandhaltungskosten für jede Nutzung gesondert zu ermitteln.

Beispiel:

Ein im Ertragswertverfahren zu bewertendes Gebäude verfügt im Erdgeschoss über einen Verbrauchermarkt (Gebäudeart 13.1 aus Anlage 24 BewG) und im 1. Obergeschoss über Büros (Gebäudeart 6.1 aus Anlage 24 BewG). Für die Nutzfläche des Verbrauchermarktes sind 50% und für die Nutzfläche der Büros 100% der indizierten Instandhaltungskosten je Quadratmeter Wohnfläche bei Wohnnutzung aus der Anlage 23 BewG zu berücksichtigen.

① Als Mietausfallwagnis sind für Wohnungen, Wohnräume und die dazugehörenden Garagen und ähnlichen Einstellplätze (Wohnnutzung) insgesamt 2% des hierauf entfallenden jährlichen Rohertrags anzusetzen. Für alle Räumlichkeiten, die zu anderen als Wohnzwecken genutzt werden, sind insgesamt 4% des hierauf entfallenden jährlichen Rohertrages zu berücksichtigen. ② Die entsprechenden anteiligen Roherträge sind gesondert zu ermitteln. 37

Ermittlung der Bewirtschaftungskosten

Beispiel: 38

Für ein Mietwohngrundstück mit einer Wohnfläche von insgesamt 800 m², verteilt auf 10 Wohnungen, und einer Gewerbeeinheit mit einer Nutzfläche von 100 m² sind die Bewirtschaftungskosten auf den 1. Februar 2023 zu ermitteln. Im Untergeschoss des Mehrfamilienhauses befinden sich insgesamt 11 Tiefgaragenstellplätze, die jeweils einer Wohnung und der Gewerbeeinheit zuzuordnen sind. Von dem gesamten jährlichen Rohertrag in Höhe von 75 600 EUR entfallen auf die nicht zu Wohnzwecken genutzte Gewerbeeinheit einschließlich des dazugehörenden Tiefgaragenstellplatzes 8 400 EUR.

Bewirtschaftungskosten	
1. Verwaltungskosten	
10 Wohnungen × 344 EUR	3 440 EUR
10 Tiefgaragenstellplätze × 45 EUR	450 EUR
3% von 8 400 EUR (anteiliger Rohertrag für die Gewerbeeinheit inkl. Tiefgaragenstellplatz)	252 EUR
2. Instandhaltungskosten	
800 m² Wohnfläche × 13,50 EUR	10 800 EUR
100 m² Nutzfläche × 13,50 EUR	1 350 EUR
11 Tiefgaragenstellplätze × 102 EUR	1 122 EUR
3. Mietausfallwagnis	
2% vom anteiligen jährlichen Rohertrag für Wohnnutzung (67 200 EUR)	1 344 EUR
4% vom anteiligen jährlichen Rohertrag für Nicht-Wohnnutzung (8 400 EUR)	336 EUR
Gesamt	**19 094 EUR**

Zu § 188 BewG

Liegenschaftszinssatz (R B 188 ErbStR 2019)

① Liegenschaftszinssätze sind die Kapitalisierungszinssätze, mit denen Verkehrswerte von Grundstücken je nach Grundstücksart im Durchschnitt marktüblich verzinst werden (→ § 188 Absatz 1 BewG, § 21 Absatz 2 Satz 1 ImmoWertV). ② Mit den Liegenschaftszinssätzen werden die allgemein vom Grundstücksmarkt erwarteten künftigen Entwicklungen, insbesondere der Ertrags- und Wertverhältnisse sowie der üblichen steuerlichen Rahmenbedingungen, berücksichtigt. 39

① Der angemessene und nutzungstypische Liegenschaftszinssatz ist nach der Grundstücksart (§ 181 BewG, → R B 181.1 ErbStR 2019) und der Lage auf dem Grundstücksmarkt zu bestimmen. ② Dabei ist vorrangig auf den für diese Grundstücksart vom Gutachterausschuss für Grundstückswerte ermittelten und veröffentlichten Liegenschaftszinssatz zurückzugreifen. ③ Werden durch den Gutachterausschuss keine geeigneten Liegenschaftszinssätze (→ Rz. 41) ermittelt, so sind die typisierten Liegenschaftszinssätze des § 188 Absatz 2 Satz 2 BewG anzuwenden. 40

Liegenschaftszinssätze sind nach Maßgabe des § 177 Absatz 2 und 3 BewG als geeignet anzusehen (→ Rz. 3 bis 6). 41

III.3 Bewertung im Sachwertverfahren

Zu § 189 BewG

Allgemeine Grundsätze des Sachwertverfahrens (R B 189 ErbStR 2019)

① Bei Anwendung des Sachwertverfahrens (§§ 189 bis 191 BewG) ist der Gebäudesachwert getrennt vom Bodenwert auf der Grundlage von durchschnittlichen Herstellungskosten zu bemessen. ② Der Bodenwert ist wie bei einem unbebauten Grundstück nach Maßgabe des § 179 BewG zu ermitteln. ③ Die Summe aus Gebäudesachwert und Bodenwert ergibt den vorläufigen Sachwert, der zur Anpassung an den gemeinen Wert mit einer Wertzahl nach § 191 BewG zu multiplizieren ist. ④ Der Wert der sonstigen baulichen Anlagen, insbesondere der Außenanlagen, und sonstigen Anlagen, wie z. B. gärtnerische Anpflanzungen, ist grundsätzlich mit dem Gebäude- und dem Bodenwert abgegolten (§ 189 Absatz 4 Satz 1 BewG). ⑤ Nur in Ausnahmefällen mit besonders werthaltigen baulichen Außenanlagen, wie z. B. 42

ein größerer Swimmingpool, und sonstigen Anlagen werden hierfür gemäß § 189 Absatz 4 Satz 2 BewG gesonderte Wertansätze nach durchschnittlichen Herstellungskosten berücksichtigt (→ Rz. 61).

43 **Überblick über das Verfahren (Regelfall: ohne besonders werthaltige bauliche Außenanlagen und sonstige Anlagen) (H B 189 ErbStH 2019)**

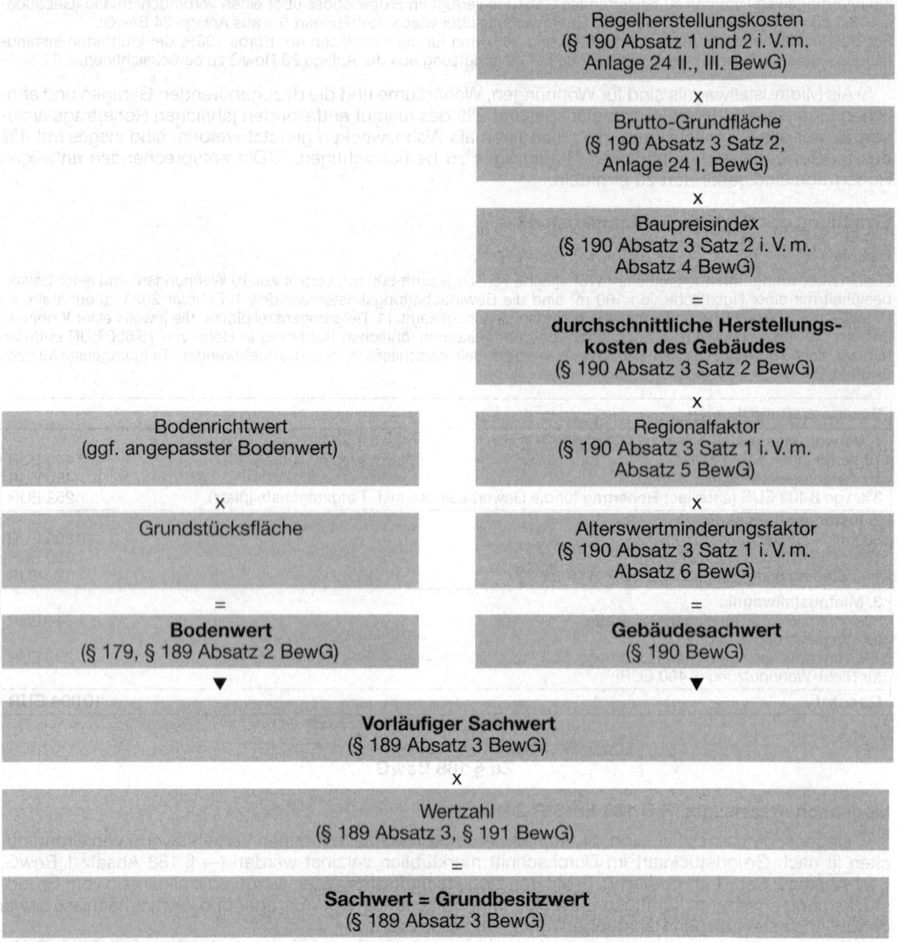

Bewertung im Sachwertverfahren

44 **Beispiel:**

Ein mit einem freistehenden Einfamilienhaus (Baujahr 2009, Keller- und Erdgeschoss, Dachgeschoss ausgebaut, Gebäudestandard – alle Bauteile Standardstufe 3) bebautes Grundstück ist zum 1. 2. 2023 (Bewertungsstichtag) zu bewerten. Die Brutto-Grundfläche des Gebäudes beträgt 220 m². An das Haus grenzt eine nicht überdachte Terrasse (Baujahr 2011, Bruchsteinplatten mit Unterbeton) mit einer Fläche von 30 m² an. Auf dem Grundstück befinden sich außerdem eine freistehende Garage in Massivbauweise mit einer Brutto-Grundfläche von 23 m² (Baujahr 2011) und ein Außen-Schwimmbecken (Baujahr 2011, normale Ausführung) mit einer Fläche von 52 m². Das Grundstück hat eine Fläche von 700 m² und der Bodenrichtwert beträgt 200 EUR/m². Vom Gutachterausschuss stehen keine Vergleichspreise, Vergleichsfaktoren, Regionalfaktoren und örtlichen Sachwertfaktoren für das Grundstück zur Verfügung.

Bodenwert

Grundstücksfläche x Bodenrichtwert (700 m² × 200 EUR/m²)			140 000 EUR
Gebäudesachwert			
1. freistehendes Einfamilienhaus			
Regelherstellungskosten (aus Anlage 24 BewG)		835 EUR/m²	
Gebäudeart	1.01		
Standardstufe (alle Bauteile)	3		
Brutto-Grundfläche		× 220 m²	
Baupreisindex (§ 190 Absatz 3 Satz 2 i. V. m. Absatz 4 BewG)			× 164,0/100
Gebäudeart	1.01		
Bewertungsstichtag	2023		

durchschnittliche Herstellungskosten 301 268 EUR *noch* **44**
Regionalfaktor (§ 190 Absatz 3 Satz 1 i. V. m. Absatz 5 Satz 3 BewG) × 1,0
Alterswertminderungsfaktor (§ 190 Absatz 6 Satz 1 BewG): 66 Jahre: 80 Jahre × 0,825
Restnutzungsdauer 66 Jahre
Bewertungsstichtag 2023
Bezugsfertigkeit des Gebäudes 2009
Alter des Gebäudes 14 Jahre
Gesamtnutzungsdauer
(aus Anlage 22 BewG) 80 Jahre
Mindestrestnutzungsdauer nach § 190 Absatz 6 Satz 5 BewG ist überschritten
(30% von 80 Jahren = 24 Jahre)
Gebäudesachwert (Einfamilienhaus) 248 546 EUR

2. Garage
Regelherstellungskosten (aus Anlage 24 BewG) 485 EUR/m²
Gebäudeart (Einzelgarage) 14.1
Standardstufe (Garage in Massivbauweise) 4
Brutto-Grundfläche × 23 m²
Baupreisindex (§ 190 Absatz 3 Satz 2 i. V. m. Absatz 4 BewG) × 166,9/100
Gebäudeart 14.1
Bewertungsstichtag 2023
durchschnittliche Herstellungskosten 18 617 EUR
Regionalfaktor (§ 190 Absatz 3 Satz 1 i. V. m. Absatz 5 Satz 3 BewG) × 1,0
Alterswertminderungsfaktor (§ 190 Absatz 6 Satz 1 BewG): 48 Jahre : 60 Jahre × 0,800
Restnutzungsdauer 48 Jahre
Bewertungsstichtag 2023
Bezugsfertigkeit der Garage 2011
Alter der Garage 12 Jahre
Gesamtnutzungsdauer
(aus Anlage 22 BewG) 60 Jahre
Mindestrestnutzungsdauer nach § 190 Absatz 6 Satz 5 BewG ist überschritten
(30% von 60 Jahren = 18 Jahre)
Gebäudesachwert (Garage) 14 893 EUR

3. Gebäudesachwert am Bewertungsstichtag
Gebäudesachwert (Einfamilienhaus) + Gebäudesachwert (Garage) 263 439 EUR

Besonders werthaltige Außenanlagen
1. Terrasse
Regelherstellungskosten (Rz. 61) 60 EUR/m²
Wege- und Platzbefestigungen
(Bruchsteinplatten mit Unterbeton)
Fläche × 30 m²
Baupreisindex (Rz. 60) × 164,0/100
Außenanlagen wie Wohngebäude/Gebäudeart 1.01–5.1
Bewertungsstichtag 2023
durchschnittliche Herstellungskosten 2 952 EUR
Regionalfaktor × 1,0
Alterswertminderungsfaktor: 28 Jahre : 40 Jahre × 0,700
Restnutzungsdauer 28 Jahre
Bewertungsstichtag 2023
Fertigstellung 2011
Alter 12 Jahre
Gesamtnutzungsdauer (Rz. 61) 40 Jahre
Sachwert (Terrasse) 2 066 EUR
2. Schwimmbecken
Regelherstellungskosten (Rz. 61) 525 EUR/m²
Schwimmbecken (normale Ausführung)
Fläche × 52 m²
Baupreisindex (Rz. 60) × 164,0/100
Außenanlagen wie Wohngebäude/Gebäudeart 1.01–5.1
Bewertungsstichtag 2023
durchschnittliche Herstellungskosten 44 772 EUR
Regionalfaktor × 1,0
Alterswertminderungsfaktor: 18 Jahre : 30 Jahre × 0,600
Restnutzungsdauer 18 Jahre
Bewertungsstichtag 2023
Fertigstellung 2011
Alter 12 Jahre
Gesamtnutzungsdauer (Rz. 61) 30 Jahre
Sachwert (Schwimmbecken) 26 863 EUR
Sachwert der besonders werthaltigen Außenanlagen
Sachwert (Terrasse) + Sachwert (Schwimmbecken) 28 929 EUR
Der Sachwert übersteigt 10% des Gebäudesachwerts.
(10% des Gebäudesachwerts in Höhe von 263 439 EUR = 26 344 EUR)
Vorläufiger Sachwert 432 368 EUR
Bodenwert 140 000 EUR
Gebäudesachwert + 263 439 EUR
Sachwert Außenanlagen + 28 929 EUR
Summe 432 368 EUR

Grundbesitzwert (Sachwert)		
Vorläufiger Sachwert		432 368 EUR
Wertzahl (aus Anlage 25 BewG)		× 1,097
Einfamilienhaus		
Vorläufiger Sachwert	432 368 EUR	
Bodenrichtwert	200 EUR/m²	
Grundbesitzwert		**474 307 EUR**

Zu § 190 BewG

Durchschnittliche Herstellungskosten

45 ① Zur Ermittlung des Gebäudesachwerts sind zunächst die durchschnittlichen Herstellungskosten des Gebäudes zu ermitteln. ② Diese ergeben sich gemäß § 190 Absatz 3 Satz 2 BewG durch Multiplikation der Regelherstellungskosten im Sinne des § 190 Absatz 1 und 2 i. V. m. Anlage 24 Teil II. und III. BewG mit der jeweiligen Brutto-Grundfläche des Gebäudes nach Anlage 24 Teil I. BewG (→ R B 190.6 ErbStR 2019) und dem Baupreisindex im Sinne des § 190 Absatz 4 BewG (→ Rz. 49, 50).

Regelherstellungskosten (R B 190.1 ErbStR 2019)

46 ① Die Regelherstellungskosten (RHK) im Sinne des § 190 Absatz 1 i. V. m. der Anlage 24 BewG sind nicht die tatsächlichen, sondern die durchschnittlichen Herstellungskosten je Quadratmeter Brutto-Grundfläche einschließlich Umsatzsteuer. ② Sie werden unterteilt nach Grundstücksarten, Gebäudearten und Gebäudestandards, wie sie in der Anlage 24 Teil II. und III. BewG dargestellt sind. ③ Sie wurden aus den Normalherstellungskosten 2010 (NHK 2010) abgeleitet.

47 ① Die NHK 2010 und infolgedessen die RHK stellen Bundesmittelwerte dar, d. h. es handelt sich um Durchschnittswerte für das gesamte Bundesgebiet. ② Der Unterschied zwischen dem bundesdurchschnittlichen und dem regionalen Baukostenniveau wird durch Regionalfaktoren berücksichtigt (→ Rz. 51). ③ Die Berücksichtigung der allgemeinen Wertverhältnisse erfolgt ausschließlich über die Anwendung der Wertzahl nach § 191 BewG.

48 Zur Ermittlung der nach Anlage 24 Teil II. BewG anzunehmenden Gebäudeart → R B 190. 2 ErbStR 2019 und H B 190.2 (1) und (2) ErbStH 2019 sowie zur Feststellung des Gebäudestandards in Anlage 24 Teil III. BewG → R B 190.3 ErbStR 2019.

Baupreisindex (R B 190.4 ErbStR 2019)

49 ① Die in der Anlage 24 BewG enthaltenen Regelherstellungskosten mit Kostenstand 2010 sind auf den Bewertungsstichtag zu beziehen. ② Für diese Anpassung ist nach § 190 Absatz 4 Satz 2 BewG auf die Preisindizes für die Bauwirtschaft, die das Statistische Bundesamt für den Neubau in konventioneller Bauart von Wohn- und Nichtwohngebäuden jeweils als Jahresdurchschnitt ermittelt hat, abzustellen. ③ Diese Preisindizes sind für alle Bewertungsstichtage des folgenden Kalenderjahres anzuwenden. ④ Das Bundesministerium der Finanzen veröffentlicht die maßgebenden Baupreisindizes im Bundessteuerblatt (§ 190 Absatz 4 Satz 4 BewG).

50 ① Zu den Wohngebäuden gehören die Gebäudearten 1.01 bis 5.1 der Anlage 24 Teil II. BewG (freistehende Ein- und Zweifamilienhäuser, Doppel- und Reihenhäuser, Mehrfamilienhäuser, gemischt genutzte Grundstücke bzw. Wohnhäuser mit Mischnutzung). ② Die übrigen Gebäudearten werden den Nichtohngebäuden zugeordnet.

Regionalfaktor

51 ① Zur Berücksichtigung des Unterschieds zwischen dem bundesdurchschnittlichen und dem regionalen Baukostenniveau sind die Regelherstellungskosten des jeweiligen Gebäudes gemäß § 190 Absatz 3 Satz 1 i. V. m. Absatz 5 BewG mit dem Regionalfaktor zu multiplizieren, der vom Gutachterausschuss bei der Ableitung der Sachwertfaktoren nach § 191 Satz 1 BewG zugrunde gelegt worden ist. ② Liegt vom Gutachterausschuss kein Sachwertfaktor vor oder ist der vom Gutachterausschuss ermittelte Sachwertfaktor nach Maßgabe des § 177 Absatz 2 und 3 BewG nicht geeignet, kommt der Regionalfaktor in Höhe von 1,0 nach § 190 Absatz 5 Satz 3 BewG zur Anwendung. ③ Die Wertzahlen in der Anlage 25 BewG unterstellen einen Regionalfaktor von 1,0 bei der Gebäudesachwertermittlung. ④ Nebengebäude, Garagen und Außenanlagen teilen bei der Anwendung des Regionalfaktors im Allgemeinen das Schicksal der Hauptgebäude.

Alterswertminderungsfaktor (Alterswertminderung R B 190.7 ErbStR 2019)

52 ① Zur Ermittlung des Gebäudesachwerts sind die durchschnittlichen Herstellungskosten des Gebäudes gemäß § 190 Absatz 3 Satz 1 BewG mit dem Regionalfaktor (→ Rz. 50) und dem Alterswertminderungsfaktor im Sinne des § 190 Absatz 6 BewG zu multiplizieren. ② Der Alterswertminderungsfaktor tritt für Bewertungsstichtage nach dem 31. Dezember 2022 an die Stelle der Alterswertminderung (→ R B 190.7 ErbStR 2019).

53 ① Der Alterswertminderungsfaktor entspricht dem Verhältnis der Restutzungsdauer des Gebäudes am Bewertungsstichtag zur Gesamtnutzungsdauer nach Anlage 22 BewG. ② Er ist in der für die Steuerpflichtigen günstigsten Weise auf drei Nachkommastellen auf- oder abzurunden (→ H B 177 ErbStH 2019) ③ Die Restnutzungsdauer wird grundsätzlich aus dem Unterschiedsbetrag zwischen der Gesamtnutzungsdauer, die sich aus der Anlage 22 BewG ergibt, und dem Alter des Gebäudes am Bewertungsstichtag ermittelt. ④ Das Alter des Gebäudes ist durch Abzug des Jahres der Bezugsfertigkeit des Gebäudes vom Jahr des Bewertungsstichtags zu bestimmen. ⑤ Hinsichtlich der Ermittlung der Gesamtnutzungsdauer gelten die Grundsätze des Ertragswertverfahrens entsprechend (→ Rz. 19 und Rz. 25 Nummer 2).

54 ① Sind nach Bezugsfertigkeit des Gebäudes Veränderungen eingetreten, die die Restnutzungsdauer des Gebäudes wesentlich verlängert haben, ist von der entsprechend verlängerten Restnutzungsdauer auszugehen. ② Hinsichtlich der Ermittlung der verlängerten Restnutzungsdauer gelten die Grundsätze des Ertragswertverfahrens entsprechend (→ Rz. 21).

① Die Restnutzungsdauer eines noch nutzbaren Gebäudes beträgt nach § 190 Absatz 6 Satz 5 BewG vorbehaltlich einer bestehenden Abbruchverpflichtung mindestens 30% der Gesamtnutzungsauer. ② Die Regelung unterstellt einen durchschnittlichen Erhaltungszustand und macht insbesondere bei älteren Gebäuden in vielen Fällen die Prüfung entbehrlich, ob die restliche Lebensdauer infolge baulicher Maßnahmen verlängert wurde. ③ Bei bestehender Abbruchverpflichtung für das Gebäude kann die Mindest-Restnutzungsdauer jedoch unterschritten werden (→ Rz. 56). 55

① Eine Verkürzung der Restnutzungsdauer kommt nur bei bestehender Abbruchverpflichtung für das Gebäude in Betracht (§ 190 Absatz 6 Satz 6 BewG). ② In diesen Fällen ist die Restnutzungsdauer auf den Unterschiedsbetrag zwischen der tatsächlichen Gesamtnutzungsdauer und dem Alter des Gebäudes am Bewertungsstichtag begrenzt. ③ Der Alterswertminderungsfaktor entspricht dann dem Verhältnis der verkürzten Restnutzungsdauer des Gebäudes am Bewertungsstichtag zur Gesamtnutzungsdauer nach Anlage 22 BewG. ④ Baumängel und Bauschäden oder wirtschaftliche Gegebenheiten können im typisierenden Bewertungsverfahren zu keiner Verkürzung der Restnutzungsdauer führen. 56

Grundstück mit mehreren Gebäuden bzw. Gebäudeteilen (R B 190.8 ErbStR 2019)

① Besteht eine wirtschaftliche Einheit aus mehreren Gebäuden oder Gebäudeteilen von einer gewissen Selbständigkeit, die eine verschiedene Bauart aufweisen, unterschiedlich genutzt werden oder die in verschiedenen Jahren bezugsfertig geworden sind, ist jedes Gebäude und jeder Gebäudeteil für sich zu bewerten. ② Ist z. B. ein Grundstück mit einem Einfamilienhaus und einer Garage bebaut, setzt sich der Gebäudesachwert für das zu bewertende Grundstück aus der Summe des Gebäudesachwerts des Einfamilienhauses und des Gebäudesachwerts der Garage zusammen. ③ Regelherstellungskosten, BruttoGrundläche und der Alterswertminderungsfaktor sind jeweils gesondert zu ermitteln. ④ Für selbständige Gebäude bzw. Gebäudeteile für das bzw. für die in den Anlagen zum BewG keine Gebäudeart ausgewiesen ist, sind die Gesamtnutzungsdauer aus der Gesamtnutzungsdauer vergleichbarer Gebäudearten und die Regelherstellungskosten aus den Regelherstellungskosten vergleichbarer Gebäudearten abzuleiten. ⑤ Zur Bestimmung der Gesamtnutzungsdauer gilt Rz. 25 Nummer 2 entsprechend. 57

① Anbauten teilen im Allgemeinen auf Grund ihrer Bauart oder Nutzung das Schicksal des Hauptgebäudes. ② Ist dagegen anzunehmen, dass ein Erweiterungsbau nach Größe, Bauart oder Nutzung einen anderen Alterswertminderungsfaktor als das Hauptgebäude haben wird, gilt Rz. 57 entsprechend. ③ Für Aufstockungen ist im Allgemeinen das Baujahr der unteren Geschosse zu Grunde zu legen. ④ Es ist jedoch zu prüfen, ob durch die baulichen Maßahmen für das Gebäude eine verlängerte Restnutzungsdauer anzunehmen ist. 58

① Bei einer wirtschaftlichen Einheit mit mehreren nichtselbständigen Gebäuden bzw. Gebäudeteilen ist von einem einheitlichen Alterswertminderungsfaktor auszugehen. ② Zur Bestimmung der Gesamtnutzungsdauer gelten in diesen Fällen Rz. 19 Sätze 1 bis 4 entsprechend. 59

Besonders werthaltige Außenanlagen (R B 190.5 ErbStR 2019)

① Der Wert der baulichen Außenanlagen und sonstigen Anlagen ist grundsätzlich mit dem für die Gebäude und den Grund und Boden ermittelten Sachwert (§ 189 Absatz 1 bis 3 BewG) abgegolten. ② Nur in Einzelfällen mit besonders werthaltigen baulichen Außenanlagen und sonstigen Anlagen ist ein gesonderter Wertansatz zu prüfen. ③ Außenanlagen sind besonders wertaltig, wenn sie das übliche Maß der für die Gebäudeart typischen Außenanagen offensichtlich überschreiten. ④ Danach ist von einem gesonderten Wertansatz für Außenanlagen regelmäßig abzusehen, wenn ihre Sachwerte (RHK für Außenanlagen nach Alterswertminderung) bei einer überschlägigen Berechnung 10% des Gebäudesachwerts nicht übersteigen. ⑤ Sind besonders werthaltige Außenanlagen zu erfassen, gelten die in der nachfolgenden Tabelle ausgewiesenen durchschnittlichen Herstellungskosten. ⑥ Die Tabelle enthält nur eine Auswahl üblicher Außenanlagen. Bei anderen Außenanlagen, wie z. B. einem Tennisoder Golfplatz, ist über die Höhe der Herstellungskosten nach den Umständen des Einzelfalls zu entscheiden. ⑦ Für die Ermittlung der Sachwerte der besonders werthaltigen Außenanlagen sind die Regelungen über die Ermittlung der Gebäudesachwerte sinngemäß anzuwenden (→ Rz. 43). ⑧ Aus Vereinfachungsgründen bestehen insbesondere keine Bedenken, die in der nachstehenden Tabelle dargestellten Werte analog den Wohngebäuden auf den Bewertungsstichtag zu indizieren (→ Rz. 49, 50). ⑨ Die Regelungen zur Verlängerung und Verkürzung der Restnutzungsdauer einschließlich der MindestRestnutzungsdauer von Gebäuden nach § 190 Absatz 6 Satz 4 bis 6 BewG gelten für Außenanlagen nicht. ⑩ Bei Vorliegen besonders werthaltiger Außenanlagen bildet die Summe der Sachwerte der einzelnen Außenanlagen zusammen mit dem Gebäudesachwert und dem Bodenwert den vorläufigen Sachwert im Sinne des § 189 Absatz 3 BewG (→ Rz. 43). 60

Tabelle: Regelherstellungskosten für Außenanlagen (beispielhafte Darstellung/Basisjahr 2010 = 100) 61

Regelherstellungskosten der Außenanlagen einschließlich Baunebenkosten und Umsatzsteuer			
Typisierte Gesamtnutzungsdauer = 40 Jahre			
Einfriedungen	**Euro je lfd. m**		
	bis 1 m hoch	**bis 2 m hoch**	**über 2 m hoch**
Einfriedungsmauer aus Ziegelstein, 11,5 cm dick	70	110	135
Einfriedungsmauer aus Ziegelstein, 24 cm dick	105	150	180
Einfriedungsmauer aus Ziegelstein, 36,5 cm dick	135	215	295
Einfriedungsmauer aus Beton, Kunststein und dgl.	75	135	170
Einfriedungsmauer aus Naturstein mit Abdeckplatten	200	260	325

Wege- und Platzbefestigungen	**Euro je m²**
Wassergebundene leichte Decke auf leichter Packlage	15
Betonplattenbelag	45
Sonstiger Plattenbelag	50
Asphalt-, Teer-, Beton-, oder ähnliche Decke auf Pack- oder Kieslage	40
Kopfstein- oder Kleinpflaster	60
Bruchsteinplatten mit Unterbeton	60
Freitreppen	**Euro je lfd. m Stufen**
	80
Rampen	**Euro je m² Grundflächen**
freistehend ohne Verbindung mit einem Gebäude	105
Stützmauern	**Euro je m² vordere Ansichtsfläche**
Beton	105
Bruchstein	135
Werkstein	260

Regelherstellungskosten der Außenanlagen einschließlich Baunebenkosten und Umsatzsteuer	
Typisierte Gesamtnutzungsdauer = 30 Jahre	
Schwimmbecken je nach Ausführung	**Euro je m²**
einfache Ausführung	200
normale Ausführung	525
gehobene Ausführung	850

Zu § 191 BewG

Wertzahlen (R B 191 ErbStR 2019)

62 ① Zur Angleichung an den gemeinen Wert ist der vorläufige Sachwert des Grundstücks mit einer Wertzahl zu multiplizieren (§ 189 Absatz 3 BewG). ② Als Wertzahlen im Sinne des § 189 Absatz 3 Satz 2 i. V. m. § 191 Satz 1 BewG sind die vom Gutachterausschuss ermittelten Sachwertfaktoren (Marktanpassungsfaktoren) nach Maßgabe des § 177 Absatz 2 und 3 BewG anzuwenden. ③ Stehen derartige Sachwertfaktoren nicht zur Verfügung, sind die in der Anlage 25 BewG dargestellten Wertzahlen zu verwenden (§ 191 Satz 2 BewG).

63 ① Bei Anwendung der Wertzahlen nach Anlage 25 BewG ist auf den Bodenrichtwert ohne Wertkorrekturen (→ R B 179.2 Absatz 2 bis 6 ErbStR 2019) abzustellen. ② In den Fällen des § 179 Satz 4 BewG ist der Bodenwert je Quadratmeter Grundstücksfläche maßgeblich, der aus Werten vergleichbarer Flächen abgeleitet wurde (abgeleiteter Bodenwert).

64 ① Für vorläufige Sachwerte und Bodenrichtwerte oder abgeleitete Bodenwerte zwischen den in der Anlage 25 BewG angegebenen Intervallen sind die Wertzahlen durch lineare Interpolation zu bestimmen. ② Da die Wertzahlen in der Anlage 25 BewG von zwei Variablen (Höhe des vorläufigen Sachwerts sowie dem Bodenrichtwert bzw. abgeleiteten Bodenwert) abhängen, sind in der Regel hintereinander ausgeführte Interpolationen (Kreuzinterpolation) erforderlich. ③ Hierbei sind die Zwischenergebnisse und die abschließend ermittelte Wertzahl jeweils auf drei Nachkommastellen kaufmännisch zu runden. ④ Über den tabellarisch aufgeführten Bereich hinaus ist keine Extrapolation durchzuführen. ⑤ Für Werte außerhalb des angegebenen Bereichs gilt der nächstgelegene vorläufige Sachwert oder Bodenrichtwert oder abgeleitete Bodenwert.

Beispiel:

Zu ermitteln ist die Wertzahl (k) für ein Wohnungseigentum mit einem vorläufigen Sachwert von 70 000 EUR und einem Bodenrichtwert von 400 EUR/m²:

Auszug aus Anlage 25 BewG

Vorläufiger Sachwert § 189 Absatz 3	**Bodenrichtwert oder abgeleiteter Bodenwert in EUR/m² nach § 179 Satz 4**			
	250 EUR/m²	**350 EUR/m²**	**500 UR/m²**	**1000 EUR/m²**
50 000 EUR	1,7	1,7	1,8	1,8
100 000 EUR	1,5	1,5	1,6	1,7
150 000 EUR	1,3	1,4	1,5	1,6
200 000 EUR	1,3	1,4	1,5	1,6
300 000 EUR	1,2	1,3	1,4	1,5
400 000 EUR	1,2	1,3	1,4	1,5
500 000 EUR	1,1	1,2	1,3	1,4

Berechnung:

$$kl = 1{,}7\ ./.\ (70\,000\ EUR\ ./.\ 50\,000\ EUR) \times \frac{1{,}7\ ./.\ 1{,}5}{100\,000\ EUR\ ./.\ 50\,000\ EUR} = 1{,}620$$

$$k2 = 1{,}8\ ./.\ (70\,000\ EUR\ ./.\ 50\,000\ EUR) \times \frac{1{,}8\ ./.\ 1{,}6}{100\,000\ EUR\ ./.\ 50\,000\ EUR} = 1{,}720$$

$$k = 1{,}620 + (400\ EUR/m^2\ ./.\ 350\ EUR/m^2) \times \frac{1{,}720\ ./.\ 1{,}620}{500\ EUR/m^2\ ./.\ 350\ EUR/m^2} = 1{,}653$$

Die Wertzahl für das Wohnungseigentum mit einem vorläufigen Sachwert von 70 000 EUR und einem Bodenrichtwert von 400 EUR/m² beträgt 1,653.

IV. Sonderfälle

Zu § 193 BewG

Bewertung des Erbbaurechts (R B 193 ErbStR 2019)

① Der Wert des Erbbaurechts wird vorrangig durch Anwendung der von den Gutachterausschüssen ermittelten Erbbaurechtskoeffizienten (Rz. 66) oder nachrangig im Wege einer finanzmathematischen Methode unter Heranziehung der von den Gutachterausschüssen ermittelten Erbbaurechtsfaktoren (Rz. 67) ermittelt. ② Eine Ermittlung des Werts des Erbbaurechts aus Vergleichspreisen für veräußerte Erbbaurechte ist für Bewertungsstichtage nach dem 31. Dezember 2022 nach § 193 BewG ausgeschlossen. 65

① Der Wert des Erbbaurechts ist gem. § 193 Absatz 1 BewG durch Multiplikation des Werts des unbelasteten Grundstücks mit einem Erbbaurechtskoeffizienten zu ermitteln. ② Anzuwenden sind die von den Gutachterausschüssen im Sinne der §§ 192 ff. BauGB ermittelten Erbbaurechtskoeffizienten nach Maßgabe des § 177 Absatz 2 und 3 BewG. ③ Der Wert des unbelasteten Grundstücks ist der Wert des Grundstücks, der nach den §§ 179, 182 bis 196 BewG festzustellen wäre, wenn die Belastung mit dem Erbbaurecht nicht bestünde. 66

① Liegt für das zu bewertende Erbbaurecht kein Erbbaurechtskoeffizient im Sinne des § 193 Absatz 1 i. V. m. § 177 Absatz 2 und 3 BewG vor, ist der Wert des Erbbaurechts durch Multiplikation des finanzmathematischen Werts des Erbbaurechts (→ Rz. 68 f.) mit einem Erbbaurechtsfaktor zu ermitteln (finanzmathematische Methode). ② Anzuwenden sind die von den Gutachterausschüssen ermittelten Erbbaurechtsfaktoren nach Maßgabe des § 177 Absatz 2 und 3 BewG. ③ Soweit derartige Erbbaurechtsfaktoren nicht zur Verfügung stehen, gilt der Erbbaurechtsfaktor 1,0. 67

Der Wert des Erbbaurechts ermittelt sich anhand der finanzmathematischen Methode wie folgt: 68

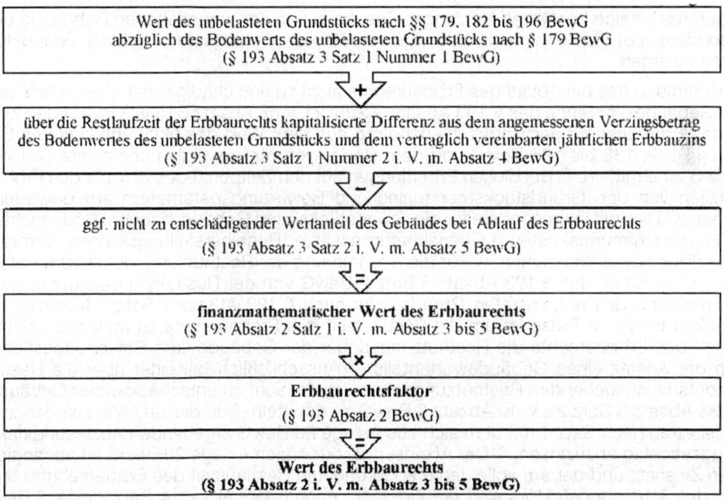

① Zur Ermittlung des finanzmathematischen Werts des Erbbaurechts wird gemäß § 193 Absatz 3 Satz 1 BewG die Summe aus 69

1. dem Wert des fiktiv unbelasteten Grundstücks nach §§ 179, 182 bis 196 BewG abzüglich des Bodenwerts des fiktiv unbelasteten Grundstücks nach § 179 BewG und
2. der gemäß § 193 Absatz 4 BewG über die Restlaufzeit des Erbbaurechts kapitalisierten Differenz aus dem angemessenen Verzinsungsbetrag des Bodenwerts des fiktiv unbelasteten Grundstücks und dem vertraglich vereinbarten jährlichen Erbbauzins (→ Rz. 70–73)

gebildet. ② Ein bei Ablauf des Erbbaurechts verbleibender und nicht zu entschädigender Wertanteil der Gebäude oder des Gebäudes ist gemäß § 193 Absatz 3 Satz 2 i. V. m. Absatz 5 BewG abzuziehen (→ Rz. 74). ③ Ist das mit dem Erbbaurecht belastete Grundstück unbebaut, besteht der finanzmathematische Wert des Erbbaurechts ausschließlich aus der über die Restlaufzeit des Erbbaurechts kapitalisierten Differenz aus dem angemessenen Verzinsungsbetrag des Bodenwerts des unbelasteten Grundstücks und dem vertraglich vereinbarten jährlichen Erbbauzins.

70 ① Der Unterschiedsbetrag aus dem angemessenen Verzinsungsbetrag des Bodenwerts des unbelasteten Grundstücks (→ Rz. 71) und dem vertraglich vereinbarten jährlichen Erbbauzins (→ Rz. 72) ist über die Restlaufzeit des Erbbaurechts mit dem sich aus Anlage 21 BewG ergebenden Vervielfältiger zu kapitalisieren (§ 193 Absatz 4 Satz 1 BewG).

71 ① Der angemessene Verzinsungsbetrag des Bodenwerts des unbelasteten Grundstücks ergibt sich gemäß § 193 Absatz 4 Satz 4 BewG durch Multiplikation des Bodenwerts für das fiktiv unbelastete Grundstück nach § 179 BewG und des Zinssatzes, der vom Gutachterausschuss bei der Ermittlung des Erbbaurechtsfaktors im Sinne des § 193 Absatz 4 Satz 2 i. V. m. Absatz 2 Satz 2 BewG zugrunde gelegt wurde. ② Soweit ein derartiger Zinssatz nicht zur Verfügung steht, sind die Zinssätze nach § 193 Absatz 4 Satz 3 BewG anzuwenden. ③ Liegt ein immerwährendes Erbbaurecht vor, entspricht der Vervielfältiger dem Kehrwert des nach Satz 1 oder 2 anzuwendenden Zinssatzes.

72 ① Maßgebender Erbbauzins ist nach § 193 Absatz 3 Satz 1 Nummer 2 BewG der am Bewertungsstichtag zu zahlende Erbbauzins, umgerechnet auf einen Jahresbetrag. ② Dabei ist stets auf die vertraglichen Vereinbarungen abzustellen; auf den gezahlten Erbbauzins kommt es nicht an. ③ Sind Erbbauzinsen während der Laufzeit des Erbbaurechts in unterschiedlicher Höhe vereinbart (z. B. bei Sonderzahlungen oder gestaffeltem Erbbauzins), kann aus Vereinfachungsgründen ein durchschnittlicher Jahresbetrag aus den insgesamt nach dem Bewertungsstichtag zu leistenden Erbbauzinsen in Abhängigkeit von der Restlaufzeit gebildet werden. ④ Die künftigen Anpassungen auf Grund von Wertsicherungsklauseln (z. B. Anknüpfung der Erbbauzinsen an den Verbraucherpreisindex) sind nicht zu berücksichtigen. ⑤ Ist kein Erbbauzins zu zahlen, stellt der angemessene Verzinsungsbetrag des Bodenwerts gleichzeitig den Unterschiedsbetrag (→ Rz. 70) dar.

73 ① Der Unterschiedsbetrag (→ Rz. 70) ist über die Restlaufzeit des Erbbaurechts mit dem sich aus Anlage 21 BewG ergebenden Vervielfältiger zu kapitalisieren. ② Der Vervielfältiger ergibt sich aus dem maßgebenden Zinssatz und der auf volle Jahre abgerundeten Restlaufzeit des Erbbaurechts. ③ Für die Anwendung des Vervielfältigers sind die Zinssätze nach § 193 Absatz 4 Satz 2 oder 3 BewG maßgebend. ④ Für nicht in der Anlage 21 BewG aufgeführte Zinssätze, ist der Vervielfältiger nach der dort angegebenen Formel zu berechnen und auf zwei Nachkommastellen kaufmännisch zu runden. ⑤ Beträgt die Restlaufzeit des Erbbaurechts weniger als ein Jahr, ist der Vervielfältiger mit 0 anzusetzen. ⑥ Liegt ein immerwährendes Erbbaurecht vor, entspricht der Vervielfältiger dem Kehrwert des nach Satz 3 anzuwendenden Zinssatzes. ⑦ Ist das mit einem Erbbaurecht belastete Grundstück unbebaut und liegen keine Angaben zur Nachfolgenutzung vor, bestehen keine Bedenken, wie folgt zu verfahren:

1. Mangels tatsächlichen Vorhandenseins eines Gebäudes kann zunächst auf die geplante Nutzung seitens des Erbbauverpflichteten bzw. -berechtigten abgestellt werden (vgl. Erbbaurechtsvertrag).
2. Bestehen noch keine konkreten Nutzungspläne, kann von der vorgesehenen Bebauung und Nutzung insbesondere laut Bauleitplan (Bebauungsplan/Flächennutzungsplan) auf die Grundstücksart geschlossen werden.

74 ① Zur Ermittlung des bei Ablauf des Erbbaurechts nicht zu entschädigenden Wertanteils der Gebäude oder des Gebäudes im Sinne des § 193 Absatz 3 Satz 2 i. V. m. Absatz 5 BewG ist auf den Zeitpunkt des Ablaufs des Erbbaurechts der Unterschiedsbetrag aus dem Wert des fiktiv unbelasteten Grundstücks nach den §§ 179, 182 bis 196 BewG und dem Bodenwert für das fiktiv unbelastete Grundstück nach § 179 BewG zu ermitteln. ② Bei diesen Ermittlungen auf den Zeitpunkt des Ablaufs des Erbbaurechts ist grundsätzlich von den Grundstücksmerkmalen und Bewertungsparametern am Bewertungsstichtag auszugehen. ③ Dies gilt insbesondere für die Grundstücks- und Gebäudeflächen, Bodenrichtwerte, Roherträge, Bewirtschaftungskosten, Liegenschaftszinssätze, Regelherstellungskosten, Verbraucher- und Baupreisindizes sowie Wertzahlen. ④ Für die Bestimmung der Restnutzungsdauer zum Ablauf des Erbbaurechts ist im Sinne des § 193 Absatz 5 Satz 2 BewG von der Restnutzungsdauer auszugehen, die bei der Ermittlung des unbelasteten Grundstücks nach § 193 Absatz 3 Satz 1 Nummer 1 BewG zugrunde gelegt wurde. ⑤ Diese ist um die Restlaufzeit des Erbbaurechts zu mindern. ⑥ Übersteigt die Restlaufzeit des Erbbaurechts die Restnutzungsdauer der Gebäude zum Bewertungsstichtag, entfällt demnach der Ansatz eines Gebäudewertanteils. ⑦ Ausschließlich bei einer über die Restlaufzeit des Erbbaurechts hinausgehenden Restnutzungsdauer ist ein nicht zu entschädigender Gebäudewertanteil nach § 193 Absatz 3 Satz 2 i. V. m. Absatz 5 BewG zu ermitteln. ⑧ In diesen Fällen ist der ermittelte Unterschiedsbetrag nach Satz 1 mit dem sich aus Anlage 26 BewG ergebenden Abzinsungsfaktor auf den Bewertungsstichtag abzuzinsen. ⑨ Der Abzinsungsfaktor nach Anlage 26 BewG ist abhängig vom maßgebenden Zinssatz und der auf volle Jahre abgerundeten Restlaufzeit des Erbbaurechts. ⑩ Für die Anwendung des Abzinsungsfaktors sind die Zinssätze nach § 193 Absatz 4 Satz 2 oder 3 BewG maßgebend. ⑪ Für nicht in der Anlage 26 BewG aufgeführte Zinssätze ist der Abzinsungsfaktor nach der dort angegebenen Formel zu berechnen und auf vier Nachkommastellen kaufmännisch zu runden. ⑫ Liegt ein immerwährendes Erbbaurecht vor, ist der Abzinsungsfaktor 0 (§ 193 Absatz 5 Satz 5 BewG). ⑬ In diesen Fällen ist kein Wertanteil des Gebäudes vom Erbbaurecht abzuziehen. ⑭ Eine Ermittlung des bei Ablauf des Erbbaurechts nicht zu entschädigenden Wertanteils des Gebäudes entfällt in diesen Fällen. ⑮ Der auf den Bewertungsstichtag abgezinste Unterschiedsbetrag ist mit dem nicht zu entschädigenden Wertanteil der jeweiligen Gebäude zu multiplizieren. ⑯ Befindet sich das im Erbbaurecht entstehende Gebäude im Zustand der Bebauung, stellen die am Bewertungsstichtag entstandenen Herstellungskosten nach § 196 BewG für die sich im Bau befindlichen Gebäude bzw. Gebäudeteile, ggf. abzüglich des bei Ablauf des Erbbaurechts nicht entschädigten und auf den Bewertungsstichtag abgezinsten Anteils der Herstellungskosten, den nicht zu entschädigenden Wertanteil des Gebäudes dar (→ R B 196.1 und R B 196.2 ErbStR 2019).

Bewertung der wirtschaftlichen Einheit des Erbbaurechts

Beispiel: 75

Ein freistehendes Einfamilienhaus (mit Keller, Erdgeschoss und ausgebautem Dachgeschoss – alle Bauteile Standardstufe 3) ist in Ausübung eines Erbbaurechts im Jahr 1964 errichtet worden. Die Brutto-Grundfläche beträgt 230 m^2. Eine Garage ist nicht vorhanden. Das belastete Grundstück hat eine Fläche von 500 m^2 und der Bodenrichtwert beträgt 250 EUR/m^2. Der vertraglich vereinbarte jährliche Erbbauzins beträgt zum Bewertungsstichtag am 6. 4. 2023 2 800 EUR und ist bis zum Ablauf des Erbbaurechts am 1.4.2063 zu zahlen. Eine Entschädigungszahlung für das Gebäude ist in Höhe von 75% des Gebäudewerts vorgesehen. Der Gutachterausschuss verfügt für Einfamilienhäuser über keine Vergleichspreise, Vergleichsfaktoren und Sachwertfaktoren. Des Weiteren hat der Gutachterausschuss weder Erbbaurechtskoeffizienten noch Erbbaurechtsfaktoren abgeleitet.

I. Finanzmathematischer Wert des Erbbaurechts

I.1 Wertanteil des Gebäudes am Bewertungsstichtag

I.1.1 Wert des fiktiv unbelasteten Grundstücks am Bewertungsstichtag

Bodenwert

Grundstücksfläche × Bodenrichtwert (500 m^2 × 250 EUR/m^2)			125 000 EUR
Gebäudesachwert			
Freistehendes Einfamilienhaus:			
Regelherstellungskosten (aus Anlage 24 BewG)		835 EUR/m^2	
Gebäudeart		1.01	
Standardstufe (alle Bauteile)		3	
Brutto-Grundfläche		× 230 m^2	
Baupreisindex (§ 190 Absatz 3 Satz 2 i. V. m. Absatz 4 BewG)			× 164,0/100
Gebäudeart		1.01	
Bewertungsstichtag		2023	
durchschnittliche Herstellungskosten			314 962 EUR
Regionalfaktor (§ 190 Absatz 3 Satz 1 i. V. m. Absatz 5 Satz 3 BewG)			× 1,0
Alterswertminderungsfaktor (§ 190 Absatz 6 Satz 1 BewG):		24 Jahre : 80 Jahre	× 0,300
Restnutzungsdauer		24 Jahre	
Bewertungsstichtag	2023		
Bezugsfertigkeit des Gebäudes	1964		
Alter des Gebäudes	59 Jahre		
Gesamtnutzungsdauer (aus Anlage 22 BewG)		80 Jahre	
Mindestrestnutzungsdauer nach § 190 Absatz 6 Satz 5 BewG ist unterschritten (30 % von 80 Jahren = 24 Jahre)			
Gebäudesachwert (Einfamilienhaus)			94 488 EUR
Vorläufiger Sachwert			219 488 EUR
Bodenwert		125 000 EUR	
Gebäudesachwert		+ 94 488 EUR	
Summe		219 488 EUR	
Sachwert			
Vorläufiger Sachwert		219 488 EUR	
Wertzahl (aus Anlage 25 BewG)		× 1,281	
Einfamilienhaus			
Vorläufiger Sachwert		219 488 EUR	
Bodenrichtwert		250 EUR/m^2	
Sachwert (bebautes Grundstück)			**281 164 EUR**

I.1.2 Bodenwert des fiktiv unbelasteten Grundstücks am Bewertungsstichtag

Bodenwert

Grundstücksfläche x Bodenrichtwert (500 m^2 × 250 EUR/m^2) **125 000 EUR**

I.1.3 Differenz aus I.1.1 und I.1.2

Sachwert (bebautes Grundstück)	281 164 EUR	
Bodenwert	./. 125 000 EUR	
Differenz (Wertanteil des Gebäudes am Bewertungsstichtag)		**156 164 EUR**

I.2 Wertvorteil/Wertnachteil gegenüber angemessener Bodenwertverzinsung am Bewertungsstichtag

I.2.1 Angemessener Verzinsungsbetrag des Bodenwerts des fiktiv unbelasteten Grundstücks

Bodenwert (I.1.2)	125 000 EUR	
Zinssatz (§ 193 Absatz 4 Satz 3 Nummer 1 BewG)	× 2,5%	
Angemessener Verzinsungsbetrag des Bodenwerts		**3 125 EUR**
I.2.2 Vertraglich vereinbarter jährlicher Erbbauzins		**2 800 EUR**
I.2.3 Unterschiedsbetrag aus I.2.1 und I.2.2		
Angemessener Verzinsungsbetrag des Bodenwerts	3 125 EUR	
vertraglich vereinbarter jährlicher Erbbauzins	./. 2 800 EUR	
Unterschiedsbetrag		**325 EUR**

I.2.4 Kapitalisierung des Unterschiedsbetrags über die Restlaufzeit des Erbbaurechts

Unterschiedsbetrag (I.2.3)			325 EUR
Vervielfältiger (nach der Formel aus Anlage 21 BewG)			24,73
Restlaufzeit des Erbbaurechts		39 Jahre	
Bewertungsstichtag	6. 4. 2023		
Ablauf des Erbbaurechts	1. 4. 2063		
Zinssatz (§ 193 Absatz 4 Satz 3 Nummer 1 BewG)		2,5 %	
Wertvorteil gegenüber angemessener Bodenwertverzinsung am Bewertungsstichtag			**8 037 EUR**

noch **75** I.3 Nicht zu entschädigender Wertanteil des Gebäudes bei Ablauf des Erbbaurechts

I.3.1 Wert des fiktiv unbelasteten Grundstücks bei Ablauf des Erbbaurechts

Restnutzungsdauer zum Bewertungsstichtag	24 Jahre	
Bewertungsstichtag	2023	
Bezugsfertigkeit des Gebäudes	1964	
Alter des Gebäudes	59 Jahre	
Gesamtnutzungsdauer (aus Anlage 22 BewG)	80 Jahre	

Mindestrestnutzungsdauer nach § 190 Absatz 6 Satz 5 BewG ist unterschritten (30% von 80 Jahren = 24 Jahre)

Restlaufzeit des Erbbaurechts	39 Jahre	
Bewertungsstichtag	6. 4. 2023	
Ablauf des Erbbaurechts	1. 4. 2063	

Die Restlaufzeit des Erbbaurechts übersteigt die Restnutzungsdauer des Gebäudes am Bewertungsstichtag. Es ist kein nicht zu entschädigender Wertanteil des Gebäudes bei Ablauf des Erbbaurechts zu berücksichtigen.

I.4 Finanzmathematischer Wert nach § 193 Absatz 2 Satz 1 i. V. m. Absatz 3 bis 5 BewG

Wertanteil des Gebäudes am Bewertungsstichtag (I.1.3)	156 164 EUR
Wertvorteil gegenüber angemessener Bodenwertverzinsung am Bewertungsstichtag (I.2.4)	+ 8 037 EUR
Finanzmathematischer Wert des Erbbaurechts	**164 201 EUR**

II. Erbbaurechtsfaktor 1,0

III. Wert des Erbbaurechts (Grundbesitzwert)

Finanzmathematischer Wert des Erbbaurechts (I.4)	164 201 EUR	
Erbbaurechtsfaktor (II.)	× 1,0	
Wert des Erbbaurechts (Grundbesitzwert)		**164 201 EUR**

Abwandlung (A) zum Beispiel:
Das zu bewertende Einfamilienhaus wurde in Ausübung des Erbbaurechts in 1934 errichtet. Das Erbbaurecht läuft am 1.4.2033 ab.

A I. Finanzmathematischer Wert des Erbbaurechts

A I.1 Wertanteil des Gebäudes am Bewertungsstichtag

A I.1.1 Wert des fiktiv unbelasteten Grundstücks am Bewertungsstichtag

Sachwert (bebautes Grundstück; s. Grundbeispiel I.1.1) **281 164 EUR**

A I.1.2 Bodenwert des fiktiv unbelasteten Grundstücks am Bewertungsstichtag

Bodenwert
Bodenwert (s. Grundbeispiel I.1.2) **125 000 EUR**

A I.1.3 Differenz aus A I.1.1 und A I.1.2

Sachwert (bebautes Grundstück)	281 164 EUR	
Bodenwert	./. 125 000 EUR	
Differenz (Wertanteil des Gebäudes am Bewertungsstichtag)		**156 164 EUR**

A I.2 Wertvorteil/Wertnachteil gegenüber angemessener Bodenwertverzinsung am Bewertungsstichtag

A I.2.1 Angemessener Verzinsungsbetrag des Bodenwerts des fiktiv unbelasteten Grundstücks

Bodenwert (A I.1.2)	125 000 EUR	
Zinssatz (§ 193 Absatz 4 Satz 3 Nummer 1 BewG)	× 2,5%	
Angemessener Verzinsungsbetrag des Bodenwerts		**3 125 EUR**
A I.2.2 Vertraglich vereinbarter jährlicher Erbbauzins		**2 800 EUR**

A I.2.3 Unterschiedsbetrag aus A I.2.1 und A I.2.2

Angemessener Verzinsungsbetrag des Bodenwerts	3 125 EUR	
vertraglich vereinbarter jährlicher Erbbauzins	./. 2 800 EUR	
Unterschiedsbetrag		**325 EUR**

A I.2.4 Kapitalisierung des Unterschiedsbetrags über die Restlaufzeit des Erbbaurechts

Unterschiedsbetrag (A 1.2.3)		325 EUR	
Vervielfältiger (nach der Formel aus Anlage 21 BewG)		7,97	
Restlaufzeit des Erbbaurechts	9 Jahre		
Bewertungsstichtag	6. 4. 2023		
Ablauf des Erbbaurechts	1. 4. 2033		
Zinssatz (§ 193 Absatz 4 Satz 3 Nummer 1 BewG)	2,5%		
Wertvorteil gegenüber angemessener Bodenwertverzinsung am Bewertungsstichtag			**2 590 EUR**

A I.3 Nicht zu entschädigender Wertanteil des Gebäudes bei Ablauf des Erbbaurechts

Restnutzungsdauer zum Bewertungsstichtag	24 Jahre
Bewertungsstichtag	2023
Bezugsfertigkeit des Gebäudes	1934
Alter des Gebäudes	89 Jahre
Gesamtnutzungsdauer (aus Anlage 22 BewG)	80 Jahre

Mindestrestnutzungsdauer nach § 190 Absatz 6 Satz 5 BewG ist unterschritten (30% von 80 Jahren = 24 Jahre)

Restlaufzeit des Erbbaurechts	9 Jahre
Bewertungsstichtag	6. 4. 2023
Ablauf des Erbbaurechts	1. 4. 2033
Restnutzungsdauer bei Ablauf des Erbbaurechts	15 Jahre

Die Restnutzungsdauer des Gebäudes übersteigt die Restlaufzeit des Erbbaurechts am Bewertungsstichtag. Es ist ein nicht zu entschädigender Wertanteil des Gebäudes bei Ablauf des Erbbaurechts zu berücksichtigen.

A I.3.1 Wert des fiktiv unbelasteten Grundstücks bei Ablauf des Erbbaurechts			
Bodenwert			
Grundstücksfläche x Bodenrichtwert (500 m^2 × 250 EUR/m^2)			125 000 EUR
Gebäudesachwert			
Freistehendes Einfamilienhaus:			
Regelherstellungskosten (aus Anlage 24 BewG)		835 EUR/m^2	
Gebäudeart	1.01		
Standardstufe (alle Bauteile)	3		
Brutto-Grundfläche		× 230 m^2	
Baupreisindex (§ 190 Absatz 3 Satz 2 i. V. m. Absatz 4 BewG)			× 164,0/100
Gebäudeart	1.01		
Bewertungsstichtag	2023		
durchschnittliche Herstellungskosten			314 962 EUR
Regionalfaktor (§ 190 Absatz 3 Satz 1 i. V. m. Absatz 5 Satz 3 BewG)			× 1,0
Alterswertminderungsfaktor (§ 190 Absatz 6 Satz 1 BewG):		15 Jahre : 80 Jahre	× 0,188
Restnutzungsdauer bei Ablauf des Erbbaurechts	15 Jahre		
Gebäudesachwert (Einfamilienhaus)			59 213 EUR
Vorläufiger Sachwert			184 213 EUR
Bodenwert		125 000 EUR	
Gebäudesachwert		+ 59 213 EUR	
Summe		184 213 EUR	
Sachwert			
Vorläufiger Sachwert		184 213 EUR	
Wertzahl (aus Anlage 25 BewG)		× 1,300	
Einfamilienhaus			
Vorläufiger Sachwert	184 213 EUR		
Bodenrichtwert	250 EUR/m^2		
Sachwert (bebautes Grundstück) bei Ablauf des Erbbaurechts			**239 477 EUR**
A I.3.2 Bodenwert des fiktiv unbelasteten Grundstücks bei Ablauf des Erbbaurechts			
Bodenwert			
Grundstücksfläche × Bodenrichtwert (500 m^2 × 250 EUR/m^2)			**125 000 EUR**
A I.3.3 Differenz aus A I.3.1 und A I.3.2			
Sachwert (A I.3.1)		239 477 EUR	
Bodenwert (A I.3.2)		./. 125 000 EUR	
Differenz (Wertanteil des Gebäudes bei Ablauf des Erbbaurechts)			**114 477 EUR**
I.3.4 Abzinsung des Wertanteils des Gebäudes bei Ablauf des Erbbaurechts			
Differenz A I.3.3		114 477 EUR	
Abzinsungsfaktor (nach Formel aus Anlage 26 BewG)		0,8007	
Restlaufzeit des Erbbaurechts	9 Jahre		
Bewertungsstichtag	6. 4. 2023		
Ablauf des Erbbaurechts	1. 4. 2033		
Zinssatz	2,5%		
(§ 193 Absatz 5 Satz 4 i. V. m. 4 Absatz 4 Satz 3 Nummer 1 BewG)			
Wertanteil des Gebäudes (abgezinst auf den Bewertungsstichtag)			**91 662 EUR**
A I.3.5 Nicht zu entschädigender Wertanteil des Gebäudes bei Ablauf des Erbbaurechts			
Abgezinster Wertanteil des Gebäudes I.3.4		91 662 EUR	
nicht zu entschädigender Wertanteil		× 25%	
Nicht zu entschädigender Wertanteil des Gebäudes bei Ablauf des Erbbaurechts			**22 916 EUR**
A I.4 Finanzmathematischer Wert nach § 193 Absatz 2 Satz 1 i. V. m. Absatz 3 bis 5 BewG			
Wertanteil des Gebäudes am Bewertungsstichtag (A I.1.3)			156 164 EUR
Wertvorteil gegenüber angemessener Bodenwertverzinsung am Bewertungsstichtag (A I.2.4)			+ 2 590 EUR
nicht zu entschädig. Wertanteil des Gebäudes bei Ablauf des Erbbaurechts (A I.3.5)			./. 22 916 EUR
Finanzmathematischer Wert des Erbbaurechts			**135 838 EUR**
A II. Erbbaurechtsfaktor			1,0
A III. Wert des Erbbaurechts (Grundbesitzwert)			
Finanzmathematischer Wert des Erbbaurechts (A I.4)		135 838 EUR	
Erbbaurechtsfaktor (A II.)		× 1,0	
Wert des Erbbaurechts (Grundbesitzwert)			**135 838 EUR**

Eine Berücksichtigung weiterer wertbeeinflussender Umstände – beispielsweise vom Üblichen abweichende Auswirkungen vertraglicher Vereinbarungen, insbesondere die Berücksichtigung von fehlenden Wertsicherungsklauseln oder der Ausschluss einer Anpassung des Erbbaurechtsvertrags – kommt nicht in Betracht. **76**

Zu § 194 BewG

Bewertung des Erbbaugrundstücks (R B 194 ErbStR 2019)

① Der Wert des Erbbaugrundstücks wird vorrangig durch Anwendung der von den Gutachterausschüssen ermittelten Erbbaugrundstückskoeffizienten (→ Rz. 78) oder nachrangig im Wege der finanz- **77** mathematischen Methode unter Heranziehung der von den Gutachterausschüssen ermittelten Erbbaugrundstücksfaktoren (→ Rz. 79) ermittelt. ② Eine Ermittlung des Werts des Erbbaugrundstücks aus Vergleichspreisen für veräußerte Erbbaugrundstücke ist für Bewertungsstichtage nach dem 31. Dezember 2022 nach § 194 BewG ausgeschlossen.

78 ① Der Wert des Erbbaugrundstücks ist gemäß § 194 Absatz 1 Satz 1 BewG durch Multiplikation des Bodenwerts des unbelasteten Grundstücks mit einem Erbbaugrundstückskoeffizienten zu ermitteln. ② Anzuwenden sind die von den Gutachterausschüssen im Sinne der §§ 192 ff. BauGB ermittelten Erbbaugrundstückskoeffizienten nach Maßgabe des § 177 Absatz 2 und 3 BewG. ③ Der Bodenwert des unbelasteten Grundstücks ist der Wert des Grundstücks, der nach § 179 BewG festzustellen wäre, wenn die Belastung mit dem Erbbaurecht nicht bestünde.

79 ① Liegt für das zu bewertende Erbbaugrundstück kein Erbbaugrundstückskoeffizient im Sinne des § 194 Absatz 1 i. V. m. § 177 Absatz 2 und 3 BewG vor, ist der Wert des Erbbaugrundstücks durch Multiplikation des finanzmathematischen Werts des Erbbaugrundstücks (→ Rz. 80 f.) mit einem Erbbaugrundstücksfaktor zu ermitteln (finanzmathematische Methode). ② Anzuwenden sind die von den Gutachterausschüssen ermittelten Erbbaugrundstücksfaktoren nach Maßgabe des § 177 Absatz 2 und 3 BewG. ③ Soweit derartige Erbbaugrundstücksfaktoren nicht zur Verfügung stehen, gilt der Erbbaugrundstücksfaktor 1,0.

80 Der Wert des Erbbaugrundstücks ermittelt sich anhand der finanzmathematischen Methode wie folgt:

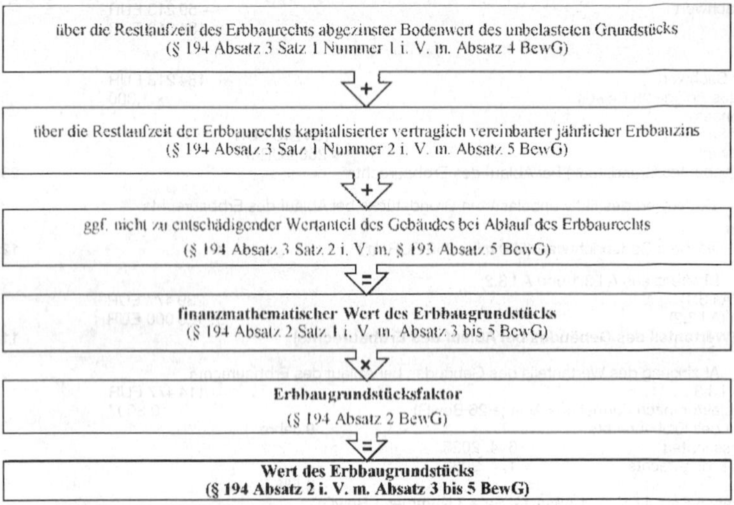

81 ① Zur Ermittlung des finanzmathematischen Werts des Erbbaugrundstücks wird gemäß § 194 Absatz 3 Satz 1 BewG die Summe aus

1. dem nach § § 194 Absatz 4 BewG über die Restlaufzeit des Erbbaurechts abgezinsten Bodenwert des fiktiv unbelasteten Grundstücks nach § 179 BewG (→ Rz. 82) und
2. dem nach § 194 Absatz 5 BewG über die Restlaufzeit des Erbbaurechts kapitalisierten vertraglich vereinbarten jährlichen Erbbauzins (→ Rz. 83)

gebildet. ② Ein bei Ablauf des Erbbaurechts verbleibender und nicht zu entschädigender Wertanteil der Gebäude oder des Gebäudes ist nach § 194 Absatz 3 Satz 2 i. V. m. § 193 Absatz 5 BewG (→ Rz. 84) hinzuzurechnen. ③ Ist das mit dem Erbbaurecht belastete Grundstück unbebaut, besteht der finanzmathematische Wert des Erbbaugrundstücks ausschließlich aus der Summe der Werte nach Satz 1.

82 ① Der Bodenwert des fiktiv unbelasteten Grundstücks nach § 179 BewG ist gemäß § 194 Absatz 4 Satz 1 BewG über die Restlaufzeit des Erbbaurechts mit dem sich aus der Anlage 26 BewG ergebenden Abzinsungsfaktor abzuzinsen. ② Der Abzinsungsfaktor nach Anlage 26 BewG ist abhängig vom maßgebenden Zinssatz und der auf volle Jahre abgerundeten Restlaufzeit des Erbbaurechts. ③ Für die Abzinsung sind die Zinssätze zu verwenden, die von den Gutachterausschüssen bei der Ermittlung des Erbbaugrundstücksfaktors im Sinne des § 194 Absatzes 2 Satz 2 BewG zugrunde gelegt wurden. ④ Soweit von den Gutachterausschüssen keine derartigen Zinssätze zur Verfügung stehen, sind die Zinssätze nach § 194 Absatz 4 Satz 3 i. V. m. § 193 Absatz 4 Satz 3 BewG anzuwenden. ⑤ Für nicht in der Anlage 26 BewG aufgeführte Zinssätze, ist der Abzinsungsfaktor nach der dort angegebenen Formel zu berechnen und auf vier Nachkommastellen kaufmännisch zu runden. ⑥ Rz. 73 Satz 7 gilt entsprechend. ⑦ Beträgt die Restlaufzeit des Erbbaurechts weniger als ein Jahr, ist der Abzinsungsfaktor 1 anzuwenden. ⑧ Liegt ein immerwährendes Erbbaurecht vor, ist der Abzinsungsfaktor 0.

83 ① Dem über die Restlaufzeit des Erbbaurechts abgezinsten Bodenwert des fiktiv unbelasteten Grundstücks (→ Rz. 82) ist gemäß § 194 Absatz 3 Satz 1 Nummer 2 i. V. m. § 194 Absatz 5 BewG der ebenfalls über die Restlaufzeit des Erbbaurechts kapitalisierte Erbbauzins hinzuzurechnen. ② Maßgebender Erbbauzins ist nach § 194 Absatz 3 Satz 1 Nummer 2 BewG der am Bewertungsstichtag zu zahlende Erbbauzins, umgerechnet auf einen Jahresbetrag. ③ Dabei ist stets auf die vertraglichen Vereinbarungen abzustellen; auf den gezahlten Erbbauzins kommt es nicht an. ④ Sind Erbbauzinsen während der Laufzeit des Erbbaurechts in unterschiedlicher Höhe vereinbart (z. B. bei Sonderzahlungen oder gestaffeltem Erbbauzins), kann aus Vereinfachungsgründen ein durchschnittlicher Jahresbetrag aus den insgesamt nach dem Bewertungsstichtag zu leistenden Erbbauzinsen in Abhängigkeit von der Restlaufzeit gebildet werden. ⑤ Die künftigen Anpassungen auf Grund von Wertsicherungsklauseln (z. B. Anknüpfung der Erbbauzinsen an den Verbraucherpreisindex) sind nicht zu berücksichtigen. ⑥ Der vertraglich vereinbarte jährliche Erbbauzins ist über die auf volle Jahre abgerundete Restlaufzeit des Erbbaurechts mit dem sich aus der Anlage 21 BewG ergebenden Vervielfältiger zu kapitalisieren. ⑦ Für die Anwendung des Vervielfältigers sind die Zinssätze maßgebend, die von den Gutachterausschüssen bei der Ermittlung des Erbbaugrundstücksfaktors im Sinne des § 194 Absatz 2 Satz 2 BewG zugrunde gelegt wurden. ⑧ Soweit von den Gutachterausschüssen keine derartigen Zinssätze zur Verfügung stehen, sind die Zinssätze nach § 194 Absatz 5 Satz 3 i. V. m. § 193 Absatz 4 Satz 3 BewG anzuwenden. ⑨ Für nicht in der Anlage 21 BewG aufgeführte Zinssätze, ist der Vervielfältiger nach der dort angegebenen Formel zu berechnen und auf zwei Nachkommastellen kaufmännisch zu runden. ⑩ Rz. 73 Satz 7 gilt entsprechend. ⑪ Beträgt die Restlaufzeit des Erbbaurechts weniger als ein Jahr, ist der Vervielfältiger mit einem Wert von 0 zu berücksichtigen. ⑫ Liegt ein immerwährendes Erbbaurecht vor, entspricht der Vervielfältiger dem Kehrwert des nach § 194 Absatz 4 Satz 2 oder 3 BewG anzuwendenden Zinssatzes.

① Ein Gebäudewertanteil des Erbbaugrundstücks ergibt sich nur dann, wenn bei Beendigung des **84**
Erbbaurechts durch Zeitablauf der verbleibende Gebäudewert nicht oder nur teilweise zu entschädigen ist und die Restnutzungsdauer der Gebäude die Restlaufzeit des Erbbaurechts übersteigt (→ Rz. 74). ② Ein bei Ablauf des Erbbaurechts verbleibender und nicht zu entschädigender Wertanteil der Gebäude oder des Gebäudes ist nach § 194 Absatz 3 Satz 2 i. V. m. § 193 Absatz 5 BewG dem finanzmathematischen Wert des Erbbaugrundstücks hinzuzurechnen (→ Rz. 80, 81). ③ Für die Ermittlung des bei Ablauf des Erbbaurechts nicht zu entschädigenden Wertanteils der Gebäude oder des Gebäudes gilt Rz. 74 entsprechend.

Bewertung der wirtschaftlichen Einheit des Erbbaugrundstücks

Beispiel (Sachverhalt wie in Rz. 75): **85**

Vom Gutachterausschuss stehen weder Erbbaugrundstückskoeffizienten noch Erbbaugrundstücksfaktoren zur Verfügung.

I. Finanzmathematischer Wert des Erbbaugrundstücks

I.1 Abgezinster Bodenwert des fiktiv unbelasteten Grundstücks am Bewertungsstichtag			
Bodenwert:			125 000 EUR
Grundstücksfläche		500 m²	
× Bodenrichtwert (500 m² × 250 EUR/m²)		250 EUR/m²	
Abzinsungsfaktor (nach der Formel aus Anlage 26 BewG)			0,3817
Restlaufzeit des Erbbaurechts		39 Jahre	
Bewertungsstichtag	6. 4. 2023		
Ablauf des Erbbaurechts	1. 4. 2063		
Zinssatz (Einfamilienhaus)		2,5 %	
(§ 194 Absatz 4 Satz 3 i. V. m. § 193 Absatz 4 Satz 3 Nummer 1 BewG)			
Abgezinster Bodenwert			**47 712 EUR**

I.2 Barwert der vertraglich vereinbarten jährlichen Erbbauzinsen am Bewertungsstichtag			
Vertraglich vereinbarter jährlicher Erbbauzins			2 800 EUR
Vervielfältiger (nach der Formel aus Anlage 21 BewG)			× 24,73
Restlaufzeit des Erbbaurechts		39 Jahre	
Bewertungsstichtag	6. 4. 2023		
Ablauf des Erbbaurechts	1. 4. 2063		
Zinssatz (Einfamilienhaus)		2,5%	
(§ 194 Absatz 5 Satz 3 i. V. m. § 193 Absatz 4 Satz 3 Nummer 1 BewG)			
Barwert der vertraglich vereinbarten jährlichen Erbbauzinsen			**69 244 EUR**

I.3 Nicht zu entschädigender Wertanteil des Gebäudes bei Ablauf des Erbbaurechts			
Restnutzungsdauer zum Bewertungsstichtag		24 Jahre	
Bewertungsstichtag	2023		
Bezugsfertigkeit des Gebäudes	1964		
Alter des Gebäudes	59 Jahre		
Gesamtnutzungsdauer (aus Anlage 22 BewG)	80 Jahre		
Mindestrestnutzungsdauer nach § 190 Absatz 6 Satz 5 BewG ist unterschritten (30% von 80 Jahren = 24 Jahre)			
Restlaufzeit des Erbbaurechts		39 Jahre	
Bewertungsstichtag	6. 4. 2023		
Ablauf des Erbbaurechts	1. 4. 2063		

Die Restlaufzeit des Erbbaurechts übersteigt die Restnutzungsdauer des Gebäudes am Bewertungsstichtag. Es ist kein nicht zu entschädigender Wertanteil des Gebäudes bei Ablauf des Erbbaurechts zu berücksichtigen.

I.4 Finanzmathematischer Wert des Erbbaugrundstücks am Bewertungsstichtag	
Abgezinster Bodenwert (I.1)	47 712 EUR
Barwert der vertraglich vereinbarten jährlichen Erbbauzinsen (I.2)	+ 69 244 EUR
Finanzmathematischer Wert des Erbbaugrundstücks am Bewertungsstichtag	**116 956 EUR**

II. Erbbaugrundstücksfaktor	1,0

noch **85** **III. Wert des Erbbaugrundstücks (Grundbesitzwert)**

Finanzmathematischer Wert des Erbbaugrundstücks (I.4)	116 956 EUR	
Erbbaugrundstücksfaktor (II.)	× 1,0	
Wert des Erbbaugrundstücks (Grundbesitzwert)		**116 956 EUR**

Abwandlung (A) zum Beispiel:
Das zu bewertende Einfamilienhaus wurde in Ausübung des Erbbaurechts in 1934 errichtet. Das Erbbaurecht läuft am 1.4.2033 ab.

A I. Finanzmathematischer Wert des Erbbaugrundstücks

A I.1 Abgezinster Bodenwert des fiktiv unbelasteten Grundstücks am Bewertungsstichtag

Bodenwert:			125 000 EUR	
Grundstücksfläche		500 m²		
x Bodenrichtwert (500 m² × 250 EUR/m²)		250 EUR/m²		
Abzinsungsfaktor (nach der Formel aus Anlage 26 BewG)			0,8007	
Restlaufzeit des Erbbaurechts		9 Jahre		
Bewertungsstichtag	6. 4. 2023			
Ablauf des Erbbaurechts	1. 4. 2033			
Zinssatz (Einfamilienhaus)		2,5 %		
(§ 194 Absatz 4 Satz 3 i. V. m. § 193 Absatz 4 Satz 3 Nummer 1 BewG)				
Abgezinster Bodenwert				**100 087 EUR**

A I.2 Barwert der vertraglich vereinbarten jährlichen Erbbauzinsen am Bewertungsstichtag

Vertraglich vereinbarter jährlicher Erbbauzins			2 800 EUR	
Vervielfältiger (nach der Formel aus Anlage 21 BewG)			× 7,97	
Restlaufzeit des Erbbaurechts		9 Jahre		
Bewertungsstichtag	6. 4. 2023			
Ablauf des Erbbaurechts	1. 4. 2033			
Zinssatz (Einfamilienhaus)		2,5%		
(§ 194 Absatz 5 Satz 3 i. V. m. § 193 Absatz 4 Satz 3 Nummer 1 BewG)				
Barwert der vertraglich vereinbarten jährlichen Erbbauzinsen				**22 316 EUR**

A I.3 Nicht zu entschädigender Wertanteil des Gebäudes bei Ablauf des Erbbaurechts

Restnutzungsdauer zum Bewertungsstichtag		24 Jahre
Bewertungsstichtag	2023	
Bezugsfertigkeit des Gebäudes	1934	
Alter des Gebäudes	89 Jahre	
Gesamtnutzungsdauer (aus Anlage 22 BewG)	80 Jahre	
Mindestrestnutzungsdauer nach § 190 Absatz 6 Satz 5 BewG ist unterschritten (30% von 80 Jahren = 24 Jahre)		
Restlaufzeit des Erbbaurechts		9 Jahre
Bewertungsstichtag	6. 4. 2023	
Ablauf des Erbbaurechts	1. 4. 2063	
Restnutzungsdauer bei Ablauf des Erbbaurechts		15 Jahre

Die Restnutzungsdauer des Gebäudes übersteigt die Restlaufzeit des Erbbaurechts am Bewertungsstichtag. Es ist ein nicht zu entschädigender Wertanteil des Gebäudes bei Ablauf des Erbbaurechts zu berücksichtigen.

I.3.1 Wert des fiktiv unbelasteten Grundstücks bei Ablauf des Erbbaurechts

Bodenwert				
Grundstücksfläche × Bodenrichtwert (500 m² × 250 EUR/m²)			125 000 EUR	
Gebäudesachwert				
Freistehendes Einfamilienhaus:				
Regelherstellungskosten (aus Anlage 24 BewG)			835 EUR/m²	
Gebäudeart		1.01		
Standardstufe (alle Bauteile)		3		
Brutto-Grundfläche			× 230 m²	
Baupreisindex (§ 190 Absatz 3 Satz 2 i. V. m. Absatz 4 BewG)			× 164,0/100	
Gebäudeart		1.01		
Bewertungsstichtag		2023		
durchschnittliche Herstellungskosten				314 962 EUR
Regionalfaktor (§ 190 Absatz 3 Satz 1 i. V. m. Absatz 5 Satz 3 BewG)				× 1,0
Alterswertminderungsfaktor (§ 190 Absatz 6 Satz 1 BewG):			15 Jahre : 80 Jahre	× 0,187
Restnutzungsdauer bei Ablauf des Erbbaurechts			15 Jahre	
Gebäudesachwert (Einfamilienhaus)				58 897 EUR
Vorläufiger Sachwert				183 897 EUR
Bodenwert			125 000 EUR	
Gebäudesachwert			+ 58 897 EUR	
Summe			183 897 EUR	
Sachwert				
Vorläufiger Sachwert			183 897 EUR	
Wertzahl (aus Anlage 25 BewG)			× 1,300	
Einfamilienhaus				
Vorläufiger Sachwert		183 897 EUR		
Bodenrichtwert		250 EUR/m²		
Sachwert (bebautes Grundstück) bei Ablauf des Erbbaurechts				**239 066 EUR**

A I.3.2 Bodenwert des fiktiv unbelasteten Grundstücks bei Ablauf des Erbbaurechts

Bodenwert	
Grundstücksfläche × Bodenrichtwert (500 m² × 250 EUR/m²)	**125 000 EUR**

A I.3.3 Differenz aus A I.3.1 und A I.3.2		
Sachwert (A I.3.1)	239 066 EUR	
Bodenwert (A I.3.2)	./. 125 000 EUR	
Differenz (Wertanteil des Gebäudes bei Ablauf des Erbbaurechts)		**114 066 EUR**

A I.3.4 Abzinsung des Wertanteils des Gebäudes bei Ablauf des Erbbaurechts			
Differenz A I.3.3		114 066 EUR	
Abzinsungsfaktor (nach Formel aus Anlage 26 BewG)		× 0,8007	
Restlaufzeit des Erbbaurechts	9 Jahre		
Bewertungsstichtag 6. 4. 2023			
Ablauf des Erbbaurechts 1. 4. 2033			
Zinssatz	2,5 %		
(§ 193 Absatz 5 Satz 4 i. V. m. 4 Absatz 4 Satz 3 Nummer 1 BewG)			
Wertanteil des Gebäudes (abgezinst auf den Bewertungsstichtag)			**91 332 EUR**

A I.3.5 Nicht zu entschädigender Wertanteil des Gebäudes bei Ablauf des Erbbaurechts			
Abgezinster Wertanteil des Gebäudes I.3.4		91 332 EUR	
nicht zu entschädigender Wertanteil	x 25%		
Nicht zu entschädigender Wertanteil des Gebäudes bei Ablauf des Erbbaurechts			**22 833 EUR**

A I.4 Finanzmathematischer Wert des Erbbaugrundstücks am Bewertungsstichtag	
Abgezinster Bodenwert (A I.1)	100 087 EUR
Barwert der vertraglich vereinbarten jährlichen Erbbauzinsen (A I.2)	+ 22 316 EUR
Nicht zu entschädig. Wertanteil des Gebäudes bei Ablauf des Erbbaurechts (A I.3.5)	+ 22 833 EUR
Finanzmathematischer Wert des Erbbaugrundstücks am Bewertungsstichtag	**145 236 EUR**

A II. Erbbaugrundstücksfaktor	1,0

A III. Wert des Erbbaugrundstücks (Grundbesitzwert)		
Finanzmathematischer Wert des Erbbaugrundstücks (A I.4)	145 236 EUR	
Erbbaugrundstücksfaktor (A II.)	× 1,0	
Wert des Erbbaugrundstücks (Grundbesitzwert)		**145 236 EUR**

Zu § 195 BewG

Gebäude auf fremdem Grund und Boden (R B 195.1 ErbStR 2019)

86 Zu bewerten sind als selbständige wirtschaftliche Einheiten sowohl ein Gebäude auf fremdem Grund und Boden als auch das (mit dem Gebäude auf fremdem Grund und Boden) belastete Grundstück.

87 ① Ein Gebäude auf fremdem Grund und Boden liegt vor, wenn ein anderer als der Eigentümer des Grund und Bodens darauf ein Gebäude errichtet hat und ihm das Gebäude zuzurechnen ist (§ 70 Absatz 3, § 151 Absatz 1 Satz 1 Nummer 1, § 157 Absatz 3 Satz 2, § 180 Absatz 2 BewG). ② Das ist insbesondere der Fall, wenn es Scheinbestandteil des Grund und Bodens ist (§ 95 BGB). ③ Sofern dem Nutzungsberechtigten für den Fall der Nutzungsbeendigung gegenüber dem Eigentümer des Grund und Bodens ein Anspruch auf Ersatz des Verkehrswerts des Gebäudes zusteht, ist bewertungsrechtlich von einem Gebäude auf fremdem Grund und Boden auszugehen. ④ Ein solcher Anspruch kann sich aus einer vertraglichen Vereinbarung oder aus dem Gesetz ergeben. ⑤ Als Gebäude auf fremdem Grund und Boden erfasst werden das Gebäude, die sonstigen Bestandteile, wie die vom Nutzungsberechtigten errichteten Außenanlagen, und das Zubehör. ⑥ Außerdem wird der Vorteil oder Nachteil des Eigentümers des Gebäudes auf fremdem Grund und Boden erfasst, der dadurch erlangt wird, dass für die Nutzung des Grundstücks weniger oder mehr als der volle Bodenwertverzinsungsbetrag (angemessene Bodenwertverzinsung) zu leisten ist. ⑦ Werden auf einem Grundstück nur Betriebsvorrichtungen (§ 176 Absatz 2 Satz 1 Nummer 2 BewG) oder Außenanlagen errichtet, liegt kein Gebäude auf fremdem Grund und Boden vor.

88 ① Die wirtschaftliche Einheit belastetes Grundstück umfasst die vertraglich überlassene Fläche des Grund und Bodens unter Berücksichtigung der Restlaufzeit des Nutzungsrechts und der erhaltenen Nutzungsentgelte. ② Enthält der Vertrag keine Angaben zur überlassenen Fläche, ist auf die tatsächlichen Verhältnisse des Einzelfalls abzustellen. ③ Dabei ist neben der Grundfläche des Gebäudes regelmäßig auch die Fläche im Umgriff des Gebäudes zu erfassen. ④ Ist eine eindeutige Abgrenzung nicht möglich, bestehen keine Bedenken, vom Fünffachen der bebauten Fläche auszugehen. ⑤ Ist ein einheitliches Gebäude auf mehreren unmittelbar nebeneinander liegenden Grundstücken errichtet worden, die unterschiedlichen Grundstückseigentümern gehören, gilt R B 192.1 Absatz 4 entsprechend.

Wertermittlung bei Gebäuden auf fremdem Grund und Boden und belasteten Grundstücken (R B 195.2 ErbStR 2019)

89 ① Die Bewertung in Fällen mit Gebäuden auf fremdem Grund und Boden nach § 195 BewG wurde in Anlehnung an die Bewertung in Erbbaurechtsfällen nach §§ 192 bis 194 BewG ausgestaltet. ② In Fällen mit Gebäuden auf fremdem Grund und Boden sind die Werte für die wirtschaftliche Einheit des Gebäudes auf fremdem Grund und Boden nach § 195 Absatz 2 bis 4 BewG und die wirtschaftliche Einheit des belasteten Grundstücks nach § 195 Absatz 5 bis 7 BewG gesondert zu ermitteln. ③ Die nach § 195 BewG ermittelten Grundbesitzwerte dürfen gemäß § 195 Absatz 1 Satz 2 BewG jeweils nicht weniger als 0 Euro betragen.

Wertermittlung bei Gebäuden auf fremdem Grund und Boden

90 ① Der Wert des Gebäudes auf fremdem Grund und Boden wird gemäß § 195 Absatz 2 Satz 1 BewG durch die Summe aus

1. dem Wert des fiktiv unbelasteten Grundstücks nach den §§ 179, 182 bis 196 BewG abzüglich des Bodenwerts des fiktiv unbelasteten Grundstücks nach § 179 BewG und

2. der nach § 195 Absatz 3 BewG über die Restlaufzeit des Nutzungsrechts kapitalisierten Differenz aus dem angemessenen Verzinsungsbetrag des Bodenwerts des fiktiv unbelasteten Grundstücks und dem vertraglich vereinbarten jährlichen Nutzungsentgelt

gebildet. ② Ein bei Ablauf des Nutzungsrechts nicht zu entschädigender Wertanteil der Gebäude oder des Gebäudes ist gemäß § 195 Absatz 4 BewG abzuziehen.

91 Damit ergibt sich zur Ermittlung des Werts des Gebäudes auf fremdem Grund und Boden folgendes Ablaufschema:

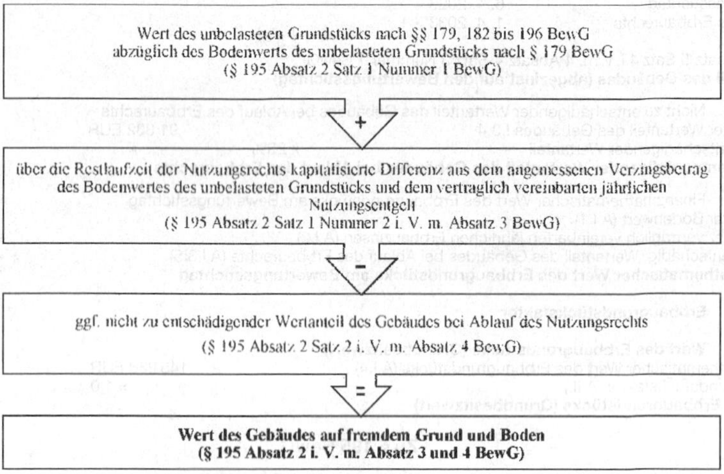

92 ① Nach § 195 Absatz 2 Satz 1 Nummer 2 i.V.m. Absatz 3 Satz 1 BewG ist der Unterschiedsbetrag aus dem angemessenen Verzinsungsbetrag des Bodenwerts des unbelasteten Grundstücks (→ Rz. 93) und dem vertraglich vereinbarten jährlichen Nutzungsentgelt (→ Rz. 94) über die Restlaufzeit des Nutzungsrechts mit dem sich aus Anlage 21 BewG ergebenden Vervielfältiger zu kapitalisieren.

93 ① Der angemessene Verzinsungsbetrag des Bodenwerts des unbelasteten Grundstücks ergibt sich gemäß § 195 Absatz 3 Satz 4 BewG durch Multiplikation des Bodenwerts für das fiktiv unbelastete Grundstück nach § 179 BewG mit den von den Gutachterausschüssen für die jeweilige Grundstücksart ermittelten Liegenschaftszinssätzen nach Maßgabe des § 177 Absatz 2 und 3 BewG. ② Soweit von den Gutachterausschüssen kein derartiger Liegenschaftszinssatz zur Verfügung steht, sind gemäß § 195 Absatz 3 Satz 3 BewG die Zinssätze nach § 193 Absatz 4 Satz 3 BewG anzuwenden. ③ Liegt ein immerwährendes Nutzungsrecht vor, entspricht der Vervielfältiger dem Kehrwert des nach Satz 1 oder 2 anzuwendenden Zinssatzes.

94 ① Maßgebendes Nutzungsentgelt ist nach § 195 Absatz 2 Satz 1 Nummer 2 BewG das am Bewertungsstichtag zu zahlende Nutzungsentgelt, umgerechnet auf einen Jahresbetrag. ② Dabei ist stets auf die vertraglichen Vereinbarungen abzustellen; auf das gezahlte Nutzungsentgelt kommt es nicht an. ③ Sind Nutzungsentgelte während der Laufzeit des Nutzungsrechts in unterschiedlicher Höhe vereinbart (z. B. bei Sonderzahlungen oder gestaffeltem Nutzungsentgelt), kann aus Vereinfachungsgründen ein durchschnittlicher Jahresbetrag aus den insgesamt nach dem Bewertungsstichtag zu leistenden Nutzungsentgelten in Abhängigkeit von der Restlaufzeit gebildet werden. ④ Die künftigen Anpassungen auf Grund von Wertsicherungsklauseln (z. B. Anknüpfung der Nutzungsentgelte an den Verbraucherpreisindex) sind nicht zu berücksichtigen. ⑤ Ist kein Nutzungsentgelt zu zahlen, stellt der angemessene Verzinsungsbetrag des Bodenwerts gleichzeitig den Unterschiedsbetrag (→ Rz. 92) dar.

95 ① Der Unterschiedsbetrag zwischen dem angemessenen Verzinsungsbetrag des Bodenwerts des fiktiv unbelasteten Grundstücks (→ Rz. 93) und dem vertraglich vereinbarten jährlichen Nutzungsentgelt (→ Rz. 94) ist gemäß § 195 Absatz 3 Satz 1 BewG über die auf volle Jahre abgerundete Restlaufzeit des Nutzungsrechts mit dem sich aus Anlage 21 BewG ergebenden Vervielfältiger zu kapitalisieren. ② Für die Anwendung des Vervielfältigers sind die von den Gutachterausschüssen für die jeweilige Grundstücksart ermittelten Liegenschaftszinssätze nach Maßgabe des § 177 Absatz 2 und 3 BewG oder wenn derartige Liegenschaftszinssätze nicht zur Verfügung stehen, gemäß § 195 Absatz 3 Satz 3 BewG die Zinssätze nach § 193 Absatz 4 Satz 3 BewG maßgebend. ③ Für nicht in der Anlage 21 BewG aufgeführte Zinssätze, ist der Vervielfältiger nach der dort angegebenen Formel zu berechnen und auf zwei Nachkommastellen kaufmännisch zu runden. ④ Beträgt die Restlaufzeit des Nutzungsrechts weniger als ein Jahr, ist der Vervielfältiger mit 0 anzusetzen. ⑤ Liegt ein immerwährendes Nutzungsrecht vor, entspricht der Vervielfältiger dem Kehrwert des nach Satz 2 anzuwendenden Zinssatzes.

96 ① Ist der Nutzer verpflichtet, das Gebäude bei Ablauf des Nutzungsrechts zu beseitigen, ergibt sich im Sinne des § 195 Absatz 4 Satz 7 BewG bei Ablauf des Nutzungsrechts keine Restnutzungsdauer und damit kein Wertanteil des Gebäudes mehr. ② Eine Ermittlung des nicht zu entschädigenden Wertanteils des Gebäudes bei Ablauf des Nutzungsrechts ist daher ausschließlich in den Fällen erforderlich, in denen keine Abrissverpflichtung für das Gebäude bei Ablauf des Nutzungsrechts besteht. ③ Zur Ermittlung des bei Ablauf des Nutzungsrechts nicht zu entschädigenden Wertanteils der Gebäude oder des Gebäudes ist gemäß § 195 Absatzes 2 Satz 2 BewG i. V. m. Absatz 4 BewG auf den Zeitpunkt des Ablaufs des Nutzungsrechts die Differenz aus dem Wert des fiktiv unbelasteten Grundstücks nach den §§ 179, 182 bis 196 BewG und dem Bodenwert für das fiktiv unbelastete Grundstück nach § 179 BewG zu ermitteln. ④ Bei diesen auf den Zeitpunkt des Ablaufs des Nutzungsrechts durchzuführenden Ermittlungen ist grundsätzlich von den Grundstücksmerkmalen und Bewertungsparametern am Bewertungsstichtag auszugehen. ⑤ Dies gilt insbesondere für die Grundstücks- und Gebäudeflächen, Bodenrichtwerte, Roherträge, Bewirtschaftungskosten, Liegenschaftszinssätze, Regelherstellungskosten, Verbraucherund Baupreisindizes sowie Wertzahlen. ⑥ Für die Bestimmung der Restnutzungsdauer zum Ablauf des Nutzungsrechts ist im Sinne des § 195 Absatz 4 Satz 2 BewG von der Restnutzungsdauer auszugehen, die bei der Ermittlung des unbelasteten Grundstücks nach § 195 Absatz 2 Satz 1 Nummer 1 BewG zugrunde gelegt wurde. ⑦ Diese ist um die Restlaufzeit des Nutzungsrechts zu mindern. ⑧ Übersteigt die Restlaufzeit des Nutzungsrechts die Restnutzungsdauer der Gebäude zum Bewertungsstichtag, entfällt demnach der Ansatz eines Gebäudewertanteils. ⑨ Ausschließlich bei einer über die Restlaufzeit des Nutzungsrechts hinausgehenden Restnutzungsdauer des Gebäudes ist ein nicht zu entschädigender Gebäudewertanteil nach § 195 Absatz 2 Satz 2 i. V. m. Absatz 4 BewG zu ermitteln. ⑩ Der ermittelte Unterschiedsbetrag nach Satz 3 ist mit dem sich aus Anlage 26 BewG ergebenden Abzinsungsfaktor auf den Bewertungsstichtag abzuzinsen. ⑪ Der Abzinsungsfaktor nach Anlage 26 BewG ist abhängig vom maßgebenden Zinssatz und der auf volle Jahre abgerundeten Restlaufzeit des Nutzungsrechts. ⑫ Für die Anwendung des Abzinsungsfaktors sind die von den Gutachterausschüssen für die jeweilige Grundstücksart ermittelten Liegenschaftszinssätze nach Maßgabe des § 177 Absatz 2 und 3 BewG oder wenn derartige Liegenschaftszinssätze nicht zur Verfügung stehen, gemäß § 195 Absatz 4 Satz 4 BewG die Zinssätze nach § 193 Absatz 4 Satz 3 BewG maßgebend. ⑬ Für nicht in der Anlage 26 BewGaufgeführte Zinssätze, ist der Abzinsungsfaktor nach der dort angegebenen Formel zu berechnen und auf vier Nachkommastellen kaufmännisch zu runden. ⑭ Liegt ein immerwährendes Nutzungsrecht vor, ist der Abzinsungsfaktor 0 (§ 195 Absatz 4 Satz 5 BewG). ⑮ In diesen Fällen ist kein Wertanteil des Gebäudes vom Wert des Gebäudes auf fremdem Grund und Boden abzuziehen. ⑯ Die Ermittlung des bei Ablauf des Nutzungsrechts nicht zu entschädigenden Wertanteils des Gebäudes entfällt in diesen Fällen. ⑰ Der auf den Bewertungsstichtag abgezinste Unterschiedsbetrag ist mit dem nicht zu entschädigenden Wertanteil der jeweiligen Gebäude zu multiplizieren. ⑱ Befindet sich das im Nutzungsrecht entstehende Gebäude im Zustand der Bebauung, stellen die am Bewertungsstichtag entstandenen Herstellungskosten nach § 196 BewG für die sich im Bau befindlichen Gebäude bzw. Gebäudeteile, ggf. abzüglich des bei Ablauf des Nutzungsrechts nicht entschädigten und auf den Bewertungsstichtag abgezinsten Anteils der Herstellungskosten, den nicht zu entschädigenden Wertanteil des Gebäudes dar (→ R B 196.1 und R B 196.2 ErbStR 2019).

Bewertung eines Gebäudes auf fremdem Grund und Boden

Beispiel: 97

Ein Gebäude auf fremdem Grund und Boden (Verbrauchermarkt; zu eigenen betrieblichen Zwecken genutzt; Baujahr 2015; alle Bauteile Standardstufe 4; keine übliche Miete ermittelbar) ist für Zwecke der Erbschaftsteuer auf den 15. 3. 2023 zu bewerten. Die auf volle Jahre abgerundete Restlaufzeit des Nutzungsrechts beträgt am Bewertungsstichtag noch 26 Jahre (Ablauf des Nutzungsrechts am 31. 12. 2049). Das Gebäude ist bei Beendigung des Nutzungsrechts zu beseitigen. Die Brutto-Grundfläche des Gebäudes beträgt 775 m². Für die Errichtung des Gebäudes auf fremdem Grund und Boden wurde vom Eigentümer des belasteten Grundstücks eine Grundstücksfläche von 1000 m² vertraglich überlassen. Hierfür ist ein vertraglich vereinbartes jährliches Nutzungsentgelt in Höhe von 10 000 EUR zu zahlen. Der Bodenrichtwert beträgt 200 EUR/m².

Der Verbrauchermarkt stellt ein Geschäftsgrundstück dar (Nutzung ausschließlich zu eigenen gewerblichen Zwecken). Für das Geschäftsgrundstück lässt sich keine übliche Miete ermitteln, so dass die Bewertung des Gebäudes auf fremdem Grund und Boden nach dem Sachwertverfahren erfolgt. Für die Anwendung des Sachwertverfahrens stehen weder Regionalfaktoren noch Sachwertfaktoren zur Verfügung.

I. Wertanteil des Gebäudes am Bewertungsstichtag

I.1 Wert des fiktiv unbelasteten Grundstücks am Bewertungsstichtag

Bodenwert			
Grundstücksfläche × Bodenrichtwert (1000 m² × 200 EUR/m²)			200 000 EUR
Gebäudesachwert			
Verbrauchermarkt:			
Regelherstellungskosten (aus Anlage 24 BewG)		870 EUR/m²	
Gebäudeart	13.1		
Standardstufe (alle Bauteile)	4		
Brutto-Grundfläche		× 775 m²	
Baupreisindex (§ 190 Absatz 3 Satz 2 i. V. m. Absatz 4 BewG)		× 166,9/100	
Gebäudeart	13.1.		
Bewertungsstichtag	2023		
durchschnittliche Herstellungskosten			1 125 323 EUR
Regionalfaktor (§ 190 Absatz 3 Satz 1 i. V. m. Absatz 5 Satz 3 BewG)			× 1,0
Alterswertminderungsfaktor (§ 190 Absatz 6 Satz 1 BewG):		22 Jahre : 30 Jahre	× 0,733
Restnutzungsdauer	22 Jahre		
Bewertungsstichtag	2023		
Bezugsfertigkeit des Gebäudes	2015		
Alter des Gebäudes	8 Jahre		
Abrissverpflichtung	2049		
Gesamtnutzungsdauer (aus Anlage 22 BewG)		30 Jahre	

Mindestrestnutzungsdauer nach § 190 Absatz 6 Satz 5 BewG ist überschritten
(30% von 30 Jahren = 9 Jahre)
Begrenzung der Restnutzungsdauer nach § 190 Absatz 6 Satz 6 BewG erfolgt nicht
(Restnutzungsdauer bis zur Abrissverpflichtung 26 Jahre:
Tatsächliche Gesamtnutzungsdauer des Gebäudes 34 Jahre
(Jahr der Abrissverpflichtung 2049 abzüglich des Jahres der Bezugsfertigkeit 2015)
abzüglich Alter des Gebäudes am Bewertungsstichtag 8 Jahre = 26 Jahre)

Gebäudesachwert (Verbrauchermarkt)			824 861 EUR
Vorläufiger Sachwert			1 024 861 EUR
Bodenwert		200 000 EUR	
Gebäudesachwert		+ 824 861 EUR	
Summe		1 024 861 EUR	
Sachwert			
Vorläufiger Sachwert		1 024 861 EUR	
Wertzahl (aus Anlage 25 BewG)		× 0,820	
Geschäftsgrundstück/Verbrauchermarkt			
Vorläufiger Sachwert	1 024 861 EUR		
Bodenrichtwert	200 EUR/m²		
Sachwert (bebautes Grundstück)			**840 386 EUR**

I.2 Bodenwert des fiktiv unbelasteten Grundstücks am Bewertungsstichtag

Bodenwert			
Grundstücksfläche × Bodenrichtwert (1000 m² × 200 EUR/m²)			**200 000 EUR**

I.3 Differenz aus I.1 und I.2

Sachwert (bebautes Grundstück)	840 386 EUR	
Bodenwert	./. 200 000 EUR	
Differenz (Wertanteil des Gebäudes am Bewertungsstichtag		**640 386 EUR**

II. Wertvorteil/Wertnachteil gegenüber angemessener Bodenwertverzinsung am Bewertungsstichtag

II.1 Angemessener Verzinsungsbetrag des Bodenwerts des fiktiv unbelasteten Grundstücks

Bodenwert (I.2)	200 000 EUR	
Zinssatz	× 6,0%	
(§ 195 Absatz 3 Satz 3 i. V. m. § 193 Absatz 4 Satz 3 Nummer 5 BewG)		
Angemessener Verzinsungsbetrag des Bodenwerts		**12 000 EUR**

II.2 Vertraglich vereinbartes jährliches Nutzungsentgelt	**10 000 EUR**

II.3 Unterschiedsbetrag aus II.1 und II.2

Angemessener Verzinsungsbetrag des Bodenwerts	12 000 EUR	
vertraglich vereinbartes jährliches Nutzungsentgelt	./. 10 000 EUR	
Unterschiedsbetrag		**2 000 EUR**

II.4 Kapitalisierung des Unterschiedsbetrags über die Restlaufzeit des Nutzungsrechts

Unterschiedsbetrag (I.1.3)			2 000 EUR	
Vervielfältiger (aus Anlage 21 BewG)			13,00	
Restlaufzeit des Nutzungsrechts		26 Jahre		
Bewertungsstichtag	15. 3. 2023			
Ablauf des Nutzungsrechts	31. 12. 2049			
Zinssatz (§ 193 Absatz 4 Satz 3 Nummer 5 BewG)		6,0%		
(§ 193 Absatz 5 Satz 4 i. V. m. 4 Absatz 4 Satz 3 Nummer 1 BewG)				
Wertvorteil gegenüber angemessener Bodenwertverzinsung am Bewertungsstichtag				**26 000 EUR**

III. Nicht zu entschädigender Wertanteil des Gebäudes bei Ablauf des Nutzungsrechts

Der Nutzer ist verpflichtet, das Gebäude bei Ende des Nutzungsrechts zu beseitigen. Daher ergibt sich nach § 195 Absatz 2 Satz 2 i. V. m. Absatz 4 Satz 7 BewG kein nicht zu entschädigender Wertanteil des Gebäudes.

IV. Wert des Gebäudes auf fremdem Grund und Boden

Wertanteil des Gebäudes am Bewertungsstichtag (I.3)	640 386 EUR
Wertvorteil gegenüber angemessener Bodenwertverzinsung am Bewertungsstichtag (II.4)	+ 26 000 EUR
Wert des Gebäudes auf fremdem Grund und Boden (Grundbesitzwert)	**666 386 EUR**

Wertermittlung für das mit dem Nutzungsrecht belastete Grundstück

98 ① Zur Ermittlung des Werts des mit dem Nutzungsrecht belasteten Grundstücks wird gemäß § 195 Absatz 5 Satz 1 BewG die Summe aus

1. dem nach § 195 Absatz 6 BewG über die Restlaufzeit des Nutzungsrechts abgezinsten Wert des fiktiv unbelasteten Grundstücks nach § 179 BewG (→ Rz. 100) und
2. dem nach § 195 Absatz 7 BewG über die Restlaufzeit des Nutzungsrechts kapitalisierten vertraglich vereinbarten jährlichen Nutzungsentgelt (→ Rz. 101)

gebildet. ② Ein bei Ablauf des Nutzungsrechts verbleibender und nicht zu entschädigender Wertanteil der Gebäude oder des Gebäudes im Sinne des § 195 Absatz 4 BewG ist hinzuzurechnen (→ Rz. 102).

99 Damit ergibt sich zur Ermittlung des Werts des mit dem Nutzungsrecht belasteten Grundstücks folgendes Ablaufschema:

über die Restlaufzeit des Nutzungsrechts abgezinster Bodenwert des unbelasteten Grundstücks
(§ 195 Absatz 5 Satz 1 Nummer 1 i. V. m. Absatz 6 BewG)

+

über die Restlaufzeit der Nutzungsrecht kapitalisiertes vertraglich vereinbartes jährliches Nutzungsentgelt
(§ 195 Absatz 5 Satz 1 Nummer 2 i. V. m. Absatz 7 BewG)

+

ggf. nicht zu entschädigender Wertanteil des Gebäudes bei Ablauf des Nutzungsrechts
(§ 195 Absatz 5 Satz 2 i. V. m. § 195 Absatz 4 BewG)

=

Wert des belasteten Grundstücks
(§ 195 Absatz 5 i. V. m. Absatz 4, 6 und 7 BewG)

① Der Wert des fiktiv unbelasteten Grundstücks nach § 179 BewG ist gemäß § 195 Absatz 6 Satz 1 **100**
BewG über die Restlaufzeit des Nutzungsrechts mit dem sich aus der Anlage 26 BewG ergebenden Abzinsungsfaktor abzuzinsen. ② Der Abzinsungsfaktor nach Anlage 26 BewG ist abhängig vom maßgebenden Zinssatz und der auf volle Jahre abgerundeten Restlaufzeit des Nutzungsrechts. ③ Für die Abzinsung sind die von den Gutachterausschüssen für jeweilige Grundstücksart ermittelten Liegenschaftszinssätze nach Maßgabe des § 177 Absatz 2 und 3 BewG anzuwenden. ④ Soweit von den Gutachterausschüssen keine derartigen Liegenschaftszinssätze zur Verfügung stehen, sind die Zinssätze nach § 193 Absatz 4 Satz 3 BewG anzuwenden. ⑤ Für nicht in der Anlage 26 BewG aufgeführte Zinssätze, ist der Abzinsungsfaktor nach der dort angegebenen Formel zu berechnen und auf vier Nachkommastellen kaufmännisch zu runden. ⑥ Rz. 73 Satz 7 gilt entsprechend. ⑦ Beträgt die Restlaufzeit des Nutzungsrechts weniger als ein Jahr, ist der Abzinsungsfaktor 1 anzuwenden. ⑧ Liegt ein immerwährendes Nutzungsrecht vor, ist der Abzinsungsfaktor 0.

① Dem über die Restlaufzeit des Nutzungsrechts abgezinsten Wert des fiktiv unbelasteten Grund- **101**
stücks nach § 179 BewG (Rz. 100) ist gemäß § 195 Absatz 5 Satz 1 Nummer 2 i. V. m. § 195 Absatz 7 BewG das ebenfalls über die Restlaufzeit des Nutzungsrechts kapitalisierte Nutzungsentgelt hinzuzurechnen. ② Maßgebendes Nutzungsentgelt ist nach § 195 Absatz 5 Satz 1 Nummer 2 BewG das am Bewertungsstichtag zu zahlende Nutzungsentgelt, umgerechnet auf einen Jahresbetrag. ③ Dabei ist stets auf die vertraglichen Vereinbarungen abzustellen; auf das gezahlte Nutzungsentgelt kommt es nicht an. ④ Sind Nutzungsentgelte während der Laufzeit des Nutzungsrechts in unterschiedlicher Höhe vereinbart (z. B. bei Sonderzahlungen oder gestaffeltem Nutzungsentgelt), kann aus Vereinfachungsgründen ein durchschnittlicher Jahresbetrag aus den insgesamt nach dem Bewertungsstichtag zu leistenden Nutzungsentgelten in Abhängigkeit von der Restlaufzeit gebildet werden. ⑤ Die künftigen Anpassungen auf Grund von Wertsicherungsklauseln (z. B. Anknüpfung der Nutzungsentgelte an den Verbraucherpreisindex) sind nicht zu berücksichtigen. ⑥ Das vertraglich vereinbarte jährliche Nutzungsentgelt ist über die auf volle Jahre abgerundete Restlaufzeit des Nutzungsrechts mit dem sich aus Anlage 21 BewG ergebenden Vervielfältiger zu kapitalisieren. ⑦ Für die Anwendung des Vervielfältigers sind nach der Anlage 21 BewG die von den Gutachterausschüssen für jeweilige Grundstücksart ermittelten Liegenschaftszinssätze nach Maßgabe des § 177 Absatz 2 und 3 BewG maßgebend. ⑧ Soweit von den Gutachterausschüssen keine derartigen Liegenschaftszinssätze zur Verfügung stehen, sind die Zinssätze nach § 193 Absatz 4 Satz 3 BewG anzuwenden. ⑨ Für nicht in der Anlage 21 BewG aufgeführte Zinssätze ist der Abzinsungsfaktor nach der dort angegebenen Formel zu berechnen und auf zwei Nachkommastellen kaufmännisch zu runden. ⑩ Rz. 73 Satz 7 gilt entsprechend. ⑪ Beträgt die Restlaufzeit des Nutzungsrechts weniger als ein Jahr, ist der Vervielfältiger mit einem Wert von 0 zu berücksichtigen. ⑫ Liegt ein immerwährendes Nutzungsrecht vor, entspricht der Vervielfältiger dem Kehrwert des nach Satz 7 oder 8 anzuwendenden Zinssatzes.

① Ein Gebäudewertanteil des belasteten Grundstücks bei Ablauf des Nutzungsrechts ergibt sich nur **102**
dann, wenn der bei Ablauf des Nutzungsrechts verbleibende Gebäudewert nicht oder nur teilweise zu entschädigen ist und die Restnutzungsdauer der Gebäude die Restlaufzeit des Nutzungsrechts übersteigt (→ Rz. 96). ② Ein bei Ablauf des Nutzungsrechts verbleibender und nicht zu entschädigender Wertanteil der Gebäude oder des Gebäudes ist nach § 195 Absatz 5 Satz 2 i. V. m. Absatz 4 BewG dem Wert des belasteten Grundstücks hinzuzurechnen (→ Rz. 98, 99). ③ Für die Ermittlung des bei Ablauf des Nutzungsrechts nicht zu entschädigenden Wertanteils der Gebäude oder des Gebäudes gilt Rz. 96 entsprechend.

Bewertung eines mit einem Nutzungsrecht belasteten Grundstücks

Beispiel (Sachverhalt wie in Rz. 97): **103**

I. Abgezinster Bodenwert des fiktiv unbelasteten Grundstücks am Bewertungsstichtag

Bodenwert:		200 000 EUR
Grundstücksfläche	1000 m²	
x Bodenrichtwert (500 m² × 250 EUR/m²)	200 EUR/m²	
Abzinsungsfaktor (aus Anlage 26 BewG)		× 0,2198

Restlaufzeit des Nutzungsrechts		26 Jahre	
Bewertungsstichtag	15. 3. 2023		
Ablauf des Nutzungsrechts	31. 12. 2049		
Zinssatz (§ 193 Absatz 4 Satz 3 Nummer 5 BewG)		6,0%	
Abgezinster Bodenwert			**43 960 EUR**

II. Barwert des vertraglich vereinbarten jährlichen Nutzungsentgelts am Bewertungsstichtag

Vertraglich vereinbartes jährliches Nutzungsentgelt			10 000 EUR	
Vervielfältiger (aus Anlage 21 BewG)			× 13,00	
Restlaufzeit des Nutzungsrechts		26 Jahre		
Bewertungsstichtag	15. 3. 2023			
Ablauf des Nutzungsrechts	31. 12. 2049			
Zinssatz (§ 193 Absatz 4 Satz 3 Nummer 5 BewG)		6,0%		
Barwert des vertraglich vereinbarten jährlichen Nutzungsentgelts				**130 000 EUR**

III. Nicht zu entschädigender Wertanteil des Gebäudes bei Ablauf des Nutzungsrechts

Der Nutzer ist verpflichtet, das Gebäude bei Ende des Nutzungsrechts zu beseitigen. Daher ergibt sich kein nicht zu entschädigender Wertanteil des Gebäudes nach § 195 Absatz 5 Satz 2 i. V. m. Absatz 4 Satz 7 BewG.

IV. Wert des belasteten Grundstücks

Wertanteil des Bodens am Bewertungsstichtag (I.)	+ 43 960 EUR
Wertvorteil gegenüber angemessener Bodenwertverzinsung am Bewertungsstichtag (II.)	+ 130 000 EUR
Wert des belasteten Grundstücks (Grundbesitzwert)	**173 960 EUR**

V. Anwendung

104 Der Erlass ergeht im Einvernehmen mit den obersten Finanzbehörden der anderen Länder und ist für alle Bewertungsstichtage nach dem 31. Dezember 2022 anzuwenden.

Anhang IV. Grundsteuergesetze der Länder

1. Baden-Württemberg:

Gesetz zur Regelung einer Landesgrundsteuer (Landesgrundsteuergesetz – LGrStG)[1·2]

Vom 4. November 2020 (GBl. S. 974)

Zuletzt geändert durch Gesetz vom 13. 6. 2023 (GBl. S. 170)

Erster Teil. Allgemeine Vorschriften

§ 1 Entstehung der Grundsteuer

(1) ① Grundbesitz unterliegt der Grundsteuer. ② Die Grundsteuer wird nach den tatsächlichen Verhältnissen zu Beginn des Kalenderjahres festgesetzt. ③ Die Steuer entsteht mit dem Beginn des Kalenderjahres, für das die Steuer festzusetzen ist.

(2) Die Gemeinde bestimmt durch ihren Hebesatz, ob und in welcher Höhe von dem in ihrem Gebiet liegenden Grundbesitz Grundsteuer zu erheben ist.

(3) Für den in gemeindefreien Gebieten liegenden Grundbesitz bestimmt die Landesregierung durch Rechtsverordnung, wer die nach diesem Gesetz den Gemeinden zustehenden Befugnisse ausübt.

§ 2 Anwendung der Abgabenordnung und Rechtsweg

(1) ① Für Handlungen und Entscheidungen der Landesfinanzbehörden im Zusammenhang mit der Bewertung, der Feststellung und dem Steuermessbetragsverfahren sind die Vorschriften der Abgabenordnung (AO) und des Finanzverwaltungsgesetzes entsprechend anzuwenden, soweit dieses Gesetz keine abweichende Regelung enthält. ② Für die Verwaltung der Grundsteuer durch die Gemeinden gilt § 1 Absatz 2 und 3 AO entsprechend.

(2) ① Gegen Entscheidungen der Landesfinanzbehörden ist der Finanzrechtsweg eröffnet. ② Die Vorschriften der Finanzgerichtsordnung sind entsprechend anzuwenden, soweit dieses Gesetz keine abweichende Regelung enthält. ③ In einem gerichtlichen Verfahren kann die Revision auch darauf gestützt werden, dass das angefochtene Urteil auf der Verletzung dieses Gesetzes beruht.

1. Abschnitt: Steuergegenstand und Steuerbefreiung

§ 3 Steuergegenstand

Steuergegenstand sind folgende Arten des Grundbesitzes:

1. Land- und forstwirtschaftliches Vermögen (§ 26),
2. Grundvermögen (§ 37).

§ 4 Steuerbefreiung für Grundbesitz bestimmter Rechtsträger

(1) ① Von der Grundsteuer ist befreit

1. Grundbesitz, der von einer inländischen juristischen Person des öffentlichen Rechts für einen öffentlichen Dienst oder Gebrauch benutzt wird; ausgenommen ist der Grundbesitz, der von Berufsvertretungen und Berufsverbänden sowie von Kassenärztlichen Vereinigungen und Kassenärztlichen Bundesvereinigungen benutzt wird;
2. Grundbesitz, der vom Bundeseisenbahnvermögen für Verwaltungszwecke benutzt wird;
3. Grundbesitz, der von
   a) einer inländischen juristischen Person des öffentlichen Rechts,
   b) einer inländischen Körperschaft, Personenvereinigung oder Vermögensmasse, die nach der Satzung, dem Stiftungsgeschäft oder der sonstigen Verfassung und nach ihrer tatsächlichen Geschäftsführung ausschließlich und unmittelbar gemeinnützigen oder mildtätigen Zwecken dient,

   für gemeinnützige oder mildtätige Zwecke benutzt wird;
4. Grundbesitz, der von einer Religionsgesellschaft, die Körperschaft des öffentlichen Rechts ist, einem ihrer Orden, einer ihrer religiösen Genossenschaften oder einem ihrer Verbände für Zwecke der religiösen Unterweisung, der Wissenschaft, des Unterrichts, der Erziehung oder für

---

[1] *Erlass FM Ba-Wü vom 5. 7. 2022 (GABl. S. 638)* zur Anwendung des LGrStG für die Grundsteuer ab 1. Januar 2025 (AELGrStG).

[2] Siehe *Urteile FG Baden-Württemberg vom 11. 6. 2024 8 K 2368/22 (EFG S. 1984) nrkr., Rev. BFH II R 27/24, und 8 K 1582/23 (EFG S. 1997) nrkr., Rev. BFH II R 26/24.*

Zwecke der eigenen Verwaltung benutzt wird; den Religionsgesellschaften stehen die jüdischen Kultusgemeinden gleich, die nicht Körperschaften des öffentlichen Rechts sind;

5. Grundbesitz, der zur Beherbergung der Geistlichen und Kirchendiener der Religionsgesellschaften, die Körperschaften des öffentlichen Rechts sind, und der jüdischen Kultusgemeinden dient; § 6 ist insoweit nicht anzuwenden;
6. Grundbesitz der Religionsgesellschaften, die Körperschaften des öffentlichen Rechts sind, und der jüdischen Kultusgemeinden, der am 1. Januar 1987 und im Veranlagungszeitpunkt zu einem nach Kirchenrecht gesonderten Vermögen, insbesondere einem Stellenfonds gehört, dessen Erträge ausschließlich für die Besoldung und Versorgung der Geistlichen und Kirchendiener sowie ihrer Hinterbliebenen bestimmt sind; die §§ 6 und 7 sind insoweit nicht anzuwenden.

② Der Grundbesitz muss ausschließlich demjenigen, der ihn für die begünstigten Zwecke benutzt, oder einem anderen nach den Nummern 1 bis 6 begünstigten Rechtsträger zuzurechnen sein. 3Satz 2 gilt nicht, wenn der Grundbesitz von einem nicht begünstigten Rechtsträger im Rahmen einer Öffentlich Privaten Partnerschaft einer juristischen Person des öffentlichen Rechts für einen öffentlichen Dienst oder Gebrauch überlassen wird und die Übertragung auf den Nutzer am Ende des Vertragszeitraums vereinbart ist.

(2) ① Öffentlicher Dienst oder Gebrauch im Sinne dieses Gesetzes ist die hoheitliche Tätigkeit oder der bestimmungsgemäße Gebrauch durch die Allgemeinheit. ② Ein Entgelt für den Gebrauch durch die Allgemeinheit darf nicht in der Absicht, Gewinn zu erzielen, gefordert werden.

(3) Öffentlicher Dienst oder Gebrauch im Sinne dieses Gesetzes ist nicht anzunehmen bei Betrieben gewerblicher Art von juristischen Personen des öffentlichen Rechts im Sinne des Körperschaftsteuergesetzes.

§ 5 Sonstige Steuerbefreiungen

Soweit sich nicht bereits eine Befreiung nach § 4 ergibt, sind von der Grundsteuer befreit

1. Grundbesitz, der dem Gottesdienst einer Religionsgesellschaft, die Körperschaft des öffentlichen Rechts ist, oder einer jüdischen Kultusgemeinde gewidmet ist;
2. Bestattungsplätze;
3.
   a) die dem öffentlichen Verkehr dienenden Straßen, Wege, Plätze, Wasserstraßen, Häfen und Schienenwege sowie die Grundflächen mit den diesem Verkehr unmittelbar dienenden Bauwerken und Einrichtungen, zum Beispiel Brücken, Schleuseneinrichtungen, Signalstationen, Stellwerke, Blockstellen;
   b) auf Verkehrsflughäfen und Verkehrslandeplätzen alle Flächen, die unmittelbar zur Gewährleistung eines ordnungsgemäßen Flugbetriebes notwendig sind und von Hochbauten und sonstigen Luftfahrthindernissen freigehalten werden müssen, die Grundflächen mit den Bauwerken und Einrichtungen, die unmittelbar diesem Betrieb dienen, sowie die Grundflächen ortsfester Flugsicherungsanlagen einschließlich der Flächen, die für einen einwandfreien Betrieb dieser Anlagen erforderlich sind;
   c) die fließenden Gewässer und die ihren Abfluss regelnden Sammelbecken, soweit sie nicht unter Buchstabe a fallen;
4. die Grundflächen mit den im Interesse der Ordnung und Verbesserung der Wasser- und Bodenverhältnisse unterhaltenen Einrichtungen der öffentlich-rechtlichen Wasser- und Bodenverbände und die im öffentlichen Interesse staatlich unter Schau gestellten Privatdeiche;
5. Grundbesitz, der für Zwecke der Wissenschaft, des Unterrichts oder der Erziehung benutzt wird, wenn durch die Landesregierung oder die von ihr beauftragte Stelle anerkannt[1] ist, dass der Benutzungszweck im Rahmen der öffentlichen Aufgaben liegt; der Grundbesitz muss ausschließlich demjenigen, der ihn benutzt, oder einer juristischen Person des öffentlichen Rechts zuzurechnen sein;
6. Grundbesitz, der für die Zwecke eines Krankenhauses benutzt wird, wenn das Krankenhaus in dem Kalenderjahr, das dem Veranlagungszeitpunkt (§ 41 Absatz 1, § 42 Absatz 3 und § 43 Absatz 3) vorangeht, die Voraussetzungen des § 67 Absatz 1 oder 2 der AO erfüllt hat; der Grundbesitz muss ausschließlich demjenigen, der ihn benutzt, oder einer juristischen Person des öffentlichen Rechts zuzurechnen sein.

§ 6 Zu Wohnzwecken genutzter Grundbesitz

(1) Dient Grundbesitz, der für steuerbegünstigte Zwecke im Sinne der §§ 4 und 5 benutzt wird, zugleich Wohnzwecken, gilt die Befreiung nur für

---

[1] Zu den Zuständigkeiten zur Anerkennung der Voraussetzungen für die Grundsteuerbefreiung nach § 5 Nr. 5, § 6 Abs. 1 Nr. 2 LGrStG sowie für den Erlass nach § 56 Abs. 2 Satz 2 LGrStG vgl. Landesgrundsteuer Anerkennungsverordnung (LGrStG AnerkVO) vom 31. 1. 2023 (GBl. S. 48), ergänzt durch VV zur LGrStG AnerkVO vom 20. 2. 2023 – FM3-S 3000 – 1/37, IM2-2273-2/8 (GBl. S. 171).

1. Gemeinschaftsunterkünfte der Bundeswehr, der ausländischen Streitkräfte, der internationalen militärischen Hauptquartiere, der Bundespolizei, der Polizei und des sonstigen Schutzdienstes des Bundes und der Gebietskörperschaften sowie ihrer Zusammenschlüsse;
2. Wohnräume in Schulheimen, Ausbildungs- und Erziehungsheimen sowie Predigerund Priesterseminaren, wenn die Unterbringung in ihnen für die Zwecke des Unterrichts, der Ausbildung oder der Erziehung erforderlich ist; wird das Heim oder Seminar nicht von einem der nach § 4 Absatz 1 Satz 1 Nummer 1, 3 oder 4 begünstigten Rechtsträger unterhalten, so bedarf es einer Anerkennung der Landesregierung oder der von ihr beauftragten Stelle, dass die Unterhaltung des Heims oder Seminars im Rahmen der öffentlichen Aufgaben liegt;
3. Wohnräume, wenn der steuerbegünstigte Zweck im Sinne des § 4 Absatz 1 Satz 1 Nummer 1, 3 oder 4 nur durch ihre Überlassung erreicht werden kann;
4. Räume, in denen sich Personen für die Erfüllung der steuerbegünstigten Zwecke ständig bereithalten müssen (Bereitschaftsräume), wenn sie nicht zugleich die Wohnung des Inhabers darstellen.

(2) Die Befreiung nach Absatz 1 gilt nicht für eine von anderen Räumen baulich getrennte Zusammenfassung einer Mehrheit von Räumen, die über einen selbständigen Zugang verfügt und in ihrer Gesamtheit so beschaffen ist, dass die Führung eines selbständigen Haushalts möglich ist; für die Führung eines selbständigen Haushalts sind notwendige Nebenräume wie Küche, Bad oder Dusche sowie Toilette und eine Mindestwohnfläche von 20 Quadratmetern erforderlich.

§ 7 Land- und forstwirtschaftlich genutzter Grundbesitz

Wird Grundbesitz, der für steuerbegünstigte Zwecke im Sinne der §§ 4 und 5 genutzt wird, zugleich land- und forstwirtschaftlich genutzt, so gilt die Befreiung nur für

1. Grundbesitz, der Lehr- oder Versuchszwecken dient;
2. Grundbesitz, der von der Bundeswehr, den ausländischen Streitkräften, den internationalen militärischen Hauptquartieren oder den in § 6 Absatz 1 Nummer 1 bezeichneten Schutzdiensten als Übungsplatz oder Flugplatz genutzt wird;
3. Grundbesitz, der unter § 5 Nummer 1 bis 4 fällt.

§ 8 Unmittelbare Benutzung für einen steuerbegünstigten Zweck

① Die Befreiung nach den §§ 4 und 5 tritt nur ein, wenn der Steuergegenstand für den steuerbegünstigten Zweck unmittelbar benutzt wird. ② Unmittelbare Benutzung liegt vor, sobald der Steuergegenstand für den steuerbegünstigten Zweck hergerichtet wird.

§ 9 Anwendung der Steuerbefreiung

(1) Wird ein abgrenzbarer Teil des Steuergegenstandes für steuerbegünstigte Zwecke im Sinne der §§ 4 und 5 genutzt, so ist nur dieser Teil des Steuergegenstandes steuerfrei.

(2) Dient der Steuergegenstand oder ein Teil des Steuergegenstandes sowohl steuerbegünstigten Zwecken im Sinne der §§ 4 und 5 als auch anderen Zwecken, ohne dass eine eindeutige Abgrenzung für die verschiedenen Zwecke möglich ist, so ist der Steuergegenstand oder der Teil des Steuergegenstandes nur befreit, wenn die steuerbegünstigten Zwecke überwiegen.

2. Abschnitt: Steuerschuldner und Haftung

§ 10 Steuerschuldner

(1) Schuldner der Grundsteuer ist derjenige, dem der Steuergegenstand bei der Feststellung des Grundsteuerwerts zugerechnet wird.

(2) Wird der Steuergegenstand mehreren Personen zugerechnet, so sind sie Gesamtschuldner.

(3)[1] ① Bei Erbbaurechten ist für das Erbbaurecht und das Erbbaurechtsgrundstück ein einheitlicher Wert nach § 38 zu ermitteln, der festzustellen wäre, wenn die Belastung mit dem Erbbaurecht nicht bestünde. ② Der ermittelte Wert ist dem Erbbauberechtigten zuzurechnen. ③ Gleiches gilt für das Wohnungserbbaurecht und das Teilerbbaurecht nach dem Wohnungseigentumsgesetz. ④ Der Wert für jedes Wohnungserbbaurecht und Teilerbbaurecht ist entsprechend dem Miteigentumsanteil am Grundstück nach § 38 zu ermitteln.

§ 11 Persönliche Haftung

(1) Neben dem Steuerschuldner haften der Nießbraucher des Steuergegenstandes und derjenige, dem ein dem Nießbrauch ähnliches Recht zusteht.

(2) ① Wird ein Steuergegenstand ganz oder zu einem Teil einer anderen Person übereignet, so haftet der Erwerber neben dem früheren Eigentümer für die auf den Steuergegenstand oder Teil des Steuergegenstandes entfallende Grundsteuer, die für die Zeit seit dem Beginn des letzten vor der Übereignung liegenden Kalenderjahres zu entrichten ist. ② Das gilt nicht für Erwerbe aus einer Insolvenzmasse und für Erwerbe im Vollstreckungsverfahren.

---

[1] Zur Behandlung von Erbbaurechten vgl. *Vfg. OFD Karlsruhe vom 1. 7. 2024 S 3240-2/3-St 34.*

§ 12 Dingliche Haftung

Die Grundsteuer ruht auf dem Steuergegenstand als öffentliche Last.

Zweiter Teil. Bewertungsverfahren

§ 13 Feststellung von Grundsteuerwerten

(1) Grundsteuerwerte werden für die jeweilige Art des Grundbesitzes im Landesgebiet gesondert festgestellt (§ 180 Absatz 1 Satz 1 Nummer 1 AO).

(2) In dem Feststellungsbescheid (§ 179 AO) sind für land- und forstwirtschaftliches Vermögen nach § 3 Nummer 1 auch Feststellungen zu treffen über:

1. die Vermögensart sowie
2. die Zurechnung der wirtschaftlichen Einheit und bei mehreren Beteiligten über die Höhe ihrer Anteile.

(3) In dem Feststellungsbescheid (§ 179 AO) sind für Grundvermögen nach § 3 Nummer 2 Feststellungen für die Zurechnung der wirtschaftlichen Einheit und bei mehreren Beteiligten über die Höhe ihrer Anteile zu treffen.

(4)[1] Die Feststellungen nach den vorherigen Absätzen erfolgen nur, soweit sie für die Besteuerung von Bedeutung sind.

§ 14 Ermittlung der Grundsteuerwerte

① Die Grundsteuerwerte werden nach den Vorschriften des dritten Teils ermittelt. ② Bei der Ermittlung der Grundsteuerwerte ist § 163 AO nicht anzuwenden; hiervon unberührt bleiben Übergangsregelungen, die die oberste Finanzbehörde trifft.

§ 15 Hauptfeststellung

(1) Die Grundsteuerwerte werden in Zeitabständen von je sieben Jahren allgemein festgestellt (Hauptfeststellung).

(2) Der Hauptfeststellung werden die Verhältnisse zu Beginn des Kalenderjahres (Hauptfeststellungszeitpunkt) zugrunde gelegt.

(3) Die erste Hauptfeststellung für die Grundsteuerwerte wird auf den 1. Januar 2022 für die Hauptveranlagung auf den 1. Januar 2025 durchgeführt.

§ 16 Fortschreibungen

(1) Der Grundsteuerwert wird neu festgestellt (Wertfortschreibung), wenn der in Euro ermittelte und auf volle hundert Euro abgerundete Wert, der sich für den Beginn eines Kalenderjahres ergibt, von dem entsprechenden Wert des letzten Feststellungszeitpunkts nach oben oder unten um mehr als 15 000 Euro abweicht.

(2) ① Über die Zurechnung der wirtschaftlichen Einheit gemäß § 13 Absatz 2 Nummer 2 und Absatz 3 wird eine neue Feststellung getroffen (Zurechnungsfortschreibung), wenn sie von der zuletzt getroffenen Feststellung abweicht und dies für die Besteuerung von Bedeutung ist. ② Wechsel in der Vermögensart einer wirtschaftlichen Einheit führen zu einer Aufhebung und einer Nachfeststellung.

(3) ① Eine Fortschreibung nach den Absätzen 1 oder 2 findet auch zur Beseitigung eines Fehlers der letzten Feststellung statt. ② § 176 AO ist entsprechend anzuwenden. ③ Satz 2 gilt nur für die Feststellungszeitpunkte, die vor der Verkündung der maßgeblichen Entscheidung eines der in § 176 der AO genannten Gerichte liegen.

(4) ① Eine Fortschreibung ist vorzunehmen, wenn dem Finanzamt bekannt wird, dass die Voraussetzungen für sie vorliegen. ② Der Fortschreibung werden vorbehaltlich des § 21 die Verhältnisse im Fortschreibungszeitpunkt zugrunde gelegt. ③ Fortschreibungszeitpunkt ist:

1. bei einer Änderung der tatsächlichen Verhältnisse der Beginn des Kalenderjahres, das auf die Änderung folgt, und
2. in den Fällen des Absatzes 3 der Beginn des Kalenderjahres, in dem der Fehler dem Finanzamt bekannt wird, bei einer Erhöhung des Grundsteuerwerts jedoch frühestens der Beginn des Kalenderjahres, in dem der Feststellungsbescheid erteilt wird.

§ 17 Nachfeststellung

(1) Für wirtschaftliche Einheiten, für die ein Grundsteuerwert festzustellen ist, wird der Grundsteuerwert nachträglich festgestellt (Nachfeststellung), wenn nach dem Hauptfeststellungszeitpunkt:

1. die wirtschaftliche Einheit neu entsteht oder
2. eine bereits bestehende wirtschaftliche Einheit erstmals zur Grundsteuer herangezogen werden soll.

---

[1] Zur Erteilung negativer Feststellungsbescheide vgl. *Vfg. OFD Karlsruhe vom 24. 5. 2024 S 3240-2-St 34 B.*

(2) ① Der Nachfeststellung werden vorbehaltlich des § 21 die Verhältnisse im Nachfeststellungszeitpunkt zugrunde gelegt. ② Nachfeststellungszeitpunkt ist:
1. in den Fällen des Absatzes 1 Nummer 1 der Beginn des Kalenderjahres, das auf die Entstehung der wirtschaftlichen Einheit folgt, und
2. in den Fällen des Absatzes 1 Nummer 2 der Beginn des Kalenderjahres, in dem der Grundsteuerwert erstmals der Besteuerung zugrunde gelegt wird.

§ 18 Aufhebung des Grundsteuerwerts

(1) Der Grundsteuerwert wird aufgehoben, wenn dem Finanzamt bekannt wird, dass
1. die wirtschaftliche Einheit wegfällt oder
2. der Grundsteuerwert der wirtschaftlichen Einheit infolge von Befreiungsgründen der Besteuerung nicht mehr zugrunde gelegt wird.

(2) Aufhebungszeitpunkt ist:
1. in den Fällen des Absatzes 1 Nummer 1 der Beginn des Kalenderjahres, das auf den Wegfall der wirtschaftlichen Einheit folgt, und
2. in den Fällen des Absatzes 1 Nummer 2 der Beginn des Kalenderjahres, in dem der Grundsteuerwert erstmals der Besteuerung nicht mehr zugrunde gelegt wird.

§ 19 Änderung von Feststellungsbescheiden

① Bescheide über die Feststellung von Grundsteuerwerten können schon vor dem maßgeblichen Feststellungszeitpunkt erteilt werden. ② Sie sind zu ändern oder aufzuheben, wenn sich bis zu diesem Zeitpunkt Änderungen ergeben, die zu einer abweichenden Feststellung führen.

§ 20 Nachholung einer Feststellung

(1) ① Ist die Feststellungsfrist gemäß § 181 AO abgelaufen, kann eine Fortschreibung oder Nachfeststellung unter Zugrundelegung der Verhältnisse vom Fortschreibungs- oder Nachfeststellungszeitpunkt mit Wirkung für einen späteren Feststellungszeitpunkt vorgenommen werden, für den diese Frist noch nicht abgelaufen ist. ② § 181 Absatz 5 der AO bleibt hiervon unberührt.

(2) Absatz 1 ist bei der Aufhebung des Grundsteuerwerts entsprechend anzuwenden.

§ 21 Wertverhältnisse bei einer Fortschreibung und Nachfeststellung

Bei einer Fortschreibung und bei einer Nachfeststellung der Grundsteuerwerte sind die Wertverhältnisse im Hauptfeststellungszeitpunkt zugrunde zu legen.

§ 22 Erklärungs-[1] und Anzeigepflicht

(1) ① Die Steuerpflichtigen haben Erklärungen[2] zur Feststellung der Grundsteuerwerte für den Hauptfeststellungszeitpunkt oder einen anderen Feststellungszeitpunkt abzugeben, wenn sie hierzu durch die Finanzbehörde gemäß § 149 Absatz 1 Satz 2 AO aufgefordert werden. ② Fordert die Finanzbehörde zur Abgabe einer Erklärung auf, hat sie eine Frist zur Abgabe der Erklärung zu bestimmen, die mindestens einen Monat betragen soll. ③ Die Aufforderung zur Abgabe einer Erklärung kann von der obersten Finanzbehörde durch öffentliche Bekanntmachung erfolgen.[3]

(2) ① Eine Änderung der tatsächlichen Verhältnisse, die sich auf die Höhe des Grundsteuerwertes oder die Vermögensart auswirken oder zu einer erstmaligen Feststellung führen kann, ist auf den Beginn des folgenden Kalenderjahres anzuzeigen. ② Die Frist für die Abgabe dieser Anzeige beträgt einen Monat und beginnt mit Ablauf des Kalenderjahres, in dem sich die tatsächlichen Verhältnisse geändert haben.[4]

(3) Die Erklärung nach Absatz 1 und die Anzeige nach Absatz 2 sind abzugeben
1. von dem Steuerpflichtigen, dem das Grundstück zuzurechnen ist,
2. bei einem Grundstück, das mit einem Erbbaurecht belastet ist, vom Erbbauberechtigten; der Erbbauverpflichtete ist zur Mitwirkung verpflichtet, soweit dies zur Erfüllung der Erklärungspflicht des Erbbauberechtigten erforderlich ist.

---

[1] Zur Abgabe von Feststellungserklärungen auf den 1. 1. 2022 für vollständig steuerbefreiten Grundbesitz vgl. *Vfg. OFD Karlsruhe vom 30. 5. 2023 G 1200/190-St 346 (BeckVerw 626181).*

Zur erweiterten Fristverlängerung für vollständig steuerbefreiten Grundbesitz bis zum 31. 12. 2024 vgl. *Vfg. OFD Karlsruhe vom 10. 8. 2023 G 1200/54-St 346 (DStR S. 2449).*

Zu weiteren Vereinfachungen bei der Erklärungsabgabe von vollständig steuerbefreitem Grundbesitz u. a. für Bundes- und Landesstraßen vgl. *Vfg. OFD Karlsruhe vom 21. 8. 2023 G 1200/198-St 346 (BeckVerw 627789).*

[2] Landeseigene Vordrucke und Ausfüllanleitungen für die Erklärung zur Feststellung des Grundsteuerwerts auf den 1. Januar 2022 vom 10. 3. 2022 (GABl. S. 105): GW-1 BW, GW-2 BW, GW-3 BW, GW-3A BW, GW-4 BW.

[3] Öffentliche Bekanntmachung des *FM Ba-Wü vom 9. 3. 2022 (GABl. S. 103)* über die Aufforderung zur Abgabe der Erklärung zur Feststellung des Grundsteuerwerts für den Hauptfeststellungszeitpunkt 1. Januar 2022, ersetzt durch die geänderte öffentliche Bekanntmachung des *FM Ba-Wü vom 10. 11. 2022 (GABl. S. 915)* über die Aufforderung zur Abgabe der Erklärung zur Feststellung des Grundsteuerwerts für den Hauptfeststellungszeitpunkt 1. Januar 2022.

[4] Zur Verlängerung der Frist zur Abgabe von Grundsteuer-Änderungsanzeigen für die Feststellungszeitpunkte 1. 1. 2023 und 1. 1. 2024 vgl. *Vfg. OFD Karlsruhe vom 2. 4. 2024 G 1200-8/5-St 34 (BeckVerw 635903).*

(4) Die Erklärung nach Absatz 1 und die Anzeige nach Absatz 2 sind bei dem für die gesonderte Feststellung zuständigen Finanzamt abzugeben.

(5) Die Erklärung nach Absatz 1 und die Anzeige nach Absatz 2 sind Steuererklärungen im Sinne der Abgabenordnung, die eigenhändig zu unterschreiben sind.

(6) ① Die Erklärung nach Absatz 1 und die Anzeige nach Absatz 2 sind nach amtlich vorgeschriebenem Datensatz durch Datenfernübertragung zu übermitteln. ② Auf Antrag kann die Finanzbehörde zur Vermeidung unbilliger Härten auf eine Übermittlung durch Datenfernübertragung verzichten. ③ Für die Entscheidung über den Antrag gilt § 150 Absatz 8 AO.

§ 23 Auskünfte, Erhebungen und Mitteilungen

(1) Die nach Bundes- oder Landesrecht zuständigen Behörden haben den Finanzbehörden die rechtlichen und tatsächlichen Umstände mitzuteilen, die ihnen im Rahmen ihrer Aufgabenerfüllung bekannt geworden sind und die für die Feststellung von Grundsteuerwerten oder für die Grundsteuer von Bedeutung sein können.

(2) ① Die Grundbuchämter haben den für die Feststellung des Grundsteuerwerts zuständigen Finanzbehörden mitzuteilen:

1. die Eintragung eines neuen Eigentümers oder Erbbauberechtigten sowie bei einem anderen als einem rechtsgeschäftlichen Erwerb zusätzlich die Anschrift des neuen Eigentümers oder Erbbauberechtigten; dies gilt nicht für die Fälle des Erwerbs nach den Vorschriften des Zuordnungsrechts,
2. die Eintragung der Begründung von Wohnungseigentum oder Teileigentum,
3. die Eintragung der Begründung eines Erbbaurechts, Wohnungserbbaurechts oder Teilerbbaurechts.

② In den Fällen des Satzes 1 Nummern 2 und 3 ist gleichzeitig der Tag des Eingangs des Eintragungsantrags beim Grundbuchamt mitzuteilen. ③ Bei einer Eintragung aufgrund Erbfolge ist das Jahr anzugeben, in dem der Erblasser verstorben ist. ④ Die Mitteilungen sollen der Finanzbehörde über die für die Führung des Liegenschaftskatasters zuständige Behörde oder über eine sonstige Behörde, die das Liegenschaftskataster gemäß § 2 Absatz 2 der Grundbuchordnung führt, zugeleitet werden.

(3) ① Die nach den Absätzen 1 oder 2 mitteilungspflichtigen Stellen unterrichten die betroffenen Personen vom Inhalt der Mitteilung. ② Eine Unterrichtung kann unterbleiben, soweit den Finanzbehörden Umstände aus dem Grundbuch, den Grundakten oder aus dem Liegenschaftskataster mitgeteilt werden.

(4) ① Die nach den Absätzen 1 oder 2 mitteilungspflichtigen Stellen übermitteln die Mitteilungen den Finanzbehörden nach amtlich vorgeschriebenem Datensatz über die amtlich bestimmte Schnittstelle. ② Die Grundbuchämter und die für die Führung des Liegenschaftskatasters zuständigen Behörden übermitteln die bei ihnen geführten Daten laufend, mindestens alle drei Monate. ③ Die oberste Finanzbehörde legt im Einvernehmen mit den obersten Vermessungs- und Katasterbehörden die Einzelheiten der elektronischen Übermittlung und deren Beginn in einem Schreiben fest. ④ Dieses Schreiben ist im Gemeinsamen Amtsblatt des Landes Baden-Württemberg zu veröffentlichen.

Dritter Teil. Bewertungsvorschriften

§ 24 Bewertungsgrundsätze

(1) Bezugsgröße für die Bewertung ist die jeweilige wirtschaftliche Einheit (§ 25) des Grundbesitzes (§ 3).

(2) Der Bewertung des land- und forstwirtschaftlichen Vermögens (§ 3 Nummer 1) ist der Ertragswert gemäß §§ 26 bis 36 zugrunde zu legen.

(3) Der Bewertung des Grundvermögens (§ 3 Nummer 2) ist der Bodenwert gemäß § 38 zugrunde zu legen.

(4) Der Grundsteuerwert wird auf volle hundert Euro nach unten abgerundet.

§ 25[1] Wirtschaftliche Einheit

(1) ① Jede wirtschaftliche Einheit ist für sich zu bewerten. ② Ihr Wert ist im Ganzen festzustellen. ③ Was als wirtschaftliche Einheit zu gelten hat, ist grundsätzlich nach den Anschauungen des Verkehrs zu entscheiden. ④ Die örtliche Gewohnheit, die tatsächliche Übung, die Zweckbestimmung, die tatsächliche, unabhängige Nutzungsmöglichkeit und die wirtschaftliche Zusammengehörigkeit der einzelnen Wirtschaftsgüter sind zu berücksichtigen. ⑤ Mehrere Wirtschaftsgüter kommen als wirtschaftliche Einheit nur insoweit in Betracht, als sie demselben Eigentümer gehören. ⑥ Die Zurechnung zu einer wirtschaftlichen Einheit wird beim Grundbesitz im Sinne der §§ 26 bis 38

[1] § 25 Abs. 1 Sätze 7 u. 8 angefügt, Abs. 3 neugefasst durch Gesetz vom 22. 12. 2021 (GBl. S. 1029) mWv 31. 12. 2021; Abs. 2 aufgehoben, bish. Abs. 3 wird Abs. 2 durch Gesetz vom 13. 6. 2023 (GBl. S. 170) mWv 17. 6. 2023).

jedoch nicht dadurch ausgeschlossen, dass die Wirtschaftsgüter zum Teil dem einen, zum Teil dem anderen Ehegatten oder Lebenspartner gehören. ⑦ In einen Betrieb der Land- und Forstwirtschaft im Sinne der §§ 26 bis 36, der von einer Gesellschaft oder Gemeinschaft des bürgerlichen Rechts betrieben wird, sind auch die Wirtschaftsgüter einzubeziehen, die einem oder mehreren Beteiligten gehören und dem Betrieb zu dienen bestimmt sind. ⑧ In den Betrieb der Land- und Forstwirtschaft im Sinne der §§ 26 bis 36 sind auch einzubeziehen

1. dem Eigentümer des Grund und Bodens nicht gehörende Gebäude, die auf dem Grund und Boden des Betriebs stehen und der Bewirtschaftung des Betriebs dienen,
2. dem Eigentümer des Grund und Bodens nicht gehörende Betriebsmittel, die der Bewirtschaftung des Betriebs dienen, und
3. ein Anteil des Eigentümers des Betriebs der Land- und Forstwirtschaft an einem Wirtschaftsgut, wenn es mit dem Betrieb zusammen genutzt wird.

(2) ① Bei wirtschaftlichen Einheiten des Grundvermögens, die sich über die Landesgrenze hinaus erstrecken, wird nur der sich innerhalb der Landesgrenzen befindliche Teil bewertet. ② Für den anderen Teil erfolgt keine gesonderte Feststellung nach § 13. ③ Wenn sich Teile einer wirtschaftlichen Einheit des land- und forstwirtschaftlichen Vermögens im Ausland befinden, gelten die Sätze 1 und 2 entsprechend.

1. Abschnitt: Land- und forstwirtschaftliches Vermögen

§ 26 Begriff des land- und forstwirtschaftlichen Vermögens

(1) ① Die wirtschaftliche Einheit des land- und forstwirtschaftlichen Vermögens ist der Betrieb der Land- und Forstwirtschaft. ② Wird der Betrieb der Land- und Forstwirtschaft oder werden Teile davon einem anderen Berechtigten zur Erzeugung von Pflanzen und Tieren sowie zur Verwertung der dadurch selbst gewonnenen Erzeugnisse überlassen, so gilt dies als Fortsetzung der land- und forstwirtschaftlichen Tätigkeit des Überlassenden.

(2) ① Land- und Forstwirtschaft ist die planmäßige Nutzung der natürlichen Kräfte des Bodens zur Erzeugung von Pflanzen und Tieren sowie die Verwertung der dadurch selbst gewonnenen Erzeugnisse. ② Zum land- und forstwirtschaftlichen Vermögen gehören alle Wirtschaftsgüter, die einem Betrieb der Land- und Forstwirtschaft dauernd zu dienen bestimmt sind.

(3) ① Zu den Wirtschaftsgütern, die dem Betrieb der Land- und Forstwirtschaft dauernd zu dienen bestimmt sind, gehören insbesondere:

1. der Grund und Boden,
2. die Wirtschaftsgebäude,
3. die stehenden Betriebsmittel,
4. der normale Bestand an umlaufenden Betriebsmitteln,
5. die immateriellen Wirtschaftsgüter.

② Als normaler Bestand an umlaufenden Betriebsmitteln gilt ein Bestand, der zur gesicherten Fortführung des Betriebs erforderlich ist.

(4) Nicht zum land- und forstwirtschaftlichen Vermögen gehören:

1. Grund und Boden sowie Gebäude und Gebäudeteile, die Wohnzwecken oder anderen nicht land- und forstwirtschaftlichen Zwecken dienen,
2. Tierbestände oder Zweige des Tierbestands und die hiermit zusammenhängenden Wirtschaftsgüter (zum Beispiel Gebäude und abgrenzbare Gebäudeteile mit den dazugehörenden Flächen, stehende und umlaufende Betriebsmittel), wenn die Tiere weder nach § 35 zur landwirtschaftlichen Nutzung noch nach § 36 Absatz 2 zu den sonstigen land- und forstwirtschaftlichen Nutzungen gehören; die Zugehörigkeit der landwirtschaftlich genutzten Flächen zum land- und forstwirtschaftlichen Vermögen wird hierdurch nicht berührt,
3. Zahlungsmittel, Geldforderungen, Geschäftsguthaben, Wertpapiere und Beteiligungen sowie
4. Geldschulden und Pensionsverpflichtungen.

§ 27 Abgrenzung des land- und forstwirtschaftlichen Vermögens vom Grundvermögen in Sonderfällen

(1) Dienen im Umgriff einer Windenergieanlage Flächen einem Betrieb der Land- und Forstwirtschaft, sind abweichend von § 26 Absatz 4 Nummer 1 die Standortflächen der Windenergieanlage und der dazugehörenden Betriebsvorrichtungen (abgegrenzte Standortfläche der Windenergieanlage) dem land- und forstwirtschaftlichen Vermögen zuzurechnen.

(2) Land- und forstwirtschaftlich genutzte Flächen sind dem Grundvermögen zuzurechnen, wenn nach ihrer Lage, den am Feststellungszeitpunkt bestehenden Verwertungsmöglichkeiten oder den sonstigen Umständen anzunehmen ist, dass sie innerhalb eines Zeitraums von sieben Jahren anderen als land- und forstwirtschaftlichen Zwecken, insbesondere als Bau-, Gewerbe- oder Industrieland oder als Land für Verkehrszwecke, dienen werden.

(3) ① Flächen sind stets dem Grundvermögen zuzurechnen, wenn sie in einem Bebauungsplan als Bauland festgesetzt sind, ihre sofortige Bebauung möglich ist und die Bebauung innerhalb des Plangebiets in benachbarten Bereichen begonnen hat oder schon durchgeführt ist. ② Satz 1 gilt nicht für die Hofstelle.

§ 28 Betrieb der Land- und Forstwirtschaft

(1) Ein Betrieb der Land- und Forstwirtschaft umfasst:

1. die land- und forstwirtschaftlichen Nutzungen:
   a) die landwirtschaftliche Nutzung,
   b) die forstwirtschaftliche Nutzung,
   c) die weinbauliche Nutzung,
   d) die gärtnerische Nutzung,
      aa) Nutzungsteil Gemüsebau,
      bb) Nutzungsteil Blumen- und Zierpflanzenbau,
      cc) Nutzungsteil Obstbau,
      dd) Nutzungsteil Baumschulen,
   e) die übrigen land- und forstwirtschaftlichen Nutzungen,
2. die Nutzungsarten:
   a) Abbauland,
   b) Geringstland,
   c) Unland,
   d) Hofstelle,
3. die Nebenbetriebe.

(2) Die land- und forstwirtschaftlichen Betriebsflächen sind einer Nutzung, innerhalb der gärtnerischen Nutzung einem Nutzungsteil oder einer Nutzungsart zuzuordnen (gesetzliche Klassifizierung).

(3) Zum Abbauland gehören die Betriebsflächen, die durch Abbau der Bodensubstanz überwiegend für den Betrieb der Land- und Forstwirtschaft nutzbar gemacht werden, zum Beispiel Steinbrüche, Torfstiche, Sand-, Kies- und Lehmgruben.

(4) Zum Geringstland gehören die Betriebsflächen geringster Ertragsfähigkeit, für die nach dem Bodenschätzungsgesetz keine Wertzahlen festzustellen sind.

(5) Zum Unland gehören die Betriebsflächen, die auch bei geordneter Wirtschaftsweise keinen Ertrag abwerfen können.

(6) Zur Hofstelle gehören alle Hof- und Wirtschaftsgebäudeflächen einschließlich der Nebenflächen, wenn von dort land- und forstwirtschaftliche Flächen nachhaltig bewirtschaftet werden.

(7) Als Nebenbetrieb gilt ein Betrieb, der dem Hauptbetrieb zu dienen bestimmt ist und nicht einen selbständigen gewerblichen Betrieb darstellt.

§ 29[1] Feststellungszeitpunkt

(1) Für die Größe des Betriebs sowie für den Umfang und den Zustand der Gebäude sind die Verhältnisse im Feststellungszeitpunkt maßgebend.

(2) Für die stehenden und umlaufenden Betriebsmittel ist der Stand am Ende des Wirtschaftsjahres maßgebend, das dem Feststellungszeitpunkt vorangegangen ist.

§ 30 Ermittlung des Ertragswerts

(1) ① Bei der Ermittlung des Ertragswerts (§ 24 Absatz 2) eines Betriebs der Land- und Forstwirtschaft ist von der Ertragsfähigkeit auszugehen. ② Ertragsfähigkeit ist der bei ordnungsmäßiger Bewirtschaftung gemeinhin und nachhaltig erzielbare Reinertrag eines pacht- und schuldenfreien Betriebs mit entlohnten fremden Arbeitskräften (Reinertrag). ③ Er ermittelt sich aus dem Betriebseinkommen abzüglich des Lohnaufwands für die entlohnten Arbeitskräfte und des angemessenen Anteils für die Arbeitsleistung des Betriebsleiters sowie der nicht entlohnten Arbeitskräfte. ④ Hierbei sind alle Umstände zu berücksichtigen, die bei einer Selbstbewirtschaftung des Betriebs den Wirtschaftserfolg beeinflussen.

(2) ① Der Reinertrag wird aus den Erhebungen nach § 2 des Landwirtschaftsgesetzes oder aus Erhebungen der Finanzverwaltung für jede gesetzliche Klassifizierung gesondert ermittelt. ② Bei der Ermittlung des jeweiligen Reinertrags ist zur Berücksichtigung der nachhaltigen Ertragsfähigkeit ein Durchschnitt aus den letzten zehn vorliegenden Wirtschaftsjahren zu bilden, die vor dem Hauptfeststellungszeitpunkt geendet haben.

(3) Der Ertragswert ist das 18,6-fache der Summe der Reinerträge des Betriebs.

§ 31 Bewertung des Betriebs der Land- und Forstwirtschaft

(1) ① Bei der Ermittlung des Ertragswerts für einen Betrieb der Land- und Forstwirtschaft sind die land- und forstwirtschaftlichen Nutzungen, Nutzungsarten und die Nebenbetriebe (§ 28 Ab-

[1] § 29 Überschrift neugefasst durch Gesetz vom 13. 6. 2023 (GBl. S. 170) mWv 17. 6. 2023.

satz 1) mit ihrem jeweiligen Reinertrag nach den Absätzen 2 bis 8 zu bewerten. ② Mit dem Ansatz des jeweiligen Reinertrags sind auch dem Eigentümer des Grund und Bodens nicht gehörende stehende und umlaufende Betriebsmittel, die der Bewirtschaftung des Betriebs dienen, abgegolten.

(2) ① Der Reinertrag der landwirtschaftlichen Nutzung ermittelt sich aus der Summe der Flächenwerte. ② Der jeweilige Flächenwert ist das Produkt aus der Größe der gesetzlich klassifizierten Eigentumsfläche des Betriebs und den Bewertungsfaktoren der Anlage 1. ③ Die Bewertungsfaktoren Grundbetrag und Ertragsmesszahl nach § 9 des Gesetzes zur Schätzung des landwirtschaftlichen Kulturbodens (Bodenschätzungsgesetzes) sind für jede Eigentumsfläche gesondert zu ermitteln.

(3) ① Der Reinertrag der forstwirtschaftlichen Nutzung ermittelt sich aus der Summe der Flächenwerte. ② Der jeweilige Flächenwert ist das Produkt aus der Größe der gesetzlich klassifizierten Eigentumsfläche des Betriebs und dem jeweiligen gegendüblichen Bewertungsfaktor gemäß Anlage 2. ③ Die gegendüblichen Bewertungsfaktoren bestimmen sich nach den forstwirtschaftlichen Wuchsgebieten und deren Baumartenanteilen nach der zuletzt vor dem Hauptfeststellungszeitpunkt durchgeführten Bundeswaldinventur (§ 41 a des Bundeswaldgesetzes). ④ Abweichend hiervon werden klassifizierte Eigentumsflächen mit katastermäßig nachgewiesenen Bewirtschaftungsbeschränkungen als Geringstland bewertet, wenn infolge der Bewirtschaftungsbeschränkungen eine nachhaltige forstwirtschaftliche Nutzung unterbleibt.

(4) ① Der Reinertrag der weinbaulichen Nutzung ermittelt sich aus der Summe der Flächenwerte. ② Der jeweilige Flächenwert ist das Produkt aus der Größe der gesetzlich klassifizierten Eigentumsfläche des Betriebs und dem Bewertungsfaktor für die Verwertungsform Traubenerzeugung gemäß Anlage 3.

(5) ① Der Reinertrag der gärtnerischen Nutzung ist gegliedert nach den Nutzungsteilen zu ermitteln. ② Der Reinertrag eines Nutzungsteils ermittelt sich aus der Summe der Flächenwerte. ③ Der jeweilige Flächenwert ist das Produkt aus der gesetzlich klassifizierten Eigentumsfläche des Betriebs und dem jeweiligen Bewertungsfaktor gemäß Anlage 4. ④ Abweichend hiervon wird der Nutzungsteil Gemüsebau wie eine landwirtschaftliche Nutzung bewertet, wenn im Wechsel landwirtschaftliche und gärtnerische Erzeugnisse gewonnen werden und keine Bewässerungsmöglichkeiten bestehen.

(6) ① Der Reinertrag für die übrigen land- und forstwirtschaftlichen Nutzungen ist für jede Nutzung nach § 36 gesondert zu ermitteln. ② Der Reinertrag einer übrigen land- und forstwirtschaftlichen Nutzung ermittelt sich aus der Summe der Flächenwerte. ③ Der jeweilige Flächenwert ist das Produkt aus der Größe der gesetzlich klassifizierten Eigentumsfläche des Betriebs und dem jeweiligen Bewertungsfaktor einschließlich des Zuschlags gemäß Anlage 5. ④ Für die sonstigen land- und forstwirtschaftlichen Nutzungen, für die kein Bewertungsfaktor festgelegt wurde, ist der Reinertrag der jeweiligen Nutzung durch Multiplikation der Bruttogrundflächen der nachhaltig genutzten Wirtschaftsgebäude mit dem Zwölffachen des Werts gemäß Anlage 5 und für den dazu gehörenden Grund und Boden nach Absatz 8 zu ermitteln; dies gilt unabhängig von einer gesetzlichen Klassifizierung als Hofstelle.

(7) ① Der Reinertrag für die Nutzungsarten Abbauland, Geringstland und Unland ermittelt sich aus der Summe der Flächenwerte der jeweiligen Nutzungsart. ② Der jeweilige Flächenwert ist das Produkt aus der Größe der gesetzlich klassifizierten Eigentumsfläche des Betriebs und dem jeweiligen Bewertungsfaktor gemäß Anlage 5.

(8) ① Der Reinertrag für die Hofflächen und die Nebenbetriebe ermittelt sich aus der Summe der Flächenwerte. ② Der Flächenwert ist das Produkt aus der jeweils als Hofstelle gesetzlich klassifizierten Eigentumsfläche des Betriebs und dem dreifachen Bewertungsfaktor gemäß Anlage 6.

§ 32 Zuschläge zum Reinertrag

(1) Ein Zuschlag zum Reinertrag einer Nutzung oder Nutzungsart ist vorzunehmen,

1. bei der landwirtschaftlichen Nutzung gemäß Anlage 1, wenn der tatsächliche Tierbestand am maßgeblichen Bewertungsstichtag (§ 29) die in Anlage 1 genannte Grenze nachhaltig überschreitet,
2. bei der gärtnerischen Nutzung gemäß Anlage 4, wenn in einem Nutzungsteil Flächen unter Glas und Kunststoffen dem Betrieb zu dienen bestimmt sind; zu den Flächen unter Glas und Kunststoffen gehören insbesondere mit Gewächshäusern, begehbaren Folientunneln, Foliengewächshäusern und anderen Kulturräumen überbaute Bruttogrundflächen; unerheblich ist, ob die Flächen unter Glas und Kunststoffen neben der Erzeugung auch zur Lagerung oder zum Vertrieb der Erzeugnisse zu dienen bestimmt sind,
3. bei der Nutzungsart Hofstelle gemäß Anlage 6 für die weinbauliche Nutzung und für Nebenbetriebe; der Zuschlag ermittelt sich durch Multiplikation der Bruttogrundflächen der nachhaltig genutzten Wirtschaftsgebäude mit dem Zwölffachen des jeweiligen Bewertungsfaktors; unerheblich ist, ob die Wirtschaftsgebäude neben der Erzeugung auch zur Lagerung oder zum Vertrieb der Erzeugnisse zu dienen bestimmt sind.

(2) ① Der Reinertrag einer Nutzung oder Nutzungsart ist um einen Zuschlag zu erhöhen, wenn die Eigentumsflächen des Betriebs zugleich der Stromerzeugung aus Windenergie dienen. ② Der Zuschlag ermittelt sich aus dem Produkt der abgegrenzten Standortfläche der Windenergieanlage und dem Bewertungsfaktor gemäß Anlage 7.

§ 33 Grundsteuerwert des Betriebs der Land- und Forstwirtschaft

(1) Die Summe der Reinerträge des Betriebs einschließlich der Zuschläge (§§ 31 und 32) ist zur Ermittlung des Ertragswerts mit dem Faktor 18,6 zu kapitalisieren und ergibt den Grundsteuerwert des Betriebs der Land- und Forstwirtschaft.

(2) ① Die Summe der Reinerträge einschließlich der Zuschläge (§§ 31 und 32) eines Betriebs der Land- und Forstwirtschaft ist für jede Gemeinde gesondert zu ermitteln, wenn sich die wirtschaftliche Einheit über mehrere Gemeinden erstreckt. ② Der auf eine Gemeinde entfallende Anteil am Grundsteuerwert berechnet sich aus der jeweils für eine Gemeinde gesondert ermittelten Summe der Reinerträge im Verhältnis zur Gesamtsumme der Reinerträge des Betriebs der Land- und Forstwirtschaft.

§ 34 Kleingartenland und Dauerkleingartenland

(1) Als Betrieb der Land- und Forstwirtschaft gelten auch Kleingartenland und Dauerkleingartenland im Sinne des Bundeskleingartengesetzes.

(2) ① Bei der Ermittlung des Ertragswerts für Kleingartenland- und Dauerkleingartenland ist abweichend von § 31 der Reinertrag für den Nutzungsteil Gemüsebau anzusetzen. ② Der Reinertrag ergibt sich aus der Summe der Produkte der jeweils gesetzlich klassifizierten Eigentumsfläche und dem Reinertrag für das Freiland gemäß Anlage 4.

(3) ① Gartenlauben von mehr als 30 Quadratmetern Brutto-Grundfläche gelten als Wirtschaftsgebäude. ② § 31 Absatz 8 findet entsprechende Anwendung.

(4) Die Summe der Reinerträge nach den Absätzen 2 und 3 ist zur Ermittlung des Ertragswerts mit dem Faktor 18,6 zu kapitalisieren und ergibt den Grundsteuerwert des Betriebs der Land- und Forstwirtschaft.

§ 35 Tierbestände

(1) ① Tierbestände gehören in vollem Umfang zur landwirtschaftlichen Nutzung, wenn im Wirtschaftsjahr

1. für die ersten 20 Hektar nicht mehr als 10 Vieheinheiten (VE),
2. für die nächsten 10 Hektar nicht mehr als 7 VE,
3. für die nächsten 20 Hektar nicht mehr als 6 VE,
4. für die nächsten 50 Hektar nicht mehr als 3 VE,
5. und für die weitere Fläche nicht mehr als 1,5 VE

je Hektar der vom Inhaber des Betriebs selbst bewirtschafteten Flächen der landwirtschaftlichen Nutzung erzeugt oder gehalten werden. ② Zu den selbst bewirtschafteten Flächen gehören die Eigentumsflächen und die zur Nutzung überlassenen Flächen. 3Die Tierbestände sind nach dem Futterbedarf in Vieheinheiten umzurechnen.

(2) ① Übersteigt die Anzahl der Vieheinheiten nachhaltig die in Absatz 1 bezeichnete Grenze, so gehören nur die Zweige des Tierbestands zur landwirtschaftlichen Nutzung, deren Vieheinheiten zusammen diese Grenze nicht überschreiten. ② Zunächst sind mehr flächenabhängige Zweige des Tierbestands und danach weniger flächenabhängige Zweige des Tierbestands zur landwirtschaftlichen Nutzung zu rechnen. ③ Innerhalb jeder dieser Gruppen sind zuerst Zweige des Tierbestands mit der geringeren Anzahl von Vieheinheiten und dann Zweige mit der größeren Anzahl von Vieheinheiten zur landwirtschaftlichen Nutzung zu rechnen. ④ Der Tierbestand des einzelnen Zweiges wird nicht aufgeteilt.

(3) ① Als Zweig des Tierbestands gilt bei jeder Tierart für sich:

1. das Zugvieh,
2. das Zuchtvieh,
3. das Mastvieh,
4. das übrige Nutzvieh.

② Das Zuchtvieh einer Tierart gilt nur dann als besonderer Zweig des Tierbestands, wenn die erzeugten Jungtiere überwiegend zum Verkauf bestimmt sind. ③ Ist das nicht der Fall, so ist das Zuchtvieh dem Zweig des Tierbestands zuzurechnen, dem es überwiegend dient.

(4) ① Die Absätze 1 bis 3 gelten nicht für Pelztiere. ② Pelztiere gehören nur dann zur landwirtschaftlichen Nutzung, wenn die erforderlichen Futtermittel überwiegend von den vom Inhaber des Betriebs landwirtschaftlich genutzten Flächen gewonnen werden.

(5) Der Umrechnungsschlüssel für Tierbestände in Vieheinheiten sowie die Gruppen der mehr oder weniger flächenabhängigen Zweige des Tierbestands sind den Anlagen 8 und 9 zu entnehmen.

§ 36 Übrige land- und forstwirtschaftliche Nutzungen

(1) Zu den übrigen land- und forstwirtschaftlichen Nutzungen gehören:
1. Hopfen, Spargel und andere Sonderkulturen,
2. die sonstigen land- und forstwirtschaftlichen Nutzungen.

(2) Zu den sonstigen land- und forstwirtschaftlichen Nutzungen gehören insbesondere:
1. die Binnenfischerei,
2. die Teichwirtschaft,
3. die Fischzucht für Binnenfischerei und Teichwirtschaft,
4. die Imkerei,
5. die Wanderschäferei,
6. die Saatzucht,
7. der Pilzanbau,
8. die Produktion von Nützlingen,
9. die Weihnachtsbaumkulturen,
10. die Kurzumtriebsplantagen.

2. Abschnitt: Grundvermögen

§ 37[1] Grundstück

(1) ① Wirtschaftliche Einheit des Grundvermögens ist das Grundstück im Sinne dieses Abschnitts. ② Hierzu gehört der ganze oder anteilige Grund und Boden, soweit es sich hierbei nicht um land- und forstwirtschaftliches Vermögen handelt. ③ Bodenschätze sind nicht einzubeziehen.

(2) ① Ein Anteil des Eigentümers eines Grundstücks an anderem Grundvermögen ist in die wirtschaftliche Einheit Grundstück einzubeziehen, wenn der Anteil zusammen mit dem Grundstück genutzt wird. ② Das gilt nicht, wenn das gemeinschaftliche Grundvermögen nach den Anschauungen des Verkehrs als selbständige wirtschaftliche Einheit anzusehen ist.

(3) ① Für jedes Wohnungseigentum und Teileigentum nach dem Wohnungseigentumsgesetz ist entsprechend dem Miteigentumsanteil am Grundstück ein Wert nach § 38 zu ermitteln. ② Der ermittelte Wert ist dem Wohnungs- oder Teileigentümer zuzurechnen.

§ 38[2] Bewertung von Grundstücken

(1) ① Der Grundsteuerwert der Grundstücke ermittelt sich durch Multiplikation ihrer Fläche des Grund und Bodens mit dem jeweiligen Bodenrichtwert gemäß § 196 des Baugesetzbuchs (BauGB). ② Maßgebend ist der Bodenrichtwert des Richtwertgrundstücks in der Bodenrichtwertzone, in der sich das zu bewertende Grundstück befindet.

(2) ① Die Bodenrichtwerte sind von den Gutachterausschüssen im Sinne des ersten Teils des dritten Kapitels des Baugesetzbuches (§§ 192 ff. BauGB) auf den Hauptfeststellungszeitpunkt zu ermitteln, zu veröffentlichen und nach amtlich vorgeschriebenem Datensatz durch Datenfernübertragung an die zuständigen Finanzbehörden bis spätestens zum 30. Juni des Jahres in dem die Hauptfeststellung stattfindet zu übermitteln. ② Die nach Satz 1 an die Finanzbehörden zu übermittelnden Daten können auch an eine nach Satz 3 zu bestimmende Stelle zur Weiterleitung an die Finanzbehörden übermittelt werden. ③ Das Ministerium für Finanzen wird ermächtigt, im Einvernehmen mit der zuständigen obersten Landesbehörde diese Stelle zu bestimmen, zu beauftragen und soweit erforderlich zu beleihen.

(3) Wird von den Gutachterausschüssen im Sinne des ersten Teils des dritten Kapitels des Baugesetzbuches (§§ 192 ff. BauGB) kein Bodenrichtwert ermittelt, ist der Wert des Grundstücks aus den Werten vergleichbarer Flächen abzuleiten.

(4)[3] ① Ein anderer Wert des Grundstücks kann auf Antrag angesetzt werden, wenn der durch ein qualifiziertes Gutachten nachgewiesene tatsächliche Wert des Grund und Bodens zum Zeitpunkt der Hauptfeststellung mehr als 30 Prozent von dem Wert nach Absatz 1 oder 3 abweicht. ② Qualifiziert ist ein Gutachten, wenn dieses durch den zuständigen Gutachterausschuss im Sinne der §§ 192 ff. des Baugesetzbuchs oder von Personen, die von einer staatlichen, staatlich anerkannten oder nach DIN EN ISO/IEC 17 024 akkreditierten Stelle als Sachverständige oder Gutachter für die Wertermittlung von Grund und Boden bestellt oder zertifiziert worden sind, erstellt worden ist. ③ Wurde eine Feststellung bereits getroffen, sind § 16 Absatz 1 und Absatz 4 Satz 3 Nummer 1 entsprechend mit der Maßgabe anzuwenden, dass die Wertgrenze von 15 000 Euro nicht gilt.

---

[1] § 37 Abs. 3 angefügt durch Gesetz vom 13. 6. 2023 (GBl. S. 170) mWv 17. 6. 2023.

[2] § 38 Abs. 2 Satz 1 geändert, Sätze 2 und 3, Abs. 4 angefügt durch Gesetz vom 22. 12. 2021 (GBl. S. 1029) mWv 31. 12. 2021; Abs. 4 Satz 3 angefügt durch Gesetz vom 13. 6. 2023 (GBl. S. 170) mWv 17. 6. 2023.

[3] Zur Sonderregelung für die Berücksichtigung eines Gutachtens, gültig für einen Übergangszeitraum bis 30. Juni 2025, vgl. *Vfg. OFD Karlsruhe vom 7. 8. 2024 S 3240-2/6-St 34.*

Vierter Teil. Bemessung der Grundsteuer

§ 39 Steuermesszahl und Steuermessbetrag

① Bemessungsgrundlage der Grundsteuer ist der Steuermessbetrag. ② Dieser ist durch Anwendung eines Promillesatzes (Steuermesszahl) auf den Grundsteuerwert oder seinen steuerpflichtigen Teil zu ermitteln, der im Veranlagungszeitpunkt (§ 41 Absatz 1, § 42 Absatz 3 und § 43 Absatz 3) für den Steuergegenstand maßgebend ist.

§ 40[1] Steuermesszahlen

(1) Für Betriebe der Land- und Forstwirtschaft beträgt die Steuermesszahl 0,55 Promille.

(2) Für Grundstücke beträgt die Steuermesszahl 1,30 Promille.

(3) ① Die Steuermesszahl nach Absatz 2 wird um 30 Prozent ermäßigt, wenn das Grundstück überwiegend zu Wohnzwecken dient. ② Überwiegend dient ein Grundstück zu Wohnzwecken, wenn der Anteil der Wohnnutzung an der gesamten Wohn- und Nutzfläche den Anteil der wohnfremden Nutzung übersteigt.

(4) ① Die Steuermesszahl nach Absatz 2 wird um 25 Prozent ermäßigt, wenn

1. für das Grundstück eine Förderung nach dem Landeswohnraumförderungsgesetz (LWoFG) zugesagt wurde und
2. die sich aus der Förderzusage im Sinne des LWoFG ergebenden Bindungen im Hauptveranlagungszeitraum bestehen, oder
3. für das Grundstück nach § 13 Absatz 3 des Wohnraumförderungsgesetzes (WoFG) vom 13. September 2001 (BGBl. I S. 2376), das zuletzt durch Artikel 42 des Gesetzes vom 20. November 2019 (BGBl. I S. 1626, 1652) geändert worden ist, oder nach Maßgabe des Ersten Wohnungsbaugesetzes (Wohnungsbau- und Familienheimgesetz – WoBauG) vom 26. April 1950 (BGBl. I S. 83) oder des Zweiten Wohnungsbaugesetzes (Wohnungsbau- und Familienheimgesetz – II. WoBauG) vom 27. Juni 1956 (BGBl. I S. 523), zuletzt geändert am 19. August 1994 (BGBl. I S. 2137), eine Förderzusage erteilt wurde und
4. die sich aus der Förderzusage im Sinne des WoFG, des WoBauG oder des II. WoBauG ergebenden Bindungen im Hauptveranlagungszeitraum bestehen.

② Wird ein abgrenzbarer Teil des Grundstücks zu diesem Zwecke genutzt, so ist nur dieser Teil des Grundstücks begünstigt.

(5) ① Liegen für ein Grundstück die Voraussetzungen des Absatzes 4 nicht vor, wird die Steuermesszahl nach Absatz 2 um 25 Prozent ermäßigt, wenn das jeweilige Grundstück

1. einer Wohnungsbaugesellschaft zugerechnet wird, deren Anteile mehrheitlich von einer oder mehreren Gebietskörperschaften gehalten werden und zwischen der Wohnungsbaugesellschaft und der Gebietskörperschaft oder den Gebietskörperschaften ein Gewinnabführungsvertrag besteht,
2. einer Wohnungsbaugesellschaft zugerechnet wird, die als gemeinnützig im Sinne des § 52 der AO anerkannt ist, oder
3. einer Genossenschaft oder einem Verein zugerechnet wird, für deren oder dessen Tätigkeit eine Steuerbefreiung nach § 5 Absatz 1 Nummer 10 des Körperschaftsteuergesetzes besteht und soweit der Grundbesitz der begünstigten Tätigkeit zuzuordnen ist.

② Wird nur ein Anteil des Grundstücks einem Rechtsträger nach Satz 1 Nummern 1 bis 3 zugerechnet, so ist nur dieser Teil begünstigt. ③ Der Abschlag auf die Steuermesszahl nach Satz 1 wird auf Antrag für jeden Erhebungszeitraum innerhalb des Hauptveranlagungszeitraums gewährt, wenn nachgewiesen wird, dass die jeweiligen Voraussetzungen am Hauptveranlagungsstichtag vorlagen. ④ Entfallen die Voraussetzungen des Satzes 1 während des Hauptveranlagungszeitraums, ist dies anzuzeigen.

(6) ① Die Steuermesszahl nach Absatz 2 wird um 10 Prozent ermäßigt, wenn sich auf dem Grundstück Gebäude befinden, die Kulturdenkmale im Sinne des Gesetzes zum Schutz der Kulturdenkmale (Denkmalschutzgesetz) sind. ② Wird ein abgrenzbarer Teil des Grundstücks zu diesem Zwecke genutzt, so ist nur dieser Teil des Grundstücks begünstigt.

(7) Erfüllt ein Grundstück mehrere Vergünstigungstatbestände im Sinne der Absätze 3 bis 6, ergibt sich die Ermäßigung der Steuermesszahl nach Absatz 2 aus der Summe der zu berücksichtigenden Prozentsätze.

(8) ① Auf Antrag wird der Abschlag auf die Steuermesszahl nach den Absätzen 3 bis 6 ab dem Erhebungszeitraum, zu dessen Beginn die Voraussetzungen vorliegen, fortlaufend für jeden Erhebungszeitraum innerhalb des Hauptveranlagungszeitraums gewährt. ② Entfallen die Voraussetzungen, ist dies nach § 44 Absatz 2 anzuzeigen und der Messbetrag nach § 42 Absatz 2 Nummer 1 neu zu veranlagen oder nach § 46 zu ändern. ③ Der Antrag kann durch Abgabe einer Erklärung nach § 22 Absatz 1 gestellt werden.

---

[1] § 40 Abs. 4 Satz 1 Nrn. 1, 2 und 4, Satz 2, Abs. 6 Satz 2 geändert, Abs. 5 Satz 2 eingefügt, bish. Sätze 2 und 3 werden Sätze 3 und 4 durch Gesetz vom 22. 12. 2021 (GBl. S. 1029) mWv 31. 12. 2021; Abs. 4 Satz 1 Nrn. 2 und 4 geändert, Abs. 5 Satz 1 Nr. 3 und Satz 2 neugefasst, Abs. 8 angefügt durch Gesetz vom 13. 6. 2023 (GBl. S. 170) mWv 17. 6. 2023.

§ 41 Hauptveranlagung

(1) ① Die Steuermessbeträge werden auf den Hauptfeststellungszeitpunkt (§ 15) allgemein festgesetzt (Hauptveranlagung). ② Dieser Zeitpunkt ist der Hauptveranlagungszeitpunkt.

(2) ① Der bei der Hauptveranlagung festgesetzte Steuermessbetrag gilt vorbehaltlich der §§ 42 und 45 von dem Kalenderjahr an, das zwei Jahre nach dem Hauptveranlagungszeitpunkt beginnt. ② Dieser Steuermessbetrag bleibt unbeschadet der §§ 42 und 45 bis zu dem Zeitpunkt maßgebend, von dem an die Steuermessbeträge der nächsten Hauptveranlagung wirksam werden. ③ Der sich nach den Sätzen 1 und 2 ergebende Geltungszeitraum ist der Hauptveranlagungszeitraum.

(3) Ist die Festsetzungsfrist nach § 169 AO bereits abgelaufen, so kann die Hauptveranlagung unter Zugrundelegung der Verhältnisse im Hauptveranlagungszeitpunkt mit Wirkung für einen späteren Veranlagungszeitpunkt vorgenommen werden, für den diese Frist noch nicht abgelaufen ist.

§ 42 Neuveranlagung

(1) Wird eine Wertfortschreibung (§ 16 Absatz 1) oder eine Zurechnungsfortschreibung (§ 16 Absatz 2) durchgeführt, so wird der Steuermessbetrag auf den Fortschreibungszeitpunkt neu festgesetzt (Neuveranlagung).

(2) Der Steuermessbetrag wird auch dann neu festgesetzt, wenn dem Finanzamt bekannt wird, dass

1. Gründe, die im Feststellungsverfahren über den Grundsteuerwert nicht zu berücksichtigen sind, zu einem anderen als dem für den letzten Veranlagungszeitpunkt festgesetzten Steuermessbetrag führen oder
2. die letzte Veranlagung fehlerhaft ist; § 176 der AO ist hierbei entsprechend anzuwenden; das gilt jedoch nur für Veranlagungszeitpunkte, die vor der Verkündung der maßgeblichen Entscheidung eines obersten Gerichts des Bundes liegen.

(3) ① Der Neuveranlagung werden die Verhältnisse im Neuveranlagungszeitpunkt zugrunde gelegt. ② Neuveranlagungszeitpunkt ist

1. in den Fällen des Absatzes 1 der Beginn des Kalenderjahres, auf den die Fortschreibung durchgeführt wird;
2. in den Fällen des Absatzes 2 Nummer 1 der Beginn des Kalenderjahres, auf den sich erstmals ein abweichender Steuermessbetrag ergibt. § 41 Absatz 3 ist entsprechend anzuwenden;
3. in den Fällen des Absatzes 2 Nummer 2 der Beginn des Kalenderjahres, in dem der Fehler dem Finanzamt bekannt wird, bei einer Erhöhung des Steuermessbetrags jedoch frühestens der Beginn des Kalenderjahres, in dem der Steuermessbescheid erteilt wird.

(4) Treten die Voraussetzungen für eine Neuveranlagung zwischen dem Hauptveranlagungszeitpunkt und dem Zeitpunkt des Wirksamwerdens der Steuermessbeträge (§ 41 Absatz 2) ein, so wird die Neuveranlagung auf den Zeitpunkt des Wirksamwerdens der Steuermessbeträge vorgenommen.

§ 43 Nachveranlagung

(1) Wird eine Nachfeststellung (§ 17 Absatz 1) durchgeführt, so wird der Steuermessbetrag auf den Nachfeststellungszeitpunkt festgesetzt (Nachveranlagung).

(2) Der Steuermessbetrag wird auch dann nachträglich festgesetzt, wenn der Grund für die Befreiung des Steuergegenstandes von der Grundsteuer wegfällt, der für die Berechnung der Grundsteuer maßgebende Grundsteuerwert (§ 38 Absatz 1) aber bereits festgestellt ist.

(3) ① Der Nachveranlagung werden die Verhältnisse im Nachveranlagungszeitpunkt zugrunde gelegt. ② Nachveranlagungszeitpunkt ist

1. in den Fällen des Absatzes 1 der Beginn des Kalenderjahres, auf den der Grundsteuerwert nachträglich festgestellt wird;
2. in den Fällen des Absatzes 2 der Beginn des Kalenderjahres, der auf den Wegfall des Befreiungsgrundes folgt; § 41 Absatz 3 ist entsprechend anzuwenden.

(4) Treten die Voraussetzungen für eine Nachveranlagung zwischen dem Hauptveranlagungszeitpunkt und dem Zeitpunkt des Wirksamwerdens der Steuermessbeträge (§ 41 Absatz 2) ein, so wird die Nachveranlagung auf den Zeitpunkt des Wirksamwerdens der Steuermessbeträge vorgenommen.

§ 44[1] Anzeigepflicht

(1) ① Jede Änderung in der Nutzung oder in den Eigentumsverhältnissen eines ganz oder teilweise von der Grundsteuer befreiten Steuergegenstandes, die zu einer Änderung oder zum Wegfall der Steuerbefreiung führen kann, hat derjenige anzuzeigen, der nach § 10 als Steuerschuldner in Betracht kommt. ② Die Anzeige ist innerhalb von drei Monaten nach Eintritt der Änderung bei dem Finanzamt zu erstatten, das für die Festsetzung des Steuermessbetrags zuständig ist.

(2) ① Den Wegfall der Voraussetzungen für die ermäßigte Steuermesszahl nach § 40 Absatz 3 bis 6 hat derjenige anzuzeigen, der nach § 10 als Steuerschuldner in Betracht kommt. ② Die An-

[1] § 44 Abs. 1 Satz 1 geändert, Abs. 3 angefügt durch Gesetz vom 13. 6. 2023 (GBl. S. 170) mWv 17. 6. 2023.

zeige ist innerhalb von drei Monaten nach dem Wegfall der Voraussetzungen bei dem Finanzamt zu erstatten, das für die Festsetzung des Steuermessbetrags zuständig ist.

(3) Die Anzeigen nach den Absätzen 1 und 2 sind Steuererklärungen im Sinne der Abgabenordnung, die eigenhändig zu unterschreiben sind.

§ 45 Aufhebung des Steuermessbetrags

(1) Der Steuermessbetrag wird aufgehoben,
1. wenn der Grundsteuerwert aufgehoben wird oder
2. wenn dem Finanzamt bekannt wird, dass
   a) für den ganzen Steuergegenstand ein Befreiungsgrund eingetreten ist oder
   b) der Steuermessbetrag fehlerhaft festgesetzt worden ist.

(2) Der Steuermessbetrag wird aufgehoben
1. in den Fällen des Absatzes 1 Nummer 1 mit Wirkung vom Aufhebungszeitpunkt (§ 18 Absatz 2) an;
2. in den Fällen des Absatzes 1 Nummer 2 Buchstabe a mit Wirkung vom Beginn des Kalenderjahres an, der auf den Eintritt des Befreiungsgrundes folgt; § 41 Absatz 3 ist entsprechend anzuwenden;
3. in den Fällen des Absatzes 1 Nummer 2 Buchstabe b mit Wirkung vom Beginn des Kalenderjahres an, in dem der Fehler dem Finanzamt bekannt wird.

(3) Treten die Voraussetzungen für eine Aufhebung zwischen dem Hauptveranlagungszeitpunkt und dem Zeitpunkt des Wirksamwerdens der Steuermessbeträge (§ 41 Absatz 2) ein, so wird die Aufhebung auf den Zeitpunkt des Wirksamwerdens der Steuermessbeträge vorgenommen.

§ 46 Änderung von Steuermessbescheiden

① Bescheide über die Neuveranlagung oder die Nachveranlagung von Steuermessbeträgen können schon vor dem maßgebenden Veranlagungszeitpunkt erteilt werden. ② Sie sind zu ändern oder aufzuheben, wenn sich bis zu diesem Zeitpunkt Änderungen ergeben, die zu einer abweichenden Festsetzung führen.

§ 47 Zerlegung des Steuermessbetrags

(1) Erstreckt sich der Steuergegenstand über mehrere Gemeinden, so ist der Steuermessbetrag vorbehaltlich des § 49 anteilig in die auf die einzelnen Gemeinden entfallenden Anteile zu zerlegen (Zerlegungsanteile).

(2) Zerlegungsmaßstab ist bei Betrieben der Land- und Forstwirtschaft der nach § 33 Absatz 2 ermittelte Gemeindeanteil am Grundsteuerwert des Betriebs der Land- und Forstwirtschaft.

(3) ① Zerlegungsmaßstab ist bei Grundstücken das Verhältnis, in dem die auf die einzelnen Gemeinden entfallenden Flächengrößen zueinanderstehen. ② Führt die Zerlegung nach Flächengrößen zu einem offenbar unbilligen Ergebnis, sind die Zerlegungsanteile maßgebend, auf die sich die Gemeinden mit dem Steuerschuldner einigen.

(4) Entfällt auf eine Gemeinde ein Zerlegungsanteil von weniger als 25 Euro, so ist dieser Anteil der Gemeinde zuzuweisen, der nach Absatz 2 oder 3 der größte Zerlegungsanteil zusteht.

§ 48 Zerlegungsstichtag

(1) Der Zerlegung des Steuermessbetrags werden die Verhältnisse in dem Feststellungszeitpunkt zugrunde gelegt, auf den der für die Festsetzung des Steuermessbetrags maßgebende Grundsteuerwert festgestellt worden ist.

(2) Ändern sich die Grundlagen für die Zerlegung, ohne dass der Grundsteuerwert fortgeschrieben oder nachträglich festgestellt wird, so sind die Zerlegungsanteile nach dem Stand vom 1. Januar des folgenden Jahres neu zu ermitteln, wenn wenigstens bei einer Gemeinde der neue Anteil um mehr als ein Zehntel, mindestens aber um 10 Euro von ihrem bisherigen Anteil abweicht.

§ 49 Ersatz der Zerlegung durch Steuerausgleich

① Die Landesregierung kann durch Rechtsverordnung bestimmen, dass bei Betrieben der Land- und Forstwirtschaft, die sich über mehrere Gemeinden erstrecken, aus Vereinfachungsgründen an Stelle der Zerlegung ein Steuerausgleich stattfindet. ② Beim Steuerausgleich wird der gesamte Steuermessbetrag der Gemeinde zugeteilt, in der der wertvollste Teil des Steuergegenstandes liegt (Sitzgemeinde); an dem Steueraufkommen der Sitzgemeinde werden die übrigen Gemeinden beteiligt. ③ Die Beteiligung soll annähernd zu dem Ergebnis führen, das bei einer Zerlegung einträte.

Fünfter Teil. Festsetzung und Entrichtung der Grundsteuer

§ 50[1] Festsetzung des Hebesatzes

(1) Die Gemeinde bestimmt, mit welchem Hundertsatz des Steuermessbetrags oder des Zerlegungsanteils die Grundsteuer zu erheben ist (Hebesatz).

[1] § 50 Abs. 4 Satz 1 einl. Satzteil geändert durch Gesetz vom 22. 12. 2021 (GBl. S. 1029) mWv 31. 12. 2021.

(2) Der Hebesatz ist für ein oder mehrere Kalenderjahre, höchstens jedoch für den Hauptveranlagungszeitraum der Steuermessbeträge festzusetzen.

(3) ① Der Beschluss über die Festsetzung oder Änderung des Hebesatzes ist bis zum 30. Juni eines Kalenderjahres mit Wirkung vom Beginn dieses Kalenderjahres zu fassen. ② Nach diesem Zeitpunkt kann der Beschluss über die Festsetzung des Hebesatzes gefasst werden, wenn der Hebesatz die Höhe der letzten Festsetzung nicht überschreitet.

(4) ① Der Hebesatz muss vorbehaltlich des § 50 a jeweils einheitlich sein

1. für die in einer Gemeinde liegenden Betriebe der Land- und Forstwirtschaft;
2. für die in einer Gemeinde liegenden Grundstücke.

② Wird das Gebiet von Gemeinden geändert, so kann die Landesregierung oder die von ihr bestimmte Stelle für die von der Änderung betroffenen Gebietsteile auf eine bestimmte Zeit verschiedene Hebesätze zulassen.

§ 50a[1] Gesonderter Hebesatz für baureife Grundstücke

(1) Die Gemeinde kann aus städtebaulichen Gründen baureife Grundstücke bestimmen und abweichend von § 50 Absatz 4 Satz 1 Nummer 2 für die Grundstücksgruppe der baureifen Grundstücke einen gesonderten Hebesatz festsetzen.

(2) ① Baureife Grundstücke sind unbebaute Grundstücke, die nach Lage, Form und Größe und ihrem sonstigen tatsächlichen Zustand sowie nach öffentlich-rechtlichen Vorschriften sofort bebaut werden könnten. ② Eine erforderliche, aber noch nicht erteilte Baugenehmigung sowie zivilrechtliche Gründe, die einer sofortigen Bebauung entgegenstehen, sind unbeachtlich.

(3) Als städtebauliche Gründe kommen insbesondere die Deckung eines erhöhten Bedarfs an Wohn- und Arbeitsstätten sowie an Gemeinbedarfs- und Folgeeinrichtungen, die Nachverdichtung bestehender Siedlungsstrukturen oder die Stärkung der Innenentwicklung in Betracht.

(4) ① Die Gemeinde hat den gesonderten Hebesatz auf einen bestimmten Gemeindeteil zu beschränken, wenn nur für diesen Gemeindeteil die städtebaulichen Gründe vorliegen. ② In dem Gemeindeteil müssen mehrere baureife Grundstücke belegen sein.

(5) ① Die genaue Bezeichnung der baureifen Grundstücke, deren Lage sowie das Gemeindegebiet, auf das sich der gesonderte Hebesatz bezieht, sind jeweils nach den Verhältnissen zu Beginn eines Kalenderjahres von der Gemeinde zu bestimmen, in einer Karte auszuweisen und im Wege einer Allgemeinverfügung öffentlich bekannt zu geben. ② In der Allgemeinverfügung sind die städtebaulichen Erwägungen nachvollziehbar darzulegen und die Wahl des Gemeindegebiets, auf das sich der gesonderte Hebesatz beziehen soll, zu begründen.

(6) Hat eine Gemeinde die baureifen Grundstücke bestimmt und hierfür einen gesonderten Hebesatz festgesetzt, muss dieser Hebesatz für alle in der Gemeinde oder dem Gemeindeteil liegenden baureifen Grundstücke einheitlich und höher als der einheitliche Hebesatz für die übrigen in der Gemeinde liegenden Grundstücke sein.

§ 51 Festsetzung der Grundsteuer

(1) ① Die Grundsteuer wird für das Kalenderjahr festgesetzt. ② Ist der Hebesatz für mehr als ein Kalenderjahr festgesetzt, kann auch die jährlich zu erhebende Grundsteuer für die einzelnen Kalenderjahre dieses Zeitraums festgesetzt werden.

(2) Wird der Hebesatz gemäß § 50 Absatz 3 geändert, so ist die Festsetzung nach Absatz 1 zu ändern.

(3) ① Für diejenigen Steuerschuldner, die für das Kalenderjahr die gleiche Grundsteuer wie im Vorjahr zu entrichten haben, kann die Grundsteuer durch öffentliche Bekanntmachung festgesetzt werden. ② Für die Steuerschuldner treten mit dem Tag der öffentlichen Bekanntmachung die gleichen Rechtswirkungen ein, wie wenn ihnen an diesem Tag ein schriftlicher Steuerbescheid zugegangen wäre.

§ 52 Fälligkeit

(1) Die Grundsteuer wird zu je einem Viertel ihres Jahresbetrags am 15. Februar, 15. Mai, 15. August und 15. November fällig.

(2) Die Gemeinden können bestimmen, dass Kleinbeträge wie folgt fällig werden:

1. am 15. August mit ihrem Jahresbetrag, wenn dieser 15 Euro nicht übersteigt;
2. am 15. Februar und 15. August zu je einer Hälfte ihres Jahresbetrags, wenn dieser 30 Euro nicht übersteigt.

(3) ① Auf Antrag des Steuerschuldners kann die Grundsteuer abweichend von Absatz 1 oder Absatz 2 Nummer 2 am 1. Juli in einem Jahresbetrag entrichtet werden. ② Der Antrag muss spätestens bis zum 30. September des vorangehenden Kalenderjahres gestellt werden. ③ Die beantragte Zahlungsweise bleibt so lange maßgebend, bis ihre Änderung beantragt wird; die Änderung muss spätestens bis zum 30. September des vorangehenden Jahres beantragt werden.

---

[1] § 50 a eingefügt durch Gesetz vom 22. 12. 2021 (GBl. S. 1029) mWv 31. 12. 2021.

§ 53 Vorauszahlungen

Der Steuerschuldner hat bis zur Bekanntgabe eines neuen Steuerbescheids zu den bisherigen Fälligkeitstagen Vorauszahlungen unter Zugrundelegung der zuletzt festgesetzten Jahressteuer zu entrichten.

§ 54 Abrechnung über die Vorauszahlungen

(1) ① Ist die Summe der Vorauszahlungen, die bis zur Bekanntgabe des neuen Steuerbescheids zu entrichten waren, kleiner als die Steuer, die sich nach dem bekanntgegebenen Steuerbescheid für die vorausgegangenen Fälligkeitstage ergibt, so ist der Unterschiedsbetrag innerhalb eines Monats nach Bekanntgabe des Steuerbescheids zu entrichten. ② Die Verpflichtung, rückständige Vorauszahlungen schon früher zu entrichten, bleibt unberührt.

(2) Ist die Summe der Vorauszahlungen, die bis zur Bekanntgabe des neuen Steuerbescheids entrichtet worden sind, größer als die Steuer, die sich nach dem bekanntgegebenen Steuerbescheid für die vorangegangenen Fälligkeitstage ergibt, so wird der Unterschiedsbetrag nach Bekanntgabe des Steuerbescheids durch Aufrechnung oder Rückzahlung ausgeglichen.

(3) Die Absätze 1 und 2 gelten entsprechend, wenn der Steuerbescheid aufgehoben oder geändert wird.

§ 55 Nachentrichtung der Steuer

Hatte der Steuerschuldner bis zur Bekanntgabe der Jahressteuer keine Vorauszahlungen nach § 53 zu entrichten, so hat er die Steuer, die sich nach dem bekanntgegebenen Steuerbescheid für die vorangegangenen Fälligkeitstage gemäß § 52 ergibt, innerhalb eines Monats nach Bekanntgabe des Steuerbescheids zu entrichten.

Sechster Teil. Erlass der Grundsteuer

§ 56 Erlass für Kulturgut und Grünanlagen

(1) Die Grundsteuer kann erlassen werden

1. für Grundbesitz, dessen Erhaltung wegen seiner Bedeutung für Kunst, Geschichte, Wissenschaft oder Naturschutz im öffentlichen Interesse liegt, wenn die erzielten Einnahmen und die sonstigen Vorteile (Rohertrag) in der Regel unter den jährlichen Kosten liegen; bei Park- und Gartenanlagen von geschichtlichem Wert ist der Erlass von der weiteren Voraussetzung abhängig, dass sie in dem billigerweise zu fordernden Umfang der Öffentlichkeit zugänglich gemacht sind;
2. für öffentliche Grünanlagen, Spiel- und Sportplätze, wenn die jährlichen Kosten in der Regel den Rohertrag übersteigen.

(2) ① Für Grundbesitz, welcher von wissenschaftlicher, künstlerischer oder geschichtlicher Bedeutung ist und dem Zweck der Forschung oder Volksbildung nutzbar gemacht wird, kann von der Grundsteuer ein angemessener Teil erlassen werden. ② Das gilt nur, wenn die wissenschaftliche, künstlerische oder geschichtliche Bedeutung durch die Landesregierung oder die von ihr beauftragte Stelle anerkannt ist. ③ Grundbesitz ist insbesondere dann von wissenschaftlicher, künstlerischer oder geschichtlicher Bedeutung, wenn er der Beherbergung von Sammlungen oder Bibliotheken dient.

§ 57[1] Erlass wegen wesentlicher Reinertragsminderung bei Betrieben der Land- und Forstwirtschaft

(1) ① Die Grundsteuer wird in Höhe von 25 Prozent erlassen, wenn bei Betrieben der Land- und Forstwirtschaft der tatsächliche Reinertrag des Steuergegenstandes um mehr als 50 Prozent gemindert ist und der Steuerschuldner die Minderung des tatsächlichen Reinertrags nicht zu vertreten hat. ② Beträgt die vom Steuerschuldner nicht zu vertretende Minderung des tatsächlichen Reinertrags 100 Prozent, ist die Grundsteuer abweichend von Satz 1 in Höhe von 50 Prozent zu erlassen. ③ Der tatsächliche Reinertrag eines Betriebs der Land- und Forstwirtschaft ermittelt sich nach den Grundsätzen des § 30 Absatz 1 für ein Wirtschaftsjahr. ④ Er gilt als in dem Erlasszeitraum bezogen, in dem das für den Betrieb der Land- und Forstwirtschaft maßgebliche Wirtschaftsjahr endet.

(2) ① Der Erlass nach Absatz 1 wird nur gewährt, wenn die Einziehung der Grundsteuer nach den wirtschaftlichen Verhältnissen des Betriebs unbillig wäre. ② Ein Erlass nach Absatz 1 ist insbesondere ausgeschlossen, wenn für den Betrieb der Land- und Forstwirtschaft nach § 4 Absatz 1, 3 oder § 13 a des Einkommensteuergesetzes für dasjenige Wirtschaftsjahr ein Gewinn ermittelt wurde, das im Erlasszeitraum bei der Ermittlung des tatsächlichen Reinertrags nach Absatz 1 zugrunde zu legen ist.

(3) Eine Ertragsminderung ist kein Erlassgrund, wenn sie für den Erlasszeitraum durch Fortschreibung des Grundsteuerwerts berücksichtigt werden kann oder bei rechtzeitiger Stellung des Antrags auf Fortschreibung hätte berücksichtigt werden können.

---

[1] § 57 Abs. 1 Satz 3 geändert durch Gesetz vom 13. 6. 2023 (GBl. S. 170) mWv 17. 6. 2023.

§ 58 Verfahren

(1) ① Der Erlass wird jeweils nach Ablauf eines Kalenderjahres für die Grundsteuer ausgesprochen, die für das Kalenderjahr festgesetzt worden ist (Erlasszeitraum). ② Maßgebend für die Entscheidung über den Erlass sind die Verhältnisse des Erlasszeitraums.

(2) ① Der Erlass wird nur auf Antrag gewährt. ② Der Antrag ist bis zu dem auf den Erlasszeitraum folgenden 31. März zu stellen.

(3) ① In den Fällen des § 56 bedarf es keiner jährlichen Wiederholung des Antrags. ② Der Steuerschuldner ist verpflichtet, eine Änderung der maßgeblichen Verhältnisse der Gemeinde binnen drei Monaten nach Eintritt der Änderung anzuzeigen.

Siebter Teil. Ermächtigungs- und Schlussvorschriften

§ 59[1] Hauptveranlagung 2025

(1) Auf den 1. Januar 2025 findet eine Hauptveranlagung der Grundsteuermessbeträge statt (Hauptveranlagung 2025).

(2) ① Die in der Hauptveranlagung 2025 festgesetzten Steuermessbeträge gelten abweichend von § 41 Absatz 2 und vorbehaltlich der §§ 42 bis 45 ab dem zum 1. Januar 2025 beginnenden Kalenderjahr. ② Der Beginn dieses Kalenderjahres ist der Hauptveranlagungszeitpunkt.

(3) ① Bescheide über die Hauptveranlagung können schon vor dem Hauptveranlagungszeitpunkt erteilt werden. ② § 46 Satz 2 ist entsprechend anzuwenden.

(4) ① Für die Anwendung des § 13 Absatz 4 bei der Hauptfeststellung nach § 15 Absatz 3 ist zu unterstellen, dass die Grundsteuerwerte für die Besteuerung nach dem Landesgrundsteuergesetz in der am 1. Januar 2022 geltenden Fassung von Bedeutung sind. ② Die Steuerbefreiungen des Landesgrundsteuergesetzes in der am 1. Januar 2022 geltenden Fassung sind bei der Hauptfeststellung nach § 15 Absatz 3 zu beachten. ③ Bei Zurechnungsfortschreibungen nach § 16 Absatz 2 ist von der Hauptfeststellung auf den 1. Januar 2022 bis zum 1. Januar 2025 zu unterstellen, dass die Grundsteuerwerte nach diesem Gesetz in der jeweils geltenden Fassung von Bedeutung sind.

(5) Werden der Finanzbehörde durch eine Erklärung im Sinne des § 22 auf den 1. Januar 2022 für die Bewertung eines Betriebs der Land- und Forstwirtschaft vor dem 1. Januar 2022 eingetretene Änderungen der tatsächlichen Verhältnisse erstmals bekannt, sind diese bei Fortschreibungen und Nachfeststellungen auf Feststellungszeitpunkte vor dem 1. Januar 2022 nicht zu berücksichtigen.

(6) ① Einheitswertbescheide, Grundsteuermessbescheide, Bescheide über die Zerlegung des Grundsteuermessbetrags und Grundsteuerbescheide, die vor dem 1. Januar 2025 erlassen wurden, werden kraft Gesetzes zum 31. Dezember 2024 mit Wirkung für die Zukunft aufgehoben, soweit sie auf den §§ 19, 20, 21, 22, 23, 27, 33, 34, 76, 79 Absatz 5 oder § 93 Absatz 1 Satz 2 des Bewertungsgesetzes in Verbindung mit Artikel 2 Absatz 1 Satz 1 und 3 des Gesetzes zur Änderung des Bewertungsgesetzes in der Fassung des Artikels 2 des Gesetzes vom 22. Juli 1970 (BGBl. I S. 1118) beruhen. ② Für die Bewertung des inländischen Grundbesitzes (§ 19 Absatz 1 in der Fassung vom 31. Dezember 2024) für Zwecke der Grundsteuer bis einschließlich zum Kalenderjahr 2024 ist das Bewertungsgesetz in der Fassung vom 1. Februar 1991 (BGBl. I S. 230), das zuletzt durch Artikel 2 des Gesetzes vom 4. November 2016 (BGBl. I S. 2464) geändert worden ist, weiter anzuwenden.

§ 60 Übergangsvorschriften

(1) ① §§ 2 und 3, 10 und 12, sowie der zweite, dritte und siebte Teil sind ab dem Zeitpunkt des Inkrafttretens dieses Gesetzes anzuwenden. ② Die übrigen Vorschriften sind erstmals für die Grundsteuer des Kalenderjahres 2025 anzuwenden.

(2) Für die Grundsteuer bis einschließlich zum Kalenderjahr 2024 findet das Grundsteuergesetz vom 7. August 1973 (BGBl. I S. 965) in der Fassung der Änderung durch Artikel 38 des Gesetzes vom 19. Dezember 2008 (BGBl. I S. 2794, 2844) weiter Anwendung.

§ 61[2] Ermächtigungen und datenschutzrechtliche Bestimmungen

(1) ① Das Ministerium für Finanzen wird ermächtigt, durch Rechtsverordnung im Einvernehmen mit dem Ministerium Ländlicher Raum die Anlagen zu diesem Gesetz zu ändern. ② In der jeweiligen Rechtsverordnung kann das Ministerium für Finanzen zur Sicherstellung der Gleichmäßigkeit der Besteuerung, insbesondere zur Sicherstellung einer relations- und realitätsgerechten Abbildung der Grundsteuerwerte, anordnen, dass ab dem nächsten Feststellungszeitpunkt Grundsteuerwerte unter Berücksichtigung der tatsächlichen Verhältnisse und der geänderten Wertverhältnisse durch Anwendung der jeweils angepassten Anlagen festgestellt werden.

---

[1] § 59 Abs. 6 Satz 1 geändert, Satz 2 angefügt durch Gesetz vom 22. 12. 2021 (GBl. S. 1029) mWv 31. 12. 2021; Abs. 4 neugefasst, Abs. 5 und Abs. 6 Satz 1 geändert durch Gesetz vom 13. 6. 2023 (GBl. S. 170) mWv 17. 6. 2023.

[2] § 61 Überschrift geändert, Abs. 2 Satz 2, Abs. 3 angefügt durch Gesetz vom 22. 12. 2021 (GBl. S. 1029) mWv 31. 12. 2021; Abs. 1 Satz 1 geändert durch VO v. 21. 12. 2021 (GBl. 2022 S. 1) mWv 8. 1. 2022.

(2) ① Das Ministerium für Finanzen wird zur Sicherstellung der elektronischen Datenübermittlung an die Finanzbehörden im Sinne dieses Gesetzes zudem ermächtigt, den amtlich vorgeschriebenen Datensatz und die weiteren technischen Einzelheiten, insbesondere die amtlich bestimmte Schnittstelle, zu bestimmen. ② Durch Rechtsverordnung des Ministeriums für Finanzen im Einvernehmen mit dem Ministerium des Inneren, für Digitalisierung und Kommunen kann das Verfahren zur Übermittlung der Daten der Messbescheide an die Gemeinden durch Datenfernübertragung bestimmt werden.[1]

(3) ① Die Finanzbehörden werden ermächtigt, die für die Erklärungs- und Anzeigepflicht notwendigen flurstückbezogenen Daten nach § 23 Absatz 1, § 31 sowie § 38 Absatz 2 den Steuerpflichtigen elektronisch und öffentlich abrufbar bereitzustellen. ② Dabei können auch die Daten der zu einer wirtschaftlichen Einheit gehörenden Flurstücke zusammengefasst werden. ③ Das Ministerium für Finanzen wird ermächtigt, die Einzelheiten durch Rechtsverordnung zu regeln.

§ 62 Bekanntmachung

Das Ministerium für Finanzen wird ermächtigt, den Wortlaut dieses Gesetzes in der jeweils geltenden Fassung bekannt zu machen.

Anlage 1[2]
(zu § 31 Absatz 2)

Landwirtschaftliche Nutzung

Bewertungsfaktoren	Bezugseinheit	in EUR
Grundbetrag	pro Ar	2,52
Ertragsmesszahl	pro Ertragsmesszahl (Produkt aus Acker-/Grünlandzahl und Ar)	0,041
Zuschläge für	**Bezugseinheit**	**in EUR**
Verstärkte Tierhaltung	je Vieheinheit (VE) über einem Besatz von 2,0 VE je Hektar selbst bewirtschafteter Fläche der landwirtschaftlichen Nutzung	79,00

Anlage 2[3]
(zu § 31 Absatz 3)

Forstwirtschaftliche Nutzung

Bewertungsfaktor für Wuchsgebiet		in EUR/ha
1	Odenwald	124,93
2	Oberrheinisches Tiefland und Rhein-Main-Ebene	64,13
3	Schwarzwald	181,38
4	Baar-Wutach	172,51
5	Neckarland	117,23
6	Schwäbische Alb	123,63
7	Südwestdeutsches Alpenvorland	177,56

[1] Bek. des FM Ba-Wü vom 16. 12. 2021 (GABl. 2022 S. 7) zum Grundsteuer-Datenübermittlungsverfahren zwischen der Finanzverwaltung und den Gemeinden im Jahr 2022.
Verwaltungsvorschrift des FM Ba-Wü vom 29. 4. 2022 (GABl. S. 332) zur elektronischen Datenübermittlung zwischen der Steuerverwaltung und den Gemeinden bei der Grundsteuer (VwV-DüGrSt).
[2] Anl. 1 neugefasst durch Gesetz vom 22. 12. 2021 (GBl. S. 1029) mWv 31. 12. 2021.
[3] Anl. 2 neugefasst durch Gesetz vom 22. 12. 2021 (GBl. S. 1029) mWv 31. 12. 2021.

Anlage 3[1]
(zu § 31 Absatz 4)

Weinbauliche Nutzung

Bewertungsfaktor für	Flächeneinheit	in EUR
Traubenerzeugung	pro Ar	11,70

Anlage 4[2]
(zu § 31 Absatz 5)

Gärtnerische Nutzung

Nutzungsteil Gemüsebau		
Bewertungsfaktor für	**Flächeneinheit**	**in EUR**
Flächen im Freiland und für Kleingarten- und Dauerkleingartenland	pro Ar	12,35
Zuschläge für	**Flächeneinheit**	**in EUR**
Flächen unter Glas und Kunststoffen	pro Ar	45,00
Nutzungsteil Blumen-/Zierpflanzenbau		
Bewertungsfaktor für	**Flächeneinheit**	**in EUR**
Flächen im Frei- land	pro Ar	27,60
Zuschläge für	**Flächeneinheit**	**in EUR**
Flächen unter Glas und Kunststoffen	pro Ar	65,15
Nutzungsteil Obstbau		
Bewertungsfaktor für	**Flächeneinheit**	**in EUR**
Flächen im Frei- land	pro Ar	9,53
Zuschläge für	**Flächeneinheit**	**in EUR**
Flächen unter Glas und Kunststoffen	pro Ar	45,00
Nutzungsteil Baumschulen		
Bewertungsfaktor für	**Flächeneinheit**	**in EUR**
Flächen im Frei- land	pro Ar	22,29
Zuschläge für	**Flächeneinheit**	**in EUR**
Flächen unter Glas und Kunststoffen	pro Ar	65,15

[1] Anl. 3 neugefasst durch Gesetz vom 22. 12. 2021 (GBl. S. 1029) mWv 31. 12. 2021.
[2] Anl. 4 neugefasst durch Gesetz vom 22. 12. 2021 (GBl. S. 1029) mWv 31. 12. 2021.

Anlage 5[1]
(zu § 31 Absatz 6 und 7)

Übrige land- und forstwirtschaftliche Nutzungen sowie Abbauland, Geringstland und Unland

Sondernutzungen		
Bewertungsfaktor für	**Flächeneinheit**	**in EUR**
Hopfen	pro Ar	13,75
Spargel	pro Ar	12,69
Sonstige land- und forstwirtschaftliche Nutzungen		
Bewertungsfaktor für	**Bezugseinheit**	**in EUR**
Wasserflächen	pro Ar	1,00
Zuschläge für stehende Gewässer		
Wasserflächen für Binnenfischerei, Teichwirtschaft und Fischzucht für Binnenfischerei und Teichwirtschaft	ab 1,00 kg bis 4,00 kg Fischertrag/Ar pro Ar	2,00
Wasserflächen für Binnenfischerei, Teichwirtschaft und Fischzucht für Binnenfischerei und Teichwirtschaft	über 4,00 kg Fischertrag/Ar pro Ar	2,50
Zuschläge für fließende Gewässer		
Teichwirtschaft und Fischzucht für Binnenfischerei und Teichwirtschaft	bis 500 Liter/Sekunde Durchfluss pro Liter/Sekunde	12,50
Teichwirtschaft und Fischzucht für Binnenfischerei und Teichwirtschaft	über 500 Liter/Sekunde Durchfluss pro Liter/Sekunde	15,00
Saatzucht	pro Ar	Anlage 1
Weihnachtsbaumkulturen	pro Ar	19,40
Kurzumtriebsplantagen	pro Ar	Anlage 1
Sonstige land- und forstwirtschaftliche Nutzungen, für die kein Bewertungsfaktor festgelegt wurde		
Wirtschaftsgebäude	pro Quadratmeter Bruttogrundfläche und Monat	1,23
Nutzungsarten Abbauland, Geringstland und Unland		
Bewertungsfaktor für	**Flächeneinheit**	**in EUR**
Abbauland	pro Ar	1,00
Geringstland	pro Ar	0,38
Unland	pro Ar	0,00

[1] Anl. 5 neugefasst durch Gesetz vom 22. 12. 2021 (GBl. S. 1029) mWv 31. 12. 2021.

Anlage 6[1]
(zu § 31 Absatz 8)

Nutzungsart Hofstelle

Bewertungsfaktor für	Flächeneinheit	in EUR
Hofflächen	pro Ar	6,62
Zuschläge für	**Flächeneinheit**	**in EUR**
Wirtschaftsgebäude der weinbaulichen Nutzung bei Fass- und Flaschenweinerzeugung	pro Quadratmeter Bruttogrundfläche und Monat	1,23
Wirtschaftsgebäude der Nebenbetriebe	pro Quadratmeter Bruttogrundfläche und Monat	1,23

Anlage 7[2]
(zu § 32 Absatz 2)

Weitere den Ertragswert erhöhende Umstände

Bewertungsfaktor für	Flächeneinheit	in EUR
Abgegrenzte Standortfläche der Windenergieanlage	pro Ar	59,58

Anlage 8
(zu § 35 Absatz 5)

Umrechnungsschlüssel für Tierbestände in Vieheinheiten (VE) nach dem Futterbedarf

Tierart	1 Tier	
Nach dem Durchschnittsbestand in Stück:		
Alpakas	0,08	VE
Damtiere		
Damtiere unter 1 Jahr	0,04	VE
Damtiere 1 Jahr und älter	0,08	VE
Geflügel		
Legehennen (einschließlich einer normalen Aufzucht zur Ergänzung des Bestandes)	0,02	VE
Legehennen aus zugekauften Junghennen	0,0183	VE
Zuchtputen, -enten, -gänse	0,04	VE
Kaninchen		
Zucht- und Angorakaninchen	0,025	VE
Lamas	0,1	VE
Pferde		
Pferde unter 3 Jahren und Kleinpferde	0,7	VE
Pferde 3 Jahre und älter	1,1	VE
Rindvieh		
Kälber und Jungvieh unter 1 Jahr (einschließlich Mastkälber, Starterkälber und Fresser)	0,3	VE
Jungvieh 1 bis 2 Jahre alt	0,7	VE
Färsen (älter als 2 Jahre)	1	VE
Masttiere (Mastdauer weniger als 1 Jahr)	1	VE
Kühe (einschließlich Mutter- und Ammenkühe mit den dazugehörigen Saugkälbern)	1	VE
Zuchtbullen, Zugochsen	1,2	VE
Schafe		
Schafe unter 1 Jahr (einschließlich Mastlämmer)	0,05	VE
Schafe 1 Jahr und älter	0,1	VE

[1] Anl. 6 neugefasst durch Gesetz vom 22. 12. 2021 (GBl. S. 1029) mWv 31. 12. 2021.
[2] Anl. 7 neugefasst durch Gesetz vom 22. 12. 2021 (GBl. S. 1029) mWv 31. 12. 2021.

Tierart	1 Tier	
Schweine		
Zuchtschweine (einschließlich Jungzuchtschweine über etwa 90 kg)	0,33	VE
Strauße		
Zuchttiere 14 Monate und älter	0,32	VE
Jungtiere/Masttiere unter 14 Monate	0,25	VE
Ziegen	0,08	VE
Nach der Erzeugung in Stück:		
Geflügel		
Jungmasthühner (bis zu 6 Durchgänge je Jahr – schwere Tiere)	0,0017	VE
(mehr als 6 Durchgänge je Jahr – leichte Tiere)	0,0013	VE
Junghennen	0,0017	VE
Mastenten	0,0033	VE
Mastenten in der Aufzuchtphase	0,0011	VE
Mastenten in der Mastphase	0,0022	VE
Mastputen aus selbst erzeugten Jungputen	0,0067	VE
Mastputen aus zugekauften Jungputen	0,005	VE
Jungputen (bis etwa 8 Wochen)	0,0017	VE
Mastgänse	0,0067	VE
Kaninchen		
Mastkaninchen	0,0025	VE
Rindvieh		
Masttiere (Mastdauer 1 Jahr und mehr)	1	VE
Schweine		
Leichte Ferkel (bis etwa 12 kg)	0,01	VE
Ferkel (über etwa 12 bis etwa 20 kg)	0,02	VE
Schwere Ferkel und leichte Läufer (über etwa 20 bis etwa 30 kg)	0,04	VE
Läufer (über etwa 30 bis etwa 45 kg)	0,06	VE
Schwere Läufer (über etwa 45 bis etwa 60 kg)	0,08	VE
Mastschweine	0,16	VE
Jungzuchtschweine bis etwa 90 kg	0,12	VE

Anlage 9
(zu § 35 Absatz 5)

Gruppen der Zweige des Tierbestands nach der Flächenabhängigkeit

1. Mehr flächenabhängige Zweige des Tierbestands:
   Pferdehaltung,
   Pferdezucht,
   Schafzucht,
   Schafhaltung,
   Rindviehzucht,
   Milchviehhaltung,
   Rindviehmast.
2. Weniger flächenabhängige Zweige des Tierbestands:
   Schweinezucht,
   Schweinemast,
   Hühnerzucht,
   Entenzucht,
   Gänsezucht,
   Putenzucht,
   Legehennenhaltung,
   Junghühnermast,
   Entenmast,
   Gänsemast,
   Putenmast.

2. Bayern:

Bayerisches Grundsteuergesetz (BayGrStG)[1, 2]

Vom 10. Dezember 2021 (GVBl. S. 638)

BayRS 611-7-2-F

Zuletzt geändert durch Art. 9 Gesetz vom 21. 4. 2023 (GVBl. S. 128)

Der Landtag des Freistaates Bayern hat das folgende Gesetz beschlossen, das hiermit bekannt gemacht wird:

Teil 1. Grundstücke/Grundsteuer B

Kapitel 1. Ermittlung der Grundsteuer

Art. 1 Steuergegenstand, Berechnungsformel

(1) ① Steuergegenstand der Grundsteuer B sind die Grundstücke als wirtschaftliche Einheiten des Grundvermögens. ② Die Grundsteuer ergibt sich durch eine Multiplikation des Grundsteuermessbetrags des Grundstücks und des von der Gemeinde bestimmten jeweiligen Hebesatzes. ③ Sie ist ein Jahresbetrag und auf volle Cent nach unten abzurunden.

(2) ① Der Grundsteuermessbetrag des Grundstücks ist die Summe aus

1. dem Produkt aus dem Äquivalenzbetrag des Grund und Bodens nach Abs. 3 Satz 1 und der Grundsteuermesszahl nach Art. 4 und
2. dem Produkt aus den Äquivalenzbeträgen von Wohn- und Nutzflächen nach Abs. 3 Satz 2 und der jeweiligen Grundsteuermesszahl nach Art. 4.

② Der Grundsteuermessbetrag des Grundstücks ist auf volle Cent nach unten abzurunden.

(3) ① Der Äquivalenzbetrag des Grund und Bodens ergibt sich durch eine Multiplikation der Fläche des Grund und Bodens mit der jeweiligen Äquivalenzzahl nach Art. 3 Abs. 1; er wird auf volle Cent nach unten abgerundet.[3] ② Die Äquivalenzbeträge von Wohn- und Nutzflächen der Gebäude ergeben sich durch eine Multiplikation der maßgeblichen Gebäudeflächen mit der Äquivalenzzahl nach Art. 3 Abs. 2.

(4) ① Die Zurechnung mehrerer Wirtschaftsgüter zu einer wirtschaftlichen Einheit wird nicht dadurch ausgeschlossen, dass die Wirtschaftsgüter zum Teil dem einen, zum Teil dem anderen Ehegatten oder Lebenspartner gehören. ② Bei Gebäuden auf fremdem Grund und Boden sind der Grund und Boden dem Eigentümer des Grund und Bodens und die Gebäude dem wirtschaftlichen Eigentümer der Gebäude zuzurechnen.

(5) ① Erstreckt sich der Steuergegenstand auch auf ein anderes Land oder das Ausland, ist nur für das im Gebiet des Freistaates Bayern gelegene Grundvermögen Grundsteuer nach diesem Gesetz zu ermitteln und zu erheben. ② Dieses bildet eine eigenständige wirtschaftliche Einheit.

Art. 2 Maßgebliche Flächen

(1) ① Gebäudefläche bei Wohnnutzung ist die Wohnfläche im Sinne der Wohnflächenverordnung. ② Als Wohnnutzung gilt auch die Nutzung als häusliches Arbeitszimmer. ③ Im Übrigen ist die Nutzfläche des Gebäudes maßgeblich. ④ Die Gebäudefläche ist durch eine geeignete Methode zu ermitteln.

(2) ① Nutzflächen von Garagen, die in räumlichem Zusammenhang zu der Wohnnutzung stehen, der sie rechtlich zugeordnet sind, bleiben bis zu einer Fläche von insgesamt 50 m^2 außer Ansatz. ② Dies gilt unter den Voraussetzungen des Satzes 1 auch für Garagen, die eine eigene wirtschaftliche Einheit bilden.

(3) ① Im Übrigen bleiben die Nutzflächen von Nebengebäuden von untergeordneter Bedeutung, die in räumlichem Zusammenhang zu der Wohnnutzung stehen, der sie zu dienen bestimmt sind, bis zu einer Fläche von insgesamt 30 m^2 außer Ansatz. ② Dies gilt unter den Voraussetzungen des Satzes 1 auch für Nebengebäude, die eine eigene wirtschaftliche Einheit bilden.

(4) ① Ein Grundstück gilt als unbebaut, wenn die darauf errichteten Gebäude, mit Ausnahme der Fälle des Abs. 2 Satz 2, eine Gesamtgebäudefläche von insgesamt weniger als 30 m^2 haben.

---

[1] Anwendungserlass zum Bayerischen Grundsteuergesetz und zum Siebenten Abschnitt des Zweiten Teils des Bewertungsgesetzes zur Bewertung des Grundbesitzes – allgemeiner Teil und Grundvermögen – für die Grundsteuer ab 1. Januar 2022 und zum Grundsteuergesetz ab 1. Januar 2025 (AEBayGrStG) (BayMBl 2022 Nr. 542).

[2] *FG Nürnberg, AdV-Beschluss vom 8. 8. 2023 8 V 300/23 (DStRE S. 1477), rkr.*, betr. Verfassungsmäßigkeit der Ermittlung der Grundsteuer auf der Grundlage eines reinen Flächenmodells nach dem Bayerischen Grundsteuergesetz:

1. Bei der im AdV-Verfahren gebotenen summarischen Prüfung ist das System der Ermittlung der Grundsteuer auf der Grundlage eines reinen Flächenmodells, wie es das Bayerische Grundsteuergesetz vom 10. 12. 2021 vorsieht, vor dem Hintergrund des erheblichen Bewertungsspielraums des Gesetzgebers nicht zu beanstanden.
2. Ein für die Gewährung einstweiligen Rechtsschutzes erforderliches besonderes berechtigtes Aussetzungsinteresse liegt nicht vor.

[3] Zu steuerbefreiten Teilflächen des Grund und Bodens, die zu einer im Übrigen steuerpflichtigen wirtschaftlichen Einheit gehören, vgl. *Vfg. BayLfSt vom 28. 6. 2024 G 1102.1.1-7/5 St 35 (BeckVerw 638779).*

② Besteht ein Bauwerk aus mehreren wirtschaftlichen Einheiten, ist die Gesamtgebäudefläche des Bauwerks anzusetzen. ③ Die Gebäudefläche bleibt in der Folge außer Ansatz. 4 § 246 des Bewertungsgesetzes (BewG) bleibt im Übrigen unberührt.

(5) Die für dieses Gesetz maßgeblichen Flächen von Grund und Boden sowie die Wohn- und Nutzflächen der Gebäude sind jeweils auf volle Quadratmeter nach unten abzurunden.

Art. 3 Äquivalenzzahlen

(1) ① Für die Fläche des Grund und Bodens beträgt die Äquivalenzzahl 0,04 € je Quadratmeter. ② Abweichend von Satz 1 gilt:

1. Dienen die Gebäude mindestens zu 90% der Wohnnutzung, wird die Äquivalenzzahl für die das Zehnfache der Wohnfläche übersteigende Fläche des Grund und Bodens nur zu 50% angesetzt.
2. Ist die Fläche des Grund und Bodens zu mindestens 90% weder bebaut noch befestigt, wird der Äquivalenzbetrag für die 10000 m^2 übersteigende Fläche insgesamt wie folgt angesetzt: (übersteigende Fläche des Grund und Bodens × 0,04 /m^2)^{0,7} €, höchstens jedoch eine Äquivalenzzahl von 0,04 €/m^2.
3. Sind sowohl die Voraussetzungen von Nr. 1 als auch von Nr. 2 erfüllt, wird
   a) für die Fläche bis zum Zehnfachen der Wohnfläche Satz 1,
   b) für die Fläche, die das Zehnfache der Wohnfläche übersteigt und 10000 m^2 nicht überschreitet, Nr. 1, höchstens jedoch eine Äquivalenzzahl von 0,02 €/m^2, und
   c) im Übrigen Nr. 2

angewendet.

(2) Die Äquivalenzzahl für Gebäudeflächen beträgt stets 0,50 € je Quadratmeter.

Art. 4 Grundsteuermesszahlen

(1) ① Die Grundsteuermesszahl beträgt 100%. ② Für den Äquivalenzbetrag der Wohnflächen wird die Grundsteuermesszahl auf 70% ermäßigt.

(2) ① Die Grundsteuermesszahl für den Äquivalenzbetrag der Wohnflächen wird um 25% ermäßigt, soweit eine enge räumliche Verbindung mit dem Betrieb der Land- und Forstwirtschaft des Steuerschuldners besteht. ② Dies gilt nur, soweit Wohnflächen dem Inhaber des Betriebs der Land- und Forstwirtschaft, den zu seinem Haushalt gehörenden Familienangehörigen oder den Altenteilern zu Wohnzwecken dienen und mindestens einer der Bewohner durch eine mehr als nur gelegentliche Tätigkeit in dem Betrieb an ihn gebunden ist. ③ Für Flächen, die den Angestellten des Betriebs zu Wohnzwecken dienen, gilt Satz 1 entsprechend.

(3) Die Grundsteuermesszahlen für die Äquivalenzbeträge der Gebäudeflächen werden um 25% ermäßigt, wenn ein Baudenkmal nach Art. 1 Abs. 2 Satz 1 oder Abs. 3 des Bayerischen Denkmalschutzgesetzes vorliegt.

(4) Die Grundsteuermesszahl für den Äquivalenzbetrag der Wohnflächen wird um 25% ermäßigt, soweit

1. die Wohnflächen den Bindungen des sozialen Wohnungsbaus aufgrund einer staatlichen oder kommunalen Wohnraumförderung unterliegen oder
2. die Voraussetzungen des § 15 Abs. 4 des Grundsteuergesetzes (GrStG) in der am 1. Januar 2025 geltenden Fassung vorliegen.

(5) ① Eine Ermäßigung der Grundsteuermesszahlen nach Abs. 2 bis 4 wird gewährt, wenn die jeweiligen Voraussetzungen zum Veranlagungszeitpunkt vorlagen. ② Sind mehrere Ermäßigungstatbestände erfüllt, sind die Ermäßigungen nacheinander anzuwenden. ③ Den Bezugspunkt der Berechnung der ermäßigten Grundsteuermesszahl bildet jeweils die vorangegangene ermäßigte Grundsteuermesszahl.

Art. 5 Hebesatz

(1) Abweichend von § 25 Abs. 4 Satz 1 Nr. 2 GrStG können Gemeinden für die Fälle einer nach Art. 4 Abs. 2, 3 und 4 ermäßigten Grundsteuermesszahl reduzierte Hebesätze auf den jeweiligen Anteil des Grundsteuermessbetrags vorsehen.

(2) § 25 Abs. 5 GrStG findet keine Anwendung.

Kapitel 2. Verfahren

Art. 6 Feststellung der Äquivalenzbeträge

(1) ① Die Äquivalenzbeträge werden auf den 1. Januar 2022 allgemein festgestellt (Hauptfeststellung). ② Abweichend von § 221 BewG findet keine turnusmäßige Hauptfeststellung statt. ③ Bei der Ermittlung der Äquivalenzbeträge ist § 163 der Abgabenordnung (AO) nicht anzuwenden.

(2) ① In dem Feststellungsbescheid für die Äquivalenzbeträge der Grundstücke sind auch Feststellungen zu treffen über die Fläche von Grund und Boden und die Gebäudeflächen. ② Abweichend von § 219 Abs. 2 Nr. 1 BewG wird die Grundstücksart der wirtschaftlichen Einheit nicht festgestellt. ③ Feststellungen erfolgen nur, wenn und soweit sie für die Besteuerung von Bedeutung

sind. ④ Der Feststellungsbescheid kann mit dem nachfolgenden Grundsteuermessbescheid verbunden und zusammengefasst bekannt gegeben werden.

(3) ① Die Äquivalenzbeträge (Betragsfortschreibung) und die Flächen (Flächenfortschreibung) werden neu festgestellt, wenn ein Äquivalenzbetrag oder eine Fläche von der zuletzt getroffenen Feststellung abweicht und es für die Besteuerung von Bedeutung ist. ② Eine Fortschreibung nach Satz 1 findet auch zur Beseitigung eines Fehlers der letzten Feststellung statt.

(4) Für die Äquivalenzbeträge nach diesem Gesetz gelten die Vorschriften des Bewertungsgesetzes über die Fortschreibung, Nachfeststellung, Aufhebung, Änderung und Nachholung der Feststellung im Übrigen sinngemäß.

(5) ① Die Aufforderung zur Abgabe einer Erklärung mittels Allgemeinverfügung durch öffentliche Bekanntmachung nach § 228 Abs. 1 Satz 3 BewG erfolgt durch das Bayerische Landesamt für Steuern.[1] ② Abweichend von § 228 Abs. 2 BewG sind die Änderungen der tatsächlichen Verhältnisse, die sich auf die Höhe der Flächen oder der Äquivalenzbeträge auswirken oder zu einer Nachfeststellung oder der Aufhebung der Flächen oder der Äquivalenzbeträge führen können, auf den Beginn des folgenden Kalenderjahres zusammengefasst anzuzeigen.[2] ③ Die Anzeige ist bis zum 31. März[3] des Jahres abzugeben, das auf das Jahr folgt, in dem sich die tatsächlichen Verhältnisse geändert haben. ④ In den Fällen des Art. 1 Abs. 4 Satz 2 ist § 228 Abs. 3 Nr. 1 BewG anzuwenden.[4]

(6)[5] Die Erklärung und die Anzeige nach Abs. 5 sind Steuererklärungen im Sinne der Abgabenordnung, die nach amtlich vorgeschriebenem Datensatz durch Datenfernübertragung übermittelt werden sollen.

Art. 7 Veranlagungsverfahren

(1) ① Die Grundsteuermessbeträge werden auf den 1. Januar 2025 allgemein festgesetzt (Hauptveranlagung). ② Der Grundsteuermessbetrag wird auch dann neu festgesetzt, wenn dem Finanzamt bekannt wird, dass die letzte Veranlagung fehlerhaft ist. ③ Der Grundsteuermessbetrag wird auch dann neu festgesetzt, wenn der Grundsteuermessbetrag, der sich für den Beginn eines Kalenderjahres ergibt, von dem entsprechenden Betrag des letzten Festsetzungszeitpunkts nach unten abweicht. ④ Dasselbe gilt, wenn sein auf den Grund und Boden entfallender Anteil abweicht oder sein auf das Gebäude entfallender Anteil um mehr als 5 € nach oben abweicht. ⑤ Im Übrigen gelten die Vorschriften des Grundsteuergesetzes über die Neuveranlagung, Nachveranlagung, Aufhebung und Zerlegung des Grundsteuermessbetrags und die Änderung des Grundsteuermessbescheids sinngemäß.

(2) ① Änderungen der Nutzung hat derjenige anzuzeigen, dem der Steuergegenstand zuzurechnen ist. ② Satz 1 gilt für den Wegfall der Voraussetzungen für die ermäßigten Grundsteuermesszahlen nach Art. 4 Abs. 2 bis 4 entsprechend. 3 § 19 Abs. 1 Satz 1 GrStG bleibt unberührt. ④ Abweichend von § 19 Abs. 1 Satz 2 und Abs. 2 Satz 2 GrStG ist die Anzeige nach den Sätzen 1 bis 3 bis zum 31. März des Jahres abzugeben, das auf das Jahr folgt, in dem sich die Verhältnisse geändert haben. 5 Art. 6 Abs. 6 gilt entsprechend.

Art. 8 Erweiterter Erlass

(1) ① Ansprüche aus dem Grundsteuerschuldverhältnis können erlassen werden, soweit nach dem durch dieses Gesetz vorgeschriebenen Systemwechsel nach Lage des einzelnen Falles eine unangemessen hohe Steuerbelastung eintritt. ② Die §§ 163 und 227 AO sowie §§ 32 bis 34 GrStG bleiben unberührt.

(2) Ein Fall des Abs. 1 Satz 1 kann insbesondere vorliegen bei wirtschaftlichen Einheiten des Grundvermögens,

1. wenn die Lage erheblich von den in der Gemeinde ortsüblichen Verhältnissen abweicht,
2. wenn die Gesamtnutzungsdauer des Gebäudes überschritten ist oder
3. bei einer Übergröße des nicht zu Wohnzwecken genutzten Gebäudes, sofern dieses eine einfache Ausstattung aufweist und entweder einen Hallenanteil aufweist oder auf Dauer nicht genutzt wird.

(3) § 35 GrStG gilt entsprechend.

---

[1] *Allgemeinverfügung durch öffentl. Bek. des BayLfSt vom 30. 3. 2022* über die Aufforderung zur Abgabe der Grundsteuererklärung für den Hauptfeststellungszeitpunkt 1. Januar 2022; zuletzt ersetzt durch die *Allgemeinverfügung durch öffentl. Bek. des BayLfSt vom 1. 2. 2023* über die Abgabe der Grundsteuererklärung für den Hauptfeststellungszeitpunkt 1. Januar 2022.

Vfg. BayLfSt vom 2. 2. 2023 G 2163.1.1 – 1/37 St 35 zur allgemeinen Fristverlängerung zur Abgabe einer Grundsteuererklärung in Fällen einer vollständigen Grundsteuerbefreiung nach den §§ 3, 4, 5 Abs. 1 oder 6 GrStG.

Vfg. BayLfSt vom 2.2.2023 G 2163.1.1 – 1/36 St 35 zu Ausnahmen von der Pflicht zur Abgabe einer Grundsteuererklärung.

[2] Zu Ausnahmen von der Pflicht zur Abgabe einer Grundsteueränderungsanzeige vgl. *Vfg. BayLfSt vm 17. 4. 2024 G 2232.1.1-2/6 St 35 (BeckVerw 636169).*

[3] Zur Verlängerung der Abgabefrist von Grundsteueränderungsanzeigen für die Feststellungszeitpunkte 1. Januar 2023 und 1. Januar 2024 vgl. *öffentl. Bek. des BayLfSt vom 17. April 2024 G 2232.1.1 – 2/4.*

[4] Zur Nichtbeanstandung von im Jahr 2022 eingetretenen Änderungen, für die bis zum 2. 5. 2023 eine Anzeige abgegeben worden ist, vgl. *Vfg. BayLfSt vom 28. 3. 2023 G 2164.2.1 – 2/2 St 35.*

[5] *Bek. des FM Bayern vom 18. 2. 2022 (BayMBl. 2022 Nr. 162)* über die landeseigenen Vordrucke und Ausfüllanleitungen für die Grundsteuererklärung Bayern (VABayGrStBek), BayGrSt 1, BayGrSt 1A, BayGrSt 2, BayGrSt 3, BayGrSt 3A, BayGrSt 4.

Teil 2. Betriebe der Land- und Forstwirtschaft/Grundsteuer A

Art. 9[1] Ergänzende Regelungen

(1) Zur Hofstelle nach § 234 Abs. 6 BewG gehören auch Hof- und Wirtschaftsgebäudeflächen einschließlich der Nebenflächen, von denen aus keine Flächen eines Betriebs der Land- und Forstwirtschaft mehr nachhaltig bewirtschaftet werden, wenn sie keine Zweckbestimmung erhalten haben, die zu einer zwingenden Zuordnung zum Grundvermögen führt.

(2) ① Art. 1 Abs. 4 Satz 1 gilt für Betriebe der Land- und Forstwirtschaft entsprechend. ② In einen Betrieb der Land- und Forstwirtschaft, der von einer Gesellschaft oder Gemeinschaft des bürgerlichen Rechts betrieben wird, sind auch die Wirtschaftsgüter einzubeziehen, die einem oder mehreren Beteiligten gehören und dem Betrieb zu dienen bestimmt sind. ③ In den Betrieb der Land- und Forstwirtschaft sind auch einzubeziehen

1. der Eigentümerin oder dem Eigentümer des Grund und Bodens nicht gehörende Gebäude, die auf dem Grund und Boden des Betriebs stehen,
2. der Eigentümerin oder dem Eigentümer des Grund und Bodens nicht gehörende Betriebsmittel, die der Bewirtschaftung des Betriebs dienen, und
3. ein Anteil der Eigentümerin oder des Eigentümers des Betriebs der Land- und Forstwirtschaft an einem Wirtschaftsgut, wenn es mit dem Betrieb zusammen genutzt wird.

(3) Eine Fläche verliert ihre Zugehörigkeit zu einem land- und forstwirtschaftlichen Betrieb nicht dadurch, dass sie für Photovoltaik genutzt wird, sofern die land- und forstwirtschaftliche Nutzung dieser Fläche nicht dauerhaft aufgegeben werden soll.

(4) Art. 6 Abs. 5 und 6, Art. 7 Abs. 2 Satz 3 bis 5, gelten für Betriebe der Land- und Forstwirtschaft entsprechend.

Teil 3. Übergangs- und Schlussvorschriften

Art. 10 Anwendung von Bundesrecht

(1) ① Die Bestimmungen des Grundsteuergesetzes und des Bewertungsgesetzes sind für Zwecke der Festsetzung und Erhebung der Grundsteuer ab dem Kalenderjahr 2025 nur anzuwenden, soweit sich aus diesem Gesetz nichts anderes ergibt. ② Die Grundsteuer der Kalenderjahre bis einschließlich 2024 bemisst sich ausschließlich nach den bundesgesetzlichen Regelungen.

(2) ① Die Vorschriften der Abgabenordnung sind entsprechend anzuwenden, soweit in diesem Gesetz nichts anderes bestimmt ist. 2 § 32h AO gilt mit der Maßgabe, dass der Landesbeauftragte für den Datenschutz zuständig und das Bayerische Datenschutzgesetz einschlägig ist.

(3) ① Die im Grundsteuergesetz enthaltenen Verordnungsermächtigungen finden in Bezug auf die in diesem Gesetz geregelten Sachverhalte mit der Maßgabe Anwendung, dass die entsprechenden Rechtsverordnungen durch das Staatsministerium der Finanzen und für Heimat (Staatsministerium) erlassen werden. ② Die darauf gestützten Rechtsverordnungen des Bundes finden diesbezüglich nur Anwendung, wenn und soweit das durch Rechtsverordnung des Staatsministeriums angeordnet ist.

Art. 10a[2] Übergangsregelungen

(1) Für die Anwendung des Art. 6 Abs. 2 Satz 3 und Abs. 3 Satz 1 dieses Gesetzes sowie der §§ 223 und 224 BewG ist für Feststellungszeitpunkte zwischen dem 1. Januar 2022 und dem 31. Dezember 2024 zu unterstellen, dass die Feststellungen für die Besteuerung nach diesem Gesetz von Bedeutung sind und die wirtschaftlichen Einheiten zur Besteuerung nach diesem Gesetz herangezogen oder nicht mehr herangezogen werden.

(2) ① Die Vermessungsverwaltung stellt ab dem 1. Juli 2022 befristet bis zum 30. November 2023 folgende Daten der Flurstücke zum Hauptfeststellungszeitpunkt kostenlos über eine allgemein zugängliche Internetanwendung zur Verfügung:

1. die Flurstücksnummer,
2. die amtliche Fläche,
3. den Gemeindenamen,
4. den Gemarkungsnamen und die Gemarkungsnummer,
5. die tatsächliche Nutzung mit den zugehörigen Flächenanteilen, und
6. soweit vorhanden die einzelnen Flächenanteile mit der zugehörigen Ertragsmesszahl und die Gesamtertragsmesszahl.

---

[1] Art. 9 Abs. 3 eingefügt, bish. Abs. 3 wird Abs. 4 durch Gesetz vom 23. 12. 2022 (GVBl. S. 704) mWv 1. 1. 2022.

[2] Art. 10a Abs. 2 Satz 1 einl. Satzteil geändert durch Gesetz vom 23. 12. 2022 (GVBl. S. 704) mWv 1. 1. 2023; erneut geändert durch Gesetz vom 21. 4. 2023 (GVBl. S. 128) mWv 1. 1. 2023.

② Der Eigentümer hat das Recht, jederzeit ohne Angabe von Gründen gegen die Veröffentlichung der in Satz 1 Nr. 6 genannten Daten seines Flurstücks Widerspruch einzulegen. ③ Widerspricht der Eigentümer, hat eine Veröffentlichung der entsprechenden Daten des Eigentümers durch die Vermessungsverwaltung in der Internetanwendung für die Zukunft zu unterbleiben.

Art. 10 b Änderung des Kommunalabgabengesetzes

In Art. 18 des Kommunalabgabengesetzes (KAG) in der Fassung der Bekanntmachung vom 4. April 1993 (GVBl. S. 264, BayRS 2024-1-I), das zuletzt durch § 1 des Gesetzes vom 19. Februar 2021 (GVBl. S. 40) geändert worden ist, werden nach dem Wort „Ausnahme" die Wörter „des Äquivalenzbetrags-," eingefügt.

Art. 11 Inkrafttreten, Außerkrafttreten

(1) Dieses Gesetz tritt am 1. Januar 2022 in Kraft.

(2) ① Art. 10 b tritt am 1. Juli 2022 außer Kraft. ② Art. 10 a tritt am 31. Dezember 2029 außer Kraft.

3. Berlin:

Gesetz über die Festsetzung der Steuermesszahlen bei der Grundsteuer Berlin (Berliner Grundsteuermesszahlengesetz – BlnGrStMG)

Vom 27. Juni 2024 (GVBl. S. 422)

BRV 6110-6

Das Abgeordnetenhaus hat das folgende Gesetz beschlossen:

§ 1 Steuermesszahl für Grundstücke

(1) Die Steuermesszahl beträgt abweichend von § 15 Absatz 1 des Grundsteuergesetzes vom 7. August 1973 (BGBl. I S. 965), das zuletzt durch Artikel 21 des Gesetzes vom 16. Dezember 2022 (BGBl. I S. 2294) geändert worden ist,

1. für im Land Berlin belegene unbebaute Grundstücke im Sinne des § 246 des Bewertungsgesetzes in der Fassung der Bekanntmachung vom 1. Februar 1991 (BGBl. I S. 230), das zuletzt durch Artikel 31 des Gesetzes vom 22. Dezember 2023 (BGBl. 2023 I Nr. 411) geändert worden ist, in der jeweils geltenden Fassung 0,45 Promille,
2. für im Land Berlin belegene bebaute Grundstücke im Sinne des § 249 Absatz 1 Nummer 1 bis 4 des Bewertungsgesetzes 0,31 Promille,
3. für im Land Berlin belegene bebaute Grundstücke im Sinne des § 249 Absatz 1 Nummer 5 bis 8 des Bewertungsgesetzes 0,45 Promille.

(2) Für § 15 Absatz 2 bis 5 des Grundsteuergesetzes sind die Steuermesszahlen nach Absatz 1 maßgeblich.

§ 2 Abweichende Festsetzung für eigengenutzte Wohngrundstücke in Härtefällen

① Die Grundsteuer für eigengenutzte bebaute Grundstücke im Sinne des § 249 Absatz 1 Nummer 1, 2 und 4 des Bewertungsgesetzes kann niedriger festgesetzt werden, wenn die Erhebung der Steuer nach Lage des Einzelfalles unbillig wäre. ② Unbilligkeit liegt insbesondere dann vor, wenn die Steuererhebung die persönliche Existenz vernichten oder ernstlich gefährden würde. ③ § 163 der Abgabenordnung in der Fassung der Bekanntmachung vom 1. Oktober 2002 (BGBl. I S. 3866; 2003 I S. 61), die zuletzt durch Artikel 12, 13 und 14 des Gesetzes vom 27. März 2024 (BGBl. 2024 I Nr. 108) geändert worden ist, in der jeweils geltenden Fassung bleibt unberührt.

§ 3 Inkrafttreten

Dieses Gesetz tritt am Tage nach der Verkündung im Gesetz- und Verordnungsblatt für Berlin in Kraft.[1]

[1] In Kraft getreten am 11. 7. 2024.

4. Bremen:

Bremisches Gesetz über die Festsetzung der Steuermesszahlen bei der Grundsteuer (Bremisches Grundsteuermesszahlengesetz – BremGrStMG)

Vom 18. September 2024 (Brem.GBl. S. 736)

Der Senat verkündet das nachstehende von der Bürgerschaft (Landtag) beschlossene Gesetz:

§ 1 Steuermesszahl für Grundstücke

(1) Die Steuermesszahl beträgt abweichend von § 15 Absatz 1 des Grundsteuergesetzes vom 7. August 1973 (BGBl. I S. 965), das zuletzt durch Artikel 21 des Gesetzes vom 16. Dezember 2022 (BGBl. I S. 2294) geändert worden ist, für in der Freien Hansestadt Bremen belegene

1. unbebaute Grundstücke im Sinne des § 246 des Bewertungsgesetzes in der Fassung der Bekanntmachung vom 1. Februar 1991 (BGBl. I S. 230), das zuletzt durch Artikel 31 des Gesetzes vom 22. Dezember 2023 (BGBl. 2023 I Nr. 411) geändert worden ist, in der jeweils geltenden Fassung 0,75 Promille,
2. bebaute Grundstücke im Sinne des § 249 Absatz 1 Nummer 1 bis 4 des Bewertungsgesetzes 0,31 Promille,
3. bebaute Grundstücke im Sinne des § 249 Absatz 1 Nummer 5 bis 8 des Bewertungsgesetzes 0,75 Promille.

(2) Für § 15 Absatz 2 bis 5 des Grundsteuergesetzes sind die Steuermesszahlen nach Absatz 1 maßgeblich.

§ 2 Inkrafttreten

Dieses Gesetz tritt am Tag nach seiner Verkündung in Kraft.[1]

5. Hamburg:

Hamburgisches Grundsteuergesetz (HmbGrStG)[2, 3]

Vom 24. August 2021 (HmbGVBl. S. 600)

BS Hbg 611-8

Zuletzt geändert durch § 1 ÄndG zum GrundsteuerG v. 5. 3. 2025 (HmbGVBl. S. 258)

Der Senat verkündet das nachstehende von der Bürgerschaft beschlossene Gesetz:

Teil 1. Grundstücke; Grundsteuer B/Grundsteuer C

Abschnitt 1. Bemessung der Grundsteuer

§ 1[4] Steuergegenstand, Berechnungsformel

(1) ① Steuergegenstand der Grundsteuer B sind die Grundstücke als wirtschaftliche Einheiten des Grundvermögens. ② Die Grundsteuer ergibt sich durch eine Multiplikation des Grundsteuermessbetrags des Grundstücks und des durch ein Gesetz bestimmten Hebesatzes. ③ Sie ist ein Jahresbetrag und auf volle Cent nach unten abzurunden.

(2) ① Der Grundsteuermessbetrag des Grundstücks ist die Summe

1. aus dem Produkt des Grundsteuerwerts des Grund und Bodens nach Absatz 3 Satz 1 und der Grundsteuermesszahl nach § 4 und
2. aus den jeweiligen Produkten der Grundsteuerwerte von Wohn- und Nutzflächen nach Absatz 3 Satz 2 und der jeweiligen Grundsteuermesszahl nach § 4.

② Der Grundsteuermessbetrag des Grundstücks ist auf volle Cent nach unten abzurunden.

(3) ① Der Grundsteuerwert des Grund und Bodens ist der Äquivalenzbetrag, der sich durch eine Multiplikation der Fläche des Grund und Bodens mit der Äquivalenzzahl nach § 3 Absatz 1

---

[1] In Kraft getreten am 13. 10. 2024.

[2] *Erlass FBeh Hamburg vom 8. 7. 2022 G 1200-2022/001-53* zur Anwendung des Hamburgischen Grundsteuergesetzes (HmbGrStG) sowie zur teilweisen Anwendung des Siebenten Abschnitts des Zweiten Teils des Bewertungsgesetzes zur Bewertung des Grundbesitzes (allgemeiner Teil und Grundvermögen) sowie für die Grundsteuer ab 1. Januar 2022 und des Grundsteuergesetzes ab 1. Januar 2025 (AEHmbGrStG) (*BeckVerw 573418).*

Erlass FBeh Hamburg vom 8. 7. 2022 G 1200-2022/002-53 betr. Hamburgisches Grundsteuergesetz; Fortgeltung alter Erlasse und Dienstanweisungen *(BeckVerw 573 069).*

[3] *Urteil des FG Hamburg vom 13. 11. 2024 3 K 176/23 (EFG 2025 S. 634)* betr. keine verfassungsrechtlichen Zweifel am HmbGrStG.

[4] § 1 Abs. 3 Satz 1 geändert durch Gesetz vom 22. 6. 2022 (HmbGVBl. S. 399) mWv 1. 1. 2022.

ergibt; er wird auf volle Cent nach unten abgerundet. ② Die Grundsteuerwerte von Wohn- und Nutzflächen der Gebäude sind die Äquivalenzbeträge, die sich durch eine Multiplikation der maßgeblichen Gebäudeflächen mit der Äquivalenzzahl nach § 3 Absatz 2 ergeben.

(4) ① Die Zurechnung mehrerer Wirtschaftsgüter zu einer wirtschaftlichen Einheit wird nicht dadurch ausgeschlossen, dass die Wirtschaftsgüter zum Teil der oder dem einen, zum Teil der anderen Ehegattin, dem anderen Ehegatten, der anderen Lebenspartnerin oder dem Lebenspartner zuzurechnen sind. ② Bei Gebäuden auf fremdem Grund und Boden sind der Grund und Boden der Eigentümerin oder dem Eigentümer des Grund und Bodens und die Gebäude der wirtschaftlichen Eigentümerin oder dem wirtschaftlichen Eigentümer der Gebäude zuzurechnen.

(5) ① Erstreckt sich der Steuergegenstand auch auf ein anderes Land, ist nur für das im Gebiet der Freien und Hansestadt Hamburg gelegene Grundvermögen Grundsteuer nach diesem Gesetz zu ermitteln und zu erheben. ② Dieses bildet eine eigenständige wirtschaftliche Einheit.

§ 2 Maßgebliche Flächen

(1) ① Gebäudefläche bei Wohnnutzung ist die Wohnfläche im Sinne der Wohnflächenverordnung vom 25. November 2003 (BGBl. I S. 2346) in der jeweils geltenden Fassung. ② Als Wohnnutzung gelten auch häusliche Arbeitszimmer. ③ Im Übrigen ist die Nutzfläche des Gebäudes maßgeblich. ④ Die Gebäudefläche ist durch eine geeignete Methode zu ermitteln.

(2) ① Nutzflächen von Garagen, die in räumlichem Zusammenhang zu der Wohnnutzung stehen, der sie rechtlich zugeordnet sind, bleiben bis zu einer Fläche von insgesamt 50 m² außer Ansatz. ② Dies gilt unter den Voraussetzungen des Satzes 1 auch für Garagen, die eine eigene wirtschaftliche Einheit bilden.

(3) ① Im Übrigen bleiben die Nutzflächen von Nebengebäuden von untergeordneter Bedeutung bis zu einer Fläche von 30 m² außer Ansatz, sofern sie in räumlichem Zusammenhang zur Wohnnutzung stehen, der sie zu dienen bestimmt sind. ② Dies gilt unter den Voraussetzungen des Satzes 1 auch für Nebengebäude, die eine eigene wirtschaftliche Einheit bilden.

(4) ① Ein Grundstück gilt als unbebaut, wenn die darauf errichteten Gebäude, mit Ausnahme der Fälle des Absatzes 2 Satz 2, eine Gebäudefläche von insgesamt weniger als 30 m² haben. ② Besteht ein Gebäude aus mehreren wirtschaftlichen Einheiten, ist die Gesamtgebäudefläche des Gebäudes anzusetzen. ③ Die Gebäudefläche bleibt in der Folge außer Ansatz. ④ § 246 des Bewertungsgesetzes in der Fassung vom 1. Februar 1991 (BGBl. I S. 231), zuletzt geändert am 21. Dezember 2020 (BGBl. I S. 3096, 3129), in der jeweils geltenden Fassung bleibt im Übrigen unberührt.

(5) Die für dieses Gesetz maßgeblichen Flächen von Grund und Boden und Gebäuden sind auf volle Quadratmeter nach unten abzurunden.

§ 3[1] Äquivalenzzahlen

(1) ① Die Äquivalenzzahl für die Fläche des Grund und Bodens beträgt 0,04 Euro je Quadratmeter. ② Abweichend von Satz 1 gilt:

1. Dienen die Gebäude mindestens zu 90 vom Hundert (v. H.) der Wohnnutzung, wird die Äquivalenzzahl für die das Zehnfache der Wohnfläche übersteigende Fläche des Grund und Bodens nur zu 50 v. H. angesetzt,
2. ist die Fläche des Grund und Bodens zu mindestens 90 v. H. nicht bebaut, wird der Äquivalenzbetrag in Euro für die 10 000 m² übersteigende Fläche insgesamt wie folgt angesetzt: (übersteigende Grund- und Bodenfläche × 0,04 Euro/m²)^{0,7}; höchstens jedoch eine Äquivalenzzahl von 0,04 Euro/m²,
3. sind die Voraussetzungen von Nummern 1 und 2 erfüllt, wird
   a) für die Fläche bis zum Zehnfachen der Wohnfläche Satz 1,
   b) für die Fläche, die das Zehnfache der Wohnfläche übersteigt und 10 000 m² nicht überschreitet, Nummer 1, höchstens jedoch eine Äquivalenzzahl von 0,02 Euro/m² und
   c) im Übrigen Nummer 2

angewendet.

(2) Die Äquivalenzzahl für Gebäudeflächen beträgt 0,50 Euro je Quadratmeter.

§ 4[2] Grundsteuermesszahlen

(1) ① Die Grundsteuermesszahl beträgt 100 v. H. ② Für den Äquivalenzbetrag der Wohnflächen wird die Grundsteuermesszahl auf 70 v. H. ermäßigt. ③ Für den Äquivalenzbetrag der Nutzflächen wird die Grundsteuermesszahl auf 87 v. H. ermäßigt.

---

[1] § 3 Abs. 1 Satz 2 neugefasst durch Gesetz vom 22. 6. 2022 (HmbGVBl. S. 399) mWv 1. 1. 2022.

[2] § 4 Abs. 3 neugefasst durch Gesetz vom 22. 6. 2022 (HmbGVBl. S. 399) mWv 29. 6. 2022; Abs. 5 neugefasst durch Gesetz vom 24. 1. 2023 (HmbGVBl. S. 66) mWv 21. 12. 2022; Abs. 1 Satz 3 angefügt, Abs. 2 Satz 1 geändert durch Gesetz vom 22. 10. 2024 (HmbGVBl. S. 554) mWv 1. 1. 2025.

(2) ① Die Grundsteuermesszahl für den Äquivalenzbetrag der Wohnflächen wird um 25 v. H. ermäßigt, wenn eine normale Wohnlage vorliegt. ② Der Senat wird ermächtigt, durch Rechtsverordnung für Zwecke der Grundsteuer ein Verzeichnis für gute und normale Wohnlagen zu erlassen.[1] ③ Weisen Steuerpflichtige eine andere Wohnlage nach, so ist diese anzusetzen. ④ Sofern keine Wohnlage aus der Rechtsverordnung nach Satz 2 ermittelbar ist, wird eine normale Wohnlage vermutet.

(3) Die Grundsteuermesszahlen für die Äquivalenzbeträge der Gebäudeflächen werden um 25 v. H. ermäßigt, wenn ein Baudenkmal nach § 4 Absatz 2 Satz 1 des Denkmalschutzgesetzes (DSchG) vom 5. April 2013 (HmbGVBl. S. 142), geändert am 26. Juni 2020 (HmbGVBl. S. 380, 384), in der jeweils geltenden Fassung die gesamte wirtschaftliche Einheit prägt oder ein Ensemble nach § 4 Absatz 3 DSchG vorliegt.

(4) Die Grundsteuermesszahl für den Äquivalenzbetrag der Wohnflächen wird um 25 v. H. ermäßigt, soweit die Wohnflächen

1. den Bindungen nach § 10 Absatz 3 in Verbindung mit § 10 Absätze 2 und 4 des Hamburgischen Wohnraumförderungsgesetzes vom 19. Februar 2008 (HmbGVBl. S. 74), zuletzt geändert am 21. Mai 2013 (HmbGVBl. S. 244),
2. den Bindungen nach § 25 in Verbindung mit § 13 Absätze 2 und 3 des Wohnraumförderungsgesetzes vom 13. September 2001 (BGBl. I S. 2376), zuletzt geändert am 20. November 2019 (BGBl. I S. 1626, 1652),
3. den Bindungen einer Förderung nach § 88 d des Zweiten Wohnungsbaugesetzes in der Fassung vom 19. August 1994 (BGBl. I S. 2138) in der bis zum 31. Dezember 2001 geltenden Fassung unterliegen oder
4. nach dem Hamburgischen Wohnungsbindungsgesetz als öffentlich gefördert gelten.

(5) ① Eine Ermäßigung der Grundsteuermesszahlen nach den Absätzen 3 und 4 wird auf Antrag gewährt, wenn die jeweiligen Voraussetzungen zum Veranlagungszeitpunkt vorlagen. ② Sind mehrere Ermäßigungstatbestände erfüllt, sind die Ermäßigungen nacheinander anzuwenden. ③ Bezugspunkt der Berechnung ist jeweils die vorangegangene Grundsteuermesszahlermäßigung. ④ Die Ermäßigungen nach § 15 des Grundsteuergesetzes vom 7. August 1973 (BGBl. I S. 965), zuletzt geändert am 16. Dezember 2022 (BGBl. I S. 2319), in der jeweils geltenden Fassung gelten nicht.

§ 5[2] Hebesatz bei der Grundsteuer B und gesonderter Hebesatz bei unbebauten und baureifen Grundstücken (Grundsteuer C)

(1) ① Der Hebesatz für die Grundsteuer B beträgt 975 v. H. ② Eine Änderung des Hebesatzes ist bis zum 31. Dezember eines Kalenderjahres mit Wirkung zum Beginn des Kalenderjahres möglich. ③ § 25 des Grundsteuergesetzes findet keine Anwendung.

(2) ① Für unbebaute und baureife Grundstücke im Sinne des § 1 Absatz 1 Satz 1 wird ein abweichender Hebesatz (Grundsteuer C) in Höhe von 8000 v. H. festgesetzt. ② Eine Änderung des Hebesatzes ist bis zum 31. Dezember eines Kalenderjahres mit Wirkung zum Beginn des Kalenderjahres möglich. ③ Grundstücke für den abweichenden Hebesatz nach Satz 1 sind unbebaute Wohnbaugrundstücke oder unbebaute Grundstücke für gemischte Nutzungen, auf denen Wohnungen mit einer Geschossfläche von mehr als 300 m^2 errichtet werden dürfen und die nach Lage, Form und Größe und ihrem sonstigen tatsächlichen Zustand sowie nach öffentlich-rechtlichen Vorschriften sofort bebaut werden können. ④ § 246 des Bewertungsgesetzes findet Anwendung. ⑤ Eine erforderliche, aber noch nicht erteilte Baugenehmigung sowie zivilrechtliche Gründe, die einer sofortigen Bebauung entgegenstehen, sind unbeachtlich. ⑥ Für Grundstücke nach Satz 1, für die ein Bebauungsplan aufgestellt wird, durch welchen erstmals Baurecht für Wohnungsbau geschaffen wird, findet der abweichende Hebesatz erst drei Jahre nach Feststellung des Bebauungsplans Anwendung. ⑦ Der abweichende Hebesatz nach Satz 1 findet keine Anwendung, wenn die Steuerpflichtige oder der Steuerpflichtige nachweist, dass eine sofortige Bebauung wirtschaftlich nicht vertretbar ist oder das Grundstück für die spätere Bebauung durch Angehörige im Sinne des § 15 der Abgabenordnung bereitgehalten wird. ⑧ § 25 des Grundsteuergesetzes findet keine Anwendung.

Abschnitt 2. Verfahren

§ 6[3] Feststellungsverfahren

(1) ① Die jeweiligen Grundsteuerwerte werden auf den 1. Januar 2022 allgemein festgestellt (Hauptfeststellung). ② Abweichend von § 221 des Bewertungsgesetzes findet keine turnusmäßige Hauptfeststellung statt. ③ Bei der Ermittlung des Grundsteuerwerts ist § 163 der Abgabenordnung nicht anzuwenden.

(2) ① In dem Feststellungsbescheid für die Grundsteuerwerte der Grundstücke sind auch Feststellungen über die Fläche von Grund und Boden und die Gebäudeflächen zu treffen. ② Abwei-

[1] Siehe Wohnlagenverzeichnis-Verordnung (WohnlVVO) vom 10. 9. 2024 (HmbGVBl. S. 203) mWv 1. 1. 2025.

[2] § 5 neugefasst durch G v. 22. 10. 2024 (HmbGVBl. S. 554) mWv 1. 1. 2025; Abs. 2 Satz 8 neugefasst durch G v. 19. 12. 2024 (HmbGVBl. S. 720) mWv 1. 1. 2025.

[3] § 6 Abs. 5 neugefasst durch G v. 19. 12. 2024 (HmbGVBl. S. 720) mWv 1. 1. 2025.

chend von § 219 Absatz 2 Nummer 1 des Bewertungsgesetzes wird die Grundstücksart der wirtschaftlichen Einheit nicht festgestellt. ③ Feststellungen erfolgen nur, wenn und soweit sie für die Besteuerung von Bedeutung sind. ④ Der Feststellungsbescheid kann mit dem nachfolgenden Grundsteuermessbescheid verbunden und zusammengefasst bekannt gegeben werden.

(3) ① Die Grundsteuerwerte (Wertfortschreibung) und die Flächen (Flächenfortschreibung) werden neu festgestellt, wenn ein Äquivalenzbetrag oder eine Fläche von der zuletzt getroffenen Feststellung abweicht und es für die Besteuerung von Bedeutung ist. ② Eine Fortschreibung nach Satz 1 findet auch zur Beseitigung eines Fehlers der letzten Feststellung statt.

(4) Für die Grundsteuerwerte nach diesem Gesetz gelten die Vorschriften des Bewertungsgesetzes über die Fortschreibung, Nachfeststellung, Aufhebung, Änderung und Nachholung der Feststellung im Übrigen sinngemäß.

(5)[1] ① Die Aufforderung zur Abgabe einer Erklärung durch öffentliche Bekanntmachung nach § 228 Absatz 1 Satz 3 des Bewertungsgesetzes erfolgt durch das zuständige Finanzamt mittels Allgemeinverfügung.[2] ② Änderungen der tatsächlichen Verhältnisse, die sich auf die Höhe des Grundsteuerwerts auswirken oder zu einer Nachfeststellung oder der Aufhebung des Grundsteuerwerts führen können, sind auf den Beginn des folgenden Kalenderjahres zusammengefasst anzuzeigen; die Anzeige ist bis zum 31. März des Jahres abzugeben, das auf das Jahr folgt, in dem sich die tatsächlichen Verhältnisse geändert haben. ③ In den Fällen des § 1 Absatz 4 Satz 2 ist § 228 Absatz 3 Nummer 1 des Bewertungsgesetzes anzuwenden.

(6)[3] Die Erklärung und die Anzeige nach Absatz 5 sind Steuererklärungen im Sinne der Abgabenordnung, die nach amtlich vorgeschriebenem Datensatz durch Datenfernübertragung übermittelt werden sollen.

§ 7[4] Veranlagungsverfahren

(1) ① Die Grundsteuermessbeträge werden auf den 1. Januar 2025 allgemein festgesetzt (Hauptveranlagung). ② Der Grundsteuermessbetrag wird auch neu festgesetzt, wenn der Grundsteuermessbetrag, der sich für den Beginn eines Kalenderjahres ergibt, von dem entsprechenden Betrag des letzten Festsetzungszeitpunkts nach unten abweicht. ③ Dasselbe gilt, wenn sein auf den Grund und Boden entfallender Anteil abweicht oder wenn sein auf das Gebäude entfallender Anteil um mehr als 5 Euro nach oben abweicht. ④ Der Grundsteuermessbetrag wird auch dann neu festgesetzt, wenn dem Finanzamt bekannt wird, dass die letzte Veranlagung fehlerhaft ist. ⑤ Der Senat wird ermächtigt durch Rechtsverordnung zu bestimmen, dass die Festsetzung des Grundsteuermessbetrages unterbleiben kann, wenn der festzusetzende Betrag den durch diese Rechtsverordnung zu bestimmenden Betrag voraussichtlich nicht übersteigt. ⑥ Der nach Satz 5 zu bestimmende Betrag darf fünf Euro nicht überschreiten. ⑦ Eine Nachveranlagung nach § 18 des Grundsteuergesetzes erfolgt auch in den Fällen einer unterbliebenen Festsetzung des Grundsteuermessbetrages nach § 7 Absatz 1 Satz 5, wenn die Voraussetzungen der Nichtfestsetzung des Grundsteuermessbetrages entfallen sind. ⑧ Nachveranlagungszeitpunkt ist der Beginn des Kalenderjahres, in dem die Voraussetzungen für die Nichtfestsetzung des Grundsteuermessbetrages nach § 7 Absatz 1 Satz 5 entfallen sind. ⑨ Eine Aufhebung des Grundsteuermessbetrages nach § 20 des Grundsteuergesetzes erfolgt auch, wenn ein Grundsteuermessbetrag aufgrund der Regelung des § 7 Absatz 1 Satz 5 nicht festzusetzen wäre. ⑩ Die Aufhebung erfolgt mit Wirkung zu Beginn des Kalenderjahres, in dem die Voraussetzungen für eine Nichtfestsetzung des Grundsteuermessbetrages nach § 7 Absatz 1 Satz 5 eintreten.

(2) Im Übrigen gelten die Vorschriften des Grundsteuergesetzes über die Neuveranlagung, Nachveranlagung, Aufhebung und Zerlegung des Grundsteuermessbetrags und die Änderung des Grundsteuermessbescheids sinngemäß.

(3) ① Änderungen der Nutzung hat diejenige Person anzuzeigen, welcher der Steuergegenstand zuzurechnen ist. ② Satz 1 gilt für den Wegfall der Voraussetzungen für die ermäßigten Grundsteuermesszahlen nach § 4 Absätze 3 und 4 entsprechend. ③ § 19 Absatz 1 Satz 1 des Grundsteuergesetzes bleibt unberührt. ④ Abweichend von § 19 Absatz 3 Satz 2 des Grundsteuergesetzes ist die

---

[1] § 6 Abs. 5 neugefasst durch G v. 19. 12. 2024 (HmbGVBl. S. 720) mWv 1. 1. 2025.

[2] Allgemeinverfügung zur Aufforderung zur Abgabe der Erklärung zur Feststellung des Grundsteuerwerts; Öffentliche Bekanntmachung des FA für Verkehrsteuern und Grundbesitz in Hamburg vom 22. 3. 2022 (Amtlicher Anzeiger Teil II des HmbGVBl. S. 411); ersetzt durch Öffentliche Bekanntmachung des FA für Verkehrsteuern und Grundbesitz vom 28. 10. 2022 (Amtlicher Anzeiger Teil II des HmbGVBl. S. 1628).

Erlass der FBeh Hamburg vom 23. 3. 2022 G 1105a-2022/001-53 betr. Steuererklärungen bei steuerfreien und teilweise steuerfreien Fällen von Religionsgesellschaften, die Körperschaften des öffentlichen Rechts sind, und der jüdischen Kultusgemeinden, *Beck Verw 568858.*

Erlass der FBeh Hamburg vom 23. 3. 2022 G 1108-2022/001-53 betr. Steuererklärungen bei steuerfreien Fällen nach § 4 Nr. 3 a) GrStG von Verkehrsgesellschaften im vollständigen mittelbaren oder unmittelbaren Eigentum von Gebietskörperschaften, *Beck Verw 568859.*

Erlass der FBeh Hamburg vom 23. 3. 2022 G 1102-2022/001-53 betr. Steuererklärungen bei steuerfreien und teilweise steuerfreien Fällen von Gebietskörperschaften und Anstalten des öffentlichen Rechts, *Beck Verw 568857.*

[3] Landeseigene Vordrucke für die Erklärung zur Feststellung des Grundsteuerwerts HmbGrSt 1, HmbGrSt 1A, HmbGrSt 2, HmbGrSt 3, HmbGrSt 3A, HmbGrSt 4 (Amtlicher Anzeiger Teil II des HmbGVBl. 2022 S. 691).

[4] § 7 Abs. 1 Satz 3, Abs. 3 Satz 2 geändert durch Gesetz vom 22. 6. 2022 (HmbGVBl. S. 399) mWv 29. 6. 2022; Abs. 1 Sätze 5 und 6 angefügt durch Gesetz vom 22. 10. 2024 (HmbGVBl. S. 554) mWv 1. 1. 2025; Abs. 1 Sätze 7 bis 10 angefügt, Abs. 3 Satz 4 neugefasst durch Gesetz vom 19. 12. 2024 (HmbGVBl. S. 720) mWv 1. 1. 2025.

Anzeige nach den Sätzen 1 bis 3 bis zum 31. März des Jahres abzugeben, das auf das Jahr folgt, in dem sich die Verhältnisse geändert haben. ⑤ § 6 Absatz 6 gilt entsprechend.

Abschnitt 3. Erlass

§ 8[1] Erlass im Härtefall

(1) ① In einem besonders gelagerten, nicht rohertragsbedingten Härtefall kann der Anteil der Grundsteuer B, der auf den Grundsteuermessbetrag eines Gebäudes entfällt, teilweise erlassen werden. ② Der Erlass wird nur auf Antrag gewährt. ③ Ein Fall nach Satz 1 liegt regelmäßig vor,

1. wenn die Lage ganz erheblich von den ortsüblichen Verhältnissen abweicht und aufgrund dessen eine stark eingeschränkte Äquivalenz für das Gebäude vorliegt,
2. wenn die Gesamtnutzungsdauer des Gebäudes entsprechend der Anlage 38 des Bewertungsgesetzes überschritten ist und nach der Bezugsfertigkeit des Gebäudes keine Veränderungen eingetreten sind, die die Gesamtnutzungsdauer des Gebäudes wesentlich verlängert haben sowie aufgrund der Gesamtnutzungsdauer nur eine stark eingeschränkte Äquivalenz für das Gebäude vorliegt oder
3. bei einer Übergröße des nicht zu Wohnzwecken genutzten Gebäudes, sofern dieses eine einfachste oder einfache Standardstufe entsprechend der Anlage 24 des Bewertungsgesetzes und einen Hallenanteil aufweist sowie eine stark eingeschränkte Äquivalenz für das Gebäude durch den Gebäudestandard vorliegt.

④ Der Härtefall soll durch ein qualifiziertes Gutachten von den Steuerpflichtigen nachgewiesen werden; dieses gilt auch in den Fällen des Satzes 3.

(2) Die Erlassregelungen des Grundsteuergesetzes sowie die Regelungen der §§ 163 und 227 der Abgabenordnung finden Anwendung.

(3) ① Im durch das Tidehochwasser gefährdeten Bereich im Tidegebiet der Elbe kann auf Antrag die Grundsteuer für das Grundstück anteilig erlassen werden, soweit die Steuerpflichtigen unmittelbar oder mittelbar die Aufwendungen für den Hochwasserschutz hierfür selbst tragen müssen und das Grundstück ohne den Hochwasserschutz nicht nutzbar wäre. ② Der Erlass beträgt regelmäßig 50 v.H. der Grundsteuer.

(4) ① Die Steuerschuldner sind verpflichtet, eine Änderung der maßgeblichen Verhältnisse, die zu einem Erlass oder einer abweichenden Steuerfestsetzung führen, dem zuständigen Finanzamt binnen drei Monaten nach Eintritt der Änderung anzuzeigen. ② In den Fällen der Absätze 1 bis 3 bedarf es keiner jährlichen Wiederholung des Antrages. ③ Die Anträge sollen jeweils für Absatz 1, Absatz 3 sowie die Erlassregelungen des Grundsteuergesetzes bis zu dem auf den Erlasszeitraum folgenden 31. März gestellt werden. ④ § 35 des Grundsteuergesetzes bleibt im Übrigen unberührt. ⑤ Für die Berechnung des Ausgangswertes für den Erlass oder einer abweichenden Steuerfestsetzung hat der Absatz 3 Vorrang vor dem Absatz 1, welcher wiederum Vorrang vor den Fällen des Absatzes 2 hat.

Teil 2. Betriebe der Land- und Forstwirtschaft; Grundsteuer A

§ 9[2] Ergänzende Regelungen und Hebesatz der Grundsteuer A

(1) Zur Hofstelle nach § 234 Absatz 6 des Bewertungsgesetzes gehören auch Hof- und Wirtschaftsgebäudeflächen einschließlich der Nebenflächen, von denen aus keine land- und forstwirtschaftliche Betriebsflächen mehr nachhaltig bewirtschaftet werden, wenn sie keine Zweckbestimmung erhalten haben, die zu einer zwingenden Zuordnung zum Grundvermögen führt.

(2) ① § 1 Absatz 4 Satz 1 gilt für Betriebe der Land- und Forstwirtschaft entsprechend. ② In einen Betrieb der Land- und Forstwirtschaft, der von einer Gesellschaft oder Gemeinschaft des bürgerlichen Rechts betrieben wird, sind auch die Wirtschaftsgüter einzubeziehen, die einem oder mehreren Beteiligten gehören und dem Betrieb zu dienen bestimmt sind. ③ In den Betrieb der Land- und Forstwirtschaft sind auch einzubeziehen

1. der Eigentümerin oder dem Eigentümer des Grund und Bodens nicht gehörende Gebäude, die auf dem Grund und Boden des Betriebs stehen,
2. der Eigentümerin oder dem Eigentümer des Grund und Bodens nicht gehörende Betriebsmittel, die der Bewirtschaftung des Betriebs dienen, und
3. ein Anteil an einem Wirtschaftsgut der Eigentümerin oder des Eigentümers des Betriebs der Land- und Forstwirtschaft, wenn es mit dem Betrieb zusammen genutzt wird.

(3) ① § 6 Absatz 1 Satz 2, Absätze 5 und 6 sowie § 7 Absatz 1 Sätze 5 bis 10 und Absatz 3 Sätze 3 bis 5 gelten für Betriebe der Land- und Forstwirtschaft entsprechend. ② Der Hebesatz für die Grundsteuer A beträgt 100 v. H.; § 5 Absatz 1 Sätze 2 und 3 findet entsprechende Anwendung.

[1] § 8 neugefasst durch Gesetz vom 5. 3. 2025 (HmbGVBl. S. 258) mWv 1. 1. 2025.

[2] § 9 Überschrift und Abs. 3 geändert durch Gesetz vom 22. 6. 2022 (HmbGVBl. S. 399) mWv 29. 6. 2022; Überschrift geändert, Abs. 3 neugefasst durch Gesetz vom 22. 10. 2024 (HmbGVBl. S. 554) mWv 1. 1. 2025; Abs. 3 neugefasst durch Gesetz vom 19. 12. 2024 (HmbGVBl. S. 720) mWv 1. 1. 2025.

Teil 3. Erhebung der Grundsteuer

§ 10 Fälligkeit bei Kleinbeträgen

Die Grundsteuer wird fällig
1. am 15. August mit ihrem Jahresbetrag, wenn dieser 15 Euro nicht übersteigt,
2. am 15. Februar und am 15. August mit je einer Hälfte ihres Jahresbetrags, wenn dieser 30 Euro nicht übersteigt.

Teil 4. Anwendung von Bundesrecht; Übergangs- und Schlussvorschriften

§ 11[1] Anwendung von Bundesrecht

(1) ① Die Bestimmungen des Grundsteuergesetzes und des Bewertungsgesetzes sind für Zwecke der Festsetzung und Erhebung der Grundsteuer ab dem Kalenderjahr 2025 nur anzuwenden, soweit sich aus dem Hamburgischen Grundsteuergesetz nichts anderes ergibt. ② Das Hamburgische Grundsteuergesetz hat insoweit Vorrang vor den Regelungen des Grundsteuergesetzes und des Bewertungsgesetzes. ③ § 27 Absatz 2 des Grundsteuergesetzes findet Anwendung. ④ Auf die Festsetzung und Erhebung der Grundsteuer der Kalenderjahre bis einschließlich 2024 findet dieses Gesetz keine Anwendung.

(2) ① Die Vorschriften der Abgabenordnung und des Einführungsgesetzes zur Abgabenordnung sind entsprechend anzuwenden, soweit in diesem Gesetz nichts Anderes bestimmt ist. ② Soweit es für die Durchführung der Besteuerung erforderlich ist, dürfen die zuständigen Behörden die erforderlichen personenbezogenen Daten verarbeiten und austauschen. ③ § 152 Absatz 2 der Abgabenordnung ist nicht auf Anzeigen nach § 228 Absatz 2 des Bewertungsgesetzes, § 19 Absatz 1 Satz 1 des Grundsteuergesetzes und § 7 Absatz 3 Satz 2 dieses Gesetzes anzuwenden.

(3) Rechtsverordnungen des Bundes finden für die Grundsteuer B und C keine Anwendung.

§ 12[2] Übergangsregelungen

(1) ① Die Grundsteuerwerte werden auf den 1. Januar 2022 allgemein festgestellt. ② Die Grundsteuermessbeträge nach diesem Gesetz werden auf den 1. Januar 2025 allgemein festgesetzt.

(2) Für die Anwendung des § 6 Absatz 2 Satz 3 und des § 6 Absatz 3 Satz 1 dieses Gesetzes sowie der §§ 223 und 224 des Bewertungsgesetzes ist für Feststellungszeitpunkte zwischen dem 1. Januar 2022 und dem 31. Dezember 2024 zu unterstellen, dass die Feststellungen für die Besteuerung nach diesem Gesetz von Bedeutung sind und hinsichtlich der Besteuerung der wirtschaftlichen Einheiten die Regelungen dieses Gesetzes gelten.

(3) ① Abweichend von § 28 Absatz 1 des Grundsteuergesetzes wird einmalig der Fälligkeitstermin der Grundsteuer vom 15. Februar 2025 auf den 30. April 2025 verschoben. ② Der Fälligkeitstermin der Grundsteuer nach § 10 Nummer 2 wird einmalig vom 15. Februar 2025 auf den 30. April 2025 verschoben. ③ Sofern vor den Fälligkeitsterminen Zahlungen geleistet werden, werden diese zu den nächsten Fälligkeitsterminen verrechnet, sofern die Steuerpflichtige oder der Steuerpflichtige keinen anderen Verwendungszweck erklärt. ④ § 29 des Grundsteuergesetzes gilt ab dem Kalenderjahr 2025 nur für Steuerbescheide, die nach diesem Gesetz ergangen sind.

§ 13 Außerkrafttreten

Mit Ablauf des 31. Dezember 2024 tritt das Gesetz über die Erhebung der Grundsteuer vom 21. Januar 1974 (HmbGVBl. S. 8) in der geltenden Fassung außer Kraft.

6. Hessen:

Hessisches Grundsteuergesetz (HGrStG)[3, 4]

Vom 15. Dezember 2021 (HGVBl. S. 906)

FFN 42–51

Der Landtag hat das folgende Gesetz beschlossen:

§ 1 Geltungsbereich

Dieses Gesetz gilt für wirtschaftliche Einheiten des Grundvermögens (Grundstücke) nach den §§ 2, 218 Satz 1 Nr. 2 und Satz 3 in Verbindung mit § 99 Abs. 1 Nr. 1, sowie den §§ 243 und 244

---

[1] § 11 Abs. 1 Satz 2 eingefügt, bish. Satz 2 wird Satz 3 durch Gesetz vom 22. 6. 2022 (HmbGVBl. S. 399) mWv 29. 6. 2022; Abs. 1 neugefasst durch Gesetz vom 24. 1. 2023 (HmbGVBl. S. 66) mWv 21. 12. 2022; Abs. 2 neugefasst durch Gesetz vom 22. 10. 2024 (HmbGVBl. S. 554) mWv 1. 1. 2023; Abs. 1 neugefasst durch Gesetz vom 6. 12. 2024 (HmbGVBl. S. 720) mWv 6. 12. 2024.

[2] § 12 Abs. 2 neugefasst durch Gesetz vom 22. 6. 2022 (HmbGVBl. S. 399) mWv 1. 1. 2022; Abs. 3 angefügt durch Gesetz vom 22. 10. 2024 (HmbGVBl. S. 554) mWv 1. 1. 2025.

[3] Anwendungserlass zum Hessischen Grundsteuergesetz (AE HGrStG) (Staatsanzeiger für das Land Hessen 2022 S. 642).

[4] *Urteil des FG Hessen vom 23. 1. 2025 3 K 663/24* betr. keine verfassungsrechtlichen Zweifel am HGrStG.

des Bewertungsgesetzes in der Fassung der Bekanntmachung vom 1. Februar 1991 (BGBl. I S. 230), zuletzt geändert durch Gesetz vom 16. Juli 2021 (BGBl. I S. 2931), in der am 24. Dezember 2021 geltenden Fassung.

§ 2 Abweichende Regelungen vom Grundsteuergesetz, Anwendung des Bewertungsgesetzes, der Abgabenordnung und des Finanzverwaltungsgesetzes

(1) Es gelten

1. § 3 anstelle des § 10 des Grundsteuergesetzes,
2. die §§ 4, 5 und 7 anstelle des § 13 des Grundsteuergesetzes,
3. § 6 anstelle des § 15 Abs. 1 und 5 des Grundsteuergesetzes,
4. § 8 anstelle der §§ 16 und 36 des Grundsteuergesetzes,
5. § 9 anstelle des § 17 des Grundsteuergesetzes,
6. § 10 anstelle des § 18 des Grundsteuergesetzes,
7. § 11 anstelle des § 20 des Grundsteuergesetzes,
8. § 12 anstelle des § 17 Abs. 4, § 18 Abs. 4, § 20 Abs. 3 und § 21 des Grundsteuergesetzes und
9. § 13 anstelle des § 25 Abs. 5 des Grundsteuergesetzes

vom 7. August 1973 (BGBl. I S. 965), zuletzt geändert durch Gesetz vom 16. Juli 2021 (BGBl. I S. 2931), in der am 24. Dezember 2021 geltenden Fassung.

(2) ① Die allgemeinen Bewertungsvorschriften der §§ 2 bis 16 des Bewertungsgesetzes in der am 24. Dezember 2021 geltenden Fassung sind anwendbar, soweit sie zur Anwendung dieses Gesetzes erforderlich sind. ② Bei der Anwendung von § 2 des Bewertungsgesetzes in der am 24. Dezember 2021 geltenden Fassung kommen mehrere Wirtschaftsgüter als eine wirtschaftliche Einheit nur insoweit in Betracht, als sie im Gebiet derselben Gemeinde nach § 15 der Hessischen Gemeindeordnung belegen sind.

(3) Für Zwecke dieses Gesetzes sind die besonderen Bewertungsvorschriften und Schlussbestimmungen nach

1. § 218 Satz 1 Nr. 2 und Satz 3 in Verbindung mit § 99 Abs. 1 Nr. 1,
2. den §§ 243 bis 246 und 248,
3. § 249 Abs. 5, 6 und 10 und
4. § 266 Abs. 3 und 5

des Bewertungsgesetzes in der am 24. Dezember 2021 geltenden Fassung entsprechend anwendbar.

(4) ① Die §§ 228[1] und 229 des Bewertungsgesetzes in der am 24. Dezember 2021 geltenden Fassung gelten für die Festsetzung von Steuermessbeträgen nach diesem Gesetz entsprechend mit der Maßgabe, dass

1. die Aufforderung zur Abgabe der Erklärung nach § 228 Abs. 1 Satz 3 des Bewertungsgesetzes in der am 24. Dezember 2021 geltenden Fassung durch das Ministerium der Finanzen durch öffentliche Bekanntmachung erfolgen kann; es kann die Befugnis durch Erlass auf nachgeordnete Dienststellen übertragen,[2]
2. in den Fällen des § 228 Abs. 4 des Bewertungsgesetzes in der am 24. Dezember 2021 geltenden Fassung an die Stelle des für die gesonderte Feststellung zuständigen Finanzamts das für die Festsetzung des Steuermessbetrags zuständige Finanzamt tritt.

② Das Grundrecht der Unverletzlichkeit der Wohnung (Art. 13 des Grundgesetzes, Art. 8 der Verfassung des Landes Hessen) wird durch die Befugnis für örtliche Erhebungen über die Bewertungsgrundlagen nach § 229 Abs. 2 Satz 1 des Bewertungsgesetzes in der am 24. Dezember 2021 geltenden Fassung eingeschränkt.

(5) Für Handlungen und Entscheidungen der Landesfinanzbehörden im Zusammenhang mit den Regelungen dieses Gesetzes gelten die Vorschriften

1. der Abgabenordnung in der Fassung der Bekanntmachung vom 1. Oktober 2002 (BGBl. I S. 3866; 2003 I S. 61), zuletzt geändert durch Gesetz vom 25. Juni 2021 (BGBl. I S. 2154), entsprechend mit der Maßgabe, dass in den Fällen des § 182 Abs. 2 Satz 1 der Abgabenordnung an die Stelle des Feststellungsbescheides über einen Grundsteuerwert der Feststellungsbescheid über einen Steuermessbetrag tritt,

[1] Fristverlängerung für die Abgabe von Anzeigen nach § 228 Abs. 2 des BewG und § 19 des GrStG betreffend die Grundsteuer für Grundvermögen und land- und forstwirtschaftliches Vermögen (Staatsanzeiger für das Land Hessen 2024 S. 348).

[2] Übertragung der Befugnis zur Aufforderung zur Abgabe der Erklärung zur Festsetzung des Grundsteuermessbetrags (Staatsanzeiger für das Land Hessen 2022 S. 418).

Aufforderung zur Abgabe der Erklärung zur Festsetzung des Grundsteuermessbetrags (Grundvermögen) und der Erklärung zur Feststellung des Grundsteuerwerts (Betriebe der Land- und Forstwirtschaft) (Staatsanzeiger für das Land Hessen 2022 S. 419).

Fristverlängerung betreffend die Abgabe der Erklärung zur Festsetzung des Grundsteuermessbetrags (Grundvermögen) und der Erklärung zur Feststellung des Grundsteuerwerts (Betriebe der Land- und Forstwirtschaft) (Staatsanzeiger für das Land Hessen 2022 S. 1227).

2. des Finanzverwaltungsgesetzes in der Fassung der Bekanntmachung vom 4. April 2006 (BGBl. I S. 846, 1202), zuletzt geändert durch Gesetz vom 25. Juni 2021 (BGBl. I S. 2056), entsprechend, soweit dieses Gesetz keine abweichende Regelung enthält.

§ 3 Steuerschuldner (ersetzt den § 10 des Grundsteuergesetzes)

(1) ① Schuldner der Grundsteuer ist derjenige, dem der Steuergegenstand nach § 2 Nr. 2 des Grundsteuergesetzes in der am 24. Dezember 2021 geltenden Fassung bei der Festsetzung des Steuermessbetrags zuzurechnen ist. ② Ist der Steuergegenstand mehreren Personen zuzurechnen, so sind sie Gesamtschuldner.

(2) ① Soweit nichts anderes bestimmt ist, richtet sich die Zurechnung des Steuergegenstands nach § 39 Abs. 1 und 2 Nr. 1 der Abgabenordnung. ② Im Falle eines Erbbaurechts, eines Wohnungserbbaurechts oder Teilerbbaurechts ist der Steuermessbetrag dem Erbbauberechtigten, im Falle eines Gebäudes auf fremdem Grund und Boden dem Eigentümer des Grund und Bodens zuzurechnen.

§ 4 Steuermessbetrag (ersetzt den § 13 des Grundsteuergesetzes)

(1) ① Bei der Berechnung der Grundsteuer ist von einem Steuermessbetrag auszugehen. ② Dieser ermittelt sich, indem die Flächenbeträge nach § 5 jeweils mit den Steuermesszahlen nach § 6 multipliziert werden, die Summe dieser Produkte (Ausgangsbetrag) wiederum mit dem Faktor nach § 7 multipliziert wird und das daraus resultierende Ergebnis auf volle Euro abgerundet wird.

(2) ① Ist der Steuergegenstand zum Teil steuerbefreit, wird der Steuermessbetrag für den steuerpflichtigen Teil ermittelt und festgesetzt. ② Ist der Steuergegenstand vollständig steuerbefreit, wird kein Steuermessbetrag ermittelt und festgesetzt.

(3) ① Bei der Ermittlung des Steuermessbetrags ist § 2 Abs. 1 und 2 des Bewertungsgesetzes in der am 24. Dezember 2021 geltenden Fassung sinngemäß anzuwenden. ② Bei Erbbaurechten ist für das Erbbaurecht und das Erbbaurechtsgrundstück nur ein Steuermessbetrag zu ermitteln; dieser entspricht dem Betrag, der festzusetzen wäre, wenn die Belastung mit dem Erbbaurecht nicht bestünde. ③ Satz 2 gilt entsprechend für Wohnungserbbaurechte und Teilerbbaurechte. ④ Bei Gebäuden auf fremdem Grund und Boden ist für den Grund und Boden sowie für das Gebäude auf fremdem Grund und Boden nur ein Steuermessbetrag zu ermitteln.

§ 5 Flächenbeträge (ersetzt den § 13 des Grundsteuergesetzes)

(1) Der Flächenbetrag für den Grund und Boden ist das Produkt aus der Fläche des zum Grundstück gehörenden Grund und Bodens in Quadratmetern und einem Ansatz von 0,04 Euro je Quadratmeter.

(2)[1] ① Der Flächenbetrag für den zu Wohnzwecken genutzten Teil eines zum Grundstück gehörenden benutzbaren Gebäudes nach § 248 Bewertungsgesetz in der am 24. Dezember 2021 geltenden Fassung ist das Produkt aus der Wohnfläche in Quadratmetern und einem Ansatz von 0,50 Euro je Quadratmeter. ② Nicht genutzte Flächen nach Satz 1, die zuvor zu Wohnzwecken genutzt wurden, gelten bis zu einer Nutzung zu anderen Zwecken weiterhin als zu Wohnzwecken genutzt. ③ Die Vermietung von Wohn- und Schlafräumen zur kurzfristigen Beherbergung von Personen ist kein Wohnzweck. ④ Ein häusliches Arbeitszimmer gilt ungeachtet der ertragsteuerlichen Würdigung als zu Wohnzwecken genutzt. ⑤ Garagen, die zu Wohnzwecken genutzten Gebäuden oder Gebäudeteilen zu dienen bestimmt sind, bleiben außer Ansatz, wenn sie in räumlichem Zusammenhang zum Gebäude oder Gebäudeteil stehen oder wenn sie eine eigene wirtschaftliche Einheit bilden und ihre Nutzungsfläche 100 Quadratmeter nicht überschreitet. ⑥ Nebengebäude, die zu Wohnzwecken genutzten Gebäuden oder Gebäudeteilen zu dienen bestimmt und von untergeordneter Bedeutung sind, bleiben außer Ansatz, wenn sie in räumlichem Zusammenhang zum Gebäude oder Gebäudeteil stehen oder eine eigene wirtschaftliche Einheit bilden. ⑦ Von einer untergeordneten Bedeutung ist auszugehen, wenn die Gebäudefläche jeweils weniger als 30 Quadratmeter beträgt. ⑧ Die Nutzungsfläche von Garagen und Nebengebäuden, die nach Satz 5 bis 7 nicht außer Ansatz bleiben, gilt als Wohnfläche im Sinne des Satzes 1.

(3)[1] ① Der Flächenbetrag für den zu anderen Zwecken als Wohnzwecken genutzten Teil eines zum Grundstück gehörenden benutzbaren Gebäudes nach § 248 Bewertungsgesetz in der am 24. Dezember 2021 geltenden Fassung ist das Produkt aus der Nutzungsfläche in Quadratmetern und einem Ansatz von 0,50 Euro je Quadratmeter. ② Nicht genutzte Flächen nach Satz 1, die zuvor zu anderen Zwecken als Wohnzwecken genutzt wurden, gelten bis zu einer Nutzung zu Wohnzwecken weiterhin als zu anderen Zwecken als Wohnzwecken genutzt.

---

[1] *Vfg. OFD Frankfurt am Main vom 29. 6. 2022 G 1194 A – 001-St 71 (DStR S. 1764)* betr. Vereinfachung der Flächenermittlung durch Schätzung in Fällen von (offensichtlich) steuerbefreitem Grundbesitz.

Vfg. OFD Frankfurt am Main vom 15. 6. 2023 G 1194 A-003 – St 71 betr. Ermittlung von Wohn- und/oder Nutzungsflächen bei Senioren- oder Pflegeheimen.

(4) ① Bei der Berechnung nach den Abs. 1 bis 3 sind für Wohnungseigentum und Teileigentum § 249 Abs. 5 und 6 des Bewertungsgesetzes in der am 24. Dezember 2021 geltenden Fassung entsprechend anzuwenden. ② Für Garagenstellplätze und Nebengebäude im Wohnungseigentum gilt Abs. 2 Satz 5 bis 8 entsprechend.

(5) ① Beträgt die Gebäudefläche der auf einem Grundstück errichteten Gebäude insgesamt weniger als 30 Quadratmeter, bleibt diese für die Ermittlung der Flächenbeträge nach Abs. 1 bis 3 außer Ansatz.[1] ② Außer Ansatz bleiben auch Gebäude oder Gebäudeteile für den Zivilschutz nach § 245 Bewertungsgesetz in der am 24. Dezember 2021 geltenden Fassung.

(6) ① Bei der Anwendung der Abs. 1 bis 5 ist stets von vollen Quadratmetern auszugehen. ② Hierfür sind Nachkommastellen abzurunden.

§ 6 Steuermesszahlen (ersetzt den § 15 Abs. 1 und 5 des Grundsteuergesetzes)

(1) Die Steuermesszahl für die Flächenbeträge nach § 5 Abs. 1 und 3 beträgt 100 Prozent.

(2) Die Steuermesszahl für den Flächenbetrag nach § 5 Abs. 2 beträgt 70 Prozent.

(3)[2] Für Kulturdenkmäler im Sinne des Hessischen Denkmalschutzgesetzes vom 28. November 2016 (GVBl. S. 211) werden die Steuermesszahlen nach den Abs. 1 und 2 für die Flächenbeträge nach § 5 Abs. 2 und 3 auf Antrag um 25 Prozent ermäßigt, wenn die Voraussetzungen zum Veranlagungszeitpunkt vorliegen.

(4)[3] § 15 Abs. 2 bis 4 des Grundsteuergesetzes in der am 24. Dezember 2021 geltenden Fassung sind anzuwenden.

§ 7 Faktor (ersetzt den § 13 des Grundsteuergesetzes)

(1) ① Der Faktor ergibt sich nach folgender Formel:

$$\text{Faktor} = \left[\frac{\text{Bodenrichtwert nach Abs. 2}}{\text{durchschnittlicher Bodenrichtwert nach Abs. 3}}\right]^{0,3}$$

② Der Faktor wird auf zwei Nachkommastellen abgerundet.

(2) ① Der Bodenrichtwert ist der zum jeweiligen Hauptveranlagungszeitpunkt nach § 8 Abs. 1 Satz 2 ermittelte Bodenrichtwert nach § 196 Baugesetzbuch der Bodenrichtwertzone, in der das Grundstück liegt. ② Erstreckt sich das Grundstück über mehr als eine Bodenrichtwertzone, wird für jede in einer Bodenrichtwertzone gelegene Grundstücksteilfläche der jeweilige Bodenrichtwert mit dem Quotienten aus der Grundstücksteilfläche und der Fläche des Grundstücks (jeweils in Quadratmetern) multipliziert; die Summe dieser Produkte ist als Bodenrichtwert der wirtschaftlichen Einheit anzusetzen. ③ In deckungsgleichen Bodenrichtwertzonen ist jeweils der niedrigste der Bodenrichtwerte anzusetzen. ④ Für Zonen ohne festgestellten Bodenrichtwert (symbolischer Bodenrichtwert) oder wenn für das Grundstück zum jeweiligen Hauptveranlagungszeitpunkt kein Bodenrichtwert für baureifes Land vorliegt, wird der durchschnittliche Bodenrichtwert in der Gemeinde nach Abs. 3 angesetzt. ⑤ Für bebaute oder bebaubare Grundstücke im Außenbereich nach § 35 Baugesetzbuch werden zehn Prozent des durchschnittlichen Bodenrichtwertes nach Abs. 3 angesetzt.

(3) ① Der durchschnittliche Bodenrichtwert ist der auf den jeweiligen Hauptveranlagungszeitpunkt nach § 8 Abs. 1 Satz 2 ermittelte durchschnittliche Bodenrichtwert in der Gemeinde. ② Er wird durch die Zentrale Geschäftsstelle der Gutachterausschüsse für Immobilienwerte des Landes Hessen aus den Bodenrichtwerten für baureifes Land in der jeweiligen Gemeinde zum jeweiligen Hauptveranlagungszeitpunkt als flächengewichteter Mittelwert berechnet und auf volle Euro gerundet. ③ Bei deckungsgleichen Bodenrichtwertzonen ist jeweils der niedrigste der Bodenrichtwerte in die Ermittlung einzubeziehen. ④ Bodenrichtwerte im Außenbereich nach § 35 Baugesetzbuch sowie Zonen ohne festgestellten Bodenrichtwert (symbolischer Bodenrichtwert) werden nicht berücksichtigt. ⑤ Die für alle Gemeinden berechneten durchschnittlichen Bodenrichtwerte werden im Staatsanzeiger für das Land Hessen veröffentlicht.

§ 8 Hauptveranlagung (ersetzt die §§ 16 und 36 des Grundsteuergesetzes)

(1) ① Steuermessbeträge werden erstmalig auf den 1. Januar 2022 und danach in Zeitabständen von vierzehn Jahren jeweils auf den 1. Januar allgemein festgesetzt (Hauptveranlagung). ② Die in Satz 1 bezeichneten Zeitpunkte sind Hauptveranlagungszeitpunkte. ③ Der Zeitraum zwischen zwei Hauptveranlagungszeitpunkten ist der Hauptveranlagungszeitraum. ④ Der Hauptveranlagung werden die Verhältnisse zum Hauptveranlagungszeitpunkt zugrunde gelegt.

---

[1] *Vfg. OFD Frankfurt am Main vom 2. 2. 2023 G 1030 A-001 – St 71* betr. Behandlung der 30m²-Grenze; Sonderfall eines in Wohnungseigentum aufgeteilten Hotels.

[2] *Vfg. OFD Frankfurt am Main vom 1. 2. 2023 G 1195 A-002 – St 71* betr. Ermäßigung der Steuermesszahlen nach § 6 HGrStG im Zusammenhang mit Denkmalschutz.

[3] Zu den Voraussetzungen von Grundsteuerermäßigungen nach § 6 Abs. 4 HGrStG iVm § 15 GrStG vgl. *Vfg. OFD Frankfurt am Main vom 6. 3. 2024 G 1195 A-00002-0357-St 71.*

(2) ① Die bei einer Hauptveranlagung festgesetzten Steuermessbeträge gelten vorbehaltlich der §§ 9 und 11 von dem Kalenderjahr an, das ein Jahr nach dem Hauptveranlagungszeitpunkt beginnt, frühestens vom Kalenderjahr 2025 an. ② Die durch Hauptveranlagung festgesetzten Steuermessbeträge bleiben unbeschadet der §§ 9 und 11 bis zu dem Zeitpunkt maßgebend, von dem an die Steuermessbeträge der nächsten Hauptveranlagung wirksam werden.

(3) Ist die Festsetzungsfrist nach § 169 Abgabenordnung bereits abgelaufen, kann die Hauptveranlagung unter Zugrundelegung der Verhältnisse vom Hauptveranlagungszeitpunkt mit Wirkung für einen späteren Veranlagungszeitpunkt vorgenommen werden, für den diese Frist noch nicht abgelaufen ist.

§ 9 Neuveranlagung (ersetzt den § 17 des Grundsteuergesetzes)

(1) Der Steuermessbetrag wird neu festgesetzt (Neuveranlagung), wenn

1. während des Hauptveranlagungszeitraumes nach § 8 Abs. 1 Satz 3 Änderungen in den tatsächlichen Verhältnissen eintreten, die sich auf die Höhe des Steuermessbetrages nach § 4 oder auf die Steuerschuldnerschaft nach § 3 auswirken, oder
2. die letzte Veranlagung fehlerhaft ist; § 176 der Abgabenordnung ist hierbei entsprechend anzuwenden; das gilt jedoch nur für Veranlagungszeitpunkte, die vor der Verkündung der maßgeblichen Entscheidung eines obersten Gerichts liegen.

(2) ① Der Neuveranlagung werden die tatsächlichen Verhältnisse im Neuveranlagungszeitpunkt zugrunde gelegt. ② Neuveranlagungszeitpunkt ist der Beginn des Kalenderjahres, das auf das Kalenderjahr folgt, in dem die Änderungen eingetreten oder der Fehler dem Finanzamt bekannt geworden ist. ③ Für die Berechnung des Faktors nach § 7 sind die Verhältnisse im Hauptveranlagungszeitpunkt maßgebend.

§ 10 Nachveranlagung (ersetzt den § 18 des Grundsteuergesetzes)

(1) Der Steuermessbetrag wird nachträglich festgesetzt (Nachveranlagung), wenn

1. eine wirtschaftliche Einheit neu entsteht oder
2. der Grund für eine vollständige Steuerbefreiung des Steuergegenstands weggefallen ist.

(2) ① Der Nachveranlagung werden die tatsächlichen Verhältnisse im Nachveranlagungszeitpunkt zugrunde gelegt. ② Nachveranlagungszeitpunkt ist der Beginn des Kalenderjahres, das auf das Kalenderjahr folgt, in dem die wirtschaftliche Einheit neu entstanden oder der Befreiungsgrund weggefallen ist. ③ Für die Berechnung des Faktors nach § 7 sind die Verhältnisse im Hauptveranlagungszeitpunkt maßgebend.

§ 11 Aufhebung des Steuermessbetrags (ersetzt den § 20 des Grundsteuergesetzes)

(1) Der Steuermessbetrag wird aufgehoben, wenn

1. eine wirtschaftliche Einheit wegfällt oder
2. für den gesamten Steuergegenstand nach § 2 Nr. 2 Grundsteuergesetz in der am 24. Dezember 2021 geltenden Fassung ein Steuerbefreiungsgrund eintritt.

(2) Die Aufhebung erfolgt mit Wirkung vom Beginn des Kalenderjahres, das auf das Kalenderjahr folgt, in dem die wirtschaftliche Einheit weggefallen oder der Befreiungsgrund eingetreten ist.

§ 12 Gemeinsame Vorschriften zur Neuveranlagung, Nachveranlagung und Aufhebung des Steuermessbetrags (ersetzt die §§ 17 Abs. 4, 18 Abs. 4, 20 Abs. 3 und 21 des Grundsteuergesetzes)

(1) Treten die Voraussetzungen für eine Neuveranlagung, Nachveranlagung oder Aufhebung des Steuermessbetrags während des Zeitraums zwischen dem ersten Hauptveranlagungszeitpunkt nach § 8 Abs. 1 Satz 2, dem 1. Januar 2022, und dem frühesten Zeitpunkt des Wirksamwerdens der Steuermessbeträge nach § 8 Abs. 2, dem 1. Januar 2025, ein, werden die Neuveranlagung, Nachveranlagung oder Aufhebung des Steuermessbetrags auf den Zeitpunkt des Wirksamwerdens der Steuermessbeträge vorgenommen.

(2) ① Sind zu einem nachfolgenden Hauptveranlagungszeitpunkt nach § 8 Abs. 1 Satz 2 tatsächliche Verhältnisse zu berücksichtigen, welche die Voraussetzungen einer Neuveranlagung, Nachveranlagung oder Aufhebung des Steuermessbetrags erfüllen, ist für den Steuermessbetrag eine Neuveranlagung, Nachveranlagung oder Aufhebung anstelle der Hauptveranlagung durchzuführen. ② Für die Berechnung des Faktors nach § 7 sind dabei die Verhältnisse in diesem Hauptveranlagungszeitpunkt maßgebend.

(3) ① Bescheide über die Neuveranlagung, Nachveranlagung oder Aufhebung von Steuermessbeträgen können schon vor dem maßgebenden Veranlagungszeitpunkt erteilt werden. ② Sie sind

zu ändern oder aufzuheben, wenn sich bis zu diesem Zeitpunkt Änderungen ergeben, die zu einer abweichenden Festsetzung führen.

(4) Ist die Festsetzungsfrist nach § 169 der Abgabenordnung bereits abgelaufen, können die Neuveranlagung, Nachveranlagung oder Aufhebung unter Zugrundelegung der Verhältnisse vom Hauptveranlagungszeitpunkt mit Wirkung für einen späteren Veranlagungszeitpunkt vorgenommen werden, für den diese Frist noch nicht abgelaufen ist.

§ 13 Hebesatz für baureife Grundstücke (ersetzt den § 25 Abs. 5 des Grundsteuergesetzes)

(1) ① Die Gemeinde kann aus städtebaulichen Gründen baureife Grundstücke als besondere Grundstücksgruppe innerhalb der unbebauten Grundstücke im Sinne des § 246 des Bewertungsgesetzes in der am 24. Dezember 2021 geltenden Fassung bestimmen und hierfür einen gesonderten Hebesatz festsetzen oder mehrere, nach der Dauer der Baureife der Grundstücke abgestufte, gesonderte Hebesätze festsetzen. ② Für die Dauer der Baureife bleiben Zeiträume vor dem 24. Dezember 2021 unberücksichtigt.

(2) Als städtebauliche Gründe im Sinne des Abs. 1 Satz 1 kommen insbesondere die Deckung eines erhöhten Bedarfs an Wohn- und Arbeitsstätten sowie Gemeinbedarfs- und Folgeeinrichtungen, die Nachverdichtung bestehender Siedlungsstrukturen oder die Stärkung der Innenentwicklung in Betracht.

(3) ① Baureife Grundstücke im Sinne des Abs. 1 Satz 1 sind unbebaute Grundstücke nach § 246 des Bewertungsgesetzes in der am 24. Dezember 2021 geltenden Fassung, die nach Lage, Form und Größe und ihrem sonstigen tatsächlichen Zustand sowie nach öffentlich-rechtlichen Vorschriften sofort bebaut werden könnten. ② Eine erforderliche, aber noch nicht erteilte Baugenehmigung sowie zivilrechtliche Gründe, die einer sofortigen Bebauung entgegenstehen, sind unbeachtlich.

(4) ① Die Gemeinde hat den gesonderten Hebesatz oder die gesonderten Hebesätze nach Abs. 1 Satz 1 auf einen bestimmten Gemeindeteil zu beschränken, wenn nur für diesen Gemeindeteil die städtebaulichen Gründe vorliegen. ② Der Gemeindeteil muss mindestens 10 Prozent der Siedlungsfläche des Gemeindegebiets nach der Gemeindestatistik des Hessischen Statistischen Landesamtes umfassen und in ihm müssen mehrere baureife Grundstücke belegen sein.

(5) ① Die genaue Bezeichnung der baureifen Grundstücke, deren Lage sowie das Gemeindegebiet, auf das sich der gesonderte Hebesatz oder die gesonderten Hebesätze beziehen, sind jeweils nach den Verhältnissen zu Beginn eines Kalenderjahres von der Gemeinde zu bestimmen, in einer Karte nachzuweisen und öffentlich bekannt zu geben. ② Die städtebaulichen Erwägungen sind nachvollziehbar darzulegen und die Wahl des Gemeindegebiets, auf das sich der gesonderte Hebesatz oder die gesonderten Hebesätze beziehen sollen, ist zu begründen.

(6) ① Der gesonderte Hebesatz oder die gesonderten Hebesätze nach Abs. 1 Satz 1 müssen höher sein als der einheitliche Hebesatz für die übrigen in der Gemeinde liegenden Grundstücke, dürfen jedoch das Fünffache des einheitlichen Hebesatzes nicht überschreiten. ② Die Gemeinde kann eine Karenzzeit bestimmen, innerhalb der ein gesonderter Hebesatz nach Abs. 1 Satz 1 noch nicht gilt, sondern stattdessen der einheitliche Hebesatz für die übrigen in der Gemeinde liegenden Grundstücke.

§ 14 Erlass wegen wesentlicher Ertragsminderung

§ 34 des Grundsteuergesetzes in der am 24. Dezember 2021 geltenden Fassung gilt entsprechend mit der Maßgabe, dass

1. in Abs. 3 Satz 2 an die Stelle des Grundsteuerwerts der Steuermessbetrag und
2. in Abs. 4 an die Stelle der Fortschreibung des Grundsteuerwerts die Festsetzung des Steuermessbetrags tritt.

§ 15 Rechtsweg und Revisibilität des Landesrechts

① Gegen Entscheidungen der Landesfinanzbehörden nach diesem Gesetz ist der Finanzrechtsweg nach § 4 Abs. 1 des Hessischen Ausführungsgesetzes zur Finanzgerichtsordnung vom 17. Dezember 1965 (GVBl. I S. 347), zuletzt geändert durch Gesetz vom 21. Dezember 1976 (GVBl. I S. 532), eröffnet. ② Die Vorschriften der Finanzgerichtsordnung sind entsprechend anzuwenden, soweit dieses Gesetz keine abweichende Regelung enthält. ③ Die Revision an den Bundesfinanzhof kann auch darauf gestützt werden, dass das angefochtene Urteil des Finanzgerichts auf der Verletzung dieses Gesetzes beruhe.

§ 16 Ermächtigungen

① Das Ministerium der Finanzen und das Ministerium für Wirtschaft, Energie, Verkehr und Wohnen werden ermächtigt, die automatisierte Bereitstellung der für die Ermittlung des Faktors nach § 7 erforderlichen Merkmale auf der Grundlage des § 17 der Ausführungsverordnung zum Baugesetzbuch vom 15. Juni 2018 (GVBl. S. 258), geändert durch Gesetz vom 16. März 2021 (GVBl. S. 195), zu koordinieren. ② § 229 Abs. 5 des Bewertungsgesetzes in der am 24. Dezember 2021 geltenden Fassung ist insoweit nicht anzuwenden.

§ 17 Inkrafttreten

Dieses Gesetz tritt am Tag nach der Verkündung in Kraft.[1]

7. Niedersachsen:

Niedersächsisches Grundsteuergesetz (NGrStG)[2, 3]

Vom 7. Juli 2021 (Nds. GVBl. S. 502)

Geändert durch Gesetz vom 17. 5. 2022 (Nds. GVBl. S. 304)

VORIS 62100

Der Niedersächsische Landtag hat das folgende Gesetz beschlossen:

§ 1 Regelungszweck

① Dieses Gesetz trifft für Zwecke der Ermittlung, Festsetzung und Erhebung der Grundsteuer für Zeiträume ab dem Kalenderjahr 2025 von den Bestimmungen des Grundsteuergesetzes (GrStG) und des Bewertungsgesetzes (BewG) abweichende Regelungen für Niedersachsen. ② Die Bestimmungen des Grundsteuergesetzes und des Bewertungsgesetzes sind für Zwecke der Ermittlung, Festsetzung und Erhebung der Grundsteuer für die in Satz 1 genannten Zeiträume nur anzuwenden, soweit sich aus diesem Gesetz nichts anderes ergibt. ③ Soweit diese Bestimmungen den Grundsteuerwert betreffen, sind sie für Zwecke der Ermittlung, Festsetzung und Erhebung der Grundsteuer B entsprechend auf die Äquivalenzbeträge nach § 2 Abs. 3 anzuwenden, soweit sich aus diesem Gesetz nichts anderes ergibt.

Erster Teil. Grundstücke, Grundsteuer B

Erstes Kapitel. Ermittlung der Grundsteuer

§ 2 Steuergegenstand, Berechnungsformel

(1) ① Steuergegenstand der Grundsteuer B nach diesem Gesetz sind vorbehaltlich des Absatzes 4 Satz 2 die Grundstücke im Sinne des § 2 Nr. 2 GrStG als wirtschaftliche Einheiten des Grundvermögens. ② Die Grundsteuer B ergibt sich durch eine Multiplikation des Grundsteuermessbetrags des Grundstücks nach Absatz 2 mit dem von der Gemeinde bestimmten jeweiligen Hebesatz. ③ Sie ist ein Jahresbetrag und auf volle Cent nach unten abzurunden.

(2) ① Der Grundsteuermessbetrag des Grundstücks ist durch Anwendung der jeweiligen Grundsteuermesszahl nach § 6 auf den Äquivalenzbetrag des Grund und Bodens nach Absatz 3 Satz 1 und den jeweiligen Äquivalenzbetrag der Wohnfläche oder der Nutzfläche etwaiger Gebäude des Grundstücks nach Absatz 3 Satz 2 zu ermitteln. ② Die Summe dieser Ergebnisse ist als Grundsteuermessbetrag des Grundstücks auf volle Cent nach unten abzurunden.

(3) ① Der Äquivalenzbetrag des Grund und Bodens ergibt sich durch eine Multiplikation der nach § 3 maßgeblichen Fläche des Grund und Bodens mit der jeweiligen nach § 4 Abs. 2 zu ermittelnden Äquivalenzzahl und dem Lage-Faktor nach § 5. ② Die Äquivalenzbeträge von Wohn- oder Nutzfläche der Gebäude ergeben sich durch eine Multiplikation der jeweiligen nach § 3 maßgeblichen Gebäudeflächen mit der Äquivalenzzahl nach § 4 Abs. 1 und dem Lage-Faktor nach § 5. ③ Der Äquivalenzbetrag des Grund und Bodens sowie die Äquivalenzbeträge der Wohn- und Nutzfläche der Gebäude werden jeweils auf volle Cent nach unten abgerundet.

(4) ① Die Zurechnung mehrerer Wirtschaftsgüter zu einer wirtschaftlichen Einheit wird abweichend von § 2 Abs. 2 BewG nicht dadurch ausgeschlossen, dass die Wirtschaftsgüter zum Teil der einen Ehegattin oder Lebenspartnerin oder dem einen Ehegatten oder Lebenspartner, zum Teil der anderen Ehegattin oder Lebenspartnerin oder dem anderen Ehegatten oder Lebenspartner gehören. ② Bei Gebäuden auf fremdem Grund und Boden sind abweichend von § 244 Abs. 3 Nr. 2 und § 262 BewG der Grund und Boden der Eigentümerin oder dem Eigentümer des Grund und Bodens und die Gebäude der wirtschaftlichen Eigentümerin oder dem wirtschaftlichen Eigentümer der Gebäude zuzurechnen. ③ Bei Erbbaurechten ist § 261 BewG entsprechend anzuwenden.

---

[1] In Kraft getreten am 24. 12. 2021.

[2] Vorschriften zur Anwendung des Niedersächsischen Grundsteuergesetzes (NGrStG) zur Bewertung des Grundvermögens für die Grundsteuer ab 1. 1. 2022 (AENGrStG) (Nds. MBl. 2022 S. 326), geändert durch *Runderlass FinMinNds vom 5. 8. 2024 G 1002-6 (Nds. MBl. 2024 Nr. 378).*

[3] *Allgemeinverfügung vom 28. 8. 2024* zur Anordnungsruhe nach § 363 Abs. 2 S. 3 AO betreffend Einsprüche gegen Bescheide über die Grundsteueräquivalenzbeträge – Hauptfeststellung auf den 1. Januar 2022 (Grundlagenbescheid) und damit verbundene Einsprüche gegen Bescheide über den Grundsteuermessbetrag – Hauptveranlagung auf den 1. Januar 2025 (Folgebescheid) unter Bezug auf das Musterverfahren zur Verfassungsmäßigkeit des NGrStG beim FG Niedersachsen Az. 1 K 38/24 *(Nds. MBl. 2024 Nr. 387).*

(5) ① Erstreckt sich der Steuergegenstand auch auf ein anderes Land oder das Ausland, so ist nur für das im Gebiet des Landes Niedersachsen gelegene Grundvermögen Grundsteuer nach diesem Gesetz zu ermitteln, festzusetzen und zu erheben. ② Dieses Grundvermögen bildet eine eigenständige wirtschaftliche Einheit.

§ 3 Maßgebliche Flächen

(1) ① Maßgebliche Gebäudefläche bei Wohnnutzung ist, soweit sich aus den Absätzen 2 und 3 nichts anderes ergibt, die Wohnfläche. ② Als Wohnnutzung gilt auch ein häusliches Arbeitszimmer. ③ Im Übrigen ist die Nutzfläche des Gebäudes maßgeblich. ④ Nicht genutzte Gebäudeflächen, die zuvor Wohnzwecken gedient haben, gelten bis zu einer Nutzung zu anderen Zwecken weiterhin als zu Wohnzwecken genutzt. ⑤ Die Vermietung von Wohn- und Schlafräumen zur kurzfristigen Beherbergung von Personen ist kein Wohnzweck.

(2) ① Nutzflächen von Garagen, die in räumlichem Zusammenhang zur Wohnnutzung stehen, der sie auch rechtlich zuzuordnen sind, bleiben bei der Ermittlung der maßgeblichen Gebäudeflächen bis zu einer Fläche von 50 m^2 außer Ansatz. ② Dies gilt unter den Voraussetzungen des Satzes 1 auch für Garagen, die eine eigene wirtschaftliche Einheit bilden.

(3) ① Im Übrigen bleiben die Nutzflächen von Nebengebäuden, die in räumlichem Zusammenhang zur Wohnnutzung stehen, der sie zu dienen bestimmt sind, bis zu einer Fläche von 30 m^2 bei der Ermittlung der maßgeblichen Gebäudeflächen außer Ansatz. ② Dies gilt unter den Voraussetzungen des Satzes 1 auch für Nebengebäude, die eine eigene wirtschaftliche Einheit bilden.

(4) ① Ein Grundstück gilt als unbebaut, wenn die darauf errichteten Gebäude eine Gesamtgebäudefläche von weniger als 30 m^2 haben; bei der Berechnung bleiben die Regelungen des Absatzes 2 oder 3 unberücksichtigt. ② Besteht ein Bauwerk aus mehreren wirtschaftlichen Einheiten, so ist für die Berechnung die Gesamtgebäudefläche des Bauwerks anzusetzen. ③ Die Gebäudefläche bleibt in der Folge außer Ansatz. ④ § 246 BewG bleibt im Übrigen unberührt.

(5) Die ermittelten Flächen von Grund und Boden und Gebäuden sind als für dieses Gesetz maßgebliche Flächen auf volle Quadratmeter nach unten abzurunden.

§ 4 Äquivalenzzahlen

(1) Für Gebäudeflächen wird eine Äquivalenzzahl von 0,50 Euro je Quadratmeter angesetzt.

(2) ① Für die Fläche des Grund und Bodens wird eine Äquivalenzzahl von 0,04 Euro je Quadratmeter angesetzt. ② Abweichend von Satz 1 gilt:

1. Übersteigt die Fläche des Grund und Bodens das Zehnfache der Wohnfläche, so wird die Äquivalenzzahl nach Satz 1 für den das Zehnfache der Wohnfläche übersteigenden Teil der Fläche nur zu 50 Prozent angesetzt, wenn die Gebäude mindestens zu 90 Prozent ihrer Fläche der Wohnnutzung dienen und soweit kein Fall der Nummer 2 Halbsatz 1 vorliegt.
2. Ist die Fläche des Grund und Bodens zu mindestens 90 Prozent weder bebaut noch befestigt, wird der Äquivalenzbetrag für die 10 000 m^2 übersteigende Fläche insgesamt wie folgt angesetzt: (übersteigende Fläche des Grund und Bodens in Quadratmetern × 0,04 Euro je Quadratmeter) 0,7; in den Fällen der Nummer 1 wird die Äquivalenzzahl für die Fläche des Grund und Bodens bis zum Zehnfachen der Wohnfläche stets zu 100 Prozent angesetzt.

§ 5[1] Lage-Faktor

(1) ① Zur Ermittlung des Lagefaktors wird der Bodenrichtwert des betreffenden Grundstücks nach Absatz 2 zu dem Durchschnittsbodenwert der Gemeinde nach Absatz 3 ins Verhältnis gesetzt und auf dieses Verhältnis ein Exponent von 0,3 angewendet. ② Der Lage-Faktor ergibt sich damit aus der folgenden Formel:

Lage-Faktor = (BRW ÷ dBRW) 0,3.

③ Er wird auf zwei Nachkommastellen abgerundet.

(2) ① Die Größe „BRW" ist der nach Absatz 4 Satz 2 oder nach § 8 Abs. 4 Satz 2 für den jeweiligen Stichtag maßgebliche Bodenrichtwert nach § 196 des Baugesetzbuchs (BauGB) für Bauflächen gemäß Anlage 5 der Immobilienwertermittlungsverordnung (ImmoWertV) vom 14. Juli 2021 (BGBl. I S. 2805) der Bodenrichtwertzone, in der das Grundstück liegt. ② Erstreckt sich das Grundstück über mehr als eine Bodenrichtwertzone, so wird für jede in einer Bodenrichtwertzone gelegene Grundstücksteilfläche der jeweilige Bodenrichtwert mit dem Quotienten aus der Grundstücksteilfläche und der Fläche des Grundstücks (jeweils in Quadratmetern) multipliziert; die Summe dieser Produkte ist auf volle Euro abzurunden und als Bodenrichtwert der wirtschaftlichen Einheit Grundstück anzusetzen. ③ Bei der Ermittlung des Bodenrichtwerts des Grundstücks nach Satz 2 bleibt jedoch die Bodenrichtwertzone einer dem Grundstück zugehörigen Flurstücksteilfläche, die weniger als fünf Prozent der Gesamtfläche eines Flurstücks ausmacht oder kleiner als 10 m^2 ist, unberücksichtigt; diese Flurstücksteilfläche wird flächengewichtet auf die

[1] § 5 Abs. 2 Sätze 1, 2, 4 und 5, Abs. 3 Sätze 2 und 6, Abs. 4 Sätze 3 und 4 geändert durch Gesetz vom 17. 5. 2022 (Nds. GVBl. S. 304) mWv 1. 1. 2022.

übrigen Flurstücksteilflächen verteilt. ④ In deckungsgleichen Bodenrichtwertzonen im Sinne des § 15 Abs. 3 ImmoWertV ist der jeweils niedrigste der Bodenrichtwerte anzusetzen. ⑤ Liegt kein Bodenrichtwert für Bauflächen gemäß Satz 1 vor, so findet der Bodenrichtwert nach § 196 BauGB für Sonstige Flächen gemäß Anlage 5 der Immobilienwertermittlungsverordnung der Bodenrichtwertzone, in der das Grundstück liegt, Anwendung.

(3) ① Die Größe „dBRW" ist der nach den Sätzen 2 bis 6 ermittelte durchschnittliche Bodenrichtwert in der Gemeinde (Durchschnittsbodenwert für Zwecke der Grundsteuer), der nach Absatz 4 Satz 2 oder nach § 8 Abs. 4 Satz 2 für den jeweiligen Stichtag maßgeblich ist. ② Zur Ermittlung des Durchschnittsbodenwerts für Zwecke der Grundsteuer wird für jede Gemeinde aus den Bodenrichtwerten nach § 196 BauGB in Verbindung mit Anlage 5 der Immobilienwertermittlungsverordnung für Wohnbauflächen, gewerbliche Bauflächen, gemischte Bauflächen, Sonderbauflächen und Bauflächen für Gemeindebedarf der Gemeinde ein Durchschnittsbodenwert gebildet. ③ Dieser ergibt sich als Median aller dieser in der Gemeinde liegenden Bodenrichtwerte. ④ Er wird auf volle Euro abgerundet. ⑤ Es wird nur ein Durchschnittsbodenwert über alle Nutzungen hinweg gebildet. ⑥ Bei deckungsgleichen Bodenrichtwertzonen im Sinne des § 15 Abs. 3 ImmoWertV ist der jeweils niedrigste der Bodenrichtwerte in die Ermittlung einzubeziehen. ⑦ Die Aufgabe der Ermittlung des Durchschnittsbodenwerts für Zwecke der Grundsteuer wird aufgrund des § 199 Abs. 2 Nr. 3 BauGB den Geschäftsstellen der Gutachterausschüsse zugewiesen.

(4) ① Die Vermessungs- und Katasterverwaltung stellt die für Zwecke der Grundsteuer erzeugten Geodaten für den Hauptfeststellungszeitpunkt der Finanzverwaltung spätestens bis zum 31. Mai 2022 zur Verfügung. ② Sie werden der Hauptfeststellung nach § 8 Abs. 2 Satz 2 und der Hauptveranlagung nach § 9 Abs. 1 Satz 1 zugrunde gelegt. ③ Aus diesen Geodaten sind für das jeweilige Flurstück die Bezeichnung des Flurstücks, die amtlichen Flächen und gegebenenfalls Teilflächen sowie die Bodenrichtwerte nach § 196 BauGB für Bauflächen oder für Sonstige Flächen gemäß Anlage 5 der Immobilienwertermittlungsverordnung des Flurstücks oder der Flurstücksteilflächen und der dBRW ersichtlich. ④ Die in Satz 3 genannten Geodaten werden danach jährlich auf den 1. Januar erzeugt und der Finanzverwaltung bis zum 31. Mai des betreffenden Jahres zur Verfügung gestellt, wobei die Bodenrichtwerte nach § 196 BauGB für Bauflächen und für Sonstige Flächen gemäß Anlage 5 der Immobilienwertermittlungsverordnung der Flurstücke oder der Flurstücksteilflächen und der dBRW nur alle sieben Jahre aktualisiert werden. ⑤ Auf ihrer Grundlage erfolgt jeweils eine Neuberechnung des Lage-Faktors.

(5) ① Für Zwecke der Grundsteuer stellt die Finanzverwaltung mit einem Grundsteuer-Viewer die für die Steuererklärung erforderlichen Geodaten im Internet kostenfrei über eine Karte zur Verfügung. ② Aus diesem Grundsteuer-Viewer sind für das jeweilige Grundstück die Bezeichnung der Flurstücke und die amtliche Fläche der Flurstücke oder Flurstücksteilflächen sowie zum Zweck der Information der für den jeweiligen Stichtag maßgebliche Bodenrichtwert nach § 196 BauGB für Bauflächen oder für Sonstige Flächen der Flurstücke oder Flurstücksteilflächen, der Durchschnittsbodenwert der Gemeinde für Zwecke der Grundsteuer und der Lage-Faktor ersichtlich.

§ 6 Grundsteuermesszahlen

(1) ① Die Grundsteuermesszahl beträgt 100 Prozent. ② Für den Äquivalenzbetrag der Wohnflächen wird die Grundsteuermesszahl auf 70 Prozent ermäßigt.

(2) ① Die Grundsteuermesszahl für den Äquivalenzbetrag der Wohnflächen nach Absatz 1 Satz 2 wird nochmals um 25 Prozent ermäßigt, soweit eine enge räumliche Verbindung mit dem Betrieb der Land- und Forstwirtschaft des Steuerschuldners besteht. ② Dies gilt nur, soweit die Wohnfläche der Inhaberin oder dem Inhaber des Betriebs der Land- und Forstwirtschaft, den zu ihrem oder seinem Haushalt gehörenden Familienangehörigen und den Altenteilern zu Wohnzwecken dient und mindestens eine Bewohnerin oder ein Bewohner durch eine mehr als nur gelegentliche Tätigkeit in dem Betrieb an ihn gebunden ist. ③ Für Flächen, die den Arbeitnehmerinnen und Arbeitnehmern des Betriebs zu Wohnzwecken dienen, gilt Satz 1 entsprechend.

(3) Die Grundsteuermesszahlen für die Äquivalenzbeträge der Gebäudeflächen nach Absatz 1 Satz 1 oder nach Absatz 1 Satz 2, auch in Verbindung mit Absatz 2, werden um 25 Prozent ermäßigt, wenn ein Baudenkmal nach § 3 Abs. 1 bis 3 des Niedersächsischen Denkmalschutzgesetzes vorliegt.

(4) Die Grundsteuermesszahl für den Äquivalenzbetrag der Wohnflächen nach Absatz 1 Satz 2, auch in Verbindung mit Absatz 2 oder 3, wird um 25 Prozent ermäßigt, soweit

1. die Wohnflächen den Bindungen des sozialen Wohnungsbaus aufgrund einer staatlichen oder kommunalen Wohnraumförderung unterliegen oder
2. die Voraussetzungen des § 15 Abs. 4 Satz 1 Nr. 1, 2 oder 3 GrStG in der am 1. Januar 2025 geltenden Fassung vorliegen.

(5) Eine Ermäßigung der Grundsteuermesszahlen nach Absatz 2, 3 oder 4 wird auf Antrag gewährt, wenn die jeweiligen Voraussetzungen zum Veranlagungszeitpunkt vorlagen.

§ 7 Hebesatz

(1) ① Bei der Hauptveranlagung nach § 9 Abs. 1 Satz 1 ist durch die Gemeinde ein aufkommensneutraler Hebesatz zu ermitteln. ② Dazu ist das Grundsteueraufkommen der Gemeinde, das aus den Grundsteuermessbeträgen nach den für die Grundsteuer ab dem Kalenderjahr 2025 geltenden Regelungen zu erwarten ist, dem Grundsteueraufkommen gegenüberzustellen, das im Haushaltsplan der Gemeinde für das Kalenderjahr 2024 veranschlagt worden ist. ③ Der aufkommensneutrale Hebesatz ist der Hebesatz, der sich ergäbe, wenn die Höhe des Grundsteueraufkommens gleich bliebe.

(2) Die Gemeinde muss den aufkommensneutralen Hebesatz und die Abweichung des von der Gemeinde bei der Hauptveranlagung bestimmten Hebesatzes von dem aufkommensneutralen Hebesatz in geeigneter Art und Weise veröffentlichen.

(3) § 25 GrStG bleibt unberührt.

Zweites Kapitel. Verfahren

§ 8 Feststellungsverfahren

(1) ① In dem Feststellungsbescheid für Grundstücke sind ergänzend zu § 219 Abs. 2 BewG auch Feststellungen zu treffen über die Fläche von Grund und Boden und die Gebäudeflächen sowie ihre Einordnung als Wohnfläche oder Nutzfläche. ② Feststellungen erfolgen nur, wenn und soweit sie für die Besteuerung von Bedeutung sind. ③ Der Feststellungsbescheid kann mit dem nachfolgenden Grundsteuermessbescheid verbunden und zusammengefasst bekannt gegeben werden.

(2) ① Abweichend von § 221 BewG findet keine turnusmäßige Hauptfeststellung statt. ② Die Äquivalenzbeträge werden auf den 1. Januar 2022 allgemein festgestellt (Hauptfeststellung). ③ Der Hauptfeststellung werden die Verhältnisse zu Beginn des Kalenderjahres (Hauptfeststellungszeitpunkt) zugrunde gelegt. ④ Bei der Ermittlung der jeweiligen Äquivalenzbeträge ist § 163 der Abgabenordnung (AO) nicht anzuwenden.

(3) ① Neu festgestellt werden die Äquivalenzbeträge (Betragsfortschreibung) oder die Flächen des Grundstücks (Flächenfortschreibung), wenn ein Äquivalenzbetrag oder eine Fläche von der zuletzt getroffenen Feststellung abweicht und es für die Besteuerung von Bedeutung ist. ② Eine Betragsfortschreibung ist auch durchzuführen, wenn die turnusmäßige Neuberechnung der Lage-Faktoren alle sieben Jahre zu einer Änderung der Äquivalenzbeträge führt. ③ Der Fortschreibungszeitpunkt ist der Beginn des Kalenderjahres, das auf das Jahr der Änderung folgt. ④ Eine Fortschreibung nach Satz 1 findet auch zur Beseitigung eines Fehlers der letzten Feststellung statt.

(4) ① Für die Äquivalenzbeträge nach diesem Gesetz gelten die Vorschriften des Bewertungsgesetzes über die Fortschreibung, Nachfeststellung, Aufhebung, Änderung und Nachholung der Feststellung im Übrigen sinngemäß. ② Dabei gilt die Maßgabe, dass der Lage-Faktor zunächst nach den Verhältnissen des Hauptfeststellungszeitpunkts, nach dem Zeitpunkt der ersten Neuberechnung nach § 5 Abs. 4 Satz 5 jedoch nach den Verhältnissen des Zeitpunktes der jeweils letzten Neuberechnung zugrunde gelegt wird.

(5) ① Die Aufforderung zur Abgabe einer Erklärung mittels Allgemeinverfügung durch öffentliche Bekanntmachung erfolgt abweichend von § 228 Abs. 1 Satz 3 BewG durch die für Steuern in Niedersachsen zuständige Mittelbehörde.[1] ② Änderungen der tatsächlichen Verhältnisse, die sich auf die Höhe der Äquivalenzbeträge auswirken oder zu einer Nachfeststellung oder der Aufhebung der Äquivalenzbeträge führen können, sind abweichend von § 228 Abs. 2 BewG auf den Beginn des folgenden Kalenderjahres zusammengefasst anzuzeigen.[2] ③ Die Anzeige ist abweichend von § 228 Abs. 2 Satz 3 BewG bis zum 31. März des Jahres abzugeben, das auf das Jahr folgt, in dem sich die tatsächlichen Verhältnisse geändert haben. ④ Bei Gebäuden auf fremdem Grund und Boden sind die Erklärung und die Anzeige von derjenigen oder demjenigen abzugeben, der oder dem die wirtschaftliche Einheit jeweils zuzurechnen ist.

(6)[3] Die Erklärung und die Anzeige nach Absatz 5 sind Steuererklärungen im Sinne der Abgabenordnung, die nach amtlich vorgeschriebenem Datensatz durch Datenfernübertragung zu übermitteln sind; § 228 Abs. 6 Sätze 2 und 3 BewG bleibt unberührt.

§ 9 Veranlagungsverfahren

(1) ① Die Grundsteuermessbeträge werden auf den 1. Januar 2025 allgemein festgesetzt (Hauptveranlagung). ② Dieser Zeitpunkt ist der Hauptveranlagungszeitpunkt.

---

[1] *Öffentl. Bek.* der Aufforderung zur Abgabe der Erklärung zur Feststellung des Grundsteuerwerts (land- und forstwirtschaftliches Vermögen) und Feststellung der Äquivalenzbeträge (Grundvermögen) für den Hauptfeststellungszeitpunkt 1. Januar 2022 *(Nds. MBl. 2022 S. 342);* ersetzt durch die geänderte öffentl. Bek. der Aufforderung zur Abgabe der Erklärung zur Feststellung des Grundsteuerwerts (land- und forstwirtschaftliches Vermögen) und Feststellung der Äquivalenzbeträge (Grundvermögen) für den Hauptfeststellungszeitpunkt 1. Januar 2022 *(Nds. MBl. 2022 S. 1405).*

[2] *Runderlass FinMinNds vom 25. 3. 2024 – G 1000-26/10 (Nds. MBl. 2024 Nr. 152)* zur Verlängerung der Frist zur Abgabe von Grundsteuer-Änderungsanzeigen nach § 8 Abs. 5 S. 2 und § 9 Abs. 4 NGrStG.

[3] Landeseigene Erklärungsvordrucke nebst Ausfüllanleitungen NlGrSt 1, NlGrSt 2, NlGrSt 3, NlGrSt 3A, NlGrSt 4 *(Nds. MBl. 2022 S. 343).*

(2) ① Der Grundsteuermessbetrag wird auch neu festgesetzt, wenn der Grundsteuermessbetrag, der sich für den Beginn eines Kalenderjahres ergibt, von dem entsprechenden Betrag des letzten Veranlagungszeitpunkts nach unten abweicht. ② Dasselbe gilt, wenn sein auf den Grund und Boden entfallender Anteil nach oben abweicht oder wenn sein auf Gebäude entfallender Anteil um mehr als 5 Euro nach oben abweicht. ③ Der Grundsteuermessbetrag wird auch dann neu festgesetzt, wenn dem Finanzamt bekannt wird, dass die letzte Veranlagung fehlerhaft ist.

(3) Im Übrigen gelten die Vorschriften des Grundsteuergesetzes über die Neuveranlagung, Nachveranlagung, Aufhebung und Zerlegung des Steuermessbetrags und die Änderung von Steuermessbescheiden sinngemäß.

(4)[1] ① Änderungen der Nutzung hat diejenige oder derjenige anzuzeigen, der oder dem der Steuergegenstand zuzurechnen ist. ② Satz 1 gilt für den Wegfall der Voraussetzungen für die ermäßigten Grundsteuermesszahlen nach § 6 Abs. 2 bis 4 entsprechend. ③ § 19 Abs. 1 Satz 1 GrStG bleibt unberührt. ④ Abweichend von § 19 Abs. 1 Satz 2 und Abs. 2 Satz 2 GrStG ist die Anzeige nach den Sätzen 1 bis 3 bis zum 31. März des Jahres zu erstatten, das auf das Jahr folgt, in dem sich die Verhältnisse geändert haben. ⑤ § 8 Abs. 6 gilt entsprechend.

§ 10 Erlass wegen wesentlicher Ertragsminderung

§ 34 Abs. 1 bis 3 des Grundsteuergesetzes gilt entsprechend mit der Maßgabe, dass in Absatz 3 an die Stelle des Grundsteuerwerts der Grundsteuermessbetrag tritt.

Zweiter Teil. Betriebe der Land- und Forstwirtschaft, Grundsteuer A

§ 11 Abweichende Regelungen

(1) Abweichend von § 234 Abs. 6 BewG gehören zur Hofstelle auch Hof- und Wirtschaftsgebäudeflächen einschließlich der Nebenflächen, von denen aus keine land- und forstwirtschaftlichen Flächen mehr nachhaltig bewirtschaftet werden, soweit sie keine Zweckbestimmung erhalten haben, die zu einer zwingenden Zuordnung zum Grundvermögen führt.

(2) In den Betrieb sind abweichend von § 2 Abs. 2 BewG auch der Eigentümerin oder dem Eigentümer des Grund und Bodens nicht gehörende Gebäude, die auf dem Grund und Boden des Betriebs stehen, und der Eigentümerin oder dem Eigentümer des Grund und Bodens nicht gehörende Betriebsmittel, die der Bewirtschaftung des Betriebs dienen, einzubeziehen.

(3) Ein Anteil der Eigentümerin oder des Eigentümers eines Betriebs der Land- und Forstwirtschaft an einem Wirtschaftsgut ist in den Betrieb einzubeziehen, wenn es mit dem Betrieb zusammen genutzt wird.

(4) In einen Betrieb der Land- und Forstwirtschaft, der von einer Gesellschaft oder Gemeinschaft des bürgerlichen Rechts betrieben wird, sind abweichend von § 2 Abs. 2 BewG auch die Wirtschaftsgüter einzubeziehen, die einer oder einem oder mehreren Beteiligten gehören und dem Betrieb zu dienen bestimmt sind.

(5) § 2 Abs. 4, § 8 Abs. 5 und 6 sowie § 9 Abs. 4 Satz 4 gelten für Betriebe der Land- und Forstwirtschaft entsprechend.

Dritter Teil. Übergangs- und Schlussvorschriften

§ 12 Anwendung von Bundesrecht

(1) Die Ermittlung, Festsetzung und Erhebung der Grundsteuer für Zeiträume der Kalenderjahre bis einschließlich 2024 bemisst sich ausschließlich nach den Bestimmungen des Grundsteuergesetzes und des Bewertungsgesetzes.

(2) ① Die Vorschriften der Abgabenordnung sind entsprechend anzuwenden, soweit in diesem Gesetz nichts anderes bestimmt ist. ② § 32h AO gilt mit der Maßgabe, dass der oder die Landesbeauftragte für den Datenschutz zuständig ist und hinsichtlich ihrer oder seiner Rechte und Pflichten, Aufgaben und Befugnisse und ihres oder seines Tätigkeitsberichts die Bestimmungen des Niedersächsischen Datenschutzgesetzes einschlägig sind.

(3) Die im Grundsteuergesetz enthaltenen Verordnungsermächtigungen finden in Bezug auf die in diesem Gesetz geregelten Sachverhalte mit der Maßgabe Anwendung, dass für den Erlass der entsprechenden Verordnungen das für Finanzen zuständige Ministerium zuständig ist.

§ 13 Übergangsregelungen

Für die Anwendung des § 8 Abs. 1 Satz 2 und Abs. 3 Satz 1 dieses Gesetzes sowie des § 223 Abs. 1 Nr. 2 und des § 224 Abs. 1 Nr. 2 BewG ist für Feststellungszeitpunkte zwischen dem 1. Januar 2022 und dem 31. Dezember 2024 zu unterstellen, dass die Feststellungen für die Besteuerung nach diesem Gesetz von Bedeutung sind und die wirtschaftlichen Einheiten zur Besteuerung nach diesem Gesetz herangezogen oder nicht mehr herangezogen werden.

---

[1] *Runderlass FinMinNds vom 25. 3. 2024 – G 1000-26/10 (Nds. MBl. 2024 Nr. 152)* zur Verlängerung der Frist zur Abgabe vom Grundsteuer-Änderungsanzeigen nach § 8 Abs. 5 S. 2 und § 9 Abs. 4 NGrStG.

§ 14 Evaluation

Nach Abschluss der Hauptfeststellung evaluiert das für Finanzen zuständige Ministerium die Belastungsverteilung der Grundsteuer nach diesem Gesetz zum 31. Dezember 2027.

§ 15 Inkrafttreten, Außerkrafttreten

(1) Dieses Gesetz tritt am Tag nach seiner Verkündung in Kraft.[1]

(2) § 13 tritt am 31. Dezember 2029 außer Kraft.

8. Nordrhein-Westfalen:

Gesetz über die Einführung einer optionalen Festlegung differenzierender Hebesätze im Rahmen des Grundvermögens bei der Grundsteuer Nordrhein-Westfalen (Nordrhein-Westfalens Grundsteuerhebesatzgesetz – NWGrStHsG)

Vom 5. Juli 2024 (GV. NRW. S. 490)

SGV. NRW. 611

§ 1 Festsetzung des Hebesatzes

(1) ① Abweichend von § 25 Absatz 4 des Grundsteuergesetzes vom 7. August 1973 (BGBl. I S. 965), das zuletzt durch Artikel 21 des Jahressteuergesetzes 2022 vom 16. Dezember 2022 (BGBl. I S. 2294) geändert worden ist, muss der Hebesatz vorbehaltlich des § 25 Absatz 5 des Grundsteuergesetzes jeweils einheitlich sein

1. für die in einer Gemeinde liegenden Betriebe der Land- und Forstwirtschaft,
2. für die in einer Gemeinde liegenden unbebauten Grundstücke (§ 247 des Bewertungsgesetzes) und bebauten Grundstücke, die gemäß § 250 Absatz 3 des Bewertungsgesetzes im Sachwertverfahren zu bewerten sind (Nichtwohngrundstücke) und
3. für die in einer Gemeinde liegenden bebauten Grundstücke, die gemäß § 250 Absatz 2 des Bewertungsgesetzes im Ertragswertverfahren zu bewerten sind (Wohngrundstücke).

② Der einheitliche Hebesatz für die unter Satz 1 Nummer 2 fallenden Grundstücke darf nicht niedriger sein als der einheitliche Hebesatz für die unter Satz 1 Nummer 3 fallenden Grundstücke. ③ Die Gemeinde kann für die in Satz 1 Nummer 2 und 3 genannten Grundstücke einen zusammengefassten Hebesatz in identischer Höhe festlegen. ④ Werden Gemeindegebiete geändert, so kann die Landesregierung oder die von ihr bestimmte Stelle für die von der Änderung betroffenen Gebietsteile für eine bestimmte Zeit verschiedene Hebesätze zulassen.

(2) Abweichend vom Grundsteuergesetz vom 7. August 1973 (BGBl. I S. 965), das zuletzt durch Artikel 21 des Jahressteuergesetzes 2022 vom 16. Dezember 2022 (BGBl. I S. 2294) geändert worden ist, wird der § 25 Absatz 5 Satz 9 des Grundsteuergesetzes für Nordrhein-Westfalen wie folgt geändert:

Hat eine Gemeinde die Grundstücksgruppe baureifer Grundstücke bestimmt und für die Grundstücksgruppe der baureifen Grundstücke einen gesonderten Hebesatz festgesetzt, muss dieser Hebesatz für alle in der Gemeinde oder dem Gemeindeteil liegenden baureifen Grundstücke einheitlich und höher als die Hebesätze für die in einer Gemeinde liegenden Nichtwohn- und Wohngrundstücke sein.

§ 2 Nachweis des niedrigeren gemeinen Werts

① In Ergänzung zu § 220 des Bewertungsgesetzes in der Fassung der Bekanntmachung vom 1. Februar 1991 (BGBl. I S. 230), das zuletzt durch Artikel 31 des Gesetzes vom 22. Dezember 2023 (BGBl. 2023 I Nr. 411) geändert worden ist, ist der niedrigere gemeine Wert anzusetzen, wenn die steuerpflichtige Person oder Personenvereinigung nachweist, dass der nach den Vorschriften des Siebenten Abschnitts des Zweiten Teils des Bewertungsgesetzes ermittelte Grundsteuerwert erheblich von dem gemeinen Wert der wirtschaftlichen Einheit im Feststellungszeitpunkt abweicht. ② Davon ist auszugehen, wenn der Grundsteuerwert den nachgewiesenen gemeinen Wert um mindestens 40 Prozent übersteigt. ③ § 198 Absatz 1 Satz 2, Absatz 2 und 3 des Bewertungsgesetzes gilt entsprechend. ④ § 227 des Bewertungsgesetzes bleibt unberührt.

§ 3 Erstmalige Anwendung

Dieses Gesetz ist für die in Nordrhein-Westfalen belegenen wirtschaftlichen Einheiten erstmals auf den 1. Januar 2025 anzuwenden.

§ 4 Inkrafttreten

Dieses Gesetz tritt am Tage nach der Verkündung in Kraft.[2]

[1] In Kraft getreten am 14. 7. 2021.
[2] In Kraft getreten am 10. 8. 2024.

9. Rheinland-Pfalz

Landesgesetz über die Einführung einer optionalen Festlegung differenzierender Hebesätze im Rahmen des Grundvermögens bei der Grundsteuer Rheinland-Pfalz (Grundsteuerhebesatzgesetz Rheinland-Pfalz – GrStHsGRP)

Vom 25. Februar 2025 (GVBl. S. 25)

Der Landtag Rheinland-Pfalz hat das folgende Gesetz beschlossen:

§ 1 Festsetzung des Hebesatzes

(1) ① Abweichend von § 25 Abs. 4 Satz 1 des Grundsteuergesetzes vom 7. August 1973 (BGBl. I S. 965), zuletzt geändert durch Artikel 32 des Gesetzes vom 2. Dezember 2024 (BGBl. 2024 I Nr. 387), muss der Hebesatz vorbehaltlich des Satzes 2 und der Absätze 2 und 3 jeweils einheitlich sein

1. für die in einer Gemeinde liegenden Betriebe der Land- und Forstwirtschaft sowie
2. für die in einer Gemeinde liegenden Grundstücke.

② In den Fällen des Satzes 1 Nr. 2 kann die Gemeinde jeweils unterschiedliche Hebesätze vorsehen für unbebaute Grundstücke im Sinne des § 246 des Bewertungsgesetzes (BewG), bebaute Grundstücke im Sinne des § 249 Abs. 1 Nr. 1 bis 4 BewG (Wohngrundstücke) sowie bebaute Grundstücke im Sinne des § 249 Abs. 1 Nr. 5 bis 8 BewG (Nichtwohngrundstücke).

(2) § 25 Abs. 4 Satz 2 und Abs. 5 Satz 1 bis 8 des Grundsteuergesetzes vom 7. August 1973 (BGBl. I S. 965), zuletzt geändert durch Artikel 32 des Gesetzes vom 2. Dezember 2024 (BGBl. 2024 I Nr. 387), bleibt unberührt.

(3) ① Abweichend von § 25 Abs. 5 Satz 9 des Grundsteuergesetzes vom 7. August 1973 (BGBl. I S. 965), zuletzt geändert durch Artikel 32 des Gesetzes vom 2. Dezember 2024 (BGBl. 2024 I Nr. 387), gilt Folgendes:
② Hat eine Gemeinde die Grundstücksgruppe baureifer Grundstücke bestimmt und für die Grundstücksgruppe der baureifen Grundstücke einen gesonderten Hebesatz festgesetzt, muss dieser Hebesatz für alle in der Gemeinde oder dem Gemeindeteil liegenden baureifen Grundstücke einheitlich und höher als die Hebesätze für die übrigen in der Gemeinde liegenden Grundstücke sein.

§ 2 Erstmalige Anwendung

Dieses Gesetz gilt erstmals für die Grundsteuer des Kalenderjahres 2025.

§ 3 Inkrafttreten

Dieses Gesetz tritt am Tage nach der Verkündung in Kraft.[1]

10. Saarland:

Gesetz zur Einführung einer Landesgrundsteuer (Saarländisches Grundsteuergesetz – GrStG-Saar)

Vom 15. September 2021 (Amtsbl. I S. 2372)

Der Landtag des Saarlandes hat folgendes Gesetz beschlossen, das hiermit verkündet wird:

§ 1 Steuermesszahlen für Grundstücke des Grundvermögens

(1) Die Steuermesszahlen für im Saarland belegene Grundstücke des Grundvermögens betragen abweichend von § 15 Absatz 1 des Grundsteuergesetzes in der Fassung der Bekanntmachung vom 7. August 1973 (BGBl. I S. 965), zuletzt geändert durch Artikel 3 des Gesetzes vom 16. Juli 2021 (BGBl. I S. 2931),

1. 0,64 Promille für unbebaute Grundstücke im Sinne des § 246 des Bewertungsgesetzes in der Fassung der Bekanntmachung vom 1. Februar 1991 (BGBl. I S. 230), zuletzt geändert durch Artikel 1 und 2 des Gesetzes vom 16. Juli 2021 (BGBl. I S. 2931),
2. 0,34 Promille für bebaute Grundstücke im Sinne des § 249 Absatz 1 Nummer 1 bis 4 des Bewertungsgesetzes und
3. 0,64 Promille für bebaute Grundstücke im Sinne des § 249 Absatz 1 Nummer 5 bis 8 des Bewertungsgesetzes.

(2) Für § 15 Absatz 2 bis Absatz 5 des Grundsteuergesetzes sind die Steuermesszahlen nach § 1 Absatz 1 maßgeblich.

---

[1] In Kraft getreten am 1. 3. 2025.

§ 2 Inkrafttreten

Dieses Gesetz tritt am Tag nach der Verkündung in Kraft.[1]

11. Sachsen:

Sächsisches Gesetz zur Umsetzung der Grundsteuerreform

Vom 3. Februar 2021 (SächsGVBl. S. 242)

Betroffene Vorschriften:
– *Sächsisches Grundsteuermesszahlengesetz (neue Vorschrift in Art. 1)*
– *Sächsisches Vermessungs- und Katastergesetz (Änderung durch Art. 2)*

Der Sächsische Landtag hat am 3. Februar 2021 das folgende Gesetz beschlossen:

Artikel 1. Sächsisches Gesetz über die Festsetzung der Steuermesszahlen bei der Grundsteuer (Sächsisches Grundsteuermesszahlengesetz – SächsGrStMG)

Vom 21. 12. 2021 (SächsGVBl. 2022 S. 9)

Die Steuermesszahl beträgt, abweichend von § 15 Absatz 1 Nummer 1 und 2 des Grundsteuergesetzes vom 7. August 1973 (BGBl. I S. 965), das zuletzt durch Artikel 3 des Gesetzes vom 16. Juli 2021 (BGBl. I S. 2931) geändert worden ist, für im Freistaat Sachsen belegene

1. unbebaute Grundstücke im Sinne des § 246 des Bewertungsgesetzes in der Fassung der Bekanntmachung vom 1. Februar 1991 (BGBl. I S. 230), das zuletzt durch Artikel 2 des Gesetzes vom 16. Juli 2021 (BGBl. I S. 2931) geändert worden ist, 0,36 Promille,
2. bebaute Grundstücke im Sinne des § 249 Absatz 1 Nummer 1 bis 4 des Bewertungsgesetzes 0,36 Promille und
3. bebaute Grundstücke im Sinne des § 249 Absatz 1 Nummer 5 bis 8 des Bewertungsgesetzes 0,72 Promille.

Artikel 2. Änderung des Sächsischen Vermessungs- und Katastergesetzes

[hier nicht wiedergegeben]

Artikel 3. Inkrafttreten

Dieses Gesetz tritt am Tag nach der Verkündung in Kraft.[2]

12. Sachsen-Anhalt:

Gesetz über die Einführung einer optionalen Festsetzung differenzierender Hebesätze im Rahmen des Grundvermögens bei der Grundsteuer des Landes Sachsen-Anhalt (Grundsteuerhebesatzgesetz Sachsen-Anhalt – GrStHsG LSA)

Vom 1. November 2024 (GVBl. LSA S. 312)

BS LSA 611.5

§ 1 Festsetzung des Hebesatzes

(1) ① Abweichend von § 25 Abs. 4 des Grundsteuergesetzes in der am 1. Januar 2025 geltenden Fassung muss der Hebesatz vorbehaltlich des § 25 Abs. 5 des Grundsteuergesetzes in der am 1. Januar 2025 geltenden Fassung jeweils einheitlich sein

1. für die in einer Gemeinde liegenden Betriebe der Land- und Forstwirtschaft,
2. für die in einer Gemeinde liegenden unbebauten Grundstücke nach § 247 des Bewertungsgesetzes und für die in einer Gemeinde liegenden bebauten Grundstücke, die gemäß § 250 Abs. 3 des Bewertungsgesetzes im Sachwertverfahren zu bewerten sind (Nichtwohngrundstücke) sowie
3. für die in einer Gemeinde liegenden bebauten Grundstücke, die gemäß § 250 Abs. 2 des Bewertungsgesetzes im Ertragswertverfahren zu bewerten sind (Wohngrundstücke).

[1] In Kraft getreten am 29. 10. 2021.
[2] In Kraft getreten am 6. 1. 2022.

② Der einheitliche Hebesatz für die unter Satz 1 Nr. 2 fallenden Grundstücke darf nicht niedriger sein als der einheitliche Hebesatz für die unter Satz 1 Nr. 3 fallenden Grundstücke. ③ Die Gemeinde kann für die in Satz 1 Nrn. 2 und 3 genannten Grundstücke einen zusammengefassten Hebesatz in identischer Höhe festsetzen. ④ Werden Gemeindegebiete geändert, so kann die Landesregierung oder die von ihr bestimmte Stelle für die von der Änderung betroffenen Gebietsteile für eine bestimmte Zeit verschiedene Hebesätze zulassen.

(2) Hat eine Gemeinde die Grundstücksgruppe baureifer Grundstücke bestimmt und für die Grundstücksgruppe der baureifen Grundstücke einen gesonderten Hebesatz festgesetzt, muss dieser Hebesatz für alle in der Gemeinde oder dem Gemeindeteil liegenden baureifen Grundstücke einheitlich und abweichend von § 25 Abs. 5 Satz 9 des Grundsteuergesetzes in der am 1. Januar 2025 geltenden Fassung höher als die Hebesätze für die in einer Gemeinde liegenden Nichtwohn- und Wohngrundstücke sein.

§ 2 Anwendungsvorschrift

Dieses Gesetz ist erstmals ab dem 1. Januar 2025 anzuwenden.

§ 3 Inkrafttreten

Dieses Gesetz tritt am Tag nach der Verkündung in Kraft.[1]

13. Schleswig-Holstein:

Gesetz über die Einführung einer optionalen Festlegung differenzierender Hebesätze im Rahmen des Grundvermögens bei der Grundsteuer Schleswig-Holstein (Schleswig-Holsteinisches Grundsteuerhebesatzgesetz – SHGrStHsG)

Vom 15. Oktober 2024 (GVOBl. Schl.-H. S. 748)

GS Schl.-H. II, Gl.Nr. B 610-11

Der Landtag hat das folgende Gesetz beschlossen:

§ 1 Festsetzung des Hebesatzes

(1) ① Abweichend von § 25 Absatz 4 des Grundsteuergesetzes vom 7. August 1973 (BGBl. I S. 965), das zuletzt durch Artikel 21 des Jahressteuergesetzes 2022 vom 16. Dezember 2022 (BGBl. I S. 2294) geändert worden ist, muss der Hebesatz vorbehaltlich des § 25 Absatz 5 des Grundsteuergesetzes jeweils einheitlich sein

1. für die in einer Gemeinde liegenden Betriebe der Land- und Forstwirtschaft,
2. für die in einer Gemeinde liegenden unbebauten Grundstücke (§ 247 des Bewertungsgesetzes in der Fassung der Bekanntmachung vom 1. Februar 1991 (BGBl. I S. 230), das zuletzt durch Artikel 31 des Gesetzes vom 22. Dezember 2023 (BGBl. 2023 I Nr. 411) geändert worden ist) und bebauten Grundstücke, die gemäß § 250 Absatz 3 des Bewertungsgesetzes in der Fassung der Bekanntmachung vom 1. Februar 1991 (BGBl. I S. 230), das zuletzt durch Artikel 31 des Gesetzes vom 22. Dezember 2023 (BGBl. 2023 I Nr. 411) geändert worden ist, im Sachwertverfahren zu bewerten sind (Nichtwohngrundstücke) und
3. für die in einer Gemeinde liegenden bebauten Grundstücke, die gemäß § 250 Absatz 2 des Bewertungsgesetzes in der Fassung der Bekanntmachung vom 1. Februar 1991 (BGBl. I S. 230), das zuletzt durch Artikel 31 des Gesetzes vom 22. Dezember 2023 (BGBl. 2023 I Nr. 411) geändert worden ist, im Ertragswertverfahren zu bewerten sind (Wohngrundstücke).

② Der einheitliche Hebesatz für die unter Satz 1 Nummer 2 fallenden Grundstücke darf nicht niedriger sein als der einheitliche Hebesatz für die unter Satz 1 Nummer 3 fallenden Grundstücke. ③ Werden Gemeindegebiete geändert, so kann die Landesregierung oder die von ihr bestimmte Stelle für die von der Änderung betroffenen Gebietsteile für eine bestimmte Zeit verschiedene Hebesätze zulassen.

(2) ① Abweichend von § 25 Absatz 5 Satz 9 des Grundsteuergesetzes vom 7. August 1973 (BGBl. I S. 965), das zuletzt durch Artikel 21 des Jahressteuergesetzes 2022 vom 16. Dezember 2022 (BGBl. I S. 2294) geändert worden ist, gilt für Schleswig-Holstein:

② Hat eine Gemeinde die Grundstücksgruppe baureifer Grundstücke bestimmt und für die Grundstücksgruppe der baureifen Grundstücke einen gesonderten Hebesatz festgesetzt, muss dieser Hebesatz für alle in der Gemeinde oder dem Gemeindeteil liegenden baureifen Grundstücke einheitlich und höher als die Hebesätze für die in einer Gemeinde liegenden Nichtwohn- und Wohngrundstücke sein.

[1] In Kraft getreten am 8. 11. 2024.

§ 2 Erstmalige Anwendung

Dieses Gesetz ist für die in Schleswig-Holstein belegenen wirtschaftlichen Einheiten erstmals auf den 1. Januar 2025 anzuwenden.

§ 3 Inkrafttreten

Dieses Gesetz tritt am Tage nach der Verkündung in Kraft.[1]

[1] In Kraft getreten am 2. 11. 2024.

Sachregister

B = BewG, **E** = ErbStG, **G** = GrStG, **GE** = GrEStG
Beispiele:
B 16 (4) = § 16 BewG Randziffer 4
E 13 (2) = § 13 ErbStG Randziffer 2
G 3 (50) = § 3 GrStG Randziffer 50
GE 1 (9) = § 1 GrEStG Randziffer 9
Anh I 3 (12) = Anhang I Nr. 3 Randziffer 12

A

Abbauland, Betrieb der Land- und Forstwirtschaft **B** 160 (2)
–, Erbschaftsteuerwert **B** 160 (4)
–, Grundsteuerbewertung **B** 234 (1), (3), (11)
–, landwirtschaftliche Grundbesitzbewertung, Definition **B** 160 (58)
Ermittlung des Mindestwerts der Land- und Forstwirtschaft, Erbschaftsteuerwert **B** 164 (15)
Grundsteuerbewertung **B** 237 (95 f.)
Reinertrag der Land- und Forstwirtschaft, Grundsteuerbewertung **B** 237 (7)
Reingewinn der Land- und Forstwirtschaft, Erbschaftsteuerwert **B** 163 (8), (30)
Abbruchkosten i. Z. m. Verkehrswertbewertung von Grundstücken im Zustand der Bebauung **B** 196 (9)
Abfälle, Verwertung organischer A., Land- und Forstwirtschaft **B** 158 (23)
Abfindung für einen Erbverzicht, Schenkungsteuer **E** 7 (5)
des Pflichtteilsanspruchs, Erbschaftsteuer **E** 10 (40)
für ein Vermächtnis, Erwerb von Todes wegen **E** 3 (9)
Abfindungsbeschränkungen, Wertabschlag für Familiengesellschaften, Erbschaftsteuerbegünstigung für Unternehmensvermögen **E** 13a (13), (135 ff.)
Abfindungszahlungen zwischen Ehegatten oder Lebenspartnern, keine freigebige Zuwendung **E** 7 (26)
Abgabenordnung, Auszug, §§ 1, 3, 17, 18, 22, 31, 111, 184, 361 **G** 1 f. (25 ff.)
Auszug, §§ 14, 39, 51–69 **G** 3 (65 ff.)
Auszug, §§ 44, 77 **G** 12 (3 f.)
Auszug, § 87a **GE** 19 (19)
Auszug, §§ 185 ff. **G** 24 (5 ff.)
Auszug, § 224a **E** 20 (8)
Abgezinster Bodenwert, Ertragswertverfahren für Grundstücke, Grundsteuerbewertung **B** 252, 257 (1 ff.)
Abgrenzung der Betriebsgrundstücke von den Betriebsvorrichtungen **Anh I** 1 (1 ff.)
–, ABC **Anh I** 2 (1 ff.)
des land- und forstwirtschaftlichen Vermögens vom Betriebsvermögen **B** 158 (14 ff.)
des land- und forstwirtschaftlichen Vermögens vom Grundvermögen **B** 158 (36 f.), 159 (1 ff.)
–, Grundsteuerbewertung **B** 232 (24)
des land- und forstwirtschaftlichen Vermögens vom übrigen Vermögen **B** 158 (38 ff.)
der unbebauten Grundstücke, Verkehrswertbewertung **B** 178 (1)
Abkömmlinge, Grundstücksübertragung bei Erbauseinandersetzung, Grunderwerbsteuer **GE** 3 (32)
Steuerklasse bei der Erbschaft- und Schenkungsteuer **E** 15 (1)
Ablauf der Festsetzungsfrist, Hauptveranlagung **G** 16 (3)
Ableitung des Bodenrichtwerts bei der Verkehrswertbewertung **B** 179 (19)
Ablösung der Erbschaft- und Schenkungsteuer **E** 23 (2)
Abrechnung über Grundsteuervorauszahlungen **G** 30
Abrundung, Einheitswerte **B** 30
Grundsteuerwerte, Grundsteuerbewertung **B** 230
steuerpflichtiger Erwerb bei der Erbschaft- und Schenkungsteuer **E** 10 (1)
Absaugevorrichtungen, Betriebsvorrichtungen **Anh I** 1 (34)
Abschmelzmodell, Erbschaftsteuerbegünstigung für Unternehmensvermögen **E** 13a (23 ff.)
–, ergänzende Vorschriften **E** 13c (11)
– bei Großerwerben **E** 13c (1 ff.), (5 ff.)
bei früheren Erwerben i. Z. m. Großerwerben, Erbschaftsteuerbegünstigung für Unternehmensvermögen **E** 13c (14)
Abschmelzung des Verschonungsabschlags bei Großerwerben, Erbschaftsteuerbegünstigung für Unternehmensvermögen **E** 13c (1 ff.), (5 ff.)
Abschreibungen, Hinzurechnung zum Gewinn, vereinfachtes Ertragswertverfahren **B** 202 (1), (6)
i. Z. m. der Korrektur des Betriebsergebnisses, Betriebsvermögensbewertung **B** 109 (13)
i. Z. m. der Korrektur des Betriebsergebnisses bei der Bewertung des Substanzwerts von Anteilen an Kapitalgesellschaften **B** 11 (40)
Absetzungen, Hinzurechnung zum Gewinn, vereinfachtes Ertragswertverfahren **B** 202 (1), (6)
Abstellplätze, Bewertung des Grundvermögens, Verkehrswertbewertung **B** 181 (18)
Abtretung, Eigentumsübergang, Erwerbsvorgang **GE** 1 (7)
Abzinsungsfaktoren, Immobilienwertermittlungsverordnung **Anh I** 7 (34)
nach Restnutzungsdauer zur Ermittlung des Grundstückswerts im Ertragswertverfahren, Grundsteuerbewertung **B** 257 (2 ff.)
Tabelle nach Restnutzungsdauer zur Ermittlung des Grundstückswerts, Grundsteuerbewertung **B** 257 (15)
Verkehrswertbewertung von Erbbaugrundstücken **B** 194 (15), (18)
Abzüge von außergewöhnlichen Unterhaltslasten nach dem Denkmalschutzgesetz **E** 10 (33 ff.)
Bewertung des Substanzwerts bei Anteilen an Kapitalgesellschaften **B** 11 (32)
bei der Erbschaftsteuer **E** 10 (5 ff.), (95 ff.)

Nutzungsrechte, Erbschaftsteuer **E** 10 (82)
von Schulden und Lasten, Beschränkung **E** 10 (76 ff.)
von Schulden und Lasten im Betriebsvermögen **B** 103 (1 ff.)
Abzugsbetrag, gleitender A. bei der Steuervergünstigung für Unternehmensvermögen **E** 13a (2)
bei der Steuerbegünstigung für Unternehmensvermögen, Erbschaftsteuer **E** 13a (164)
Abzugsteuer, Berücksichtigung früherer Vorerwerbe bei der Erbschaft- und Schenkungsteuer **E** 14 (15 ff.)
fiktive A. bei der Berücksichtigung von Vorerwerben **E** 14 (13)
Ackerbau, Art der landwirtschaftlichen Nutzung **B** 160 (17)
Adoptivkinder, Steuerklasse bei der Erbschaft- und Schenkungsteuer **E** 15 (8)
Agri-Fotovoltaik-Anlagen, Abgrenzung des land- und forstwirtschaftlichen Vermögens zum Grundvermögen, Erbschaftsteuerwert **B** 158 (45)
–, Grundsteuerbewertung **B** 232 (1 FN)
Reinertrag der Land- und Forstwirtschaft, Grundsteuerbewertung **B** 237 (12)
Akteneinsicht, Grundsteuer, Abgabenordnung (Auszug) **G** 24 (7)
Aktien, Bewertung **B** 11 (1 ff.)
– nicht notierter A. **B** 11 (2)
Aktiengesellschaften, Bewertung der Anteile **B** 11 (1 ff.)
Umfang des Betriebsvermögens **B** 97 (1)
Aktive Ansätze, Betriebsvermögensbewertung **B** 109 (1)
Bewertung des Substanzwerts bei Anteilen an Kapitalgesellschaften **B** 11 (32)
Allgemeines Kriegsfolgengesetz, Ansprüche aus dem A., Erbschaftsteuerbefreiung **E** 13 (13)
Altenheime, Ausstattungsstandard, Verkehrswertbewertung im Sachwertverfahren **B** 190 (47)
Gebäudestandardbeschreibung, Immobilienwertermittlungsverordnung **Anh I** 7 (100)
Gesamtnutzungsdauer, Verkehrswertbewertung **B** 185 (31)
Kostenkennwerte der Normalherstellungskosten, Immobilienwertermittlungsverordnung **Anh I** 7 (73)
Regelherstellungskosten, Verkehrswertbewertung im Sachwertverfahren **B** 190 (46)
Altenteilerwohnung, Betrieb der Land- und Forstwirtschaft **B** 160 (69)
Altersvorsorgevermögen, Erbschaftsteuerbegünstigung für Unternehmensvermögen **E** 13b (64 ff.)
Altersvorsorgeverpflichtungen, Verwaltungsvermögen zur Erfüllung von A., Erbschaftsteuervergünstigung für Unternehmensvermögen **E** 13b (5)
Voraussetzungen bei der Erbschaftsteuervergünstigung für Unternehmensvermögen **E** 13b (4), (64 ff.)
Alterswertminderung, Ermittlung des Grundstückswerts im Sachwertverfahren, Grundsteuerbewertung **B** 259 (4), (20 ff.)
Verkehrswertbewertung von Gebäuden auf fremdem Grund und Boden **B** 195 (2)
Verkehrswertbewertung im Sachwertverfahren **B** 190 (3), (4b), (26 ff.)
Verkehrswertbewertung von Grundstücken im Sachwertverfahren, Erbschaftsteuerwert 2023 **Anh III** (52 ff.)
Alterswertminderungsfaktor, Immobilienwertermittlungsverordnung **Anh I** 7 (38)
Altsparergesetz, Ansprüche aus dem A., Erbschaftsteuerbefreiung **E** 13 (13)
Amtshilfe bei Erwerbern mit Wohnsitz in der Europäischen Union bei beschränkter Erbschaftsteuerpflicht **E** 17 (7)
Amtshilfepflicht bei der Grundsteuer, Abgabenordnung (Auszug) **G** 1 f. (32)
Anbauflächen, landwirtschaftliche Nutzung, Erbschaftsteuerwert **B** 160 (21)
Anbauten, Ermittlung des Grundstückswerts im Ertragswertverfahren, Erbschaftsteuerwert 2023 **Anh III** (28)
Ermittlung des Grundstückswerts im Sachwertverfahren, Grundsteuerbewertung **B** 259 (29 f.)
Verkehrswertbewertung im Ertragswertverfahren **B** 185 (27)
Verkehrswertbewertung im Sachwertverfahren **B** 190 (40)
Änderung von Feststellungsbescheiden, Grundsteuerbewertung **B** 225 (1 f.)
der Grunderwerbsteuer bei Rückerwerb **GE** 16 (1 ff.)
des Grunderwerbsteuersatzes, Anwendung auf die jeweiligen Erwerbe **GE** 11 (6)
der Grundsteuer-Hebesätze **G** 27 (2)
mittelbare Ä. des Gesellschafterbestandes, Grundstücksübergang und Grunderwerbsteuer **GE** 1 (115)
des Steuermessbescheids, Grundsteuer **G** 21 (1 f.)
der Zerlegung, Abgabenordnung (Auszug) **G** 24 (9)
Anfangsvermögen zur Berechnung des Zugewinnausgleichs, Erbschaftsteuer **E** 5 (8 f.)
Anforderungen an die Geschäftsführung, Abgabenordnung (Auszug) **G** 3 (82)
Angemessenheit bei steuerfreien Zuwendungen **E** 13 (28)
Angleichung an den gemeinen Wert, Verkehrswertbewertung von Grundstücken **B** 189 (3)
Anlagevermögen, Bewertung des Substanzwerts bei Anteilen an Kapitalgesellschaften **B** 11 (34)
Anrechenbare Grundfläche, Zweite Berechnungsverordnung (Auszug) **B** 181 (34)
Anrechnung ausländischer Erbschaftsteuer **E** 21 (1 ff.), (21)
ausländischer Nachlasssteuer **E** 21 (6 ff.)
Ansatz von Stückzinsen **B** 11 (5 FN)
Anspruch nach dem Gesetz zur Regelung offener Vermögensfragen, Erbschaft- und Schenkungsteuer **E** 10 (18 ff.)
aus einer Lebensversicherung, Erbschaft- und Schenkungsteuer **E** 3 (4 FN)
auf Stundung beim Erbe von begünstigtem Unternehmensvermögen **E** 28 (1)
nach dem Vermögensgesetz, kein Inlandsvermögen **E** 2 (23)
Anstalten, Umfang des Betriebsvermögens **B** 97 (8)
Anteile am Betriebsvermögen, gesonderte Feststellung des Betriebsvermögenswerts **B** 151 (21)
an inländischen Kapitalgesellschaften, Erbschaft- und Schenkungsteuer **E** 2 (17)
an inländischen Kapitalgesellschaften, Verfügung über A. **E** 2 (24)
an Kapitalgesellschaften, Abgrenzung des Verwaltungsvermögens **E** 13b (7), (90 ff.)
an Kapitalgesellschaften, begünstigungsfähiges Vermögen **E** 13b (3)
an Kapitalgesellschaften, Behaltensregelungen für die Erbschaftsteuervergünstigung **E** 13a (111 ff.)
an Kapitalgesellschaften, Bewertung **B** 11 (2); **E** 12 (2)

an Kapitalgesellschaften, Bewertung des Substanzwerts **B** 11 (32)
an Kapitalgesellschaften, Bewertung in Sonderfällen **B** 11 (17 ff.)
an Kapitalgesellschaften, Erbschaftsteuerbegünstigung **E** 13a (1 ff.), (9), (20 ff.)
an Kapitalgesellschaften, Ermittlung der Lohnsumme für die Inanspruchnahme der Erbschaftsteuerbegünstigung **E** 13a (48 ff.)
an Kapitalgesellschaften, gesonderte Feststellung des Werts **B** 151 (22)
– bei Treuhandverhältnis **B** 151 (47)
an Kapitalgesellschaften, örtliche Zuständigkeit **B** 152 (3)
an Kapitalgesellschaften, Tarifbegrenzung beim Erwerb von A. **E** 19a (1 ff.)
an Kapitalgesellschaften, Umfang der Erbschaftsteuerbegünstigung **E** 13b (42 ff.), (48 ff.)
an Kapitalgesellschaften, Verbundvermögensaufstellung, Erbschaftsteuerbegünstigung für Unternehmensvermögen **E** 13b (15)
an Kapitalgesellschaften, Verkehrswertbewertung **B** 199 ff.
an Kapitalgesellschaften, Wert der A. **B** 151 (3), (10)
an vermögensverwaltender Personengesellschaft, Erbschaft- und Schenkungsteuer **E** 10 (28 f.)
Anteilsbesitz, größerer A., Paketzuschlag **B** 11 (44 ff.)
Anteilsbewertung bei gemeinnützigen Kapitalgesellschaften **B** 11 (60 ff.)
Anteilsbewertungsmethode, vereinfachtes Ertragswertverfahren **B** 11 (12 ff.)
Anteilseignerwechsel bei einer grundbesitzenden Kapitalgesellschaft, Börsenklausel, Grunderwerbsteuer **GE** 1 (165 ff.)
bei einer grundbesitzenden Kapitalgesellschaft, Grunderwerbsteuer **GE** 1 (121 ff.)
Anteilsscheine, Bewertung, maßgebendes Bewertungsverfahren **B** 11 (4 FN)
Bewertung mit dem Rücknahmepreis **B** 11 (4), (9)
Anteilsübertragung bei Gesellschaften, Erwerbsvorgang **GE** 1 (10 ff.)
Grunderwerbsteuerpflicht **GE** 1 (200 ff.)
personenbezogene und sachliche Befreiung von der Grunderwerbsteuer **GE** 1 (190 ff.)
Anteilsvereinigung, Anzeigepflicht der Beteiligten bei der Grunderwerbsteuer **GE** 19 (5 ff.)
mit eigenen Anteilen, Paketzuschlag bei der Bewertung von Anteilen an Kapitalgesellschaften **B** 11 (50 f.)
bei Gesellschaften, Erwerbsvorgang **GE** 1 (11)
Grunderwerbsteuer **GE** 1 (200 ff.)
–, Rechtsprechung **GE** 1 (254)
in Organschaftsfällen, Grunderwerbsteuer **GE** 1 (220 ff.)
personenbezogene und sachliche Befreiung von der Grunderwerbsteuer **GE** 1 (190 ff.)
Anteilsverminderung nach vorheriger Grundstücksveräußerung, Grunderwerbsteuer **GE** 5 (27)
Anteilswerte **B** 157 (1 ff.)
Antrag für Erbschaftsteuerbegünstigung für Unternehmensvermögen bei Großerwerben **E** 13c (5 ff.)
Anwachsung, Erwerb von Unternehmensvermögen, Steuerbegünstigung **E** 13b (24)
bei einer grundstückserwerbenden Gesamthand, Grunderwerbsteuer **GE** 5 (28 ff.)
bei Kapitalgesellschaften, Erbschaftsteuer **E** 3 (30)
bei Personengesellschaften, Erbschaftsteuer **E** 3 (28 f.)
Schenkung unter Lebenden **E** 7 (14)
Anwartschaft eines Nacherben, kein Nachlass **E** 10 (4)
eines Nacherben, Übertragung **E** 3 (10)
Anwendung, Bewertungsgesetz **B** 265
Erbschaft- und Schenkungsteuergesetz **E** 37
Grunderwerbsteuergesetz **GE** 23 (1 ff.)
Grundsteuergesetz **G** 37
der Grundsteuerwerte **B** 266
Rechtsprechung, Grunderwerbsteuer **GE** 23 (32)
Anwendungsvorschriften zum Bewertungsgesetz **B** 265
Anzeigepflicht der Auslandsstellen bei der Erbschaftsteuer **E** 34 (21)
der Banken, Mitarbeiterwertfach **E** 33 (27)
der Beteiligten bei der Grunderwerbsteuer **GE** 19 (1 ff.)
Datenübermittlung bei der Grunderwerbsteuer, Ermächtigung **GE** 22a
elektronische Kommunikation, Abgabenordnung (Auszug) **GE** 19 (19)
Erbschaft- und Schenkungsteuer **E** 30 (1 ff.), 33 (1 ff.)
eines Erwerbsvorgangs bei der Grunderwerbsteuer **GE** 16 (28)
zur Feststellung des Grundsteuerwerts, Grundsteuerbewertung **B** 228 (1 ff.), (11 ff.)
der Genehmigungsbehörden bei der Erbschaftsteuer **E** 34 (22)
der Gerichte, Behörden, Beamten und Notare bei der Erbschaftsteuer **E** 34 (1 ff.)
der Gerichte, Behörden und Notare bei der Grunderwerbsteuer **GE** 18 (1 ff.)
bei der Grunderwerbsteuer, Rechtsprechung **GE** 19 (21)
Inhalt der A., Grunderwerbsteuer **GE** 20
Muster eines Formblatts zur Erbschaftsteuer **Anh II** 2 (1)
der Nichterfüllung der Behaltensvoraussetzungen, Erbschaftsteuer **E** 13a (11)
bei Termfix-Versicherungen, Erbschaft- und Schenkungsteuer **E** 33 (33)
der Vermögensverwahrer, Vermögensverwalter usw. bei der Erbschaft- und Schenkungsteuer **E** 33 (1 ff.), (31 f.)
beim Verstoß gegen die Voraussetzungen bei der Verschonungsbedarfsprüfung **E** 28a (5)
Wegfall der Voraussetzungen für eine Grundsteuerbefreiung **G** 19 (1 ff.)
Arbeitsbühnen, Betriebsvorrichtungen **Anh I** 1 (26)
Arbeitsräume, Betrieb der Land- und Forstwirtschaft, Erbschaftsteuerwert **B** 160 (13)
Arbeitszimmer, Erbschaftsteuerbegünstigung für Wohngrundstücke **E** 13d (11)
Archive, Abgrenzung des Verwaltungsvermögens bei der Erbschaftsteuerbegünstigung für Unternehmensvermögen **E** 13b (8)
Erbschaftsteuerbefreiung **E** 13 (4 f.)
Artfortschreibung des Grundsteuerwerts, Grundsteuerbewertung **B** 222 (2), (9 f.)
Ärztehäuser, Regelherstellungskosten, Verkehrswertbewertung im Sachwertverfahren **B** 190 (46)
Atypische stille Beteiligung am Betriebsvermögen, gesonderte Feststellung des Betriebsvermögenswerts **B** 151 (47)
Aufhebung einer Familienstiftung, Erbschaftsteuerermäßigung **E** 26
der Grunderwerbsteuer bei Rückerwerb **GE** 16 (1 ff.)
des Grundsteuerwerts, Grundsteuerbewertung **B** 224 (1 f.)
des Steuermessbetrags, Grundsteuer **G** 20 (1 ff.)

Aufhebungszeitpunkt beim Grundsteuerwert, Grundsteuerbewertung **B** 224 (2)
Auflagen, Abzug bei der Erbschaftsteuer **E** 10 (6), (95 ff.)
Abzug vom Erwerb **E** 10 (11)
keine Erbschaftsteuerbegünstigung für Wohngrundstücke **E** 13d (12)
Erwerb bei Teilungsanordnung **E** 3 (18 f.)
Erwerb von Todes wegen **E** 3 (6)
gemischte Schenkungen und Schenkungen unter A. **E** 7 (30)
Schenkung unter A., Begriff **E** 7 (39 ff.)
Schenkung unter A., grunderwerbsteuerliche Gegenleistung **GE** 3 (31)
Schenkung unter Lebenden, Schenkungsteuer **E** 7 (2)
Auflassung, Erwerbsvorgang bei der Grunderwerbsteuer **GE** 1 (2)
Auflösend bedingte Lasten B 7
Auflösend bedingter Erwerb B 5
Auflösend bedingte Schulden, Betriebsvermögensbewertung **B** 103 (9)
Auflösung, Erbschaftsteuerermäßigung bei A. eines Vereins **E** 26
Auflösungsbeträge steuerfreier Rücklagen, vereinfachtes Ertragswertverfahren **B** 202 (1), (6)
Aufschiebend bedingte Lasten B 6
Aufschiebend bedingter Erwerb B 4
Aufschiebend bedingte Schulden, Betriebsvermögensbewertung **B** 103 (9)
Aufschubzeit bei der Bewertung von Kapitalforderungen/Schulden **B** 12 (28 ff.)
Aufspaltung und Grundstücksübertragungen, Grunderwerbsteuer **GE** 1 (58 ff.)
Aufstockungen, Ermittlung des Grundstückswerts im Sachwertverfahren, Grundsteuerbewertung **B** 259 (29 f.)
Verkehrswertbewertung im Ertragswertverfahren **B** 185 (27)
Verkehrswertbewertung im Sachwertverfahren **B** 190 (40)
Aufteilung des Betriebsvermögens auf die Gesellschafter **B** 97 (6)
nach dem Gewinnverteilungsschlüssel **B** 97 (6)
bei Personengesellschaften **B** 97 (22 ff.)
bei Sonderbetriebsvermögen **B** 97 (22 ff.)
Aufteilung des landwirtschaftlichen Grundbesitzwertes bei Personengesellschaften **B** 168 (4)
Auftragnehmer eines Grundstückserwerbs, Grunderwerbsteuer **GE** 1 (28 ff.)
Auftragserwerb, Grundstückserwerb, Grunderwerbsteuer **GE** 1 (180 ff.)
Aufzüge, Gebäudebestandteil, Grundsteuerbewertung **B** 243 (7a)
Ausbildungsheime, Grundsteuerbefreiung **G** 5 (2), (11 ff.)
Ausbildungskosten, Erbschaftsteuerbefreiung **E** 13 (11)
Ausbildungsverhältnis, keine Berücksichtigung bei der Lohnsumme, Erbschaftsteuerbegünstigung für Unternehmensvermögen **E** 13a (3), (31)
Auseinandersetzung, Haftung des Nachlasses bis zur A. **E** 20 (3)
Ausgangslohnsumme, Erbschaftsteuervergünstigung für Unternehmensvermögen **E** 13a (42)
Steuerbegünstigung bei der Erbschaftsteuerbegünstigung für Unternehmensvermögen **E** 13a (3), (31)
Ausgangswert, vereinfachtes Ertragswertverfahren, Verkehrswert von Unternehmensvermögen **B** 202 (1), (6)
Ausgleichsforderung, Berechnung der fiktiven Zugewinnausgleichsforderung **E** 5 (7)
Einbringung der A. bei Güterstandswechsel, Schenkungsteuer **E** 7 (66)
i. Z. m. steuerbefreitem Vermögen, Ermittlung des steuerfreien Zugewinnausgleichs **E** 5 (25 ff.)
Umrechnung der fiktiven A., Erbschaftsteuer **E** 5 (13 f.)
Verzicht auf die A. des Ehegatten, Erbschaftsteuer **E** 5 (17)
bei Zugewinngemeinschaft, Erbschaftsteuer **E** 5 (1)
Ausgleichsposten, nicht abzugsfähige A. mit Rücklagencharakter **B** 103 (7)
Umfang des Betriebsvermögens bei der Bewertung von Anteilen an Kapitalgesellschaften **B** 11 (31)
Ausgleichung, Erwerb, Erbschaftsteuer **E** 3 (12)
Erwerb bei Teilungsanordnung **E** 3 (20)
Auskunftsaustausch bei Erwerbern mit Wohnsitz in der Europäischen Union bei beschränkter Erbschaftsteuerpflicht **E** 17 (7)
Auskunftspflicht gegenüber Finanzbehörde, Grundsteuerbewertung **B** 229 (1 ff.)
Ausländische Erbschaftsteuer, kein Abzug **E** 10 (83)
Ausländische Investmentanteile, Bewertung **B** 11 (9)
Ausländische Kapitalgesellschaften, Verkehrswertbewertung von Unternehmensvermögen **B** 199 (9)
Ausländische Körperschaften des öffentlichen Rechts, keine Grundsteuerbefreiung **G** 3 (22 ff.)
Ausländische Nachlasssteuer, Anrechnung **E** 21 (6 ff.)
Ausländischer Grundbesitz, Bewertung bei der Erbschaft- und Schenkungsteuer **E** 12 (7)
Ausländisches Betriebsvermögen, Ansatz und Bewertung **B** 31 (1)
Bewertung bei der Erbschaft- und Schenkungsteuer **E** 12 (7)
Verkehrswertbewertung von Unternehmensvermögen **B** 199 (9)
Ausländisches Sachvermögen, Ansatz und Bewertung **B** 31 (1)
Ausländische Staaten, Grundstückserwerb, Grunderwerbsteuerbefreiung **GE** 4 (2 f.), (11 f.)
Ausländisches Vermögen, Anrechnung der ausländischen Erbschaftsteuer **E** 21 (1 ff.)
Ansatz und Bewertung **B** 31 (1 f.)
Bewertung **B** 9 (16)
keine gesonderte Feststellung **B** 151 (7), (11)
Wertfeststellung, örtliche Zuständigkeit **B** 152 (5)
Ausländische Vermögensmasse, Erwerb von Todes wegen **E** 3 (5)
Schenkung unter Lebenden, Schenkungsteuer **E** 7 (8 f.)
Ausländische Wertpapiere, Bewertung **B** 11 (7)
Auslandsgrundstücke, Verschonungsabschlag für vermietete Wohngrundstücke bei der Erbschaft- und Schenkungsteuer **E** 13d (3)
Auslandsstellen, Anzeigepflicht bei der Erbschaftsteuer **E** 34 (21)
Auslandsvermögen *s. Ausländisches Vermögen*
Ausscheiden eines Gesellschafters zu Lebzeiten, Schenkungsteuer **E** 7 (16), (73)
Ausschlagung eines Erbersatzanspruches, Erwerb von Todes wegen **E** 3 (8)
einer Erbschaft, Entstehen der Steuerschuld **E** 9 (6)
einer Erbschaft, Erwerb von Todes wegen **E** 3 (8)
eines Vermächtnisses, Erwerb von Todes wegen **E** 3 (8)
Ausschließlichkeit, Begriff, Abgabenordnung (Auszug) **G** 3 (72)

Ausschüttungen, Entnahmebegrenzung bei der Erbschaftsteuervergünstigung für Unternehmensvermögen **E** 13a (101 ff.)
Ausschüttungsbeschränkung, Wertabschlag für Familiengesellschaften, Erbschaftsteuerbegünstigung für Unternehmensvermögen **E** 13a (13), (135 ff.)
Außenanlagen, Abgeltung durch Ertragswertverfahren für Grundstücke, Grundsteuerbewertung **B** 252
Abgrenzung Außenanlagen/Betriebsvorrichtung **Anh I** 1 (37)
Abgrenzung Grundvermögen/Betriebsvorrichtung *s. Abgrenzung*
Ermittlung des Grundstückswerts im Sachwertverfahren, Erbschaftsteuerwert 2023 **Anh III** (60 f.)
Gebäudebestandteile **B** 176 (9)
Grundvermögen, Grundsteuerbewertung **B** 243 (8)
Immobilienwertermittlungsverordnung **Anh I** 7 (37)
Verkehrswertbewertung im Ertragswertverfahren **B** 184 (3)
Verkehrswertbewertung im Sachwertverfahren **B** 189 (4), 190 (18 f.)
Außenprüfung bei Feststellungen für Zwecke der Erbschaftsteuer **B** 156
Aussetzung der Versteuerung, Erbschaftsteuergesetz 1974 **Anh II** 1 (1 ff.)
Aussetzung der Vollziehung, Grundsteuer, Abgabenordnung (Auszug) **G** 1 f. (34)
Unbedenklichkeitsbescheinigung, Grunderwerbsteuer **GE** 22 (7)
Ausstattungsstandard, Verkehrswertbewertung im Sachwertverfahren **B** 190 (13)
Ausstehende Pflichteinlage bei der Betriebsvermögensbewertung, Betriebsvermögensbewertung **B** 97 (31)
Ausstellungsgebäude, Gesamtnutzungsdauer, Verkehrswertbewertung **B** 185 (31)
Autohäuser, Ausstattungsstandard, Verkehrswertbewertung im Sachwertverfahren **B** 190 (47)
Gebäudestandardbeschreibung, Immobilienwertermittlungsverordnung **Anh I** 7 (102)
Kostenkennwerte der Normalherstellungskosten, Immobilienwertermittlungsverordnung **Anh I** 7 (77)
Regelherstellungskosten, Verkehrswertbewertung im Sachwertverfahren **B** 190 (46)

B

Badeinrichtungen, Abgrenzung Gebäude/Betriebsvorrichtung **Anh I** 1 (32)
Bestandteil eines Gebäudes **B** 176 (8)
Gebäudebestandteil, Grundsteuerbewertung **B** 243 (7a)
Baden-Württemberg, Landesgrundsteuergesetz **Anh IV** 1
Bahnanlagen mit Warteraum, Abgrenzung Gebäude/Betriebsvorrichtung **Anh I** 1 (50)
Bankdepot, Vertrag zugunsten Dritter, Erbschaft- und Schenkungsteuer **E** 3 (42)
Banken, Anzeigepflicht eines Mitarbeiterwertfachs **E** 33 (27)
Anzeigepflicht bei Wertpapierdepots **E** 33 (30)
Bankgrundstücke, Ausstattungsstandard, Verkehrswertbewertung im Sachwertverfahren **B** 190 (47)
Gebäudestandardbeschreibung, Immobilienwertermittlungsverordnung **Anh I** 7 (98)
Gesamtnutzungsdauer, Verkehrswertbewertung **B** 185 (31)
Kostenkennwerte der Normalherstellungskosten, Immobilienwertermittlungsverordnung **Anh I** 7 (69)
Bankguthaben, Umfang des Betriebsvermögens bei Nichtbilanzierenden und freiberuflich Tätigen **B** 95 f. (7)
Vertrag zugunsten Dritter, Erbschaft- und Schenkungsteuer **E** 3 (42)
Bargeld, Umfang des Betriebsvermögens bei Nichtbilanzierenden und freiberuflich Tätigen **B** 95 f. (7)
Barwerte, Tabellen mit Vervielfältigern **B** 12 (62 ff.)
Barwertfaktoren, Immobilienwertermittlungsverordnung **Anh I** 7 (34)
Basiswert für Bewirtschaftungskosten für die Verkehrswertbewertung nach dem Ertragswertverfahren **B** 187 (8)
Grundbesitzwert bei mehrmaligem Erwerb **B** 151 (55 f.)
Basiszins beim vereinfachten Ertragswertverfahren, Verkehrswert von Unternehmensvermögen **B** 203 (1)
Bauabschnitt, Abgrenzung bebauter Grundstücke **B** 180 (1 ff.)
Bewertung des Grundvermögens, Grundsteuerbewertung **B** 246 (1)
Bewertung des Grundvermögens, Verkehrswertbewertung **B** 178 (5 f.)
Grundstück im Zustand der Bebauung, Verkehrswertbewertung **B** 196 (1 ff.)
Baudenkmäler, Ermäßigung der Grundsteuermesszahl **G** 15 (4), (18)
Grundsteuererlass **G** 32 (5 ff.)
Bauerwartungsland, Bewertung des Grundvermögens, Grundsteuerbewertung **B** 247 (9 ff.)
Bewertung des Grundvermögens, Verkehrswertbewertung **B** 179 (4)
Bodenwert von B., Immobilienwertermittlungsverordnung **Anh I** 7 (42)
Immobilienwertermittlungsverordnung **Anh I** 7 (3)
Baugesetzbuch, Auszug, §§ 8 ff., 123 ff., 136 ff. und 162 ff. **Anh I** 6 (1 ff.)
Bauleitplanung **Anh I** 6 (1 ff.)
Baujahr, Ermittlung des Grundstückswerts im Sachwertverfahren, Grundsteuerbewertung **B** 259 (22 f.)
Nettokaltmieten-Tabelle zur Ermittlung des Grundstückswerts im Ertragswertverfahren, Grundsteuerbewertung **B** 254 (10)
Baujahrsgruppe, Ermittlung des Grundstückswerts im Sachwertverfahren, Grundsteuerbewertung **B** 259 (36)
Verkehrswertbewertung im Sachwertverfahren **B** 190 (13)
Baukostenzuschüsse, Verkehrswertbewertung von Grundstücken nach dem Ertragswertverfahren **B** 186 (3)
Bauland, Abgrenzung des land- und forstwirtschaftlichen Vermögens vom Grundvermögen, Grundsteuerbewertung **B** 233 (2 f.)
bisher land- und forstwirtschaftlich genutzte Flächen, Abgrenzung zum Grundvermögen, Grundsteuerbewertung **B** 233 (10)
land- und forstwirtschaftliches Vermögen, Abgrenzung zum Grundvermögen **B** 159 (3), (5 ff.)
Baulandumlegung, Grunderwerbsteuer beim Eigentumsübergang von Grundstücken **GE** 1 (41 ff.)
keine Grunderwerbsteuer beim Eigentumsübergang von Grundstücken **GE** 1 (35 ff.)

Bauleistungen, Grunderwerbsteuer auf B. **GE** 9 (69 ff.)
Bauleitplanung, Baugesetzbuch **Anh I** 6 (1 ff.)
Bauliche Anlagen, Abgeltung durch Ertragswertverfahren für Grundstücke, Grundsteuerbewertung **B** 252
Verkehrswertbewertung im Sachwertverfahren **B** 189 (4)
Baumängel, Benutzbarkeit eines Gebäudes, Grundsteuerbewertung **B** 246 (9)
Baumartengruppen, Ermittlung des Reingewinns der forstwirtschaftlichen Nutzung **B** 163 (4)
Baumschulen, Definition **B** 160 (34 ff.)
gärtnerische Nutzung, Grundsteuerbewertung **B** 237 (46 ff.)
Land- und Forstwirtschaft, Grundsteuerbewertung **B** 234 (1)
Baunutzungsverordnung, Verordnungstext (Auszug) **B** 179 (20 ff.)
Baupreisindex, Fortschreibung der Normalherstellungskosten, bei der Ermittlung des Grundstückswerts im Sachwertverfahren, Grundsteuerbewertung **B** 259 (15)
Regelherstellungskosten, Verkehrswertbewertung im Sachwertverfahren **B** 190 (50)
Verkehrswertbewertung im Sachwertverfahren **B** 190 (2), (16 f.)
Verkehrswertbewertung von Grundstücken im Sachwertverfahren, Erbschaftsteuerwert 2023 **Anh III** (49 f.)
Baureife Grundstücke, Option für gesonderten Hebesatz, Grundsteuer **G** 25 (5)
Baureifes Land, Immobilienwertermittlungsverordnung **Anh I** 7 (3)
Bauschäden, Benutzbarkeit eines Gebäudes, Grundsteuerbewertung **B** 246 (9)
Bauteile, kein Grundvermögen, Grundsteuerbewertung **B** 243 (3)
Bauwerk, Beständigkeit **Anh I** 1 (13)
Eignung zum Aufenthalt von Menschen **Anh I** 1 (7)
feste Verbindung mit dem Grund und Boden **Anh I** 1 (10)
Standfestigkeit **Anh I** 1 (14)
Bayern, Landesgrundsteuergesetz **Anh IV** 2
Beamte, Anzeigepflicht, Erbschaftsteuer **E** 34 (1 ff.)
Bebaute Grundstücke, Begriff, Grundsteuerbewertung **B** 248
Begriff, Verkehrswertbewertung **B** 180 (1 ff.)
Bewertung, Grundsteuerbewertung **B** 250 (1 ff.)
Grundsteuererlass wegen wesentlicher Ertragsminderung **G** 34 (1 ff.), (7 ff.)
Mindestwert, Grundsteuerbewertung **B** 251 (1)
Steuermesszahl, Grundsteuer **G** 15 (1)
Verkehrswertbewertung **B** 182 (1)
Bebauungsplan, Baugesetzbuch **Anh I** 6 (1 ff.)
bisher land- und forstwirtschaftlich genutzte Flächen, Abgrenzung zum Grundvermögen, Grundsteuerbewertung **B** 233 (3), (10)
für bisher land- und forstwirtschaftlich genutzte Flächen, Abgrenzung zum Grundvermögen **B** 159 (5 ff.)
zusammenfassende Erklärung, Baugesetzbuch **Anh I** 6 (5)
Bedarfsabfindung zwischen Ehegatten oder Lebenspartnern, keine freigebige Zuwendung **E** 7 (1 FN), (26)
Bedienungsvorrichtungen, Betriebsvorrichtungen **Anh I** 1 (26)
Bedingung, Abhängigkeit des Erwerbsvorgangs von einer B., Grunderwerbsteuer **GE** 14 (5 ff.)
auflösende B. bei Erwerb **B** 5
auflösende B. bei Lasten **B** 7
Bedingungseintritt bei bedingtem Erwerb **B** 4–8 (2 f.)
bei bedingten Lasten **B** 4–8 (2 f.)
Befreiende Lebensversicherung, Leistung, Erwerb **E** 3 (37)
Befreiungsvorschriften, personenbezogene und sachliche B. bei Anteilsvereinigung bzw. -übertragung **GE** 1 (190 ff.)
Befristung von Erwerben oder Lasten **B** 8
Begünstigter Erwerb von Betriebsvermögen, Erbschaft- und Schenkungsteuer **E** 13a (1 ff.), (20 ff.)
Begünstigtes Vermögen, Begriff, Begünstigung des Unternehmensvermögens **E** 13b (1 ff.)
Erbschaftsteuervergünstigung **E** 13a (1)
Ermittlungsschema, Erbschaftsteuerbegünstigung für Unternehmensvermögen **E** 13b (60)
Qualifizierung als Verwaltungsvermögen bei der Erbschaftsteuerbegünstigung für Unternehmensvermögen **E** 13b (10)
Voraussetzungen bei der Erbschaftsteuervergünstigung für Unternehmensvermögen **E** 13b (4)
Begünstigungsfähiges Vermögen bei Anteilen an Kapitalgesellschaften, Erbschaftsteuervergünstigung für Unternehmensvermögen **E** 13b (42 ff.)
Erbschaftsteuerbegünstigung für Unternehmensvermögen **E** 13a (21)
Erbschaftsteuervergünstigung für Unternehmensvermögen **E** 13b (34 ff.)
–, Begriff **E** 13b (1 ff.), (28 ff.)
–, Ermittlung **E** 13b (5)
bei treuhänderisch gehaltenen Anteilen an Kapitalgesellschaften, Erbschaftsteuervergünstigung für Unternehmensvermögen **E** 13b (53a)
Behaltensfrist für die Erbschaftsteuerbefreiung für Unternehmensvermögen **E** 13a (6)
Mitteilung der Betriebsfinanzämter bei gesonderter Feststellung **B** 151 (57 f.)
in Fällen der Option zur Körperschaftsteuer, Betriebsvermögensbewertung **B** 97 (64)
Überwachung i. Z. m. dem Entlastungsbetrag für begünstigtes Vermögen **E** 19a (16)
Voraussetzung für Verschonungsbedarfsprüfung, Erwerb von Unternehmensvermögen **E** 28a (4)
Behaltensregelungen in Einbringungs- und Umwandlungsfällen, Steuerbegünstigung für Unternehmensvermögen **E** 13a (117)
i. Z. m. dem Entlastungsbetrag für begünstigtes Vermögen **E** 19a (13 ff.)
bei der Inanspruchnahme der Unternehmensvermögensbegünstigung bei der Erbschaft- und Schenkungsteuer **E** 13a (85 ff.)
bei der Steuerbegünstigung für Unternehmensvermögen, Erbschaftsteuer **E** 13a (169)
für die Steuerbegünstigung für Unternehmensvermögen, Anteile an Kapitalgesellschaften **E** 13a (111 ff.)
für die Steuerbegünstigung für Unternehmensvermögen, Betriebsvermögen **E** 13a (85 ff.)
für die Steuerbegünstigung für Unternehmensvermögen, Land- und Forstwirtschaft **E** 13a (97 ff.)
Behaltensvoraussetzungen, Anzeigepflicht der Nichterfüllung der B. **E** 13a (11)
Behaltenszeit i. Z. m. dem Entlastungsbetrag für begünstigtes Vermögen **E** 19a (13)
Überwachung i. Z. m. dem Entlastungsbetrag für begünstigtes Vermögen **E** 19a (16)
Beherbergung, Abgrenzung des land- und forstwirtschaftlichen Vermögens bei der Grundbesitzbewertung **B** 158 (32), (37)
Beherbergungshäuser, Ausstattungsstandard, Verkehrswertbewertung im Sachwertverfahren **B** 190 (47)

Gebäudestandardbeschreibung, Immobilienwertermittlungsverordnung **Anh I** 7 (100)
Kostenkennwerte der Normalherstellungskosten, Immobilienwertermittlungsverordnung **Anh I** 7 (75)
Regelherstellungskosten, Verkehrswertbewertung im Sachwertverfahren **B** 190 (46)
Beherrschender Gesellschafter und Gewinnansprüche, Betriebsvermögensbewertung **B** 103 (2)
Behörden, Anzeigepflicht, Erbschaftsteuer **E** 34 (1 ff.)
Anzeigepflicht, Grunderwerbsteuer **GE** 18 (1 ff.)
Mitteilungspflicht, Grundsteuerwerte, Grundsteuerbewertung **B** 229 (3 f.)
Behördenkantinen, Grundsteuerbefreiung **G** 3 (32)
Beistandspflichten der Notare in den verschiedenen Steuerarten **E** 34 (24 ff.); **GE** 18 (11 ff.)
Beitrittsgebiet, Sondervorschriften bei der Erbschaftsteuer **E** 37a (1 ff.)
Bekanntgabe eines Erbschaft- und Schenkungsteuerbescheids **E** 32 (1 f.)
eines Feststellungsbescheids an Testamentsvollstrecker **B** 151 (1 FN)
eines Steuermessbescheids **G** 1 f. (12 ff.)
Bekanntmachung des Gesetzes **B** 264
des Grundsteuergesetzes **G** 38
von Rechtsverordnungen, Bewertungsgesetz **B** 264
Belastetes Grundstück i. Z. m. Erbbaurechten, Verkehrswertbewertung **B** 192 (1 ff.)
Verkehrswertbewertung von Gebäuden auf fremdem Grund **B** 195 (5), (13 ff.)
–, Erbschaftsteuerwert 2023 **Anh III** (98 ff.)
Beleuchtungsanlagen, Außenanlagen **Anh I** 1 (41)
Zurechnung zum Gebäude **Anh I** 1 (29)
Beleuchtungskörper als Zubehör eines Gebäudes **B** 176 (10)
Bemessungsgrundlage bei gemischten Schenkungen und Schenkungen unter Auflage, Schenkungsteuer **E** 7 (42 f.)
bei der Grunderwerbsteuer **GE** 8 (1 ff.)
–, Gegenleistung **GE** 9 (1 ff.)
–, Rechtsprechung **GE** 8 (25)
bei der Grundsteuer **G** 13 (1)
Benutzbarkeit, Abgrenzung zu unbebauten Grundstücken, Erbschaftsteuerwert **B** 178 (1), (4 ff.)
–, Erbschaftsteuerwert 2009 **B** 180 (1 ff.)
–, Grundsteuerbewertung **B** 246 (1 ff.)
Berechnung des Entlastungsbetrags für begünstigtes Vermögen bei der Erbschaft- und Schenkungsteuer **E** 19a (9 ff.)
der Erbschaft- und Schenkungsteuer **E** 14 ff.
–, Härteausgleich **E** 19 (3), (5)
–, Progressionsvorbehalt **E** 19 (4)
– bei einer Schenkungskette über zehn Jahren **E** 14 (19)
–, Zweifelsfragen **E** 14 (5 ff.)
der Grundsteuer **G** 13 (1)
des Kapitalwerts von auf bestimmte Zeit beschränkten wiederkehrenden Nutzungen und Leistungen **B** 12 (47 ff.)
Bereicherung beim Nießbrauchsverzicht, Schenkungsteuer **E** 10 (17)
steuerpflichtiger Erwerb bei der Erbschaft- und Schenkungsteuer **E** 10 (1)
Voraussetzung für eine Schenkung **E** 7 (21)
Bereitschaftsräume, Grundsteuerbefreiung **G** 5 (4), (18 ff.)
Berlin, Grundsteuermesszahlengesetz **Anh IV** 3
Berliner Testament, Schlusserbe, Erwerb von Todes wegen **E** 3 (11)
Berücksichtigung früherer Erwerbe E 14 (1 ff.)
Besamungsstationen, übrige land- und forstwirtschaftliche Nutzung, landwirtschaftliche Grundbesitzbewertung **B** 160 (40), (54 ff.)
übrige land- und forstwirtschaftliche Nutzung, landwirtschaftliche Grundsteuerbewertung **B** 237 (55)
Besatzkapital, Bewertung des Mindestwerts, Land- und Forstwirtschaft, Erbschaftsteuerwert **B** 164 (4)
Ermittlung des Mindestwerts, Land- und Forstwirtschaft, Erbschaftsteuerwert **B** 164 (14), (17)
Hektarwert für die forstwirtschaftliche Nutzung, Erbschaftsteuerwert **B** 163 (41)
Hektarwert für die gärtnerische Nutzung, Erbschaftsteuerwert **B** 163 (43)
Hektarwert für die landwirtschaftliche Nutzung, Erbschaftsteuerwert **B** 163 (40)
Hektarwert für die Sondernutzungen, Erbschaftsteuerwert **B** 163 (44)
Hektarwert für die weinbauliche Nutzung, Erbschaftsteuerwert **B** 163 (42)
Mindestwert der forstwirtschaftlichen Nutzung nach Altersklassen, Erbschaftsteuerwert **B** 164 (23)
Beschäftigte, Feststellung der B., Inanspruchnahme der Unternehmensvermögensbegünstigung **E** 13a (77 ff.)
Beschäftigungsgarantie i. Z. m. dem Erwerb von Grundstücken, Grunderwerbsteuer **GE** 8 (6 f.)
Beschenkter, Steuerschuldner, Begründung der Auswahlentscheidung **E** 20 (1 FN)
Beschluss des Bebauungsplans, Baugesetzbuch **Anh I** 6 (4)
Beschränkte Steuerpflicht, Abzugsfähigkeit von Nachlassverbindlichkeiten, Erbschaftsteuer **E** 10 (82a)
Beteiligung an einer Gemeinschaft, Erbschaft- und Schenkungsteuer **E** 2 (22)
Erbschaft- und Schenkungsteuer **E** 2 (12)
Freibetrag bei der Erbschaft- und Schenkungsteuer **E** 16 (8 f.)
Besserungsabrede, Schenkung einer Forderung mit B., Schenkungsteuer **E** 9 (20)
Beständigkeit des Bauwerks **Anh I** 1 (13)
Bestandsidentität mit der Steuerbilanz, Betriebsvermögensbewertung **B** 103 (6)
beim Umfang des Betriebsvermögen **B** 95 f. (6)
Bestandteile, Begriff, Grundsteuerbewertung **B** 243 (7a)
eines Gebäudes **B** 176 (7)
eines Grundstücks, BGB-Auszug **B** 243 (23)
Grundvermögen **B** 176 (8)
Umfang des Grundvermögens, Grundsteuerbewertung **B** 243 (1)
Umfang des Grundvermögens, Verkehrswertbewertung **B** 176 (1)
Bestattungskosten, Abzug bei der Erbschaftsteuer **E** 10 (7)
Bestattungsplätze, Grundsteuerbefreiung **G** 4 (2), (13 f.)
Bestattungsvorsorge-Treuhandkonten, Anzeigepflicht, Erbschaftsteuer **E** 33 (16)
Besteuerung der Nutzungs- und Rentenlast, Weitergeltung des § 25 ErbStG **E** 25 (5 ff.)
von Renten, Nutzungen und Leistungen bei der Erbschaft- und Schenkungsteuer **E** 23 (1 ff.)
Besteuerungsausnahmen bei der Grunderwerbsteuer, Rechtsprechung **GE** 3 (36)

Besteuerungsgrundlagen, Feststellung von B. aus Billigkeitsgründen **B** 20
Mitteilung von B. bei der Grundsteuer, Abgabenordnung (Auszug) **G** 1 f. (31)
Betagte Ansprüche, Erwerb b. A., Entstehen der Schenkungsteuerschuld **E** 9 (20)
Betätigungen, steuerlich unschädliche B., Begriff, Abgabenordnung (Auszug) **G** 3 (74)
Beteiligte, Anzeigepflichten der B. bei der Grunderwerbsteuer **GE** 19 (1 ff.)
am Feststellungsverfahren für Zwecke der Erbschaftsteuer **B** 154 (1 ff.)
Grundsteuer, Abgabenordnung (Auszug) **G** 24 (6)
bei Grundstücksübertragungen im Konzern, Grunderwerbsteuerbefreiung **GE** 6a (12 ff.)
Wertermittlung bei mehreren B. **B** 3
Beteiligungen, Abgrenzung des Verwaltungsvermögens bei der Erbschaftsteuerbegünstigung für Unternehmensvermögen **E** 13b (7), (113)
bedingte B. an den offenen und stillen Reserven einer Personengesellschaft **E** 7 (69)
bei Gesellschaften, Erwerbsvorgang **GE** 1 (13)
an inländischer Kapitalgesellschaft, Erbschaft- und Schenkungsteuer **E** 2 (17)
an Kapitalgesellschaften, Ermittlung der Lohnsumme für die Inanspruchnahme der Erbschaftsteuerbegünstigung **E** 13a (48 ff.)
an Kapitalgesellschaften, Verbundvermögensaufstellung, Erbschaftsteuerbegünstigung für Unternehmensvermögen **E** 13b (15)
an Personengesellschaften, Betriebsvermögensbewertung **B** 109 (6 ff.)
an Personengesellschaften, Ermittlung der Lohnsumme für die Inanspruchnahme der Erbschaftsteuerbegünstigung **E** 13a (45 ff.)
an Personengesellschaften, Verbundvermögensaufstellung, Erbschaftsteuerbegünstigung für Unternehmensvermögen **E** 13b (15)
Umfang des land- und forstwirtschaftlichen Vermögens **B** 158 (4)
–, Grundsteuerbewertung **B** 232 (4)
vereinfachtes Ertragswertverfahren, Verkehrswert von Unternehmensvermögen **B** 200 (3)
Beteiligungsquote bei Einziehung von Gesellschaftsanteilen, Abgrenzung des Verwaltungsvermögens **E** 13b (95a)
Beteiligungsstrukturen, Ermittlung der Lohnsumme für die Inanspruchnahme der Steuerbegünstigung **E** 13a (52 ff.)
Betrieb der Land- und Forstwirtschaft, Erbschaftsteuerwert 2009 **B** 160 (1 ff.)
Feststellung von Grundsteuerwerten, Grundsteuerbewertung **B** 218 ff.
Grundsteuererlass **G** 33 (2)
Steuerausgleich, Grundsteuer **G** 24
Steuermesszahl, Grundsteuer **G** 14
Betrieb gewerblicher Art, keine Grundsteuerbefreiung **G** 3 (33 f.)
Betriebsanlagen, Umfang des Grundvermögens, Verkehrswertbewertung **B** 176 (2)
Betriebsaufspaltung, Abgrenzung des Verwaltungsvermögens bei der Erbschaftsteuerbegünstigung für Unternehmensvermögen **E** 13b (74 ff.)
Grundstück ohne ortsübliche Miete, Verkehrswertbewertung des Grundstücks **B** 182 (9)
Verkehrswertbewertung von Grundstücken nach dem Ertragswertverfahren **B** 186 (4 f.)
Betriebsergebnis, Abgeltung des Ertragsteueraufwands beim vereinfachten Ertragswertverfahren **B** 202 (8)
vereinfachtes Ertragswertverfahren, Verkehrswert von Unternehmensvermögen **B** 201 (2), 202 (1), (4 ff.)
Betriebsform, Ermittlung des Reingewinns der landwirtschaftlichen Nutzung **B** 163 (3)
Betriebsgrundlagen, Mitteilung der Betriebsfinanzämter bei gesonderter Feststellung **B** 151 (58)
Betriebsgrundstücke, Abgrenzung von den Betriebsvorrichtungen **Anh I** 1 (2)
–, ABC **Anh I** 2 (1 ff.)
Abgrenzung B. von Betriebsvorrichtungen bei öffentlichen Verkehrsunternehmen, Grundsteuerbewertung **B** 243 (15 ff.)
Art der wirtschaftlichen Einheit, Grundbesitzbewertung **B** 151 (5), (10)
Bewertung bei der Erbschaft- und Schenkungsteuer **E** 12 (5)
Bewertung von Anteilen an Kapitalgesellschaften **B** 11 (17)
Einheitsbewertung, Begriff **B** 99 (1 f.)
Feststellung von Grundsteuerwerten, Grundsteuerbewertung **B** 218 ff.
Grundsteuer **G** 2 (2)
Grundvermögen **B** 99 (1)
Land- und Forstwirtschaft **B** 99 (2)
öffentlicher Verkehrsunternehmen, wirtschaftliche Einheit, Grundsteuerbewertung **B** 244 (12 ff.)
Schulden, Betriebsvermögensbewertung **B** 103 (16)
im Sonderbetriebsvermögen, Grundbesitzbewertung **B** 151 (14)
Betriebskosten, Betriebskostenverordnung (Auszug) **B** 186 (24 ff.)
Ermittlung, Verkehrswertbewertung **B** 181 (35 f.)
Immobilienwertermittlungsverordnung **Anh I** 7 (32)
Tabelle zur pauschalierten Berücksichtigung der Bewirtschaftungskosten zur Ermittlung des Grundstückswerts im Ertragswertverfahren, Grundsteuerbewertung **B** 255 (5)
Verkehrswertbewertung von Grundstücken nach dem Ertragswertverfahren **B** 186 (1), (3), (6 f.), 187 (1 ff.)
Zweite Berechnungsverordnung (Auszug) **B** 181 (31)
Betriebskostenaufstellung, Anlage 3 zur Zweiten Berechnungverordnung, Verkehrswertbewertung von Grundstücken **B** 186 (45 ff.)
Betriebskostenverordnung, Verordnungstext (Auszug) **B** 186 (24 ff.)
Betriebsmittel, Land- und Forstwirtschaft **B** 158 (13), (40)
stehende B., Bewertungsstichtag **B** 161 (1)
Umfang des land- und forstwirtschaftlichen Vermögens **B** 158 (3)
–, Grundsteuerbewertung **B** 232 (3), (10), (13)
umlaufende B., Bewertungsstichtag **B** 161 (2)
Betriebsprämiendurchführungsgesetz, Zahlungsansprüche nach dem B. und Veräußerung landwirtschaftlicher Flächen **GE** 8 (12)
Betriebsschutz, Zivilschutz- und Katastrophenhilfegesetz (Auszug) **B** 197 (10)
Betriebsstätten, Gebäudestandardbeschreibung, Immobilienwertermittlungsverordnung **Anh I** 7 (104)
inländische B., Definition **E** 2 (23)
Kostenkennwerte der Normalherstellungskosten, Immobilienwertermittlungsverordnung **Anh I** 7 (79)
Betriebsvermögen B 95 (1 f.)
Abgrenzung zum Grundvermögen **B** 176 (5)

Abgrenzung zum land- und forstwirtschaftlichen Vermögen **B** 158 (14 ff.)
Abzug von Schulden und sonstigen Abzügen **B** 103 (1 ff.)
Ansatz und Bewertung von ausländischem B. **B** 31 (1 f.)
Ansatz und Bewertung einer typisch stillen Beteiligung **B** 103 (12)
Begriff **B** 95 (1 f.)
begünstigtes Vermögen, Erbschaftsteuerwert **E** 13b (2)
Behaltensregelungen für die Steuerbegünstigung für Unternehmensvermögen **E** 13a (85 ff.)
Behandlung von Ausgleichs- und Sonderposten bei der Betriebsvermögensbewertung **B** 103 (7)
Bewertung bei der Erbschaft- und Schenkungsteuer **E** 12 (5)
Bewertung in Fällen der Option zur Körperschaftsteuer **B** 97 (51 ff.)
Bewertung des Substanzwerts bei Anteilen an Kapitalgesellschaften **B** 11 (32)
Bewertungsgrundsätze **B** 109 (5)
Erbschaftsteuervergünstigung **E** 13a (1 ff.), (20 ff.)
bei freien Berufen **B** 96
gesonderte Feststellung **B** 151 (1 ff.)
– des Anteils am Betriebsvermögen **B** 151 (21)
Inlandsvermögen **B** 121 (3)
– bei der Erbschaft- und Schenkungsteuer **E** 2 (16)
von Kommanditgesellschaften, Aufteilung **B** 97 (22 ff.)
örtliche Zuständigkeit für die Feststellung **B** 152 (2)
von Personengesellschaften, Aufteilung **B** 97 (22 ff.)
Stundung der Erbschaftsteuer, soweit die Steuer auf begünstigtes Vermögen entfällt **E** 28 (1), (9)
Stundung der Erbschaftsteuer bei Erwerb von B. **E** 28 (1 ff.)
Tarifbegrenzung bei Erwerb von B. **E** 19a (1 ff.)
Umfang **B** 95 (1 f.), 95 f. (5)
– für die Betriebsvermögensbewertung **B** 109 (12)
– für die Bewertung von Anteilen an Kapitalgesellschaften **B** 11 (29 ff.)
– für die Erbschaftsteuerbegünstigung für Unternehmensvermögen **E** 13b (34 ff.)
Verkehrswertbewertung **B** 199 ff.
Vermögensart **B** 18
Wert, Feststellungsverfahren **B** 151 (10)
Wertermittlung, Feststellungsverfahren **B** 151 (2)
Betriebsvermögensbewertung, Ermittlung des Substanzwerts **B** 109 (11)
Betriebsvermögenswerte B 157 (1 ff.)
Betriebsverpachtung in der Land- und Forstwirtschaft, Erbschaftsteuerwert **B** 158 (7), 162 (11 ff.)
Betriebsverpachtung im Ganzen, Abgrenzung des Verwaltungsvermögens bei der Erbschaftsteuerbegünstigung für Unternehmensvermögen **E** 13b (6), (78 ff.)
Betriebsvorrichtungen, Abgrenzung zum Grundvermögen **Anh I** 1 (2)
Abgrenzung bei öffentlichen Verkehrsunternehmen, Grundsteuerbewertung **B** 243 (15 ff.)
Abgrenzungs-ABC zu Betriebsgrundstücken **Anh I** 2 (1 ff.)
keine Grunderwerbsteuerpflicht **GE** 2 (2)
kein Grundvermögen, Grundsteuerbewertung **B** 243 (2)
kein Grundvermögen, Verkehrswertbewertung **B** 176 (6)
Umfang des Grundvermögens, Verkehrswertbewertung **B** 176 (2)
Umfang des land- und forstwirtschaftlichen Vermögens, Grundsteuerbewertung **B** 233 (1)
Umfang des land- und forstwirtschaftlichen Vermögens i. Z. m. Windenergieanlagen, Grundsteuerbewertung **B** 233 (6)
Betriebswohnungen, Land- und Forstwirtschaft, Bewertung **B** 167 (1 ff.)
Land- und Forstwirtschaft, Definition **B** 160 (60 f.)
Land- und Forstwirtschaft, Erbschaftsteuerwert **B** 160 (1), (8)
Bewässerungsanlagen, Zurechnung zum Gebäude **Anh I** 1 (31)
Bewässerungsteiche, Nutzungsart Hofstelle der landwirtschaftlichen Grundsteuerbewertung **B** 237 (105)
Bewegliche Gegenstände, Erbschaftsteuerbefreiung **E** 13 (2)
Bewertung von abgezinsten Sparbriefen **B** 12 (14)
von Agri-Fotovoltaik-Anlagen, Erbschaftsteuerwert **B** 158 (45)
von Ansprüchen auf Grundbesitzübertragung **B** 9 (4)
von Ansprüchen und Lasten bei wiederkehrenden Nutzungen und Leistungen im personellen Verfahren **B** 12 (47 ff.)
von Anteilen an gemeinnützigen Kapitalgesellschaften **B** 11 (60 ff.)
von Anteilen an Kapitalgesellschaften, Verkehrswertbewertung **B** 199 ff.
von Anteilsscheinen **B** 11 (9)
von ausländischen Investmentanteilen **B** 11 (9)
von Auslandsvermögen **B** 9 (16)
bebauter Grundstücke, Grundsteuerbewertung **B** 250 (1 ff.)
von Betriebsvermögen, Verkehrswertbewertung **B** 199 ff.
von Bodenschätzen bei der Erbschaft- und Schenkungsteuer **E** 12 (4)
von Bundesschatzbriefen **B** 12 (12)
von Diskontpapieren **B** 12 (15)
der Einlage des typischen stillen Gesellschafters **B** 12 (19 f.)
von Erfindungen und Urheberrechten, nicht zu einem Betriebsvermögen gehörende **B** 9 (13)
von Finanzierungsschätzen des Bundes **B** 12 (13)
gemeiner Wert **B** 9
von Grundbesitz bei der Erbschaft- und Schenkungsteuer **E** 12 (3)
des Grundvermögens, Verkehrswertbewertung **B** 177 (1 f.)
von Investmentvermögen i. S. d. Kapitalanlagegesetzbuches **B** 11 (4)
von jungen Aktien **B** 11 (8)
von Kapitalforderungen und Schulden **B** 12 (1), (21 ff.)
– im personellen Verfahren **B** 12 (21)
von körperlichen Gegenständen, nicht zu einem Betriebsvermögen gehörende **B** 9 (15)
von Minderheitsbeteiligungen **B** 11 (11 FN)
des Nutzungsvorteils eines unverzinslichen oder niedrig verzinslichen Darlehens **E** 12 (1 FN)
von Sachvermächtnissen **B** 9 (11)
selbstständige B. wirtschaftlicher Einheiten **B** 2
von Stammaktien **B** 11 (8)
des steuerpflichtigen Erwerbs bei der Erbschaftsteuer **E** 12 (1 ff.)
von Stückzinsen **B** 11 (5 FN)
von unbebauten Grundstücken, Grundsteuerbewertung **B** 247 (1)
von unbebauten Grundstücken, Verkehrswertbewertung **B** 179 (1)
von Vorzugsaktien **B** 11 (8)
von Zero-Bonds **B** 12 (16 ff.)

Bewertungsabschlag, Hinzurechnung zum Gewinn, vereinfachtes Ertragswertverfahren **B** 202 (1), (6)
Bewertungsfaktoren, Ermächtigung zum Erlass einer Rechtsverordnung, Grundsteuerbewertung **B** 263 (1)
für die gärtnerische Nutzung, Grundsteuerbewertung **B** 237 (50)
landwirtschaftliche Nutzung, Grundsteuerbewertung **B** 237 (18)
für die Nutzungsart Hofstelle, landwirtschaftliche Grundsteuerbewertung **B** 237 (115)
für die übrige land- und forstwirtschaftliche Nutzung, Grundsteuerbewertung **B** 237 (101)
für die weinbauliche Nutzung, Grundsteuerbewertung **B** 237 (28)
für Windenergieanlagen, landwirtschaftliche Grundsteuerbewertung **B** 238 (10)
für die Wuchsgebiete, forstwirtschaftliche Nutzung, Grundsteuerbewertung **B** 237 (24)
Bewertungsgrundsätze, allgemeine B. **B** 9
für die Bewertung des Betriebsvermögens **B** 109 (5), (12)
bei der Erbschaft- und Schenkungsteuer **E** 12 (1 ff.), (8 ff.)
gemeiner Wert **B** 9
Land- und Forstwirtschaft, Grundsteuerbewertung **B** 236 (1 ff.)
bei Nutzungen und Leistungen **B** 12 (48)
Teilwert **B** 10
Bewertungsidentität mit der Steuerbilanz, Betriebsvermögensbewertung **B** 103 (6)
Bewertungsmaßstab, Bewertung von Grundstücken ab 2023, Erbschaftsteuer **Anh III** (2 ff.)
Bewertungsmethode, Bewertung von Anteilen an Kapitalgesellschaften **B** 11 (2)
Bewertungsstichtag, Erbschaft- und Schenkungsteuer **E** 11
Errichtung einer Stiftung **E** 9 (21)
forstwirtschaftliche Nutzung, Land- und Forstwirtschaft **B** 172 (1)
Land- und Forstwirtschaft, Grundsteuerbewertung **B** 235
land- und forstwirtschaftliches Vermögen **B** 161 (1)
Wertpapiere und Schuldbuchforderungen **B** 11 (1)
Bewertungsverhältnisse, gärtnerische Nutzung, Land- und Forstwirtschaft **B** 174 (1 ff.)
Bewertungsvorschriften, Geltungsbereich **B** 1 (1 ff.)
Bewetterungsanlagen, Betriebsvorrichtungen **Anh I** 1 (34)
Bewirtschaftungskosten, Immobilienwertermittlungsverordnung **Anh I** 7 (32)
Tabelle zur pauschalierten Berücksichtigung von B. zur Ermittlung des Grundstückswerts im Ertragswertverfahren, Grundsteuerbewertung **B** 255 (1 f.)
Verkehrswertbewertung im Ertragswertverfahren **B** 185 (1)
Verkehrswertbewertung von Grundstücken nach dem Ertragswertverfahren **B** 187 (1 ff.), (5 f.)
–, Erbschaftsteuerwert 2023 **Anh III** (31 ff.)
Bezugsberechtigung, laufende B., Ermittlung des Kapitalwerts **B** 13–16 (5)
Bezugsfertigkeit, Abgrenzung des unbebauten Grundstücks, Erbschaftsteuerwert **B** 178 (1), (5 f.)
Abgrenzung des unbebauten Grundstücks, Grundsteuerbewertung **B** 246 (1 ff.)
Bewertung von Gebäuden vor B., Verkehrswertbewertung **B** 196 (1 ff.)
Bezugsrechte, Zuwendung bei Verzicht auf B., Schenkungsteuer **E** 7 (50)
Bezugsstichtag für Daten des Gutachterausschusses bei der Verkehrswertbewertung des Grundvermögens **B** 177 (2 ff.)
Bibliotheken, Abgrenzung des Verwaltungsvermögens bei der Erbschaftsteuerbegünstigung für Unternehmensvermögen **E** 13b (8)
Steuerbefreiung, Erbschaftsteuer **E** 13 (4 f.)
Bienenhaltung, sonstige land- und forstwirtschaftliche Nutzung, Grundsteuerbewertung **B** 237 (65 ff.)
übrige land- und forstwirtschaftliche Nutzung, Erbschaftsteuerwert **B** 160 (44 f.)
Umfang der sonstigen landwirtschaftlichen Nutzung, Grundsteuerbewertung **B** 242 (2)
Bilanzposten nach dem D-Markbilanzgesetz, Ausnahme der Bestandsidentität bei der Betriebsvermögensbewertung **B** 95 f. (6)
Billigkeitsgründe i. Z. m. der Feststellung von Besteuerungsgrundlagen **B** 20
Billigkeitsmaßnahmen bei Verstoß gegen die Lohnsummenregelung i. Z. m. der COVID-19-Pandemie, Unternehmensvermögensbegünstigung **E** 13a (76a)
Bindegrüngewinnung, Blumen- und Zierpflanzenanbau, landwirtschaftliche Grundbesitzbewertung **B** 160 (32)
Binnenfischerei, sonstige land- und forstwirtschaftliche Nutzung, Grundsteuerbewertung **B** 237 (60 ff.)
sonstige land- und forstwirtschaftliche Nutzung, Land- und Forstwirtschaft **B** 175 (2)
übrige land- und forstwirtschaftliche Nutzung **B** 160 (40 ff.)
Umfang der sonstigen landwirtschaftlichen Nutzung, Grundsteuerbewertung **B** 242 (2)
Blumenbau, Definition **B** 160 (29 ff.)
gärtnerische Nutzung, Grundsteuerbewertung **B** 237 (38 ff.)
Land- und Forstwirtschaft, Grundsteuerbewertung **B** 234 (1)
Bodenbefestigungen, Abgrenzung Außenanlagen/Betriebsvorrichtung **Anh I** 1 (38)
Betriebsvorrichtungen **Anh I** 1 (39)
Bodenrichtwert, Ableitung des B., Verkehrswertbewertung **B** 179 (19)
Bewertung des Grundvermögens, Grundsteuerbewertung **B** 247 (9 ff.)
Bewertung des Grundvermögens, Verkehrswertbewertung **B** 179 (2), (5 ff.)
Bewertung unbebauter Grundstücke **B** 179 (1)
–, Grundsteuerbewertung **B** 247
Grundstückswertermittlung, Baugesetzbuch **Anh I** 6 (29)
Immobilienwertermittlungsverordnung **Anh I** 7 (13 ff.)
Bodenrichtwertermittlung, Immobilienwertermittlungsverordnung **Anh I** 7 (14)
Bodenrichtwertgrundstück, Bewertung des Grundvermögens, Verkehrswertbewertung **B** 179 (5)
Grundstücksmerkmale, Immobilienwertermittlungsverordnung **Anh I** 7 (115 f.)
Immobilienwertermittlungsverordnung **Anh I** 7 (13)
Bodenrichtwertzonen, Ermittlung des Grundstückswerts bei mehreren B., Grundsteuerbewertung **B** 257 (10)
Immobilienwertermittlungsverordnung **Anh I** 7 (15)
Bodenschätze, Bewertung bei der Erbschaft- und Schenkungsteuer **E** 12 (4)
Erfassung bei der Grunderwerbsteuer **GE** 8 (14)

kein Grundvermögen **B** 176 (11)
–, Grundsteuerbewertung **B** 243 (2)
–, Verkehrswertbewertung **B** 176 (6)
Umfang des Grundvermögens, Verkehrswertbewertung **B** 176 (2)
Bodenverbände, Grundsteuerbefreiung **G** 4 (4), (32 f.)
Bodenwert, abgezinster B., Ertragswertverfahren für Grundstücke, Grundsteuerbewertung **B** 252
Bewertung des Grundvermögens, Verkehrswertbewertung **B** 179 (17 f.)
Ermittlung des Grundstückswerts im Ertragswertverfahren, Grundsteuerbewertung **B** 257 (1 ff.)
Ermittlung des Grundstückswerts im Sachwertverfahren, Grundsteuerbewertung **B** 258 (1 ff.)
Verkehrswertbewertung von Erbbaurechten **B** 193 (1)
Verkehrswertbewertung im Ertragswertverfahren **B** 184 (2)
Verkehrswertbewertung im Sachwertverfahren **B** 189 (1), (3)
Bodenwertanteil, Verkehrswertbewertung von Erbbaugrundstücken **B** 194 (11 f.)
Verkehrswertbewertung von Erbbaurechten **B** 193 (8 f.)
Bodenwertermittlung, Immobilienwertermittlungsverordnung **Anh I** 7 (40 ff.)
Bodenwertverzinsung, Verkehrswertbewertung von Grundstücken im Ertragswertverfahren **B** 185 (5 ff.)
Börsenklausel bei Änderung des Gesellschafterbestandes, Grundstücke und Grunderwerbsteuer **GE** 1 (9b)
i. Z. m. Anteilseignerwechsel einer grundbesitzenden Kapitalgesellschaft, Grunderwerbsteuer **GE** 1 (165 ff.)
Braunkohlenbunker, Abgrenzung Gebäude/Betriebsvorrichtung **Anh I** 1 (52)
Bremen, Grundsteuermesszahlengesetz **Anh IV** 4
Brennstoffversorgungsanlagen, Bestandteil eines Gebäudes **B** 176 (8)
–, Grundsteuerbewertung **B** 243 (7a)
Brexit *s. Großbritannien*
Briefmarkensammlung, Abgrenzung des Verwaltungsvermögens bei der Erbschaftsteuerbegünstigung für Unternehmensvermögen **E** 13b (8)
Brücken, Außenanlagen **Anh I** 1 (43)
Bruttogrundfläche, Ausgangsgröße bei der Ermittlung des Grundstückswerts im Sachwertverfahren, Grundsteuerbewertung **B** 259 (2)
Ermittlung des Grundstückswerts im Sachwertverfahren, Grundsteuerbewertung **B** 259 (16 ff.)
Immobilienwertermittlungsverordnung **Anh I** 7 (66)
Verkehrswertbewertung im Sachwertverfahren **B** 190 (1), (20 ff.), (45)
Bund, Erlöschen der Erbschaft- und Schenkungsteuer bei Zuwendung von Vermögensgegenständen **E** 29 (4)
steuerfreie Erbanfälle **E** 13 (22)
Bundeseisenbahnvermögen, Grundsteuerbefreiung **G** 3 (3), (38)
Bundeskleingartengesetz, Auszug, §§ 1–3, 20a **Anh I** 8 (1 ff.)
Bundesmodell für die Grundsteuerbewertung, Rechtmäßigkeit **B** 243 (1 FN)
Bundespolizei, Grundsteuerbefreiung für Gemeinschaftsunterkünfte **G** 5 (1), (8 ff.)
Bundesschatzbriefe, Bewertung **B** 12 (12)
Bundesvertriebenengesetz, Ansprüche aus dem B., Erbschaftsteuerbefreiung **E** 13 (13)
Bundeswehr, Gemeinschaftsunterkünfte, Grundsteuerbefreiung **G** 5 (1), (8 ff.)
Bürgschaft, Übernahme einer B. durch Gesellschafter einer Personengesellschaft **B** 97 (12)
Bürogebäude, Ausstattungsstandard, Verkehrswertbewertung im Sachwertverfahren **B** 190 (47)
Gebäudestandardbeschreibung, Immobilienwertermittlungsverordnung **Anh I** 7 (98)
Gesamtnutzungsdauer, Verkehrswertbewertung **B** 185 (31)
Kostenkennwerte der Normalherstellungskosten, Immobilienwertermittlungsverordnung **Anh I** 7 (70)
Regelherstellungskosten bei der Verkehrswertbewertung **B** 190 (15)

C

Capital gains tax, keine anrechenbare ausländische Steuer, Erbschaft- und Schenkungsteuer **E** 21 (14)
Carports, Regelherstellungskosten, Verkehrswertbewertung im Sachwertverfahren **B** 190 (46)
Container keine Gebäude bei der Grundsteuerbewertung **B** 243 (1 FN)
COVID-19-Pandemie, Verstoß gegen die Lohnsummenregelung i. Z. m. C., Billigkeitsmaßnahmen, Unternehmensvermögensbegünstigung **E** 13a (76a)

D

Dachverbände von kommunalen Wählervereinigungen, steuerfreie Zuwendungen **E** 13 (27)
Dämme, Nutzungsart Hofstelle der landwirtschaftlichen Grundsteuerbewertung **B** 237 (105)
Dänemark, Doppelbesteuerungsabkommen, Erbschaftsteuer **E** 2 (13)
Darlehen, Betriebsvermögensbewertung **B** 103 (9)
Bewertung des Nutzungsvorteils eines unverzinslichen oder niedrig verzinslichen D., Schenkungsteuer **E** 12 (21)
Einräumung eines niedrig verzinslichen D., Schenkungsteuer **E** 7 (1 FN)
Einräumung eines zinslosen D., Schenkungsteuer **E** 7 (1 FN)
zwischen Personengesellschaften und Mitunternehmern, Betriebsvermögensbewertung **B** 97 (6), (15)
unverzinsliches oder niedrig verzinsliches D., Bewertung des Nutzungsvorteils **E** 12 (1 FN)
Darlehensforderung, Bewertung über dem Nennwert **B** 12 (6 FN)
Darlehenstilgung, Schenkungsgegenstand **E** 7 (31)
Datenanpassung, Immobilienwertermittlungsverordnung **Anh I** 7 (9)
Datenübermittlung der Anzeigen, Ermächtigung bei der Grunderwerbsteuer **GE** 22a
Dauerkleingartenland, Reinertrag der Land- und Forstwirtschaft, Grundsteuerbewertung **B** 240 (1 f.)
Umfang des land- und forstwirtschaftlichen Vermögens, Erbschaftsteuerwert **B** 158 (4)
Dauerwohnrecht keine wirtschaftliche Einheit des Grundvermögens, Grundsteuerbewertung **B** 249 (34)
DDR, ehemalige, Anwendung des Erbschaftsteuerrechts **E** 37a (1 ff.)

Deckenverstärkungen, Gebäude **Anh I** 1 (25)
Grundvermögen **B** 176 (12)
Umfang des Grundvermögens, Verkehrswertbewertung **B** 176 (2)
Denkmalschutzgesetz, Abzug von außergewöhnlichen Unterhaltskosten nach dem D. **E** 10 (33 ff.)
Devisenkurs, Anrechnung ausländischer Nachlasssteuer **E** 21 (8)
Dienstgrundstücke, Geistliche und Kirchendiener, Grundsteuer **G** 3 (55 ff.), (57 f.)
Dienstleistungen i. Z. m. dem Absatz eigener Erzeugnisse, Land- und Forstwirtschaft **B** 158 (26)
landwirtschaftliche D. **B** 158 (29)
Dienstwohnungen, Geistliche und Kirchendiener, Grundsteuer **G** 3 (6), (55 ff.), (57 f.)
Dingliche Haftung bei der Grundsteuer **G** 12
Diplomatische Vertretungen, Anzeigepflicht bei der Erbschaftsteuer **E** 34 (21)
Grundsteuerbefreiung **G** 5 (23 ff.)
Mitglieder, Steuerpflicht **E** 2 (14)
Direktversicherung, Anzeigepflicht von Versicherungsunternehmen bei Übertragung von D. **E** 33 (28)
Diskontpapiere, Bewertung **B** 12 (15)
Disquotale Einlage, Schenkungsteuer **E** 7 (1 FN)
Dividenden i. Z. m. der Korrektur des Betriebsergebnisses bei der Bewertung des Substanzwerts von Anteilen an Kapitalgesellschaften **B** 11 (40)
Doppelbesteuerungsabkommen, Erbschaft- und Schenkungsteuer **E** 2 (13), 19 (4), 21 (1), (5)
Steuerbefreiung für bestimmte Zuwendungen **E** 13 (85)
Doppelhäuser, Gebäudestandardbeschreibung, Immobilienwertermittlungsverordnung **Anh I** 7 (96)
Kostenkennwerte der Normalherstellungskosten, Immobilienwertermittlungsverordnung **Anh I** 7 (67)
Duldungsauflage, Schenkung unter D., Ermittlung des Erwerbs **E** 7 (44)
Duldungspflicht, Begriff, Abgabenordnung (Auszug) **G** 12 (5)
Durchschnittliche Lebenserwartung für Bewertungsstichtage ab 1.1.2025 **B** 14 (5)
Durchschnittsertrag, vereinfachtes Ertragswertverfahren, Verkehrswert von Unternehmensvermögen **B** 201 (1)

E

Edelmetalle, Abgrenzung des Verwaltungsvermögens bei der Erbschaftsteuerbegünstigung für Unternehmensvermögen **E** 13b (8)
keine Erbschaftsteuerbefreiung **E** 13 (3)
Edelsteine, Abgrenzung des Verwaltungsvermögens bei der Erbschaftsteuerbegünstigung für Unternehmensvermögen **E** 13b (8)
keine Erbschaftsteuerbefreiung **E** 13 (3)
Ehebedingte Zuwendungen, Behandlung bei der Schenkungsteuer **E** 7 (27 f.)
Ehegatten, Abfindungszahlungen zwischen E., keine freigebige Zuwendung **E** 7 (26)
Familienheim beim Erwerb von Todes wegen **E** 13 (9), (56 ff.)
Freibetrag bei der Erbschaft- und Schenkungsteuer **E** 16 (1)
geschiedener E., Steuerklasse **E** 15 (2)
Grundstückserwerb durch E., keine Grunderwerbsteuer **GE** 3 (3 f.)
Steuerklasse **E** 15 (1)
–, im Verhältnis zum Schlusserben, Erbschaft- und Schenkungsteuer **E** 15 (6)
–, im Verhältnis zum Vermächtnisnehmer, Erbschaft- und Schenkungsteuer **E** 15 (6)
überlebender E., besonderer Versorgungsfreibetrag **E** 17 (1), (8 ff.)
unbenannte Zuwendungen, Schenkungsteuer **E** 7 (27 f.)
Zuwendungen unter E., Schenkungsteuer **E** 7 (67)
Eigene Anteile, Bewertung von Anteilen an Kapitalgesellschaften **B** 11 (25)
Eigentümer von Grundbesitz, Auskunftspflicht, Grundsteuerbewertung **B** 229 (1)
wirtschaftliche E. von Gebäuden auf fremdem Grund und Boden **B** 70 (3)
Eigentumsübergang, Erwerbsvorgang bei der Grunderwerbsteuer **GE** 1 (3)
Einbauküche, Bestandteil eines Gebäudes **B** 176 (8)
Einbaumöbelerwerb, keine Gegenleistung bei der Grunderwerbsteuer **GE** 9 (47)
Einbauschrank, Bestandteil eines Gebäudes **B** 176 (8)
Einbauten als Bestandteile eines Gebäudes **B** 176 (8)
Einbringung, Behaltensregelungen bei der Steuerbegünstigung für Unternehmensvermögen **E** 13a (117)
Bemessungsgrundlage, Grunderwerbsteuer **GE** 8 (3)
und Grundstücksübertragungen, Grunderwerbsteuer **GE** 1 (56 ff.), (63)
Grundstücksübertragungen im Konzern, Grunderwerbsteuerbefreiung **GE** 6a (8)
vereinfachtes Ertragswertverfahren, Verkehrswert von Unternehmensvermögen **B** 201 (3)
Einfahrbahnen, Betriebsvorrichtung **Anh I** 1 (38)
Einfamilienhäuser, Abgrenzung der Grundstücksart, Grundsteuerbewertung **B** 249 (25)
Ausstattungsstandard, Verkehrswertbewertung im Sachwertverfahren **B** 190 (47)
Bewertung im Vergleichswertverfahren, Verkehrswertbewertung **B** 182 (2)
Ertragswertverfahren, Grundsteuerbewertung **B** 250 (2)
Gebäudestandardbeschreibung, Immobilienwertermittlungsverordnung **Anh I** 7 (96)
Gesamtnutzungsdauer, Verkehrswertbewertung **B** 185 (31)
gesetzlicher Liegenschaftszinssatz zur Ermittlung des Grundstückswerts im Ertragswertverfahren, Grundsteuerbewertung **B** 256 (1)
Grundstücksart, Begriff **B** 181 (1 f.)
Grundstücksart, Erbschaftsteuerwert 2023 **Anh III** (8)
Grundstücksart, Grundsteuerbewertung **B** 249 (2)
Kapitalisierungszinssatz Verkehrswertbewertung von Erbbaurechten **B** 193 (4)
Kostenkennwerte der Normalherstellungskosten, Immobilienwertermittlungsverordnung **Anh I** 7 (67)
Nettokaltmieten-Tabelle zur Ermittlung des Grundstückswerts im Ertragswertverfahren, Grundsteuerbewertung **B** 254 (10)
Regelherstellungskosten bei der Verkehrswertbewertung **B** 190 (14)
Regelherstellungskosten, Verkehrswertbewertung im Sachwertverfahren **B** 190 (46)
Stundung der Erbschaftsteuer bei Selbstnutzung **E** 28 (10 ff.)
Umrechnungskoeffizienten bei der Bodenwertermittlung, Grundsteuerbewertung **B** 251 (6)

Wertzahlen, Verkehrswertbewertung im Sachwertverfahren **B** 191 (8)
Einfriedungen, Außenanlagen **Anh I** 1 (38)
Verkehrswertbewertung im Sachwertverfahren **B** 190 (18 f.)
Einfügen zur Herstellung, Abgrenzung der Gebäudebestandteile **B** 176 (8)
Eingelegte Wirtschaftsgüter, vereinfachtes Ertragswertverfahren, Verkehrswert von Unternehmensvermögen **B** 200 (4), (9 f.)
Einheit, wirtschaftliche E. *s. Wirtschaftliche Einheit*
Einheit Deutschlands, Sondervorschriften zur Erbschaftsteuer **E** 37a (1 ff.)
Einheitlicher Erwerbsgegenstand, Gegenleistung bei der Grunderwerbsteuer **GE** 9 (65 ff.)
Einheitliche Verträge, Gegenleistung bei der Grunderwerbsteuer **GE** 9 (65 ff.)
Einheitswert, Abrundung, Euro-Umrechnung **B** 30
Einkaufsmärkte, Gesamtnutzungsdauer, Verkehrswertbewertung **B** 185 (31)
Einkommensteuer, kein Schuldenabzug, Betriebsvermögensbewertung **B** 103 (14)
Einlagen, disquotale E., Schenkungsteuer **E** 7 (1 FN)
i. Z. m. der Entnahmebegrenzung bei der Erbschaftsteuervergünstigung für Unternehmensvermögen **E** 13a (101 ff.)
Korrektur bei der Ermittlung des Substanzwerts, Betriebsvermögensbewertung **B** 109 (13)
des typischen stillen Gesellschafters, Bewertung **B** 12 (19 f.)
vereinfachtes Ertragswertverfahren, Verkehrswert von Unternehmensvermögen **B** 200 (4), (9 f.)
Zuwendung in Form von E., Schenkungsteuer **E** 7 (48)
Einnehmer einer staatlichen Lotterie, Umfang **B** 96
Einzeldepot, Zurechnung bei Ehegatten, Schenkungsteuer **E** 7 (1 FN)
Einzelkonto, Zurechnung bei Ehegatten, Schenkungsteuer **E** 7 (1 FN)
Einziehung von Geschäftsanteilen an einer GmbH, Betriebsvermögensbewertung **B** 97 (38)
von Gesellschaftsanteilen, Ermittlung der Beteiligungsquote, Abgrenzung des Verwaltungsvermögens **E** 13b (95a)
Eisenbahnkreuzungsgesetz, Grundstücksübertragungen, Grunderwerbsteuer **GE** 8 (10)
Eiserne Verpachtung in der Land- und Forstwirtschaft, Erbschaftsteuerwert **B** 162 (18 f.)
Eissporthallen, Abgrenzung Grundvermögen/Betriebsvorrichtungen **Anh I** 3 (11)
Eissportstadien, Abgrenzung Grundvermögen/Betriebsvorrichtungen **Anh I** 3 (11)
Eissportzentren, Abgrenzung Grundvermögen/Betriebsvorrichtungen **Anh I** 3 (11)
Eltern, Steuerklasse bei der Erbschaft- und Schenkungsteuer **E** 15 (2)
Elterngeld, keine Berücksichtigung bei der Lohnsumme, Erbschaftsteuerbegünstigung für Unternehmensvermögen **E** 13a (3), (31)
Emittenten von Namensaktien und Schuldverschreibungen, Anzeigepflicht **E** 33 (2)
Endvermögen zur Berechnung des Zugewinnausgleichs **E** 5 (11)
Energieerzeugung in der Land- und Forstwirtschaft **B** 158 (31)
Entlastungsbetrag für Betriebsvermögen bei der Erbschaft- und Schenkungsteuer **E** 19a (1 ff.)
rückwirkender Wegfall **E** 19a (8)
für Unternehmensvermögen bei der Erbschaft- und Schenkungsteuer **E** 19a (7)
Entnahmebegrenzung bei der Erbschaftsteuerbegünstigung für Unternehmensvermögen **E** 13a (8), (101 ff.)
Wertabschlag für Familiengesellschaften, Erbschaftsteuerbegünstigung für Unternehmensvermögen **E** 13a (13), (135 ff.)
Entnahmen, Korrektur bei der Ermittlung des Substanzwerts, Betriebsvermögensbewertung **B** 109 (13)
Mitteilung der Betriebsfinanzämter bei gesonderter Feststellung **B** 151 (58)
Entreicherung, Voraussetzung für eine freigebige Zuwendung **E** 7 (1 FN)
Entschädigung, Gegenleistung bei der Grunderwerbsteuer **GE** 9 (7)
für Opfer nationalsozialistischer Verfolgung, Steuerbefreiung **E** 13 (14)
Entstaubungsanlagen, Betriebsvorrichtungen **Anh I** 1 (34)
Entstehung der Erbschaftsteuer **E** 9 (1 f.)
der Grunderwerbsteuer **GE** 14 (1 f.)
–, Rechtsprechung **GE** 14 (20)
der Grundsteuer **G** 9 (2)
Entwässerungsanlagen, Zurechnung zum Gebäude **Anh I** 1 (31)
Entwicklung, ländliche E., Grunderwerbsteuer **GE** 1 (35 ff.)
Entwicklungszustand, Immobilienwertermittlungsverordnung **Anh I** 7 (3)
Erbanfall, Entstehen der Steuerschuld, Erbschaft- und Schenkungsteuer **E** 9
Erbschaftsteuer **E** 3 (1)
–, Erwerb **E** 3 (12)
Erbauseinandersetzung, Grundstücksübertragung an Abkömmling eines Miterben, Grunderwerbsteuer **GE** 3 (32)
Kosten der E. als Nachlassverbindlichkeit **E** 10 (55)
Erbbaugrundstück, Abzinsungsfaktoren nach Zinssätzen, Verkehrswertbewertung **B** 194 (18)
Ermittlung des Grundstückswerts im Sachwertverfahren, Grundsteuerbewertung **B** 261 (1 ff.)
Umfang des Grundstücks, Grundsteuerbewertung **B** 244 (3)
Verkehrswertbewertung **B** 194
– von Grundstücken, Erbschaftsteuerwert 2023 **Anh VI** (77 ff.)
– von Grundstücken im Zustand der Bebauung **B** 196 (12 f.)
Erbbaugrundstücksfaktor, Immobilienwertermittlungsverordnung **Anh I** 7 (22)
Verkehrswertbewertung von Erbbaugrundstücken **B** 194 (2)
Verkehrswertbewertung, von Grundstücken, Erbschaftsteuerwert 2023 **Anh III** (77 ff.)
Erbbaugrundstückskoeffizient, Immobilienwertermittlungsverordnung **Anh I** 7 (23)
Verkehrswertbewertung von Erbbaugrundstücken **B** 194 (1)
Verkehrswertbewertung, von Grundstücken, Erbschaftsteuerwert 2023 **Anh III** (77 ff.)
Erbbaurecht, Beurteilung von Erwerbsvorgängen, Grunderwerbsteuer **GE** 2 (13 ff.)
Einräumung gegen zu niedrigen Erbbauzins, Erwerb **E** 7 (24)
Ermittlung des Grundstückswerts im Sachwertverfahren, Grundsteuerbewertung **B** 261 (1 ff.)
Grunderwerbsteuerpflicht **GE** 2 (5)
Immobilienwertermittlungsverordnung **Anh I** 7 (48 ff.)

Umfang des Grundvermögens, Grundsteuerbewertung **B** 243 (1), 244 (3)
Umfang des Grundvermögens, Verkehrswertbewertung **B** 176 (1)
Umwandlung von gemeinschaftlichem Eigentum in Flächeneigentum **GE** 7 (6)
Verkehrswertbewertung **B** 192 (1 ff.), 193, (6 ff.)
– von Grundstücken, Erbschaftsteuerwert 2023 **Anh III** (65 ff.)
Vervielfältiger für die Verkehrswertbewertung **B** 185 (30)
Erbbaurechtsfaktor, Immobilienwertermittlungsverordnung **Anh I** 7 (12), (22)
Verkehrswertbewertung von Erbbaurechten **B** 193 (2 f.)
Verkehrswertbewertung von Grundstücken, Erbschaftsteuerwert 2023 **Anh III** (65 ff.)
Erbbaurechtsgesetz, Hinweis, Verkehrswertbewertung **B** 192 (5)
Erbbaurechtsgrundstück, Immobilienwertermittlungsverordnung **Anh I** 7 (48 ff.)
Erbbaurechtskoeffizient, Immobilienwertermittlungsverordnung **Anh I** 7 (12), (23)
Verkehrswertbewertung von Erbbaurechten **B** 193 (1 f.)
Verkehrswertbewertung, von Grundstücken, Erbschaftsteuerwert 2023 **Anh III** (65 ff.)
Erbbauzins, Einräumung eines Erbbaurechts gegen niedrigen E., Erwerb **E** 7 (24)
Recht des Grundstückseigentümers auf E., keine Grunderwerbsteuerpflicht **GE** 2 (4)
Verkehrswertbewertung von Erbbaugrundstücken **B** 194 (5), (13)
Verkehrswertbewertung von Erbbaurechten **B** 193 (10 f.)
Erbe, Fall des § 2269 BGB, Umfang des begünstigten Vermögens **E** 15 (14)
mehrere E., Abgabe der Steuererklärung **E** 31 (10)
Erbengemeinschaft als Feststellungsadressat einer gesonderten Feststellung **B** 151 (5 FN)
Erbersatzanspruch, Abzug von Verbindlichkeiten **E** 10 (6)
Erbschaftsteuerbefreiung bei Verzicht **E** 13 (18)
Erbersatzsteuer, keine E. bei einer nichtrechtsfähigen Stiftung **E** 1 (14)
Steuerbegünstigung für Unternehmensvermögen bei Familienstiftungen **E** 13a (175)
Verschonungsbedarfsprüfung bei Großerwerben, Erbschaft- und Schenkungsteuer **E** 28a (25)
s. a. Ersatzerbschaftsteuer
Erbfall, Anzeigepflicht, Gerichte usw. **E** 34 (1 ff.)
Steuererklärung **E** 31 (1 ff.)
Unternehmensvermögensbegünstigung **E** 13a (1 ff.), (20 ff.)
Erblasser, Abzug von Steuerberatungskosten des E., Erbschaftsteuer **E** 10 (63 ff.)
Erbschaftsteuer, Abzug von Grabpflegekosten **E** 10 (50 ff.)
Abzug, Pauschbetrag **E** 10 (70 ff.)
Ansatz privater Steuererstattungsansprüche **E** 10 (23 ff.)
Anzeigepflicht **E** 33 (1 ff.)
ausländische E., kein Abzug **E** 10 (83)
Behandlung von Gemeinschaftskonten bzw. -depots **E** 10 (89)
Behandlung von Sachleistungsansprüchen **E** 12 (12)
Beistandspflichten der Notare, Merkblatt **E** 34 (24 ff.)
Bekanntgabe einer Einspruchsentscheidung **E** 32 (3)
Berücksichtigung von Vorerwerben **E** 14 (5 ff.)
–, Belastungsbegrenzung **E** 14 (3)
beschränkter Abzug von Schulden und Lasten **E** 10 (76 ff.)
Besteuerung von Renten, Nutzungen und Leistungen **E** 23 (1 ff.)
Bewertungsgrundsätze **E** 12 (8 ff.)
Doppelbesteuerungsabkommen **E** 2 (13)
eigene E. nicht als Schuld abzugsfähig **E** 10 (10)
Ermittlungsverfahren bei den Finanzämtern **Anh II** 3
erweiterte beschränkte Steuerpflicht **E** 2 (13)
Erwerb noch nicht ausgeschütteter Gewinnansprüche **E** 12 (13 ff.)
Feststellung von Grundbesitzwerten **B** 151 (1)
Inlandsvermögen **E** 2 (15 ff.)
Kleinbetragsgrenze **E** 22
Maßgeblichkeit des Zivilrechts **E** 12 (9 ff.)
Muster einer Anzeige **Anh II** 2 (1)
Nacherbschaft **E** 6 (2 f.)
Nachvermächtnis **E** 6 (4 f.)
örtliche Zuständigkeit **E** 35 (1 ff.)
Rückfall des geschenkten Vermögens **E** 13 (74 ff.)
Sondervorschriften aus Anlass der Herstellung der Einheit Deutschlands **E** 37a (1 ff.)
Steuerbefreiungen **E** 13 (1 ff.), (36 f.)
Steuererklärung **E** 31 (1 ff.)
Steuerklassen **E** 15 (1 ff.)
steuerpflichtiger Erwerb **E** 1 (1 ff.)
–, Wertermittlung **E** 10 (1 ff.)
Steuersätze **E** 19 (1 ff.)
Stundung **E** 28 (1 ff.)
Tilgung der E. durch Hingabe von Kunstgegenständen **E** 20 (8)
Übernahme der E. **E** 10 (31 f.)
Verzeichnis der zuständigen Finanzämter **Anh II** 5
Vorerbschaft **E** 6 (1)
Erbschaftsteuerbegünstigung bei Großerwerben **E** 13c (1 ff.), (5 ff.)
für Unternehmensvermögen **E** 13a (1 ff.), (20 ff.)
–, Ausgangslohnsumme **E** 13a (3), (31)
–, Behaltensfrist **E** 13a (5)
–, Entnahmebegrenzung **E** 13a (8)
–, gleitender Abzugsbetrag **E** 13a (2)
–, Reinvestitionsklausel **E** 13a (10)
–, Schwellenwert **E** 13a (23 ff.)
–, Stimmrechtsbündelung **E** 13a (10)
–, Verfügungsbeschränkung **E** 13a (10)
Erbschaftsteuerfestsetzung E 20 ff.
Erbschaftsteuergesetz, Anwendung **E** 37
Erbschaftsteuergesetz 1974 Anh II 1 (1 ff.)
Erbschaftsteuerpflicht E 1 (1 ff.)
persönliche E. **E** 2 (1 ff.)
Erbschaftsteuerschuld, Entstehen **E** 9
Erbschein, Anzeigepflicht durch Gerichte und Notare **E** 34 (3)
Erbverzicht, Schenkung unter Lebenden, Schenkungsteuer **E** 7 (5)
Ereignis, rückwirkendes E. i. Z. m. der Berücksichtigung von Vorerwerben bei der Erbschaft- und Schenkungsteuer **E** 14 (35)
Erfindungen, Bewertung, nicht zu einem Betriebsvermögen gehörende E. **B** 9 (13)
Bewertung des Substanzwerts bei Anteilen an Kapitalgesellschaften **B** 11 (33)
Inlandsvermögen **B** 121 (5)
Ergänzungsbilanzen, vereinfachtes Ertragswertverfahren, Verkehrswert von Unternehmensvermögen **B** 202 (1), (6)
Erhaltungsrücklage, keine Kürzung des Kaufpreises bei der Grunderwerbsteuer **GE** 9 (46)
Erhebung der Erbschaft- und Schenkungsteuer **E** 20 ff.; **Anh II** 3

zur Ermittlung von Bewertungsgrundlagen, Grundsteuerbewertung **B** 229 (1 ff.)
Erklärung zur Feststellung des Grundsteuerwerts, Grundsteuerbewertung **B** 228 (1 ff.)
zusammenfassende E., Baugesetzbuch **Anh I** 6 (5)
Erklärungspflichten bei Feststellungen für Zwecke der Erbschaftsteuer **B** 153 (1 ff.), (6 ff.)
bei Feststellungen des Grundsteuerwerts, Grundsteuerbewertung **B** 228 (1 ff.), (10 ff.)
für eine Steuererklärung bei Feststellungen für Zwecke der Erbschaftsteuer **B** 153 (4)
Erlass der Erbschaft- und Schenkungsteuer i. Z. m. der Verschonungsbedarfsprüfung **E** 28a (4)
für den Erwerb von Kulturgütern **E** 13 (45)
der Grundsteuer **G** 32 ff.
Erlöschen der Erbschaftsteuer in besonderen Fällen **E** 29 (1 ff.)
Ermächtigung i. Z. m. der Datenübermittlung der Anzeigen bei der Grunderwerbsteuer **GE** 22a
Erbschaftsteuergesetz **E** 36
zum Erlass einer Rechtsverordnung zum Bewertungsgesetz **B** 123
für Rechtsverordnungen zur Grundsteuerbewertung **B** 263
Ermäßigung bei der Bewertung des Wohnteils in der Land- und Forstwirtschaft **B** 167 (11 ff.)
der Erbschaftsteuer bei Aufhebung einer Familienstiftung oder Auflösung eines Vereins **E** 26
der Grundsteuermesszahl **G** 15 (2 ff.)
Ermittlung des Einheitswerts **B** 20
des erbschaftsteuerlichen Erwerbs, Ermittlungsschema **E** 10 (14)
der fiktiven Ausgleichsforderung, Erbschaftsteuer **E** 5 (7)
der Gegenleistung, Verwaltungsvereinfachung **GE** 9 (51 ff.)
des Grundsteuerwerts, Grundsteuerbewertung **B** 220 (1 ff.)
des Grundstücksverkehrswerts, Immobilienwertermittlungsverordnung **Anh I** 7 (1 ff.)
der Tarifbegrenzung/des Entlastungsbetrags bei der Erbschaftsteuer **E** 19a (6 ff.)
s. a. Wertermittlung
Ermittlungsschema des erbschaftsteuerlichen Erwerbs **E** 10 (14)
Ermittlungsverfahren bei der Erbschaftsteuer in den Finanzämtern **Anh II** 3
Ermittlungszeitraum, vereinfachtes Ertragswertverfahren, Verkehrswert von Unternehmensvermögen **B** 201 (3)
Ersatzbeschaffung, Rücklage für E., kein Abzug bei der Betriebsvermögensbewertung **B** 103 (7)
Ersatzerbschaftsteuer für Familienstiftungen und Familienvereine **E** 1 (8)
Verrentung der E. bei Familienstiftungen **E** 24 (1 f.)
s. a. Erbersatzsteuer
Erschließung, Baugesetzbuch **Anh I** 6 (10 ff.)
bei der Bewertung des Grundvermögens, Verkehrswertbewertung **B** 179 (10)
Erschließungsaufwand, Baugesetzbuch **Anh I** 6 (15 ff.)
Erschließungsbeiträge, Baugesetzbuch **Anh I** 6 (14)
Gegenleistung bei der Grunderwerbsteuer **GE** 9 (25 ff.), (40 ff.)
Erschließungslast, Baugesetzbuch **Anh I** 6 (10)
Ertragsaussichten bei der Bewertung von Anteilen an Kapitalgesellschaften **B** 11 (2)
Ertragsfähigkeit, Ausgangsgröße bei der Land- und Forstwirtschaft, Grundsteuerbewertung **B** 236 (2)
Ertragsmesszahl, landwirtschaftliche Nutzung, Grundsteuerbewertung **B** 237 (18)
Ertragsminderung, Erlassargument bei der Grundsteuer **G** 34 (1 ff.)
Grundsteuererlass **G** 33 (1 ff.)
Ertragsteueraufwand, Ermittlung des Betriebsergebnisses beim vereinfachten Ertragswertverfahren **B** 202 (8)
Hinzurechnung zum Gewinn, vereinfachtes Ertragswertverfahren **B** 202 (1), (6)
bei Liquidation, Bewertung von Anteilen an Kapitalgesellschaften **B** 11 (17)
pauschale Abgeltung, vereinfachtes Ertragswertverfahren **B** 202 (1), (6)
Ertragswert, Bewertungsgrundsatz bei der Land- und Forstwirtschaft, Grundsteuerbewertung **B** 236 (1)
vereinfachtes Ertragswertverfahren, Verkehrswert von Unternehmensvermögen **B** 200 (1)
Ertragswertermittlung, Immobilienwertermittlungsverordnung **Anh I** 7 (31 ff.)
Ertragswertverfahren, Bewertung bebauter Grundstücke, Grundsteuerbewertung **B** 250 (1), 252
Grundstücksbewertung, Erbschaftsteuerwert 2023 **Anh III** (15 ff.)
Immobilienwertermittlungsverordnung **Anh I** 7 (7), (27 ff.)
in Umwandlungsfällen, Unternehmensbewertung bei der Erbschaftsteuer **E** 13b (156 ff.)
vereinfachtes E., Anteilsbewertungsmethode **B** 11 (12)
vereinfachtes E., Anwendung, Verkehrswert von Unternehmensvermögen **B** 199 (1 ff.)
Verkehrswertbewertung **B** 182 (3), (7)
–, allgemeine Grundsätze **B** 184 (4)
– für bebaute Grundstücke **B** 184 (1)
–, Überblick **B** 184 (4)
– von Unternehmensvermögen **B** 199 ff.
Erwerb, Abschmelzmodell bei früheren Erwerben, Erbschaftsteuerbegünstigung für Unternehmensvermögen **E** 13c (14)
auflösend bedingter E. **B** 4–8 (2 f.), 5
aufschiebend bedingter E. **B** 4, 4–8 (2 f.)
durch Ausgleichung, Erbschaftsteuer **E** 3 (12)
Befristung **B** 8
betagter Ansprüche, Entstehen der Schenkungsteuerschuld **E** 9 (20)
von Einbaumöbeln, Grunderwerbsteuer **GE** 9 (47)
durch Erbanfall, Erbschaftsteuer **E** 3 (12)
von Gegenständen, deren Erhaltung im öffentlichen Interesse liegt **E** 13 (38 ff.)
kontaminierter Grundstücke, Grunderwerbsteuer **GE** 8 (6 f.)
mehrerer Grundstücke, Grunderwerbsteuer-Feststellung **GE** 17 (11 ff.)
mehrfacher E. desselben Vermögens **E** 1 (7), 27 (1 ff.), (4), (7 f.)
steuerpflichtiger E., Hinterbliebenenbezüge **E** 3 (32 ff.)
durch Teilungsanordnungen, Erbschaftsteuer **E** 3 (12)
von Unternehmensvermögen, Verschonungsbedarfsprüfung **E** 28a (1 ff.)
von Vermögen durch Erwerbsunfähige **E** 13 (12)
aus Versicherungen, Erbschaft- und Schenkungsteuer **E** 3 (38 ff.)
durch Vertrag zugunsten Dritter i. Z. m. Bankguthaben und -depots **E** 3 (42 f.)
Erwerber, Grundsteuerhaftung **G** 11 (2)
mehrere E., Geringfügigkeitsgrenze, Grunderwerbsteuer **GE** 3 (17 f.)

Steuerschuldner, Begründung der Auswahlentscheidung, Erbschaftsteuer **E** 20 (1 FN)
mit Wohnsitz in der Europäischen Union, Auskunftsaustausch bei beschränkter Erbschaftsteuerpflicht **E** 17 (7)
Erwerbsanzeige, Erbschaftsteuer **E** 30 (1 ff.)
Erwerbsnebenkosten i. Z. m. Schenkungen, Schenkungsteuer **E** 7 (45 f.)
Erwerbs- und Wirtschaftsgenossenschaften *s. Genossenschaften*
Erwerbsunfähige, Erwerb von Vermögen **E** 13 (12)
Erwerbsvorgänge bei Abhängigkeit von einer Bedingung oder Genehmigung, Grunderwerbsteuer **GE** 14 (5 ff.)
Anzeige von E., Grunderwerbsteuer **GE** 16 (28)
Anzeigepflichten der Beteiligten bei der Grunderwerbsteuer **GE** 19 (1 ff.)
i. Z. m. Auftragserwerb, Grunderwerbsteuer **GE** 1 (180 ff.)
einheitliche E., Gegenleistung bei der Grunderwerbsteuer **GE** 9 (65 ff.)
Formerfordernis bei Rückgängigmachung, Grunderwerbsteuer **GE** 16 (21 ff.)
i. Z. m. Geschäftsbesorgung, Grunderwerbsteuer **GE** 1 (180 ff.)
Grunderwerbsteuer **GE** 1 (1 ff.)
–, Rechtsprechung **GE** 1 (250 ff.)
Inhalt der Anzeigen, Grunderwerbsteuer **GE** 20
i. Z. m. Treuhandgeschäften, Grunderwerbsteuer **GE** 1 (180 ff.)
bei Umstrukturierungen im Konzern, Grunderwerbsteuerbefreiung **GE** 6a (6 f.)
s. a. Grundstücksübertragung
Erwerb von Todes wegen **E** 3 (1 ff.)
Abfindung für ein Vermächtnis **E** 3 (9)
Anspruch auf Stundung beim Erwerb von Unternehmensvermögen **E** 28 (1)
Ausstattung einer ausländischen Vermögensmasse **E** 3 (5)
Entstehen der Steuerschuld, Erbschaft- und Schenkungsteuer **E** 9
Familienheim, Erbschaftsteuerbefreiung **E** 13 (9 f.), (56 ff.)
Steuerschuldner, Erbschaftsteuer **E** 20 (1)
Erzeugnisse, Zukauf fremder E., Land- und Forstwirtschaft **B** 158 (24 ff.)
Erziehung, Grundsteuerbefreiung **G** 4 (5), (34 ff.)
Erziehungsheime, Grundsteuerbefreiung **G** 5 (2), (13)
Europäische Gesellschaften, Umfang des Betriebsvermögens **B** 97 (1)
Europäische Größeneinheit, Ermittlung des Reingewinns der landwirtschaftlichen Nutzung **B** 163 (3)
Europäisches Nachlasszeugnis, Anzeigepflicht durch Gerichte und Notare **E** 34 (3)
Europäische Union, Austritt Großbritanniens und Nordirlands *s. Großbritannien*
Euro-Umrechnung, Einheitswert **B** 30
Erbschaft- und Schenkungsteuer **E** 10 (16)
Existenzgrundlage, Betrieb der Land- und Forstwirtschaft als E., Abgrenzung zum Grundvermögen **B** 159 (2), (8)

F

Fahrbahnen, Betriebsvorrichtungen **Anh I** 1 (38)
Fahrstuhlanlagen, Zurechnung zum Gebäude **Anh I** 1 (27)
Fälligkeit der Grunderwerbsteuer **GE** 15
der Grundsteuer **G** 28
Familiengesellschaften, Voraussetzungen für Wertabschlag, Erbschaftsteuerbegünstigung für Unternehmensvermögen **E** 13a (13), (135 ff.)
Familienheim beim Erwerb von Todes wegen, Erbschaftsteuerbefreiung **E** 13 (9 f.), (56 ff.)
Zuwendung eines F., Schenkungsteuer **E** 7 (28)
Zuwendungen unter Ehegatten bzw. Lebenspartnern, Erbschaft- und Schenkungsteuer **E** 13 (8), (50 ff.)
Familieninteresse, wesentliches F., Voraussetzung für Ersatzerbschaftsteuer **E** 1 (10)
Familienstiftungen, Abgabe der Steuererklärung **E** 31 (1)
Abschmelzmodell bei Großerwerben, Erbschaftsteuerbegünstigung für Unternehmensvermögen **E** 13c (15)
Anzeigepflicht der Vermögensübertragung **E** 30 (5)
Entstehen der Steuerschuld, Erbschaft- und Schenkungsteuer **E** 9 (13)
Erbschaft, Ermäßigung der Steuer **E** 26
Errichtung einer F., Bewertungsstichtag für Schenkungsteuer **E** 9 (21)
Ersatzerbschaftsteuer auf deren Vermögen **E** 1 (4), (8 ff.)
Freibetrag bei Errichtung einer F., Ersatzerbschaftsteuer **E** 15 (13)
Steuerbegünstigung für Unternehmensvermögen, Ersatzerbschaftsteuer **E** 13a (175)
Steuerklasse bei Errichtung von F. **E** 15 (10 ff.)
Verrentung der Ersatzerbschaftsteuer **E** 24 (1 f.)
Verschonungsbedarfsprüfung bei Großerwerben, Erbschaft- und Schenkungsteuer **E** 28a (25)
Voraussetzung für Verschonungsbedarfsprüfung, Erwerb von Unternehmensvermögen **E** 28a (25)
Wertabschlag für Familiengesellschaften, Erbschaftsteuerbegünstigung für Unternehmensvermögen **E** 13a (13), (135 ff.)
Zustiftung an eine F., Ersatzerbschaftsteuer **E** 1 (14)
Familienunternehmen, Vorwegabschlag bei der Bewertung von Anteilen mit dem gemeinen Wert **B** 9 (9)
Familienvereine, Abschmelzmodell bei Großerwerben, Erbschaftsteuerbegünstigung für Unternehmensvermögen **E** 13c (15)
Entstehen der Steuerschuld, Erbschaft- und Schenkungsteuer **E** 9 (13)
Ersatzerbschaftsteuer **E** 1 (13)
– auf deren Vermögen **E** 1 (8 ff.)
Fehlerbeseitigende Fortschreibung des Grundsteuerwerts, Grundsteuerbewertung **B** 222 (3), (12 f.)
Fehlerbeseitigende Nachfeststellung i. Z. m. der Grundsteuerbefreiung **B** 223 (7 f.)
Fenster, Bestandteil eines Gebäudes **B** 176 (8)
Fensterrechte als Bestandteile des Grundvermögens **B** 176 (9)
Ferienwohnungen, keine Steuerbefreiung bei der Erbschaftsteuer **E** 13 (51)
Verkehrswertbewertung von Grundstücken nach dem Ertragswertverfahren **B** 186 (17)
Festhallen, Abgrenzung Grundvermögen/Betriebsvorrichtungen **Anh I** 3 (8)
Festsetzung der Erbschaft- und Schenkungsteuer **E** 20 ff.
der Grunderwerbsteuer **GE** 16 f.
der Grundsteuer **G** 27 (1 ff.)
der Grundsteuer-Hebesätze **G** 25
des Steuermessbetrags, Grundsteuer **G** 1 f. (9)

Festsetzungsfrist, Auszug aus der Abgabenordnung **E** 31 (8 f.)
Hauptveranlagung bei Ablauf der F. **G** 16 (3)
Festsetzungsverfahren bei der Erbschaft- und Schenkungsteuer **Anh II** 3
Feststellungen von Bedarfswerten bei Betriebsgrundstücken **B** 151 (10)
von Besteuerungsgrundlagen aus Billigkeitsgründen **B** 20
für die Erbschaft- und Schenkungsteuer, Verzeichnis der zuständigen Finanzämter **Anh II** 6
Erklärungspflichten und Verfahrensvorschriften **B** 152 (1 ff.)
beim Erwerb mehrerer Grundstücke bei der Grunderwerbsteuer **GE** 17 (11 ff.)
gesonderte F. von Bedarfswerten **B** 151 (10)
gesonderte F. von Grundbesitz- und Betriebsvermögenswerten **B** 151 (1 ff.)
des Grundsteuerwerts, Grundsteuerbewertung **B** 219 (1 ff.)
Nachholung nach Ablauf der Feststellungsfrist, Grundsteuerbewertung **B** 226 (1 ff.)
des Werts des begünstigten Vermögens, Erbschaftsteuerbegünstigung für Unternehmensvermögen **E** 13b (16)
Feststellungsadressat einer gesonderten Feststellung bei der Erbschaftsteuer **B** 151 (5 FN)
Feststellungsbescheid, Änderung, Grundsteuerbewertung **B** 225 (1 f.)
für den Grundsteuerwert, Grundsteuerbewertung **B** 219 (2)
Inhalt eines F. für Grundbesitzwerte **B** 151 (5)
für Zwecke der Erbschaftsteuer, Rechtsbehelfsbefugnis **B** 155
Feststellungserklärung bei Feststellungen für Zwecke der Erbschaftsteuer **B** 153 (1 ff.)
formelle Vorschriften bei Feststellungen für Zwecke der Erbschaftsteuer **B** 153 (4), (4a)
Verpflichtung zur Abgabe einer F. **B** 109 (14)
–, Kapitalgesellschaft **B** 11 (41)
Feststellungsfrist bei Feststellungen für Zwecke der Erbschaftsteuer **B** 153 (1)
Nachholung der Feststellung nach Ablauf, Grundsteuerbewertung **B** 226 (1 ff.)
Feststellungsverfahren, Beteiligte am F. für Zwecke der Erbschaftsteuer **B** 154 (1 ff.), (5 ff.)
bei der Grundbesitzbewertung **B** 151 (13 ff.)
– bei einem Vermächtnis **B** 151 (30 ff.)
bei der Steuervergünstigung für Unternehmensvermögen **E** 13b (180 ff.)
für Zwecke der Erbschaftsteuer, Außenprüfung **B** 156
Feststellungszeitpunkt, Land- und Forstwirtschaft, Grundsteuerbewertung **B** 235
Fiktive Abzugsteuer bei der Berücksichtigung von Vorerwerben, Schenkungsteuer **E** 14 (13)
Fiktives Baujahr, Ermittlung des Grundstückswerts im Sachwertverfahren, Grundsteuerbewertung **B** 259 (22 f.)
Finanzamt, örtliche Zuständigkeit für die Erbschaftsteuer **Anh II** 5
örtliche Zuständigkeit für die Festsetzung und Erhebung **G** 1 f. (10)
örtliche Zuständigkeit für die Feststellungen zur Erbschaft- und Schenkungsteuer **Anh II** 6
Finanzdienstleistungsinstitut, Abgrenzung des Verwaltungsvermögens bei der Erbschaftsteuerbegünstigung für Unternehmensvermögen **E** 13b (7)
Finanzierungsschätze des Bundes, Bewertung **B** 12 (13)
Finanzmarktstabilisierungsfonds, Grunderwerbsteuerbefreiung **GE** 4 (21 f.)
Finanzmittel, Abgrenzung des Verwaltungsvermögens **E** 13b (101 ff.)
– bei der Erbschaftsteuerbegünstigung für Unternehmensvermögen **E** 13b (10)
Aufteilung der F. bei Personengesellschaften, Erbschaftsteuerbegünstigung für Unternehmensvermögen **E** 13b (72a)
junge F., Erbschaftsteuerbegünstigung für Unternehmensvermögen **E** 13b (13)
Finanzmitteltest, Abgrenzung des Verwaltungsvermögens bei der Erbschaftsteuerbegünstigung für Unternehmensvermögen **E** 13b (111 ff.)
Firmenwert, Hinzurechnung der Abschreibung zum Gewinn, vereinfachtes Ertragswertverfahren **B** 202 (1), (6)
Fischzucht, sonstige land- und forstwirtschaftliche Nutzung, Grundsteuerbewertung **B** 237 (60 ff.)
sonstige land- und forstwirtschaftliche Nutzung, Land- und Forstwirtschaft **B** 175 (2)
übrige land- und forstwirtschaftliche Nutzung **B** 160 (40 ff.)
Umfang der sonstigen landwirtschaftlichen Nutzung, Grundsteuerbewertung **B** 242 (2)
Flächen der Land- und Forstwirtschaft, Immobilienwertermittlungsverordnung **Anh I** 7 (3)
Flächeneigentum, Umwandlung von gemeinschaftlichem Eigentum, Grunderwerbsteuer **GE** 7 (1 ff.)
Umwandlung von gemeinschaftlichem Eigentum, Rechtsprechung **GE** 7 (11)
Flächeneinheiten, Verkehrswertbewertung im Vergleichswertverfahren **B** 183 (2)
Flüchtlingshilfegesetz, Ansprüche aus dem F., Erbschaftsteuerbefreiung **E** 13 (13)
Flugplätze, militärische F., Grundsteuerbefreiung **G** 6 (1)
Flugsicherungsanlagen, Grundsteuerbefreiung **G** 4 (3)
Flurbereinigung, Gegenleistung bei der Grunderwerbsteuer **GE** 9 (59)
Grunderwerbsteuer **GE** 1 (35 ff.)
Folgekostenbeiträge, Gegenleistung bei der Grunderwerbsteuer **GE** 9 (25 ff.)
Folientunnel, gärtnerische Nutzung, Grundsteuerbewertung **B** 237 (32)
Fondsanteile, Bewertung mit dem Rücknahmepreis **B** 11 (4)
Förderbänder, Betriebsvorrichtungen **Anh I** 1 (28)
Fördertürme, Betriebsvorrichtungen **Anh I** 1 (58)
Forderungen, Abgrenzung des Verwaltungsvermögens **E** 13b (98 ff.)
– bei der Erbschaftsteuerbegünstigung für Unternehmensvermögen **E** 13b (7), (10)
mit Besserungsabrede, Entstehen der Schenkungsteuerschuld **E** 9 (20)
Inlandsvermögen **B** 121 (8)
zwischen Personengesellschaften und Mitunternehmern, Betriebsvermögensbewertung **B** 97 (6), (11), (15)
Tabellen für die Berechnung des Gegenwartswerts **B** 12 (62 ff.)
Umfang des Betriebsvermögens bei Nichtbilanzierenden und freiberuflich Tätigen **B** 95 f. (7)
unverzinsliche F., Bewertung **B** 12 (22 ff.)
Vervielfältiger zur Bewertung bestimmter F. **B** 12 (62 ff.)
Forderungsrechte, Bewertung **B** 11 (6)
Formelle Satzungsmäßigkeit, Gemeinnützigkeit, Abgabenordnung (Auszug) **G** 3 (78)

Formwechsel von Gesellschaften und Grunderwerbsteuer **GE** 1 (62)
rückwirkender F. zwischen Personen- und Kapitalgesellschaft **E** 11 (2 f.)
Forstwirtschaftliche Nutzung, Besatzkapitalwert, Tabelle nach Baumartengruppe, Erbschaftsteuerwert **B** 163 (41)
Betrieb der Land- und Forstwirtschaft **B** 160 (2)
Bewertung der Land- und Forstwirtschaft **B** 171 f.
Bewertungsfaktoren, Grundsteuerbewertung **B** 237 (20 ff.)
Definition **B** 160 (23 f.)
Land- und Forstwirtschaft, Grundsteuerbewertung **B** 234 (1), (11)
Mindestwert, Besatzkapital nach Altersklassen, Erbschaftsteuerwert **B** 164 (23)
Mindestwert, Erbschaftsteuerwert **B** 164 (11)
Pachtpreis, Tabelle nach Baumartengruppe, Erbschaftsteuerwert **B** 163 (41)
Reinertrag der Land- und Forstwirtschaft, Grundsteuerbewertung **B** 237 (3)
Reingewinn, Erbschaftsteuerwert **B** 163 (4)
Reingewinn in der Land- und Forstwirtschaft **B** 163 (19)
Reingewinn, Tabelle nach Baumartengruppe, Erbschaftsteuerwert **B** 163 (41)
Wirtschaftswert, Erbschaftsteuerwert **B** 163 (20)
Fortführungswert, Bewertung des Wirtschaftsteils, Land- und Forstwirtschaft **B** 162 (5), 165 (1 ff.)
Fortgesetzte Gütergemeinschaft, Erbschaftsteuer **E** 4 (1 f.)
Erbschaftsteuererklärung **E** 31 (3)
Fortschreibung, fehlerbeseitigende F., Grundsteuerbewertung **B** 222 (3)
des Grundsteuerwerts, Grundsteuerbewertung **B** 222 (1 ff.), (7 ff.)
Wertverhältnisse, Grundsteuerbewertung **B** 227 (1 ff.)
Fortschreibungszeitpunkt des Grundsteuerwerts, Grundsteuerbewertung **B** 222 (4)
Fotovoltaik-Anlagen, Abgrenzung Gebäude/Betriebsvorrichtung **Anh I** 1 (33)
Frankreich, Doppelbesteuerungsabkommen, Erbschaftsteuer **E** 2 (13)
Freibäder, Abgrenzung Grundvermögen/Betriebsvorrichtungen **Anh I** 3 (2)
Freiberuflich Tätige, Umfang des Betriebsvermögens **B** 96
Verkehrswert des Unternehmensvermögens **B** 202 (7 f.)
Freibetrag bei beschränkter Steuerpflicht, Erbschaft- und Schenkungsteuer **E** 16 (8 f.)
für Bestattungskosten, Erbschaftsteuer **E** 10 (7)
bei der Erbschaft- und Schenkungsteuer **E** 16 f.
bei Errichtung von Familienstiftungen, Ersatzerbschaftsteuer **E** 15 (13)
für unentgeltliche oder unzureichend bezahlte Pflegeleistungen, Erbschaftsteuer **E** 13 (15)
Freiflächen-Fotovoltaik-Anlagen, Verkehrswertbewertung **B** 179 (16a)
Freigebige Zuwendung, Begriff, Schenkung **E** 7 (20 ff.)
Freitreppen, Verkehrswertbewertung im Sachwertverfahren **B** 190 (18 f.)
Freizeitbäder, Ausstattungsstandard, Verkehrswertbewertung im Sachwertverfahren **B** 190 (47)
Gebäudestandardbeschreibung, Immobilienwertermittlungsverordnung **Anh I** 7 (101)
Kostenkennwerte der Normalherstellungskosten, Immobilienwertermittlungsverordnung **Anh I** 7 (76)
Regelherstellungskosten, Verkehrswertbewertung im Sachwertverfahren **B** 190 (46)
Friedhöfe, Grundsteuerbefreiung **G** 4 (13 f.)
Friedhofsgebäude, Ausstattungsstandard, Verkehrswertbewertung im Sachwertverfahren **B** 190 (47)
Kostenkennwerte der Normalherstellungskosten, Immobilienwertermittlungsverordnung **Anh I** 7 (81)
Regelherstellungskosten, Verkehrswertbewertung im Sachwertverfahren **B** 190 (46)
Früchte, Auszug aus dem BGB **E** 12 (18)
Frühere Erwerbe beim Abschmelzmodell, Erbschaftsteuerbegünstigung für Unternehmensvermögen **E** 13c (14)
Berücksichtigung bei der Erbschaft- und Schenkungsteuer **E** 14 (1 f.)
Futterbau, Art der landwirtschaftlichen Nutzung **B** 160 (17)

G

Galerien, Betriebsvorrichtungen **Anh I** 1 (26)
Garagen, Ausstattungsstandard, Verkehrswertbewertung im Sachwertverfahren **B** 190 (47)
Bewertung des Grundvermögens, Verkehrswertbewertung **B** 181 (18)
Gebäudestandardbeschreibung, Immobilienwertermittlungsverordnung **Anh I** 7 (103)
Kostenkennwerte der Normalherstellungskosten, Immobilienwertermittlungsverordnung **Anh I** 7 (78)
Regelherstellungskosten, Verkehrswertbewertung im Sachwertverfahren **B** 190 (46)
Umfang des Grundstücks, Grundsteuerbewertung **B** 244 (2)
Umfang des Grundstücks, Verkehrswertbewertung **B** 176 (15)
Gärkeller, Grundvermögen **Anh I** 1 (5)
Gartenanlagen, Gebäudebestandteile **B** 176 (9)
Grundvermögen, Grundsteuerbewertung **B** 243 (8)
Gartenlauben, Begriff, Bundeskleingartengesetz **Anh I** 8 (3)
Reinertrag der Land- und Forstwirtschaft, Grundsteuerbewertung **B** 240 (3)
Gärtnerische Nutzung, Besatzkapitalwert, Tabelle, Erbschaftsteuerwert **B** 163 (43)
Betrieb der Land- und Forstwirtschaft **B** 160 (2)
Bewertung, Land- und Forstwirtschaft **B** 174 (1 ff.)
Bewertungsfaktoren, Grundsteuerbewertung **B** 237 (30 ff.)
Definition **B** 160 (27 f.)
Land- und Forstwirtschaft, Grundsteuerbewertung **B** 234 (1), (11)
Mindestwert, Erbschaftsteuerwert **B** 164 (11)
Pachtpreis, Tabelle, Erbschaftsteuerwert **B** 163 (43)
Reinertrag der Land- und Forstwirtschaft, Grundsteuerbewertung **B** 237 (5)
Reingewinn in der Land- und Forstwirtschaft, Erbschaftsteuerwert **B** 163 (6), (23)
Reingewinn, Tabelle, Erbschaftsteuerwert **B** 163 (43)
Wirtschaftswert **B** 163 (24)
Zuschlag zum Reinertrag der Land- und Forstwirtschaft, Grundsteuerbewertung **B** 238 (1), (6)
Gebäude, Begriff **Anh I** 1 (5)
–, Grundsteuerbewertung **B** 243 (7a)
Bestandteile, Abgrenzung **Anh I** 1 (21 ff.)
auf fremdem Grund und Boden, Einheitsbewertung **B** 70 (3)
auf fremdem Grund und Boden, Ermittlung des Grundstückswerts im Sachwertverfahren, Grundsteuerbewertung **B** 262 (1 ff.)

auf fremdem Grund und Boden, Grunderwerbsteuerpflicht **GE** 2 (6)
auf fremdem Grund und Boden, Sicherungsübereignung **GE** 2 (33a ff.), (37)
auf fremdem Grund und Boden, Umfang des Grundstücks, Grundsteuerbewertung **B** 244 (3)
auf fremdem Grund und Boden, Verkehrswertbewertung **B** 195, (10 ff.)
–, Erbschaftsteuerwert 2023 **Anh III** (86 ff.)
Grundvermögen **B** 176 (8); **Anh I** 1 (5)
Innenaufteilungen **Anh I** 1 (22)
Land- und Forstwirtschaft, Bewertungsstichtag **B** 161 (1)
Umfang des Grundvermögens, Grundsteuerbewertung **B** 243 (1)
Umfang des Grundvermögens, Verkehrswertbewertung **B** 176 (1)
auf Wasser, Grunderwerbsteuer **GE** 2 (38)
für den Zivilschutz, Verkehrswertbewertung **B** 197 (1 ff.)
Gebäudeart, Ermittlung des Grundstückswerts im Sachwertverfahren, Grundsteuerbewertung **B** 259 (36)
zur Ermittlung des Grundstückswerts im Sachwertverfahren, Grundsteuerbewertung **B** 259 (8 f.)
Nettokaltmieten-Tabelle zur Ermittlung des Grundstückswerts im Ertragswertverfahren zur Ermittlung des Grundstückswerts im Ertragswertverfahren, Grundsteuerbewertung **B** 254 (10)
Verkehrswertbewertung im Sachwertverfahren **B** 190 (8 ff.)
Gebäudeertragswert, Verkehrswertbewertung im Ertragswertverfahren **B** 185 (1)
Gebäudemehrheit, Ermittlung des Grundstückswerts, Grundsteuerbewertung **B** 253 (10 ff.)
Ermittlung des Grundstückswerts im Ertragswertverfahren, Erbschaftsteuerwert 2023 **Anh III** (24 ff.)
Ermittlung des Grundstückswerts im Sachwertverfahren, Erbschaftsteuerwert 2023 **Anh III** (57 ff.)
Ermittlung des Grundstückswerts im Sachwertverfahren, Grundsteuerbewertung **B** 259 (28 ff.)
Verkehrswertbewertung im Ertragswertverfahren **B** 185 (23 ff.)
Verkehrswertbewertung im Sachwertverfahren **B** 190 (38 ff.)
Gebäudenormalherstellungswert, Ermittlung des Grundstückswerts im Sachwertverfahren, Grundsteuerbewertung **B** 259 (2)
Gebäuderegelherstellungskosten, Verkehrswertbewertung im Sachwertverfahren **B** 190 (1), (45)
Gebäudereinertrag, Verkehrswertbewertung im Ertragswertverfahren **B** 185 (3)
Gebäudesachwert, Anpassung der Normalherstellungskosten, Ermittlung des Grundstückswerts im Sachwertverfahren, Grundsteuerbewertung **B** 259 (37)
Ermittlung des Grundstückswerts im Sachwertverfahren, Grundsteuerbewertung **B** 258 (1 ff.), 259 (1 ff.)
Indizierung der Regelherstellungskosten, Verkehrswertbewertung im Sachwertverfahren **B** 190 (50)
Verkehrswertbewertung im Sachwertverfahren **B** 189 (1), (3), 190 (1), (3)
Gebäudeschäden, Reparaturkosten als Nachlassverbindlichkeit **E** 10 (55)
Gebäudestandard, Beschreibung des G., Immobilienwertermittlungsverordnung **Anh I** 7 (96 ff.)
Verkehrswertbewertung im Sachwertverfahren **B** 190 (13)
Gebäudewert, Verkehrswertbewertung von Erbbaugrundstücken **B** 194 (11), (14)
Verkehrswertbewertung von Erbbaurechten **B** 193 (6)
Verkehrswertbewertung im Ertragswertverfahren **B** 184 (3)
Verkehrswertbewertung von Gebäuden auf fremdem Grund und Boden **B** 195 (2)
–, Erbschaftsteuerwert 2023 **Anh III** (89 ff.)
Verkehrswertbewertung im Sachwertverfahren **B** 189 (1)
Gebrauch, bestimmungsgemäßer G. durch die Allgemeinheit **G** 3 (35 ff.)
Gebrauchsmuster, Inlandsvermögen **B** 121 (5)
Geförderter Wohnraum, Ermäßigung der Grundsteuermesszahl **G** 15 (12 ff.)
Gegenleistung, Bemessungsgrundlage bei der Grunderwerbsteuer **GE** 8 (1), 9 (1 ff.)
bei einheitlichen Verträgen, Grunderwerbsteuer **GE** 9 (65 ff.)
–, Rechtsprechung **GE** 9 (111)
Erschließungs- und Folgekostenbeiträge, Grunderwerbsteuer **GE** 9 (25 ff.)
Grunderwerbsteuer, Rechtsprechung **GE** 9 (110 ff.)
bei Grundstücksveräußerungen mit Solaranlagen **GE** 9 (55 ff.)
Miterwerb von Einbaumöbeln, Grunderwerbsteuer **GE** 9 (47)
Schenkung unter G., Ermittlung des Erwerbs **E** 7 (44)
i. S. d. UmwStG und Unternehmensvermögensbegünstigung, Erbschaftsteuer **E** 13a (93)
vereinfachte Ermittlung, Grunderwerbsteuer **GE** 9 (51 ff.)
bei Zwangsversteigerung, Grunderwerbsteuer **GE** 9 (101 ff.)
Gegenseitige Verträge, Bewertung der Ansprüche **B** 9 (10)
Gegenseitigkeitserklärung mit ausländischen Staaten, Erbschaft- und Schenkungsteuer **E** 13 (83 f.)
Gegenstände, körperliche G., Bewertung **B** 9 (15)
Steuerbefreiungen **E** 13 (2)
Gegenwartswert, Bewertung von Kapitalforderungen und Schulden **B** 12 (11)
einer unverzinslichen, befristeten Forderung oder Schuld **B** 12 (22 ff.)
Geistliche, Dienstgrundstücke und Dienstwohnungen, Grundsteuerbefreiung **G** 3 (55 ff.), (57 f.)
Geldforderungen, Abgrenzung des Verwaltungsvermögens bei der Erbschaftsteuerbegünstigung für Unternehmensvermögen **E** 13b (10)
Umfang des land- und forstwirtschaftlichen Vermögens, Erbschaftsteuerwert **B** 158 (4)
Umfang des land- und forstwirtschaftlichen Vermögens, Grundsteuerbewertung **B** 232 (4)
Geldhingabe, Erwerb eines Grundstücks, Schenkungsteuer **E** 7 (29 ff.)
Geldschulden, Umfang des land- und forstwirtschaftlichen Vermögens, Erbschaftsteuerwert **B** 158 (5)
Umfang des land- und forstwirtschaftlichen Vermögens, Grundsteuerbewertung **B** 232 (4)
Geldzuwendungen für Pflegeleistungen, Steuerbefreiung **E** 13 (16)
Gelegenheitsgeschenke, Schenkungsteuerbefreiung **E** 13 (21)
Geltungsbereich der allgemeinen Bewertungsvorschriften **B** 1 (1 ff.)
der besonderen Bewertungsvorschriften **B** 17 (1 ff.)
Gemeinbedarfsflächen und Bodenwert, Immobilienwertermittlungsverordnung **Anh I** 7 (44)

Gemeinden, Erlöschen der Erbschaft- und Schenkungsteuer bei Zuwendung von Vermögensgegenständen **E** 29 (4)
steuerfreie Erbanfälle bei der Erbschaftsteuer **E** 13 (22)
Gemeindezentren, Gebäudestandardbeschreibung, Immobilienwertermittlungsverordnung **Anh I** 7 (99)
Kostenkennwerte der Normalherstellungskosten, Immobilienwertermittlungsverordnung **Anh I** 7 (71)
Gemeiner Wert von Aktien und Anteilen **B** 11 (2), (12)
allgemeiner Bewertungsgrundsatz **B** 9
Anpassung an den g. W., Verkehrswertbewertung von Grundstücken **B** 189 (3)
bei ausländischem Grundbesitz bei der Erbschaft- und Schenkungsteuer **E** 12 (7)
bei Auslandsvermögen **B** 31 (1)
Bewertung des Grundvermögens **B** 177 (1 f.)
Bewertung nichtnotierter Anteile an Kapitalgesellschaften **B** 11 (43)
von Erfindungen und Urheberrechten beim Substanzwert von Anteilen an Kapitalgesellschaften **B** 11 (33)
Nachweis des g. W., Grundsteuer **B** 220 (2), (5 ff.)
Nachweis des g. W., Verkehrswertgutachten, Grundsteuer **B** 220 (12 ff.)
Nachweis des g. W., zeitnaher Kaufpreis, Grundsteuer **B** 220 (20 ff.)
Nachweis des niedrigeren g. W., Verkehrswertbewertung **B** 198 (1 ff.)
von nichtnotierten Aktien und Anteilen **B** 11 (2), (12)
Gemeinnützige Kapitalgesellschaft, Bewertung von Anteilen an Kapitalgesellschaften **B** 11 (27), (60 ff.)
Gemeinnützige Stiftung, Umwandlung einer g. S., Ersatzerbschaftsteuer **E** 1 (12)
als Vorerbe, keine Erbschaftsteuerbefreiung **E** 13 (82)
Gemeinnützige Zwecke, Begriff, Abgabenordnung (Auszug) **G** 3 (68)
steuerfreie Zuwendungen **E** 13 (26)
Gemeinnützigkeit, kleingärtnerische, Begriff, Bundeskleingartengesetz **Anh I** 8 (2)
Gemeinschaft, Beteiligung eines beschränkt Steuerpflichtigen, Erbschaft- und Schenkungsteuer **E** 2 (22)
Gemeinschaftliche Einrichtungen, Gesamthands- und Miteigentum **B** 70 (2)
Gemeinschaftliche Schulden, Bewertung bei der Erbschaft- und Schenkungsteuer **E** 12 (6)
Gemeinschaftliches Eigentum, Umwandlung in Flächeneigentum **GE** 7 (1 ff.)
Gemeinschaftliches Vermögen, Bewertung bei der Erbschaft- und Schenkungsteuer **E** 12 (6)
Gemeinschaftliche Tierhaltung, Betrieb der Land- und Forstwirtschaft, Erbschaftsteuerwert **B** 160 (9a), (20)
Ermittlung des Mindestwerts der Land- und Forstwirtschaft, Erbschaftsteuerwert **B** 164 (22)
Gemeinschaftsdepots, erbschaftsteuerliche Behandlung **E** 10 (89)
Gemeinschaftskonten, erbschaftsteuerliche Behandlung **E** 10 (89)
Gemeinschaftsunterkünfte, Grundsteuerbefreiung **G** 5 (1), (8 ff.)
Gemischte Schenkung, Begriff und Bewertung **E** 7 (39 ff.)
Behandlung bei der Schenkungsteuer **E** 7 (31)
Gegenleistung bei der Grunderwerbsteuer **GE** 3 (31)
übernommene Pflegeleistungen als Gegenleistung **E** 7 (40)
Gemischt genutzte Grundstücke, Abgrenzung der Grundstücksart, Grundsteuerbewertung **B** 249 (40)
Betriebsvermögen und Schulden **B** 103 (16)
Bewertung im Ertragswertverfahren, Verkehrswertbewertung **B** 182 (3)
Bewertung im Sachwertverfahren, Verkehrswertbewertung **B** 182 (4)
Bewirtschaftungskosten für die Verkehrswertbewertung nach dem Ertragswertverfahren **B** 187 (6)
Gesamtnutzungsdauer, Verkehrswertbewertung **B** 185 (31)
Grundstücksart, Erbschaftsteuerwert 2023 **Anh III** (8)
Grundstücksart, Grundsteuerbewertung **B** 249 (8)
Grundstücksart, Verkehrswertbewertung **B** 181 (1), (7)
Kapitalisierungszinssatz Verkehrswertbewertung von Erbbaurechten **B** 193 (4)
Liegenschaftszins, Verkehrswertbewertung nach dem Ertragswertverfahren **B** 188 (2)
Regelherstellungskosten, Verkehrswertbewertung im Sachwertverfahren **B** 190 (46)
Sachwertverfahren, Grundsteuerbewertung **B** 250 (3)
Wertzahlen, Verkehrswertbewertung im Sachwertverfahren **B** 191 (9)
Gemüsebau, Definition **B** 160 (29 ff.)
gärtnerische Nutzung, Grundsteuerbewertung **B** 237 (35 ff.)
Land- und Forstwirtschaft, Grundsteuerbewertung **B** 234 (1)
Gemüsesamenvermehrung, Gemüsebau, Erbschaftsteuerwert **B** 160 (31)
Genehmigung, Abhängigkeit des Erwerbsvorgangs von einer G., Grunderwerbsteuer **GE** 14 (5 ff.)
des Bebauungsplans, Baugesetzbuch **Anh I** 6 (4)
Genehmigungsbehörden, Anzeigepflicht bei der Erbschaftsteuer **E** 34 (22)
Genossenschaften, Anteile an G., Wert der Anteile an G. **B** 151 (50)
Ermäßigung der Grundsteuermesszahl für Grundbesitz im Eigentum von G. **G** 15 (4), (15 ff.)
Schenkung unter Beteiligung einer G., Schenkungsteuer **E** 7 (47 ff.)
Steuerklasse bei Zuwendung von einer G., Schenkungsteuer **E** 15 (16)
Umfang des Betriebsvermögens **B** 97 (2)
Genussscheine, Bewertung bei der Erbschaft- und Schenkungsteuer **E** 12 (5)
Gerichte, Anzeigepflicht für Zwecke der Erbschaftsteuer **E** 34 (1 ff.)
Anzeigepflicht für Zwecke der Grunderwerbsteuer **GE** 18 (1 ff.)
Geringfügigkeitsgrenze beim Grundstückserwerb, Grunderwerbsteuer **GE** 3 (1)
bei mehreren Erwerbern, Grunderwerbsteuer **GE** 3 (17 f.)
Geringstland, Betrieb der Land- und Forstwirtschaft, Erbschaftsteuerwert **B** 160 (2), (5), (59)
Betrieb der Land- und Forstwirtschaft, Grundsteuerbewertung **B** 234 (1), (4), (11)
Ermittlung des Mindestwerts der Land- und Forstwirtschaft, Erbschaftsteuerwert **B** 164 (16)
Grundsteuerbewertung **B** 237 (97 f.)
Reinertrag der Land- und Forstwirtschaft, Grundsteuerbewertung **B** 237 (7)
Reingewinn, Erbschaftsteuerwert **B** 163 (9)
Gesamtgläubigerschaft eines lebenslänglichen Nutzungsrechts, Schenkungsteuer **E** 7 (74)

eines lebenslänglichen Rentenrechts, Schenkungsteuer **E** 7 (74)
Gesamthand, Grundstücksübergang von einer G., Grunderwerbsteuer **GE** 6 (1 ff.)
Grundstücksübertragung auf eine G., Grunderwerbsteuer **GE** 5 (1 f.)
Gesamthandsvermögen, Ansatz und Bewertung bei der Betriebsvermögensbewertung **B** 97 (10)
Aufteilung des Betriebsvermögens bei der Betriebsvermögensbewertung **B** 97 (6), (23)
Aufteilung des Betriebsvermögens einer OHG, KG usw. **B** 97 (22 ff.)
von rechtsfähigen Personengesellschaften bei der Erbschaft- und Schenkungsteuer **E** 2a (1)
von rechtsfähigen Personengesellschaften bei der Grunderwerbsteuer **GE** 24
Gesamtnutzungsdauer, Grundlage für Ermittlung des Grundstückswerts im Ertragswertverfahren, Grundsteuerbewertung **B** 253 (2)
Grundstücksbewertung im Ertragswertverfahren, Erbschaftsteuerwert 2023 **Anh III** (21)
Immobilienwertermittlungsverordnung **Anh I** 7 (4)
Modellansätze, Immobilienwertermittlungsverordnung **Anh I** 7 (60)
bei Modernisierungsgrad, Verkehrswertbewertung **B** 190 (30 ff.)
Übersicht nach Grundstücksarten, Grundsteuerbewertung **B** 253 (21)
Verkehrswertbewertung von Grundstücken im Ertragswertverfahren **B** 185 (3), (16 ff.)
Verkehrswertbewertung von Grundstücken im Sachwertverfahren **B** 190 (3)
für verschiedene Grundstückstypen, Verkehrswertbewertung **B** 185 (31)
Gesamtschuldner, Begriff, Abgabenordnung (Auszug) **G** 12 (3)
Grundsteuer **G** 10 (2)
Inanspruchnahme von G., Grunderwerbsteuer **GE** 13 (11 ff.)
Geschäftsanteile an einer GmbH, Einziehung von G., Betriebsvermögensbewertung **B** 97 (38)
Geschäftsbesorgung über ein Grundstück, Grunderwerbsteuer **GE** 1 (28 ff.)
Grundstückserwerb, Grunderwerbsteuer **GE** 1 (180 ff.)
Geschäftsbetrieb, steuerliche Unschädlichkeit, Abgabenordnung (Auszug) **G** 3 (83)
wirtschaftlicher G., Abgabenordnung (Auszug) **G** 3 (83)
Geschäftsführung, Anforderungen an die G., Abgabenordnung (Auszug) **G** 3 (82)
Geschäftsgrundstücke, Abgrenzung der Grundstücksart, Grundsteuerbewertung **B** 249 (39)
Ausstattungsstandard, Verkehrswertbewertung im Sachwertverfahren **B** 190 (47)
Bewertung im Ertragswertverfahren, Verkehrswertbewertung **B** 182 (3)
Bewertung im Sachwertverfahren, Verkehrswertbewertung **B** 182 (4)
Bewirtschaftungskosten für die Verkehrswertbewertung nach dem Ertragswertverfahren **B** 187 (6)
Gesamtnutzungsdauer, Verkehrswertbewertung **B** 185 (31)
Grundstücksart, Begriff **B** 181 (1), (6)
Grundstücksart, Erbschaftsteuerwert 2023 **Anh III** (8)
Grundstücksart, Grundsteuerbewertung **B** 249 (7)
Kapitalisierungszinssatz Verkehrswertbewertung von Erbbaurechten **B** 193 (4)
Liegenschaftszins, Verkehrswertbewertung nach dem Ertragswertverfahren **B** 188 (2)
Regelherstellungskosten, Verkehrswertbewertung im Sachwertverfahren **B** 190 (46)
Sachwertverfahren, Grundsteuerbewertung **B** 250 (3)
Wertzahlen, Verkehrswertbewertung im Sachwertverfahren **B** 191 (9)
Geschäftsguthaben, Abgrenzung des Verwaltungsvermögens bei der Erbschaftsteuerbegünstigung für Unternehmensvermögen **E** 13b (10)
Umfang des land- und forstwirtschaftlichen Vermögens **B** 158 (4)
–, Grundsteuerbewertung **B** 232 (4)
Geschäftshäuser, Gebäudestandardbeschreibung, Immobilienwertermittlungsverordnung **Anh I** 7 (98)
Kostenkennwerte der Normalherstellungskosten, Immobilienwertermittlungsverordnung **Anh I** 7 (69)
Geschäftswert, Hinzurechnung der Abschreibung zum Gewinn, vereinfachtes Ertragswertverfahren **B** 202 (1), (6)
Geschenke, Schenkungsteuerbefreiung **E** 13 (21)
Geschossfläche, Baunutzungsverordnung (Auszug) **B** 179 (22)
Geschossflächenzahl, Baunutzungsverordnung (Auszug) **B** 179 (21)
Bewertung des Grundvermögens, Verkehrswertbewertung **B** 179 (6)
vom Bodenrichtwertgrundstück abweichende G., Verkehrswertbewertung **B** 179 (15)
Geschwister, Freibetrag bei der Erbschaft- und Schenkungsteuer **E** 16 (5)
Steuerklasse bei der Erbschaft- und Schenkungsteuer **E** 15 (2)
Gesellschaft, grundbesitzende G., Zurechnung von Grundstücken, Grunderwerbsteuer **GE** 1 (120)
Gesellschafter, Aufteilung des Betriebsvermögens **B** 97 (6)
beherrschender G. und Gewinnansprüche **B** 103 (2)
Tod des G., Gesellschaftsanteil **E** 3 (2)
–, Erbschaftsteuer **E** 3 (26 ff.)
Weiterübertragungsverpflichtung eines Anteils, Erbschaftsteuer **E** 10 (85 ff.)
Gesellschafterbestand, Änderung des G., Anzeigepflicht der Beteiligten **GE** 19 (3a ff.)
Änderung des G., Grundstücke und Grunderwerbsteuer **GE** 1 (9a)
–, Übergangsregelung **GE** 1 (115 ff.)
Änderung des G. einer Personengesellschaft, Rechtsprechung **GE** 1 (253)
Gesellschafter-Geschäftsführer, Hinterbliebenenbezüge **E** 3 (37)
Gesellschafterwechsel, Bemessungsgrundlage, Grundstücksübergang und Grunderwerbsteuer **GE** 1 (110)
Ermittlung des Vomhundersatzes, Grundstücksübergang und Grunderwerbsteuer **GE** 1 (84 ff.)
Gesellschaft mit Grundstück, Anzeigepflicht der Beteiligten **GE** 19 (3a ff.)
bei einer grundbesitzhaltenden Kapitalgesellschaft, Börsenklausel, Grunderwerbsteuer **GE** 1 (165 ff.)
bei einer grundbesitzhaltenden Kapitalgesellschaft, Grunderwerbsteuer **GE** 1 (121 ff.)
bei einer grundbesitzhaltenden Personengesellschaft, Grunderwerbsteuer **GE** 1 (235 ff.)
Grundstücke und Grunderwerbsteuer **GE** 1 (9), (64 ff.)
Übergangsregelung, Grundstücksübergang und Grunderwerbsteuer **GE** 1 (114 ff.)
Zehnjahreszeitraum, Grundstücksübergang und Grunderwerbsteuer **GE** 1 (95 ff.)

Gesellschaftsanteil beim Tod eines Gesellschafters, Erbschaftsteuer **E** 3 (2), (26 ff.)
Gesellschaftsvertrag, Verfügungsbeschränkung im G., Bewertung von Anteilen an Kapitalgesellschaften **B** 11 (16)
Wertabschlag für Familiengesellschaften, Erbschaftsteuerbegünstigung für Unternehmensvermögen **E** 13a (13), (135 ff.)
Gesetz zur Regelung der Verbindlichkeiten nationalsozialistischer Einrichtungen, Ansprüche aus dem G., Erbschaftsteuerbefreiung **E** 13 (13)
Gesonderte Feststellung beim Erwerb mehrerer Grundstücke bei der Grunderwerbsteuer **GE** 17 (11 ff.)
von Grundbesitz- und Betriebsvermögenswerten **B** 151 (1 ff.)
von Grundbesitzwerten, Verfahren **B** 151 (13 ff.)
von Grundbesitzwerten bei einem Vermächtnis **B** 151 (30 ff.)
Grundsteuer, Abgabenordnung (Auszug) **G** 1 f. (28 f.)
Getränke, Land- und Forstwirtschaft, Erbschaftsteuerwert **B** 158 (27)
Getreidesilo, Betriebsvorrichtung **Anh I** 1 (59)
Gewächshäuser, gärtnerische Nutzung, Grundsteuerbewertung **B** 237 (32)
Gewässer, fließende G., Grundsteuerbefreiung **G** 4 (30 f.)
Gewerbeberechtigungen, keine Grunderwerbsteuerpflicht **GE** 2 (3)
Gewerbebetrieb, Abgrenzung vom land- und forstwirtschaftlichen Vermögen **B** 158 (19 ff.)
Abgrenzung des Verwaltungsvermögens bei der Erbschaftsteuerbegünstigung für Unternehmensvermögen **E** 13b (7)
Begriff im Bewertungsrecht **B** 95 (1 f.)
Betriebsgrundstücke, Einheitsbewertung **B** 99 (1)
Erbschaftsteuerbegünstigung für Unternehmensvermögen **E** 13a (6)
Ermittlung des Substanzwerts **B** 109 (11 ff.)
Umfang der Erbschaftsteuerbegünstigung für Unternehmensvermögen **E** 13b (34 ff.)
Verpflichtung zur Abgabe einer Feststellungserklärung **B** 109 (14)
Verpflichtung zur Abgabe einer Vermögensaufstellung **B** 109 (14)
Gewerbeland, Abgrenzung des land- und forstwirtschaftlichen Vermögens vom Grundvermögen, Grundsteuerbewertung **B** 233 (2)
Gewerbesteuer, Betriebsschulden, Betriebsvermögensbewertung **B** 103 (14)
Geltungsbereich der Bewertungsvorschriften **B** 17 (2)
Hinzurechnung zum Gewinn, vereinfachtes Ertragswertverfahren **B** 202 (1), (6)
Gewerkschaften Grundstückserwerb i. Z. m. Zusammenschluss von G., Grunderwerbsteuerbefreiung **GE** 4 (7)
Gewichtete Restnutzungsdauer, Verkehrswertbewertung im Ertragswertverfahren **B** 185 (29)
Gewillkürtes Betriebsvermögen, Umfang des Betriebsvermögens bei Nichtbilanzierenden und freiberuflich Tätigen **B** 95 f. (7 f.)
Gewinn, Korrektur bei der Ermittlung des Substanzwerts, Betriebsvermögensbewertung **B** 109 (13)
vereinfachtes Ertragswertverfahren, Verkehrswert von Unternehmensvermögen **B** 202 (1), (6)
Gewinnansprüche des beherrschenden Gesellschafters, Betriebsvermögensbewertung **B** 103 (2)
gegen eine beherrschte Gesellschaft **B** 95 f. (6)
Erwerb noch nicht ausgeschütteter G. bei der Erbschaft- und Schenkungsteuer **E** 12 (13 ff.)
Gewinnanteile aus einer stillen Beteiligung bei der Erbschaft- und Schenkungsteuer **E** 2 (23)
Gewinnausschüttungen i. Z. m. der Korrektur des Betriebsergebnisses bei der Bewertung des Substanzwerts von Anteilen an Kapitalgesellschaften **B** 11 (40)
Zuwendung bei verdeckten G., Schenkungsteuer **E** 7 (53)
Gewinnbeteiligung, überhöhte G., Schenkungsteuer **E** 7 (15), (70 f.)
Gewinnverteilungsschlüssel, Aufteilung des Betriebsvermögens **B** 97 (6), (23)
zur Aufteilung des Betriebsvermögens bei der Betriebsvermögensbewertung **B** 97 (7), (35 f.)
Gewogene Restnutzungsdauer, Verkehrswertbewertung im Ertragswertverfahren **B** 185 (29)
Gewöhnlicher Geschäftsverkehr, Bewertung mit dem gemeinen Wert **B** 9 (5)
Bewertungsmethode bei Anteilen an Kapitalgesellschaften **B** 11 (11 f.)
Gewürzanbau, Gemüsebau, Erbschaftsteuerwert **B** 160 (31)
Gleisanlagen, Betriebsvorrichtungen **Anh I** 1 (42)
Gleitender Abzugsbetrag, Steuervergünstigung für Unternehmensvermögen **E** 13a (2), (27 ff.)
GmbH, Bewertung der Anteile **B** 11 (1 ff.)
Umfang des Betriebsvermögens **B** 97 (1)
Golfplätze, Abgrenzung Grundvermögen/Betriebsvorrichtungen **Anh I** 3 (12)
Gottesdienst, Grundsteuerbefreiung für Grundbesitz, der dem G. dient **G** 4 (1), (11 f.)
Gräben, Nutzungsart Hofstelle der landwirtschaftlichen Grundsteuerbewertung **B** 237 (105)
Zuordnung zu Nutzungen der Land- und Forstwirtschaft **B** 163 (13)
Grabpflegekosten, Nachlassverbindlichkeit, Erbschaftsteuer **E** 10 (50 ff.)
Grabstätten, Grundsteuerbefreiung **G** 4 (13 f.)
Grenzraine, Nutzungsart Hofstelle der landwirtschaftlichen Grundsteuerbewertung **B** 237 (105)
Zuordnung zu Nutzungen der Land- und Forstwirtschaft, Erbschaftsteuerwert **B** 163 (13)
Griechenland, Doppelbesteuerungsabkommen, Erbschaftsteuer **E** 2 (13)
Großbritannien, Austritt G. aus der Europäischen Union, Folgerungen für Steuerbefreiungen bei der Erbschaft- und Schenkungsteuer **E** 13 (46 ff.)
Grundstückserwerb i. Z. m. dem Austritt G. aus der Europäischen Union, Grunderwerbsteuerbefreiung **GE** 4 (6)
Grundstücksübertragung auf Gesamthand i. Z. m. dem Austritt G. aus der Europäischen Union, Grunderwerbsteuerbefreiung **GE** 5 (3)
Grundstücksübertragung von Gesamthand i. Z. m. dem Austritt G. aus der Europäischen Union, Grunderwerbsteuerbefreiung **GE** 6 (3)
Großerwerbe, Erbschaftsteuerbegünstigung für Unternehmensvermögen **E** 13c (1 ff.), (5 ff.)
Verschonungsbedarfsprüfung i. Z. m. Unternehmensvermögen **E** 28a (1 ff.), (10 ff.)
Großmärkte, Gesamtnutzungsdauer, Verkehrswertbewertung **B** 185 (31)
Grünanlagen, öffentliche G., Grundsteuererlass **G** 32 (2), (12 ff.)
Grundbesitz, Abgrenzung inländischer G. vom ausländischen G., Grundsteuerbewertung **B** 231 (1 f.)
Auskünfte und Erhebungen, Grundsteuerbewertung **B** 229 (1 ff.)

ausländischer G., kein Ansatz, Grundsteuerbewertung **B** 231 (2)
ausländischer G., Bewertung **B** 31 (1)
ausländischer G., Umfang der wirtschaftlichen Einheit **B** 31 (2)
Bewertung bei der Erbschaft- und Schenkungsteuer **E** 12 (3)
Bewertung des Anspruchs auf Übertragung **B** 9 (4)
Bewertung des Substanzwerts bei Anteilen an Kapitalgesellschaften **B** 11 (32)
Bundeseisenbahnvermögen, Grundsteuerbefreiung **G** 3 (3), (38)
Erhaltung im öffentlichen Interesse, Grundsteuererlass **G** 32 (1 ff.)
Feststellung von Grundsteuerwerten, Grundsteuerbewertung **B** 218 ff.
Fortschreibung des Grundsteuerwerts, Grundsteuerbewertung **B** 222 (1 ff.)
gemeinnützige Zwecke, Grundsteuerbefreiung **G** 3 (39 ff.)
Grundsteuer **G** 2 (1)
Grundsteuerbefreiung **G** 3 (1 ff.)
– bei Benutzung zu Wohnzwecken **G** 5 (1 ff.), (6 f.)
inländischer G., Ansatz und Bewertung, Grundsteuerbewertung **B** 231
Krankenhaus, Grundsteuerbefreiung **G** 4 (6), (40 ff.)
land- und forstwirtschaftlicher G., Grundsteuerbefreiung **G** 6 (1 ff.)
mildtätige Zwecke, Grundsteuerbefreiung **G** 3 (39 ff.)
im öffentlichen Interesse, Erbschaftsteuerbefreiung **E** 13 (4 f.)
öffentlicher Verkehr, Grundsteuerbefreiung **G** 4 (15 ff.)
schwebende Geschäfte auf Übertragung von G. **B** 103 (13)
sportliche Zwecke, Grundsteuerbefreiung **G** 3 (45 ff.)
Unterbringung von Gegenständen wissenschaftlicher Bedeutung **G** 32 (16 ff.)
Widmung für Gottesdienst, Grundsteuerbefreiung **G** 4 (11 f.)
Wohnzwecke, Grundsteuerbefreiung **G** 5 (1 ff.), (6 f.)
zu Wohnzwecken genutzt, Stundung der Erbschaftsteuer bei Erwerb von G. **E** 28 (3), (10 ff.)
für Zwecke von Wissenschaft, Unterricht und Erziehung **G** 4 (5), (34 ff.)
für Zwecke der Volkswohlfahrt, Erbschaftsteuerbefreiung **E** 13 (6)
Grundbesitzaufwand i. Z. m. der Korrektur des Betriebsergebnisses, Betriebsvermögensbewertung **B** 109 (13)
i. Z. m. der Korrektur des Betriebsergebnisses bei der Bewertung des Substanzwerts von Anteilen an Kapitalgesellschaften **B** 11 (40), (42)
Grundbesitzbewertung für die Erbschaftsteuer **B** 157 ff.
Grundbesitzende Gesellschaft, Zurechnung von Grundstücken, Grunderwerbsteuer **GE** 1 (120)
Grundbesitzwert **B** 157 (1 ff.)
Basiswert bei mehrmaligem Erwerb **B** 151 (55 f.)
Erblasser war Alleineigentümer **B** 151 (14)
Erblasser war Miteigentümer **B** 151 (14)
gesonderte Feststellung **B** 151 (1 ff.)
–, Verfahren **B** 151 (13 ff.)
– bei einem Vermächtnis **B** 151 (30 ff.)
örtliche Zuständigkeit für die Feststellung **B** 152 (1)
Umfang bei der Land- und Forstwirtschaft **B** 168 (1 ff.)
Verzicht auf Feststellung wegen Geringfügigkeit **B** 151 (12)
Grundbetrag, landwirtschaftliche Nutzung, Grundsteuerbewertung **B** 237 (18)
Grundbuchämter, Mitteilungspflicht, Grundsteuerwerte, Grundsteuerbewertung **B** 229 (4 f.)
Grundbucheintrag eines Erwerbsvorgangs, Grunderwerbsteuer **GE** 22 (1)
Grunddienstbarkeiten als Bestandteil des Grundvermögens **B** 176 (9)
Grundvermögen, Grundsteuerbewertung **B** 243 (8)
Grundeigene Bodenschätze, Erfassung bei der Grunderwerbsteuer **GE** 8 (14)
Grunderwerbsteuer **GE** 1 ff.
Anwendung des GrEStG **GE** 23 (1 ff.)
Anzahl der Steuerschuldner **GE** 13 (8 ff.)
Anzeigepflicht, Rechtsprechung **GE** 18 (26)
Befreiungen **GE** 4 (1 ff.)
Bemessungsgrundlage **GE** 8 (1 ff.)
Entstehung **GE** 14 (1 f.)
Erlass von Säumniszuschlägen **GE** 16 (30)
Erwerb einer Anwartschaft **GE** 1 (27)
als Erwerbsnebenkosten bei Schenkungen unter Lebenden **E** 10 (48 f.)
Fälligkeit **GE** 15 (1 f.)
Feststellung von Grundbesitzwerten **B** 151 (8)
Finanzmarktstabilisierungsfonds **GE** 4 (21 f.)
Gegenleistung bei Flurbereinigungsverfahren **GE** 9 (59)
Geltungsbereich der Bewertungsvorschriften **B** 17 (3)
und ländliche Entwicklung **GE** 1 (35 ff.)
örtliche Zuständigkeit **GE** 17 (1 ff.)
–, Rechtsprechung **GE** 17 (20)
Pauschbesteuerung **GE** 12
Rundung **GE** 11 (2)
Steuerbefreiungen außerhalb des Grunderwerbsteuergesetzes, Übersicht **GE** 4 (23)
Steuerfestsetzung **GE** 16 f.
Steuersatz **GE** 11 (1)
– in den Ländern **GE** 11 (5)
Steuerschuldner **GE** 13 (1 ff.)
Steuervergünstigungen **GE** 3 (1 ff.)
Treuhandgeschäfte über ein Grundstück **GE** 1 (28 ff.)
Übergang von Grundstücken bei Liquidation, Umwandlung und Einbringung **GE** 1 (56 ff.)
Grundfläche, Verkehrswertbewertung im Sachwertverfahren **B** 190 (1)
Wohnflächenverordnung (Auszug) **B** 181 (24 ff.)
Zweite Berechnungsverordnung (Auszug) **B** 181 (33 f.)
Grundkapital zur Aufteilung des Betriebsvermögens bei der Betriebsvermögensbewertung **B** 97 (7), (35 f.)
Grundpfandrechte, Schulden im Betriebsvermögen **B** 103 (10)
verbleibende G. bei Grundstücksschenkungen **E** 7 (40)
Grundschulden, Inlandsvermögen **B** 121 (7)
Grundsteuer, Anwendung des Gesetzes **G** 37
Bemessung **G** 13 (1)
Berechnung **G** 13 (1)
Betriebsschulden, Betriebsvermögensbewertung **B** 103 (14)
Entstehung **G** 9 (2)
Fälligkeit **G** 28
Festsetzung, Stichtag **G** 9 (1), (3)
Festsetzungszeitraum **G** 27 (1 ff.)
Geltungsbereich der Bewertungsvorschriften **B** 17 (2)
Gesamtschuldner **G** 10 (2)
gesonderte Feststellung, Abgabenordnung (Auszug) **G** 1 f. (28 f.)

Grundbesitzbewertung zum 1. Januar 2022 **B** 218 ff.
Haftung **G** 11 f.
Hauptveranlagung **G** 16 (1 ff.)
Hebesatz-Festsetzung **G** 25
Höchsthebesätze **G** 26
Koppelungsvorschriften **G** 26
Mitteilungspflichten **G** 1 f. (17 ff.)
Nachentrichtung **G** 31
Nachveranlagung **G** 18 (1 ff.)
Neuveranlagung **G** 17 (1 ff.)
Sondervorschriften für die Hauptveranlagung 2025 **G** 36
Steuergegenstand **G** 2 (1 f.)
Steuermesszahl und Steuermessbetrag **G** 13 (1 f.)
Steuerpflicht **G** 1 f.
Steuerschuldner **G** 10 (1)
Stichtag für die Festsetzung **G** 9 (1)
Stichtag für die Zerlegung des Steuermessbetrags **G** 23
Verwaltung **G** 1 f. (7)
Vorauszahlungen **G** 29 f.
Grundsteuerbefreiung, Anzeigepflicht bei Wegfall der Voraussetzungen für eine G. **G** 19
Eintritt einer G., Aufhebung des Grundsteuerwerts, Grundsteuerbewertung **B** 224 (5)
fließende Gewässer **G** 4 (30 f.)
Grundbesitz **G** 3 (1 ff.)
Verkehrsflughäfen und -landeplätze **G** 4 (24 ff.)
Voraussetzungen **G** 3 (16 ff.), 4 (10)
Wegfall einer G, Nachfeststellung **B** 223 (7)
Grundsteuerbewertung, Bayerisches Grundsteuergesetz **Anh IV** 2
Hamburgisches Landesgrundsteuergesetz **Anh IV** 5
Hessisches Landesgrundsteuergesetz **Anh IV** 6
Landesgrundsteuergesetz Baden-Württemberg **Anh IV** 1
Niedersächsisches Grundsteuergesetz **Anh IV** 7
Rechtmäßigkeit der G. **B** 243 (1 FN)
Grundsteuererklärungen Zusammenstellung der Vordrucke, Grundsteuerbewertung **B** 228
Grundsteuererlass G 32 ff.
Erhaltung des Grundstücks im öffentlichen Interesse **G** 32 (1 ff.)
Kulturgut **G** 32 (1 ff.), (5 ff.)
öffentliche Grünanlagen **G** 32 (2)
öffentliche Spiel- und Sportplätze **G** 32 (2), (12 ff.)
Unterbringung von Gegenständen wissenschaftlicher Bedeutung **G** 32 (16 ff.)
Verfahren **G** 35 (1 ff.), (6 ff.)
wegen wesentlicher Ertragsminderung, Berechnung **G** 34 (14 ff.), 33 (1 ff.)
wegen wesentlicher Ertragsminderung bei bebauten Grundstücken **G** 34 (1 ff.), (7 ff.)
wegen wesentlicher Ertragsminderung bei Betrieben der Land- und Forstwirtschaft **G** 33 (2), (5)
Grundsteuerhebesatz *s. Hebesätze*
Grundsteuerhebesatzgesetz, Nordrhein-Westfalen **Anh IV** 8
Rheinland-Pfalz **Anh IV** 9
Sachsen-Anhalt **Anh IV** 12
Schleswig-Holstein **Anh IV** 13
Grundsteuermesszahl G 15 (1 ff.)
Ermäßigungen **G** 15 (2 ff.)
–, Erfüllen mehrerer Tatbestände **G** 15 (21)
Grundsteuermesszahlengesetz, Berlin **Anh IV** 3
Bremen **Anh IV** 4
Saarland **Anh IV** 10
Sachsen **Anh IV** 11
Grundsteuervergünstigung, teilweise Benutzung für den begünstigten Zweck **G** 8 (1 ff.)
unmittelbare Benutzung für den begünstigten Zweck **G** 7 (1 ff.)
Grundsteuervorauszahlungen, Abrechnung **G** 30
Grundsteuerwert, Abrundung, Grundsteuerbewertung **B** 230
Anwendung des G. **B** 266
Anzeigepflicht, Grundsteuerbewertung **B** 228
Aufhebung, Grundsteuerbewertung **B** 224 (1 f.)
Erklärungspflicht, Grundsteuerbewertung **B** 228 (1 ff.)
Ermittlung, Grundsteuerbewertung **B** 220 (1 ff.)
Ermittlung des Grundsteuerwerts **B** 239 (1 f.)
Feststellung, Grundsteuerbewertung **B** 219 (1 ff.)
Fortschreibungen, Grundsteuerbewertung **B** 222 (1 ff.)
Grundbesitz, Hauptfeststellung 2022 **B** 220 (1 ff.)
Mitteilungspflicht von Behörden, Grundsteuerbewertung **B** 229 (1 ff.)
Nachfeststellung, Grundsteuerbewertung **B** 223 (1 f.)
Grundstück, Abgrenzung des Verwaltungsvermögens bei der Erbschaftsteuerbegünstigung für Unternehmensvermögen **E** 13b (74 ff.)
im Ausland, Verschonungsabschlag für vermietete Wohngrundstücke bei der Erbschaft- und Schenkungsteuer **E** 13d (3)
bebautes G., Grundsteuererlass **G** 34 (1 ff.), (7 ff.)
Begriff, Einheitsbewertung **B** 70 (1)
Begriff, Verkehrswertbewertung **B** 176 (13)
Benutzung für den grundsteuerbegünstigten Zweck **G** 7 (1 ff.)
keine Berücksichtigung von Zivilschutzgebäuden, Grundsteuerbewertung **B** 245
Dritten zur Nutzung überlassenes G., Verwaltungsvermögen i. Z. m. begünstigen Unternehmensvermögen **E** 13b (73 f.)
Eigentumsübergang, Erwerbsvorgang **GE** 1 (1 ff.)
Ermittlung des Verkehrswerts, Immobilienwertermittlungsverordnung **Anh I** 7 (1 ff.)
Erwerb eines kontaminierten G., Grunderwerbsteuer **GE** 8 (6 f.)
Festsetzung eines einheitlichen Hebesatzes, Grundsteuer **G** 25 (4)
Feststellung von Grundsteuerwerten, Grundsteuerbewertung **B** 218 ff.
fremdstaatliches G., Grundsteuerbefreiung **G** 5 (23 ff.)
gemischt genutztes G. als Betriebsvermögen **B** 103 (16)
einem Gewerbebetrieb dienendes G., Zurechnung **B** 99 (3)
Grunderwerbsteuer **GE** 2 (1)
–, Rechtsprechung **GE** 2 (41)
Grundsteuer **G** 2 (2)
G. des Grundvermögens, Grundsteuerbewertung **B** 244 (5 ff.)
mehrere G., ein Rechtsvorgang **GE** 2 (8)
Nutzungsänderung eines Gr., Grundsteuer-Anzeigepflicht **G** 19 (1 ff.)
Nutzungsüberlassung eines G., Verwaltungsvermögen i. Z. m. begünstigen Unternehmensvermögen **E** 13b (6)
Steuermesszahl, Grundsteuer **G** 15 (1 ff.)
Vermögenszurechnung zu einer Gesellschaft, Erwerbsvorgang **GE** 1 (16a)
wirtschaftliche Einheit des Grundvermögens, Grundsteuerbewertung **B** 244 (1)
zu Wohnzwecken vermietetes G., Verschonungsabschlag **E** 13d (1 ff.)
Zerlegungsmaßstab des Grundsteuermessbetrags **G** 22 (3)
für den Zivilschutz, Verkehrswertbewertung **B** 197 (1 ff.)

zu Wohnzwecken genutzt, Stundung der Erbschaftsteuer bei Erwerb eines G. **E** 28 (3), (10 ff.)
im Zustand der Bebauung, Verkehrswertbewertung **B** 196 (1 ff.)
s. a. Betriebsgrundstücke; Bebaute Grundstücke
Grundstücke, baureife, Option für gesonderten Hebesatz, Grundsteuer **G** 25 (5)
Grundstücksart Abgrenzung, Grundsteuerbewertung **B** 249 (15 ff.)
Abgrenzung nach Verhältnis von Wohn- und Nutzfläche, Verkehrswertbewertung **B** 181 (13)
Bewertung des Grundvermögens, Grundsteuerbewertung **B** 249 (1 ff.)
Erbschaftsteuerwert 2009 **B** 181 (1)
Feststellung von Grundsteuerwerten, Grundsteuerbewertung **B** 219 (2)
des Grundvermögens, Erbschaftsteuerwert 2023 **Anh III** (8)
Überblick, Verkehrswertbewertung **B** 181 (10)
Verkehrswertbewertung **B** 181 (1)
Grundstücksbelastungen, Immobilienwertermittlungsverordnung **Anh I** 7 (46 f.)
Grundstücksbewertung *s. Grundbesitzwert; Grundstückswert*
Grundstückserwerb durch ausländischen Staat, Grunderwerbsteuerbefreiung **GE** 4 (2 f.), (11 f.)
i. Z. m. dem Austritt Großbritanniens und Nordirlands aus der Europäischen Union, Grunderwerbsteuerbefreiung **GE** 4 (6)
durch Ehegatten bzw. Lebenspartner, keine Grunderwerbsteuer **GE** 3 (4)
Freigrenze bei der Grunderwerbsteuer **GE** 3 (1)
durch früheren Ehegatten im Rahmen der Scheidung, keine Grunderwerbsteuer **GE** 3 (5)
durch früheren Lebenspartner im Rahmen der Lebenspartnerschaftsaufhebung, keine Grunderwerbsteuer **GE** 3 (5a)
durch in gerader Linie verwandte Erwerber, keine Grunderwerbsteuer **GE** 3 (6)
Geringfügigkeitsgrenze, keine Grunderwerbsteuer **GE** 3 (1)
Grunderwerbsteuerbefreiung **GE** 3 (1 ff.)
bei kommunalen Zusammenschlüssen, Grunderwerbsteuerbefreiung **GE** 4 (4)
durch Körperschaft des öffentlichen Rechts, Grunderwerbsteuerbefreiung **GE** 4 (1)
zur Landbeschaffung für Verteidigungszwecke, Gegenleistung bei der Grunderwerbsteuer **GE** 9 (16 ff.)
eines zum Nachlass gehörenden Grundstücks durch Miterben **GE** 3 (3)
i. Z. m. einer Öffentlich Privaten Partnerschaft, Grunderwerbsteuerbefreiung **GE** 4 (5), (17 ff.)
Rückerwerb, Vertragsbeitritt, Vertragsübernahme **GE** 16 (16 ff.)
Rückerwerb durch den Treugeber, keine Grunderwerbsteuer **GE** 3 (8)
durch Schenkung, keine Grunderwerbsteuer **GE** 3 (2)
durch Stief- und Schwiegerkinder, Grunderwerbsteuer **GE** 3 (28 f.)
für Straßenbauzwecke, Gegenleistung bei der Grunderwerbsteuer **GE** 9 (16 ff.)
von Todes wegen, keine Grunderwerbsteuer **GE** 3 (2)
zur Vermeidung der Enteignung, Gegenleistung bei der Grunderwerbsteuer **GE** 9 (16 ff.)
Grundstücksgesellschaft, vermögensverwaltende G., Zuwendung eines Anteils **B** 151 (51 f.)
Grundstücksgröße, vom Bodenrichtwertgrundstück abweichende G., Verkehrswertbewertung **B** 179 (13)
erhebliche Überschreitung der G., Immobilienwertermittlungsverordnung **Anh I** 7 (41)
Grundstückskaufvertrag, Maßgeblichkeit des Zivilrechts **E** 12 (9 ff.)
Grundstücksmarkt, Auswertung durch obere Gutachterausschüsse, Baugesetzbuch **Anh I** 6 (30)
Grundstücksmerkmale des Bodenrichtwertgrundstücks, Immobilienwertermittlungsverordnung **Anh I** 7 (16), (115 f.)
Immobilienwertermittlungsverordnung **Anh I** 7 (5), (8)
Grundstücksrechte, Immobilienwertermittlungsverordnung **Anh I** 7 (46 f.)
Grundstücksreinertrag, Verkehrswertbewertung im Ertragswertverfahren **B** 185 (2)
Grundstücksrohertrag, Verkehrswertbewertung im Ertragswertverfahren **B** 186 (1)
Grundstücksschenkung, Ausführung einer genehmigungsbedürftigen G. **E** 9 (18)
Ausführung, Zeitpunkt der Steuerentstehung **E** 9 (16 ff.)
gesonderte Feststellung des Grundbesitzwerts bei einer mittelbaren G. **B** 151 (19)
mittelbare G., Schenkungsteuer **E** 7 (29 ff.)
verbleibende Grundpfandrechte **E** 7 (40)
mit Widerrufsklausel **E** 9 (22)
Zeitpunkt der Ausführung bei einer schuldrechtlichen Sondervereinbarung **E** 9 (23)
Grundstücksteilfläche, Schenkungsteuer **E** 9 (19)
Grundstücksüberlassung im Konzern, Abgrenzung des Verwaltungsvermögens **E** 13b (81)
i. Z. m. Lieferungsverträgen, Abgrenzung des Verwaltungsvermögens bei der Erbschaftsteuerbegünstigung für Unternehmensvermögen **E** 13b (87)
Grundstücksübertragung, Anzeigepflichten der Beteiligten bei der Grunderwerbsteuer **GE** 19 (1 ff.)
i. Z. m. dem Eisenbahnkreuzungsgesetz, Grunderwerbsteuer **GE** 8 (10)
bei Erbauseinandersetzung an Abkömmling des Miterben, Grunderwerbsteuer **GE** 3 (32)
auf eine Gesamthand, Grunderwerbsteuer **GE** 5 (1 f.), (10 ff.)
von einer Gesamthand, Grunderwerbsteuer **GE** 6 (1 ff.)
Inhalt der Anzeigen, Grunderwerbsteuer **GE** 20
im Konzern, Beteiligte **GE** 6a (12 ff.)
im Konzern, Grunderwerbsteuerbefreiung **GE** 6a (1 ff.)
im Konzern, Nachbehaltensfrist **GE** 6a (18 ff.)
im Konzern, Umwandlungsvorgänge **GE** 6a (6 f.)
im Konzern, Vorbehaltensfrist **GE** 6a (17)
mit Solaranlagen, Gegenleistung **GE** 9 (55 ff.)
auf Stiftungen, Grunderwerbsteuer **GE** 3 (19)
Grundstücksvermächtnis, Befreiung von der Grunderwerbsteuer **GE** 3 (33)
Grundstückswert, Verkehrswertbewertung im Ertragswertverfahren **B** 184 (3)
Grundstückszustand, Änderungen des G., Immobilienwertermittlungsverordnung **Anh I** 7 (11)
Immobilienwertermittlungsverordnung **Anh I** 7 (2)
Grund und Boden, Begriff, Grundsteuerbewertung **B** 243 (6)
Umfang des Grundvermögens, Grundsteuerbewertung **B** 243 (1)
Umfang des Grundvermögens, Verkehrswertbewertung **B** 176 (1)
Umfang des land- und forstwirtschaftlichen Vermögens, Grundsteuerbewertung **B** 232 (3), (11)

Grundvermögen, Abgrenzung vom land- und forstwirtschaftlichen Vermögen, Erbschaftsteuerwert 2009 **B** 158 (36 f.)
–, Grundsteuerbewertung **B** 232 (24)
Abgrenzung von Betriebsgrundstücken, Einheitsbewertung **B** 99 (1)
Abgrenzung vom Betriebsvermögen, Verkehrswertbewertung **B** 176 (5)
Abgrenzung vom land- und forstwirtschaftlichen Vermögen, Verkehrswertbewertung **B** 159 (1 ff.), 176 (4)
Begriff **B** 176 (7 ff.)
–, Grundsteuerbewertung **B** 243 (1)
–, Verkehrswertbewertung **B** 176 (1), (3)
Bestandteile **B** 176 (8)
Bewertung, Verkehrswertbewertung **B** 177 (1 f.)
Ermittlung des Verkehrswerts ab 2023, Erbschaftsteuer **Anh III** (1 ff.)
Feststellung von Grundsteuerwerten, Grundsteuerbewertung **B** 218 ff.
gemischt genutzte Grundstücke und Schulden **B** 103 (16)
Grundsteuerbewertung **B** 243 ff.
Grundstück, Grundsteuerbewertung **B** 244 (1), (5 ff.)
inländisches G., Inlandsvermögen **B** 121 (2)
Vermögensart **B** 18
Grünland, landwirtschaftliche Nutzung, Erbschaftsteuerwert **B** 160 (21)
Gutachtenkosten, Erwerbsnebenkosten bei Schenkungen unter Lebenden **E** 10 (47)
Gutachtenwert bei der Bewertung von Anteilen an Kapitalgesellschaften **B** 11 (15)
Gutachterausschuss, Bewertung unbebauter Grundstücke **B** 179 (1)
–, Grundsteuerbewertung **B** 247
Grundstückswertermittlung, Baugesetzbuch **Anh I** 6 (25 f.)
maßgebender Liegenschaftszins für die Verkehrswertbewertung **B** 188 (2 FN)
oberer G., Auswertung des Grundstücksmarktgeschehens, Baugesetzbuch **Anh I** 6 (31)
Stichtag für Daten des G. bei der Verkehrswertbewertung des Grundvermögens **B** 177 (2 ff.)
Stichtag für Daten des G. bei der Verkehrswertbewertung ab 2023 des Grundvermögens **Anh III** (4)
Verkehrswertbewertung im Vergleichswertverfahren **B** 183 (1)
Gütergemeinschaft, fortgesetzte G., Erbschaftsteuer **E** 4 (1 f.)
fortgesetzte G., Erbschaftsteuererklärung **E** 31 (3)
Güterstandswechsel, Schenkungsteuer **E** 7 (66)
Vereinbarung als Schenkung **E** 7 (4)
Güterrechtlicher Zugewinnausgleich, keine Erbschaftsteuer **E** 5 (17 ff.)
Güterrechtswahl, Auswirkungen auf die Zugewinngemeinschaft **E** 5 (10)
Güterstandswechsel, Einbringung der Ausgleichsforderung, Schenkungsteuer **E** 7 (66)

H

Hafengrundstücke, Grundsteuerbefreiung **G** 4 (3)
Häftlingshilfegesetz, Ansprüche aus dem H., Erbschaftsteuerbefreiung **E** 13 (13)
Haftung von Banken bei der Erbschaft- und Schenkungsteuer **E** 20 (9)
dingliche H., Grundsteuer **G** 12
Erbschaftsteuer **E** 20 (3 ff.)
Grundsteuer **G** 11 (1)
des Nachlasses und der Miterben **E** 20 (3)
persönliche H., Grundsteuer **G** 11 (1 f.)
Hallen, allseitig offen, Zurechnung zum Gebäude **Anh I** 1 (47)
Grundvermögen **Anh I** 1 (6)
Hallenbäder, Abgrenzung Grundvermögen/Betriebsvorrichtungen **Anh I** 3 (2)
Gesamtnutzungsdauer, Verkehrswertbewertung **B** 185 (31)
Hamburg, Landesgrundsteuergesetz **Anh IV** 5
Handelsgeschäfte, Land- und Forstwirtschaft, Land- und Forstwirtschaft **B** 158 (25)
Härteausgleich bei der Berechnung der Erbschaft- und Schenkungsteuer **E** 19 (3), (5)
Hauptfeststellung der Grundsteuerwerte, Grundsteuerbewertung **B** 221 (1)
Hauptfeststellungszeitpunkt, Änderung der tatsächlichen Verhältnisse, Grundsteuerbewertung **B** 227 (10 ff.)
Grundsteuerbewertung 2022 **B** 221 (2)
Hauptveranlagung, Grundsteuer **G** 16 (1 ff.)
–, Ablauf der Festsetzungsfrist **G** 16 (3)
Haushaltsauflösung der Wohnung des Erblassers, Erbschaftsteuer **E** 10 (62b)
Hausrat, Erbschaftsteuerbefreiung **E** 13 (1)
Hausschutzräume, Zivilschutz- und Katastrophenhilfegesetz (Auszug) **B** 197 (9)
Heberecht bei der Grundsteuer **G** 1 (1 ff.)
Hebesätze der Grundsteuer, Änderung **G** 27 (2)
der Grundsteuer, Festsetzung **G** 25
Hecken, Nutzungsart Hofstelle der landwirtschaftlichen Grundsteuerbewertung **B** 237 (105)
Zuordnung zu Nutzungen der Land- und Forstwirtschaft **B** 163 (13)
Heilbäder, Ausstattungsstandard, Verkehrswertbewertung im Sachwertverfahren **B** 190 (47)
Gebäudestandardbeschreibung, Immobilienwertermittlungsverordnung **Anh I** 7 (101)
Gesamtnutzungsdauer, Verkehrswertbewertung **B** 185 (31)
Kostenkennwerte der Normalherstellungskosten, Immobilienwertermittlungsverordnung **Anh I** 7 (76)
Regelherstellungskosten, Verkehrswertbewertung im Sachwertverfahren **B** 190 (46)
Heilkräuteranbau, Gemüsebau, landwirtschaftliche Grundbesitzbewertung **B** 160 (31)
Heizungsanlagen, Grundvermögen **B** 176 (8)
Zurechnung zum Gebäude **Anh I** 1 (30)
Herde als Zubehör eines Gebäudes **B** 176 (10)
Herrschendes Unternehmen, Grundstücksübertragungen im Konzern, Grunderwerbsteuerbefreiung **GE** 6a (13)
Herstellungskosten, Immobilienwertermittlungsverordnung **Anh I** 7 (36)
Verkehrswertbewertung von Grundstücken im Sachwertverfahren, Erbschaftsteuerwert 2023 **Anh III** (45)
Hessen, Landesgrundsteuergesetz **Anh IV** 6
Hinterbliebenenbezüge, Abgrenzung, steuerpflichtiger Erwerb **E** 3 (32 ff.)
Hochgaragen, Regelherstellungskosten, Verkehrswertbewertung im Sachwertverfahren **B** 190 (46)
Hochschulen, Gesamtnutzungsdauer, Verkehrswertbewertung **B** 185 (31)
Höchsthebesätze bei der Grundsteuer **G** 26
Hochverzinsliche Kapitalforderungen/Schulden, Bewertung **B** 12 (25)
Höfeordnung, Sondererbfolge nach der H., Erbschaftsteuer **E** 3 (17)
Hofflächen, Reinertrag der Land- und Forstwirtschaft, Grundsteuerbewertung **B** 237 (8)

Umfang des Grundstücks, Grundsteuerbewertung **B** 244 (2)
Umfang des Grundstücks, Verkehrswertbewertung **B** 176 (15)
Zuordnung zu Nutzungen der Land- und Forstwirtschaft **B** 163 (13)
Hofgebäudeflächen, Betrieb der Land- und Forstwirtschaft, Erbschaftsteuerwert **B** 160 (12)
Betrieb der Land- und Forstwirtschaft, Grundsteuerbewertung **B** 234 (6)
Reingewinn in der Land- und Forstwirtschaft, Erbschaftsteuerwert **B** 163 (31)
Hofstelle Abgrenzung der Zuordnung, landwirtschaftliche Grundsteuerbewertung **B** 237 (112)
Betrieb der Land- und Forstwirtschaft, Grundsteuerbewertung **B** 234 (1), (6)
Ermäßigungen bei der Bewertung des Wohnteils in der Land- und Forstwirtschaft **B** 167 (11 ff.)
land- und forstwirtschaftliches Vermögen, Abgrenzung zum Grundvermögen **B** 159 (3)
landwirtschaftlichen Grundsteuerbewertung **B** 237 (105 ff.)
Reinertrag der Land- und Forstwirtschaft, Grundsteuerbewertung **B** 237 (8)
bei der weinbaulichen Nutzung, Zuschlag zum Reinertrag, Grundsteuerbewertung **B** 238 (1), (7)
Hoheitliche Tätigkeit, Begriff **G** 3 (9), (30 ff.)
durch private Unternehmer, keine Grundsteuerbefreiung **G** 3 (30 ff. FN)
Honoraransprüche, Umfang des Betriebsvermögens bei freier Berufstätigkeit **B** 95 f. (7 f.)
Hopfen, Besatzkapitalwerte, Tabelle, Erbschaftsteuerwert **B** 163 (44)
Betrieb der Land- und Forstwirtschaft **B** 160 (2)
Pachtpreis, Tabelle, Erbschaftsteuerwert **B** 163 (44)
Reingewinn, Erbschaftsteuerwert **B** 163 (7)
Reingewinn der Land- und Forstwirtschaft, Erbschaftsteuerwert **B** 163 (25)
Reingewinn, Tabelle, Erbschaftsteuerwert **B** 163 (44)
übrige land- und forstwirtschaftliche Nutzung **B** 160 (39)
–, Grundsteuerbewertung **B** 237 (53)
–, Land- und Forstwirtschaft **B** 175 (1)
Umfang der übrigen landwirtschaftlichen Nutzung, Grundsteuerbewertung **B** 242 (1)
Hotelgrundstücke, Ausstattungsstandard, Verkehrswertbewertung im Sachwertverfahren **B** 190 (47)
Gesamtnutzungsdauer, Verkehrswertbewertung **B** 185 (31)
Regelherstellungskosten, Verkehrswertbewertung im Sachwertverfahren **B** 190 (46)
Hypothek, Vormerkung einer Sicherungshypothek **B** 121 (7)
Hypothekarsteuer (Italien), keine anrechenbare ausländische Steuer, Erbschaft- und Schenkungsteuer **E** 21 (15)

I

Imkerei, sonstige land- und forstwirtschaftliche Nutzung, Grundsteuerbewertung **B** 237 (65 ff.)
sonstige land- und forstwirtschaftliche Nutzung, Land- und Forstwirtschaft **B** 175 (2)
übrige land- und forstwirtschaftliche Nutzung **B** 160 (40)
–, Erbschaftsteuerwert **B** 160 (44 f.)
Umfang der sonstigen landwirtschaftlichen Nutzung, Grundsteuerbewertung **B** 242 (2)
Immaterielle Wirtschaftsgüter, Land- und Forstwirtschaft, Erbschaftsteuerwert **B** 158 (3)
Land- und Forstwirtschaft, Grundsteuerbewertung **B** 232 (3), (14)
selbstgeschaffene i. W., Ausnahme der Bestandsidentität bei der Betriebsvermögensbewertung **B** 95 f. (6)
Immobilienwertermittlungsverordnung, Bewertung des Grundvermögens, Verkehrswertbewertung **B** 179 (4)
Verkehrswert von Grundstücken **Anh I** 7 (1 ff.)
Indexierung von Bewirtschaftungskosten, für die Verkehrswertbewertung nach dem Ertragswertverfahren **B** 187 (3), (9)
der Normalherstellungskosten bei der Ermittlung des Grundstückswerts im Sachwertverfahren, Grundsteuerbewertung **B** 259 (3)
der Regelherstellungskosten bei der Verkehrswertbewertung **B** 190 (2), (16 f.)
Indexierungstabelle, Wertsteigerungen infolge Kaufkraftschwund beim Zugewinnausgleich **Anh II** 4
Indexreihen, Immobilienwertermittlungsverordnung **Anh I** 7 (12), (18)
Industriegebäude, Gesamtnutzungsdauer, Verkehrswertbewertung **B** 185 (31)
Industrieland, Abgrenzung des land- und forstwirtschaftlichen Vermögens vom Grundvermögen, Grundsteuerbewertung **B** 233 (2)
Inland i. S. d. ErbStG **E** 2 (2 ff.)
Inländische Betriebsstätte, Betriebsvermögensbewertung **B** 121 (3)
Inländische Grundstücke, Eigentumsübergang, Erwerbsvorgang **GE** 1 (1 ff.)
Inländisches Grundvermögen, Inlandsvermögen **B** 121 (2)
Inlandsvermögen, Ansatz bei der Erbschaft- und Schenkungsteuer **B** 121 (1 ff.)
Anteile an Kapitalgesellschaften **E** 2 (17)
Umfang bei der Erbschaft- und Schenkungsteuer **E** 2 (15 ff.)
Insolvenzmasseerwerbe, keine Grundsteuerhaftung **G** 11 (2)
Instandhaltungskosten, Immobilienwertermittlungsverordnung **Anh I** 7 (32)
Modellansätze, Immobilienwertermittlungsverordnung **Anh I** 7 (63 ff.)
Tabelle zur pauschalierten Berücksichtigung der Bewirtschaftungskosten zur Ermittlung des Grundstückswerts im Ertragswertverfahren, Grundsteuerbewertung **B** 255 (5)
Verkehrswertbewertung von Grundstücken nach dem Ertragswertverfahren **B** 186 (7), 187 (1 ff.)
–, Erbschaftsteuerwert 2023 **Anh III** (34)
Instandhaltungsrücklage, keine Kürzung des Kaufpreises bei der Grunderwerbsteuer **GE** 9 (46)
Instandsetzungskosten, Verkehrswertbewertung von Grundstücken nach dem Ertragswertverfahren **B** 186 (7)
Internate, Regelherstellungskosten, Verkehrswertbewertung im Sachwertverfahren **B** 190 (46)
Inventar, gewerbliches und landwirtschaftliches I., BGB-Auszug **B** 243 (28 f.)
Investitionsabzugsbeträge, Hinzurechnung zum Gewinn, vereinfachtes Ertragswertverfahren **B** 202 (1), (6)
Investitionsgarantie i. Z. m. dem Erwerb von Grundstücken, Grunderwerbsteuer **GE** 8 (6 f.)
Investitionsklausel, Abgrenzung des Verwaltungsvermögens bei der Erbschaftsteuerbegünstigung für Unternehmensvermögen **E** 13b (120 ff.)
Verwaltungsvermögen als begünstigtes Vermögen bei der Erbschaftsteuerbegünstigung für Unternehmensvermögen **E** 13b (11)

Investitionsplan, Abgrenzung des Verwaltungsvermögens bei der Erbschaftsteuerbegünstigung für Unternehmensvermögen **E** 13b (123 f.)
Investitionszulagen, Hinzurechnung zum Gewinn, vereinfachtes Ertragswertverfahren **B** 202 (1), (6)
Investmentanteile, Bewertung der Anteile **B** 11 (9)
Bewertung ausländischer I. **B** 11 (9)
Investmentvermögen i. S. d. Kapitalanlagegesetzbuches, Bewertung **B** 11 (4)
s. a. Investmentanteile
Investmentzertifikate, Bewertung **B** 11 (9)
Italienische Erbschaftsteuer, keine anrechenbare ausländische Steuer, Erbschaft- und Schenkungsteuer **E** 21 (15)

J

Jahresertrag, vereinfachtes Ertragswertverfahren, Verkehrswert von Unternehmensvermögen **B** 200 (1), 201 (1), (4 ff.)
Jahressteuer, Ablösung der J., Erbschaft- und Schenkungsteuer **E** 23 (2)
Ablösung der J. bei Zusammenrechnung mit Vorerwerben **E** 23 (8)
von wiederkehrenden Leistungen, Ablösungsrecht **E** 23 (1)
Jahreswert, Begrenzung des J. von Nutzungen **B** 16 (1)
von Nutzungen und Leistungen **B** 12 (49 ff.), 15 (1 ff.)
Junge Aktien, Bewertung **B** 11 (8)
Junge Finanzmittel, kein begünstigtes Vermögen, Erbschaftsteuerbegünstigung für Unternehmensvermögen **E** 13b (13)
in Umwandlungsfällen, Erbschaftsteuerbegünstigung für Unternehmensvermögen **E** 13b (151 ff.)
Junges Betriebsvermögen, vereinfachtes Ertragswertverfahren, Verkehrswert von Unternehmensvermögen **B** 200 (4), (9 f.)
Junges Verwaltungsvermögen, Aufteilung des j. V. bei Personengesellschaften, Erbschaftsteuerbegünstigung für Unternehmensvermögen **E** 13b (72a)
kein begünstigtes Vermögen, Erbschaftsteuerbegünstigung für Unternehmensvermögen **E** 13b (13)
Definition für Erbschaftsteuerbegünstigung für Unternehmensvermögen **E** 13b (133)
Schuldenverrechnung, Steuerbegünstigung für Unternehmensvermögen **E** 13b (164 f.)
Juristische Person des öffentlichen Rechts, Begriff **G** 3 (20 ff.)
Grundsteuerbefreiung **G** 3 (1)

K

Kammertrockenanlagen, Betriebsvorrichtung **Anh I** 1 (49)
Kanalisationsanlagen als Gebäudebestandteile **B** 176 (9)
Kapitalanlagegesellschaften, Anteile an K., Bewertung **B** 11 (9)
Kapitalanlagegesetzbuch, Investmentvermögen i. S. d. K., Bewertung **B** 11 (4)
s. a. Investmentanteile
Kapitalbeteiligungen, Inlandsvermögen **B** 121 (4)
Kapitalerhöhung i. Z. m. der Korrektur des Betriebsergebnisses bei der Bewertung des Substanzwerts von Anteilen an Kapitalgesellschaften **B** 11 (40)
Kapitalforderungen in ausländischer Währung, Bewertung **B** 12 (10)
Bewertung **B** 12 (1), (21 ff.)
– i. Z. m. einer Aufschubzeit **B** 12 (28 ff.)
– von hoch verzinslichen K. **B** 12 (7), (25)
– von K. in fremder Währung **B** 12 (21)
– von niedrig verzinslichen K. **B** 12 (7), (25)
– im personellen Verfahren **B** 12 (21 ff.)
– von uneinbringlichen K. **B** 12 (8)
– i. Z. m. unterschiedlichen Laufzeiten **B** 12 (27)
– von unverzinslichen K. **B** 12 (3)
hoch verzinsliche und unkündbare K., Bewertung **B** 12 (25)
uneinbringliche K. **B** 12 (2)
unverzinsliche K. **B** 12 (22 ff.)
verjährte K., Bewertung **B** 12 (11)
Vermögenslosigkeit des Schuldners, Bewertung **B** 12 (11)
Vorteile bei Unverzinslichkeit, Bewertung **B** 12 (22)
Kapitalgesellschaften, Anteile an inländischen K., Inlandsvermögen **E** 2 (17)
Anteile an K., Abgrenzung des Verwaltungsvermögens **E** 13b (7), (90 ff.)
Anteile an K., begünstigungsfähiges Vermögen **E** 13b (3)
Anteile an K., Behaltensregelungen für die Erbschaftsteuervergünstigung **E** 13a (111 ff.)
Anteile an K., Bewertung in Sonderfällen **B** 11 (17 ff.)
Anteile an K., Erbschaftsteuervergünstigung **E** 13a (1 ff.), (20 ff.)
Anteile an K., Ermittlung der Lohnsumme für die Inanspruchnahme der Erbschaftsteuerbegünstigung **E** 13a (48 ff.)
Anteile an K., gesonderte Feststellung des Werts **B** 151 (10), (22)
– bei Treuhandverhältnis **B** 151 (47)
Anteile an K., örtliche Zuständigkeit **B** 152 (3)
Anteile an K., Umfang der Erbschaftsteuerbegünstigung **E** 13b (42 ff.), (48 ff.)
Anteile an K., Verbundvermögensaufstellung, Erbschaftsteuerbegünstigung für Unternehmensvermögen **E** 13b (15)
Anteile an K., Wert der Anteile an K. **B** 151 (3)
Anteilseignerwechsel bei grundbesitzenden K., Börsenklausel, Grunderwerbsteuer **GE** 1 (165 ff.)
Anteilseignerwechsel bei grundbesitzenden K., Grunderwerbsteuer **GE** 1 (121 ff.)
ausländische K., Anteilsbewertung **B** 11 (7)
Bewertung der Anteile **B** 11 (1 ff.)
– bei der Erbschaft- und Schenkungsteuer **E** 12 (2)
Erbschaftsteuervergünstigung für Unternehmensvermögen **E** 13a (9)
gemeinnützige K., Bewertung von Anteilen an Kapitalgesellschaften **B** 11 (27), (60 ff.)
Hinterbliebenenbezüge eines Gesellschafter-Geschäftsführers **E** 3 (37)
Leistungen von K., Schenkungsteuer **E** 7 (61 ff.)
rückwirkender Formwechsel zu einer Personengesellschaft **E** 11 (2 f.)
Schachtelbeteiligung als Inlandsvermögen **B** 121 (4)
Schenkung unter Beteiligung von K., Schenkungsteuer **E** 7 (47 ff.)
Steuerklasse bei Zuwendung von einer K., Schenkungsteuer **E** 15 (16)
Tarifbegrenzung beim Erwerb **E** 19a (1 ff.)
Tod eines Gesellschafters, Erbschaftsteuer **E** 3 (2)
treuhänderisch gehaltene Anteile an K., Umfang der Erbschaftsteuerbegünstigung **E** 13b (53a)
Umfang des Betriebsvermögens **B** 97 (1)

unmittelbare Beteiligung an einer Personengesellschaft mit Grundbesitz, Grunderwerbsteuer **GE** 1 (9), (64 ff.)
Verfügung über Anteile an inländischen K. **E** 2 (24)
Verkehrswertbewertung **B** 199 ff.
Verpflichtung zur Abgabe einer Feststellungserklärung **B** 11 (41)
Verpflichtung zur Abgabe einer Vermögensaufstellung **B** 11 (41)
Werterhöhung von Anteilen, Schenkungsteuer **E** 7 (17)
Kapitalherabsetzung i. Z. m. der Korrektur des Betriebsergebnisses bei der Bewertung des Substanzwerts von Anteilen an Kapitalgesellschaften **B** 11 (40)
Kapitalisierter Reinertrag, Ermittlung des Grundstückswerts im Ertragswertverfahren, Grundsteuerbewertung **B** 253 (1)
Kapitalisierungsfaktor bei der Bewertung der Land- und Forstwirtschaft, Grundsteuerbewertung **B** 236 (4)
bei der Bewertung des Mindestwerts der Land- und Forstwirtschaft, Erbschaftsteuerwert **B** 164 (3)
Immobilienwertermittlungsverordnung **Anh I** 7 (34)
für den Reinertrag der Land- und Forstwirtschaft, Grundsteuerbewertung **B** 239 (1)
beim vereinfachten Ertragswertverfahren, Verkehrswert von Unternehmensvermögen **B** 200 (1), 203 (1), (3)
Verkehrswertbewertung von Gebäuden auf fremdem Grund und Boden **B** 195 (3)
Kapitalisierungszinssatz, Begriff, Verkehrswertbewertung nach dem Ertragswertverfahren **B** 188 (1)
bei der Bewertung der Land- und Forstwirtschaft **B** 163 (11)
bei der Bewertung des Mindestwerts der Land- und Forstwirtschaft, Erbschaftsteuerwert **B** 164 (3)
Bewertung von Erfindungen und Urheberrechten, die nicht zu einem Betriebsvermögen gehören **B** 9 (14)
Ermittlung des K. bei der Bewertung von Anteilen **B** 11 (37)
beim vereinfachten Ertragswertverfahren, Verkehrswert von Unternehmensvermögen **B** 203 (3)
Kapitalkonto, Vorwegzurechnung bei der Aufteilung des Betriebsvermögens **B** 97 (6), (23)
Kapitalnutzungsvorteil bei Vorleistungspflicht, Einbeziehung in die Bemessungsgrundlage **GE** 9 (50)
Kapitalschulden, Bewertung i. Z. m. einer Aufschubzeit **B** 12 (28 ff.)
Bewertung i. Z. m. unterschiedlichen Laufzeiten **B** 12 (27)
hoch und niedrig verzinsliche K., Bewertung **B** 12 (25)
unverzinsliche K. **B** 12 (22 ff.)
Kapitalversicherung, Bewertung der Ansprüche **B** 12 (4)
Kapitalwert, Bewertung von Leistungsrechten, Tabelle mit Vervielfältigern **B** 12 (67)
von lebenslänglichen Nutzungen und Leistungen **B** 14 (1 ff.)
von Renten und anderen wiederkehrenden Nutzungen und Leistungen **B** 13–16 (4 f.)
Vervielfältiger zur Ermittlung des K. **B** 12 (62 ff.)
von wiederkehrenden Nutzungen und Leistungen **B** 12 (47 ff.), 13 (1 ff.)
Katastrophenhilfegesetz, Gesetzestext (Auszug) **B** 197 (6 ff.)
Kauf eines Grundstücks, Bemessungsgrundlage bei der Grunderwerbsteuer **GE** 9 (1)
Kaufhäuser, Ausstattungsstandard, Verkehrswertbewertung im Sachwertverfahren **B** 190 (47)
Gebäudestandardbeschreibung, Immobilienwertermittlungsverordnung **Anh I** 7 (102)
Gesamtnutzungsdauer, Verkehrswertbewertung **B** 185 (31)
Kostenkennwerte der Normalherstellungskosten, Immobilienwertermittlungsverordnung **Anh I** 7 (77)
Regelherstellungskosten, Verkehrswertbewertung im Sachwertverfahren **B** 190 (46)
Kaufkraftschwund, Wertsteigerungen infolge K. beim Zugewinnausgleich **Anh II** 4
Kaufpreis, Nachweis des gemeinen Werts durch zeitnahen K., Grundsteuer **B** 220 (20 ff.)
Nachweis des niedrigeren Verkehrswerts, Grundstücksbewertung **B** 198 (1 ff.)
Kaufpreissammlung, Grundstückswertermittlung, Baugesetzbuch **Anh I** 6 (28)
Kaufrechtsvermächtnis, keine Befreiung von der Grunderwerbsteuer **GE** 3 (34)
Erwerb bei der Erbschaftsteuer **E** 3 (23)
Kaufvertrag, Erwerbsvorgang bei der Grunderwerbsteuer **GE** 1 (1)
Kegelbahnen, Abgrenzung Grundvermögen/Betriebsvorrichtungen **Anh I** 3 (5)
Kellerräume, Bewertung des Grundvermögens, Verkehrswertbewertung **B** 181 (18)
Umfang der wirtschaftlichen Einheit Wohnungseigentum, Grundsteuerbewertung **B** 249 (33)
Kesselhäuser, Abgrenzung Gebäude/Betriebsvorrichtung **Anh I** 1 (51), (57)
Kettenschenkung, Berücksichtigung von Vorerwerben bei der Erbschaft- und Schenkungsteuer **E** 14 (19)
Voraussetzungen für eine Schenkung **E** 7 (24)
Kinder, besonderer Versorgungsfreibetrag, Erbschaftsteuer **E** 17 (2 ff.), (8 ff.)
Familienheim beim Erwerb von Todes wegen **E** 13 (10), (62)
Freibetrag bei der Erbschaft- und Schenkungsteuer **E** 16 (2)
Steuerklasse bei der Erbschaft- und Schenkungsteuer **E** 15 (1)
Kindergärten, Gebäudestandardbeschreibung, Immobilienwertermittlungsverordnung **Anh I** 7 (99)
Gesamtnutzungsdauer, Verkehrswertbewertung **B** 185 (31)
Kostenkennwerte der Normalherstellungskosten, Immobilienwertermittlungsverordnung **Anh I** 7 (72)
Kindertagesstätten, Gesamtnutzungsdauer, Verkehrswertbewertung **B** 185 (31)
Kirchendiener, Dienstgrundstücke und Dienstwohnungen, Grundsteuerbefreiung **G** 3 (57 f.)
Kirchliche Zwecke, Begriff, Abgabenordnung (Auszug) **G** 3 (70)
Klassifizierung, gesetzliche K., Land- und Forstwirtschaft, Grundsteuerbewertung **B** 234 (2)
Kleidungsstücke, Erbschaftsteuerbefreiung **E** 13 (1)
Kleinbetragsgrenze, Erbschaftsteuer **E** 22
Kleinbetragsverordnung, Auszug **E** 22 (3)
Kleingartenland, Begriff, Bundeskleingartengesetz **Anh I** 8 (3)
Reinertrag der Land- und Forstwirtschaft, Grundsteuerbewertung **B** 240 (1 f.)
Umfang des land- und forstwirtschaftlichen Vermögens, Erbschaftsteuerwert **B** 158 (4)

Klimaanlagen, Zurechnung zum Gebäude **Anh I** 1 (30)
Kliniken, Ausstattungsstandard, Verkehrswertbewertung im Sachwertverfahren **B** 190 (47)
Regelherstellungskosten, Verkehrswertbewertung im Sachwertverfahren **B** 190 (46)
Kohlenbunker, Gebäude **Anh I** 1 (61)
Kombinierter Ladeverkehr, Grundstück **G** 4 (15 FN)
Kommanditgesellschaft, Aufteilung des Betriebsvermögens **B** 97 (22 ff.), (31)
Umfang des Betriebsvermögens **B** 97 (5)
Kommanditgesellschaft auf Aktien, Umfang des Betriebsvermögens **B** 97 (1)
Kommunale Wählervereinigungen, steuerfreie Zuwendungen **E** 13 (27)
Kommunale Zusammenschlüsse, Grundstückserwerb, Grunderwerbsteuerbefreiung **GE** 4 (4)
Komplementär-GmbH, Bewertung von Anteilen an Kapitalgesellschaften **B** 11 (22)
Konsularische Vertretungen, Grundsteuerbefreiung **G** 5 (23 ff.)
Mitglieder, Steuerpflicht **E** 2 (14)
Konsuln, Anzeigepflicht bei der Erbschaftsteuer **E** 34 (21)
Kontaminierte Grundstücke, Erwerb k. G., Grunderwerbsteuer **GE** 8 (6 f.)
Kontokorrentkonten, Aufteilung von gemischten K., Betriebsvermögen **B** 95 f. (7 f.)
Kontrollmitteilungen für die Steuerakten des Erblassers oder Erwerbers **E** 33 (25 f.)
Konzern, Grundstücksüberlassung im K., Abgrenzung des Verwaltungsvermögens **E** 13b (81)
Steuervergünstigung für Unternehmensvermögen, Verbundvermögensaufstellung **E** 13b (15), (167 ff.)
Umstrukturierungen im K., Grunderwerbsteuerbefreiung **GE** 6a (1 ff.)
Konzernverbund, Grundstück ohne ortsübliche Miete, Verkehrswertbewertung des Grundstücks **B** 182 (9)
Koppelungsvorschriften, Grundsteuer **G** 26
Körperschaft des öffentlichen Rechts, Grundstückserwerb, Grunderwerbsteuerbefreiung **GE** 4 (1)
s. a. Juristische Person des öffentlichen Rechts
Körperschaften, Umfang des Betriebsvermögens **B** 97 (6)
Zuwendungen an gemeinnützige, mildtätige und kirchliche K. **E** 13 (79 ff.)
Körperschaftsteuer, Hinzurechnung zum Gewinn, vereinfachtes Ertragswertverfahren **B** 202 (1), (6)
Körperschaftsteueroption, Betriebsvermögensbewertung **B** 97 (51 ff.)
und Grundstücksübertragung auf die Gesamthand, Grunderwerbsteuer **GE** 5 (1), (40)
und Grundstücksübertragung von einer Gesamthand, Grunderwerbsteuer **GE** 6 (3)
Korrekturen bei der Ermittlung des Substanzwerts, Betriebsvermögensbewertung **B** 109 (13)
bei der Ermittlung des Substanzwerts bei der Bewertung von Anteilen an Kapitalgesellschaften **B** 11 (40)
Kostenkennwerte der Normalherstellungskosten, Immobilienwertermittlungsverordnung **Anh I** 7 (67 ff.)
Kostentragung von Erwerbsnebenkosten durch den Schenker, Schenkungen unter Lebenden **E** 10 (45)
Krankengeld, keine Berücksichtigung bei der Lohnsumme, Erbschaftsteuerbegünstigung für Unternehmensvermögen **E** 13a (3), (31)
Krankenhäuser, Ausstattungsstandard, Verkehrswertbewertung im Sachwertverfahren **B** 190 (47)
Gebäudestandardbeschreibung, Immobilienwertermittlungsverordnung **Anh I** 7 (100)
Gesamtnutzungsdauer, Verkehrswertbewertung **B** 185 (31)
Grundsteuerbefreiung **G** 4 (6), (40 ff.)
Kostenkennwerte der Normalherstellungskosten, Immobilienwertermittlungsverordnung **Anh I** 7 (74)
Regelherstellungskosten, Verkehrswertbewertung im Sachwertverfahren **B** 190 (46)
Zweckbetrieb, Abgabenordnung (Auszug) **G** 3 (86)
Kreditanstalten des öffentlichen Rechts, Umfang des Betriebsvermögens **B** 97 (4)
Kreditinstitute, Abgrenzung des Verwaltungsvermögens bei der Erbschaftsteuerbegünstigung für Unternehmensvermögen **E** 13b (7)
Haftung für Erbschaftsteuer **E** 20 (6), (9)
Kühleinrichtungen, Betriebsvorrichtungen **Anh I** 1 (34)
Kühlhäuser, Abgrenzung Gebäude/Betriebsvorrichtung **Anh I** 1 (62)
Kühlschränke, Zubehör eines Gebäudes **B** 176 (10)
Kulturgüter, Grundsteuererlass **G** 32 (1 ff.), (5 ff.)
Steuerbefreiung für den Erwerb von K. **E** 13 (45)
Steuererlass für den Erwerb von K. **E** 13 (45)
Kulturräume, gärtnerische Nutzung, Grundsteuerbewertung **B** 237 (32)
Kunstgegenstände, Abgrenzung des Verwaltungsvermögens bei der Erbschaftsteuerbegünstigung für Unternehmensvermögen **E** 13b (8), (96 f.)
Erbschaftsteuerbefreiung **E** 13 (4 f.)
Tilgung von Erbschaft- und Schenkungsteuer **E** 20 (8)
Kunstsammlungen, Abgrenzung des Verwaltungsvermögens bei der Erbschaftsteuerbegünstigung für Unternehmensvermögen **E** 13b (8)
Kurbäder, Ausstattungsstandard, Verkehrswertbewertung im Sachwertverfahren **B** 190 (47)
Gesamtnutzungsdauer, Verkehrswertbewertung **B** 185 (31)
Regelherstellungskosten, Verkehrswertbewertung im Sachwertverfahren **B** 190 (46)
Kurse für die Bewertung von Wertpapieren **B** 11 (1)
Stichtagsbewertung **B** 11 (1)
Kurswert, Bewertung von Wertpapieren **B** 11 (1), (5)
Kurzarbeitergeld, keine Lohnsummenminderung, Erbschaftsteuerbegünstigung für Unternehmensvermögen **E** 13a (40a)
Kurzumtriebsplantagen, sonstige land- und forstwirtschaftliche Nutzung, Grundsteuerbewertung **B** 237 (93 f.)
Umfang der sonstigen landwirtschaftlichen Nutzung, Grundsteuerbewertung **B** 242 (2)

L

Läden, Gesamtnutzungsdauer, Verkehrswertbewertung **B** 185 (31)
Lagergebäude, Gebäudestandardbeschreibung, Immobilienwertermittlungsverordnung **Anh I** 7 (104)
Kostenkennwerte der Normalherstellungskosten, Immobilienwertermittlungsverordnung **Anh I** 7 (80)
Lagerhäuser, Ausstattungsstandard, Verkehrswertbewertung im Sachwertverfahren **B** 190 (47)

Gesamtnutzungsdauer, Verkehrswertbewertung **B** 185 (31)
Regelherstellungskosten, Verkehrswertbewertung im Sachwertverfahren **B** 190 (46)
Lagerkeller, Grundvermögen **Anh I** 1 (5)
Länder, Erlöschen der Erbschaft- und Schenkungsteuer bei Zuwendung von Vermögensgegenständen **E** 29 (4)
steuerfreie Erbanfälle **E** 13 (22)
Landesdenkmalschutz, Ermäßigung der Grundsteuermesszahl für dem L. unterliegenden Grundbesitz **G** 15 (5)
Landesgrundsteuergesetz, Baden-Württemberg **Anh IV** 1
Bayern **Anh IV** 2
Berlin **Anh IV** 3
Bremen **Anh IV** 4
Hamburg **Anh IV** 5
Hessen **Anh IV** 6
Niedersachsen **Anh IV** 7
Nordrhein-Westfalen **Anh IV** 8
Rheinland-Pfalz **Anh IV** 9
Saarland **Anh IV** 10
Sachsen **Anh IV** 11
Sachsen-Anhalt **Anh IV** 12
Schleswig-Holstein **Anh IV** 13
Ländliche Entwicklung, Grunderwerbsteuer **GE** 1 (35 ff.)
Landtauschverfahren, kein Erwerbsvorgang bei der Grunderwerbsteuer **GE** 1 (3)
Land- und Forstwirtschaft, Abgrenzung zum Betriebsvermögen **B** 158 (14 ff.)
Abgrenzung zum Gewerbebetrieb **B** 158 (19 ff.)
Abgrenzung zum Grundvermögen, Erbschaftsteuerwert **B** 159 (1 ff.), 176 (4)
Abgrenzung zum Grundvermögen bei der Grundbesitzbewertung **B** 158 (36 f.)
–, Grundsteuerbewertung **B** 232 (24)
Abgrenzung zum Grundvermögen, Grundsteuerbewertung **B** 233
Abgrenzung zum übrigen Vermögen bei der Grundbesitzbewertung **B** 158 (38 ff.)
Absatz selbst erzeugter Getränke, Erbschaftsteuerwert **B** 158 (27)
Aufteilung des Grundbesitzwerts **B** 168 (4)
Baumschulen, Definition **B** 160 (34 ff.)
Begriff **B** 158 (1), (6)
–, Grundsteuerbewertung **B** 232 (1 f.), (8 ff.)
begünstigungsfähiges Vermögen, Erbschaftsteuerwert **E** 13b (1)
Behaltensregelungen für die Steuerbegünstigung für Unternehmensvermögen **E** 13a (97 ff.)
Beherbergung in der Landwirtschaft, Erbschaftsteuerwert **B** 158 (32)
Berücksichtigung von Gartenlauben, Grundsteuerbewertung **B** 240 (3)
Betriebsmittel **B** 158 (13)
Betriebsverpachtung, Erbschaftsteuerwert **B** 158 (7), 162 (11 ff.)
Betriebswohnungen **B** 160 (1)
Bewertungsstichtag, Erbschaftsteuerwert **B** 161 (1)
Blumenanbau, Definition **B** 160 (29 ff.)
Dauerkleingartenland, Grundsteuerbewertung **B** 240 (1 f.)
Dienstleistungen **B** 158 (26), (29)
Energieerzeugung **B** 158 (31)
Erbschaftsteuervergünstigung **E** 13a (1 ff.), (20 ff.)
– für Unternehmensvermögen **E** 13a (7)
Ermittlung bei einer Personengesellschaft **B** 158 (10)
Ermittlung des Grundsteuerwerts **B** 239 (1 f.)
Existenzgrundlage, Abgrenzung zum Grundvermögen **B** 159 (2)
Festsetzung eines einheitlichen Hebesatzes für Betriebe der L. u. F. **G** 25 (4)
forstwirtschaftliche Nutzung, Definition **B** 160 (23 f.)
Fortführungswert, Erbschaftsteuerwert **B** 162 (5)
gärtnerische Nutzung, Definition **B** 160 (27 f.)
Gemüsebau, Definition **B** 160 (29 ff.)
gesonderte Ermittlung des Reingewinns **B** 163 (15)
Grundbesitz der L. u. F., Grundsteuerbefreiung **G** 6 (1 ff.)
Grundsteuer **G** 2 (1)
Grundsteuerbewertung **B** 237 (1 ff.)
Grundsteuererlass **G** 33 (5)
– wegen wesentlicher Ertragsminderung **G** 33 (5 ff.)
Handelsgeschäfte **B** 158 (25)
Hofgebäudeflächen **B** 160 (12)
Inlandsvermögen **B** 121 (1)
Kleingartenland, Grundsteuerbewertung **B** 240 (1 f.)
Liquidationswert, Erbschaftsteuerwert **B** 162 (3), (7 ff.)
Mindestgröße **B** 158 (8)
Nachbewertungsvorbehalt, Erbschaftsteuerwert **B** 162 (7 ff.)
Nutzungsüberlassung, Erbschaftsteuerwert **B** 162 (11 ff.)
Obstbau, Definition **B** 160 (33)
Pensionsvieh **B** 160 (14)
Produktionszweige und Standarddeckungsbeiträge, Erbschaftsteuerwert **B** 163 (17)
Reinvestitionsvermögen, Erbschaftsteuerwert **B** 162 (7 ff.)
sonstige landwirtschaftliche Nutzungen, Grundsteuerbewertung **B** 242 (2)
Steuermesszahl bei der Grundsteuer **G** 14
Stückländereien, Erbschaftsteuerwert **B** 160 (15), 162 (6)
Stundung der Erbschaftsteuer, soweit die Steuer auf begünstigtes Vermögen entfällt **E** 28 (1), (9)
Stundung der Erbschaftsteuer beim Erwerb von landwirtschaftlichem Vermögen **E** 28 (1 ff.)
Tarifbegrenzung beim Erwerb **E** 19a (1 ff.)
übrige land- und forstwirtschaftliche Nutzung, Erbschaftsteuerwert **B** 160 (38 ff.)
übrige land- und forstwirtschaftliche Nutzung, Grundsteuerbewertung **B** 237 (6)
Umfang der Erbschaftsteuerbegünstigung für Unternehmensvermögen **E** 13b (29 ff.)
verpachtete Grundstücke, Abgrenzung des Verwaltungsvermögens **E** 13b (88 f.)
Verwertung organischer Abfälle **B** 158 (23)
weinbauliche Nutzung, Definition **B** 160 (25 f.)
Wirtschaftsgebäude **B** 160 (13)
Wirtschaftsgebäudeflächen **B** 160 (12)
Wirtschaftsteil **B** 160 (1)
–, Erbschaftsteuerwert **B** 160 (10 ff.)
Wohnteil, Erbschaftsteuerwert **B** 160 (1)
Zerlegungsmaßstab des Grundsteuermessbetrags **G** 22 (2)
Zierpflanzenbau, Erbschaftsteuerwert **B** 160 (29 ff.)
Zukauf fremder Erzeugnisse, Erbschaftsteuerwert **B** 158 (24 ff.)
Zurechnung von Agri-Fotovoltaik-Anlagen, Erbschaftsteuerwert 2009 **B** 158 (45)
Land- und forstwirtschaftliches Vermögen, Feststellung von Grundsteuerwerten, Grundsteuerbewertung **B** 218 ff.
Grundsteuerbewertung **B** 232 ff.
Vermögensart **B** 18
Landwirtschaftliche Flächen, Veräußerung l. F. und Zahlungsansprüche nach dem Betriebsprämiendurchführungsgesetz **GE** 8 (12)

Landwirtschaftliche Nutzung, Besatzkapitalwert, Tabelle nach Regionen, Erbschaftsteuerwert **B** 163 (40)
Betrieb der Land- und Forstwirtschaft, Erbschaftsteuerwert **B** 160 (2)
Bewertung der Tierbestände, Erbschaftsteuerwert **B** 169 (1 ff.)
Definition, Erbschaftsteuerwert **B** 160 (17 ff.)
Land- und Forstwirtschaft, Abgrenzung zum Grundvermögen, Grundsteuerbewertung **B** 234 (1), (11)
Mindestwert, Erbschaftsteuerwert **B** 164 (11)
Pachtpreis, Tabelle nach Regionen, Erbschaftsteuerwert **B** 163 (40)
Reinertrag der Land- und Forstwirtschaft, Grundsteuerbewertung **B** 237 (2), (14 ff.)
Reingewinn, Tabelle nach Regionen, Erbschaftsteuerwert **B** 163 (40)
Standarddeckungsbeiträge, Erbschaftsteuerwert **B** 160 (20)
Wirtschaftswert, Erbschaftsteuerwert **B** 163 (18)
Zuschlag zum Reinertrag der Land- und Forstwirtschaft, Grundsteuerbewertung **B** 238 (1)
Lasten, Abzug bei der Erbschaftsteuer **E** 10 (5 ff.), (95 ff.)
Abzugsfähigkeit bei beschränkter Steuerpflicht, Erbschaftsteuer **E** 10 (82a)
auflösend bedingte L. **B** 4–8 (2 f.), 7
aufschiebend bedingte L. **B** 4–8 (2 f.), 6
Befristung **B** 4–8 (2 f.), 8
Beschränkung des Abzugs **E** 10 (76 ff.)
Inlandsvermögen bei der Erbschaft- und Schenkungsteuer **E** 2 (21)
i. Z. m. nicht der Erbschaftsteuer unterliegendem Vermögen **E** 10 (8)
Lastenaufzüge, Betriebsvorrichtungen **Anh I** 1 (28)
Lastenausgleichsgesetz, Ansprüche aus dem L., Erbschaftsteuerbefreiung **E** 13 (13)
Laufzeiten bei der Bewertung von Kapitalforderungen/-schulden **B** 12 (27)
Lebenserwartung, durchschnittliche L. für Bewertungsstichtage ab 1.1.2025 **B** 14 (5)
Lebenslängliche Nutzungen und Leistungen, Bewertung **B** 12 (56 ff.)
Kapitalwert **B** 14 (1 ff.)
Vervielfältiger zur Bewertung des Kapitalwerts **B** 14 (5)
Lebenslängliche Stundung einer Zugewinnausgleichsforderung, Schenkungsteuer **E** 7 (1 FN)
Lebenspartner, Abfindungszahlungen zwischen L., keine freigebige Zuwendung **E** 7 (26)
einer aufgehobenen Lebenspartnerschaft, Steuerklasse **E** 15 (2)
Familienheim beim Erwerb von Todes wegen **E** 13 (9)
Freibetrag bei der Erbschaft- und Schenkungsteuer **E** 16 (1)
Grundstückserwerb durch L., keine Grunderwerbsteuer **GE** 3 (3 f.)
Steuerklasse bei der Erbschaft- und Schenkungsteuer **E** 15 (1)
Steuerklasse, im Verhältnis zum Schlusserben, Erbschaft- und Schenkungsteuer **E** 15 (6)
Steuerklasse, im Verhältnis zum Vermächtnisnehmer, Erbschaft- und Schenkungsteuer **E** 15 (6)
überlebender L., besonderer Versorgungsfreibetrag **E** 17 (1), (8 ff.)
unbenannte Zuwendungen, Schenkungsteuer **E** 7 (27 f.)
Lebensversicherungen, Berücksichtigung bei der Erbschaft- und Schenkungsteuer **E** 3 (4 FN)
Bewertung der Ansprüche **B** 12 (4)
Leistung, Erwerb **E** 3 (37), (43)
Prämienzahlung durch Bezugsberechtigten, Erbschaftsteuer **E** 3 (43 f.)
Leibrenten, Bewertung **B** 12 (56 ff.)
Leistungen in Ansehung der Beeinträchtigung der Unversehrtheit, Steuerbefreiung **E** 13 (27)
einer befreienden Lebensversicherung, Erwerb **E** 3 (37)
Besteuerung bei der Erbschaft- und Schenkungsteuer **E** 23 (1 ff.)
Jahreswert **B** 15 (1 ff.)
an Kapitalgesellschaften, Zuwendung von L., Schenkungsteuer **E** 7 (56)
zwischen Kapitalgesellschaften, Zuwendung von L., Schenkungsteuer **E** 7 (61)
Kapitalwert von wiederkehrenden L. **B** 13 (1 ff.)
lebenslängliche L., Bewertung **B** 12 (56 ff.)
lebenslängliche L., Kapitalwert **B** 14 (1 ff.)
einer Lebensversicherung, Erwerb **E** 3 (43)
von Selbsthilfeeinrichtungen, Erbschaft- und Schenkungsteuer **E** 3 (4 FN)
entsprechend der Stiftungsurkunde, kein Abzug, Erbschaftsteuer **E** 10 (9)
Vervielfältiger zur Bewertung des Kapitalwerts **B** 12 (67)
Vervielfältiger für lebenslängliche L. zur Bewertung des Kapitalwerts **B** 14 (5)
wiederkehrende L., Bewertung **B** 12 (47 ff.)
wiederkehrende L., Kapitalwert **B** 12 (47 ff.), 13–16 (4 f.)
Leistungsanordnung, Schenkung unter Lebenden, Schenkungsteuer **E** 7 (3)
Leistungsauflage, Schenkung unter L., Ermittlung des Erwerbs **E** 7 (44)
Leistungsrechte, Tabelle mit Vervielfältigern, Ermittlung der Gegenwartswerte **B** 12 (67)
Leitungen, Gebäudebestandteile **B** 176 (9)
Liechtensteinische Widmungssteuer, keine anrechenbare ausländische Steuer, Erbschaft- und Schenkungsteuer **E** 21 (16)
Lieferungsverträge, Grundstücksüberlassung i. Z. m. L., Abgrenzung des Verwaltungsvermögens bei der Erbschaftsteuerbegünstigung für Unternehmensvermögen **E** 13b (87)
Liegenschaftszins, Begriff, Verkehrswertbewertung nach dem Ertragswertverfahren **B** 188 (1), (3 ff.)
zur Ermittlung des Grundstückswerts im Ertragswertverfahren, Grundsteuerbewertung **B** 256 (1 ff.)
Grundlage für Ermittlung des Grundstückswerts im Ertragswertverfahren, Grundsteuerbewertung **B** 253 (2)
Immobilienwertermittlungsverordnung **Anh I** 7 (12), (21), (33)
nicht ermittelter L. bei der Verkehrswertbewertung **B** 188 (2 FN)
Verkehrswertbewertung im Ertragswertverfahren **B** 185 (2)
Verkehrswertbewertung von Grundstücken nach dem Ertragswertverfahren, Erbschaftsteuerwert 2023 **Anh III** (39 ff.)
zeitliche Anwendung bei der Verkehrswertbewertung ab 2023 des Grundvermögens **Anh III** (5)
Liquidation, Bewertung von Anteilen an Kapitalgesellschaften **B** 11 (23)
Bewertung von Unternehmen in Liquidation **B** 11 (36)
Liquidationserlös zur Aufteilung des Betriebsvermögens bei der Betriebsvermögensbewertung **B** 97 (35 f.)

Liquidationsobjekte und Bodenwert, Immobilienwertermittlungsverordnung **Anh I** 7 (43)
Liquidationswert, Bewertung des Wirtschaftsteils, Land- und Forstwirtschaft, Erbschaftsteuerwert **B** 162 (3), 166 (1 ff.)
Stückländereien, Erbschaftsteuerwert **B** 162 (7 ff.)
und verfassungsrechtliches Übermaßverbot, Erbschaftsteuerwert **B** 165 (10)
Lohnsumme bei Beteiligungen an Kapitalgesellschaften, Inanspruchnahme der Steuerbegünstigung **E** 13a (48 ff.)
bei Beteiligungen an Personengesellschaften, Inanspruchnahme der Steuerbegünstigung **E** 13a (45 ff.)
bei Beteiligungsstrukturen, Inanspruchnahme der Steuerbegünstigung **E** 13a (52 ff.)
Erbschaftsteuerbegünstigung für Unternehmensvermögen **E** 13a (3), (31)
EU-Definition, Inanspruchnahme der Steuerbegünstigung **E** 13a (40)
Feststellung der L., Inanspruchnahme der Unternehmensvermögensbegünstigung **E** 13a (77 ff.)
Kurzarbeitergeld, Erbschaftsteuerbegünstigung für Unternehmensvermögen **E** 13a (40a)
bei mehreren wirtschaftlichen Einheiten, Erbschaftsteuerbegünstigung für Unternehmensvermögen **E** 13a (41 f.)
in Umwandlungsfällen, Inanspruchnahme der Steuerbegünstigung **E** 13a (65 ff.)
Lohnsummenfrist, Steuerbegünstigung bei der Erbschaftsteuerbegünstigung für Unternehmensvermögen **E** 13a (3), (31)
Voraussetzung für Verschonungsbedarfsprüfung, Erwerb von Unternehmensvermögen **E** 28a (4)
Lohnsummenregelung bei der Erbschaftsteuervergünstigung für Unternehmensvermögen **E** 13a (30 ff.)
in Fällen der Option zur Körperschaftsteuer, Betriebsvermögensbewertung **B** 97 (62 f.)
bei der Steuerbegünstigung für Unternehmensvermögen, Erbschaftsteuer **E** 13a (168)
Verstoß gegen die L., Billigkeitsmaßnahmen i. Z. m. der COVID-19-Pandemie, Unternehmensvermögensbegünstigung **E** 13a (76a)
Verstoß gegen die L., Inanspruchnahme der Unternehmensvermögensbegünstigung **E** 13a (75 f.)
Lotterie, Gewerbebetrieb der staatlichen L. **B** 96

M

Marktanpassungsfaktoren, Verkehrswertbewertung im Sachwertverfahren **B** 191 (3)
Marktwert, Nachweis des niedrigeren M., Verkehrswertbewertung **B** 198 (1 ff.)
Maschinen, Betriebsvorrichtungen **Anh I** 1 (1)
keine Grunderwerbsteuerpflicht **GE** 2 (2)
kein Grundvermögen, Grundsteuerbewertung **B** 243 (2)
kein Grundvermögen, Verkehrswertbewertung **B** 176 (6)
Maschinenfundamente, Betriebsvorrichtungen **Anh I** 1 (25)
Mastvieh, Umfang der landwirtschaftlichen Nutzung, Grundsteuerbewertung **B** 241 (3)
Mauervorlagen, Abgrenzung Gebäude/Betriebsvorrichtung **Anh I** 1 (54)
kein Grundvermögen, Grundsteuerbewertung **B** 243 (3)
Umfang des Grundvermögens **B** 176 (12); **Anh I** 1 (25)
–, Verkehrswertbewertung **B** 176 (2)
Mehrere Beteiligte, Wertermittlung **B** 3
Mehrere Erben, Abgabe einer gemeinsamen Steuererklärung **E** 31 (10)
Mehrere Erwerber, Geringfügigkeitsgrenze, Grunderwerbsteuer **GE** 3 (17 f.)
Mehrfacher Erwerb desselben Vermögens **E** 27 (1 ff.), (7 f.)
– und Erbschaftsteuer **E** 27 (4)
Mehrfamilienhäuser, Ausstattungsstandard, Verkehrswertbewertung im Sachwertverfahren **B** 190 (47)
Gebäudestandardbeschreibung, Immobilienwertermittlungsverordnung **Anh I** 7 (97)
Kostenkennwerte der Normalherstellungskosten, Immobilienwertermittlungsverordnung **Anh I** 7 (68)
Regelherstellungskosten, Verkehrswertbewertung im Sachwertverfahren **B** 190 (46)
Mehrheitsbeteiligung, Bewertung **B** 11 (11 FN)
Mehrheitsstimmrechte, Verzicht auf M., Schenkungsteuer **E** 7 (1 FN)
Mehrheit von Wohnungen, Bewertung des Grundvermögens, Verkehrswertbewertung **B** 181 (17)
Mehrsteuer, keine Erstattung der M. bei der Berücksichtigung von Vorerwerben **E** 14 (15)
Mehrzweckhallen, Abgrenzung Grundvermögen/Betriebsvorrichtungen **Anh I** 3 (8)
Meistgebot, Gegenleistung bei der Grunderwerbsteuer **GE** 9 (4 f.)
bei einer Zwangsversteigerung, Erwerbsvorgang **GE** 1 (4)
Meldewesen bei der Grundsteuer **G** 1 f. (17 ff.)
Mietausfallwagnis, Immobilienwertermittlungsverordnung **Anh I** 7 (32)
Modellansätze, Immobilienwertermittlungsverordnung **Anh I** 7 (63 ff.)
Tabelle zur pauschalierten Berücksichtigung der Bewirtschaftungskosten zur Ermittlung des Grundstückswerts im Ertragswertverfahren, Grundsteuerbewertung **B** 255 (5)
Verkehrswertbewertung von Grundstücken nach dem Ertragswertverfahren **B** 187 (1 ff.)
Mietdatenbank, Verkehrswertbewertung von Grundstücken nach dem Ertragswertverfahren **B** 186 (15)
Miete, Verkehrswertbewertung von Grundstücken nach dem Ertragswertverfahren **B** 186 (1)
Mieteinnahmen, Verkehrswertbewertung von Grundstücken nach dem Ertragswertverfahren **B** 186 (3)
Mietgutachten, Verkehrswertbewertung von Grundstücken nach dem Ertragswertverfahren **B** 186 (16)
Mietniveaustufen, Ermächtigung zum Erlass einer Rechtsverordnung, Grundsteuerbewertung **B** 263 (2)
Tabelle zur Ermittlung des Grundstückswerts im Ertragswertverfahren, Grundsteuerbewertung **B** 254 (11)
Mietspiegel, Verkehrswertbewertung von Grundstücken nach dem Ertragswertverfahren **B** 186 (14), (19)
Mietvorauszahlungen, Verkehrswertbewertung von Grundstücken nach dem Ertragswertverfahren **B** 186 (3), (5)
Mietwohngrundstücke, Abgrenzung der Grundstücksart, Grundsteuerbewertung **B** 249 (27)
Bewertung im Ertragswertverfahren, Verkehrswertbewertung **B** 182 (3)
Bewirtschaftungskosten für die Verkehrswertbewertung nach dem Ertragswertverfahren **B** 187 (6)

Ertragswertverfahren, Grundsteuerbewertung **B** 250 (2)
Gesamtnutzungsdauer, Verkehrswertbewertung **B** 185 (31)
gesetzlicher Liegenschaftszinssatz zur Ermittlung des Grundstückswerts im Ertragswertverfahren, Grundsteuerbewertung **B** 256 (1 ff.)
Grundstücksart, Begriff **B** 181 (1), (3)
Grundstücksart, Erbschaftsteuerwert 2023 **Anh III** (8)
Grundstücksart, Grundsteuerbewertung **B** 249 (4)
Kapitalisierungszinssatz Verkehrswertbewertung von Erbbaurechten **B** 193 (4)
Liegenschaftszins, Verkehrswertbewertung nach dem Ertragswertverfahren **B** 188 (2)
Nettokaltmieten-Tabelle zur Ermittlung des Grundstückswerts im Ertragswertverfahren, Grundsteuerbewertung **B** 254 (10)
Milcherzeugung, landwirtschaftliche Nutzung, Erbschaftsteuerwert **B** 160 (21)
Mildtätige Zwecke, Begriff, Abgabenordnung (Auszug) **G** 3 (69)
Militärische Übungsplätze, Grundsteuerbefreiung **G** 6 (1)
Minderheitsbeteiligung, Bewertung **B** 11 (11 FN)
Mindestgröße einer Land- und Forstwirtschaft, Erbschaftsteuerwert **B** 158 (8)
Mindestlohnsumme, Erbschaftsteuervergünstigung für Unternehmensvermögen **E** 13a (3), (31), (42)
Mindeststeuer i. Z. m. Vorerwerben bei der Erbschaft- und Schenkungsteuer **E** 14 (26 f.)
Mindestwert, Bewertung bebauter Grundstücke, Grundsteuerbewertung **B** 251 (1 ff.)
bei der Bewertung von Anteilen an Kapitalgesellschaften **B** 11 (2), (28 ff.)
der forstwirtschaftlichen Nutzung, Besatzkapital nach Altersklassen, Erbschaftsteuerwert **B** 164 (23)
Rundung, Land- und Forstwirtschaft, Erbschaftsteuerwert **B** 164 (11)
Verkehrswertbewertung von Grundstücken im Ertragswertverfahren **B** 184 (3), 185 (9)
des Wirtschaftsteils der Land- und Forstwirtschaft, Erbschaftsteuerwert **B** 164 (1 ff.)
Mineralgewinnungsrechte, keine Grunderwerbsteuerpflicht **GE** 2 (3)
kein Grundvermögen **B** 176 (11)
Miteigentum an gemeinschaftlichen Einrichtungen **B** 70 (2)
Miterben, Erbschaftsteuererklärung **E** 31 (4)
Haftung **E** 20 (3)
Mitgliederbeiträge, Schenkungsteuerbefreiung **E** 18 (1)
Mitteilungspflicht von Behörden für die Grundsteuerwerte, Grundsteuerbewertung **B** 229 (3 f.)
der Betriebsfinanzämter bei gesonderter Feststellung **B** 151 (57 f.)
der Grundbuchämter für die Grundsteuerwerte, Grundsteuerbewertung **B** 229 (4)
Unterrichtung der Betroffenen, Grundsteuerwerte **B** 229 (5)
Mittelbare Gesellschafterbestandsänderung einer Personengesellschaft, Grundstücksübergang und Grunderwerbsteuer **GE** 1 (115)
Mittelbare Grundstücksschenkung, Ausführung, Schenkungsteuer **E** 9 (17)
gesonderte Feststellung des Grundbesitzwerts **B** 151 (19)
Mittelbare Schenkung, Behandlung bei der Schenkungsteuer **E** 7 (32 ff.)
Mittelweitergabe, Vertrauensschutz bei M., Abgabenordnung (Auszug) **G** 3 (75)
Mitunternehmerschaft, Aufteilung des Betriebsvermögens **B** 97 (22 ff.)
Forderungen und Schulden zwischen Personengesellschaft und Mitunternehmer **B** 97 (6), (11)
Zurechnung von Wirtschaftsgütern zum Betriebsvermögen von Personengesellschaften **B** 97 (10)
Möbel, Bestandteil eines Gebäudes **B** 176 (8)
–, Grundsteuerbewertung **B** 243 (7a)
Mobilheime, Gebäude **Anh I** 1 (11)
Modellansätze für die Bewirtschaftungskosten, Immobilienwertermittlungsverordnung **Anh I** 7 (63 ff.)
für die Gesamtnutzungsdauer, Immobilienwertermittlungsverordnung **Anh I** 7 (60)
Modellkonformität, Immobilienwertermittlungsverordnung **Anh I** 7 (10)
Modernisierung, Grundstücksbewertung im Ertragswertverfahren, Erbschaftsteuerwert 2023 **Anh III** (21)
von Wohngebäuden, Restnutzungsdauer, Immobilienwertermittlungsverordnung **Anh I** 7 (61 f.)
Modernisierungselemente, Verkehrswertbewertung im Ertragswertverfahren **B** 185 (15)
Verkehrswertbewertung im Sachwertverfahren **B** 190 (29)
Modernisierungsgrad, Verkehrswertbewertung im Sachwertverfahren **B** 190 (30 ff.)
Mülltonnen, Zubehör eines Gebäudes **B** 176 (10)
Münzen, Abgrenzung des Verwaltungsvermögens bei der Erbschaftsteuerbegünstigung für Unternehmensvermögen **E** 13b (8)
keine Erbschaftsteuerbefreiung **E** 13 (3)
Museen, Ausstattungsstandard, Verkehrswertbewertung im Sachwertverfahren **B** 190 (47)
Kostenkennwerte der Normalherstellungskosten, Immobilienwertermittlungsverordnung **Anh I** 7 (81)
Regelherstellungskosten, Verkehrswertbewertung im Sachwertverfahren **B** 190 (46)
Mutterschutz, keine Berücksichtigung bei der Lohnsumme, Erbschaftsteuerbegünstigung für Unternehmensvermögen **E** 13a (3), (31)

N

Nachbehaltensfrist bei Grundstücksübertragungen im Konzern, Grunderwerbsteuerbefreiung **GE** 6a (18 ff.)
Nachbewertungsvorbehalt, Bewertung des Wirtschaftsteils, Erbschaftsteuerwert **B** 162 (7 ff.)
Nachentrichtung der Grundsteuer **G** 31
Nacherbfolge, Erwerb einer Anwartschaft auf N. **GE** 1 (27)
Nacherbschaft, Entstehen der Steuerschuld, Erbschaft- und Schenkungsteuer **E** 9 (8)
Erbschaftsteuer **E** 6 (2 f.)
Nachfeststellung des Grundsteuerwerts, Grundsteuerbewertung **B** 223 (1 f.)
Wertverhältnisse, Grundsteuerbewertung **B** 227 (1 ff.)
Nachfeststellungszeitpunkt, Grundsteuerbewertung 2022 **B** 223 (2)
Nachfolgeklausel, qualifizierte N. bei Teilungsanordnung **E** 3 (16 f.)
Nachholung einer Grundsteuerwertfeststellung, Grundsteuerbewertung **B** 226 (1 ff.)
Nachlass, Haftung bei Erbschaftsteuer **E** 20 (3)
Nachlassanteil, Übertragung eines N., Grunderwerbsteuer **GE** 3 (26)

Nachlassgrundstück, Erwerb durch Miterben, keine Grunderwerbsteuer **GE** 3 (3)
Nachlasskosten, Abzug, Pauschbetrag **E** 10 (70 ff.)
Grabpflegekosten, Erbschaftsteuer **E** 10 (50 ff.)
Steuerberatungskosten, Erbschaft- und Schenkungsteuer **E** 10 (59 ff.)
Nachlasspfleger, Abgabe einer Erbschaftsteuererklärung **E** 31 (6)
Bekanntgabe eines Erbschaftsteuerbescheids **E** 32 (2)
Nachlasspflegschaft, Anzeigepflicht durch Gerichte und Notare **E** 34 (3)
Nachlasssteuer, Anrechnung ausländischer N. **E** 21 (6 ff.)
Nachlassteilung, Steuervergünstigung für Unternehmensvermögen **E** 13a (5), (81 f.)
Nachlassverbindlichkeiten, Abzug bei der Erbschaftsteuer **E** 10 (4), (38 ff.), (95 ff.)
Abzugsfähigkeit bei beschränkter Steuerpflicht, Erbschaftsteuer **E** 10 (82a)
Grabpflegekosten, Erbschaftsteuer **E** 10 (50 ff.)
Pflegeleistungen, Erbschaft- und Schenkungsteuer **E** 13 (67 ff.)
Reparatur von Gebäudeschäden bei der Erbschaftsteuer **E** 10 (55)
Steuerberatungskosten, Erbschaft- und Schenkungsteuer **E** 10 (59 ff.)
Unterhaltsleistungen, Erbschaft- und Schenkungsteuer **E** 13 (67 f.)
Vorfälligkeitsentschädigung keine N. bei vorzeitiger Darlehensablösung, Erbschaftsteuer **E** 10 (7 FN)
Nachlassverwalter, Abgabe einer Erbschaftsteuererklärung **E** 31 (5)
Bekanntgabe eines Erbschaftsteuerbescheids **E** 32 (1), (3)
Nachlassverwaltung, Anzeigepflicht durch Gerichte und Notare **E** 34 (3)
Nachlassverzeichnis für die Erbschaftsteuer **E** 31 (2)
Nachschusspflicht eines Kommanditisten **B** 97 (31)
Nachveranlagung, Grundsteuer **G** 18 (1 ff.)
Nachvermächtnis, Erbschaftsteuer **E** 6 (4 f.)
Nachversteuerung i. Z. m. dem Entlastungsbetrag für begünstigtes Vermögen **E** 19a (13)
bei der Steuerbegünstigung für Unternehmensvermögen, Erbschaftsteuer **E** 13a (170)
bei der Steuervergünstigung für Unternehmensvermögen **E** 13a (124 ff.)
Nachversteuerungsvorbehalt bei einem Familienheim beim Erwerb von Todes wegen **E** 13 (61)
Nachweis zur Anrechnung ausländischer Erbschaftsteuer **E** 21 (4)
des niedrigeren gemeinen Werts von Betriebswohnungen **B** 167 (4), (17 ff.)
des niedrigeren gemeinen Werts, Verkehrswertbewertung **B** 198 (1 ff.)
des niedrigeren gemeinen Werts für den Wohnteil **B** 167 (4), (17 ff.)
Nachzahlung der Grundsteuer **G** 31
Namensaktien, Anzeigepflicht der Emissionäre **E** 33 (2)
Nationalsozialistische Einrichtungen, Gesetz zur Regelung der Verbindlichkeiten von n. E., steuerfreie Ansprüche **E** 13 (13)
Naturschutzgrundstücke, Grundsteuererlass **G** 32 (5 ff.)
Nebenbetriebe, Betrieb der Land- und Forstwirtschaft, Erbschaftsteuerwert **B** 158 (22), 160 (3), (57)
Betrieb der Land- und Forstwirtschaft, Grundsteuerbewertung **B** 234 (1), (7)
landwirtschaftliche Grundsteuerbewertung **B** 237 (106 ff.)
Reinertrag der Land- und Forstwirtschaft, Grundsteuerbewertung **B** 237 (8)
Reingewinn, Erbschaftsteuerwert **B** 163 (8)
Reingewinn in der Land- und Forstwirtschaft, Erbschaftsteuerwert **B** 163 (29)
Nebenerwerbsstellen, Betrieb der Land- und Forstwirtschaft, Definition **B** 160 (65)
landwirtschaftliche Flächen, Abgrenzung zum Grundvermögen **B** 159 (8)
Nebengebäude, Begriff des bebauten Grundstücks, Verkehrswertbewertung **B** 180 (7)
Nebenkosten, Verkehrswertbewertung von Grundstücken nach dem Ertragswertverfahren **B** 186 (3)
Nebenleistungen, steuerliche N., Abgabenordnung (Auszug) **G** 1 f. (26)
Nennkapital, Aufteilung des Betriebsvermögens bei der Betriebsvermögensbewertung **B** 97 (7)
zur Aufteilung des Betriebsvermögens bei der Betriebsvermögensbewertung **B** 97 (35 f.)
Aufteilung des Substanzwerts nach dem N., Bewertung des Substanzwerts von Anteilen an Kapitalgesellschaften **B** 11 (43)
Nennwert, Bewertung von Kapitalforderungen und Schulden **B** 12 (1), (21)
Nettokaltmiete, Ermächtigung zum Erlass einer Rechtsverordnung, Grundsteuerbewertung **B** 263
Tabelle nach Land, Gebäudeart und Baujahr zur Ermittlung des Grundstückswerts im Ertragswertverfahren, Grundsteuerbewertung **B** 254 (10)
Nettowert des Verwaltungsvermögens, Erbschaftsteuerbegünstigung für Unternehmensvermögen **E** 13b (13 f.)
Neue Geschäftsanteile, Ausgabe n. G., Bewertung von Anteilen an Kapitalgesellschaften **B** 11 (13)
Neugesellschafter, Änderung des Gesellschafterbestandes, Grundstücksübergang und Grunderwerbsteuer **GE** 1 (75 f.)
Neugründung, vereinfachtes Ertragswertverfahren, Verkehrswert von Unternehmensvermögen **B** 201 (7)
einer wirtschaftlichen Einheit, Nachfeststellung, Grundsteuerbewertung **B** 223 (1 f.)
Neuveranlagung, Grundsteuer **G** 17 (1 ff.)
Nichtbilanzierende, Berücksichtigung von Schulden, Betriebsvermögensbewertung **B** 103 (9)
Umfang des Betriebsvermögens **B** 95 f. (7)
Verkehrswert von Unternehmensvermögen **B** 202 (7 f.)
Nichtfestsetzung der Grunderwerbsteuer, Rechtsprechung **GE** 16 (31)
der Grunderwerbsteuer, Rückerwerb **GE** 16 (1 ff.)
Nichtnotierte Aktien und Anteile, Bewertung **B** 11 (43)
Bewertung in Sonderfällen **B** 11 (17 ff.)
gemeiner Wert **B** 11 (2), (12)
mit Verfügungsbeschränkung, Bewertung **B** 11 (14 f.)
Verkehrswertbewertung **B** 199 ff.
Nichtrechtsfähige Stiftung, keine Ersatzerbschaftsteuer **E** 1 (14)
Erlöschen der Erbschaft- und Schenkungsteuer **E** 29 (12 ff.)
Niedersachsen, Landesgrundsteuergesetz **Anh IV** 7
Niedrigverzinsliche Kapitalforderungen/Schulden, Bewertung **B** 12 (25)
Nießbrauch, Erbschaftsteuerbegünstigung für Wohngrundstücke **E** 13d (13)
Haftung für die Steuerschuld **G** 11 (1)

Nießbrauchseinräumung an einer Personengesellschaft, Betriebsvermögenszurechnung **B** 97 (17 ff.)
Nießbrauchsrechte, Berücksichtigung, Weitergeltung von § 25 ErbStG **E** 25 (5 ff.)
Ermittlung des Kapitalwerts **B** 13–16 (4 f.)
Gesamtgläubigerschaft eines lebenslänglichen N. **E** 7 (74)
Nachweis des niedrigeren Verkehrswerts, Grundstücksbewertung **B** 198 (6)
Verzicht auf vorbehaltene N., Schenkungsteuer **E** 7 (25)
vorzeitiger Verzicht auf N., Schenkungsteuer **E** 7 (1 FN)
Nießbrauchsverzicht, Bereicherung, Schenkungsteuer **E** 10 (17)
Nordirland, Austritt N. aus der Europäischen Union, Folgerungen für Steuerbefreiungen bei der Erbschaft- und Schenkungsteuer **E** 13 (46 ff.)
Grundstückserwerb i. Z. m. dem Austritt N. aus der Europäischen Union, Grunderwerbsteuerbefreiung **GE** 4 (6)
Grundstücksübertragung auf Gesamthand i. Z. m. dem Austritt N. aus der Europäischen Union, Grunderwerbsteuerbefreiung **GE** 5 (3)
Grundstücksübertragung von Gesamthand i. Z. m. dem Austritt N. aus der Europäischen Union, Grunderwerbsteuerbefreiung **GE** 6 (3)
Nordrhein-Westfalen, Grundsteuerhebesatzgesetz **Anh IV** 8
Normalherstellungskosten, Ausgangsgröße bei der Ermittlung des Grundstückswerts im Sachwertverfahren, Grundsteuerbewertung **B** 259 (1)
Ermittlung des Grundstückswerts im Sachwertverfahren, Grundsteuerbewertung **B** 259 (35 f.)
Immobilienwertermittlungsverordnung **Anh I** 7 (66)
Tabelle nach Gebäudeart zur Ermittlung des Grundstückswerts im Sachwertverfahren, Grundsteuerbewertung **B** 259 (5)
Notare, Anzeigepflicht, Erbschaftsteuer **E** 34 (1 ff.)
Anzeigepflicht, Grunderwerbsteuer **GE** 18 (1 ff.)
Beistandspflicht, Grunderwerbsteuer **GE** 18 (11 ff.)
Beistandspflichten der Notare in den verschiedenen Steuergebieten **E** 34 (24 ff.)
Muster einer Anzeige **Anh II** 2 (5 f.)
Nutzfläche, Ermittlung, Verkehrswertbewertung **B** 181 (35 f.)
Nützlingsproduktion, sonstige land- und forstwirtschaftliche Nutzung, Grundsteuerbewertung **B** 237 (85 f.), 242 (2)
übrige land- und forstwirtschaftliche Nutzung **B** 160 (40), (51)
–, Erbschaftsteuerwert **B** 175 (2)
Nutzungen, Auszug aus dem BGB **E** 12 (19)
Begrenzung des Jahreswerts **B** 16 (1)
Besteuerung bei der Erbschaft- und Schenkungsteuer **E** 23 (1 ff.)
Jahreswert **B** 15 (1 ff.)
Kapitalwert von wiederkehrenden N. **B** 13 (1 ff.)
lebenslängliche N., Bewertung **B** 12 (56 ff.)
lebenslängliche N., Kapitalwert **B** 14 (1 ff.)
schwankende N., Jahreswert **B** 15 (3)
Vervielfältiger zur Bewertung des Kapitalwerts **B** 12 (67)
Vervielfältiger für lebenslängliche N. zur Bewertung des Kapitalwerts **B** 14 (5)
wiederkehrende N., Bewertung **B** 12 (47 ff.)
Nutzungsänderung von Grundstücken, Grundsteuer-Anzeigepflicht **G** 19 (1 ff.)
Nutzungsauflage, Schenkung unter N., Ermittlung des Erwerbs **E** 7 (44)
Nutzungslast, Besteuerung, Weitergeltung § 25 ErbStG **E** 25 (5 ff.)
Nutzungsrechte, Abzug bei der Erbschaftsteuer **E** 10 (82)
Erbschaftsteuerbegünstigung für Wohngrundstücke **E** 13d (13)
Ermittlung des Kapitalwerts **B** 13–16 (4 f.)
auf fremdem Grund und Boden, Verkehrswertbewertung **B** 195
–, Erbschaftsteuerwert 2023 **Anh III** (86 ff.)
Gesamtgläubigerschaft eines lebenslänglichen N. **E** 7 (74)
Inlandsvermögen **B** 121 (9)
– bei der Erbschaft- und Schenkungsteuer **E** 2 (20), (23)
Nachweis des niedrigeren Verkehrswerts, Grundstücksbewertung **B** 198 (6)
Tabelle mit Vervielfältigern, Ermittlung der Gegenwartswerte **B** 12 (67)
Verzicht auf N., Zusammenrechnung bei der Erbschaft- und Schenkungsteuer **E** 14 (10)
Nutzungsüberlassung an Dritte, Verwaltungsvermögen i. Z. m. begünstigen Unternehmensvermögen **E** 13b (6)
in der Land- und Forstwirtschaft, Erbschaftsteuerwert **B** 162 (11 ff.)
Nutzungsvorteil eines unverzinslichen oder niedrig verzinslichen Darlehens, Bewertung **E** 12 (1 FN)
–, Schenkungsteuer **E** 12 (21)
eines zinslosen Darlehens, Schenkungsteuer **E** 7 (1 FN)
Nutzvieh, Umfang der landwirtschaftlichen Nutzung, Grundsteuerbewertung **B** 241 (3)

O

Oberer Gutachterausschuss, Auswertung des Grundstücksmarktgeschehens, Baugesetzbuch **Anh I** 6 (31)
Obstbau, Definition **B** 160 (33)
gärtnerische Nutzung, Grundsteuerbewertung **B** 237 (43 f.)
Land- und Forstwirtschaft, Grundsteuerbewertung **B** 234 (1)
Öfen, Bestandteil eines Gebäudes **B** 176 (8)
–, Grundsteuerbewertung **B** 243 (7a)
als Zubehör eines Gebäudes **B** 176 (10)
Offene Handelsgesellschaft, Umfang des Betriebsvermögens **B** 97 (5)
Offene Vermögensfragen, Gesetz zur Regelung von o. V. **E** 10 (18 ff.)
Öffentlicher Dienst, Begriff, Grundsteuerbefreiung **G** 3 (9), (26 f.)
Öffentlicher Gebrauch, Begriff, Grundsteuerbefreiung **G** 3 (9), (26 f.)
Öffentlicher Verkehr, Grundsteuerbefreiung **G** 4 (3), (15 ff.)
Öffentliches Interesse, Erwerb von Gegenständen, deren Erhaltung im ö. I. liegt **E** 13 (38 ff.)
Öffentliche Verkehrsunternehmen, Abgrenzung der Betriebsvorrichtungen von Betriebsgrundstücken, Grundsteuerbewertung **B** 243 (15 ff.)
wirtschaftliche Einheit, Grundsteuerbewertung **B** 244 (12 ff.)
Öffentlich Private Partnerschaft und Grunderwerbsteuerbefreiung **GE** 4 (5), (17 ff.)
und Grundsteuerbefreiung **G** 3 (8)

Öffnungsklausel bei der Bewertung von Betriebswohnungen, Verkehrswertbewertung **B** 167 (4), (17 ff.)
bei der Bewertung des Wohnteils, Verkehrswertbewertung **B** 167 (4), (17 ff.)
Oldtimer, Abgrenzung des Verwaltungsvermögens bei der Erbschaftsteuerbegünstigung für Unternehmensvermögen **E** 13b (8)
Option zur Körperschaftsteuer, Betriebsvermögensbewertung **B** 97 (51 ff.)
Optionsrechte als aufschiebende Bedingung, Bewertung **B** 4–8 (2), (4)
Optionsverschonung, Steuerbegünstigung für Unternehmensvermögen **E** 13a (14), (146 ff.)
–, für jede wirtschaftliche Einheit **E** 13a (161 ff.)
Organische Abfälle, Verwertung, Land- und Forstwirtschaft **B** 158 (23)
Organschaft und Anteilsvereinigung, Grunderwerbsteuer **GE** 1 (220 ff.)
Örtliche Zuständigkeit bei der Erbschaft- und Schenkungsteuer **E** 35 (1 ff.)
–, Verzeichnis der Finanzämter **Anh II** 5
für die Feststellung von Betriebsvermögenswerten **B** 152 (2)
für die Feststellung zur Erbschaft- und Schenkungsteuer, Verzeichnis der Finanzämter **Anh II** 6
für die Feststellung von Grundbesitzwerten **B** 152 (1)
für die Feststellung von Werten für Schulden **B** 152 (4)
für die Feststellung von Werten für Vermögensgegenstände **B** 152 (4)
bei der Grunderwerbsteuer **GE** 17 (1 ff.)
bei der Grundsteuer **G** 1 f. (9)
Österreichische Kapitalertragsteuer, keine anrechenbare ausländische Steuer, Erbschaft- und Schenkungsteuer **E** 21 (18)

P

Pachtpreis, Hektarwert für die forstwirtschaftliche Nutzung, Erbschaftsteuerwert **B** 163 (41)
Hektarwert für die gärtnerische Nutzung, Erbschaftsteuerwert **B** 163 (43)
Hektarwert für die landwirtschaftliche Nutzung, Erbschaftsteuerwert **B** 163 (40)
Hektarwert für die Sondernutzungen, Erbschaftsteuerwert **B** 163 (44)
Hektarwert für die weinbauliche Nutzung, Erbschaftsteuerwert **B** 163 (42)
Paketzuschlag, Bewertung nichtnotierter Anteile an Kapitalgesellschaften, Voraussetzungen **B** 11 (44 ff.)
Höhe des Zuschlags bei der Bewertung von Anteilen an Kapitalgesellschaften **B** 11 (52)
bei Wertpapierbewertung **B** 11 (3)
Parkhäuser, Gesamtnutzungsdauer, Verkehrswertbewertung **B** 185 (31)
Partiarisches Darlehen, Inlandsvermögen **B** 121 (8)
Partnerschaftsgesellschaften, in Fällen der Option zur Körperschaftsteuer, Betriebsvermögensbewertung **B** 97 (51 ff.)
Passive Ansätze, Betriebsvermögensbewertung **B** 103 (6), 109 (1)
Patente, Bewertung, nicht zu einem Betriebsvermögen gehörende P. **B** 9 (13)
Pauschbesteuerung, Grunderwerbsteuer **GE** 12
Pauschbetrag für Nachlassverbindlichkeiten bei der Erbschaftsteuer **E** 10 (70 ff.)
Pelztiere, Umfang der landwirtschaftlichen Nutzung, Grundsteuerbewertung **B** 241 (4)
Pensionsfonds, keine Anzeigepflicht, Erbschaftsteuer **E** 33 (14 FN)
Pensionskassen, erbschaftsteuerfreie Zuwendungen **E** 13 (20)
Zuwendungen, Erbschaft- und Schenkungsteuer **E** 13 (77 f.)
Pensionsverpflichtungen, Umfang des land- und forstwirtschaftlichen Vermögens, Erbschaftsteuerwert **B** 158 (4), (41 f.)
Umfang des land- und forstwirtschaftlichen Vermögens, Grundsteuerbewertung **B** 232 (4)
Pensionsvieh, Betrieb der Land- und Forstwirtschaft, Erbschaftsteuerwert **B** 160 (14)
Periodisches Ertragswertverfahren, Immobilienwertermittlungsverordnung **Anh I** 7 (30)
Perlen, keine Erbschaftsteuerbefreiung **E** 13 (3)
Personalwohnheime, Gesamtnutzungsdauer, Verkehrswertbewertung **B** 185 (31)
Personelles Wertermittlungsverfahren für die Bewertung von Kapitalforderung und Schulden **B** 12 (21 ff.)
Personenaufzüge, Zurechnung zum Gebäude **Anh I** 1 (27)
Personengesellschaft, Abgrenzung des Verwaltungsvermögens **E** 13b (113)
– bei der Erbschaftsteuerbegünstigung für Unternehmensvermögen **E** 13b (7)
Änderung des Gesellschafterbestandes, Anzeigepflicht der Beteiligten **GE** 19 (3a ff.)
Änderung des Gesellschafterbestandes, Grunderwerbsteuer **GE** 1 (235 ff.)
Änderung des Gesellschafterbestandes, Grundstücke und Grunderwerbsteuer **GE** 1 (9), (64 ff.)
Aufteilung des Betriebsvermögens **B** 97 (22 ff.)
Aufteilung des landwirtschaftlichen Grundbesitzwertes **B** 168 (4)
Aufteilung des Verwaltungsvermögens, Erbschaftsteuerbegünstigung für Unternehmensvermögen **E** 13b (72a)
bedingte Beteiligung an offenen und stillen Reserven, Schenkung **E** 7 (14), (69)
Beteiligung an P., Betriebsvermögensbewertung **B** 109 (6 ff.)
Beteiligung an P., Ermittlung der Lohnsumme für die Inanspruchnahme der Erbschaftsteuerbegünstigung **E** 13a (45 ff.)
Beteiligung an P., Verbundvermögensaufstellung, Erbschaftsteuerbegünstigung für Unternehmensvermögen **E** 13b (15), (167 ff.)
Betriebsvermögen **B** 97 (10 f.)
Erbschaftsteuervergünstigung für Unternehmensvermögen **E** 13a (6)
Gesamthandsvermögen bei der Erbschaft- und Schenkungsteuer **E** 2a (1)
Gesellschafterforderungen und -schulden, Betriebsvermögensbewertung **B** 97 (6), (11)
mittelbare Änderung des Gesellschafterbestandes, Grundstücksübergang und Grunderwerbsteuer **GE** 1 (115)
in Fällen der Option zur Körperschaftsteuer, Betriebsvermögensbewertung **B** 97 (51 ff.)
rechtsfähige P., Gesamthandsvermögen bei der Grunderwerbsteuer **GE** 24
rückwirkender Formwechsel zu einer Kapitalgesellschaft **E** 11 (2 f.)
Sonderbetriebsvermögen **B** 97 (10), (16)
Tod eines Gesellschafters, Erbschaftsteuer **E** 3 (2)
Übertragung eines Anteils an einer P. **E** 10 (28 f.)
Umfang der Erbschaftsteuerbegünstigung für Unternehmensvermögen **E** 13b (34 ff.)
Umfang des Betriebsvermögens **B** 97 (5)

Weiterübertragungsverpflichtung eines Anteils, Erbschaftsteuer **E** 10 (85 ff.)
Personenhandelsgesellschaft in Fällen der Option zur Körperschaftsteuer, Betriebsvermögensbewertung **B** 97 (51 ff.)
Personenvereinigungen, steuerbefreite Mitgliederbeiträge **E** 18 (1)
Umfang des Betriebsvermögens **B** 97 (6)
§ 14a Abgabenordnung **E** 2a (5 ff.)
Persönliche Steuerschulden, kein Schuldenabzug, Betriebsvermögensbewertung **B** 103 (14)
Persönliche Verhältnisse, Bewertung mit dem gemeinen Wert **B** 9 (6 ff.)
Pfandbriefe mit persönlicher Sonderausstattung, Bewertung **B** 11 (6)
Pferderennbahnen, Abgrenzung Grundvermögen/ Betriebsvorrichtungen **Anh I** 3 (9)
Pflanzenbau-Verbund, Art der landwirtschaftlichen Nutzung **B** 160 (17)
Pflanzkämpe, gärtnerische Nutzung, Grundsteuerbewertung **B** 237 (48)
Nutzungsteil Baumschulen, Erbschaftsteuerwert **B** 160 (35)
Pflegeheime, Ausstattungsstandard, Verkehrswertbewertung im Sachwertverfahren **B** 190 (47)
Gebäudestandardbeschreibung, Immobilienwertermittlungsverordnung **Anh I** 7 (100)
Kostenkennwerte der Normalherstellungskosten, Immobilienwertermittlungsverordnung **Anh I** 7 (73)
Regelherstellungskosten, Verkehrswertbewertung im Sachwertverfahren **B** 190 (46)
Pflegekinder, Steuerklasse bei der Erbschaft- und Schenkungsteuer **E** 15 (1 FN)
Pflegelast, Bewertung bei gemischten Schenkungen **E** 7 (40)
Pflegeleistungen, Freibetrag bei der Erbschaftsteuer **E** 13 (15), (67 ff.)
als Gegenleistung bei gemischten Schenkungen **E** 7 (40), (40a)
Geldzuwendungen, Steuerbefreiung **E** 13 (16)
Pflichteinlage, ausstehende P., Betriebsvermögensbewertung **B** 97 (31)
Pflichtteilsanspruch, Abfindung des P., Erbschaftsteuer **E** 10 (40)
Entstehen der Steuerschuld, Erbschaft- und Schenkungsteuer **E** 9 (2)
Entstehen der Steuerschuld, Schenkungsteuer **E** 9 (20)
Erbschaftsteuer **E** 3 (1)
Erbschaftsteuerbefreiung bei Verzicht **E** 13 (18)
Pflichtteilsverbindlichkeiten, Abzug bei der Erbschaftsteuer **E** 10 (6)
Photovoltaik-Anlagen *s. Fotovoltaik-Anlagen*
Pilzanbau, sonstige land- und forstwirtschaftliche Nutzung, Erbschaftsteuerwert **B** 160 (40), (50), 175 (2)
sonstige land- und forstwirtschaftliche Nutzung, Grundsteuerbewertung **B** 237 (80 f.), 242 (2)
Platzbefestigungen, Außenanlagen **Anh I** 1 (38)
Gebäudebestandteile **B** 176 (9)
Grundvermögen, Grundsteuerbewertung **B** 243 (8)
Verkehrswertbewertung im Sachwertverfahren **B** 190 (18 f.)
Plätze, öffentliche P., Grundsteuerbefreiung **G** 4 (3)
Politische Parteien Grundstückserwerb i. Z. m. Zusammenschluss von p. P., Grunderwerbsteuerbefreiung **GE** 4 (7)
steuerfreie Zuwendungen **E** 13 (27)
Polizei, Grundsteuerbefreiung für Gemeinschaftsunterkünfte **G** 5 (1), (8 ff.)
Pooling *s. Stimmrechtsbündelung*
Poolvereinbarung, Erbschaftsteuervergünstigung für Unternehmensvermögen, Umfang **E** 13b (44 ff.)
bei stimmrechtslosen Vorzugsaktien, Erbschaftsteuerbegünstigung für Unternehmensvermögen **E** 13b (53)
Predigerseminar, Grundsteuerbefreiung **G** 5 (2)
Preis, Grundlage des gemeinen Wertes **B** 9 (2)
Pressenhallen, Abgrenzung Gebäude/Betriebsvorrichtung **Anh I** 1 (53)
Priesterseminar, Grundsteuerbefreiung **G** 5 (2)
Private Steuererstattungsansprüche, Ansatz, Erbschaftsteuer **E** 10 (23 ff.)
Private Steuerschulden, Abzug, Erbschaftsteuer **E** 10 (63 ff.)
Produktionsgebäude, Gebäudestandardbeschreibung, Immobilienwertermittlungsverordnung **Anh I** 7 (104)
Kostenkennwerte der Normalherstellungskosten, Immobilienwertermittlungsverordnung **Anh I** 7 (79)
Produktionszweige der Land- und Forstwirtschaft, Standarddeckungsbeitrag **B** 163 (17)
landwirtschaftliche Nutzung, Erbschaftsteuerwert **B** 160 (21)
Progressionsvorbehalt bei der Erbschaft- und Schenkungsteuer **E** 19 (2), (4)

Q

Qualitätsstichtag, Immobilienwertermittlungsverordnung **Anh I** 7 (2)

R

Radrennbahnen, Abgrenzung Grundvermögen/ Betriebsvorrichtungen **Anh I** 3 (10)
Rampen, Außenanlagen **Anh I** 1 (40)
Verkehrswertbewertung im Sachwertverfahren **B** 190 (18 f.)
Ratenzahlung der unternehmerischen Erbschaftsteuer im Erbfall **E** 28 (1)
Räumliche Umschließung, Begriff **Anh I** 1 (6)
Realsteuern, Abgabenordnung (Auszug) **G** 1 f. (30)
Rebmuttergärten, Baumschulen, Erbschaftsteuerwert **B** 160 (36)
gärtnerische Nutzung, Grundsteuerbewertung **B** 237 (48)
Rebschulen, Baumschulen, Erbschaftsteuerwert **B** 160 (36)
gärtnerische Nutzung, Grundsteuerbewertung **B** 237 (48)
Rechte, Inlandsvermögen **B** 121 (8)
Rechtmäßigkeit der Grundsteuerbewertung im Bundesmodell **B** 243 (1 FN)
Rechtsbehelfsbefugnis bei Feststellungsbescheiden für Zwecke der Erbschaftsteuer **B** 155
Rechtsberatungskosten, Erwerbsnebenkosten bei Schenkungen unter Lebenden **E** 10 (44 ff.)
Nachlasskosten, Erbschaft- und Schenkungsteuer **E** 10 (59 ff.)
i. Z. m. Schenkung **E** 10 (41 ff.)
Rechtsfähige Personengesellschaften, Gesamthandsvermögen bei der Erbschaft- und Schenkungsteuer **E** 2a (1)
Gesamthandsvermögen bei der Grunderwerbsteuer **GE** 24
Rechtsformänderung, vereinfachtes Ertragswertverfahren, Verkehrswert von Unternehmensvermögen **B** 201 (3)

Rechtsprechung, Grunderwerbsteuer zu § 1 Abs. 1 Nrn. 1, 2 **GE** 1 (250)
zu § 1 Abs. 1 Nrn. 3 bis 7, Umlegungsverfahren **GE** 1 (251)
zu § 1 Abs. 2, Treuhandgeschäfte **GE** 1 (252)
zu § 1 Abs. 2a, Änderung im Gesellschafterbestand einer Personengesellschaft **GE** 1 (253)
zu § 1 Abs. 3, Anteilsvereinigung **GE** 1 (254)
zu § 2, Grunderwerbsteuer **GE** 2 (41)
zu § 3, Grunderwerbsteuerbefreiung **GE** 3 (36)
zu § 4, Grunderwerbsteuer **GE** 4 (24)
zu § 5, Grundstücksübergang **GE** 5 (50)
zu § 6, Übergang von einer Gesamthand **GE** 6 (7)
zu § 6a, Grundstücksübertragungen im Konzern **GE** 6a (35)
zu § 7, Umwandlung in Flächeneigentum **GE** 7 (11)
zu § 8, Bemessungsgrundlage **GE** 8 (25)
zu § 9 Abs. 1, Gegenleistung **GE** 9 (110 f.)
zu § 9 Abs. 2, Gegenleistung **GE** 9 (112)
zu § 11 **GE** 11 (10)
zu § 13, Steuerschuldner **GE** 13 (16)
zu § 14, Entstehung der Steuer **GE** 14 (20)
zu § 16, Nichtfestsetzung **GE** 16 (31)
zu § 17, örtliche Zuständigkeit **GE** 17 (20)
zu § 18, Anzeigepflicht **GE** 18 (26)
zu § 19, Anzeigepflicht der Beteiligten **GE** 19 (21)
zu § 22, Unbedenklichkeitsbescheinigung **GE** 22 (15)
zu § 23, Anwendung des Grunderwerbsteuergesetzes **GE** 23 (32)
Rechtsträgerwechsel bei einer grundbesitzhaltenden Personengesellschaft, Grunderwerbsteuer **GE** 1 (235 ff.)
Rechtsverordnungen, Bekanntmachung, Bewertungsgesetz 2009 **B** 264
Regelherstellungskosten, Anpassung der R., Verkehrswertbewertung im Sachwertverfahren **B** 190 (4)
für Außenanlagen, Ermittlung des Grundstückswerts im Sachwertverfahren, Erbschaftsteuerwert 2023 **Anh III** (61)
Verkehrswertbewertung von Grundstücken im Sachwertverfahren **B** 190 (1), (3), (5), (14 ff.)
–, Erbschaftsteuerwert 2023 **Anh III** (46 ff.)
Regelverschonung, Steuervergünstigung für Unternehmensvermögen **E** 13a (1)
Regionalfaktoren, Immobilienwertermittlungsverordnung **Anh I** 7 (36)
Verkehrswertbewertung von Grundstücken im Sachwertverfahren **B** 190 (4a)
–, Erbschaftsteuerwert 2023 **Anh III** (51)
Rehabilitierungsgesetze, Ansprüche aus den R., Erbschaftsteuerbefreiung **E** 13 (13)
Reihenhäuser, Gebäudestandardbeschreibung, Immobilienwertermittlungsverordnung **Anh I** 7 (96)
Kostenkennwerte der Normalherstellungskosten, Immobilienwertermittlungsverordnung **Anh I** 7 (67)
Reinertrag für Abbauland, Grundsteuerbewertung **B** 237 (7)
Bewertung der Land- und Forstwirtschaft, Grundsteuerbewertung **B** 236 (2 f.)
Erhebung nach § 2 Landwirtschaftsgesetz, Grundsteuerbewertung **B** 236 (3)
Ermittlung des Grundstückswerts im Ertragswertverfahren, Grundsteuerbewertung **B** 253 (1 f.)
Ertragswertverfahren für Grundstücke, Grundsteuerbewertung **B** 252
der forstwirtschaftlichen Nutzung, Grundsteuerbewertung **B** 237 (3)
der gärtnerischen Nutzung, Grundsteuerbewertung **B** 237 (5)
für Geringstland, Grundsteuerbewertung **B** 237 (7)
Immobilienwertermittlungsverordnung **Anh I** 7 (31)
der Land- und Forstwirtschaft, Grundsteuerbewertung **B** 237 (8)
der landwirtschaftlichen Nutzung, Grundsteuerbewertung **B** 237 (2)
der übrigen landwirtschaftlichen Nutzungen, Grundsteuerbewertung **B** 237 (6)
für Unland, Grundsteuerbewertung **B** 237 (7)
Verkehrswertbewertung im Ertragswertverfahren, Erbschaftsteuerwert **B** 185 (2)
der weinbaulichen Nutzung, Grundsteuerbewertung **B** 237 (4)
Reinertragsminderung, Grundsteuererlass **G** 33 (5 ff.)
Reingewinn der forstwirtschaftlichen Nutzung, Erbschaftsteuerwert **B** 163 (4), (19)
der gärtnerischen Nutzung, Land- und Forstwirtschaft **B** 163 (6), (23)
für Geringstland, Land- und Forstwirtschaft **B** 163 (9)
Hektarwert für die forstwirtschaftliche Nutzung, Erbschaftsteuerwert **B** 163 (41)
Hektarwert für die gärtnerische Nutzung, Erbschaftsteuerwert **B** 163 (43)
Hektarwert für die landwirtschaftliche Nutzung, Erbschaftsteuerwert **B** 163 (40)
Hektarwert für die Sondernutzungen, Erbschaftsteuerwert **B** 163 (44)
Hektarwert für die weinbauliche Nutzung, Erbschaftsteuerwert **B** 163 (42)
in der Land- und Forstwirtschaft, Erbschaftsteuerwert **B** 163 (2)
der landwirtschaftlichen Nutzung, Erbschaftsteuerwert **B** 163 (3)
der Sondernutzungen, Erbschaftsteuerwert **B** 163 (25)
der Sondernutzungen, Land- und Forstwirtschaft, Erbschaftsteuerwert **B** 163 (7)
für Unland, Land- und Forstwirtschaft **B** 163 (10)
der weinbaulichen Nutzung, Erbschaftsteuerwert **B** 163 (21)
der weinbaulichen Nutzung, Land- und Forstwirtschaft **B** 163 (5)
Reinvestitionsklausel, Begünstigung des Erwerbs von Unternehmensvermögen **E** 13a (10), (123)
Reinvestitionsvermögen, Bewertung des Wirtschaftsteils, Erbschaftsteuerwert **B** 162 (7 ff.)
Bewertung des Wirtschaftsteils, Land- und Forstwirtschaft **B** 162 (3)
Mitteilungen der Betriebsfinanzämter bei gesonderter Feststellung **B** 151 (58)
Reithallen, Abgrenzung Grundvermögen/Betriebsvorrichtungen **Anh I** 3 (7)
Ausstattungsstandard, Verkehrswertbewertung im Sachwertverfahren **B** 190 (47)
Gebäudestandardbeschreibung, Immobilienwertermittlungsverordnung **Anh I** 7 (105)
Gesamtnutzungsdauer, Verkehrswertbewertung **B** 185 (31)
Kostenkennwerte der Normalherstellungskosten, Immobilienwertermittlungsverordnung **Anh I** 7 (82)
Regelherstellungskosten, Verkehrswertbewertung im Sachwertverfahren **B** 190 (46)
Religionsgesellschaft, erbschaftsteuerfreie Zuwendungen **E** 13 (23 f.)
öffentlich-rechtliche R., Grundsteuerbefreiung **G** 3 (5), (7), (49 ff.)

Rennbahnen, Abgrenzung Grundvermögen/ Betriebsvorrichtungen **Anh I** 3 (10)
Renten, Besteuerung bei der Erbschaft- und Schenkungsteuer **E** 23 (1 ff.)
Tabelle mit Vervielfältigern, Ermittlung der Gegenwartswerte **B** 12 (67)
s. a. Pensionsverpflichtungen
Rentenlast, Besteuerung, Weitergeltung § 25 ErbStG **E** 25 (5 ff.)
Rentenrechte, Ermittlung des Kapitalwerts **B** 13–16 (4 f.)
Gesamtgläubigerschaft eines lebenslänglichen R. **E** 7 (74)
Verzicht auf R., Zusammenrechnung bei der Erbschaft- und Schenkungsteuer **E** 14 (10)
Rentenschulden, Inlandsvermögen **B** 121 (7)
Rentenversicherung, Bewertung der Ansprüche **B** 12 (4)
Reparationsschädengesetz, Ansprüche aus dem R., Erbschaftsteuerbefreiung **E** 13 (13)
Reparaturbedarf, Benutzbarkeit eines Gebäudes, Grundsteuerbewertung **B** 246 (9)
Restlaufzeit eines Erbbaugrundstücks, Verkehrswertbewertung **B** 194 (15)
eines Erbbaurechts, Verkehrswertbewertung **B** 193 (12)
Verkehrswertbewertung von Gebäuden auf fremdem Grund **B** 195 (5)
Restnutzungsdauer, Grundlage für Ermittlung des Grundstückswerts im Ertragswertverfahren, Grundsteuerbewertung **B** 253 (2), (5 ff.)
Grundlage für Ermittlung des Grundstückswerts im Ertragswertverfahren, Tabelle für Vervielfältiger Grundsteuerbewertung **B** 253 (20)
Grundstücksbewertung im Ertragswertverfahren, Erbschaftsteuerwert 2023 **Anh III** (18 ff.)
Immobilienwertermittlungsverordnung **Anh I** 7 (4)
bei Modernisierung von Wohngebäuden, Immobilienwertermittlungsverordnung **Anh I** 7 (61 f.)
Verkehrswertbewertung von Grundstücken im Ertragswertverfahren **B** 185 (3), (11 ff.), (14 f.)
Verkehrswertbewertung von Grundstücken im Sachwertverfahren, Erbschaftsteuerwert 2023 **Anh III** (55 f.)
Rheinland-Pfalz, Landesgrundsteuergesetz **Anh IV** 9
Richtlinien für die Erteilung der Unbedenklichkeitsbescheinigung, Grunderwerbsteuer **GE** 22 (13)
Ringöfen, Abgrenzung Gebäude/Betriebsvorrichtung **Anh I** 1 (55)
Rohbauland, Bewertung des Grundvermögens, Grundsteuerbewertung **B** 247 (11)
Bewertung des Grundvermögens, Verkehrswertbewertung **B** 179 (4)
Bodenwert von R., Immobilienwertermittlungsverordnung **Anh I** 7 (42)
Immobilienwertermittlungsverordnung **Anh I** 7 (3)
Rohertrag von Grundstücken im Ertragswertverfahren, Grundsteuerbewertung **B** 254
Immobilienwertermittlungsverordnung **Anh I** 7 (31)
Nettokaltmieten nach Bundesländern, Grundsteuerbewertung **B** 254 (10)
Verkehrswertbewertung von Grundstücken nach dem Ertragswertverfahren **B** 186 (3)
Rollrasen, Blumen- und Zierpflanzenbau, landwirtschaftliche Grundbesitzbewertung **B** 160 (32)
Rolltreppen, Zurechnung zum Gebäude **Anh I** 1 (27)
Rückerwerb, Grunderwerbsteuer **GE** 16 (1 ff.)
–, Formerfordernis **GE** 16 (21 ff.)
Rückfall des geschenkten Vermögens, Erbschaftsteuerbefreiung **E** 13 (17), (74 ff.)
von Vermögensgegenständen, Erbschaftsteuer **E** 1 (7)
Rückkaufswert, Bewertung von Ansprüchen aus Lebens-, Kapital- oder Rentenversicherungen **B** 12 (4)
Rücklagen, kein Abzug bei der Betriebsvermögensbewertung **B** 103 (7)
Ausnahme der Bestandsidentität bei der Betriebsvermögensbewertung **B** 95 f. (6)
Gemeinnützigkeit, Abgabenordnung (Auszug) **G** 3 (81)
Schuldenabzug, Betriebsvermögensbewertung **B** 103 (3)
Umfang des Betriebsvermögens bei der Bewertung von Anteilen an Kapitalgesellschaften **B** 11 (31)
Rücknahmepreis bei der Bewertung von Wertpapieren **B** 11 (4)
Stichtagsbewertung **B** 11 (4)
Rückstellungen, Ausnahme der Bestandsidentität bei der Betriebsvermögensbewertung **B** 95 f. (6)
Rücktrittsrecht als auflösende Bedingung, Bewertung **B** 4–8 (2), (4)
Rückwirkendes Ereignis i. Z. m. der Berücksichtigung von Vorerwerben bei der Erbschaft- und Schenkungsteuer **E** 14 (35)
Rückwirkung, Umwandlung einer Personengesellschaft in eine Kapitalgesellschaft **E** 11 (2 f.)
Rumpfwirtschaftsjahr, vereinfachtes Ertragswertverfahren, Verkehrswert von Unternehmensvermögen **B** 201 (7)
Rundung, Bodenwert, Verkehrswertbewertung **B** 179 (17 f.)
Einheitswert **B** 30
–, Euro-Umrechnung **B** 30
Erbschaft- und Schenkungsteuer **E** 10 (16)
Grunderwerbsteuer **GE** 11 (2)
Grundsteuerwert, Grundsteuerbewertung **B** 222 (1), 230
Mindestwert der Land- und Forstwirtschaft, Erbschaftsteuerwert **B** 164 (11)
steuerpflichtiger Erwerb bei der Erbschaft- und Schenkungsteuer **E** 10 (1)
Wirtschaftswert der Land- und Forstwirtschaft **B** 163 (15)

S

Saalbauten, Gebäudestandardbeschreibung, Immobilienwertermittlungsverordnung **Anh I** 7 (99)
Gesamtnutzungsdauer, Verkehrswertbewertung **B** 185 (31)
Kostenkennwerte der Normalherstellungskosten, Immobilienwertermittlungsverordnung **Anh I** 7 (71)
Saarland, Landesgrundsteuergesetz **Anh IV** 10
Saatgutvermehrung, landwirtschaftliche oder gärtnerische Nutzung, Erbschaftsteuerwert **B** 160 (49)
Saatkämpe, gärtnerische Nutzung, Grundsteuerbewertung **B** 237 (48)
Nutzungsteil Baumschulen, Erbschaftsteuerwert **B** 160 (35)
Saatzucht, sonstige land- und forstwirtschaftliche Nutzung, Erbschaftsteuerwert **B** 160 (40), (48 f.), 175 (2)
sonstige land- und forstwirtschaftliche Nutzung, Grundsteuerbewertung **B** 237 (75 ff.)
Umfang der sonstigen landwirtschaftlichen Nutzung, Grundsteuerbewertung **B** 242 (2)

Sachbezüge, Jahreswert **B** 15 (2)
Sachleistungsansprüche, Behandlung bei der Erbschaft- und Schenkungsteuer **E** 12 (12)
Betriebsvermögensbewertung **B** 103 (13)
Bewertung bei gegenseitigen Verträgen **B** 9 (10)
Sachleistungsverpflichtungen, Betriebsvermögensbewertung **B** 103 (13)
Bewertung bei gegenseitigen Verträgen **B** 9 (10)
Sachsen, Landesgrundsteuergesetz **Anh IV** 11
Sachsen-Anhalt, Landesgrundsteuergesetz **Anh IV** 12
Sachvermächtnis, Bewertung **B** 9 (11)
– des Anspruchs und der Verpflichtung **E** 12 (3 FN)
keine Erbschaftsteuerbegünstigung für Wohngrundstücke **E** 13d (12)
Sachvermögen, Bewertung von ausländischem S. **B** 31 (1 f.)
Sachverständigengutachten, Nachweis des niedrigeren Verkehrswerts, Grundstücksbewertung **B** 198 (6 f.)
Sachwert, Ermittlung des Grundstückswerts im Sachwertverfahren, Grundsteuerbewertung **B** 258 (1 ff.)
Immobilienwertermittlungsverordnung **Anh I** 7 (36)
Sachwertfaktoren, Immobilienwertermittlungsverordnung **Anh I** 7 (12), (21), (39)
Verkehrswertbewertung im Sachwertverfahren **B** 190 (4a), 191 (1 ff.), (4 f.)
Sachwertverfahren, Betriebsaufspaltung Verkehrswertbewertung **B** 182 (9)
Bewertung bebauter Grundstücke, Grundsteuerbewertung **B** 250 (1)
Ermittlung des Grundstückswerts im S., Grundsteuerbewertung **B** 258 (1 ff.)
Immobilienwertermittlungsverordnung **Anh I** 7 (35 ff.)
Überlassungen im Konzernverbund Verkehrswertbewertung **B** 182 (9)
Verkehrswertbewertung **B** 182 (4)
– von Grundstücken **B** 189 (1), (3)
–, Erbschaftsteuerwert 2023 **Anh III** (42 ff.)
Saisonarbeiter, keine Berücksichtigung bei der Lohnsumme, Erbschaftsteuerbegünstigung für Unternehmensvermögen **E** 13a (3), (31)
Sakralbauten, Ausstattungsstandard, Verkehrswertbewertung im Sachwertverfahren **B** 190 (47)
Kostenkennwerte der Normalherstellungskosten, Immobilienwertermittlungsverordnung **Anh I** 7 (81)
Regelherstellungskosten, Verkehrswertbewertung im Sachwertverfahren **B** 190 (46)
Sammelheizungsanlagen, Zurechnung zum Gebäude **Anh I** 1 (30)
Sammlungen, Abgrenzung des Verwaltungsvermögens bei der Erbschaftsteuerbegünstigung für Unternehmensvermögen **E** 13b (8)
Erbschaftsteuerbefreiung **E** 13 (4 f.)
Satzung, vorgeschriebene Erfordernisse, Abgabenordnung (Auszug) **G** 3 (77)
Wertabschlag für Familiengesellschaften, Erbschaftsteuerbegünstigung für Unternehmensvermögen **E** 13a (13), (135 ff.)
Satzungsmäßige Voraussetzungen, Gemeinnützigkeit, Abgabenordnung (Auszug) **G** 3 (78)
Säumniszuschläge, Erlass bei der Grunderwerbsteuer **GE** 16 (30)
Schachtelbeteiligung, Inlandsvermögen **B** 121 (4)
Schallschutzvorrichtungen, Zurechnung zum Gebäude **Anh I** 1 (36)
Scheinbestandteil eines Grundstücks, Definition im BGB **B** 243 (25)
Schenkung, Anrechnung auf die Ausgleichsforderung des Ehegatten **E** 5 (15 ff.)
Anwachsung eines Anteils an einer Personengesellschaft **E** 7 (14)
Anwendung der Vorschriften **E** 1 (6)
unter Auflage, grunderwerbsteuerliche Gegenleistung **GE** 3 (31)
Ausscheiden eines Gesellschafters zu Lebzeiten **E** 7 (16)
bedingte Beteiligung an offenen und stillen Reserven einer Personengesellschaft **E** 7 (69)
unter Beteiligung von Kapitalgesellschaften oder Genossenschaften, Schenkungsteuer **E** 7 (47 ff.)
disquotale Einlage **E** 7 (1 FN)
unter Duldungsauflage, Schenkungsteuer **E** 7 (44)
Erwerbsnebenkosten, Schenkungsteuer **E** 7 (45 f.)
unter Gegenleistung, Schenkungsteuer **E** 7 (44)
durch Genossenschaften, Steuerklasse **E** 15 (7)
einer Grundstücksteilfläche, Schenkungsteuer **E** 9 (19)
durch Kapitalgesellschaften, Steuerklasse **E** 15 (7)
Leistung an Kapitalgesellschaften, Schenkungsteuer **E** 7 (56)
Leistungen zwischen Kapitalgesellschaften, Schenkungsteuer **E** 7 (61)
unter Leistungsauflage, Schenkungsteuer **E** 7 (44)
unter Nutzungsauflage, Schenkungsteuer **E** 7 (44)
unter Schuldübernahme, Schenkungsteuer **E** 7 (44)
steuerpflichtiger Vorgang bei der Schenkungsteuer **E** 1 (2)
überhöhte Gewinnbeteiligung, Schenkungsteuer **E** 7 (15), (70 f.)
übernommene Pflegeleistungen als Gegenleistung **E** 7 (40 f.)
Unternehmensvermögensbegünstigung **E** 13a (1 ff.), (20 ff.)
Zuwendung bei Bezugsrechtsverzicht, Schenkungsteuer **E** 7 (50)
Zuwendung bei Einziehung von Anteilen, Schenkungsteuer **E** 7 (52)
Zuwendung bei verdeckten Gewinnausschüttungen, Schenkungsteuer **E** 7 (53)
Zuwendung bei Verschmelzung von Kapitalgesellschaften, Schenkungsteuer **E** 7 (49)
Zuwendung eines Grundstücks, Grundbesitzbewertung **B** 151 (14)
Zuwendung in Form von Einlagen, Schenkungsteuer **E** 7 (48)
Schenkung auf den Todesfall, Entstehen der Steuerschuld, Erbschaft- und Schenkungsteuer **E** 9
Erbschaftsteuer **E** 3 (2), (24)
Schenkungskette, Berechnung der Erbschaft- und Schenkungsteuer **E** 14 (19)
Schenkungsteuer, örtliche Zuständigkeit **E** 35 (1 ff.)
Steuererklärung **E** 31 (1 ff.)
Tilgung durch Hingabe von Kunstgegenständen **E** 20 (8)
Übernahme der S. **E** 10 (31 f.)
–, schenkungsteuerpflichtiger Erwerb **E** 10 (2)
s. a. Erbschaftsteuer
Schenkungsteuergesetz, Anwendung **E** 37
Schenkungsversprechen, keine Erbschaftsteuerbegünstigung für Wohngrundstücke **E** 13d (12)
Schenkung unter Auflage, Begriff und Bewertung **E** 7 (39 ff.)
Behandlung bei der Schenkungsteuer **E** 7 (31)
Grunderwerbsteuer, Gegenleistung **GE** 3 (31)
Schenkung unter Lebenden, Anordnung einer ausländischen Vermögensmasse **E** 7 (8 f.)
Anzeige **E** 30 (2)

Anzeigepflicht der Gerichte usw. **E** 34 (18 ff.)
Entstehen der Steuerschuld, Erbschaft- und Schenkungsteuer **E** 9 (11)
Schenkungsteuer **E** 7 (1 ff.)
Schienenwege, Grundsteuerbefreiung **G** 4 (3)
Schießstände, Abgrenzung Grundvermögen/Betriebsvorrichtungen **Anh I** 3 (4)
Schleswig-Holstein, Landesgrundsteuergesetz **Anh IV** 13
Schlusserbe, Steuerklasse bei der Erbschaft- und Schenkungsteuer **E** 15 (9)
Vermögenserhalt, Erwerb von Todes wegen **E** 3 (11)
Schmuckreisiggewinnung, Blumen- und Zierpflanzenbau, Erbschaftsteuerwert **B** 160 (32)
Schuldbefreiung, Erbschaftsteuerbefreiung **E** 13 (11)
Schuldbuchforderungen, Bewertung **B** 11 (1 ff.)
– mit dem Kurswert **B** 11 (5)
Schulden, Abzug bei der Erbschaftsteuer **E** 10 (5 ff.), (95 ff.)
Abzug von Gewinnansprüchen des beherrschenden Gesellschafters **B** 103 (2)
Abzugsfähigkeit bei beschränkter Steuerpflicht, Erbschaftsteuer **E** 10 (82a)
auflösend bedingte S., Betriebsvermögensbewertung **B** 103 (9)
aufschiebend bedingte S., Betriebsvermögensbewertung **B** 103 (9)
ausländische Erbschaftsteuer, kein Abzug **E** 10 (82)
auf ausländische Währung lautende S., Bewertung **B** 12 (10), (21)
Beschränkung des Abzugs **E** 10 (76 ff.)
Betriebsvermögensbewertung **B** 109 (1)
–, Begriff **B** 103 (1 ff.)
Bewertung **B** 12 (1)
– von hoch verzinslichen S. **B** 12 (7)
– von niedrig und hoch verzinslichen S. **B** 12 (25)
– von niedrig verzinslichen S. **B** 12 (7)
– im personellen Verfahren **B** 12 (21 ff.)
– des Substanzwerts bei Anteilen an Kapitalgesellschaften **B** 11 (32)
– von unverzinslichen S. **B** 12 (3)
Inlandsvermögen bei der Erbschaft- und Schenkungsteuer **E** 2 (21)
Nachteile bei Unverzinslichkeit, Bewertung **B** 12 (22)
i. Z. m. nicht der Erbschaftsteuer unterliegendem Vermögen **E** 10 (8)
örtliche Zuständigkeit für die Feststellung **B** 152 (4)
zwischen Personengesellschaften und Mitunternehmern, Betriebsvermögensbewertung **B** 97 (11), (15)
einer Personenmehrheit, Wert der S. **B** 151 (4), (10)
Rücklagen, Betriebsvermögensbewertung **B** 103 (3)
Tabellen zur Berechnung des Gegenwartswerts **B** 12 (62 ff.)
keine S. bei Übernahme einer Bürgschaft durch Gesellschafter einer Personengesellschaft **B** 97 (12)
Umfang des land- und forstwirtschaftlichen Vermögens **B** 158 (5)
–, Grundsteuerbewertung **B** 232 (4)
unverzinsliche, niedrig und hoch verzinsliche S. **B** 12 (22 ff.)
vereinfachtes Ertragswertverfahren, Verkehrswert von Unternehmensvermögen **B** 200 (4), (6 f.)
wirtschaftlicher Zusammenhang mit Betriebsgrundstücken **B** 103 (16)
s. a. Steuerschulden
Schuldenverrechnung mit jungem Verwaltungsvermögen, Steuerbegünstigung für Unternehmensvermögen **E** 13b (164 f.)
Voraussetzungen bei der Erbschaftsteuervergünstigung für Unternehmensvermögen **E** 13b (4)
Schuldrechtliche Sondervereinbarung, Zeitpunkt der Ausführung einer Grundstücksschenkung **E** 9 (23)
Schuldübernahme, Schenkung unter Sch., Ermittlung des Erwerbs **E** 7 (44)
Schuldverschreibungen, Anzeigepflicht der Emissionäre **E** 33 (2)
Schulen, Gebäudestandardbeschreibung, Immobilienwertermittlungsverordnung **Anh I** 7 (99)
Gesamtnutzungsdauer, Verkehrswertbewertung **B** 185 (31)
Kostenkennwerte der Normalherstellungskosten, Immobilienwertermittlungsverordnung **Anh I** 7 (72)
Schülerheime, Grundsteuerbefreiung **G** 5 (2), (11 ff.)
Schutzräume, Zivilschutz- und Katastrophenhilfegesetz (Auszug) **B** 197 (8)
Schwankende Nutzungen, Jahreswert **B** 15 (3)
Schwebende Geschäfte, Verbindlichkeiten, Betriebsvermögensbewertung **B** 103 (13)
Schweden, Doppelbesteuerungsabkommen, Erbschaftsteuer **E** 2 (13)
Schweiz, Doppelbesteuerungsabkommen, Erbschaftsteuer **E** 2 (13)
Schwellenwert der Erbschaftsteuervergünstigung für Unternehmensvermögen **E** 13a (23 ff.)
bei der Steuerbegünstigung für Unternehmensvermögen, Erbschaftsteuer **E** 13a (163)
Schwiegereltern, Steuerklasse bei der Erbschaft- und Schenkungsteuer **E** 15 (2)
Schwiegerkinder, Steuerklasse bei der Erbschaft- und Schenkungsteuer **E** 15 (2)
Schwimmbäder, Abgrenzung Grundvermögen/Betriebsvorrichtungen **Anh I** 3 (2)
Schwimmbecken, Verkehrswertbewertung im Sachwertverfahren **B** 190 (18 f.)
Schwimmende Anlagen, keine Gebäude bei der Grundsteuerbewertung **B** 243 (1 FN)
Schwimmende Häuser, Grunderwerbsteuer **GE** 2 (38)
Segelflugzeug, Abgrenzung des Verwaltungsvermögens bei der Erbschaftsteuerbegünstigung für Unternehmensvermögen **E** 13b (8)
Selbsthilfeeinrichtungen, Leistungen von S., Erbschaft- und Schenkungsteuer **E** 3 (4 FN)
Selbstlosigkeit, Begriff, Abgabenordnung (Auszug) **G** 3 (71)
Sicherungshypothek, Inlandsvermögen bei der Erbschaft- und Schenkungsteuer **E** 2 (23)
Sicherungsübereignung von Gebäuden auf fremdem Grund und Boden, Grunderwerbsteuer **GE** 2 (33a ff.), (37)
Solaranlagen, Grundstücksveräußerungen mit S., Gegenleistung **GE** 9 (55 ff.)
Sonderabschreibungen, Hinzurechnung zum Gewinn, vereinfachtes Ertragswertverfahren **B** 202 (1), (6)
i. Z. m. der Korrektur des Betriebsergebnisses, Betriebsvermögensbewertung **B** 109 (13)
i. Z. m. der Korrektur des Betriebsergebnisses bei der Bewertung des Substanzwerts von Anteilen an Kapitalgesellschaften **B** 11 (40)
Sonderbetriebsvermögen, Abgrenzung des Verwaltungsvermögens bei der Erbschaftsteuerbegünstigung für Unternehmensvermögen **E** 13b (72), (74 ff.)
Anteile an Kapitalgesellschaften, Abgrenzung des Verwaltungsvermögens **E** 13b (95)
Personengesellschaften, Zurechnung **B** 97 (10)

Zurechnung von Wirtschaftsgütern, Betriebsvermögensbewertung **B** 97 (10), (16)
Sonderbilanzen, Ansätze aus S., Betriebsvermögensbewertung **B** 97 (10)
vereinfachtes Ertragswertverfahren, Verkehrswert von Unternehmensvermögen **B** 202 (1), (6)
Sondereigentum, Aufhebung von S. bei Wohneigentum, Grunderwerbsteuer **GE** 7 (8)
Grundstücksart, Begriff **B** 181 (4f.)
Sondererbfolge nach der Höfeordnung, Erbschaftsteuer **E** 3 (17)
Sonderkulturen, übrige land- und forstwirtschaftliche Nutzung, Erbschaftsteuerwert **B** 160 (39), (40), 175 (2)
übrige land- und forstwirtschaftliche Nutzung, Grundsteuerbewertung **B** 237 (53), 242 (1)
Sondernutzungen, Besatzkapitalwert, Tabelle, Erbschaftsteuerwert **B** 163 (44)
Betrieb der Land- und Forstwirtschaft, Erbschaftsteuerwert **B** 160 (2)
Pachtpreis, Tabelle, Erbschaftsteuerwert **B** 163 (44)
Reingewinn, Erbschaftsteuerwert **B** 163 (7)
Reingewinn der Land- und Forstwirtschaft, Erbschaftsteuerwert **B** 163 (25)
Reingewinn, Tabelle, Erbschaftsteuerwert **B** 163 (44)
übrige land- und forstwirtschaftliche Nutzung, Erbschaftsteuerwert **B** 160 (39), 175 (1)
übrige land- und forstwirtschaftliche Nutzung, Grundsteuerbewertung **B** 237 (53)
Wirtschaftswert der S., Erbschaftsteuerwert **B** 163 (26)
Sondernutzungsrechte nach dem Wohnungseigentumsgesetz, Grunderwerbsteuerpflicht **GE** 2 (7)
Sondervorschriften, Erbschaftsteuer aus Anlass der Herstellung der Einheit Deutschlands **E** 37a (1ff.)
Sonstige Abzüge, Bewertung des Substanzwerts bei Anteilen an Kapitalgesellschaften **B** 11 (32)
Sonstige Anlagen, Abgeltung durch Ertragswertverfahren für Grundstücke, Grundsteuerbewertung **B** 252
Immobilienwertermittlungsverordnung **Anh I** 7 (37)
Sonstige Bauteile, Umfang des Grundvermögens, Verkehrswertbewertung **B** 176 (2)
Sonstige bebaute Grundstücke, Abgrenzung der Grundstücksart, Grundsteuerbewertung **B** 249 (41)
Bewertung im Sachwertverfahren, Verkehrswertbewertung **B** 182 (4)
Grundstücksart, Begriff **B** 181 (1), (8)
Grundstücksart, Erbschaftsteuerwert 2023 **Anh III** (8)
Grundstücksart, Grundsteuerbewertung **B** 249 (9)
Regelherstellungskosten, Verkehrswertbewertung im Sachwertverfahren **B** 190 (46)
Sachwertverfahren, Grundsteuerbewertung **B** 250 (3)
Wertzahlen, Verkehrswertbewertung im Sachwertverfahren **B** 191 (9)
Sonstige Bestandteile, Umfang des Grundvermögens, Verkehrswertbewertung **B** 176 (1)
Sonstige Gebäude, Kostenkennwerte der Normalherstellungskosten, Immobilienwertermittlungsverordnung **Anh I** 7 (81)
Sonstige land- und forstwirtschaftliche Nutzung, Definition, Grundsteuerbewertung **B** 242 (1)
Reingewinn, Erbschaftsteuerwert **B** 163 (27f.)
Umfang, Grundsteuerbewertung **B** 242 (2)
s. a. Übrige land- und forstwirtschaftliche Nutzung
Sonstiger Erwerb, auf den die Vorschriften über Vermächtnisse anwendbar sind, Erbschaftsteuer **E** 3 (3)
Sozialräume, Betrieb der Land- und Forstwirtschaft, Erbschaftsteuerwert **B** 160 (13)
Spaltung und Grundstücksübertragungen, Grunderwerbsteuer **GE** 1 (58ff.)
Sparbriefe, abgezinste S., Bewertung **B** 12 (14)
Spargel, Besatzkapitalwert, Tabelle, Erbschaftsteuerwert **B** 163 (44)
Betrieb der Land- und Forstwirtschaft **B** 160 (2)
Pachtpreis, Tabelle, Erbschaftsteuerwert **B** 163 (44)
Reingewinn, Erbschaftsteuerwert **B** 163 (7)
Reingewinn der Land- und Forstwirtschaft, Erbschaftsteuerwert **B** 163 (25)
Reingewinn, Tabelle, Erbschaftsteuerwert **B** 163 (44)
übrige land- und forstwirtschaftliche Nutzung, Erbschaftsteuerwert **B** 160 (39), 175 (1)
übrige land- und forstwirtschaftliche Nutzung, Grundsteuerbewertung **B** 237 (53), 242 (1)
Spielplätze, öffentliche S., Grundsteuererlass **G** 32 (2), (12ff.)
Sponsoring, Schenkungsteuer **E** 7 (24)
Sporthallen, Abgrenzung Grundvermögen/Betriebsvorrichtungen **Anh I** 3 (8)
Ausstattungsstandard, Verkehrswertbewertung im Sachwertverfahren **B** 190 (47)
Gebäudestandardbeschreibung, Immobilienwertermittlungsverordnung **Anh I** 7 (101)
Gesamtnutzungsdauer, Verkehrswertbewertung **B** 185 (31)
Kostenkennwerte der Normalherstellungskosten, Immobilienwertermittlungsverordnung **Anh I** 7 (76)
Regelherstellungskosten, Verkehrswertbewertung im Sachwertverfahren **B** 190 (46)
Sportliche Veranstaltungen, Abgabenordnung (Auszug) **G** 3 (87)
Sportplätze, Abgrenzung Grundvermögen/Betriebsvorrichtungen **Anh I** 3 (1)
öffentliche S., Grundsteuererlass **G** 32 (2), (12ff.)
Sportstadien, Abgrenzung Grundvermögen/Betriebsvorrichtungen **Anh I** 3 (1)
Sprinkleranlagen, Abgrenzung Gebäude/Betriebsvorrichtung **Anh I** 1 (35)
Spritzboxen, Abgrenzung zum Gebäude **Anh I** 1 (22)
Squashhallen, Abgrenzung Grundvermögen/Betriebsvorrichtungen **Anh I** 3 (6)
Staatliche Lotterie, Gewerbebetrieb **B** 96
Städtebaulicher Vertrag, Baugesetzbuch **Anh I** 6 (6)
Staffelmiete, Verkehrswertbewertung von Grundstücken nach dem Ertragswertverfahren **B** 186 (5)
Ställe, Gebäudestandardbeschreibung, Immobilienwertermittlungsverordnung **Anh I** 7 (106)
Kostenkennwerte der Normalherstellungskosten, Immobilienwertermittlungsverordnung **Anh I** 7 (83ff.)
Stammaktien, Bewertung **B** 11 (8)
Stammkapital, Aufteilung des Betriebsvermögens bei der Betriebsvermögensbewertung **B** 97 (7), (35f.)
Standarddeckungsbeiträge der landwirtschaftlichen Nutzung, Erbschaftsteuerwert **B** 160 (20), (22)
der Produktionszweige in der Land- und Forstwirtschaft, Erbschaftsteuerwert **B** 163 (17)
Standardstufen, Verkehrswertbewertung im Sachwertverfahren **B** 190 (13)

Standesämter, Anzeigepflicht bei der Erbschaftsteuer **E** 34 (6 ff.)
Erbschaftsteuer-Ermittlungsverfahren in den Finanzämtern **Anh II** 3
Muster einer Anzeige **Anh II** 2 (4)
Verzeichnis, Erbschaftsteuer **E** 34 (10 f.)
Standfestigkeit des Bauwerks **Anh I** 1 (14)
Ständiger Vertreter, inländisches Betriebsvermögen **B** 121 (3)
Sterberegister der Standesämter, Anzeigepflicht **E** 34 (6 ff.)
Steuerausgleich, Ersatz der Zerlegung, Grundsteuer **G** 24
Steuerbefreites Vermögen, Abzug von Schulden und Lasten bei der Erbschaftsteuer **E** 10 (95 ff.)
Steuerbefreiung, Erbschaftsteuer **E** 13 (1 ff.), (36 f.)
Erwerb von Kulturgütern **E** 13 (45)
Geldleistungen für Pflege **E** 13 (16)
Grundbesitz für Zwecke der Volkswohlfahrt **E** 13 (6)
Grunderwerbsteuer **GE** 3 (1 ff.)
Unternehmensvermögen, Erbschaft- und Schenkungsteuer **E** 13a (20 ff.)
Verzicht auf die S. bei der Erbschaftsteuer **E** 13 (90)
Wohngrundstücke bei der Erbschaftsteuer **E** 13d (1 ff.), (5 ff.)
Zuwendungen unter Ehegatten **E** 13 (8)
Zuwendungen an gemeinnützige, mildtätige und kirchliche Körperschaften **E** 13 (79 ff.)
Zuwendungen zu gemeinnützigen, mildtätigen und kirchlichen Zwecken **E** 13 (86 ff.)
Steuerbegünstigte Zwecke, Begriff, Abgabenordnung (Auszug) **G** 3 (67 ff.)
Steuerbegünstigung bei Großerwerben für Unternehmensvermögen bei der Erbschaftsteuer **E** 13c (1 ff.), (5 ff.)
bei Umstrukturierungen im Konzern, Grunderwerbsteuer **GE** 6a (1 ff.)
für Unternehmensvermögen, Abgrenzung des Verwaltungsvermögens **E** 13b (69 ff.)
für Unternehmensvermögen, Anwendung **E** 13a (14)
für Unternehmensvermögen, Erbschaft- und Schenkungsteuer **E** 13b (20)
für Unternehmensvermögen, gleitender Abzugsbetrag **E** 13a (2), (27 ff.)
für Unternehmensvermögen, junges Verwaltungsvermögen **E** 13b (133)
für Unternehmensvermögen, Nachversteuerung **E** 13a (124 ff.)
für Unternehmensvermögen, Optionsverschonung **E** 13a (14), (146 ff.)
–, für jede wirtschaftliche Einheit **E** 13a (161 ff.)
für Unternehmensvermögen, Regelverschonung **E** 13a (14)
für Unternehmensvermögen, übermäßiges Verwaltungsvermögen, Erbschaft- und Schenkungsteuer **E** 13b (62 f.)
für Unternehmensvermögen, Umfang bei Anteilen an Kapitalgesellschaften **E** 13b (42 ff.), (48 ff.)
für Unternehmensvermögen, Umfang bei der Land- und Forstwirtschaft **E** 13b (29 ff.)
für Unternehmensvermögen, Umfang bei treuhänderisch gehaltenen Anteilen an Kapitalgesellschaften **E** 13b (53a)
für Unternehmensvermögen, Umfang beim Betriebsvermögen **E** 13b (34 ff.)
für Unternehmensvermögen, Weitergabeverpflichtung **E** 13a (5), (81 f.)
Voraussetzungen, Abgabenordnung (Auszug) **G** 3 (76)
für Wohngrundstücke bei der Erbschaftsteuer **E** 13d (1 ff.), (5 ff.)
Steuerberatungskosten, Erwerbsnebenkosten bei Schenkungen unter Lebenden **E** 10 (44 ff.)
Nachlasskosten, Erbschaft- und Schenkungsteuer **E** 10 (59 ff.)
i. Z. m. Schenkung **E** 10 (41 ff.)
für Steuerangelegenheiten des Erblassers, Erbschaftsteuer **E** 10 (62a)
Steuerberechnung bei der Grunderwerbsteuer **GE** 11 f.
Steuerberechtigung, Grundsteuer **G** 1 f. (6)
Steuerbescheid, Bekanntgabe eines Erbschaftsteuerbescheids **E** 32
Steuerbilanz, Bestandsidentität, Betriebsvermögensbewertung **B** 103 (6)
Bewertungsidentität, Betriebsvermögensbewertung **B** 103 (6)
Umfang des Betriebsvermögens **B** 95 f. (5)
Steuerentlastungen bei früheren Erwerben, Erbschaft- und Schenkungsteuer **E** 14 (21 ff.)
Steuererklärung, Erbschaft- und Schenkungsteuer **E** 31 (1 ff.)
Erklärungspflicht, Grundsteuerbewertung **B** 228 (1 ff.)
Steuerermäßigung bei Aufhebung einer Familienstiftung oder Auflösung eines Vereins bei der Erbschaftsteuer **E** 26
Steuererstattungsansprüche, Bewertung von nicht zum Betriebsvermögen gehörenden S. **B** 12 (9)
private S., Erbschaftsteuer **E** 10 (23 ff.)
steuerpflichtiger Erwerb bei der Erbschaft- und Schenkungsteuer **E** 10 (1)
Zurechnung zum Betriebsvermögens, Betriebsvermögensbewertung **B** 95 f. (7 f.)
Steuerfestsetzung *s. Festsetzung*
Steuerfreies Vermögen, Ausgleichsforderung, Ermittlung des steuerfreien Zugewinnausgleichs **E** 5 (25 ff.)
Steuergegenstand der Grundsteuer **G** 2 (1 f.)
Steuerklassen, Erbschaft- und Schenkungsteuer **E** 15 (1 ff.)
Errichtung von Familienstiftungen **E** 15 (10 ff.)
bei Schenkung durch Genossenschaften **E** 15 (7)
bei Schenkung durch Kapitalgesellschaften **E** 15 (7)
Steuerlich unschädliche Betätigungen, Begriff, Abgabenordnung (Auszug) **G** 3 (74)
Steuermessbescheid, Änderung, Grundsteuer **G** 21 (1 f.)
Bekanntgabe an den Steuerpflichtigen **G** 1 f. (12 ff.)
Steuermessbetrag, Aufhebung **G** 20 (1 ff.)
Festsetzung, Abgabenordnung (Auszug) **G** 1 f. (33)
Festsetzung, Zuständigkeit **G** 1 f. (9)
Grundsteuerberechnung **G** 13 (1 f.)
Mitteilung an die hebeberechtigte Gemeinde **G** 1 f. (12 ff.)
Zerlegung **G** 22 (1 ff.)
–, Zuständigkeit **G** 1 f. (9)
Steuermesszahl, Grundsteuer **G** 13 (1 f.)
–, Betriebe der Land- und Forstwirtschaft **G** 14
–, Grundstücke **G** 15 (1 ff.)
Steuern, Begriff, Abgabenordnung (Auszug) **G** 1 f. (26)
Steuerobjekt, Grunderwerbsteuer **GE** 2 (1)
Rechtsprechung, Grunderwerbsteuer **GE** 2 (41)
Steuerpflicht, beschränkte S., Erbschaft- und Schenkungsteuer **E** 2 (12)
Grunderwerbsteuer **GE** 1 (1 ff.)
Grundsteuer **G** 1 f.
unbeschränkte S., Erbschaft- und Schenkungsteuer **E** 2 (11)

Steuersatz, Erbschaft- und Schenkungsteuer **E** 19 (1 ff.)
Grunderwerbsteuer **GE** 11 (1)
– in den Ländern **GE** 11 (5)
Steuersatzänderung, Grunderwerbsteuer, Anwendung auf die jeweiligen Erwerbe **GE** 11 (6)
Steuerschulden, Abzug bei der Betriebsvermögensbewertung **B** 103 (14)
Abzug, Erbschaftsteuer **E** 10 (63 ff.)
Bewertung von nicht zum Betriebsvermögen gehörenden S. **B** 12 (9)
Erlöschen in besonderen Fällen **E** 29 (1 ff.)
Umfang des Betriebsvermögens bei der Betriebsvermögensbewertung **B** 95 f. (7)
Verrentung bei der Erbschaft- und Schenkungsteuer **E** 24 (1 f.)
Steuerschuldner bei Anteilsvereinigung in der Hand eines Organkreismitglieds **GE** 1 (232 f.)
Anzahl der S. bei der Grunderwerbsteuer **GE** 13 (8 ff.)
Erbschaft- und Schenkungsteuer **E** 20 (1 ff.)
Grunderwerbsteuer **GE** 13 (1 ff.)
–, Rechtsprechung **GE** 13 (16)
Grundsteuer **G** 10 (1)
Steuerübernahme bei der Erbschaft- und Schenkungsteuer **E** 10 (31 f.)
Steuerüberwachung bei der Erbschaft- und Schenkungsteuer **Anh II** 3
Steuervergünstigungen, Grunderwerbsteuer **GE** 3 ff.
s. a. Steuerbegünstigung
Steuervergütungsansprüche, Bewertung von nicht zum Betriebsvermögen gehörenden S. **B** 12 (9)
Stichtag, erbschaftsteuerliche Bewertung **E** 11
Festsetzung der Grundsteuer **G** 9 (2 f.)
Zerlegung des Steuermessbetrags, Grundsteuer **G** 23
s. a. Bewertungsstichtag
Stichtagsbewertung bei Wertpapieren **B** 11 (1)
Stiefeltern, Steuerklasse bei der Erbschaft- und Schenkungsteuer **E** 15 (2)
Stiefkinder, Steuerklasse bei der Erbschaft- und Schenkungsteuer **E** 15 (1), (8)
Stiftungen, Errichtung einer S., Bewertungsstichtag für Schenkungsteuer **E** 9 (21)
Ersatzerbschaftsteuer auf deren Vermögen **E** 1 (4)
Erwerb von Todes wegen **E** 3 (5)
gemeinnützige S. als Vorerben **E** 13 (82)
Genehmigungsbehörden, Anzeigepflicht **E** 34 (22)
Grundstücksübertragung auf S., Grunderwerbsteuer **GE** 3 (19)
nichtrechtsfähige S., Erlöschen der Erbschaft- und Schenkungsteuer **E** 29 (12 ff.)
Schenkung unter Lebenden, Schenkungsteuer **E** 7 (8)
Steuerklasse bei Errichtung von S. **E** 15 (10 ff.)
Umfang des Betriebsvermögens **B** 97 (8)
Zuwendung von Vermögen unter Lebenden, Schenkungsteuer **E** 7 (76)
Stiftungscharakter einer Familienstiftung, Ersatzerbschaftsteuer **E** 1 (11)
Stille Beteiligung, Betriebsvermögensbewertung **B** 103 (12)
Bewertung **B** 12 (19 f.)
Inlandsvermögen **B** 121 (8)
– bei der Erbschaft- und Schenkungsteuer **E** 2 (19), (23)
Stimmrechtsbündelung, Aufhebung der S., Wegfall der Erbschaftsteuervergünstigung **E** 13a (10), (120 ff.)
Erbschaftsteuervergünstigung für Unternehmensvermögen, Umfang **E** 13b (44 ff.)
Stimmrechtslose Vorzugsaktien und Poolregelung, Erbschaftsteuerbegünstigung für Unternehmensvermögen **E** 13b (53)
Strafrechtliches Rehabilitierungsgesetz, Ansprüche aus dem S., Erbschaftsteuerbefreiung **E** 13 (13)
Straßen, öffentliche S., Grundsteuerbefreiung **G** 4 (3)
Streitkräfte, ausländische S., Grundsteuerbefreiung **G** 5 (1), (8 ff.)
Stromerzeugung, Zuschlag zum Reinertrag der Land- und Forstwirtschaft, Grundsteuerbewertung **B** 238 (2), (8)
Strukturwandel, Land- und Forstwirtschaft, Abgrenzung vom Gewerbebetrieb **B** 158 (22)
Stückländereien, Abgrenzung echte S. und unechte S., Land- und Forstwirtschaft, Erbschaftsteuerwert **B** 162 (21 ff.)
Betrieb der Land- und Forstwirtschaft, Erbschaftsteuerwert **B** 160 (7), (15)
Bewertung, Erbschaftsteuerwert **B** 162 (6)
Erbschaftsteuervergünstigung für Unternehmensvermögen **E** 13a (7)
Ermittlung des Mindestwerts der Land- und Forstwirtschaft, Erbschaftsteuerwert **B** 164 (20 f.)
Stückzinsen, Ansatz und Bewertung **B** 11 (5 FN)
bis zum Todestag, Anzeigepflicht **E** 33 (10)
Stundung, Abgabenordnung (Auszug) **E** 28 (14 ff.)
der Erbschaftsteuer bei Erwerb von begünstigtem Unternehmensvermögen **E** 28 (1 ff.)
beim Erbschaftsteuererlass i. Z. m. der erbschaftsteuerlichen Verschonungsbedarfsprüfung **E** 28a (3)
beim Erbschaftsteuererlass i. Z. m. der Verschonungsbedarfsprüfung **E** 28a (20)
Stützen, kein Grundvermögen, Grundsteuerbewertung **B** 243 (3)
Umfang des Grundvermögens, Verkehrswertbewertung **B** 176 (2)
Zurechnung zum Gebäude **Anh I** 1 (25)
Zurechnung zum Grundvermögen **B** 176 (12)
Stützmauern, Verkehrswertbewertung im Sachwertverfahren **B** 190 (18 f.)
Subjektiv dingliche Rechte als Bestandteile des Grundvermögens **B** 176 (9)
Substanzwert von Anteilen an Kapitalgesellschaften, Ermittlung **B** 11 (38 ff.)
von Gewerbebetrieben, Betriebsvermögensbewertung **B** 109 (11 ff.)
als Mindestwert bei der Bewertung von Anteilen an Kapitalgesellschaften **B** 11 (2), (28 ff.)
Sumpfanlagen, Betriebsvorrichtung **Anh I** 1 (60)

T

Tabak, Besatzkapitalwert, Tabelle, Erbschaftsteuerwert **B** 163 (44)
Betrieb der Land- und Forstwirtschaft, Erbschaftsteuerwert **B** 160 (2)
Pachtpreis, Tabelle, Erbschaftsteuerwert **B** 163 (44)
Reingewinn, Erbschaftsteuerwert **B** 163 (7)
Reingewinn der Land- und Forstwirtschaft, Erbschaftsteuerwert **B** 163 (25)
Reingewinn, Tabelle, Erbschaftsteuerwert **B** 163 (44)
übrige land- und forstwirtschaftliche Nutzung, Erbschaftsteuerwert **B** 160 (39), 175 (1)
Tabellen mit Vervielfältigern bei der Bewertung von wiederkehrenden Nutzungen und Leistungen **B** 12 (62 ff.)

Tageskliniken, Gebäudestandardbeschreibung, Immobilienwertermittlungsverordnung **Anh I** 7 (100)
Kostenkennwerte der Normalherstellungskosten, Immobilienwertermittlungsverordnung **Anh I** 7 (74)
Tankstellen, Betriebsvorrichtungen **Anh I** 1 (39)
Überdachung, Betriebsvorrichtung **Anh I** 1 (48)
Tarifbegrenzung beim Erwerb von begünstigtem Vermögen **E** 19a (1 ff.), (6 ff.)
bei früheren Erwerben, Erbschaft- und Schenkungsteuer **E** 14 (21 ff.)
rückwirkender Wegfall **E** 19a (8)
Tarifbegünstigtes Vermögen, Entlastungsbetrag für Unternehmensvermögen bei der Erbschaft- und Schenkungsteuer **E** 19a (7)
Tatsächliche Verhältnisse, Änderung der t. V. um den Hauptfestellungszeitpunkt, Grundsteuerbewertung **B** 227 (10 ff.)
Tausch eines Grundstücks, Bemessungsgrundlage bei der Grunderwerbsteuer **GE** 9 (2)
Tauschvertrag i. Z. m. Grundstücken, Erwerbsvorgang **GE** 1 (17)
Teeanbau, Gemüsebau, landwirtschaftliche Grundbesitzbewertung **B** 160 (31)
Teichwirtschaft, sonstige land- und forstwirtschaftliche Nutzung, Erbschaftsteuerwert **B** 160 (40 ff.)
sonstige land- und forstwirtschaftliche Nutzung, Grundsteuerbewertung **B** 237 (60 ff.)
–, Umfang **B** 242 (2)
sonstige land- und forstwirtschaftliche Nutzung, Land- und Forstwirtschaft **B** 175 (2)
Teileigentum, Abgrenzung der Grundstücksart, Grundsteuerbewertung **B** 249 (38 ff.)
Bewertung des Grundvermögens, Verkehrswertbewertung **B** 181 (14 ff.)
Bewertung im Vergleichswertverfahren, Verkehrswertbewertung **B** 182 (2)
Brutto-Grundfläche, Verkehrswertbewertung **B** 190 (25)
Grundstücksart, Begriff **B** 181 (1), (5)
Grundstücksart, Erbschaftsteuerwert 2023 **Anh III** (8)
Grundstücksart, Grundsteuerbewertung **B** 249 (6)
Kapitalisierungszinssatz, Verkehrswertbewertung von Erbbaurechten **B** 193 (4)
Regelherstellungskosten, Verkehrswertbewertung im Sachwertverfahren **B** 190 (46)
Sachwertverfahren, Grundsteuerbewertung **B** 250 (3)
Tiefgaragenstellplätze bei T., Verkehrswertbewertung im Sachwertverfahren **B** 190 (9)
Umfang des Grundstücks, Grundsteuerbewertung **B** 244 (3)
Umfang des Grundvermögens, Grundsteuerbewertung **B** 243 (1)
Umfang des Grundvermögens, Verkehrswertbewertung **B** 176 (1)
Wertzahlen, Verkehrswertbewertung im Sachwertverfahren **B** 191 (9)
Teilerbbaurecht, Ermittlung des Grundstückswerts im Sachwertverfahren, Grundsteuerbewertung **B** 261
Umfang des Grundstücks, Grundsteuerbewertung **B** 244 (3)
Umfang des Grundvermögens, Grundsteuerbewertung **B** 243 (1)
Umfang des Grundvermögens, Verkehrswertbewertung **B** 176 (1)
Teilflächen, selbständig nutzbare, Ermittlung des Grundstückswerts bei mehreren T., Grundsteuerbewertung **B** 257 (11 ff.)
Teilschuldverschreibungen, Inlandsvermögen **B** 121 (7)
Teilungsanordnung, Erbschaftsteuer **E** 3 (12 ff.)
eines gemeinschaftlichen Testaments, Erwerb von Todes wegen **E** 3 (11)
Teilwert, Begriff **B** 10
Teilwertabschreibungen, Hinzurechnung zum Gewinn, vereinfachtes Ertragswertverfahren **B** 202 (1), (6)
i. Z. m. der Korrektur des Betriebsergebnisses, Betriebsvermögensbewertung **B** 109 (13)
i. Z. m. der Korrektur des Betriebsergebnisses bei der Bewertung des Substanzwerts von Anteilen an Kapitalgesellschaften **B** 11 (40)
Telefonkurse zur Bewertung von Aktien und Anteilen **B** 11 (7), (11)
Tennishallen, Abgrenzung Grundvermögen/Betriebsvorrichtungen **Anh I** 3 (3)
Ausstattungsstandard, Verkehrswertbewertung im Sachwertverfahren **B** 190 (47)
Gesamtnutzungsdauer, Verkehrswertbewertung **B** 185 (31)
Regelherstellungskosten, Verkehrswertbewertung im Sachwertverfahren **B** 190 (46)
Tennisplätze, Abgrenzung Grundvermögen/Betriebsvorrichtungen **Anh I** 3 (3)
Terrassen, Gebäudebestandteile **B** 176 (9)
Grundvermögen, Grundsteuerbewertung **B** 243 (8)
Testamentsvollstrecker, Abgabe einer Erbschaftsteuererklärung **E** 31 (5), (11)
Bekanntgabe einer Einspruchsentscheidung **E** 32 (3)
Bekanntgabe eines Erbschaftsteuerbescheids **E** 32 (1)
Vergütung für T., Erbschaftsteuer **E** 3 (1 FN), (23)
Teststrecken, Betriebsvorrichtungen **Anh I** 1 (38)
Theater, Kostenkennwerte der Normalherstellungskosten, Immobilienwertermittlungsverordnung **Anh I** 7 (81)
Theatergebäude, Ausstattungsstandard, Verkehrswertbewertung im Sachwertverfahren **B** 190 (47)
Regelherstellungskosten, Verkehrswertbewertung im Sachwertverfahren **B** 190 (46)
Tiefgaragen, Gesamtnutzungsdauer, Verkehrswertbewertung **B** 185 (31)
Grundvermögen **Anh I** 1 (5)
Regelherstellungskosten, Verkehrswertbewertung im Sachwertverfahren **B** 190 (46)
Tiefgaragenstellplätze, Umfang der wirtschaftlichen Einheit Wohnungseigentum, Grundsteuerbewertung **B** 249 (33)
Wohn- und Teileigentum, Verkehrswertbewertung im Sachwertverfahren **B** 190 (9), (25)
Tierarten, landwirtschaftliche Nutzung, Erbschaftsteuerwert **B** 160 (21)
Tierbestände, land- und forstwirtschaftliches Vermögen, Erbschaftsteuerwert **B** 158 (4)
land- und forstwirtschaftliches Vermögen, Grundsteuerbewertung **B** 232 (4)
landwirtschaftliche Nutzung, Erbschaftsteuerwert **B** 169 (1 ff.)
Umfang der landwirtschaftlichen Nutzung, Ermittlung bei der Grundsteuerbewertung **B** 241 (8 ff.)
Umfang der landwirtschaftlichen Nutzung, Grundsteuerbewertung **B** 241 (1 ff.)
Tierbestandszweige, Umfang der landwirtschaftlichen Nutzung, Grundsteuerbewertung **B** 241 (16)

Tierhaltung, gemeinschaftliche T., Betrieb der Land- und Forstwirtschaft, Erbschaftsteuerwert **B** 160 (9a)
gemeinschaftliche T., Bewertung des Mindestwerts der Land- und Forstwirtschaft, Erbschaftsteuerwert **B** 164 (22)
landwirtschaftliche Nutzung, Erbschaftsteuerwert **B** 160 (20)
landwirtschaftliche Nutzung, Grundsteuerbewertung **B** 241 (1 ff.)
Todeserklärung, Anzeigepflicht durch Gerichte und Notare **E** 34 (3)
Topographien, Inlandsvermögen **B** 121 (5)
Totenbeiliste, Erbschaftsteuer, Ermittlungsverfahren in den Finanzämtern **Anh II** 3
Totenliste, Anzeigepflicht, Erbschaftsteuer **E** 34 (6 ff.)
Muster eines Anzeigeformblatts **Anh II** 2 (3)
Traglufthallen, Betriebsvorrichtung **Anh I** 1 (19)
Transformatorenhäuser, Abgrenzung zum Gebäude **Anh I** 1 (22)
Treppen, Bestandteil eines Gebäudes **B** 176 (8)
Treppenläufer, Zubehör eines Gebäudes **B** 176 (10)
Tresoranlagen, Betriebsvorrichtungen **Anh I** 1 (34)
Treuhänderisch gehaltene Vermögensgegenstände, Bewertung bei Übertragung **B** 9 (4 FN)
Treuhandgeschäft, Grunderwerbsteuer, Rechtsprechung **GE** 1 (252)
Grundstückserwerb, Grunderwerbsteuer **GE** 1 (28 ff.), (180 ff.)
Treuhandverhältnis, Änderung des Gesellschafterbestandes, Grundstücksübergang und Grunderwerbsteuer **GE** 1 (79)
bei Anteilen an Kapitalgesellschaften, Erbschaftsteuerbegünstigung für Unternehmensvermögen **E** 13b (53a)
bei Anteilen an Kapitalgesellschaften, gesonderte Feststellung des Werts **B** 151 (47)
i. Z. m. Anteilseignerwechsel einer grundbesitzenden Kapitalgesellschaft, Grunderwerbsteuer **GE** 1 (133)
bei vermögensverwaltender Gemeinschaft, gesonderte Feststellung des Werts **B** 151 (53)
Treuhandverträge, Übertragung von Ansprüchen aus Treuhandverträgen **E** 7 (75)
Trust, Überführung von Vermögensgegenständen, Voraussetzungen für Schenkungsteuer **E** 3 (46)
Trustvermögen, Rückfluss von T. an den Errichter, Schenkungsteuer **E** 7 (77)
Türen, Bestandteil eines Gebäudes **B** 176 (8)
Turnhallen, Abgrenzung Grundvermögen/Betriebsvorrichtungen **Anh I** 3 (8)
Gesamtnutzungsdauer, Verkehrswertbewertung **B** 185 (31)
Typische stille Beteiligung, Bewertung **B** 12 (19 f.)
Inlandsvermögen bei der Erbschaft- und Schenkungsteuer **E** 2 (19)

U

Überbaurechte als Bestandteile des Grundvermögens **B** 176 (9)
–, Grundsteuerbewertung **B** 243 (8)
Überbestand an umlaufenden Betriebsmitteln, Erbschaftsteuerwert **B** 158 (40)
Überdachungen, Grundvermögen **Anh I** 1 (6)
Überdotierung bei Pensions- und Unterstützungskassen, partielle Körperschaftsteuerpflicht **E** 13 (78)
Übereignung, Erwerbsvorgang bei der Grunderwerbsteuer **GE** 1 (2)
Übereignungsanspruch, Abtretung als Gegenleistung bei der Grunderwerbsteuer **GE** 9 (6)
Überentnahmen bei der Erbschaftsteuervergünstigung für Unternehmensvermögen **E** 13a (101 ff.), (109 f.)
Übergangsregelung, Änderung des Gesellschafterbestandes, Grundstücke und Grunderwerbsteuer **GE** 1 (115 ff.)
Überhöhte Gewinnbeteiligung, Schenkung **E** 7 (70 f.)
Überlassung eines Nießbrauchsrechts an einer Personengesellschaft, Betriebsvermögenszurechnung **B** 97 (17 ff.)
Überlast, Abzug von außergewöhnlichen Unterhaltskosten nach dem Denkmalschutzgesetz **E** 10 (33 ff.)
Übermäßiges Verwaltungsvermögen, Ermittlung für die Erbschaftsteuerbegünstigung für Unternehmensvermögen **E** 13b (62 f.)
Übernahme der Schenkungsteuer, schenkungsteuerpflichtiger Erwerb **E** 10 (2)
Übertragung eines Nachlassanteils, zu dem ein Grundstück gehört, Grunderwerbsteuer **GE** 3 (26)
von treuhänderisch gehaltenen Vermögensgegenständen, Schenkungsteuer **E** 7 (75)
Übliche Miete, Verkehrswertbewertung von Grundstücken nach dem Ertragswertverfahren **B** 186 (2), (9 ff.)
Übrige Erwerber, Freibetrag bei der Erbschaft- und Schenkungsteuer **E** 16 (7)
Steuerklasse bei der Erbschaft- und Schenkungsteuer **E** 15 (3)
Übrige land- und forstwirtschaftliche Nutzung, Bewertung, Land- und Forstwirtschaft **B** 175 (1 f.)
Definition, Erbschaftsteuerwert **B** 160 (38 ff.)
Definition, Grundsteuerbewertung **B** 237 (51 ff.)
Reinertrag der Land- und Forstwirtschaft, Grundsteuerbewertung **B** 237 (6)
Übrige Nutzungen, Land- und Forstwirtschaft, Grundsteuerbewertung **B** 234 (1), (11)
Übriges Vermögen, Abgrenzung vom land- und forstwirtschaftlichen Vermögen **B** 158 (38 ff.)
Uferbefestigungen, Abgrenzung Außenanlagen/Betriebsvorrichtung **Anh I** 1 (44)
Uferstreifen, Nutzungsart Hofstelle der landwirtschaftlichen Grundsteuerbewertung **B** 237 (105)
Umlagen, Verkehrswertbewertung von Grundstücken nach dem Ertragswertverfahren **B** 186 (1), 187 (1 ff.)
Umlaufende Betriebsmittel, forstwirtschaftliche Nutzung, Erbschaftsteuerwert **B** 171 (1)
landwirtschaftliche Betriebe, Erbschaftsteuerwert **B** 170 (1)
weinbauliche Nutzung, Erbschaftsteuerwert **B** 173 (1 f.)
Umlaufvermögen, Bewertung des Substanzwerts bei Anteilen an Kapitalgesellschaften **B** 11 (35)
Umlegungsverfahren, kein Erwerbsvorgang bei der Grunderwerbsteuer **GE** 1 (3)
Grunderwerbsteuer **GE** 1 (38 ff.)
–, Rechtsprechung **GE** 1 (251)
Umrechnung auf Euro-Beträge **B** 30; **E** 10 (16)
Umrechnungskoeffizienten, Bewertung des Grundvermögens, Verkehrswertbewertung **B** 179 (6), (13 f.)

Bodenwertermittlung für Ein- und Zweifamilienhäuser, Grundsteuerbewertung **B** 251 (6)
Immobilienwertermittlungsverordnung **Anh I** 7 (12), (19)
Umrechnungskurs, Anrechnung ausländischer Nachlasssteuer **E** 21 (8)
Bewertung von Kapitalforderungen und Schulden in fremder Währung **B** 12 (11), (21)
Umrechnungsschlüssel, Bewertung der Tierbestände für die landwirtschaftliche Nutzung **B** 169 (1 ff.)
Ermächtigung zum Erlass einer Rechtsverordnung, Grundsteuerbewertung **B** 263 (1)
Umfang der landwirtschaftlichen Nutzung, Grundsteuerbewertung **B** 241 (5), (15)
Umsatzsteuer, keine Berücksichtigung bei der Verkehrswertbewertung **B** 190 (6)
Betriebsschulden, Betriebsvermögensbewertung **B** 103 (14)
Gegenleistung bei der Grunderwerbsteuer **GE** 9 (48)
Verkehrswertbewertung von Grundstücken nach dem Ertragswertverfahren **B** 186 (3)
Umstrukturierungen im Konzern, Grunderwerbsteuerbefreiung **GE** 6a (1 ff.)
auf nachgeordneten Beteiligungsebenen, Inanspruchnahme der Unternehmensvermögensbegünstigung **E** 13a (69)
vereinfachtes Ertragswertverfahren, Verkehrswert von Unternehmensvermögen **B** 201 (3)
Umwandlungen, Änderung des Gesellschafterbestandes, Grundstücksübergang und Grunderwerbsteuer **GE** 1 (80 ff.)
Behaltensregelungen bei der Steuerbegünstigung für Unternehmensvermögen **E** 13a (117)
Bemessungsgrundlage, Grunderwerbsteuer **GE** 8 (3)
einer grundstückserwerbenden Gesamthand, Grunderwerbsteuer **GE** 5 (20 ff.)
Grundstücksübertragung, Grunderwerbsteuer **GE** 1 (56 ff.)
Grundstücksübertragung im Konzern, Grunderwerbsteuerbefreiung **GE** 6a (6 f.)
Lohnsumme bei U., Inanspruchnahme der Unternehmensvermögensbegünstigung **E** 13a (65 ff.)
vereinfachtes Ertragswertverfahren, Verkehrswert von Unternehmensvermögen **B** 201 (3)
Umzäunungen, Gebäudebestandteile **B** 176 (9)
Grundvermögen, Grundsteuerbewertung **B** 243 (8)
Unbebaute Grundstücke, Begriff, Grundsteuerbewertung **B** 246 (1)
Begriff, Verkehrswertbewertung **B** 178 (1)
Bewertung, Grundsteuerbewertung **B** 247
Bewertung, Verkehrswertbewertung **B** 179 (1)
Steuermesszahl, Grundsteuer **G** 15 (1)
Unbedenklichkeitsbescheinigung, Grundbucheintrag, Grunderwerbsteuer **GE** 22 (1 f.), (6 ff.)
Rechtsprechung, Grunderwerbsteuer **GE** 22 (15)
Richtlinien für die Erteilung der U., Grunderwerbsteuer **GE** 22 (13)
zur Vermeidung der Bankenhaftung bei der Erbschaft- und Schenkungsteuer **E** 20 (9)
Unbenannte Zuwendungen, Behandlung bei der Schenkungsteuer **E** 7 (27 f.)
Uneinbringliche Kapitalforderungen, Bewertung **B** 12 (2), (8)
Unentgeltliche Zuwendung durch Steuerschuldner, Erbschaftsteuerhaftung **E** 20 (5)
Unentgeltlichkeit, Voraussetzung für eine Schenkung **E** 7 (22)
Ungewöhnliche Verhältnisse, Bewertung mit dem gemeinen Wert **B** 9 (6 ff.)
Ungleiche Rechte, Bewertung von Anteilen an Kapitalgesellschaften **B** 11 (24)
Unland, Betrieb der Land- und Forstwirtschaft, Erbschaftsteuerwert **B** 160 (2), (6)
Betrieb der Land- und Forstwirtschaft, Grundsteuerbewertung **B** 234 (1), (5), (11)
Grundsteuerbewertung **B** 237 (99 f.)
Reinertrag der Land- und Forstwirtschaft, Grundsteuerbewertung **B** 237 (7)
Reingewinn, Erbschaftsteuerwert **B** 163 (10)
Unmittelbarkeit, Begriff, Abgabenordnung (Auszug) **G** 3 (73)
Unterbeteiligung am Betriebsvermögen, gesonderte Feststellung des Betriebsvermögenswerts **B** 151 (47)
Unterhalt, angemessene Zuwendungen, Schenkungsteuerbefreiung **E** 13 (19)
Unterhaltsanspruch nach § 1969 BGB, Erbschaftsteuerbefreiung **E** 13 (7)
Unterhaltsgewährung, Erbschaftsteuerbefreiung **E** 13 (11)
Unterhaltskosten, außergewöhnliche U. nach dem Denkmalschutzgesetz **E** 10 (33 ff.)
Unterhaltsleistungen, Freibetrag bei der Erbschaft- und Schenkungsteuer **E** 13 (67 f.)
Unterhaltszuwendungen, Behandlung bei der Schenkungsteuer **E** 7 (28)
Unterkapitalisierung, Bewertung von Anteilen an Kapitalgesellschaften **B** 11 (17)
Untermietzuschläge, Verkehrswertbewertung von Grundstücken nach dem Ertragswertverfahren **B** 186 (3)
Unternehmen in Liquidation, Bewertung mit dem Liquidationswert **B** 11 (36)
Unternehmensvermögen, Abgrenzung des Verwaltungsvermögens bei der Erbschaftsteuerbegünstigung für Unternehmensvermögen **E** 13b (6 ff.)
begünstigtes, Stundungsanspruch im Erbfall **E** 28 (1)
Entlastungsbetrag für U. bei der Erbschaft- und Schenkungsteuer **E** 19a (1 ff.)
Erbschaftsteuervergünstigung, gleitender Abzugsbetrag **E** 13a (27 ff.)
Erbschaftsteuervergünstigung, Schwellenwert **E** 13a (23 ff.)
freiberuflich Tätige, vereinfachtes Ertragswertverfahren **B** 202 (7 f.)
Nichtbilanzierende, vereinfachtes Ertragswertverfahren **B** 202 (7 f.)
Steuerbegünstigung, Abgrenzung des Verwaltungsvermögens **E** 13b (69 ff.)
Steuerbegünstigung, junges Verwaltungsvermögen **E** 13b (133)
Steuervergünstigung **E** 13a (1 ff.), (20 ff.)
–, gleitender Abzugsbetrag **E** 13a (2)
–, Nachversteuerung **E** 13a (124 ff.)
–, Optionsverschonung **E** 13a (146 ff.)
–, für jede wirtschaftliche Einheit **E** 13a (161 ff.)
–, Weitergabeverpflichtung **E** 13a (5), (81 f.)
Stundung der Erbschaftsteuer, soweit die Steuer auf begünstigtes Vermögen entfällt **E** 28 (1), (9)
Verkehrswertbewertung **B** 199 ff.
Verschonungsbedarfsprüfung beim Erwerb von U. **E** 28a (1 ff.), (10 ff.)
Verstoß gegen die Lohnsummenregelung i. Z. m. der COVID-19-Pandemie, Billigkeitsmaßnahmen **E** 13a (76a)
vollständige Steuerbefreiung bei der Erbschaft- und Schenkungsteuer **E** 13a (14)
Unternehmensvermögensbegünstigung, Gegenleistung i. S. d. UmwStG, Erbschaftsteuer **E** 13a (93)

Unternehmensverschonung, Austritt Großbritanniens und Nordirlands aus der Europäischen Union, Folgerungen für Steuerbefreiungen bei der Erbschaft- und Schenkungsteuer **E** 13 (47)
Unternehmerlohn, Kürzung vom Gewinn, vereinfachtes Ertragswertverfahren **B** 202 (6)
Unterricht, Grundsteuerbefreiung **G** 4 (5), (34 ff.)
Unterstützungskassen, keine Anzeigepflicht, Erbschaftsteuer **E** 33 (14 FN)
erbschaftsteuerfreie Zuwendungen **E** 13 (20)
Zuwendungen, Erbschaft- und Schenkungsteuer **E** 13 (77 f.)
Unverzinsliche Darlehen, Bewertung des Nutzungsvorteils, Erbschaft- und Schenkungsteuer **E** 12 (21)
Unverzinsliche Forderungen, Gegenwartswert **B** 12 (22 ff.)
Urheberrechte, Bewertung, nicht zu einem Betriebsvermögen gehörende U. **B** 9 (13)
Bewertung des Substanzwerts bei Anteilen an Kapitalgesellschaften **B** 11 (33)
Inlandsvermögen bei der Erbschaft- und Schenkungsteuer **E** 2 (18), (23)
Urkundenaushändigung an die Beteiligten, Grunderwerbsteuer **GE** 21
Urkundspersonen, Anzeigepflicht in Erbfällen **E** 34 (1 ff.)
USA, Doppelbesteuerungsabkommen, Erbschaftsteuer **E** 2 (13)

V

Vegetationsmatten, Blumen- und Zierpflanzenbau, Erbschaftsteuerwert **B** 160 (32)
Veranstaltungsgebäude, Gebäudestandardbeschreibung, Immobilienwertermittlungsverordnung **Anh I** 7 (99)
Kostenkennwerte der Normalherstellungskosten, Immobilienwertermittlungsverordnung **Anh I** 7 (71)
Veräußerer, Inanspruchnahme als Gesamtschuldner bei der Grunderwerbsteuer **GE** 13 (14)
Veräußerung eines eingebrachten Grundstücks i. Z. m. Gesamthandsvermögen **GE** 5 (19)
der Land- und Forstwirtschaft, Steuerbegünstigung für Unternehmensvermögen **E** 13a (97)
Veräußerungsgewinne, einmalige V., vereinfachtes Ertragswertverfahren **B** 202 (1)
i. Z. m. der Korrektur des Betriebsergebnisses bei der Betriebsvermögensbewertung **B** 109 (13)
i. Z. m. der Korrektur des Betriebsergebnisses bei der Bewertung des Substanzwerts von Anteilen an Kapitalgesellschaften **B** 11 (40)
Kürzung vom Gewinn, vereinfachtes Ertragswertverfahren **B** 202 (6)
Veräußerungsverluste, Hinzurechnung zum Gewinn, vereinfachtes Ertragswertverfahren **B** 202 (1), (6)
i. Z. m. der Korrektur des Betriebsergebnisses bei der Betriebsvermögensbewertung **B** 109 (13)
i. Z. m. der Korrektur des Betriebsergebnisses bei der Bewertung des Substanzwerts von Anteilen an Kapitalgesellschaften **B** 11 (40)
Verbindlichkeiten bei der Bewertung des Mindestwerts der Land- und Forstwirtschaft, Erbschaftsteuerwert **B** 164 (6)
aus schwebenden Geschäften, Betriebsvermögensbewertung **B** 103 (13)
Umfang des Betriebsvermögens bei Nichtbilanzierenden und freiberuflich Tätigen **B** 95 f. (7)
Umfang des land- und forstwirtschaftlichen Vermögens, Erbschaftsteuerwert **B** 158 (5)
Umfang des land- und forstwirtschaftlichen Vermögens, Grundsteuerbewertung **B** 232 (4)
ungewisse V., Abzug bei der Betriebsvermögensbewertung **B** 103 (11)
Verbrauchermärkte, Ausstattungsstandard, Verkehrswertbewertung im Sachwertverfahren **B** 190 (47)
Gebäudestandardbeschreibung, Immobilienwertermittlungsverordnung **Anh I** 7 (102)
Kostenkennwerte der Normalherstellungskosten, Immobilienwertermittlungsverordnung **Anh I** 7 (77)
Regelherstellungskosten, Verkehrswertbewertung im Sachwertverfahren **B** 190 (46)
Verbundene Unternehmen, Steuervergünstigung für Unternehmensvermögen, Verbundvermögensaufstellung **E** 13b (15), (167 ff.)
Verbundvermögensaufstellung, Steuervergünstigung für Unternehmensvermögen bei verbundenen Unternehmen **E** 13b (15), (167 ff.)
Verdeckte Einlagen i. Z. m. der Korrektur des Betriebsergebnisses bei der Bewertung des Substanzwerts von Anteilen an Kapitalgesellschaften **B** 11 (40)
Veredelung, Art der landwirtschaftlichen Nutzung **B** 160 (17)
Vereine, Abgabe der Steuererklärung **E** 31 (1)
Anzeigepflicht der Vermögensübertragung **E** 30 (5)
Erbschaftsteuerermäßigung bei Auflösung **E** 26
Ermäßigung der Grundsteuermesszahl für Grundbesitz im Eigentum von V. **G** 15 (4), (15 ff.)
nicht rechtsfähige V., Umfang des Betriebsvermögens **B** 97 (8)
Vereinfachtes Ertragswertverfahren, Anteilsbewertungsmethode **B** 11 (12 ff.)
Anwendung, Verkehrswert von Unternehmensvermögen **B** 199 (1 ff.)
Immobilienwertermittlungsverordnung **Anh I** 7 (29)
Überblick, Verkehrswert von Unternehmensvermögen **B** 200 (5)
Verkehrswertbewertung von Unternehmensvermögen **B** 199 ff.
Vereinigung von Recht und Verbindlichkeit bei der Erbschaftsteuer **E** 10 (3)
Vereinshäuser, Ausstattungsstandard, Verkehrswertbewertung im Sachwertverfahren **B** 190 (47)
Gesamtnutzungsdauer, Verkehrswertbewertung **B** 185 (31)
Verfahren bei Grundsteuererlass **G** 35 (1 ff.), (6 ff.)
Verfahrensablauf der Verkehrswertbewertung im Sachwertverfahren **B** 189 (7)
Verfahrensvorschriften bei Feststellungen für Zwecke der Erbschaftsteuer **B** 153 (5)
Verfassungsmäßigkeit des Grunderwerbsteuersatzes **GE** 11 (10)
der Grundsteuerbefreiung für eine Religionsgesellschaft **G** 3 (49 FN)
Verfügbares Vermögen i. Z. m. der erbschaftsteuerlichen Verschonungsbedarfsprüfung **E** 28a (2)
i. Z. m. der Verschonungsbedarfsprüfung **E** 28a (16 ff.)
Verfügungsbefugnis über Trust, Voraussetzungen für Schenkungsteuer **E** 3 (46)
Verfügungsbeschränkung, Aufhebung der V., Wegfall der Erbschaftsteuervergünstigung **E** 13a (10), (120 ff.)
Bewertung von Aktien und Anteilen **B** 11 (14 ff.)
ohne Einfluss auf den gemeinen Wert **B** 9 (3), (9)

Wertabschlag für Familiengesellschaften, Erbschaftsteuerbegünstigung für Unternehmensvermögen **E** 13a (13), (135 ff.)
Vergleichsfaktoren, Immobilienwertermittlungsverordnung **Anh I** 7 (12), (20), (26)
Verkehrswertbewertung im Vergleichswertverfahren **B** 183 (2), (7 ff.)
Vergleichsgrundstück, Verkehrswertbewertung im Ertragswertverfahren **B** 186 (19)
Verkehrswertbewertung im Vergleichswertverfahren **B** 183 (1)
Vergleichsmiete, Verkehrswertbewertung im Ertragswertverfahren **B** 186 (12)
Vergleichspreise, Immobilienwertermittlungsverordnung **Anh I** 7 (25)
Verkehrswertbewertung im Vergleichswertverfahren **B** 183 (1), (4)
Vergleichspreisverfahren, Verkehrswertbewertung **B** 183 (5)
Vergleichswertverfahren für das Erbbaugrundstück, Immobilienwertermittlungsverordnung **Anh I** 7 (51)
für das Erbbaurecht, Immobilienwertermittlungsverordnung **Anh I** 7 (49)
Grundstücksbewertung, Erbschaftsteuerwert 2023 **Anh III** (11 ff.)
Immobilienwertermittlungsverordnung **Anh I** 7 (7), (24 ff.)
Verkehrswertbewertung **B** 182 (6)
– für bebaute Grundstücke **B** 182 (2)
– von Erbbaugrundstücken **B** 194 (10 ff.)
– von Erbbaurechten **B** 193 (6 f.)
– im Vergleichswertverfahren **B** 183 (1)
Vergütungen, Verkehrswertbewertung von Grundstücken nach dem Ertragswertverfahren **B** 186 (3)
Verkaufsräume, Betrieb der Land- und Forstwirtschaft, Erbschaftsteuerwert **B** 160 (13)
Verkehrsflughäfen, Grundsteuerbefreiung **G** 4 (3), (24 ff.)
Verkehrslandeplätze, Grundsteuerbefreiung **G** 4 (24 ff.)
Verkehrsunternehmen, Abgrenzung der Betriebsvorrichtungen von Betriebsgrundstücken, Grundsteuerbewertung **B** 243 (15 ff.)
wirtschaftliche Einheit, Grundsteuerbewertung **B** 244 (12 ff.)
Verkehrswert, Bewertung des Grundvermögens **B** 177 (2 ff.)
Erbbaurecht **B** 192
erbbaurechtsbelastetes Grundstück **B** 192
Ermittlung bei Grundstücken, Immobilienwertermittlungsverordnung **Anh I** 7 (1 ff.), (6)
Ermittlung bei Grundstücken ab 2023, Erbschaftsteuer **Anh III** (1 ff.)
Grundstückswertermittlung, Baugesetzbuch **Anh I** 6 (27)
Immobilienwertermittlungsverordnung **Anh I** 7 (6)
Nachweis des V., Grundsteuer **B** 220 (2), (5 ff.)
Unternehmensvermögen bei freiberuflich Tätigen **B** 202 (7 f.)
Unternehmensvermögen bei Nichtbilanzierenden **B** 202 (7 f.)
Verkehrswertbewertung, Grundstücksarten **B** 181 (1)
– des Grundvermögens **Anh III** (8)
Verkehrswertgutachten Nachweis des gemeinen Werts, Grundsteuer **B** 220 (12 ff.)
Verkehrswertnachweis, Betriebswohnungen **B** 167 (4), (17 ff.)
Bewertung des Wirtschaftsteils, Land- und Forstwirtschaft **B** 165 (1 ff.)
Grundstücksbewertung, Verkehrswertbewertung **B** 198 (1 ff.)
i. Z. m. dem Liquidationswert, Erbschaftsteuerwert **B** 165 (10)
Wohnteil **B** 167 (4), (17 ff.)
Verladeeinrichtungen, Betriebsvorrichtungen **Anh I** 1 (42)
Verlobte, Steuerklasse bei der Erbschaft- und Schenkungsteuer **E** 15 (9)
Verlust, Korrektur bei der Ermittlung des Substanzwerts, Betriebsvermögensbewertung **B** 109 (13)
Vermächtnis, Abzug bei der Erbschaftsteuer **E** 10 (6)
Entstehen der Steuerschuld, Erbschaft- und Schenkungsteuer **E** 9
Erbschaftsteuer **E** 3 (1)
Feststellungsverfahren bei der Grundbesitzbewertung **B** 151 (30 ff.)
formunwirksames V., Erwerb **E** 3 (23)
zugunsten einer Kapitalgesellschaft **E** 3 (1 FN)
Zuwendung eines Grundstücks, Grundbesitzbewertung **B** 151 (14)
Vermächtnisnehmer, Bewertung nichtnotierter Anteile an Kapitalgesellschaften **B** 11 (48)
Fall des § 2269 BGB, Umfang des begünstigten Vermögen **E** 15 (14)
Vermietete Grundstücke zu Wohnzwecken, Verschonungsabschlag **E** 13d (1 ff.)
Vermögen einer Familienstiftung, Erbschaftsteuerpflicht **E** 1 (4)
mehrfacher Erwerb und Erbschaftsteuer **E** 27 (1 ff.), (4), (7 f.)
Vermögensänderungen i. Z. m. der Korrektur des Betriebsergebnisses bei der Betriebsvermögensbewertung **B** 109 (13)
i. Z. m. der Korrektur des Betriebsergebnisses bei der Bewertung des Substanzwerts von Anteilen an Kapitalgesellschaften **B** 11 (40)
Vermögensarten B 18
bei der Grundsteuerbewertung **B** 218 (1 f.)
Vermögensaufstellung, Ableitung des Substanzwerts bei der Bewertung von Anteilen an Kapitalgesellschaften **B** 11 (39)
Verpflichtung zur Abgabe einer V. **B** 11 (41), 109 (14)
Vermögensbildung, Gemeinnützigkeit, Abgabenordnung (Auszug) **G** 3 (81)
Vermögensbindung, satzungsmäßige Festlegung, Abgabenordnung (Auszug) **G** 3 (80)
steuerlich ausreichende V., Abgabenordnung (Auszug) **G** 3 (80)
Vermögenserwerb, mehrfacher V., Erbschaftsteuer **E** 27 (1 ff.), (4), (7 f.)
Vermögensfragen, Gesetz zur Regelung offener V. **E** 10 (18 ff.)
Vermögensgegenstände, örtliche Zuständigkeit für die Feststellung **B** 152 (4)
einer Personenmehrheit, Wert der V. **B** 151 (4), (10)
Rückfall, Erbschaftsteuer **E** 1 (7), 13 (17)
treuhänderisch gehaltene V., Übertragung **E** 7 (75)
Vermögensgesetz, Ansprüche, kein Inlandsvermögen **E** 2 (23)
Vermögenslosigkeit des Schuldners, Bewertung von Kapitalforderungen **B** 12 (11)
Vermögensmasse, ausländische *s. Ausländische Vermögensmasse*
Steuerschuldner, Schenkungsteuer **E** 20 (1)
Vermögensmehrung, Begriff bei der Erbschaftsteuer **E** 3 (1 FN)
Vermögensrückfluss von Trustvermögen an den Errichter, Schenkungsteuer **E** 7 (77)

Vermögensübertragung, Anzeigepflicht der V. für Familienstiftungen und Vereine **E** 30 (5)
und Grundstücksübertragungen, Grunderwerbsteuer **GE** 1 (61)
auf eine nichtrechtsfähige Stiftung, Erlöschen der Erbschaft- und Schenkungsteuer **E** 29 (12 ff.)
Vermögensverwahrer, Anzeigepflicht, Erbschaft- und Schenkungsteuer **E** 33 (1 ff.), (31 f.)
Vermögensverwaltende Gesellschaft, Abgrenzung des Verwaltungsvermögens, Erbschaftsteuerbegünstigung für Unternehmensvermögen **E** 13b (62 f.)
Zuwendung eines Anteils an einer v. G., Grundbesitzbewertung **B** 151 (51 f.)
Vermögensverwaltende Personengesellschaft, Übertragung eines Anteils an einer v. P. **E** 10 (28 f.)
Vermögensverwalter, Anzeigepflicht, Erbschaft- und Schenkungsteuer **E** 33 (1 ff.), (31 f.)
Vermögenszusammenrechnung, Erbschaft- und Schenkungsteuer **E** 14 (1)
Verpächterwohnung, Land- und Forstwirtschaft, Erbschaftsteuerwert **B** 160 (68)
Verpachtete Grundstücke, Land- und Forstwirtschaft, Abgrenzung des Verwaltungsvermögens **E** 13b (88 f.)
Verpachtung, eiserne V. in der Land- und Forstwirtschaft, Erbschaftsteuerwert **B** 162 (18 f.)
Verpfändung eines Wirtschaftsguts, kein Schuldenabzug bei der Betriebsvermögensbewertung **B** 103 (10)
Verpflegungseinrichtungen, Gebäudestandardbeschreibung, Immobilienwertermittlungsverordnung **Anh I** 7 (100)
Kostenkennwerte der Normalherstellungskosten, Immobilienwertermittlungsverordnung **Anh I** 7 (75)
Verpflichtung zur Abgabe einer Feststellungserklärung **B** 109 (14)
zur Abgabe einer Vermögensaufstellung **B** 109 (14)
einer Kapitalgesellschaft zur Abgabe einer Feststellungserklärung **B** 11 (41)
einer Kapitalgesellschaft zur Abgabe einer Vermögensaufstellung **B** 11 (41)
Verrentung der Steuerschuld bei der Erbschaft- und Schenkungsteuer **E** 24 (1 f.)
Verschmelzungen, Grundstücksübertragung, Grunderwerbsteuer **GE** 1 (57)
von Kapitalgesellschaften, Zuwendung bei V., Schenkungsteuer **E** 7 (49)
Verschonungsabschlag, Erbschaftsteuerbegünstigung **E** 13a (1)
bei früheren Erwerben i. Z. m. Großerwerben, Erbschaftsteuerbegünstigung für Unternehmensvermögen **E** 13c (14)
bei Großerwerben, Erbschaftsteuerbegünstigung für Unternehmensvermögen **E** 13c (1 ff.), (5 ff.)
bei Weitergabeverpflichtung des Grundstücks, Erbschaftsteuerbegünstigung **E** 13d (12)
für zu Wohnzwecken vermietete Grundstücke bei der Erbschaftsteuer **E** 13d (1 ff.)
Verschonungsbedarfsprüfung bei Großerwerben von Unternehmensvermögen **E** 28a (1 ff.), (10 ff.)
Versicherungen, Erwerb aus V., Erbschaft- und Schenkungsteuer **E** 3 (38 ff.)
Versicherungsansprüche, Ansatz bei der Erbschaftsteuer **E** 3 (1 FN)
Versicherungsunternehmen, Anzeigepflicht, Erbschaft- und Schenkungsteuer **E** 33 (1 ff.), (18)
Anzeigepflicht bei Termfix-Versicherungen **E** 33 (33)
Anzeigepflicht bei Übertragung von Direktversicherungen **E** 33 (28)
Haftung für Erbschaftsteuer **E** 20 (6)
Muster einer Anzeige zur Erbschaftsteuer **Anh II** 2 (2)
Versicherungsvereine a. G., Umfang des Betriebsvermögens **B** 97 (3)
Versorgungsanlagen, Gebäudebestandteile **B** 176 (9)
Versorgungsansprüche kraft Gesetzes, kein steuerpflichtiger Erwerb **E** 3 (32)
Versorgungsfreibetrag, besonderer V. bei der Erbschaftsteuer **E** 17 (1 ff.)
Ermittlung des besonderen V. für den überlebenden Ehegatten und Kinder **E** 17 (8 ff.)
Versorgungswerke, berufsständische V., Anzeigepflicht **E** 33 (17)
Verstärkungen, Umfang des Grundvermögens, Grundsteuerbewertung **B** 243 (3)
Umfang des Grundvermögens, Verkehrswertbewertung **B** 176 (2)
Versteuerung, Aussetzung der V. bei der Erbschaft- und Schenkungsteuer **Anh II** 1 (1 ff.)
Verstoß gegen die Lohnsummenregelung, Inanspruchnahme der Unternehmensvermögensbegünstigung **E** 13a (75 f.)
Verstrebungen, Grundvermögen **B** 176 (12)
–, Grundsteuerbewertung **B** 243 (3)
–, Verkehrswertbewertung **B** 176 (2)
Verträge, einheitliche V., Gegenleistung bei der Grunderwerbsteuer **GE** 9 (65 ff.)
gegenseitige, Bewertung der Ansprüche **B** 9 (12)
städtebauliche V., Baugesetzbuch **Anh I** 6 (6)
Vertragsbeitritt i. Z. m. Grundstückserwerb, Grunderwerbsteuer **GE** 16 (16 ff.)
Vertragserbe, Verlangen eines V., Erwerb von Todes wegen **E** 3 (11)
Vertragsübernahme i. Z. m. Grundstückserwerb, Grunderwerbsteuer **GE** 16 (16 ff.)
Vertrag zu Gunsten Dritter i. Z. m. Bankguthaben und -depots, Erbschaft- und Schenkungsteuer **E** 3 (42)
Erbschaft- und Schenkungsteuer **E** 3 (4)
Vertriebenenzuwendungsgesetz, Ansprüche aus dem V., Erbschaftsteuerbefreiung **E** 13 (13)
Vervielfältiger, Bewertung lebenslänglicher Nutzung und Leistungen **B** 14 (5)
Bewertung von Erbbaurechten, Verkehrswertbewertung **B** 185 (30)
Bewertung von Forderungen sowie Nutzungen und Leistungen **B** 12 (62 ff.)
Bewertung von wiederkehrenden Nutzungen und Leistungen **B** 12 (53 ff.)
Ermittlung des Grundstückswerts im Ertragswertverfahren, Tabelle nach Restnutzungsdauer, Grundsteuerbewertung **B** 253 (20)
Grundlage für Ermittlung des Grundstückswerts im Ertragswertverfahren, Grundsteuerbewertung **B** 253 (2)
Verkehrswertbewertung von Grundstücken im Ertragswertverfahren **B** 185 (10)
Verwaltung der Grundsteuer **G** 1 f. (7)
Verwaltungsgebäude, Ausstattungsstandard, Verkehrswertbewertung im Sachwertverfahren **B** 190 (47)
Gesamtnutzungsdauer, Verkehrswertbewertung **B** 185 (31)
Verwaltungskosten, Immobilienwertermittlungsverordnung **Anh I** 7 (32)
Modellansätze, Immobilienwertermittlungsverordnung **Anh I** 7 (63 ff.)

Tabelle zur pauschalierten Berücksichtigung der Bewirtschaftungskosten zur Ermittlung des Grundstückswerts im Ertragswertverfahren, Grundsteuerbewertung **B** 255 (5)
Verkehrswertbewertung von Grundstücken nach dem Ertragswertverfahren **B** 187 (1 ff.)
–, Erbschaftsteuerwert 2023 **Anh III** (34)
Verwaltungsvermögen, Abgrenzung bei Anteilen an Kapitalgesellschaften **E** 13b (90 ff.)
Abgrenzung bei Beteiligungen und Personengesellschaften **E** 13b (113)
Abgrenzung bei der Betriebsaufspaltung **E** 13b (74 ff.)
Abgrenzung bei der Betriebsverpachtung im Ganzen **E** 13b (78 ff.)
Abgrenzung bei Forderungen **E** 13b (98 ff.)
Abgrenzung bei Grundstücken **E** 13b (74 ff.)
Abgrenzung bei Grundstücksüberlassungen im Konzern **E** 13b (81)
Abgrenzung bei Kunstgegenständen **E** 13b (96 f.)
Abgrenzung bei Sonderbetriebsvermögen **E** 13b (72)
–, Betriebsaufspaltung **E** 13b (74 ff.)
Abgrenzung bei verpachteten Grundstücken der Land- und Forstwirtschaft **E** 13b (88 f.)
Abgrenzung bei Wertpapieren **E** 13b (98 ff.)
Abgrenzung bei Wohnungsunternehmen **E** 13b (82 ff.)
Anteil des V., Steuerbegünstigung für Unternehmensvermögen **E** 13b (133)
Aufteilung des V. bei Personengesellschaften, Erbschaftsteuerbegünstigung für Unternehmensvermögen **E** 13b (72a)
Begrenzung für die Optionsverschonung **E** 13a (151)
besondere Qualifizierung bei der Erbschaftsteuerbegünstigung für Unternehmensvermögen **E** 13b (10)
Beteiligung an vermögensverwaltenden Gesellschaft, Erbschaftsteuerbegünstigung für Unternehmensvermögen **E** 13b (62 f.)
bei der Erbschaftsteuerbegünstigung für Unternehmensvermögen **E** 13b (69 ff.)
zur Erfüllung von Altersvorsorgeverpflichtungen, Erbschaftsteuervergünstigung für Unternehmensvermögen **E** 13b (5)
Investitionsklausel für Verwaltungsvermögen bei der Erbschaftsteuerbegünstigung für Unternehmensvermögen **E** 13b (11)
junges V., Definition **E** 13b (133)
junges V., Erbschaftsteuerbegünstigung für Unternehmensvermögen **E** 13b (13)
Mitteilung der Betriebsfinanzämter bei gesonderter Feststellung **B** 151 (58)
Nettowert des V., Erbschaftsteuerbegünstigung für Unternehmensvermögen **E** 13b (13 f.), (129 f.)
Steuervergünstigung für Unternehmensvermögen **E** 13b (8)
übermäßiges V., Ermittlung für die Erbschaftsteuerbegünstigung für Unternehmensvermögen **E** 13b (62 f.)
in Umwandlungsfällen, Erbschaftsteuerbegünstigung für Unternehmensvermögen **E** 13b (134 ff.)
unschädliches V., Erbschaftsteuerbegünstigung für Unternehmensvermögen **E** 13b (131 f.)
Verwaltungsvermögensquote, Erbschaftsteuerbegünstigung für Unternehmensvermögen **E** 13b (63a ff.)
Verwaltungsvermögensquote, Abgrenzung des Verwaltungsvermögens, Erbschaftsteuerbegünstigung für Unternehmensvermögen **E** 13b (63a ff.)
Verwertung, organische Abfälle, Land- und Forstwirtschaft, Erbschaftsteuerwert 2009 **B** 158 (23)
Verwertungsformen der weinbaulichen Nutzung in der Land- und Forstwirtschaft, Erbschaftsteuerwert **B** 163 (21)
Verzeichnis, zuständige Finanzämter für die Erbschaftsteuer **Anh II** 5
zuständige Finanzämter für die Feststellungen zur Erbschaft- und Schenkungsteuer **Anh II** 6
Verzicht auf dingliches Wohnungsrecht, Schenkungsteuer **E** 7 (1 FN)
auf GmbH-Mehrheitsstimmrecht, Schenkungsteuer **E** 7 (1 FN)
auf ein Nießbrauchsrecht an einer Personengesellschaft, Betriebsvermögenszurechnung **B** 97 (20)
auf den Pflichtteilsanspruch, Erwerb von Todes wegen **E** 3 (8)
auf Renten- oder Nutzungsrechte, Zusammenrechnung bei der Erbschaft- und Schenkungsteuer **E** 14 (10)
auf vorbehaltenes Nießbrauchsrecht, Schenkungsteuer **E** 7 (25)
vorzeitiger V. auf Nießbrauchsrecht **E** 7 (1 FN)
Verzinsungsbetrag, Verkehrswertbewertung von Erbbaurechten **B** 193 (4)
Vieheinheiten, landwirtschaftliche Nutzung, Land- und Forstwirtschaft, Erbschaftsteuerwert **B** 169 (1 ff.), (6)
Umfang der landwirtschaftlichen Nutzung, Grundsteuerbewertung **B** 241 (1 ff.)
Vieh-Verbund, Art der landwirtschaftlichen Nutzung **B** 160 (17)
Viehzuschlag, landwirtschaftliche Nutzung, Grundsteuerbewertung **B** 237 (18)
Volkswohlfahrt und Volksbildung *s. Öffentliches Interesse*
Vollgeschoss, Baunutzungsverordnung (Auszug) **B** 179 (20)
Vollständige Steuerbefreiung für Unternehmensvermögen bei der Erbschaftsteuer **E** 13a (14)
Vollstreckungserwerbe, keine Grundsteuerhaftung **G** 11 (2)
Vollziehung, Aussetzung der V., Abgabenordnung (Auszug) **G** 1 f. (34)
Aussetzung der V., Unbedenklichkeitsbescheinigung, Grunderwerbsteuer **GE** 22 (7)
Vorabgewinnanteile bei der Aufteilung des Betriebsvermögens **B** 97 (6), (23)
Vorausvermächtnis, Abgrenzung zur Teilungsanordnung, Erwerb von Todes wegen **E** 3 (12 FN)
keine Erbschaftsteuerbegünstigung für Wohngrundstücke **E** 13d (12)
Erwerb bei Teilungsanordnung **E** 3 (18 f.)
Vorauszahlungen, Grundsteuer **G** 29 f.
Vorbehaltensfrist bei Grundstücksübertragungen im Konzern, Grunderwerbsteuerbefreiung **GE** 6a (17)
Vordrucke, Zusammenstellung der V. für Grundsteuererklärungen, Grundsteuerbewertung **B** 228
Vordruckmuster für Anzeigen bezüglich Erbschaft- und Schenkungsteuer **Anh II** 2 (1 ff.)
Voreltern, Steuerklasse bei der Erbschaft- und Schenkungsteuer **E** 15 (2)
Vorerbe, gemeinnützige Stiftung, keine Erbschaftsteuerbefreiung **E** 13 (82)
Vorerbschaft, Erbschaftsteuer **E** 6 (1)
Steuerfestsetzung nach dem Tod des Vorerben **E** 6 (6)
Steuerschuldner **E** 20 (4)
Verfassungsmäßigkeit der Besteuerung **E** 6 (1 FN)
Vorerwerbe, Berücksichtigung bei der Erbschaft- und Schenkungsteuer **E** 14 (1 f.)

fiktive Abzugsteuer bei der Berücksichtigung von Vorerwerben **E** 14 (13)
Mindeststeuer bei der Erbschaft- und Schenkungsteuer **E** 14 (26f.)
Vorfälligkeitsentschädigung, keine Nachlassverbindlichkeit bei vorzeitiger Darlehensablösung, Erbschaftsteuer **E** 10 (7 FN)
Vorläufiger Sachwert, Ermittlung des Grundstückswerts im S., Grundsteuerbewertung **B** 258 (1ff.)
Vorleistungspflicht, Kapitalnutzungsvorteil als Teil der Bemessungsgrundlage **GE** 9 (50)
Vorrichtungen, keine Grunderwerbsteuerpflicht **GE** 2 (2)
kein Grundvermögen, Grundsteuerbewertung **B** 243 (2)
kein Grundvermögen, Verkehrswertbewertung **B** 176 (2), (6)
Vorwegabschlag für Familiengesellschaften, Erbschaftsteuerbegünstigung für Unternehmensvermögen **E** 13a (135ff.)
bei Familienunternehmen, Bewertung von Anteilen mit dem gemeinen Wert **B** 9 (9)
Vorzugsaktien, Bewertung **B** 11 (8)
stimmrechtslose V. und Poolregelung, Erbschaftsteuerbegünstigung für Unternehmensvermögen **E** 13b (53)

W

Wahlrecht bei Erbschaftsteuer von wiederkehrenden Leistungen **E** 23 (1ff.)
Wahlvermächtnis, Erwerb bei der Erbschaftsteuer **E** 3 (23)
Währungsausgleichsgesetz, Ansprüche aus dem W., Erbschaftsteuerbefreiung **E** 13 (13)
Wanderschäferei, sonstige land- und forstwirtschaftliche Nutzung, Erbschaftsteuerwert **B** 160 (40), (46f.), 175 (2)
sonstige land- und forstwirtschaftliche Nutzung, Grundsteuerbewertung **B** 237 (70ff.)
Umfang der sonstigen landwirtschaftlichen Nutzung, Grundsteuerbewertung **B** 242 (2)
Wandverstärkungen, Abgrenzung Gebäude/Betriebsvorrichtung **Anh I** 1 (54)
Warenhäuser, Ausstattungsstandard, Verkehrswertbewertung im Sachwertverfahren **B** 190 (47)
Gebäudestandardbeschreibung, Immobilienwertermittlungsverordnung **Anh I** 7 (102)
Gesamtnutzungsdauer, Verkehrswertbewertung **B** 185 (31)
Kostenkennwerte der Normalherstellungskosten, Immobilienwertermittlungsverordnung **Anh I** 7 (77)
Regelherstellungskosten, Verkehrswertbewertung im Sachwertverfahren **B** 190 (46)
Warmwasseranlagen, Grundvermögen **B** 176 (8)
Zurechnung zum Gebäude **Anh I** 1 (30)
Warmwasserversorgung, Gebäudebestandteil, Grundsteuerbewertung **B** 243 (7a)
Wäsche, Erbschaftsteuerbefreiung **E** 13 (1)
Waschmaschinen als Zubehör eines Gebäudes **B** 176 (10)
Wasserflächen, Immobilienwertermittlungsverordnung **Anh I** 7 (45)
Zuordnung zu Nutzungen der Land- und Forstwirtschaft, Erbschaftsteuerwert **B** 163 (13)
Wasserstraßen, Grundsteuerbefreiung **G** 4 (3)
Wasserverbände, Grundsteuerbefreiung **G** 4 (4), (32f.)
Wege, öffentliche W., Grundsteuerbefreiung **G** 4 (3)
Wegebefestigungen, Außenanlagen **Anh I** 1 (39)
Gebäudebestandteile **B** 176 (9)
Grundvermögen, Grundsteuerbewertung **B** 243 (8)
Verkehrswertbewertung im Sachwertverfahren **B** 190 (18f.)
Wegerechte als Bestandteile des Grundvermögens **B** 176 (9)
Wegfall einer Grundsteuerbefreiung, Nachfeststellung, Grundsteuerbewertung **B** 223 (7)
rückwirkender W. der Tarifbegrenzung bzw. des Entlastungsbetrags **E** 19a (8)
einer wirtschaftlichen Einheit, Aufhebung des Grundsteuerwerts **B** 224 (1f.)
Weidevieh, landwirtschaftliche Nutzung, Erbschaftsteuerwert **B** 160 (21)
Weihnachtsbaumkulturen, sonstige land- und forstwirtschaftliche Nutzung, Erbschaftsteuerwert **B** 160 (40), (52f.), 175 (2)
sonstige land- und forstwirtschaftliche Nutzung, Grundsteuerbewertung **B** 237 (88f.), 242 (2)
Weinbauliche Nutzung, Besatzkapitalwert, Tabelle, Erbschaftsteuerwert **B** 163 (42)
Betrieb der Land- und Forstwirtschaft, Erbschaftsteuerwert **B** 160 (2)
Bewertung, Erbschaftsteuerwert **B** 173 (1f.)
Bewertungsfaktoren, Grundsteuerbewertung **B** 237 (25ff.)
Definition, Erbschaftsteuerwert **B** 160 (25f.)
Land- und Forstwirtschaft, Grundsteuerbewertung **B** 234 (1), (11)
Mindestwert, Erbschaftsteuerwert **B** 164 (11)
Pachtpreis, Tabelle, Erbschaftsteuerwert **B** 163 (42)
Reinertrag der Land- und Forstwirtschaft, Grundsteuerbewertung **B** 237 (4)
Reingewinn, Erbschaftsteuerwert **B** 163 (5)
Reingewinn, Tabelle, Erbschaftsteuerwert **B** 163 (42)
Reingewinn der w. N. in der Land- und Forstwirtschaft, Erbschaftsteuerwert **B** 163 (21)
Wirtschaftswert, Erbschaftsteuerwert **B** 163 (22)
Zuschlag zum Reinertrag der Land- und Forstwirtschaft, Grundsteuerbewertung **B** 238 (1), (7)
Weitergabeverpflichtung, keine Erbschaftsteuerbegünstigung für Wohngrundstücke **E** 13d (12)
bei einem Familienheim, keine Erbschaftsteuerbefreiung **E** 13 (60)
des Grundstücks **E** 13d (12)
Steuervergünstigung für Unternehmensvermögen **E** 13a (5), (81f.)
keine Tarifbegrenzung für begünstigtes Vermögen **E** 19a (8)
Weiterübertragungsverpflichtung eines Anteils an einer Personengesellschaft, Erbschaftsteuer **E** 10 (85ff.)
Werkstätten, Gebäudestandardbeschreibung, Immobilienwertermittlungsverordnung **Anh I** 7 (104)
Kostenkennwerte der Normalherstellungskosten, Immobilienwertermittlungsverordnung **Anh I** 7 (79)
Werkstattgebäude, Ausstattungsstandard, Verkehrswertbewertung im Sachwertverfahren **B** 190 (47)
Gesamtnutzungsdauer, Verkehrswertbewertung **B** 185 (31)
Regelherstellungskosten, Verkehrswertbewertung im Sachwertverfahren **B** 190 (46)
Wertabweichungen beim Grundbesitz, Fortschreibung, Grundsteuerbewertung **B** 222 (1)
Wertermittlung, erbschaftsteuerliche Bereicherung **E** 10 (1ff.)

Erwerb bei der Erbschaft- und Schenkungsteuer **E** 11
Grundstücke, Baugesetzbuch **Anh I** 6 (27 ff.)
mehrere Beteiligte **B** 3
Wertermittlungsstichtag, Immobilienwertermittlungsverordnung **Anh I** 7 (2)
Wertermittlungsverfahren, Immobilienwertermittlungsverordnung **Anh I** 7 (6)
Wertfortschreibung des Grundsteuerwerts, Grundsteuerbewertung **B** 222 (1), (8)
s. a. Fortschreibung
Wertpapierdepot, Anzeigepflicht von Banken **E** 33 (30)
Wertpapiere, Abgrenzung des Verwaltungsvermögens **E** 13b (98 ff.)
– bei der Erbschaftsteuerbegünstigung für Unternehmensvermögen **E** 13b (9)
ausländische W., Bewertung **B** 11 (7)
Bewertung **B** 11 (1 ff.)
– bei der Erbschaft- und Schenkungsteuer **E** 12 (5)
– mit dem gemeinen Wert **B** 11 (6)
– mit dem Kurswert **B** 11 (5)
keine Erbschaftsteuerbefreiung **E** 13 (3)
im Freiverkehr, Bewertung **B** 11 (10)
Paketzuschlag **B** 11 (3)
Umfang des land- und forstwirtschaftlichen Vermögens **B** 158 (4)
–, Grundsteuerbewertung **B** 232 (4)
Wertsicherungsklausel, Ermittlung des Kapitalwerts **B** 13–16 (5)
Wertspannen, Verkehrswertbewertung von Grundstücken im Sachwertverfahren **B** 191 (5)
Wertsteigerungen einer Kapitalgesellschaft, Schenkungsteuer **E** 7 (17)
infolge Kaufkraftschwund beim Zugewinnausgleich **Anh II** 4
Wertverhältnisse vom Bewertungsstichtag, Grundbesitzbewertung **B** 157 (1)
bei Fortschreibungen und Nachfeststellungen, Grundsteuerbewertung **B** 227 (1 ff.)
Immobilienwertermittlungsverordnung **Anh I** 7 (2), (7)
Wertzahlen, Anpassung an den gemeinen Wert, Verkehrswertbewertung im Sachwertverfahren **B** 191 (8 f.)
Ermittlung des Grundstückswerts im Sachwertverfahren, Erbschaftsteuerwert 2023 **Anh III** (62 ff.)
Ermittlung des Grundstückswerts im Sachwertverfahren, Grundsteuerbewertung **B** 260 (1 ff.)
Grundstücksbewertung nach dem Sachwertverfahren **B** 189 (3)
Verkehrswertbewertung von Grundstücken im Sachwertverfahren **B** 189 (3), 191 (1 ff.), (7)
Widerrufsklausel, Grundstücksschenkung mit W. **E** 9 (22)
Wiederkehrende Nutzungen und Leistungen, Bewertung **B** 12 (47 ff.)
– von Ansprüchen und Lasten im personellen Verfahren **B** 12 (47 ff.)
Kapitalwert **B** 12 (47 ff.), 13 (1 ff.)
Windenergieanlagen, Umfang der wirtschaftlichen Einheit **B** 2 (1 FN)
Umfang des land- und forstwirtschaftlichen Vermögens, Grundsteuerbewertung **B** 233 (1), (5 f.)
Verkehrswertbewertung von Grundstücken **B** 179 (16a)
Zuschlag zum Reinertrag der Land- und Forstwirtschaft, Grundsteuerbewertung **B** 238 (2), (8)
Wirtschaftliche Beteiligung bei Gesellschaften, Erwerbsvorgang **GE** 1 (14)
Wirtschaftliche Einheit des Betriebsgrundstücks **B** 157 (2 f.)
Grundstück des Grundvermögens, Grundsteuerbewertung **B** 244 (1)
des Grundvermögens **B** 157 (3)
–, Grundsteuerbewertung **B** 244 (5 ff.)
des land- und forstwirtschaftlichen Vermögens, Erbschaftsteuerwert **B** 157 (2), 158 (2)
des land- und forstwirtschaftlichen Vermögens, Grundsteuerbewertung **B** 232 (2), (9), (17 ff.)
Nachfeststellung bei Neugründung oder Wegfall eines Befreiungsgrundes, Grundsteuerbewertung **B** 223 (1 f.)
selbstständige Bewertung **B** 2 (1)
Wirtschaftsgebäude, Betrieb der Land- und Forstwirtschaft, Erbschaftsteuerwert **B** 160 (13)
Betrieb der Land- und Forstwirtschaft, Grundsteuerbewertung **B** 234 (6)
Umfang des land- und forstwirtschaftlichen Vermögens, Erbschaftsteuerwert **B** 158 (3)
Umfang des land- und forstwirtschaftlichen Vermögens, Grundsteuerbewertung **B** 232 (3), (11 f.)
Wirtschaftsgebäudeflächen, Betrieb der Land- und Forstwirtschaft, Erbschaftsteuerwert **B** 160 (12)
Reingewinn in der Land- und Forstwirtschaft, Erbschaftsteuerwert **B** 163 (31)
Zuordnung zu Nutzungen der Land- und Forstwirtschaft **B** 163 (13)
Wirtschaftsgenossenschaft, Umfang des Betriebsvermögens **B** 97 (2)
Wirtschaftsgüter, im Ausland befindliche W. **B** 31 (1 f.)
bedingt erworbene W., Bewertung **B** 4
des Betriebsvermögens, Bewertung **B** 109 (1)
des Betriebsvermögens von Personengesellschaften **B** 97 (10 f.)
des beweglichen Anlagevermögens, Bewertung des Substanzwerts von Anteilen an Kapitalgesellschaften **B** 11 (34)
Bewertung des Substanzwerts bei Anteilen an Kapitalgesellschaften **B** 11 (32)
Bewertung mit dem gemeinen Wert bei der Betriebsvermögensbewertung **B** 109 (1)
mehrere W. als wirtschaftliche Einheit **B** 2 (2)
eines Mitunternehmers, Betriebsvermögen der Gesellschaft **B** 97 (10 f.)
eines Mitunternehmers, Zurechnung **B** 97 (10 f.)
nicht zum Betriebsvermögen gehörende W., Ausnahme von der Bestandsidentität **B** 95 f. (6)
des Umlaufvermögens, Bewertung des Substanzwerts von Anteilen an Kapitalgesellschaften **B** 11 (35)
vorweg zuzurechnende W. bei der Aufteilung des Betriebsvermögens **B** 97 (6)
Wirtschaftsteil, Betrieb der Land- und Forstwirtschaft, Erbschaftsteuerwert **B** 160 (10 ff.)
Bewertung der Land- und Forstwirtschaft, Erbschaftsteuerwert **B** 162 (1)
Bewertung mit dem Fortführungswert, Erbschaftsteuerwert **B** 165 (1 ff.)
Bewertung mit dem Liquidationswert, Erbschaftsteuerwert **B** 166 (1 ff.)
Land- und Forstwirtschaft, Erbschaftsteuerwert **B** 160 (1)
Land- und Forstwirtschaft, Mindestwert, Erbschaftsteuerwert **B** 164 (1 ff.)
Wirtschaftswege, Nutzungsart Hofstelle der landwirtschaftlichen Grundsteuerbewertung **B** 237 (105)
Zuordnung zu Nutzungen der Land- und Forstwirtschaft **B** 163 (13)
Wirtschaftswert, Ermittlung bei der Land- und Forstwirtschaft, Erbschaftsteuerwert **B** 163 (1)

der forstwirtschaftlichen Nutzung, Erbschaftsteuerwert **B** 163 (20)
der gärtnerischen Nutzung, Erbschaftsteuerwert **B** 163 (24)
der landwirtschaftlichen Nutzung, Erbschaftsteuerwert **B** 163 (18)
Rundung, Erbschaftsteuerwert **B** 163 (15)
der Sondernutzungen, Erbschaftsteuerwert **B** 163 (26)
der weinbaulichen Nutzung **B** 163 (22)
Wissenschaft, Grundsteuerbefreiung **G** 4 (5), (34 ff.)
Wochenendwohnungen keine Steuerbefreiung bei der Erbschaftsteuer **E** 13 (51)
Wohlfahrtspflege, Einrichtungen, Abgabenordnung (Auszug) **G** 3 (85)
Wohneigentum, Bewertung des Grundvermögens, Verkehrswertbewertung **B** 181 (14 ff.)
Stundung der Erbschaftsteuer bei Selbstnutzung **E** 28 (10 ff.)
Tiefgaragenstellplätze bei W., Verkehrswertbewertung im Sachwertverfahren **B** 190 (9)
Wohnfläche, Definition einer Wohnung, Grundsteuerbewertung **B** 249 (10)
Definition einer Wohnung, Verkehrswertbewertung **B** 181 (9)
Ermittlung, Verkehrswertbewertung **B** 181 (35 f.)
Wohnflächenverordnung (Auszug) **B** 181 (20 ff.)
Zweite Berechnungsverordnung (Auszug) **B** 181 (32)
Wohnflächenverordnung, Verordnungstext (Auszug) **B** 181 (20 ff.)
Wohngebäude, Modernisierung von W., Restnutzungsdauer, Immobilienwertermittlungsverordnung **Anh I** 7 (61 f.)
Umfang des land- und forstwirtschaftlichen Vermögens, Erbschaftsteuerwert **B** 158 (3)
Umfang des land- und forstwirtschaftlichen Vermögens, Grundsteuerbewertung **B** 232 (4)
Wohngrundstücke im Ausland, Verschonungsabschlag für vermietete Wohngrundstücke, bei der Erbschaft- und Schenkungsteuer **E** 13d (3)
Erbschaftsteuerbegünstigung **E** 13d (5 ff.)
Erbschaftsteuervergünstigung **E** 13d (1 ff.)
Ermäßigung der Grundsteuermesszahl **G** 15 (10 f.)
Stundung der Erbschaftsteuer bei Erwerb von W. **E** 28 (3), (10 ff.)
Wohnhäuser mit Mischnutzung, Gebäudestandardbeschreibung, Immobilienwertermittlungsverordnung **Anh I** 7 (97)
Kostenkennwerte der Normalherstellungskosten, Immobilienwertermittlungsverordnung **Anh I** 7 (69)
Wohnheime, Ausstattungsstandard, Verkehrswertbewertung im Sachwertverfahren **B** 190 (47)
Gebäudestandardbeschreibung, Immobilienwertermittlungsverordnung **Anh I** 7 (100)
Kostenkennwerte der Normalherstellungskosten, Immobilienwertermittlungsverordnung **Anh I** 7 (73)
Regelherstellungskosten, Verkehrswertbewertung im Sachwertverfahren **B** 190 (46)
Wohnräume, Nutzung für steuerbegünstigte Zwecke, Grundsteuerbefreiung **G** 5 (3), (16 ff.)
Wohnraumförderungsgesetz, Ermäßigung der Grundsteuermesszahl bei Förderung nach dem W. **G** 15 (2)
Wohnrecht, Verzicht auf dingliches W., Schenkungsteuer **E** 7 (1 FN)
Wohnteil, Betrieb der Land- und Forstwirtschaft, Erbschaftsteuerwert **B** 160 (1), (9), (62 ff.)
Bewertung, Land- und Forstwirtschaft **B** 167 (1 ff.)
Wohnungen, Begriff, Grundsteuerbewertung **B** 249 (10), (45)
Begriff, Verkehrswertbewertung **B** 181 (9)
Haushaltsauflösung der W. des Erblassers, Erbschaftsteuer **E** 10 (62b)
Wohnungsbaudarlehen, öffentliche W., Bewertung **B** 12 (22)
Wohnungsbaugesellschaften, Ermäßigung der Grundsteuermesszahl für Grundbesitz im Eigentum von W. **G** 15 (4), (15 ff.)
Wohnungsbaugesetz, Ermäßigung der Grundsteuermesszahl bei Förderung nach dem W. **G** 15 (3)
Wohnungseigentum, Abgrenzung der Grundstücksart, Grundsteuerbewertung **B** 249 (30 ff.)
Anwendung der Vergleichsfaktoren bei der Verkehrswertbewertung **B** 183 (8)
Aufhebung von Sondereigentum, Grunderwerbsteuer **GE** 7 (8)
Ausstattungsstandard, Verkehrswertbewertung im Sachwertverfahren **B** 190 (47)
Bewertung im Vergleichswertverfahren, Verkehrswertbewertung **B** 182 (2)
Brutto-Grundfläche, Verkehrswertbewertung **B** 190 (25)
Ertragswertverfahren, Grundsteuerbewertung **B** 250 (2)
Gesamtnutzungsdauer, Verkehrswertbewertung **B** 185 (31)
gesetzlicher Liegenschaftszinssatz zur Ermittlung des Grundstückswerts im Ertragswertverfahren, Grundsteuerbewertung **B** 256 (1 ff.)
Grundstücksart, Begriff **B** 181 (1), (4)
Grundstücksart, Erbschaftsteuerwert 2023 **Anh III** (8)
Grundstücksart, Grundsteuerbewertung **B** 249 (5)
Kapitalisierungszinssatz Verkehrswertbewertung von Erbbaurechten **B** 193 (4)
Nettokaltmieten-Tabelle zur Ermittlung des Grundstückswerts im Ertragswertverfahren, Grundsteuerbewertung **B** 254 (10)
Regelherstellungskosten, Verkehrswertbewertung im Sachwertverfahren **B** 190 (46)
Umfang des Grundstücks, Grundsteuerbewertung **B** 244 (3)
Umfang des Grundvermögens, Grundsteuerbewertung **B** 243 (1)
Umfang des Grundvermögens, Verkehrswertbewertung **B** 176 (1)
Wertzahlen, Verkehrswertbewertung im Sachwertverfahren **B** 191 (8)
Wohnungserbbaurecht, Ermittlung des Grundstückswerts im Sachwertverfahren, Grundsteuerbewertung **B** 261
Umfang des Grundstücks, Grundsteuerbewertung **B** 244 (3)
Umfang des Grundvermögens, Grundsteuerbewertung **B** 243 (1)
Umfang des Grundvermögens, Verkehrswertbewertung **B** 176 (1)
Wohnungsunternehmen, Abgrenzung des Verwaltungsvermögens bei der Erbschaftsteuerbegünstigung für Unternehmensvermögen **E** 13b (82 ff.)
Wohnungsvermietungsgesellschaften, Erbringung von Zusatzleistungen, Erbschaftsteuerbegünstigung für Unternehmensvermögen **E** 13b (86)
Erbschaftsteuerbegünstigung für Unternehmensvermögen, Nichtanwendung der Rechtsprechung **E** 13b (87)

Wohnzwecke, Grundbesitz, Grundsteuerbefreiung **G** 5 (1 ff.), (6 f.)
vermietete Grundstücke **E** 13d (1 ff.)
Wuchsgebiete, forstwirtschaftliche Nutzung, Grundsteuerbewertung **B** 237 (24)

Y

Yachten, Abgrenzung des Verwaltungsvermögens bei der Erbschaftsteuerbegünstigung für Unternehmensvermögen **E** 13b (8)

Z

Zahlungsmittel, Abgrenzung des Verwaltungsvermögens bei der Erbschaftsteuerbegünstigung für Unternehmensvermögen **E** 13b (10)
keine Erbschaftsteuerbefreiung **E** 13 (3)
Umfang des land- und forstwirtschaftlichen Vermögens **B** 158 (4)
–, Grundsteuerbewertung **B** 232 (4)
Zahlungsverjährung, Unterbrechung beim Verstoß gegen die Voraussetzungen bei der Verschonungsbedarfsprüfung **E** 28a (6)
Zäune, Gebäudebestandteile **B** 176 (9)
Zeitpunkt, Ausführung einer Grundstücksschenkung, Steuerentstehung **E** 9 (16 ff.)
Zentralheizung, Gebäudebestandteil, Grundsteuerbewertung **B** 243 (7a)
Zerlegung, Ersatz durch Steuerausgleich **G** 24
Grundsteuer, Abgabenordnung (Auszug) **G** 24 (5 ff.)
des Grundsteuermessbetrags **G** 22 (1 ff.)
–, Zuständigkeit **G** 1 f. (9)
Zerlegungsänderung, Grundsteuer, Abgabenordnung (Auszug) **G** 24 (9)
Zerlegungsbescheid, Grundsteuer, Abgabenordnung (Auszug) **G** 24 (8)
Zero-Bonds, Bewertung **B** 12 (16 ff.)
Zickzacköfen, Betriebsvorrichtung **Anh I** 1 (56)
Zierpflanzenbau, Definition, Erbschaftsteuerwert **B** 160 (29 ff.)
gärtnerische Nutzung, Grundsteuerbewertung **B** 237 (38 ff.)
Land- und Forstwirtschaft, Grundsteuerbewertung **B** 234 (1)
Zinsen bis zum Todestag, Anzeigepflicht **E** 33 (10)
Zinssatz, gesetzlicher Z., Maßgeblichkeit bei der Forderungs- und Schuldenbewertung **B** 12 (48 FN)
Kapitalwert von Nutzungen und Leistungen **B** 15 (1)
Zivilschutzgebäude, Grundsteuerbewertung **B** 245
Verkehrswertbewertung **B** 197 (1 ff.)
Zivilschutzgesetz, Gesetzestext (Auszug) **B** 197 (6 ff.)
Zubehör, Grund und Boden als Grundvermögen **B** 176 (7 ff.)
eines Grundstücks, BGB-Auszug **B** 243 (27)
Grundvermögen, Grundsteuerbewertung **B** 243 (1), (8), (10)
Grundvermögen, Verkehrswertbewertung **B** 176 (1)
Zubehörräume, Bewertung des Grundvermögens, Verkehrswertbewertung **B** 181 (18)
Umfang der wirtschaftlichen Einheit Wohnungseigentum, Grundsteuerbewertung **B** 249 (33)
Zuchtvieh, Umfang der landwirtschaftlichen Nutzung, Grundsteuerbewertung **B** 241 (3)
Zugewinnausgleich, Ausgleichsforderung i. Z. m. steuerbefreitem Vermögen **E** 5 (25 ff.)
güterrechtlicher Z., keine Erbschaftsteuer **E** 5 (17 ff.)
i. Z. m. dem Versorgungsfreibetrag bei der Erbschaftsteuer **E** 17 (12)
vorzeitiger Z. bei fortbestehender Zugewinngemeinschaft **E** 5 (20)
Wertsteigerungen infolge Kaufkraftschwung, Indexierungstabelle **Anh II** 4
Zugewinnausgleichsforderung, Berechnung der fiktiven Z. **E** 5 (7)
Erbschaftsteuer **E** 3 (25)
Zugewinngemeinschaft, Erbschaftsteuer **E** 5 (1 f.), (6 ff.)
Güterstandswechsel, Schenkungsteuer **E** 7 (66)
vorzeitiger Zugewinnausgleich **E** 5 (20)
Zugvieh, Umfang der landwirtschaftlichen Nutzung, Grundsteuerbewertung **B** 241 (3)
Zukauf fremder Erzeugnisse, Land- und Forstwirtschaft **B** 158 (24 ff.)
Zurechnung von Ansprüchen nach dem Gesetz zur Regelung offener Vermögensfragen **E** 10 (18 ff.)
des Betriebsvermögens **B** 97 (5)
Feststellung von Grundsteuerwerten, Grundsteuerbewertung **B** 219 (2)
eines Gebäudes auf fremdem Grund, Grundsteuerbewertung **B** 262
von Sonderbetriebsvermögen bei Personengesellschaften **B** 97 (10)
von Wirtschaftsgütern bei Personengesellschaften **B** 97 (6), (10 f.)
Zurechnungsfortschreibung des Grundsteuerwerts, Grundsteuerbewertung **B** 222 (2), (9 ff.)
Zusammenfassende Erklärung zum Bebauungsplan, Baugesetzbuch **Anh I** 6 (5)
Zusammenrechnung, Erbschaft- und Schenkungsteuer **E** 14 (1 ff.)
eines Rentenerwerbs mit Vorerwerben, Ablösung der Jahressteuer **E** 23 (8)
Zusammenschlüsse, Grundstückserwerb bei kommunalen Z., Grunderwerbsteuerbefreiung **GE** 4 (4)
Grundstückserwerb bei Z. von Gewerksachaften, Grunderwerbsteuerbefreiung **GE** 4 (7)
Grundstückserwerb bei Z. von politischen Parteien, Grunderwerbsteuerbefreiung **GE** 4 (7)
Zuschlag auf den Basiszins beim vereinfachten Ertragswertverfahren **B** 203 (1)
Zuschlagsteuern, Hinzurechnung zum Gewinn, vereinfachtes Ertragswertverfahren **B** 202 (1), (6)
Zuschüsse aus öffentlichen Kassen, keine Schenkung **E** 7 (31)
Zuständigkeit, örtliche Z. bei Auslandsvermögen **B** 152 (5)
örtliche Z. bei der Erbschaft- und Schenkungsteuer **E** 35 (1 ff.); **Anh II** 5
örtliche Z. für die Feststellung **B** 152, (2), (4)
– zur Erbschaft- und Schenkungsteuer **Anh II** 6
örtliche Z. bei der Grunderwerbsteuer **GE** 17 (1 ff.)
örtliche Z. bei der Grundsteuer **G** 1 f. (10)
–, Abgabenordnung (Auszug) **G** 1 f. (27)
Zustiftung, Familiengesellschaft, Erbersatzsteuer **E** 7 (1 FN)
Familienstiftung, Ersatzerbschaftsteuer **E** 1 (14)
Familienstiftung, Steuerklasse **E** 15 (13)
Zuteilungsverfahren, Grundsteuer, Abgabenordnung (Auszug) **G** 24 (10)
Zuwendung eines Anteils an einer vermögensverwaltenden Grundstücksgesellschaft **B** 151 (51 f.)
an ausländische Körperschaften **E** 13 (25)
an ausländische Personenvereinigungen **E** 13 (25)
an ausländische Religionsgesellschaften **E** 13 (25)

an ausländische Vermögensmassen **E** 13 (25)
unter Ehegatten oder Lebenspartner, Schenkungsteuer **E** 7 (27 f.)
eines Familienheims, Erbschaftsteuerbefreiung **E** 13 (8), (50 ff.)
freigebige Z., Begriff **E** 7 (20 ff.)
an gemeinnützige, mildtätige und kirchliche Einrichtungen, Steuerbefreiung **E** 13 (83 f.)
an gemeinnützige, mildtätige und kirchliche Körperschaften, Schenkungsteuerbefreiung **E** 13 (79 ff.)
zu gemeinnützigen, mildtätigen und kirchlichen Zwecken, Schenkungsteuerbefreiung **E** 13 (86 ff.)
von einer Genossenschaft, Steuerklasse bei der Schenkungsteuer **E** 15 (16)
eines Grundstücks im Wege der Schenkung **B** 151 (14)
eines Grundstücks durch Vermächtnis **B** 151 (14)
an inländische Körperschaften **E** 13 (24)
an Kapitalgesellschaft, Schenkungsteuer **E** 7 (17)
von einer Kapitalgesellschaft, Steuerklasse bei der Schenkungsteuer **E** 15 (16)
an kommunale Wählervereinigungen, Steuerbefreiung **E** 13 (27)
unter Lebenden, Schenkungsteuer **E** 7 (1)
an Pensions- und Unterstützungskassen, Erbschaft- und Schenkungsteuer **E** 13 (77 f.)
an politische Parteien, Steuerbefreiung **E** 13 (27)
von Sponsoren und Mäzenen **E** 7 (24)
von Vermögen unter Lebenden aufgrund Stiftungsgeschäft, Schenkungsteuer **E** 7 (76)
von Vermögensgegenständen an Bund, Land, inländische Gemeinde oder Stiftung **E** 29 (4)
Zuwendungsempfängerregister, Gemeinnützigkeit, Abgabenordnung (Auszug) **G** 3 (79)
Zwangsversteigerung, Eigentumsübergang, Erwerbsvorgang **GE** 1 (3)
Gegenleistung, Grunderwerbsteuer **GE** 9 (101 ff.)
Meistgebot, Erwerbsvorgang **GE** 1 (4)
Zweckbetriebe, Begriff, Abgabenordnung (Auszug) **G** 3 (84)
einzelne Z., Abgabenordnung (Auszug) **G** 3 (88)
Zweckvermögen, Umfang des Betriebsvermögens **B** 97 (8)
Zweckzuwendung, Anzeigepflicht der Gerichte usw. **E** 34 (18 ff.)
Definition **E** 8
Entstehen der Steuerschuld, Erbschaft- und Schenkungsteuer **E** 9 (12)
Erwerb von Todes wegen **E** 3 (6)
zu gemeinnützigen, mildtätigen und kirchlichen Zwecken **E** 13 (86 ff.)
Steuerklasse bei der Erbschaft- und Schenkungsteuer **E** 15 (3)
steuerpflichtiger Vorgang bei der Schenkungsteuer **E** 1 (3)
Steuerschuldner, Schenkungsteuer **E** 20 (1)
Zweifamilienhäuser, Abgrenzung der Grundstücksart, Grundsteuerbewertung **B** 249 (26)
Ausstattungsstandard, Verkehrswertbewertung im Sachwertverfahren **B** 190 (47)
Bewertung im Vergleichswertverfahren, Verkehrswertbewertung **B** 182 (2)
Ertragswertverfahren, Grundsteuerbewertung **B** 250 (2)
Gebäudestandardbeschreibung, Immobilienwertermittlungsverordnung **Anh I** 7 (96)
Gesamtnutzungsdauer, Verkehrswertbewertung **B** 185 (31)
gesetzlicher Liegenschaftszinssatz zur Ermittlung des Grundstückswerts im Ertragswertverfahren, Grundsteuerbewertung **B** 256 (1 ff.)
Grundstücksart, Erbschaftsteuerwert 2023 **Anh III** (8)
Grundstücksart, Grundsteuerbewertung **B** 249 (3)
Grundstücksart, Verkehrswertbewertung **B** 181 (1 f.)
Kapitalisierungszinssatz Verkehrswertbewertung von Erbbaurechten **B** 193 (4)
Kostenkennwerte der Normalherstellungskosten, Immobilienwertermittlungsverordnung **Anh I** 7 (67)
Nettokaltmieten-Tabelle zur Ermittlung des Grundstückswerts im Ertragswertverfahren, Grundsteuerbewertung **B** 254 (10)
Regelherstellungskosten, Verkehrswertbewertung im Sachwertverfahren **B** 190 (46)
Stundung der Erbschaftsteuer bei Selbstnutzung **E** 28 (10 ff.)
Umrechnungskoeffizienten bei der Bodenwertermittlung, Grundsteuerbewertung **B** 251 (6)
Wertzahlen, Verkehrswertbewertung im Sachwertverfahren **B** 191 (8)
Zweite Berechnungsverordnung, Betriebskostenaufstellung, Anlage 3 zur Z. B., Verkehrswertbewertung von Grundstücken **B** 186 (45 ff.)
Verordnungstext (Auszug) **B** 181 (31 ff.)
Zweitwohnungen, keine Steuerbefreiung bei der Erbschaftsteuer **E** 13 (51)
Zwerganteile, Bewertung **B** 11 (11), (13)